D1750248

Münchener Kommentar
zur Strafprozessordnung

Herausgegeben von

Dr. Christoph Knauer
Rechtsanwalt in München
Honorarprofessor an der Ludwig-Maximilians-Universität München

Dr. Hans Kudlich
Professor an der Friedrich-Alexander-Universität Erlangen-Nürnberg

Dr. Hartmut Schneider
Bundesanwalt beim Bundesgerichtshof
Honorarprofessor an der Freien Universität Berlin

Band 3
§§ 333–500

Die einzelnen Bände des
Münchener Kommentars zur StPO

Band 1: §§ 1–150

Band 2: §§ 151–332

Band 3: §§ 333–500

Band 4: GVG · GDolmG · EGGVG · EMRK
EGStPO · EGStGB · ZSHG · StrEG
JGG · G10 · AO

Münchener Kommentar zur Strafprozessordnung

Band 3
§§ 333–500

Herausgegeben von
Dr. Christoph Knauer
Rechtsanwalt in München
Honorarprofessor an der Ludwig-Maximilians-Universität München

2. Auflage 2024

Zitiervorschlag: MüKoStPO/Bearbeiter § … Rn. …

www.beck.de

ISBN 978 3 406 76773 9

© 2024 Verlag C.H.Beck oHG
Wilhelmstraße 9, 80801 München

Druck: Druckerei C.H.Beck Nördlingen
(Adresse wie Verlag)

Satz: Meta Systems Publishing & Printservices GmbH, Wustermark
Umschlag: Druckerei C.H.Beck Nördlingen

chbeck.de/nachhaltig

Gedruckt auf säurefreiem, alterungsbeständigem Papier
(hergestellt aus chlorfrei gebleichtem Zellstoff)

Alle urheberrechtlichen Nutzungsrechte bleiben vorbehalten.
Der Verlag behält sich auch das Recht vor, Vervielfältigungen dieses Werks
zum Zwecke des Text and Data Mining vorzunehmen.

Die Bearbeiter des dritten Bandes

Dr. Mehmet Gürcan Daimagüler, MPA (Harvard)
Assessor
Beauftragter der Bundesregierung, Berlin

Dr. Ken Eckstein
Professor an der Ruhr-Universität Bochum

Dr. Armin Engländer
Professor an der Ludwig-Maximilians-Universität München

Dr. Sabine Grommes
Richterin am Oberlandesgericht Nürnberg

Dr. Christoph Knauer
Rechtsanwalt, München
Honorarprofessor an der Ludwig-Maximilians-Universität München

Dr. Hans Kudlich
Professor an der Friedrich-Alexander-Universität Erlangen-Nürnberg

Dr. Carolin Langlitz
Rechtsanwältin, Hamburg

Stefan Maier
Vorsitzender Richter am Oberlandesgericht Stuttgart

Dr. Nina Nestler
Professorin an der Universität Bayreuth

Dr. Holm Putzke LL.M. (Krakau)
Professor an der Universität Passau sowie an der EBS Universität für Wirtschaft und Recht Wiesbaden

Dr. Jörg Scheinfeld
Professor an der Johannes Gutenberg-Universität Mainz sowie an der EBS Universität für Wirtschaft und Recht Wiesbaden

Ann-Kathrin Schreiner
Rechtsanwältin, Stuttgart

Dr. Tobias Singelnstein
Professor an der Goethe-Universität Frankfurt

Dr. Brian Valerius
Professor an der Universität Passau

Dr. Till Zimmermann
Professor an der Heinrich-Heine-Universität Düsseldorf

Im Einzelnen haben bearbeitet

Vor § 333, §§ 333–358	Dr. Christoph Knauer/Dr. Hans Kudlich
Vor § 359, §§ 359–373a	Dr. Armin Engländer/Dr. Till Zimmermann
§ 373b	Ann-Kathrin Schreiner
Vor § 374, §§ 374–394	Dr. Mehmet Gürcan Daimagüler
§§ 395–402	Dr. Brian Valerius
§§ 403–406l	Ann-Kathrin Schreiner
§§ 407–412	Dr. Ken Eckstein
§§ 413–420	Dr. Holm Putzke/Dr. Jörg Scheinfeld
§§ 421–448	Dr. Carolin Langlitz/Dr. Jörg Scheinfeld
§§ 449–463e	Dr. Nina Nestler
§§ 464–470	Dr. Sabine Grommes
§ 471	Dr. Mehmet Gürcan Daimagüler
§§ 472–473a	Stefan Maier
Vor § 474, §§ 474–500	Dr. Tobias Singelnstein

Verzeichnis der ausgeschiedenen Bearbeiter

Es hat bearbeitet:
Carsten Grau: §§ 403–406l: 1. Auflage 2019

Vorwort zur zweiten Auflage

Der vorliegende Band III des Münchener Kommentars ist die zweite Auflage zu Teilband III/1 aus der ersten Auflage. Er hat aus dem dritten Buch die Revision als eine Materie zum Gegenstand, die in der veröffentlichten obergerichtlichen Rechtsprechung naturgemäß einen extrem hohen Stellenwert hat; ferner enthält der Band die Kommentierungen der Bücher vier bis acht, deren Bedeutung ebenfalls nicht unterschätzt werden darf, ganz gleich, ob etwa das Wiederaufnahmerecht (das im letzten Jahr Gegenstand einer grundlegenden Entscheidung des Bundesverfassungsgerichts war) oder das Strafbefehlsverfahren (dessen Potential in der nach Erscheinen der Erstauflage begonnenen Corona-Pandemie auf den Prüfstand geraten ist). In all diesen Bereichen ist es zwar kaum zu großen und allgemein sichtbaren, aber doch zu einer ganzen Reihe von Änderungen gekommen, etwa bei der Besetzungsrüge, im Bereich der Vollstreckung (insbesondere von Nebenfolgen) und der Datenübermittlung. Der Band befindet sich hinsichtlich Gesetzgebung, Rechtsprechung und Schrifttum auf dem Stand April 2024. Vereinzelt konnte auch neuere Literatur und Gesetzgebung berücksichtigt werden, so namentlich das Gesetz zur weiteren Digitalisierung der Justiz vom 12. Juli 2024, das in der Kommentierung der §§ 350, 424 und 451 StPO Berücksichtigung gefunden hat, sowie das Gesetz zur Fortentwicklung des Völkerstrafrechts vom 30. Juli 2024, zu dessen Novelle sich jeweils Erläuterungen in den §§ 395, 397a, 397b sowie 406g und 406h StPO befinden.

Es wird darauf hingewiesen, dass in den Kommentierungen dieses Buches zur besseren Lesbarkeit das generische Maskulinum verwendet wird. Sämtliche Personenbezeichnungen gelten selbstverständlich gleichermaßen für alle Geschlechter.

Dankenswerterweise haben die meisten Autoren trotz starker beruflicher Belastungen ihre Kommentierungen fortgeführt. Wo es zu Änderungen oder hinzugetretenen Co-Autoren gekommen ist, gebührt auch allen neuen Autoren großer Dank für die Übernahme der arbeitsreichen und verantwortungsvollen Aufgabe.

Im Sommer 2024   *Herausgeber und Verlag*

Aus dem Vorwort zur ersten Auflage

Das anerkannte und erfolgreiche Format des Münchener Kommentars wird komplettiert durch die Bände zum Strafprozessrecht. Der hier vorgelegte Band 3/1 rundet dieses ambitionierte Projekt ab, indem die §§ 333 ff. StPO und damit so wichtige Gebiete wie die Revision, die Wiederaufnahme, das Strafbefehlsverfahren, das Kostenrecht oder die Strafvollstreckung erläutert werden. (…)

Im Sommer 2018 *Herausgeber und Verlag*

Inhaltsverzeichnis

	Seite
Abkürzungsverzeichnis	XIX
Literaturverzeichnis	XXVII

Strafprozeßordnung (StPO)
Drittes Buch. Rechtsmittel
Vierter Abschnitt. Revision

		Seite
Vorbemerkung zu § 333		1
§ 333	Zulässigkeit	33
§ 334	(weggefallen)	37
§ 335	Sprungrevision	37
§ 336	Überprüfung der dem Urteil vorausgegangenen Entscheidungen	45
§ 337	Revisionsgründe	48
§ 338	Absolute Revisionsgründe	98
§ 339	Rechtsnormen zugunsten des Angeklagten	165
§ 340	Revision gegen Berufungsurteile bei Vertretung des Angeklagten	167
§ 341	Form und Frist	169
§ 342	Revision und Wiedereinsetzungsantrag	180
§ 343	Hemmung der Rechtskraft	184
§ 344	Revisionsbegründung	186
§ 345	Revisionsbegründungsfrist	238
§ 346	Verspätete oder formwidrige Einlegung	260
§ 347	Zustellung; Gegenerklärung; Vorlage der Akten an das Revisionsgericht	272
§ 348	Unzuständigkeit des Gerichts	284
§ 349	Entscheidung ohne Hauptverhandlung durch Beschluss	289
§ 350	Revisionshauptverhandlung	319
§ 351	Gang der Revisionshauptverhandlung	331
§ 352	Umfang der Urteilsprüfung	340
§ 353	Aufhebung des Urteils und der Feststellungen	352
§ 354	Eigene Entscheidung in der Sache; Zurückverweisung	374
§ 354a	Entscheidung bei Gesetzesänderung	407
§ 355	Verweisung an das zuständige Gericht	413
§ 356	Urteilsverkündung	416
§ 356a	Verletzung des Anspruchs auf rechtliches Gehör bei einer Revisionsentscheidung	417
§ 357	Revisionserstreckung auf Mitverurteilte	430
§ 358	Bindung des Tatgerichts; Verbot der Schlechterstellung	445

Viertes Buch. Wiederaufnahme eines durch rechtskräftiges Urteil abgeschlossenen Verfahrens

		Seite
Vorbemerkung zu § 359		461
§ 359	Wiederaufnahme zugunsten des Verurteilten	478
§ 360	Keine Hemmung der Vollstreckung	508
§ 361	Wiederaufnahme nach Vollstreckung oder Tod des Verurteilten	511
§ 362	Wiederaufnahme zuungunsten des Verurteilten	517
§ 363	Unzulässigkeit	524
§ 364	Behauptung einer Straftat	529
§ 364a	Bestellung eines Verteidigers für das Wiederaufnahmeverfahren	532
§ 364b	Bestellung eines Verteidigers für die Vorbereitung des Wiederaufnahmeverfahrens	541

Inhaltsverzeichnis

		Seite
§ 365	Geltung der allgemeinen Vorschriften über Rechtsmittel für den Antrag ...	549
§ 366	Inhalt und Form des Antrags	554
§ 367	Zuständigkeit des Gerichts; Entscheidung ohne mündliche Verhandlung ...	559
§ 368	Verwerfung wegen Unzulässigkeit	563
§ 369	Beweisaufnahme	581
§ 370	Entscheidung über die Begründetheit	589
§ 371	Freisprechung ohne erneute Hauptverhandlung	598
§ 372	Sofortige Beschwerde	605
§ 373	Urteil nach erneuter Hauptverhandlung; Verbot der Schlechterstellung	611
§ 373a	Verfahren bei Strafbefehl	619

Fünftes Buch. Beteiligung des Verletzten am Verfahren
Erster Abschnitt. Definition

§ 373b	Begriff des Verletzten	627

Zweiter Abschnitt. Privatklage

Vorbemerkung zu § 374		637
§ 374	Zulässigkeit; Privatklageberechtigte	638
§ 375	Mehrere Privatklageberechtigte	644
§ 376	Anklageerhebung bei Privatklagedelikten	647
§ 377	Beteiligung der Staatsanwaltschaft; Übernahme der Verfolgung	649
§ 378	Beistand und Vertreter des Privatklägers	653
§ 379	Sicherheitsleistung; Prozesskostenhilfe	654
§ 379a	Gebührenvorschuss	657
§ 380	Erfolgloser Sühneversuch als Zulässigkeitsvoraussetzung	661
§ 381	Erhebung der Privatklage	665
§ 382	Mitteilung der Privatklage an den Beschuldigten	666
§ 383	Eröffnungs- oder Zurückweisungsbeschluss; Einstellung bei geringer Schuld ..	667
§ 384	Weiteres Verfahren	673
§ 385	Stellung des Privatklägers; Ladung; Akteneinsicht	677
§ 386	Ladung von Zeugen und Sachverständigen	680
§ 387	Vertretung in der Hauptverhandlung	681
§ 388	Widerklage	684
§ 389	Einstellung durch Urteil bei Verdacht eines Offizialdelikts	688
§ 390	Rechtsmittel des Privatklägers	691
§ 391	Rücknahme der Privatklage; Verwerfung bei Versäumung; Wiedereinsetzung .	695
§ 392	Wirkung der Rücknahme	700
§ 393	Tod des Privatklägers	701
§ 394	Bekanntmachung an den Beschuldigten	704

Dritter Abschnitt. Nebenklage

§ 395	Befugnis zum Anschluss als Nebenkläger	705
§ 396	Anschlusserklärung; Entscheidung über die Befugnis zum Anschluss	732
§ 397	Verfahrensrechte des Nebenklägers	742
§ 397a	Bestellung eines Beistands; Prozesskostenhilfe	749
§ 397b	Gemeinschaftliche Nebenklagevertretung	764
§ 398	Fortgang des Verfahrens bei Anschluss	772
§ 399	Bekanntmachung und Anfechtbarkeit früherer Entscheidungen	773
§ 400	Rechtsmittelbefugnis des Nebenklägers	775
§ 401	Einlegung eines Rechtsmittels durch den Nebenkläger	786
§ 402	Widerruf der Anschlusserklärung; Tod des Nebenklägers	792

Vierter Abschnitt. Adhäsionsverfahren

§ 403	Geltendmachung eines Anspruchs im Adhäsionsverfahren	795
§ 404	Antrag; Prozesskostenhilfe	806

		Seite
§ 405	Vergleich	811
§ 406	Entscheidung über den Antrag im Strafurteil; Absehen von einer Entscheidung	812
§ 406a	Rechtsmittel	824
§ 406b	Vollstreckung	829
§ 406c	Wiederaufnahme des Verfahrens	830

Fünfter Abschnitt. Sonstige Befugnisse des Verletzten

§ 406d	Auskunft über den Stand des Verfahrens	832
§ 406e	Akteneinsicht	835
§ 406f	Verletztenbeistand	847
§ 406g	Psychosoziale Prozessbegleitung	848
§ 406h	Beistand des nebenklageberechtigten Verletzten	851
§ 406i	Unterrichtung des Verletzten über seine Befugnisse im Strafverfahren	855
§ 406j	Unterrichtung des Verletzten über seine Befugnisse außerhalb des Strafverfahrens	859
§ 406k	Weitere Informationen	861
§ 406l	Befugnisse von Angehörigen und Erben von Verletzten	862

Sechstes Buch. Besondere Arten des Verfahrens
Erster Abschnitt. Verfahren bei Strafbefehlen

§ 407	Zulässigkeit	863
§ 408	Richterliche Entscheidung über einen Strafbefehlsantrag	882
§ 408a	Strafbefehlsantrag nach Eröffnung des Hauptverfahrens	889
§ 408b	Bestellung eines Verteidigers bei beantragter Freiheitsstrafe	895
§ 409	Inhalt des Strafbefehls	901
§ 410	Einspruch; Form und Frist des Einspruchs; Rechtskraft	914
§ 411	Verwerfung wegen Unzulässigkeit; Termin zur Hauptverhandlung	923
§ 412	Ausbleiben des Angeklagten; Einspruchsverwerfung	942

Zweiter Abschnitt. Sicherungsverfahren

§ 413	Zulässigkeit	951
§ 414	Verfahren; Antragsschrift	957
§ 415	Hauptverhandlung ohne Beschuldigten	963
§ 416	Übergang in das Strafverfahren	967

Abschnitt 2a. Beschleunigtes Verfahren

Vorbemerkung zu § 417		971
§ 417	Zulässigkeit	975
§ 418	Durchführung der Hauptverhandlung	981
§ 419	Entscheidung des Gerichts; Strafmaß	988
§ 420	Beweisaufnahme	992

Dritter Abschnitt. Verfahren bei Einziehung und Vermögensbeschlagnahme

§ 421	Absehen von der Einziehung	998
§ 422	Abtrennung der Einziehung	1011
§ 423	Einziehung nach Abtrennung	1015
§ 424	Einziehungsbeteiligte am Strafverfahren	1018
§ 425	Absehen von der Verfahrensbeteiligung	1022
§ 426	Anhörung von möglichen Einziehungsbeteiligten im vorbereitenden Verfahren	1025
§ 427	Befugnisse des Einziehungsbeteiligten im Hauptverfahren	1027
§ 428	Vertretung des Einziehungsbeteiligten	1031
§ 429	Terminsnachricht an den Einziehungsbeteiligten	1034
§ 430	Stellung in der Hauptverhandlung	1036

Inhaltsverzeichnis

		Seite
§ 431	Rechtsmittelverfahren	1041
§ 432	Einziehung durch Strafbefehl	1046
§ 433	Nachverfahren	1048
§ 434	Entscheidung im Nachverfahren	1053
§ 435	Selbständiges Einziehungsverfahren	1055
§ 436	Entscheidung im selbständigen Einziehungsverfahren	1074
§ 437	Besondere Regelungen für das selbständige Einziehungsverfahren	1080
§ 438	Nebenbetroffene am Strafverfahren	1091
§ 439	Der Einziehung gleichstehende Rechtsfolgen	1102
§§ 440–442	(weggefallen)	1103
§ 443	Vermögensbeschlagnahme	1103

Vierter Abschnitt. Verfahren bei Festsetzung von Geldbußen gegen juristische Personen und Personenvereinigungen

§ 444	Verfahren	1112
§§ 445–448	(weggefallen)	1126

Siebentes Buch Strafvollstreckung und Kosten des Verfahrens
Erster Abschnitt. Strafvollstreckung

§ 449	Vollstreckbarkeit	1127
§ 450	Anrechnung von Untersuchungshaft und Führerscheinentziehung	1142
§ 450a	Anrechnung einer im Ausland erlittenen Freiheitsentziehung	1150
§ 451	Vollstreckungsbehörde	1154
§ 452	Begnadigungsrecht	1163
§ 453	Nachträgliche Entscheidung über Strafaussetzung zur Bewährung oder Verwarnung mit Strafvorbehalt	1166
§ 453a	Belehrung bei Strafaussetzung oder Verwarnung mit Strafvorbehalt	1176
§ 453b	Bewährungsüberwachung	1178
§ 453c	Vorläufige Maßnahmen vor Widerruf der Aussetzung	1179
§ 454	Aussetzung des Restes einer Freiheitsstrafe zur Bewährung	1185
§ 454a	Beginn der Bewährungszeit; Aufhebung der Aussetzung des Strafrestes	1212
§ 454b	Vollstreckungsreihenfolge bei Freiheits- und Ersatzfreiheitsstrafen; Unterbrechung	1218
§ 455	Strafausstand wegen Vollzugsuntauglichkeit	1227
§ 455a	Strafausstand aus Gründen der Vollzugsorganisation	1237
§ 456	Vorübergehender Aufschub	1239
§ 456a	Absehen von Vollstreckung bei Auslieferung, Überstellung oder Ausweisung	1243
§ 456b	(weggefallen)	1251
§ 456c	Aufschub und Aussetzung des Berufsverbotes	1251
§ 457	Ermittlungshandlungen; Vorführungsbefehl, Vollstreckungshaftbefehl	1256
§ 458	Gerichtliche Entscheidungen bei Strafvollstreckung	1266
§ 459	Vollstreckung der Geldstrafe; Anwendung des Justizbeitreibungsgesetzes	1276
§ 459a	Bewilligung von Zahlungserleichterungen	1280
§ 459b	Anrechnung von Teilbeträgen	1284
§ 459c	Beitreibung der Geldstrafe	1286
§ 459d	Unterbleiben der Vollstreckung einer Geldstrafe	1290
§ 459e	Vollstreckung der Ersatzfreiheitsstrafe	1295
§ 459f	Unterbleiben der Vollstreckung einer Ersatzfreiheitsstrafe	1298
§ 459g	Vollstreckung von Nebenfolgen	1301
§ 459h	Entschädigung	1307
§ 459i	Mitteilungen	1309
§ 459j	Verfahren bei Rückübertragung und Herausgabe	1310
§ 459k	Verfahren bei Auskehrung des Verwertungserlöses	1312
§ 459l	Ansprüche des Betroffenen	1313

Inhaltsverzeichnis

	Seite
§ 459m Entschädigung in sonstigen Fällen	1315
§ 459n Zahlungen auf Wertersatzeinziehung	1316
§ 459o Einwendungen gegen vollstreckungsrechtliche Entscheidungen	1317
§ 460 Nachträgliche Gesamtstrafenbildung	1319
§ 461 Anrechnung des Aufenthalts in einem Krankenhaus	1332
§ 462 Verfahren bei gerichtlichen Entscheidungen; sofortige Beschwerde	1334
§ 462a Zuständigkeit der Strafvollstreckungskammer und des erstinstanzlichen Gerichts	1336
§ 463 Vollstreckung von Maßregeln der Besserung und Sicherung	1350
§ 463a Zuständigkeit und Befugnisse der Aufsichtsstellen	1359
§ 463b Beschlagnahme von Führerscheinen	1368
§ 463c Öffentliche Bekanntmachung der Verurteilung	1375
§ 463d Gerichtshilfe	1378
§ 463e Mündliche Anhörung im Wege der Bild- und Tonübertragung	1379

Zweiter Abschnitt. Kosten des Verfahrens

§ 464 Kosten- und Auslagenentscheidung; sofortige Beschwerde	1383
§ 464a Kosten des Verfahrens; notwendige Auslagen	1396
§ 464b Kostenfestsetzung	1406
§ 464c Kosten bei Bestellung eines Dolmetschers oder Übersetzers für den Angeschuldigten	1411
§ 464d Verteilung der Auslagen nach Bruchteilen	1413
§ 465 Kostentragungspflicht des Verurteilten	1415
§ 466 Haftung Mitverurteilter für Auslagen als Gesamtschuldner	1420
§ 467 Kosten und notwendige Auslagen bei Freispruch, Nichteröffnung und Einstellung	1422
§ 467a Auslagen der Staatskasse bei Einstellung nach Anklagerücknahme	1432
§ 468 Kosten bei Straffreierklärung	1435
§ 469 Kostentragungspflicht des Anzeigenden bei leichtfertiger oder vorsätzlicher Erstattung einer unwahren Anzeige	1436
§ 470 Kosten bei Zurücknahme des Strafantrags	1440
§ 471 Kosten bei Privatklage	1444
§ 472 Notwendige Auslagen des Nebenklägers	1448
§ 472a Kosten und notwendige Auslagen bei Adhäsionsverfahren	1461
§ 472b Kosten und notwendige Auslagen bei Nebenbeteiligung	1467
§ 473 Kosten bei zurückgenommenem oder erfolglosem Rechtsmittel; Kosten der Wiedereinsetzung	1470
§ 473a Kosten und notwendige Auslagen bei gesonderter Entscheidung über die Rechtmäßigkeit einer Ermittlungsmaßnahme	1511

Achtes Buch. Schutz und Verwendung von Daten
Erster Abschnitt. Erteilung von Auskünften und Akteneinsicht, sonstige Verwendung von Daten für verfahrensübergreifende Zwecke

Vorbemerkung zu § 474	1515
§ 474 Auskünfte und Akteneinsicht für Justizbehörden und andere öffentliche Stellen	1536
§ 475 Auskünfte und Akteneinsicht für Privatpersonen und sonstige Stellen	1545
§ 476 Auskünfte und Akteneinsicht zu Forschungszwecken	1555
§ 477 Datenübermittlung von Amts wegen	1561
§ 478 Form der Datenübermittlung	1564
§ 479 Übermittlungsverbote und Verwendungsbeschränkungen	1564
§ 480 Entscheidung über die Datenübermittlung	1580
§ 481 Verwendung personenbezogener Daten für polizeiliche Zwecke	1587
§ 482 Mitteilung des Aktenzeichens und des Verfahrensausgangs an die Polizei	1592

Inhaltsverzeichnis

Seite

Zweiter Abschnitt. Regelungen über die Datenverarbeitung

Vorbemerkung zu § 483 1594
§ 483   Datenverarbeitung für Zwecke des Strafverfahrens 1599
§ 484   Datenverarbeitung für Zwecke künftiger Strafverfahren; Verordnungsermächtigung 1605
§ 485   Datenverarbeitung für Zwecke der Vorgangsverwaltung 1612
§ 486   Gemeinsame Dateisysteme 1614
§ 487   Übermittlung gespeicherter Daten; Auskunft 1615
§ 488   Automatisierte Verfahren für Datenübermittlungen 1620
§ 489   Löschung und Einschränkung der Verarbeitung von Daten 1623
§ 490   Errichtungsanordnung für automatisierte Dateisysteme 1631
§ 491   Auskunft an betroffene Personen 1632

Dritter Abschnitt. Länderübergreifendes staatsanwaltschaftliches Verfahrensregister

Vorbemerkung zu § 492 1635
§ 492   Zentrales staatsanwaltschaftliches Verfahrensregister 1636
§ 493   Automatisiertes Verfahren für Datenübermittlungen 1642
§ 494   Berichtigung, Löschung und Einschränkung der Verarbeitung von Daten; Verordnungsermächtigung 1645
§ 495   Auskunft an betroffene Personen 1653

Vierter Abschnitt. Schutz personenbezogener Daten in einer elektronischen Akte; Verwendung personenbezogener Daten aus elektronischen Akten

Vorbemerkung zu § 496 1654
§ 496   Verwendung personenbezogener Daten in einer elektronischen Akte 1655
§ 497   Datenverarbeitung im Auftrag 1658
§ 498   Verwendung personenbezogener Daten aus elektronischen Akten 1660
§ 499   Löschung elektronischer Aktenkopien 1661

Fünfter Abschnitt. Anwendbarkeit des Bundesdatenschutzgesetzes

§ 500   Entsprechende Anwendung 1663

Sachverzeichnis 1667

Verzeichnis der allgemeinen Abkürzungen

aA	anderer Ansicht
AA	Auswärtiges Amt
aaO	am angegebenen Ort
abgedr.	abgedruckt
abl.	ablehnend
ABl.	Amtsblatt
Abs.	Absatz
Abschn.	Abschnitt
abw.	abweichend
aE	am Ende
aF	alte Fassung
AfP	Archiv für Presserecht (zitiert nach Jahr und Seite)
AG	Amtsgericht/Aktiengesellschaft
AGStPO	Gesetz zur Ausführung der Strafprozeßordnung
AktG	Aktiengesetz
allg.	allgemein
allgA	allgemeine Ansicht
allgM	allgemeine Meinung
Alt.	Alternative
aM	anderer Meinung
ÄndG	Änderungsgesetz
Angekl.	Angeklagter
Anl.	Anlage
Anm.	Anmerkung
AnO	Anordnung
AnwBl.	Anwaltsblatt (zitiert nach Jahr und Seite)
AO	Abgabenordnung (AO 1977)
ArbGG	Arbeitsgerichtsgesetz
Art.	Artikel
ASOG	Allgemeines Gesetz zum Schutz der öffentlichen Sicherheit und Ordnung in Berlin (Allgemeines Sicherheits- und Ordnungsgesetz – ASOG Bln –)
AT	Allgemeiner Teil
ATDG	Gesetz zur Errichtung einer standardisierten zentralen Antiterrordatei von Polizeibehörden und Nachrichtendiensten von Bund und Ländern (Antiterrordateigesetz – ATDG)
AufenthG	Gesetz über den Aufenthalt, die Erwerbstätigkeit und die Integration von Ausländern im Bundesgebiet (Aufenthaltsgesetz – AufenthG)
Aufl.	Auflage
ausf.	ausführlich
AuslG	Gesetz über die Einreise und den Aufenthalt von Ausländern im Bundesgebiet (Ausländergesetz – AuslG)
AV	Allgemeine Verfügung
AWG	Außenwirtschaftsgesetz (AWG)
BAK	Blutalkoholkonzentration
BAnz.	Bundesanzeiger (ab 1983 zitiert nach Jahr und Seite)
Bay.	Bayern
BayAGGVG	Gesetz zur Ausführung des Gerichtsverfassungsgesetzes und von Verfahrensgesetzen des Bundes (Gerichtsverfassungsausführungsgesetz – AGGVG)
BayJMBl	Bayerisches Justizministerialblatt (zitiert nach Jahr und Seite)
BayObLG	Bayerisches Oberstes Landesgericht
BayObLGSt	Bayerisches Oberstes Landesgericht, Sammlung von Entscheidungen in Strafsachen (alte Folge zitiert nach Band und Seite, neue Folge nach Jahr und Seite)
BayVerf	Verfassung des Freistaates Bayern
BB	Betriebs-Berater (zitiert nach Jahr und Seite)
Bd.	Band
BDSG	Bundesdatenschutzgesetz (BDSG)

Verzeichnis der allgemeinen Abkürzungen

BeamtStG	Gesetz zur Regelung des Statusrechts der Beamtinnen und Beamten in den Ländern (Beamtenstatusgesetz – BeamtStG)
BeckOK	Beck'scher Online-Kommentar, zitiert nach Gesetz, Bearbeiter, Randnummer und Paragraph
Begr.	Begründung
Bek.	Bekanntmachung
Beschl.	Beschluss
Bespr.	Besprechung
bestr.	bestritten
betr.	betreffend
BewHi	Bewährungshilfe, Fachzeitschrift für Bewährungs-, Gerichts- und Straffälligenhilfe (zitiert nach Jahr und Seite)
BezG	Bezirksgericht
BFH	Bundesfinanzhof
BFHE	Sammlung der Entscheidungen des Bundesfinanzhofes (zitiert nach Jahr und Seite)
BGB	Bürgerliches Gesetzbuch
BGBl. I, II, III	Bundesgesetzblatt Teil I, Teil II; die Verweisung auf Teil III entspricht dem jährlich veröffentlichten Fundstellennachweis A (FNA) des BGBl.
BGH	Bundesgerichtshof; Entscheidungen des Bundesgerichtshofs in Strafsachen (zitiert nach Band und Seite)
BGHR	BGH-Rechtsprechung – Strafsachen, herausgegeben von den Richtern des Bundesgerichtshofes (seit 1987), (zitiert nach Paragraph, abgekürztem Stichwort und laufender Nummer)
BGHSt	Entscheidungen des Bundesgerichtshofs in Strafsachen (zitiert nach Band und Seite)
BGHZ	Entscheidungen des Bundesgerichtshofs in Zivilsachen (zitiert nach Band und Seite)
BGSG	Gesetz über den Bundesgrenzschutz (Bundesgrenzschutzgesetz – BGSG)
BKA	Bundeskriminalamt
BKAG	Gesetz über das Bundeskriminalamt und die Zusammenarbeit des Bundes und der Länder in kriminalpolizeilichen Angelegenheiten (Bundeskriminalamtgesetz – BKAG)
Bln.	Berlin
BlnSchAG	Berliner Schiedsamtsgesetz (BlnSchAG)
BMJ	Bundesministerium der Justiz
BND	Bundesnachrichtendienst
BNDG	Gesetz über den Bundesnachrichtendienst (BND-Gesetz – BNDG)
BNotO	Bundesnotarordnung (BNotO)
BORA	Berufsordnung für Rechtsanwälte
BRAO	Bundesrechtsanwaltsordnung (BRAO)
BR-Drs.	Drucksache des Bundesrats (zitiert nach Nummer und Jahr)
BReg.	Bundesregierung
BRep.	Bundesrepublik Deutschland
BRRG	Rahmengesetz zur Vereinheitlichung des Beamtenrechts (Beamtenrechtsrahmengesetz – BRRG)
Bsp.	Beispiel
bspw.	beispielsweise
BT	Besonderer Teil
BT-Drs.	Drucksache des Deutschen Bundestags (zitiert nach Wahlperiode und Nummer)
BtMG	Gesetz über den Verkehr mit Betäubungsmitteln (Betäubungsmittelgesetz – BtMG)
Buchst.	Buchstabe
BVerfG	Bundesverfassungsgericht
BVerfGE	Entscheidungen des Bundesverfassungsgerichts (zitiert nach Band und Seite)
BVerfGG	Gesetz über das Bundesverfassungsgericht (Bundesverfassungsgerichtsgesetz – BVerfGG)
BVerfSchG	Gesetz über die Zusammenarbeit des Bundes und der Länder in Angelegenheiten des Verfassungsschutzes und über das Bundesamt für Verfassungsschutz (Bundesverfassungsschutzgesetz – BVerfSchG)
BVerwG	Bundesverwaltungsgericht
BVerwGE	Entscheidungen des Bundesverwaltungsgerichts (zitiert nach Band und Seite)
BWAGGVG	Baden-Württembergisches Gesetz zur Ausführung des Gerichtsverfassungsgesetzes und von Verfahrensgesetzen der ordentlichen Gerichtsbarkeit (AGGVG)

Verzeichnis der allgemeinen Abkürzungen

BwVollzO	Verordnung über den Vollzug von Freiheitsstrafe, Strafarrest, Jugendarrest und Disziplinararrest durch Behörden der Bundeswehr – Bundeswehrvollzugsordnung (BwVollzO)
bzgl.	bezüglich
BZR	Bundeszentralregister
BZRG	Gesetz über das Zentralregister und das Erziehungsregister (Bundeszentralregistergesetz – BZRG)
bzw.	beziehungsweise
CR	Computer und Recht (zitiert nach Jahr und Seite)
DAR	Deutsches Autorecht (zitiert nach Jahr und Seite)
DAV	Deutscher Anwaltverein
ders./dies.	derselbe/dieselbe(n)
dh	das heißt
Die Justiz	Amtsblatt des Justizministeriums Baden-Württemberg (zitiert nach Jahr und Seite)
diff.	differenzierend
Diss.	Dissertation
DJ	Deutsche Justiz (zitiert nach Jahr und Seite)
DJT	Deutscher Juristentag
DJZ	Deutsche Juristenzeitung (zitiert nach Jahr und Seite)
DokHVG	Gesetz zur digitalen Dokumentation der strafgerichtlichen Hauptverhandlung und zur Änderung weiterer Vorschriften (Hauptverhandlungsdokumentationsgesetz – DokHVG)
DÖV	Deutsche Öffentliche Verwaltung (zitiert nach Jahr und Seite)
DRiG	Deutsches Richtergesetz
DRiZ	Deutsche Richterzeitung (zitiert nach Jahr und Nummer)
Drs.	Drucksache
DRZ	Deutsche Rechtszeitschrift (zitiert nach Jahr und Seite)
DStR	Deutsches Steuerrecht (zitiert nach Band und Seite)
DStZ	Deutsche Steuerzeitung (zitiert nach Jahr und Seite)
DuD	Datenschutz und Datensicherheit (zitiert nach Jahr und Seite)
E	Entwurf
EBAO	Einforderungs- und Beitreibungsanordnung
ebd.	ebenda
EG	Einführungsgesetz
EG	Europäische Gemeinschaften
EGGVG	Einführungsgesetz zum Gerichtsverfassungsgesetz
EGMR	Europäischer Gerichtshof für Menschenrechte
EGOWiG	Einführungsgesetz zum Gesetz über Ordnungswidrigkeiten (EGOWiG), Außerkrafttreten: 29.11.2007
EGStGB	Einführungsgesetz zum Strafgesetzbuch (EGStGB)
EGStPO	Einführungsgesetz zur Strafprozeßordnung (EGStPO)
EGV	Vertrag zur Gründung der Europäischen Gemeinschaft vom 25.3.1957 idF des Vertrags über die Europäische Union vom 7.2.1992
EGWStG	Einführungsgesetz zum Wehrstrafgesetz
Einf.	Einführung
Einl.	Einleitung
einschr.	einschränkend
EKMR	Europäische Kommission für Menschenrechte
EMRK	Konvention v. 4.11.1950 zum Schutze der Menschenrechte und Grundfreiheiten
entspr.	entspricht/entsprechend
Erg.	Ergebnis
Erl.	Erlass
EU	Europäische Union
EuAlÜbk.	Europäisches Auslieferungsübereinkommen
EuGH	Europäischer Gerichtshof (Gerichtshof der Europäischen Gemeinschaften)
EuGRZ	Europäische Grundrechte Zeitschrift (zitiert nach Jahr und Seite)
EuR	Europarecht (zitiert nach Jahr und Seite)
EuZW	Europäische Zeitung für Wirtschaftsrecht (zitiert nach Jahr und Seite)
EV	Einigungsvertrag (Vertrag zwischen der Bundesrepublik Deutschland und der Deutschen Demokratischen Republik über die Herstellung der Einheit Deutschlands)
f./ff.	folgende/fortfolgende
FamRZ	Ehe und Familie im privaten und öffentlichen Recht (zitiert nach Jahr und Seite)

XXI

Verzeichnis der allgemeinen Abkürzungen

FG	Festgabe, Finanzgericht
FGG-RG	Gesetz zur Reform des Verfahrens in Familiensachen und in den Angelegenheiten der freiwilligen Gerichtsbarkeit (FGG-Reformgesetz – FGG-RG)
FGO	Finanzgerichtsordnung (FGO)
Fn.	Fußnote
FS	Festschrift
G	Gesetz
G 10	Gesetz zur Beschränkung des Brief-, Post- und Fernmeldegeheimnisses (Artikel 10-Gesetz – G 10)
GA	Goltdammer's Archiv für Strafrecht (bis 1952 zitiert nach Band und Seite, ab 1953 zitiert nach Jahr und Seite)
GBA	Generalbundesanwalt beim Bundesgerichtshof
GBl.	Gesetzblatt
gem.	gemäß
GewSchG	Gesetz zum zivilrechtlichen Schutz vor Gewalttaten und Nachstellungen (Gewaltschutzgesetz – GewSchG)
GG	Grundgesetz für die Bundesrepublik Deutschland
ggf.	gegebenenfalls
ggü.	gegenüber
GKG	Gerichtskostengesetz (GKG)
GmbH	Gesellschaft mit beschränkter Haftung
GmbHG	Gesetz betreffend die Gesellschaften mit beschränkter Haftung
grds.	grundsätzlich
GRUR	Gewerblicher Rechtsschutz und Urheberrecht (zitiert nach Jahr und Seite)
GS	Gesetzessammlung
GSSt	Großer Senat für Strafsachen
GVBl.	Gesetz- und Verordnungsblatt
GVG	Gerichtsverfassungsgesetz (GVG)
GWB	Gesetz gegen Wettbewerbsbeschränkungen (GWB)
GwG	Gesetz über das Aufspüren von Gewinnen aus schweren Straftaten (Geldwäschegesetz – GwG)
hA	herrschende Ansicht
HGB	Handelsgesetzbuch
HIV	Human Immunodeficiency Virus
hL	herrschende Lehre
hM	herrschende Meinung
HRR	Höchstrichterliche Rechtsprechung (zitiert nach Jahr und Nummer)
HRRS	Onlinezeitschrift für Höchstrichterliche Rechtsprechung zum Strafrecht. Internetzeitung für Strafrecht – www.hrr-strafrecht.de – 2000 ff.
Hrsg.	Herausgeber
Hs.	Halbsatz
HSchAG	Hessisches Schiedsamtsgesetz (HSchAG)
HV	Hauptverhandlung
idF	in der Fassung (Bekanntmachung der Neufassung auf Grund einer Ermächtigung)
idR	in der Regel
ieS	im engeren Sinne
insb./insbes.	insbesondere
InsO	Insolvenzordnung (InsO)
iRd	im Rahmen des/der
IRG	Gesetz über die internationale Rechtshilfe in Strafsachen (IRG)
iS	im Sinne
IStGH	Internationaler Strafgerichtshof
IStGHG	Gesetz über die Zusammenarbeit mit dem Internationalen Strafgerichtshof (IStGH-Gesetz – IStGHG)
iVm	in Verbindung mit
iwS	im weiteren Sinne
JA	Juristische Arbeitsblätter (zitiert nach Jahr und Seite)
JAVollzO	Verordnung über den Vollzug des Jugendarrestes (Jugendarrestvollzugsordnung – JAVollzO)
JGG	Jugendgerichtsgesetz (JGG)
JMBl.	Justizministerialblatt
JR	Juristische Rundschau (zitiert nach Jahr und Seite)

Verzeichnis der allgemeinen Abkürzungen

JuMiG	Justizmitteilungsgesetz und Gesetz zur Änderung kostenrechtlicher Vorschriften und anderer Gesetze vom 18.6.1997
Jura	Juristische Ausbildung (zitiert nach Jahr und Seite)
JurBüro	Das Juristische Büro (zitiert nach Jahr und Spalte)
JuS	Juristische Schulung (zitiert nach Jahr und Seite)
Justiz	Die Justiz – Amtsblatt des Justizministeriums Baden-Württemberg (zitiert nach Jahr und Seite)
JVA	Justizvollzugsanstalt
JVEG	Gesetz über die Vergütung von Sachverständigen, Dolmetscherinnen, Dolmetschern, Übersetzerinnen und Übersetzern sowie die Entschädigung von ehrenamtlichen Richterinnen, ehrenamtlichen Richtern, Zeuginnen, Zeugen und Dritten (Justizvergütungs- und -entschädigungsgesetz – JVEG)
JW	Juristische Wochenschrift (zitiert nach Jahr und Seite)
JZ	Juristenzeitung (zitiert nach Jahr und Seite)
Kap.	Kapitel
Kfz	Kraftfahrzeug
KG	Kammergericht bzw. Kommanditgesellschaft
KonsularG	Gesetz über die Konsularbeamten, ihre Aufgaben und Befugnisse (Konsulargesetz)
Kriminalistik	Kriminalistik (zitiert nach Jahr und Seite)
KrimJ	Kriminologisches Journal
krit.	kritisch
KritV	Kritische Vierteljahreszeitschrift für die Gesetzgebung und Rechtswissenschaft (zitiert nach Jahr und Seite)
KWG	Gesetz über das Kreditwesen (Kreditwesengesetz – KWG)
LG	Landgericht
Lit.	Literatur
LPartG	Gesetz über die Eingetragene Lebenspartnerschaft (Lebenspartnerschaftsgesetz – LPartG)
m. H.	mit Hinweis
mAnm	mit Anmerkung
Mat.	Materialien zur Strafrechtsreform, 15 Bände, 1954–1962
MDR	Monatsschrift für deutsches Recht (zitiert nach Jahr und Seite)
MedR	Medizinrecht (zitiert nach Jahr und Seite)
MiStra	Anordnung über Mitteilungen in Strafsachen. AV BMJ
MMR	MultiMedia und Recht, Zeitschrift für Information, Telekommunikation und Medienrecht (zitiert nach Jahr und Seite)
MOG	Gesetz zur Durchführung der Gemeinsamen Marktorganisationen und der Direktzahlungen (Marktorganisationsgesetz – MOG)
MschrKrim	Monatsschrift für Kriminalpsychologie und Strafrechtsreform (bis 1936; dann für Kriminalbiologie u. Strafrechtsreform), (zitiert nach Jahr und Seite)
mwN	mit weiteren Nachweisen
mWv	mit Wirkung vom
Nachw.	Nachweis
Nds.	Niedersachsen
NdsRpflege	Niedersächsische Rechtspflege (zitiert nach Jahr und Seite)
nF	neue Fassung
NJ	Neue Justiz (zitiert nach Jahr und Seite)
NJOZ	Neue Juristische Online-Zeitschrift (zitiert nach Jahr und Seite)
NJW	Neue Juristische Wochenschrift (zitiert nach Jahr und Seite)
NJW-RR	NJW-Rechtsprechungs-Report Zivilrecht
Nr.	Nummer
NRW	Nordrhein-Westfalen
NSchÄG	Niedersächsisches Gesetz über gemeindliche Schiedsämter (Niedersächsisches Schiedsämtergesetz – NSchÄG)
NStE	Neue Entscheidungssammlung für Strafrecht (zitiert nach Paragraph und Nummer; ist kein Paragraph angegeben, so handelt es sich um eine Entscheidung zu dem kommentierten Paragraphen)
NStZ	Neue Zeitschrift für Strafrecht (zitiert nach Jahr und Seite)
NStZ-RR	NStZ-Rechtsprechungs-Report Strafrecht (zitiert nach Jahr und Seite)
NZV	Neue Zeitschrift für Verkehrsrecht (zitiert nach Jahr und Seite)
NZWiSt	Neue Zeitschrift für Wirtschafts-, Steuer- und Unternehmensstrafrecht
o. g.	oben genannt
ObLG	Oberstes Landesgericht

Verzeichnis der allgemeinen Abkürzungen

OEG	Gesetz über die Entschädigung für Opfer von Gewalttaten (Opferentschädigungsgesetz – OEG), aufgehoben mit Ablauf des 31.12.2023; siehe ab dem 1.1.2024 das Sozialgesetzbuch XIV: Soziale Entschädigung
öffentl.	öffentlich(e)(en)(er)
OGH	Oberster Gerichtshof für die britische Zone in Köln
ÖJZ	Österreichische Juristenzeitung (zitiert nach Jahr und Seite)
OLG	Oberlandesgericht
OLGR	OLG-Report, Schnelldienst zur Zivilrechtsprechung der Oberlandesgerichte (zitiert mit dem Ort des jeweiligen Oberlandesgerichts)
OLGSt	Entscheidungen der Oberlandesgerichte zum Straf- und Strafverfahrensrecht (zitiert nach Paragraph und Seite; Neuaufl. [Entscheidungen seit 1982] innerhalb der Paragraphen nur mit laufender Nr. zitiert)
OpferRRG	Opferrechtsreformgesetz
OpferSchG	Erstes Gesetz zur Verbesserung der Stellung des Verletzten im Strafverfahren (Opferschutzgesetz)
ÖRAG	Gesetz über die Öffentliche Rechtsauskunft- und Vergleichsstelle (ÖRA-Gesetz)
OrgKG	Gesetz zur Verbesserung der Bekämpfung der Organisierten Kriminalität
ou	offensichtlich unbegründet
OVG	Oberverwaltungsgericht
OWiG	Gesetz über Ordnungswidrigkeiten
PatentG	Patentgesetz
PflVG	Gesetz über die Pflichtversicherung für Kraftfahrzeughalter (Pflichtversicherungsgesetz)
Polizei	Die Polizei (zitiert nach Jahr und Seite)
PStG	Personenstandsgesetz (PStG)
RA	Rechtsausschuss bzw. Rechtsanwalt
RefE	Referentenentwurf
RegE	Regierungsentwurf (des jeweiligen Änderungsgesetzes)
RG	Reichsgericht
RGBl. I, II	Reichsgesetzblatt Teil I, Teil II
RGSt	Entscheidungen des Reichsgerichts in Strafsachen (zitiert nach Band und Seite); auch Reichsgericht
RhPf.	Rheinland-Pfalz
RiStBV	Richtlinien für das Strafverfahren und das Bußgeldverfahren in der ab 1.2.1997 (bundeseinheitlich) geltenden Fassung
Rn	Randnummer/Randnummern
RPfleger	Der Deutsche Rechtspfleger (zitiert nach Jahr und Seite)
RPflG	Rechtspflegergesetz (RPflG)
Rspr.	Rechtsprechung
RuP	Recht und Psychiatrie (zitiert nach Jahr und Seite)
RVG	Gesetz über die Vergütung der Rechtsanwältinnen und Rechtsanwälte (Rechtsanwaltsvergütungsgesetz – RVG)
RVO	Reichsversicherungsordnung
s.	siehe
S.	Seite/Satz
SchlHA	Schleswig-Holsteinische Anzeigen (zitiert nach Jahr und Seite)
SchO	Schiedsamtsordnung (SchO)
SchwarzArbG	Gesetz zur Bekämpfung der Schwarzarbeit und illegalen Beschäftigung
SDÜ	Übereinkommen zur Durchführung des Übereinkommens von Schengen vom 14. Juni 1985 zwischen den Regierungen der Staaten der Benelux-Wirtschaftsunion, der Bundesrepublik Deutschland und der Französischen Republik betreffend den schrittweisen Abbau der Kontrollen an den gemeinsamen Grenzen (Schengener Durchführungsübereinkommen) vom 19. Juni 1990
Sen.	Senat
SGB I–XIV	Sozialgesetzbuch I–XIV
SGG	Sozialgerichtsgesetz (SGG)
SH	Schleswig-Holstein
SHSchO	Schiedsordnung für das Land Schleswig-Holstein (SchO)
SJZ	Süddeutsche Juristenzeitung
Slg.	Sammlung
sog.	sogenannt
SSchO	Saarländische Schiedsordnung (SSchO)
StA	Staatsanwalt bzw. Staatsanwaltschaft

Verzeichnis der allgemeinen Abkürzungen

StBerG	Steuerberatungsgesetz (StBerG)
StGB	Strafgesetzbuch (StGB)
StORMG	Gesetz zur Stärkung der Rechte von Opfern sexuellen Missbrauchs (StORMG)
StPO	Strafprozessordnung (StPO)
str.	streitig
StraFo	Strafverteidiger Forum
StrÄndG	Strafrechtsänderungsgesetz
StrEG	Gesetz über die Entschädigung für Strafverfolgungsmaßnahmen (StrEG)
StRR	StrafRechtsReport (zitiert nach Jahr und Seite)
StrRehaG	Gesetz über die Rehabilitierung und Entschädigung von Opfern rechtsstaatswidriger Strafverfolgungsmaßnahmen im Beitrittsgebiet (Strafrechtliches Rehabilitierungsgesetz – StrRehaG)
StrRG	Gesetz zur Reform des Strafrechts
StV	Strafverteidiger (zitiert nach Jahr und Seite)
StVÄG	Strafverfahrensänderungsgesetz
StVG	Straßenverkehrsgesetz (StVG)
StVK	Strafvollstreckungskammer
StVO	Straßenverkehrs-Ordnung (StVO)
StVollstrO	Strafvollstreckungsordnung (StVollstrO)
StVollzG	Gesetz über den Vollzug der Freiheitsstrafe und der freiheitsentziehenden Maßregeln der Besserung und Sicherung – Strafvollzugsgesetz (StVollzG)
StVRG	Gesetz zur Reform des Strafverfahrensrechts
StVZO	Straßenverkehrs-Zulassungs-Ordnung (StVZO)
SVR	Straßenverkehrsrecht (zitiert nach Jahr und Seite)
teilw.	teilweise
ThürPAG	Thüringer Gesetz über die Aufgaben und Befugnisse der Polizei (Polizeiaufgabengesetz – PAG –)
TKG	Telekommunikationsgesetz (TKG)
TKÜ	Telekommunikationsüberwachung
TOA	Täter-Opfer-Ausgleich
u. a.	unter anderem/und andere
üA	überwiegende Ansicht
UHaft	Untersuchungshaft
umstr.	umstritten
unstr.	unstreitig
unzutr.	unzutreffend(e)(en)(er)
UrkB	Urkundenbeamter der Geschäftsstelle
urspr.	ursprünglich
Urt.	Urteil
uU	unter Umständen
UVollzG	Untersuchungshaftvollzugsgesetz
UVollzO	Untersuchungshaftvollzugsordnung (UVollzO)
UWG	Gesetz gegen den unlauteren Wettbewerb (UWG)
v.	von/vom
VA	Vermittlungsausschuss/Verwaltungsakt
VAG	Gesetz über die Beaufsichtigung der Versicherungsunternehmen (Versicherungsaufsichtsgesetz – VAG)
VerfGH	Verfassungsgerichtshof
VersR	Versicherungsrecht Juristische Rundschau für die Individualversicherung (zitiert nach Jahr und Seite)
VG	Verwaltungsgericht
VGH	Verwaltungsgerichtshof
vgl.	vergleiche
VO	Verordnung
Voraufl.	Vorauflage
VRS	Verkehrsrechtssammlung (zitiert nach Band und Seite)
VStGB	Völkerstrafgesetzbuch (VStGB)
VV	Verwaltungsvorschrift
VwGO	Verwaltungsgerichtsordnung – VwGO
VwV	Allgemeine Verwaltungsvorschriften
VwVfG	Verwaltungsverfahrensgesetz (VwVfG)
WaffG	Waffengesetz (WaffG)
WDO	Wehrdisziplinarordnung (WDO)
wistra	Zeitschrift für Wirtschafts- und Steuerstrafrecht (zitiert nach Jahr und Seite)

Verzeichnis der allgemeinen Abkürzungen

WStG	Wehrstrafgesetz (WStG)
WÜK	Wiener Übereinkommen über konsularische Beziehungen
ZAP	Zeitschrift für Anwaltspraxis
zB	zum Beispiel
ZfS	Zeitschrift für Schadensrecht (zitiert nach Jahr und Seite)
ZfStrVo	Zeitschrift für Strafvollzug und Straffälligenhilfe (zitiert nach Jahr und Seite)
ZGR	Zeitschrift für Unternehmens- und Gesellschaftsrecht (zitiert nach Jahr und Seite)
ZInsO	Zeitschrift für das gesamte Insolvenzrecht (zitiert nach Jahr und Seite)
ZIP	Zeitschrift für Wirtschaftsrecht und Insolvenzpraxis (zitiert nach Jahr und Seite)
ZIS	Zeitschrift für Internationale Strafrechtsdogmatik (zitiert nach Jahr und Seite)
ZPO	Zivilprozessordnung
ZRP	Zeitschrift für Rechtspolitik (zitiert nach Jahr und Seite)
ZSchG	Zeugenschutzgesetz
ZSHG	Gesetz zur Harmonisierung des Schutzes gefährdeter Zeugen (Zeugenschutz-Harmonisierungsgesetz – ZSHG)
ZStV	Zentrales staatsanwaltschaftliches Verfahrensregister
ZStW	Zeitschrift für die gesamte Strafrechtswissenschaft (zitiert nach Jahr, Band und Seite)
zT	zum Teil
ZUM	Zeitschrift für Urheber- und Medienrecht (zitiert nach Jahr und Seite)
zust.	zustimmend
zutr.	zutreffend
ZVG	Gesetz über die Zwangsversteigerung und die Zwangsverwaltung
zw.	zweifelhaft, zweifelnd

Verzeichnis der abgekürzt zitierten Literatur

Ahlbrecht/Böhm/Esser/Hugger/Kirsch/Rosenthal	Ahlbrecht/Böhm/Esser/Hugger/Kirsch/Rosenthal, Internationales Strafrecht in der Praxis, Handbuch 2008
AK-StPO	Wassermann, Alternativkommentar zur Strafprozessordnung, Kommentar, 1992
Arloth/Krä	Arloth/Krä, Strafvollzugsgesetz: StVollzG, Kommentar, 5. Aufl. 2021
BeckOK DatenschutzR	Wolff/Brink/Ungern-Sternberg, BeckOK Datenschutzrecht, Kommentar, 48. Aufl. 2024
BeckOK GeschGehG	Fuhlrott/Hiéramente, BeckOK GeschGehG, Kommentar, 19. Aufl. 2024
BeckOK GG	Epping/Hillgruber, BeckOK GG, Kommentar, 57. Aufl. 2024
BeckOK JGG	Gertler/Kunkel/Putzke, BeckOK JGG, Kommentar, 32. Aufl. 2024
BeckOK OWiG	Graf, BeckOK OWiG, Kommentar, 42. Aufl. 2024
BeckOK RVG	von Seltmann, BeckOK RVG, Kommentar, 63. Aufl. 2024
BeckOK StGB	von Heintschel-Heinegg/Kudlich, BeckOK StGB, Kommentar, 60. Aufl. 2024
BeckOK StPO	Graf, BeckOK StPO mit RiStBV und MiStra, Kommentar, 50. Aufl. 2024
BeckOK StVollstrO	Arloth, BeckOK StVollstrO, Kommentar, 12. Aufl. 2023
Beulke	Beulke, Strafprozessrecht, Lehrbuch, 13. Aufl. 2016
Beulke/Swoboda StrafProzR	Beulke/Swoboda, Strafprozessrecht, Lehrbuch, 16. Aufl. 2022
Bittmann/Köhler/Seeger/Tschakert	Bittmann/Köhler/Seeger/Tschakert, Handbuch der strafrechtlichen Vermögensabschöpfung, Handbuch, 2020
Blaese/Wielop Förmlichkeiten der Revision	Blaese/Wielop, Die Förmlichkeiten der Revision in Strafsachen, Monografie, 1996
Brunner/Dölling	Brunner/Dölling, Jugendgerichtsgesetz, Kommentar, 14. Aufl. 2023
Dahs Strafprozessrevision	Dahs, Die Revision im Strafprozess, Monografie, 9. Aufl. 2017
Dahs Strafverteidiger-HdB	Dahs, Handbuch des Strafverteidigers, Handbuch, 8. Aufl. 2015
Daimagüler Der Verletzte im Strafverfahren	Daimagüler, Der Verletzte im Strafverfahren, Handbuch, 2016
Dalcke/Fuhrmann/Schäfer	Dalcke/Fuhrmann/Schäfer, Strafrecht und Strafverfahren. Eine Sammlung der wichtigsten Gesetze des Strafrechts und des Strafverfahrens mit Erläuterungen, Kommentar, 37. Aufl. 1961.
Diemer/Schatz/Sonnen	Diemer/Schatz/Sonnen, Heidelberger Kommentar Jugendgerichtsgesetz, Kommentar, 8. Aufl. 2020
Dreier	Dreier, Grundgesetz Kommentar, Kommentar, 4. Aufl. 2023
Dürig/Herzog/Scholz	Dürig/Herzog/Scholz, Grundgesetz-Kommentar, Kommentar 102. Aufl. 2023
Eb. Schmidt	Schmidt, Eberhard: Lehrkommentar zur Strafprozeßordnung und zum Gerichtsverfassungsgesetz, I. Teil 2. Aufl. 1964, II. Teil 1957, III. Teil 1960, Nachtragsbd. I 1967, Nachtragsbd. II 1970
Eisenberg BeweisR StPO	Eisenberg, Beweisrecht der StPO, Kommentar, 10. Aufl. 2017
Eisenberg/Kölbel	Eisenberg, JGG, 24. Aufl. 2023, Kölbel, JGG, Kommentar, 24. Aufl. 2023
Epping/Lenz/Leydecker	Epping/Lenz/Leydecker, Grundrechte, 10. Aufl. 2024
Fischer	Fischer, Strafgesetzbuch – mit Nebengesetzen, Kommentar, 71. Aufl. 2024
FS 50 Jahre BGH, 2000	Geiß/Nehm/Brandner/Hagen, Festschrift aus Anlass des 50jährigen Bestehens von Bundesgerichtshof, Bundesanwaltschaft und Rechtsanwaltschaft beim Bundesgerichtshof, Festschrift, 2000
FS Amelung, 2009	Böse/Sternberg-Lieben, Grundlagen des Straf- und Strafverfahrensrechts – Festschrift für Knut Amelung zum 70. Geburtstag, Festschrift, 2009
FS Baumann, 1992	Arzt/Fezer/Weber/Schlüchter/Rössner, Festschrift für Jürgen Baumann zum 70. Geburtstag am 22. Juni 1992, Festschrift, 1992
FS Beulke, 2015	Fahl, Festschrift für Werner Beulke zum 70. Geburtstag – Ein menschengerechtes Strafrecht als Lebensaufgabe, Festschrift, 2015
FS BGH IV, 2000	Roxin, 50 Jahre Bundesgerichtshof – Festgabe aus der Wissenschaft, Band 4: Strafrecht, Strafprozessrecht, Festschrift, 2000

Verzeichnis der abgekürzt zitierten Literatur

FS Böhm, 1999	Feuerhelm/Schwind/Bock, Festschrift für Alexander Böhm zum 70. Geburtstag am 14. Juni 1999, Festschrift, 1999
FS Böttcher, 2007	Schöch/Dölling/Helgerth/König, Recht gestalten – dem Recht dienen – Festschrift für Reinhard Böttcher zum 70. Geburtstag am 29. Juli 2007, Festschrift, 2007
FS Bruns, 1978	Frisch, Festschrift für Hans-Jürgen Bruns zum 70. Geburtstag, Festschrift, 1978
FS Dahs, 2005	Widmaier/Lesch/Müssig/Wallau, Festschrift für Hans Dahs zum 70. Geburtstag, Festschrift, 2005
FS Dreher, 1977	Jescheck/Lüttger, Festschrift für Eduard Dreher zum 70. Geburtstag am 29. April 1977, Festschrift, 1977
FS Dünnebier, 1982	Hanack/Rieß/Wendisch, Festschrift für Hanns Dünnebier zum 75. Geburtstag am 12. Juni 1982, Festschrift, 1982
FS Eisenberg, 2019	Goeckenjan/Puschke/Singelnstein, Für die Sache – Kriminalwissenschaften aus unabhängiger Perspektive. Festschrift für Ulrich Eisenberg zum 80. Geburtstag, Festschrift, 2019
FS Eser, 2005	Arnold/Burkhardt/Gropp/Heine/Koch/Lagodny/Perron/Walther, Menschengerechtes Strafrecht: Festschrift für Albin Eser zum 70. Geburtstag, Festschrift, 2005
FS Fezer, 2008	Wesslau/Wohlers, Festschrift für Gerhard Fezer zum 70. Geburtstag am 29. Oktober 2008, Festschrift, 2008
FS Fischer, 2018	Barton/Eschelbach/Hettinger/Kempf/Krehl/Salditt, Festschrift für Thomas Fischer, Festschrift, 2018
FS Geppert, 2011	Geisler/Kraatz Kretschmer/Schneider/Sowada, Festschrift für Klaus Geppert zum 70. Geburtstag, Festschrift, 2011
FS Gössel, 2002	Dölling/Erb, Festschrift für Karl Heinz Gössel zum 70. Geburtstag, Festschrift, 2002
FS Grünwald, 1999	Samson/Dencker/Frisch/Frister/Reiß, Festschrift für Gerald Grünwald zum siebzigsten Geburtstag, Festschrift, 1999
FS Hamm, 2008	Michalke/Köberer/Pauly/Kirsch, Festschrift für Rainer Hamm zum 65. Geburtstag, Festschrift 2008
FS Hanack, 1999	Ebert/Rieß/Roxin/Wahle, Festschrift für Ernst-Walter Hanack zum 70. Geburtstag am 30. August 1999, Festschrift 1999
FS Imme Roxin, 2012	Schulz/Reinhart/Sahan, Festschrift für Imme Roxin, Festschrift, 2012
FS Jung, 2007	Müller-Dietz/Müller/Kunz/Radtke/Britz/Momsen/Koriath, Festschrift für Heike Jung zum 65. Geburtstag am 23. April 2007, Festschrift, 2007
FS Kargl, 2015	Albrecht/Kirsch/Neumann/Sinner, Festschrift für Walter Kargl zum 70. Geburtstag, Festschrift, 2015
FS Kern, 1968	Bachof/Kern, Tübinger Festschrift für Eduard Kern, Festschrift, 1968
FS Kleinknecht, 1985	Kleinknecht/Gössel/Kauffmann, Strafverfahren im Rechtsstaat : Festschrift für Theodor Kleinknecht zum 75. Geburtstag am 18. August 1985, Festschrift, 1985
FS Kohlmann, 2003	Hirsch/Wolter/Brauns, Festschrift für Günter Kohlmann zum 70. Geburtstag, Festschrift, 2003
FS Krause, 1990	Schlüchter/Laubenthal, Recht und Kriminalität: Festschrift für Friedrich-Wilhelm Krause zum 70. Geburtstag, Festschrift, 1990
FS Kühne, 2013	Esser/Günther/Jäger/Mylonopoulos/Öztürk, Festschrift für Hans-Heiner Kühne zum 70. Geburtstag, Festschrift, 2013
FS Küper, 2007	Hettinger, Festschrift für Wilfried Küper zum 70. Geburtstag, Festschrift, 2007
FS Lange, 1976	Warda/Waider/von Hippel/Meurer, Festschrift für Richard Lange zum 70. Geburtstag, Festschrift, 1976
FS Lüderssen, 2002	Prittwitz/Baurmann/Günther, Festschrift für Klaus Lüderssen, Festschrift, 2002
FS Maiwald, 2010	Bloy/Böse/Hillenkamp/Momsen/Rackow, Gerechte Strafe und legitimes Strafrecht: Festschrift für Manfred Maiwald zum 75. Geburtstag, Festschrift, 2010
FS Mehle, 2009	Hiebl/Kassebohm/Lille, Festschrift für Vokmar Mehle: zum 65. Geburtstag am 11.11.2009, Festschrift, 2009
FS Meyer-Goßner, 2001	Eser/Goydke/Maatz/Meurer, Strafverfahrensrecht in Theorie und Praxis: Festschrift für Lutz Meyer-Gossner zum 65. Geburtstag, Festschrift, 2001
FS Müller-Dietz, 2001	Britz/Jung/Koriath/Müller, Festschrift für Heinz Müller-Dietz zum 70. Geburtstag, Festschrift, 2001
FS Nehm, 2006	Griesbaum/Schnarr/Hannich, Strafrecht und Justizgewährung: Festschrift für Kay Nehm zum 65. Geburtstag, Festschrift, 2006

Verzeichnis der abgekürzt zitierten Literatur

FS Odersky, 1996	Böttcher/Hueck/Jähnke, Festschrift für Walter Odersky zum 65. Geburtstag am 17. Juli 1996, Festschrift, 1996
FS Odersky, 1996	Böttcher/Hueck/Jähnke, Festschrift für Walter Odersky zum 65. Geburtstag am 17. Juli 1996, Festschrift, 1996
FS Otto, 2007	Dannecker/Langer/Ranft/Schmitz/Brammsen, Festschrift für Harro Otto, Festschrift, 2007
FS Paeffgen, 2015	Stuckenberg/Gärditz, Strafe und Prozess im freiheitlichen Rechtsstaat: Festschrift für Hans-Ullrich Paeffgen zum 70. Geburtstag am 2. Juli 2015, Festschrift, 2015
FS Paulus, 2009	Laubenthal, Festgabe des Instituts für Strafrecht und Kriminologie der Juristischen Fakultät der Julius-Maximilians-Universität Würzburg für Rainer Paulus zum 70. Geburtstag am 20. Januar 2009, Festschrift 2009
FS Peters, 1974	Baumann/Tiedemann, Einheit und Vielfalt des Strafrechts: Festschrift für Karl Peters zum 70. Geburtstag, Festschrift, 1974
FS Pfeiffer, 1988	von Gamm/Raisch/Tiedemann, Strafrecht, Unternehmensrecht, Anwaltsrecht: Festschrift für Gerd Pfeiffer, Festschrift, 1988
FS Rebmann, 1989	Rebmann/Eyrich/Odersky/Säcker, Festschrift für Kurt Rebmann zum 65. Geburtstag, Festschrift, 1989
FS Remmers, 1995	Goydke, Vertrauen in den Rechtsstaat: Beiträge zur deutschen Einheit im Recht – Festschrift für Walter Remmers, Festschrift, 1995
FS Riess, 2002	von Hanack/Hilger/Mehle/Widmaier, Festschrift für Peter Rieß zum 70. Geburtstag am 4. Juni 2002, Festschrift, 2002
FS Rissing-van Saan, 2011	Fischer/Bernsmann, Festschrift für Ruth Rissing-van Saan zum 65. Geburtstag am 25. Januar 2011, Festschrift, 2011
FS Rudolphi, 2004	Rogall/Puppe/Stein/Wolter, Festschrift für Hans-Joachim Rudolphi zum 70. Geburtstag, Festschrift, 2004
FS Salger, 1995	Eser/Salger, Straf- und Strafverfahrensrecht, Recht und Verkehr, Recht und Medizin: Festschrift für Hannskarl Salger zum Abschied aus dem Amt als Vizepräsident des Bundesgerichtshofes, Festschrift, 1995
FS Schäfer, 1980	Jekewitz, Politik als gelebte Verfassung – Aktuelle Probleme des modernen Verfassungsstaates – Festschrift für Friedrich Schäfer, Festschrift, 1980
FS Schenke, 2011	Baumeister/Roth/Ruthig, Staat, Verwaltung und Rechtsschutz: Festschrift für Wolf-Rüdiger Schenke zum 70. Geburtstag, Festschrift, 2011
FS Schiller, 2014	Lüderssen/Volk/Wahle, Festschrift für Wolf Schiller zum 65. Geburtstag am 12. Januar 2014, Festschrift, 2014
FS Schöch, 2010	Dölling/Götting/Meier/Verrel, Verbrechen – Strafe – Resozialisierung: Festschrift für Heinz Schöch zum 70. Geburtstag am 20. August 2010, Festschrift, 2010
FS Schreiber, 2003	Amelung, Strafrecht – Biorecht – Rechtsphilosophie: Festschrift für Hans-Ludwig Schreiber zum 70. Geburtstag am 10. Mai 2003, Festschrift, 2003
FS Schroeder, 2006	Hoyer, Festschrift für Friedrich-Christian Schroeder zum 70. Geburtstag, Festschrift, 2006
FS Schwind, 2006	Feltes, Kriminalpolitik und ihre wissenschaftlichen Grundlagen: Festschrift für Professor Dr. Hans-Dieter Schwind zum 70. Geburtstag, Festschrift, 2006
FS Spendel, 1992	Seebode, Festschrift für Günter Spendel zum 70. Geburtstag am 11. Juli 1992, Festschrift, 1992
FS Stöckel, 2010	Jahn/Kudlich/Streng, Strafrechtspraxis und Reform: Festschrift für Heinz Stöckel zum 70. Geburtstag, Festschrift, 2010
FS Triffterer, 1996	Schmoller, Festschrift für Otto Triffterer zum 65. Geburtstag, Festschrift, 1996
FS Tröndle, 1989	Jescheck/Vogler, Festschrift für Herbert Tröndle zum 70. Geburtstag am 24. August 1989, Festschrift, 1989
FS Volk, 2009	Hassemer/Kempf/Moccia, In dubio pro libertate – Festschrift für Klaus Volk zum 65. Geburtstag, Festschrift, 2009
FS Widmaier, 2008	Schöch/Satzger/Schäfer/Ignor/Knauer, Strafverteidigung, Revision und die gesamten Strafrechtswissenschaften: Festschrift für Gunter Widmaier zum 70. Geburtstag, Festschrift, 2008
Gercke/Julius/Temming/Zöller	Gercke/Julius/Temming/Zöller, Heidelberger Kommentar Strafprozessordnung, Kommentar, 6. Aufl. 2018
Gercke/Temming/Zöller	Gercke/Temming/Zöller, Heidelberger Kommentar Strafprozessordnung, Kommentar, 7. Aufl. 2023

Verzeichnis der abgekürzt zitierten Literatur

Gesamtes Strafrecht aktuell	Knierim/Oehmichen/Beck/Geisler, Gesamtes Strafrecht aktuell, Handbuch, 2018
Göhler	Göhler, Gesetz über Ordnungswidrigkeiten: OWiG, Kommentar, 19. Aufl. 2024
Gola/Heckmann	Gola/Heckmann, DS-GVO – BDSG, Kommentar, 3. Aufl. 2022
Graf	Graf, Strafprozessordnung: StPO, Kommentar, 4. Aufl. 2021
GS Küchenhoff, 1987	Just/Wollenschläger/Eggers/Hablitzel, Recht und Rechtsbesinnung: Gedächtnisschrift für Günther Küchenhoff (1907–1983), Gedächtnisschrift, 1987
GS Meyer, 1990	Geppert/Dehnicke, Gedächtnisschrift für Karlheinz Meyer, Gedächtnisschrift, 1990
GS Schlüchter, 2002	Duttge, Gedächtnisschrift für Ellen Schlüchter, Gedächtnisschrift, 2002
Haller/Conzen Strafverfahren	Haller/Conzen, Das Strafverfahren, Lehrbuch, 9. Aufl. 2021
Hamm	Hamm, Die Revision in Strafsachen, Handbuch, 7. Aufl. 2010
Hamm/Pauly Revision	Hamm/Pauly, Die Revision in Strafsachen, Handbuch, 8. Aufl. 2020
Heghmanns/Scheffler StrafVerf-HdB	Heghmanns/Scheffler, Handbuch zum Strafverfahren, Handbuch, 2007
Hilgendorf/Kudlich/Valerius StrafR-HdB	Hilgendorf/Kudlich/Valerius, Handbuch des Strafrechts – Gesamtausgabe, Handbuch, 2018 ff.
HK-GS	Dölling/Duttge/König/Rössner, Gesamtes Strafrecht, Kommentar, 5. Aufl. 2022
HK-RVG	Mayer/Kroiß, Rechtsanwaltsvergütungsgesetz, Kommentar, 8. Aufl. 2021
Hopt	Hopt, Handelsgesetzbuch, Kommentar 43. Aufl. 2024
Huber/Voßkuhle	Huber/Voßkuhle, Grundgesetz, Kommentar, 8. Aufl. 2024
J.P. Feigen Adhäsionsverfahren	J.P. Feigen, Adhäsionsverfahren in Wirtschaftsstrafsachen, Monografie, 2012
Jarass/Pieroth	Jarass/Pieroth, Grundgesetz für die Bundesrepublik Deutschland, Kommentar, 17. Aufl. 2022
Joecks/Jäger StPO	Joecks/Jäger, Studienkommentar StPO, Kommentar, 5. Aufl. 2022
Kissel/Mayer	Kissel/Mayer, GVG, Kommentar, 10. Aufl. 2021
KK-OWiG	Mitsch, Karlsruher Kommentar zum Gesetz über Ordnungswidrigkeiten: OWiG, Kommentar, 5. Aufl. 2018
KK-StPO	Barthe/Gericke, Karlsruher Kommentar zur Strafprozessordnung, Kommentar, 9. Aufl. 2023
Klein	Klein, AO, 17. Aufl. 2023
Kleine-Cosack	Kleine-Cosack, BRAO, Kommentar, 9. Aufl. 2022
KMR-StPO	Kleinknecht/Müller/Reitberger, KMR-Kommentar StPO, Kommentar, 122. Aufl. 2023
Krekeler/Löffelmann/Sommer	Krekeler/Löffelmann/Sommer, Anwaltkommentar StPO, Kommentar, 2. Aufl. 2010
Krenberger/Krumm	Krenberger/Krumm, OWiG, Kommentar, 7. Aufl. 2022
Kühne Strafprozessrecht	Kühne, Strafprozessrecht, Monografie, 9. Aufl. 2015
Lackner/Kühl/Heger	Lackner/Kühl/Heger, StGB, Kommentar, 30. Aufl. 2023
Laubenthal/Baier/Nestler JugendStrafR	Laubenthal/Baier/Nestler, Jugendstrafrecht, Monografie, 3. Aufl. 2015
Laubenthal/Nestler/Neubacher/Verrel/Baier	Laubenthal/Nestler/Neubacher/Verrel/Baier, Strafvollzugsgesetze, Kommentar, 13. Aufl. 2024
Lisken/Denninger PolR-HdB	Lisken/Denninger, Handbuch des Polizeirechts, Handbuch, 7. Aufl. 2021
LK-StGB	Cirener/Radtke/Rissing-van Saan/Rönnau/Schluckebier, Leipziger Kommentar Strafgesetzbuch: StGB, Band 1, 3, 4, 6, Kommentar, 13. Aufl. 2019
Löwe/Rosenberg	Löwe/Rosenberg, Die Strafprozessordnung und das Gerichtsverfassungsgesetz: StPO, Band 1, 2, 3/1, 3/2, 4/1, 4/2, 5/1, 5/2, 6, 7, 8, 9, 10, 11, 12, Kommentar, 27. Aufl. 2017
MAH Strafverteidigung	Knauer/Müller/Schlothauer, Münchener Anwaltshandbuch Strafverteidigung, Handbuch, 3. Aufl. 2022
Marxen/Tiemann Strafsachen	Marxen/Tiemann, Die Wiederaufnahme in Strafsachen, Handbuch, 3. Aufl. 2013

Verzeichnis der abgekürzt zitierten Literatur

Meyer StrEG	Meyer, StrEG – Kommentar zum Gesetz über die Entschädigung für Strafverfolgungsmaßnahmen, Kommentar, 11. Aufl. 2020
Meyer-Goßner Prozessvoraussetzungen	Meyer-Goßner Prozessvoraussetzungen und Prozesshindernisse, Monografie, 2011
Meyer-Goßner/Appl Strafsachen	Meyer-Goßner/Appl, Die Urteile in Strafsachen, Lehrbuch, 29. Aufl. 2014
Meyer-Goßner/Schmitt	Meyer-Goßner/Schmitt, StPO, 66. Aufl. 2023
Miebach/Hohmann HdB Wiederaufnahme	Miebach/Hohmann HdB, Wiederaufnahme in Strafsachen, Handbuch, 2016
MüKoStGB	Erb/Schäfer, Münchener Kommentar zum Strafgesetzbuch, Band 1, 2, 3, 4, 5, 6, 7, 8, 9, Kommentar, 4. Aufl. 2020 ff.
MüKoZPO	Krüger/Rauscher, Münchener Kommentar zur ZPO, Band 1, 2, 3, Kommentar, 6. Aufl. 2020 ff.
NK-JGG	Ostendorf, Jugendgerichtsgesetz, Kommentar, 11. Aufl. 2021
Paal/Pauly	Paal/Pauly, DS-GVO BDSG, Kommentar, 3. Aufl. 2021
Pfeiffer	Pfeiffer, Strafprozessordnung, Kommentar, 5. Aufl. 2005
Pohlmann/Jabel/Wolf	Pohlmann/Jabel/Wolf, Strafvollstreckungsordnung, Kommentar, 9. Aufl. 2015
Putzke/Scheinfeld/Putzke StrafProzR	Putzke/Scheinfeld/Putzke, Strafprozessrecht, 9. Aufl. 2022
Radtke/Hohmann	Radtke/Hohmann, Strafprozessordnung: StPO, Kommentar, 2011
Rebmann/Roth/Herrmann	Rebmann/Roth/Herrmann, Gesetz über Ordnungswidrigkeiten, Kommentar, 33. Aufl. 2023
Roggan/Kutscha Recht der Inneren Sicherheit-HdB	Roggan/Kutscha, Handbuch zum Recht der Inneren Sicherheit, Handbuch, 2. Aufl. 2006
Röttle/Wagner/Theurer Strafvollstreckung	Röttle/Wagner/Theurer, Strafvollstreckung, Handbuch, 9. Aufl. 2024
Roxin/Schünemann StrafVerfR	Roxin/Schünemann, Strafverfahrensrecht, Handbuch, 30. Aufl. 2022
Satzger/Schluckebier/Widmaier StGB	Satzger/Schluckebier/Widmaier, StGB, Kommentar, 5. Aufl. 2020
Satzger/Schluckebier/Widmaier StPO	Satzger/Schluckebier/Widmaier, StPO, 4. Aufl. 2020 – Satzger/Schluckebier/Widmaier, StPO, Kommentar, 5. Aufl. 2022
Schäfer/Sander/van Gemmeren	Schäfer/Sander/van Gemmeren, Praxis der Strafzumessung, Monografie, 6. Aufl. 2017
Schlothauer/Weider/Nobis Untersuchungshaft	Schlothauer/Weider/Nobis, Untersuchungshaft – mit Erläuterungen zu den UVollzG der Länder, Handbuch, 5. Aufl. 2016
Schmidt StPO/GVG II	Schmidt, Lehrkommentar zur Strafprozessordnung und zum Gerichtsverfassungsgesetz Teil II, Kommentar, 1957
Schmidt-Bleibtreu/Klein/Bethge	Schmidt-Bleibtreu/Klein/Bethge, Bundesverfassungsgerichtsgesetz, Kommentar, Loseblatt, Stand Juni 2023
Schomburg/Lagodny	Schomburg/Lagodny, Internationale Rechtshilfe in Strafsachen, Kommentar, 6. Aufl. 2020
Schönke/Schröder	Schönke/Schröder, Strafgesetzbuch, 30. Aufl. 2019
Schroeder/Verrel StrafProzR	Schroeder/Verrel, Strafprozessrecht, 8. Aufl. 2022
Schwind/Böhm/Jehle/Laubenthal	Schwind/Böhm/Jehle/Laubenthal, Strafvollzugsgesetze – Bund und Länder, Kommentar, 7. Aufl. 2019
SK-StGB	Wolter/Hoyer, Systematischer Kommentar zum Strafgesetzbuch, Kommentar, 10. Aufl. 2022
SK-StPO	Wolter, Systematischer Kommentar zur Strafprozessordnung und zum Gerichtsverfassungsgesetz, Kommentar, 6. Aufl. 2021
Streng JugendStrafR	Streng, Jugendstrafrecht, 5. Aufl. 2020 – Streng, Jugendstrafrecht, 6. Aufl. 2024
Thomas/Putzo	Thomas/Putzo, ZPO, 44. Aufl. 2023
Tipke/Kruse	Tipke/Kruse, AO FGO, Kommentar, 171. Aufl. 2021

Verzeichnis der abgekürzt zitierten Literatur

Toussaint	Toussaint, Kostenrecht, 53. Aufl. 2023
Uhlenbruck	Uhlenbruck, InsO, Band 2, 16. Aufl. 2023
v. Münch/Kunig GG	v. Münch/Kunig, Grundgesetz: GG, Kommentar, 7. Aufl. 2021
Volckart Verteidigung	Volckart, Verteidigung in der Strafvollstreckung und im Vollzug, Monografie, 5. Aufl. 2013
Volk/Engländer GK StPO	Volk/Engländer, Grundkurs StPO, Lehrbuch, 10. Aufl. 2021
Weiner/Ferber Adhäsionsverfahren-HdB	Weiner/Ferber, Handbuch des Adhäsionsverfahrens, Handbuch, 2. Aufl. 2016
Zöller	Zöller, ZPO, Kommentar, 35. Aufl. 2024

Strafprozeßordnung (StPO)

In der Fassung der Bekanntmachung vom 7. April 1987 (BGBl. I S. 1074, ber. S. 1319)
FNA 312-2
Zuletzt geändert durch durch Art. 3 G zur Fortentwicklung des Völkerstrafrechts vom 30.7.2024 (BGBl. 2024 I Nr. 255)

Drittes Buch. Rechtsmittel

Vierter Abschnitt. Revision

Vorbemerkung zu § 333

Schrifttum: Andoor, Tatfragen in der strafrechtlichen Revision – eine Untersuchung der rechtshistorischen und rechtspraktischen Entwicklung des Rechtsschutzes in Strafsachen samt Reformvorschlag, 2020; Bartel, Das Verbot der Rekonstruktion der Hauptverhandlung, 2014; Barton, Kennzeichen und Effekte der modernen Revisionsrechtsprechung, StV 2004, 332; Barton, Die Abgrenzung der Sach- von der Verfahrensrüge bei der klassischen und der erweiterten Revision in Strafsachen, JuS 2007, 977; Barton, Beschlussverwerfung durch den Bundesgerichtshof – effektiver Rechtsschutz?, FS Kühne, 2013, 139; Barton, Schonung der Ressourcen der Justiz oder effektiver Rechtsschutz? StRR 2014, 404; Basar, Effektiv? Praxistauglich? Rechtsstaatlich? – Der Bericht der Expertenkommission zur Reform der StPO, StraFo 2016, 226; Basdorf, Formelle und informelle Präklusion im Strafverfahren, StV 1997, 488; Basdorf et. al., Zur Beratung von Revisionsentscheidungen im Beschlussverfahren, NStZ 2013, 563; Basdorf, Aufhebungspraxis der Strafsenate des BGH 2015 bis 2019, NStZ 2022, 399; Bauer, Die alternative Rüge gemäß §§ 244 II, 261 StPO – Eine notwendige Einschränkung des Unmittelbarkeitsprinzips zugunsten des Angeklagten, NStZ 2000, 72; Bauer, Die Präklusion von Verfahrensrügen und des Widerspruchs im Zusammenhang mit § 238 II StPO, NStZ 2012, 191; Bechtel, Das obiter dictum im Rahmen der revisionsgerichtlichen Aufgabenwahrnehmung durch die Strafsenate des BGH, NStZ 2022, 1; Becker, Was sehen wie viele Augen? Sein und Sollen des Beschlussverfahrens in der strafrechtlichen Revision, HRRS 2013, 264; Braum, Geschichte der Revision im Strafverfahren von 1877 bis in die Gegenwart, 1996; Brexl, Gesetz zur Fortentwicklung der StPO: Lichtblicke bei der Revisionsbegründungsfrist, AnwBl. 2021, 542; Brodowski, Zur empirischen Herleitung des Zehn-Augen-Prinzips im Revisionsverfahren, HRRS 2013, 409; Brune, Die ungeschriebenen Rügepräklusionen im Revisionsverfahren, 2022; Coen, Effektiver Rechtsschutz durch die Revision, StraFo 2021, 231; Diemer, Zur Bedeutung der Videoaufzeichnung im Revisionsverfahren, NStZ 2002, 16; Döhmer, Rekonstruktion der Hauptverhandlung im Revisionsverfahren, SVR 2009, 47; Fezer, Die erweiterte Revision – Legitimierung der Rechtswirklichkeit?, 1974; Fezer, Die Reform der Rechtsmittel in Strafsachen, 1974; Fezer, Pragmatismus und Formalismus in der revisionsgerichtlichen Rechtsprechung, FS Hanack, 1999, 331; Fezer, Revisionsurteil oder Revisionsbeschluß – Strafverfahrensnorm und Strafverfahrenspraxis in dauerhaftem Widerstreit?, StV 2007, 40; Fischer, Der Einfluss des Berichterstatters auf die Ergebnisse strafrechtlicher Revisionsverfahren, NStZ 2013, 425; Fischer/Krehl, Strafrechtliche Revision, „Vieraugenprinzip", gesetzlicher Richter und rechtliches Gehör, StV 2012, 550; Fischer/Krehl/Eschelbach, Das Zehn-Augen-Prinzip – Zur revisionsgerichtlichen Beschlusspraxis in Strafsachen, StV 2013, 395; Frisch, Die erweiterte Revision, FS Eser, 2005, 257; Gercke/Wollschläger, Videoaufzeichnungen und digitale Daten als Grundlage des Urteils – Revisionsrechtliche Kontrolle in den Grenzen des Rekonstruktionsverbotes, StV 2013, 106; Grabenwarter, Die Revisionsbegründungsfrist nach § 345 I StPO und das Recht auf angemessene Vorbereitung der Verteidigung (Art. 6 III lit. b EMRK), NJW 2002, 109; Gräfin von Galen, Mehr Stillstand als Reform – Bericht der Expertenkommission zur StPO-Reform, ZRP 2016, 42; Gerhold/Meglalu, Für eine Verlängerung der Revisionsbegründungsfrist, ZRP 2020, 154; Hamm/Krehl, Vier oder acht Augen bei der strafprozessualen Revisionsverwerfung durch Beschluss? – Worum es wirklich geht, NJW 2014, 903; Hanack, Verteidigung vor dem Revisionsgericht, FS Dünnebier, 1982, 301; Herdegen, Die Überprüfung der tatsächlichen Feststellungen durch das Revisionsgericht auf Grund einer Verfahrensrüge, StV 1992, 591; Herdegen, Die Rüge der Nichtausschöpfung eines Beweismittels, FS Salger, 1995, 301; Hillenkamp, Die Urteilsabsetzungs- und die Revisionsbegründungsfrist im deutschen Strafprozess, 1998; Hillenkamp, Verfassungswidrigkeit der Frist zur Ausführung der Nichtigkeitsbeschwerde, NStZ 2000, 668; Hofmann, Videoaufzeichnungen und revisionsrechtliche Kontrolle, NStZ 2002, 569; Kästle, Das Wesen der strafprozessualen Revision, 2018; Klemke, Festschreibung von Sachverhalten in der Hauptverhandlung – Protokollierungsanträge, affirmative Beweisanträge pp., StraFo 2013, 107; Knauer, Zur Wahrheitspflicht des (Revisions-)Verteidigers, FS Widmaier, 2008, 291; Knauer, Vom Wesen und Zweck der Revision, NStZ 2016, 1; Knauer/Wolf, Zivilprozessuale und strafprozessuale Änderungen durch das Erste Justizmodernisierungsgesetz – Teil 2: Änderungen der StPO, NJW 2004, 2932; Knauer/Lickleder, Die obergerichtliche Rechtsprechung zu Verfahrensabsprachen nach der gesetzlichen Regelung – ein kritischer Überblick, NStZ 2012, 366; Kuckein, in Jahn (Hrsg.), Strafprozessrechtspraxis und Rechtswissenschaft – getrennte Welten? Referate und Diskussionen auf dem 1. Karlsruher Strafrechtsdialog 2007, 2008, S. 68; Kudlich, Erosion des Hauptverhandlungsprotokolls durch den Bundesgerichtshof?, BLJ 2007, 125; Kudlich, Revision und Strafrechtswissenschaft, StraFo 2016, 274; Kudlich, StPO-Reform: Die Ergebnisse der Expertenkommission und der Referentenentwurf des BMJV, JR 2016, 514; Kutzer, Sinkende Verfahrenskontrolle und steigende Rügeanforderungen im Revisionsverfahren, StraFo 2000, 325; Lobe, »Offensichtlich unbegründet«, JW 1925, 1612; Mavany, Verteidigung gegen staatsanwaltschaftliche Verfahrensrügen – ein Plädoyer für den Einwand der Unzulässigkeit, StraFo 2014, 494; Meurer, Dogmatik und Pragmatismus – Marksteine der Rechtsprechung des BGH in Strafsachen, NJW 2000, 2936; Meyer-Mews, Revisionsrechtlicher Paradigmenwechsel durch das neue Bundesdatenschutzrecht?, StraFo 2019, 95; Mosbacher, Die Beratungspraxis der Strafsenate des BGH und das Gesetz, NJW 2014, 124; Mosbacher, Aufzeichnung der Hauptverhandlung und Revision – ein Vorschlag, StV 2018, 184; Mosbacher, Dokumentation der Beweisaufnahme im Strafprozess, ZRP 2019, 158; Mosbacher, Die Abgrenzung von Verfahrens- und Sachrüge in der erweiterten Revision, StraFo 2021, 312; Neuhaus, Rekonstruktionsverbot und Alternativrüge, StraFo 2004, 407; Neuhaus, Die Revision aus der Sicht der anwaltlichen Praxis, StV 2019, 843; Norouzi, Recht und Praxis von Schriftlichkeit und Mündlichkeit im Revisionsverfahren – ein kleiner Reformanstoß, StV 2015, 773; Pauly, Mündlichkeit der Hauptverhandlung und Revisionsrecht, FS Hamm, 2008, 557; Pfeiffer, Der BGH – ein Gericht für das Grundsätzliche?, NJW 1999, 2617; Rengier, Methodische Aspekte und Aufgaben des Bundesgerichtshofes im Lichte von Entscheidungen zum Besonderen Teil des Strafrechts, BGH FG IV, 2000, S. 467; Rieß, Referat auf dem 52. Deutschen Juristentag, 1978, L 11; Rieß, Gedanken zum gegenwärtigen Zustand und zur Zukunft der Revision in Strafsachen, FS Hanack, 1999, 397; Rieß, Bemerkungen zum „Erfolg" der Revision im Strafverfahren, FS Eisenberg, 2009, 569; Rosenau, Die Revision – Qualitätskontrolle und Qualitätssicherung im Strafverfahren, FS Widmaier 2008, 521; Schletz, Die erweiterte Revision in Strafsachen, 2020; Schlothauer, Das Revisionsrecht in der Krise, StraFo 2000, 289; Schmitt, Die Dokumentation der Hauptverhandlung. Ein Diskussionsbeitrag, NStZ 2019, 1; Schneider, Thesen zur Revision in Strafsachen mit Blick auf das Verhältnis der Sachrüge zur Verfahrensrüge, NStZ 2019, 324; Schünemann, Grundfragen der Revision im Strafprozess, JA 1982, 71 sowie 123; Schünemann, Wohin treibt der deutsche Strafprozess, ZStW 114 (2002), 1; Ventzke, § 344 Abs. 2 S. 2 StPO: Einfallstor revisionsgerichtlichen Gutdünkens?, StV 1992, 338; Ventzke, Auf der Jagd nach der Wahrheit? – Revisionsverteidigung zwischen Rekonstruktionsverbot und Rekonstruktionspflicht, HRRS 2008, 180; Ventzke, Negativtatsachen im Revisionsverfahren, NStZ 2008, 262; Ventzke, Festschreibung von Beweisergebnissen der tatgerichtlichen Hauptverhandlung für die strafprozessuale Revision – ein Mythos?, HRRS 2010, 461; Ventzke, „... bringt alles Palaver dem Revidenten nichts." – Beobachtungen zum Verhältnis von Revisionsgerichtsbarkeit und Strafverteidigung, NStZ 2011, 481; Ventzke, Anmerkung zu BGH Beschl. v. 3.12.2014 – 4 StR 335/14, StV 2015, 208; v. Stackelberg, Über offensichtlich unbegründete Revisionen (§ 349 Abs. 2 StPO), NJW 1960, 505; Wagner, Die Beweiswürdigungspflicht im tatrichterlichen Urteil im Falle der Verurteilung, ZStW 106 (1994), 259; Walter, Verfahrensrügen, Sachrügen und das Wesen der Revision. Eine Abhandlung unter besonderer Berücksichtigung des § 329 StPO, ZStW 128 (2016), 824; Wehowsky, Die Revision im Zeitalter der technischen Reproduzierbarkeit, NStZ 2018, 177; Weider, Sinkende Verfahrenskontrolle und steigende Rügeanforderungen im Revisionsverfahren, StraFo 2000, 328; Weigend, Unverzichtbares im Strafverfahrensrecht, ZStW 113 (2001), 271; Widmaier, Anforderungen an die Verfahrensrüge nach § 344 Abs. 2 Satz 2 StPO, StraFo 2006, 437; Widmaier, Quo vadis, Revision? Revision, wohin gehst Du?, StraFo 2010, 310; Wilhelm, „Versteckte Gesetzesverstöße" in der Revision: Zur Revisibilität der fehlerhaften oder unvollständigen Mitteilung der Ergebnisse der Beweisaufnahme in der Urteilsniederschrift, ZStW 117 (2005), 143; Wohlers, Die Rekonstruktion der tatrichterlichen Beweisaufnahme durch das Revisionsgericht, JZ 2021, 116; Zehentgruber, Probleme der Bindungswirkung revisionsgerichtlicher Urteile, JZ 2020, 397.

Übersicht

		Rn.			Rn.
A.	Wesen und Einordnung	1	2.	Zugriff auf die Strafzumessung	28
B.	Ablauf und grundsätzliche Ausgestaltung des Revisionsverfahrens	4	III.	Einschränkende Entwicklungen und Tendenzen	30
C.	Statistik	12	1.	Die Zulässigkeitshürde des § 344 Abs. 2	31
D.	Wandel der Revision durch Richterrecht – Kritik	21	2.	Rügeverkümmerung – materielle Wahrheit im Revisionsverfahren?	36
I.	Das Konzept der Revision als reine Rechtmäßigkeitskontrolle	21	3.	Rügepräklusion, Widerspruch und Rechtskreistheorie	41
II.	Erweiterungen der Revision	24	4.	Beruhen	43
1.	Erweiterte Revision im engeren Sinne – Darstellungsrüge	24	5.	§ 349 Abs. 2: Offensichtliche Unbegründetheit	46

	Rn.			Rn.
a) Definitionsversuche	46	II.	Bisherige Erklärungsansätze zur Revision	69
b) Exkurs: vier-Augen- versus zehn-Augen-Prinzip	48	1.	Einzelfallgerechtigkeit	69
c) Fazit: Bedeutungsverlust der Hauptverhandlung	53	2.	Sicherung der Rechtseinheit und Fortbildung des Rechts	72
6. Die kurze Revisionsbegründungsfrist des § 345 Abs. 1	55	3.	Vereinigungstheorie	75
7. Verbot der Rekonstruktion der Hauptverhandlung	56	4.	Theorie des realistischen Rechtsschutzes	78
E. Zweck der Revision	66			
I. Kontroll- und Disziplinierungsfunktion	67	III.	Begründung der Kontroll- und Disziplinierungsfunktion	81

A. Wesen und Einordnung

Die Revision ist ein **letztinstanzliches Rechtsmittel** mit **Devolutiv-** und **Suspensiveffekt**, dh, sie bringt die noch nicht rechtskräftige gerichtliche Entscheidung zur Nachprüfung vor ein Gericht höherer Instanz und hindert die Rechtskraft des Urteils und damit die Vollstreckbarkeit (§ 343 Abs. 1). Anders als die Berufung führt sie jedoch – ausgestaltet als reine Rechtsbeschwerde – nicht zu einer vollständigen Neuverhandlung der Sache in tatsächlicher Hinsicht, sondern erschöpft sich (auf entsprechende Rüge hin) in einer **rein rechtlichen Überprüfung des Urteils** und des diesem zugrunde liegenden Verfahrens.[1] Dass die Revision keine Tatsacheninstanz ist, bedeutet freilich nur, dass vom Revisionsgericht grundsätzlich keine eigenen Tatsachenfeststellungen zur Schuld- und Straffrage getroffen werden, sondern insoweit allenfalls eine Zurückverweisung zum Zwecke neuer Feststellungen erfolgt. Demgegenüber werden die auf dem Weg zur Schaffung der Tatsachengrundlage notwendigen Schritte, also die Beweiserhebung und Beweiswürdigung (letztere eingeschränkt), durchaus rechtlich überprüft (→ Einl. Rn. 263).

1

Das Prüfprogramm der Revision ist dennoch beschränkt. Die Überprüfung des tatgerichtlichen Urteils ist grundsätzlich nur in zwei Richtungen möglich: Auf die **Sachrüge** hin wird das Urteil materiell-rechtlich überprüft, dh primär die Subsumtion des Tatsachenstoffes unter die Norm des materiellen Rechts sowie (eingeschränkt, weil nur hinsichtlich Rechtsfehlern) die Strafzumessung. Über die normative Konzeption der Revision hinaus hat die Rechtsprechung die sog. „erweiterte Revision" dahingehend entwickelt, dass ebenfalls in eingeschränktem Maße Fehler der Beweiswürdigung gerügt werden können (dazu ausführlich auch → § 344 Rn. 74 ff.); auch die sich aus der Beweiswürdigung ergebenden Feststellungen selbst sind demnach insoweit überprüfbar, als diese nach ständiger Rechtsprechung eine tragfähige Grundlage für die rechtliche Bewertung darstellen und deshalb frei von Lücken oder Widersprüchen sein müssen (sog. **Darstellungsrüge**). Mit der **Verfahrensrüge** kann der Revident einen Rechtsverstoß auf dem prozessualen Weg zum Urteil hin rügen und damit den Verstoß gegen eine Norm des Verfahrensrechts geltend machen (vgl. § 344 Abs. 2 S. 1). Diese Rüge wird aber erheblich durch die Anforderung des umfassenden Vortrages der den Fehler tragenden Verfahrenstatsachen eingeschränkt, die die Rechtsprechung an die Begründung auf der Grundlage des § 344 Abs. 2 S. 2 stellt. Hinzu kommt das Erfordernis des Beruhens gem. § 337, welches vor allen Dingen bei der Verfahrensrüge, aber auch bei der Sachrüge zu Einschränkungen führt. Denn eine erfolgreiche Revision setzt voraus, „dass das Urteil auf einer Verletzung des Gesetzes beruht", vgl. § 337 Abs. 1. Mit anderen Worten: Der Rechtsanwendungsfehler muss für den Schuld- und/oder Rechtsfolgenausspruch kausal geworden sein, der Gesetzesverstoß begründet die

2

---

[1] Frisch in SK-StPO Rn. 1; Franke in Löwe/Rosenberg Rn. 2; Kästle, Das Wesen der strafprozessualen Revision, 2018, S. 30 f.; Schmitt in Meyer-Goßner/Schmitt Rn. 1.

Revision nur, wenn das Urteil bei richtiger Anwendung anders ausgefallen wäre. Dabei reicht die bloße Möglichkeit, dass das Urteil auf dem Fehler beruht, aus.[2]

3   Aus der gesetzlichen Konzeption als **reine Rechtsprüfung** ergibt sich schließlich auch, dass die Revision nicht der Nachprüfung des dem Verfahren zugrunde liegenden historischen Sachverhaltes dient;[3] dies ist den Tatsacheninstanzen vorbehalten. Unabhängig von dem allgemeinen Grundsatz, dass das Ziel des Strafverfahrens (zumindest auch) die Ermittlung der materiellen Wahrheit ist (→ Einl. Rn. 7), liegt der Revision bei richtiger Betrachtung aber ein **formeller Wahrheitsbegriff** zu Grunde. Denn die Revision überprüft nur die Regelkonformität des Zustandekommens der Wahrheit im vorangegangenen Verfahren, also ob das Recht auf den durch die Tatsacheninstanzen – freilich ordnungsgemäß – festgestellten Sachverhalt richtig angewendet worden ist.[4] Bereits die Erweiterung der Revision um die Darstellungsrüge zeigt aber, dass eine strikte Abgrenzung zwischen Tat- und Rechtsfrage nicht immer durchführbar ist.[5] Dementsprechend ist auch das Spannungsverhältnis zwischen materieller und formeller Wahrheit regelmäßig Anknüpfungspunkt für spezifische revisionsrechtliche Debatten, wie bspw. die Rechtsprechung zur Rügeverkümmerung (→ Rn. 36 ff.) einerseits und das ungeschriebene Verbot der Rekonstruktion der Hauptverhandlung (→ Rn. 56 ff.) andererseits zeigen.

B. Ablauf und grundsätzliche Ausgestaltung des Revisionsverfahrens

4   Revisibel sind alle Urteile, die nicht schon selbst Revisionsurteile sind (vgl. §§ 333, 335), dh erstinstanzliche Urteile der (großen und Schwurgerichts-)Strafkammern am Landgericht, Berufungsurteile der kleinen Strafkammern, erstinstanzliche Urteile des OLG sowie die Urteile des Amtsgerichts (Strafrichter und Schöffengericht), die ebenfalls mit der Berufung anfechtbar sind; wählt der Beschwerdeführer im letztgenannten Fall die Revision, ist dies die sog. Sprungrevision (§ 335).

5   Nach der Urteilsverkündung (§ 268 Abs. 2 S. 1) bzw. bei Abwesenheit des Angeklagten nach Zustellung der Urteilsgründe beginnt die **einwöchige Revisionseinlegungsfrist** gem. § 341. Diese ist schriftlich oder zu Protokoll der Geschäftsstelle beim Instanzgericht (sog. iudex a quo) einzulegen. War zu diesem Zeitpunkt das Urteil bereits zugestellt, so ist einen Monat nach Ablauf der Einlegungsfrist die Revision zu begründen.[6] Im Regelfall, also nach Zustellung des Urteils zu einem späteren Zeitpunkt, beginnt die **grundsätzlich einmonatige Revisionsbegründungsfrist** (vgl. § 345 Abs. 1 S. 1), mit der **Zustellung** (vgl. → § 345 Rn. 10 ff.). Die starre Revisionsbegründungsfrist wurde mit dem am 1.7.2021 in Kraft getretenen Gesetz zur Fortentwicklung der Strafprozessordnung[7] flexibler gestaltet. Nach § 345 Abs. 1 S. 2 und 3 verlängert sich die Revisionsbegründungsfrist bei verspäteter Verbringung des Urteils zu den Akten nach mehr als 21 Wochen nach Verkündung um einen Monat und nach mehr als 35 Wochen nach Verkündung um einen weiteren Monat. Obwohl dies eine Verbesserung im Vergleich zur alten Rechtslage darstellt, besteht weiterhin eine deutliche Diskrepanz zwischen Urteilsabsetzungs- und Revisionsbegründungsfrist, die sich vor allem in Umfangsverfahren auswirkt (vgl. → Rn. 55).[8] Innerhalb

---

[2] Vgl. bereits BGH 2.10.1951 – 1 StR 434/51, BGHSt 1, 346 (350) = NJW 1952, 192 (193); zuletzt etwa BGH 22.2.2023 – 6 StR 35/23, NStZ 2023, 673, vgl. auch BVerfG 18.9.2018 – 2 BvR 745/18, NJW 2019, 41(46); mit Ausnahme der Verstöße gegen § 243 Abs. 4, vgl. BVerfG 15.1.2015 – 2 BvR 2055/14, NStZ 2015, 172 mAnm Knauer/Pretsch.
[3] Dahs Strafprozessrevision Rn. 1; Knauer FS Widmaier, 2008, 291 (308).
[4] Knauer FS Widmaier, 2008, 291 (308) mwN; aA BGH 23.4.2007 – GSSt 1/06, BGHSt 51, 298 = NStZ 2007, 661, BGH 12.7.2017 – GSSt 2/17, BGHSt 62, 184.
[5] Hierzu Andoor, Tatfragen in der strafrechtlichen Revision, 2020, S. 234 ff.
[6] Außerhalb der Abwesenheit des Angeklagten bei der Verkündung ist dies die absolute Ausnahme, weil regelmäßig die Urteilsabsetzungsfrist des § 275 Abs. 1 S. 2 genutzt wird.
[7] BGBl. 2021 I 2099.
[8] Gerhold/Meglalu ZRP 2020, 154 (157); BRAK-StN Nr. 19/2021, S. 7 f.; für den DAV: Brexl AnwBl. 2021, 271; Die ZPO oder – rechtsvergleichend – die österreichischen StPO sieht keine solchen engen

der gem. § 345 Abs. 1 ermittelten Frist hat der Revisionsführer darzutun, inwieweit er das Urteil anficht und dessen Aufhebung beantragt, er hat diesen Revisionsantrag zu begründen (§ 344 Abs. 1). Aus dieser Begründung muss hervorgehen, ob er wegen der Verletzung einer Rechtsnorm über das Verfahren (Verfahrensrüge) oder wegen der Verletzung einer Norm des materiellen Rechts (Sachrüge) das Urteil anficht (§ 344 Abs. 2 S. 1).

Im Falle der Erhebung der **Verfahrensrüge** gelten strenge Anforderungen, wonach die 6 den Mangel enthaltenden Tatsachen vollständig angegeben werden müssen (§ 344 Abs. 2 S. 2). Trotz des Gebotes des § 273 Abs. 4, nach dem das Urteil erst nach Fertigstellung des Protokolls zugestellt werden darf, hat der Revident in der Praxis häufig Letzteres noch nicht in den Händen, was angesichts der knappen Revisionsbegründungsfrist die Tätigkeit des Revisionsverteidigers weiter erschwert. Regelmäßig wird innerhalb der Frist die Verfahrensrüge ausgeführt, während die Sachrüge nur allgemein erhoben wird. Denn rechtliche Ausführungen können auch nach Fristablauf nachgeholt werden (näher dazu → § 345 Rn. 6, → § 344 Rn. 3, 89).

Die Revisionsbegründungsschrift ist dem Gegner zuzustellen. Dieser kann innerhalb 7 einer Woche (keine Ausschlussfrist) eine schriftliche **Gegenerklärung** einreichen (§ 347 Abs. 1 S. 2). Im Fall der Verfahrensrüge ist die StA seit dem Gesetz zur effektiveren und praxistauglicheren Ausgestaltung des Strafverfahrens vom 17.8.2017 gem. § 347 Abs. 1 S. 3 dazu verpflichtet,[9] eine Gegenerklärung abzugeben, wenn anzunehmen ist, dass dadurch die Prüfung der Revisionsbeschwerde erleichtert wird. Nach dem Willen des Gesetzgebers soll dies aber dann nicht der Fall sein, wenn die Revision offensichtlich unbegründet ist. Es ist daher zu befürchten, dass es trotz der formal gesetzlichen Verankerung zu keiner wesentlichen Änderung der bisherigen Praxis kommen und die Gegenerklärung der StA eher die Ausnahme bleiben wird (dazu → § 347 Rn. 14 f.). Auch die Verteidigung macht von der Gegenerklärung regelmäßig keinen Gebrauch. Das ist allerdings nicht ohne Risiko: Denn die Gegenerklärung kann über Erfolg oder Misserfolg der Verfahrensrüge entscheiden. Deren Tatsachengrundlagen werden nämlich nicht im Strengbeweisverfahren nach § 244 überprüft, sondern freibeweislich.[10] Bestreitet nun der Revisionsgegner vom Beschwerdeführer behauptete Tatsachen nicht oder weist nicht auf Lücken des Tatsachenvortrages hin, so läuft er Gefahr, dass der Senat diesen letztlich als richtig und vollständig seiner Entscheidung zugrunde legt (näher zum Ganzen → § 347 Rn. 13 f.).

Nach Eingang der Gegenerklärung bzw. nach Ablauf der Frist werden über die StA 8 die Akten an das **Revisionsgericht** (sog. iudex ad quem) gesandt. Zur Entscheidung zuständig sind bei Revisionen gegen Berufungsurteile (sowie gegen erstinstanzliche Urteile der großen Strafkammern, soweit – praktisch ohne große Relevanz – ausschließlich die Verletzung von Landesrecht gerügt wird) die Strafsenate der OLGe (vgl. § 121 Abs. 1 Nr. 1 GVG). Über Revisionen gegen erstinstanzliche Urteile des LG (große Strafkammern und Schwurgerichte) sowie der OLGe entscheidet der BGH, vgl. § 135 Abs. 1 GVG. Der praktische **Lauf der Akte** wird in den Nr. 164–166 RiStBV näher beschrieben. Die StA übersendet die Akten nach der Verfügung des Vorsitzenden der Strafkammer stets innerdienstlich an die GenStA. Ist Revisionsgericht der BGH, so leitet die GenStA (mit einer eigenen Stellungnahme, die, weil innerdienstlich, der Angeklagte regelmäßig nicht zugestellt oder übersandt bekommt) die Akten weiter an den GBA, der diese dann, mit einem Antrag nach § 349, an das Revisionsgericht weiterleitet; ist zuständiges Revisionsgericht das OLG, so stellt die GenStA selbst diesen Antrag (→ § 347 Rn. 18 f.).

Der Schwerpunkt des Revisionsverfahrens liegt auf dem **schriftlichen Verfahren**; dem- 9 gemäß wird regelmäßig im **Beschlusswege** entschieden. So etwa bei Unzulässigkeit (durch den iudex a quo bei verspäteter Einlegung, nicht rechtzeitiger und formgerechter Begründung, § 346 Abs. 1 sowie durch das Revisionsgericht in den Fällen des § 349 Abs. 1). Erachtet das

---

Fristen vor, hierzu Beukelmann NJW-Spezial 2017, 632 (632) bezogen auf § 551 Abs. 2 ZPO; Gerhold/Meglalu in ZRP 2020, 154 (157) bezogen auf § 285 II, IV 2 Ö-StPO, der eine Möglichkeit zur Antragsstellung auf Verlängerung der Frist einräumt.

[9] Zuvor war die Staatsanwaltschaft hierzu lediglich innerdienstlich verpflichtet gem. § 162 Abs. 2 RiStBV.

[10] Franke in Löwe/Rosenberg Rn. 3; Frisch in SK-StPO Rn. 4.

Revisionsgericht (wie in der überwiegenden Zahl der Fälle, zur Statistik → Rn. 12 ff.) die Revision **einstimmig** als **offensichtlich unbegründet,** so kann sie auf Antrag der StA ebenfalls im Beschlusswege verworfen werden. In diesem Fall hat der Beschwerdeführer binnen zwei Wochen die Gelegenheit zu einer schriftlichen Gegenerklärung (§ 349 Abs. 2 S. 3). Wenn das Revisionsgericht die zugunsten des Angeklagten eingelegte Revision einstimmig für begründet hält, so kann es das angefochtene Urteil durch Beschluss aufheben (§ 349 Abs. 4). Obwohl dies im Gesetz nicht explizit normiert ist, kann die StA dies selbstredend ebenfalls beantragen; dies gilt auch für die Anberaumung der Hauptverhandlung, die gemäß § 349 Abs. 5 zu erfolgen hat, wenn die beschriebenen Beschlussentscheidungen ausscheiden.

10 Die Revisionshauptverhandlung ist aufgrund der intensiven Anwendung der Möglichkeiten der Beschlussverwerfung, insbesondere nach § 349 Abs. 2, bzgl. der Angeklagtenrevisionen quantitativ nahezu zu vernachlässigen (→ Rn. 13). Bei Revisionen der StA findet ohne Grundlage in der StPO aufgrund einer Vereinbarung zwischen den Generalstaatsanwälten und dem GBA stets eine Hauptverhandlung statt. Die **Revisionshauptverhandlung** unterscheidet sich im Ablauf deutlich von der Hauptverhandlung in der Instanz (zu den Einzelheiten s. § 351). Die Anwesenheit des Angeklagten ist nicht erforderlich; das gilt nach der StPO noch nicht einmal für den Verteidiger, wird aber vom BGH inzwischen so gehandhabt, dass grundsätzlich ein Pflichtverteidiger bestellt wird, wenn ein Wahlverteidiger nicht erscheinen wird (→ § 350 Rn. 17). Kern der Verhandlung sind die Vorträge der Revisionsparteien. Tatsächliche Fragen spielen nur insoweit eine Rolle, als sie für die Entscheidung über das Vorliegen eines Verfahrensfehlers von Relevanz sind, alles Weitere unterliegt dem sog. Rekonstruktionsverbot (dazu → Rn. 56 ff.). Eine Beweisaufnahme gem. § 244 Abs. 1 findet dementsprechend nicht statt. Im Idealfall entwickelt sich ein **Rechtsgespräch** zu den entscheidungsrelevanten Fragen (näher zum Ganzen → § 351 Rn. 4, 20).

11 Das Revisionsgericht verwirft auch nach Hauptverhandlung die Revision im Falle der Unzulässigkeit oder Unbegründetheit entsprechend § 349 Abs. 1 und 2 (wobei freilich Einstimmigkeit, anders als bei der direkten Anwendung des Abs. 2, nicht erforderlich ist). Soweit es die Revision für begründet erachtet, weil das angegriffene Urteil auf einer Gesetzesverletzung beruht, hebt es dieses mit den ggf. von der Gesetzesverletzung betroffenen Feststellungen auf (§ 353). Teils ergehen nicht vollständige Aufhebungen, sondern sog. Kombinationsentscheidungen (auf die Revision wird das Urteil aufgehoben, soweit auf es einer Gesetzesverletzung beruht und unter Verwerfung der Revision – als unbegründet oder unzulässig – im Übrigen). Im Fall der (Teil-)Aufhebung wird die Sache grundsätzlich zur erneuten Verhandlung an das Instanzgericht zurückverwiesen (§ 354 Abs. 2 und 3); dies liegt vor allem daran, dass das Revisionsgericht eigene Tatsachenfeststellungen nicht treffen darf (→ Rn. 3). Eine über die Aufhebung hinausgehende eigene Sachentscheidung ist dem Revisionsgericht nur in den engen Ausnahmen des § 354 Abs. 1–1b gestattet, so wenn auf Basis der nicht angreifbaren Feststellungen auf Freispruch oder Einstellung entschieden werden kann (dazu und zu den weiteren Fällen § 354 Abs. 1 → Rn. 7–81). Die § 354 Abs. 1a und 1b sind gegenüber der ursprünglichen Konzeption der StPO allerdings ein Fremdkörper, ermöglichen sie doch eine eigene Sachentscheidung im Falle einer Gesetzesverletzung bei der Strafzumessung.[11]

C. Statistik

12 Statistische Analysen der **Erfolgsaussichten von Revisionen** beim BGH,[12] die aus den amtlichen Zahlen aus den jährlichen Übersichten über den Geschäftsgang des BGH[13] gewonnen werden, müssen aus mehreren Gründen kritisch gelesen werden.[14] Zum einen

---

[11] Knauer NStZ 2016, 1 (3 f. mwN).
[12] Zu den OLGen etwa Rieß FS Eisenberg, 2009, 569 (mit Fn. 1).
[13] »Übersicht über den Geschäftsgang bei den Strafsenaten des Bundesgerichtshofes«, abrufbar auf der Homepage des BGH unter „Statistik der Strafsenate".
[14] Zu den Schwächen der amtlichen Statistik des BGH s. die Untersuchung von Barton FS Kühne, 2013, 139 (141 f.).

werden dort Revisionsverfahren gezählt, nicht aber Revisionen verschiedener Revisionsführer, sodass die Gesamtzahl der eingelegten Revisionen nicht erfasst wird.[15] Zudem geben die amtlichen Zahlen keinerlei Aufschluss über die verschiedenen Revisionsführer, sodass insbesondere die Erfolgsaussichten der Angeklagtenrevisionen aus ihnen nicht direkt herausgelesen werden können. Schließlich zählt die amtliche Statistik des BGH nur die Erledigungsarten, die tatsächlichen Erfolgsquoten von Revisionen – auch sog. Kombinationsentscheidungen nach § 349 Abs. 2 und 4 bedeuten in der Sache häufig weitgehend erfolglos bleibende Revisionen[16] – bleiben im Dunkeln.

Die amtlichen Statistiken des BGH geben dennoch **Aufschluss über Entwicklungs-** 13 **tendenzen** hinsichtlich der Anzahl der Verfahren und der Erledigungen durch Beschluss oder Urteil innerhalb eines Referenzzeitraumes – hier die Jahre 2012 bis 2022.[17] Die Zahl der jährlich neu eingegangenen Revisionen[18] schwankte in den Jahren 2012–2022 zwischen 3.328 (im Jahr 2015) und 3.779 (im Jahr 2017) und lag damit im Durchschnitt bei etwa 3.500. Von insgesamt 3.058 erledigten Revisionen im Jahr 2022 wurden 159, dh 5,20 %, durch Urteil erledigt. Dieser Wert liegt mit 0,06 Prozentpunkten Differenz nur knapp über dem Vorjahreswert von 5,14 % % Im Durchschnitt wurden im Referenzzeitraum 2012 bis 2022 ca. 5,35 % der Neueingänge durch Urteil entschieden (Höchstwert 6,39 % im Jahr 2018; niedrigster Wert 3,51 % im Jahr 2020). Dabei entschied der 5. Strafsenat im Referenzzeitraum 2012–2022 am häufigsten, nämlich in 5,29 %, und der 4. Strafsenat am seltensten, nämlich in 4,11 % der Verfahren durch Urteil.[19] Insgesamt bleibt die Revisionshauptverhandlung daher von **untergeordneter Bedeutung;** dies gilt erst recht für den Angeklagten, da aufgrund einer Vereinbarung zwischen GBA und den GenStAen jede staatsanwaltschaftliche Revision mündlich verhandelt wird (dazu auch → § 349 Rn. 17).

Neben den 5,20 % durch **Urteil** erledigten Revisionen wurde auch im Jahr 2022 das 14 Gros aller Revisionen, nämlich 2.033, durch **Beschluss** nach § 349 Abs. 2 als offensichtlich unbegründet verworfen, dh 66,48 %. Dabei ist hinsichtlich der Beschlüsse nach § 349 Abs. 2 – die weiterhin den Löwenanteil der Revisionen ausmachen – seit dem Jahr 2018 ein leichter Rückgang zu verzeichnen (Höchstwert 73,66 % im Jahr 2013; niedrigster Wert 65,62 % im Jahr 2019. Gleichzeitig ist auch beim Anteil der sog. Kombinierten Beschlüsse gem. § 349 Abs. 2 und 4 seit 2018ein deutlicher Anstieg von gut 6 % zu verzeichnen (Mindestwert 12,5 % im Jahr 2013; Höchstwert 21,5 % im Jahr 2020). Eine Aufhebung des angefochtenen Urteils ohne mündliche Verhandlung gem. § 349 Abs. 4 erfolgte 2022 nur noch in 2,88 % der Erledigungen. Vergröbernd lässt sich für den Referenzzeitraum zusammenfassen, dass der Anteil der Urteile insgesamt keinen allzu großen Schwankungen unterworfen ist und im einstelligen Prozentbereich verharrt. Der Anteil der Beschlüsse nach § 349 Abs. 4 ist auf niedrigem Niveau mit zuletzt minimaler Abnahme konstant, der Anteil der sog. kombinierten Beschlüsse nach § 349 Abs. 2 und 4 stieg kontinuierlich, mit 6 Prozentpunkten Unterschied zwischen 2013 und 2020 sogar deutlich. Anders gewendet: Die dominierenden Beschlussverwerfungen gem. § 349 Abs. 2 nehmen zugunsten der sog. kombinierten Beschlüsse weiterhin leicht ab.[20]

---

[15] Laut Barton FS Kühne, 2013, 139 (142), gibt es in 100 Revisionsverfahren in etwa 125 Beschwerdeführer; die Überprüfbarkeit dessen hält sich in Grenzen, weil nicht alle Senate die Revisionen bezogen auf verschiedene Beschwerdeführer gleich behandeln.

[16] Die statistische Analyse der Erfolgsquoten von Revisionen basiert wegen der sog. kombinierten Beschlüsse freilich immer auf der Wertung, ob letztlich ein Erfolg oder Misserfolg vorliegt. Die Erfassung der Erledigungsart dagegen ist zwar eindeutig, aber wenig aussagekräftig.

[17] Sämtliche nachfolgenden Zahlenangaben sind der jeweiligen »Übersicht über den Geschäftsgang bei den Strafsenaten des Bundesgerichtshofes« entnommen. Die Prozentzahlen wurden ebenfalls aus diesen Daten errechnet und auf die erste Stelle hinter dem Komma gerundet.

[18] Gemeint sind Revisionsverfahren.

[19] Bei dem Vergleich wurde der 6. Strafsenat außer Acht gelassen, da dieser aufgrund der Einführung im Jahr 2020 einem anderen Referenzzeitraum unterliegt.

[20] Damit einher geht eine Verschlechterung der Aussagekraft der statistischen Angaben über die Erfolgsquote von Revisionen, denn inwieweit nun eine nach § 349 Abs. 2 und 4 erledigte Revision überwiegend erfolgreich war, kann dem Zahlenmaterial nicht entnommen werden.

15 Ein differenzierteres Bild ergibt sich, sofern man nicht nur die Gesamtzahlen aller Senate des BGH ermittelt, sondern die **Zahlen einzelner Senate** für sich nimmt und mit denjenigen der anderen Senate vergleicht.[21] Zwar bestätigt ein erster Blick auf die Zahlen die oben (→ Rn. 13 f.) herausgearbeiteten Tendenzen grundsätzlich. Im Referenzzeitraum verzeichnet der *1. Senat* zunächst einen kontinuierlich absteigenden Anteil der Urteile, der seit dem Jahr 2014 aber wieder merklich steigt und im Jahr 2017 einen Höchstwert von 6,44 % erreicht, bevor er wieder auf ca. 5 % sinkt; der Anteil der Beschlüsse nach § 349 Abs. 4 sowie der sog. kombinierten Beschlüsse nach § 349 Abs. 2 und 4 steigt über den gesamten Referenzzeitraum kontinuierlich an, wobei insbesondere bei den kombinierten Beschlüssen nach § 349 Abs. 2 und 4 seit dem Jahr 2015 ein sehr starker Anstieg von 9,98 % (im Jahr 2015) auf bis zu 23,35 % (im Jahr 2022) zu beobachten ist und seit 2019 konstant über 20 % liegt. Seit 2012 sank der Anteil an Verwerfungen nach § 349 Abs. 2 auf sehr hohem Niveau um ca. 13 % von 83,52 % im Jahr 2012 auf zuletzt 60,08 % im Jahr 2022. Während der 1. Strafsenat bis einschließlich 2014 überdurchschnittlich viele Beschlüsse gem. § 349 Abs. 2 erlassen hat. In den Jahren 2014 und 2015 erzielte der 1. Senat bei den Beschlüssen nach § 349 Abs. 2 mit 79,04 % und 79,38 % erstmals seit 2008 wieder Werte unter 80 %, und seitdem ist die Quote der ou-Beschlüsse beim 1. Strafsenat weiter auf 60,08 % im Jahr 2022 gesunken; eine gewisse Relevanz des Wechsels im Amt des Senatsvorsitzenden liegt ob der Eindeutigkeit der Zahlen nahe. Zum Vergleich: Im Jahr 2008 waren von diesem Senat noch 88,4 % als offensichtlich unbegründet verworfen worden. Spiegelbildlich zur Rückläufigkeit der Beschlüsse gem. § 349 Abs. 2 sind in den Jahren 2014 bis 2017 ein deutlich höherer Anteil an Urteilen sowie ansteigende Werte bei den Teil- bzw. Komplettaufhebungen zu verzeichnen.[22] Zunächst durchaus gegenläufig war indes die Entwicklung beim *5. Strafsenat*; bis einschließlich 2016 stieg die Quote der ou-Beschlüsse auf 83,33 % an. Im Folgejahr 2017 sank der Wert wieder leicht auf 79,8 % und liegt seitdem zwischen 72,2 % und 67,07 %. Im Jahr 2018 wiesen der 1., 4. und 5. Senat mit ca. 70 % eine nahezu gleiche Quote von ou-Beschlüssen auf. Seit 2019 hat der 3. Senat mit Werten zwischen 70,85 % und 74,05 % den höchsten Anteil an ou-Beschlüssen zwischen den Senaten. Der im Februar 2020 neu gegründete 6. Senat lehnt Revisionen zu durchschnittlich ca. 70 % als offensichtlich unbegründet ab.

16 Eine gravierende **senatsspezifische Ausdifferenzierung der Erfolgsquoten** unter Berücksichtigung der Zahl der zulässigen durch Beschluss[23] erledigten Revisionen ist, im Gegensatz zum Zeitraum 2004 bis 2015, im Referenzzeitraum nicht ersichtlich.[24] Die geringste Zahl der zulässigen im Beschlussweg erledigten Revisionen als offensichtlich unbegründet verworfen hat mit durchschnittlich 63,83 % der 2. Senat, (wobei der 4. Senat mit 67,42 % und der 3. Senat mit und 6. mit 69,50 % dicht folgen). Beim 5. Senat liegt sie im Referenzzeitraum 2012–2022 hingegen bei überdurchschnittlich hohen 75,04 % und damit sogar höher als bei dem 1. Senat (dort liegt sie bei 71,43 %).

17 Will man die Erfolgsaussichten von Angeklagtenrevisionen beim BGH ermitteln, so können die vorgelegten Zahlen aus den eingangs (→ Rn. 12) ausgeführten Gründen lediglich als Näherungswert dienen. Auszugehen ist dabei stets von der „Misserfolgsquote".[25] Klar zu entnehmen sind den Zahlen jedenfalls der immens hohe Anteil an Verwerfungen nach § 349 Abs. 2, sowie der steigende Anteil an sog. kombinierten Beschlüssen. In der Literatur finden sich – auf unterschiedlicher Basis errechnete – Angaben zu den Erfolgschancen einer Revision. Laut *Basdorf* lag die Misserfolgsquote in den

---

[21] Hierzu für den Zeitraum 2015 bis 2019 Basdorf NStZ 2022, 399.
[22] Waren im Jahr 2013 nur 2,8 % der Erledigungen durch Urteil ergangen, so liegt der Wert in den Jahren 2014 und 2015 bei 4,16 % bzw. 4,09 % und in den Jahren 2016 und 2017 sogar bei 5,95 % bzw. 6,44 %. Danach liegt der Wert im Durchschnitt bei ca. 5 %.
[23] Zu im Urteilsverfahren entschiedenen Revisionen, Fischer NStZ 2013, 425 (427 f.).
[24] Die Zahlen wurden wiederum aus der Zusammenschau der jeweiligen »Übersicht über den Geschäftsgang bei den Strafsenaten des Bundesgerichtshofes« errechnet.
[25] Rieß FS Eisenberg, 2009, 569 (570); dort auch zu dem Faktum, dass für die Tatrichter ein Revisionserfolg regelmäßig der Misserfolg der Angeklagtenrevision sein wird.

Jahren 2015 bis 2019 bei jeweils knapp über 80 %. Nur der 2. Strafsenat habe im Jahr 2015 eine außergewöhnliche Erfolgsquote von 32 % gehabt;[26] genauso hoch lag sie im Jahr 2021 und im Jahr 2020 lag sie sogar zwischenzeitlich bei 35 %. Demgegenüber lag die Erfolgsquote des 5. Strafsenats in den Jahren 2018 bis 2022 durchschnittlich bei 22,61 %. Bei dem 3. Strafsenat lag sie 2019 laut *Basdorf* nur bei 14 %.[27] *Fischer/Krehl* gehen in einer Veröffentlichung aus dem Jahre 2012 von einer Quote von etwa 85 % im Wesentlichen erfolglos bleibender Revisionen aus.[28] *Rieß* spricht in einer Untersuchung aus dem Jahre 2009 davon, dass beim BGH die Misserfolgsquote von Angeklagtenrevisionen zwischen etwa 80 % und 85 % liege, wohingegen sie sich bei Revisionen der StA auf etwa 40–50 % reduziere.[29] In einer eingehenden Analyse der Revisionsrechtsprechung des BGH im Jahr 2005 kommt *Barton* zu dem Ergebnis, dass schon 85,3 % der Revisionen gem. § 349 Abs. 2 verworfen wurden, in 2,0 % der Fälle gem. § 349 Abs. 4, in 7,0 % der Fälle gem. § 349 Abs. 2 und 4 Beschluss gefasst wurde.[30] Die Misserfolgsquote für das Jahr 2005 lag nach diesen Berechnungen und Wertungen[31] bei 91,6 %; erhebliche Teilerfolge wurden in 4,2 %, volle Erfolge in weiteren 4,2 % der Fälle erzielt.[32] Revisionen von Staatsanwälten hatten dabei in mehr als 55 % der Fälle Erfolg, Revisionen von Rechtsanwälten in weniger als 7 % – wobei volle Erfolge von Rechtsanwälten nur in 3 % der Fälle, von Staatsanwälten aber in 41,5 % der Fälle zu verbuchen waren.[33] Fakt ist jedenfalls, dass die Erfolgsquote der Angeklagtenrevision vor den 2000er Jahren höher war, so lag – laut *Schlothauer*[34] – die Erfolgsquote von Angeklagtenrevisionen noch im Jahre 1975 bei 17,6 % und hatte sich schon auf 12,2 % im Jahre 1996 verringert. Dass diese sich heute um die 20 % einpendelt, ist sicherlich eine valide Aussage.

Die **Folgerungen,** die aus diesen Zahlen gezogen werden können, sind ernüchternd. **18** Zur Erklärung des hohen Anteils an Beschlussverwerfungen gem. § 349 Abs. 2 hat bereits *Rieß* darauf hingewiesen, dass es sich – trotz berechtigter Kritik an dieser Vorschrift – angesichts der hohen Verfahrenszahlen, die der BGH jedes Jahr zu bewältigen habe, um eine „gegenwärtig unverzichtbare Realbedingung für die Leistungsfähigkeit der Revision in Strafsachen" handele.[35] Auch von Seiten der Anwaltschaft wird diese grundsätzliche Funktion der ou-Beschlüsse anerkannt.[36] *Hanack* hat dementsprechend schon vor gut 40 Jahren eingeräumt, dass die gestiegene Anzahl der Beschlussverwerfungen nach § 349 Abs. 2 *auch* darauf zurückzuführen sei, dass die Vorschrift als Mittel zur Arbeitsregulierung verwendet werde.[37] Er betonte gleichzeitig aber auch, dass es einen beträchtlichen Prozentsatz zwar formell zulässiger, sachlich aber wirklich „offensichtlich unbegründeter" Revisionen gebe und verweist darauf, dass nicht selten sachfremde Ziele verfolgt würden (Nachweis der Unschuld, Erreichen einer niedrigeren Strafe, etc).[38] Den massiven Unterschied zwischen den Erfolgschancen von Angeklagtenrevisionen und denen der StA führt *Rieß* sowohl auf die innerdienstliche Vorschrift in Nr. 147 RiStBV, wonach die StA Rechtsmittel nur einlegen soll, wenn sie aussichtsreich sind und wenn wesentliche Belange der Allgemeinheit oder am Verfahren Beteiligten es gebieten, als auch auf eine höhere Rücknahmequote zurück.[39]

---

[26] Basdorf NStZ 2022, 399.
[27] Basdorf NStZ 2022, 399.
[28] Fischer/Krehl StV 2012, 550 (dort Fn. 15).
[29] Rieß FS Eisenberg, 2009, 569 (570 ff.).
[30] Barton FS Kühne, 2013, 139 (144 f.). Barton berechnet die vorgelegten Zahlen nicht auf Basis der Statistiken des BGH. Gezählt sind daher nicht Revisionsverfahren, sondern Revisionen.
[31] Explizit zu den vorgenommenen Wertungen, Barton FS Kühne, 2013, 139 (146).
[32] Barton FS Kühne, 2013, 139 (146).
[33] Barton FS Kühne, 2013, 139 (146).
[34] Schlothauer StraFo 2000, 289 (292).
[35] Rieß FS Hanack, 1999, 397 (415); so auch Detter StV 2004, 345 (349), wonach § 349 Abs. 2 StPO im Interesse einer funktionstüchtigen Strafrechtspflege notwendig sei.
[36] So ausdrücklich Norouzi StV 2015, 773 (775) mwN.
[37] Hanack FS Dünnebier, 1982, 301 (308).
[38] Hanack FS Dünnebier, 1982, 301 (308 f.); dazu auch Norouzi StV 2015, 773 (775).
[39] Rieß FS Eisenberg, 2009, 569 (571).

19 Auf den ersten Blick nur schwer zu erklären ist die teilweise bestehende Spreizung[40] zwischen den einzelnen Senaten.[41] Der ehemalige Vorsitzende des 2. Senats, *Fischer*, identifiziert unterschiedliche rechtspolitische Einstellungen der Senate zum Rechtsmittel der Revision und zur Aufgabe des Revisionsgerichts als Ursache.[42] Auch der Einfluss des Senatsvorsitzenden wie auch des Berichterstatters auf die Praxis der Entscheidungsfindung spielt eine Rolle.[43] Den statistischen Ergebnissen entnimmt daher auch *Barton*, dass die Frage, ob ein Angeklagter mit einer Revision Erfolg hat, von dem „Zufall" abhängen kann, zu welchem Senat seine Revision geht und welcher Berichterstatter (zum Einfluss des Berichterstatters auch → Rn. 48 f.) dafür verantwortlich ist.[44]

20 Diese Erklärungsansätze spiegeln letztlich die unzureichende Ausübung der Kontroll- und Disziplinierungsaufgabe der Revisionsgerichte wider (dazu ausführlich → Rn. 67, 81 ff.). Vor allem der massive Unterschied der Erfolgschancen von Revisionen der StA auf der einen und der Verteidigung auf der anderen Seite lässt sich nicht in zufriedenstellender Weise erklären. Wenn darauf hingewiesen wird, dass dies nicht auf eine etwaige Voreingenommenheit der Senate zurückzuführen sei, sondern „an der deutlich niedrigeren Anfechtungsquote mit durchweg deutlich höherer Erfolgschance bei staatsanwaltschaftlichen Revisionen" liege,[45] erklärt dies noch nicht, warum staatsanwaltschaftliche Revisionen eine höhere Erfolgschance haben, sondern beschreibt lediglich den status quo. Auf der Suche nach den Gründen muss im Zuge einer sachlich geführten Debatte zumindest aber anerkannt werden, dass allein eine (vermeintlich) ungenügende Qualität von anwaltlichen Revisionsbegründungen die höhere Misserfolgsquote nicht begründen kann; das wäre schlicht zu pauschal[46] und seinerseits empirisch durch nichts belegt. Dies gilt vor allem deshalb, weil die Misserfolgsquote der Angeklagtenrevisionen kontinuierlich gestiegen ist. Dass dies tatsächlich in Korrelation zu einem Abfall der Qualität der im Revisionsverfahren tätigen Verteidiger stehen soll, ist schon angesichts der Einführung der Fachanwaltschaft im Jahr 1995 wenig plausibel.[47] Zwar ist zuzugeben, dass Begründungen der Sachrüge in vielen Fällen in der Tat unzureichend ausgeführt werden.[48] Und auch die hohen Hürden, die es bei der Formulierung einer aus Sicht des Revisionsgerichtes ordnungsgemäßen Verfahrensrüge zu überwinden gilt (dazu → Rn. 31 ff. sowie → § 344 Rn. 88 ff.), machen eine zulässige wie auch rechtlich schlüssige Verfahrensrüge geradezu zu einem „Meisterwerk",[49] für dessen Erstellung es zweifelsohne Erfahrung und fachlicher Expertise bedarf.[50] Dass der Anteil der erfolgreichen Verfahrensrügen dauerhaft im niedrigen einstelligen Bereich liegt, in den Jahre 2015 bis 2018 bei 6–7 % lag und im Jahr 2019 nur noch etwa 4 % betrug,[51] ist jedoch mehr sowohl auf die zunehmenden und in ihrer Gesamtheit kaum mehr überschaubaren Anforderungen der Rechtsprechung an die Darstellung einer zulässigen Verfahrensrüge als auch auf andere, die Verfahrensrüge einschränkenden Tendenzen (dazu sogleich → Rn. 30 ff.) zurückzuführen.[52] Vor dem Hintergrund, dass Revisionsrichter selbst einräumen, dass § 344

---

[40] Fischer NStZ 2013, 425 (428), wobei er eine Spreizung von rund 20 % für den Zeitraum von 2008 bis 2012 im Blick hatte.
[41] Der Erste Senat verwarf 92,2 % der im Beschlusswege erledigten Revisionen, der Zweite Senat 80,9 %, der Dritte Senat 78,6 %, der Vierte Senat 80,3 % und der Fünfte Senat 84,4 %.
[42] Fischer NStZ 2013, 425 (428 f.).
[43] Vgl. hierzu Garcia in De legibus-Blog unter: blog.delegibus.com vom 4.12.2011, zuletzt abgerufen am 19.8.2024.
[44] Barton StRR 2014, 404 (410).
[45] Fischer NStZ 2013, 425 (428).
[46] Im Hinblick auf die Beschlussverwerfung bereits Schlothauer StraFo 2000, 298 (292); Weiler FS Meyer-Goßner, 2001, 571 (573); darauf ebenfalls hinweisend Kutzer StraFo 2000, 325 (326); Widmaier StraFo 2010, 310 (313).
[47] Darauf bereits hinweisend Widmaier StraFo 2010, 310 (313).
[48] Fischer NStZ 2013, 425 (426).
[49] In diesem Sinne auch Dahs/Müssig in MAH Strafverteidigung § 12 Rn. 52.
[50] Insofern räumt auch Widmaier in StraFo 2006, 437 (440) ein, dass „der anwaltliche Vortrag von Verfahrensrügen im breiten Durchschnitt weit unterhalb der diskutierten Grenzbereiche des § 344 Abs. 2 S. 2 StPO liegt."
[51] Basdorf NStZ 2022, 399 (400).
[52] Hierzu und auch mit Blick auf die Sachrüge Neuhaus StV 2019, 843 (845 ff.).

Abs. 2 S. 2 bisweilen erbarmungslos ausgelegt werde,[53] erhärtet sich dieser Eindruck. Insofern besteht kein vernünftiger Grund dafür, anzunehmen, dass Staatsanwälte ihr Handwerk insgesamt besser beherrschen sollen als ausgewiesene (Revisions-)Verteidiger (speziell im Hinblick auf die Verfahrensrüge und die Zulässigkeitshürde des § 344 Abs. 2 S. 2 → § 344 Rn. 90).[54] Dafür, dass bisweilen eine **gewisse Voreingenommenheit** oder jedenfalls unterschiedliche Anwendungstendenzen der revisionsrechtlichen Normen nicht von der Hand zu weisen sind, sprechen jedenfalls die Zahlen des 1. Strafsenates bis zum Jahr 2013.[55]

D. Wandel der Revision durch Richterrecht – Kritik

I. Das Konzept der Revision als reine Rechtmäßigkeitskontrolle

Das Rechtsmittel der Revision ist dem juristischen Laien, insbesondere dem Angeklagten, nur schwer verständlich zu machen. So heißt es in einem der beiden traditionellen Revisionshandbücher: *„Die Revision ist kein volkstümliches Rechtsmittel"*.[56] Dem entgegenzuhalten, die Volkstümlichkeit sei für die Frage der Qualität eines Rechtsmittels wenig relevant,[57] wäre zu einfach. Denn gerade im eingriffsintensivsten Bereich überhaupt, der staatlichen Machtausübung durch Strafrecht, ist die Akzeptanz des letzten verbleibenden Rechtsmittels durch das betroffene Prozesssubjekt selbstverständlich schon deshalb von Bedeutung, weil die spezial- wie auch generalpräventive Wirkung der Strafe auch davon abhängt, ob der Prozess letztlich als gerecht akzeptiert wird. Unabhängig davon ist die Revision schon seit Langem sowohl der **prozessrechtsdogmatischen Kritik** als auch derjenigen der **Revisionspraktiker** ausgesetzt sowie Gegenstand **intensiver Reformdiskussionen**.[58] Das liegt zuvörderst an der bereits beschriebenen Ausgestaltung als reine Rechtsbeschwerde und den statistisch geringen Erfolgsaussichten der Angeklagtenrevision (dazu → Rn. 17). Letztere wiegen besonders schwer in den Fällen, in denen gegen die Urteile der großen Strafkammern des Landgerichts das Rechtsmittel der Berufung eben nicht statthaft ist, sondern nur das der Revision zum BGH, § 312 iVm § 333. Es bleibt damit nur bei einer einzigen gerichtlichen Überprüfung des Anklagevorwurfs in tatsächlicher Sicht, und dies gerade in den Fällen schwererer Vorwürfe.[59] Hinzu kommt: Revisionsrecht ist Richterrecht.[60] Die §§ 333–358 stellen allenfalls ein wenig ausgeprägtes normatives

---

[53] Basdorf StV 1997, 488 (489).
[54] Ausführlich zur Verteidigung gegen staatsanwaltschaftliche Verfahrensrügen Mavany StraFo 2014, 494.
[55] Weil der 1. Senat überdurchschnittlich viele Urteile gehalten hat, wurde er unter dem Vorsitz von Nack als Oliver-Kahn-Senat, der alles hält, was (irgendwie) zu halten ist, bezeichnet. Folgt man Fischer, entsprach dies auch der Selbstdarstellung des Senatsvorsitzenden in der Vergangenheit, Fischer NStZ 2013, 425 (426). Dies belegen auch die Ausführungen von Kudlich StraFo 2016, 274 (274), über die Verfahrensgestaltung von Nack.
[56] Hamm/Pauly Rn. 1.
[57] Rieß FS Hanack, 1999, 397 (420 f.).
[58] Zur Kritik exemplarisch Schlothauer StraFo 2000, 289; Fezer StV 2007, 40; Zum Wandel der Revision eingehend Frisch FS Fezer, 2008, 352 ff.; monographisch zur Reform des Rechtsmittels bereits Fezer, Die Reform der Rechtsmittel in Strafsachen, 1974; zur Reformbedürftigkeit ebenfalls Schünemann ZStW 114 (2002), 1 (54); zur Reform des Revisionsverfahrens Norouzi StV 2015, 773; dazu auch Gericke in KK-StPO Vorbemerkungen Rn. 9 ff.; hinsichtlich der aktuellen Reformbestrebungen Gräfin von Galen ZRP 2016, 42 (45); Basar StraFo 2016, 226 (237); zu konkreten Reformvorschlägen auch Schletz, die erweiterte Revision in Strafsachen, 2020, S. 567; zuletzt Reformvorschläge insbesondere mit Blick auf die vorgeschlagene audiovisuelle Aufzeichnung der strafgerichtlichen Hauptverhandlung und das Rekonstruktionsverbot, hierzu etwa Schneider NStZ 2019, 324 (328 f.), Schmitt NStZ 2019, 1 (7 ff.), Mosbacher ZRP 2019, 158 (160 f.).
[59] Ein Fall intuitiv gefühlter Ungerechtigkeit. Während in den Fällen kleinerer Kriminalität (dem Hühnerdieb) zwei Instanzen zur Verteidigung auf tatsächlicher Basis zur Verfügung stehen, bleibt bei schwereren Vorwürfen (Wirtschaftsstraftaten und Mord, etc) nach einer Tatsacheninstanz nur der BGH als Korrektiv, der sich um die Frage, ob „es denn wirklich so gewesen ist" wie in der Vorinstanz festgestellt, nicht zu kümmern hat (s. dazu Knauer NStZ 2016, 1 (2 f.).
[60] Dahs Strafprozessrevision Rn. 2; Rosenau FS Widmaier, 2008, 521 (824); zur richterrechtlichen Fortentwicklung der Revision in den letzten Jahrzehnten siehe nur Frisch in SK-StPO Rn. 8 ff.

Skelett dar. Die Revisionspraxis ist in nahezu allen Fragen und damit in seiner Gesamtkonzeption geprägt durch die Vielzahl von Entscheidungen des BGH. Diese scheinen – dies zeigt ebenfalls bereits die Statistik – in der Gesamtschau geprägt von einer Tendenz, „goldrichtige" Instanzurteile zu halten (→ Einl. Rn. 266).[61] Das dafür angewandte Instrumentarium der Revisionsgerichte ist vielfältig; an dessen Spitze stehen aber die bisweilen überzogenen Anforderungen an die Begründung der Verfahrensrüge auf der Grundlage des § 344 Abs. 2 S. 2 und die exzessive Handhabung der Beschlussverwerfung als „offensichtlich unbegründet" gem. § 349 Abs. 2 (dazu sogleich → Rn. 46 ff.).

22 Dementsprechend deutlich ist die darauf bezogene Kritik von Autoren aus der Wissenschaft und der Strafverteidigung.[62] Doch auch von Seiten der Revisionsrichter wird (teils massive) Kritik geäußert. So haben auch Mitglieder des 2. Strafsenates unter ihrem damaligen Vorsitzenden *Fischer* überraschend deutlich unter dem Stichwort **„Vier-Augen-" versus „Zehn-Augen-Prinzip"**[63] die gängige Praxis des BGH und dabei auch die „ou-Beschlusspraxis" kritisiert (→ Rn. 46 ff.). Auch die hohen Anforderungen an die Begründung der Verfahrensrüge wird von revisionsrichterlicher Seite als nicht mehr zeitgemäß angesehen.[64] Selbst für den „Revisionsprofi", also den Bundesanwalt oder Revisionsverteidiger, ist dann auch eine Prognose bzgl. der Erfolgsaussichten der Revision kaum möglich.[65] Höchstens eine Tendenz ist vorhersehbar. Auch dies sehen Revisionsrichter selbst so, wenn es etwa beim Vorsitzenden des 2. Strafsenats *Franke* heißt, „dass das Revisionsrecht (…) seine Konturen und seine Berechenbarkeit in erheblichem Maße verloren hat".[66] Allerdings gründet diese Sichtweise anders als diejenige von Verteidigern vor allen Dingen auf der faktischen Ausdehnung des Prüfungsprogramms der Revisionsgerichte bei der Sachrüge (so genannte erweiterte Revision → Rn. 24 sowie → § 344 Rn. 74 ff.) und nicht so sehr auf den Einschränkungen der Revision, sodass der kritische Befund zwar im Ergebnis ähnlich, in der Stoßrichtung aber geradezu gegenläufig ist.[67]

23 Kern aller Kritik ist die Abkehr von der Ursprungskonzeption der Revision als reine Rechtsbeschwerde einerseits und andererseits die Überfrachtung der einzelnen Revisionsnormen mit richterrechtlichen, die Erfolgsaussichten in der Regel beschränkenden Anforderungen (etwa an die Verfahrensrüge oder Voraussetzungen der Beschlussverwerfung gem. § 349 Abs. 2).[68] Ersteres wird augenfällig in den vermehrten Zugriffen des Revisionsgerich-

---

[61] Ventzke HRRS 2008, 180 (182); Knauer NStZ 2016, 1 (6 f.).

[62] S. nur Widmaier StraFo 2006, 437; Widmaier StraFo 2010, 310 (315); Ventzke StV 1992, 338; Ventzke NStZ 2008, 262; Ventzke StV 2009, 655 (661 f.); Ventzke NStZ 2011, 481 (484 f.); Ventzke StV 2015, 208; Neuhaus StV 2019, 843 (845 ff.); Fezer FS Hanack, 1999, 331 (341 ff.); Barton JuS 2007, 977; Barton StV 2004, 332; Barton FS Kühne, 2013, 139; Schlothauer StraFo 2000, 289 (295) spricht schon seit 2000 davon, dass die Revision in der Krise sei.

[63] Es geht dabei um die Frage, ob, wie es gängige Praxis ist, in Beschlussverfahren nur Berichterstatter und Vorsitzender die Senatsakte lesen sollen, oder aber ob alle fünf Richter des Spruchkörpers, die nach bisheriger tradierter Verfahrensweise sich nur durch den Bericht des Berichterstatters während der Beratungen über die jeweilige Sache informieren, bevor sie ihre Stimme abgeben, das Senatsheft lesen sollen. S. nur Fischer/Krehl StV 2012, 550 (insbes. 557 f.); Fischer/Eschelbach/Krehl StV 2013, 395; Fischer NStZ 2013, 425 dagegen etwa Mosbacher NJW 2014, 124 sowie die damaligen Richter des 5. Strafsenates NStZ 2013, 563.

[64] Kuckein in Jahn/Nack, Strafprozessrechtspraxis und Rechtswissenschaft – getrennte Welten? Referate und Diskussionen auf dem 1. Karlsruher Strafrechtsdialog 2007, 2008, S. 70; dass dagegen das BVerfG in die Pflicht genommen werden soll und nicht der BGH selbst, erstaunt (so auch Barton 1. Karlsruher Strafrechtsdialog 2007, 2008, S. 77).

[65] Zugegebenermaßen wird diese mangelnde Prognostizierbarkeit bereits von Alsberg (Justizirrtum und Wiederaufnahme, 1913, S. 44) beklagt: „die Rechtsprechung [der Revisionsgerichte] ist so oft völlig unberechenbar. Selbst derjenige, dem die Revision keine ‚Geheimlehre' ist, kann nur selten die Aufhebung eines Urteils in der Revisionsinstanz mit Sicherheit voraussagen". Von „Revisionslotterie" sprechen dann auch Wagner ZStW 106 (1994), 259 (260); Schlothauer StraFo 2000, 289 (290); Schünemann ZStW 114 (2002), 1 (55). Zu den verteidigungspraktischen Problemen dieser mangelnden Vorhersehbarkeit Knauer NStZ 2016, 1 (2 f.).

[66] Franke in Löwe/Rosenberg Rn. 11; dem schließt sich etwa das Mitglied des 5. Strafsenates Gericke im Karlsruher Kommentar an, vgl. Gericke in KK-StPO Vorbemerkungen § 333 Rn. 5.

[67] S. auch Franke in Löwe/Rosenberg Rn. 10.

[68] Vgl. Schletz, Die erweiterte Revision in Strafsachen, 2020, S. 586.

tes bzgl. Feststellungen, Beweiswürdigung und Strafzumessung über eine Ausweitung der Sachrüge. Im „seltsamen Widerspruch"[69] dazu steht die restriktive Handhabung der Verfahrensrüge. Die Entwicklungen lassen sich wie folgt nachzeichnen:

II. Erweiterungen der Revision

1. Erweiterte Revision im engeren Sinne – Darstellungsrüge. Schon *Peters* hat in seinem großen Lehrbuch des Strafverfahrensrechts die These vertreten, dass sich mit dem bloßen Blick auf das Wesen der Revision im Sinne einer „Rechtmäßigkeitskontrolle" die Frage des Zwecks im Laufe der Entwicklung des Revisionsverfahrens seit der Reichsstrafprozessordnung von 1877 verändert habe.[70] Auf der Basis des § 337 wird in der Literatur – ganz im Sinne der bereits zum Entwurf des Reichsstrafgesetzbuch geführten Diskussion[71] – aber immer noch regelmäßig von einer Verantwortungs- bzw. Aufgabenteilung zwischen Instanz und Revisionsgericht gesprochen: Die Verantwortung für die Tatfrage liege beim Tatrichter, während das Revisionsgericht für die Rechtsfrage verantwortlich sei.[72] 24

Prima facie verwundert es ein wenig, dass ein übergeordnetes Gericht sich mit der Instanz die Verantwortung „teilen" soll; dies schon deshalb, weil in den meisten Fällen das Revisionsgericht mangels Einlegung gar nicht tätig wird; insofern scheint die Begrifflichkeit mißlungen. Eine echte Aufgaben- und Verantwortungsteilung ist dieses nach wie vor herangezogene Prinzip aber ohnehin nicht. Denn zum einen ist das Tatgericht bei der Subsumtion der tatsächlichen Feststellungen unter die normativen Tatbestandsmerkmale selbstverständlich auch mit der Rechtsfrage befasst und zum anderen vollzieht sich die Tatsachenfeststellung, also die Beweiserhebungen und die Beweiswürdigung, nicht im luftleeren Raum, sondern ist an die Normen der StPO gebunden.[73] 25

Eben auf dieser Basis kam es zur Entwicklung hin zu einer **Erweiterung der Revision.**[74] Schon lange anerkannt war die Bindung der Tatsachenfeststellungen an die **Denkgesetze** sowie die **Gesetze der Naturwissenschaften** und des allgemeinen **Erfahrungswissens,**[75] die einer revisionsrichterlichen Kontrolle nicht entzogen sein können, weil in einem Verstoß hiergegen letztlich auch ein Rechtsverstoß liegt. Dies wurde auch auf die **Beweiswürdigung** ausgedehnt. Die Revisionsgerichte gehen nunmehr davon aus, dass bei einer fehlenden Auseinandersetzung mit naheliegenden abweichenden Erklärungen, Geschehensabläufen und Sachverhaltsdarstellungen das tatrichterliche Urteil **lückenhaft** oder in der Darstellung **widersprüchlich**[76] sei oder gegen die **Denkgesetze** verstoßen würde (ausführlich dazu → § 337 Rn. 92 ff., sowie → § 344 Rn. 74 ff.). Die Senate heben dann regelmäßig auf diese sog. **Darstellungsrüge** hin das erstinstanzliche Urteil auf. Damit ist bezogen auf die tatrichterlichen Feststellungen das Revisionsgericht aber endgültig in eine Plausibilitätsprüfung eingetreten. Eine reine Rechtsbeschwerde ist die Revision deshalb schon lange nicht mehr.[77] 26

Allerdings ist damit dennoch eine echte Kontrolle der Tatsachengrundlagen des Urteils nicht gewährleistet. Denn es wäre verfehlt, zu glauben, dass durch die bloße Plausibilitätskont- 27

---

[69] Rieß FS Hanack, 1999, 397 (408).
[70] Peters, Strafprozeß, S. 634 ff.; zum Wandel der Revision Knauer NStZ, 2016, 1 (3 f.).
[71] So die Darstellung bei Frisch in SK-StPO Rn. 6, Fn. 9.
[72] Frisch in SK-StPO Rn. 6 mwN; siehe hierzu ferner Andoor, Tatfragen in der strafrechtlichen Revision, 2020, S. 235 ff. zur Abgrenzbarkeit von Tat- und Rechtsfragen.
[73] Dazu im Einzelnen Peters S. 634 ff.
[74] Grundlegend Fezer, Die erweiterte Revision, 1974; Knauer NStZ 2016, 1 (3). Zum Ganzen nur Frisch in SK-StPO Rn. 7 f.; Momsen/Momsen-Pflanz in Satzger/Schluckebier/Widmaier StPO § 337 Rn. 47 ff.; Meyer-Goßner/Schmitt § 337 Rn. 21 ff. alle mwN; zuletzt monografisch hierzu Schletz, Die erweiterte Revision in Strafsachen, 2020; vgl. ferner Andoor, Tatfragen in der strafrechtlichen Revision, 2020, S. 240 ff. sowie Neuhaus StV 2019, 843 (844 f.); s. auch Mosbacher StraFo 2021, 312 zur Abgrenzung von Verfahrens- und Sachrüge in der erweiterten Revision sowie Schneider NStZ 2019, 324 ff.
[75] Vgl. hierzu nur aus jüngerer Zeit BGH 14.1.2021 – 1 StR 467/20, BeckRS 2021, 7954 sowie BGH 28.4.2021 – 2 StR 34/20 – StV 2022, 159 = BeckRS 2021, 22172.
[76] Zuletzt BGH 10.8.2022 – 6 StR 244/22, BeckRS 2022, 22862.
[77] Vgl. hierzu Frisch in SK-StPO Rn. 8; Löwe/Rosenberg/Franke Rn. 10.

rolle auf Basis der schriftlichen Urteilsgründe wirklich Diskrepanzen zwischen dem tatsächlichen Inhalt der tatrichterlichen Vernehmung und den Urteilsgründen aufgedeckt werden könnten.[78] Die Befürchtung, dass damit lediglich die Qualität des Urteilsverfassers überprüft wird und damit einerseits durch den erfahrenen Tatrichter Schwächen verdeckt werden können, während andererseits sogar das Risiko besteht, dass sachliche richtige Urteile, die aber „schlecht geschrieben" sind, aufgehoben werden, ist nicht von der Hand zu weisen.[79]

28   **2. Zugriff auf die Strafzumessung.** Auch bei der Strafzumessung hat sich die Revision von dem grundsätzlich immer noch Gültigkeit beanspruchenden und vom BGH regelmäßig wiederholten[80] Diktum, die Strafzumessung sei die Domäne des Tatrichters, weit entfernt. Wenngleich es (auch) insoweit erhebliche Unterschiede zwischen den Strafsenaten gibt, sieht sich der BGH nicht mehr nur auf die richtige Anwendung der Normen über die Strafzumessung (etwa dem Doppelverwertungsverbot des § 46 Abs. 3 StGB oder des Täter-Opfer-Ausgleichs, § 46a StGB) beschränkt, sondern hat zum Teil auch die Gesamtstrafenbildung insofern in den Blick genommen, als er zur Einordnung des Einzelfalls durch den Tatrichter im Verhältnis zu den in der Regel in vergleichbaren Fällen verhängten Strafen Vergleiche vorgenommen hat.[81]

29   Dass der Revisionsrichter in die **Strafzumessung** eingreifen könne, war für die Väter der Reichsstrafprozessordnung von 1877, deren Revisionsnormen auch in der heutigen StPO im Großen und Ganzen unangetastet sind,[82] noch unvorstellbar: So heißt es bei *Hahn* in den Materialien zur RStPO:*„dem Revisionsrichter würde, wenn er die Strafe abmessen sollte, jede Grundlage und jeder Maßstab hierfür fehlen."*[83] Der Gesetzgeber von 2004 hat dem Revisionsgericht im Rahmen des 1. JuMoG demgegenüber ein zusätzliches Mittel zum Eingriff in die Domäne des Tatrichters und zur Durchbrechung der „Arbeitsteilung" an die Hand gegeben, welches in der Regel zu Lasten des Angeklagten Anwendung findet: Getrieben durch einzelne Entscheidungen der Revisionsgerichte, die in entsprechender Anwendung des § 354 Abs. 1 aus Sicht des Revisionsgerichts annahmen, dass nur eine bestimmte Strafe oder eine bestimmte Gesamtstrafe in Betracht kommen könne, wurden in § 354 die Abs. 1a und Abs. 1b eingefügt. Anwendung findet insbesondere § 354 Abs. 1a S. 1, wonach das Revisionsgericht trotz Erkennens einer Gesetzesverletzung bei der Strafzumessung von der Aufhebung des angefochtenen Urteils absehen kann, sofern die verhängte Rechtsfolge angemessen ist (zu den Einzelheiten → § 354 Rn. 34 ff.).[84]

III. Einschränkende Entwicklungen und Tendenzen

30   Während das Prüfprogramm der Revisionsgerichte im Bereich der Sachrüge also erhebliche Erweiterungen erfahren hat, sieht sich die **Verfahrensrüge gegenläufigen Entwick-**

---

[78] Rieß Referat auf dem 52. Deutschen Juristentag, 1978, L 11; Schlothauer StraFo 200, 289 (293).

[79] Hanack in Löwe/Rosenberg Rn. 11; Schünemann JA 1982, 123 (126); Schlothauer StraFo 2000, 289 (293); Knauer NStZ 2016, 1 (6).

[80] StRspr BGH 9.1.1962 – 1 StR 346/61, BGHSt 17, 35 (36) = NJW 1962, 748 (insoweit nicht abgedruckt), BGH 7.2.2012 – 1 StR 525/11, BGHSt 57, 123 (127) = NJW 2012, 1458 (1459); BGH 9.5.2017 – 1 StR 265/16, BeckRS 2017, 114578; jüngst etwa BGH 9.1.2020 – 4 StR 324/19, BeckRS 2020, 3848.

[81] Frisch in SK-StPO Rn. 9 mwN. Beispiel dafür ist auch die Verknüpfung von Schadensbetrag und Strafe, etwa bei der Steuerhinterziehung. Der 1. Senat setzte hier bekanntlich seine Ansicht durch, dass bei einem sechsstelligen Hinterziehungsbetrag eine Geldstrafe in der Regel nur bei besonderen Milderungsgründen in Frage komme und bei Hinterziehung eines Millionenbetrages regelmäßig nur solche besonderen Gründe eine Bewährungsstrafe in Betracht kommen lassen (BGH 2.12.2008 – 1 StR 416/08, BGHSt 53, 71 (86 ff.) = NJW 2009, 528 (532 ff.); fortgeführt und weiterentwickelt von der ständigen Rechtsprechung, vgl. BGH 14.3.2018 – 2 StR 416/16, BeckRS 2018, 11108 mwN.

[82] Vgl. zur historischen Entwicklung des Revisionsrechts Braum Geschichte der Revision im Strafverfahren von 1877 bis in die Gegenwart, 1996.

[83] Hahn (Hrsg.), Die gesammten Materialien zu den Reichs-Justizgesetzen, Dritter Band, Die gesammten Materialien zur Strafprozessordnung und dem Einführungsgesetz zu derselben vom 1. Februar 1877, Erste Abtheilung, Berlin 1881, S. 259.

[84] S. zum JuMoG bereits Knauer/Wolf NJW 2004, 2932; zum § 354 Abs. 1a S. 1 nur Wohlers in SK-StPO § 354 Rn. 42 ff.

lungen ausgesetzt (→ Einl. Rn. 266).[85] Insbesondere Revisionsverteidiger und Prozessrechtswissenschaftler kritisieren bereits seit Längerem den zunehmenden Verlust der Leistungsfähigkeit der Verfahrensrüge durch die Implementierung immer neuer Rügebarrieren[86] und deren stetigen Ausbau durch die Revisionsgerichte.[87]

1. Die Zulässigkeitshürde des § 344 Abs. 2. Die der erweiterten Revision gegenläufige Tendenz ist vor allem geprägt durch die Beschränkung der Verfahrensrüge über die **exzessive Anwendung** der Vorschrift des § 344 Abs. 2 S. 2. Aus der dort normierten Pflicht des Revisionsführers, die Verfahrenstatsachen mitzuteilen, welche aus seiner Sicht eine Verletzung der Normen über das Verfahren, regelmäßig der StPO bzw. des GVG, begründen, hat der BGH in zahlreichen Entscheidungen[88] eine in ihren Ausmaßen kaum mehr übersehbare Zulässigkeitshürde gemacht (dazu → § 344 Rn. 88 ff.). 31

Der dabei durch den BGH vorformulierte Grundsatz klingt freilich recht einfach. Der Beschwerdeführer muss die den **Mangel begründenden Tatsachen bestimmt behaupten** und dabei ohne Bezugnahmen und Verweisungen **diese Tatsachen vollständig wiedergeben.** Das bedeutet, dass Aktenteile, Schriftstücke oder Tonbandaufnahmen, auf welche die Verfahrensrüge sich stützen soll, im Einzelnen bezeichnet und wörtlich bzw. wenigstens inhaltlich vollständig wiedergegeben werden müssen. Die Revisionsbegründung muss demnach in der Weise eine geschlossene und vollständige Darstellung der Verfahrenstatsachen beinhalten, dass das Revisionsgericht ohne weitere Hinzuziehung der Aktenbestandteile eine Entscheidung treffen kann.[89] 32

Das gerne in Vorträgen verwendete Bild des Revisionsrichters, der mit einem Glas Rotwein im Lehnstuhl nur aufgrund der Revisionsbegründungsschrift in die Lage versetzt werden solle, den Fall entscheiden zu können, ist aber dann doch zu romantisch und biedermeierhaft, iÜ auch bezogen auf das Berufsbild und die Arbeitsmoral des Revisionsrichters selbst.[90] Dennoch haben die Revisionsgerichte das Begründungserfordernis mit zum Teil völlig überzogenen, mit Blick auf den Normwortlaut nicht mehr nachvollziehbaren Anforderungen ausgestaltet. Zwar vermag es noch einzuleuchten, dass bei einer Rüge, ein Lichtbild sei rechtsfehlerhaft nicht in Augenschein genommen worden, eben dieses Lichtbild auch in die Revisionsbegründung aufgenommen werden muss[91] oder dass zum Rügevorbringen, dass nach Wiedereintritt in die Hauptverhandlung das letzte Wort nicht erneut erteilt worden sei, auch eine vollständige Darstellung der Prozessvorgänge nach dem Wiedereintritt gehört[92] (zur Grundsatzkritik an der Auslegung und Anwendung des § 344 Abs. 2 S. 2 durch die revisionsgerichtliche Rechtsprechung ausführlich → § 344 Rn. 93 ff.). 33

Spätestens nicht mehr normativ nachvollziehbar wird es allerdings, wenn die Revisionsgerichte auch den Vortrag so genannter **„Negativtatsachen"** erwarten.[93] Das bedeutet, dass auch Vorgänge vorgetragen werden sollen, die *nicht* geschehen sind, weil diese etwa der erhobenen Rüge **gegenläufig** sind oder diese gar **vernichten** könnten. Es soll also etwa der Vortrag erforderlich sein, dass eine in einer Beweisantragsrüge vermisste Beweiser- 34

---

[85] Zu dieser Entwicklung bereits Fezer FS Hanack, 1999, 331 (332 ff.); Rieß FS Hanack, 1999, 397 (408 ff.); Frisch FS Fezer, 2008, 353 (357 ff.); Knauer NStZ 2016, 1 (4).
[86] So die treffende Formulierung bei Hamm/Pauly Rn. 328.
[87] U.a. Fezer FS Hanack, 1999, 331 (341 ff.); Schlothauer StraFo 2000, 289 (292 ff.); Kutzer StraFo 2000, 325 (326); Widmaier StraFo 2006, 437; Widmaier StraFo 2010, 310 (312 ff.); Bauer NStZ 2012, 191 (193); Ventzke StV 2015, 208; Hamm/Pauly Rn. 328 ff.; Kudlich, Gutachten C zum 68. Deutschen Juristentag, S. 92 ff.; Neuhaus StV 2019, 843 (846 ff.).
[88] Siehe die regelmäßigen Übersichten bei Sander bzw. Cirener und seit 2018 fortgeführt von Herb in der NStZ-RR unter dem Titel „Die Zulässigkeit von Verfahrensrügen in der Rechtsprechung des BGH".
[89] Gericke in KK-StPO § 344 Rn. 39; Schmitt in Meyer-Goßner/Schmitt StPO § 344 Rn. 20 ff.; Frisch in SK-StPO § 344 Rn. 45; vgl. BGH 9.4.2019 – 4 StR 38/19, NStZ 2020, 758; 8.8.2018 – 2 StR 131/18, NStZ 2020, 758; 8.8.2018 – 2 StR 131/18, NStZ 2019, 107, 21.9.2022 – 6 StR 47/22, BeckRS 2022, 28712 jeweils mwN.
[90] Knauer NStZ 2016, 1 (4).
[91] BGH 8.3.2001 – 4 StR 477/00, StV 2004, 304.
[92] BGHR StPO § 344 Abs. 2 S. 2 letztes Wort 1.
[93] Zuletzt etwa BGH 22.6.2022 – 5 StR 333/21, NStZ 2023, 252.

hebung nicht zu einem späteren Zeitpunkt nachgeholt wurde. Bei der Rüge, eine Urkunde sei entgegen § 249 Abs. 1 nicht verlesen worden, soll auch vorgetragen werden müssen, dass diese nicht auf anderem Wege, also etwa durch das Selbstleseverfahren nach § 249 Abs. 2 oder durch Sachvortrag eines Prozessbeteiligten oder durch Vorhalt eines Zeugen eingeführt worden ist.[94] Dass eine solche Anforderung der Norm des § 344 Abs. 2 S. 2, nach der die den Mangel enthaltenen Tatsachen vorzutragen sind, kaum mehr entspricht, ist zu Recht heftig kritisiert worden.[95] Das BVerfG hat die erweiterte Auslegung des § 344 Abs. 2 S. 2 aber als verfassungskonform gebilligt und nur die Einschränkung gemacht, dass die Anforderungen im Einzelfall nicht überspannt werden dürfen.[96]

35 Man braucht allerdings kein Revisionsspezialist zu sein, um zu erkennen, dass das Erfordernis des Vortrages von Tatsachen, die nicht passiert sind, sondern lediglich hätten passieren können, eine nahezu **unprognostizierbare Vielfalt** an Möglichkeiten für das Revisionsgericht bereitstellt, Verfahrensrügen als unzulässig zurückzuweisen.[97]

36 **2. Rügeverkümmerung – materielle Wahrheit im Revisionsverfahren?** Zu einer Einschränkung der Verfahrensrüge führt auch die Rechtsprechung zur sog. „**Rügeverkümmerung**". Ausgangspunkt dieses Phänomens ist die Beweiskraft des Hauptverhandlungsprotokolls, dem hinsichtlich der Beachtung der wesentlichen Förmlichkeiten der Hauptverhandlung positive wie negative Beweiskraft zukommt und das Revisionsgericht insoweit von einem feststehenden Verfahrensgang auszugehen hat (dazu → Einl. Rn. 270, → § 274 Rn. 12 ff. sowie → § 344 Rn. 136).

37 Zu einer Rügeverkümmerung kommt es dann, wenn der Revisionsverteidiger – der oftmals ein anderer als der Instanzverteidiger ist – einen Verfahrensmangel rügt, der eine wesentliche Förmlichkeit des Verfahrens betrifft, wie bspw. die Gewährung des letzten Wortes, das ausweislich des Hauptverhandlungsprotokolls zwar nicht stattgefunden hat, das Protokoll aber nach Rügeerhebung berichtigt wird, weil auf Grund von dienstlichen Erklärungen der Urkundsbeamten und des Instanzgerichts festgestellt wurde, dass dem Angeklagten entgegen der Beurkundung im Protokoll das letzte Wort gegeben wurde. Die **Berücksichtigung dieser Protokollberichtigung im Revisionsverfahren** führt dann dazu, dass der auf Basis des ursprünglichen Protokolls begründeten Rüge nachträglich der Boden entzogen wird.

38 Bis zur Entscheidung des Großen Senats für Strafsachen vom 23.4.2007[98] war – übrigens auch in der berufsrechtlichen Literatur – anerkannt, dass es dem Revisionsverteidiger nicht verwehrt ist, eine auf das Protokoll gestützte Verfahrensrüge zu erheben, selbst wenn er weiß (oder sich jedenfalls nicht sicher ist), dass das Protokoll falsch ist und der Verfahrensfehler tatsächlich nicht stattgefunden hatte.[99] Zwar durfte auch nach der früheren Rechtsprechung das Protokoll jederzeit vom Gericht berichtigt werden. Jedoch durfte eine nachträgliche, rügevernichtende Berichtigung des Protokolls für eine bereits zulässig erhobene Rüge bei der Begründetheit der Revision keine Berücksichtigung finden.[100] Seinen Rechtsprechungswandel begründet der Große Strafsenat vor allem mit dem Grundsatz der **materiellen Wahrheit**,

---

[94] Siehe Dahs Strafprozessrevision Rn. 503 mwN.
[95] Dazu Frisch in SK-StPO § 344 Rn. 58, 61 ff., Hamm/Pauly Rn. 308 ff. mwN.
[96] BVerfG 25.1.2005 – 2 BvR 656/99, 657/99 u. 683/99, BVerfGE 112, 185 (208 ff.) = NJW 2005, 1999 (2001).
[97] Nach der eindeutigen Haltung des Bundesverfassungsgerichts bleibt es jedenfalls dabei, dass der Revisionsverteidiger häufig mit Staunen insbesondere die Fantasie der Bundesanwälte bewundern kann, welche in ihren Antragsschriften immer neue Ideen entwickeln, was der Revisionsführer an Negativtatsachen noch hätte vortragen müssen, um eine zulässige Rüge zu produzieren, Knauer NStZ 2016, 1 (4 f.).
[98] BGH 23.4.2007 – GSSt 1/06, BGHSt 51, 298 = NStZ 2007, 661.
[99] Dazu Knauer FS Widmaier, 2008, 291 (291 f. mwN).
[100] So bereits das Reichsgericht, RG 31.5.1880 – I StR 1264/80, RGSt 2, 76 (77 f.); 13.10.1909 – g.St II 312/09, RGSt 43, 1 mwN; BGH 19.12.1951 – 3 StR 575/51, BGHSt 2, 125 (125 ff.) = NJW 1952, 432 (433); BGH 24.2.1955 – 3 StR 543/54, BGHSt 7, 218 (219) = NJW 1955, 759 (760); BGH 20.2.1957 – 4 StR 34/57, BGHSt 10, 145 (147 f.) = NJW 1957, 798 (799); BGH 4.12.1958 – 4 StR 408/58, BGHSt 12, 270 (271 f.) = NJW 1959, 733; BGH 15.11.1968 – 4 StR 190/68, BGHSt 22, 278 (280) = NJW 1969, 473 (474); BGH 4.2.1986 – 1 StR 643/85, BGHSt 34, 11 (11 f.) = NJW 1986, 1820; BGH 13.12.1994 – 1 StR 641/94, NStZ 1995, 200 (201).

dem das gesamte Verfahren und damit auch das Revisionsverfahren unterliege. Die Beweisregel des § 274 schaffe keinen von der (objektiven) Wahrheit abweichenden Wahrheitsbegriff.[101] Ergänzt wird die Argumentation zur Aufgabe des Verbots der Rügeverkümmerung durch die Behauptung der Verschlechterung des anwaltlichen Ethos.[102] Diese drastische Kurswende sieht sich in der Praxis zwar zu Recht erheblicher Kritik ausgesetzt (→ § 274 Rn. 58 ff.)[103] (dazu auch → Einl. Rn. 270 ff., → § 274 Rn. 43 ff. sowie → § 337 Rn. 25 ff. und → § 344 Rn. 136), hat jedoch die Billigung des BVerfG gefunden.[104]

Die Argumentation des Großen Senats kann **nicht überzeugen.**[105] Insbesondere wird **39** dadurch die normative Konzeption des § 274 wie auch die der Revision im Allgemeinen verkannt. Denn ganz grundsätzlich ist im Revisionsverfahren das Prinzip der materiellen Wahrheit in vielfacher Hinsicht so eingeschränkt, dass letztlich nur ein **formeller Wahrheitsbegriff** verbleibt. So wird schließlich nicht der richtige historische Sachverhalt, also die materielle Wahrheit, ermittelt (dazu bereits → Rn. 3). Schon die formelle Beweiskraft des Protokolls dient der Vereinfachung des Revisionsverfahrens, indem sie dem Revisionsgericht die Prüfung von Verfahrensfehlern erleichtern will,[106] und stellt dafür eine Wahrheitsfiktion für das Revisionsverfahren auf,[107] die durchaus von der objektiven Wahrheit abweichen kann.[108] Dass in der Revision eine formelle Bewertung auch iS eines **„eigenen Realitätsbegriffs"** trotz des Grundsatzes der materiellen Wahrheit im Strafverfahren kein Fremdkörper ist, zeigt sich besonders plastisch bei der Möglichkeit der Rechtsmittelbeschränkung (→ Einl. Rn. 271). Aber auch die Verfahrensrüge mit der Zulässigkeitshürde des § 344 Abs. 2 sowie der eingeschränkte Zugriff des Rechtsmittelgerichts auf die Beweiswürdigung und die Strafzumessung im Rahmen der Sachrüge sind Ausdruck einer auf die Rechtmäßigkeitskontrolle beschränkten formellen Bewertung des zur Überprüfung gestellten Urteils; Tatfragen – und damit die Erforschung der materiellen Wahrheit – obliegen den Instanzgerichten. Diese gesetzgeberische Entscheidung und die Ausgestaltung der Revision als reine Rechtskontrolle hat auch revisionsgerichtliche Rechtsprechung zu respektieren. Hinzukommen ganz **praktischen Schwierigkeiten,** die mit der Zulässigkeit rügevernichtender Protokollberichtigungen einhergehen – etwa nachlassendes Erinnerungsvermögen der Urkundsbeamten oder die Gefahr des „Umerinnerns" und all den damit verbundenen Streitigkeiten (zur Kritik an der Rügeverkümmerung → § 274 Rn. 58 ff.). Vor allem aber steht die Rechtsprechung zur Rügeverkümmerung in einem **Spannungsverhältnis zum Rekonstruktionsverbot;**[109] die Rechtsprechung verlangt hier gerade, dass die Ermittlung der materiellen Wahrheit unterbleibt, wenn hierzu die Rekonstruktion insbes. der Beweisaufnahme in der Hauptverhandlung erforderlich ist (dazu noch ausführlich unten → Rn. 56 ff.).

Insbesondere aber der Versuch, den Rechtsprechungswandel als Reaktion auf eine **40** angebliche Verschlechterung des anwaltlichen Ethos zu rechtfertigen, schießt weit übers Ziel hinaus; dafür fehlt bereits jedweder empirischer Nachweis.[110] Die Argumentation ist damit nichts weiter als eine generalverdachtsähnliche Unterstellung.[111] Die Aufgabe des Verbots der Rügeverkümmerung erweist sich vielmehr als weiterer Beleg für die Zurück-

---

[101] BGH 23.4.2007 – GSSt 1/06, BGHSt 51, 298 (309) = NStZ 2007, 661 (662).
[102] BGH 23.4.2007 – GSSt 1/06, BGHSt 51, 298 (311 ff.) = NStZ 2007, 661 (662).
[103] Kritisch u.a. Kudlich BLJ 2007, 125; Knauer FS Widmaier, 2008, 291; Schünemann StV 2010, 538; Bertheau NJW 2010, 973; Dehne-Niemann wistra 2011, 213; Krause in MAH Strafverteidigung § 7 Rn. 197 mwN; Roxin/Schünemann StrafVerfR § 51 Rn. 11; Hamm/Pauly Rn. 379 ff.
[104] BVerfG 15.1.2009 – 2 BvR 2044/07, BverfGE 122, 248 = NJW 2009, 1469.
[105] Ausführlich dazu Kudlich BLJ 2007, 125.
[106] Schmitt in Meyer-Goßner/Schmitt § 274 Rn. 2; Park StraFo 2004, 335 (336).
[107] Knauer FS Widmaier, 2008, 291 (309).
[108] So aber BGH 23.4.2007 – GSSt 1/06, BGHSt 51, 298 = NStZ 2007, 661 (662).
[109] Dazu auch Wilhelm StV 2012, 74 (76).
[110] Dazu ausführlich Knauer FS Widmaier, 2008, 291 (295 f.), dort auch dazu, dass der vom Senat als Beleg verwendete Bezug auf Dahs (Handbuch des Strafverteidigers) falsch ist, da sich aus keiner der erschienen Auflagen ein entsprechender Wandel des anwaltlichen Ethos nachweisen lässt; als gänzlich unberechtigt bezeichnend Widmaier StraFo 2010, 310 (311).
[111] So deutlich Krause in MAH Strafverteidigung § 7 Rn. 201.

drängung der Verfahrensrüge – unter problematischem Rekurs auf die Funktionstüchtigkeit der Strafrechtspflege (zur Kritik an diesem Argumentationstopos auch → Einl. Rn. 87 ff. sowie → § 344 Rn. 4).[112]

41 **3. Rügepräklusion, Widerspruch und Rechtskreistheorie.** Eine in der Revisionspraxis besonders frustrierende und prozessdogmatisch zumindest fragwürdige Einschränkung hat die Rechtsprechung dadurch geschaffen, dass sie bei an sich feststehenden Verstößen gegen das Verfahrensrecht die Zulässigkeit einer Revisionsrüge zum Teil daran knüpft, dass die Verteidigung in der Hauptverhandlung die Verfahrensverletzung erfolglos durch den Zwischenrechtsbehelf des **§ 238 Abs. 2** gerügt hat.[113] Erfreulicherweise weisen hier die Senate auch immer wieder die regelmäßigen Formulierungen des GBA zurück, dass die Verfahrensrüge bereits mangels erhobenem Zwischenrechtsbehelf gem. § 238 Abs. 2 scheitere. Eine weitere **Präklusionswirkung** entfaltende Fallgruppe stellt der seit BGHSt 38, 214 notwendige Widerspruch bei bestehenden Beweisverwertungsverboten dar, der unmittelbar nach der Beweiserhebung (dh zum Zeitpunkt des § 257) erhoben werden muss.[114] Beide Präklusionsformen sind nicht nur aufgrund der Beschränkung der Verteidigungsmöglichkeiten problematisch. Insbesondere der Widerspruchslösung fehlt eine dogmatische Verankerung; aber auch die revisionsrechtliche Präklusionswirkung des § 238 Abs. 2 ist aus dem Normtext nicht unmittelbar abzuleiten (zum Streitstand → Einl. Rn. 479 f., → § 238 Rn. 32 ff. sowie → § 337 Rn. 22 ff.).[115] Immerhin hat der 2. Strafsenat des BGH mit Urteil vom 6.10.2016 die Widerspruchslösung insoweit eingeschränkt, als er klarstellt, dass den Angeklagten keine Widerspruchsobliegenheit auch bei unselbständigen Beweisverwertungsverboten trifft, die aus Fehlern bei einer Durchsuchung oder Beschlagnahme folgen.[116]

42 Eine in diesem Kontext ebenfalls zu nennende Einschränkung der Revisibilität besteht darin, dass der Angeklagte **nur die Verletzung solcher Vorschriften** rügen können soll, die dem **Schutz seiner Interessen** und nicht nur dem Schutz der Interessen Dritter dienen (dazu → § 337 Rn. 27 f.).[117] Auch diese von der Rechtsprechung ohne klare dogmatische Begründung entwickelte **Rechtskreistheorie**[118] wird mit beachtlichen Gründen kritisiert.[119]

43 **4. Beruhen.** Eine weitere für den Revisionsführer nicht immer berechenbare Einschränkung der Revisionschancen resultiert aus § 337.[120] Danach begründet ein Gesetzesverstoß die Revision nur, wenn das **Urteil** auf diesem **beruht**. Feststehen muss also, dass

---

[112] Ausdrücklich auf die Funktionstüchtigkeit der Strafrechtspflege Bezug nehmend, BVerfG 15.1.2009 – 2 BvR 2044/07, BVerfGE 122, 248 = NJW 2009, 1469 Rn. 72; ebenfalls krit. Bartel Rekonstruktionsverbot S. 219 ff.; 322.

[113] An dieser Stelle sei nur auf die glänzende Darstellung der Rügevoraussetzungen für die Verfahrensrüge bei Schlothauer, Verteidigung im Revisionsverfahren, 4. Aufl. 2023 hingewiesen, wo dies für jeden Rügetypus dokumentiert ist.

[114] BGH 27.2.1992 – 5 StR 190/91, BGHSt 38, 214 (225 f.) = NStZ 1992, 294 (295).

[115] Zur Widerspruchslösung nur → Einl. Rn. 476 mwN (zu den Neuerungen durch das BDSG vgl. auch Meyer/Mews StraFo 2019, 95 (98 f.)) und zu § 238 Abs. 2 StPO nur Widmaier NStZ 2011, 305 (dagegen etwa Schneider in KK-StPO § 238 Rn. 28 f.).

[116] BGH 6.10.2016 – 2 StR 46/15, NStZ 2017, 367.

[117] Vgl. etwa BGH 12.10.1951 – 2 StR 393/51, NJW 1952, 151 (152 – zu § 54); BGH 22.2.2012 – 1 StR 349/11, NStZ 2013, 353 (355 – zu § 55, hier im Zusammenhang mit § 257c Abs. 4, 3); BGH 9.8.2016 – 4 StR 195/16, NStZ-RR 2016, 377 mwN.

[118] Dazu grundlegend im Zusammenhang mit § 55 Abs. 2, wonach der Angeklagte die Nichtbelehrung eines Zeugen nach § 55 Abs. 2 nicht rügen kann, BGH 21.1.1958 – GSSt 4/57, BGHSt 11, 213 = NJW 1958, 557.

[119] So konstatieren Hamm/Pauly zu Recht, dass durch die Rechtskreistheorie dem Angeklagten der allgemeine Anspruch darauf abgesprochen werde, dass in seinem Verfahren alle formalen Regeln einzuhalten sind, die in ihrer Gesamtheit die Justizförmigkeit und damit die Rechtsstaatlichkeit ausmachen, Hamm Rn. 340 ff.

[120] Schon Widmaier in Satzger/Schluckebier/Widmaier, StPO, 1. Aufl. 2014, § 337 Rn. 37 stellt dazu fest, dass nicht zuletzt hierin einer der Gründe für die oft beklagte mangelnde Berechenbarkeit der Revisionsaussichten liegt.

das **Tatgericht ohne den Rechtsfehler** mit Sicherheit oder jedenfalls möglicherweise **zu einem anderen Urteil gekommen wäre.** Diese Einschränkung gilt gleichermaßen für die Verfahrens- wie die Sachrüge, wobei sie für die Verfahrensrüge eine größere Rolle spielt.[121] Auch wenn anerkannt ist, dass die Beruhensfrage eigentlich nur verneint werden kann, wenn das Beruhen des Urteils auf dem Rechtsfehler ausgeschlossen ist, ist dem Revisionsgericht ein weitreichender Beurteilungsspielraum eröffnet (ausführlich zum Beruhen → § 337 Rn. 129 ff.).

Insofern haben sich auch einige nicht mehr nachvollziehbare Auswüchse ergeben. Dies **44** gilt etwa für die „zweigleisige Beruhensprüfung".[122] Wenn etwa bei Verstößen gegen die Belehrungspflicht des § 52 Abs. 3 nicht nur geprüft wird, ob die Aussage des nichtbelehrten Zeugen sich im Urteil niedergeschlagen hat, sondern ebenso ob sich dieser Zeuge bei Belehrung auch geäußert hätte (was dann unter Hinweis auf die Interessenlage häufig bejaht wird[123]), dann ist das Revisionsgericht spätestens im Bereich der Spekulation. Ein weiteres Beispiel für die **exzessive Nutzung des Beruhens** war das Halten vieler Entscheidungen, bei denen sich nach Ansicht des BGH ein Verstoß gegen die Normen des Verständigungsgesetzes nicht auf das Urteil ausgewirkt hatte.[124]

Dass auch dort, wo eine Beruhensprüfung vom Gesetz gerade nicht als erforderlich **45** angesehen wird, also bei den **absoluten Revisionsgründen des § 338,** entgegen dem Wortlaut durch die Rechtsprechung Beruhenserfordernisse konstruiert werden, nährt den Verdacht, dass Motiv der Revisionsgerichte sein könnte, „richtige" Urteile nicht an bloßen Verfahrensverletzungen scheitern zu lassen, erneut auf das Deutlichste (dazu auch → § 338 Rn. 12 ff.).

5. § 349 Abs. 2: Offensichtliche Unbegründetheit. a) Definitionsversuche. 46
Neben dem bisher beschriebenen, doch eher noch feinen Instrumentarium zur Reduktion der Erfolgsquote von Revisionsrügen nutzt das Revisionsgericht noch die gewissermaßen revisionsrechtliche Axt der Verwerfung der (idR Angeklagten-)Revision als offensichtlich unbegründet gemäß § 349 Abs. 2. Diese nach dem damaligen reichsgerichtlichen Senatspräsidenten *Lobe* als „Lex Lobe" bezeichnete Norm sollte nach ihrem „Vater" die Entlastung der Revisionssenate des Reichsgerichts dadurch herbeiführen, dass dann, wenn sich die Unbegründetheit einer Revision dem Blick eines sachkundigen Beurteilers sofort aufdränge, diese als offensichtlich unbegründet verworfen werden konnte.[125] Dabei hatte man tatsächlich völlig unzureichend begründete Revisionen sowie solche, die nur aus taktischen Gründen zur Verzögerung des Eintritts der Strafvollstreckung eingelegt wurden, im Blick (→ § 349 Rn. 3).

Demgegenüber kann nach heutigem Verständnis der Rechtsprechung zum Merkmal **47** der Offensichtlichkeit von der Vorschrift dann Gebrauch gemacht werden, wenn der Revisionssenat *„einhellig die Auffassung vertritt, dass die von der Revision aufgeworfenen Rechtsfragen zweifelsfrei zu beantworten sind und dass auch die Durchführung der Hauptverhandlung keine neuen Erkenntnisse erwarten lässt, die Zweifel an dem gefundenen Ergebnis aufkommen lassen könnten".*[126]
Der **Schwerpunkt** hat sich also in Richtung des „einstimmig" verschoben. Von einer Offensichtlichkeit der fehlenden Erfolgsaussichten der Revision kann insoweit keine Rede mehr sein, auch grundlegende Entscheidungen werden im Beschlusswege verworfen;[127]

---

[121] Dazu auch Momsen/Momsen-Pflanz in Satzger/Schluckebier/Widmaier StPO § 337 Rn. 82 ff.; Hamm/Pauly Rn. 708 ff.
[122] Widmaier in Satzger/Schluckebier/Widmaier, StPO, 2014, § 337 Rn. 41; darauf Bezug nehmend Knauer NStZ 2016, 1 (5).
[123] Hierzu Gericke in KK-StPO § 337 Rn. 38 mwN.
[124] Siehe hierzu den Überblick bei Knauer/Lickleder NStZ 2012, 366.
[125] Lobe JW 1925, 1612.
[126] BGH 3.2.2004 – 5 StR 359/03, StV 2005, 3; zu dem Kriterium der offensichtlichen Unbegründetheit führte das BVerfG zuletzt im Beschluss vom 30.9.2022 – 2 BvR 2222/21, NJW 2022, 3413 (3417) aus; wobei eine willkürliche Anwendung des § 349 Abs. 2 bereits deshalb nicht vorlag, weil es sich um eine durch den Strafsenat des BGH bereits entschiedene Rechtsfrage handelte.
[127] Momsen/Momsen-Pflanz in Satzger/Schluckebier/Widmaier StPO § 349 Rn. 1.

dies wird schon dadurch belegt, dass darunter zahlreiche sind, die der Senat selbst als bedeutsam zur Veröffentlichung in BGHSt ansieht.[128] Dass hier wiederum eine **Diskrepanz zwischen normativer Konzeption und Revisionspraxis** entstanden ist, lässt sich nicht dadurch kaschieren, dass der BGH die Formel, die Revision sei „offensichtlich unbegründet", nicht mehr verwendet.[129] Zu Recht wird in diesem Zusammenhang die Praxis der Antragstellung der Bundesanwaltschaft kritisiert, die in den ganz überwiegenden Fällen die Verwerfung der Angeklagtenrevision „o.u." beantragt,[130] wobei es kein Geheimnis ist, dass hier oftmals weniger die eigene Überzeugung des Sachbearbeiters ausschlaggebend ist, sondern vielmehr die Grundhaltung und Übung des Senates, dem er „zuarbeitet".[131]

48   **b) Exkurs: vier-Augen- versus zehn-Augen-Prinzip.** In einem engen Zusammenhang dazu steht die Diskussion über senatsinterne Verfahrensweisen im Beschlussverfahren, die sich mit dem Stichwort: „Vier-Augen-" versus „Zehn-Augen-Prinzip"[132] betiteln lässt und damit § 349 Abs. 2 allgemein wieder in den Blickpunkt der Kritik gerückt hat. Die Diskussion wurde durch die konkrete Darstellung des Ablaufs der Beschlussberatung entfacht, indem die ehemaligen Bundesrichter *Fischer* und *Krehl* aus dem „Nähkästchen des Revisionsrichters"[133] plauderten und die tradierte, landläufig zuvor aber unbekannte Vier-Augen-Praxis ausführlich öffentlich machten.[134] Es geht dabei um die Frage, ob – wie es gängige Praxis ist – in Beschlussverfahren **nur Berichterstatter und Vorsitzender** das sog. **Senatsheft**[135] lesen sollen und die anderen Mitglieder des Spruchkörpers ihr Wissen ausschließlich aus dem Vortrag des Berichterstatters beziehen; oder aber ob **alle fünf Richter des Spruchkörpers** bevor sie ihre Stimme abgeben, auch verpflichtet sein sollen, das Senatsheft zu lesen (dazu auch → § 349 Rn. 16).[136]

49   Die Praxis des Vier-Augen-Prinzips soll unmittelbar **Auswirkungen auf den Revisionserfolg haben:** Die Erfolgschancen einer eingelegten Revision des Angeklagten im Beschlussverfahren divergieren nämlich nicht nur *von Senat zu Senat* (zur Statistik → Rn. 15); dies soll auch *innerhalb eines Senats* in Abhängigkeit von der Person des jeweiligen Berichterstatters gelten. Dass vor allem die Person des Berichterstatters einen deutlichen Einfluss auf das Ergebnis des Revisionsverfahrens hat, wenn im Beschlussverfahren entschieden wird, legen Aufzeichnungen des ehemaligen Vorsitzenden des 2. Strafsenats, *Fischer,* nahe.[137] Nach diesem sei der Grund dafür, „dass die der Rechtsanwendung zu Grunde gelegten Sachverhalte jeweils unterschiedlich sind, weil sie von den jeweiligen Berichterstattern unterschiedlich dargestellt werden".[138] Aufgrund der überlegenen Sachverhaltskenntnisse des Berichterstatters setze sich nunmehr dessen „Darstellung, Deutung und Bewertung der Fakten"[139] durch. Damit besteht unabhängig von der Frage, ob die aufgezeigten Stolpersteine des Vier-Augen-Prinzips zu einem Zehn-Augen-Prinzip zwin-

---

[128] Norouzi StV 2015, 773 (775), dort mit Fn. 24.
[129] Stattdessen lautet idR der Tenor: „Die Revision des Angeklagten [...] wird als unbegründet verworfen, da die Nachprüfung des Urteils auf Grund der Revisionsrechtfertigung keinen Rechtsfehler zum Nachteil des Angeklagten ergeben hat (§ 349 Abs. 2 StPO)", dazu bereits Fezer StV 2007, 40 (45); jüngst auch Norouzi StV 2015, 77 (776).
[130] Barton FS Kühne, 2013, 139 (149).
[131] Norouzi StV 2015, 773 (775).
[132] Dazu Fischer/Krehl StV 2012, 550 (557 f.); Fischer/Eschelbach/Krehl StV 2013, 395; Hamm/Krehl NJW 2014, 903; dagegen die Mitglieder des 5. Strafsenates NStZ 2013, 563.
[133] Barton StRR 2014, 404 (405).
[134] Fischer/Krehl StV 2012, 550 (552). Die ausführliche Darstellung des Beschlussverfahrens erfolgte indes vor dem Hintergrund, dass sich der 2. Strafsenat des BGH mit der Frage auseinanderzusetzen hatte, ob ein Vorsitzender, der zwei Senate parallel führen soll, noch seiner Aufgabe nachkommen kann, alle in beiden Strafsenaten anfallenden Akten zu lesen, dazu auch Hamm/Krehl NJW 2014, 903.
[135] Das Senatsheft enthält idR das angefochtene Urteil, die Revisionsbegründung, ggf. Gegenerklärungen sowie die Antragsschrift des GenStA bzw. GBA.
[136] Die Diskussion zusammenfassend Knauer NStZ 2016, 1; Lamprecht NJW 2013, 3563.
[137] Veröffentlicht in Fischer NStZ 2013, 425 (429 ff.); darauf aufbauend Barton StRR 2014, 404 (405); Brodowski HRRS 2013, 409.
[138] Fischer NStZ 2013, 425 (431).
[139] Fischer NStZ 2013, 425 (431).

gen, bei der gängigen Praxis das Risiko, dass der Berichterstatter über das Schicksal der Revision entscheidet.[140]

Die interne Entscheidungsfindung des Revisionssenats und die damit einhergehende zentrale Rolle des Berichterstatters ist aber kein Novum des modernen Strafprozesses. *Mosbacher* weist darauf hin, dass der Vortrag des Berichterstatters keine Erfindung der Richter in Karlsruhe ist, sondern – wie sich aus § 351 ergibt – bereits seit Einführung der RStPO 1877 bestehe.[141] Auf einem anderen Blatt steht freilich, welche Rückschlüsse sich für das erst 1922 eingeführte (zur Entstehungsgeschichte → § 349 Rn. 3 ff.) und seitdem weiterentwickelte Beschlussverfahren ableiten lassen können.[142] Dass der konkrete Weg zur Beschlussfassung bislang keine große Rolle spielte, wird eher darauf zurückzuführen sein, dass vielen oU-Beschluss-Kritikern (überwiegend Strafverteidiger und Vertreter aus der Lehre) schlicht der dazu erforderliche Einblick in den konkreten Ablauf der senatsinternen Verfahrensweisen fehlte.[143] Es überrascht zugegebenermaßen aber wenig, dass der Ruf nach einem Zehn-Augen-Prinzip im Beschlussverfahren bei anderen Bundesrichtern auf wenig Gegenliebe gestoßen ist und mehrheitlich abgelehnt wird.[144] Insbesondere der sachliche und zeitliche Mehraufwand wird gegen ein verbindliches Zehn-Augen-Prinzip vorgebracht.[145] Darüber hinaus weisen die Mitglieder des 5. Strafsenates auf die besondere Bedeutung des Berichterstatters hin, der nach den Erfahrungswerten der Senatsmitglieder regelmäßig die tatsächlichen oder rechtlichen Probleme nicht kaschiere, sondern im Gegenteil besonders heraustelle, um eine fundierte Diskussion und anschließende Entscheidung zu gewährleisten.[146] 50

Der öffentlich geführte Schlagabtausch[147] hat die Fragen rund um die Beschlusspraxis ohne Zweifel erhellt und um eine bis dato eher verborgene, nichtsdestotrotz aber erhebliche Perspektive erweitert. Dennoch lässt sich auch nach richtiger Auffassung des BVerfG **kein** wie auch immer ausgestalteter **Anspruch** des Revisionsführers auf ein Zehn-Augen-Prinzip begründen (→ § 349 Rn. 53 ff.).[148] Es gehört zum Ausfluss der richterlichen Unabhängigkeit, wie sich die einzelnen Mitglieder des Spruchkörpers die erforderliche Kenntnis des relevanten Verfahrensstoffs verschaffen, was einfachgesetzlich auch durch den in § 349 Abs. 2 kodifizierten Spielraum zum Ausdruck gebracht wird. Deshalb ist der Vortrag des Berichterstatters als Beratungsgrundlage grundsätzlich auch ausreichend,[149] wenn dieser den anderen Richtern die für die Entscheidung über die Revision relevanten Informationen vermittelt.[150] 51

---

[140] So bereits v. Stackelberg NJW 1960, 505 (506).
[141] Mosbacher NJW 2014, 124 (125).
[142] Krit. zu dieser Argumentation – den Wandel der Revision und die Unterschiede einer Beratung vor der Hauptverhandlung aufgreifend – auch Hamm/Krehl NJW 2014, 903 (904).
[143] In diesem Sinne auch Hamm/Krehl NJW 2014, 903.
[144] Basdorf et al. NStZ 2013, 563.
[145] Basdorf et. al. NStZ 2013, 563 (564); dagegen Fischer/Eschelbach/Krehl StV 2015, 395 (401); sollte sich dies empirisch belegen lassen, wäre dies zugleich Anknüpfungspunkt für die Forderung nach einer besseren Ausstattung der Justiz, vgl. auch Becker HRRS 2013, 264 (267).
[146] Basdorf et. al. NStZ 2013, 563.
[147] Insofern in der „Inszenierung" und Polemik für das höchste deutsche Gericht beispiellos beginnend bei der unmittelbaren Gegenüberstellung der unterschiedlichen Auffassungen in der NStZ 2013, 563 hin zur unsachlichen Austragung des Streits (was Wendungen wie „befremdlich", „desavouiert", „verstörend", „Nestbeschmutzer", „unerträglich" indizieren), bei der persönliche Differenzen zwischen den Senatsmitgliedern „gefundenes Fressen" für die Presse waren, vgl. nur das Statement des GBA a.D. Nehm in Legal Tribune Online v. 27.12.2013 und des Präsidenten des BGH a.D. Tolksdorf in FAZ v. 25.1.2014, S. 5.
[148] BVerfG (1. Kammer des Zweiten Senats) 23.5.2012 – 2 BvR 610/12, 2 BvR 625/12, NJW 2012, 2334 (2336); so ausdrücklich auch BGH 2.9.2015 – 1 StR 433/14, NStZ-RR 2015, 318; ebenso BGH 10.10.2018 – 5 StR 183/18, BeckRS 2018, 29655.
[149] Demgegenüber für die Einrichtung eines Zehn-Augen-Prinzips neben einer Beratungspraxis bei bestimmten Katalogtaten, Hamm/Krehl NJW 2014, 903 (905); in diese Richtung auch Norouzi StV 2015, 773 (776 f.).
[150] BVerfG (1. Kammer des Zweiten Senats) 23.5.2012 – 2 BvR 610/12, 2 BvR 625/12, NJW 2012, 2334 (2336); Gericke in KK-StPO Rn. 25; Wohlers in SK-StPO Rn. 26; Mosbacher NJW 2014, 124 (125, 127); dazu ausdrücklich bereits auch BGH 15.2.1994 – 5 StR 15/92, NStZ 1994, 353 (354) 14.3.2013 – 2 StR 534/12, NStZ-RR 2013, 214; aA Becker HRRS 2013, 264 (265 ff.).

52 Natürlich hängt es von der Persönlichkeit des einzelnen Richters (sowohl des Vorsitzenden als auch des Berichterstatters und der weiteren Beisitzer) ab, ob die gelebte Praxis auch tatsächlich ausreicht, um der in die letzte Instanz gesetzten Hoffnung seriös zu begegnen. Schließlich kann die der Beschlussentscheidung vorausgehende, *gemeinsame Beratung* ihrem Zweck nur dann gerecht werden, wenn jedes Mitglied im Spruchkörper denselben Kenntnisstand aufweist und es seine Überzeugung an der Meinung der anderen messen kann. Trotz der hohen Verantwortung, die das Gesetz jedem einzelnen Revisionsrichter bei der Herstellung von Rechtskraft von mitunter sehr hohen Freiheitsstrafen nach oftmals nur einer Tatsacheninstanz zuspricht,[151] bleibt dem Revisionsführer aufgrund der derzeitigen normativen Ausgestaltung des Revisionsverfahrens nichts anderes übrig, als darauf zu vertrauen, dass der gesetzlich zur Entscheidung berufene Revisionsrichter in ausreichendem Umfang die Revisionssache kennt. Geht es um letztinstanzliche Anwendung von Strafgewalt, verbleibt angesichts dieser Ernüchterung zwar ein ungutes Gefühl,[152] das revisionsrechtlich aber ohne Konsequenz ist.

53 **c) Fazit: Bedeutungsverlust der Hauptverhandlung.** Die exzessive Handhabung des § 349 Abs. 2 hat endgültig den **Bedeutungsverlust der revisionsrechtlichen Hauptverhandlung** bis zum heutigen Tage herbeigeführt.[153] Während 1950 noch rund 1.000 Urteile verkündet wurden,[154] waren es aus den genannten Gründen in den letzten Jahren durchschnittlich 160, mit einem überproportionalen Anteil staatsanwaltschaftlicher Revisionen (zur Statistik → Rn. 17). Gerade weil die Revisionspraxis das normative Regel-Ausnahmeverhältnis zwischen Hauptverhandlung und Beschlussverwerfung umgekehrt hat, wird nun teilweise gefordert, das Gesetz müsse dieser Praxis angepasst und damit die Beschlussverwerfung im Gesetz als Regelfall verankert werden.[155] Dies insbesondere, weil man zum einen anerkennen müsse, dass die Beschlussverwerfung als ein zwingendes Mittel zur Vermeidung einer Arbeitsüberlastung des BGH erforderlich sei[156] und zum anderen, weil der Mehrwert einer Hauptverhandlung zweifelhaft sei; denn das Wesen der Revision als Rechtsmittelkontrolle sei eben auch im Schriftwege ausreichend abbildbar. Zudem verfolgten die Revisionsführer (wiewohl verteidigt) häufig Zwecke, die mit diesem Wesen unvereinbar seien (Nachweis der Unschuld, Erreichen einer niedrigeren Strafe etc); und zu guter Letzt auch deshalb, weil eine nicht zu vernachlässigende Zahl von Revisionen schlicht unzureichend begründet sei.[157]

54 Doch unabhängig davon, dass der Gesetzgeber bisher nicht dazu neigt, hier Änderungen vorzunehmen, kann dem nicht gefolgt werden. Nicht nur unter Rekurs auf den historischen Gesetzgeber **verdient die Revisionshauptverhandlung mehr Beachtung.** Insbesondere im Hinblick auf Groß- und Umfangverfahren bietet die Revisionshauptverhandlung nach der Tatsacheninstanz regelmäßig die letzte Möglichkeit, ausgewählte Rechtsfragen unmittelbar zu erörtern. Auch unabhängig von der Komplexität des Verfahrensstoffes der Tatsacheninstanz kann der Revisionshauptverhandlung ihre Notwendigkeit nicht schlechterdings abgesprochen werden; dies schon allein deshalb, weil

---

[151] Darauf zu recht hinweisend Hamm/Krehl NJW 2014, 903 (904).
[152] Knauer NStZ 2016, 1 (2).
[153] Widmaier hat in seiner Revisionskommentierung (die er aus Sicht der Revisionspraxis glücklicherweise vor seinem Tode noch zu großen Teilen abschließen konnte) im von ihm mitbegründeten Kommentar Satzger/Schluckebier/Widmaier dazu frustriert festgehalten, Widmaier/Momsen in Satzger/Schluckebier/Widmaier, StPO, 2. Auflage, § 349 Rn. 1.: „Die heutige Praxis der Revisionsentscheidungen hat nicht nur mit der Vorstellung des Gesetzgebers, sondern auch mit der eigenen Praxis des Bundesgerichtshofs bis vor etwa zwanzig Jahren nicht mehr viel zu tun. Revisionshauptverhandlungen sind (abgesehen von Revisionen der Staatsanwaltschaft über die grundsätzlich verhandelt werden muss) die Ausnahme geworden."
[154] Barton StRR 2014, 404 (404).
[155] Fezer StV 2007, 40; Norouzi StV 2015, 773; letzterer mit einem dezidierten Änderungsvorschlag, der u.a. eine Begründungspflicht für die Beschlüsse enthält.
[156] Zum prozessökonomischen Charakter des § 349 Abs. 2, vgl. Schletz, Die erweiterte Revision in Strafsachen, 2020, S. 437 ff.
[157] Norouzi StV 2015, 773 (775).

sich der Prüfungsumfang des Revisionsgerichts unter dem Stichwort der erweiterten Revision vergrößert hat.[158] Auch darf nicht unberücksichtigt bleiben, dass sich so mancher Aspekt und so manche Auslegungsmöglichkeit erst im Zuge eines unter den Verfahrensbeteiligten intensiv geführten Rechtsgespräches offenbaren.[159] Der bloße Verweis auf den mit der Durchführung einer Revisionshauptverhandlung verbundenen erhöhten Arbeitsaufwand verfängt ebenfalls nicht. Ressourcenknappheit ist nämlich nicht geeignet, die tatsächliche Umkehrung des normativen Regel-Ausnahme-Verhältnisses zu legitimieren. Bestätigt wird diese Sichtweise mit Blick auf den Zweck der Revision: Der Kontroll- und Disziplinierungsfunktion (dazu sogleich → Rn. 67, 81 ff.) kann die Revision nur gerecht werden, wenn die Tätigkeit der Revisionsgerichte überwiegend öffentlich erfolgt, andernfalls verfehlt eine verfahrensabschließende Entscheidung ihre spezial- wie auch generalpräventive Wirkung. Die formalisierte Kontrolle auf Grundlage eines öffentlich wahrnehmbaren Revisionsverfahrens stärkt sowohl das Vertrauen der Bevölkerung als auch das der Angeklagten in die Gerichte, was letztlich für den einzelnen Richter sogar **freiheitserweiternd** sein kann.[160]

6. Die kurze Revisionsbegründungsfrist des § 345 Abs. 1. Eine weitere **revisionspraktische Beschränkung** ist die Revisionsbegründungsfrist des § 345 Abs. 1. Bereits die Reichsstrafprozessordnung von 1877 sah in § 385 Abs. 1 eine Revisionsbegründungsfrist vor. Danach waren *„die Revisionsanträge und deren Begründung [...] spätestens binnen einer weiteren Woche nach Ablauf der Frist zur Einlegung des Rechtsmittels oder, wenn zu dieser Zeit das Urtheil noch nicht zugestellt war, nach dessen Zustellung bei dem Gerichte, dessen Urtheil angefochten wird, anzubringen."* Durch das Gesetz zur Änderung der Strafprozeßordnung und des Gerichtsverfassungsgesetzes (StPÄG)[161] im Jahre 1964 wurde die Regelung überarbeitet und die Begründungsfrist von insgesamt zwei Wochen auf einen Monat verlängert.[162] Aufgrund der nicht unerheblichen Kritik[163] ist die starre Revisionsbegründungsfrist mit dem Gesetz zur Fortentwicklung der Strafprozessordnung und zur Änderung weiterer Vorschriften mit Wirkung zum 1.7.2021 angepasst worden. Dies war insbesondere im Hinblick auf die wachsende Zunahme von Groß- und Umfangsverfahren mit Hauptverhandlungen von beträchtlicher Länge notwendig. Allerdings wird die Staffelung der Frist gerade nicht, wie vom Entwurf bezweckt,[164] an die Staffelung der Urteilsabsetzungsfrist angepasst. Die Staffelung der Revisionsbegründungsfrist in zwei Stufen steht in keinem Verhältnis zu der dynamischen und „nach oben" unbegrenzten Staffelung der Urteilsabsetzungsfrist gemäß § 275 Abs. 1 S. 2 Hs. 2.[165] Die Urteilsverkündungsfrist muss sich sieben Mal von ursprünglich 5 Wochen auf 21 Wochen verlängern, damit sich die Revisionsbegründungsfrist ein Mal auf zwei Monate verlängert; anschließend muss sich die Urteilsabsetzungsfrist weitere sieben Mal (insgesamt 14 Mal) auf 35 Wochen verlängert haben, damit sich die Revisionsbegründungsfrist ein zweites Mal auf drei Monate verlängert. Sollte sich die Urteilsabsetzungsfrist aufgrund der Dauer der Hauptverhandlung weiter verlängern, wirkt sich dies auf die Dauer der Revisionsbegründungsfrist gar nicht mehr aus. Eine weitere Angleichung der Revisionsbegründungsfrist an die Urteilsabsetzungsfrist wurde mit einem Verweis auf das Gebot der Verfahrensbeschleunigung

---

[158] Hanack in Löwe/Rosenberg § 350 Rn. 2; dazu auch Rissing-van Saan StraFo 2010, 359 (357).
[159] Darauf auch völlig zu Recht hinweisend Rissing-van Saan StraFo 2010, 359 (364).
[160] Knauer NStZ 2016, 1 (11).
[161] Gesetz zur Änderung der Strafprozeßordnung und des Gerichtsverfassungsgesetzes (StPÄG), BGBl. 1964 I 1067.
[162] Dazu Hillenkamp, Die Urteilsabsetzungs- und die Revisionsbegründungsfrist im deutschen Strafprozess, 1998, S. 10 ff.; Frisch in SK-StPO § 345 Rn. 1.
[163] Hillenkamp S. 105 ff.; Hillenkamp NStZ 2000, 668 (670); Grabenwarter NJW 2002, 109; die Forderungen nach einer Änderung indes als unberechtigt bezeichnend Franke in Löwe/Rosenberg § 345 Rn. 1; Gerhold/Meglalu ZRP 2020, 154.
[164] BegrRegE, S. 113.
[165] Hierzu bereits die BRAK Stellungnahme zu dem Regierungsentwurf des Gesetzes zur Fortentwicklung der Strafprozessordnung Nr. 19/2021, S. 7.

abgelehnt.¹⁶⁶ Hierbei bleibt aber unberücksichtigt, dass auch das Protokoll mit zunehmenden Hauptverhandlungstagen umfangreicher wird, dem Verteidiger aber in der Praxis regelmäßig erst nach der Zustellung des Urteils und Beginn der Revisionsbegründungsfrist vorliegt. Daher ist die Frist insbesondere in Umfangsverfahren auch nach der Gesetzesänderung noch nicht angemessen und schränkt die Möglichkeit der (erfolgreichen) Revision immer noch ein (→ § 345 Rn. 8 f.).

56 **7. Verbot der Rekonstruktion der Hauptverhandlung.** Auch das **ungeschriebene Rekonstruktionsverbot** (dazu → § 261 Rn. 417 ff. sowie → § 337 Rn. 75 ff.) stellt eine „Rügebarriere"¹⁶⁷ dar. Diese weitere Einschränkung der Überprüfbarkeit tatrichterlicher Urteile ist – obwohl ständige Rechtsprechung des BGH – bisher dogmatisch wenig durchdrungen.¹⁶⁸ Selbst begrifflich herrscht nicht vollständige Klarheit, wenn in den Entscheidungen des BGH einerseits vom Verbot der Rekonstruktion der Beweisaufnahme, andererseits vom Verbot der Rekonstruktion der Hauptverhandlung die Rede ist.¹⁶⁹ Letztlich hat das Rekonstruktionsverbot, wie vom BGH angewendet, eben diese beiden Zielrichtungen: Dem Revisionsgericht ist **sowohl die Hauptverhandlung** selbst, also deren Inhalt, **als auch die Beweisaufnahme** hinsichtlich ihrer Form und ihres Ergebnisses außerhalb der strengen Grenzen des § 274 insoweit entzogen, als alleine der Inhalt des Urteils maßgeblich ist.

57 Anders formuliert: Nach der ständigen Rechtsprechung des BGH zum Rekonstruktionsverbot sind behauptete Widersprüche zwischen dem Inhalt des Urteils und den Akten oder dem Verlauf der Hauptverhandlung, wenn sie sich nicht aus den Urteilsgründen selbst ergeben, für sich allein unerheblich.¹⁷⁰ **Grundlage für die revisionsgerichtliche Prüfung** ist grundsätzlich **nur das angefochtene Urteil** und das dort wiedergegebene Ergebnis der Beweisaufnahme. Es ist Sache des Tatrichters, die Ergebnisse der Beweisaufnahme festzustellen und zu würdigen.¹⁷¹ Nachforschungen des Revisionsgerichts – etwa anhand von Aufzeichnungen der Verfahrensbeteiligten oder anhand dienstlicher Erklärungen der Richter über den Inhalt der Vernehmung eines Zeugen abweichend von den tatrichterlichen Feststellungen¹⁷² – sollen vielmehr „der Ordnung des Revisionsverfahrens widersprechen".¹⁷³

58 **Vom Rekonstruktionsverbot betroffen** sind demnach regelmäßig Konstellationen, in denen mit der Revision gerügt wird, erhobene Beweise seien unzutreffend oder unvollständig gewürdigt worden (§ 261 – **Inbegriffsrüge**) oder aber die **Aufklärungsrüge** (§ 244 Abs. 2) auf die fehlende Ausschöpfung eines Beweismittels gestützt werden soll, also etwa darauf, dass ein Angeklagter oder Zeuge im Rahmen seiner mündlichen Äußerungen einen Hinweis auf ein weiteres Beweismittel gegeben hat und das Gericht darauf entgegen der ihm obliegenden Aufklärungspflicht nicht eingegangen ist,¹⁷⁴ wenn sich das Unterlassen

---

¹⁶⁶ Begr. RegE, S. 114; zustimmend Brexl AnwBl. 2021, 271 (für den DAV).
¹⁶⁷ Zum Rekonstruktionsverbot als Rügebarriere Hamm/Pauly Rn. 342; Bartel Rekonstruktionsverbot S. 27.
¹⁶⁸ Das konstatieren auch Herdegen StV 1992, 590; Döhmer SVR 2009, 47 (49), Wilhelm StV 2012, 75; ausführlich zum Rekonstruktionsverbot Wilhelm ZStW 117 (2005), 143 (154 ff.); siehe ferner Bartel, Das Verbot der Rekonstruktion der Hauptverhandlung, 2014; Wohlers JZ 2021, 116 (118 ff.).
¹⁶⁹ Bartel Rekonstruktionsverbot S. 25 mwN in Fn. 26.
¹⁷⁰ BGH 12.12.1996 – 4 StR 499/96, NStZ 1997, 294 (294); 23.8.2012 – 1 StR 389/12, NStZ 2013, 98 (98); 1.10.2022 – 1 StR 326/22, BeckRS 2022, 33031; 21.9.2022 – 6 StR 160/22, BeckRS 2022, 35491.
¹⁷¹ Schmitt in Meyer-Goßner/Schmitt § 337 Rn. 13.
¹⁷² BGH 8.2.1961 – 2 StR 625/60, BGHSt 15, 347 = NJW 1961, 789; BGH 18.2.2004 – 2 StR 462/03, NStZ 2004, 630 (631).
¹⁷³ Dazu allgemein BGH 8.2.1961 – 2 StR 625/60, BGHSt 15, 347 = NJW 1961, 789; BGH 3.7.1962 – 1 StR 157/62, BGHSt 17, 351 (352) = NJW 1962, 1832; BGH 11.4.1979 – 2 StR 306/78, BGHSt 28, 384 (387) = NJW 1979, 2319 (2320); BGH 7.6.1979 – 4 StR 441/78, BGHSt 29, 18 (20) = NJW 1979, 2318 (2318 f.); BGH 2.11.1982 – 5 StR 622/82, BGHSt 31, 139 (140) = NJW 1983, 186; BGH 23.8.2012 – 1 StR 389/12, NStZ 2013, 98 (98); dazu auch Gercke/Wollschläger StV 2013, 106 (109).
¹⁷⁴ Dazu Pauly FS Hamm, 2008, 557 (559 ff.).

der weiteren Aufklärung nicht aus den Urteilsgründen selbst ergibt. Neben **Aufklärungsrüge**[175] und **Inbegriffsrüge**[176] beschäftigt sich die Rechtsprechung in diesem Zusammenhang detailreich mit dem Rekonstruktionsverbot.[177] So kann auch die Einlassung des Angeklagten, soweit sie vom Revidenten anders verstanden wird als deren Wiedergabe im Urteil, nicht zum Gegenstand einer Rüge gemacht werden. Denn eine Rüge der „Aktenwidrigkeit" des Urteils (→ § 261 Rn. 420)[178] ist auch mit Blick auf die sog. Alternativrüge unzulässig.[179] Grundsätzlich kann die Revision also nicht darauf gestützt werden, ein zu einem beweiserheblichen Umstand schweigendes Urteil beruhe darauf, dass das Tatgericht entweder unter Verletzung der Aufklärungspflicht einen bestimmten Beweis nicht erhoben hat oder aber, es diesen Umstand zwar in der Hauptverhandlung erörtert, es jedoch entgegen des Gebots zu einer den gesamten Inbegriff der Hauptverhandlung ausschöpfenden Beweiswürdigung unterlassen hat, ihn auch in den Urteilsgründen zu würdigen.[180]

Die zentralen Aussagen des Rekonstruktionsverbots lassen sich damit **in zwei Zielrichtungen zusammenfassen:**[181] Das Revisionsgericht hat **nicht zu prüfen,** ob der Angeklagte oder ein Zeuge oder Sachverständiger in der Hauptverhandlung **tatsächlich so ausgesagt hat,** wie dies in den Urteilsgründen festgestellt ist. Dienstliche Erklärungen oder Aufzeichnungen eines Verfahrensbeteiligten scheiden als Beweismittel des revisionsgerichtlichen Freibeweisverfahrens insoweit aus. Maßgeblich ist allein der Inhalt der Urteilsgründe. Zudem ist eine **Beweiserhebung** des Revisionsgerichts **über Einzelheiten der tatrichterlichen Beweisaufnahme,** welche nicht zu den wesentlichen Förmlichkeiten zählen und deshalb nicht im Hauptverhandlungsprotokoll aufzunehmen sind, ausgeschlossen. So gesehen hat das Rekonstruktionsverbot eine **materielle und eine formelle Ausprägung.** Es folgt letztlich aus dem Wesen der Revision als reine Rechtskontrolle. Mit der sog. „erweiterten Revision" hat sich der BGH – und das führt letztlich zu Irritationen – von der ursprünglichen Konzeption der Revision bereits wesentlich entfernt. 59

Allerdings macht die **Rechtsprechung zahlreiche Ausnahmen** vom Rekonstruktionsverbot. So liegt danach kein Verstoß gegen das Rekonstruktionsverbot vor, wenn die Rüge ein Beweismittel zum Gegenstand hat, das vom Revisionsgericht ohne weiteres zur Kenntnis genommen werden kann, weil es sich aus den Urteilsgründen oder aus der aus der Sitzungsniederschrift ersichtlichen weiteren Beweisaufnahme ergibt.[182] Darüber hinaus macht die Rechtsprechung dann eine Ausnahme[183] vom Rekonstruktionsverbot, wenn ein Verfahrensfehler mithilfe eines in der Hauptverhandlung verwendeten Dokuments nachgewiesen werden kann, das einen hohen Beweiswert besitzt und dessen Beweisgehalt objektiv und ohne zusätzliche Wertung allein aufgrund eines kognitiven Vorgangs erfasst werden kann, bei der Urkunde durch einfaches Durchlesen, beim Lichtbild durch einfaches Betrach- 60

---

[175] Siehe BGH 16.4.1953 – 4 StR 771/52, BGHSt 4, 125 (126) = NJW 1953, 952; BGH 3.7.1962 – 1 StR 157/62, BGHSt 17, 351 (352) = NJW 1962, 1832.

[176] BGH 8.2.1961 – 2 StR 625/60, BGHSt 15, 347 (348 ff.) = NJW 1961, 789; und BGH 7.10.1966 – 1 StR 305/66, BGHSt 21, 149 (150 f.) = NJW 1967, 213; vgl. BGH 13.1.2022 – 3 StR 318/21, BeckRS 2022, 1878.

[177] Detailliert Bartel Rekonstruktionsverbot S. 36 ff.

[178] BGH 19.10.1999 – 5 StR 442/99, NStZ 2000, 156 mwN; BGH 4.7.1997 – 3 StR 520/96, NStZ-RR 1998, 17 mwN; BGH 24.11.2000 – 2 StR 361/00, BeckRS 2001, 625; bei Becker NStZ-RR 2001, 257 (262); 7.8.2007 – 4 StR 142/07, BeckRS 2007, 14391; 9.8.2017 – 5 StR 75/17, BeckRS 2017, 122558; OLG Brandenburg 26.2.2009 – 1 Ss 10/09, NStZ-RR 2009, 209.

[179] BGH 19.10.1999 – 5 StR 442/99, NStZ 2000, 156; 10.7.2001 – 5 StR 236/01, BeckRS 2001, 6359; zur Zulässigkeit der Alternativrüge BGH 29.5.1991 – 2 StR 68/91, NStZ 1991, 448; 2.6.1992 – 1 StR 182/92, NStZ 1992, 506; 19.1.2000 – 3 StR 531/99, NJW 2000, 1962; anders indes BGH 13.9.2006 – 2 StR 268/06, NStZ 2007, 115; mwN jeweils → § 261 Rn. 421; sowie Bartel Rekonstruktionsverbot S. 73 ff.; dazu ausführlich auch Bauer NStZ 2000, 72.

[180] Dazu auch Pauly FS Hamm, 2008, 557 (563); Bartel Rekonstruktionsverbot S. 73 ff.; Bachler in BeckOK StPO § 244 Rn. 17.

[181] Bartel Rekonstruktionsverbot S. 25.

[182] Tiemann in KK-StPO § 261 Rn. 78.

[183] Auf die willkürlich anmutenden Regeln, die für eine Durchbrechung des Rekonstruktionsverbots entwickelt worden sind hinweisend, Wilhelm StV 2012, 75.

ten.¹⁸⁴ Im Bereich der Absprachen rekonstruiert die Rechtsprechung die Hauptverhandlung zum Teil äußerst detailliert.¹⁸⁵ Mit dem vom BGH häufig selbstschützend vorgebrachten Rekonstruktionsverbot schließlich überhaupt nicht mehr vereinbar sind Tendenzen, in denen eine eigene revisionsgerichtliche Beweiserhebung, die der Tatrichter aufgrund eines Verfahrensfehlers unterlassen hat, nachgeholt wird. Dies hat der 5. Strafsenat für eine DNA-Zuordnung einer Spur für möglich gehalten und den einen Beweisantrag entkräftenden Sachverständigenbeweis selbst einholen lassen. Dass hier das Revisionsgericht in eine eigene nicht zulässige Beweisaufnahme eintritt, erscheint evident.¹⁸⁶

61 Es ist und **bleibt ureigenste Aufgabe des Tatrichters,** den Inhalt der Hauptverhandlung festzustellen und zu würdigen. Hinsichtlich der materiellen Feststellungen des Tatrichters besteht deshalb zweifelsohne eine Bindung des Revisionsgerichts – andernfalls entfiele auch weitestgehend der Unterschied zwischen Berufung und Revision.¹⁸⁷ Mit der normativen Konzeption des Revisionsverfahrens als Rechtskontrolle ist es deshalb auch nicht verträglich, wenn das Revisionsgericht selbst einen Teil der tatgerichtlichen Hauptverhandlung wiederholt, um herauszufinden, „wie es gewesen ist".¹⁸⁸ **Davon zu unterscheiden** sind jedoch Fallgestaltungen, bei denen es schlichtweg um die **Rüge von prozessualen Gegebenheiten** geht, wie etwa die Gewährung des letzten Wortes. Solche Vorkommnisse betreffen den Weg des Tatgerichts zur Urteilsfindung – deren Überprüfung unterliegt selbstredend der originär revisionsrechtlichen Kompetenz.¹⁸⁹ Bei prozessual erheblichen Tatsachen, die den Beweisstoff einer Verfahrensrüge bilden, ist das Gericht zu eigenen (freibeweislichen) Ermittlungen nicht nur berechtigt, sondern sogar verpflichtet.¹⁹⁰

62 Ob im konkreten Einzelfall ein revisionsrechtlich erheblicher Rechtsfehler vorliegt, kann insbesondere im beweisrechtlichen Kontext zunächst Feststellungen darüber verlangen, welche Beweiserhebungen in der tatgerichtlichen Hauptverhandlung stattgefunden haben und ggf. auch welchen Inhalt diese hatten, sprich die Hauptverhandlung hinsichtlich einzelner stattgefundener oder nicht stattgefundener Beweiserhebungen zu „rekonstruieren".¹⁹¹ Bei genauerem Hinsehen geht es in diesen Konstellationen aber **nicht um eine eigene Beweisaufnahme** und -würdigung durch das Revisionsgericht. Um überhaupt in die Rechtskontrolle eintreten zu können, ist mitunter eine *Rekapitulation* **des tatsächlichen Ablaufs eines Teils der tatrichterlichen Hauptverhandlung erforderlich,** andernfalls kann der vom Revisionsführer behauptete Verfahrensverstoß auch nicht auf dessen Begründetheit hin überprüft werden. Dementsprechend beinhaltet der gesetzliche Prüfungsauftrag an die Revisionsgerichte auch die Klärung der Frage, ob die behauptete verfahrensrelevante Tatsache zutrifft und macht insoweit auch die Vollständigkeit des Urteils und die Vorgänge in der Hauptverhandlung, die zu den Urteilsfeststellungen geführt haben, zum Gegenstand der revisionsgerichtlichen Kontrolle. Dies steht im Einklang mit § 344 Abs. 2 S. 2. Die Regelung wäre sinnlos, wenn das Revisionsgericht die vom Revisionsführer behaupteten Tatsachen nicht selbst feststellen könnte und wird zudem durch § 352 Abs. 1 bekräftigt.¹⁹²

63 Indem die **Rechtsprechung aber nicht klar zwischen der Würdigung** des relevanten Beweisstoffes – dieser unterliegt der freien tatrichterlichen Überzeugungsbildung – **und dem Objekt der Würdigung differenziert,**¹⁹³ erfährt das **Rekonstruktionsverbot** eine

---

¹⁸⁴ Diemer NStZ 2002, 16 (19); im Hinblick auf digitale Speichermedien Gercke/Wollschläger StV 2013, 106 (109).
¹⁸⁵ BGH 6.3.2013 – 5 StR 423/12, NStZ 2013, 415; 12.12.2013 – 5 StR 444/13, NStZ 2014, 169; 29.1.2020 – 1 StR 471/19, NStZ 2022, 249 (249 f.).
¹⁸⁶ BGH 25.4.2012 – 5 StR 444/11, NStZ 2012, 526 mAnm Knauer NStZ 2012, 583; dagegen Basdorf NStZ 2013, 186.
¹⁸⁷ Neuhaus StraFo 2004, 407 (408).
¹⁸⁸ So zu Recht Hamm/Pauly Rn. 343.
¹⁸⁹ Vgl. auch BGH 20.9.2017 – 1 StR 391/16, NJW 2018, 414 zum letzten Wort des Angekl. nach Wiedereintritt in die Verhandlung.
¹⁹⁰ Herdegen StV 1992, 590; Herdegen FS Salger, 1995, 301 (304); Neuhaus StraFo 2004, 407 (410).
¹⁹¹ Gercke/Wollschläger StV 2013, 106 (109).
¹⁹² Neuhaus StraFo 2004, 407 (408 f.); dazu bereits auch Herdegen FS Salger, 1995, 301 (304 f.).
¹⁹³ Dazu bereits auch Herdegen StV 1992, 590.

dogmatisch nicht zu rechtfertigende Ausdehnung. Die Reichweite des revisionsgerichtlichen Prüfungsumfangs wird eingeschränkt und bestimmten Verfahrensverstößen ihre Revisibilität abgesprochen. Dabei handelt es sich um eine revisionsgerichtliche Erfindung, die im Widerspruch zu § 337 steht, der eine solche Einschränkung gerade nicht vorsieht.[194] Denn andernfalls wäre die Rügefähigkeit eines Verfahrensfehlers abhängig von dessen Quelle der Nachweisbarkeit. Die Bezugnahme auf das Rekonstruktionsverbot führt hier aber gerade dazu, dass der Grundsatz, wonach das Revisionsgericht bei prozessual erheblichen Tatsachen von Amts wegen (im Wege des Freibeweises) zu eigenen Feststellungen verpflichtet ist, ausgehebelt wird. Die angesichts der „Zweigleisigkeit" der revisionsgerichtlichen Rechtsprechung entstehende Hilflosigkeit von Angeklagten und Verteidigern treibt dann auch seltsame Blüten: Selbst erfahrene Verteidiger können, wenn Sie den Pulverdampf der Instanzauseinandersetzung eingeatmet haben, häufig nicht akzeptieren, dass es kein rechtliches Mittel dagegen gibt, dass das Gericht Beweisergebnisse, insbesondere Zeugenaussagen, genau umgekehrt oder jedenfalls anders aufgefasst hat bzw. würdigt, als es dem eigenen Erleben der Hauptverhandlung entspricht.[195] Die **fehlende wörtliche Protokollierung der Zeugenaussagen beim Landgericht** (§ 273 Abs. 2) ist Ursache dafür; die entstehende Frustration führt zu teils kuriosen Versuchen, das Gericht nach § 273 Abs. 3 zur wörtlichen Protokollierung zu bewegen; jedenfalls für die eigene Aussage des Angeklagten will die Verteidigung dies – revisionsrechtlich unbehelflich – häufig erreichen.[196] Auch die verzweifelten Angriffe von Angeklagtenrevisionen auf die tatrichterliche Beweiswürdigung sind hierin begründet. Die insoweit formelhafte Wiederholung des Hinweises des GBA bzw. der GenStA darauf, dass vom Tatrichter gezogene Schlüsse nicht zwingend sein müssten, sondern dass es genüge, wenn diese möglich seien,[197] folgt dann ebenso häufig, wie der unmittelbare Hinweis auf das Rekonstruktionsverbot.

Bartel kommt das unschätzbare Verdienst zu, Rechtsprechung und Literatur zum Rekonstruktionsverbot erstmals umfassend systematisiert und analysiert zu haben. Das Verbot sei partiell legitimiert als eine zulässige revisionsrechtliche Beweisantizipation, welche die revisionsgerichtliche Aufklärungspflicht in Fällen beschränkt, in denen weite Teile der tatrichterlichen Hauptverhandlung oder komplexe Hauptverhandlungsinformationen rekonstruiert werden müssten. Darüber hinaus könne es begrenzte Bedeutung gewinnen als eine – widerlegliche – Vermutung, dass der Tatrichter den ihm von Gesetzes wegen eröffneten Freiraum zur Wahrnehmung und Würdigung des mündlichen Hauptverhandlungsstoffs nicht überschritten hat. Das Rekonstruktionsverbot könne daher als **„beweisregelähnlicher Grundsatz des revisionsgerichtlichen Freibeweisverfahrens"** verstanden werden, dessen Zweck in der Wahrung der strukturellen Grenzen der Revision und in der Gewährleistung der Arbeitsfähigkeit der Revisionsgerichte liegt.[198] Unabhängig von der Frage, ob letztlich etatistische Erwägungen ein legitimer Zweck zur Beschränkung des Rechtsmittelumfanges sein können, ist damit wohl der Kern des von der Rechtsprechung praktizierten Rekonstruktionsverbots beschrieben. Die Konsequenz der Unzulässigkeit einer aus Sicht des Revisionsgerichts rekonstruierenden Rüge ist damit aber nicht erklärt. Allerdings vertritt auch *Bartel* die Auffassung, dass das Verbot als striktes „Beweisverbot" keine Zustimmung verdiene.[199]

Es verwundert wenig, dass Gegner des Rekonstruktionsverbots aus den Reihen von Literatur und Revisionsverteidigern Legion sind.[200] Die durch die wechselhafte wie umstrittene Rechtsprechung herbeigeführte **Situation ist misslich** und ließe sich erheblich ent-

---

[194] Ausführlich Wilhelm ZStW 117 (2005), 143 (158 ff.), Wilhelm StV 2012, 74 (76).
[195] Momsen/Momsen-Pflanz in Satzger/Schluckebier/Widmaier StPO Vor §§ 333 ff. Rn. 2; Wilhelm ZStW 117 (2005), 143 (143 f.).
[196] Momsen/Momsen-Pflanz in Satzger/Schluckebier/Widmaier StPO Vor §§ 333 ff. Rn. 2; Ventzke HRRS 2010, 461 (466); ausführlich dazu auch Klemke StraFo 2013, 107.
[197] Siehe hierzu Momsen/Momsen-Pflanz in Satzger/Schluckebier/Widmaier StPO Vor §§ 333 ff. Rn. 2.
[198] So ihr Ergebnis zusammenfassend Bartel Rekonstruktionsverbot S. 345 f.
[199] Bartel Rekonstruktionsverbot S. 346.
[200] Wilhelm ZStW 117 (2005), 143; Pauly FS Hamm, 2008, 557 (558 ff.); Döhmer SVR 2009, 47 (48 ff.).

schärfen, käme man den **Vorschlägen nach Dokumentation der Hauptverhandlung in Bild und/oder Ton** nach.[201] Zumindest Vorgänge der Hauptverhandlung könnten damit in zuverlässiger Form festgehalten werden. Ein wesentlicher Grund für das Verbot der Rekonstruktion der tatrichterlichen Hauptverhandlung liegt im Dokumentationsdefizit der Beweisaufnahme und damit verbundenen Nachweisschwierigkeiten. Dieser Grund würde mit der Existenz einer umfassenden, in ihrer rechtlichen Wirkung dem Protokoll vergleichbaren Aufzeichnung entfallen. Der am 22.11.2022 vorgelegte Referentenentwurf eines Gesetzes zur digitalen Dokumentation der strafgerichtlichen Hauptverhandlung (DokHVG) sah eine audiovisuelle Aufzeichnung der Hauptverhandlung vor den Land- und Oberlandesgerichten nach jahrzehntelanger Diskussion endlich vor.[202] Während dieser Entwurf von der Mehrheit der Anwaltsverbände begrüßt wurde,[203] sah er sich massiver Kritik aus der Richterschaft ausgesetzt.[204] Der Gesetzentwurf der Bundesregierung zum Hauptverhandlungsdokumentationsgesetz vom 23.8.2023 bleibt hinter dem Referentenentwurf zurück und sieht grundsätzlich nurmehr eine digitale Dokumentation erstinstanzlicher Verhandlungen vor dem Landgericht oder Oberlandesgericht im Wege einer Tonaufzeichnung vor, die automatisiert in ein Transkript zu übertragen ist.[205] In der Gesetzgründung heißt es zudem, dass Aufzeichnung und Transkript nicht den Stellenwert eines Protokolls haben sollen, sondern als Hilfsmittel im erstinstanzlichen Verfahren anzusehen seien, auch wenn nach § 274 Abs. 2-E StPO eine Berichtigung des Protokolls anhand der Aufzeichnung möglich sein soll.[206] Am Verbot der Rekonstruktion der Beweisaufnahme hält die Gesetzesbegründung ausdrücklich fest.[207] Es ist bedauerlich, dass der Gesetzentwurf die Chance versäumt, dieses mit zahlreichen Problemen verbundene und dogmatisch unscharfe Verbot endlich aufzugeben und die Beschuldigtenposition durch Einführung einer umfassenden Dokumentation der Hauptverhandlung mit adäquatem rechtlichen Stellenwert der Aufzeichnung zu stärken.

E. Zweck der Revision

66   Die **Frage nach dem Zweck der Revision** kann nach alledem nicht – wie es teilweise vertreten wird[208] – **praktisch** von geringer **Relevanz** sein. Denn diente die Revision etwa nur der Einzelfallgerechtigkeit, so mag zwar die vorstehend beschriebene, mitunter durchaus kritikbehaftete konkrete Ausgestaltung des Revisionsverfahrens (vgl. → Rn. 4 ff.) aus Sicht der Revisionsgerichte tatsächlich dieser Intention entsprechen, also gerechte Urteile zu

---

[201] Knauer NStZ 2016, 1 (11); mit konkretem Gesetzesvorschlag ferner Mosbacher StV 2018, 182; Mosbacher ZRP 2021, 180; Schmitt NStZ 2019, 1 ff.; Schneider NStZ 2019, 324 (328); Schletz, Die erweiterte Revision in Strafsachen, 2020, S. 576 ff.; zur Einführung einer technischen Dokumentation der Hauptverhandlung unter Beibehaltung der grundlegenden Regelungen des Revisionsverfahrens, Wehowsky NStZ 2018, 177 sowie Wohlers JZ 2021, 116 ff.; ablehnend Hofmann NStZ 2002, 569; für die Einführung eines Wortprotokolls Klemke StraFo 2013, 107 (113).
[202] Hierzu die zahlreichen Stellungnahmen auf der Internetseite des BMJ, sowie Basar KriPoZ 2023, 23; Erhard ZRP 2023, 12; Nickolaus ZRP 2023, 49.
[203] Vgl. die Stellungnahmen der Bundesrechtsanwaltskammer Nr. 8/2023 (StPO-Ausschuss) und Nr. 9/2023 (Strauda), des Ausschusses Strafrecht des Deutschen Anwaltvereins Nr. 5/2023, des Gesetzgebungsausschusses des Deutschen Strafverteidigervereins Nr. 1/2023 oder der Strafverteidigervereinigungen v. 17.2.2023.
[204] Vgl. die Stellungnahmen des Deutschen Richterbundes Nr. 2/2023 oder der Beschluss der OLG Präsidenten als März 2023, der dem Entwurf sogar eine Gefährdung der Wahrheitsfindung vorwirft.
[205] Siehe BT-Drs. 20/8096, 8.
[206] Siehe BT-Drs. 20/8096, 30 f.
[207] Siehe BT-Drs. 20/8096, 15, 30.
[208] Etwa Volk/Engländer GK StPO § 36 Rn. 5; Momsen/Momsen-Pflanz in Satzger/Schluckebier/Widmaier StPO Vor §§ 333 ff. Rn. 5; Temming in Gercke/Julius/Temming/Zöller Vor §§ 333 ff. Rn. 2; die praktische Bedeutung ebenfalls nicht erkennend Schmitt in Meyer-Goßner/Schmitt Rn. 4; einen erheblichen Bedeutungsverlust dieser Streitfrage konstatiert zwar auch Franke in Löwe/Rosenberg Rn. 7, dennoch sei es unrichtig, dem Streit jegliche Bedeutung abzusprechen, ähnlich auch Frisch in SK-StPO Rn. 15.

halten und ungerechte aufzuheben. Ob die Revisionsentscheidung allerdings auch aus Perspektive des Revisionsführers der Herstellung von Einzelfallgerechtigkeit dient, steht freilich auf einem anderen Blatt. Dem Sinn und Zweck der Revision als letztinstanzliches Rechtsmittel kommt damit **erhebliche Bedeutung** zu.

I. Kontroll- und Disziplinierungsfunktion

Die Revision erfüllt nach richtiger Auffassung eine **Kontroll- und Disziplinierungs-** 67 **funktion** gegenüber den Instanzgerichten.[209] Diese Funktion erfüllt sie einerseits mit **individueller Blickrichtung** bezogen auf den einzelnen Angeklagten, also im Hinblick auf die Einzelfallgerechtigkeit, andererseits auf den einzelnen Richter sowie kollektiv bezogen auf die **gesamte strafgerichtliche Instanzrechtsprechung**. Die Kontroll- und Disziplinierungsfunktion bezieht sich sowohl auf die Anwendung des materiellen Strafrechts als auch auf das für das Streben nach materieller Gerechtigkeit zentrale Prinzip der Verfahrensgerechtigkeit, also der Einhaltung der Normen über das Verfahren durch alle Beteiligten.[210]

Dies alles folgt daraus, dass es zum Anspruch bzw. den Rechten des Angeklagten 68 gehören muss, nicht nur ein nachvollziehbar begründetes Urteil zu erhalten, sondern auch das **Recht auf Nachprüfung des Urteils durch ein höherinstanzliches Gericht** (zur Begründung ausführlich → Rn. 81 ff.).[211]

II. Bisherige Erklärungsansätze zur Revision

1. Einzelfallgerechtigkeit. Die These, dass die Revision der Herstellung der Einzel- 69 fallgerechtigkeit dient,[212] hat *a priori* einiges für sich. Denn dem Rechtsmittelführer kommt es darauf an, mit Hilfe der Revision eine **Änderung der als ungerecht empfundenen Entscheidung** oder wenigstens eine neue Tatsachenverhandlung zu erreichen, während das Verlangen nach einer der Rechtseinheitlichkeit dienenden oder rechtsfortbildenden Grundsatzentscheidung insbesondere für den Angeklagten (evtl. weniger für die Staatsanwaltschaft) irrelevant ist.[213] Dementsprechend hat auch das Revisionsgericht seine Entscheidung in erster Linie davon abhängig zu machen, ob sich die Wahrheitsermittlung im konkreten Fall und die Anwendung des Strafgesetzes auf den festgestellten Sachverhalt mit den maßgebenden prozessualen und materiellen Normen vereinbaren lässt.[214]

Anders als dies teils dargestellt wird,[215] war **auch bereits für den Gesetzgeber der** 70 **Reichsstrafprozessordnung** der Zweck der Einzelfallgerechtigkeit bei der Revision zumindest mitbestimmend. So heißt es dazu bei *Hahn*: „*Für den Fall…, daß die Aufhebung des Urtheils erfolgen muß, hat sich der höhere Richter nicht auf diese Aufhebung zu beschränken; er hat vielmehr in der Sache selbst zu entscheiden, insoweit ist bei dieser Entscheidung eines Hinübergreifens in das dem ersten Richter vorbehaltene Gebiet thatsächlicher Würdigungen nicht bedarf.*"[216] Und

---

[209] Zur Begründung auch des Folgenden Knauer NStZ 2016, 1 (6 ff.); s. auch Kudlich StraFo 2016, 274 (281). Einen ähnlichen Ansatz vertritt auch Rosenau, der als Zweck der Revision die „Qualitätssicherung" beschreibt, Rosenau FS Widmaier, 2008, 521 (538 ff.). Dies ist terminologisch jedoch zu kurz gegriffen, da es sich bei der Qualitätssicherung lediglich um einen Bestandteil der Kontroll- und Disziplinierungsfunktion handelt; aA Kästle, Das Wesen der strafprozessualen Revision, 2018, S. 24 f.
[210] Siehe bereits Barton StV 2004, 332 (340).
[211] So bereits Weigend ZStW 113 (2001), 271 (298).
[212] Für Pfeiffer NJW 1999, 2617 (2621) steht in der Praxis der Aspekt der Einzelfallgerechtigkeit „im Vordergrund"; nach Gericke in KK-StPO Vorbemerkungen Rn. 4 zufolge, soll er „in erster Linie" berücksichtigt werden; nach Franke in Löwe/Rosenberg Rn. 7 mwN ist dieser Aspekt „erkennbar" im Vordringen und „dürfte nach dem tatsächlichen Bild der Revision heute auch in der Praxis vorherrschen"; einen „wesentlich höheren Stellenwert als in früheren Zeiten" konstatiert Dahs Strafprozessrevision Rn. 2.
[213] Gericke in KK-StPO Vorbemerkungen § 333 Rn. 4.
[214] Gericke in KK-StPO Vorbemerkungen § 333 Rn. 4.
[215] Rosenau FS Widmaier, 2008, 521 (534 ff.).
[216] Hahn (Hrsg.), Die gesammten Materialien zu den Reichs-Justizgesetzen, Dritter Band, Die gesammten Materialien zur Strafprozessordnung und dem Einführungsgesetz zu derselben vom 1. Februar 1877, Erste Abtheilung, Berlin 1881, S. 250.

weiter: *„Daß das Gericht erster Instanz an die Rechtsnormen, welcher der Aufhebung des Urtheils zu Grunde gelegt sind, gebunden sein soll, folgt aus dem Prinzip des Rechtsmittels; das Urtheil des Revisionsgerichts soll, soweit es geht, stets als Entscheidung in der Sache selbst wirken."*[217]

71 Damit ist nicht gemeint, dass das Revisionsgericht die Sache selbst „durch"entscheiden soll, indem es die Beweise würdigt und Tatsachen feststellt; das wollte der Reichsstrafgesetzgeber ausdrücklich nicht. Vielmehr sind die Materialien so zu verstehen, dass der **Revisionsentscheidung nicht nur eine allgemeine Bedeutung innewohnt, sondern diese im Einzelfall selbst Wirkung entfaltet,** dh sie der Einzelfallgerechtigkeit dient. Andererseits kann die Einzelfallgerechtigkeit schon deshalb nicht allein leitender Revisionszweck sein, weil das Normgefüge einer gerechten Einzelfallentscheidung regelmäßig im Wege steht: Dies gilt für den fehlenden Zugang zu den Tatsachen ebenso wie für die gesetzlich vorgesehenen Zulässigkeitshürden. Im Übrigen gilt nach richtiger Auffassung in der Revision selbst das Prinzip der materiellen Wahrheit nur eingeschränkt (dazu bereits → Rn. 3 sowie → Rn. 39),[218] was zwingend zu Einzelfallgerechtigkeitsdefiziten führen muss. *„Am größten Unrecht kann sie versagen und beim größten Recht zur Aufhebung des Urteils führen"*,[219] so *Alsberg*.

72 **2. Sicherung der Rechtseinheit und Fortbildung des Rechts.** Dominierender Ansatz zur Begründung des Zwecks der Revision war lange die Sicherung der Rechtseinheitlichkeit und Fortbildung des Rechts. Schon aus der Konzentration auf die reine Rechtsanwendung ergebe sich diese Aufgabe,[220] wonach allgemein dafür zu sorgen sei, dass die verfahrensrechtlichen Vorschriften einheitlich gehandhabt und auch Meinungsverschiedenheiten bei der Anwendung des materiellen Rechts vermieden werden. Für den Gesetzgeber der StPO stand demnach die **Herstellung und Wahrung der einheitlichen Rechtsanwendung** schon deswegen im Vordergrund, weil zunächst die überkommene Rechtszersplitterung durch die Partikularrechte der Einzelstaaten mit der Judikatur des Reichsgerichts zu überwinden war.[221]

73 Der Wortlaut der §§ 132, 135 und 138 GVG spricht tatsächlich dafür, dass jedenfalls im eigenen Bereich auf eine einheitliche Rechtsauffassung hinzuwirken ist; das gilt umso mehr für die **Vorlagepflichten** des § 121 Abs. 2 GVG, wonach ein OLG bei abweichender Rechtsauffassung zu einem anderen OLG die Rechtsfrage dem BGH vorlegen muss. § 132 Abs. 4 GVG zeigt zudem deutlich, dass die Fortbildung des Rechts zur Sicherung der einheitlichen Rechtsprechung Aufgabe des BGH ist.[222]

74 Doch auch damit **allein** kann der Zweck der Revision **nicht erklärt werden.** Denn das hieße, dass grundsätzlich nicht jeder Fall der Revision beim BGH zugänglich sein dürfte, sondern nur derjenige, der zur Wahrung der Einheitlichkeit der Rechtsordnung entschieden werden muss.[223] In diesem Sinne ist das Revisionsrecht weder in der Normkonzeption noch in der Konkretisierung durch den BGH ausgestaltet. Denn normativ ist jedenfalls klar, dass jeder Verfahrensverstoß, auf dem das Urteil beruht, auch zur Aufhebung desselben führen muss. Die **eindeutige Einzelfallorientierung** steht in Widerspruch zu den geschilderten Einschränkungen der Verfahrensrüge, wohingegen die revisionspraktischen Eingriffe

---

[217] Hahn (Hrsg.), Die gesammten Materialien zu den Reichs-Justizgesetzen, Dritter Band, Die gesammten Materialien zur Strafprozessordnung und dem Einführungsgesetz zu derselben vom 1. Februar 1877, Erste Abtheilung, Berlin 1881, S. 260.
[218] Siehe schon Knauer FS Widmaier, 2008, 291 (299 ff.).
[219] Zitiert nach Rosenau FS Widmaier, 2008, 521 (536), der zu Recht – mit Alsberg – darauf hinweist, dass die Einzelfallgerechtigkeitstheorie nur zur Folge hätte, dass einzelfallbezogene Wertentscheidungen der Tatgerichte durch ebenso einzelfallbezogene Entscheidungen der Revisionsgerichte ersetzt würden. Dies könne nicht Aufgabe der Revisionsgerichte sein; in diesem Sinne auch Momsen/Momsen-Pflanz in Satzger/Schluckebier/Widmaier StPO Rn. 5 ff., wonach aufgrund der besonderen gesetzlichen Ausgestaltung der Revision mitunter Einzelfallgerechtigkeit in concreto nicht erreicht werde.
[220] Gericke in KK-StPO Vorbemerkungen § 333 Rn. 2.
[221] Rosenau FS Widmaier, 2008, 521 (534 f. mwN).
[222] Vgl. auch Rosenau FS Widmaier, 2008, 521 (535); die einheitliche Rechtsanwendung ausdrücklich betonend auch Walter ZStW 128 (2016), 824 (830); zu obiter dicta Bechtel NStZ 2022, 1.
[223] Zu diesem Zusammenhang auch Frisch FS Eser, 2005, 257 (260).

in die Beweiswürdigung wiederum mit Rechtseinheit und Rechtsfortbildung nichts zu tun haben (dazu auch → § 337 Rn. 14 f.).[224]

3. Vereinigungstheorie. Weil es eine Exklusivität zwischen diesen beiden Begründungen also nicht geben kann, ist **herrschend** die Gesamtbetrachtungs- oder Vereinigungstheorie.[225] Danach sollen sowohl **Einzelfallgerechtigkeit** als auch **Rechtsfortbildung und Rechtseinheit** Ziele der Revision sein. Je nach Gewichtung wird teilweise noch betont, die Einzelfallgerechtigkeit sei unter dem Gesichtspunkt der beschränkten Leistungsfähigkeit der Revision limitiert.[226] Doch diese Argumentation ist bereits auf den ersten Blick wenig überzeugend: Dass die Revision nicht leiste, was sie nicht leisten könne, beschreibt nur einen Zustand, nicht aber den normativ erstrebten Zweck. 75

Mit der Vereinigungstheorie verwandt ist die Ansicht *Roxins* und *Schünemanns*, die den Zweck der Revision in der Gewährung eines „**realistischen Rechtsschutzes**"[227] sehen (dazu sogleich → Rn. 78 f.). Gegen die Vereinigungstheorie der hM bringen sie vor, dass eine die Einheitlichkeit der Rechtsordnung wahrende Entscheidung grob ungerecht sein kann.[228] Umgekehrt sind die vielen Eingriffe im Rahmen der erweiterten Revision eben der Rechtseinheit nicht zuträglich. Ohne ein gemeinsames verbindendes argumentatives Dach können diese geradezu **konträren Ziele** also nicht nebeneinanderstehen.[229] 76

Die Vereinigungstheorie scheint damit nur der bloße Versuch zu sein, beide der Revisionspraxis innewohnenden Tendenzen unter einen Hut zu bringen, ohne jedoch die Gegenläufigkeit zu erklären. 77

4. Theorie des realistischen Rechtsschutzes. Bleibt schließlich noch die These *Roxins* und *Schünemanns*, wonach die Revision der Gewährung eines „realistischen Rechtsschutzes" diene. Ausgangspunkt ist, dass nur diejenigen Teile der tatrichterlichen Entscheidung, die vom **Zeitlauf unabhängig** und daher nicht die natürliche Domäne des tatnäheren Instanzrichters sind, zur Überprüfung des Revisionsgerichts gestellt werden können. Weil die tatsächlichen Feststellungen mit zunehmendem Zeitlauf immer schwieriger werden, habe der Gesetzgeber die Tatfrage dem Instanzrichter überantwortet, wohingegen das Revisionsgericht auf die Feststellung von Gesetzesverletzungen beschränkt sei.[230] 78

Roxin und *Schünemann* gelingt es zwar, die Gewährung des realistischen Rechtsschutzes auch in Bezug zur erweiterten Revision zu setzen. Durch die **Überprüfung der Beweiswürdigung auf ihre Plausibilität hin** versuche der BGH den realistischen Rechtsschutz über die ursprüngliche Konzeption der RStPO hinaus so weit auszudehnen, wie ihm dies in seinem Kontrollbereich anhand des zur Verfügung stehenden schriftlichen Urteils möglich sei.[231] 79

Die **starke Betonung des Zeitmoments leuchtet allerdings nicht** ein. Denn dieses Kriterium entspricht jedenfalls bei Groß- bzw. Umfangsverfahren schon nicht der Realität. Bereits die erstinstanzliche Hauptverhandlung beginnt bei großen Wirtschaftsverfahren in der Regel mehrere Jahre nach dem zu überprüfenden Tatzeitraum. Damit gilt bereits für die erste Instanz, dass die tatsächlichen Feststellungen mit zunehmendem Zeitlauf nur schwieriger werden. Die Revision selbst liegt hier dann zeitlich immer noch näher an der 80

---

[224] Ranft Strafprozeßrecht, 3. Aufl. 2005, Rn. 2093.
[225] Schmitt in Meyer-Goßner/Schmitt Rn. 4; Frisch in SK-StPO Rn. 16 f.; Franke in Löwe/Rosenberg Rn. 7; Gericke in KK-StPO Vorbemerkungen § 333 Rn. 6; Temming in Gercke/Julius/Temming/Zöller Vor §§ 333 ff. Rn. 2; Dahs/Müssig in MAH Strafverteidigung § 12 Rn. 1; Rengier BGH FG IV 2000, 467 (467 f.); Rieß FS Hanack, 1999, 397 (400 f.); Meurer NJW 2000, 2936 (2945).
[226] Peters, Strafprozeß, S. 642; ablehnend Frisch in SK-StPO § 337 Rn. 20; von zwei gleichrangigen Zwecken spricht auch Rieß FS Hanack, 1999, 397 (400 f.).
[227] Schünemann JA 1982, 71 (73); Roxin/Schünemann StrafVerfR § 55 Rn. 10; insoweit zustimmend Nagel in Radtke/Hohmann § 333 Rn. 2, als dass alle genannten Revisionszwecke gleichermaßen Bezug genommen wird.
[228] Roxin/Schünemann StrafVerfR § 55 Rn. 9.
[229] So auch Rosenau FS Widmaier, 2008, 521 (536).
[230] Roxin/Schünemann StrafVerfR § 55 Rn. 10.
[231] Roxin/Schünemann StrafVerfR § 55 Rn. 10.

Hauptverhandlung als die Instanz am Zeitpunkt der Einleitung der Ermittlung bzw. dem Tatgeschehen selbst.[232]

III. Begründung der Kontroll- und Disziplinierungsfunktion

81 Nach dem Gesagten erweist sich die Kontroll- und Disziplinierungsfunktion geradezu zwanglos als übergreifender **multifaktorieller Revisionszweck,** in den sich sowohl Einzelfallgerechtigkeit als auch Wahrung der Rechtseinheit unproblematisch einfügen. Denn eine verfahrensbeendende, revisionsgerichtliche Entscheidung muss beide Aspekte berücksichtigen, um gewährleisten zu können, dass die Instanzgerichte bei der richtigen Rechtsanwendung einer Kontrolle unterliegen. Der einzelne Angeklagte wie auch die gesamte Rechtsgemeinschaft muss darauf vertrauen können, dass die strafrechtliche Rechtsprechung nicht unkontrolliert ist. **Wenn die Kontrolle durch das Revisionsgericht nicht mehr aufrechterhalten** wird oder das Kontrollniveau zu niedrig ist, dann besteht das Risiko, dass die strenge Form des Strafprozesses, die Basis der Ermittlung der materiellen Wahrheit und der Einhaltung des materiellen Rechts ist, durch die Gerichte nicht mehr ernstgenommen wird. Das **Risiko von Fehlurteilen würde steigen** (im Zusammenhang mit der Konkretisierung des revisiblen Bereichs der Revision, → § 337 Rn. 9); das gilt vor allem dann, wenn sich die Instanzgerichte quasi auf einen **revisionsgerichtlichen Schutzschirm verlassen können.** Gestützt wird diese Annahme etwa dadurch, dass der 1. Strafsenat in der langen Phase (November 2002 bis April 2013) des damaligen Vorsitzenden (und auch weitgehend anderer Besetzung) eine deutlich höhere Beschlussverwerfungsquote als alle anderen Senate aufwies (dazu → Rn. 15); dementsprechend hatten dann auch die dem Senat unterstehenden Gerichte das Signal, ihre Entscheidungen würden in der Regel gehalten, wohl verstanden.[233]

82 Die Richtigkeit einer Begründung des Revisionszweckes mit der Kontroll- und Disziplinierungsfunktion lässt sich eindrucksvoll aber auch durch die Entwicklungen im Recht der **strafprozessualen Verständigung** veranschaulichen: Nachdem der Zweite Senat des BVerfG in seiner Grundsatzentscheidung[234] der damals noch weit verbreiteten Praxis, auch nach Einführung der positivrechtlichen Regelung zur strafprozessualen Verständigung über deren zwingenden Vorgaben hinweg zu dealen, die rote Karte zeigte und erfrischend deutlich darauf verwies, *„dass im Rechtsstaat des Grundgesetzes das Recht die Praxis bestimmt und nicht die Praxis das Recht",*[235] waren die Strafsenate des BGH damit beschäftigt, die bundesverfassungsgerichtlichen Vorgaben zu überwachen, wie auch zu konkretisieren. Ihre Aufgabe haben die Revisionssenate ernst genommen und in einer Vielzahl von Entscheidungen auf (weitere) Umgehungstendenzen mit Urteilsaufhebungen reagiert. In der Konsequenz lässt sich heute getrost konstatieren, dass der Hinterzimmer-Deal, also jegliche Form von illegalen Absprachen, zu einem Relikt der Vergangenheit geworden ist.[236] Dies belegt, dass die **Tätigkeit der Revisionsgerichte** die Einhaltung der rechtsstaatlichen Anforderungen an das Strafverfahren sichert, indem es die **Spruchpraxis der Instanzgerichte kontrolliert** und – soweit erforderlich – **disziplinierend eingreift.** Die Senate des BGH greifen dabei immer wieder zu deutlichen Worten; so werden Instanzrichter teils mit *obiter dicta* diszipliniert,[237] teils durch bestimmte „Segelanweisungen" auf Kurs gebracht.[238]

---

[232] Zur Kritik Ranft Strafprozeßrecht Rn. 2093 ff.
[233] Ausführlich Knauer NStZ 2016, 1 (8).
[234] BVerfG 19.3.2013 – 2 BvR 2628/10, 2 BvR 2883/10, 2 BvR 2155/11, BVerfGE 133, 168 = NJW 2013, 1058 Rn. 80 ff.; zu dem enormen praktischen Risiko, das durch die umfassenden Beschränkungen der Vorgespräche und den damit verbundenen Dokumentationspflichten verbunden ist Knauer NStZ 2013, 433 (436).
[235] BVerfG 19.3.2013 – 2 BvR 2628/10, 2 BvR 2883/10, 2 BvR 2155/11, BVerfGE 133, 168 = NJW 2013, 1058 Rn. 119.
[236] Seitdem der BGH die Einhaltung der bundesverfassungsgerichtlichen Vorgaben überwacht und disziplinierend eingreift, werden illegale Deals zweifelsohne zurückgedrängt. Das führt aber gleichzeitig dazu, dass Richter sich gänzlich der Durchführung von Absprachen verweigern – auch dies ist contra legem § 257c Abs. 1 S. 1; dazu Knauer NStZ 2016, 1 (10).
[237] Bechtel NStZ 2022, 1.
[238] Dazu ebenfalls Knauer NStZ 2016, 1 (10).

Die Kontroll- und Disziplinierungsfunktion der Revision lässt sich schließlich auch 83
aus grundgesetzlicher Perspektive heraus begründen; immerhin ist die Revision Bestandteil eines effektiven Rechtsschutzes gem. Art. 19 Abs. 4 GG. Nach hM eröffnet diese Vorschrift zwar lediglich den Zugang zu einer gerichtlichen Entscheidung, gewährleistet aber keinen Instanzenzug.[239] Für das Strafverfahren, das die Anwendung und Durchsetzung des schärfsten aller hoheitlichen Zwangsmittel und damit den grundrechtsintensivsten Bereich staatlicher Machtausübung betrifft, ist diese Auslegung aber zu eng gegriffen. Der Ausschluss des „Rechtsschutzes gegen den Richter" kann, wenn überhaupt, nur für außerhalb des Strafrechts stehende Rechtswege gelten; erstinstanzliche Entscheidungen der Strafgerichtsbarkeit hingegen müssen der gerichtlichen Kontrolle unterliegen. Ungeachtet dieser Auslegungsfrage gilt aber unbestrittenermaßen, dass, sobald das einfache Gesetz die Instanz eröffnet, Art. 19 Abs. 4 GG einen wirksamen Rechtsschutz in allen von der Prozessordnung zur Verfügung gestellten Instanzen gebietet.[240] Die Effektivität des Rechtsschutzes umfasst dann aber auch einen Anspruch auf wirksame gerichtliche Kontrolle. Daher folgt aus dem Recht auf Effektivität des Rechtsschutzes nach richtiger Lesart auch ein Anspruch auf wirksame gerichtliche Kontrolle der Erstinstanz.[241] Das Verständnis des Revisionszweckes als Kontroll- und Disziplinierungsfunktion für die Tatgerichte ist nicht Ausdruck eines generellen Misstrauens gegen die Richterschaft. Eine formalisierte und justizförmige Kontrolle gegenüber dem eigenen Tätigwerden ist unverzichtbare Voraussetzung, um das Vertrauen der Bevölkerung als auch der Verfahrensbeteiligten in den Rechtsstaat und dessen Repräsentanten zu bekräftigen. Dies liegt letztlich auch im Interesse der Richterschaft.

§ 333 Zulässigkeit

Gegen die Urteile der Strafkammern und der Schwurgerichte sowie gegen die im ersten Rechtszug ergangenen Urteile der Oberlandesgerichte ist Revision zulässig.

Schrifttum: Vgl. Einleitung.

Übersicht

		Rn.			Rn.
A.	Anwendungsbereich und Begriffsbestimmungen	1	V.	Bußgeldverfahren	8
I.	Urteile	2	B.	Sonstige Zulässigkeitsvoraussetzungen	9
II.	Nebenentscheidungen	3	I.	Rechtsmittelberechtigung	9
III.	Gesetzlicher Ausschluss der Revision	6	II.	Beschwer	10
IV.	Bedingungsfeindlichkeit und sachliches Ziel	7	III.	Zuständigkeit der Revisionsgerichte	15

A. Anwendungsbereich und Begriffsbestimmungen

§ 333 regelt die Zulässigkeit der Revision. Diese ist statthaft gegen **Urteile** der **Straf-** 1
kammern und der **Schwurgerichte,** dh gegen erstinstanzliche Urteile und Berufungs-

---

[239] BVerfG 25.1.2005 – 2 BvR 656/99, BVerfGE 112, 185 (208) = NJW 2005, 1999 (2001).
[240] BVerfG 4.7.1995 – 1 BvF 2/86, 1 BvF 1/87, 1 BvF 2/87, 1 BvF 3/87, 1 BvF 4/87 und 1 BvR 1421/86, BVerfGE 92, 365 (410) = NJW 1996, 185 (190); BVerfG 25.1.2005 – 2 BvR 656/99, BVerfGE 112, 185 (208) = NJW 2005, 1999 (2001); Rosenau FS Widmaier, 2008, 521 (539).
[241] Knauer NStZ 2016, 1 (11); Rosenau FS Widmaier, 2008, 521 (539); ähnlich auch Weigend ZStW 113 (2001), 271 (299).

urteile der Landgerichte gem. § 74 Abs. 1–3 GVG, sowie gegen erstinstanzliche **Urteile der OLGe** gem. § 120 GVG. Auch wenn im Berufungsurteil das erstinstanzliche Urteil nur aufgrund örtlicher oder sachlicher Unzuständigkeit des erstinstanzlichen Gerichts aufgehoben wird, § 328 Abs. 2, kann es mit der Revision angefochten werden.[1] Revision ist gem. **§ 335 Abs. 1** (iVm § 314) auch gegen **Urteile des Strafrichters und des Schöffengerichts** zulässig (sog. **Sprungrevision**). Nicht revisibel sind Revisionsurteile selbst.[2]

I. Urteile

2 Nur **Urteile** können mit der Revision angegriffen werden. Urteile sind Entscheidungen, die das Verfahren oder jedenfalls den Rechtszug beenden und nach dem Gesetz eine Hauptverhandlung sowie eine öffentliche Verkündung voraussetzen.[3] Maßgeblich ist dabei **nicht die tatsächliche Bezeichnung** der Entscheidung, sondern allein die **strafprozessualen** Voraussetzungen ihres **Zustandekommens**.[4] Aus diesem Grund ist auch irrelevant, ob eine mündliche Verhandlung oder eine öffentliche Verkündung stattgefunden haben; entscheidend ist ausschließlich, ob sie hätten stattfinden müssen;[5] bei „Scheinurteilen" (bloßen Entwürfen bzw. nicht wirksam verkündeten Entscheidungen) setzt eine Statthaftigkeit der Revision allerdings voraus, dass der geschaffene Rechtsschein auf ein hoheitliches Handeln zurückzuführen ist.[6] Der gesetzlich vorgeschriebene Rechtsmittelzug kann nicht durch die falsche Bezeichnung einer Entscheidung verändert werden.[7] **Keine Urteile** iSd § 333 sind **Beschlüsse** (vgl. hierzu auch → Rn. 4); dies gilt auch dann, wenn sie zusammen mit dem Urteil zu treffen sind.[8]

II. Nebenentscheidungen

3 Nebenentscheidungen im Urteil wie die **Entscheidung über die Kosten** nach § 464 Abs. 3 S. 1 (→ § 464 Rn. 19 ff.), über die Aussetzung oder Nichtaussetzung der Jugendstrafe zur Bewährung nach § 59 Abs. 1 JGG und über die Entschädigung für Strafverfolgungsmaßnahmen nach § 8 Abs. 3 StrEG, sind nicht mit der Revision, sondern mit der **sofortigen Beschwerde** gem. § 311 anfechtbar.[9]

4 Wenn eine Entscheidung als Nebenentscheidung im Urteil ergeht, tatsächlich aber **durch** gesonderten **Beschluss hätte ergehen müssen**, ist die Revision ebenfalls nicht zulässig.[10] Beispiele hierfür sind die Entscheidung über die Beschlagnahme,[11] über die DNA-Feststellung nach § 81g,[12] über die Aussetzung der Strafvollstreckung nach § 57 StGB[13] und über die Festsetzung von Bewährungsauflagen. Rechtsbehelf für diese Fälle ist die **Beschwerde**. Legt

---

[1] BGH 15.4.1975 – 1 StR 388/74, BGHSt 26, 106= NJW 1975, 1236; BayObLG 12.9.2019 – 202 StRR 1609/19, StV 2020, 85 (Ls.) = BeckRS 2019, 28193; Schmitt in Meyer-Goßner/Schmitt Rn. 1.
[2] Roxin/Schünemann StrafVerfR § 55 Rn. 2.
[3] Frisch in SK-StPO Rn. 4; Widmaier/Momsen in Satzger/Schluckebier/Widmaier StPO Rn. 5; Franke in Löwe/Rosenberg Rn. 4 mwN.
[4] BGH 20.12.1955 – 5 StR 363/55, BGHSt 8, 383 (384); RGSt 28, 146 (147); 47, 166 (167); Gericke in KK-StPO Rn. 3; Frisch in SK-StPO Rn. 5; Schmitt in Meyer-Goßner/Schmitt Rn. 1. Da die Fristen für die Hemmung der Rechtskraft gegen alle denkbaren Entscheidungen übereinstimmen (§ 341 Abs. 1, 311 Abs. 2) braucht es keines Rückgriffs auf das Meistbegünstigungsprinzip im Strafverfahrensrecht, vgl. Widmaier/Momsen in Satzger/Schluckebier/Widmaier StPO Rn. 21 ff.
[5] BGH 20.12.1955 – 5 StR 363/55, BGHSt 8, 383 (384) m. H. auf RGSt 28, 146 (147); 47, 166 (167).
[6] BVerfG 17.1.1985 – 2 BvR 498/84, NJW 1985, 788; hierzu auch Widmaier/Momsen in Satzger/Schluckebier/Widmaier StPO Rn. 11.
[7] Franke in Löwe/Rosenberg Rn. 5; Gericke in KK-StPO Rn. 3 m. H. auf RGSt 66, 326.
[8] Franke in Löwe/Rosenberg Rn. 3.
[9] Schmitt in Meyer-Goßner/Schmitt Rn. 3; Franke in Löwe/Rosenberg Rn. 3; Frisch in SK-StPO Rn. 3; Nagel in Radtke/Hohmann Rn. 8.
[10] Franke in Löwe/Rosenberg Rn. 3.
[11] RGSt 54, 165 (166).
[12] BGH 8.5.2001 – 4 StR 105/01, NStZ-RR 2002, 67.
[13] BGH 17.9.1981 – 4 StR 384/81, NStZ 1981, 493 = GA 1982, 219.

der Verurteilte neben einer Revision zusätzlich Beschwerde gegen den Strafaussetzungsbeschluss ein, ist das Revisionsgericht ausnahmsweise auch zur Entscheidung über die Beschwerde befugt, § 305a Abs. 2.

Werden **Revision und sofortige Beschwerde** (zB gem. § 464 Abs. 3 S. 1 gegen die 5 Entscheidung über die Kosten und notwendigen Auslagen[14]) **gleichzeitig** eingelegt, kann die sofortige Beschwerde (auch konkludent) unmittelbar zum Revisionsgericht eingelegt werden,[15] welches die Revisionsentscheidung mit der Entscheidung über die sofortige Beschwerde **verbinden** kann.[16]

III. Gesetzlicher Ausschluss der Revision

Die Revision ist **von Gesetzes wegen** in den Fällen der § 441 Abs. 3 S. 2 StPO, § 55 6 Abs. 2 S. 1 JGG und § 10 BinSchVG **ausgeschlossen**.[17] Die Überlegungen, die Regelung des § 55 Abs. 2 JGG, also den Ausschluss der Revision bei bereits eingelegter zulässiger Berufung, *de lege ferenda* auch auf das allgemeine Strafverfahren auszudehnen,[18] hat keine Gefolgschaft gefunden.[19]

IV. Bedingungsfeindlichkeit und sachliches Ziel

Die Revision ist – wie alle Rechtsmittel – **bedingungsfeindlich**[20] und muss ein 7 **sachliches Ziel** verfolgen.[21] So ist sie beispielsweise unzulässig, wenn sie nur eingelegt wird, um einer gleichzeitig eingelegten Haftbeschwerde Nachdruck zu verleihen und sie von der Erfolglosigkeit dieser Haftbeschwerde abhängig gemacht wird.[22]

V. Bußgeldverfahren

Im Bußgeldverfahren ist Rechtsmittel gegen Urteile und Beschlüsse nach 8 § 72 OWiG die **Rechtsbeschwerde** gem. **§ 79 Abs. 1 OWiG**. Soweit ein Verfahren Straftaten und Ordnungswidrigkeiten zum Gegenstand hat, kommt eine Rechtsbeschwerde nur insoweit in Betracht, als die Ordnungswidrigkeit eine selbständige prozessuale Tat neben der(/n) Straftat(en) darstellt.[23] § 83 OWiG, der das Verfahren beim Zusammentreffen von Ordnungswidrigkeiten und Straftaten regelt, enthält für das Verhältnis von Rechtsbeschwerde und Revision (anders als für das zwischen Rechtsbeschwerde und Berufung) keine Sonderregelung, da die Rechtsbeschwerde nach § 79 Abs. 1 S. 1 OWiG ohnehin den Regeln über die Revision folgt. Dem ist zu entnehmen, dass eine (eigenständige) Rechtsbeschwerde nicht in Betracht kommt, wenn eine einheitliche Tat im prozessualen Sinn sich materiell-rechtlich in OWi und Straftat einteilen lässt.[24] Wenn die Ordnungswidrigkeiten **selbstständige prozessuale Taten** darstellen („und" iSd § 83 Abs. 1 OWiG), ist **zusätzlich zu den strafprozessualen Rechtsmitteln auch Rechtsbeschwerde** zu erheben.

---

[14] BGH 8.12.1972 – 2 StR 29/72, BGHSt 25, 77 (80).
[15] BGH 5.12.1969 – 4 StR 480/69, NJW 1970, 288.
[16] BGH 8.12.1972 – 2 StR 29/72, BGHSt 25, 77 (80); Gericke in KK-StPO Rn. 3.
[17] Die Vorschrift steht jedoch einer Revision gegen ein Berufungsurteil des sachlich unzuständigen LG in einer Schifffahrtssache nicht entgegen, vgl. OLG Hamm 23.10.2014 – 3 RVs 79/14.
[18] BT-Drs. 16/6969 Anlage I mit Begr. S. 6.
[19] Ablehnende Stellungnahme der Bundesregierung in BT-Drs. 16/6969, Anlage II (7); krit. zu diesem Vorhaben auch Schmitt in Meyer-Goßner/Schmitt Rn. 2 mwN; zur Einschränkung des § 55 Abs. 2 JGG in denjenigen Fällen, in denen die Revision des Jugendlichen gem. § 335 Abs. 3 S. 1 StPO als Berufung behandelt werden musste zuletzt OLG Koblenz 25.8.2014 – 2 OLG 3 Ss 100/14, NStZ-RR 2015, 58.
[20] BVerfG 29.10.1975 – 2 BvR 630/73, BVerfGE 40, 274 = NJW 1976, 141; BGH 12.11.1953 – 3 StR 435/53, BGHSt 5, 183.
[21] Franke in Löwe/Rosenberg Vor § 296 Rn. 22 f. mwN.
[22] BGH 4.3.2009 – 2 StR 7/09=NStZ-RR 2009, 317.
[23] In diesem Sinne BGH 19.5.1988 – 1 StR 359/87, BGHSt 35, 290 (296) = NStZ 1988, 465; BGH 4.6.1970 – 4 StR 80/70, BGHSt 23, 270 (271 f.).
[24] BGH 19.5.1988 – 1 StR 359/87, BGHSt 35, 290 (297).

B. Sonstige Zulässigkeitsvoraussetzungen

I. Rechtsmittelberechtigung

9   Zulässigkeitsvoraussetzung der Revision ist wie bei allen Rechtsmitteln die Rechtsmittelberechtigung. Diese wird anhand der §§ 296 ff. geprüft.

II. Beschwer

10 Beschwert (→ § 296 Rn. 41 ff.)[25] ist der Revisionsführer bei **unmittelbarer Beeinträchtigung seiner Rechte** oder **schutzwürdigen Interessen** durch den **Urteilsspruch** selbst und (regelmäßig[26]) nicht nur durch den Inhalt der Urteilsgründe.[27] Der Angeklagte ist **nicht** beschwert, wenn einzig der **Kostenausspruch** eine Belastung für ihn darstellt.[28] Dann hat er wegen und gem. § 464 Abs. 3 sofortige Beschwerde einzulegen. Wegen § 8 Abs. 3 StrEG gilt dasselbe für eine unterbliebene Entschädigung nach dem StrEG.[29]

11 Unterlässt der Tatrichter trotz Vorliegens ihrer Voraussetzungen die **Gesamtstrafenbildung**, entfällt durch die Möglichkeit der nachträglichen gerichtlichen Entscheidung gem. § 460 nicht die Zulässigkeit der Revision.[30] Denn die Revision wird eingelegt gegen nicht rechtskräftige Urteile, wohingegen § 460 seinem Wortlaut nach für rechtskräftige Urteile gilt. Hieraus drängt sich die notwendige Schlussfolgerung auf, dass die Verletzung des sachlichen Rechts bzgl. der Gesamtstrafenbildung trotz der Möglichkeit des § 460 eine **Beschwer im Sinne des Revisionsrechts** darstellt.[31] Gleiches gilt für § 459a.[32] Dieser ermöglicht in seinem Abs. 2 eine nachträgliche (Aufhebung oder) Änderung einer Entscheidung über Zahlungserleichterungen durch die Strafvollstreckungsbehörde. Die Vorschrift bezieht sich somit denknotwendig (und auch ausdrücklich in ihrem Abs. 1) ebenfalls auf einen Zeitpunkt **nach Rechtskraft.**

12 Legt die **Staatsanwaltschaft** Revision gegen ein Berufungsurteil ein, entfällt die Beschwer nicht etwa deshalb, weil sie das erstinstanzliche Urteil nicht oder zugunsten des Angeklagten angefochten hat, die Berufung auf das Strafmaß beschränkt hatte[33] oder das mit der Revision angefochtene Urteil dem Antrag des Sitzungsvertreters entsprochen hat.[34] Die Grundlage für diese differenzierende Betrachtung der Zulässigkeit der Revision seitens der Staatsanwaltschaft im Gegensatz zu der des Angeklagten liegt in deren besonderer strafprozessualen Stellung,[35] zu deren naturgemäßer Pflicht es zählt, über die Einhaltung der Gebote der Strafrechtspflege im Rahmen richterlicher Entscheidungsfindung zu wachen.[36]

---

[25] Zur Notwendigkeit der Beschwer für die Zulässigkeit eines Rechtmittels vgl. BGH 24.11.1961 – 1 StR 140/61, BGHSt 16, 374; Frisch in SK-StPO Rn. 12 f.

[26] Anders für „extrem gelagerte Ausnahmefälle" aus verfassungsrechtlichen Gründen BGH 14.10.2015 – 1 StR 56/15, NJW 2016, 728 (730).

[27] BGH 24.11.1961 – 1 StR 140/61, BGHSt 16, 374 (376); 18.1.1955 – 5 StR 499/54, BGHSt 7, 153; 14.7.1904 – 2 StR 566/58, BGHSt 13, 75 (77); 14.10.2015 – 1 StR 56/15, NJW 2016, 728 (729); zur Beschwer als allg. Zulässigkeitsvoraussetzung bei Rechtsmitteln, vgl. → § 296 Rn. 41 ff.

[28] Franke in Löwe/Rosenberg Rn. 21 mwN.

[29] Franke in Löwe/Rosenberg Rn. 21 m. H. auf OLG Karlsruhe 10.5.1984 – 1 Ss 24/84, NJW 1984, 1975 (1976).

[30] BGH 30.6.1958 – GSSt 2/58, BGHSt 12, 1 (2 ff.); 18.9.1974 – 3 StR 217/74, BGHSt 25, 382 (383); Schmitt in Meyer-Goßner/Schmitt Rn. 5 mwN.

[31] So im Ergebnis BGH 30.6.1958 – GSSt 2/58, BGHSt 12, 1 (1; 3).

[32] Schmitt in Meyer-Goßner/Schmitt § 333 Rn. 5 m. H. auf BGH 7.10.1976 – 3 StR 230/76, RGSt 64, 207 (208).

[33] Ausführlich hierzu OLG Koblenz 19.11.1981 – 1 Ss 278/81, NJW 1982, 1770; Schmitt in Meyer-Goßner/Schmitt Vor § 296 Rn. 16; Franke in Löwe/Rosenberg Rn. 20.

[34] RGSt 48, 26.

[35] Zur viel beschworenen Metapher der „objektivsten Behörde der Welt" vgl. Schlüchter, Strafprozeßrecht, S. 37; im Zusammenhang auch bei Roxin/Schünemann StrafVerfR § 9 Rn. 1 m. H. auf Franz von Liszt DJZ 1901, 179 (180) der vor dieser Sicht auf die Staatsanwaltschaft jedoch warnte.

[36] Zur Begrifflichkeit der Staatsanwaltschaft als „Wächter des Gesetzes" vgl. Schmitt in Meyer-Goßner/Schmitt GVG Vor § 141 Rn. 3 mwN; Schmitt in Meyer-Goßner/Schmitt Vor § 296 Rn. 16; Meyer-Goßner/Schmitt § 296 Rn. 14; vgl. auch → § 296 Rn. 48 sowie in größerem Zusammenhang → § 152 Rn. 20.

Legt die Staatsanwaltschaft zugunsten des Angeklagten Revision ein (§ 296 Abs. 2), ist **13** diese nur bei einer Beschwer des Angeklagten zulässig.[37] Der Staatsanwaltschaft ist die Revision grundsätzlich versagt, wenn diese nur erhoben wird, um das Urteil mit anderer Begründung aufrechtzuerhalten, da ein Rechtsmittel der Staatsanwaltschaft nur zulässig ist, wenn nach deren Auffassung die angegriffene Entscheidung **sachlich oder rechtlich unzulässig** ist.[38] Dies ist grundsätzlich (→ Rn. 10, 12) anhand der Entscheidungsformel zu beurteilen und nicht anhand der Entscheidungsgründe.[39] Anderes kann in Fällen gelten, in denen Entscheidungsformel und -gründe trennbar sind.[40]

Ging dem Urteil eine Verständigung nach § 257c voraus, ändert das an der Zulässigkeit **14** der Revision nichts.[41] Dies war bereits vor Erlass der Neuregelung zur Verständigung im Strafverfahren gefestigte Rechtsprechung[42] und ist jetzt in § 302 Abs. 1 S. 2 als selbstverständlich vorausgesetzt.[43]

III. Zuständigkeit der Revisionsgerichte

Welches Gericht für die Revision zuständig ist, richtet sich nach den Vorschriften des **15** GVG. Gem. **§§ 121** oder **135 GVG** ist Revisionsgericht entweder der BGH oder das OLG, jeweils abhängig von der erstinstanzlichen Zuständigkeit. Gegen mit der Berufung nicht anfechtbare Urteile des Strafrichters, § 121 Abs. 1 Nr. 1a GVG, gegen die Berufungsurteile des Landgerichts, § 121 Abs. 1 Nr. 1b GVG, sowie gegen Urteile des Landgerichts im ersten Rechtszug, wenn die Revision ausschließlich auf die Verletzung von Landesrecht gestützt wird, § 121 Abs. 1 Nr. 1c, ist das **OLG** zuständig. Soweit diese Zuständigkeit nicht gegeben ist und für Revisionen gegen erstinstanzliche Urteile der LG und OLG, ist der **BGH** Revisionsgericht. Das in Bayern früher gem. § 9 EGGVG iVm Art. 11 BayAGGVG zuständige **BayObLG** wurde **zum 28.6.2006 aufgelöst** und Art. 11 BayAGGVG aufgehoben, soll aber im Herbst 2018 seine Arbeit wieder aufnehmen und ab Frühjahr 2019 auch im Strafrecht wieder tätig sein.

§ 334 (weggefallen)

§ 335 Sprungrevision

(1) Ein Urteil, gegen das Berufung zulässig ist, kann statt mit Berufung mit Revision angefochten werden.

(2) Über die Revision entscheidet das Gericht, das zur Entscheidung berufen wäre, wenn die Revision nach durchgeführter Berufung eingelegt worden wäre.

(3) ¹Legt gegen das Urteil ein Beteiligter Revision und ein anderer Berufung ein, so wird, solange die Berufung nicht zurückgenommen oder als unzulässig verworfen ist, die rechtzeitig und in der vorgeschriebenen Form eingelegte Revision als Berufung behandelt. ²Die Revisionsanträge und deren Begründung sind gleichwohl in der vorgeschriebenen Form und Frist anzubringen und dem Gegner zuzustellen (§§ 344 bis 347). ³Gegen das Berufungsurteil ist Revision nach den allgemein geltenden Vorschriften zulässig.

---

[37] OLG Koblenz 19.11.1981 – 1 Ss 278/81, NJW 1982, 1770.
[38] OLG Hamburg 12.11.2007 – 6 Ws 1/07, NStZ 2008, 478 (480) mwN; Matt in Löwe/Rosenberg § 304 Rn. 48.
[39] BGH 18.1.1955 – 5 StR 499/54, BGHSt 7, 153; OLG Hamburg 12.11.2007 – 6 Ws 1/07, NStZ 2008, 478; Nagel in Radtke/Hohmann Rn. 11.
[40] OLG Hamburg 12.11.2007 – 6 Ws 1/07, NStZ 2008, 478 (480).
[41] BGH 6.8.2009 – 3 StR 547/08, NStZ 2010, 289 mwN; Schmitt in Meyer-Goßner/Schmitt § 257c Rn. 32a mwN.
[42] BGH 3.3.2005 – GSSt 1/04, BGHSt 50, 40 = NJW 2005, 1440.
[43] BGH 10.6.2010 – 4 StR 73/10, NStZ-RR 2010, 383.

Schrifttum: Meyer-Goßner, Annahmeberufung und Sprungrevision, NStZ 1998, 19; Meyer-Goßner, Annahmefreie Revision in Bagatellstrafsachen?, NJW 2003, 1369; Meyer-Goßner, Über das Zusammentreffen verschiedener Rechtsmittel, FS Gössel, 2002, 643; Schäfer, Das Berufungsverfahren in Jugendsachen, NStZ 1998, 330; Schäfer, Zur Anfechtung amtsgerichtlicher Urteile in Strafsachen, NJW 1951, 461; Tolksdorf, Zur Annahmeberufung nach § 313 StPO, FS Hannskarl Salger, 1995, 393

Übersicht

		Rn.			Rn.
A.	Allgemeines	1	I.	Grundsätzliches	11
B.	Annahmeberufung	3	II.	Übergang von der Berufung zur Revision	12
C.	Verfahren, Zuständigkeit, Unbestimmte Anfechtung	4	III.	Übergang von der Revision zur Berufung	13
I.	Verfahren	4			
II.	Zuständigkeit	5	IV.	Kein erneuter Wechsel	14
III.	Unbestimmte Anfechtung	7	E.	Verschiedenartige Anfechtung (Abs. 3)	15
1.	Rechtsmitteleinlegung	7			
2.	Rechtsmittelwahl	8	I.	Allgemeines	15
3.	Unbestimmte Anfechtung bei Urteilsverkündung in Abwesenheit des Rechtsmittelführers	10	II.	Voraussetzungen	16
			III.	Vorrang der Berufung	17
D.	Rechtsmittelwechsel	11	IV.	Entscheidung	19

A. Allgemeines

1 In § 335 ist die **Sprungrevision gegen amtsgerichtliche Urteile** geregelt.[1] Zwar ist gegen Urteile des Strafrichters und des Schöffengerichts grundsätzlich gemäß §§ 312, 313 das Rechtsmittel der Berufung gegeben, jedoch bietet § 335 zur Verfahrensvereinfachung und -beschleunigung die Möglichkeit, an deren Stelle direkt Revision einzulegen, wenn es dem Rechtsmittelführer nur auf die Klärung von Rechts- und Verfahrensfragen ankommt.[2] In der Sache liegt damit praktisch ein **Verzicht auf eine weitere Tatsacheninstanz** mit umfassender Überprüfung des angefochtenen Urteils in tatsächlicher und rechtlicher Hinsicht.[3] Der Rechtsmittelführer kann das Urteil nur einheitlich entweder mit Berufung oder der Revision anfechten, selbst wenn es mehrere selbstständige Straftaten umfasst.[4] Entscheidet sich der Rechtsmittelführer für die Sprungrevision und verweist das Revisionsgericht die Sache an den Tatrichter zurück, so kann auch gegen das neue Urteil noch mit der Berufung und gegen das Berufungsurteil mit der Revision vorgegangen werden, wenn nicht erneut Sprungrevision einlegt wird.[5]

2 Von der **Sprungrevision zu unterscheiden** ist die Wahlrevision im Jugendstrafrecht nach § 55 Abs. 2 JGG, da in diesen Fällen den Beteiligten grundsätzlich nur ein Rechtsmittel zur Verfügung steht und bei Berufungseinlegung die Möglichkeit der anschließenden Revision ohnehin nicht mehr besteht.[6] Unzulässig ist die Sprungrevision aufgrund des in § 143 und § 145 BRAO abschließend geregelten strikt dreistufigen Verfahrens gegen Urteile des Anwaltsgerichts in Anwaltssachen.[7]

---

[1] Zur praktischen Bedeutung Frisch in SK-StPO Rn. 3.
[2] BGH 12.12.1951 – 3 StR 691/51, BGHSt 2, 63 (65) = BeckRS 1951, 31193548; BGH 20.11.1953 – 1 StR 279/53, BGHSt 5, 338 (339) = NJW 1954, 687; Frisch in SK-StPO Rn. 1.
[3] Wiedner in BeckOK StPO Rn. 1; Temming in Gercke/Julius/Temming/Zöller Rn. 1.
[4] RG 6.6.1929 – II 500/29, RGSt 63, 194 (195); Nagel in Radtke/Hohmann Rn. 2; Frisch in SK-StPO Rn. 5.
[5] Franke in Löwe/Rosenberg Rn. 2.
[6] Schäfer NStZ 1998, 330 (334 f.); Frisch in SK-StPO Rn. 2.
[7] Wiedner in BeckOK StPO Rn. 1.1.

B. Annahmeberufung

Durch § 313 ist nach hM die Sprungrevision nicht ausgeschlossen, sodass es eines 3
Annahmebeschluss des Berufungsgerichts nach § 322a nicht bedarf. Die Sprungrevision ist zulässig.[8] Der Begriff „zulässig" in § 335 wird damit nicht mit dem entsprechenden in § 313 gleichgesetzt und umfasst die speziellen Zulässigkeitsvoraussetzungen des § 313 nicht.[9] Dies wird teilweise damit begründet, dass das Revisionsrecht mit der Einführung der Annahmeberufung gemäß § 313 durch das Gesetz zur Entlastung der Rechtspflege vom 11.1.1993 nicht umgestaltet werden sollte, sondern es aufgrund der Gesetzesbegründung vielmehr nahe liegt, dass das Revisionsverfahren unberührt bleiben sollte.[10] Zudem könnte das Revisionsgericht eine dann nötige Annahmeprüfung nicht selbst vornehmen.[11] Die **Gegenansicht**[12] hält für die Sprungrevision eine Annahme der Berufung gemäß § 313 für nötig, da es sonst der Rechtsmittelgegner in der Hand hätte, durch Einlegung der Berufung eine annahmefreie Sprungrevision zu einer annahmepflichtigen Berufung zu machen.[13] Dies **überzeugt** zunächst deshalb **nicht**, weil dann die Zulässigkeit eines Übergangs zur Revision, welcher innerhalb der Frist des § 345 Abs. 1 zu erfolgen hat (vgl. unter → Rn. 13), nur von den Zufälligkeiten der Dauer des Annahmeverfahrens abhängen würde.[14] Überdies erscheint es inkonsequent, wenn diese „Umwandlungsmöglichkeit" zur annahmepflichtigen Berufung um den Preis verhindert werden soll, dass stets eine Annahmepflicht angenommen wird. Eine für den Fall fehlender Berufungsannahme bedingt eingelegte Sprungrevision ist unzulässig.[15]

C. Verfahren, Zuständigkeit, Unbestimmte Anfechtung

I. Verfahren

Die Sprungrevision hat, abgesehen von Abs. 3, **keine verfahrensrechtlichen Beson-** 4
derheiten. Mit ihr können daher, wie mit jeder anderen Revision auch, sämtliche Verfahrensverstöße sowie die Verletzung des materiellen Rechts gerügt werden.[16]

II. Zuständigkeit

Über die Sprungrevision entscheidet gemäß § 335 Abs. 2 StPO, § 121 Abs. 1 Nr. 1b 5
GVG das **Oberlandesgericht**, welches auch dann zuständig gewesen wäre, wenn die Revision erst nach durchgeführter Berufungsverhandlung eingelegt worden wäre.

---

[8] BGH 25.1.1995 – 2 StR 456/94, BGHSt 40, 395 (396 f.) = NJW 1995, 2367 (2368); BayObLG 19.8.1993 – 5 St RR 78/93, BayObLGSt 93, 147 = StV 1993, 572; BayObLG 29.12.1993 – 5 St RR 116/93, StV 1994, 238; OLG Celle 5.11.1996 – 3 Ss 140/96, NStZ 1998, 87; OLG Düsseldorf 30.8.1994 – 2 Ss 232/94, StV 1995, 70; OLG Hamm 14.8.2003 – 2 Ss 439/03, NJW 2003, 3286 (3287); 6.5.2010 – 2 Ss 220/09, NStZ 2011, 42; OLG Karlsruhe 16.3.1994 – 2 Ss 113/93, StV 1994, 292; 20.7.1995 – 3 Ss 88/94, NStZ 1995, 562; OLG Zweibrücken 7.1.1994 – 1 Ss 140/93, StV 1994, 119 (120); OLG Hamm 11.5.2021 – 4 RVs 7/21, BeckRS 2021, 11241; Frisch in SK-StPO Rn. 27; Widmaier/Momsen in Satzger/Schluckebier/Widmaier StPO Rn. 3; Franke in Löwe/Rosenberg Rn. 2; Radtke in Nagel in Radtke/Hohmann Rn. 7; eingehend Tolksdorf FS Salger, 1995, 402.
[9] BayObLG 19.8.1993 – 5 St RR 78/93, BayObLGSt 93, 147 f.; OLG Zweibrücken 7.1.1994 – 1 Ss 140/93, NStZ 1994, 203.
[10] BT-Drs. 12/1217, 7, 41; BT-Drs. 12/3832, 12, 37 ff.; OLG Zweibrücken 7.1.1994 – 1 Ss 140/93, NStZ 1994, 203; Gericke in KK-StPO Rn. 16.
[11] Vgl. BayObLG 19.8.1993 – 5 St RR 78/93, BayObLGSt 93, 147 (148).
[12] OLG Hamm 2.4.2020 – 5 RVs 19/20, BeckRS 2020, 6915; Schmitt in Meyer-Goßner/Schmitt Rn. 21; Meyer-Goßner NJW 2003, 1369 ff.
[13] Schmitt in Meyer-Goßner/Schmitt Rn. 21; Meyer-Goßner NStZ 1998, 19 (22).
[14] Tolksdorf FS Salger, 1995, 402 (404); Franke in Löwe/Rosenberg Rn. 1a.
[15] OLG Frankfurt a. M. 14.2.1996 – 3 Ss 29/96, NStZ-RR 1996, 174 (175); Widmaier/Momsen in Satzger/Schluckebier/Widmaier StPO Rn. 5.
[16] BGH 12.12.1951 – 3 StR 691/51, BGHSt 2, 63 (65) = BeckRS 1951, 31193548.

6   Davon unabhängig ist die **Frage, ob** es sich bei dem eingelegten Rechtsmittel um eine **Berufung oder eine Revision** handelt, deren Beantwortung dem **Amtsgericht** obliegt.[17] Wenn das Amtsgericht das Rechtsmittel für eine Berufung hält, legt es die Akten dem Berufungsgericht vor. Ist dieses jedoch der Ansicht, es läge keine Berufung, sondern eine Revision vor, so gibt es die Akten an das Amtsgericht zur Einhaltung des Verfahrens nach § 347 zurück.[18] Hält das Amtsgericht das Rechtsmittel für eine Revision und legt es die Akten dem Revisionsgericht vor, so entscheidet dieses über die Revision oder gibt die Sache – wenn es das Rechtsmittel abweichend als Berufung auslegt – entsprechend § 348 durch Beschluss mit bindender Wirkung an das Berufungsgericht ab (und nicht an das Amtsgericht zurück).[19]

III. Unbestimmte Anfechtung

7   **1. Rechtsmitteleinlegung.** Das Rechtsmittel gegen das erstinstanzliche Urteil kann zunächst innerhalb der Frist der § 314 Abs. 1, § 341 Abs. 1 **in unbestimmter Form** erfolgen, weil der Rechtsmittelführer sich in der Regel erst nach Kenntnis der schriftlichen Urteilsgründe für das geeignete Rechtsmittel entscheiden kann.[20] Die Rechtsmitteleinlegung kann daher ohne ausdrückliche Benennung des Rechtsmittels[21] wie auch unter dem ausdrücklichen Vorbehalt seiner späteren Benennung[22] oder in Form einer alternativen („Berufung oder Revision") oder kumulativen („Berufung und Revision") Anfechtung erfolgen.[23]

8   **2. Rechtsmittelwahl.** Der Rechtsmittelführer hat sich dann **innerhalb der einmonatigen Revisionsbegründungsfrist** nach § 345 Abs. 1 (nicht derjenigen des § 317[24]) für ein konkretes Rechtsmittel zu entscheiden.[25] An die innerhalb dieser Frist erklärte Wahl ist der Rechtsmittelführer jedoch dann **gebunden** und kann sie nicht mehr wider-

---

[17] Temming in Gercke/Julius/Temming/Zöller Rn. 6; Schmitt in Meyer-Goßner/Schmitt Rn. 20.
[18] Frisch in SK-StPO Rn. 31.
[19] BGH 21.12.1982 – 2 ARs 388/82, BGHSt 31, 183 (184) = NJW 1983, 1437 (1438); BayObLG 27.7.1962 – RReg. 4 St 196/62, BayObLGSt 1962, 166 (167) = JR 1963, 70; Schmitt in Meyer-Goßner/Schmitt Rn. 20. Vgl. auch OLG Stuttgart 7.12.2017 – 6 Rv 34 Ss 555/17, BeckRS 2017, 138934 (Rückgabe an das AG, wenn dieses das als Berufung zu behandelnde Rechtsmittel als Revision behandelt und wegen verspäteter Einlegung als unzulässig verworfen hat).
[20] BGH 12.12.1951 – 3 StR 691/51, BGHSt 2, 63 (65 f.) = BeckRS 1951, 31193548; BGH 20.11.1953 – 1 StR 279/53, BGHSt 5, 338 (339) = NJW 1954, 687; BGH 14.7.1954 – 5 StR 324/54, BGHSt 6, 206 = NJW 1954, 1377; OLG Köln 22.12.1953 – Ss 369/53, NJW 1954, 692; Frisch in SK-StPO Rn. 6 ff.
[21] BGH 12.12.1951 – 3 StR 691/51, BGHSt 2, 63 = BeckRS 1951, 31193548; 20.11.1953 – 1 StR 279/53, BGHSt 5, 338 (339) = NJW 1954, 687; 14.7.1954 – 5 StR 324/54, BGHSt 6, 206 (207) = NJW 1954, 1377; BayObLG 7.11.1957 – RReg. 4 St 98/57, BayObLGSt 1957, 225 = NJW 1958, 561; 19.7.1962 – RReg. 4 St 103/62, BayObLGSt 1962, 156 = NJW 1962, 1927; 28.7.1970 – RReg. 1 St 18/70, BayObLGSt 1970, 158 = JR 1971, 120; OLG Hamburg 8.8.1951 – Ss 109/51, JR 1952, 207; OLG Hamm 9.2.1951 – (3) 2 Ss 2/51, MDR 1951, 244 (245); OLG Köln 22.12.1953 – Ss 369/53, NJW 1954, 692; OLG Nürnberg 30.4.1948 – Ss 59/48, NJW 1949, 74; 22.1.1959 – Ws 14/59, MDR 1959, 595.
[22] BGH 3.12.2003 – 5 StR 249/03, NJW 2004, 789.
[23] OLG Köln 22.12.1053 – Ss 369/53, NJW 1954, 692; OLG Nürnberg 22.1.1959 – Ws 14/59, MDR 1959, 595; Wiedner in BeckOK StPO Rn. 3.1.
[24] BGH 12.12.1951 – 3 StR 691/51, BGHSt 2, 63 (70) = BeckRS 1951, 31193548; BGH 20.11.1953 – 1 StR 279/53, BGHSt 5, 338 (339) = NJW 1954, 687; BGH 14.7.1954 – 5 StR 324/54, BGHSt 6, 206 (207) = NJW 1954, 1377; BGH 15.1.1960 – 1 StR 627/59, BGHSt 13, 388 (392) = NJW 1960, 494; BGH 19.3.1974 – 5 StR 12/74, BGHSt 25, 321 (324) = NJW 1974, 1148; OLG Düsseldorf 5.6.1984 – 1 Ws 534/84, JZ 1984, 756; OLG Hamm 1.8.1991 – 1 Ss 656/91, NStZ 1991, 601; aA Schäfer NJW 1951, 461 (464).
[25] BGH 12.12.1951 – 3 StR 691/51, BGHSt 2, 63 (70) = BeckRS 1951, 31193548; BGH 20.11.1953 – 1 StR 279/53, BGHSt 5, 338 (339) = NJW 1954, 687; BGH 14.7.1954 – 5 StR 324/54, BGHSt 6, 206 (207) = NJW 1954, 1377; BGH 15.1.1960 – 1 StR 627/59, BGHSt 13, 388 (392) = NJW 1960, 494; BGH 22.1.1962 – 5 StR 442/61, BGHSt 17, 44 (49) = NJW 1962, 820; BGH 19.3.1974 – 5 StR 12/74, BGHSt 25, 321 (324) = NJW 1974, 1148; OLG Düsseldorf 7.1.1983 – 2 Ss 398/82 – 402/82 II, NStZ 1983, 471 (472).

rufen.²⁶ Demgemäß ist der an sich zulässige Rechtsmittelwechsel (→ Rn. 11) dann nicht mehr möglich, wenn nach zunächst unbestimmter Anfechtung ein bestimmtes Rechtsmittel gewählt wurde. Hat sich der Rechtsmittelführer bis zum Ablauf der Frist des § 345 Abs. 1 nicht entschieden, wird das Rechtsmittel als Berufung behandelt, da davon auszugehen ist, dass der Rechtsmittelführer das zulässige und weitergehende Rechtsmittel einlegen wollte.²⁷ Dies gilt auch bei rechtzeitiger, jedoch nicht eindeutiger oder nicht formgerechter Erklärung des Rechtsmittels.²⁸ Zu beachten ist hierbei, dass dem Rechtsmittelsführer, der die Wahl des Rechtsmittels innerhalb der Frist des § 345 Abs. 1 versäumt, **grundsätzlich keine Wiedereinsetzung** in den vorigen Stand zur Nachholung der Auswahl gewährt werden kann.²⁹ Denn die Wiedereinsetzung nach § 44 setzt die Versäumung einer Frist voraus, für die Ausübung des Wahlrechts läuft jedoch keine selbstständige Frist.³⁰ Zudem gilt das Rechtsmittel mit Fristablauf als Berufung, weshalb ab diesem Zeitpunkt die Möglichkeit der Wahl der Revision endgültig untergeht.³¹ Eine Wiedereinsetzung zum Zwecke der Rechtsmittelwahl kommt **jedoch bei unzureichender Belehrung** des Amtsgerichts über die Rechtsmittel in Betracht. Von der Rechtsprechung wurde dies beispielsweise für den Fall angenommen, dass allein über die Möglichkeit der Revision belehrt wurde.³² Für die Entscheidung über die Wiedereinsetzung ist das Gericht zuständig, welches mit dem Rechtsmittel auf Grundlage der bisherigen Rechtsmittelerklärung des Beschwerdeführers befasst ist,³³ ansonsten das Berufungsgericht.

Wird jedoch das Rechtsmittel **als Revision bezeichnet** und dann aber **nicht rechtzeitig** innerhalb der Frist des § 345 Abs. 1 oder nicht in der von § 345 Abs. 2 vorgeschriebenen Form begründet, so ist umstritten, ob **eine Behandlung als Berufung** möglich oder ob die Revision als unzulässig zu verwerfen ist.³⁴ **9**

3. Unbestimmte Anfechtung bei Urteilsverkündung in Abwesenheit des **10** **Rechtsmittelführers.** Die unbestimmte Anfechtung des Urteils ist **selbst dann** zulässig, wenn das **Urteil in Abwesenheit des Rechtsmittelführers** ergangen ist, obwohl dann die Rechtsmittelfrist gemäß § 314 Abs. 2, § 341 Abs. 2 erst mit der Urteilszustellung beginnt, sodass für das Offenlassen des Rechtsmittels auf den ersten Blick kein Bedürfnis

---

[26] BGH 15.1.1960 – 1 StR 627/59, BGHSt 13, 388 (392) = NJW 1960, 494; OLG Hamburg 8.8.1951 – Ss 109/51, JR 1952, 207; OLG Köln 15.10.1991 – Ss 481/91, NStZ 1992, 204 (205); Franke in Löwe/Rosenberg Rn. 9.

[27] BGH 12.12.1951 – 3 StR 691/51, BGHSt 2, 63 (70) = BeckRS 1951, 31193548; BGH 20.11.1953 – 1 StR 279/53, BGHSt 5, 338 (339) = NJW 1954, 687; BGH 19.4.1985 – 2 StR 317/84, BGHSt 33, 183 (189) = NJW 1985, 2960 (2961); BayObLG 20.5.1969 – 1 b Ws (B) 7/69, BayObLGSt 1969, 93 (95 f.) = NJW 1969, 1313 (1314); BayObLG 5.5.1971 – RReg. 1 St 46/71, BayObLGSt 1971, 72 (74); OLG Köln 22.4.1980 – 3 Ss 148/80, MDR 1980, 690.

[28] OLG Hamm 16.9.2002 – 2 Ss 741/02, NJW 2003, 1469 (1479); OLG Düsseldorf 12.2.1993 – 2 Ss 393/9 – 2/93 II, MDR 1993, 676; OLG Köln 22.4.1980 – 3 Ss 148/80, MDR 1980, 690; Schmitt in Meyer-Goßner/Schmitt Rn. 5; aA OLG Düsseldorf 14.10.1971 – 1 Ss 451/71, MDR 1972, 343.

[29] KG 14.10.2015 – (4) 161 Ss 232/15 (199/15), StRR 2016, Nr. 1 = BeckRS 2015, 19930; Frisch in SK-StPO Rn. 16 f.; Widmaier/Momsen in Satzger/Schluckebier/Widmaier StPO Rn. 12.

[30] OLG Hamm 26.2.2015 – 2 RVs 4/15, BeckRS 2015, 6743; KG 14.10.2015 – (4) 161 Ss 232/15 (199/15), BeckRS 2015, 19930; OLG Dresden 21.4.2005 – 3 Ss 136/05, wistra 2005, 318.

[31] BayObLG 19.7.1962 – RReg. 4 St 103/62, BayObLGSt 1962, 156 (158) = NJW 1962, 1927 (1928); BayObLG 28.7.1970 – RReg. 1 St 18/70, BayObLGSt 1970, 158 (159) = JR 1971, 120; BayObLGSt 8.3.2001 – 5 StRR 26/2001, wistra 2001, 279; KG 12.5.1976 – (2) Ss 69/76 (27/76), JR 1977, 81 (81 f.); OLG Düsseldorf 25.6.1990 – 2 Ws 304/90, MDR 1991, 78; OLG Hamm 11.2.1956 – 3 Ss 105/56, NJW 1956, 1168; OLG Dresden 21.4.2005 – 3 Ss 136/05, wistra 2005, 318; aA OLG Zweibrücken 28.8.1984 – 1 Ws 201/84, GA 1985, 279 (280).

[32] LG München I 9.5.1956 – III AR 41/56, NJW 1956, 1368 (1369).

[33] OLG Schleswig 31.10.1980 – 1 Ws 343/80, MDR 1981, 251; OLG Köln 12.3.1993 – Ss 42/93, NStZ 1994, 199 (200); Schneider-Glockzin in KK-StPO § 46 Rn. 1.

[34] Gegen die Behandlung als Berufung KG 5.6.1985 – (3) 1 Ss 26/86 (6/86), JR 1987, 217; Franke in Löwe/Rosenberg Rn. 12; Schmitt in Meyer-Goßner/Schmitt Rn. 6; aA BGH 12.12.1951 – 3 StR 691/51, BGHSt 2, 63 (71) = BeckRS 1951, 31193548; OLG Bamberg 8.9.2017 – 6 Ss 99/17, NStZ-RR 2018, 56.

zu bestehen scheint (vgl. → Rn. 7).³⁵ Jedoch ist hierbei zu beachten, dass für den Rechtsmittelführer, der bei Verkündung des Urteils anwesend ist, die Möglichkeit der unbestimmten Anfechtung zu einer Einräumung einer Überlegungsfrist von einem Monat seit Zustellung des Urteils führt (vgl. → Rn. 8). Demgemäß wäre derjenige Rechtsmittelführer, für den aufgrund seiner Abwesenheit bei der Urteilsverkündung die Rechtsmittelfrist erst mit der Urteilszustellung beginnt, wesentlich schlechter gestellt, da er sich bereits innerhalb einer Woche seit Zustellung für ein konkretes Rechtsmittel entscheiden müsste.³⁶ Daher muss auch für diesen Fall die unbestimmte Anfechtung des Urteils möglich sein.³⁷

D. Rechtsmittelwechsel

I. Grundsätzliches

11   Die anfängliche Bezeichnung des einen Rechtsmittels schließt nicht den Übergang innerhalb der Revisionsbegründungsfrist zum anderen Rechtsmittel aus.³⁸ **Im Zweifel** ist vielmehr anzunehmen, dass das **Rechtsmittel nicht endgültig gewählt** wurde.³⁹ Die Möglichkeit zum Rechtsmittelwechsel steht dabei auch rechtskundigen Beteiligten, wie Verteidiger oder Staatsanwaltschaft, zu.⁴⁰

II. Übergang von der Berufung zur Revision

12   Da somit der Rechtsmittelführer, der anfänglich Berufung eingelegt hatte, innerhalb der Frist des § 345 Abs. 1 durch Erklärung gegenüber dem AG⁴¹ in der für die Revisionseinlegung gemäß § 341 erforderlichen Form zur Revision übergehen kann, darf **vor Ablauf dieser Frist** gegen den Willen des Rechtsmittelführers **keine Berufungsverhandlung** durchgeführt werden.⁴² Eine dennoch vor Ablauf der Revisionsbegründungsfrist durchgeführte Berufungsverhandlung begründet daher die Revision gegen das Berufungsurteil.⁴³ Bleibt es **zweifelhaft,** ob der Rechtsmittelführer tatsächlich zur Revision übergehen wollte, so ist **nach Ablauf** der Revisionsbegründungsfrist mit dem regulären Berufungsverfahren **fortzufahren.**⁴⁴

---

³⁵ BayObLG 7.11.1957 – RReg. 4 St 98/57, BayObLGSt 1957, 225 f. = NJW 1958, 561; Franke in Löwe/Rosenberg Rn. 7.
³⁶ Franke in Löwe/Rosenberg Rn. 7.
³⁷ BayObLG 7.11.1957 – RReg. 4 St 98/57, BayObLGSt 1957, 225 f. = NJW 1958, 561; Schmidt JZ 1962, 371 (372); Schmitt in Meyer-Goßner/Schmitt Rn. 2.
³⁸ BGH 20.11.1953 – 1 StR 279/53, BGHSt 5, 338 (339) = NJW 1954, 687; BGH 14.7.1954 – 5 StR 324/54, BGHSt 6, 206 (207) = NJW 1954, 1377; BGH 15.1.1960 – 1 StR 627/59, BGHSt 13, 388 (392) = NJW 1960, 494 (495); BGH 19.4.1985 – 2 StR 317/84, BGHSt 33, 183 (188) = NJW 1985, 2960 (2061); BGH 3.12.2003 – 5 StR 249/03, NJW 2004, 789; BayObLG 5.5.1971 – RReg. 1 St 46/71, BayObLGSt 1971, 72 (74); BayObLGSt 30.6.1989 – Reg 2 St 104/89, MDR 1989, 1124; OLG Hamburg 7.3.1972 – 2 Ss 17/72, NJW 1972, 1146. Aus neuerer Zeit KG 22.8.2014 – (3) 121 Ss 106/14 (67/14), StV 2016, 297. Zum Ganzen auch Frisch in SK-StPO Rn. 8 ff.
³⁹ BGH 22.1.1962 – 5 StR 442/61, BGHSt 17, 44 (48) = NJW 1962, 820; BGH 22.1.1962 – 5 StR 442/61, JZ 1962, 370; 19.4.1985 – 2 StR 317/84, BGHSt 33, 183 (188) = NJW 1985, 2960 (2961); Widmaier/Momsen in Satzger/Schluckebier/Widmaier StPO Rn. 6.
⁴⁰ OLG Bambergt 12.12.2006 – 3 Ss 126/06, BeckRS 2006, 15135.
⁴¹ BGH 25.1.1995 – 2 StR 456/94, BGHSt 40, 395 (398) = NJW 1995, 2367 (2368) mwN; mzustAnm Fezer JR 1996, 38 (38 f.).
⁴² BGH 25.1.1995 – 2 StR 456/94, BGHSt 40, 395 (398) = NJW 1995, 2367 (2368); BGH 3.12.2003 – 5 StR 249/03, NJW 2004, 789; BayObLG 5.5.1971 – RReg. 1 St 46/71, BayObLGSt 1971, 72 (74) = MDR 1971, 948 (948 f.); OLG Frankfurt a. M. 29.4.1991 – 3 Ss 334/90, NStZ 1991, 506 (506 f.).
⁴³ OLG Frankfurt a. M. 29.4.1991 – 3 Ss 334/90, NStZ 1991, 506 (506 f.); Franke in Löwe/Rosenberg Rn. 15.
⁴⁴ Wiedner in BeckOK StPO Rn. 14.

III. Übergang von der Revision zur Berufung

Ebenso ist auch innerhalb der Frist des § 345 Abs. 1 der **Übergang von der Revision zur Berufung** zulässig.[45] Die Erklärung hat hierbei in der Form des § 314 Abs. 1 gegenüber dem Amtsgericht zu erfolgen.[46] Dies gilt auch für Revisionen der StA[47] und des Verteidigers.[48] Erklärt jedoch der Rechtsmittelführer den Übergang von der Revision zur Berufung erst nach Ablauf der Frist des § 345 Abs. 1, ist die Revision, wenn diese nicht fristgerecht begründet wurde, als unzulässig zu verwerfen.[49]

IV. Kein erneuter Wechsel

Ein erneuter Wechsel des Rechtsmittels soll nicht mehr möglich sein, da der Rechtsmittelführer mit dem vollzogenen Rechtsmittelwechsel eine bewusste Entscheidung getroffen habe und an dieser festzuhalten sei.[50] Das führt zu einer – wenn auch vielleicht nur selten relevant werdenden – „Benachteiligung" desjenigen, der ein unbestimmtes Rechtsmittel einlegt, weil er die einmal konkretisierte nicht mehr korrigieren kann. Andererseits gilt auf der Grundlage dieser hM: Ist das Rechtsmittel unbestimmt eingelegt worden und das Landgericht hat die Berufung nach § 322a noch während der laufenden Revisionsbegründungsfrist verworfen, bleibt die Sprungrevision dennoch zulässig, weil die Voraussetzungen für eine Verwerfung (noch) nicht vorlagen,[51] während nach einer Festlegung auf eine Berufung auch nach der endgültigen Nichtannahme durch Beschluss gemäß § 322a nicht mehr zur Revision übergegangen werden kann.[52]

E. Verschiedenartige Anfechtung (Abs. 3)

I. Allgemeines

Abs. 3 regelt den Fall der **verschiedenartigen Anfechtung durch mehrere Verfahrensbeteiligte** und soll verhindern, dass verschiedene Rechtsmittelgerichte mit derselben Sache gleichzeitig befasst werden.[53] Über seinen Wortlaut hinaus ist der Abs. 3 immer dann anzuwenden, wenn ansonsten **gleichzeitig zwei verschiedene Rechtszüge** mit derselben Sache befasst würden.[54] Wenn eine Rechtsbeschwerde und eine Berufung bei abgeurteilten Straftaten und Ordnungswidrigkeiten zusammen treffen, gilt § 83 Abs. 2 S. 1 OWiG.

II. Voraussetzungen

Voraussetzung des Abs. 3 ist, dass dasselbe Urteil **von mehreren Beteiligten mit unterschiedlichen Rechtsmitteln** angefochten wird. Dabei ist es unerheblich, ob sich die Rechtsmittel auf dieselben Straftaten beziehen.[55] Beteiligte im Sinne des Abs. 3 sind diejenigen, denen ein selbstständiges Anfechtungsrecht zusteht.[56] Angeklagter und Verteidiger gelten als derselbe Beteiligte und können daher keine verschiedenen Rechtsmit-

---

[45] BayObLG 20.2.2003 – 1 St RR 12/2003, BayObLGSt 2003, 10 (11) = NStZ-RR 2003, 173; KG 19.12.2001 – (3) 1 Ss 171/01, NStZ-RR 2002, 177.
[46] BayObLG 29.9.1997 – 4 St RR 220/97, NStZ-RR 1998, 51 (51 f.).
[47] OLG Celle 1.11.1966 – 5 Ws 239/66, MDR 1967, 421 (422).
[48] BGH 22.1.1962 – 5 StR 442/61, BGHSt 17, 44 (46) = NJW 1962, 820.
[49] OLG München 20.11.2006 – 4 St RR 210/06, NStZ-RR 2007, 56; vgl. auch zum „Wiederaufleben der Revision" Widmaier/Momsen in Satzger/Schluckebier/Widmaier StPO Rn. 22.
[50] BGH 20.11.1953 – 1 StR 279/53, BGHSt 5, 338 (339) = NJW 1954, 687.
[51] So überzeugend OLG Frankfurt a. M. 25.10.2002 – 3 Ss 290/02, NStZ-RR 2003, 53; aA OLG Jena 9.1.2007 – 1 OLG 171 Ss 118/16, BeckRS 2017, 135271.
[52] BayObLG 29.4.1994 – 2 St RR 59/94, StV 1994, 364.
[53] RG 6.6.1929 – II 500/29, RGSt 63, 194 (196); Frisch in SK-StPO Rn. 18.
[54] BGH 13.5.1953 – 5 StR 640/52, BGHSt 4, 207 (208) = NJW 1953, 1313.
[55] RG 6.6.1929 – II 500/29, RGSt 63, 194 (196).
[56] BayObLG 7.5.1951 – Rreg III 264/51, JR 1952, 209.

tel erklären, weshalb in einem solchen Fall entsprechend § 297 die Erklärung des Angeklagten maßgebend ist.[57] Ebensowenig erfasst § 335 Abs. 3 den Fall der Einlegung mehrerer Rechtsmittel durch verschiedene Wahlverteidiger desselben Angeklagten.[58] Weitere Beteiligte sind neben der Staatsanwaltschaft auch Privat- und Nebenkläger,[59] Mitangeklagte,[60] wie auch Einziehungsbeteiligte, gesetzliche Vertreter und Erziehungsberechtigte.[61] Hat ein Beteiligter mehrere Verfahrensrollen inne (zB der Mitangeklagte als Nebenkläger), so kann er für jede von ihnen ein anderes Rechtsmittel mit der Wirkung des Abs. 3 einlegen.[62] Abs. 3 gilt auch dann entsprechend, wenn ein Angeklagter gegen seine Verurteilung wegen einzelner selbstständiger Taten Berufung, hinsichtlich anderer jedoch Revision einlegt.[63] **Keine Anwendung** findet Abs. 3, wenn das Amtsgericht die verschiedenen Sachen getrennt hatte, es sei denn, die Verfahrenstrennung erfolgte erst nach Erlass des erstinstanzlichen Urteils.[64]

III. Vorrang der Berufung

17 Liegen die Voraussetzungen des Abs. 3 vor, so tritt die **Berufung an die Stelle der Revision,** solange die Berufung nicht vor oder in der Berufungsverhandlung zurückgenommen oder vom Berufungsgericht als unzulässig verworfen worden ist.[65] Dieser Vorrang der Berufung als des umfassenderen Rechtsmittels gilt **selbst dann, wenn sie nicht vollumfänglich,** sondern beispielsweise auf das Strafmaß beschränkt eingelegt wurde[66] oder wenn ein Verfahrensbeteiligter sein Rechtsmittel nur nicht bezeichnet hat.[67] Die Alternative der „Verwerfung als unzulässig" ist aus Gründen der Rechtsmittelklarheit **eng auszulegen.** Von ihr werden nur die Fälle erfasst, in denen bereits die formellen Voraussetzungen der Berufung nach § 314 nicht vorliegen. Daher findet sie keine Anwendung, wenn das Verfahren gegen den Berufungsführer eingestellt,[68] wenn die Berufung nach § 322a nicht angenommen[69] oder wenn sie wegen Nichterscheinens des Berufungsführers nach § 329 Abs. 1 verworfen wird.[70]

18 Jedoch bleibt die **Revision dennoch** bis zur Entscheidung des Berufungsgerichtes in der Sache oder bis die Berufung nicht mehr zurückgenommen werden kann, **bedingt bestehen.**[71] Nach Abs. 3 S. 2 müssen deshalb auch die Revisionsanträge und deren Begründung in der vorgeschriebenen Form und Frist angebracht und dem Gegner zugestellt (§§ 344–347) werden. Soweit sie als Berufung behandelt wird, muss sie freilich nur ordnungsgemäß nach § 341 eingelegt, aber nicht begründet worden sein.[72] Wird jedoch die

---

[57] BayObLG 23.5.1977 – RReg. 3 St 87/77, BayOBlGSt 1977, 102; OLG Koblenz 14.11.1974 – 1 Ss 239/74, MDR 1975, 424; Schmitt in Meyer-Goßner/Schmitt Rn. 16; zu widersprüchlichen Rechtsmittelerklärungen mehrerer Verteidiger vgl. OLG Hamm 28.7.2005 – 2 Ss 295/05, NStZ 2006, 184.
[58] OLG Jena 10.8.2015 – 1 OLG 171 Ss 25/15, StraFo 2016, 28. In solch einem Fall muss bei Unklarheiten das Rechtsmittel nach Ablauf der Revisionsbegründungsfrist ebenso als Berufung behandelt werden.
[59] RG 6.6.1929 – II 500/29, RGSt 63, 194 (195).
[60] BayObLG 7.5.1951 – Rreg III 264/51, JR 52, 209.
[61] Franke in Löwe/Rosenberg Rn. 22; Widmaier/Momsen in Satzger/Schluckebier/Widmaier StPO Rn. 18.
[62] OLG München 9.12.1935 – Reg 1 Ss Nr. 387/35, JW 1936, 1393; Schmitt in Meyer-Goßner/Schmitt § 336 Rn. 16.
[63] Gericke in KK-StPO Rn. 15.
[64] Zweibrücken 14.11.1985 – 1 Ss 266/85, MDR 1986, 778 (779); Momsen in KMR-StPO Rn. 38.
[65] OLG Köln 15.8.2000 – 3 Ss 333/00, NStZ-RR 2001, 86; Meyer-Goßner FS Gössel, 2002, 644.
[66] Temming in Gercke/Julius/Temming/Zöller Rn. 7.
[67] Vgl. KG 6.3.2019 – (3) 121 Ss 22/19 (14/19), BeckRS 2019, 4716.
[68] BGH 12.10.2022 – 2 StR 201/21, NStZ 2023, 176 mAnm Ventzke (Fortführung der Berufung möglich bei Einstellung nach § 153a Abs. 2); OLG Schleswig 2.2.1995 – 1 Ss 363/94, SchlHA 1995, 159; Schmitt in Meyer-Goßner/Schmitt Rn. 17.
[69] Schmitt in Meyer-Goßner/Schmitt Rn. 17; Gericke in KK-StPO Rn. 11.
[70] Burhoff DAR 2001, 451; Schmitt in Meyer-Goßner/Schmitt Rn. 17; Gericke in KK-StPO Rn. 15.
[71] BayObLG 29.12.1993 – 5 St RR 116/93, BayOblGSt 1993, 232 (233) = StV 1994, 238.
[72] RG 29.1.1925 – III 933/24, RGSt 59, 63 (64); BayObLG 6.2.1970 – RReg. 1 a St 220/69, BayObLGSt 1970, 39 (41) = NJW 1970, 1202.

Berufung als unzulässig verworfen oder zurückgenommen, so führt Abs. 3 S. 2 dazu, dass das Verfahren nur dann mit der Revision fortgesetzt wird, wenn diese rechtzeitig und formgerecht begründet worden ist. Ansonsten wird die Revision als unzulässig verworfen.[73]

IV. Entscheidung

Über die originäre Berufung und die als Berufung behandelte Revision entscheidet das Berufungsgericht in einem einheitlichen Urteil. Jedoch können die Rechtsmittel in der Sache unterschiedlich zu behandeln sein. Erweist sich demgemäß die eine Berufung als begründet und die andere als unbegründet, so sind diese mit eigenständigen Kostenentscheidungen zu versehen.[74] Übersieht der Berufungsrichter eines der Rechtsmittel, begründet dies die Revision des hiervon betroffenen Rechtsmittelführers.[75] 19

Gemäß Abs. 3 S. 3 ist gegen das Berufungsurteil Revision nach den allgemeinen Vorschriften zulässig.[76] Dabei kann auch derjenige, der bereits gegen das Urteil des Amtsgerichts Revision eingelegt hatte, das Berufungsurteil mit der Revision anfechten. 20

§ 336 Überprüfung der dem Urteil vorausgegangenen Entscheidungen

[1]Der Beurteilung des Revisionsgerichts unterliegen auch die Entscheidungen, die dem Urteil vorausgegangen sind, sofern es auf ihnen beruht. [2]Dies gilt nicht für Entscheidungen, die ausdrücklich für unanfechtbar erklärt oder mit der sofortigen Beschwerde anfechtbar sind.

Schrifttum: Dünnebier, Nicht mit der Revision anfechtbare Entscheidungen im Strafprozess, FS Dreher, 1977, 673; Rieß/Hilger, Das neue Starverfahrensrecht, Opferschutzgesetz und Strafverfahrensänderungsgesetz 1987, NStZ 1987, 145; Schlothauer, Ermittlungsrichterliche Entscheidungen und ihre Revisibilität, StraFo 1998, 402.

I. Nachprüfbare Entscheidungen (Satz 1)

S. 1 ist das Pendant zu § 305; nach dieser Vorschrift können **Entscheidungen des erkennenden Gerichts, die der Urteilsfindung vorausgehen,** nur in Ausnahmefällen mit der Beschwerde angefochten werden. Sie sind nach S. 1 aber der Beurteilung des Revisionsgerichtes dann unterworfen, wenn sie sich im Urteil niedergeschlagen haben.[1] Angreifbar sind die Entscheidungen vor und außerhalb der Hauptverhandlung nur, **soweit das angegriffene Urteil darauf beruhen kann.** Die Vorschrift hat insoweit eigentlich nur klarstellenden Charakter, ergibt sich dies doch eigentlich auch schon aus § 337 Abs. 1. 1

Entscheidungen iSd § 336 sind **verfahrensrechtliche Entscheidungen** in dem Verfahren, in dem das angefochtene Urteil ergangen ist, wobei darunter auch Anordnungen des Vorsitzenden innerhalb und außerhalb der Hauptverhandlung fallen.[2] § 336 erfasst jedoch nur **gerichtliche Entscheidungen** und nicht etwaige fehlerhafte Verfahrenshandlungen anderer Beteiligter wie beispielsweise der StA, da auf diesen ein Urteil nicht beruhen 2

---

[73] OLG Neustadt 30.1.1957 – Ss 209, 56, GA 1957, 422 (423 f.); Franke in Löwe/Rosenberg Rn. 23.
[74] Wiedner in BeckOK StPO Rn. 37a.
[75] OLG Köln 4.1.2008 – 82 Ss 180/07, NStZ-RR 2008, 207.
[76] Insbes. für die Revision des Jugendlichen gilt, dass bei einer Behandlung der Revision als Berufung wegen § 335 Abs. 3 der Angeklagte nicht durch § 55 Abs. 2 S. 1 JGG gehindert wird, gegen das Berufungsurteil erneut Revision einzulegen (wohl aber bei einer sonstigen Behandlung eines unbestimmten Rechtsmittels als Berufung), vgl. OLG Koblenz 25.8.2014 – 2 OLG 3 Ss 100/14, NStZ-RR 2015, 58; OLG Stuttgart 25.4.2019 – 2 Rv 24 Ss 316/19, StV 2020, 688 = LSK 2019, 48944.
[1] Gericke in KK-StPO Rn. 1; Franke in Löwe/Rosenberg Rn. 1.
[2] BGH 5.10.1954 – 2 StR 194/54, BGHSt 6, 326 (328) = NJW 1954, 1855; BGH 29.3.1955 – 2 StR 406/54, BGHSt 7, 281 (282) = NJW 1955, 957; BGH 17.7.1997 – 1 StR 781/96, BGHSt 43, 153 ff. = NJW 1997, 3385; BGH 17.7.1973 – 1 StR 61/73, NJW 1973, 1985; 25.2.1992 – 5 StR 483/91, NJW 1992, 1841.

kann.³ Ebenso wenig fallen **Entscheidungen, die mit dem Urteil ergehen,** wie beispielsweise die Kosten- und Auslagenentscheidung, die Entscheidung über eine eventuelle Haftentschädigung und Beschlüsse über Bewährungszeit, -auflagen und -weisungen oder über die Fortdauer der Untersuchungshaft unter § 336, da es sich hierbei nicht um Vorentscheidungen des Gerichts handelt.⁴

3   S. 1 findet grundsätzlich nur auf solche Entscheidungen Anwendung, die **nach dem Eröffnungsbeschluss** gefällt worden sind, da das Gericht erst ab dann das „erkennende" ist und das Urteil auch auf vor dem Beschluss ergangenen Entscheidungen nicht beruhen wird.⁵ Daher können Entscheidungen in früheren Hauptverhandlungen ebenso wie Mängel im Ermittlungs- und Zwischenverfahren allenfalls dann gerügt werden, wenn sie aufgrund einer weiteren Entscheidung des Gerichts nach dem Eröffnungsbeschluss **fortwirken,** wie beispielsweise fehlerhafte Entscheidungen bei der Verteidigerbestellung nach §§ 140 f. oder fehlerhafte Zulassung bzw. Zurückweisung des Nebenklägers.⁶

4   **Überprüfungsfähig** sind damit zB Entscheidungen über Anträge auf Gewährung von Akteneinsicht⁷ sowie auf Unterbrechung oder Aussetzung des Verfahrens, über Verfahrenstrennungen und -verbindungen,⁸ über Anträge auf Bestellung⁹ oder Abberufung¹⁰ eines Pflichtverteidigers wie auch über dessen Auswahl¹¹ und über die Zulassung der Nebenklage.¹² **Nicht mit der Revision anfechtbar** sind dagegen Einstellungsbeschlüsse nach § 153 Abs. 2¹³ oder nach § 153a Abs. 2,¹⁴ weil diese grundsätzlich nicht dem Urteil vorausgehen. Dies gilt ebenso für den Beschluss nach § 154 Abs. 2,¹⁵ wenngleich das dadurch geschaffene Verfahrenshindernis in der Revision von Amts wegen zu beachten ist.¹⁶ Dies gilt auch für fehlerhafte Eröffnungsbeschlüsse, wiewohl diese dem Urteil grundsätzlich vorausgehen, indem sie die Grundlage für die Hauptverhandlung schaffen. Sie sind nach § 210 Abs. 1 unanfechtbar. Lediglich der unwirksame Eröffnungsbeschluss ist beachtlich, weil es insoweit an einer Verfahrensvoraussetzung fehlt.¹⁷

II. Ausnahmen (Satz 2)

5   Satz 2 enthält eine Ausnahme zu Satz 1. Danach werden unanfechtbare oder mit der sofortigen Beschwerde anfechtbare Entscheidungen nicht mehr geprüft, weshalb sowohl Sach- als auch Verfahrensrügen nach § 337 und nach § 338 ausgeschlossen sind.¹⁸

---

3   BGH 5.10.1954 – 2 StR 194/54, BGHSt 6, 326 (328) = NJW 1954, 1855; BGH 21.6.1967 – 4 StR 159/67, NJW 1967, 1869; Schmitt in Meyer-Goßner/Schmitt Rn. 2; Frisch in SK-StPO Rn. 3.
4   Wiedner in BeckOK StPO Rn. 8.
5   BGH 5.10.1954 – 2 StR 194/54, BGHSt 6, 326 (328) = NJW 1954, 1855; BGH 15.7.1960 – 4 StR 542/59, BGHSt 15, 40 (44 f.) = NJW 1960, 2106 (2108); Schmitt in Meyer-Goßner/Schmitt Rn. 3; Frisch in SK-StPO Rn. 6 f.; Widmaier/Momsen in Satzger/Schluckebier/Widmaier StPO Rn. 7 f.
6   BGH 17.7.1997 – 1 StR 781/96, BGHSt 43, 154 ff. = NJW 1997, 3385 (3386); BGH 25.7.2000 – 1 StR 169/00, BGHSt 46, 93 (103) = NJW 2000, 3505 (3509); Schlothauer StraFo 1998, 402 ff.; BGH 26.1.2006 – 5 StR 500/05, NJW 2006, 854; diff. BGH 24.3.1983 – 2 StR 105, 82, BGHSt 31, 15 f. = NJW 1982, 1712.
7   BGH 24.8.1999 – 1 StR 672/98, NStZ 2000, 46; OLG Hamm 2.12.1971 – 4 Ss 1055/71, NJW 1972, 1096; 23.5.2008 – 2 Ss OWi 859/07, SVR 2009, 231.
8   BGH 5.2.1963 – 1 StR 265/62, BGHSt 18, 238 (239) = NJW 1963, 869 (870).
9   BGH 25.2.1992 – 5 StR 483/91, NStZ 1992, 292; 26.8.1993 – 4 StR 364/93, BGHSt 39, 310 (311 f.) = NStZ 1993, 600 (601); BGH 17.7.1997 – 1 StR 781/96, BGHSt 43, 153 (154) = NJW 1997, 3385; BGH 30.4.1999 – 3 StR 215/98, NStZ 1999, 396 (399).
10 BGH 12.12.2000 – 1 StR 184/00, NStZ 2001, 305 (306).
11 BVerfG 25.9.2001 – 2 BvR 1152/01, NStZ 2002, 99 (99 f.); BGH 25.10.2000 – 5 StR 408/00, NJW 2001, 237 (238).
12 BGH 18.10.1995 – 2 StR 470/95, BGHSt 41, 288 (289 f.) = NStZ 1996, 149.
13 BayObLG 3.11.1970 – 8 Ws (B) 17/70, BayObLGSt 1970, 225 = VRS 40, 279 (280); KG 17.5.1967 – (2) I Ss 107/67, JR 1967, 430.
14 OLG Hamm 7.11.1979 – 2 Ss 2689/79, JMBl. NRW. 1980, 104.
15 RG 4.7.1932 – III 616/32, RGSt 66, 326; BGH 21.11.1969 – 2 StR 240/69, MDR 1970, 383.
16 Schmitt in Meyer-Goßner/Schmitt § 154 Rn. 22a.
17 BGH 14.5.1957 – 5 StR 145/57, BGHSt 10, 278 (280) = NJW 1957, 1244; BGH 18.2.1981 – 3 StR 269/80, NStZ 1981, 447 mAnm Rieß; ausführlich Fritsch in SK-StPO Rn. 9.
18 Franke in Löwe/Rosenberg Rn. 13; aA Gericke in KK-StPO Rn. 13.

Dieser Ausschluss ergibt sich für die **erste Alternative** bereits aus der Rechtskraft der 6 betroffenen Rechtsakte.[19] **Unanfechtbare Entscheidungen** in diesem Sinne sind etwa solche nach § 28 Abs. 1, § 30, § 46 Abs. 2, § 81c Abs. 3 S. 4, § 81g Abs. 2 S. 5, § 138c Abs. 3 S. 3, § 138d Abs. 6 S. 3, § 147 Abs. 4 S. 2,[20] § 161a Abs. 3 S. 4, § 168e S. 5, § 201 Abs. 2 S. 2, § 202 S. 2, § 210 Abs. 1,[21] § 225a Abs. 3 S. 3, Abs. 4 S. 2 Hs. 2, § 226 Abs. 2 S. 2, § 229 Abs. 3 S. 2,[22] § 247a Abs. 2,[23] § 270 Abs. 3 S. 2, § 304 Abs. 4 S. 1 und S. 2, § 304 Abs. 5, § 322a S. 2, § 348 Abs. 2, § 372 S. 2, § 390 Abs. 5 S. 2, § 396 Abs. 2 S. 2 Hs. 2, § 397a Abs. 3 S. 2, § 400 Abs. 2 S. 2, § 404 Abs. 5 S. 3 Hs. 2, § 406e Abs. 3 S. 2, Abs. 4 S. 4; § 406f Abs. 2 S. 2 Hs. 2, § 406g Abs. 1 S. 3 Hs. 2, § 408a Abs. 2 S. 2, § 419 Abs. 2 S. 2, § 424 Abs. 4 S. 1, § 467a Abs. 3, § 469 Abs. 3, § 475 Abs. 3 S. 3, § 478 Abs. 3 S. 3, § 41 S. 4 GVG, § 52 Abs. 4 GVG, § 53 Abs. 2 S. 2 GVG, § 54 Abs. 3 S. 1 GVG[24] oder § 171b Abs. 3 GVG.[25] **Keine unanfechtbaren Entscheidungen** in diesem Sinne sind solche, die nur mit dem Urteil angefochten werden können (zB Entscheidungen gemäß § 28 Abs. 2 S. 2). Auch die Frage, ob Nova iSd § 211 vorgelegen haben, wird durch § 336 S. 2 nicht in ihrer Überprüfbarkeit beschränkt.[26]

In Staatschutzsachen schränkt dies aufgrund von § 304 Abs. 4 S. 1 und S. 2 sowie 7 § 304 Abs. 5 den Rechtsschutz erheblich ein. Denn die dort der Beschwerde entzogenen Entscheidungen des OLG im ersten Rechtszug und des Ermittlungsrichters sind damit auch nicht revisibel. Besonders unbefriedigend ist dies insbesondere bei der ein Ablehnungsgesuch gegen den erkennenden Richter des Staatschutzsenates (§ 28 Abs. 2 S. 2) zurückweisenden Entscheidung des OLG, die demgemäß auch nicht der Revision zugänglich ist.[27] Dass in diesem besonders eingriffsrelevanten Bereich die Übertragung der Tatsacheninstanz auf das OLG gleichzeitig auch den gängigen Rügemechanismus des Befangenheitsrechtes (Überprüfung der zurückweisenden Entscheidung nach Beschwerdegrundsätzen in der Revision) durchbrechen sollte, liegt als gesetzgeberische Intention eher fern, ist aufgrund des eindeutigen Wortlautes aber hinzunehmen.[28]

Die **zweite Alternative** des Satzes 2 schließt bei Entscheidungen, die der **sofortigen** 8 **Beschwerde** unterliegen, die Revisibilität aus, weil alsbald Klarheit geschaffen und daher eine Auswirkung auf das Urteil vermieden werden soll.[29] Dabei ist gleichgültig, ob die sofortige Beschwerde verworfen oder gar nicht eingelegt worden ist, da allein auf die Anfechtbarkeit mit der sofortigen Beschwerde abzustellen ist.[30] **Hierunter fallen etwa die** § 28 Abs. 2 S. 1,[31] § 46 Abs. 3, § 81 Abs. 4 S. 1, § 101 Abs. 7 S. 3, § 111g Abs. 2 S. 2, § 111i Abs. 6 S. 3, § 124 Abs. 2 S. 2, § 138d Abs. 6 S. 1, § 206a Abs. 2, § 206b S. 2, § 210 Abs. 2,

---

[19] Dünnebier FS Dreher, 1977, 673 ff.; Widmaier/Momsen in Satzger/Schluckebier/Widmaier StPO Rn. 12 f.; Nagel in Radtke/Hohmann Rn. 5.
[20] BGH 24.8.1999 – 1 StR 672/98, NStZ 2000, 46.
[21] BGH 10.9.2013 – 4 StR 267/13, unter Verweis auf BGH 18.2.1981 – 3 StR 269/80, NStZ 1981, 447.
[22] Rieß/Hilger NStZ 1987, 145 (149); BGH 27.11.2014 – 3 StR 488/14, BeckRS 2015, 465.
[23] Vgl. aber BGH 6.2.2008 – 5 StR 597/07, NStZ 2008, 421 für den Fall des Fehlens eines Gerichtsbeschlusses.
[24] Dies betr. aber nur die Entbindung, vgl. BGH 13.8.1985 – 1 StR 330/85, BGHSt 33, 290 (292) = NJW 1986, 1356, und nicht deren Widerruf vgl. BGH 2.6.1981 – 5 StR 175/81, BGHSt 30, 149 (150) = NJW 1981, 2073 (2074); BGH 2.6.1981 – 5 StR 175/81, NStZ 1981, 399. Vgl. auch BGH 2.5.2018 – 2 StR 317/17, NStZ-RR 2018, 257 (L.s.).
[25] Eine unanfechtbare Entscheidung im Rahmen des § 171b Abs. 5 GVG soll hingegen nicht vorliegen, wenn das Gericht überhaupt keine Entscheidung getroffen hat (sondern nur der Vorsitzende in rechtsfehlerfreier Weise zu einem früheren Zeitpunkt des Verfahrens), vgl. BGH 17.9.2014 – 1 StR 212/14, NJW 2015, 806; wohl in die gleiche Richtung, aber letztlich offen lassend BGH 15.12.2015 – 4 StR 401/15, StV 2016, 788 = BeckRS 2016, 01509. Zur Anfechtbarkeit sitzungspolizeilicher Maßnahmen (und den argumentativen Rückgriff auf § 336) zuletzt BGH 13.10.2015 – StB 10/15, NJW 2015, 3671.
[26] Vgl. BGH 1.12.2016 – 3 StR 230/16, NJW 2017, 1828.
[27] BGH 5.1.1977 – 3 StR 433/76, BGHSt 27, 96 = NJW 1977, 1829.
[28] Franke in Löwe/Rosenberg Rn. 16.
[29] BT-Drs. 8/976, 59; Gericke in KK-StPO Rn. 12; Frisch in SK-StPO Rn. 14. Widmaier/Momsen in Satzger/Schluckebier/Widmaier StPO Rn. 2.
[30] RG 8.3.1901 – IV 338/01, RGSt 34, 215 f.
[31] Anders ausdrücklich § 28 Abs. 2 S. 2.

§ 225a Abs. 3 S. 3, Abs. 4 S. 2 Hs. 2, § 231a Abs. 3 S. 3, § 270 Abs. 3 S. 2, § 372 S. 1, § 379a Abs. 3 S. 2, § 383 Abs. 2 S. 3, § 400 Abs. 2 S. 1, § 406a Abs. 1 S. 1, § 411 Abs. 1 S. 1 Hs. 2, § 411 Abs. 1 S. 3 Hs. 3, § 424 Abs. 4 S. 2, § 454 Abs. 3 S. 1. Die Möglichkeit der Anfechtung mit der **einfachen Beschwerde** hingegen schließt die Revision nicht aus.[32]

9   Die Sperrwirkung des Satzes 2 findet dort ihre Grenze, wo eine revisionsrechtlich nachprüfbare **Willkür** bei der Vorentscheidung vorliegt, da eine solche trotz Berücksichtigung der Belange der Rechtssicherheit und des Rechtsfriedens nicht als verbindlich feststehen soll. Daher kann die Willkürlichkeit einer Vorentscheidung,[33] die die Voraussetzungen eines absoluten Revisionsgrundes erfüllt (wie beispielsweise die Entziehung des gesetzlichen Richters[34] oder die vorschriftswidrige Besetzung durch Beurlaubung eines Schöffen[35]), dennoch mit der Verfahrensrüge geltend gemacht werden.[36] Des Weiteren bleibt die Revision auch dann zulässig, wenn das Gericht in der weiteren Hauptverhandlung verpflichtet gewesen wäre, die frühere fehlerhafte Entscheidung zu korrigieren, da dieses Unterlassen dann einen weiteren mit der Revision angreifbaren Rechtsfehler darstellt, auf welchem das Urteil beruht.[37]

§ 337 Revisionsgründe

(1) Die Revision kann nur darauf gestützt werden, daß das Urteil auf einer Verletzung des Gesetzes beruhe.

(2) Das Gesetz ist verletzt, wenn eine Rechtsnorm nicht oder nicht richtig angewendet worden ist.

Schrifttum: Alberts, Die Feststellung doppelt relevanter Tatsachen in der strafprozessualen Revisionsinstanz, 1990; Allgayer, Mitteilungen nach § 243 Abs. 4 StPO und ihre revisionsgerichtliche Kontrolle, NStZ 2015, 185; Andoor, Tatfragen in der strafrechtlichen Revision – eine Untersuchung der rechtshistorischen und rechtspraktischen Entwicklung des Rechtsschutzes in Strafsachen samt Reformvorschlag, 2020; Bartel, Das Verbot der Rekonstruktion der Hauptverhandlung, 2014; Bartel, Auf dem Weg zur technischen Dokumentation der Hauptverhandlung in Strafsachen, StV 2018, 678; Baur, Die tatrichterliche Überzeugung, ZIS 2019, 119; Brune, Die ungeschriebene Rügepräklusion im Revisionsverfahren, 2022; El Ghazi, Die Zuordnung von Gesetzesverletzungen zu Sach- und Verfahrensrügen in der strafprozessualen Revision, 2014; El Ghazi, Irrwege und Wege zur Abgrenzung von Sach- und Verfahrensrügen, HRRS 2014, 353; Fezer, Die erweiterte Revision, 1974; Frisch, Die erweiterte Revision, FS Eser, 2005, 257; Frisch, Wandel der Revision als Ausdruck geistigen und gesellschaftlichen Wandels, FS Fezer, 2008, 353; Geißler, Untersuchungen zur Revisibilität von Widersprüchen zwischen Strafurteil und Wortprotokoll, 2000; Hanack, Die Rechtsprechung des Bundesgerichtshofs zum Strafverfahrensrecht, JZ 1971, 126; Heinrich, Rügepflichten in der Hauptverhandlung und Disponibilität strafverfahrensrechtlicher Vorschriften, ZStW 112 (2000), 398; Henke, Die Tatfrage, 1966; Herdegen, Die Beruhensfrage im strafprozessualen Revisionsrecht, NStZ 1990, 513; Herdegen, Die Überprüfung der tatsächlichen Feststellungen durch das Revisionsgericht auf Grund einer Verfahrensrüge, StV 1992, 590; Heuser, Rechtsfragen der Verfahrensrüge informeller Urteilsabsprachen: Vom unverdeckt praktizierten Deal zur Urteilsaufhebung mangels materieller Falschbelehrung, StV 2021, 63; Hollaender, Der Rechtsmissbrauch im Strafverfahren und die Grenzen der Gesetzesauslegung, JR 2007, 6 ff.; Jäger, Beweisverwertung und Beweisverwertungsverbote im Strafprozess, 2003; Jahn, Beweiserhebungs- und Beweisverwertungsverbote im Spannungsfeld zwischen den Garantien des Rechtsstaates und der effektiven Bekämpfung von Kriminalität und Terrorismus: Gutachten C für den 67. Deutschen Juristentag, 2008; Jahn/Kudlich, Rechtsstaatswidrige Tatprovokation als Verfahrenshindernis: Spaltprozesse in Strafsachen beim Bundesgerichtshof, JR 2016, 54; Jahn/Widmaier, Zum Verbot rügevernichtender Protokolländerungen, JR 2006, 166; Jähnke, Zur Abgrenzung von Verfahrens- und

---

[32] Rieß NStZ 1981, 447; vgl. auch Meyer-Goßner NStZ 1989, 89 (89 f.) zum Eröffnungsbeschluss.
[33] Vgl. ausführlich zu den Anforderungen OLG Karlsruhe 19.2.1981 – 3 Ss 302/80, NStZ 1981, 272. Zum Ganzen auch Frisch in SK-StPO Rn. 20.
[34] BGH 22.12.2000 – 3 StR 378/00, BGHSt 46, 238 (241) = NJW 2001, 1359 (1361); KG 27.4.2020 – 4 Ws 29/20, BeckRS 2020, 8473; Schmitt in Meyer-Goßner/Schmitt Rn. 7.
[35] So BGH 5.8.2015 – 5 StR 276/15, NStZ 2015, 714 sowie BGH 22.11.2013 – 3 StR 162/13, wobei dort gerade § 336 S. 2 Alt. 1 jeweils als Beleg dafür herangezogen wird, dass die Richtigkeitsprüfung nicht über den Willkürmaßstab hinaus gehen kann.
[36] BGH 3.3.1982 – 2 StR 32/82, BGHSt 31, 3 (4) = NJW 1982, 1655 (1656); Rieß NJW 1978, 2265 (2271); Katholnigg NJW 1978, 2375 (2378).
[37] Franke in Löwe/Rosenberg Rn. 15.

Sachrüge, in: FS Meyer-Goßner, 2001, 559; Karl, Die Bedeutung der Abgrenzung von Tat- und Rechtsfrage in der strafprozessualen Revision, 2016; Knauer, Die Entscheidung des BVerfG zur strafprozessualen Verständigung (Urteil vom 19.3.2013 – 2 BvR 2628/10 – 2 BvR 2883/10, 2 BvR 2155/11, NStZ 2013, 295) – Paukenschlag oder Papiertiger?, NStZ 2013, 433; Knauer, Vom Wesen und Zweck der Revision, NStZ 2016, 1; Kudlich, Grenzen der Verfassungsgerichtsbarkeit – die Entscheidung des BVerfG zur strafprozessualen Verständigung, NStZ 2013, 379; Kudlich, „Missbrauch" durch bewusste Berufung auf ein unrichtiges Hauptverhandlungsprotokoll?, HRRS 2007, 9 ff.; Kudlich, Erosion des Hauptverhandlungsprotokolls durch den Bundesgerichtshof?, BLJ (www.law-journal.de) 2007, 125 ff.; Kudlich, Erfordert das Beschleunigungsgebot eine Umgestaltung des Strafverfahrens?: Gutachten C zum 68. Deutschen Juristentag, 2010; Kudlich, Audiovisuelle Aufzeichnung, Videobeweis und Zulässigkeit der „Rügeverkümmerung", in: Cirener/Jahn/Radtke (Hrsg.), Bild-Ton-Dokumentation und „Konkurrenzlehre 2.0" – 7. Karlsruher Strafrechtsdialog, 2020, S. 13 ff.; Kudlich, Audiovisuelle Dokumentation der tatrichterlichen Hauptverhandlung im Strafrecht und ihre Folgen für die Revision, in: Hoven/Kudlich (Hrsg.), Digitalisierung und Strafverfahren, 2020, S. 163 ff.; Kudlich/Christensen, Die Lücken-Lüge, JZ 2009, 943; Klemke, Negative Beweiskraft des Hauptverhandlungsprotokolls, StV 2004, 589; Marx, Der tatrichterliche Beurteilungsspielraum aus der Sicht des Revisionsrichters, StraFo 2002, 373; Meyer-Goßner, Prozessvoraussetzungen und Prozesshindernisse, Befassungs- und Bestrafungsverbote, 2011; Meyer-Goßner/Cierniak, Grenzen des Revisionsrechts?, StV 2000, 696; Meyer-Mews, Revisionsrechtlicher Paradigmenwechsel durch das neue Bundesdatenschutzrecht?, StraFo 2019, 95; Miebach, Die freie richterliche Beweiswürdigung in der neueren Rechtsprechung des BGH, NStZ 2021, 403; Mosbacher, Die Abgrenzung von Verfahrensund Sachrüge in der erweiterten Revision, StraFo 2021, 312; Nack, Revisibilität der Beweiswürdigung – Teil 1, StV 2002, 511; Neuhaus, Beruhensfrage (§ 337 I StPO) und unzureichende Verteidigerleistung, StV 2002, 43; Neuhaus, Die Revision aus der Sicht der anwaltlichen Praxis, StV 2019, 843; Niemöller, Beruhensprüfung bei Verfahrensfehlern, NStZ 2015, 489; Niemöller, Beruhensprüfung bei Verfahrensfehlern, NStZ 2015, 489 ff.; Pauly, Mündlichkeit der Hauptverhandlung und Revisionsrecht: Zu den Grenzen des Rekonstruktionsverbots, FS Paul Hamm, 2008, 572; Peters, Empfiehlt es sich, das Rechtsmittelsystem in Strafsachen, insbesondere durch Einführung eines Einheitsrechtsmittels, grundlegend zu ändern?, Gutachten C zum 52. Deutschen Juristentag, 1978; Peters, Tat- Rechts- und Ermessensfragen in der Revisionsinstanz, ZStW 57 (1938), 53 ff.; Radbruch, Archiv für Rechts- und Wirtschaftsphilosophie Bd. 17 (1923/24), 343; Rengier Die Zeugnisverweigerungsrechte im geltenden und künftigen Strafverfahrensrecht, 1979; Rosenau, Die Revision – Qualitätskontrolle und Qualitätssicherung im Strafverfahren, FS Widmaier, 2008, 521; Schletz, Die erweiterte Revision in Strafsachen, 2020; Schlothauer, Unvollständige und unzutreffende tatrichterliche Feststellungen, StV 1992, 134; Schlüchter, Zum normativen Zusammenhang zwischen Rechtsfehler und Urteil, in: FS Krause, 1990, 485; Schmidhäuser, Zur Frage nach dem Ziel des Strafprozesses, FS Eb. Schmidt, 1961, 511; Schmidt, Die Verletzung der Belehrungspflicht gemäß § 55 II StPO als Revisionsgrund, JZ 1958, 596; Schneider, Thesen zur Revision in Strafsachen mit Blick auf das Verhältnis der Sachrüge zur Verfahrensrüge, NStZ 2019, 324; Schröder, Das Wortlautprotokoll als revisionsrechtlicher Nachweis eines Widerspruchs zwischen tatrichterlichem Strafurteil und dem Inbegriff der mündlichen Hauptverhandlung, 1996; Schuhr, Zur Vertretbarkeit einer rechtlichen Aussage, JZ 2008, 603; Schwabenbauer, Zweifelsatz („in dubio pro reo") und Prozessvoraussetzungen, HRRS 2011, 26; Wehowsky, Die Revision im Zeitalter technischer Reproduzierbarkeit, NStZ 2018, 177; Widmaier, Überholende Kausalität bei Verfahrensrügen, FS Hanack, 1999, 387; Wilhelm, „Versteckte Gesetzesverstöße" in der Revision – Zur Revisibilität der fehlerhaften oder unvollständigen Mitteilung der Ergebnisse der Beweisaufnahme in der Urteilsniederschrift, ZStW 117 (2005), 144; Wohlers, Die Rekonstruktion der tatrichterlichen Beweisaufnahme durch das Revisionsgericht, JZ 2021, 116; Ziegert, Die prozessuale Wahlfeststellung, StV 1996, 279.

Übersicht

		Rn.
A.	**Allgemeines**	1
I.	**Bedeutung der Vorschrift und Wesen der Revision**	1
II.	**Anwendungsbereich**	4
1.	Tatfragen-Rechtsfragen-Rekonstruktionsverbot	4
2.	Sonstige Theorien zur Bestimmung des revisiblen Bereichs	7
3.	Eingeschränkte revisionsgerichtliche Kontrolle normativer und unbestimmter Tatbestandsmerkmale?	10
4.	§ 337 als Schauplatz der „Umstrukturierung" der Revision	16

		Rn.
III.	**Revisibilitätsvoraussetzungen jenseits von Gesetzesverletzung und Beruhen**	17
1.	Zeitablauf	18
2.	Verzicht	19
3.	Präklusion und Widerspruchslösung	22
4.	Rügeverkümmerung	25
5.	Rechtskreistheorie	27
6.	Charakterisierung als Ordnungsvorschrift	29
7.	Vortrag von Negativtatsachen	30
B.	**Verletzung des Gesetzes**	31
I.	**Begriff des Gesetzes**	32

		Rn.
1.	Weites Begriffsverständnis	32
2.	Abgrenzung und Kasuistik	35
3.	Denkgesetze, Erfahrungssätze und Methoden der Rechtsfindung	37
	a) Denkgesetze und Regeln der Logik	38
	b) Erfahrungssätze und allgemeinkundige Tatsachen	39
	c) Grundsätze der Auslegung und Methoden der Rechtsfindung	40
4.	Gültigkeit von Rechtsnormen	41
II.	**Arten von Rechtsverletzungen**	42
1.	Überblick	42
	a) Die Fälle der Begründetheit der Revision	42
	b) Insbesondere zur Abgrenzung von Sach- und Verfahrensrügen	43
	c) Insbesondere Unterscheidung von relativen und absoluten Revisionsgründen	49
2.	Fehlen von Verfahrensvoraussetzungen	50
	a) Fehlende Prozessvoraussetzungen in der Revision und ihre Prüfung	50
	b) Prozesshindernis und Teilrechtskraft	54
	c) Prüfungsmaßstab und Nachweis	55
	d) Sonderproblem: Zulässigkeit der Berufung	57
	e) Wichtige Prozessvoraussetzungen bzw. Prozesshindernisse	61
3.	Verletzung von sonstigem Verfahrensrecht	63
	a) Begriff des Verfahrensrechts	63
	b) Verletzung des Verfahrensrechts	70
	c) Beweis	73
	d) Erhebung der Verfahrensrüge	84
	e) Persönliche Beschwer	85
	f) Verlust von Verfahrensrügen	86
4.	Verletzung materiellen Rechts	87
	a) Überblick	87

		Rn.
	b) Überprüfung der Beweiswürdigung	92
	c) Fehler bei der Gesetzesanwendung (bis zum Schuldspruch) im engeren Sinne	99
	d) Anforderungen an die Urteilsdarstellung	102
	e) Fehler bei der Rechtsfolgenentscheidung	110
C.	**Beruhen des Urteils auf der Gesetzesverletzung**	129
I.	Allgemeines und Grundlagen	129
II.	Arten von Rechtsfehlern und Beruhensfrage	132
1.	Absolute und relative Revisionsgründe	132
2.	„Schwere" und „leichte" Verstöße	133
3.	Aktive Gesetzesverstöße versus Unterlassungen	134
4.	Verfahrensfehler versus Fehler im materiellen Recht	136
III.	Insbesondere: Beruhen bei Verfahrensfehlern	137
1.	Allgemeines	137
2.	Fälle eines häufigen Beruhens	138
3.	Fälle häufiger Ausschließbarkeit eines Beruhens	141
4.	Heilung von Verfahrensverstößen	145
IV.	Insbesondere: Beruhen bei der Sachrüge	147
1.	Fehler bei der Beweiswürdigung	148
2.	Erfolgreiche Darstellungsrüge	149
3.	Schuldspruch (materielle Würdigung)	150
4.	Fehler im Rechtsfolgenausspruch	151
V.	Geltendmachung des Beruhens	153

A. Allgemeines

I. Bedeutung der Vorschrift und Wesen der Revision

1 Die Vorschrift des § 337 ist das **„Kernstück" des Revisionsrechts** und damit nicht nur der Obersatz für die Begründetheitsprüfung, sondern zugleich der Schlüssel zum Verständnis der Revision.[1] Abs. 1 der Vorschrift beschreibt die denkbaren Gründe für eine Revision, nämlich das Beruhen des Urteils auf der Verletzung des Gesetzes; Abs. 2 definiert die Gesetzesverletzung durch die fehlende oder unrichtige Anwendung einer Rechtsnorm. Als Prüfungsprogramm werden dadurch als Oberpunkte das Vorliegen einer Rechtsnorm (→ Rn. 32 ff.), das Merkmal der Verletzung (vgl. → Rn. 42 ff.) sowie die Voraussetzung eines „Beruhens" des Urteils auf der Rechtsverletzung (vgl. → Rn. 129 ff.) vorgegeben.

2 Für das **Wesen der Revision** (→ Vor § 331 Rn. 1–3)[2] ergibt sich daraus, dass diese auf die **rechtliche** (und im Grundsatz nicht auf die tatsächliche, soweit nicht die Tatsachen-

---

[1] So auch Franke in Löwe/Rosenberg Rn. 1, der insoweit auf E. Schmidt verweist.
[2] Eingehend auch Knauer NStZ 2016, 1 ff.; Walter ZStW 128 (2016), 824.

feststellung widerrechtlichen Regelungen folgt) **Überprüfung** des Urteils gerichtet ist.[3] Die **vielfältigen Beschränkungen,** die hinsichtlich der Durchführung einer Revision und der Aufhebung eines Urteils in derselben bestehen, zeigen, dass es dabei nicht darum gehen kann, dass die Revision zu einer unbedingten „Richtigkeitsgarantie" führt; im Mittelpunkt steht vielmehr der Gedanke der rechtlichen Kontrolle der Tätigkeit der Tatgerichte. § 337 gibt insoweit den Rahmen für die Begründetheit vor[4] und beschränkt diese auf Rechtsfehler. Nicht näher fassbare Bedenken,[5] eine Unzufriedenheit mit der Begründung der Entscheidung (→ Rn. 102 ff.)[6] oder die Behauptung, der Fall hätte – tatsächlich oder rechtlich – auch anders bewertet werden können, reichen nicht aus.

Hinsichtlich des möglichen Gegenstands der Rüge ist – wie sich aus § 344 Abs. 2 **3** ergibt – zwischen der **Sachrüge** und der **Verfahrensrüge** (Verletzung materiellen Rechts bzw. Verletzung formellen Rechts, vgl. näher → Rn. 64 ff. bzw. 87 ff.) zu unterscheiden. Etwaige festgestellte Rechtsfehler können entweder relative (sodass das in Abs. 1 genannte Beruhen des Urteils auf der Rechtsverletzung festgestellt werden muss) oder sog. absolute Revisionsgründe iSd § 338 darstellen, bei denen das Beruhen unwiderleglich vermutet (bzw. im Fall des § 338 Nr. 7 sogar fingiert; → § 338 Rn. 1) wird und grundsätzlich ein Beruhensnachweis nicht erbracht werden muss.[7]

II. Anwendungsbereich

1. Tatfragen-Rechtsfragen-Rekonstruktionsverbot. Aus der Beschränkung der **4** möglichen Revisionsgründe auf Rechtsfehler und dem (letztlich auch daraus folgenden) Charakter der Revision als bloße Rechts- (und nicht neue Tatsachen-) Instanz ergibt sich als Grenze des Anwendungsbereichs der erfolgreichen Revision, dass (jedenfalls nach dem ursprünglichen Verständnis der Revision) **kein Eingriff in die Tatsachenfeststellungen** und (insoweit auch heute noch weitgehend gültig) **keine Rekonstruktion der Hauptverhandlung**[8] erfolgen dürfen (vgl. ausführlicher → Vor § 333 Rn. 56 ff. sowie → Rn. 75 ff.), etwa dahingehend, dass vorgetragen wird, das Tatgericht habe sich mit einer bestimmten früheren Einlassung des Angeklagten nicht auseinandergesetzt (wenn sich diese nicht aus dem Urteil oder dem Protokoll ergibt[9]). Vorbehaltlich näherer Präzisierungen und alternativer Ansätze zum Anwendungsbereich der Revision ist damit die Unterscheidung von Tat- und Rechtsfrage zumindest im Ausgangspunkt von prägender Bedeutung.[10]

Dabei ist zwar zuzugestehen, dass diese **Unterscheidung im konkreten Einzelfall 5 nicht immer leicht** zu treffen ist, da gerichtliche Aussagen mitunter (und zwar in einem Gedanken vermengt[11]) sowohl tatsächliche Feststellungen wie rechtliche Beurteilungen enthalten und die Gerichte ihre Feststellungen gerade vor dem Hintergrund rechtlicher Relevanz treffen.[12] Freilich ist die Zuordnung zumindest theoretisch durchaus möglich, wenn

---

[3] Eingehend, auch aus historischer Perspektive, Andoor, Tatfragen in der strafrechtlichen Revision – eine Untersuchung der rechtshistorischen und rechtspraktischen Entwicklung des Rechtsschutzes in Strafsachen samt Reformvorschlag, 2020.
[4] Vgl. auch Schmitt in Meyer-Goßner/Schmitt Rn. 1; Frisch Rn. 1 f.; Widmaier/Momsen in Satzger/Schluckebier/Widmaier StPO Rn. 1.
[5] Vgl. BGH 14.12.2006 – 3 StR 425/06, NStZ-RR 2007, 119.
[6] Vgl. Frisch in SK-StPO Rn. 1.
[7] Zu Ausnahmefällen, in denen von der Rspr. auch die absoluten Revisionsgründe „relativiert" werden, vgl. → § 338 Rn. 5 ff.
[8] Eingehend Bartel, Das Verbot der Rekonstruktion der Hauptverhandlung, 2014; ferner Wohlers JZ 2021, 116.
[9] BGH 10.10.2013 – 4 StR 135/13, NStZ-RR 2014, 15; 3.6.2015 – 2 StR 430/14, NStZ-RR 2015, 315 (Ls.) = BeckRS 2015, 13582.
[10] Insoweit auch ähnlich – wenngleich zu den Details krit., Frisch in SK-StPO Rn. 10. Eingehend Karl, Die Bedeutung der Abgrenzung von Tat- und Rechtsfrage in der strafprozessualen Revision, 2016.
[11] Frisch in SK-StPO Rn. 15 spricht hier anschaulich von der „Verschlingung von Tatfrage und Rechtsfrage".
[12] Vgl. etwa Temming in Gercke/Julius/Temming/Zöller Rn. 2; Rosenau FS Widmaier, 2008, 521 (530); zur theoretischen Grundlegung bereits Radbruch Archiv für Rechts- und Wirtschaftsphilosophie Bd. 17 (1923/24), S. 343 (349).

man auf das **jeweilige Erkenntnisinteresse** von Rechts- und Tatfragen abstellt:[13] Die Frage, ob das, was vom Tatrichter festgestellt ist, von einer Rechtsnorm erfasst wird, ist eine Rechtsfrage (nämlich eine Frage nach Auslegung bzw. Konkretisierung der Norm). Dagegen ist die Prüfung, ob das, was festgestellt worden ist, sich tatsächlich so zugetragen hat, eine Tatfrage. Die Schwierigkeit liegt somit weniger in der theoretischen Trennung von Tat- und Rechtsfrage als vielmehr darin begründet, dass es für den Revisionsrichter als einer am Urteil in der Tatsacheninstanz nicht beteiligten Person im Einzelfall schwierig sein kann, nachzuvollziehen, ob insbesondere bei der auf die spätere Subsumierbarkeit unter Rechtsbegriffe ausgerichteten Tatsachenfeststellung diese Rechtsbegriffe (aus revisionsrichterlicher Sicht) zutreffend bewertet worden sind.[14]

6 Genau diese Schwierigkeit wird aber zumindest hinsichtlich des Bereichs potentiell revisibler Fehler dadurch deutlich abgemildert, dass in der Rechtsprechung der letzten Jahre und Jahrzehnte (→ Rn. 102 ff.) durch die Annahme einer **Revisibilität von Darstellungsdefiziten** gerade darauf reagiert wird: Die Revisionsgerichte verlangen hier nämlich – um eine Rechtsmittelkontrolle überhaupt zu ermöglichen –, dass die Tatgerichte ihre tatsächlichen Feststellungen so treffen und so darlegen, dass beurteilt werden kann, ob der festgestellte Sachverhalt der Norm tatsächlich unterfällt bzw. ob die eine Norm anwendende Entscheidung von einem zutreffenden Verständnis der Norm ausgegangen ist. Soweit das Tatgericht dem nicht gerecht wird und sich die Entscheidung so einer revisionsgerichtlichen Kontrolle gleichsam entzieht, wird die Entscheidung schon deshalb aufgehoben (vgl. näher → Rn. 102 ff.).[15]

7 **2. Sonstige Theorien zur Bestimmung des revisiblen Bereichs.** Nicht nur weil damit die Schwierigkeiten der Abgrenzung zwischen Tat- und Rechtsfrage jedenfalls für die Bestimmung des revisiblen Bereichs doch zu großen Teilen aufgelöst werden, sind andere Theorien, die zu dieser Bestimmung vertreten werden, letztlich nicht leistungsfähiger (und haben sich nicht durchgesetzt): Soweit etwa *Peters* in seiner „**Leistungstheorie**"[16] darauf abstellt, **welche Kognitionsmöglichkeiten das Revisionsgericht hat,** so stimmen diese aufgrund der ihm zur Verfügung stehenden Materialien gerade mit der (im oben (→ Rn. 4 f.) genannten Sinne modifizierten bzw. ergänzten) Abgrenzung zwischen Tat- und Rechtsfragen überein. Denn reine (und als solche klar identifizierbare) Rechtsfragen lassen sich aufgrund des Urteils – nämlich mit einer Überprüfung der dort vorgenommenen Subsumtion bzw. mit einer eigenständigen Bewertung des festgestellten Sachverhalts – für das Revisionsgericht gut überprüfen; reine Tatfragen dagegen sind mangels Zugriffs auf die Beweismittel in der Hauptverhandlung (jedenfalls nach den Maßstäben der strafprozessualen Beweisregeln) gerade nicht isoliert überprüfbar.[17] Und dort, wo durch das Ineinandergreifen von Tat- und Rechtsfragen die Kognitionsmöglichkeiten des Revisionsgerichts eingeschränkt sind bzw. durch das Tatgericht auch „unterlaufen" werden könnten, hilft die oben bereits erwähnte Darstellungsrüge als erweiterte Sachrüge (→ Rn. 3, 6).

8 Auch durch ein Abstellen auf die **Wahrung der Rechtseinheit** als Funktion der Revision lässt sich der revisible Bereich nicht abschließend bestimmen: Soweit man daraus ableiten würde, dass nur rechtliche Fragen revisibel sein müssen, da nur insoweit auch eine Vereinheitlichung überhaupt denkbar ist, während die Tatsachenfeststellungen als solche ohnehin keine über den konkreten Fall hinausgehende Bedeutung im Sinne einer Verein-

---

[13] Vgl. auch Frisch in SK-StPO Rn. 14.
[14] Stellt also zB der Tatrichter bei der Prüfung des Untreue-Schadens zu enge Anforderungen an die „Unmittelbarkeit" einer Gegenleistung (um nicht nur tatbestandslose Wiedergutmachung, sondern tatbestandsrelevante Kompensation sein zu können), ist denkbar, dass zu bestimmten (nach Rechtsauffassung des Revisionsgerichts kompensationsgeeigneten) Rückflüssen/Auswirkungen keine Feststellungen getroffen worden sind, ohne dass sich dies immer hinreichend klar aus dem Urteil ergeben muss.
[15] Vgl. Frisch in SK-StPO Rn. 15 mwN.
[16] Peters ZStW 57 (1938), 53 (70 ff.).
[17] Überprüfbar ist insoweit nur – in engen Grenzen (vgl. → Rn. 92 ff.) – die Beweiswürdigung, die zu diesen Tatsachenfeststellungen führt. Denn sie ist wiederum ein gedanklicher Akt des Tatgerichts, welcher in den Urteilsgründen Niederschlag findet.

heitlichung haben, ergibt sich kein Mehrgewinn. Soweit daraus gar die Konsequenz gezogen würde, Verfahrensfehler seien per se nicht revisibel, da der konkrete Verfahrensablauf für die Rechtsvereinheitlichung auch nicht von Bedeutung sei, wäre dies nicht nur rechtsstaatlich bedenklich, sondern würde auch der expliziten Erwähnung der Verfahrensrüge in § 344 Abs. 2 S. 1 nicht entsprechen.

Auch der hier vertretene (→ Vor § 333 Rn. 81 ff.) konkretisierende Gedanke zur Bestimmung des Zwecks der Revision in Gestalt einer Kontroll- und **Disziplinierungsfunktion** erhebt nicht den Anspruch, den Bereich des revisiblen Urteilsinhalts exakt bestimmen zu können. Eine „disziplinierende" Wirkung könnten nämlich etwa auch Eingriffe der Revisionsgerichte in originäre tatrichterliche Ermessensentscheidungen (etwa bei der Strafzumessung) gewiss haben, und auch Sachverhaltsfeststellungen, in denen Tatfragen zwar auf der Basis des Akteninhalts unplausibel beantwortet, dabei aber *lege artis* dargestellt werden, könnten an sich durchaus einer Disziplinierung bedürfen. Insoweit mag man sagen, dass die Zielrichtung der Revision insoweit auch noch weitergehen *könnte*, ihrer Anwendung bei der Kontrolle der Tatgerichte aber durch den Unterschied von Tat- und Rechtsfragen bzw. durch das letztlich strukturell bedingte Rekonstruktionsverbot Grenzen gesetzt sind. **9**

3. Eingeschränkte revisionsgerichtliche Kontrolle normativer und unbestimmter Tatbestandsmerkmale? Obgleich es sich um Rechtsfragen handelt, bedarf es einer näheren Betrachtung, in welchem Umfang die Auslegung **mehr oder weniger stark wertungsoffener Tatbestandsmerkmale** revisionsgerichtlich überprüfbar ist.[18] In der zumindest theoretischen[19] Abstufung von deskriptiven über normative Tatbestandsmerkmale(n) bis hin zu unbestimmten Rechtsbegriffen (ggf. sogar unter Anerkennung eines Beurteilungsspielraums) könnte man mit zunehmender Wertungsoffenheit einerseits davon ausgehen, dass das Revisionsgericht auf eine „Vertretbarkeitskontrolle"[20] beschränkt ist, da auch eine solche Rechtsanwendung des Tatgerichts, welche sich zwar nicht mit der Auffassung des Revisionsgerichts deckt, aber gleichwohl vertretbar ist, keinen „Rechtsfehler" darstellt.[21] **10**

Andererseits geht es bei der Überprüfung durch das Revisionsgericht nicht nur um eine Bewertung der „Richtigkeit" bzw. Vertretbarkeit der tatrichterlichen Rechtsanwendung nach Art der Korrektur einer Klausur im Staatsexamen, sondern es ist auch der **Rechtsvereinheitlichungsauftrag** der Revisionsgerichte (→ Vor § 333 Rn. 72 f.) in den Blick zu nehmen. Die Rechtsordnung kann ein **Nebeneinander verschiedener Antworten** auf die Frage nach dem Verständnis bestimmter Normen im Interesse der Einheitlichkeit der Rechtsanwendung **nur bedingt akzeptieren,** was gerade auch durch die Revisionsgerichte gewährleistet werden soll; eine Uneinheitlichkeit wäre einer Kontrolle der Tatgerichte mangels klarer Vorgaben abträglich. Danach wäre stets eine Festlegung innerhalb des Bereichs des Vertretbaren zu fordern, und bei tatgerichtlichen Abweichungen von solchen obergerichtlichen Festlegungen wäre trotz „Vertretbarkeit" eine Aufhebung geboten. **11**

Die **revisionsgerichtliche Rechtsprechung** zeigt hier – früher noch mehr als heute, aber als Folgewirkung auch bis in die Gegenwart hinein – ein mehr oder weniger **schwankendes und uneinheitliches Bild:**[22] So ist den Tatgerichten etwa für die rechtliche Bewertung der tatsächlichen Umstände ein Beurteilungsspielraum zur Frage zugebilligt worden, **12**

---

[18] Vgl. dazu auch noch einmal → Rn. 72 (speziell zum Verfahrensrecht) und 126 ff. (speziell zu den Rechtsfolgen).

[19] „Theoretisch" deshalb, weil auch allgemein als deskriptiv anerkannte Tatbestandsmerkmale zumindest an ihren Rändern starker Wertungen bedürfen und damit einen teilnormativen Charakter haben. Exemplarisch kann hier etwa auf das Merkmal „Mensch" in Straftatbeständen gegen Leib und Leben verwiesen werden, soweit es um die Frage geht, mit welchem Zeitpunkt der strafrechtliche Schutz des menschlichen Lebens (im Gegensatz zum Schutz des Ungeborenen nach § 218 StGB) beginnt und wann er endet (Herztod-/Hirntoddebatte).

[20] Zum Begriff der Vertretbarkeit vgl. eingehend Schuhr JZ 2008, 603.

[21] Vgl. auch Frisch in SK-StPO Rn. 5.

[22] Vgl. zum Folgenden auch Franke in Löwe/Rosenberg Rn. 89 f.; Frisch in SK-StPO Rn. 90 f. (zum Verfahrensrecht) bzw. 110 f. (zum materiellen Recht).

ob ein nach § 52 Nr. 1 bedeutsames Verlöbnis bzw. für den Angehörigen eine Verfolgungsgefahr vorliegt,[23] ob der Verdacht einer Katalogtat und die Einhaltung des Subsidiaritätsprinzips im Falle einer TKÜ nach § 100a angenommen werden können,[24] ob der Angeklagte in der Berufungsverhandlung nach § 329 genügend entschuldigt ist,[25] ob eine Sache iSd § 248a StGB geringwertig, ein Missverhältnis iSd § 291 StGB auffällig oder ein taugliches Tatobjekt im Sinne der §§ 315–315c StGB gefährdet ist.[26]

13   In solchen Fällen stellen die Revisionsgerichte zwar generelle Begriffsbestimmungen auf und geben allgemeine Grundsätze vor. Die Prüfung beschränkt sich dann aber teilweise auf die Frage, ob die Tatgerichte bei der Anwendung des unbestimmten Begriffs von einem **zutreffenden generellen Verständnis des Begriffs** ausgegangen sind und dann bei der Beurteilung die richtigen rechtlichen Maßstäbe zugrunde gelegt haben,[27] während die weiteren Einzelheiten der Konkretisierung bzw. Subsumtion als eine „im Wesentlichen Tatfrage" als nicht revisibel behandelt wird. Der Kreis solcher Begriffe, bei denen von einem tatrichterlichen „Beurteilungsspielraum" gesprochen wird,[28] ist weit gezogen und umfasst nach der Rechtsprechung etwa auch zentrale Rechtsinstitute des Allgemeinen und Besonderen Teils des StGB wie die Abgrenzung zwischen Unterlassen und positivem Tun, zwischen Mittäterschaft und Beihilfe, zwischen erheblicher und unerheblicher Verminderung der Schuldfähigkeit oder zwischen dem Fehlen und Vorliegen von niedrigen Beweggründen.[29]

14   Freilich verlangen die Revisionsgerichte – und hier besteht ein zwar nicht spezifischer, sondern grundsätzlicher, für die vorliegende Frage aber gleichwohl relevanter Unterschied zur früheren Rechtsprechung – gemäß den heute üblichen Vorgaben, dass der Tatrichter die **wesentlichen (oder auch nur naheliegenden) tatsächlichen Umstände angibt und widerspruchsfrei darstellt,** welche seine Subsumtion tragen.[30] Unter den Vorzeichen dieser Praxis hat die beschränkte Revisibilität der unbestimmten Rechtsbegriffe einen Teil ihrer Legitimation verloren, denn wenn die insoweit entscheidenden Umstände alle dargelegt sind, kann das Revisionsgericht die Rechtsanwendung ohne Missachtung seiner begrenzten Aufgabe auch kontrollieren.[31] Mit Blick auf die oben angesprochene Rechtsvereinheitlichungsaufgabe (→ Vor § 333 Rn. 72 ff.; → Rn. 11) kann dem Revisionsgericht zugestanden werden, auf der Grundlage einer Darlegung aller für die Beurteilung erforderlichen wesentlichen Grundlagen seine **eigene Beurteilung** zu treffen, die dann zwar vielleicht nicht in einem methodisch-rechtstheoretischen, aber in einem **institutionellen Sinne** der Beurteilung durch die Tatgerichte auch dann **überlegen** ist, wenn die Beurteilung in der Instanz grundsätzlich vertretbar erscheint.

15   Freilich dürften sich Unterschiede auch in der geltenden Rechtspraxis nicht nur dadurch erklären, dass „die revisionsgerichtliche Kontrolle in einem jeweils verschiedenen Stadium ohne Not gleichsam abgebrochen wird",[32] sondern es ist auch zu berücksichtigen, dass die Rechtsvereinheitlichungsaufgabe in dem Maße an Bedeutung verliert, in dem es nicht um sich immer wieder stellende grundsätzliche Auslegungsfragen, sondern um „relativ

---

[23] Vgl. BGH 16.11.2006 – 3 StR 139/06, BGHSt 51, 144 (146) = NJW 2007, 384; 9.3.2010 – 4 StR 606/09, BGHSt 55, 65 (69) = NJW 2010, 1824.
[24] Vgl. BGH 16.2.1995 – 4 StR 729/94, BGHSt 41, 30 = NJW 1995, 1974, mAnm Bernsmann NStZ 1995, 512 ff.
[25] BGH 11.4.1979 – 2 StR 306/78, BGHSt 28, 384 = NJW 1979, 2319; BGH 14.6.2000 – 3 StR 26/00, BGHSt 46, 81 = NJW 2000, 2830.
[26] Knappe Übersicht bei Frisch in SK-StPO Rn. 110; ausführlicher bei Marx StraFo 2002, 373 ff.
[27] Vgl. etwa BGH 8.10.1953 – 3 StR 436/53, BGHSt 5, 263 (264 f.) = NJW 1954, 239; 26.3.1954 – 1 StR 161/53, BGHSt 6, 41 (43) = NJW 1954, 969; 8.12.1970 – 1 StR 353/70, BGHSt 24, 40 (47) = NJW 1971, 439; OLG Köln 17.12.1985 – 1 Ss 628/85, NJW 1986, 2897.
[28] Vgl. Gericke in KK-StPO Rn. 31; Frisch in SK-StPO Rn. 110.
[29] Vgl. zu diesen Beispielen BGH 11.5.2011 – 2 StR 590/10, BGHSt 56, 235 (239) = NJW 2011, 2377; BGH 20.1.1998 – 5 StR 501/97, NStZ-RR 1998, 136; 24.6.2004 – 5 StR 306/03, NStZ 2005, 35; 30.6.2005 – 5 StR 12/05, NStZ 2006, 44 (45); 25.10.2010 – 1 StR 57/10, BGHSt 56, 11 (19) = NJW 2011, 1014.
[30] Vgl. Franke in Löwe/Rosenberg Rn. 89.
[31] Zutreffend Franke in Löwe/Rosenberg Rn. 90.
[32] So aber weitgehend Franke in Löwe/Rosenberg Rn. 90.

einmalig gelagerte Fragen der Rechtskonkretisierung", mithin also um typische Einzelfallentscheidungen in sehr konkreten Situationen geht. Von deren Beurteilung hängen kaum Konsequenzen für die gängigen Obersätze der Rechtsanwendung, sondern nur die Entscheidung des jeweiligen Einzelfalles ab.[33] Dass allerdings stark einzelfallbezogene Entscheidungen auch zu durchaus typischen Fragen ergehen (und dann stark auf untergeordnete Sachverhaltselemente ausgerichtet sind), soll damit nicht verhehlt werden.

4. § 337 als Schauplatz der „Umstrukturierung" der Revision. Zumindest auf den ersten Blick eine **Einschränkung des Rekonstruktionsverbotes** ergibt sich dort, wo ein **Widerspruch zu verlesenen Urkunden geltend gemacht** wird. Solche[34] sollen einen Gegenbeweis ermöglichen, wenn sich das Urteil auf sie stützt und sich „ohne Rekonstruktion der Beweisaufnahme der Nachweis" führen lässt, dass die Urkunde in den Urteilsgründen falsch wiedergegeben worden ist bzw. einen anderen Inhalt hat.[35] Der **„Lektüreakt"** durch das Revisionsgericht ist zwar hinsichtlich der Wahrnehmung des Inhaltes kein anderer als derjenige des Tatgerichts beim Verlesen; durch die Bezugnahme auf einen verschriftlichten und damit verobjektivierten Inhalt ist aber der Zweck des Rekonstruktionsverbotes, die **spezifische Wahrnehmung der Beweise in der mündlichen Hauptverhandlung** in einem im Wesentlichen auf Akten basierenden Prüfungsverfahren nicht **authentisch nachvollziehen zu können,** nicht berührt. Im Grundsatz ist dieser Rechtsprechung daher **zuzustimmen,**[36] wobei im Einzelfall die Abgrenzung durchaus schwierig sein kann, wann der Inhalt in diesem Sinne „falsch" wiedergegeben worden ist bzw. sich „eindeutig" anders darstellt und deshalb eine Aufhebung erfolgen muss. Die Rechtsprechung ist hier – insoweit konsequent – streng und erkennt nur Fälle an, in denen für eine Auslegung der Urkunde kein Raum ist.[37]

III. Revisibilitätsvoraussetzungen jenseits von Gesetzesverletzung und Beruhen

Abs. 1 stellt für eine erfolgreiche Revision darauf ab, „dass das Urteil auf einer Verletzung des Gesetzes beruht", dh die Gesetzesverletzung und das Beruhen werden dadurch zu den Begründetheitsvoraussetzungen der Revision statuiert. Darüber hinaus gibt es jedoch einige **weitere ungeschriebene Voraussetzungen der Revisibilität,** welche nicht alle wirklich überzeugend als Element entweder der Gesetzesverletzung oder des Beruhens interpretiert werden können. Zumindest teilweise sind diese auch richterrechtlich entwickelt und an ihren Rändern alles andere als klar. Die Anforderungen, welche die Rechtsprechung hier stellt, erfordern teilweise eine (über die formale Kategorie des Fachanwaltstitels hinausgehende bzw. von dieser auch unabhängige) Professionalisierung der Strafverteidigung,[38] da ein solides strafrechtliches und strafprozessuales „Grundwissen" bei weitem nicht immer ausreicht, um die Fallstricke zu vermeiden, welche sich hier in der Instanz stellen und ggf. einer erfolgreichen Revision entgegenstehen können.

1. Zeitablauf. Die Einlegung und Begründung einer Revision ist – insoweit Zulässigkeits-, und nicht Begründetheitsvoraussetzung – engen **zeitlichen Grenzen** durch die §§ 341, 345 unterworfen. Vergleicht man dies mit der Nonchalance, mit der etwa im Verwaltungsprozess auch in vergleichsweise einfachen Fällen den Klägern mitunter viele Monate zur

---

[33] Zutreffend Frisch in SK-StPO Rn. 5 unter Hinweis auf Henke, Die Tatfrage, 1966, S. 267 f., 294 ff.
[34] Also etwa Vernehmungsprotokolle, vgl. nur BGH 7.6.1979 – 4 StR 441/78, BGHSt 29, 18 (21) = NJW 1979, 2318 (2319), gem. § 256 verlesbare Berichte oder Sachverständigengutachten (vgl. etwa BGH 29.5.1991 – 2 StR 68/91, NStZ 1991, 448 (44)).
[35] BGH 7.6.1979 – 4 StR 441/78, BGHSt 29, 18 (21) = NJW 1979, 2318 (2319).
[36] Ebenso etwa Franke in Löwe/Rosenberg Rn. 56: Es werde „in Wahrheit, ohne eigene Wertung, doch lediglich eine Divergenz" aufgeklärt, die zeige, dass der Überzeugungsbildung des Tatrichters die „notwendige äußere Grundlage" fehle.
[37] Vgl. BGH 12.8.1987 – 3 StR 250/87, BeckRS 1987, 31098976 bei Miebach NStZ 1988, 212.
[38] Dieser Befund kann freilich umgekehrt die teilweise kritisch zu bewertende Erschwerung der Rechtsdurchsetzung nicht legitimieren, und zwar nicht nur, weil eben nicht überall diese Professionalisierung erfolgt ist.

Begründung ihrer Anfechtungsklage eingeräumt werden, erscheinen diese knappen Fristen insbesondere in Großverfahren mit vielen Hauptverhandlungstagen, zahlreichen Unterlagen und langen Urteilen bzw. Protokollen insbes. hinsichtlich der Begründungsfrist übermäßig streng (vgl. → § 345 Rn. 5 ff.). An dieser Stelle soll freilich nicht die selbstverständliche Zulässigkeitsvoraussetzung der Fristwahrung bei Einlegung eines Rechtsmittels angesprochen sein, sondern das **Phänomen des Zeitablaufs innerhalb von als verletzt geltend gemachten Rechtsnormen** selbst. Exemplarisch können hier etwa die Präklusionsvorschriften im Ablehnungsrecht (§ 25 ggf. iVm § 31), bei der Besetzungsrüge (§ 222a), im Beweisantragsrecht in engen Fällen (§ 246 Abs. 2) oder auch das Antragserfordernis für eine Verhandlungsunterbrechung im Fall der Nachtragsanklage (§ 266 Abs. 3) genannt werden. Der Sache nach wird man hier jeweils bereits das Fehlen einer Gesetzesverletzung annehmen können, wenn mangels entsprechender – fristgerechter – Anträge bestimmte Entscheidungen nicht getroffen werden, da eben eine Pflicht hierzu nur dann besteht.

19 **2. Verzicht.** Weniger klar ist diese Zuordnung in Fällen, in denen ein **Verzicht auf die Einhaltung einer Verfahrensgarantie** bzw. auf die Geltendmachung eines Verfahrensfehlers erklärt worden sein soll. Gemeint ist insoweit nicht die weitgehendste, allein das Rechtsmittelverfahren selbst betreffende Form des Verzichts nach § 302 Abs. 1, sondern der bereits **in der Instanz wurzelnde** Verzicht auf die Einhaltung gesetzlicher Vorschriften.[39] Dass ein solcher Verzicht zumindest grundsätzlich (zu Ausnahmen vgl. zugleich → Rn. 20) möglich sein kann, da bzw. soweit die den Angeklagten schützenden Vorschriften disponibel sind, steht außer Zweifel. Auch mag man argumentieren, dass dies letztlich nur eine abgeschwächte Ausprägung der grundsätzlichen Autonomie der Verfahrensbeteiligten ist, ob sie überhaupt Revision einlegen wollen.[40] Gerade wegen dieser Möglichkeit, ein fehlerhaft zustandegekommenes Urteil zu akzeptieren und innerhalb der Rechtsmittelfrist keine Revision einzulegen, besteht allerdings umgekehrt kein echtes Bedürfnis, in größerem Umfang von (jedenfalls nicht ausdrücklichen) Verzichtserklärungen bzw. Verzichtshandlungen durch den Angeklagten bereits in der Hauptverhandlung auszugehen.[41] Man kann dies zum einen damit begründen, dass die Einhaltung von Verfahrensvorschriften vielfach zumindest auch im allgemeinen öffentlichen Interesse liegt, da sie zugleich Ausdruck rechtsstaatlicher Garantien ist.[42] Aber auch in Fällen, in denen man überwiegend oder sogar ausschließlich Interessen des Angeklagten als betroffen ansehen möchte, ist jedenfalls ein **nicht-ausdrücklicher Verzicht** (und damit grds. auch ein Verzicht „durch Passivität"[43]) **regelmäßig abzulehnen.** Denn ob ein Angeklagter ein fehlerhaftes Verfahren akzeptiert oder sich im Falle einer Verurteilung und eines Beruhens des Urteils auf diesem Fehler dagegen wehrt, kann letztlich erst dadurch beurteilt werden, ob er ein entsprechendes Rechtsmittel einlegt und sich auf die Gesetzesverletzung stützt. Tut er dies, so wird explizit deutlich, dass in einem etwaig indifferenten Verhalten während der Hauptverhandlung kein Verzicht gesehen werden kann. Ein insoweit „widersprüchliches Verhalten" liegt regelmäßig eben nur dann vor, wenn der Verfahrensfehler durch den Angeklagten mehr oder weniger explizit in der Hauptverhandlung akzeptiert worden ist.[44]

20 Auch bei einem weniger strengen Verständnis als hier vertreten, werden in der Rechtsprechung bestimmte Positionen als **„nicht verzichtsfähig"** beurteilt (was natürlich erneut die Frage aufwirft, warum das für andere Rechtspositionen nicht gelten soll). Dies betrifft zunächst die Einhaltung von **Verfahrensvoraussetzungen,**[45] so etwa das Vorliegen einer

---

[39] Vgl. hierzu und zum Folgenden näher Frisch in SK-StPO Rn. 206 ff.
[40] Vgl. Frisch in SK-StPO Rn. 206.
[41] Im Ergebnis dann doch ähnlich Frisch in SK-StPO Rn. 208, der einen Verzicht „nur in engen Grenzen" anerkennen möchte; ähnlich Schmitt in Meyer-Goßner/Schmitt Rn. 43; Franke in Löwe/Rosenberg Rn. 193; Heinrich ZStW 112 (2000), 398 (402).
[42] So schwerpunktmäßig die Begründung bei Frisch in SK-StPO Rn. 208.
[43] Offener für die Verzichtsmöglichkeit hier allerdings Frisch in SK-StPO Rn. 213.
[44] Umso mehr muss das danach gelten, wenn zweifelhaft bleibt, ob ein Verzicht gewollt ist; insoweit wie hier nun Frisch in SK-StPO Rn. 213.
[45] Vgl. bereits BGH 10.10.1967 – 1 StR 453/67, NJW 1967, 2368; Schmitt in Meyer-Goßner/Schmitt Rn. 44.

wirksamen Anklageschrift[46] oder eines Eröffnungsbeschlusses.[47] Ähnliches gilt für die Einhaltung der Verbote **bestimmter Vernehmungsmethoden** (vgl. § 136a Abs. 3 S. 2) oder für solche **zentralen Verfahrensgrundsätze,** deren Verletzung zu absoluten Revisionsgründen führt.[48] Auch auf die **Unterrichtung nach § 247 S. 4**[49] und auf die generelle **Gewährleistung des letzten Wortes**[50] als Ausprägungen des Grundsatzes des rechtlichen Gehörs kann nicht verzichtet werden (was freilich nicht ausschließt, dass die eingeräumte Möglichkeit des letzten Wortes tatsächlich nicht genutzt wird – allerdings bedeutet ein Verzicht auf die Ausübung des Rechtes ohnehin noch keinen Verzicht auf die Gewährung bzw. auf die Entscheidungsmöglichkeit darüber, ob das Recht ausgeübt werden soll).

Soweit nicht nur ein mehr oder weniger unterstellter konkludenter, sondern ein **ausdrücklicher Verzicht** vorliegt, bei welchem auch davon ausgegangen werden kann, dass der Angeklagte sich nicht nur der Abweichung des geführten Verfahrens vom Verfahrensrecht bewusst ist, sondern er auch weiß, dass er gegenüber der vom Verfahrensrecht abweichenden Verfahrensweise Abwehrrechte hätte[51] und er diese mit dem Verzicht gerade verliert, ist dagegen **bei weniger zentralen Verfahrensvorschriften** ein (insbesondere auch nach anwaltlicher Beratung ergangener) Verzicht vorsichtig anzuerkennen. Beispiele[52] aus der Rechtsprechung sind hier etwa das Recht nach Art. 36 Abs. 1b S. 3 WÜK (Benachrichtigung der konsularischen Vertretung[53]), auf die Mitteilung der Anklageschrift nach § 201 (im Fall des nachträglichen Verzichts),[54] auf die Ladung des Verteidigers nach § 218,[55] auf die Namhaftmachung nach § 222[56] oder auf die Rechtsmittelbelehrung nach § 35a.[57] Ausschlaggebend ist hier der Wille des Angeklagten, und zwar nur im Falle des verteidigten Angeklagten. Ein Verzicht durch den Verteidiger gegen den Willen des Angeklagten ist daher nicht wirksam möglich (während umgekehrt der Verzicht durch den Angeklagten grds. auch den Verteidiger bindet).[58] 21

3. Präklusion und Widerspruchslösung. In der Rechtsprechung sind verschiedene Wege geebnet und auch beschritten worden, um – wohl im Sinne einer (als Eigenwert insoweit freilich missverstandenen) Verfahrensbeschleunigung – den Erfolg einer Revision trotz des Vorliegens von Rechtsfehlern in der Tatsacheninstanz zu verhindern.[59] So kann eine Revision insbesondere **von bestimmten, so in der StPO nicht deutlich hervorgehobenen Handlungspflichten** schon in der Tatsacheninstanz abhängig gemacht werden. Als solche postuliert die Rechtsprechung (jedenfalls für den verteidigten Angeklagten[60]) 22

[46] Vgl. bereits RG 26.5.1893 – 1487/93, RGSt 24, 198 (201).
[47] Vgl. RG 13.12.1920 – III 1579/20, RGSt 55, 159; 28.6.1927 – I 587/27, RGSt 61, 353 (355: Leitsatzfrage hier: Wird bei einer nach § 266 Abs. 2 unzulässigen Aburteilung durch die Zustimmung des Angeklagten der Verfahrensmangel geheilt?).
[48] So im Ergebnis auch Franke in Löwe/Rosenberg Rn. 195; Momsen in KMR-StPO Rn. 213.
[49] Vgl. BGH 31.3.1992 – 1 StR 7/92, BGHSt 38, 260 (261) = NJW 1992, 2241.
[50] Vgl. Franke in Löwe/Rosenberg Rn. 196.
[51] Vgl. auch BGH 9.10.1989 – 2 StR 352/89, BGHSt 36, 259 (261); 24.7.2008 – 4 StR 84/08, NStZ 2009, 48.
[52] Weitere Fälle bei Frisch in SK-StPO Rn. 210.
[53] Vgl. BGH 20.12.2007 – 3 StR 318/07, BGHSt 52, 110 (117) = NJW 2008, 1090.
[54] Vgl. 15.7.1960 – 4 StR 542/59, BGHSt 15, 40 (45) = NJW 1960, 2106; BGH 3.12.1981 – 4 StR 564/81, NStZ 1982, 125.
[55] Vgl. BGH 9.10.1989 – 2 StR 352/89, BGHSt 36, 259 (261).
[56] Vgl. BGH 7.6.1951 – 4 StR 29/51, BGHSt 1, 284 (285).
[57] Vgl. BGH 3.4.2007 – 3 StR 72/07, BGHSt 51, 275 (276) = NJW 2007, 1829.
[58] Vgl. Frisch in SK-StPO Rn. 215 mwN.
[59] Zu den theoretischen Grundlagen der Einschränkung der Revisibilität eingehend Frisch FS Fezer, 2008, 353 ff., insbes. 361 ff., 376 ff.
[60] Zu Fällen des nicht verteidigten Angeklagten vgl. etwa für § 238 Abs. 2 OLG Koblenz 24.2.1992 – 1 Ss 403/91, StV 1992, 263; für die Widerspruchslösung vgl. BGH 21.8.1952 – 5 StR 79/52, NJW 1952, 1426; 27.2.1992 – 5 StR 190/91, BGHSt 38, 214 (226) = NJW 1992, 1463; BGH 12.10.1993 – 1 StR 475/93, BGHSt 39, 349 (352) = NJW 1994, 333; zur Gleichstellung des unverteidigten Angeklagten bei entsprechender Belehrung aber auch bereits BGH 27.2.1992 – 5 StR 190/91, BGHSt 38, 214 (226). Für § 238 Abs. 2 ist noch zu ergänzen: soweit es sich nicht um die Unterlassung unverzichtbarer Handlungen bzw. um die Missachtung von Verfahrensvorschriften ohne Entscheidungsspielraum handelt,

das Ergreifen eines **Zwischenrechtsbehelfs nach § 238 Abs. 2**[61] und das Erheben eines **Widerspruchs** (→ Einl. Rn. 476 ff.)[62] bis zu dem in § 257 genannten Zeitpunkt[63] im Rahmen der Beweisaufnahme und möglichen Beweisverwertungsverboten.

23   So wird ein **Widerspruchserfordernis** etwa bejaht, wenn die Belehrung über das Verteidigerkonsultationsrecht nach § 136 Abs. 1 S. 2 Alt. 2 fehlt,[64] wenn dem Beschuldigten nicht effektiv bei der Herstellung eines Kontakts zu einem Verteidiger geholfen wurde,[65] wenn die Benachrichtigungspflicht nach § 168c Abs. 5 S. 1 verletzt wurde,[66] wenn die Vorlagepflicht nach § 224 Abs. 1 S. 2 verletzt wird,[67] wenn unzulässig zustande gekommene Erkenntnisse aus einer Telefonüberwachung verwertet werden[68] oder wenn ein verdeckter Ermittler unzulässig eingesetzt wird.[69] Zumindest erwogen wurde die Anwendung darüber hinaus im Zusammenhang mit unzulässigen verdeckten Ermittlungsmethoden (etwa der Hörfalle),[70] bei einem fehlerhaften „Lauschangriff"[71] sowie beim Fehlen einer qualifizierten Belehrung nach einer Täuschung iSd § 136a.[72]

24   Wird dadurch eine „sonst" erfolgreiche Revision vereitelt, so führt dies zu einer Beschränkung sowohl derjenigen Rechtsposition bzw. Verfahrensgarantie, welcher das verletzte Beweisverbot[73] bzw. welcher die durch den Vorsitzenden gegebenenfalls verletzte Norm dient, als auch des letztlich aus § 337 abzuleitenden Rechts, Verfahrensfehler der Tatsacheninstanz im Rahmen einer Revision erfolgreich anzugreifen. Das ist zwar mittlerweile gefestigte Rechtsprechung, aber deshalb nicht weniger bedenklich, da es an **einer klaren gesetzlichen Grundlage für die Beschränkung fehlt**. Insbesondere stellt zwar

---

vgl. bereits BGH 9.1.1953 – 1 StR 623/52, BGHSt 3, 368 (370) = NJW 1953, 673; BGH 29.3.1955 – 2 StR 406/54, BGHSt 7, 281 (282) = NJW 1955, 957; BGH 7.3.1996 – 4 StR 737/95, BGHSt 42, 73 (77 f.).

[61] Vgl. bereits BGH 25.9.1951 – 1 StR 390/51, BGHSt 1, 322 (325); 8.10.1953 – 5 StR 245/53, BGHSt 4, 364 (366); 16.11.2006 – 3 StR 139/06, BGHSt 51, 144 = NJW 2007, 384; eingehend → § 238 Rn. 8 ff. Knapp dazu auch Schneider NStZ 2019, 324 (327).

[62] Maßgeblich zu beachten hier die Entscheidung BGH 27.2.1992 – 5 StR 190/91, BGHSt 38, 214 = NJW 1992, 1463; zu Vorläufern dieser Rechtsprechung auch schon in der reichsgerichtlichen Judikatur vgl. RG 29.6.1881 – 1562/81, RGSt 4, 401; 12.2.1924 – IV 39/24, RGSt 58, 90 (91); 6.3.1924 – III 68/24, RGSt 58, 100 (101). Knapp hierzu auch Schneider NStZ 2019, 324 (328); sowie eingehend – auch zu § 238 Abs. 2 – Brune Die ungeschriebene Rügepräklusion im Revisionsverfahren, 2022; für die Unzulässigkeit der Widerspruchslösung durch die neuen §§ 45 ff. BDSG Meyer-Mews StraFo 2019, 95.

[63] Vgl. nochmals BGH 27.2.1992 – 5 StR 190/91, BGHSt 38, 214 (225 f.) = NJW 1992, 1463, bestätigt etwa durch BGH 12.10.1993 – 1 StR 475/93, BGHSt 39, 349 (352) = NJW 1994, 333; 16.11.2006 – 3 StR 139/06, BGHSt 42, 15 (22); 9.11.2005 – 1 StR 447/05, BGHSt 50, 272 (274) = NJW 2006, 707; für einen großzügigeren Zeitpunkt bis zum letzten Wort aber noch BGH 3.11.1982 – 2 StR 434/82, BGHSt 31, 140 (144 f.) = NJW 1983, 1006. In Verfahren mit erstinstanzlicher Zuständigkeit des AG muss der Widerspruch dort vorgebracht werden, die Berufungsinstanz reicht nach der Rsrp. nicht aus, vgl. OLG Celle 11.7.2013 – 32 Ss 91/13, NStZ 2014, 118 (119).

[64] Vgl. BGHSt 22.11.2001 – 1 StR 220/01, 47, 172, 173 = NJW 2002, 975; nicht explizit, aber wohl durch den Verweis auf BGH 27.2.1992 – 5 StR 190/91, BGHSt 38, 214 (224 f.).

[65] Vgl. BGH 12.1.1996 – 5 StR 756/94, BGHSt 42, 15 (19, 22) = NJW 1996, 1547.

[66] Vgl. bereits BGH 11.5.1976 – 1 StR 166/76, BGHSt 26, 332 (334 f.) = NJW 1976, 1546; später BGH 19.3.1996 – 1 StR 497/95, NJW 1996, 2239 (2241); 24.4.1997 – 4 StR 23/97, NJW 1997, 2335 (2336); 20.11.2001 – 1 StR 470/01, NStZ-RR 2002, 110 (111).

[67] Vgl. bereits BGH 28.8.1974 – 2 StR 99/74, BGHSt 25, 357 (359) = NJW 1974, 2294.

[68] Vgl. BGH 15.8.2000 – StR 223/00, StV 2001, 545; 7.3.2006 – 1 StR 316/05, wistra 2006, 267 (267 f.).

[69] Vgl. BGH 18.6.1996 – 1 StR 281/96, StV 1996, 529; 12.7.2000 – 1 StR 113/00 (bei Becker), NStZ-RR 2001, 260.

[70] Vgl. BGH 13.5.1996 – GSSt 1/96, BGHSt 42, 139 = NJW 1996, 2940.

[71] Vgl. BGH 10.8.2005 – 1 StR 140/05, BGHSt 50, 206 (215 f.) = NJW 2005, 3295.

[72] BGH 20.12.1995 – 5 StR 445/95, NStZ 1996, 290 (291).

[73] Vorschriften, deren Verletzung präsumtiv zu einem Beweisverwertungsverbot führen können, werden zumindest regelmäßig einen jedenfalls auch beschuldigtenschützenden Charakter haben; noch weiter gedacht: Soweit man im Sinne einer (vielleicht nicht mehr eigenständigen, vgl. Jahn, Gutachten 67. DJT, S. 41, aber doch immer noch einen Abwägungstopos darstellenden) „Rechtskreistheorie" für die Annahme eines Beweisverwertungsverbotes verlangt, dass die verletzte Norm gerade auch den Rechtskreis des Beschuldigten schützt, wird es sich in den Fällen, in denen es überhaupt auf den Widerspruch ankommt (und ein Beweisverwertungsverbot nicht schon aus anderen Gründen scheitert), praktisch immer um Verfahrensfehler handeln, welche Verfahrensrechte des Beschuldigten betreffen.

für § 238 Abs. 2 das Gesetz in § 305 S. 1 mittelbar einen Zusammenhang zur Revision dar, da nach dieser Vorschrift im Ergebnis „Entscheidungen der erkennenden Gerichte, die der Urteilsfällung vorausgehen" im Rahmen der Revision mitbehandelt werden. Das ist aber erst einmal **nur eine Aussage über tatsächlich eingelegte Zwischenrechtsbehelfe** und ändert nichts daran, dass § 238 Abs. 2 nur ein Recht der Prozessbeteiligten darstellt, aber keine Pflicht begründet, diesen Zwischenrechtsbehelf einzulegen. Noch deutlicher wird dies beim Erfordernis eines im Gesetz nicht einmal erwähnten **Widerspruchs gegen die Beweisverwertung** (für den allenfalls angeführt werden kann, dass er im Kontext der in ihren Entstehungsvoraussetzungen gesetzlich ohnehin nicht näher geregelten, insbesondere selbständigen, Beweisverwertungsverboten[74] steht. Indes sind nach allgemeinen staatsrechtlichen Grundsätzen den Bürger begünstigende Rechtsfolgen viel einfacher auch ohne gesetzliche Grundlage möglich, als rechtsbeschränkende). Darüber hinaus stehen aber auch generell die – für beide Fälle durchaus parallel diskutierten, aber auch parallel kritisierten – „positiven" Begründungsansätze allesamt dogmatisch auf tönernen Füßen (vgl. näher → Einl. Rn. 479 f.).

4. Rügeverkümmerung. Unter dem Stichwort der **Rügeverkümmerung** wird die 25 Situation diskutiert, in der einer bereits zulässig eingelegten Revision durch eine **nachträgliche Protokollberichtigung** „der Boden entzogen" wird (vgl. auch → Einl. Rn. 270 ff.). Lässt man, wie es der Große Strafsenat des BGH mit Billigung des BVerfG[75] in Abkehr einer 100-jährigen Rechtsprechungstradition getan hat, eine solche rügeverkümmernde Wirkung zu, so betrifft diese praktisch alle Verfahrensrügen, die üblicherweise durch das Hauptverhandlungsprotokoll bewiesen werden. Inhaltlich überwiegen freilich klar die Bedenken hiergegen:[76] Denn schon das – kurz vorher auch vom 3. Senat in seiner „**Missbrauchsentscheidung**"[77] herangezogene – zentrale Argument des Großen Senats (neben der recht pauschalen Berufung auf das Beschleunigungsgebot und einer Abrechnung mit einem angeblich veränderten anwaltlichen Berufsethos), § 274 schaffe keine eigene „**prozessuale Wahrheit**", überzeugt nicht: Zwar wird eine Behauptung nicht durch ihre prozessuale Beweisbarkeit „wahr", und aus der Beweisbarkeit folgt daher auch **nicht zwingend die prozessuale Schutzwürdigkeit** einer (materiell unwahren) Behauptung. Umgekehrt ist damit aber auch noch nicht ausgemacht, dass wegen der Möglichkeit einer gedanklichen Trennung von „Wahrheit", „Behauptbarkeit" und „Beweisbarkeit" Letzteres strafprozessrechtlich keinesfalls auf die ersten beiden Kategorien zurückwirken würde. Vielmehr spricht die Tatsache, dass durch die Beweiskraft des § 274 gestützte „Behauptungen" eben nicht widerlegt werden können, gegen eine solche strikte Trennung. Auch das Rekonstruktionsverbot sowie zahlreiche Beschränkungen des Revisionsrechts (zB in der Konstellation nach Rechtsmittelbeschränkungen) zeigen, dass das Prinzip der materiellen Wahrheit in der Revisionsinstanz keinen Vorrang gegenüber eine formelle Bewertung (auch iS eines „eigenen Realitätsbegriffs") genießt.[78]

Auch wird unter teleologischen Aspekten die **zentrale Funktion des § 274,** allen 26 Prozessbeteiligten in der höheren Instanz Beweisschwierigkeiten zumindest grundsätzlich zu ersparen[79] und dadurch effektiven Rechtsschutz zu ermöglichen,[80] **erheblich in Mitlei-**

---

[74] Vgl. BGH 27.2.1992 – 5 StR 190/91, BGHSt 38, 214 (219 ff.) = NJW 1992, 1463.
[75] Im Kern ging die dem BVerfG vorgelegte Frage darum, ob die im Gesetz nicht vorgesehene revisionsverhindernde Berichtigung eines (nicht gefälschten, vgl. § 274 S. 2) Hauptverhandlungsprotokolls überhaupt noch von der Kompetenz der richterlichen Rechtsfindung gedeckt ist; krit. zu dem bejahenden Ergebnis des Verfassungsgerichts aber das Sondervotum der damaligen drei „Hochschullehrerrichter". Vgl. auch Kudlich/Christensen JZ 2009, 943.
[76] Eingehend Kudlich BLJ (www.law-journal.de) 2007, 125 ff. sowie (mit Blick auf die „Missbrauchsentscheidung" des 3. Strafsenats) auch Kudlich HRRS 2007, 9.
[77] Vgl. BGH 11.8.2006 – 3 StR 284/05, BGHSt 51, 88 = NJW 2006, 3579, mAnm Fahl JR 2007, 34; Hollaender JR 2007, 6; Kudlich HRRS 2007, 9.
[78] Näher Kudlich BLJ 2007, 125 (127 f.).
[79] Vgl. dazu auch bereits näher Bosch JA 2006, 578 (579 f.).
[80] Vgl. Jahn/Widmaier JR 2006, 166 (169); Bosch JA 2006, 578 (580).

denschaft gezogen. Zuletzt können auch die praktischen Konsequenzen der Entscheidung samt den Handreichungen zum „Verfahren" bei nachträglicher Protokollberichtigung nicht überzeugen. Denn die vom Großen Senat dem Beschwerdeführer eingeräumte Möglichkeit, seine Revisionsbegründung „nachzubessern", kann den behaupteten Beschleunigungseffekt zumindest teilweise wieder aufzehren.[81] Ferner droht das eingeräumte „Widerspruchsrecht" der „Gegenpartei" bei der Revision der Verteidigung zumindest partiell leer zu laufen, wenn man die wohl **geringen Erfolgsaussichten eines** solchen **„Widerspruchs"** und das uU drohende Risiko einer eigenen Verfolgung des Verteidigers wegen Strafvereitelung[82] berücksichtigt. Denn wenn das Revisionsgericht der diametral entgegengesetzten Aussage der Urkundspersonen Glauben schenkt, steht damit aus seiner Sicht fest, dass der widersprechende Verteidiger zumindest objektiv die Unwahrheit gesagt hat.

27   **5. Rechtskreistheorie.** Eine weitere Einschränkung der Revisibilität besteht jedenfalls nach der Rechtsprechung darin, dass der Angeklagte **nur die Verletzung solcher Vorschriften** rügen können soll, die dem **Schutz seiner Interessen** (und nicht nur dem Schutz der Interessen Dritter) dienen.[83] Obwohl diese **Rechtskreistheorie** im Verwaltungsrecht etwa in der Kombination aus Adressaten- und Schutznormtheorie bei der Klagebefugnis durchaus Parallelen kennt, wird sie in der Literatur – neben beachtenswerter Zustimmung[84] – auch vielfach abgelehnt.[85] Die **Kritik** betrifft dabei zunächst bereits den **gedanklichen Ausgangspunkt,** da der Angeklagte einen umfassenden Anspruch auf die Durchführung eines justizförmigen Verfahrens habe; des Weiteren sei die Unterscheidung **praktisch schwer handhabbar,** was insbesondere am „Standardfall der Rechtskreistheorie" nach § 55 Abs. 2 deutlich werde: Denn die Belehrung eines tatverdächtigen Zeugen über sein Auskunftsverweigerungsrecht liege durchaus auch im Interesse des Angeklagten, da dieser Zeuge sonst geneigt sein könne, die Verantwortung „von sich weg auf den Angeklagten" zu schieben.[86]

28   In der Sache ist es wohl **eher diese schwierige praktische Handhabbarkeit** (die dann auch zu einer zurückhaltenden Anwendung der Rechtskreistheorie führen muss) **als die generellen prozessstrukturellen Bedenken,** die gegen den Ansatz sprechen (dem deshalb zwar vielleicht nicht als eigenständige Theorie, aber doch als einzelner Faktor im Rahmen des bunten Straußes verschiedener Abwägungskriterien in der Beweisverbotslehre oder integriert in ein schutzbereichsorientiertes System „beweisgegenständlicher Verwertungsverbote" durchaus Berechtigung zukommt). Denn so richtig es ist, dass der Angeklagte ein Anrecht auf ein justizförmliches Verfahren hat, ist doch auch zu berücksichtigen, dass die StPO eine ganze Reihe von Regelungen enthält, die gerade nicht im Interesse des Angeklagten erlassen sind, sondern zum Schutz dritter Personen (insbesondere Zeugen), welchen gleichsam als „Sonderopfer" aufgezwungen wird, in verschiedener Weise an der Wahrheitsfindung mitzuwirken. Wo aber eine Verletzung solcher Vorschriften nicht einmal reflexartige Auswirkungen auf den Angeklagten hat, erscheint die Annahme der Revisibilität verfehlt. Ob entsprechende Einschränkungen unter dem zur Expansion neigenden Stichwort der „Rechtskreistheorie" gemacht werden müssen oder ob hier nicht einfach das Erfordernis des Beruhens ausreichend ist, ist eine andere Frage. Streng dogmatisch wird schließlich die **Rechtskreistheorie** ohnehin **meist nur mittelbar, nicht aber unmittel-**

---

[81] Vgl. auch Bosch JA 2006, 578 (580).
[82] Vgl. anschaulich den Fall bei LG Augsburg 14.3.2001 – 3 KLs 400 Js 110961/10, NJW 2012, 93 mAnm Kudlich JA 2011, 948.
[83] Vgl. etwa BGH 12.10.1951 – 2 StR 393/51, NJW 1952, 151 (152 – zu § 54); BGH 22.2.2012 – 1 StR 349/11, NStZ 2013, 353 (355 – zu § 55, hier im Zusammenhang mit § 257c Abs. 4).
[84] Etwa bei Gericke in KK-StPO Rn. 7 (allerdings mit der Mahnung, den Schutzzweck nicht zu eng zu ziehen), 44; Schmitt in Meyer-Goßner/Schmitt Rn. 19.
[85] Vgl. bereits Eb. Schmidt JZ 1958, 596; Hanack JZ 1971, 126 (127); eingehend Rengier, Die Zeugnisverweigerungsrechte im geltenden und künftigen Strafverfahrensrecht, S. 291 ff.; dezidiert Jahn Gutachten 67. DJT, S. 41: „Rechtsgeschichte". Umfangreiche Nachweise aus der Literatur bei Jäger Beweisverwertung und Beweisverwertungsverbote im Strafprozess, 2003, S. 16 (dort Fn. 79).
[86] Vgl. zu dieser Argumentation etwa Roxin/Schünemann StrafVerfR § 24 Rn. 84.

bar zur **Nicht-Revisibilität** führen, da sie ihren Platz richtigerweise bei der Lehre von den Beweisverboten hat und die Nichtberücksichtigung eines (wegen dieser Theorie) nicht als unverwertbar angesehenen Beweismittels schon kein Rechtsfehler ist.[87]

6. Charakterisierung als Ordnungsvorschrift. Nach einem insbesondere in der 29 früheren obergerichtlichen Rechtsprechung[88] herangezogenen Topos wird Revisionen mitunter auch der Erfolg verwehrt, indem die verletzte Rechtsnorm als **bloße Soll- oder Ordnungsvorschrift** deklariert wird. Freilich ist diese **Rechtsprechung** durchaus **uneinheitlich**,[89] und die Literatur steht der Kategorie der Ordnungsvorschriften ganz überwiegend kritisch gegenüber:[90] Dieser **Kritik** ist zuzustimmen. So ist eine entsprechende Differenzierung nach verschiedenen Qualitäten der verletzten Rechtsnormen nicht nur im Wortlaut des § 337 nirgends angelegt, sondern die Abgrenzung erscheint auch schwierig, sodass die Annahme einer „Ordnungsvorschrift" im Einzelfall durchaus im Verdacht stehen kann, eine bloße *petitio principii* zu sein. Zwar ist gewiss zutreffend, dass es Vorschriften gibt, deren Verletzung sich in aller Regel nicht auf den Ausgang des Verfahrens auswirken wird.[91] Indes ist dies – und dann zutreffenderweise für den konkreten Einzelfall und nicht unter Bezug auf die abstrakte Qualität der verletzten Vorschrift – als Frage des Beruhens zu behandeln. Ein solches Vorgehen mag sich dann im Ergebnis vielfach mit dem von *Franke* eingebrachten Vorschlag decken,[92] darauf abzustellen, in welchem Umfang die (vermeintliche) Ordnungsvorschrift auch an der Wahrheitsermittlung teilhat. Denn die Verletzung einer Vorschrift, welche auf die Wahrheitsermittlung ohne Einfluss ist, wird regelmäßig auch keine Auswirkungen auf das Urteil haben, während in solchen Fällen, in denen das Urteil auf der Verletzung der (vermeintlichen) Ordnungsvorschrift beruht, auch ein Bezug zur Wahrheitsermittlung bestehen wird. Es besteht kein zwingender Grund, eine Frage, welche als Beruhensproblem beantwortet werden kann, erst mit Hilfe einer in der StPO nicht vorgesehenen Kategorie („Ordnungsvorschrift") der Revisibilität zu entziehen, und diese dann in einem zweiten Schritt durch Bezug auf die Prozessmaxime der Amtsaufklärung doch wieder revisibel zu machen;[93] dies gilt erst recht, wenn man die Vorschrift nicht nur jeweils auf einen Kontext zu § 244 Abs. 2 untersucht, sondern die Geltendmachung der Verletzung sogar mit einer Aufklärungsrüge verknüpfen will.

7. Vortrag von Negativtatsachen. Eine **weitere Erschwerung** einer erfolgreichen 30 Revision erfolgt in der Rechtsprechung dadurch, dass regelmäßig[94] neben dem Vortrag der Rechtsverletzung auch gefordert wird, dass der Revisionsführer zu sog. Negativtatsachen vorträgt. Er darf sich mithin nicht auf die Wiedergabe von ihm günstigen Umständen beschränken, sondern muss den Verfahrensvorgang einschließlich solcher Tatsachen vortragen, die der Rüge den Boden entziehen könnten,[95] dh wenn ein zusätzlicher oder alternativer Verfahrensvorgang naheliegt, muss aufgrund der Revisionsbegründung ausgeschlossen sein, dass der behauptete Verfahrensverstoß durch anderweitige Umstände des tatgerichtlichen Verfahrens seine Bedeutung verloren hat. Diese Beschränkungen (sowie die Frage nach ihrer Legitimation) gehören freilich in den großen Kontext der (mitunter überspannten) Begründungsanforderungen nach § 344 Abs. 2 S. 2 und werden daher auch in diesem Kontext behandelt.[96]

---

[87] Zutreffend Frisch in SK-StPO Rn. 97.
[88] Vgl. RG 8.5.1882 – 976/82, RGSt 6, 267; 5.10.1928 – I 100/28, RGSt 62, 265 (267); BGH 1.11.1955 – 5 StR 186/55, BGHSt 9, 24 (29) = NJW 1956, 557; BGH 3.11.1981 – 5 StR 566/81, BGHSt 30, 255 (257) = NJW 1982, 293.
[89] Kritisch etwa BGH 14.5.1974 – 1 StR 366/73, BGHSt 25, 325 (330).
[90] Nachweise etwa bei Franke in Löwe/Rosenberg Rn. 17.
[91] Dies gesteht auch Frisch in SK-StPO Rn. 41 explizit ein.
[92] Vgl. Franke in Löwe/Rosenberg Rn. 21.
[93] Kritisch zu diesem letztlich umständlichen Vorgehen auch Frisch in SK-StPO Rn. 43.
[94] Vgl. zu den Grenzen etwa vgl. BGH 13.6.2012 – 2 StR 112/12, BGHSt 57, 224 = NJW 2012, 3192 mAnm Kudlich JA 2012, 873.
[95] Vgl. BGH 23.9.2008 – 1 StR 484/08, BGHSt 52, 355 (357) = NJW 2009, 605 mAnm Gaede; BGH 9.11.2006 – 1 StR 388/06, NStZ-RR 2007, 53 (54).
[96] Vgl. → § 344 Rn. 91 ff. speziell zu den Negativtatsachen → § 344 Rn. 124 ff.

B. Verletzung des Gesetzes

31 § 337 setzt für den Erfolg der Revision voraus, dass das Urteil auf einer Verletzung des Gesetzes beruht. Die Voraussetzung der „Verletzung des Gesetzes" muss daher danach fragen, was überhaupt als „Gesetz" im Sinne der Vorschrift in Betracht kommt (vgl. sogleich → Rn. 32 ff.) und welche Arten von Verletzungen gerügt werden können (vgl. → Rn. 42 ff.).

I. Begriff des Gesetzes

32 **1. Weites Begriffsverständnis.** Gesetz im Sinne des Abs. 1 ist nach § 7 EGStPO **jede Rechtsnorm**, dh der Begriff ist in einem sehr **weiten Sinne** zu verstehen.[97] Er umfasst damit die in **Verfassungen, Gesetzen** und auch Rechtsverordnungen sowohl des Bundes als auch der Länder niedergelegten Vorschriften ebenso wie für das Strafgericht relevantes **Völkerrecht, EU-Recht** oder internationale Verträge.[98] Auch **ausländische Vorschriften** (sowie die aufgehobenen Vorschriften des DDR-Rechts), auf die es etwa für die Beantwortung bestimmter Vorfragen (wie etwa bei § 7 StGB oder § 251) ankommen kann, sind Rechtsnormen im Sinn des § 337.[99]

33 Neben dem geschriebenen Recht sind darunter aber auch **ungeschriebene Grundsätze** zu verstehen, die sich aus dem Zusammenhang der gesetzlichen Vorschriften ergeben[100] oder gewohnheitsrechtlich anerkannt sind.[101] Gerügt werden kann dabei nicht nur die Verletzung von Strafgesetzen, sondern – soweit als Vorfrage bedeutsam – auch von **außerstrafrechtlichen Normen** (so etwa die fehlerhafte zivilrechtliche Beurteilung eines Sachverhalts, der Auswirkung auf das im StGB verbreitet verwendete Merkmal der „Fremdheit" hat).

34 Soweit in diesem Sinne Rechtsnormen vorliegen, kennt § 337 grundsätzlich **keine Sonderkategorie** von Vorschriften mit bloßem **„Ordnungscharakter"**, die aufgrund dieser Charakterisierung einer Revision entzogen wären;[102] zutreffenderweise sollte die Frage etwaiger bloßer „Ordnungsvorschriften" als eine solche des Beruhens (vgl. bereits → Rn. 29 f. sowie ausführlich → Rn. 129 ff.) verstanden werden.

35 **2. Abgrenzung und Kasuistik. Keine Rechtsnormen** sind demgegenüber bloße **Verwaltungsvorschriften**,[103] und zwar auch dann nicht, wenn dadurch ein Blanketttatbestand ausgefüllt wird, der das mit Strafe bedrohte Verhalten nicht konkret beschreibt.[104] Das gilt für allgemeine Ausführungsvorschriften der Verwaltung ebenso wie für Dienstanweisungen, aber auch für die Richtlinien für das Strafverfahren[105] oder für Geschäftsverteilungspläne.[106]

36 **Rein privatrechtliche Vereinssatzungen** und nach zutreffender Auffassung auch – abweichend vom Zivilrecht – **Allgemeine Geschäftsbedingungen**[107] sind ebenfalls keine

---

[97] Vgl. bereits RG 21.2.1884 – 2754/83, RGSt 10, 287; Franke in Löwe/Rosenberg Rn. 7.
[98] Vgl. Gericke in KK-StPO Rn. 9.
[99] Vgl. Franke in Löwe/Rosenberg Rn. 7 ff. mwN.
[100] Vgl. RG 27.4.1882 – 878/82, RGSt 6, 238; 64, 275; Gericke in KK-StPO Rn. 12; Momsen in KMR-StPO Rn. 3.
[101] Vgl. BGH 22.1.2013 – 1 StR 416/12, BGHSt 58, 132 = NJW 2013, 2608; Gericke in KK-StPO Rn. 12; Momsen in KMR-StPO Rn. 3.
[102] Ebenso im Ausgangspunkt Gericke in KK-StPO Rn. 13.
[103] Vgl. Schmitt in Meyer-Goßner/Schmitt Rn. 3; Gericke in KK-StPO Rn. 14.
[104] AA OLG Hamburg 12.1.1984 – 2 Ss 232/83 Owi, NStZ 1984, 273; wie hier wohl Schmitt in Meyer-Goßner/Schmitt Rn. 3; Franke in Löwe/Rosenberg Rn. 9.
[105] Vgl. Franke in Löwe/Rosenberg Rn. 9.
[106] Gericke in KK-StPO Rn. 15, der zutreffend darauf hinweist, dass deshalb im Rahmen einer Rüge nach § 338 Nr. 1 grds. nur die Gesetzwidrigkeit ihres Zustandekommens (vgl. BGH 6.1.1953 – 2 StR 162/52, BGHSt 3, 353 = NJW 1953, 353) oder die in willkürlicher Nichteinhaltung liegende Entziehung des gesetzlichen Richters (BGH 7.7.2010 – 5 StR 555/09, NJW 2010, 3045) gerügt werden kann. Vgl. auch zum Charakter von Geschäftsverteilungsplänen als bloßen Organisationsakten der gerichtlichen Selbstverwaltung BVerwG 28.11.1975 – VII C 47/73, NJW 1976, 1225; Franke in Löwe/Rosenberg Rn. 13.
[107] Vgl. etwa Schmitt in Meyer-Goßner/Schmitt Rn. 3; Momsen in KMR-StPO Rn. 10; Frisch in SK-StPO Rn. 33.

Rechtsnormen; für die von den Berufsgenossenschaften erlassenen Unfallverhütungsvorschriften ist dies nicht ganz eindeutig, soweit dieser Erlass auf einer öffentlich rechtlichen Grundlage erfolgt ist.[108]

3. Denkgesetze, Erfahrungssätze und Methoden der Rechtsfindung. Obwohl mitunter ebenfalls als „Norm" oder „Gesetz" bezeichnet, sind die **Denkgesetze und Regeln der Logik, Erfahrungssätze** und allgemeinkundige Tatsachen sowie **Grundsätze der Auslegung** und Methoden der Rechtsfindung als solche keine Rechtsnormen. Gleichwohl kann ihre Missachtung bzw. Verletzung durchaus revisibel sein. Im Einzelnen:

a) Denkgesetze und Regeln der Logik. Diese werden zwar mitunter als „Normen des ungeschriebenen Rechts" angesehen,[109] indes sind sie **von keiner rechtsetzenden Gewalt** im weiteren Sinne aufgestellt, und auch in der Normtheorie ist etwa der Unterschied zwischen den Regeln der Logik, Naturgesetzen und Rechtsnormen unbestritten. **Denkgesetze und Erfahrungssätze gehen dem Recht voraus,** sind selbst aber keine Rechtsnormen;[110] demgegenüber regeln Rechtsnormen menschliches Verhalten, können aber nicht erzwingen, dass dieses logisch abläuft oder in Übereinstimmung mit der Lebenserfahrung erfolgt. Demgegenüber führt der **Verstoß** gegen Denkgesetze und Regeln der Logik **regelmäßig zu einer fehlerhaften Anwendung der Rechtsnorm** selbst,[111] da bereits die materiellen Strafnormen teilweise auf diesen Regelungen aufbauen, jedenfalls aber eine fehlerfreie Beweiswürdigung ihre Einhaltung voraussetzt.

b) Erfahrungssätze und allgemeinkundige Tatsachen. Auch Verstöße gegen **empirische Erfahrungssätze** (deren Existenz aber im Einzelfall dargelegt werden muss[112]) oder die Missachtung von Tatsachen verletzen nicht etwa deshalb Rechtsnormen, weil solche Sätze selbst rechtlichen Charakter hätten. Vielmehr führt ihre Missachtung auch hier zu einer **Verletzung derjenigen Rechtsnorm, die auf solchen Erfahrungssätzen aufbaut** bzw. diese als gültig voraussetzt. Wird also etwa durch ein Verhalten, von dem aus keinerlei Kausalbezug zu einem eingetretenen Erfolg hergestellt werden kann, eine Strafbarkeit wegen der Herbeiführung des Erfolges abgeleitet, so ist nicht etwa die Verletzung eines „allgemeinen Kausalitätsgesetzes" revisibel, sondern die Verletzung von etwa § 212 StGB (da dieser mit der Formulierung „tötet" einen Kausalbezug voraussetzt, der gerade nicht nachgewiesen ist) oder aber des **allgemeinen Darstellungserfordernisses** bei der Urteilsabfassung, nach welchem die Tatsachen, welche als Voraussetzungen der Rechtsnorm vorliegen müssen, in einer für das Revisionsgericht nachvollziehbaren und überprüfbaren Weise dargelegt werden müssen.[113]

c) Grundsätze der Auslegung und Methoden der Rechtsfindung. Auch diese Grundsätze, die sich im Laufe der Zeit herausgebildet haben, sind **jedenfalls im Grundsatz keine Rechtsnormen.** Ihre Beachtung wird allerdings gerade für die richtige Rechtsanwendung vorausgesetzt, sodass bei ihrer **Missachtung die jeweiligen Gesetze gerade nicht richtig angewendet** worden sind.[114] Umstritten ist, ob dies auch für den Grundsatz **„in dubio pro reo"** gilt, der teilweise als Grundprinzip der „richtigen Anwendung des sachlichen Strafrechts" angesehen wird, dessen „Verletzung als solche gerügt werden

---

[108] Ablehnend wohl (noch zur alten Rechtslage) RG 9.10.1917 – V 432/17, RGSt 52, 42; Schmitt in Meyer-Goßner/Schmitt Rn. 3; für den Charakter als Rechtsnorm in bestimmten Fällen bei BayObLG 14.7.1986 – 3 Ob OWi 28/86, MDR 1987, 80.
[109] Vgl. BGH 18.3.1954 – 3 StR 87/53, BGHSt 6, 70 (72) = NJW 1954, 1336; Nachweise zur älteren Literatur auch bei Franke in Löwe/Rosenberg Rn. 11, dort Fn. 37.
[110] Ebenso etwa Momsen in KMR-StPO Rn. 13; Roxin/Schünemann StrafVerfR § 55 Rn. 15.
[111] Vgl. bereits RG 11.1.1927 – I 843/26, RGSt 61, 154.
[112] Vgl. BGH 16.7.2019 – 4 StR 231/19, NStZ-RR 2019, 317.
[113] Dies gilt auch dann, wenn das Gericht bei Anhörung eines Sachverständigen dessen Gutachten folgt, BGH 22.10.2014 – 1 StR 364/14, NStZ 2015, 476; noch mehr aber natürlich, wenn das Gericht davon abweicht, vgl. BGH 21.8.2014 – 3 StR 341/14, NStZ 2015, 539; 2.12.2014 – 4 StR 381/14, NStZ-RR 2015, 82.
[114] Ebenso Gericke in KK-StPO Rn. 16, 19 mwN; Frisch in SK-StPO Rn. 34.

kann."¹¹⁵ Näher liegt es aber auch hier, in dem Grundsatz „nur" eine Regel zu sehen, die bei der Anwendung von Rechtsnormen zu beachten ist (und keine eigenständige Rechtsnorm); im Ergebnis ändert dies nichts daran, dass die Missachtung des Grundsatzes bei der Anwendung von Rechtsnormen mit der Sachrüge gerügt werden kann, weil das sachliche Recht falsch angewendet wird.¹¹⁶ Würde man sich aber – soweit überhaupt möglich – den Fall vorstellen, in dem gegen den Grundsatz „in dubio pro reo" verstoßen wird, ohne dass eine materielle Rechtsnorm dabei angewendet wird, könnte man hierin auch kaum einen revisiblen Verfahrensfehler sehen. Demgegenüber ist es überzeugend, wenn im **Verbot der Analogie** *in malam partem* durch § 1 StGB, Art. 103 Abs. 2 GG eine Rechtsnorm gesehen wird, deren Verletzung als solche gerügt werden kann.¹¹⁷ Dies zum einen, da es gerade gesetzlich bzw. sogar verfassungsrechtlich explizit angeordnet ist; zum anderen aber auch, weil es eine rechtlich angeordnete Ausnahme von allgemeinen Auslegungsgrundsätzen ist.

41   **4. Gültigkeit von Rechtsnormen.** Nicht nur die fehlerhafte Anwendung einer Rechtsnorm oder die **Anwendung** einer nicht existierenden Rechtsnorm, sondern auch diejenige einer **ungültigen Rechtsnorm ist ein Rechtsanwendungsfehler.** Grenzen der Revisibilität ergeben sich hier freilich aus der grundgesetzlichen Systematik, wonach das **Normverwerfungsmonopol** für formelle Gesetze nach Art. 100 Abs. 1 GG **beim BVerfG** liegt.¹¹⁸ Hat der Tatrichter also eine Prüfung der Verfassungsmäßigkeit einer Rechtsnorm unterlassen und das Verfahren nicht nach Art. 100 Abs. 1 GG ausgesetzt, begründet dies für sich noch keinen Revisionsgrund;¹¹⁹ vielmehr muss auch das Revisionsgericht, wenn es Zweifel an der Verfassungsmäßigkeit hat, das Verfahren aussetzen und vorlegen.

II. Arten von Rechtsverletzungen

42   **1. Überblick. a) Die Fälle der Begründetheit der Revision.** Abs. 1 beschreibt nicht nur, worauf die Revision „gestützt werden" kann, sondern gibt auch den **Obersatz für die Begründetheit der Revision** vor. Weiter ausdifferenziert ist eine Revision begründet, wenn das Urteil auf einem materiell-rechtlichen oder einem Verfahrensfehler beruht (vgl. auch § 344 Abs. 2). Erfolgreich ist sie ferner dann, wenn ein **Verfahrenshindernis** vorliegt bzw. eine Prozessvoraussetzung fehlt;¹²⁰ Rechtsfolge ist bei Letzterem nicht die Aufhebung des Urteils, sondern grundsätzlich die Einstellung des Verfahrens (in allen Verfahrensstadien und damit auch in der Revision, und zwar von Amts wegen; → Einl. Rn. 395 ff.), und zwar insoweit unabhängig davon, ob das Verfahrenshindernis (etwa wegen Eintritts von Verfolgungsverjährung oder wegen eines fehlenden Strafantrags) von Anfang an vorgelegen hat und in den früheren Instanzen nur übersehen worden ist oder ob das Verfahrenshindernis zeitlich erst während des Revisionsverfahrens aufgetreten ist.¹²¹

43   **b) Insbesondere zur Abgrenzung von Sach- und Verfahrensrügen.** Unter den Fällen, in denen tatsächlich ein zur Aufhebung des Urteils führender Rechtsfehler vorliegt, ist zwischen **Sach- und Verfahrensrügen** zu unterscheiden. Erforderlich ist diese Abgrenzung außer aus Gründen der sachlichen und sprachlichen Klarheit insbesondere wegen der

---

115   So Frisch in SK-StPO Rn. 34; dem mit der Bezeichnung als „Rechtsanwendungsregel" wohl nahestehend BGH 4.3.2004 – 3 StR 218/03, BGHSt 49, 112 (122 f.) = NJW 2004, 1259; BGH 2.9.2009 – 2 StR 229/09, NStZ 2010, 102 (103); Gericke in KK-StPO Rn. 18; aA Schmitt in Meyer-Goßner/Schmitt Rn. 3.
116   Vgl. auch Franke in Löwe/Rosenberg Rn. 14.
117   So auch Frisch in SK-StPO Rn. 34; jedenfalls im Ergebnis auch Gericke in KK-StPO Rn. 19.
118   Vgvl. auch Gericke in KK-StPO Rn. 11.
119   Vgl. BGH 25.3.1993 – 5 StR 418/92, BGHSt 39, 176 = NJW 1993, 1932.
120   Zur Komplementarität dieser beiden Formulierungen vgl. → Einl. Rn. 354.
121   Anschaulich zu einem solchen Fall eines Eintritts des Strafklageverbrauchs während laufender Revision aufgrund des Erlasses eines rechtskräftigen Strafbefehls zur gleichen prozessualen Tat BGH 3.5.2012 – 3 StR 109/12, StV 2013, 141 mAnm Kudlich JA 2012, 710. Denkbar ist auch der Fall der Rücknahme eines Strafantrags bei einem absoluten Antragsdelikt.

angehobenen **Begründungsanforderungen für Verfahrensrügen nach § 344 Abs. 2 S. 2**; vgl. daher ergänzend die Kommentierung dort → § 344 Rn. 59 ff.[122]

aa) Verfahrensfehler als Fehler „auf dem Weg zur Urteilsfindung". Die Abgrenzung zwischen Verletzungen des sachlichen Rechts und Verfahrensfehlern ist aus der Kassation des französischen Rechts übernommen und von der preußischen Nichtigkeitsbeschwerde aufgegriffen worden. Obwohl die Zuordnung verletzter Rechtsnormen sich häufig intuitiv auch nach ihrem Standort treffen lässt, wird im Anschluss an BGHSt 19, 273[123] zu Recht betont, dass die Frage, „ob einer Rechtsnorm Verfahrens- oder sachlich rechtlicher Charakter zukommt, (…) **nicht von ihrer Stellung innerhalb des Gesetzes** ab (hängt). Es kommt insbesondere nicht darauf an, ob sie in der StPO, im StGB oder in einem anderen Gesetz steht. Vielmehr (…) wird man allgemein sagen können, dass Verfahrensvorschriften Rechtsnormen sind, die bestimmen, **auf welchem Wege der Richter zur Urteilsfindung berufen** oder gelangt ist, während alle anderen Vorschriften dem sachlichen Recht angehören". Dieses Abstellen auf den „Weg zur Urteilsfindung" mag – wie so viele prägnante Formeln – an den Rändern **problematisch** sein (so wird man etwa die Beweiswürdigung ohne Weiteres als Schritt auf dem Weg zum Urteil betrachten können; gleichwohl wird sie unstreitig der Sachrüge zugeordnet), ist jedoch **anschaulich, oft zutreffend** und **für die Praxis meist gut handhabbar**. Insbesondere in der Abgrenzung einer Beweiswürdigungs- zur Aufklärungsrüge wird allerdings deutlich, dass die zeitliche Verortung im Verfahrensablauf nicht immer ausschlaggebend sein kann. 44

bb) Weitere Ansätze und Grenzfälle. Demgegenüber stellen **andere Auffassungen** in unterschiedlichen Spielarten auf die **Leistungsfähigkeit des Revisionsgerichts** bzw. auf eine funktionsbezogene Betrachtung ab.[124] Fraglich (und wohl zu verneinen) ist dabei dann, ob auch an sich **„klare" Fälle von Verfahrensfehlern** dadurch **zu Sachrügen werden,** dass sie auch ohne eine § 344 Abs. 2 S. 2 genügende Rüge erkannt werden können oder aber, ob darauf nur in solchen Grenzfällen abgestellt werden kann bzw. muss, deren Zuordnung zum einen oder anderen Bereich weniger eindeutig ist. Hierzu gehören etwa Rechtsinstitute, welche sowohl prozessuale als auch materiell-rechtliche Komponenten haben (wie zB Strafantrag oder Verjährung) sowie die vom Tatrichter bei der Tatsachenfeststellung zu beachtenden rechtlichen Bindungen. 45

Andere ziehen daher **weitere Kriterien** heran: So geht *El Ghazi* davon aus, dass eine Rechtsnormverletzung dann mit einer Verfahrensrüge geltend gemacht werden muss, wenn das Revisionsgericht für ihre Beurteilung **mindestens auch auf eine Tatsache** zurückgreifen muss, die das Tatgericht **nicht im Strengbeweisverfahren** aufzuklären hätte. Lässt sich eine Gesetzesverletzung hingegen ohne Kenntnis einer Freibeweistatsache bejahen, findet sie allein auf die Sachrüge hin Beachtung, denn ein aufgrund der Bindungswirkung sinnloser Tatsachenvortrag nach § 344 Abs. 2 S. 2 könne nicht gefordert werden.[125] Wieder andere grenzen nach der **„Stoßrichtung" der Rüge** ab: Wenn sich ein Fehler letztlich auch im Schuldspruch bzw. in der Strafzumessung niederschlägt, so soll er auch grundsätzlich mit der Sachrüge angreifbar sein. Dies gilt insbesondere für solche Verfahrensverstöße, bei denen man sich für eine Strafzumessungslösung entscheidet; der Verzicht auf eine den Anforderungen des § 344 Abs. 2 S. 2 genügende Begründung ist somit (aus Sicht der Gerichte) der Preis bzw. (aus Sicht des Revisionsführers) die Kompensation für die Entscheidung gegen ein Verfahrenshindernis und für eine bloße Strafzumessungslösung. So sind eine Verletzung des Beschleunigungsgebotes oder eine rechtsstaatswidrige Verfahrensverzöge- 46

---

[122] Weiterführend etwa Jähnke FS Meyer-Goßner, 2001, 559 ff. sowie monographisch aus neuerer Zeit El Ghazi Die Zuordnung von Gesetzesverletzungen zu Sach- und Verfahrensrügen in der strafprozessualen Revision.
[123] BGH 24.3.1964 – 3 StR 60/63, BGHSt 19, 273 = NJW 1964, 1234 (1235). Vgl. aber auch Walter ZStW 128 (2016), 824 (833): Ausschlaggebend ist Rechtsgebiet, zu dem die verletzte Norm gehört.
[124] So etwa Peters Gutachten 52. DJT, S. 71 ff.; ferner Frisch in SK-StPO Rn. 24 mit Verweis auf Frisch in SK-StPO Vor § 333 Rn. 13.
[125] El Ghazi HRRS 2014, 353 (355).

rung¹²⁶ einerseits Verstöße gegen die Art der Durchführung des Verfahrens; andererseits will derjenige, der die überlange Verfahrensdauer beanstandet, regelmäßig nicht nur einen Verfahrensfehler geltend machen, sondern wird zudem der Ansicht sein, dass die überlange Verfahrensdauer bei der Zumessung der Strafe nicht hinreichend berücksichtigt worden sei. Entsprechend unbestritten war die Klassifizierung solcher Verstöße lange Zeit auch in der Rechtsprechung selbst zwischen einzelnen Strafsenaten des BGH.¹²⁷ Zutreffend ist angesichts **der Zwitterstellung des Verfahrensfehlers** einerseits und der für das Revisionsgericht notwendigen Informationen andererseits wohl eine **vermittelnde Lösung,**¹²⁸ wonach zwar grundsätzlich die Erhebung einer Verfahrensrüge mit ihren strengeren Darlegungsanforderungen zu fordern ist (selbst wenn der Revisionsführer gegebenenfalls selbst – zumindest von der Rechtsfolge her – einen materiellen Fehler annimmt), darauf aber verzichtet werden kann, wenn sich die Verletzung des Beschleunigungsgebotes bzw. die rechtsstaatswidrige Verfahrensverzögerung bereits aus dem angefochtenen Urteil selbst ergibt.¹²⁹

47 Ähnliches gilt etwa bei einem Verstoß gegen die gesetzlichen **Regelungen über die Verständigung im § 257c:**¹³⁰ Grundsätzlich ist hier eine Verfahrensrüge mit den entsprechenden Begründungsanforderungen zu erheben (→ § 257c Rn. 189), was auch für die (gleichsam auf dem Weg zur Urteilsfindung erfolgende) Zusage einer „Punktstrafe" in der Verständigung gilt. Folgt diesem Verstoß gegen das Verfahrensrecht dann freilich der Verstoß gegen das sachliche Recht, indem das Gericht die vereinbarte Punktstrafe tatsächlich verhängt, und ist dies aus dem Urteil selbst ersichtlich, so bedarf es keiner Verfahrensrüge, sondern es kann ein Verstoß gegen sachliches Recht gerügt werden.¹³¹

48 Neben der Subsumtion unter § 344 Abs. 2 S. 2 sind allerdings hinsichtlich der Begründungsanforderungen teilweise auch **faktische Erwartungshaltungen** des Revisionsrichters zu beachten. Insbesondere bei Darstellungs- und Beweiswürdigungsrügen wird – obwohl es sich um Sachrügen handelt – eine den Darstellungsanforderungen des § 344 Abs. 2 S. 2 vergleichbare Ausführlichkeit erwartet, während umgekehrt auch bei Verfahrensrügen Ausführungen zum Beruhen erwartet werden, obwohl diese – streng am Wortlaut orientiert – nicht „die den Mangel enthaltenden Tatsachen" wiedergeben (vgl. auch → Rn. 153). Dagegen wird man nicht annehmen können, dass alle verfassungsrechtlich garantierten bzw. grundrechtskonkretisierenden Normen zugleich auch dem sachlichen (Verfassungs-) Recht angehören und ihre Verletzung daher auf die allgemeine Sachrüge hin umfänglich geprüft werden müsste; sieht man in der StPO mit einer verbreiteten Metapher „angewandtes Verfassungsrecht", müsste dies sonst praktisch für das gesamte Strafprozessrecht gelten.

49 **c) Insbesondere Unterscheidung von relativen und absoluten Revisionsgründen.** Die Rechtsverletzungen sind in relative und absolute Revisionsgründe unterteilt (wobei letztere nur bei den Verfahrensrügen existieren; freilich wäre hier sonst auch die Gefahr größer als bei den Sachrügen, dass der Rechtsfehler nicht zur Aufhebung führt). Diese Unterscheidung hängt mit dem Beruhenserfordernis zusammen, das grundsätzlich

---

¹²⁶ Vgl. vertiefend auch Frisch in SK-StPO Rn. 86a.
¹²⁷ Für das Erfordernis einer Verfahrensrüge etwa BGH 10.11.1999 – 3 StR 361/99, BGHSt 45, 308 (310) = NJW 2000, 748; BGH 4.1.1999 – 3 StR 597/98, NStZ 1999, 313 (5. bzw. 3. Strafsenat); dagegen BGH 16.10.1997 – 4 StR 468/97, StV 1998, 376 (376 f.); 6.1.2000 – 5 StR 655/98, StV 2000, 554 (4. Senat, aber auch 5. Senat). Zur Parallelproblematik des unzulässigen Lockspitzeleinsatzes vgl. BGH 19.7.2000 – 3 StR 245/00, StV 2000, 604, wo sich diese Frage insofern stellt, als der 2. Senat in Abkehr von der ständigen Rechtsprechung ein Verfahrenshindernis für die Fälle rechtsstaatswidriger Tatprovokation annimmt (und somit auch § 344 Abs. 2 S. 2 nicht zur Anwendung gelangt, 30.7.2015 – 2 StR 97/14, BGHSt 60, 276. Noch kurz zuvor hatte er der Erste Senat anders entschieden BGH 9.7.2015 – 1 StR 7/15, NStZ-RR 2015, 283 (Ls.) = BeckRS 2015, 13123; zu dieser zeitlichen Überschneidung und den inhaltlichen Differenzen Jahn/Kudlich JR 2016, 54.
¹²⁸ So auch Frisch in SK-StPO Rn. 66a, der diese auch in der nachgewiesenen neueren Rspr. ausmachen zu können glaubt.
¹²⁹ So deutlich etwa BGH 11.11.2004 – 5 StR 376/03, BGHSt 49, 342 (344) = NJW 2005, 518.
¹³⁰ Vgl. hierzu insbesondere mit Blick auf den Transparenzgedanken auch Heuser StV 2021, 63.
¹³¹ Vgl. etwa BGH 17.2.2011 – 3 StR 426/10, NStZ 2011, 648; Schmitt in Meyer-Goßner/Schmitt Rn. 8; Frisch in SK-StPO Rn. 66b.

neben die Rechtsverletzung treten muss. Das Urteil muss also gerade auf dieser beruhen, oder anders gewendet: Es hätte bei richtiger Rechtsanwendung anders ausfallen müssen (vgl. näher → Rn. 129 ff.). Bei den in § 338 genannten Fehlern wird dagegen das Beruhen unwiderleglich vermutet (bzw. im Fall des § 338 Nr. 7 sogar fingiert), sodass die Revision grundsätzlich auch ohne Beruhensprüfung erfolgreich ist. Zu den gesetzgeberischen Gründen für die Statuierung solcher (naturgemäß relativ unflexibler) absoluter Revisionsgründe, zu möglichen ungeschriebenen Ausnahmen („Relativierung" der absoluten Revisionsgründe) und zur Kasuistik bei den einzelnen absoluten Revisionsgründen vgl. die Kommentierung zu → § 338 Rn. 3f., 5 ff., 15 ff.

2. Fehlen von Verfahrensvoraussetzungen. a) Fehlende Prozessvoraussetzungen in der Revision und ihre Prüfung. aa) Berücksichtigung von Verfahrenshindernissen bei zulässiger Revision. Das Vorliegen von Prozesshindernissen (bzw. spiegelbildlich: das Fehlen von Prozessvoraussetzungen[132]) ist auch in der Revisionsinstanz zu beachten. Insoweit ist erst einmal zweitrangig, ob diese bereits von Beginn des Verfahrens an bestanden haben oder – ohne weiteres denkbar[133] – erst in der Revisionsinstanz entstanden sind. Entscheidend ist nur, dass sie zu diesem Zeitpunkt noch vorliegen. Zu berücksichtigen[134] sind die Prozesshindernisse demnach immer dann, wenn eine zulässige Revision eingelegt worden ist. Dies allerdings ist Voraussetzung, da der Umstand, dass Prozessvoraussetzungen „von Amts wegen zu überprüfen sind, (nicht) besagt (...), dass sie ohne Rücksicht auf den Verfahrensstand zu beachten sind, sondern nur, dass sie – falls das Gericht in eine Prüfung eintreten darf – auch ohne Rüge des Rechtsmittelführers durchschlagen."[135] Trotz des objektiven Vorliegens eines Prozesshindernisses kommt daher keine Verfahrenseinstellung in Betracht, wenn die Revision etwa nicht fristgerecht eingelegt worden ist (und damit Rechtskraft eingetreten ist), aber auch dann nicht, wenn sie bei einer bloßen Verfahrensrüge nicht ordnungsgemäß begründet worden und damit unzulässig ist[136] (was neben anderem ein Grund ist, stets zumindest ergänzend auch die allgemeine Sachrüge zu erheben). Entgegen einer (singulär gebliebenen) Entscheidung des BayObLG ist entsprechend auch keine Einstellung wegen eines Prozesshindernisses nach Rücknahme des Rechtsmittels möglich.[137]

bb) Berücksichtigung von Amts wegen. Ebenso wie in anderen Verfahrensstadien, so ist auch in der Revision das Fehlen einer Prozessvoraussetzung grundsätzlich von Amts wegen zu prüfen und zu berücksichtigen.[138] Eine andere Auffassung vertritt namentlich *Meyer-Goßner* speziell für die Revisionsinstanz mit ihren strengen Rügepflichten: Danach soll selbst bei einem zulässigen Rechtsmittel auch noch – je nach Verfahrenshindernis – eine Sachrüge oder eine einschlägige Verfahrensrüge erhoben werden, da insbes. bei solchen Verfahrenshindernissen, die eng mit dem materiellen Recht verwoben sind (wie etwa dem Strafantragserfordernis), sonst die „Gefahr" bestehe, dass etwa ohne Erhebung einer Sachrüge ein materiell-rechtlicher Fehler, bei dem die fehlende Strafbarkeit verkannt wird, nicht berücksichtigt wird, während das weniger schwerwiegende Fehlen des Strafantrags zur Urteilsaufhebung führen würde. *Meyer-Goßner* will hier die Unterscheidung zwischen Befassungs- **und Bestrafungsverboten** fruchtbar machen und hält nur erstere **in jedem Fall von Amts wegen für beachtlich,** während bei Bestrafungsverboten teils die Erhebung einer Sachrüge, teils die Geltendmachung einer Verfahrensbeschwerde erforderlich sei.

---

[132] Zur Terminologie vgl. → Einl. Rn. 352 ff.
[133] Instruktiver Fall bei BGH 3.5.2012 – 3 StR 109/12, NStZ 2012, 709 mAnm Kudlich JA 2012, 710. Zum Tod des Angeklagten während eines laufenden Revisionsverfahrens BGH 30.7.2014 – 2 StR 248/14, NStZ 2014, 349 (Ls.) = BeckRS 2014, 16658.
[134] Und zwar regelmäßig durch Einstellung des Verfahrens, vgl. → Einl. Rn. 388 ff.
[135] So prägnant Meyer-Goßner Prozessvoraussetzungen und Prozesshindernisse S. 46 (Hervorhebung dort).
[136] Anders noch BGH 1.11.1960 – 4 Str. 407/60, BGHSt 15, 203 (206 ff.) = NJW 1961, 228; wie hier jedoch BGH 16.6.1991 – 1 Str. 95/61, BGHSt 16, 115 (117 f.) = NJW 1961, 1684.
[137] So aber BayObLG 31.1.1974 – 1 St 1/74, BayObLGSt 74, 8 ff. = JR 1975, 120.
[138] Vgl. BGHSt 6, 306; 16, 117; 22, 2; Widmaier/Momsen in Satzger/Schluckebier/Widmaier StPO Rn. 6, hM.

52 Doch wird damit der Grundsatz von der „Berücksichtigung von Amts wegen" **zu weit zurückgenommen:** Soweit „die Tür" zu einem zulässigen Rechtsmittel „aufgestoßen" ist, sollte der Grundsatz der Prüfung von Amts wegen uneingeschränkt Berücksichtigung finden. Dass damit bei defizitärem Rügeverhalten des Revisionsführers andere formellrechtliche Fehler weniger Gewicht bekommen als fehlende Prozessvoraussetzungen, liegt in der Natur der Prozessvoraussetzungen, die auch in der Tatsacheninstanz mitunter schneller und einfacher dazu führen können, dass das Verfahren eingestellt wird, als dies sonst bei einem Freispruch aus Rechtsgründen möglich wäre. Die „Gewichtung" unterschiedlicher Parameter in der StPO ist hier ersichtlich nicht immer völlig stimmig. Das wird etwa auch in der Einordnung bestimmter Aspekte als Prozesshindernis oder auch als absoluter Revisionsgrund im Unterschied zu einem nur zu einem Beweisverwertungsverbot führenden Verstoß gegen § 136a deutlich. Diese unterschiedlichen **Kategorisierungen** sind **durch den Rechtsanwender hinzunehmen.** Gleichwohl ist eine entsprechende Rüge ohne Zweifel sinnvoll, wenn der Revisionsführer der Auffassung ist, ein (insbesondere vielleicht auch etwas „versteckteres") Verfahrenshindernis entdeckt zu haben. Diese unterliegt aber nicht den strengen Formerfordernissen des § 344 Abs. 2 S. 2.[139]

53 cc) **Behandlung von Zweifelsfällen.** Seit der Entscheidung BGHSt 18, 274[140] hat die Rspr. in verschiedenen Entscheidungen **Zweifel** am Vorliegen verschiedener (aber nicht aller) Prozessvoraussetzungen **zugunsten des Angeklagten gewertet** und das Verfahren eingestellt.[141] Auch in der Lit. wird die Problematik **kontrovers und teils differenzierend** behandelt.[142] *Meyer-Goßner* zieht auch hier die Unterscheidung zwischen Befassungs- und Bestrafungsverboten zumindest im Grundsatz heran und möchte den Zweifelssatz nur bei dem zweitgenannten berücksichtigen.[143] Das mutet zumindest auf den ersten Blick erstaunlich an, weil die eigentlich weitergehenden Befassungsverbote insoweit eine weniger „starke Wirkung" entfalten als die bloßen Bestrafungsverbote. Mit Blick auf die ganz unterschiedliche Verwurzelung der Prozessvoraussetzungen bzw. -hindernisse teils stärker im materiellen, teils stärker im Prozessrecht sowie auch wegen der unterschiedlich strengen Formulierung über das Erfordernis ihres bzw. ihrer Beweisbarkeit im Gesetz sind hier pauschalierende Aussagen nur schwer möglich. Allerdings spricht vieles dafür, den **Zweifelssatz tendenziell großzügig** anzuwenden,[144] soweit sich nicht aus der Auslegung der zugrundeliegenden Vorschriften ergibt, dass ihre Voraussetzungen zweifelsfrei vorliegen müssen (→ Einl. Rn. 400).

54 b) **Prozesshindernis und Teilrechtskraft.** Sowohl die grundsätzliche Berücksichtigungsfähigkeit von Prozesshindernissen als auch ihre Prüfung von Amts wegen gelten **auch in Fällen der Teilrechtskraft,**[145] und zwar insbes. auch in den Fällen, in denen isoliert nur die **Strafhöhe** oder die **fehlende Strafaussetzung** zur Bewährung angefochten werden.[146] Entgegen *Franke*[147] ist davon mit der Rechtsprechung[148] auch dann auszugehen, wenn nur

---

[139] Vgl. auch Widmaier/Momsen in Satzger/Schluckebier/Widmaier StPO Rn. 6.
[140] 19.2.1963 – 1 StR 318/62, NJW 1963, 1209 (zu Zweifeln an der Verjährung).
[141] Vgl. BGH 21.2.1968 – 2 StR 719/67, BGHSt 22, 90 (93) = NJW 1968, 1148 (1149); BGH 23.5.2002 – 3 StR 58/02, BGHSt 47, 311 (313) = NJW 2002, 2483 (zur Verweisung an die Jugendkammer, wenn der Angeklagte zum Tatzeitpunkt nicht ausschließbar noch Heranwachsender war); BGH 30.7.2009 – 3 StR 273/09, NStZ 2010, 160 mAnm Schwabenbauer HRRS 2011, 26; KG 27.12.1988 – I AR 1725/88, 4 Ws 263/88, StV 1989, 197 (197 f.); OLG Oldenburg 11.8.2005 – Ss 408/04, NStZ 2006, 119. Anders aber BGH 14.12.1995 – 5 StR 206/95, StV 1996, 250 (251 für die Verhandlungsfähigkeit).
[142] Nachw. bei Meyer-Goßner Prozessvoraussetzungen und Prozesshindernisse S. 69 ff.
[143] Vgl. Meyer-Goßner Prozessvoraussetzungen und Prozesshindernisse S. 69.
[144] So wohl auch Paeffgen in SK-StPO § 286 Rn. 19, dort Fn. 101. Klar bejahend Schwabenbauer HRRS 2011, 26.
[145] Vgl. nur BGH 26.6.1958 – 4 StR 145/58, BGHSt 11, 393 (395) = NJW 1958, 1307; BGH 24.9.1954 – 2 StR 598/53, BGHSt 6, 304 (305) = NJW 1954, 1776; Widmaier/Momsen in Satzger/Schluckebier/Widmaier StPO Rn. 7.
[146] Vgl. RG 1.10.1928 – II 206/28, RGSt 62, 262; BGH 26.6.1958 – 4 StR 145/58, BGHSt 11, 393 (395) = NJW 1958, 1307; Franke in Löwe/Rosenberg Rn. 26.
[147] Franke in Löwe/Rosenberg Rn. 26.
[148] BGH 11.11.1955 – 1 StR 409/55, BGHSt 8, 269 (271) = NJW 1956, 110; zustimmend etwa auch Widmaier/Momsen in Satzger/Schluckebier/Widmaier StPO Rn. 7.

noch die **Gesamtstrafe** offensteht und hinsichtlich der bzw. zumindest einzelner Einzelstrafen bereits Rechtskraft eingetreten ist.

c) Prüfungsmaßstab und Nachweis. Das Revisionsgericht unterliegt hinsichtlich 55 der Feststellung etwaiger Prozesshindernisse grundsätzlich **keinen Bindungen durch das Tatgericht,**[149] sondern klärt die Verfahrensvoraussetzungen selbstständig und aufgrund eigener Untersuchung der verfügbaren Erkenntnisquellen im Wege des **Freibeweises.**[150] Die Forderung, auch die Prozessvoraussetzungen im Strengbeweisverfahren zu prüfen, ist jedenfalls für die Revisionsinstanz nicht überzeugend, da dem Revisionsgericht eine solche Prüfung in zahlreichen Fällen zuverlässig kaum möglich wäre.

Eine **Ausnahme** gilt (und damit eine gewisse Bindung an die Feststellungen des Tatge- 56 richts ist anzuerkennen), soweit es um **doppelrelevante Tatsachen** geht, die sowohl für den Schuldspruch als auch für die Verfahrensvoraussetzungen bedeutsam sind.[151] Die zum Schuldspruch getroffenen tatsächlichen Feststellungen sind einer Korrektur durch das Revisionsgericht grundsätzlich entzogen (und können nur nach einer etwaigen Zurückverweisung korrigiert werden). Da das Urteil insgesamt widerspruchsfrei sein muss, dürfen sich auch die Erörterungen zu den Verfahrensvoraussetzungen hierzu nicht in Widerspruch setzen. Dieser Grundsatz steht zweifelsohne in einem gewissen Spannungsverhältnis zu demjenigen der Eigenverantwortlichkeit der Feststellungen des Revisionsgerichts zu den Verfahrensvoraussetzungen, weshalb ein Vorrang der (vollständigen) Widerspruchsfreiheit jedenfalls nur dann von besonderer Bedeutung ist, **wenn die Feststellungen den Schuldspruch mehr oder weniger substantiell tragen.** Dies rechtfertigt die von BGHSt 22, 90 vorgenommene Einschränkung der Bindung für die Feststellung des Tatrichters zur Tatzeit in einem Fall, in dem diese für die Schuldfrage ohne substantielle Bedeutung (und überdies nicht ganz konkret) war.[152] Der Kritik von *Franke* an dieser Rechtsprechung[153] ist zwar zuzugeben, dass eine solche Ausnahme nicht vollumfänglich mit den allgemeinen Grundsätzen zur Behandlung doppelrelevanter Tatsachen in Einklang zu bringen ist, da das Revisionsgericht sonst Feststellungen des Tatgerichts „entgegen der Struktur des Revisionsrechts durch die eigenen (Freibeweis-) Feststellungen beiseite schieben" würde. Indes ist nicht nur fraglich, ob diesem Dogma größeres Gewicht zukommen sollte als dem Grundsatz der eigenverantwortlichen Prüfung der Prozessvoraussetzungen durch das Revisionsgericht. Es entsteht auch ein ernsthaftes „Gerechtigkeitsproblem", wenn ein vom Tatgericht nicht erkanntes Prozesshindernis in der Revisionsinstanz nicht aufgedeckt werden darf, weil an einer anderen Stelle im Urteil mehr oder weniger unbedacht (und aus Sicht des Tatgerichts: möglicherweise nicht wirklich ergebnisrelevant) Feststellungen getroffen werden, die unbeabsichtigt auch auf die Frage der Prozessvoraussetzungen zurückwirken.

d) Sonderproblem: Zulässigkeit der Berufung. Die **Zulässigkeit einer vorange-** 57 **gangenen Berufung** weist zumindest inhaltlich eine deutliche Nähe zu den Prozessvoraussetzungen auf. Aus diesem Grund überprüft das Revisionsgericht diese (und auch damit im Zusammenhang stehende innerprozessuale Bindungswirkungen) ebenfalls **von Amts wegen.** Diese Prüfung umfasst nach hM die Zulässigkeit der Berufung,[154] die Wirksamkeit und Reichweite einer Berufungsbeschränkung nach § 318[155] sowie etwaige Abweichungen

---

[149] Vgl. BGH 3.2.1960 – 2 StR 576/58, BGHSt 14, 139 = NJW 1960, 1116; RG 4.4.1882 – 637/82, RGSt 6, 166; Schmitt in Meyer-Goßner/Schmitt Rn. 6; Widmaier/Momsen in Satzger/Schluckebier/Widmaier StPO Rn. 8; Franke in Löwe/Rosenberg Rn. 29.
[150] Vgl. BGH 27.10.1961 – 2 StR 193/61, BGHSt 16, 399 (403) = NJW 1962, 646; BGH 17.2.1989 – 2 StR 402/88, NJW 1989, 1742.
[151] Vgl. aus der Rspr. BGH 21.2.1968 – 2 StR 719/67, BGHSt 22, 90 = NJW 1968, 1148; zustimmend etwa Schmitt in Meyer-Goßner/Schmitt Rn. 6; Widmaier/Momsen in Satzger/Schluckebier/Widmaier StPO Rn. 8; Frisch in SK-StPO Rn. 48; eingehend zur Problematik Alberts Die Feststellung doppelt relevanter Tatsachen in der strafprozessualen Revisionsinstanz, passim, insbes. S. 21 ff.; 68 ff.
[152] Zustimmend etwa auch Frisch in SK-StPO Rn. 48.
[153] Vgl. Franke in Löwe/Rosenberg Rn. 32.
[154] Vgl. etwa OLG Frankfurt a. M. 14.10.1986 – 2 Ss 333/86, StV 1987, 289 bei Gallandi.
[155] OLG Bamberg 20.12.2012 – 3 Ss 136/12, NStZ 2014, 423 (Ls.).

von teilrechtskräftigen Einstellungen und das Vorliegen von Verstößen gegen das Verbot der reformatio in peius oder gegen die nach § 358 Abs. 1 verbindliche Aufhebungsansicht des Revisionsgerichts.[156]

58 Ob es auf die Zulässigkeit bei der Berufung des Angeklagten auch dann ankommt, wenn die **Staatsanwaltschaft (im gleichen Umfang) zulässig Berufung** eingelegt hat, ist nicht unumstritten. Mit Blick auf § 301 ist aber wohl davon auszugehen, dass jedenfalls in der Reichweite der zulässigen staatsanwaltschaftlichen Berufung eine spätere Angeklagtenrevision auch dann möglich ist, wenn die eigene Berufung nicht zulässig war.[157]

59 Bei einer **Berufungsbeschränkung** auf bestimmte Beschwerdepunkte, prüft das Revisionsgericht auch, ob die Beschränkung rechtswirksam war.[158] Dies gilt aber nicht, wenn die Revision nur einen abtrennbaren Teil des Urteils angreift, der mit der Berufungsbeschränkung nicht zusammenhängt.[159] An eine **Auslegung** der Berufungseinlegung **durch das Berufungsgericht** ist das **Revisionsgericht nicht gebunden**.[160] Ist die **Berufung unwirksam beschränkt** und hat das Berufungsgericht insoweit einen Teil des ersten Urteils zu Unrecht für rechtskräftig gehalten und nur eine Teilentscheidung getroffen, wird dessen Urteil vom Revisionsgericht regelmäßig aufgehoben und die Sache zur Nachholung der fehlenden Entscheidung zurückverwiesen.[161] Umgekehrt hätte bei einer **nicht erkannten, aber wirksamen Beschränkung** der Berufung das erste Urteil in diesem Umfang nicht mehr Teil einer neuen Sachentscheidung sein dürfen, sondern ist bereits rechtskräftig geworden; insoweit hat das Revisionsgericht das Berufungsurteil teilweise aufzuheben.[162]

60 Ist ein Urteil **in der Revision** nur **teilweise** oder nur im Rechtsfolgenausspruch **aufgehoben** worden, muss der Tatrichter **bei der neuen Verhandlung** grundsätzlich die Sperrwirkung des rechtskräftigen Schuldspruchs beachten. Ob dies erfolgt, wird vom Revisionsgericht bei einer erneuten Revision von Amts wegen geprüft.[163]

61 **e) Wichtige Prozessvoraussetzungen bzw. Prozesshindernisse.** Die genannten Grundsätze gelten etwa für die folgenden **Prozessvoraussetzungen bzw. Prozesshindernisse** (in ihrer – wenngleich für die Revisionsinstanz weniger bedeutsamen, vgl. → Rn. 51 – Unterscheidung nach Befassungs- und Bestrafungsverboten):[164]

62 **Befassungsverbote** sind etwa das Eingreifen der **deutschen Gerichtsbarkeit** (→ Einl. Rn. 362), die **Eröffnung des Rechtsweges** zu den Strafgerichten (→ Einl. Rn. 363), die örtliche und sachliche **Zuständigkeit** (mit ihren auch für die Revision geltenden Besonderheiten; → Einl. Rn. 364 f.), die **Strafmündigkeit** (→ Einl. Rn. 366), **Tod** und auch **begrenzte Lebenserwartung** des Beschuldigten (→ Einl. Rn. 3; → Rn. 367 f.), die wirksame **Anklage** (→ Einl. Rn. 369 ff.), ein wirksamer **Eröffnungsbeschluss** (→ Einl. Rn. 373 ff.) sowie entgegenstehende **Rechtskraft** und anderweitige Rechtshängigkeit (→ Einl. Rn. 377 f.). Bestrafungsverbote sind die fehlende Verhandlungsfähigkeit (→ Einl. Rn. 380), der Eintritt der Verjährung (→ Einl. Rn. 381), der fehlende

---

[156] Vgl. Widmaier/Momsen in Satzger/Schluckebier/Widmaier StPO Rn. 9.
[157] So auch BayObLG 3.8.1993 – 5 St RR 63/93, NStZ 1994, 48; zustimmend etwa Widmaier/Momsen in Satzger/Schluckebier/Widmaier StPO; aA Schmitt in Meyer-Goßner/Schmitt § 352 Rn. 3; widersprüchlich insoweit Franke in Löwe/Rosenberg, der in § 337 Rn. 35 der Auffassung des BayObLG, in § 352 Rn. 3 derjenigen von Meyer-Goßner folgt.
[158] Vgl. statt vieler nur BGH 30.11.1976 – 1 StR 319/76, BGHSt 27, 70; OLG Saarbrücken 2.7.1996 – Ss 126/94, NStZ 1997, 149; OLG Zweibrücken 26.8.1981 – 1 Ss 213/81, StV 1982, 13.
[159] Franke in Löwe/Rosenberg Rn. 37.
[160] Vgl. bereits RG 21.10.1924 – I 671/24, RGSt 58, 327; OLG Hamburg 27.11.1962 – 2 Ss 135/62, NJW 1963, 459; streitig.
[161] Vgl. bereits RG 5.5.1930 – II 331/30, RGSt 64, 154; ähnlich OLG Hamm 13.10.1961 – 1 Ss 1100/61, NJW 1962, 1074; KG 26.11.1975 – (1) Ss 122/75, NJW 1976, 813.
[162] Vgl. Franke in Löwe/Rosenberg Rn. 39.
[163] Vgl. BGH 31.3.1955 – 4 StR 68/55, BGHSt 7, 286 = NJW 1955, 917; Franke in Löwe/Rosenberg Rn. 40.
[164] Vgl. ergänzend zu einigen dieser Prozessvoraussetzungen bzw. Prozesshindernisse mit Blick auf den Umfang der Prüfung in der Revision Frisch in SK-StPO Rn. 50 ff.

Strafantrag (→ Einl. Rn. 382) sowie verschiedene verfassungsrechtlich begründete Bestrafungsverbote (soweit anerkannt; → Einl. Rn. 3 mit → Einl. Rn. 84 ff.).

3. Verletzung von sonstigem Verfahrensrecht. a) Begriff des Verfahrensrechts. 63
aa) Anknüpfungspunkt: § 344 Abs. 2. Das Verfahrensrecht als zweiter denkbarer Anknüpfungspunkt für die Feststellung einer Gesetzesverletzung (vgl. Abs. 1) liegt in § 344 Abs. 2 S. 1 begründet: Hier wird differenziert, „ob das Urteil wegen Verletzung einer **Rechtsnorm über das Verfahren** oder wegen Verletzung einer anderen Rechtsnorm angefochten wird". Auch die **Konsequenzen** dieser Unterscheidung sind in dieser Vorschrift (§ 344 Abs. 2 S. 2) geregelt, da für Verfahrensrügen gesteigerte **Begründungserfordernisse** gelten.[165]

bb) Begriff des Verfahrensrechts. Für die **Abgrenzung** des Verfahrensrechts vom 64 sachlichen Recht ist nicht entscheidend, ob die als verletzt gerügte Vorschrift in der StPO bzw. im GVG oder in einem anderen Gesetz steht, sondern ob sie den Weg bestimmt, auf dem der Richter zur Urteilsfindung berufen und gelangt ist.[166] Zur Konkretisierung und auch zu anderen Versuchen der Begriffsbestimmung/Abgrenzung vgl. bereits → Rn. 43 ff.

cc) Kasuistik. Wichtige Beispiele für Verfahrensrügen sind etwa all die **Fehler, die in** 65 **§ 338** als absolute Revisionsgründe aufgeführt sind, also Besetzungsfehler, die Mitwirkung eines ausgeschlossenen oder nach einer Ablehnung zu Unrecht weiter mitwirkenden Richters, Zuständigkeitsfehler, das Fehlen von Personen, deren Anwesenheit das Gesetz vorschreibt, die Verletzung der Vorschriften über die Öffentlichkeit oder die Beschränkung der Verteidigung.[167] Die hier nicht erwähnte Konstellation des § 338 Nr. 7 passt nicht recht in dieses Schema, da sie nicht den „Weg zum Urteil" beschreibt, sondern das weitere Verfahren mit dem gefällten Urteil. Dieser Sonderstellung entspricht es, dass das Beruhen in den Fällen des § 338 Nr. 7 auch nicht unwiderleglich vermutet, sondern letztlich fingiert wird (→ § 338 Rn. 1). Als Themenfeld, welches die jüngere Rechtsprechung weit überproportional beschäftigt hat, sind etwa auch die **Mitteilungen nach § 243 Abs. 4** (denen die Rechtsprechung ja teilweise einen nahezu quasi-absoluten Charakter als Revisionsgrund zubilligt; → § 243 Rn. 91 ff.; → § 257c Rn. 53; → Rn. 140[168]) sowie Verstöße im Zusammenhang mit dem Ablauf einer **Verständigung nach § 257c**[169] zu nennen. Auch Fehler bei der **Beweiserhebung im Ermittlungsverfahren** mit anschließenden Beweisverwertungsverboten fallen darunter (auch wenn richtigerweise wohl als verletzte Vorschrift durch das erkennende Gericht in diesen Fällen nicht die prozessuale Befugnisnorm, sondern § 261 in Betracht kommt, dessen Verletzung aber insoweit auch nicht als Sach-, sondern als Verfahrensrüge zu qualifizieren ist[170]).

dd) Abgrenzungsfragen. Im Einzelfall kann die Abgrenzung schwierig sein, da sich 66 **einzelne Fehler sowohl verfahrensrechtlich als auch sachlichrechtlich auswirken** können bzw. im Zusammenhang mit bestimmten Vorschriften Fehler beider Art vorkommen können. So **§ 261,** bei dem mit der Sachrüge etwa geltend gemacht werden kann, dass der Tatrichter seine Befugnis zur Beweiswürdigung willkürlich ausgeübt hat, wenn seine Schlussfolgerungen letztlich bloße Vermutungen sind,[171] wenn keine Beweiswürdigung vorgenommen worden ist oder diese Würdigung nicht erschöpfend ist.[172] Eine Verfahrensrüge liegt dagegen vor, wenn angeführt wird, dass die in dem Urteil getroffenen Feststellungen

---

[165] Vgl. ausführlich die Kommentierung zu § 344.
[166] Vgl. Schmitt in Meyer-Goßner/Schmitt Rn. 8; Franke in Löwe/Rosenberg Rn. 41.
[167] Vgl. zu den Details die Kommentierung zu § 338.
[168] Vgl. nur BVerfG 15.1.2015 – 2 BvR 878/14, NStZ 2015, 170.
[169] Vgl. BGH 13.1.2010 – 3 StR 528/09, StV 2010, 227; Franke in Löwe/Rosenberg Rn. 41.
[170] Zur Abgrenzung der Rügen im Zusammenhang mit § 261 vgl. statt vieler nur Schmitt in Meyer-Goßner/Schmitt § 261 Rn. 38 ff.
[171] Vgl. BGH 25.3.1986 – 2 StR 115/86, NStZ 1986, 373.
[172] Vgl. BGH 26.10.1965 – 5 StR 415/65, BGHSt 20, 282 (282) = NJW 1966, 210; 2.4.1987 – 4 StR 46/87, BGHSt 34, 324 (325) = NJW 1987, 2027.

nicht auf Grund der in der Hauptverhandlung verwendeten Beweismittel bzw. nicht auf Grund von Vorgängen getroffen worden sind, die zum Inbegriff der Hauptverhandlung gehören.[173] Wird eine **rechtsstaatswidrige Verfahrensverzögerung** oder eine **rechtsstaatswidrige Tatprovokation** geltend gemacht, hängt die Einordnung der richtigen Rüge nicht zuletzt davon ab, welche Rechtsfolge man einem solchen Verstoß beimessen möchte (vgl. dazu bereits → Rn. 46).[174] Fehler im Rahmen einer **Verständigung** nach § 257c sind regelmäßig mit einer Verfahrensrüge anzugreifen (vgl. soeben → Rn. 65); soweit entgegen § 257c Abs. 1 S. 2 eine „**Punktstrafe**" zugesagt wird, ist zwar auch dies ein Verfahrensfehler durch Verletzung der Vorschrift, wird sich aber in der Strafzumessungsbegründung im Urteil wiederfinden und dann gegebenenfalls auch eine Sachrüge tragen.[175] Nach der zustimmungswürdigen Auffassung von *Widmaier/Momsen* kommt auch bei einem Verstoß gegen **§ 136a** nicht notwendig nur eine Verfahrensrüge in Betracht. Vielmehr soll sich bei entsprechenden Beschreibungen im Rahmen der Beweiswürdigung ergeben, dass eine unter Verstoß von § 136a herbeigeführte Aussage auch „materiellrechtlich keine Grundlage" der Beweiswürdigung sein könne.[176] Anderes gelte allerdings, wenn sich ein Verstoß gegen die zulässigen Höchstunterbrechungszeiten der Hauptverhandlung **(§ 229)** bereits aus dem Rubrum des Urteils ergebe; dies führe gleichwohl nicht zu einer Sachrüge, da der Fehler zwar allein anhand der Urteilsgründe auffindbar sei, aber nicht das Urteil, sondern klar ersichtlich nur den Weg dorthin betrifft.[177]

67   Auch die **fehlerhafte Behandlung von Beweisanträgen** stellt grundsätzlich einen Standardfall einer Verfahrensrüge dar. Gegebenenfalls können aber die daran anknüpfenden Ausführungen im Urteil auch eine Sachrüge begründen. So etwa, wenn dort mitgeteilt wird, dass ein bestimmter Beweisantrag wegen Wahrunterstellung abgelehnt worden ist, die weiteren vom Gericht getroffenen Feststellungen dazu aber nicht konsistent sind.[178]

68   Dagegen wird schon auf die bloße Sachrüge hin überprüft, ob in der Beweiswürdigung eine **Verletzung der Denkgesetze** erfolgt[179] und ob der Grundsatz „**in dubio pro reo**" gewahrt worden ist.[180] Umstritten ist dies bei der **unzulässigen Verwertung des Schweigens** des Angeklagten oder des zeugnisverweigerungsberechtigten Zeugen. Während hier teilweise ein rein sachlicher Mangel angenommen wird,[181] nimmt die Gegenauffassung allein einen Verfahrensmangel an:[182] Einen Mangel sowohl des formellen als auch des sachlichen Rechts sieht vermittelnd *Frisch* als gegeben; konsequenterweise müssten dann beide Rügen (soweit zulässig erhoben) zum Erfolg führen.[183] Ebenfalls allein der Sachrüge zugänglich ist die **Verwertung von Vorstrafen unter Verstoß gegen § 51 BZRG**,[184] während die Verwertung von **gem. §§ 154, 154a ausgeschiedenem Prozessstoff** ohne vorherigen Hinweis an den Angeklagten nur auf eine entsprechende Verfahrensrüge hin geprüft wird.[185]

69   ee) **Fazit.** Neben formal oder zumindest „intuitiv" klaren Abgrenzungen gibt es auch umstrittene Fälle und **Überschneidungsbereiche zwischen Verfahrens- und Sachrüge**. In Zweifelsfällen ist daher zu empfehlen, eine entsprechende Rüge nicht nur auszuführen,

---

[173] Vgl. BGH 4.7.1997 – 3 StR 520/96, NStZ-RR 1998, 17; 25.4.2012 – 4 StR 30/12, StV 2012, 706; OLG Bamberg 23.2.2015 – 2 OLG 6 Ss 5/15, StV 2005, 760.
[174] Vertiefend Frisch in SK-StPO Rn. 66a.
[175] Ebenso Schmitt in Meyer-Goßner/Schmitt Rn. 8; Frisch in SK-StPO Rn. 66b.
[176] Widmaier/Momsen in Satzger/Schluckebier/Widmaier StPO Rn. 11.
[177] Vgl. Widmaier/Momsen in Satzger/Schluckebier/Widmaier StPO Rn. 11.
[178] Vgl. Widmaier/Momsen in Satzger/Schluckebier/Widmaier StPO Rn. 12.
[179] Vgl. BGH 14.10.1952 – 2 StR 306/52, BGHSt 3, 213 (215) = NJW 1952, 1386; zustimmend Schmitt in Meyer-Goßner/Schmitt Rn. 8; streitig.
[180] Vgl. Frisch in SK-StPO Rn. 66; Schmitt in Meyer-Goßner/Schmitt Rn. 8.
[181] So BGH 17.7.1996 – 3 StR 248/96, NStZ 1997, 147; zustimmend Schmitt in Meyer-Goßner/Schmitt Rn. 8.
[182] So BGH 26.10.1983 – 3 StR 251/83, BGHSt 32, 140 = NJW 1984, 1829.
[183] Vgl. Frisch in SK-StPO Rn. 67.
[184] Vgl. BGH 26.1.1977 – 2 StR 650/76, BGHSt 27, 108; Schmitt in Meyer-Goßner/Schmitt Rn. 8.
[185] Schmitt in Meyer-Goßner/Schmitt Rn. 8.

sondern diese Ausführungen auch so zu gestalten, dass sie den Anforderungen für Verfahrensrügen entsprechen.[186]

b) Verletzung des Verfahrensrechts. Eine **Verletzung von Verfahrensrecht** liegt 70 vor, wenn eine gesetzlich vorgeschriebene Handlung unterblieben, wenn sie fehlerhaft vorgenommen worden ist oder wenn ihre Vornahme unzulässig war.[187] Eine fehlerhafte Rechtsanwendung liegt darüber hinaus aber auch dann vor, wenn eine gar nicht (als gültig) existierende Norm der verfahrensleitenden Entscheidung zugrunde gelegt worden ist bzw. wenn die zugrunde gelegte Vorschrift im Zeitpunkt der Entscheidung nicht mehr gegolten hat.[188]

Grundsätzlich kommt es dabei auf die **wirkliche Sachlage** an.[189] Auch wenn das 71 Tatgericht irrtümlich (und sei es auch in vertretbarer, aber von der Sicht des Revisionsgerichts abweichender Weise) von der Unanwendbarkeit einer Norm ausgeht, ist dies grundsätzlich unbeachtlich.[190] Dennoch kann es im Einzelfall bei einer **subjektiven Unkenntnis** dann bereits an der Verletzung einer Verfahrensnorm fehlen, wenn diese Vorschrift gleichsam situativ an ein Verschulden bzw. an eine entsprechende Kenntnis oder jedenfalls ein Kennenmüssen des Gerichts anknüpft und diese Kenntnis oder fahrlässige Nichtkenntnis fehlt.[191] So liegt etwa **kein Verstoß gegen § 55 Abs. 2** vor, wenn für das Gericht keinerlei Anhaltspunkte auf eine etwaige Gefahr einer Selbstbelastung des Zeugen erkennbar waren (→ § 55 Rn. 28 ff., 105);[192] Ähnlich könnte man argumentieren, wenn man Verletzungen des Anspruchs auf den gesetzlichen Richter von einer willkürlichen Entziehung abhängig macht (→ § 338 Rn. 9 f.) und von einem bloßen „error in procedendo" abgrenzt. Der Sache nach geht es also um die Anerkennung bestimmter Vorschriften als „situationsspezifisch" bzw. als durch die innere Willensrichtung des Richters geprägt.

Ebenfalls nicht erst eine Einschränkung der Revisibilität, sondern letztlich schon eine 72 Grenze der Annahme eines Verfahrensfehlers liegt vor, soweit – gerade bei prozessualen Vorschriften nicht selten – dem Rechtsanwender eine **Ermessensentscheidung** eröffnet wird oder aber ein **Beurteilungsspielraum** zugute gehalten wird (→ Rn. 10 ff.).[193] **Beispiele** für solche Ermessensentscheidungen sind etwa die § 4, § 79 Abs. 1, § 140 Abs. 3 oder § 244 Abs. 5, in denen das Revisionsgericht die Anwendung der Vorschriften **allein auf Rechtsfehler überprüft**, sein eigenes Ermessen aber nicht an die Stelle des tatrichterlichen Ermessens setzen darf. Freilich sind – vergleichbar mit der verwaltungsgerichtlichen Ermessensfehlerlehre – neben Fehlern bei der Rechtsanwendung auch Fehler bei der Ermessensausübung denkbar, so etwa wenn der Tatrichter sich seines Ermessens überhaupt nicht bewusst gewesen ist[194] oder sein Ermessen durch Wahl einer gesetzlich nicht vorgesehenen Rechtsfolge überschreitet. **Beispiele für Beurteilungsspielräume** bilden etwa die Bewertung eines nach § 52 bedeutsamen Verlöbnisses,[195] des Teilnahmeverdachts nach § 60 Nr. 2, der Einhaltung des Subsidiaritätsprinzips bei der TKÜ,[196] der Gefährdung des Untersuchungserfolgs in § 168c Abs. 5 S. 2[197] oder der Voraussetzungen für eine Urkundenverlesung nach § 251. Hier prüft das Revisionsgericht zwar, ob der Richter von einem **zutreffenden**

---

[186] So auch der Hinweis von Widmaier/Momsen in Satzger/Schluckebier/Widmaier StPO Rn. 13.
[187] BGH 22.10.1980 – 2 StR 612/80, MDR 1981, 157; Franke in Löwe/Rosenberg Rn. 44; Schmitt in Meyer-Goßner/Schmitt Rn. 9.
[188] Vgl. Frisch in SK-StPO Rn. 35.
[189] Schmitt in Meyer-Goßner/Schmitt Rn. 9; Widmaier/Momsen in Satzger/Schluckebier/Widmaier StPO R. 14.
[190] Vgl. Frisch in SK-StPO Rn. 36.
[191] Vgl. hierzu Frisch in SK-StPO Rn. 37.
[192] Vgl. OLG Frankfurt a. M. 28.3.1951 – Ss 79/51, NJW 1951, 614; → § 55 Rn. 28 ff., 105.
[193] Vgl. eingehend zu dieser Problematik Frisch in SK-StPO Rn. 87 ff.; knapp auch Schneider NStZ 2019, 324 (326 f.).
[194] Vgl. BGH 23.4.1954 – 2 StR 79/54, BGHSt 6, 298 (300) = NJW 1954, 1087; BGH 11.9.2003 – 3 StR 481/02, NStZ 2004, 438 (439).
[195] Vgl. BGH 9.3.2010 – 4 StR 606/09, BGHSt 55, 65 (69) = NStZ 2010, 461.
[196] Vgl. BGH 16.2.1995 – 4 StR 729/94, BGHSt 41, 30; 1.8.2002 – 3 StR 122/02, BGHSt 47, 362 = NJW 2003, 368.
[197] Vgl. BGH 24.7.2003 – 3 StR 212/02, NJW 2003, 3142 (3144).

Verständnis der einschlägigen Rechtsbegriffe ausgegangen ist und ob die von ihm getroffene Bewertung sich im Rahmen des Vertretbaren hält;[198] ist dies der Fall, kommt es jedoch nicht darauf an, ob das Revisionsgericht selbst möglicherweise einen anderen (ebenfalls vertretbaren) Standpunkt eingenommen hätte.

73   c) **Beweis.** Der **Beweis der mit der Verfahrensrüge vorgetragenen Tatsachen** (dessen Möglichkeit damit letztlich zugleich auch die Grenzen erfolgreicher Verfahrensrügen definiert[199]) erfolgt über das **Sitzungsprotokoll und die Urteilsurkunde** (sowie gegebenenfalls auch im Zusammenspiel zwischen diesen beiden, um Widersprüche aufzudecken), daneben aber auch – wenngleich nur eingeschränkt – im Freibeweisverfahren, wobei hier das sog. Rekonstruktionsverbot zu beachten ist:

74   **aa) Freibeweis.** Dem Freibeweisverfahren sind die Verfahrensakten, amtliche Auskünfte, dienstliche Auskünfte oder auch Aussagen des Verteidigers zugänglich. Nur in seltenen Fällen kommen Zeugen oder Sachverständige in Betracht. Insbesondere hinsichtlich etwaiger richterlicher Beweispersonen können sich Einschränkungen durch das Beratungsgeheimnis gem. § 43 DRiG ergeben.

75   **bb) Rekonstruktionsverbot.** Als allgemeiner revisionsrechtlicher Grundsatz ist – zumindest im Prinzip – unbestritten, dass eine Wiederholung oder Ergänzung der tatgerichtlichen Beweisaufnahme durch das Revisionsgericht ausgeschlossen ist (sog. Rekonstruktionsverbot).[200] Die Ergebnisse der Beweisaufnahme festzustellen und zu würdigen, ist nach der Zuständigkeitsstruktur im Instanzenzug Sache des Tatrichters; was im Urteil zur Schuld- und Rechtsfolgenfrage festgestellt ist, bindet insoweit bei der Verfahrensrüge das Revisionsgericht; die Urteilsfeststellungen sind daher nicht nach § 244 Abs. 2, § 261 angreifbar. Diese – zumindest traditionelle – Zuständigkeitsverteilung bildet auch einen Haupteinwand gegen bzw. ein potentielles revisionsrechtliches Folgeproblem bei Vorschläge(n) für eine vollständige audiovisuelle (oder auch nur akustische) Dokumentation der Hauptverhandlung mit der Möglichkeit weitreichender Rügen. Andererseits mag man sich fragen, ob diese postulierte Zuständigkeitsverteilung bislang nicht auch vorrangig die Folge dessen ist, dass historisch eine weitere Rekonstruktion nicht möglich war (also gewissermaßen ein „normatives Postulat des Faktischen"), und ob sie sich nicht mit geänderten tatsächlichen Rahmenbedingungen verschieben könnte.[201]

76   Insgesamt und *de lege lata* ist zuzugestehen, dass Grund und Grenzen des Rekonstruktionsverbotes noch nicht umfänglich und widerspruchsfrei begründet worden sind und dass sein Verhältnis zu den revisionsrechtlichen Entwicklungen der vergangenen Jahrzehnte (insbesondere auch mit Blick auf Rügen der § 244 Abs. 2 und § 261) in gewisser Hinsicht offen ist (vgl. → Vor § 333 Rn. 58 ff.).[202] Umgekehrt mag man aber in dem Dogma des Rekonstruktionsverbotes, das letztlich in der instanziellen Struktur des Strafverfahrens wurzelt, auch eine letzte Hürde gegen eine zu weite Aufweichung des Revisionsverständnisses sehen. Mit einer solchen Sichtweise zu vereinbaren wäre es, eine Verfahrensrüge zuzulassen, für deren Begründung es lediglich darauf ankommt, ob ein bestimmter Vorgang in der Hauptverhandlung stattgefunden hat oder nicht (und nicht, wie er genau vonstatten gegangen ist).[203]

---

[198] Vgl. etwa 16.2.1995 – 4 StR 729/94, BGHSt 41, 30 = NJW 1995, 1974; BGH 16.11.2006 – 3 StR 139/06, BGHSt 51, 144 (147 f.).

[199] Vgl. zusammenfassend zu diesen Grenzen Franke in Löwe/Rosenberg Rn. 52 ff.

[200] Vgl. knapp Schmitt in Meyer-Goßner/Schmitt Rn. 13; ausführlicher Franke in Löwe/Rosenberg Rn. 52 f.; Wohlers JZ 2021, 116; eingehend aus neuerer Zeit Bartel, Das Verbot der Rekonstruktion der Hauptverhandlung, 2014. Aus der Rspr. etwa BGH 8.2.1961 – 2 StR 625/60, BGHSt 15, 347 = NJW 1961, 789; 3.7.1962 – 1 StR 157/62, BGHSt 17, 351 (352) = NJW 1962, 1832; BGH 7.6.1979 – 4 StR 441/78, BGHSt 29, 18 (20) = NJW 1979, 2318.

[201] Vgl. zu diesen Fragen Bartel StV 2018, 678; Kudlich in Cirener/Jahn/Radtke (Hrsg.), 7. Karlsruher Strafrechtsdialog, 2020, S. 13; Kudlich in Hoven/Kudlich (Hrsg.), Digitalisierung und Strafverfahren, 2020, S. 163; Wehowsky NStZ 2018, 177.

[202] Vgl. etwa Herdegen StV 1992, 590.

[203] In diese Richtung Pauly FS Hamm, 2008, 572; Wilhelm ZStW 117 (2005), 144; vorsichtig zustimmend Schmitt in Meyer-Goßner/Schmitt Rn. 13.

cc) Zulässige Gegenbeweise gegen die Urteilsfeststellungen. Da das Rekonstruktionsverbot dazu führen kann, dass das Revisionsgericht selbst **schwerwiegende Mängel** des tatrichterlichen Verfahrens nicht aufklären kann (und weil die Sachrüge diese Schwäche zwar mitunter – vgl. → Rn. 102 ff. – aber nicht immer ausgleichen kann), sollte es auch nicht verabsolutiert werden.[204] Vielmehr verliert es seine Sperrwirkung, wo nicht die Gefahr auftritt, dass das Revisionsgericht tatrichterliche Funktionen ausübt (vgl. → Rn. 75: „instanzielle Begründung des Rekonstruktionsverbots"), wenn es etwa – ohne die tatrichterlichen Feststellungen durch eine eigene Beweiserhebung zu verdrängen – anhand von **Unterlagen mit objektivem Beweiswert** (zB einem Sitzungsprotokoll, in dem der Inhalt einer Aussage nach § 273 Abs. 3 protokolliert worden ist) ein Beweisergebnis in Frage stellt.[205] Ähnliches gilt, wenn die Urteilsfeststellungen einer in der Hauptverhandlung verlesenen Urkunde[206] oder dem verlesenen Protokoll über Vernehmungen widersprechen.[207] Auch gem. § 256 verlesbare Berichte[208] oder Sachverständigengutachten[209] können Mittel eines zulässigen Gegenbeweises sein. Zwar enthält auch dieser letztlich eine inhaltliche Würdigung und Überprüfung der tatrichterlichen Feststellungen durch das Revisionsgericht; diese erfordert aber **keine eigene Wertung,** sondern **legt lediglich eine Divergenz offen,** aufgrund derer der Überzeugungsbildung des Tatrichters die notwendige äußere Grundlage fehlt, sodass gegen § 261 verstoßen wird.[210] Daraus ergibt sich zugleich, dass das Revisionsgericht keine eigene Bewertung des Beweisergebnisses vornehmen und daher etwa nicht prüfen darf,[211] ob eine Urkunde richtig ausgelegt oder der Inhalt einer Zeugenaussage richtig gewürdigt worden ist.

Aus diesem Verbot einer eigenen Bewertung des Beweisergebnisses ergibt sich zugleich, dass die in → Rn. 77 erwähnten „Widersprüche" bzw. „Unrichtigkeiten" nicht leichthin angenommen werden können. Es geht mithin um **eindeutige Fälle,** in denen für eine Auslegung der Urkunde letztlich kein Raum ist. Wenn freilich die tatrichterliche Urkundenauslegung **erkennbar falsch** ist und die Diskrepanz zwischen Urkundeninhalt und Urteilsfeststellungen erkennbar auf dieser falschen Auslegung beruht, sollte auch dies durch das Revisionsgericht berücksichtigbar sein.[212]

Im Einzelnen umstritten ist, ob auch aus dem **Schweigen des Urteils** der Schluss gezogen werden darf, der Tatrichter habe eine verlesene Urkunde nicht verwertet. Der BGH hat dies im Einzelfall zugelassen (Verstoß gegen die Pflicht zur umfassenden Würdigung des Beweisergebnisses nach § 261[213]). Freilich ist dies auf Fälle begrenzt, in denen die **Würdigung der übergangenen Umstände nahegelegen** hätte und sich daher im Urteil hätte widerspiegeln müssen. Dies ist insbesondere dann nicht der Fall, wenn der in der Urkunde fixierte Umstand im Zeitpunkt der Urteilsfällung aufgrund anderer Beweisaufnahmen in der Hauptverhandlung seine Bedeutung bereits verloren hat.[214]

---

[204] Zutreffend Franke in Löwe/Rosenberg Rn. 54.
[205] Vgl. BGH 3.7.1991 – 2 StR 45/91, BGHSt 38, 14 = NJW 1992, 252; eingehend Schröder Das Wortlautprotokoll als revisionsrechtlicher Nachweis eines Widerspruchs zwischen tatrichterlichem Strafurteil und dem Inbegriff der mündlichen Hauptverhandlung; Geißler Untersuchungen zur Revisibilität von Widersprüchen zwischen Strafurteil und Wortprotokoll, 2000; anderes soll bei Protokollierungen nach § 273 Abs. 2 gelten, vgl. BGH 7.6.1979 – 4 StR 441/78, BGHSt 29, 18 (20) = NJW 1979, 2318; 3.7.1991 – 2 StR 45/91, BGHSt 38, 14 (16); dem zustimmend Schmitt in Meyer-Goßner/Schmitt Rn. 14.
[206] Vgl. BGH 12.8.1987 – 3 StR 250/87, NStZ 1988, 209 (212) bei Miebach.
[207] Vgl. zur kommissarischen Vernehmung BGH 7.6.1979 – 4 StR 441/78, BGHSt 29, 18 (21) = NJW 1979, 2318.
[208] Vgl. BGH 19.3.1991 – 1 StR 99/91, StV 1991, 500.
[209] Vgl. BGHSt 29.12.1989 – 4 StR 630/89, NStZ 1990, 243.
[210] Vgl. Franke in Löwe/Rosenberg Rn. 56.
[211] Vgl. Schmitt in Meyer-Goßner/Schmitt Rn. 15.
[212] Zutreffend Franke in Löwe/Rosenberg, der überzeugend darauf hinweist, dass auch bei der Sachrüge von der unzulässigen eigenen Auslegung die Überprüfung der tatgerichtlichen Auslegung durch das Revisionsgericht auf Rechtsfehler nicht unterschieden wird und kein Grund ersichtlich ist, diesen Überprüfungsbereich bei der Verfahrensrüge enger zu ziehen.
[213] Vgl. BGH 18.8.1987 – 1 StR 366/87, StV 1988, 138 mAnm Schlothauer; ferner BGH 3.7.1991 – 2 StR 45/91, BGHSt 38, 14 = NStZ 1991, 500.
[214] Vgl. Franke in Löwe/Rosenberg Rn. 58.

80 Ein **Widerspruch** zwischen dem Urteil und der **sonstigen Aktenlage** wird dagegen von der Rechtsprechung kaum zugelassen. Ein in der Literatur diskutierter Ansatzpunkt besteht hier in einem **alternativen Rügevorbringen,** das sich aus dem Schweigen des Urteils über bestimmte Akteninhalte ergebe, dass der Tatrichter urkundlich nachweisbaren Prozessstoff entweder übergangen (dann Verstoß gegen § 261) oder ihn nicht ausgeschöpft habe (Verstoß gegen § 244 Abs. 2).[215] **Demgegenüber** ist der **BGH** im Grundsatz richtigerweise der Auffassung, dass „Widersprüche zwischen dem Inhalt des Urteils und den Akten (...), wenn sie sich nicht aus den Urteilsgründen selbst ergeben, für sich allein regelmäßig revisionsrechtlich unerheblich" sind.[216] Etwas anderes wird man aber – mit vorsichtiger Billigung durch die Rechtsprechung – dann annehmen können, wenn der **Akteninhalt die Unrichtigkeit der Urteilsfeststellungen ohne Weiteres beweist,** etwa weil eine vom Tatrichter verwertete Protokollstelle in den Akten nicht enthalten ist;[217] denn hier kann ein Vergleich zwischen Urkundeninhalt und Urteilsgründen den Fehler belegen, ohne dass die Beweisaufnahme rekonstruiert werden müsste. Auch gemäß § 273 protokollierte Aussagen sollten im Hinblick auf die besondere Beweiskraft des Sitzungsprotokolls (jedenfalls bei wörtlicher Protokollierung nach Abs. 3) als Mittel eines zulässigen Gegenbeweises gegen die Urteilsfeststellungen anerkannt werden.[218]

81 **Abbildungen,** auf die nach § 267 Abs. 1 S. 3 verwiesen wird, werden durch diesen Verweis zum **Bestandteil der Urteilsgründe,** sodass ihre revisionsrechtliche Würdigung eine Frage der **Sachrüge** ist. Stützt sich das Urteil **ohne einen solchen Verweis** auf die Abbildung, erscheint es nur angemessen, **über die Verfahrensrüge zu ähnlichen Grundsätzen** zu gelangen und ebenfalls einen Widerspruch zwischen Abbildungen und Urteilsfeststellungen angreifbar zu machen. Hat die Abbildung einen eindeutig anderen Inhalt oder ist für Beweiszwecke nicht geeignet, wird man hierin einen Verstoß gegen § 261 sehen können.[219]

82 **dd) Zweifelsfälle.** Die wohl hM, darunter auch die Rechtsprechung, geht davon aus, dass hinsichtlich etwaiger Verfahrensfehler der Grundsatz **„in dubio pro reo" keine Geltung** beansprucht.[220] Lässt sich also das Gegenteil nicht beweisen, so wird (verfassungsrechtlich nach Auffassung des BVerfG unbedenklich[221]) davon ausgegangen, dass das Verfahren rechtmäßig war.[222] Aufgrund einer generellen Vermutung für ein gesetzeskonformes Verhalten des Tatrichters könne nämlich der Grundsatz „in dubio pro reo" keine Geltung beanspruchen.

83 **Jedenfalls in dieser Absolutheit kann dies nicht überzeugen.** Die Erfahrung durchaus erfolgreicher Verfahrensrügen, insbesondere aber auch solcher, die nur mangels zulässiger Begründung oder wegen der Annahme eines fehlenden Beruhens (vgl.

---

[215] Vgl. Schlothauer StV 1992, 134 (139); Ziegert StV 1996, 279. Ausf. Nachw. zum Meinungsstand Gericke in KK-StPO Rn. 26a.

[216] Vgl. BGH 7.8.2007 – 4 StR 142/07, NStZ 2008, 55; ähnlich auch schon BGH 2.6.1992 – 1 StR 182/92, NJW 1992, 2840; 12.12.1996 – 4 StR 499/96, NStZ 1997, 294; 16.10.2006 – 1 StR 180/06, NStZ 2007, 115; zustimmend Schmitt in Meyer-Goßner/Schmitt Rn. 15a und wohl auch Frisch in SK-StPO Rn. 86.

[217] Vgl. 3.9.1997 – 5 StR 237/97, BGHSt 43, 212 (216) = NJW 1997, 3182; BGH 19.1.2000 – 3 StR 531/99, NJW 2000, 1962; zustimmend Franke in Löwe/Rosenberg Rn. 61.

[218] Vgl. BGH 3.7.1991 – 2 StR 45/91, BGHSt 38, 14 = NStZ 1991, 500; Franke in Löwe/Rosenberg Rn. 62 (dort mit beachtlichen Gründen noch weitergehend auch für Protokollierungen nach § 273 Abs. 2, freilich gegen die wohl hM).

[219] Vgl. BGH 19.12.1995 – 4 StR 170/95, BGHSt 41, 382 = NJW 1996, 1420; zustimmend Schmitt in Meyer-Goßner/Schmitt Rn. 14; Franke in Löwe/Rosenberg Rn. 61.

[220] Vgl. RG 15.12.1930 – III 680/30, RGSt 65, 52 (255); BGH 28.6.1961 – 2 StR 154/61, BGHSt 16, 164 = NJW 1961, 1979; 4.1.1966 – 1 StR 299/65, BGHSt 21, 4 (10) = NJW 1966, 603; 19.10.1993 – 1 StR 662/93, NStZ 1994, 196; 22.1.2008 – 1 StR 607/07, NStZ 2008, 353; aus der Literatur etwa Schmitt in Meyer-Goßner/Schmitt Rn. 10, 12.

[221] Vgl. BVerfG 5.3.2012 – 2 BvR 1464/11, NJW 2012, 1136 sowie zusammenfassend → § 261 Rn. 347 mwN.

[222] Vgl. BGH 28.6.1961 – 2 StR 154/61, BGHSt 16, 164 (167) = NJW 1961, 1979; BGH 3.7.1962 – 1 StR 157/62, BGHSt 17, 351 (353) = NJW 1962, 1832.

→ Rn. 129 ff.) keinen Erfolg haben, zeigt **schon empirisch, dass keineswegs stets von einem prozessordnungsgemäßen Prozessieren der Tatgerichte ausgegangen werden kann;** auch der Umstand, dass die Zweifelsfrage bei Prozessvoraussetzungen zumindest teilweise abweichend gehandhabt wird (vgl. → Rn. 53),[223] weist in diese Richtung. Mit durchaus gewichtigen Stimmen in der Literatur[224] ist daher eine differenzierende Betrachtung vorzugswürdig. Jedenfalls wenn die **Unklarheit** letztlich **von den Strafverfolgungsorganen zu vertreten** ist, da diese eine von ihnen zu erwartende urkundliche Dokumentation nicht durchgeführt haben bzw. nicht (mehr) zur Verfügung stellen können, kann dies nicht zu Lasten des Beschwerdeführers gehen.[225] Noch darüber hinausgehend ist zu erwägen, ob nicht in all solchen Fällen, in denen ein **Verfahrensfehler als ernsthaft (wenn auch nicht voll beweisbar) möglich** erscheint,[226] diese ernsthafte (und ebenfalls nicht auszuräumende) Möglichkeit eines Aufhebungsgrunds ausreichend ist. Denn auch sie kompromittiert das Verfahren bei behaupteten Verstößen bereits so sehr, dass das Urteil nicht auf Akzeptanz hoffen und Rechtsfrieden schaffen kann.[227]

d) Erhebung der Verfahrensrüge. Die Verfahrensrüge wird im Rahmen der Revisionsbegründung erhoben. Besonders zu beachten sind hierbei die strengen **Begründungsanforderungen des § 344 Abs. 2 S. 2** (vgl. hierzu die Kommentierung dort). **84**

e) Persönliche Beschwer. Einen Verfahrensverstoß kann nur derjenige Prozessbeteiligte rügen, der **durch ihn selbst beschwert** ist. Dies ist ein allgemeingültiger verfahrensrechtlicher Grundsatz, der in § 339 für die Staatsanwaltschaft seine ausdrückliche Bestätigung gefunden hat (vgl. die Kommentierung dort, insbes. → Rn. 1 ff.). Ein lediglich von einem Mitangeklagten gestelltes Ablehnungsgesuch kann also nicht von einem anderen Angeklagten geltend gemacht werden; auch die bei einer ordnungsgemäßen Behandlung eines Beweisantrags oder Ablehnungsgesuches geänderten prozessualen Bedingungen stellen sich insoweit als reiner Rechtsreflex dar.[228] **Anderes** gilt nach BGHSt 32, 10 (12) bei der gesetzeswidrigen Ablehnung eines nur vom Mitangeklagten gestellten Beweisantrages,[229] **sofern die geltendgemachte Beweistatsache auch zu Gunsten des Revisionsführers wirken würde;** dies gebietet der Grundsatz der inneren Einheitlichkeit der Beweisführung (weshalb auch spätere Einschränkungen dieser Rechtsprechung[230] nicht überzeugen). Die noch weitergehende Revisionserstreckung nach **§ 357 betrifft allein sachlichrechtliche Mängel** des Urteils. **85**

f) Verlust von Verfahrensrügen. Nicht nur Widerspruchslösung und Rügepräklusion, sondern letztlich auch der Gedanke des **Verzichts** betreffen – wenn nicht gar ausschließlich, so doch – ganz überwiegend Verfahrensrügen, vgl. hierzu bereits in den allgemeinen Ausführungen unter → Rn. 19 ff. Auch die **fehlerfreie Wiederholung** eines fehlerbehafteten Verfahrensvorganges[231] oder die **Nachholung eines zu Unrecht unterbliebenen Verfahrenselementes** (etwa einer Belehrung[232]) stellen sich (nur) bei Verfahrensrügen als Möglichkeit dar. **86**

---

[223] Kritisch insoweit wohl auch Franke in Löwe/Rosenberg Rn. 51.
[224] Vgl. insbes. Franke in Löwe/Rosenberg Rn. 51; Frisch in SK-StPO Rn. 76.
[225] Vgl. Franke in Löwe/Rosenberg Rn. 51; Frisch in SK-StPO Rn. 76; nunmehr auch in der Rechtsprechung BGHSt 53, 268 (282) sowie (zu einem Dokumentationsverstoß nach § 273 Abs. 1a) vgl. BVerfG 5.3.2012 – 2 BvR 1464/11, NJW 2012, 1136; ähnlich OLG Zweibrücken 31.7.2012 – 1 Ws 169/12, NJW 2012, 3193.
[226] Frisch in SK-StPO Rn. 76 nennt hier etwa einander widersprechende dienstliche Äußerungen über die Art der Durchführung einer Vernehmung. Zumindest vereinzelt hat sich auch die obergerichtliche Rechtsprechung bewegt, vgl. bereits RG 23.10.1933 – II RGSt 67, 417 (418).
[227] Vgl. Frisch in SK-StPO Rn. 76; Klemke StV 2004, 589 (589 f.).
[228] Vgl. Widmaier/Momsen in Satzger/Schluckebier/Widmaier StPO Rn. 22.
[229] Vgl. BGH 16.6.1983 – 2 StR 837/82, BGHSt 32, 10 (12) = NJW 1983, 2396.
[230] BGH 4.5.2011 – 5 StR 124/11, StV 2011, 458; 28.8.2011 – 3 StR 217/11, StV 2011, 711. Krit. auch Widmaier/Momsen in Satzger/Schluckebier/Widmaier StPO Rn. 22.
[231] Vgl. BGH 29.6.1956 – 2 StR 252/56, BGHSt 9, 243 = NJW 1956, 1366; BGH 1.4.1981 – 2 StR 791/80, BGHSt 30, 74 (76).
[232] Vgl. BGH 22.6.1989 – 1 StR 231/89, NStZ 1989, 484.

87 **4. Verletzung materiellen Rechts. a) Überblick. aa) Rechtsfehler im materiellen Recht.** Neben dem Verfahrensrecht (dh denjenigen Vorschriften, die den Weg bestimmen, auf dem der Richter zur Urteilsfindung berufen und gelangt ist; → Rn. 44, 65 f.) ist auch das **materielle Recht tauglicher Prüfungsgegenstand** im Rahmen einer Revision. Es sind dies im Wege einer Negativabgrenzung mithin all die Vorschriften, die nicht im soeben genannten Sinne dem Verfahrensrecht angehören. Im Wesentlichen geht es hier um die **Beweiswürdigung,**[233] **die Anwendung materiellen Rechts im engeren Sinne (dh also der Strafnormen) sowie um die Bestimmung der Rechtsfolgen,**[234] mithin also vollständig um Fragen, welche der Revisionsrichter allein anhand der schriftlichen Urteilsgründe überprüfen kann.

88 Als Rechtsfehler kommt hier die **unrichtige Anwendung** einer Norm, die **Anwendung einer nicht einschlägigen Norm** oder die **Nichtanwendung einer einschlägigen Norm** in Betracht.

89 **bb) Überprüfung der Subsumtionsgrundlage.** Neben dieser Rechtsanwendung prüft das Revisionsgericht aber auch, ob eine **tragfähige Subsumtionsgrundlage** zur Verfügung steht und diese auch im Urteil mitgeteilt wird.[235] Hierin liegt **nur auf den ersten Blick** eine **Abweichung von der Beschränkung** der Revision **auf die Prüfung von Rechtsfehlern,** denn die Prüfung, ob die Vorschriften des materiellen Strafrechts auf den im Urteil festgestellten Sachverhalt richtig und vollständig angewendet werden, setzt einen widerspruchsfreien und nicht lückenhaften Sachverhalt voraus.[236] Maßstab hierfür ist, dass das Urteil belegt, dass die **richterliche Überzeugung auf einer tragfähigen, verstandesmäßig einsehbaren Tatsachengrundlage** beruht,[237] dass Feststellungen und Beweiswürdigung des Urteils also zumindest plausibel sein müssen.[238] Dabei sollte der Blick angesichts des massiven mit einer strafrechtlichen Verurteilung verbundenen Eingriffs weniger auf das untere Ende der Skala (mehr als „bloße Vermutung"[239]) gerichtet werden als vielmehr nach oben hin fallen („**aus rationalen Gründen möglicher Schluss,** dass das festgestellte Geschehen mit hoher Wahrscheinlichkeit mit der Wirklichkeit übereinstimmt"[240]). Dass diesbezügliche „Empfindlichkeitsdivergenzen" zwischen verschiedenen Revisionsgerichten (und teilweise auch zwischen den Strafsenaten des BGH) zu unterschiedlichen Aufhebungsquoten führen (können), liegt auf der Hand (zu den Erfolgsaussichten von Revisionen → Vor § 333 Rn. 12 ff.).[241]

90 **cc) Grundlagen der Überprüfung.** Grundlagen der Überprüfung auf die **Sachrüge** hin sind grundsätzlich das **Urteil (Urteilsurkunde)** sowie die **Abbildungen,** auf die nach § 267 Abs. 1 S. 3 verwiesen worden ist. Andere Erkenntnisquellen sind dem Revisionsgericht grundsätzlich verschlossen.[242] Insbesondere darf das Revisionsgericht bei der Prüfung der Sachrüge **grundsätzlich den Akteninhalt nicht berücksichtigen.**[243] Dementsprechend gibt es auch – insoweit unstreitig – **keine „Rüge der Aktenwidrigkeit".**[244]

---

[233] Vgl. zu deren Überprüfung in der Revision auch Miebach NStZ 2021, 403; Schneider NStZ 2019, 324 (326).
[234] Zur Überprüfung in der Revision auch Schneider NStZ 2019, 324 (325 f.).
[235] Vgl. Schmitt in Meyer-Goßner/Schmitt Rn. 21.
[236] Vgl. Widmaier/Momsen in Satzger/Schluckebier/Widmaier StPO Rn. 24, der zu Recht betont, dass darin keine Wesensänderung, sondern nur eine „sachgerechte Erweiterung der Revision" liegt; eingehend hierzu Frisch FS Eser, 1998, 257; grundlegend bereits Fezer Die erweiterte Revision, passim.
[237] Vgl. etwa BGH 24.6.1982 – 4 StR 183/82, NJW 1982, 2882 (2883).
[238] Vgl. BGH 25.1.2006 – 5 StR 593/05, NStZ-RR 2006, 212 (213).
[239] Vgl. BGH 2.7.1980 – 3 StR 204/80, NStZ 1981, 33; Nack StV 2002, 511 (512).
[240] Vgl. etwa BGH 19.1.1999 – 1 StR 171/98, NStZ 1999, 420; zurückgehend wohl auf Herdegen NStZ 1987, 183 (198).
[241] Zutreffend Widmaier/Momsen in Satzger/Schluckebier/Widmaier StPO Rn. 26.
[242] Vgl. BGH 17.3.1988 – 1 StR 361/87, BGHSt 35, 238 (241) = NJW 1988, 3161; BGH 12.3.1998 – 4 StR 633/97, NJW 1998, 3654; Schmitt in Meyer-Goßner/Schmitt Rn. 2.
[243] Vgl. nochmals BGH 17.3.1988 – 1 StR 361/87, BGHSt 35, 238 (241) = NJW 1988, 3161.
[244] Vgl. BGH 19.10.1999 – 5 StR 442/99, NStZ 2000, 156; OLG Brandenburg 26.2.2009 – 1 Ss 10/09, NStZ-RR 2009, 209; Franke in Löwe/Rosenberg Rn. 79; Schmitt in Meyer-Goßner/Schmitt Rn. 23.

Umstritten ist demgegenüber, ob als ergänzende Grundlage der Prüfung neben der Urteilsurkunde und den Abbildungen der Akteninhalt dann bzw. insoweit in Betracht kommt, als er **durch eine (zulässige) Verfahrensrüge ohnehin zum Gegenstand des Revisionsverfahrens** gemacht worden ist. Gegen diese Möglichkeit wird nachvollziehbar eingewandt, dass die Grenzen zwischen Sachrüge und Verfahrensrüge auf diese Weise verwischt werden.[245] Gleichwohl spricht durchaus auch einiges für die Einbeziehung jedenfalls der durch eine zulässige Verfahrensrüge ohnehin zum Prüfungsgegenstand gemachten Akteninhalte, wie sie auch die Rechtsprechung vereinzelt zugelassen hat:[246] Zum einen ist schon fraglich, ob einem auch auf die **Einzelfallgerechtigkeit verpflichteten Revisionsgericht** (→ Vor § 333 Rn. 69) „zugemutet" werden darf, gegebenenfalls sehenden Auges die Rechtsanwendung auf einen unrichtigen Sachverhalt zu billigen (welche im Übrigen auch nur in einem formalen Sinn „richtige" Rechtsanwendung ist); zum anderen dürfte in den vergleichsweise wenigen Fällen, in denen sich diese Frage stellt, der **„Übergriff" auf die Tatsachenbasis nicht größer** sein, als durch die Entwicklung der Darstellungsrüge als insoweit in der Rechtsprechung anerkannter Fall der Sachrüge (→ Rn. 102 ff.), dabei in seinem konkreten Anwendungsbereich aber sogar noch schärfer konturiert.

Eigene Beweisaufnahmen in der Revisionsverhandlung erfolgen grundsätzlich 91 nur durch die Anhörung von Sachverständigen zur **Feststellung von Erfahrungssätzen.** Daneben dürfen aber auch Abbildungen, deren strafbarer Inhalt Gegenstand des tatrichterlichen Urteils ist, daraufhin in Augenschein genommen werden, ob sie die Überzeugungsbildung des Tatrichters tragen.[247]

b) Überprüfung der Beweiswürdigung. aa) Grundlagen. Das Revisionsgericht 92 überprüft das tatgerichtliche Urteil auf Fehler bei der Beweiswürdigung. Das bedeutet, dass **nicht eine eigene Würdigung** vorgenommen wird, sondern eine **rechtliche Prüfung des Vorgehens des Tatgerichts** erfolgt.[248] Dabei geht es auch weniger um den Wertungsakt der Würdigung per se (welche die ureigene Kompetenz des Tatgerichts ist), sondern um die Überprüfung des **„Weges dort hin".**[249] So ist zB die Auslegung von Äußerungen, Erklärungen, Urkunden oder Verträgen als Tatsachenwürdigung dem Tatrichter vorbehalten, und das Revisionsgericht darf keine eigene Würdigung vornehmen;[250] der Auslegungsvorgang (hier im Sinne einer Anwendung der Auslegungsregeln als Rechtsanwendung) kann dagegen vom Revisionsgericht rechtlich überprüft werden, so zB wenn bei objektiv verschiedenen Verständnismöglichkeiten von vornherein eine kurzschlüssige Beschränkung auf eine einzige Lesart erfolgt.[251]

Dabei hat in den vergangenen Jahrzehnten die **Kontrolldichte** auch bei der Beweis- 93 würdigung **insgesamt zugenommen,** und die Revisionsgerichte fordern stärker als früher eine intersubjektive Plausibilität. Darin mag man eine gewisse Aufweichung der Kompetenzabgrenzung zwischen Tatgericht und Revisionsgericht erkennen; für das **regelmäßig einzige Rechtsmittel in Fällen** schwerer Kriminalität **mit** entsprechend **empfindlichen Strafdrohungen** erscheint dies aber gerechtfertigt. Diese erhöhte Kontrolldichte ändert aber nichts daran, dass nach wie vor eine sorgfältige Abgrenzung vorzunehmen ist, ob es sich um eine **hinzunehmende Tatsachenfeststellung** oder um eine letztlich nicht

---

[245] Kritisch daher Schmitt in Meyer-Goßner/Schmitt Rn. 23; Franke in Löwe/Rosenberg Rn. 78; Frisch in SK-StPO Rn. 103.
[246] Vgl. BGH 27.2.1986 – 1 StR 31/86, NJW 1986, 1699 (1700); wohl auch BGH 17.12.1968 – 1 StR 161/68, BGHSt 22, 282 (289) = NJW 1969, 517.
[247] Allgemein Schmitt in Meyer-Goßner/Schmitt Rn. 24; speziell zur Augenscheinsproblematik BGH 19.12.1995 – 4 StR 170/95, BGHSt 41, 376 (382) = NJW 1996, 1420; anders aber BGH 7.6.1979 – 4 StR 441/78, BGHSt 29, 18 (22) = NJW 1979, 2318.
[248] Schmitt in Meyer-Goßner/Schmitt Rn. 26.
[249] Vgl. BGH 6.12.2007 – 3 StR 342/07, NJW 2008, 1543 (Ls.) = NStZ-RR 2008, 146; grds. krit. dazu Kuckein/Müller, Festheft zum 65. Geburtstag von Ingeborg Tepperwien, S. 31.
[250] Vgl. BGH 25.6.1952 – 5 StR 509/52, BGHSt 3, 69 (70) = NJW 1952, 1186; 15.11.1967 – 3 StR 4/67, BGHSt 21, 371 (372) = NJW 1968, 309.
[251] Vgl. Widmaier/Momsen in Satzger/Schluckebier/Widmaier StPO Rn. 33.

tragfähige Vermutung handelt. Am Ende ist diese Abgrenzung selbstverständlich ein wertender Akt, der – unbestritten und letztlich wohl auch nicht vorwerfbar – von Fall zu Fall unterschiedlich durchgeführt wird.[252]

94 bb) **Wichtige „Regeln" und Grundsätze.** Um zumindest einen nicht unerheblichen Teil denkbarer Angriffe auf die Beweiswürdigung aus der schwierigen und stark wertenden Abgrenzung zwischen hinzunehmender Tatsachenfeststellung und nicht tragfähiger Vermutung herauszunehmen, muss man sich diejenigen **gleichsam „technischen Regeln" und Grundsätze** vergegenwärtigen, die insoweit eine klarere Rechtsanwendung (und damit eine verlässlichere Unterscheidung zwischen Rechtsfehler und zu akzeptierendem Urteil) zulassen, auch ohne dass die StPO im Wesentlichen feste Beweisregeln im engeren Sinne kennen würde[253] (sondern in § 261 bekanntlich das Primat der freien richterlichen Beweiswürdigung statuiert hat): Das Vorliegen (aber natürlich auch das Nicht-Vorliegen) eines Rechtsfehlers kann vergleichsweise einfach mit Blick auf die **Einhaltung der Denkgesetze** (→ § 261 Rn. 96 ff.)[254] und die **Übereinstimmung mit naturwissenschaftlichen Erkenntnissen** erfolgen (→ § 261 Rn. 106 f.).[255] Gleiches gilt für die Übereinstimmung der Feststellungen mit **allgemeinkundigen Tatsachen**[256] bzw. mit **Erfahrungssätzen der allgemeinen Lebenserfahrung** (wobei ein Rechtsfehler nicht nur darin liegen kann, dass ein solcher Erfahrungssatz übersehen wird, sondern auch darin, dass er zu Unrecht angenommen wird[257] – sei es, dass er nie tatsächlich existierte, sei es dass ein althergebrachter Erfahrungssatz mittlerweile übereinstimmend für nicht mehr einschlägig erachtet wird; → § 261 Rn. 99 ff.).[258] Problematisch ist dies bei Tatsachen, die **nur (revisions-)gerichtskundig** sind.[259] Richtigerweise ist hier zu **unterscheiden:** Soweit es sich um solche Erfahrungssätze handelt, die durch die (grundsätzlich mögliche) freibeweisliche Anhörung eines Sachverständigen[260] ermittelt werden könnten, spricht selbstverständlich nichts dagegen, wenn solche Kenntnisse herangezogen werden, die beim Revisionsgericht – und gegebenenfalls auch nur bei einem Mitglied des Spruchkörpers – existieren. Geht es dagegen – wohl selten vorstellbar – um Beweistatsachen, für die sonst ein Zeuge gehört werden müsste, kann die zufällige Kenntnis eines Revisionsrichters nicht dazu führen, dass diese Tatsache der revisionsgerichtlichen Entscheidung zugrundegelegt wird, wenn sie sich nicht aus dem tatgerichtlichen Urteil[261] entnehmen lässt.[262]

95 Ein vergleichsweise leicht festzustellender Fehler in der Beweiswürdigung liegt auch vor, wenn (nicht ganz fernliegende) anderweitige **Möglichkeiten, wie sich der Sachverhalt zugetragen haben könnte,** überhaupt nicht überprüft werden,[263] etwa bei der fehlenden Erörterung eines naheliegenden Falschbelastungsmotivs.[264] Es fehlt dann an der gebotenen

---

[252] Vgl. eingehend Franke in Löwe/Rosenberg Rn. 117 ff.
[253] Eine Ausnahme besteht etwa darin, dass aus dem Schweigen des Angeklagten keine negativen Schlüsse gezogen werden dürfen. Dies gilt nach BGH 17.7.2019 – 4 StR 150/19, NStZ-RR 2019, 317 (Ls.) = BeckRS 2019, 19903.
[254] Schmitt in Meyer-Goßner/Schmitt Rn. 27, 30; Franke in Löwe/Rosenberg Rn. 138 ff.
[255] Widmaier/Momsen in Satzger/Schluckebier/Widmaier StPO Rn. 28.
[256] Vgl. Widmaier/Momsen in Satzger/Schluckebier/Widmaier StPO Rn. 29.
[257] So etwa die Annahme, von einem kleinen Kind (7 Jahre) seien drei Jahre nach dem Tatgeschehen keinesfalls mehr sinnvolle Zeugenaussagen zu erlangen, vgl. BGH 18.2.1015 – 2 StR 278/14, NStZ 2015, 419.
[258] Vgl. BayObLG 16.12.2022 – 202 StRR 110/22, BeckRS 2022, 41468; Schmitt in Meyer-Goßner/Schmitt Rn. 31; Franke in Löwe/Rosenberg Rn. 143.
[259] Vgl. Meyer-Goßner/Cierniak StV 2000, 696.
[260] Vgl. dazu BGH 14.12.1954 – 5 StR 416/54, BGHSt 7, 82 (83) = NJW 1955, 599; 11.12.1973 – 4 StR 130/73, BGHSt 25, 246 (249) = NJW 1974, 246; 1.2.1985 – 2 StR 685/84, BGHSt 33, 133 (136).
[261] Oder aus einem Aktenstück, das durch eine zulässige Verfahrensrüge zum Gegenstand der Überprüfung geworden ist, soweit man dies für beachtlich hält, vgl. → Rn. 90.
[262] Eine andere Frage ist, ob bei einem Fehlen der Tatsache im Urteil die Urteilsgründe möglicherweise in sich nicht mehr schlüssig sind und daher erfolgreich mit einer Darlegungsrüge angegriffen werden können; vgl. dazu näher → Rn. 107.
[263] Vgl. Widmaier/Momsen in Satzger/Schluckebier/Widmaier StPO Rn. 30.
[264] BGH 26.11.2013 – 3 StR 217/13, NStZ-RR 2014, 115.

erschöpfenden Würdigung des Sachverhalts und der Beweismittel (→ § 261 Rn. 108 ff.).[265] Von besonderer Bedeutung ist dies insbes. in **"Aussage-gegen-Aussage"-Konstellationen**[266] oder bei einer Verurteilung, die sich im Wesentlichen auf Zeugen vom Hörensagen stützt. Auch belastende Aussagen eines Mittäters müssen besonders gründlich gewürdigt werden.[267]

Fehlerhaft ist auch eine Beweiswürdigung, bei der ersichtlich die **abschließende** **96 Gesamtwürdigung des herangezogenen Beweismaterials unterblieben** ist.[268] Dass damit mitunter floskelhafte, fast schon „salvatorische" Schlussformeln in der Beweiswürdigung („unter nochmaliger Würdigung aller Umstände...") provoziert werden, liegt auf der Hand, ist aber bis zu einem gewissen Grad dem formalen Charakter sowohl des Beweisrechts in der Hauptverhandlung als auch der Revision geschuldet. Allerdings wäre es verkürzt, die Bedeutung der Gesamtwürdigung auf eine solche Formel zu reduzieren, da nicht von der Hand zu weisen ist, dass das **Erfordernis und damit die gedankliche Vorbereitung ihrer späteren Niederschrift** das Gericht doch dazu bewegen kann, das vorläufige eigene Beweisergebnis in der Gesamtschau noch einmal kritisch zu würdigen. Auch schließt das Postulat, den Beweisstoff umfassend zu würdigen nicht aus, dass – insbesondere bei Indifferenz im Übrigen – die Überzeugung letztlich auf einer schmalen Tatsachengrundlage und sogar auf einem einzigen (nach Lage des Falles besonders aussagekräftigen) Beweiszeichen (wie einem Fingerabdruck oder einer DNA-Spur) gestützt wird.[269]

Eine fehlerhafte Beweiswürdigung liegt auch bei **inneren Widersprüchen der** **97 Gedankenführung** oder **Unklarheiten der Argumentation** vor; in solchen Fällen ist zwar nicht ausgemacht, dass das Ergebnis der Würdigung tatsächlich unrichtig sein muss; allerdings ist dem Revisionsgericht insoweit nicht einmal die (ohnehin eingeschränkte) Überprüfung der Ergebnisse der Beweiswürdigung möglich, sodass schon aus diesem Grund das Urteil als rechtsfehlerhaft behandelt werden muss, damit sich die Tatgerichte nicht in entsprechende Unklarheiten „flüchten können". Das gleiche gilt bei **Lücken in der Gedankenführung** oder **zirkelschlüssigen Erwägungen**.[270] Zumindest **gravierende Fehlbewertungen von statistischen Zusammenhängen** müssen ebenfalls zur Fehlerhaftigkeit der Beweiswürdigung führen, da entsprechende Abweichungen in der Gesamtwürdigung regelmäßig ausschlaggebend sein können.

cc) Revisibilität der Überzeugungsbildung. Die **Überzeugung,** die sich das Tat- **98** gericht im Rahmen der Beweiswürdigung vom festzustellenden Sachverhalt macht,[271] **muss tragfähig** sein, aber **keine „mathematische Sicherheit"** bieten. Erfolgt die Überzeugungsbildung fehlerhaft, würde dies an sich auch eine Verfahrensrüge nach § 261 begründen, führt aber aufgrund des unmittelbaren Niederschlags in der Beweiswürdigung im Urteil auch zur Sachrüge (→ § 261 Rn. 76 ff.).[272] Auch hier gilt, dass das Revisionsgericht die **Plausibilität der Überzeugung** überprüft, diese jedoch **nicht durch seine eigene ersetzen** darf;[273] daher kann die Überzeugung des Tatgerichts auch dann hinzunehmen sein,

---

[265] Schmitt in Meyer-Goßner/Schmitt Rn. 26a.
[266] Vgl. BGH 7.7.2014 – 2 StR 94/14, NStZ 2014, 667; 24.4.2014 – 5 StR 113/14, NStZ-RR 2014, 219; 22.10.2014 – 2 StR 92/14, NStZ-RR 2015, 52; 7.7.2014 – 2 StR 94/14, NStZ-RR 2015, 120. Dies gilt auch bei freisprechendem Urteil, BGH 22.1.2014 – 2 StR 314/13, NStZ-RR 2014, 152 (152 f.); 3.8.2022 – 4 StR 62/22, NStZ-RR 2023, 116. Zu einem Fall, in dem die einzige Aussage des Belastungszeugen in einem wesentlichen Detail bewusst falsch ist, BGH 19.11.2014 – 4 StR 427/14, NStZ 2015, 602 = NStZ-RR 2015, 86.
[267] BGH 9.1.2020 – 2 StR 355/19, NStZ-RR 2020, 90 (Ls.) = BeckRS 2020, 893.
[268] Vgl. nur BGH 18.8.2015 – 5 StR 78/15, NStZ-RR 2015, 349; aus der Lit. Widmaier/Momsen in Satzger/Schluckebier/Widmaier StPO Rn. 31; Schmitt in Meyer-Goßner/Schmitt Rn. 27.
[269] BGH 1.10.2013 – 1 StR 403/13, NStZ 2014, 475.
[270] Vgl. Schmitt in Meyer-Goßner/Schmitt Rn. 30a; vgl. auch BGH 1.3.2023 – 2 StR 434/22, NStZ-RR 2023, 219 (Pflicht zur Prüfung der Einlassung des Angeklagten auf Plausibilität).
[271] Zu ihrer revisionsgerichtlichen Prüfbarkeit Baur ZIS 2019, 119 (126 ff.).
[272] Frisch in SK-StPO Rn. 124.
[273] Vgl. Franke in Löwe/Rosenberg Rn. 131.

wenn eine andere Beurteilung näher gelegen hätte.[274] Fehlerhaft können hier aber sowohl die **fehlende Nachvollziehbarkeit** der für eine Verurteilung erforderlichen Überzeugungsbildung[275] als auch **zu hohe („überspannte") Anforderungen** an diese Überzeugungsbildung[276] sein. So darf die Überzeugung **nicht durch bloß theoretische Zweifel**[277] oder durch eine vorschnelle Annahme von **unwahrscheinlichen bzw. regelwidrigen Geschehensabläufen** ausgeschlossen werden, wenn Anhaltspunkte für diese nicht bestehen.[278]

99   **c) Fehler bei der Gesetzesanwendung (bis zum Schuldspruch) im engeren Sinne.** Sachliches Recht – hier insbesondere im Sinne der auf den Sachverhalt anzuwendenden Strafnormen – ist verletzt, wenn eine auf den festgestellten Sachverhalt anzuwendende Norm nicht oder nicht richtig angewendet worden ist oder wenn eine unanwendbare Rechtsnormen (oder auch eine „Norm", die gar keine Rechtsnorm ist[279]) angewendet worden ist (vgl. bereits → Rn. 88). Zu den unanwendbaren Rechtsnormen in diesem Sinne gehören auch nichtige bzw. nach den Maßstäben des § 2 StGB nicht mehr anwendbare Normen. Der Fehler kann insoweit **sowohl in der falschen Subsumtion** als auch in der **falschen Auslegung der Vorschrift** liegen (was sich bei genauer Betrachtung ohnehin nicht trennen lässt). Die revisionsrechtliche Überprüfung und Präzisierung der Anwendung der materiellen Strafrechtsnormen (und dabei insbes. auch des Allgemeinen Teils und der einzelnen Straftatbestände des Kernstrafrechts im StGB) ist für die Systematisierung und Fortbildung des Rechtsstoffs von nicht zu unterschätzender Bedeutung, wenngleich in der Revisionspraxis Angriffe auf die Beweiswürdigung, auf die Urteilsdarstellung und auf die Strafbemessung von größerer Bedeutung sein bzw. häufiger durchdringen dürften, da hier von den Instanzgerichten mehr Fehler gemacht werden.

100   Bei dieser Überprüfung von Subsumtion und Auslegung ist das Revisionsgericht **grundsätzlich vom Tatgericht unabhängig.** Anders als (zumindest teilweise) bei der Überprüfung der Beweiswürdigung und der Strafzumessung wird hier den Tatgerichten auch **kein Vertretbarkeitsspielraum** der Art zugebilligt, dass eine Auffassung, welche mit soliden juristischen Argumenten vertretbar wäre, vom Revisionsgericht nicht abgelehnt werden könnte. Vielmehr gibt dieses im Grundsatz vor, wie es das materielle Recht versteht, und **abweichende Auffassungen führen** – selbst wenn sie plausibel begründet erscheinen mögen – **grundsätzlich zu einer Aufhebung.** Dies gilt zumindest im Ausgangspunkt nicht nur bei deskriptiven, sondern **auch bei normativen Tatbestandsmerkmalen und unbestimmten Rechtsbegriffen,** wenngleich die Rechtsprechung hier im Detail durchaus eine uneinheitliche Intensität bei der Überprüfung an den Tag legt. Zumindest teilweise beschränkt sich die Prüfung auf die Frage, ob der Tatrichter bei der Anwendung des unbestimmten Rechtsbegriffs von einer zutreffenden Auffassung über dessen Inhalt ausgegangen ist und die von der obergerichtlichen Rechtsprechung entwickelten allgemeinen Begriffsbestimmungen heranzieht, während die **Einzelheiten der Subsumtion** dann als nichtrevisible Tatfrage behandelt werden.[280] Zahlreiche Begriffe – so etwa die Zuordnung von Beteiligungsformen, die Abgrenzung von Tun und Unterlassen, das Vorliegen von niedrigen Beweggründen oder teilweise auch das unmittelbare Ansetzen zum Versuch – werden mit Billigung der Revisionsgerichte von den Tatrichtern in einer **„wertenden Gesamtbetrachtung"** entschieden,[281] welche nahe an der richterlichen Überzeugung von Tatsachenstoff liegt und mit der Revision kaum erfolgreich angegriffen werden kann.

---

[274] Vgl. statt vieler nur BGH 24.3.2015 – 5 StR 521/14, NStZ-RR 2015, 178.
[275] Vgl. Franke in Löwe/Rosenberg Rn. 132; Frisch in SK-StPO Rn. 125 f. Vgl. auch BGH 18.6.2014 – 5 StR 98/14, NStZ-RR 2014, 281 (281 f.): fehlerhafte Beweiswürdigung, wenn der Tatrichter nach den Feststellungen nicht naheliegende Schlussfolgerungen zieht, ohne dafür tragfähige Gründe anzugeben.
[276] Vgl. etwa BGH 14.1.2015 – 1 StR 351/14, NStZ-RR 2015, 146.
[277] Vgl. Franke in Löwe/Rosenberg Rn. 135 f.; Frisch in SK-StPO Rn. 127.
[278] Vgl. BGH 23.3.1995 – 4 StR 746/94, NJW 1995, 2300; 3.6.2015 – 5 StR 55/15, NStZ-RR 2015, 255; Franke in Löwe/Rosenberg Rn. 136.
[279] Vgl. Schmitt in Meyer-Goßner/Schmitt Rn. 33.
[280] Vgl. näher Franke in Löwe/Rosenberg Rn. 85 ff., insbes. Rn. 89.
[281] Vgl. Widmaier/Momsen in Satzger/Schluckebier/Widmaier StPO Rn. 34.

101 Insoweit wirken sich gerade bei den unbestimmten Rechtsbegriffen auch die teilweise **diametral gegenüberstehenden** für die Revisionen in Anspruch genommenen **Funktionen** unterschiedlich aus: Soweit die **Herstellung von Rechtseinheit** gewünscht ist, sind wiederholbare bzw. abgeschlossene Konkretisierungen erforderlich. Solche zeigen sich in festen Grenzen, wie sie etwa hinsichtlich des Promillewertes bei der absoluten Fahruntüchtigkeit, der nicht geringen Menge verschiedener Betäubungsmittel, des Vermögensverlusts großen Ausmaßes (etwa bei Betrug und Untreue) sowie – freilich hier weniger elaboriert – auch bei der Geringwertigkeit nach § 248a StGB gelten. Demgegenüber würde die **Schaffung von Einzelfallgerechtigkeit** ein flexibles Abstellen auf den jeweiligen Einzelfall erfordern. Dies ist bei solchen Begriffen, welche eher **qualitative** Grenzen besitzen, über das oben genannte Zusammenspiel zwischen Darstellung und Beachtung der von den Obergerichten aufgestellten Leitlinien durch die Tatgerichte einerseits (→ Rn. 100) und dem Respektieren der konkreten Subsumtionsschritte durch die Tatgerichte von Seiten der Revisionsgerichte andererseits weitgehend möglich; soweit es dagegen wie in den soeben genannten Beispielen um **quantitative** (und damit zahlenmäßig fixierbare) Grenzen geht, ist die Flexibilität gering. Es spricht aber auch manches dafür, dass hier eine über diese quantitativen Grenzen hinausgehende Einzelfallgerechtigkeit nicht eingefordert werden kann, weil die Bewertung der jeweiligen Taten bzw. Merkmale durch die quantitativen Größen so maßgeblich vorbestimmt wird. Der Disziplinierungsfunktion der Revision entsprechen beide Konstellationen, je nachdem, ob im konkreten Fall Rechtsvereinheitlichung oder eben Einzelfallgerechtigkeit dominieren.

102 **d) Anforderungen an die Urteilsdarstellung. aa) Grundsätzliches.** Die **gesetzlichen Vorgaben** zum Urteilsinhalt bzw. zur Darstellung der Feststellungen im Urteil sind in **§ 267 Abs. 1 S. 1 nicht sehr detailliert** und darüber hinaus auch nur als Soll-Vorschriften ausgestaltet. Der **Anwendungsbereich** hierauf gestützter **Verfahrensrügen** ist also notwendigerweise **sehr eng,** was auch dem ursprünglichen Konzept der Revision entspricht, dass die Tatsachenfeststellung allein Sache der Tatgerichte ist.

103 Das **gewandelte (Selbst-)Verständnis der Revisionsgerichte**[282] hat indes auch hier dazu geführt, dass die Revisionsgerichte **deshalb auf die Sachrüge hin stärkeren Zugriff auf den Tatsachenstoff** nehmen.[283] Dies führt nicht dazu, dass etwa eigene Ermittlungen angestellt oder Feststellungen getroffen würden; sehr wohl aber werden die Feststellungen der Tatgerichte auf ihre **Plausibilität** hin enger geprüft. In den anschaulichen Worten *Frankes*[284] „nehmen (sie) es nicht mehr hin", wenn die Tatrichter von mehr oder weniger unplausiblen oder vorteilsbehafteten Zusammenhängen ausgehen (ohne dass deshalb anerkannte Zusammenhänge in jedem Urteil erneut gedanklich entwickelt werden müssten[285]). Aber auch die **Nachvollziehbarkeit der Urteilsbegründung** ist stärker in den Fokus gerückt,[286] um überhaupt überprüfen zu können, ob die Annahmen (nicht nur für eine Verurteilung, sondern auch für einen Freispruch[287]) plausibel sind oder nicht. Schon das

---

[282] Vgl. hierzu eingehend und instruktiv Frisch FS Fezer, 2008, 353 ff.; aus Sicht der Praxis auch Neuhaus StV 2019, 843.

[283] Eingehend zunächst Schletz, Die erweiterte Revision in Strafsachen, 2020; zur Abgrenzung von Verfahrensrüge und Sachrüge in diesem Kontext auch Mosbacher StraFo 2021, 312.

[284] Franke in Löwe/Rosenberg Rn. 96.

[285] Vgl. BGH 5.6.2014 – 4 StR 439/13, NStZ 2014, 477: Nach dem erreichten Stand der forensischen Molekularbiologie müssen zur Nachvollziehbarkeit von DNA-Vergleichsuntersuchungen ohne Besonderheiten im Urteil keine vertieften Ausführung zu genetischen Zusammenhängen erfolgen; dagegen müssen aber solche Grundlagen der Untersuchungsmethodik, welche die Plausibilität von Wahrscheinlichkeitsberechnungen tragen, jedenfalls mitgeteilt werden, vgl. BGH 22.10.2014 – 1 StR 364/14, NStZ-RR 2015, 87.

[286] Vgl. Gericke in KK-StPO Rn. 28: fehlerhafte Urteile wegen „Widersprüchen, Unklarheiten oder Unvollständigkeit", sowie beispielhaft BGH 7.8.2014 – 3 StR 224/14, NStZ-RR 2014, 349 (Ls.) = BeckRS 2014, 17478; OLG Köln 9.2.2016 – 1 RVs 246/15, BeckRS 2016, 126206.

[287] BGH 20.11.2013 – 2 StR 460/13, NStZ-RR 2013, 56 (56 f.); 22.1.2014 – 2 StR 314/13, NStZ-RR 2013, 152 (152 f.); 1.7.2020 – 2 StR 326/19, NStZ-RR 2020, 355 (Ls.) = BeckRS 2020, 25873; BayObLG 14.0.2021 – 202 StRR 100/21, BeckRS 2021, 34054; BayObLG 16.12.2022 – 202 StRR 110/22, BeckRS 2022, 41468.

Reichsgericht ist vereinzelt von der ursprünglichen Konzeption des Gesetzgebers abgewichen,[288] wobei die anschließende Entwicklung schrittweise und nicht immer geradlinig verlaufen ist,[289] in der Tendenz aber bis heute zu immer strengeren Anforderungen bzw. immer engmaschigeren Überprüfungen an die Urteilsdarstellung geführt hat.

104 Standen am Anfang erfolgreiche Sachrügen, weil gegen die **Denkgesetze oder anerkannte Erfahrungssätze** verstoßen worden ist,[290] sind in der Folge dann auch andere Fälle unklarer, **widersprüchlicher oder lückenhafter Darstellungen** bemängelt worden.[291] Diese Entwicklung ist keinesfalls frei von Kritik geblieben,[292] verletzt letztlich aber nicht die Grundsätze des § 261[293] und ist auch im Übrigen zu billigen:[294] Die Normen des materiellen Rechts, die der Tatrichter anwendet, sehen ihre Rechtsfolgen für das Vorliegen ganz bestimmter, in den Normen umschriebener Sachverhalte der Lebenswirklichkeit vor. Da solche Sachverhalte der Lebenswirklichkeit indes nicht das Gleiche sind wie die Überzeugung der Gerichte von ihrem Vorliegen, muss – im Rahmen des Möglichen – sichergestellt sein, dass der Inhalt der tatrichterlichen Überzeugung möglichst mit dem in der Norm vorausgesetzten Sachverhalt übereinstimmt. **Richtige Rechtsanwendung** setzt damit auch zumindest im Grundsatz eine **möglichst zutreffende Tatsachenbasis** voraus. Dem Revisionsgericht ist es nun zwar untersagt, diese Tatsachen selbst zu rekonstruieren; es darf und muss konsequenterweise letztlich aber die **Rekonstruktion durch das Tatgericht überprüfen.** Insoweit ist auch hinzunehmen, dass damit mittelbar eine gewisse Erweiterung des Anwendungsbereichs der Sachrüge in denjenigen der (durch verschiedene Entwicklungen freilich ohnehin gegenüber der ursprünglichen gesetzgeberischen Konzeption geschwächten[295]) Verfahrensrüge erfolgt und dass sich im Einzelfall auch **Abgrenzungsprobleme zwischen Verfahrens- und Sachrügen** ergeben.[296] Dies gilt umso mehr, als angesichts des mitunter stumpfen Schwerts der Verfahrensrüge eine erweiterte Sachrüge auch einem Gerechtigkeitsbedürfnis entspricht, um das einzige Rechtsmittel in Fällen schwerer Kriminalität mit empfindlichen Strafdrohungen effektiv und auch „rechtsbefriedend"[297] zu gestalten.

105 Für die **Praxis der Tatgerichte** darf man freilich nicht übersehen, dass die Erweiterung der Sachrüge und eine kritische Prüfung auch der Urteilsdarstellungen zu einer gewissen Verunsicherung und zu einem erhöhten Begründungsaufwand (und damit auch Zeitaufwand) bei den Tatgerichten führen, welche die gesetzlichen Anforderungen des § 267 überlagern.[298] Dies gilt insbes. mit Blick auf den drohenden Vorwurf der Lückenhaftigkeit der Darstellung (und weniger hinsichtlich des drohenden Vorwurfs einer etwaigen Widersprüchlichkeit, da das Risiko einer solchen durch ausführlichere Urteilsgründe eher größer als kleiner wird). Sieht man eine wichtige Aufgabe der Revision aber gerade auch in der **Disziplinierung** der Tatgerichte (→ Vor § 333 Rn. 67 ff., 81 ff.) sind solche Effekte nicht beklagenswert.

---

[288] Vgl. RG 11.1.1927 – I 843/26, RGSt 61, 151 (154); 27.6.1930 – I 435/30, RGSt 64, 250 (251). Vgl. auch Frisch in SK-StPO Rn. 118.
[289] Knapp nachgezeichnet bei Franke in Löwe/Rosenberg Rn. 97.
[290] Vgl. nochmals die Nachweise aus der Rspr. des RG in Fn. 300; zusammenfassend auch Franke in Löwe/Rosenberg Rn. 97.
[291] Dagegen gefährdet die mangelhafte Darstellung der Ergebnisse den Schuldspruch nicht, wenn das Revisionsgericht angesichts weitgehend geständiger Einlassungen der Angeklagten und der Vielzahl belastender Indizien ausschließen kann, dass das Urteil auf diesem Rechtsfehler beruht, vgl. BGH 9.1.2023 – 6 StR 462/22, BeckRS 2023, 591.
[292] Nachweise bei Frisch in SK-StPO Rn. 119.
[293] So explizit auch Franke in Löwe/Rosenberg Rn. 99.
[294] Zu einer rechtstheoretischen Klärung der Erweiterung vgl. Frisch in SK-StPO Rn. 120.
[295] Vgl. hier → Rn. 22 ff. sowie zu einschränkenden Entwicklungen zur Geltendmachung von Verfahrensgarantien Kudlich Gutachten 68. DJT, S. 86 ff.
[296] Vgl. zu diesen Franke in Löwe/Rosenberg Rn. 100 ff.
[297] Zur Schaffung von Rechtsfrieden als zentrales Ziel des Strafverfahrens überhaupt vgl. Schmidhäuser FS Eb. Schmidt, 1961, 511 ff.
[298] Vgl. daher auch den Hinweis in BGH 25.2.2015 – 4 StR 39/15, NStZ-RR 2015, 180 (Ls.), dass das Revisionsgericht nicht über jedes Detail der Beweisaufnahme unterrichtet werden muss.

bb) Anforderungen an die Darstellung im Einzelnen. Typische Fallgruppen einer 106
unzureichenden Darstellung liegen vor,[299] wenn die für die **Subsumtion erforderlichen Tatsachen fehlen,** wenn Umstände nicht dargetan sind, die für die Schuldfähigkeit oder den Schuldumfang erforderlich sind, wenn **keine Feststellungen zum Vorsatz** getroffen sind, wenn naheliegende Rechtfertigungsgründe nicht angesprochen sind[300] oder wenn die Tat nicht hinreichend umgrenzt ist, was insbesondere bei Serienstraftaten Schwierigkeiten bereiten kann.

Verlangt wird grundsätzlich **eine in sich geschlossene Darstellung** (wobei hier 107
ein unsystematisches und damit die Verständlichkeit der Urteilsgründe erschwerendes Vorgehen des Tatgerichts nicht notwendig zur Revisibilität führt[301]). **Bezugnahmen** auf andere Urteile sind problematisch, da diese allein das Erfordernis einer in sich geschlossenen Darstellung grundsätzlich nicht erfüllen.[302] Dies gilt auch für die Bezugnahme auf ein vom Revisionsgericht aufgehobenes früheres Urteil (nicht aber bei der Bezugnahme auf inhaltsgleiche Feststellungen in einem nicht aufgehobenen Teil des angegriffenen Urteils). Im Übrigen gilt, dass das **Urteil aus sich heraus verständlich** bleiben muss, sodass die Umstände, auf die **„Bezug genommen"** werden soll, letztlich aufgeführt und ausformuliert werden müssen; ein Verweis auf Anlagen ist „auf extreme Ausnahmefälle (zu) beschränken".[303] Durch die Methoden der modernen Textverarbeitung ist freilich der Bedarf für solche Bezugnahmen und Anlagen auch drastisch zurückgegangen, da praktisch alles, was angefügt werden könnte, auch unmittelbar ohne nennenswert größeren Aufwand in die Urteilsgründe integriert werden kann. Ohne dass hier die Grenzen eines irrevisiblen Verstoßes abstrakt ohne weiteres festgelegt werden können, gelten Vollständigkeit und Verständlichkeit der Darstellung als wichtige Leitlinien.[304] Rechtspraktisch führt gerade dies mitunter zu Urteilen, die nahezu jede verlesene Urkunde und jede Zeugenaussage vollumfänglich wiedergeben, was letzlich auch nicht im Sinne der strengen revisionsrichterlichen Anforderungen sein kann.

Mängel weist auch ein Urteil auf, das die (ohnehin seltenen) **Beweiswürdigungsre-** 108
geln nicht beachtet. Gleiches gilt, wenn nicht auf die **Besonderheiten einer Situation „Aussage gegen Aussage"** eingegangen wird,[305] aber auch wenn sich der Richter nicht von der Richtigkeit eines Geständnisses vergewissert,[306] wenn auf Grund von Detailreichtum und Komplexität des Sachverhalts Zweifel daran bestehen, dass der Angeklagte eine hinreichende Erinnerung an das Tatgeschehen hat.[307] Ebenfalls zu einem revisiblen Fehler führt der Verstoß gegen Denkgesetze oder allgemein anerkannte Erfahrungssätze (vgl. bereits → Rn. 104).

Die Ausführungen im Urteil zur **Überzeugungsbildung** (und gegebenenfalls zur 109
Anwendung bzw. Nichtanwendung des Grundsatzes „in dubio pro reo") betreffen zum einen das Verfahrensrecht (wie schon die Verortung in § 261 belegt).[308] Daneben ist aber auch das

---

[299] Vgl. dazu im einzelnen Frisch in SK-StPO Rn. 122 mwN.
[300] Vgl. Gericke in KK-StPO Rn. 28.
[301] Vgl. Franke in Löwe/Rosenberg Rn. 106.
[302] Vgl. bereits BGH 13.3.1951 – 2 StR 55/51, NJW 1951, 413; ebenso BGH 24.9.1991 – 1 StR 382/91, NStZ 1992, 49 (50); zustimmend Franke in Löwe/Rosenberg Rn. 107; zum Ganzen auch Frisch in SK-StPO Rn. 123.
[303] So Franke in Löwe/Rosenberg Rn. 107; großzügiger noch die frühere Rspr., etwa RG 1.7.1919 – IV 75/19, RGSt 53, 258; zur neueren Rspr. dagegen BGH 2.12.2005 – 5 StR 268/05, NStZ-RR 2007, 22.
[304] Vgl. auch Franke in Löwe/Rosenberg Rn. 108.
[305] Vgl. BGH 7.7.2014 – 2 StR 94/14, NStZ 2014, 667; 24.4.2014 – 5 StR 113/14, NStZ-RR 2014, 219; 22.10.2014 – 2 StR 92/14, NStZ-RR 2015, 52; 7.7.2014 – 2 StR 94/14, NStZ-RR 2015, 120. Dies gilt auch bei freisprechendem Urteil, BGH 22.1.2014 – 2 StR 314/13, NStZ-RR 2014, 152 (152 f.); 3.8.2022 – 4 StR 62/22, NStZ-RR 2023, 116. Zu einem Fall, in dem die einzige Aussage des Belastungszeugen in einem wesentlichen Detail bewusst falsch ist, BGH 19.11.2014 – 4 StR 427/14, NStZ 2015, 602 = NStZ-RR 2015, 86.
[306] Zum Beweiswert eines „Formalgeständnisses" vgl. auch BGH 27.5.2020 – 2 StR 552/19, NStZ-RR 2020, 356 (Ls.) = BeckRS 2020, 23344.
[307] BGH 15.4.2013 – 3 StR 35/13, NStZ 2014, 53.
[308] Vgl. zu möglichen Revisionsgründen aus dieser Sicht → § 261 Rn. 364.

materielle Recht (bzw. seine Fortschreibung auf die forensische Situation, vgl. → Rn. 104) betroffen, sodass eine unzureichende Begründung für die eigene Überzeugungsbildung auch eine Sachrüge begründen kann. So ist das Urteil rechtsfehlerhaft (und auch die Sachrüge hin aufzuheben), wenn sich aus ihm selbst ergibt, dass der Tatrichter **zu geringe Anforderungen an seine Überzeugung** gestellt hat und etwa allein auf die hohe objektive Wahrscheinlichkeit einer Tatbegehung hinweist, aber seine persönliche Überzeugung oder Gewissheit außer Acht lässt).[309] Freilich genügt nicht die Benennung der Überzeugung, sondern diese muss in den Urteilsgründen auch auf eine tragfähige Grundlage gestellt werden und damit intersubjektiv zumindest nachvollziehbar sein.[310] Nicht ausreichend ist insbes., dass die Möglichkeit der Tatbegehung dargetan wird, sondern es muss ihre erhebliche bzw. hohe Wahrscheinlichkeit begründet werden.[311] Auch die Übereinstimmung einer verschriftlichten geständigen Einlassung über den Verteidiger mit der Aktenlage reicht nicht unbedingt aus, wenn keine Nachfragen anderer Verfahrensbeteiligter beantwortet worden sind.[312]

110   e) **Fehler bei der Rechtsfolgenentscheidung. aa) Grundlagen.** Zum sachlichen Recht gehört schließlich auch die **Rechtsfolgenentscheidung.** Hierbei hat das Revisionsgericht insbes. hinsichtlich der **Strafzumessung** freilich nur zu prüfen, ob der Tatrichter **alle maßgeblichen Umstände bedacht und rechtsfehlerfrei abgewogen** hat; hingegen darf es seine Wertung nicht (mit der Konsequenz einer Aufhebung[313]) an die Stelle derjenigen des Tatrichters setzen,[314] denn der Wertungsakt der konkreten Straffindung ist Sache des Tatrichters.[315] Umgekehrt bedeutet dies jedoch auch: Soweit nicht diese letzte Wertung betroffen ist, ist der **Strafzumessungsakt in seinen „ersten Schritten"**[316] regelmäßig vollständig, in der Strafzumessungshöhe zumindest in gewissen Grenzen **revisionsrechtlich überprüfbar,** da es sich auch insoweit um eine Frage der Rechtsanwendung handelt.[317] Die in der Strafzumessungslehre anerkannte **„Spielraumtheorie" ändert daran nichts,** da letztlich eben auch der „Spielraum" richtig bestimmt werden muss. „Ureigene Domäne" des mit einem Beurteilungsspielraum ausgestatteten Tatrichters ist dagegen sein letzter Wertungsakt[318] bzw. seine abschließende Gesamtwürdigung.[319]

111   Dem modernen Verständnis der Revision entspricht es, wenn die Revisionsgerichte ungeachtet des tatrichterlichen Beurteilungsspielraums versuchen, auf die Frage Zugriff zu nehmen, ob der (wenngleich recht weite) **Rahmen einer nach oben und unten „noch gerechten" Strafe** beachtet worden ist,[320] wobei freilich **nur gravierende Fehlgriffe** allein aufgrund der Strafhöhe als solcher revisibel sind[321] und im Zweifel die tatrichterliche Wertung als solche zu akzeptieren ist.[322]

---

[309] Vgl. Franke in Löwe/Rosenberg in Löwe/Rosenberg Rn. 132; Frisch in SK-StPO Rn. 125.
[310] Vgl. BGH 5.2.2003 – 2 StR 321/02, NStZ-RR 2003, 166 (167); 17.9.2008 – 5 StR 284/08, NStZ 2009, 107 ff.; 18.12.1958 – 4 StR 399/58, BGHSt 12, 311 (316) = NJW 1959, 780.
[311] Vgl. BGH 8.1.1988 – 2 StR 551/87, NJW 1988, 3273 (3274); 29.10.2009 – 4 StR 368/09, NStZ-RR 2010, 85; ferner BVerfG 30.4.2003 – 2 BvR 2045/02, NJW 2003, 2444 (2445). Näher zum Ganzen auch Frisch in SK-StPO Rn. 127.
[312] BGH 5.11.2013 – 2 StR 265/12, NStZ 2014, 170 mAnm Jahn.
[313] Eine eigene Strafzumessungswertung sieht das Gesetz in § 354 Abs. 1a nur mit dem Ziel vor, eine Entscheidung trotz eines Rechtsfehlers in der Strafzumessung gerade nicht aufzuheben.
[314] Widmaier/Momsen in Satzger/Schluckebier/Widmaier StPO Rn. 34.
[315] Vgl. etwa BGHSt 57, 123 (127 ff.).
[316] Klassisch etwa: „Falsche Prüfungsreihenfolge" bei der Berücksichtigung von strafmildernden Umständen im Verhältnis von § 49 StGB und minder schwerem Fall.
[317] Vgl. BVerfG 14.6.2007 – 2 BvR 1447/05, 2 BvR 136/05, NJW 2007, 2977 (2978); Frisch in SK-StPO Rn. 147; Franke in Löwe/Rosenberg Rn. 164.
[318] Vgl. BGH 22.11.1994 – GSSt 2/94, BGH(GS)St 40, 360 (370) = NJW 1995, 407 (408).
[319] Vgl. Frisch in SK-StPO Rn. 148.
[320] Vgl. BGH 7.11.2007 – 1 StR 164/07, NStZ-RR 2008, 343; 28.7.2011 – 4 StR 156/11, NJW 2011, 2819 (2821).
[321] Vgl. BGH 25.4.1985 – 1 StR 99/85, NStZ 1985, 415.
[322] BGH 19.11.1981 – 3 StR 566/81, NStZ 1982, 114; 29.3.1984 – 4 StR 149/84, NStZ 1984, 360; Schmitt in Meyer-Goßner/Schmitt Rn. 34.

112 Neben Rechtsanwendungsfehlern bei der Strafbestimmung (vgl. sogleich → Rn. 115 ff.) sind **auch hier Darstellungsfehler** (etwa unzureichende, widersprüchliche oder zirkuläre Ausführungen) vorstellbar, welche eine Sachrüge tragen können.[323] Letztlich gelten hier – *mutatis mutandis* – die Erwägungen zu Darstellungsmängeln bezüglich der Anwendung des materiellen Rechts im engeren Sinne entsprechend (vgl. → Rn. 102 ff.). Aus der auch insoweit erweiterten Revision (Darstellungsrüge) erwachsen damit **materiell fundierte Begründungspflichten,** die neben die strafprozessual statuierten formalen Pflichten (etwa nach § 267 Abs. 3 S. 2; → § 267 Rn. 311 ff.) treten. Diese Anforderungen werden **zunehmend strenger, je näher** sich der konkrete Rechtsfolgenausspruch der **jeweils zulässigen Obergrenze des Strafrahmens** annähert.[324]

113 Entsprechend erfolgt auch – und zwar in gleicher Weise eingeschränkt – eine **„Tatsachenprüfung" hinsichtlich der dem Rechtsfolgenausspruch zugrundegelegten tatsächlichen Umstände,** so etwa hinsichtlich der verwendeten Denkgesetze oder auch hinsichtlich eines allgemeinen Erfahrungswissens, welches den beim Rechtsfolgenausspruch oftmals wichtigen Prognosen (vgl. dazu auch → Rn. 128) zugrundegelegt wird.[325]

114 Allgemein dürfte gelten, dass die **neue Rechtsprechung** „großzügiger" ist bzw. – aus umgekehrter Perspektive: – dass ein engerer rechtlicher Beurteilungsmaßstab auch an den Rechtsfolgenausspruch angelegt wird und damit zur **stärkeren „Verrechtlichung"** des Strafzumessungsaktes führt.[326] Dies ist insbes. zu beachten, wenn mit älteren Judikaten gearbeitet wird, die hier eine noch größere Zurückhaltung des Revisionsrichters gegenüber dem tatrichterlichen Strafzumessungsgeschehen eingefordert hatten.

115 **bb) Kasuistik revisibler Fehler im Rechtsfolgenausspruch. (1) Typische Fälle fehlerhafter Rechtsanwendung.** Ähnlich wie mit Blick auf den Schuldspruch liegt auch mit Blick auf strafzumessungsrelevante Tatsachen relativ klar ein Rechtsfehler vor, wenn ein **Sachverhalt nicht hinreichend aufgeklärt** wurde[327] bzw. nicht vollständig geklärt werden konnte und für die Strafzumessung – letztlich als Verstoß gegen den Grundsatz in dubio pro reo – die ungünstigere Variante zugrundegelegt worden ist.[328]

116 Ebenso klare Fehler – da die uneingeschränkt nachprüfbare Rechtsanwendung vor dem eigentlichen strafzumessenden Wertungsakt betreffend – sind die Wahl **falscher Strafrahmen** als Ausgangspunkt,[329] das Übersehen einer (insbes. zwingenden, vgl. noch → Rn. 120 zu Darstellungsmängeln bei fakultativen Milderungen) **Strafrahmenverschiebung**[330] oder Fehler bei einer (potentiell) **strafrahmenrelevanten Subsumtion,** so etwa hinsichtlich der Voraussetzungen des § 17 StGB (soweit der Verbotsirrtum nicht unvermeidbar ist und damit zwar für den Schuldspruch irrelevant ist, aber zu einer Strafrahmenverschiebung führen kann).[331]

117 Ebenfalls Rechtsanwendungsfehler liegen im Übersehen von Fällen regelmäßig auszusprechender **Bewährung** (bei kurzer Freiheitsstrafe), beim Unterlassen einer nachträglichen **Gesamtstrafenbildung,**[332] bei der Missachtung von § 51 BZRG[333] oder bei der strafschärfenden Verwendung von unrichtigen Aussagen des Angeklagten als solchen[334] vor.

118 Typische Schritte der Strafbemessung werden in revisibler Weise vernachlässigt, wenn gegen ein **Doppelverwertungsverbot** (§ 50 StGB und insbes. § 46 Abs. 3 StGB) verstoßen

---

[323] Vgl. eingehend Frisch in SK-StPO Rn. 154 ff.
[324] Vgl. Franke in Löwe/Rosenberg Rn. 160.
[325] Vgl. Frisch in SK-StPO Rn. 159 ff.
[326] Vgl. Franke in Löwe/Rosenberg Rn. 158.
[327] Vgl. Gericke in KK-StPO Rn. 32.
[328] Vgl. Schmitt in Meyer-Goßner/Schmitt Rn. 35.
[329] Vgl. BGH 22.10.2002 – 5 StR 441/02, NStZ-RR 2003, 52 (53); 5.5.2011 – 1 StR 116/11, StV 2012, 219; Gericke in KK-StPO Rn. 32; Frisch in SK-StPO Rn. 169.
[330] Vgl. BGH 14.9.1977 – 3 StR 220/77, NJW 1978, 174.
[331] Frisch in SK-StPO Rn. 149.
[332] Gericke in KK-StPO Rn. 32.
[333] Vgl. BGH 27.9.2022 – 2 StR 61/22, NStZ-RR 2023, 87.
[334] BGH 16.8.2022 – 4 StR 186/22, NStZ 2023, 95.

wird,³³⁵ bei **widersprüchlichen Ausführungen** im Rahmen der Strafzumessungsbegründung³³⁶ oder beim **Fehlen einer Abwägung** der verschiedenen strafzumessungsrelevanten Gesichtspunkte miteinander³³⁷ bzw. der **Gesamtwürdigung** der Strafzumessungstatsachen.³³⁸

119 Zuletzt liegt ein revisibler Rechtsfehler dann nahe, wenn – unter Verstoß gegen den Grundsatz in dubio pro reo – ein **bloßer Tatverdacht** hinsichtlich eines schulderhöhenden Umstandes **strafschärfend** herangezogen wird.³³⁹ Gleiches gilt in sonstigen Fällen, in denen für die Strafzumessung nicht verwertbare Umstände dennoch herangezogen werden, so etwa der Vorsatz zu einer weitergehenden Tatbegehung trotz eines entsprechenden Rücktritts.³⁴⁰

120 **(2) Unzureichende Würdigung bzw. Darstellung von Umständen.** Neben den vorhergehend genannten Fällen, die „echte" Fehler in der Rechtsanwendung im Sinne einer positiv festgestellten unrichtigen Anwendung darstellen, gibt es auch im Bereich der Strafzumessung – letztlich vergleichbar der oben näher beschriebenen **Darstellungsrüge** (→ Rn. 102 ff.) – den Fall eines revisiblen Rechtsfehlers, der darin liegt, dass bestimmte **mehr oder weniger naheliegende Umstände nicht angesprochen** worden sind. Dies gilt zunächst für naheliegende (bei der Angeklagtenrevision: insbesondere strafmildernde) Normen, wenn der festgestellte Sachverhalt ihre Prüfung aufdrängt, so etwa die Erörterung der Möglichkeit eines **minder schweren Falles,** obwohl die Tatsachenumstände belegen, welche zur Annahme eines solchen drängen,³⁴¹ aber auch für naheliegende alternative Geschehensabläufe.³⁴² Dagegen belasten fehlende Aussagen zu § 57a StGB den Angeklagten als solches nicht.³⁴³

121 Die Pflicht der umfassenden Abwägung der für und gegen den Täter sprechenden Gesichtspunkte (§ 46 StGB) wird verletzt, wenn **anerkannte Strafzwecke** nicht in die Abwägung miteinbezogen worden sind.³⁴⁴

122 Auch wenn kein Fall vorliegt, in dem aufgrund der Strafhöhe die Vollstreckung regelmäßig zur Bewährung ausgesetzt wird, (vgl. hierzu aber → Rn. 117) kann ein sachlicher Fehler darin liegen, dass eine (theoretisch mögliche) **Bewährung nicht geprüft** wird, obwohl dazu Anlass bestanden hätte.³⁴⁵

123 Vergleichbares gilt auch im Maßregelrecht: Ein Fehler liegt hier darin, wenn auf die **Möglichkeit der Verhängung einer Maßregel** nicht eingegangen wird, obwohl die Umstände dazu drängen würden.³⁴⁶ Ebenso wie beim Strafausspruch wird auch hier der „**Tatsachenunterbau**" geprüft (vgl. → Rn. 115). Problematisch ist dies freilich hinsichtlich des für das Maßregelrecht zentralen Gefahrenbegriffs, da zwar auch dieser falsch ausgelegt werden kann, letztlich aber doch viele Prognoseelemente (zu deren eingeschränkten Überprüfbarkeit auch → Rn. 127 f.) enthält.³⁴⁷

---

[335] Vgl. BGH 6.5.2009 – 2 StR 128/09, bei Detter NStZ 2010, 135 (137); BGH 9.11.2010 – 4 StR 532/10, StV 2011, 224 (225); ergänzend auch Schäfer/Sander/van Gemmeren Rn. 391 ff.; Frisch in SK-StPO Rn. 171.
[336] Vgl. BGH 17.11.1961 – 4 StR 373/61, BGHSt 16, 360 (364) = NJW 1962, 498; Franke in Löwe/Rosenberg Rn. 161.
[337] Vgl. BGH 31.8.1976 – 1 StR 473/76, NJW 1976, 2220.
[338] Frisch in SK-StPO Rn. 172 ff.
[339] BGH 22.9.1953 – 5 StR 331/53, BGHSt 4, 340 (344) = NJW 1953, 1721.
[340] BGH 25.7.2002 – 3 StR 41/02, StV 2003, 218; vertiefend Frisch in SK-StPO Rn. 171.
[341] Vgl. BGH 24.7.2012 – 2 StR 166/12, StV 2013, 155; 2.12.2008 – 1 StR 416/08, NJW 2009, 528; Frisch in SK-StPO Rn. 169; vergleichbar auch, wenn die Gesamtwürdigung über die Entscheidung der Strafrahmenverschiebung unterlassen wurde, so etwa zu § 22 Abs. 2 StGB beim Versuch BGHSt 17, 266.
[342] BGH 9.10.2014 – 4 StR 201/14, NStZ-RR 2014, 380.
[343] BGH 20.10.1992 – 4 StR 451/92, NStZ 1993, 134.
[344] Vgl. 9.1.1962 – 1 StR 346/61, BGHSt 17, 35 (36) = NJW 1962, 748; BGH 19.1.2012 – 3 StR 413/11, NStZ-RR 2012, 168; Schmitt in Meyer-Goßner/Schmitt Rn. 34; Frisch in SK-StPO Rn. 169.
[345] Vgl. BGH 5.3.1954 – 2 StR 15/54, BGHSt 6, 68 = NJW 1954, 928; BGH 29.4.1954 – 3 StR 898/53, BGHSt 6, 167 (172); 8.6.2011 – 4 StR 111/11, StV 2011, 728; Frisch in SK-StPO Rn. 179.
[346] Vgl. BGH 10.4.1990 – 1 StR 9/90, BGHSt 37, 5 (6); Frisch in SK-StPO Rn. 182.
[347] Vgl. Frisch in SK-StPO Rn. 183.

(3) Problemfälle. Weit schwieriger ist eine erfolgreiche Sachrüge dagegen in Fällen, **124** in denen zwar ein „erster Zugriff" auch Zweifel an der angemessenen Strafe erwecken kann, aber keine der oben genannten Fehler in der Anwendung (oder jedenfalls in der Darstellung der Strafzumessung; → Rn. 102 ff.; 120) benannt werden können. Gerade aus Sicht des Verurteilten mag ein klassischer Einwand darin liegen, dass die **Strafe „zu hoch"**[348] (bzw. aus Sicht der StA oder des Nebenklägers vielleicht auch: zu niedrig) ausgefallen ist. Denkbar ist dies etwa, wenn bei einem **klaren „Durchschnittsfall"** des Delikts (welcher in der Schwere regelmäßig im unteren Drittel der denkbaren Fälle liegt) eine Strafe in der Mitte des Strafrahmens gewählt wird[349] oder bei einer **Vielzahl von Milderungsgründen** eine solche nur leicht unterhalb der Mitte des Strafrahmens[350] oder gar im oberen Bereich des Strafrahmens[351] verhängt wird. Umgekehrt kann die Strafe aber auch **zu milde** ausfallen, wenn etwa ein Durchschnittsfall nur mit der Mindeststrafe sanktioniert wird.[352] Ein revisibler Fehler wird hier freilich nur vorliegen, wenn die **Zugehörigkeit in eine bestimmte Kategorie** (Durchschnittsfall; leichter Fall aufgrund einer Vielzahl von Milderungsgründen etc) **relativ klar** ist und die Strafe mehr oder weniger deutlich von dem Bereich entfernt liegt, der hierfür angemessen erscheint.

Ein weiterer Problemfall neben der abstrakt zu hohen oder zu niedrigen Strafe liegt **125** im Vorwurf der **mangelnden Vergleichbarkeit mit anderen Strafaussprüchen** für ähnliche Delikte.[353] Inwiefern eine solche vergleichende Strafzumessung überhaupt möglich und zulässig ist, ist schon im Grundsatz umstritten und letztlich noch nicht geklärt.[354] In der Rechtsprechung wird eine solche Möglichkeit aber doch immer wieder anerkannt, wobei als Anknüpfungspunkt entweder **Begründungsmängel** angenommen werden[355] oder die im Vergleich unverhältnismäßig hohe bzw. niedrige Strafe **nicht mehr als gerechter Schuldausgleich** akzeptiert wird.[356] So **schwierig** die Überprüfung anhand einer vergleichenden Strafzumessung schon aufgrund praktisch wohl **nicht zu leugnender Divergenzen** zwischen einzelnen Gerichtsbezirken, Kammern etc ist und so weit damit letztlich durch die Revision auch in den Kernbereich tatrichterlicher Tätigkeit eingegriffen wird, spricht doch einiges dafür, einen solchen Zugriff auf die Strafzumessung auch über den Gesichtspunkt der fehlenden Vergleichbarkeit zumindest **nicht von vornherein auszuschließen** (auch wenn die daran zu stellenden Voraussetzungen hoch sind): Zum einen adressiert ein solcher Zugriff durchaus die verschiedenen Revisionszwecke (Einzelfallgerechtigkeit; Rechtseinheitlichkeit; aber auch Disziplinierung der Tatgerichte; → Vor § 333 Rn. 66 ff.[357]). Zum anderen wird die Möglichkeit für einen Revisionsrichter, trotz seiner eingeschränkten Wahrnehmung (etwa regelmäßig fehlender Kontakt mit dem Angeklagten) eine grobe Einschätzung von einem – angemessenen – Urteil – bilden zu können, vom Gesetzgeber auch in § 354 Abs. 1a letztlich vorausgesetzt; dabei ist nicht wirklich einzusehen, warum dies nur (noch dazu teilweise großzügig angewendet) zulasten des Revisionsführers, nicht jedoch zumindest in deutlichen Fällen zu seinen Gunsten möglich sein soll.

---

[348] Vgl. dazu auch Frisch in SK-StPO Rn. 174.
[349] Vgl. BGH 13.9.1976 – 3 StR 313/76, BGHSt 27, 2 (4) = NJW 1976, 2355.
[350] Vgl. BGH 18.11.2009 – 2 StR 483/09, StV 2010, 480.
[351] Vgl. BGH 17.1.2003 – 2 StR 471/02, NStZ-RR 2003, 138; 20.9.2010 – 4 StR 278/10, NStZ-RR 2011, 5.
[352] Vgl. OLG Stuttgart 26.8.1960 – 1 Ss 348/60, MDR 1961, 343 mAnm Dreher.
[353] Freilich werden sich hier Überschneidungen ergeben, da letztlich etwa die Annahme, dass für einen „Durchschnittsfall" eine Strafe im unteren Drittel des Strafrahmens angemessen erscheint, letztlich auch in erster Linie die gängige Praxis und damit ein Vergleichsmaßstab streitet.
[354] Vgl. zum Ganzen Franke in Löwe/Rosenberg Rn. 176; kritisch etwa Foth NStZ 1992, 444 (445).
[355] So etwa BGH 3.7.1987 – 2 StR 285/87, StV 1987, 530; 18.11.2009 – 2 StR 483/09, StV 2010, 480; 22.10.2002 – 5 StR 441/02, NStZ-RR 2003, 52 (53); 20.9.2010 – 4 StR 278/10, NStZ-RR 2011, 5; 29.11.2012 – 5 StR 522/12, NStZ-RR 2013, 108.
[356] In diese Richtung wohl BGH 17.11.1999 – 2 StR 313/99, BGHSt 45, 312 (318 f.) = NJW 2000, 965; BGH 8.6.1994 – 3 StR 570/93, NStZ 1994, 494 (495); 19.6.2008 – 4 StR 105/08, StV 2009, 529 (530).
[357] Vgl. zu alldem → Vor § 333 Rn. 66 ff.

126 Während das materielle Strafrecht im Sinne der Voraussetzungen einer Strafbarkeit eines bestimmten Verhaltens (anders als das Verfahrensrecht, vgl. insoweit → Rn. 72) praktisch keine **Ermessensentscheidungen** enthält, spielen diese im Rechtsfolgenrecht eine bedeutsame Rolle. Soweit den Tatgerichten ein solches Ermessen bei der Auswahl bzw. Festsetzung der Rechtsfolge eingeräumt wird, wird die Qualifikation einer Entscheidung als rechtsfehlerhaft insoweit naturgemäß stark begrenzt.[358] Letztlich ist hier die **Kontrolle durch das Revisionsgericht** im Sinne einer in das Strafverfahrensrecht übertragenen „**Ermessensfehlerlehre**" beschränkt (ähnlich, wie dies an anderer Stelle schon kurz skizziert worden ist, vgl. → Rn. 10 ff.; 72). Es geht hier also sowohl um Fälle des Ermessensausfalls als auch um solche der Ermessensüberschreitung. Nur schwer zu fassen werden Fälle einer Ermessensdisproportionalität sein; einbeziehen kann man demgegenüber – wieder vergleichbar der Möglichkeit einer Darstellungsrüge zum materiellen Recht – die fehlende Begründung für die Ermessensausübung.

127 Im Ergebnis ähnliche Regeln gelten auch für die in den Sanktionsnormen teilweise auftauchenden unbestimmten **Rechtsbegriffe:**[359] Zwar überprüft das Revisionsgericht, ob der Begriff als solcher verkannt wird, dh ob die von der Rechtsprechung entwickelten allgemeinen Leitlinien und Kriterien zu seiner Konkretisierung eingehalten bzw. herangezogen werden,[360] nicht aber das Ergebnis der Gesamtabwägung, wodurch ein – je nach Spezifikation des unbestimmten Rechtsbegriffes unterschiedlich großer – Spielraum für die Rechtsanwendung entsteht.[361]

128 Vergleichbar ist auch die für die **Bewährungsentscheidung erforderliche Prognose** nur in engen Grenzen überprüfbar,[362] so etwa wenn erfahrungsgemäß für die Gefahrenprognose bedeutsame Umstände nicht beachtet werden[363] oder aber wenn das Kriterium der „Verteidigung der Rechtsordnung" in Entscheidungen nach Maßgabe von § 56 Abs. 3 StGB nicht thematisiert wird.[364] Gleiches gilt freilich umgekehrt, wenn die Frage nach besonderen, eine Bewährung zulassenden Umständen bei einer Strafe zwischen einem und zwei Jahren Freiheitsstrafe nicht thematisiert wird.[365] Letztlich handelt es sich hier **überwiegend um Darstellungsmängel,** die deshalb zur Aufhebung des Urteils führen können, weil beim Fehlen der Erörterung dieser Gesichtspunkte eine (wenn auch nur eingeschränkt mögliche) Überprüfung der Ermessensentscheidung des Tatgerichts durch das Revisionsgericht letztlich ausscheidet.

C. Beruhen des Urteils auf der Gesetzesverletzung

I. Allgemeines und Grundlagen

129 Nach Abs. 1 kann die Revision nur darauf gestützt werden, dass das Urteil auf der Gesetzesverletzung „beruhe", das bedeutet,[366] das Urteil hätte **bei richtiger Anwendung des Gesetzes** (mit Sicherheit oder auch nur möglicherweise) **anders ausfallen** müssen,

---

[358] Vgl. Frisch in SK-StPO Rn. 162 f.
[359] So etwa die „Erheblichkeit" der Verminderung der Schuldfähigkeit, das Vorliegen von minder schweren oder besonders schweren Fällen oder die „Hangtätereigenschaft"; weitere Beispiele bei Frisch in SK-StPO Rn. 164.
[360] Vgl. etwa BGH 24.9.1980 – 3 StR 255/80, BGHSt 29, 336 = NJW 1981, 134 (135); 14.10.1981 – 5 StR 215/81, NStZ 1982, 26; 24.8.1982 – 1 StR 435/82, NStZ 1982, 464; 4.10.1955 – 5 StR 284/55, BGHSt 8, 186 (189) = NJW 1955, 1933; 15.12.1987 – 1 StR 498/87, BGHSt 35, 143 (148) = NJW 1988, 2747; 26.6.1991 – 3 StR 145/91, NStZ 1991, 529.
[361] BGH 2.12.2005 – 5 StR 119/05, BGHSt 50, 299 (308) = NJW 2006, 925; 29.4.1976 – 4 StR 137/76, NJW 1976, 1413.
[362] Vgl. Frisch in SK-StPO Rn. 179.
[363] Vgl. BGH 16.12.2009 – 2 StR 520/09, StV 2010, 127 ff.; 12.5.2011 – 4 StR 699/10, StV 2012, 667 (668).
[364] Vgl. BGH 6.6.1989 – 1 StR 221/89, NStZ 1989, 527; zustimmend Frisch in SK-StPO Rn. 180.
[365] Vgl. BGH 22.10.1980 – 3 StR 376/80, BGHSt 29, 370 (372) = NJW 1981, 409.
[366] Vertiefend zu den meisten folgenden Punkten Frisch in SK-StPO Rn. 186 ff.

oder anders gewendet: Eine Gesetzesverletzung, die für das angefochtene Urteil keine Bedeutung hat, kann die Revision nicht begründen.[367] Zwar könnte auch die Korrektur eines „ergebnisneutralen" Rechtsfehlers der Vereinheitlichung der Rechtsordnung dienen; indes ist dafür streng genommen die Aufhebung des Urteils nicht erforderlich, sondern ausreichend, dass in der Revisionsentscheidung – wie regelmäßig den Ausführungen zum Beruhen vorausgehend – etwas über den Rechtsfehler ausgeführt wird. Unter dem Gesichtspunkt der Einzelfallgerechtigkeit ist eine Korrektur ebenfalls nicht geboten, denn insoweit besteht keine „Schutzwürdigkeit" des Revisionsführers. Insoweit ist die – zumal positivrechtlich eindeutig vorgegebene – Relativierung der Disziplinierungsfunktion hinzunehmen.

Eine **Ausnahme** besteht bei den in § 338 geregelten **absoluten Revisionsgründen**. 130
Bei diesen wird aufgrund der zentralen Bedeutung der verletzten Vorschriften ein Beruhenszusammenhang **unwiderleglich vermutet**.[368] Hier wirkt die im Vergleich zur bloßen Benennung des Fehlers plakativere Urteilsaufhebung bei Fehlern in solchen zentralen Bereichen letztlich dann doch stärker disziplinierend; ferner – und wohl entscheidend – liegt der Zweck der Anordnung von absoluten Revisionsgründen aber auch darin, dass es sich praktisch durchweg um Gestaltungen handelt, bei denen der Beruhenszusammenhang zwar latent nie ausgeschlossen, aber nur sehr schwer dargetan werden kann (vgl. auch → § 338 Rn. 3 f.), was für den Revisionsführer auch dann misslich bleibt, wenn er das Beruhen nicht im eigentlichen Sinne beweisen muss (vgl. dazu sogleich → Rn. 131).

Nach der **Rechtsprechung** kennzeichnet der Begriff des Beruhens (nach seinem 131
Wortlaut durchaus naheliegend) einen **Kausalzusammenhang** zwischen Rechtsfehler und konkreter Gestalt des Urteils.[369] Demgegenüber wird in der **Literatur** verbreitet von einem (nur) **„normativen Zusammenhang"** ausgegangen.[370] Die Beschreibungen dieses normativen Zusammenhangs sind dann freilich von der Kausalität vielfach nicht so weit entfernt, sodass die Unterscheidung jedenfalls teilweise eher terminologischer Natur ist bzw. in dem Begriff des normativen Zusammenhangs offenbar die Frage des Beruhens und nach dem dafür **erforderlichen Nachweis**/der „Beweislast" zusammengezogen wird. Im Ergebnis besteht zumindest insoweit Einigkeit, dass es für die Revisibilität des Fehlers ausreichend ist, wenn die **Möglichkeit des Beruhens** besteht, wenn es also möglich erscheint oder es nicht auszuschließen ist, dass das Urteil ohne den Fehler anders ausgefallen wäre.[371] Mit *Frisch* kann man auch von der möglichen negativen Qualität der Entscheidung und den diese Qualität argumentativ fungierenden Vergleich mit dem hypothetischen Verlauf ohne die Gesetzesverletzung sprechen.[372] Oder umgekehrt formuliert: Die Beruhensfrage kann nur verneint werden, wenn das Beruhen des Urteils auf dem Rechtsfehler **ausgeschlossen** ist[373] oder **rein theoretischen Charakter** hat.[374]

---

[367] Vgl. Schmitt in Meyer-Goßner/Schmitt Rn. 37; Widmaier/Momsen in Satzger/Schluckebier/Widmaier StPO Rn. 35; Franke in Löwe/Rosenberg Rn. 178.

[368] Ausnahme: § 338 Nr. 7, der letztlich keine Vermutung, sondern eine Fiktion darstellt, vgl. → § 338 Rn. 1.

[369] Vgl. statt vieler bereits RG 8.3.1880 – 494/80, RGSt 1, 254 (255); ferner RG 13.7.1911 – II 470/11, RGSt 45, 138 (143); BGH 2.10.1951 – 1 StR 434/51, BGHSt 1, 346 (350) = NJW 1952, 192; BGH 3.11.1982 – 2 StR 434/82, BGHSt 31, 140 (145) = NJW 1983, 1006. Zustimmend etwa Schmitt in Meyer-Goßner/Schmitt Rn. 37; wohl auch Gericke in KK-StPO Rn. 33.

[370] Eindringlich Frisch in SK-StPO Rn. 187; zustimmend auch Franke in Löwe/Rosenberg Rn. 178; ferner Herdegen NStZ 1990, 513; Schlüchter FS Krause, 1990, 485.

[371] So auch die Rspr., etwa BVerfG 20.3.1956 – 1 BvR 479/55, BVerfGE 4, 412 (414) = NJW 1956, 123; BGH 2.10.1951 – 1 StR 434/51, BGHSt 1, 346 (350) = NJW 1952, 192; BGH 20.9.1955 – 5 StR 183/55, BGHSt 8, 158 = NJW 1955, 1765; 15.11.1968 – 4 StR 190/68, BGHSt 22, 278 (280) = NJW 1969, 473; 3.11.1982 – 2 StR 434/82, BGHSt 31, 145 = NJW 1983, 1006; 20.4.2006 – 4 StR 604/05, NStZ-RR 2007, 52 (53); 8.2.2011 – 4 StR 583/10, NStZ 2011, 356 (in concreto allerdings Beruhen verneint); BVerfG 30.6.2013 – 2 BvR 85/13, BVerfGK 20, 347 = NStZ-RR 2013, 315 (316).

[372] Frisch in SK-StPO Rn. 188.

[373] Aus neuerer Zeit etwa BGH 31.7.2013 – 4 StR 276/13, NStZ-RR 2013, 348 (Ls.) (fehlende ausdrückliche Entscheidunge über die Vereidigung); 14.6.2016 – 2 StR 120/15, BeckRS 2016, 11930 („Auch bei einem Verstoß gegen das Doppelverwertungsverbot ist es möglich, dass der Rechtsfolgenausspruch nicht hierauf beruht, sofern die sonstigen erschwerenden Umstände besonderes Gewicht haben"); 16.6.2015 –

II. Arten von Rechtsfehlern und Beruhensfrage

132 **1. Absolute und relative Revisionsgründe.** Grundsätzlich ist für eine erfolgreiche Revision der eben skizzierte Beruhenszusammenhang erforderlich. Nur bei den in § 338 genannten **absoluten Revisionsgründen** wird dieser Zusammenhang unwiderleglich vermutet (bzw. im Fall des § 338 Nr. 7 fingiert).

133 **2. „Schwere" und „leichte" Verstöße.** Die absoluten Revisionsgründe beziehen ihre Berechtigung nicht nur (vgl. → Rn. 130 sowie näher → § 338 Rn. 3 f.), aber doch auch aus der Schwere des Verstoßes, hier sogar in doppelter Hinsicht: Nach der gesetzlichen Systematik aufgrund der Schwere, die sich aus der besonderen Bedeutung der betroffenen Rechtsinstitute ergibt; nach teilweise relativierenden Tendenzen in der Rechtsprechung (vgl. hierzu und zur damit zusammenhängenden Problematik → § 338 Rn. 5 ff.) aber auch aus der Schwere im Sinn der Intensität des Rechtsfehlers („gravierender Charakter"). Jenseits dessen kommt es für die Revisibilität nach dem Gesetzeswortlaut **theoretisch nicht auf die Schwere des Fehlers** an; gleichwohl wird teilweise betont, dass das Urteil auf grundlegenden Verfahrensverstößen öfters bzw. sogar regelmäßig beruhen werde.[375] Unter dem Gesichtspunkt der Disziplinierungsfunktion der Revision (vgl. → Vor § 333 Rn. 67 ff., 81 ff.) wäre dies schlüssig; freilich dürfte der Versuch einer näheren Begründung anhand von konkret entschiedenen Fällen **zumindest teilweise zirkulär** enden, da bestimmte Verstöße auch deshalb als zentral bzw. besonders schwerwiegend angesehen werden, weil sie eben mit größerer Wahrscheinlichkeit potentiell ergebnisrelevant sind als andere. Ein zumindest **mittelbarer Zusammenhang** besteht für den großen Bereich der Verfahrensverstöße bei der Beweisgewinnung im Ermittlungsverfahren dadurch, dass von der Rechtsprechung die Frage nach einem **Beweisverwertungsverbot** jedenfalls teilweise auch von der Schwere des Verstoßes abhängig gemacht wird, sodass ein rechtlicher (und sei es auch nur mittelbarer über den Fehler im Beweisverfahren in der Hauptverhandlung) Zusammenhang zwischen dem Verstoß und dem Urteil überhaupt nur dann angenommen werden kann, wenn die Intensität schwerwiegend genug ist, um zu einem Beweisverwertungsverbot für die Hauptverhandlung zu führen.

134 **3. Aktive Gesetzesverstöße versus Unterlassungen.** Da ein Rechtsfehler sowohl in der fehlerhaften Anwendung des Gesetzes als **auch in der Nichtanwendung des richtigen Gesetzes** bestehen kann, kann auch insoweit unterschieden werden, da die Konsequenzen für das Beruhen nicht unerheblich sind:[376] Bei der „aktiven" fehlerhaften Anwendung eines Gesetzes, etwa der Verwertung einer Aussage unter Verstoß gegen ein Verwertungsverbot, ist in vielen Fällen **einfach zu bestimmen,** ob ein Beruhen vorliegt oder nicht: Hat ein – zumindest potentieller – Einfluss auf das Urteil stattgefunden, so ist ein Beruhen zu bejahen; ist dagegen die entsprechende Aussage in der Urteilsbegründung überhaupt nicht verwertet worden (oder ist ihr explizit kein Glauben geschenkt worden), so fehlt es an einem Beruhen. Etwas anderes gilt hier nur in der Situation, in welcher das Ergebnis der fehlerhaften Prozesshandlung eines unter mehreren kumulativ herangezogenen Beweismitteln für ein bestimmtes strafbarkeitsbegründendes Verhalten darstellt, sodass hier geprüft werden muss, ob die Gesamtwürdigung anders ausgefallen wäre.

---

5 StR 218/15, BeckRS 2015, 11909 (Kein Beruhen des Urteils auf Erörterungsmangel hinsichtlich Sachverständigengutachtens); OLG Stuttgart 28.4.2008 – 2 Ss 106/08, StV 2008, 626; BGH 15.1.2015 – 2 ARs 375/14, BeckRS 2015, 03930; 2.5.2017 – 1 StR 130/17, StraFo 2017, 285 = BeckRS 2017, 113896 (kein Beruhen auf einer unzulässigen Erweiterung der Öffentlichkeit; vgl. auch → § 338 Rn. 133); vgl. auch BGH 7.12.2016 – 1 StR 305/16, NStZ-RR 2017, 54.

[374] Vgl. etwa BGH 17.2.1989 – 2 StR 402/88, BGHSt 36, 119 (123) = NJW 1989, 1741; 9.12.2021 – 4 StR 162/21, NStZ-RR 2022, 52; Widmaier/Momsen in Satzger/Schluckebier/Widmaier StPO Rn. 37.

[375] Vgl. etwa BVerfG 15.1.2015 – 2 BvR 878/14, NStZ 2015, 170 (172 – zur Schwere von Transparenzverstößen bei der Verständigung); aus der Lit. etwa Gericke in KK-StPO § 338 Rn. 1; Widmaier/Momsen in Satzger/Schluckebier/Widmaier StPO § 338 Rn. 1.

[376] Vgl. zum Folgenden auch Widmaier/Momsen in Satzger/Schluckebier/Widmaier StPO Rn. 38.

Grundsätzlich anders ist dies dagegen **beim Unterbleiben einer gebotenen** 135
Handlung (also etwaiger gebotener Belehrungen, des Stattgebens bestimmter Anträge etc). Hier muss dann **letztlich hypothetisch weitergedacht** werden, wie das Verfahren abgelaufen wäre (und auch wie es sich hätte entwickeln können), wenn es zu der gebotenen, aber unterlassenen Handlung des Gerichts gekommen wäre. In dieser Konstellation wird dann auch der Unterschied zur Kausalität (jedenfalls in der aus dem materiellen Strafrecht geläufige Formulierung) deutlicher, da man gewiss **nicht wie bei der Quasi-Kausalität beim Unterlassungsdelikt** fordern muss, dass das Urteil bei Vornahme der gebotenen Handlung „mit an Sicherheit grenzender Wahrscheinlichkeit" anders ausgefallen wäre,[377] sondern es kommt darauf an, ob bei einem hypothetisch korrekten Verfahren eine Änderung in der Entscheidungsgrundlage des Gerichts möglich erscheint, es also beispielsweise auch zu weiteren Anträgen, Fragen oder Erklärungen gekommen wäre bzw. ob diese dann ein anderes Gewicht gehabt hätten.[378] Insoweit sind also insbesondere auch die **prozessualen „Anschlussmöglichkeiten"** zu überprüfen, die sich hier hätten ergeben können.[379]

4. Verfahrensfehler versus Fehler im materiellen Recht. Mit Blick auf die Beru- 136
hensprüfung ist leicht einsehbar, dass diese eine unterschiedlich große Rolle in Abhängigkeit davon spielt, ob ein etwa festgestellter Fehler das Verfahrensrecht oder das materielle Recht betrifft, ob es sich also um eine **Verfahrens- oder um eine Sachrüge** handelt. Das **materielle Recht** legt nämlich **unmittelbar den Inhalt der Entscheidung** fest (sodass das Beruhen der Regelfall sein wird), während das **Verfahrensrecht nur den Weg zu der Entscheidung** regelt, sodass der Beruhensnachweis (auch wenn er kein Nachweis im engeren Sinne ist, seine Möglichkeit aber eben doch plausibel gemacht werden muss) deutlich schwieriger ist.[380]

III. Insbesondere: Beruhen bei Verfahrensfehlern

1. Allgemeines. Bei Verfahrensfehlern[381] kommt es für das Beruhen darauf an, ob ein 137
rechtsfehlerfreies Verfahren möglicherweise anders ausgefallen wäre,[382] weil es zu einer anderen Entscheidungsgrundlage für das Gericht geführt hätte.[383] Letztlich handelt es sich hierbei naturgemäß um Fragen des Einzelfalles (von denen manche auch durchaus noch als offen anzusehen sind[384]),[385] sodass insoweit auf die Nachweise zur Revision bei den jeweiligen Einzelkommentierungen verwiesen werden muss. Einige grobe Leitlinien lassen sich aber im Folgenden ausmachen.

2. Fälle eines häufigen Beruhens. Regelmäßig nicht ausschließbar ist das Beruhen 138
(mit Blick auf das Kriterium der möglicherweise veränderten Entscheidungsgrundlage) etwa dann, wenn das Gericht seine **Aufklärungspflicht** verletzt hat.[386] Dies ist etwa der Fall, wenn das Gericht einen **Beweisantrag,** dem es hätte nachgehen müssen, zu Unrecht nicht

---

[377] Zu diesem Kausalitätsbegriff beim Unterlassungsdelikt im materiellen Strafrecht vgl. statt vieler nur Kudlich in Satzger/Schluckebier/Widmaier StGB StGB § 13 Rn. 10.
[378] Vgl. Frisch in SK-StPO Rn. 188.
[379] Vgl. auch Widmaier/Momsen in Satzger/Schluckebier/Widmaier StPO Rn. 39; exemplarisch aus der Rspr. BGH 12.1.2011 – 1 StR 582/10, BGHSt 56, 121 (127) = NJW 2011, 1301.
[380] Vgl. hierzu nun ausführlich im Anschluss → Rn. 137 ff. und → Rn. 147 ff.
[381] Eingehend dazu Niemöller NStZ 2015, 489 ff.
[382] Vgl. bereits RG 24.6.1880 – 1315/80, RGSt 2, 122; Schmitt in Meyer-Goßner/Schmitt Rn. 38; Franke in Löwe/Rosenberg Rn. 180.
[383] So anschaulich Frisch in SK-StPO Rn. 191.
[384] Vgl. nur Frisch in SK-StPO Rn. 198.
[385] Anschaulich etwa in zwei Entscheidungen desselben (fünften) Strafsenats zur Frage, ob ein Urteil auf der fehlenden Bescheidung eines Widerspruchs gegen die Anordnung des Selbstleseverfahrens beruhen kann: Vgl. BGH 28.8.2012 – 5 StR 251/12, BGHSt 57, 306 = NStZ 2012, 708 = NJW 2012, 3319 mAnm Kudlich JA 2012, 954 einerseits und BGH 11.11.2020 – 5 StR 197/20, NStZ 2021, 246 = JR 2021, 399 mAnm Kudlich/Nicolai andererseits.
[386] Vgl. Schmitt in Meyer-Goßner/Schmitt Rn. 39; Frisch in SK-StPO Rn. 191.

stattgegeben hat,[387] wenn es versäumt hat, dem Beschwerdeführer ein nach dem Gesetz zustehendes **Fragerecht** einzuräumen oder keine Möglichkeit zur Erklärung gegeben hat[388] oder wenn es dem Angeklagten **das letzte Wort nicht erteilt** hat, welches zumindest den Rechtsfolgenausspruch meist nicht ausschließbar hätte beeinflussen können.[389] Gleiches gilt, wenn aus anderen Gründen etwa nichtverwertbarer Beweisstoff dem Urteil zu Grunde gelegt worden ist[390] oder aber verwertbarer Beweisstoff fehlerhaft übergangen worden ist (und die dadurch festzustellende Tatsache nicht durch andere, verwertete Beweismittel getragen wird[391]).

139 Weiterhin liegt ein Beruhen häufig vor, wenn das Gericht Verfahrenshandlungen unterlassen hat, welchen eine **wichtige Orientierungsfunktion** für die Beteiligten zukommt oder aber wenn die Beteiligten daran gehindert werden, in der Hauptverhandlung die ihnen nach dem Gesetz zustehenden Rechte wahrzunehmen.[392] Beispiele sind die **fehlende Ladung des Verteidigers,**[393] die **unterbliebene Verlesung des Anklagesatzes,**[394] das Unterlassen von nach § 265 gebotenen **Hinweisen,**[395] oder die unterbliebene **Belehrung** eines Zeugen über sein Zeugnisverweigerungsrecht.[396] Wird ein Widerspruch gegen die Anordnung des Selbstleseverfahrens nicht beschieden, so ist zu bedenken, dass im an sich erforderlichen anschließenden Gerichtsbeschluss ohne weiteres auch wieder vom Selbstleseverfahren Abstand genommen werden könnte, zumal schon der Mündlichkeitsgrundsatz das Selbstleseverfahren zu einem Ausnahmefall macht; auch haben aufgrund der typischerweise stärker selektiven Auswahl der verlesenen Urkunden (gegenüber den Selbstlese-Konvoluten) die Verfahrensbeteiligten hier eher eine Chance, zu erkennen, welchen Urkunden bzw. Urkundeninhalten das Gericht besondere Bedeutung beimisst, sodass man beide Verfahren auch nicht als „normativ stets gleichwertig" erachten kann.[397]

140 Zu „quasi-absoluten Revisionsgründen" aufgewertet wurden insbes. durch die **Rechtsprechung des BVerfG**[398] **Verstöße gegen Belehrung- und Transparenzvorschriften im Kontext der Verständigung,** insbesondere also Verletzungen von § 243 Abs. 4[399] und § 257c Abs. 5.[400] Auch diese Vorschriften beinhalten eine wichtige Orientierungsfunktion,[401] wobei die teilweise geradezu rigide (und allgemeinen prozessualen Prinzi-

---

[387] Vgl. RG 8.6.1931 – II 511/31, RGSt 65, 304 (307 f.); BGH 18.9.2012 – 3 StR 302/12, NStZ 2013, 118; Frisch in SK-StPO Rn. 191.
[388] BGH 16.3.2010 – 4 StR 612/09, NStZ 2010, 465 (466).
[389] BGH 13.4.1999 – 4 StR 117/99, StV 2000, 296; BVerfG 19.3.2013 – 2 BvR 2628/10 – 2 BvR 2883/10 – 2 BvR 2155/11, BVerfGE 133, 168 = NStZ 2013, 298. Etwas anderes kann in Ausnahmefällen gelten, in denen das letzte Wort schon mehrfach erteilt worden und dann wegen offensichtlich nicht ergebnisrelevanten Umständen wieder in die Hauptverhandlung eingetreten worden ist.
[390] Vgl. etwa BGH 22.3.2006 – 2 StR 585/05, NStZ 2007, 417 (419).
[391] Vgl. Frisch in SK-StPO Rn. 193 iVm Rn. 84.
[392] Zu diesen Fallgruppen vergleiche Frisch in SK-StPO Rn. 192.
[393] Vgl. BayObLG 19.3.2001 – 1 St RR 30/01, NStZ-RR 2001, 374.
[394] OLG Düsseldorf 10.11.2009 – III-2 Ss 215/09-148/09 I, StV 2010, 512; vergleichbar auch Mängel der Anklageschrift, welche dazu führen, dass diese ihre Informationsfunktion nicht erfüllen kann, vgl. nochmals OLG Düsseldorf 10.11.2009 – III-2 Ss 215/09-148/09 I, StV 2010, 512 sowie OLG Frankfurt a. M. 18.10.2005 – 1 Ss 140/05, StV 2006, 519.
[395] BGH 11.5.2011 – 2 StR 590/10, BGHSt 56, 235 (238 f.) = NJW 2011, 2377; BGH 2.9.2009 – 5 StR 311/09, NStZ-RR 2009, 378 (379).
[396] BGH 3.5.2006 – 4 StR 40/06, NStZ 2006, 647 (648).
[397] Zutreffend daher BGH 28.8.2012 – 5 StR 251/12, BGHSt 57, 306 = NStZ 2012, 708 = NJW 2012, 3319; zweifelhaft dagegen BGH 11.11.2020 – 5 StR 197/20, NStZ 2021, 246.
[398] BVerfG 19.3.2013 – 2 BvR 2628/10, 2 BvR 2883/10, 2 BvR 2155/11, BVerfGE 133, 168 = NJW 2013, 1058; ferner BVerfG 25.8.2014 – 2 BvR 2048/13, NStZ 2014, 721 (auch zu möglichen Ausnahmen); zum Ganzen auch Knauer NStZ 2013, 433; Kudlich NStZ 2013, 379 (381) sowie → § 257c Rn. 30; → § 243 Rn. 91 ff. Anders etwa noch BGH 12.12.2013 – 3 StR 210/13, NStZ 2014, 284.
[399] Zusammenfassend zur revisionsgerichtlichen Kontrolle Allgayer NStZ 2015, 185 ff.
[400] Beispiel für einen Fall, in dem auch in neuerer Rspr. das Beruhen dennoch abgelehnt wird, bei BGH 27.1.2015 – 1 StR 393/14, NStZ 2015, 353 (Bekanntgabe zwar unzureichender, aber immerhin noch Rumpfdaten in der Hauptverhandlung).
[401] Hierauf abstellend etwa BGH 28.1.2015 – 5 StR 601/14, NStZ 2015, 178.

pien nicht immer entsprechende[402]) Linie des BVerfG wohl auch den Besonderheiten der Verständigungssituation geschuldet sein dürfte.

3. Fälle häufiger Ausschließbarkeit eines Beruhens. Grundsätzlich auszuschließen 141 ist, dass das Urteil auf Fehlern beruht, die erst **nach der Urteilsverkündung entstehen;** gerade aus diesem Grund ist die verspätete Urteilsabsetzung auch unter die absoluten Revisionsgründe des § 338 aufgenommen worden (und dort nicht als unwiderlegliche Vermutung, sondern als Fiktion zu qualifizieren, vergleiche → § 338 Rn. 1).

Regelmäßig am Beruhen fehlen soll es auch bei **Fehlern im Ermittlungsverfahren** 142 als solchen,[403] soweit diese nicht über einen anschließenden Fehler in der Hauptverhandlung (etwa Verwertung eines aufgrund des früheren Fehlers unverwertbaren Beweismittels) fortgetragen werden; **in dieser Allgemeinheit ist dies freilich zweifelhaft,** da auch jenseits der Beweisverwertungsverbote (jedenfalls in den relativ engen Grenzen, in denen die Rechtsprechung solche zu akzeptieren bereit ist) oftmals schwerlich ausgeschlossen werden kann, dass die Verfahrensdynamik bis in die Hauptverhandlung hinein ohne die Fehler im Ermittlungsverfahren eine andere gewesen wäre. Die hinter dem **Credo vom fehlenden Beruhen auf Fehlern im Ermittlungsverfahren** stehende Annahme, dass dieses letztlich nur der Sammlung des Prozessstoffes dient, dann aber aufgrund von Prinzipien wie Unmittelbarkeit und Möglichkeit die eigentlich wesentlichen Umstände in der Hauptverhandlung vorgetragen und das Urteil allein aus dem Inbegriff derselben abgeschöpft werde, **spiegelt die Verfahrensrealität** mit wichtigen Weichenstellungen durch das Ermittlungsverfahren auch für spätere Hauptverfahren (und die nach der gegenwärtigen Konzeption der StPO unvermeidbare Aktenkenntnis der aufgrund des Zwischenverfahrens „strukturell befangenen" Richter der Hauptverhandlung) **wohl nur defizitär wider.**

Ebenfalls am (möglichen) Beruhen fehlen soll es, wenn die **Einhaltung der verletzten** 143 **Norm ihren Zweck ohnehin nicht erreicht hätte** bzw. nicht erreichen musste, so wenn also etwa eine Entscheidung auf einen Antrag nach § 238 Abs. 2 versäumt wurde, das beanstandete Verhalten des Vorsitzenden aber nicht gegen Verfahrensrecht verstoßen hat.[404] Gleiches soll gelten, wenn die Belehrung einer Person unterlassen wurde, die ihre Aussage- oder Zeugnisverweigerungsrechte positiv kannte oder bei der feststeht, dass sie auch trotz einer Belehrung eine entsprechende Aussage gemacht hätte.[405] Diese Konstellation zeigt freilich, wie problematisch ein solches Abstellen auf hypothetische Verläufe ist bzw. wo seine Grenzen liegen. Denn selbst bei einer grundsätzlich rechtskundigen, jedenfalls aber bei einer rechtsunkundigen und „nur" grundsätzlich aussagebereiten Person kann kaum jemals wirklich ausgeschlossen werden, dass diese sich durch eine Belehrung nicht doch noch zur Wahrnehmung ihrer (hier: Verweigerung-)Rechte motivieren lässt.

Jedenfalls **kein Fall eines nahe liegenden Ausschlusses des Beruhens** ist die Situa- 144 tion, in welcher **statt der fehlerhaften Prozesshandlung auch eine fehlerfreie** mit dem gleichen Ergebnis **hätte durchgeführt werden können** (aber eben nicht durchgeführt worden ist). So kommt etwa bei der Ablehnung eines Beweisantrags mit einer fehlerhaften Begründung auch dann, wenn eine andere Ablehnungsbegründung rechtsfehlerfrei möglich gewesen wäre, der Austausch der Ablehnungsgründe durch das Revisionsgericht nicht in Betracht.[406] Dies muss schon deshalb gelten, weil der Antragsteller sein weiteres **Prozess-**

---

[402] Zur Kritik vergleiche Kudlich NStZ 2013, 379 (381). Aus neuerer Zeit aber bestätigend BVerfG 15.1.2015 – 2 BvR 2055/14, NStZ 2015, 172 mAnm Knauer/Pretsch.
[403] Vgl. Schmitt in Meyer-Goßner/Schmitt Rn. 38.
[404] BGH 7.5.2019 – 5 StR 623/18, StV 2019, 798 (Ls.) = BeckRS 2019, 10447.
[405] Vergleichbar auch, wenn BGH 20.11.2013 – 4 StR 441/13, NStZ 2014, 228, ein Beruhen bei Verstoß gegen § 189 GVG (ausnahmsweise) ausschließt, weil die nicht vereidigten Dolmetscher allgemein vereidigt waren und auch in der Vergangenheit zuverlässig übersetzt haben; strenger aber BGH 8.10.2013 – 4 StR 273/13, NStZ 2014, 356 (357) = NStZ-RR 2014, 16 (17).
[406] Zutreffend Widmaier/Momsen in Satzger/Schluckebier/Widmaier StPO Rn. 44. Zweifelhaft deshalb BGH 26.2.2015 – 4 StR 293/14, NStZ 2015, 355, wenn dort ein Beruhen ausgeschlossen wird, weil Ausführungen, die im Ablehnungsbeschluss eines Beweisantrags erforderlich gewesen wären, in der Urteilsbegründung erfolgen.

verhalten gerade auf die ihm bekannt gegebene Ablehnungsbegründung eingestellt haben kann und bei einer anderen Begründung möglicherweise anders prozessiert hätte; insoweit ist hier zumindest mittelbar wieder die oben genannte Orientierungsfunktion betroffen (→ Rn. 139).

145 **4. Heilung von Verfahrensverstößen.** Am Beruhen fehlt es auch, wenn der **Verfahrensverstoß (wirksam) geheilt** werden konnte.[407] Die Heilung, welche vom Vorsitzenden angeordnet wird, wenn der Fehler durch eine von ihm getroffene Maßnahme eingetreten ist, erfolgt bei rechtswidrig unterlassenen Verfahrenshandlungen durch ihre Nachholung, bei fehlerhaft durchgeführten Verfahrensschritten durch ihre Wiederholung in rechtlich einwandfreier Form.[408] Einer Heilung steht es gleich, wenn ein Verfahrensvorgang, der sich nicht mehr rückgängig machen lässt, nach einem im Protokoll aufzunehmenden Hinweis an die Verfahrensbeteiligten so behandelt wird, als sei er nicht geschehen, so etwa durch Nichtberücksichtigung einer einem Beweisverwertungsverbot unterliegenden Aussage.

146 Die Heilung kann **bis zur Beendigung der Urteilsverkündung** erfolgen, nicht aber erst in den Urteilsgründen. Freilich wird bei einer Heilung, welche in der Nachholung eines unterlassenen oder fehlerhaft durchgeführten Verfahrensschrittes besteht, auch bei einem späten Zeitpunkt unmittelbar vor der Urteilsverkündung regelmäßig wieder in die Beweisaufnahme eingetreten und auch das letzte Wort noch einmal erteilt werden müssen.

IV. Insbesondere: Beruhen bei der Sachrüge

147 Wird auf die Sachrüge hin ein Fehler bei der Anwendung des materiellen Rechts gefunden, ist das Beruhen zumeist **nicht vergleichbar problematisch** wie bei den (keine absoluten Revisionsgründe darstellenden) Verfahrensmängeln, sondern der Regelfall. Denn bei einer richtigen Rechtsanwendung wären üblicherweise ein anderer Schuldspruch und/oder eine andere Rechtsfolge eingetreten. Im Einzelnen:

148 **1. Fehler bei der Beweiswürdigung.** Bei einer fehlerhaften Beweiswürdigung ist das Beruhen nur dann **ausgeschlossen, wenn das Beweismittel ersichtlich für das Ergebnis nicht bedeutsam** gewesen ist. Dies ist dann der Fall, wenn es explizit nicht für die Überzeugungsbildung herangezogen worden ist. Schwieriger ist die Situation dagegen, wenn es – wie freilich häufig – zu einem **größeren Konglomerat von Beweismitteln** gehört, auf welche im Wege einer Gesamtwürdigung die Überzeugungsbildung gestützt wird. Hier ist dann zu ergründen, ob die Überzeugung auch beim Wegfall des fehlerhaft gewürdigten Beweises so gebildet worden wäre. Jedenfalls wenn das Beweismittel nicht nur eine wenig gewichtige Arrondierung liefert, wird man das nur selten ausschließen können.

149 **2. Erfolgreiche Darstellungsrüge.** Dringt der Revisionsführer mit der Darstellungsrüge durch, so geht es hier regelmäßig nicht um eine positiv nachgewiesene fehlerhafte Rechtsanwendung, sondern um **Lücken oder Widersprüche in der Darstellung,** die dazu führen, dass die **Überzeugungsbildung des Gerichts nicht nachvollziehbar** bzw. nicht hinreichend überprüfbar ist (vgl. → Rn. 102 ff.). In dieser Bewertung ist der **Maßstab des „Beruhens" gewissermaßen schon integriert,** da von einer fehlenden Nachvollziehbarkeit des Urteils schon begrifflich keine Rede sein kann, wenn ausgeschlossen erscheint, dass die Ungenauigkeit Auswirkungen auf das Ergebnis hat. Eine sinnvolle Trennung zwischen Rechtsfehler und Beruhen ist daher in diesen Fällen nicht möglich.

---

[407] Überblick hierzu bei Schmitt in Meyer-Goßner/Schmitt Rn. 39; ausführlich Frisch in SK-StPO Rn. 195.
[408] Vgl. BGH 1.4.1981 – 2 StR 791/80, BGHSt 30, 74 (76) = NJW 1981, 1568; gesetzeswidrige Entscheidungen müssen zurückgenommen werden, vgl. Franke in Löwe/Rosenberg Rn. 186.

3. Schuldspruch (materielle Würdigung). Wird das materielle Strafrecht (Tatbestände des Besonderen Teils, Regeln des Allgemeinen Teils) fehlerhaft angewendet, wird ein **Beruhen in aller Regel zu bejahen** sein, da diese Fehler praktisch notwendig Einfluss auf den Schuldspruch haben. Vorstellbar ist hingegen etwa bei einer Angeklagtenrevision, dass die **entsprechenden Fehler diesen nicht belasten** (zB weil auf die Überprüfung auf die Sachrüge hin das Revisionsgericht der Auffassung ist, dass eigentlich noch ein weiterer Tatbestand zu bejahen gewesen wäre). Hierbei handelt es sich **streng genommen um kein Beruhensproblem,** da das Urteil so, wie es gesprochen worden ist, bei korrekter Rechtsanwendung ja in der Tat nicht gefällt worden wäre. Von einem fehlenden Beruhen würde man hier allenfalls bei einer sehr starken Normativierung des Begriffs sprechen, wenn hierbei für die „nachteilige Qualität" nicht nur auf die Richtigkeit des Urteils (vgl. → Rn. 131), sondern auch auf die Rechtsposition des jeweiligen Revisionsführers abgestellt wird. 150

4. Fehler im Rechtsfolgenausspruch. Auch auf **Fehlern bei der Rechtsfolgenbestimmung beruht das Urteil** an sich **in aller Regel.** Anders kann dies allenfalls in extrem gelagerten und hinreichend eindeutigen (von den Revisionsgerichten mitunter allerdings vorschnell angenommenen) Fällen sein, wenn etwa bei einer ohnehin ungewöhnlich milden Strafe beim Wegfall eines (weniger schwer wiegenden) von mehreren Fällen hinreichend sicher ausgeschlossen werden kann, dass die Gesamtstrafe anders ausgefallen wäre. 151

Eine gewisse **Erweiterung** zu diesen Fällen, auf welche schon seit jeher die Schuldspruchberichtigung teilweise gestützt wurde (→ § 354 Rn. 48 ff.), ist durch **§ 354 Abs. 1a** erfolgt, wonach das Revisionsgericht wegen einer Gesetzesverletzung bei der Zumessung der Rechtsfolgen von der Aufhebung des angefochtenen Urteils absehen kann, sofern die verhängte Rechtsfolge angemessen ist. Freilich handelt es sich auch hier um keine echte „Beruhensfrage", sondern um eine Erweiterung der Fälle der **eigenen Sachentscheidung bei einem als angemessen empfundenen Ergebnis;** indes könnte man auch hier von einer Normativierung des Zusammenhangs dahingehend sprechen, dass ein Beruhen (nicht nur einerseits meist weniger als eine strenge Kausalität, sondern) in diesen speziellen Fällen sogar mehr als eine Kausalität voraussetzt, nämlich zusätzlich auch noch die Unangemessenheit des hypothetisch anderen Urteils. Zu den Voraussetzungen der Vorschrift vergleiche im Einzelnen die Kommentierung dort. Ungeachtet des § 354 Abs. 1a bleibt die **Bedeutung des fehlenden Beruhens für den Bereich des Rechtsfolgenausspruches** aber bestehen, soweit trotz eines Fehlers bei der materiellen Rechtsanwendung vor dem Rechtsfolgenausspruch (zB fehlerhafte Bejahung eines weiteren idealkonkurrierenden Delikts) ausgeschlossen erscheint, dass eine andere Rechtsfolge verhängt worden wäre. Denn **§ 354 Abs. 1a** ist nach seinem Wortlaut auf Fehler im Strafzumessungsrecht beschränkt, und das BVerfG hat insoweit versucht, ausweitende Tendenzen der strafgerichtlichen Rechtsprechung wieder „einzufangen" (vgl. → § 354 Rn. 38 f.). 152

V. Geltendmachung des Beruhens

Eine **Begründung,** warum das Urteil auf dem Rechtsfehler beruht, ist **nicht erforderlich.** Bei der Sachrüge wird eine solche Begründung ohnehin nicht gefordert, vgl. → § 344 Rn. 58. Aber auch bei der Verfahrensrüge verlangt **§ 344 Abs. 2 S. 2** nur, dass „die den Mangel enthaltenden Tatsachen angegeben werden". Diese Vorschrift wird zwar von der Rechtsprechung sehr weit ausgelegt (→ § 344 Rn. 144), erfasst aber **ausweislich des klaren Wortlautes gerade nur den Rechtsfehler, nicht das Beruhen.** 153

Ungeachtet dessen ist insbes. bei Verfahrensrügen eine Begründung auch des Beruhens **regelmäßig zu empfehlen.** Dies gilt **insbes. bei der unterlassenen richtigen Rechtsanwendung,** bei der für die Ergebnisrelevanz auf **hypothetische weitere Abläufe,** dh auf Argumentations- und Beweismöglichkeiten abgestellt oder mit einem geänderten 154

Verteidigungsverhalten für den hypothetischen Fall der zutreffenden Rechtsanwendung argumentiert werden muss.[409]

§ 338 Absolute Revisionsgründe

Ein Urteil ist stets als auf einer Verletzung des Gesetzes beruhend anzusehen,
1. wenn das erkennende Gericht nicht vorschriftsmäßig besetzt war; war nach § 222a die Mitteilung der Besetzung vorgeschrieben, so kann die Revision auf die vorschriftswidrige Besetzung nur gestützt werden, wenn
   a) das Gericht in einer Besetzung entschieden hat, deren Vorschriftswidrigkeit nach § 222b Absatz 2 Satz 2 oder Absatz 3 Satz 4 festgestellt worden ist, oder
   b) das Rechtsmittelgericht nicht nach § 222b Absatz 3 entschieden hat und
      aa) die Vorschriften über die Mitteilung verletzt worden sind,
      bb) der rechtzeitig und in der vorgeschriebenen Form geltend gemachte Einwand der vorschriftswidrigen Besetzung übergangen oder zurückgewiesen worden ist oder
      cc) die Besetzung nach § 222b Absatz 1 Satz 1 nicht mindestens eine Woche geprüft werden konnte, obwohl ein Antrag nach § 222a Absatz 2 gestellt wurde;
2. wenn bei dem Urteil ein Richter oder Schöffe mitgewirkt hat, der von der Ausübung des Richteramtes kraft Gesetzes ausgeschlossen war;
3. wenn bei dem Urteil ein Richter oder Schöffe mitgewirkt hat, nachdem er wegen Besorgnis der Befangenheit abgelehnt war und das Ablehnungsgesuch entweder für begründet erklärt war oder mit Unrecht verworfen worden ist;
4. wenn das Gericht seine Zuständigkeit mit Unrecht angenommen hat;
5. wenn die Hauptverhandlung in Abwesenheit der Staatsanwaltschaft oder einer Person, deren Anwesenheit das Gesetz vorschreibt, stattgefunden hat;
6. wenn das Urteil auf Grund einer mündlichen Verhandlung ergangen ist, bei der die Vorschriften über die Öffentlichkeit des Verfahrens verletzt sind;
7. wenn das Urteil keine Entscheidungsgründe enthält oder diese nicht innerhalb des sich aus § 275 Abs. 1 Satz 2 und 4 ergebenden Zeitraums zu den Akten gebracht worden sind;
8. wenn die Verteidigung in einem für die Entscheidung wesentlichen Punkt durch einen Beschluß des Gerichts unzulässig beschränkt worden ist.

Schrifttum: Arnoldi, Hauptverhandlungen in Zeiten von Sars-CoV-2/Covid-19, NStZ 2020, 313; Baldus, „Versäumte Gelegenheiten; zur Auslegung des § 338 Nr. 8 und des § 267 Abs. 1 Satz 2 StPO" in: Ehrengabe für Bruno Heusinger, München 1968, 373; Barton, Einführung in die Strafverteidigung, 2007; Berz, FS Meyer-Goßner, 2001, 615; Beulke, Strafprozessrecht, 12. Aufl., 2012; Christl Europäische Mindeststandards für Beschuldigtenrechte – Zur Umsetzung der EU-Richtlinien über Sprachmittlung und Information im Strafverfahren, NStZ 2014, 376; Cramer, Zur Berechtigung absoluter Revisionsgründe. Zugleich ein Beitrag zur Reform des Strafprozessrechts, FS Peters, 1974, 239; Dahs, Die Relativierung absoluter Revisionsgründe, GA 1976, 353; Dahs, Die Revision im Strafprozess, 8. Aufl. 2012; Dahs, Handbuch des Strafverteidigers, 7. Aufl., 2005; Fromm, Aktuelles zur Besorgnis der Befangenheit des Richters im Strafprozess, NJOZ 2015, 1; Fromm, Zulässige und verfahrensfehlerhafte Beschränkungen des Öffentlichkeitsgrundsatzes im Strafprozess, NJOZ 2015, 1193; Gaede, Schlechtverteidigung – Tabus und Präklusionen zum Schutz vor dem Recht auf wirksame Verteidigung, HRRS 11/2007, 402; Gössel, Über die revisionsrichterliche Nachprüfbarkeit von Beschlüssen, mit denen die Öffentlichkeit gemäß §§ 172, 173 GVG im Strafverfahren ausgeschlossen wird; zugleich eine Besprechung der Urteile des BGH – 3 StR 226/81 vom 19.8.1981 und 2 StR 370/81 vom 18.9.1981, NStZ 1982, 141; Gössel, Über die revisionsrechtliche Nachprüfung von Beschlüssen über den Ausschluss der Öffentlichkeit, zugleich eine Besprechung des Urteils des BGH, NStZ 1999, 474; Günther, Judex dormiens, MDR 1990, 875; Habetha, Anfechtung sitzungspolizeilicher Maßnahmen im Strafprozess, NJW 2015, 3627; Hamm/Pauly, Die Revision in Strafsachen, 8. Aufl., 2021; Hegmann Sigrid, Zuständigkeitsänderung im strafgerichtlichen Berufungsverfahren, NStZ 2000, 574; Jahn, Der praktische Fall – Strafrechtsklausur: Eine revisionsbedürftige Revision, JuS 2000, 383; Koch/Wallimann, Das Gesetz zur Erweiterung der

---

[409] Anschauliches Beispiel bei BGH 12.1.2011 – 1 StR 582/10, BGHSt 56, 121 (127) = NJW 2011, 1301.

Medienöffentlichkeit in Gerichtsverfahren, MDR 2018, 241; Kuckein, Relativierung absoluter Revisionsgründe StraFO 2000, 397; Kudlich, „Wie absolut sind die absoluten Revisionsgründe", FS Fezer 2008, 435; Kudlich, Der Öffentlichkeitsgrundsatz im Strafprozeß – Inhalt, Revision und Klausurbedeutung, JA 2000, 970; Kudlich, Entschuldigung, ist hier jemand zuständig?, JA 2016, 551; Kulhanek, Saalöffentlichkeit unter dem Infektionsschutzgesetz, NJW 2020, 1183; Lantermann, Der Besetzungseinwand nach der Modernisierung, HRRS 2020, 15; Lantermann, Kompendium zum Besetzungseinwand, HRRS 2022, 32; Leitmeier, Besetzungseinwand und Besetzungsrüge im Strafverfahren, NJW 2017, 2086; Mehle, Die „Relativierung" der absoluten Revisionsgründe – vom Niedergang der Formstrenge, FS Dahs, 2005, 381; Mehle, Einschränkende Tendenzen im Bereich der absoluten Revisionsgründe, 1981; Meyer-Goßner, Die Behandlung kriminalpolizeilicher Spurenakten im Kriminalverfahren, NStZ 1982, 353; Mosbacher, Straßburg locuta – § 329 I StPO finita?, NStZ 2013, 312; Moslehi, Braucht das GVG einen weiteren Ausschlussgrund (§§ 171a ff. GVG)?, GVRZ 2020, 21; Neuhaus, Beruhensfrage (§ 337 I StPO) und unzureichende Verteidigerleistung, StV 2002, 43; Park, Der Öffentlichkeitsausschluss und die Begründungsanforderungen gemäß § 174 I 3 GVG, NJW 1996, 2213; Pawlik, Der disqualifizierte Staatsanwalt, NStZ 1995, 309; Ranft, Die Präklusion der Besetzungsrüge gemäß der Strafprozeßnovelle und das Recht auf den gesetzlichen Richter, NJW 1981, 1473; Rieß, Ausschluß der Besetzungsrüge (§ 338 Nr. 1 StPO) bei irriger, aber vertretbarer Rechtsanwendung, GA 1976, 133; Rieß, Die Besetzungspräklusion (§§ 222a, 222b StPO) auf dem Prüfstand der Rechtsprechung, JR 1981, 89; Rieß, Die Urteilsabsetzungsfrist (§ 275 I StPO), NStZ 1982, 441; Rieß, Gesetzgebungsübersicht, NJW 1978, 2265; Rinio, Justitia schläft nicht!, Betrifft Justiz 2007, 26; Roxin, Aktuelle Probleme der Öffentlichkeit im Strafverfahren, FS Peters, 1974, 393; Roxin/Schünemann, Strafverfahrensrecht, 26. Aufl., 2009; Roxin, Anwesenheit von Fernsehen und Rundfunk; Durchsuchung ohne richterliche Anordnung, NStZ 1989, 375; Schlüchter, Das Strafverfahren, 2. Aufl., 1983; Schlüchter, Strafprozessrecht, 3. Aufl., 1999; Schorn, Erblindeter Richter in der Gerichtsbarkeit, JR 1954, 298; Schroeder, Kritische Bemerkungen zum Strafverfahrensänderungsgesetz 1979, NJW 1979, 1527; Schulze, Blinde Richter – aktueller Stand von Diskussion und Rechtsprechung, MDR 1995, 670; Schulze, Zur Mitwirkung blinder Richter, MDR 1988, 736; Schünemann, Grundfragen der Revision im Strafprozeß (Teil 2), JA 1982, 123; Schweckendieck, Die Ablehnung eines Beweisantrags wegen Verschleppungsabsicht – eine zu wenig genutzte Möglichkeit? – Eine Untersuchung der Rechtsprechung des BGH –, NStZ 1991, 109; Siegert, Fehlerhafte Besetzung des Kollegialgerichts nach der Rechtsprechung des Bundesgerichtshofs, NJW 1957, 1622; Sowada, Der Doppelvorsitz beim BGH und das Prinzip des gesetzlichen Richters; Besprechung zu BGH, Beschluss vom 11.1.2012 – BGH 11.1.2012 Aktenzeichen 2 StR 346/11, NStZ 2012, 353; Velten, „Justizentlastung durch Präklusion von Verfahrensrechten", FS Grünwald, 1999, 753; Volkmann, Die Besorgnis der Befangenheit gegenüber der Staatsanwaltschaft, StV 2021, 537; Walther, Der Öffentlichkeitsgrundsatz im Kontext der Verständigung im Strafverfahren, NStZ 2015, 383; Widmaier, Überholende Kausalität bei Verfahrensrügen, FS Hanack, 1999, 387; Widmaier, Mitwirkungspflicht des Verteidigers in der Hauptverhandlung und Rügeverlust (?), NStZ 1992, 519; Widmaier, Münchener Anwaltshandbuch Strafverteidigung, 1. Aufl., 2006; Wolf, Die Einsatzmöglichkeiten eines Blinden im Strafrecht, ZRP 1992, 15.

Übersicht

		Rn.			Rn.
A.	Allgemeines	1	B.	Die absoluten Revisionsgründe im Einzelnen	15
I.	Bedeutung und Wirkung der absoluten Revisionsgründe	1	I.	Vorschriftswidrige Besetzung des Gerichts nach Nr. 1	15
II.	Wesen der absoluten Revisionsgründe und Grund der Absolutheit	3	1.	Schutzzweck, Begriffsbestimmungen und Anwendungsbereich	15
III.	Tendenzen zur Relativierung der absoluten Revisionsgründe	5	2.	Bedeutung der „Willkür" für die Rüge nach Nr. 1	18
1.	Präklusionsvorschriften und allgemeine Zulässigkeitshürden	6		a) Erfordernis objektiver Willkür und Abgrenzung zum error in procedendo	18
2.	Einschränkungen des Anwendungsbereichs insbesondere in Bagatellfällen	8		b) Kritik an der Rügevoraussetzung der Willkür	19
	a) Willkürerfordernis bei Besetzungsfehlern	9	3.	Besetzungsmängel – Einzelfälle	20
				a) Mängel in der Geschäftsverteilung	21
	b) Beschränkung von Öffentlichkeitsverstößen auf bewusste Verkürzungen	10		b) Mängel in der Person der mitwirkenden Richter oder Schöffen	30
	c) Beschränkung der Nr. 5 auf das Fehlen während „wesentlicher Teile" der Hauptverhandlung	11		c) Mängel im Rahmen der Schöffenbesetzung	35
3.	Einschränkungen der Revisibilität beim „denkgesetzlichen Ausschluss" eines Beruhens	12	4.	Rügepräklusion	39
				a) Anwendungsbereich und Grenzen	39
				b) Ausschluss der Rügepräklusion	40

		Rn.			Rn.
	c) Rügeausschluss nach erfolgreichem Besetzungseinwand in erster Instanz	43		b) Angeklagter	94
				c) Notwendiger Verteidiger	105
	d) Voraussetzung der Rügepräklusion	44		d) Urkundsbeamter der Geschäftsstelle	115
5.	Inhalt des Revisionsvorbringens	45		e) Dolmetscher	116
	a) Allgemeine Anforderungen	45	3.	Inhalt des Revisionsvorbringens	121
	b) Kasuistik	46	VI.	**Verletzung der Vorschriften über die Öffentlichkeit (Nr. 6)**	125
II.	**Mitwirkung kraft Gesetzes ausgeschlossener Richter (Nr. 2)**	51	1.	Begriffsbestimmung und Anwendungsbereich	125
1.	Schutzzweck und Anforderungen an die Revisionsbegründung	51		a) Regelung im GVG und Schutzzweck	125
2.	Anwendungsbereich und Einzelfälle	52		b) Öffentlichkeit, Öffentlichkeitsgewährung und Grenzen	128
3.	Verhältnis zu anderen Revisionsgründen	54		c) Unzulässige Erweiterung der Öffentlichkeit	133
4.	Inhalt des Revisionsvorbringens	55	2.	Verschulden des Gerichts	134
III.	**Mitwirkung eines abgelehnten Richters (Nr. 3)**	56	3.	Kasuistik	139
1.	Anwendungsbereich und Voraussetzungen	56		a) Einzelfragen	139
				b) Insbes. Ausschluss der Öffentlichkeit	144
2.	Rechtsnatur der Rüge nach Nr. 3 und Prüfungsgrundsätze	58	4.	Heilung oder Unbeachtlichkeit des Fehlers	151
3.	Bedeutung der Voraussetzung „mit Unrecht verworfen", insbes. mit Blick auf § 26a	60	5.	Inhalt des Revisionsvorbringens	153
				a) Allgemeines	153
				b) Bestimmte Verfahrensvorgänge bzw. -abschnitte	154
4.	Inhalt des Revisionsvorbringens	64		c) Tatsächliche Zugangshindernisse	155
IV.	**Unzuständigkeit des Gerichts (Nr. 4)**	66		d) Fehlerhafter Ausschließungsbeschluss	156
1.	Anwendungsbereich und Kasuistik	66	VII.	**Fehlende oder verspätete Urteilsbegründung (Nr. 7)**	158
	a) Sachliche Zuständigkeit	67	1.	Anwendungsbereich	158
	b) Örtliche Zuständigkeit	74		a) Fehlende Urteilsgründe	159
	c) Besondere funktionelle Zuständigkeit	78		b) Verspätete Urteilsbegründung	165
2.	Anforderungen an die Revisionsbegründung	82	2.	Inhalt des Revisionsvorbringens	177
V.	**Vorschriftswidrige Abwesenheit (Nr. 5)**	84	VIII.	**Unzulässige Beschränkung der Verteidigung (Nr. 8)**	181
1.	Allgemeines und Anwendungsbereich	84	1.	Rechtsnatur der Vorschrift und Anwendungsbereich	181
	a) Schutzzweck und Verhältnis zu anderen Rügen	84	2.	Kasuistik	186
	b) Begriff der Hauptverhandlung	85		a) Beispiele für Verstöße	187
	c) Negative Abgrenzung des Anwendungsbereichs	88		b) Beispiele, in denen ein Verstoß abgelehnt wurde	195
2.	Einzelheiten für verschiedene Verfahrensbeteiligte	90	3.	Inhalt des Revisionsvorbringens	198
	a) Staatsanwaltschaft	90		a) Allgemeine Grundsätze	198
				b) Einzelbeispiele	200

A. Allgemeines

I. Bedeutung und Wirkung der absoluten Revisionsgründe

§ 337 setzt für die Begründetheit einer Revision voraus, dass das Urteil auf der festgestellten Rechtsverletzung „**beruht**". Gefordert wird mithin – jenseits der Details zum Beruhensbegriff im Einzelnen (vgl. → § 337 Rn. 129 ff.)[1] – eine Kausalität zwischen

---

[1] Vertiefend etwa Frisch FS Rudolphi, 2004, 609; Herdegen NStZ 1990, 513; Widmaier FS Hanack, 1999, 387.

Rechtsverletzung und Urteil. Von diesem Erfordernis macht § 338 in den in seinen Nummern 1–8 genannten Fällen[2] eine **Ausnahme**.[3] Liegt einer der dort genannten Fehler vor, wird das Beruhen des Urteils auf dieser Gesetzesverletzung grundsätzlich **unwiderleglich vermutet** (bzw. im Fall des § 338 Nr. 7 Alt. 2 letztlich sogar fingiert, da ein Beruhen eines Urteils auf einem nicht fristgerechten Absetzen der Urteilsgründe von vornherein ausgeschlossen ist[4]). Damit entfaltet in diesen Fällen das (aufgrund verschiedener Beurteilungsspielräume des Tatrichters (→ § 337 Rn. 10 ff., 72, 126) und des so genannten Rekonstruktionsverbots (→ § 337 Rn. 4 sowie → Vor § 333 Rn. 56 ff.) mitunter „zahnlos" wirkende Revisionsrecht seine volle Wirkmacht.

Auf diese Weise liegen Wesen und Bedeutung der absoluten Revisionsgründe in gewisser Hinsicht **zwischen den „normalen"** (dh relativen) **Revisionsgründen und den Verfahrenshindernissen** (bzw. dem Fehlen von Verfahrensvoraussetzungen).[5] Anders als das Fehlen von Verfahrensvoraussetzungen wird das Vorliegen von absoluten Revisionsgründen zwar nicht von Amts wegen berücksichtigt, sondern muss gerügt werden; auch findet keine Einstellung des Verfahrens, sondern „nur" eine Aufhebung des Urteils mit Zurückverweisung statt. Mit den Verfahrenshindernissen gemeinsam haben die absoluten Revisionsgründe aber den Automatismus, dass bei ihrem Vorliegen das Urteil ohne zusätzliche Voraussetzungen keinen Bestand hat. Damit wird den in § 338 genannten Rechtsverletzungen eine besondere Bedeutung zugesprochen: Sie sind so gravierend, dass sie ein Urteil selbst dann zu Fall bringen sollen, wenn es materiell völlig zutreffend ist. Sie sind damit auch massivster Ausfluss der Kontroll- und Disziplinierungsfunktion der Revision (vgl. hierzu vor → § 337 Rn. 67 ff., 81 ff.). Eine gewisse Aufwertung von „an sich nur relativen" hin zu „quasi-absoluten" Revisionsgründen[6] ist durch das BVerfG für den Verstoß gegen Transparenz-, Belehrungs- und Dokumentationspflichten im Zusammenhang mit Verständigungen erfolgt, wo – nicht immer stimmig mit der allgemeinen Revisionsdogmatik – ein Beruhen nur ganz ausnahmsweise als ausgeschlossen angenommen werden soll (→ § 275c Rn. 29 f.).[7]

2

II. Wesen der absoluten Revisionsgründe und Grund der Absolutheit

Diese Sonderstellung innerhalb der (in § 338 allein behandelten) Verfahrensfehler führt zu der Frage, wodurch gerade diese Verstöße gekennzeichnet sind, dass sie eine so weit reichende Wirkung zeitigen:[8] Als übergeordnetes (gleichsam Meta-)**Charakteristikum der absoluten Revisionsgründe** wird verbreitet[9] darauf abgestellt, dass die in § 338 genannten Verfahrensmängel „so gravierend" seien, dass „der davon betroffene Prozess insgesamt das **Signum der Rechtsstaatlichkeit** verliert". Diese ohne Zweifel anschauliche Metapher beschreibt treffend einen wesentlichen Kern dessen, was die absoluten Revisionsgründe ausmacht. Allein (und auch ausschlaggebend) taugt sie indes (und zwar nicht nur wegen ihrer eingeschränkten Operabilität) zur Beschreibung des inneren Grundes der Absolutheit wohl nicht. Würde man sie allein zu Grunde legen, wäre der Katalog des § 338 mit Blick auf das Kriterium des „Signums der Rechtsstaatlichkeit" ersichtlich unvollständig und fast ein wenig willkürlich zusammengestellt. Denn zum einen ist im Strafverfahren eine Reihe

3

---

[2] Streng genommen wird diese Ausnahme nur in den in den Nummern 1–7 genannten Fällen gemacht, da weithin Einigkeit darüber besteht, dass § 338 Nr. 8 keinen „echten" absoluten Revisionsgrund enthält, vgl. → Rn. 181 ff.
[3] Näher zum Folgenden bereits Kudlich FS Fezer, 2008, 435 (440 ff.).
[4] Zutreffend Cramer FS Peters, 1974, 239 (241); vgl. auch Frisch in SK-StPO Rn. 1.
[5] So zutreffend auch Kuckein StraFo 2000, 397. Der BGH zieht den Katalog des § 338 wiederum als Beleg dafür heran, dass nicht jeder Verstoß gegen das Rechtsstaatsprinzip bzw. rechtsstaatliche Prinzipien (gesetzlicher Richter, rechtliches Gehör) ein Verfahrenshindernis begründe, vgl. etwa BGH 23.5.1984 – 1 StR 148/84, BGHSt 32, 345 (350 f.) = NJW 1984, 2300 (2301).
[6] Zur umgekehrten Tendenz in der fachgerichtlichen Rechtsprechung für viele Konstellationen vgl. → Rn. 5 ff.
[7] Vgl. BVerfG 19.3.2013 – 2 BvR 2628/10 u.a., BVerfGE 133, 168 Rn. 99 = NJW 2013, 1058 (1067).
[8] Vgl. zum Folgenden auch Kudlich FS Fezer, 2008, 435 (437 f.).
[9] Vgl. Kuckein StraFo 2000, 397 ff. im Anschluss an Schünemann JA 1982, 123 (128).

von Konstellationen denkbar (und auch durchaus praktisch relevant!), in welchen die Rechtsstaatlichkeit zumindest nicht weniger bedroht erscheint als bei den absoluten Revisionsgründen, die aber in § 338 nicht genannt sind. Vielmehr ziehen sie entweder über eine zumindest denkbare Einordnung als Verfahrenshindernis noch weiter gehende Folgen (insbesondere Berücksichtigung von Amts wegen) nach sich oder aber führen umgekehrt „nur" zu einem Beweisverwertungsverbot. Beispiele für die erste Gruppe sind etwa die Diskussionen über die überlange Verfahrensdauer oder einen staatlichen Lockspitzeleinsatz; phänotypisch für die zweite Gruppe sind Verstöße gegen § 136a. Zum anderen sind umgekehrt in § 338 (besonders deutlich etwa in Nr. 7 Alt. 2) auch Verfahrensfehler genannt, die nicht ohne weiteres an der Rechtsstaatlichkeit des Verfahrens zweifeln lassen müssten.

4   Entscheidend sind daher **zwei Elemente** (die man metaphorisch als die tragenden Säulen des Umstandes bezeichnen könnte, dass beim Vorliegen eines dieser Fehler dem Urteil oft – aber eben nicht notwendig immer und ganz sicher nicht nur dann – das Signum der Rechtsstaatlichkeit fehlt): Zunächst handelt es sich zumindest grundsätzlich um **zentrale Institutionen und Garantien des Strafverfahrensrechts,** die vielfach mehr oder weniger eng mit den hergebrachten Prozessmaximen (vgl. zu diesen → Einl. Rn. 120 ff.) zusammenhängen.[10] So betreffen Nr. 1 und 4 das verfassungsrechtlich geschützte Recht auf den gesetzlichen Richter; Nr. 2 und 3 haben die Garantie eines „fairen" und unvoreingenommenen Richters im Blick; Nr. 5 korrespondiert mit dem Grundsatz der Unmittelbarkeit und Nr. 6 mit dem Grundsatz der Öffentlichkeit.[11] Neben den Gesichtspunkten „Wichtigkeit" und „Unverzichtbarkeit" muss zum korrekten Verständnis des Katalogs des § 338 aber noch ein weiteres Element hinzukommen: Die in § 338 genannten Verfahrensfehler sind dadurch geprägt, dass zwar einerseits die Möglichkeit eines Beruhens aus Sicht eines sensiblen Beobachters nicht wirklich ausgeschlossen werden kann,[12] dass aber andererseits der **Beruhensnachweis für den Revisionsführer kaum zu führen** ist. Nun könnte man sich zwar auf den ersten Blick damit beruhigen, dass die Rechtsprechung auch zu § 337 jedenfalls dem Obersatz nach vielfach genügen lässt, dass ein Beruhen nicht ausgeschlossen werden kann;[13] indes kann sich der Revisionsführer nicht darauf verlassen, dass dem Gericht insoweit eine Hypothese in Gestalt eines „non liquet" genügt, scheitern doch in der Praxis Revisionen nicht selten trotz eines vom BGH festgestellten Rechtsfehlers am Beruhen, obwohl dieses kaum a priori „ausgeschlossen" ist. Zusammengefasst geht es also um Rechtsfehler, die zwar zentrale Institutionen des Verfahrensrechts berühren, bei denen jedoch der Nachweis eines Beruhens nur schwer geführt werden kann, weshalb ohne § 338 die Gefahr bestünde, dass gerade Fehler in diesen zentralen Bereichen nur selten erfolgreich mit der Revision gerügt werden können.

III. Tendenzen zur Relativierung der absoluten Revisionsgründe

5   Angesichts der weitreichenden Rechtsfolge – mangels Beruhensprüfung notwendige Aufhebung des Urteils – sind Tendenzen ersichtlich, den Anwendungsbereich der absoluten Revisionsgründe auf der Tatbestandsseite einzuschränken.[14] Diese führen zu einer **„Relati-**

---

[10] Kudlich StV 2011, 214; Widmaier/Momsen in Satzger/Schluckebier/Widmaier StPO Rn. 1.
[11] Nur auf den ersten Blick erstaunlich ist die besondere Bedeutung der Entscheidungsbegründung in Nr. 7. Denn bei einer realistischen Einschätzung (in welcher der Gesetzgeber hier offenbar in gelungener Intuition über einen verbreiteten Stand im Rahmen der tradierten Methodenlehre hinausgegangen ist) der Entstehung von „Recht" im Verfahren ist davon auszugehen, dass die Entscheidungsbegründung als Legitimationstransfer zwischen Rechtsnorm und Entscheidungsnorm von ausschlaggebender Bedeutung ist, um überhaupt von der „Richtigkeit" eines Urteils sprechen zu können, vgl. näher Christensen/Kudlich, Theorie richterlichen Begründens, 2001, passim.
[12] Zur Ausnahme der Nr. 7 Alt. 2 vgl. bereits → Rn. 1.
[13] Vgl. statt vieler nur BGH 2.10.1951 – 1 StR 434/51, BGHSt 1, 346 (350) = NJW 1952, 192 (193); BGH 28.2.1956 – 5 StR 609/55, BGHSt 9, 77 (84); 16.2.1965 – 1 StR 4/65, BGHSt 20, 160 (164) = NJW 1965, 874 (875); BGH 15.11.1968 – 4 StR 190/68, BGHSt 22, 278 (280) = NJW 1969, 473 (474).
[14] Monographisch Mehle, Einschränkende Tendenzen im Bereich der absoluten Revisionsgründe, 1981; aus neuerer Zeit Kudlich FS Fezer, 2008, 435, sowie zusammenfassend Kudlich StV 2011, 212.

vierung absoluter Revisionsgründe"[15] auf verschiedenen (und unterschiedlich überzeugenden) Wegen.[16]

1. Präklusionsvorschriften und allgemeine Zulässigkeitshürden. Noch vor einer 6 „Relativierung der absoluten Revisionsgründe" iS eines einschränkenden Verständnisses speziell des § 338 setzen Anforderungen an eine erfolgreiche Revision an, die entweder schon in der Tatsacheninstanz ein bestimmtes Verhalten voraussetzen (Präklusionsregelungen) oder die von der Rechtsprechung bereits an die Zulässigkeit entsprechender Rügen gestellt werden: Eine **Präklusionsregelung** kennt der die Grundlage von Nr. 1 bildende **Besetzungseinwand** nach §§ 222a, 222b (vgl. → Rn. 39). Bei ihrer Schaffung[17] mag weniger eine tatsächlich unerträglich große Zahl von Urteilsaufhebungen auf Grund der Besetzungsrüge im Vordergrund gestanden haben (obgleich dieser in einer Kaskade aus Besetzungseinwand, anschließenden Befangenheitsgesuchen etc in einzelnen konfliktbehafteten Hauptverhandlungen als „Eröffnungsszenario" durchaus Bedeutung zukommen kann), sondern das nicht unerhebliche „Drohpotential", das während der tatgerichtlichen Verhandlung insbes. mit einem spät vorgebrachten Besetzungseinwand aufgebaut werden könnte. Dieses wird dadurch erheblich verringert, dass zumindest regelmäßig nach einiger Zeit der Verhandlungsdauer eine Revision kaum noch erfolgversprechend auf den Besetzungseinwand gestützt werden kann. Freilich kann diese Einschränkung nicht aus der Systematik der absoluten Revisionsgründe erklärt werden, da sich durch Ablauf der Einwendungsfrist weder an der Intensität des Eingriffs in das Grundrecht auf den gesetzlichen Richter noch an der Schwierigkeit des Beruhensnachweises etwas ändert. Vielmehr handelt es sich um eine **gesetzgeberische Entscheidung,** mit der **letztlich aus rechtspolitischen Gründen** der Maßstab der für einen absoluten Revisionsgrund hinreichenden Schwere des Eingriffs „nach oben korrigiert" worden ist.

Der Auseinandersetzung mit dem Beruhen und damit mit der Reichweite der absoluten 7 Revisionsgründe ebenfalls vorgelagert ist der in der Rechtsprechung mitunter eingeschlagene Weg, bereits aus Gründen, die zumindest scheinbar nichts mit § 338 zu tun haben, die Zulässigkeit ausgesprochen restriktiv zu handhaben. Phänomene wie die hohen Anforderungen an die **Begründung von Verfahrensrügen** nach § 344 Abs. 2 S. 2 (vgl. → § 344 Rn. 88 ff.) oder die **Zulassung der Rügeverkümmerung** durch den Großen Senat für Strafsachen (vgl. → Einl. Rn. 270 ff.) treffen zwar nicht spezifisch, aber auch die absoluten Revisionsgründe.[18] Insoweit gilt ähnlich wie bei den Präklusionsvorschriften: Die Wirkmacht der absoluten Revisionsgründe wird durch solche Maßnahmen zurückgeschnitten, gleichzeitig handelt es sich aber um keinen speziellen Zugriff der Rechtsprechung auf die absoluten Revisionsgründe, durch welchen diese relativiert würden bzw. bei dem eine spezielle Auslegung des § 338 erfolgt.

2. Einschränkungen des Anwendungsbereichs insbesondere in Bagatellfällen. 8
Eine „echte" Fallgruppe von „Relativierungen" ist dagegen die bei unterschiedlichen absoluten Revisionsgründen durchgeführte Beschränkung auf schwerwiegende Rechtsverletzungen, die teils als Rückzug auf ein „Willkürverbot" auch „an sich" als unrichtig bewertete tatgerichtliche Entscheidungen nicht dem Anwendungsbereich des § 338 unterwirft, teils über objektive Rechtsverstöße hinaus auch subjektive Pflichtverletzungen voraussetzt und teils schlicht vom Wortlaut erfasste Fallgruppen als nicht einschlägig definiert:[19]

---

[15] So der Titel des Beitrags von Kuckein StraFo 2000, 397.
[16] Zusf. auch Frisch in SK-StPO Rn. 3 f.; Widmaier/Momsen in Satzger/Schluckebier/Widmaier StPO Rn. 2. Zur umgekehrten Tendenz des BVerfG im Zusammenhang mit der Verletzung von Transparenz- und Belehrungspflichten bei der Verständigung vgl. → Rn. 2.
[17] Durch das Strafverfahrensänderungsgesetz 1979, BGBl. 1978 I 1645 (1647 f.).
[18] Immerhin – und wohl nicht zufällig – ging es in der Entscheidung BGH 11.8.2006 – 3 StR 284/5, BGHSt 51, 88 mAnm Kudlich HRRS 2007, 9 ff.; Kudlich JA 2007, 154; Fahl JR 2007, 34 ff. um die angebliche Abwesenheit beider Verteidiger im Fall einer notwendigen Verteidigung und damit um einen absoluten Revisionsgrund nach Nr. 5 iVm § 140.
[19] Vgl. zum Folgenden auch Kudlich FS Fezer, 2008, 435.

9   **a) Willkürerfordernis bei Besetzungsfehlern.** Eine schon früh in der Rechtsprechung des BGH zu verzeichnende Einschränkung des absoluten Revisionsgrundes nach Nr. 1 reduzierte dessen Anwendungsbereich auf Fälle, in denen die zur nicht vorschriftsgemäßen Besetzung des Gerichts führende Rechtsauffassung des Instanzgerichts **„objektiv willkürlich"** war (vgl. → Rn. 18 ff.). Ein solcher Lösungsansatz führt zu ganz grundsätzlichen Fragestellungen des Revisionsrechts, nämlich zur Frage nach einem „Vertretbarkeitsspielraum" der Tatgerichte gegenüber der revisionsrichterlichen Überprüfung auf „Richtigkeit oder Rechtsirrigkeit" einerseits, andererseits zum problematischen (und möglicherweise gerade zu Willkür und Manipulation einladenden) Signal zweier divergierender, aber zugleich aus Sicht des Revisionsgerichts „vertretbarer" Auslegungen. In *diesem Sinne* handelt es sich dann um eine „echte" Relativierung der Nr. 1, die von den beiden vorgenannten Strukturmerkmalen der absoluten Revisionsgründe an demjenigen der „Schwere des Verstoßes" („nur" Fehler oder „schon" Willkür?) ansetzt und insoweit auch auf andere Revisionsgründe übertragbar wäre.[20] So verstanden, ist die Lösung dann aber auch dem Einwand systematischer Unstimmigkeit ausgesetzt, wenn eine bestimmte Verfahrensposition einerseits so wichtig ist, dass seine Verletzung einen absoluten Revisionsgrund begründen soll, wenn aber andererseits eine Verletzung in bestimmten Fällen dann als so unwichtig erachtet wird, dass die Revision doch unbegründet ist.

10   **b) Beschränkung von Öffentlichkeitsverstößen auf bewusste Verkürzungen.** Einer gefestigten Rechtsprechung bzw. der hM entsprechen weiterhin zwei Einschränkungen der absoluten Revisibilität bei Nr. 6: So soll eine „Verletzung der Vorschriften über die Öffentlichkeit des Verfahrens" iS dieser Vorschrift zum einen nur vorliegen, wenn eine **unzulässige Beschränkung,** nicht dagegen, wenn eine unzulässige Erweiterung der Öffentlichkeit (vgl. § 169 S. 2 GVG) vorliegt. Zum anderen wird vom BGH verlangt, dass das **Tatgericht (selbst) schuldhaft gegen die Vorschriften über die Öffentlichkeit verstoßen** hat, sodass etwa die „versehentliche" Schließung des Gerichtsgebäudes durch das Geschäftsstellenpersonal keinen revisiblen Rechtsfehler begründet (vgl. näher → Rn. 134 ff.). Auch hierbei geht es um eine einschränkende Auslegung des § 338 selbst (und nicht der in Bezug genommenen Norm des § 169 GVG) unter dem Gesichtspunkt der „Schwere des Verstoßes".

11   **c) Beschränkung der Nr. 5 auf das Fehlen während „wesentlicher Teile" der Hauptverhandlung.** In einer Reihe von Entscheidungen wird der absolute Revisionsgrund nach **Nr. 5** beim Fehlen einer Person, deren Anwesenheit das Gesetz vorschreibt, auf Fälle beschränkt, in denen die Person während eines **„wesentlichen Teils"** der Hauptverhandlung fehlt (vgl. näher → Rn. 85 ff.). Obwohl die Aufrechterhaltung des Urteils in solchen Fällen auf den ersten Blick dem Gebot der Prozessökonomie geschuldet zu sein scheint, ist diese teleologisch restriktive Auslegung der Nr. 5 Bedenken ausgesetzt, da der Normtext – obwohl das ohne weiteres möglich gewesen wäre[21] – keinerlei Anhaltspunkte für diese Differenzierung enthält.

12   **3. Einschränkungen der Revisibilität beim „denkgesetzlichen Ausschluss" eines Beruhens.** Überzeugender als die vorgenannten, letztlich auf einem diffusen und eben durch die gesetzliche Wertung nicht nahegelegten, „Schwerekriterium" beruhenden Einschränkungen sind Überlegungen, die bei der *ratio* **der absoluten Revisionsgründe** ansetzen, dem Revisionsführer den Nachweis eines **kaum ausschließbaren, aber im Einzelfall schwer plausibel zu machenden Beruhens** zu ersparen. Hier geht es darum, dass für diese Hilfestellung kein Bedürfnis besteht, wenn das Beruhen nicht strukturell schwer nachweisbar, sondern gleichsam denkgesetzlich ausgeschlossen ist.[22]

13   Der **BGH** hat – der Sache nach bzw. auch mehr oder weniger explizit – in verschiedenen Konstellationen auf diesen Aspekt abgestellt: So etwa wenn die Anwendbarkeit der

---

[20] Vgl. dazu auch Dahs GA 1976, 353.
[21] So kennt etwa § 247 eine solche Beschränkung auf „wesentliche Inhalte".
[22] Vgl. zum Folgenden auch Kudlich FS Fezer, 2008, 435 (452 f.); Frisch in SK-StPO Rn. 3.

Nr. 6 in einem Fall abgelehnt wird, in dem unzulässigerweise während der Dauer eines Ausschlusses der Öffentlichkeit ein Hinweis nach § 265 erfolgt war,[23] die Verurteilung letztlich aber so erfolgte, wie die Tat auch angeklagt worden war, sodass der Hinweis letztlich keinerlei Einfluss auf das Verfahren hatte;[24] des Weiteren in einer anderen Konstellation, in welcher bei einem Öffentlichkeitsausschluss nach § 171b Abs. 1 S. 1 GVG während der Inaugenscheinnahme von Lichtbildern eines Sexualverbrechens die nach § 174 Abs. 1 S. 3 GVG vorgeschriebene Begründung des Beschlusses unterblieben war[25] oder in der unter den Voraussetzungen des § 171b Abs. 3 GVG kein Gerichtsbeschluss für den Ausschluss der Öffentlichkeit für die Schlussvorträge erfolgt,[26] da diesen Fällen aus rechtlichen Gründen eine andere Entscheidung über die Ausschließung hätte ergehen können;[27] eine vergleichbare Bindung in der Entscheidung wird auch in der Konstellation des § 329 Abs. 1 S. 1 bei Verletzung der Öffentlichkeit gesehen, da das Berufungsgericht hier keine andere Entscheidung treffen kann;[28] ferner in einem Fall, in dem in einem kurzen Fortsetzungstermin in Abwesenheit eines Angeklagten nur die Vorstrafen des Mitangeklagten erörtert wurden;[29] zuletzt auch in Konstellationen, in denen bei der Ablehnung wegen Besorgnis der Befangenheit auf Grund einer (näher qualifizierten) Vorbefassung der Ablehnungsantrag irrig gemäß § 26a Abs. 1 Nr. 2 als unzulässig verworfen worden war, da die angegebene Begründung aus zwingenden rechtlichen Gründen zur Rechtfertigung eines Ablehnungsgesuchs völlig ungeeignet gewesen sei[30] (was freilich nicht möglich ist, wenn nicht die Vorbefassung an sich, sondern deren konkrete Art und Weise angegriffen wird[31]), der BGH das Ablehnungsgesuch aber für unbegründet hielt. Dass der BGH hier in seiner neueren Rechtsprechung[32] auf Hinweis des BVerfG[33] bei einer willkürlichen Entscheidung nach § 26a gleichwohl Nr. 3 anwenden will, weil in den Fällen des § 26a in anderer Besetzung entschieden wird und dieser Fehler Art. 101 Abs. 1 S. 2 GG berühre, ist schon als solches fraglich, jedenfalls

---

[23] BGH 2.2.1999 – 1 StR 636/98, NStZ 1999, 371= StV 2000, 248 mAnm Ventzke.

[24] Unproblematisch ist dies hier nicht, da ja nicht „denknotwendig ausgeschlossen" ist, dass der Hinweis in öffentlicher Sitzung anders ergangen und aufgenommen worden wäre, sodass die darauf bezogene Verteidigung sich dann auch auf den Ursprungsvorwurf ausgewirkt hätte. Das ist zwar unwahrscheinlich, aber eben nicht unmöglich, und genau das ist typisch für die absoluten Revisionsgründe. Der angeblich „denknotwendige Ausschluss" des Beruhens ergibt sich vielmehr erst daraus, dass die Entscheidung letztlich nicht auf die im Hinweis genannte Norm zurückgegriffen hat; dies zu Ende gedacht, müsste § 338 Nr. 6 immer dann ausscheiden, wenn die Öffentlichkeit etwa bei einer Beweisaufnahme fehlt, auf die das Urteil letztlich nicht gestützt wird.

[25] BGH 9.6.1999 – 9.6.1999, BGHSt 45, 117 = NJW 1999, 3060 mAnm Gössel NStZ 2000, 181 = StV 2000, 244 mAnm Park.

[26] Vgl. BGH 9.5.2019 – 4 StR 605/18, BGHSt 64, 64 = NStZ 2019, 549 mAnm Ventzke sowie mAnm Kudlich JA 2019, 708.

[27] Auch wenn die Entscheidung (mit der von einer seit dem ersten Band der amtlichen Sammlung feststehenden Rechtsprechung abgewichen wurde, vgl. BGH 25.9.1951 – 1 StR 464/51, BGHSt 1, 334 (335) sowie in der Folgezeit statt vieler BGH 9.2.1977 – 3 StR 382/76, BGHSt 27, 117 (118); 10.9.1995 – 3 StR 145/95, BGHSt 41, 145 (146); zu fehlenden Vorlage an den Großen Senat krit. Gössel NStZ 2000, 181 (182)) in der Lit. auf deutliche Kritik gestoßen ist (vgl. Anm. Park StV 2000, 246 (246 f.); Gössel NStZ 2000, 181 (182)) dürfte sie nicht überzeugen: Denn das „Nachweis-Dilemma", das die zweite Säule der absoluten Revisionsgründe darstellt, besteht nicht; erfolgte die Inaugenscheinnahme korrekterweise unter Ausschluss der Öffentlichkeit – ein Einfluss der fehlenden genauen Nennung des Grundes für den Ausschluss auf das Ergebnis war also nicht nur „schwer greifbar", sondern notwendigerweise ausgeschlossen.

[28] OLG Hamm 13.2.2020 – 5 RVs 5/20, BeckRS 2020, 10664.

[29] BGH 13.4.2021 – 5 StR 29/21, NStZ 2021, 512.

[30] Vgl. nur BGH 12.12.1962 – 2 StR 495/62, BGHSt 18, 200 (203); 26.5.1970 – 1 StR 132/70, BGHSt 23, 265.

[31] Dazu, dass die Verwerfung als unzulässig möglich ist, wenn nur die Vorbefassung als solche gerügt wird, vgl. nur BGH 10.11.1967 – 4 StR 512/66, BGHSt 21, 334 (341); Schmitt in Meyer-Goßner/Schmitt § 24 Rn. 13.

[32] BGH 10.8.2005 – 5 StR 180/05, NJW 2005, 3436 = StV 2005, 588 mAnm Kudlich JA 2006, 253 (253 f.).

[33] Vgl. BVerfG (3. Kammer des Zweiten Senats) 2.6.2005 – 2 BvR 625/01, 2 BvR 638/01, NJW 2005, 3410 mAnm Gaede HRRS 2005, 319 und Güntge JR 2006, 363; BVerfG 5.7.2005 – 2 BvR 497/03, NJW 2005, 3414 (Ls.) = NVwZ 2004, 1304.

aber verfassungsrechtlichen Überlegungen geschuldet und nicht strafprozessrechtsdogmatisch begründet.

14 Zusammenfassend: Nach der *ratio* der Vorschrift ist grundsätzlich **nichts gegen eine teleologische Reduktion des § 338 einzuwenden,** wenn **feststeht,** dass ein Beruhen auf dem Verfahrensfehler denknotwendig ausscheidet. Dies kann etwa beim Fehlen bzw. bei rein formellen Fehlern von Begründungen bei verfahrensleitenden Entscheidungen der Fall sein, wenn auch ohne diese nach den für das Revisionsgericht geltenden Prüfungsmaßstäben festgestellt werden kann, dass über die betreffende formelle Frage keine andere Entscheidung hätte getroffen werden können. Freilich darf hier zum einen nicht übersehen werden, dass diese Bewertung ex post oft nicht verlässlich zu treffen ist. Zum anderen liegt ein denknotwendiger Ausschluss nicht schon dann vor, wenn der Fehler in einer Verfahrenssituation eintritt, die sich später für das Urteil als nicht entscheidungserheblich herausstellt (also etwa bei längerer Abwesenheit eines Beteiligten iSd Nr. 5 während der Vernehmung mehrerer Zeugen, selbst wenn das Urteil nicht auf deren Aussage gestützt wird); denn wenn die Beruhensvermutung des § 338 konsequent weiter gedacht wird, muss sie auch die Möglichkeit einer anderen Beurteilung eben dieser Verfahrenssituation bei ordnungsgemäßem Prozessieren umfassen.

B. Die absoluten Revisionsgründe im Einzelnen

I. Vorschriftswidrige Besetzung des Gerichts nach Nr. 1

15 **1. Schutzzweck, Begriffsbestimmungen und Anwendungsbereich.** Voraussetzung für die Rüge nach Nr. 1 ist zunächst, dass das erkennende Gericht nicht vorschriftsmäßig besetzt war. Das **erkennende Gericht** ist dasjenige, das in der Hauptverhandlung für die Urteilsfindung berufen ist.[34] Seine Besetzung kann **aus verschiedenen Gründen nicht vorschriftsmäßig** sein, die sich an den **gesetzlichen Regelungen** wie §§ 21a ff., § 59, § 70, § 76 Abs. 2, § 78 Abs. 2, § 122 GVG, §§ 18, 19, 28, 29, 37 DRiG messen.[35] Damit spiegelt sich in der Vorschrift der **Anspruch auf den gesetzlichen Richter** nach Art. 101 Abs. 1 S. 2 GG[36] wider, sodass sie zum Garanten[37] für die Realisierung des verfassungsrechtlichen Anspruchs im Strafprozess wird. Inhalt des Anspruchs auf den gesetzlichen Richter ist die Abwehr von Manipulationen durch eine abstrakte und generelle Bestimmung des zuständigen Spruchkörpers durch das Gesetz und den Geschäftsverteilungsplan.[38]

16 In **Abgrenzung zu Nr. 4** (die wesentlich weiter geht als Nr. 1 und diese in ihrem Anwendungsbereich ausschließt[39]) erfasst **Nr. 1** nur Mängel, die aus der fehlerhaften Geschäftsverteilung **unter Strafkammern „eines und desselben" Gerichts** resultieren,[40] also innere Angelegenheiten eines sachlich und örtlich zuständigen Gerichts betreffen, während die Zuständigkeitsrüge nach Nr. 4 die in diesem Zusammenhang „weit" zu verstehende „örtliche, sachliche und besondere Zuständigkeit gleichrangiger Gerichte" betrifft.[41] Zum Verhältnis zwischen Nr. 1 und Nr. 4 vgl. auch → Rn. 66.

---

[34] BGH 23.1.2002 – 5 StR 130/01, BGHSt 47, 220 (221).
[35] Frisch in SK-StPO Rn. 12 ff.
[36] Schmitt in Meyer-Goßner/Schmitt Rn. 6; Frisch in SK-StPO Rn. 9; Franke in Löwe/Rosenberg Rn. 9, 12 f.
[37] Vgl. Nagel in Radtke/Hohmann Rn. 3.
[38] Schlüchter Strafprozessrecht, 3. Aufl. 1999, S. 20; Dürig/Herzog/Scholz, GG, 65. Ergänzungslieferung 2012, GG Art. 101 Rn. 8; Nagel in Radtke/Hohmann Rn. 3 m. H. auf BVerfG 27.9.2002 – 2 BvR 1843/00, NJW 2003, 345.
[39] Gericke in KK-StPO Rn. 65.
[40] BGH 6.1.1953 – 2 StR 162/52, BGHSt 3, 353 (355); Gericke in KK-StPO § 338 Rn. 65; die zeitweise Übertragung der Verhandlungsführung auf ein anderes Mitglied des Spruchkörpers ändert nichts an der Besetzung als solches, vgl. BGH 6.8.2014 – 1 StR 333/14, BeckRS 2014, 17292.
[41] BGH 7.6.1983 – 4 StR 9/83, BGHSt 31, 389 (390) = NJW 1983, 2952.

Zu beachten ist schließlich Nr. 1 Hs. 2, wonach an die Rüge der vorschriftswidrigen 17
Besetzung weitere Voraussetzungen geknüpft sind (sog. **Rügepräklusion**, vgl.
→ Rn. 39 ff.).

2. Bedeutung der „Willkür" für die Rüge nach Nr. 1. a) Erfordernis objektiver 18
Willkür und Abgrenzung zum error in procedendo. Sowohl bei der Rüge der **Verletzung von einfachgesetzlichen Regelungen**,[42] die eine bestimmte Besetzung vorschreiben,[43] oder des sich hierauf gründenden Geschäftsverteilungsplans als auch bei der (darauf gründenden oder isolierten) **Behauptung der Verletzung des Anspruchs auf den gesetzlichen Richter** führt dieser Angriff nach der Rspr. nur dann zum Erfolg, wenn die fehlerhafte Besetzung auf **Willkür** beruht.[44] Ein **Verstoß** gegen dieses objektive Willkürverbot liegt vor, wenn die Fehlbesetzung „nicht lediglich auf einer zwar irrigen, aber immerhin vertretbaren Auslegung einer nicht eindeutigen" Regelung beruht.[45] Liegt dagegen ein bloßer Verfahrensirrtum[46] (sog. error in procedendo) vor, ist das Urteil nicht schon deshalb revisibel. Willkür kann also nur angenommen werden, wenn die Entscheidung, die der falschen Besetzung zugrunde liegt, nicht nur als fehlerhaft, sondern als **unverständlich**, **unhaltbar** oder auf **sachfremden Erwägungen** beruhend zu betrachten wäre.[47]

b) Kritik an der Rügevoraussetzung der Willkür. In der Literatur trifft dieses von 19
der Rspr. postulierte Erfordernis objektiver Willkür als ungeschriebene Voraussetzung für
eine erfolgreiche Rüge vorschriftswidriger Gerichtsbesetzung auf (größtenteils berechtigte)
Kritik.[48] Moniert werden Probleme hinsichtlich der Methodik[49] einerseits; andererseits ist
das Verhältnis zu § 337 problematisch,[50] denn die Frage nach der zulässigen Auslegung einer
Norm bei mehreren denkbaren und zugleich vertretbaren Lösungen tangiert nicht erst den
Prüfungsumfang des § 338, sondern betrifft schon vorher die im Rahmen des § 337 vorverlagerte Frage, ob dann überhaupt eine die Revision begründende Gesetzesverletzung vorliegen kann.[51] Eine Ausdehnung des Erfordernisses der objektiven Willkür auf alle von Nr. 1
erfassten Fälle verwischt damit die Grenze zwischen einfachgesetzlichem Verfahrensverstoß
auf der einen und verfassungsrechtlichem Verstoß (gegen Art. 101 Abs. 1 S. 2 GG) auf der
anderen Seite, was zur Folge hat, dass der Entscheidungsbereich der Fachgerichte sich
aufgrund der verfassungsspezifischen Ausgestaltung nicht mehr wesentlich von der des
BVerfG unterscheidet (dem BVerfG deshalb im Ergebnis kein eigenständiger Entscheidungsbereich mehr bliebe[52]). Letztlich kann eine mit der Gesetzessystematik vereinbare Begrün-

---

[42] BGH 28.11.1958 – 1 StR 449/58, BGHSt 12, 227 (234 f.); 13.2.1959 – 4 StR 446/58, BGHSt 12, 402 (406); Schmitt in Meyer-Goßner/Schmitt Rn. 6 mwN.
[43] Vgl. etwa für den Fall des § 192 Abs. 2 und 3 GVG und die Auslegung des Begriffs der „Verhinderung" BGH 7.3.2023 – 3 StR 397/22, NStZ 2023, 509.
[44] BVerfG 10.1.1992 – 2 BvR 347/91, NJW 1992, 2075; BGH 2.11.2010 – 1 StR 544/09, NStZ 2011, 294 (295); 22.9.2021 – 1 StR 345/19, NStZ-RR 2022, 20; zum Ganzen auch Frisch in SK-StPO Rn. 16 f.
[45] BGH 24.10.1973 – 2 StR 613/72, BGHSt 25, 239 (241) = NJW 1974, 109 (110); BGH 13.8.1985 – 1 StR 330/85, BGHSt 33, 290 (293) = NJW 1986, 1356; Widmaier/Momsen in Satzger/Schluckebier/Widmaier StPO Rn. 5; Schmitt in Meyer-Goßner/Schmitt Rn. 6 mwN.
[46] Vgl. zum Begriff des Verfahrensirrtums auch BGH 22.11.1957 – 4 StR 497/57, BGHSt 11, 106 (110) = NJW 1958, 429.
[47] BGH 13.8.1985 – 1 StR 330/85, BGHSt 33, 290 (293 f.) = NJW 1986, 1356 mwN unter anderem auf BVerfG 30.6.1970 – 2 BvR 48/70, BVerfGE 29, 45 (49). Aus neuerer Zeit BGH 2.11.2010 – 1 StR 544/09, NStZ 2011, 294.
[48] Kudlich FS Fezer, 2008, 435 (445); Rieß GA 1976, 133 (136 ff.); Dahs GA 1976, 353 (357 ff.); Franke in Löwe/Rosenberg Rn. 11; Mehle, Einschränkende Tendenzen im Bereich der absoluten Revisionsgründe, 1981, S. 133 ff.
[49] Kudlich FS Fezer, 2008, 435 (445); Rieß GA 1976, 133 (136).
[50] Schmitt in Meyer-Goßner/Schmitt Rn. 6 m. H. u.a. Hanack in Löwe/Rosenberg (insoweit mit gleicher Kritik jetzt Franke) Rn. 11.
[51] Ausführlicher Kudlich FS Fezer, 2008, 435 (445).
[52] Dahs GA 1976, 353 (358); vgl. auch dementsprechend Frisch in SK-StPO Rn. 18, der zwischen der Verletzung des „Prinzips des gesetzlichen Richters" einerseits und Abweichungen von spezialgesetzlichen Regelungen (dem „durchnormierten Bereich") differenzieren will.

dung für die von der Rspr. geforderte Willkür nicht gefunden werden, denn die Forderung konterkariert die Absolutheit des Revisionsgrundes, ohne dass dies in Zweck oder Systematik der Nr. 1 angelegt wäre (→ Rn. 9).[53]

20   **3. Besetzungsmängel – Einzelfälle.** Die Besetzung ist vorschriftswidrig, wenn das erkennende Gericht in **personeller Hinsicht fehlerhaft** besetzt ist.[54] Diese Fehlerhaftigkeit kann sich zB aus Mängeln in der Geschäftsverteilung einschließlich der Verhinderung oder Zuziehung von Richtern (vgl. hierzu → Rn. 21 ff.), aus Mängeln in der Person eines Richters (→ Rn. 30 ff.) oder generell aus Besetzungsproblematiken in Zusammenhang mit Schöffen (vgl. → Rn. 35 ff.) ergeben.[55]

21   **a) Mängel in der Geschäftsverteilung. aa) Anforderungen an den Geschäftsverteilungsplan und seine Änderungen.** Nr. 1 kann bei Fehlern der Geschäftsverteilung nach § 21e GVG und § 21g GVG einschlägig sein, die nach **allgemeinen Kriterien** vorzunehmen ist, um „eine willkürliche Besetzung des Gerichts und eine willkürliche Zusammensetzung der Richterkollegien zu vermeiden".[56] Die Besetzung des erkennenden Gerichts ist auch dann vorschriftswidrig, wenn der zugrundeliegende Geschäftsverteilungsplan zB bei Überbelastung der jeweiligen Kammer (vgl. § 21e GVG) im Lauf des Geschäftsjahres geändert wird, sodass einzeln ausgesuchte Sachen einer anderen Kammer zugewiesen werden;[57] es darf keine „scheibchenweise" Übertragung nach momentaner Belastungssituation erfolgen.[58] § 21e Abs. 1 S. 1, 2 GVG regelt vielmehr, dass das Präsidium die Geschäftsverteilung vor dem Geschäftsjahr für dessen Dauer bestimmt. Damit soll nach zutreffender Ansicht des BGH verhindert werden, „daß für bestimmte Einzelsachen bestimmte Richter ausgesucht werden".[59] Durch die Einfügung von § 21e Abs. 3 GVG zur Änderung des Geschäftsverteilungsplans aufgrund **Überlastung** hat sich die Diskussion auf dessen einfachgesetzliche Auslegung verlagert,[60] die nicht nur eine Vertretbarkeitskontrolle enthält, sondern einer **vollständigen revisionsgerichtlichen Überprüfung** unterworfen[61] und eng auszulegen sowie streng anzuwenden ist.[62]

22   Wird eine Änderung vorgenommen, obwohl die Voraussetzungen des § 21e Abs. 3 GVG zum Zeitpunkt der Änderung nicht vorgelegen haben, liegt darin ein Besetzungsfehler:[63] Jede Umverteilung während eines laufenden Geschäftsjahres, die bereits anhängige Verfahren erfasst, muss geeignet sein, die Effizienz des Geschäftsablaufs zu erhalten

---

[53] Vgl. zum Ganzen auch Kudlich FS Fezer, 2008, 435 (445 f.).
[54] Zur Begrifflichkeit des Besetzungsmangels vgl. auch Pfeiffer Rn. 5 mit dem Hinweis auf die Zuständigkeitsrüge nach Nr. 4.
[55] Zur Kasuistik auch Frisch in SK-StPO Rn. 25 ff.
[56] BGH 17.8.1960 – 2 StR 237/60, BGHSt 15, 116 (117) = NJW 1960, 2109; hierzu auch Frisch in SK-StPO Rn. 19 ff.
[57] BGH 28.9.1954 – 5 StR 275/53, BGHSt 7, 23; 17.8.1960 – 2 StR 237/60, BGHSt 15, 116 (117). Die Aufteilung der Wirtschaftsstrafsachen eines Landgerichts auf zwei Wirtschaftsstrafkammern (§ 74c Abs. 1 GVG) erfordert nicht zwingend, dass der Geschäftsanfall an Wirtschaftsstrafsachen für jede der beiden Wirtschaftsstrafkammern mehr als 50 Prozent beträgt, vgl. BGH 25.4.2014 – 1 StR 13/13, NJW 2014, 2295 mAnm Gaede.
[58] BGH 12.1.2016 – 3 StR 490/15, StV 2016, 623 = NStZ-RR 2016, 120 (Ls.) = BeckRS 2016, 03747; BGH 28.9.1954 – 5 StR 275/53, BGHSt 7, 23; 17.8.1960 – 2 StR 237/60, BGHSt 15, 116 (117).
[59] BGH 28.9.1954 – 5 StR 275/53, BGHSt 7, 23 (24).
[60] Vgl. zum Fall einer zulässigen Änderung (hier: Einrichtung einer Hilfsstrafkammer auf begrenzte Zeit) BGH 25.3.2015 – 5 StR 70/15, NStZ 2015, 658 bzw. (hier: Richterwechsel aufgrund Mutterschutzes bei einer anderen Richterin) BGH 24.3.2016 – 2 StR 344/14, NStZ-RR 2016, 341(343).
[61] Wiedner in BeckOK StPO Rn. 29. Vgl. zu den Anforderungen etwa BGH 7.1.2014 – 5 StR 613/13, NStZ 2014, 287 (288 f.) und BGH 10.7.2013 – 2 StR 116/13, NStZ 2014, 226 sowie zu beiden Sowada HRRS 2013, 16.
[62] Vgl. BGH 12.1.2016 – 3 StR 490/15, StV 2016, 623 = NStZ-RR 2016, 120 (Ls.) = BeckRS 2016, 03747; BGH 4.5.2016 – 3 StR 358/15, StV 2016, 626 = BeckRS 2016, 12555; BGH 24.3.2016 – 2 StR 344/14, NStZ-RR 2016, 341 (343).
[63] Nagel in Radtke/Hohmann Rn. 19 m. H. auf Dahs Strafprozessrevision Rn. 125 mwN. Auch grds. wirksame Änderungen können aber nur für die Zukunft wirken, vgl. BGH 8.2.2017 – 1 StR 493/16, NStZ 2017, 429.

oder wiederherzustellen; Änderungen der Geschäftsverteilung, die hierzu nicht geeignet sind, sind nicht nötig iSd § 21e Abs. 3 GVG.[64] Aber auch, wenn eine Änderung zulässig ist, darf keine willkürliche Zuteilung von Verfahren an ebenso willkürlich ausgewählte Richter erfolgen,[65] wobei die Rechtsprechung auch hier ein **rechtsmissbräuchliches Verhalten**[66] bzw. einen „**klar zutage liegenden Gesetzesverstoß**"[67] verlangt. Damit dies geprüft werden kann, sind die **Gründe für jede Umverteilung von Geschäftsaufgaben** umfassend, nachvollziehbar und hinreichend detailliert zu dokumentieren[68] und protokollieren, und zwar zum Zeitpunkt der Präsidiumsentscheidung, spätestens aber in dem Zeitpunkt, in dem über den Besetzungseinwand nach § 222b Abs. 2 zu entscheiden ist;[69] andernfalls liegt schon auf Grund des Dokumentationsmangels ein Besetzungsfehler vor.[70]

bb) Zustandekommen des Geschäftsverteilungsplanes. Der Geschäftsverteilungsplan kann auch dann Grundlage für die Revision sein, wenn er **fehlerhaft zustande gekommen** ist, weil das Präsidium beispielsweise nicht mitgewirkt hat.[71] Dieser Fehler kann sowohl bei der Geschäftsverteilung nach § 21e GVG als auch bei derjenigen nach § 21g GVG auftreten, wenn bei letzterer zB nicht erkennbar ist, dass an der Zuständigkeitsverteilung die Mitglieder des jeweiligen Spruchkörpers und nicht zB der Vorsitzende allein mitgewirkt haben.[72] Die nachträgliche Kenntnisnahme und/oder die nachträgliche Zustimmung des Präsidiums ändern nichts an der Gesetzwidrigkeit des Vorgehens.[73] Hat im Fall des § 21e GVG das Präsidium unter fehlerhafter Zusammensetzung entschieden, soll das die Revision nach Nr. 1 dagegen nicht begründen.[74] 23

cc) Regelungsfehler. Die Rüge nach Nr. 1 kann auch aufgrund **inhaltlicher Mängel** des Geschäftsverteilungsplans erfolgreich sein, dh bei **Regelungsfehlern**[75] in der Geschäftsverteilung. So ist es unzulässig, die Zuteilung einer Sache zu dem jeweiligen Spruchkörper vom zeitlichen Eingang der Sachen bei der Geschäftsstelle abhängig zu machen,[76] also auf die Geschäftsabläufe des Spruchkörpers abzustellen.[77] 24

Bei **Überbesetzung** des Spruchkörpers ist zu unterscheiden: Die **einfache** Überbesetzung ist **unschädlich**; liegt aber eine Überbesetzung dergestalt vor, dass die Zahl der Mitglieder es dem jeweiligen Gericht ermöglichen würde, in **verschiedener Besetzung** in **zwei unterschiedlichen Verfahren** zu verhandeln, kann dies nach Nr. 1 gerügt wer- 25

---

[64] BGH 12.1.2016 – 3 StR 490/15, StV 2016, 623 = NStZ-RR 2016, 120 (Ls.) = BeckRS 2016, 03747: Solche Änderungen können vor Art. 101 Abs. 1 S. 2 GG Bestand haben. Ähnlich BGH 4.5.2016 – 3 StR 358/15, StV 2016, 626 = BeckRS 2016, 12555. Nagel in Radtke/Hohmann Rn. 19 m. H. auf Dahs Strafprozessrevision Rn. 125 mwN. Auch grundsätzlich wirksame Änderungen können aber nur für die Zukunft wirken, vgl. BGH 8.2.2017 – 1 StR 493/16, NStZ 2017, 429.
[65] BGH 6.1.1953 – 2 StR 162/52, BGHSt 3, 353 (355) m. H. auf RGSt 37, 59.
[66] BVerfG 30.6.1970 – 2 BvR 48/70, BVerfGE 29, 45 (48) mwN; BGH 22.11.1957 – 4 StR 497/57, BGHSt 11, 106 (110) = NJW 1958, 429; BGH 13.5.1975 – 1 StR 138/75, NJW 1975, 1424 (1425) mit der Klarstellung, dass die bloße Tatsache einer Abweichung von der Zuständigkeitsregelung des Geschäftsverteilungsplans die Revision nicht begründen kann; BGH 21.12.1983 – 2 StR 195/83, NStZ 1984, 181 (182): Kein Verstoß gegen Nr. 1 bei versehentlicher Zuständigkeitsverlagerung; BGH 11.7.2003 – 2 StR 531/02, NStZ 2004, 89 (90).
[67] Nur als ein Urteilsbeispiel unter einigen mehr, in dem diese Formulierung gebraucht wurde: BGH 26.1.1977 – 2 StR 613/76, BGHSt 27, 105 (107).
[68] BGH 12.1.2016 – 3 StR 490/15, StV 2016, 623 = NStZ-RR 2016, 120 (Ls.) = BeckRS 2016, 03747.
[69] Zur Möglichkeit dieser „Heilung" etwa BGH 24.3.2016 – 2 StR 344/14, NStZ-RR 2016, 341 (342 f.) unter Verweise auf BVerfG 18.3.2009 – 2 BvR 229/09, NJW 2009, 1734 (1735); BGH 9.4.2009 – 3 StR 376/08, BGHSt 53, 268 (275 f.) = NJW 2010, 625; NStZ 2009, 651.
[70] BGH 21.5.2015 – 4 StR 577/14, NStZ-RR 2015, 288; 22.3.2016 – 3 StR 516/15, NStZ 2016, 562; 4.5.2016 – 3 StR 358/15, StV 2016, 626 = BeckRS 2016, 12555.
[71] BGH 6.1.1953 – 2 StR 162/52, BGHSt 3, 353 (354).
[72] BVerfG 27.5.2005 – 2 BvR 26/02, NJW 2005, 2540 (2541).
[73] RGSt 23, 166 (167); BGH 13.2.1958 – II ZR 137/56, NJW 1958, 550 (551).
[74] Wiedner in BeckOK StPO Rn. 26.1 m. H. auf BGH 28.11.1958 – 1 StR 449/58, BGHSt 12, 227; Pfeiffer Rn. 5.
[75] Vgl. zu dieser Begrifflichkeit auch Pfeiffer Rn. 5.
[76] BGH 17.8.1960 – 2 StR 237/60, BGHSt 15, 116 = NJW 1960, 2109.
[77] Wiedner in BeckOK StPO Rn. 27 m. H. auf BGH 17.8.1960 – 2 StR 237/60, BGHSt 15, 116.

den.⁷⁸ Eine **Ausnahme** besteht aber für den Fall, dass die Übersetzung herbeigeführt wird, weil das Präsidium sie zur **sachgerechten Erledigung** der Aufgaben der Strafkammer für unvermeidbar hält.⁷⁹ Aus der Überbelastung des Spruchkörpers kann sich eine unschädliche Übersetzung derselben ergeben. Ist eine Kammer **überbelastet,** kann die Geschäftsverteilung während des Geschäftsjahrs durch Bildung eines neuen Spruchkörpers geändert werden, § 21e Abs. 3 S. 1 GVG.⁸⁰ Dabei dürfen für die Neubesetzung Richter aus anderen Kammern der überlasteten zugeteilt werden, wenn diese aufgrund ihrer Persönlichkeit und fachlichen Eignung Gewähr dafür bieten, dass die anfallende Mehrarbeit bewältigt wird.⁸¹

26 dd) **Überlastung (insbes. durch Doppelvorsitze)?** Ebenfalls – systematisch wohl nicht ganz stimmig – in diesem Kontext diskutiert wird die Frage, inwieweit die Revision durch die Überlastung eines einzelnen Richters begründet sein kann, beispielsweise durch einen **Doppelvorsitz.**⁸² Voraussetzung dafür ist, dass der Doppelvorsitz das Recht auf den gesetzlichen Richter nach Art. 101 Abs. 1 S. 2 GG verletzt. Dabei muss jedoch nach zutreffender Ansicht des BVerfG⁸³ zwischen dem Recht auf den gesetzlichen Richter und der diesem in Art. 97 GG garantieren Unabhängigkeit unterschieden werden. Diese nämlich räume dem durch den Doppelvorsitz ggf. überbeanspruchten Richter ein Abwehrrecht gegen die überfordernde Einflussnahme bei der Zuweisung des Arbeitspensums ein; der Richter sei zur Erfüllung eines überobligatorischen Arbeitspensums nicht verpflichtet. Demgegenüber gewähre Art. 101 Abs. 1 S. 2 GG dem Bürger zwar einen unabhängigen Richter, mache ihn gleichwohl aber nicht zu dessen Interessenwalter, sodass aus richterlicher Arbeitsbelastung keine Beeinträchtigung der richterlichen Unabhängigkeit geltend gemacht werden könne. Anders hatte das der 2. Strafsenat des BGH gesehen, der (wenn auch nur in einer bestimmten Sitzgruppe⁸⁴) die Übertragung des Doppelvorsitzes in zwei Senaten des BGH selbst als mit der materiell-rechtlichen Gewährleistung des Art. 101 Abs. 1 S. 2 GG nicht in Einklang zu bringen erachtete.⁸⁵

27 Jenseits des temporären und wohl auch zu relativierenden, da durch gerichtsinterne Dispute bedingten Charakters der Streitfrage, bleibt in der Sache festzuhalten: Die Entscheidungen des BGH bleiben letztlich für revisionsgerichtliche Entscheidungen nur relevant, wenn man die Argumente für oder gegen einen Verstoß des Rechts auf den gesetzlichen Richter von einem Doppelvorsitz des BGH auf einen Doppelvorsitz in beispielsweise zwei verschiedenen Kammern des LG oder OLG übertragen wollte. Dann jedoch kann aufgrund eines überhöhten Arbeitspensums des vorsitzenden Richters nicht schon deshalb automatisch von einer Entziehung des gesetzlichen Richters gesprochen werden, weil der dem Bürger durch Art. 101 Abs. 1 S. 2 GG garantierte Justizgewährungsanspruch nur durch Mehrarbeit des Richters nicht unterlaufen oder ausgehöhlt werde.⁸⁶ An etwas anderes könnte man vielleicht in Fällen denken, in denen die Überbelastung eines oder mehrerer

---

⁷⁸ BVerfG 3.2.1965 – 2 BvR 166/64, BVerfGE 18, 344 (349 f.) = NJW 1965, 1219 (1220); BVerfG 24.3.1964 – 2 BvR 42, 83, 89/63, BVerfGE 17, 294 (301) = NJW 1964, 1020 (1021); BGH 21.5.1963 – 2 StR 84/63, BGHSt 18, 386; 13.11.1978 – in AnwSt (R) 17/77, BGHSt 28, 183 (185) mwN.
⁷⁹ BGH 12.6.1985 – 3 StR 35/85, BGHSt 33, 234 (235) = NJW 1985, 2840.
⁸⁰ Zur Bildung von Hilfsstrafkammern nach § 21e Abs. 3 GVG vgl. BGH 25.3.2015 – 5 StR 70/15, NStZ 2015, 658. In Ausnahmefällen kann eine Änderung des Geschäftsverteilungsplans zulässig sein, die ausschließlich bereits anhängige Verfahren überträgt, wenn nur so dem verfassungs- und konventionsrechtlichen Beschleunigungsgebot insbes. in Haftsachen angemessen Rechnung getragen werden kann. In diesen Fällen kann auf eine Erstreckung der Regelung auf künftig eingehende Verfahren ausnahmsweise dann verzichtet werden, wenn eine weiterreichende Umverteilung nur dazu dienen würde, die Abstraktheit der neuen Geschäftsverteilung zu dokumentieren, BGH 12.5.2015 – 3 StR 569/14, NJW 2015, 2597.
⁸¹ Gericke in KK-StPO Rn. 37 mwN.
⁸² Vgl. BGH 11.1.2012 – 2 StR 346/11, NStZ 2012, 406.
⁸³ BVerfG 23.5.2012 – 2 BvR 610/12, 2 BvR 625/12, NJW 2012, 2334.
⁸⁴ Vgl. zum ganzen Sowada NStZ 2012, 353 ff. sowie eine Verletzung von Art. 101 Abs. 1 S. 2 GG ebenfalls verneinend der 4. Strafsenat in BGH 11.1.2012 – 4 StR 523/11, StV 2012, 209.
⁸⁵ BGH 11.1.2012 – 2 StR 346/11, StV 2012, 204.
⁸⁶ AA BGH 11.1.2012 – 2 StR 346/11, StV 2012, 204 (206 f.).

Richter(s) etwa einer Kammer so stark durchschlägt und zu einer derart langen Verfahrensverzögerung führt, dass für eine gewisse Zeit der Zugang zum gesetzlichen Richter praktisch aufgehoben ist. Grundsätzlich (und in den praktisch ernsthaft denkbaren Fällen) aber können Verzögerungen durch Überlastungen zwar das Gebot effektiven Rechtsschutzes aus Art. 19 Abs. 4 GG[87] verletzen, allerdings sind hierfür andere Schutz- und Kompensationsmechanismen in der StPO vorgesehen.[88]

Revisionsrechtlich beanstandet wurde von der früheren Rspr. auch, wenn die **Leitung** 28 eines Spruchkörpers durch den jeweiligen Vorsitzenden **nicht gewährleistet** ist, weil dieser überlastet ist und aus diesem Grund auf die Rechtsprechung der Kammer keinen wesentlichen Einfluss nehmen kann;[89] welche Maßstäbe hier bei allgemein gestiegenen Fallzahlen und geänderten Erledigungsmechanismen heute anzulegen wären, ist aber nicht einfach zu sagen. Sieht die Geschäftsverteilung vor, vgl. § 21e Abs. 1 S. 4 GVG, dass **ein Richter verschiedenen Spruchkörpern** zugeteilt ist, muss zugleich eine Regelung bestehen, die der Zuteilung in eine der beiden Kammern den **Vorrang** einräumt.[90] Besteht eine solche Regelung nicht und kommt es zum Kollisionsfall, kann die Entscheidung über einen Vorrang nicht dem betroffenen Richter selbst überlassen werden. In diesem Fall hat der Präsident des zuständigen Gerichts über den Vorrang zu entscheiden.[91]

ee) Unzureichende Verhinderungsregelungen. Ein Mangel in der vorschriftsmäßi- 29 gen Besetzung des Gerichts kann auch durch **Verhinderung** von Richtern (etwa aufgrund von Dienstunfähigkeit oÄ) eintreten. Es ist deshalb im Geschäftsverteilungsplan für eine „lückenlose generelle Vertretungsregelung",[92] dh eine Vertreterreihe,[93] zu sorgen, die bei offensichtlichem Vorliegen eines Verhinderungsfalls **ohne Feststellung automatisch**[94] und in anderen Fällen nach **Feststellung** eines solchen durch den Präsidenten[95] eintritt. Eine „ad hoc-Bestellung" eines „zeitweiligen Vertreters" kann allenfalls dann in Betracht kommen, wenn die anlassgebende Entwicklung bei Aufstellung des Geschäftsverteilungsplans nicht voraussehbar gewesen ist.[96] Dann bedarf es aber einer abstrakten Regelung und Begründung im Geschäftsverteilungsplan.

b) Mängel in der Person der mitwirkenden Richter oder Schöffen. Mängel 30 seitens der an der Verhandlung mitwirkenden Richter oder Schöffen sind in zweierlei Erscheinungsformen denkbar, nämlich in Form **persönlicher** und **rechtlicher** Mängel.[97]

aa) Persönliche Mängel. Ist der Spruchkörper mit **verhandlungsunfähigen** Rich- 31 tern oder Schöffen besetzt, muss dies schon deshalb mit der Revision gerügt werden können, weil Grundlage des Urteils nur solche bewiesenen Tatsachen sein können, die das Gericht aus dem Inbegriff der Verhandlung geschöpft hat. Kann ein Richter oder Schöffe aufgrund seiner Verhandlungsunfähigkeit aber der Verhandlung nicht folgen, kann er seine Überzeugung auch nicht aus deren Inbegriff schöpfen,[98] vgl. § 261. Die Verhandlungsunfähigkeit,

---

[87] So wohl auch BVerfG 23.5.2012 – 2 BvR 610/12, 2 BvR 625/12, NJW 2012, 2334 (2336).
[88] Vgl. zum Überblick → Einl. Rn. 157 ff.
[89] BGH 13.12.1951 – 3 StR 683/51, BGHSt 2, 1 = NJW 1952, 395 (Ls.) = BeckRS 1951, 31193556; BGH 21.6.1955 – 5 StR 177/55, BGHSt 8, 17.
[90] Pfeiffer § 338 Rn. 5 m. H. auf BGH 27.3.1973 – 1 StR 55/73, BGHSt 25, 163 = NJW 1973, 1291.
[91] BGH 27.3.1973 – 1 StR 55/73, BGHSt 25, 163 = NJW 1973, 1291; Gericke in KK-StPO Rn. 35 mwN.
[92] Gericke in KK-StPO Rn. 34; vgl. auch Wiedner in BeckOK StPO Rn. 27; Pfeiffer Rn. 5 jeweils mwN.
[93] BGH 19.8.1987 – 2 StR 160/87, NJW 1988, 502.
[94] BGH 18.4.2001 – 2 StR 492/00, NStZ 2001, 491; 4.12.1962 – 1 StR 425/62, BGHSt 18, 162 (164) = NJW 1963, 1260 (1261); 5.8.1958 – 5 StR 160/58, BGHSt 12, 33 (35) = NJW 1958, 1692 (1693); 21.10.1958 – 5 StR 412/58, BGHSt 12, 113 (114) = NJW 1959, 110 (die Forderung nach einer Feststellung der Unerreichbarkeit wäre bei Offensichtlichkeit „übertriebener Formalismus").
[95] BGH 5.8.1958 – 5 StR 160/58, BGHSt 12, 33 = NJW 1958, 1692; 21.10.1958 – 5 StR 412/58, BGHSt 12, 113 = NJW 1959, 110.
[96] BGH 20.5.2015 – 5 StR 91/15, NStZ 2015, 716 mAnm Ventzke.
[97] Diese Unterscheidung findet sich auch bei Nagel in Radtke/Hohmann Rn. 24.
[98] Zum Erfordernis dieser Voraussetzung BGH 28.4.1953 – 5 StR 136/53, BGHSt 4, 191 (192); Roxin/Schünemann StrafVerfR § 46 Rn. 36.

§ 338 32, 33   3. Buch. 4. Abschnitt. Revision

die das Urteil revisibel werden lässt, kann auch erst während der Verhandlung eintreten – zB durch plötzliche Erkrankungen körperlicher (zB hohes Fieber, krankhafte Unterzuckerung) oder geistiger/psychischer Natur (zB „Nervenzusammenbruch")[99] – und muss demzufolge nicht notwendigerweise von Beginn an bestanden haben.

32 Sind mitwirkende Richter **taub** oder **stumm**, liegt hierin ein Verstoß gegen das **Mündlichkeitsprinzip**; das Urteil ist in diesen Fällen nach Nr. 1 revisibel.[100] Die **Blindheit** eines mitwirkenden Richters oder Schöffen wirkt sich nach Ansicht der Rspr. (und wohl auch hM) wie folgt aus: Die Mitwirkung eines blinden Richters ist jedenfalls in der **Tatsacheninstanz nicht erlaubt,** wenn es in dieser zur **Einnahme eines Augenscheins kommt, die Urteilsfähigkeit also vom Sehvermögen abhängt;**[101] ihm kann auch **nicht der Vorsitz** in einer Strafkammer gegeben werden.[102] Eine Mitwirkung scheidet somit in all jenen Fällen aus, in denen es gerade auf den Sehsinn ankommt – also bei der **Einnahme eines Augenscheins**[103] oder wenn die **Erläuterung** beweiserheblicher Tatsachen anhand von **Zeichnungen und Skizzen** erforderlich ist.[104] In allen Fällen, in denen der Gehörsinn ein ausreichender Wahrnehmungsersatz für die fehlende Sehkraft ist, liegt in der Mitwirkung eines blinden Richters kein Verfahrensfehler.[105] Insbes. ist die Mitwirkung blinder Richter unter Umständen für die Wahrheitsfindung förderlich, weil blinde Menschen meist einen feineren Gehörsinn haben und so etwa Tonänderungen, eine zittrige Stimme etc leichter erkennen.[106] Unumstritten sind die Konstellationen der Mitwirkung blinder Richter im Ergebnis dennoch nicht.[107]

33 **Schläft** ein Richter oder Schöffe während der Verhandlung (oder auch während der Verlesung der Anklage[108]), sodass er dieser nicht mehr folgen kann, ist das Gericht nicht vorschriftsmäßig iSd Nr. 1[109] besetzt, dies gilt allerdings nur, wenn es sich dabei **nicht nur** um eine **kurzfristige Unaufmerksamkeit** handelt,[110] weshalb bloße Anzeichen einer Übermüdung erst Recht nicht genügen können.[111] Die Rüge nach Nr. 1 ist demnach nur

---

[99] BGH 13.5.1971 – 3 StR 337/68, zur Verhandlungsunfähigkeit aufgrund geistiger Krankheit zit. bei Dallinger MDR 1971, 720 (723); Franke in Löwe/Rosenberg Rn. 42 mwN.

[100] BGH 28.4.1953 – 5 StR 136/53, BGHSt 4, 191 (193); Siegert NJW 1957, 1622; Schmitt in Meyer-Goßner/Schmitt Rn. 12 f.; Gericke in KK-StPO Rn. 50; Pfeiffer Rn. 10; Franke in Löwe/Rosenberg Rn. 40 f.

[101] BVerfG 10.3.2004 – 2 BvR 577/01, NJW 2004, 2150; 27.11.1986 – 4 StR 536/86, BGHSt 34, 236 (237) = NStZ 87, 335 mAnm Fezer; BVerfG 16.5.1966 – 1 BvR 473, 578/65, BVerfGE 20, 52 (55); aA Schulze MDR 1988, 736 (738 ff.); Schulze MDR 1995, 670; Wolf ZRP 1992, 15 (16 ff.).

[102] BGH 17.12.1987 – 4 StR 440/87, BGHSt 35, 164 = NStZ 1988, 374 mAnm Fezer; aA OLG Hamburg 31.7.2000 – 3 Vollz (Ws) 57/00, NStZ 2000, 616 mAnm Rotthaus NStZ 2001, 280.

[103] BGH 28.4.1953 – 5 StR 136/53, BGHSt 4, 191 = NJW 1953, 1115; 5.3.1954 – 5 StR 661/53, BGHSt 5, 354; 22.11.1957 – 5 StR 477/57, BGHSt 11, 74 (78) = NJW 1958, 31 (32); 28.9.1962 – 4 StR 301/62, BGHSt 18, 51 = NJW 1962, 2361; 27.11.1986 – 4 StR 536/86, BGHSt 34, 236 (237) = NJW 1987, 1210; 28.4.1953 – 5 StR 136/53, JZ 1953, 670 mAnm Wimmer.

[104] BGH 28.9.1962 – 4 StR 301/62, BGHSt 18, 51 = NJW 1962, 2361; Franke in Löwe/Rosenberg Rn. 39 mwN.

[105] So im Umkehrschluss aus Franke in Löwe/Rosenberg Rn. 39, dort mwN.

[106] So beispielsweise BGH 5.3.1954 – 5 StR 661/53, BGHSt 5, 354 (356).

[107] Ein umfassender Überblick mit entsprechenden Nachweisen über die verschiedenen Ansichten findet sich bei Franke in Löwe/Rosenberg Rn. 39; Widmaier/Momsen in Satzger/Schluckebier/Widmaier StPO Rn. 12; tendenziell wohl skeptisch BGH 27.11.1986 – 4 StR 536/86, BGHSt 34, 236 (237) = NJW 1987, 1210 mwN und mAnm Fezer NStZ 1987, 335 f.; ablehnend Wimmer JZ 1953, 671; Schorn JR 1954, 298 (299); Siegert NJW 1957, 1622; wohl ebenfalls eher ablehnend, jedenfalls nur Befürworter einer eingeschränkten Mitwirkung Roxin/Schünemann StrafVerfR § 44 Rn. 37; differenzierend zwischen Vorsitzendem und Beisitzern Frisch in SK-StPO Rn. 52.

[108] So für den Schöffen BGH 14.10.2020 – BGH 1 StR 616/19, StV 2021, 479 mAnm Kühne = BeckRS 2020, 31984.

[109] Eingehend Günther MDR 1990, 875; Rinio Betrifft Jurstiz 2007, 26. Für die Anwendung von §§ 337, 261 anstelle der Nr. 1 Beulke Rn. 408.

[110] Zum Fall des schlafenden Schöffen BGH 20.10.1981 – 5 StR 564/81, NStZ 1982, 41; 23.11.1951 – 2 StR 491/51, BGHSt 2, 14 (14 f.) = NJW 1952, 354; BGH 22.1.1957 – 5 StR 477/57, BGHSt 11, 74 (77) = NJW 1958, 31 (32); Schmitt in Meyer-Goßner/Schmitt Rn. 14 f.; Franke in Löwe/Rosenberg Rn. 43.

[111] BGH 19.6.2018 – 5 StR 643/17, NStZ 2019, 106.

begründet, wenn sich die Unaufmerksamkeit über einen nicht nur unerheblichen Zeitraum erstreckt[112] und die Prozessteile, die der Richter „verschlafen" hat, nicht wiederholt wurden; für eine solche Wiederholung genügt nicht, wenn der Zeuge lediglich die ihm vorgehaltenen Angaben, die er zuvor im Rahmen der Hauptverhandlung gemacht hatte, bestätigt, sondern er ist zu veranlassen, nochmals zunächst im Zusammenhang über den Gegenstand ihrer Vernehmung zu berichten.[113] Liegen Mängel in der Person eines Richters oder Schöffen vor, die die vorschriftsmäßige **Anwesenheit** iSd Nr. 5 in Frage stellen oder liegen per se **Anwesenheitsverstöße** vor, die zu einer vorschriftswidrigen Besetzung des Gerichts führen, dürfte **Nr. 1** für den Fall der Abwesenheit von Richtern und Schöffen gegenüber Nr. 5 **spezieller** sein,[114] wobei die Frage letztlich nicht erheblich ist, wenn man in solchen Fällen von einer Rügeobliegenheit absieht.[115]

bb) Rechtliche Mängel. Rechtliche Mängel in der Person der Richter oder Schöffen, die ein Urteil nach Nr. 1 revisibel machen, liegen bei einem **Verstoß gegen das DRiG** vor.[116] Anderes gilt, wenn lediglich dienstrechtliche Belange betroffen sind.[117] Im Einzelnen sind die §§ 8 ff., 19, 21 DRiG und für die Schöffenvereidigung insbes. § 45 Abs. 2–4 DRiG[118] zu beachten. Auch liegt nach Auffassung des zweiten Senats ein Besetzungsfehler vor, wenn eine Richterin unter ein absolutes (nachgeburtliches) **mutterschutzrechtliches Beschäftigungsverbot** fällt,[119] während der fünfte Senat jedenfalls das (verzichtbare) vorgeburtliche Beschäftigungsverbot für unbeachtlich hält.[120] Der Mutterschutz einer Schöffin soll generell unbeachtlich sein, da es sich um ein öffentliches Ehrenamt handelt (vgl. § 31 S. 1 GVG), das nicht dem persönlichen Anwendungsbereich des Mutterschutzgesetzes unterfällt.[121] Diese Differenzierung überrascht zumindest, wenn man sich vergegenwärtigt, dass weniger die strafprozessualen Gemeinsamkeiten beider Personen, sondern mehr oder weniger arbiträre Regelungen zur Reichweiter einer arbeitsrechtlichen Vorschrift entscheidend sein sollen. Im Rahmen der **Terminierung** ist gibt es keinen Vorrang des „regulären" gesetzlichen Richters, dh der Vorsitzende ist nicht generell gehindert, so zu terminieren, dass ein gesetzlich vorgesehener Ersatzrichter zum Einsatz kommen muss.[122]

c) Mängel im Rahmen der Schöffenbesetzung. Neben den persönlichen oder rechtlichen Mängeln in der Person einzelner Schöffen (für die → Rn. 31 ff. entsprechend gelten), kann die Revision nach Nr. 1 auch bei Vorliegen von Mängeln in der Schöffenbesetzung an sich begründet sein.[123] Dabei sind Fehler im **Schöffenwahlverfahren** nach §§ 44, 45 GVG aber **nicht ohne weiteres** revisibel.[124] Der Grund hierfür liegt darin, dass die

---

[112] BGH 23.11.1951 – 2 StR 491/51, BGHSt 2, 14 (14 f.) = NJW 1952, 354; BGH 22.1.1957 – 5 StR 477/57, BGHSt 11, 74 (77) = NJW 1958, 31 (32); Gericke in KK-StPO Rn. 51; Pfeiffer Rn. 10.
[113] Vgl. BGH 6.9.2022 – 1 StR 63/22, NStZ-RR 2022, 379 mAnm Kudlich JA 2023, 81.
[114] BVerfG 19.3.2003 – 2 BvR 1540/01, NJW 2003, 3545 (3546); BGH 11.2.1999 – 4 StR 657/98, BGHSt 44, 361 (365) = NJW 1999, 1724 (1725); BGH 12.7.2001 – 4 StR 550/00, NJW 2001, 3062; Franke in Löwe/Rosenberg Rn. 80; Gericke in KK-StPO Rn. 48, 71; Schmitt in Meyer-Goßner/Schmitt Rn. 10; aA: Schroeder NJW 1979, 1527 (1530) m. H. auf BGH 7.9.1962 – 4 StR 229/62, NJW 1962, 2212, aus der hervorgeht, dass die Beeinträchtigung in der Aufmerksamkeit nach § 338 Nr. 1 gerügt werden muss.
[115] BGH 3.4.2019 – 5 StR 87/19, NStZ-RR 2019, 218.
[116] Wiedner in BeckOK StPO Rn. 43.
[117] Wiedner in BeckOK StPO Rn. 43 m. H. auf BGH 10.12.2008 – 1 StR 322/08, BGHSt 53, 99.
[118] BGH 22.3.2003 – 4 StR 21/03, BGHSt 48, 290 = NJW 2003, 2545.
[119] BGH 7.11.2016 – 2 StR 9/15, NStZ 2017, 425 mAnm Niemöller; detaillierte Ausführungen der genannten Regelungen finden sich bei Nagel in Radtke/Hohmann Rn. 25.
[120] BGH 19.1.2021 – 5 StR 401/20, NStZ 2021, 434.
[121] BGH 30.9.2021 – 5 StR 161/21, NJW 2022, 1111 mAnm Jahn JuS 2022, 276 und Gubitz NStZ 2022, 380.
[122] BGH 18.3.2020 – 4 StR 374/19, NStZ 2020, 757; 5.10.2021 – 3 StR 485/20, NStZ 2022, 315.
[123] Vgl. etwa zum Fall einer zu großzügigen Anerkennung einer beruflichen Verhinderung des Schöffens und einer daher nicht ordnungsgemäßen Besetzung durch den Hilfsschöffen BGH 4.2.2015 – 2 StR 76/14, NStZ 2015, 350.
[124] Widmaier/Momsen in Satzger/Schluckebier/Widmaier StPO Rn. 13; Gericke in KK-StPO Rn. 39 mwN auf BGH 30.7.1975 – 3 StR 27–28/75, und BGH 4.2.1998 – 2 StR 605/97, NStZ-RR 1999, 49.

ordnungsgemäße Besetzung des Gerichts nicht durch einen Vorgang in Frage gestellt werden kann, der außerhalb des Einwirkungsbereichs der Justiz liegt.[125] Zwar ist ein Urteil, das unter Mitwirkung von Schöffen zustande kam, die wegen Verstoßes gegen §§ 45, 48, 77 GVG aufgrund fehlerhafter Verlosung oder fehlerhafter Verteilung den Spruchkörper besetzen, zwingend aufzuheben.[126] Im Übrigen gilt jedoch, dass nicht jeder Fehler bei der Schöffenheranziehung die Rüge nach Nr. 1 trägt.[127] Die vorschriftswidrige Besetzung durch eine fehlerhafte Schöffenwahl ist nur in Fällen **offenkundiger oder schwerer Gesetzesverletzungen**[128] bzw. Fehler zu bejahen. So kann zB eine **ungültige Schöffenwahl** zur vorschriftswidrigen Besetzung des Gerichts führen, wobei die Ungültigkeit nur angenommen werden kann, sofern die Wahl an einem „besonders schwerwiegenden Fehler leidet und dies bei verständiger Würdigung aller in Betracht kommenden Umstände offenkundig ist".[129] Eine solche schwere Gesetzesverletzung hat der BGH beispielsweise in folgenden Fällen angenommen: Auslosung der Schöffen statt Wahl;[130] grober Verstoß gegen das Prinzip der freien Auswahl unter mehreren Vorschlägen (weil zB ein Schöffe mitwirkt, dessen Wahl auf keinen oder einen Vorschlag von unberechtigter Stelle zurückgeht[131]); Auswahl der Schöffen aufgrund einer Vorschlagsliste anderer Amtsgerichtsbezirke;[132] Fehler im Auslosungsverfahren, die das für die Auslosung erforderliche Zufallselement ausschalten;[133] Verstoß gegen § 35 Abs. 1 S. 1 JGG, indem ein Jugendschöffe aus der Vorschlagsliste der Erwachsenenschöffen gewählt wird;[134] undifferenzierte Anerkennung von beruflichen Terminen als Grund für die Unzumutbarkeit der Ausübung des Schöffenamtes.[135]

36 Bei einer Beurlaubung des Schöffen rechtfertigen berufliche Gründe nur ausnahmsweise die Verhinderung eines Schöffen. Nach neuerer Rechtsprechung des 2. Senats sind in die nach pflichtgemäßem Ermessen zu treffende Entbindungsentscheidung lediglich solche Berufsgeschäfte einzustellen, die der Schöffe nicht oder nicht ohne erheblichen Schaden für sich oder den Betrieb aufschieben oder bei denen er sich nicht durch einen anderen vertreten lassen kann, weil die Geschäfte ihrer Art nach einen Vertreter nicht zulassen oder ein geeigneter Vertreter nicht zur Verfügung steht.[136] Der 5. Senat hat diesen Grundsatz dahingehend ergänzt, als im Unterschied dazu bei einer Entbindung wegen Urlaubs[137] von der Dienstpflicht eine stichwortartige Dokumentation des Hinderungsgrundes dem Erfordernis des § 53 Abs. 3 S. 2 GVG genügt.[138]

37 Nach **§ 33 Nr. 5 GVG** sollen Personen, die mangels ausreichender Beherrschung der deutschen Sprache für das Schöffenamt nicht geeignet sind, nicht zum Schöffen berufen werden. Wirkt an der Hauptverhandlung ein Schöffe mit, der der deutschen Sprache nicht

---

[125] BGH 10.4.1968 – 1 StR 87/68, BGHSt 22, 122 (123 f.) = NJW 1968, 1436; BGH 13.8.1985 – 1 StR 330/85, BGHSt 33, 290 = NJW 1986, 1356; Nagel in Radtke/Hohmann Rn. 22 mwN.
[126] Schmitt in Meyer-Goßner/Schmitt Rn. 9 mwN.
[127] BGH 24.6.1986 – 5 StR 114/86, BGHSt 34, 121 (122) mwN und mkritAnm zur Einschränkung der Nr. 1 durch den Willkürbegriff vgl. Anm. Mehle StV 1993, 93 ff.
[128] BGHSt 24.6.1986 – 5 StR 114/86, BGHSt 34, 121 (122) = NJW 1986, 2585; BGH 10.6.1980 – 5 StR 464/79, BGHSt 29, 283 (287) = NJW 1980, 2364 (2365) mAnm Katholnigg NStZ 1981, 31 (31 f.); Gericke in KK-StPO Rn. 39; Nagel in Radtke/Hohmann Rn. 22 mwN; Wiedner in BeckOK StPO Rn. 18 mwN.
[129] BGH 10.6.1980 – 5 StR 464/79, BGHSt 29, 283 (287) = NJW 1980, 2364 (2365).
[130] BGH 21.9.1984 – 2 StR 327/84, BGHSt 33, 41 = NJW 1984, 2839 mAnm Schätzler NStZ 1985, 82; BGH 16.1.1985 – 2 StR 717/84, BGHSt 33, 126 = NJW 1985, 926.
[131] BGH 7.9.1976 – 1 StR 511/76, BGHSt 26, 393 = NJW 1976, 2357.
[132] BGH 4.12.1979 – 5 StR 337/79, BGHSt 29, 144 = NJW 1980, 1175; 7.9.1976 – 1 StR 511/76, BGHSt 26, 393 = NJW 1976, 2357; vgl. auch Schmitt in Meyer-Goßner/Schmitt Rn. 9, der die Rüge nach Nr. 1 nur begründet sieht, wenn das Wahlverfahren sachfremd und willkürlich war.
[133] Für dieses und weitere Beispiele für Mängel bei der Auslosung und Verteilung vgl. Gericke in KK-StPO Rn. 39; Wiedner in BeckOK StPO Rn. 19 f.; Franke in Löwe/Rosenberg Rn. 31, jeweils mwN.
[134] BGH 7.9.1976 – 1 StR 511/76, BGHSt 26, 393 = JR 1977, 299 mAnm Rieß; Schmitt in Meyer-Goßner/Schmitt Rn. 9.
[135] BGH 5.8.2021 – 2 StR 307/20, NStZ 2022, 313.
[136] BGH 4.2.2015 – 2 StR 76/14, NStZ 2015, 350.
[137] Vgl. dazu BGH 8.5.2018 – 5 StR 108/18, NStZ 2018, 618.
[138] BGH 5.8.2015 – 5 StR 276/15, NStZ 2015, 714.

mächtig ist, ist das Gericht auch dann nicht vorschriftsmäßig besetzt, wenn an sämtlichen Verhandlungstagen und auch bei allen Beratungen der Kammer ein Dolmetscher für den Schöffen anwesend ist.[139] Fehler, die das Urteil revisibel machen, können auch im Zusammenhang mit **Hilfsschöffen** auftreten. Ein solcher liegt zB vor, wenn Hilfsschöffen nicht nach § 45 Abs. 2 S. 4, § 77 GVG in der Reihenfolge der Hilfsschöffenliste benannt werden,[140] oder bei Missachtung von § 49 Abs. 1, § 77 GVG, wenn bei Heranziehung zu einzelnen Sitzungen nicht die Reihenfolge der Hilfsschöffenliste eingehalten wird.[141]

Wirkt ein Schöffe mit, der im laufenden Geschäftsjahr nicht ordnungsgemäß nach § 45 Abs. 2–4 DRiG vereidigt ist,[142] kann dies ebenfalls über Nr. 1 angegriffen werden, es sei denn, es handelt sich nur um einen nicht eingesetzten Ergänzungsschöffen (§ 48 GVG) oder der nicht ordnungsgemäß vereidigte Schöffe wurde durch einen Ergänzungsschöffen ersetzt.[143] Für einen **Ergänzungsschöffen** gilt hinsichtlich seines Eintritts dasselbe wie für den Eintritt von Hilfsschöffen; § 49 GVG gilt mangels entgegenstehenden Wortlauts auch für diesen Fall.[144] **38**

4. Rügepräklusion. a) Anwendungsbereich und Grenzen. Soll die Rüge nach Nr. 1 erhoben werden, ist die drohende Rügepräklusion,[145] die wohl auch in der neuen Gestalt durch das Gesetz zur Modernisierung des Strafverfahrens[146] (Vorabentscheidungsverfahren) verfassungsrechtlich unbedenklich ist,[147] zu beachten. So müssen die Voraussetzungen des Nr. 1a oder b vorliegen, sofern die **Mitteilung der Besetzung nach § 222a vorgeschrieben** war. Entweder muss also die Vorschriftwidrigkeit auf den Besetzungseinwand hin festgestellt worden sein oder es muss die nach Nr. 1b bb iVm § 222b vorgeschriebene Besetzungsrüge form- und fristgerecht erhoben worden sein, ohne dass es zu einer Entscheidung des Rechtsmittelgerichts gekommen ist. Trotz einer **erheblichen sprachlichen Umgestaltung** der Vorschrift hat sich mithin die **Systematik** des § 338 Abs. 1 Nr. 1 mit Blick auf Besetzungsmitteilung und Erfordernis des Einwandes nicht nennenswert geändert: Eine Mitteilung der Besetzung ist auch weiterhin gem. § 222a erforderlich, wenn **erstinstanzlich** das **LG** oder das **OLG** zuständig ist, §§ 74, 120 GVG. Im Umkehrschluss bedeutet das, dass die spätere Rüge der vorschriftswidrigen Besetzung dann nicht an zusätzliche Voraussetzungen geknüpft ist, wenn eine Mitteilung über die Besetzung gerade nicht vorgeschrieben ist, also in Fällen der Revision gegen ein amtsgerichtliches Urteil und gegen Berufungsurteile der LGe. Der **wesentliche Unterschied der Neuregelung** besteht darin, dass bei einem formal ordnungsgemäß ablaufenden Verfahren die Entscheidung des (in diesen Fällen typischerweise nicht als Revisionsgericht zuständigen!) OLG dazu führt, dass eine spätere Besetzungsrüge mit der Revision nicht mehr möglich ist. **39**

---

[139] BGH 26.1.2011 – 2 StR 338/10, NStZ-RR 2011, 349.
[140] BGH 2.6.1981 – 5 StR 175/81, BGHSt 30, 149 (150) = NStZ 1981, 399 (399 f.) mAnm Katholnigg; Franke in Löwe/Rosenberg Rn. 36 mwN.
[141] BGH 3.11.1953 – 5 StR 333/53, BGHSt 5, 73; 12.1.1956 – 3 StR 626/54, BGHSt 9, 203 (207); 24.9.1957 – 1 StR 532/56, BGHSt 10, 384 (385); 29.10.1974 – 1 StR 527/74, BGHSt 26, 21 (22); Gericke in KK-StPO Rn. 40.
[142] Schmitt in Meyer-Goßner/Schmitt Rn. 9 m. H. auf BGH 12.9.1952 – 1 StR 349/52, BGHSt 3, 175; 10.3.1953 – 1 StR 90/53, BGHSt 4, 158; 22.3.2003 – 4 StR 21/03, BGHSt 48, 290 = NJW 2003, 2545; OLG Celle 15.9.1998 – 22 Ss 106/98, StV 1999, 201.
[143] Schmitt in Meyer-Goßner/Schmitt Rn. 9 mwN.
[144] BGH 20.3.1963 – 2 StR 577/62, BGHSt 18, 349 (350 f.) = NJW 1963, 1511 und mAnm Kern JZ 1963, 767 (767 f.); so auch Franke in Löwe/Rosenberg Rn. 37; Nagel in Radtke/Hohmann Rn. 23 aE.
[145] Vgl. zur Rügepräklusion allgemein Rieß JR 1981, 89 ff. (passim); kritisch zur Präklusion der Besetzungsrüge Ranft NJW 1981, 1473 ff.; vgl. auch Widmaier/Momsen in Satzger/Schluckebier/Widmaier StPO Rn. 5, 23 f.
[146] BGBl. 2019 I 2121. Instruktiv zum Besetzungseinwand nach dem neuen Recht Lantermann HRRS 2020, 15 und HRRS 2022, 32. Für Fälle in der Übergangszeit gilt: Ist eine Entscheidung des Rechtsmittelgerichts gemäß § 222b Abs. 3 – mangels einer vor Inkrafttreten der gesetzlichen Neuregelung noch nicht möglichen Anrufung – folgerichtig nicht ergangen, tritt in einem solche „Altfall" dadurch keine Präklusion ein, BGH 29.10.2021 – 5 StR 443/19, NStZ-RR 2022, 77.
[147] Zur alten Fassung der Rügepräklusion BVerfG 19.3.2003 – 2 BvR 1540/01, NJW 2003, 3545 (3546).

39a Die Besetzungsrüge setzt auch dann den rechtzeitigen Besetzungseinwand voraus, wenn die fehlerhafte Besetzung darauf beruht, dass der **Rechtsbegriff der Verhinderung gröblich verkannt** wurde.[148] Eine **Ausnahme** (dh keine Mitteilungspflicht) besteht aber für den Fall, dass der nach § 222b Abs. 1 rechtzeitig erhobene Einwand gegen die Besetzung zu einer Änderung der Besetzung geführt hat, **§ 222b Abs. 2 S. 3**.[149]

40 **b) Ausschluss der Rügepräklusion.** Weitere Fälle, in denen die **Rügepräklusion nicht** eintritt,[150] liegen zB vor, wenn es an der objektiven Erkennbarkeit der vorschriftswidrigen Besetzung fehlt, wenn eine solche auf persönlichen Mängeln eines Richters[151] beruht, wenn der Besetzungsmangel erst im Laufe der Hauptverhandlung eingetreten ist[152] oder wenn der Besetzungsfehler auf einer gezielten Manipulation der Gerichtsbesetzung beruht.[153] Zu beachten ist hier, dass die Fälle, in denen sich der Besetzungsmangel aus der fehlenden Vereidigung eines Schöffen ergibt, wie sie § 45 Abs. 2 DRiG vorschreibt, keinen persönlichen Mangel in diesem Sinn begründen, weshalb hier ein Einwand nach § 222b erfolgen muss.[154]

41 Werden die **Vorschriften über die Mitteilung** gem. § 222a **verletzt,** kann schon deswegen **keine Rügepräklusion** eintreten, weil die Revision durch diese Verletzung erst begründet wird, vgl. Nr. 1b aa. Die Vorschriften über die Mitteilung sind dann verletzt, wenn die Mitteilung **unterblieben, unrichtig** (zB nicht durch Zustellung, vgl. § 222a Abs. 1 S. 2 Hs. 2), **unvollständig** oder **verspätet** war,[155] und auch dann, wenn die **Änderung** der Gerichtsbesetzung **nicht mitgeteilt** wurde. Gleiches gilt, wenn dem Vertreter des Angeklagten entgegen § 222a Abs. 3 **kein ausreichender Einblick in die Besetzungsunterlagen** gewährt wurde.[156] Wird nach **verspäteter Mitteilung** rechtzeitig die Unterbrechung der Hauptverhandlung zur Prüfung der Besetzung beantragt, ist absehbar, dass die Hauptverhandlung vor Ablauf der in § 222b Abs. 1 S. 1 genannten Frist beendet sein könnte, **§ 222a Abs. 2,** und erfolgt diese Unterbrechung, kann die Besetzungsrüge nicht mit diesem Grund erhoben werden; umgekehrt **bleibt die Besetzungsrüge erhalten,** wenn die beantragte **Unterbrechung** der Hauptverhandlung **abgelehnt** wird.[157] Wird die Hauptverhandlung zwar unterbrochen, allerdings **zeitlich nicht ausreichend** (vgl. → § 222a Rn. 32 ff.), steht dies der Ablehnung der Unterbre-

---

[148] BGH 25.4.1995 – 4 StR 173/95, = StV 1996, 3. Eine Präklusion kommt nicht in Betracht, wenn der Verfahrensfehler erst in der Hauptverhandlung eingetreten ist, etwa wenn die Strafkammer in der Hauptverhandlung mit zwei Berufsrichtern und zwei Schöffen beschließt, dass das Hauptverfahren hinsichtlich einer weiteren Anklage eröffnet wird, die Strafkammer mit zwei Berufsrichtern und zwei Schöffen besetzt ist und das Verfahren hinzuverbunden wird (unwirksamer Eröffnungsbeschluss und Besetzungsentscheidung), vgl. BGH 20.5.2015 – 2 StR 45/15, NJW 2015, 2515.

[149] Gericke in KK-StPO § 338 Rn. 9 mwN u.a. auf Rieß NJW 1978, 2265 (2269), dort mwN. Dazu, dass umgekehrt der Anwendungsbereich des § 222b dadurch begrenzt ist, dass der Einwand sich nur auf Besetzungsfehler beziehen kann, die auch unter § 338 Nr. 1 fallen, vgl. OLG Saarbrücken 3.11.2021 – 1 Ws 73/21, wistra 2022, 131 = BeckRS 2021, 41731.

[150] Vgl. des Weiteren zu einem Fall, in dem wegen Fortfalls der Beweiskraft des Protokolls nicht feststeht, ob schon vor der Rüge eine Einlassung zur Sache erfolgt ist, BGH 10.6.2014 – 3 StR 57/14, NStZ 2014, 668 (668 f.).

[151] BGH 27.11.1986 – 4 StR 536/86, BGHSt 34, 236 = NJW 1987, 1210; BGH 17.12.1987 – 4 StR 440/87, BGHSt 35, 164 = NJW 1988, 1333; BGH 6.8.1987 – 4 StR 319/87, BGHSt 35, 28 (29) = NJW 1988, 82.

[152] BGH 11.2.1999 – 4 StR 657/98, BGHSt 44, 361 (364) = NJW 1999, 1724; BVerfG 14.3.1984 – 2 BvR 249/84, NStZ 1984, 370 (371); offen gelassen und zweifelnd BGH 8.1.2009 – 5 StR 537/08, NJW 2009, 931 (932); Schmitt in Meyer-Goßner/Schmitt Rn. 16a; Wiedner in BeckOK StPO Rn. 14.

[153] Gericke in KK-StPO § 338 Rn. 9 m. H. auf BVerfG 14.3.1984 – 2 BvR 249/84, NStZ 1984, 370 (371) offen gelassen; BGH 25.4.1995 – 4 StR 173/95, NStZ 1996, 48 ebenfalls offen gelassen; nach Wiedner in BeckOK StPO § 338 Rn. 13 aE wohl aber zu bejahen wegen Art. 101 Abs. 1 S. 2 GG.

[154] BGH 22.5.2003 – 4 StR 21/03, BGHSt 48, 290 = NJW 2003, 2545; Wiedner in BeckOK StPO Rn. 13.

[155] Gericke in KK-StPO Rn. 11; Wiedner in BeckOK StPO Rn. 15; Schmitt in Meyer-Goßner/Schmitt Rn. 17.

[156] Gericke in KK-StPO Rn. 11 m. H. auf Rieß NJW 1978, 2265 (2269); Wiedner in BeckOK StPO Rn. 15; Schmitt in Meyer-Goßner/Schmitt Rn. 17.

[157] Schmitt in Meyer-Goßner/Schmitt Rn. 19.

chung gleich.¹⁵⁸ Auch die zeitlich verkürzte Unterbrechung muss aber bereits **in der Hauptverhandlung beanstandet** worden sein.¹⁵⁹

Wird der **Einwand** der vorschriftswidrigen Besetzung durch den späteren Revisionsführer (und nicht nur durch einen Mitangeklagten¹⁶⁰) zwar rechtzeitig erhoben, aber **übergangen** oder **zurückgewiesen,** tritt ebenfalls keine Rügepräklusion ein, Nr. 1b bb. Ähnliches gilt, wenn der Besetzungseinwand vom Rechtsmittelgericht als unstatthaft und damit als unzulässig verworfen wurde, weil der Anwendungsbereich des § 222b nicht eröffnet war.¹⁶¹ Zu beachten ist, dass in der Revisionsbegründung nur die Tatsachen vorgebracht werden können, die bereits im Rahmen des Einwands gegenüber dem erkennenden Gericht dargetan wurden und neue Tatsachen nicht nachgeschoben werden können.¹⁶² Eine Rügepräklusion kommt auch im Fall der Nr. 1a nicht in Betracht, wenn das Gericht in einer Besetzung entschieden hat, deren Vorschriftswidrigkeit es nach § 222b Abs. 2 S. 2 festgestellt hat. 42

c) Rügeausschluss nach erfolgreichem Besetzungseinwand in erster Instanz. Erhebt der Revisionsführer rechtzeitig und mit Erfolg den Einwand der vorschriftswidrigen Besetzung in erster Instanz, ist ihm eine Besetzungsrüge gegen die geänderte neue Besetzung im Rahmen der Revision nicht mehr möglich.¹⁶³ Der Grund dafür liegt im **widersprüchlichen, rechtsmissbräuchlichen Prozessverhalten** des späteren Revisionsführers, das vorliegt, wenn dieser die erst durch ihn erstrebte Besetzung später rügt, wobei § 222b Abs. 2 S. 2 dem nicht entgegensteht.¹⁶⁴ Anderes muss freilich gelten, wenn der Revisionsführer nicht eine bestimmte Besetzung anstrebt, sondern vielmehr nur die bloße Besetzung rügt.¹⁶⁵ 43

d) Voraussetzung der Rügepräklusion. Um die Rüge der vorschriftswidrigen Besetzung tatsächlich auszuschließen, sind an diese Präklusion bestimmte Voraussetzungen geknüpft. Die vorschriftswidrige Besetzung muss **objektiv erkennbar**¹⁶⁶ (wenn auch **nicht offensichtlich**) sein.¹⁶⁷ Auch wenn der Besetzungsfehler offenkundig ist, macht das aber die Rüge nach Nr. 1 nicht entbehrlich.¹⁶⁸ Darüber hinaus präkludiert eine Entscheidung des Rechtsmittelgerichts im Sinne von § 222b Abs. 3 den Besetzungseinwand nur dann, wenn sie vor Urteilsverkündung erlassen und dem Rügeführer bekanntgemacht wurde.¹⁶⁹ 44

5. Inhalt des Revisionsvorbringens. a) Allgemeine Anforderungen. Der Inhalt des Revisionsvorbringens richtet sich nach § 344 Abs. 2 S. 1 Alt. 1, S. 2, da mit Nr. 1 die Verletzung von Verfahrensvorschriften gerügt wird. Es müssen deshalb die **den Mangel enthaltenden Tatsachen** angegeben werden. Die Rüge der vorschriftswidrigen Besetzung 45

---

[158] BGH 10.6.1980 – 5 StR 464/79, BGHSt 29, 283 = NJW 1980, 2364 mzustAnm Katholnigg NStZ 1981, 31 und mAnm Ehrig StV 1981, 7 (7 f.); BGH 31.7.1985 – 2 StR 443/85, NStZ 1986, 206 (209) bei Pfeiffer; BGH 19.8.1987 – 2 StR 160/87, NStZ 1988, 36 (37); Rieß NJW 1978, 2269; Schmitt in Meyer-Goßner/Schmitt Rn. 19; Wiedner in BeckOK StPO Rn. 15; Gericke in KK-StPO Rn. 13.
[159] Schmitt in Meyer-Goßner/Schmitt Rn. 19 m. H. auf BGH 27.8.1986 – 3 StR 223/86, StV 1987, 3; Gericke in KK-StPO Rn. 13; Nagel in Radtke/Hohmann Rn. 6 mwN.
[160] BGH 7.3.1985 – 2 StR 826/84, NStZ 1985, 495 (495) bei Pfeiffer; Wiedner in BeckOK StPO Rn. 16.
[161] BGH 2.2.2022 – 5 StR 153/2, NJW 2022, 1470 = JR 2022, 425 mAnm Kudlich/Göken.
[162] Schmitt in Meyer-Goßner/Schmitt Rn. 18.
[163] Wiedner in BeckOK StPO Rn. 15.2; Schmitt in Meyer-Goßner/Schmitt Rn. 20 aE.
[164] BGH 1.4.2008 – 5 StR 357/07, NStZ 2008, 475 (476).
[165] Kritisch auch die Anm. Ventzke StV 2009, 67 (69).
[166] BVerfG 14.3.1984 – 2 BvR 249/84, NStZ 1984, 370 (371); BGH 25.4.1995 – 4 StR 173/95, NStZ 1996, 48; 11.2.1999 – 4 StR 657/98, BGHSt 44, 361 (364) = NJW 1999, 1724 ff.; Nagel in Radtke/Hohmann Rn. 7 m. H. auf Schmitt in Meyer-Goßner/Schmitt Rn. 16; Dahs Strafprozessrevision Rn. 122 jeweils mwN.
[167] BGH 17.10.1996 – 4 StR 404/96, NJW 1997, 403; Schmitt in Meyer-Goßner/Schmitt Rn. 16; Frisch in SK-StPO Rn. 57 f.; Dahs Strafprozessrevision Rn. 122 mwN.
[168] Nagel in Radtke/Hohmann Rn. 7.
[169] BGH 17.1.2023 – 2 StR 87/22, NJW 2023, 2501 mAnm Kudlich.

muss demnach alle Tatsachen enthalten, aus denen sich der Besetzungsmangel ergibt.[170] Dazu gehört es auch, diejenigen Tatsachen vorzutragen, aus denen sich ergibt, dass keine Rügepräklusion eingetreten ist. **Grundsätzlich nicht erforderlich** ist, dass der Revisionsführer darstellt, wie das Gericht richtigerweise hätte besetzt sein müssen.[171] Für das Revisionsvorbringen gilt der Grundsatz, dass die **Begründungspflicht** dort **endet,** wo Tatsachen anzugeben wären, die ihm nicht allgemein oder als Verfahrensbeteiligten zugänglich sind, sondern die sich aus internen Vorgängen ergeben.[172]

46 **b) Kasuistik.** Beruht die vorschriftswidrige Besetzung nach Ansicht des Revisionsführers auf der Mitwirkung eines bestimmten Richters, ist für die Rüge grundsätzlich die **namentliche Nennung** des betroffenen Richters erforderlich,[173] daneben auch die „Darlegung der Umstände, die dem Tätigwerden des betroffenen Richters nach Ansicht des Beschwerdeführers entgegenstand";[174] anderes gilt, wenn von der Rüge der Fehlbesetzung der gesamte Spruchkörper betroffen ist.[175] Des Weiteren müssen ggf. die Tatsachen angegeben werden, die der Mitwirkung des jeweiligen Richters bei der Aburteilung entgegenstanden.[176] Dies erfordert insbes. die **Darlegung/Darstellung der Regelungen des Geschäftsverteilungsplans.**[177]

47 Die Rüge kann **nie** (nur deshalb) zum Erfolg führen, weil der Geschäftsverteilungsplan die Besetzung mit dem jeweiligen Richter per se oder zumindest als Vertreter vorsieht.[178] Allerdings kann der Revisionsführer den **Vertretungsfall** an sich bezweifeln. In diesem Fall ist von seiner Revisionsbegründung allerdings zu verlangen, dass darin die dienstliche Äußerung des verhinderten Richters mitgeteilt wird.[179] Mit der Revision kann auch die **Besetzung,** die **durch** den **Vertretungsfall** eingetreten ist, gerügt werden. Ist dies der Fall, müssen die dienstlichen Äußerungen derjenigen Richter/Schöffen, die nach der Geschäftsverteilung zur Vertretung berufen sind, zu den Vertretungsmöglichkeiten gehört werden.[180]

48 Beruht die Vorschriftswidrigkeit nach Ansicht des Revisionsführers auf einer **Änderung des Geschäftsverteilungsplans,** sind Gründe bzw. Tatsachen anzugeben, aus denen sich die Gesetzwidrigkeit dieser Änderung ergibt.[181] Die bloße **Behauptung der Willkürlichkeit** der Maßnahme ist für die Revision **nicht ausreichend** und unzulässig.[182]

49 Soll gerügt werden, dass das Gericht wegen eines während der Verhandlung schlafenden Richters (oder Schöffen) nicht vorschriftsgemäß besetzt war, muss der betroffene **Verhand-**

---

[170] BGH 5.8.1958 – 5 StR 160/58, BGHSt 12, 33 = NJW 1952, 1692 (1692 f.); BGH 14.5.1957 – 5 StR 145/57, BGHSt 10, 278 = NJW 1957, 1245; Schmitt in Meyer-Goßner/Schmitt Rn. 21; Gericke in KK-StPO Rn. 52; Frisch in SK-StPO Rn. 67 ff.; Wiedner in BeckOK StPO Rn. 45.
[171] Gericke in KK-StPO Rn. 52 m. H. auf BGH 26.2.2002 – 2 StR 60/02, NJW 2002, 2963; Wiedner in BeckOK StPO Rn. 47.1.
[172] BGH 1.2.1979 – 4 StR 657/78, BGHSt 28, 290 (291) = NJW 1979, 1052; BGH 13.12.1979 – 4 StR 632/79, BGHSt 29, 162 (164) = NJW 1980, 951.
[173] Schmitt in Meyer-Goßner/Schmitt Rn. 21; Hamm in Beck'sches Formularhandbuch für den Strafverteidiger, 6. Aufl. 2018, Kap. VIII, Teil C Nr. 7 Anmerkung 8; Wiedner in BeckOK StPO Rn. 46.
[174] BGH 29.5.1968 – 3 StR 72/68, BGHSt 22, 169 = NJW 1968, 1684 zit. bei Schmitt in Meyer-Goßner/ Schmitt Rn. 21.
[175] Gericke in KK-StPO Rn. 52 mwN; Wiedner in BeckOK StPO Rn. 46.
[176] BGH 29.5.1968 – 3 StR 72/68, BGHSt 22, 169; BayObLG 20.6.1984 – 2 St 141/81, StV 1984, 414.
[177] BGH 29.6.2006 – 4 StR 146/06, BeckRS 2006, 08694; BayObLG 14.9.1993 – 4 StR RR 153/93, BayObLG 1993, 162 (163); zuletzt BGH 21.5.2015 – 4 StR 577/14, NStZ-RR 2015, 288 sowie BGH 8.10.2014 – 1 StR 294/14, BeckRS 2014, 20114: „ohne Kenntnis des Inhalts kann bereits die Einhaltung des im GVP offenbar vorgesehenen Turnus nicht überprüft werden." Vgl. auch BGH 16.9.2015 – 2 StR 91/15, BeckRS 2015, 17899.
[178] BGH 29.5.1968 – 3 StR 72/68, BGHSt 22, 169 (170) = NJW 1968, 1684 zit. bei Wiedner in BeckOK StPO Rn. 46.
[179] Wiedner in BeckOK StPO Rn. 46 mwN.
[180] Wiedner in BeckOK StPO Rn. 46 m. H. auf BGH 18.4.2001 – 2 StR 492/00, NStZ 2001, 491.
[181] Schmitt in Meyer-Goßner/Schmitt Rn. 21 mwN.
[182] BGH 26.7.1994 – 5 StR 98/94, BGHSt 40, 218 (240) = NJW 1994, 2703 (2707); Wiedner in BeckOK StPO Rn. 45.

lungsabschnitt konkret bezeichnet werden.[183] Dies erfordert insbes. die **Angabe des Zeitraums** der Abwesenheit und die **Nennung des wesentlichen Gegenstandes** der Hauptverhandlung, dem der Richter nicht folgen konnte.[184] Hier liegt es freilich nicht fern, dass der Revision unter Umständen der Einwand eines **arglistigen Verhaltens** entgegengebracht wird, denn wenn der Verteidiger trotz seiner Kenntnis (ohne die eine Rüge schwer möglich ist)[185] vom schlafenden Richter/Schöffen keine Unterbrechung der Hauptverhandlung beantragt, deutet dies auf ein absichtliches Verschweigen mit Blick auf die Rüge nach Nr. 1 hin.[186] Überzeugen kann dies freilich nicht, weil damit sogar im Bereich der absoluten Revisionsgründe die Verantwortlichkeit für ein ordnungsgemäßes Verfahren einseitig vom Gericht auf den Verteidiger (und damit im Ergebnis auf den Angeklagten) abgewälzt wird. Zu beachten ist schließlich, dass bei der Rüge der zeitweisen Abwesenheit eines Richters dargelegt werden muss, dass diese sich über einen **wesentlichen Teil** der Hauptverhandlung erstreckt hat.[187]

Liegt die Vorschriftswidrigkeit der Besetzung in der Person eines **Schöffen,** erfordert 50 § 344 Abs. 2 S. 2 die Angabe der Schöffen, die berufen gewesen wären, wenn das Gesetz richtig angewendet worden wäre.[188] Wenn gerügt wird, dass die Besetzung mit **Hilfsschöffen** nicht der Reihenfolge der Hilfsschöffenliste entspricht, sind die Tatsachen zur Revisionsbegründung nur dann vollständig angegeben, wenn sowohl der für die Heranziehung maßgebliche Zeitpunkt als auch der in diesem Zeitpunkt maßgebliche Stand der Hilfsschöffenliste angegeben werden.[189] Außerdem muss sich aus dem Revisionsvorbringen ergeben, in welcher zeitlichen Abfolge und Nähe zur anberaumten Hauptverhandlung die Entpflichtung des Hauptschöffen und sodann der jeweils an nächster bereiter Stelle stehenden Hilfsschöffen erfolgte (nur so kann das Revisionsgericht einschätzen, ob bei kurzfristigen Ladungen des Hilfsschöffen und dessen Verhinderung – wie vorliegend wegen berufsbedingter längerer Ortsabwesenheit – vom Vorsitzenden bei der Entbindungsentscheidung ein zutreffender Maßstab angelegt wurde).[190] Wird gerügt, dass Schöffen mitgewirkt haben, die für die **Ausübung des Schöffenamtes unfähig** sind, müssen Tatsachen dargelegt werden, die diese Unfähigkeit begründen.[191]

II. Mitwirkung kraft Gesetzes ausgeschlossener Richter (Nr. 2)

1. Schutzzweck und Anforderungen an die Revisionsbegründung. Das Recht 51 auf den gesetzlichen Richter aus Art. 101 Abs. 1 S. 2 GG beinhaltet, dass die das Richteramt ausübende Person **unvoreingenommen, neutral** und **objektiv** dem/den Beschuldigten und sämtlichen Zeugen gegenübertritt und so eine **Gewähr für Unparteilichkeit** bietet.[192]

---

[183] Schmitt in Meyer-Goßner/Schmitt Rn. 21 m. H. auf BGH 30.4.1974 – 1 StR 35/74, bei Dallinger MDR 1974, 721 (725).
[184] Arg. e contrario BGH 11.7.1997 – 3 StR 75/97, NStZ-RR 1997, 353: Dort trug der Revisionsführer nicht vor, welche Vorgänge betroffen waren; Nagel in Radtke/Hohmann Rn. 27 mwN; zu allen Voraussetzungen des Vortrags bei solchen Rügen vgl. Dahs Strafprozessrevision Rn. 157.
[185] Dahs Handbuch Strafverteidiger Rn. 800.
[186] Vgl. zu dieser Problematik und hierzu, wie das Problem des Rügeverlusts wegen Arglist in der Praxis umgangen wird, Dahs Handbuch Strafverteidiger Rn. 930.
[187] BGH 11.7.1997 – 3 StR 75/97, NStZ-RR 1997, 353 zit. bei Schmitt in Meyer-Goßner/Schmitt Rn. 21 aE.
[188] Schmitt in Meyer-Goßner/Schmitt Rn. 21 m. H. auf BGH 7.3.1989 – 5 StR 576/88, BGHSt 36, 138 (139) = StV 1989, 240 (240 f.); 24.7.1990 – 5 StR 221/89, NJW 1991, 50; 26.6.2002 – 2 StR 60/02, NJW 2002, 2963.
[189] BGH 20.1.1981 – 5 StR 562/80, GA 1981, 382.
[190] BGH 1.9.2015 – 5 StR 349/15, NStZ-RR 2016, 54, wonach aufgrund der ungenügenden Darstellung dahinstehen könne, ob man sich der in BGH 4.2.2015 – 2 StR 76/14, NStZ 2015, 350 geäußerten Rechtsansicht des 2. Senats anschließt.
[191] ZB wegen einer früheren strafrechtlichen Verurteilung BGH 19.6.1985 – 2 StR 197/85 und 98/85, BGHSt 33, 261 (269) = NJW 1985, 2341 (2343); 6.8.1987 – 4 StR 319/87, BGHSt 35, 28 (28 f.) = NJW 1988, 82 (82 f.); Gericke in KK-StPO Rn. 52.
[192] BVerfG 8.2.1967 – 2 BvR 235/67, BVerfGE 21, 139 (146) = NJW 1967, 1123; 26.1.1971 – 2 BvR 443/69, BVerfGE 30, 149 (153) = NJW 1971, 1029 (1030); 24.2.2006 – 2 BvR 836/04, NJW 2006, 3129 (3130).

In bestimmten Situationen bestehen von vornherein – in der Natur der Sache liegend – Zweifel an dieser verfassungsrechtlich geforderten Objektivität. Dies gilt, wenn es sich bei Beschuldigten oder Zeugen um dem Richter nahe stehende Personen handelt oder in bestimmten Fällen der Vorbefassung mit der Sache in anderer Funktion. Für eine Reihe solcher subjektiv vorbelasteten Situationen bestehen für den betroffenen Richter **kraft Gesetzes Mitwirkungsverbote, §§ 22, 23, 148a Abs. 2 S. 1,** die **von Amts wegen zu beachten** sind. § 31 Abs. 1 erklärt diese Vorschriften für **Schöffen** und **Urkundsbeamte** der Geschäftsstelle für **entsprechend anwendbar.** Nahezu selbstverständlich ist es, dass in der Revisionsbegründungsschrift der Richter oder Schöffe, der vom Mitwirkungsverbot betroffen sein soll, **namentlich zu benennen ist.**[193]

52   **2. Anwendungsbereich und Einzelfälle.** Ist ein Richter oder Schöffe kraft Gesetzes von der Mitwirkung ausgeschlossen, ist die Rüge nach Nr. 2 gleichwohl nur begründet, wenn er an der Entscheidung („bei dem Urteil") selbst mitgewirkt hat.[194] Sind nur Verfügungen zur Vorbereitung auf die Hauptverhandlung betroffen, begründet dies nicht den Erfolg der Rüge.[195] Aus diesem Grund führen weder die Mitwirkung am Eröffnungsbeschluss[196] noch die bloße Terminsanberaumung[197] zu einem Ausschluss. Auch wenn entgegen § 22 Nr. 5 ein ausgeschlossener Richter an der Entscheidung über einen Befangenheitsantrag mitwirkt,[198] begründet dies nicht den absoluten Revisionsgrund nach Nr. 2 und nach dem einschränkenden Verständnis der Rechtsprechung auch nicht denjenigen der Nr. 3 (vgl. auch → Rn. 60). Wirkt ein Ergänzungsrichter nach § 192 Abs. 2 an der Verhandlung mit und ist dieser kraft Gesetzes von der Mitwirkung ausgeschlossen, ist dieser Ausschluss irrelevant, wenn der Ergänzungsrichter nicht in das Quorum eingetreten ist.[199]

53   Wurde ein Richter oder Schöffe auch nach **§ 24** wegen Besorgnis der Befangenheit abgelehnt, steht dies der Rüge nach Nr. 2 jedenfalls dann nicht entgegen,[200] wenn der Ausschlussgrund nicht Grundlage des Befangenheitsantrags ist oder dies zwar im Fall war, ein Antrag aber erfolglos blieb oder die ablehnende Entscheidung jedenfalls nicht mehr angefochten wurde.[201] Dabei kann die Revision auch auf Tatsachen gestützt werden, die im Rahmen des Befangenheitsantrags nach § 24 Abs. 1 nicht dargelegt wurden.[202] Anderenfalls käme die Revision nach Nr. 2 schon deshalb nicht in Betracht, weil der Revisionsführer sich selbst die Grundlage der Rüge entzogen hätte: Ist nämlich Grundlage für den Befangenheitsantrag der gesetzliche Ausschlussgrund und hat der Befangenheitsantrag Erfolg, bestehen zwei Möglichkeiten: Entweder wirkt der betroffene Richter überhaupt nicht mehr an der Verhandlung mit, sodass auch kein Revisionsgrund vorliegt; oder er wirkt gleichwohl mit, was zum als spezieller zu betrachtenden Revisionsgrund nach Nr. 3 Alt. 1 (vgl. → Rn. 55) führt. Handelt es sich bei der betroffenen Person um den **Staatsanwalt,** dann begründet dies **nicht** die Rüge nach Nr. 2.[203] Dies gilt

---

[193] Schmitt in Meyer-Goßner/Schmitt Rn. 22 mwN.
[194] Schmitt in Meyer-Goßner/Schmitt Rn. 22; Frisch in SK-StPO Rn. 72; Widmaier/Momsen in Satzger/Schluckebier/Widmaier StPO Rn. 24; Franke in Löwe/Rosenberg Rn. 61. Zur Frage der Mitwirkung bei vorheriger Bewertung einer Zeugenaussage des nunmehr Angeklagten als Falschaussage vgl. BGH 27.11.2012 – 5 StR 492/12, BeckRS 2012, 25391; ein Richter ist nicht allein deshalb kraft Gesetzes in einer vom Revisionsgericht zurückverwiesenen Sache ausgeschlossen, weil er an der aufgehobenen Entscheidung mitgewirkt hatte, vgl. zuletzt BGH 14.10.2015 – 5 StR 273/15, NStZ-RR 2016, 17 mwN.
[195] Schmitt in Meyer-Goßner/Schmitt Rn. 22.
[196] BGH 16.10.1980 – StB 29, (30 und 31)/80, BGHSt 29, 351 (355) = NJW 1981, 133 (134); Gericke in KK-StPO Rn. 56; Franke in Löwe/Rosenberg Rn. 61.
[197] Franke in Löwe/Rosenberg Rn. 61 m. H. auf BGH 13.12.1955 – 1 StR 354/55, JZ 1956, 409 und mwN zur aA.
[198] Zur Geltung von § 22 Nr. 5 auch in diesen Fällen BGH 6.6.2013 – 1 StR 581/12, NStZ 2014, 44.
[199] Gericke in KK-StPO Rn. 56.
[200] Schmitt in Meyer-Goßner/Schmitt Rn. 22 m. H. u. a. auf Franke in Löwe/Rosenberg Rn. 61, der allerdings differenziert.
[201] Franke in Löwe/Rosenberg Rn. 61.
[202] Franke in Löwe/Rosenberg Rn. 61; Schmitt in Meyer-Goßner/Schmitt Rn. 22.
[203] BGH 27.8.1991 – 1 StR 438/91, NStZ 1991, 595; Nagel in Radtke/Hohmann Rn. 29; Franke in Löwe/Rosenberg Rn. 61 mwN; zur Frage ob und wann überhaupt ein revisibler Rechtsfehler vorliegen kann, vgl. Volkmann StV 2021, 537 (541).

schon deshalb, weil die §§ 22, 23 auf den Staatsanwalt weder direkt noch analog anzuwenden sind.[204]

3. Verhältnis zu anderen Revisionsgründen. Ist ein Richter kraft Gesetzes von der Mitwirkung am Verfahren ausgeschlossen und wirkt er dennoch mit, ist der Spruchkörper dadurch nicht vorschriftsmäßig besetzt. Damit ist auch die Rügemöglichkeit nach Nr. 1 dem Grunde nach eröffnet.[205] Allerdings ist Nr. 2 im Verhältnis zu Nr. 1 die speziellere Sondervorschrift[206] und deshalb in der Konstellation der Mitwirkung trotz gesetzlichen Ausschlusses vorrangig. Besteht für den ausgeschlossenen Richter (ggf. auch gerade mit Blick auf die den Ausschluss begründenden Umstände) die Besorgnis der Befangenheit und wird diese im Ergebnis zu Unrecht erfolglos gerügt, ist Nr. 3 spezieller als Nr. 2. 54

4. Inhalt des Revisionsvorbringens. Auch hier gelten die besonderen Darstellungsanforderungen des § 344 Abs. 2 S. 2. Bei einer richterlichen Vorbefassung in Form einer Vernehmung als Zeuge (und damit eines Ausschlusses nach § 22 Nr. 5) muss sich die „Gleichheit der Sache" – die sich nicht mit dem Begriff der Verfahrensidentität vollständig deckt – aus dem Revisionsvorbringen ergeben. Soweit es dem Revisionsvortrag schon an der Mitteilung des Beweisthemas fehlt, zu dem der Richter in dem Verfahren gegen den Beschwerdeführer geladen und vernommen wurde, ist die Rüge unzulässig.[207] 55

III. Mitwirkung eines abgelehnten Richters (Nr. 3)

1. Anwendungsbereich und Voraussetzungen. Im Gegensatz zur Rüge nach Nr. 2 betrifft die Rüge nach Nr. 3 den Fall des **§ 24,** allerdings hauptsächlich in der Variante, dass Grundlage des Befangenheitsantrags gerade nicht diejenigen Tatsachen sind, die bereits zu einem gesetzlichen Ausschluss nach §§ 22, 23 führen (vgl. bereits → Rn. 53). Die Entscheidung über eine Selbstanzeige nach § 30 unterfällt dagegen nicht der Rüge nach Nr. 3, es sei denn, ein Verfahrensbeteiligter hat sich deren Begründung zu eigen gemacht.[208] Das Revisionsvorbringen kann auf Nr. 3 gestützt werden, wenn gegen einen Richter oder Schöffen (trotz § 74 nicht auch: gegen einen Sachverständigen[209]) **wegen Besorgnis der Befangenheit nach § 24** ein Ablehnungsgesuch gestellt wurde (zum Begriff der Befangenheit → § 24 Rn. 15[210]). Die Rüge nach Nr. 3 kann bei mehreren Angeklagten nur durch denjenigen erhoben werden, der bereits um Ablehnung des aus seiner Sicht befangenen Richters ersucht hatte.[211] Richtet sich die Revision gegen ein Berufungsurteil ist zu beachten, dass sie sich nicht auf Ablehnungsgesuche in der 1. Instanz richten kann.[212] Weitere Voraussetzung ist, dass das Ablehnungsgesuch entweder **für begründet erklärt** wurde oder **mit Unrecht verworfen** wurde (vgl. hierzu → Rn. 60 ff.) und der vom Ablehnungsgesuch 56

---

[204] BGH 27.8.1991 – 1 StR 438/91, NStZ 1991, 595; 25.9.1979 – 1 StR 702/78, NJW 1980, 845 (846); 9.12.1983 – 2 StR 452/83, NJW 1984, 1907 (1908); BVerfG 16.4.1969 – 2 BvR 115/69, BVerfGE 25, 336 (345) = NJW 1969, 1104 (1106); Schmitt in Meyer-Goßner/Schmitt Vor § 22 Rn. 3 mwN; Heil in KK-StPO Vor § 22 Rn. 1.
[205] Gericke in KK-StPO Rn. 57 mwN.
[206] Gericke in KK-StPO Rn. 57; Frisch in SK-StPO Rn. 71; Franke in Löwe/Rosenberg Rn. 61.
[207] BGH 22.5.2014 – 4 StR 430/13, BeckRS 2014, 12108 Rn. 2 ff. (insoweit in BGH 22.5.2014 – 4 StR 430/13, NJW 2014, 2132 und 22.5.2014 – 4 StR 430/13, NStZ 2014, 459 nicht abgedruckt).
[208] BGH 11.7.2017 – 3 StR 90/17, NStZ 2017, 720 mAnm Ventzke. BGH 11.1.2022 – 3 StR 452/20, BeckRS 2022, 9565.
[209] § 74 bezieht sich zwar auf „dieselben Gründe, die zur Ablehnung eines Richters berechtigen", ordnet aber keine entsprechende Anwendung der Vorschriften über die Richterablehnung an.
[210] Vgl. statt vieler zur Handynutzung während der Hauptverhandlung BGH 17.6.2015 – 2 Str. 228/14, NStZ 2016, 58. Zur Befangenheitsbesorgnis bei Fragen eines Mithäftlings nach Strafmaßvorstellungen des Angeklagten BGH 28.5.2015 – 2 StR 526/14, NStZ 2016, 217 sowie zu Werturteilen des Richters bei Vorbefassung BGH 19.8.2014 – 3 StR 283/14, NStZ 2015, 46 und zur Thematik auch König StV 2022, 273.
[211] Schmitt in Meyer-Goßner/Schmitt Rn. 24 m. H. auf BGH 20.6.1985 – 1 StR 682/84, NStZ 1985, 515 (515 f.).
[212] Franke in Löwe/Rosenberg Rn. 62 m. H. auf RGSt 60, 111 (112).

Betroffene dennoch **am Urteil mitgewirkt** hat.[213] Die praktisch weitaus häufigere Variante ist dabei letztere.[214]

57 Wie für die Rüge nach Nr. 2 ist auch für diejenige nach Nr. 3 die Mitwirkung des abgelehnten Richters **am angefochtenen Urteil selbst** erforderlich, wohingegen die Mitwirkung an Entscheidungen vor der Hauptverhandlung durch den später abgelehnten Richter für die Revision nicht relevant sind.[215] Im Falle vorhergehender Verfahrensabsprachen reicht es für die Annahme der Besorgnis der Befangenheit nicht aus, dass die Berufsrichter die Sach- und Rechtslage vor der Eröffnung des Hauptverfahrens und bei der Vorbereitung der Hauptverhandlung geprüft und eine vorläufige Prognose zu den Strafhöhen im Falle eines Geständnisses gestellt, mit den Schöffen abgestimmt und mitgeteilt haben.[216]

58 **2. Rechtsnatur der Rüge nach Nr. 3 und Prüfungsgrundsätze.** Wird das Ablehnungsgesuch des Angeklagten als unzulässig verworfen, kann diese Entscheidung gem. **§ 28 Abs. 2 S. 2** nur **zusammen mit dem Urteil** angefochten werden. § 28 Abs. 2 S. 2 gilt für alle Fälle der Rüge nach Nr. 3, weil am Urteil nur erkennende Richter mitwirken und deshalb die Voraussetzung der Nr. 3 und des § 28 Abs. 2 S. 2 jeweils parallel erfüllt sind. Für die Rechtsnatur der Rüge nach Nr. 3 ergibt sich daraus, dass sie **ihrer Natur nach** eine **sofortige Beschwerde** bleibt.[217] Deshalb ist Voraussetzung für die **Zulässigkeit der Revision** nach Nr. 3 die **Zulässigkeit der sofortigen Beschwerde** nach § 304.[218] Mithin kann die Rüge nach Nr. 3 auch nur unter der Voraussetzung erhoben werden, dass der Ablehnungsbeschluss selbst mit der sofortigen Beschwerde anfechtbar ist, was im Falle des § **304 Abs. 4**[219] sowie in Fällen, in denen das OLG nach § **27 Abs. 4** entschieden hat,[220] **unzulässig** ist.[221]

59 Die **Prüfung** der Rüge nach Nr. 3 erfolgt damit nach **Beschwerdegrundsätzen.**[222] Dies wirkt sich freilich **nicht** in **formeller** Hinsicht aus, sondern nur hinsichtlich des **Prüfungsgegenstands** und -**umfangs**.[223] Ob die Revision **ordnungsgemäß erhoben** wurde, richtet sich ausschließlich nach **§ 344 Abs. 2 S. 2**.[224] Prüfung nach Beschwerdegrundsätzen bedeutet, dass das Revisionsgericht gem. § 309 Abs. 2 analog **in der Sache selbst** entscheidet,[225] dh ausnahmsweise[226] **eigene Tatsachenfeststellungen** zum Verwer-

---

[213] Schmitt in Meyer-Goßner/Schmitt Rn. 24; Nagel in Radtke/Hohmann Rn. 30.
[214] Vgl. auch Franke in Löwe/Rosenberg Rn. 62 aE.
[215] Schmitt in Meyer-Goßner/Schmitt Rn. 24; Franke in Löwe/Rosenberg Rn. 62 mwN.
[216] BGH 14.4.2011 – 4 StR 571/10, NStZ 2011, 590 (591).
[217] BGH 5.1.1977 – 3 StR 433/76, BGHSt 27, 96 (98) = NJW 1977, 1829 (1829 f.); Schmitt in Meyer-Goßner/Schmitt Rn. 25; Wiedner in BeckOK StPO Rn. 52; Nagel in Radtke/Hohmann Rn. 34; Widmaier/Momsen in Satzger/Schluckebier/Widmaier StPO Rn. 29; ähnlich auch Frisch in SK-StPO Rn. 74 (unter Verweis auf § 336).
[218] BGH 5.1.1977 – 3 StR 433/76, BGHSt 27, 96 (98) = NJW 1977, 1829 (1829 f.); Nagel in Radtke/Hohmann Rn. 35.
[219] Anfechtungsmöglichkeit analog § 304 Abs. 4 „allenfalls im engsten Rahmen" nach BGH 5.1.1977 – 3 StR 433/76, BGHSt 27, 96 = NJW 1977, 1829 zit. bei Schmitt in Meyer-Goßner/Schmitt Rn. 25.
[220] Schmitt in Meyer-Goßner/Schmitt Rn. 25 mwN.
[221] Schmitt in Meyer-Goßner/Schmitt Rn. 26; Wiedner in BeckOK StPO Rn. 54.
[222] Schmitt in Meyer-Goßner/Schmitt Rn. 27; Pfeiffer Rn. 13; Gericke in KK-StPO Rn. 29 mwN insbes. auf BGH 12.12.1962 – 2 StR 495/62, BGHSt 16, 200 (203) = NJW 1963, 964 (965); BGH 12.3.2002 – 1 StR 557/01, NStZ 2002, 495; 24.7.2007 – 4 StR 236/07, NStZ 2008, 117; 26.5.1970 – 1 StR 132/70, BGHSt 23, 265(266 f.) = NJW 1970, 1558; BGH 13.7.1966 – 2 StR 157/66, BGHSt 21, 85 (88) = NJW 1966, 2321.
[223] Wiedner in BeckOK StPO Rn. 52.
[224] BGH 20.4.2011 – 2 StR 639/10, BeckRS 2011, 14697; 10.11.1967 – 4 StR 512/66, BGHSt 21, 334 (340).
[225] BGH 9.2.1951 – 3 StR 48/50, BGHSt 1, 34 (36); 12.12.1962 – 2 StR 495/62, BGHSt 18, 200 (203) = NJW 1963, 964 (965); Wiedner in BeckOK StPO Rn. 56 mwN.
[226] Die Tatsachenfeststellungen sind grds. alleine der Tatsacheninstanz vorbehalten, wohingegen die Revision keine zweite Tatsacheninstanz ist, sondern nur der Überprüfung in verfahrensrechtlicher Hinsicht dient. Vgl. hierzu → Vor § 333 Rn. 1, Schmitt in Meyer-Goßner/Schmitt Vor § 333 Rn. 2.

fungsbeschluss[227] trifft und **eigenständig Ermessen** ausüben kann.[228] **Nicht** berücksichtigt werden dürfen allerdings neue Tatsachen und Beweismittel, wobei maßgeblicher Ausgangspunkt für die Beurteilung, ob es sich um „neue" Tatsachen handelt, die tatrichterliche Entscheidung der Ablehnung/Verwerfung ist, also der Vergleich mit den Tatsachen, die Grundlage des Ablehnungsgesuchs, § 25, waren.[229] Ist eine Tatsachengrundlage nicht vorhanden, wird das Revisionsgericht aber nicht zu einer eigenen Tatsacheninstanz, sondern muss das Urteil nach Ansicht des BGH aufheben und die Sache zurückverweisen.[230]

3. Bedeutung der Voraussetzung „mit Unrecht verworfen", insbes. mit Blick auf § 26a. Voraussetzung für den Erfolg der Rüge nach Nr. 3 ist in Alt. 2, dass das Ablehnungsgesuch **mit Unrecht (als unzulässig oder unbegründet)**[231] **verworfen** wurde. Wann dies der Fall ist, wurde in der Rechtsprechung früher anders beurteilt als heute: Das RG[232] nahm eine Verwerfung zu Unrecht bereits dann an, wenn dies von einem nicht vorschriftsmäßig besetzten Gericht entschieden wurde. Begründet wurde diese Entscheidung damit, dass dem Betroffenen durch eine solche Verwerfung prozessuales Unrecht zuteilwerde, das sich von dem materiellen Unrecht der Nichtberücksichtigung eines berechtigten Ablehnungsgesuchs im Wesen nicht unterscheide. Dieser Rechtsprechung schloss sich der BGH[233] zunächst an. In späterer Rechtsprechung zeichnete sich aber eine Abweichung dergestalt ab, dass es nicht mehr darauf ankam, ob das Ablehnungsgesuch von einem unzuständigen oder nicht ordnungsgemäß besetzten Gericht[234] beschieden wurde und auch nicht darauf, ob es irrtümlich als unzulässig behandelt worden war.[235] Die Rüge nach Nr. 3 konnte nach dieser Rechtsprechung daher nur zum Erfolg führen, wenn das Ablehnungsgesuch verworfen wurde, obwohl es **in der Sache begründet** war,[236] weswegen Prüfungsgegenstand der Revision eben diese Frage war.

Probleme ergeben sich bei diesem Vorgehen allerdings mit Blick auf § 26a.[237] Nach § 26a Abs. 2 S. 1 entscheidet das Gericht über die Verwerfung als unzulässig nach Abs. 1 **unter Mitwirkung des abgelehnten Richters**. § 26a dient der Verfahrensvereinfachung (→ § 26a Rn. 2)[238] für solche Fälle, in denen das **Ablehnungsgesuch unzulässig** ist, es also auf eine Sachprüfung nicht ankommt. Dies ist nach dem Gesetzeswortlaut der Fall, wenn die **Ablehnung verspätet** erfolgt ist (§ 26a Abs. 1 Nr. 1) oder ein **Grund** zur Ablehnung bzw. ein **Mittel zur Glaubhaftmachung nicht angegeben** wird (§ 26a Abs. 1 Nr. 2) oder das **Verfahren** durch das Ablehnungsgesuch nur **verschleppt** oder mit ihm nur **verfahrensfremde Zwecke** verfolgt werden sollen (§ 26a Abs. 1 Nr. 3). Darüber hinaus wurde der Anwendungsbereich des § 26a Abs. 1 Nr. 2 ausgedehnt auf Fälle, in denen dem Ablehnungsgesuch zwar eine Begründung zugrunde lag, diese aber völlig unzureichend

---

[227] Zweifelhaft daher das Vorgehen in BGH 28.7.2015 – 1 StR 602/14, NStZ 2016, 164 (167) und insoweit krit. Kudlich NStZ 2016, 169 (170 f.).
[228] Schmitt in Meyer-Goßner/Schmitt Rn. 27; Wiedner in BeckOK StPO Rn. 56.
[229] BGH 13.7.1966 – 2 StR 157/66, BGHSt 21, 85 (88) = NJW 1966, 2321; Schmitt in Meyer-Goßner/Schmitt Rn. 27 mwN.
[230] Schmitt in Meyer-Goßner/Schmitt Rn. 27 m. H. auf BGH 16.12.1969 – 5 StR 468/69, BGHSt 23, 200 (202 f.) = NJW 1970, 478 (479) mAnm Peters JR 1970, 269 (269 f.); BGH 26.5.1970 – 1 StR 132/70, BGHSt 23, 265 (267) = NJW 1970, 1558; aA Franke in Löwe/Rosenberg Rn. 64, der mit Hinweis auf die Prüfung nach Beschwerdegrundsätzen Kritik an der Rspr. äußert.
[231] Hanack in Löwe/Rosenberg, 25. Aufl. 1998, § 338 Rn. 65 m. H. u.a. auf BGH 22.10.1953 – 1 StR 66/53, BGHSt 5, 153 (155).
[232] RGSt 49, 9 (12); 19, 332 (339).
[233] BGH 17.12.1954 – 5 StR 567/54, BeckRS 1954, 31193784.
[234] Zu solch einem Fall aus neuerer Zeit vgl. BGH 9.9.2014 – 5 StR 53/14, NStZ 2015, 175.
[235] Schmitt in Meyer-Goßner/Schmitt Rn. 28 m. H. auf BGH 12.12.1962 – 2 StR 495/62, BGHSt 18, 200 = NJW 1963, 964; 10.1.1967 – 4 StR 512/66, BGHSt 21, 334 (338) = NJW 1968, 710 (710 f.); 26.5.1970 – 1 StR 132/70, BGHSt 23, 265 (267) = NJW 1970, 1558.
[236] Schmitt in Meyer-Goßner/Schmitt Rn. 28 m. H. auf BGH 12.12.1962 – 2 StR 495/62, BGHSt 18, 200 = NJW 1963, 964; 10.1.1967 – 4 StR 512/66, BGHSt 21, 334 (338) = NJW 1968, 710 (710 f.); 26.5.1970 – 1 StR 132/70, BGHSt 23, 265 (267) = NJW 1970, 1558.
[237] Ausführlich auch Frisch in SK-StPO Rn. 77 ff.
[238] Schmitt in Meyer-Goßner/Schmitt § 26a Rn. 1; Wiedner in BeckOK StPO Rn. 58.

war. Eine aus zwingenden rechtlichen Gründen für die Rechtfertigung eines Ablehnungsgesuchs **völlig ungeeignete Begründung** soll nach dieser Rechtsprechung der **unterlassenen Begründung gleichgestellt** sein.[239] Zwar wird diese Ausdehnung des § 26a durch das **BVerfG** gebilligt.[240] Gleichwohl wird aber gefordert, das Kriterium der völligen Ungeeignetheit **eng auszulegen,** um zu verhindern, dass das Ablehnungsgesuch nur vordergründig auf seine Zulässigkeit, tatsächlich aber auf seine Begründetheit in der Sache hin geprüft wird.[241]

62 Das BVerfG[242] erachtet es aus ähnlicher Motivation heraus mit Blick auf **Art. 101 Abs. 1 S. 2 GG** als verfassungsrechtlich nicht hinnehmbar, wenn sich das Revisionsgericht in Fällen, in denen die Verwerfung nach § 26a durch das Tatgericht **willkürlich** erfolgt ist und die **Anforderungen des Art. 101 Abs. 1 S. 2 GG grundlegend verkannt** hat,[243] nur auf die Prüfung der Frage beschränkt, ob das Ablehnungsgesuch in der Sache erfolgreich gewesen wäre oder nicht. **Willkürlich** idS erfolgt eine Verwerfung nach § 26a dann, wenn die Entscheidung über den Ablehnungsantrag durch das Tatgericht tatsächlich eine (wenn vielleicht auch nur oberflächliche) Prüfung auch in der Sachprüfung erfordert hat (und nicht auf der rein formalen Grundlage erfolgen konnte, welche § 26a vor Augen hat).[244] Ferner ist Willkür auch dann zu bejahen, wenn die Verwerfung nach § 26a auf einem Fall **grober Missachtung oder grober Fehlanwendung des Gesetzesrechts** beruht und daher in der Sache offensichtlich **unhaltbar** ist.[245] Unabhängig von der Frage, ob das Ablehnungsgesuch in der Sache selbst tatsächlich begründet wäre, liegt ein die Revision zum Erfolg führender Verfahrensfehler in dieser Konstellation schon darin, dass der mitwirkende, aber als befangen abgelehnte Richter, bei Verkennung der Grenzen des § 26a gewissermaßen „in eigener Sache" entscheidet.[246] Dies soll aber durch das Recht auf den gesetzlichen Richter gerade verhindert werden, weswegen das Revisionsgericht darüber entscheiden muss, ob die Grenzen des § 26a eingehalten wurden oder ob sie willkürlich überschritten wurden.[247] Letzterenfalls ist die **Revision** bereits deshalb **begründet,** die Sache muss **zurückverwiesen** und durch das Tatgericht eine Entscheidung nach § 27 getroffen werden;[248] auf die hypothetische Begründetheit des Ablehnungsgesuchs kommt es dann nicht mehr an. Dieser Rechtsprechung hat sich der **BGH angeschlossen.**[249] Beruht

---

[239] BGH 10.5.2001 – 1 StR 410/00, NStZ-RR 2002, 66; 23.2.1999 – 4 StR 15/99, NStZ 1999, 311; 22.11.2000 – 1 StR 442/00, NStZ-RR 2001, 257 (258) bei Becker.

[240] BVerfG 2.2.1995 – 2 BvR 37/95, NJW 1995, 2912 (2913). Vgl. die Ausführungen, wann im Falle des § 26a eine Sachprüfung nötig und eine Prüfung nur nach Beschwerdegrundsätzen nicht ausreichend ist BVerfG 2.6.2005 – 2 BvR 625/01, NJW 2005, 3410 (3412); BGH 10.8.2005 – 5 StR 180/05, BGHSt 50, 216 (219 ff.) = NJW 2005, 3436 (3437).

[241] Wiedner in BeckOK StPO Rn. 63 m. H. auf BGH 26.6.2007 – 5 StR 138/07, NStZ 2008, 46; ein Ablehnungsgesuch, das lediglich damit begründet wird, der Richter sei an einer Vor oder Zwischenentscheidung beteiligt gewesen, ist jedoch auch eingedenk des strengen Prüfungsmaßstabs nach § 26a Abs. 1 Nr. 2 als unzulässig zu verwerfen, BGH 10.7.2014 – 3 StR 262/14, NStZ 2014, 725.

[242] BVerfG 2.6.2005 – 2 BvR 625/01, NJW 2005, 3410 (3414); zustimmend Kühne Strafprozessrecht Rn. 738.

[243] BVerfG 24.2.2006 – 2 BvR 836/04, NJW 2006, 3129 (3130); 27.4.2007 – 2 BvR 1674/06, NStZ-RR 2007, 275 (278); BGH 13.7.2006 – 5 StR 154/06, NStZ 2006, 705 (707); OLG München 22.11.2006 – 4 StR 182/06, NJW 2007, 449.

[244] BVerfG 24.2.2006 – 2 BvR 836/04, NJW 2006, 3129 (3132); Wiedner in BeckOK StPO Rn. 61.

[245] BGH 10.8.2005 – 5 StR 180/05, BGHSt 50, 216 (219) = NJW 2005, 3436 (3437).

[246] § 26a soll aber eine nur formale Prüfung ermöglichen, der abgelehnte Richter darf aber nicht über das Ablehnungsgesuch mitentscheiden, weil sich anderenfalls zum „Richter in eigener Sache" macht, vgl. BGH 10.8.2005 – 5 StR 180/05, BGHSt 50, 216 (220) = NJW 2005, 3436 (3438); erneut BGH 8.7.2009 – 1 StR 289/09, BeckRS 2099, 23917 sowie BGH 7.7.2015 – 3 StR 66/15, StV 2016, 271 = BeckRS 2015, 14863; krit. zum Willküraspekt in dieser Konstellation Kudlich FS Fezer, 2008, 435 (450 ff.).

[247] BVerfG 2.6.2005 – 2 BvR 625/01, NJW 2005, 3410 (3414).

[248] BVerfG 2.6.2005 – 2 BvR 625/01, NJW 2005, 3410 (3414).

[249] BGH 14.6.2005 – 3 StR 446/04, NStZ 2006, 51 (52) mAnm Meyer-Goßner. So auch die Einschätzung bei Widmaier/Momsen in Satzger/Schluckebier/Widmaier StPO Rn. 30; Schmitt in Meyer-Goßner/Schmitt Rn. 28 m. H. auf BGH 10.8.2005 – 5 StR 180/05, BGHSt 50, 216 = NJW 2005, 3436; BGH 14.6.2005 – 3 StR 446/04, NStZ 2006, 51 (52) mAnm Meyer-Goßner.

die Verwerfung des Ablehnungsgesuchs nach § 26a nicht auf Willkür, sondern lediglich auf **fehlerhafter Rechtsanwendung/Rechtsfehlerhaftigkeit,** ist sie aber nach wie vor **bei sachlicher Unbegründetheit nicht zu Unrecht verworfen.**[250]

Mit Blick auf die **Begründetheit des Ablehnungsgesuchs** ist zu beachten, dass das **63** Revisionsgericht den geltend gemachten **Ablehnungsgrund** durch einen anderen im Rahmen des § 26a ersetzen/**austauschen** kann.[251] Wird das Ablehnungsgesuch wegen **Unbegründetheit** verworfen, liegt der Revisionsgrund nach Nr. 3 nur vor, wenn das Gesuch tatsächlich begründet war.

4. Inhalt des Revisionsvorbringens. Das Revisionsvorbringen muss, obwohl das **64** Revisionsgericht es nach Beschwerdegrundsätzen prüft (vgl. hierzu bereits → Rn. 58 f.), den Anforderungen des § 344 Abs. 2 genügen.[252] Für die Rüge nach Nr. 3 bedeutet das im Einzelnen, dass der Revisionsführer das **Ablehnungsgesuch wörtlich**[253] oder jedenfalls seinem **ganzen Inhalt** nach[254] sowie den **zurückweisenden Gerichtsbeschluss** in der Revisionsbegründungsschrift mitteilen muss.[255] Das Revisionsgericht benötigt **alle Tatsachen,** die eine Prüfung ermöglichen, ob zu Recht um Ablehnung ersucht wurde, der abgelehnte Richter tatsächlich die Besorgnis der Befangenheit rechtfertigen konnte und das Ablehnungsgesuch deshalb zu Unrecht verworfen wurde (→ § 344 Rn. 114 ff.);[256] Insbesondere sind alle Schriftstücke, auf die zur Begründung der Besorgnis der Befangenheit Bezug genommen wird, vorzulegen.[257] Die Tatsachen sind auch dann vollständig mitzuteilen, wenn es sich dabei um die Darstellung eigenen Verhaltens des Revisionsführers handelt, das geeignet ist, dem Befangenheitsantrag und somit auch seiner Rüge nach Nr. 3 den Boden zu entziehen.[258] Ebenso kann sich die Revision nicht auf die Annahme der Vorinstanz, es handele sich um einen „rechtzeitig" angebrachten Antrag, beziehen, da dem Revisionsgericht eine umfassende Prüfung obliegt, ob das Ablehnungsgesuch „mit Unrecht" verworfen wurde, was auch bei einem als unbegründet zurückgewiesenen, tatsächlich jedoch bereits unzulässigen Antrag nicht der Fall ist.[259]

Führt die **Ablehnung eines Beweisantrags wegen Verschleppungsabsicht** zu einer **65** Befangenheitsrüge, genügen bloße Bezugnahmen nicht den Anforderungen des § 344 Abs. 2 S. 2. Vielmehr ist erforderlich, dass neben den ohnehin erforderlichen Tatsachen (vgl. → Rn. 64) auch dargelegt wird, welchen **Inhalt der Beweisantrag** hatte, sodass die Argumentation des Antragstellers mit der des Gerichts abgeglichen werden kann.[260] Mitgeteilt werden müssen auch **dienstliche Stellungnahmen** der StA[261] und des abgelehnten Richters (bzw. nach § 31 Abs. 1 des/r abgelehnten Schöffen) nach § 26 Abs. 3 geschlossen und im Wortlaut.[262] Für letztere kann entsprechend anderes gelten, wenn das Revisionsgericht die Stellungnahme mittelbar bereits durch den Vortrag anderer erforderlicher Tatsachen

---

[250] Schmitt in Meyer-Goßner/Schmitt Rn. 28 m. H. auf BGH 29.8.2006 – 1 StR 371/06, NStZ 2007, 161 (163); 27.8.2008 – 2 StR 261/08, NStZ 2009, 223. Für eine Verlagerung der Frage auf die Beruhensprüfung Frisch in SK-StPO Rn. 80 aE.

[251] Alexander in Radtke/Hohmann § 26a Rn. 13 u.a. m. H. auf BGH 8.7.2009 – 1 StR 289/09, wistra 2009, 446 (447 f.) und anderen Nw.

[252] BGH 10.11.1967 – 4 StR 512/66, BGHSt 21, 334 (340); Schmitt in Meyer-Goßner/Schmitt Rn. 29; Pfeiffer Rn. 13; Wiedner in BeckOK StPO Rn. 77 jeweils mwN.

[253] Schmitt in Meyer-Goßner/Schmitt Rn. 29 mwN.

[254] OLG Koblenz 27.10.1977 – 1 Ss 471/77, MDR 1978, 423.

[255] BGH 10.11.1967 – 4 StR 512/66, BGHSt 21, 334 (340); 16.1.1979 – 1 StR 575/78, NJW 1979, 2160; zusf. Fromm NJOZ 2015, 1 (4 f.).

[256] Dazu gehört auch, dass bei mehreren Ablehnungsgesuchen mitgeteilt wird, welches der Gesuche mit der Revision angegriffen wird, vgl. BGH 3.8.2017 – 4 StR 96, 17, BeckRS 2017, 122764.

[257] BGH 22.3.2021 – 1 StR 120/20, NZWiSt 2022, 340.

[258] BGH 2.11.2010 – 1 StR 544/09, NStZ 2011, 294 (294 f.).

[259] BGH 17.11.2015 – 4 StR 276/15, NStZ 2016, 627 (627 f.).

[260] BGH 7.2.2012 – 5 StR 432/11, StV 2012, 587.

[261] BGH 10.3.2000 – 3 StR 16/00, NStZ-RR 2001, 134 bei Kusch.

[262] BGH 8.8.1995 – 1 StR 377/95, StV 1996, 2; 30.9.2014 – 3 StR 351/14, BeckRS 2014, 21650. Zur Bestätigung des Verdachts der Befangenheit auf eine Stellungnahme hin vgl. BGH 18.10.2012 – 3 StR 208/12, NStZ-RR 2013, 168.

im Rahmen der Rüge mitgeteilt bekommt, so etwa, wenn die zurückweisende Entscheidung sich mit der dienstlichen Stellungnahme befasst[263] oder der Sachverhalt feststeht.[264] Mit Blick auf § 26a (vgl. → Rn. 60 ff.) ist auch die Mitteilung von Tatsachen nötig, die dem Revisionsgericht die Prüfung ermöglichen, ob die Grenzen des § 26a eingehalten wurden oder willkürlich überschritten worden sind[265] und/oder ob der abgelehnte Richter tatsächlich bei der Entscheidung über das Ablehnungsgesuch mitgewirkt hat.[266]

IV. Unzuständigkeit des Gerichts (Nr. 4)

66   1. **Anwendungsbereich und Kasuistik.** Nr. 4 ermöglicht eine Zuständigkeitsrüge nur hinsichtlich der **sachlichen** (→ Rn. 67 ff.), **örtlichen** (→ Rn. 74 ff.) **und besonderen funktionellen Zuständigkeit** (→ Rn. 78 ff.), gleichrangiger Gerichte nach § 74 Abs. 2, § 74a, § 74c GVG[267] und betrifft dabei anders als die Rüge nach Nr. 1 (vgl. → Rn. 15 ff.), die Zuständigkeit des Gerichts insgesamt und nicht des konkreten Spruchkörpers.[268] Sofern die Zuständigkeit des Gerichts nach dem Geschäftsverteilungsplan betroffen ist, kann dies nur gem. Nr. 1 gerügt werden, nicht nach Nr. 4 (vgl. → Rn. 21 ff.).[269]

67   a) **Sachliche Zuständigkeit.** Sachliche Zuständigkeit iSd Vorschrift meint die **gesetzlich bestimmte Zuständigkeit** des jeweiligen Gerichts in Abgrenzung zu anderen.[270] § 6 schreibt die Prüfung der sachlichen Zuständigkeit in jeder Lage des Verfahrens **von Amts wegen vor.** Dies gilt auch für die Revisionsinstanz, weshalb eine (Verfahrens-)Rüge der sachlichen Zuständigkeit grundsätzlich nicht erforderlich ist (→ § 6 Rn. 8).[271] Unentschieden ist die Rechtsprechung allerdings – soweit ersichtlich – bislang, ob dies auch in den Fällen gilt, in denen „eigentlich" nach Maßgabe des § 269 eine Gesetzesverletzung bei Verhandlung durch ein Gericht höherer Ordnung ausscheiden müsste, aber ein Fall der willkürlichen Annahme der Zuständigkeit (→ § 269 Rn. 8) geltend gemacht wird (vgl. sogleich → Rn. 68). Nicht nur deshalb empfiehlt sich praktisch in der Revision hierzu dennoch ein Vortrag durch den Revidenten, wenn er die sachliche Zuständigkeit bezweifelt (auch schon, um im Falle einer späteren Verfassungsbeschwerde wegen der Verletzung des gesetzlichen Richters den Bemühensanforderungen im fachgerichtlichen Rechtsschutz nachzukommen, welche das BVerfG statuiert); besondere Formerfordernisse muss er hierzu wohl nicht einhalten.

68   Bei Mängeln in der Zuständigkeit ist zu unterscheiden, ob die Zuständigkeit eines Gerichts höherer oder niederer Ordnung von dem Fehler betroffen ist. Entscheidet ein Gericht **höherer Ordnung anstelle eines Gerichts niederer Ordnung,** führt das wegen § 269 grds. nicht zur Aufhebung des Urteils.[272] Zur **Aufhebung** muss es jedoch führen, wenn das Gericht höherer Ordnung seine Zuständigkeit **objektiv willkürlich** bejaht,[273]

---

[263] Gericke in KK-StPO § 344 Rn. 47 mwN.
[264] Gericke in KK-StPO § 344 Rn. 47 m. H. auf BGH 24.7.2007 – 4 StR 236/07, NStZ 2008, 117.
[265] BGH 23.10.2007 – 1 StR 238/07, BeckRS 2007, 18504 (insoweit nicht abgedruckt in NStZ 2008, 150); BGH 2.11.2010 – 1 StR 544/09, NStZ 2011, 294 (294 f.).
[266] BGH 9.6.2009 – 4 StR 461/08, StV 2010, 57.
[267] Schmitt in Meyer-Goßner/Schmitt Rn. 30 mwN; Wiedner in BeckOK StPO Rn. 79.
[268] Gericke in KK-StPO Rn. 65; Schmitt in Meyer-Goßner/Schmitt Rn. 30.
[269] BGH 6.1.1953 – 2 StR 162/52, BGHSt 3, 353 (355); 7.6.1983 – 4 StR 9/83, BGHSt 31, 389 (390) = NJW 1983, 2952.
[270] Franke in Löwe/Rosenberg Rn. 69; Frisch in SK-StPO Rn. 86; Widmaier/Momsen in Satzger/Schluckebier/Widmaier StPO Rn. 34.
[271] BGH 10.1.1957 – 2 StR 575/56, BGHSt 10, 74 (75) = NJW 1957, 511; sowie Schmitt in Meyer-Goßner/Schmitt § 6 Rn. 2, Rn. 32; Gericke in KK-StPO Rn. 66; Nagel in Radtke/Hohmann Rn. 39.
[272] BGH 4.10.1956 – 4 StR 294/56, BGHSt 9, 367 (368); 10.11.1967 – 4 StR 512/66, BGHSt 21, 334 (358) = NJW 1968, 710 (712 f.); Schmitt in Meyer-Goßner/Schmitt Rn. 32; Pfeiffer Rn. 14; Gericke in KK-StPO Rn. 66.
[273] BGH 12.2.1998 – 4 StR 428/97, BGHSt 44, 34 (36) = NJW 1998, 2149 (2149 f.); 17.12.2014 – 3 StR 511/14, BeckRS 2015, 03568; 3.3.2016 – 2 StR 159/15, NStZ-RR 2016, 220 mAnm Kudlich JA 2016, 551; Hegmann NStZ 2000, 574 (577); Schmitt in Meyer-Goßner/Schmitt Rn. 32; Gericke in KK-StPO Rn. 66; Frisch in SK-StPO Rn. 88 f., 95; Wiedner in BeckOK StPO Rn. 82.

weil dann das Recht auf den gesetzlichen Richter nach Art. 101 Abs. 1 S. 2 GG verletzt ist.[274] **Willkür** in diesem Sinne ist anzunehmen, wenn sich das Gericht bei der Annahme seiner Zuständigkeit von **sachfremden Erwägungen** leiten lässt, die sich von den gesetzlichen Maßstäben völlig entfernen und unter keinem Gesichtspunkt mehr vertretbar erscheinen.[275] Nicht ganz einheitlich wird die Frage nach dem Erfordernis einer ausdrücklichen Rüge dieser Willkür beantwortet: Während der 1.[276] und 5.[277] Strafsenat des BGH die Ansicht vertreten, eine Prüfung der objektiv willkürlichen Zuständigkeit könne nur auf **entsprechende Verfahrensrüge** hin geprüft werden und der 2. Senat die Frage zuletzt mehrfach offengelassen hat,[278] teilt der 4. Strafsenat diese Auffassung zu Recht nicht, sondern sieht in dem Verstoß ein Verfahrenshindernis, das ohne entsprechende Rüge **von Amts wegen** zu berücksichtigen ist.[279] Allerdings ist der **Prüfungsumfang des Revisionsgerichts dann nicht auf Willkür beschränkt,** wenn „klar eingrenzbare Frage[n]" betroffen sind und „[d]ie Zuständigkeit des Gerichts (...) nicht von einer richterlichen Entscheidung ab[hängt] (...), sondern allein von **verfahrensgegenständlichen Taten**".[280] „Normative, einer wertenden Betrachtung zugängliche Gesichtspunkte", wie etwa die Erforderlichkeit besonderer Kenntnisse des Wirtschaftslebens nach § 74c Abs. 1 S. 1 Nr. 6 GVG (hier überprüft das Revisionsgericht die Entscheidung des Tatgerichts anhand des eingeschränkten Maßstabs), sind bei den vorgenannten Fällen hingegen nicht von maßgeblicher Relevanz, sodass hier auch eine vollumfängliche Prüfung möglich ist.

Bei Verweisungen durch das Tatgericht an ein höheres Gericht nach § 270 entfaltet **69** der **Verweisungsbeschluss** gem. § 270 Abs. 3 S. 1 dieselbe Wirkung wie ein Eröffnungsbeschluss und ist daher gem. § 210 Abs. 1 nur bei objektiver Willkür revisibel, wenn durch die Verweisung dem Betroffenen das Recht auf den gesetzlichen Richter entzogen würde und deshalb die Bindungswirkung des Verweisungsbeschlusses entfällt.[281] Allerdings bleibt es bei der Zuständigkeit des höheren Gerichts, wenn zwar die Verweisung an sich willkürlich war, aber „die sachliche Zuständigkeit tatsächlich gegeben ist."[282]

Entscheidet demgegenüber ein **Gericht niederer Ordnung,** obwohl ein Gericht **70** höherer Ordnung zuständig gewesen wäre, liegt hierin ein Verfahrensfehler, der die Revision begründet.[283] Wird der **Jugendschutzkammer** eine Sache durch das **Beschwerdegericht,** das **personenidentisch** zur Jugendschutzkammer besetzt ist, zur Eröffnungsentscheidung vorgelegt, hat die Jugendschutzkammer ihre Zuständigkeit nicht schon deshalb willkürlich bejaht.[284] In diesem Zusammenhang ließ der BGH die Frage offen, ob ein **fehlerhaftes Vorlageverfahren** die Annahme von Willkür im Rahmen der Annahme der Zuständigkeit des erkennenden Gerichts begründen kann, stellte aber gleichwohl fest, dass

---

[274] BGH 22.4.1997 – 1 StR 701/96, BGHSt 43, 53 (56) = NJW 1997, 2689 (2690) mwN.
[275] BVerfG 30.6.1970 – 2 BvR 48/70, BeckRS 2011, 45870; 8.5.1991 – 2 BvR 1380/90, NStZ 1991, 499; BGH 7.3.2012 – 1 StR 6/12, BGHSt 57, 165 (167) = NJW 2012, 2455; 21.4.1994 – 4 StR 136/94, BGHSt 40, 120 (122) = NStZ 1994, 399; 12.2.1998 – 4 StR 428/97, BGHSt 44, 34 (36) = NJW 1998, 2149 (2149 f.).
[276] BGH 8.12.1992 – 1 StR 594/92, NJW 1993, 1607; 22.4.1997 – 1 StR 701/96, BGHSt 43, 53 (56) = NJW 1997, 2289 (2290) mAnm (abl.) Bernsmann JZ 1998, 629 ff.; offen gelassen aber in BGH 20.5.2001 – 1 StR 504/00, NStZ 2001, 495.
[277] BGH 10.1.1969 – 5 StR 682/68, GA 1970, 25.
[278] BGH 3.3.2016 – 2 StR 159/15, NStZ-RR 2016, 220 mAnm Kudlich JA 2016, 551, sowie in BGH 3.2.2016 – 2 StR 481/14, StV 2016, 621 = BeckRS 2016, 08543; BGH 6.10.2016 – 2 StR 330/16, BeckRS 2016, 18888.
[279] BGH 12.12.1991 – 4 StR 506/91, BGHSt 38, 172 (176) = NJW 1992, 1775 (1776); 21.4.1994 – 4 StR 136/94, BGHSt 40, 120 = NStZ 1994, 399 mAnm Sowada JR 1995, 257; ablehnend Franke in Löwe/Rosenberg Rn. 70; zustimmend: Gericke in KK-StPO Rn. 66; Schmitt in Meyer-Goßner/Schmitt Rn. 32; Nagel in Radtke/Hohmann Rn. 39; Hegmann NStZ 2000, 574 (577).
[280] BGH 13.9.2011 – 3 StR 196/11, BGHSt 57, 3 (8, 10) = NJW 2012, 468 (470).
[281] BGH 22.4.1999 – 4 StR 19/99, BGHSt 45, 58 (61) = NJW 1999, 2604; 11.12.2008 – 4 StR 376/08, NStZ 2009, 404; Wiedner in BeckOK StPO Rn. 81.
[282] BGH 22.4.1999 – 4 StR 19/99, BGHSt 45, 58 = NJW 1999, 2604.
[283] Gericke in KK-StPO Rn. 66 mwN.
[284] BGH 7.3.2012 – 1 StR 6/12, BGHSt 57, 165 (165, 168) = NJW 2012, 2455.

für eine entsprechende Rüge dann jedenfalls **Willkür bei der Durchführung des Vorlageverfahrens** selbst vorliegen müsse.[285]

71 Auch im Falle einer **Verständigung** nach § 257c bleibt dem Angeklagten die Rüge der zu Unrecht angenommenen Zuständigkeit vollumfänglich erhalten.[286] Bei Verstößen gegen **§ 328 Abs. 2**, dh wenn das **Berufungsgericht** das Urteil nicht aufhebt und die Sache nicht an das zuständige Gericht verweist, obwohl das erstinstanzliche Gericht seine Zuständigkeit zu Unrecht bejaht hat, erfolgt die Prüfung auf Verfahrensfehler nach der Rechtsprechung nicht von Amts wegen, sondern nur auf **entsprechende Rüge**.[287]

72 Nach **§ 24 Abs. 1 Nr. 3 GVG** kann die Staatsanwaltschaft eine Strafsache u.a. wegen der **besonderen Bedeutung des Falles** beim LG anklagen, obwohl die Sache an sich sachlich zur Zuständigkeit der Amtsgerichte gehören würde. Auch diese Entscheidung kann nur dann mit Erfolg in der Revision angegriffen werden, wenn die Entscheidung der StA oder des eröffnenden Gerichts auf **Willkür** beruhte.[288] Zwar ist wegen **§ 336 S. 2** der Eröffnungsbeschluss, der gem. **§ 210 Abs. 1** nicht anfechtbar ist, grds. nicht revisibel. Dies gilt jedoch nicht, wenn diese Zuständigkeit willkürlich angenommen wurde, da hierin wiederum ein Verstoß gegen das Recht auf den gesetzlichen Richter, Art. 101 Abs. 1 S. 2 GG, liegt, der in diesem Fall **der Anwendung des § 336 vorgeht**.[289]

73 Das Revisionsgericht überprüft die sachliche Zuständigkeit des Tatgerichts und somit auch die Frage, ob dieses seine Zuständigkeit zu Unrecht angenommen hat, aufgrund der hierzu **erstinstanzlich** getroffenen **Feststellungen**, jedoch anhand **objektiver Kriterien.**[290] Maßgeblich ist der **Zeitpunkt des Erlasses des Urteils**[291] und ob das Tatgericht zu diesem Zeitpunkt bei richtiger Beurteilung der Tat zuständig war.[292] War für die Bestimmung der Zuständigkeit das zu **erwartende Strafmaß maßgeblich,** gilt nicht die tatsächlich im Urteil ausgesprochene Strafe,[293] sondern die Zuständigkeit beurteilt sich für das Revisionsgericht danach, ob die **Prognose** für die zu erwartende Strafe **ex ante vertretbar** erscheint.[294]

74 **b) Örtliche Zuständigkeit.** Soll die örtliche Zuständigkeit gerügt werden, ist § 16 zu beachten. Hiernach prüft das Gericht seine örtliche Zuständigkeit **nur bis zur Eröffnung des Hauptverfahrens von Amts wegen,** danach spricht es diese nur noch auf Einwand des Angeklagten hin aus. Dieser kann den Einwand der örtlichen Unzuständigkeit nur bis zum Beginn seiner Vernehmung zur Sache in der Hauptverhandlung geltend machen, § 16 S. 3. Wird der Einwand nach diesem Zeitpunkt geltend gemacht, ist der Angeklagte damit – auch für die Revision – **präkludiert.**[295] Wird der Einwand der örtlichen Zuständigkeit in einer Strafsache gegen **mehrere Angeklagte** nur von einem Angeklagten erhoben, erstreckt sich die **Prüfung** wie auch die **Entscheidung** auf **alle Mitangeklagten.**[296]

75 Zur **Beurteilung der Rechtzeitigkeit** des Unzuständigkeitseinwands durch das Revisionsgericht ist im Rahmen des Revisionsvorbringens nach **§ 344 Abs. 2** die Darstellung

---

[285] BGH 7.3.2012 – 1 StR 6/12, BGHSt 57, 165 (169) = NJW 2012, 2455 (2456).
[286] BGH 13.9.2011 – 3 StR 196/11, BGHSt 57, 3 = NJW 2012, 468; Widmaier/Momsen in Satzger/Schluckebier/Widmaier StPO Rn. 4.
[287] BGH 30.7.1996 – 5 StR 288/95, BGHSt 42, 205 = NJW 1997, 204 mAnm Gollwitzer JR 1997, 432 ff.; aA Gericke in KK-StPO Rn. 66.
[288] BGH 12.2.1998 – 4 StR 428/97, BGHSt 44, 34 (36); 11.12.1980 – 4 StR 503/80, GA 1981, 321 mAnm Rieß GA 1981, 321.
[289] BGH 22.12.2000 – 3 StR 378/00, BGHSt 46, 238 (246) = NJW 2001, 1359 (1361) mwN; Schmitt in Meyer-Goßner/Schmitt § 336 Rn. 7; Franke in Löwe/Rosenberg Rn. 70.
[290] Franke in Löwe/Rosenberg Rn. 71; Schmitt in Meyer-Goßner/Schmitt Rn. 32 mwN; Gössel GA 1968, 357.
[291] BGH 2.10.1951 – 1 StR 434/51, BGHSt 1, 346; ablehnend Dallinger MDR 1952, 117 (118); BGH 8.1.1957 – 5 StR 378/56, BGHSt 10, 64 (65) = NJW 1957, 389; BGH 3.5.1991 – 3 StR 483/90, NStZ 1991, 503.
[292] Schmitt in Meyer-Goßner/Schmitt Rn. 32 m. H. auf Dallinger MDR 1952, 117 (118).
[293] BGH 30.7.1996 – 5 StR 288/95, BGHSt 42, 205 (214) = NJW 1997, 204 (206).
[294] Wiedner in BeckOK StPO Rn. 85.
[295] Schmitt in Meyer-Goßner/Schmitt Rn. 31; Gericke in KK-StPO Rn. 67; Frisch in SK-StPO Rn. 84; Nagel in Radtke/Hohmann Rn. 40; BGH 9.6.1993 – 3 StR 49/93, NStZ 1993, 499 (500).
[296] Franke in Löwe/Rosenberg Rn. 68.

der zugrundeliegenden **Tatsachen** unerlässlich (dh, Angaben dazu, dass und wann der Einwand der örtlichen Unzuständigkeit erfolgt ist, allerdings ohne Notwendigkeit der Wiedergabe der Begründung des Unzuständigkeitseinwands, sowie die Entscheidung des Tatgerichts über diesen Einwand), die diese Beurteilung ermöglichen.[297]

Maßgeblich für die **Beurteilung der örtlichen Zuständigkeit** sind nicht nur die 76 Tatsachen, die das erstinstanzliche Gericht seiner Annahme zugrunde gelegt hat, sondern das Revisionsgericht kann hierfür alle Umstände heranziehen, die ihm **durch das Urteil** oder die **Revisionsbegründung** mitgeteilt werden.[298] In **zeitlicher** Hinsicht ist für die Bestimmung der örtlichen Zuständigkeit der **Erlass des Eröffnungsbeschlusses** maßgeblich.[299] Wird die örtliche Zuständigkeit des erstinstanzlichen Gerichts gem. **§§ 3, 13** durch die **Verbindung zusammenhängender Strafsachen** begründet, dann sind auch hier nur die Tatsachen zum Zeitpunkt des Erlasses des Eröffnungsbeschlusses maßgeblich, weswegen die örtliche Zuständigkeit des Gerichts auch dann **bestehen** bleibt, wenn der **Grund** für die Verbindung nach Eröffnung des Hauptverfahrens **wegfällt**.[300]

Erklärt sich das Gericht auf rechtzeitigen Einwand des Angeklagten nach Eröffnung 77 des Hauptverfahrens für unzuständig, stellt es das Verfahren entweder nach § 206a oder in der Hauptverhandlung nach § 260 Abs. 3 ein. Unterbleibt eine Einstellung und erlässt das Gericht lediglich einen Beschluss, in dem es sich für unzuständig erklärt, kann dies in der Revision gerügt werden, und das **Revisionsgericht holt die Einstellung nach**, § 354 Abs. 1.[301] Geht dem Urteil eine **Verständigung** voraus, bleibt die **Befugnis** des Angeklagten Revision nach **Nr. 4 einzulegen** erhalten.[302]

c) Besondere funktionelle Zuständigkeit. Will der Angeklagte die fehlende beson- 78 dere funktionelle Zuständigkeit des **Schwurgerichts**, der **Staatsschutzkammer**[303] oder der **Wirtschaftsstrafkammer** nach § 74 Abs. 2, § 74a, § 74c GVG rügen, ist **§ 6a** zu beachten.[304] Hiernach gilt dasselbe wie nach § 16 für die Rüge der örtlichen Unzuständigkeit nach § 16 (vgl. → Rn. 74). Von Amts wegen wird die funktionelle Zuständigkeit nach diesen Vorschiften nur bis zur Eröffnung des Hauptverfahrens geprüft, danach nur noch auf Rüge des Angeklagten hin. Dieser kann den Einwand der Unzuständigkeit jedoch nur bis zum Beginn seiner Vernehmung zur Sache in der Hauptverhandlung geltend machen, **§ 6a S. 3**. Die **Rechtzeitigkeit** muss durch das Revisionsgericht **aufgrund des Revisionsvorbringens überprüfbar** sein, weswegen dieses mit Blick auf § 344 Abs. 2 insbes. mitteilen muss, dass und wann der Einwand der Unzuständigkeit vom Angeklagten erhoben wurde.[305]

Die Rüge kann nur darauf gestützt werden, dass ein anderes Gericht aufgrund der in 79 **§ 74e GVG** gesetzlich angeordneten Rangfolge **vorrangig** zuständig ist.[306] Inhalt der Rüge kann dagegen **nicht** sein, dass einzelne Zuständigkeitskriterien (zB das Erfordernis besonde-

---

[297] Schmitt in Meyer-Goßner/Schmitt Rn. 31 m. H. auf BGH 4.12.1979 – 5 StR 571/79, GA 1980, 255; OLG Düsseldorf 6.6.1986 – 5 Ss (OWi) 181/86 – 148/86 I, VRS 1971, 366; OLG Köln 10.7.1987 – Ss 150/87 (Z)), VRS 1974, 32 (33); Gericke in KK-StPO Rn. 67 m. H. auf OLG Köln 10.1.2003 – Ss 530/02, StV 2004, 314.
[298] Gericke in KK-StPO Rn. 80 mwN.
[299] Gericke in KK-StPO Rn. 80 m. H. auf BGH 31.3.2011 – 3 StR 460/10, BeckRS 2011, 14182; Schmitt in Meyer-Goßner/Schmitt Rn. 31 mwN.
[300] BGH 24.10.2002 – 5 StR 600/01, NJW 2003, 446 (452); 20.12.1961 – 2 ARs 158/61, BGHSt 16, 391 (393) = NJW 1962, 499 (500); 27.8.2003 – 2 StR 309/03, NStZ 2004, 100; Gericke in KK-StPO Rn. 80.
[301] BGH 20.7.1962 – 4 StR 194/62, BGHSt 18, 1 (3); Franke in Löwe/Rosenberg Rn. 68; Schmitt in Meyer-Goßner/Schmitt § 16 Rn. 7.
[302] Hier noch zu „verfahrensverkürzenden Absprachen" vgl. BGH 3.9.2009 – 3 StR 156/09, StV 2009, 680, dürfte mit Blick auf § 302 Abs. 1 S. 2, wonach ein Verzicht auf Rechtsmittel bei vorausgegangener nach § 257c ausgeschlossen ist, erst Recht für die seit 2009 gesetzlich geregelte Verständigung gelten, die keine Auswirkungen auf die Befugnis des Angeklagten, Rechtsmittel einzulegen, haben soll, vgl. Schmitt in Meyer-Goßner/Schmitt § 257c Rn. 32a.
[303] Vgl. hierzu BGH 15.4.2015 – 4 StR 509/14, BeckRS 2015, 08000.
[304] Frisch in SK-StPO Rn. 95.
[305] Schmitt in Meyer-Goßner/Schmitt Rn. 33.
[306] Wiedner in BeckOK StPO Rn. 68.

rer Kenntnisse des Wirtschaftslebens, § 74 Abs. 1 Nr. 6 GVG) nicht vorliegen.[307] Wird die Zuständigkeit der **Jugendschutzkammer** gem. §§ 26, 74b GVG nicht beachtet bzw. übergangen, kann dies den Erfolg der Revision nur auf entsprechende **Rüge** nach Nr. 4 hin[308] begründen, allerdings **ohne**, dass vorher der **Einwand** nach § 6a erhoben werden müsste, weil das Gesetz eine entsprechende Vorschrift im Verhältnis zwischen Erwachsenengericht und Jugendgericht nicht kennt.[309] Das Revisionsgericht überprüft das Übergehen der Zuständigkeit der Jugendschutzkammer allerdings nur auf **Willkür**,[310] weil das Vorliegen der Voraussetzungen des § 26 GVG nur bis zur Eröffnung des Hauptverfahrens geprüft wird[311] und der Angeklagte nach diesem Zeitpunkt die Unzuständigkeit nicht mehr einwenden kann.[312]

80 Entscheidet anstelle des eigentlich zuständigen Gerichts das **Jugendgericht**, gilt **§ 47a S. 1 JGG**, wonach sich das Jugendgericht nach Eröffnung des Hauptverfahrens **nicht** für unzuständig erklären darf, weil die Sache vor ein für allgemeine Strafsachen zuständiges Gericht **gleicher oder niederer Ordnung** gehöre. Eine Rüge nach Nr. 4 ist somit nicht möglich.[313] Zudem kann nach Eröffnung des Hauptverfahrens wegen § 47a JGG selbst bei einer durch Abtrennung des Verfahrens veranlassten Verweisung nach § 103 Abs. 3 JGG eine solche nicht erfolgen.[314] **§ 47a JGG hindert** demgegenüber aber auch nach Eröffnung des Hauptverfahrens eine **Verweisung** an ein Erwachsenengericht **höherer Ordnung nicht**.[315] Hiervon zu unterscheiden ist der **umgekehrte Fall**, dass ein **Erwachsenengericht anstelle** des eigentlich **zuständigen Jugendgerichts** entscheidet. Diese Unzuständigkeit des allgemeinen Gerichts kann ohne vorherigen Einwand nach § 6a[316] mit der Revision gerügt werden.[317] Dass das Erwachsenengericht funktionell unzuständig und tatsächlich die Zuständigkeit des Jugendgerichts begründet war, kann ein Erwachsener auch dann rügen, wenn dieses Gericht ohne die Verbindung mit der Strafsache gegen einen Heranwachsenden tatsächlich zuständig gewesen wäre.[318] Wird **nach Eröffnung des Verfahrens** von der Strafkammer festgestellt, dass der Angeklagte zum Tatzeitpunkt nicht Erwachsener, sondern noch Heranwachsender war, muss diese Kammer die Sache nach § 270 an die **zuständige Jugendkammer** verweisen.[319]

81 Wird die Strafverfolgung gem. **§ 154a** auf solche Taten beschränkt, für die das Erwachsenengericht zuständig ist und werden Taten, die in den Zuständigkeitsbereich der Jugendge-

---

[307] BGH 21.3.1985 – 1 StR 417/84, NStZ 1985, 464; Gericke in KK-StPO Rn. 68; Schmitt in Meyer-Goßner/Schmitt Rn. 33; Franke in Löwe/Rosenberg Rn. 76.
[308] BGH 5.10.1962 – GSSt 1/62, BGHSt 18, 79 = NJW 1963, 60; Anm. Steuber NStZ 1981, 304 (305); aA OLG Oldenburg 7.10.1980 – Ss 467/80, NJW 1981, 1384 (1384 f.); offen gelassen bei Jahn JuS 2000, 383 (385).
[309] BGH 4.11.1981 – 2 StR 242/81, BGHSt 30, 260 = NJW 1982, 454; 26.11.1980 – 2 StR 689/80, StV 1981, 77; 23.5.2002 – 3 StR 58/02, BGHSt 47, 311 (311 f.) = StV 2002, 40; 17.8.2010 – 4 StR 347/10, StraFO 2010, 466; KG 27.6.1985 – (5) I Ss 142/85, StV 1985, 408 (409); Schmitt in Meyer-Goßner/Schmitt Rn. 34; Wiedner in BeckOK StPO Rn. 87.
[310] Wiedner in BeckOK StPO Rn. 87; Gericke in KK-StPO Rn. 68; Franke in Löwe/Rosenberg Rn. 78; Schmitt in Meyer-Goßner/Schmitt GVG § 26 Rn. 6.
[311] Franke in Löwe/Rosenberg Rn. 78; Schmitt in Meyer-Goßner/Schmitt GVG § 26 Rn. 6.
[312] Franke in Löwe/Rosenberg Rn. 78.
[313] Franke in Löwe/Rosenberg Rn. 77; Schmitt in Meyer-Goßner/Schmitt Rn. 34 m. H. auf BGH 3.12.2003 – 2 ARs 383/03, StraFo 2004, 103.
[314] Wiedner in BeckOK StPO Rn. 87 m. H. auf BGH 4.1.1981 – 2 StR 242/81, BGHSt 30, 260 = NJW 1982, 454.
[315] BGH 3.12.2003 – 2 ARs 383/03, StraFo 2004, 103.
[316] Der Einwand ist nach BGH 4.1.1981 – 2 StR 242/81, BGHSt 30, 260 = NJW 1982. 454 im Verhältnis zwischen Erwachsenen- und Jugendgericht ohne Risiko einer Präklusion möglich; dies mangels Vorschrift, die eine solche anordnen würde.
[317] BGH 26.11.1980 – 2 StR 689/80, StV 1981, 77; 26.3.1985 – 5 StR 198/85, StV 1985, 357; KG 27.6.1985 – (5) I Ss 142/85, StV 1985, 408 (408 f.); BGH 4.11.1981 – 2 StR 242/81, BGHSt 30, 260 = NJW 1982, 454 zit. bei Franke in Löwe/Rosenberg Rn. 77.
[318] Schmitt in Meyer-Goßner/Schmitt Rn. 34 m. H. auf BGH 4.1.1981 – 2 StR 242/81, BGHSt 30, 260 = NJW 1982, 454.
[319] Gericke in KK-StPO Rn. 69 m. H. auf BGH 23.5.2002 – 3 StR 58/02, BGHSt 47, 311 (311 f.) = StV 2002, 401.

richte fallen würden, von der Verfolgung ausgenommen, begegnet dies aus Sicht des BGH[320] keinen Bedenken, und das allgemein zuständige Gericht kann über die verfolgbaren Straftaten entscheiden (**Verlagerung**[321] **der Zuständigkeit von Jugendgerichten auf Erwachsenengerichte**). **Unzulässig** ist dieses Vorgehen jedoch, wenn die Beschränkung ausschließlich dem Zweck dient, die jugendgerichtliche Zuständigkeit zur Vermeidung nur jugendrechtlicher Sanktionen zu umgehen.[322] Hinsichtlich des **Alters** des Angeklagten, das als **doppelrelevante Tatsache** sowohl prozessual für die Zuständigkeitsbestimmung der Jugendgerichte (vgl. § 33, 1 Abs. 2 JGG) als auch für die Anwendung des materiellen Rechts maßgeblich ist, sind die **Feststellungen** des Tatgerichts für die Revisionsinstanz **bindend**.

2. Anforderungen an die Revisionsbegründung. Das Revisionsvorbringen muss den Erfordernissen des § 344 Abs. 2 S. 2 genügen. Insbesondere müssen diejenigen Tatsachen angegeben werden, aufgrund derer dem Revisionsgericht eine Prüfung der **Rechtzeitigkeit** dort möglich ist (vgl. bereits → Rn. 75 und 78), wo eine Präklusion dem Erfolg der Revision entgegenstünde. Wird die Zuständigkeit durch eine **Abtrennung** begründet, muss das Revisionsvorbringen die Abtrennung selbst sowie die zuständigkeitsrelevanten Umstände der abgetrennten Strafsache mitteilen.[323]

Bei der **Rüge der örtlichen Zuständigkeit** muss nicht nur die Überprüfung der Rechtzeitigkeit des Einwands nach § 16 möglich sein, sondern das Revisionsvorbringen muss auch den Inhalt des Beschlusses des erstinstanzlichen Gerichts zu dem Einwand der örtlichen Unzuständigkeit durch den Angeklagten mitteilen. Die Mitteilung der dem Einwand des Angeklagten zugrunde liegenden Begründung ist für § 344 Abs. 2 S. 2 dagegen nicht erforderlich.[324]

V. Vorschriftswidrige Abwesenheit (Nr. 5)

1. Allgemeines und Anwendungsbereich. a) Schutzzweck und Verhältnis zu anderen Rügen. Die Rüge nach Nr. 5 soll die Einhaltung aller Vorschriften schützen, die die ständige Anwesenheit bestimmter Beteiligter in der Hauptverhandlung vorschreiben oder unter bestimmten Voraussetzungen Ausnahmen dieser Anwesenheitspflicht normieren.[325] Zu diesen zählen im Einzelnen **§ 145,** der das Ausbleiben des (notwendigen) Verteidigers regelt; **§ 226,** der die ununterbrochene Gegenwart der zur Urteilsfindung berufenen Personen sowie der Staatsanwaltschaft und eines Urkundsbeamten anordnet; **§§ 230 ff.,** die das Ausbleiben des Angeklagten, seine Anwesenheitspflicht, Ausnahmen hierzu und in **§ 247** die vorübergehende Entfernung des Angeklagten regeln; **§ 185 GVG,** der die Zuziehung eines Dolmetschers regelt. Alle diese Normen dienen dazu, die Anwesenheit solcher Beteiligten im Prozess zu gewährleisten, ohne die ein rechtsstaatlich reibungsloser Ablauf einer Hauptverhandlung nicht möglich wäre. Mit Blick auf **§ 226** ist **hinsichtlich des Gerichts (also Richter und Schöffen)** allerdings zu beachten, dass eine vorschriftswidrige Abwesenheit – gleichgültig, ob eine solche auf körperlicher oder geistiger Abwesenheit beruht[326] – zu einer **fehlerhaften Besetzung des Gerichts** führt, die in den Anwendungsbereich der **Nr. 1** fällt.[327]

---

[320] BGH 3.5.1991 – 3 StR 483/90, NStZ 1991, 503; ablehnend Eisenberg/Sieveking NStZ 1992, 295 ff.; Gericke in KK-StPO Rn. 69; aus rechtssystematischen Bedenken wohl ablehnend Schmitt in Meyer-Goßner/Schmitt Rn. 34.
[321] Zur Begrifflichkeit vgl. Gericke in KK-StPO Rn. 69; in der Rspr. des BGH 28.11.1995 – 5 StR 588/95, NStZ 1996, 244 (245) wird der Begriff „Veränderung der Zuständigkeit durch Verfolgungsbeschränkung" genannt.
[322] Gericke in KK-StPO Rn. 69 m. H. auf BGH 28.11.1995 – 5 StR 588/95, NStZ 1996, 244 (245); 20.4.2005 – 3 StR 106/05, NStZ 2005, 650.
[323] BGH 9.6.1993 – 3 StR 49/93, NJW 1993, 2819; Schmitt in Meyer-Goßner/Schmitt Rn. 34a; Frisch in SK-StPO Rn. 98.
[324] OLG Köln 10.1.2003 – Ss 530/02, StV 2004, 314; Schmitt in Meyer-Goßner/Schmitt Rn. 34a; aA Wiedner in BeckOK StPO Rn. 88.
[325] Frisch in SK-StPO Rn. 100 f.
[326] Gericke in KK-StPO Rn. 71; Wiedner in BeckOK StPO Rn. 89.
[327] BGH 11.2.1999 – 4 StR 657/98, BGHSt 44, 361 (365) = NJW 1999, 1724 (1725); Gericke in KK-StPO Rn. 71; Franke in Löwe/Rosenberg Rn. 80; Wiedner in BeckOK StPO Rn. 80; Nagel in Radtke/Hohmann Rn. 42.

85 **b) Begriff der Hauptverhandlung.** Nach der Rechtsprechung kann die Revision nach Nr. 5 nur dann begründet sein, wenn der Verfahrensbeteiligte bei einem **wesentlichen Teil der Hauptverhandlung** abwesend ist.[328] Welche Teile der Hauptverhandlung als wesentlich anzusehen sind, kann nicht in pauschaler Form festgelegt werden, weswegen eine Interpretation der sich in der Rechtsprechung entwickelten Fallgruppen (vgl. hierzu → Rn. 86) erfolgen muss. Freilich kann sich die Wesentlichkeit anhand **negativer Abgrenzungskriterien** jedenfalls ausschließen lassen, wenn die **Verhandlungsteile,** in denen der Verfahrensbeteiligte abwesend war, in keiner Weise Grundlage der Beweiswürdigung nach § 261 werden konnten und somit denknotwendig auch **nicht Grundlage des Urteils.** Solange sichergestellt ist, dass trotz der (zeitweisen) Abwesenheit eines Beteiligten dieser gleichwohl alle für ihn notwendigen und wichtigen Gestaltungsrechte, die den Gang der Hauptverhandlung maßgeblich mitgestalten, wahrnehmen konnte, und aus diesem Grund auch der Anspruch auf rechtliches Gehör nicht verletzt sein kann, liegt kein wesentlicher Teil der Hauptverhandlung vor.[329] § 338 kommt, wenn ein Beruhen des Urteils auf dem gerügten Fehler denknotwendig ausgeschlossen (vgl. allgemein bereits → Rn. 12 ff.) ist, nicht in Betracht.[330] Letztlich bestimmt sich die Frage nach der Wesentlichkeit eines Verfahrensabschnitts „nach dem Zweck der jeweils durch ihn betroffenen Vorschriften sowie danach, in welchem Umfang ihre sachliche Bedeutung betroffen sein kann."[331]

86 **Im Einzelnen** sind **wesentliche Teile** der Hauptverhandlung die Vernehmung des Angeklagten zur Person und zur Sache, die Verlesung des Anklagesatzes und die gesamte **Beweisaufnahme.**[332] Zu dieser gehören die Zeugenvernehmung (insbes. auch die Zeugenvernehmung zur Person[333]), die Verhandlung über die Entlassung eines Zeugen (auch wenn diese kein Teil der Zeugenvernehmung selbst ist)[334] oder das Verlesen von Urkunden,[335] die Vernehmung von Mitangeklagten,[336] die Augenscheineinnahme bei Ortsbesichtigungen[337] bzw. von Fotos[338] oder Erörterungen über die Beweisanträge.[339] Bei der **Verhandlung über die Vereidigung** ist aufgrund des geltenden Rechts und dem Regelfall der Nichtvereidigung von Zeugen nach § 59 zu differenzieren. Wenn es bei der Nichtvereidigung bleibt und der Angeklagte zum Zeitpunkt dieser Feststellung[340] abwesend ist, die Nichtvereidigung aber weder diskutiert noch nach § 238 Abs. 2 beanstandet wird, ist in diesem Verhandlungs-

---

[328] BGH 21.2.1975 – 1 StR 107/74, BGHSt 26, 84 (91); 23.11.2004 – 1 StR 379/04, NStZ 2005, 283; BVerfG 22.9.2005 – 2 BvR 93/05, BeckRS 2005, 31307; BGH 28.7.2010 – 1 StR 643/09, NStZ 2011, 233 mAnm Kudlich StV 2011, 212 ff.; kritisch Kudlich FS Fezer, 2008, 435 (447); kritisch auch Roxin/Schünemann StrafVerfR § 44 Rn. 47; Gössel NStZ 2000, 181 (182); Franke in Löwe/Rosenberg Rn. 84; Gericke in KK-StPO Rn. 70; Schmitt in Meyer-Goßner/Schmitt Rn. 36; Pfeiffer Rn. 17.

[329] So auch Wiedner in BeckOK StPO Rn. 90.

[330] BGH 31.7.1992 – 4 StR 250/92, BeckRS 1992, 31081084; 28.7.2010 – 1 StR 643/09, NStZ 2011, 233 (234) mAnm Kudlich StV 2011, 212 ff.; Schmitt in Meyer-Goßner/Schmitt Rn. 2.

[331] BGH 21.4.2010 – GSSt 1/09, BGHSt 55, 87 (92) = NJW 2010, 2450 (2452).

[332] BGH 29.6.1956 – 2 StR 252/56, BGHSt 9, 243 (244); Wiedner in BeckOK StPO Rn. 90.1; Schmitt in Meyer-Goßner/Schmitt Rn. 37; Frisch in SK-StPO Rn. 105; Widmaier/Momsen in Satzger/Schluckebier/Widmaier StPO Rn. 39; Nagel in Radtke/Hohmann Rn. 49.

[333] Schmitt in Meyer-Goßner/Schmitt Rn. 37 m. H. auf OLG Hamm 28.4.1992 – 4 Ss 262/92, NJW 1992, 3252.

[334] BGH 9.2.2011 – 5 StR 387/10, NStZ 2011, 534: Dies soll aber nicht zutreffen, wenn der Angeklagte der Zeugenvernehmung über eine Bild-Ton-Übertragung folgen konnte und erklärt, keine Fragen an den Zeugen stellen zu wollen; BGH 27.1.2011 – 5 StR 482/10, BeckRS 2011, 03309; 18.1.2011 – 3 StR 504/10, NStZ-RR 2011, 151 (152); 21.4.2010 – GSSt 1/09, BGHSt 55, 87 = NJW 2010, 2450.

[335] BGH 18.10.1967 – 2 StR 477/67, BGHSt 21, 332 = NJW 1968, 167.

[336] BGH 9.10.1985 – 3 StR 473/84, StV 1986, 288.

[337] BGH 2.10.1952 – 3 StR 83/52, BGHSt 3, 187 = NJW 1952, 1306; BGH 24.3.1998 – 4 StR 663/97, NStZ 1998, 476 (477).

[338] Vgl. BGH 17.9.2014 – 1 StR 212/14, NStZ 2015, 181, in dem vom Zeugen vorgelegte Lichtbilder in Augenschein genommen werden, während der Angeklagte für die weitere „Vernehmung" gem. § 177 GVG aus dem Sitzungssaal entfernt wurde; hierzu auch BGH 14.1.2014 – 4 StR 529/13, NStZ 2014, 223.

[339] Wiedner in BeckOK StPO Rn. 90.1; Schmitt in Meyer-Goßner/Schmitt Rn. 37 für den Fall der Erörterung von Beweisanträgen von Mitangeklagten.

[340] Ein förmlicher Beschluss ist nach geltender Rechtslage gerade nicht mehr erforderlich.

abschnitt kein wesentlicher Teil der Hauptverhandlung zu sehen.[341] Soll der Zeuge abweichend von diesem Regelfall vereidigt werden, ist die Verhandlung hierüber ein wesentlicher Verfahrensteil.[342] Beschlüsse zum **Ausschluss der Öffentlichkeit,**[343] die Verhandlung über die Entlassung des Zeugen,[344] sowie solche zum Ausschluss des Angeklagten nach § 247[345] sind ebenfalls wesentliche Verhandlungsteile, die die Anwesenheit aller Verfahrensbeteiligten, soweit sie vorgeschrieben ist, zwingend erfordern. Wesentlicher Teil der Hauptverhandlung sind auch die **Schlussvorträge**[346] und die **Verlesung des Urteils.**[347] Da die Urteilsformel den eigentlichen Urteilsspruch enthält, ist auch nur sie wesentlich, nicht wesentlich ist hingegen die mündliche Begründung des Urteils.[348]

Ist die Abwesenheit der jeweiligen Verfahrensbeteiligten auf einen **unwesentlichen** 87 **Teil** beschränkt, kommt zwar die Revision nach § 337 grds. in Betracht.[349] Freilich wird das Urteil selten (nachweisbar) auf diesem Fehler beruhen, während umgekehrt in Fällen, in denen das Beruhen materiell naheliegt, wesentliche Verhandlungsteile betroffen sein werden, in denen ohnehin Nr. 5 als absoluter Revisionsgrund eingreift.[350] Unwesentlich innerhalb der Hauptverhandlung sind bspw. der bloße Aufruf von Zeugen oder Sachverständigen oder die Festsetzung von Ordnungsmitteln nach § 51.[351] Unwesentlich sind in erster Linie die Vorgänge der Hauptverhandlung, die rein formelle Vorgänge betreffen.[352] Auch Gespräche nach § 257b müssen nicht notwendig ein „wesentlicher Teil" der Hauptverhandlung sein, weshalb eine lediglich zwischen der Kammer und dem Sitzungsvertreter der Staatsanwaltschaft erfolgende Erörterung, wie auf die mitgeteilte Verspätung des Angeklagten und des Verteidigers reagiert wird, keinen Fall des § 338 Nr. 5 begründet.[353]

c) Negative Abgrenzung des Anwendungsbereichs. Nr. 5 gilt **nicht,** wenn die 88 vorschriftswidrige Besetzung sich auf einen Vertreter der **Jugendgerichtshilfe**[354] oder auf einen **Beistand** nach **§ 149**[355] oder **§ 69 Abs. 1 JGG** bezieht.[356] In diesen Fällen kann unter Umständen eine Rüge nach **§ 337** in Betracht kommen, soweit das Urteil auf der Abwesenheit der genannten Beteiligten beruhen kann.[357] Gleiches gilt für die Abwesenheit von **Sachverständigen,**[358] weil deren ständige Anwesenheit in keiner Norm angeordnet ist und sie selbst darüber entscheiden, ob das zu erstattende Gutachten ständige Anwesenheit in der Hauptverhandlung erfordert, es sei denn eine ausdrückliche Weisung des Gerichts[359]

---

[341] BGH 11.7.2006 – 3 StR 216/06, BGHSt 51, 81 = NJW 2006, 2934.
[342] Vgl. im Umkehrschluss BGH 18.12.1968 – 2 StR 322/68, BGHSt 22, 289 (297) = NJW 1969, 703 (705).
[343] BGH 3.10.1978 – 1 StR 285/78, NJW 1979, 276.
[344] BGH 23.9.2014 – 4 StR 302/14, NStZ 2015, 104; 11.3.2014 – 1 StR 711/13, NStZ 2014, 532.
[345] BGH 20.8.1997 – 3 StR 357/97, StV 2000, 120; 5.11.2014 – 4 StR 385/14, NStZ-RR 2015, 51.
[346] BGH 5.10.1982 – 1 StR 174/82, StV 1983, 4.
[347] BGH 26.7.1961 – 2 StR 575/60, BGHSt 16, 178 (180) = NJW 1961, 1980; OLG Brandenburg 28.10.2020 – (2) 53 Ss 98/20 (42/20), BeckRS 2020, 35291.
[348] BGH 2.12.1960 – 4 StR 433/60, BGHSt 15, 263 (264); aA Roxin/Schünemann StrafVerfR § 44 Rn. 47.
[349] Pfeiffer Rn. 18.
[350] So auch Wiedner in BeckOK StPO Rn. 90 mwN.
[351] Schmitt in Meyer-Goßner/Schmitt Rn. 38; Wiedner in BeckOK StPO Rn. 90.2; Pfeiffer Rn. 18; Nagel in Radtke/Hohmann Rn. 49 jeweils mwN aus der Rspr.
[352] Vgl. hierzu auch Roxin/Schünemann StrafVerfR § 44 Rn. 47, der eine Differenzierung in wesentliche und unwesentliche Verhandlungsabschnitte nur bei rein formellen Vorgängen für vertretbar hält.
[353] BGH 19.11.2019 – 1 StR 162/19, NStZ 2020, 242.
[354] Gericke in KK-StPO Rn. 70; Nagel in Radtke/Hohmann Rn. 42; Wiedner in BeckOK StPO Rn. 119 jeweils mwN.
[355] BGH 27.6.2001 – 3 StR 29/01, BGHSt 47, 62 (66) = NJW 2001, 3349 (3350).
[356] Schmitt in Meyer-Goßner/Schmitt Rn. 42; Wiedner in BeckOK StPO Rn. 119; kritisch wegen § 69 Abs. 3 JGG Gericke in KK-StPO Rn. 81.
[357] Zum Beruhensbegriff allgemein vgl. → § 337 Rn. 129 ff.; speziell zu einem Fall, in dem das Beruhen bejaht wurde vgl. BGH 29.6.2000 – 1 StR 123/00, NStZ-RR 2001, 27.
[358] Schmitt in Meyer-Goßner/Schmitt Rn. 43; Gericke in KK-StPO Rn. 70; Wiedner in BeckOK StPO Rn. 120; Nagel in Radtke/Hohmann Rn. 42.
[359] Gericke in KK-StPO Rn. 70 m. H. auf BGH 30.4.1976 – 5 StR 481/75, NJW 1976, 1950; 9.1.1979 – 5 StR 683/78, NStZ 1981, 295 (297) bei Pfeiffer.

zur Anwesenheit liegt vor. **§ 246a**[360] regelt hierzu, dass in der Hauptverhandlung ein Sachverständiger über den Zustand des Angeklagten und die Behandlungsaussichten zu vernehmen ist, wenn dessen Unterbringung in einem psychiatrischen Krankenhaus oder in der Sicherungsverwahrung angeordnet oder vorbehalten werden soll. Wird hiergegen verstoßen, kann dies die Revision nach § 337 begründen, sofern das Urteil auf dem Verstoß beruht.[361]

89 Der **Nebenkläger** hat gem. **§ 397 Abs. 1 S. 1** ein **Anwesenheitsrecht** in der Hauptverhandlung. Wird dieses Recht vereitelt, kann er – gestützt auf § 337 – Revision einlegen,[362] Nr. 5 ist nicht anwendbar. Für den **Privatkläger** gilt § 391 Abs. 2 S. 1, wonach es als Zurücknahme der Privatklage gilt, wenn der Privatkläger in der Hauptverhandlung nicht erscheint und sich auch nicht durch einen Rechtsanwalt vertreten lässt. Mit Zurücknahme liegt ein Verfahrenshindernis vor, weswegen das Verfahren durch Beschluss einzustellen ist.[363]

90 **2. Einzelheiten für verschiedene Verfahrensbeteiligte. a) Staatsanwaltschaft.** Die StA hat während der gesamten Dauer der Hauptverhandlung Anwesenheitspflicht, **§ 226 Abs. 1**.[364] Dazu gehört auch die Anwesenheit bei der Urteilsverkündung.[365] Erstreckt sich die Hauptverhandlung auf mehrere Verhandlungstage, ist jedoch nicht erforderlich, dass die StA an jedem dieser Verhandlungstage von demselben Sitzungsvertreter vertreten wird, vielmehr können sich **verschiedene Staatsanwälte** während der Verhandlung ablösen bzw. nacheinander tätig werden.[366] Gem. § 227 können auch mehrere Staatsanwälte als Sitzungsvertreter in der Hauptverhandlung mitwirken. „Abwesenheit" iSd Nr. 5 liegt auch vor bei **sachlicher Unzuständigkeit,** §§ 142 f. GVG, der StA.[367] Örtliche Unzuständigkeit stellt keinen Revisionsgrund nach Nr. 5 dar,[368] ebenso nicht funktionelle Unzuständigkeit,[369] zB weil anstelle eines nach § 36 JGG berufenen Jugendstaatsanwalts ein anderer Vertreter der StA an seiner Stelle aufgetreten ist.[370]

91 Wird der in der Verhandlung als Sitzungsvertreter entsandte **Staatsanwalt als Zeuge** vernommen und tritt er nach der Vernehmung wieder als Sitzungsvertreter auf, stellt dies keinen absoluten, sondern einen **relativen Revisionsgrund** nach § 337 dar, sofern das Urteil hierauf beruht.[371] Dass der als Zeuge vernommene Staatsanwalt nach seiner Vernehmung in dem Verfahren wieder als Sitzungsvertreter teilnimmt, ist jedenfalls unproblematisch, wenn sich die Aufgaben, die er danach wahrzunehmen hat, von der Erörterung und Bewertung seiner Zeugenaussage trennen lassen, sodass im Ergebnis eine temporäre Ablösung des Sitzungsstaatsanwalts genügt und die für sein Plädoyer „unentbehrliche Sachlichkeit und Objektivität nicht gefährdet erscheinen kann".[372] In der Praxis plädiert der StA dann gerade nicht zum Inhalt seiner eigenen Zeugenaussage.

---

[360] Vgl. im Einzelnen die Kommentierung zu § 246a.
[361] Schmitt in Meyer-Goßner/Schmitt § 246a Rn. 6, 43; Wiedner in BeckOK StPO Rn. 120; Pfeiffer Rn. 17; bejaht wurde das Beruhen zB bei BGH 1.12.1955 – 3 StR 419/55, BGHSt 9, 1 ff.; 30.3.1977 – 3 StR 78/77, BGHSt 27, 166 ff. = NJW 1977, 1498.
[362] Wiedner in BeckOK StPO Rn. 118; Pfeiffer Rn. 17; Gericke in KK-StPO Rn. 81; Schmitt in Meyer-Goßner/Schmitt Rn. 42 mwN.
[363] Schmitt in Meyer-Goßner/Schmitt § 391 Rn. 7; Wiedner in BeckOK StPO Rn. 118.
[364] Zur Verletzung eines Anwesenheitsrechts der Amtsanwaltschaft vgl. KG 3.4.2014 – 3 Ws (B) 162/14 – 122 Ss 49/14, NStZ 2015, 41.
[365] Schmitt in Meyer-Goßner/Schmitt § 226 Rn. 6; Frisch in SK-StPO Rn. 108.
[366] BGH 30.10.1959 – 1 StR 418/59, BGHSt 13, 337 (341); 13.7.1966 – 2 StR 157/66, BGHSt 21, 85 (89) = NJW 1966, 2321 (2322); Schmitt in Meyer-Goßner/Schmitt § 226 Rn. 6; Gericke in KK-StPO Rn. 72.
[367] Schmitt in Meyer-Goßner/Schmitt Rn. 39; Gericke in KK-StPO Rn. 72; Wiedner in BeckOK StPO Rn. 111; Nagel in Radtke/Hohmann Rn. 43.
[368] RGSt 73, 86; Gericke in KK-StPO Rn. 72; Schmitt in Meyer-Goßner/Schmitt Rn. 39.
[369] Wiedner in BeckOK StPO Rn. 111.
[370] Wiedner in BeckOK StPO Rn. 111; Gericke in KK-StPO Rn. 72 mwN.
[371] BGH 3.5.1960 – 1 StR 155/60, BGHSt 14, 265 = NJW 1960, 1358 (1359); Schneider NStZ 1994, 457 (462); Pawlik NStZ 1995, 309 (311 ff.).
[372] BGH 13.7.1966 – 2 StR 157/66, BGHSt 21, 85 (90) = NJW 1966, 2321 (2322); BGH 24.10.2007 – 1 StR 480/07, NStZ 2008, 353 (353 f.); Gericke in KK-StPO Rn. 72; Nagel in Radtke/Hohmann Rn. 43.

Schläft der **Sitzungsvertreter der StA** während wesentlicher Teile der Hauptver- 92
handlung ein, kann dies die Revision nach Nr. 5 begründen. Allerdings sind an das Revisionsvorbringen hohe Anforderungen zu stellen, die dem Revisionsgericht jedenfalls ermöglichen nachzuvollziehen, ob und dass der Staatsanwalt tatsächlich geschlafen hat und über welchen **Zeitraum** sich die durch den Schlaf bedingte Abwesenheit erstreckt hat. Ferner sind die Verhandlungsteile darzustellen, die von der Abwesenheit betroffen waren.[373] **Nicht** nach Nr. 5 gerügt werden kann die **bloße Unaufmerksamkeit** des Staatsanwalts, sofern sie ihn nicht in seiner Wahrnehmungsfähigkeit beeinträchtigt.[374]

Hat ein **Staatsanwalt in erster Instanz** das nunmehr mit der Berufung angefochtene 93
Urteil als **Richter** erlassen und tritt er in der Berufungsverhandlung als Sitzungsvertreter der StA auf, liegt nicht der absolute Revisionsgrund des Nr. 5 vor, sondern nur ein relativer Revisionsgrund nach § 337, wenn das Berufungsurteil auf der Mitwirkung des Staatsanwalts beruht.[375]

b) Angeklagter. aa) Grundsatz. Gegen einen abwesenden Angeklagten findet die 94
Hauptverhandlung grundsätzlich nicht statt, vgl. § 230 Abs. 1, § 231 Abs. 1, § 285 Abs. 1 S. 1. Der Angeklagte muss deshalb in der Regel in der Hauptverhandlung anwesend sein. Anderes gilt nur, sofern es ihm aufgrund der gesetzlichen Ausschlussgründe ausnahmsweise gestattet ist, der Hauptverhandlung fernzubleiben,[376] so etwa nach § 231 Abs. 2,[377] 231a, 231b, 231c, 247, 415. Werden diese Vorschriften vom Tatgericht **fehlerhaft angewendet**, die Voraussetzungen – zB ein entsprechender Beschluss durch das Gericht – verkannt und dennoch ohne den Angeklagten verhandelt, kann dies mit der Nr. 5 gerügt werden.[378]

Revisionsrechtlich von Relevanz sind insbes. § 231 Abs. 2 und § 247. Beide sind als 95
Ausnahmevorschriften **eng auszulegen** (→ § 231 Rn. 9).[379] Der Ausschluss nach § 247 ist dann nicht revisibel, wenn das Tatgericht den Ausschluss durch **Gerichtsbeschluss**,[380] der eine auf **nachvollziehbaren Erwägungen** beruhende **Begründung** enthält, angeordnet hat.[381] Sofern das Revisionsgericht nicht zweifelsfrei feststellen kann, ob das Tatgericht von zulässigen Erwägungen ausgegangen ist, begründet dieser Umstand die Rüge nach Nr. 5.[382] Zu beachten ist umgekehrt, dass eine **mangelhafte Begründung** des Beschlusses im Einzelfall **nicht zwingend** eine erfolgreiche Revision **zur Folge hat,** wenn das Revisionsgericht gleichwohl mit Sicherheit feststellen kann, dass die sachlichen **Voraussetzungen des § 247 vorgelegen** haben und vom Tatgericht **nicht verkannt** worden sind.[383] Wird nach einer unzulässigerweise[384] während der Zeugenvernehmung nach Entfernung des Angeklagten gemäß § 247 durchgeführten Augenscheinseinnahme (die durchaus zur

---

[373] OLG Hamm 2.3.2006 – 2 Ss 47/06, NJW 2006, 1449.
[374] Franke in Löwe/Rosenberg Rn. 87 mwN aus Rspr.
[375] OLG Stuttgart 1.4.1974 – 3 Ss 33/74, NJW 1974, 1394 (1396); Franke in Löwe/Rosenberg Rn. 87.
[376] Franke in Löwe/Rosenberg Rn. 90; Gericke in KK-StPO Rn. 75. Fehlerhaft ist aber etwa ein freiwilliges Verlassen des Sitzungssaales durch den Angeklagten bei einer Zeugenvernehmung, selbst wenn er der Verhandlung bei geöffneter Tür aus einem Nebenraum folgen kann, vgl. OLG Celle 9.3.2017 – 2 Ss 23/17, BeckRS 2017, 113253.
[377] Zur „aus Gründen der Verhältnismäßigkeit im Einzelfall mögliche[n] Abwesenheitsverhandlung nach § 231 Abs. 2 gegen einen inhaftierten Angeklagten" BGH 11.3.2014 – 5 StR 630/13, NJW 2014, 1606.
[378] Schmitt in Meyer-Goßner/Schmitt Rn. 40; Franke in Löwe/Rosenberg Rn. 92; Wiedner in BeckOK StPO Rn. 94; vgl. etwa BGH 6.5.2014 – 5 StR 160/14 sowie 5 StR 161/14, BeckRS 2014, 11022.
[379] BGH 2.10.1952 – 3 StR 83/52, BGHSt 3, 187 (191); Schmitt in Meyer-Goßner/Schmitt § 231 Rn. 6 mwN; Frisch in SK-StPO Rn. 110. Zur ausnahmsweisen Zulässigkeit gegen einen inhaftierten Angeklagten aus Gründen der Verhältnismäßigkeit BGH 11.3.2014 – 5 StR 630/13, NStZ 2014, 350 (351).
[380] Nagel in Radtke/Hohmann Rn. 47 mwN.
[381] BGH 6.12.1967 – 2 StR 616/67, BGHSt 22, 18 (20); Pfeiffer Rn. 17; Wiedner in BeckOK StPO Rn. 95.
[382] BGH 15.8.2001 – 3 StR 225/01, NStZ 2002, 44; Wiedner in BeckOK StPO Rn. 95; Nagel in Radtke/Hohmann Rn. 47.
[383] Wiedner in BeckOK StPO Rn. 95.1 m. H. auf BGH 28.9.1960 – 2 StR 429/60, BGHSt 15, 194 (196 f.); 21.9.2000 – 1 StR 257/00, BGHSt 46, 142 (144) mwN = NJW 2000, 3795 (3796).
[384] Vgl. zu dieser Unzulässigkeit etwa BGH 19.11.2013 – 2 StR 379/13, NStZ-RR 2014, 53 (53 f.); 3.3.2021 – 4 StR 324/20, NStZ-RR 2021, 181; 17.2.2021 – 4 StR 533/20, NStZ 2022, 188.

Anwendung von § 338 Nr. 5 führen kann) das in Augenschein genommene Objekt bei der späteren Unterrichtung des Angeklagten nach § 247 S. 4 gezeigt, soll allerdings kein Fall des Nr. 5 vorliegen.[385] Allgemein gilt, dass allenfalls eine Revision nach § 337, nicht aber nach Nr. 5 durch die bloße Verletzung der in **§ 247 S. 4** vorgeschriebenen Mitteilungspflichten hinsichtlich des für die Zeit der Abwesenheit des Angeklagten Verhandelten begründet wird.[386]

96 bb) **Eigenmächtiges Entfernen.** Wird die Hauptverhandlung unter Abwesenheit des Angeklagten nach **§ 231** fortgeführt, ist dieses Vorgehen jedenfalls nicht mit Erfolg in der Revision zu rügen, wenn die Voraussetzungen des **§ 231 Abs. 2** (→ § 231 Rn. 9) vorliegen, sich der Angeklagte also insbes. **eigenmächtig** aus der Hauptverhandlung entfernt hat.[387] Dieses (in der Vorschrift nicht erwähnte, aber mit Blick auf § 230 Abs. 2 zu verlangende[388]) Merkmal ist erfüllt, wenn der Angeklagte **„ohne Rechtfertigungs- oder Entschuldigungsgründe wissentlich seiner Anwesenheitspflicht nicht genügt".**[389] Allerdings ist hier zu beachten, dass der Angeklagte auch dann nicht genügend entschuldigt abwesend ist und sich eigenmächtig entfernt, wenn er sich vor dem zur Hauptverhandlung anberaumten Termin **wissentlich und ohne Not, also ohne Rechtfertigungs- und Entschuldigungsgründe, in eine Lage begibt,** deren Ausgang für ihn voraussehbar mit dem **erheblichen Risiko** verbunden ist, an der **Teilnahme** an diesem Termin **verhindert** zu sein.[390] Weist der Vorsitzende etwa den Angeklagten ausdrücklich darauf hin, dass für diesen eine Auslandsreise mit Blick auf die laufende Verhandlung nicht in Betracht komme und reist der Angeklagte gleichwohl ins Ausland, liegt ein **eigenmächtiges Ausbleiben** des Angeklagten auch dann vor, wenn dieser im Ausland erkrankt, weil der Angeklagte schon durch die **Auslandsreise** entgegen der Weisung des Vorsitzenden eine Situation geschaffen hat, die eine Fortsetzung der Hauptverhandlung in seiner Gegenwart unmöglich machte.[391]

97 **Kein** eigenmächtiges Entfernen des Angeklagten liegt zB vor, wenn das Gericht dem Angeklagten im Anschluss an eine Unterbrechung der Hauptverhandlung mitteilt, dass er zu einem Fortsetzungstermin nicht zu erscheinen brauche, das Gericht konkludent mit dem Ausbleiben des Angeklagten einverstanden ist oder dem Angeklagten mitgeteilt wird, dass im Falle seines Ausbleibens ohne ihn verhandelt werde.[392] Erscheint der Angeklagte aufgrund der erstgenannten Mitteilung in der Fortsetzungsverhandlung nicht und wird in diesem Termin das Urteil verkündet, kann die Abwesenheit des Angeklagten nach Nr. 5 gerügt werden.[393]

98 cc) **Verzicht.** Ein Verzicht auf das dem Angeklagten mit der Anwesenheitspflicht korrespondierende Anwesenheitsrecht[394] kann mangels Disponibilität[395] von diesem **nicht** erklärt werden.[396]

---

[385] Vgl. BGH 11.11.2009 – 5 StR 530/08, BGHSt 54, 184 = NStZ 2010, 162.
[386] BGH 18.3.1992 – 3 StR 39/92, NStZ 1992, 346 (347) dort im Kontext; BGH 21.4.2010 – GSSt 1/09, BGHSt 55, 87 = NJW 2010, 2450; Nagel in Radtke/Hohmann Rn. 47 mwN; Wiedner in BeckOK StPO Rn. 100.
[387] BGH 26.7.1961 – 2 StR 575/60, BGHSt 16, 178 (180); 7.11.2007 – 1 StR 275/07, StV 2009, 338 mAnm Kühne; Nagel in Radtke/Hohmann Rn. 46; Wiedner in BeckOK StPO Rn. 101.
[388] In diesem Sinn auch BGH 7.11.2007 – 1 StR 275/07, StV 2009, 338 (339).
[389] BGH 30.11.1990 – 2 StR 44/90, BGHSt 37, 249 = NJW 1991, 1364 (mit Hinweis und Erläuterung der von der früheren Rechtsprechung vertretenen Definition von Eigenmacht BGH 30.11.1990 – 2 StR 44/90, BGHSt 37, 249 (254)); 14.6.2000 – 3 StR 26/00, BGHSt 46, 81 (82 f.) = NJW 2002, 2830; BGH 7.11.2007 – 1 StR 275/07, StV 2009, 338 (339); Pfeiffer Rn. 17; Wiedner in BeckOK StPO Rn. 101 mwN; Gericke in KK-StPO Rn. 76.
[390] BGH 7.11.2007 – 1 StR 275/07, StV 2009, 338 (339); Wiedner in BeckOK StPO Rn. 101.1.
[391] BGH 12.1.2012 – 1 StR 474/11, NStZ 2012, 405.
[392] OLG Celle 17.5.2011 – 32 Ss 47/11, NZV 2013, 51.
[393] OLG Celle 17.5.2011 – 32 Ss 47/11, NZV 2013, 51.
[394] Schnitt in Meyer-Goßner/Schmitt Rn. 4 mwN.
[395] Wiedner in BeckOK StPO Rn. 95.
[396] Wiedner in BeckOK StPO Rn. 94; Pfeiffer Rn. 17.

dd) **Mehrere Angeklagte.** Findet die Hauptverhandlung gegen mehrere Angeklagte 99 statt, kann mit der Revision nach Nr. 5 von einem Angeklagten nur die jeweils **eigene,** nicht jedoch die Abwesenheit von Mitangeklagten geltend gemacht werden.[397] Wurde das Verfahren gegen den Angeklagten **vorübergehend abgetrennt und später wieder verbunden,** muss er im Verfahren gegen die Mitangeklagten anwesend sein, wenn in diesem Verfahrensabschnitt auch Vorgänge Gegenstand der Verhandlung sind, die mit den im abgetrennten Verfahren erhobenen und dem Urteil zugrundeliegenden Vorwürfen in Zusammenhang stehen.[398]

ee) **Verhandlungsfähigkeit.** Neben der Anwesenheit des Angeklagten an sich ist 100 für den ordnungsgemäßen Ablauf der Hauptverhandlung seine Verhandlungsfähigkeit erforderlich. Erscheint der Angeklagte zwar, befindet er sich aber in einem **verhandlungsunfähigen Zustand,** liegt ein von Amts wegen zu beachtendes **Verfahrenshindernis** vor, wenn und soweit die Verhandlungsunfähigkeit tatsächlich dauerhaft ist.[399] Für den Fall der nur **vorübergehenden Verhandlungsunfähigkeit,** die der Angeklagte vorsätzlich oder fahrlässig selbst verursacht hat, gilt **§ 231a**.[400] Hat der Richter **Zweifel an der Verhandlungsfähigkeit** des Angeklagten und liegen weder die Voraussetzungen des § 231 Abs. 2 noch die des § 231a vor, darf gegen den Angeklagten **keine Hauptverhandlung** geführt werden.[401]

ff) **Weitere Voraussetzungen einer erfolgreichen Rüge.** Ob der Angeklagte sich 101 eigenmächtig entfernt und die Hauptverhandlung (unter den weiteren Voraussetzungen des § 231 Abs. 2) daher in zulässiger Weise in dessen Abwesenheit stattgefunden hat, wird durch das Revisionsgericht im **Freibeweisverfahren** geklärt[402] (zum Revisionsvorbringen vgl. → Rn. 123). Jedenfalls ist für den Erfolg der Rüge erforderlich, dass „die tatsächlichen Voraussetzungen einer Eigenmächtigkeit des Ausbleibens des Angeklagten auch **im Zeitpunkt der Revisionsentscheidung** nachgewiesen werden können."[403]

Die Verhandlung in **Abwesenheit** kann nur dann mit der Revision gerügt werden, 102 wenn sich die Abwesenheit auf einen **wesentlichen Teil** der Hauptverhandlung bezieht (vgl. bereits → Rn. 85).[404] Welche Verhandlungsabschnitte insbes. für den Angeklagten wesentlich sind, kann mit Blick auf den Sinn der Anwesenheitspflicht ermittelt werden: Durch sie soll nämlich zum einen das **Recht auf rechtliches Gehör** gesichert und dem Angeklagten **effektive Verteidigung** gewährleistet werden, zum anderen soll und wird hierdurch dem Tatrichter ermöglicht, sich zum Zwecke der **Wahrheitsfindung** ein allumfassendes Bild von der Persönlichkeit des Angeklagten, seines Auftretens und seiner Einlassungen zu machen.[405] Ein Fehler hinsichtlich der Abwesenheit des Beschuldigten, auf dem das Urteil beruht oder jedenfalls beruhen kann und **nicht denkgesetzlich ausgeschlossen ist,**[406] kann demnach nur dann angenommen werden, wenn der Angeklagte **im Verhältnis zur Gesamtverhandlungsdauer über einen längeren Zeitraum abwesend** war und so die Erkenntnismöglichkeit des Tatrichters eingeschränkt wird.[407] Dies ist zB zu verneinen, wenn die Hauptverhandlung sich über mehrere Ver-

---
[397] BGH 24.10.1989 – 5 StR 238–239/89, NJW 1990, 345 (346); Nagel in Radtke/Hohmann Rn. 45; Schmitt in Meyer-Goßner/Schmitt Rn. 40 mwN.
[398] BGH 25.10.1971 – 2 StR 238/71, BGHSt 24, 257 = NJW 1972, 545; Gericke in KK-StPO Rn. 78; Schmitt in Meyer-Goßner/Schmitt Rn. 40.
[399] Schmitt in Meyer-Goßner/Schmitt Rn. 40; Franke in Löwe/Rosenberg Rn. 83; Gericke in KK-StPO Rn. 74; Wiedner in BeckOK StPO Rn. 92; Nagel in Radtke/Hohmann Rn. 49.
[400] Zu den Konsequenzen bei herbeigeführter Verhandlungsunfähigkeit vgl. die Kommentierung dort.
[401] BGH 17.7.1984 – 5 StR 449/84, NJW 1984, 520 (520 f.).
[402] Schmitt in Meyer-Goßner/Schmitt § 231 Rn. 25; Nagel in Radtke/Hohmann Rn. 46 jeweils mwN.
[403] BGH 6.3.1984 – 5 StR 997/83, StV 1984, 326.
[404] Gericke in KK-StPO Rn. 74.
[405] BGH 2.10.1952 – 3 StR 83/52, BGHSt 3, 187 (190 f.); Schmitt in Meyer-Goßner/Schmitt § 230 Rn. 3.
[406] BGH 11.5.2006 – 4 StR 131/06, NStZ 2006, 713 (714).
[407] Wiedner in BeckOK StPO Rn. 90.3.

handlungstage erstreckt, der Angeklagte aber im Verhältnis nur kurzzeitig abwesend war.[408]

103 Der Angeklagte kann die Rüge nach Nr. 5 nur dann erheben, wenn die Verhandlungsabschnitte, in welchen er nicht anwesend war, das **Tatgeschehen** betreffen, das **Grundlage des (ihn betreffenden) Urteils** ist;[409] dh der abwesende Angeklagte kann die Verhandlung in seiner Abwesenheit nicht rügen, wenn die in diesem Zeitraum erörterten Vorgänge ihn nicht einmal mittelbar betroffen haben.[410] In einem solchen Fall kann das Urteil nicht auf dem Fehler beruhen. Dasselbe gilt, wenn der Angeklagte bei der (Teil-)Verhandlung über eine ihm vorgeworfene Tat abwesend war, die nicht Grundlage des Urteils wurde, weil diese **eingestellt** oder der Angeklagte vom Vorwurf dieser Tat **freigesprochen** wurde; auch dann kann das Urteil auf dem Fehler denklogisch nicht beruhen.[411]

104 gg) Berufung und Verfahren in Ordnungswidrigkeiten. Bleibt der (unverteidigte[412]) Angeklagte als Rechtsmittelführer der **Berufungsverhandlung** fern und wird die Berufung durch das Rechtsmittelgericht deshalb in Abwesenheit des Angeklagten nach § 329 Abs. 1 verworfen,[413] begründet dies die Revision nach **Nr. 5 nicht,** weil die Frage, ob die Voraussetzungen der Verwerfung nach § 329 Abs. 1 vorliegen, **rein verfahrensrechtlicher Natur** ist und weder eine Verhandlung zur Sache selbst erfordert noch Feststellungen zum Straf- oder Schuldausspruch beinhaltet.[414] Zu den Beschränkungen der Revision durch die 2015 neu geschaffene Vorschrift des § 340 in Fällen des § 329 Abs. 2 (Verhandlung in Abwesenheit des Angeklagten) vgl. die Kommentierung dort. Auch im **Ordnungswidrigkeitenverfahren** ist der Betroffene zum Erscheinen nach **§ 73 Abs. 1 OWiG** verpflichtet. Ein Fernbleiben des Betroffenen ist möglich, wenn das Gericht ihn nach § 73 Abs. 2 OWiG von der Verpflichtung des Erscheinens entbindet. Die Ausnahmevorschrift des **§ 231 Abs. 2** greift im Ordnungswidrigkeitenverfahren **nicht** ein.[415]

105 c) Notwendiger Verteidiger. Gerügt werden kann nach Nr. 5 nur die Abwesenheit eines notwendigen Verteidigers,[416] also eines vom Gericht nach §§ 140, 141 bestellten Pflichtverteidigers oder des Wahlverteidigers[417] in den Fällen des § 140. Auch hier ist erforderlich, dass sich die Abwesenheit des Verteidigers auf einen **wesentlichen** Verhandlungsabschnitt bezieht.[418] Ergibt sich die Notwendigkeit der Verteidigung erst **im Laufe der Hauptverhandlung** und wird daraufhin ein Verteidiger für den bis dahin nicht verteidigten Angeklagten bestellt, muss die Hauptverhandlung in den **wesentlichen Teilen wiederholt** werden.[419]

---

[408] BGH 28.7.2010 – 1 StR 643/09, NStZ 2011, 233 (234) mAnm Kudlich StV 2011, 212 ff.; Wiedner in BeckOK StPO Rn. 90.3. Nach BGH 4.4.2017 – 3 StR 71/17, StV 2017, 790 = BeckRS 2017, 109971 ebenfalls nicht bei Abwesenheit während des Verzichts auf die Einvernahme nicht präsenter Zeugen.
[409] Gericke in KK-StPO Rn. 75 mwN.
[410] BGH 30.3.1983 – 2 StR 173/82, StV 1983, 323.
[411] Wiedner in BeckOK StPO Rn. 93.
[412] Zur Kritik des EGMR an der alten Rechtslage vgl. EGMR 8.11.2012 – 30804/07, NStZ 2013, 350 = NStZ-RR 2014, 18 mAnm Waszczynski sowie dazu auch Mosbacher NStZ 2013, 312 und die Kommentierung zu → § 329 Rn. 4.
[413] Vgl. zum umgekehrten Fall OLG Köln 8.11.2022 – 1 RVs 116/22, NStZ 2023, 381.
[414] OLG Celle 13.9.2011 – 32 Ss 119/11, BeckRS 2011, 23798; OLG Stuttgart 3.8.2004 – 1 Ss 132/04, NStZ-RR 2004, 338 (jeweils noch zu § 329 aF; indes dürfte sich dadurch beim unverteidigten Angeklagten nichts geändert haben).
[415] OLG Bamberg 30.3.2012 – 3 Ss OWi 360/12, DAR 2012, 393.
[416] Wiedner in BeckOK StPO Rn. 105; Gericke in KK-StPO Rn. 79 (dort in der Überschrift); Schmitt in Meyer-Goßner/Schmitt Rn. 41; Frisch in SK-StPO Rn. 113; Nagel in Radtke/Hohmann Rn. 44 m. H. auf OLG Hamm 19.9.2007 – 2 Ss 380/07, StV 2008, 120 (zur fehlenden Beiordnung eines Pflichtverteidigers im Jugendgerichtsverfahren gegen einen Heranwachsenden).
[417] Franke in Löwe/Rosenberg Rn. 93. Vgl. auch OLG Naumburg 11.5.2017 – 2 Rv 65/17, StV 2017, 233 = BeckRS 2017, 126373.
[418] BGH 24.1.1961 – 1 StR 132/60, BGHSt 15, 306 = NJW 1961, 740 (741); Wiedner in BeckOK StPO Rn. 105; Franke in Löwe/Rosenberg Rn. 95.
[419] BGH 29.6.1956 – 2 StR 252/56, BGHSt 9, 243 = NJW 1956, 1366.

Die Notwendigkeit der Pflichtverteidigung kann sich auch erst auf eine Berufung der **106** StA gegen einen Freispruch des Angeklagten ergeben.[420] Was die Revisionsinstanz angeht, entspricht es der gefestigten, ständigen Rechtsprechung, dass eine Pflichtverteidigerbeiordnung nicht per se notwendig ist, da die Revisionsbegründung auch zu Protokoll des Urkundsbeamten erklärt werden kann (§ 345 Abs. 2). Die Beiordnung ist jedoch geboten, wenn sich u.a. aufgrund einer Erkrankung des Beschwerdeführers (im konkreten Fall eine Schädigung des Gehirns als Folge eines Verkehrsunfalls) die Unfähigkeit zur Selbstverteidigung aufdrängt.[421]

Wenn der Verteidiger anwesend ist, aber **nicht ordnungsgemäß** oder **mangelhaft** **107** **verteidigt,** begründet dies die Rüge der vorschriftswidrigen Abwesenheit grds. nicht.[422] Gleiches gilt, wenn der Verteidiger **nicht ausreichend** auf die Verhandlung **vorbereitet** ist oder sich nicht ausreichend auf sie vorbereiten konnte, weil das Gericht seinem Antrag auf Unterbrechung der Hauptverhandlung nach **§ 145 Abs. 3 nicht entsprochen** hat; im letzteren Fall ist der Angeklagte ausreichend über die Möglichkeit der Rüge nach Nr. 8 (vgl. → Rn. 181) oder § 337 geschützt.[423] Da der Verteidiger, der nur schlecht vorbereitet ist, gleichwohl prozessuale Rechte im Interesse des Angeklagten geltend machen kann,[424] ist der Angeklagte in diesem Fall nicht in derselben Lage, als wäre er unverteidigt. Umgekehrt gilt aber der Verteidiger trotz körperlicher Anwesenheit als abwesend, wenn er **ersichtlich verhandlungsunfähig** ist.[425] Auch die alleinige Anwesenheit eines nicht als Rechtsanwalt zugelassenen Scheinverteidigers an der Hauptverhandlung begründet einen Fall der Nr. 5.[426]

Schlechtverteidigung hat außerhalb der StPO auf **europäischer Ebene** eine weiter- **108** reichende Bedeutung, die sich auch in der nationalen Rechtsanwendung niederschlägt. Wie der **EGMR** bereits in mehreren Fällen entschieden hat, kann ein Staat die Konvention verletzen, wenn ein von diesem berufener **Pflichtverteidiger eine reine Formvorschrift missachtet,** dieser Fehler in **zweiter Instanz nicht behoben** wird und dem Angeklagten hierdurch letztlich ein **Rechtsmittel verloren geht.**[427] Zwar haben die Gerichte auch nach nationalem Recht eine prozessuale Fürsorgepflicht,[428] aufgrund derer sich zB die Ablösung eines bestellten Verteidigers gebietet, sofern dieser sich als offensichtlich ungeeignet zeigt oder seine Verteidigerpflichten grob verletzt.[429] Die Besonderheit an der Rechtsprechung des **EGMR** ist jedoch, dass die nationalen Gerichte nicht nur bei Offensichtlichkeit hinsichtlich einer Schlechtverteidigung nach nationalem Recht, sondern auch bei einer solchen hinsichtlich der **Schlechtverteidigung, die Art. 6 EMRK widerspricht,** zum Einschreiten angehalten sind. Deutlich wird mit dieser Entscheidung jedenfalls, dass die bloße Verteidigerbestellung die Fürsorgepflicht des Staates nicht erfüllt und dass die Gerichte

---

[420] OLG Naumburg 14.4.2014 – 2 Rv 45/14, BeckRs 2014, 09217; OLG Nürnberg 16.1.2014 – 2 OLG 8 Ss 259/13, BeckRs, 2014, 02172.
[421] OLG Braunschweig 20.11.2013 – 1 WS 36613 1 Ws 366/13, NStZ-RR 2014, 51 (51 f.).
[422] BGH 26.8.1993 – 4 StR 364/93, BGHSt 39, 310 (314) = NJW 1993, 3275 (3277); BGH 24.11.1999 – 3 StR 390/99, NStZ 2000, 212 (213) mAnm Stern StV 2000, 404 ff.; zur Beruhensfrage bei unzureichender Verteidigungsleistung insgesamt vgl. Neuhaus StV 2002, 43 passim; Nagel in Radtke/Hohmann Rn. 44; Gericke in KK-StPO Rn. 79; Wiedner in BeckOK StPO Rn. 107.
[423] BGH 24.11.1999 – 3 StR 390/99, NStZ 2000, 212 (213); Pfeiffer Rn. 20; Wiedner in BeckOK StPO Rn. 107.
[424] BGH 24.11.1999 – 3 StR 390/99, NStZ 2000, 212 (213).
[425] BGH 24.11.1999 – 3 StR 390/99, NStZ 2000, 212; zu den Anforderungen auch BGH 1.12.2020 – 4 StR 519/19, NStZ-RR 2021, 116 („Schwächeanfall", der Verteidiger zwingt, sich zu setzen eine eine „Notfallmahlzeit" einzunehmen, genügt nicht); Pfeiffer Rn. 20; Schmitt in Meyer-Goßner/Schmitt Rn. 41; Nagel in Radtke/Hohmann Rn. 44; Wiedner in BeckOK StPO Rn. 107; Franke in Löwe/Rosenberg Rn. 83 sowie Rn. 96 jeweils mwN.
[426] Vgl. BGH 13.3.2019 – 1 StR 532/18, StraFo 2019, 246 = NStZ-RR 2019, 187 (Ls.) = BeckRS 2019, 5405.
[427] EGMR 10.10.2002 – Rep. 2002 VIII, §§ 59 ff., NJW 2003, 1229 – Czekalla/Portugal zit. bei Gaede HRRS 11/2007, S. 402 (407); Schmitt in Meyer-Goßner/Schmitt Rn. 41.
[428] Schmitt in Meyer-Goßner/Schmitt Einl. Rn. 155 ff.
[429] Schmitt in Meyer-Goßner/Schmitt Einl. Rn. 162.

gehalten sind, das Recht auf Verteidigung dadurch zu gewährleisten, dass eingeschritten wird, sobald und soweit die Gefahr der Vereitelung wirksamer Verteidigung besteht.[430] Um zu verhindern, dass die Schlechtverteidigung zu einem Rechtsverlust des Angeklagten führt, wird auf nationaler Ebene bei Schlechtverteidigung in genanntem Sinn die Wiedereinsetzung in den vorigen Stand nach § 45 zu gewähren sein.[431] Ganz grundsätzlich wäre aber *de lege ferenda* eine Rüge der Schlechtverteidigung als Ausgleich für die zahlreichen Rügepräklusionen zu begrüßen, die dazu führen, dass ein Verteidigerfehler dem Angeklagten im Ergebnis (trotz Fehlens einer § 85 Abs. 2 ZPO entsprechenden Regel!) „zugerechnet" wird und ihm damit (etwa im Falle der Nichterhebung eines Widerspruchs) zum Nachteil gereicht.

109 Die Rüge nach Nr. 5 kann nicht erhoben werden, wenn die Abwesenheit des Verteidigers sich auf einen Verhandlungsabschnitt bezieht, der ausschließlich einen **Tatvorwurf gegen Mitangeklagte** betrifft.[432]

110 Ist die Abwesenheit eines Verteidigers darauf zurückzuführen, dass ein Pflichtverteidiger dem Angeklagten – obwohl nach § 140 Abs. 1 oder 2 erforderlich – **nicht beigeordnet** wurde,[433] und dieser selbst auch keinen Wahlverteidiger benannt hat, kann dies ebenfalls nach Nr. 5 gerügt werden und stellt nicht nur einen relativen Revisionsgrund nach § 337 dar.[434] Wird dem Angeklagten demgegenüber zwar ein Pflichtverteidiger bestellt, hat dieser aber aufgrund Widerrufs **keine Anwaltszulassung** mehr, gilt der betroffene (Schein-)Verteidiger (und entsprechend auch ein notwendig mitwirkender Scheinverteidiger als Wahlverteidiger) als abwesend und der absolute Revisionsgrund der Nr. 5 ist gegeben.[435] Erklärt der Angeklagte nach Beratung durch einen Scheinverteidiger einen Rechtsmittelverzicht, kann er im Falle der Rechtsmittelfristversäumnis Wiedereinsetzung in den vorigen Stand verlangen; der **Rechtsmittelverzicht** ist **unwirksam**.[436] Der **Widerruf** der Anwaltszulassung kann **Wirkung** jedoch erst **ab seiner Bestandskraft** entfalten.[437]

111 Hat ein Angeklagter **mehrere Verteidiger,** gilt die Verteidigung als insgesamt anwesend, wenn nur einer von ihnen erschienen ist.[438]

112 Die **Ablehnung bzw. Weigerung** des notwendigen Verteidigers, **abschließend zu plädieren,** begründet die Revision **nicht**.[439] Auch wenn der Schlussvortrag maßgeblich sein kann, um ein positives Persönlichkeitsbild zu zeichnen oder den Tatvorwurf zu entkräften, ist die Situation des Angeklagten hierbei nicht mit der des Nicht-Verteidigten vergleichbar, sondern mit der des nicht ausreichend gut verteidigten Angeklagten. Eine unzureichende Verteidigung kann aber nicht im Wege der Revision gerügt werden.

---

[430] So auch Barton, Einführung in die Strafverteidigung, 2. Teil § 4 Rn. 84; Gaede HRRS 11/2007, S. 402 (407) mwN.
[431] Schmitt in Meyer-Goßner/Schmitt Rn. 41.
[432] BGH 2.12.1966 – 4 StR 201/66, BGHSt 21, 180 = NJW 1967, 580 (582); Schmitt in Meyer-Goßner/Schmitt Rn. 180.
[433] Schmitt in Meyer-Goßner/Schmitt Rn. 41; Wiedner in BeckOK StPO Rn. 106.
[434] BGH 24.1.1961 – 1 StR 132/60, BGHSt 15, 306 (307 f.) = NJW 1961, 740 (741); Schmitt in Meyer-Goßner/Schmitt Rn. 41; Nagel in Radtke/Hohmann Rn. 44; Gericke in KK-StPO Rn. 79 mwN aus der Rspr.
[435] BGH 5.2.2002 – 5 StR 617/01, BGHSt 47, 238 = NJW 2002, 1436 mAnm Beulke/Angerer NStZ 2002, 443; BGH 20.6.2006 – 4 StR 192/06, NStZ-RR 2008, 65 (67) bei Becker; BGH 30.8.2022 – 4 StR 117/22, BeckRS 2022, 24032; Schmitt in Meyer-Goßner/Schmitt Rn. 41; Wiedner in BeckOK StPO Rn. 107; Gericke in KK-StPO Rn. 79.
[436] BGH 5.2.2002 – 5 StR 617/01, BGHSt 47, 238 = NJW 2002, 1436 (1436 f.) für den Fall eines nicht als Rechtsanwalt zugelassenen Verteidigers im Fall der notwendigen Verteidigung.
[437] BGH 20.6.2006 – 4 StR 192/06, NStZ-RR 2008, 65 (67) bei Becker; Wiedner in BeckOK StPO Rn. 107.
[438] Pfeiffer Rn. 20; Wiedner in BeckOK StPO Rn. 105; Schmitt in Meyer-Goßner/Schmitt Rn. 41 mwN. Jedenfalls insoweit ist der absolute Revisionsgrund der Nr. 5 nicht grundsätzlich bereits dann gegeben, wenn einer von mehreren (Pflicht-)Verteidigern eines Angeklagten nicht ständig in der Hauptverhandlung anwesend ist, vgl. BGH bei Dallinger MDR 1966, 200; BGH bei Holtz MDR 1981, 457; zuletzt OLG Stuttgart 14.12.2015 – 2 Ws 203/15, NStZ 2016, 436.
[439] Schmitt in Meyer-Goßner/Schmitt Rn. 41; Franke in Löwe/Rosenberg Rn. 96 mwN.

Soll der **Pflichtverteidiger als Zeuge** vernommen werden, ist dem Angeklagten für **113** die Zeit der Zeugenvernehmung ein anderer Verteidiger beizuordnen.[440] Anderes soll nach der Rechtsprechung jedoch gelten, wenn ein Verteidiger, der einen als Zeugen vernommenen **notwendigen Verteidiger** zu vertreten hätte, in dieser Vertretungszeit die Verteidigerpflichten kaum hätte anders ausüben können als durch bloße Anwesenheit, dh wenn kein ernsthafter Anlass für eine sinnvolle Verteidigungsaktivität bestanden hatte.[441]

Die Rspr. hält eine **Verwirkung** der Rüge nach Nr. 5 für möglich, wenn der Verteidiger sich **eigenmächtig** aus der Hauptverhandlung **entfernt**;[442] in diesem Fall würde der **114** Verteidiger die Grundlage der Revisionsrüge selbst schaffen. Dem ist zwar zuzugeben, dass dies auf den ersten Blick dem Zweck der Revision widersprechen würde, die den Angeklagten vor Rechtsverletzungen der staatlichen Gewalt schützen soll.[443] Unproblematisch ist dies freilich nicht: Denn Angeklagter und Verteidiger stehen sich im Strafprozess in anderen Rollen gegenüber als im Zivilprozess. Während dort ein Verschulden des Vertreters dem Verschulden der Partei nach § 85 Abs. 2 ZPO gleichsteht, ist der Verteidiger im Strafprozess nicht Vertreter, sondern Beistand des Angeklagten.[444] Jedenfalls genügt das „unangemessene Verhalten" des Verteidigers, während des Plädoyers des Staatsanwaltes den Sitzungssaal zu verlassen, nicht, um im Anschluss in dessen Abwesenheit weiterzuverhandeln. Einer auf Nr. 5 gestützten Rüge kann in solch einem Fall der Erfolg nicht versagt werden.[445]

d) Urkundsbeamte der Geschäftsstelle. In jeder Hauptverhandlung muss ein **115** Urkundsbeamter der Geschäftsstelle anwesend sein, § 226 Abs. 1.[446] Zwar sieht § 168 S. 2 Hs. 2, 3 Ausnahmen von diesem „unbedingten Anwesenheitsgebot"[447] vor, die Vorschrift ist jedoch in der Hauptverhandlung nicht anwendbar;[448] insbes. kann das Gericht **nicht** wirksam auf die Anwesenheit des/r Urkundsbeamten **verzichten.**[449] Unproblematisch kann während der Hauptverhandlung die Person des **Urkundsbeamten ausgetauscht** werden; die eingesetzten Urkundsbeamten müssen auch nicht am zuständigen Gericht tätig sein (→ § 226 Rn. 13).[450] Zu beachten ist aber, dass in der Person des Urkundsbeamten einer der Berechtigungsgründe des § 153 Abs. 2–5 GVG vorliegt.[451]

e) Dolmetscher. Nach § 185 GVG ist ein Dolmetscher hinzuziehen, wenn Personen **116** an dem jeweiligen Verfahren beteiligt sind, die **der deutschen Sprache nicht mächtig** sind. In diesem Fall gehört der Dolmetscher zu den Personen, die während der **gesamten Hauptverhandlung** anwesend sein müssen und deren Abwesenheit somit umgekehrt die Rüge nach Nr. 5 begründet.[452] Nach § 185 Abs. 2 GVG kann die **Zuziehung** aber **unterbleiben,** wenn die beteiligten Personen sämtlich der fremden Sprache mächtig sind. Werden Zeugen

---

[440] BGH 26.6.1985 – 3 StR 145/85, NJW 1986, 78; Nagel in Radtke/Hohmann Rn. 44 mwN.
[441] BGH 18.10.1966 – 5 StR 477/66, NJW 1967, 404.
[442] BGH 26.11.1997 – 5 StR 561/97, NStZ 1998, 209; Wiedner in BeckOK StPO Rn. 105; Schmitt in Meyer-Goßner/Schmitt Rn. 5; Nagel in Radtke/Hohmann Rn. 44; Gericke in KK-StPO Rn. 79.
[443] Zum Zweck der Revision → Vor § 333 Rn. 66 ff. sowie statt Vieler Schmitt in Meyer-Goßner/Schmitt Rn. 4 mwN.
[444] BGH 20.9.1956 – 4 StR 287/56, BGHSt 9, 356 (357); 30.1.1959 – 1 StR 510/58, BGHSt 12, 367 (369) = NJW 1959, 731 (732); Schmitt in Meyer-Goßner/Schmitt Vor § 137 Rn. 1. Vgl. zur Problematik, die mit jeder Zurechnung eines „Verteidigerverschuldens" im Strafrecht daher verbunden ist, auch Kudlich FS Beulke, 2015, 831.
[445] BGH 16.7.2014 – 5 StR 200/14, NJW 2014, 2807.
[446] BayObLG 31.7.2001 – 1 ObOWi 308/2001, NStZ-RR 2002, 16; Schmitt in Meyer-Goßner/Schmitt Rn. 39a; Franke Rn. 102; Frisch in SK-StPO Rn. 119.
[447] Gericke in KK-StPO Rn. 73.
[448] BGH 26.8.1980 – 5 StR 212/80, NStZ 1981, 31; Schmitt in Meyer-Goßner/Schmitt § 226 Rn. 7; Gericke in KK-StPO Rn. 73.
[449] Franke in Löwe/Rosenberg Rn. 102 mwN.
[450] Franke in Löwe/Rosenberg Rn. 102; Schmitt in Meyer-Goßner/Schmitt § 226 Rn. 7; Gericke in KK-StPO Rn. 73.
[451] Gericke in KK-StPO Rn. 73 mwN zu Rspr. bzgl. einzelner Vss. des § 153 GVG.
[452] BGH 11.11.1952 – 1 StR 484/52, BGHSt 3, 285; Schmitt in Meyer-Goßner/Schmitt Rn. 44; Nagel in Radtke/Hohmann Rn. 48; Widmaier/Momsen in Satzger/Schluckebier/Widmaier StPO Rn. 50.

vernommen, die **mehreren Sprachen mächtig** sind, entscheidet das Tatgericht nach pflichtgemäßem Ermessen, **ob und für welche Sprache** ein Dolmetscher hinzugezogen wird.[453]

117 Beherrscht der Angeklagte die deutsche Sprache nur **teilweise nicht**, steht es im **Ermessen** des Tatgerichts, in welchem Umfang der Dolmetscher zur Hauptverhandlung hinzugezogen werden soll.[454] In diesem Fall ist es auch unschädlich, wenn der Dolmetscher zeitweilig abwesend ist.[455] Die Entscheidung des Tatgerichts kann durch das Revisionsgericht **nur auf Ermessensfehler** hin **überprüft** werden.[456] Ermessensfehlerhaft ist es etwa, den am Verfahren beteiligten Verteidiger in der Hauptverhandlung zugleich als Dolmetscher zuzulassen, und zwar – mangels Disponibilität dieses Grundsatzes – auch dann, wenn der Angeklagte dieses Vorgehen initiiert hat.[457]

118 Ist dem Verfahren ein Dolmetscher hinzugezogen und wird dieser im Verfahren als **Zeuge** vernommen, ohne für die Zeit der Vernehmung durch einen anderen Dolmetscher vertreten worden zu sein, begründet dies **nicht** automatisch die Rüge nach Nr. 5.[458] Vielmehr soll das nur dann der Fall sein, wenn ausgeschlossen werden kann, dass die Zeugenvernehmung des Dolmetschers entweder durch diesen selbst oder andere im Gerichtssaal anwesende Dolmetscher übersetzt worden ist.[459]

119 Wurde der hinzugezogene Dolmetscher **entgegen § 189 GVG nicht vereidigt,** steht dies der Anwesenheit nicht entgegen. In Betracht kommt hier allenfalls die Rüge nach § 337.[460] Allerdings kann das Urteil jedenfalls dann nicht auf der fehlenden Vereidigung beruhen, wenn Gericht und Dolmetscher von der Wirksamkeit der Vereidigung ausgegangen sind.[461]

120 Kommt ein völlig ungeeigneter Dolmetscher zum Einsatz, so kann nichts anderes gelten, als beim verhandlungsunfähigen Angeklagten, mithin ist dieser als nicht anwesend iSd Nr. 5 anzusehen, wobei die Behauptung einer schlechten Übersetzungsleistung „ins Blaue hinein" nicht genügen kann.[462]

121 **3. Inhalt des Revisionsvorbringens.** Soll die Revisionsbegründung den Anforderungen des § 344 Abs. 2 S. 2 genügen, muss es für das Revisionsgericht möglich sein, den **jeweiligen Verfahrensabschnitt**[463] und (damit einhergehend) dessen **Wesentlichkeit**[464] für die revisionsrechtliche Beurteilung genau erfassen zu können. Wenn Gegenstand der Rüge die Abwesenheit des Angeklagten zB wegen Entfernung nach § 247 ist, muss dessen Rüge den Verfahrensabschnitt, auf den sich die Abwesenheit erstreckt, angeben, sowie den der Entfernung zugrundeliegenden Gerichtsbeschluss, dessen Ausführung oder evtl. Fehlerhaftigkeit,[465] die Abwesenheit, die Dauer der Abwesenheit und die Verfahrensvor-

---

[453] Gericke in KK-StPO Rn. 80 m. H. auf BGH 21.2.1989 – 1 StR 631/88, NStZ 1990, 226 (229 f.) bei Miebach.
[454] BGH 11.11.1952 – 1 StR 484/52, BGHSt 3, 285; 17.1.1984 – 5 StR 755/83, NStZ 1984, 328; Gericke in KK-StPO Rn. 80; Franke in Löwe/Rosenberg Rn. 100.
[455] BGH 22.11.2001 – 1 StR 471/01, NStZ 2002, 275; Nagel in Radtke/Hohmann Rn. 48; Schmitt in Meyer-Goßner/Schmitt Rn. 44; Gericke in KK-StPO Rn. 80.
[456] Gericke in KK-StPO Rn. 80 m. H. auf BGH 17.1.1984 – 5 StR 755/83, NStZ 1984, 328.
[457] OLG Celle 22.7.2015 – 1 Ss (OWi) 118/15, NStZ 2015, 720.
[458] BGH 11.5.1988 – 3 StR 566/87, NStZ 1988, 467 (468); Gericke in KK-StPO Rn. 80.
[459] Wiedner in BeckOK StPO Rn. 117.1 m. H. auf BGH 23.10.2002 – 2 StR 353/02, NStZ-RR 2003, 291 (292).
[460] BGH 17.9.1982 – 5 StR 604/82, NStZ 1982, 517; Gericke in KK-StPO Rn. 80 mWN aus der Rspr.
[461] BGH 17.1.1984 – 5 StR 755/83, NStZ 1984, 328; Gericke in KK-StPO Rn. 80 mWN aus der Rspr.
[462] Zum Ganzen auch Christl NStZ 2014, 376 (382), der aufgrund des weitgehenden Fehlens einschlägiger höchstrichterlicher Entscheidungen darauf schließt, dass die Revisionsgerichte ursprünglich zurückhaltend waren, was den Stempel der Dolmetscherqualität mit „mangelhaft" anging. Ihm ist zuzustimmen, wenn er im Hinblick auf die zunehmende obergerichtliche Ausleuchtung auch dieses Bereichs (schon mit Blick auf die neugeschaffenen Übersetzungsregeln in § 187 Abs. 2 GVG) ein Wachstum an revisionsrechtlicher Bedeutung prognostiziert.
[463] Nagel in Radtke/Hohmann Rn. 50 m. H. auf BGH 9.10.1985 – 3 StR 473/84, StV 1986, 287; Gericke in KK-StPO Rn. 82 mwN.
[464] BGH 21.2.1975 – 1 StR 107/74, BGHSt 26, 84 (91); Wiedner in BeckOK StPO Rn. 121; Frisch in SK-StPO Rn. 122 f.
[465] Dahs/Müssig in MAH Strafverteidigung § 12 Rn. 134 mwN; Nagel in Radtke/Hohmann Rn. 50.

gänge während dieser benennen,[466] mithin **alle Tatsachen, die den Verfahrensfehler begründen.**[467] **Nicht erforderlich** ist hingegen, dass der Revisionsführer auch **Negativtatsachen**[468] vorträgt, so zB dass der Verfahrensfehler nicht im weiteren Verlauf der Verhandlung geheilt wurde.[469] Bei der Vernehmung der Opferzeugin als zentraler Belastungszeugin bedarf es auch im Falle einer wiederholten Vernehmung grundsätzlich nicht der Darlegung des wesentlichen Inhalts der Aussage der Zeugin.[470]

Ist der notwendige Verteidiger abwesend und ergibt sich die **Notwendigkeit** der Verteidigung gem. **§ 140 Abs. 2** aufgrund der Schwierigkeit der Sach- und Rechtslage oder wegen der Schwere der Tat, muss dem Revisionsgericht durch entsprechenden Tatsachenvortrag im Revisionsvorbringen die Möglichkeit gegeben werden, zu **prüfen,** ob dem Angeklagten ein **Pflichtverteidiger hätte beigeordnet werden müssen.**[471] Es ist deshalb mit Blick auf § 344 Abs. 2 S. 2 unzureichend, wenn lediglich das Strafmaß, das gegen den Angeklagten verhängt wurde, mitgeteilt wird.[472] Wenn neben der Verfahrensrüge zugleich zulässig die Sachrüge erhoben wird und sich die Tatsachen, die die Verfahrensrüge stützen, aus dem Inhalt des Urteils selbst ergeben, ist es unschädlich, wenn die Verfahrensrüge für sich betrachtet den Anforderungen des § 344 Abs. 2 S. 2 nicht genügt.[473]

Ob sich der Angeklagte eigenmächtig aus der Hauptverhandlung entfernt hat oder der Beschluss nach **§ 231 Abs. 2** zu Unrecht ergangen ist, wird zwar im **Freibeweisverfahren** geklärt (vgl. hierzu → Rn. 100); allerdings ist als Grundlage für diese Überprüfung erforderlich, dass das **Revisionsvorbringen eine erste Überprüfung** hinsichtlich einer Verletzung des § 231 Abs. 2 ermöglicht.[474]

Die Rüge, dass die Hauptverhandlung nicht in Gegenwart einer Urkundsbeamtin der Geschäftsstelle stattgefunden habe, weil die das Protokoll führende Justizangestellte zu diesem Zeitpunkt (noch) nicht nach § 153 Abs. 5 S. 1 GVG betraut gewesen sei, setzt voraus, dass sich das Vorbringen mit einer potentiellen Ernennung auf Probe auseinandersetzt bzw. deren Nichtvorliegen behauptet.[475] Bei der Rüge des Fehlens eines Dolmetschers (§ 185 Abs. 1 S. 1 GVG) für einen Zeugen in der Hauptverhandlung muss konkret und detailliert vorgetragen werden, aufgrund welcher Tatsachen sich die Notwendigkeit der Dolmetscherbeiziehung für das Gericht hätte aufdrängen müssen.[476]

VI. Verletzung der Vorschriften über die Öffentlichkeit (Nr. 6)

1. Begriffsbestimmung und Anwendungsbereich. a) Regelung im GVG und Schutzzweck. § 169 GVG normiert den **Grundsatz der Öffentlichkeit.** Nach seinem

---

[466] Nagel in Radtke/Hohmann Rn. 50 m. H. auf BGH 8.8.2007 – 2 StR 224/07, NStZ 2007, 717 (717 f.).
[467] BGH 8.8.2007 – 2 StR 224/07, NStZ 2007, 717 (717 f.).
[468] Mit der Forderung nach einer hinreichenden Begründung, aber im Ergebnis zustimmend Anm. Ventzke NStZ 2008, 262.
[469] Zust. OLG Hamm 5.11.2020 – 3 RVs 43/20, BeckRS 2020, 57602; aA aber Nagel in Radtke/Hohmann Rn. 50 mwN; Heilung kommt zB bei vorschriftswidriger Abwesenheit des Angeklagten bei der Verhandlung über die Entlassung eines Zeugen in Betracht, wenn der Angeklagte dem Gericht mitteilt, keine Fragen an den Zeugen stellen zu wollen oder wenn auf sein Verlangen dieser Zeuge erneut vernommen wird, BGH 21.4.2010 – GSSt 1/09, BGHSt 55, 87 (94) = NJW 2010, 2450 (2452).
[470] BGH 11.3.2014 – 1 StR 711/13, NStZ 2014, 532.
[471] OLG Hamm 12.2.2008 – 3 Ss 541/07, NJW Spezial 2008, 378; 19.1.2001 – 2 Ss 133/00, StraFo 2001, 244; Nagel in Radtke/Hohmann Rn. 50; Schmitt in Meyer-Goßner/Schmitt Rn. 41; Wiedner in BeckOK StPO Rn. 122. Exemplarisch BayObLG 25.11.2021 – 202 StRR 132/21, NStZ 2022, 381: Die Rüge, in der Berufungshauptverhandlung habe ein Fall der notwendigen Verteidigung wegen Schwierigkeit der Rechtslage vorgelegen, weil ein Verwertungsverbot nach § 252 in Betracht komme, setzt jedenfalls dann, wenn der Tatrichter von „spontan" gemachten Angaben des zeugnisverweigerungsberechtigten Angehörigen ausgeht, einen Vortrag voraus, aus dem sich die konkrete Aussagesituation ergibt.
[472] OLG Hamm 12.2.2008 – 3 Ss 541/07, NJW Spezial 2008, 378.
[473] OLG Celle 30.5.2012 – 32 Ss 52/12, NJW Spezial 2013, 537.
[474] BGH 25.10.2011 – 3 StR 282/11, StV 2012, 72 (72 f.); 6.3.1984 – 5 StR 997/83, StV 1984, 326 = BeckRS 1984, 03310; Schmitt in Meyer-Goßner/Schmitt § 231 Rn. 25.
[475] BGH 15.7.2014 – 4 StR 34/14, NStZ-RR 2014, 378.
[476] KG 27.11.2019 – 161 Ss 151/19, NStZ 2020, 563 mAnm Kulhanek.

Abs. 1 S. 1 ist die Verhandlung vor dem erkennenden Gericht einschließlich der Verkündung seiner Urteile und Beschlüsse öffentlich. In ähnlicher Weise ist der Öffentlichkeitsgrundsatz zudem in Art. 14 Abs. 1 S. 1 IPBPR und in Art. 6 Abs. 1 S. 1 EMRK normiert. § 169 Abs. 1 S. 2 GVG bestimmt umgekehrt Grenzen der Öffentlichkeitsgewährung, deren Verletzung nach hM nicht Nr. 6 unterfällt (vgl. → Rn. 126 und 133). Inwieweit auch Verletzungen der zum April 2018 in Kraft getretenen erweiterten Übertragungs- bzw. Aufzeichnungsmöglichkeiten in Presse-Arbeitsräume (Abs. 1 S. 2), zur Dokumentation zeitgeschichtlich relevanter Verfahren (Abs. 2) oder zur Information über Entscheidungen des Bundesgerichtshofs (Abs. 3)[477] zu einem absoluten Revisionsgrund führen, ist noch ungeklärt. Schon allein weil diese Erweiterungen alle im Ermessen des Gerichts stehen, wird sich die Frage kaum einmal stellen. Hinzu kommt, dass zumindest Abs. 2 keine spezifisch strafprozessualen Zwecke verfolgt und bei Abs. 3 nur die Urteilsverkündung betroffen ist, sodass jedenfalls auf diese Fälle Nr. 6 nicht angewendet werden sollte.

126 **Schutzzweck** des Öffentlichkeitsgrundsatzes und somit auch der **Nr. 6** war und ist es zu verhindern, dass „die Tätigkeit des Gerichts hinter verschlossenen Türen in ein Dunkel gehüllt und dadurch Missdeutungen und Argwohn ausgesetzt ist".[478] Das Vertrauen der Öffentlichkeit in die Rechtsprechung soll gefestigt werden,[479] Kontrolle derselben ermöglicht werden. Die Gründe für das Bemühen um die Vermeidung von Willkür, Heimlichkeiten und eine Entscheidungsfindung frei von sachfremden Erwägungen sind historisch bedingt („Kabinettsjustiz"). **Gegenwärtiges Schutzgut** ist in erster Linie das **Informationsinteresse der Allgemeinheit,** wobei dieses Informationsinteresse freilich vor allem durch die Zulassung der Medienöffentlichkeit gewährleistet ist.[480] Zusammenhängend mit der Medienöffentlichkeit stellt sich die Frage, ob der Anwendungsbereich der Nr. 6 auch eröffnet ist, wenn gegen **§ 169 Abs. 1 S. 2 GVG verstoßen** wurde, dh wenn Ton-/Fernseh- und Rundfunkaufnahmen während der Hauptverhandlung gefertigt wurden. Die Rspr.[481] sieht in einem solchen Verstoß **keinen absoluten Revisionsgrund.**[482] Möglich bleibt in diesen Fällen aber die Revision nach § 337,[483] wenn das Urteil auf dem Verstoß beruht.[484]

127 Die Wahrung des Öffentlichkeitsgrundsatzes steht aufgrund seiner Schutzrichtung, die den öffentlichen Interessen der Allgemeinheit dient, **nicht zur Disposition** der Verfahrensbeteiligten.[485] Der Angeklagte geht auch dann nicht seines Rügerechts nach Nr. 6 verlustig, wenn die Initiative zum Ausschluss der Öffentlichkeit von ihm selbst ausging.[486]

128 **b) Öffentlichkeit, Öffentlichkeitsgewährung und Grenzen.** Öffentlichkeit in diesem Sinne meint Öffentlichkeit der mündlichen Verhandlung, dh der **Hauptverhandlung,**[487] zu der **auch** die **Urteilsverkündung** (vgl. auch § 173 GVG) gehört.[488] Öffent-

---

[477] Vgl. zum Gesetz zur Erweiterung der Medienöffentlichkeit in Gerichtsverfahren Koch/Wallimann MDR 2018, 241.
[478] RGSt 70, 109 (112) zit. bei Kudlich JA 2000, 970 (974); vgl. auch BGH 10.6.1966 – 4 StR 72/66, BGHSt 21, 72 (73) = NJW 1966, 1570 (1571); 23.5.1956 – 6 StR 14/56, BGHSt 9, 120 (121) = NJW 1956, 1646 (1647).
[479] BGH 20.1.1953 – 1 StR 626/52, BGHSt 3, 387; Roxin/Schünemann StrafVerfR § 47 Rn. 1; Frisch in SK-StPO Rn. 124.
[480] Schmitt in Meyer-Goßner/Schmitt GVG § 169 Rn. 1 mwN; vgl. zum Interesse der Allgemeinheit auch Franke in Löwe/Rosenberg Rn. 103.
[481] BGH 17.2.1989 – 2 StR 402/88, BGHSt 36, 119 = NJW 1989, 1741 mAnm Fezer StV 1989, 290 ff.
[482] Anders hingegen Teile der Literatur, vgl. zB Meurer JR 1990, 385 (391); Roxin NStZ 1989, 375 (377) jeweils Anm. zu BGH 17.2.1989 – 2 StR 402/88, BGHSt 36, 119 = NJW 1989, 1741.
[483] BGH 17.2.1989 – 2 StR 402/88, BGHSt 36, 119 (120) = NJW 1989, 1741.
[484] Nach BGH 7.12.2016 – 1 StR 305/16, NStZ-RR 2017, 54 ermöglicht dies jedoch keine erfolgreiche Revision wegen Verletzung des § 171b Abs. 3 S. 2 GVG, wenn auszuschließen ist, dass in der öffentlichen Verhandlung Umstände nicht erörtert worden sind, die den Angeklagten entlastet hätten.
[485] Franke in Löwe/Rosenberg Rn. 103; Nagel in Radtke/Hohmann Rn. 51.
[486] BGH 4.12.2007 – 5 StR 404/07, NStZ 2008, 354; 31.1.1967 – 5 StR 650/66, NJW 1967, 687; RGSt 64, 385 (388); Franke in Löwe/Rosenberg Rn. 103; Schmitt in Meyer-Goßner/Schmitt Rn. 46.
[487] BGH 20.2.1996 – 5 StR 679/95, BGHSt 42, 46 (47) = NJW 1996, 1763 (1764); BGH 19.8.2004 – 3 StR 380/03, BGHSt 49, 255 (256) = NJW 2005, 519 (520); Gericke in KK-StPO Rn. 85.
[488] Franke in Löwe/Rosenberg Rn. 112.

lichkeit bedeutet, dass grds. **jedermann**[489] während der **gesamten Dauer Zutritt** zu der jeweiligen Verhandlung gewährt werden soll, der an ihr teilnehmen will,[490] ohne dass es hierbei auf die Zugehörigkeit zu bestimmten Gruppen oder auf bestimmte persönliche Eigenschaften ankäme.[491] Neben dem Zutritt an sich wird durch den Öffentlichkeitsgrundsatz auch die für dessen Möglichkeit notwendige Vorstufe der **Kenntnisnahme von Ort und Zeit** der Hauptverhandlung erfasst, die für Interessierte ohne Schwierigkeiten möglich sein muss.[492] Hier ist allerdings zu beachten, dass der Anwendungsbereich der Nr. 6 in solchen Fällen **nicht eröffnet** ist, in denen die **Informationsmöglichkeiten** bzgl. des Sitzungssaals **nur geringfügig erschwert** wird, weil zB die Verhandlung in einem anderen als dem ursprünglich benannten Saal stattfindet und hierauf nicht hingewiesen wurde, das Gerichtsgebäude aber nur über drei Sitzungssäle verfügt;[493] etwas anderes gilt aber, wenn im Rahmen der Hauptverhandlung ein Fahrzeug auf dem Dienstparkplatz des Gerichts durch die Verfahrensbeteiligten in Augenschein genommen wird und ein entsprechender Aushang oder Hinweis am Sitzungssaal fehlt.[494] Es reicht für die Wahrung des Öffentlichkeitsgrundsatzes aus, wenn „jedermann die Möglichkeit hat, sich ohne besondere Schwierigkeiten Kenntnis [vom Ort der Hauptverhandlung] zu verschaffen", und dass der Zutritt im Rahmen der tatsächlichen Gegebenheiten eröffnet ist.[495] Daraus wird umgekehrt deutlich, dass ein Hinweisschild mit den **Öffnungszeiten am Gerichtseingang** den Anwendungsbereich der Nr. 6 eröffnen kann, wenn durch das Schild Prozessbesucher davon abgehalten werden könnten, an einer außerhalb dieser ausgeschriebenen Öffnungszeiten stattfindenden Verhandlung teilzunehmen.[496]

Eine natürliche **tatsächliche Grenze** findet die Öffentlichkeit dort, wo die **örtlichen Gegebenheiten bzw. räumlichen Möglichkeiten** nur eine Öffentlichkeit in eingeschränkter Form zulassen,[497] etwa weil die Größe des Gerichtssaals nur eine begrenzte Anzahl interessierter Prozessbeobachter fassen kann.[498] Ein Ausweichen in größere Räume außerhalb des Gerichts (mag zwar in manchen Fällen möglich sein, aber) kann nicht gefordert werden. Gleiches gilt – unabhängig von der Frage, ob darin umgekehrt bereits ein Verstoß gegen § 169 S. 2 GVG liegen würde – auch von einer Live-Übertragung in andere Gerichtssäle.

Rechtlich begrenzt ist der Grundsatz der öffentlichen Hauptverhandlung dort, wo § 169 GVG mit anderen rechtlichen Garantien kollidiert. Dies ist zB der Fall, in dem ein Anwesen besichtigt werden soll und der Eigentümer des Anwesens außer den Prozessbeteiligten interessierten Dritten den Zutritt zu seinem Anwesen verweigert: § 169 GVG normiert keine Bürgerpflicht, die einen Grundrechtseingriff in Art. 13 GG (Unverletzlichkeit der Wohnung) durch die Zulassung von Zuschauern gegen den Willen des Eigentümers zulässt.[499] Etwaige Ausgangssperren während der Corona-Pandemie oder in einer vergleichbaren Situation,[500] welche keine Ausnahmen für den Besuch von Gerichtsverhandlungen

---

[489] Vgl. zB BGH 23.3.2006 – 1 StR 20/06, NStZ 2006, 512.
[490] Gericke in KK-StPO Rn. 85.
[491] Wiedner in BeckOK StPO Rn. 123 m. H. auf BGH 6.10.1976 – 3 StR 291/76, BGHSt 27, 13 (14) = NJW 1977, 157; Beulke Strafprozessrecht Rn. 376.
[492] BGH 6.3.1987 – 2 StR 675/86, BeckRS 1987, 31104125; BayObLG 10.1.2023 – 207 StRR 378/22, BeckRS 2023, 219; „Terminszettel" ausreichend OLG Köln 2.7.1999 – Ss 245/99, NStZ-RR 1999, 335.
[493] Vgl. zu einem solchen Fall OLG Koblenz 7.2.2011 – 2 SsBs 144/10, NZV 2011, 266 (266 f.).
[494] BayObLG 6.7.2020 – 202 ObOWi 682/20, NZV 2021, 54 = BeckRS 2020, 20217.
[495] BVerfG 10.10.2001 – 2 BvR 1620/01, NJW 2002, 814 (814 f.); OLG Koblenz 7.2.2011 – 2 SsBs 144/10, NZV 2011, 266; BGH 22.6.1982 – 1 StR 249/81, NStZ 1982, 476 (476 f.).
[496] Vgl. hierzu OLG Zweibrücken 25.9.1995 – 1 Ss 183/95, NJW 1995, 3333.
[497] BGH 10.6.1966 – 4 StR 72/66, BGHSt 21, 72 (73) = NJW 1966, 1570 (1571); BGH 6.10.1976 – 3 StR 291/76, BGHSt 27, 13 (14) = NJW 1977, 157 (157 f.); BGH 28.6.1984 – 4 StR 243/84, NStZ 1984, 470; OLG Köln 2.7.1999 – Ss 245/99, NStZ-RR 1999, 335 mwN; Pfeiffer Rn. 23; zusf. auch Fromm NJOZ 2015, 1193.
[498] Gericke in KK-StPO Rn. 85.
[499] BGH 14.6.1994 – 1 StR 40/94, BGHSt 40, 191 (192 f.) = NJW 1993, 2773 (2773 f.).
[500] Vgl. hierzu auch Moslehi GVRZ 2020, 21.

als Öffentlichkeit zulassen,[501] stellen dagegen keine Grenzen der Öffentlichkeit, sondern eine Verletzung des Öffentlichkeitsgrundsatzes dar. Wenn solche Einschränkungen bekannt sind, wird man auch kaum ein Verschulden des Gerichts (vgl. → Rn. 134 ff.), wenn es dennoch zu Verhandlungen kommt, verneinen können. Der Ausnahmecharakter einer pandemischen Situation mag dabei unmittelbar zu deren Beginn das Gewicht eines solchen Fehlers als so gering erscheinen lassen, dass die Annahme eines absoluten Revisionsgrund nicht überzeugt; dauerhaft könnte das aber gewiss nicht als Rechtfertigung dienen.[502]

131 Daneben nennt das **Gesetz** selbst **Einschränkungsmöglichkeiten,** so in §§ 171a, 171b, 172, 173 Abs. 2 GVG.[503] Macht das Gericht von den gesetzlichen Ausschlussmöglichkeiten Gebrauch, ist § 174 Abs. 1 GVG zu beachten. Hiernach ist idR in öffentlicher Verhandlung über den Ausschluss der Öffentlichkeit zu beraten (vgl. arg. e contrario § 174 Abs. 1 S. 1 GVG), der Beschluss über den Ausschluss zu verkünden, § 174 Abs. 1 S. 2 GVG und gem. § 174 Abs. 1 S. 3 GVG zu begründen (zu die Revision begründenden Fehlern vgl. → Rn. 139 ff.).

132 Gem. § 48 Abs. 1 JGG finden Verhandlungen gegen Jugendliche unter Ausschluss der Öffentlichkeit statt. Wird hiergegen verstoßen, stellt dies nicht eine Beschränkung der Öffentlichkeit dar, sondern kommt einer Erweiterung derselben gleich. Ein **Verstoß gegen § 48 Abs. 1 JGG** kann demnach nicht nach Nr. 6 gerügt werden, sondern nur nach § 337,[504] wobei für den Erfolg der Revision in diesem Fall erforderlich ist, dass das Urteil gerade auf diesem Verstoß beruht.[505] Im Verfahren gegen **Heranwachsende** steht der Ausschluss der Öffentlichkeit im **Ermessen** des Gerichts, § 109 Abs. 1 S. 4 JGG.

133 c) **Unzulässige Erweiterung der Öffentlichkeit.** Auch über die Frage des § 169 S. 2 GVG (vgl. → Rn. 126) hinaus ist vom Anwendungsbereich der Rüge nach Nr. 6 nur die **unzulässige Beschränkung, nicht** jedoch die **unzulässige Erweiterung** der Öffentlichkeit erfasst,[506] also die Verhandlung unter Teilnahme der Öffentlichkeit, wenn aber deren Ausschluss geboten wäre.[507] Der Angeklagte hat **keinen Anspruch** darauf, dass das Gericht die Öffentlichkeit ausschließt und zwar weder aus Aspekten der Menschenwürde noch aus Art. 6 Abs. 1 S. 2 EMRK.[508]

134 2. **Verschulden des Gerichts.** Voraussetzung für die Rüge nach Nr. 6 ist, dass die **Verletzung** des Öffentlichkeitsgrundsatzes in den Verantwortungsbereich des Gerichts fällt, das **Gericht** sie also **verschuldet** hat.[509] Das Erfordernis gerichtlichen Verschuldens ist mit

---

[501] Dabei geht BGH 17.11.2020 – 4 StR 390/20, BeckRS 2020, 37724 (insoweit nicht abgedruckt in NStZ-RR 2021, 83) mAnm Jahn JuS 2021, 274, davon aus, dass auch ohne explizite Ausnahme der Besuch einer Gerichtsverhandlung jedenfalls immer und erkennbar (was zweifelhaft escheint!) ein „triftiger Grund" zum Verlassen der Wohnung gewesen sei.
[502] Vgl. zur Problematik auch Arnoldi NStZ 2020, 313 und Kulhanek NJW 2020, 1183.
[503] Vgl. hierzu auch Wiedner in BeckOK StPO § 338 Rn. 131, der darüber hinaus die §§ 175, 177 GVG nennt.
[504] BGH 21.11.1969 – 3 StR 249/68, BGHSt 23, 176 = NJW 1970, 523; König in Heghmanns/Scheffler StrafVerf-HdB Kap. X Rn. 208; Schmitt in Meyer-Goßner/Schmitt Rn. 47; Franke in Löwe/Rosenberg Rn. 108.
[505] Zum Beruhen allg. vgl. → § 337 Rn. 129 ff.
[506] BGH 8.2.1957 – 1 StR 375/56, BGHSt 10, 202 (206 f.) = NJW 1957, 881; BGH 21.11.1969 – 3 StR 249/68, BGHSt 23, 176 (178) = NJW 1970, 523 (524); aus neuerer Zeit BGH 17.9.2014 – 1 StR 212/14, NStZ 2015, 181 sowie BGH 12.11.2015 – 2 StR 311/15, NStZ 2016, 180 (wo auf die Möglichkeit eines relativen Revisionsgrundes hingewiesen wird) und BGH 22.5.2017 – 1 StR 130/17, StraFo 2017, 285 = BeckRS 2017, 113986; Schmitt in Meyer-Goßner/Schmitt Rn. 47; Franke in Löwe/Rosenberg Rn. 105; Wiedner in BeckOK StPO Rn. 124; Frisch in SK-StPO Rn. 127; krit. Kudlich FS Fezer, 2008, 435 (440); eine Einschränkung der Nr. 6 für die Öffentlichkeitserweiterung gänzlich ablehnend Roxin FS Peters, 1974, 393 (400, 403).
[507] Wiedner in BeckOK StPO Rn. 124 m. H. auf BGH 8.2.1957 – 1 StR 375/56, BGHSt 10, 202 (206 f.) = NJW 1957, 881; 2.7.1969 – 4 StR 226/69, BGHSt 23, 82 (85) = NJW 1969, 2107 (2108).
[508] Nagel in Radtke/Hohmann Rn. 198; Schmitt in Meyer-Goßner/Schmitt Rn. 47 mwN auf Rspr.
[509] Arg. e contrario BGH 10.6.1966 – 4 StR 72/66, BGHSt 21, 72 (74) = NJW 1966, 1570 (1571): Dort kein Verstoß, weil die Kammer das Hindernis für die Öffentlichkeit nicht bemerkte und auch nicht bemerken konnte. BGH 18.12.1968 – 3 StR 297/68, BGHSt 22, 297 (301 f.) = NJW 1969, 756;

Blick auf den Gesetzeswortlaut, der ein solches nicht enthält, nicht unproblematisch, insbes. verlangt § 338 eine „Verletzung des Gesetzes" und nicht etwa „pflichtwidrige Verstöße".[510] Die hM verlangt dennoch ein Verschulden vor allem mit der Begründung, dass die Aufhebung des Urteils bei objektiver Verletzung der Öffentlichkeit nicht in jedem Fall zwingend geboten erscheint – jedenfalls dann nicht, wenn die Umstände, die die Beschränkung bedingt haben, außerhalb der gerichtlichen Einflusssphäre lagen und vom Gericht auch nicht quasi „fahrlässig" verkannt wurden.[511]

Folgt man dem, kann eine Rüge nach Nr. 6 nur dann mit Erfolg erhoben werden, wenn (1) eine **Anordnung** getroffen wurde, die die Öffentlichkeit unzulässig beschränkt oder (2) das Gericht Beschränkungen oder **Hindernisse** zur Verwirklichung des Öffentlichkeitsgrundsatzes **kennt** oder bei Beachtung der zur Wahrung der Öffentlichkeit erforderlichen Sorgfalt **hätte erkennen können** und gleichwohl diese Hindernisse nicht beseitigt bzw. ihnen nicht entgegengewirkt[512] oder (3) wenn das Gericht seine **Aufsichtspflicht verletzt**.[513] **135**

Denkbar ist ein Verschulden in dem von der hM verlangten Sinn somit auf zweierlei Arten: Einerseits kann es angenommen werden, wenn es sich um **eigenes Verschulden** des Gerichts selbst handelt; andererseits, wenn zwar das Gericht die unzulässige Beschränkung der Öffentlichkeit nicht selbst verschuldet hat, aber ihm das **Verschulden untergeordneter Beamter zugerechnet** werden muss, weil das Gericht ihnen gegenüber seine Aufsichtspflicht hinsichtlich möglicher Beschränkungen verletzt hat.[514] Eine Zurechnung für gegenüber dem Gericht untergeordnete Beamte ergibt sich aus der **Kontroll-** bzw. **Aufsichts-** bzw. **Weisungspflicht**[515] des Vorsitzenden/des Gerichts gegenüber diesen Beamten, die während der **gesamten Dauer** der Verhandlung besteht.[516] An diese Aufsichtspflicht dürfen aber keine überspannten Anforderungen gestellt werden.[517] **136**

Der ordnungsgemäßen Ausübung der **Aufsichtspflicht** kommt das Gericht wohl nicht nach, wenn es im Falle einer bis nach Dienstschluss der Justizbehörde reichenden Hauptverhandlung weder eine allgemeine Weisung an die Wachtmeister dahingehend erteilt, vor dem Abschließen des Gerichtsgebäudes zu prüfen, ob noch Hauptverhandlungen andauern, noch eine spezielle Weisung, das Gebäude für diese Hauptverhandlung zugänglich zu halten.[518] Dagegen ist es wohl sogar ein eigenes Verschulden des Vorsitzenden, wenn er eine durchführt, weil die Verfahrensbeteiligten aufgrund nicht ausgeführter Abladung erschienen sind; dann hat er als einziger Gerichtsangehöriger, der Kenntnis von der Durchführung des Termins hat, für einen entsprechenden Aushang zu sorgen.[519] Findet die Hauptverhandlung **außerhalb des Gerichtsgebäudes** statt, obliegt es dem Gericht, einen **Aushang** mit Ort und Zeit der Verhandlung anbringen zu lassen und zu kontrollieren, ob dieser Anweisung Folge geleistet und die Kenntnisnahme der Öffentlichkeit dadurch gesichert ist.[520] Wenn **137**

28.11.1994 – 5 StR 611/94, NStZ 1995, 143 (143 f.); 14.4.2020 – 5 StR 14/20, NJW 2020, 2741 (2742); OLG Celle 1.6.2012 – 322 SsBs 131/12, NStZ 2012, 654; Schmitt in Meyer-Goßner/Schmitt Rn. 49; Frisch in SK-StPO Rn. 137; Widmaier/Momsen in Satzger/Schluckebier/Widmaier StPO Rn. 58; Franke in Löwe/Rosenberg Rn. 113; Pfeiffer Rn. 26.

[510] Kudlich FS Fezer, 2008, 435 (440); Kudlich JA 2000, 970 (974); ablehnend/krit. auch Beulke Rn. 380; Roxin/Schünemann StrafVerfR § 47 Rn. 24.
[511] Vgl. Franke in Löwe/Rosenberg zur Begründung der hM Rn. 113.
[512] Schmitt in Meyer-Goßner/Schmitt Rn. 49 mwN; Wiedner in BeckOK StPO Rn. 130; Franke in Löwe/Rosenberg Rn. 113.
[513] BGH 18.12.1968 – 3 StR 297/68, BGHSt 22, 297 (301) = NJW 1969, 756 (758); Wiedner in BeckOK StPO Rn. 130; Franke in Löwe/Rosenberg Rn. 113.
[514] Schmitt in Meyer-Goßner/Schmitt Rn. 49 f.; Franke in Löwe/Rosenberg Rn. 113 f. jeweils mwN.
[515] Franke in Löwe/Rosenberg Rn. 6; Pfeiffer Rn. 26; grds. auch Gericke in KK-StPO Rn. 89; Wiedner in BeckOK StPO Rn. 130.
[516] BGH 18.12.1968 – 3 StR 297/68, BGHSt 22, 297 (301); Franke in Löwe/Rosenberg Rn. 114.
[517] Schmitt in Meyer-Goßner/Schmitt Rn. 50 m. H. auf BGH 18.1.2.1968 – 3 StR 297/68, BGHSt 22, 297 (302) = NJW 1969, 756 (758); Nagel in Radtke/Hohmann Rn. 54.
[518] Dahs/Müssig in MAH Strafverteidigung § 12 Rn. 138.
[519] OLG Schleswig 31.3.2022 – II OLG 15/22, StraFo 2022, 192 = BeckRS 2022, 14674.
[520] OLG Hamm 7.11.2001 – 3 Ss 426/01, BeckRS 2001, 30217446; Schmitt in Meyer-Goßner/Schmitt Rn. 50.

auf Anordnung des Gerichts Einlasskontrollen durchgeführt werden, dann darf mit der Hauptverhandlung erst begonnen werden, wenn alle Personen, die rechtzeitig erschienen sind, sich nach ihrer Kontrolle im Verhandlungssaal eingefunden haben,[521] da die Verzögerung durch die Einlasskontrolle durch das Gericht **selbst verschuldet** ist.

138 **Unbeachtlich** für die Rüge nach Nr. 6 ist, wenn das Gericht die Umstände einer unzulässigen Beschränkung der Öffentlichkeit zwar richtig erfasst, **rechtlich** aber **unzutreffend** bewertet hat, also einem **Rechtsirrtum** unterliegt. In diesem Fall ist ein Verschulden des Gerichts anzunehmen.[522] Anders sind Fälle zu beurteilen, in denen das Gericht einem Tatsachenirrtum unterliegt,[523] denn mangels Kenntnis der tatsächlichen Umstände, die die Öffentlichkeit beschränken, kann ein Verschulden des Gerichts in diesen Fällen nicht angenommen werden.

139 **3. Kasuistik. a) Einzelfragen.** Allein der Umstand, dass die **Zugangstür** geschlossen und danach **von außen nicht wieder ohne weiteres geöffnet** werden konnte, kann für sich betrachtet die Rüge nach Nr. 6 nicht begründen.[524] Liegt ein solcher Fall vor, müssen **weitere Umstände** hinzukommen (und in der Revision vorgetragen werden), aufgrund derer der Zugang zur Hauptverhandlung bzw. zum Gerichtsgebäude **tatsächlich unmöglich** war.[525]

140 **Kein Verstoß** gegen den Öffentlichkeitsgrundsatz liegt vor, wenn das Gericht faktisch die Öffentlichkeit oder Teile davon nicht hindert, an der Verhandlung teilzunehmen, die Teilnahme aber an das **Unterlassen bestimmter optischer Merkmale** wie zB **Kutten** knüpft, weil die Zugangsmodalitäten ohne Weiteres befolgt werden können. Dies gilt freilich nur, soweit das Gericht sich bei der Ermessensausübung von nachvollziehbaren, unter das **Hausrecht** des Präsidenten fallenden Aspekten („verständlicher Anlass") hat leiten lassen.[526]

141 Da der Öffentlichkeitsgrundsatz auch im **Bußgeldverfahren** gilt, stellt es einen Verstoß gegen diesen dar, wenn in einem solchen während der Urteilsverkündung auf der vor dem Sitzungssaal angebrachten elektronischen Anzeige in roter Schrift der Schriftzug „nicht öffentliche Sitzung" leuchtet.[527]

142 In Ausnahmekonstellationen kann sich eine rechtswidrige sitzungspolizeiliche Maßnahme als unzulässige Beschränkung der Verteidigung (Nr. 8) darstellen, doch wird man selten annehmen können, dass das Urteil etwa auf der „stigmatisierenden Wirkung einer rechtswidrigen Fesselung" beruht.[528]

143 Probleme im Zusammenhang mit dem absoluten Revisionsgrund der Nr. 6 ergaben sich insbes. vor Inkrafttreten des § 257c im Jahr 2009 mit Blick auf **Verfahrensabsprachen**.[529] Mit Einführung des § 257c als gesetzlicher Grundlage der Verfahrensabsprachen, stellt sich das Problem eines möglichen Verstoßes gegen § 169 GVG nicht (mehr), solange und soweit die Mitteilungspflichten des **§ 243 Abs. 4** beachtet werden (→ § 243 Rn. 39 ff.; → § 257c Rn. 53 f.) und so der Inhalt der Verständigung zum Gegenstand der öffentlichen Hauptverhandlung gemacht wird;[530] Verstöße gegen **Mitteilungspflichten** (etwa nach

---

[521] Schmitt in Meyer-Goßner/Schmitt Rn. 50 m. H. auf BGH 2.12.1994 – 2 StR 394/94, NStZ 1995, 181 (182).
[522] OLG Hamm 3.4.1974 – 4 Ss 17/74, NJW 1974, 1780 (1781); Wiedner in BeckOK StPO Rn. 130; Franke in Löwe/Rosenberg Rn. 114 aE; Schmitt in Meyer-Goßner/Schmitt Rn. 49.
[523] BGH 22.9.1978 – 3 StR 304/78, NJW 1979, 770 mAnm Foth JR 1979, 262 (262 f.); BGH 18.12.1968 – 3 StR 297/68, BGHSt 22, 297 (300) = NJW 1969, 756 (757); OLG Hamm 3.4.1974 – 4 Ss 17/74, NJW 1974, 1780 (1781).
[524] Vgl. BGH 28.9.2011 – 5 StR 245/11, NStZ 2012, 173 (174).
[525] Vgl. BGH 28.9.2011 – 5 StR 245/11, NStZ 2012, 173 (174).
[526] Vgl. hierzu und zu zahlreichen anderen Aspekten in diesem Zusammenhang BVerfG 14.3.2012 – 2 BvR 2405/11, NJW 2012, 1863 (1864 f.).
[527] So entschieden von OLG Hamm 7.7.2009 – 2 Ss Owi 828/08, BeckRS 2010, 10750.
[528] Hierzu Habetha NJW 2015, 3627 (3628).
[529] Vgl. zu den damit zusammenhängenden Fragen vor Inkrafttreten des Verständigungsgesetzes BGH 28.8.1997 – 4 StR 240/97, BGHSt 43, 195 = NJW 1998, 86; BGH 19.8.2004 – 3 StR 380/03, NJW 2005, 519; krit. zur Rspr. König in Heghmanns/Scheffler StrafVerf-HdB Kap. X Rn. 195 ff.
[530] BVerfG 15.1.2015 – 2 BvR 2055/14, NStZ 2015, 172 mAnm Knauer/Pretsch; BGH 15.7.2014 – 5 StR 169/14, NStZ-RR 2014, 315.

§ 243 Abs. 4 S. 1) sollen zwar nach der Rspr. des BVerfG regelmäßig ein Beruhen nach sich ziehen,[531] aber keinen absoluten Revisionsgrund nach Nr. 6 darstellen.[532]

b) Insbes. Ausschluss der Öffentlichkeit. Unter bestimmten Voraussetzungen **144** kann die Öffentlichkeit ausgeschlossen werden. Erlässt das Gericht keinen nach § 174 Abs. 1 S. 1 GVG hierfür erforderlichen **Beschluss,** sondern wird die Öffentlichkeit ohne einen solchen rein tatsächlich bzw. durch Anordnung des Vorsitzenden ausgeschlossen, liegt hierin ein **Verstoß** gegen den Grundsatz der Öffentlichkeit.[533] Demgegenüber ist **kein Beschluss erforderlich,** die richterliche Anordnung also ausreichend, wenn entschieden wird, über den Ausschlussantrag nicht öffentlich zu verhandeln.[534] Schon mit Bekanntgabe der Entscheidung ist die Verhandlung nichtöffentlich; es ist daher unschädlich, wenn das Gericht nach Verkündung des Beschlusses über den Ausschluss der Öffentlichkeit auf Gegenvorstellung eines Verfahrensbeteiligten erneut nichtöffentlich verhandelt.[535]

Auch nur **formelle Mängel** des Ausschließungsbeschlusses ermöglichen dem Revisionsführer die Rüge nach Nr. 6:[536] Der Beschluss über den Ausschluss der Öffentlichkeit **145** wie auch Folgebeschlüsse müssen im Regelfall **öffentlich verkündet, vgl. § 174 Abs. 1 S. 2 Hs. 1 GVG, und begründet** werden.[537] Im Beschluss über die Ausschließung muss der **Grund,** der sie rechtfertigt angegeben,[538] aber unter bestimmten Voraussetzungen nicht ausdrücklich genannt werden.[539] Die Rechtsprechung lässt zB in Einzelfällen ausreichen, wenn der Wortlaut der dem Ausschluss zugrundeliegenden Norm mitgeteilt wird.[540] Dies kann allerdings nur gelten, wenn mit Heranziehung der **gesetzlichen Bestimmung** der Ausschließungsgrund eindeutig gekennzeichnet ist.[541] **Nicht ausreichend** ist dagegen, wenn zwar ein Hinweis auf die gesetzliche Bestimmung erfolgt, aber die Begründung aus sich heraus nicht verständlich ist, weil etwa die Norm, auf die verwiesen wird, mehrere Alternativen hat, so zB im Fall des § 172 GVG.[542] Wenn lediglich aus dem **Zusammenhang der Hauptverhandlung,** den **Umständen** oder vorausgegangenen Entscheidungen

---

[531] Vgl. BVerfG 15.1.2015 – 2 BvR 2055/14, NStZ 2015, 172 mAnm Knauer/Pretsch; BGH 15.7.2014 – 5 StR 169/14, NStZ-RR 2014, 315.
[532] BVerfG 15.1.2015 – 2 BvR 2055/14, NStZ 2015, 172 mAnm Knauer/Pretsch; BGH 29.11.2013 – 115.7.2014 – 5 StR 200/13169/14, NStZ-RR 2014, 85 (86).
[533] BGH 10.4.1962 – 1 StR 125/62, BGHSt 17, 220 (222) = NJW 1962, 1308; 1.12.1998 – 4 StR 585/98, NStZ 1999, 371; 21.1.2021 – 2 StR 188/20, NStZ 2021, 760; ferner OLG Nürnberg 25.2.2015 – 1 OLG 8 Ss 1/15, StV 2015, 282 = BeckRS 2015, 08092: „Wird die Öffentlichkeit in der Hauptverhandlung durch Beschluss ausgeschlossen, der entgegen § 174 Abs. 1 S. 3 GVG nicht begründet wird, und kommen hierfür mehrere Gründe in Betracht, liegt darin eine unzulässige Beschränkung der Öffentlichkeit und damit ein absoluter Revisionsgrund i.S.d. § 338 Nr. 6 StPO"; Gericke in KK-StPO Rn. 90; Nagel in Radtke/Hohmann Rn. 56; Schmitt in Meyer-Goßner/Schmitt Rn. 48.
[534] Nagel in Radtke/Hohmann Rn. 56 m. H. auf BGH 1.12.1998 – 4 StR 585/98, BeckRS 1998, 30036515; 27.11.2014 – 3 StR 437/14, BGHSt 60, 58, wonach antragsberechtigter „Beteiligter" iSd § 174 GVG auch der Zeuge ist; Gericke in KK-StPO Rn. 90.
[535] BGH 25.11.2014 – 3 StR 257/14, NStZ 2015, 230.
[536] Gericke in KK-StPO Rn. 90; Frisch in SK-StPO Rn. 132 mwN.
[537] Nagel in Radtke/Hohmann Rn. 56 m. zutreffenden Hinweis auf BGH 22.11.1995 – 3 StR 284/95, NStZ 1996, 202 (203); Schmitt in Meyer-Goßner/Schmitt Rn. 48 mwN; Franke in Löwe/Rosenberg Rn. 110 mit dem bloßen Hinweis, dass § 174 Abs. 1 die prozessualen Formen für die Beschränkung regelt.
[538] BGH 25.9.1951 – 1 StR 464/51, BGHSt 1, 334 = NJW 1952, 153; 21.1.1951 – 2 StR 480/51, BGHSt 2, 56; 30.3.1983 – 4 StR 122/83, NStZ 1983, 324; Schmitt in Meyer-Goßner/Schmitt Rn. 48 mwN.
[539] BGH 9.6.1999 – 1 StR 325/98, BGHSt 45, 117 (121) = NStZ 1999, 474 (475); wohl kritisch zu einer detaillierten Begründung Gössel NStZ 1982, 141 (142); Nagel in Radtke/Hohmann Rn. 57 mwN; Gericke in KK-StPO Rn. 90.
[540] BGH 9.7.1985 – 1 StR 216/85, NStZ 1986, 179 (180) mAnm Gössel; 10.5.1995 – 3 StR 145/95, BGHSt 41, 145 = NJW 1995, 3195.
[541] Gericke in KK-StPO Rn. 90 m. H. auf BGH 24.8.1995 – 4 StR 470/95, StV 1996, 134; allgemein hierzu (und zugleich Besprechung) vgl. Park NJW 1996, 2213.
[542] Vgl. BGH 17.5.1977 – 4 StR 102/77, BGHSt 27, 187 (188) = NJW 1977, 1643.

und Anträgen erkennbar wird, aus welchem Grund die Ausschließung erfolgte, genügt das dem Begründungserfordernis **grds. nicht**.[543] Eine **Ausnahme** kann aber gelten, wenn der Ausschließungsgrund sich **offensichtlich** aus den Umständen ergibt.[544] Dann nämlich „vermag die fehlende ausdrückliche Angabe des Ausschlussgrundes weder unter dem Aspekt unzureichender Aufklärung der Zuhörer im Gerichtssaal noch unter dem unzureichender Überprüfbarkeit durch das Revisionsgericht"[545] die Aufhebung des Urteils begründen. Die vom Tatgericht festgestellten **tatsächlichen Umstände,** die dem Beschluss zugrunde gelegt wurden, werden nicht vom Revisionsgericht überprüft.[546]

146 Wird die **gesetzliche Bestimmung nicht genannt,** dann genügt der Beschluss gleichwohl den formellen Anforderungen, wenn der Grund der Ausschließung der Öffentlichkeit – zB gem. § 174 Abs. 1 S. 3 GVG – **„aus sich heraus hinreichend deutlich"** erkennbar ist.[547]

147 Wenn für die Dauer der Vernehmung eines Zeugen die Öffentlichkeit mit wirksamem Beschluss nach § 174 Abs. 1 GVG ausgeschlossen ist, gilt dieser Beschluss für die gesamte Dauer der Zeugenvernehmung, dh auch dann, wenn diese Vernehmung unterbrochen und zB an einem anderen Verhandlungstag fortgesetzt wird.[548] Sobald die **Vernehmung des Zeugen abgeschlossen** und dieser aus dem Zeugenstand entlassen ist, kann eine erneute Vernehmung unter Ausschluss der Öffentlichkeit nicht auf den vorherigen Beschluss gestützt werden;[549] eine **bloße Anordnung,** die sich auf den zur vorherigen Vernehmung gehörenden Beschluss bezieht, ist als Grundlage für die rechtmäßige Ausschließung der Öffentlichkeit **nicht ausreichend.**[550]

148 Die Verletzung der Vorschriften über die Öffentlichkeit kann auch dann gerügt werden, wenn die im Beschluss genannte **Dauer des Ausschlusses überschritten** wird,[551] so zB wenn die Öffentlichkeit im Beschluss für die Dauer der Vernehmung des Angeklagten zur Sache ausgeschlossen war, die Ausschließung tatsächlich während der Beweisaufnahme fortdauerte[552] oder noch in der nichtöffentlichen Verhandlung auf Antrag des Nebenklägervertreters beschlossen wird, die Öffentlichkeit auch während der Verlesung früherer Aussagen der Geschädigten auszuschließen.[553]

149 Werden **einzelne Personen** und nicht alle Zuhörer aus der Verhandlung ausgeschlossen oder wird ihnen in gesetzeswidriger Weise kein Zutritt ermöglicht, kann der Revisionsgrund nach Nr. 6 vorliegen.[554] In manchen Fällen gilt dies jedoch nicht, so zB, wenn die ausgeschlossene(n) Person(en) als Zeugen in Betracht kommen, weil in diesem Fall die Befugnis des Gerichts für den Ausschluss der betroffenen Person aus **§ 58 Abs. 1 iVm § 238 Abs. 1**

---

[543] BGH 30.3.1983 – 4 StR 122/83, NStZ 1983, 324 mwN; Gericke in KK-StPO Rn. 90.
[544] Zu einem solchen Ausnahmefall vgl. BGH 9.6.1999 – 1 StR 325/98, BGHSt 45, 117 (120 ff.) = NStZ 1999, 3060 (3060 f.).
[545] BGH 9.6.1999 – 1 StR 325/98, BGHSt 45, 117 (123) = NJW 1999, 3060 (3061).
[546] Gericke in KK-StPO Rn. 90 mwN; Nagel in Radtke/Hohmann Rn. 57.
[547] Vgl. BGH 11.4.1989 – 1 StR 782/88, NStZ 1989, 442.
[548] Vgl. BGH 17.8.2011 – 5 StR 263/11, StV 2012, 140 = BeckRS 2011, 22405. Zwar erfasst er wohl nicht auch die Verlesung der Aussagegenehmigung; hier will BGH 21.3.2012 – 1 StR 34/12, NStZ-RR 2014, 381 mAnm Foth ein Beruhen aber als denkgesetzlich ausgeschlossen betrachten. Nach BGH 31.3.2020 – 5 StR 12/20, BeckRS 2020, 6430 umfasst der Ausschluss der Öffentlichkeit für die Vernehmung des Nebenklägers nach § 171b Abs. 1 und 3 GVG auch die damit im engen Zusammenhang stehenden Verlesungen eines von ihm gefertigten Erinnerungsprotokolls nach § 249 Abs. 1 und eines Teils seiner polizeilichen Vernehmung nach § 253 Abs. 1.
[549] BGH 9.5.2018 – 2 StR 543/17, StraFo 2018, 472 = BeckRS 2018, 12847.
[550] Vgl. BGH 17.8.2011 – 5 StR 263/11, StV 2012, 140 = BeckRS 2011, 22405; 30.10.2007 – 3 StR 410/07, NStZ 2008, 476 (476 f.); 3.3.2009 – 3 StR 584/08, NStZ-RR 2009, 213 (213 f.).
[551] Schmitt in Meyer-Goßner/Schmitt Rn. 48; Gericke in KK-StPO Rn. 90 mwN.
[552] Vgl. BGH 24.2.1955 – 3 StR 543/54, BGHSt 7, 218; Gericke in KK-StPO Rn. 90.
[553] BGH 30.7.2018 – 4 StR 68/18, NStZ-RR 2018, 324.
[554] BGH 20.1.1953 – 1 StR 626/52, BGHSt 3, 386 (388); 10.4.1962 – 1 StR 22/62, BGHSt 17, 201 (205) = NJW 1962, 1260 (1261); 15.1.1963 – 5 StR 528/62, BGHSt 18, 179 (180) = NJW 1963, 599; 11.5.1988 – 3 StR 566/87, NStZ 1988, 467 (468); Schmitt in Meyer-Goßner/Schmitt Rn. 48; Nagel in Radtke/Hohmann Rn. 60; Gericke in KK-StPO Rn. 91; krit. Franke in Löwe/Rosenberg Rn. 109 jeweils mwN.

folgt.⁵⁵⁵ Stützt das Gericht den Ausschluss der Person **sachwidrig** auf eben diese gesetzliche Grundlage, obwohl deren Voraussetzungen aber tatsächlich nicht gegeben waren, ist hierin wiederum ein Verstoß gegen den Öffentlichkeitsgrundsatz zu sehen,⁵⁵⁶ der nach Nr. 6 gerügt werden kann. Der Ausschluss einzelner Zuhörer stellt auch dann keinen Verfahrensmangel dar, wenn die Zuhörer sich **freiwillig auf Bitte** des Vorsitzenden entfernen, dies kann allerdings nur gelten, sofern diese „Bitte" nicht den Charakter einer richterlichen Anordnung hatte.⁵⁵⁷ Allerdings dürfen die Vorschriften über die Beteiligung der Öffentlichkeit nicht dadurch umgangen werden, dass die Verhandlung insgesamt unter Ausschluss der Öffentlichkeit stattfindet, weil sich alle Zuschauer auf Bitten des Vorsitzenden aus dem Sitzungssaal entfernt haben, jedoch die gesetzlichen Voraussetzungen für einen Ausschluss nicht vorliegen.⁵⁵⁸

Hinsichtlich des gesetzlichen Ausschlussgrundes des **§ 171b GVG** hat der BGH entschieden, dass der absolute Revisionsgrund der Nr. 6 nicht gegeben ist, wenn die Öffentlichkeit nach § 171b GVG ausgeschlossen war und während der Dauer des Ausschlusses der Anklagesatz verlesen wurde, weil § 171b GVG nicht weniger weit reiche als die Ausschlusstatbestände der §§ 171a und 172 GVG und diese einen Ausschluss der Öffentlichkeit explizit für die **Hauptverhandlung oder einen Teil davon** ermöglichen.⁵⁵⁹ Nach einem Ausschluss gem. § 171b Abs. 1 GVG ist die Öffentlichkeit daher wieder herzustellen; die Wiederherstellung ist wesentliche Förmlichkeit gem. § 274, sodass ein fehlender Eintrag diesbezüglich die fehlerhafte Nichtöffentlichkeit beweist.⁵⁶⁰ Liegen die Voraussetzungen des § 171b Abs. 3 S. 2 GVG vor, stellt das Fehlen eines den Ausschluss der Öffentlichkeit für die Schlussvorträge anordnenden Gerichtsbeschlusses keinen absoluten Revisionsgrund nach Nr. 6 dar, da das Gericht hier nicht anders hätte entscheiden können.⁵⁶¹

4. Heilung oder Unbeachtlichkeit des Fehlers. Die Revision des Angeklagten kann – trotz des Charakters als absoluter Revisionsgrund – nur zum Erfolg führen, wenn der Verfahrensfehler bis zum Urteil **fortgewirkt** hat.⁵⁶² Daran kann es fehlen, wenn der Fehler zwischenzeitlich geheilt wurde. Eine **Heilung** kommt durch **Wiederholung** des in Frage stehenden Prozessvorgangs unter Beachtung des Öffentlichkeitsgrundsatzes in Betracht; nur ausnahmsweise kann sich dies aus besonderen Gründen als überflüssig erweisen.⁵⁶³

Kann das Urteil **denknotwendig nicht** auf dem Fehler **beruhen,** ist nach der Rspr. § 338 nicht anwendbar.⁵⁶⁴ Dies gilt etwa, wenn in einem Zeitraum, in dem die Öffentlichkeit ausgeschlossen war, ein Hinweis nach § 265 ergeht und dieser sich auf eine Tat bezieht, die später nach **§ 154a ausgeschieden** wird oder nach **§ 154 Abs. 2 teileingestellt** wird.⁵⁶⁵ Auch in Fällen, in denen unter Ausschluss der Öffentlichkeit **bloße Terminankündigungen hinsichtlich der Fortsetzung der Hauptverhandlung** stattfinden, ist ein Beruhen

---

⁵⁵⁵ BGH 7.11.2000 – 5 StR 150/00, NStZ 2001, 163 m. Bespr. Fahl JA 2001, 455 ff.; Gericke in KK-StPO Rn. 91.
⁵⁵⁶ Vgl. König in Heghmanns/Scheffler StrafVerf-HdB Kap. X Rn. 204 m. H. auf BGH 9.9.2003 – 4 StR 173/03, NStZ 2004, 453 (453 f.).
⁵⁵⁷ Vgl. BGH 11.5.1988 – 3 StR 566/87, NStZ 1988, 467 (468); 16.4.1993 – 3 StR 14/93, NStZ 1993, 450; 11.5.1988 – 3 StR 566/87, NJW 1989, 465 m. Bespr. Schneiders StV 1990, 91 ff.; BGH 20.4.1999 – 4 StR 639/98, NStZ 1999, 426; König in Heghmanns/Scheffler StrafVerf-HdB Kap. X Rn. 204.
⁵⁵⁸ BGH 16.4.1993 – 3 StR 14/93, NStZ 1993, 450.
⁵⁵⁹ Vgl. BGH 21.6.2012 – 4 StR 623/11, BGHSt 57, 273 ff. = NJW 2012, 3113; vgl. zu § 171b GVG ferner BGH 28.9.2017 – 4 StR 240/17, NJW 2018, 640.
⁵⁶⁰ Vgl. BGH 14.1.2016 – 4 StR 543/15, BeckRS 2016, 02165.
⁵⁶¹ BGH 9.5.2019 – 4 StR 605/18, BGHSt 64, 64 = NStZ 2019, 549 mAnm Kudlich JA 2019, 708.
⁵⁶² BGH 19.12.1984 – 2 StR 438/84, BGHSt 33, 99 = NJW 1985, 1848; Gericke in KK-StPO Rn. 90.
⁵⁶³ BGH 19.12.1984 – 2 StR 438/84, BGHSt 33, 99 (100) = NJW 1985, 1848 mAnm Fezer StV 1985, 403 (403 f.) und Schöch NStZ 1985, 422 (422 f.); BGH 25.10.2001 – 1 StR 306/01, NStZ 2002, 106 (107); Gericke in KK-StPO Rn. 90; König in Heghmanns/Scheffler StrafVerf-HdB Kap. X Rn. 209.
⁵⁶⁴ BGH 22.3.2023 – 1 StR 243/22, BeckRS 2023, 10594; Schmitt in Meyer-Goßner/Schmitt Rn. 50b.
⁵⁶⁵ BGH 25.7.1995 – 1 StR 342/95, NJW 1996, 138; 2.2.1999 – 1 StR 636/98, StV 2000, 248 mAnm Ventzke; Schmitt in Meyer-Goßner/Schmitt Rn. 50b.

des Urteils auf dem Verstoß gegen den Öffentlichkeitsgrundsatz denkgesetzlich ausgeschlossen.[566] Dasselbe gilt, wenn ein Zeuge bei Anwesenheit der Öffentlichkeit vernommen wurde, die **Aussagegenehmigung** jedoch **unter Ausschluss der Öffentlichkeit** stattfand, da Grundlage des Urteils nur die Aussage des Zeugen sein kann.[567] Denkgesetzlich ausgeschlossen ist das Beruhen auch, wenn in Abwesenheit der Öffentlichkeit die **Anordnung der Unterbrechung der Hauptverhandlung** ergeht.[568] Äußert sich der Vorsitzende über den beabsichtigten weiteren Gang des Verfahrens, während die Öffentlichkeit ausgeschlossen ist, kann das Urteil auch hierauf nicht beruhen.[569] Diese Einzelfälle zeigen, dass jede Anordnung, die hypothetisch auch **außerhalb der Hauptverhandlung** in **zulässiger** Weise vorgenommen werden könnte, ebenso unproblematisch auch während der Dauer des Ausschlusses der Öffentlichkeit getroffen werden kann,[570] ohne dass dem Angeklagten hierdurch die Möglichkeit der Verfahrensrüge eröffnet würde, weil diese Anordnungen außerhalb der Hauptverhandlung ebenfalls nicht mit Beteiligung der Öffentlichkeit getroffen werden.

153   **5. Inhalt des Revisionsvorbringens. a) Allgemeines.** Wie bei jedem Verfahrensfehler muss das Revisionsvorbringen auch hier durch seinen Tatsachenvortrag die Rüge vollumfänglich stützen, um den Anforderungen des § 344 Abs. 2 S. 2 zu genügen.[571] Der Revisionsführer muss dazu alle Umstände darlegen, die seine Rüge der unzulässigen Beschränkung der Öffentlichkeit tragen.[572] Hierzu gehören etwa die Darstellung der **örtlichen Verhältnisse** – zB wenn die Hauptverhandlung oder Teile der Beweisaufnahme außerhalb des Gerichtsgebäudes stattfinden[573] – sowie, wenn einzelne Zuschauer aufgrund zufälliger Auswahl als Zuschauer zugelassen wurden und andere nicht, die **Umstände,** die diese **Auswahl willkürlich** oder **ermessensfehlerhaft** erscheinen lassen.[574] Ebenso muss aus der Revisionsbegründung das **Verschulden des Gerichts** ersichtlich werden, **soweit** dem Revisionsführer ein diesbezüglicher Tatsachenvortrag **möglich** ist.[575] Dagegen muss die Begründung sich nicht zu der Frage verhalten, ob ein Beruhen (was gerade in Fällen der Nr. 6 verschiedentlich von der Rechtsprechung angenommen wird), „denkgesetzlich ausgeschlossen" ist.[576]

154   **b) Bestimmte Verfahrensvorgänge bzw. -abschnitte.** Betrifft die Rüge nach Nr. 6 nur bestimmte Verfahrensvorgänge, die unter Ausschluss der Öffentlichkeit stattfanden, jedoch vom Beschluss über die Ausschließung der Öffentlichkeit nicht getragen waren, muss der Revisionsführer sowohl diese Verfahrensvorgänge genau bezeichnen als auch den **Zeitpunkt der Wiederherstellung der Öffentlichkeit** angeben.[577] Kommt es im Urteil zu einem **Teilfreispruch** und will der Revisionsführer gegen die hierin liegende **Teilverurteilung** vorgehen, dann erfordert § 344 Abs. 2 S. 2 zB die zumindest **pauschale Darstellung der Zeugenvernehmung,** die vermeintlich unter gesetzwidrigem Ausschluss der

---

[566] BGH 20.12.2001 – 3 StR 295/01, NStZ-RR 2002, 261 bei Becker; Wiedner in BeckOK StPO Rn. 138.1.
[567] BGH 21.3.2012 – 1 StR 34/12, NStZ 2012, 587.
[568] BGH 15.4.2003 – 1 StR 64/03, NJW 2003, 2761; 2.12.2003 – 1 StR 102/03, NJW 2004, 865 (867); Schmitt in Meyer-Goßner/Schmitt Rn. 50b.
[569] Wiedner in BeckOK StPO Rn. 139 mwN.
[570] So Wiedner in BeckOK StPO Rn. 138.1 m. H. auf BGH 25.7.1995 – 1 StR 342/95, NJW 1996, 138 und BGH 20.12.2001 – 3 StR 295/01, NStZ-RR 2002, 261 bei Becker.
[571] Vgl. BGH 4.12.2007 – 5 StR 404/07, NStZ 2008, 354; Frisch in SK-StPO Rn. 140.
[572] Schmitt in Meyer-Goßner/Schmitt Rn. 50a m. H. auf BGH 10.1.2006 – 1 StR 527/05, NJW 2006, 1220 (1220, 1221); König in Heghmanns/Scheffler StrafVerf-HdB Kap. X Rn. 209.
[573] Vgl. BGH 10.1.2006 – 1 StR 527/05, NJW 2006, 1220 (1221): Dort zur Augenscheineinnahme in einem Treppenhaus.
[574] BGH 10.1.2006 – 1 StR 527/05, NJW 2006, 1220 (1221); Wiedner in BeckOK StPO Rn. 140.
[575] BGH 17.2.2023 – 5 StR 392/21, NStZ-RR 2023, 152; OLG Hamm 7.12.2001 – 3 Ss 426/01, StV 2002, 474 (475); OLG Saarbrücken 25.5.2007 – Ss (B) 22/2007 (20/07)), NStZ-RR 2008, 50; Schmitt in Meyer-Goßner/Schmitt Rn. 50a; Fromm NJOZ 2015, 1193 (1196); Nagel in Radtke/Hohmann Rn. 61; Wiedner in BeckOK StPO Rn. 140.
[576] BGH 30.7.2018 – 4 StR 68/18, NStZ-RR 2018, 324.
[577] Wiedner in BeckOK StPO Rn. 141.

Öffentlichkeit stattgefunden hat, weil es dem Revisionsgericht nur dadurch möglich ist, festzustellen, ob diese Zeugenvernehmung dem Urteil hinsichtlich der Teilverurteilung zugrunde liegt oder ob die Vernehmung nur den freisprechenden Teil des Urteils betrifft.[578]

c) Tatsächliche Zugangshindernisse. War der Zugang an sich zwar möglich, wurde 155 aber die Beschränkung der Öffentlichkeit durch ein **missverständliches Schild** bezüglich der **Öffnungszeiten** des Gerichts verursacht, kann die Rüge nach Nr. 6 nur zum Erfolg führen, wenn dargelegt wird, dass tatsächlich das Schild jemanden von der Teilnahme an der Sitzung abgehalten hat.[579] Will die Revision die gesetzwidrige Beschränkung der Öffentlichkeit rügen, weil die Zugangstür zum Gerichtsgebäude geschlossen wurde und danach von außen nicht mehr ohne Weiteres geöffnet werden konnte, ist für einen hinreichenden Revisionsvortrag die **Darlegung** solcher **Umstände** erforderlich, aufgrund derer feststeht, dass der **Zugang** zum Gerichtsgebäude **tatsächlich nicht möglich** war, etwa weil die Klingel zum Gerichtsgebäude betätigt und gleichwohl nicht geöffnet wurde.[580]

d) Fehlerhafter Ausschließungsbeschluss. Will der Revisionsführer rügen, dass der 156 **Ausschließungsbeschluss nicht ausreichend begründet** ist und der Ausschließungsgrund auch nicht so offensichtlich ist, dass es einer Begründung ausnahmsweise nicht bedurfte, erfordert eine erfolgreiche Rüge das Vorbringen der für das Revisionsgericht nötigen **Beurteilungsgrundlagen,** insbes. das **Sitzungsprotokoll.**[581]

Wird der Ausschluss der Öffentlichkeit beantragt und mit der Ablehnung dieses Antrags 157 gegen § 171a GVG verstoßen, kann dies zum Erfolg einer Aufklärungsrüge führen, wenn konkret dargelegt wird, „zu welchen weitergehenden Erkenntnissen die Hauptverhandlung geführt hätte, wenn die Öffentlichkeit ausgeschlossen worden wäre."[582]

VII. Fehlende oder verspätete Urteilsbegründung (Nr. 7)

1. Anwendungsbereich. Der Anwendungsbereich der Nr. 7 muss bereits seinem 158 Wortlaut nach in zwei Fallgruppen unterteilt werden, zum einen in die der gänzlich **fehlenden Urteilsgründe** und zum anderen in die der **verspäteten Urteilsbegründung.**

a) Fehlende Urteilsgründe. aa) Anwendungsbereich und Bedeutung. Die Rüge 159 nach Nr. 7 hat für die Revision mit Blick auf das Fehlen der nach §§ 268, 275 erforderlichen Urteilsgründe letztlich kaum praktische Bedeutung, da die Revision in einem solchen (kaum denkbaren) Fall schon durch die weitaus einfachere, da unter erheblich erleichterten formalen Voraussetzungen zu erhebende **Sachrüge,** erfolgreich sein wird.[583] Wenn nämlich keine Urteilsgründe vorhanden sind, wird der Schuldspruch auch in keiner Weise durch sie getragen. Darüber hinaus kann vom Rechtsmittelführer in einem solchen Fall schon aus logischen Gründen nicht erwartet werden, eine Rüge zu erheben, die den Anforderungen des § 344 Abs. 2 S. 2 genügt, zumal der Revisionsführer ihm nicht bekannte Belege aus dem Urteil nicht zur Begründung einer Rüge nutzen kann und dem Revisionsgericht eine Prüfung von vornherein **mangels Prüfungsgrundlage** nicht möglich ist.[584]

---

[578] BGH 4.12.2007 – 5 StR 404/07, NStZ 2008, 354 mAnm Ventzke StV 2008, 125 (125 f.); Nagel in Radtke/Hohmann Rn. 61; Wiedner in BeckOK StPO Rn. 141.

[579] Vgl. Schmitt in Meyer-Goßner/Schmitt Rn. 50a m. H. auf aA OLG Zweibrücken 25.9.1995 – 1 Ss 183/95, NJW 1995, 3333 und BGH 9.11.1995 – 4 StR 411/95, StV 1996, 267 – dort offen gelassen; aA ebenfalls Wiedner in BeckOK StPO Rn. 140; zuletzt zu ungenügendem Tatsachenvortrag iRd § 338 Nr. 6 („unpräzise Mitteilung des Verhandlungsgegenstandes") BGH 8.1.2014 –5 StR 614/13, BeckRS 2014, 02042.

[580] Vgl. BGH 28.9.2011 – 5 StR 245/11, NStZ 2012, 173 (174).

[581] Wiedner in BeckOK StPO Rn. 141.

[582] BGH 23.6.1998 – 5 StR 261/98, NStZ 1998, 586 mAnm Foth NStZ 1999, 373.

[583] Schmitt in Meyer-Goßner/Schmitt Rn. 52; Frisch in SK-StPO Rn. 143 mwN und m. H. auf OLG Hamm 19.8.2010 – 3 RVs 69/10, NStZ 2011, 238; Kleinknecht JZ 1969, 470; Rieß NStZ 1982, 441 (445) mwN; Franke in Löwe/Rosenberg Rn. 115; Wiedner in BeckOK StPO Rn. 142. Gleiches gilt, wenn das Urteil nicht unterschrieben ist, OLG Hamm 25.4.2017 – 1 RVs 35/17, BeckRS 2017, 122488.

[584] Franke in Löwe/Rosenberg Rn. 115.

160 **Praktische Fälle,** in denen Umstände zum Fehlen der Gründe führen können, sind zB[585] der Tod des Richters vor Abfassung der Urteilsgründe,[586] das Ausscheiden aus dem Justizdienst,[587] das Vorliegen eines doppelten Urteils aufgrund (versehentlicher oder bewusst wiederholter[588]) Urteilsverkündung,[589] Uneinigkeit bzgl. des Ergebnisses der Urteilsberatung,[590] das Fehlen der Beratung mit der Folge fehlender Unterschriften und dem Vorliegen eines bloßen Urteilsentwurfes (zum Urteilsentwurf auch → Rn. 163)[591] oder die Unterschrift durch einen Richter, der zum Zeitpunkt der Unterschrift einem gesetzlichen Ausschlussgrund unterliegt.[592] Hier ist festzuhalten, dass das **Fehlen sämtlicher** richterlicher Unterschriften einem **Fehlen der schriftlichen Urteilsgründe gleichsteht**.[593] Auch in diesem Fall kann daher eine **Sachrüge** erhoben werden (nicht aber, wenn nur **einzelne Unterschriften** fehlen,[594] hier muss **Verfahrensrüge** nach Nr. 7 erhoben werden[595]).

161 **bb) Abhanden gekommene Gründe.** In Fällen, in denen die Urteilsbegründung nicht deshalb fehlt, weil sie von vornherein nicht angefertigt worden, sondern **abhanden gekommen** und deshalb **nicht zu den Akten gelangt** ist, gilt Nr. 7 sinngemäß.[596] Gleiches gilt für den Fall, dass das Urteil samt den Akten abhandengekommen ist und **nicht wiederhergestellt werden kann**.[597] Im letztgenannten Fall ist auch zu beachten, dass eine Wiederherstellung des alten Urteils (und damit dessen Vorhandensein) nicht angenommen werden kann, wenn das Urteil sich durch die Wiederherstellung wesentlich von dem abhanden Gekommenen unterscheidet.[598] Ist hingegen garantiert, dass durch die Wiederherstellung der Wortlaut des neuen Urteils mit dem des alten Urteils übereinstimmt, liegt der Revisionsgrund der Nr. 7 mangels fehlender Urteilsgründe nicht mehr vor.[599]

162 Liegt dagegen noch eine Urteilsbegründung in irgendeiner Form, zB in Form einer „**beglaubigten Ausfertigung der nachweislich (noch) vorhandenen Urschrift des angefochtenen Urteils**"[600] vor, ist der Anwendungsbereich der **Nr. 7 nicht** eröffnet.[601]

---

[585] Vgl. hierfür Schmitt in Meyer-Goßner/Schmitt Rn. 52; Wiedner in BeckOK StPO Rn. 142.
[586] Schmitt in Meyer-Goßner/Schmitt Rn. 52 mwN.
[587] BGH 26.6.1992 – 3 StR 170/92, NStZ 1993, 30 bei Kusch; BayObLG 30.3.1967 – RReg. 4 b St 65/66, BayObLG 30.3.1967 – RReg 4b St 65/66, NJW 1967, 1578.
[588] So im Fall BGH 23.10.2012 – 2 StR 285/12, StV 2013, 378 = BeckRS 2012, 24881 durch den Versuch, die unterlassene Gewährung des letzten Wortes „zu heilen".
[589] Schmitt in Meyer-Goßner/Schmitt Rn. 52 mwN.
[590] ZB wegen Weigerung eines Richters den Entwurf zu unterzeichnen und an einer erneuten Urteilsberatung teilzunehmen, vgl. BGH 26.3.1954 – 2 StR 658/53, bei Dallinger MDR 1954, 333 (337).
[591] So Wiedner in BeckOK StPO Rn. 142.
[592] BGH 13.10.2021 – 2 StR 418/19, BeckRS 2021, 53326.
[593] BGH 21.11.2000 – 4 StR 354/00, BGHSt 46, 204 (206) = NStZ 2001, 219; 23.2.2022 – 2 StR 156/21, BeckRS 2022, 10057; OLG Hamm 29.4.2008 – 4 Ss 90/08, NStZ-RR 2009, 24; Nagel in Radtke/Hohmann Rn. 62.
[594] Wiedner in BeckOK StPO Rn. 147; Widmaier/Momsen in Satzger/Schluckebier/Widmaier StPO Rn. 65; Gericke in KK-StPO Rn. 97 mwN.
[595] Gericke in KK-StPO Rn. 97; Schmitt in Meyer-Goßner/Schmitt Rn. 56 m. H. auf BGH 21.11.2000 – 4 StR 354/00, BGHSt 46, 204 (206) = NStZ 2001, 219 (Verfahrensrüge); OLG Hamm 29.4.2008 – 4 Ss 90/08, NStZ-RR 2009, 24 (Sachrüge). Aus neuerer Zeit OLG Frankfurt a. M. 18.12.2015 – 1 Ss 318/14, NStZ-RR 2016, 287: Verfahrensrüge, wenn die Unterschrift teilweise mit Korrektur-Fluid beseitigt wurde und sich der Rechtsfehler damit nicht allein aus der Urteilsurkunde erschließen lässt sowie OLG Karlsruhe 8.10.2015 – 2 (7) SsBs 467/15 – AK 146/15, BeckRS 2015, 17136 (Sachrüge).
[596] RG 24.5.1907 – II 59/07, RGSt 40, 184; 65, 373; Schmitt in Meyer-Goßner/Schmitt Rn. 53; Gericke in KK-StPO Rn. 92.
[597] RG 24.5.1907 – II 59/07, RGSt 40, 184; 12.10.1931 – III 678/31, RGSt 65, 368 (373); 54, 102; Schmitt in Meyer-Goßner/Schmitt Rn. 53.
[598] BGH 7.1.1983 – 2 StR 778/82, bei Holtz MDR 1983, 447 (450) zit. bei Schmitt in Meyer-Goßner/Schmitt Rn. 53.
[599] Wiedner in BeckOK StPO Rn. 143 mwN und mit Hinweis auf BGH 18.12.1979 – 5 StR 697/79, NStZ 1980, 1007 (arg. e contrario).
[600] BGH 16.2.1976 – 3 Ss 697/75, mAnm Lintz JR 1977, 127.
[601] Schmitt in Meyer-Goßner/Schmitt Rn. 53 m. H. auf BGH 22.1.1971 – 3 StR 3/70 II, NJW 1971, 715 (715 f.) bei Dallinger MDR 1971, 545 (548).

cc) Teile und Vorstufen des Urteils. Fehlen nicht die Urteilsgründe selbst, sondern 163
das Rubrum oder der Tenor des Urteils, kann dies nicht nach Nr. 7, sondern nur, sofern
das Beruhen dargelegt werden kann, nach § 337 gerügt werden.[602] Wird der Angeklagte
wegen mehrerer in **Tatmehrheit** zueinander stehender Delikte verurteilt und fehlen die
Urteilsgründe nur hinsichtlich einer oder mehrerer (**= teilweises Fehlen der Urteilsbegründung**), ist auch die erfolgreiche Revision auf eine **Teilaufhebung**[603] der Verurteilung,
der nicht durch eine Begründung getragen wird, beschränkt.[604] Wurde ein **Urteilsentwurf**
abgefasst, ist es aber – auch durch Nachholung – **nicht möglich**, hierüber **endgültig** zu
beraten, kann ein Fehlen der Urteilsgründe in diesem Sinn ebenfalls bejaht werden.[605]

dd) Prozessurteile. Auch für **Prozessurteile** nach § 329 Abs. 1 S. 1, § 412 S. 1, die 164
die Berufung oder den Einspruch des Angeklagten verwerfen, bleibt die Rüge nach Nr. 7
von Bedeutung, wenn die nach § 34 notwendige Begründung dem Verwerfungsurteil nicht
zu entnehmen ist.[606]

b) Verspätete Urteilsbegründung. aa) Fristüberschreitung. Grundsätzlich ist die 165
Begründung des Urteils dann verspätet, wenn die in **§ 275 Abs. 1 S. 2** genannten Fristen
(die gem. § 71 Abs. 1 OWiG auch im Bußgeldverfahren gelten[607]) nicht eingehalten wurden
und die Voraussetzungen des § 275 Abs. 1 S. 4 (Hinderung an der Einhaltung der Frist
durch einen nicht vorausehbaren unabwendbaren Umstand) nicht vorgelegen haben.[608] Ist
also das Urteil verspätet zur Geschäftsstelle gelangt und fehlen Anhaltspunkte dafür, dass die
Strafkammer an der Einhaltung der Frist durch einen unvorhersehbaren und unabwendbaren
Umstand iSd § 275 Abs. 1 S. 4 gehindert worden sein könnte, unterliegt das Urteil regelmäßig der Aufhebung.[609] Für die Rüge nach **Nr. 7** ist es **unerheblich,** ob die Frist nur
ganz **geringfügig** überschritten wurde oder ob sie irrtümlich falsch berechnet wurde;[610]
maßgeblich ist die Überschreitung als solche. Auch wenn auf einer verspäteten Urteilsbegründung der Schuldspruch letztlich nicht beruhen kann,[611] soll die Vorschrift vermeiden,
dass er auf einer Grundlage basiert, die ihn (aus zeitlicher Sicht) nicht mehr tragen kann.[612]
Zudem kann der Zeitverlust sich auf die Qualität der Urteilsgründe insoweit negativ auswirken, als für das Revisionsgericht keine ausreichende Beurteilungsgrundlage vorliegt, weil
die Urteilsgründe womöglich bei zeitlicher Nähe zum Eindruck der Hauptverhandlung mit
anderem Inhalt abgefasst worden wären.[613] Wenn einerseits die Versäumung der Urteilsabsetzungsfrist nicht sicher feststeht, andererseits aber auch nicht sicher ihre Wahrung festgestellt werden kann, geht dies nicht zu Lasten des Angeklagten, da die Nachweispflicht
bezüglich der Fristwahrung den Justizbehörden obliegt.[614]

---

[602] OLG Köln 15.10.1979 – 1 Ss 598/79 Bz, NJW 1980, 1405; Schmitt in Meyer-Goßner/Schmitt Rn. 54; Wiedner in BeckOK StPO Rn. 144.
[603] Vgl. hierzu auch Wiedner in BeckOK StPO Rn. 144.
[604] Schmitt in Meyer-Goßner/Schmitt Rn. 52; Gericke in KK-StPO Rn. 94.
[605] Gericke in KK-StPO Rn. 92 mwN.
[606] Schmitt in Meyer-Goßner/Schmitt § 329 Rn. 33 m. H. auf OLG Hamm 7.10.1999 – 2 Ss 1011/99, NStZ-RR 2000, 84 dort mwN; Schmitt in Meyer-Goßner/Schmitt Rn. 52.
[607] Vgl. hierzu OLG Koblenz 28.8.2010 – 2 SsBs 84/10, BeckRS 2010, 21257 – auch zu § 275 Abs. 1 S. 4.
[608] Zu den Voraussetzungen eines „im Einzelfall nicht vorausehbaren unabwendbaren Umstand[es]" vgl. OLG Stuttgart 31.8.2017 – 1 Rv 24 Ss 652/17, StV 2017, 810 = BeckRS 2017, 126011 sowie → § 275 Rn. 17 ff.; Gericke in KK-StPO Rn. 95. Eine (zumal sich über einen längeren Zeitraum erstreckende) allgemeine Arbeitsüberlastung des erkennenden Richters vermag eine Überschreitung der Urteilsabsetzungsfrist nicht zu rechtfertigen, vgl. BGH 18.12.2018 – 1 StR 508/18, NJW 2019, 1159; OLG Rostock 23.8.2019 – 21 Ss OWi 210/19, NJW 2020, 81.
[609] BGH 19.4.2023 – 6 StR 52/23, BeckRS 2023, 8610.
[610] BGH 7.1.1998 – 5 StR 528/97, StV 1998, 477 (geringfügige Überschreitung unter 2 Std); BGH 12.10.2004 – 5 StR 394/04, StraFo 2005, 76 = BeckRS 2004, 10311 sowie BGH 6.5.2014 – 4 StR 114/14, BeckRS 2014, 11163 (irrtümlich falsche Fristberechnung); BGH 12.11.2019 – 5 StR 542/19, BeckRS 2019, 28823.
[611] Franke in Löwe/Rosenberg Rn. 119.
[612] Vgl. Gericke in KK-StPO Rn. 95, der insoweit von einer „nicht mehr hinnehmbaren Grundlage" spricht.
[613] So auch Franke in Löwe/Rosenberg Rn. 119.
[614] OLG Hamm 4.6.2019 – 4 RVs 55/19, BeckRS 2019, 13411.

166 Maßgeblich ist nicht das Datum im Urteil (unter der Unterschrift des Richters), sondern das Datum des Eingangs auf der Geschäftsstelle;[615] dabei ist für die Fristwahrung ist nicht nur erforderlich, dass die Urteilsgründe **rechtzeitig** zu den Akten gebracht werden, sondern auch, dass das Urteil insgesamt **vollständig ist,** dh dass insbes. auch die nach § 275 Abs. 2 S. 1 vorgeschriebenen **Unterschriften** der mitwirkenden Richter vorliegen.[616] Diese können nach Fristablauf **nicht nachgeholt** werden.[617] Es ist auch **nicht möglich,** eine der erforderlichen richterlichen Unterschriften durch eine andere sich in der Akte von dem betroffenen Richter befindende Unterschrift zu **ersetzen.**[618] Sehr wohl denkbar (und sogar angezeigt) ist es im Einzelfall aber, dass das Urteil notfalls durch den zweiten beisitzenden Richter abgefasst und fertiggestellt wird, da **alle berufsrichterlichen Mitglieder des Spruchkörpers** für die Einhaltung der **Frist** in § 275 Abs. 1 S. 2 **verantwortlich** sind.[619]

167 Für den Fall, dass die Unterschrift eines Richters aufgrund seiner Verhinderung fehlt, gilt § 275 Abs. 2 S. 2, dh der Vorsitzende oder bei dessen Verhinderung der älteste beisitzende Richter hat einen **Verhinderungsvermerk** anzubringen. Fraglich ist, ob die Revision nach Nr. 7 auch aufgrund des Fehlens eines solchen Vermerks begründet sein kann bzw., ob es ausreicht, wenn der Verhinderungsvermerk nach Ablauf der Frist angebracht wird. In der Rechtsprechung wurde diese Frage zur Zeit des § 338 Nr. 7 aF nicht einheitlich beurteilt, seit der Neufassung wird aber verlangt, dass auch der **Verhinderungsvermerk vor Fristablauf** auf dem Urteil vermerkt sein muss.[620] Dem ist zuzustimmen, denn die Zulässigkeit eines nachträglichen Verhinderungsvermerks würde eine Heilungsmöglichkeit für eine tatsächliche Unvollständigkeit schaffen und könnte sogar einer anfänglich begründeten Rüge den Boden entziehen. Dies entspricht nicht dem Sinn und Zweck des § 275 Abs. 2 S. 2 in der Gesamtschau mit der Bedeutung der Nr. 7.[621]

168 Die Prüfung, ob zum Zeitpunkt der Unterschriften der anderen Richter tatsächlich eine Verhinderung des nicht unterschreibenden Richters vorgelegen hat, dürfte schwierig sein. Diese Beweisschwierigkeiten bestehen auch in dem Fall, dass der Verhinderungsvermerk rechtzeitig, jedoch ohne Nennung des Verhinderungsgrundes angebracht wurde. Dass das Revisionsgericht dann im Freibeweisverfahren zu klären hat, ob ein Verhinderungsvermerk gerechtfertigt war oder nicht, ändert an der Problematik des nachträglichen Verhinderungsvermerks (mit Nennung eines „wasserdichten" Verhinderungsgrundes) nichts.

169 Wird der Verhinderungsvermerk ordnungsgemäß mit Verhinderungsgrund angebracht, wird durch das Revisionsgericht grds. nicht das tatsächliche Vorliegen des Verhinderungsgrundes geprüft, sofern er an sich geeignet ist, eine Verhinderung zu rechtfertigen.[622] Die Nachprüfung, ob tatsächlich ein Verhinderungsgrund vorgelegen hat oder nicht, ist dem Revisionsgericht aber möglich, wenn der Verhinderungsvermerk **keinen Verhinderungsgrund** enthält.[623] **Rügt** der Revisionsführer hingegen, der Vermerk beruhe auf **sachfremden Erwägungen, fehlt** die Nennung des **Verhinderungsgrundes** ganz oder ergibt sich **aus dem Vermerk kein Grund** für die Verhinderung, geht das Revisionsgericht der Verhinderung im **Freibeweisverfahren** nach.[624]

---

[615] OLG Köln 14.9.2018 – 1 RVs 199/18, BeckRS 2018, 41405; BGH 1.8.2018 – 5 StR 228/18, NStZ 2019, 297.
[616] BGH 1.4.2010 – 3 StR 30/10, StV 2010, 618; vgl. Gericke in KK-StPO Rn. 97 mwN.
[617] BGH 14.11.1978 – 1 StR 448/78, BGHSt 28, 194 (196) = NJW 1979, 663 (664); Wiedner in BeckOK StPO Rn. 149.
[618] BGH 1.4.2010 – 3 StR 30/10, StV 2010, 618.
[619] BGH 9.12.2010 – 5 StR 485/10, NStZ-RR 2011, 118 (118 f.); 18.12.2013 – 4 StR 390/13, NStZ-RR 2014, 87.
[620] BGH 26.10.1999 – 4 StR 459/99, NStZ-RR 2000, 237 (238); 21.10.2002 – 5 StR 433/02, NStZ-RR 2003, 85; Gericke in KK-StPO Rn. 97; Wiedner in BeckOK StPO Rn. 149.
[621] Für die Anwendung von Nr. 7 bei fehlender Unterzeichnung des Verhinderungsvermerks auch BGH 27.1.2021 – 1 StR 495/20, NStZ-RR 2021, 183.
[622] Für die ZPO BGH 12.1.1961 – II ZR 149/60, NJW 1961, 782; 23.10.1992 – 5 StR 364/92, NStZ 1993, 96; Pfeiffer Rn. 30; Wiedner in BeckOK StPO Rn. 150.
[623] BGH 14.11.1978 – 1 StR 448/78, BGHSt 28, 194 = NJW 1979, 663.
[624] BGH 18.1.1983 – 1 StR 757/82, BGHSt 31, 212 (214) = NJW 1983, 1745; Wiedner in BeckOK StPO; Pfeiffer Rn. 30.

Hat der Revisionsführer die Frist zur **Einlegung** gem. § 341 verpasst und zeigt sich **170** danach, dass das Urteil verspätet zu den Akten gebracht worden ist, ist dies trotz des absoluten Revisionsgrundes kein Grund für eine **Wiedereinsetzung in den vorigen Stand**. Denn die Absetzungsfristen zeigen bei einem Vergleich mit der Frist für die Revisionseinlegung von einer Woche nach Verkündung, § 341, dass der Gesetzgeber ganz offensichtlich davon ausging, dass die Einlegung der Revision (anders als notwendigerweise ihre Begründung) nicht vom Vorliegen schriftlicher Urteilsgründe abhängig gemacht wird, sondern die Revision schon nach Bekanntgabe der mündlichen Urteilsgründe oder aufgrund dieser eingelegt wird.[625] Das Institut der Wiedereinsetzung verfolgt insoweit nicht den Zweck, denjenigen zu schützen, der es sich aufgrund später eintretender Umstände „noch einmal anders überlegt", sondern den, der seit Kenntnis vom Schuldspruch gegen das Urteil vorgehen will, aber aufgrund hiervon völlig losgelöster Umstände die Frist versäumt hat.

Die Rüge der verspäteten Urteilsbegründung kann auch **durch die StA** erhoben **171** werden.[626]

bb) „Zu den Akten gebracht". Zu den Akten gebracht ist das Urteil, wenn es **172** innerhalb der in § 275 Abs. 1 vorgeschriebenen Frist zumindest **vollständig unterschrieben (durch den zuletzt unterschreibenden Richter) auf den Weg zur Geschäftsstelle** gebracht worden ist.[627] „Zu den Akten gebracht" ist daher nicht in einem engen Wortsinn zu verstehen, sodass es **nicht erforderlich** ist, dass es bei der Geschäftsstelle tatsächlich eingegangen ist oder den Akten innerhalb der Frist tatsächlich beigefügt wurde.[628] Allerdings reicht es andererseits auch nicht aus, dass der Richter das Urteil in seinem Dienstzimmer abliefert, weil das keine ausreichende Maßnahme zur Übermittlung an die Geschäftsstelle darstellt.[629] Anderes gilt, wenn das Urteil im Dienstzimmer des Richters „an der dafür vorgesehenen Stelle **zum Abtrag bereit**" liegt.[630]

Ist auf dem Urteil der **Eingangsvermerk** bei der Geschäftsstelle vermerkt, erleichtert **173** das die Beweisführung im **Freibeweisverfahren**,[631] dient gleichwohl aber nicht als Nachweis des fristgemäßen „zu den Akten Bringens", sondern hat lediglich **Indizwirkung**.[632] Tatsächlich wird es ohne einen Eingangsvermerk schwer nachzuweisen sein, dass das Urteil rechtzeitig zu den Akten gebracht wurde, weswegen für die sichere Fristwahrung und zur Vermeidung einer Rüge nach Nr. 7 darauf geachtet werden sollte, dass das Urteil nicht nur auf den Weg zur Geschäftsstelle gebracht wird. Wenn sich das rechtzeitige Verbringen des Urteils zu den Akten weder durch den Eingangsvermerk noch auf andere Weise, zB durch die Einholung dienstlicher Erklärungen,[633] nachweisen lässt, und eine Überschreitung der Frist auch nicht nach § 275 Abs. 1 S. 4 zulässig war, kann der Angeklagte Revision nach Nr. 7 erheben.[634] Gibt es einen Eingangsvermerk und ergibt sich aus diesem, dass das Urteil verspätet zu den Akten gelangt ist, ist umso mehr zu beachten, dass der Vermerk **keine unwiderlegliche Vermutung** aufstellt.[635]

---

[625] So auch Franke in Löwe/Rosenberg Rn. 120.
[626] Schmitt in Meyer-Goßner/Schmitt Rn. 54 m. H. auf BGH 27.11.1984 – 1 StR 701/84, NStZ 1985, 184; Gericke in KK-StPO Rn. 95 m. H. auf BGH 9.4.2003 – 2 StR 513/02, NStZ 2003, 564; 30.1.2002 – 2 StR 504/01, BeckRS 2002, 30235931.
[627] Frisch in SK-StPO Rn. 146 ff.; Widmaier/Momsen in Satzger/Schluckebier/Widmaier StPO Rn. 66; Gericke in KK-StPO Rn. 96 m. H. auf BGH 5.7.1979 – 4 StR 272/79, BGHSt 29, 43 (44) = NJW 1980, 298; 9.11.2006 – 1 StR 388/06, NStZ-RR 2007, 53 (54); Pfeiffer Rn. 30.
[628] Pfeiffer Rn. 30, vgl. aber zum notwendigen Revisionsvorbringen Rn. 177.
[629] OLG Bremen 29.7.1998 – Ss 18/98, StV 1998, 641.
[630] BGH 5.7.1979 – 4 StR 272/79, BGHSt 29, 43 (45) = NJW 1980, 298 (299).
[631] Nagel in Radtke/Hohmann Rn. 63 mwN; Schmitt in Meyer-Goßner/Schmitt Rn. 55.
[632] OLG Hamm 14.5.2019 – 4 RBs 140/19, BeckRS 2019, 11751; Nagel in Radtke/Hohmann Rn. 63 mwN.
[633] Vgl. Schmitt in Meyer-Goßner/Schmitt § 275 Rn. 18.
[634] Schmitt in Meyer-Goßner/Schmitt Rn. 55; Gericke in KK-StPO Rn. 96 m. H. auf OLG Stuttgart 7.9.1976 – 3 Ss 439/76, GA 1977, 26.
[635] Franke in Löwe/Rosenberg Rn. 121.

174 Ein Urteil ist im Sinne der Vorschrift **nicht** rechtzeitig zu den Akten gebracht, wenn es „nachträglich (...) über bloße redaktionelle Änderungen hinaus, im Tatsächlichen und hinsichtlich der Strafzumessungserwägungen teilweise abgeändert" wird.[636]

175 cc) **Folgen nachträglicher Ergänzungen.** Wird das Urteil nachträglich um zunächst fehlende Elemente ergänzt, ändert dies nichts an der Verspätung, die die Rüge trägt. Spätere **Ergänzungen** werden deshalb nicht vom Revisionsgericht bewertet und sind **unzulässig**.[637] Das gilt auch für die Nachholung richterlicher Unterschriften,[638] wobei sich die Frage von Ergänzungen ohnehin nur in den Fällen stellt, in denen nicht sämtliche Unterschriften fehlen, da anderenfalls nicht die Verfahrensrüge nach Nr. 7 erhoben werden muss, sondern Sachrüge erhoben werden kann. Die Fassung, anhand derer beurteilt wird, ob sie rechtzeitig oder verspätet zu den Akten gelangt ist, ist die Endfassung des Urteils, und um eine solche handelt es sich gerade noch nicht, wenn es zwar innerhalb der vorgeschriebenen Frist zu den Akten gelangt, der Richter es sich aber für nachträgliche Ergänzungen/Änderungen wiedervorlegen lässt.[639] In der Endfassung ist das Urteil in diesem Fall verspätet zu den Akten gelangt, weil das Urteil „grundsätzlich in der Form bei den Akten zu verbleiben [hat], in der es zum Zeitpunkt des Eingangs auf der Geschäftsstelle vorlag."[640]

176 Ist das Urteil zwar vollständig hinsichtlich seiner Begründung zum Schuldspruch, aber nicht hinsichtlich der Begründung zum Ausspruch über die Rechtsfolgen, gilt die **Begründung** als **insgesamt verspätet** und der Anwendungsbereich der Rüge nach Nr. 7 ist eröffnet.[641]

177 2. **Inhalt des Revisionsvorbringens.** Im Rahmen des Revisionsvorbringens ist – wie bei allen übrigen Verfahrensrügen – § 344 Abs. 2 zu beachten. Speziell die Rüge der verspäteten Urteilsbegründung muss das **Datum der Verkündung des Urteils** beinhalten sowie das **Datum,** wann es **zu den Akten gebracht** worden ist, also alle Tatsachen, die für das Revisionsgericht für die Berechnung der nach § 275 Abs. 1 zulässigen Frist erforderlich sind.[642] Der Tag, an dem das Urteil zu den Akten gebracht worden ist, ist zwar dem **Vermerk des Urkundsbeamten** der Geschäftsstelle zu entnehmen, welcher über eine **Akteneinsicht** herausgefunden werden kann;[643] allerdings ist fraglich, ob vom Beschwerdeführer verlangt werden kann, Tatsachen anzugeben, die ihm nicht allgemein oder aus seiner Stellung als Verfahrensbeteiligtem zugänglich sind.[644] Wurde die Frist überschritten, ist es sinnvoll Tatsachen vorzubringen, die dem Revisionsgericht die Prüfung der Voraussetzungen des **§ 275 Abs. 1 S. 4** ermöglichen, ob also die Fristüberschreitung auf einen nicht voraussehbaren unabwendbaren Umstand[645] zurückzuführen ist und deshalb ausnahmsweise zulässig war.

178 **Entbehrlich** ist die detaillierte Darlegung der für die Fristberechnung maßgeblichen Daten in Fällen **offensichtlicher Fristüberschreitung** oder wenn der Revisionsführer vollumfängliche Sachrüge erhoben hat und sich deshalb alle notwendigen Daten ohnehin aus dem Urteil ergeben.[646]

---

[636] BGH 7.1.1983 – 2 StR 778/82, bei Holtz MDR 1983, 447 (450).
[637] BGH 3.11.1992 – 5 StR 565/92, NStZ 1993, 200; Schmitt in Meyer-Goßner/Schmitt Rn. 56.
[638] Schmitt in Meyer-Goßner/Schmitt Rn. 56.
[639] So im Fall BGH 3.11.1992 – 5 StR 565/92, NStZ 1993, 200; Nagel in Radtke/Hohmann Rn. 65. aE; Gericke in KK-StPO Rn. 97; Franke in Löwe/Rosenberg Rn. 123.
[640] BGH 3.11.1992 – 5 StR 565/92, NStZ 1993, 200.
[641] Schmitt in Meyer-Goßner/Schmitt Rn. 56 mwN.
[642] BGH 6.2.1980 – 2 StR 729/79, BGHSt 29, 203 = NJW 1980, 1292 mAnm Peters JR 1980, 520; OLG Saarbrücken 31.3.2014 – Ss (B) 18/2014, NJOZ 2014, 1545; Schmitt in Meyer-Goßner/Schmitt Rn. 57; Gericke in KK-StPO Rn. 98; Pfeiffer Rn. 30; Wiedner in BeckOK StPO Rn. 151; Nagel in Radtke/Hohmann Rn. 67 mwN.
[643] BGH 28.8.2007 – 1 StR 402/07, BeckRS 2007, 14491; Wiedner in BeckOK StPO Rn. 151.
[644] Für eine ausreichende Begründung daher auch BGH 22.1.2019 – BGH 2 StR 413/18, StV 2019, 820 = BeckRS 2019, 4739.
[645] Zur Bedeutung dieser gesetzlichen Umschreibung vgl. → § 275 Rn. 17 ff.
[646] Gericke in KK-StPO Rn. 98 mwN.

Wird die Revision darauf gestützt, dass das Urteil verspätet zu den Akten gebracht **179**
worden ist, weil innerhalb der Frist ein mitwirkender Richter das Urteil nicht unterzeichnet
hat und der diesbezügliche **Verhinderungsvermerk** (vgl. → Rn. 167) nach Ansicht des
Revisionsführers auf sachfremden Erwägungen beruht und deshalb willkürlich erfolgte, hat
er alle Umstände darzulegen, die dem Revisionsgericht die Überprüfung des Vermerks auf
Willkür ermöglichen.[647]

Nicht Teil der Revisionsbegründung ist die Angabe der Dauer der Hauptverhandlung, **180**
wenn diese die für die 5-Wochen-Frist maßgebliche Dauer von maximal drei Verhandlungstagen nicht überschreitet.[648] Ebenso wenig muss die Revisionsbegründung zu dem Zeitpunkt Stellung nehmen, an dem das Urteil auf den Weg zur Geschäftsstelle gebracht
wurde.[649]

VIII. Unzulässige Beschränkung der Verteidigung (Nr. 8)

1. Rechtsnatur der Vorschrift und Anwendungsbereich. Anders als in Nr. 1–7 **181**
stellt Nr. 8 nach **hM keinen absoluten Revisionsgrund** im eigentlichen Sinne dar.[650]
Die Vorschrift greift ihrem Wortlaut nach nur ein, wenn die Verteidigung „**in einem für
das Urteil wesentlichen Punkt**" beschränkt worden ist – Wesentlichkeit in diesem Sinn
kann aber nur anzunehmen sein, wenn das Urteil darauf beruht, sodass vereinzelt sogar die
Streichung der Vorschrift aus dem Katalog der absoluten Revisionsgründe gefordert wird.[651]
Eine **unzulässige Beschränkung** (vgl. auch → Rn. 187 ff.) kann zB angenommen werden, wenn die Grenzen der zulässigen Beschränkung einer **besonderen Verfahrensvorschrift** entnommen werden können und diese Vorschrift verletzt wurde.[652] Nach Ansicht
der **Rechtsprechung**[653] ist für den Erfolg der Rüge nach Nr. 8 jedenfalls erforderlich, dass
zwischen dem gerügten Verfahrensfehler und dem Urteil die Möglichkeit eines **konkretkausalen Zusammenhangs** besteht.[654] Die Gegenauffassung stellt gerade nicht darauf ab,
ob die Verteidigung konkret in einem wesentlichen Punkt beschränkt worden ist, sondern
ob **abstrakt** eine solche Beschränkung vorliegt.[655] Weitestgehend Einigkeit besteht gleichwohl mit Blick auf die Natur der Nr. 8 als revisionsrechtliche „**Auffangregelung**".[656] Es
reicht also nicht nur die Verletzung einer besonderen Verfahrensvorschrift im vorgenannten
Sinn,[657] vielmehr muss die Verletzung von solchem Gewicht sein, dass sie den übrigen
absoluten Revisionsgründen in der Schwere des Verfahrensverstoßes gleichkommt.[658] Ein

---
[647] BGH 18.1.1983 – 1 StR 757/82, BGHSt 31, 212 (214) = NJW 1983, 1745; Wiedner in BeckOK StPO Rn. 152.
[648] BGH 5.7.1979 – 4 StR 272/79, BGHSt 29, 43 (44) = NJW 1980, 298; Schmitt in Meyer-Goßner/Schmitt Rn. 57.
[649] Schmitt in Meyer-Goßner/Schmitt Rn. 57.
[650] BGH 8.10.1981 – 3 StR 449/81, 3 StR 450/81, NStZ 1982, 158; aus dem Kontext bei BGH 26.5.1981 – 1 StR 48/81, BGHSt 30, 131 (135) = NJW 1981, 2267; aA Franke in Löwe/Rosenberg Rn. 125; Kuckein StraFo 2000, 397 (399); Mehle FS Dahs, 2005, 381 (392); Velten FS Grünwald, 1999, 767; Baldus Ehrengabe Heusinger, 1968, 373 (377); Schmitt in Meyer-Goßner/Schmitt Rn. 58; Pfeiffer Rn. 31; Gericke in KK-StPO Rn. 99.
[651] Roxin/Schünemann StrafVerfR § 55 Rn. 42 mwN; vgl. auch Frisch in SK-StPO Rn. 152.
[652] BGH 10.11.1967 – 4 StR 512/66, BGHSt 21, 334 (360) = NJW 1968, 710 (713); BGH 26.5.1981 – 1 StR 48/81, BGHSt 30, 137 = NJW 1981, 2267; BGH 26.5.1981 – 1 StR 48/81, NStZ 1981, 361; Pfeiffer Rn. 33.
[653] BGH 26.5.1981 – 1 StR 48/81, BGHSt 30, 131 (135) = NJW 1981, 2267; 23.4.1998 – 4 StR 57/98, BGHSt 44, 82 (90) = NJW 1998, 2296 (2298).
[654] BGH 23.2.2010 – 4 StR 599/09, NStZ 2010, 530 (531); 26.5.1981 – 1 StR 48/81, BGHSt 30, 131 (135) = NJW 1981, 2267; 23.4.1998 – 4 StR 57/98, BGHSt 44, 82 (90) = NJW 1998, 2296 (2298); 24.11.1999 – 3 StR 390/99, NStZ 2000, 212 mAnm Hammerstein NStZ 2000, 327 (327 f.); abl. Stern StV 2000, 404 ff.; BGH 2.12.2015 – 4 StR 423/15, NStZ-RR 2016, 89 (Ls.) = BeckRS 2015, 21033; Schmitt in Meyer-Goßner/Schmitt Rn. 59; Pfeiffer Rn. 33; Wiedner in BeckOK StPO Rn. 153.
[655] Hanack in Löwe/Rosenberg, 25. Aufl. 1998, § 338 Rn. 125; kritisch zu einer abstrakten Betrachtung aber nun Franke in Löwe/Rosenberg Rn. 126; Schlüchter Rn. 743; Schünemann JA 1982, 123 (129).
[656] Franke in Löwe/Rosenberg Rn. 128; Gericke in KK-StPO Rn. 100.
[657] Vgl. auch BGH 30.8.2022 – 5 StR 169/22, NStZ 2023, 178.
[658] Wohl Gericke in KK-StPO Rn. 99; Wiedner in BeckOK StPO Rn. 154.

Beruhen ist dafür indiziell, aber nicht zwingend Voraussetzung. Die vergleichbare Schwere des Verstoßes muss sich auch in der Revisionsbegründung im Rahmen des Tatsachenvortrags wiederfinden (vgl. → Rn. 198 ff.).

182 Eine **unzulässige Verteidigungsbeschränkung** liegt vor, wenn die Beschränkung nicht vom Gesetz gedeckt ist, „sondern einer Norm des Prozeßrechts zuwiderläuft",[659] darüber hinaus aber auch bei einem **Verstoß gegen das fair-trial-Prinzip,**[660] einer Verletzung des Anspruchs auf **rechtliches Gehör**[661] oder der **gerichtlichen Fürsorgepflicht.**[662]

183 Weitere Voraussetzung für den Erfolg der Rüge nach Nr. 8 ist, dass die Beschränkung der Verteidigung auf einem **Gerichtsbeschluss** beruht; dieser muss nach hM **in der Hauptverhandlung** ergangen sein.[663] Ein solcher Beschluss muss unter Umständen erst durch Zwischenrechtsbehelf nach **§ 238 Abs. 2** herbeigeführt werden;[664] freilich ist ein Gerichtsbeschluss dann keine Voraussetzung für die Rüge, wenn „das Gericht aus dem Gesichtspunkt der richterlichen Fürsorgepflicht gehalten war, den nicht verteidigten Angeklagten auf die Möglichkeit der Herbeiführung eines Gerichtsbeschlusses gegen eine Verfügung des Vorsitzenden hinzuweisen".[665]

184 Liegt kein Beschluss vor, aber hat das Gericht (nicht der Vorsitzende allein)[666] einen gestellten **Antrag nicht verbeschieden, wird diese Nichtbescheidung** einem die Verteidigung beschränkenden **Beschluss gleichgestellt,**[667] so etwa eine Nichtverbescheidung des Antrags auf Überlassung von Messdateien zur gegenständlichen Messserie und auf Aussetzung bzw. Unterbrechung des Verfahrens.[668]

185 Nr. 8 gilt **nur** für die **Verteidigung des Angeklagten,** dh die Vorschrift findet keine Anwendung zugunsten anderer Verfahrensbeteiligter und zwar auch dann nicht, wenn diesen die Befugnisse des Angeklagten gesetzlich zustehen, wie zB nach § 433 Abs. 1 S. 1[669] (was freilich für Nebenbeteiligte nicht unproblematisch ist, können diese von der Beschränkung der Verteidigung doch massiv betroffen sein). Auch auf **Neben- und Privatkläger** findet die Vorschrift damit **keine Anwendung.**[670] Unter Umständen kann die Verteidigung des Revisionsführers aber **mittelbar** durch die Beschränkung der Verteidigung eines **anderen Mitangeklagten** unzulässig beschränkt werden, zB indem ein Beweisantrag des Mitange-

---

[659] BGH 26.5.1981 – 1 StR 48/81, BGHSt 30, 131 (135) = NJW 1981, 2267; 10.11.1967 – 4 StR 512/66, BGHSt 21, 334 (360) = NJW 1968, 710 (713).

[660] Schmitt in Meyer-Goßner/Schmitt Rn. 59; Meyer-Goßner NStZ 1982, 353 (362) mwN; Gericke in KK-StPO Rn. 101.

[661] Wiedner in BeckOK StPO Rn. 154.

[662] Schmitt in Meyer-Goßner/Schmitt Rn. 59; Wiedner in BeckOK StPO Rn. 154; Pfeiffer Rn. 33 m. H. auf Berz FS Meyer-Goßner, 2001, 611 (616).

[663] BGH 17.7.2008 – 3 StR 250/08, NStZ 2009, 51 (51 f.); 10.11.1967 – 4 StR 512/66, BGHSt 21, 334 (359) = NJW 1968, 710 (713); Franke in Löwe/Rosenberg Rn. 129; Wiedner in BeckOK StPO Rn. 155; Schmitt in Meyer-Goßner/Schmitt Rn. 60; Nagel in Radtke/Hohmann Rn. 70. Vgl. auch zum Ordnungswidrigkeitenrecht und zur Rechtsbeschwerde OLG Düsseldorf 18.5.2017 – IV – 2 RBs 79/17, BeckRS 2017, 111188.

[664] Vgl. OLG Stuttgart 19.11.1987 – 3 Ss 633/87, StV 1988, 145 (145 f.); Wiedner in BeckOK StPO Rn. 155.

[665] Vgl. OLG Stuttgart 19.11.1987 – 3 Ss 633/87, StV 1988, 145 (145 f.).

[666] Pfeiffer Rn. 33 mwN.

[667] RG 16.2.1923 – I 761/22, RGSt 57, 261 (263); 18.1.1924 – I 913/23, RGSt 58, 79 (80); 1.4.1927 – I 86/27, RGSt 61, 273; BGH 17.7.2008 – 3 StR 250/08, StV 2008, 567; 26.4.1968 – 4 StR 22/68; Gericke in KK-StPO Rn. 102; Schmitt in Meyer-Goßner/Schmitt Rn. 60; Wiedner in BeckOK StPO Rn. 155; Nagel in Radtke/Hohmann Rn. 70; Pfeiffer Rn. 33.

[668] OLG Bamberg 23.1.2015 – 3 Ss OWi 58/15, NStZ 2016, 375 (im Verfahren der Rechtsbeschwerde). In diesem Zusammenhang auch OLG Braunschweig 12.5.2014 – 1 Ss (OWi) 34/14, NStZ-RR 2014, 322: „Wird einem Betroffenen vom Tatrichter die Einsicht in die Bedienungsanleitung eines Geschwindigkeitsmessgeräts versagt, ist im Rechtsbeschwerdeverfahren regelmäßig vorzutragen, welche Tatsachen sich aus der Bedienungsanleitung hätten ableiten lassen und welche Konsequenzen sich für die Verteidigung hieraus ergeben hätten".

[669] Schmitt in Meyer-Goßner/Schmitt Rn. 58; Pfeiffer Rn. 32; Gericke in KK-StPO Rn. 103; Franke in Löwe/Rosenberg Rn. 131.

[670] Wiedner in BeckOK StPO Rn. 156; Schmitt in Meyer-Goßner/Schmitt Rn. 58 mwN; Pfeiffer Rn. 32; Gericke in KK-StPO Rn. 103; Franke in Löwe/Rosenberg Rn. 131.

klagten zurückgewiesen wird, der gemeinschaftliches Verteidigungsvorbringen enthält.[671] Indes steht dem Revisionsführer **mangels Beschwer** diese Rüge dann nicht zu, wenn die Beschränkung durch die Zurückweisung sich auf eine Tat bezieht, wegen der er **nicht verurteilt** oder jedenfalls **teilfreigesprochen** wurde.[672]

2. Kasuistik. Die Kasuistik zu Nr. 8 ist nicht beschränkt auf bestimmte Verfahrensverstöße, sondern fußt auf einer Vielzahl einzelfallbezogener Entscheidungen.[673] 186

a) Beispiele für Verstöße. Ein Verstoß gegen Nr. 8 wurde angenommen, wenn 187 das Gericht **Beweisanträge ohne jede inhaltliche Prüfung** ablehnt (und zwar auch dann, wenn dies auf den Aspekt der Prozessverschleppung gestützt wird, deren strenge Anforderungen aber nicht beachtet werden).[674] Wird weder dem Angeklagten noch seinem Verteidiger trotz deren Verlangen nach **§ 35 Abs. 1 S. 2** eine **Abschrift des Beschlusses,** mit dem nach § 244 Abs. 6 ein Beweisantrag abgelehnt wird, erteilt, kann dies eine unzulässige Beschränkung der Verteidigung iSd Nr. 8 darstellen[675] (**anders** aber, wenn die tragenden Gründe des Beschlusses bereits durch die mündliche Verkündung entnommen werden können[676]). Dagegen soll keine Verpflichtung des Tatgerichts bestehen, auf Antrag der Verfahrensbeteiligten eine Bedienungsanleitung eines verwendeten standardisierten Meßverfahrens herbeizuschaffen,[677] Während Uneinigkeit in der oberlandesgerichtlichen Rechtsprechung besteht, ob die vorhandenen Rohmessdaten der Tagesmessreihe, die nicht zur Bußgeldakte gelangt sind, zur Einsicht zu überlassen werden müssen.[678]

Ein Verstoß liegt auch vor, wenn das Gericht die **Anträge** des Angeklagten oder dessen 188 Verteidigers „**schlechthin und von vornherein" ablehnt**[679] oder wenn das Gericht in **Abwesenheit des Verteidigers verhandelt,** obwohl es vorher eine **anderslautende Zusicherung** getätigt hat[680] oder wenn der Verteidiger **nicht förmlich geladen** wird, das Gericht also **gegen § 218 verstoßen** hat, und der Anwalt darüber hinaus auch nicht anderweitig sichere Kenntnis von der Terminierung erlangen konnte, der Ladungsfehler also auch nicht geheilt wurde.[681] Auch die **rechtsirrige Ablehnung oder das Übergehen von Beweisanregungen** des Verteidigers kann einen **Verstoß gegen § 244 Abs. 2** darstellen und damit die Rügemöglichkeit der Nr. 8 eröffnen; „(...) die unterlassene Aufklärung geht dann mit der Zurückweisung der Anträge einher".[682] Auch hier anzusiedeln (wenn auch soweit ersichtlich nicht entschieden) wäre der Fall, dass das Gericht die angekündigte Stellung eines Befangenheitsgesuches oder einer Besetzungsrüge unter der Zusicherung,

---

[671] Gericke in KK-StPO Rn. 103 mwN.
[672] Gericke in KK-StPO Rn. 103.
[673] Vgl. Gericke in KK-StPO Rn. 157.
[674] BGH 7.12.1979 – 3 StR 299/79, BGHSt 29, 149 (151) = NJW 198, 1533 (1534). Zur Möglichkeit, ohne Verstoß gegen Nr. 8 anzuordnen, dass der Angeklagte Beweisanträge nur noch über seinen Verteidiger stellen darf, wenn anderenfalls die Verschleppung durch rechtsmissbräuchliche Ausnutzung des Beweisantragsrechts droht, vgl. BGH 7.11.1991 – 4 StR 252/91, BGHSt 38, 111 = NStZ 1992, 140 = NJW 1992, 1245; im Kern wohl zustimmend Widmaier NStZ 1992, 519 ff.; zustimmend auch Schwekkendieck NStZ 1991, 109 ff. In dem Beschluss muss aber begründet werden, inwiefern der Angeklagte sein Beweisantragsrecht rechtsmissbräuchlich einsetzt, vgl. BayObLG 5.3.2004 – 4 St RR 22/04, NStZ 2004, 647.
[675] Wiedner in BeckOK StPO Rn. 157.4 m. H. auf BGH 10.10.2007 – 1 StR 455/07, NStZ 2008, 110 dort offen gelassen.
[676] Wiedner in BeckOK StPO Rn. 157.4 m. H. auf BGH 10.10.2007 – 1 StR 455/07, NStZ 2008, 110 dort offen gelassen.
[677] OLG Frankfurt aM 12.4.2013 – 2 Ss-OWi 173/13, NStZ 2014, 525 (Ls.) = NStZ-RR 2013, 223.
[678] Vgl. mit Nachweisen zu verschiedenen weiteren Entscheidungen den Vorlagebeschluss OLG Koblenz 1.2.2022 – 3 OWi 32 SsBs 99/21, ZfS 2022, 289 mAnm Krenberger = BeckRS 2022, 2855.
[679] BGH 6.2.1979 – 5 StR 713/78, JR 1980, 218 (219) mAnm Meyer JR 1980, 219.
[680] OLG Celle 22.9.1988 – 2 Ss 193/88, StV 1989, 8.
[681] Als relativer Revisionsgrund und zur Heilungsmöglichkeit BGH 9.10.1989 – 2 StR 352/89, BGHSt 36, 259 (261) = NJW 1990, 586 (587); 24.7.2008 – 4 StR 84/08, NStZ 2009, 4; als absoluter Revisionsgrund bei OLG München 25.1.2006 – 5 St RR 237/05, NJW 2006, 1366.
[682] BGH 12.8.1960 – 4 StR 48/60, NJW 1960, 2156 (2157).

dass dadurch kein Rechtsverlust für den Angeklagten entstehe, zurückstellt und es dann später als unzulässig behandelt, weil es zu spät gestellt ist.

189 Eine unzulässige Beschränkung der Verteidigung kann auch dann vorliegen, wenn **Fragen** des Verteidigers nach **§ 241 Abs. 2 zurückgewiesen** wurden, ohne dass der dieser Zurückweisung zugrundeliegende Beschluss substantiiert begründet worden wäre.[683] Da Nr. 8 aber nach hM keinen absoluten, sondern einen relativen Revisionsgrund darstellt, muss die Revision darlegen, dass das Urteil **auf der unzulässigen Zurückweisung der Frage beruht** hat; dies wird nur in Fällen zu bejahen sein, in welchen der Verteidiger unabhängig von der zurückgewiesenen Frage ausreichend Möglichkeiten für andere Fragen hatte.[684]

190 Beim **Akteneinsichtsrecht** des Verteidigers nach § 147 kann eine Verfahrensrüge zB dann Erfolg haben, wenn dem Antrag des Verteidigers auf Aussetzung der Hauptverhandlung, der sich auf die nicht gewährte Akteneinsicht beruft, nicht entsprochen wird, obwohl ihm Akteneinsicht zu gewähren gewesen wäre.[685] Dasselbe gilt, wenn dem Verteidiger Akteneinsicht in ihm unbekannte Teile während der Hauptverhandlung versagt wird[686] oder die Einsicht in Beiakten gesperrt wird.[687] Die Rspr. fordert hier einen Vortrag, welche Tatsachen sich aus genau welchen Stellen der Akten ergeben hätten und welche Konsequenzen das für die Verteidigung gehabt hätte.[688] Soweit das Revisionsvorbringen substantiiert genug ist, kann die Revision auch darauf gestützt werden, dass die Einsicht in Akten eines **Parallelverfahrens** des Angeklagten versagt wurde.[689]

191 Eine unzulässige Beschränkung der Verteidigung kann auch dann vorliegen, wenn in der Tatsacheninstanz ein (für den Angeklagten günstiges) **Sachverständigengutachten** eingeholt wird und dieses Gutachten in der **Berufungsinstanz** keine Rolle spielt, weil dort ein **anderer Sachverständiger** beauftragt wird, der **ohne vorherige Untersuchung** des Angeklagten ein mündliches Gutachten erstatten soll.[690] Nr. 8 kann auch bei **Verletzung von § 265 Abs. 4** geltend gemacht werden, wenn der Vorsitzende einer Aussetzung der Hauptverhandlung ermessensfehlerhaft nicht zustimmt;[691] dies gilt insbes., wenn die „versagte Unterbrechung der Hauptverhandlung mit nachfolgender substantieller Sachverhandlung zum Schuldspruch (…) jedenfalls die Möglichkeit eines kausalen Zusammenhangs zwischen dem Verfahrensverstoß und dem Urteil [belegt]."[692]

192 Möglich ist die Geltendmachung der unzulässigen Beschränkung der Verteidigung ferner in Fällen, in denen der **Ausschluss von Pressevertretern** beantragt aber abgelehnt wurde, die den Ablauf eines ordnungsgemäßen Verfahrens durch unangemessene Berichterstattung stören, da zum ordnungsgemäßen Ablauf des Strafverfahrens auch „die Freiheit und Unabhängigkeit der Verteidigung" gehören.[693]

193 Ist dem Angeklagten ein **Pflichtverteidiger** bestellt, kann **gleichwohl eine Beschränkung** der **Wahlverteidigung** vorliegen, wenn der Angeklagte einen Wahlverteidiger bestellt, dieser aber durch **Ablehnung von Anträgen zur Aufhebung** oder **Aussetzung der Inverwahrnahme oder zur Unterbrechung der Hauptverhandlung** an sachgerechter Verteidigung de facto gehindert ist.[694] Ob ein anderer (zusätzlicher) Verteidiger

---

[683] In folgenden Fällen zwar Grundlage der Rüge, die iE aber erfolglos blieb: BGH 8.10.1981 – 3 StR 449/81, 3 StR 450/81, NStZ 1982, 158; 17.11.2000 – 3 StR 389/00, NStZ-RR 2001, 138. Erfolgreiche Rüge im Fall BGH 15.12.2005 – 3 StR 281/04, BGHSt 50, 318 (320 ff.) = NJW 2006, 785 ff.
[684] Arg. e contrario BGH 8.10.1981 – 3 StR 449/81, 3 StR 450/81, NStZ 1982, 158; 17.11.2000 – 3 StR 389/00, NStZ 2001, 138.
[685] So im Fall BGH 16.10.1984 – 5 StR 643/84, NStZ 1985, 87.
[686] BGH 24.11.1987 – 4 StR 586/87, StV 1988, 193.
[687] BGH 2.9.1997 – 5 StR 433/97, NStZ 1998, 97.
[688] BGH 11.2.2014 – 1 StR 355/13, NStZ 2014, 347 (348 ff.).
[689] Vgl. BGH 11.11.2004 – 5 StR 299/03, BGHSt 49, 317 (326 ff.) = NJW 2005, 300 (303 f.).
[690] So geschehen im Fall OLG Hamm 14.5.1996 – 2 Ss 176/96, NStZ 1996, 454 (455).
[691] Das ergibt sich aus BVerfG 22.11.2001 – 2 BvQ 46/01, NStZ-RR 2002, 113.
[692] BGH 24.6.2009 – 5 StR 181/09, NStZ 2009, 650 (651).
[693] BGH 16.6.1964 – 5 StR 183/64, NJW 1964, 1485.
[694] BGH 14.1.2004 – 2 StR 315/03, NStZ 2004, 637; 6.7.1999 – 1 StR 142/99, NStZ 2000, 183.

am Verfahren mitwirkt, ist auch dann für die Rüge der unzulässigen Beschränkung der Verteidigung unschädlich, wenn das „Zusammentreffen besonderer Umstände", wie zB ein „besonderes Vertrauensverhältnis zwischen Rechtsanwalt und Angeklagtem und lange Untersuchungshaft in weiter Entfernung vom Gerichtsort", die Bestellung des vom Beschuldigten gewählten auswärtigen Verteidigers gebieten, das Gericht die Beiordnung aber ablehnt.[695] Die Zuordnung eines nicht gewünschten Sicherungsverteidigers kann einen Verstoß darstellen, wenn das Auswahlrecht des Angeklagten missachtet wurde.[696]

In **besonderen Ausnahmefällen („Extremfälle")** und wenn die übrigen Voraussetzungen hierfür erfüllt sind, kann die Revision nach Nr. 8 auch auf die **Verletzung einer bloßen Verwaltungsanordnung** (zB die Sitzordnung im Gerichtssaal betreffend) gestützt werden.[697] Hier ist aber erforderlich, dass Tatsachen vorgetragen werden, die die Annahme eines solchen Extremfalles rechtfertigen, da grundsätzlich der Verstoß gegen eine Verwaltungsanordnung schon keinen relativen Revisionsgrund nach § 337 darstellt, erst Recht also nur unter ganz engen Voraussetzungen einen absoluten.[698] **194**

b) Beispiele, in denen ein Verstoß abgelehnt wurde. Keine unzulässige Beschränkung der Verteidigung ist es, wenn das Gericht den Verteidiger nicht als Zeugen über Mitteilungen vernimmt, die der Angeklagte ihm gegenüber getätigt hat, weil diese nicht Gegenstand der Beweisaufnahme sind; hierzu zählt auch der Bericht über eine Aussagekonstanz des Angeklagten, weil hierfür – die Beweisrelevanz vorausgesetzt – eine eigene Aussage des Angeklagten erforderlich wäre.[699] Auch die Rüge, dass **Beweisanträge erst im Urteil beschieden** worden sind, wenn das Gericht bei Verfahrensverzögerung durch zum Zweck der Prozessverschleppung gestellte Beweisanträge, für diese eine **Frist setzt**, wird im Regelfall **nicht auf die Nr. 8** gestützt werden können.[700] Der Angeklagte hat **kein Recht** – auch nicht aufgrund eines Beweisantrags, dem das Gericht vollumfänglich stattgibt – darauf, dass das Gericht ihm **vor Verkündung des Urteils** seine **Würdigung des Ergebnisses** der aus diesem Beweisantrag folgenden **Beweiserhebung** mitteilt.[701] **195**

Auch umfasst das Recht des Angeklagten, sich in jeder Lage des Verfahrens eines Verteidigers zu bedienen, nicht ein **Anwesenheitsrecht dieses Verteidigers** bei **Untersuchungen durch** einen mit einem Gutachten beauftragten **Sachverständigen;**[702] eine entsprechende Rüge hätte keine Aussicht auf Erfolg. **196**

Nicht gerügt werden kann wegen § 336 S. 2 und § 147 Abs. 4 S. 2 die Art der **Ausgestaltung des Akteneinsichtsrechts.**[703] Im Falle einer **Abtrennung des Verfahrens** des Angeklagten, das ursprünglich gegen mehrere Beschuldigte geführt wurde, kann die Rüge nicht auf die Verweigerung der Einsicht in die Akten des Ausgangsverfahrens gestützt werden, wenn und soweit die Staatsanwaltschaft bei Ausübung pflichtgemäßen Ermessens in der Gewährung der Akteneinsicht eine Gefährdung des Untersuchungszwecks sieht.[704] Auch gibt das Akteneinsichtsrecht **keinen Anspruch auf Übersetzung fremdsprachiger Telefongespräche,** weshalb eine Rüge nicht auf deren Ablehnung gestützt werden kann.[705] Die Ablehnung des Antrags zur Beiziehung und Einsicht in **Spurenakten** kann über Nr. 8 **197**

---

[695] BGH 17.7.1997 – 1 StR 781/96, BGHSt 43, 153 (157 f.) = NJW 1997, 3385 (3385 f.); Pfeiffer Rn. 32.
[696] OLG Hamm 16.2.2021 – 5 RVs 3/21, BeckRS 2021, 55849.
[697] Im Falle des OLG Köln 14.3.1961 – Ss 508/60, NJW 1961, 1127 verneint: Der Verteidiger rügte die Platzordnung, die nicht der entsprechenden Verwaltungsanordnung entsprach; OLG Köln 13.6.1979 – 3 Ss 1069/78, NJW 1980, 302 (303). Ebenso verneint in BGH 16.2.2021 – 4 StR 517/20, NStZ 2021, 761.
[698] Vgl. hierzu OLG Köln 14.3.1961 – Ss 508/60, NJW 1961, 1127.
[699] BGH 12.9.2007 – 5 StR 257/07, NStZ 2008, 115 (116); Wiedner in BeckOK StPO Rn. 157.4; Nagel in Radtke/Hohmann Rn. 70.
[700] Vgl. Wiedner in BeckOK StPO Rn. 157.5 m. H. auf BGH 14.6.2005 – 5 StR 129/05, NJW 2005, 2466 (2468).
[701] BGH 9.12.2008 – 5 StR 412/08, NStZ 2009, 468 (469).
[702] BGH 12.9.2007 – 1 StR 407/07, NStZ 2008, 229 (230); 8.8.2002 – 3 StR 239/02, NStZ 2003, 101.
[703] BGH 12.9.2007 – 1 StR 337/07, NStZ-RR 2008, 48.
[704] BGH 26.8.2005 – 2 StR 225/05, BGHSt 50, 224 (226 f.) = NStZ 2006, 237 (238).
[705] BGH 4.12.2007 – 3 StR 404/07, NStZ 2008, 230 (231).

zwar gerügt werden,⁷⁰⁶ für den Erfolg dieser Rüge ist aber ein Tatsachenvortrag erforderlich, der es dem Revisionsgericht ermöglicht, eine „konkret-kausale Bedeutung" der Spurenakten für die Entscheidung des Tatgerichts festzustellen.⁷⁰⁷ Wird in einer Hauptverhandlung ein Film angehalten, so dass ein Einzelbild (Standbild) entsteht, oder werden einzelne Sequenzen vergrößert und/oder verlangsamt abgespielt, entstehen dadurch keine neuen Beweismittel, die den Verfahrensbeteiligten vor der Inaugenscheinnahme zur Verfügung gestellt werden müssen.⁷⁰⁸

198 **3. Inhalt des Revisionsvorbringens. a) Allgemeine Grundsätze.** Der Revisionsführer muss mit Blick auf die Natur des (eben nicht rein absoluten) Revisionsgrundes der Nr. 8 diejenigen **Tatsachen** vortragen, aufgrund derer es dem Revisionsgericht ermöglicht wird, das **Beruhen** im Sinne eines **kausalen Zusammenhangs** zwischen dem behaupteten Verfahrensverstoß und dem Urteil zu überprüfen.⁷⁰⁹ Da Nr. 8 voraussetzt, dass die Beschränkung der Verteidigung „in einem für die Entscheidung **wesentlichen Punkt**" liegt, muss der Revisionsführer überdies sämtliche Umstände darlegen, die dem Revisionsgericht die Prüfung ermöglichen, ob dies der Fall ist.⁷¹⁰ Die Revisionsbegründung muss des Weiteren darlegen, dass ein **Beschluss** in der Hauptverhandlung die Verteidigung beschränkt hat.⁷¹¹

199 Kann der Revisionsführer nicht darlegen, weswegen der Verstoß gegen die betroffene Vorschrift in seiner Schwere einem absoluten Revisionsgrund gleichkommt oder fehlt es an anderen Voraussetzungen für die Rüge, zB am Beschluss in der Hauptverhandlung,⁷¹² kann ggf. eine **Umdeutung** in eine auf **§ 337** gestützte Rüge erfolgen.⁷¹³ Soweit für das Beruhen (vgl. → Rn. 189) ausreichend Tatsachen vorgetragen wurden, dürfte dieser Vortrag im Regelfall auch für den Vortrag zum Beruhen im Rahmen der allgemeinen Verfahrensrüge ausreichend sein.

200 **b) Einzelbeispiele.** Die **Ablehnung von Anträgen zur Aussetzung der Hauptverhandlung** nach **§ 145 Abs. 3** kann nur dann erfolgreich gerügt werden, wenn die Revisionsbegründung ausreichend darlegt, weshalb die Aussetzung nötig gewesen wäre, zB weil die Dauer der Aussetzung eine angemessene Vorbereitung auf die Hauptverhandlung nicht ermöglicht,⁷¹⁴ und warum das Urteil ohne die Ablehnung des Antrags möglicherweise anders gelautet hätte.⁷¹⁵

201 Wird die unterbliebene Aussetzung nach Nr. 8 iVm **§ 228 Abs. 1** gerügt, muss geltend gemacht werden, inwiefern die Nichtaussetzung die Verteidigung unzulässig beschränkt hat.⁷¹⁶ Für eine auf Nr. 8 iVm **§ 228 Abs. 2** gestützte Rüge muss zur Darstellung der Fehlerhaftigkeit des Ablehnungsbeschlusses erläutert werden, dass zB „der kurzfristig neu mandatierte Verteidiger wegen Terminschwierigkeiten oder mangels ausreichender Vorbereitung nicht in der Hauptverhandlung erschienen ist und [dass] die Strafkammer die deswe-

---

⁷⁰⁶ Vgl. BGH 26.5.1981 – 1 StR 48/81, BGHSt 30, 131 (135) = NJW 1981, 2267 ff.; BGH 25.1.1983 – 5 StR 782/82, NStZ 1983, 228.
⁷⁰⁷ BGH 26.5.1981 – 1 StR 48/81, BGHSt 30, 131 (135) = NJW 1981, 2267 ff.; allgemein zur Behandlung kriminalpolizeilicher Spurenakten im Strafverfahren Meyer-Goßner NStZ 1982, 353 ff.
⁷⁰⁸ BGH 25.11.2021 – 5 StR 115/21, NStZ 2022, 55.
⁷⁰⁹ Vgl. zum notwendigen Revisionsvorbringen BGH 26.5.1981 – 1 StR 48/81, BGHSt 30, 131 (135) = NJW 1981, 2267; KG 12.3.2013 – 3 Ws (B) 166/17, BeckRS 2013, 198911.
⁷¹⁰ BGH 2.2.1999 – 1 StR 636/98, StV 2000, 248 (249) mAnm Ventzke; BGH 11.11.2004 – 5 StR 299/03, BGHSt 49, 317 (328); Schmitt in Meyer-Goßner/Schmitt Rn. 59; Pfeiffer Rn. 33.
⁷¹¹ BGH 2.2.1999 – 1 StR 636/98, StV 2000, 248 (249) mAnm Ventzke; BGH 6.5.1992 – 2 StR 21/92, NStZ 1993, 27 (31) bei Kusch; BGH 10.4.1996 – 3 StR 557/95, NJW 1996, 2383 mAnm Gollwitzer JR 1996, 474 ff.; Schmitt in Meyer-Goßner/Schmitt Rn. 60; Gericke in KK-StPO Rn. 104; Pfeiffer Rn. 33.
⁷¹² Vgl. Gericke in KK-StPO § 337 Rn. 40.
⁷¹³ Gericke in KK-StPO Rn. 105 mwN.
⁷¹⁴ BGH 26.1.1983 – 3 StR 431/82, NStZ 1983, 281; ohne Erfolg blieb die Rüge bei BGH 24.11.1999 – 3 StR 390/99, NStZ 2000, 212 (213).
⁷¹⁵ Aus dem Kontext bei BGH 5.4.1990 – 1 StR 68/90, BGHSt 37, 1 (3 ff.) = NJW 1990, 1860 (1860 f.); BGH 10.4.1996 – 3 StR 557/95, NStZ 1999, 527.
⁷¹⁶ BGH 10.4.1996 – 3 StR 557/95, NStZ 1996, 454.

gen beantragte Aussetzung des Verfahrens abgelehnt hat [und] alle diejenigen Tatsachen (...), aus denen sich der behauptete **Verstoß gegen das Gebot des rechtsstaatlichen Verfahrens** ergibt (...)".[717]

„Die ‚Rüge der **Nichtaussetzung der Hauptverhandlung** wegen verspäteter und unvollständiger Akteneinsichtsgewährung' ... ist schon unzulässig, wenn der Beschwerdeführer nicht nachvollziehbar mitteilt, wann ihm die verspätete Akteneinsicht gewährt worden ist und wieviel Zeit die Sichtung der nachgereichten Unterlagen in Anspruch genommen hat. Denn dann kann der Senat nicht überprüfen, ob die Strafkammer die Hauptverhandlung hätte aussetzen müssen, weil die Verteidigung diese Unterlagen nicht bereits innerhalb der Unterbrechungen der HV in ausreichendem Maße habe sichten können".[718] 202

Wird geltend gemacht, dass die Vorinstanz die Sitzausrichtung der Zeugen entgegen dem Antrag der Verteidigung nicht geändert hat, muss das Revisionsvorbringen die dem Antrag beigefügte Skizze (welche die räumlichen Gegebenheiten abbildet) beinhalten.[719] Ganz ähnlich muss der Revisionsführer, der zu einem Vorgang als Behinderung der Verteidigung in einem wesentlichen Punkt beanstandet, dass bestimmte Unterlagen nicht beigezogen worden sind, detailliert dazu vortragen, welche Unterlagen bereits vorlagen und welche Unterlagen noch vermisst wurden.[720] Wird vom Angeklagten gerügt, dass ihm ein vorbereitendes schriftliches Sachverständigengutachten erst kurz vor der Hauptverhandlung zur Verfügung gestellt wurde, muss er den genauen Zeitpunkt der Überlassung des Schriftstücks vortragen und auch angeben, wenn die Vernehmung des Sachverständigen an weiteren Sitzungstagen fortgesetzt wurde.[721] 203

§ 339 Rechtsnormen zugunsten des Angeklagten

Die Verletzung von Rechtsnormen, die lediglich zugunsten des Angeklagten gegeben sind, kann von der Staatsanwaltschaft nicht zu dem Zweck geltend gemacht werden, um eine Aufhebung des Urteils zum Nachteil des Angeklagten herbeizuführen.

Schrifttum: Momsen, Verfahrensfehler und Rügeberechtigung im Strafprozess, 1997.

I. Normzweck und Anwendungsbereich der Norm

§ 339[1] schränkt die §§ 337, 338 ein,[2] wenn eine Rechtsnorm verletzt wurde, die sich lediglich zugunsten des Angeklagten auswirken[3] kann, die Revision aber **zu seinem Nachteil** eingelegt ist. Die Vorschrift regelt demnach den Fall eines rechtsmissbräuchlichen Verhaltens durch die Staatsanwaltschaft,[4] das **keine Rolle** für die von der Staatsanwaltschaft **zugunsten** des Angeklagten eingelegte Revision spielen darf.[5] Die Einschränkung resultiert aus dem jeweiligen Sinn und Zweck der verletzten Vorschrift, da dem Angeklagten durch die Verletzung der Norm keine Vorteile zukommen konnten, die ihm nicht auch rechtmäßig zustanden, und die Staatsanwaltschaft diese Schutznorm des 1

---

[717] BayObLG 27.8.1998 – 4 St RR 135-98, NStZ-RR 1999, 141.
[718] BGH 18.9.2013 – 2 StR 365/12, NJW 2014, 325.
[719] BGH 16.4.2015 – 1 StR 490/14, NStZ 2016, 42.
[720] OLG Köln 15.7.2022 – 1 RBs 198/2, BeckRS 2022, 19272 (zur Rechtsbeschwerde im Ordnungswidrigkeitenrecht).
[721] BGH 28.3.2019 – 1 StR 633/18, NStZ 2019, 485.
[1] Zur Entstehungsgeschichte der Norm vgl. Momsen, Verfahrensfehler und Rügeberechtigung im Strafprozess 1997, S. 52 ff.
[2] Vgl. Franke in Löwe/Rosenberg Rn. 1, der jedoch nur von einer Einschränkung des § 337 spricht.
[3] Vgl. zur Begriffsproblematik der Vorschriften, die „lediglich zugunsten des Angeklagten gegeben sind" Franke in Löwe/Rosenberg Rn. 1.
[4] Vgl. Wiedner in BeckOK StPO Rn. 1.
[5] Schmitt in Meyer-Goßner/Schmitt Rn. 1; Gericke in KK-StPO Rn. 6.

Angeklagten nicht missbrauchen können soll.⁶ Letztlich ist § 339 eine Ausprägung des Gedankens, dass das Urteil in dem von ihm erfassten Fällen nicht auf der vorangehenden Rechtsverletzung beruht. Denn es ist denknotwendigerweise nicht möglich, dass ein „zu günstiges" Urteil für den Angeklagten auf der Nichtanwendung einer Vorschrift beruht, die lediglich zu seinen Gunsten gilt.

2   Ist § 339 anwendbar, ist die Revision insoweit erfolglos, ohne dass die Beruhensfrage geprüft werden müsste⁷ (die aber richtigerweise zum gleichen Ergebnis führen müsste). Auf den ersten Blick wäre die Bedeutung der Vorschrift daher besonders groß, soweit die absoluten Revisionsgründe betroffen sind, indes sieht die hM jedenfalls die Gründe des § 338 Nr. 1–7 als auch im öffentlichen Interesse liegend an.⁸

II. Rechtsnormen

3   Unter die „Rechtsnormen" iSd § 339 fallen ausschließlich Verfahrensvorschriften.⁹ Zu diesen zählen insbesondere die Verfahrensbefugnisse des Angeklagten, die etwa seine Verteidigungsmöglichkeiten optimieren können, zur Verbesserung der prozessualen Situation beitragen oder seinem Schutz dienen.¹⁰ Beispiele für Vorschriften, welche nur zugunsten des Angeklagten wirken, sind § 136 Abs. 1 S. 2, §§ 140, 145, 146 und § 217¹¹ ebenso wie alle Verfahrensverstöße iSd § 338 Nr. 8,¹² weiterhin § 228 Abs. 3, § 231a Abs. 2, § 231b Abs. 4, § 244 Abs. 3 S. 2 Mod. 7 (Verbot der Wahrunterstellung zuungunsten des Angeklagten¹³), § 247 S. 4, § 257, 258 Abs. 2, Abs. 3, § 265 und § 266 Abs. 1.¹⁴

4   Nicht ausschließlich zugunsten des Angeklagten wirken demgegenüber Vorschriften, die gleichzeitig im öffentlichen Interesse¹⁵ stehen und auf deren Anwendung er nicht verzichten kann,¹⁶ wie insbesondere §§ 22, 23, § 136a, § 230 Abs. 1, § 231 Abs. 1, § 243 Abs. 4 S. 2,¹⁷ §§ 244, 246a, §§ 264, 264a und § 275 StPO, § 169 GVG sowie die Vorschriften zur Gerichtsbesetzung.¹⁸

5   Da die Regelungsfelder (materielle Strafbarkeit, Beweiswürdigung und Strafzumessung), innerhalb derer die Verletzung von Rechtsnormen mit der **Sachrüge** angegriffen werden können, sich regelmäßig zu Gunsten wie zu Ungunsten des Angeklagten auswirken können, gilt die Einschränkung des § 339 nicht für die Rüge der Verletzung sachlichen Rechts. Konkrete „Rügen" bzw. Begründungen der allgemeinen Sachrüge haben hier ohnehin nur erläuternden Charakter und ändern nichts daran, dass das Urteil vom Revisionsgericht vollständig auf die Vereinbarkeit mit dem materiellen Recht geprüft wird. Hier führt § 339 also zu keinen Beschränkungen.¹⁹ In der Sache gilt freilich auch hier: Wirkt sich der geltend gemachte (oder auch sonst vom Revisiongericht aufgefundene) materielle Fehler nur zum Nachteil des Angeklagten aus (wird also etwa ein tatsächlich zu bejahender

---

⁶ Franke in Löwe/Rosenberg Rn. 1.
⁷ Schmitt in Meyer-Goßner/Schmitt § 339 Rn. 1; Franke in Löwe/Rosenberg Rn. 1.
⁸ Vgl. Gericke in KK-StPO Rn. 3.
⁹ RG 3.3.1881 – 176/81, RGSt 3, 385; Schmitt in Meyer-Goßner/Schmitt § 339 Rn. 3; Franke in Löwe/Rosenberg Rn. 2; Frisch in SK-StPO Rn. 3.
¹⁰ Franke in Löwe/Rosenberg Rn. 3.
¹¹ Franke in Löwe/Rosenberg Rn. 4; Wiedner in BeckOK StPO Rn. 5; aA OLG Schleswig 13.8.2002 – 2 SsOWi 83/02 (88/02), 2 Ss OWi 83/02 (88/02), SchlHA 2003, 193.
¹² Gericke in KK-StPO Rn. 2.
¹³ BGH 11.7.1984 – 2 StR 320/84, NStZ 1984, 564; OLG Stuttgart 22.3.1967 – 1 Ss 41/67, NJW 1967, 1627.
¹⁴ Vgl. Schmitt in Meyer-Goßner/Schmitt § 339 Rn. 4 mwN (ohne die Nennung von § 266 Abs. 1; Wiedner in BeckOK StPO Rn. 5; teilw. Gericke in KK-StPO Rn. 2; Frisch in SK-StPO Rn. 8.
¹⁵ Vgl. insbesondere zum öffentlichen Interesse in diesem Kontext Gericke in KK-StPO Rn. 3.
¹⁶ Schmitt in Meyer-Goßner/Schmitt Rn. 5; aA: Franke in Löwe/Rosenberg Rn. 3.
¹⁷ BGH 3.11.2022 – 3 StR 127/22, NStZ 2023, 306, wenn man – was durchaus in der Logik der Rspr. von BVerfG und BGH liegt – den Zweck der Belehrungspflichten auch in allgemeinen Transparenzanforderungen für ein rechtsstaatliches Verfahren und nicht nur eine Schutzvorschrift für den Angeklagten sieht.
¹⁸ Vgl. dazu insgesamt Schmitt in Meyer-Goßner/Schmitt Rn. 5.
¹⁹ Franke in Löwe/Rosenberg Rn. 2.

Rücktritt nicht gesehen), kann die Revision der Staatsanwaltschaft nicht die Folge haben, dass das Urteil zu Ungunsten des Angeklagten aufgehoben wird.

III. Rechtsfolgen

Erhebt die Staatsanwaltschaft unter Verletzung der Vorschrift eine entsprechende Verfahrensrüge, ist diese bereits unzulässig. Ist diese einziger Rügepunkt, hat dies die Unzulässigkeit der Revision insgesamt zur Folge[20] (weshalb in diesen Fällen auch § 301 nicht zur Anwendung kommen kann[21]). 6

IV. Anwendung über den Wortlaut hinaus

Über den auf die Staatsanwaltschaft beschränkten Wortlaut hinaus gilt die Norm (heute nahezu einhellig anerkannt) für Privat- und Nebenkläger entsprechend.[22] Insgesamt ergibt sich damit aus § 339 (über seinen Wortlaut hinaus) der Grundsatz, dass es nicht möglich ist, ein Rechtsmittel auf die Verletzung von Verfahrensvorschriften zuungunsten des Angeklagten zu stützen, wenn ihm durch die rechtsfehlerfreie Anwendung ausschließlich ein Vorteil entstanden wäre.[23] 7

§ 340 Revision gegen Berufungsurteile bei Vertretung des Angeklagten

Ist nach § 329 Absatz 2 verfahren worden, kann der Angeklagte die Revision gegen das auf seine Berufung hin ergangene Urteil nicht darauf stützen, dass seine Anwesenheit in der Berufungshauptverhandlung erforderlich gewesen wäre.

Übersicht

		Rn.			Rn.
I.	Normzweck, Einführungsgesetz ..	1	1.	Allgemeines	7
II.	Anwendungsbereich der Norm	3	2.	Insbesondere: Verfahrensrügen	9
III.	Ausschluss der Revisionsrüge	7	3.	Insbesondere: Sachrügen	11

I. Normzweck, Einführungsgesetz

§ 340 in seiner gegenwärtigen Gestalt wurde durch das Gesetz zur Stärkung des Rechts des Angeklagten auf Vertretung in der Berufungshauptverhandlung und für die Anerkennung von Abwesenheitsentscheidungen in der Rechtshilfe vom 17.7.2015 eingeführt und ist am 25.7.2015 in Kraft getreten.[1] Die Vorschrift regelt die Revision gegen Berufungsentscheidungen im dreizügigen Rechtszug.[2] Die Neufassung des § 340 erfolgte dabei aufgrund der zeitgleichen Neufassung des § 329, welche auf der Rechtsprechung des EGMR basiert.[3] 1

Die Vorschrift knüpft an § 329 Abs. 2 an, nach dem eine Sachverhandlung und -entscheidung ohne die Anwesenheit des Angeklagten vorgenommen werden kann, wenn seine Anwesenheit nach Einschätzung des Berufungsgerichts nicht erforderlich ist und er nach § 329 Abs. 2 S. 1 Alt. 1 durch einen schriftlich bevollmächtigten Verteidiger vertreten wird oder er nach § 329 Abs. 2 S. 1 Alt. 2 in der Berufungsverhandlung der Staatsanwaltschaft unentschuldigt fernbleibt. Für diese Fälle ordnet § 340 eine eingeschränkte Überprüfung 2

---

[20] Vgl. dazu Wiedner in BeckOK StPO Rn. 7.
[21] Gericke in KK-StPO Rn. 6.
[22] OLG Stuttgart 22.3.1967 – 1 Ss 41/67, NJW 1967, 1627; Franke in Löwe/Rosenberg Rn. 7; Gericke in KK-StPO Rn. 1; Frisch in SK-StPO Rn. 11. AA Momsen, Verfahrensfehler und Rügeberechtigung im Strafprozess 1997, S. 425 ff.
[23] Gericke in KK-StPO Rn. 1; Schmitt in Meyer-Goßner/Schmitt Rn. 6 mwN.
[1] BGBl. I 1332.
[2] BGBl. I 1332; vgl. dazu auch Wiedner in BeckOK StPO Rn. 1.
[3] EGMR 8.11.2012 – 30804/07, NStZ 2013, 350 = StraFo 2012, 490.

dieser Berufungsentscheidung im Revisionsverfahren an.[4] Der Angeklagte kann hier nicht rügen, dass besondere Gründe vorgelegen hätten, die seine Anwesenheit erforderlich gemacht hätten, da dies nach der Neu-Regelung ein selbstwidersprüchliches Handeln („venire contra factum proprium") darstellen würde.[5]

II. Anwendungsbereich der Norm

3   Die eingeschränkte Überprüfungsbefugnis des Revisionsgerichtes aufgrund von § 340 gilt ausweislich des Wortlautes nur, wenn eine Abwesenheitsverhandlung iSd § 329 Abs. 2 (nF) auch tatsächlich stattgefunden hat und bezieht sich dabei insgesamt auf Rügen hinsichtlich der Abwesenheit des Angeklagten in der Hauptverhandlung.

4   Innerhalb des § 329 Abs. 2 beschränkt sich die Anwendung von § 340 nach dem Wortlaut der Norm auf die Fälle der vorherigen Berufung des Angeklagten.[6] Darin spiegelt sich die Entstehungsgeschichte wider, da der EGMR an § 329 Abs. 1 (aF) gerade kritisiert hatte, dass eine Berufung des Angeklagten trotz anwesenden und wirksam vertretungsberechtigten Verteidigers verworfen werden konnte. Nicht umfasst sind demgegenüber Urteile auf Berufungen der Staatsanwaltschaft, die in Abwesenheit des Angeklagten zustande kamen.[7] Dies ist konsequent, wenn man darauf abstellt, dass eine Schlechterstellung durch Einschränkung der Revisionsoption des Angeklagten nicht gerechtfertigt werden kann, während ihm keine Dispositionsbefugnis hinsichtlich der Berufung durch die StA zusteht.[8] Somit hat das Revisionsgericht in diesen Fällen eine unbeschränkte Überprüfungsmöglichkeit.

5   Freilich wird auch ohne diese Beschränkung der Bestand des Urteils bei einer Berufung durch die StA (wenn der Angeklagte nicht anwesend war) regelmäßig nicht gefährdet, da der absolute Revisionsgrund des § 338 Nr. 5 nur Personen betrifft, deren Anwesenheit das Gesetz vorschreibt. § 329 Abs. 2 regelt hierfür jedoch gerade unter den dort genannten Voraussetzungen eine Ausnahme von der Anwesenheitspflicht.[9]

6   Auf die Anfechtung von Urteilen, die auf beidseitige Berufungen ergangen sind, ist § 340 nicht anwendbar (vgl. „das auf *seine* Berufung hin ergangene Urteil").[10]

III. Ausschluss der Revisionsrüge

7   **1. Allgemeines.** Gemäß § 340 sind nur bestimmte Revisionsrügen unzulässig („kann der Angeklagte die Revision gegen das auf seine Berufung hin ergangene Urteil *nicht darauf stützen*").[11] Hierbei ist zwischen Verfahrensrügen (sogleich → Rn. 9 f.) und Sachrügen (im Anschluss → Rn. 11 f.) zu unterscheiden.[12]

8   Unabhängig davon ist für den Rügeausschluss ohne Bedeutung, ob das Gericht die Entbehrlichkeit der Anwesenheit des Angeklagten durch Beschluss, ausdrückliche Erklärung oder schlüssiges Weiterverhandeln kundgetan hat. Entsprechend kann die Revision sich nicht darauf beziehen, dass die Anordnung der Entbehrlichkeit des Angeklagten in der Verhandlung nicht ausreichend angeordnet oder begründet sei oder das Gericht eine willkürliche Anordnung getroffen habe, da § 340 insoweit als allgemeine Rügepräklusion zu verstehen ist.

9   **2. Insbesondere: Verfahrensrügen.** Vom Wortlaut des § 340 erfasst und demnach ausgeschlossen sind Verfahrensrügen, welche sich darauf beziehen, dass die Anwesenheit des Angeklagten in der Berufungshauptverhandlung erforderlich gewesen wäre. Unzulässig ist

---

[4]   Vgl. Wiedner in BeckOK StPO Rn. 1.2, der § 340 unter Verweis auf § 329 aF als „Fortschreibung einer bereits in § 329 angelegten Risikozuweisung" sieht.
[5]   BT-Drs. 18/3562, 76; BR-Drs. 491/14, 80; so auch Schmitt in Meyer-Goßner/Schmitt Rn. 1.
[6]   Vgl. BT-Drs. 18/5254, 6.
[7]   Wiedner in BeckOK StPO Rn. 3 f.
[8]   Vgl. Wiedner in BeckOK StPO Rn. 4.
[9]   BT-Drs. 18/3562, 76; BR-Drs. 491/14, 80; vgl. auch Schmitt in Meyer-Goßner/Schmitt Rn. 1.
[10] So auch Wiedner in BeckOK StPO Rn. 5.
[11] Vgl. Wiedner in BeckOK StPO Rn. 6.
[12] Vgl. Wiedner in BeckOK StPO Rn. 6.

somit insbesondere eine Verfahrensrüge des Angeklagten dahingehend, dass § 329 Abs. 2 dadurch verletzt wurde, dass der Tatrichter fehlerhaft seine Entbehrlichkeit in der Verhandlung annahm. Aber auch eine Aufklärungsrüge nach § 244 Abs. 2 ist ausgeschlossen, wenn sie darauf gestützt wird, dass das Berufungsgericht zu einer besseren Beurteilung der Schuld des Angeklagten oder der Rechtsfolgen seine Anwesenheit in der Verhandlung hätte einfordern müssen.[13] Nämliches gilt für weitere Verfahrensrügen, welche sich (insoweit) auf die unrechtmäßige Abwesenheit des Angeklagten aufgrund einer fehlerhaften Beurteilung des Berufungsgerichtes hinsichtlich der Erforderlichkeit nach § 329 Abs. 2 beziehen.[14]

Das Revisionsgericht hat hingegen die Überprüfungsbefugnis hinsichtlich der anderweitigen Voraussetzungen der Abwesenheitsverhandlung bzw. anderer Fehler des Abwesenheitsverfahrens, etwa im Zusammenhang mit der Vertretung durch den Verteidiger. 10

3. Insbesondere: Sachrügen. Mit Blick auf Sachrügen muss differenziert werden: So 11 ist es nicht möglich, sachlich-rechtliche Besonderheiten aus der Urteilsbegründung, welche aus der Abwesenheit des Angeklagten in der Verhandlung resultieren, zu rügen, da dies dem Normzweck des § 340 zuwiderlaufen würde.[15]

Anderes gilt jedoch, wenn die körperliche Anwesenheit des Angeklagten grundlegend 12 und unabdingbar dafür ist, um ein rechtlich fehlerfreies Urteil erlassen zu können.[16] Dies trifft insbes. dann zu, wenn es um die Feststellung bestimmter körperlicher Merkmale oder um das Wiedererkennen des Angeklagten durch einen Zeugen geht. Kommt es aufgrund dessen zu einer rechtlich fehlerhaften Entscheidung, kann dieser Fehler nicht durch § 340 überwunden werden.

§ 341 Form und Frist

(1) Die Revision muß bei dem Gericht, dessen Urteil angefochten wird, binnen einer Woche nach Verkündung des Urteils zu Protokoll der Geschäftsstelle oder schriftlich eingelegt werden.

(2) Hat die Verkündung des Urteils nicht in Anwesenheit des Angeklagten stattgefunden, so beginnt für diesen die Frist mit der Zustellung, sofern nicht in den Fällen der §§ 234, 329 Absatz 2, § 387 Absatz 1, § 411 Absatz 2 und § 434 Absatz 1 Satz 1 die Verkündung in Anwesenheit des Verteidigers mit nachgewiesener Vertretungsvollmacht stattgefunden hat.

Schrifttum: Blaese/Wielop, Die Förmlichkeiten der Revision in Strafsachen, 1996.

Übersicht

		Rn.			Rn.
I.	Grundlagen	1		b) Ausnahmen	10
1.	Einordnung und Überblick	1	4.	Mehrere Revisionen	12
2.	Kritik	2	III.	Revisionseinlegungsfrist (Abs. 1, 2)	13
II.	Revisionseinlegung	3	1.	Fristbeginn mit Verkündung (Abs. 1)	14
1.	Allgemeine Zulässigkeitsvoraussetzungen	3	2.	Fristbeginn mit Zustellung des Urteils (Abs. 2)	15
	a) Erklärungsgehalt der Revisionseinlegung	4		a) Abwesenheit des Angeklagten und Ausnahmen	15
	b) Fälschliche Bezeichnung	7		b) Verfahren bei Zustellung	16
2.	Revisionsberechtigung	8		c) Entsprechende Anwendung auf sonstige Verfahrensbeteiligte?	17
3.	Revisionsadressat (iudex a quo)	9	3.	Fristende	18
	a) Grundsatz	9			

---
[13] Wiedner in BeckOK StPO Rn. 8.
[14] Insgesamt dazu Wiedner in BeckOK StPO Rn. 9.
[15] Wiedner in BeckOK StPO Rn. 11.
[16] Dazu Wiedner in BeckOK StPO Rn. 12.

	Rn.		Rn.
4. Wiedereinsetzung in den vorherigen Stand	19	a) Funktionelle Zuständigkeit	22
		b) Verfahren	23
IV. Form der Revisionseinlegung	21	3. Schriftliche Einlegung	24
1. Geltung allgemeiner Formvorschriften	21	a) Anforderungen an den Schriftsatz	24
2. Einlegung zu Protokoll der Geschäftsstelle	22	b) Telefon, Telefax, E-Mail, beA?	25
		V. Zurücknahme und Verzicht	27

I. Grundlagen

1 **1. Einordnung und Überblick.** § 341 betrifft im zweigliedrigen Verfahren der Einlegung und Begründung einer Revision den „ersten Schritt" und legt in **Abs. 1 Form** und **Frist** der **Revisions***einlegung* fest. Abs. 2 verschiebt den Fristbeginn für bestimmte Fälle der **Abwesenheit des Angeklagten** bzw. Rechtsmittelführers (mit gewissen Ausnahmen) vom Zeitpunkt der Verkündung des Urteils auf denjenigen der Zustellung der Urteilsgründe. Im Falle des **Abs. 2** beginnt mit der **Zustellung der Urteilsgründe** zunächst die Revisionseinlegungsfrist, deren Ablauf erst zum Beginn der Revisionsbegründungsfrist (§ 345 Abs. 1) führt.[1] Abs. 2 wurde durch das Gesetz zur „Stärkung des Rechts des Angeklagten auf Vertretung in der Berufungsverhandlung" um die Klarstellung ergänzt, dass der Verteidiger schriftlich wirksam zur Vertretung legitimiert sein muss;[2] Durch das Gesetz zur Einführung der elektronischen Akte in der Justiz vom 5.7.2017[3] wurde das Wort „schriftlich" durch „nachgewiesen" ersetzt. In der Praxis dreht sich vieles um die Frage einer verschuldeten Säumnis im Hinblick auf eine potentielle Wiedereinsetzung in den vorherigen Stand (vgl. → Rn. 19 sowie eingehend die Kommentierung zu → § 44 Rn. 40 ff.). Die Vorschrift findet über § 79 Abs. 3 OWiG auch im Rechtsbeschwerdeverfahren Anwendung und bildet das Pendant zu § 314 Abs. 1 im Berufungsverfahren bzw. 306 Abs. 1 im Beschwerdeverfahren.[4] Insofern ist die parallel zur Berufungseinlegung bzw. Einlegung der Rechtsbeschwerde ergangene Rechtsprechung auch auf § 341 übertragbar. Dies dürfte im Übrigen auch für die Rechtsprechung zu sonstigen „Einlegungsvorschriften" gelten, die zumindest in der grundsätzlichen Ausgestaltung (Einspruch gegen einen Strafbefehl/Bußgeldbescheid, sofortige/weitere Beschwerde) mit § 341 vergleichbar sind.

2 **2. Kritik.** Im Regelfall (Verkündung unter Anwesenden) müssen sich die Verfahrensbeteiligten im Interesse der Rechtssicherheit relativ rasch hinsichtlich einer Anfechtung des Urteils entscheiden. Da die **mündlichen Entscheidungsgründe nicht identisch mit denjenigen des schriftlichen Urteils** sein müssen, stehen nur der Tenor mit Schuld- und Strafausspruch sowie die Nebenfolgen fest. Weil aber ein potentieller Revident eigentlich zu diesem Zeitpunkt die Erfolgsaussichten etwa einer möglichen Darstellungs- bzw. Verfahrensrüge erst nach Kenntnis der schriftlichen Urteilsgründe und des Hauptverhandlungsprotokolls abschätzen kann, erscheint diese Ausgestaltung aus dem Blickwinkel des Revisionsführers nicht un problematisch. Die Möglichkeit der Rücknahme steht diesem zwar offen, doch das Kostenrisiko (§ 473) bleibt bestehen.[5] Dass sich der Revisionsführer meist unab-

---

[1] Dabei führt ein aufgrund der Nichtbeachtung des Abs. 2 erfolgter, verfrühter Verwerfungsbeschluss (der sich auf den Ablauf der Begründungsfrist stützt) einen Wiedereinsetzungsantrag begründen kann, wenn – wie im Regelfall – zu vermuten ist, dass der Angeklagte bzw. Beschwerdeführer infolge des Verwerfungsbeschlusses von einer weiteren Begründung seiner Revision/Rechtsbeschwerde durch einen Rechtsanwalt absieht, vgl. etwa aus neuerer Zeit OLG Oldenburg 1.12.2014 – 2 Ss (OWi) 310/14, 2 Ss OWi 310/14, VRS 127, 239.
[2] BGBl. I 1332; Widmaier/Momsen in Satzger/Schluckebier/Widmaier StPO Rn. 1.
[3] BGBl. I 2208.
[4] Frisch in SK-StPO Rn. 1; vgl. auch Wiedner in BeckOK StPO Rn. 2 (Pendant zur Revisionsbegründung).
[5] Mag man dem Anfall der anwaltlichen Gebühren durch eine selbstständige Einlegung entgehen, vgl. → Rn. 8, indes ist dies in vielen Fällen keine wirklich realistische Alternative (und schon gar keine, auf die der Verurteilte ohne anwaltliche Beratung kommt).

hängig von den konkreten Urteilsgründen auf eine Anfechtung festlegt, mithin diese den Anfechtungsentschluss als solches faktisch kaum beeinflussen, ändert an dieser angreifbaren Ausgestaltung nichts. Die Trennung zwischen Einlegung und Begründung der Revision hat zudem den prozessökonomisch gewollten, aber aus einem rechtskulturellen Blickwinkel gesehen unschönen Effekt, dass für den Tatrichter die Last der Urteilsbegründung wesentlich reduziert wird. Dies manifestiert sich sogar in der Möglichkeit abgekürzter Urteilsgründe nach § 267 Abs. 4. Ist die Revisionseinlegungsfrist erst einmal verstrichen, ist auch die Urteilsabsetzungsfrist des § 275 Abs. 1 S. 2 wenig relevant: Wo keine Revision droht, spielt der absolute Revisionsgrund des § 338 Nr. 7 ebenso wenig eine Rolle wie die Abfassung eines im Hinblick auf die Revision sorgfältigen Urteils.

II. Revisionseinlegung

1. Allgemeine Zulässigkeitsvoraussetzungen. Hinsichtlich der allgemeinen Zulässigkeitsvoraussetzungen der Revision (Rechtsmittelberechtigung, Beschwer) wird zunächst auf die Ausführungen zu → § 296 Rn. 31 ff. Bezug genommen. Die Revision setzt die Verkündung des Urteils (bzw. der **Urteilsformel**[6]) voraus, **rein vorsorglich** gegen ein unmittelbar ausstehendes Urteil kann sie nicht eingelegt werden.[7] Der Revisionsführer kann bereits im Rahmen der Einlegung eine **Beschränkung** der Revision erklären.[8]

a) Erklärungsgehalt der Revisionseinlegung. Die wirksame Einlegung der Revision setzt allgemein eine ausreichend formulierte Erklärung voraus, die sich **im Namen eines bestimmten Beschwerdeführers** ernsthaft gegen ein ergangenes Urteil richtet, um dessen **Nachprüfung** in einem übergeordneten Verfahren zu erreichen. Dem Schriftsatz muss der ernsthafte **Wille** zu entnehmen sein, das im Raum stehende Urteil anzufechten.[9] Vorbehalte und einfache Ankündigungen,[10] das Urteil anzufechten oder anfechten zu wollen, genügen also ebenso wenig wie die Bitte um Übersendung des Urteils.[11] Auch die Erklärung, das Urteil „werde nicht angenommen", wurde vom Reichsgericht als unzureichend angesehen, weil nur als Ablehnung eines Rechtsmittelverzichts gedeutet[12] (zweifelhaft). Im Übrigen soll aber genügen, dass sich der Rechtsmittelführer nicht mit der Entscheidung zufrieden gibt.[13] Dies gilt selbst dann, wenn der Schriftsatz **Beleidigungen** oder sonstige Ausschweifungen enthält.[14] Eingelegt ist die Revision nur bezüglich der Beteiligten, die sich eindeutig aus der Anfechtungserklärung selbst ergeben. Eine Erweiterung auf weitere Verfahrensbeteiligte (etwa Nebenbeteiligte) ist nach Ablauf der Anfechtungsfrist ausgeschlossen.[15]

---

[6] Vgl. die Nachweise aus der reichsgerichtlichen Rechtsprechung bei Frisch in SK-StPO Rn. 4.
[7] BGH 16.5.1973 – 2 StR 497/72, BGHSt 25, 187 (189); BayObLG 17.5.1961 – RevReg. 1 St 196/61, BayObLGSt 1961, 138 f.; Schmitt in Meyer-Goßner/Schmitt Rn. 4; Frisch in SK-StPO Rn. 4; Franke in Löwe/Rosenberg Rn. 3.
[8] Wiedner in BeckOK StPO Rn. 7; Gericke in KK-StPO Rn. 6 (Erweiterung nach vormaliger Beschränkung nur innerhalb der Einlegungsfrist).
[9] OLG Hamburg 15.2.1965 – 2 Ws 43/65, NJW 1965, 1147; OLG Düsseldorf 28.11.1986 – 5 Ss 394/86-300/86 I, VRS 72 (1987), 290; Schmitt in Meyer-Goßner/Schmitt Rn. 1; Wiedner in BeckOK StPO Rn. 1.
[10] Momsen in KMR-StPO Rn. 47 mwN.
[11] Löwe/Rosenberg/Franke Rn. 2 unter Verweis auf RG Rspr. 1, 110 f.; aA OLG Dresden.
[12] Vgl. die Nachweise aus der reichsgerichtlichen Rechtsprechung bei Frisch in SK-StPO Rn. 2.
[13] Franke in Löwe/Rosenberg Rn. 1.
[14] Frisch in SK-StPO Rn. 2; Temming in Gercke/Julius/Temming/Zöller Rn. 10; aA OLG Karlsruhe 18.12.1973 – 2 Ss 222/73, NJW 1974, 915 (in einem Fall, in dem bereits in der Revisionseinlegungsschrift die „Strafsache als ‚Juden-/Freimaurer-Mordsache', das angefochtene Urteil als ‚Im Namen der Loge' ergangenes ‚Willkür- und Terror-Urteil' und der erstinstanzliche Richter als ‚Terror-Richter' und als ‚Anarchist' bezeichnet" werden). Dagegen Schmitt in Meyer-Goßner/Schmitt Rn. 7 („nicht haltbar"). Auch eine vorgeschobene „Revisionseinlegung" („um seinem Ärger Luft zu machen") muss genügen, da der objektive Empfängerhorizont maßgeblich ist, aA OLG Hamm 17.3.1976 – 4 Ss 158/76, NJW 1976, 978; Momsen in KMR-StPO Rn. 44; Franke in Löwe/Rosenberg Rn. 10. Nur wenn sich der Inhalt des Schriftsatzes in Unmutsäußerungen erschöpft, ließe sich eine mangelnde Revisionseinlegung bejahen, Schmitt in Meyer-Goßner/Schmitt Rn. 1; Blaese/Wielop Förmlichkeiten der Revision S. 89.
[15] Vgl. BGH 10.1.2019 – 5 StR 499/18, wistra 2019, 22 = BeckRS 2019, 1966.

5   Ist die Erklärung so unbestimmt gefasst, dass auch nach Ausschöpfung der Auslegungsmöglichkeiten offen bleibt, ob sich das Rechtsmittel gegen ein Urteil oder gegen eine andere, in derselben Hauptverhandlung am selben Tag ergangene Endentscheidung richtet, so ist die Revision unzulässig. Dies kann gerade bei **Anfechtungserklärungen des Nebenklägers** vorkommen, da auch unter Berücksichtigung ihrer Interessenlage nicht immer zweifelsfrei aufklärbar sein wird, ob sie mit dem Urteil selbst, mit einer partiellen Einstellung des Verfahrens oder den Auflagen im Bewährungsbeschluss (Aufhebung des Kontaktverbots) nicht einverstanden sind.[16]

6   Wird die Einlegung der Revision vom Eintritt bestimmter Umstände abhängig gemacht (Gewähren einer Zahlungserleichterung durch das Gericht,[17] Entstehen von Kosten[18] oder Revisionseinlegung durch den Gegner[19] bzw. Nebenkläger), macht dies die Revision unzulässig, die Einlegung ist grds. bedingungsfeindlich.[20] Freilich ist im Einzelfall genauer zu überprüfen, ob es sich um eine **„echte" Bedingung** handelt oder der Revisionsführer lediglich das **Motiv** für sein unbedingt eingelegtes Rechtsmittel benennt.[21] Die Rechtsprechung verfährt diesbezüglich tendenziell streng, als sie bereits bloße Zweifel an der „Unbedingtheit" der Revisionseinlegung für eine Unzulässigkeit des Rechtsmittels genügen lässt.[22] Häufig ist daher der Hinweis anzutreffen, missverständliche Formulierungen möglichst zu vermeiden.[23]

7   **b) Fälschliche Bezeichnung.** Der Schriftsatz muss nicht ausdrücklich als Revision bzw. Revisionseinlegung bezeichnet werden. Auch eine **Falschbezeichnung** ist unschädlich (§ 300).[24] Dies gilt nicht nur in den Konstellationen der Revision als einzigem Rechtsmittel (Urteile des LG bzw. OLG), sondern auch bei einer **wahldeutigen Rechtsmitteleinlegung,** also im Rahmen einer potentiellen Sprungrevision. Hier bestünde schließlich die Möglichkeit, sich bis zum Ablauf der Revisionsbegründungsfrist die Berufung offen zu halten[25] oder umgekehrt ein zunächst als „Berufung" bezeichnetes Rechtsmittel als Revision behandeln zu lassen.[26] Solange dem Schriftsatz der Anfechtungswille zu entnehmen ist, liegt es gerade in der Natur der wahlweisen Anfechtung, dass sich erst mit Ablauf der Revisionsbegründungsfrist herausstellt, ob es sich um eine Revisionseinlegung handelte. Ebenso unschädlich ist die Angabe eines **falschen Aktenzeichens,** solange die Revisionseinlegung beim zuständigen Gericht erfolgt (und sich der Schrift eindeutig entnehmen, welches Urteil angefochten wird[27]).

8   **2. Revisionsberechtigung.** Die Einlegung der Revision als bewirkende Prozesshandlung[28] kann durch den Beschwerten selbst oder durch einen (gesetzlichen) **Vertre-**

---

[16] OLG Hamm 5.6.2014 – III-1 RVs 52/14, 1 RVs 52/14, BeckRS 2014, 12844.
[17] OLG Hamm 13.11.1972 – 2 Ss OWi 1284/72, NJW 1973, 257.
[18] OLG Hamm 5.4.1974 – 5 Ss OWi 235/74, MDR 1974, 777; Franke in Löwe/Rosenberg Rn. 5.
[19] BGH 5.11.1953 – 3 StR 542/53, BGHSt 5, 183 f.; Franke in Löwe/Rosenberg Rn. 4.
[20] BGH 5.11.1953 – 3 StR 542/53, BGHSt 5, 183 f.; 16.5.1973 – 2 StR 497/72, BGHSt 25, 187 (188); OLG Hamm 13.11.1972 – 2 Ss OWi 1284/72, NJW 1973, 257; Schmitt in Meyer-Goßner/Schmitt Rn. 5; Wiedner in BeckOK StPO Rn. 3; Nagel in Radtke/Hohmann Rn. 2. Ausführlich hierzu → § 296 Rn. 37 (dort auch zu den zulässigen Rechtsbedingungen wie zB die Einlegung der Revision für den Fall der Unzulässigkeit der gleichzeitig eingelegten Berufung, vgl. OLG Köln 21.12.1962 – Ss 392/62, NJW 1963, 1073).
[21] Frisch in SK-StPO Rn. 5; BGH (D) MDR 1954, 15 (18); Franke in Löwe/Rosenberg Rn. 4.
[22] Krit. Frisch in SK-StPO Rn. 6; zum Fall der vorsorglichen Revisionseinlegung BGH 12.11.1953 – 5 StR 183/52, NJW 1954, 243.
[23] Franke in Löwe/Rosenberg Rn. 5.
[24] Gericke in KK-StPO Rn. 1; Schmitt in Meyer-Goßner/Schmitt Rn. 1; Frisch in SK-StPO Rn. 3; Wiedner in BeckOK StPO Rn. 1.
[25] BGH 21.12.1951 – 1 StR 675/51, BGHSt 2, 63 (70); 20.11.1953 – 1 StR 279/53, BGHSt 5, 338 (339 ff.).
[26] BGH 20.11.1953 – 1 StR 279/53, BGHSt 5, 338 (339 ff.); 14.7.1954 – 5 StR 324/54, BGHSt 6, 206 (207); 25.1.1995 – 2 StR 456/94, BGHSt 40, 395 (398); weitere Nachweise bei → § 335 Rn. 12.
[27] BGH 2.10.2008 – 3 StR 415/08, BeckRS 2008, 22666; 19.5.1999 – 3 StR 200/99, BeckRS 1999, 30059979; vgl. auch BGH 19.5.1999 – 3 StR 200/99, bei Kusch NStZ-RR 2000, 33 (38); BGH 4.11.2010 – 1 StR 326/10, BeckRS 2010, 28941 bei Cierniak/Zimmermann NStZ-RR 2013, 167; BGH 20.10.2011 – 2 StR 405/11, NStZ-RR 2012, 118.
[28] Franke in Löwe/Rosenberg Rn. 1.

ter[29] oder **Bevollmächtigten** erfolgen.[30] Die besonderen Vertretungsvorschriften, insbes. §§ 297 und 298 finden Anwendung (siehe dort). Bereits an dieser Stelle wird die gegenüber § 345 Abs. 2 reduzierte Formstrenge deutlich (vgl. noch → Rn. 21 ff.): Die Revision muss nicht durch den Verteidiger[31] bzw. (bei einer Nebenklägerrevision) einen Rechtsanwalt eingelegt werden.[32] Entscheidend ist auch nicht die Volljährigkeit, sondern die Verhandlungsfähigkeit des Vertreters.[33] Er muss zum Zeitpunkt der Prozesshandlung bevollmächtigt sein,[34] eine nachträgliche Genehmigung heilt vollmachtloses Agieren nicht.[35] Indessen ist es nicht von Nöten, dass dem Schriftsatz eine Vollmacht angefügt ist, mithin kann der **Nachweis** der Vollmacht auch nachträglich erfolgen.[36]

3. Revisionsadressat (iudex a quo). a) Grundsatz. Die Revision ist bei dem 9 Gericht einzulegen, dessen Urteil mit der Revision angefochten werden soll **(iudex a quo)**. Dies gilt auch bei einer Sprungrevision (Revisionseinlegung beim AG) sowie bei einer Revision gegen ein Berufungsurteil (Revisionseinlegung beim LG).[37] Bei **auswärtigen Zweigstellen** oder Strafkammern (nach § 78 GVG) kraft VO[38] kann die Revision sowohl bei der Zweigstelle als auch beim Stammgericht eingelegt werden.[39] Dasselbe gilt für den Fall eines auswärtigen Gerichtstags.[40] Ist der Angeklagte in einer einem anderen Amtsgericht unterstehenden Maßregelvollzugsklinik vorläufig untergebracht,[41] genügt das nicht, um die Adressierung an dieses AG als ausreichend zu erachten; vielmehr kann hier nur nach Maßgabe des § 299 (vgl. sogleich → Rn. 10) die Revision zu Protokoll der Geschäftsstelle erklärt werden. Ebenso wenig kann die Revision bei einer auswärtigen Zivilkammer eingelegt werden.[42]

b) Ausnahmen. Das Prinzip der Revisionseinlegung beim iudex a quo gilt zum einen 10 nicht in den Fällen des Antrags auf **Wiedereinsetzung** (da dieses auch beim Revisionsgericht gem. **§ 45 Abs. 1 S. 2**[43] angebracht werden kann, erscheint es nur zweckmäßig, die Nachholung der versäumten Handlung gegenüber dem Revisionsgericht zuzulassen[44]), zum

---

[29] „Eine Vertretung ist sowohl bei der Erklärung als auch im Willen zulässig" Schmitt in Meyer-Goßner/Schmitt Rn. 3 unter Verweis auf RGSt 66, 211; Frisch in SK-StPO Rn. 7; Franke in Löwe/Rosenberg Rn. 6.

[30] Die bevollmächtige Person kann auch eine juristische sein, die wiederum ihre vertretungsberechtigten Organe agieren lässt, Schmitt in Meyer-Goßner/Schmitt Rn. 3; Franke in Löwe/Rosenberg Rn. 6; Temming in Gercke/Julius/Temming/Zöller Rn. 4; OLG Hamm 25.4.1952 – 2 Ws 41/52, NJW 1952, 1150; aA OLG Stuttgart 18.2.1977 – 3 Ws 54/77, Justiz 1977, 245.

[31] BGH 2.8.2000 – 3 StR 502/99, NStZ 2001, 52.

[32] Frisch in SK-StPO Rn. 7; Nagel in Radtke/Hohmann Rn. 4 f.; Gericke in KK-StPO Rn. 13; Widmaier/Momsen in Satzger/Schluckebier/Widmaier StPO Rn. 1.

[33] BayObLG 14.5.1964 – RevReg. 4 St 323/63, BayObLGSt 1964, 85 f.

[34] Schmitt in Meyer-Goßner/Schmitt Einl. Rn. 134; vgl. bereits RGSt 1, 71 f.; 3, 91 f.; 46, 372.

[35] RGSt 66, 265 (267); Frisch in SK-StPO Rn. 6.

[36] BGH 9.10.1989 – 2 StR 352/89, BGHSt 36, 259 (260); KG 10.4.2007 – 3 Ws (B) 148/07, BeckRS 2007, 15749; OLG Düsseldorf 8.2.2013 – III-1 Ws 39/13, StV 2014, 208; Franke in Löwe/Rosenberg Rn. 8.

[37] Zu den unterschiedlichen Konstellationen siehe auch Frisch in SK-StPO Rn. 9; Wiedner in BeckOK StPO Rn. 13.

[38] BayObLG 29.1.1975 – RReg. 1 St 227/74, BayObLGSt 1975, 9; 8.7.1977 – 2 Ob OWi 87/77, VRS 53 (1977), 433; hierzu auch RGBl. I 403 sowie BGBl. III 300-5.

[39] BGH 18.10.1966 – VI ZB 13/66, NJW 1967, 107 (in Zivilsachen); BGH 19.5.1999 – 3 StR 200/99, NStZ-RR 2000, 33 (38 Nr. 19); RGSt 1, 266 (269 f.); Gericke in KK-StPO Rn. 6; Franke in Löwe/Rosenberg Rn. 9; Schmitt in Meyer-Goßner/Schmitt Rn. 6; Wiedner in BeckOK StPO Rn. 14; Widmaier/Momsen in Satzger/Schluckebier/Widmaier StPO Rn. 22.

[40] Franke in Löwe/Rosenberg Rn. 9.

[41] Vgl. BGH 24.4.2013 – 4 StR 86/13, NStZ-RR 2013, 254: „Die Revision des Beschuldigten, der in der LWL-Maßregelvollzugsklinik Rheine vorläufig untergebracht ist, ging am 28. Dezember 2012 beim Amtsgericht Rheine, am 3. Januar 2013 beim Landgericht Münster und am 4. Januar 2013 bei der auswärtigen Strafkammer bei dem Amtsgericht Bocholt ein."

[42] BGH 13.3.1973 – 1 StR 657/72, MDR 1973, 554 (557) für auswärtige Handelskammer.

[43] Vgl. auch Schmitt in Meyer-Goßner/Schmitt Rn. 6.

[44] BGH 25.1.1995 – 2 StR 456/94, BGHSt 40, 395 (397); OLG Hamburg 14.11.1977 – 2 Ss 319/76, JR 1978, 430.

anderen gem. § 299 nicht für den inhaftierten Angeklagten.⁴⁵ Ihm gewährt die Vorschrift die Möglichkeit, die Revision auch zu Protokoll der Geschäftsstelle des örtlichen Amtsgerichts zu erklären; maßgeblich für die Wahrung der Frist ist die Aufnahme des Protokolls vor Ort.⁴⁶ Dem **inhaftierten Nebenkläger** steht die Möglichkeit, fristgebundene Erklärungen zu Protokoll der Geschäftsstelle des Amtsgerichts des Verwahrungsortes mit der Wirkung des § 299 Abs. 2 abzugeben, dagegen nicht zu.⁴⁷

11   Eine Revisionseinlegung beim falschen Gericht führt zwar nicht per se zur Unzulässigkeit (wenn die Einlegung weitergeleitet wird, vgl. auch → Rn. 18, aber) ist bei zutreffender Rechtsmittelbelehrung stets als verschuldete Säumnis zu betrachten, wenn die weitergeleitete Einlegungsschrift (was auf Grund des nach wie vor langsamen Behördenlaufs leicht passieren kann) den richtigen Adressaten nicht rechtzeitig erreicht. Eine Erklärung zu Protokoll bei der falschen Geschäftsstelle kann in eine schriftliche Revisionseinlegung „umgedeutet" werden, wenn der Revisionsführer diese unterschrieben hat. Entscheidend ist dann aber der Zugang des Schriftsatzes beim zuständigen Gericht; nur wenn dieser vor Ablauf der Frist erfolgt, kann das Rechtsmittel als zulässig betrachtet werden.⁴⁸ Geht das Schreiben infolge der Säumnis des Rechtsmittelführers verspätet ein, scheidet auch eine Wiedereinsetzung in den vorherigen Stand aus.

12   **4. Mehrere Revisionen.** Mehrere Revisionen unterschiedlicher Verfahrensbeteiligter sind **selbstständig** – also verfahrensrechtlich getrennt – zu behandeln,⁴⁹ auch wenn sie dasselbe Ziel verfolgen.⁵⁰ Bei Nebenklägerrevisionen kann dies eine konkrete Bezeichnung des revidierenden Nebenklägers erforderlich machen, wenn der Rechtsanwalt mehrere Nebenkläger vertritt und die Person des Rechtsmittelführers nicht durch Auslegung ermittelt werden kann.⁵¹ Lediglich die Revision des Angeklagten selbst und diejenige seines Verteidigers unterliegen einheitlicher Betrachtung.⁵²

III. Revisionseinlegungsfrist (Abs. 1, 2)

13   Die Revisionseinlegungsfrist ist mit derjenigen der Berufung identisch und beträgt **eine Woche** und wird nach § 43 berechnet.⁵³ Sie kann **nicht verlängert** werden;⁵⁴ eine gleichwohl (mündlich oder schriftlich) gewährte Verlängerung schafft allerdings einen Vertrauenstatbestand, der einen etwaigen Wiedereinsetzungsantrag begründen kann.⁵⁵ Eine **fehlerhafte Rechtsmittelbelehrung** (§ 35a) hindert den Fristlauf nicht,⁵⁶ sondern kann allenfalls eine Wiedereinsetzung in den vorherigen Stand begründen.⁵⁷ Der Anschluss an Rechtsmittel Dritter (Mitangeklagter, Nebenkläger, Staatsanwaltschaft) ist nach Fristablauf nicht möglich.⁵⁸ Für den Beginn der Frist ist zwischen Abs. 1 und Abs. 2 zu unterscheiden.

---

45 Nagel in Radtke/Hohmann Rn. 9.
46 Frisch in SK-StPO Rn. 11.
47 KG 23.1.2015 – (2) 161 Ss 11/15 (2/15), NStZ 2015, 719. So bereits OLG Hamm 10.5.1971 – 4 Ws 110/71, NJW 1971, 2181.
48 KG 19.4.2004 – 5 Ws 173/04 – 1 AR 352/04; 23.1.2015 – (2) 161 Ss 11/15 (2/15), NStZ 2015, 719.
49 Schmitt in Meyer-Goßner/Schmitt Rn. 2; Temming in Gercke/Julius/Temming/Zöller Rn. 3; Frisch in SK-StPO Rn. 8; Wiedner in BeckOK StPO Rn. 8.
50 Temming in Gercke/Julius/Temming/Zöller Rn. 3; Frisch in SK-StPO Rn. 8; Gericke in KK-StPO Rn. 37.
51 BGH 6.11.2014 – 4 StR 384/14, BeckRS 2014, 23345. Umso mehr gilt dies, wenn „das angefochtene Urteil für die verschiedenen Rechtsmittelführer eine unterschiedliche Ausgangslage für die Urteilsanfechtung geschaffen hat" (in concreto Teilfreispruch „gegenüber" einem der geschädigten Nebenkläger).
52 Schmitt in Meyer-Goßner/Schmitt Rn. 2; Gericke in KK-StPO Rn. 5; Frisch in SK-StPO Rn. 8 mwN.
53 Schmitt in Meyer-Goßner/Schmitt Rn. 8; Nagel in Radtke/Hohmann Rn. 13.
54 Schmitt in Meyer-Goßner/Schmitt Rn. 8.
55 Franke in Löwe/Rosenberg Rn. 20; 20.
56 BGH 2.5.1974 – IV ARZ (Vz) 26/73, NJW 1974, 1335; OLG Hamm 3.5.1963 – 3 Ws 144/, NJW 1963, 1791.
57 Schmitt in Meyer-Goßner/Schmitt Rn. 8; BayObLG 25.5.1954 – BeschwReg. 2 St. 30/54, BayObLGSt 1954, 52; OLG Köln 29.3.1972 – Ss (OWi) 60/72, VRS 43 (1972), 295.
58 Frisch in SK-StPO Rn. 20; BayObLG 24.11.1977 – RReg. 1 St 395/77, BayObLGSt 1977, 189 (190); Gericke in KK-StPO Rn. 24.

Während im Regelfall des Abs. 1 der Zeitpunkt der Verkündung für den Fristlauf maßgeblich ist, beginnt die Frist in den Fällen des Abs. 2 erst mit Zustellung des Urteils (was den Angeklagten freilich nicht daran hindert, trotz Fristbeginns ab Zustellung bereits vorher Revision einzulegen[59]).

1. Fristbeginn mit Verkündung (Abs. 1). Grundsätzlich beginnt die Frist zur Einlegung der Revision mit der Urteilsverkündung iSd § 268 Abs. 2, also der Verlesung der Urteilsformel und der mündlichen Mitteilung der Urteilsgründe.[60] Letzteres (also die Bekanntgabe der Gründe) ist als zwingend für den Beginn des Fristlaufs zu erachten,[61] auch wenn der Wert mündlich mitgeteilter Urteilsgründe im Hinblick auf die Revision nicht überschätzt werden darf (→ Rn. 2). 14

2. Fristbeginn mit Zustellung des Urteils (Abs. 2). a) Abwesenheit des Angeklagten und Ausnahmen. Ist der Angeklagte bei der Verkündung des Urteils nicht anwesend und greift keine der in Abs. 2 benannten Rückausnahmen (§ 234, § 329 Abs. 2, § 387 Abs. 1, § 411 Abs. 2 und § 434 Abs. 1 S. 1), beginnt für diesen die Frist zur Revisionseinlegung mit **Zustellung** des Urteils. Eine **Abwesenheit** liegt auch dann vor, wenn der Angeklagte bei Verkündung auch nur zeitweise abwesend ist.[62] Ein eigenmächtiges[63] oder gerichtlich angeordnetes[64] Entfernen während der Urteilsbegründung genügt; erst Recht reicht es für eine Abwesenheit aus, wenn der Angeklagte diese nicht zu vertreten hat (etwa bei plötzlich eintretender **Verhandlungsunfähigkeit**).[65] Hinsichtlich der **Ausnahmen** (für welche dann wieder die Wochenfrist ab Verkündung gilt) wird auf die Kommentierung der einschlägigen Vorschriften verwiesen; da die Voraussetzungen für eine Ausnahme nunmehr explizit geregelt sind, ist die frühere Rechtsprechung (vor 2004) zur eigenmächtigen Entfernung des Angeklagten und zum anwesenden Verteidiger im Wesentlichen überholt.[66] Liegen die Voraussetzungen der Ausnahmevorschriften vor, richtet sich der Fristlauf nach Abs. 1, wenn die Verkündung stattdessen in Anwesenheit eines mit nachgewiesener Vollmacht versehenen Verteidigers stattgefunden hat.[67] 15

b) Verfahren bei Zustellung. Ist eine Zustellung gem. Abs. 2 erforderlich, kann der Angeklagte auf diese nicht verzichten.[68] Sie ist (im Hinblick auf den Fristlauf) auch dann nicht entbehrlich, wenn der Angeklagte die **Revision bereits vor Zustellung** eingelegt hat[69] (zumal der Beginn der Revisionsbegründungsfrist ohnehin an die Zustellung knüpft). Im Übrigen gelten die allgemeinen Regeln zur Zustellung (eines Urteils), insbes. sind **§ 37 Abs. 2, § 145a** anwendbar,[70] diesbezüglich sei zudem auf die Ausführungen bei → § 345 Rn. 13 ff. verwiesen, der für den Lauf der Revisionsbegründungsfrist in jedem Fall die Zustellung der Urteilsgründe verlangt. Zuzustellen ist das Urteil mit Gründen (zur Übersendung des Hauptverhandlungsprotokolls vgl. → § 273 Rn. 69 f.).[71] Da **mangelnde Sprachkenntnisse** nicht zu einer Verkürzung der verfassungsrechtlichen Rechtsschutzgarantien führen dürfen,[72] 16

---

[59] BGH 16.5.1973 – 2 StR 497/72, BGHSt 25, 187 (189); Frisch in SK-StPO Rn. 24.
[60] Franke in Löwe/Rosenberg Rn. 20; Gericke in KK-StPO Rn. 17.
[61] Frisch in SK-StPO Rn. 21.
[62] BGH 2.12.1960 – 4 StR 433/60, BGHSt 15, 263 (265); 10.5.2000 – 1 StR 617/99, NStZ 2000, 498; Frisch in SK-StPO Rn. 22; Schmitt in Meyer-Goßner/Schmitt Rn. 9; Franke in Löwe/Rosenberg Rn. 22.
[63] BGHSt 15, 263 (265); BGH 10.5.2000 – 1 StR 617/99, NStZ 2000, 498; OLG Stuttgart 13.12.1985 – 4 Ws 374/85, NStZ 1986, 520; OLG Bamberg 1.7.2014 – 3 Ss 84/14, NStZ-RR 2014, 376.
[64] Wegen Störung, vgl. BGH 10.5.2000 – 1 StR 617/99, NStZ 2000, 498.
[65] BayObLG 9.6.1998 – 1 St RR 109/98, BayObLGSt 1998, 87.
[66] Hierzu mit zahlreichen Nachweisen Frisch in SK-StPO Rn. 23.
[67] Schmitt in Meyer-Goßner/Schmitt Rn. 9; Gericke in KK-StPO Rn. 19a.
[68] Franke in Löwe/Rosenberg Rn. 23.
[69] Frisch in SK-StPO Rn. 24.
[70] Schmitt in Meyer-Goßner/Schmitt Rn. 9.
[71] Anders im Bußgeldverfahren im Falle des § 77b OWiG BayObLGSt 1996, 61; vgl. auch Franke in Löwe/Rosenberg Rn. 23.
[72] BVerfG 7.4.1976 – 2 BvR 728/75, NJW 1976, 1021. Vgl. auch Schmitt in Meyer-Goßner/Schmitt Rn. 11.

beginnt der Lauf der Revisionseinlegungsfrist gegen ein in Abwesenheit des Angeklagten gemäß § 329 Abs. 1 ergangenes Berufungsurteil gemäß § 341 Abs. 2 erst mit Zustellung des in eine dem Ausländer verständliche Sprache übersetzten Urteils samt Rechtsmittelbelehrung.[73] Bei unwirksamer oder fehlender Zustellung beginnt die Frist auch nicht anzulaufen.[74]

17 **c) Entsprechende Anwendung auf sonstige Verfahrensbeteiligte?** Während Abs. 1 auf alle Verfahrensbeteiligten Anwendung findet (und daher auch für anwesende Nebenkläger und die Staatsanwaltschaft die Revisionseinlegungsfrist ab Verkündung beginnt),[75] spricht Abs. 2 ausdrücklich nur von dem nicht anwesenden Angeklagten. Die wohl hM geht jedoch davon aus, dass Abs. 2 entsprechende Anwendung für die **Staatsanwaltschaft** findet,[76] jedenfalls dann, wenn sie aufgrund gesetzlicher Sondervorschriften (§ 78 Abs. 2 JGG, § 75 Abs. 1 OWiG) nicht an der Hauptverhandlung teilnimmt.[77] Beim **Privatkläger** wird bei unverschuldeter Nichtteilnahme an der Verkündung (fehlende Bekanntmachung[78]) eine Zustellung für erforderlich gehalten.[79] Für die **übrigen Beteiligten** existieren **Sondervorschriften,** nämlich § 298 Abs. 1 für den gesetzlichen Vertreter, § 401 Abs. 2 S. 1 für den Nebenkläger[80] und § 436 Abs. 4 S. 1 für den Einziehungsbeteiligten.[81]

18 **3. Fristende.** Die Frist endet gem. § 43 Abs. 1 an jenem Wochentag der folgenden Woche, der nach seiner Benennung dem Tag der Verkündung entspricht. Die Frist ist gewahrt, wenn die Erklärung zu Protokoll noch vor Ablauf der Frist erfolgt bzw. das Schriftstück dem zuständigen Gericht noch vor Ablauf der Wochenfrist zugeht.[82] Dies gilt auch dann, wenn die Revision an ein unzuständiges Gericht zugeleitet worden ist, aber noch innerhalb der Frist an das richtige Gericht übermittelt wird.[83] Zweifel an der Einhaltung der Frist wirken sich zugunsten des Beschwerdeführers aus.[84] Zum Eingang der Rechtsmittelerklärung beim Versand mit Telefax vgl. → Rn. 25.

19 **4. Wiedereinsetzung in den vorherigen Stand.** Geht die Revisionseinlegung nicht rechtzeitig (also nach Ablauf der Wochenfrist) ein, ist die Revision als verfristet und somit als unzulässig zu verwerfen. Diese Prüfung obliegt dem Tatrichter, dessen Entscheidung allerdings über einen Antrag nach § 346 Abs. 2 wiederum der Prüfung des Revisionsgerichts unterworfen ist (zum Umfang der Prüfung vgl. dort → § 346 Rn. 24 ff.). Bei unverschuldeter Säumnis kommt eine Wiedereinsetzung in den vorherigen Stand in Betracht, es gelten die allgemeinen Grundsätze (vgl. die Kommentierung zu § 44)[85] und auch die Form des

---

[73] OLG München 18.11.2013 – 4 StRR 120/13, StV 2014, 532.
[74] Frisch in SK-StPO Rn. 24; BayObLG 16.12.1971 – RReg. 1 St 612/71 OWi, BayObLGSt 1971, 228 (229).
[75] Frisch in SK-StPO Rn. 25.
[76] Schmitt in Meyer-Goßner/Schmitt Rn. 10; Franke in Löwe/Rosenberg Rn. 24; Widmaier/Momsen in Satzger/Schluckebier/Widmaier StPO Rn. 32; aA OLG Frankfurt a. M. 10.10.1995 – 3 Ws 661/95, NStZ-RR 1996, 43; Temming in Gercke/Julius/Temming/Zöller Rn. 13; Gericke in KK-StPO Rn. 20 („unzulässigerweise" unter Verweis auf § 226).
[77] Frisch in SK-StPO Rn. 25 unter Verweis auf (das inzwischen aufgelöste) OLG Neustadt 9.1.1963 – Ws 247/62, NJW 1963, 1074.
[78] Frisch in SK-StPO Rn. 25; Franke in Löwe/Rosenberg Rn. 24; Schmitt in Meyer-Goßner/Schmitt Rn. 10.
[79] Hierzu auch OLG Frankfurt a. M. 10.10.1995 – 3 Ws 661/95, NStZ-RR 1996, 43; Blaese/Wielop Förmlichkeiten der Revision S. 88.
[80] Vgl. hierzu BGH 18.12.2007 – 4 StR 541/07, NStZ-RR 2008, 151; Nagel in Radtke/Hohmann Rn. 17.
[81] Schmitt in Meyer-Goßner/Schmitt Rn. 10.
[82] Franke in Löwe/Rosenberg Rn. 25 f.; Nagel in Radtke/Hohmann Rn. 19. Zur Feststellung und zu Zweifelsfällen ausführlich Frisch in SK-StPO Rn. 28 f.
[83] OLG Düsseldorf 10.3.1983 – 4 StO 1-2/83, NStZ 1984, 184. Der Einwurf in den Briefkasten genügt auch, wenn es an einer Zugangskontrollvorrichtung fehlt, OLG Hamm 12.3.1976 – 5 Ss OWi 1164/75, NJW 1976, 762. Zum Eingang im Fall einer gemeinsamen Briefannahmestelle Frisch in SK-StPO Rn. 27.
[84] BGH 4.3.2021 – 5 StR 575/20, StV 2021, 802 (Ls.) = BeckRS 2021, 10604.
[85] Widmaier/Momsen in Satzger/Schluckebier/Widmaier StPO Rn. 37. Zur Wiedereinsetzung im Revisionsrecht auch Sobota/Loose NStZ 2018, 72. Wird der Wiedereinsetzungsantrag mit einem hohen

§ 32d S. 2 (→ Rn. 26) muss bei der nachgeholten Revisionseinlegung eingehalten werden.[86] Ein Angeklagter, der die definitive Zusage seines Verteidigers, ein Rechtsmittel einzulegen, noch nicht erhalten hat, kann aber während des Laufs der Einlegungsfrist nicht darauf vertrauen, dass dies gleichwohl geschieht.[87] Ist zwischen dem Angeklagten und seinem Verteidiger noch keine abschließende Klärung hinsichtlich der Einlegung des Rechtsmittels erfolgt und kann die Ungewissheit mangels telefonischer Erreichbarkeit des Angeklagten auch nicht beseitigt werden, ist der Verteidiger auch nicht verpflichtet, „rein vorsorglich" Revision einzulegen.[88] Der Vortrag, die Beratung des Verteidigers, der mangels Erfolgsaussicht keine Revision eingelegt hatte, mangels Sprachkenntnissen nicht hinreichend verstanden zu haben, führt zu keiner unverschuldeten Säumnis.[89]

Nach rechtswirksamer Rücknahme der Revision durch den Angeklagten kommt eine **20** Wiedereinsetzung in den vorigen Stand nicht in Betracht. Eine Frist kann nur derjenige versäumen, der sie einhalten wollte, aber nicht eingehalten hat. Wer von einem befristeten Rechtsbehelf bewusst keinen Gebrauch macht, war nicht iSd § 44 S. 1 verhindert[90] Der Angeklagte, der die mündliche (und korrekte) **Rechtsmittelbelehrung** des Strafkammervorsitzenden falsch versteht und deshalb eine Frist versäumt, muss sich dies grundsätzlich als eigenes Verschulden zurechnen lassen (etwa bei anschließender Revisionseinlegung beim falschen Gericht).[91] Ein Ausnahmefall kann bei einem nicht von einem Rechtsanwalt vertretenen Ausländer in Betracht kommen.

IV. Form der Revisionseinlegung

1. Geltung allgemeiner Formvorschriften. Abs. 1 eröffnet dem Revisionsführer **21** zwei Möglichkeiten der Revisionseinlegung. Zum einen die **Erklärung zu Protokoll der Geschäftsstelle,** zum anderen die schriftliche Einlegung. Dabei spricht § 341 Abs. 1 explizit von der „**schriflichen**" Einlegung und ist in dieser Variante damit weniger streng als § 345 Abs. 2,[92] welcher eine vom „**Rechtsanwalt unterzeichnete Schrift**" verlangt. Ein lediglich mit einem „kaum entzifferbaren Gebilde" unterzeichneter Schriftsatz kann den Anforderungen einer Revisionseinlegung genügen (vgl. noch → Rn. 24), soweit der Urheber des Schriftstücks auf irgendeine Weise erkennbar ist (etwa durch den Briefkopf oder die Telefaxkennung). Für die Revisionsbegründung, mithin für eine „Unterzeichnung" genügt eine unlesbare Paraphe, die nicht einmal Buchstaben erkennen lässt, hingegen nicht (vgl. noch → § 345 Rn. 25).[93] Eine Einlegung (und auch eine Begründung) zu Protokoll der Geschäftsstelle durch einen Rechtsanwalt soll nach Auffassung des BayObLG nicht möglich sein; allerdings wird die Möglichkeit einer Revision zu Protokoll der Hauptverhandlung zumindest erwogen, die dann aber jedenfalls eine mündliche Erklärung erfordert, die in das Protokoll aufzunehmen ist; nicht ausreichend ist die bloße (protokollierte) Übergabe eines Schriftsatzes, der als Anlage zu Protokoll genommen wurde.[94]

2. Einlegung zu Protokoll der Geschäftsstelle. a) Funktionelle Zuständigkeit. 22 Die Einlegung zu Protokoll der Geschäftsstelle erfolgt durch mündliche **Erklärung** vor

---

Übersetzungsbedarf begründet, ist dieser für die Zulässigkeit des Antrags glaubhaft zu machen, vgl. OLG Bamberg 15.12.2017 – 3 Ss OWi 1702/17, BeckRS 2017, 139995.

[86] BGH 1.3.2023 – 5 StR 440/22, BeckRS 2023, 5937.
[87] BGH 23.9.2015 – 4 StR 364/15, AnwBl. 2016, 73; 6.8.2009 – 3 StR 319/08, NStZ-RR 2009, 375.
[88] BGH 23.9.2015 – 4 StR 364/15, AnwBl. 2016, 73; 11.9.1996 – 2 StR 426/96, NStZ 1997, 95.
[89] BGH 2.4.2019 – 3 StR 135/19, NStZ-RR 2019, 186.
[90] BGH 20.8.2013 – 1 StR 305/11, NStZ-RR 2013, 381; unter Bezugnahme auf BGH 10.8.2000 – 4 StR 304/00, NStZ 2001, 160.
[91] BGH 24.4.2013 – 4 StR 86/13, NStZ-RR 2013, 254.
[92] Frisch in SK-StPO Rn. 2.
[93] Zu dieser divergierenden Formstrenge OLG Brandenburg 24.9.2012 – (1) 53 Ss 128/12 (67/12), BeckRS 2012, 25100; instruktiv auch LG Düsseldorf 10. Strafkammer 18.4.2012 – 10 Qs 82/11, StraFo 2012, 180 = BeckRS 2012, 23121 zu einem Fall der unvollständigen Übermittlung eines Faxes, bei dem sich aus der ersten Seite sowohl der Absender – die Staatsanwaltschaft – als auch die Einlegung der sofortigen Beschwerde entnehmen ließ (sofortige Beschwerde).
[94] Vgl. BayObLG 24.2.2023 – 207 StRR 44/23, BeckRS 2023, 14175.

dem (funktional gem. § 24 Abs. 1 Nr. 1b RPflG zuständigen) Urkundsbeamten der Geschäftsstelle.[95] Wird das Protokoll von einer **unzuständigen Person** (Justizsekretär, Amtsinspektor, Reinigungskraft) aufgenommen, führt dies zur Unwirksamkeit des Protokolls,[96] muss aber zur Begründetheit eines Wiederaufnahmeantrags führen (vgl. noch → § 345 Rn. 48).[97] Denkbar ist auch, dass die Revisionseinlegung unmittelbar nach Urteilsverkündung erklärt und in das Sitzungsprotokoll aufgenommen wird[98] und der Vorsitzende als „richterliche Handlung" iSd § 8 RPflG auch denjenigen Teil der Revisionseinlegung im Sitzungsprotokoll unterschreibt.[99]

23 **b) Verfahren.** Entsprechend den Ausführungen bei → Rn. 4 muss sich aus den Ausführungen des Rechtsmittelführers ergeben, dass er die Anfechtung des Urteils wünsche. Der Erklärende (ggf. auch der Vertreter[100]) muss **körperlich anwesend** sein, eine fernmündliche Erklärung zu Protokoll genügt nicht.[101] Die durch den Urkundsbeamten angefertigte **Niederschrift** muss den Namen derjenigen Person, die das Rechtsmittel eingelegt hat, das (durch ein Aktenzeichen oÄ näher konkretisierte[102]) Urteil, das angefochten wird, die Anfechtungserklärung, Datum und Ort sowie den Namen des Protokollierenden enthalten.[103] Das Protokoll ist unabhängig von der Unterschrift der Beteiligten (also des Rechtsmittelführers und des Urkundsbeamten) wirksam;[104] sollte es jedoch wider Erwarten erforderlich sein, dass das Protokoll als schriftliche Revisionseinlegung weiterzuleiten ist, würde die Schriftlichkeit wiederum voraussetzen, dass es sich nicht um einen bloßen Entwurf handelt (was bei einer „abschließenden" Unterschrift ausgeschlossen werden kann).[105]

24 **3. Schriftliche Einlegung. a) Anforderungen an den Schriftsatz.** Alternativ steht dem Revisionsführer (bei anwaltlicher Vertretung als Regelfall) die Möglichkeit zu, die Revision schriftlich einzulegen. Die Erklärung muss in deutscher Sprache abgefasst sein, ggf. kann auch ein übersetztes Schriftstück oder das Original samt Übersetzung eingereicht werden.[106] Entscheidend ist, dass sich aus dem Schriftstück der Inhalt der abzugebenden Erklärung (also der Wille, das Urteil anzufechten) sowie die die Erklärung abgebende Person schon im Zeitpunkt des Eingangs der Erklärung bei Gericht hinreichend zuverlässig entnehmen lässt.[107] Ferner muss feststehen, dass es sich nicht bloß um einen **Entwurf** handelt und das Schriftstück mit Wissen und Wollen des Berechtigten an das Gericht übermittelt

---

[95] KG 23.1.2015 – (2) 161 Ss 11/15, StV 2015, 483; Frisch in SK-StPO Rn. 13; Schmitt in Meyer-Goßner/Schmitt Rn. 7.
[96] BayObLG 20.10.1992 – 1 ObOWi 271/92, NStZ 1993, 193; Franke in Löwe/Rosenberg Rn. 12.
[97] Franke in Löwe/Rosenberg Rn. 13; AA Frisch in SK-StPO Rn. 15 (Behandlung als schriftlicher Revisionsantrag, so auch Schmitt in Meyer-Goßner/Schmitt Rn. 7) unter Verweis auf OLG Koblenz 20.8.1981 – 1 Ss 398/81, MDR 1982, 166; Temming in Gercke/Julius/Temming/Zöller Rn. 10; Franke in Löwe/Rosenberg Rn. 12.
[98] RGSt 66, 417 (418); Gericke in KK-StPO Rn. 9; Franke in Löwe/Rosenberg Rn. 12; Nagel in Radtke/Hohmann Rn. 8; Schmitt in Meyer-Goßner/Schmitt Rn. 7 („sollten aber nicht entgegengenommen werden").
[99] BGH 19.8.1982– 1 StR 595/81, BGHSt 31, 109 (112 ff.). Auch hier dürfte gelten, dass das Unterbleiben der Unterschrift (vgl. BGH 23.6.1983 – 1 StR 351/83, NJW 1984, 1974) einen Wiedereinsetzungsantrag begründet, wenn der Revisionsführer durch ein entsprechendes Gebahren des Gerichts davon ausgehen durfte, dass die entsprechende Aufnahme im Sitzungsprotokoll ausreichend sei.
[100] OLG Bremen 14.10.1953 – Ws 140/53, NJW 1954, 46.
[101] BGH 26.3.1981 – 1 StR 206/80, BGHSt 30, 64 ff. (für Berufung); OLG Rostock 6.12.1993 – 2 Ss (OWi) 47/93 I 19/93, MDR 1994, 402 (für Rechtsbeschwerde) sowie OLG Hamm OLG Hamm 17.8.1995 – 2 Ss OWi 831/95, NStZ 1996, 320 (für Rechtsbeschwerdebegründung); anders allerdings für das Einspruchsverfahren BGH 20.12.1979 – 1 StR 164/79, BGHSt 29, 175 ff.; Franke in Löwe/Rosenberg Rn. 15; zum Ganzen Schmitt in Meyer-Goßner/Schmitt Rn. 7.
[102] OLG Düsseldorf 2.6.1969 – 1 Ws 302/69, NJW 1969, 1361.
[103] Frisch in SK-StPO Rn. 15.
[104] Vgl. RG 23.12.1931 – V 1231/13, RGSt 48, 79 (81 ff.).
[105] Frisch in SK-StPO Rn. 15.
[106] BGH 14.7.1981 – 1 StR 815/80, BGHSt 30, 182; Wiedner in BeckOK StPO Rn. 18.
[107] BVerfG 4.7.2002 – 2 BvR 2168/00, wistra 2002, 417 (419); BGH 7.1.1959 – 2 StR 550/58, BGHSt 12, 317; 18.10.1951 – 3 StR 513/51, BGHSt 2, 77 (78).

wurde.[108] Dabei ist eine handschriftliche Unterzeichnung nicht unbedingt erforderlich,[109] doch wird die Unterschrift im Regelfall als Indiz für eine willentlich zugeleitete Erklärung in Abgrenzung zum Entwurf herangezogen.[110] Was die Erkennbarkeit des Urhebers angeht, kann sich diese auch aus dem Text selbst oder dem Briefkopf ergeben;[111] es gelten nicht die strengen Anforderungen des § 345 Abs. 2. Wegen § 184 GVG muss ein in einer fremden Sprache eingelegtes Rechtsmittel übersetzt werden; die Übersetzung muss in der Frist eingehen, vgl. BGH 30.11.2017 – 5 StR 455/17, NStZ-RR 2018, 57. Im Übrigen gelten inhaltlich dieselben Anforderungen wie bei der Erklärung zu Protokoll (dh das Schriftstück muss die Revisionserklärung, das Aktenzeichen sowie Datum/Ort aufführen[112]).

b) Telefon, Telefax, E-Mail, beA? Schriftform bedeutet in tradiertem Verständnis 25 bis heute noch „Buchstaben auf Papier". Die rein telefonische Mitteilung des Anfechtungswillens genügt also eindeutig nicht.[113] Die Übermittlung der Schrift, die letztlich zu einem Ausdruck unmittelbar beim Adressaten führt **(Telefax,**[114] **Computerfax**[115]**)** reicht aus, entsprechend wurde die Schriftform auch durch im Falle der Übersendung einer Berufungsschrift mittels des „SMS-to-Fax-Service" als gewahrt angesehen.[116] Für die viele Jahre für die Fristwahrung ganz übliche und zulässige Einlegung per Telefax sollte es allein darauf ankommen, ob die gesendeten Signale noch vor Ablauf des letzten Tages der Frist vom Telefaxgerät des zuständigen Gerichts vollständig empfangen (gespeichert) worden sind; der Ausdruck durch das Gericht ist nicht maßgeblich.[117] Ist die fristgerechte Absendung einer Rechtsmittelerklärung mittels Telefax an die Faxstelle des Empfangsgerichts durch Vorlage des Sendeberichts belegt und lässt sich der Zeitpunkt ihres Eingangs mangels Übertragungsprotokolls nicht mehr aufklären, ist das Rechtsmittel als rechtzeitig eingegangen anzusehen.[118]

Mittlerweile hat die Bedeutung der mit dem Fax-Versand zusammenhängenden Fragen 26 freilich signifikant abgenommen, da bei der den praktischen Regelfall bildenden Revisionseinlegung durch einen Anwalt die Revision **als elektronisches Dokument zu übermitteln** ist (§ 32d S. 2[119]). Eine derart übersandte Revision muss entweder mit einer qualifizierten elektronischen Signatur der verantwortenden Person versehen sein oder von dieser signiert und auf einem sog. sicheren Übermittlungsweg eingereicht werden (§ 32a Abs. 3

---

[108] RG 23.2.1928 – II 74/28, RGSt 62, 53 (54); 6.9.1929 – III 7222/29, RGSt 63, 246 (247 f.); OLG Düsseldorf 7.3.1995 – 3 Ws 106/95, 3 Ws 107/95, NJW 1995, 2177.
[109] Momsen in KMR-StPO Rn. 13; Frisch in SK-StPO Rn. 17; siehe auch BVerfG 4.7.2002 – 2 BvR 2168/00, wistra 2002, 417; OLG München 28.12.2007 – 4 St RR 227/07, NJW 2008, 1331; OLG Brandenburg 10.12.2012 – 1 Ws 218/12, NStZ-RR 2013, 288.
[110] GmS-OGB 30.4.1979 – GmS-OGB 1/78, NJW 1980, 172 (174); Schmitt in Meyer-Goßner/Schmitt Einl. Rn. 128; Zusf. Rechtsprechungsübersicht mit Leitsätzen bei Widmaier/Momsen in Satzger/Schluckebier/Widmaier StPO Rn. 26.
[111] OLG Brandenburg 24.9.2012 – (1) 53 Ss 128/12 (67/12), BeckRS 2012, 25100; BGH 26.1.2000 – 3 StR 588/99, NStZ-RR 2000, 305 (zum Rechtsmittelverzicht); BGH 17.4.2002 – 2 StR 63/02, NStZ 2002, 559.
[112] Momsen in KMR-StPO Rn. 42.
[113] Schmitt in Meyer-Goßner/Schmitt Rn. 7; Nagel in Radtke/Hohmann Rn. 11.
[114] BGHZ 79, 314 (318); OLG Hamburg 28.9.1989 – 1 Ss 132/89 (49) 51/89, NJW 1989, 3167; OLG Karlsruhe 21.9.1993 – 3 Ss 100/93, NStZ 1994, 200.
[115] GemS-OGB 5.4.2000 – GmS-OGB 1/98, NJW 2000, 2340; BGH 25.10.2012 – 5 StR 512/12, NStZ-RR 2013, 53; OLG Frankfurt a. M. 31.7.2001 – 3 Ws 741/01, NStZ-RR 2001, 375.
[116] OLG Brandenburg 10.12.2012 – 1 Ws 218/12, NStZ-RR 2013, 288. Die Berufung gegen ein Urteil des Jugendrichters kann wirksam auch von der Mutter des Angeklagten mittels SMS-to-Fax-Service eingelegt werden, wenn sich ihre Identität aus dem Telefax, dh der auf Veranlassung der Absenderin am Empfangsort erstellten körperlichen Urkunde, eindeutig ergibt, weil sie als Mutter des Angeklagten im Hauptverhandlungsprotokoll ausdrücklich als gesetzliche Vertreterin aufgeführt ist, OLG Brandenburg 10.12.2012 – 1 Ws 218/12, NStZ-RR 2013, 288.
[117] BGH 26.3.2019 – 2 SR 511/18, BeckRS 2019, 7341.
[118] BGH 29.11.2018 – 3 StR 388/18, NStZ-RR 2019, 123.
[119] Eingefügt durch das Gesetz zur Einführung der elektronischen Akte in der Justiz und zur weiteren Förderung des elektronischen Rechtsverkehrs vom 5.7.2017 (BGBl. I 2208), insofern in Kraft getreten am 1.1.2022.

und 4);[120] diesen Anforderungen genügt eine einfache E-Mail ebensowenig wie eine beispielsweise per Short Message Service oder WhatsApp übermittelte Nachricht.[121] Auch die bloße Übermittlung der vom Verteidiger des Angeklagten einfach signierten Revisionseinlegung über das besondere elektronische Anwaltspostfach eines anderen Rechtsanwalts kann die Form des § 32d S. 2 nicht wahren.[122] Vgl. dazu im Übrigen die Kommentierung zu §§ 32a ff. und § 41a.

V. Zurücknahme und Verzicht

27 Bereits die Revisionseinlegung kann zurückgenommen werden. Zurücknahme und Verzicht unterliegen den Formanforderungen,[123] vgl. ergänzend die Kommentierung zu § 302.

§ 342 Revision und Wiedereinsetzungsantrag

(1) Der Beginn der Frist zur Einlegung der Revision wird dadurch nicht ausgeschlossen, daß gegen ein auf Ausbleiben des Angeklagten ergangenes Urteil eine Wiedereinsetzung in den vorigen Stand nachgesucht werden kann.

(2) ¹Stellt der Angeklagte einen Antrag auf Wiedereinsetzung in den vorigen Stand, so wird die Revision dadurch gewahrt, daß sie sofort für den Fall der Verwerfung jenes Antrags rechtzeitig eingelegt und begründet wird. ²Die weitere Verfügung in bezug auf die Revision bleibt dann bis zur Erledigung des Antrags auf Wiedereinsetzung in den vorigen Stand ausgesetzt.

(3) Die Einlegung der Revision ohne Verbindung mit dem Antrag auf Wiedereinsetzung in den vorigen Stand gilt als Verzicht auf die letztere.

Schrifttum: Baukelmann, Subsidiäre Zulässigkeit eines unzulässigen Rechtsmittels bei möglicher Wiedereinsetzung, die nach dem Gesetz unmöglich ist?, NStZ 1983, 297; Kotz, Folgen des Ausbleibens von Angeklagten/Betroffenen in der Hauptverhandlung, ZAP 2013, Fach 22, 647; Küper, Zur Auslegung des § 329 I 2 StPO, NJW 1977, 1275; Maiwald, Zur gerichtlichen Fürsorgepflicht im Strafprozeß und ihren Grenzen, FS Lange, 1976, 753; Widmaier, Die Verzichtsfiktion des § 342 Abs. 3 StPO – ehrwürdig, aber sinnlos und verfassungswidrig?, FS Rieß, 2002, 621 ff.

Übersicht

	Rn.		Rn.
I. Grundlagen	1	a) Rechtsbedingung bei kumulativer Einlegung	5
1. Einordnung und Überblick	1	b) Entscheidungsalternativen	6
2. Anwendungsbereich	2	c) Fristlauf und sukzessive Einlegung ...	7
II. Erläuterung	4	3. Verzichtsfiktion (Abs. 3)	9
1. Fristen bei Zusammentreffen von Wiedereinsetzung von Revision	4	a) Voraussetzungen der Verzichtsfiktion im Einzelnen	10
2. Weiteres Verfahren (Abs. 2 S. 2)	5	b) Auslegung der Schriftsätze	13

I. Grundlagen

1 **1. Einordnung und Überblick.** Die Vorschrift betrifft die Konstellation, in der sowohl eine zulässige Wiedereinsetzung in den vorherigen Stand als auch eine Revision

---

[120] Eingefügt durch das Gesetz zur Einführung der elektronischen Akte in der Justiz und zur weiteren Förderung des elektronischen Rechtsverkehrs vom 5.7.2017 (BGBl. I 2208), in Kraft getreten am 1.1.2018.
[121] Vgl. auch Sander in Hilgendorf/Kudlich/Valerius StrafR-HdB Bd. IX § 59 Rn. 13.
[122] BGH 6.6.2023 – 5 StR 164/23, BeckRS 2023, 13588.
[123] Widmaier/Momsen in Satzger/Schluckebier/Widmaier StPO Rn. 38.

gegen ein Abwesenheitsurteil eingelegt werden könnten. Wie andere Regelungen der StPO zur Konkurrenz von Rechtsmitteln (§ 315, § 335) legt sie fest, auf welche Weise weiter zu verfahren ist. Abs. 1 regelt die Auswirkungen eines solchen Zusammentreffens auf die **Fristen** der Revision. Abs. 2 S. 1 stellt klar, was der Angeklagte hinsichtlich der Revision zu beachten hat, wenn er sich für eine Wiedereinsetzung entscheidet, während sich aus Abs. 2 S. 2 das **weitere Verfahren** im Falle der Einlegung beider Rechtsmittel ergibt. In Abs. 3 findet sich eine **Verzichtsfiktion** im Hinblick auf die Wiedereinsetzung, wenn der Rechtsmittelführer allein die Revision eingelegt hat.

2. Anwendungsbereich. § 342 erfasst **alle Abwesenheitsurteile,** gegen die eine Wiedereinsetzung in den vorherigen Stand möglich ist, mithin die Fälle der Hauptverhandlung ohne den Angeklagten (§§ 232, 235 S. 1), der Verwerfung der Berufung des nicht erschienenen und nicht genügend entschuldigten Angeklagten ohne Verhandlung (§ 329 Abs. 1, 7) und der Verwerfung des Einspruchs gegen einen Strafbefehl des nicht erschienenen und nicht genügend entschuldigten Angeklagten (§ 412).[1] Über § 79 Abs. 3 OWiG kommt die Vorschrift auch im Falle eines (entsprechend) verworfenen Einspruchs gegen den Bußgeldbescheid zur Anwendung (Möglichkeit der Wiedereinsetzung über § 74 Abs. 4 OWiG).[2]

Die Vorschrift findet auf die Revision des **Nebenklägers,** der gem. § 401 Abs. 3 S. 2 einen Wiedereinsetzungsantrag stellen könnte, **analog Anwendung.** Dasselbe gilt für den **Privatkläger** (bei denkbarer Wiedereinsetzung nach § 391 Abs. 4).[3]

II. Erläuterung

1. Fristen bei Zusammentreffen von Wiedereinsetzung von Revision. Sowohl die Revisionseinlegungsfrist als auch diejenige für den Antrag auf Wiedereinsetzung beträgt eine **Woche ab Zustellung;** weil es sich um ein Abwesenheitsurteil handeln muss, damit § 342 überhaupt einschlägig ist, ist für den Fristlauf nicht die Verkündung maßgeblich, vgl. § 341 Abs. 2; für die Wiedereinsetzung gilt jeweils § 235 S. 1, § 329 Abs. 7, § 412 S. 1.[4] Abs. 1 stellt klar, dass ein potentieller Wiedereinsetzungsantrag die Frist unberührt lässt, mithin (wiederum im Interesse der zügigen Erledigung des Verfahrens) die Revision dennoch **vorsorglich** eingelegt werden muss und nicht die Entscheidung über das Wiedereinsetzungsgesuch abgewartet werden darf.[5] Dies gilt nicht nur für die Einlegung der Revision, sondern auch für die Begründung, die gem. Abs. 2 S. 2 für den Fall der Verwerfung ebenfalls „rechtzeitig" zu erfolgen hat.[6] Wird noch innerhalb der Frist Wiedereinsetzung gewährt, erledigt sich die Revision (und damit auch ein drohender Ablauf der Frist) ohnehin, vgl. noch → Rn. 6. Im Übrigen ergibt sich aus der gesetzlichen Ausgestaltung, dass eine kumulative Einlegung der Rechtsmittel grundsätzlich möglich, aber nicht zwingend ist. § 342 ordnet also keine Subsidiarität der Revision mit der Folge einer Unzulässigkeit an, solange ein Wiedereinsetzungsantrag möglich ist.[7]

2. Weiteres Verfahren (Abs. 2 S. 2). a) Rechtsbedingung bei kumulativer Einlegung. Der Rechtsmittelführer kann kraft Natur der Sache nicht über die Entscheidungs-

---

[1] Schmitt in Meyer-Goßner/Schmitt Rn. 1; Widmaier/Momsen in Satzger/Schluckebier/Widmaier StPO Rn. 1.
[2] Frisch in SK-StPO Rn. 1; Wiedner in BeckOK StPO Rn. 2; OLG Düsseldorf 21.6.1983 – 5 Ss (OWi) 228/83 – 198/83 I, NStZ 1983, 513; 17.3.1988 – 5 Ss (OWi) 68/88 – 59/88 I, NJW 1988, 1681 (1682).
[3] Wiedner in BeckOK StPO Rn. 2; Frisch in SK-StPO Rn. 15; Gericke in KK-StPO Rn. 9.
[4] Widmaier/Momsen in Satzger/Schluckebier/Widmaier StPO Rn. 2.
[5] BayObLG 24.2.1972 – RReg. 6 St 507/72, BayObLGSt 1974, 45 = NJW 1972, 1724; Franke in Löwe/Rosenberg Rn. 1; Gericke in KK-StPO Rn. 4; Küper NJW 1977, 1275 (1276).
[6] OLG Bamberg 28.12.2015 – 3 SS OWi 1476/15, BeckRS 2016, 02728; vgl. auch OLG Hamm 1.2.1954 – 2 a Ss 1396/5, NJW 1955, 564; OLG Frankfurt a. M. 27.2.1964 – 3 Ws 58/64, 3 Ss 233/64, NJW 1964, 1536; Frisch in SK-StPO Rn. 3; Gericke in KK-StPO Rn. 3; Schmitt in Meyer-Goßner/Schmitt Rn. 1.
[7] Franke in Löwe/Rosenberg Rn. 1.

§ 342   6–8   3. Buch. 4. Abschnitt. Revision

reihenfolge bestimmen: Stellt er **kumulativ** einen **Wiedereinsetzungsantrag,** muss dieses Verfahren (rechtskräftig, also nach Ablauf der Frist einer potentiellen sofortigen Beschwerde) abgeschlossen werden, damit auf das Revisionsverfahren übergegangen werden kann.[8] Denn selbst bei offensichtlicher Begründetheit (etwa einer Verfahrensrüge) läuft die potentielle Aufhebung des Urteils ins Leere, wenn sich der Wiedereinsetzungsantrag als begründet erweist und das Urteil als Entscheidungsgrundlage der Revision damit ohnehin wegfällt.[9] Insofern ordnet Abs. 2 S. 2 konsequent die „**Aussetzung**" des Revisionsverfahrens bis zum Zeitpunkt der Erledigung des Wiedereinsetzungsgesuchs an.[10] Jede Revision neben einem Wiedereinsetzungsgesuch gilt in dieser Konstellation als **rechtlich bedingt eingelegt**.[11]

6   **b) Entscheidungsalternativen.** Hat der Angeklagte lediglich eine von beiden denkbaren Rechtsmitteln (Wiedereinsetzung *oder* Revision) eingelegt, ergeben sich keine Konkurrenzfragen, und der iudex a quo hat über den jeweiligen Rechtsbehelf zu entscheiden. Bei kumulativer Einlegung (in zulässiger Art und Weise, zum gleichzeitigen Antrag vgl. noch → Rn. 7), hat das **Wiedereinsetzungsgesuch Vorrang**.[12] Ist das Wiedereinsetzungsgesuch **begründet,** wird das Abwesenheitsurteil als nicht existent betrachtet und die Revision geht – mangels Eintritts der Rechtsbedingung, unter der sie gestellt ist – ins Leere; mithin muss über sie auch nicht entschieden werden. Wird die Wiederaufnahme hingegen **abgelehnt,** muss das Gericht nunmehr über die Zulässigkeit der Revision befinden (→ § 346 Rn. 1) und ggf. das weitere Verfahren (§ 347) in Gang setzen.[13] Es ist hierbei nicht an die Gründe des Wiedereinsetzungsbeschlusses gebunden.[14]

7   **c) Fristlauf und sukzessive Einlegung.** Abs. 2 S. 2 verschiebt hierbei nur den Entscheidungszeitpunkt über die Revision; er modifiziert aber nicht die Anforderungen an Form und Frist der Revisionseinlegung und -begründung. Der Angeklagte (bzw. Nebenkläger) muss genauso verfahren, wie in dem er keinen Wiedereinsetzungsantrag gestellt hätte.[15] Damit ist es auch umgekehrt nicht erforderlich, dass beide Rechtsmittel in demselben Schriftsatz oder an demselben Tag eingelegt werden müssten, vgl. aber noch → Rn. 10 f.[16] Die zu Recht als missverständlich bezeichnete Wendung „**sofort**" im Abs. 2 S. 1[17] hat insofern keine eigenständige Bedeutung, sondern bringt durch die Bezugnahme auf § 341 Abs. 1, 2 nur zum Ausdruck, dass dem Revisionsführer kein Aufschub über die gesetzlichen Fristen hinaus gewährt wird bzw. eben die Frist des § 341 Abs. 1 mit Zustellung sofort in Gang gesetzt wird.

8   Unter dieser Prämisse bedeutet eine nachträgliche Revisionseinlegung (nach Anbringen eines Wiedereinsetzungsantrags) innerhalb der Frist noch keine „konkludente Rücknahme" des Wiedereinsetzungsgesuchs (→ § 315 Rn. 4).[18] Ebenso kann ein zunächst nur allein eingelegter Wiedereinsetzungsantrag nicht als Revisionsverzicht gedeutet werden.[19] Dies

---

[8] Schmitt in Meyer-Goßner/Schmitt Rn. 2; OLG Düsseldorf 28.7.1998 – 1 Ws 333 – 334/98, VRS 96, 27 (28).
[9] Vgl. Schmitt in Meyer-Goßner/Schmitt Rn. 2; RGSt 65, 231 (233); BayObLG 24.2.1972 – RReg. 6 St 507/72, NJW 1972, 1724; OLG Oldenburg 14.1.1985 – Ss 6/85, VRS 68, 282.
[10] Eine verfrühte Entscheidung führt zu deren Aufhebung durch das Revisionsgericht im Rahmen eines Verfahrens nach § 346 Abs. 2, vgl. zuletzt OLG Bamberg 28.12.2015 – 3 Ss OWi 1476/15, BeckRS 2016, 02728.
[11] Frisch in SK-StPO Rn. 4; Gericke in KK-StPO Rn. 4 mwN.
[12] Dies gilt auch dann, wenn der Angeklagte Wiedereinsetzung sowohl gegen die Versäumung des Termins als auch gegen die Versäumung der Revisionseinlegungsfrist beantragt.
[13] Wiedner in BeckOK StPO Rn. 9; vgl. Temming in Gercke/Julius/Temming/Zöller Rn. 3 zum Fristbeginn bei gleichzeitiger Wiedereinsetzung hinsichtlich der Revisionseinlegungsfrist, vgl. hierzu auch BGH 8.1.1982 – 2 StR 751/80, BGHSt 30, 335; BayObLG 4.11.1971 – 7 St 215/71, NJW 1972, 171.
[14] OLG Düsseldorf 17.3.1988 – 5 Ss (OWi) 68/88 – 59/88 I, NJW 1988, 1681.
[15] Schmitt in Meyer-Goßner/Schmitt Rn. 2.
[16] Frisch in SK-StPO Rn. 4; Franke in Löwe/Rosenberg Rn. 2.
[17] Frisch in SK-StPO Rn. 4.
[18] Frisch in SK-StPO Rn. 4 unter Verweis auf Gössel in Löwe/Rosenberg § 315 Rn. 4.
[19] Franke in Löwe/Rosenberg Rn. 6; Frisch in SK-StPO Rn. 4 ist zuzustimmen, wenn er entgegen Gericke in KK-StPO Rn. 8 bei nachträglicher Revision keine Erklärung im Hinblick auf den bereits angebrachten Wiedereinsetzungsantrag bzw. eine irgendwie geartete Bezugnahme verlangt, um die Verzichtsfiktion

ergibt sich bereits aus der Systematik des § 342 bzw. aus einem Umkehrschluss aus Abs. 3. Dieser fingiert nur im umgekehrten Fall der sukzessiven Einlegung (**isolierte Revision und nachträglicher Wiedereinsetzungsantrag**) einen Verzicht des Rechtsmittelführers auf die Wiedereinsetzung. Daneben können selbstverständlich auch ausdrückliche Verzichtserklärungen jederzeit abgegeben werden, diese müssen jedoch unmissverständlich sein.[20]

3. Verzichtsfiktion (Abs. 3). Bei Abs. 3 handelt es sich um eine unwiderlegbare **gesetzliche Vermutung** für den Fall der Einlegung der Revision ohne Verbindung mit dem Antrag auf Wiedereinsetzung.[21] Dann wird der Revisionsführer so behandelt, als hätte er ausdrücklich auf den Wiedereinsetzungsantrag verzichtet. Hinter dieser Verzichtsfiktion steht der Grundgedanke der Prozessökonomie und Rechtssicherheit.[22] Die aufwendige Revision und ein daraufhin rechtskräftig abgeschlossenes Verfahren sollen nicht unter dem Damoklesschwert einer potentiellen Wiedereinsetzung stehen.[23]

a) Voraussetzungen der Verzichtsfiktion im Einzelnen. Der Angeklagte muss den Wiedereinsetzungsantrag und die Revisionseinlegung zwar nicht in demselben Schriftsatz erklären, allerdings müssen beide miteinander **verbunden** bei Gericht eingehen, damit die Verzichtsfiktion des Abs. 3 eintritt. Die hM hält hierfür nicht zwingend die einheitliche Abgabe der Erklärungen in einem Schriftsatz für erforderlich; es reicht aus, dass ggf. zwei getrennte Schriftsätze **gleichzeitig** bei Gericht eingehen (oder der Wiedereinsetzungsantrag bei Eingang der Revision bereits gestellt ist).[24] Fehlt es an einer Verbindung durch zeitgleichen Eingang, soll die Verzichtsvermutung selbst dann greifen, wenn sich der Angeklagte in seiner Revisionserklärung die Einreichung eines Wiedereinsetzungsantrags vorbehält.[25] Dies geht ersichtlich zu weit, da der notwendige Bezug bzw. eine Verbindung zum Wiedereinsetzungsantrag hergestellt ist, wenn der Angeklagte formuliert, der Antrag auf Wiedereinsetzung in den vorherigen Stand erfolge in einem gesonderten Schriftsatz.

Auch im Übrigen gelten die Anforderungen an den gleichzeitigen Eingang des Schriftsatzes als **streng**: Gleichzeitigkeit ist nur zu bejahen, wenn die getrennten Schriftsätze unmittelbar aufeinanderfolgend bei Gericht eingehen (was nur im Falle eines gemeinsamen Umschlags oder Faxes denkbar ist). Es überrascht insofern nicht, dass die Rechtsprechung es nicht einmal ausreichen lässt, dass die Erklärungen am selben Tag eingehen, wenn die Revision ein bis zwei Stunden vorher zugeht als der Wiedereinsetzungsantrag.[26] Rückt man den Wortlaut der Vorschrift (**„Verbindung"**) wieder in den Mittelpunkt, dürfte weniger die chronologische Abfolge des Zugangs maßgeblich sein. Vielmehr müsste man wohl darauf abstellen, ob auf einen anderen Schriftsatz Bezug genommen wird. Freilich ist dann umgekehrt fraglich, ob nicht selbst bei gleichzeitiger Einreichung getrennter Schriftsätze eine wechselseitige Bezugnahme verlangt werden müsste (welche daher jedenfalls zu empfehlen ist). Unabhängig von derartigen Einzelfällen wird die gesetzgeberische Ausgestaltung zumindest für das Gros der Fälle regulierende Wirkung dahingehend entfalten, dass

---

des Abs. 3 zu verhindern. Denn es erscheint äußerst fragwürdig, die Fiktion selbst dann greifen zu lassen, wenn sich der Wille der Einlegung eines Wiedereinsetzungsantrags bereits manifestiert hat. Freilich kann man sich aber dennoch auf den Standpunkt stellen, dass die Verzichtsfiktion jederzeit greift, weswegen von einer Bezugnahme nicht abgesehen werden sollte.

[20] Frisch in SK-StPO Rn. 4.
[21] Schmitt in Meyer-Goßner/Schmitt Rn. 3; OLG Stuttgart 6.9.1984 – 1 Ws 321/84, NJW 1984, 2900.
[22] Hahn, Materialien, S. 34.
[23] Krit. Widmaier FS Rieß, 2002, 621, sowie Widmaier/Momsen in Satzger/Schluckebier/Widmaier StPO Rn. 5: „objektiv sinnlos"; dagegen Schmitt in Meyer-Goßner/Schmitt Rn. 3. Widmaier ist zuzugeben, dass die Beschränkung gerade bei unverschuldeter Säumnis verfassungsrechtlich bedenklich anmutet, jedoch wird das Recht der Wiedereinsetzung auch nicht vollständig entzogen, sondern, wie Meyer-Goßner anmerkt, lediglich eingeschränkt. Die bei Widmaier/Momsen in Satzger/Schluckebier/Widmaier StPO Rn. 5 geschilderte Konstellation, in der „routinemäßig" (und ohne Absprache mit dem Angeklagten) erst einmal Revision eingelegt wird, macht bereits deutlich, dass es sich in diesen Fällen schlicht um ein fehlerhaftes Vorgehen des Verteidigers handelt.
[24] KG 26.1.2000 – 1 AR 65/00 5 Ws 73/00, BeckRS 2000, 15819.
[25] Schmitt in Meyer-Goßner/Schmitt Rn. 3; Gericke in KK-StPO Rn. 7.
[26] OLG Stuttgart 6.9.1984 – 1 Ws 321/84, NJW 1984, 2900.

man als Rechtsmittelführer die sicherste Variante der **gemeinsamen Erklärung in einem einheitlichen Schriftsatz** wählt.[27]

12 Über die Vermutungswirkung des Abs. 3 (und den damit verbundenen Rechtsfolgen) **muss** der Angeklagte **nicht** nach § 35a, § 235 S. 2 **belehrt** werden.[28] Sie ist nicht von den Erfolgsaussichten bzw. der Behandlung der Revision durch das Revisionsgericht abhängig. Die Rücknahmefiktion gilt somit auch dann, wenn die Revision (wegen § 55 Abs. 2 JGG) schon gar nicht **statthaft** bzw. unzulässig ist.[29] Demnach ist es auch ohne Belang, wenn die Revision zurückgenommen wird; das Recht auf Wiedereinsetzung lebt dadurch nicht wieder auf.[30] Gleiches gilt, wenn sie bereits vor Beginn der Frist – also vor Zustellung – erklärt wird.[31] Nach Auffassung von *Meyer-Goßner* steht Abs. 3 auch einer **Wiedereinsetzung von Amts wegen** (§ 45 Abs. 2 S. 3) entgegen,[32] anders soll dies nur im Fall unterbliebener Ladung sein.[33]

13 **b) Auslegung der Schriftsätze.** Gerade Erklärungen des unverteidigten Angeklagten (uU zu Protokoll der Geschäftsstelle) können nicht selten zweideutig sein und bedürfen der Interpretation.[34] Dann ist schon wegen der gerichtlichen Fürsorgepflicht eine **wohlwollende Auslegung** – im Sinne einer faktischen Meistbegünstigung – angezeigt. Wenn schon keine Belehrung über die Folgen einer konkreten Rechtsmittelwahl zu erfolgen hat (→ Rn. 12), ist im Interesse des Angeklagten davon auszugehen, dass er sich möglichst viele Möglichkeiten der Anfechtung eines Urteils erhalten will.[35] Freilich wird man zu diesem Ergebnis (über § 300) jedoch nur gelangen (können), wenn sich aus der Begründung der Erklärung nicht bereits eindeutig eine konkrete Wahl ergibt: Bringt der Angeklagte erstmals Entschuldigungsgründe für seine Säumnis vor, wird ein Wiedereinsetzungsantrag vorliegen.[36] Treten weitere Erwägungen hinzu, ergeben sich meist diejenigen Zweifel, welche die soeben angedeutete „wohlwollende" Auslegung über § 300 erforderlich machen.

§ 343 Hemmung der Rechtskraft

(1) Durch rechtzeitige Einlegung der Revision wird die Rechtskraft des Urteils, soweit es angefochten ist, gehemmt.

(2) Dem Beschwerdeführer, dem das Urteil mit den Gründen noch nicht zugestellt war, ist es nach Einlegung der Revision zuzustellen.

I. Regelungsinhalt der Norm

1 Der Wortlaut des § 343 (Hemmung der Rechtskraft) entspricht wörtlich dem des § 316, welcher im Berufungsverfahren gilt. Für den Fall, dass die Revision rechtzeitig eingelegt

---

[27] Vgl. auch Frisch in SK-StPO Rn. 7. Muster bei Kotz ZAP 2013, Fach 22, 647.
[28] OLG Neustadt 23.7.1964 – Ws 117/64, NJW 1964, 1868; OLG Frankfurt a. M. 23.9.2010 – 3 Ws 892/10, NStZ-RR 2011, 21; krit. Franke in Löwe/Rosenberg Rn. 9; Frisch in SK-StPO Rn. 9 (der im Hinblick auf die gerichtliche Fürsorgepflicht zumindest beim unverteidigten Angeklagten daher eine Einschränkung des Abs. 3 fordert; hierzu auch ausführlich Maiwald FS Lange, 1976, 753 sowie Widmaier FS Rieß, 2002, 621 (625 f.).
[29] Schmitt in Meyer-Goßner/Schmitt Rn. 4. Krit. Widmaier FS Rieß, 2002, 621 (624).
[30] OLG Neustadt 23.7.1964 – Ws 117/64, NJW 1964, 1868; OLG Zweibrücken 20.1.1965 – Ss 204/64, NJW 1965, 1033.
[31] OLG Frankfurt a. M. 23.9.2010 – 3 Ws 892/10, NStZ-RR 2011, 21.
[32] Schmitt in Meyer-Goßner/Schmitt Rn. 4; dem folgend Gericke in KK-StPO Rn. 7; Franke in Löwe/Rosenberg Rn. 9; Temming in Gercke/Julius/Temming/Zöller Rn. 3; Baukelmann NStZ 1983, 297 (300); aA OLG Düsseldorf 28.3.1979 – 2 Ss OWi 89/79 – 13/79 V, NJW 1980, 1704; 26.11.1983 – 2 Ss (OWi) 581/83-245/83 III, NStZ 1984, 320 (321); OLG Hamburg 3.8.2000 – 1 Ws 168/00, NStZ-RR 2001, 302; Wiedner in BeckOK StPO Rn. 7.
[33] Schmitt in Meyer-Goßner/Schmitt Rn. 4 unter Verweis auf OLG Hamburg 3.8.2000 – 1 Ws 168/00, NStZ-RR 2001, 302.
[34] Hierzu auch Wiedner in BeckOK StPO Rn. 6a.
[35] Zum Ganzen auch Frisch in SK-StPO Rn. 14.
[36] Wiedner in BeckOK StPO Rn. 6a.

wurde, hemmt sie die Rechtskraft des Urteils, vgl. § 343 Abs. 1. Diese Wirkung tritt jedoch dann nicht ein, wenn die Revision entweder unstatthaft oder trotz eines wirksamen Rechtsmittelverzichts eingelegt wurde. § 343 Abs. 2 regelt die Zustellung des Urteils in den Fällen des § 341 Abs. 1.[1] Sie ist nicht erforderlich, wenn die Revision verspätet, nicht statthaft oder trotz eines wirksamen Rechtsmittelverzichts eingelegt wurde.[2]

II. Hemmung der Rechtskraft (Abs. 1)

Ausweislich des Wortlautes der Norm wird die Rechtskraft durch die rechtzeitige (vgl. § 341) Einlegung der Revision gemäß § 343 Abs. 1 gehemmt. Dies lässt darauf schließen, dass die Hemmung der Rechtskraft auch eintritt, wenn das Rechtsmittel aus anderen Gründen als wegen verspäteter Einlegung unzulässig ist.[3] Etwas anderes gilt, wenn insgesamt auf Rechtsmittel verzichtet wurde[4] und trotzdem Revision eingelegt wurde oder die Revision von einem offenkundig Unbefugten[5] eingelegt wurde; ob dem gleichgestellt werden kann, dass die Revision von Beginn an unstatthaft ist, ist fraglich,[6] da diese Fälle nicht immer ebenso rasch und klar beurteilt werden können. Soweit keine Hemmung eintritt, kommt einem Verwerfungsbeschluss iSd § 346 oder § 349 Abs. 1 keine konstitutive, sondern nur deklaratorische Wirkung zu.[7] 2

Rechtskraft tritt auch ein, wenn Zweifel an der wirksamen Erklärung eines Rechtsmittelverzichts bestehen.[8] Hält das Revisionsgericht den Verzicht dagegen für unwirksam, kommt es nicht zum Eintritt der Rechtskraft,[9] wenn das Revisionsgericht eine stattgebende Sachentscheidung trifft.[10] Bestehen an der Unwirksamkeit eines erklärten Rechtsmittelverzichts hingegen von vornherein keinerlei Zweifel, wird bereits durch die Revisionseinlegung gemäß § 343 Abs. 1 die Rechtskraft gehemmt. Erforderlich ist dafür jedoch, dass sich die Unwirksamkeit bereits unmittelbar aus dem Protokoll und ohne weitere rechtliche Nachforschungen ergeben.[11] 3

Hinsichtlich des Umfangs führt die wirksame Beschränkung der Revision nur zur Hemmung der Rechtskraft des Teils des Urteils, der angefochten wird; ein etwa nicht angefochtener Teil erwächst in Rechtskraft und ist daher nicht mehr nachprüf- oder entscheidbar.[12] Der Umfang der Hemmung ergibt sich also aus der nach Zustellung des Urteils abgegebenen Erklärung nach § 344 Abs. 1, in welcher der Revisionsführer darlegen muss, inwieweit er das Urteil anfechten will.[13] Zeitlich wird die Rechtskraft so lange gehemmt, bis das Revisionsgericht endgültig entscheidet oder die Frist gemäß § 346 Abs. 2 nach der Entscheidung des Tatgerichts gemäß § 346 Abs. 1 abläuft.[14] Ab diesem Zeitpunkt ist das Urteil dann rechtskräftig, selbst wenn über ein Rechtsmittel nicht voll umfänglich entschieden wurde.[15] 4

---

[1] Vgl. Wiedner in BeckOK StPO Rn. 3.
[2] Vgl. Wiedner in BeckOK StPO Rn. 3.
[3] BGH 19.12.1973 – 2 StR 322/73, BGHSt 25, 259 (260) = NJW 1974, 373; vgl. dazu auch Wiedner in BeckOK StPO Rn. 1; Schmitt in Meyer-Goßner/Schmitt Rn. 1; Franke in Löwe/Rosenberg Rn. 1.
[4] OLG Karlsruhe 8.1.1997 – 3 Ws 364/96, NStZ 1997, 301.
[5] Franke in Löwe/Rosenberg Rn. 5.
[6] Dafür (also keine Hemmung) OLG Hamm 5.2.1973 – 3 Ss OWi 1611/72, NJW 1973, 1517; Schmitt in Meyer-Goßner/Schmitt Rn. 1 mwN; aA: OLG Stuttgart 26.10.1979 – 3 Ws 301/79, MDR 1980, 518; BayObLG 25.7.1972 – Rreg. 5 St 545//2 OWi, BayObLGSt 1972, 169 und 19.12.1973 – 2 StR 322/73, NJW 1974, 373; 19.12.1973 – 2 StR 322/73, BGHSt 25, 259 (260) zu § 79 OWiG.
[7] Wiedner in BeckOK StPO Rn. 1.
[8] Vgl. dazu Wiedner in BeckOK StPO Rn. 1.1 mwN und mit dem Beispiel eines naheliegende Willensmangels des Verzichtenden oder eines Verstoß gegen § 140.
[9] BGH 10.1.2001 – 2 StR 500/00, BGHSt 46, 257 = NJW 2001, 1435.
[10] BGH 10.1.2001 – 2 StR 500/00, BGHSt 46, 257 = NJW 2001, 1435.
[11] Vgl. Wiedner in BeckOK StPO Rn. 1.2.
[12] Schmitt in Meyer-Goßner/Schmitt Rn. 1; Franke in Löwe/Rosenberg Rn. 2; Frisch in SK-StPO Rn. 5 mwN.
[13] BGH 22.1.2020 – 2 StR 562/19, NStZ-RR 2020, 222.
[14] Wiedner in BeckOK StPO Rn. 2.
[15] BayObLG 23.4.1968 – Rreg 2a St 624/67, BayObLGSt 1968, 31 (33).

III. Zustellung des Urteils (Abs. 2)

5   Das Urteil ist nach der Revisionseinlegung gemäß § 343 Abs. 2 dem Beschwerdeführer[16] zuzustellen,[17] wenn die Zustellung nicht bereits nach § 341 Abs. 2 erfolgte.[18] Ist die Revision nicht statthaft eingelegt worden, ist von einer Zustellung abzusehen, und die Akten müssen dem Revisionsgericht zur Entscheidung vorgelegt werden.[19] Ist die Revision verspätet eingelegt worden, entfällt die Zustellung ebenfalls,[20] und es erfolgt eine Entscheidung nach § 346 Abs. 1 durch das Tatgericht. Hingegen hat eine Zustellung zu erfolgen, wenn andere Vorschriften der Einlegung unbeachtet geblieben sind.[21] Eine nachträgliche Zustellung des Urteils erfolgt, wenn das Revisionsgericht dem Antrag gemäß § 346 Abs. 2 stattgibt oder Wiedereinsetzung gegen die versäumte Einlegungsfrist nach § 346 Abs. 1 gewährt. Hinsichtlich eines noch nicht zugelassenen Nebenklägers, der Revision einlegt, muss die Festlegung der Anschlussberechtigung abgewartet werden, bevor das Urteil zugestellt wird.[22]

6   Hat der Angeklagte Revision eingelegt, erfolgt die Zustellung an ihn selbst oder bei Vorliegen der Vollmacht in den Akten an seinen Verteidiger (§ 145a Abs. 1). Darüber hinaus kann die Ausfertigung des Urteils auch an bestellte Zustellungsbevollmächtigte erfolgen.[23] Legt hingegen allein der gesetzlichen Vertreter Revision ein, wird das Urteil nur diesem zugestellt. Legen der gesetzliche Vertreter und der Angeklagte Revision ein, ist das Urteil beiden zuzustellen.

IV. Verfahren

7   Die Zustellung des Urteils erfolgt nach § 36 Abs. 1 auf Anordnung des Vorsitzenden durch die Geschäftsstelle.[24] Gegenstand der Zustellung ist die Ausfertigung des Urteils (mit den Gründen).[25] Eine beglaubigte Abschrift[26] erfüllt dieses Kriterium noch und führt daher nicht zur Unwirksamkeit, während die Zustellung einer einfachen Abschrift nicht mehr als ausreichend erachtet wird. Für die öffentliche Zustellung nach § 40 gilt § 37 Abs. 1 StPO iVm § 186 Abs. 2 ZPO.

§ 344 Revisionsbegründung

(1) Der Beschwerdeführer hat die Erklärung abzugeben, inwieweit er das Urteil anfechte und dessen Aufhebung beantrage (Revisionsanträge), und die Anträge zu begründen.

(2) ¹Aus der Begründung muß hervorgehen, ob das Urteil wegen Verletzung einer Rechtsnorm über das Verfahren oder wegen Verletzung einer anderen Rechtsnorm angefochten wird. ²Ersterenfalls müssen die den Mangel enthaltenden Tatsachen angegeben werden.

Schrifttum: Zu Abs. 1: Altmann, Die Teilanfechtung von Urteilen im Strafprozess, JuS 2008, 790; Dencker, Unterbringungen nach § 64 StGB und Beschwer, FS Mehle, 2009, 143; Gribbohm, Das Scheitern der Revision

---

[16]   Dh bei einer staatsanwaltschaftlichen Revision der Geschäftsstelle der Staatsanwaltschaft, nicht notwendig des zuständigen Dezernenten bzw. des den Fall bearbeitenden Staatsanwaltes, vgl. BGH 6.7.2016 – 4 StR 253/16, StraFo 2016, 376 = BeckRS 2016, 13779.
[17]   Vgl. zur Zustellung RiStBV Nr. 154.
[18]   Vgl. zur Zustellung RiStBV Nr. 154.
[19]   BayObLG 19.7.1962 – Rreg. 4 St 103/62, BayObLGSt 1962, 157 = NJW 1962, 1927.
[20]   BayObLG 19.7.1962 – Rreg. 4 St 103/62, BayObLGSt 1962, 157 = NJW 1962, 1927.
[21]   Beispielsweise, wenn die Vollmacht nicht vorlag, dazu RGSt 12.7.1928 – II 626/28, RGSt 62, 250.
[22]   RG 26.6.1935 – 4 D 250/35, RGSt 69, 244; Franke in Löwe/Rosenberg Rn. 5; Schmitt in Meyer-Goßner/Schmitt § 343 Rn. 2.
[23]   Eine Ausnahme hierzu stellt § 232 Abs. 4 dar.
[24]   Vgl. Franke in Löwe/Rosenberg Rn. 9; Frisch in SK-StPO Rn. 18; beide zum Verfahren bei Verlust der Akten.
[25]   Frisch in SK-StPO Rn. 13 f.
[26]   RG 5.7.1883 – 1458/83, RGSt 9, 274; BGH 15.5.1975 – 4 StR 51/75, BGHSt 26, 140 (141) = NJW 1975, 1612.

nach § 344 StPO, NStZ 1983, 97; Grünwald, Die Teilrechtskraft im Strafverfahren, 1964; Kretschmer, Der neue § 358 Abs. 2 S. 2 StPO – oder: Das Verschlechterungsverbot bei den Maßregeln der Besserung und Sicherung zwischen Freiheit und Sicherheit, StV 2010, 161; Meyer-Goßner, Sachliche Unzuständigkeit und Verschlechterungsverbot, FS Volk, 2009, 455; Rieß, Bemerkungen zum „Erfolg" der Revision im Strafverfahren, FS Eisenberg, 2009, 569. **Zu Abs. 2:** Allgayer, Praxiskommentar zu BGH, Beschl. v. 29.4.2014 – 3 StR 24/14, NStZ 2014, 530; Allgayer, Mitteilungen nach § 243 Abs. 4 und ihre revisionsgerichtliche Kontrolle, NStZ 2015, 185; Altvater, Überprüfung der Verständigung durch Revision, StraFo 2014, 221; Barton, Die Abgrenzung der Sach- von der Verfahrensrüge bei der klassischen und der erweiterten Revision in Strafsachen, JuS 2007, 977; Basdorf, Formelle und informelle Präklusion im Strafverfahren, StV 1997, 488; Bauer, Die Präklusion von Verfahrensrügen und des Widerspruchs im Zusammenhang mit § 238 II StPO, NStZ 2012, 191; Bertheau, Rügeverkümmerung – Verkümmerung der Revision in Strafsachen, NJW 2010, 973; Cierniak/Niehaus, Praxiskommentar zu OLG Celle, Beschl. v. 10.6.2013 – 311 SsRs 98/13, NStZ 2014, 527; Dahs, Neue Aspekte zu § 344 Abs. 2 StPO, FS Salger, 1995, 217; Dehne-Niemann, Kritische Anmerkungen zur neuen Praxis der „Rügeverkümmerung", wistra 2011, 213; El-Ghazi, Die Anforderungen an die Begründung einer Verfahrensrüge – oder: „die den Mangel enthaltenden Tatsachen", ZStW 125 (2013), 862; Fezer, Pragmatismus und Formalismus in der revisionsgerichtlichen Rechtsprechung, FS Hanack, 1999, 331; Frisch, Die erweiterte Revision, FS Eser, 2005, 257; Frisch, Wandel der Revision als Ausdruck geistigen und gesellschaftlichen Wandels, FS Fezer, 2008, 353; Geipel, Die Revisionsbegründungsfrist und Nachbesserungsmöglichkeiten – oder: der Angeklagte haftet für seinen Anwalt, StraFo 2011, 9; Gercke/Wollschläger, Videoaufzeichnungen und digitale Daten als Grundlage des Urteils, StV 2013, 106; Güntge, Die Pflicht des Revisionsführers zur Darlegung rügegefährdender Tatsachen und Thematisierung von Ausnahmetatbeständen bei Erhebung der Verfahrensrüge (§ 344 Abs. 2 S. 2 StPO), JR 2005, 496; Hassemer, Die Funktionstüchtigkeit der Strafrechtspflege – ein neuer Rechtsbegriff?, StV 1982, 275; Jähnke, Zur Abgrenzung von Verfahrens- und Sachrüge, FS Meyer-Goßner, 2001, 559; Knauer, Zur Wahrheitspflicht des (Revisions-)Verteidigers, FS Widmaier, 2008, 291; Knauer, Vom Wesen und Zweck der Revision, NStZ 2016, 1; Knauer/Pretsch, Verfassungsrechtliche Vorgaben für die Beruhensprüfung bei Mitteilungsverstößen, NStZ 2015, 174; Kudlich, Rechtsmissbrauch bei Verfahrensrüge aufgrund eines als unrichtig erkannten Hauptverhandlungsprotokolls, JA 2007, 154; Kudlich, Erosion des Hauptverhandlungsprotokolls durch den Bundesgerichtshof?, BLJ 2007, 125; Kudlich, „Man kann ja nicht an alles denken" – Grenzen der Rügeverpflichtung in der Revision bei einem Verstoß gegen § 252 StPO, JA 2012, 873; Kudlich, Praxiskommentar zu BGH, Beschl. v. 12.12.2013 – 3 StR 210/13, NStZ 284; Kutzer, Sinkende Verfahrenskontrolle und steigende Rügeanforderungen im Revisionsverfahren, StraFo 2000, 325; Lam, Die Willkür ist die Feindin der Form – Zum Beruhen des Urteils auf der fehlerhaften Protokollierung von Verständigungen, StraFo 2014, 407; Landau, Die Pflicht des Staates zum Erhalt einer funktionstüchtigen Strafrechtspflege, NStZ 2007, 121; Lips, Die strafprozessuale Verfahrensrüge, JA 2006, 719; Lochmann, Die Entwicklung der Rechtsprechung zur rechtsstaatswidrigen Tatprovokation, StraFo 2015, 492; Mavany, Verteidigung gegen staatsanwaltschaftliche Verfahrensrügen – ein Plädoyer für den Einwand der Unzulässigkeit, StraFo 2014, 494; Meyer-Mews, Wieder auf dem Prüfstand: Die Revision in Strafsachen, NJW 2005, 2820; Mosbacher, Praktische Auswirkungen der Entscheidung des BVerfG zur Verständigung, zugleich Anmerkung zu BVerfG, Urt. v. 19.3.2013 – 2 BvR 2628/10 u. a., NZWiSt 2013, 201; Momsen, Die Zulässigkeit der strafprozessualen Sachrüge bei Angriffen gegen die Beweiswürdigung, GA 1998, 488; Norouzi, Anmerkung zu BGH, Beschl. v. 14.9.2010 – 3 StR 573/09, NJW 2011, 1525; Norouzi, Die Angriffsrichtung der Verfahrensrüge…, NStZ 2013, 203; Park, Die Beweiskraft des Protokolls und die Wahrheitspflicht der Verfahrensbeteiligten, StraFo 2004, 335; Pauly, Rügemöglichkeiten von Verfassungsverstößen in der Revision, StraFo 2016, 494; Pfister, Transparenz über alles!, StraFo 2016, 187; Radtke, Praxiskommentar zu BGH, Urteil vom 10.7.2013 – 2 StR 195/12, NStZ 2013, 669; Rieß, Gedanken zum gegenwärtigen Zustand und zur Zukunft der Revision in Strafsachen, FS Hanack, 1999, 397; Rieß, Bemerkungen zum „Erfolg" der Revision im Strafverfahren, FS Eisenberg, 2009, 569; Ritter, Die Begründungsanforderungen bei der Erhebung der Verfahrensrüge gemäß § 344 Abs. 2 S. 2 StPO, 2007; Schlothauer, Das Revisionsrecht in der Krise, StraFo 2000, 289; Schnarr, Rechtsschutzgarantie und formelle Voraussetzungen für den Zugang zum Revisionsgericht…, FS Nehm, 2006, 327; Schneider, Überblick über die höchstrichterliche Rechtsprechung zur Verfahrensverständigung im Anschluss an das Urteil des BVerfG vom 19.3.2013 – Teil 2, NStZ 2014, 252; Schünemann, Die Etablierung der Rügeverkümmerung durch den BGH und deren Tolerierung durch das BVerfG…, StV 2010, 538; Sommer, Das Märchen von der Funktionstüchtigkeit der Strafrechtspflege, StraFo 2014, 441; Trück, die revisionsrechtliche Einordnung der Rüge rechtsfehlerhafter Anwendung des Richtervorbehalts bei Durchsuchung und Blutprobenentnahme, NStZ 2011, 202; Ventzke, § 344 Abs. 2 S. 2 StPO – Einfallstor revisionsgerichtlichen Gutdünkens?, StV 1992, 338; Ventzke/Mosbacher, Negativtatsachen im Revisionsverfahren, NStZ 2008, 262; Weiler, Substantiierungsanforderungen an die Verfahrensrüge gemäß § 344 Abs. 2 S. 2 StPO, FS Meyer-Goßner, 2001, 571; Widmaier, Anforderungen an die Verfahrensrüge nach § 344 Abs. 2 S. 2 StPO, StraFo 2006, 437.

Übersicht

		Rn.			Rn.
A.	Grundlagen	1	II.	Fehlen der Revisionsanträge	11
B.	Revisionsanträge	5	III.	Gesetzliche Revisionsbeschränkungen	14
I.	Allgemeines	5			

		Rn.			Rn.
C.	Beschränkung der Revision	18	V.	Auslegung der Revisionsbegründung	67
I.	Zulässigkeit der Beschränkung	18			
II.	Erklärung der Revisionsbeschränkung	24	VI.	Begründung der Sachrüge	73
			1.	Bedeutung	73
III.	Wirksamkeit der Beschränkung	29		a) Allgemein	73
1.	Beschränkung bei Verurteilung zu mehreren Straftaten	33		b) Erweiterte Revision	74
			2.	Begründungsumfang	77
2.	Beschränkung bei Verurteilung wegen einer einheitlichen Straftat	36		a) Inhalt der Sachrüge	78
	a) Schuldspruch	37		b) (Keine) Unzulässigkeit der Sachrüge aufgrund von Einzelausführungen	83
	b) Rechtsfolgenausspruch	39			
	c) Beschränkung auf Prozessvoraussetzungen	53	3.	Wirkung	86
IV.	Folgen der Revisionsbeschränkung	54	VII.	Begründung der Verfahrensrüge	88
1.	Wirksame Revisionsbeschränkung	54	1.	Grundlagen und Grundsatzkritik	91
2.	Unwirksame Revisionsbeschränkung	56	2.	Allgemeine Anforderungen an den Revisionsvortrag	99
D.	Revisionsbegründung (Abs. 2)	57		a) Bestimmte Behauptung eines tatsächlichen Geschehens	101
I.	Allgemeines	57			
II.	Abgrenzung der Verfahrens- von der Sachrüge	59		b) Angriffsrichtung	106
				c) Vollständigkeit des Vortrags	114
III.	Bedingungsfeindlichkeit	63		d) Vortrag negativer Tatsachen	122
IV.	Beanstandung von Verfahrenshindernissen	64		e) Keine Protokollrüge	132
				f) Ausführungen zum Beruhen	144
				g) Kritisches Fazit	146

A. Grundlagen

1 § 344 schreibt vor, welchen Inhalt die Revisionsbegründung mindestens haben muss und ist damit das Einfallstor schlechthin für die hohen und stetig wachsenden formalen Anforderungen an die Revisionsbegründung (→ Vor § 333 Rn. 31 ff.).

2 Anders als für die Berufung und die Beschwerde sieht das Gesetz in Abs. 1 für die Revision eine Begründung vor, die innerhalb der in § 345 Abs. 1 festgelegten Frist zu erfolgen hat und aus den **Revisionsanträgen** und deren **Rechtfertigung** besteht.

3 Aus der Begründung muss nach Abs. 2 S. 1 insbesondere hervorgehen, auf welche Rechtsnorm die Anfechtung gestützt wird. Darüber hinaus statuiert Abs. 2 S. 2 die Pflicht, bei Verfahrensrügen die Tatsachen, die den Verfahrensmangel enthalten, anzugeben. Aus der Vorschrift folgt zum einen, dass die Rüge von materiell-rechtlichen Mängeln über die Mitteilung der Angriffsrichtung hinaus nicht ausgeführt werden muss und deshalb auch allgemein erhoben werden kann (Abs. 2 S. 1), während für die Verfahrensrüge alle diese begründenden Tatsachen innerhalb der Frist des § 345 Abs. 1 mitgeteilt werden müssen (Abs. 2 S. 2). In der Praxis hat sich deshalb Abs. 2 S. 2 sowohl zu einer in ihren Ausmaßen kaum mehr übersehbaren Zulässigkeitshürde[1] als auch zu einer gelegentlich bis an die Grenzen des verfassungsrechtlich Möglichen ausgelegten Zulässigkeitsschranke entwickelt[2] (zur Kritik → Rn. 91 ff., 110 ff., 129 ff., 146 ff.). Diesen – zum Teil durchaus fragwürdigen – Ansprüchen muss der Revisionsführer gerecht werden, möchte er mit seiner Revision Erfolg haben. Nicht ohne Grund gilt die Revision deshalb als Königsdisziplin des Strafverfahrensrechts; dies liegt vor allem an den hohen, häufig überhöhten formalen Anforderungen an die Verfahrensrüge.

---

[1] Knauer NStZ 2016, 1 (4).
[2] So bei der Überspannung der Anforderungen an eine Verfahrensrüge der Verletzung von § 136a und des Grundsatzes des fairen Verfahrens in Zusammenhang mit einer Urteilsabsprache, BVerfG 8.12.2005 – 2 BvR 449/05, BVerfGK 7, 71 = StV 2006, 57.

Die Revisionsbegründung ist **eine von Amts wegen zu prüfende Zulässigkeitsvo-** 4
raussetzung.[3] Auch eine nach § 341 ordnungsgemäß eingelegte Revision ist daher als
unzulässig zu verwerfen, wenn die Revisionsbegründung diesen Anforderungen nicht
genügt. Das betrifft zunächst nur die jeweils nicht ordnungsgemäß begründete Rüge. Die
Revision ist aber auch insgesamt unzulässig, wenn der Begründungsmangel alle Rügen
gleichermaßen betrifft. Das ist insbesondere dann der Fall, wenn sämtliche Verfahrensrügen
gem. Abs. 2 S. 2 nicht hinreichend ausgeführt sind und nicht auch eine Sachrüge erhoben
ist.[4] § 344 wirkt somit als Sperre, mit deren Hilfe die Überprüfung des mit der Revision
angegriffenen Urteils und des ihm zugrunde liegenden Verfahrens im Interesse einer Ressourcenschonung der Strafjustiz eingeschränkt wird.[5] Die Vorschrift erweist sich daher
geradzu als paradigmatisch für das Spannungsverhältnis zwischen der Garantie auf effektiven
Rechtsschutz einerseits und der „Funktionstüchtigkeit der Strafrechtspflege" andererseits.
Die Belange einer funktionsfähigen Strafrechtspflege[6] zählen zwar unbestreitbar auch zu
den wesentlichen Bestandteilen einer rechtsstaatlich-liberalen Grundordnung. Die Auflösung dieses Interessenkonflikts zwischen den rechtsstaatlichen Strukturprinzipien gestaltet
sich allerdings deshalb als problematisch, weil die Funktionstüchtigkeit der Strafrechtspflege
bedauerlicherweise all zu häufig einseitig zu einem Beschuldigtenrechtebegrenzungstopos
wird (dazu auch → Einl. Rn. 87 ff.).[7]

B. Revisionsanträge

I. Allgemeines

Unter einem Revisionsantrag versteht das Gesetz die Erklärung des Revisionsführers 5
darüber, „inwieweit er das Urteil anfechte und dessen Aufhebung beantrage". Im Gegensatz
zur Berufung muss sich der Revisionsführer also darüber erklären, ob er das Urteil insgesamt
anficht oder ob er seine Revision auf bestimmte Teile des Urteils beschränkt. Die Revisionsanträge knüpfen allein an den Urteilsausspruch und nicht etwa an die Urteilsgründe an.

Der **Umfang der Überprüfung** unterliegt der **Dispositionsfreiheit des Revisions-** 6
führers; deshalb legen die Revisionsanträge fest, inwieweit das Revisionsgericht zur Überprüfung des angefochtenen Urteils befugt ist, vgl. § 352 Abs. 1 „soweit", und bestimmen
damit nicht nur den Umfang der erstrebten Urteilsaufhebung nach § 353 Abs. 1, sondern
auch, welcher Teil des Urteils ggf. in Teilrechtskraft erwächst (→ Rn. 54 ff.).[8]

Die Anträge müssen den erstrebten Umfang der Urteilsaufhebung klarstellen. Ungenü- 7
gend ist deshalb die bloße Erklärung des Verteidigers, er lege gegen das Urteil Revision
ein.[9] Darin kann nicht zugleich die Erhebung der Sachrüge oder ein auf Gesamtaufhebung
des Urteils gerichteter Antrag gesehen werden. Neben dem Umfang der Anfechtung sollte,
wiewohl normativ nicht erforderlich, entsprechend der Übung der Revisionsgerichte die
Aufhebung der Feststellungen beantragt werden.[10] Für eine ordnungsgemäße Antragsstellung ist es zudem nicht notwendig, dass sich der Revisionsführer auch über die bei Aufhebung nach §§ 354, 355 erforderlichen weiteren Entscheidungen des Gerichts, wie etwa die
Zurückverweisung zur neuen Verhandlung und Entscheidung, Freispruch oder Einstellung,

---

[3] Momsen in Satzger/Schluckebier/Widmaier StPO Rn. 1.
[4] BGH 9.3.1995 – 4 StR 77/95, NJW 1995, 2047.
[5] BGH 1.2.1955 – 5 StR 678/54, BGHSt 7, 162 (163) = NJW 1955, 641; Gribbohm NStZ 1983, 97; Wiedner in BeckOK StPO Rn. 1.
[6] Zur Pflicht des Staates zum Erhalt einer funktionstüchtigen Strafrechtspflege grundlegend Landau NStZ 2007, 121.
[7] Dazu bereits Hassemer StV 1982, 275; jüngst auch Sommer StraFo 2014, 441; im Zusammenhang mit der Entwicklung der Rechtsprechung zur rechtsstaatswidrigen Tatprovokation, Lochmann StraFo 2015, 492.
[8] Momsen in Satzger/Schluckebier/Widmaier StPO Rn. 2.
[9] BGH 29.10.1980 – 4 StR 560/80, StV 1981, 68; Gribbohm NStZ 1983, 97 (98).
[10] Dahs/Müssig in MAH Strafverteidigung § 12 Rn. 53.

erklärt.[11] In der Praxis ist eine Konkretisierung der Anträge über die Aufhebung des Urteils und der Feststellungen aber regelmäßig üblich, vor allem sind sie oftmals auch zweckmäßig.[12] Es versteht sich von selbst, dass sinnlose Anträge zu vermeiden sind. Ein Antrag auf Freispruch ist deshalb nur dann zu stellen, wenn die Tatsachenfeststellungen vollständig sind und der Schuldspruch allein von der Beurteilung einer materiellen Rechtsfrage abhängt.[13]

8 Das Gesetz sieht weder vor, dass die Revisionsanträge von deren Rechtfertigung zu trennen sind, noch sind spezielle Formulierungen vorgeschrieben. Gleichwohl empfiehlt es sich, die Anträge entsprechend der aufgezeigten Maßgaben klar formuliert an den Beginn des Schriftsatzes zu stellen.[14] Verzichtet der Revisionsführer auf eine ausdrückliche und präzise Antragsstellung, überlässt er es dem Revisionsgericht, die (vermeintliche) Zielsetzung der Revision aus der Begründung zu entnehmen und ist damit nicht vor einer, von seinen Vorstellungen abweichenden Interpretation durch das Revisionsgericht gefeit.

9 Die Revisionsanträge sind spätestens in der frist- und formgerecht (§ 345) eingelegten Revisionsbegründungsschrift zu stellen und nicht erst in der Revisionshauptverhandlung. Die in Anlehnung an den Zivilprozess oftmals vorzufindende Formulierung „Ich werde beantragen..." ist zwar nach zutreffender hM trotz ihrer Fehlerhaftigkeit unschädlich.[15] Nichtsdestotrotz erweckt sie Bedenken, ob dem Beschwerdeführer die verfahrensrechtliche Bedeutung der Revisionsanträge wirklich klar ist.[16]

10 Ein ordnungsgemäßer Revisionsantrag lautet etwa:
„Es wird beantragt,
das Urteil des Landgerichts ... vom ... mitsamt den Feststellungen aufzuheben und die Sache zur neuen Verhandlung und Entscheidung an ein andere Kammer des Landgerichts ...[17] zurückzuverweisen."

II. Fehlen der Revisionsanträge

11 **Fehlt** ein ausdrücklicher Revisionsantrag, ist das unschädlich, wenn sich das Ziel der Revision klar aus dem Gesamtinhalt der Revisionsbegründung ergibt.[18] Im Wege der **Auslegung** muss zweifelsfrei erkennbar sein, in welchem Umfang der Revisionsführer die Anfechtung und Aufhebung will. So ist in der Erhebung der uneingeschränkten allgemeinen Sachrüge durch den Angeklagten regelmäßig die Erklärung zu sehen, dass das Urteil insgesamt angefochten werden soll. Eines besonders hervorgehobenen Revisionsantrags bedarf es hier letztlich nicht.[19] Unproblematisch ist dies, wenn das Urteil nur eine einzige Straftat zum Gegenstand hat.[20] Nach zutreffender Auffassung ist das Fehlen von Anträgen regelmäßig aber auch dann unschädlich, wenn der Angeklagte wegen mehrerer selbständiger Taten verurteilt worden war, er diese vor dem Tatrichter bestritten hat und nur die allgemeine, unausgeführte Sachrüge erhebt.[21] Die Ansicht einiger OLGe, wonach das Fehlen ausdrück-

---

[11] So bereits RG 16.11.1880 – 2 StR 2725/80, RGSt 3, 44 (45); Frisch in SK-StPO Rn. 3; Schmitt in Meyer-Goßner/Schmitt Rn. 1; Gericke in KK-StPO Rn. 2.
[12] Dahs Strafprozessrevision Rn. 69; Frisch in SK-StPO Rn. 3; Franke in Löwe/Rosenberg Rn. 2.
[13] Dahs/Müssig in MAH Strafverteidigung § 12 Rn. 53.
[14] Dazu Schlothauer/Weider/Nobis Untersuchungshaft Rn. 34.
[15] S. nur Franke in Löwe/Rosenberg Rn. 2; Frisch in SK-StPO Rn. 3; Dahs Strafprozessrevision Rn. 68.
[16] In diesem Sinne auch Hamm Rn. 208.
[17] § 354 Abs. 2 S. 1 Alt. 2 ermöglicht es dem Revisionsgericht zudem, die Sache an ein anderes Gericht desselben Bundeslandes zu verweisen. Dies sollte ausdrücklich beantragt und begründet werden, Dahs/Müssig in MAH Strafverteidigung § 12 Rn. 53.
[18] BGH 7.1.1999 – 4 StR 652/98, NStZ-RR 2000, 33 (38) bei Kusch; BGH 27.8.2013 – 4 StR 311/13, NStZ-RR 2014, 254 (254); Frisch in SK-StPO Rn. 5; Schlothauer/Weider/Nobis Untersuchungshaft Rn. 34.
[19] BGH 7.1.1999 – 4 StR 652/98, NStZ-RR 2000, 33 (38); 27.5.1982 – 2 StR 160/82, NStZ 1983, 354 (359) bei Pfeiffer/Miebach; BGH 20.11.2012 – 4 StR 443/12, bei Cierniak/Niehaus NStZ-RR 2015, 195 (196); BGH 25.7.2013 – 3 StR 76/13, NJW 2013, 3191.
[20] BGH 10.4.1981 – 3 StR 236/80, StV 1981, 393; Schmitt in Meyer-Goßner/Schmitt Rn. 3 mwN; Momsen in Satzger/Schluckebier/Widmaier StPO Rn. 9.
[21] BGH 31.10.1989 – 3 StR 381/89, NStZ 1990, 96; 7.1.1999 – 4 StR 652/98, NStZ-RR 2000, 33 (38) bei Kusch; Franke in Löwe/Rosenberg Rn. 4; Frisch in SK-StPO Rn. 6; Momsen in Satzger/Schluckebier/Widmaier StPO Rn. 10.

licher Anträge zur Unzulässigkeit der Revision führt, wenn deren Begründung Zweifel daran lässt, ob das Urteil im vollem Umfang oder nur teilweise angefochten werden soll,[22] ist abzulehnen.[23] Mit Blick auf den Justizgewährleistungsanspruch des Revisionsführers kann eine solch restriktive Auffassung nicht überzeugen. Denn im Rahmen der zulässigen Auslegung ist stets die Variante zu wählen, die für den Rechtsmittelführer positiv ist, sodass das Rechtsmittel seinen Zweck erreicht.

Zu beachten ist jedoch, dass auch der BGH bei **Revisionen der StA im** Falle von 12 mehreren Angeklagten und Taten die bloße Erhebung der nicht näher ausgeführten allgemeinen Sachrüge ohne Antragstellung richtigerweise nicht ausreichen lässt, wenn aus der Revisionseinlegungsschrift und der Revisionsbegründung nicht hinreichend deutlich zu entnehmen ist, gegen wen sich das Rechtsmittel richtet[24] (vgl. auch → § 352 Rn. 21). Denn für die StA gilt bei der Antragstellung ein strengerer Maßstab, weil von dieser erwartet werden kann, dass sie ihr Angriffsziel klar formuliert;[25] insbes. reicht die Erhebung der allgemeinen Sachrüge gegen ein Urteil bzgl. mehrerer Taten, mit dem der Angeklagte teilweise verurteilt, teilweise freigesprochen wurde, nicht, wenn unklar bleibt, ob die staatsanwaltschaftliche Revision zu Gunsten oder zu Ungunsten des Angeklagten erhoben wurde.[26]

Ist nicht feststellbar, wodurch sich der Revisionsführer beschwert fühlt und welches 13 Ziel er verfolgt, ist die Revision als unzulässig zu verwerfen.[27] Ist hingegen nur der Umfang der Anfechtung zweifelhaft oder widersprüchlich, so ist von einer umfassenden Anfechtung des Urteils auszugehen.[28] Kommt ohnehin nur eine umfassende Anfechtung in Betracht, wie etwa bei der Revision gegen ein Verwerfungsurteil nach § 329 Abs. 1, ist das Fehlen von ausdrücklichen Revisionsanträgen stets belanglos.[29] Gleiches gilt, wenn der aus dem Urteil ersichtliche Verfahrensgang nur eine Anfechtung in bestimmtem Umfang zulässt, wie etwa dann, wenn sich der Angeklagte, der das erstinstanzliche Urteil nicht angefochten hatte, im Wege der Revision gegen das auf die Berufung der StA ergangene Berufungsurteil wendet, wenn dieses für ihn nachteilige Änderungen enthält.[30]

III. Gesetzliche Revisionsbeschränkungen

Zur Unzulässigkeit der Revision kann eine gesetzliche Beschränkung führen, wenn 14 sich der Revisionsbegründung kein zulässiges Rechtsmittelziel entnehmen lässt.[31] So ist bei der Anfechtung von jugendgerichtlichen Entscheidungen, in denen lediglich Erziehungsmaßregeln oder Zuchtmittel angeordnet sind, wegen **§ 55 Abs. 1 JGG** darauf zu achten,

---

[22] OLG Hamm 4.9.1975 – 2 Ss 563/75, NJW 1976, 68 mablAnm Sarstedt; OLG Zweibrücken 5.12.1973 – Ws 329/73, NJW 1974, 659; OLG Oldenburg 13.3.2006 – Ss 35/06 (I 21), BeckRS 2006, 04144 = StraFo 2006, 245; zustimmend Gribbohm NStZ 1983, 97 (98); dazu auch Frisch in SK-StPO Rn. 6, mwN.

[23] So übereinstimmend Frisch in SK-StPO Rn. 6; Franke in Löwe/Rosenberg Rn. 5; Schmitt in Meyer-Goßner/Schmitt Rn. 3; Temming in Gercke/Julius/Temming/Zöller Rn. 2.

[24] BGH 7.11.2002 – 5 StR 336/02, NJW 2003, 839; 5.11.2009 – 2 StR 324/09, NStZ-RR 2010, 288; 25.7.2013 – 3 StR 76/13, NJW 2013, 3191: Für „eine Revision der StA, für deren zulässige Begründung hinsichtlich der Erforderlichkeit eines ausdrücklichen Antrags gem. §§ 344 Abs. 1, 352 Abs. 1 unter den in diesen Entscheidungen dargelegten Umständen etwas anderes gelten kann."; jüngst BGH 10.12.2015 – 3 StR 163/15, BeckRS 2016, 02773.

[25] „Der Senat bemerkt, dass, zumal bei einer Revision der Staatsanwaltschaft, sich aus Antrag und Begründung das Ziel des Rechtsmittels ohne weiteres klar ergeben sollte", BGH 23.9.2008 – 1 StR 420/08, HRRS 2008 Nr. 910 Rn. 4; Schmitt in Meyer-Goßner/Schmitt Rn. 3; Franke in Löwe/Rosenberg Rn. 9.

[26] BGH 5.11.2009 – 2 StR 324/09, NStZ-RR 2010, 288; zustimmend Frisch in SK-StPO Rn. 6; Gericke in KK-StPO Rn. 3; Nagel in Radtke/Hohmann Rn. 2.

[27] Dahs Strafprozessrevision Rn. 67.

[28] Gericke in KK-StPO Rn. 3; Wiedner in BeckOK StPO Rn. 3.2.

[29] Franke in Löwe/Rosenberg Rn. 3.

[30] Frisch in SK-StPO Rn. 6; Franke in Löwe/Rosenberg Rn. 3.

[31] Momsen in Satzger/Schluckebier/Widmaier StPO Rn. 11; Schmitt in Meyer-Goßner/Schmitt Rn. 3a; Franke in Löwe/Rosenberg Rn. 6.

dass sich aus der Revisionsbegründung zweifelsfrei auch eine Anfechtung des Schuldspruches ergibt.[32]

15 Der Nebenkläger kann ein Urteil nur nach Maßgabe von **§ 400** (also nicht zur Erreichung einer anderen Rechtsfolge oder bzgl. eines nebenklagefähigen Delikts) anfechten, sodass die allgemeine Sachrüge hier nicht genügt.[33] Im Zusammenhang mit § 55 JGG und § 400 muss sich aus der Begründung des Revisionsantrags eindeutig ergeben, dass der Revisionsführer ein der gesetzlichen Beschränkung entsprechendes, zulässiges Ziel verfolgt.[34] So leitet die Rspr. aus dieser Beschränkung des Anfechtungsrechts des Nebenklägers ab, dass seine Revision als Zulässigkeitsvoraussetzung eines Revisionsantrags oder einer Revisionsbegründung bedarf, aus denen sich das Verfolgen eines zulässigen Rechtsmittelziels, regelmäßig eine Änderung des Schuldspruchs hinsichtlich eines Nebenklagedelikts, ergibt.[35]

16 Eine gesetzliche Beschränkung ergibt sich ferner aus **§ 339,** der es der StA untersagt, die Revision zuungunsten des Angeklagten auf die Verletzung von Verfahrensvorschriften zu stützen, die lediglich zu dessen Gunsten gegeben sind. In diesem Sinne ist bspw. eine staatsanwaltschaftliche Verfahrensrüge, die sich darauf stützt, die Strafkammer habe die Beweisanträge der StA auf Vernehmung (…) zu Unrecht durch Wahrunterstellung abgelehnt, unzulässig. Denn § 244 Abs. 3 S. 2 lässt die Behandlung einer Beweistatsache als wahr nur dann zu, wenn es sich um eine (erhebliche) Tatsache handelt, die den Angeklagten entlastet.[36] Hingegen steht nach Auffassung des BGH § 339 einer Verfahrensbeanstandung von verständigungsbezogenen Mitteilungspflichten durch die StA nicht entgegen, da der Schutzzweck der in § 243 Abs. 4 normierten Mitteilungspflicht nicht allein die Rechtssphäre des Angeklagten betrifft, sondern auch die der Öffentlichkeit.[37]

17 Darüber hinaus sind die Beschränkungen zu beachten, die sich aus § 464 Abs. 3 S. 1 und durch § 8 Abs. 3 StrEG ergeben.[38]

C. Beschränkung der Revision

I. Zulässigkeit der Beschränkung

18 Die **Befugnis zur Revisionsbeschränkung** ist logische Konsequenz der Dispositionsfreiheit des Rechtsmittelführers über den Umfang der Anfechtung. Daher kann die Revision ebenso wie die Berufung (§ 318) beschränkt werden. Dies ergibt sich bereits unmittelbar aus dem Wortlaut von § 344 Abs. 1, „inwieweit". Ob die Voraussetzungen einer wirksamen Rechtsmittelbeschränkung gegeben sind, hat das Rechtsmittelgericht von Amts wegen zu prüfen.[39]

19 Die Rechtsmittelbeschränkung kann sowohl bereits bei Revisionseinlegung (§ 341 Abs. 1) als auch bei der Revisionsbegründung erklärt werden[40] und kann für den Angeklagten aus Kostengründen[41] interessant sein, auch wenn die Kosten im Strafverfahren für diesen eher eine nebensächliche Rolle spielen werden. Die Rechtsmittelbeschränkung kann aber

---

[32] BVerfG 6.7.2007 – 2 BvR 1824/06, NStZ-RR 2007, 385; erneut auch BGH 10.7.2013 – 1 StR 278/13, StraFo 2013, 428 mablAnm Eisenberg; OLG Hamm 7.2.2017 – 5 RVs 6/17, BeckRS 2017, 107728; Temming in Gercke/Julius/Temming/Zöller Rn. 3.
[33] BGH 31.8.1988 – 4 StR 401/88, NStZ 1988, 565 (566); kritisch Frisch in SK-StPO Rn. 7.
[34] Im Zusammenhang mit § 400, BGH 4.9.2014 – 4 StR 473/13, HRRS 2014 Nr. 1026 Rn. 28.
[35] BGH 5.11.2013 – 1 StR 518/13, NStZ-RR 2014, 117.
[36] BayObLG 23.11.1995 – 3 St RR 77/95, BeckRS 1995, 11068; Schmitt in Meyer-Goßner/Schmitt § 339 Rn. 4.
[37] BVerfG 15.1.2015 – 2 BvR 2055/14, NStZ 2015, 172 (173); dazu Knauer/Pretsch NStZ 2015, 174 (174 f.); Schneider NStZ 2014, 252 (254).
[38] Franke in Löwe/Rosenberg Rn. 6.
[39] BGH 30.11.1976 – 1 StR 319/76, BGHSt 27, 70 (72) = NJW 1977, 442.
[40] Schmitt in Meyer-Goßner/Schmitt Rn. 4; Nagel in Radtke/Hohmann Rn. 3; Frisch in SK-StPO Rn. 8.
[41] Frisch in SK-StPO Rn. 8.

aus prozesstaktischen Gründen sinnvoll sein. Soweit für den Angeklagten das Urteil im Großen und Ganzen günstig ist, kann er durch Anfechtung nur des ihn beschwerenden Urteilsteils Teilrechtskraft bezüglich der mit dem anderen Teil verbundenen Feststellungen herbeiführen, wenn nicht auch die StA Rechtsmittel eingelegt hat. Zudem kann eine Beschränkung der Revision etwa in der Hauptverhandlung in seltenen Fällen Sinn machen, wenn bereits zu erkennen ist, dass der Senat nur einer einzelnen Rüge zuneigt, weiteren erhobenen aber nicht. Allerdings ist dem Verteidiger zu allergrößter Umsicht zu raten. Er sollte sich auf eine Beschränkung nur dann einlassen, wenn er sicher sein kann, dem Angeklagten damit nicht zu schaden.[42]

Eine Beschränkung der Revision kann auf unterschiedliche Art und Weise erfolgen; **20** dies va durch die prozessualen Gestaltungsrechte der Teilrücknahme sowie des Teilverzichts. Eine Teilrücknahme liegt vor, wenn ein Rechtsmittel nachträglich auf bestimmte Beschwerdepunkte beschränkt wird, der Rechtsmittelführer also keine vollumfängliche Anfechtung mehr anstrebt. Ein Teilverzicht ist die ausdrückliche und eindeutige Erklärung im Voraus, dass keine weitere – sprich vollumfängliche – Anfechtung begehrt wird. Ein (Teil-)Verzicht kann sowohl bei Einlegung des Rechtsmittels als auch zusammen mit späteren (Teil-)Rücknahmeerklärungen erfolgen (zu Rücknahme und Verzicht → § 302). Als Prozesshandlungen sind (Teil-)Verzicht und (Teil-)Rücknahme sowohl bedingungsfeindlich wie unwiderruflich.[43]

Für die Beschränkung der Revision gilt daher Folgendes: Hat der Revisionsführer ohne **21** weitere Ausführungen zum Ziel des Rechtsmittels Revision eingelegt, kann er im Rahmen der fristgerechten Revisionsbegründung eine Beschränkung vornehmen, so kann er etwa bei der Verurteilung zu einer einheitlichen Tat die Anfechtung auf den Strafausspruch beschränken (dazu → Rn. 39 ff.). Dabei handelt es sich weder um eine Teilrücknahme noch um einen Teilverzicht. Vielmehr liegt eine bloße (kostenneutrale) Konkretisierung des Prüfungsumfangs vor.[44] Denn die schlichte Erklärung, es werde Revision eingelegt, enthält schließlich noch keine Aussage darüber, in welchem Umfang eine Überprüfung erstrebt wird. Diese Auffassung entspricht dem Verfahrensablauf, da der Revisionsführer regelmäßig erst nach Ablauf der Revisionseinlegungsfrist (§ 341 Abs. 1) die Urteilsgründe kennt und nicht schon bei Einlegung der Revision. Solange die Revisionsbegründungsfrist (§ 345 Abs. 2) nicht abgelaufen ist, kann daher eine Revision, die erstmals mit der Revisionsbegründung auf bestimmte Teile, wie etwa die isolierte Frage des Gesamtstrafenausspruchs beschränkt wurde, auf weitere selbstständige Teile des Urteils oder Beschwerdepunkte – so etwa auf einzelne prozessuale (§ 264) bzw. sachlich-rechtlich (§ 53 StGB) selbstständige Taten (dazu → Rn. 33) – wieder erweitert werden.[45] Eine Erweiterung ist nur dann möglich, wenn in der Beschränkung nicht auch ein Verzicht lag. Da ein Verzicht stets unwiderruflich ist, muss ein solcher jedoch eindeutig erklärt werden. Die Beschränkung alleine stellt deshalb keinen Verzicht dar. Nach Ablauf der Frist des § 345 Abs. 1 ist eine Beschränkung nur noch im Wege der Teilrücknahme möglich, § 302 Abs. 1.

Wurde die Revision hingegen von Anfang an in beschränktem Umfang eingelegt, bspw. nur im Hinblick auf einzelne der dem Urteil zu Grunde liegende Taten, ist eine Erweiterung der Revision, wie etwa auf eine vollumfängliche Anfechtung, nur innerhalb der Revisionseinlegungsfrist gem. § 341 Abs. 1, nicht aber innerhalb der Revisionsbegründungsfrist zulässig.[46] Denn durch das von Anfang an beschränkt eingelegte Rechtsmittel

---

[42] Hamm Rn. 155.
[43] Frisch in SK-StPO Rn. 10; Roxin/Schünemann StrafVerfR § 53 Rn. 27.
[44] BGH 13.6.1991 – 4 StR 105/91, BGHSt 38, 4 (5 f.) = NJW 1991, 3162; 27.10.1992 – 5 StR 517/92, BGHSt 38, 366 (367) = NJW 1993, 476; 9.4.1999 – 3 StR 77–99, NStZ-RR 1999, 359; Gericke in KK-StPO Rn. 4; Franke in Löwe/Rosenberg Rn. 7; Dahs Strafprozessrevision Rn. 70.
[45] Dahs/Müssig in MAH Strafverteidigung § 12 Rn. 59; Wiedner in BeckOK StPO Rn. 8; aM Franke in Löwe/Rosenberg Rn. 8; Frisch in SK-StPO Rn. 10.
[46] BGH 27.10.1992 – 5 StR 517/92, BGHSt 38, 366 (367 f.) = NJW 1993, 476; 31.7.2012 – 4 StR 238/12, NStZ 2012, 652; so auch die hM im Schrifttum Schmitt in Meyer-Goßner/Schmitt Rn. 4; Temming in Gercke/Julius/Temming/Zöller Rn. 4; Gericke in KK-StPO § 341 Rn. 2; Wiedner in Graf Rn. 4; Dahs Strafprozessrevision Rn. 85; Hamm Rn. 141.

wird der Eintritt der Rechtskraft nur soweit gehemmt, wie auch die Anfechtung erklärt wurde. Die gegenteilige Auffassung, wonach eine Erweiterung noch bis zum Ablauf der Revisionsbegründungsfrist zulässig sein soll,[47] kann nicht überzeugen. Da der Beschwerdeführer keineswegs gezwungen ist, so frühzeitig Beschränkungserklärungen abzugeben, ist er auch nicht schutzwürdig. Freilich ist eine Erweiterung der Revision auch innerhalb der Einlegungsfrist des § 341 Abs. 1 unzulässig, wenn der Revisionsführer bereits bei der beschränkten Revisionseinlegung zugleich einen Verzicht erklärt hatte, wie: *„von einer weiteren Überprüfung des Urteils sehe ich ausdrücklich ab"*.

Es empfiehlt sich deshalb, die Revision grundsätzlich ohne irgendwelche Beschränkungs- oder gar Teilverzichtserklärungen abzugeben. Eine etwaige Konkretisierung kann ohne Not in der Revisionsbegründung vorgenommen werden.

22   Der Verteidiger benötigt keine besondere Vollmacht für die beschränkte Einlegung. Für die Teilrücknahme gilt das jedoch nicht; hierfür benötigt der Verteidiger wegen § 302 Abs. 2 eine ausdrückliche Ermächtigung.

23   Eine Beschränkung der Revision scheitert schließlich nicht daran, dass Rügen nach § 338 Nr. 1–7 erhoben werden, die zu einer umfassenden Aufhebung des Urteils führen können.[48] Solche Rügen können auch zur Begründung einer Revision vorgetragen werden, die bspw. auf den Strafausspruch beschränkt ist. Ist die Beschränkung im Übrigen wirksam, muss das Rechtsmittelgericht in solch einem Fall den Schuldspruch bestehen lassen, weil die Beschränkung zu Teilrechtskraft geführt hat.[49]

II. Erklärung der Revisionsbeschränkung

24   Grundsätzlich ist eine ausdrückliche Erklärung der Beschränkung erforderlich; dazu ist auch schon aus Gründen der Rechtssicherheit zu raten. Fehlt eine ausdrückliche Erklärung der Beschränkung, ist eine **Auslegung der Rechtsmittelerklärungen** erforderlich.[50] Dabei darf das Revisionsgericht nicht am Wortlaut der Begründung haften, sondern hat stets „nach dem aus den Willensäußerungen des Beschwerdeführers erkennbaren Sinn und Ziel seines Rechtsmittels [zu] fragen".[51] Ggf. kann dazu sogar die Befragung des Revisionsführers erforderlich sein.[52]

25   Allerdings kann sich die Beschränkung auch ohne ausdrückliche Erklärung ergeben, wenn aus der Begründung ein eingeschränkter Anfechtungswille des Revisionsführers und der Umfang der Beschränkung eindeutig hervorgehen.[53] Dies ist bspw. dann anzunehmen, wenn sich der Revisionsantrag nur auf eine Teilaufhebung des Urteils richtet und dem auch die weitere Revisionsbegründung entspricht.[54] Dasselbe gilt, wenn sich dem maßgeblichen Sinn der Revisionsbegründung entnehmen lässt, dass allein der Strafausspruch angefochten und der Schuldspruch vom Rechtsmittelangriff ausgenommen ist.[55]

26   Das Revisionsgericht kann im Wege der Auslegung insbesondere zu der Annahme gelangen, dass trotz eines beschränkten Antrags, der aber in Widerspruch zu einer umfassenden Begründung steht, eine Beschränkung tatsächlich nicht gewollt ist. Der **nicht auflösbare Widerspruch** zwischen ausdrücklichem Revisionsantrag und erkennbar verfolgtem Rechtsschutzziel hat zur Folge, dass die Revision im Wege der Auslegung man-

---

[47] Ausführlich Grünwald, 72 ff.; Franke in Löwe/Rosenberg Rn. 7; in diesem Sinne wohl auch Frisch in SK-StPO Rn. 9.
[48] BGH 9.2.1995 – 4 StR 37/95, NJW 1995, 1910; 10.9.2002 – 1 StR 169/02, BGHSt 48, 4 (5) = NJW 2002, 3484; Schmitt in Meyer-Goßner/Schmitt Rn. 7; Gericke in KK-StPO Rn. 4.
[49] Hamm Rn. 154.
[50] BGH 11.6.2014 – 2 StR 90/14, NStZ-RR 2014, 285 mwN; unter analoger Anwendung des § 300 Wiedner in BeckOK StPO Rn. 10; Dahs Strafprozessrevision Rn. 72 dort Fn. 81.
[51] BGH 21.10.1980 – 1 StR 262/80, BGHSt 29, 359 (365) = NJW 1981, 589.
[52] Dahs/Müssig in MAH Strafverteidigung § 12 Rn. 59.
[53] Gericke in KK-StPO Rn. 5.
[54] So etwa in BGH 16.4.2013 – 3 StR 46/13, BeckRS 2013, 08802, dort bezog sich der Aufhebungsantrag ausschließlich auf die Unterbringungsanordnung gem. § 64 StGB.
[55] BGH 11.6.2014 – 2 StR 90/14, NStZ-RR 2014, 285.

gels eindeutig zum Ausdruck kommenden Beschränkungswillens **als unbeschränkt** zu behandeln ist.[56]

Umgekehrt kann sich auch bei einem unbeschränkten Antrag aus dem **Gesamtinhalt** 27 und **dem Zusammenhang** der Begründung ergeben, dass nur bestimmte Urteilsteile angefochten sein sollen;[57] dafür müssen sich der Beschränkungswille und sein Umfang aber zweifelsfrei ergeben. Dies kann der Fall sein, wenn die Begründungsschrift sich entgegen dem allgemein gefassten Antrag nur mit einem abtrennbaren Teil des Urteils befasst, so etwa wenn die Schuld des Angeklagten ausdrücklich eingeräumt wird[58] oder sich die Begründung zur Sachrüge allein auf den Rechtsfolgenausspruch oder Teile davon bezieht.[59] Erforderlich ist aber, dass die Begründungsschrift nach dem erkennbaren Willen des Revisionsführers vollständig ist, nicht Vorgebrachtes daher auch nicht gerügt sein soll.[60] Die Ermittlung des Angriffsziels durch Auslegung gilt grds. auch für Revisionen der StA, wenn sich Revisionsantrag und Inhalt der Revisionsbegründung widersprechen, etwa weil die StA die uneingeschränkte Aufhebung des Urteils mit den Feststellungen beantragt hat, das Revisionsgericht dem Revisionsvorbringen der StA in einer Gesamtschau aber entnimmt, dass etwa der Schuldspruch nicht angegriffen werden soll, sondern nach dem maßgeblichen Sinn der Revisionsrechtfertigung allein der Strafausspruch angefochten werden solle.[61]

Nach alledem gilt, dass von einer Beschränkung der Revision nur ausgegangen werden 28 kann, wenn der **Beschränkungswille eindeutig** zum Ausdruck kommt. Kann auch durch Auslegung der Begründungsschrift der Beschränkungswille nicht zweifelsfrei festgestellt werden, darf eine Rechtsmittelbeschränkung nicht angenommen werden, vielmehr ist die Revision als unbeschränkt zu behandeln.[62] Die Rechtsprechung hat es für einen Beschränkungswillen daher auch nicht ausreichen lassen, dass im Fall der Verurteilung wegen einer einzigen Straftat die Revision bei unbeschränktem Revisionsantrag nur teilweise begründet worden ist.[63]

III. Wirksamkeit der Beschränkung

Voraussetzung einer zulässigen Beschränkung ist, dass es sich um selbstständig anfecht- 29 bare Teile des Urteils handelt. Es kommt dabei sowohl eine **vertikale Selbstständigkeit,** also die Trennung zwischen selbstständigen Prozessgegenständen, als auch eine **horizontale Selbstständigkeit,** dh die Trennung innerhalb desselben Prozessgegenstandes, in Betracht.

Ausgangspunkt für die Zulässigkeit einer jeden Rechtsmittelbeschränkung im Strafpro- 30 zess ist die von der Rechtsprechung entwickelte sog. **Trennbarkeitsformel.** Es gelten dieselben Grundsätze wie auch für die Berufung, sodass ergänzend auf die dortigen Ausführungen verwiesen werden kann (→ § 318 Rn. 15 ff.). Nach der Trennbarkeitsformel ist eine Beschränkung möglich, wenn sie sich auf solche Beschwerdepunkte bezieht, die nach dem inneren Zusammenhang des Urteils losgelöst von seinem nicht angegriffenen Teil rechtlich und tatsächlich selbstständig beurteilt werden können, ohne eine Prüfung der Entscheidung im Übrigen nötig zu machen.[64]

---

[56] BGH 10.4.1959 – 4 StR 56/59, BeckRS 2014, 4574; 22.2.1984 – 2 StR 725/83, NStZ 1985, 13 (17) bei Pfeiffer/Miebach; BGH 28.1.2014 – 4 StR 528/13, NJW 2014, 871; Franke in Löwe/Rosenberg Rn. 10 mwN.
[57] BGH 16.2.1956 – 3 StR 473/55, NJW 1956, 756 (757).
[58] BGH 5.1.1968 – 4 StR 393/67, VRS 34 (1968) 437; Franke in Löwe/Rosenberg Rn. 9; Frisch in SK-StPO Rn. 14.
[59] BGH 16.2.1956 – 3 StR 473/55, NJW 1956, 756 (757); Schmitt in Meyer-Goßner/Schmitt Rn. 6.
[60] Wiedner in BeckOK StPO Rn. 10; Gericke in KK-StPO Rn. 5.
[61] So jüngst BGH 18.12.2014 – 4 StR 468/14, NStZ-RR 2015, 88; zuletzt auch BGH 26.4.2017 – 2 StR 47/17, NStZ-RR 2017, 201; von durchaus höheren Anforderungen an staatsanwaltschaftliche Revisionsbegründungen geht indes Franke in Löwe/Rosenberg Rn. 9 aus.
[62] BGH 21.10.1980 – 1 StR 262/80, BGHSt 29, 359 (365) = NJW 1981, 589; Franke in Löwe/Rosenberg Rn. 9; Hamm Rn. 211; Dahs Strafprozessrevision Rn. 79.
[63] BGH 21.1.1993 – 4 StR 560/92, BGHSt 39, 121 (122) = NJW 1993, 1084; Frisch in SK-StPO Rn. 15; Franke in Löwe/Rosenberg Rn. 9; Altmann JuS 2008, 790 (792).
[64] So die ständige Rspr., vgl. nur RG 11.5.1931 – III 151/31, RGSt 65, 296 mwN; BGH 8.1.1954 – 2 StR 572/53, BGHSt 5, 252 (252 f.) = NJW 1954, 441; 25.9.1961 – AnwSt (R) 4/61, BGHSt 16, 237

31 Im Zusammenhang damit steht das Erfordernis der **Widerspruchsfreiheit,** wonach eine Beschränkung nur dann statthaft ist, wenn die nach dem Teilrechtsmittel stufenweise entstehende Gesamtentscheidung frei von inneren Widersprüchen ist und weiterhin als Ganzes angesehen werden kann.[65] Das Revisionsgericht hat daher stets nach der besonderen Lage des Einzelfalls von Amts wegen zu prüfen, ob eine Beschränkung hiernach statthaft ist, wobei die endgültige Beurteilung erst auf Grundlage des Beratungsergebnisses über die zutreffende Entscheidung vorgenommen werden kann.[66] Dem Revisionsgericht steht hierbei ein Beurteilungsspielraum zu.[67]

32 Aufgrund ihrer Abstraktheit bieten die Trennbarkeitsformel und der damit verbundene Grundsatz der Widerspruchsfreiheit nicht mehr als einen ersten Ansatzpunkt, sind im konkreten Einzelfall jedoch nur von begrenztem Nutzen. Vielmehr hat sich eine **umfangreiche Kasuistik** entwickelt, die kaum mehr überschaubar ist und aufgrund der im Einzelfall schwer prognostizierbaren Rechtsauffassung der Rechtmittelgerichte eine gewisse Rechtsunsicherheit geschaffen hat.[68]

33 **1. Beschränkung bei Verurteilung zu mehreren Straftaten.** Um einen Fall der **vertikalen Selbständigkeit** handelt es sich, liegen **mehrere selbständige Taten** eines Angeklagten vor. Daher bestehen regelmäßig keine Bedenken, die Revision auf einzelne Verurteilungen oder Tatvorwürfe zu beschränken – auch dann nicht, wenn es sich um eine Tatserie[69] handelt. Eine beschränkte Anfechtung ist nicht nur dann statthaft, wenn der Verurteilung mehrere Taten im prozessualen Sinn gem. § 264 zu Grunde liegen, sondern grundsätzlich auch, wenn es lediglich sachlich-rechtlich (§ 53 StGB) um mehrere Taten geht, die jedoch einen einheitlichen Lebensvorgang betreffen und deshalb verfahrensrechtlich von Tatidentität auszugehen ist.[70] Ein Fall der vertikalen Selbstständigkeit liegt auch vor, wenn sich ein Urteil gegen mehrere Angeklagte richtet. Es versteht sich von selbst, dass jeder Angeklagte unabhängig von anderen selbstständig Revision einlegen kann und dies (jedenfalls für die Verfahrensrüge) auch muss. Denn von einer erfolgreichen Revision eines Angeklagten kann der nicht revidierende Mitangeklagte nur im Fall der Sachrüge profitieren, § 357.

34 Handelt es sich um selbständige Taten im Sinn des § 264 kommt es konsequenterweise auch auf eine Widerspruchsfreiheit[71] nicht an. Denn wären die Taten in verschiedenen Verfahren abgeurteilt worden, müsste auf das Erfordernis der Widerspruchsfreiheit schließlich auch keine Rücksicht genommen werden; eine andere Beurteilung ist daher auch dann nicht gerechtfertigt, wenn die Verfahren miteinander verbunden worden sind.[72] Nicht ganz

---

(239) = NJW 1961, 2219; 24.7.1963 – 4 StR 168/63, BGHSt 19, 46 (48) = NJW 1963, 1987; 22.7.1971 – 4 StR 184/71, BGHSt 24, 185 (187) = NJW 1971, 1948; 30.11.1976 – 1 StR 319/76, BGHSt 27, 70 (72) = NJW 1977, 442; 21.10.1980 – 1 StR 262/80, BGHSt 29, 359 (364) = NJW 1981, 589; 24.9.2013 – 2 StR 397/13, NStZ-RR 2014, 58; 14.1.2014 – 1 StR 531/13, NStZ-RR 2014, 107 (108).

[65] BGH 19.12.1956 – 4 StR 524/56, BGHSt 10, 71 (72) = NJW 1957, 433; 22.7.1971 – 4 StR 184/71, BGHSt 24, 185 (188) = NJW 1971, 1948; 17.12.1971 – 2 StR 522/71, BGHSt 24, 274 (275) = NJW 1972, 548; 21.10.1980 – 1 StR 262/80, BGHSt 29, 359 (365) = NJW 1981, 589; 24.9.2013 – 2 StR 397/13, NStZ-RR 2014, 58; Wiedner in BeckOK StPO Rn. 12; Gericke in KK-StPO Rn. 6.

[66] Dazu BGH 30.11.1976 – 1 StR 319/76, BGHSt 27, 70 (72) = NJW 1977, 442; 15.5.2001 – 4 StR 306/00, BGHSt 47, 32 (38) = NJW 2001, 3134.

[67] Gericke in KK-StPO Rn. 6.

[68] Ebenso kritisch hierzu Frisch in SK-StPO Rn. 16; Franke in Löwe/Rosenberg Rn. 15; Dahs Strafprozessrevision Rn. 74.

[69] So etwa bei einer Tatserie von Steuerhinterziehungen; hier bleiben die Einzeltaten rechtlich und tatsächlich selbständig und sind einer isolierten Bewertung zugänglich. Das Revisionsgericht kann und darf diejenigen Entscheidungsteile daher nicht nachprüfen, deren Nachprüfung von keiner Seite begehrt wird, wenn und soweit der angegriffene Entscheidungsteil trennbar ist, also losgelöst vom übrigen Urteilsinhalt geprüft und beurteilt werden kann, BGH 27.4.2010 – 1 StR 454/09, NStZ 2011, 108 (109).

[70] Wiedner in BeckOK StPO Rn. 14; Franke in Löwe/Rosenberg Rn. 19; Dahs Strafprozessrevision Rn. 75.

[71] Grünwald JR 1979, 300 (303).

[72] Franke in Löwe/Rosenberg Rn. 19; Grünwald JR 1979, 300 (303).

eindeutig ist der Meinungsstand, wenn das Urteil mehrere realkonkurrierende Straftaten (§ 53 StGB) zum Gegenstand hat, bei denen aber im verfahrensrechtlichen Sinn Tatidentität besteht (§ 264). Da Widersprüche in diesen Konstellationen nicht gänzlich ausgeschlossen werden können, wird teilweise von der Unwirksamkeit der Revisionsbeschränkung ausgegangen.[73] Der BGH hält indes zu Recht mit der hM eine Beschränkung auf einzelne der realkonkurrierenden Taten für zulässig, wenn die Voraussetzungen der Trennbarkeitsformel im Einzelfall erfüllt sind und verlangt, dass sich sowohl das Revisionsgericht wie auch nach Zurückverweisung das neue Tatgericht an die Feststellungen zu dem nicht angefochtenen Urteilsteil für gebunden hält[74] (→ § 318 Rn. 27). Nach Auffassung von *Franke* soll hier das Erfordernis der Widerspruchsfreiheit entsprechend der Konstellation, dass es sich um mehrere verfahrensrechtlich selbstständige Taten handelt, nicht maßgeblich sein.[75]

Einer beschränkten Anfechtung auf einzelne Taten innerhalb des Strafausspruches steht 35 auch nicht entgegen, dass aus den nicht angefochtenen und den angefochtenen Taten eine Gesamtstrafe gebildet worden ist oder sonstige Rechtsfolgen – etwa Aussetzung der Vollstreckung aller Strafen zur Bewährung, Anordnung der Sicherungsverwahrung oder Entzug der Fahrerlaubnis – sowohl auf der angefochtenen als der nichtangefochtenen Tat beruhen.[76] Vielmehr gelten der Ausspruch über die Gesamtstrafe sowie die für alle Straffälle angeordneten Rechtsfolgen als mit angefochten.[77] Etwas anderes gilt nur dann, wenn die angefochtene Einzelstrafe für die Gesamtstrafe, Nebenstrafe oder Maßregel ohne jede Bedeutung gewesen ist.[78]

2. Beschränkung bei Verurteilung wegen einer einheitlichen Straftat. Bei der 36 Verurteilung wegen einer einheitlichen Straftat ist zusätzlich zwischen dem **Schuldspruch** und dem **Rechtsfolgenausspruch** zu unterscheiden.

a) Schuldspruch. Handelt es sich um **eine Tat im materiell-rechtlichen Sinne,** 37 ist der Schuldspruch unteilbar, eine Beschränkung der Anfechtung mithin ausgeschlossen. Eine Anfechtung des Schuldspruchs bei nur einer Tat ist daher nur im Ganzen möglich und erstreckt sich notwendigerweise auch auf den Strafausspruch. Mit der Revision können keine einzelnen Rechts- oder Beweisfragen zur Nachprüfung gestellt werden.[79] Der **Grundsatz der Unteilbarkeit des Schuldspruchs** gilt auch für die Aburteilung mehrerer Gesetzesverletzungen in Tateinheit[80] sowie betreffend einzelner Teilakte einer als natürlichen Handlungseinheit[81] oder einer als Bewertungseinheit[82] zu beurteilenden Tat. Eine Ausnahme gilt bei Dauerstraftaten oder Organisationsdelikten. Eine Rechtsmittelbeschränkung auf die Überprüfung der mit dem Dauerdelikt in Tateinheit stehenden Straftat ist nach Auffassung der Rechtsprechung möglich.[83] In der Regel wird eine solche Beschränkung

---

[73] U.a. OLG Hamm 15.12.1970 – 3 Ss 889/70, NJW 1971, 771; mzustAnm Lemmel NJW 1971, 1225; Grünwald JR 1979, 300 (302); weitere Nachweise bei Franke in Löwe/Rosenberg Rn. 22.

[74] Ausführlich BGH 22.7.1971 – 4 StR 184/71, BGHSt 24, 185 (186 ff.) = NJW 1971, 1948; 30.8.1978 – 2 StR 323/78, BGHSt 28, 119 (121) = NJW 1979, 54; krit. dazu aber Grünwald JR 1979, 300 (302); vgl. aber auch BGH 9.11.1972 – 4 StR 457/71, BGHSt 25, 72 = NJW 1973, 335. Im Sinne der hM Gericke in KK-StPO Rn. 7; Wiedner in BeckOK StPO Rn. 14.2; Frisch in SK-StPO Rn. 17.

[75] Franke in Löwe/Rosenberg Rn. 22.

[76] Franke in Löwe/Rosenberg Rn. 19 mwN.

[77] BGH 8.11.1955 – 5 StR 414/55, BGHSt 8, 268 (271) = NJW 1956, 193; BGH 29.8.1996 – 4 StR 401/96; Wiedner in BeckOK StPO Rn. 14; Gericke in KK-StPO Rn. 7; Franke in Löwe/Rosenberg Rn. 20.

[78] Franke in Löwe/Rosenberg Rn. 20.

[79] BGH 24.7.1963 – 4 StR 168/63, BGHSt 19, 46 (48 mwN auf die reichsgerichtliche Rechtsprechung) = NJW 1963, 1987; Gericke in KK-StPO Rn. 8; Temming in Gercke/Julius/Temming/Zöller Rn. 5.

[80] BGH 15.6.1954 – 4 StR 310/54, BGHSt 6, 229 (230) = NJW 1954, 1257; 26.5.1967 – 2 StR 129/67, BGHSt 21, 256 (258) = NJW 1967, 1972; Wiedner in BeckOK StPO Rn. 16.

[81] BGH 20.2.1997 – 4 StR 642/96, NStZ 1997, 276; 21.11.2002 – 3 StR 296/02, NStZ 2003, 264; Hamm Rn. 147.

[82] BGH 25.7.2002 – 4 StR 104/02, NStZ-RR 2003, 289 (292) bei Becker; Frisch in SK-StPO Rn. 17; Gericke in KK-StPO Rn. 8.

[83] BGH 11.6.1980 – 3 StR 9/80, BGHSt 29, 288 (293) = NJW 1980, 2718; 9.11.1993 – 5 StR 539/93, BGHSt 39, 390 (391) = NJW 1994, 1015.

insbes. bei Organisationsdelikten praktisch aber nicht sinnvoll sein, weil das Wegfallen einzelner Taten die gesamte Organisationseinheit erschüttern kann.

38 Entscheidend ist stets die **Beurteilung aus Sicht des Revisionsgerichts,** sodass eine Beschränkung auch dann nicht statthaft ist, wenn das Tatgericht fälschlicherweise die von ihm festgestellten Geschehnisse als mehrere rechtlich selbständige Handlungen bewertet hat, obwohl tatsächlich nur eine Tat vorliegt.[84] Ist das angefochtene Urteil zu Unrecht von Tateinheit ausgegangen, obwohl in Wirklichkeit Tatmehrheit vorliegt, lässt sich der Schuldspruch hingegen nicht schon in der Revisionsbegründung zerlegen.[85]

39 **b) Rechtsfolgenausspruch.** Eine isolierte Überprüfung des Rechtsfolgenausspruchs ist **grundsätzlich wirksam,**[86] soweit nicht ausnahmsweise untrennbare Verknüpfungen mit dem Schuldspruch oder anderen Teilen des Rechtsfolgenausspruches bestehen. Das ist etwa dann der Fall, wenn schon unklar bleibt, ob sich der Angeklagte überhaupt strafbar gemacht hat.[87] Dem Rechtsmittelführer kommt hier eine **weitreichende Dispositionsbefugnis** zu, die das Rechtsmittelgericht zu beachten hat. Die in der Trennbarkeitsformel dargelegten Grundsätze erlangen hier besondere Bedeutung. Die Statthaftigkeit der Beschränkung auf bestimmte Teile des Rechtsfolgenausspruchs beurteilt sich vor allem danach, in welchem Umfang der in Rede stehende Teil der Rechtsfolgenentscheidung mit anderen Rechtsfolgeentscheidungen eine aufeinander abgestimmte Einheit bildet oder mit anderen Entscheidungsteilen in **Wechselwirkung** steht.

40 **aa) Anfechtung des Rechtsfolgenausspruches insgesamt.** Die Beschränkung ist daher **unwirksam,** wenn zwischen den Erörterungen zur Schuld- und Rechtsfolgenfrage eine so enge Verbindung besteht, dass eine getrennte Überprüfung des angefochtenen Urteils nicht möglich wäre, ohne dass der nicht angefochtene Teil mitberührt würde.[88] Eine solche **untrennbare Verknüpfung** besteht etwa dann, wenn die Schuldfähigkeit des Angeklagten zweifelhaft ist und daher einer erneuten Prüfung bedarf.[89] Einer isolierten Überprüfung des Strafausspruches stehen weiterhin **doppelrelevante Tatsachen,** die sowohl für den Schuld-, aber auch für den Strafausspruch von Bedeutung sind, entgegen, wenn der Rechtsmittelangriff die doppelrelevante Tatsache erfasst.[90] Eine Doppelrelevanz wird nicht nur für äußere Tatmodalitäten wie etwa für die in § 243 Abs. 1 S. 2 Nr. 1, 2 und 4 StGB aufgeführten Regelbeispiele[91] – nicht jedoch bei § 243 Abs. 1 S. 2 Nr. 3 StGB, da dessen Tatsachenbasis nicht zum Unterbau des Schuldspruchs gehört (→ § 318 Rn. 11) – angenommen. Die Doppelrelevanz erfasst vielmehr alle Teile der Sachverhaltsdarstellung, die das Tatgeschehen im Sinne eines geschichtlichen Vorgangs näher beschreiben,[92] womit von der Bindungswirkung auch die Feststellung der Ziele und Beweggründe des Täters betroffen sind, sofern sie für den Schuldspruch von Bedeutung sind.[93] Auch bei festgestellten Schadenshöhen handelt es sich um doppelrelevante

---

[84] BGH 21.11.2002 – 3 StR 296/02, NStZ 2003, 264; 17.10.1995 – 1 StR 372/94, NStZ 1996, 203; 21.8.2003 – 3 StR 234/03, NStZ-RR 2004, 321 (323) bei Becker; BGH 25.2.2015 – 4 StR 516/14, NStZ-RR 2015, 174; dazu kritisch Grünwald JR 1979, 300 (302).
[85] Dazu auch Hamm Rn. 147.
[86] So bereits BGH 24.7.1963 – 4 StR 168/63, BGHSt 19, 46 (48) = NJW 1963, 1987; 5.11.1984 – AnwSt (R) 11/84, BGHSt 33, 59 = NJW 1985, 1089.
[87] BGH 26.7.2012 – 1 StR 492/11, bei Cierniak/Niehaus NStZ-RR 2015, 195 (196).
[88] BGH 5.11.1984 – AnwSt (R) 11/84, BGHSt 33, 59 = NJW 1985, 1089; 10.1.2001 – 2 StR 500/00, BGHSt 46, 257 (259) = NJW 2001, 1435.
[89] BGH 10.1.2001 – 2 StR 500/00, BGHSt 46, 257 (259) = NJW 2001, 1435; 20.9.2002 – 2 StR 335/02, NStZ-RR 2003, 18; Gericke in KK-StPO Rn. 10; Wiedner in BeckOK StPO Rn. 18.
[90] BayObLG 18.2.1988 – RReg. 1 St 309/87, BayObLGSt 1988, 17; KG 4.4.2012 – (1) 1 Ss 377/11 (8/11), NStZ-RR 2013, 220 = BeckRS 2013, 07294; Altmann JuS 2008, 790 (793).
[91] BGH 21.10.1980 – 1 StR 262/80, BGHSt 29, 359 (360 ff.) = NJW 1981, 589.
[92] BGH 17.12.1971 – 2 StR 522/71, BGHSt 24, 274 (275) = NJW 1972, 548; 30.8.1978 – 2 StR 323/78, BGHSt 28, 119 (121) = NJW 1979, 54; 14.1.1982 – 4 StR 642/81, BGHSt 30, 340 (342) = NJW 1982, 1295.
[93] KG 4.4.2012 – (1) 1 Ss 377/11 (8/11), NStZ-RR 2013, 220 = BeckRS 2013, 07294 mwN; Momsen in Satzger/Schluckebier/Widmaier StPO Rn. 8.

Tatsachen.⁹⁴ Darüber hinaus können doppelrelevante Tatsachen im Zusammenhang mit der isolierten Anfechtung von Maßregeln Bedeutung erlangen, wenn Straf- und Maßregelausspruch auf denselben Feststellungen basieren, wie etwa beim Entzug der Fahrerlaubnis.⁹⁵

Ferner ist eine Beschränkung bezogen auf den Rechtsfolgenausspruch **ausgeschlossen,** **41** wenn die tragenden Feststellungen in Art und Umfang keine ausreichende Grundlage für die Prüfung bieten. Das ist dann der Fall, wenn die **Feststellungen so dürftig, widersprüchlich oder lückenhaft** sind, dass sie den objektiven Unrechts- oder persönlichen Schuldgehalt der Tat nicht einmal in groben Zügen erkennen lassen und damit dem Rechtmittelgericht eine sachgerechte Überprüfung der Strafzumessung unmöglich ist,⁹⁶ so etwa auch, wenn das Berufungsgericht trotz unbeschränkt eingelegter Berufung keinen eigenen Schuldspruch mit den zugehörigen Feststellungen getroffen hat.⁹⁷ Die Beschränkung ist nach der derzeit wohl noch hA insbesondere⁹⁸ dann unstatthaft, wenn etwa bei einer Verurteilung nach §§ 315c, 316 StGB oder § 21 StVG Feststellungen zu den Gesamtumständen der Tat fehlen.⁹⁹ Gleichwohl ist eine Beschränkung nicht schon deshalb ausgeschlossen, weil das Erstgericht geltendes Recht falsch angewendet hat; womit die falsche Beurteilung lediglich des Konkurrenzverhältnisses einer isolierten Anfechtung des Rechtsfolgenausspruches nicht entgegensteht.¹⁰⁰

Bei einer zu Lasten des Angeklagten eingelegten Revision der StA, die auf den Rechts- **42** folgenausspruch beschränkt sein soll, ist die Beschränkung jedoch unwirksam, wenn der Revisionsangriff sich auch auf den Schuldspruch bezieht und sich insoweit zugunsten des Angeklagten auswirkt.¹⁰¹

bb) Anfechtung innerhalb des Rechtsfolgenausspruches. Grundsätzlich ist es **43** möglich, lediglich **einzelne Teile des Strafausspruches** anzugreifen, **soweit** diese selbständig sind und nachrangige Entscheidungsteile nicht sachlogisch auf diesen aufbauen. Eine Beschränkung ist daher möglich auf den Strafausspruch hinsichtlich einzelner Taten zusammen mit dem Gesamtstrafenausspruch,¹⁰² wie auch isoliert in Bezug auf die Bemessung der Gesamtstrafe.¹⁰³ Die isolierte Anfechtung des Gesamtstrafenausspruchs kann auch unter gleichzeitiger Aufrechterhaltung einer aufgrund charakterlicher Mängel des Angeklagten erfolgten Anordnung der isolierten Sperrfrist nach § 69a StGB erfolgen, wenn sich ausnahmsweise die Entscheidung über die Maßregel unabhängig von den Gesamtstrafenerwägungen beurteilen lässt, es zB ausschließlich um die rechtliche Zulässigkeit der Gesamtstrafenbildung auf dem Boden der getroffenen oder verwerteten Feststellungen des angefochtenen Urteils geht.¹⁰⁴

---

[94] BGH 24.4.1981 – 1 StR 688/80, NStZ 1981, 448; 22.6.2016 – 4 StR 121/16, BeckRS 2016, 12770.
[95] Altmann JuS 2008, 790 (793).
[96] OLG Hamm 1.2.1968 – 2 Ss 1944/67, NJW 1968, 998 (999); BGH 21.8.2003 – 3 StR 234/03, NStZ-RR 2004, 321 (323) bei Becker; OLG Köln 22.7.2005 – 82 Ss 6/05, NStZ-RR 2005, 378; Temming in Gercke/Julius/Temming/Zöller Rn. 5; Gericke in KK-StPO Rn. 10.
[97] Dies gilt auch, wenn es zu Unrecht von einer wirksamen Beschränkung der Berufung auf den Rechtsfolgenausspruch ausgegangen ist, vgl. BGH 26.9.2019 – 5 StR 206/19, NJW 2020, 253.
[98] Umfangreiche Beispiele aus der Rechtsprechung liefert Franke in Löwe/Rosenberg Rn. 26; Schmitt in Meyer-Goßner/Schmitt § 318 Rn. 17.
[99] BayObLG 25.11.1996 – 1 St RR 189/96, NStZ 1997, 359; OLG München 18.2.2008 – 4 St RR 202/07, StraFo 2008, 210; 8.6.2012 – 4 StRR 97/12, NZV 2014, 51; dagegen OLG Koblenz 18.3.2013 – 2 Ss 150/12, NZV 2013, 411, mzustAnm Sandherr. Das OLG Nürnberg hat die Rechtsfrage dem BGH mittlerweile zur Entscheidung vorgelegt, OLG Nürnberg 21.10.2015 – 1 OLG 2 Ss 182/15, NStZ 2016, 497.
[100] BGH 14.5.1996 – 1 StR 149/96, NStZ-RR 1996, 267; OLG Hamm 24.1.2008 – 2 Ss 4/08, StraFo 2008, 247; Wiedner in BeckOK StPO Rn. 19.
[101] BGH 22.1.2014 – 5 StR 468/12, BeckRS 2014, 03755; Wiedner in BeckOK StPO Rn. 19.
[102] So etwa in BGH 3.12.2007 – 5 StR 504/07, NStZ 2009, 27; Wiedner in Graf Rn. 21.
[103] BGH 3.6.1971 – 1 StR 189/71, BGHSt 24, 164 (165) = NJW 1971, 1415; BGH 8.9.1999 – 3 StR 285/99, NStZ-RR 2000, 13; OLG Frankfurt a. M. 2.6.2014 – 3 Ss 68/14, NStZ-RR 2014, 220 (221).
[104] OLG Frankfurt a. M. 2.6.2014 – 3 Ss 68/14, NStZ-RR 2014, 220 (221); eine Wechselwirkung in dieser Konstellation indes bejahend, OLG Nürnberg 24.1.2007 – 2 St OLG Ss 280/06, StraFo 2007, 339.

44 Bei einer verhängten **Geldstrafe** ist grundsätzlich sowohl die isolierte Anfechtung der Anzahl der Tagessätze als auch der Tagessatzhöhe zulässig.[105] Die Anfechtung kann nach hM sogar auf die Entscheidung über Zahlungserleichterungen gem. § 42 StGB beschränkt werden.[106] Ein selbständiger Angriff einer neben Freiheitsstrafe verhängten Geldstrafe ist ausnahmsweise dann wirksam, wenn lediglich geltend gemacht wird, dass die Geldstrafe unzulässig war, grundsätzlich ist jedoch eine Beschränkung nicht wirksam.[107]

45 Bei einer **Freiheitsstrafe** sind die Nichtanrechnung bzw. Anrechnung von Untersuchungshaft oder einer anderen Freiheitsentziehung gem. § 51[108] sowie grds. auch die unterbliebene Entscheidung über eine Kompensation aufgrund einer überlangen Verfahrensdauer[109] isoliert anfechtbar; eine Ausnahme gilt jedoch dann, wenn die Kompensationsentscheidung derart mit den Feststellungen zur Schuld verknüpft ist, dass sich Schuld- und Strafausspruch nicht trennen lassen.[110] Grundsätzlich kann auch die **Strafaussetzung zur Bewährung** selbstständig angegriffen werden.[111] Die Beschränkung ist jedoch dann nicht zulässig, wenn die Aussetzungsfrage so eng mit der Straffrage verbunden ist, dass eine untrennbare Wechselwirkung zwischen der Aussetzungs- und der Straffrage besteht, was namentlich dann der Fall ist, wenn bestimmte Feststellungen – etwa zu Vorstrafen – doppelrelevant sind und sich der Rechtsmittelführer nach dem erkennbaren Sinn und Ziel seines Rechtsmittels gegen diese Feststellungen wendet.[112] Deshalb können auch die Entscheidung über die **Anordnung einer Maßregel nach § 64 StGB** und die Strafaussetzungsentscheidung regelmäßig nicht getrennt voneinander beurteilt werden.[113] Denn die nach § 64 S. 1 StGB zu stellende Gefährlichkeitsprognose und die Sozialprognose nach § 56 Abs. 1 StGB beruhen auf zumindest teilidentischen Erwägungen, womit diese Feststellungen doppelrelevant sind und einer selbstständigen Beurteilung der angegriffenen Entscheidung über die Versagung der Strafaussetzung entgegenstehen.[114] Schließlich kann die Revision auch isoliert auf die erfolgte oder fehlende[115] Feststellung der **besonderen Schwere der Schuld gem. § 57a Abs. 1 S. 1 Nr. 2 StGB** beschränkt werden.[116] Das gilt auch dann, wenn aufgrund der getroffenen Feststellungen die Bejahung eines weiteren Mordmerkmals in Betracht kommt.[117]

46 Aufgrund der Zweispurigkeit des Sanktionensystems sind Strafen von den an die Gefährlichkeit des Täters anknüpfenden **Maßregeln der Besserung und Sicherung** zu unterscheiden; auf theoretischer Ebene sind beide Sanktionsarten deshalb auch voneinander

---

[105] BGH 10.1.1989 – 1 StR 682/88, NStZ 1989, 178; Frisch in SK-StPO Rn. 19; zu möglichen Wechselwirkungen jedoch jüngst OLG Jena 29.1.2015 – 1 Ss 124/14, NStZ-RR 2015, 181 (181 f.).
[106] Franke in Löwe/Rosenberg Rn. 32; aM Wiedner in BeckOK StPO Rn. 22.
[107] Franke Rn. 33; Frisch in SK-StPO Rn. 19.
[108] BGH 25.1.1955 – 3 StR 552/54, BGHSt 7, 214 = NJW 1955, 557; 23.2.1999 – 4 StR 49/99, NStZ 1999, 347; Wiedner in BeckOK StPO Rn. 21.
[109] BGH 21.12.2010 – 2 StR 563/10, BeckRS 2011, 02144; 23.10.2013 – 2 StR 392/13, NStZ-RR 2014, 21; 6.8.2014 – 2 StR 60/14, NStZ 2014, 635 mAnm Langenhahn; Schmitt in Meyer-Goßner/Schmitt § 318 Rn. 30b.
[110] BGH 6.8.2014 – 2 StR 60/14, NStZ 2014, 635 mAnm Langenhahn.
[111] BGH 26.6.1958 – 4 StR 145/58, BGHSt 11, 393 (395) = NJW 1958, 1307 (1308); 26.4.2007 – 4 StR 557/06, NStZ-RR 2007, 232 (233); ausführlich dazu Franke in Löwe/Rosenberg Rn. 40; aA Hamm Rn. 153.
[112] OLG Hamm 17.6.2014 – 2 RVs 17/14, BeckRS 2014, 16233; KG 29.7.2015 – (3) 121 Ss 66/15 (43/15), BeckRS 2015, 16044; OLG Brandenburg 20.2.2023 – 1 OLG 53 Ss 119/22, BeckRS 2023, 3228.
[113] Umgekehrt gilt: Ist auch der Schuldspruch mit angefochten, ist bei einer erklärten Rechtsmittelbeschränkung nicht wirksam auf die Anfechtung der Unterbringung gem. § 64 StGB verzichtet worden, da die Feststellung einer Symptomtat unerlässliche Voraussetzung der Maßregelanordnung ist, vgl. BGH 1.3.2023 – 2 StR 44/23, BeckRS 2023, 7819.
[114] BGH 27.4.1994 – 2 StR 89/94, NStZ 1994, 449; 16.2.2012 – 2 StR 29/12, NStZ-RR 2012, 20; OLG Hamm 11.9.2014 – 3 RVs 65/14, BeckRS 2014, 19564.
[115] Bei tatrichterlicher Ablehnung der besonderen Schuldschwere BGH 27.6.2012 – 2 StR 103/12, NStZ-RR 2012, 339.
[116] BGH 22.4.1993 – 4 StR 153/93, BGHSt 39, 208 = NJW 1993, 1999; ausführlich Frisch in SK-StPO Rn. 28.
[117] BGH 2.3.1995 – 1 StR 595/94, BGHSt 41, 57 (59) = NJW 1995, 2365 (23365 f.).

unabhängig. Daran anknüpfend geht die hM grundsätzlich von einer isolierten Anfechtungsmöglichkeit der Maßregeln aus.[118] Allerdings ist zu beachten, dass im Falle der gemeinsamen Verhängung von Strafen und Anordnung von Maßregeln regelmäßig ein **„Sanktionenverbund"** besteht. Für die Rechtsmittelbeschränkung gilt damit der Grundsatz, dass eine isolierte Anfechtung ausgeschlossen ist, wenn Strafe und Maßregeln im Einzelfall aufeinander abgestimmt sind; dann wird regelmäßig auch eine Wechselwirkung zwischen der ausgesprochenen Strafe und der angeordneten Maßregel vorliegen (→ § 318 Rn. 70).[119]

Bei der Unterbringung in einem psychiatrischen Krankenhaus und der Anordnung der 47 Sicherungsverwahrung gilt es einige besondere Konstellationen im Blick zu haben. Ist der Angeklagte freigesprochen worden und hat das Gericht nicht auch die **Unterbringung gem. § 63 StGB** angeordnet, geht die hM davon aus, dass die StA, die die Anordnung der Unterbringung erstrebt, die Revision auf die Nichtanwendung der Unterbringung beschränken kann.[120] Im Schrifttum wird teilweise die Auffassung vertreten, dass eine Trennbarkeit von Schuldfrage und Überprüfung des Maßregelausspruchs in dieser Konstellation grundsätzlich zu verneinen ist.[121] Diese Ansicht kann letztlich aber nicht überzeugen. Denn wenn selbst die StA die schuldausschließenden Umstände, die zum Freispruch geführt haben, nicht in Frage stellt, sondern vielmehr die Überprüfung auf spezifische Auslegungsprobleme der Unterbringungsanordnung beschränkt, besteht auch keine Gefahr, dass es bei Aufhebung und Zurückverweisung zu Widersprüchen kommen könnte.[122] Vielmehr kommt es in jedem Einzelfall darauf an, ob die Entscheidung über die Maßregelanordnung in untrennbarem Zusammenhang mit den Feststellungen zur Anlasstat steht.[123] Ist dies der Fall, ist eine Revisionsbeschränkung auf die Nichtanordnung der Unterbringung ausgeschlossen.[124]

Nichts anderes gilt, wenn der Angeklagte im Fall von verminderter Schuldfähigkeit 48 verurteilt worden ist und die StA die Nichtanordnung der Unterbringung nach § 63 StGB anficht. Die Beschränkung auf die Nichtanordnung der Unterbringung ist auch in dieser Konstellation grds. zulässig,[125] sofern keine untrennbare Wechselwirkung zum Strafausspruch besteht.

Diskussionsbedarf birgt hingegen die Konstellation des wegen Schuldunfähigkeit freige- 49 sprochenen Angeklagten, der die Revision isoliert gegen die angeordnete Unterbringung nach § 63 StGB richtet. Die hM geht grds. von der Zulässigkeit der isolierten Anfechtung aus und begründet dies mit der fehlenden Anfechtungsmöglichkeit des Freispruchs mangels Beschwer.[126] Grundsätzlich kann die Revision auch auf die **Anordnung**[127] sowie die **Bestimmung der Dauer des Vorwegvollzuges** beschränkt werden.[128] Mit der Einführung des **§ 358 Abs. 2 S. 2**[129] besteht nach Aufhebung und Zurückverweisung allerdings

---

[118] BGH 20.12.2012 – 3 StR 377/12, bei Cierniak/Niehaus NStZ-RR 2015, 195 (196); Dahs Strafprozessrevision Rn. 78; Temming in Gercke/Julius/Temming/Zöller Rn. 5; ausführlich dazu Franke in Löwe/Rosenberg Rn. 50 ff.
[119] Momsen in Satzger/Schluckebier/Widmaier StPO Rn. 7 mwN.
[120] BGH 7.10.1992 – 2 StR 374/92, BGHSt 38, 362 = NStZ 1993, 97; Dahs Strafprozessrevision Rn. 78; Frisch in SK-StPO Rn. 21.
[121] Franke in Löwe/Rosenberg Rn. 52; dazu auch Grünwald S. 203 ff.; in diese Richtung auch Wiedner in BeckOK StPO Rn. 24a, der davon ausgeht, dass häufig ein innerer Zusammenhang mit dem Strafausspruch besteht, sodass dieser als mitangegriffen gelten muss.
[122] Dazu ausführlich Frisch in SK-StPO Rn. 21.
[123] BGH 2.8.2016 – 2 StR 195/16, BeckRS 2016, 16021.
[124] In diesem Sinne auch Wiedner in BeckOK StPO Rn. 24a; Gericke in KK-StPO Rn. 12.
[125] BGH 10.1.1961 – 1 StR 517/60, BGHSt 15, 279 (285) = NJW 1961, 977; mit ausführlicher Begründung Frisch in SK-StPO Rn. 22.
[126] BGH 18.9.1991 – 2 StR 288/91, BGHSt 38, 66 (67) = NJW 1992, 516; 12.12.2000 – 4 StR 464/00, BGHSt 46, 225 = NStZ 2001, 313 (314); 21.11.2001 – 3 StR 423/01, NStZ 2002, 197 (198).
[127] Vgl. dazu BGH 17.1.2023 – 5 StR 516/22, BeckRS 2023, 10863.
[128] Zum Fall der ausnahmsweisen Unzulässigkeit, BGH 17.6.2012 – 4 StR 223/12, bei Cierniak/Niehaus NStZ-RR 2015, 195 (196).
[129] Eingeführt durch das Gesetz zur Sicherung der Unterbringung in einem psychiatrischen Krankenhaus und in einer Entziehungsanstalt (PsyKrhUntSBG) vom 16.7.2007, BGBl. I 1327.

die Möglichkeit, in einer neuen Hauptverhandlung an Stelle der Unterbringung in einem psychiatrischen Krankenhaus den Täter schuldig zu sprechen und zu einer Strafe zu verurteilen. Da in solch einem Fall die dann zuständige Kammer des Landgerichts insgesamt neu zu entscheiden hat, gehen Teile des Schrifttums davon aus, dass die Wirksamkeit der Beschränkung regelmäßig zu verneinen sei.[130] In diesem Zusammenhang hat der 3. Strafsenat des BGH mittlerweile entschieden, dass mit Blick auf § 358 Abs. 2 S. 2 StPO auch der Freispruch aufzuheben ist, wenn die gegen den wegen Schuldunfähigkeit freigesprochenen Angeklagten angeordnete Maßregel der Unterbringung nach § 63 StGB auf dessen hiergegen gerichtete Revision hin aufzuheben ist.[131] Die Aufhebung (auch) des Freispruchs entspreche dem Ziel des Gesetzgebers zu vermeiden, dass nach einer erfolgreichen Revision eines Angeklagten gegen die alleinige Anordnung der Unterbringung in einem psychiatrischen Krankenhaus wegen angenommener Schuldunfähigkeit gemäß § 20 StGB die Tat ohne strafrechtliche Sanktion bleibt, wenn sich in der neuen Hauptverhandlung herausstellt, dass der Angeklagte bei Begehung der Tat schuldfähig war. Der Argumentation des Senats lässt sich zwar nicht entnehmen, dass die Beschränkung auf die Anordnung der Maßregel deshalb grds. ausgeschlossen wird; dies entspricht auch der gesetzlichen Systematik, weil § 358 Abs. 2 S. 2 schließlich auch keine normative Einschränkung der Rechtsmittelbefugnis des Angeklagten enthält. Indem sich das Revisionsgericht jedoch über den vom Angeklagten getroffenen Umfang der Revision hinwegsetzt und auch den Freispruch aufhebt, **wird die Beschränkung in diesen Fallkonstellationen aber zumindest gegenstandslos** (→ § 358 Rn. 35 ff.).[132] In solchen Fallkonstellationen muss sich der Verteidiger des Risikos, den Freispruch am Ende zu riskieren, bewusst sein und gründlich erwägen, von der Revisionseinlegung Abstand zu nehmen.

50   Im Hinblick auf § 358 Abs. 2 ist auch umstritten, ob sich die Beschränkung der Revision auch auf die **Ausklammerung der Nichtanordnung der Maßregel** beziehen und die **Anfechtung allein gegen den Strafausspruch** richten kann. Es geht damit um Konstellationen, in denen der Angeklagte verhindern möchte, dass es im Laufe des Verfahrens doch noch zu einer Anordnung der Unterbringung kommt. Teilweise wird davon ausgegangen, dass die Nichtanordnung der Maßregel durch die Änderung des § 358 Abs. 2 nicht vom Revisionsangriff ausgenommen werden könne, da es bei derartigen Anordnungen um Interessen gehe, die der Disposition des Angeklagten entzogen seien.[133] Zudem folge aus dem neuen § 358 Abs. 2 S. 2 im Umkehrschluss, dass der Angeklagte auch dann untergebracht werden dürfe, wenn er bei Verurteilung zu Strafe seine Nichtunterbringung vom Rechtsmittelangriff ausnehmen will.[134] Die hM geht trotz des § 358 Abs. 2 S. 3 (früher § 358 Abs. 2 S. 2), wonach das Verbot der Schlechterstellung nicht der Anordnung der Unterbringung in einem psychiatrischen Krankenhaus oder einer Entziehungsanstalt durch das neue Tatgericht entgegensteht, von der grundsätzlichen Zulässigkeit der Herausnahme der Nichtanordnung von Maßregeln nach §§ 63, 64 StGB aus.[135] Dieser Ansicht ist zuzuge-

---

[130] Franke in Löwe/Rosenberg Rn. 52a.
[131] BGH 24.10.2013 – 3 StR 349/13, BeckRS 2013, 21437; 26.7.2016 – 3 StR 211/16, BeckRS 2016, 15661.
[132] Nach Auffassung Frisch in SK-StPO Rn. 24 spreche dies jedoch nicht gegen die generelle Unwirksamkeit der auf die Anordnung oder Nichtanordnung der Unterbringung nach § 63 StGB beschränkten Anfechtung.
[133] Meyer-Goßner FS Volk, 2009, 455 (467 f.); unter Verweis auf die fehlende Dispositionsbefugnis Schmitt in Meyer-Goßner/Schmitt § 331 Rn. 22; dazu ausführlich Schöch in LK-StGB StGB Vor § 61 Rn. 136.
[134] Schmitt in Meyer-Goßner/Schmitt § 358 Rn. 12; Rieß FS Eisenberg, 2009, 569 (578 dort Rn. 57).
[135] BGH 7.10.1992 – 2 StR 374/92, BGHSt 38, 362 = NJW 1993, 477; ausdrücklich offengelassen in BGH 20.9.2002 – 2 StR 335/02, NStZ-RR 2003, 18. Dafür implizit auch BGH 19.2.2008 – 4 StR 36/08, NStZ 2008, 392 (393); so wohl auch BGH 26.11.2012 – 5 StR 548/12, abgedruckt bei Cierniak/Niehaus NStZ-RR 2015, 195 (196); Kretschmer StV 2010, 161 (164 f.); Schlothauer/Weider/Nobis Untersuchungshaft Rn. 41; ausführlich Dencker FS Mehle, 2009, 143 ff.; Hamm Rn. 152; Böllinger/Pollähne in NK-StGB StGB § 63 Rn. 131; differenziert van Gemmeren in MüKoStGB StGB § 63 Rn. 110; aA OLG Braunschweig 14.9.2010 – Ws 214/09 (für § 63 StGB im Berufungsverfahren), NJW-Spezial 2010, 697.

ben, dass § 358 Abs. 2 lediglich eine **Ausnahme vom Verschlechterungsverbot** bewirkt und nicht unmittelbar auf eine Erweiterung der revisionsgerichtlichen Prüfungskompetenz abzielt. Eine solche Beschränkung soll nach den Befürwortern dieser Möglichkeit erst ausgeschlossen sein, wenn sich im Einzelfall aus den Urteilgründen oder der Strafhöhe entnehmen lässt, dass die Strafe von dem Unterbleiben der Anordnung einer Maßregel beeinflusst war.[136] Nach zutreffender Auffassung der Rechtsprechung ist die Ausnahme der Maßregelanordnung vom Rechtsmittelangriff aber in jedem Fall unwirksam, wenn sich der Angeklagte auch gegen den Schuldspruch wendet, weil Schuldspruch und Maßregelfrage mit Blick auf das Vorliegen einer für die Maßregel erforderlichen Symptomtat unauflösbar miteinander verbunden sind.[137]

Die grundsätzlich selben Erwägungen können auch im Hinblick auf die **Sicherungs-** 51 **verwahrung** (§ 66 StGB) fruchtbar gemacht werden. Insbesondere darf sich durch die stufenweise entstehende Gesamtentscheidung keine Wechselwirkung zur Schuldfrage ergeben. Die hM geht davon aus, dass sich die Entscheidung über die Anordnung bzw. Nichtanordnung grds. vom Schuldspruch trennen lässt.[138] Denn auch wenn die Staatsanwaltschaft das Urteil ausschließlich in Bezug auf die Nichtanordnung der Sicherungsverwahrung anficht und dabei die fehlerhafte Auslegung von Anordnungsvoraussetzungen des § 66 StGB rügt, handelt es sich dabei regelmäßig um solche Fragen, die unabhängig von den Feststellungen den Schuldspruch tragen.[139]

Darüber hinaus darf eine **isolierte Anfechtung** der Entscheidung über die Siche- 52 rungsverwahrung auch **nicht in Wechselwirkung** zum Strafausspruch geraten. Nach Auffassung des BGH besteht zwischen der Strafe und der Unterbringung in der Sicherungsverwahrung grundsätzlich keine Wechselwirkung;[140] vielmehr kommt es darauf an, ob im Einzelfall zwischen der Strafe und Entscheidung über die Sicherungsverwahrung ersichtlich ein untrennbarer Zusammenhang besteht.[141] So ist ein allein gegen die Nichtordnung der Sicherungsverwahrung gerichteter Revisionsangriff der StA dann zulässig, wenn im konkreten Einzelfall keine untrennbare Verbindung zum Strafausspruch besteht.[142] Das ist dann der Fall, wenn ausgeschlossen werden kann, dass die Strafe bei gleichzeitiger Anordnung der Sicherungsverwahrung milder ausgefallen wäre.[143] Eine Beschränkung der staatsanwaltschaftlichen Revision auf die Nichtanordnung der Sicherungsverwahrung ist aber dann nicht zulässig, wenn nach den Feststellungen auch das Vorliegen der Voraussetzungen des § 64 StGB naheliegt. In einem solchen Fall sind die in Betracht kommenden Maßregeln durch die gesetzliche Regelung des § 72 StGB rechtlich so eng miteinander verknüpft, dass nur eine einheitliche Entscheidung des Revisionsgerichts möglich ist.[144]

c) Beschränkung auf Prozessvoraussetzungen. Das Revisionsgericht ist zwar 53 von Amts wegen dazu verpflichtet, die Verfahrensvoraussetzungen zu prüfen (→ Rn. 64);

---

[136] BGH 7.10.1992 – 2 StR 374/92, BGHSt 28, 362 = NJW 1993, 477; BGH 2.11.2011 – 2 StR 251/11, StV 2012, 203 (203 f.), zu § 64 StGB; Wiedner in BeckOK StPO Rn. 25; Dencker FS Mehle, 2009, 143 ff.

[137] BGH 19.1.2010 – 4 StR 504/09, NStZ-RR 2010, 171; 24.9.2013 – 2 StR 397/13, NStZ-RR 2014, 58, zu § 64 StGB; kritisch Wiedner in BeckOK StPO Rn. 25.

[138] Zu diesem Grundsatz bereits BGH 21.9.1951 – 2 StR 415/51, BGHSt 1, 313 (314) = NJW 1951, 893; BGH 10.10.2006 –1 StR 284/06, NStZ 2007, 212 (213); 8.2.2012 – 2 StR 346/11, BeckRS 2012, 05228; 10.4.2013 – 2 StR 1/13, NStZ-RR 2014, 88; Schmitt in Meyer-Goßner/Schmitt § 318 Rn. 26; Gericke in KK-StPO Rn. 12; Frisch in SK-StPO Rn. 25 mwN; Wiedner in BeckOK StPO Rn. 24; differenzierter Franke in Löwe/Rosenberg Rn. 55.

[139] Ausführlich hierzu Frisch in SK-StPO Rn. 25.

[140] BGH 10.10.2006 – 1 StR 284/06, NStZ 2007, 212 mwN; Temming in Gercke/Julius/Temming/Zöller Rn. 5; Gericke in KK-StPO Rn. 12.

[141] BGH 27.1.1955 – 4 StR 594/54, BGHSt 7, 101 (103) = NJW 1955, 640; Franke in Löwe/Rosenberg Rn. 55 mwN.

[142] Wiedner in BeckOK StPO Rn. 25.

[143] Ausführlich Frisch in SK-StPO Rn. 26 f.

[144] BGH 10.4.2013 – 2 StR 1/13, NStZ-RR 2014, 88.

gleichwohl kann die Revision auch auf die Überprüfung von **Verfahrensvoraussetzungen** beschränkt werden, wenn sich die Frage losgelöst vom Schuld- und Strafausspruch beurteilen lässt.[145] Das ist für jede Verfahrensvoraussetzung besonders zu prüfen.[146] So wird eine beschränkte Anfechtbarkeit für die Frage des Strafklageverbrauches, die Einhaltung der Auslieferungsbedingungen und das Vorliegen eines Strafantrages für zulässig gehalten.[147] Dagegen kommt eine Beschränkung der Revision auf die **Verjährungsfrage** regelmäßig deshalb nicht in Betracht, weil die Länge der Verjährungsfrist von der angedrohten Rechtsfolge und damit von der richtigen tatbestandlichen Einordnung der Tat abhängt (dies gilt allerdings auch für den Strafklageverbrauch, weshalb man auch bei diesem richtigerweise zu differenzieren hat).[148] Eine Beschränkung ist hingegen ausnahmsweise zulässig, wenn für die Prüfung der Verjährung der Rückgriff auf die Schuldfrage nicht notwendig ist.[149] Ist die Beschränkung unzulässig, ist davon auszugehen, dass das Urteil sachlich-rechtlich in vollem Umfang zu prüfen ist.[150] Die (unzulässige) Rüge eines Prozesshindernisses wird mithin in eine allgemeine Sachrüge umgedeutet.

IV. Folgen der Revisionsbeschränkung

54   **1. Wirksame Revisionsbeschränkung.** Ist die Revisionsbeschränkung wirksam, erwachsen die nicht angefochtenen Teile des angegriffenen Urteils in Teilrechtskraft. Das betrifft zunächst Fälle der **vertikalen („echte") Teilrechtskraft,** wenn also dem angefochtenen Urteil mehrere Taten im prozessualen Sinne (§ 264) zu Grunde liegen und etwa nur einer von mehreren Angeklagten Revision einlegt oder ein Angeklagter mit der Revision nur eine von mehreren Taten im prozessualen Sinn anficht.[151] Wurde die Revision auf einzelne Taten beschränkt, erwachsen die nicht angefochtenen Taten mit Ablauf der Revisionsbegründungsfrist in Teilrechtskraft.[152] In diesem Umfang tritt **Verbrauch der Strafklage** ein und erzeugt damit ein **Prozesshindernis**.[153] Aber auch die Überprüfungs- und Aufhebungskompetenz des Revisionsgerichts wird gehemmt[154] (zur Ausnahme im Zusammenhang mit § 358 Abs. 2 S. 2, vgl. → Rn. 49 f.). Nach überwiegender Auffassung gilt dies aber auch, wenn es sich zwar sachlich-rechtlich um realkonkurrierende mehrere Taten (§ 53) handelt, aber prozessual Tatidentität gegeben ist.[155] In diesen Konstellationen ist auch dann Teilrechtskraft anzunehmen, wenn sich im Laufe des Revisionsverfahrens herausstellt, dass der in Rechtskraft erwachsene Teil einer rechtlichen Überprüfung nicht standhalten würde, seien die Mängel noch so gravierend.[156]

55   In den Fällen der **horizontalen Teilrechtskraft,** also der Anfechtung innerhalb desselben Prozessgegenstandes, wenn nur einzelne Bestandteile der Verurteilung bei einer einheitlichen Tat angefochten werden, handelt es sich indes nicht um Teilrechtskraft im formalen Sinn. Vielmehr bewirkt die Beschränkung hinsichtlich der nicht angefochtenen Urteilsteile lediglich **eine innerprozessuale Bindungswirkung** für das Rechtsmittelgericht,[157] die

---

[145]   Gericke in KK-StPO Rn. 24; Franke in Löwe/Rosenberg Rn. 17.
[146]   OLG Frankfurt a. M. 31.8.1981 – 2 Ws (B) 286/80 OWiG, NStZ 1982, 35; Franke in Löwe/Rosenberg Rn. 17; Hamm Rn. 146.
[147]   Franke in Löwe/Rosenberg Rn. 18; BGH 17.8.1951 – 4 StR 99/50, NJW 1951, 810 (811).
[148]   BGH 27.3.1952 – 5 StR 248/52, BGHSt 2, 385 (385 f.); Hamm Rn. 146.
[149]   OLG Frankfurt a. M. 31.8.1981 – 2 Ws (B) 286/80 OWiG, NStZ 1982, 35; OLG Celle 1.9.1994 – 3 Ss (OWi) 214/94, NZV 1995, 40.
[150]   Franke in Löwe/Rosenberg Rn. 18, 74 mwN.
[151]   Momsen in Satzger/Schluckebier/Widmaier StPO Rn. 6; Nagel in Radtke/Hohmann Rn. 6; Frisch in SK-StPO Rn. 30.
[152]   Frisch in SK-StPO Rn. 30.
[153]   Gericke in KK-StPO Rn. 14; Temming in Gercke/Julius/Temming/Zöller Rn. 6.
[154]   BGH 30.8.1978 – 2 StR 323/78, BGHSt 28, 119 (121) = NJW 1979, 54; Roxin/Schünemann StrafVerfR § 53 Rn. 18; Wiedner in BeckOK StPO Rn. 27.
[155]   Franke in Löwe/Rosenberg Rn. 66; Schmitt in Meyer-Goßner/Schmitt Rn. 7b; Momsen in Satzger/Schluckebier/Widmaier StPO Rn. 6.
[156]   Temming in Gercke/Julius/Temming/Zöller Rn. 5; Franke in Löwe/Rosenberg Rn. 66.
[157]   Wiedner in BeckOK StPO Rn. 27; Nagel in Radtke/Hohmann Rn. 6.

anders als die echte Rechtskraft weder zur Vollstreckbarkeit noch zu derselben Unabänderlichkeit wie die Vollrechtskraft führt.[158]

2. Unwirksame Revisionsbeschränkung. Auch eine ausdrückliche, aber unwirksame Beschränkung führt nicht zur Unzulässigkeit der Revision, sondern zu ihrer Behandlung als unbeschränkt,[159] wenn nicht die unzulässige Beschränkung in eine zulässige – engere – umgedeutet werden kann. Zweifellos kann in diesen Fällen die Revision dann aber an Begründungsmängeln scheitern.[160] Deshalb ist auch die bundesverfassungsgerichtliche Rechtsprechung zu beachten, wonach es im Revisionsverfahren aus Gründen der Fairness geboten sein kann, den Beschwerdeführer vorab auf die Rechtsauffassung des Senats hinzuweisen, und ihm so die Rücknahme seines Rechtsmittels zu ermöglichen.[161]

D. Revisionsbegründung (Abs. 2)

I. Allgemeines

Die Revisionsschrift muss neben den **Anträgen** auch eine **Begründung** enthalten. Nach Abs. 2 S. 1 muss angegeben werden, ob das Urteil wegen der Verletzung einer Rechtsnorm über das Verfahren – Verfahrensrüge – oder wegen Verletzung *anderer* Rechtsnormen – Sachrüge – angegriffen wird. Neben die Verfahrens- und der Sachrüge treten die Prozesshindernisse, zu denen in der Revisionsschrift jedoch nicht vorgetragen werden muss (dazu → Rn. 64).

Auf die Differenzierung zwischen Sach- und Verfahrensrüge kommt es entscheidend an, da an die **Erhebung einer Verfahrensrüge spezielle, besonders hohe Anforderungen** gestellt werden. Eine Rüge über die Verletzung von Verfahrensrecht genügt nämlich nur dann den gesetzlichen Anforderungen, wenn die Revisionsbegründung auch die den Mangel enthaltenden Tatsachen angibt, Abs. 2 S. 2 (dazu → Rn. 88 ff.). Bei der Sachrüge müssen diese Angaben nicht gemacht werden, es genügt, dass sie nur überhaupt, in allgemeiner Form, erhoben ist.[162] Damit ist der Satz, es werde (allgemein) die Verletzung sachlichen Rechts gerügt, ausreichend.[163]

II. Abgrenzung der Verfahrens- von der Sachrüge

Die unterschiedlichen Anforderungen an die Erhebung der Sachrüge einerseits und die Erhebung der Verfahrensrüge andererseits machen es erforderlich, beide Rügearten **streng voneinander abzugrenzen.** Angesichts der geringen Erfolgsquote der Verfahrensrügen (dazu → Vor § 333 Rn. 20 sowie → Rn. 96) ist die Frage, ob es sich um einen Rechtsfehler des materiellen oder formellen Rechts handelt (vgl. dazu ergänzend auch → § 337 Rn. 136), insbesondere für den Angeklagten nicht selten schicksalsentscheidend.[164] Die Behandlung als Sach- oder Verfahrensrüge kann aber nicht davon abhängen, wie der Revisionsführer seine Rüge bezeichnet. Auch ist nicht ausschlaggebend, ob die als verletzt angesehene Vorschrift in der StPO, im StGB oder in einem anderen Gesetz steht.[165] Maßgeblich ist vielmehr die „wirkliche rechtliche Bedeutung", wie sie dem Sinn und

---

[158] Ausführlich dazu Franke in Löwe/Rosenberg Rn. 66; Frisch in SK-StPO Rn. 30.
[159] BGH 4.2.2023 – 5 StR 34/23, BeckRS 2023, 3745, zu einem Fall, in dem auf der Grundlage der tatsächlichen Feststellungen zu dem nicht angefochtenen Schuldspruch überhaupt keine Strafe hätte verhängt werden dürfen.
[160] Gericke in KK-StPO Rn. 16.
[161] BVerfG 6.12.2008 – 2 BvR 1082/08, NJW Spezial 2009, 120; Schmitt in Meyer-Goßner/Schmitt Rn. 7c.
[162] Frisch in SK-StPO Rn. 35.
[163] Dahs Strafprozessrevision Rn. 86.
[164] Ausführlich zur Bedeutung der Abgrenzung Barton JuS 2007, 977 (977).
[165] Barton JuS 2007, 977 (978); Trück NStZ 2011, 202 (203); Momsen in Satzger/Schluckebier/Widmaier StPO Rn. 28.

Zweck des Vorbringens zu entnehmen ist.[166] Nach der tradierten wie eingängigen Formel wird mit der **Verfahrensrüge** – und damit unter Beachtung des strengeren Begründungsmaßstabs des Abs. 2 S. 2 – die Verletzung all jener Rechtssätze geltend macht, die den **prozessualen Weg bestimmen,** auf welchem der Richter zur Entscheidungsfindung berufen und gelangt ist.[167] Geht es dagegen um die rechtlich zutreffende **Anwendung des materiellen Rechts** auf den festgestellten Sachverhalt, ist die **Sachrüge** zu erheben.[168] Demnach ist die Verfahrensrüge einschlägig, wenn es um die Beanstandung geht, der Richter habe verfahrensrechtlich falsche Entscheidungen getroffen oder prozessual notwendige Handlungen nicht oder fehlerhaft vorgenommen; in allen anderen Fällen greift dagegen die Sachrüge.[169]

60 Auch Vorschriften des StGB oder des Grundgesetzes können daher zum Verfahrensrecht iSd Abs. 2 S. 2 gehören, soweit sie den Weg betreffen, auf dem der Richter zu seinem Urteil gelangt ist.[170] Die gesetzlichen Anforderungen an die Revisionsbegründung einer Verfahrensrüge gelten deshalb auch bei einer Rüge der Verletzung von Art. 6 Abs. 1 EMRK sowie Art. 2 Abs. 1 GG und Art. 20 Abs. 3 GG.[171] Auch ist eine **rechtsstaatswidrige Verfahrensverzögerung** mit der Verletzung von Art. 6 Abs. 1 EMRK mittlerweile im Wege der Verfahrensrüge zu rügen.[172] Die Sachrüge ist nach Auffassung der Rspr. aber dann ausreichend, wenn sich die Verfahrensverzögerung unmittelbar aus dem Urteil ergibt.[173] Mit der Sachrüge kann jedoch nicht die Nichterörterung von Umständen im Urteil beanstandet werden, die vom Revisionsführer für eine zulässige Verfahrensrüge hätten vorgetragen werden müssen.[174] Denn nach dem ungeschriebenen Rekonstruktionsverbot ist dem Revisionsgericht außerhalb der strengen Grenzen des § 274 die Hauptverhandlung hinsichtlich Form und Inhalt insoweit entzogen, als dass alleine der Inhalt des Urteils maßgeblich ist (ausführlich zum Rekonstruktionsverbot → Vor § 333 Rn. 56 ff.).

61 Die teilweise vorzufindende Handhabung der revisionsrechtlichen Geltendmachung der rechtsstaatswidrigen Verfahrensverzögerung als Sachrüge spiegelt die Tendenz wider, einen Rechtsverstoß unabhängig von dessen tatsächlicher Qualifizierung bereits dann als Sachrüge zu behandeln, wenn sich dessen Vorliegen aus dem Urteil selbst ergibt, während die Verfahrensrüge dann erforderlich ist, wenn es des darüber hinausgehenden Vortrags zum Verfahrensgeschehen bedarf (→ Einl. Rn. 264).[175] Neben der bereits erwähnten rechtsstaatswidrigen Verfahrensverzögerung kommt diese Praxis auch bei anderen Fallgruppen zum Tragen.[176] So sind ausgehend von der traditionellen Abgrenzungsformel die rechtsfeh-

---

[166] BGH 16.10.2006 – 1 StR 180/06, NStZ 2007, 115 (116); BGH bei Cierniak NStZ-RR 2009, 33 (36); Schmitt in Meyer-Goßner/Schmitt Rn. 10.
[167] BGH 24.3.1964 – 3 Str. 60/63, BGHSt 19, 273 (275) = NJW 1964, 1234 (1235); Jähnke FS Meyer-Goßner, 2001, 559; Lips JA 2006, 719 (719 f.); Barton JuS 2007, 977 (978); Gericke in KK-StPO § 337 Rn. 27.
[168] BGH 19.8.1993 – 4 StR 627/92, BGHSt 39, 291 (301) = NStZ 1993, 592 (494); Gericke in KK-StPO Rn. 25; Dahs Strafprozessrevision Rn. 537; Jähnke FS Meyer-Goßner, 2001, 599; Lips JA 2006, 719 (719 f.); Barton JuS 2007, 977 (978).
[169] Barton JuS 2007, 977 (978).
[170] BGH 24.3.1964 – 3 Str. 60/63, BGHSt 19, 273 (275) = NJW 1964, 1234 (1235); Gericke in KK-StPO Rn. 64.
[171] Jüngst erst wieder BGH 19.5.2015 – 1 StR 128/15, BGHSt 60, 238 (243 ff.) = NStZ 2015, 541 (543 f.) wobei sich der Senat ausführlich zu den Rügeanforderungen bei rechtsstaatswidriger Tatprovokation verhält.
[172] BGH 11.11.2004 – 5 StR 376/03, BGHSt 49, 342 (343 f.) = NStZ 2005, 223; OLG Brandenburg 24.3.2010 – (1) 53 Ss 42/10, StV 2012, 78 (79); BGH 10.10.2013 – 2 StR 329/13, NStZ-RR 2014, 21; Momsen in Satzger/Schluckebier/Widmaier StPO Rn. 28; Schmitt in Meyer-Goßner/Schmitt EMRK Art. 6 Rn. 9g; dazu auch Barton JuS 2007, 977 (981).
[173] BGH 11.11.2004 – 5 StR 376/03, BGHSt 49, 342 (343 f.) = NStZ 2005, 223; Schmitt in Meyer-Goßner/Schmitt EMRK Art. 6 Rn. 9g; Wiedner in BeckOK StPO Rn. 35; kritisch dazu bereits Jähnke FS Meyer-Goßner, 2001, 599 (563).
[174] Ausdrücklich in Bezug auf die Rüge rechtsstaatswidriger Verfahrensverzögerung, BGH 23.10.2013 – 2 StR 392/13, NStZ-RR 2014, 21.
[175] Jähnke FS Meyer-Goßner, 2001, 599 (560 ff.).
[176] Ausführlich zum Ganzen mit weiteren Beispielen Barton JuS 2007, 977 (981).

lerhafte Anwendung des **Richtervorbehalts bei Durchsuchung** (§ 105) und **Blutprobenentnahme** (§ 81a Abs. 2) und das aus einem Verstoß eventuell folgende Verwertungsverbot zwar unzweifelhaft mit der Verfahrensrüge geltend zu machen.[177] Schließlich geht es um die Verletzung von Rechtssätzen, die den prozessualen Weg bestimmen, auf welchem der Richter zur Entscheidungsfindung berufen und gelangt ist. Gleichwohl lässt sich in diesen Konstellationen bei einigen Gerichten die Tendenz erkennen, entsprechende Verstöße auch auf die Sachrüge hin zu überprüfen.[178]

Diese Entwicklung führt zwar mitunter dazu, dass der Revisionsführer von der Bürde des Abs. 2 S. 2 befreit wird und nicht an dessen strenge Begründungserfordernisse gebunden ist. Aufgrund der **uneinheitlichen Revisionsrechtsprechung** und den Zufälligkeiten dieser Praxis fehlt jedoch ein rechtssicherer Maßstab.[179] Um auf „Nummer sicher" zu gehen, sollte deshalb auch bei den diskutierten Fallkonstellationen stets eine Verfahrensrüge erhoben werden. Zu Recht wird darauf hingewiesen, dass die Berücksichtigung von Verfahrensmängeln unter der Sachrüge zur Anwendbarkeit von § 357 führt, der nur bei Aufhebung des Urteils aus Gründen des sachlichen Rechts gilt und es dem Revisionsgericht ermöglicht, die Urteilsaufhebung in diesem Fall auf nichtrevidierende Mitangeklagte zu erstrecken.[180] Bei Verfahrensrügen ist dies de lege lata nicht vorgesehen. 62

III. Bedingungsfeindlichkeit

Revisionsrügen können nach hM weder bedingt, noch hilfsweise oder unter Vorbehalt erhoben werden (zur Kritik → § 352 Rn. 23).[181] Daher darf eine Rüge weder an die Bedingung geknüpft werden, dass die Revisionsrügen des Gegners Erfolg haben[182] oder dass auch die StA gegen das Urteil mit der Revision vorgeht,[183] noch dass andere Rügen nicht durchgreifen.[184] Erfolgt die Erhebung einer Rüge dennoch unter einer Bedingung führt dies zur Unzulässigkeit der Rüge und das entsprechende Vorbringen ist einer inhaltlichen Überprüfung damit nicht zugänglich.[185] 63

IV. Beanstandung von Verfahrenshindernissen

Das Vorliegen von Verfahrenshindernissen (→ Einl. Rn. 352 ff.)[186] ist in **jeder Lage des Verfahrens von Amts wegen** zu prüfen. Diesen Grundsatz hat auch das Revisionsgericht zu beachten,[187] und er gilt auch dann, wenn das Urteil schon teilweise rechtskräftig ist, weil die Revision beschränkt eingelegt wurde.[188] Denn die durch die Beschränkung 64

---
[177] Dazu umfangreich Trück NStZ 2011, 202. (203 ff.).
[178] BGH 18.7.2007 – 5 StR 546/06, BGHSt 51, 285 (287 ff.) = NJW 2007, 2269 (2270); OLG Brandenburg 16.12.2008 – 2 Ss 69/08, BeckRS 2009, 05947.
[179] Kritisch dazu auch Roxin/Schünemann StrafVerfR § 55 Rn. 13.
[180] Jähnke FS Meyer-Goßner, 2001, 599 (569); Trück NStZ 2011, 202 (204).
[181] Momsen in Satzger/Schluckebier/Widmaier StPO Rn. 24; Franke in Löwe/Rosenberg Rn. 69; Hamm Rn. 220; Temming in Gercke/Julius/Temming/Zöller Rn. 6; Wiedner in BeckOK StPO Rn. 31; Frisch in SK-StPO Rn. 36; Nagel in Radtke/Hohmann Rn. 13.
[182] Franke in Löwe/Rosenberg Rn. 69, so bereits die Rspr. des RG RGSt 3, 490.
[183] BGH 30.9.2013 – 1 StR 487/13, NStZ 2014, 55.
[184] BGH 14.5.1962 – 5 StR 51/62, BGHSt 17, 253.
[185] Ausdrücklich für die hilfsweise erhobene Verfahrensrüge BGH 19.10.2005 – 1 StR 117/05, NStZ-RR 2006, 181 (182); 27.7.2006 – 1 StR 147/06, HRRS 2006 Nr. 765 Rn. 38; Frisch in SK-StPO Rn. 36; Schmitt in Meyer-Goßner/Schmitt Rn. 12.
[186] Eine übersichtliche Auflistung findet sich bei Dahs/Müssig in MAH Strafverteidigung § 12 Rn. 61 ff. Kein von Amts wegen zu prüfendes Verfahrenshindernis ist die willkürliche Zuständigkeitsbegründung, hier bedarf es einer entsprechenden Verfahrensrüge, BGH 22.4.1997 – 1 StR 701/96, BGHSt 43, 53 (56) = NJW 1997, 2689.
[187] BGH 13.5.1959 – 4 StR 122/59, BGHSt 13, 128 = NJW 1959, 1331; BayObLG 16.2.1966 – RReg. 1 b St 304/65, NJW 1966, 1376; 6.6.1967 – 5 StR 147/67, BGHSt 21, 242 (243) = NJW 1976, 1476; Temming in Gercke/Julius/Temming/Zöller Rn. 7; Gericke in KK-StPO Rn. 22.
[188] BGH 24.9.1954 – 2 StR 598/53, BGHSt 6, 305 ff. = NJW 1954, 1776; 26.6.1958 – 4 StR 145/58, BGHSt 11, 393 (395) = NJW 1958, 1307 (1308); 13.5.1959 – 4 StR 122/59, BGHSt 13, 128 = NJW 1959, 1331; Gericke in KK-StPO Rn. 23; Hamm Rn. 145.

eingetretene (horizontale oder vertikale) Teilrechtskraft des angefochtenen Urteils entbindet die Gerichte im Berufungs- und Revisionsverfahren nicht von der Prüfung und Berücksichtigung von Verfahrenshindernissen, die – wie bspw. ein fehlender Eröffnungsbeschluss – zu einem Befassungsverbot führen.[189]

65   Ohne dass insoweit eine formgerechte Rüge erforderlich ist,[190] hat das Revisionsgericht zu prüfen, ob alle Prozessvoraussetzungen erfüllt sind und keine Prozesshindernisse vorliegen. Hinsichtlich der Prozesshindernisse wird die Prüfpflicht des Revisionsgerichts bereits dann ausgelöst, wenn anderweitige Rügen im Hinblick auf Einlegung und Begründung insgesamt zur Zulässigkeit der Revision führen.[191] Eine **Ausnahme** gilt nur für den Fall, dass das Verfahrenshindernis erst nach dem Erlass des angefochtenen Urteils eingetreten ist.[192] Auch ist die Prüfung der Verfahrensvoraussetzungen nicht davon abhängig, ob eine Sachrüge erhoben ist, die das Revisionsgericht zu einer umfassenden Prüfung der Rechtsanwendung verpflichtet.[193] Ergibt die Prüfung ein Verfahrenshindernis, so ist das gesamte Verfahren einzustellen.[194] Etwas anderes gilt nur dann, wenn sich das eingetretene Hindernis auf einen rechtlich selbständigen Gegenstand der Verurteilung beschränkt, wie etwa eine Strafverfolgungsverjährung.[195] Mit der Einstellung des Verfahrens in der Rechtsmittelinstanz wird das davon betroffene vorausgegangene Urteil gegenstandslos, ohne dass es seiner Aufhebung bedarf.[196]

66   Obgleich eine ordnungsgemäße Revisionsbegründung nicht verlangt, dass der Revisionsführer auch zu Prozesshindernissen Ausführungen macht – Abs. 2 S. 2 gilt insoweit nicht – sollte auf eine schlüssige Darstellung derartiger Revisionsgründe nicht verzichtet werden.[197] Immerhin führt das Vorliegen eines Prozesshindernisses zur Einstellung des Verfahrens insgesamt und stellt damit den Maximalerfolg des Revidenten dar.

V. Auslegung der Revisionsbegründung

67   Als Prozesserklärung ist die Revisionsbegründung **auslegungsfähig.** Geht aus der Revisionsbegründung nicht eindeutig hervor, was genau der Revisionsführer an der Entscheidung beanstandet – sei es dahingehend, ob eine Verfahrens- oder Sachrüge erhoben oder welches Verfahrensgeschehen unter welchem Gesichtspunkt gerügt werden soll[198] – muss dessen wirklicher Wille mittels **Auslegung** ermittelt werden (zur Auslegung der Anträge bereits → Rn. 11 ff., 24 ff., sowie → § 352 Rn. 4, 16). Eine Auslegung ist jedoch nur möglich, sofern das Revisionsvorbringen die erforderliche Grundlage dafür bietet.[199] Der bloße Antrag auf Aufhebung und Zurückverweisung,[200] die Beschränkung der Revision auf bestimmte Beschwerdepunkte[201] oder die pauschale Bitte um Überprüfung „in rechtlicher Hinsicht" stellen offenkundig keine ausreichende Auslegungsgrundlage dar.[202]

---

[189] KG 16.3.2015 – (4) 161 Ss 20/15 (27/15), BeckRS 2015, 15921 Rn. 14.
[190] Dafür, dass auch Verfahrenshindernisse in der Form des Abs. 2 S. 2 geltend zu machen sind, Weiler FS Meyer-Goßner, 2001, 571 (576).
[191] Im Ergebnis auch → Einl. Rn. 399; Wiedner in BeckOK StPO Rn. 59; Dahs Strafprozessrevision Rn. 493.
[192] BGH 17.7.1968 – 3 StR 117/68, BGHSt 22, 213 (215 f.) = NJW 1968, 2253 (2253 f.).
[193] Gericke in KK-StPO Rn. 23; Nagel in Radtke/Hohmann Rn. 8; aA Temming in Gercke/Julius/Temming/Zöller Rn. 7: „Es bedarf daher stets zumindest der erhobenen Sachrüge."
[194] BGH 24.9.1954 – 2 StR 598/53, BGHSt 6, 305 ff. = NJW 1954, 1776 13.3.2014 – 2 StR 516/13, BeckRS 2014, 08317; OLG Bamberg 16.6.2016 – 3 OLG 8 Ss 54/16, StV 2016, 790 (Ls.); Nagel in Radtke/Hohmann Rn. 8; Rieß FS Eisenberg, 2009, 569 (578).
[195] Gericke in KK-StPO Rn. 23.
[196] OLG Köln 20.9.2016 – III-1 RVs 203/16, BeckRS 2016, 17246 Rn. 7.
[197] Gericke in KK-StPO Rn. 24: „ist von ihm zu erwarten"; dazu auch Dahs Strafprozessrevision Rn. 493; Schlothauer/Weider/Nobis Untersuchungshaft Rn. 44.
[198] Ausführlich hierzu Frisch in SK-StPO Rn. 37.
[199] Darauf ausdrücklich hinweisend OLG München 22.6.2009 – 5 St RR 88/09, NJW 2010, 1826 (1826).
[200] BGH 13.12.2005 – 3 StR 417/05, BeckRS 2006, 01077, BGH bei Becker NStZ-RR 2007, 289 (292); OLG Hamm 17.11.2016 – 1 RvS 85/16, BeckRS 2016, 112316.
[201] BGH 4.12.1979 – 5 StR 741/79, BGH bei Pfeiffer NStZ 1981, 295 (298).
[202] Dazu auch Schmitt in Meyer-Goßner/Schmitt Rn. 11; Nagel in Radtke/Hohmann Rn. 12; ähnlich auch OLG Bamberg. 27.5.2013 – 3 Ss OWi 596/13, NJOZ 2013, 1747; im Hinblick auf die Sachrüge kritisch Franke in Löwe/Rosenberg Rn. 73.

Auch bei Auslegung der Revisionsbegründung sind die **Grundsätze des § 300 ent- 68 sprechend heranzuziehen**.[203] Das bedeutet, dass das Revisionsgericht nicht am Wortlaut der Begründung haften darf, vielmehr hat es den Sinn des Vorbringens zu erforschen, wie er der Begründungsschrift verständigerweise entnommen werden kann.[204] Eine Auslegung kann zwar uU auch zum Nachteil des Revisionsführers führen,[205] primär gilt es jedoch, die Begründung so auszulegen, dass der mit der Revision erstrebte Erfolg möglichst auch erreicht wird.[206] Dies ist um so mehr zu beachten, wenn die Revisionsbegründung zu Protokoll der Geschäftsstelle erklärt wurde.[207]

Gegenstand der Auslegung ist der **gesamte Inhalt der Revisionsbegründungs- 69 schrift** ohne Beschränkung auf die Zuordnung zu bestimmten Einzelrügen;[208] auf andere Urkunden oder Erkenntnisquellen kann die Auslegung nicht gestützt werden.[209] Unerheblich ist daher eine vom Angeklagten selbst verfasste Anlage[210] oder die Beifügung einer Skizze, aus der die beabsichtige Revisionsbegründung hervorgeht.[211] Wegen der Selbstständigkeit der Rechtsmittel muss jede Revisionsbegründung aus sich selbst heraus interpretiert werden und es kann zur Auslegung nicht auf den Inhalt von Erklärungen anderer Rechtsmittelführer zurückgegriffen werden.[212]

Weil die Bezeichnung der Rüge als Sach- oder Verfahrensrüge ebenso wenig erforder- 70 lich ist[213] wie auch die konkrete Angabe der verletzten Rechtsvorschrift (§ 352 Abs. 2),[214] ist auch ein **Irrtum** des Revisionsführers in der Bezeichnung der Rüge oder Norm unschädlich – vorausgesetzt der Inhalt der Begründungsschrift lässt deutlich erkennen, welche Rüge gemeint ist.[215] Wesentlich ist vielmehr die wirkliche rechtliche Bedeutung, wie es dem Sinn und Zweck des Vorbringens zu entnehmen ist.[216] Im Umgang mit Irrtümern neigt die Rechtsprechung insgesamt eher zur Großzügigkeit.[217]

Aus alledem folgt, dass das Revisionsgericht eine Verfahrensrüge in eine andere auslegen 71 kann.[218] Rechtstatsächlich wird eine **Umdeutung** in dieser Konstellation jedoch regelmäßig **nur in Ausnahmefällen** vorkommen; zum einen weil die Verletzung einer anderen Vorschrift im Detail auch regelmäßig die Darstellungsanforderungen modifiziert bzw. erweitert (dazu auch → § 352 Rn. 16), zum anderen weil die Revisionsrechtsprechung strenge

---

[203] Dahs Strafprozessrevision Rn. 516; Schmitt in Meyer-Goßner/Schmitt Rn. 11; Nagel in Radtke/Hohmann Rn. 11.
[204] BGH 24.3.1964 – 3 StR 60/63, BGHSt 19, 273 (275) = NJW 1964, 1234 (1235); BGH 3.12.2014 – 4 StR 512/14, BeckRS 2015, 02135 Rn. 6; Schmitt in Meyer-Goßner/Schmitt Rn. 11; Franke in Löwe/Rosenberg Rn. 70.
[205] Dahs Strafprozessrevision Rn. 516; Momsen in Satzger/Schluckebier/Widmaier StPO Rn. 26; Schmitt in Meyer-Goßner/Schmitt Rn. 11.
[206] OLG München 22.6.2009 – 5 St RR 88/09, NJW 2010, 1826 (1827); Momsen in Satzger/Schluckebier/Widmaier StPO Rn. 27; Franke in Löwe/Rosenberg Rn. 70; Nagel in Radtke/Hohman Rn. 11.
[207] OLG Koblenz 19.9.1974 – 1 Ss 196/74, NJW 1975, 322; BayObLG 29.4.1996 – 3 ObOWi 49/96, NStZ-RR 1996, 312 (312); Schmitt in Meyer-Goßner/Schmitt Rn. 11.
[208] Dazu Dahs Strafprozessrevision Rn. 516.
[209] Temming in Gercke/Julius/Temming/Zöller Rn. 6; weiter indes Frisch in SK-StPO Rn. 39.
[210] BayObLG 29.4.1996 – 3 ObOWi 49/96, NStZ-RR 1996, 312 (312).
[211] Nagel in Radtke/Hohmann Rn. 11.
[212] Momsen in Satzger/Schluckebier/Widmaier StPO Rn. 26 f.; Schmitt in Meyer-Goßner/Schmitt Rn. 11; Frisch in SK-StPO Rn. 39.
[213] BGH 24.3.1964 – 3 StR 60/63, BGHSt 19, 273 (275) = NJW 1964, 1234 (1235); BGH 16.10.2006 – 1 StR 180/06, NJW 2007, 92 (96); Wiedner in BeckOK StPO Rn. 30; Franke in Löwe/Rosenberg Rn. 72.
[214] So die ständige Rspr. BGH 23.1.1951 – 1 StR 37/50, BGHSt 1, 29 (31); 19.6.1963 – 2 StR 179/63, BGHSt 19, 93 (94) = NJW 1963, 2084 (2084); BGH 17.11.1964 – 1 StR 442/64, BGHSt 20, 95 (98) = NJW 1965, 116 (117); Temming in Gercke/Julius/Temming/Zöller Rn. 6.
[215] Jüngst BGH 28.7.2016 – 3 StR 153/16, BeckRS 2016, 15658 = StV 2016, 772 (773).
[216] BGH 16.10.2006 – 1 StR 180/06, NJW 2007, 92 (95 f.); OLG München 22.6.2009 – 5 St RR 88/09, NJW 2010, 1826 (1827 mwN); Franke in Löwe/Rosenberg Rn. 72; Gericke in KK-StPO Rn. 20.
[217] Momsen in Satzger/Schluckebier/Widmaier StPO Rn. 27; Franke in Löwe/Rosenberg Rn. 72; mit umfangreicher Begründung Frisch in SK-StPO Rn. 43.
[218] So bspw. die Auslegung der erhobenen „Inbegriffsrüge" nach § 261 als Verfahrensrecht. Rüge d. Verletzung des § 265 Abs. 1, 2 bei OLG München 22.6.2009 – 5 St RR 88/09, NJW 2010, 1826 (1827).

Anforderungen an die Kenntlichmachung der Angriffsrichtung stellt (dazu → Rn. 106 ff.). Ausführungen, die im Rahmen der Sachrüge erhoben wurden, können ausnahmsweise als Verfahrensrüge behandelt werden, wenn sich aus der Revisionsbegründung deutlich ergibt, welche Rüge gemeint ist, sich alle für eine Verfahrensrüge erforderlichen Tatsachen iSv Abs. 2 S. 2 dem Rügevorbringen und den Urteilgründen entnehmen lassen[219] und die Rüge selbstverständlich vor Ablauf der Revisionsbegründungsfrist erhoben worden ist. Umgekehrt kann nach Auffassung der Rechtsprechung eine ausdrücklich als solche bezeichnete Verfahrensrüge als Sachrüge aufzufassen sein, wenn nach dem Inhalt der Rüge nicht zweifelhaft ist, dass auch sachlich-rechtliche Mängel des Urteils angegriffen werden sollen. So steht die Aufklärungsrüge einer Auslegung als Sachrüge nicht entgegen, wenn mit dem Beschwerdevorbringen beanstandet wird, dass die Urteilsgründe keine tragfähige Tatsachengrundlage für die Rechtsfolgenbemessung bilden.[220] In der Praxis werden die Senate des BGH einer solchen Umdeutung eher selten zuneigen.

72   Die **Grenze** einer zulässigen Auslegung ist der eindeutig erklärte Wille des Revisionsführers, sodass eine eindeutig erklärte, aber zum Scheitern verurteilte Rüge nicht in ein anderes, erfolgreiches Vorbringen umgedeutet werden kann.[221] Ungeachtet der so umgrenzten Auslegungskompetenz des Revisionsgerichts erübrigt sich der Hinweis, dass dem Revisionsführer daran gelegen sein sollte, die Revisionsbegründung so eindeutig wie möglich zu formulieren. Die Revisionsbegründung soll schließlich dazu dienen, das Revisionsgericht von den geltend gemachten Mängeln zu überzeugen und gibt damit dem Revisionsführer die Möglichkeit, das Revisionsgericht dabei „an die Hand zu nehmen". Die Auslegungsbedürftigkeit der Revisionsbegründung ist daher tunlichst zu vermeiden.

VI. Begründung der Sachrüge

73   **1. Bedeutung. a) Allgemein.** Die Sachrüge dient der Überprüfung, ob das sachliche Recht, wozu auch außerstrafrechtliche Normen, welche die strafrechtlichen Vorschriften konkretisieren, sowie das Verfassungsrecht zählen,[222] auf den vom Instanzgericht festgestellten Sachverhalt richtig angewendet worden ist.[223] In der Grundkonzeption geht es dabei um die **Überprüfung** der fehlerhaften Anwendung **des sachlichen Rechts** im Bereich des **Schuldspruchs**, der **Strafzumessung** und der sonstigen **Rechtsfolgen,** wohingegen die unrichtige Feststellung der Tatschen dem Grunde nach nicht mit der Sachrüge angreifbar ist.

74   **b) Erweiterte Revision.** Die vom Gesetzgeber der RStPO angedachte strikte Trennung zwischen irrevisibler Tat- und revisibler Rechtsfrage[224] prägt heute jedoch nicht mehr ausschließlich das Bild der Revision. Zum einen ist das Tatgericht bei der Subsumtion der tatsächlichen Feststellungen unter die normativen Tatbestandsmerkmale selbstverständlich auch mit der Rechtsfrage befasst, und zum anderen vollzieht sich die Tatsachenfeststellung, also die Beweiserhebungen bei der Beweiswürdigung, nicht im luftleeren Raum, sondern ist an die Normen der StPO gebunden.[225] Damit ist bereits konzeptionell eine strikte Trennung beider Prüfungsparameter nicht möglich.

75   Dies hat die revisionsgerichtliche Rechtsprechung dazu veranlasst, die Revision über die klassischen Fallgruppen der fehlerhaften Anwendung sachlich-rechtlicher Vorschriften

---

[219] BGH 16.10.2006 – 1 StR 180/06, NJW 2007, 92 (95 f.); Wiedner in BeckOK StPO Rn. 30; Gericke in KK-StPO § 337 Rn. 27; indes nur bei besonders gelagerten Fällen denkbar Dahs Strafprozessrevision Rn. 516.

[220] Sogar entgegen der staatsanwaltschaftlichen Stellungnahme OLG Bamberg 30.6.2010 – 3 Ss OWi 854/10, BeckRS 2011, 01869 = NZV 2011, 44 mAnm Sandherr; Wiedner in BeckOK StPO Rn. 30.

[221] Frisch in SK-StPO Rn. 38.

[222] Detailliert Frisch in SK-StPO Rn. 71 sowie näher auch → § 337 Rn. 32 f.; zu Rügemöglichkeiten von Verfassungsverstößen in der Revision jüngst Pauly StraFo 2016, 491.

[223] Roxin/Schünemann StrafVerfR § 55 Rn. 11.

[224] Zum ursprünglichen Konzept der Revision Frisch FS Eser, 2005, 257 (258 f.); Frisch FS Fezer, 2008, 353 (354).

[225] Knauer NStZ 2016, 1 (3) mwN.

hinaus zu **erweitern**[226] und den Grundsatz der Unangreifbarkeit der Feststellungen des Instanzgerichtes aufzuweichen. Schon lange anerkannt war daher die Bindung der **Tatsachenfeststellungen** an die Denkgesetze sowie die Gesetze der Naturwissenschaften und des allgemeinen Erfahrungswissens, die einer revisionsrichterlichen Kontrolle nicht entzogen sein können, weil in einem Verstoß hiergegen letztlich auch ein Rechtsverstoß liegt.[227] Im Zuge von richterrechtlicher Rechtsfortbildung wurde dieser Ansatz später auch auf die **tatrichterliche Beweiswürdigung** ausgedehnt. Die Revisionsgerichte gehen mittlerweile davon aus, dass bei einer fehlenden Auseinandersetzung mit naheliegenden abweichenden Erklärungen, Geschehensabläufen und Sachverhaltsdarstellungen das tatrichterliche Urteil lückenhaft oder in der Darstellung widersprüchlich ist oder gegen die Denkgesetze verstößt und die Beweiswürdigung daher von einem rechtlich unzutreffenden Ansatz ausgeht (vgl. → § 261 Rn. 129 ff.; → § 337 Rn. 37 ff.).[228] Diese Mängel der Beweiswürdigung werden als Rechtsfehler angesehen, die mit der Sachrüge geltend gemacht werden können und führen letztlich dazu, dass die **Darstellung der Beweiswürdigung** im schriftlichen Urteil auf Klarheit, Vollständigkeit und Plausibilität des Gedankengangs überprüft wird. Dringt der Revisionsführer mit dieser sogenannten **Darstellungsrüge** durch, heben die Revisionsgerichte dann regelmäßig das erstinstanzliche Urteil auf. Jenseits dieser Ausnahme gilt jedoch auch weiterhin der Grundsatz, dass die Beweiswürdigung dem Tatrichter vorbehalten und dementsprechend einer revisionsgerichtlichen Überprüfung entzogen ist.

Auch für den Bereich der **Rechtsfolgenentscheidung** sind ähnliche Entwicklungen zu verzeichnen. Zwar betont der BGH weiterhin, die Strafzumessung sei die Domäne des Tatrichters.[229] Auf Grundlage der tatrichterlichen Strafzumessungserwägungen prüft das Revisionsgericht, ob diese im Einklang mit den anerkannten Zumessungsgrundsätzen stehen oder einen Rechtsfehler enthalten.[230] Rechtstatsächlich haben sich die Revisionsgerichte von diesem Diktum aber weit entfernt.[231] Um eine reine Rechtsbeschwerde handelt es sich bei der Revision damit schon lange nicht mehr.[232] Die Erweiterung der Revision auf Seiten der Sachrüge kompensieren die Revisionsgerichte mit einer zunehmenden Zurückdrängung der Verfahrensrüge (dazu → Vor § 333 Rn. 30 ff. und → Rn. 146 ff.). 76

2. Begründungsumfang. Die formellen Anforderungen, die an die Erhebung der Sachrüge gestellt werden, sind gering. 77

a) Inhalt der Sachrüge. Die Sachrüge muss zweifelsfrei erhoben werden, dh der Erklärung des Revisionsführers muss eindeutig, gegebenenfalls im Wege der Auslegung, zu entnehmen sein, dass er allein oder neben der Verfahrensrüge eine **Nachprüfung in sachlich-rechtlicher Hinsicht** begehrt.[233] So setzt die zulässige Erhebung der Sachrüge nicht voraus, dass sie ausdrücklich als solche bezeichnet wird; es genügt, wenn das Revisionsvorbringen eindeutig ergibt, dass die Überprüfung des Urteils in sachlich-rechtlicher Hinsicht begehrt wird.[234] Allein die Revisionseinlegung kann jedoch nicht als Erhebung der Sachrüge angesehen werden,[235] das gilt auch für die bloße Ankündigung von 78

---

[226] Ausführlich dazu Rieß FS Hanack, 1999, 397 (405 ff.); Frisch FS Eser, 2005, 257 (264 ff.); Frisch FS Fezer, 2008, 353.
[227] Speziell im Hinblick auf die Revisibilität iRd Sachrüge Dahs Strafprozessrevision Rn. 424 ff.
[228] Schmitt in Meyer-Goßner/Schmitt § 337 Rn. 26 ff.; speziell im Hinblick auf die Revisibilität iRd Sachrüge Dahs Strafprozessrevision Rn. 438 ff.
[229] BGH 9.1.1962 – 1 StR 346/61, BGHSt 17, 35 (36) (insoweit nicht abgedruckt); BGH 7.2.2012 – 1 StR 525/11, BGHSt 57, 123 (127) = NJW 2012, 1458 (1459).
[230] Zur Berechtigung der erweiterten Revisibilität der Rechtsfolgenentscheidung, Frisch FS Eser, 2005, 257 (273 ff.); dazu auch Roxin/Schünemann StrafVerfR § 55 Rn. 30 ff.; speziell im Hinblick auf die Revisibilität iRd Sachrüge Dahs Strafprozessrevision Rn. 468 ff.
[231] Knauer NStZ 2016, 1 (3); zur Entwicklung Frisch FS Fezer, 2008, 353 (359).
[232] Knauer NStZ 2016, 1 (3).
[233] OLG Hamm 20.12.2011 – III-3 RVs 106/11, BeckRS 2012, 02849; OLG Bamberg 27.5.2013 – 3 Ss OWi 596/13, NJOZ 2013, 1747; Wiedner in BeckOK StPO Rn. 32; Nagel in Radtke/Hohmann Rn. 14.
[234] BGH 23.2.2017 – 3 StR 476/16, BeckRS 2017, 105438.
[235] Franke in Löwe/Rosenberg Rn. 68, 90.

Rügen.²³⁶ Auch allgemeine Formulierungen, wie etwa die Anfechtung des Urteils „in seinem ganzen Umfang", oder die Erklärung, die Revision werde „vollumfänglich" eingelegt,²³⁷ sind regelmäßig nicht ausreichend, da nicht eindeutig erkennbar ist, ob eine Sach- oder Verfahrensrüge gemeint ist.²³⁸ Die Erhebung der Sachrüge kann erst recht nicht daraus abgeleitet werden, dass eine Verfahrensrüge erhoben wurde²³⁹ (zur Auslegung aber → Rn. 67 ff.).

79 Anders als bei der Verfahrensrüge (dazu → Rn. 99 ff.) verlangt die zulässige Erhebung der Sachrüge aber **keine nähere Begründung.** Für die zulässige Erhebung der Sachrüge genügt daher sowohl die nicht weiter ausformulierte Erhebung der *„allgemeinen Sachrüge"* als auch die bloße Wendung, dass *„die Verletzung sachlichen – Rechts gerügt wird"*. Bereits hierin liegt die erforderliche Behauptung, das Urteil enthalte sachlich-rechtliche Fehler.²⁴⁰

80 Für den Fall, dass eine Beschränkung der Revision auf die Nachprüfung eines Prozesshindernisses unwirksam ist (dazu → Rn. 53) geht die Rechtsprechung davon aus, dass das Urteil sachlich-rechtlich in vollem Umfang zu überprüfen ist.²⁴¹ Als (freilich dann beschränkte) Erhebung der Sachrüge hat ferner die Beanstandung, die Urteilsausführungen seien widersprüchlich²⁴² oder der objektive Tatbestand einer Strafnorm sei nicht erfüllt, zu gelten.²⁴³

81 Ausführungen des Revidenten zu einzelnen Punkten sind nicht notwendig. Einzelausführungen, inwiefern sachliches Recht verletzt ist, sind vielmehr nur als Anregung an das Revisionsgericht zu verstehen und dienen allein dazu, die eigene Rechtsauffassung darzulegen.²⁴⁴ Darauf sollte der Revisionsführer freilich auch nicht verzichten. Mangels Begründungspflicht ist die Begründung der Sachrüge **nicht an die Frist des § 345 Abs. 1 gebunden** und kann auch nach deren Ablauf bis zum Erlass der Entscheidung des Revisionsgerichts erfolgen bzw. ergänzt werden.²⁴⁵ Nach Ablauf der Frist des § 349 Abs. 3 S. 2 muss das Revisionsgericht weitere Ausführungen nur ausnahmsweise berücksichtigen, wenn sie noch vor dessen Entscheidung zugehen und der Senat insoweit einen Vertrauenstatbestand geschaffen hat (dazu → § 349 Rn. 52).²⁴⁶ Erweisen sich die Ausführungen des Revisionsführers als unbegründet, steht dies einer darüber hinausgehenden sachlich-rechtlichen Überprüfung des Urteils in vollem Umfang nicht entgegen – sofern natürlich das Revisionsvorbringen nicht insgesamt ergibt, dass die Revision auf bestimmte Beschwerdepunkte beschränkt ist. Die StA soll ihre Revision hingegen stets so rechtfertigen, dass klar ersichtlich ist, in welchen Urteilsausführungen sie die Rechtverletzung erblickt und wie sie ihre eigene Rechtsauffassung begründet, Nr. 156 Abs. 2 RiStBV.

82 Vereinzelt wird verlangt, dass – werden Verletzungen des sachlichen Rechts in einzelnen Punkten vorgetragen – dies mit Bestimmtheit zu erfolgen hat. Diese Auffassung fordert, dass die fehlerhafte Anwendung des sachlichen Rechts nicht nur als möglich dargestellt werden darf, sondern eindeutig zum Ausdruck gebracht werden muss.²⁴⁷ Dies kann jedoch mit Blick auf die Systematik der Vorschrift **nicht überzeugen,** würde diese Ansicht doch

---

²³⁶ Gericke in KK-StPO Rn. 26.
²³⁷ BGH 1.8.2013 – 2 StR 242/13, BeckRS 2013, 15319.
²³⁸ Dahs Strafprozessrevision Rn. 537; dazu kritisch Franke in Löwe/Rosenberg Rn. 73.
²³⁹ Gericke in KK-StPO Rn. 26.
²⁴⁰ Gribbohm NStZ 1983, 97 (98).
²⁴¹ BGH 27.3.1952 – 5 StR 248/52, BGHSt 2, 385; Momsen in Satzger/Schluckebier/Widmaier StPO Rn. 33; mit umfangreichen Nachweisen Franke in Löwe/Rosenberg Rn. 74; dazu kritisch Grünwald 370 ff.
²⁴² Franke in Löwe/Rosenberg Rn. 73 mit Verweis auf die reichsgerichtliche Rechtsprechung; Nagel in Radtke/Hohmann Rn. 17.
²⁴³ Mehr Beispiele bei Franke in Löwe/Rosenberg Rn. 73.
²⁴⁴ Gribbohm NStZ 1983, 97 (98); Nagel in Radtke/Hohmann Rn. 17; Schmitt in Meyer-Goßner/Schmitt Rn. 19; Temming in Gercke/Julius/Temming/Zöller Rn. 8; Wiedner in BeckOK StPO Rn. 33.
²⁴⁵ Gribbohm NStZ 1983, 97 (98); Schmitt in Meyer-Goßner/Schmitt Rn. 19; Temming in Gercke/Julius/Temming/Zöller Rn. 8.
²⁴⁶ Wenn sie dem Revisionsgericht vor dessen Entscheidung zugehen, Gericke in KK-StPO Rn. 25.
²⁴⁷ BGH 22.1.1974 – 1 StR 586/73, BGHSt 25, 272 (275); Paulus in KMR-StPO Rn. 13.

auf eine Gleichschaltung der Sach- mit der Verfahrensrüge hinauslaufen.[248] Denn wenn bereits die Erhebung einer unausgeführten Sachrüge den Begründungsanforderungen genügt, kann es nicht darauf ankommen, ob Ausführungen zu einer Verletzung von materiellem Recht mit Bestimmtheit vorgetragen werden. Dies würde den Revisionsführer, der seiner gesetzlichen Begründungspflicht in überobligatorischer Weise nachkommt, ohne legitimen Grund schlechter stellen als denjenigen, der keine Ausführungen macht. Für die Sachrüge ist es nach der gesetzlichen Konzeption das bloße Verlangen ausreichend, das Revisionsgericht möge das Urteil in dem sich aus dem Gesetz und der Sachlage ergebenden Umfang sachlich-rechtlich prüfen.[249]

b) (Keine) Unzulässigkeit der Sachrüge aufgrund von Einzelausführungen. 83
Obwohl Ausführungen zur Sachrüge gesetzlich nicht vorgeschrieben sind und diese daher mehr informatorischen Charakter haben, vertritt die Rechtsprechung – inkonsequenterweise[250] – den Standpunkt, dass **gewisse Einzelausführungen eine Sachrüge unzulässig machen können.** Dies soll nach bislang überwiegender Auffassung der Fall sein,[251] wenn der Inhalt der Rüge erkennen lässt, dass sie nicht von einem festgestellten Sachverhalt ausgeht, sondern ausschließlich die Fehlerhaftigkeit des Urteils allein aus tatsächlichen Behauptungen herleitet, die in dem Urteil keine Stütze haben,[252] die Ausführungen nichts anderes enthalten als „unqualifizierte" Angriffe gegen die tatrichterliche Beweiswürdigung oder Feststellungen[253] oder das Vorbringen des Revisionsführers sich in dem revisionsrechtlich untauglichen Versuch erschöpft, seine Sicht des Sachverhaltes in den Vordergrund zu rücken und die eigene Beweiswürdigung an die Stelle der angeblich unrichtigen des Tatrichters zu setzen.[254]

Dies mag mit Blick auf das Rekonstruktionsverbot prima facie einleuchten (zum 84
Rekonstruktionsverbot → Vor § 333 Rn. 59 ff.). Gerade mit Blick auf die Erweiterung der Revision um die Darstellungsrüge scheint diese Praxis jedoch wenig überzeugend.[255] Zu Recht wird kritisiert, dass eine Unterscheidung zwischen Einwänden des Revisionsführers, die zu einer Darstellungsrüge gehören, und solchen, die der Sachrüge den Boden der Zulässigkeit entziehen, kaum rechtssicher durchführbar ist[256] und sich deshalb auch in einer durchaus uneinheitlichen Rechtsprechungspraxis niederschlägt.[257]

Die Rechtsprechung tendiert allerdings nur noch sehr vereinzelt dazu, Einzelausführun- 85
gen zur Sachrüge so rigide zu handhaben, dass diese die Revision insgesamt unzulässig machen.[258] Sofern der Begründung zur Sachrüge bei verständiger Würdigung entnommen werden kann, dass die unzulässigen Einzelausführungen keinen erschöpfenden Revisionsangriff darstellen, **bleibt es bei einer zulässig erhobenen, unausgeführten allgemeinen Sachrüge,** worauf das Revisionsgericht die materielle Richtigkeit des Urteils iÜ zu über-

---

[248] Frisch in SK-StPO Rn. 75; Franke in Löwe/Rosenberg Rn. 91.
[249] Franke in Löwe/Rosenberg Rn. 91; Temming in Gercke/Julius/Temming/Zöller Rn. 6; Schmitt in Meyer-Goßner/Schmitt Rn. 16.
[250] So zutreffend Momsen in Satzger/Schluckebier/Widmaier StPO Rn. 32.
[251] Schmitt in Meyer-Goßner/Schmitt Rn. 19 mwN.
[252] BGH 7.9.1956 – 5 StR 338/56, NJW 1956, 1767; 17.1.1992 – 3 StR 475/91, dazu auch Nagel in Radtke/Hohmann Rn. 17; Franke in Löwe/Rosenberg Rn. 94.
[253] OLG Karlsruhe 1.6.2004 – 1 Ss 80/03, BeckRS 2004, 07943; OLG Hamm 20.5.2008 – 2 Ss 176/08, StV 2009, 67 mkritAnm Ventzke; OLG Hamm 3.6.2008 – 5 Ss 194, 210/08, BeckRS 2008, 20256; Gribbohm NStZ 1983, 97 (99); mit umfangreichen Nachweisen noch zur reichsgerichtlichen Rechtsprechung jeweils Momsen in Satzger/Schluckebier/Widmaier StPO Rn. 34; Franke in Löwe/Rosenberg Rn. 93; Schmitt in Meyer-Goßner/Schmitt Rn. 19.
[254] OLG Hamm 20.12.2011 – III-3 RVs 106/11, BeckRS 2012, 02849.
[255] Momsen in Satzger/Schluckebier/Widmaier StPO Rn. 32; Franke in Löwe/Rosenberg Rn. 93; ausführlich dazu Momsen GA 1998, 488 (493 ff.).
[256] Franke in Löwe/Rosenberg Rn. 93.
[257] Dazu Frisch in SK-StPO Rn. 77 aE.
[258] „Zudem ist die Sachrüge in allgemeiner Form erhoben worden, ohne dass sich aus den anschließenden Ausführungen eine Beschränkung auf bestimmte Aspekte erkennen lässt," OLG Celle 6.11.2012 – 311 SsBs 136/12, BeckRS 2012, 23920 = NZV 2013, 47 (48); nach Franke in Löwe/Rosenberg Rn. 93 ist diese Fallkonstellation in der Rechtsprechung nunmehr aber „völlig in den Hintergrund" getreten.

prüfen hat. Denn revisionsdogmatisch ist nicht einzusehen, dass eine Rüge, die bereits in unausgeführter, allgemeiner Form zulässig erhoben werden kann, dann aber durch ein Zuviel an Begründung unzulässig sein soll, wenn der Revisionsführer Einzelausführungen tätigt, die zwar in der Sache nicht durchgreifen, zu denen er aber auch nicht verpflichtet war.[259] Regelmäßig wird man auch nicht davon ausgehen können, dass der Revisionsführer über die unzulässigen Einzelausführungen iRd Sachrüge hinaus nicht an einer vollumfänglichen sachlich-rechtlichen Überprüfung interessiert ist.[260] Ob das Urteil einer sachlich-rechtlichen Prüfung Stand hält, ist indes eine **Frage der Begründetheit der Rüge.** Nur in absoluten Extremfällen,[261] etwa wenn sich den Ausführungen des Revisionsführers eindeutig entnehmen lässt, dass er keine Rechtsprüfung, sondern *allein* eine erneute Tatsachenerhebung und -würdigung außerhalb des revisionsgerichtlichen Prüfungsumfanges begehrt, ist die Sachrüge daher ausnahmsweise unzulässig.[262]

86 **3. Wirkung.** Liegt keine zulässige Beschränkung vor, führt die Erhebung der Sachrüge zur **Überprüfung des Urteils in vollem Umfang;** das gilt auch dann, wenn die Begründung nur zu einem ganz bestimmten Punkt Ausführungen macht. Innerhalb der Grenzen der Revisionsanträge hat das Revisionsgericht von Amts wegen zu prüfen, ob irgendein Verstoß gegen sachliches Recht vorliegt und das Urteil hierauf beruht.[263] Jede spezielle Rüge beinhaltet damit grundsätzlich auch eine allgemeine Sachrüge.[264] Zur Prüfung kann das Revisionsgericht alle sachlichen Rechtsnormen, die das Entscheidungsergebnis beeinflusst haben oder haben konnten, heranziehen. Sicherheitshalber empfiehlt sich stets die Formulierung, die Sachrüge sei über die Ausführung hinaus „*umfassend*", oder „*unbeschränkt*" erhoben.

87 Nur das Urteil unterliegt der sachlich-rechtlichen Nachprüfung, sodass eine Nichtübereinstimmung mit dem Akteninhalt regelmäßig genau so bedeutungslos ist wie ein Widerspruch zum Inhalt des Sitzungsprotokolls.[265] Wurden nur Verfahrensrügen erhoben und scheitern diese allesamt an der Zulässigkeitshürde des Abs. 2 S. 2, führt dies zur Unzulässigkeit der Revision insgesamt, wenn nicht eine Sachrüge erhoben ist;[266] die Revision wird nach § 349 Abs. 1 verworfen.

VII. Begründung der Verfahrensrüge

88 Im Gegensatz zur allgemeinen Sachrüge kennt das geltende Recht nicht etwa auch eine „allgemeine Verfahrensrüge".[267] Vielmehr normiert Abs. 2 S. 2, dass für die Verfahrensrüge **erhöhte Begründungsanforderungen** gelten. Allein die Bezeichnung der verletzten Rechtsvorschrift reicht danach nicht aus, der Revisionsführer muss auch die den *Mangel*

---

[259] In diesem Sinne bereits Momsen GA 1998, 488 (493); Ventzke StV 2009, 67 (68); ebenso auch Frisch in SK-StPO Rn. 78.
[260] Überzeugend Frisch in SK-StPO Rn. 78; in diese Richtung auch Gericke in KK-StPO Rn. 28; Temming in Gercke/Julius/Temming/Zöller Rn. 8; zur Umdeutung in eine Darstellungsrüge, Momsen GA 1998, 488 (501).
[261] So etwa, wenn sich die (Rechtsbeschwerde-)Begründung in dem – für den Senat mangels weiterer Begründung nicht nachvollziehbaren – Wunsch erschöpft, „statt einer erhöhten Geldbuße nunmehr „doch" den Rechtsfolgenausspruch einschließlich des dortigen Fahrverbots des vom Betr. mit seinem Einspruch angefochtenen Bußgeldbescheids vom 26.7.2012 wiederherzustellen [...].", OLG Bamberg 27.5.2013 – 3 Ss OWi 596/13, NJOZ 2013, 1747.
[262] So iE auch Frisch in SK-StPO Rn. 78; Franke in Löwe/Rosenberg Rn. 93; dazu OLG Oldenburg 3.11.2008 – Ss 370/08 (I 184), StV 2009, 69.
[263] BGH 21.2.1951 – 1 StR 5/51, BGHSt 1, 44 (46); 10.1.1973 – 2 StR 451/72, BGHSt 25, 100 = NJW 1973, 523; Gericke in KK-StPO Rn. 25.
[264] Dahs Strafprozessrevision Rn. 537.
[265] Dahs Strafprozessrevision Rn. 539.
[266] BGH 9.3.1995 – 4 StR 77/95, NJW 1995, 2047; 18.8.2009 – 5 StR 323/09, HRRS 2009 Nr. 895 BGH 3.7.2012 – 5 StR 284/12, HRRS 2012 Nr. 771; 12.3.2013 – 2 StR 34/13, BeckRS 2013, 06233; Franke in Löwe/Rosenberg Rn. 89.
[267] So die unbestrittene Meinung, vgl. nur Schmitt in Meyer-Goßner/Schmitt Rn. 20; Franke in Löwe/Rosenberg Rn. 75; Ventzke StV 1992, 338 (340); Rieß FS Hanack, 1999, 397 (420) Fezer FS Hanack, 1999, 331 (341); Widmaier StraFo 2006, 437 (437); Cirener NStZ-RR 2017, 65 (66).

enthaltenden Tatsachen angeben. Damit ist die Darlegung der Verfahrenstatsachen gemeint, die im Verhältnis zum gesetzlichen Sollzustand einen Fehler begründen.[268] So simpel diese gesetzliche Vorgabe zunächst anmutet, so schwierig gestaltet sich deren praktische Handhabung, sodass eine zulässige, rechtlich schlüssige wie auch überzeugende Verfahrensrüge getrost als „Meisterwerk" zu bezeichnen ist.[269]

Die Revisionsbegründung muss **innerhalb der Revisionsbegründungfrist nach § 345** **89** angebracht sein. Nach Fristablauf, etwa im Rahmen einer Gegenerklärung nach § 349 Abs. 3 kann ein neuer bzw. ergänzender Tatsachenvortrag die Unzulässigkeit einer Verfahrensrüge nicht nachträglich beseitigen.[270] Eine Wiedereinsetzung in den vorherigen Stand zur Nachholung der Begründung einzelner Rügen kommt grundsätzlich nicht in Betracht,[271] sofern nicht unvertretbare Hindernisse entgegengestanden haben (vgl. dazu auch → § 345 Rn. 9, 23).[272] Dagegen ist es dem Revisionsführer unbenommen, eine form- und fristgerecht begründete Verfahrensbeanstandung nachträglich näher rechtlich zu erläutern.[273]

Über § 79 Abs. 3 S. 1 OWiG gelten die erhöhten Darlegungsanforderungen des Abs. 2 **90** S. 2 freilich auch für das Rechtsbeschwerdeverfahren.[274]

1. Grundlagen und Grundsatzkritik. Die **Ratio** der Regelung ist, dass das Revisi- **91** onsgericht davor bewahrt werden soll, von Amts wegen die Einhaltung prozessualer Vorschriften durch den Tatrichter prüfen und den gesamten Akteninhalt auf Fehler hin untersuchen zu müssen.[275] Anders als im Falle der Sachrüge, bei der sich die Überprüfung des materiellen Rechts ohne weiteres auf Grundlage der Urteilsgründe vornehmen lässt, kann im Zusammenhang mit Verfahrensrügen dem Urteil nur vereinzelt die Verletzung einer strafprozessualen Norm entnommen werden. Ohne Abs. 2 S. 2 müsste das Revisionsgericht daher sämtliche tatsächlichen Umstände, auf die sich eine Verfahrensfehler stützen ließe, selbst ermitteln und dazu im Extremfall den gesamten Akteninhalt durchforsten. Allein im Hinblick auf das erhebliche Volumen, das Verfahrensakten bisweilen haben, ist eine solche Nachforschungspflicht des Revisionsgerichts nicht praktikabel,[276] entspricht aber auch nicht dem Willen des Gesetzgebers.[277]

Das Revisionsgericht ist vielmehr in die Lage zu versetzen, dass es allein auf Grundlage **92** der **Revisionsbegründungsschrift** und des **angefochtenen Urteils** ohne die Heranziehung weiterer Aktenbestandteile, insbesondere des Protokolls der Hauptverhandlung, im Stande ist, die erhobene Rüge rechtlich zu würdigen. Daraus ergibt sich zwangsläufig, dass die Begründung der Verfahrensrüge aus sich heraus verständlich sein und alle für die Rüge erforderlichen Tatsachen enthalten muss. Vor diesem Hintergrund ist die Regelung auch nach Auffassung des BVerfG nicht zu beanstanden; dieses hat bereits mehrmals ihre Verfassungsgemäßheit festgestellt.[278]

---

[268] Zur wenig geglückten Formulierung der Regelung in Bezug auf das „Enthalten" bereits Ventzke StV 1992, 338 (339); umfangreich dazu El-Ghazi ZStW 125 (2013), 862 (871 ff.).
[269] In diesem Sinne auch Dahs/Müssig in MAH Strafverteidigung § 12 Rn. 47.
[270] BGH 28.10.2008 – 3 StR 431/08, BeckRS 2008, 24047; Wiedner in BeckOK StPO Rn. 60.
[271] Nagel in Radtke/Hohmann Rn. 18; Wiedner in BeckOK StPO Rn. 60.
[272] BGH 28.10.1980 – 1 StR 235/80, NStZ 1981, 110; 25.11.2008 – 4 StR 509/08, BeckRS 2008, 26925; zur Vertretbarkeit nicht formgerechter Revisionsbegründung jüngst BGH 22.3.2017 – 2 StR 356/16, BeckRS 2017, 108737.
[273] Gericke in KK-StPO Rn. 66.
[274] Ausdrücklich BGH 23.11.2004 – KRB 23/04, NJW 2005, 1381 (1381 f.); Wiedner in BeckOK StPO Rn. 37a.
[275] Dazu BVerfG 12.11.1984 – 2 BvR 1350/84, NJW 1985, 125 (126); Momsen in Satzger/Schluckebier/Widmaier StPO Rn. 35; Temming in Gercke/Julius/Temming/Zöller Rn. 9; Gribbohm NStZ 1983, 97 (101); ausführlich dazu auch Ritter S. 178 ff.
[276] „Schlechterdings weder leistbar, noch sinnvoll" schon Widmaier StraFo 2006, 437 (437); die starre Revisionsbegründungsfrist des § 345 ist auch vor diesem Hintergrund zu kritisieren – was der Senat nicht leisten kann, kann der Revisionsverteidiger bei Umfangsverfahren in vier Wochen ebenfalls kaum zumutbar leisten.
[277] Zu den Motiven, Mavany StraFo 2014, 494 (495); Franke in Löwe/Rosenberg Rn. 80; Frisch in SK-StPO Rn. 45; Momsen in Satzger/Schluckebier/Widmaier StPO Rn. 35.
[278] Zur verfassungsrechtlichen Unbedenklichkeit etwa BVerfG 12.1.1983 – 2 BvR 864/81, NJW 1983, 1043 (1046); 12.11.1984 – 2 BvR 1350/84, NJW 1985, 125 (126); ausführlich dazu Ritter S. 119 ff.

93   **Rechtsstaatlich problematisch** ist auch nicht die Norm selbst, sondern vielmehr die **revisionsgerichtliche Auslegung und Anwendung** derselben. Denn aus der in Abs. 2 S. 2 durchaus offen formulierten Begründungslast des Revisionsführers leitet die revisionsgerichtliche Rechtsprechung einen breiten Strauß an dezidierten Darstellungsanforderungen ab, die im Laufe der Zeit immer mehr ausgeweitet und verschärft wurden.[279] Für die Revisionsgerichte ist die Regelung positiv formuliert eine jener unerlässlichen Zugangsschranken, die ihnen die Bewältigung ihrer Rechtsprechungsaufgaben ermöglichen[280] (oder realistischer formuliert: die der Arbeitserleichterung dienen). Aus diesem Selbstverständnis heraus räumen Revisionsrichter dann auch ein, dass § 344 Abs. 2 S. 2 bisweilen „erbarmungslos ausgelegt" werde.[281] Die vielfältigen Fallstricke, an die bei der Formulierung einer aus Sicht des Revisionsgerichtes ordnungsgemäßen Revisionsbegründung zu denken ist, sind damit durchweg richterrechtlichen Ursprungs und ergeben eine **kaum mehr überschaubare Einzelfallkasuistik**. Gelten für die Verfahrensrüge bereits de lege lata strengere Formvorschriften als bei der Sachrüge, haben die Revisionsgerichte diesen Komparativ mittlerweile weit über die Grenzen eines Superlatives ausgebaut.[282] Es ist daher wenig überraschend, dass die Revisionsgerichte mit Argusaugen die Einhaltung ihrer Vorgaben zum Tatsachenvortrag überwachen und beinahe regelmäßig mit neuen Darstellungsanforderungen aufwarten, die ein hohes Maß an Kreativität aufweisen, um die Unvollständigkeit des Revisionsvortrags zu beanstanden.[283] Noch kreativer zeigen sich lediglich die Staatsanwälte beim BGH, die mit eifriger Akribie insbesondere Negativtatsachen aufspüren, die der Revident vortragen hätte müssen, um die Rüge zulässig zu machen (dazu → Rn. 122 ff.).[284]

94   Schon aus rechtsstaatlichen Erwägungen heraus dürfen die Substantiierungsanforderungen aber nicht überspannt werden. Mit einem deutlichen Appell hat das BVerfG die Revisionsgerichte insofern zwar darauf hingewiesen, dass ein Gericht ein von der Verfahrensordnung eröffnetes Rechtsmittel nicht ineffektiv machen und für den Beschwerdeführer „leer laufen" lassen darf:[285] *„Das Rechtsstaatsgebot verbietet es dem Gericht, bei der Auslegung und Anwendung der verfahrensrechtlichen Vorschriften den Zugang zu den in den Verfahrensordnungen eingeräumten Instanzen von Voraussetzungen abhängig zu machen, die unerfüllbar oder unzumutbar sind oder den Zugang in einer Weise erschweren, die aus Sachgründen nicht mehr zu rechtfertigen ist."*[286]

95   Der praktische Effekt dieses Appels ist jedoch gering, da der Auslegungsspielraum, den die Verfassungsrichter den Revisionsgerichten letztlich zubilligen, denkbar weit ist.[287] So ist es keinesfalls mehr normativ nachvollziehbar, wenn die Revisionsgerichte auch den Vortrag so genannter **„Negativtatsachen"** fordern, um an dieser Stelle nur ein Beispiel zu nennen. Das bedeutet, dass auch Vorgänge vorgetragen werden sollen, die nicht gesche-

---

[279] Wie umfangreich die revisionsgerichtliche Rechtsfortbildung im Rahmen von § 344 Abs. 2 S. 2 ist, zeigt sich an der jährlichen Rechtsprechungsübersicht, die in der NStZ-RR seit 1999 jährlich zu dieser Thematik erscheint und sich ausschließlich mit den Darlegungsanforderungen bei den Verfahrensrügen beschäftigt, ursprünglich publiziert von Miebach, im Anschluss von Sander, Cirener und zuletzt Herb, vgl. aus den vergangenen ca. 10 Jahren NStZ-RR 2013, 1; 2013, 68; 2014, 33; 2014, 100; 2015, 1; 2015, 69; 2016, 33; 2016, 97; 2017, 13; 2017, 65; 2017, 101; 2017, 132; 2018, 97; 2018, 131; 2019, 97; 2019, 132; 2019, 163; 2020, 65; 2020, 129; 2021, 129; 2021, 164; 2022, 97; 2022, 129. Zusammenfassende Einschätzung auch bei Schneider NStZ 2019, 324 (327).

[280] Basdorf StV 1997, 488 (489).

[281] Basdorf StV 1997, 488 (489). Eine „unnachsichtige Strenge" attestieren den Revisionsgerichten Dahs/Müssig in MAH Strafverteidigung § 12 Rn. 73.

[282] Zu diesem Vergleich bereits Weiler FS Meyer-Goßner, 2001, 571 (577 f.).

[283] Dazu auch El-Ghazi ZStW 125 (2013), 862 (863 f.); ausführlich zu den von der Rechtsprechung aufgestellten „Rügebarrieren" Hamm Rn. 243 ff.

[284] Knauer NStZ 2016, 1 (4 f. mwN).

[285] BVerfG 25.1.2005 – 2 BvR 656/99, 657/99 u. 683/99, BVerfGE 112, 185 (208) = NJW 2005, 1999 (2001).

[286] BVerfG 25.1.2005 – 2 BvR 656/99, 657/99 u. 683/99, BVerfGE 112, 185 (208) = NJW 2005, 1999 (2001).

[287] Nach Meyer-Mewes NJW 2005, 2820 (2823) hat das BVerfG dem Missbrauch des § 344 Abs. 2 S. 2 kaum Grenzen gesetzt; der Entscheidung des BVerfG indes zustimmend, Güntge JR 2005, 496 (497 ff.).

hen sind, weil diese etwa der erhobenen Rüge gegenläufig sein oder diese gar vernichten könnten (dazu → Rn. 124 f.). Das BVerfG hat die zusätzliche Zulässigkeitshürde durch die notwendige Darlegung von Negativtatsachen allerdings in gerade eben dieser Entscheidung als solches nicht beanstandet[288] und damit der rigiden revisionsgerichtlichen Spruchpraxis jedenfalls in Teilen seinen Segen geben.

Angesichts der ausufernden Auslegung von Abs. 2 S. 2 durch die Revisionsgerichte ist **96** die Kritik seitens des strafrechtswissenschaftlichen Schrifttums zahlreich und vehement[289] und findet ihre Bestätigung darin, dass den komplexen Anforderungen in der Praxis nur die wenigsten Verfahrensrügen gerecht werden.[290] Das **Gebot der Schlüssigkeit** des Revisionsvortrags hat sich zu einer **kaum mehr überwindbaren Rügebarriere** entwickelt. Nach Schätzungen liegt die Erfolgsquote der insgesamt erhobenen Verfahrensrügen bei weniger als 1 %.[291] Zweifelsohne liegt der Verdacht nahe, dass die stark ergebnisorientierte Rechtsprechung zu den Begründungsanforderungen bei Verfahrensrügen dazu verwendet wird, über die reine Rechtskontrolle hinaus in der Sache richtige und gerechte Urteile nicht zu Fall zu bringen bzw. „goldrichtige" Urteile zu halten.[292] Die Frage, auf welchem Weg dieses Urteil aber erzielt wurde, spielt dann praktisch kaum noch eine Rolle.[293]

Auch wenn es in der praktischen Wahrnehmung so erscheinen mag, weil die Revisions- **97** rechtsprechung in überwiegendem Maße Fälle betrifft, in denen es um eine Angeklagtenrevision geht, sind von den immensen Darlegungsanforderungen nicht nur Rügen der Verteidigung betroffen. Schließlich hängt auch die Zulässigkeit von Verfahrensrügen der StA von denselben Anforderungen ab.[294] Daher besteht kein vernünftiger Grund dafür, dass nicht auch staatsanwaltschaftliche Verfahrensrügen an der Zulässigkeitshürde des Abs. 2 S. 2 scheitern[295] (dazu auch → § 345 Rn. 32). Dass die StAen ihr Handwerk insgesamt besser beherrschen als erfahrene Revisionsverteidiger, entspricht jedenfalls nicht der praktischen Erfahrung.

Angesichts der Komplexität und Einzelfallkasuistik der Verfahrensrüge ist an dieser **98** Stelle eine abschließende Bewertung nicht möglich; zur weiteren Kritik → Vor § 333 Rn. 30 ff. sowie → Rn. 110 ff. (Angriffsrichtung), → Rn. 129 ff. (Negativtatsachen) und → Rn. 146 ff. (Kritisches Fazit zur Verfahrensrüge).

2. Allgemeine Anforderungen an den Revisionsvortrag. Unabhängig von den **99** jeweiligen Anforderungen, denen eine Verfahrensrüge im Einzelfall zu genügen hat, muss diese gewisse Grundvoraussetzungen erfüllen. Ziel einer jeden Verfahrensrüge muss sein, dass der Revisionsrichter allein aus der Begründung **alle relevanten Verfahrenstatsachen** entnehmen kann und er beim Lesen diese nur noch gedanklich abhaken muss. Vor diesem Hintergrund formuliert die Rechtsprechung seit Langem das **Gebot der Schlüssigkeit:** Die Begründung muss vollständig und schlüssig und darf nicht widersprüchlich sein.[296]

---

[288] BVerfG 25.1.2005 – 2 BvR 656/99, 657/99 u. 683/99, BVerfGE 112, 185 (209) = NJW 2005, 1999 (2001).
[289] Ventzke StV 1992, 338; Ventzke StV 2015, 208 (208); Schlothauer StraFo 2000, 289; Barton JuS 2007, 977 (977); Knauer NStZ 2016, 1 (5); Fezer FS Hanack, 1999, 331 (341 ff.); Rieß FS Hanack, 1999, 397 (409); Weiler FS Meyer-Goßner, 2001, 571 (588 ff.); Dahs FS Salger, 1995, 217 ff.; Roxin/Schünemann StrafVerfR § 55 Rn. 47; Hamm Rn. 226; Frisch in SK-StPO Rn. 61 ff.
[290] Dazu bereits Rieß FS Hanack, 1999, 357 (408 f.); Frisch FS Fezer, 2008, 353 (365 f.); Rieß FS Eisenberg, 2009, 569 (570 ff.); Meyer-Mews NJW 2005, 2820 (2820); Widmaier StraFo 2006, 437 (440); jüngst auch Mavany StraFo 2014, 494 (494). Von einer verschwindend geringen Erfolgsquote spricht Geipel StraFo 2011, 9 (10).
[291] Zum Zahlenmaterial Schlothauer/Weider/Nobis Untersuchungshaft Rn. 2; Weiler FS Meyer-Goßner, 2001, 571 (573); Kutzer StraFo 2000, 325 (326); Wiedner in BeckOK StPO Rn. 1.1.
[292] Knauer NStZ 2016, 1 (4); Bauer NStZ 2012, 191 (193).
[293] Dallmeyer JA 2005, 768 (769); dazu bereits auch Schlothauer StraFo 2000, 289 (294); Rieß FS Hanack, 1999, 397 (412).
[294] So bspw. in BGH 9.3.1995 – 4 StR 77/95, NJW 1995, 2047; Frisch in SK-StPO Rn. 48; Franke in Löwe/Rosenberg Rn. 83.
[295] Ausdrücklich dazu Mavany StraFo 2014, 494.
[296] BGH 13.4.2021 – 5 StR 29/21, NStZ 2021, 512.

Der Revisionsführer hat daher alle Tatsachen, die den Verfahrensmangel begründen, so **vollständig** und **genau** vorzutragen, dass das Revisionsgericht allein auf Grund der Rechtfertigungsschrift prüfen kann, ob ein Verfahrensfehler vorliegt, wenn die behaupteten Tatsachen erwiesen sind.[297] Die Tatsachen müssen dafür so **ausdrücklich, bestimmt,** und **erschöpfend** dargelegt werden, dass das Revisionsgericht allein auf Grund des Rügevorbringens und ohne Rückgriff auf die Verfahrensakten in der Lage ist, eine Entscheidung über die Verfahrensrüge zu treffen.[298] Eine Rüge, die diesen Anforderungen nicht genügt, ist unzulässig.[299]

100 So wenig klar sich das Bild zum erforderlichen Rügevortrag darstellen lässt, so deutlich geht daraus hervor, dass sich nicht abstrakt bestimmen lässt, welche Verfahrenstatsachen der Revisionsführer im Einzelnen vortragen muss.[300] Abhängig vom konkret gerügten Verfahrensverstoß ergeben sich aus § 344 Abs. 2 S. 2 vielmehr ganz unterschiedliche Anforderungen an die Revisionsbegründung je nach konkreter Verfahrensrüge. Ein umfassender Überblick ist hier aus Umfangsgründen unmöglich. Für diesen sei neben den Erläuterungen zu den einzelnen Verfahrensvorschriften selbst auf die regelmäßigen Rechtsprechungsübersichten von *Cirener* in NStZ-RR sowie das Arbeitshandbuch von *Schlothauer/Weider* verwiesen, das sich zu nahezu jeder denkbaren Verfahrensrüge verhält.

101 **a) Bestimmte Behauptung eines tatsächlichen Geschehens.** Das Schlüssigkeitsgebot erfordert, dass das tatsächliche Geschehen, aus dem sich der Verfahrensmangel ergeben soll, mit **Bestimmtheit** ohne Einschränkungen und Vorbehalte **behauptet** wird. Das Behaupten verlangt, dass der Revisionsführer die sichere Rechtsauffassung vom Vorliegen eines Verfahrensfehlers kundtut.[301] **Nicht ausreichend** ist es daher, wenn die Verletzung von Verfahrensfehlern lediglich als möglich dargestellt wird,[302] dh der Revisionsführer darf keinen Zweifel daran lassen, dass die vorgebrachten Tatsachen sich tatsächlich ereignet haben. Daher reicht es zB nicht aus, wenn die Revision lediglich ausführt, es sei „*davon auszugehen*", dass ein Zeuge auch dazu gehört wurde etc.[303] Die Erfüllung des Bestimmtheitserfordernisses gestaltet sich häufig deshalb problematisch, weil insbesondere der nur in der Revision tätige Verteidiger das Verfahrensgeschehen nicht aus persönlicher Teilnahme kennt und er auf die Auskunft des Instanzverteidigers angewiesen ist. Will er für den Angeklagten etwa den Inhalt oder Ablauf eines Verständigungsgespräches rügen, bei dem dieser nicht anwesend war, ist eine ausreichend bestimmte Rüge kaum möglich. Es kann deshalb nur alles vorgetragen werden, was bekannt ist und alle Bemühungen, die unternommen wurden, um den Inhalt des Gespräches zu ermitteln. Ähnliches gilt etwa auch für die Rüge der fehlenden Einsicht in originale TKÜ-Aufnahmen.[304] Hier müsste vorgetragen

---

[297] BGH 14.10.1952 –2 StR 306/52, BGHSt 3, 213 (214); 8.11.2000 – StR 282/00, BeckRS 2000, 30141734; 20.12.2012 – 3 StR 117/12, BGHSt 58, 84 (89) = NJW 2013, 1827 (1828); BGH 17.7.2014 – 4 StR 78/1, NStZ 2014, 604 (605); 4.9.2014 – 1 StR 75/14, StraFo 2015, 70 (71); 19.5.2015 – 1 StR 128/15, BGHSt 60, 238 (244) = NStZ 2015, 541 (543) Gribbohm NStZ 1983, 97 (101); Ventzke StV 1992, 338 (338); Franke in Löwe/Rosenberg Rn. 78; Frisch in SK-StPO Rn. 48; Gericke in KK-StPO Rn. 38; Schmitt in Meyer-Goßner/Schmitt Rn. 21; Momsen in Satzger/Schluckebier/Widmaier StPO Rn. 36. Eine rechtshistorische Betrachtung nimmt Ritter vor, der schließlich feststellt, dass das RG in keiner seiner Entscheidungen sich strenge Anforderungen an die Begründungsschrift erhoben habe, Ritter S. 107. Differenziert Kutzer StraFo 2000, 325 (326 f.).

[298] El-Ghazi ZStW 125 (2013), 862 (865); Fezer FS Hanack, 1999, 331 (342); Franke in Löwe/Rosenberg Rn. 78; Schmitt in Meyer-Goßner/Schmitt Rn. 21.

[299] Nagel in Radtke/Hohmann Rn. 18.

[300] Cirener NStZ-RR 2016, 97.

[301] Temming in Gercke/Julius/Temming/Zöller Rn. 11; BGH 4.9.2014 – 1 StR 75/14, BeckRS 2014, 23581; bei Cirener NStZ-RR 2017, 65.

[302] BGH 1.2.1955 – 5 StR 678/54, BGHSt 7, 162 (163) = NJW 1955, 641 (641); BGH 4.9.2014 – 1 StR 75/14, BeckRS 2014, 23581 Rn. 65; 8.10.2014 – 1 StR 352/14, HRRS 2014, Nr. 1086 Rn. 3.

[303] BGH 10.10.2013 – 4 StR 135/13, NStZ-RR 2014, 15.

[304] Zur aktuellen Diskussion über das Akteneinsichtsrecht bei Telekommunikationsakten, Knauer/Pretsch NStZ 2016, 307; Killinger StV 2016, 149; Wettley/Nöding NStZ 2016, 633; gegen einen Anspruch der Verteidigung auf Überlassung einer Kopie der im Ermittlungsverfahren angefallenen TKÜ-Audiodateien, OLG Celle 24.7.2015 – 2 Ws 116/15, NStZ 2016, 305; OLG Hamburg 16.2.2016 – 3 Ws 11–12/16,

werden, welches nicht in die Hauptverhandlung eingeführte Gespräch das Verteidigungsverhalten positiv gestützt hätte. Mangels Vorhandensein der Aufnahme ein unmögliches Unterfangen.[305]

Ungenügend ist insbesondere auch die Darstellung von zwei alternativen Geschehens- **102** abläufen.[306] Auch reicht es nicht aus, wenn der Revisionsführer lediglich um Nachprüfung bittet, ob ein Verstoß gegen das Verfahrensrecht vorliegt.[307] An einer bestimmten Behauptung dahingehend, dass ein Verfahrensfehler vorliegt, fehlt es auch dann, wenn sich der Vortrag darin erschöpft, dass sich der Verfahrensfehler aus dem Protokoll ergebe (oder das Protokoll unrichtig sei, zur Protokollrüge → Rn. 132 ff.), wohingegen zum tatsächlichen Geschehen keine Angaben gemacht werden.[308]

Zum **Beweis** der vorgetragenen Tatsachen, etwa durch Verweis auf das Protokoll, **103** ist der Revisionsführer – außer bei der Aufklärungsrüge (→ § 244 Rn. 385)[309] – **nicht verpflichtet.**[310] Zwar mag es zweckmäßig und für das Revisionsgericht arbeitserleichternd sein, die konkrete Aktenstelle wiederzugeben, aus der sich der Verfahrensmangel ergibt, jedoch ist dies keine notwendige Zulässigkeitsbedingung. Diese Erleichterung wird allerdings dadurch relativiert, dass das Schlüssigkeitsgebot eine in sich geschlossene Revisionsbegründung erfordert, bei der die Schriftstücke, die für die Begründung der Rüge relevant sind, wörtlich wiedergegeben werden (→ Rn. 117).[311] Bei der Rüge einer fehlerhaften Ablehnung eines Beweisantrages ist neben dem Beweisantrag selbst auch der Ablehnungsbeschluss wörtlich wiederzugeben. Auch ist bei der Rüge der Beschränkung der Verteidigung (§ 338 Nr. 8) durch rechtsfehlerhafte Ablehnung eines Antrags auf Aussetzung des Verfahrens zur Gewährung vollständiger Akteneinsicht in zumutbarer Art und Weise ein substantiierter Vortrag erforderlich, welche Tatsachen sich aus welchen genau bezeichneten Stellen der Akten ergeben hätten und welche Konsequenzen für die Verteidigung daraus folgten.[312] Demgegenüber ist es eben nicht zwingend, das Protokoll wörtlich in die Begründung aufzunehmen, wie dies im Gros der erhobenen Verfahrensrügen erfolgt. Der souveräne Revisionsverteidiger wird das Verfahrensgeschehen schlicht schildern – auch für diesen mag es aber sinnvoll sein und dem weniger erfahrenen ist es zu empfehlen, die betreffende Protokollpassage **zusätzlich** wörtlich abzudrucken (aber eben nicht nur diese!).

Ein bestimmtes Behaupten **erfordert** ferner, dass die betreffenden Vorgänge **konkret** **104** benannt werden. Nicht ausreichend sind daher allgemeine und unspezifische Angaben, etwa „verschiedene Zeugen" seien gesetzeswidrig nicht vereidigt worden oder „in mehreren Fällen" seien Benachrichtigungen nach § 224 nicht erfolgt.[313] Der Vortrag, *„es sei nicht auszuschließen, im Gegenteil höchstwahrscheinlich, dass diese Aufklärung ganz wesentliche für die objektive und subjektive Tatseite ... höchst bedeutsame Umstände ergeben hätte",*[314] genügt den Anforderungen des Schlüssigkeitsgebotes an eine ordnungsgemäße Begründung ebenso wenig wie die zur Begründung der behaupteten Verletzung des Beweisantragsrechts

---

NStZ 2016, 695; OLG Köln 30.6.2016 – 2 Ws 388/16, BeckRS 2016, 17943; OLG Karlsruhe 14.11.2016 – 1 Ws 223/16 jug, BeckRS 2016, 20810 Rn. 13; indes ausnahmsweise für einen Anspruch der Verteidigung auf Herstellung und Aushändigung einer amtlich hergestellten Kopie, wenn die Besichtigung in amtlicher Verwahrung im Einzelfall zu Informationszwecken nicht ausreicht, OLG Frankfurt a. M. 11.8.2015 – 3 Ws 438/15, StV 2016, 148 mAnm Killinger; LG Bremen 16.6.2015 – 4 KLs 500 Js 63429/14, StV 2015, 682.

[305] Welches sogleich ein Störgefühl auf Basis des Rechtsgedankens „impossibilium nulla est obligatio" auslöst.
[306] BGH 8.10.2014 – 1 StR 252/14, HRRS 2014 Nr. 1086.
[307] BGH 5.8.1958 – 5 StR 160/58, BGHSt 12, 33 = NJW 1958, 1692; Cirener NStZ-RR 2012, 65 (66); Cirener NStZ-RR 2017, 101; Lips JA 2006, 719 (721).
[308] BGH 13.7.2011 – 4 StR 181/11, StV 2012, 73; 12.12.2013 – 3 StR/13, NJW 2014, 1254.
[309] BGH 29.2.1952 – 2 StR 112/50, BGHSt 2, 168.
[310] Franke in Löwe/Rosenberg Rn. 77; Momsen in Satzger/Schluckebier/Widmaier StPO Rn. 35; Schlothauer/Wieder Rn. 48; Cirener NStZ 2014, 33 (36).
[311] In diesem Sinne auch Franke in Löwe/Rosenberg Rn. 77.
[312] BGH 11.2.2014 – 1 StR 355/13, NStZ 2014, 347 (348).
[313] BGH 22.4.1952 – 1 StR 622/51, BGHSt 2, 300 (304). Dazu und weitere Beispiele aus der älteren Rspr. bei Momsen in Satzger/Schluckebier/Widmaier StPO Rn. 37; Franke in Löwe/Rosenberg Rn. 78.
[314] BGH 11.4.2001 – 3 StR 503/00, NStZ 2001, 425 (425).

gewählte Formulierung, das Vorhandensein der (nicht eindeutig bezeichneten) „Dokumente" auf der Festplatte könne „nicht ausgeschlossen werden". Auch damit wird ein Verfahrensverstoß nicht hinreichend bestimmt behauptet.[315] Bei der Rüge einer rechtsstaatswidrigen Verfahrensverzögerung verlangt das Schlüssigkeitsgebot, dass der Revisionsführer die Tatsachen (Schwere und Art des Tatvorwurfs, Umfang und Schwierigkeit des Verfahrens, Art und Weise der Ermittlungen, Zeiten der Untätigkeit der Strafverfolgungsorgane) darlegt, die den behaupteten Verfahrensverstoß belegen. Beschränkt sich der Angeklagte in seiner Revisionsbegründung im Wesentlichen darauf, die Daten des Tattages, des Urteils, des Abschlusses der polizeilichen Ermittlungen, der Anklageerhebung und eines früheren Hauptverhandlungstermines mittzuteilen, ist das Revisionsgericht nicht in der Lage zu überprüfen, ob eine der Justiz anzulastende rechtsstaatswidrige Verfahrensdauer anzunehmen ist[316] (dazu noch → Rn. 122).

105 **Dem Schlüssigkeitsgebot zuwider** läuft es schließlich auch, wenn die zur Begründung herangezogenen Tatsachen erkennbar ganz oder teilweise unzutreffend sind,[317] ihnen die Unwahrheit auf die Stirn geschrieben steht,[318] sie unvollständig sind[319] oder aber sie widersprüchlich vorgetragen werden.[320] Widersprüchlich ist bspw. das Vorbringen, die Polizei habe die Realisierung des vom Angeklagten geäußerten Wunsches nach einem Verteidiger mit dem Hinweis auf seine fehlenden Geldmittel verhindert und das Vorbringen, die Polizei habe nicht reagiert, als der Angeklagte erklärt habe, er könne keinen Rechtsanwalt bezahlen, wolle aber trotzdem Angaben machen. In tatsächlicher Hinsicht schließen sich beide Sachverhaltsvarianten aus.[321]

106 **b) Angriffsrichtung.** Eine spezielle Ausprägung des Schlüssigkeitsgebotes ist die Darlegung der sog. Angriffsrichtung (oder auch Stoßrichtung[322]). Für die zulässige Erhebung der Rüge muss der Revisionsführer den Verfahrensverstoß eindeutig spezifizieren.

107 **aa) Richterrechtlich geprägte Grundsätze.** Nach Auffassung des BGH ist eine Rüge vom Revisionsgericht nur insoweit zu prüfen, wie der Revisionsführer selbst das Geschehen zur Überprüfung stellt.[323] Die **Angriffsrichtung der Verfahrensrüge bestimmt** somit den **Prüfungsumfang des Revisionsgerichts** (§ 352 Abs. 1).[324] Deshalb darf nicht lediglich ein Sachverhalt geschildert und das Revisionsgericht aufgefordert werden, zu prüfen, ob in irgendeiner Richtung ein Rechtsfehler vorliege. Erforderlich ist die Behauptung eines bestimmten Verfahrensfehlers. Dies verlangt, dass die Revisionsbegründung deutlich macht, gegen welche bestimmte Handlung oder gegen welches Unterlassen des Tatrichters sich der Vorwurf der fehlerhaften Verfahrensweise richtet.[325] Insbesondere

---

[315] BGH 4.9.2014 – 1 StR 75/14, StraFo 2015, 70 (72).
[316] OLG Brandenburg 24.3.2010 – (1) 53 Ss 42/10, StV 2012, 78 (79); um dem Revisionsgericht die Beurteilung zu ermöglichen, ob das Strafverfahren insgesamt angemessen zügig geführt wurde, hätte die Revision insgesamt zum Ablauf des Strafverfahrens vortragen müssen, BGH 5.4.2016 – 1 StR 38/16, BeckRS 2016, 09503 Rn. 2.
[317] BGH 30.9.2015 – 5 StR 388/15, HRRS 2015 Nr. 1038; 10.5.2011 – 4 StR 584/10, HRRS 2011 Nr. 665 Rn. 8; 11.1.2017 – 1 StR 186/16, BeckRS 2017, 101479.
[318] So Temming in Gercke/Julius/Temming/Zöller Rn. 11.
[319] BGH 9.10.2002 – 5 StR 42/02 – 9, NJW 2003, 150 (151); 14.3.2017 – 4 StR 403/16, JurionRS 2017, 11968.
[320] OLG Frankfurt a. M. 27.1.2017 – 1 Ss 176/16, JurionRS 2017, 10348; Momsen in Satzger/Schluckebier/Widmaier StPO Rn. 38; Gericke in KK-StPO Rn. 39.
[321] BGH 19.10.2005 – 1 StR 117/05, NStZ-RR 2006, 181 (182).
[322] BGH 28.7.2016 – 3 StR 153/16, BeckRS 2016, 15658 Rn. 5; dazu Cirener NStZ-RR 2017, 65 (66).
[323] BGH 14.7.1998 – 4 StR 253/98, NStZ 1998, 636; 29.8.2006 –1 StR 371/06, NStZ 2007, 161 (162); 14.9.2010 – 3 StR 573/09, NJW 2011, 1523 (1525); 13.1.2011 –3 StR 337/10, StraFo 2011, 314 (315); 29.11.2013 – 1 StR 200/13, NStZ-RR 2014, 85 (86); in diesem Sinne auch Altvater StraFo 2014, 221 (224).
[324] BGH 29.8.2006 – 1 StR 371/06, NStZ 2007, 161 (162); 20.10.2014 – 5 StR 176/14, NJW 2015, 265 (266).
[325] Dazu bereits BGH 29.2.1952 – 2 StR 112/50, BGHSt 2, 168; BVerfG (1. Kammer des Zweiten Senats) 8.12.2005 – 2 BvR 449/05, StV 2006, 57 (58).

wenn aufgrund der vorgetragenen Tatsachen mehr als nur ein Verfahrensmangel in Betracht kommt, muss der Revisionsführer kundtun, welcher Verfahrensmangel geltend gemacht wird, um die Angriffsrichtung seiner Rüge eindeutig zu bestimmen.[326] Dies schließt aber nicht aus, dass er denselben Sachverhalt hinsichtlich mehrerer, nach den vorgetragenen Tatsachen in Betracht kommender Verfahrensmängel der Überprüfung durch das Revisionsgericht unterstellt; so kann die unterbliebene Vernehmung der Zeugin sowohl zum Gegenstand einer Beweisantragsrüge als auch zum Gegenstand einer Aufklärungsrüge gemacht werden.[327]

Der behauptete Verstoß muss also so konkret und bestimmt vorgetragen werden, dass **108** keine Zweifel daran bestehen, welche Verfahrensvorschrift verletzt sein soll und anhand welcher Norm der Verstoß gerügt werden soll.[328] Dazu ist aber nicht erforderlich, dass der Revident die verletzte Rechtsvorschrift (richtig) benennt.[329] Beanstandet bspw. die StA, dass im Protokoll der Hauptverhandlung unzutreffenderweise protokolliert sei, dass „Erörterungen gem. §§ 202a, 212 (…) nicht stattgefunden" hätten, ist es für eine ordnungsgemäße Darlegung der Angriffsrichtung ausreichend, dass dem Revisionsvorbringen entnommen werden kann, dass der Revisionsführer jedenfalls auch einen Verstoß gegen § 243 Abs. 4 S. 1 geltend macht. Dem steht nicht entgegen, dass in der Überschrift zu dieser Verfahrensbeanstandung diese Vorschrift gerade nicht zitiert wird (zur Unzulässigkeit der reinen Protokollrüge → Rn. 95, 125 ff.).[330] Eine fehlerhafte Angabe der Norm ist unschädlich, sofern nur die gebotene Darlegung der rechtlichen Bedeutung des Revisionsangriffes erfolgt ist.[331]

Durch eine deutlich werdende Umgrenzung des geltend gemachten Verfahrensmangels **109** ist das Revisionsgericht hinsichtlich seines Prüfungsumfanges gebunden.[332] Soweit der Revisionsführer einen Verfahrensvorgang unter mehreren rechtlichen Gesichtspunkten beanstanden will, liegen damit mehrere, voneinander unabhängige Verfahrensrügen vor, für welche jeweils die formellen Rügevoraussetzungen gelten, insbesondere muss jede Rüge innerhalb der Frist des § 345 angebracht werden. So reicht es nicht aus, wenn der Revisionsführer erst in seiner Gegenerklärung darauf verweist, dass sich aus den von ihm vorgebrachten Tatsachen noch ein anderer als der bislang geltend gemachte Rechtsfehler ergeben könnte. Ist auch durch Auslegung kein eindeutiges Ergebnis zu erzielen,[333] führt mehrdeutiges Vorbringen zur Unzulässigkeit der Rüge.[334]

bb) Kritik. Die revisionsgerichtliche Rechtsprechung leitet die eindeutige Benennung **110** der Angriffsrichtung aus der **Dispositionsbefugnis** des Rechtsmittelführers ab, ein Prozessgeschehen nur unter einem bestimmten Gesichtspunkt zu rügen, einen nach seiner Ansicht zusätzlich begangenen Verfahrensverstoß aber hinzunehmen.[335] Zwar handelt es sich bei diesem Erfordernis um keine wirklich neue Zulässigkeitshürde, jedoch haben die Revisionsgerichte der Angriffsrichtung insbesondere in den letzten Jahren verstärkt Bedeutung beigemessen.[336]

---

[326] BGH 8.12.2011 – 4 StR 430/11, NStZ 2012, 346; 30.9.2014 – 3 StR 351/14, BeckRS 2014, 21650; OLG Hamm 8.8.2013 – 1 RVs 58/13, wistra 2014, 39 (40 aE); 10.12.2016 – 3 StR 163/15 bei Cirener NStZ-RR 2017, 65 (66); Cirener NStZ-RR 2016, 33 (34); Norouzi NStZ 2013, 203 (203).
[327] BGH 24.11.2015 – 3 StR 312/15, StraFo 2016, 112.
[328] BGH 8.12.2011 – 4 StR 430/11, NStZ 2012, 346; Frisch in SK-StPO Rn. 45; Gericke in KK-StPO Rn. 34.
[329] Ventzke StV 1992, 338 (341); El-Ghazi ZStW 125 (2013), 862 (866).
[330] BGH 28.7.2016 – 3 StR 153/16, BeckRS 2016, 15658 Rn. 10, 15.
[331] Cirener NStZ-RR 2016, 33 (34); Dahs/Müssig in MAH Strafverteidigung § 12 Rn. 85.
[332] So im Ergebnis bei BGH 29.8.2006 – 1 StR 371/06, NStZ 2007, 161 (162); 22.7.2014 – 1 StR 210/14, NStZ 2015, 48; 22.7.2014 – 1 StR 210/14, NStZ 2015, 48; Cirener NStZ-RR 2015, 1 (2).
[333] BGH 10.7.2013 – 2 StR 195/12, BGHSt 58, 310 (312) = NStZ 2013, 667 (667 f.).
[334] Cirener NStZ-RR 2016, 33 (34); Wiedner in BeckOK StPO Rn. 40 ff.
[335] BGH 3.9.2013 – 5 StR 318/13, NStZ 2013, 671; 23.7.2013 – 1 StR 196/14, HRRS 2014 Nr. 834 Rn. 13; 4.9.2014 – 4 StR 473/13, BGHSt 59, 292 NJW 2015, 96; dazu bereits auch die Übersicht von Sander/Cirener NStZ-RR 2008, 1 (2).
[336] Dazu ausdrücklich Norouzi NStZ 2013, 203 (203).

111 Die zunehmende Tendenz, Verfahrensrügen wegen unklarer Angriffsrichtung bereits als unzulässig – deren jeweilige Begründetheit steht freilich auf einem anderen Blatt – auszusortieren, ist aus **rechtsstaatlicher Perspektive betrachtet aber befremdlich**. Denn das Erfordernis der Darlegung der Angriffsrichtung kann schon keinen unmittelbaren gesetzlichen Niederschlag in Abs. 2 S. 2 aufweisen und ist damit geradezu paradigmatisch für die rügevernichtende Auslegungspraxis der Vorschrift durch die Revisionsgerichte und deren stetige Kreierung neuer Rügebarrieren.[337] Zweifelsohne ist es auch aus Sicht des Revisionsführers nicht nur sinnvoll, sondern auch geboten, den Umfang der Verfahrensrüge so genau wie möglich zu bestimmen. Gerade weil der Darlegungsaufwand stark davon abhängt, welcher Verstoß gegen das Verfahren im Konkreten geltend gemacht wird, muss sich zu allererst der Revisionsführer darüber im Klaren sein, unter welchem rechtlichen Gesichtspunkt er einen bestimmten Sachverhalt rügen möchte. Unter diesem Aspekt ist die Darlegung der Angriffsrichtung eine sachgerechte Konkretisierung der gesetzlichen Vorgabe an die Darlegungsanforderungen bei Verfahrensrügen.

112 Zu Recht lässt sich jedoch das **rügevernichtende Verständnis der Angriffsrichtung** kritisieren;[338] gemeint sind damit Fälle, in denen die vorgetragenen Tatsachen zwar auf einen Verfahrensfehler hindeuten, der Revisionsführer das Prozessgeschehen aber unter einem anderen rechtlichen Gesichtspunkt bemängelt oder er den aus seinem Tatsachenvortrag herausstechenden Verfahrensmangel übersehen hat. Mit dem Verweis auf die fehlerhafte Darlegung der Angriffsrichtung soll es dem Revisionsgericht in diesen Fällen nun aber verwehrt sein, der Verfahrensrüge ein anderes Gepräge zu verleihen, um das Urteil aufzuheben. Ist ein in der Verfahrensrüge präsentierter Verfahrenssachverhalt aber in mehrfacher Hinsicht rügerelevant, so besteht kein legitimer Grund dafür, dass sich das Revisionsgericht von seiner juristischen Kognitionspflicht zur erschöpfenden rechtlichen Würdigung des ihm unterbreiteten Sachverhalts freizeichnet – sofern natürlich der Tatsachenvortrag für sich genommen vollständig ist und den allgemeinen Anforderungen an das Schlüssigkeitsgebot entspricht.[339]

113 Eine rigorosere Spruchpraxis lässt sich nur schwer mit dem Justizgewährleistungsanspruch des Angeklagten vereinbaren. Denn wenn die vorgetragenen Tatsachen einen Verfahrensmangel begründen und damit das begehrte Ziel des Revisionsführers, Aufhebung des Urteils im Ganzen oder aber zumindest in Teilen tragen, ist nicht einzusehen, warum dem Revisionsgericht eine dahingehende Prüfung verwehrt sein soll. Schließlich sind es die Revisionsanträge und bei Verfahrensrügen zusätzlich die vorgetragenen Tatsachen, die den Prüfungsumfang des Revisionsgerichts bestimmen, § 352 Abs. 1.[340] Durch die Überbetonung der Angriffsrichtung gerät aus den Augen, dass Abs. 2 S. 2 in erster Linie die **verfahrenstatsächliche Konkretisierung und Individualisierung des Verfahrensmangels** bezweckt,[341] weil es eben keine allgemeine Verfahrensrüge gibt. Liegt eine Tatsachenbehauptung vor, die einen Verfahrensmangel ausreichend konkret darlegt, ist dem Zweck von Abs. 2 S. 2 Genüge getan und die Zulässigkeitshürde mithin genommen. Würde eine an sich begründete Rüge – ihre Vollständigkeit und Schlüssigkeit ansonsten unterstellt – lediglich an der unrichtigen Angriffsrichtung scheitern, so wäre dies mit der Kontroll- und Disziplinierungsfunktion der Revision (→ Vor § 333 Rn. 67 f.) nicht vereinbar, weil ein an sich bestehender und vollständig gerügter Verfahrensverstoß des Instanzgerichtes ohne Folgen bliebe.

114 **c) Vollständigkeit des Vortrags.** Die Darlegungsanforderungen des Schlüssigkeitsgebots erfordern schließlich auch, dass die rügebegründenden Verfahrenstatsachen innerhalb

---

[337] Zu den Rügebarrieren der revisionsgerichtlichen Rechtsprechung ausführlich Hamm Rn. 243 ff.
[338] Dazu bereits Norouzi NJW 2011, 1523 (1526); Norouzi NStZ 2013, 203 (203 ff.); speziell zur Angriffsrichtung des Widerspruchs, Bauer StV 2011, 635.
[339] Mit überzeugender Argumentation Norouzi NStZ 2013, 203 (204 ff.).
[340] Norouzi NJW 2011, 1523 (1526); Norouzi NStZ 2013, 203 (204 f.). Ausdrücklich auf die Wechselbeziehung zwischen § 344 Abs. 2 S. 2 und § 352 Abs. 1 hinweisend El-Ghazi ZStW 125 (2013), 862 (879).
[341] Ähnlich auch Kutzer StraFo 2000, 325 (326).

der Frist des § 345 so vollständig und genau vorgebracht werden, dass die Revisionsbegründung eine **geschlossene** und **vollständige** Darstellung der Verfahrenstatsachen enthält (sodass es nicht ausreicht, wenn der Inhalt einer Zeugenaussage, der nach § 344 Abs. 2 zu erwähnen ist, an anderer Stelle der Revisionsbegründung zu finden ist[342]) und das Revisionsgericht ohne weitere Hinzuziehung der Aktenbestandteile eine Entscheidung treffen kann.[343] Der Revisionssenat ist in die Lage zu versetzen, dass er allein auf Grund der Revisionsbegründung prüfen kann, ob der behauptete Verfahrensfehler vorliegt. Erforderlich ist dazu nicht nur, dass der Beschwerdeführer die ihm nachteiligen Tatsachen nicht übergeht, sondern auch, dass er die Fakten vorträgt, die für das Vorliegen eines Ausnahmetatbestands sprechen, der seiner Rüge den Boden entzöge[344] (zu diesen sog. Negativtatsachen ausführlich → Rn. 122 ff.).

Dementsprechend ist das Verfahrensgeschehen, auf das sich die Rüge stützt, **umfassend darzustellen.** So muss bspw. bei einer Rüge, die sich in entsprechender Anwendung des § 265 Abs. 1 auf die verletzte Hinweispflicht stützt, weil es in der Hauptverhandlung zu einer Veränderung der tatsächlichen Urteilsgrundlage oder zu einer Konkretisierung eines allgemein gefassten Anklagesatzes gekommen ist, die Revision auch zum Verlauf der die veränderten Punkte betreffenden Beweisaufnahme vortragen. Andernfalls vermag das Revisionsgericht nicht zu beurteilen, ob der Angeklagte bereits aus dem Gang der Verhandlung erfahren hat, dass das Gericht die Verurteilung auf eine andere tatsächliche Grundlage stellen will und der vermisste konkrete Hinweis deshalb nicht mehr erforderlich war.[345] Wird mit der Revision die Ablehnung eines Antrags auf Vernehmung eines bereits angehörten Zeugen geltend gemacht, muss mitgeteilt werden, dass und wozu der Zeuge in der Hauptverhandlung bereits ausgesagt hat.[346] Bei der Rüge der rechtsstaatlichen Verfahrensverzögerung darf sich die Darstellung des Verfahrensablaufs nicht allein auf die unmittelbar im Zusammenhang mit den genannten Beweiserhebungen stehenden Verfahrensvorgänge beziehen, sondern muss auch Ausführungen dazu enthalten, ob das Verfahren während der Zeiträume, die infolge erneuter Zeugenladung und der Einholung zweier Ergänzungsgutachten verstrichen sind, durch andere Beweiserhebungen gefördert wurde.[347] Um dem Revisionsgericht die Beurteilung zu ermöglichen, ob das Strafverfahren insgesamt angemessen zügig geführt wurde, hätte die Revision insgesamt zum Ablauf des Strafverfahrens vortragen müssen.[348] Macht der Angeklagte geltend, das Landgericht habe seine Berufung trotz Fernbleibens im Berufungshauptverhandlungstermin nicht verwerfen dürfen, da seine Anwesenheit nicht erforderlich gewesen und er durch einen Verteidiger mit schriftlicher Vertretungsvollmacht vertreten worden sei (§ 329 Abs. 2 S. 1), muss vorgetragen werden, dass sich der Verteidiger in der Berufungshauptverhandlung auf eine schriftliche Vollmacht des abwesenden Angeklagten berufen und eine solche dem Gericht gegenüber vorgelegt hat bzw. sich diese bei den Akten befindet.[349]

Die Pflicht zum vollständigen Vortrag verlangt schließlich auch, dass sich der Revisionsführer zu allen Rügevoraussetzungen verhält. Ist also für die Zulässigkeit einer Rüge erforderlich, dass ein **Zwischenrechtsbehelf gem. § 238 Abs. 2** erhoben wurde, verlangt eine vollständige Revisionsbegründung die Behauptung, dass die Entscheidung des Vorsitzenden in der Hauptverhandlung beanstandet wurde und ein gerichtlicher Beschluss herbeigeführt worden ist.[350] Die Vortragspflicht betrifft demnach alle Beanstandungsobliegenheiten, die von dem jeweiligen Verfahrensbeteiligten zu beachten sind. Daher gehört zu einer ordnungsgemäß

---

[342] BGH 3.1.2023 – 5 StR 298/22, BeckRS 2023, 286.
[343] Cirener NStZ-RR 2016, 33 (35); Cirener NStZ-RR 2017, 65 (66).
[344] BGH 12.8.1999 – 3 StR 277/99, NStZ 2000, 49 (50); 9.11.2006 – 1 StR 388/06, NStZ-RR 2007, 53 (54); Gericke in KK-StPO Rn. 38.
[345] BGH 20.11.2014 – 4 StR 234/14, NStZ 2015, 233 (234).
[346] BGH 1.6.2015 – 4 StR 21/15, NStZ 2015, 540 (541 mwN).
[347] BGH 4.9.2014 – 1 StR 75/14, StraFo 2015, 70 (71); als Checkliste zur den vorzutragenden Negativtatsachen der Rüge rechtsstaatswidriger Verfahrensverzögerung dient BGH 26.5.2004 – 2 Ars 33/04, StraFo 2004, 356.
[348] BGH 5.4.2016 – 1 StR 38/16, BeckRS 2016, 09503 Rn. 2.
[349] OLG Hamm 26.2.2019 – 5 RVs 11/19, BeckRS 2019, 5617.
[350] BGH 7.7.2009 – 1 StR 268/09, NStZ 2009, 647; ausführlich dazu Bauer NStZ 2012, 191.

erhobenen Verfahrensrüge, welche die fehlerhafte Verwerfung einer Besetzungsrüge zum Gegenstand hat, der Vortrag, dass der Besetzungseinwand rechtzeitig geltend gemacht wurde und nicht präkludiert ist.[351] Im Zusammenhang mit der sog. „Widerspruchslösung" bei Beweisverwertungsverboten[352] verlangt der BGH, dass auch das Erheben eines solchen **Widerspruchs** – dessen Fehlen einem Beweisverwertungsverbot aufgrund richterrechtlicher Rechtsfortbildung entgegensteht – in der Revisionsbegründung mitgeteilt werden muss;[353] dazu muss vorgetragen werden, dass der Widerspruch in der Hauptverhandlung erhoben wurde, zu welchem Zeitpunkt dies geschehen ist und welchen Inhalt der Widerspruch hatte.[354] Schließlich sind auch der ggf. auf den Widerspruch ergangene Gerichtsbeschluss, sowie die Umstände, aus denen sich die Begründetheit des Widerspruchs ergibt, vorzutragen.[355]

117 Der **Grundsatz der Vollständigkeit** verlangt weiterhin, dass Aktenteile, Teile des Hauptverhandlungsprotokolls, Schriftstücke wie bspw. Gutachten oder Niederschriften von Vernehmungen oder Tonband- und Videoaufnahmen,[356] auf die sich die Verfahrensrüge stützen soll, im Einzelnen bezeichnet und wörtlich bzw. wenigstens inhaltlich vollständig unter Angabe der Fundstelle im Text der Rüge wiedergegeben werden müssen.[357] Verweisen die Schriftstücke auf weitere Schriftstücke, die für das Revisionsvorbringen relevant sind, so sind auch diese wörtlich, zumindest aber dem wesentlichen Inhalt nach wiederzugeben.[358] Bei fremdsprachigen Texten ist eine deutsche Übersetzung erforderlich.[359] Möglich ist es, zitierte Urkunden „einzukopieren", wobei jedoch dringend auf Lesbarkeit zu achten ist.[360] Bei handschriftlichen, schwer lesbaren Urkunden ist eine Leseabschrift beizufügen. Unleserliche, dem Vortrag angefügte Kopien ziehen die Unzulässigkeit der Rüge nach sich;[361] dabei besteht auch keine Pflicht des Revisionsgerichts, den Beschwerdeführer vorab auf die aus der weitgehenden Unleserlichkeit eines in Bezug genommenen handschriftlichen Dokuments folgende Unzulässigkeit der Verfahrensrüge hinzuweisen.[362] Es genügt weder, diese Schriftstücke der Revisionsbegründung wie bei einer Zivilklage oder einer Verfassungsbeschwerde lediglich in der Anlage beizufügen, noch der bloße Verweis auf Aktenbestandteile unter Benennung der konkreten Blattzahlen.[363] Bezugnahmen jeder Art werden vom Rechtsmittelgericht nicht berücksichtigt, sie gelten als nicht geschrieben.[364] Erst recht reicht es daher nicht aus, wenn die konkrete Darstellung des Sachverhalts durch den allgemeinen Hinweis ersetzt wird, dass die Tatsachen aktenkundig seien, die den behaupteten Verfahrensverstoß begründen.[365]

---

351 BGH 30.7.1998 – 5 StR 574/97, BGHSt 44, 161 (162 f.) = NJW 1999, 154; BGH 12.1.2016 – 3 StR 490/15, BeckRS 2016, 03747; Frisch in SK-StPO Rn. 59.
352 Dazu auch BGH 16.2.2023 – 4 StR 93/22, NStZ 2023, 443.
353 BGH 15.10.2009 –5 StR 373/09, NStZ 2010, 157; 2.12.2010 – 4 StR 464/10, BeckRS 2011, 01254.
354 OLG Koblenz 1.9.2010 – 2 Ss 148/10, BeckRS 2011, 01617; OLG Frankfurt a. M. 26.8.2010 – 3 Ss 147/10, NStZ-RR 2011, 45 (45 f.); Frisch in SK-StPO Rn. 59; ausführlich im Hinblick auf die Geltendmachung eines Verwertungsverbotes sowohl bei Durchsuchung als auch bei Blutprobenentnahme Trück NStZ 2011, 202 (207).
355 Dahs Strafprozessrevision Rn. 501.
356 BGH 21.12.2016 – 3 StR 183/16, BeckRS 2016, 113216; Gericke in KK-StPO Rn. 39; Lohse in Krekeler/Löffelmann/Sommer Rn. 16; ausführlich zu den Anforderungen an Vortrag bei Videoaufnahmen und anderen digitalen Daten, Gercke/Wollschläger StV 2013, 106 (112ff.).
357 BGH 8.12.1993 – 3 StR 446/93, BGHSt 40, 3 (5) = NStZ 1994, 247 (247); BGH 27.10.2005 – 1 StR 218/05, NStZ-RR 2006, 48 (49); 4.9.2014 – 1 StR 314/14, HRRS 2015 Nr. 60 Rn. 14; Knauer NStZ 2016, 1 (4); Temming in Gercke/Julius/Temming/Zöller Rn. 10.
358 Mavany StraFo 2014, 494 (496).
359 Gericke in KK-StPO Rn. 38.
360 OLG Hamm 24.8.2001 – 2 Ss 688/01, NStZ-RR 2001, 376; Dahs/Müssig in MAH Strafverteidigung § 12 Rn. 85.
361 BGH 3.10.1984 – 2 StR 166/84, BGHSt 33, 44 (45) = NJW 1985, 443 (444); Lips JA 2006, 719 (721).
362 BGH 25.4.2023 – 5 StR 392/21, BeckRS 2023, 9648.
363 BGH 8.12.1993 – 3 StR 446/93, BGHSt 40, 3 (5) = NStZ 1994, 247 (247); BGH 27.10.2005 – 1 StR 218/05, NStZ-RR 2006, 48 (49); Franke in Löwe/Rosenberg Rn. 83; Frisch in SK-StPO Rn. 48; Schmitt in Meyer-Goßner/Schmitt Rn. 21.
364 Franke in Löwe/Rosenberg Rn. 82.
365 Gribbohm NStZ 1983, 97; Gericke in KK-StPO Rn. 38.

118 Da aufgrund der eindeutigen Regelung des Abs. 2 S. 2 die prozessuale Bringschuld beim Revisionsführer liegt, darf sich dieser keinesfalls darauf verlassen, dass das Revisionsgericht einen fehlenden Tatsachenvortrag selbstständig ergänzt (wenngleich es sich bei gleichzeitig erhobener Sachrüge dazu unter Hinzuziehung von im Urteil wiedergegebenen Tatsachen teils im Stande sieht, vgl. dazu bereits → Rn. 71). Ein **unvollständiger Vortrag führt** vielmehr **zur Unzulässigkeit der Rüge.** Angesichts der Formenstrenge des Revisionsverfahrens können fehlende Verfahrenstatsachen – etwas anderes gilt freilich für die Sachrüge, da hier das Gesetz keine ausführliche Darlegung vorschreibt – auch nicht nach Ablauf der Revisionsbegründungsfrist nachgeschoben werden.

119 Der revisionsgerichtliche Vollständigkeitsmaßstab verlangt eine **zusammenhängende und auch aus sich heraus verständliche Darstellung** des Sachverhalts für jede einzelne Rüge. Zweifel an der Zulässigkeit ergeben sich, wenn die Revisionsbegründung einen klar strukturierten Vortrag und eine erkennbare Unterscheidung zwischen Revisionsvortrag und zum Teil wahllos eingestreutem Akteninhalt vermissen lässt.[366] Die unkommentierte Beifügung des Protokolls genügt den Anforderungen ebenso wenig[367] wie die zusammenhangslose Mitteilung von diversen Schriftstücken.[368] Denn es ist nicht Aufgabe des Revisionsgerichts, den Revisionsvortrag innerhalb eines umfangreichen Revisionsvorbringens oder aus anderen Unterlagen zusammenzufügen oder zu ergänzen und dabei den Sachzusammenhang selbst herzustellen.[369] Deshalb bedarf **jede Verfahrensrüge** grundsätzlich auch ihrer **eigenen Begründung;** es reicht nicht aus, ein zur Begründung einer anderweitigen Rüge vorgebrachtes umfängliches Verfahrensgeschehen pauschal in Bezug zu nehmen, wenn dieses auch ausschließlich für die anderweitige Rüge relevante Vorgänge umfasst.[370]

120 Im Urteil mitgeteilte Verfahrensumstände muss der Revisionsführer nur dann ausführen, wenn nicht parallel auch die Sachrüge erhoben ist und das Revisionsgericht von dem Urteil nicht ohnehin Kenntnis nehmen muss. In diesem Fall kann das Revisionsgericht den Urteilsinhalt zur Prüfung der Verfahrensrüge ergänzend berücksichtigen, sodass der mangelhafte Vortrag der Verfahrensrüge unschädlich ist.[371] Freilich befreit aber der Umstand, dass das Revisionsgericht bei zugleich erhobener umfassender Sachrüge den Urteilsinhalt ergänzend berücksichtigen kann, nicht von der Anbringung einer Verfahrensrüge.[372]

121 **Ausnahmen** von der Pflicht zur erschöpfenden Darstellung werden dem Revisionsführer regelmäßig nur dann gewährt, wenn es sich um Tatsachen handelt, die weder allgemein noch den Verfahrensbeteiligten zugänglich sind, sondern sich lediglich aus gerichts- oder präsidiumsinternen Vorgängen ergeben.[373] Zwar besteht nach vereinzelter Rechtsprechung eine Pflicht zur erschöpfenden Darlegung der den Verfahrensmangel enthaltenden Tatsachen dann nicht, wenn die entsprechenden Unterlagen dem Verteidiger nicht zugänglich sind.[374] Zugängliches muss aber vorgetragen werden. Bei einer Besetzungsrüge muss daher der Revisionsführer jedenfalls die Tatsachen mitteilen, die sich aus dem Geschäftsverteilungsplan

---

[366] BGH 23.8.2006 – 5 StR 151/06, BeckRS 2006, 10485.
[367] BGH 24.7.2013 – 1 StR 234, HRRS 2013 Nr. 926 Rn. 12; BGH 24.7.2013 – 1 StR 234/13, bei Cirener NStZ-RR 2015, 1 (2), insoweit nicht abgedruckt in NStZ 2013, 727.
[368] BGH 22.4.2013 – 5 StR 88/13, HRRS 2013 Nr. 510 Rn. 1.
[369] BGH 22.2.2012 – 1 StR 647/11, NStZ-RR 2012, 178 (179); 4.9.2014 – 1 StR 75/14, StraFo 2015, 70 (72); 24.10.2022 – 5 StR 184/22, NStZ 2023, 127; 21.2.2023 – 2 RBs 18/23, BeckRS 2023, 2553.
[370] BGH 4.9.2014 – 1 StR 75/14, StraFo 2015, 70 (72). Gerade dieser Grundsatz ist zu übertriebene Förmelei. Wenn Revisionsrichter teils über den absurden Umfang von Revisionsschriftsätzen klagen, so ist das jedenfalls durch solche Vorgaben teils hausgemacht.
[371] BGH 20.3.1990 – 1 StR 693/89, BGHSt 36, 384 (385) = NStZ 1990, 349; BGH 23.9.1999 – 4 StR 189/99, BGHSt 45, 203 (204) = StV 2003, 596 (597); BGH 3.11.2000 – 2 StR 354/00, BGHSt 46, 189 (190 f.) = NJW 2001, 528.
[372] So ausdrücklich BGH 1.3.2011 – 1 StR 52/11 BGH NJW 2011, 1526 (1526).
[373] BGH 1.2.1979 – 4 StR 657/78, BGHSt 28, 290 (291) = NJW 1979, 1052; BGH 13.12.1979 – 4 StR 632/79, BGHSt 29, 162 (164); Franke in Löwe/Rosenberg Rn. 79; Temming in Gercke/Julius/Temming/Zöller Rn. 10; Frisch in SK-StPO Rn. 60.
[374] BayObLG 22.4.1992 – 4 St RR 65/92, NStZ 1992, 509 (510).

und zugänglichen Präsidiumsbeschlüssen ergeben.[375] Zu beachten ist dabei stets, dass der Revisionsführer grundsätzlich seiner im Rahmen des Möglichen und Zumutbaren liegenden **Erkundigungspflicht** nachkommen muss, die nach Auffassung der Rechtsprechung durchaus umfangreich ist und ggf. auch ein Nachfragen beim erstinstanzlichen Verteidiger[376] wie auch beim Gericht[377] umfasst. Revisionspraktisch sind diese Erkundigungen im Rahmen der Rüge vorzutragen, selbst wenn diese nicht von (vollständigem) Erfolg gekrönt waren.[378] Beruft sich der Antragsteller darauf, dass ihm aufgrund verwehrter Einsichtnahme seitens der Verfolgungsbehörden in bestimmte Unterlagen unterlassener eine vollständige Darstellung gerade nicht möglich ist, muss er sich, damit die Ausnahme von der an sich nach § 344 Abs. 2 S. 2 bestehenden Vortragspflicht gerechtfertigt und belegt wird, jedenfalls bis zum Ablauf der Frist zur Erhebung der Verfahrensrüge weiter um die Akteneinsicht bemüht haben und die entsprechenden Anstrengungen gegenüber dem Rechtsbeschwerdegericht auch dartun.[379]

122   d) **Vortrag negativer Tatsachen.** Nach dem bisher Gesagten zeigt sich, dass es zu den schwierigsten Begründungsanforderungen gehört, den revisionsgerichtlichen **Vollständigkeitsmaßstab** zu erfüllen. Ungeachtet der bereits dargelegten Anforderungen verschärft sich die Problematik dadurch, dass die Revisionsgerichte teils die Angabe solcher **gegenläufiger** (oder rügevernichtender) **Tatsachen** verlangen, durch die der dem Tatgericht unzweifelhaft unterlaufene Fehler (möglicherweise) im Nachhinein geheilt worden ist. Zudem wird darüber hinausgehend auch der Vortrag von **Negativtatsachen** im eigentlichen Sinne verlangt, also solcher Ausnahmetatbestände, die der Rüge den Boden entziehen würden, aber (anders als die rügevernichtenden) tatsächlich nicht stattgefunden haben (zur Differenzierung sogleich → Rn. 128).[380]

123   aa) **Grundsätze.** Der Leitgedanke des vollständigen Vortrages lässt sich auf den Grundsatz der **Einheit der Hauptverhandlung** zurückführen. Nach dem normativen Konzept (§§ 226 ff.) ist die Hauptverhandlung eine untrennbare Einheit, sodass für die Beantwortung der Frage, ob ein Verfahrensmangel vorliegt, nicht allein auf das singuläre Prozessgeschehen abzustellen ist, sondern auf die gesamte Hauptverhandlung.[381] Vor diesem Hintergrund ist durchaus nachvollziehbar, dass eine vollständige wie auch wahrheitsgemäße Beschreibung eines Verfahrensfehlers verlangt, dass sich der Revisionsführer zu dem gesamten relevanten prozessualen Geschehen, das sachlogisch zur betreffenden Rüge gehört, verhält.

124   Dabei gilt es bzgl. der Vortragspflicht von negativen Tatsachen allerdings zwischen **zwei unterschiedlichen Konstellationen zu differenzieren,** die oftmals miteinander vermengt werden:[382] Zum einen fallen hierunter **potentiell rügevernichtende Umstände,** die tatsächlich stattgefunden haben und die gegen das Vorliegen des behaupteten Rechtsfehlers sprechen bzw. diesen wieder heilen. Zum anderen geht es um solche Umstände, die **nicht passiert sind, aber – wären sie passiert –** der Rüge den Boden

---

[375] BGH 1.2.1979 – 4 StR 657/78, BGHSt 28, 290 (291) = NJW 1979, 1052.
[376] BGH 23.11.2004 – 1 StR 379/04, StV 2006. 459 mkritAnm Ventzke; Gericke in KK-StPO Rn. 38; Altvater StraFo 2014, 221 (224).
[377] Erkundigungspflicht bei zuständigen Stellen wie der Rechtsanwaltskammer oder dem Präsidenten des Landgerichts BGH 27.7.2006 – 1 StR 147/06, HRRS 2006 Nr. 765 Rn. 11; Schmitt in Meyer-Goßner/Schmitt Rn. 22; Nagel in Radtke/Hohmann Rn. 19.
[378] Dazu OLG Celle 15.7.2010 – 322 SsBs 159/10, StraFo 2010, 463.
[379] Zur Rüge einer Verletzung des rechtlichen Gehörs im Rechtsbeschwerdeverfahren, OLG Celle 10.6.2013 – 311 SsRs 98/13, NStZ 2014, 526, insoweit mkritAnm Cierniak/Niehaus NStZ 2014, 527 (528).
[380] Auf die teils unterschiedlich gehandhabte Terminologie hinweisend Mosbacher NStZ 2008, 262 (263); richtig die Unterscheidung etwa bei Mosbacher NStZ 2008, 262 (263) und bei Cirener NStZ-RR 2015, 1 (3 f.); Cirener NStZ-RR 2016, 33 (35 f.).
[381] Aufschlussreich Mosbacher NStZ 2008, 262 (263).
[382] Deutlich auf die uneinheitliche Terminologie hinweisend Mosbacher NStZ 2008, 262 (263); einen Überblick über diverse Definitionsansätze findet sich auch bei Güntge JR 2005, 496, der aufgrund der Mehrdeutigkeit der dort genannten Umschreibungen auf den Begriff der Negativtatsachen verzichten möchte.

entziehen würden. Nur bei **letzterer Fallgruppe** handelt es sich um **Negativtatsachen im eigentlichen Sinn,** da es um die Darlegung eines nicht stattgefundenen Prozessgeschehens geht. Die Tatsachen der ersten Fallgruppe betreffen hingegen stets ein prozessuales Geschehen, das sich wirklich ereignet hat, jedoch von der Warte des Revisionsführers aus ungünstig ist. In diesem Zusammenhang empfiehlt es sich, nicht von Negativtatsachen, sondern besser von **gegenläufigen** (oder rügevernichtenden) **Umständen** zu sprechen.[383]

Zu den **vortragspflichtigen gegenläufigen Umständen** gehören solche Geschehensabläufe, durch die ein grundsätzlich fehlerhaftes Prozessgeschehen bis zum Ende der Hauptverhandlung geheilt oder gegenstandslos geworden ist.[384] Der Revisionsführer kann sich in der Rügebegründung nach Auffassung der Rechtsprechung daher nicht darauf beschränken, selektiv die Tatsachen vorzutragen, die den behaupteten Verfahrensfehler stützen, für ihn also positiv sind, sondern er muss sich auch mit solchen Umständen auseinandersetzen, die nach den konkreten Umständen des Falles gegen das Revisionsvorbringen sprechen bzw. seiner Behauptung eines Verfahrensfehlers entgegenstehen.[385] Damit wird dem Revisionsführer die Verpflichtung auferlegt, für den Erfolg der Revision auch potentiell rügevernichtende Umstände anzuführen. Hierzu kann bspw. die Wiederholung eines Teils der Hauptverhandlung gehören, durch die ein Verfahrensfehler geheilt worden ist oder seine Relevanz verloren hat.[386] 125

Die Anforderungen an den Vollständigkeitsmaßstab sind solange noch relativ souverän zu handhaben, wie die Verletzung einer Norm gerügt wird, deren Systematik aus sich heraus ein Ge- oder Verbot enthält. Das ist jedoch eher selten der Fall; regelmäßig handelt es sich um Vorschriften, die zu einem mehrschichtigen Regel-Ausnahme-Verhältnis gehören;[387] hinzukommen richterrechtlich geprägte Ausnahmetatbestände. Angesichts des Vollständigkeitspostulats erscheint es auf den ersten Blick durchaus logisch, dass die Begründung auch Behauptungen dazu enthalten muss, dass solch bestimmte **Ausnahmesachverhalte,** die dem Verfahrensfehler entgegenstehen würden, **nicht** gegeben sind. Die Anforderungen, die an den Vortrag solcher **Negativtatsachen,** also das Fehlen von etwaigen fehlerkompensierenden Ausschlussgründen, gestellt werden, bereiten dem Revisionsführer in der praktischen Handhabung aber besonders große Schwierigkeiten.[388] Die revisionsgerichtliche Rechtsprechung verlangt mittlerweile den Vortrag von Negativtatsachen zwar nur dann, wenn eine dem geltend gemachten prozessualen Fehler entgegenstehende Verfahrenslage nach der konkreten Fallgestaltung durch besondere Verfahrensvorgänge jenseits des Fehlers ernsthaft infrage kommt.[389] Ist dies der Fall, muss die Revision diese Möglichkeit ausdrücklich ausschließen, sofern nicht im Einzelfall die Anforderungen an den Vortrag überspannt werden.[390] 126

Zu den **vortragspflichtigen Negativtatsachen** soll gehören, dass es im weiteren Verlauf der Hauptverhandlung keine Verfahrensvorgänge gegeben hat, die der erhobenen Rüge durch Heilung oder sonst den Boden entziehen. Angesichts der vielfältigen Sachverhaltskonstellationen muss sich die Darstellung darauf beschränken, einige ausgewählte Beispiele zu nennen, die einen Eindruck des Begründungsumfangs vermitteln: 127
– Wird bspw. geltend gemacht, über die **Vereidigung eines Zeugen** sei trotz entsprechenden Antrages rechtsfehlerhaft nicht entschieden und er sodann entlassen worden, so muss

---

[383] Cirener NStZ-RR 2011, 134 (136).
[384] Dazu auch Schnarr FS Nehm, 2006, 327 (334).
[385] BGH 9.11.2006 – 1 StR 388/06, NStZ-RR 2007, 53 (54); Cirener NStZ-RR 2015, 1 (3); Cirener NStZ-RR 2016, 33 (36); Franke in Löwe/Rosenberg Rn. 78; Gericke in KK-StPO Rn. 38.
[386] Cirener NStZ-RR 2011, 134 (136); Cirener NStZ-RR 2015, 1 (3); Cirener NStZ-RR 2016, 33 (36).
[387] So auch Hamm Rn. 224; Nagel in Radtke/Hohmann Rn. 18.
[388] Von einem besonderen Problem spricht auch Geipel StraFo 2011, 9 (10).
[389] BGH 28.11.1990 – 3 StR 170/90, BGHSt 37, 245 (248); 12.8.1999 – 3 StR 277/99, NStZ 2000, 49 (50); Mosbacher NStZ 2008, 262 (264), s. auch BVerfG 25.1.2005 – 2 BvR 656/99, 657/99, 683/99, NStZ 2005, 522.
[390] So die ständige Rechtsprechung, vgl. Cirener NStZ-RR 2013, 1 (4); NStZ-RR 2014, 33 (36); NStZ-RR 2015, 1 (3 f.); NStZ-RR 2016, 33 (36); Sander NStZ-RR 2005, 1 (3); Widmaier StraFo 2006, 437 (438).

weiter vorgetragen werden, dass die Vereidigung des entlassenen Zeugen im weiteren Verlauf der Hauptverhandlung bis zur Urteilsverkündung nicht nachgeholt worden ist.[391]
– Wird gerügt, dass eine **im Urteil verwertete Urkunde** nicht gem. § 249 Abs. 1 verlesen worden ist, so gehört zur ordnungsgemäßen Begründung der Verfahrensrüge auch der Vortrag, dass ihr verwerteter Inhalt auch nicht in sonst zulässiger Weise eingeführt wurde, etwa im Selbstleseverfahren gem. § 249 Abs. 2 oder durch Aussage.[392] Das BVerfG hat die zusätzliche Zulässigkeitshürde in diesem Fall nicht beanstandet und mit dem Grundgesetz für vereinbar gehalten.[393] Zur Begründung wird darauf hingewiesen, dass aufgrund prozessualer Überholung schon gar kein rügefähiger Verfahrensfehler vorliege, wenn die Urkunde auf anderem Wege eingeführt wurde;[394] der Vortrag darüber, dass der Inhalt der Urkunde nicht auf anderem Weg eingeführt wurde, ist somit konstitutiv für die den Mangel enthaltenden Tatsachen. Der Darlegung solcher Negativtatsachen bedarf es aber dann nicht, wenn in den Urteilsgründen ausdrücklich auf die „Verlesung" der Urkunde abgestellt wird,[395] diese tatsächlich aber nicht erfolgt ist.
– Wird mit einer Verfahrensrüge beanstandet, das Tatgericht habe sich mit einer gemäß **§ 273 Abs. 3 S. 1 wörtlich niedergeschriebenen, verlesenen und genehmigten Aussage** nicht auseinandergesetzt, obwohl deren Würdigung geboten gewesen sei, muss der Revisionsführer darüber hinaus auch darlegen, dass sich der Inhalt oder die Beweiserheblichkeit nicht durch den Verlauf der weiteren Hauptverhandlung verändert hat.[396]
– Die **unzutreffende Annahme eines Verwertungsverbots durch das Tatgericht** nach § 136a Abs. 3 ist revisionsrechtlich als Verletzung der gerichtlichen Aufklärungspflicht nach § 244 Abs. 2, § 245 zu rügen, wobei die Zulässigkeit der Rüge (der StA) aber gegebenenfalls die Darlegung erfordert, dass ein Verstoß gegen § 136a nicht fortgewirkt hat.[397]
– Bei einer Rüge, die eine **Verletzung des § 81a Abs. 2 aF** zum Gegenstand hat, gehört zur vollständigen Darstellung die Beschreibung des zur Blutentnahme führenden Sachverhalts sowie, wenn es wegen Gefahr im Verzug darauf ankommt, die Beschreibung aller zeitlichen Umstände und der gegebenen Situation, ob ein Richter hätte erreicht werden können und der Vortrag zu einem form- und fristgerecht erhobenen Widerspruch (dazu bereits → Rn. 116). Jedenfalls verlangt die Rüge die Mitteilung einer *fehlenden* Einwilligung des Betroffenen,[398] weil anderenfalls die Anordnung nach § 81a Abs. 2 überflüssig ist, wie sich bereits unmittelbar aus dem Wortlaut von § 81a Abs. 1 ergibt. Mit Einführung der Anordnungskompetenz von StA und Polizei gem. § 81a Abs. 2 S. 2 kommt ein Verstoß gegen den in § 81a Abs. 2 S. 1 normierten Richtervorbehalt allerdings nicht mehr in Betracht, wenn es sich um ein dort genanntes Straßenverkehrsdelikt handelt. Entsprechendes gilt letztlich auch für die Rüge der **Verletzung des Richtervorbehalts** bei **Durchsuchungen gem. § 105 Abs. 1**. Auch wenn im Zusammenhang mit Durchsuchungen nach § 102 ff. die fehlende Einwilligung nicht als Tatbestandsvoraussetzung genannt ist, enthebt dies den Revisionsführer nicht davon, bei konkretem Anlass auf

---

[391] Dahs/Müssig in MAH Strafverteidigung § 12 Rn. 88.
[392] So die stRspr BGH 11.4.2001 – 3 StR 503/00, NStZ 2001, 425 (425); OLG Koblenz 24.3.2011 – 2 SsBs 154/10, NStZ-RR 2011, 352 mwN; BGH 17.7.2014 – 4 StR 78/14, NStZ 2014, 604 (605); 12.5.2016 – 4 StR 569/15, StraFo 2016, 347 (347); Dahs FS Salger, 1995, 217 (225); Frisch in SK-StPO Rn. 65.
[393] BVerfG 25.1.2005 – 2 BvR 656/99, 657/99 u. 683/99, BVerfGE 112, 185 (209) = NJW 2005, 1999 (2001 ff.).
[394] Mosbacher NStZ 2008, 262 (263); dazu auch Frisch in SK-StPO Rn. 65; dagegen kritisch Hamm Rn. 226.
[395] BGH 22.9.2006 – 1 StR 298/06, NStZ 235 (236); Dahs FS Salger, 1995, 217 (225, dort Fn. 27) Mosbacher NStZ 2008, 262 (263).
[396] BGH 3.4.2001 – 1 StR 58/01, StV 2002, 354.
[397] BGH 9.3.1995 – 4 StR 77/95, NJW 1995, 2047.
[398] OLG Celle 16.7.2008 – 311 SsBs 43/08, NJW 2008, 3079; OLG Hamburg 4.2.2008 – 2-81/07 (REV), NJW 2008, 2597 (2599); OLG Frankfurt a. M. 26.8.2010 – 3 Ss 147/10, NStZ-RR 2011, 4; OLG Köln 26.8.2011 – 1 RBs 201/11, StV 2012, 6; Metz NStZ-RR 2014, 329 (334).

rügevernichtende Umstände einzugehen.[399] Solche können bspw. vorliegen, wenn sich im Durchsuchungsprotokoll ein Vermerk findet, der Betroffene habe der Durchsuchung zugestimmt.[400]

– Die Rüge der **Verletzung des § 168c Abs. 5 S. 1** verlangt den Vortrag von Negativtatsachen dahingehend, ob der Beschuldigte durch seinen Verteidiger Kenntnis von der bevorstehenden Vernehmung erhalten hat, sofern nicht der Beschuldigte, aber sein Verteidiger mit langem Vorlauf informiert worden war.[401]

– Rügt die StA die **Nichtverlesung eines Sachverständigengutachtens,** so soll auch der Vortrag der fehlenden Zustimmung aller Verfahrensbeteiligten erforderlich sein, weil mit der Zustimmung der Verstoß gegen das Unmittelbarkeitsgebot geheilt werden könnte.[402]

Gerade in der jüngeren Zeit finden sich aber gelegentlich auch (begrüßenswerte!) Einschränkungen dieser Pflicht. So hat der 2. Strafsenat des BGH schon in einer Entscheidung aus dem Jahr 2012 eine **Überdehnung der Vortragspflicht** angenommen. Dort lehnte das Revisionsgericht es für die Zulässigkeit der Rüge eines Verstoßes gegen § 252 ausdrücklich ab, dass die Begründung auch den Vortrag enthalten müsse, der zeugnisverweigerungsberechtigte Zeuge, der erst in der Hauptverhandlung von seinem Zeugnisverweigerungsrecht Gebrach macht, habe der Verwertung seiner früheren Aussage (§ 251 Abs. 2 Nr. 3) auch nicht nach ausdrücklicher, qualifizierter Belehrung hierüber zugestimmt. Nach Auffassung des Revisionssenats würde es die Regelung des § 344 Abs. 2 S. 2 unzulässig überdehnen, für die Zulässigkeit der Geltendmachung eines Verstoßes gegen § 252 den Vortrag einer Negativtatsache durch den Revisionsführer zu verlangen, wonach die Voraussetzungen dieser eng begrenzten Ausnahme von dem gesetzlichen Verwertungsverbot *nicht* gegeben sind.[403] Auch der 5. Strafsenat begrenzt die Vortragspflicht in einer Entscheidung, in der bei der Rüge der Nichtgewährung des letzten Wortes der Zulässigkeit nicht entgegenstehe soll, dass die Revision keine ausdrücklichen Angaben dazu gemacht hat, ob der Angeklagte am letzten Tag der Hauptverhandlung tatsächlich anwesend war (und nicht nach § 231 Abs. 2 in Abwesenheit gegen ihn verhandelt wurde); denn „Negativtatsachen" seien nur dann mitzuteilen, wenn eine dem geltend gemachten prozessualen Fehler entgegenstehende Verfahrenslage nach der konkreten Fallgestaltung ernsthaft in Frage komme, wobei vorliegend zu berücksichtigen sei, dass die Anwesenheit des Angeklagten bei Schluss der Beweisaufnahme und Verkündung des Urteils den von der Strafprozessordnung vorgesehenen Normalfall darstelle.[404] Der 4. Strafsenat[405] verlangt bei einer Rüge der Nichtbelehrung einer angehörigen Zeugin vor Beginn ihrer Vernehmung in der Hauptverhandlung nicht, dass sich die Revisionsbegründung zum Ausschluss einer möglichen Heilung des Belehrungsverstoßes dahingehend verhält, ob die Zeugin im weiteren Verlauf der Hauptverhandlung noch einmal vernommen worden wäre; ein Vortrag von Negativtatsachen sei nämlich nur erforderlich, wenn sich aus dem von der Revision selbst vorgetragenen oder aus Protokoll und Akteninhalt ersichtlichen Verfahrensablauf konkrete Anhaltspunkte für einen Sachverhalt ergeben, welcher der erhobenen Rüge die Grundlage entziehen kann. Inwieweit solche Signale – insbesondere die Formulierung des 5. Senats von der fehlenden Mitteilungspflicht mit Blick auf die prozessualen „Normalfälle" könnte hier ertragreich sein – über die konkret entschiedenen Fälle hinaus weiterwirken, bleibt abzuwarten. Wünschenswert wäre es, zumindest für das Fehlen von nur richterrechtlich geprägten Ausnahmetatbeständen.[406]

bb) Kritik. Nach alledem braucht man kein Revisionsspezialist zu sein, um sich klar zu machen, dass das Erfordernis des Vortrages von Tatsachen, die nicht passiert sind, eine

---

[399] Trück NStZ 2011, 202 (207).
[400] OLG Hamm 18.8.2009 – 3 Ss 293/08, NJW 2009, 3109 (3109 f.).
[401] BGH 7.10.2014 – 1 StR 381/14, NStZ 2015, 98.
[402] BGH 21.12.2016 – 1 StR 253/15, BeckRS 2016, 116676.
[403] BGH 13.6.2012 – 2 StR 112/12, BGHSt 57, 254 (256) = NJW 2012, 3192; zustimmend Kudlich JA 2012, 873 (874) ebenso zustimmend Schmitt NStZ 2013, 213 (214).
[404] Vgl. BGH 16.8.2022 – 5 StR 101/22, BeckRS 2022, 22046.
[405] BGH 5.8.2021 – 4 StR 143/21, NStZ 2002, 126.
[406] Kudlich JA 2012, 873 (874).

nahezu unprognostizierbare Vielfalt an Möglichkeiten für das Revisionsgericht bereit stellt, Rügen als unzulässig zurückzuweisen.[407] Die Brisanz wird durch den Verweis auf die konkrete Verfahrensgestaltung nur noch verschärft und gipfelt schließlich in der uneinheitlichen Einzelfallrechtsprechung.

130 Letztlich wird der **Revisionsführer im Unklaren gelassen, wann welche Negativtatsachen vorzutragen sind,** und ihm bleibt mitunter nichts anderes übrig, als im Trüben zu fischen. Geht man von der Prämisse aus, dass der Inhalt der Vortragspflicht für den Revisionsführer vorhersehbar sein soll,[408] überdehnt die revisionsgerichtliche Rechtsprechung diese mit dem Erfordernis des Vortrages der Negativtatsachen. Insbesondere dort, wo es um die Darlegung über das Nichtgegebensein möglicher Ausnahmetatbestände geht, überschreitet die Rechtsprechung nicht nur den eindeutigen Wortlaut von Abs. 2 S. 2,[409] sondern auch die damit verfolgte ratio legis. Die Vorschrift bezweckt die verfahrenstatsächliche Konkretisierung und Individualisierung des Verfahrensmangels (dazu bereits → Rn. 99 f.) und soll nach dem Willen des historischen Gesetzgebers die Arbeit der Revisionsgerichte erleichtern: *„In keinem Falle kann es die Aufgabe des Revisionsgerichts sein, die Akten behufs Auffindung solcher Tatsachen durchzusehen, welche der aufgestellten Rüge etwa zur Grundlage dienen könnten."*[410] Diesem Erfordernis wird Genüge getan, wenn all diejenigen Tatsachen vorgetragen werden, die den Mangel unmittelbar enthalten.[411] Insofern ist das Vortragserfordernis für klar vorhandene gegenläufige Tatsachen diesem Zweck entsprechend und nicht zu kritisieren. Man mag bereits bezweifeln, ob die Vorschrift dazu verpflichtet, spätere Zufallsheilungen[412] darzulegen, **keinesfalls ergibt sich aus ihr aber die Pflicht,** abschließend zu allen auch nur theoretisch bestehenden Möglichkeiten Stellung zu nehmen, die den Mangel hätten ausschließen bzw. heilen können, vom Gericht aber nicht genutzt wurden. Jede andere Interpretation verkennt, dass Abs. 2 S. 2 ein Zulässigkeitserfordernis für Verfahrensrügen statuiert, die Begründetheit der Rüge und das Beruhen aber erst in einem zweiten und dritten Schritt zu prüfen ist. Die Rechtsprechung vermengt indes die Anforderungen zur Begründungpflicht mit der Beruhensfrage,[413] zu der der Revisionsführer aber in der Regel nichts vorzutragen hat (→ Rn. 143 f.). Dies hat zur Folge, dass eine Rüge wegen unvollständigen Sachvortrags als unzulässig behandelt werden kann, obwohl die Rüge tatsächlich sogar begründet ist, da es einen rügezerstörenden Ausnahmetatbestand nicht gibt und das Urteil auf dem gerügten Verfahrensmangel beruht.[414] Die Zeche hierfür muss regelmäßig der Angeklagte zahlen.

131 Durch die Erweiterung der Begründungspflicht auch auf Kundgabe von Negativtatsachen wird unterm Strich die dem Abs. 2 S. 2 **zugedachte Filterfunktion geradezu ins Gegenteil verkehrt.** Denn ob im Hinblick auf die konkrete Verfahrensgestaltung die vorgetragene Begründung vollständig war, lässt sich auch für das Revisionsgericht nur mit einem Blick in die Akten feststellen, der nicht selten mit akribischem Fleiß (freilich regelmäßig durch die Bundesanwaltschaft) durchgeführt wird.[415] Unter der Prämisse von Rechtsstaatlichkeit und effektivem Rechtsschutz sollte der Blick in die Akten dann aber nicht dazu verwendet werden, um irgendwelche versteckten Details zu finden, die gemessen an rigiden Maßstäben hätten vorgetragen werden sollen; vielmehr ist dieser der Begründetheitsprüfung zu Grunde zu legen.[416] Immerhin besteht hierin die eigentliche revisionsgerichtliche Tätig-

---

[407] Knauer NStZ 2016, 1 (5).
[408] Vgl. BVerfG 25.1.2005 – 2 BvR 656/99, 657/99 u. 683/99, BVerfGE 112, 185 (209) = NJW 2005, 1999 (2001); Mosbacher NStZ 2008, 262 (263).
[409] Ausdrücklich ablehnend auch Roxin/Schünemann StrafVerfR § 55 Rn. 47.
[410] Hahn/Mugdan Die gesamten Materialien zu den Reichsjustizgesetzen, Bd. III, S. 253, zitiert aus Mosbacher NStZ 2008, 262 (263).
[411] So auch Kutzer StraFo 2000, 325 (326).
[412] Widmaier StraFo 2006, 437 (439).
[413] Von einer „fehlerhaften Vorverlagerung der Beruhensfrage" spricht auch Fezer FS Hanack, 1999, 331 (346).
[414] So zutreffend auch Frisch in SK-StPO Rn. 63; Dahs FS Salger, 1995, 217 (228); Weiler FS Meyer-Goßner, 2001, 571 (588); Widmaier StraFo 2006, 437 (438).
[415] So auch Bauer NStZ 2012, 191 (192).
[416] Dazu bereits Kutzer StraFo 2000, 325 (327); Widmaier StraFo 2006, 437 (439).

keit. Wenn Revisionsrichter bisweilen über den teilweise absurden Umfang von Verfahrensrügen (etwa mit mehr als 1.000 Seiten) klagen, so ist dies schon vor dem Hintergrund der allgemeinen Anforderungen an deren Begründung hausgemacht; mit der Rechtsprechung zu den Negativtatsachen wird allerdings eine Unsicherheit geschürt, die weiteren, an sich überflüssigen Vortrag geradezu provoziert.

e) Keine Protokollrüge. Den Revisionsführer trifft zwar **keine formelle „Beweislast"**[417] für den behaupteten Verfahrensfehler (dazu bereits → Rn. 103). Das ändert jedoch nichts daran, dass sich eine Verfahrensrüge als erfolglos erweisen wird, wenn der Verfahrensverstoß nicht bewiesen werden kann. Insofern ist der Revisionsführer gut beraten, die behaupteten Verfahrensverstöße bestmöglich zu belegen.[418] Eine zentrale Bedeutung erlangt somit das **Hauptverhandlungsprotokoll (§ 273)**, dessen formelle Beweiskraft (§ 274 S. 1) der Vereinfachung des Revisionsverfahrens dient, indem sie dem Revisionsgericht die Prüfung von Verfahrensfehlern erleichtern will.[419] Danach gilt als geschehen, was im Protokoll steht (positive Beweiskraft), selbst wenn diese Tatsachen gar nicht stattgefunden haben. Gleichzeitig gilt als nicht geschehen, was nicht im Protokoll steht (negative Beweiskraft), selbst wenn dieser Verfahrensvorgang tatsächlich stattgefunden hat. Zu beachten ist jedoch, dass sich die **formelle Beweiskraft** nur auf die für die **Hauptverhandlung vorgeschriebenen Förmlichkeiten** bezieht, wozu jedenfalls die wesentlichen Förmlichkeiten zählen, die gem. § 273 in die Sitzungsniederschrift aufzunehmen sind (dazu → § 274 Rn. 8; → § 273 Rn. 9 ff.). **Alle anderen Verfahrenstatsachen** sind hingegen im Wege des **Freibeweises** zu klären, also insbesondere durch (dienstliche) Äußerungen von Prozessbeteiligten, einschließlich des Verteidigers, Urkunden, Akteninhalt, eidesstattliche Erklärungen; freilich ist auch das Sitzungsprotokoll mit seinem gesamten Inhalt nicht von der absoluten Beweiskraft umfasst. Auch verliert das Protokoll seinen absoluten Beweiswert, wenn es lückenhaft, unklar, widersprüchlich oder sonst auslegungsbedürftig ist.[420] 132

aa) Unzulässigkeit der Protokollrüge. So kontrovers einerseits über viele Fragen im Zusammenhang mit der Verfahrensrüge diskutiert wird, so unbestritten ist andererseits im Grundsatz sowohl in Rechtsprechung wie auch im Schrifttum, dass die bloße Protokollrüge, also der **alleinige Verweis auf Protokollierungsfehler,** nicht nur unbegründet, sondern **bereits unzulässig** ist;[421] auch kann mit einer Rüge nicht das Fehlen des Protokolls geltend gemacht werden.[422] Dasselbe gilt auch für die Behauptung von bloßen Aktenwidrigkeiten.[423] 133

Die **Unzulässigkeit der Protokollrüge** ergibt sich aus der revisionsrechtlichen Dogmatik des Abs. 2 S. 2. Ausweislich der gesetzlichen Regelung sind bei der Verfahrensrüge die den **Verfahrensmangel enthaltenden Tatsachen** darzulegen. Bei der Protokollrüge beanstandet der Revisionsführer aber **lediglich Unzulänglichkeiten der Protokollierung** und keinen darüber hinaus gehenden Verfahrensfehler. Hinzu kommt, dass das Urteil 134

---

[417] Dahs/Müssig in MAH Strafverteidigung § 12 Rn. 74.
[418] Vgl. dazu BGH 10.10.2013 – 4 StR 135/13, NStZ-RR 2014, 15: „Dessen ungeachtet scheitert die Rüge auch deshalb, weil eine Aussage des Zeugen KHK D mit dem von der Revision für erörterungspflichtig erachteten Inhalt verfahrensrechtlich nicht bewiesen ist."
[419] BGH 24.2.1976 – 1 StR 764/75, NJW 1976, 977 (978); Schmitt in Meyer-Goßner/Schmitt § 274 Rn. 2; Park StraFo 2004, 335 (336).
[420] BGH 20.9.2005 – 3 StR 214/05, NStZ 2006, 117; Dahs/Müssig in MAH Strafverteidigung § 12 Rn. 75; Dahs Strafprozessrevision Rn. 520 mit vielen Nachweisen aus der Rspr.; zum Wegfall der Beweiskraft bei offensichtlichen Mängeln, Beckemper ZJS 2012, 286 (288).
[421] BGH 1.2.1955 – 5 StR 678/54, BGHSt 7, 162 (163 f.) = NJW 1955, 641 (641); BGH 20.4.2006 – 4 StR 604/05, NStZ-RR 2007, 52 (53); Gericke in KK-StPO Rn. 60; Nagel in Radtke/Hohmann Rn. 27; Temming in Gercke/Julius/Temming/Zöller Rn. 21; Momsen in Satzger/Schluckebier/Widmaier StPO Rn. 38; Cirener NStZ-RR 2015, 1 (1 f.). Franke in Löwe/Rosenberg Rn. 86.
[422] BGH 17.7.1991 – 3 StR 4/91, NStZ 1991, 502; Roxin/Schünemann StrafVerfR § 51 Rn. 12; Momsen in Satzger/Schluckebier/Widmaier StPO Rn. 38.
[423] Gericke in KK-StPO Rn. 21.

auf einem Fehler des Protokolls nicht beruhen kann (§ 337); das ergibt sich schon daraus, dass das Protokoll regelmäßig erst nach dem Erlass des Urteils fertiggestellt wird.[424] Nicht das Schweigen der Niederschrift über einen wesentlichen Vorgang, sondern dessen Unterbleiben in der Hauptverhandlung ist der Verfahrensfehler und damit die Tatsache, auf die die Revision gestützt werden kann.[425] Das Protokoll dient gem. § 274 hingegen ausschließlich dem Nachweis bestimmter Verfahrensvorgänge und ist daher als Beleg für den behaupteten Verfahrensverstoß heranzuziehen.[426]

135 Trotz des Telos von § 274, das Revisionsverfahren zu vereinfachen, kann sich die formelle Beweiskraft des Protokolls für den Revisionsführer im Hinblick auf seine Beweisführung als problematisch erweisen. Schließlich hat das **Revisionsgericht** aufgrund der formellen Beweiskraft des Protokolls **von einem feststehenden Verfahrensgang** auszugehen:[427] Die **negative Beweiskraft des Protokolls** hat zur Folge, dass ein tatsächlich vorgefallener Rechtsverstoß, der eine wesentliche Förmlichkeit des Verfahrens betrifft, nicht mit Erfolg gerügt werden kann, wenn er sich nicht auch aus dem Protokoll ergibt. Ist bspw. im Protokoll weder vermerkt, dass der Angeklagte während einer Zeugenbefragung vorrübergehend aus dem Sitzungssaal entfernt worden war, noch dessen spätere Unterrichtung über das, was während seiner Abwesenheit ausgesagt worden ist (§ 247 S. 4), gibt das Protokoll der Revision keine Grundlage für die Rüge.[428] Dasselbe gilt auch für die **positive Beweiskraft,** wenn etwa im Protokoll vermerkt ist, dass dem Angeklagten nach dem Wiedereintritt in die Hauptverhandlung erneut das letzte Wort erteilt wurde, obwohl dies tatsächlich gar nicht der Fall war. In beiden Konstellationen müsste der Revisionsführer zunächst einen **Antrag auf Berichtigung des Protokolls** stellen, um sich erst einmal die Grundlage für die Verfahrensrüge zu verschaffen.[429] Denn bei dem Revisionsgericht bekannt gewordenen Mängeln des Protokolls, insbesondere nicht beurkundeten Verfahrensvorgängen, die an sich der negativen Beweiskraft unterfallen, kann das Tatgericht einen **Berichtigungsbeschluss**[430] erlassen. Vor dem Hintergrund, dass die Revisionsbegründungsfrist nur einen Monat (§ 345 Abs. 1) beträgt, ist der bloße Verweis auf ein Protokollberichtigungsverfahren allerdings kritisch zu sehen. Innerhalb dieser kurzen Zeitspanne wird es regelmäßig nicht möglich sein, das Berichtigungsverfahren erfolgreich durchzuführen. Angesichts der Tatsache, dass der Revisionsführer Gefahr läuft, die Rüge verspätet zu erheben, ist ihm ein solches Zuwarten kaum zuzumuten. Um aber dem Revisionsführer sein Recht auf effektiven Rechtsschutz zu gewähren, muss ihm vielmehr die Möglichkeit zugestanden werden, zunächst auf Grundlage des fehlerhaften Protokolls seine Rüge darzulegen. Denn bei dem Tatgericht ist als judex a quo nicht nur die Revisionsbegründung anzubringen (§ 345 Abs. 1); dieses ist schließlich auch für das Berichtigungsverfahren zuständig. Dadurch kann dem Revisionsvorbringen, das sich auf fehlerhaft beurkundete Verfahrensvorgänge stützt, zumindest ein konkludenter Berichtigungsantrag entnommen werden.

136 Die **formelle Beweiskraft des Protokolls** führt also nicht nur zur Vereinfachung des Revisionsverfahrens, sondern **gerät nicht allzu selten mit dessen Zielen in Konflikt.** Das gilt insbesondere deshalb, weil für das Revisionsgericht auch dann ein Verfahrensfehler vorliegt, wenn im Protokoll ein Fehler beurkundet ist, der tatsächlich aber nicht passiert ist und damit zur Aufhebung des Urteils führen kann. Es verwundert daher nicht, dass die Revisionsrechtsprechung unter Berufung auf die **materielle Wahrheit** bemüht ist, die Wirkungen von § 274 einzuschränken.[431] Nachdem den Revisionsführern zunächst die

---

[424] Radtke NStZ 2013, 669 (669).
[425] BGH 1.2.1955 – 5 StR 678/54, BGHSt 7, 162 (163 f.) = NJW 1955, 641 (641); Momsen in Satzger/Schluckebier/Widmaier StPO Rn. 38; Hamm Rn. 215.
[426] Radtke NStZ 2013, 669 (669).
[427] BGH 14.1.2016 – 3 StR 386/15, BeckRS 2016, 03744 Rn. 4.
[428] BGH 31.5.1951 – 3 StR 106/51, BGHSt 1, 259 (261).
[429] Gericke in KK-StPO Rn. 60; Momsen in Satzger/Schluckebier/Widmaier StPO Rn. 38.
[430] Zum Fall der Unwirksamkeit des Berichtigungsbeschlusses BGH 10.2.2015 – 4 StR 595/14, NStZ 2015, 358 (358 f.).
[431] Beckemper ZJS 2012, 286 (286); Roxin/Schünemann StrafVerfR § 51 Rn. 11.

missbräuchliche Berufung auf das Protokoll versagt wurde,[432] ist seit der Entscheidung des Großen Senats für Strafsachen eine Protokollberichtigung nunmehr auch dann zulässig, wenn bei Einhaltung eines formell ordnungsgemäßen Berichtigungsverfahrens[433] zum Nachteil des Beschwerdeführers einer bereits ordnungsgemäß erhobenen Verfahrensrüge die Tatsachengrundlage nachträglich entzogen wird.[434] Damit wurde die weit über hundert Jahre währende Rechtsprechung zum Verbot der **Rügeverkümmerung,** wonach eine nachträgliche, rügevernichtende Berichtigung des Protokolls für eine bereits zulässig erhobene Rüge keine Berücksichtigung finden durfte,[435] mit wenig überzeugender Argumentation aufgegeben (dazu ausführlich → Einl. Rn. 270 ff. sowie → § 274 Rn. 43 ff.). Diese Kurswende sieht sich in der Praxis zwar zu Recht erheblicher Kritik ausgesetzt (→ § 274 Rn. 58 ff.),[436] wurde aber vom BVerfG für zulässig erklärt.[437]

Dem Revisionsführer muss also stets daran gelegen sein, alle Elemente beizubringen, **137** die dem Revisionsgericht die Überzeugung vermitteln, dass sich der Verfahrensverstoß wie behauptet ereignet hat.[438] Soweit wie dies zur Darlegung des Verfahrensmangels erforderlich ist, ist der Inhalt der Sitzungsniederschrift erschöpfend vorzutragen.[439] Zwar muss eine unzulässige Protokollrüge nicht schon dann vorliegen, wenn der Revisionsführer *„ausweislich des Hauptverhandlungsprotokolls"* seine Behauptung eines Verfahrensfehlers lediglich untermauern möchte, ohne die Ernsthaftigkeit der Tatsachenbehauptung selbst in Frage zu stellen.[440] Um nicht bereits die Zulässigkeit der Rüge zu gefährden, sollte der Revisionsführer aber tunlichst auf solch doppeldeutige Formulierungen (wie etwa, dass sich aus dem Fehlen der Protokollierung der Verfahrensfehler ergebe) verzichten[441] und bloße Bezugnahmen auf das Protokoll unterlassen.[442] Zur Auslegung bereits → Rn. 67 ff.

bb) Keine Ausnahme bei § 273 Abs. 1a. Eine **Ausnahme** vom Grundsatz der **138** Unstatthaftigkeit der Protokollrüge wurde in den letzten Jahren im Zusammenhang mit einer **vorausgegangenen Verständigung, § 257c,** diskutiert. Nachdem der Zweite Senat des BVerfG in seiner Grundsatzentscheidung zur strafprozessualen Verständigung den Mit-

---

[432] BGH 11.8.2006 – 3 StR 284/05, BGHSt 51, 88 = NJW 2006, 3579; abl. u.a. Kudlich JA 2007, 154; Gaede StraFo 2007, 29; Jahn JuS 2007, 91; zustimmend Satzger/Hanft NStZ 2007, 185 ff.; zur missbräuchlichen bzw. unwahren Verwendung der Verfahrensrüge außerdem Dahs Strafprozessrevision Rn. 524; Park StraFo 2004, 335 (336 ff.); Schlothauer/Weider/Nobis Untersuchungshaft Rn. 51 ff.
[433] Zu den strengen Bedingungen, an die eine nachträglich rügevernichtende Berichtigung geknüpft ist, Dahs/Müssig in MAH Strafverteidigung § 12 Rn. 77; Krause in MAH Strafverteidigung § 7 Rn. 192a; Dahs Strafprozessrevision Rn. 523; zur Wirksamkeit der Protokollberichtigung und den strengen formalen Anforderungen insoweit auch BGH 10.2.2015 – 4 StR 595/14, NStZ 2015, 358.
[434] BGH 23.4.2007 – GSSt 1/06, BGHSt 51, 298 = NStZ 2007, 661.
[435] So bereits das Reichsgericht, RG 31.5.1880 – I StR 1264/80, RGSt 2, 76 (77 f.); 13.10.1909 – g.St II 312/09, RGSt 43, 1 mwN; BGH 19.12.1951 – 3 StR 575/51, BGHSt 2, 125 (125 ff.) = NJW 1952, 432 (433); 24.2.1955 – 3 StR 543/54, BGHSt 7, 218 (219) = NJW 1955, 759 (760); 20.2.1957 – 2 StR 34/57, BGHSt 10, 145 (147 f.) = NJW 1957, 798 (799); 4.12.1958 – 4 StR 408/58, BGHSt 12, 270 (271 f.) = NJW 1959, 733; 15.11.1968 – 4 StR 190/68, BGHSt 22, 278 (280) = NJW 1969, 473 (474); 4.2.1986 – 1 StR 643/85, BGHSt 34, 11 (11 f.) = NJW 1986, 1820; 13.12.1994 – 1 StR 641/94, NStZ 1995, 200 (201).
[436] Kritisch dazu u.a. Kudlich BLJ 2007, 125; Knauer FS Widmaier, 2008, 291; Schünemann StV 2010, 538; Bertheau NJW 2010, 973; Dehne-Niemann wistra 2011, 213; MAH Strafverteidigung § 7 Rn. 192a mwN; Roxin/Schünemann StrafVerfR § 51 Rn. 11.
[437] BVerfG 15.1.2009 – 2 BvR 2044/07, BVerfGE 122, 248 = NJW 2009, 1469.
[438] Dahs/Müssig in MAH Strafverteidigung § 12 Rn. 76.
[439] Lohse in Krekeler/Löffelmann/Sommer Rn. 17; dazu auch jüngst BGH 3.8.2016 – 5 StR 294/16, BeckRS 2016, 15075: bereits deshalb „unzulässig, weil die Revision die insofern zur Entscheidung erforderlichen Tatsachen nicht vollständig vorgetragen hat; insbesondere werden weder der Inhalt des in der Revisionsbegründung in Bezug genommenen Sitzungsprotokolls vom 22. Februar 2016 noch die Inhalte der gleichfalls in Bezug genommenen – in der Hauptverhandlung verlesenen – Vermerke des Vorsitzenden über die Verständigungsbemühungen mitgeteilt."
[440] BGH 17.9.1981 – 4 StR 496/81, StV 1982, 5; Schmitt in Meyer-Goßner/Schmitt Rn. 26.
[441] Dahs/Müssig in MAH Strafverteidigung § 12 Rn. 74; Franke in Löwe/Rosenberg Rn. 86; Dahs Strafprozessrevision Rn. 525.
[442] Schlothauer/Weider/Nobis Untersuchungshaft Rn. 71; Schmitt in Meyer-Goßner/Schmitt Rn. 21.

teilungs- und Dokumentationspflichten einen zentralen Stellenwert eingeräumt und deren spezifische Bedeutung für die Herstellung von Transparenz, Öffentlichkeit und vollständiger Kontrolle des Verständigungsgeschehens betonte,[443] waren die Strafsenate des BGH im Nachgang damit beschäftigt, die revisionsrechtlichen Konsequenzen, die sich aus der angemahnten „gebotenen präzisierenden Auslegung"[444] der Verständigungsvorschriften ergeben, auszumachen. Einen besonderen Themenkomplex bildet dabei die **Revisibilität von Mitteilungs- und Dokumentationsverstößen,** die die obergerichtliche Rechtsprechung seit dem Verständigungsurteil des BVerfG stark beschäftigt hat.[445]

139 Gespräche, die außerhalb der Hauptverhandlung geführt werden, müssen nach dem eindeutigen Regelungskonzept stets in der öffentlichen Hauptverhandlung zur Sprache kommen und inhaltlich dokumentiert werden. Zur Gewährleistung der Möglichkeit einer effektiven Kontrolle sind deshalb die Mitteilung des Vorsitzenden hierüber (§ 243 Abs. 4) und deren wesentlicher Inhalt gemäß § 273 Abs. 1a S. 2 in das Protokoll der Hauptverhandlung aufzunehmen. Darauf aufbauend, dass die Verfassungsrichter auch den Verstoß gegen die Dokumentationspflichten als einen Rechtsfehler des Verständigungsverfahrens auswiesen,[446] vertraten der 2. und der 4. Strafsenat des BGH die Ansicht, dass Verstöße gegen die in § 273 Abs. 1a S. 1und 2 normierten Dokumentationspflichten für sich allein revisibel sind.[447] Ihre Auffassung begründeten die Senate insbesondere damit, dass der Gesetzgeber insoweit eine Sonderregelung getroffen habe und deshalb der Grundsatz der Unzulässigkeit der Protokollrüge ausnahmsweise nicht gelte. Die Anforderungen an die Begründung der Verfahrensrüge bei einem Verstoß gegen § 273 Abs. 1a S. 2 wurden dahingehend präzisiert, dass der bloße Hinweis auf ein defizitäres Protokoll genüge.[448] Weiterführende Ausführungen wie etwa über den Inhalt der nicht oder fehlerhaft dokumentierten Gespräche habe der Revisionsführer nicht zu machen, weil das Protokoll bereits ungeachtet der Einzelheiten der Dokumentationsmängel fehlerhaft sei.

140 Demgegenüber hat sich 3. Strafsenat iE gegen die ausnahmsweise Zulässigkeit einer bloßen Protokollrüge im verständigungsrechtlichen Kontext ausgesprochen.[449] Es sei denklogisch ausgeschlossen, dass das Urteil auf einer unzureichenden Protokollierung beruhen könnte.[450] Ebenso hat der 1. Strafsenat – im Vergleich zum 3. Strafsenat zwar weniger deutlich – argumentiert, dass sich aus dem Schweigen des Protokolls kein zusätzlicher Rechtsfehler ergebe, wenn eine Erörterung, die vor Eröffnung des Hauptverfahrens stattgefunden hat, nach Beginn der Hauptverhandlung nicht bekannt gemacht wird.[451] Diese

---

[443] BVerfG 19.3.2013 – 2 BvR 2628/10, 2 BvR 2883/10, 2 BvR 2155/11, BVerfGE 133, 168 = NJW 2013, 1058 Rn. 80 ff.; zu dem enormen praktischen Risiko, das durch die umfassenden Beschränkungen der Vorgespräche und den damit verbundenen Dokumentationspflichten verbunden ist Knauer NStZ 2013, 433 (436).

[444] BVerfG 19.3.2013 – 2 BvR 2628/10, 2 BvR 2883/10, 2 BvR 2155/11, BVerfGE 133, 168 (203 f.) = NJW 2013, 1058 Rn. 64.

[445] Siehe dazu nur die Darstellungen bei Radtke NStZ 2013, 669; Knauer NStZ 2013, 433; Mosbacher NZWiSt 2013, 201; Lam StraFo 2014, 407; Kudlich NStZ 2014, 284; Schneider NStZ 2014, 252 (254); Allgayer NStZ 2015, 185; Niemöller JR 2016, 146.

[446] BVerfG 19.3.2013 – 2 BvR 2628/10, 2 BvR 2883/10, 2 BvR 2155/11, BVerfGE 133, 168 (223) = NJW 2013, 1058 Rn. 97.

[447] BGH 10.7.2013 – 2 StR 195/12, BGHSt 58, 310 (312) = NStZ 2013, 667 (668); BGH 3.12.2013 – 2 StR 410/13, NStZ 2014, 219; 25.2.2015 – 4 StR 470/14, NStZ 2015, 353; zustimmend Lam StraFo 2014, 407 (408); dazu auch Wiedner in BeckOK StPO Rn. 46a; gegen die Zulässigkeit der Protokollrüge auch in dieser Konstellation Altvater StraFo 2014, 221 (227).

[448] BGH 10.7.2013 – 2 StR 195/12, BGHSt 58, 310 (312) = NStZ 2013, 667 (668).

[449] BGH 15.4.2014 – 3 StR 89/14, NStZ 2014, 418; im Ergebnis auch BGH 28.7.2016 – 3 StR 153/16, BeckRS 2016, 15658 Rn. 10, 15, da sich dem Revisionsvorbringen, insoweit jedenfalls auch ein Verstoß gegen § 243 Abs. 4 S. 1 entnehmen lasse.

[450] BGH 12.12.2013 – 3 StR 210/13, BGHSt 59, 130 (133 f.) = NJW 2014, 1254 (1255) = NStZ 2014, 284; zustimmend Schneider NStZ 2014, 252 (256). Kritisch Kudlich, wonach es nicht per se dagegen spreche, dass man das Problem so sieht wie der 3. Strafsenat, letztlich wohl aber entgegen der Auffassung des Senats eine Vorlage an den Großen Senat vorzugswürdig gewesen wäre, Kudlich NStZ 2014, 284 (286).

[451] BGH 15.1.2015 – 1 StR 315/14, NJW 2015, 645; sowie darauf bezugnehmend BGH 18.7.2016 – 1 StR 315/15, BeckRS 2016, 17188.

Ansicht liegt zweifelsohne auf der Linie zu den allgemeinen revisionsrechtlichen Grundsätzen, steht aber in einem Spannungsverhältnis zu der mehr generalpräventiv motivierten Rechtsprechung des 2. und 4. Strafsenats (dazu → § 257c Rn. 201). Folgt man der Ansicht des 1. und 3. Strafsenates ist damit allein die Verletzung der verständigungsbezogenen Mitteilungspflichten gem. § 243 Abs. 4 revisibel, an deren bestimmtes Behaupten die revisionsgerichtliche Rechtsprechung zwar strenge Anforderungen stellt, bei der vor allem aber auch bundesverfassungsgerichtliche Vorgaben zu berücksichtigen sind. So hat das BVerfG mittlerweile im Rahmen zweier Kammerentscheidungen deutlich gemacht, dass bei Verstößen gegen die Transparenzvorschriften des Verständigungsgesetzes über die rein kausale Beruhensprüfung hinaus auch normative Aspekte – sprich der Schutzgehalt des § 243 Abs. 4 sowie die Art und Schwere des Verstoßes – miteinzufließen haben (dazu → § 243 Rn. 91 ff.).[452]

Angesichts der Komplexität der Verständigungsthematik verwundert es nicht, dass auch **141** eine bundesverfassungsgerichtliche Entscheidung zu dem Themenkreis der Protokollrügen ergangen ist. Mit Entscheidung vom 9.12.2015 hat die 2. Kammer des Zweiten Senates des BVerfG im Zusammenhang mit einer Rüge eines fehlenden Negativattests nach § 273 Abs. 1a S. 3 judiziert, dass die Anerkennung einer Protokollrüge von Verfassungs wegen nicht geboten sei, wenn und soweit dem Schutzgedanken des § 273 Abs. 1a S. 3 auf andere Weise angemessen Rechnung getragen werde.[453] Dies sei jedenfalls dann gewährleistet, wenn eine diesbezügliche Verfahrensrüge sorgfältig darauf hin geprüft werde, ob damit der Sache nach nicht ein Verstoß gegen § 257c durch eine informelle Absprache geltend gemacht werde. Auch wenn sich die Entscheidung unmittelbar auf das in § 273 Abs. 1a S. 3 normierte Negativattest bezieht, so kann sie zweifelsohne auf die weiteren verständigungsrechtlichen Dokumentationspflichten aus § 273 Abs. 1a S. 1 und 2 übertragen werden; immerhin werden alle drei Dokumentationspflichten in ein und derselben Vorschrift behandelt.[454]

Die Kammerentscheidung geht von dem revisionsrechtlichen Grundsatz aus, dass bloße **142** Protokollrügen, mit denen lediglich eine fehlerhafte Sitzungsniederschrift beanstandet wird, unzulässig sind. Diese Rechtsauffassung ist grundsätzlich nicht zu beanstanden. Für Verstöße gegen verständigungsbezogene Mitteilungs- und Protokollierungspflichten gilt aufgrund der Maßgaben des Zweiten Senats des BVerfG jedoch etwas anderes: Zwischen der Verständigung und den Regelungen, die ihre Transparenz und Dokumentation sicherstellen, besteht eine untrennbare Einheit.[455] Diese überlagert ausnahmsweise die revisionsrechtlichen Grundsätze.[456] Denn der Maßstab, den der Zweite Senat in seiner Grundsatzentscheidung zum Recht der Verständigung aufgestellt hat, dient doch gerade dazu, einen verfassungsgemäßen Rahmen sicherzustellen und kann daher auch nicht durch allgemeine Grundsätze entkräftet werden. Das zeigt sich schon daran, dass im Bereich der verständigungsbezogenen Mitteilungs- und Dokumentationspflichten die Beruhensprüfung über die gesetzlich in § 337 vorgesehene reine Kausalitätsprüfung hinausgeht und durch normative Wertungen angereichert werden soll.[457] Die Revisionsgrundsätze sind bereits auch an anderer Stelle des Verständigungsrechts nicht bzw. in nur modifizierter Form anwendbar. Aufgrund der normativen Beruhensprüfung kommt es dann auch gar nicht darauf an, dass ein Beruhen des

---

[452] BVerfG 15.1.2015 – 2 BvR 2055/14, NStZ 2015, 172; BGH 11.6.2015 – 1 StR 590/14, NStZ-RR 2015, 379; zu den verfassungsrechtlichen Vorgaben der Beruhensprüfung bei Mitteilungsverstößen; Knauer/Pretsch NStZ 2015, 174; kritisch dazu Niemöller NStZ 2015, 489; gegen eine normative Anreicherung der Beruhensprüfung indes BGH 23.7.2015 – 3 StR 470/14, NJW 2016, 513 (514); 10.12.2015 – 3 StR 163/15, BeckRS 2016, 02569, mAnm Kudlich JA 2016, 306; die Entscheidung des 3. Strafsenates ablehnend Strate NJW 2016, 450; zu den unterschiedlichen Positionen auch Pfister StraFo 2016, 187 (192).
[453] BVerfG (2. Kammer des Zweiten Senates) 9.12.2015 – 2 BvR 1043/15, BeckRS 2016, 40841 Rn. 9.
[454] Zu diesem Argument bereits Kudlich NStZ 2014, 284 (286).
[455] BVerfG 19.3.2013 – 2 BvR 2628/10, 2 BvR 2883/10, 2 BvR 2155/11, BVerfGE 133, 168 = NJW 2013, 1058 Rn. 96.
[456] So auch Lam StraFo 2014, 407 (408).
[457] Dazu Knauer/Pretsch NStZ 2015, 174.

Urteils allein auf einer falschen Protokollierung denklogisch ausgeschlossen ist. Unabhängig davon, dass sich die Kammer mit dieser Entscheidung in Widerspruch zu ihrem eigenen Senat setzt, überzeugt sie also auch aus verfassungsrechtlicher Perspektive nicht.

143   Auch die Rechtsauffassung der Kammer führt letztlich aber nicht zwingend zur Unzulässigkeit einer dennoch erhobenen Protokollrüge, da es aus verfassungsrechtlicher Sicht geboten ist, dass die Revisionsgerichte prüfen, ob erhobene Protokollrügen nicht dahingehend auszulegen sind, dass eigentlich eine Verletzung von Mitteilungspflichten gerügt wird.[458] Dem ist der 3. Strafsenat nunmehr gefolgt und hat bei einer scheinbaren Protokollrüge eine dementsprechende Auslegung vorgenommen, nachdem die Staatsanwaltschaft beanstandet hatte, dass im Protokoll der Hauptverhandlung unzutreffenderweise protokolliert worden sei, dass „Erörterungen gem. §§ 202a, 212 (...) nicht stattgefunden" hätten. Für eine ordnungsgemäße Darlegung der Angriffsrichtung sei indes ausreichend, dass dem Revisionsvorbringen entnommen werden könne, dass der Revisionsführer jedenfalls auch einen Verstoß gegen § 243 Abs. 4 S. 1 geltend mache. Dem stehe nicht entgegen, dass in der Überschrift zu dieser Verfahrensbeanstandung diese Vorschrift gerade nicht zitiert wird.[459] Unter Berücksichtigung der vom BVerfG angemahnten verfassungsorientierten Auslegung wird man eine solche Umdeutung damit stets dann annehmen können, wenn es im Kern nicht in erster Linie um die Verletzung der Protokollierungspflicht, sondern um das Fehlen der (eben zu protokollierenden) Mitteilung nach § 243 Abs. 4 geht.

144   **f) Ausführungen zum Beruhen.** Das Revisionsgericht hat **von Amts wegen** zu prüfen, ob das **Urteil auf dem geltend gemachten Verfahrensverstoß beruht,** § 337. Von besonderen Fallkonstellationen abgesehen erfordert es das Schlüssigkeitsgebot daher auch nicht, dass der Revisionsführer Darlegungen zum ursächlichen Zusammenhang zwischen dem behaupteten Rechtsverstoß und dem angefochtenen Urteil macht.[460] Ist also im Einzelfall ein Beruhen des Urteils auf dem Verfahrensfehler ausgeschlossen, ist die Revision unbegründet, aber nicht bereits unzulässig.[461] Erforderlich, aber auch ausreichend ist, dass die vollständig dargelegten Tatsachen eine Beruhensprüfung ermöglichen.[462] Diesen Grundsatz hat die Rechtsprechung mittlerweile aber stark relativiert. Das gilt bspw. für die Rüge von § 338 Nr. 8, die Aufklärungsrüge und die Rüge gegen den Verstoß von verständigungsbezogenen Mitteilungspflichten (vgl. → § 338 Rn. 198 ff.).

145   Dass grundsätzlich keine Pflicht besteht, in der Revisionsbegründung auch zur Beruhensfrage vorzutragen, bedeutet nicht, dass etwaige Ausführungen hierzu unzulässig sind. Insbesondere bei komplexen Fallgestaltungen[463] sowie in Konstellationen, bei denen nicht ohne Weiteres zu erkennen ist, ob der gerügte Verfahrensfehler für das Urteil ursächlich war oder ein Beruhen eher unwahrscheinlich ist, ist der Revisionsführer gut beraten, sich auch zum Beruhen zu verhalten.[464]

146   **g) Kritisches Fazit.** Das gerne in Vorträgen verwendete Bild des Revisionsrichters, der mit einem Glas Rotwein im Lehnstuhl nur aufgrund der Revisionsbegründungsschrift in die Lage versetzt werden solle, den Fall entscheiden zu können, ist nicht nur zu romantisch und biedermeierhaft, sondern entspricht auch nicht dem Berufsbild und der Arbeitsmoral des Revisionsrichters selbst.[465] Der darin zum Ausdruck gebrachte Grundgedanke des

---

[458] BVerfG (2. Kammer des Zweiten Senats) 9.12.2015 – 2 BvR 1043/15, BeckRS 2016, 40841 Rn. 11.
[459] BGH 28.7.2016 – 3 StR 153/16, BeckRS 2016, 15658 Rn. 10, 15 = StV 2016, 772 (773 insoweit nicht abgedruckt).
[460] Cirener NStZ-RR 2016, 33 (36); Momsen in Satzger/Schluckebier/Widmaier StPO Rn. 40; Wiedner in BeckOK StPO Rn. 53.
[461] Dazu Schlothauer StV 2015, 275.
[462] BGH 26.5.1981 – 1 StR 48/81, BGHSt 30, 131 (135) = NStZ 1981, 361 (361); BGH 20.4.2006 – 4 StR 604/05, NStZ-RR 2007, 52 (53); Schmitt in Meyer-Goßner/Schmitt Rn. 27.
[463] Mavany StraFo 2014, 494 (497).
[464] Als zweckmäßig bezeichnen dies Momsen in Satzger/Schluckebier/Widmaier StPO Rn. 40; Nagel in Radtke/Hohmann Rn. 26; Schmitt in Meyer-Goßner/Schmitt Rn. 27, Altvater StraFo 2014, 221 (224); Frisch in SK-StPO Rn. 68; Lips JA 2006, 719 (725).
[465] Knauer NStZ 2016, 1 (4).

Schlüssigkeitsgebots ist freilich eine notwendige Konkretisierung der Formenstrenge des Revisionsverfahrens; die daraus entstandene Kasuistik hat aber nur noch wenig damit zu tun. Die **zuweilen überzogenen Rügeanforderungen** und deren **rigide Durchsetzung** durch die Revisionsgerichte sind im Schrifttum auf ganz überwiegende Kritik gestoßen.[466] Diese ist zweifelsohne auch berechtigt, weil die Hürden für die Rügebegründung mitunter so hoch gezogen werden, dass sie den Zugang zur Revision de facto nahezu versperren.[467] Hinzukommt, dass durch die stetig wachsenden Zulässigkeitsanforderungen an die Verfahrensrüge die Grenzen zwischen einer formal zulässigen und einer zulässigen, aber in der Sache unbegründeten Rüge zusehends verschwimmen. Zumindest aber widerspricht die fortlaufende Anreicherung des Abs. 2 S. 2 mit neuen Maßgaben dem Zweck der Revision, die in erster Linie eine Kontroll- und Disziplinierungsfunktion erfüllt (→ Vor § 333 Rn. 67 f.). Seiner Aufgabe kann das Revisionsgericht nur gerecht werden, wenn Verfahrensfehler klar und deutlich sanktioniert werden[468] und nicht durch Flucht in die Unzulässigkeit gar nicht erst zur Sprache kommen. Eine effektive, rechtsschutzgewährende Verfahrenskontrolle gerät damit leider all zu oft in den Hintergrund. Diese ernüchternde Diagnose gilt umso mehr, als neben dem doch eher noch feinen Instrumentarium zur Reduktion der Erfolgsquote von Revisionsrügen dem Revisionsgericht noch die gewissermaßen revisionsrechtliche Axt der Verwerfung der (idR Angeklagten-) Revision als offensichtlich unbegründet gemäß § 349 Abs. 2[469] an die Hand gegeben ist, von dem die Revisionsrichter auch intensiven Gebrauch machen (dazu → Vor § 333 Rn. 14 ff. sowie → § 349 Rn. 5).

Nicht nur der Umstand, dass die Anforderungen an ein ordnungsgemäßes, dem Schlüssigkeitsgebot entsprechendes Rügevorbringen kaum auf abstrakt-generellen Maßstäben beruhen, sondern insbesondere der Erfindungsreichtum der Revisionsgerichte, neue Zulässigkeitsanforderungen zu generieren, machen es auch Revisionsspezialisten schwer, jene Maßstäbe stets souverän zu erfüllen. Welches Rügevorbringen die Revisionsgerichte im konkreten Fall erwarten, erscheint aus Perspektive auch eines versierten Revisionsführers nicht selten als einigermaßen zufällig. Die ohnehin **schwere Prognostizierbarkeit des Revisionserfolges** (vgl. → Vor § 333 Rn. 22) wird damit weiter reduziert. Trotz aller begründeter Kritik an der revisionsgerichtlichen Handhabung von Abs. 2 S. 2 steht aber nicht zu erwarten, dass die Revisionsgerichte in Zukunft wesentlich von ihrer Spruchpraxis abweichen werden – das gilt schon deshalb, weil das BVerfG die rigide Handhabung der Begründungsanforderungen an die Verfahrensrüge im Grundsatz als mit der Verfassung in Einklang stehend erklärt hat (dazu bereits → Rn. 94). 147

Angesichts der umfangreichen, **kaum mehr überschaubaren Kasuistik** bleibt dem Revisionsführer deshalb nichts anderes übrig, als sich bei jeder Verfahrensrüge intensiv in die revisionsgerichtliche Rechtsprechung hineinzuarbeiten und sich mit den einzelnen Fallstricken auseinanderzusetzen. Bei der Formulierung der Rüge ist an die Wahrung größtmöglicher Sorgfalt zu appellieren; die Formenstrenge der Verfahrensrüge gilt es nach bestem Wissen und Gewissen einzuhalten. Eine Rüge wird umso erfolgversprechender sein, je dezidierter und umfassender der behauptete Verfahrensmangel begründet wird. Dazu gehört auch die Darlegung aller rechtlichen oder tatsächlichen Umstände, die dem Erfolg der Rüge entgegenstehen oder ihr den Boden entziehen, sofern sie nur ernsthaft in Betracht kommen – eine anspruchsvolle Aufgabe. Nichtsdestotrotz darf der Rat „lieber zu viel als zu wenig schreiben"[470] nicht missverstanden werden und den Revisionsführer zu absurd umfangreichen Ausführungen verleiten. Denn eine Rüge kann auch deshalb an dem Schlüssigkeitsgebot scheitern, weil dem Vorbringen wegen Überbordung nicht mehr eindeutig zu entnehmen ist, gegen welches Prozessgeschehen es sich richtet.[471] So widersprüchlich 148

---

[466] Die Rechtsprechung indes verteidigend Kuckein NStZ 2005, 697 (697 f.); Güntge JR 2005, 496 (497 f.).
[467] Dahs Strafprozessrevision Rn. 495.
[468] Knauer NStZ 2016, 1 (11).
[469] Knauer NStZ 2016, 1 (5).
[470] Dahs Strafprozessrevision Rn. 496; Franke in Löwe/Rosenberg Rn. 80.
[471] Zu Recht darauf hinweisend Weiler FS Meyer-Goßner, 2001, 571 (574 f.).

das auch klingen mag, wird der wirklich erfahrene Revisionsverteidiger zur Erhöhung der Aufmerksamkeit durch den Senat trotz allem versuchen, möglichst knapp, aber zulässig vorzutragen.

§ 345 Revisionsbegründungsfrist

(1) ¹Die Revisionsanträge und ihre Begründung sind spätestens binnen eines Monats nach Ablauf der Frist zur Einlegung des Rechtsmittels bei dem Gericht, dessen Urteil angefochten wird, anzubringen. ²Die Revisionsbegründungsfrist verlängert sich, wenn das Urteil später als einundzwanzig Wochen nach der Verkündung zu den Akten gebracht worden ist, um einen Monat und, wenn es später als fünfunddreißig Wochen nach der Verkündung zu den Akten gebracht worden ist, um einen weiteren Monat. ³War bei Ablauf der Frist zur Einlegung des Rechtsmittels das Urteil noch nicht zugestellt, so beginnt die Frist mit der Zustellung des Urteils und in den Fällen des Satzes 2 der Mitteilung des Zeitpunktes, zu dem es zu den Akten gebracht ist.

(2) Seitens des Angeklagten kann dies nur in einer von dem Verteidiger oder einem Rechtsanwalt unterzeichneten Schrift oder zu Protokoll der Geschäftsstelle geschehen.

Schrifttum: Brexl, Gesetz zur Fortentwicklung der StPO: Lichtblicke bei der Revisionsbegründungsfrist, AnwBl. 2021, 542; Dencker, Für eine Verlängerung der Revisionsbegründungsfrist, ZRP 1978, 5; Gerhold/Meglalu, Für eine Verlängerung der Revisionsbegründungsfrist, ZRP 2020, 154; Grabenwarter, Die Revisionsbegründungsfrist nach § 345 I StPO und das Recht auf angemessene Vorbereitung der Verteidigung (Art. 6 III lit. b EMRK), NJW 2002, 109; Hillenkamp, Die Urteilsabsetzungs- und Revisionsbegründungsfrist im deutschen Strafprozess (1998); Krehl, Die Revisionsbegründung zu Protokoll der Geschäftsstelle und effektiver Rechtsschutz, FS Hamm, 2008, 383; Lappe, Zur Revisionsbegründung in Strafsachen durch den UdG, RPfleger 1962, 301; Peglau, Revisionsbegründung zu Protokoll der Geschäftsstelle: Anforderungen und Wiedereinsetzungsfragen, Rpfleger 2007, 633; Pentz, Die Revisionsbegründung zu Protokoll der Geschäftsstelle MDR 1962, 532; Richter II, Praktische Theorie. Immer noch einmal: ...Revisionsbegründungsfrist ..., FS Peters, 1984, 235; Roth, Wiedereinsetzung nach Fristversäumnis wegen Belegung des Telefaxempfangsgeräts des Gerichts, NJW 2008, 785; Schneidewin, Fehlerhafte Revisionsbegründungen in Strafsachen, JW 1923, 345; Sobota/Loose, Die Wiedereinsetzung in die Revisionsbegründungsfrist, NStZ 2018, 72; Willms, Vorsorgliche Begründung der Revision? NJW 1965, 2334; Zaeschmar, Zur Abfassung der Revisionsbegründung in Strafsachen DJZ 1909, 703.

Übersicht

	Rn.		Rn.
A. Grundlagen	1	b) Anforderungen an die Urteilsausfertigung	18
I. Einordnung	1	c) Fertigstellung des Protokolls	21
II. Revisionsbegründungsfrist im System des Rechtsmittelrechts	5	d) Übersetzung für Ausländer	22
1. Begründungsfrist – Parallelvorschriften	5	III. Fristbeginn bei Wiedereinsetzung	23
2. Erforderliche Revisionsbegründung innerhalb der Frist	6	C. Revisionsbegründungsform (Abs. 2)	24
3. Fristdauer	8	I. Geltung allgemeiner Formvorschriften	24
B. Revisionsbegründungsfrist (Abs. 1)	10	II. Besondere Vorgaben nach Abs. 2	28
I. Fristberechnung	12	1. Persönlicher Anwendungsbereich	30
II. Wirksame Zustellung als fristauslösendes Ereignis	13	a) Angeklagter und Rechtsanwalt	30
		b) Privat- und Nebenkläger	31
1. Adressat der Zustellung	14	c) Staatsanwaltschaft	32
2. Zustellungsmängel	15	2. Revisionsbegründung durch einen Verteidiger oder Rechtsanwalt	33
a) Anordnung und Empfänger der Zustellung	16	a) Formale Anforderungen an die Stellung als Verteidiger bzw. Rechtsanwalt	33

	Rn.		Rn.
b) Verantwortungsübernahme	36	b) Zuständigkeit	48
III. Erklärung zu Protokoll	43	c) Abfassung des Protokolls	49
1. Verfahren	47	2. Der „Prüfungsmaßstab" des Rechtspflegers	51
a) Anwesenheit des Angeklagten	47		

A. Grundlagen

I. Einordnung

§ 345 betrifft im zweigliedrigen Verfahren der Einlegung und Begründung einer Revision den „zweiten Schritt" und legt in Abs. 1 für alle Verfahrensbeteiligten eine **Frist** für die **Revisionsbegründung** fest, während in Abs. 2 eine besondere **Form** der Einlegung angeordnet wird.[1] Dabei beginnt nach § 345 Abs. 1 die vierwöchige Begründungsfrist frühestens mit Ablauf der Einlegungsfrist nach § 341, dies allerdings nur dann, wenn das Urteil wirksam zugestellt worden ist (vgl. → Rn. 13 ff.). Als rein formale Zulässigkeitsvorschrift wirft insbes. § 345 Abs. 1 im Übrigen nicht viele Auslegungsfragen auf. Während die Frist vormals unabhängig von Verfahrenskomplexität und -dauer sowie Urteilsumfang einen Monat betragen hat und nicht verlängerbar war, ist der Gesetzgeber im Jahr 2021 durch das Gesetz zur Fortentwicklung der Strafprozessordnung und zur Änderung weiterer Vorschriften[2] dem Ruf nach einer Verlängerung bzw. Verlängerbarkeit der Frist[3] zu Recht nachgekommen, was gerade bei komplexen Strafverfahren im Bereich der Wirtschafts- und Organisierten Kriminalität schon wegen des zeitintensiven Aktenstudiums sinnvoll war. 1

In der konkreten Anwendung gibt § 345 Abs. 2 Anlass zur Diskussion, der die schriftliche Begründung **durch den Verteidiger** oder einen Rechtsanwalt zur Zulässigkeitsvoraussetzung erhebt. Damit soll einer überflüssigen Belastung der Obergerichte durch sinnlose oder querulatorische Schriftsätze vorgebeugt werden. Diese sehen sich im Strafprozess solch einer Gefahr eher als im Zivilprozess ausgesetzt, weil die Postulationsfähigkeit des Angeklagten vor dem BGH (oder den Oberlandesgerichten) theoretisch nicht begrenzt ist. Insofern schränkt § 345 Abs. 2 die Möglichkeit des Angeklagten, wirksam Prozesshandlungen vorzunehmen, zumindest mittelbar (wenn auch wegen der Möglichkeit der Erklärung zu Protokoll nur partiell) ein, um eine „sachgerechte und von sachkundiger Seite stammende Begründung" zu gewährleisten.[4] Dies wird ihm aber im Hinblick auf die im Zuge der Professionalisierung der Strafverteidigung einhergehenden hohen Anforderungen an eine Revisionsbegründung (im Sinne eines effektiven Rechtsschutzes, Art. 19 Abs. 4 GG) eher zugutekommen, als ihn benachteiligen. 2

Berücksichtigt man indessen, dass vor allem die Verfahrensrüge als „hohe Schule" der (Revisions-)Verteidigung gilt und die Verwerfung der Revision als unzulässig oder als offensichtlich unbegründet („oU") trotz anwaltlicher Vertretung der Regelfall bleibt (vgl. → § 349 Rn. 5 f.), ist die **Legitimität dieser Einschränkung** dennoch **zweifelhaft**, zumal § 345 Abs. 2 nicht vor „unqualifizierten Ausführungen"[5] überhaupt bewahren kann. Zumindest entspricht die Rechtsprechung dem Ziel der Vorschrift (Konzentration des Verfahrensstoffs, sachgemäßer und zielführender Vortrag), wenn sie verlangt, dass der Verteidiger 3

---

[1] Entstehungsgeschichte bei Franke in Löwe/Rosenberg.
[2] BGBl. I 2099.
[3] Vgl. Dencker ZRP 1978, 5; Gerhold/Meglalu ZRP 2020, 154; Grabenwarter NJW 2002, 109; Hillenkamp NStZ 2000, 669; im österreichischen Strafprozessrecht sieht der Österreichische VerfGH in der Parallelvorschrift zur früheren Fassung einen Verstoß gegen Art. 6 Abs. 3 Buchst. b EMRK, vgl. VerfGH 16.3.2000 – G 151/99, 166/99, 168/99, NStZ 2000, 668.
[4] BGH 22.1.1974 – 1 StR 586/73, BGHSt 25, 272 (273) = NJW 1974, 655; Schmitt in Meyer-Goßner/Schmitt Rn. 10; vgl. bereits Zaeschmar DJZ 1909, 703.
[5] Zu diesem „Legitimationspfeiler" des § 345 Abs. 2 Alt. 1 BVerfG 17.5.1983 – 2 BvR 731/80, BVerfGE 64, 135 (152) = NJW 1983, 2762, vgl. auch BGH 5.3.1987 – 4 StR 26/87, NStZ 1987, 336.

die volle Verantwortung für den Schriftsatz zu übernehmen hat und das „Vorschieben eines Rechtsanwalts" für die selbst verfasste Revision gerade nicht ausreichen soll. Diese erweiternde Auslegung wurde bundesverfassungsgerichtlich bestätigt,[6] erscheint aber rein formal wenig effektiv, wenn man bedenkt, dass dem „Meisterstück" der Verfahrensrüge die allgemeine Sachrüge gegenübersteht, deren Einlegung keine besondere Sachkenntnis erfordert und „formularmäßig" auch durch den Angeklagten selbst eingelegt werden (und damit das volle sachlich-rechtliche Prüfungsprogramm eröffnen) könnte[7] (vgl. → § 344 Rn. 11). In der Praxis der Revisionssenate ist die Chance, mit der allgemeinen Sachrüge durchzudringen, allerdings unterschiedlich ausgeprägt.

4 Der Normzweck der Entlastung der Revisionssenate wird auch durch die zweite Alternative des § 345 Abs. 2 verwässert, die (ggf. auch neben einer schriftlich eingereichten Revision[8]) die Möglichkeit des Angeklagten vorsieht, die Revision **selbst zu Protokoll** der Geschäftsstelle zu begründen. Immerhin dürften Ausführungen des Angeklagten zu Protokoll, die unter Zugrundelegung der „Parallelwertung in der Laiensphäre" rechtlich nachvollziehbares Vorbringen beinhalten, zumindest zu einer zulässig erhobenen Sachrüge führen,[9] zumal den Rechtspfleger eine (freilich mit der Prüfungs- bzw. „Siebfunktion" korrespondierende) prozessuale Fürsorgepflicht trifft, welche auch die Richtigstellung bzw. Konkretisierung einzelner Rügen des Angeklagten umfassen kann (→ Rn. 43).[10] Dass allerdings ein Laie – wenn auch mit Unterstützung des Rechtspflegers – in der Lage sein soll, eine zulässige Verfahrensrüge zu begründen, dürfte angesichts der Tatsache, dass auch die Verteidigerrevisionen mehrheitlich unzulässig sind, die Ausnahme darstellen. § 345 Abs. 2 Alt. 2 hat vielmehr dazu geführt, dass bisher die Verteidigung durch einen Rechtsanwalt in Revisionssachen (an der Rechtswirklichkeit vorbei, siehe oben) nicht a priori „notwendig" iSd § 140 Abs. 2 gewesen sein soll und die Beiordnung eines Pflichtverteidigers für eine beabsichtigte Revision nicht als selbstverständlich galt.[11] Der ehemalige Vorsitzende des 2. Strafsenates tendierte mit einer Verfügung[12] aus dem Jahr 2014 aber richtigerweise dazu, die Anwesenheit eines Verteidigers jedenfalls in der Hauptverhandlung trotz § 350 (dort → Rn. 12 ff.) für erforderlich zu halten; ob dies sich auch für die Begründung der Revision durchsetzt, bleibt angesichts des Wortlautes des § 345 Abs. 2 zu bezweifeln – richtig wäre es, auf Abs. 2 gänzlich zu verzichten, zumal dieser praktisch eine untergeordnete Rolle spielt. Angesichts der generellen Komplexität des Revisionsverfahrens scheint eine Begründung durch einen qualifizierten Rechtsanwalt zwingend.

II. Revisionsbegründungsfrist im System des Rechtsmittelrechts

5 **1. Begründungsfrist – Parallelvorschriften.** Die Versäumung der Frist oder die Nichteinhaltung der Form führen zur **Verwerfung** der Revision als unzulässig. Soweit ein **Wahlrecht** zwischen Revision und Berufung besteht (so im Falle der Sprungrevision), geht dieses mit Ablauf der Frist endgültig unter;[13] da die Begründungsfrist ein Spezifikum der Revision ist, bleibt eine Berufung hingegen möglich (vgl. → § 335 Rn. 8). Erfolgt hingegen

---

[6] Zuletzt BVerfG 7.12.2015 – 2 BvR 767/15, NJW 2016, 1570 mwN.
[7] Daher zwischen Sach- und Verfahrensrüge differenzierend Temming in Gercke/Julius/Temming/Zöller Rn. 7; hierzu auch Frisch in SK-StPO Rn. 34.
[8] Schmitt in Meyer-Goßner/Schmitt Rn. 9.
[9] Was auch eine Unterscheidung zwischen Sach- und Verfahrensrüge im Falle der schriftlichen Einlegung zumindest nahelegt, vgl. auch Temming in Gercke/Julius/Temming/Zöller Rn. 7.
[10] Schließlich könnte man jedem Bürger die Wendung „hiermit erhebe ich die allgemeine Sachrüge" in den Mund legen, sodass es insofern grds. merkwürdig anmutet, überhaupt an einem ausdrücklichen Bekenntnis festzuhalten (vgl. → Rn. 24).
[11] Vgl. zu dieser Argumentation etwa LG Gießen 8.7.2013 – 7 Qs 108/13, BeckRS 2013, 12047; vgl. aber OLG Braunschweig 20.11.2013 – 1 Ws 366/13, NStZ-RR 2014, 51; zum Ganzen Lüderssen/Jahn in Löwe/Rosenberg § 140 Rn. 76.
[12] BGH 25.9.2014 – 2 StR 163/14, NJW 2014, 3527 mAnm Meyer-Mews.
[13] BGH 20.11.1953 – 1 StR 279/53, BGHSt 5, 338 = NJW 1954, 687; hierzu auch OLG Naumburg 19.9.2011 – 2 Ws 245/11, StV 2013, 12; OLG Hamm 22.11.2011 – III-3 RVs 101/11, NStZ-RR 2012, 285; zum Ganzen Frisch in SK-StPO § 335 Rn. 10 mwN.

die Festlegung noch vor Ablauf der Frist des § 345 Abs. 1, ist der „Wechsel" zur Revision selbst dann noch zulässig, wenn der Rechtsmittelführer das Schriftstück bereits ausdrücklich als Berufung bezeichnet hat.[14] Die Frist kommt über **§ 78 Abs. 3 OWiG** auch im Ordnungswidrigkeitenverfahren für die Rechtsbeschwerde zur Anwendung und erfährt auch häufig in diesem Bereich eine „Fortbildung". Parallelvorschriften finden sich in § 118 Abs. 3 StVollzG sowie § 87k Abs. 2 S. 1, § 87j Abs. 2 IRG.

2. Erforderliche Revisionsbegründung innerhalb der Frist. Der Wortlaut der Vorschrift („Revisionsanträge und Begründung") macht deutlich, dass sich die Frist nur auf das nach § 344 „Erforderliche" (bzw. auf den entsprechenden Prüfungsumfang des Gerichts nach § 353) bezieht. Da aber § 344 Abs. 2 S. 2 lediglich die Angabe der den Mangel enthaltenden **Tatsachen** voraussetzt, kann nicht nur die „allgemein erhobene Sachrüge" noch nach Ablauf der Frist rechtlich ausgeführt und erläutert werden, sondern auch die Verfahrensrüge rechtlich spezifiziert werden, soweit nicht Tatsachen im Rahmen der „rechtlichen Würdigung" zugrunde gelegt werden, die noch nicht bzw. erst nach Ablauf der Frist vorgebracht wurden.[15] Die spätere Begründung insbes. der Sachrüge ermöglicht eine Entschärfung der praktischen Probleme mit der kurzen Frist dergestalt, dass zumindest die rechtliche Begründung der allgemein erhobenen Sachrüge und der ordnungsgemäß erhobenen Verfahrensrügen nachgeschoben werden kann; zweckmäßigerweise allerdings noch vor Übersendung der Akten an die StA beim Revisionsgericht, damit diese die Erwägungen in ihren Antrag einfließen lassen kann[16] (vgl. auch § 349 Abs. 3, § 79 Abs. 3 OWiG[17]). Soweit ersichtlich hat der BGH bisher aber noch keinen Anstoß daran genommen, wenn die allgemein erhobene Sachrüge erstmals mit der Gegenerklärung gem. § 349 Abs. 3 S. 2 begründet wird. Freilich gilt, dass der Revisionsbegründung überhaupt ein **Revisionsantrag** zu entnehmen sein muss,[18] die Anforderungen an einen „bestimmten" Antrag iSd § 344 Abs. 1 erfüllt sein müssen bzw. ein Fall vorliegt, in dem ihr Fehlen unschädlich ist (zum Ganzen → § 344 Rn. 5 ff.).[19] Ebenso muss die sog. Angriffsrichtung der Verfahrensrüge innerhalb der Frist klar erkennbar sein (→ § 344 Rn. 9 ff.).

Da der Ablauf der Revisionsbegründungsfrist also den Prüfungsmaßstab des Gerichts bestimmt, ist dieser auch maßgeblich für die Frage, ab welchem Zeitpunkt später entstandene **Kosten** und Auslagen als zusätzlich, weil durch rechtzeitige Beschränkung vermeidbar, anzusehen sind. Jedenfalls wird von einer nachträglichen Beschränkung überhaupt erst auszugehen sein, wenn diese erst nach Ablauf der Rechtsmittelbegründungsfrist erklärt wird.[20]

3. Fristdauer. § 345 Abs. 1 S. 1 aF hatte eine rigide und unflexible Frist von einem Monat für die Begründung vorgesehen. Die Forderung nach einer Vorschrift, welche in begründeten Fällen eine Fristverlängerung ermöglicht, wurde häufiger laut (dazu auch

---

[14] OLG Hamm 4.6.2013 – III-5 RVs 41/13, BeckRS 2013, 12328.
[15] Schmitt in Meyer-Goßner/Schmitt Rn. 3; Frisch in SK-StPO Rn. 2; Franke in Löwe/Rosenberg Rn. 2. Hingegen können unzulässig angebrachte Verfahrensrügen nicht mehr durch das Nachschieben von Tatsachen zu ihrer Begründung „geheilt" werden, vgl. BGH 28.10.2008 – 3 StR 431/08, BeckRS 2008, 24047; 5.2.2014 – 1 StR 527/13, BeckRS 2014, 04121; OLG Rostock 16.8.2013 – 1 Ss 57/13 (62/13), BeckRS 2013, 14504; auch eine Wiedereinsetzung in den vorherigen Stand läuft ins Leere, soweit bereits eine Begründungserklärung eingereicht worden ist, die den Anforderungen des § 345 genügt, vgl. nur BGH 21.3.2013 – 3 StR 42/13, BeckRS 2013, 07694.
[16] Widmaier/Momsen in Satzger/Schluckebier/Widmaier StPO Rn. 2.
[17] Zur Funktion der Gegenerklärung für eine Vertiefung der Sachrüge OLG Celle 2.4.2012 – 322 SsBs 84/12, StV 2012, 588.
[18] BGH 29.11.2013 – 1 StR 200/13, NStZ 2014, 221(222); 17.9.2013 – 1 StR 462/13, BeckRS 2013, 17636.
[19] Aus der neueren Rechtsprechung etwa BGH 25.7.2013 – 3 StR 76/13, NJW 2013, 3191, wonach auch ein nicht geständiger Angeklagter, dessen Verteidiger nur teilweise von der Verurteilung abweichende Schlussanträge gestellt hat, keinen besonders hervorgehobenen Revisionsantrag stellen muss, wenn sich aus der Erhebung der uneingeschränkten allgemeinen Sachrüge hinreichend sicher ergibt, dass der Angeklagte das Urteil umfassend anfechten will.
[20] OLG Koblenz 14.1.2013 – 2 Ws 10/13.

→ Vor § 333 Rn. 55),²¹ da gerade in Großverfahren die Monatsfrist regelmäßig kürzer war als die Urteilsabsetzungsfrist. Gerade auch die gängige Praxis der Gerichte, das Hauptverhandlungsprotokoll erst nach oder kurz vor der Urteilszustellung zu übersenden, machte das vorherige Prüfen des Vorliegens von Verfahrensrügen ohnehin nahezu unmöglich, zumal der spezialisierte Revisionsverteidiger, der die Hauptverhandlung selbst nicht erlebt hat, insoweit ohnehin darauf warten muss, bis ihm das Protokoll nebst Anlagen zur Verfügung steht. Die Verlängerung der Frist in Abhängigkeit von der Dauer der Urteilsabsetzung (die kraft Gesetzes mit der Zahl der Hauptverhandlungstage, vgl. § 275, und darüber hinaus regelmäßig auch mit der Komplexität des Falles korrespondiert) hat hier zu einer begrüßenswerten Entschärfung geführt.

9   Die Monatsfrist gilt nunmehr „nur" noch für Verfahren, in denen das Urteil weniger als 21 Wochen nach der Verkündung des Urteils zu den Akten gebracht worden ist. Ist es später als 21 Wochen nach der Verkündung zu den Akten gebracht worden, verlängert sich die Frist nach § 345 Abs. 1 S. 2 Alt. 1 um einen Monat; wird es später als 35 Wochen nach der Verkündung zu den Akten gebracht, erfolgt eine Verlängerung um einen weiteren Monat. Dies führt gegenüber der alten Rechtslage zu einer deutlichen Entschärfung, auch wenn angesichts der sehr groben Schritte – also etwa erste Verlängerung erst, wenn das Urteil später als 21 Wochen nach Verkündung zu den Akten gebracht wurde, sodass uU immer noch eine rund fünf mal so lange Zeit für die Urteilsabsetzung wie für die Revisionsbegründung bestehen kann – gerade „an den oberen Rändern" der verschiedenen Varianten immer noch großer Zeitdruck bestehen kann. Dies gilt umso mehr, als ein Kern des Problems auch die zunehmend **verschärften Anforderungen** an eine formgerecht eingelegte **Verfahrensrüge** sind, deren Ausformulierung uU die Zusammenarbeit mehrerer Strafverteidiger erforderlich machen kann, um im Zeitplan zu bleiben. Bestimmte Rügen (etwa wegen überlanger Verfahrensdauer) müssen im Einzelfall zur Fristwahrung schon vor der Urteilszustellung „ins Blaue hinein" entworfen werden, ohne abschätzen zu können, ob das Protokoll dem Revisionsführer „zur Seite stehen" wird. Da es dabei nur um eine „Sammlung" von (dem Beweis zugänglichen) Umständen geht, ist das gesetzgeberische Konzept schlicht verfehlt: Denn es gehört gerade zu den typischen Charakteristika eines Strafverfahrens, dass der Zeitrahmen für jene „Sammlung" auch in der erkennenden Instanz vom Umfang und von der Komplexität der Tat abhängt. Damit mag man an den hohen Darstellungsanforderungen festhalten dürfen, nicht aber an der starren Frist. Fristverlängerungen über die Binnendifferenzierung innerhalb von § 345 Abs. 1 hinaus ließen sich nur noch über das Institut der **Wiedereinsetzung** erreichen, deren Voraussetzungen bei den revisionsspezifischen Zeitproblemen kaum je gegeben sein werden.²² Will man sie aber nicht vom Einzelfall und vom Ermessen des Gerichts abhängig machen, wäre ein eingeschränktes, nämlich „verfassungsrechtlich intendiertes" (und damit überprüfbares) Ermessen zu fordern, das den Einstieg in die justiziable Prüfung der verfassungsrechtlichen Garantien des rechtlichen Gehörs (Art. 103 Abs. 1 GG) sowie des fairen Verfahrens **(Art. 6 Abs. 3 lit. b EMRK)** ermöglicht.²³ Die Rspr. hat indes sogar schon zur alten Rechtslage betont, dass nur bei besonderen Verfahrenslagen, in denen es zur Wahrung des Anspruchs des Angeklagten auf rechtliches Gehör nach Art. 103 Abs. 1 GG unerlässlich erscheint, eine Wiedereinsetzung zur Anbringung von Verfahrensrügen zuzulassen war. Eine solche Ausnahmesituation liege bei einem nicht näher ausgeführten und schon nicht glaubhaft gemachten „Büroversehen" nicht vor.²⁴ Denn das Institut der Wiedereinsetzung in den vorigen Stand gegen die Revisionsbegründungsfrist dürfe nicht dazu dienen, die Form- und Fristgebundenheit der Revisionsbegründung nach § 344 Abs. 2 S. 2 zu unterlaufen.²⁵

---

[21] Zum Ganzen Dencker ZRP 1978, 5; vgl. auch Hillenkamp Urteilsabsetzungsfrist S. 112 ff.; Richter FS Peters (II), 1984, 655.
[22] Frisch in SK-StPO Rn. 1.
[23] Zu Art. 6 EMRK als Argumentationsgrundlage Grabenwarter NJW 2002, 109.
[24] BGH 18.8.2015 – 5 StR 249/15, NStZ-RR 2015, 345.
[25] BGH 25.9.2012 – 1 StR 361/12, wistra 2013, 34 = BeckRS 2012, 21250.

B. Revisionsbegründungsfrist (Abs. 1)

Frühester Zeitpunkt für den Beginn des Fristlaufs für die Revisionsbegründung ist **10** der Ablauf der Einlegungsfrist. Abs. 1 S. 1 betrifft den seltenen Fall der **Zustellung des Urteils während noch laufender Einlegungsfrist.** Er gilt auch bei **Abwesenheitsurteilen,** da bei diesen die Einlegungsfrist erst mit der Zustellung beginnt: Für beide Fälle stellt § 345 Abs. 1 S. 1 klar, dass der Revisionsführer nicht „eine Woche verliert", sondern sich die Begründungsfrist unmittelbar an die Einlegungsfrist anschließt[26] (was wegen § 43 Abs. 2 ggf. zu einem Ablauf der Frist nach fast sechs Wochen seit Urteilsverkündung führen kann,[27] vgl. noch → Rn. 12). § 345 Abs. 1 S. 1 betrifft damit den Ausnahmefall: Das Urteil wird regelmäßig erst nach Ablauf der Einlegungsfrist zugestellt; da die Revision jedenfalls die Lektüre der Urteilsgründe und des dazugehörigen Protokolls erfordert, beginnt die Monatsfrist nach Abs. 1 S. 1 erst mit dem Zeitpunkt der (**wirksamen,** → Rn. 13 ff.) Zustellung, vgl. Abs. 1 S. 3.[28] In den Fällen einer verlängerten Frist nach Abs. 1 S. 2

§ 345 Abs. 1 regelt nur den Fristbeginn für die Revisionsbegründung, **nicht** hingegen **11** den **frühesten Zeitpunkt** für deren Einreichung: Daher kann die Revisionsbegründung ohne Einfluss auf die Fristberechnung nach einhelliger Ansicht bereits vor Beginn der von § 345 Abs. 1 festgelegten Frist (frühestens selbstverständlich mit Einlegung der Revision) eingereicht werden.[29] Die Zweckmäßigkeit dieses Vorgehens ist schon vor dem Hintergrund, dass eine sinnvolle Begründung der Revision die Lektüre von Urteilsgründen und Sitzungsprotokoll voraussetzt, nicht erkennbar.[30] Außerdem gewährt der BGH im Falle einer Wiedereinsetzung bei versäumter Revisionsfrist idR keine Wiedereinsetzung zur Nachholung einzelner Verfahrensrügen, während bei Fristversäumnis durch den Verteidiger eine Wiedereinsetzung zur Begründung der gesamten Revision leichter zu erreichen ist.[31] Gewährt ein Gericht aufgrund eines Versehens eine Verlängerung der Revisionsbegründungsfrist, so begründet dies für den Angeklagten einen Irrtum über den Lauf der Revisionsbegründungsfrist und damit ein unverschuldetes Hindernis, diese Frist zu wahren. Dieses Hindernis wird nur dadurch ausgeräumt, dass das Gericht nicht nur auf die fehlende Verlängerbarkeit der Frist, sondern auch auf die Unwirksamkeit der Fristverlängerung und auf die Möglichkeit einer Wiedereinsetzung hinweist.[32]

I. Fristberechnung

Die einmonatige Frist berechnet sich nach **§ 43 Abs. 1 und 2**; sie endet somit an dem **12** Kalendertag des Folgemonats, der dem Tag des Fristbeginns entspricht; fehlt ein entsprechender Kalendertag (etwa bei Fristbeginn am 29. – 31.1.), so endet die Frist am letzten Tag des Folgemonats (28.2.); fällt das Fristende auf einen Sonn- oder Feiertag, endet die Frist am nächsten Werktag (§ 43 Abs. 2).[33] Soweit sich die Revisionsbegründungsfrist an die Revisionseinlegungsfrist anschließt (weil die Urteilszustellung bereits erfolgt ist), wird der Anfangstag bei der Berechnung der Revisionsbegründungsfrist nicht mitgerechnet

---

[26] Schmitt in Meyer-Goßner/Schmitt Rn. 4; aA OLG Bamberg (Fristbeginn mit Ablauf des Tages der Einlegungsfrist) 18.10.2005 – 2 Ss OWi 1099/05, NZV 2006, 322 mablnAnm Kucklick.
[27] Widmaier/Momsen in Satzger/Schluckebier/Widmaier StPO Rn. 8.
[28] Schmitt in Meyer-Goßner/Schmitt Rn. 5.
[29] BGH 30.8.1989 – 3 StR 195/89, BGHSt 36, 241 = NJW 1990, 460; Schmitt in Meyer-Goßner/Schmitt Rn. 3; Gericke in KK-StPO Rn. 9; Franke in Löwe/Rosenberg Rn. 3.
[30] Zum Ganzen Frisch in SK-StPO Rn. 3 (mit Hinweisen bzgl. der Wiedereinsetzung); Willms NJW 1965, 2234.
[31] Franke in Löwe/Rosenberg Rn. 3.
[32] BGH 24.1.2017 – 3 StR 447/16, NStZ-RR 2017, 148. Zur Wiedereinsetzung bei der Revisionsbegründung allg. auch Sobota/Loose NStZ 2018, 72.
[33] Zum Begriff des allgemeinen Feiertags BGH 26.7.2007 – 1 StR 368/07, NStZ 2008, 55 (nur gesetzliche Feiertage, nicht allein kirchliche Feiertage, wie etwa Buß- und Bettag); BayObLG 12.4.1999 – 2 ObOWi 145–99, NStZ-RR 1999, 363 für sonstige Dienstfeiertage, etwa Sylvester), vgl. im Übrigen → § 43 Rn. 8.

(→ § 43 Rn. 4 f.).³⁴ Eine **analoge Anwendung des § 188 Abs. 2 Alt. 2 BGB** lehnt die hM mangels Regelungslücke ab.³⁵

II. Wirksame Zustellung als fristauslösendes Ereignis

13   Nur die **ordnungsgemäße Zustellung** des vollständigen Urteils setzt die Frist in Gang.³⁶ Die Frist beginnt auch zu laufen, wenn die Einlegung des Urteils in den zum Geschäftsraum des Verteidigers gehörenden Briefkasten an einem Samstag erfolgt ist. Dabei kommt es nicht darauf an, wann üblicherweise mit einer Leerung zu rechnen ist oder diese tatsächlich vorgenommen wird.³⁷ Die Ordnungsgemäßheit der Zustellung ist von Amts wegen zu prüfen. Unmittelbar finden diesbezüglich die §§ 36 ff., 145a Anwendung, sodass weitestgehend auf die Kommentierung dort verwiesen werden kann. Zumindest die „revisionstypischen" Zustellungsfragen werden im Folgenden knapp erläutert:³⁸

14   **1. Adressat der Zustellung.** Wird an den Verteidiger zugestellt, setzt der Fristbeginn eine entsprechende Vollmacht bzw. Ermächtigung nach § 145a voraus. Bei **Mehrfachverteidigung** ergibt sich aus § 37 Abs. 2 nicht, dass an jeden einzelnen Verteidiger zugestellt werden müsste;³⁹ § 37 Abs. 2 stellt klar, dass bei mehreren Zustellungen die letzte maßgeblich ist: Wird das Urteil also mehreren Empfangsberechtigten zugestellt,⁴⁰ beginnt die Frist grds. nicht vor dem Zeitpunkt zu laufen, zu dem eine wirksame Zustellung an den letzten Zustellungsempfänger vollzogen wurde.⁴¹ Erfolgt die Zustellung aber nur an einen von mehreren Verteidigern, hindert dies den Fristlauf genauso wenig,⁴² wie die bloße Zustellung an den Angeklagten, auch wenn dieser seinem Verteidiger Zustellungsvollmacht erteilt hat.⁴³ Ein **Anspruch auf mehrfache Urteilszustellung** besteht nicht.⁴⁴ Allerdings ist es dem spät beauftragten Revisionsverteidiger nicht verwehrt, beim Instanzgericht um nochmalige Urteilszustellung zu ersuchen, um wenigstens vier Wochen zur Verfügung zu haben. Bedauerlicherweise kommt dieser Bitte die überwiegende Zahl der Kammern nicht mehr nach, was angesichts der Restriktionen, denen die Angeklagtenrevision ohnehin unterworfen ist, wenig nachvollziehbar ist. Die erneute Zustellung aufgrund **unwesentlicher Mängel** bewirkt keinen erneuten Fristbeginn, ein Vertrauenstatbestand besteht insoweit nicht.⁴⁵ Bei

---

34   Schmitt in Meyer-Goßner/Schmitt Rn. 4; Berechnungsbeispiele bei Tsambikakis in Satzger/Schluckebier/Widmaier StPO § 43 Rn. 1.
35   BGH 30.8.1989 – 3 StR 195/89, BGHSt 36, 214 = NJW 1990, 460; zust. Schmitt in Meyer-Goßner/Schmitt § 43 Rn. 1; Franke in Löwe/Rosenberg Rn. 1; aM Schulze JR 1996, 51.
36   Dazu BGH 12.2.2014 – 1 StR 601/13, BeckRS 2014, 584 = NStZ-RR 2014, 149 (Ls.); aus neuerer Zeit etwa OLG Köln 20.1.2016 – III-1 RBs 7/16, 1 RBs 7/16, NStZ-RR 2016, 175.
37   BGH 26.5.2020 – 3 StR 134/20, NStZ-RR 2020, 257.
38   Vgl. hierzu Frisch in SK-StPO Rn. 7 ff.; Widmaier/Momsen in Satzger/Schluckebier/Widmaier StPO Rn. 13 ff.; Gericke in KK-StPO Rn. 4 ff.
39   BGH 4.3.2003 – 4 StR 466/02, NStZ-RR 2003, 205; BVerfG 20.3.2001 – 2 BvR 2058/00, NJW 2001, 2532; 20.12.2001 – 2 BvR 1356/01, NJW 2002, 1640; Schmitt in Meyer-Goßner/Schmitt Rn. 5.
40   Aus dem Wort „Zustellung" folgt, dass § 37 Abs. 2 nicht einschlägig ist, wenn nur dem Verteidiger zugestellt und dem Angeklagten gem. § 145a Abs. 3 S. 1 das Urteil danach formlos unter Hinweis auf die bereits erfolgte Verteidigerzustellung übersandt wird, vgl. etwa BGH 12.2.2014 – 3 StR 556/13, BeckRS 2014, 05620; 27.7.2012 – 1 StR 238/12, wistra 2012, 435 (436); vgl. Gericke in KK-StPO Rn. 4; Lohse in Krekeler/Löffelmann/Sommer Rn. 5. Relevant ist dann nur der Zeitpunkt der Zustellung. Dasselbe gilt im umgekehrten Fall, also wenn der Verteidiger nach § 145a Abs. 3 S. 2 von einer erfolgten Zustellung an den Angeklagten nur unterrichtet wird, vgl. Wiedner in BeckOK StPO Rn. 1.1.
41   BGH 30.7.1968 – 1 – StR 77/68, BGHSt 22, 221 = NJW 1968, 2019 (wonach dies auch dann gilt, wenn die mehreren Zustellungen nicht auf derselben Anordnung beruhen); vgl. auch BGH 2.11.2010 – 1 StR 544/09, NStZ 2011, 294; 28.8.2013 – 3 StR 353/12, BeckRS 2012, 20039 (dann auch keine Wiedereinsetzung).
42   BGH 13.5.1987 – 2 – StR 170/87, BGHSt 34, 371 = NJW 1987, 2824; zuletzt BGH 12.9.2012 – 2 StR 288/12, BeckRS 2012, 22956.
43   BGH 18.4.1963 – KRB 1/62, BGHSt 18, 352 (354) = NJW 1963, 1558 (zum Kartellbußverfahren); vgl. auch BGH 11.5.2011 – 5 StR 77/11, BeckRS 2011, 15736.
44   BVerfG 20.3.2001 – 2 BvR 2058/00, NStZ 2001, 436 (Ls.).
45   Vgl. BGH 24.8.2006 – 4 StR 286/06, NStZ 2007, 53 (nachträgliche Zustellung fehlender Seite); 17.3.2004 – 2 StR 44/04, NStZ-RR 2005, 257 (261 f. bei Becker); 25.10.1977 – 4 StR 326/77, NJW 1978, 60; 2.11.2010 – 1 StR 544/09, BeckRS 2011, 00863.

mehreren Angeklagten beginnt die Frist des § 345 Abs. 1 für jeden Angeklagten gesondert in Abhängigkeit vom Zeitpunkt der Zustellung des Urteils an ihn.[46] Der Fristbeginn für den **Nebenkläger,** der sich das Verschulden seines Vertreters – anders als der Angeklagte – zurechnen lassen muss,[47] ist in § 401 Abs. 1 S. 3 geregelt (vgl. → § 401 Rn. 10).[48]

2. Zustellungsmängel. Die Frage der Ordnungsgemäßheit der Zustellung birgt eine 15 häufige Fehlerquelle. Sie kann dazu führen, dass eine prima vista längst verfristete Revision zulässig bleibt. Im Hinblick auf § 37 Abs. 2 kann sich dieser Effekt auch umkehren, etwa wenn es mangels Wirksamkeit nicht mehr auf die zeitlich letzte Zustellung ankommt, was in Betracht zu ziehen ist, wenn die **Vollmacht des Verteidigers** zwischenzeitig **erloschen** ist. Soll nun eine an ihn bewirkte Zustellung Wirksamkeit entfalten, muss er mit einer neuen Vollmacht seine Legitimation zur Entgegennahme anzeigen.[49] Befindet sich seine Vollmacht nicht bei den Akten (§ 145a Abs. 1), ist die Zustellung selbst dann unwirksam, wenn der Verteidiger in der Hauptverhandlung aufgetreten ist.[50] Dies gilt nicht, wenn eine **rechtsgeschäftliche Vollmacht** zwischenzeitlich wieder erteilt wurde und diese auch nachgewiesen ist:[51] Dann ist der Umstand, dass sich keine Vollmacht bei den Akten befindet, irrelevant, und § 37 Abs. 2 kommt zur Anwendung. Im Falle der gesetzlichen Zustellungsvollmacht nach § 145a Abs. 1 ist eine Beschränkung im Innenverhältnis für die gerichtliche Zustellung unbeachtlich.[52] Die Ermächtigung bleibt also auch dann, wenn im Verhältnis zwischen dem Betroffenen und dem Verteidiger die Verteidigungsvollmacht erloschen ist, aus Gründen der Rechtssicherheit im Außenverhältnis so lange bestehen, bis das Erlöschen der Vollmacht dem Gericht mitgeteilt wird.[53]

a) Anordnung und Empfänger der Zustellung. Die Zustellung hat gem. § 36 16 Abs. 1 S. 1 **auf Anordnung** des Vorsitzenden, wann, wem und in welcher Form zugestellt werden soll, zu erfolgen. Die von der Geschäftsstelle ohne Anordnung des Vorsitzenden verfügte Zustellung an den Angeklagten (etwa nach einem ersten fehlgeschlagenen Versuch der angeordneten Zustellung an dessen Rechtsanwalt) ist unwirksam.[54] Ebenso genügt die bloße allgemeine Anordnung, dass zugestellt werden soll, nicht (→ § 36 Rn. 6).

Zugestellt wird gem. § 37 (siehe dort) nach den Vorschriften der §§ 166 ff. ZPO. Wird 17 an den Verteidiger im Wege der vereinfachten Zustellung nach § 174 ZPO zugestellt, so hat dieser das **Empfangsbekenntnis (EB) persönlich** zu unterzeichnen. Die Unterschrift durch einen Sozius oder Berufshelfer ist insoweit die häufigste Fehlerquelle.[55] Entscheidend ist nicht der Eingang in der Kanzlei, sondern die Annahme des Schreibens durch den Rechtsanwalt mit dem Willen, es entgegenzunehmen.[56] Fehlt es an einer Unterschrift oder hat ein Dritter (weiterer Rechtsanwalt, Sekretärin „i. V."; Ausnahme: ständiger Vertreter gem. § 53 BRAO)

---

[46] BGH 2.11.2010 – 1 StR 544/09, BeckRS 2011, 00863.
[47] BGH 11.12.1981 – 2 StR 221/81, BGHSt 30, 309 (310) = NJW 1982, 1544; 28.8.2013 – 4 StR 336/13, BeckRS 2013, 16133; 28.4.2016 – 4 StR 474/15, NStZ-RR 2016, 214.
[48] Hierzu auch Franke in Löwe/Rosenberg Rn. 12.
[49] OLG Hamm 4.3.2008 – 4 Ss 77/08, NStZ-RR 2009, 144.
[50] BGH 24.10.1995 – 1 StR 474/95, NJW 1996, 406; OLG Hamm 4.3.2008 – 4 Ss 77/08, NStZ-RR 2009, 144; umgekehrt spielt es keine Rolle, dass er in der Hauptverhandlung nicht aufgetaucht ist oder seine Verteidigertätigkeit auf Handlungen außerhalb der Vertretung beschränkt, solange sich seine Vollmacht bei den Akten befindet bzw. eine rechtsgeschäftliche Vollmacht nachgewiesen ist, OLG München 24.6.2009 – 5 – St RR 157/09, NStZ-RR 2010, 15.
[51] BGH 15.1.2008 – 3 StR 450/07, BeckRS 2008, 03063.
[52] So OLG Köln 2.4.2004 – Ss 126/04 Z – 68 Z, NJW 2004, 3196 für die Parallelvorschrift des § 51 Abs. 3 OWiG im Bußgeldverfahren; zur „Verjährungsfalle" vgl. OLG Düsseldorf 17.4.2008 – 2 Ss (OWi) 191, 101/07, JR 2008, 522 mAnm Fahl.
[53] OLG Köln 20.1.2016 – III-1 RBs 7/16, 1 RBs 7/16, NStZ-RR 2016, 175.
[54] OLG München 24.6.2009 – 5 St RR 157/09, NStZ-RR 2010, 15 (Ls.); die Art und Weise der Zustellung kann der Geschäftsstelle überlassen werden, OLG Düsseldorf 25.11.1999 – 1 Ws (OWi) 944 und 952/99, NStZ-RR 2000, 335; Maul in KK-StPO § 36 Rn. 2.
[55] Widmaier/Momsen in Satzger/Schluckebier/Widmaier StPO Rn. 16; BGH 12.2.2014 – 1 StR 601/13, NStZ-RR 2014, 149.
[56] BGH 15.11.1995 – 3 StR 353/95, NStZ 1996, 149.

das Bekenntnis – denkbar auch unter dem Vorbehalt, das Urteil werde nicht mit Wirkung für den Verteidiger angenommen[57] – unterzeichnet,[58] ist die Zustellung unwirksam. Wird in der Folge eine Revision zu Unrecht als unzulässig verworfen und der Verwerfungsbeschluss zu einem Zeitpunkt zugestellt, in dem die Begründungsfrist noch nicht abgelaufen ist, so beginnt letztere erst mit der Zustellung der den Verwerfungsbeschluss aufhebenden Entscheidung des Revisionsgerichts.[59] Ein Zustellungsmangel ist durch Unterbevollmächtigung des Unterzeichners durch den Wahlverteidiger heilbar, nicht jedoch bei Pflichtverteidigung. Durch nachträgliche Ausstellung des EB (auch nach der Frist des § 345 Abs. 1) kann das gänzlich fehlende EB nachgeholt werden[60] (zur Heilung gem. § 189 ZPO, insbes. zur Ersatzzustellung,[61] Empfangsbereitschaft und Zugangsvereitelung, vgl. → § 37 Rn. 7 ff.[62]). Hingegen ist es unschädlich, wenn das mit dem Namenszug des Verteidigers versehene, zugestellte Schriftstück entgegen § 37 iVm § 174 Abs. 4 S. 1 ZPO kein Zustellungsdatum trägt. Schließlich bedeutet dies nicht zwingend, dass es an einer Empfangsbereitschaft des Verteidigers fehlte, zumal das Datum der Zustellung anhand des Eingangsstempels bei Gericht ermittelt und konkretisiert werden kann.[63] Eine Berichtigung des Datums durch den Verteidiger ist möglich (und das berichtigte Datum ist auch maßgeblich, wenn bewiesen[64]).

18 **b) Anforderungen an die Urteilsausfertigung.** Die Ausfertigung oder zugestellte Abschrift muss das Urteil **wortgetreu** und **vollständig** wiedergeben.[65] Kleine Fehler schaden allerdings nicht, wenn der Zustellungsempfänger aus der Abschrift oder Ausfertigung den Inhalt der Urschrift genügend entnehmen kann.[66] Insbes. das **Fehlen einer Seite** der Urteilsausfertigung soll keinen wesentlichen Mangel darstellen, welcher zur Unwirksamkeit der Zustellung führt, soweit die Ausführungen lediglich einen nebensächlichen Teil (etwa Ausschnitte der Beweiswürdigung hinsichtlich eines Mitangeklagten[67] oder kurzer Textteil mit näheren Erläuterungen der angegebenen Motivation der Nebenklägerin[68]) betreffen. Hingegen muss das Urteil **unterschrieben** sein,[69] wobei die hM die Zustellung als wirksam erachtet, wenn lediglich **weitere** Unterschriften (etwa des Beisitzers) oder Verhinderungsvermerke fehlen.[70]

19 Generell ist in der Rspr. eine eher **restriktive Annahme unwirksamer Zustellung** aufgrund von formellen Urteilsmängeln zu erkennen, was auf die Überlegung zurückzuführen sein mag, dass derartige Fehler gerade mit der Revision gerügt werden, aber nicht zu einer Erweiterung des Rechtsschutzes im Sinne einer stets „verlängerten" Frist führen sollen. In BGHSt 49, 230[71] wird diese Überlegung auf die Rechtsbeschwerdefrist übertragen und insofern auf die Spitze getrieben, als im Hinblick auf die theoretische Möglichkeit gänzlich fehlender Gründe nach **§ 77b Abs. 1 S. 3 OWiG** die Zustellung auch dann wirksam bleiben soll, wenn das Urteil nicht mit Gründen versehen ist und die Voraussetzungen der genannten Vorschrift nicht vorliegen. Die konkrete Entscheidung entpuppt sich im Übrigen als Fund-

---

[57] Gericke in KK-StPO Rn. 5; Lohse in Krekeler/Löffelmann/Sommer Rn. 5.
[58] BGH 25.8.1987 – 4 StR 426/87, BeckRS 1987, 31100210.
[59] BGH 11.8.2021 – 3 StR 118/21, BeckRS 2021, 28360.
[60] BGH 15.11.1995 – 3 StR 353/95, NStZ 1996, 149.
[61] Für den Lebensgefährten BGH 8.1.1987 – 1 StR 381/86, BGHSt 34, 250 = NJW 1987, 1562.
[62] Instruktiv auch BGH 23.11.2004 – 5 StR 429/04, NStZ-RR 2005, 77.
[63] OLG München 24.6.2009 – 5 St RR 157/09, NStZ-RR 2010, 15 (Ls.).
[64] BGH 12.9.1990 – 2 StR 359/90, NJW 1991, 709; 15.11.1995 – 3 StR 353/95, NStZ 1996, 149; 25.10.2003 – 2 StR 379/03, NStZ-RR 2004, 46.
[65] BGH 27.10.1977 – 4 StR 326/77, NJW 1978, 60.
[66] Schmitt in Meyer-Goßner/Schmitt Rn. 5 mwN.
[67] BGH 24.8.2006 – 4 StR 286/06, NStZ 2007, 53; 27.10.1977 – 4 StR 326/77, NJW 1978, 60.
[68] BGH 17.3.2004 – StR 44/04, StraFo 2004, 238.
[69] BGH 2.12.1975 – 1 StR 701/75, BGHSt 26, 247 = NJW 1976, 431 (dort zur Fristwahrung nach § 275).
[70] BGH 21.11.2000 – 4 StR 354/00, BGHSt 46, 204 = NJW 2001, 838; so auch in BGH 21.10.2002 – 5 StR 433/02, NStZ-RR 2003, 85 (nur von Vorsitzendem und einem der beiden Beisitzer); aA Hanack in Löwe/Rosenberg Rn. 6.
[71] BGH 6.8.2004 – 2 StR 523/03, BGHSt 49, 230 = NJW 2004, 3643.

grube für weitere Fallgruppen von Mängeln des zugestellten Exemplars: Als Fälle, welche die Wirksamkeit der Zustellung nicht tangieren, sind dort weiterhin **das unzulässig abgekürzte Urteil (§ 267 Abs. 4),**[72] das **lückenhafte Rubrum**[73] und der **unvollständige Tenor genannt.**[74] „In diesem Sinne besagt der Grundsatz, dass ein Urteil vollständig, das heißt mit Gründen zugestellt werden muss, daher nicht mehr, als dass die zugestellte Urteilsausfertigung die abgesetzten, das heißt vorhandenen Urteilsgründe enthalten muss."[75] Handelt es sich hingegen um eine Abschrift, welche derart grobe Mängel aufweist, dass der Adressat nicht ersehen kann, ob es sich um Mängel der Urschrift (und damit revisionsrechtlich rügbare Fehler) oder eben nur um die der zugesandten Fassung handelt, hat der Beschwerdeführer keine Urteilsausfertigung erhalten, die er für seine Begründung heranziehen kann.[76]

Dieser Grundsatz hat sich schon relativ früh etabliert: In BGHSt 12, 374 wurde für **20** die Ergänzung eines Urteils durch einen **Berichtigungsbeschluss** klargestellt, dass die Frist zur Begründung der Revision erst durch die Zustellung des Berichtigungsbeschlusses in Lauf gesetzt wird (gleiches gilt iÜ für den Aufhebungsbeschluss gem. § 346 Abs. 2[77]); zugleich relativiert wurde dies aber mit der Bemerkung, dass es dahingestellt bleibe, ob ein Berichtigungsbeschluss diese „verschiebende" Wirkung „auch dann hat, wenn er sich auf Punkte des [Urteils] bezieht, die für die Frage der richtigen Rechtsanwendung unmaßgeblich sind."[78]

c) Fertigstellung des Protokolls. Das Urteil darf jedenfalls nicht vor Fertigstellung **21** des Sitzungsprotokolls (§ 273 Abs. 4) zugestellt werden.[79] Dies gilt auch dann, wenn die Protokollergänzung für die eingereichte Revisionsbegründung ohne Bedeutung ist.[80] Hingegen ändert eine nachträgliche Protokollberichtigung nichts daran, dass das Urteil wirksam zugestellt wurde, wenn das Protokoll ursprünglich bereits fertiggestellt war.[81]

d) Übersetzung für Ausländer. Bis 2013 galt auch bei einem übersetzten Urteil für **22** die Revision allein das Originalexemplar als relevant, sodass bereits die Zustellung des Urteils in deutscher Sprache den Fristlauf in Gang setzte.[82] Mit dem Gesetz zur Stärkung der Verfahrensrechte von Beschuldigten im Strafverfahren vom 2.7.2013[83] wurde § 37 um einen Abs. 3 erweitert, wonach die Wirksamkeit der Zustellung von der gem. § 187 Abs. 1 und 2 GVG erforderlichen Übersetzung des (ebenso zuzustellenden) Urteils abhängig ist (und darüber hinaus auch die Zustellung an die übrigen Prozessbeteiligten zur selben Zeit zu erfolgen hat, vgl. hierzu → § 37 Rn. 74).[84]

III. Fristbeginn bei Wiedereinsetzung

Wird einem Betroffenen gegen die Versäumung der Frist zur Einlegung der Revision/ **23** Rechtsbeschwerde Wiedereinsetzung gewährt,[85] so wird die Frist zur Begründung des

---

[72] BGH 9.2.1990 – 2 StR 638/89, StV 1990, 245.
[73] BGH 12.5.1989 – 3 StR 24/89, NStZ 1989, 584.
[74] 11.11.1998 – 5 StR 325/98, BGHSt 44, 251 = NJW 1999, 800.
[75] BGH 6.8.2004 – 2 StR 523/03, BGHSt 49, 230 = NJW 2004, 3643 (3644).
[76] Widmaier/Momsen in Satzger/Schluckebier/Widmaier StPO Rn. 18.
[77] Temming in Gercke/Julius/Temming/Zöller Rn. 3.
[78] BGH 3.2.1959 – 1 StR 644/58, BGHSt 12, 374 (376) = NJW 1959, 899; zum Ganzen auch Widmaier/Momsen in Satzger/Schluckebier/Widmaier StPO Rn. 20; Schmitt in Meyer-Goßner/Schmitt Rn. 6.
[79] BGH 16.12.1976 – 4 StR 614/76, BGHSt 27, 80 (81) = NJW 1977, 541; OLG Naumburg 19.9.2011 – 2 Ws 245/11, StV 2013, 12 (wonach die Unterzeichnung der Anlage zum Hauptverhandlungsprotokoll die Unterzeichnung des Protokolls selbst nicht ersetzen kann).
[80] BGH 3.1.1991 – 3 StR 377/90, BGHSt 37, 287 (288) = NJW 1991, 1902; OLG Hamm 8.12.2011 – III-5 RVs 99/1, BeckRS 2012, 20023.
[81] BGH 20.6.1995 – 1 StR 140/95, wistra 1995, 273.
[82] Gericke in KK-StPO Rn. 3.
[83] BGBl. I 1938.
[84] Bei Abwesenheitsurteilen gilt § 37 Abs. 3 für die Einlegungsfrist; die Vorschrift ist analog im Strafbefehlsverfahren anzuwenden OLG München 18.11.2013 – 4 St RR 120/13, StV 2014, 532; LG Stuttgart 12.5.2014 – 7 Qs 18/14, NStZ-RR 2014, 216.
[85] Im Falle einer innerhalb der Frist des § 345 Abs. 1 und in der Form des § 345 Abs. 2 eingereichten Rechtsbeschwerdebegründung, in der weder eine Verfahrensrüge noch eine Sachrüge den Anforderun-

Rechtsmittels nicht durch eine bereits vorher bewirkte Zustellung der angefochtenen Entscheidung in Lauf gesetzt, sondern erst durch die **Zustellung des Wiedereinsetzungsbeschlusses.**[86] Im Übrigen (also in denjenigen Fällen, in denen das Urteil noch nicht zugestellt war), gilt § 343 Abs. 2.[87] Vergisst der Verteidiger im Rahmen der Revisionseinlegung die Erhebung der Sachrüge in allgemeiner Form entgegen seiner ständigen Übung, so ist die Versäumung der Revisionsbegründungsfrist nicht dem Angeklagten zuzurechnen und diesem daher Wiedereinsetzung in den vorherigen Stand zu gewähren.[88]

C. Revisionsbegründungsform (Abs. 2)

I. Geltung allgemeiner Formvorschriften

24   Hinsichtlich der Form iÜ gelten die Regeln zur Einlegung (zur Übersendung per Telefax, Fernschreiben etc vgl. → § 341 Rn. 21 ff.). Die Revisionsbegründung ist ebenso wie die Einlegung beim **iudex a quo** einzureichen.[89] Es liegt ganz im Interesse des Verteidigers, dass er nicht etwa mit einer kaum entzifferbaren und damit nicht verständlichen Begründung einen schlechten Eindruck hinterlässt. Da aber die „Darstellung" der Tatsachen nicht nur inhaltlich den Anforderungen des § 344 Abs. 2 genügen muss, sondern auch äußerlich denen der **Schriftform** des § 345 Abs. 2, hängt die Zulässigkeit der Rüge bzw. Revision auch davon ab, ob „weite Teile der schriftlichen Erklärung in einer nicht lesbaren Handschrift vorgelegt werden, die zudem noch in qualitativ unzulänglicher Weise abgelichtet worden sind."[90] Freilich gilt dies für die Form der Revision im Allgemeinen, spielt aber bei der Begründung naturgemäß eher eine Rolle als bei deren Einlegung. Die Arbeit, bestimmte handschriftliche Passagen der Akte „abzutippen" (bzw. abtippen zu lassen), muss man sich als Strafverteidiger also machen. Freilich gilt das **Postulat der Lesbarkeit** auch für das Eingefügte (etwa Beweisurkunden): Ist die per Fax versandte Urkunde nicht hinreichend lesbar, so kann das Nachreichen der Originalurkunde nach Fristablauf den Darstellungsvortrag nicht mehr „heilen".[91]

25   Die Revisionsbegründung ist vom **Rechtsanwalt** eigenhändig zu **unterschreiben**.[92] Grund für diese Formstrenge ist, nur Schriftsätze zur Revision zuzulassen, für die der Verteidiger die Verantwortung übernommen hat. Auf die Unterschrift, welche ein gewichtiges Indiz hierfür ist, will die Rechtsprechung selbst dann nicht verzichten, wenn sich die Urheberschaft des Rechtsanwalts und damit seine Verantwortung für das im Schriftsatz Vorgetragene aus Umständen ergibt, die erst nach Ablauf der prozessualen Frist zu Tage treten (wenn der Verteidiger bspw. im Nachhinein vorträgt, dass er den Schriftsatz persönlich in den Gerichtseinlauf gebracht hat[93]). Von einer Unterschrift kann erst die Rede sein, wenn

---

gen des § 344 Abs. 2 gemäß erhoben wird, kommt daher eine Wiedereinsetzung in den vorigen Stand nicht in Betracht, zuletzt etwa OLG Karlsruhe 6.6.2016 – 2 (9) SsBs 144/16, 2 (9) SsBs 144/16 – AK 48/16, ZfWG 2016, 378.

[86] Zu den Fallgruppen der Wiedereinsetzung vgl. Frisch in SK-StPO Rn. 55 ff.; Schmitt in Meyer-Goßner/Schmitt Rn. 22. Vgl. auch Roth NJW 2008, 785.
[87] BGH 8.1.1982 – 2 StR 751/80, BGHSt 30, 335 = NJW 1982, 1110.
[88] BGH 11.1.2016 – 1 StR 435/15, NJW-Spezial 2016, 89.
[89] Schmitt in Meyer-Goßner/Schmitt Rn. 7; Frisch in SK-StPO Rn. 16; Franke in Löwe/Rosenberg Rn. 13.
[90] BGH 3.10.1984 – 2 StR 166/84, BGHSt 33, 44 = NJW 1985, 443; Schmitt in Meyer-Goßner/Schmitt Rn. 14.
[91] KG 20.11.2012 – (4) 121 Ss 245-12 (294/12), BeckRS 2013, 04199.
[92] So bereits RGZ 31, 375; Gericke in KK-StPO Rn. 12; hingegen besteht keine Pflicht des Anwalts, das für die eigenen Akten bestimmte Belegexemplar zu unterschreiben oder abzuzeichnen, um so etwa noch eine zusätzliche – oft unzulängliche – Kontrolle für die ordnungsmäßige Unterzeichnung bestimmender Schriftsätze zu haben, vgl. BGH 18.12.1975 – VII ZR 123/75, NJW 1976, 966.
[93] BGH 25.9.1979 – VI ZR 79/79, NJW 1980, 291 mwN (insbes. aus der zivilgerichtlichen Rechtsprechung). Im Streitfall ließ der Akteninhalt allerdings nicht erkennen, ob der Anwalt die Begründung selbst abgegeben hat, da die Schriftsätze nur den gerichtlichen Eingangsstempel trugen, aber nicht die Person auswiesen, die den Schriftsatz übergeben hat.

der **Schriftzug** individuell und einmalig ist, entsprechende **charakteristische Merkmale** aufweist und sich so als eine die Identität des Unterzeichnenden ausreichend kennzeichnende Unterschrift seines Namens darstellt.[94] Die Frist nach Abs. 1 ist bei einer per Fax eingelegten Revision damit nur gewahrt, wenn der Schriftsatz mit der Unterschrift vor 24 Uhr auf das Gerichtsfax übertragen wurde.

Da die Unterschrift mit einer gewissen „Routine" von der Hand geht, ist es gemeinhin anerkannt, dass auch eine flüchtige Schreibweise als zureichende Unterzeichnung angesehen wird, selbst wenn die Unterschrift durch Undeutlichkeiten oder gar Verstümmelungen unleserlich wird. Umgekehrt muss mit dem Namen des Unterzeichnenden zumindest ein Mindestmaß an Ähnlichkeit in dem Sinne bestehen, dass ein Dritter, der den Namen des Unterzeichnenden kennt, ihn aus dem Schriftbild noch herauslesen kann.[95] Es darf sich insbes. nicht erkennbar um eine bewusste „Flüchtigkeit" handeln, die augenscheinlich die Intention verfolgt, die Identifizierung zu erschweren.[96] Insofern wird eine erkennbar abgekürzte Form des Namens (Paraphe) nicht als Unterzeichnung anerkannt. Derartige „Kürzel" bzw. das Setzen der „Initialen" unter Schriftsätze werden nach den Gepflogenheiten des Rechtsverkehrs nicht als Kundgabe der Übernahme der Verantwortung für Existenz und Inhalt des Schriftstücks nach außen, sondern lediglich als im inneren Betrieb verbleibende „Abzeichnung" (im Sinne einer Kenntnisnahme) interpretiert.[97]

Eine **Blankounterschrift** des Rechtsanwalts steht der Schriftform für sich nicht entgegen, doch kann es an der Verantwortungsübernahme fehlen, wenn er den Inhalt des Schriftsatzes nicht exakt genug festgelegt hat und damit auch nicht deren eigenverantwortliche Prüfung bestätigen kann (so etwa im Falle eines Entwurfs einer Berufungsbegründung, die ein Referendar vervollständigen soll und eingereicht wird, ohne dass der Anwalt die endgültige Fassung der Berufungsbegründung kennt[98]).

II. Besondere Vorgaben nach Abs. 2

Abs. 2 ergänzt die allgemeinen Formvorschriften dergestalt, dass die Begründung nur in einer von dem **Verteidiger** oder einem Rechtsanwalt unterzeichnenden Schrift[99] oder zu **Protokoll der Geschäftsstelle** erfolgen kann. Die Einhaltung dieser speziellen Formvorschriften ist bereits durch den iudex a quo gem. § 346 Abs. 1 (wenn auch nur eingeschränkt, vgl. → § 346 Rn. 4 ff.) überprüfbar.

Dem Angeklagten wird bei der Form ein **Wahlrecht** zugestanden, das auch dann bestehen bleibt, wenn er bereits einen Verteidiger hat.[100] Der Angeklagte muss sich auch

---

[94] BGH 21.1.1960 – VIII ZR 198/59, MDR 1960, 396; vgl. auch OLG Düsseldorf 23.2.1956 – (1) Ss 918/55 (1131), NJW 1956, 923 und OLG Hamburg 20.11.2020 – 2 Rev 55/20 – 1 Ss 139/20, StraFo 2021, 32 = BeckRS.

[95] BGH 7.1.1959 – 2 StR 550/58, BGHSt 12, 317 = NJW 1959, 734; unter Bezugnahme hierauf OLG Oldenburg 24.9.2012 – (1) 53 Ss 128/12 (67/12), BeckRS 2012, 25100 („wellenförmige Linie").

[96] BGH 13.7.1967 – Ia ZB 1/67, NJW 1967, 2310.

[97] BGH 7.1.1959 – 2 StR 550/58, BGHSt 12, 317 = NJW 1959, 734; vgl. auch BGH 13.7.1967 – Ia ZB 1/67, NJW 1967, 2310, wonach dies selbst dann gelte, wenn durch Heranziehung anderer Umstände ermittelt werden könne, dass der Abzeichnende eine Unterzeichnung beabsichtigt habe. Dies würde nach zustimmungswürdiger Ansicht des Senats dazu führen, dass man schließlich einem von jedem Zusammenhang mit der Schrift gelösten willkürlichen Zeichen die Bedeutung einer Unterschrift zuerkennen müsste, wenn nur der „Unterzeichnende" zum Ausdruck bringt, dass er mittels eines solchen Zeichens die Verantwortung für das Schriftstück zu übernehmen beabsichtigt.

[98] Vgl. BGH 23.6.2005 – V ZB 45/04, NJW 2005, 2709.

[99] Erforderlich ist hier nach OLG Hamburg 20.11.2020 – 2 Rev 55/20 – 1 Ss 139/20, StraFo 2021, 32 = BeckRS 2020, 33644 für eine Unterzeichnung, dass eine eigenhändige Unterschrift vorliegt, bei der ein Mindestmaß an Ähnlichkeit in dem Sinne besteht, dass ein Dritter, der den Namen des Unterzeichnenden kennt, ihn aus dem Schriftbild noch herauslesen kann.

[100] Was vor allem deutlich wird, wenn der Verteidiger „abspringt": „Die Möglichkeit, die Revision unter Mitwirkung eines Verteidigers zu begründen, die ein Angeklagter in den Fällen des § 140 Abs. 1 Nr. 2 und 5 bei Bestellung eines Pflichtverteidigers ohne weiteres hat, kann nicht entfallen, wenn der Angeklagte zunächst einen Wahlverteidiger hatte, der dann vor Ablauf der Revisionsbegründungsfrist die Verteidigung niedergelegt hat." so zutr. OLG Hamburg 1.6.1966 – 2 Ws 241/66, NJW 1966, 2323

nicht für eine bestimmte Form entscheiden: Wahlrecht heißt also nicht **Wahlpflicht,** sodass auch eine Kombination der beiden Möglichkeiten dergestalt denkbar ist, als der Vortrag des Verteidigers durch eine Erklärung zu Protokoll (mehr oder weniger) ergänzt wird und umgekehrt.[101] Zum Formzwang bei schriftlichen Ergänzungen der Sachrüge durch den Angeklagten vgl. bereits → Rn. 6. Der Verteidiger muss die Revision hingegen selbst begründen und darf nicht der Geschäftsstelle etwas diktieren.[102]

30 1. **Persönlicher Anwendungsbereich. a) Angeklagter und Rechtsanwalt.** Die Vorschrift betrifft vorrangig die Revision des **Angeklagten.** Da die Siebfunktion der Norm im Falle eines **angeklagten Rechtsanwalts** nicht greift, ist die Revisionsbegründung durch diesen selbst zulässig, soweit die Zulassung nicht bereits zurückgenommen wurde (obwohl der Wortlaut vom Regelfall ausgehend den Angeklagten vom Verteidiger semantisch trennt).[103] Die Vorschrift schließt in erster Linie die selbst abgefasste Revision durch den Angeklagten aus, gilt allerdings auch für alle anderen Beteiligten am Prozess, denen die Sachkunde für nachvollziehbare Rügen des anzufechtenden Urteils fehlt, also die gesetzlichen Vertreter (§ 298 Abs. 2) bzw. Erziehungsberechtigten (§ 67 Abs. 3 JGG), oder den zur Rechtsmitteleinlegung berechtigten Einziehungsbeteiligten (§ 433 Abs. 1, § 440 Abs. 3).[104]

31 b) **Privat- und Nebenkläger.** Der **Privatkläger** dagegen hat nicht zusätzlich die Wahl der Erklärung zu Protokoll der Geschäftsstelle, sondern kann seine Erklärung nur mittels einer vom Rechtsanwalt unterzeichneten Schrift (§ 390 Abs. 2) abgeben.[105] Nach hM soll dies auch für den **Nebenkläger** gelten,[106] wobei sich insbes. der 2. Strafsenat des BGH dieser Auffassung angeschlossen hat:[107] Vor der Neufassung des § 397 Abs. 1 durch das Opferschutzgesetz wurde für die Nebenklage im Allgemeinen auf die für den Privatkläger geltenden Vorschriften und damit auch auf § 390 Abs. 2 (und gerade nicht auf § 345 Abs. 2) verwiesen. Der nachträgliche Wegfall der Verweisungsvorschrift – ohne dass eine gesonderte Formvorschrift für die Revisionsanträge und deren Begründung durch den Nebenkläger geschaffen worden wäre – muss als gesetzgeberische Ungenauigkeit bewertet werden, da man dem Nebenkläger ohne die Einschränkung des § 390 Abs. 2 ein „Mehr" an Rechten gewähren würde als dem Angeklagten (nämlich die eigenständige Revisionsbegründung), wenn nicht die ursprüngliche Rechtslage aufrechterhalten wird. Da de lege lata lediglich dieses historische Argument für eine analoge Anwendung des § 390 Abs. 2 streitet, wäre in Anbetracht des qualitativen Unterschieds zwischen Privat- und Nebenklage der Paradigmenwechsel betreffend die Rolle des Opfers im Strafverfahren ein ebenso gewichtiges Argument dafür, über eine entsprechende Anwendung des § 345 Abs. 2 (also über ein Wahlrecht auch des Neben- und nicht Privatklägers) nachzudenken.[108]

(2324); Nagel in Radtke/Hohmann Rn. 22; Franke in Löwe/Rosenberg Rn. 16; Schmitt in Meyer-Goßner/Schmitt Rn. 9.

[101] OLG Hamburg 1.6.1966 – 2 Ws 241/66, NJW 1966, 2323; Schmitt in Meyer-Goßner/Schmitt Rn. 9.

[102] Frisch in SK-StPO Rn. 20 unter Verweis auf OLG Düsseldorf MDR 1975, 73 (Ls.); Schmitt in Meyer-Goßner/Schmitt Rn. 9.

[103] Vgl. BayObLG 25.11.1975 – 4 Ob OWi 87/75, BayObLGSt 1975, 153 (154); Nagel in Hohmann/Radtke Rn. 13; Schmitt in Meyer-Goßner/Schmitt Rn. 13; zur Frage der Vertretung im Falle eines angeordneten Berufsverbots bzw. einer sofort vollziehbaren Rücknahmeverfügung und der Auslegung des § 155 Abs. 5 BRAO OLG Celle 3.6.1988 – 2 Ss 37/88, NStZ 1989, 41 mAnm Feuerich NStZ 1989, 338; entsprechendes soll nach KG 11.9.1968 – (1) Ss (63) 245/68, NJW 1969, 338 gelten, wenn gegen den Verteidiger ein (ehrengerichtliches) Berufsverbot ausgesprochen worden ist, ebenfalls Bezug nehmend auf § 155 Abs. 5 BRAO.

[104] Nagel in Hohmann/Radtke Rn. 12; Frisch in SK-StPO Rn. 19.

[105] Gericke in KK-StPO Rn. 23; zur Frage inwiefern sich ein Anwalt selbst als Verletzter vertreten kann Hilger NStZ 1988, 441.

[106] BGH 14.2.1992 – 3 StR 433/91, NJW 1992, 1398; Franke in Löwe/Rosenberg Rn. 15; Frisch in SK-StPO Rn. 19; Schmitt in Meyer-Goßner/Schmitt § 401 Rn. 2; Gericke in KK-StPO Rn. 23.

[107] BGH 13.8.2014 – 2 StR 573/13, NJW 2014, 3320 unter Bezugnahme auf die Fundstellen in Fn. 71.

[108] So auch Stoffers NJW 2014, 3323, der auf die systematischen Unterschiede zwischen Privat- und Nebenklage hinweist (insbes. auf den Umstand, dass der Nebenkläger – im Unterschied zum Privatkläger – nicht das Recht hat, die Wiederaufnahme des Verfahrens zu beantragen und die Notwendigkeit

c) Staatsanwaltschaft. Da sich § 345 Abs. 2 schon seinem Zweck nach nur auf die 32
„unkundigen" Prozessbeteiligten richten kann (und dies auch explizit tut), gilt für die
StA lediglich die **einfache Schriftform**[109] (insbes. genügt die Einreichung beglaubigter
Abschriften[110]). Die Unterzeichnung durch den StA muss aber abschließenden Charakter
dergestalt haben, als es sich nicht um einen bloßen Entwurf handeln darf.[111] Weitere,
ausschließlich die StA betreffende Zulässigkeitsvoraussetzungen bzw. Formvorschriften für
die Revision existieren nicht.[112] Freilich muss auch die Revision der StA die Anforderungen
des § 344 Abs. 2 erfüllen (dort → Rn. 57 ff.), was in der Praxis häufig nicht gelingt.

2. Revisionsbegründung durch einen Verteidiger oder Rechtsanwalt. a) For- 33
male Anforderungen an die Stellung als Verteidiger bzw. Rechtsanwalt. Verteidiger
kann sowohl der in dem unteren Rechtszug bereits tätig gewesene[113] als auch ein Rechtsanwalt sein, dem die Verteidigung nicht übertragen ist, wenn er zum Zeitpunkt der Unterzeichnung der Erklärungen zur Einlegung bzw. Begründung der Revision **bevollmächtigt**
ist (was vor allem für „schwebende Mandate" – etwa zum Zeitpunkt des Wechsels von
Wahl- auf Pflichtverteidigung – von Relevanz sein kann).[114] Ebenso wie sonst gilt auch hier,
dass der Verteidiger den Nachweis seiner Vollmacht nicht innerhalb der Begründungsfrist
erbringen muss,[115] zumal der Nachweis im Einzelfall auch entbehrlich sein kann.

Der **Pflichtverteidiger** kann seine Befugnisse **nicht** wirksam durch **Untervollmacht** 34
übertragen,[116] und zwar auch dann nicht, wenn die ursprünglich vom Angeklagten erteilte
Vollmacht sich auch auf den unterbevollmächtigten Rechtsanwalt erstreckt hatte (denn im
Falle der Unterbevollmächtigung wäre diese nicht von Relevanz, da der Unterbevollmächtigte gerade nicht als unmittelbarer Rechtsanwalt des Angeklagten auftritt, wenn er ausdrücklich in Vertretung des Pflichtverteidigers gehandelt hat).[117] Etwas anderes kann nur
gelten, wenn der Vertreter **amtlich bestellt** worden ist (§ 53 Abs. 2 BRAO).[118] Wer als
Rechtsbeistand nur in Gemeinschaft mit einem Rechtsanwalt oder Rechtslehrer als Wahlverteidiger zugelassen ist, kann die schriftliche Revisionsbegründung für den Angeklagten
allein nicht wirksam unterzeichnen. Das gilt auch für Angehörige der mittlerweile überkommenen Berufsgruppe des Rechtsbeistandes, die Mitglieder einer Rechtsanwaltskammer
sind.[119] Denn auf diese sind gem. § 209 BRAO die Vorschriften zu den Rechten und
Pflichten eines Rechtsanwalts nur sinngemäß anwendbar. Daraus ergibt sich gerade nicht,
dass im Falle einer notwendigen Verteidigung ein solcher Rechtsbeistand die Verteidigung
allein führen dürfte. Seine Mitwirkung bestimmt sich vielmehr nach Maßgabe des § 138
Abs. 2 S. 2.[120] Die Einlegung eines Rechtsmittels unter dem Namen von mehr als drei in
einer Sozietät zusammengeschlossenen Rechtsanwälten ist wirksam. Weist das Revisions-

---

einer entsprechenden Anwendung des § 390 Abs. 2 wegfällt und soweit es die Revision betrifft, nur von
den Anträgen die Rede ist.

[109] Schmitt in Meyer-Goßner/Schmitt Rn. 23; Frisch in SK-StPO Rn. 57; dies gilt auch im Rechtsbeschwerdeverfahren, vgl. OLG Hamm 3.7.2014 – 1 Vollz (Ws) 279/14, BeckRS 2014, 14497.
[110] BGH 26.11.2012 – AnwSt (R) 6/12, BeckRS 2013, 00679.
[111] Zur Form auch GemS-OGB 30.4.1979 – GmS-OGB 1/78, NJW 1980, 172 (174).
[112] Selbst fehlende Anträge können im Einzelfall unschädlich sein, vgl. BGH 22.3.2012 – 4 StR 558/11,
BeckRS 2012, 07957, wonach bei lediglich zwei Taten in der Erhebung der uneingeschränkten allgemeinen Sachrüge daher die Erklärung der revisionsführenden StA zu sehen sei, dass das Urteil insgesamt
angefochten werde.
[113] Schmitt in Meyer-Goßner/Schmitt Rn. 11; Temming in Gercke/Julius/Temming/Zöller Rn. 8; Frisch
in SK-StPO Rn. 22 (dort auch zu Hochschullehrern).
[114] BGH 2.8.2000 – 3 StR 502/99, NStZ 2001, 52.
[115] OLG Brandenburg 6.7.1994 – 2 SS 8/94, NStZ 1995, 52.
[116] BGH 8.12.2011 – 4 StR 430/11, NStZ 2012, 276 (277); 27.9.1989 – 2 StR 434/89, BeckRS 1989,
31097768; 16.12.1994 – 2 StR 461/94, NStZ 1995, 356.
[117] BGH 23.3.1993 – 3 StR 106/93, BeckRS 1993, 31079037; Kusch NStZ 1996, 21 mwN.
[118] Frisch in SK-StPO Rn. 24; Gericke in KK-StPO Rn. 11; BGH 23.3.1993 – 3 StR 106/93, BeckRS
1993, 31079037; 22.8.2001 – 1 StR 354/01, NStZ-RR 2002, 12.
[119] BGH 28.3.1984 – 3 StR 95/84, BGHSt 32, 326 = NJW 1984, 2480.
[120] Zum Ganzen auch → § 138 Rn. 21 f.; vgl. KG 16.1.1974 – 2 Ws 248/73, NJW 1974, 916 (Rechtmittel-
erklärung durch Steuerberater).

bzw. Rechtsbeschwerdegericht einen Verteidiger zurück, weil ein Verstoß gegen § 137 Abs. 1 S. 2 vorliegt, dann ist jedenfalls eine von diesem allein angebrachte Rechtsmittelbegründung unwirksam.[121] Auch ein **Steuerberater** kann die Revision alleine nicht rechtswirksam unterzeichnen, weil sich aus § 392 AO iVm § 107 StBerG nicht ergibt, dass die Anforderungen des § 344 Abs. 2 durch diese Begründung erfüllt sind; die Vorschriften sind auch nicht analog anwendbar.[122]

35 Soweit eine (grundsätzlich zulässige) Untervollmacht durch den **Wahlverteidiger** wirksam erteilt worden ist (für den Referendar, § 138 Abs. 2, § 139), kann auch der Unterbevollmächtigte die Revision begründen:[123] Dies ergibt sich schon aus dem Wortlaut des § 345 Abs. 2, der auch die Begründung durch einen „Rechtsanwalt" zulässt (zu den Auswirkungen der Vertretungsanzeige durch die Kennzeichnung „i.V." vgl. → Rn. 39).

36 **b) Verantwortungsübernahme.** Weil mit der Bestimmung des § 345 Abs. 2 gewährleistet werden soll, dass die Revisionsbegründung gesetzmäßig und sachgerecht ist (vgl. → Rn. 2), soll sich die Mitwirkung des Verteidigers nicht in bloßer „Beurkundung" erschöpfen.[124] Er muss sich also zum einen an der Revisionsbegründung „gestaltend beteiligen",[125] aber darüber hinaus auch die **Verantwortung für den Inhalt** des Schriftsatzes übernehmen.[126] Diese weite Auslegung des § 345 Abs. 2 ist verfassungsrechtlich nicht zu beanstanden.[127] Denn nur so ist der eingangs beschriebene Zweck der Vorschrift gewahrt, dass die Revision einer Vorprüfung durch eine rechtskundige Person unterzogen wird und in ihrer Begründung den gesetzlichen Anforderungen entspricht.[128]

aa) Offen zum Ausdruck gebrachte Distanzierung. Eindeutig fehlt es an solch einem „Einstehen", wenn sich der Verteidiger als „Sprachrohr" des Angeklagten darstellt bzw. sich **distanziert**[129] und betont, dass er die Ausführungen des Mandanten lediglich weitergibt (mag er diese auch in ein juristisches Gewand eingekleidet haben), was er mit **indirekter Rede**[130] oder Wendungen wie „der Verurteilte meint..." oder „...ist der Ansicht" deutlich macht.[131] Berechtigte Zweifel bestehen auch, wenn es in der Revisionsbegründung heißt: „(...) hat mich Frau U gebeten, ihre selbst eingelegte Revision gegen das Urteil des LG (...) vom 22.12.2015 wie folgt zu begründen: Gerügt wird die Verletzung materiellen Rechts."[132] Das OLG Hamm sieht – vielleicht zu weitgehend – auch durchgreifende Zweifel an einer Verantwortungsübernahme, wenn die von einem Rechtsanwalt

---

[121] BGH 16.2.1977 – 3 StR 500/76, BGHSt 27, 124 = NJW 1977, 910.
[122] OLG Hamm 2.8.2016 – 4 RVs 78/16, NStZ-RR 216, 318.
[123] Zum Ganzen Lüderssen/Jahn in Löwe/Rosenberg §§ 138 Rn. 19 mwN; hierzu auch OLG Jena 11.7.2012 – 1 SsRs 20/12, NStZ-RR 2012, 320 (321).
[124] So auch BVerfG 17.5.1983 – 2 BvR 731/80, BVerfGE 64, 135 (152) = NJW 1983, 2762; BGH 2.11.2005 – 3 StR 371/05, NStZ-RR 2006, 84.
[125] BVerfG 17.5.1983 – 2 BvR 731/80, BVerfGE 64, 135 (152) = NJW 1983, 2762; Schmitt in Meyer-Goßner/Schmitt Rn. 14.
[126] BGH 22.1.1974 – 1 StR 586/73, BGHSt 25, 272 = NJW 1974, 655.
[127] Zuletzt BVerfG 7.12.2015 – 2 BvR 767/15, NJW 2016, 1570 unter Rekurs auf BVerfG 17.5.1983 – 2 BvR 731/80, BVerfGE 64, 135 (152) = NJW 1983, 2762.
[128] BGH 22.1.1974 – 1 StR 586/73, BGHSt 25, 272 (273) = NJW 1974, 655; 1973, 1514; vgl. auch BVerfG 28.1.1960 – 1 BvR 145, 746/58, BVerfGE 10, 274 (282) = NJW 1960, 427.
[129] Schmitt in Meyer-Goßner/Schmitt Rn. 16; Frisch in SK-StPO Rn. 30.
[130] BGH 13.6.2002 – 3 StR 151/02, NStZ-RR 2002, 309 (zudem erfolgte eine Trennung in der Darstellung, indem auf beigefügte Anlagen in der „Wir"-Form aufmerksam gemacht wird); vgl. auch BGH 21.5.2003 – 3 StR 180/03, NStZ 2004, 166 („auftragsgemäß"); BGH 27.3.2012 – 2 StR 83/12, NJW 2012, 1748 („Herr G. rügt").
[131] BGH 22.1.1974 – 1 StR 586/73, BGHSt 25, 272 = NJW 1974, 655. Vgl. auch Miebach NStZ 1988, 209 (214): „auf Anweisung...habe ich die Revision wie folgt zu begründen..." oder „bin ich gehalten, ... ", so Becker NStZ-RR 2003, 289 (292 mwN); „der Angeklagte will sich nur gegen die Unterbringungsanordnung wenden", so in BGH 23.4.2013 – 4 StR 104/13, NStZ-RR 2013, 289; „in Gemäßheit des § 345 StPO", so bei Schneidewin JW 1923, 346.
[132] OLG Hamm 9.6.2016 – III-4 RVs 60/16, 4 RVs 60/16, BeckRS 2016, 12260. Das ist insofern bemerkenswert, als das Gericht diese Zweifel nicht hegen könnte, wenn der Verteidiger diese Passage schlicht wegließe und eine von ihm eigentlich nicht verantwortete Sachrüge einlegte.

unterzeichnete Revisionsbegründung mit dem Satz: „Der Angeklagte lässt sich wie folgt ein:" begonnen wird und als Begründung ein wörtliches, in Anführungszeichen gesetztes Zitat des Angeklagten folgt.[133]

bb) Offensichtlich nicht von einem Verteidiger eingelegte Revision. Freilich muss die fehlende Verantwortungsübernahme nicht derart offensichtlich nach außen treten: So wird der Strafverteidiger, der sich ohnehin weniger als Organ (→ Einl. Rn. 310 ff.) der Rechtspflege denn als bloßes Sprachrohr des Mandanten versteht, derartige Floskeln – in Anbetracht der drohenden Verwerfung der Revision – vermeiden können. Tut er dies nicht, hilft ihm auch keine Erhebung der allgemeinen Sachrüge, da die floskelhafte Erhebung bzw. ihr „Allgemeincharakter" nicht per se dafür spricht, dass der Verteidiger diesbezüglich die Verantwortung übernehme, wenn er sich von den Verfahrensrügen distanziert hat.[134]

Letztlich ist dies eine **Frage des Einzelfalles,** weil es regelmäßig an einer expliziten Distanzierung durch den Strafverteidiger fehlt und die Gerichte damit auf eine Berücksichtigung von **Indizien** angewiesen sind, die gegen eine Verantwortungsübernahme sprechen.[135] Eine Verantwortungsübernahme darf nicht bereits verneint werden, weil der Verteidiger die Revision für aussichtslos hielt und die allgemeine Sachrüge erhob, um dem Auftrag des Angeklagten nachzukommen.[136] „Es kann nämlich nicht ohne weiteres davon ausgegangen werden, dass ein Verteidiger einerseits zwar die Begründung der Revision übernimmt und dafür eine Vergütung beansprucht, andererseits aber verhindert, dass das Revisionsgericht wenigstens die Anwendung materiellen Rechts auf die Feststellungen überprüfen kann."[137] Dass die beabsichtigten Ziele des § 345 Abs. 2 in derartigen Fällen nicht erreicht werden können, der Schutzmechanismus also versagt, gebietet es nicht, dem Strafverteidiger die Kompetenz für etwaige Entscheidungen abzusprechen, insbes. einer Erklärung, die Verantwortung für einen eingereichten Schriftsatz zu übernehmen (mag er sich mit der Revision auch nur unzureichend befasst haben).

Hingegen soll sich eine **„Umgehung"** des § 345 Abs. 2 bejahen lassen, wenn sich aus der Revisionsbegründung ergibt, dass sich der Verteidiger gar nicht mit der Revision befasst hat; dies sei aber nicht bereits dann anzunehmen, wenn er laienhafte bzw. vom Verurteilten angebrachte Argumente übernimmt.[138] Vielmehr soll von einer faktisch durch den Verurteilten eingelegten Revision auszugehen sein, wenn sich der Verteidiger bei der Ausfertigung nicht mehr Mühe gemacht hat, als seinen Briefkopf zu verwenden und die Schriftsätze mit seiner Unterschrift zu versehen.[139] Dies soll auch für etwaige Passagen gelten, die vor allem wegen des plötzlichen Bruchs in Formulierung, Schriftbild und Stil hervorstechen.[140] Soweit erkennbar wird, dass der Verteidiger sich mit dem Schriftsatz (oder Teilen dessen)

---

[133] OLG Hamm 27.11.2018 – 4 RVs 156/18, BeckRS 2018, 33099; tendenziell krit. dazu auch Oehnichen FD-StrafR 2019, 413164.
[134] Zu solch einem Fall OLG Hamm 10.7.2012 – III-5 RVs 65/12, BeckRS 2013, 04711; so dann auch BGH 2.7.2014 – 4 StR 215/14, NJW 2014, 2664; Schmitt in Meyer-Goßner/Schmitt Rn. 17.
[135] Temming in Gercke/Julius/Temming/Zöller Rn. 7 (von der „Qualität des Vortrags abhängig").
[136] OLG Hamm 18.12.2003 – 3 SS 625/03, NJW 2004, 1189.
[137] OLG Hamm 18.12.2003 – 3 SS 625/03, NJW 2004, 1189; in Anbetracht der Tatsache, dass die Revision begründet war und der Angeklagte vom Vorwurf der Strafvereitelung durch das Revisionsgericht freigesprochen wurde, wird deutlich, wie viel an der Interpretation des § 345 Abs. 2 hängen kann. Zu solch einer „restriktiveren" Auslegung sollte man sich allerdings nur veranlasst sehen, wenn man sehenden Auges eine materiell falsche Entscheidung aufrechterhält (wobei dieser Fall besonders deutlich macht, dass sich Sinn und Zweck der Vorschrift auch in sich verkehren können und in Anbetracht der dargelegten Bedenken und der „Chimäre" des § 345 Abs. 2 Alt. 2 darüber nachgedacht werden kann, ob überhaupt noch an dieser Vorschrift festzuhalten ist).
[138] BGH 2.8.1984 – 4 StR 120/83, NStZ 1984, 563; 26.7.2005 – 3 StR 36/05, BeckRS 2005, 10136; OLG München 4.1.1984 – 1 Ws 651, 1093/83, BeckRS 9998, 85011 (für das Klageerzwingungsverfahren).
[139] BGH 2.11.2005 – 3 StR 371/05, NStZ-RR 2006, 84 (Zweifel an der Mitgestaltung durch den unterzeichnenden Rechtsanwalt ergeben sich demnach „insbesondere daraus, dass gravierende Mängel der Revisionsbegründungsschrift unkorrigiert geblieben sind, wie die grob mangelhafte Ausführung der Aufklärungsrüge und eine ins Auge springende Widersprüchlichkeit des Vorbringens").
[140] BGH 17.11.1999 – 3 StR 385/99, NStZ 2000, 211.

39 Weiterhin sollen berechtigte **Zweifel** an einer Verantwortungsübernahme bestehen, wenn der Verteidiger seinen Schriftsatz von denen des Angeklagten sichtbar trennt, in dem seinen Ausführungen offensichtlich vom Angeklagten stammende neun Leitz-Ordner (aus 2.938 Blättern bestehend) folgen.[141] In solch einem Fall soll der Wille des Verteidigers, die Verantwortung zu übernehmen, nicht genügen, wenn sich objektiv aus den Umständen ergibt, dass er an dem Annex nicht mitgewirkt hat, mag er das „Gesamtwerk" auch unterschrieben haben.[142] Daneben wurde von den Obergerichten (in Anbetracht des von § 345 Abs. 2 postulierten Zwecks widersprüchlich) ein Verstoß gegen § 345 Abs. 2 selbst dann angenommen, wenn der unterzeichnende Rechtsanwalt mit dem **Zusatz „i.V."** signiert (damit koppelt man die Schriftform an § 345 Abs. 2).[143] Dasselbe soll für die Wendung „**pro absente**"[144] oder für die Formulierung „für den nach **Diktat** verreisten Rechtsanwalt"[145] gelten. **Dem ist entgegenzutreten.** Da zumindest die Anzeige eines Vertretungsverhältnisses nicht bedeuten muss, dass man sich vom Schriftsatz distanziert, sondern auch dahin verstanden werden kann, dass der Unterzeichnende lediglich zum Ausdruck bringen wollte, dass er in Untervollmacht gehandelt hat (weil er hierzu auch verpflichtet ist[146]), hat bereits das OLG Köln jedenfalls den Zusatz „i.V." als unschädlich für eine Verantwortungsübernahme gesehen.[147] Der 2. Strafsenat des BGH hat sich dem für den Fall des bei der Nebenklagerevision entsprechend anwendbaren § 390 Abs. 2 jedenfalls für die Formulierung „für Rechtsanwältin X" angeschlossen[148] und deutet eine Differenzierung zwischen den jeweils gewählten Kürzeln an, wenn er meint, dass die Unterzeichnung „im Auftrag" hingegen auf eine Distanzierung und ein Auftreten als Erklärungsbote hindeutet.[149] Dies erscheint ein wenig zu feinsinnig, entscheidet damit die äußere Handhabung des Rechtsanwalts bzw. der Sozietät über die Zulässigkeit des Rechtsmittels. Dementsprechend ist die Unterzeichnung durch einen weiteren (rechtzeitig und ggf. mündlich bevollmächtigten Anwalt) ohne Zusatz anzuraten.[150] Jedenfalls ist es zu begrüßen, dass das BVerfG in einer neueren Entscheidung klargestellt hat, dass es mit dem Anspruch auf wirkungsvollen Rechtsschutz nicht vereinbar sei, allein daraus, dass der Revisionsbegründungsschriftsatz nicht von dem mit „i.V." unterzeichnenden Rechtsanwalt selbst verfasst wurde und beim Namen des eigentlichen Sachbearbeiters der Zusatz „nach Diktat verreist" angebracht ist, herzuleiten, der Unterzeichner habe sich den Inhalt des Schreibens nicht zu eigen gemacht und wolle dafür nicht aufgrund eigener Prüfung die Verantwortung übernehmen.[151]

---

[141] BGH 2.8.1984 – 4 StR 120/83, NStZ 1984, 563.
[142] BGH 2.8.1984 – 4 StR 120/83, NStZ 1984, 563.
[143] OLG Hamm 10.7.2000 – 2 Ss OWi 646/00, NStZ-RR 2001, 250 (die OLG-Entscheidungen betreffen das Rechtsbeschwerdeverfahren, § 79 Abs. 3 OWiG); so auch BayObLG 9.4.1991 – 1 OB OWI 119/91, NJW 1991, 2095 (2096); KG 5.6.1986 – (3) 1 Ss 26/86 (6/86), JR 1987, 217.
[144] OLG Frankfurt a. M. 1.8.2013 – 2 Ss-OWi 565/13, NStZ-RR 2013, 355.
[145] OLG Hamm 15.7.2008 – 4 Ss 257/08, NStZ-RR 2009, 381; nochmals OLG Hamm 26.9.2014 – 3 RVs 72/14, BeckRS 2014, 19282; OLG Rostock 25.9.2015 – 21 Ss OWi 148/15 (B), VRS 129 (2015), 215; BGH 21.2.2017 – 3 StR 554/16, BeckRS 2017, 105448.
[146] Vgl. nur OLG Jena 11.7.2012 – 1 SsRs 20/12, NStZ-RR 2012, 320 (321).
[147] OLG Köln 24.1.2006 – 83 Ss-OWi 88/05, NStZ-RR 2007, 57; interessant ist, dass das von dieser Entscheidung abweichende OLG Frankfurt die aA mit dem Zusatz „aber unter Berücksichtigung der dortigen Besonderheiten des Einzelfalles" zitiert, während der amtliche Leitsatz der Entscheidung des OLG Köln betont, dass in derartigen Fällen „regelmäßig davon auszugehen" sei, dass sich der mit iV unterzeichnende Rechtsanwalt den Inhalt zu Eigen gemacht hat.
[148] BGH 13.8.2014 – 2 StR 573/13, BGHSt 59, 284 = NJW 2014, 3320.
[149] Bezeichnend ist, dass auch in diesem Fall eine „begründete" Revision aussteht und der 2. Senat die „Abkehr" von der (überwiegenden) obergerichtlichen Rechtsprechung mit dem Zweck der Vorschrift begründet, dass die Schrift jedenfalls von einer Rechtsanwältin angefertigt worden sei. Dann darf aber auch für den umgekehrten Fall (also das „Unterschreibenlassen" durch einen Rechtsanwalt, der nicht die Revision angefertigt hat) genügen, solange die Begründung ebenfalls von einem Verteidiger stammt.
[150] Krug FD-StrafR 2012, 331867 zu OLG Hamm 24.11.2011 – III-5 RVs 91/11, BeckRS 2012, 08577.
[151] BVerfG 7.12.2015 – 2 BvR 767/15, NJW 2016, 1570.

Zu weit geht es auch, mit dem OLG Rostock anzunehmen,[152] die **Distanzierung** **40** **des Verteidigers bei der Revisionseinlegung** („auf Wunsch des Angeklagten") – wofür § 345 Abs. 2 nicht gilt – wirke noch in die Revisionsbegründung hinein. So wird eine Verantwortungsübernahme als nicht vorliegend fingiert, wenn der Verteidiger nicht mehr tut, als jetzt „vorbehaltlos" die allgemeine Sachrüge (und eine mehr oder weniger geglückte Verfahrensrüge) zu erheben.[153] Denn damit würde der Verteidiger gezwungen, seinen „Meinungsumschwung" oder seine Verantwortungsübernahme auch bei einer Sachrüge noch mehr zu verdeutlichen oder (durch irgendwie fachlich anmutende Ausführungen) gar zu „beweisen". Schließlich dürfte – worauf auch *Frisch*[154] und *Franke*[155] zutreffend hinweisen – keinem Strafverteidiger die Aussage unterstellt werden, dass er selbst die (keine zusätzlichen Kosten verursachende) allgemeine Prüfung des Urteils durch das Revisionsgericht für unzweckmäßig halte (zur damit korrespondierenden Pflicht des Rechtspflegers, bei allgemeinen Ausführungen des Angeklagten gegen das Urteil stets die Sachrüge einlegen zu müssen, vgl. → Rn. 54).

Die Rechtsprechung zur Verantwortungsübernahme als „ungeschriebenes Tatbestands- **41** merkmal" des § 345 Abs. 2 geht also zum Teil zu weit, wobei der Ansatzpunkt vor allem im Hinblick auf die Rolle des Strafverteidigers als Organ der Rechtspflege nachvollziehbar ist. Der **verantwortungsbewusste Strafverteidiger** rügt (gerade auch im Interesse des Mandanten) nur, was nach seiner Erfahrung zum Erfolg führen kann, weswegen in eindeutigen Fällen des Missbrauchs diese Zulässigkeitsvoraussetzung – auch im Hinblick auf den Umstand der unbeschränkten Zulassung – berechtigt ist. Eigene Entscheidungen des Strafverteidigers dürfen allerdings nicht als „objektiv missglückte Verantwortungsübernahme" zu einer unzulässigen Revision führen. Soweit die Rechtsprechung an dieser Voraussetzung festhält, darf sie also nicht aus den Augen verlieren, dass die objektiven Anknüpfungspunkte lediglich Indizien sind, die auch wieder entkräftet werden können.[156]

Der Zweck des § 345 Abs. 2 muss als gewahrt betrachtet werden, soweit ein Verteidiger **42** hinter dem Erklärten steht, indem er die Revisionsbegründung im eigenen Namen abgibt. Würde man nämlich darauf abstellen, dass es darauf ankommt, ob der Verteidiger hinter dem Geschriebenen „berufsidealtypisch" stehen *darf,* müsste man auch im umgekehrten Fall – in dem der Verteidiger schlicht mangels Erfahrung oder aktueller Rechtskenntnisse im materiellen Strafrecht Rechtsansichten vertritt, die einem Revisionsrichter laienhaft anmuten – die Revision als unzulässig verwerfen.[157] Dem Gericht ist jedenfalls eine bestimmte Erwartungshaltung (im Sinne eines Ideals) verwehrt, zumal es dem Rechtsanwalt auch unbenommen bleibt, die abwegigen Einwände seines Mandanten – mag dies prozesstaktisch im seltensten Fall empfehlenswert sein – zu übernehmen. Dies gilt umso mehr, als es umgekehrt nach bundesverfassungsgerichtlicher Rechtsprechung keinen rechtsstaatlichen Bedenken begegnen soll, dass es dem Angeklagten „verwehrt ist, auf die Begründung der

---

[152] OLG Rostock 20.7.2009 – 1 Ss 191/09 I 65/09, NStZ-RR 2009, 381.
[153] Dass die allgemeine Sachrüge „vorbehaltlos" erhoben werde, ändere hieran nichts, da ein Antrag notwendig sei, um überhaupt den Anforderungen des § 345 Abs. 1 zu genügen. Dementsprechend könne laut OLG Rostock allein aus der Tatsache, „dass die Revision trotz der bei ihrer Einlegung zum Ausdruck gebrachten Zweifel nachfolgend in einem separaten Schriftsatz jedenfalls noch mit der allgemeinen Sachrüge zulässig begründet worden ist, deshalb nicht gefolgert werden", die Verteidigerin stehe nunmehr doch wieder persönlich hinter dem Rechtsmittel, OLG Rostock 20.7.2009 – 1 Ss 191/09 I 65/09, NStZ-RR 2009, 381. Dies trifft nicht zu, da eine Sachrüge nicht „vorbehaltlos" eingelegt werden muss, um als zulässig erachtet zu werden.
[154] Frisch in SK-StPO Rn. 34.
[155] Franke in Löwe/Rosenberg Rn. 30.
[156] In diesem Sinne auch Frisch in SK-StPO Rn. 31, der vollkommen zu Recht darauf hinweist, dass es an einer Auflösung verbleibender Zweifel zu Lasten des Angeklagten jeglicher Grundlage entbehrt und dies umso gravierender anmutet, als sie durch einfaches Nachfragen beseitigt werden könnten. Die „Zensur anwaltlicher Tätigkeit" soll aber nach Frisch Rn. 33 zumindest bei krassen Fehlern aufgrund der ratio der Norm sachgerecht sein. Dem ist entgegenzuhalten, dass die Strafprozessordnung nicht der Disziplinierung des Strafverteidigers dient.
[157] Zweifelnd auch Franke in Löwe/Rosenberg Rn. 28.

Revision durch einen Rechtsanwalt insoweit bestimmenden Einfluss zu gewinnen, als diesem die Verantwortung für ihren Inhalt aufgetragen ist".[158]

III. Erklärung zu Protokoll

43 Die Erklärung zu Protokoll der Geschäftsstelle ist strafprozessual gesehen eine Chimäre, wenn man bedenkt, dass der **Rechtspfleger** (§ 24 Abs. 1 Nr. 1b, § 25 RPflG) an die Stelle des Rechtsanwalts treten und als „Interessensvertreter" des Angeklagten fungieren soll.[159] Dass – abstrakt gesehen – der Rechtspfleger revisionsrechtlich vergleichbar fachkundig wie der (revisionsrechtlich versierte) Verteidiger sein soll, ist eher fernliegend, bedenkt man, dass selbst die StA nicht selten Probleme hat, eine zulässige Verfahrensrüge zu erheben (vgl. → § 344 Rn. 90). Das Konzept, für die Revision, die zu Protokoll der Geschäftsstelle begründet wird, – zumindest im ersten Schritt (vgl. aber → Rn. 52) – denselben Maßstab wie bei einem Strafverteidiger anzulegen, ist zwar konsequent, aber kaum zu vermitteln und wird rechtsstaatlich in Anbetracht der Fehlerträchtigkeit der Revision umso bedenklicher, als sich Prinzipien für eine Fehlerverantwortung (anders als im Verhältnis zwischen Angeklagtem und Strafverteidiger) noch nicht herausgebildet haben. Zumindest erfährt die Position des Angeklagten aber eine Absicherung, als dem Rechtspfleger in Nr. 150 Abs. 2–6 RiStBV umfassende Belehrungs- und Fürsorgepflichten auferlegt werden, die er zu beachten hat.[160]

44 Der Rechtspfleger ist anders als der Verteidiger zuvörderst der **Funktionstüchtigkeit** der Rechtspflege verpflichtet, der **Fürsorge** des Rechtsuchenden nur insoweit, als sie Ausprägung des Rechts auf effektiven Rechtsschutz ist. Diese Pflichten können hart aufeinanderprallen und werden meist in die eine oder andere Richtung aufgelöst werden müssen und eher nicht in Ausgleich gebracht werden können, insbes. wenn ihm – anders als dem Verteidiger – nicht nur das Recht zugestanden, sondern auch die Pflicht auferlegt wird, die Protokollierung offensichtlich unzulässiger Verfahrensrügen zu verweigern. Neben diese rechtliche Zwitterstellung treten die faktischen Umstände: Über die „Kompetenz" des Rechtspflegers besteht gemeinhin Streit,[161] vorgebrachte Zweifel sind – um das Stichwort „Professionalisierung der Strafverteidigung" nochmals zu bemühen – zumindest nachvollziehbar. Dem Beamten wird womöglich nicht nur die Erfahrung, sondern auch die Zeit fehlen, eine Rüge den Anforderungen der Obergerichte entsprechend abzufassen. Besteht der Angeklagte auf einer Protokollierung unzulässiger Rügen, wird die Hemmschwelle des Rechtspflegers, diese weiterzuleiten auch nicht derart hoch sein, da er keinen „Ruf" zu verlieren hat, mag er auch gegenüber seinem Dienstherrn Verpflichtungen haben. Letzterer wird die evtl. „Selbst-schuld"-Mentalität des Rechtspflegers durchaus nachvollziehen können, zumal es auch nicht dessen Aufgabe sein kann, sich diejenigen Dinge anzuhören, die ein Strafverteidiger evtl. zurückgewiesen hat.

45 Die Rechtsprechung versucht, dieses zwiespältige Verhältnis durch einen Mittelweg aufzulösen (vgl. → Rn. 52 ff.), wenn es heißt, dass der Rechtspfleger im Rahmen seiner umfassenden Kontroll- und Prüfpflicht nicht **„völlig aussichtslose"** Rügen in ein angemessenes Gewand zu kleiden habe.[162] In einem System, in dem die ou-Abweisungsraten einen Großteil der revisionsgerichtlichen Entscheidungen ausmachen, wäre es verfehlt, den Begriff „völlig aussichtslos" als klarstellend ansehen zu wollen, sodass offen bleibt, ob man den Rechtspfleger damit entweder erst recht zu einem „juristischen Übersetzer" degradiert oder ihn zu einer Art „Vorkontrollinstanz" erhebt,[163] die zu einer Verkürzung des Rechtsschutzes statt zur **Gewährung rechtlichen Gehörs**[164] führt.

---

[158] BVerfG 17.5.1983 – 2 BvR 731/80, NJW 1983, 2762 (2764).
[159] Krit. Dahs NStZ 1982, 345 („Fossil"); vgl. auch Krehl FS Hamm, 2008, 385.
[160] OLG Braunschweig 26.2.2016 – 1 Ss 6/16, BeckRS 2016, 04440.
[161] Frisch in SK-StPO Rn. 41 mwN.
[162] Bzw. nicht völlig neben der Sache liegende Vorbringen (→ Rn. 55), vgl. BVerfG 28.1.1960 – 1 BvR 145, 746/58, BVerfGE 10, 274 (282) = NJW 1960, 427 (428).
[163] In diese Richtung auch BVerfG 28.1.1960 – 1 BvR 145, 746/58, BVerfGE 10, 274 = NJW 1960, 427 (428).
[164] Zu dieser verfassungsrechtlichen Ausprägung ausführlich Frisch in SK-StPO Rn. 42, 52 f.

De lege lata wirken diese Grundsatzfragen in das „**Verschulden**" im Rahmen der **Widereinsetzung in den vorherigen Stand** hinein; demgemäß sind die zentralen höchstrichterlichen Entscheidungen zur Protokollerklärung in diesem Zusammenhang ergangen.[165] Wenn im Folgenden die „Voraussetzungen" einer Erklärung zu Protokoll erläutert werden, so fragt es sich, zu wessen Lasten es gehen soll, wenn bereits diese nicht eingehalten werden (unzuständiger Beamter, Einlegung per Telefon), weil der Angeklagte nicht über diese aufgeklärt wurde. Es ist diesbezüglich eine eher „angeklagtenfreundliche" Tendenz erkennbar.[166] Umso schwieriger wird es, wenn Fehler bei der Abfassung der Revisionsbegründung unterlaufen, wobei man zumindest im ersten Schritt technische Fehler (Unleserlichkeit, Distanzierung vom Schriftsatz) eher in den Verantwortungsbereich des Urkundsbeamten ansiedeln kann als die Nichterfüllung der Anforderungen des § 344 Abs. 2 S. 2. Aufgrund all dieser Probleme und der Praxisferne dieser Norm sollte diese Variante de lege ferenda abgeschafft werden. 46

1. Verfahren. a) Anwesenheit des Angeklagten. Der Angeklagte hat in der Geschäftsstelle **anwesend** zu sein, eine **fernmündliche** Darstellung genügt nicht.[167] Strittig ist, ob mit Anwesenheit auch **Höchstpersönlichkeit** gemeint ist:[168] Soweit die Vorschrift dazu dient, im Sinne eines verbesserten Rechtsschutzes eine weitere Möglichkeit zur Revisionsbegründung bereitzustellen, gibt es keinen Anlass, eine Vertretung des Angeklagten (etwa bei Krankheit oder Gebrechen) nicht zuzulassen.[169] Anderes gilt nur dann, wenn er seinen Verteidiger als Vertreter vorschickt, da dieser die Revisionsbegründung selbst abfassen muss (→ Rn. 36 ff.). Freilich bedarf eine Vertretung der vorherigen Bevollmächtigung,[170] wobei der Nachweis der Vollmacht auch später geführt werden kann.[171] Jedenfalls kann der zur Aufnahme nach § 24 Abs. 1 Nr. 1 RPflG zuständige Rechtspfleger anlässlich der persönlichen Begründung der Revision zu Protokoll der Geschäftsstelle von dem Erklärenden zur Überprüfung seiner Legitimation die Vorlage eines amtlichen Lichtbildausweises verlangen. Wird sie grundlos verweigert, ist der Urkundsbeamte weder zur Protokollierung verpflichtet, noch kommt deshalb eine Wiedereinsetzung in Betracht.[172] 47

b) Zuständigkeit. Für die Aufnahme des Protokolls ist die Geschäftsstelle desjenigen Gerichts zuständig, dessen Urteil angefochten ist. Für den inhaftierten Angeklagten gilt § 299 Abs. 1, doch kann er seine Erklärung – soweit ihm dies ermöglicht wird – selbstverständlich auch bei der originär zuständigen Stelle abgeben.[173] Die funktionelle Zuständigkeit liegt beim Rechtspfleger (§ 24 Abs. 1 Nr. 1b RPflG). Gibt der Angeklagte die Erklärung vor der unzuständigen Geschäftsstelle oder vor dem unzuständigen Organ (etwa dem Rechtspflegeranwärter[174]) ab, so ist die Revisionsbegründung wegen Verstoßes gegen § 345 Abs. 2 als unzulässig zu verwerfen;[175] dieser Fehler ist der Justiz zuzurechnen, wenn der Rechtspfleger gerade nicht zugegen ist, und seine „Vertreter" – etwa Geschäftsstellenverwal- 48

---

[165] Daher in den Kommentaren meist mit einem eigenen Gliederungspunkt, vgl. nur Gericke in KK-StPO Rn. 24 ff.
[166] Für ein Verschulden der Justiz und damit auch eine Wiedereinsetzung im Falle der Protokollierung durch die unzuständige Justizsekretärin OLG Braunschweig 26.2.2016 – 1 Ss 6/16, BeckRS 2016, 04440; ebenso im Falle der Protokollierung durch den Geschäftsstellenverwalter KG 8.10.2015 – (2) 121 Ss 163/15 (58/15), NStZ 2016, 628; OLG Dresden 10.7.2015 – 2 OLG 23 Ss 401/15, NStZ 2016, 499.
[167] BGH 26.3.1981 – 1 StR 206/80, BGHSt 30, 64 = NJW 1981, 1627 (zur Berufungsbegründung); Gericke in KK-StPO Rn. 20.
[168] Hierzu Frisch in SK-StPO Rn. 42 mwN.
[169] So auch Frisch in SK-StPO Rn. 42.
[170] RG 30.5.1932 – 3 TB 50/32, RGSt 66, 265 (267).
[171] Der Rechtspfleger hat damit bei fehlender Vorlage der Vollmacht kein Ablehnungsrecht (Franke in Löwe/Rosenberg Rn. 34); weigert er sich dennoch, kann dies die Wiederaufnahme begründen.
[172] OLG Bamberg 24.3.2017 – 2 Ss OWi 329/17, BeckRS 2017, 106518.
[173] Frisch in SK-StPO Rn. 44.
[174] Vgl. Frisch in SK-StPO Rn. 45, Fn. 269 mN.
[175] BGH 10.10.1952 – 1 StR 208/52, NJW 1952, 1386; OLG Koblenz 1.4.2011 – 2 Ss 154/10, BeckRS 2011, 20784.

ter oder Justizsekretäre – nicht auf die fehlende Zuständigkeit hinweisen. Dementsprechend ist dem Angeklagten Wiedereinsetzung in den vorherigen Stand zu gewähren.[176]

49 c) **Abfassung des Protokolls.** Zu Protokoll der zuständigen Geschäftsstelle erklärt ist die Begründung der Revision, wenn über sie eine **Niederschrift durch den berufenen Urkundsbeamten** aufgenommen worden ist.[177] Der Urkundsbeamte ist nicht Schreibkraft des Angeklagten, sodass eine Aufnahme der Rügen nach „Diktat" unzulässig ist.[178] Vielmehr muss der Angeklagte die aus seiner Sicht fehlerhaften Verfahrensabläufe und rechtlichen Würdigungen des Gerichts dem Beamten **erläutern,** damit dieser im Dialog eruieren kann, ob es sich um revisionsrechtlich beachtliche (insbes. noch darstell- und rügbare) Fehler handelt. Die Erklärung kann auch am letzten Tag der Frist erfolgen;[179] dabei ist jedoch zu berücksichtigen, dass das Recht des Revisionsführers, die Revision zu Protokoll der Geschäftsstelle zu erklären, nur **innerhalb der normalen Dienststunden** bestehen kann. Auch in diesem Rahmen muss den begrenzten personellen Möglichkeiten der Justiz Rechnung getragen werden.[180]

50 Das Protokoll muss für eine wirksame Revisionsbegründung nicht mit dem (gem. § 12 RPflG erforderlichen) Zusatz „Rechtspfleger" versehen werden.[181] Es darf allerdings nicht in **Kurzschrift** abgefasst werden.[182] Formell gelten im Übrigen die gleichen Anforderungen, die an die Revisionsbegründung durch den Strafverteidiger gestellt werden, insbes. was die Lesbarkeit, die Anträge, das Vorliegen einer **Unterschrift** und vor allem auch **Verantwortungsübernahme** angeht (vgl. hierzu → Rn. 24 ff.). Der Rechtspfleger darf also nicht als bloße Schreibkraft des Angeklagten tätig werden und vom Angeklagten vorgegebene Rügen ungeprüft übernehmen.[183] Nach Niederschrift steht es dem Angeklagten zu, in das Protokoll Einsicht zu nehmen. Eine Unterschrift im Sinne eines „Akzeptanzvermerks", ist – da der Rechtspfleger die Verantwortung übernimmt – gerade nicht erforderlich.[184]

51 2. **Der „Prüfungsmaßstab" des Rechtspflegers.** Die dargelegte Zwitterstellung des Rechtspflegers und die damit einhergehende Wechselwirkung zwischen Fürsorge- und Beratungspflicht einerseits, Filterfunktion andererseits wirkt sich (→ Rn. 44) meist erst im Rahmen einer etwaigen Wiedereinsetzung in den vorigen Stand aus. Denn im **ersten Schritt** wird nur die eine Seite der Medaille – nämlich die **Filterfunktion** des Rechtspflegers – eine Rolle spielen, da das Telos der Vorschrift (ähnlich wie beim Verteidiger) zur Zulässigkeitsvoraussetzung erhoben wird; so ist die Revisionsbegründung neben klassischen Fällen ihrer Unzulässigkeit (§ 344 Abs. 2 S. 2) auch wegen Verstoßes gegen **§ 345 Abs. 2** zu verwerfen, wenn der Rechtspfleger als „Schreibkraft" des Angeklagten tätig wurde,[185] wenn er sich die Begründung einfach hat diktieren lassen,[186] wenn er nur den Schriftsatz des Angeklagten angenommen[187] und wörtlich abgeschrie-

---

[176] Zutr. OLG Braunschweig 26.2.2016 – 1 Ss 6/16, BeckRS 2016, 04440 (zur Nachholung der versäumten Handlung steht dem Angeklagten die Monatsfrist aus § 345 Abs. 1 S. 1 und nicht nur die Wochenfrist aus § 45 Abs. 1 S. 1, Abs. 2 S. 2 zur Verfügung); KG 8.10.2015 – (2) 121 Ss 163/15 (58/15), NStZ 2016, 628; sowie OLG Dresden 10.7.2015 – 2 OLG 23 Ss 401/15, NStZ 2016, 499; vgl. aber noch Kusch NStZ 1994, 23 (25) mwN (falsche Geschäftsstelle).
[177] Frisch in SK-StPO Rn. 46.
[178] BVerfG 28.1.1960 – 1 BvR 145, 746/58, BVerfGE 10, 274 (282) = NJW 1960, 427 (428); Zaeschmar DJZ 1909, 703.
[179] Frisch in SK-StPO Rn. 16; Gericke in KK-StPO Rn. 8.
[180] BGH 6.3.1996 – 2 StR 683/95, NStZ 1996, 353.
[181] Frisch in SK-StPO Rn. 45. Auch die Unterschrift des Angeklagten darf fehlen, vgl. Lappe Rpfleger 1948, 368; Pentz MDR 1962, 533 mN.
[182] OLG Celle 5.12.1957 – 2 Ss 417/57, NJW 1958, 1314.
[183] Auch hier führt eine Distanzierung des Protokollführers mit Formulierungen wie „Es erscheint Herr R. ... und erklärt: Die von mir am ... eingelegte Revision begründe ich wie nachfolgend ..." zur Unzulässigkeit der Revisionsbegründung, vgl. BGH 17.12.2015 – 4 StR 483/15, NStZ-RR 2016, 89.
[184] So bereits RGSt 48, 78 (84); BGH 20.12.1979 – 1 StR 164/79, BGHSt 29, 173 (178).
[185] BGH 10.7.1997 – 1 Ss 614/96, NStZ-RR 1998, 22; Fallgruppen bei Frisch in SK-StPO Rn. 50.
[186] RGSt 27, 211; OLG Hamm 3.6.2004 – 2 SS 188/04, VRS 107 (2004), 116 (118).
[187] BGH 21.7.1998 – 4 StR 274/98, NStZ-RR 1999, 110.

ben hat.¹⁸⁸ bzw. schlicht einen vom Angeklagten verfassten Schriftsatz nur weitergibt.¹⁸⁹ Ebenso ist zu verfahren, wenn der Rechtspfleger sich vom Schriftsatz distanziert. Ist er jedoch mit dem Vorbringen des (juristisch vorgebildeten?) Angeklagten zufrieden, darf er auch die Ausführungen wortlautgetreu übernehmen und ist nicht zur Umformulierung verpflichtet.¹⁹⁰

Erst **im zweiten Schritt** (wenn der Angeklagte den Verwerfungsbeschluss in den **52** Händen hält) rückt die **Fürsorgepflicht** in den Mittelpunkt. Die dadurch veranlasste Suche nach einem angemessenen Mittelweg zwischen „Briefannahmestelle"¹⁹¹ einerseits und „Ein-Mann-Revisionsinstanz" andererseits führt ähnlich wie im Rahmen der Verantwortungsübernahme zu einer Einzelfallkasuistik, die keiner klaren Linie folgt.¹⁹² Zunächst spricht wegen der faktischen Position des Rechtspflegers als Repräsentant der Rechtspflege viel dafür, alle rechtlichen Fehler in der Revisionsbegründungsschrift selbst ausnahmslos auch diesem zurechnen. Der Angeklagte steht insofern nur, was das tatsächliche „Vorbringen" angeht, in der Bringschuld.¹⁹³ Dabei sind nicht nur „technische" Unzulänglichkeiten (Form, fehlende Verantwortungsübernahme), sondern auch sachlich-rechtliche Fehlsubsumtionen angesprochen.

Auch die Rechtsprechung tendiert häufig in diese Richtung. So hat das OLG Bremen **53** ein Verschulden des Rechtspflegers angenommen (und damit eine Wiedereinsetzung gewährt), nachdem der Rechtspfleger sich – ähnlich wie in den → Rn. 36 ff. geschilderten Fällen – vom Schriftsatz distanzierte und damit die Unzulässigkeit der Revision wegen Verstoßes gegen den Grundsatz der Verantwortungsübernahme verursachte.¹⁹⁴ Etwas anderes kann nur dann gelten, wenn der Antragsteller (als Jurist) auf diesen Formverstoß hinwirkt und darauf besteht, dass sein bereits vorbereitetes Rechtsmittel samt Begründung als Anlage zu Protokoll genommen werde.¹⁹⁵ Dass man darüber hinaus auch beim (verteidigten) Angeklagten, der neben der durch die Verteidiger abgefassten Revision weitere Verfahrensrügen beim Rechtspfleger einreicht, die Wiedereinsetzung verneint,¹⁹⁶ ist nach den hier aufgestellten Grundsätzen kritisch zu sehen,¹⁹⁷ wenn sich nicht ergibt, ob die Fehlerhaftigkeit auf dem Vortrag des Angeklagten beruht oder schlicht fehlerhaft durch den Rechtspfleger umgesetzt wurde.¹⁹⁸

Die postulierte Fürsorgepflicht dürfte auch für eine **Aufklärungspflicht** dergestalt **54** sprechen, dass der Rechtspfleger – soweit er Gelegenheit hierzu hat – zumindest den nicht verteidigten Angeklagten darauf hinweisen muss, dass die Begründung derzeit nicht den formellen Anforderungen des Gesetzes entspricht und daher auch nicht weitergeleitet werden darf (sozusagen als „Gegenpol" zu den dargelegten faktischen Gegebenheiten, vgl. → Rn. 3 f.). Tut er dies dennoch, macht er sich die „Fehler" des Angeklagten zu eigen, und ist somit für die Unzulässigkeit verantwortlich.¹⁹⁹ Erst recht hat er überhaupt für falsche Informationen bezüglich des Rechtsmittels einzustehen, etwa wenn er dem Betroffenen,

---

[188] RGSt 4, 7 (9); OLG Stuttgart 10.7.1997 – 1 Ss 614/96, NStZ-RR 1998, 22.
[189] OLG Koblenz 14.3.1988 – 1 Ss 118/88, NZV 1988, 116 (Ls.).
[190] Frisch in SK-StPO Rn. 51 (aE: „schwer verständliche Formalismus" unter Bezug auf Zaeschmar DJZ 1909, 703 (704).
[191] Franke in Löwe/Rosenberg Rn. 36 unter Verweis auf RG JW 1925, 2779.
[192] Zusf. Gericke in KK-StPO Rn. 26; vgl. auch Harzer StV 2007, 230 (230 f.).
[193] Diesbezüglich existiert ja aber das Protokoll.
[194] OLG Bremen 7.3.2013 – 2 Ss 81/12, BeckRS 2013, 04380.
[195] OLG Celle 28.11.2007 – 1 Ws 438, 469/07, NStZ-RR 2008, 127 (dort zur Rechtsbeschwerde nach § 118 Abs. 3 StVollzG).
[196] BGH 21.6.1996 – 3 StR 88/96, NStZ-RR 1997, 8; 21.7.1998 – 4 StR 274–98, NStZ-RR 1999, 110 (bei zugleich wirksam erhobener Sachrüge).
[197] Vor allem in Anbetracht dessen, dass das postulierte Wahlrecht wieder „entwertet" wird (bereits → Rn. 28 f.).
[198] So bereits etwa in BGH 11.6.2008 – 5 StR 192/08, NStZ-RR 2008, 312.
[199] In jedem Fall könnte der Angeklagte schließlich die Entscheidung des Rechtspflegers überprüfen lassen; zumindest in diesen Fällen, in denen der Angeklagte den Versuch unternommen hat, seine Rügen ohne Einschaltung eines Rechtsanwalts anzubringen, könnte für den Verwerfungsbeschluss über eine Pflichtverteidigerbestellung nachgedacht werden.

§ 346　　　　　　　　　　　　　　　　　　3. Buch. 4. Abschnitt. Revision

der eine Rechtsbeschwerde zu Protokoll der Geschäftsstelle begründen möchte, mitteilt, er könne dies auch schriftlich tun.[200] In diesem Zusammenhang hat das BVerfG entschieden, dass es der Grundsatz fairer Verfahrensführung gebietet, den Fristbeginn an eine ordnungsgemäße Belehrung über die Wiedereinsetzung zu knüpfen[201] (vgl. hierzu → § 44 Rn. 71). Daneben dürfte Einigkeit darüber bestehen, dass jene Fürsorgepflicht – korrespondierend mit den Überlegungen zur Revisionseinlegung durch den Verteidiger – in jedem Fall den Rechtspfleger dazu verpflichtet, eine **Sachrüge** „weiterzugeben"[202] und zwar auch dann, wenn sich aus den Ausführungen des Angeklagten keine konkrete Angriffsrichtung ergibt, sondern er schlicht zum Ausdruck bringt, dass er mit dem Urteil in seiner Gesamtheit nicht zufrieden ist.[203]

55　　Schwieriger ist die (vom Umfang der Prüfpflicht abhängige) Frage zu beantworten, wann der Rechtspfleger zu einer (revisionsgerechten?) Verkürzung oder gar Zurückweisung einer Rüge berechtigt ist. Dass diese Frage bereits häufiger entschieden werden musste, dürfte auf die (in Anbetracht der rechtlichen Diskrepanz) nachvollziehbare, aber falsche Erwartungshaltung der Angeklagten zurückzuführen sein, welche sich in ihren Rechten beschnitten bzw. nicht gehört fühlen, wenn der Rechtspfleger das Anbringen zurückweist oder die (seiner Meinung nach unzulässige) Begründung weiterleitet und das Revisionsvorbringen als unzulässig verworfen wird. Freilich kann bzw. muss der Rechtspfleger die Abfassung in einer unzulässigen Form (Diktat,[204] Weitergabe des Schriftsatzes oder gar im Namen des Angeklagten) verweigern. Ein Zurückweisungsgrund ist auch die **Kapazität:** Art und Umfang des Revisionsvorbringens dürfen nicht zu einer „Dauerbeschäftigung" des Rechtspflegers führen. Das Recht eines Revisionsführers, die Revision zu Protokoll der Geschäftsstelle zu begründen, besteht nur innerhalb der normalen Dienststunden.[205] Der Angeklagte darf nicht die Erwartung hegen, dass der Rechtspfleger während seiner gesamten Dienststunden für die Prüfung der vorliegenden Revisionsbegründung zur Verfügung steht.[206] Zum anderen darf das Vorbringen selbst aus Sicht eines juristischen Laien nicht vollkommen **neben der Sache** liegen[207] und erkennbar darauf gerichtet sein, mutwillig den Justizapparat bis zur Rechtskraft in Anspruch zu nehmen.

§ 346 Verspätete oder formwidrige Einlegung

(1) Ist die Revision verspätet eingelegt oder sind die Revisionsanträge nicht rechtzeitig oder nicht in der in § 345 Abs. 2 vorgeschriebenen Form angebracht worden, so hat das Gericht, dessen Urteil angefochten wird, das Rechtsmittel durch Beschluß als unzulässig zu verwerfen.

(2) ¹Der Beschwerdeführer kann binnen einer Woche nach Zustellung des Beschlusses auf die Entscheidung des Revisionsgerichts antragen. ²In diesem Falle sind die Akten an das Revisionsgericht einzusenden; die Vollstreckung des Urteils wird jedoch hierdurch nicht gehemmt. ³Die Vorschrift des § 35a gilt entsprechend.

Schrifttum: Baumdicker, Probleme der § 319 und § 346 StPO, insbesondere des Antrags auf Entscheidung des Berufungs- oder Revisionsgerichts, Diss. Würzburg 1967; Küper, Unzulässige Revision und formelle Rechtskraft des Strafurteils, GA 1969, 364; Meyer-Goßner, Wiedereinsetzung in den vorherigen Stand und

---

[200] OLG Hamm 30.7.2008 – 3 Ss OWi 364/08, BeckRS 2008, 20909.
[201] BVerfG (1. Kammer des Zweiten Senats) 27.9.2005 – 2 BvR 172/04 u.a., NJW 2005, 3629.
[202] Ausf. Frisch in SK-StPO Rn. 52, der dies auf einen eingeschränkten Anspruch des Angeklagten auf Protokollierung zurückführt; vgl. Gericke in KK-StPO Rn. 18. In diese Richtung bereits BGH 7.1.1963 – 1 StR, 503/63, BeckRS 1964, 00108.
[203] Schmitt in Meyer-Goßner/Schmitt § 345 Rn. 20; Franke in Löwe/Rosenberg Rn. 39.
[204] BGH 3.5.2006 – 2 StR 64/06, NStZ 2006, 585.
[205] BGH 6.3.1996 – 2 StR 683/95, NStZ 1996, 351; vgl. auch OLG Stuttgart 10.7.1997 – 1 Ss 614/96, NStZ-RR 1998, 22 (150seitige Revisionsbegründung).
[206] BGH 27.11.2008 – 5 StR 496/08, NStZ 2009, 585.
[207] Vgl. bereits BVerfG 28.1.1960 – 1 BvR 145, 746/58, BVerfGE 10, 283 = NJW 1960, 427.

Rechtsmittel, FS-Hamm, 2008, 443; Niese, Die allgemeine Prozessrechtslehre und der Rechtskrafteintritt bei zurückgenommenen und unzulässigen Rechtsmitteln, JZ 1957, 73; Nöldeke, Plädoyer für eine ausführliche Rechtsbehelfsbelehrung im Falle einer verspäteten oder nicht formgerechten Revision nach §§ 346, 349 StPO, NStZ 1991, 70; R. Schmitt, Können die Beschlüsse aus §§ 346, 349 StPO zurückgenommen werden?, JT 1961, 15; Theuerkauf, Die Behandlung der nach § 345 StPO unzulässigen Revision bei Verfahrenshindernissen, NJW 1963, 1813.

Übersicht

		Rn.				Rn.
I.	**Grundlagen**	1		e) Wirksamkeit und Rechtskraft des Verwerfungsbeschlusses		16
II.	**Verwerfungsbeschluss nach Abs. 1**	4	**III.**	**Antrag auf Entscheidung des Revisionsgerichts nach Abs. 2**		18
1.	Prüfungsumfang des iudex a quo	5				
	a) Nicht vom Prüfungsmaßstab umfasste Zulässigkeitsfragen	7		1. Rechtsnatur		18
				2. Erfolgsaussichten des Antrags		20
	b) Verfahrenshindernisse	9		a) Form und Frist		21
2.	Verfahren und Rechtsfolgen	10		b) Antragsberechtigung		22
	a) Entscheidungsarten	10		3. Verfahren und Rechtsfolgen		23
	b) Form und Inhalt des Verwerfungsbeschlusses	11		a) Entscheidung des Revisionsgerichts		24
				b) Kosten		29
	c) Zeitpunkt des Verwerfungsbeschlusses	12		c) Rechtskraft		30
	d) Keine Aufhebung des Verwerfungsbeschlusses durch den Tatrichter	15	**IV.**	**Verwerfungsbeschluss und Wiedereinsetzung in den vorherigen Stand**		33

I. Grundlagen

§ 346 Abs. 1 weist dem Tatgericht, dessen Urteil angefochten worden ist, eine einge- 1
schränkte Verwerfungskompetenz in Fragen zu, die originär der Prüfung durch das Revisionsgericht unterliegen.[1] Abs. 2 gibt dem Revisionsführer die Möglichkeit, den Beschluss des Tatgerichts durch das Revisionsgericht überprüfen zu lassen. Es handelt sich um einen der Beschwerde angenäherten „Rechtsbehelf eigener Art",[2] wobei sich diese Annäherung insbes. in Gestalt des fehlenden Suspensiveffekts einerseits (S. 2) und der Belehrungspflicht nach S. 3 iVm § 35a andererseits zeigt. Die Vorschrift stellt das Pendant zu § 319 (im Berufungsverfahren) dar; die dortigen Erörterungen sind insofern partiell übertragbar.

Zum Zwecke der **prozessökonomischen Entlastung der Revisionsinstanz** soll der 2
iudex a quo die einfache (Vor-)Prüfung der form- und fristgerechten Einlegung übernehmen und erst das weitere Verfahren nach § 347 einleiten, wenn die grundlegenden Zulässigkeitsvoraussetzungen geprüft wurden. Durch eine Abscheidung evident unzulässiger Revisionen soll das Rechtsmittelverfahren **vereinfacht** und **beschleunigt** bzw. die Versendung eines Aktenberges von einem Ort zum anderen vermieden werden.[3] Dass die Vorschrift diese Filterfunktion erfüllt, ist allerdings zweifelhaft.[4] Das Revisionsgericht muss die Vorprüfung ohnehin selbst vornehmen, wenn der Rechtsmittelführer von dem Antrag nach § 346 Abs. 2 Gebrauch macht. Darüber hinaus muss das Revisionsgericht nicht nur auf einen Antrag nach § 346 Abs. 2 hin die (richtige oder falsche) Annahme einer Verfristung prüfen. Denn die Vorinstanz kann die Zulässigkeit des Rechtsmittels rechtsirrig angenommen haben; das Revisionsgericht muss nun von sich aus die Revision als unzulässig verwerfen, denn eine Bindungswirkung besteht nur im Hinblick auf einen positiv beschiedenen Wiederaufnahmeantrag durch das Tatgericht, → § 46 Rn. 8.[5]

---

[1] BayObLG 30.8.1974 – RReg. 7 St 152/74, BayObLGSt 1974, 98 (99); Frisch in SK-StPO Rn. 1.
[2] BGH 16.6.1961 – 1 StR 95/61, BGHSt 16, 115 (118) = NJW 1961, 1684; Baumdicker, Würzburg 1967, Baumdicker, Probleme der § 319 und § 346 StPO, insbesondere des Antrags auf Entscheidung des Berufungs- oder Revisionsgerichts, Diss. Würzburg, 1967, S. 32.
[3] Schmitt in Meyer-Goßner/Schmitt Rn. 1; Franke in Löwe/Rosenberg Rn. 1; krit. Maiwald in AK-StPO Rn. 14.
[4] Krit. unter Bezugnahme auf den Prüfungsmaßstab Meyer-Goßner FS Hamm, 2008, 453 (455).
[5] OLG Bremen 7.3.2013 – 2 Ss 81/12, BeckRS 2013, 04380; Schmitt in Meyer-Goßner/Schmitt Rn. 18.

3   Trotz der verhältnismäßig klaren gesetzgeberischen Ausgestaltung beinhaltet das Verfahren das Risiko des Versuches einer Verkürzung des Rechtsschutzes. Letztlich mag die Norm auch dazu verleiten, (offensichtlich) aussichtslose Revisionen durch den von seinem Urteil überzeugten Tatrichter auszusortieren, obwohl solch eine Kompetenz nicht gegeben ist.[6] Etwaige Einschränkungen des Prüfungsmaßstabs (etwa hinsichtlich der Verantwortungsübernahme durch den Verteidiger) verstehen sich nicht von selbst, insbes. sind der Fristberechnung Fragen vorgeschaltet, die wiederum dem Revisionsgericht vorbehalten sind (etwa das Vorliegen einer Revision oder von Anträgen überhaupt, vgl. → Rn. 7 f.).

II. Verwerfungsbeschluss nach Abs. 1

4   Die Überprüfung durch den Tatrichter wird durch die Pflicht zur Einlegung der Revision beim iudex a quo gem. § 345 ermöglicht. Die Vorschrift findet nach ganz hM nicht nur für die Revisionsanträge im engeren Sinne, sondern auch für die Begründung Anwendung.[7] Kein Fall des Abs. 1 ist die Verwerfung einer verspätet unbestimmten Anfechtung; diese erfolgt nach den Vorschriften über die Berufung, §§ 319, 335. § 346 geht vom Regelfall der Revision durch den Angeklagten oder die StA aus. Insofern entspricht es einhelliger Meinung, dass der eingeschränkte Prüfungsmaßstab des Tatrichters auch im Falle der **Privat**- und **Nebenklage** eröffnet ist, obwohl Abs. 1 nicht explizit auf § 390 Abs. 2 verweist.[8]

5   **1. Prüfungsumfang des iudex a quo.** Die Befugnis zur Verwerfung der Revision besteht nur in Bezug auf die in Abs. 1 genannten Fälle, also auf die Versäumung der Revisionseinlegungs- (§ 341) oder -begründungsfrist (§ 345 Abs. 1) – sowie bezogen auf § 345 Abs. 2 – nur auf die rein äußerliche Form, also auf die Nichteinhaltung der Schriftform.[9] Die Nachprüfung des Tatrichters darf sich dabei nur auf **die Formalia** beschränken,[10] jede andere Zulässigkeitsprüfung ist ihm versagt.[11] Dabei stellt die Frage der ordnungsgemäßen Zustellung eine häufige Fehlerquelle dar (zum Ganzen → § 341 Rn. 15 ff.).[12] Kann sich die Unzulässigkeit der Revision aus einem anderen Grund ergeben, so hat allein das Revisionsgericht zu entscheiden, das sich nach § 349 Abs. 1 umfassend mit der gesamten Zulässigkeit befassen muss. Eine analoge Anwendung der Vorschrift auf sonstige Zulässigkeitsfragen wird zu Recht abgelehnt.[13]

6   Dies gilt nach ständiger Rechtsprechung auch, wenn ein anderer Zulässigkeitshinderungsgrund mit Mängeln der Form- und Fristeinhaltung **zusammentrifft**,[14] etwa die vorgreifliche Frage der Wirksamkeit des Rechtsmittelverzichts, der -rücknahme[15] oder der

---

[6] Schmitt in Meyer-Goßner/Schmitt Rn. 2.
[7] Frisch in SK-StPO Rn. 4; Franke in Löwe/Rosenberg Rn. 4; Gericke in KK-StPO Rn. 7; Schmitt in Meyer-Goßner/Schmitt Rn. 1.
[8] Zust. Frisch in SK-StPO Rn. 4 unter Verweis auf BayObLGSt 1954, 3 (4). Für die Nebenklage BGH 14.2.1992 – 3 StR 433/91, NJW 1992, 1398. Zu den Diskrepanzen bei analoger Anwendung des § 390 Abs. 2 auf die Nebenklage vgl. aber → § 345 Rn. 31.
[9] Das verspätete Anbringen der Anträge steht ihrer verspäteten Begründung (sei es mittels einfacher Sachrüge) gleich, wobei stets das vollständige Fehlen, nicht hingegen die „Wirksamkeit" auslegungsfähiger Anträge überprüft werden kann, vgl. Frisch in SK-StPO Rn. 3.
[10] Vgl. BGH 5.10.2006 – 4 StR 375/06, NJW 2007, 165; dazu BGH 17.1.2017 – 4 StR 618/16, BeckRS 2017, 100834.
[11] Nur so lässt sich auch erklären, dass die Verantwortungsübernahme als „Zulässigkeitsvoraussetzung", die in § 345 Abs. 2 hineingelesen wird, nicht zum Prüfungsumfang zählen soll, obwohl § 346 auf § 345 Abs. 2 insgesamt verweist, zu den im Hinblick auf § 345 Abs. 2 entstehenden Diskrepanzen vgl. → § 345 Rn. 24 ff.).
[12] Vgl. auch Gericke in KK-StPO Rn. 6.
[13] Frisch in SK-StPO Rn. 5; Franke in Löwe/Rosenberg Rn. 7.
[14] BGH 11.5.2015 – 1 StR 116/15, NStZ-RR 2015, 288; 24.11.1999 – 2 StR 534/99, NStZ 2000, 217; 11.9.2003 – 1 StR 289/03, NStZ-RR 2004, 50; 12.1.2005 – 2 StR 529/04, NStZ-RR 2005, 150; 19.7.2005 – 1 StR 177/05, NStZ-RR 2005, 352; 5.10.2006 – 4 StR 375/06, NJW 2007, 165; 19.2.2008 – 3 StR 23/08, BeckRS 2008, 04670; 17.7.2007 – 1 StR 271/07, BeckRS 2007, 12144; 5.10.2006 – 4 StR 375/06, NJW 2007, 165 jeweils mwN.
[15] Schmitt in Meyer-Goßner/Schmitt Rn. 2; BGH 31.3.2010 – 2 StR 31/10, NStZ-RR 2010, 213; 9.1.2009 – 2 StR 541/08, wistra 2009, 201; 2.5.2007 – 1 StR 192/07, StraFO 2007, 421 (Ls. u. Gr.); BGH 5.10.2006 – 4 StR 375/06, NJW 2007, 165.

Rechtskraft des vorinstanzlichen Urteils.[16] Daher kommt es häufiger vor, dass das Revisionsgericht lediglich einen „Umweg" geht, indem es die Unwirksamkeit des Rechtsmittelverzichts feststellt, um im Anschluss nach Aufhebung des nach Abs. 1 ergangenen Verwerfungsbeschlusses das Rechtsmittel – ebenso wie das Tatgericht – wegen Fristversäumung zu verwerfen.[17] Stehen dagegen der Formmangel oder die Fristsäumnis in keinerlei Zusammenhang mit sonstigen Zulässigkeitsmängeln, ist es dem Tatrichter unbenommen, die Revision seinem Prüfungsumfang entsprechend zu verwerfen.[18]

a) Nicht vom Prüfungsmaßstab umfasste Zulässigkeitsfragen. Der Tatrichter 7 kann die Revision nicht wegen fehlender Bevollmächtigung des für den Rechtsmittelführer tätigen Rechtsanwalts verwerfen;[19] die fehlende Vertretungsbefugnis gem. § 137 Abs. 1 S. 2 entzieht sich seiner Prüfungskompetenz.[20] Dies ist in der Praxis der Tatgerichte zT offenbar nicht bekannt, wenn insoweit mit dem Hinzutreten des Revisionsverteidigers zu drei Instanzverteidigern versucht wird, mit Blick auf § 137 Abs. 1 S. 2 zu verwerfen. Ferner ist die für eine Verwerfungsentscheidung nach Abs. 1 bedeutsame Vorfrage, ob das in Rede stehende Rechtsmittel überhaupt zweifelsfrei als Revision gedeutet werden kann, durch das Revisionsgericht von Amts wegen und ohne Bindung an die Rechtsansicht des Tatrichters zu prüfen,[21] dies gilt auch für die Frage, ob die Revisionsanträge und ihre Begründung wirksam angebracht worden sind.[22] Ebenso ist dem Tatrichter die Prüfung der Formerfordernisse des § 344 Abs. 2 S. 2 verwehrt.[23] Die Verantwortungsübernahme durch den Verteidiger ist ebenso nicht vom Prüfungsumfang des Tatrichters umfasst.[24]

Ebenso wenig darf der Tatrichter über die Anschlussberechtigung (§§ 395 f.) des Neben- 8 klägers befinden[25] oder die Revision – weil sie entgegen § 400 lediglich die Strafzumessung angreift – wegen gesetzlicher Unzulässigkeit zurückweisen[26] oder verwerfen, weil sie gemäß § 55 Abs. 2 JGG nicht statthaft sei.[27] Nicht zum Prüfungsumfang zählen auch die Befugnis zur Einlegung des Rechtsmittels als gesetzliche Vertreter,[28] die Vertretungsbefugnis,[29] die Zuständigkeit der Annahmestelle[30] sowie die Zurückweisung von Verteidigern wegen Verstoßes gegen § 137 Abs. 1 S. 2,[31] § 138[32] oder § 146, § 146a.

---

[16] BGH 17.7.2007 – 1 StR 271/07, BeckRS 2007, 12144.
[17] Schmitt in Meyer-Goßner/Schmitt Rn. 2 („merkwürdig").
[18] Frisch in SK-StPO Rn. 5 aE.
[19] KG 10.4.2007 – 3 Ws (B) 148/07, BeckRS 2007, 15749.
[20] Wiedner in BeckOK StPO Rn. 7; OLG Stuttgart 17.8.1984 – 1 Ss 536/84, NStZ 1985, 39.
[21] So bereits OLG Hamburg 15.2.1965 – 2 Ws 43/65, NJW 1965, 1147 („Bei der Entscheidung nach § 346 Abs. 1 ist der Tatrichter nicht befugt, ein Schreiben durch Würdigung von Wortlaut und Inhalt dahin zu prüfen, ob es eine Revisionseinlegung enthält. Diese Prüfung obliegt allein dem Revisionsgericht"); vgl. auch KG 25.7.2012 – (4) 161 Ss 149-12 (184/12), BeckRS 2013, 01235; OLG Hamm 14.1.1997 – III-2 Ss 1518/96, VRS 93 (1997), 113 (114) und OLG Hamm 16.9.2002 – 2 Ss 741/02, NJW 2003, 1469; OLG Düsseldorf 7.6.2000 – 2 Ws 146/00, JMBl. NW 2001, 47; OLG Nürnberg 27.4.2010 – 1 St OLG Ss 39/10, BeckRS 2010, 26965; unklar noch OLG München 20.11.2006 – 4 St RR 210/06, NStZ-RR 2007, 56.
[22] BGH 5.10.2006 – 4 StR 375/06, NJW 2007, 165; OLG Koblenz 1.4.2011 – 2 Ss 154/10, BeckRS 2011, 20784.
[23] BayObLG 1.2.1954 – BeschwReg. 1 St 10/54, BayObLGSt 1954, 3 = NJW 1954, 1417.
[24] BayObLG (4. Senat für Bußgeldsachen) 25.11.1975 – 4 Ob OWi 87/75, BayObLGSt 1975, 152; OLG Hamm 3.6.2004 – 2 Ss 188/04, VRS 107 (2004), 116 (117 f.).
[25] BGH 1.2.2012 – 2 StR 581/11, BeckRS 2012, 04722.
[26] BGH 9.12.2008 – 2 StR 475/08, BeckRS 2009, 03347.
[27] BayObLG 10.9.1962 – RReg. 4 St 255/62, NJW 1963, 63; OLG Dresden 26.11.2009 – 2 Ss 652/09, BeckRS 2010, 03682; Unstatthaftigkeit der Rechtsbeschwerde bei BayObLG 31.7.2000 – 3 ObOWi 73/2000, wistra 2001, 38.
[28] BGH 21.1.1959 – 4 StR 523/58, MDR 1959, 507.
[29] Kusch NStZ-RR 2000, 289 (295) mwN.
[30] OLG Koblenz 1.4.2011 – 2 Ss 154/10, BeckRS 2011, 20784.
[31] OLG Stuttgart 17.8.1984 – 1 Ss 536/84, NStZ 1985, 39.
[32] KG 19.4.2004 – 2 Ss 31/04, VRS 107 (2004), 126 (zur Frage, ob verteidigender Professor Rechtslehrer an deutscher Hochschule ist).

9   **b) Verfahrenshindernisse.** Soweit die Rechtskraft des tatrichterlichen Urteils durch rechtzeitige Einlegung eines Rechtsmittels gehemmt worden ist, obliegt dem Tatrichter auch nach Urteilserlass noch die Prüfung, ob zwischenzeitlich Verfahrenshindernisse eingetreten sind, die eine Einstellung nach § 206a erforderten.[33] Hingegen ist der Tatrichter nicht dazu berechtigt, im Nachhinein erkannte Fehler (bspw. ein von Anfang an bestehendes Verfahrenshindernis, das übersehen wurde) durch die Aufhebung oder Abänderung des Urteils zu korrigieren (vgl. dazu auch → Rn. 15, 23).[34]

10 **2. Verfahren und Rechtsfolgen. a) Entscheidungsarten.** Das Tatgericht verwirft die Revision durch Beschluss von Amts wegen, soweit die Voraussetzungen des Abs. 1 erfüllt sind.[35] Der förmliche Beschluss ist – wie sich aus Abs. 1 ergibt – auch nur in diesem Fall von Nöten, dh soweit der Tatrichter keinen Unzulässigkeitsgrund sieht, der seinem Prüfungsmaßstab unterfällt, wird er (dann durch Verfügung des Vorsitzenden) das **weitere Verfahren nach § 347** (Vorlage der Akten an das Revisionsgericht) anordnen, also auch dann, wenn er die Revision aus anderen Gründen für unzulässig erachtet. Eines förmlichen Beschlusses, wonach die „Vorprüfung" keine Mängel nach § 346 Abs. 1 ergeben habe, bedarf es selbst dann nicht, wenn die StA einen Antrag auf Erlass eines Verwerfungsbeschlusses gestellt hat.[36]

11 **b) Form und Inhalt des Verwerfungsbeschlusses.** Der Verwerfungsbeschluss ist nach Anhörung der StA (§ 33 Abs. 2)[37] mit **Gründen** (§ 34),[38] einer **Kostenentscheidung** nach § 473 und der **Unterschrift** der Kammer in der für Entscheidungen außerhalb der Hauptverhandlung maßgeblichen Besetzung zu versehen.[39] Er wird den berechtigten Beschwerdeführern gem. Abs. 2 **zugestellt**,[40] um die Antragsfrist nach dieser Vorschrift auszulösen. Der Fristlauf setzt hierbei auch eine ordnungsgemäße **Belehrung** der Verfahrensbeteiligten voraus (vgl. hierzu → Rn. 21).[41] Sonstigen Verfahrensbeteiligten wird der Beschluss formlos bekanntgegeben.[42] Teilentscheidungen sind – zumindest im Hinblick auf denselben Beschwerdeführer – nicht denkbar; hingegen darf der Tatrichter selbstverständlich bei mehreren Revisionen von Mitangeklagten diese nur zum Teil wegen Verfristung verwerfen, während die übrigen Revisionen nach § 347 behandelt werden.[43] In Einzelfällen kann es die prozessuale Fürsorgepflicht gebieten, auch den verteidigten Beschwerdeführer auf formelle Mängel seiner Revisionsbegründung (fehlende Anträge) hinzuweisen, insbes. wenn damit etwaige Missverständnisse des Verteidigers beseitigt werden können.[44]

12 **c) Zeitpunkt des Verwerfungsbeschlusses.** Der **früheste** Zeitpunkt der Entscheidung ist der Ablauf der Frist: Auch die Ablehnung wegen Formmangels der Revisionsbegründung darf erst erfolgen, wenn die Frist zur Anbringung der Anträge und deren Begründung abgelaufen ist (und nicht bereits mit Eingang eines formwidrigen Schreibens).[45] Erst dann steht nämlich fest, welche Erklärungen abgegeben wurden und dementsprechend auf

---

[33] BayObLG 13.5.1953 – RevReg. 1 St 148/53, BayObLGSt 1953, 97 f.; 31.1.1974 – RReg. 1 St 1/74, BayObLGSt 1974, 8 (10); OLG Hamburg 14.11.1962 – 2 Ss 121/62, NJW 1963, 265; Temming in Gercke/Julius/Temming/Zöller Rn. 2; Frisch in SK-StPO Rn. 7; Wobei solch eine Einstellung nur möglich ist, wenn nicht bereits die Akten nach § 347 Abs. 2 dem Revisionsgericht übersandt worden sind, vgl. Schmitt in Meyer-Goßner/Schmitt Rn. 3.
[34] BGH 17.7.1968 – 3 StR 117/68, BGHSt 22, 213 (216) = NJW 1968, 2253.
[35] Frisch in SK-StPO Rn. 9; Gericke in KK-StPO Rn. 10.
[36] Franke in Löwe/Rosenberg Rn. 15.
[37] Frisch in SK-StPO Rn. 9; Gericke in KK-StPO Rn. 10.
[38] Gericke in KK-StPO Rn. 11 (zum notwendigen Inhalt).
[39] Frisch in SK-StPO Rn. 9; HK/-StPOTemming Rn. 5.
[40] Miebach NStZ 1988, 209 (214) mwN; BayObLG 31.7.2000 – 3 ObOWi 73/2000, 3 ObOWi 73/00, wistra 2001, 38 zur Rechtsbeschwerde.
[41] Zur Belehrung auch Nöldeke NStZ 1991, 70 (71).
[42] Schmitt in Meyer-Goßner/Schmitt Rn. 4.
[43] Franke in Löwe/Rosenberg Rn. 18.
[44] BGH 18.2.2004 – 5 StR 566/03, NStZ 2004, 636.
[45] Frisch in SK-StPO Rn. 8; aA Gericke in KK-StPO Rn. 10 („unschädlich") unter Verweis auf OLG Frankfurt a. M. 25.2.2003 – 3 Ss 386/02, NStZ-RR 2003, 204.

Einhaltung der Form und Frist zu prüfen sind.[46] Es ist nämlich niemand daran gehindert, die Frist zur Begründung eines Rechtsmittels bis zuletzt auszuschöpfen oder innerhalb der Frist mehrere Erklärungen abzugeben.[47] Die Aufhebung eines verfrüht zustande gekommenen Beschlusses ist insofern auch nicht ausgeschlossen, weil der Beschluss im Ergebnis zu Recht ergangen wäre und deswegen der Rechtsfehler sich nicht ausgewirkt hätte.[48]

Ist für den Tatrichter absehbar, dass die **Frist unverschuldet verstrichen** ist, kann er die Entscheidung zurückstellen. Dies ist etwa der Fall, wenn eine Wiedereinsetzung von Amts wegen gewährt werden müsste, § 45 Abs. 2 S. 3, oder ein neuer Pflichtverteidiger bestellt wurde.[49] Da für die Bestellung eines Pflichtverteidigers (allgemein für das Revisionsverfahren mit Ausnahme der Revisionshauptverhandlung – oder auch für die Auswechslung des bisherigen Pflichtverteidigers) der Vorsitzende des Gerichts, dessen Urteil angefochten wird, zuständig ist, muss der Tatrichter den Verwerfungsbeschluss zurückstellen und über den Antrag entscheiden,[50] soweit hinsichtlich der Versäumung der Revisionsbegründungsfrist ebenso eine Wiedereinsetzung in Betracht kommt.[51] Unterbleibt die Bescheidung, führt dies zur Aufhebung eines gleichwohl erlassenen Verwerfungsbeschlusses nach Abs. 1 (ggf. auch bei Entscheidung des Tatrichters).[52]

Letztmöglicher Zeitpunkt für den Verwerfungsbeschluss ist der Zeitpunkt der Übergabe der Akten an das Revisionsgericht (während die Zustellung an den Gegner nach § 347 unschädlich ist).[53]

d) Keine Aufhebung des Verwerfungsbeschlusses durch den Tatrichter. Die Aufhebung eines Verwerfungsbeschlusses nach Abs. 1 durch den Tatrichter selbst ist unzulässig. Beschlüsse nach Abs. 1 dürfen gemäß Abs. 2 nur **auf Anrufung des Revisionsgerichts** hin von diesem aufgehoben werden.[54] Ein trotzdem erlassener Aufhebungsbeschluss des Tatrichters ist unwirksam.[55] Das gilt nicht nur, wenn der Verwerfungsbeschluss infolge Rechtsirrtums fehlerhaft ist,[56] sondern auch bei einem Irrtum über die der Entscheidung zugrunde liegenden Tatsachen (etwa: Unkenntnis des Amtsgerichts von der rechtzeitigen Anbringung der Revisionsanträge und ihrer Begründung zu Protokoll der Geschäftsstelle[57]). Allerdings ist dem Beschwerdeführer Wiedereinsetzung in den vorherigen Stand zu gewähren, wenn er auf die Aufhebung des Verwerfungsbeschlusses vertraut und aus diesem Grund auf den Antrag nach Abs. 2 verzichtet (hierzu noch → Rn. 33 ff.).[58]

e) Wirksamkeit und Rechtskraft des Verwerfungsbeschlusses. Wird der Beschluss nicht gem. Abs. 2 rechtzeitig angefochten, erwächst er – und damit das Urteil[59] –

---

[46] OLG Jena 1.10.2008 – 1 Ss 196/08, VRS 115 (2008), 427; mit Bezugnahme auf rechtliches Gehör BayObLG 28.7.1994 – 3 OB OWi 63/94, NStZ 1995, 142.
[47] Schmitt in Meyer-Goßner/Schmitt Rn. 4; Franke in Löwe/Rosenberg Rn. 16.
[48] OLG Hamm 11.7.2008 – 3 Ss Owi 487/08, SVR 2009, 390; aA wohl OLG Jena 11.12.2006 – 1 Ss 329/06, BeckRS 2007, 05403; OLG Frankfurt a. M. 25.2.2003 – 3 Ss 386/02, NStZ-RR 2003, 204. Vgl. auch Kusch NStZ 1995, 18 (20).
[49] Schmitt in Meyer-Goßner/Schmitt Rn. 4; Frisch in SK-StPO Rn. 8; OLG Hamm 19.10.2010 – 3 RVs 87/10, StV 2011, 658; OLG Karlsruhe 30.4.2003 – 3 Ss 95/02, StV 2005, 77.
[50] BayObLG 29.12.1994 – 1 St RR 177/, BayObLGSt 1994, 273; OLG Koblenz 25.1.2007 – 1 Ss 11/07, BeckRS 2008, 08800; OLG Stuttgart 16.4.2003 – 5 Ss 462/2002, Justiz 2003, 596; 4.2.2004 – 4 Ss 3/04, Justiz 2004, 249; geht es hingegen um die Pflichtverteidigung in der Revisionshauptverhandlung, ist das Revisionsgericht an der Reihe, vgl. BGH 2.7.2014 – 1 StR 740/13, BeckRS 2014, 15066.
[51] OLG Karlsruhe 30.4.2003 – 3 Ss 95/02, StV 2005, 77.
[52] OLG Hamm 19.10.2010 – 3 RVs 87/10, NStZ-RR 2011, 86.
[53] Frisch in SK-StPO Rn. 8.
[54] Temming in Gercke/Julius/Temming/Zöller Rn. 6; Gericke in KK-StPO Rn. 14; Schmitt in Meyer-Goßner/Schmitt Rn. 6; R. Schmitt JZ 1961, 17.
[55] Vgl. BayObLG 23.5.1980 – 1 Ob OWi 27/80, BayObLGSt 1980, 36; BGH 23.3.1962 – 4 StR 475/61, VRS 22, 351; OLG Schleswig 19.1.1987 – 1 Ss 544/86, SchlHA 1987, 59; Franke in Löwe/Rosenberg Rn. 20 mwN.
[56] Vgl. etwa OLG Hamm 22.9.1964 – 3 Ss 911/64, NJW 1965, 546.
[57] KG 10.8.2007 – (1) 1 Ss 205-06 (19/07), BeckRS 2007, 16968. Vgl. auch OLG Düsseldorf 13.7.1983 – 5 Ss (OWi) 269/83 – 219/83 I, VRS 66, 38 (39); so bereits RGSt 38, 157 f.; 55, 235 (236).
[58] Frisch in SK-StPO Rn. 12.
[59] So bereits RGSt 37, 292 (293).

in Rechtskraft.⁶⁰ Da das Urteil bereits mit Ablauf der Revisionseinlegungsfrist rechtskräftig wird, entfaltet er im Fall der verspäteten Revisionseinlegung rein deklaratorische Wirkung.⁶¹ Keine Hemmung der Rechtskraft tritt auch im Fall einer unstatthaften Revision ein;⁶² da mit Ablauf der Revisionseinlegungsfrist das Urteil rechtskräftig geworden ist, hat der Beschluss des Revisionsgerichts auch in diesem Fall rein deklaratorische Wirkung.⁶³

17 Bei **rechtzeitig eingelegter Revision** hingegen kann erst mit Ablauf der Antragsfrist nach Abs. 2 (also mit Unanfechtbarkeit des Verwerfungsbeschlusses) Rechtskraft eintreten.⁶⁴ Die vorläufige Vollstreckbarkeit gem. Abs. 2 S. 2 ändert hieran nichts,⁶⁵ sondern wird gesetzlich gerade aus diesem Grund ausdrücklich angeordnet. Dabei bleibt es beim allgemeinen Grundsatz, wonach auch fehlerhafte Beschlüsse (fehlerhaft, weil die Voraussetzungen des Abs. 1 nicht gegeben sind) wirksam bleiben, wenn diese nicht angegriffen werden und der Angeklagte nicht von seinem Recht nach Abs. 2 Gebrauch macht.

III. Antrag auf Entscheidung des Revisionsgerichts nach Abs. 2

18 **1. Rechtsnatur.** Die Frage nach der Rechtsnatur des Rechtsbehelfs nach Abs. 2 ist ohne praktische Bedeutung („Streit um Worte"),⁶⁶ da – unabhängig von der Frage, ob es sich um einen Sonderfall der sofortigen Beschwerde⁶⁷ oder um einen Rechtsbehelf sui generis (so die hM) handelt⁶⁸ – über die Statthaftigkeit, die Zulässigkeitsvoraussetzungen und den Prüfungsumfang des Revisionsgerichts weitgehend Einigkeit herrscht; insbes. die „Zuständigkeitskonzentration" beim Revisionsgericht (auch bei Fehlern, die nicht Abs. 1 betreffen, also die Überschreitung des Prüfungsumfangs durch das Tatgericht) gilt als gesichert (vgl. → Rn. 20), ebenso die entsprechende Anwendung der Vorschriften über die sofortige Beschwerde (§ 311, vgl. im Folgenden)⁶⁹ und den Ausschluss der Beschwerde gem. § 304 Abs. 1 selbst.⁷⁰

19 Der Rechtsbehelf gegen den Beschluss nach Abs. 1 entfaltet **keinen Suspensiveffekt**, das Urteil bleibt gem. Abs. 2 S. 2 Hs. 2 vollstreckbar.⁷¹ Es handelt sich insofern um eine Durchbrechung von § 449 in den Fällen, in denen der Zulässigkeitsmangel der Revision noch nicht zur Rechtskraft geführt hat und die Antragsfrist nach Abs. 2 gewahrt wurde.⁷² Damit soll verhindert werden, dass der Angeklagte mit offensichtlich aussichtslosen Rechtsmitteln die Vollstreckung hinausschiebt, die auch bei einer verspäteten Rechtsmitteleinlegung ausgesetzt werden muss (trotz eingetretener Rechtskraft, § 343).⁷³ Dies ist kritisch zu

---

⁶⁰ Hierzu Frisch in SK-StPO Rn. 13 f.
⁶¹ RGSt 53, 235 (236); Franke in Löwe/Rosenberg Rn. 22; Nagel in Radtke/Hohmann Rn. 10; Wiedner in BeckOK StPO Rn. 20; Küper GA 1969, 364 (367); Theuerkauf NJW 1963, 1813 (1815).
⁶² OLG Hamm 5.2.1973 – 3 Ss OWi 1611/72, NJW 1973, 1517; Schmitt in Meyer-Goßner/Schmitt § 343 Rn. 1.
⁶³ Unklar Franke in Löwe/Rosenberg Rn. 22.
⁶⁴ BayObLG 18.11.1970 – 1 Ws (B) 41/70, BayObLGSt 70, 235; OLG Schleswig 23.1.1978 – 1 Ss 534/77, NJW 1978, 1016; Schmitt in Meyer-Goßner/Schmitt Rn. 5.
⁶⁵ Hierzu BGH 9.11.1960 – 4 StR 407/60, BGHSt 15, 203 (209 f.) = NJW 1961, 228.
⁶⁶ Franke in Löwe/Rosenberg Rn. 25; Frisch in SK-StPO Rn. 16.
⁶⁷ So wohl die frühere Rechtsprechung, vgl. etwa OLG Stuttgart 6.10.1950 – Ws 169/50, NJW 1951, 56.
⁶⁸ BGH 16.6.1961 – 1 StR 95/61, BGHSt 16, 115 (118) = NJW 1961, 1684; BayObLG 10.2.1976 – 2 Ob OWi 402/75, BayObLGSt 1976, 9 (10); OLG Celle 26.1.1954 – 1 Ws 18/54, MDR 1954, 313; Temming in Gercke/Julius/Temming/Zöller Rn. 7; Schmitt in Meyer-Goßner/Schmitt Rn. 8; ebenso wenig ist eine Unterzeichnung von Nöten BGH 21.1.1958 – 1 StR 236/57, BGHSt 11, 152 (154) = NJW 1958, 509.
⁶⁹ Schmitt in Meyer-Goßner/Schmitt Rn. 8.
⁷⁰ BGH 21.12.1956 – 1 StR 337/56, BGHSt 10, 88 (91) = NJW 1957, 637; vgl. auch Kleinknecht JZ 1960, 674.
⁷¹ Gericke in KK-StPO Rn. 20; Schmitt in Meyer-Goßner/Schmitt Rn. 15, dieser unter Verweis auf Küper GA 1969, 364 (375 ff.); Niese JZ 1951, 757 (758).
⁷² Wiedner in BeckOK StPO Rn. 25.
⁷³ Dies ergibt sich e contrario aus § 346 Abs. 2 S. 2 Hs. 2, wonach der Antrag die Vollstreckung nicht hemmt, damit also mindestens der Erlass der Verwerfungsbeschlusses abgewartet werden muss, vgl. Schmitt in Meyer-Goßner/Schmitt Rn. 15.

sehen, weil es damit zur Vollstreckung von Strafen kommen kann, die später nicht verhängt werden.[74] Insoweit ist man sich zumindest einig, die Vorschrift restriktiv umzusetzen, dh bis zur Erledigung des Antrags nach Abs. 2 ist die Vollstreckung aufzuschieben[75] und allenfalls im Fall des Übergangs von Untersuchungs- in die Strafhaft anzuwenden.[76] Der Antrag nach Abs. 2 genügt im Regelfall, um den Subsidiaritätsgrundsatz im Rahmen einer eingelegten Verfassungsbeschwerde zu wahren; mithin ist es nicht erforderlich, darüber hinaus einen Wiedereinsetzungsantrag zu stellen, wenn insoweit der Beschwerdeführer nichts vorbringen kann, was nicht bereits Gegenstand des Antrags nach Abs. 2 S. 1 ist.[77]

2. Erfolgsaussichten des Antrags. Gegen den Verwerfungsbeschluss ist allein der spezielle Rechtsbehelf nach Abs. 2 statthaft, der der einfachen Beschwerde nach § 304 vorgeht (**Exklusivität** des Rechtsbehelfs[78]). Damit ist bei allen fehlerhaften Beschlüssen nur das Revisionsgericht als zuständig anzusehen, um nicht für Einzelfälle durch ein zweites Beschwerdegericht den Rechtsweg zu zersplittern.[79] Dies gilt auch für kumulierte Anträge (vgl. noch → Rn. 33). **Statthaft** ist der Antrag nach Abs. 2 damit nicht nur, wenn der Tatrichter die Voraussetzungen des Abs. 1 zu Unrecht angenommen, sondern auch wenn er seine Prüfungskompetenz insoweit überschritten hat, dass gar keine Revision, sondern eine Berufung vorlag (vgl. bereits → Rn. 7).[80] Die Rechtsprechung[81] nimmt die dadurch eintretende Verkürzung der Rechtsposition des Angeklagten hin, für den in jedem Falle die Wochenfrist des Abs. 2 gilt (weil er gerade nicht auf die unbefristete Beschwerde zurückgreifen kann). 20

a) Form und Frist. An eine bestimmte Form ist der Antrag nicht gebunden;[82] er sollte schriftlich eingereicht werden, ggf. ist er gem. § 300 umzudeuten (ggf. zugleich als Wiedereinsetzungsantrag, → Rn. 33 ff.).[83] Der Antrag ist gem. Abs. 2 S. 1 innerhalb **einer Woche** ab Zustellung des Verwerfungsbeschlusses an den Angeklagten einzureichen[84] (§ 43) und zwar trotz der mehrdeutigen Formulierung des S. 1 entsprechend § 306 **beim iudex a quo**[85] (ein Antrag beim Revisionsgericht wirkt nicht fristwahrend). Der Antrag kann erst nach Erlass, aber schon vor Zustellung des Verwerfungsbeschlusses gestellt werden.[86] Genügt die Rechtsmittelbelehrung nicht den Anforderungen des § 35a Abs. 1 (was anzunehmen ist, wenn in der Belehrung im Wesentlichen der antiquierte und missverständliche Gesetzestext des Abs. 2 S. 1 übernommen wird[87]), kann dies allerdings eine **Wiedereinsetzung** in den vorherigen Stand begründen.[88] 21

---

[74] Franke in Löwe/Rosenberg Rn. 37 unter Bezugnahme auf Arndt DRiZ 1965, 369.
[75] Frisch in SK-StPO Rn. 21; Nagel in Radtke/Hohmann Rn. 17; Gericke in KK-StPO Rn. 20.
[76] Schmitt in Meyer-Goßner/Schmitt Rn. 15.
[77] BVerfG 7.12.2015 – 2 BvR 767/15, NJW 2016, 1570.
[78] BGH 12.1.2005 – 2 StR 529/04, NStZ-RR 2005, 150; BayObLG 10.9.1962 – RReg. 4 St 255/62, NJW 1963, 63; OLG Dresden 26.11.2009 – 2 Ss 652/09, BeckRS 2010, 03682; OLG Nürnberg 27.4.2010 – 1 St OLG Ss 39/10, BeckRS 2010, 26965.
[79] Frisch in SK-StPO Rn. 15 f.
[80] OLG Hamm 11.2.1956 – 3 Ss 105/56, NJW 1956, 1168.
[81] BGH 12.1.2005 – 2 StR 529/04, NStZ-RR 2005, 150; BayObLG 10.9.1962 – RReg. 4 St 255/62, NJW 1963, 63; OLG Dresden 26.11.2009 – 2 Ss 652/09, BeckRS 2010, 03682; OLG Nürnberg 27.4.2010 – 1 St OLG Ss 39/10, BeckRS 2010, 26965.
[82] BGH 21.1.1958 – 1 StR 236/57, BGHSt 11, 152 (154) = NJW 1958, 509; 18.7.1989 – 4 StR 348/89, wistra 1989, 313; 21.1.1958 – 1 StR 236/57, NJW 1958, 509; OLG Oldenburg 3.4.2012 – 2 SsRs 294/11, NZV 2012, 303; Temming in Gercke/Julius/Temming/Zöller Rn. 7.
[83] Vgl. BGH 4.12.2013 – 4 StR 443/13, BeckRS 2014, 00968; 5.3.2013 – 1 StR 18/13, BeckRS 2013, 05411 („Widerspruch").
[84] BGH 7.6.2013 – 1 StR 232/13, BeckRS 2013, 11674.
[85] RGSt 38, 9; Frisch in SK-StPO Rn. 17 mwN.
[86] Franke in Löwe/Rosenberg Rn. 25.
[87] Vgl. OLG Stuttgart 15.1.2007 – 4 Ss 629/06, SVR 2007, 393: „Der Bf. kann binnen einer Woche nach Zustellung dieses Beschlusses auf die Entscheidung des Rechtsbeschwerdegerichts (OLG Stuttgart) antragen". Vollkommen zu Recht weist das OLG Stuttgart darauf hin, dass sich für einen Rechtsunkundigen der Eindruck aufdränge, der Schriftsatz sei beim OLG anzubringen, da in der Belehrung (nur) dieses Gericht (und zwar gerade) unmittelbar vor dem Wort „antragen" genannt ist. Es referiert daraufhin folgende Belehrung als den Anforderungen des § 35a genügendes Beispiel: „Gegen den Verwerfungsbe-

22   **b) Antragsberechtigung.** Antragsberechtigt ist nur derjenige Verfahrensbeteiligte, dessen Revision gem. Abs. 1 verworfen wurde. Für den Angeklagten kann (und wird in der Regel) der bevollmächtigte Verteidiger selbstverständlich auch den Antrag stellen, und zwar auch dann, wenn die Revision vom Angeklagten persönlich stammt.[89] Hat der gesetzliche Vertreter des Angeklagten Revision eingelegt, kann der Verwerfungsbeschluss auch durch den Angeklagten selbst angegriffen werden.[90] Sonstige Verfahrensbeteiligte sind, selbst wenn sie grundsätzlich auch zugunsten des Angeklagten Revision einlegen könnten (StA), nicht antragsberechtigt.[91]

23   **3. Verfahren und Rechtsfolgen.** Der Tatrichter ist verpflichtet, auch bei Versäumung der Frist nach Abs. 2 S. 1 dem Revisionsgericht die Akten vorzulegen.[92] Er selbst kann auch bei „Begründetheit" des Antrags diesem nicht abhelfen[93] (hinsichtlich zwischenzeitlich eingetretener Verfahrenshindernisse vgl. bereits → Rn. 9). Die Vorlage selbst genügt, das weitere Verfahren nach § 347 (Zustellung an den Gegner, Möglichkeit der Gegenerklärung) muss schon nach der ratio des § 346 nicht eingehalten werden.[94]

24   **a) Entscheidung des Revisionsgerichts.** Verspätete Anträge nach Abs. 2 S. 1 verwirft das Revisionsgericht als **unzulässig**.[95] Gleiches gilt für den Fall fehlender Antragsberechtigung.[96] Ist der Antrag zulässig, hängt das weitere Vorgehen von der Begründetheit des Antrags einerseits und der Zulässigkeit der Revision im Übrigen andererseits ab. Eine „Bestätigung" des ursprünglichen Beschlusses bzw. eine Aufrechterhaltung erfolgt nicht explizit,[97] vielmehr wird – soweit gegen die Entscheidung des Tatrichters keine Bedenken bestehen – der Antrag als **unbegründet** verworfen (hinsichtlich der verfrühten Bescheidung vgl. → Rn. 12).[98] Hat das Tatgericht den Beschluss falsch begründet, lässt sich der Beschluss allerdings auf Gründe stützen, die vom Prüfungsumfang des Tatrichters umfasst wären, wird der Antrag ebenfalls als unbegründet zurückgewiesen. Hat das Tatgericht rechtsirrig das Rechtsmittel der Revision für zulässig erachtet und keine Entscheidung nach § 346 getroffen, sondern die Sache dem Rechtsmittelgericht vorgelegt, kann das Revisions- bzw. das Rechtsbeschwerdegericht die unterlassene Verwerfungsentscheidung gem. Abs. 1 selbst treffen.[99]

25   Ist der Antrag **begründet**, hebt das Revisionsgericht den Beschluss des Tatrichters jedenfalls auf, prüft aber nun die **Zulässigkeit der Revision im Übrigen**[100] wie auch die rechtliche Einordnung des Rechtsmittels überhaupt.[101] Ist das Rechtsmittel aus anderen

---

schluss kann das Rechtsmittel des Antrages auf Entscheidung des Rechtsbeschwerdegerichts gestellt werden. Der Antrag muss binnen 1 Woche nach Zustellung des Beschlusses beim AG eingegangen sein. Der Antrag muss schriftlich gestellt werden. Der Antrag bedarf keiner besonderen Form. Der Antrag ist beim AG … zum Aktenzeichen/Geschäftsnummer einzureichen."

[88] OLG Stuttgart 15.1.2007 – 4 Ss 629/06, SVR 2007, 393.
[89] Franke in Löwe/Rosenberg Rn. 28.
[90] OLG Celle 18.10.1963 – 3 Ws 637/63, NJW 1964, 417; OLG Hamm 10.4.1973 – 2 Ws 59/73, NJW 1973, 1850.
[91] RGSt 38, 9.
[92] Schmitt in Meyer-Goßner/Schmitt Rn. 7; Temming in Gercke/Julius/Temming/Zöller Rn. 8.
[93] Frisch in SK-StPO Rn. 19.
[94] Franke in Löwe/Rosenberg Rn. 29.
[95] Mängel bei der Urteilszustellung werden dabei nicht mehr berücksichtigt, vgl. Schmitt in Meyer-Goßner/Schmitt Rn. 10.
[96] Temming in Gercke/Julius/Temming/Zöller Rn. 8.
[97] So Schmitt in Meyer-Goßner/Schmitt Rn. 10; aA Gericke in KK-StPO Rn. 22.
[98] Cierniak NStZ-RR 2012, 193.
[99] OLG Hamm 17.10.2013 – 1 RBs 142/13, BeckRS 2013, 19754.
[100] BGH 16.6.1961 – 1 StR 95/61, BGHSt 16, 115 = NJW 1961, 1684; OLG München 24.6.2009 – 5 St RR 157/09, NStZ-RR 2010, 15; OLG Nürnberg 27.4.2010 – 1 St OLG Ss 39/10, BeckRS 2010, 26965.
[101] OLG Hamm 14.1.1997 – 2 Ss 1518/96 – III-2 Ss 1518/96, StraFo 1997, 210; OLG Hamm 16.9.2002 – 2 Ss 741/02, NJW 2003, 1469 (1470); KG 25.7.2012 – (4) 161 Ss 149/12 (184/12), BeckRS 2013, 01235; OLG München 20.11.2006 – 4 ST RR 210/06, NStZ-RR 2007, 56; OLG Jena 4.10.2007 – 1 Ss 127/07, NJW 2008, 534 (535).

Gründen unzulässig, wird der ursprüngliche Verwerfungsbeschluss nach § 346 also lediglich durch einen gem. § 349 Abs. 1 ersetzt.[102] Ist noch keine Revisionsbegründung eingereicht, weil das Tatgericht bereits die Revisionseinlegung für verfristet erachtet hat, stellt das Revisionsgericht – ähnlich wie im Fall der Wiedereinsetzung in die Revisionseinlegungsfrist – (klarstellend[103]) fest, dass die Begründungsfrist mit Zustellung des Beschlusses nach Abs. 2 in Lauf gesetzt wird (denn mangels Entscheidungsreife[104] in Bezug auf § 349 Abs. 1 kann noch keine Zulässigkeitsprüfung im Weiteren erfolgen).[105] Nach Aufhebung des Beschlusses nach § 346 werden also ggf. weitere Verfahrensschritte (§ 347) eingeleitet bzw. die Frist zur Stellung der Anträge in Lauf gesetzt.[106]

Der Antrag ist nicht nur begründet, wenn der Tatrichter die Voraussetzungen des § 346 Abs. 1 rechtsfehlerhaft angenommen hat (Fristberechnung, Formfehler), sondern auch bei **Überschreitung seiner Prüfungskompetenz**.[107] Eine Aufhebung ist auch dann vorzunehmen, wenn der Beschluss aufgrund einer Rücknahme des Rechtsmittels nicht mehr ergehen durfte.[108] Die Rücknahme einer Revision ist bis zur rechtskräftigen Entscheidung über sie möglich. Ein Verwerfungsbeschluss nach Abs. 1 steht daher einer Rücknahme solange nicht entgegen, bis dieser seinerseits Rechtskraft erlangt hat.[109]

Für **Verfahrenshindernisse** gilt auch im Falle des Abs. 2: Solange keine Rechtskraft eingetreten (also kein Fall unstatthafter oder nicht fristgemäßer Revisionseinlegung gegeben) ist, muss das Revisionsgericht unstrittig **nach Urteilserlass** eingetretene Verfahrenshindernisse berücksichtigen, ganz unabhängig davon, ob die Revision im Übrigen zulässig ist oder nicht. Etwas anderes gilt nach nunmehr hM,[110] wenn die Nichtberücksichtigung des Verfahrenshindernisses bereits beim Ersturteil erfolgte und somit in die anzufechtende Entscheidung „inkorporiert" wurde.[111] Mithin ist bei einem „ursprünglich unberücksichtigt gebliebenen Mangel" die **zulässige** Einlegung der Revision erforderlich.

Der Beschluss nach Abs. 2 ist eine **„Revisionsentscheidung" iSd § 356a**, sodass der Revisionsführer ggf. auch geltend machen kann, das Revisionsgericht habe dessen Anspruch auf rechtliches Gehör bei der Verwerfung eines Antrags verletzt.[112] Bei Entscheidungen des OLG gilt – will es von der Entscheidung eines anderen Revisionsgerichts abweichen – § 121 GVG.[113]

b) Kosten. Ob der Beschluss eine Kostenentscheidung zu enthalten hat, ist str. Richtigerweise wohl nicht, weil im KVGKG keine Gebühr vorgesehen ist, insbes. handelt es sich bei dem Antrag nach Abs. 2 nicht um ein Rechtsmittel iSd § 473.[114] Etwaige notwendige Auslagen des Antragstellers trägt dieser selbst.[115] Die Kostenentscheidung bei einer Rück-

---

[102] BGH 16.6.1961 – 1 StR 95/61, BGHSt 16, 115 (118) = NJW 1961, 1684; BGH 17.7.1968 – 3 StR 117/68, BGHSt 22, 213 (216) = NJW 1968, 2253; BGH 18.9.1996 – 3 StR 373/96, NStZ 1997, 148; 5.1.2005 – 4 StR 520/04, NStZ-RR 2005, 149; Temming in Gercke/Julius/Temming/Zöller Rn. 8; Franke in Löwe/Rosenberg Rn. 30; aA OLG Karlsruhe 7.5.1991 – 3 Ss 31/91, VRS 81 (1991), 287 (288 f.); OLG Köln 2.7.1991 – SS 209/91 Z, NZV 1991, 441 (442), „Beschluss gegenstandslos".
[103] Zur kuriosen Situation der Klarstellung, es sei in der Sache kein Urteil ergangen vgl. OLG Celle 12.4.2012 – 311 SsBs 26/12, NZV 2012, 353.
[104] Frisch in SK-StPO Rn. 23a.
[105] So in BGH 6.3.2014 – 4 StR 553/13, NJW 2014, 1686.
[106] Vgl. etwa in BGH 25.7.2013 – 3 StR 76/13, NJW 2013, 3191 (Verkennung eines vorhandenen Antrags durch den Tatrichter).
[107] Fälschliche Annahme, der vorliegende Antrag genüge nicht den Anforderungen des § 345 Abs. 1, so etwa KG 30.11.2010 – 3 Ws (B) 615/10 – 2 Ss 319/10, VRS 2011, 107 (121).
[108] BGH 10.2.2005 – 3 StR 12/05, NStZ 2005, 583.
[109] BGH 28.10.2010 – 4 StR 388/10, BeckRS 2010, 27859; 17.9.2008 – 2 StR 399/08, BeckRS 2008, 21362 mwN.
[110] Schmitt in Meyer-Goßner/Schmitt Rn. 11; Frisch in SK-StPO Rn. 26.
[111] Frisch in SK-StPO Rn. 26 („eingegangen").
[112] OLG Hamburg 21.4.2008 – 2–40/07 (REV) 1 Ss 103/07, NStZ-RR 2008, 317; OLG Jena 4.10.2007 – 1 Ss 127/07, NJW 2008, 534.
[113] BGH 9.2.1977 – 3 StR 382/76, NJW 1977, 964 (965).
[114] Gericke in KK-StPO Rn. 23 mwN; aA Wiedner in BeckOK StPO Rn. 28; für eine Kostenentscheidung jüngst auch BGH 26.4.2017 – 1 StR 88/17, BeckRS 2017, 109858.
[115] Frisch in SK-StPO Rn. 24; Schmitt in Meyer-Goßner/Schmitt Rn. 12.

nahme der Revision ist auch dann nicht anfechtbar, wenn sie vor Eingang der Akten beim Revisionsgericht vom Tatgericht getroffen wird. Das gilt auch dann, wenn die Revision nach § 346 Abs. 1 zu verwerfen gewesen wäre.[116]

30   c) **Rechtskraft.** Der Beschluss des Revisionsgerichts nach Abs. 2 ist nicht anfechtbar und wird mit seinem Erlass rechtskräftig.[117] Erst ab diesem Zeitpunkt (und nicht, wie teils angenommen, bereits mit Erlass des Verwerfungsbeschlusses[118]) tritt auch die Rechtskraft der Entscheidung selbst ein, dh anders als der Verwerfungsbeschluss des Tatrichters führt die Verwerfung des Antrags unmittelbar auch zur Rechtskraft der Entscheidung selbst, es sei denn die Revision war bereits nicht statthaft (zur Vollstreckbarkeit vgl. bereits → Rn. 19).

31   Eine **Aufhebung des Beschlusses** durch das Revisionsgericht ist zumindest bei rechtlichen Fehlbewertungen, die im Nachhinein korrigiert werden sollen, nicht möglich; dies gilt selbst für die Einordnung des Antrags als Beschwerde und daraus resultierenden Zuständigkeitsfehlern.[119] Eine Ausnahme wird man allerdings für tatsächliche Irrtümer[120] bzw. Fälle „groben prozessualen Unrechts" machen müssen, wie dies im Bereich des § 349 Abs. 1 anerkannt ist.[121] Dies ist deshalb unerlässlich, weil solche groben Mängel (insbes. Irrtümer im tatsächlichen Bereich) nicht immer aus einem mangelnden Gehör des Revisionsführers resultieren müssen und damit die Voraussetzungen des § 356a nicht immer gegeben sein werden.[122] Die Existenz der Vorschrift belegt allerdings die grundsätzliche Möglichkeit der Aufhebung nach Rechtskraft durch ein Fachgericht, sodass sich derartige „ungeschriebene" Kompetenzen insoweit konstruieren lassen,[123] als sonst gleichwertige (verfassungsrechtlich abgesicherte) Positionen des Angeklagten beeinträchtigt werden.

32   Da die **Rücknahme einer Revision** bis zur rechtskräftigen Entscheidung über sie möglich ist, kann der Antragsteller von dieser Möglichkeit Gebrauch machen, solange die Entscheidung nach § 346 Abs. 2 noch nicht gefällt worden ist und diese auch nicht (wie in den Fällen der verspäteten Revisionseinlegung) rein deklaratorisch ist.[124] Hat das Landgericht auf eine verspätet eingelegte Berufung gegen das amtsgerichtliche Urteil versehentlich eine Hauptverhandlung anberaumt und sodann durch Urteil die Berufung gem. § 329 Abs. 1 sowie anschließend die dagegen eingelegte Revision gem. Abs. 1 verworfen, so sind auf einen zulässig gestellten Antrag gem. Abs. 2 das Urteil und der Verwerfungsbeschluss des Landgerichtes aufzuheben und die Rechtskraft des amtsgerichtlichen Urteils festzustellen.[125]

IV. Verwerfungsbeschluss und Wiedereinsetzung in den vorherigen Stand

33   Der Antrag nach Abs. 2 ist mit einem Antrag auf Wiedereinsetzung in den vorherigen Stand **kombinierbar**.[126] Dabei hat das in jedem Fall zuständige Revisionsgericht gem. § 300 durch Auslegung zu ermitteln, ob das Begehren des Antragstellers mindestens auch als Antrag auf Wiedereinsetzung gedeutet werden kann.[127] Zu unterscheiden ist zwischen der Wiedereinsetzung in die Revisionseinlegungs- oder Begründungsfrist und derjenigen in die Wochenfrist nach Abs. 2. Letztere, über die ebenfalls das Revisionsgericht entscheidet,

---

[116] OLG Jena 24.9.2009 – 1 Ws 364/09, BeckRS 2009, 86301.
[117] Schmitt in Meyer-Goßner/Schmitt Rn. 13.
[118] Zu dieser nunmehr geklärten Streitfrage Franke in Löwe/Rosenberg Rn. 24 mN zur früheren Gegenposition.
[119] RGSt 55, 100.
[120] BGH 5.6.1951 – 1 StR 53/50, NJW 1951, 771; KG 15.6.2009 – 2 SS 132/09-3 WS B 277/09, NZV 2009, 575; krit. R. Schmitt JZ 1961, 15.
[121] Frisch in SK-StPO Rn. 27.
[122] Franke in Löwe/Rosenberg Rn. 35 unter Verweis auf OLG Jena 4.10.2007 – 1 Ss 127/07, NJW 2008, 534 f.
[123] Zur Berechtigung derartiger Ausnahmen vertiefend Frisch in SK-StPO Vor § 304 Rn. 25 ff.
[124] BGH 17.9.2008 – 2 StR 399/08, BeckRS 2008, 21362; 23.4.1998 – 4 StR 132/98, NStZ 1998, 531.
[125] OLG Hamm 2.6.2008 – 2 Ss 190/08, NStZ-RR 2008, 383.
[126] Temming in Gercke/Julius/Temming/Zöller Rn. 9; Gericke in KK-StPO Rn. 29.
[127] Frisch in SK-StPO Rn. 28.

kommt insbes. bei fehlender bzw. fehlerhafter Belehrung des Antragstellers in Betracht, und zwar von Amts wegen (vgl. → Rn. 21).

Was die **Wiedereinsetzung in die Revisionsfristen** angeht, ist diese ggf. auch möglich, 34 wenn die Antragsfrist nach Abs. 2 S. 1 abgelaufen ist, da der Fristlauf der beiden Rechtsbehelfe unabhängig voneinander ist.[128] Denkbar sind bei der Wiedereinsetzung in die Revisionsfristen zwei Ausgangssituationen, die sich lediglich im Vorgehen des Revisionsgerichts im Weiteren unterscheiden: Entweder der Antragsteller geht davon aus, dass der Tatrichter die Revision als verfristet verwerfen wird und stellt daher von vornherein einen Antrag auf Wiedereinsetzung. Oder er reagiert auf einen Verwerfungsbeschluss nach Abs. 1 und geht gegen diesen vor, wobei er seinen Antrag mit einer Wiedereinsetzung kombiniert (was gem. § 300 anzunehmen ist, selbst wenn der Antrag ausdrücklich nur als „Überprüfung nach Abs. 2" bezeichnet sein sollte[129]). Für beide Fälle gilt ebenso wie bei einer Wiedereinsetzung in die Frist nach Abs. 2 S. 1, dass das Revisionsgericht zuständig ist und diesem die Akten – ohne Anhörung des Revisionsgegners – zuzuleiten sind.[130] Dem Tatrichter ist bei gleichzeitigem Wiedereinsetzungsantrag eine Beschlussfassung insoweit verwehrt,[131] als der Wiedereinsetzungsantrag mit den Gründen der Verwerfung in Zusammenhang steht (vgl. bereits → Rn. 13).[132]

Das weitere Vorgehen hängt davon ab, ob bereits ein Verwerfungsbeschluss existiert. 35 In jedem Fall entscheidet das Revisionsgericht aber zunächst über den Wiedereinsetzungsantrag. Hat der Tatrichter noch keine Entscheidung getroffen, ist seine Tätigkeit mit Übergabe der Akten erledigt. Lehnt nämlich das Revisionsgericht die Wiedereinsetzung ab, muss es selbst entscheiden[133] und gibt die Sache nicht an den Tatrichter zurück, damit dieser gem. Abs. 1 verwirft.[134] Ist die Wiedereinsetzung hingegen begründet, muss der Tatrichter lediglich die nach § 347 sonst erforderlichen Verfahrenshandlungen vornehmen. Dann leben Haft- oder Unterbringungsbefehl sowie sonstige Sicherungsmaßnahmen gem. § 47 Abs. 3 wieder auf.[135]

Existiert bereits ein Verwerfungsbeschluss, wird dieser mit der Wiedereinsetzung gegen- 36 standslos.[136] Da in Bezug auf eine **ablehnende** Entscheidung des Tatrichters hinsichtlich der Wiedereinsetzung keine Bindungswirkung besteht,[137] befindet das Revisionsgericht selbst über die Wiedereinsetzung. Hält es den Wiedereinsetzungsantrag für begründet, bedarf es dann keiner Entscheidung über den Antrag nach Abs. 2 mehr.[138] dass der Beschluss des Tatrichters gegenstandslos geworden ist, spricht das Revisionsgericht allerdings deklaratorisch in der Wiedereinsetzungsentscheidung aus.[139] Will das Revisionsgericht hingegen die

---

[128] BGH 21.12.1972 – 1 StR 267/72, BGHSt 25, 89 (91) = NJW 1973, 521; RGSt 37, 292 (293).
[129] Franke in Löwe/Rosenberg Rn. 27; zumindest liegt es nahe, in derartigen Fällen eine Wiedereinsetzung von Amts wegen zu prüfen, vgl. OLG Brandenburg 22.4.2009 – 1 Ss 23/09, BeckRS 2009, 13529.
[130] Schmitt in Meyer-Goßner/Schmitt Rn. 16 ff.; vgl. aber OLG Frankfurt a. M. 5.11.2002 – 3 Ws 1172/02, NStZ-RR 2003, 47 (48) zu § 319.
[131] BGH 18.12.2012 – 3 StR 461/12, BeckRS 2013, 01328; 3.12.2013 – 1 StR 412/13, BeckRS 2014, 00390; ferner OLG Frankfurt a. M. 22.4.2014 – 3 Ws 335+339/14, NStZ-RR 2014, 254; anders noch zu § 319 OLG Frankfurt a. M. 5.11.2002 – 3 Ws 1172/02, NStZ-RR 2003, 47 (48); Frisch in SK-StPO Rn. 29; Schmitt in Meyer-Goßner/Schmitt Rn. 16.
[132] Gericke in KK-StPO Rn. 30.
[133] BayObLG 30.8.1974 – RReg. 7 St 152/74, BayObLGSt 1974, 98; OLG Koblenz 26.1.1982 – 1 Ss 15/82, VRS 62 (1982), 449 (450).
[134] BayObLG 30.8.1974 – RReg. 7 St 152/74, BayObLGSt 1974, 98.
[135] Wiedner in BeckOK StPO Rn. 34. Dementsprechend ist es angezeigt, den Fortbestand des Haft- oder Unterbringungsbefehls nach § 47 Abs. 3 S. 2 zu prüfen und – bejahendenfalls – eine unverzügliche Haftprüfung durch den nach § 126 Abs. 1 zuständigen Haftrichter zu veranlassen.
[136] Vgl. BGH 21.1.1958 – 1 StR 236/57, BGHSt 11, 152 (154) = NJW 1958, 509; Gericke in KK-StPO Rn. 29.
[137] BGH 29.3.1960 – 4 StR 143/60, MDR 1977, 284 (Ls.); BayObLG 23.5.1980 – 1 Ob OWi 27/80, BayObLGSt 1980, 36; OLG Hamm 9.9.1976 – 4 Ss 662/75, MDR 1977, 72; einschränkend Gericke in KK-StPO Rn. 32.
[138] Frisch in SK-StPO Rn. 29 mwN.
[139] BGH 21.1.1958 – 1 StR 236/57, BGHSt 11, 152 (154); zuletzt BGH 28.1.2015 – 1 StR 591/14, BeckRS 2015, 03561; OLG Celle 5.1.1983 – 1 Ws 360/82, NStZ 1983, 377; Gericke in KK-StPO Rn. 29; Frisch in SK-StPO Rn. 29.

37 Umstritten ist die Frage, ob der Antrag nach Abs. 2 auch die sofortige Beschwerde nach § 46 Abs. 3 „konsumiert" oder ob der Revisionsführer nach einer vom Tatrichter versagten Wiedereinsetzung neben dem Antrag nach Abs. 2 auch eine sofortige Beschwerde einlegen muss, um die Rechtskraft der negativen Wiedereinsetzungsentscheidung zu hemmen.[140] Die ganz hM[141] geht hier pragmatisch vor und löst die Problematik durch die eingangs beschriebene „kumulative Deutung" des Antrags nach Abs. 2 (als gleichzeitigen Wiedereinsetzungsantrag) iS eines Vorranges des Revisionsgerichtes auf. Denn insoweit ist – wie bereits das RG entschieden hat[142] – jedenfalls das Revisionsgericht entscheidungsbefugt und die Wiedereinsetzungsentscheidung des Tatrichters gehemmt. Zutreffend weist *Frisch* darauf hin, dass diejenigen Fälle des Rechtsschutzes gegen die Versagung der Wiedereinsetzung im Verfahren nach Abs. 1 immer objektiv unvertretbare Zuständigkeitsbejahungen betreffen und das Revisionsgericht daher bereits aus verfassungsrechtlichen Gründen (Entziehung des gesetzlichen Richters) die Möglichkeit haben muss, die Fehlentscheidung des Tatrichters zu korrigieren.[143] Diese Überlegung mag insofern nicht nur die großzügige Deutung des Antrags gem. § 300 legitimieren, sondern auch eine Wiedereinsetzung von Amts wegen. Legt der Revisionsführer gleichwohl „sicherheitshalber"[144] sofortige Beschwerde ein, muss das dann zuständige Beschwerdegericht[145] die tatrichterliche Entscheidung aufheben, ohne in der Sache zu entscheiden und diese dem Revisionsgericht vorzulegen.[146]

38 Hat hingegen der Tatrichter Wiedereinsetzung gewährt, ist das Revisionsgericht daran gebunden (Arg. § 46 Abs. 2),[147] es sei denn die Annahme des Tatrichters basierte auf einem tatsächlichen Irrtum.[148] Freilich kann auch in solch einer Konstellation die Aufhebung des Beschlusses gem. Abs. 2 in Betracht kommen, so etwa, wenn der Tatrichter seine Kompetenz im Übrigen überschritten hat.[149]

§ 347 Zustellung; Gegenerklärung; Vorlage der Akten an das Revisionsgericht

(1) ¹Ist die Revision rechtzeitig eingelegt und sind die Revisionsanträge rechtzeitig und in der vorgeschriebenen Form angebracht, so ist die Revisionsschrift dem Gegner des Beschwerdeführers zuzustellen. ²Diesem steht frei, binnen einer Woche eine schriftliche Gegenerklärung einzureichen. ³Wird das Urteil wegen eines Verfahrensmangels angefochten, so gibt der Staatsanwalt in dieser Frist eine Gegenerklärung ab, wenn anzunehmen ist, dass dadurch die Prüfung der Revisionsbeschwerde erleichtert wird. ⁴Der Angeklagte kann die Gegenerklärung auch zu Protokoll der Geschäftsstelle abgeben.

(2) Nach Eingang der Gegenerklärung oder nach Ablauf der Frist sendet die Staatsanwaltschaft die Akten an das Revisionsgericht.

---

[140] So Graalman-Scheerer in Löwe/Rosenberg § 46 Rn. 20.
[141] Schmitt in Meyer-Goßner/Schmitt § 46 Rn. 8; Schneider-Glockzin in KK-StPO § 46 Rn. 10; BayObLG 23.5.1980 – 1 ob OWi 27/80, BayObLGSt 1980, 36; OLG Hamm 6.10.1978 – 6 Ss OWi 2478/78, MDR 1979, 426.
[142] RGSt 171 (172); zust. Temming in Gercke/Julius/Temming/Zöller Rn. 10.
[143] Frisch in SK-StPO Rn. 31.
[144] Wiedner in BeckOK StPO Rn. 31b.1. empfiehlt dennoch eine zusätzliche sofortige Beschwerde bei einer kompetenzwidrigen Wiedereinsetzungsentscheidung des Tatrichters; dies gelte erst Recht, wenn der Tatrichter eine isolierte Entscheidung über die Wiedereinsetzung ohne gleichzeitige Revisionsverwerfung nach Abs. 1 getroffen habe, sodass ein Vorgehen nach Abs. 2 ausscheidet.
[145] AA BayObLG 23.6.1961 – RReg. 1 St 322/61, BayObLGSt 1961, 157 = NJW 1961, 1982: unmittelbare Zuständigkeit das Revisionsgerichts.
[146] Ausführlich Wiedner in BeckOK StPO Rn. 31.
[147] Vgl. BayObLG 23.5.1980 – 1 Ob OWi 27/80, BayObLGSt 1980, 36; Schmitt in Meyer-Goßner/Schmitt Rn. 18, § 46 Rn. 7; Gericke in KK-StPO Rn. 32; Franke in Löwe/Rosenberg Rn. 39.
[148] BGH 21.1.1958 – 1 StR 236/57, BGHSt 11, 152 (154) = NJW 1958, 509.
[149] Wiedner in BeckOK StPO Rn. 31c.

Schrifttum: Drescher, Stiefkind Gegenerklärung, NStZ, 2003, 296; Kalf, Die Gestaltung der staatsanwaltschaftlichen Gegenerklärung, NStZ 2005, 190; Mavany, Verteidigung gegen Verfahrensrügen – ein Plädoyer für den Einwand der Unzulässigkeit, StraFo 2014, 494; Park, Die Erwiderung der Verteidigung auf einen Revisionsverwerfungsantrag gem. § 349 Abs. 2 StPO, StV 1997, 550; Schulte, Die Gewährung rechtlichen Gehörs in der Praxis des Revisionsverfahrens in Strafsachen, FS Rebmann, 1989, 465; Wielop, Die Übersendung der Strafakten an den BGH gem. § 347 II StPO, NStZ 1986, 449.

Übersicht

	Rn.		Rn.
I. Grundlagen	1	b) Abgabe einer Gegenerklärung	13
1. Überblick	1	c) Mitteilung der Gegenerklärung an den Revisionsführer	15
2. Zweck der Vorschrift	2	3. Aktenübersendung an das Revisionsgericht	18
II. Erläuterung	6	a) Verfahren	18
1. Zustellung der Revisionsschrift an den Gegner	6	b) Beschleunigungsgrundsatz	20
a) Zustellung	7	**III. Rechtsfolgen**	23
b) Revisionsschrift	8	1. Anhängigkeit	23
c) Gegner	9	2. Zuständigkeitsfragen	24
2. Gegenerklärung	10	a) Entgegennahme von Erklärungen	24
a) Form, Frist und Inhalt	10	b) Gerichtliche Entscheidungen	25

I. Grundlagen

1. Überblick. Die Vorschrift zum weiteren Verfahrensgang hat insbesondere für die 1 Verfahrensrüge eine nicht unerhebliche Bedeutung, da sie Basis für einen selbst in der strafrechtlichen Praxis wenig bekannten Ausschnitt des Revisionsverfahrens ist und eine Grundlage des **Freibeweisverfahrens** in der Revision beschreibt. Soweit der Tatrichter nicht nach § 346 verfährt, stellt er die Revisionsschrift an den Gegner des Beschwerdeführers (vgl. → Rn. 9) zu und gibt damit zugleich zu verstehen, dass er die Vorschriften zur Form und Frist der Revisionseinlegung für eingehalten erachtet.[1] Der Gegner kann daraufhin, muss aber nicht (vgl. aber → Rn. 13 f.) eine Gegenerklärung abgeben. Nach Abs. 2 ordnet der iudex a quo die Zuleitung der Akten an das Revisionsgericht durch die StA an (vgl. noch → Rn. 18 f.). Die Verbindung der Aktenübersendung mit einem Antrag der StA nach § 349 Abs. 2 ist nach der StPO nicht zwingend, erfolgt aber in der Praxis durch die StA bei dem Revisionsgericht immer (näher dazu → § 349 Rn. 17).

2. Zweck der Vorschrift. Der Zustellung der Revisionsschrift an den Gegner zur 2 **Ermöglichung einer Gegenerklärung** des Beschwerdegegners dient vornehmlich dazu, die Tatsachen, welche die Verfahrensrüge tragen, nochmals zu festigen bzw. zu widerlegen und damit dem Revisionsgericht die Prüfung der Anträge zu erleichtern, insbes. zeitraubende Rückfragen und Erörterungen zu vermeiden.[2] Dies ist für die staatsanwaltliche Gegenerklärung nunmehr unmittelbar Abs. 1 S. 3 und nicht mehr lediglich Nr. 162 RiStV zu entnehmen, während bei Sachrügen nach Nr. 162 Abs. 1 RiStBV von einer Gegenerklärung abgesehen werden kann. Praktisch ist die Gegenerklärung vor allem für die Instanzstaatsanwaltschaft auf die Revision des Angeklagten von Bedeutung; sie macht aber auch für die Verteidigung bei einer staatsanwaltschaftlichen Revision unter Umständen Sinn.[3] Insbesondere die in der Praxis leider häufige Nichteinhaltung der Frist gem. Abs. 1 S. 2 durch die StA ist nicht unproblematisch. Der BGH sah sich aufgrund der eher zurückhaltenden Abgabe von staatsanwaltschaftlichen Gegenerklärungen schon vor der Einführung von

---

[1] Schmitt in Meyer-Goßner/Schmitt Rn. 1; Franke in Löwe/Rosenberg Rn. 3.
[2] OLG Rostock 16.8.2013 – 1 Ss 57/13 (62/13), BeckRS 2013, 14504; zur Formulierung und Funktion der Gegenerklärung mit Beispielen jeweils Drescher NStZ 2003, 296; Kalf NStZ 2005, 190.
[3] Ausführlich in Bezug auf staatsanwaltschaftliche Verfahrensrügen und die Geltendmachung von Begründungsmängeln im Wege der Gegenerklärung, Mavany StraFo 2014, 494.

Abs. 1 S. 3 zudem häufig zu dem Hinweis veranlasst, von dieser Möglichkeit sei auch Gebrauch zu machen. Auch ist dies der Zeitpunkt, dienstliche Erklärungen einzuholen, wenn das Revisionsvorbringen Geschehnisse beschreibt, die nicht wesentliche Förmlichkeiten nach § 274 und damit nicht von der Beweiskraft des Hauptverhandlungsprotokolls umfasst sind, aber dennoch eine Verfahrensrüge begründen können.[4] Seit BGHSt 51, 298[5] ist das Protokoll iÜ auch nicht mehr sakrosankt, sodass dessen nachträgliche Korrektur auf die Revisionsbegründungsschrift hin veranlasst werden kann und insoweit auch die Einholung dienstlicher Erklärungen veranlasst ist. Damit ist das „weitere Verfahren" nach § 347 Basis für eine **Rügeverkümmerung** durch ein **Protokollberichtigungsverfahren.**

3   Die **Gegenerklärung** nach Abs. 1 S. 2 ist für die Frage zentral, **auf Basis welcher Verfahrenstatsachen das Revisionsgericht entscheidet.** Denn im Ablauf des Revisionsverfahrens ist dies für den Beschwerdegegner evtl. die letzte Chance, Verfahrenstatsachen zuzugestehen oder zu bestreiten. Dies ist in Anbetracht dessen, dass nach hA hinsichtlich prozessualer Geschehnisse der in dubio pro reo Grundsatz keine Anwendung findet,[6] umso bedeutsamer. Darüber hinaus besteht für die StA die Möglichkeit, sich im Wege eines Antrags nach § 349 Abs. 2, der zu begründen ist (dazu → § 349 Rn. 39 ff.), zu erklären.[7] Für diesen ist aber die StA beim Revisionsgericht (also Generalstaatsanwaltschaft oder GBA) zuständig, sodass diese – weil sie selbst bei der instanzgerichtlichen Verhandlung nicht dabei war – unbestrittene vorgetragene Verfahrenstatsachen ihrer rechtlichen Bewertung zugrunde legen wird. Nicht durch Gegenerklärung bestrittene Vorträge bleiben schlüssig, fehlender Vortrag gilt – soweit er für notwendig erachtet wird (was wiederum eine Frage der Darstellungsanforderungen nach § 344 Abs. 2 S. 2 ist) – als nicht geschehen.[8] Der Angeklagte als Revisionsführer kann zwar keine dienstlichen Stellungnahmen einholen, doch diese durch eine entsprechende Darstellung (§ 344 Abs. 2 S. 2) **erzwingen,** Nr. 162 Abs. 2 S. 7 RiStBV.[9] Wird die StA daraufhin nicht tätig (und gibt das Tatgericht ebenso keine Erklärung ab), kann das Revisionsgericht – wie der BGH in diesem Zusammenhang schon mehrmals festgestellt hat – selbst dienstliche Stellungnahmen einholen, muss es aber nicht (vgl. noch → Rn. 14 ff.).[10]

4   Die Regelung, wonach die Gegenerklärung (welche im Regelfall die StA als „Gegner" der Revision abzugeben hat) einerseits an eine Frist gekoppelt ist, andererseits diese aber

---

[4] BGH 14.1.2014 – 1 StR 688/13, HRRS 2014 Nr. 205 Rn. 5; 11.4.2007 – 3 StR 114/07, HRRS 2007 Nr. 588 Rn. 16; 7.10.2010 – 1 StR 484/10, wistra 2011, 19; 13.10.2005 – 1 StR 386/05, BeckRS 2005, 13774 = NStZ 2006, 181 (insoweit nicht abgedruckt); BGH 19.2.2008 – 1 StR 62/08, HRRS 2008 Nr. 314; 1.7.2003 – 1 StR 207/03, BeckRS 2003, 6212 = NStZ-RR 2003, 344 (Ls.) sowie BGH 24.10.2006 – 1 StR 503/06, BeckRS 2006, 14313 = NStZ 2007, 234 (insoweit nicht abgedruckt), wonach die „Überprüfung der Revision" (in concreto deren Verwerfung) durch entsprechende Hinweise in der Gegenerklärung nicht unerheblich erleichtert worden wäre; in diese Richtung auch BGH 8.6.2010 – 1 StR 181/10, BeckRS 2010, 15784 = NStZ 2011, 110 (insoweit nicht abgedruckt), welcher die Verfahrensrüge letztlich an der Beruhensprüfung scheitern lässt.

[5] In BGH 23.4.2007 – GSSt 1/06, BGHSt 51, 298 = NJW 2007, 2419, in der das Verfahren, durch eine nachträgliche Berichtigung des Protokolls der Rüge die Grundlage zu entziehen, für zulässig postuliert wird, kommt die Vorschrift dementsprechend auch zur Ansprache.

[6] Zum Ganzen BGH 19.2.1963 – 1 StR 318/62, BGHSt 18, 274 (275 f.) = NJW 1963, 1209 (1209 f.); Sax JZ 1958, 178 (179); Beulke Strafprozessrecht Rn. 25; monographisch Michael Der Grundsatz in dubio pro reo im Strafverfahrensrecht, 1981; Schwabenbauer Der Zweifelssatz im Strafprozessrecht, 2011. Zur Kritik → § 337 Rn. 83.

[7] Park weist darauf hin, dass schon aufgrund des divergierenden Verfahrensstadiums und typischen Anwendungsbereichs die vom Gesetz ebenso als „Gegenerklärung" bezeichnete Antwort auf den Antrag der StA nach § 349 Abs. 2 (also die des Angeklagten nach § 349 Abs. 3) in Abgrenzung zur „echten Gegenerklärung" nach § 347 Abs. 1 S. 2 besser als „Erwiderung" bezeichnet werden sollte, vgl. Park StV 1997, 550.

[8] Dies gilt selbstverständlich auch umgekehrt, also für den Fall des „Nichtwidersprechens" gegen vorgetragene Tatsachen der StA, vgl. etwa BGH 23.10.2007 – 1 StR 238/07, BeckRS 2007, 18504 Rn. 20 = NStZ 2008, 150 (insoweit nicht abgedruckt).

[9] Vgl. auch BGH 18.11.2003 – 1 StR 481/03, NStZ 2004, 632 (633).

[10] BGH 29.2.2000 – 1 StR 33/00, NStZ 2000, 437 (438); 22.11.2001 – 1 StR 471/01, NStZ 2002, 275; ähnlich BGH 23.10.2002 – 1 StR 234/02, NJW 2003, 597; 22.8.2006 – 1 StR 293/06, BGHSt 51, 84 (85) = NJW 2006, 3362; BGH 30.3.2007 – 1 StR 349/06, NStZ 2007, 652 (653).

nicht als Ausschlussfrist ausgestaltet wurde, ist in Anbetracht der dargelegten Bedeutung der Gegenerklärung für die Revision missglückt und sie provoziert **Verfahrensverzögerungen:**[11] Dies gilt umso mehr, als die Zuleitung der Akten zwar vom Vorsitzenden angeordnet, aber von der StA „bewirkt" werden soll: Dementsprechend hat die StA letztlich die Vorbereitung auf das Revisionsverfahren in der Hand und kann – ohne konkrete Folgen befürchten zu müssen – die Frist beliebig verlängern und ggf. nach einem hierarchischen „Hin und Her" auf Anordnung der Generalstaatsanwaltschaft die Gegenerklärung auch nachbessern, während der Verteidiger an die starre Frist des § 345 Abs. 1 (auch hinsichtlich des Zusammentragens des Tatsachenmaterials) gebunden ist. Das Schwert des Beschleunigungsgrundsatzes ist hier ein stumpfes,[12] wird ein Verstoß hiergegen doch nie die Revision zu einer vollumfänglich begründeten machen. Dass Akten zum Teil offenbar willkürlich, zum Teil aus reiner Unachtsamkeit sogar Jahre nicht nach Karlsruhe bzw. zu den Obergerichten gelangen (→ Rn. 21 mwN), ist nicht hinnehmbar und ließe sich durch eine strengere Handhabung der Gegenerklärungsfrist bzw. durch eine „Gegenbegründungsfrist" als Pendant zu § 345 Abs. 1 vermeiden.[13]

Freilich erfasst Abs. 1 S. 2 nicht ausschließlich die Konstellation der Vorbereitung des 5 Freibeweisverfahrens durch die StA. Dementsprechend wird der Zweck des weiteren Verfahrens nach § 347 in der **Realisierung rechtlichen Gehörs** gesehen (Art. 103 Abs. 1 GG),[14] welches durch die Möglichkeit gewährleistet wird, sich noch vor der erstmaligen Zuleitung der Akten an das Revisionsgericht zum jeweiligen Vorbringen des Beschwerdeführers zu verhalten; die Nichtbeachtung des vorgeschriebenen Verfahrens nach § 347 kann dementsprechend eine Anhörungsrüge begründen (vgl. → § 356a Rn. 19);[15] dies gilt insbes. für den Nebenkläger, der anders als der Angeklagte (§ 349 Abs. 3) kein Erwiderungsrecht auf den Antrag der StA bei dem Revisionsgericht hat.[16] Streit besteht indessen, inwiefern ein **„Gegenanhörungsrecht"** dergestalt besteht, als die Ausführungen des Gegners – rechtlichen oder tatsächlichen Inhalts – dem Beschwerdeführer (förmlich) mitgeteilt werden müssen (vgl. → Rn. 15 ff.). Nach (vorzugswürdiger) Auffassung des 5. Senats des BGH dürfte es allerdings zumindest in der Gegenerklärung gar nicht erst zu rechtlichen Erwägungen kommen: Der Senat zieht die Grenze zu Recht streng, wenn er in einem knappen Beschluss nochmals explizit darauf hinweist, dass es nicht Aufgabe der staatsanwaltschaftlichen Gegenerklärung nach ist, zu Revisionsrügen in der Sache Stellung zu nehmen[17] – auch wenn sich solch eine strenge Abgrenzung nicht unmittelbar aus Abs. 1 S. 2 ergibt (und auch nicht aus Nr. 162 Abs. 1 RiStBV, die als „Kann"-Vorschrift formuliert ist).

II. Erläuterung

1. Zustellung der Revisionsschrift an den Gegner. Soweit die Voraussetzungen 6 der §§ 341, 345 eingehalten worden sind, der Tatrichter also nicht nach § 346 vorgehen

---

[11] Weswegen auch die Konkretisierung der Rechtsprechung zur Verfahrensverzögerung anhand von Fällen erfolgt, die sich in diesem Verfahrensstadium abspielen, vgl. noch → Rn. 20 ff.
[12] Dies gilt freilich nicht für vorläufige Freiheitsentziehungen wie die Haftfortdauer oder die einstweilige Unterbringung; hier können Verzögerungen durch eine Beschwerde sofort geltend gemacht werden, vgl. etwa KG 10.9.2007 – 3 Ws 465/07, StV 2007, 644 (Verfügung des Gerichts am 8.2.2007, Versendung der Akten am 31.7.2007); OLG Koblenz 12.2.2007 – 1 Ws 30/07, NStZ-RR 2007, 207 (208); 8.5.2006 – 1 Ws 247/06, StV 2006, 653.
[13] Schließlich ist auch der berüchtigte „ou-Antrag" nach § 349 Abs. 2 nicht an eine Frist gekoppelt; dies mag auch zum zwischenzeitlich durch das BVerfG völlig zu Recht gerügten Phänomen (vgl. noch → § 349 Rn. 40 ff.) der Anregung bzw. Anstiftung zu einem ou-Antrag durch das Revisionsgericht geführt haben, hierzu BVerfG (3. Kammer des 2. Senats) 27.3.2000 – 2 BvR 434/00, NStZ 2000, 382 = StV 2001, 151 mAnm Neuhaus.
[14] Frisch in SK-StPO Rn. 2; Momsen in Satzger/Schluckebier/Widmaier StPO Rn. 1.
[15] Wobei eine „Heilung" des Mangels durch nachträgliche Zustellung (vgl. etwa KG 10.11.1999 – 3 Ws (B) 546/99) einer Entscheidungserheblichkeit entgegenstehen wird.
[16] BGH 18.6.2014 – 5 StR 65/14, BeckRS 2014, 14023.
[17] BGH 8.1.2014 – 5 StR 614/13, BeckRS 2015, 3146; ähnlich bereits BGH 26.2.2013 – KRB 20/12, BGHSt 58, 158 = NJW 2013, 1972 (Grauzementkartell).

kann, ist die Revisionsschrift nach Abs. 1 S. 1 dem Gegner des Beschwerdeführers zuzustellen. Aus Sicht eines bis zu diesem Verfahrensstadium unverteidigten Angeklagten sind bei einer Revision der StA sachgerechte und zweckdienliche Tätigkeiten eines revisionserfahrenen Verteidigers ab diesem Zeitpunkt angezeigt (und damit **„notwendig"** im Sinne des Kostenrechts, § 473 Abs. 2 S. 1), weil nunmehr der Gegenstand der Revisionsrügen feststeht und eine auf den Einzelfall bezogene und das weitere Vorgehen präzisierende Beratung des Angeklagten möglich ist.[18]

7   **a) Zustellung.** Die Zustellung richtet sich nach den **allgemeinen Vorschriften** (§§ 35 ff.). Sie wird durch das Gericht, nicht die StA bewirkt. Dies gilt auch im Falle einer Revision der StA.[19] Auch die zugunsten des Angeklagten eingelegte Revision ist zuzustellen.[20] Die Anordnung durch den Vorsitzenden ist üblich, aber nicht zwingend, da keine **„Entscheidung"** iSd § 36 Abs. 1 S. 1 zugestellt wird.[21] Eine versehentliche Zustellung durch die StA ist allerdings unschädlich, soweit sie vollständig und fehlerfrei erfolgt.[22] Geht eine form- und fristgerechte Revisionsbegründung ein, sollte das Gericht mit der Zustellung bis zum Ablauf der Revisionsbegründungsfrist abwarten, damit zumindest das bis zum maßgeblichen Zeitpunkt berücksichtigungsfähige Vorbringen (insbes. was die Darstellung der Verfahrensmängel angeht) dem Beschwerdegegner einheitlich zugestellt wird.[23] Denn letztlich sind bei mehreren Begründungsschriften alle zuzustellen, soweit sie form- und fristgerecht eingereicht worden sind.[24] Haben mehrere Beteiligte Revision eingelegt, sind die Revisionsschriften den Gegnern (→ Rn. 9) jeweils wechselseitig zuzustellen.[25] In der Praxis werden nur „gegenläufige" Begründungen zugestellt, weswegen der Verteidiger die Revision des Mitangeklagten im Regelfall nicht (jedenfalls nicht „gerichtsinitiiert") erhält. Dabei erschiene es auch wegen einer potentiellen Revisionserstreckung nach § 357 nicht nur zweckmäßig, sondern im Hinblick auf Art. 6 EMRK (fair-trial[26]) sogar geboten, die Revision auch von Mitangeklagten untereinander jeweils wechselseitig zuzustellen.

8   **b) Revisionsschrift.** Den Begriff der Revisionsschrift verwendet § 347 synonym zu § 345 Abs. 1. Zuzustellen ist damit die Revisionsbegründungsschrift, welche auch die Anträge enthält.[27] Deshalb ist die **Einlegungsschrift** zuzustellen, wenn diese bereits die Anträge enthält. Verspätete Ausführungen zur Verfahrensrüge nach Fristablauf sowie Schriften, die den äußerlichen Anforderungen einer Revisionsbegründung nicht genügen und daher auch nicht vom Revisionsgericht zu berücksichtigen sind, müssen nicht zugestellt werden.[28]

---

[18] OLG Bremen 14.6.2011 – Ws 61/11, NStZ-RR 2011, 391; OLG Koblenz 21.8.2014 – 2 Ws 376/14, NStZ-RR 2014, 327; OLG Köln 3.7.2015 – 2 Ws 400/15, BeckRS 2015, 12573, zum Ganzen vgl. auch → § 464a.

[19] Schmitt in Meyer-Goßner/Schmitt Rn. 1; Frisch in SK-StPO Rn. 5; Wiedner in BeckOK StPO Rn. 5; Gericke in KK-StPO Rn. 5; Temming in Gercke/Julius/Temming/Zöller Rn. 3; hingegen erfolgt die – nach Nr. 162 Abs. 3 RiStBV erforderliche (→ Rn. 15) – Zustellung der Gegenerklärung durch die StA selbst.

[20] Schmitt in Meyer-Goßner/Schmitt Rn. 1.

[21] Franke in Löwe/Rosenberg Rn. 4; Temming in Gercke/Julius/Temming/Zöller Rn. 3.

[22] Im Rechtsbeschwerdeverfahren OLG Saarbrücken 3.1.2012 – Ss (B) 120/2011 (159/11); OLG Saarbrücken 12.2.2013 – Ss (B) 14/2013 (9/13 OWi),– Ss (B) 14/13 (9/13 OWi), BeckRS 2013, 14981; dazu auch Frisch in SK-StPO Rn. 5; Franke in Löwe/Rosenberg Rn. 4 unter Verweis auf OLG Breslau Alsb. E 1 Nr. 87.

[23] Gericke in KK-StPO Rn. 2; Frisch in SK-StPO Rn. 5; Momsen in Satzger/Schluckebier/Widmaier StPO Rn. 3; vgl. auch Wielop NStZ 1986, 449: „Bei einer Aktenzuleitung vor Fristablauf besteht die Gefahr, daß die weiteren Revisionsschriften den Akten nicht nachgesandt, sondern von der Geschäftsstelle versehentlich zum sog. Retent genommen und dort aufbewahrt werden bis zur Rücksendung der Akten nach Entscheidung über die Revision."

[24] Temming in Gercke/Julius/Temming/Zöller Rn. 2.

[25] Gericke in KK-StPO Rn. 4.

[26] De facto ließe sich jedenfalls ein Zustellungs- bzw. Einblicksrecht unmittelbar aus § 147 ableiten.

[27] Lohse in Krekeler/Löffelmann/Sommer Rn. 1; Franke in Löwe/Rosenberg Rn. 2.

[28] Frisch in SK-StPO Rn. 4.

c) Gegner. Gegner ist bei einer Revision der StA (auch zu Gunsten des Angeklagten) 9
sowie bei Revisionen der Privat- und Nebenkläger[29] der Angeklagte.[30] Umgekehrt sind
Gegner bei Revisionen des Angeklagten (bzw. des gesetzlichen Vertreters oder Erziehungsberechtigten) sowie Einziehungsbeteiligten die StA, der Privat- oder Nebenkläger. Letzterem
ist die Schrift nur insofern zuzustellen, als die Revisionsschrift ein Ziel verfolgt, das von
seinen Anträgen abweicht.[31] Dass die Norm vom „Gegner" spricht, ist ein Hinweis auf die
kontradiktorische Ausgestaltung des Revisionsverfahrens (zum Ablauf und zur Ausgestaltung
des Revisionsverfahrens → Vor § 333 Rn. 4 ff.). Die auf dem engen Begriff des „Gegners"
basierende gängige Praxis, dass die Revisionsbegründungen zweier in ein und derselben HV
verurteilter Angeklagter häufig dem jeweils anderen nicht zugestellt werden, ist zu kritisieren
und der Qualität des weiteren Verfahrens abträglich, weil der eine Verteidiger insoweit nicht
auf die Argumente des anderen eingehen kann (dazu bereits oben → Rn. 7).

2. Gegenerklärung. a) Form, Frist und Inhalt. Abs. 1 S. 2 gewährt dem Revisions- 10
gegner die Möglichkeit, sich **binnen einer Woche** zur eingelegten Revision zu erklären.
Die Gegenerklärung nach Abs. 1 S. 2 und 3 betrifft in erster Linie die StA, während die
Gegenerklärung bzw. „Erwiderung" nach § 349 Abs. 3 zwingend den Angeklagten betrifft
und in einem Verfahrensstadium erfolgt, in dem das Revisionsgericht die Revision bereits
vorliegen hat. In praktischer Hinsicht ist der Verteidigung bei (zuungunsten des Angeklagten
erhobener) Verfahrensrügen der StA die Gegenerklärung aber dennoch zu empfehlen, wenn
erstrebt wird, die vorgetragenen Verfahrenstatsachen zu erschüttern. Bei der Frist nach
Abs. 1 S. 2, die durch die Zustellung in Lauf gesetzt wird,[32] handelt es sich nach allgemeiner
Meinung – ebenso wie bei § 349 Abs. 3 – nicht um eine **Ausschlussfrist**.[33]

Die Gegenerklärung ist – da ja gerade noch keine Weiterleitung der Akten erfolgt ist – 11
bei demjenigen Gericht anzubringen, dessen Urteil angefochten wird[34] und unterliegt keinen besonderen Formerfordernissen. Es genügt **einfache Schriftform,** wobei auch eine
Niederschrift zu Protokoll der Geschäftsstelle denkbar ist.[35] Aus der Vorschrift ergeben
sich keine Anforderungen an den bzw. Einschränkungen des **Inhalt(s)** der Erklärung; die
Rechtsprechung verlangt zumindest bei staatsanwaltschaftlichen Erklärungen (in Anlehnung
an die Differenzierung in der RiStBV) tatsächliche Ausführungen zu den Verfahrensrügen
des Angeklagten (→ Rn. 14). **Prozesshandlungen** bzw. Erklärungen der StA, die nicht
an eine bestimmte Form und Frist gebunden – insbes. die Bejahung eines öffentlichen
Interesses – können in diesem Verfahrensstadium, etwa im Rahmen der Aktenübersendung
abgegeben werden.[36] Solange die Antragsfrist gewahrt ist, gilt dies auch für einen Strafantrag.[37] Auch der **Verteidigung** ist bei einer Gegenerklärung zu empfehlen, in diesem
Verfahrensstadium lediglich bzgl. der Richtigkeit oder Unvollständigkeit von Verfahrenstatsachen vorzutragen (siehe auch → Rn. 5).

Die StA ist nach Nr. 162 Abs. 2 S. 2 RiStBV gehalten, nur diejenigen Aktenstellen 12
wiederzugeben, die dem Tatsachenvortrag bzw. den Darstellungen in der Verfahrensrüge
widersprechen (etwa die Angabe der entsprechenden Seite im Protokoll, welche die Behauptung der Revision widerlegt, eine in der Beweiswürdigung herangezogene Urkunde sei nicht
verlesen worden).[38] Erst Recht gilt dies für nicht protokollierungspflichtige Vorgänge.[39] Ein-

---

[29] Speziell zur Beteiligung des Nebenklägers und den kostenrechtlichen Auswirkungen OLG Hamm 10.2.1998 – 3 Ws 575/97, NStZ-RR 1998, 221.
[30] Schmitt in Meyer-Goßner/Schmitt Rn. 1; Nagel in Radtke/Hohmann Rn. 3.
[31] Franke in Löwe/Rosenberg Rn. 1; zu dieser Situation aus neuerer Zeit vgl. etwa BGH 18.6.2014 – 5 StR 65/14, BeckRS 2014, 14023.
[32] Franke in Löwe/Rosenberg Rn. 3.
[33] Gericke in KK-StPO Rn. 8 mwN.
[34] Frisch in SK-StPO Rn. 6.
[35] Schmitt in Meyer-Goßner/Schmitt Rn. 3.
[36] BGH 14.1.1982 – 4 StR 658/81, BeckRS 1982, 30382241; 15.1.1975 – 3 StR 312/74, BeckRS 1975, 228.
[37] BGH 26.6.1952 – 5 StR 382/52, BGHSt 3, 73.
[38] Kalf NStZ 2005, 190 zum Inhalt der Gegenerklärung mit Beispielen, ebenso Drescher NStZ 2003, 296.
[39] Vgl. hierzu Drescher NStZ 2003, 296 (298).

geholte dienstliche Erklärungen sind, soweit dies zweckmäßig ist, beizufügen (Nr. 162 Abs. 2 S. 7 RiStBV). Soweit aus Sicht des Gegners wesentliche Tatsachen fehlen, die gem. § 344 Abs. 2 S. 2 erforderlich gewesen wären, weil die Verfahrensrüge ansonsten unvollständig ist, ist dies bereits jetzt anzubringen. Der Revisionsgegner muss sich also in die Rolle des Revisionsgerichts versetzen und prognostizieren, welche Tatsachen für die sachgerechte Prüfung der Rüge erforderlich sind.[40]

13   **b) Abgabe einer Gegenerklärung.** Grundsätzlich steht es dem Gegner frei, eine Gegenerklärung abzugeben oder nicht (erst Recht ist zwar eine „Duplik" auf die Gegenerklärung möglich, aber nicht zwingend).[41] Da es sich um keine Ausschlussfrist handelt (→ Rn. 4), kann die Erklärung bis zur maßgeblichen Entscheidung nachgeholt werden. Es bedarf damit auch keiner „Wiedereinsetzung" in den vorherigen Stand aufgrund einer Versäumung der Gegenerklärungsfrist. Die Gegenerklärung kann vom Revisionsgericht auch nach Ablauf der Frist zur Kenntnis genommen werden.[42] Wird sie es nicht, kann dies allenfalls die Anhörungsrüge begründen. Die Nichteinhaltung der Frist des nach Abs. 1 S. 2 ist praktisch sogar die Regel. Dass die Revisionsgerichte dies stillschweigend hinnehmen, ist misslich. Die Gegenerklärung der StA kann einen den Anforderungen des § 344 Abs. 2 S. 2 nicht genügenden Sachvortrag nicht „ex tunc" heilen, indem der Revisionsführer wiederum auf diesen Sachvortrag Bezug nimmt (etwa auf ablehnende Beschlüsse, die von der StA in ihrer Gegenerklärung zitiert werden, während der Revisionsführer dies unterließ). In derartigen Fällen wird die Begründungsfrist des § 345 Abs. 1 ohnehin bereits abgelaufen sein.[43]

14   Der Angeklagte kann – vor allem was rechtliche Ausführungen angeht – also das weitere Verfahren abwarten, sollte sich aber aus eigenem Interesse ebenso zum tatsächlichen Vorbringen der StA hinsichtlich etwaiger Verfahrensrügen verhalten, wenn diese unvollständig oder missverständlich sind. Für die StA bestand auf Grundlage von Nr. 162 Abs. 1 S. 1 RiStBV bislang lediglich eine innerdienstliche Verpflichtung,[44] eine Gegenerklärung abzugeben, wenn das Urteil wegen eines Verfahrensmangels angefochten wird und anzunehmen ist, dass durch die staatsanwaltschaftliche Gegenerklärung die Prüfung der Revisionsbeschwerden erleichtert wird und zeitraubende Rückfragen und Erörterungen vermieden werden. Dies hat sich durch das Gesetz zur effektiveren und praxistauglicheren Ausgestaltung des Strafverfahrens aber geändert. Der neu eingefügte Abs. 1 S. 3 statuiert im Fall der Verfahrensrüge dann eine **formalgesetzliche Verpflichtung** für die **StA** eine Gegenerklärung abzugeben, wenn anzunehmen ist, dass dadurch dem Revisionsgericht die Prüfung der Revisionsbeschwerde erleichtert wird. Ziel des Reformgesetzgebers war es, die Bedeutung der staatsanwaltschaftlichen Gegenerklärung für die effiziente Durchführung des Revisionsverfahrens zu unterstreichen. Die Gesetzesbegründung geht davon aus, dass es dem Revisionsgericht die Prüfung in tatsächlicher Hinsicht erleichtert, wenn es durch eine solche Gegenerklärung umfassend über die tatsächlichen Vorgänge informiert wird, die für die Entscheidung über die Verfahrensrüge relevant sind.[45] Bereits bisher hatte die Rechtsprechung der Gegenerklärung eine hohe Bedeutung dergestalt beigemessen, dass das Revisionsgericht grundsätzlich keinen Grund hat, am Revisionsvorbringen zu zweifeln, wenn sich aus der staatsanwaltschaftlichen Gegenerklärung in tatsächlicher Hinsicht nichts Gegenteiliges ergibt.[46]

14a   Die neue Regelung hat aber eher deklaratorischen Charakter, da die staatsanwaltschaftliche Verpflichtung zur Gegenerklärung bereits dadurch relativiert wird, indem die bisher bestehende Flexibilität bestehen bleibt. Denn die StA kann weiterhin selbst darüber befinden, ob eine Gegenerklärung in casu geeignet ist, dem Revisionsgericht die Prüfung zu

---

[40] Kalf NStZ 2005, 190 (192).
[41] Frisch in SK-StPO Rn. 6; Gericke in KK-StPO Rn. 7.
[42] Gericke in KK-StPO Rn. 8; Meyer/Goßner/Schmitt Rn. 2; Temming in Gercke/Julius/Temming/Zöller Rn. 5.
[43] OLG Rostock 16.8.2013 – 1 Ss 57/13 (62/13), BeckRS 2013, 14504.
[44] Dresdner NStZ 2003, 296; Schulte FS Rebmann, 1989, 465 (469).
[45] BT-Drs. 18/11277, 38.
[46] BT-Drs. 18/11277, 38 unter Verweis auf BGH 22.1.2001 – 1 StR 471/01, NStZ 2002, 275.

erleichtern. Nach der Gesetzesbegründung soll eine Gegenerklärung zur Verfahrenserleichterung etwa dann nichts beitragen können, wenn die Revision offensichtlich unbegründet ist. Hier soll weiterhin keine Pflicht zur Abgabe einer solchen Erklärung bestehen.[47] Vor dem Hintergrund, dass das Gros der Revisionen als offensichtlich unbegründet verworfen wird (zur Statistik → Vor § 333 Rn. 12 ff. sowie → § 349 Rn. 5), steht zu befürchten, dass es trotz der formal-gesetzlich Verankerung zu keinen wesentlichen Änderungen in der Praxis kommen wird.

c) Mitteilung der Gegenerklärung an den Revisionsführer. Insbes. aufgrund des 15 Umstands, dass die in der Gegenerklärung gemachten Angaben zum tatsächlichen Ablauf der Hauptverhandlung (sei es bezüglich protokollierter, sei es bezüglich nichtprotokollierter Vorgänge) einer Verfahrensrüge den Boden entziehen können, hat die wohl hL schon früh für eine **Mitteilungspflicht** an den Beschwerdeführer plädiert, auch wenn § 347 dies nicht ausdrücklich vorsieht.[48] Dieser zustimmungswürdigen Ansicht hat sich das BVerfG bereits zu einer Zeit angeschlossen, in der im „ou-Verfahren" nach § 349 Abs. 2 noch kein Gegenerklärungsrecht nach § 349 Abs. 3 bestand.[49] Eine Mitteilungspflicht bestehe jedenfalls dann, wenn die Gegenerklärung **neue Tatsachen** oder Beweisergebnisse (vornehmlich dienstliche Äußerungen zu Verfahrensrügen) enthalte.[50] Nur eine Mitteilung der Gegenerklärung wahre den Grundsatz auf Gewährung rechtlichen Gehörs, wie dieses in Art. 103 Abs. 1 GG garantiert werde, weswegen Nr. 162 Abs. 3 S. 3 RiStBV auch eine förmliche Zustellung der Gegenerklärung in derartigen Fällen vorsieht.

An dieser Auffassung ist auch nach Einfügung des § 349 Abs. 3 festzuhalten. Zwar sieht 16 die Vorschrift eine **weitere Gegenerklärung des Angeklagten** vor („Erwiderung"), der sich auf einen Antrag der StA (die Revision als „offensichtlich unbegründet" zu verwerfen) hin nicht nur zu den rechtlichen Ausführungen der StA, sondern auch zu den diese tragenden Tatsachen äußern kann (bereits → Rn. 14). Doch liegt diese am „Ende" des Revisionsverfahrens; die Revisionsstaatsanwaltschaft erwidert ihrerseits nicht mehr und es besteht das Risiko, dass das Revisionsgericht das Freibeweisverfahren als durchgeführt erachtet und sich aus dem ihm vorliegenden Vortrag ein Bild macht.[51] Häufig übernimmt das Revisionsgericht in dieser Phase auch die von der Revisionsstaatsanwaltschaft vorgetragenen Verfahrenstatsachen.[52] Folglich sprechen sowohl der zusätzliche Zeitdruck als auch die Gefahr „zementierter" Tatsachen dafür, an der hM festzuhalten, wonach die Gegenerklärung der StA dem Angeklagten mitzuteilen und dabei das nach RiStBV vorgesehene Verfahren einzuhalten sind.

Freilich führt die Hervorhebung der tatsächlichen Komponente durch das BVerfG zur 17 Frage, ob eine Gegenerklärung auch mitgeteilt werden muss, wenn sie (eigentlich nicht vorgegebene) lediglich **rechtliche Erwägungen** enthält.[53] Dies hat der VGH München zwar in Anlehnung an einer früheren Rechtsprechung des BVerfG verneint,[54] doch dürften

---

[47] BT-Drs. 18/11277, 38.
[48] Schulte FS Rebmann, 1989, 465 (471); Frisch in SK-StPO Rn. 9. Maiwald in AK-StPO Rn. 4; Gericke in KK-StPO § 347 Rn. 9. Dem Rechnung tragend RiStBV Nr. 162 Abs. 3 S. 2; krit. Rüping, Der Grundsatz des rechtlichen Gehörs und seine Bedeutung im Strafverfahren, 1976, 156.
[49] BVerfG 13.2.1958 – 1 BvR 56/57, BVerfGE 7, 275 = NJW 1958, 665.
[50] Zust. Schmitt in Meyer-Goßner/Schmitt Rn. 3; Röhl NJW 1964, 273; damit sind alle Fälle einer „echten Gegenerklärung" umschrieben, denn nur in diesen Fällen hat die StA mehr zu sagen als: „Der Verteidiger hat die in der Revisionsbegründung bezeichneten Aktenteile und Beschlüsse zutreffend wiedergegeben". Letztere Erklärung macht auch nur Sinn, wenn nicht protokollierte Vorgänge bestätigt werden sollten.
[51] Insofern mag die in § 346 Abs. 3 genannte Frist zwar rechtlich ebenso keine Ausschlussfrist sein; faktisch ist aber das Risiko, nicht mehr zu Wort zu kommen, wenn die Frist verstreicht, im Vergleich zur Gegenerklärungsfrist nach § 347 Abs. 1 S. 2 wesentlich höher.
[52] Vgl. etwa BGH 28.7.2015 – 1 StR 602/14, NStZ 2016, 164 („Schreiber II" mAnm Kudlich), in dem der Erste Senat an einem entscheidenden Punkt den zugrundeliegenden prozessualen Sachverhalt anders, nämlich wie vom antragenden GBA vorgetragen zu Grunde legt, als das auf Basis des exakt selben Lebenssachverhaltes entscheidende OLG München (10.9.2013 – 2 Ws 661/13, StV 2014, 466).
[53] Bei einer Gegenerklärung der StA dürfte dies eigentlich nicht vorkommen, → Rn. 11.
[54] VGH München 15.5.1962 – Vf. 139-VI-61, JZ 1963, 63 (64).

ähnliche Erwägungen für Rechtsausführungen gelten. Zwar mag bei rechtlichen Erwägungen der „Überraschungseffekt" und damit das Zeitmoment weniger schwer wiegen, und man mag daraus folgern, dass das Erwiderungsrecht nach § 349 Abs. 3 insofern als Kompensation genügt. Soweit das Verfahren nach § 347 allerdings rechtliches Gehör gewährleisten soll, streitet mehr dafür, dem Revisionsführer die Möglichkeit zu geben, auf rechtliche Erwägungen (die nicht unbedingt im Antrag nach § 349 Abs. 2 wiederkehren müssen, aber zur Kenntnis des Revisionsgerichts gelangt sind) ganz im Sinne des fair-trial-Prinzips (Art. 6 Abs. 1 S. 1 EMRK) reagieren zu können.[55]

18 **3. Aktenübersendung an das Revisionsgericht. a) Verfahren.** Der Vorsitzende ordnet an, die Akten an das Revisionsgericht zu übersenden. Das in der Praxis folgende Verfahren wird in den Nr. 164–166 RiStBV genauer beschrieben. Verstöße gegen die Vorgaben des Abs. 2 und die RiStBV (etwa eine Übersendung durch den Tatrichter selbst) führen dazu, dass die Akten zurückgesandt werden.[56] Die Anordnung erfolgt entweder nach Eingang einer Gegenerklärung oder nach Ablauf der Gegenerklärungsfrist (auch wenn die StA die Abgabe einer Erklärung angekündigt hat). Die StA bei dem LG übersendet die Akten niemals unmittelbar an das Revisionsgericht (Nr. 163 Abs. 1 S. 1 RiStBV). Ist das OLG zuständiges Revisionsgericht, so erfolgt die Übersendung über die Generalstaatsanwaltschaft bei dem OLG. Diese ist für die Anträge nach § 349 zuständig (§ 142 Abs. 1 Nr. 2, § 121 Abs. 1 Nr. 1 GVG). Ist der BGH zuständiges Revisionsgericht, so erfolgt die Übersendung durch den Generalbundesanwalt (GBA) beim BGH; er übt das Amt der StA beim BGH aus (§ 142 Abs. 1 Nr. 1, § 135 GVG), die die Akten dem BGH vorlegt (Nr. 163 Abs. 1 S. 1 RiStBV). Auch hier werden die Akten aber entsprechend der staatsanwaltschaftlichen Behördenhierarchie über den Generalstaatsanwalt zugeleitet (Nr. 163 Abs. 1, Abs. 2 RiStBV). Die Generalstaatsanwaltschaft überprüft bei einer staatsanwaltschaftlichen Revision, ob diese durchgeführt werden soll (Nr. 168 Abs. 1 RiStBV).[57] Sie kann sie selbst zurücknehmen oder auch die untere StA zur Rücknahme anweisen. Diese Möglichkeit hat der GBA mangels hierarchischer Überordnung gegenüber der StA eines Landes nicht; ihm bleiben lediglich die Möglichkeit, die Rücknahme anzuregen, oder der Antrag, das Rechtsmittel zu verwerfen.[58] Kommt die GenStA dem nicht nach, so entsteht die für den Revisionsunerfahrenen skurril anmutende Situation, dass der Vertreter des GBA in der Hauptverhandlung zu einer Revision plädiert (und dies muss), von der er eingangs verdeutlicht, dass er sie „nicht vertritt". De lege ferenda empfiehlt sich daher zu normieren, dass die StA beim Revisionsgericht ein eigenes Rücknahmerecht haben muss, auch wenn dies aufgrund des föderalen Justizsystems nicht ganz einfach ist.

19 Dem Revisionsgericht sind **nur die für die Entscheidung über die Revision nötigen Überführungsstücke und Akten** zu übersenden (Nr. 166 Abs. 1 S. 1 RiStBV): Hierzu zählen die Auskunft aus dem Bundeszentralregister, Ermittlungsverfügungen, Anklageschrift und Eröffnungsbeschluss, alle Schriftstücke, die für die Prüfung der Verfahrensvoraussetzungen von Relevanz sind, Urteil samt Hauptverhandlungsprotokoll (Urschriften), die Revisionsschriften (sowohl Einlegungs- als auch Begründungsschrift), Zustellungsnachweise und Vollmachten, die Gegenerklärung nach Abs. 1 S. 2 (und der nach Nr. 162 Abs. 3 RiStBV erforderliche Nachweis ihrer Mitteilung).[59] Für Revisionen beim BGH gilt,

---

[55] SKStPO/Frisch Rn. 9 aE; Momsen in KMR-StPO Rn. 7; Franke in Löwe/Rosenberg Rn. 7; Arndt JZ 1963, 65. AA Temming in Gercke/Julius/Temming/Zöller Rn. 6; Schmitt in Meyer-Goßner/Schmitt Rn. 3.
[56] Franke in Löwe/Rosenberg Rn. 8; Frisch in SK-StPO Rn. 10. Anders verhält es sich nur bei der Revision gegen ein erstinstanzliches Urteil des OLG, wenn der GBA in dem Verfahren das Amt der StA auch beim OLG ausübt (§ 142a Abs. 1); dann werden ihm die Akten vom Vorsitzenden des Strafsenats unmittelbar zugeleitet, Wielop NStZ 1986, 449.
[57] Um Versehen der Poststelle zu vermeiden, wird empfohlen im Übersendungsbericht die Worte „über den Generalstaatsanwalt bei dem OLG" mit einem roten Beistrich zu kennzeichnen, vgl. Wielop NStZ 1986, 449.
[58] Frisch in SK-StPO Rn. 10; vgl. auch Nr. 168 RiStBV.
[59] Zusf. Wielop NStZ 1986, 449 (450), dort auch zu den Beiakten und entbehrlichen Akten.

dass der Vorlage stets ein Übersendungsbericht beizufügen ist, dessen Inhalt in Nr. 164 RiStBV definiert ist.[60] Dies gilt auch für solche beim OLG, soweit nichts anderes bestimmt ist (Nr. 163 Abs. 2 S. 2 RiStBV). Aktenführende Behörde für die gesamte Straf- bzw. Sachakte bleibt bis zur Übersendung der Akte durch die Revisionsstaatsanwaltschaft an das Revisionsgericht das Instanzgericht; an dieses sind bis zu diesem Zeitpunkt ggf. ergänzende Akteneinsichtsgesuche zu richten (wobei sich empfiehlt, eine Kopie des Gesuchs unmittelbar der Revisionsstaatsanwaltschaft zuzuleiten). Der BGH wird keine Akteneinsicht in das sog. Senatsheft gewähren;[61] ebenso wenig erhält die Verteidigung Einsicht in die Stellungnahmen der GenStA zur Revision der StA – diese werden als rein behördeninterne Unterlagen eingestuft (→ § 147 Rn. 17).

b) Beschleunigungsgrundsatz. Der rechtlichen Zäsur der Aktenübersendung (zur 20 Anhängigkeit beim Revisionsgericht, → Rn. 23) geht aus den eingangs genannten Gründen nicht selten eine tatsächliche voraus. Die häufig anzutreffende Mahnung, das Beschleunigungsgebot sei zu beachten,[62] mutet angesichts der tatsächlichen Situation noch zurückhaltend an, wenn man sich vor Augen führt, dass ein beachtlicher Teil der bisherigen Rechtsprechung zur Konzentrationsmaxime gerade das „weitere Verfahren" nach § 347 betrifft,[63] welches häufig ins Stocken gerät. Dabei ist das (folgenlose) Verstreichenlassen der Wochenfrist des Abs. 1 S. 2 das geringste Problem. Auch ein Zeitraum von bis zu sechs Monaten ist demnach „ungewöhnlich lang", aber noch hinnehmbar, so etwa wenn die Revisionsbegründungen nahezu einen Leitzordner füllen und eine Vielzahl – wenn auch weitgehend völlig unbehelflicher – Verfahrensrügen oder als Verfahrensrügen bezeichneter Sachrügen (tatsächlich reine Angriffe gegen die Beweiswürdigung) umfassen.[64]

Hochproblematisch wird es hingegen, wenn die „Akten" (teils willkürlich, teils aus 21 reiner Unachtsamkeit) mehrere Jahre – auch nach Eingang einer Gegenerklärung – **liegenbleiben**,[65] oder trotz eines ohnehin langen Zeitraums für die Gegenerklärung[66] die GenStA mit der Weiterleitung zuwartet. Auch die Tatrichter zögern manchmal ohne sachlichen Grund: So geht es bspw. nicht an, mit der Weiterleitung hinsichtlich eines in einem größeren Verfahrenskomplex abgetrennten Verfahrens gegen den Angeklagten zu warten, bis das Verfahren gegen den Hauptangeklagten zum Abschluss kommt, sondern es sind im erforderlichen Umfang Doppelakten anzulegen.[67] Teilweise kommt es auch

---

[60] Hierzu ebenfalls Wielop NStZ 1986, 449 (450).
[61] BGH 27.4.2001 – 3 StR 112/01, NStZ 2001, 551; 5.2.2009 – 1 StR 697/08, HRRS 2009 Nr. 236 Rn. 6.
[62] Schmitt in Meyer-Goßner/Schmitt Rn. 4; Lohse in Krekeler/Löffelmann/Sommer Rn. 9; Gericke in KK-StPO Rn. 14.
[63] BGH 11.1.2007 – 3 StR 412/06, NStZ-RR 2007, 150 (151); ähnlich auch BGH 17.12.2003 – 1 StR 445/03, NStZ 2004, 504 (3 Monate bei großem Aktenwerk und Verfahren mit mehreren Angeklagten); BGH 11.10.1994 – 5 StR 546/94, StV 1995, 130 (4 ½ Jahre); BGH 23.11.1999 – 5 StR 536/99, BeckRS 1999, 30083538 (fast 3 Jahre); BGH 22.4.1999 – 5 StR 737/98, wistra 1999, 261 (1 Jahr, 4 Monate); BGH 27.11.1997 – 5 StR 500/97, wistra 1998, 101 (6 Monate); BGH 16.7.1997 – 2 StR 286/97, StV 1998, 377 (1 Jahr, 1 Monat); vgl. auch OLG Hamm 10.8.2005 – 3 Ss 224/04, BeckRS 2005, 11965 = NStZ-RR 2006, 18 (Ls.); BGH 15.5.1996 – 2 StR 119/96, NStZ 1997, 29; aus neuerer Zeit OLG Hamburg 7.5.2015 – 2 Ws 108/15, StV 2015, 653.
[64] BGH 11.1.2007 – 3 StR 412/06, NStZ-RR 2007, 150 (151); ähnlich auch BGH 17.12.2003 – 1 StR 445/03, NStZ 2004, 504 (505) (3 Monate bei großem Aktenwerk und Verfahren mit mehreren Angeklagten).
[65] BGH 11.10.1994 – 5 StR 546/94, StV 1995, 130 (131) (4 ½ Jahre); BGH 23.11.1999 – 5 StR 536/99, BeckRS 1999, 30083538 (fast 3 Jahre); BGH 22.4.1999 – 5 StR 737/98, wistra 1999, 261 (1 Jahr, 4 Monate); BGH 27.11.1997 – 5 StR 500/97, wistra 1998, 101 (6 Monate); BGH 27.11.2008 – 5 StR 495/08, NStZ 2010, 94 (6 Monate); BGH 16.7.1997 – 2 StR 286/97, StV 1998, 377 (1 Jahr, 1 Monat); vgl. auch OLG Hamm 10.8.2005 – 3 Ss 224/04, BeckRS 2005, 11965 = NStZ-RR 2006, 18 (Ls.); BGH 15.5.1996 – 2 StR 119/96, NStZ 1997, 29 mAnm Scheffler; jüngst OLG Frankfurt a. M. 3.2.2016 – 1 Ws 186/15, StraFo 2016, 105 (3 Monate).
[66] BGH 23.4.1998 – 5 StR 95/98 (11 Monate und nochmals 3 Monate für Eingang beim GBA); „knapp zweijährige Bearbeitungsdauer" unter „keinem denkbaren Gesichtspunkt rechtfertigen", vgl. BGH 26.2.2013 – KRB 20/12, BGHSt 58, 158 = NJW 2013, 1972 (Grauzementkartell).
[67] BGH 6.3.2008 – 3 StR 376/07, NStZ-RR 2008, 208.

vor, dass richterliche Wiedervorlageverfügungen nicht ausgeführt werden, weil offenbar nicht bedacht wird, dass die Revision bereits mit der Einlegung ausreichend begründet worden war und es deshalb eines weiteren Eingangs von Seiten des Verteidigers nicht mehr bedurfte, um die Pflicht zur Wiedervorlage auszulösen.[68] Oder es werden schlicht notwendige Akten, Bildunterlagen[69] bzw. Protokollbände[70] bei der Weiterleitung vergessen bzw. nicht mitversendet.[71]

22   Bei besonders „**krassen Verstößen**"[72] – wie etwa in BGHSt 35, 137 ff.[73] – hat der BGH zwar schon eine Einstellung des Verfahrens in Betracht gezogen (ohne eine Abkehr von der damals geltenden Strafzumessungslösung intendieren zu wollen); im Regelfall wird die Verzögerung allerdings nur über eine entsprechende Verfahrensrüge zur Vollstreckungslösung führen. Da im laufenden Revisionsverfahren eine solche unzulässig wäre, reicht aber der schriftsätzliche Vortrag der Verzögerung jedenfalls nach Ansicht des 5. Strafsenates des BGH aus.[74] Der Revisionsführer hat zumindest durch die nunmehr existente Verzögerungsrüge – Vollstreckungslösung und Verzögerungsrüge schließen sich nicht gegenseitig aus, vgl. § 199 Abs. 3 GVG – die Möglichkeit, die überlange Dauer zwischen Revisionsbegründung und Weiterleitung an das Revisionsgericht förmlich zum Ausdruck zu bringen (zumal es durchaus vorstellbar ist, dass die erhebliche Verzögerung erstmals zum Zeitpunkt des Verfahrens nach § 347 „zu befürchten" ist).

III. Rechtsfolgen

23   **1. Anhängigkeit.** Mit **ordnungsgemäßer Vorlage der Akten** auf der Geschäftsstelle des Revisionsgerichts wird die Sache bei diesem auch anhängig.[75] Dabei ist es im ersten Schritt unerheblich, ob das angerufene Gericht sachlich zuständig ist (§ 348).[76] Entscheidend ist, dass die Vorlage der Akten auf die Revision hin initiiert worden sein muss; eine Vorlage auf eine Haftbeschwerde hin genügt – selbst bei Entscheidungsreife der Hauptsache (etwa wegen Verfristung der Revision) – nicht.[77] Das Revisionsgericht wird die Akten bei Zustellungsmängeln zurückgeben, um den Lauf der Revisionsbegründungsfrist überhaupt zu ermöglichen.[78] Ist das Verfahren noch nicht beim Revisionsgericht anhängig geworden, sondern „schwebt zur Zeit der Rücknahme der Rechtsmittel noch vor dem Landgericht", ist dieses für die nach § 397a Abs. 2 S. 1 (Antrag auf Prozesskostenhilfe für den Nebenkläger) zu treffende Entscheidung auch für die Revisionsinstanz zuständig.[79]

---

[68] OLG Saarbrücken 16.2.2007 – 1 Ws 31/07, StV 2007, 365.
[69] Wenn das im Rahmen der Hauptverhandlung in Augenschein genommene Lichtbild bzw. Videoband in die Urteilsurkunde als deren Urteilsbestandteil aufgenommen werden, müssen folglich auch diese „externen Bestandteile" der eigentlichen Urteilsurkunde dem Rechtsbeschwerdegericht gemäß § 347 Abs. 2 StPO, § 79 Abs. 3 S. 1 OWiG vorgelegt werden, vgl. OLG Bamberg 21.4.2008 – 2 Ss OWi 499/08, NZV 2008, 469.
[70] BVerfG (3. Kammer des Zweiten Senats) 29.12.2005 – 2 BvR 2057/05, NJW 2006, 677 (680).
[71] BGH 27.11.2008 – 5 StR 495/08, NStZ 2010, 94.
[72] Frisch in SK-StPO Rn. 10.
[73] Eingang der Revisionsbegründung im September 1982, Vorlage durch den GBA im Juni 1987, BGH 9.12.1987 – 3 StR 104/87, BGHSt 35, 137 = NJW 1988, 2188.
[74] BGH 27.11.2008 – 5 StR 495/08, NStZ 2010, 94.
[75] BGH 19.12.1958 – 1 StR 485/58, BGHSt 12, 217 (218) = NJW 1959, 348 (439); BGH 2.6.1992 – 5 Ars 30/92, BGHSt 38, 307 (308) = NJW 1992, 2306; BGH 12.5.1999 – 1 ARs 4–99, NJW 1999, 2380; OLG Stuttgart 21.8.1958 – 1 Ws 301/58, NJW 1958, 1935; BayObLG 15.11.1974 – RReg. 1 St 216/74, BayObLGSt 1974, 121 (122); Schmitt in Meyer-Goßner/Schmitt Rn. 5; Temming in Gercke/Julius/Temming/Zöller Rn. 11.
[76] Frisch in SK-StPO Rn. 11; Franke in Löwe/Rosenberg Rn. 9; Geppert GA 1972, 165 (166); aA OLG Hamm 11.12.1970 – 4 Ss 926/70, NJW 1971, 1623 (1624).
[77] Temming in Gercke/Julius/Temming/Zöller Rn. 11; Franke in Löwe/Rosenberg Rn. 9.
[78] BayObLG 15.10.1975 – RReg. 1 St 336/75, BayObLGSt 1975, 102 (106 f.); 24.4.1985 – RReg I St 93/85, StV 1985, 360; OLG Düsseldorf 5.8.1993 – 5 Ss (OWi) 218/93 – (OWi) 109/93 I, MDR 1994, 87.
[79] BGH 2.6.1992 – 5 ARs 30/92, NStZ 1992, 452, dazu auch BGH 10.7.2012 – 1 StR 293/12, NJW 2012, 2822 (2823).

2. Zuständigkeitsfragen. a) Entgegennahme von Erklärungen. Bis zur Anhän- 24
gigkeit der Sache beim Revisionsgericht (also in der gesamten langen Phase bis zum Antrag
des GBA bzw. GenStA) bleibt der Tatrichter für Erklärungen betreffend die Revision
(Beschränkung, Zurücknahme) zuständig;[80] nach Anhängigkeit hat das Revisionsgericht zu
entscheiden, und zwar auch dann, wenn sich die Revision als Berufung bzw. Rechtsbeschwerde „entpuppt".[81] Die Abgabe einer Erklärung gegenüber dem nicht mehr zuständigen Gericht gilt, wird sie von diesem weitergeleitet, erst mit Eingang beim zuständigen
Gericht als abgegeben.[82] Das kann dazu führen, dass die Erklärung ins Leere läuft, weil das
Revisionsgericht bereits entschieden hat. Dies gilt selbst im Falle einer Aufhebung durch
das Revisionsgericht, dh dann muss trotz des erklärten Willens des Angeklagten, die Sache
auf sich beruhen zu lassen, neu verhandelt werden.[83]

b) Gerichtliche Entscheidungen. aa) An die Anhängigkeit gebundene Zustän- 25
digkeiten. Die Anhängigkeit beim Revisionsgericht begründet die Zuständigkeit für
gerichtliche Entscheidungen nur zum Teil, insbes. wenn sie Fragen betrifft, die den weiteren
Verfahrensverlauf in der Revisionsinstanz betreffen: So ist der Zeitpunkt der Anhängigkeit
maßgeblich für die Einstellung bei nachträglich eingetretenen Verfahrenshindernissen (Tod
des Angeklagten[84]). Ferner entscheidet das Revisionsgericht über die Kostenfolgen bei
Beschränkungen bzw. Zurücknahmen der Revision,[85] die Bestellung eines Beistands nach
§ 397a auf Antrag des Nebenklägers, wenn diesem bisher noch kein RA beigeordnet worden
ist[86] sowie über die Zulassung von Verteidigern nach § 138 Abs. 2.[87]

Umstritten ist die Zuständigkeit über die Entscheidung hinsichtlich der **Bestellung** 26
zum Pflichtverteidiger für das Revisions_verfahren_. Nach OLG Rostock geht die
Zuständigkeit für die Entscheidung über den unerledigten erstmaligen Antrag auf den Vorsitzenden des Revisionsgerichts über, auch wenn keine Hauptverhandlung nach § 350
absehbar ist.[88] Dies liegt auf der Linie der BGH-Rechtsprechung zur Pflichtverteidigerbestellung nach § 141 Abs. 4,[89] die aber zum Teil danach differenziert, ob der Tatrichter bereits
mit der Bestellung befasst war.[90] Das gilt jedoch nicht, wenn ein Antrag auf Pflichtverteidigerbestellung für das Berufungsverfahren unerledigt geblieben ist.[91] Für diesen ist nach
§ 141 Abs. 4 S. 1 Hs. 1 Alt. 2 bis zu dem in § 321 S. 2 bestimmten Zeitpunkt der Vorsitzende
des erstinstanzlich zuständigen Gerichts zuständig.

bb) Nicht an die Anhängigkeit gebundene Zuständigkeiten. Unabhängig von 27
der Anhängigkeit beim Revisionsgericht wird dieses bereits mit Einlegung der Revision

---

[80] BGH 10.9.1991 – 2 StR 326/91 bei Kusch NStZ 1992, 224 (225 Nr. 7); OLG Hamburg 1.11.1982 – 1 Ss 47/82, MDR 1983, 154; Gericke in KK-StPO Rn. 10; Schmitt in Meyer-Goßner/Schmitt Rn. 6.
[81] BayObLG 17.1.1975 – RReg. 1 St 249/74, BayObLGSt 1975, 1.
[82] OLG Köln 11.12.1975 – 3 Ss 331/75, JR 1976, 514.
[83] Franke in Löwe/Rosenberg Rn. 10; im umgekehrten Fall – Revisionsgericht übersieht eine wirksame Zurücknahme bereits vor Anhängigkeit – hat das Revisionsgericht ausnahmsweise die Befugnis, seine eigene Entscheidung aufzuheben und das Verfahren für erledigt zu erklären, vgl. RG 7.1.1921 – IV 164/20, RGSt 55, 213 (214).
[84] BGH 10.7.2012 – 1 StR 293/12, NJW 2012, 2822 unter Bezugnahme auf BGH 2.6.1992 – 5 ARs 30/92, BGHSt 38, 307 (308) = NJW 1992, 2306.
[85] BGH 3.5.1957 – 5 StR 52/57, BGHSt 10, 245 (247) = NJW 1957, 1040; BGH 19.12.1958 – 1 StR 485/58, BGHSt 12, 217 (219) = NJW 1959, 348 (348 f.).
[86] BGH 12.5.1999 – 1 ARs 4–99, NJW 1999, 2380, dort auch zur Bewilligung von Prozesskostenhilfe.
[87] RG 7.1.1921 – IV 164/20, RGSt 55, 213 (214); II 626/28, RGSt 62, 250 f.
[88] OLG Rostock 5.8.2010 – 1 Ss 61/10, NStZ-RR 2010, 342 (343).
[89] BGH 11.7.1996 – 1 StR 352/96, NStZ 1997, 48 (49).
[90] BGH 6.12.2000 – 2 StR 471/00, BeckRS 2000, 30148087; 29.1.2002 – 4 StR 541/01, BeckRS 2002, 30235583; 30.1.2001 – 4 StR 569/00, BeckRS 2001, 30158472; OLG Stuttgart 5.5.1999 – 1 Ss 190/99, StV 2000, 413 (grds. Tatrichter); daraus zieht das OLG Koblenz 1.12.2014 – 2 Ws 616/14, BeckRS 2015, 03365 den Schluss, dass sich ein Übergang der Zuständigkeit nur für das Berufungsverfahren gelte, wohingegen grundsätzlich anerkannt sei, dass bei Revisionen grundsätzlich der Vorsitzende desjenigen Gerichts zuständig bleibe, dessen Urteil angefochten ist. Unklar Schmitt in Meyer-Goßner/Schmitt Rn. 7; Frisch in SK-StPO Rn. 13.
[91] OLG Koblenz 1.12.2014 – 2 Ws 616/14, BeckRS 2015, 03365.

28 zuständig für die Zurückweisung von Verteidigern nach § 146a,[92] für die Zulassung der Nebenklage,[93] für die Bescheidung von Wiedereinsetzungsanträgen gegen die Versäumung der Revisionseinlegungs- und Revisionsbegründungsfrist[94] sowie für Anträge nach § 346 Abs. 2 (und zwar auch dann, wenn dieser mit einem Wiedereinsetzungsgesuch verknüpft wird, vgl. hierzu → § 346 Rn. 33 ff.).

28 Hinsichtlich der **Entscheidungen, die nicht unmittelbar das Revisionsverfahren betreffen**, verbleibt es auch bei Anhängigkeit beim Revisionsgericht bei der Zuständigkeit des Tatrichters.[95] Dies betrifft Entscheidungen über die Freiheitsentziehung (U-Haft und vorläufige Unterbringung, es sei denn es liegt ein Fall der § 126 Abs. 3, § 120 Abs. 1 vor[96]), weitere Sicherungsmaßnahmen (vorläufige Fahrerlaubnisentziehung,[97] vorläufiges Berufsverbot[98]) sowie sonstige gerichtliche Untersuchungsmaßnahmen (Durchsuchung, Beschlagnahme[99]). Ist die vom Tatrichter bestimmte Sperrzeit abgelaufen, bevor das Revisionsgericht über die Revision des Angeklagten entschieden hat, so ist das Revisionsgericht für die Entscheidung über die Aufhebung der vorläufigen Entziehung der Fahrerlaubnis auch dann nicht zuständig, wenn ihm die Akten nach Abs. 2 schon vorgelegt wurden.[100] Ferner bleibt der Tatrichter auch für einen Wiedereinsetzungsantrag gegen die Versäumung der Einspruchsfrist im Strafbefehlsverfahren zuständig, der erst nach Vorlage der Akten gemäß Abs. 2 „entdeckt" wird.[101]

§ 348 Unzuständigkeit des Gerichts

(1) Findet das Gericht, an das die Akten gesandt sind, daß die Verhandlung und Entscheidung über das Rechtsmittel zur Zuständigkeit eines anderen Gerichts gehört, so hat es durch Beschluß seine Unzuständigkeit auszusprechen.

(2) Dieser Beschluß, in dem das zuständige Revisionsgericht zu bezeichnen ist, unterliegt keiner Anfechtung und ist für das in ihm bezeichnete Gericht bindend.

(3) Die Abgabe der Akten erfolgt durch die Staatsanwaltschaft.

Übersicht

	Rn.		Rn.
I. Grundlagen	1	2. Verweisungsbeschluss	6
II. Erläuterung	3	a) Entscheidendes Gericht	6
		b) Verfahren	7
1. Unzuständigkeit des Revisionsgerichts	3	c) Bindungswirkung des Verweisungsbeschlusses (Abs. 2)	9
a) Sachliche Unzuständigkeit	3		
b) Örtliche/funktionelle Unzuständigkeit	4	3. Entsprechende Anwendung	10

---

[92] OLG Stuttgart 17.8.1984 – 1 Ss 536/84, NStZ 1985, 39 (Ls.).
[93] Wiedner in BeckOK StPO Rn. 11.
[94] Frisch in SK-StPO Rn. 14.
[95] Frisch in SK-StPO Rn. 14; Wiedner in BeckOK StPO Rn. 13; Gericke in KK-StPO Rn. 12; Franke in Löwe/Rosenberg Rn. 11.
[96] Vgl. hierzu BGH 12.12.1996 – 1 StR 543/96, NStZ 1997, 145; ferner BGH 8.2.1995 – 5 StR 434/94, BGHSt 41, 16 = NStZ 1995, 388.
[97] Schmitt in Meyer-Goßner/Schmitt § 111a Rn. 7, 14. Bis zur Entscheidungsreife der Revision behält die Beschwerde gegen die Anordnung der vorläufigen Entziehung der Fahrerlaubnis ihre selbständige Bedeutung und ist daher zulässig, OLG Frankfurt a. M. 7.2.1996 – 3 Ws 107/96, NStZ-RR 1996, 205 (206).
[98] Paeffgen in SK-StPO § 132a Rn. 9.
[99] Schmitt in Meyer-Goßner/Schmitt § 98 Rn. 4.
[100] OLG Zweibrücken 23.5.1985 – 1 Ss 125/85, MDR 1986, 74.
[101] BGH 31.1.1968 – 3 StR 19/68, BGHSt 22, 52 (57 f.) = NJW 1968, 557 (558); anders noch BayObLG 29.4.1960 – RReg. 2 St 793/59, NJW 1960, 1730 (unter Berufung auf BGHZ 7, 280).

I. Grundlagen

Am Ende des Instanzenzugs bricht § 348 mit der Regel der Zuständigkeit des höheren Gerichts nach Beginn der Hauptverhandlung (§ 269).[1] Der rechtskräftige Abschluss des Verfahrens soll nicht unnötig durch ein mehrmaliges Hin und Her wegen **Kompetenzstreitigkeiten** hinausgezögert werden.[2] Zudem ist es in der Revisionsinstanz auch prozessökonomisch nicht geboten, a priori das Gericht höherer Ordnung zu binden, weil zum Zeitpunkt der Entscheidung des angerufenen Gerichts nicht zwingend feststeht, ob eine Revisionshauptverhandlung stattfindet (vgl. auch § 209, der im Eröffnungsverfahren – also vor Beginn der Hauptverhandlung – ebenfalls eine Verweisung ermöglicht). Teilt das Gericht die Auffassung der StA, die diesem gem. § 347 Abs. 2 die Akten vorgelegt hat, nicht, kann es das nach seiner Auffassung zuständige Gericht bestimmen und kraft Beschluss – unanfechtbar und bindend – festlegen. Dabei betrifft § 348 in erster Linie die sachliche Zuständigkeit, doch gilt er nach hA auch im Fall der örtlichen oder funktionellen Unzuständigkeit (→ Rn. 4 f.). Ebenso ist man sich über die **entsprechende Anwendung** der Vorschrift in praktisch nicht selten vorkommenden Sonderkonstellationen weitestgehend einig (so etwa im Fall der Rückgabe an das Berufungsgericht nach Ablauf der Wahlfrist bei unbestimmt eingelegtem Rechtsmittel, → Rn. 10).

Die Vorschrift ist dennoch praktisch wenig relevant. Die Prüfung des § 121 Abs. 1 GVG (Zuständigkeit des Oberlandesgerichts) bzw. des § 135 GVG (Zuständigkeit des Bundesgerichtshofs) ist nicht besonders komplex. Fragen rund um die sachliche Zuständigkeit, wie etwa die Zulässigkeit der Verbindung von erstinstanzlich verhandelten Taten mit Taten in der Berufungsinstanz sind weitestgehend geklärt, zum Teil auch durch das **Rechtspflegeentlastungsgesetz** von 1993 wesentlich entschärft.[3] So stellt sich nach Abschaffung der großen Strafkammer als Berufungsinstanz nicht mehr das Problem der Umdeutung einer Hauptverhandlung, wenn sich das Berufungsgericht im Hinblick auf die Strafgewalt des Amtsgerichts zu einer erstinstanzlichen LG-Kammer „aufgeschwungen" hatte;[4] eine gleichartige Zusammensetzung von Erst- und Berufungsinstanz beim LG lässt sich nur noch dergestalt konstruieren, dass eine Überschreitung der Strafmacht durch das Gericht fernliegt;[5] anderes gilt noch im Jugendverfahren, da hier die große Jugendkammer sowohl für Berufungen gegen Urteile des Jugendschöffengerichts (§ 33b Abs. 1, § 41 Abs. 2 JGG) als auch erstinstanzlich (§ 41 Abs. 1 JGG) zuständig ist.[6] Parallel dazu ist die Rechtsprechung zur Möglichkeit, erstinstanzliche Hauptverhandlungen mit Berufungsverfahren in entsprechender Anwendung von § 4 Abs. 1 bei der großen Strafkammer zu einem einheitlichen Verfahren zu verbinden,[7] obsolet geworden, sodass sich auch diesbezüglich keine Schwierigkeiten mehr hinsichtlich der Bestimmung des zuständigen Gerichts stellen. Freilich können bestehende Unklarheiten in seltenen Sonderkonstellationen (Verfahren vor Schifffahrtsgerichten, §§ 10, 11 BinSchGerG[8]) zur Anrufung des sachlich unzuständigen Gerichts führen,

---

[1] Franke in Löwe/Rosenberg Rn. 1; Temming in Gercke/Julius/Temming/Zöller Rn. 1; Schmitt in Meyer-Goßner/Schmitt Rn. 1; zum Grundsatz des Vorrangs höherer Zuständigkeit BGH 13.8.1963 – 2 Ars 172/63, BGHSt 19, 177 = NJW 1964, 506.

[2] BGH 17.6.1999 – 4 StR 227/99, BeckRS 1999, 30062948; Gericke in KK-StPO Rn. 1; Wiedner in BeckOK StPO Rn. 1.

[3] Frisch in SK-StPO Rn. 1.

[4] BGH 18.6.1970 – 4 StR 141/70, BGHSt 23, 283 = NJW 1970, 1614; zur Abgrenzung nach alter Rechtslage vgl. noch BGH 3.8.1984 – 5 StR 506/84; 26.2.1991 – 5 StR 74/91; 13.5.1982 – 3 StR 129/82, BGHSt 31, 63 = NJW 1982, 2674; BGH 5.9.1989 – 5 StR 404/89, BeckRS 1989, 31106981.

[5] Berufung gegen Urteil des erweiterten Schöffengerichts gem. § 76 Abs. 6 oder Besetzung gem. § 76 Abs. 2 S. 4; was freilich nichts daran ändert, dass es sich im einen Fall um die kleine, im anderen um die große Strafkammer handelt.

[6] OLG München 15.2.2005 – 4 St RR 1/05, BeckRS 2005, 02219; zu diesem „Restbereich" auch Frisch in SK-StPO § 328 Rn. 30 f.

[7] Vgl. BGH 30.10.1986 – 4 StR 368/86, BGHSt 34, 204 = NJW 1987, 1212; BGH 19.1.1988 – 4 StR 647/87, BGHSt 35, 195 = NJW 1988, 2808; BGH 18.1.1990 – 4 StR 616/89, BGHSt 36, 348 = NJW 1990, 1490.

[8] OLG Hamm 23.10.2014 – 3 RVs 79/14, BeckRS 2014, 21233.

doch wird dann spätestens das Revisionsgericht die Zuständigkeit von Amts wegen sorgfältig prüfen.

II. Erläuterung

3 **1. Unzuständigkeit des Revisionsgerichts. a) Sachliche Unzuständigkeit.** Der **originäre Anwendungsbereich** des § 348 betrifft den Fall der sachlichen Unzuständigkeit des angerufenen Gerichts. Das OLG wird seine sachliche Zuständigkeit verneinen, wenn die Voraussetzungen des § 121 GVG nicht erfüllt sind; etwa weil es sich um eine Entscheidung des Landgerichts im ersten Rechtszug handelt.[9] Umgekehrt kann der BGH die Sache an ein OLG abgeben, weil das Landgericht nach seiner Auffassung als Berufungsgericht entschieden hat oder die Revision nur den Verstoß gegen Landesrecht iSd § 121 Abs. 1 Nr. 1c GVG rügt.[10] **Fehlerhafte bzw. irrtümliche Zuleitungen an das Revisionsgericht** kommen selten vor. Sie waren meist auf eine (noch) unklare Rechtslage zurückzuführen: so war etwa bei „instanzübergreifenden" Verbindungen prozessualer Taten umstritten, inwiefern die Berufungssache ihre rechtliche Selbstständigkeit verliert (und damit der BGH an die Stelle des OLG als Revisionsgericht tritt);[11] nunmehr stellen sich diese Fragen nicht mehr (→ Rn. 2) und es ist in absehbarer Zeit auch nicht zu erwarten, dass sich neue Fallgruppen herausbilden werden.

4 **b) Örtliche/funktionelle Unzuständigkeit.** Die Rechtsprechung wendet § 348 auch auf den Fall der fehlerhaften Annahme örtlicher bzw. funktioneller Zuständigkeit an. Hier können – übersehene – Zuständigkeitskonzentrationen zu einer fehlerhaften Bewertung der Zuständigkeit führen:[12] Der BGH hat in einem entsprechenden Fall auf eine Vorlage nach § 14 hin entschieden, dass § 348 nicht nur für die sachliche, sondern nach ihrem Wortlaut (der gerade nicht nach der Art von Zuständigkeiten differenziert) und der ratio legis – wonach auf der Ebene der Revisionsgerichte ein Zuständigkeitsstreit vermieden werden soll – auch für die örtliche Zuständigkeit gelte[13] und damit einer entsprechenden Anwendung des § 16 (bzw. der §§ 14, 19[14]) eine Absage erteilt.[15]

5 Hingegen ist § 348 auf eine fehlende interne Zuständigkeit nach dem Geschäftsverteilungsplan des Revisionsgerichts nicht anwendbar; vielmehr ist in derartigen Fällen das Verfahren an den zuständigen Senat förmlich abzugeben; dies kann in jedem Stadium des Revisionsverfahrens erfolgen.

6 **2. Verweisungsbeschluss. a) Entscheidendes Gericht.** Weil es zu einem Zuständigkeitsstreit zwischen OLG und BGH nicht kommen kann,[16] entscheidet schlicht dasjenige **Gericht, das die Akten zunächst erhält**.[17] Mithin kann sowohl das OLG seine Unzustän-

---

[9] Vgl. auch Wiedner in BeckOK StPO Rn. 3.
[10] Wiedner in BeckOK StPO Rn. 3.
[11] BGH 29.5.1990 – 1 StR 208/90; 18.9.1986 – 4 StR 461/86, BGHSt 34, 159 = NJW 1987, 1211; BGH 19.1.1988 – 4 StR 647/87, BGHSt 35, 195 = NJW 1988, 2808; BGH 24.4.1990 – 4 StR 159/90, BGHSt 37, 15 = NJW 1991, 239; BGH 12.12.1991 – 4 StR 506/91, BGHSt 38, 172 = NJW 1992, 1775: in derartigen Fällen hebt der BGH dann hinsichtlich der seines „Zuständigkeitsbereichs" (also die erstinstanzlich fehlerhafte Entscheidung des LG) auf und verweist die Sache an das zuständige Amtsgericht gem. § 355, während es hinsichtlich der Eigenschaft des LG als Berufungsinstanz seine Unzuständigkeit für die Revision ausspricht, § 348; so auch in BGH 6.2.1992 – 4 StR 626/91, NStZ 1992, 397; 3.1.1994 – 4 StR 710/93; 12.7.1990 – 4 StR 284/90; 10.9.1990 – 3 StR 281/90, BeckRS 1990, 31082276; 18.4.1991 – 4 StR 131/91, BeckRS 1991, 31082739.
[12] Vgl. auch OLG Bamberg 27.9.2012 – 2 Ss OWi 1189/12, NStZ 2013, 182 (Revisionsgericht statt Rechtsbeschwerdegericht).
[13] BGH 29.9.1989 – 2 ARs 479/89, BeckRS 1989, 31097776; vgl. auch BGH 17.1.2007 – 2 ARs 527/06 2 ARs 277/06, NStZ-RR 2007, 179.
[14] So wohl Schmitt in Meyer-Goßner/Schmitt Rn. 6; und OLG Koblenz in der zitierten Entscheidung BGH 29.9.1989 – 2 ARs 479/89, BeckRS 1989, 31097776.
[15] Zust. Frisch in SK-StPO Rn. 7; Gericke in KK-StPO Rn. 1; Franke in Löwe/Rosenberg Rn. 1.
[16] Frisch in SK-StPO Rn. 2; Franke in Löwe/Rosenberg Rn. 1.
[17] OLG Hamm 18.9.1989 – 4 Ausl (A) 231/89 – 59/89 III, JMBl. NW 1990, 91; Schmitt in Meyer-Goßner/Schmitt Rn. 1; Wiedner in BeckOK StPO Rn. 2.

digkeit aussprechen und den BGH „verpflichten", als auch auch umgekehrt der BGH ein OLG[18] (§ 269 gilt – → Rn. 1 – nicht[19]). Aus der Entscheidungsbefugnis desjenigen Gerichts, dem die Akten vorgelegt werden, ergibt sich wiederum auch, dass das Gericht – soweit es sich für zuständig hält – das Verfahren auch dann rechtskräftig zum Abschluss bringen kann, wenn es tatsächlich nicht zuständig ist.[20] Eine Entziehung des gesetzlichen Richters (und damit ein Verstoß gegen Art. 101 Abs. 1 S. 2 GG) wird nur bei objektiver Willkür in Betracht gezogen.[21]

b) Verfahren. Die Entscheidung durch das angerufene Gericht ergeht **ohne mündliche Verhandlung durch Beschluss,** der zu begründen ist.[22] Er lässt sich allerdings in jedem Verfahrensstadium – etwa im Rahmen einer Hauptverhandlung – fassen.[23] Der Beschluss ist unanfechtbar (Abs. 2) und endgültig.[24] Er kann richtigerweise auch nicht zurückgenommen werden,[25] ebenso wie die Entscheidung, sich für zuständig zu erachten; insofern kann der BGH ein Verfahren, das dem OLG vorgelegt wurde, nicht – auch nicht vor Erlass des Beschlusses – an sich ziehen bzw. gar eine auf fehlender Zuständigkeit basierende Entscheidung aufheben und selbst entscheiden.[26] Der Beschluss wird durch die Weiterleitung der Akten seitens der StA an das in dem Beschluss bezeichnete Gericht vollzogen (Abs. 3).[27] 7

Ob die Verfahrensbeteiligten vor Erlass des Verweisungsbeschlusses anzuhören sind, ist umstritten, dürfte im Hinblick auf § 33 Abs. 2 – entgegen der hM[28] – jedenfalls bezüglich der StA geboten sein,[29] hinsichtlich der anderen Verfahrensbeteiligten (§ 33 Abs. 3) soweit diesen etwa hierdurch die Prüfung erschwert wird, ob der Verweisungsbeschluss objektiv willkürlich erfolgte.[30] 8

c) Bindungswirkung des Verweisungsbeschlusses (Abs. 2). Nach Abs. 2 ist das berufene Gericht im Revisionsverfahren nach Abs. 2 auch an den (grob) unrichtigen Beschluss gebunden, solange dieser nicht willkürlich ist.[31] Die Bindungswirkung betrifft allerdings nur die Zuständigkeitsbegründung, nicht den „Tenor" oder gar die rechtliche Auffassung, was den Instanzenzug angeht.[32] Das Revisionsgericht kann damit für den Fall der Aufhebung und Zurückverweisung den weiteren Instanzenzug bestimmen und die Sache an das ursprünglich zuständige Gericht gem. § 355 verweisen.[33] 9

3. Entsprechende Anwendung. Die Rechtsprechung wendet § 348 insbes. auch **im Fall des unbestimmt eingelegten Rechtsmittels entsprechend** an, welches das Ausgangsgericht fälschlicherweise als Revision erachtet (wobei diese Konstellation ausschließlich die OLGe betrifft, da es eine Wahl nur im Falle einer Revision zum OLG 10

---

[18] Zum Verhältnis zwischen RG und OLG vgl. noch RG 17.6.1907 – III 198/07, RGSt 40, 221 (222).
[19] Meyer JR 1983, 344; Schmitt in Meyer-Goßner/Schmitt Rn. 1.
[20] RG 5.5.1891 – 372/91, RGSt 22, 113 (115).
[21] Zum Ganzen Frisch in SK-StPO Rn. 6.
[22] Frisch in SK-StPO Rn. 3; Franke in Löwe/Rosenberg Rn. 2.
[23] Maiwald in AK-StPO Rn. 2.
[24] Geppert GA 1972, 165; Gericke in KK-StPO Rn. 5; Franke in Löwe/Rosenberg Rn. 4.
[25] Franke in Löwe/Rosenberg Rn. 3.
[26] Schmitt in Meyer-Goßner/Schmitt Rn. 4; RG 5.5.1891 – 372/91, RGSt 22, 113; 20.3.1899 – 242/99, RGSt 32, 89 (92).
[27] Franke in Löwe/Rosenberg Rn. 2.
[28] Schmitt in Meyer-Goßner/Schmitt Rn. 2; Gericke in KK-StPO Rn. 2; Temming in Gercke/Julius/Temming/Zöller Rn. 2 (unter Verweis auf § 348 Abs. 3).
[29] Frisch in SK-StPO Rn. 4; Franke in Löwe/Rosenberg Rn. 2.
[30] Für eine die verfassungsgerichtliche Rechtsprechung zum Gehörsverstoß (BVerfG 24.3.1982 – 2 BvH 1, 2/82, 2 BvR 233/82, BVerfGE 60, 175 (210 ff.) = NJW 1982, 1579 (1582 f.); BVerfG 3.11.1983 – 2 BvR 348/83, BVerfGE 65, 227 = NJW 1984, 719) implementierende Einzelfallbetrachtung Frisch in SK-StPO Rn. 4.
[31] BGH 17.6.1999 – 4 StR 227/99, BeckRS 1999, 30062948; Franke in Löwe/Rosenberg Rn. 3; Schmitt in Meyer-Goßner/Schmitt Rn. 3; Gericke in KK-StPO Rn. 7.
[32] Wiedner in BeckOK StPO Rn. 6 f.; BGH 17.6.1999 – 4 StR 227/99, BeckRS 1999, 30062948.
[33] BGH 17.6.1999 – 4 StR 227/99, BeckRS 1999, 30062948.

geben kann).³⁴ In derartigen Fällen handelt es sich nach Einschätzung des Revisionsgerichts schlicht um das unstatthafte Rechtsmittel, sodass § 348 nicht direkt anwendbar ist. Eine Analogie ist allerdings zulässig und geboten, da die StA – sollte sich die Berufungskammer weigern, das Verfahren zu betreiben – mit dem Rechtsmittel der Beschwerde einen etwaigen Beschluss beim OLG einholen müsste.³⁵ Dies kann im Hinblick auf die ratio des § 348 nicht gewollt sein, weswegen dem Revisionsgericht die Möglichkeit nach § 348 eröffnet sein muss, unmittelbar das zuständige Berufungsgericht zu bestimmen und den ordnungsgemäßen weiteren Verlauf des Verfahrens zu gewährleisten.³⁶ Freilich bezieht sich die entsprechende Anwendung dabei nicht nur auf die Verweisungsmöglichkeit als solche, sondern auch auf deren Bindungswirkung.³⁷

11 Da es an einem den § 305a Abs. 2, § 464 Abs. 3 S. 3, § 8 Abs. 3 S. 2 StrEG iVm § 464 Abs. 3 S. 3 entsprechenden Regelungsgefüge fehlt, die dem mit der Revision befassten Rechtsmittelgericht auch die Entscheidung über eine zugleich eingelegte Beschwerde überträgt, muss der BGH als Revisionsgericht bei einer zugleich eingelegten Beschwerde seine Unzuständigkeit aussprechen und ebenfalls bindend gem. § 348 an das zuständige OLG verweisen.³⁸ Bei einem Streit darüber, ob gegen eine Entscheidung des AG die Rechtsbeschwerde oder die sofortige Beschwerde gegeben ist, entscheidet das OLG mit bindender Wirkung.³⁹

12 Die entsprechende Anwendung hat die Rechtsprechung auf den Fall der **unzulässigen Verwerfung eines Rechtsmittels** „als Revision" gem. § 346 Abs. 1 erweitert, wenn es sich tatsächlich um eine Berufung handelte und der Rechtsmittelführer gegen den Beschluss mit einem Antrag nach § 346 Abs. 2 vorgeht.⁴⁰ Ferner gilt § 348 für Unzuständigkeiten im Beschwerdeverfahren (also hinsichtlich der Frage, ob gegen eine Entscheidung des AG die Rechtsbeschwerde oder die sofortige Beschwerde gegeben ist).⁴¹ Im Falle des funktionell unzuständigen OLG (denkbar im Falle von Zuständigkeitskonzentrationen für bestimmte Straftaten) will *Meyer-Goßner* § 16 entsprechend anwenden (und damit einen potentiellen „Zuständigkeitskonflikt" über §§ 14, 19 auflösen⁴²), während die Rechtsprechung auch hier eine bindende Zuweisung nach Abs. 2 für möglich erachtet.⁴³

---

34 BayObLG 27.7.1962 – RevReg. 4 St 196/62, BayObLGSt 1962, 166 f.; OLG Hamm 26.3.1998 – 3 Ss 263/98; KG 23.12.1998 – (3) 1 Ss 399/98 (155/98), BeckRS 2014, 11687; BayObLG 8.3.2001 – 5 St RR 26/2001, wistra 2001, 279; OLG München 6.4.2009 – 5 St RR 53/09, BeckRS 2009, 100004; OLG Dresden 21.4.2005 – 3 Ss 136/05, BeckRS 2005, 30354905; OLG Brandenburg 30.1.2008 – 1 Ss 4/08, BeckRS 2008, 4868; OLG Naumburg 28.4.2009 – 2 Ss 46/09, StraFo 2009, 388; OLG Bamberg 24.6.2013 – 3 Ss OWi 824/13, NJOZ 2013, 1621; KG 14.10.2015 – (4) 161 Ss 232/15 (199/15), BeckRS 2015, 19930.

35 In diese Richtung der kritisierte Vorschlag von Meyer in Löwe/Rosenberg Rn. 5 (23. Aufl.); diesen ausdrücklich ablehnend BGH 21.12.1982 – 2 Ars 388/82, BGHSt 31, 183 (184) = NJW 1983, 1437 (1438); Frisch in SK-StPO Rn. 8; Franke in Löwe/Rosenberg Rn. 5.

36 Zust. Schmitt in Meyer-Goßner/Schmitt Rn. 5.

37 BGH 19.3.1993 – 2 Ars 43/93, BGHSt, 39, 162 (163 f.) = NJW 1993, 1808; BGH 29.10.2008 – 2 ARs 467/08, HRRS 2009 Nr. 51; OLG Zweibrücken 26.5.2010 – 1 Ws 241/09, BeckRS 2010, 13055 = NStZ 2011, 113.

38 BGH 4.12.2014 – 4 StR 60/14, BGHSt 60, 75 = BeckRS 2015, 938 Rn. 35 f.; zur entsprechenden Anwendung von § 348 im Beschwerdeverfahren: BGH 29.10.2008 – 2 ARs 467/08, HRRS 2009 Nr. 51; 24.6.2009 – 4 StR 188/09, BGHSt 54, 30 (36) = NStZ 2010, 50 (51).

39 BGH 19.3.1993 – 2 Ars 43/93, BGHSt 39, 162 = NJW 1993, 1808; Schmitt in Meyer-Goßner/Schmitt Rn. 5.

40 BayObLG 27.7.1962 – RevReg. 4 St 196/62, BayObLGSt 1962, 166 (167); 28.1.1971 – 5 Ws (B) 129/70, BayObLGSt 1971, 22 (24) = NJW 1971, 1325 (1326); OLG Hamm 27.4.1999 – 3 Ss 362/99.

41 Schmitt in Meyer-Goßner/Schmitt Rn. 5; Frisch in SK-StPO Rn. 8; zuletzt BGH 4.12.2014 – 4 StR 60/14, BGHSt 60, 75 = BeckRS 2015, 938 Rn. 35 f.; vgl. bereits BGH 21.12.1982 – 2 Ars 388/82, BGHSt 31, 183 = NJW 1983, 1437 (1438); BGH 19.3.1993 – 2 Ars 43/93, BGHSt 39, 162 (163) = NJW 1993, 1808; BGH 17.1.2007 – 2 ARs 527/06 2 ARs 277/06, NStZ-RR 2007, 179; 29.10.2008 – 2 ARs 467/08, HRRS 2009 Nr. 51; 24.6.2009 – 4 StR 188/09, BGHSt 54, 30 = NJW 2009, 3177 (3178).

42 Schmitt in Meyer-Goßner/Schmitt Rn. 6.

43 BGH NStE Nr. 1; Gericke in KK-StPO Rn. 1.

§ 349 Entscheidung ohne Hauptverhandlung durch Beschluss

(1) Erachtet das Revisionsgericht die Vorschriften über die Einlegung der Revision oder die über die Anbringung der Revisionsanträge nicht für beobachtet, so kann es das Rechtsmittel durch Beschluß als unzulässig verwerfen.

(2) Das Revisionsgericht kann auf einen Antrag der Staatsanwaltschaft, der zu begründen ist, auch dann durch Beschluß entscheiden, wenn es die Revision einstimmig für offensichtlich unbegründet erachtet.

(3) ¹Die Staatsanwaltschaft teilt den Antrag nach Absatz 2 mit den Gründen dem Beschwerdeführer mit. ²Der Beschwerdeführer kann binnen zwei Wochen eine schriftliche Gegenerklärung beim Revisionsgericht einreichen.

(4) Erachtet das Revisionsgericht die zugunsten des Angeklagten eingelegte Revision einstimmig für begründet, so kann es das angefochtene Urteil durch Beschluß aufheben.

(5) Wendet das Revisionsgericht Absatz 1, 2 oder 4 nicht an, so entscheidet es über das Rechtsmittel durch Urteil.

Schrifttum: Amelunxen, Die Revision der Staatsanwaltschaft, 1980; Arndt, Das rechtliche Gehör, NJW 1959, 6; Arndt, Die Verfassungsbeschwerde wegen Verletzung des rechtlichen Gehörs, NJW 1959, 1298; Barton, Die Revisionsrechtsprechung des BGH in Strafsachen, 1999; Barton, Die alltägliche Revisionsrechtsprechung des BGH in Strafsachen, StraFo 1998, 325; Barton, Kennzeichen und Effekte der modernen Revisionsrechtsprechung, StV 2004, 332; Barton, Schonung der Ressourcen der Justiz oder effektiver Rechtsschutz? StRR 2014, 404; Basdorf et. al., Zur Beratung von Revisionsentscheidungen im Beschlussverfahren, NStZ 2013, 563; Bauer, Entlastung der Revisionsgerichte durch Ungleichbehandlung der Revisionsführer?, wistra 2000, 252; Becker, Was sehen wie viele Augen? Sein und Sollen des Beschlussverfahrens in der strafrechtlichen Revision, HRRS 2013, 264; Bock, Die Entscheidungen des Revisionsgerichts in Strafsachen, JA 2011, 124; Bohnert, Die Einstellungsbeschlüsse nach §§ 206a, 206b StPO, GA 1982, 173; Brodowski, Zur empirischen Herleitung des Zehn-Augen-Prinzips im Revisionsverfahren, HRRS 2013, 409; Dahs, „Schriftliches Verfahren" statt „offensichtlich unbegründet" (§ 349 II StPO), NStZ 2001, 298; Dahs, Disziplinierung des Tatrichters durch Beschlüsse nach § 349 II StPO?, NStZ 1981, 205; Detter, Beschlußverwerfung nach § 349 Abs. 2 StPO – ein notwendiges Übel?, StV 2004, 345; Eisenberg, Revisionsverwerfung durch Beschluss als „offensichtlich unbegründet" auch im Jugendstraf(verfahrens)recht? (§ 2 Abs. 2 JGG, § 349 Abs. 2 StPO), NK 2013, 229; Eschelbach, Gehör vor Gericht GA 2004, 228; Eschelbach/Gieg/Schulz, Begründungsanforderungen an die Urteilsverfassungsbeschwerde in Strafsachen, NStZ 2000, 565; Fezer, Pragmatismus und Formalismus in der revisionsgerichtlichen Rechtsprechung, FS Hanack, 1999, 331 ff.; Fezer, Revisionsurteil oder Revisionsbeschluß – Strafverfahrensnorm und Strafverfahrenspraxis in dauerhaftem Widerstreit?, StV 2007, 40; Fezer, Anforderungen an die Begründung revisionsgerichtlicher Entscheidungen – Verfahrenswirklichkeit und normativer Anspruch, HRRS 2010, 281; Fischer, Der Einfluss des Berichterstatters auf die Ergebnisse strafrechtlicher Revisionsverfahren, NStZ 2013, 425; Fischer/Krehl, Strafrechtliche Revision, »Vieraugenprinzip«, gesetzlicher Richter und rechtliches Gehör, StV 2012, 550; Fischer/Eschelbach/Krehl, Das Zehn-Augen-Prinzip – Zur revisionsgerichtlichen Beschlusspraxis in Strafsachen, StV 2013, 395; Fischer/Eschelbach/Krehl, Erwiderung auf Basdorf u. A., NStZ 2013, 563; Friemel, Zur Beschlußverwerfung wegen offensichtlicher Unbegründetheit der Revision, NStZ 2002, 72; Groß-Bölting, Was darf das Revisionsgericht? Eine Erwiderung auf VRiBGH Basdorf in der NStZ 4/2013 (186 ff.), HRRS 2013, 228; Fürstenau, Offensichtlich unbegründet? – Der Missbrauch des § 349 Abs. 2 StPO, StraFo 2004, 38; Gieg/Widmaier, Der bestellte Verwerfungsantrag, NStZ 2001, 57; Gribbohm, Das Scheitern der Revision nach § 344 StPO, NStZ 1983, 97; Hamm, Aus der Beschlußverwerfungspraxis (§ 349 Abs. 2 StPO) der Revisionsgerichte, StV 1981, 249 und 315; Hamm, Verfahrensspaltung bei gegenläufigen Revisionen des Angeklagten und der Staatsanwaltschaft, StV 2000, 637; Hamm/Krehl, Vier oder zehn Augen bei der strafprozessualen Revisionsverwerfung durch Beschluss? – Worum es wirklich geht, NJW 2014, 903; Hartung, Revisionsurteil oder Revisionsbeschluß?, DRZ 1950, 219; Jagusch, Über offensichtlich unbegründete Revisionen (§ 349 Abs. 2 StPO), NJW 1960, 73; Kleinknecht, Gesetz zur Änderung der Strafprozeßordnung und des Gerichtsverfassungsgesetzes (StPÄG), JZ 1965, 153; Knauer, Vom Wesen und Zweck der Revision, NStZ 2016, 1; Kraemer, Die mündliche Verhandlung in der Revisionsinstanz, SJZ 1950, 300; Krehl, Die Begründung des Revisionsverwerfungsbeschlusses nach § 349 Abs. 2 StPO, GA 1987, 162; Kreuzer, Heranwachsendenrecht, kurze Freiheitsstrafen und Beschlußverwerfungspraxis, StV 1982, 538; Kruse, Die »offensichtlich« unbegründete Revision im Strafverfahren, 1980; Lobe, »Offensichtlich unbegründet«, JW 1925, 1612; Meyer, Stellungnahme zur Kritik an der Praxis der Revisionsverwerfung nach § 349 Abs. 2 StPO, StV 1984, 222; Meyer-Goßner, Zur Anwendung des § 206a StPO im Rechtsmittel- und Wiederaufnahmeverfahren, GA 1973, 366; Meyer-Goßner, Zur

§ 349

Revision der Revision aus Sicht der Verteidigung, FS-ARGE StrafR/DAV, 2009, S. 668 ff.; Meyer-Mews, Wieder auf dem Prüfstand: Die Revision in Strafsachen, NJW 2005, 2820; Meyer-Mews, Grundlos unbegründet – vom Umgang des BGH mit dem § 349 Abs. 2 StPO, StraFo 2017, 96; Meyer-Mews/Rotter, Absehen von der Revisionshauptverhandlung – eine konventionswidrige Besonderheit im deutschen Strafverfahrensrecht?, StraFo 2011, 14; Mosbacher, Die Beratungspraxis der Strafsenate des BGH und das Gesetz, NJW 2014, 124; Nack, Aufhebungspraxis der Strafsenate des BGH, NStZ 1997, 153; Niese, Die allgemeine Prozeßrechtslehre und der Rechtskrafteintritt bei zurückgenommenen und unzulässigen Rechtsmitteln, JZ 1957, 73; Norouzi, StraFo 2013, 210, Anmerkung zu OLG Düsseldorf, Beschl. v. 28.12.2011 – III-2 RVs 113/11; Norouzi, Recht und Praxis von Schriftlichkeit und Mündlichkeit im Revisionsverfahren – ein kleiner Reformanstoß, StV 2015, 773; Ostler, Zur Fassung des Entscheidungssatzes bei Verwerfung offensichtlich unbegründeter Revisionen in Strafsachen, DRiZ 1957, 61; Paeffgen/Wasserburg, Geheimnisse des Systems der Kontrolle, GA 2012, 535; Park, Die Erwiderung der Verteidigung auf einen Revisionsverwerfungsantrag gem. § 349 Abs. 2 StPO, StV 1997, 550; Penner, Reichweite und Grenzen des § 349 Abs. 2 StPO (Lex Lobe), Diss. Köln 1961; Peters, Justizgewährungspflicht und Abblocken von Verteidigungsvorbringen, FS Dünnebier, 1982, 53; Radtke, Zur Systematik des Strafklageverbrauchs verfahrenserledigender Entscheidungen im Strafprozeß, 1994; Rieß, Gedanken zum gegenwärtigen Zustand und zur Zukunft der Revision in Strafsachen, FS Hanack, 1999, 397; Römer, Die Beschlußverwerfung wegen offensichtlicher Unbegründetheit der Revision (§ 349 Abs. 2 StPO), MDR 1984, 353; Rosenau, Die offensichtliche Ungesetzlichkeit der »ou«-Verwerfung nach § 349 Abs. 2 StPO in der Spruchpraxis des BGH, ZIS 2012, 195; Rosennau, Die offensichtliche Ungesetzlichkeit der »ou«-Verwerfung nach § 349 Abs. 2 StPO in der Spruchpraxis des BGH, FS Imme Roxin, 2012, 669; Schlothauer, Rechtsgestaltung durch höchstrichterliche Rechtsprechung – Beschlußverwerfung gem. § 349 Abs. 2 StPO, StV 2004, 340; Schoreit, Die Beschlußverwerfung der Revision gemäß § 349 Abs. 2 StPO und die Staatsanwaltschaft, FS Pfeiffer, 1988, 397; Schroeder, Schreien als Gewalt und Schuldspruchberichtigung durch Beschluß, JuS 1982, 491; Schünemann, Grundfragen der Revision im Strafprozeß JA 1982, 71 ff.; 123 ff.; Seibert, Urteilsaufhebung durch Beschluß (§ 349 Abs. 2 StPO), DRZ 1948, 1064; Seibert, Zur Revision in Strafsachen, DRZ 1948, 371; Senge, Uneingeschränkte Verwerfung der Revision des Angeklagten durch Beschluß gemäß § 349 Abs. 2 StPO bei kombiniertem Antrag der Staatsanwaltschaft nach § 349 Abs. 2 und Abs. 4 StPO?, FS Rieß, 2002, 547; Siegert, Die „offensichtlich unbegründeten" Revisionen NJW 1959, 2152; Stoll, Entwicklung und Bedeutung der Lex Lobe (§ 349 Abs. 2 StPO) für den Bundesgerichtshof, 1967; Tolksdorf, Zur Annahmeberufung nach § 313 StPO, FS Salger, 1995, 393; Ventzke, Anmerkung zu BGH, Beschl. v. 4.6.2002 – 3 StR 146/02 NStZ 2003, 104; Ventzke, „… bringt alles Palaver dem Revidenten nichts." – Beobachtungen zum Verhältnis von Revisionsgerichtsbarkeit und Strafverteidigung, NStZ 2011, 481; Vogel, Probleme der Begründungspflicht von Revisionen in Strafsachen, die gem. § 349 Abs. 2 StPO als offensichtlich unbegründet verworfen werden, 1994; v. Stackelberg, Über offensichtlich unbegründete Revisionen (§ 349 Abs. 2 StPO), NJW 1960, 505; v. Stackelberg, Zur Beschlußverwerfung der Revision in Strafsachen als »offensichtlich unbegründet«, FS Dünnebier, 1982, 365; Weber, Ein Vorschlag zu § 349 StPO DJZ 1927, 80; Wimmer, Verwerfung der Revision durch Urteil oder Beschluß?, NJW 1950, 201; Wohlers, „Unerhörte Revisionen" – zur Praxis der begründungslosen Beschlussverwerfung nach § 349 Abs. 2 StPO, HRRS 2015, 271; Wohlers, Rechtliches Gehör im strafrechtlichen Revisionsverfahren, JZ 2011, 78; Wostry/Wostry, Transparenz in der strafrechtlichen Revision durch Übersendung anonymisierter Rechtfertigungsschriften, NJW 2018, 2242; Ziegler, Waffengleichheit im Revisionsverfahren, FS ARGE StrafR/DAV, 2009, 930; Zwiehoff, Der Richter in Strafsachen, 1992.

Übersicht

	Rn.			Rn.
A. Grundlagen	1	2.	Anwendungsbereich	17
I. Überblick	1	3.	Normzweck	21
1. Aufbau der Vorschrift	1	**II.**	**Voraussetzungen der Verwerfung im Einzelnen**	26
2. Normgenese	3			
II. Statistik	5	1.	Offensichtlich unbegründete Revision	26
B. Unzulässige Revision (Abs. 1)	7		a) Begriffsbestimmung	27
I. Allgemein	7		b) Kritik	31
II. Voraussetzungen	9	2.	Verfahren bei Verwerfung der Revision als offensichtlich unbegründet	33
III. Inhalt der Entscheidung nach Abs. 1	13		a) Antrag	34
IV. Rechtskraft	14		b) Mitteilung des Antrags	42
C. Offensichtlich unbegründete Revision (Abs. 2, 3)	15		c) Gegenerklärung	46
I. Grundsätzliches	15	3.	Verwerfungsbeschluss	49
			a) Fakultativer Charakter	50
			b) Einstimmigkeit	51
1. Überblick	15		c) Beschlussformel	54
			d) Gründe	56

		Rn.			Rn.
	e) Bindung des Revisionsgerichts	63	2.	Einstimmigkeit der Entscheidung	76
	f) Nebenentscheidungen	67	3.	Entscheidung zugunsten des Angeklagten	77
III.	**Rechtskraft**	68			
1.	Abänderung/Aufhebung	69	4.	Beschlussformel und Begründung	79
2.	Wiedereinsetzung	72	E.	**Entscheidung durch Urteil (Abs. 5)**	80
D.	**Beschluss bei begründeter Revision zugunsten des Angeklagten (Abs. 4)**	73	F.	**Kombinierte Entscheidungen**	81
			I.	Bei einem Revisionsführer	81
I.	Allgemein	73	II.	Verschiedene Revisionsführer	83
II.	Voraussetzungen	75	G.	**Sonstige Entscheidungen**	84
1.	Revision zugunsten des Angeklagten	75	H.	**Teilentscheidungen**	85

A. Grundlagen

I. Überblick

1. Aufbau der Vorschrift. Neben § 337 und § 344 stellt § 349 eine der zentralen 1 Vorschriften des Revisionsrechts dar. Die Beschlussverwerfung ohne mündliche Hauptverhandlung hat sich quasi zum Herzstück des revisionsgerichtlichen Verfahrens entwickelt.[1]

Die Vorschrift gilt gem. § 79 Abs. 3 OWiG auch im Rechtsbeschwerdeverfahren.[2] Sie 2 gliedert sich zwar in fünf Absätze, regelt allerdings nur drei Formen der Entscheidung durch Beschluss.

– Abs. 1 ermöglicht die Verwerfung der Revision, wenn sie insgesamt **unzulässig** ist.
– Abs. 2 und 3 betreffen die Verwerfung wegen **offensichtlicher Unbegründetheit** der Revision.
– Abs. 4 ermöglicht zuletzt die **Aufhebung** durch Beschluss bei Revisionen **zugunsten des Angeklagten.**
– Abs. 5 ordnet die Entscheidung durch Urteil an, wenn nicht nach den Abs. 1–4 im Beschlusswege vorgegangen wird.

2. Normgenese. Ursprünglich war die Möglichkeit, durch Beschluss zu entscheiden, 3 auf den heutigen Abs. 1 der Vorschrift beschränkt. Das Konzept der RStPO von 1877 sah nur für unzulässige Revisionen diese Entscheidungsmöglichkeit vor, für jede zulässige Revision wurde eine Hauptverhandlung anberaumt (heutiger Abs. 5). Abs. 2 (damals § 389 Abs. 1 S. 2 RStPO) geht auf die Überlastung des Reichsgerichts in den Jahren nach dem 1. Weltkrieg zurück.[3] Die Zahl der strafrechtlichen Revisionen hatte sich damals mehr als verdoppelt und somit ein Ausmaß angenommen, das zu erheblichen Rückständen führte. Die durch Gesetz vom 8.7.1922 eingefügte Vorschrift,[4] die wegen ihres Initiators – dem damaligen Senatspräsidenten am RG – auch **„Lex Lobe"** genannt wird,[5] sollte dem Revisionsgericht die Möglichkeit eröffnen, auch offensichtlich unbegründete Revisionen im

---

[1] Franke in Löwe/Rosenberg Rn. 5.
[2] BGH 5.11.1991 – 4 StR 350/91, BGHSt 38, 106 (109) = NJW 1992, 449.
[3] Diese wiederum – so wird vermutet – sei nicht nur auf die angestiegene Kriminalität, sondern auch auf den Umstand zurückzuführen, dass immer mehr Angeklagte von dem Rechtsmittel Gebrauch machten, um sich bis zur Rechtskraft Strafaufschub zu verschaffen, vgl. Wohlers in SK-StPO Rn. 11; Rosenau FS I. Roxin, 2012, 669 unter Verweis auf Vogel, Probleme der Begründungspflicht von Revisionen, S. 13 und Kruse, Die „offensichtlich unbegründete" Revision, S. 9.
[4] Zur Entstehungsgeschichte u.a. Fezer StV 2007, 40 (41 f.); Barton StRR 2014, 404 (404); Rosenau ZIS 2012, 195 (195 f.); Hamm Rn. 1368; monographisch Stoll, Entwicklung und Bedeutung der Lex Lobe, S. 27 ff.; Kruse, Die „offensichtlich unbegründete" Revision, S. 8 ff.; Penner, Reichweite und Grenzen des § 349 II StPO, (Lex Lobe), Diss. Köln, 1961, S. 3 ff.
[5] RGBl. I 569.

Beschlusswege zu verwerfen. Intention war es, vor allem solche Revisionen zu erfassen, die nur darauf ausgerichtet waren, die Rechtskraft des Urteils zu verzögern bzw. am Konzept der Revision vorbei nur die tatsächlichen Feststellungen angriffen.[6] In diesen Fällen sollte eine zeitraubende Revisionshauptverhandlung ausnahmsweise entbehrlich gemacht werden. Mit einer Notverordnung vom 6.10.1931 wurde schließlich auch den OLGen die Möglichkeit der Beschlussverwerfung als unbegründet eröffnet, die auch nach dem zweiten Weltkrieg beibehalten wurde.[7] Früh kehrte sich das Regel-Ausnahme-Verhältnis erst schleichend,[8] dann mit zunehmender Fortentwicklung des Revisionsrechts selbst doch relativ zügig und sichtbar für jeden um.[9] Die Vorschrift wurde von der Gerichtspraxis als „Wohltat" dankend aufgenommen.[10]

4   Im strafrechtswissenschaftlichen Schrifttum und in der Anwaltschaft hat die **Beschlussverwerfung bei offensichtlicher Unbegründetheit** hingegen Skepsis und **Kritik** hervorgerufen,[11] die sich bis heute gehalten hat.[12] Zumindest wurde vielfach für eine zurückhaltende Anwendung der Vorschrift plädiert.[13] Das lag vor allem daran, dass die Möglichkeit der Beschlussverwerfung wegen offensichtlicher Unbegründetheit von den Revisionsrichtern großzügig herangezogen wurde und damit oftmals überraschend erging. Dies ließ freilich den Eindruck entstehen, dass das Tatbestandsmerkmal der offensichtlichen Unbegründetheit mehr als ein Regulativ zu einer angespannten Geschäftslage angesehen wurde, als dass diese Entscheidungsform auf Ausnahmefälle begrenzt sein sollte. Neben der Kritik an der praktischen Umsetzung wurden auch fehlende Sicherungsmechanismen beanstandet, da eine Verwerfung erfolgen konnte, ohne dass dem Revisionsführer zuvor Gelegenheit zur Stellungnahme gegeben wurde.[14] Dementsprechend bemühte sich der Gesetzgeber um eine Verbesserung der Verfahrensausgestaltung.[15] Durch das StPÄG von 1964[16] wurde die Verwerfung der Revision als unbegründet nicht nur an das Erfordernis eines begründeten Antrags der StA gebunden, sondern auch dem Revisionsführer das Recht zur Gegenerklärung eingeräumt (Abs. 3). Ferner wurde Abs. 4 eingeführt, der es dem Revisionsgericht ermöglicht, das angefochtene Urteil durch Beschluss aufzuheben, wenn es die zugunsten des Angeklagten eingelegte Revision einstimmig für begründet hält.

II. Statistik

5   Die Entscheidung im Beschlusswege ist **dominierend,** sie erfolgt in deutlich über 90 % aller Revisionsverfahren (dazu ausführlich → Vor § 333 Rn. 12 ff.). In den Jahren

---

[6] Kruse, Die „offensichtlich unbegründete" Revision, S. 11; Römer MDR 1984, 353; Rosenau FS I. Roxin, 2012, 669 (670).
[7] Vgl. RGBl. I 537; vgl. zuvor Weber DJZ 1927, 80 (80 f.); dazu auch Fezer StV 2007, 40 (42) sowie Wohlers in SK-StPO Rn. 11 mwN.
[8] Vgl. krit. bereits Kahl JW 1925, 1403 sowie darauf die Reaktion von Lobe JW 1925, 1612, der die Vorschrift verteidigt („außerordentlich segensreich"), aber Kahl im Ergebnis darin zustimmt, bei der Auslegung des Merkmals „offensichtlich unbegründet" restriktiv vorgehen zu müssen. Zur Entwicklung der Beschlusspraxis bereits krit. Wimmer NJW 1950, 201; Hartung DRZ 1950, 219; Kraemer SJZ 1950, 300.
[9] Dazu Widmaier/Momsen in Satzger/Schluckebier/Widmaier StPO Rn. 7; vgl. auch das Diagramm bei Rosenau FS I. Roxin, 2012, 669 (672).
[10] Nachweis bei Jagusch NJW 1960, 73.
[11] Kahl JW 1925, 1403 ff.; Sarstedt JR 1960, 1; v. Stackelberg NJW 1960, 505.
[12] Kritik aus der aktuellen Zeit u.a. bei Neuhaus StV 2001, 152; Fürstenau StraFo 2004, 38 (42); Fezer StV 2007, 40 (43 ff.); Rosenau ZIS 2012, 195 (200 ff.); Rosenau FS I. Roxin, 2012, 669 (675 ff.); Paeffgen/Wasserburg GA 2012, 535 (543); Barton StRR 2014, 404 (404 ff.); Wohlers HRRS 2015, 271 (272 ff.); Knauer NStZ 2016, 1 (5 f.).
[13] Mit Nachweisen zu zeitgenössischer Literatur jeweils bei Jagusch NJW 1960, 73 (75); Römer MDR 1984, 353 (354); dazu auch v. Stackelberg FS Dünnebier, 1982, 365 (366).
[14] Wimmer NJW 1950, 201; Neuhaus StV 2001, 152 (152 f.); Wohlers in SK-StPO Rn. 12 jeweils mwN zu zeitgenössischer Literatur.
[15] BT-Drs. IV/178, 43 f.; dazu auch Kleinknecht 1965, 153 (160).
[16] Gesetz zur Änderung der Strafprozeßordnung und des Gerichtsverfassungsgesetzes vom 19.12.1964, BGBl. I 1067.

2004 bis 2016 wurden mindestens 2.533 und höchstens 2.932 Revisionen pro Jahr durch Beschluss nach § 349 erledigt.[17] Das Gros der Revisionen wird dabei durch Beschluss nach Abs. 2 als offensichtlich unbegründet verworfen. Im Jahr 2016 waren es 2.104 Verwerfungen nach Abs. 2, was gemessen an den 2.941 der in diesem Jahr insgesamt erledigten Revisionen und Vorlegungssachen 71,5 % ausmacht, wohingegen nur 178 Revisionen durch Urteil erledigt wurden. Dies bedeutet, dass lediglich bei 6,1 % der im Jahr 2016 erledigten Revisionen eine Hauptverhandlung stattgefunden hat.

Langzeitstatistiken belegen eine **konstante Erhöhung** der Beschlussrate und damit eine Abnahme der Entscheidung durch Urteil seit den 50er Jahren. Allerdings zeigt sich zwischen den einzelnen Senaten ein großer Unterschied.[18] Insbesondere der 1. Strafsenat ist in der jüngeren Vergangenheit durch eine erheblich überdurchschnittliche Nutzung der Verfahrensbeendigung per ou-Beschluss aufgefallen, die deutlich über dem jeweiligen Jahresdurchschnitt aller fünf Senate zusammen lag. Für das Jahr 2016 ist indes ein sprunghafter Rückgang dieser Quote zu verzeichnen, sodass sich der prozentuale Anteil der ou-Beschlüsse an der Gesamtzahl der Erledigungen mit 72,0 % erstmals auch beim 1. Strafsenat auf dem durchschnittlichen Niveau der zusammengenommenen übrigen Senate befand.

B. Unzulässige Revision (Abs. 1)

I. Allgemein

Abs. 1 erfasst formal unzureichende Revisionen. In ihm spiegelt sich der ursprüngliche **Zweck** des Beschlussverfahrens wider, das Revisionsgericht vor einer Hauptverhandlung zu bewahren, deren Durchführung eine **überflüssige Förmelei** wäre.[19] Dabei steht es im Ermessen des Revisionsgerichts („kann"), ob es die unzulässige Revision im Beschlusswege verwirft oder eine Hauptverhandlung anberaumt und die Zulässigkeitsfrage durch Urteil entscheidet.[20]

Die **Bedeutung** der (insgesamt) unzulässigen Revision ist mit etwa 20 in Relation zu 2.104 offensichtlich unbegründeten Revisionen im Jahr 2016 statistisch marginal (dazu → Vor § 333 Rn. 12 ff.). Das liegt auch an der Siebfunktion von § 346 Abs. 1, wonach das Tatgericht bereits über die Einhaltung der Fristen zur Einlegung und Begründung der Revision und über die Beachtung der Formvorschriften des § 345 Abs. 2 und § 390 Abs. 2 zu befinden hat. Auch wenn dem Rechtsmittelgericht eine umfassende Zulässigkeitsprüfung obliegt, hat es über Unzulässigkeitsgründe, die gem. § 346 bereits durch den judex a quo geprüft werden, regelmäßig nur noch in bestimmten Fällen der Kompetenzüberschreitung[21] oder der fehlerhaften Annahme der Zulässigkeit durch das Tatgericht (ggf. auf einen Antrag nach § 346 Abs. 2 hin) zu entscheiden. In solch einem Fall darf das Revisionsgericht den instanzgerichtlichen Beschluss aber nicht einfach aufheben und zur Entscheidung nach

---

[17] Sämtliche der nachfolgenden Zahlengaben sind der jeweiligen Übersicht über den Geschäftsgang bei den Strafsenaten des Bundesgerichtshofes der Jahre 2004 bis 2016 entnommen, die angeführten Prozentzahlen wurden aus diesen Daten errechnet und auf die erste Stelle hinter dem Komma gerundet. Weiteres Zahlenmaterial bei Knauer NStZ 2016, 1 (6); Barton StraFo 1998, 325 (328); Barton StV 2004, 332 (337); Barton FS Kühne, 2013, 139 ff.; Barton StRR 2014, 404; Gieg/Widmaier NStZ 2001, 57; Gribbohm NStZ 1983, 97; Meyer StV 1984, 222; Nack NStZ 1997, 153; Rieß FS Hanack, 1981, 397 (412); Rosenau ZIS 2012, 195 (196); Schlothauer StV 2004, 340; Wohlers JZ 2011, 78 (79).
[18] Dazu ausführlich Barton StRR 2014, 404 (408 f.).
[19] Wohlers in SK-StPO Rn. 4.
[20] Temming in Gercke/Julius/Temming/Zöller Rn. 2; Gericke in KK-StPO Rn. 11.
[21] Dies ist auch der Fall, wenn nur „auch" Fragen betroffen sind, die originär in die Prüfungskompetenz des Revisionsgerichts fallen, etwa die vorgreifliche Frage der Wirksamkeit der Rechtsmittelrücknahme, vgl. BGH 2.9.2013 – 1 StR 369/13, BeckRS 2013, 17195, und der Wiedereinsetzung in den vorherigen Stand, vgl. BGH 3.12.2013 – 1 StR 412/13, BeckRS 2014, 00390; 12.1.2016 – 4 StR 84/15, BeckRS 2016, 02168. Zum Ganzen → § 346 Rn. 5 f., 38.

§ 346 Abs. 1 zurückgeben, sondern muss nach Aufhebung selbst nach Abs. 1 „durchentscheiden".[22] Das Revisionsgericht entscheidet auch nach Abs. 1, wenn die Revision durch den iudex a quo als fristwahrend oder sonst rechtsirrig als zulässig weitergeleitet und beim Senat anhängig gemacht wurde, obwohl das Ausgangsgericht diese schon nach § 346 Abs. 1 hätte behandeln müssen.[23] Die **geringe statistische Bedeutung** von Verwerfungen nach Abs. 1 erklärt sich aber insbesondere dadurch, dass idR auch weitere Verfahrensrügen bzw. die Sachrüge erhoben wurden, sodass idR die gesamte Revision als offensichtlich unbegründet nach Abs. 2 behandelt wird. Zudem kann nach Abs. 2 entschieden werden, wenn der Senat insgesamt davon überzeugt ist, dass die Rüge „offensichtlich" unbegründet wäre, sodass die Zulässigkeit dahin stehen kann.

II. Voraussetzungen

9   Voraussetzung für eine Verwerfung nach Abs. 1 ist die **Unzulässigkeit der Revision.** Erfasst sind alle denkbaren Fälle der Unzulässigkeit, sofern sie die Revision insgesamt betreffen, also sämtliche Formen der Unwirksamkeit des Rechtsmittels aus allgemeinen verfahrensrechtlichen Gründen.[24] Typischer Fall ist die Verfristung bzw. Ablehnung der Wiedereinsetzung in den vorherigen Stand.[25] Es können aber auch eine fehlende Beschwer,[26] ein wirksamer Rechtsmittelverzicht,[27] vollständig fehlende oder in unzulässiger Weise bedingt gestellte Anträge, wie etwa dahingehend, dass andere Verfahrensbeteiligte Rechtsmittel einlegen[28] oder gar eine fehlende Statthaftigkeit,[29] etwa weil die Revision sich gegen eine bereits rechtskräftige Entscheidung richtet oder weil sie durch besondere gesetzliche Vorschriften (§ 441 Abs. 3 S. 2 oder durch § 55 Abs. 2 JGG) ausgeschlossen ist, nach Abs. 1 behandelt werden. Auch ein Verstoß gegen die Formvorschrift des § 345 Abs. 2 kann zur Unzulässigkeit führen. Neben Verletzungen der Vorschriften über eine wirksame Vertretung[30] ist hierbei vor allem an die Fälle fehlender Verantwortungsübernahme zu denken, so etwa wenn der unterzeichnende Rechtsanwalt durch distanzierende Zusätze zu erkennen gibt, dass er die Verantwortung für den Inhalt nicht übernehmen kann oder will.[31] Den Formerfordernissen des § 345 Abs. 2 genügt die Revisionsbegründung auch dann nicht, wenn die Revision zu Protokoll des Urkundsbeamten der Geschäftsstelle begründet und der Rechtspfleger als bloße Schreibkraft des Angekl. tätig wird und vom Angekl. vorgegebene Rügen ungeprüft übernimmt.[32]

10 Auch **wesentliche Begründungsfehler** können nach der Rspr. zur Unzulässigkeit der Revision führen. Das ist mitunter dann der Fall, wenn lediglich tatsächliche Angriffe

---

[22] BayObLG 30.8.1974 – RReg 7 St 152/74, BayObLGSt 74, 99 = MDR 1975, 71; OLG Düsseldorf 19.11.1982 – 1 Ws OWi 775/82, VRS 64, 269 (Rechtsbeschwerde); Franke in Löwe/Rosenberg Rn. 1; Wohlers in SK-StPO Rn. 6.
[23] BGH 26.9.2006 – 5 StR 327/06, NStZ-RR 2009, 33 (37); Schmitt in Meyer-Goßner/Schmitt Rn. 1.
[24] Gericke in KK-StPO Rn. 3; Franke in Löwe/Rosenberg Rn. 1.
[25] BGH 13.1.2016 – 2 StR 567/15, BeckRS 2016, 02362; OLG Hamm 9.9.2014 – 5 RVs 67/14, BeckRS 2014, 19503; BGH 29.7.2015 – 4 StR 222/15, BeckRS 2015, 14636; 12.2.2014 – 4 StR 556/13, BeckRS 2014, 05620; 29.11.2016 – 3 StR 444/16, BeckRS 2016, 21447.
[26] BGH 2.6.2015 – 5 StR 206/15, BeckRS 2015, 10620; 28.1.2015 – 1 StR 619/14, BeckRS 2015, 03012 (ausschließlich gegen die Nichtanordnung der Unterbringung gerichtete Revision); jüngst im Fall Mollath, da die Freisprechung wegen nicht erwiesener Schuldfähigkeit iSv § 20 StGB den Angeklagten nicht beschwert, BGH 14.10.2015 – 1 StR 56/15, NStZ 2016, 560.
[27] BGH 10.11.2015 – 1 StR 520/15, BeckRS 2015, 20114; 25.4.2012 – 1 StR 80/12 bei Cierniak/Niehaus NStZ 2015, 195 (197); BGH 27.8.2013 – 2 StR 374/13, BeckRS 2013, 16230.
[28] BGH 30.9.2013 – 1 StR 487/13, NStZ 2014, 55.
[29] BGH 14.10.1959 – 4 StR 392/59, BGHSt 13, 289 (293) = NJW 1960, 55; Wohlers in SK-StPO Rn. 4.
[30] BGH 16.12.2015 – 4 StR 473/15, BeckRS 2015, 21035; 7.5.2014 – 4 StR 109/14, BeckRS 2014, 12518; 8.12.2011 – 4 StR 430/11, NStZ 2012, 276 (277 mwN), hierzu ausführlich → § 345 Rn. 34 f., 47.
[31] BGH 2.7.2014 – 4 StR 215/14, NJW 2014, 2664; hierzu auch BGH 23.4.2013 – 4 StR 104/13, NJW 2013, 3260.
[32] BGH 17.12.2015 – 4 StR 483/15, NStZ-RR 2016, 89; ähnlich auch OLG Hamm 26.9.2014 – 3 RVs 72/14, NStZ 2014, 728.

gegen die Beweiswürdigung als solche ohne die Benennung konkreter Rechtsfehler iSd § 337 erhoben werden (dazu kritisch → § 344 Rn. 76).[33] Bei Verfahrensrügen ergibt sich die Unzulässigkeit zuvörderst aus der Verletzung von § 344 Abs. 2 S. 2. Allerdings gilt das nur dann, wenn der Revisionsführer nicht auch die Sachrüge erhoben hat; denn dann muss der Senat ohnehin in die Prüfung einsteigen und die Revision kann insgesamt allenfalls als offensichtlich unbegründet verworfen werden.[34] Betreffen die Unzulässigkeitsmängel nur einzelne von mehreren Rügen, ist das Rechtsmittel im Übrigen zulässig.[35] **Kein Fall der Unzulässigkeit** liegt hingegen vor, wenn eine wirksame Rücknahme vorliegt. Wird die Wirksamkeit einer Revisionsrücknahme von einem Verfahrensbeteiligten in Zweifel gezogen, so ist es Sache des Revisionsgerichts, hierüber eine feststellende Klärung im Beschlusswege zu treffen.[36]

Hegt das Revisionsgericht aus verfahrenstatsächlichen Gründen Zweifel an der Zulässigkeit, ist im **Freibeweis** (ausführlich → § 347 Rn. 1 f.) zu klären, ob das Rechtsmittel zulässig eingelegt worden ist.[37] Der Grundsatz des rechtlichen Gehörs (§ 33 Abs. 3) gebietet es allerdings, dem Revisionsführer eine **Stellungnahme** zu den Ergebnissen zu ermöglichen.[38] Die Klärung der Zulässigkeit kann ausnahmsweise dann offen bleiben, wenn hierfür komplizierte und zeitraubende Ermittlungen nötig wären, die Verwerfung nach Abs. 2 aber ohne weiteres möglich ist.[39] **11**

Geht die Revisionsstaatsanwaltschaft von einer Unzulässigkeit des Rechtsmittels aus und schließt sich das Revisionsgericht dieser Auffassung nicht an, muss die StA ggf. einen Antrag nach Abs. 2 „nachschieben", wenn es eine Hauptverhandlung vermeiden will.[40] Solch ein Vorgehen erscheint jedoch bedenklich, da es einer „faktischen Bestellung" des Antrags nach Abs. 2 durch den Senat gleichkommt (hierzu → Rn. 35 f.). Daher ist es in der Praxis nicht unüblich, einen auf die Unzulässigkeit der Revision zielenden Antrag mit einem Hilfsantrag auf Verwerfung der Revision als unbegründet zu verbinden.[41] Jedenfalls ist eine Hauptverhandlung anzuberaumen, wenn der GBA keinen Sachantrag stellen will.[42] **12**

III. Inhalt der Entscheidung nach Abs. 1

Der Beschluss ergeht stets außerhalb der Hauptverhandlung mit einfacher Mehrheit, § 196 Abs. 1 GVG.[43] Beim BGH wirken fünf (§ 139 Abs. 1 GVG), beim OLG drei Richter (§ 122 Abs. 1 GVG) mit. Der Verwerfungsbeschluss ist mit einer Kostenentscheidung zu versehen, §§ 464, 473 Abs. 2.[44] Stellt sich erst in der Hauptverhandlung die Unzulässigkeit des Rechtsmittels heraus, muss die Revision durch **Urteil** verworfen werden.[45] **13**

---

[33] OLG Düsseldorf 2.9.1992 – 2 Ss 303/92 – 98/92 II, NStZ 1993, 99; vgl. OLG Hamm 16.5.2013 – 5 RVs 36/13, BeckRS 2013, 14665; 8.4.2014 – 1 RVs 104/13, BeckRS 2014, 19440; Schmitt in Meyer-Goßner/Schmitt Rn. 2; Gericke in KK-StPO Rn. 7; Nagel in Radtke/Hohmann Rn. 2; indes kritisch und für eine Anwendung von Abs. 2 plädierend Wohlers in SK-StPO Rn. 5; Wiedner in BeckOK StPO Rn. 11.
[34] Ähnlich Widmaier/Momsen in Satzger/Schluckebier/Widmaier StPO Rn. 9.
[35] Wohlers in SK-StPO Rn. 8.
[36] BGH 20.7.2004 – 4 StR 249/04, NStZ 2005, 113; 20.9.2007 – 4 StR 297/07, NStZ 2009, 51; Nagel in Radtke/Hohmann Rn. 3.
[37] Schmitt in Meyer-Goßner/Schmitt Rn. 4; Wohlers in SK-StPO Rn. 7; Wiedner in BeckOK StPO Rn. 13.
[38] BVerfG 14.4.1959 – 1 BvR 109/58, BVerfGE 9, 261 = NJW 1959, 1315; BVerfG 13.11.1959 – BReg. 2 Z 128/59, BVerfGE 10, 274 = NJW 1960, 247; hierzu Wohlers in SK-StPO Rn. 8; Widmaier/Momsen in Satzger/Schluckebier/Widmaier StPO Rn. 12.
[39] BGH 16.0.1977 – 3 StR 500/76, BGHSt 27, 124 (132) = NJW 1977, 910; OLG Frankfurt a. M. 19.7.1978 – 2 Ss 407/78, NJW 1978, 2164; Wohlers in SK-StPO Rn. 12.
[40] BGH 24.2.2011 – 5 StR 467/10, wistra 2011, 236.
[41] BGH 18.12.2012 – 1 StR 593/12, NStZ-RR 2013, 254; Wiedner in BeckOK StPO Rn. 24.
[42] BGH 12.4.2011 – 5 StR 467/10, wistra 2011, 236.
[43] Schmitt in Meyer-Goßner/Schmitt Rn. 3; Wohlers in SK-StPO Rn. 9.
[44] Gericke in KK-StPO Rn. 12; Nagel in Radtke/Hohmann Rn. 5.
[45] Schmitt in Meyer-Goßner/Schmitt Rn. 1; Wohlers in SK-StPO Rn. 9.

IV. Rechtskraft

14 Erst der Erlass des Beschlusses gem. Abs. 1 führt bei rechtzeitig eingelegter Revision die Rechtskraft herbei. Er hat damit **konstitutive Wirkung,** die formelle Rechtskraft tritt mit Ablauf des Tages ein, an dem das Gericht den Beschluss gefasst hat, § 34a,[46] vgl. auch § 450 Abs. 2.[47] Hingegen hat bei einer verfristeten Revision der Beschluss lediglich feststellende Wirkung. Wurden der Entscheidung unrichtige tatsächliche Voraussetzungen zugrunde gelegt, wird eine Abänderung in Einzelfällen für zulässig erachtet.[48] Zur Änderung auch → Rn. 69 ff.

C. Offensichtlich unbegründete Revision (Abs. 2, 3)

I. Grundsätzliches

15 **1. Überblick.** Auf Antrag der StA (GenStA o. GBA) kann das Revisionsgericht mit einem einstimmigen Beschluss eine Revision als offensichtlich unbegründet verwerfen. Diese sogenannten „ou-Beschlüsse" oder „ou-Verwerfungen" ermöglichen eine **vereinfachte Sachentscheidung** durch das Gericht, wenn die Revision offensichtlich unbegründet ist (→ Rn. 26 ff.). Darüber hinaus legen Abs. 2 und 3 ein **bestimmtes Prozedere** fest, das einen Ausgleich für den Wegfall der mündlichen Verhandlung darstellt (vgl. → Rn. 33 ff.). Hierzu zählen – bei Angeklagtenrevisionen – der Antrag des GBA bzw. GenStA auf Verwerfung der Revision, die Mitteilung des Antrags nach Abs. 3 samt Ermöglichung einer Gegenerklärung innerhalb einer Zwei-Wochen-Frist sowie der einstimmige Beschluss des Revisionssenats, die Revision als offensichtlich unbegründet zu verwerfen.

16 Im Beschlussverfahren ist es gängige Praxis, dass die Unterlagen des Revisionsverfahrens, bestehend aus dem instanzgerichtlichen Urteil, der Revisionseinlegung(en), der Revisionsbegründung(en), dem Hauptverhandlungsprotokoll, dem Antrag des GBA bzw. der GenStA sowie etwaigen Gegenerklärungen des Beschwerdeführers – Inhalt des sog. Senatshefts[49] – regelmäßig nur vom Vorsitzenden und dem Berichterstatter gelesen werden und nicht von allen Senatsmitgliedern. Der Berichterstatter trägt nach Lektüre (und teils Verfassen eines Votums) den übrigen Senatsmitgliedern zusammengefasst den Sachverhalt, die erhobenen Rügen und die aus seiner Sicht erheblichen rechtlichen Probleme vor. Das Senatsheft als solches wird also nur von zwei Personen gelesen, weswegen in diesem Zusammenhang vom sog. **„Vieraugenprinzip"** die Rede ist.[50] Diese Praxis führt in den Händen qualifizierter und verantwortungsvoller Richter freilich nicht zwingend zu qualitativ minderwertigen Entscheidungen.[51] Angesichts des Ernstes und der Bedeutung der Revision als letzte Hoffnung des Angeklagten und der damit unmittelbar freiheitsgrundrechtlichen Bedeutung der Tätigkeit des Revisionsrichters ist es allerdings schwer erträglich, wenn unter Verweis auf den sachlichen und zeitlichen Mehraufwand darauf beharrt wird, dass die tradierte Beratungspraxis die einzig richtige sei und sich deshalb bei Entscheidungen im Beschlusswege regelmäßig lediglich zwei von fünf Richtern durch Aktenstudium über den Fall informieren, während die anderen nur aufgrund der mündlichen Berichterstattung entscheiden. Dennoch muss man hinnehmen, dass es einen Anspruch des Revisionsführers auf ein Zehn-Augen-Prinzip nicht gibt.[52] Diese konträre Ausgangslage ist verantwortlich

---

[46] Schmitt in Meyer-Goßner/Schmitt Rn. 23a; Temming in Gercke/Julius/Temming/Zöller Rn. 12.
[47] Vgl. hierzu auch Niese JZ 1957, 73 (77), dort grundlegend zu Auswirkungen auf die Strafvollstreckung.
[48] BGH 5.6.1951 – 1 StR 53/50, NJW 1951, 771; 10.5.2000 – 1 StR 617/99, NStZ 2000, 498; Gericke in KK-StPO Rn. 13, sowie Rn. 46/47 unter Verweis auf Grundsätze zu § 346 Abs. 2.
[49] Fischer NStZ 2013, 425 (427).
[50] Zusf. Fischer/Krehl StV 2012, 550 (552); Becker HRRS 2013, 264; Basdorf et al. NStZ 2013, 563; Mosbacher NJW 2014, 124.
[51] Widmaier/Momsen in Satzger/Schluckebier/Widmaier StPO Rn. 4.
[52] Knauer NStZ 2016, 1 (1 f.).

dafür, dass die Art und Weise der Entscheidungspraxis im Beschlussverfahren mittlerweile einer der zentralen Anknüpfungspunkte für die Kritiker der ou-Beschlüsse geworden ist,[53] zur Diskussion „Vier-Augen-" versus „Zehn-Augen-Prinzip" → Vor § 333 Rn. 48 ff., sowie unten zur Einstimmigkeit → Rn. 51 ff.

2. Anwendungsbereich. Anwendungsbereich des Abs. 2 ist in der Praxis des BGH 17 ausschließlich die **Revision des Angeklagten.** Obwohl die gesetzliche Konzeption von der Revisionshauptverhandlung als Regelfall ausgeht, ist sie in der Verfahrenswirklichkeit zur Ausnahme geworden.[54] Bei Angeklagtenrevisionen stellt der GBA fast ausnahmslos Anträge nach Abs. 2,[55] und es kommt regelmäßig zu einer Verwerfung als offensichtlich unbegründet. Die Erwartung des Gesetzgebers durch Einführung des Antragserfordernisses im Jahr 1964, die Zahl der Beschlussverwerfungen zu reduzieren, hat sich geradezu ins Gegenteil verkehrt.[56] Revisionshauptverhandlungen werden rein statistisch mehr als weit überwiegend nur noch bei staatsanwaltschaftlichen Revisionen durchgeführt. Ohne dass dies in der StPO gesetzlich so geregelt wäre, werden aufgrund einer Vereinbarung des GBA mit den Generalstaatsanwälten staatsanwaltliche Revisionen nämlich stets verhandelt, soweit sie nicht zurückgenommen werden.[57] Diese **Ungleichbehandlung** ist gerade deshalb zu kritisieren, weil auch die Qualität staatsanwaltschaftlicher Revisionen häufig zu wünschen übrig lässt – was insbesondere die Vortragserfordernisse des § 344 Abs. 2 betrifft (dazu auch → § 344 Rn. 97).

Das Revisionsgericht wäre nämlich nicht gehindert, auch **Revisionen der StA** als 18 offensichtlich unbegründet zurückzuweisen.[58] Der GBA ist den LandesStAen zwar nicht hierarchisch übergeordnet und könnte daher einen Verwerfungsantrag gem. Abs. 2 stellen; im Hinblick auf die kollegiale Rücksichtnahme kommen solche Anträge jedoch so gut wie gar nicht vor. Vielmehr wird der GBA der zuständigen GenStA die Rücknahme der Revision anheimstellen, wovon diese auch regelmäßig Gebrauch machen wird, vgl. Nr. 168 S. 2 RiStBV (dazu auch → § 347 Rn. 18.).[59] Andernfalls kommt es zur fast schizophrenen Situation, dass der Bundesanwalt seinen Vortrag in der HV mit den Worten beginnt, dass er die Revision der (Instanz-)StA nicht vertrete. Manchmal sieht sich der Senat dann auch in der Urteilsbegründung zu der Klarstellung veranlasst, dass die Revision vom GBA nicht vertreten wurde.[60] Soweit die StA am Revisionsgericht der StA am Tatgericht übergeordnet ist bzw. bei Identität der InstanzStA mit der RevisionsStA – was bei Staatsschutzsachen der Fall ist, da beides der GBA – ist ein Antrag auf Verwerfung wegen offensichtlicher Unbegründetheit gleichbedeutend mit einer Rücknahme.[61]

Abs. 2 kommt ferner auch bei Revisionen des **Privat-**[62] und **Nebenklägers**[63] zur 19 Anwendung. Auch bei einer eigentlich begründeten Revision ist bei einer reinen **Schuldspruchberichtigung** die Verwerfung der Revision als offensichtlich unbegründet möglich.[64]

---

53   Dazu auch Widmaier/Momsen in Satzger/Schluckebier/Widmaier StPO Rn. 4.
54   Zum Bedeutungsverlust der Revisionshauptverhandlung Knauer NStZ 2016, 1 (6); Widmaier/Momsen in Satzger/Schluckebier/Widmaier StPO Rn. 1.
55   Der Antrag wird „prophylaktisch" gestellt, so Krehl GA 1987, 162 (163).
56   „Als völlig abwegig" bezeichnete dies bereits v. Stackelberg FS Dünnebier, 1982, 365 (367); Norouzi StV 2015, 773 (774).
57   Knauer NStZ 2016, 1 (6).
58   BGH 22.5.2014 – 4 StR 80/14, BeckRS 2014, 12522; 1.6.2005 – 1 StR 160/05, StV 2005, 596; Franke in Löwe/Rosenberg Rn. 14; Schmitt in Meyer-Goßner/Schmitt Rn. 8.
59   Schmitt in Meyer-Goßner/Schmitt Rn. 8; Wohlers in SK-StPO Rn. 14 unter Verweis auf BT-Drs. IV/178, 44; OLG Koblenz 19.11.1965 – (2) Ss 390/65, NJW 1966, 362 (Pflicht zur Rücknahme).
60   Vgl. etwa BGH 16.4.2014 – 2 StR 608/13, BeckRS 2014, 14024; so auch jüngst BGH 12.1.2017 – 3 StR 442/16, BeckRS 2017, 102062, der zudem in den Urteilsgründen darauf verweist, dass das Rechtsmittel aus den vom GBA in seinem Schreiben dargelegten Gründen offensichtlich unbegründet im Sinne des Abs. 2 sei.
61   Dazu auch ausführlich Franke in Löwe/Rosenberg Rn. 14.
62   OLG Stuttgart 20.7.1966 – 3 Vs 3/66, NJW 1967, 792; Wiedner in BeckOK StPO § 349 Rn. 16.
63   OLG Köln 5.12.1967 – Ss 533/67, NJW 1968, 561 (562); Gericke in KK-StPO Rn. 32.
64   BVerfG 1.3.2000 – 2 BvR 2049/99, BeckRS 2000, 30099026; zust. Schroeder JuS 1982, 491 (494).

Durch das 1. JuMoG[65] wurde § 354 dahingehend geändert, dass auch solche Revisionen als offensichtlich unbegründet behandelt werden können, bei denen der Strafausspruch zwar rechtsfehlerhaft ist, das Revisionsgericht die ausgesprochene Rechtsfolge aber gleichwohl als angemessen erachtet, § 354 Abs. 1a.

20 Die Vorschrift kommt schließlich im **Jugendstrafverfahren** zur Anwendung, § 2 Abs. 2 JGG. Im Hinblick auf den Erziehungsauftrag des Jugendstrafrechts ist allerdings ein besonders maßvoller Umgang mit ou-Verwerfungen angezeigt. Insbesondere die erzieherischen Grundsätze der Transparenz und Konsequenz sind zu beachten und stehen einer extensiven Handhabung von Abs. 2 von vornherein entgegen.[66]

21 **3. Normzweck.** Nach dem Willen des historischen Gesetzgebers sollte das Konzept der Beschlussverwerfung als offensichtlich unbegründet eine **schnelle Erledigung von offensichtlich missbräuchlich eingelegten** bzw. von vornherein aussichtslosen Revisionen ohne Durchführung einer ressourcenfressenden Revisionshauptverhandlung gewährleisten (dazu bereits → Rn. 3 ff.).[67] Dieser Grundgedanke hat sich bis heute nicht geändert und steht der Vorschrift damit noch immer Pate. Vor diesem Hintergrund ist der ou-Beschluss zweifelsohne ein legitimes Instrument zur Entlastung der Revisionsgerichte aus Gründen der Prozessökonomie. Nach der gesetzgeberischen Intention überwiegen **Verfahrensvereinfachung** sowie **Verfahrensbeschleunigung** in diesen Konstellationen das Interesse des Revisionsführers an der Durchführung einer Revisionshauptverhandlung.[68] Die Beschlussverwerfung wegen offensichtlicher Unbegründetheit wird deshalb heute auch als praktisch unverzichtbar erachtet.[69] Revisionsgerichte können damit formal zwar zulässige, aber in der Sache aussichtslose Rügen ohne aufwändige und zeitraubende Hauptverhandlungen erledigen und sich der Bearbeitung schwieriger Einzelfälle von hoher Komplexität und der Entscheidung grundsätzlicher Rechtsfragen widmen.[70]

22 **Wenig überzeugend** ist indes die Ansicht, die ou-Verwerfung diene schließlich auch der **Fürsorge für den Angeklagten,** da sich die weit überwiegende Anzahl der zunächst erfolgreichen Revisionen – die bereits einen verschwindend geringen Anteil ausmachen (dazu auch → Vor § 333 Rn. 12 ff.) – insbesondere für Heranwachsende – häufig als Pyrrhussieg bzw. als Danaergeschenk entpuppe.[71] Beim ou-Beschluss stehen eindeutig prozessökonomische Erwägungen im Vordergrund, denen der Vorrang gegenüber den Justizgewährleistungsansprüchen des Revisionsführers – regelmäßig des Angeklagten – eingeräumt wird. Dies als Fürsorge gegenüber dem Angeklagten auszulegen, wirkt geradezu zynisch. Die Revision ist für den Angeklagten in aller Regel der wirklich letzte Strohhalm, sodass die Durchführung eines Revisionsverfahrens, in dem seinen Einwendungen gegen das tatrichterliche Urteil Gehör geschenkt wird, in seinem Interesse liegt und er auch vor deren Kosten kaum zurückschrecken wird.

23 Nach Auffassung des BVerfG steht die Vorschrift im **Einklang mit dem Grundgesetz;** insbesondere wahrt sie in ausreichender Weise den Anspruch des Beschwerdeführers auf rechtliches Gehör aus Art. 103 Abs. 1 GG.[72] Einwände des strafrechtswissenschaftlichen Schrifttums

---

[65] 1. Justizmodernisierungsgesetz vom 24.8.2004, BGBl. I 2198.
[66] Zum Ganzen Eisenberg NK 2013, 229 (238).
[67] Dazu Römer MDR 1984, 353 (353 f.); Fezer StV 2007, 40 (41); Rosenau FS I. Roxin, 2012, 669 (669 ff.).
[68] Vgl. Widmaier/Momsen in Satzger/Schluckebier/Widmaier StPO Rn. 7; Wiedner in BeckOK StPO Rn. 15; Rieß FS Hanack, 1999, 397 (415); Rieß FS Salger, 1995, 373 (386); Neuhaus StV 2001, 152; Schlothauer StV 2004, 340 (342); Dahs NStZ 2001, 298; Kühne, Strafprozessrecht, Rn. 1088; Beulke, Strafprozessrecht, Rn. 569.
[69] Schmitt in Meyer-Goßner/Schmitt Rn. 7; Wiedner in BeckOK StPO Rn. 15; Franke in Löwe/Rosenberg Rn. 5.
[70] Franke in Löwe/Rosenberg Rn. 5.
[71] Kreuzer StV 1982, 438 (447).
[72] BVerfG 22.1.1982 – 2 BvR 1506/81, NJW 1982, 925; BVerfG (3. Kammer des Zweiten Senats) 24.3.1987 – 2 BvR 677/86, NJW 1987, 2219; BVerfG (2. Kammer des Zweiten Senats) 24.11.1998 – 2 BvR 1957-98, NJW 1999, 1856; BVerfG (3. Kammer des 2. Senats) 21.1.2002 – 2 BvR 1225/01, NStZ 2002, 487 (488); sowie zuletzt BVerfG (3. Kammer des 2. Senats) 30.6.2014 – 2 BvR 792/1, NJW 2014, 2563.

haben hingegen kein Gehör gefunden.[73] Nach der ganz überwiegenden Meinung wird dem Grundsatz des rechtlichen Gehörs dadurch in ausreichendem Maße Rechnung getragen, dass der Beschwerdeführer sowohl in der Revisionsbegründung als auch in seiner Gegenerklärung zum Verwerfungsantrag der StA (Abs. 3 S. 2) das ihm erforderlich Erscheinende umfassend vortragen kann, ein Anspruch auf eine mündliche Verhandlung wird hingegen nicht begründet.

Solange eine sachgerechte Verwerfungspraxis erfolgt, bestehen an der **Verfassungsgemäßheit** der Norm selbst keine Bedenken. Sowohl die Handhabung der offensichtlichen Unbegründetheit wie auch die verfahrensrechtliche Absicherung durch das Antrags- und Einstimmigkeitserfordernis bergen aber jeweils Gefahren, die einem effektiven Rechtsschutz (Art. 19 Abs. 4 GG) und der Einhaltung der Justizgrundrechte im Einzelfall entgegenstehen können. Schon grundsätzlich werden im heutigen Strafprozess mit Verweis auf die Funktionstüchtigkeit der Strafrechtspflege,[74] der Verfahrensvereinfachung und -beschleunigung regelmäßig Beschuldigtenrechte eingeschränkt; wird aber hier das „offensichtlich unbegründet" in Richtung der Einstimmigkeit des Senates verschoben (dazu → Rn. 51 ff.), dann findet selbst diese Abwägung nicht mehr statt und der Justizgewährungsanspruch ist ernsthaft gefährdet. Dass diese Befürchtungen nicht bloßes Gedankenspiel sind, spiegelt sich in der geradezu inflationären Verfahrenserledigung durch ou-Beschlüsse wider, welche gewissermaßen als revisionsrechtliche Axt in den Händen der Revisionsgerichte fungieren, um die Erfolgsquote von Revisionsrügen zu reduzieren.[75]

Das Grundproblem der ou-Beschlüsse liegt deshalb weniger in der gesetzlichen Konzeption als solcher, sondern vielmehr in der Revisionsverfahrens*wirklichkeit* und dem damit verbundenen Verständniswandel der Revision, weg von einer formenstrengen Rechtskontrolle hin zu einer materiellen Ergebnisorientierung,[76] dazu → Vor § 333 Rn. 46 f. sowie zur Kritik hinsichtlich der einzelnen Voraussetzungen des ou-Beschlusses, → Rn. 31 ff. (Offensichtlichkeit), 52 f. (Einstimmigkeit), 58 ff. (Begründung).

II. Voraussetzungen der Verwerfung im Einzelnen

1. Offensichtlich unbegründete Revision. Einzige materiell-rechtliche Voraussetzung ist die offensichtliche Unbegründetheit der Revision.

a) Begriffsbestimmung. Bei der Bestimmung dieses Merkmals kreist die zentrale Frage um die **Offensichtlichkeit**. Nach der tradierten Begriffsbestimmung ist eine Revision offensichtlich unbegründet, *„wenn für jeden Sachkundigen ohne längere Prüfung erkennbar ist, welche Rechtsfragen vorliegen, wie sie zu beantworten sind und dass die Revisionsrügen dem Rechtsmittel nicht zum Erfolg verhelfen können".*[77] Nach *Lobe* sollte eine offensichtliche Unbegründetheit dann vorliegen, wenn sich die Unbegründetheit dem Blick eines sachkundigen Beurteilers sofort aufdränge.[78] Andere Formulierungen stellen darauf ab, ob die Unbegründetheit der Revision auf der Stirn geschrieben stehe[79] oder auf der Hand liege.[80] Diese **Umschreibungen** verdeutlichen, dass es praktisch kaum möglich ist, den Begriff der „Offensichtlichkeit" abschließend zu definieren,[81] zumal jeder Sachkundige[82] unterschiedli-

---

[73] Peters FS Dünnebier, 1982, 53 (67); Wimmer NJW 1950, 201; Arndt NJW 1959, 6; Arndt NJW 1959, 1928; Jagusch NJW 1960, 73 (73 f.); Krehl GA 1987, 162 (167); Schlothauer StV 2004, 340 (341); zum Öffentlichkeitsgrundsatz Meyer StV 1984, 221 (224); Siegert NJW 1959, 2152.

[74] Zur Pflicht des Staates zum Erhalt einer funktionstüchtigen Strafrechtspflege Landau NStZ 2007, 121.

[75] Knauer NStZ 2016, 1 (5).

[76] Dazu Norouzi StraFo 2013, 210 (210 mwN); Knauer NStZ 2016, 1 (6).

[77] BVerfG 21.1.2002 – 2 BvR 1225/01, NStZ 2002, 487; BGH 4.6.2002 – 3 StR 146/02, NStZ 2003, 103; Wohlers in SK-StPO Rn. 20; Nagel in Radtke/Hohmann Rn. 15; Beulke Rn. 569; Bock JA 2011, 134; Dahs Strafprozessrevision Rn. 581; Schmitt in Meyer-Goßner/Schmitt Rn. 10.

[78] Lobe JW 1925, 1612.

[79] Bei Fürstenau StraFo 2004, 38 (40).

[80] Rosenau FS I. Roxin, 2012, 669 (678), der zugleich zu verstehen gibt, dass sich das Merkmal nicht präziser wird fassen lassen.

[81] Schmitt in Meyer-Goßner/Schmitt Rn. 11 („kaum durchführbar"); Meyer-Goßner FS ARGE StrafR/DAV, 2009, 668 (670); Römer MDR 1984, 353 (355); Krehl GA 1987, 162 (165); Tolksdorf

che Vorstellungen davon haben kann, wie eine ordentlich begründete Revision auszusehen hat.[83]

28 Man mag dem zunächst entgegenhalten, dass die Rechtswissenschaft auch für abstrakte Begrifflichkeiten Umschreibungen bereit hält und Definitionen entwickeln kann, die einen Maßstab für Einzelfallentscheidungen liefern.[84] Zudem existiert das Merkmal der Offensichtlichkeit auch in anderen Verfahrensordnungen (§ 24 BVerfGG,[85] Art. 27 Abs. 2 EMRK) und wurde dort im Laufe der Zeit einer „Konkretisierung" zugeführt. Nichtsdestotrotz besteht im strafrechtswissenschaftlichen Schrifttum Einigkeit darüber, dass sämtliche Definitionsversuche wenig zielführend sind und eine klare Abgrenzung zwischen normaler und offensichtlicher Unbegründetheit daher nicht durchführbar ist. Insofern ist es auch nicht verwunderlich, dass das BVerfG dem Revisionsgericht bei der Bestimmung der offensichtlichen Unbegründetheit einen **Ermessensspielraum** zuspricht, dessen Grenze erst Willkür ist.[86]

29 In diesem Sinne geht der BGH heute davon aus, dass vorbehaltlich des Vorliegens der formellen Voraussetzungen von der Vorschrift Gebrauch gemacht werden kann, wenn der Revisionssenat *„einhellig die Auffassung vertritt, dass die von der Revision aufgeworfenen Rechtsfragen zweifelsfrei zu beantworten sind und dass auch die Durchführung der Hauptverhandlung keine neuen Erkenntnisse erwarten lässt, die Zweifel an dem gefundenen Ergebnis aufkommen lassen könnten."*[87] Der Schwerpunkt der Beurteilung hat sich damit weg von dem Merkmal der Offensichtlichkeit in Richtung einer **funktionalen Auslegung** und auf die **Einstimmigkeit der Entscheidung** verschoben.[88] Revisionen sollen offenbar nur dann nicht durch Beschluss verworfen werden, wenn die Anberaumung eines Hauptverhandlungstermins „sinnvoll" erscheint.[89] Allein das schriftliche Entscheidungsverfahren soll dann nicht mehr ausreichend sein, wenn die Schutzfunktion der mündlichen Verhandlung dies erfordert oder in der Revisionshauptverhandlung noch ein Erkenntnisgewinn zu erwarten ist.[90] Rein revisionspraktisch findet die Hauptverhandlung bei Angeklagtenrevisionen häufig nur deshalb statt, weil der Senat sich uneins ist und Einstimmigkeit nicht herstellen konnte.[91]

30 Einem Verwerfungsbeschlusses nach Abs. 2 stehen damit weder die Qualität der Revisionsbegründung noch der Umfang, insbesondere eine hohe Anzahl an Verfahrensrügen[92] oder die Ausführlichkeit des Verwerfungsantrags,[93] noch die Dauer des Revisionsverfahrens selbst[94] und schon gar nicht das (wissenschaftliche) Ansehen des Revisions-

---

FS Salger, 1995, 393; Wohlers in SK-StPO Rn. 20; zu den unterschiedlichen Ansätzen Detter StV 2004, 345.

[82] Wobei man bereits darüber diskutieren kann, welcher Sachkundige überhaupt gemeint ist, vgl. Meyer-Goßner FS ARGE StrafR/DAV, 2009, 668 (669).

[83] „Die Offensichtlichkeit ist ein Erlebnis", so Hamm Rn. 1373.

[84] Vgl. auch Rosenau FS I. Roxin, 2012, 669 (677), der zutreffend darauf hinweist, dass es um eine negative Bewertung geht, sodass schon aus wissenschaftstheoretischer Perspektive das Falsifizieren (bzw. das Verneinen einer offensichtlich-unbegründeten Revision) zu wesentlich sichereren Ergebnissen führt.

[85] Vgl. Fürstenau StraFo 2004, 38 (40).

[86] BVerfG (3. Kammer des 2. Senats) 21.1.2002 – 2 BvR 1225/01, NStZ 2002, 487 (489); BVerfG (1. Kammer des 2. Senats) 2.5.2007 – 2 BvR 2655/06, NStZ 2007, 709; Nehm in Löwe/Rosenberg Rn. 8.

[87] BGH 12.10.2000 – 5 StR 414/99, StV 2001, 221; Schmitt in Meyer-Goßner/Schmitt Rn. 10; Dahs Strafprozessrevision Rn. 581; Wiedner in BeckOK StPO Rn. 18; Detter StV 2004, 345.

[88] Knauer NStZ 2016, 1 (5).

[89] BGH 12.10.2000 – 5 StR 414/99, NJW 2001, 85; anders als noch in der Vorauflage nun aber zustimmend Franke in Löwe/Rosenberg Rn. 9; vgl. auch Detter StV 2004, 345 (346); Friemel NStZ 2002, 72 (73); mit dem Vorschlag das Regel-Ausnahme-Verhältnis umzukehren Norouzi StV 2015, 773 (776); kritisch zum Anknüpfungspunkt an die Notwendigkeit einer mündlichen Revisionshauptverhandlung Rosenau ZIS 2012, 195 (199 mwN); Fezer StV 2007, 40 (45).

[90] BGH 3.2.2004 – 5 StR 359/03, bei Detter StV 2004, 345 (346).

[91] Zu beachten ist allerdings, dass der Begriff der Einstimmigkeit mitunter recht flexibel gehandhabt wird, so unverhohlen Fischer/Krehl StV 2012, 550 (556 dort Fn. 64), dazu auch → Rn. 52.

[92] BVerfG (Kammer) 24.3.1987 – 2 BvR 677/86, NStZ 1987, 334; BGH 30.7.1999 – 3 StR 139/99, bei Kusch NStZ-RR 2000, 289 (295); Schmitt in Meyer-Goßner/Schmitt Rn. 10; Nagel in Radtke/Hohmann Rn. 15; aA Wimmer NJW 1950, 201 (203).

[93] Wohlers in SK-StPO Rn. 37 mwN.

[94] Schmitt in Meyer-Goßner/Schmitt Rn. 10; aA OLG Hamm 2.6.1999 – 2 Ss 1002/98, StV 2001, 221 (222).

verfassers[95] entgegen. Auch kann es danach auf ein Zeitmoment bezogen auf die Erkennbarkeit der Offensichtlichkeit[96] nicht ankommen. Denn andernfalls müsste eine Verwerfung nach Abs. 2 schon dann ausscheiden, wenn ein Senatsmitglied an der Unbegründetheit zweifelt bzw. länger hierüber nachdenken muss.[97] Auch wenn die Revision neue Rechtsfragen aufwirft, soll dies nicht automatisch gegen die Offensichtlichkeit sprechen. Bei „neuen Rechtsfragen" soll es vielmehr genügen, dass die Frage „zweifelsfrei in eine bestimmte Richtung zu beantworten ist".[98] Und sogar im seltenen Fall der Notwendigkeit einer „Beweisaufnahme" vor dem Revisionsgericht (dazu → § 351 Rn. 10 ff.) soll einer Verwerfung der Revision als offensichtlich unbegründet nichts entgegenstehen.[99] Eine Beschlussverwerfung ist selbstredend nicht ausgeschlossen, wenn die Revision zwar einen Rechtsfehler aufzeigt, ein Beruhen des Urteils auf diesem Fehler aber zweifelsfrei ausgeschlossen ist.[100] Dies gilt auch, wenn das Revisionsgericht zwar den Tenor der angefochtenen Entscheidung neu fasst, aber im Übrigen die Nachprüfung des Urteils aufgrund der Revisionsrechtfertigung keinen Rechtsfehler zum Nachteil des Angeklagten ergeben hat.[101]

b) Kritik. Der Begriff der Offensichtlichkeit ist kaum an scharfe Konturen gebunden[102] **31** und daher als **wenig verlässlich** handhabbar und als **wenig kontrollierbar**[103] zu kritisieren. Wenn selbst Revisionen bei komplexen oder überlangen Ausgangsverfahren, deren Lektüre bereits einige Zeit in Anspruch nimmt und bei denen erst nach langer Beratung Einstimmigkeit erzielt werden kann, als offensichtlich unbegründet verworfen werden, liegt die Vermutung nahe, dass die Beschlussverwerfung nach Abs. 2 auch dann herangezogen wird, wenn man einer unbequemen Rüge aus dem Weg gehen will,[104] insbesondere weil das Revisionsgericht die Entscheidung unter dem Strich als „goldrichtig"[105] empfindet oder der entscheidenden Kammer „vertraut".[106] Es besteht somit stets die Gefahr, dass ein „sachlich richtiges" Urteil ungeachtet zutreffender Revisionsrügen gehalten werden soll, und deshalb eine offensichtliche Unbegründetheit angenommen wird.[107] Nicht völlig zu Unrecht wird daher gemutmaßt, dass sich der BGH auf diese Art und Weise nicht nur offensichtlich unbegründeter, sondern in erster Linie „offensichtlich unbequemer" Revisionen, die dem Revisionsgericht argumentative Schwierigkeiten bereiten können, entledigt.[108] Der Vorwurf *Kreuzers,* ou Beschlüsse ließen sich auf „apokryphe Verwerfungsgründe"[109] stützen, ist letztlich berechtigt.[110]

Aufgrund der fehlenden Operabilität läuft das Merkmal der offensichtlichen Unbegrün- **32** detheit weitestgehend leer[111] und kann damit seine begrenzende Funktion nicht entfal-

---

[95] Nagel in Radtke/Hohmann Rn. 15.
[96] Ziegler FS ARGE StrafR/DAV, 2009, 930 (938). Meyer StV 1984, 222 (223), der klarstellt, dass sich dieser Zeitmoment auf die einzelne Rüge und nicht auf das gesamte Revisionsvorbringen beziehen müsste.
[97] Kritisch Franke in Löwe/Rosenberg Rn. 10.
[98] Vgl. Bock JA 2011, 134 (135) unter Verweis auf BGH 12.10.2000 – 5 StR 414/99, NStZ 2001, 334.
[99] Dagegen Groß-Bölting HRRS 2013, 228 (229).
[100] BVerfG (3. Kammer des Zweiten Senats) 10.10.2001 – 2 BvR 1620/01, NJW 2002, 814 (815); Gericke in KK-StPO Rn. 23.
[101] BGH 15.3.2017 – 2 StR 510/16, BeckRS 2017, 105276.
[102] Widmaier/Momsen in Satzger/Schluckebier/Widmaier StPO Rn. 18.
[103] Eisenberg NK 2013, 229 (232).
[104] Schünemann JA 1982, 71 ff. (123 ff., 129); Detter StV 2004, 345 (348); vgl. Kreuzer StV 1982, 438 (447).
[105] Detter StraFo 2004, 329; Ventzke NStZ 2011, 481 (486); Knauer NStZ 2016, 1 (11).
[106] Sommer, Effektive Strafverteidigung, Rn. 1813; Wohlers JZ 2011, 78; Fezer FS Hanack, 1999, 331 (340); Barton StV 2004, 332 (336); Bock JA 2011, 134 (135); krit., zur Zurückweisung von Rügen als bloße „Förmelei" Groß-Bölting HRRS 2013, 228.
[107] Bock JA 2011, 134 (135).
[108] So bereits v. Stackelberg NJW 1960, 505 ff.; Kreuzer StV 1982, 438 (445); Schünemann JA 1982, 123 (129); Rosenau ZIS 2012, 195 (201).
[109] Kreuzer StV 1982, 438 (446).
[110] Barton S. 261 ff.; Eisenberg NK 2013, 229 (234).
[111] Wohlers in SK-StPO Rn. 31; krit. Kruse, Die „offensichtlich unbegründete" Revision, S. 32.

ten.[112] Dass auch der BGH selbst dieses Kriterium nicht mehr für relevant hält, zeigt sich schon daran, dass inzwischen in dessen Beschlüssen in der Regel nicht mehr ausgesprochen wird, die Revision sei „offensichtlich unbegründet", sondern er verbrämend nur noch die Vorschrift selbst zitiert.[113] Wenig überraschend ist daher, dass sich einige Stimmen des Schrifttums gar für die gänzliche Streichung des Merkmals der Offensichtlichkeit aussprechen.[114]

33 **2. Verfahren bei Verwerfung der Revision als offensichtlich unbegründet.** Die Verwerfung wegen offensichtlicher Unbegründetheit ist in formeller Hinsicht an die in Abs. 2 und Abs. 3 genannten Voraussetzungen geknüpft. Da diese den Wegfall des Regelverfahrens, also insbesondere die Anberaumung einer mündlichen Verhandlung kompensieren sollen, ist ihre **Einhaltung zwingend**. Etwas anderes gilt lediglich im Privatklageverfahren, wo die Verwerfung der Revision auch ohne entsprechenden Antrag des Privatklägers oder der StA (und der Einhaltung des Verfahrens nach Abs. 3) gemäß § 385 Abs. 5 möglich ist.[115]

34 **a) Antrag. aa) Zwingender Charakter.** Der Antrag des GBA bzw. GenStA auf Verwerfung wegen offensichtlicher Unbegründetheit ist nach Abs. 2 zwingend und soll sicherstellen, dass sowohl die StA als auch der Revisionssenat unabhängig voneinander eine offensichtliche Unbegründetheit annehmen,[116] womit der StA ein entscheidender Einfluss auf den Umfang der revisionsgerichtlichen Verwerfungspraxis zukommt.[117] Dies verlangt daher eine **eigene und unabhängige Prüfung** der Erfolgsaussichten der Revision durch die Revisionsstaatsanwaltschaft, wobei die Revisionsbegründung des Revisionsführers als maßgebliche Grundlage dient. Ein Verwerfungsbeschluss ohne vorherigen Antrag der StA stellt damit einen Verstoß gegen das **Willkürverbot** dar.[118] Um nach § 349 Abs. 2 entscheiden zu können, muss sich das Revisionsgericht nach Auffassung des BGH nur im Ergebnis, nicht aber auch in allen Teilen der Begründung dem Antrag der Staatsanwaltschaft anschließen.[119] Darüber hinaus ist das Revisionsgericht auch bei einem Antrag nach § 349 Abs. 2 nicht gehindert, nach § 349 Abs. 2 zu entscheiden, da in den auch zur Unbegründetheit des Rechtsmittels gemachten Ausführungen hilfsweise der Antrag auf Verwerfung nach § 349 Abs. 2 enthalten ist.[120]

35 Der Antrag ist durch die StA beim **Revisionsgericht** – GBA oder GenStA – zu stellen und nicht durch die StA am Prozessgericht; er ist als Prozesshandlung zu qualifizieren. Wird dem Revisionsführer zeitlich nach der Antragsstellung durch die StA Wiedereinsetzung in den vorherigen Stand zur Nachholung von Verfahrensrügen gewährt, ist daher eine erneute Antragstellung notwendig.[121] Die abweichende Auffassung des OLG Stuttgart[122] verkennt

---

[112] Für eine enge Auslegung des Offensichtlichkeitsbegriffes bereits Lobe JW 1925, 1612; v. Stackelberg FS Dünnebier, 1982, 365 (369).
[113] Die Formel lautet in der Regel: „Die Revision des Angeklagten [...] wird als unbegründet verworfen, da die Nachprüfung des Urteils auf Grund der Revisionsrechtfertigung keinen Rechtsfehler zum Nachteil des Angeklagten ergeben hat (§ 349 Abs. 2 StPO)", dazu bereits Fezer StV 2007, 40 (45); jüngst auch Norouzi StV 2015, 77 (776).
[114] Dahs NStZ 2001, 298 (299); Schmitt in Meyer-Goßner/Schmitt Rn. 11; Bock JA 2011, 134 (135); Norouzi StV 2015, 773 (776); Nagel in Radtke/Hohmann Rn. 16; hingegen befürworten Widmaier/ Momsen in Satzger/Schluckebier/Widmaier StPO Rn. 18, dass ein Verzicht auf das Merkmal der Offensichtlichkeit und die damit verbundene Konzentration auf die Einstimmigkeit zu einer fortschreitenden Entgrenzung beitragen könne. Für eine Legaldefinition Fürstenau StraFo 2004, 38 (42 f.).
[115] Wohlers in SK-StPO Rn. 15; Gericke in KK-StPO Rn. 32; Wiedner in BeckOK StPO Rn. 21; Franke in Löwe/Rosenberg Rn. 15.
[116] BT-Drs. IV/178, 44; Senge FS Rieß, 2002, 547 (559 f.); Gericke in KK-StPO Rn. 16; Nagel in Radtke/ Hohmann Rn. 10; kritisch mit Blick auf die fehlende Begründungspflicht des Verwerfungsbeschlusses von einer „institutionellen Schieflage" sprechend Fezer StV 2007, 40 (43 f.); krit. auch mit Blick auf die Handhabung in der Praxis Krahl GA 1987, 162 (164).
[117] Franke in Löwe/Rosenberg Rn. 13; dazu krit. Meyer-Goßner FS ARGE StrafR/DAV, 2009, 676 („Grundfehler des jetzigen Revisionsverfahrens").
[118] Senge FS Rieß, 2002, 547 (559).
[119] BGH 23.1.2020 – 3 StR 288/19, NStZ-RR 2020, 118.
[120] BGH 2.5.2023 – 3 StR 94/23, BeckRS 2023, 12836.
[121] Wohlers in SK-StPO Rn. 16; aA Schmitt in Meyer-Goßner/Schmitt Rn. 12.
[122] OLG Stuttgart Justiz 1997, 456 (456 f.); zitiert nach Schmitt in Meyer-Goßner/Schmitt Rn. 12.

den zwingenden Charakter des Antragserfordernisses und degradiert den Antrag zu einer informellen Anregung.

Abs. 2 konzipiert lediglich ein **Antragsrecht der StA.** Daraus lässt sich aber weder 36 ein Anspruch der StA auf ergänzende Stellungnahme ableiten, wenn der Revisionsführer eine Gegenerklärung abgegeben hat, noch besteht eine Mitteilungspflicht des Revisionsgerichts im Falle nachgeschobener Ausführungen zur Sachrüge durch den Beschwerdeführer.[123] Da die StA nach nochmaliger Prüfung der Rechtslage den Antrag aber theoretisch ändern kann, ist das Revisionsgericht ausnahmsweise gehalten, die Gegenerklärung zur erneuten Stellungnahme der StA zuzuleiten.[124] Eine Pflicht zur Stellungnahme hierauf besteht freilich nicht.[125]

bb) Kein vom Revisionsgericht initiierter Antrag. Fehlt ein Antrag, darf das 37 Gericht – entgegen einer jedenfalls früher häufigen Praxis – keinesfalls die StA zur Abgabe eines Antrags nach Abs. 2 auffordern bzw. diesen bestellen.[126] Ein solches Verhalten begründet zudem die Besorgnis der Befangenheit des Gerichts.[127] Der jedenfalls von einigen OLGen und einigen Senaten des BGH ehemals betriebenen Praxis **„bestellter Verwerfungsanträge"**[128] hat das BVerfG im Wege einer Kammerentscheidung eine Absage erteilt.[129] Nach Auffassung der Verfassungsrichter handelt es sich um eine *„verfassungsrechtlich nicht unbedenkliche und mit der gesetzlichen Regelung der §§ 349 Abs. 2 und 3 StPO kaum in Einklang zu bringende Verfahrensgestaltung"*. Weil das Antragserfordernis der StA eine Schutzvorschrift zu Gunsten des Revisionsführers ist und damit die Vereinbarkeit mit Art. 103 Abs. 1 GG und Art. 19 Abs. 4 GG garantiert, gilt das auch für die faktisch einer Aufforderung gleichkommende **„Anregung"** zur Änderung eines bereits gestellten Antrags.[130] Wer über einen Antrag zu entscheiden hat, sollte ihn nicht initiieren – egal in welcher Form.[131]

Denn abgesehen davon, dass dann entweder ein Terminsantrag oder ein Antrag nach 38 Abs. 4 durch die StA gerade indiziert, dass die Revision nach von der hM zugrunde gelegten Maßstäben zumindest aus Sicht eines Sachkundigen nicht offensichtlich unbegründet ist, würde dies die vom Gesetzgeber beabsichtigte Trennung der Prüfungsinstanzen iRd Abs. 2 wieder aufheben[132] und den Verdacht, es gebe einen „Schulterschluss der roten Roben",[133] nähren. Gerade in Fällen der Anregung zur Änderung eines bereits gestellten Antrags stellt sich eben die Frage, wie eine Revision, die nach Auffassung der StA gerade noch begründet war, nach einer erneuten Prüfung der Sach- und Rechtslage nun offensichtlich unbegründet sein soll. Allerdings lässt sich in der Verfahrenswirklichkeit eine solche Anregung kaum aufdecken. Denn einem an den Senat gerichteten Antrag des Verteidigers, ihm vorab mitzuteilen, ob der nunmehrige Antrag des GBA durch den Senat oder ein bzw. mehrere Senatsmitglieder (ggf. des Berichterstatters) bzw. einen wissenschaftlichen

---

[123] BGH 17.9.2008 – 5 StR 423/08, NStZ-RR 2008, 385; Schmitt in Meyer-Goßner/Schmitt Rn. 12.
[124] Nagel in Radtke/Hohmann Rn. 12; Gericke in KK-StPO Rn. 20.
[125] BGH 14.9.2004 – 1 StR 124/04, NStZ-RR 2005, 14.
[126] BVerfG (3. Kammer des 2. Senates) 27.3.2000 – 2 BvR 434/00, NStZ 2000, 382 = StV 2001, 151 mzustAnm Neuhaus; Gieg/Widmaier NStZ 2001, 57.
[127] BVerfG (3. Kammer des 2. Senats) 27.3.2000 – 2 BvR 434/00, NStZ 2000, 382 = StV 2001, 151; Bock JA 2011, 134 (135); in diesem Sinne auch Hamm Rn. 1374.
[128] KG 15.9.1999 – (4) 1 Ss 384/98, StV 2001, 153; OLG Zweibrücken 29.3.2001 – 1 Ss 31/01, StV 2002, 16 (17); hierzu auch OLG Düsseldorf 28.12.2011 – 2 RVs 113/11, NStZ-RR 2012, 147 (148).
[129] BVerfG (3. Kammer des 2. Senats) 27.3.2000 – 2 BvR 434/00, NStZ 2000, 382 = StV 2001, 151 mAnm Neuhaus.
[130] Eisenberg NK 2013, 229 (235); Friemel NStZ 2002, 72 (72 f.); Norouzi StraFo 2013, 210 (211); Wohlers in SK-StPO Rn. 17; aA OLG Düsseldorf Beschl. 28.12.2011 – III 2 RVs 113/11, NStZ 2012, 470; Schmitt in Meyer-Goßner/Schmitt Rn. 12; Pfeiffer Rn. 3; offen von einer „Anregung" spricht auch BGH 15.9.2010 – 5 StR 325/10, BeckRS 2010, 23435.
[131] So auch Norouzi StraFo 2013, 210 (211).
[132] Hierzu Wohlers in SK-StPO Rn. 17; Franke in Löwe/Rosenberg Rn. 13; Beulke Rn. 569; Kühne Rn. 1987; Gieg/Widmaier NStZ 2001, 57 (60); Krehl GA 1987, 162 (164); Neuhaus StV 2001, 152 (153).
[133] In Bezug auf die Bundesrichter und Bundesanwälte nicht ganz präzise Rosenau ZIS 2012, 195 (197), der von einem „Schulterschluss der schwarzen Roben" spricht.

Mitarbeiter angeregt wurde, ist nicht nachzukommen. Eine solche **Befragung des Gerichts** durch den Verteidiger ist in der Strafprozessordnung nicht vorgesehen.[134]

39 cc) **Begründung des Antrags.** Der Verwerfungsantrag muss begründet werden. Die Rechtsprechung stellt jedoch **keine besonders hohen Anforderungen** an die Antragsstellung als solches. Demgemäß ist die Formulierung „Im Übrigen wäre die Revision der Nebenklägerin, ihre Zulässigkeit unterstellt, auch unbegründet" als **Hilfsantrag** nach Abs. 2 zu werten und ausreichend.[135] Nach hM kann sich die Begründung des Antrags auf eine kurze Auseinandersetzung mit dem Revisionsvorbringen beschränken.[136] Auf nicht ganz abwegige Verfahrensrügen ist einzugehen,[137] während bei einer unausgeführten allgemeinen Sachrüge die „spiegelbildliche" Feststellung ausreicht, dass das Urteil keine Rechtsfehler zu Lasten des Angeklagten erkennen lässt.[138]

40 Dieses Vorgehen ist unabhängig davon, wie man zu der Begründungspflicht im Rahmen des eigentlichen Verwerfungsbeschlusses (dazu → Rn. 56 ff.) steht, jedoch **bedenklich**.[139] Geht man nämlich mit der hM davon aus, dass der eigentliche Verwerfungsbeschluss überhaupt nicht begründet werden muss und auf den Antrag der StA nach Abs. 2 blankettartig verwiesen werden kann,[140] muss zumindest dieser seiner ausfüllenden Funktion auch nachkommen. Es ist deshalb geradezu widersprüchlich, wenn die hM anscheinend einen Gleichlauf zwischen den Darstellungsanforderungen bei der Begründung des Antrags einerseits und der Begründung des Verwerfungsbeschlusses andererseits herstellen möchte. Vor allem werden keine Ausführungen darüber gefordert, warum die Rügen offensichtlich unbegründet sind.[141] Der staatsanwaltschaftliche Antrag eröffnet dem Revisionsgericht aber immerhin die Möglichkeit, die Revision ohne Hauptverhandlung und Begründung zu verwerfen. Damit die Anforderungen an die Gewährung des rechtlichen Gehörs aus Art. 103 Abs. 1 GG und Art. 6 Abs. 1 EMRK gewahrt sind, muss daher bereits der Antrag der StA den Begründungsanforderungen genügen, die an Rechtsmittelentscheidungen zu stellen sind.[142] Denn nur wenn sich der Antrag zu der Revisionsbegründung verhält, machen die Mitteilung des Antrags und die Gegenerklärungsmöglichkeit überhaupt einen Sinn.[143]

41 Die StA hat sich in ihrem Antrag – entgegen der hM – folglich mit **allen ausgeführten Rügen** auseinanderzusetzen.[144] Sie muss bei einer abweichenden Rechtsauffassung auf die ständige bzw. gefestigte Rechtsprechung Bezug nehmen.[145] Zudem fällt das „Risiko" der allgemein erhobenen Sachrüge in die Sphäre der StA. Dies bedeutet: Drängt sich ihr ein sachlich-rechtlicher Fehler geradezu auf, obwohl der konkrete Rechtsverstoß von der Revision mangels Ausführung der Sachrüge nicht aufgegriffen wird, ist sie Kraft ihrer Stellung als Hüterin des Strafprozesses dazu verpflichtet, sich mit der im Raum stehenden Rechtsfrage zu befassen. In jedem Fall muss der Antrag erkennen lassen, dass eine pflichtgemäße Gesamtüberprüfung des Urteils erfolgt ist.[146] Die bloße (Leer-)Formel „Die Überprüfung des

---

[134] BGH 2.7.2014 – 4 StR 488/13, BeckRS 2014, 13949.
[135] BGH 28.1.2014 – 2 StR 582/13, BeckRS 2014, 03465; dem folgend BGH 24.9.2014 – 4 StR 553/13, BeckRS 2014, 21237.
[136] Kleinknecht JZ 1965, 160; Schoreit FS Pfeiffer, 1988, 397 (406); so auch BVerfG 22.1.1982 – 2 BvR 1506/81, NJW 1982, 925; Schmitt in Meyer-Goßner/Schmitt Rn. 13; Nagel Rn. 11; Temming in Gercke/Julius/Temming/Zöller Rn. 4.
[137] Schmitt in Meyer-Goßner/Schmitt Rn. 13.
[138] Gericke in KK-StPO Rn. 16; Schmitt in Meyer-Goßner/Schmitt Rn. 13.
[139] In diesem Sinne auch Wohlers in SK-StPO Rn. 19.
[140] Bock JA 2011, 134 (135); Wiedner in BeckOK StPO Rn. 40.
[141] Vgl. BVerfG 24.3.1987 – 2 BvR 677/86, NJW 1987, 2219 (2220).
[142] Wohlers in SK-StPO Rn. 18.
[143] Zur besonderen Bedeutung der Begründung des Antrags der StA bereits auch Römer MDR 1984, 353 (358).
[144] Wohlers in SK-StPO Rn. 19; aA Schmitt in Meyer-Goßner/Schmitt Rn. 13; Nagel in Radtke/Hohmann Rn. 11; Gericke in KK-StPO Rn. 17; Wiedner in BeckOK StPO Rn. 24 (jeweils Beschränkung auf wichtige bzw. nicht völlig abwegige Rügen).
[145] Schmitt in Meyer-Goßner/Schmitt Rn. 13.
[146] Wohlers in SK-StPO Rn. 19.

Urteils lässt keinen sachlich-rechtlichen Mangel zu Lasten des Angeklagten erkennen" ist für die StA bei dem Revisionsgericht nicht pflichtgemäß.

b) Mitteilung des Antrags. Durch die Mitteilung des Verwerfungsantrags soll der Revisionsführer vor Überraschungen geschützt werden und sein verfassungsrechtlich verankerter Anspruch auf rechtliches Gehör gewährleistet werden.[147]

aa) Adressat. Der Antrag der StA auf Verwerfung der Revision als offensichtlich unbegründet ist dem Beschwerdeführer nach dem Wortlaut des Abs. 3 S. 1 – entgegen der gängigen Praxis am BGH[148] – durch die StA am Revisionsgericht mitzuteilen und nicht durch das Revisionsgericht, das diesen regelmäßig zustellt.[149] Freilich ist mit dieser Abweichung der praktischen Handhabung von der Norm (anders als bei Abs. 2) für die Revisionsparteien keinerlei Nachteil verbunden.

Da dem Revisionsführer eine Frist von zwei Wochen zur Gegenerklärung eingeräumt wird, kann er diesen Zeitraum dazu nutzen, das Rechtsmittel gegebenenfalls zurückzunehmen[150] – ein eigenständiger Zweck der Mitteilung ist dies aber nicht.[151] Auch geben die Rechtsausführungen der StA dem Revisionsführer die Gelegenheit, sein Vorbringen ggf. rechtlich zu ergänzen bzw. ausführlicher zu begründen.[152] Beim verteidigten Angeklagten genügt eine Mitteilung an dessen Verteidiger. Bei mehreren Verteidigern ist entscheidend, ob die Mitteilung an einen Verteidiger erfolgt, der am Revisionsverfahren beteiligt ist.[153] In solch einem Fall bedarf es keiner zusätzlichen Mitteilung an den Angeklagten selbst,[154] und zwar auch dann nicht, wenn er die Revision selbst eingelegt[155] oder ergänzend zu Protokoll der Geschäftsstelle begründet hat.[156]

bb) Form. Die „Mitteilung" beschränkt sich auf die Zusendung der Antragsschrift. Gesetzlich vorgeschrieben sind keine weiteren Belehrungen, das betrifft insbesondere das Recht zur Gegenerklärung. Allerdings ist es ganz gängige Praxis, dass auf das Recht zur Gegenerklärung hingewiesen wird. Beim nicht verteidigten Angeklagten machen indes die **prozessuale Fürsorgepflicht** bzw. das Recht auf ein **faires Verfahren** solch eine **Belehrung** erforderlich. Abs. 3 S. 1 schreibt keine bestimmte Form der Mitteilung vor,[157] doch wird sie aufgrund ihrer wichtigen Funktion zur Wahrung des rechtlichen Gehörs praktisch ausnahmslos **förmlich zugestellt**,[158] dem Verteidiger gegen Empfangsbekenntnis gem.

---

[147] BT-Drs. IV/178, 44; BGH 12.11.2013 – 3 StR 135/13, BeckRS 2013, 21431; 5.2.2015 – 3 StR 488/14, BeckRS 2015, 04137; 20.1.2015 – 3 StR 167/14, BeckRS 2014, 15073; 1.7.2015 – 4 StR 576/14, HRRS 2015 Nr. 817; Wohlers in SK-StPO Rn. 28; Temming in Gercke/Julius/Temming/Zöller Rn. 6; Nagel in Radtke/Hohmann Rn. 22.

[148] In der Praxis wird der Antrag durch die Geschäftsstelle des Senates zugestellt, nachdem der Antrag mit den Akten durch den GBA an den Senat übersandt wurde.

[149] Franke in Löwe/Rosenberg Rn. 18; Wiedner in BeckOK StPO Rn. 30; Wohlers in SK-StPO Rn. 28.

[150] Schmitt in Meyer-Goßner/Schmitt Rn. 15; vgl. auch Franke in Löwe/Rosenberg Rn. 18 und Gericke in KK-StPO Rn. 17.

[151] Wohlers in SK-StPO Rn. 28.

[152] Wohlers in SK-StPO Rn. 28; Gericke in KK-StPO Rn. 17.

[153] Nagel in Radtke/Hohmann Rn. 22. Erfolgte bereits die Mitteilung gemäß § 349 Abs. 3 S. 1 gegenüber einem sich im Revisionsverfahren ausschließlich beteiligten Rechtsanwalt, bedarf es keiner weiteren Mittteilung gegenüber den neu in das Revisionsverfahren eintretenden Verteidigern, so BGH 26.11.2015 – 1 StR 386/15, NStZ 2016, 179 (179).

[154] BGH 26.11.2015 – 1 StR 386/15, NStZ 2016, 179 (179); Schmitt in Meyer-Goßner/Schmitt Rn. 15.

[155] BGH 3.12.2002 – 1 StR 327/02, StraFo 2003, 172.

[156] BGH 28.7.2015 – 4 StR 168/15, BeckRS 2015, 14635; 3.9.1998 – 4 StR 93/98, NStZ 1999, 41; Schmitt in Meyer-Goßner/Schmitt Rn. 15; Franke in Löwe/Rosenberg Rn. 18.

[157] Instruktiv OLG Koblenz 19.8.2015 – 2 OLG 4 Ss 91/15, BeckRS 2016, 02260: „Wie bereits aus der amtlichen Überschrift des 4. Abschnitts der StPO zu §§ 33 bis 41 hervorgeht, gelten diese Vorschriften nur für gerichtliche Entscheidungen und nicht für staatsanwaltschaftliche Erklärungen. Eine sinngemäße Anwendung dieser Vorschriften auf den Verwerfungsantrag nach § 349 Abs. 2 StPO kommt schon deshalb nicht in Betracht, weil es sich bei diesem Antrag nicht um eine (staatsanwaltschaftliche) Entscheidung handelt."

[158] Zu diesem Aspekt der besseren Nachweisbarkeit Wohlers in SK-StPO Rn. 29 unter Verweis auf BayObLG 3.3.1999 – 1 St RR 9–99, NStZ-RR 1999, 244.

§ 37 Abs. 1 iVm § 174 ZPO. Ist insofern „bewiesen", dass der Angeklagte aus selbstverschuldeten Gründen – etwa im Fall seiner Unauffindbarkeit – die Mitteilung nicht zur Kenntnis genommen hat, stellt es kein Problem dar, wenn nicht öffentlich gem. § 40 Abs. 2 zugestellt wurde.[159] Ebenso kann eine per **Telefax** erfolgte Übersendung des Antrags genügen, soweit der Nachweis erbracht ist, dass der Verwerfungsantrag dem Beschwerdeführer zugegangen ist.[160]

46 **c) Gegenerklärung. aa) Inhalt.** Der Revisionsführer hat die Möglichkeit, gemäß Abs. 3 S. 2 eine Gegenerklärung innerhalb einer Zweiwochenfrist nach Zugang der Mitteilung einzureichen (bei Inhaftierung greift § 299[161]). Da die Begründungsfrist des 345 Abs. 1 zu diesem Stadium des Verfahrens bereits abgelaufen ist, kann der Revisionsführer im Zusammenhang mit einer Verfahrensrüge **keine neuen Tatsachen** mehr vortragen. Das Recht zur Gegenerklärung im Sinne des Abs. 3 ermöglicht also nicht, Verfahrensrügen nachträglich den Anforderungen des § 344 Abs. 2 S. 2 „anzupassen".[162] Die Gegenerklärung dient indes dazu, sich mit den rechtlichen Ausführungen der StA auseinanderzusetzen,[163] ggf. in diesem Zusammenhang die eigenen Erwägungen zu präzisieren und zu ergänzen bzw. eine **unausgeführte Sachrüge** näher zu begründen. Insofern entspricht es auch der gängigen Praxis, dass die zunächst unausgeführte allgemeine Sachrüge nach Eingang der Antragsschrift der Revisionsstaatsanwaltschaft im Zuge der Gegenerklärung erstmals ausgeführt bzw. präzisiert wird.[164] Dies hat regelmäßig jedoch zur Folge, dass der StA die Möglichkeit der Stellungnahme hierauf entzogen wird. Denn das Revisionsgericht ist in der Regel nicht verpflichtet, einen nach der Antragstellung des GBA eingereichten Begründungsschriftsatz des Beschwerdeführers der StA erneut zur Stellungnahme zuzuleiten.[165] Bedenkt man, dass das Revisionsgericht die Ausführungen der StA zur Grundlage seiner Entscheidung macht (was sich in einer beeindruckenden Übereinstimmung zwischen den Anträgen von GBA und den Entscheidungen der BGH-Senate widerspiegelt[166]), ist dies durchaus problematisch. Nach Auffassung des 3. Strafsenates unterläuft ein solches Verhalten sogar die gesetzliche Regelung der ou-Verwerfung,[167] weswegen der Revisionsführer auch keinen Anspruch darauf habe, dass ihm die Gründe, aus denen seine Beanstandungen nicht für durchgreifend erachtet werden, im Verwerfungsbeschluss mitgeteilt werden.[168] § 345 Abs. 2 gilt nicht, sodass die Erklärung lediglich der **Schriftform** unterliegt.[169] **Adressat der Erklärung** ist das Revisionsgericht,[170] welches diese der StA zuleiten kann, falls sie eine weitere Stellungnahme wünscht.[171]

47 **bb) Frist.** Die Frist nach Abs. 3 S. 2 ist keine Notfrist und lässt sich damit **nicht verlängern**.[172] Umgekehrt handelt es sich allerdings auch **nicht um eine Ausschlussfrist**,

---

[159] OLG Hamburg 8.8.1974 – 2 Ss 149/74, MDR 1975, 335.
[160] OLG Koblenz 19.8.2015 – 2 OLG 4 Ss 91/15, BeckRS 2016, 02260.
[161] Wohlers in SK-StPO Rn. 30; Nagel in Radtke/Hohmann Rn. 24; Franke in Löwe/Rosenberg Rn. 20.
[162] BGH 5.11.2014 – 4 StR 34/14, BeckRS 2014, 22277; 12.5.2010 – 1 StR 530/09, wistra 2010, 312.
[163] Zu dieser oftmals nicht wahrgenommen Chance Park StV 1997, 550; Krehl GA 1987, 162 (163).
[164] Aus Sicht der Revisionsverteidigung dazu kritisch Ventzke NStZ 2003, 104 (104).
[165] BGH 9.5.2007 – 2 StR 530/06, BeckRS 2007, 08680 = bei Cierniak/Zimmermann NStZ-RR 2010, 193; BGH 13.1.2009 – 4 StR 196/08, BeckRS 2009, 05587.
[166] Barton StraFo 1998, 325 (331). Dagegen aber Meyer-Goßner FS ARGE StrafR/DAV, 2009, 668 (673), wonach es gängige Praxis sei, auf den Antrag hin erst das Urteil zu lesen und die Übereinstimmung von Antragsansicht und Auffassung des Senats schlicht darauf zurückzuführen sei, dass „die Bundesanwaltschaft (natürlich) die Rechtsprechung des BGH bis in die kleinsten Verästelungen auswertet und sich bei ihren Anträgen daran ausrichtet".
[167] BGH 4.6.2002 – 3 StR 146/02, NStZ 2003, 103.
[168] BGH 21.8.2008 – 3 StR 229/08, NStZ-RR 2008, 385.
[169] Wohlers in SK-StPO Rn. 48; Schmitt in Meyer-Goßner/Schmitt Rn. 17.
[170] BT-Drs. IV/178, 44; Gericke in KK-StPO Rn. 21; Park StV 1997, 550.
[171] Zwingend ist dies nicht, vgl. BGH 9.5.2007 – 2 StR 530/07, wistra 2007, 319; Schmitt in Meyer-Goßner/Schmitt Rn. 17.
[172] Schmitt in Meyer-Goßner/Schmitt Rn. 17; BGH 3.7.1990 – 4 StR 263/90, DRiZ 1990, 455; 6.12.2006 – 1 StR 532/06, wistra 2007, 158.

sodass der Senat gegebenenfalls auch nach Überschreitung der Frist eine Gegenerklärung zur Kenntnis nehmen muss[173] bzw. zuwarten kann. Der Senat bestätigt dies in der Regel damit, dass im Beschluss mitgeteilt wird, dass dem Senat die Gegenerklärung vorgelegen habe. Damit soll einer Anhörungsrüge vorgebeugt werden. Nach Erlass des Beschlusses abgegebene Gegenvorstellungen sind unstatthaft,[174] dh es kann nach Abs. 2 entschieden werden, auch wenn der Revisionsführer eine Erweiterung seiner Gegenerklärung angekündigt hat.[175] Etwas anderes kann nur gelten, wenn das Gericht einen Vertrauenstatbestand geschaffen, indem es die Frist „informell", also etwa durch telefonische Zusage zuzuwarten, verlängert hat.[176] Bedenklich ist aber auch die durchaus übliche Praxis, nach Eingang einer schriftlichen Gegenerklärung auf die Antragsschrift des GBA, in der nicht weitere Ausführungen vorbehalten werden, auch schon vor Ablauf der in Abs. 3 S. 2 bezeichneten Frist zu entscheiden.[177]

Bei einer Verletzung der Vorschriften über die Mitteilung bzw. Gegenerklärung geht die **Anhörungsrüge** einer Wiedereinsetzung in den vorherigen Stand vor (vgl. → § 356a Rn. 21 ff.).[178] Von der Nichtbeachtung einer Gegenerklärung kann nicht bereits deshalb ausgegangen werden, weil das Gericht über den in demselben Schriftsatz gestellten Antrag auf Beiordnung des Verteidigers für das Revisionsverfahren keine Entscheidung getroffen hat. Denn die Entscheidung über die Bestellung eines Pflichtverteidigers ist grundsätzlich dem Tatrichter übertragen. Erst wenn feststeht, dass eine Revisionshauptverhandlung durchgeführt wird, hat der Vorsitzende des zuständigen Revisionssenats darüber zu befinden, ob hierfür ein (ggf. weiterer) Pflichtverteidiger zu bestellen ist.[179]   48

3. Verwerfungsbeschluss. Das Gericht entscheidet in gleicher Besetzung wie bei einem Beschluss nach Abs. 1.[180] Der Beschluss wird formlos übermittelt, auch hier gilt, dass es selbst bei einem unauffindbaren Angeklagten keiner öffentlichen Zustellung bedarf.[181]   49

a) Fakultativer Charakter. Bei Abs. 2 handelt es sich um eine **Kann-Vorschrift**, sodass es dem Revisionsgericht freisteht, eine Hauptverhandlung auch dann anzuberaumen, wenn die Voraussetzungen einer Entscheidung nach Abs. 2 erfüllt sind.[182] Die Bescheidung der Revision im Beschlusswege liegt regelmäßig dann auf der Hand, wenn allein eine unbegründete Sachrüge erhoben wird und die Nachprüfung des Urteils keinen Rechtsfehler zum Nachteil des Revisionsführers aufdeckt. Das Gleiche gilt, wenn eine gefestigte Rechtsprechung angegriffen wird, ohne dass neue Argumente vorgetragen werden.[183] Zur Anbe-   50

---

[173] BGH 2.6.1999 – 5 StR 172/99, BeckRS 1999, 30061308 bei Kusch NStZ-RR 2000, 33 (39); BGH 12.5.2010 – 1 StR 530/09, wistra 2010, 312; 3.3.1966 – 2 StR 496/65, bei Dallinger MDR 1966, 725 (728). Im Regelfall wird angemerkt, dass der Senat den Schriftsatz zur Kenntnis genommen habe, vgl. nur BGH 13.12.2007 – 1 StR 497/07, NStZ-RR 2008, 151; 31.7.2006 – BGH 31.7.2006 – 1 StR 240/06, BeckRS 2006, 9867 bei Cierniak NStZ-RR 2009, 38. Häufig stellt man dies auch im Verwerfungsbeschluss klar.
[174] BGH 15.10.2015 – 1 StR 52/15, BeckRS 2015, 17968; 25.6.2014 – 1 StR 106/13, BeckRS 2014, 14123.
[175] BGH 13.8.1969 – 1 StR 124/69, BGHSt 23, 102 = NJW 1969, 2057; BGH 30.7.2008 – 2 StR 234/08, NStZ-RR 2008, 352; Schmitt in Meyer-Goßner/Schmitt Rn. 17; Wohlers Rn. 31.
[176] Zu einem Fall, in dem zugewartet und dem unverteidigten Angeklagten die Möglichkeit eröffnet wurde, zur Niederschrift des Urkundsbeamten eine weitere Gegenerklärung abzugeben vgl. BGH 9.7.2015 – 1 StR 7/15, BeckRS 2015, 13123.
[177] So etwa in BGH 4.8.2015 – 5 StR 263/15, BeckRS 2015, 14964 mwN. Dazu auch Franke in Löwe/Rosenberg Rn. 20 mwN.
[178] Schmitt in Meyer-Goßner/Schmitt Rn. 17.
[179] BGH 25.6.2014 – 1 StR 723/13, BeckRS 2014, 14770; 30.10.1989 – 3 StR 278/89, NJW 1990, 2828; 3.3.1964 – 5 StR 54/64, BGHSt 19, 258 = NJW 1964, 1035.
[180] Wohlers in SK-StPO Rn. 32; Gericke in KK-StPO Rn. 30.
[181] Franke in Löwe/Rosenberg Rn. 26.
[182] BVerfG 25.1.2005 – 2 BvR 656/99, 2 BvR 657/99, 2 BvR 683/99, BVerfGE 112, 185 = NJW 2005, 1999 (2000); Temming in Gercke/Julius/Temming/Zöller Rn. 3; Penner, Reichweite und Grenzen des § 349 Abs. 2 StPO (Lex Lobe), Diss. Köln, 1961, S. 23; Widmaier/Momsen in Satzger/Schluckebier/Widmaier StPO Rn. 14 sowie Rn. 47; Radtke S. 234; Dahs NStZ 2001, 298 (299).
[183] Zu den Verwerfungsgründen Wohlers in SK-StPO Rn. 38 mwN.

raumung einer Hauptverhandlung kann hingegen Anlass bestehen, wenn ein Rechtsfehler gerügt wird, auf das Urteil zwar nicht beruht, das Revisionsgericht gleichwohl aber ausführliche Rechtsausführungen für geboten hält oder ein besonderes Interesse an der Veröffentlichung mit Gründen besteht.[184] Allein das besondere Aufsehen des Falles in der Öffentlichkeit ist jedoch kein sachdienlicher Beweggrund eine Hauptverhandlung anzuberaumen.[185] Hingegen ist nach Abs. 5 zu entscheiden, wenn keine Entscheidung per Beschluss gem. Abs. 2 oder 4 in Betracht kommt.

51 **b) Einstimmigkeit. aa) Grundsatz.** Der Verwerfungsbeschluss hat einstimmig zu ergehen, wobei sich diese auf die Unbegründetheit der Revision und auf die Offensichtlichkeit beziehen muss.[186] Das Einstimmigkeitserfordernis dient neben dem materiellen Merkmal der offensichtlichen Unbegründetheit der Revision und dem Verfahren nach Abs. 3 als ein weiterer **Sicherungsmechanismus,** der dafür Sorge trägt, dass tatsächlich nur Revisionen per Beschluss als offensichtlich unbegründet verworfen werden, bei denen gleich mehrere Sachkundige von einer „ou" Revision ausgehen. Sobald auch nur eines der Senatsmitglieder die Revision nicht für offensichtlich unbegründet hält, es also nicht ausschließt, dass die Revision vielleicht zum Erfolg führen könnte, kommt keine Einstimmigkeit zustande und über die Revision muss verhandelt werden.

52 **bb) Kritik.** Soll die Kontrollfunktion des Einstimmigkeitserfordernisses nicht leerlaufen, muss die geforderte Einstimmigkeit von den Revisionsgerichten ernstgenommen und streng gehandhabt werden.[187] Angesichts der **Verfahrenswirklichkeit** bestehen daran jedoch Zweifel. Aus der Praxis des BGH wird berichtet, dass Senatsmitglieder, die mit ihrer Rechtsmeinung in der Minderheit sind, schweigen, um eine „nutzlose" Hauptverhandlung zu verhindern.[188] Auch die Meinungsbildung innerhalb des Revisionsgerichts ist geeignet, Bedenken bzgl. der tatsächlichen Schutzfunktion des Einstimmigkeitserfordernisses hervorzurufen. Eine **„Stimme" erfordert eine „Meinung",** die man sich insbesondere bei umfangreichen Verfahren letztlich aber nur bilden kann, wenn man sich mit dem Senatsheft vertraut gemacht hat. Dies steht im Widerspruch zu der tradierten Beratungspraxis des BGH, wonach sich bei Entscheidungen im Beschlusswege regelmäßig lediglich zwei von fünf Richtern durch Aktenstudium über den Fall informieren (Stichwort „Vier-Augen-Prinzip"). Diese ständige Praxis ist in letzter Zeit vermehrt auch aus den eigenen Reihen angezweifelt worden.[189]

53 Trotzdem lässt sich auch nach richtiger Auffassung des BVerfG kein wie auch immer ausgestalteter Anspruch des Revisionsführers auf ein Zehn-Augen-Prinzip (→ Vor § 333 Rn. 51) begründen.[190] Es gehört schließlich zum Ausfluss der richterlichen Unabhängigkeit, wie sich die einzelnen Mitglieder des Spruchkörpers die erforderliche Kenntnis des Streitstoffs verschaffen. Dazu ist der Vortrag des Berichterstatters als Beratungsgrundlage ausreichend, wenn dieser den anderen Richtern die für die Entscheidung über die Revision relevanten Informationen vermittelt.[191] Gleichwohl verbleibt ein ungutes Gefühl,[192] das zur Kritik an dem Institut der ou-Beschlüsse beiträgt. Denn natürlich hängt es von der

---

[184] Franke in Löwe/Rosenberg Rn. 7.
[185] So deutlich Wohlers in SK-StPO Rn. 27; Schmitt in Meyer-Goßner/Schmitt Rn. 7.
[186] Jagusch NJW 1960, 75; Widmaier/Momsen in Satzger/Schluckebier/Widmaier StPO Rn. 19.
[187] Dazu Krehl GA 1987, 162 (166 f.).
[188] Vgl. Eisenberg NK 2013, 229 (236); Franke in Löwe/Rosenberg Rn. 12. Hinzu kommt, dass der Begriff der Einstimmigkeit mitunter recht flexibel gehandhabt wird, dazu Fischer/Krehl StV 2012, 550 (556 Fn. 64).
[189] Fischer NStZ 2013, 425; dagegen Basdorf NStZ 2013, 563; Replik hierauf Fischer/Eschelbach/Krehl NStZ 2013, 563. Dazu auch Lamprecht NJW 2013, 3563; Brodowski HRRS 2013, 409; Mosbacher NJW 2014, 124; Hamm/Krehl NJW 2014, 903.
[190] BVerfG (1. Kammer des Zweiten Senats) 23.5.2012 – 2 BvR 610/12, 2 BvR 625/12, NJW 2012, 2334 (2336); so ausdrücklich auch BGH 2.9.2015 – 1 StR 433/14, NStZ-RR 2015, 318.
[191] BVerfG (1. Kammer des Zweiten Senats) 23.5.2012 – 2 BvR 610/12, 2 BvR 625/12, NJW 2012, 2334 (2336); Gericke in KK-StPO Rn. 25; Wohlers in SK-StPO Rn. 26.
[192] Knauer NStZ 2016, 1 (2).

c) Beschlussformel. Die Fassung der Beschlussformel steht im **Ermessen des** 54 **Gerichts,**[193] muss aber auf Verwerfung lauten. Inzwischen wird auf die Wendung „offensichtlich unbegründet" häufig verzichtet.[194] Im Hinblick auf die „verstörende Wirkung",[195] die diese Formulierung für den Angeklagten haben kann, ist diese „sprachliche Glättung",[196] die im Interesse des Strafverteidigers von der Anwaltschaft initiiert worden ist,[197] zu begrüßen. In der Praxis hat sich die Formulierung eingebürgert, dass „die Überprüfung des angefochtenen Urteils aufgrund der Revisionsrechtfertigung keinen Rechtsfehler zum Nachteil des Beschwerdeführers ergeben" habe[198] und die Revision nach § 349 Abs. 2 verworfen wird. Die Tatsache, dass die Offensichtlichkeit im Verwerfungsbeschluss regelmäßig keine Erwähnung findet, ist ein weiteres Indiz dafür, dass dieses Merkmal zunehmend an Bedeutung verliert (dazu bereits → Rn. 29 ff.).

Dass die Entscheidung auf Antrag der StA ergeht, ist zwingende Voraussetzung für 55 eine Entscheidung nach Abs. 2 und braucht somit nicht explizit ausgesprochen werden.[199] Dasselbe gilt für die Einstimmigkeit.[200]

d) Gründe. aa) Grundsatz. Das Revisionsgericht ist von Gesetzes wegen **nicht zu** 56 **einer** näheren **Begründung** des Beschlusses **verpflichtet;** § 34 ist nach hM nicht anwendbar.[201] Auch die Gewährleistungen der EMRK verlangen eine Begründung der Entscheidung des Revisionsgerichts nicht, wie der BGH mit Verweis auf die Rechtsprechung des EGMR betont.[202] Verwehrt sind dem Revisionsgericht begründende Ausführungen aber auch nicht, insbesondere widersprechen auch längere Ausführungen nicht dem Merkmal der Offensichtlichkeit.[203] So sind in Einzelfällen auch umfangreiche Verwerfungsbeschlüsse mit ausführlicher Begründung durchaus möglich (etwa mit ca. 30 Seiten).[204] Nach Auffassung der hM reicht regelmäßig ein Verweis auf den Antrag der StA; eine weitere **Begründungspflicht besteht nicht,** weil dem Revisionsführer die wesentlichen Verwerfungsgründe bereits durch die Mitteilung des Verwerfungsantrags bekanntgegeben worden sind.[205] Dennoch ist es bei den Strafsenaten des BGH üblich geworden, im Falle des Abweichens von der Antragsbegründung des GBA zumindest

---

[193] BGH 15.2.1994 – 5 StR 15/92, NStZ 1994, 353; Wohlers in SK-StPO Rn. 34; Schmitt in Meyer-Goßner/Schmitt Rn. 20; Ostler DRiZ 1957, 61; krit. Peters JR 1977, 476 (477); Römer MDR 1984, 353 (358).
[194] BGH 15.2.1994 – 5 StR 15/92, NStZ 1994, 353.
[195] So ausdrücklich Widmaier/Momsen in Satzger/Schluckebier/Widmaier StPO Rn. 25. Dazu bereits Ostler DRiZ 1957, 61.
[196] Dahs NStZ 2001, 298.
[197] Ostler DRiZ 1957, 61; dazu auch v. Stackelberg FS Dünnebier, 1982, 365 (367).
[198] Franke in Löwe/Rosenberg Rn. 22; Widmaier/Momsen in Satzger/Schluckebier/Widmaier StPO Rn. 25; Wiedner in BeckOK StPO Rn. 39; Gericke in KK-StPO Rn. 27.
[199] Schmitt in Meyer-Goßner/Schmitt Rn. 19; Wohlers in SK-StPO Rn. 34; Detter StV 2004, 345 (347).
[200] Schmitt in Meyer-Goßner/Schmitt Rn. 19; Franke in Löwe/Rosenberg Rn. 26.
[201] So ausdrücklich Franke in Löwe/Rosenberg Rn. 21; aA Meyer-Mews StraFo 2017, 96 (97).
[202] Vgl. nur jüngst BGH 13.3.2017 – 1 StR 476/15, BeckRS 2017, 105596, unter Bezugnahme auf EGMR 13.2.2007 – 15073/03, EuGRZ 2088, 274 (276).
[203] Gericke in KK-StPO Rn. 27; Schmitt in Meyer-Goßner/Schmitt Rn. 20; Nagel in Radtke/Hohmann Rn. 9; Wiedner in BeckOK StPO Rn. 41 f.
[204] So bspw. der umfangreich begründete „Schreiber II- Beschluss", BGH 28.7.2015 – 1 StR 602/14, NStZ 2016, 164 mAnm Kudlich.
[205] BGH 15.2.1994 – 5 StR 15/92, NStZ 1994, 353; BVerfG 22.1.1982 – 2 BvR 1506/81, NJW 1982, 925; jüngst BGH 4.4.2016 – 1 StR 406/15, NStZ-RR 2016, 251 (252); Gericke in KK-StPO Rn. 26; Franke in Löwe/Rosenberg Rn. 21; Temming in Gercke/Julius/Temming/Zöller Rn. 8; Schmitt in Meyer-Goßner/Schmitt Rn. 20; Nagel in Radtke/Hohmann Rn. 7; Dahs Strafprozessrevision Rn. 586; Detter StV 2004, 345 (347); aA Eschelbach GA 2004, 228 (242 f.); Rosenau ZIS 2012, 195 (202); kritisch auch Roxin/Schünemann StrafVerfR § 55 Rn. 54; Paeffgen/Wasserburg GA 2012, 535 (538).

einen kurzen Hinweis auf die vom Senat als maßgeblich erachteten Gründe zu geben.[206] Das Schweigen des Senats auf die Ausführungen in der Gegenerklärung des Verteidigers muss dahingehend gedeutet werden, dass der neue Vortrag ungeeignet gewesen ist, die vom GBA begründete Erfolglosigkeit der erhobenen Revisionsrügen zu entkräften.[207] Es begründet, solange der Senat die Gegenerklärung zur Kenntnis genommen hat, keinen Verstoß gegen den Grundsatz des rechtlichen Gehörs[208] und damit keine Anhörungsrüge.[209]

57 Die Beschlussgründe fallen damit **überwiegend knapp** aus. Zum Teil stellt der Senat nur klar, dass weiteres Vorbringen berücksichtigt wurde, um einer potentiellen Anhörungsrüge von vornherein zu begegnen; zum Teil wird durch kritische Anmerkungen mit Blick auf die Entscheidung der Vorinstanz der Tatrichter diszipliniert.[210] Ferner kann der Senat (obiter) rechtsfortbildend tätig werden, hilfsweise Rechtserwägungen anstellen, eine bestimmte Rechtsauffassung nochmals untermauern, sich einer Ansicht eines anderen Senats anschließen oder die Darstellungsanforderungen an den Tatsachenvortrag im Rahmen einer Verfahrensrüge konkretisieren.

58 **bb) Kritik.** Nach **Auffassung des BVerfG** bestehen **weder verfassungsrechtliche noch konventionsrechtliche Bedenken** gegen diese Begründungspraxis.[211] Weil der Revisionsführer sowohl die Gründe des angegriffenen Urteils als auch den ebenfalls zu begründenden Verwerfungsantrag der StA kenne und ihm das Recht zustehe, eine schriftliche Gegenerklärung einzureichen, werde dem Anspruch des Revisionsführers auf rechtliches Gehör ausreichend Rechnung getragen. Eine Verletzung des rechtlichen Gehörs liege daher nur dann vor, wenn sich aus den besonderen Umständen des Falles deutlich ergibt, dass das Gericht ein Vorbringen überhaupt nicht zur Kenntnis genommen oder doch bei seiner Entscheidung ersichtlich nicht in Erwägung gezogen hat.[212]

59 Allerdings wird im strafrechtswissenschaftlichen Schrifttum und in der Anwaltschaft zu Recht die Auffassung vertreten, dass die **Begründung** der revisionsgerichtlichen Entscheidung nicht nur ein nobile officium bzw. richterliche Höflichkeit ist,[213] sondern eine **rechtsstaatlich gebotene Notwendigkeit**.[214] Das gilt insbesondere für die Fälle, in denen das Revisionsgericht seinen Beschluss nicht in vollem Umfang auf den Verwerfungsantrag der StA stützt.[215] Andernfalls bleibt dem Revisionsführer nichts anderes übrig, als blind darauf zu vertrauen, dass das Gericht seiner Verpflichtung nachgekommen ist, das Vorbringen der

---

[206] Widmaier/Momsen in Satzger/Schluckebier/Widmaier StPO Rn. 26.
[207] BGH 25.7.2013 – 3 StR 89/13, BeckRS 2013, 14777; 8.4.2009 – 5 StR 40/09, wistra 2009, 283; 24.6.2009 – 1 StR 556/07, BeckRS 2009, 20750; 8.4.2009 – 5 StR 40/09, NStZ-RR 2009, 252; vgl. BVerfG 21.1.2002 – 2 BvR 625/0, NStZ 2002, 487 (488 f.); 17.7.2007 – 2 BvR 496/07, StraFo 2007, 463; Schmitt in Meyer-Goßner/Schmitt Rn. 20.
[208] BGH 10.5.2023 – 2 StR 52/23, BeckRS 2023, 12820 und BGH 12.4.2023 – 5 StR 406/22, BeckRS 2023, 8090.
[209] BGH 13.1.2009 – 4 StR 196/08, BeckRS 2009, 05587; 27.6.2012 – 1 StR 131/12, NStZ-RR 2012, 319; 5.5.2014 – 1 StR 82/14, BeckRS 2014, 10051 = NStZ-RR 2014, 222 (Ls.); diese Praxis zu Recht kritisierend Schlothauer StV 2004, 340 (341).
[210] Krit. hierzu Dahs NStZ 1981, 206 (206 f.); Franke in Löwe/Rosenberg Rn. 21; aA Krehl GA 1982, 162 (173 f.); das Disziplinierungselement als wesentlichen Bestandteil der Qualitätskontrolle bezeichnend Rosenau ZIS 2012, 195 (203); zur Kontroll- und Disziplinierungsfunktion der Revision siehe auch Knauer NStZ 2016, 1 (9 f.), sowie → Vor § 333 Rn. 67 f.
[211] BVerfG 22.1.1982 – 2 BvR 1506/81, NJW 1982, 925; 24.3.1987 – 2 BvR 677/86, NJW 1987, 2219; 24.5.2001 – 2 BvR 746/01, NStZ-RR 2002, 95; 17.7.2007 – 2 BvR 496/07, NStZ-RR 2007, 381. So auch der Kammerbeschluss des BVerfG (3. Kammer des Zweiten Senats) 30.6.2014 – 2 BvR 792/11, NJW 2014, 2563.
[212] BVerfG 30.6.2014 – 2 BvR 792/11, NJW 2014, 2563.
[213] In diese Richtung aber Detter StV 2004, 345 (350), der lediglich anmahnt, dass die Strafsenate auf jeden Fall von der Möglichkeit einer kurzen, die wesentlichen Fragen der Revision ansprechenden Begründung Gebrauch machen sollten. Ausdrücklich von einem „nobile officium" gegenüber dem Verteidiger spricht auch Schmitt in Meyer-Goßner/Schmitt Rn. 20.
[214] Wohlers in SK-StPO Rn. 36; Wohlers HRRS 2015, 271 (275 f.); Rosenau ZIS 2012, 195 (203); Rosenau FS I. Roxin, 1981, 683 ff.; Meyer-Mews StraFo 2017, 96.
[215] So aber der BGH, vgl. BGH 6.4.2017 – 3 StR 389/16, BeckRS 2017, 109265.

Parteien bei seiner Entscheidung zu berücksichtigen. Dies steht jedoch in Widerspruch zu dem Anspruch an ein modernes Strafverfahren, das jedenfalls auch darauf abzielt, durch die verbindliche Aufarbeitung eines bestimmten Sachverhaltes in einem geordneten Verfahren die Grundlage für den Eintritt von Rechtsfrieden zu schaffen,[216] sowie zu einer kommunikativen Verfahrenskultur, der insbesondere der 5. Strafsenat des BGH das Wort redet.[217] Sieht man von der Möglichkeit der Einlegung einer Verfassungsbeschwerde und einer Individualbeschwerde nach Art. 34 EMRK ab, die jeweils nicht mehr als Rechtsmittel der ordentlichen Gerichtsbarkeit anzusehen sind, handelt es sich auch bei der ou-Verwerfung letztlich um eine verfahrensbeendende Sachentscheidung,[218] sodass auf die kommunikative und rechtsbefriedende Wirkung der gerichtlichen Entscheidung nicht verzichtet werden kann. Dies ist jedoch zwangsläufig der Fall, wenn die Bedenken, die der Revisionsführer gegen das erstinstanzliche Urteil erhoben hat, grundsätzlich begründungslos abgetan werden und er vielmehr auf den goodwill des Revisionsgerichts angewiesen ist, das je nach Einzelfall entscheiden kann, ob ihm der Sinn nach weiteren Begründungen steht. Gerade bei umfangreichen und sorgsam begründeten Revisionsbegründungen ist eine begründungslose Verwerfung nicht nur dem Angeklagten schwer zu vermitteln, sondern führt auch zu einer Degradierung qualifizierter Verteidigung.[219]

Bekräftigt wird diese Sichtweise durch die **Rückbesinnung auf den Sinn und Zweck** **60** der Revision. Das Rechtsmittel der Revision erfüllt in erster Linie eine Kontroll- und Disziplinierungsfunktion, unter dessen Dach auch die klassischen Begründungsansätze der Revision, die Herstellung von Einzelfallgerechtigkeit sowie die Sicherung der Rechtseinheit und Fortbildung des Rechts, Platz finden (dazu → Vor § 333 Rn. 66 ff.).[220] Wenn allerdings die Beweggründe einer gerichtlichen Entscheidung im Verborgenen bleiben, dann ist diese Entscheidung nicht geeignet, ihrer Kontroll- und Disziplinierungsfunktion nachzukommen; auch fehlt ihr die nötige Akzeptanz, um der Einzelfallgerechtigkeit zu dienen.[221] Dies gilt umso mehr, als sich die sachliche Rechtfertigung der ou-Verwerfung schwerpunktmäßig auf das Merkmal der Einstimmigkeit verlagert hat und weniger die Offensichtlichkeit im Vordergrund steht. Daher verfängt auch das Argument, dass Offensichtliches nicht begründet werden muss,[222] nicht. Rechtstatsächlich werden nicht lediglich offensichtlich unbegründete Revisionen verworfen, sondern solche, bei denen die Offensichtlichkeit über die Form der Einstimmigkeit hergestellt wird, weil alle Mitglieder des Revisionsgerichts die Revision als chancenlos erachten.[223]

Freilich zielt die Kritik nicht darauf ab, ein generelles Misstrauensvotum gegen die Rich- **61** terschaft auszusprechen. Vor dem Hintergrund, dass es sich bei den ou-Verwerfungen um praktische Verfahrenswirklichkeit handelt, geht es jedoch darum, die **strukturell bedingten Gefahren,** die diese Verfahrenspraxis in sich birgt, so weit wie **möglich zu minimieren.** Daher obliegt den Revisionsgerichten die Pflicht, dass auch ihre Beschlussentscheidungen in nachvollziehbarer Weise ergehen: „*Justice must not only be done, it must also be seen to be done*".[224] Deshalb wird man nur dann auf eine Begründung des ou-Beschlusses verzichten können, wenn das Revisionsgericht seine Entscheidung vollumfänglich und ohne Abweichungen auf breite Ausführungen der revisionsstaatsanwaltschaftlichen Antragsschrift stützt.[225] In allen

---

[216] Dazu ausführlich Wohlers HRRS 2015, 271 (276).
[217] Siehe nur BGH 14.4.2015 – 5 StR 20/15, NStZ 2015, 537.
[218] Wohlers JZ 2011, 78 (83); Wohlers in SK-StPO Rn. 36.
[219] So ausdrücklich Eisenberg NK 2013, 229 (234).
[220] Knauer NStZ 2016, 1 (6 ff.).
[221] In diesem Sinne bereits auch Schlothauer StV 2004, 340 (341), der von negativen Auswirkungen auf die Instanzgerichte spricht; dagegen indes Detter StV 2004, 345 (348).
[222] Temming in Gercke/Julius/Temming/Zöller Rn. 8.
[223] Norouzi StraFO 2013, 210 (210).
[224] Wohlers JZ 2011, 78 (78, 81); Wohlers HRRS 2015, 271 (276).
[225] Wohlers in SK-StPO Rn. 36; Schlothauer StV 2004, 340 (342); Rosenau ZIS 2012, 195 (203); Rosenau FS I. Roxin, 1981, 683 ff.; Peters FS Dünnebier, 1982, 53 (68 Fn. 42); dazu auch Fezer StV 2007, 40 (44 ff.); Eschelbach GA 2004, 228 (243 f.); für eine generelle Begründungspflicht Norouzi StV 2015, 773 (777); nach Krehl GA 1987, 162 (177) soll auch in diesem Fall eine bloße Bezugnahme nicht statthaft sein.

anderen Fällen ist eine Begründung nicht nur angebracht,²²⁶ sondern rechtsstaatlich geboten, deren Umfang sowohl von dem Verwerfungsantrag der StA als auch dem Revisionsvorbringen abhängig ist. Das gilt insbesondere dann, wenn die Begründung der StA unzureichend oder der Revisionsführer eine Gegenerklärung abgegeben hat.²²⁷ In jedem Fall muss sich das Revisionsgericht mit dem Revisionsvorbringen in nachvollziehbarer Weise auseinandersetzen.

62 Das Begründungserfordernis dient somit dazu, das Beschlussverfahren **transparenter** zu gestalten²²⁸ und den freiheitssichernden Justizgrundrechten optimale Wirkungskraft zu verleihen. Schließlich geht es darum, den bloßen Verdacht, unliebsame Revisionsrügen unter den Tisch kehren zu wollen, erst gar nicht aufkommen zu lassen. Eine offene Gestaltung des Beschlussverfahrens, wozu insbesondere die Begründung des Verwerfungsbeschlusses zählt, würde in jedem Fall die Akzeptanz gegenüber dieser Entscheidungspraxis erhöhen.²²⁹ Normativ verankern lässt sich das an den grundgesetzlichen Garantien, die durch das Beschlussverfahren berührt werden. Von Bedeutung ist deshalb nicht allein Art. 103 Abs. 1 GG und das „Gehörtwerden", betroffen ist vielmehr die Rechtsstaatlichkeit des Revisionsverfahrens insgesamt, also Art. 20 Abs. 3 GG und Art. 19 Abs. 4 GG sowie Art. 6 EMRK.²³⁰

63 **e) Bindung des Revisionsgerichts.** Der Antrag der StA beim Revisionsgericht ist **prozessuale Voraussetzung** für den revisionsgerichtlichen Verwerfungsbeschluss nach Abs. 2. Dementsprechend ist das Revisionsgericht in dem Umfang, in dem der GBA oder GenStA von einem Verwerfungsantrag nach Abs. 2 absieht, prozedural an einer Entscheidung im Beschlusswege nach Abs. 2 gehindert.²³¹ Im Fall eines **kombinierten Teilaufhebungs- und Teilverwerfungsantrags** ergibt sich daher eine Bindung des Revisionsgerichts. Sofern die StA in ihrem Antrag auf eine partielle Besserstellung des Angeklagten abzielt, ist insoweit keine ou-Verwerfung möglich.²³² Möchte das Revisionsgericht das angefochtene Urteil in größerem Umfang als beantragt aufheben, muss es eine Hauptverhandlung durchführen.

64 Hat die StA Verwerfung beantragt, ist das Revisionsgericht indes nicht gehindert, § 354 Abs. 1a und Abs. 1b anzuwenden und die danach gebotene Entscheidung durch Beschluss gem. Abs. 4 zu treffen. Die Herabsetzung der Strafe setzt jedoch einen entsprechenden Antrag der StA voraus; an dessen Höhe ist das Revisionsgericht jedoch nicht gebunden.²³³ Hat die StA aber eine angemessene Herabsetzung der Rechtsfolgen beantragt und will das Revisionsgericht dem nicht folgen, so ist eine Entscheidung durch Verwerfungsbeschluss ausgeschlossen.²³⁴

---

[226] Franke in Löwe/Rosenberg Rn. 21.
[227] Wohlers in SK-StPO Rn. 36; Franke in Löwe/Rosenberg Rn. 21; Nagel in Radtke/Hohmann Rn. 18; Eisenberg NK 2013, 229 (237); aA Wiedner in BeckOK StPO Rn. 40.
[228] Zum Transparenz-Argument vgl. auch Widmaier/Momsen in Satzger/Schluckebier/Widmaier StPO Rn. 28; Neuhaus StV 2001, 222 (223); Norouzi StV 2015, 773 (776) sowie Schlothauer StV 2004, 340 (342), der insofern auch zu einer Begründungspflicht gelangt. Ähnlich Schünemann JA 1982, 123 (129); Zwiehoff, Der Richter in Strafsachen, 1992, 119; Schlothauer/Weider/Nobis Untersuchungshaft Rn. 104; Paeffgen/Wasserburg GA 2012, 535 (543); allgemein zur Fairness und Transparenz als „Heilmittel" im Revisionsverfahren Barton StV 2004, 332 (339 f.).
[229] Dazu bereits Ventzke NStZ 2003, 104 (105). Vereinzelt wird nunmehr gefordert, die Antragsschrift der StA insbes. dann, wenn sich die Revisionsentscheidung vollumfänglich auf diese stützt, Dritten – dem Revisionsführer wird sie schließlich ohnehin gem. Abs. 3 S. 1 mitgeteilt (dazu → Rn. 42 ff.) – in anonymisierter Form zur Verfügung zu stellen, so etwa Wostry/Wostry NJW 2018, 2241. Begründet wird dies damit, dass es der Öffentlichkeit bei Revisionsentscheidungen, die im Beschlusswege ergehen, nicht möglich ist, diese inhaltlich vollständig nachzuvollziehen. Ein solcher Anspruch ist durch die StPO aber nicht vorgesehen und ließe sich allenfalls im Wege einer entsprechenden Auslegung des Akteneinsichtsrechts nach § 475 begründen. Diese vom Ergebnis her zwar nachvollziehbare Forderung wird sich wohl nicht durchsetzen.
[230] Vgl. Fezer HRRS 2010, 281 (287), der die Anforderungen an die revisionsgerichtliche Entscheidung normativ bei Art. 20 Abs. 3, 97 Abs. 1 GG verortet. Vgl. Paeffgen/Wasserburg GA 2012, 535 (543).
[231] Wiedner in BeckOK StPO Rn. 26.
[232] Wohlers in SK-StPO Rn. 38.
[233] Lohse in Krekeler/Löffelmann/Sommer Rn. 12; NJW 2004, 3724 (3725).
[234] Schmitt in Meyer-Goßner/Schmitt Rn. 10.

Die ou-Verwerfung kann mit einer Schuldspruchberichtigung einhergehen. Bei sog. **65** „**Maßgabeanträgen der StA,**" also solchen, die darauf abzielen, eine als offensichtlich unbegründet erachtete Revision mit der Maßgabe der teilweisen Abänderung des angefochtenen Urteils – zumeist im Schuldspruch – zu verwerfen, ist es dem Revisionsgericht hingegen unbenommen, die Revision vollständig nach Abs. 2 zu verwerfen. Die im Gesetz nicht erwähnte Kombination von verwerfender (Abs. 2) und stattgebender (Abs. 4) Entscheidung durch einheitlichen Beschluss ist seit Langem revisionsgerichtliche Praxis.[235] Beantragt die Revisions-StA neben der Verwerfung auch Änderungen, denen Revisionsgericht nicht entsprechen möchte, ist das Revisionsgericht nicht gehindert, die Revision uneingeschränkt zu verwerfen, wenn die beantragte Änderung den Unrechts- und Schuldgehalt der abgeurteilten Tat nicht berührt.[236] Auch wenn der GBA in seinem Antrag Abs. 4 aufgeführt hat, steht das einer vollständigen Verwerfung nicht entgegen.[237] Dabei wird die vollständige Verwerfung mitunter damit begründet, dass der (Teil-)Aufhebungsantrag des GBA zu Lasten und nicht zu Gunsten des Angeklagten wirke.[238] So muss das Revisionsgericht einer beantragten Aufhebung zur Bildung einer Gesamtstrafe, wenn sich dies nur zuungunsten des Angeklagten auswirken würde,[239] einer beantragen Aufhebung der Nichtanordnung der Unterbringung nach §§ 63, 64 StGB,[240] sowie einer beantragten Teileinstellung nach § 154 Abs. 2 oder § 154a Abs. 2 jedenfalls dann nicht entsprechen,[241] wenn die StA eine Auswirkung auf den Strafausspruch verneint und eine Verwerfung nach Abs. 2 im Übrigen beantragt.[242]

Das Revisionsgericht ist hingegen nicht an die **Begründung** des GBA gebunden.[243] **66** Es darf die Revision auch dann nach Abs. 2 verwerfen, wenn es die staatsanwaltschaftliche Antragsbegründung nur im Ergebnis für zutreffend erachtet, die offensichtliche Unbegründetheit aber auf **andere Gründe** stützt; so etwa, wenn es abweichend vom Antrag des GBA von einem Verfahrensfehler ausgeht, aber das Beruhen des Urteils auf dem Verfahrensmangel verneint.[244] Das BVerfG regt bei solch einem abweichenden „Votum" eine knappe Begründung des Beschlusses an.[245] Nach den vorstehenden Erwägungen ist aber demgegenüber von einer weitergehenden Begründungspflicht auszugehen (dazu bereits → Rn. 58 ff.).

f) Nebenentscheidungen. Der Beschluss ist mit einer **Kostenentscheidung** zu ver- **67** sehen (§§ 464, 473 Abs. 1; vgl. aber auch §§ 74, 109 Abs. 2 JGG).[246] Der Verwerfungsbeschluss kann mit **weiteren Entscheidungen verbunden** werden. Praktisch relevant sind

---

[235] Aufschlussreich Senge FS Rieß, 2002, 546 (547 ff.); Dahs/Müssig in MAH Strafverteidigung § 12 Rn. 311; siehe bspw. in BGH 15.9.2010 – 5 StR 325/10, BeckRS 2010, 2343.
[236] BGH 23.7.1993 – 2 StR 346/93, bei Kusch NStZ 1994, 23 (25); Gericke in KK-StPO Rn. 28; Wohlers in SK-StPO Rn. 28; Schmitt in Meyer-Goßner/Schmitt Rn. 22; dazu auch Detter StV 2004, 345 (347).
[237] BGH 3.5.2011 – 5 StR 111/11, BeckRS 2011, 15946.
[238] So bei dem Aufhebungsantrag des GBA hinsichtlich der unterbliebenen Entscheidung über eine Maßregelanordnung nach § 64 StGB, BGH 9.7.1997 – 3 StR 228/97, NStZ-RR 1998, 142 (143).
[239] BGH 3.3.1998 – 4 StR 11/98, BeckRS 1998, 2698 bei Kusch NStZ-RR 1999, 33 (39); BGH 4.3.2003 – 4 StR 524/02, BeckRS 2003, 30309837 bei Becker NStZ-RR 2004, 225 (228 f.).
[240] BGH 9.7.1997 – 3 StR 228/97, NStZ-RR 98, 142 (Ls.); 4.11.2009 – 2 StR 434/09, NStZ-RR 2010, 116; 2.12.2010 – 4 StR 459/10, NStZ-RR 2011, 255; 2.12.2010 – 4 StR 459/10, NStZ-RR 2011, 308; 8.5.2012 – 3 StR 128/12, BeckRS 2012, 11530.
[241] Weitere Beispiele zur Verwerfungsbefugnis des Revisionsgerichts nach Abs. 2 trotz Änderungsantrags Gericke in KK-StPO Rn. 28; Wiedner in BeckOK StPO Rn. 27.
[242] BGH 22.6.2007 – 2 StR 203/07, NStZ 2008, 32 am Ende.
[243] Franke in Löwe/Rosenberg Rn. 17; Gericke in KK-StPO Rn. 25; Gribbohm NStZ 1983, 97; F. Meyer StV 1984, 225; krit. Hamm StV 1981, 249 (317).
[244] Aus neuerer Zeit etwa BGH 23.7.2015 – 1 StR 279/15, HRRS 2015 Nr. 928: Demnach soll der Senat „auch bei einem Antrag des Generalbundesanwalts, einzelne Tatvorwürfe nach § 154 Abs. 2 einzustellen und den Schuldspruch entsprechend anzupassen, […] nicht gehindert sein, nach § 349 Abs. 2 zu entscheiden, denn die Revision des Angeklagten hat auch nach Auffassung des Generalbundesanwalts im Ergebnis keinen Erfolg."
[245] BVerfG 10.10.2001 – 2 BvR 1620/01, NJW 2002, 814. Schließlich ist bei einer abweichenden Rechtsauffassung der (meist ohnehin nur suggerierte) Verweis auf den Antrag des GBA nicht möglich.
[246] Gericke in KK-StPO Rn. 30.

insbes. Beschwerdeentscheidungen nach § 305a, in Gestalt von Kostenbeschwerden und die Entscheidung über die Zubilligung einer Entschädigung für Strafverfolgungsmaßnahmen nach § 8 StrEG.[247]

III. Rechtskraft

68 Der erlassene Beschluss wirkt wie ein nach Abs. 5 verkündetes Urteil,[248] dh er wird mit Ablauf des Tages der Beschlussfassung (34a) **formell rechtskräftig**.[249] Grundsätzlich ist eine Zurücknahme und Abänderung auch nur bis zu diesem Zeitpunkt (Erlass des Beschlusses) möglich. Jedes Senatsmitglied kann eine neue Beratung verlangen, jedenfalls wenn nach Beschlussfassung aber noch vor Hinausgabe ein weiterer Schriftsatz des Beschwerdeführers eingeht.[250] Der BGH geht allerdings davon aus, dass der Beschluss unabänderlich wird, sobald er mit Unterschriften versehen in den Geschäftsgang gegeben worden ist.[251]

69 **1. Abänderung/Aufhebung.** Ist der Beschluss einmal in der Welt, kann er grundsätzlich nicht zurückgenommen oder abgeändert werden. Das verbieten Wesen und Bedeutung der sachlichen Rechtskraft.[252] Weil der Beschluss eine urteilsgleiche, das Verfahren abschließende Sachentscheidung enthält, deren spätere Abänderung durch dasselbe Gericht nicht möglich ist, darf der Verwerfungsbeschluss nach Abs. 2 auch dann nicht durch das Revisionsgericht zurückgenommen werden, wenn er auf einem Tatsachenirrtum beruht.[253]

70 Der **Grundsatz der Unabänderlichkeit** kennt jedoch auch **Grenzen.** Das gilt zum einen dann, wenn der Beschluss des Revisionsgerichts ins Leere geht, so etwa wenn die Revision vor Erlass des Verwerfungsbeschlusses bereits durch den Revidenten zurückgenommen worden war,[254] wenn der Angeklagte zwischenzeitlich verstorben ist[255] oder wenn über das Rechtsmittel als Berufung hätte entschieden werden müssen.[256] Strittig ist, ob man in solchen Fällen eine Abänderung (Zurücknahme) bzw. Aufhebung verlangt oder nicht schlicht von einer Unbeachtlichkeit des Verwerfungsbeschlusses auszugehen ist.[257] Zuletzt wies der 1. Strafsenat des BGH darauf hin, dass im Falle des Todes des Angeklagten aus Gründen der Rechtssicherheit klarzustellen sei, dass der Verwerfungsbeschluss gegenstandslos ist.[258]

71 Zum anderen können auch ein **Verstoß gegen das Willkürverbot** oder eine **Verletzung des rechtlichen Gehörs** (Art. 103 Abs. 1 GG) zu einer Ausnahme vom Grundsatz der Unabänderlichkeit führen und das Revisionsgericht zur Aufhebung des verfassungswidrigen Beschlusses von Amts wegen veranlassen. Ein Verstoß gegen das Willkürverbot ist

---

[247] Franke in Löwe/Rosenberg Rn. 23; Wohlers in SK-StPO Rn. 40.
[248] OLG Braunschweig 15.10.1949 – Ws 71/49, NJW 1950, 36 (38); Franke in Löwe/Rosenberg Rn. 21; Wohlers in SK-StPO Rn. 41.
[249] Schmitt in Meyer-Goßner/Schmitt Rn. 23a.
[250] Wohlers in SK-StPO Rn. 41; Nagel in Radtke/Hohmann Rn. 21; Schmitt in Meyer-Goßner/Schmitt Rn. 24.
[251] BGH 21.9.1993 – 4 StR 474/93, NStZ 1994, 96 (97); 10.5.2011 – 3 StR 72/11, NStZ 2011, 713; 14.8.2012 – 2 StR 629/11, NStZ 2012, 710; aA wohl Schmitt in Meyer-Goßner/Schmitt Rn. 24.
[252] Ausdrücklich BGH 17.1.1962 – 4 StR 392/61, BGHSt 17, 95 (97) = NJW 1962, 818.
[253] BGH 17.1.1962 – 4 StR 392/61, BGHSt 17, 95 (97) = NJW 1962, 818; BGH 13.8.1969 – 1 StR 124/69, BGHSt 23, 102 (103) = NJW 1969, 2057; BGH 12.2.2003 – 5 StR 425/02, StraFo 2003, 172; 21.9.1993 – 4 StR 474/93, NStZ 1994, 96 (97); 20.6.1996 – 5 StR 48/96, NStZ 1997, 45; 22.9.1955 – 3 StR 375/54, NJW 1955, 1766; 22.4.1980 – 3 StR 87/80, GA 1980, 390; OLG Düsseldorf 29.5.1987 – 5 Ss 165/87 – 127/87 I, MDR 1987, 1049; Franke in Löwe/Rosenberg Rn. 29.
[254] BGH 10.9.1991 – 2 StR 326/91, BeckRS 1991, 6737 bei Kusch NStZ 1992, 225; BayObLG 29.6.1987 – RReg. 4 St 89/87, NStZ 1988, 27; Gericke in KK-StPO Rn. 47; Schmitt in Meyer-Goßner/Schmitt Rn. 24. Zum Fall, dass überhaupt keine wirksame Revision eingelegt worden ist vgl. OLG Düsseldorf 29.5.1987 – 5 Ss 165/87 – 127/87 I, MDR 1987, 1049; OLG Köln 22.12.1953 – Ss 369/53, NJW 1954, 692.
[255] OLG Schleswig 23.1.1978 – 1 Ss 534/77, NJW 1978, 1016; krit. Wohlers in SK-StPO Rn. 42.
[256] Schmitt in Meyer-Goßner/Schmitt Rn. 24 unter Verweis auf RG JW 1927, 395.
[257] Vgl. hierzu BGH 17.1.1962 – 4 StR 392/61, BGHSt 17, 94 (96 f.).
[258] BGH 27.10.2015 – 1 StR 162/15, BeckRS 2015, 19291; vgl. BGH 18.4.2000 – 5 StR 659/99, BeckRS 2000, 04691.

bspw. bei formalen Verstößen anzunehmen, wenn etwa der nach Abs. 2 erforderliche Antrag fehlt[259] oder das angefochtene Urteil nicht wirksam zugestellt und deshalb die Begründungsfrist nicht in Gang gesetzt wurde.[260] Der Anspruch auf rechtliches Gehör ist hingegen verletzt, wenn eine rechtzeitig eingereichte Gegenerklärung des Verteidigers wegen eines Versehens der Geschäftsstelle erst nach der Entscheidung dem Revisionsgericht vorgelegt wird. Zwar ist hier auch eine Anhörungsrüge (→ § 356a Rn. 71) statthaft, jedoch ist es dem Revisionsgericht auch nicht verwehrt, von Amts wegen zu prüfen, ob die übergangene Gegenerklärung eine andere Entscheidung veranlasst hätte. Das Revisionsgericht kann daher einen weiteren Beschluss mit geänderter Sachentscheidung erlassen.[261] **Möglich** bleibt hingegen die **Berichtigung offensichtlicher Schreib-, Rechen- und Übertragungsfehler,**[262] es gelten insofern die allgemeinen Grundsätze.

2. Wiedereinsetzung. Eine Wiedereinsetzung ist nur im Fall des Abs. 1 möglich,[263] 72 nicht aber bei Verwerfungsbeschlüssen nach Abs. 2.[264] Ist ein bestimmtes Vorbringen des Beschwerdeführers noch innerhalb der Fristen bzw. vor Erlass des Beschlusses nicht zur Kenntnis des Senats gelangt, ist eine Anhörungsrüge gem. § 356a statthaft und keine Wiedereinsetzung in den vorherigen Stand.[265]

D. Beschluss bei begründeter Revision zugunsten des Angeklagten (Abs. 4)

I. Allgemein

Abs. 4 eröffnet dem Revisionsgericht die Möglichkeit, auf eine aufwändige Hauptverhandlung zu verzichten, wenn der Senat eine **zugunsten des Angeklagten** eingelegte Revision **einstimmig** für **begründet** hält.[266] Die Regelung dient damit ebenfalls der Verfahrensvereinfachung und der Entlastung der Revisionsgerichte.[267] Bereits 1944 wurde eine Vorschrift eingeführt, die es bei begründeten Revisionen ermöglichte, durch Beschluss zu entscheiden, jedoch nur – spiegelbildlich zu Abs. 2 – bei offensichtlicher Begründetheit. Die schon 1945 wieder abgeschaffte Vorschrift kehrte 1964 modifiziert – ohne das Merkmal der Offensichtlichkeit – wieder zurück.[268]

Aufhebungen nach Abs. 4 kommen typischerweise bei evidenten bzw. einfach strukturierten Verfahrensfehlern zur Anwendung, bei denen die Urteilsaufhebung wegen eines eindeutigen Gesetzesverstoßes keiner umfangreichen Begründung bedarf, so etwa bei einem Verstoß gegen den Grundsatz der Öffentlichkeit,[269] einem Verstoß gegen die Mitteilungs-

---

[259] BVerfG 10.11.1981 – 2 BvR 1060/81, BVerfGE 59, 98 = NJW 1982, 324; Wohlers in SK-StPO Rn. 42; Franke in Löwe/Rosenberg Rn. 30.
[260] BVerfG 28.7.1964 – 2 BvR 201/64, BVerfGE 18, 155 (157); Franke in Löwe/Rosenberg Rn. 30; Wohlers in SK-StPO Rn. 42.
[261] Dazu auch Widmaier/Momsen in Satzger/Schluckebier/Widmaier StPO Rn. 44.
[262] Wiedner in BeckOK StPO Rn. 5.
[263] BGH 21.12.1972 – 1 StR 267/72, BGHSt 25, 89 (91) = NJW 1973, 521; Schmitt in Meyer-Goßner/Schmitt Rn. 25.
[264] StRspr BGH 20.6.1996 – 5 StR 48/96, NStZ 1997, 45; 3.9.1998 – 4 StR 93/98, NStZ 1999, 41; 12.2.2003 – 5 StR 425/02, StraFo 2003, 172; Schmitt in Meyer-Goßner/Schmitt Rn. 25; Nagel in Radtke/Hohmann Rn. 21; aA Franke in Löwe/Rosenberg Rn. 29.
[265] Nach Franke in Löwe/Rosenberg Rn. 30 soll das Nachholverfahren des § 356a wegen der so weitgehenden Verletzung des rechtlichen Gehörs jedenfalls dann nicht ausreichen, wenn die übersehene Revisionsbegründung auch die Anwendbarkeit des Abs. 2 fraglich macht.
[266] Schmitt in Meyer-Goßner/Schmitt Rn. 28; Franke in Löwe/Rosenberg Rn. 31; Gericke in KK-StPO Rn. 36.
[267] Franke in Löwe/Rosenberg Rn. 1; Schmitt in Meyer-Goßner/Schmitt Rn. 28; Gericke in KK-StPO Rn. 36.
[268] Siehe hierzu Kleinknecht JZ 1965, 153 (160); Kruse, Die offensichtlich unbegründete Revision, S. 19 f.; Stoll Lex Lobe S. 40 f.
[269] BGH 14.1.2016 – 4 StR 543/15, HRRS 2016 Nr. 276.

pflicht nach § 243 Abs. 4,[270] der rechtsfehlerhaften Ablehnung eines Beweisantrags,[271] der Nichtberücksichtigung eines Beweisverwertungsverbots[272] sowie erheblichen Darstellungsmängeln.[273]

II. Voraussetzungen

75 **1. Revision zugunsten des Angeklagten.** Eine Entscheidung nach Abs. 4 setzt voraus, dass die Revision zugunsten des Angeklagten eingelegt worden ist. Unproblematisch ist hiervon auszugehen, wenn der Angeklagte selbst, sein Verteidiger oder gesetzlicher Vertreter (bzw. Erziehungsberechtigter) das Rechtsmittel eingelegt hat.[274] Bei **Revisionen der StA** sind jedenfalls diejenigen Fälle umfasst, in denen das Rechtsmittel ausschließlich zugunsten des Angeklagten eingelegt wird, § 296 Abs. 2.[275] Die Rechtsprechung wendet Abs. 4 auch auf Revisionen des Nebenklägers oder der StA an, wenn diese zugunsten des Angeklagten entschieden werden (§ 296 Abs. 1, § 301).[276] Diese Auffassung überzeugt,[277] da der Angeklagte durch die Entscheidung nicht beschwert ist.[278]

76 **2. Einstimmigkeit der Entscheidung.** Die Entscheidung muss einstimmig ergehen,[279] insoweit ergeben sich keine Unterschiede zum Verfahren nach Abs. 2. Allerdings ist kein Antrag der StA erforderlich. In der Praxis ist ein solcher Antrag aber durchaus üblich. Will das Gericht aber nach Abs. 4 entscheiden, ohne dass ein entsprechender Antrag der StA vorliegt, so ist aber dieser Gelegenheit zur **Stellungnahme** zu geben.[280]

77 **3. Entscheidung zugunsten des Angeklagten.** Im Beschlusswege nach Abs. 4 kann das Revisionsgericht jede Entscheidung zu Gunsten des Angeklagten treffen. Das ist zunächst bei einer abschließenden eigenen Entscheidung nach § 354 Abs. 1[281] wie auch bei Aufhebung und Zurückverweisung der Sache gem. § 354 Abs. 2, 3, § 355[282] der Fall; ebenso bei einer Aufhebung nach § 354 Abs. 1b. Schließlich wird auch die Änderung des Strafausspruches nach § 354 Abs. 1a S. 2 durch Beschluss nach Abs. 4 für zulässig gehalten.[283]

78 Liegt ein **Verfahrenshindernis** vor, das zur Einstellung des Verfahrens führen muss, hat das Revisionsgericht eine Wahlmöglichkeit zwischen § 206a und § 349 Abs. 4.[284] Nach hM

---

[270] BGH 13.1.2016 – 1 StR 630/15, BeckRS 2016, 02980.
[271] KG 27.1.2015 – (4) 161 Ss 186/14 (285/14), NJW-Spezial 2015, 377.
[272] BGH 21.10.2014 – 5 StR 296/14, NStZ 2015, 46.
[273] BGH 22.12.2015 – 2 StR 468/15, BeckRS 2016, 02983; 16.12.2015 – 1 StR 503/15, BeckRS 2016, 03125 (Aussage gegen Aussage).
[274] Schmitt in Meyer-Goßner/Schmitt Rn. 28; Wohlers in SK-StPO Rn. 46; Nagel in Radtke/Hohmann Rn. 28.
[275] Gericke in KK-StPO Rn. 37; Schmitt in Meyer-Goßner/Schmitt Rn. 28; Wohlers in SK-StPO Rn. 46.
[276] BGH 26.2.2003 – 5 StR 27/03, BeckRS 2003, 2883 bei Becker NStZ-RR 2004, 65 (67); BGH 6.11.1996 – 5 StR 219/96, BeckRS 1996, 31091283 bei Kusch NStZ 1997, 376 (379); BGH 23.8.1995 – 2 StR 394/95, NStZ-RR 1996, 130; 28.5.1969 – 1 StR 220/69, BeckRS 1969, 64 bei Dallinger MDR 1969, 901 (904); zuletzt OLG Frankfurt a. M. 2.6.2014 – 3 Ss 68/14, NStZ-RR 2014, 220.
[277] Zust. auch Wohlers in SK-StPO Rn. 46; Franke in Löwe/Rosenberg Rn. 32; Wiedner in BeckOK StPO Rn. 6; Nagel in Radtke/Hohmann Rn. 28.
[278] AA Amelunxen, Die Revision der Staatsanwaltschaft, S. 77 ff.; Schmitt in Meyer-Goßner/Schmitt Rn. 28; Momsen in KMR-StPO Rn. 26; Seibert NJW 1966, 1064.
[279] Wohlers in SK-StPO Rn. 48.
[280] Franke in Löwe/Rosenberg Rn. 37; Gericke in KK-StPO Rn. 36; Schmitt in Meyer-Goßner/Schmitt Rn. 30.
[281] Bei eigener Sachentscheidung des Revisionsgerichts ist eine Wiederaufnahme gegen den Beschluss statthaft, vgl. OLG Braunschweig 15.10.1949 – Ws 71/49, NJW 1950, 36 (38); Wohlers in SK-StPO Rn. 50.
[282] BGH 22.4.1998 – 5 StR 5-98, BGHSt 44, 68 (82) = NJW 1998, 2612; OLG Hamburg 25.3.1966 – 1 Ss 39/66, NJW 1966, 1277; OLG Hamm 10.11.1976 – 3 Ss 702/76, NJW 1977, 207; OLG Köln 29.10.1965 – Ss 492/65, NJW 1966, 512; Wohlers in SK-StPO Rn. 47.
[283] BGH 7.3.2006 – 5 StR 547/05, wistra 2006, 270 mit ausführlicher Begründung; Dahs Strafprozessrevision Rn. 591.
[284] Bohnert GA 1982, 173; Franke in Löwe/Rosenberg Rn. 35; Widmaier/Momsen in Satzger/Schluckebier/Widmaier StPO Rn. 32; Nagel in Radtke/Hohmann Rn. 34 für den Vorrang von § 206a Temming in Gercke/Julius/Temming/Zöller Rn. 10.

macht es in diesem Zusammenhang keinen Unterschied, ob der Verfahrensfehler bereits vom Tatrichter übersehen worden oder erst im Laufe des Revisionsverfahrens eingetreten ist.[285] Die Auffassung der Mindermeinung, wonach dem Revisionsgericht keine Wahlmöglichkeit zukomme, sondern dieses vielmehr nach Abs. 4 vorzugehen habe,[286] kann nicht überzeugen. Zu Recht wird dagegen eingewandt, dass es nicht einzusehen ist, warum dem Revisionsgericht der Zugriff auf die verfahrensvereinfachende Vorschrift des § 206a versperrt sein soll; denn anders als Abs. 4 verlangt ein Beschluss nach § 206a gerade keine Einstimmigkeit.

4. Beschlussformel und Begründung. Der Beschluss wird den Beteiligten **formlos** **bekannt** gemacht (§ 35 Abs. 2 S. 2)[287] und ist – da er einer Aufhebung durch Revisionsurteil gleichkommt – zu **begründen.** Dies gilt nicht nur deshalb, weil kein Verfahren nach Abs. 2 und 3 vorgesehen ist, es mithin an einer „mittelbaren" Begründung durch den Antrag des GBA fehlt,[288] sondern auch wegen der Bindungswirkung nach § 358 Abs. 1, die auch bei einer Aufhebung durch Beschluss Geltung beansprucht. Eine Klarstellung der **Aufhebungsansicht** (hierzu → § 358 Rn. 5) ist somit veranlasst.[289] Auch ist eine endgültige Entscheidung über die Kosten der Revision und ggf. über die notwendigen Auslagen des Angeklagten zu treffen, wenn das Verfahren abgeschlossen wird, wohingegen im Fall der Zurückverweisung die Aufgabe, über die Kosten und Auslagen zu entscheiden, regelmäßig dem Tatrichter überlassen wird.[290] Hinsichtlich der Berichtigung, Abänderung und Aufhebung des Beschlusses nach Abs. 4 gelten die bei → Rn. 69 ff. dargelegten Grundsätze.

E. Entscheidung durch Urteil (Abs. 5)

Kommt eine Entscheidung durch Beschluss gem. Abs. 1, 2 oder 4 nicht in Betracht und sind auch die alternativen Möglichkeiten, durch Beschluss zu entscheiden (§ 153 Abs. 2, § 154 Abs. 2, § 206a, § 206b, § 437 Abs. 4, § 441 Abs. 4), nicht einschlägig, hat das Gericht eine Hauptverhandlung anzuberaumen und durch Urteil zu entscheiden.[291] Im Übrigen kann es trotz Vorliegens der Voraussetzungen von einer Entscheidung im Beschlusswege absehen. Die StA beim Revisionsgericht kann eine Entscheidung durch Urteil beantragen, etwa wegen der Bedeutung der Sache. Selbstverständlich kann das Revisionsgericht nach Anberaumung einer Hauptverhandlung die Revision als unzulässig oder unbegründet verwerfen, nunmehr durch Urteil.

F. Kombinierte Entscheidungen

I. Bei einem Revisionsführer

In der Praxis hat sich die Kombination von **Teilverwerfung** (Abs. 2) und **Teilaufhebung** (Abs. 4) etabliert.[292] Voraussetzung dafür ist jedoch, dass es sich um jeweils eigenständig zu beurteilende Teile des angefochtenen Urteils handelt.[293] Das ist bspw. dann der

---

[285] Dazu ausf. Franke in Löwe/Rosenberg Rn. 35 mwN.
[286] Meyer-Goßner GA 1973, 366 (370); Meyer-Goßner NStZ 2004, 354; Schmitt in Meyer-Goßner/Schmitt Rn. 29a; OLG Koblenz 22.12.2004 – 2 Ss 312/04, StraFo 2005, 129.
[287] Schmitt in Meyer-Goßner/Schmitt Rn. 33.
[288] Wohlers in SK-StPO Rn. 51.
[289] Schmitt in Meyer-Goßner/Schmitt Rn. 31.
[290] Gericke in KK-StPO Rn. 38; Nagel in Radtke/Hohmann Rn. 31.
[291] Schmitt in Meyer-Goßner/Schmitt Rn. 35.
[292] Ausdrücklich zur Zulässigkeit BGH 25.3.1997 – 1 StR 579/96, BGHSt 43, 31 = NStZ 1999, 95 mablAnm Wattenberg; Gericke in KK-StPO Rn. 37; Widmaier/Momsen in Satzger/Schluckebier/Widmaier StPO Rn. 33; Lohse in Krekeler/Löffelmann/Sommer Rn. 15; Nagel in Radtke/Hohmann Rn. 28.
[293] Dahs Strafprozessrevision Rn. 594.

Fall, wenn das angefochtene Urteil im Schuldspruch bestätigt und die insoweit eingelegte Revision – sofern die Voraussetzungen nach Abs. 2 und 3 vorliegen – verworfen, der Strafausspruch aber aufgehoben und zu neuer Verhandlung und Entscheidung zurückverwiesen wird. Zu denken ist ferner an eine partielle Aufhebung hinsichtlich einer abtrennbaren Tat und der Verwerfung der Revision im Übrigen.[294] Regelmäßig ergeht solch eine gespaltene Entscheidung aber auf Grundlage eines umfassenden Verwerfungsantrags, dem das Revisionsgericht aber nur teilweise folgt.[295]

82 In Betracht kommt auch die **Kombination von Abs. 2 mit Abs. 5.** Es wird für zulässig erachtet, einzelne Rügen nach Abs. 2 zu verwerfen, um nur über bestimmte Teile des Verfahrens bzw. Vorwürfe in der Revisionshauptverhandlung zu verhandeln.[296] Da in Anbetracht der ohnehin anberaumten Hauptverhandlung prozessökonomisch nicht viel gewonnen ist, macht dieses Vorgehen – vor allem auch um eine unnötige Komplizierung des Revisionsverfahrens zu vermeiden – wenig Sinn.[297]

II. Verschiedene Revisionsführer

83 Auch bei Revisionen **verschiedener Beschwerdeführer** in derselben Strafsache kommen kombinierte Entscheidungen in Betracht. Das Revisionsgericht kann dabei über jede Revision einzeln entscheiden und dabei die soeben dargelegten Kombinationsmöglichkeiten anwenden. Allerdings ist es nicht unüblich, dass bei einer Revision sowohl des Angeklagten wie auch der StA die Revision des Angeklagten nach Abs. 2 verworfen wird, wohingegen über die Revision der StA verhandelt wird. Diese Praxis der **gespaltenen Revisionshauptverhandlung**[298] wird ganz überwiegend für zulässig erachtet.[299] Sie bietet sich aber allenfalls dann an, wenn die Revision der StA auf einen Themenkomplex beschränkt ist, während die Revision des Angeklagten aus offensichtlich vergeblichen Verfahrensrügen besteht. Sobald die Revision des Angeklagten jedoch diskussionswürdig ist, sollte von dieser Kombinationslösung schon aus Gründen des guten Stils abgesehen werden.[300] Das gilt schon allein deshalb, weil bei der Verwerfung der Angeklagtenrevision die Entscheidung hierüber grundsätzlich nicht begründet werden muss, wohingegen die Revision der StA in Urteilsform ergeht. Bei wechselseitig eingelegten Revisionen sollte deshalb grundsätzlich eine einheitliche Entscheidung angestrebt werden, um dem Anschein einer ungerechtfertigten Ungleichbehandlung entgegenzuwirken.[301] Hinzu kommt, dass jede vermeidbare Verfahrensspaltung nicht nur aus dem Blickwinkel des „fair-trial" und dem Prinzip prozessualer Waffengleichheit höchst problematisch ist, sondern schlichtweg auch unökonomisch, wenn man bedenkt, dass auch die Vorbereitung auf die jeweilige Entscheidungsart auseinanderfällt.

---

[294] BGH 12.5.2002 – 3 StR 4/02, NStZ-RR 2002, 214; OLG Koblenz 28.9.2000 – 2 Ss 216/00, NStZ-RR 2001, 110.
[295] Widmaier/Momsen in Satzger/Schluckebier/Widmaier StPO Rn. 33.
[296] BGH 25.5.2001 – 2 StR 78/01, NStZ 2002, 364 (365); zust. Gericke in KK-StPO Rn. 32; Franke in Löwe/Rosenberg Rn. 24; aA Schmitt in Meyer-Goßner/Schmitt Rn. 21; Temming in Gercke/Julius/Temming/Zöller Rn. 8.
[297] In diese Richtung auch Wohlers in SK-StPO Rn. 32; Gericke in KK-StPO Rn. 33; Franke in Löwe/Rosenberg Rn. 24.
[298] Dazu ausführlich insbesondere im Hinblick auf die Konventionsgemäßheit dieser Praxis Meyer-Mews/Rotter StraFo 2011, 14 (16 ff.).
[299] Zu diesem als „gängige Übung" bezeichneten Vorgehen vgl. BGH 9.1.1991 – 3 StR 205/90, NStZ 1991, 233 bei Kusch NStZ 1992, 27 (30); BGH 21.6.1990 – 4 StR 118/90, BeckRS 1990, 3377. Zu den Voraussetzungen einer gemeinsamen Revisionshauptverhandlung vgl. BGH 7.5.1999 – 3 StR 460-98, NStZ 1999, 425; dazu auch BVerfG 25.1.2005 – 2 BvR 656/99, 2 BvR 657/99, 2 BvR 683/99, BVerfGE 112, 185 = NJW 2005, 1999 (2000); Wohlers in SK-StPO Rn. 55; Franke in Löwe/Rosenberg Rn. 24; Wiedner in BeckOK StPO Rn. 4; Lohse in Krekeler/Löffelmann/Sommer Rn. 2; aA Bauer wistra 2000, 252 (253); Meyer-Mews NJW 2005, 2820 (2822 f.).
[300] Widmaier/Momsen in Satzger/Schluckebier/Widmaier StPO Rn. 51; vgl. auch Hamm StV 2000, 637 (640), der zudem auf den durch die Verfahrensspaltung eröffneten „allzu leicht durchschaubaren Winkelzug" hinweist, erst den Antrag nach § 349 Abs. 2 zu stellen, um sich im Anschluss der eigenen Revision zu widmen.
[301] Gericke in KK-StPO Rn. 33; ausführlich dazu auch Hamm StV 2000, 637.

G. Sonstige Entscheidungen

Neben den in § 349 genannten Möglichkeiten steht es dem Revisionsgericht offen, das Verfahren ganz oder teilweise nach den § 153 Abs. 2, § 154 Abs. 2 einzustellen,[302] die Verfolgung gem. § 154a zu beschränken[303] oder aufgrund eines Verfahrenshindernisses gem. §§ 206a, 206b einzustellen. Mit Inkrafttreten des Gesetzes zur effektiveren und praxistauglicheren Ausgestaltung des Strafverfahrens steht dem Revisionsgericht auch die Einstellungsmöglichkeit des § 153a zur Verfügung, der nunmehr nicht mehr nur auf die Tatsacheninstanz beschränkt ist.[304] Zulässig sind auch „klarstellende" Beschlüsse, etwa eine Vorwegentscheidung über die Revision im Verhältnis zu einer beim Revisionsgericht noch anhängigen Beschwerde nach § 305a Abs. 2.[305] Ferner kann das Revisionsgericht (ggf. auf Antrag) eine Verfahrensverzögerung (was keiner Einstimmigkeit bedarf)[306] feststellen, Anrechnungsentscheidungen treffen,[307] die Dauer des Vorwegvollzugs[308] sowie die Vollstreckungsreihenfolge[309] bestimmen.

84

H. Teilentscheidungen

Grundsätzlich kennt die StPO keine Teil- oder Zwischenurteile, sodass im Revisionsverfahren Teilentscheidungen nur ausnahmsweise zulässig sind.[310] Es gelten die **Grundsätze der vertikalen/horizontalen Teilbarkeit** der Entscheidung.[311] Insbesondere kann der Beschleunigungsgrundsatz eine Teilentscheidung gebieten, so etwa, wenn ein abtrennbarer Teil der angefochtenen Entscheidung eine Rechtsfrage aufwirft, die eine **Vorlage** gem. § 132 GVG[312] oder eine **Vorabentscheidung** des EuGH (Art. 234 Abs. 3 EGV)[313] verlangt und dem Revisionsführer ein Abwarten der Entscheidung im Übrigen nicht zuzumuten ist.[314]

85

§ 350 Revisionshauptverhandlung

(1) ¹Dem Angeklagten, seinem gesetzlichen Vertreter und dem Verteidiger sowie dem Nebenkläger und den Personen, die nach § 214 Absatz 1 Satz 2 vom Termin

---

[302] BGH 14.1.2016 – 4 StR 223/13, HRRS 2016 Nr. 252; 15.10.2013 – 1 StR 390/13, HRRS 2013 Nr. 1068; 21.8.2013 – 2 StR 290/13, HRRS 2013 Nr. 957; 24.9.2013 – 4 StR 342/13, HRRS 2014 Nr. 559; 19.8.2015 – 1 StR 124/15, HRRS 2015 Nr. 917; 6.11.2014 – 5 StR 501/14, HRRS 2015 Nr. 29; 24.9.2014 – 5 StR 399/14, HRRS 2014 Nr. 1054; 6.5.2015 – 4 StR 44/15, HRRS 2015 Nr. 550; zusf. Bock JA 2011, 134 (135).

[303] BGH 22.10.2015 – 4 StR 242/15, HRRS 2015 Nr. 1177; 8.10.2013 – 4 StR 322/13, BeckRS 2013, 18026; 2.7.2015 – 4 StR 101/15, HRRS 2015 Nr. 792; 13.1.2015 – 4 StR 392/14, HRRS 2015 Nr. 271.

[304] BT-Drs. 18/12785.

[305] Vgl. BGH 8.10.2013 – 4 StR 322/13, BGHSt 29, 168 (173) = NJW 1980, 1290; BGH 20.12.1979 – 1 StR 164/79, BGH 3.7.1987 – 2 StR 213/87, BGHSt 34, 392 = NStZ 1987, 519.

[306] BGH 24.7.2014 – 3 StR 176/14, HRRS 2014 Nr. 918; 23.9.2014 – 5 StR 410/14, NStZ-RR 2015, 23; 25.3.2015 – 5 StR 39/15, BeckRS 2015, 07389.

[307] BGH 24.6.2014 – 2 StR 120/14, HRRS 2014 Nr. 691; 9.4.2013 – 2 StR 597/12, HRRS 2013 Nr. 409; 22.7.2014 – 2 StR 288/13, BeckRS 2014, 15647.

[308] BGH 14.1.2014 – 1 StR 531/13, NStZ-RR 2014, 107.

[309] BGH 20.5.2014 – 4 StR 123/14, BeckRS 2014, 11164.

[310] BGH 6.7.2004 – 4 StR 85/03, BGHSt 49, 209 = NStZ 2004, 638; Widmaier/Momsen in Satzger/Schluckebier/Widmaier StPO Rn. 52; Schmitt in Meyer-Goßner/Schmitt Rn. 21; Wiedner in BeckOK StPO Rn. 4a.

[311] BGH 6.7.2004 – 4 StR 85/03, BGHSt 49, 209 = NStZ 2004, 638; BGH 5.4.2000 – 5 StR 226/99, NStZ 2000, 427; 22.7.2004 – 5 StR 241/04, wistra 2004, 475; Wiedner in BeckOK StPO Rn. 4.

[312] Vgl. BGH 6.7.2004 – 4 StR 85/03, BGHSt 49, 209 = NStZ 2004, 638; BGH 31.5.2005 – 4 StR 85/03, wistra 2004, 337.

[313] BGH 5.4.2000 – 5 StR 226/99, NStZ 2000, 427.

[314] Zur erforderlichen, freibeweislichen Klärung von Tatsachenfragen, die voraussichtlich einen erheblichen Zeitraum beanspruchen wird vgl. BGH 22.7.2004 – 5 StR 241/04, wistra 2004, 475.

§ 350

zu benachrichtigen sind, sind Ort und Zeit der Hauptverhandlung mitzuteilen. *[Satz 2 ab 17.7.2025:] ²Das Revisionsgericht weist dabei auf die wesentlichen Gesichtspunkte hin, die Gegenstand der Hauptverhandlung werden sollen.* ² *[ab 17.7.2025:* ³*]* Ist die Mitwirkung eines Verteidigers notwendig, so ist dieser zu laden.

(2) ¹Der Angeklagte kann in der Hauptverhandlung erscheinen oder sich durch einen Verteidiger mit nachgewiesener Vertretungsvollmacht vertreten lassen. ²Die Hauptverhandlung kann, soweit nicht die Mitwirkung eines Verteidigers notwendig ist, auch durchgeführt werden, wenn weder der Angeklagte noch ein Verteidiger anwesend ist. ³Die Entscheidung darüber, ob der Angeklagte, der nicht auf freiem Fuß ist, zu der Hauptverhandlung vorgeführt wird, liegt im Ermessen des Gerichts.

[Abs. 3 ab 17.7.2025:]

(3) ¹Dem Angeklagten, seinem gesetzlichen Vertreter, dem Verteidiger und dem Vertreter der Staatsanwaltschaft sowie dem Nebenkläger, dem Nebenklageberechtigten und den Personen, die nach § 397 Absatz 2 Satz 3, § 404 Absatz 3, § 406h Absatz 2 Satz 2, § 429 Absatz 1 und § 444 Absatz 2 Satz 1 vom Termin zu benachrichtigen sind, kann der Vorsitzende auf ihren jeweiligen Antrag die Anwesenheit an einem anderen Ort gestatten, wenn die Hauptverhandlung zeitgleich in Bild und Ton an den anderen Ort und in das Sitzungszimmer übertragen wird. ²Die Gestattung soll mit der Maßgabe erfolgen, dass sich die Verfahrensbeteiligten in einem Dienstraum oder in einem Geschäftsraum eines Verteidigers oder Rechtsanwalts aufhalten. ³Sieht das Gericht in den Fällen des Absatzes 2 Satz 3 von einer Vorführung des Angeklagten ab, so ist diesem auf seinen Antrag die Teilnahme an der Hauptverhandlung im Wege der Bild und Tonübertragung zu gestatten. ⁴Liegen zwischen dem Eingang des Antrags nach Satz 3 bei Gericht und dem Hauptverhandlungstermin nicht mindestens drei Werktage, kann der Antrag vom Vorsitzenden abgelehnt werden. ⁵Die Entscheidung des Vorsitzenden nach den Sätzen 1 bis 4 ist unanfechtbar.

[Abs. 4 ab 17.7.2025:]

(4) ¹Eine Aufzeichnung der Übertragung ist nicht zulässig. ²Hierauf sind die Verfahrensbeteiligten spätestens zu Beginn der Bild- und Tonübertragung hinzuweisen.

Schrifttum: Basdorf, Eingeschränkte Anwendung des § 357 StPO, FS Meyer-Goßner, 2001, 665; Dahs NJW 1978, 140; Esser, Auf dem Weg zu einem europäischen Strafverfahrensrecht, 2002; Fezer, Revisionsurteil oder Revisionsbeschluß – Strafverfahrensnorm und Strafverfahrenspraxis in dauerhaftem Widerstreit? StV 2007, 40 ff.; Fürstenau, Offensichtlich unbegründet? – Der Missbrauch des § 349 Abs. 2 StPO, StraFo 2004, 38; Gatzweiler, Tendenzen in der neueren Rechtsprechung zu Fragen der Verhandlungsfähigkeit bzw. Verhandlungsunfähigkeit, FG Friebertshäuser, 1997, 280; Hanack, Die Verteidigung vor dem Revisionsgericht, FS-Dünnebier, 1982, 301 ff.; Kieschke, Die Praxis des Europäischen Gerichtshofs für Menschenrechte und ihre Auswirkungen auf das deutsche Strafverfahrensrecht, 2003; Kleinknecht, Gesetz zur Änderung der Strafprozessordnung und des Gerichtsverfassungsgesetzes, JZ 1965, 153 (161); Knauer, Vom Wesen und Zweck der Revision, NStZ 2016, 1; Kühl, Der Einfluß der Europäischen Menschenrechtskonvention auf das Strafrecht und Strafverfahrensrecht der Bundesrepublik Deutschland (Teil II) ZStW 100 (1988), 601; Kohlhaas, Pflichtverteidigung in der Revisionsinstanz?, NJW 1951, 179 f.; Meyer-Goßner, Die Verteidigung vor dem Bundesgerichtshof und dem Instanzgericht, FS BGH, 2000, 615; Molketin, Die Schutzfunktion des § 140 Abs. 2 StPO zugunsten des Beschuldigten, 1986; Oellerich, Voraussetzungen einer notwendigen Verteidigung und Zeitpunkt der Pflichtverteidigerbestellung, StV 1981, 434; Oswald, Der verfassungsrechtliche Anspruch des Angeklagten auf ein faires Verfahren, JR 1979, 99; Pache, Der Grundsatz des fairen gerichtlichen Verfahrens auf europäischer Ebene, EuGRZ 2000, 601; Park Die Erwiderung der Verteidigung auf einen Revisionsverwerfungsantrag gem § 349 Abs. 2 StPO, StV 1997, 550; Rath, Zum Begriff der Verhandlungsfähigkeit im Strafverfahren, GA 1997, 226; Rieß, Die Hauptverhandlung in Abwesenheit des Angeklagten in der Bundesrepublik Deutschland, ZStW 90, Beih 205; Rissing-van Saan, Die Hauptverhandlung vor dem Revisionsgericht StraFo 2010, 359; Seibert, Erste Erfahrungen mit dem Revisionsverteidiger (§ 350 Abs. 3 StPO), NJW 1965, 1469 f.; Vogler, Die Spruchpraxis der Europäischen Kommission und des Europäischen Gerichtshofs für Menschenrechte und ihre Bedeutung für das deutsche Straf- und Strafverfahrensrecht, ZStW 82 (1970), 743; Warda, Hauptverhandlung mit dem verhandlungsunfähigen, aber verhandlungswilligen Angeklagten?, FS

Bruns, 1978, 435; Wasserburg, Die Pflichtverteidigerbestellung unter besonderer Berücksichtigung des Wiederaufnahmerechts, GA 1982, 309; Widmaier Verhandlungs- und Verteidigungsfähigkeit – Verjährung und Strafmaß, Zu den Entscheidungen des BGH und des BVerfG im Revisionsverfahren gegen Erich Mielke, NStZ 1995, 361.

Übersicht

		Rn.				Rn.
I.	**Grundlagen**	1		a) Bestehendes Anwesenheitsrecht und fehlende Anwesenheitspflicht		8
1.	Überblick	1		b) Inhaftierter Angeklagter		11
2.	Praktische Handhabung und Kritik: Die Beteiligung des Verteidigers in der (obsoleten?) Hauptverhandlung einer reinen Rechtsinstanz	3	3.	Anwesenheit des Verteidigers		12
				a) Grundsatz		12
				b) Revisionshauptverhandlung und Pflichtverteidigerbeiordnung		14
II.	**Erläuterung**	5		c) Verfahren der Beiordnung		20
1.	Terminsbenachrichtigung	5		d) Vergütung		22
			4.	Bild-Ton-Übertragung		22a
2.	Anwesenheit des Angeklagten	8	5.	Wiedereinsetzung in den vorherigen Stand		23

I. Grundlagen

1. Überblick. § 350 hat die Vorbereitung (und teilweise ergänzend zu § 351 auch die 1 Durchführung) der Revisionshauptverhandlung zum Gegenstand. Nach dieser Vorschrift ist zentraler Vorbereitungsakt im Hinblick auf die Revisionshauptverhandlung die einfache Terminmitteilung gem. Abs. 3. womit die Eigenheiten der Revisionshauptverhandlung (vgl. noch → § 351 Rn. 1 ff.)[1] bereits bei ihrer Vorbereitung beginnen.[2] Eine reine Rechtsinstanz erfordert keine Herbeischaffung der Beweismittel,[3] ebenso keine Anwesenheit des Angeklagten (dazu noch → Rn. 8 f.). Weiterer Vorbereitung bedarf es insofern nicht, als bereits der Entscheidung, ob mündlich verhandelt und es damit auch zu einem Revisions*urteil* kommen wird, stets ein aufwendiges schriftliches „Revisionsvorverfahren" vorgeschaltet ist. Diesem Vorverfahren – der Aktenvorlage nach § 347 und der Prüfung, ob gem. § 349 im Beschlusswege entschieden werden kann – ist deshalb die Vorbereitung der ggf. anzuberaumenden Revisionshauptverhandlung immanent: Hierzu zählt vor allem die Feststellung derjenigen (wenigen) Tatsachen, die im Rahmen einer Revision überhaupt noch ausermittelt werden müssen respektive dürfen (mithin nur solche, die das Verfahren bzw. die Verfahrensrügen betreffen, etwa die Richtigkeit des Hauptverhandlungsprotokolls). Dies geschieht im Freibeweisverfahren (etwa durch Einholen dienstlicher Stellungnahmen), das sich in den allerseltensten Fällen bis in die Revisionshauptverhandlung zieht; vgl. zum Ganzen → § 347 Rn. 1, 11 f.

Im Übrigen regelt die Vorschrift – allerdings wenig präzise – die **Anwesenheitsrechte** 2 **und -pflichten des Angeklagten bzw. dessen Verteidigers;** Abs. 2 ergänzt § 140[4] und

---

[1] Zum Ganzen etwa Hanack FS Dünnebier, 1982, 301 ff.; Rissing-van Saan StraFo 2010, 359; Knauer NStZ 2016, 1.
[2] Vgl. auch Dahs Strafprozessrevision Rn. 595.
[3] Da das Revisionsgericht an die Feststellungen des Tatgerichts gebunden ist, kann es keine Beweisaufnahme geben (vgl. noch → § 351 Rn. 10). Eine Ausnahme gilt hinsichtlich wissenschaftlicher Erkenntnisse von Sachverständigen, die über den Einzelfall hinaus Bestand haben und die der Senat eigens überprüft wissen will; in derartigen Fällen (etwa zur Feststellung der Wirkweise von Stoffen) ist die Möglichkeit einer eigenen Beweisaufnahme durch die Vernehmung von Sachverständigen grundsätzlich anerkannt (vgl. zum Ganzen → § 261 Rn. 333) so etwa in der Benzodiazepin-Entscheidung, BGH 2.11.2010 – 1 StR 581/09, BGHSt 56, 52 = NStZ 2011, 461 mAnm Oğlakcıoğlu StV 2011, 545. Eine Einholung eines Sachverständigengutachtens bzgl. einer einzelfallrelevanten Tatsache, etwa um DNA-Gutachten, um eine fehlerhafte Ablehnung eines Beweisantrages zu „heilen" ist hingegen (entgegen der vereinzelt gebliebenen Entscheidung BGH 25.4.2012 – 5 StR 441/11, NStZ 2012, 526) unzulässig und verstößt gegen das Rekonstruktionsverbot, Knauer NStZ 2012, 583 (584), dagegen Basdorf NStZ 2013, 186.
[4] Wohlers in SK-StPO Rn. 1.

nennt die Haft des Angeklagten als (weitere) Konstellation, in der eine Pflichtverteidigerbestellung zwingend ist. Das lässt sich darauf zurückführen, dass eine Anwesenheitspflicht des Verteidigers nur in den Fällen der notwendigen Verteidigung besteht (§ 145). Eine Pflichtverteidigerbestellung in der Instanz wirkt allerdings nur bis zur Einlegung und Begründung der Revision fort (mithin bis zum Beschluss nach § 349 Abs. 1, 2 oder 4);[5] die Kriterien, welche die „Notwendigkeit" der Verteidigung indizieren, wirken aber nach ganz hM nicht in die Revisionshauptverhandlung hinein, weswegen es einer gesonderten Bestellung bedarf (vgl. noch → Rn. 13).[6] Die in der Vorschrift angelegte Unterscheidung zwischen inhaftiertem Angeklagten und demjenigen auf freiem Fuß (die das BVerfG zwischenzeitlich bestätigt hat[7]) wird kritisch gesehen; eine gewisse rechtliche Absicherung erhält sie dadurch, dass Verstöße gegen die §§ 350, 351 ggf. eine Anhörungsrüge (§ 356a) begründen können (→ § 356a Rn. 19).

3   **2. Praktische Handhabung und Kritik: Die Beteiligung des Verteidigers in der (obsoleten?) Hauptverhandlung einer reinen Rechtsinstanz.** Das Konzept, die Anwesenheit des Angeklagten für nicht zwingend zu halten, gleichzeitig aber auch eine Hauptverhandlung ohne Verteidiger zu ermöglichen, wirkt auf den ersten Blick überraschend.[8] Es lässt sich allerdings auf das Wesen der Revision als reine Rechtsinstanz zurückführen. Ausgehend vom Bild des „Senats unter sich", der nur durch Beratung der Richter zur richtigen Entscheidung gelangt, wird oftmals betont, man möge die Bedeutung der Revisionshauptverhandlung nicht überschätzen.[9] Dies wird aber dem hier favorisierten Sinn und Zweck der Revisionshauptverhandlung – die als besonders problematisch neu oder komplex und damit als „hauptverhandlungswürdig" angesehene Rechtsfrage gerade durch ein kontradiktorisches Rechtsgespräch befriedigend zu beantworten (vgl. noch → Rn. 4, 18) – kaum gerecht: Sicherlich kommt es auch innerhalb des Senats zu streitigen Rechtsgesprächen, doch wird er nach außen hin in der Regel geschlossen auftreten (wenngleich ein souveräner Senat in der Hauptverhandlung durchaus erkennen lassen wird, wenn sich die Richter noch nicht einig sind). Es lässt sich die mit der Revision verfolgte Einzelfallgerechtigkeit einerseits, aber auch die disziplinierende Wirkung gegenüber den Vorinstanzen andererseits nur effektiv erreichen, wenn sich das Zwiegespräch durch eine Einbeziehung der betroffenen Verfahrensbeteiligten objektiv manifestiert und damit auch die Chancen für eine umfassende, rechtliche Würdigung des Falles erhöht werden (zu dieser Funktion der Revisionshauptverhandlung, vgl. → Rn. 4 sowie → § 351 Rn. 4, 20 ff.). Dementsprechend stuft das BVerfG die Bedeutung der Revisionshauptverhandlung auch als hoch ein.[10] So hat es in einer Entscheidung eine Revisionsverwerfung wegen offensichtlicher Unbegründetheit als willkürlich erachtet und dabei die Chancen einer Revisionshauptverhandlung betont: „In der Hauptverhandlung hätte es [scl: das Revisionsgericht] dem Verteidiger und dem Angekl., falls sie von ihrem Recht auf Anwesenheit Gebrauch gemacht hätten (§ 350), sowie dem Vertreter der StA Gelegenheit zur Äußerung geben und die in mündlicher

---

[5] Wasserburg GA 1982, 309; Schmitt in Meyer-Goßner/Schmitt § 140 Rn. 8; dies überrascht. Denn immerhin gilt die Revisionshauptverhandlung als der „unproblematische" Part, wohingegen bereits die Revisionsbegründung eine Zäsur darstellt und somit eine Differenzierung legitimieren könnte.
[6] Vgl. etwa BGH 3.3.1964 – 5 StR 54/64, BGHSt 19, 258 = NJW 1964, 1035; BGH 30.5.2000 – 4 StR 24/00, NStZ 2000, 552; Gericke in KK-StPO § 350 Rn. 11.
[7] BVerfG 16.4.1980 – 1 BvR 505/78, BVerfGE 54, 100 (116) = NJW 1980, 1943 (1945), vgl. auch Franke in Löwe/Rosenberg Rn. 1.
[8] Zusf. auch Gericke in KK-StPO Rn. 1; nach Eb. Schmidt NJW 1967, 853, frei nach dem Motto „Wasch' mir den Pelz, aber mach' mich nicht naß".
[9] Zur Frage von Sinn und Nutzen der Revisionshauptverhandlung vgl. auch Fürstenau StraFo 2004, 38 (42); Fezer StV 2007, 40 (45 f.). Zur Bedeutung der Revisionshauptverhandlung bereits Less SJZ 1950, 68; Dahs NJW 1956, 436.
[10] Vgl. insbes. BVerfG 17.5.1983 – 2 BvR 731/80, BVerfGE 64, 135 = NJW 1983, 2762 (2765) zum ausländischen Angeklagten; ebenso BVerfG 18.10.1983 – 2 BvR 462/82, NStZ 1984, 82 (83) mAnm Pikart.

Rede und Gegenrede vorgebrachten Argumente auf sich *wirken* lassen müssen, bevor es auch insoweit über das Rechtsmittel entschied".[11]

Zur Revisionshauptverhandlung kommt es im Fall der Angeklagtenrevision, weil **4** entweder der Generalbundesanwalt oder der Senat den Fall zur rechtlichen Diskussion stellen bzw. für problematisch erachten oder weil mindestens ein Richter einer Verwerfung als offensichtlich unbegründet nicht zugestimmt hat (dazu auch → § 349 Rn. 51 ff.).[12] Die Hauptverhandlung stellt damit richtig verstanden ein Rechtsgespräch auf höchstem Niveau dar, das die Chance beinhaltet, den Senat von der Verteidigungsposition zu überzeugen. Dies erfordert nicht nur vertiefte juristische Kenntnisse,[13] sondern mit Blick auf die zunehmende Tendenz des revisionsgerichtlichen Eingriffs in die tatrichterliche Beweiswürdigung vor allem auch eine intensive Einarbeitung in die gesamte Sachakte.[14] Auch bei staatsanwaltlichen Revisionen liegt der Schwerpunkt der Tätigkeit des Verteidigers ggf. erst in der Revisionshauptverhandlung, auch wenn sie nicht mehr von der Pflichtverteidigerbestellung für die Instanz umfasst ist. Jedenfalls aber ist die Gegenerklärung nach § 349 Abs. 3 S. 2 von Bedeutung (→ § 347 Rn. 3; → § 349 Rn. 46). Die Praxis des BGH entspricht dem durch eine großzügige(re) Anwendung des § 140 Abs. 2, nachdem das BVerfG klargestellt hatte, dass die Vorschrift des Abs. 2 die notwendige Verteidigung im Revisionsverfahren nicht abschließend regelt, mithin den allgemeineren § 140 Abs. 2 nicht verdrängt.[15] Die Anordnung einer Pflichtverteidigerbestellung lediglich beim inhaftierten abwesenden Angeklagten, mehr noch die Möglichkeit, ohne Angeklagten und Verteidiger zu verhandeln, wird der Bedeutung und dem Wandel der Revision nicht gerecht.[16] Dem entspricht der Vorsitzende des 2. Strafsenates, wenn er sich für eine EMRK-**konventionskonforme, erweiternde Auslegung** der Vorschrift ausspricht[17] und verfügt, dem Angeklagten sei „in der Regel" (also unabhängig von den Voraussetzungen des Abs. 3 *und* denjenigen des § 140 Abs. 2) ein Pflichtverteidiger zu bestellen, vgl. → Rn. 17 ff.

II. Erläuterung

1. Terminsbenachrichtigung. Über den Wortlaut des Abs. 1 hinaus sind **alle Ver-** **5** **fahrensbeteiligten** über Ort und Zeit der Hauptverhandlung zu benachrichtigen (vgl. nur § 50 Abs. 2,[18] § 67 Abs. 2 JGG, § 407 AO),[19] mithin nicht nur der Angeklagte und sein Verteidiger,[20] sondern auch die gesetzlichen Vertreter sowie die Nebenkläger und Nebenbeteiligten.[21] Eine Unterrichtung des gesetzlichen Vertreters (§ 149 Abs. 2, § 298, § 330; § 67 JGG[22]) lässt die Hinweispflicht gegenüber dem Angeklagten nicht entfallen.[23] § 350 gilt auch für den praktisch seltenen Fall einer **erneuten Anberaumung**

---

[11] BVerfG 10.11.1981 – 2 BvR 1060/81, NJW 1982, 324.
[12] Vgl. auch Fischer/Krehl StV 2012, 550 (556).
[13] Hanack FS Dünnebier, 1982, 301 (310); schließlich wird die Revisionshauptverhandlung zum Teil auch als „Drittes Staatsexamen" bezeichnet, vgl. Schlothauer/Weider/Nobis Untersuchungshaft Rn. 106.
[14] Zu diesen Erwägungen vgl. Wohlers in SK-StPO Rn. 20; Gericke in KK-StPO Rn. 1; Rissing-van Saan StraFo 2010, 359 (360).
[15] BVerfG 18.10.1983 – 2 BvR 462/82, BVerfGE 65, 171 = NJW 1984, 113.
[16] Vgl. Fischer/Krehl StV 2012, 550 (556) sowie Franke in Löwe/Rosenberg Rn. 2, der jedoch unter Hinweis auf etwaige Korrekturmöglichkeiten eine Reformbedürftigkeit ablehnt; zur Reformbedürftigkeit des § 350 Kieschke, Praxis des Europäischen Gerichtshofs, 2003, 143 ff.; Kühl ZStW 100 (1988), 601 (636); Molketin, Die Schutzfunktion des § 140 Abs. 2 StPO zugunsten des Beschuldigten, 165.
[17] BGH 25.9.2014 – 2 StR 163/14, NStZ 2015, 47.
[18] § 50 Abs. 3 JGG gilt für das Revisionshauptverfahren nicht, vgl. Eisenberg/Kölbel JGG § 50 Rn. 6; Temming in Gercke/Julius/Temming/Zöller Rn. 3 unter Hinweis auf den Normzweck.
[19] Wohlers in SK-StPO Rn. 4 f.; Schmitt in Meyer-Goßner/Schmitt Rn. 1.
[20] Hat der Angeklagte mehrere Verteidiger, ist jeder einzelne zu benachrichtigen, vgl. Wiedner in BeckOK StPO Rn. 1.
[21] Nagel in Radtke/Hohmann Rn. 1; Gericke in KK-StPO Rn. 3.
[22] Zur Benachrichtigung im Jugendverfahren vgl. § 50 Abs. 2, § 67 Abs. 2 JGG; § 50 Abs. 3 JGG gilt nicht für das Revisionsverfahren, Wohlers in SK-StPO Rn. 7.
[23] Franke in Löwe/Rosenberg Rn. 3; Wohlers in SK-StPO Rn. 7.

nach Verlegung des ersten Termins (etwa wegen Aussetzung infolge des Ausbleibens des bestellten Pflichtverteidigers).[24] Ist der Angeklagte nicht auffindbar und damit die Mitteilung unausführbar (etwa bei Flucht oder Verborgenhalten[25]), genügt gem. Abs. 1 S. 2 die Benachrichtigung des Verteidigers bzw. – sollte kein Verteidiger vorhanden und auch noch nicht bestellt worden sein – die öffentliche Zustellung gem. § 40.[26] Bei einer Revision der StA ist solch ein Vorgehen aber nur zulässig, soweit bereits die Revisionsschrift persönlich zugestellt wurde.[27]

6 Abs. 1 S. 1 verlangt lediglich eine schlichte **Benachrichtigung**; es genügt also grundsätzlich eine formlose Mitteilung.[28] In der Praxis des BGH und der meisten OLGe wird die Terminsnachricht dem Verteidiger regelmäßig förmlich gegen Empfangsbekenntnis zugestellt, wohingegen der Angeklagte die Terminsnachricht formlos erhält.[29] Nur beim inhaftierten Angeklagten (Abs. 2 S. 3) verlangt die hM eine **förmliche Zustellung** der Mitteilung[30] in Verbindung mit dem Hinweis nach Abs. 2, dass auch in Abwesenheit verhandelt werden kann.[31]

7 Die Mitteilung nach Abs. 1 ist keine Ladung; damit ergibt sich keine **Ladungspflicht** und damit auch keine Ladungsfrist, weil es (anders als bei der Berufung nach § 323 Abs. 1) an einer Verweisung auf §§ 217, 218 fehlt.[32] Auch ist § 145a Abs. 2 nicht anwendbar,[33] sodass eine Benachrichtigung allein des Verteidigers genügt, soweit die Voraussetzungen des § 145a Abs. 1 im Übrigen gegeben sind.[34] Dies folgt aus der fehlenden Anwesenheitspflicht des Angeklagten, ist aber aufgrund der langfristigen Terminierung bei den Obergerichten und der dementsprechend sehr frühen Terminsnachricht unschädlich.[35] Zudem wird die fehlende Ladungspflicht durch die allseits betonte, aus der prozessualen Fürsorgepflicht und dem Grundsatz rechtlichen Gehörs folgende Verpflichtung kompensiert, wonach den Beteiligten ausreichend Zeit zur Vorbereitung auf die Hauptverhandlung zu gewähren ist.[36]

8 **2. Anwesenheit des Angeklagten. a) Bestehendes Anwesenheitsrecht und fehlende Anwesenheitspflicht.** Der Angeklagte hat ein Anwesenheits*recht* („kann"), allerdings keine Anwesenheits*pflicht* (e contrario Abs. 2). Insofern wird die Revisionshauptverhandlung als ein Fall zulässiger **Abwesenheitsverhandlung** charakterisiert, bei der sich der Angeklagte gem. Abs. 2 S. 1 (als lex specialis zu § 234) durch seinen Verteidiger vertreten lassen kann.[37] Es bedarf hierfür einer besonderen **schriftlichen Vollmacht**, die allerdings nicht zwingend vorgelegt werden muss.[38] Verzichtet der Angeklagte auf sein Recht bzw. ist es ihm rechtlich unmöglich, dieses geltend zu machen (weil seine Auslieferung nicht erfolgt), soll dies der Durchführung der Revisionshauptverhandlung

---

[24] Gericke in KK-StPO Rn. 6; Wiedner in BeckOK StPO Rn. 3; Wohlers in SK-StPO Rn. 4.
[25] Lohse in Krekeler/Löffelmann/Sommer Rn. 1.
[26] BayObLG 23.1.1952 – RevReg. Nr. III 637, 638/51, BayObLGSt 1952, 16; Eb. Schmidt NJW 1967, 857; Franke in Löwe/Rosenberg Rn. 4.
[27] BayObLG 30.3.1962 – RevReg. 3 St 4/62, BayObLGSt 1962, 84; Gericke in KK-StPO Rn. 4; Schmitt in Meyer-Goßner/Schmitt Rn. 2.
[28] Gericke in KK-StPO Rn. 5; Nagel in Radtke/Hohmann Rn. 4; Schmitt in Meyer-Goßner/Schmitt Rn. 1; Franke in Löwe/Rosenberg Rn. 3.
[29] Widmaier/Momsen in Satzger/Schluckebier/Widmaier StPO Rn. 1.
[30] Schmitt in Meyer-Goßner/Schmitt Rn. 1; Nagel in Radtke/Hohmann Rn. 4.
[31] Wohlers in SK-StPO Rn. 8; vgl. aber noch BGH 1.10.1974 – 5 StR 11/74; siehe auch BGH 11.7.1989 – 1 StR 799/88, BeckRS 1989, 06536.
[32] Schmitt in Meyer-Goßner/Schmitt Rn. 1; Wohlers in SK-StPO Rn. 8; Franke in Löwe/Rosenberg Rn. 5; Gericke in KK-StPO Rn. 6; krit. Eb. Schmidt NJW 1967, 853 (857 ff.).
[33] Gericke in KK-StPO Rn. 3; Schmitt in Meyer-Goßner/Schmitt Rn. 1.
[34] Vgl. etwa BGH 11.10.1977 – 1 StR 390/77, BeckRS 1977, 00234.
[35] Widmaier/Momsen in Satzger/Schluckebier/Widmaier StPO Rn. 1.
[36] Franke in Löwe/Rosenberg Rn. 3; Dahs Strafprozessrevision Rn. 597; Wohlers in SK-StPO Rn. 8; Rissing-van Saan StraFo 2010, 359 (361).
[37] Zu den Besonderheiten der anwaltlichen Vertretung gegenüber dem Regelfall des einfachen Beistands vgl. → § 234 Rn. 4 ff.
[38] BGH 9.10.1989 – 2 StR 352/89, BGHSt 36, 259 (260) = NJW 1990, 586.

nicht entgegenstehen.³⁹ Dies wird mit dem Wesen der Revision als „reine Rechtsinstanz" begründet; der Angeklagte ist danach ohnehin nur noch ein Zuschauer, der nichts mehr zur Entscheidungsfindung beitragen kann.⁴⁰ Entsprechend erfordert regelmäßig auch weder das Gebot der Waffengleichheit noch das Recht auf effektive Verteidigung eine Vorführung des Angeklagten.⁴¹ Ausnahmen von diesem Grundsatz der fehlenden Erscheinungspflicht⁴² sind selten. Die Anordnung des persönlichen Erscheinens gem. § 236 soll nach vereinzelter Rechtsprechung etwa erforderlich sein, wenn der Angeklagte im Freibeweis zu Verfahrensfragen vernommen werden soll; die entsprechenden Fragen des Freibeweises lassen sich allerdings auch vorab klären, sodass dies der absolute Ausnahmefall bleiben wird.⁴³

Möchte der Angeklagte allerdings von seinem Anwesenheitsrecht Gebrauch machen, erscheint es zweifelhaft, ob die Eigenheiten des Revisionsverfahrens tatsächlich begründen können, seine Teilhabe zu beschränken. Demgegenüber lehnt die hM eine Aussetzung des Verfahrens bzw. (vorübergehende) Einstellung trotz **Verhandlungsunfähigkeit** des Angeklagten während der Revisionshauptverhandlung ab, soweit der Angeklagte die Fähigkeit hatte, über die Einlegung des Rechtsmittels verantwortlich zu entscheiden und wenigstens zeitweilig zu einer „Grundübereinkunft mit seinem Verteidiger über die Fortführung oder Rücknahme des Rechtsmittels in der Lage ist".⁴⁴ Diese Ansicht mag zwar die Frage der **Postulationsfähigkeit** mit derjenigen der Verhandlungsfähigkeit vermengen, die sich auf das gesamte Verfahren samt Einlegung der Revision erstreckt. Auch erscheint es problematisch, die Anforderungen an die Feststellung der Verhandlungsfähigkeit ab der Revisionsinstanz soweit herabsetzen zu wollen, als lediglich die Feststellung der Verhandlungsfähigkeit „zu irgendeinem Zeitpunkt" der „Grundübereinkunft" ausreichen soll;⁴⁵ dies schließt – wie *Wohlers* zutreffend anmerkt – einen nachträglichen Verlust der Verhandlungsfähigkeit und damit die Eigenschaft als Prozesssubjekt nicht aus.⁴⁶ Mit Blick auf die Praxis muss man der hM aber zugestehen, dass die Bedeutung der Anwesenheit des richtigerweise stets verteidigten (dazu → Rn. 17 f.) Angeklagten im reinen Rechtsgespräch, welches die Revisionshauptverhandlung nun einmal darstellt, reduziert ist. Etwas anderes gilt nur, wenn man die Teilnahme des Angeklagten unter Kontrollgesichtspunkten, etwa vergleichbar mit der Öffentlichkeit, begründet (→ Rn. 11).

Solange ein Verfahren läuft und der Angeklagte zur Teilnahme (wie im Regelfall, vgl. aber → Rn. 11) berechtigt und in der Lage ist, muss dieses Recht auch möglichst umfassend gewährleistet werden,⁴⁷ zumal dem Angeklagten auch in der Revisionshauptverhandlung

---

[39] BVerfG (3. Kammer des Zweiten Senats) 19.10.1994 – 2 BvR 435/87, NJW 1995, 651; OLG Celle 13.10.2011 – 31 Ss 42/11, BeckRS 2011, 24451; aA OLG Brandenburg 26.5.2004 – 2 Ws 97/04, NStZ-RR 2005, 49, das eine Einstellung nach § 205 verlangt, wenn der Angeklagte zwischen Einlegung und Revisionsbegründung abgeschoben wird.

[40] Womit wiederum die Verkürzung der Teilhaberechte und -pflichten sowohl in der bundesverfassungsgerichtlichen als auch höchstrichterlichen Rechtsprechung begründet wird, vgl. BVerfG 16.4.1980 – 1 BvR 505/78, BVerfGE 54, 100 (116) = NJW 1980, 1943 (1945); 18.10.1983 – 2 BvR 462/82, BVerfGE 65, 171 = NJW 1984, 113(114); 24.2.1995 – 2 BvR 345/95, NJW 1995, 1951 dem vorgehend BGH 8.2.1995 – 5 StR 434/94, BGHSt 41, 16 = NJW 1995, 1973.

[41] BGH 10.10.2019 – 1 StR 113/19, BeckRS 2019, 25034.

[42] § 231 gilt nur für die Hauptverhandlung der Tatsacheninstanz und ist nicht entsprechend anwendbar, Rieß ZStW 90, Beih. 205.

[43] OLG Koblenz 10.7.1958 – (1) Ss 208/58, NJW 1958, 2027 (2028); krit. Wohlers in SK-StPO Rn. 11, der darauf hinweist, dass der Angeklagte auch im Revisionsverfahren nicht „gezwungen ist, sich zu äußern".

[44] Vgl. Schmitt in Meyer-Goßner/Schmitt Rn. 3a unter Verweis auf BVerfG (2. Kammer des Zweiten Senats) 24.2.1995 – 2 BvR 345/95, NJW 1995, 1951; Warda FS Bruns, 1978, 435; Widmaier in Satzger/Schluckebier/Widmaier StPO Rn. 4; Widmaier NStZ 1995, 361; krit. auch Wohlers in SK-StPO Rn. 13; Rath GA 1997, 226; Gatzweiler FG Friebertshäuser, 1997, 280.

[45] Zur Einholung eines Sachverständigengutachtens vgl. BVerfG (2. Kammer des 2. Senats) 24.2.1995 – 2 BvR 345/95, NStZ 1995, 391 (393); Gatzweiler FG Friebertshäuser, 1997, 280.

[46] Wohlers in SK-StPO Rn. 13; vgl. auch Temming in Gercke/Julius/Temming/Zöller Rn. 8 („zweifelhaft").

[47] Unter Hinweis auf die erweiterten Entscheidungsmöglichkeiten des Revisionsgerichts gem. § 354 auch die Möglichkeit einer Terminverlegung befürwortend Lohse in Krekeler/Löffelmann/Sommer Rn. 2.

höchstpersönliche Rechte – namentlich das letzte Wort gem. § 351 – zustehen.[48] Mithin muss einem **ausländischen Angeklagten** auch ein Dolmetscher beigeordnet werden[49] (und zwar unmittelbar nach § 186 GVG[50]).

11 **b) Inhaftierter Angeklagter.** Der inhaftierte Angeklagte hat **kein Anwesenheitsrecht.** Nach der alten Fassung der Norm ergab sich das explizit aus Abs. 2 S. 2,[51] in der geltenden Fassung kommt das dadurch zu Ausdruck, dass die Vorführung ins Ermessen des Gerichts gestellt wird. Diese Wertung des Gesetzgebers begegnet **Bedenken,**[52] die hierfür vorgesehene Möglichkeit der Pflichtverteidigerbeiordnung in diesen Fällen in der alten Fassung (Abs. 3 aF) mochte man immerhin als Kompensation ansehen,[53] wobei auch ohne diese Regelung bei einer Inhaftierung zumeist ein Fall der notwendigen Verteidigung nach § 140 vorliegen wird. Dass der Angeklagte auch aus Kontrollgründen ein Anwesenheitsrecht haben sollte, liegt dennoch nahe; nur weil die Revision eine reine Rechtsinstanz ist, ist die kontrollierende Öffentlichkeit ja auch nicht ausgeschlossen. Der organisatorische Mehraufwand ist gegenüber der grundsätzlichen Position des Angeklagten als Prozesssubjekt ein eher schwaches Argument;[54] es sollte im Belieben und auch von der Beratung mit dem Verteidiger abhängig bleiben, ob der Angeklagte an der Hauptverhandlung teilnimmt (sodass beim inhaftierten Angeklagten der oftmals zu lesende Ratschlag, diesen außen vor zu lassen, auch ein solcher bleibt).[55] Schließlich mutet es auch inkonsequent an, dem Angeklagten einerseits die Teilnahme mit der Überlegung zu versagen, es würden nur „Rechtsfragen" erläutert, andererseits sich aber die Möglichkeit der Vorführung von Amts wegen bzw. auf Antrag[56] vorzubehalten. In der Praxis bleibt die Teilnahme des Angeklagten jedenfalls die Ausnahme, schon weil die meisten Senate diese nicht zwingend goutieren und das zu gewährende „letzte Wort" nicht unriskant ist.

12 **3. Anwesenheit des Verteidigers. a) Grundsatz.** § 350 ordnet **keine Anwesenheitspflicht** des Verteidigers während der Revisionshauptverhandlung an (sondern Abs. 2 S. 2 verzichtet sogar explizit auf die Anwesenheit des Verteidigers, wenn nicht ein Fall der notwendigen Verteidigung vorliegt, vgl. auch → Rn. 14 f.). Dies wäre auch atypisch, weil die StPO an keiner Stelle des Instanzenzugs eine solche durchgängig anordnet; vielmehr erstreckt sich nur im Fall einer notwendigen Verteidigung gem. § 140 die „Notwendigkeit" auch auf die Anwesenheit des (Wahl)Verteidigers während der Verhandlung, § 145 Abs. 1.[57] Allerdings hat der Wahlverteidiger ein Anwesenheitsrecht nach Abs. 2 S. 1, wenn seine Vollmacht „nachgewiesen" ist, was etwa auch durch Übermittlung eines mit qualifizierter elektronischer Signatur versehenen Dokuments des Angeklagten möglich ist.[58] Erscheint er nicht zur Revisionshauptverhandlung, obwohl er sein Kommen angeordnet hat, kann die Verhandlung ohne Zuwarten gegen den Grundsatz des fairen Verfahrens verstoßen (näher auch → Rn. 16).

---

[48] Vgl. auch Wohlers in SK-StPO Rn. 13.
[49] Gericke in KK-StPO Rn. 9; Temming in Gercke/Julius/Temming/Zöller Rn. 9; Wiedner in BeckOK StPO Rn. 9; Wohlers in SK-StPO Rn. 10; vgl. aber noch zur Belehrung nach § 350 Abs. 3 eine Übersetzungspflicht ablehnend BGH 15.2.1991 – 2 StR 426/90.
[50] Insofern überrascht, dass in diesem Zusammenhang häufig die Entscheidung des BVerfG 17.5.1983 – 2 BvR 731/80, NJW 1983, 2762 zitiert wird, obwohl sich die dortigen Ausführungen gerade nicht auf die Revisionshauptverhandlung beziehen.
[51] Wiedner in BeckOK StPO Rn. 11.
[52] Vgl. nur Eb. Schmidt NJW 1967, 854.
[53] OLG Brandenburg 26.5.2004 – 2 Ws 97/04, NStZ-RR 2005, 49.
[54] Wohlers in SK-StPO Rn. 14.
[55] So auch die im Vordringen befindliche Ansicht, welche allerdings einen Konventionsverstoß ablehnt, vgl. etwa Wohlers in SK-StPO Rn. 14; Franke in Löwe/Rosenberg Rn. 6; Eb. Schmidt NJW 1967, 853 (855).
[56] Vgl. Schmitt in Meyer-Goßner/Schmitt Rn. 3.
[57] Und stellt damit auch nur in diesem Fall einen revisiblen Rechtsfehler (§ 338 Nr. 5) dar, vgl. BGH 24.1.1961 – 1 StR 132/60, BGHSt 15, 306 = NJW 1961, 740.
[58] Vgl. Wiedner in BeckOK StPO Rn. 16.

Während unter Geltung von § 350 aF nach der ständigen Rechtsprechung für die 13
Revisionshauptverhandlung eine **Pflichtverteidigerbestellung** (nicht jedoch die des **Beistands**[59]) nicht fortwirkte[60] und der Pflichtverteidiger ohne erneute Bestellung durch den Senatsvorsitzenden nicht mehr als mandatiert galt sowie auch der Wahlverteidigung nicht zum Erscheinen verpflichtet war, wirkt nach Streichung des alten Abs. 3 eine Pflichtverteidigerbestellung nunmehr fort.[61] Der gewählte Verteidiger hat dann auch zu erscheinen[62] und der Grundsatz des fairen Verfahrens gebietet es, dass die Revisionshauptverhandlung nicht ohne seine Anwesenheit durchgeführt wird.[63] Bleibt er aus, muss das Gericht einen anderen Pflichtverteidiger bestellen und ggf. das Verfahren aussetzen.[64] Auch eine „Entbindung" durch den Angeklagten scheidet dann aus.[65]

b) Revisionshauptverhandlung und Pflichtverteidigerbeiordnung. aa) Pflicht- 14
verteidigung bei inhaftiertem Angeklagten. Abs. 3 aF sah für den inhaftierten Angeklagten die Notwendigkeit einer Verteidigung vor und eröffnete diesem die Möglichkeit, einen Pflichtverteidiger zu beantragen, ohne dies an weitere Voraussetzungen (außer der Inhaftierung und der Nichtvorführung[66]) zu knüpfen. Dies war freilich nicht ganz konsequent,[67] denn gerade nach dem Argumentationsmuster, wonach in der Revisionshauptverhandlung ohnehin nur Rechtsfragen aufgegriffen werden, hätte die Vorführung bzw. Anwesenheit des Angeklagten keine Rolle spielen dürfen.[68] Diese Sonderregelung ist infolge der Umgestaltung des Anwesenheitssystem gestrichen.

bb) Anwesenheitspflicht bei notwendiger Verteidigung. Nunmehr gilt: Zwar ist 15
nach § 350 Abs. 2 S. 2 die Anwesenheit eines Verteidigers zur Durchführung der Revisionshauptverhandlung nicht grds. erforderlich; die Neufassung bewirkt eine Stärkung der Verteidigungsrechte des Angeklagten aber dadurch, dass in Fällen notwendiger Verteidigung (und dh bereits bei Vorliegen der Voraussetzungen notwendiger Verteidigung,[69] die Durchführung der Verhandlung an die Anwesenheit des Verteidigers geknüpft ist. Die Voraussetzungen dafür, wenn ein Fall der notwendigen Verteidigung vorliegt, richtet sich nunmehr (vgl. → Rn. 14) nach allgemeinen Regeln.

(1) Pflichtverteidigerbestellung bei schwieriger Sach- und Rechtslage. 16
Erscheint der Wahl- bzw. Instanzpflichtverteidiger hingegen nicht, hat es die hM (mit

---

[59] Die Bestellung als Beistand gem. § 397a Abs. 1 gilt nach ständiger Rechtsprechung auch für den Fall einer Hauptverhandlung vor dem Revisionsgericht, BGH 30.5.2000 – 4 StR 24/00, NJW 2000, 3222, von BGH 17.12.1999 – 2 StR 574/99, NStZ 2000, 218 indes noch offen gelassen; so auch OLG Düsseldorf 21.10.1999 – 2 Ws 331 – 332/99, NStZ-RR 2000, 148; BGH 23.8.2012 – 2 StR 322/12, BeckRS 2012, 20442; 25.3.2015 – 4 StR 600/14, BeckRS 2015, 07475 Rn. 8; Allgayer in KK-StPO § 397a Rn. 6 mwN.
[60] BGH 3.3.1964 – 5 StR 54/64, BGHSt 19, 258 (262) = NJW 1964, 1035 (1037), dort allerdings mit der Begründung, dass der Vorsitzende der Vorinstanz nicht beurteilen kann, ob die Verteidigung in der Revisionshauptverhandlung notwendig ist (dieses Argument greift allerdings kurz, da das erkennende Gericht auch nicht abschätzen kann, ob es die Voraussetzungen für eine „glasklare" Verfahrens- bzw. Sachrüge schafft); ebenso BGH 28.3.1984 – 3 StR 95/84, NJW 1984, 2480; 25.6.2014 – 1 StR 723/13, BeckRS 2014, 14770; OLG Jena 23.10.2013 – 1 Ws 283/13, BeckRS 2014, 09283; Hanack FS Dünnebier, 1982, 315; Kleinknecht JZ 1965, 153 (161); Kohlhaas NJW 1951, 179 (179 f.).
[61] Vgl. Gericke in KK-StPO Rn. 12; Wiedner in BeckOK StPO Rn. 22.9.
[62] BGH 3.3.1964 – 5 StR 54/64, BGHSt 19, 258 (263) = NJW 1964, 1035 (1037); Franke in Löwe/Rosenberg Rn. 13; Schmitt in Meyer-Goßner/Schmitt Rn. 5.
[63] BVerfG 18.10.1983 – 2 BvR 462/82, BVerfGE 65, 171 = NStZ 1984, 82 (83) mkritAnm Pikart.
[64] Zustimmend Gericke in KK-StPO Rn. 7; Wohlers in SK-StPO Rn. 29; Franke in Löwe/Rosenberg Rn. 13; Wiedner in BeckOK StPO Rn. 6; Nagel in Radtke/Hohmann Rn. 10; Seibert NJW 1965, 1469 (1469 f.9.
[65] Schmitt in Meyer-Goßner/Schmitt Rn. 4; Franke in Löwe/Rosenberg Rn. 13; Temming in Gercke/Julius/Temming/Zöller Rn. 10.
[66] Bei zwischenzeitlicher Freilassung ist die erfolgte Beiordnung nach hM zurückzunehmen, wenn sie nicht gem. § 140 Abs. 2 (→ Rn. 15) aufrechtzuerhalten ist, vgl. Schmitt in Meyer-Goßner/Schmitt Rn. 10.
[67] Vgl. Wohlers in SK-StPO Rn. 22 u.a. unter Bezugnahme auf Vogler ZStW 82 (1970), 743 (744).
[68] So auch Eb. Schmidt NJW 1967, 853 (854).
[69] Vgl. Wiedner in BeckOK StPO Rn. 15.

Rückendeckung des BVerfG[70]) bisher als unproblematisch erachtet, dass die Hauptverhandlung in Abwesenheit des uU „Beschwerten" stattfindet.[71] Im Hinblick auf die Rspr. des BVerfG (→ Rn. 4) erstaunt dies; zudem hat der EGMR eine Konventionswidrigkeit (Art. 6 Abs. 3 EMRK) für derartige Fälle bejaht.[72] Entscheidend ist nach dieser Auffassung, ob der Grundsatz des **fairen Verfahrens** eine Anwesenheit gebietet.[73] Dies soll wiederum davon abhängig sein, ob ein **„schwerwiegender Fall"** vorliegt.[74] Zum Teil wird auch danach gefragt, ob die Rechtslage (zum Zeitpunkt der Revisionshauptverhandlung) besonders schwierig ist.[75] Ob die Sach- und Rechtslage vor dem Tatrichter schwierig war, soll dabei ohne Bedeutung sein (wobei sich aus den einschlägigen Entscheidungen nicht immer eindeutig ergibt, ob es sich um eine Konkretisierung des § 140 Abs. 2 handelt oder um eine originär aus Art. 6 EMRK abgeleitete Pflichtverteidigerbestellung).[76]

Nichtsdestotrotz bleibt der Begriff des „schwerwiegenden Falles" **unbestimmt** und sieht sich damit Kritik ausgesetzt.[77] Die bisherige Auseinandersetzung in Literatur und Rechtsprechung bleibt jedoch diffus: Während zum Teil die Angriffsrichtung für maßgeblich erachtet wird (steht ein Freispruch auf dem Spiel?[78]), rücken andere – intuitiv nahe liegend – die Rechtsfolge in den Mittelpunkt;[79] das BVerfG hat in der dazu immer wieder zitierten Entscheidung hingegen neben der Schwierigkeit des Falles auch auf die Mittellosigkeit des Angeklagten abgestellt.[80] Zuletzt bleibt in den Entscheidungen aber unklar, inwiefern nun die Schwierigkeit der Sachlage und andererseits der Rechtslage prägendes Kriterium sein soll.

17 **(2) Konventionskonforme Auslegung des Abs. 2 iVm § 140 Abs. 2?** Es spricht daher viel dafür, sich der in der Literatur im Vordringen befindlichen Ansicht anzuschließen, wonach die Bestellung des Verteidigers auch für die Revisionshauptverhandlung **stets geboten** ist, weil die Rechtslage in der Revision **stets schwierig** ist.[81] Man mag dies dogmatisch gerade nicht als Fall der Pflichtverteidigerbestellung nach § 141 iVm § 140 Abs. 1, 2 ansehen, sondern als Bestellung „sui generis", also kraft konventions- bzw. verfassungskonformer Auslegung des

---

[70] BVerfG 11.8.1964 – 2 BvR 456/64, NJW 1965, 147 mkritAnm Arndt.
[71] Schmitt in Meyer-Goßner/Schmitt Rn. 7 unter Bezugnahme auf BVerfG 11.8.1964 – 2 BVR 456/64, NJW 1965, 147; anders aber OLG Hamburg 14.11.1963 – 1 Ws 302/63, NJW 1964, 418, welches das Problem im „Keim erstickt", indem es die Pflichtverteidigerbestellung insgesamt auch auf die Revisionshauptverhandlung erstreckt; ausdrücklich dagegen aber BGH 3.3.1964 – 5 StR 54/64, BGHSt 19, 258 = NJW 1964, 1035.
[72] EGMR 25.4.1983 – 2/1982/48/77, NStZ 1983, 373 mAnm Stöcker; vgl. hierzu auch Franke in Löwe/Rosenberg Rn. 11.
[73] Hingegen kommt nicht § 140 Abs. 2 erneut bzw. analog zur Anwendung; der Vorschrift kann allerdings eine Indizwirkung zukommen, vgl. noch → Rn. 18; auch der Vorsitzende des Zweite Senats wendet nicht § 140 Abs. 2 an und scheint – so lassen es seine Ausführungen vermuten – seinen Leitsatz auf Verhandlungen vor dem BGH beschränken zu wollen, vgl. hierzu aber noch → Rn. 18.
[74] BVerfG 19.10.1977 – 2 BvR 462/77, BVerfGE 46, 202 = NJW 1978, 151; Franke in Löwe/Rosenberg Rn. 11; Temming in Gercke/Julius/Temming/Zöller Rn. 15 f.; Oswald JR 1979, 99 (100); Wasserburg GA 1982, 304 (318).
[75] Vgl. BGH 3.3.1964 – 5 StR 54/64, BGHSt 19, 258 = NJW 1964, 1035; Schmitt in Meyer-Goßner/Schmitt § 350 Rn. 7 f. Aus neuerer Zeit KG 23.9.2015 – (5) 121 Ss 133/15 (42/15), NStZ-RR 2016, 175.
[76] Meyer-Goßner FS BGH, 2000, 615 (618), der dies aber in Bezug auf § 140 Abs. 2 feststellt und sich als Folge dessen der Gegenauffassung anschließt, wonach eine Bestellung „stets" zu erfolgen habe (vgl. noch → Rn. 19).
[77] Vgl. auch Hanack FS Dünnebier, 1982, 301 (314 ff.).
[78] OLG Düsseldorf 9.9.1983 – 1 Ws 757/83, NStZ 1984, 43.
[79] „lebenslange Freiheitsstrafe": BVerfG 19.10.1977 – 2 BvR 462/77, BVerfGE 46, 202 (210 ff.) = NJW 1978, 151; Schmitt in Meyer-Goßner/Schmitt Rn. 8; Franke in Löwe/Rosenberg Rn. 11; Temming in Gercke/Julius/Temming/Zöller Rn. 15 f.; Oswald JR 1979, 99 (100); Wasserburg GA 1982, 304 (318); vgl. auch Hanack in Löwe/Rosenberg Rn. 11 (12. Aufl.): „Strafe von mehr als 1 Jahr".
[80] BVerfG 19.10.1977 – 2 BvR 462/77, BVerfGE 46, 202 (210) = NJW 1978, 151.
[81] BGH 25.9.2014 – 2 StR 163/14, NJW 2014, 3527 mzustAnm Meyer-Mews; Wohlers in SK-StPO Rn. 3, 20; Wiedner in BeckOK StPO Rn. 15; Nagel in Radtke/Hohmann Rn. 19; Lohse in Krekeler/Löffelmann/Sommer Rn. 4; Meyer-Goßner FS BGH, 2000, 615 (619); Basdorf FS Meyer-Goßner, 2001, 665 (679); Widmaier in Satzger/Schluckebier/Widmaier StPO Rn. 6.

Abs. 2.[82] Klarer scheint es, eine Gebotenheit iSd § 140 Abs. 2 in der Revisionshauptverhandlung stets anzunehmen und insoweit konventionskonform ausgelegt den Ermessensspielraum des Vorsitzenden auf „Null" reduziert anzusehen. Zum Teil hat die Praxis dies auch schon so gehandhabt;[83] zum Rechtssatz wird diese informelle Handhabung gemacht, indem er gerade für diejenigen Konstellationen, in denen der Wahlverteidiger in der Hauptverhandlung nicht erschienen ist oder nicht erscheinen wollte, eine Bestellung desselben als Pflichtverteidiger unter dem Gesichtspunkt des rechtlichen Gehörs als zwingend angesehen wird.[84] Der damalige Vorsitzende des zweiten Strafsenats hatte aber – „[i]n Anbetracht des Umstands, dass die Revision zum BGH das einzige Rechtsmittel[85] gegen Urteile der großen Strafkammer der Landgerichte und der erstinstanzlichen Senate der Oberlandesgerichte ist" – seine Auffassung auf Revisionen vor dem BGH beschränkt und damit die Beiordnungspflicht für Revisionen beim OLG offen gelassen. Dies lässt darauf schließen, dass auch nach dieser Auffassung die „Schwere des Tatvorwurfs" als Abwägungsparameter die Waage zugunsten einer Anwesenheitspflicht ausschlagen lässt.

Doch richtig wäre das nicht: Denn für die Revisionsgerichte bedeutet – soweit überhaupt **18** eine Revisionsverhandlung anberaumt wird – die **Anhörung des Verteidigers keinen Mehraufwand**;[86] zudem ist der Sinn der Terminierung gerade die Durchführung eines kontradiktorisches Rechtsgespräches, bei dem unterschiedliche (wenn auch nicht immer zwingend gegenteilige) Auffassungen der Verfahrensbeteiligten zur Ansprache kommen sollen (vgl. bereits → Rn. 4). Diese Garantie ist Ausfluss des in Art. 6 Abs. 1 EMRK verbürgten Rechts der Waffengleichheit und des kontradiktorischen Verfahrens,[87] dem mit der Anwesenheitspflicht zur Durchsetzung verholfen werden soll.[88] Auch in diesen Fällen ist „angesichts der besonderen Konzentration der Revision auf rechtliche Fragestellungen nicht nachvollziehbar, wie der Angeklagte in der Lage sein soll, seinen Status als Prozesssubjekt aufrechtzuerhalten",[89] wenn er unverteidigt wäre. Dies gilt auch für solche Rechtsfragen, an deren Beantwortung keine hohe Straferwartung gekoppelt ist. Solange im Hinblick auf die Abwicklung des Verfahrens keine erheblichen Unterschiede bestehen, kann die Straferwartung kein Kriterium sein, das solch eine Unterscheidung allein zu legitimieren im Stande wäre. Insofern sollte eine Anwesenheit auch bei Revisionen vor dem OLG durch eine Beiordnung forciert werden; dagegen lässt sich auch nicht anbringen, dass dem Beschwerdeführer uU dann in der Revisionsinstanz mehr zugestanden wird als in der Erstinstanz, mithin eine Pflichtverteidigerbestellung erfolgt, obwohl bis zur Revisionshauptverhandlung eine „notwendige Verteidigung" verneint wurde. Denn die Notwendigkeit der Verteidigung resultiert nach hier vertretener Auffassung gerade auch aus der Eigenheit der Revisionshauptverhandlung als „reines Rechtsgespräch"; mithin wird deutlich, dass das Argument, wonach vor dem Revisionsgericht nur noch Rechtsfragen erörtert würden, nicht gegen die Anwesenheit des Verteidigers, sondern gerade dafür spricht. Selbst der Gesetzgeber, der die Pflichtverteidigerbestellung für den Fall der Inhaftierung gewährt (vgl. noch → Rn. 14), macht deutlich, dass nicht allein die Straferwartung maßgeblich ist; mit anderen Worten: Terminiert der Senat zur mündlichen Hauptverhandlung, so ist die Rechtslage **stets schwierig** iSd § 140 Abs. 2. Eine konventionskonforme Auslegung hebt damit auch die im Hinblick auf die Anwesenheit des Verteidigers wenig nachvollziehbare Privilegierung des inhaftierten Angeklagten auf.[90]

---

[82] Vgl. bereits → Rn. 16 sowie Oswald JR 1979, 99 (100).
[83] Vgl. hierzu auch Kieschke, Praxis des Europäischen Gerichtshofs, 2003, S. 137 ff.
[84] BGH 25.9.2014 – 2 StR 163/14, NJW 2014, 3527 mzustAnm Meyer-Mews.
[85] Diese Erwägung der „letzten Chance" taucht im Zusammenhang mit einer angeklagtengünstigen Handhabung des § 350 häufiger auf, vgl. nur Peters JZ 1978, 231 („Höchststrafe per Post ins Haus").
[86] Anders als womöglich beim inhaftierten Angeklagten.
[87] Zu diesem Aspekt des Art. 6 EMRK, EGMR 23.6.1993 – 2/1992/347/420, EuGRZ 1993, 453 (457); ÖJZ 1999, 117 (118); Pache EuGRZ 2000, 601 (604).
[88] Zur Erforderlichkeit der Verteidigerbestellung in diesem Kontext EGMR EGMR 25.4.1983 – 2/1982/48/77, NStZ 1983, 373 ff.
[89] Wohlers in SK-StPO Rn. 20, der dieses Argument im Hinblick auf die Revisionshauptverhandlung und deren Inhalt im Allgemeinen vorbringt; dem schließen sich an Dahs NJW 1978, 140 (141); Oellerich StV 1981, 434 (435); Hanack FS Dünnebier, 1982, 315 ff.; Esser, Europäisches Strafverfahrensrecht, 485 ff.
[90] Krit. auch Wiedner in BeckOK StPO Rn. 11.1.

19 **(3) Ausblick: Pflichtverteidigerbestellung „ins Blaue hinein"?** Zu weit geht es (auch mit Blick auf das Diktum des Vorsitzenden des 2. Senats) den grundsätzlich erscheinungswilligen Wahlverteidiger mit der Benachrichtigung nach Abs. 1 „sicherheitshalber" – sozusagen a priori – zum Pflichtverteidiger zu bestellen. Solche Tendenzen haben Vorsitzende des BGH bereits erkennen lassen. Doch wenn der Wahlverteidiger zur Hauptverhandlung erscheinen will, ist bereits keine Konstellation gegeben, in der „noch kein Verteidiger" iSd § 141 Abs. 1 bestellt ist. Zeigt der Wahlverteidiger seinen Willen zum Erscheinen an, ist seine Pflichtverteidigerbestellung entsprechend § 143 zurückzunehmen. Genauso wenig ist eine **zusätzliche Pflichtverteidigerbestellung** angezeigt, wenn bereits ein Wahlverteidiger sein Erscheinen angekündigt hat. Es kann allerdings auch nicht Aufgabe der Revisionsgerichte sein, den Willen des Verteidigers, anzureisen und seine Anträge zu stellen, vor jedem Termin selbst zu überprüfen, obwohl der Hinweis, dass die Anwesenheit des Pflichtverteidigers für erforderlich erachtet werde, gängige Praxis des BGH ist.[91] Vielmehr steht der Verteidiger hier in der Pflicht, nach Erhalt der Benachrichtigung das Gericht über sein Erscheinen zu informieren, zumal es für ihn selbst um kostenrechtliche Folgen geht. Damit ist auch gesagt: Wer als Verteidiger im letzten Moment einen (unstatthaften) Antrag auf Terminverlegung stellt, muss mit der Bestellung (von ihm selbst oder eines anderen) als Pflichtverteidiger zumindest rechnen.

20 **c) Verfahren der Beiordnung.** Hinsichtlich des Verfahrens der Beiordnung gelten die allgemeinen Grundsätze, sodass diesbezüglich auf § 141 Abs. 4, § 142 verwiesen werden kann; insbes. gilt der in § 142 Abs. 1 S. 2 manifestierte Grundsatz, wonach der Vorsitzende im Rahmen seines Beiordnungsermessens die Wünsche des Angeklagten zu berücksichtigen hat,[92] auch für die Beiordnung hinsichtlich der Revisionshauptverhandlung.[93] Besteht bereits ein Wahlmandatsverhältnis, kann ein Pflichtverteidiger nur bestellt werden, wenn es zwischenzeitlich zur Niederlegung des Mandats gekommen ist bzw. der Angeklagte den Verteidiger entbunden hat;[94] hinzu kommt nach dem in → Rn. 19 Gesagten die Bestellung eines „Sicherungspflichtverteidigers" bei (angekündigtem) Nichterscheinen des Wahlverteidigers. Grundsätzlich unzulässig ist die gleichzeitige Bestellung mehrerer Pflichtverteidiger nach Abs. 3 S. 1.[95]

21 Auch eine nachträgliche Bestellung ist unzulässig.[96] Hat der Senatsvorsitzende den Antrag auf Bestellung eines Pflichtverteidigers abgelehnt, ist gegen diese Entscheidung kein Rechtsmittel statthaft. Der Zulässigkeit einer Beschwerde steht entgegen, dass Entscheidungen des BGH sowohl der Senate wie auch der Senatsvorsitzenden nach § 304 Abs. 4 S. 1 nicht anfechtbar sind (dazu → § 304 Rn. 47);[97] dies gilt deshalb auch für Entscheidungen eines Senatsvorsitzenden gem. Abs. 3.[98]

22 **d) Vergütung.** Die Vergütung des Pflichtverteidigers richtet sich nach den Gebührensätzen des RVG (§§ 45 ff. iVm Teil 4 VV, Nr. 4132 f. RVG). Bei erhöhtem Arbeitsaufwand kann auf Antrag nach § 51 RVG eine **Pauschvergütung gewährt werden.**[99] Beantragt der Verteidiger, der dem Angeklagten im ersten Rechtszuge und für die Hauptverhandlung vor dem BGH bestellt worden ist, eine solche Pauschvergütung, so entscheidet der BGH nur über die Pauschvergütung für die Vorbereitung und Wahrnehmung der Revisionshauptverhandlung.[100]

---

[91] Vgl. Widmaier in Satzger/Schluckebier/Widmaier StPO Rn. 6 unter Hinweis auf die ggf. „telefonische Vergewisserung".
[92] BVerfG 16.12.1958 – 1 BvR 449/55, BVerfGE 9, 36 (38) = NJW 1959, 571; OLG Zweibrücken 22.4.1981 – 2 Ws 53/81, StV 1981, 288; LG Oldenburg 29.6.1984 – IV Qs 108/84, StV 1984, 506; zum wichtigen Grund nach § 142 Abs. 1 S. 2 vgl. → § 142 Rn. 11; Wessing in BeckOK StPO § 142 Rn. 11.
[93] Maiwald in AK-StPO Rn. 1; Wohlers in SK-StPO Rn. 27.
[94] Gericke in KK-StPO Rn. 13; Temming in Gercke/Julius/Temming/Zöller Rn. 17; Wiedner in BeckOK StPO Rn. 12; Nagel in Radtke/Hohmann Rn. 20.
[95] Dazu und zu den möglichen Ausnahmen Gericke in KK-StPO Rn. 14.
[96] OLG Düsseldorf 9.9.1983 – 1 Ws 757/83, NStZ 1984, 43 mwN.
[97] So bspw. hinsichtlich Entscheidungen des Senatsvorsitzenden des Revisionsgerichts gem. § 147 Abs. 4, BGH 27.4.2001 – 3 StR 112/01, NStZ 2001, 551; dazu auch Schmitt in Meyer-Goßner/Schmitt § 304 Rn. 10.
[98] BGH 19.6.2012 – 4 StR 77/12, HRRS 2012 Nr. 707.
[99] Nagel in Radtke/Hohmann Rn. 21.
[100] BGH 8.9.1970 – 5 StR 704/68, BGHSt 23, 324 = NJW 1970, 2223; BGH 19.12.2007 – 5 StR 461/06, BeckRS 2008, 20901 Rn. 5; 11.2.2014 – 4 StR 73/10, BeckRS 2014, 05300 Rn. 4; aA noch BGH

Während darüber beim BGH gem. § 139 GVG die Spruchgruppe mit fünf Richtern entscheidet,[101] kann beim OLG der Einzelrichter entscheiden, § 51 Abs. 2 S. 4 iVm § 42 Abs. 3 RVG.[102]

4. Bild-Ton-Übertragung. Durch das Gesetz zur weiteren Digitalisierung der Justiz vom 12.7.2024[103] ist in einem neuen Abs. 3 verschiedenen Beteiligten (insb. Angeklagten, Verteidiger sowie Staatsanwaltschaft und Nebenklage) die Möglichkeit eingeräumt worden, auf Antrag der Verhandlung mittels Bild-Ton-Übertragung aus dem Sitzungszimmer zu folgen. Sieht das Gericht in den Fällen des Abs. 2 S. 3 von einer Vorführung des Angeklagten ab, so ist diesem auf seinen Antrag die Teilnahme an der Hauptverhandlung im Wege der Bild-Ton-Übertragung zu gestatten. Dadurch sollen die Durchführung der Revisionshauptverhandlung in hybrider Form ermöglicht und zugleich die Mitwirkungsrechte inhaftierter Angeklagter an der Hauptverhandlung gestärkt werden. Zwar stellt dies gegenüber der vollständigen Abwesenheit theoretisch eine Verbesserung dar, da jedenfalls Inhaftierte bislang regelmäßig auf die Teilnahme an revisionsrechtlichen Hauptverhandlungen verzichtet haben, weil die bestehende Vollzugspraxis der sogenannten Verschubung gänzlich unzumutbar und zum Teil rechtswidrig ist. 22a

Eine tatsächliche Stärkung der Anwesenheits- und hieraus folgenden Mitwirkungsrechte Angeklagter ist mit der bloßen Ermöglichung des Zuschauens aber nicht verbunden. Dies würde insbesondere beim inhaftierten Angeklagten (Abs. 3 S. 2) voraussetzen, dass der Verteidiger mit dem Angeklagten gemeinsam in der JVA audiovisuell teilnehmen kann, um eine geschützte Kommunikation und effiziente Beratung zu ermöglichen. 22b

5. Wiedereinsetzung in den vorherigen Stand. Mangels analoger Anwendbarkeit der §§ 235, 329 Abs. 3[104] wird überwiegend die Möglichkeit einer Wiedereinsetzung in den vorherigen Stand bei unverschuldeter Versäumung der Teilnahme an der Revisionshauptverhandlung abgelehnt.[105] Dem ist nur insofern zuzustimmen, als mit § 356a eine speziellere Wiedereinsetzungsvorschrift und ein fachgerichtlicher Rechtsbehelf vorliegt, welcher Vorrang genießt, soweit dessen Anwendungsbereich (mithin ein Gehörsverstoß im Revisionsverfahren) eröffnet ist.[106] Da insbes. die (eingeschränkten) Teilhaberechte des Angeklagten nicht nur Ausprägungen des Rechts auf ein faires Verfahren, sondern auch auf rechtliches Gehör darstellen, können Verstöße gegen Verfahrensvorschriften – insbes. Verletzungen der Mitteilungspflicht – eine **Anhörungsrüge** begründen.[107] 23

§ 351 Gang der Revisionshauptverhandlung

(1) Die Hauptverhandlung beginnt mit dem Vortrag eines Berichterstatters.

(2) ¹Hierauf werden die Staatsanwaltschaft sowie der Angeklagte und sein Verteidiger mit ihren Ausführungen und Anträgen, und zwar der Beschwerdeführer zuerst, gehört. ²Dem Angeklagten gebührt das letzte Wort.

29.5.1968 – 4 StR 343/65, BGHSt 22, 166 = NJW 1968, 1648 (Revisionsbegründung und Wahrnehmung der Hauptverhandlung).
[101] BGH 8.6.2005 – 2 StR 468/04, NStZ 2006, 239.
[102] Wohlers in SK-StPO Rn. 30.
[103] BGBl. 2024 I Nr. 234.
[104] Schmitt in Meyer-Goßner/Schmitt Rn. 11.
[105] OLG Köln 16.11.1956 – Ss 234/56, NJW 1957, 74; dazu Wiedner in BeckOK StPO Rn. 20; Gericke in KK-StPO Rn. 10; Schmitt in Meyer-Goßner/Schmitt Rn. 11; Dahs Strafprozessrevision Rn. 596.
[106] Anders wohl Wohlers in SK-StPO Rn. 31, der für eine eigenständige Wiedereinsetzung plädiert; für eine Anwendung des § 356a in „Ausnahmefällen" Franke in Löwe/Rosenberg Rn. 14 f.
[107] Zutr. Schmitt in Meyer-Goßner/Schmitt Rn. 11; Temming in Gercke/Julius/Temming/Zöller Rn. 9; dies ergibt sich insbes. aus den Gesetzesunterlagen, wonach „eine Gehörsverletzung bei Abwesenheit von Verteidiger und Angeklagtem daraus folgt, dass ihnen der Termin nicht rechtzeitig oder unzutreffend mitgeteilt wurde oder dass sie anderweitig ohne Verschulden am Erscheinen verhindert sind. Dies trifft im Hinblick auf eine Verhinderung des Angeklagten nur insoweit zu, wie dieser unvertreten ist; dagegen ist eine Verletzung rechtlichen Gehörs ausgeschlossen, wenn sein Verteidiger im Termin anwesend ist" (vgl. BT-Drs. 15/3706, 17). Eine knappe und vereinzelt gebliebene Entscheidung des BGH (3.5.2011 – 5 StR 467/10, BeckRS 2011, 13138) steht dem nicht entgegen, da in der gegenständlichen Revisionshauptverhandlung die Verteidiger des Verurteilten zugegen waren und die Möglichkeit hatten, sich zu äußern.

Schrifttum: Hanack, Die Verteidigung vor dem Revisionsgericht, FS Dünnebier, 1982, 301 ff.; Jagusch, Weitere Fragen zum rechtlichen Gehör im Strafverfahren, NJW 1962, 1647; Knauer, Zur Wahrheitspflicht des (Revisions-)Verteidigers, FS Widmaier, 2008, 291; Leipold, Die Hauptverhandlung vor dem Revisionsgericht, StraFo 2010, 353; Meyer-Goßner, Die Verteidigung vor dem Bundesgerichtshof und dem Instanzgericht, FS BGH 2000, 615; Meyer-Goßner/Ciernak, Grenzen des Revisionsrechts, StV 2000, 698; Rieß, Bemerkungen zum „Erfolg" der Revision im Strafverfahren, FS Eisenberg, 2009, 569 ff.; Rissing-van Saan, Die Hauptverhandlung vor dem Revisionsgericht, StraFo 2010, 359; Schulte, Die Gewährung rechtlichen Gehörs in der Praxis des Revisionsverfahrens in Strafsachen, FS Rebmann, 1989, 472 ff.; Wimmer, Verwerfung der Revision durch Urteil oder durch Beschluß?, NJW 1950, 202.

I. Grundlagen

1. Überblick. Die Revisionshauptverhandlung ist ihrem Wesen nach nicht vergleichbar mit der im sechsten Abschnitt geregelten Hauptverhandlung in der Instanz; sie bedarf schon deshalb keiner detaillierten prozeduralen Vorschriften bzw. etwaiger Modifikationen (wie für die HV in der Berufung, vgl. §§ 325 ff.). Grundsätzlich wird vor dem Senat nicht mehr um die Erforschung der materiellen Wahrheit „verhandelt", sondern um die richtige Anwendung des Rechts.[1] Abs. 1 beschränkt sich auf einen – in Relation zu § 243 wesentlich knapperen und insofern auch unvollständigen[2] – **„Ablaufrahmen"**, dessen Einhaltung dank der exponierten Stellung der Obergerichte, insbes. des BGH gesichert ist[3] und ggf. auch über eine Anhörungsrüge durchgesetzt werden kann (vgl. bereits → § 350 Rn. 2, 23). Rechtsprechung, die auf die Vorschrift Bezug nimmt, ist demnach selten; in neuerer Zeit findet sie sich nur im Zusammenhang mit der Anhörungsrüge (vgl. noch → Rn. 20).[4] Abs. 2 regelt die Plädoyers, die anders als in § 326 und § 258 deshalb nicht als „Schlussvorträge" bezeichnet werden, weil idealtypisch auf die zu Beginn erfolgenden **Ausführungen** der Beteiligten meist ein Rechtsgespräch folgt. Dass auch Abs. 2 S. 2 dem Angeklagten das **letzte Wort** gewährt, ist in Anbetracht dessen, dass dessen Anwesenheit von der gesetzlichen Konzeption weder als notwendig erachtet wird, noch in der Praxis wirklich erwünscht ist, von untergeordneter Bedeutung (zum Verstoß gegen Abs. 2 S. 2 vgl. noch → Rn. 22).

Die rudimentäre Ausgestaltung erfordert ungeachtet des Gesagten eine **Ergänzung** durch die Vorschriften des erstinstanzlichen Hauptverfahrens, soweit diese nicht dem Wesen der Revision entgegenstehen.[5] Diejenigen Vorschriften, die das Beweisrecht und die Sachverhaltsfeststellung als Spezifikum der Erst- bzw. Berufungsinstanz zum Gegenstand haben, kommen im Revisionsverfahren nicht zur Anwendung. Dazu zählen auch Vorschriften, welche die Konzentrations- und Unmittelbarkeitsmaxime positiv-rechtlich konkretisieren, so die **Unterbrechungsfristen** des § 229.[6] Mithin handelt es sich bei dieser Ergänzung weniger um einen Rückgriff (iSe Legitimation), als vielmehr um eine terminologische Zuordnung bestimmter Formalia (Aufruf, Unterbrechung, Protokollierung,[7] Verkündung[8] etc.). § 351 ist eine **reine**

---

[1] Rissing-van Saan StraFo 2010, 359; der materielle Wahrheitsbegriff findet deshalb in der Revision nur eingeschränkte Beachtung, Knauer FS Widmaier, 2008, 291 (307 f.); aA der Große Senat für Strafsachen im Zusammenhang mit seiner Entscheidung zur Beachtlichkeit von Protokollberichtigungen für das Revisionsverfahren, BGH 23.4.2007 – GSSt 1/06, BGHSt 51, 289 = NStZ 2007, 661, dazu auch → § 344 Rn. 129 f.
[2] Wohlers in SK-StPO Rn. 1 („Teilregelung").
[3] Vgl. hierzu bereits → § 350 Rn. 2 oder wie Widmaier in Satzger/Schluckebier/Widmaier StPO an verschiedenen Stellen formulierte: „...weniger eine Rechtsfrage, (...) sondern eine Frage des Stils [bzw.] der „Würde" des Revisionsgerichts", vgl. nur Widmaier in Satzger/Schluckebier/Widmaier, StPO, 1. Aufl. (2014), Rn. 7.
[4] Dort wird dann auf § 351 (mithin die Hauptverhandlung und die Möglichkeit dort vorzutragen) als Argument gegen eine Begründetheit der Anhörungsrüge zurückgegriffen.
[5] Gericke in KK-StPO Rn. 1; Nagel in Radtke/Hohmann Rn. 1.
[6] Widmaier/Momsen in Satzger/Schluckebier/Widmaier StPO Rn. 12.
[7] Gericke in KK-StPO Rn. 9 (§§ 271 ff. entsprechend).
[8] Hingegen erfolgt die Verkündung nach der weichen Formulierung des § 356 nach Maßgabe des § 268, sodass es entgegen hM (vgl. nur Rissing-van Saan StraFo 2010, 359 (361); Gericke in KK-StPO Rn. 8; Schmitt in Meyer-Goßner/Schmitt § 356 Rn. 1) durchaus vertretbar erscheint, die 11-Tages-Frist des § 268 Abs. 3 S. 2 für einschlägig zu halten, deren Verletzung aber allenfalls in Extremfällen über eine Verfassungsbeschwerde geltend gemacht werden kann.

Ordnungsvorschrift, sodass der Vorsitzende von den dort festgelegten Abläufen abweichen kann.[9] Lediglich der das rechtliche Gehör ausfüllende Kern der Vorschrift geht darüber hinaus. Der Vorsitzende kann das Verfahren etwa bei Erkrankung von Verfahrensbeteiligten **aussetzen.**[10] Um die Durchführung des Verfahrens zu sichern, ist deshalb jedenfalls nach Auffassung des 2. Strafsenates ein Wahlverteidiger, der vorab mitteilt, dass er nicht zur Hauptverhandlung vor dem Revisionsgericht erscheinen werde, in der Regel zum Pflichtverteidiger für die Revisionshauptverhandlung zu bestellen (vgl. → § 350 Rn. 17 f.).[11] Ebenso ist im Vorlageverfahren bzw. Vorabentscheidungsverfahren (§§ 132 Abs. 2–4, § 121 Abs. 3 GVG).[12] Zum Erfordernis der Verhandlungsfähigkeit des Angeklagten vgl. bereits → § 350 Rn. 9.

2. Revisionshauptverhandlung als Ausnahme. Ursprünglich musste das Reichsgericht trotz des Wesens der Revision als reine Rechtsinstanz in den allermeisten Fällen durch Urteil (mithin nach mündlicher Verhandlung) entscheiden, weil keine Beschlussverwerfung einer zulässigen Revision vorgesehen war; erst mit deren Normierung in der sog. „Lex Lobe" mit der Möglichkeit der Beschlußverwerfung gem. § 349 Abs. 2 im Jahre 1922 hat sich das Bild gewandelt.[13] Inzwischen ist die Revisionshauptverhandlung bei einem Anteil von 5–7 % der beim BGH durch Urteil erledigten Verfahren zu einem seltenen Ereignis geworden (→ Vor § 333 Rn. 12 ff.).[14] Dies gilt umso mehr für die Angeklagtenrevision, weil auf Revision der StA stets mündlich verhandelt wird. Ursächlich für diesen **Bedeutungsverlust der Hauptverhandlung** dürfte weniger die gesetzliche Konzeption sein (die zwar die Entscheidung im Beschlusswege erst ermöglicht hat, aber ein Ermessen des Gerichts beibehält, vgl. § 349 Abs. 1, 2 und 4: „kann") als vielmehr die exzessive Anwendung des § 349 Abs. 2, für die die zunehmende Belastung der Obergerichte nur eine von mehreren Erklärungen sein kann (zu dieser Entwicklung auch → § 349 Rn. 15 ff.).[15] Die Anberaumung kann für einen Strafverteidiger, der einseitig Revision eingelegt hat, also durchaus als Etappensieg bezeichnet werden.[16] Vor dem Hintergrund einer Disziplinierungs- und Kontrollfunktion der Revision (→ Vor § 333 Rn. 67 f.) hat die Durchführung der Hauptverhandlung Signalwirkung: Denn gerade aufgrund der Seltenheit dürfte diese deutlich vermitteln, dass es sich um ein „diskussionswürdiges Urteil" der Vorinstanz handelt,[17] zumal die Senate mit mahnenden obiter dicta für die Zukunft nicht sparen, wenn die Revision gerade noch an der Beruhensprüfung scheitert und das Urteil an der Aufhebung „vorbeischrammt". Jedenfalls aber zeigt die Durchführung der Hauptverhandlung auf die Revision des Angeklagten hin, dass der Senat sich nicht in der Vorberatung einstimmig auf ein „offensichtlich unbegründet" einigen konnte (dazu → § 349 Rn. 51 ff.). **Kritikwürdig** ist, dass staatsanwaltschaftliche Revisionen aufgrund einer Vereinbarung zwischen GBA und Generalstaatsanwaltschaften stets mündlich verhandelt werden, weil der GBA dann einen Terminsantrag stellt (bereits → § 349 Rn. 17 f.). Dieser Ungleichbehandlung sollten sich die Senate nicht nur durch die für die StA gesichtswahrende Anregung einer Revisionsrücknahme verweigern.

3. Rechtsgespräch und Tatsachenvortrag – Zur Bedeutung und zum Bedeutungswandel der Revisionshauptverhandlung. Sind schon die Darstellungsanforderungen für eine dem § 344 Abs. 2 S. 2 genügende Verfahrensrüge (bzw. für eine nicht offensicht-

---

[9] Rissing-van Saan StraFo 2010, 359 (364); Gericke in KK-StPO Rn. 5 („kein starres Schema"); Franke in Löwe/Rosenberg Rn. 6.
[10] Befindet sich in den Akten keine Vollmacht des Wahlverteidigers, ist diese in der Hauptverhandlung nachzuweisen, Gericke in KK-StPO Rn. 1; Wiedner in BeckOK StPO Rn. 8.
[11] BGH Verfügung 25.9.2014 – 2 StR 163/14, NJW 2014, 3527.
[12] Widmaier/Momsen in Satzger/Schluckebier/Widmaier StPO Rn. 13; Schmitt in Meyer-Goßner/Schmitt Rn. 8 (nach Erledigung des Vorlageverfahrens ist – nach Anhörung der Beteiligten – eine Entscheidung im Beschlusswege möglich).
[13] Rissing-van Saan StraFo 2010, 359.
[14] Vgl. auch Leipolt StraFo 2010, 353 (353); Fischer StV 2012, 550.
[15] Rissing-van Saan StraFo 2010, 359 (361).
[16] Vgl. bereits Knauer NStZ 2016, 1.
[17] Ähnlich bereits Rieß unter Rückgriff auf sein Legitimationsmodell, wonach die Revision Leitlinienfunktion habe, Rieß FS Eisenberg, 2009, 569.

lich unbegründete Sachrüge) mehr als hoch, so scheint manchem in der Instanz geübten Verteidiger die Revisionshauptverhandlung wegen deren völlig anderer Kultur durchaus als **ungewöhnlich herausfordernd.** Im Idealfall wird ein Rechtsgespräch auf Augenhöhe geführt, aber eben nur, solange die Beteiligten die Regeln des Rechtsgesprächs einhalten. Wer mitspielen will, muss auf dem Spielfeld bleiben.[18] Dazu gehört es, den Charakter der Revision als Rechtsinstanz anzuerkennen und nicht bei allererster Gelegenheit die jedenfalls aus subjektiver Sicht verzerrten Feststellung des Tatgerichts zurechtrücken bzw. die Hauptverhandlung als solches „rekonstruieren" zu wollen.[19] Dass dies dennoch häufiger passiert, wird einerseits auf die subjektiven und objektiven Ungerechtigkeiten der Revision zurückzuführen sein, andererseits darauf, dass die Revisionshauptverhandlung anders als in Zivilsachen keiner kleinen Gruppe von spezialisierten BGH-Anwälten vorbehalten ist.[20]

5 Hinzu kommt, dass der BGH die Einhaltung dieser Regeln mitunter selbst durch einen Übergriff in die tatrichterliche Beweiswürdigung konterkariert (zur sog. erweiterten Revision → § 344 Rn. 74 ff.) und damit in praxi von der Revision als reinen Rechtsinstanz abgekommen ist.[21] **„Tatsachenvortrag"** ist deshalb nicht mehr nur dem Umstand geschuldet, dass der Verfahrensbeteiligte jene Regeln bzgl. des Vorbringens nicht mehr auf dem Schirm hat; vielmehr kann sich ein auf den ersten Blick als „Beweiswürdigungssurrogat" zurückzuschmetterndes Vorbringen im Einzelfall als das Zünglein an der Waage für die Nachvollziehbarkeit einer Darstellungs- bzw. Beweiswürdigungs-Sachrüge entpuppen[22] und damit dem Kalkül eines geschulten Revisionsverteidigers geschuldet sein. Ggf. kann gerade das Rechtsgespräch selbst – sei es zufällig, sei es aufgrund gezielten Nachfragens – hervorbringen, dass es sich aus Sicht des Senats eben nicht um einen Fall des Verbots der Rekonstruktion der Hauptverhandlung bzw. der Ersetzung der Beweiswürdigung des Gerichts durch eine eigene handelt, sondern die nach § 344 Abs. 2 S. 2 vorgebrachten Tatsachen doch genügten (und nur anders formuliert werden mussten) bzw. die Sachrüge in ihrer ursprünglichen Ausführungen nur missverständlich war, aber nach Beseitigung der Unklarheiten durchdringt.

6 Damit wird an dieser Stelle deutlich, dass die Revisionshauptverhandlung nicht schon aufgrund ihres Charakters als „reine Rechtsinstanz" in ihrer Wirkmacht und damit auch in ihrer rechtlichen Tragweite unterschätzt werden darf; denn für neue rechtliche Erwägungen ist – soweit die Sachrüge erhoben wurde – ständig und damit bis zur Urteilsverkündung Zeit. Bestimmte Rechtsfragen können uU auch erst im Laufe der Hauptverhandlung erstmals aufkommen. Sollte bei einer Revision vor dem OLG-Senat eine Divergenzvorlage (§ 121 Abs. 2 GVG) beabsichtigt sein, wird die vorherige Diskussion der Rechtsfrage beim vorlegenden Senat ebenso für unerlässlich gehalten, da sich hierbei auch herauskristallisieren kann, dass die Vorlage in concreto überflüssig[23] ist.

II. Erläuterung

7 **1. Inhalt der Hauptverhandlung.** Der Inhalt der Revisionshauptverhandlung wird durch die **Anträge** bzw. die Angriffsrichtung der (zulässig erhobenen) Rügen einerseits und den **Umfang der Prüfung** des Revisionsgerichts gem. § 352 (siehe dort) andererseits bestimmt.[24] Dem Revisionsgericht ist es unbenommen, Revisionen in derselben Sache unterschiedlich zu behandeln; relevant ist va die Konstellation der Verwerfung der Revision

---

[18] Zu diesem Bild vgl. auch Hanack FS Dünnebier, 1982, 301 (305).
[19] Zum Rekonstruktionsverbot vgl. bereits → Vor § 333 Rn. 56 ff. sowie Bartel Rekonstruktionsverbot passim.
[20] Rissing-van Saan StraFo 2010, 359 (364); die fehlende „Profession" von Strafverteidigern bzw. Unfähigkeit ein Rechtsgespräch zu führen, wird regelmäßig beklagt; s. bei Hanack FS Dünnebier, 1982, 301 (308); vgl. auch Franke in Löwe/Rosenberg Rn. 1; beide mwN.
[21] Ebenso relativierend Rissing-van Saan StraFo 2010, 359 (364), wonach auch im Übrigen die „Grenzen zwischen Tatsachen- und Rechtsfrage[n] fließend...", sind. Dies greift bereits Hanack FS Dünnebier, 1982, 301 (304) auf. Knauer NStZ 2016, 1 (3 ff.).
[22] Vgl. die Beispiele bei Rissing-van Saan StraFo 2010, 359 (360).
[23] Vgl. hierzu – unter Hinweis auf § 138 Abs. 4 GVG – BGHSt 29, 310 = NJW 1980, 2365.
[24] Rissing-van Saan StraFo 2010, 359 (363); Wiedner in BeckOK StPO Rn. 11.

der Verteidigung durch Beschluss, während diejenige der StA terminiert und verhandelt wird. Dieses – dem Prinzip der prozessualen Waffengleichheit offensichtlich widersprechende – Konzept ist in dem in § 349 abschließend geregelten Entscheidungssystem angelegt (dort → § 349 Rn. 81 f.). Handelt es sich um gegenläufige Revisionen, die aber denselben Streitpunkt betreffen bzw. im Umfang und Anfechtungsgegenstand „deckungsgleich" sind, wird das Revisionsgericht, weil es keinen erheblichen Mehraufwand hat, beide Revisionen zur Entscheidung in der Hauptverhandlung annehmen[25] (zumal es insbes. bei der Sachrüge merkwürdig anmutete, die Rechtsauffassung des Angeklagten als offensichtlich unbegründet zurückzuweisen und hinsichtlich derselben Rechtsfrage im Rahmen der Revision der StA die Frage zur Diskussion zu stellen und die Verteidigung anzuhören).

a) Konzentration des Diskussionsstoffs. Der Senat bzw. der Vorsitzende wird – nach dem Vortrag des Berichterstatters (→ Rn. 18) – sehr schnell die Richtung der Hauptverhandlung vorgeben, indem er offen legt, welche Fragen nach seiner Auffassung diskussionswürdig sind.[26] Bei mehreren Taten oder mehreren Revisionen wird er von der Möglichkeit Gebrauch machen, die Hauptverhandlung zunächst auf bestimmte Punkte zu beschränken.[27] Teilweise erfolgt dies erst nach den Eingangsausführungen – „Plädoyers" – der Beteiligten. Findet eine durch den Vorsitzenden gesteuerte Diskussion nicht statt, so ist dies regelmäßig ein Zeichen dafür, dass sich der Senat in der Vorberatung bereits festgelegt hat. 8

b) Verbindung von Verfahren. Die Rechtsprechung hat in analoger Anwendung des § 4 – §§ 2 und 4 beziehen sich unmittelbar auf Gerichte erster Instanz[28] – die **Verbindung** mehrerer Revisionsverfahren zum Teil für möglich erachtet;[29] dies wird unter Hinweis auf § 337, wonach das Revisionsgericht auf die Überprüfung des angefochtenen Urteils beschränkt ist, in der Literatur zu Recht bezweifelt;[30] zumindest aber ist eine gemeinsame Verhandlung von bei demselben Senat anhängigen Verfahren (in entsprechender Anwendung des § 237) möglich.[31] 9

c) Beweisaufnahme in Ausnahmefällen. Grundsätzlich findet entsprechend der Rechtsnatur der Revision **keine Beweisaufnahme** vor dem Senat statt.[32] Allerdings kann zur Aufklärung tatsächlicher Umstände, von denen Prozessvoraussetzungen oder Verfahrensrügen abhängen, im **Freibeweisverfahren** vorgegangen werden.[33] In der Regel werden die relevanten Tatsachen jedoch spätestens im Rahmen der Vorbereitung der Revision (mithin noch vor der Entscheidung, ob nicht im Beschlusswege entschieden werden kann) geklärt werden (→ § 347 Rn. 2). 10

Das Revisionsgericht ist nicht befugt, **Verfahrenstatsachen im Einzelfall** zu klären, welche bereits Gegenstand der Entscheidungsfindung des erkennenden Gerichts sind; 11

---

[25] Rissing-van Saan StraFo 2010, 359 (363).
[26] Widmaier in Satzger/Schluckebier/Widmaier, StPO, 1. Aufl. (2014), Rn. 5; Dahs/Müssig in MAH Strafverteidigung § 12 Rn. 315.
[27] Schmitt in Meyer-Goßner/Schmitt Rn. 2; Wohlers in SK-StPO Rn. 8.
[28] BGH 13.8.1963 – 2 Ars 172/63, BGHSt 19, 177 (179) = NJW 1964, 506; BGH 25.6.1968 – 5 StR 191/68, BGHSt 22, 185 (186) = NJW 1968, 1730.
[29] Eine nicht wirksam vorgenommene Verbindung kann durch das Revisionsgericht nachgeholt werden, um die Sache insoweit einer endgültigen Erledigung zuzuführen, BGH 29.11.1996 – 2 StR 585/96, NStZ-RR 1997, 170; 8.8.2001 – 2 StR 285/01, BeckRS 2001, 30198113; 25.4.2013 – 2 StR 127/13, BeckRS 2013, 9515; dazu auch Schmitt in Meyer-Goßner/Schmitt Rn. 3a.
[30] Nagel in Radtke/Hohmann Rn. 13; ausführlich hierzu Meyer-Goßner/Ciernak StV 2000, 696 (698 mwN).
[31] Insbes. bei Identität der Rechtsfrage erscheint solch ein Vorgehen zweckmäßig (Grundsatzfragen wie die Strafbarkeit eines aktuell gewordenen Phänomens, man denke an die Korruption im Gesundheitswesen oder das Inverkehrbringen von sog. „legal highs"); in diesem Sinne auch Nagel in Radtke/Hohmann Rn. 13; Meyer-Goßner/Ciernak StV 2000, 696 (698).
[32] Schmitt in Meyer-Goßner/Schmitt Rn. 3; Widmaier/Momsen in Satzger/Schluckebier/Widmaier StPO Rn. 1; Gericke in KK-StPO Rn. 11; Franke in Löwe/Rosenberg Rn. 5; ausführlich zur Beweisaufnahme in der Revisionshauptverhandlung Leipolt StraFo 2010, 353 (357 f.).
[33] Schmitt in Meyer-Goßner/Schmitt Rn. 3; Gericke in KK-StPO Rn. 11; BGH 3.3.1993 – 2 StR 328/92, NStZ 1993, 349 (350).

hierzu zählt u.a. die Zulässigkeit der Beweiserhebung bzw. Beweisverwertung (bspw. ob der Beschuldigte ordnungsgemäß belehrt wurde oder ob eine nach § 136a unzulässige Vernehmungsmethode durchgeführt wurde).[34] Hingegen kann der Senat ausermitteln, ob der vom Verteidiger behauptete Widerspruch in der Hauptverhandlung tatsächlich erhoben wurde, entgegen dem Hauptverhandlungsprotokoll das letzte Wort nicht erteilt wurde oder sich „unwesentliche Förmlichkeiten" (bei denen die Nichtaufnahme in das Hauptverhandlungsprotokoll keine Wirkungen entfaltet), wie von der Revision behauptet auch tatsächlich zugetragen haben. Regelmäßig wird das aber bereits im „Vorverfahren" vor der Hauptverhandlung freibeweislich aufgeklärt worden sein (→ § 347 Rn. 2 ff.).

12   Eine **Ausnahme vom Grundsatz der Nichtdurchführung einer Beweisaufnahme** vor dem Revisionsgericht wird gemacht, wenn die Tatsachengrundlage für einen allgemeingültigen Rechtssatz ermittelt werden soll, mithin solche, die sowohl verfahrensrechtlich wie auch materiell-rechtlich über den Einzelfall hinaus von Relevanz sind: Hier kann nach hM eine (ggf. auch erneute) Prüfung durch den Senat – unter Rückgriff auf die Funktion der Schaffung von Rechtseinheit – erfolgen. In der Regel wird dies bei der sachverständigen Überprüfung einer allgemein relevanten wissenschaftlichen Grundfrage der Fall sein. Dies galt etwa für die Frage,[35] ob und gegebenenfalls welche gesundheitlichen Schäden bei der Einnahme des Brechmittels Ipecacuanha durch einen gesunden Menschen unter ärztlicher Aufsicht eintreten können und ob die Verabreichung des Mittels durch Einführen einer Nasensonde gesundheitsschädlich sein kann.[36]

13   Zu weit gehend und mit dem vom BGH häufig selbstschützend vorgebrachten Rekonstruktionsverbot überhaupt nicht mehr vereinbar sind Tendenzen, in denen eine eigene Beweiserhebung, die der Tatrichter aufgrund eines Verfahrensfehlers unterlassen hat, nachgeholt wird. Dies hat der 5. Strafsenat für eine DNA-Zuordnung einer Spur für möglich gehalten und den einen Beweisantrag entkräftenden Sachverständigenbeweis selbst einholen lassen.[37]

14   In den wenigen Fällen, in denen eine „Beweiserhebung" zu Umständen, die über den Einzelfall hinaus von Relevanz sind, erfolgt (dazu zählen nicht nur allgemein gültige wissenschaftliche Erkenntnisse, etwa die Wirkweise von bestimmten Substanzen zur Ermittlung ihrer tödlichen oder abhängig machenden Dosis, sondern auch sonstige Erfahrungssätze und Wahrscheinlichkeiten sowie die Anwendung ausländischen Rechts[38]), gelten die Grundsätze des Freibeweises. Die §§ 244 ff. kommen nicht zur Anwendung. Dennoch wird der Senat gerade in Ausnahmefällen bzw. Präzedenzfällen die Beweisaufnahme nicht nach „Gutdünken"[39] vornehmen, sondern derjenigen nach § 244 annähern. So ist anerkannt, dass das

---

[34] Insofern kann durch einen „Aussagewechsel" des Zeugen hinsichtlich der Belehrung einer ursprünglich zulässigen Verfahrensrüge nicht die Grundlage entzogen werden, so auch unmissverständlich BGH 22.6.1989 – 1 StR 231/89, NStZ 1989, 484; die Rechtsprechung zur „Rügeverkümmerung" (BGH 23.4.2007 – GSSt 1/06, BGHSt 51, 298 = NStZ 2007, 661) betrifft hingegen die Konstellation, in der sich die entscheidenden Umstände in der Hauptverhandlung selbst abspielen und damit nicht bereits Gegenstand der Beweisaufnahme sein können.

[35] KG 8.5.2001 – (4) 1 Ss 180/99, StV 2002, 122 („Brechmittelfall").

[36] Gerade der „Brechmittelfall" hat deutlich gemacht, dass letztlich die Gerichtshierarchie darüber bestimmt, welches Sachverständigengutachten – am Ende dasjenige des EGMR im Fall Jalloh, EGMR (Große Kammer) 11.7.2006 – 54810/00, NJW 2006, 3117 – maßgeblich ist. Stellt man hingegen ohnehin auf die Verhältnismäßigkeit im Einzelfall ab, kann derartigen Feststellungen (wonach die Verabreichung per Magensonde generell gefährlich sei) ohnehin nur der Charakter eines obiter dictum zukommen.

[37] BGH 25.4.2012 – 5 StR 444/11, NStZ 2012, 526 mablAnm Knauer NStZ 2012, 583; dagegen wiederum Basdorf NStZ 2013, 186. Dort auch mit weiteren Beispielen, u.a. BGH 15.2.2005 – 1 StR 91/04, NStZ 2005, 458 (zur Eignung eines Tatfotos für ein anthropologisches Vergleichsgutachten), sowie BGH 22.4.2004 – 5 StR 534/02, NStZ-RR 2004, 270, (zur Zuverlässigkeit von Erinnerungsbildern eines schwer hirngeschädigten Opfers nach posttraumatischer Amnesie zum Ausschluss einer für eine Verurteilung tragfähigen Beweiswürdigung).

[38] Schmitt in Meyer-Goßner/Schmitt Rn. 3.

[39] Schmitt in Meyer-Goßner/Schmitt § 244 Rn. 9 unter Verweis auf Krehl in KK-StPO § 244 Rn. 16.

Beweisergebnis den Verfahrensbeteiligten bekanntzugeben ist,[40] Zeugnisverweigerungsrechte beachtet werden müssen und Beweisanregungen nachzukommen ist, wenn dies geboten scheint.[41] Damit kommt das Gericht nicht nur seiner „Aufklärungspflicht" bestmöglich nach (zumal das Freibeweisverfahren im Allgemeinen auch Einschränkungen unterliegt und nicht der Willkür der erkennenden Richter unterworfen ist; → § 244 Rn. 41 ff.), sondern auch seiner Vorbildfunktion hinsichtlich der Rechtsstaatlichkeit des Strafverfahrens.[42]

Einen Übergriff in die tatrichterliche Beweiswürdigung will die Rechtsprechung auch **15** dadurch vermeiden, dass sie der Beweisaufnahme Zeugen entzieht, die schon im Strengbeweisverfahren vernommen wurden.[43] Diese Haltung ist nachvollziehbar, da das Verbot der Rekonstruktion der Hauptverhandlung und damit das Wesen der Revision als reine Rechtsinstanz bedroht wären, wenn die Vernehmung von Zeugen der Erstinstanz vor dem Revisionsgericht als möglich erachtet würde. Doch da eine gewisse Rekonstruktion letztlich in der „erweiterten" Revision (und nicht nur dort[44]) angelegt ist, kann dieser Ansatz nicht mit letzter Konsequenz durchgehalten werden, soweit man an der Reichweite der Sachrüge einerseits und den Darstellungsanforderungen bei „Mammutverfahrensrügen" wie der Aufklärungsrüge oder der Rüge des Verstoßes gegen die Konzentrationsmaxime andererseits festhalten will. Er überzeugt auch dogmatisch nicht, da der Subsumtionsbezugspunkt im Revisionshauptverfahren feststeht (und die Zeugenvernehmung lediglich für die Klärung der zu beweisenden Verfahrenstatsachen verwendet werden kann[45]).

2. Öffentlichkeit der Hauptverhandlung. Die Revisionshauptverhandlung ist – **16** auch im **Verfahren gegen Jugendliche** – stets öffentlich (arg. § 173 Abs. 1 GVG).[46] Das besondere Schutzbedürfnis, das in Verfahren vor den Jugendgerichten eine Nichtöffentlichkeit (§ 48 JGG) legitimiert, besteht in der Revisionshauptverhandlung nicht, zumal im Regelfall der angeklagte Jugendliche nicht zugegen sein wird. Hingegen hat der 5. Senat in einer vereinzelt gebliebenen Entscheidung ohne weitere Begründung unter Verweis auf *Wickern* angenommen,[47] dass das Revisionsgericht ebenso ein „erkennendes Gericht" iSd § 48 JGG sei. Dies überrascht, weil zahlreiche Einschränkungen strafprozessualer Grundsätze im Revisionsverfahren gerade mit dem Wesen der Revision als „reine Rechtsinstanz" begründet werden. Richtigerweise wird man mit *Widmaier* eine analoge Anwendung des § 48 JGG befürworten müssen, soweit ein Ausschluss der Öffentlichkeit im Hinblick auf die Belange des Jugendlichen geboten erscheint.[48]

3. Ablauf der Hauptverhandlung. a) Aufruf zur Sache und Vortrag des **17** **Berichterstatters.** Nach Abs. 1 beginnt die Hauptverhandlung mit dem Vortrag des

---

[40] Vgl. Schulte FS Rebmann, 1989, 472 ff.; als Ausprägung des Grundsatzes rechtlichen Gehörs (Art. 103 Abs. 1 GG) könnte eine Verletzung dieses Postulats mit der Anhörungsrüge geltend gemacht werden.
[41] Zu deren Reichweite Gericke in KK-StPO Rn. 11 f.
[42] Wie etwa in BGH 2.11.2010 – 1 StR 581/09, BGHSt 56, 52 = NStZ 2011, 461, als der 1. Senat zur Feststellung des Grenzwerts der nicht geringen Menge bei Benzodiazepinen und Zolpidem nicht nur einen, sondern zwei Sachverständige („Gutachten des Apothekers für experimentelle Pharmakologie und Toxikologie Dr. D vom Bundeskriminalamt und des Facharztes für Pharmakologie und Toxikologie Prof. Dr. Sc") zur Wirkweise und zur Gefährlichkeit der in Rede stehenden Substanzen befragt hat.
[43] Schmitt in Meyer-Goßner/Schmitt Rn. 3; BayObLG 28.6.2000 – 4 St RR 54/2000, JR 2001, 256 mAnm Eisenberg.
[44] In den meisten Fällen der Beruhensprüfung ist die Vernehmung des Zeugen (der unter Verletzung des § 59 vereidigt worden ist, vgl. OLG Hamm 24.3.1998 – 3 Ss 1623/97) das verlässlichste Beweismittel hinsichtlich der Frage, ob der Zeuge, wäre er vereidigt worden, andere, zu einer für den Beschwerdeführer günstigeren Entscheidung führende Angaben gemacht hätte; nichtsdestotrotz prüft man dies anhand des Akteninhalts, so Gericke in KK-StPO Rn. 10.
[45] In diese Richtung auch Wohlers in SK-StPO Rn. 5 (dort auch zur Problematik der allgemeinen Glaubwürdigkeit).
[46] Gericke in KK-StPO Rn. 1; Widmaier/Momsen in Satzger/Schluckebier/Widmaier StPO Rn. 2; Schmitt in Meyer-Goßner/Schmitt § 169 Rn. 2; Wiedner in BeckOK StPO Rn. 1; Nagel in Radtke/Hohmann Rn. 2.
[47] BGH 20.1.2004 – 5 StR 530/03, BeckRS 2004, 30337521; Wickern in Löwe/Rosenberg GVG § 169 Rn. 1; zust. Walther in BeckOK StPO GVG § 169 Rn. 2.
[48] Widmaier/Momsen in Satzger/Schluckebier/Widmaier StPO Rn. 2.

Berichterstatters. Dem gehen – wie jeder Gerichtsverhandlung – der **Aufruf zur Sache** und die Präsenzfeststellung voraus.[49] Erst im Anschluss hält der Berichterstatter seinen Vortrag, der die wesentlichen Abläufe und Ergebnisse des bisherigen Verfahrens beinhaltet. Dabei ist dieser auf die für die Anträge der Revisionsführer und deren Rügen relevanten Umstände und Rechtsauffassungen beschränkt; hierzu zählen auch die auszugsweise Verlesung des erstinstanzlichen Urteils (zumindest bei Revisionen vor dem OLG), die Verfahrensrügen und – soweit im Anschluss auch darüber diskutiert werden soll – die Angriffsrichtung der Sachrügen.[50]

18   Freilich geht § 351 von einem System vor der „Lex Lobe" aus, in welcher der Berichterstatter bei der Revisionshauptverhandlung (als Regelfall) den Verfahrensbeteiligten und den übrigen Senatsmitgliedern den Sachverhalt erstmals in komprimierter, aber möglichst unverfälschter Form wiedergeben sollte.[51] Inzwischen wird bis zur Terminierung regelmäßig schon vorberaten, wobei gerade dies den Berichterstatter im Vorfeld fordert. Mithin hat sich die in § 351 beschriebene Tätigkeit des Berichterstatters in das Verfahren nach Einlegung der Revision verlagert; das Verständnis für die Tätigkeit des Berichterstatters hat unter der Überschrift „Vier-Augen-" vs. „Zehn-Augen-Prinzip" zu einer nie dagewesenen öffentlichen Auseinandersetzung (auch unter den Senaten) geführt (dazu → Vor § 333 Rn. 48 ff. sowie → § 349 Rn. 52 f.). Heute hat der Vortrag des Berichterstatters einerseits eine Art „erinnernde" und feststellende Funktion für die Verfahrensbeteiligten („wo steht man?")[52] und er kommt andererseits dem Öffentlichkeitsprinzip zugute, weil die im Anschluss erörterten Rechtsprobleme ggf. in einer auch für Laien nachvollziehbaren Sprache angerissen werden.[53]

19   Ärgerlich sind solche Vorträge des Berichterstatters, die erkennbar durch bloßes Verlesen des bereits dem Urteil entsprechenden Votums die Entscheidung quasi vorwegnehmen. Konsequenterweise müsste sich eigentlich das Vorvotieren in Form eines vollständigen Entwurfs vor der Revisionshauptverhandlung verbieten. Gerade weil dem Berichterstatter nach der gesetzlichen Konzeption die Aufgabe zukommt, zu Beginn der Revisionshauptverhandlung die Ergebnisse des bisherigen Verfahrens zusammenzufassen und ihm hierbei ein gewisser Gestaltungsspielraum verbleibt, kann ihm jedoch nicht bereits deshalb der Vorwurf der **Befangenheit** gemacht werden, weil er die aus seiner Sicht neuralgischen bzw. besonders problematischen Punkte hervorhebt.[54] Soweit man die Funktion der Revisionshauptverhandlung in einem kontradiktorischen Rechtsgespräch (als Ausfluss des Rechts auf ein faires Verfahren, Art. 6 EMRK) sieht, muss es den Verfahrensbeteiligten allerdings möglich sein, eine Ergänzung des Berichts anzuregen, wenn dieser gerade im Hinblick auf die im nächsten Schritt (→ Rn. 18) vom Senatsvorsitzenden vorgenommenen Konzentration des Verhandlungsstoffs unvollständig oder missverständlich ist.[55]

20   **b) Worterteilung (Anspruch auf ein Rechtsgespräch?).** Im Anschluss an den Vortrag des Berichterstatters übernimmt der Senatsvorsitzende die Verhandlungsleitung und lenkt idealerweise das Gespräch bzw. die Wortmeldungen der Revisionsführer und -gegner mit der bereits beschriebenen Konzentration des Verfahrensstoffs in eine Richtung (→ Rn. 18).[56] Dabei erhält – in der Regel Abs. 2 S. 1 folgend – zunächst der Beschwerdeführer das Wort

---

[49]   Widmaier/Momsen in Satzger/Schluckebier/Widmaier StPO Rn. 3; Rissing-van Saan StraFo 2010, 359 (363); bei persönlichem Erscheinen des Angeklagten erscheint es zweckmäßig, nachzufragen, ob dieser an der Verhandlung teilnehmen möchte oder als Zuhörer folgt, Nagel in Radtke/Hohmann Rn. 1.
[50]   Schmitt in Meyer-Goßner/Schmitt Rn. 2; Gericke in KK-StPO Rn. 2.
[51]   Vgl. hierzu auch Wiedner in BeckOK StPO Rn. 8 sowie Wohlers in SK-StPO Rn. 7; Franke in Löwe/Rosenberg Rn. 3.
[52]   Zumal zwischen Anberaumung und dem eigentlichen Termin bei der langfristigen Planung an den Obergerichten eine erhebliche Zeitspanne liegen kann.
[53]   Wobei mit den Pressemitteilungen des BGH diesem Bedürfnis bereits ausreichend Rechnung getragen wird.
[54]   BGH 15.7.2008 – 1 StR 231/08, BeckRS 2008, 16404 (Beschluss; Vorwurf der selektiven Benennung von Indizien); zum Vortrag des Berichterstatters auch Gericke in KK-StPO Rn. 2; Wiedner in BeckOK StPO Rn. 7 ff.
[55]   Widmaier/Momsen in Satzger/Schluckebier/Widmaier StPO Rn. 8.
[56]   Wiedner in BeckOK StPO Rn. 10.

zu seinen Ausführungen und Anträgen.⁵⁷ Nicht selten wünschen Strafverteidiger jedoch, erst nach den Ausführungen des Bundesanwalts zu referieren. Das ist letztlich unnötig, weil der Vorsitzende sich dem Wunsch nicht verschließen wird, auf die Gegenseite zu replizieren.⁵⁸ Dies gilt auch bzgl. der Vertreter der Neben- oder Privatklage.⁵⁹ Die Worterteilung ist – mag von ihr auch nicht Gebrauch gemacht worden sein – die Gewährung rechtlichen Gehörs (daher auch als „Anhörungsverfahren" bezeichnet⁶⁰), die einer Anhörungsrüge im Anschluss entgegensteht:⁶¹ Insofern gilt der allgemeine Grundsatz, wonach Gewährung rechtlichen Gehörs nicht bedeutet, dass sich das Gericht mit jedem einzelnen Vorbringen auseinandersetzen müsste,⁶² selbstverständlich auch hier (zu den verschiedenen Arten von Gehörsverstößen in der Revisionsinstanz → § 356a Rn. 19 sowie → § 350 Rn. 23).

In diesem Zusammenhang: Höchstrichterlich wurde bereits häufiger betont, dass der **21** Revisionsführer keinen **„Anspruch" auf ein Rechtsgespräch** habe;⁶³ mithin könne der Senat die Rolle eines Zuhörers einnehmen und müsse sich zu den verschiedenen Rechtspositionen nicht verhalten. Dies muss allerdings dahingehend verstanden werden, dass es in diesem Zusammenhang schlicht keinen Sinn macht, einen rechtlichen Anspruch auf „Erwiderung" des Gerichts konstruieren zu wollen.⁶⁴ Hat das Gericht zu den Ausführungen des Beschwerdeführers nichts hinzuzufügen – weil es sich um eine zutreffende oder vollkommen abwegige Auffassung handelt – ist dies hinzunehmen. Dies gilt auch, wenn der Senat beabsichtigt, von seiner ständigen Rechtsprechung abzuweichen;⁶⁵ denn soweit trotz „bisher eindeutiger Rechtslage" eine Hauptverhandlung anberaumt wurde, wäre – soweit nur diese Rechtsfrage aufgegriffen wird – ein abweichendes Urteil keine „Überraschungsentscheidung" mehr. Rechtliches Gehör bedeutet eben, dass die Argumente „gehört", nicht aber auch vollständig verargumentiert werden. Im Regelfall wird sich der Senat mit den Argumenten der Verfahrensbeteiligten auseinandersetzen und damit auch signalisieren, welche Rechtsauffassung er befürwortet. Eine Verletzung des fair-trial-Grundsatzes (Art. 6 EMRK) steht nicht zu befürchten, denn eine bewusst-absichtliche „Boykottierung" der Revisionshauptverhandlung (bzw. des Rechtsgesprächs) ist vor den Obergerichten schlicht kaum vorstellbar und wenn doch, kann sie unter Verweis auf das Prinzip der Rechtsstaatlichkeit und des Willkürverbots nach Art. 20 Abs. 3 GG (mithin in Evidenzfällen) und nicht mit einer einfachrechtlichen Verletzung des Abs. 2 geltend gemacht werden. Dass ein Rechtsgespräch der Würde der Hauptverhandlung angemessen und damit „nobile officium" ist, steht auf einem anderen Blatt.

---

[57] Schmitt in Meyer-Goßner/Schmitt Rn. 4; Gericke in KK-StPO Rn. 3.
[58] Schmitt in Meyer-Goßner/Schmitt Rn. 4 unter Verweis auf Hamm Rn. 1403; vgl. hierzu auch Wohlers in SK-StPO Rn. 9.
[59] Wiedner in BeckOK StPO Rn. 9.
[60] Nagel in Radtke/Hohmann Rn. 4; Wohlers in SK-StPO Rn. 9.
[61] BGH 6.11.2006 – 1 StR 50/06, NStZ-RR 2007, 57 (Ls.); 3.5.2011 – 5 StR 467/10, BeckRS 2011, 13138; 22.6.2011 – 2 StR 524/10, HRRS 2011 Nr. 980; 22.11.2006 – 1 StR 180/06, HRRS 2007 Nr. 28; 26.11.2009 – 5 StR 296/09, NStZ-RR 2010, 117; 19.5.2015 – 5 StR 20/15, HRRS 2015 Nr. 677.
[62] Vgl. auch BGH 24.2.2015 – 1 StR 75/14, HRRS 2015 Nr. 353 Rn. 4: „Aus dem Umstand, dass das weitere Vorbringen der Verteidigung erfolglos geblieben ist, kann nicht gefolgert werden, dass der Senat dies nicht zur Kenntnis genommen und sich damit nicht auseinandergesetzt hätte…". Oder noch deutlicher: BGH 21.1.2014 – 5 StR 240/13, HRRS 2014 Nr. 335 Rn. 2: „Dass der Senat die Rechtsansicht der Verteidigung des Angeklagten zwar zur Kenntnis genommen hat, ihr aber im Ergebnis nicht gefolgt ist, stellt keine Verletzung des rechtlichen Gehörs dar…", unter Bezugnahme auf BGH 25.9.2012 – 1 StR 534/11, BeckRS 2012, 21054.
[63] Weder der Grundsatz des rechtlichen Gehörs noch der Gleichheitssatz gebieten, dass der Angeklagte in der Hauptverhandlung vor dem Revisionsgericht durch einen Rechtsanwalt vertreten sein muss, BVerfG 11.8.1964 – 2 BvR 456/64, NJW 1965, 147 mablAnm Arndt; BGH 5.3.1969 – 4 StR 610/68, NJW 1969, 941; deutlich auch BGHSt 22, 336 (339) = NJW 1969, 941; dazu auch Gericke in KK-StPO Rn. 4; Franke in Löwe/Rosenberg Rn. 7; krit. Wohlers in SK-StPO Rn. 10 (Hinweis); Nagel in Radtke/Hohmann Rn. 5 („angemessene und notwendige Form rechtlichen Gehörs").
[64] In diese Richtung auch Widmaier in Satzger/Schluckebier/Widmaier, StPO, 1. Aufl. (2014), Rn. 7, wonach es hier letztlich um die „Würde" des Revisionsgerichts gehe.
[65] Schmitt in Meyer-Goßner/Schmitt Rn. 5; Jagusch NJW 1962, 1647; aA wohl Wiedner in BeckOK StPO Rn. 10.

22　**c) Letztes Wort.** Gem. Abs. 2 S. 2 hat der Angeklagte das letzte Wort. Das kann auf der Ebene der Revision nicht wirklich ernst genommen werden.[66] Nach hM dient auch dies dem rechtlichen Gehör.[67] Etwas realistischer könnte man Abs. 2 S. 2 eine symbolische Funktion zuschreiben, womit zum Ausdruck kommt, dass auch im letzten (fachgerichtlichen) Schritt der Angeklagte sich bis zum Schluss verteidigen kann. Ist er nicht anwesend, so kann richtigerweise der Verteidiger das letzte Wort nicht nach den Vorschriften der Vertretung „übernehmen"; gerade aufgrund der symbolischen Funktion müssen die im Allgemeinen zum letzten Wort geltenden Erwägungen (→ § 258 Rn. 6) nach zustimmungswürdiger Auffassung hier umso mehr gelten, mithin handelt es sich um ein nicht übertragbares, höchstpersönliches Recht.[68] Revisionspraktisch wird dem Verteidiger allerdings das letzte Wort stets gewährt. Dies mag man außerhalb des Rechtlichen als ein Gebot der Höflichkeit ansehen.[69]

23　**4. Ende der Revisionshauptverhandlung, Beratung, Abstimmung.** Die Revisionsverhandlung endet nicht wie in der Instanz nach dem Ende der Beweisaufnahme, sondern meist abrupt, indem der Vorsitzende auf die Beendigung der Diskussion (ggf. nach einer knappen Zusammenfassung) hinwirkt und ggf. den Beteiligten nochmals die Möglichkeit gibt, (ggf. korrigierte) Anträge zu stellen. Ggf. regt er auch an, das Verfahren zum Teil (gem. §§ 153a, 154, 154a) einzustellen, wenn dies nicht bereits vor der Worterteilung geschehen ist.[70] Im Anschluss zieht sich das Gericht zur Beratung zurück; üblich ist es, dass sich das Gericht über die anstehenden Rechtsprobleme bereits vor der Verhandlung beraten hat (dies macht aber die Beratung im Anschluss nicht entbehrlich).[71] Eine bloße der Mittagspause entsprechende Unterbrechung mit nachfolgender Urteilsverkündung zeigt dem (dann frustrierten) Revisionsverteidiger an, dass der Senat vom vorberatenen Votum nicht abweicht. Die Reise nach Karlsruhe bzw. Leipzig war dann nicht kausal für die Senatsentscheidung.

24　Die Abstimmung richtet sich nach § 263 Abs. 1 (Zwei-Drittel-Mehrheit), soweit das Gericht an Stelle des Tatrichters entscheidet, mithin in den Fällen der eigenen Sachentscheidung (bzw. Schuldspruchberichtigung) gem. §§ 354, 354a.[72] In allen anderen Fällen wendet die hM die Grundregel des § 196 GVG an, sodass eine einfache Mehrheit genügt.[73]

§ 352 Umfang der Urteilsprüfung

(1) Der Prüfung des Revisionsgerichts unterliegen nur die gestellten Revisionsanträge und, soweit die Revision auf Mängel des Verfahrens gestützt wird, nur die Tatsachen, die bei Anbringung der Revisionsanträge bezeichnet worden sind.

(2) Eine weitere Begründung der Revisionsanträge als die in § 344 Abs. 2 vorgeschriebene ist nicht erforderlich und, wenn sie unrichtig ist, unschädlich.

Schrifttum: Bartel, Das Verbot der Rekonstruktion der Hauptverhandlung (2014); Beulke/Witzigmann Zu der Frage nach dem Vorsatz und dem Vermögensnachteil bei Untreuehandlungen durch pflichtwidriges

---

[66] Vgl. Widmaier/Momsen in Satzger/Schluckebier/Widmaier StPO Rn. 10; von einer bloßen Fiktion spricht auch Leipolt StraFo 2010, 353 (358).
[67] Wohlers in SK-StPO Rn. 11 unter Verweis auf BVerfG 13.5.1980 – 2 BvR 705/79, BVerfGE 54, 140 (141 f.).
[68] Schmitt in Meyer-Goßner/Schmitt Rn. 6; Wohlers in SK-StPO Rn. 15; Nagel in Radtke/Hohmann Rn. 6; Franke in Löwe/Rosenberg Rn. 8.
[69] Widmaier/Momsen in Satzger/Schluckebier/Widmaier StPO Rn. 10 („nobile officium").
[70] Wiedner in BeckOK StPO Rn. 10.
[71] Schmitt in Meyer-Goßner/Schmitt Rn. 7; Gericke in KK-StPO Rn. 6; Nagel in Radtke/Hohmann Rn. 5; Wimmer NJW 1950, 202; krit. Wohlers in SK-StPO Rn. 13; Maiwald in AK-StPO § 353 Rn. 10.
[72] Schmitt in Meyer-Goßner/Schmitt Rn. 7; Gericke in KK-StPO Rn. 7.
[73] BGHSt 49, 371; Schmitt in Meyer-Goßner/Schmitt Rn. 7; dies spielt jedoch nur beim mit fünf Richtern besetzten BGH-Senat eine Rolle, vgl. Franke in Löwe/Rosenberg Rn. 11; aA Wohlers in SK-StPO Rn. 16 („stets § 263 Abs. 1 bei für den Angeklagten nachteiligen Entscheidungen zur Schuld- und Rechtsfolgenfrage").

Eingehen von Risiken für fremdes Vermögen, JR 2008, 432; Fezer, „Der Senat neigt der Auffassung zu ..." – zum obiter dictum in Entscheidungen der BGH-Strafsenate, FS Küper, 2007, 45; Hanack, Die Rechtsprechung des Bundesgerichtshofs zum Strafverfahren, JZ 1973, 778; Hülle, Das Revisionsurteil im Strafverfahren, JZ 1951, 172; Jagusch, Zum Zusammentreffen mehrerer Revisionsrügen, NJW 1962, 1417; Jungmann, Ein neuer „horror pleni" in den Zivilsenaten des Bundesgerichtshofs? JZ 2009, 380; Kaiser, Die Verteidigervollmacht und ihre Tücken, NJW 1982, 1368; Lilie, Obiter dictum und Divergenzausgleich in Strafsachen, 1993; H. Mayer, Hilfsweise eingelegte Prozessrügen?, FS Eb. Schmidt, 1961, 634; Rissing-van Saan, Divergenzausgleich und Fragen und grundsätzlicher Bedeutung, FS Widmaier, 2008, 505; Stein, Das private Wissen des Richters, 1893, 110; Sarstedt, Konkurrenz von Revisionsrügen, FS Mayer, 1966, 529.

Übersicht

	Rn.		Rn.
I. Grundlagen	1	b) Prozessvoraussetzungen/Verfahrenshindernisse	10
1. Überblick	1	c) Verfahrensrügen	12
		d) Sachrüge	20
2. Bedeutung der Vorschrift in der Revisionspraxis	2	2. Mehrere Rügen (Reihenfolge der Prüfung)	23
II. Erläuterung	5	a) Grundsätze	23
		b) Freispruch vs. Zurückverweisung	25
1. Prüfungsmaßstab im Einzelnen	5	c) obiter dicta	26
a) Zulässigkeit der Revision	7	**III. Ausblick auf ein DokHVG**	27

I. Grundlagen

1. Überblick. Die „für das Verständnis des revisionsgerichtlichen Prüfauftrags zentrale"[1] Vorschrift korrespondiert (wie sich aus ihrem Wortlaut ergibt) mit § 344 Abs. 2[2] und stellt in diesem Zusammenhang klar, dass nur die zulässig erhobenen Verfahrensrügen von der materiellen Prüfung des Revisionsgerichts (und im ersten Schritt des GBA[3]) umfasst sind und eine über die Anforderungen des § 344 Abs. 2 hinausgehende Begründung den Prüfungsumfang unberührt lässt. Das Revisionsgericht ist also an die Revisionsanträge und -begründung gebunden. Es kann weder von sich aus das Urteil auf Darstellungs- oder Subsumtionsmängel noch trotz zulässiger Beschränkung der Revision das gesamte Urteil überprüfen.[4] Insofern sichert Abs. 1 die in § 344 Abs. 1 verankerte **Dispositionsmöglichkeit**[5] des Revidenten hinsichtlich der Angriffsrichtung und der Reichweite des Rechtsmittels auf der Entscheidungsebene ab (dazu → § 344 Rn. 6). Anders als es ihre Überschrift „Umfang der Urteilsprüfung" vermuten ließe, geht die Vorschrift allerdings nicht darüber

1

---

[1] Bartel Rekonstruktionsverbot S. 184.
[2] BGH 9.11.1960 – 4 StR 407/60, BGHSt 15, 203 (208) = NJW 1961, 228 (229); Wohlers in SK-StPO Rn. 1; Gericke in KK-StPO Rn. 1; Temming in Gercke/Julius/Temming/Zöller Rn. 1; man könnte auch von einem spiegelbildlichen Verhältnis sprechen, da § 344 den Revisionsführer anspricht, während sich § 352 an das Gericht wendet, Wiedner in BeckOK StPO Rn. 1.1. Daher werden die Vorschriften meist gemeinsam zitiert, vgl. BGH 14.4.1961 – 4 StR 47/61; 13.4.1962 – 4 StR 75/62; 25.1.1963 – 4 StR 440/62; OLG Hamburg 15.3.2012 – 2-70/11 (REV), BeckRS 2012, 09697; BGH 25.7.2013 – 3 StR 76/13, NJW 2013, 3191; oder zumindest isoliert als Beleg für denselben Rechtssatz, wonach unausgeführte, verfristete oder den Darstellungsanforderungen nicht genügende Rügen keine Berücksichtigung erfahren, vgl. BGH 19.7.1977 – 5 StR 278/77, BeckRS 1977, 31114099; 16.4.1985 – 5 StR 718/84, BGHSt 33, 178 (182) = NJW 1985, 1789 (1790); BGH 19.4.2000 – 3 StR 442/99, NJW 2000, 2754 (2755).
[3] Zum Beschleunigungsgebot und der Dauer der Bearbeitung durch den GBA, BVerfG (2. Kammer des 2. Senats) 22.2.2005 – 2 BvR 109/05, NStZ 2005, 456 (457) mAnm Foth.
[4] Hieran ändert sich nach hM auch nichts, wenn die Revisionsbegründung bei Gericht verlorengeht (und man „kompensierend" – das gesamte Urteil auf Fehler überprüfen will); vielmehr ist in derartigen Fällen unter erneuter Fristsetzung die Gelegenheit zur Wiederholung zu geben, so Franke in Löwe/Rosenberg Rn. 1; Wohlers in SK-StPO Rn. 15; in Zeiten der elektronischen Speicherung entsprechender Schriftsätze stellt dies wohl kein praktisch relevantes Problem mehr dar.
[5] Vgl. hierzu bereits BGH 27.1.1955 – 4 StR 594/54, BGHSt 7, 101 (102 f.) sowie ausführlicher BGH 9.11.1960 – 4 StR 407/60, BGHSt 15, 203(208) = NJW 1961, 228 (229).

hinaus:[6] Sie bestimmt den Prüfungsumfang des Senats also **nicht abschließend** (die Wendung „nur" in Abs. 1 bezieht sich demnach nicht auf den Umfang der Urteilsprüfung insgesamt, sondern auf die „gestellten Revisionsanträge"[7]). Schließlich hat das Revisionsgericht die Zulässigkeit des Rechtsmittels wie auch das Vorliegen etwaiger Verfahrenshindernisse bzw. Prozessvoraussetzungen von Amts wegen zu prüfen, vgl. im Folgenden.

2   **2. Bedeutung der Vorschrift in der Revisionspraxis.** Abs. 1 hat kaum eigenständigen Gehalt und wird durch das Revisionsrecht selbst näher konturiert (was im Übrigen auch weitestgehend für § 353 gilt).[8] Das gilt etwa für die Auslegung der Revisionsanträge (vgl. → Rn. 5), das berücksichtigungsfähige Vorbringen (→ § 344 Rn. 67 ff., → § 345 Rn. 24 ff.), die Reichweite des Freibeweisverfahrens in der Revisionsinstanz (→ § 347 Rn. 2), die Abgrenzung und Reichweite von Verfahrens- und Sachrüge (→ § 344 Rn. 59 ff.; → § 337 Rn. 43 ff.) – insbes. auch den Übergriff in die tatrichterliche Beweiswürdigung – wie auch für die Zulässigkeit der Beschränkung von Rechtsmitteln (→ § 344 Rn. 74 ff., 29 ff.).

3   Die Vorschrift wird aber zum Gegenstand von Entscheidungen der Strafsenate, wenn **revisionsrechtliche Grundsätze** betroffen sind, die nicht in einer „Grundnorm" festgeschrieben sind, sondern sich erst aus einer Gesamtschau der Revision (mithin aus ihrem Wesen) ergeben, so etwa bei der Verweigerung der Prüfung durch das Revisionsgericht iS einer Unzulässigkeit, weil es sich bei der erhobenen Verfahrensrüge um eine bloße „Protokollrüge" handelt, der Beschwerdeführer die Beweiswürdigung durch eine eigene ersetzt wissen will oder die Wirksamkeit der Rechtsmittelbeschränkung in Frage gestellt wird.[9] Der Prüfungsumfang aus Abs. 1 wird auch häufig Inhalt der Begründetheit einer **Anhörungsrüge** (§ 356a).[10]

4   Dagegen kommt der Klarstellung in Abs. 2 eigenständige Bedeutung zu. Sie geht über den **Rechtsgedanken des § 300** hinaus[11] und stellt hinsichtlich der Begründung der Revision klar, dass Falschbezeichnungen in der Revisionsschrift – sowohl im Rahmen der Verfahrens- als auch der Sachrüge[12] – unschädlich sind. Die Regelung des Abs. 2 betrifft damit in erster Linie die Auslegung der Revisionsanträge; dies hat dann freilich Auswirkungen auf den Umfang der Urteilsprüfung. Genau genommen wäre die Regelung des Abs. 2 daher auch bei § 344 zu verorten. Die Norm ist Anknüpfungspunkt für die (in Anbetracht der grundsätzlich strengen Handhabung rund um die Darstellungsanforderungen des § 344 Abs. 2 S. 2 keinesfalls selbstverständliche, aber) etablierte Dogmatik der **Auslegungsfähigkeit von Verfahrens- und Sachrügen.** Dies eröffnet dem Revisionsgericht die Möglichkeit, eine prima vista missglückte Darstellungs- oder Verfahrensrüge durch wohlwollende

---

[6] Wohlers in SK-StPO Rn. 1; Franke in Löwe/Rosenberg Rn. 1; Wiedner in BeckOK StPO Rn. 2. Vgl. Bartel Rekonstruktionsverbot S. 177 zur Frage, inwiefern die festgestellten Verfahrenstatsachen zum Prüfungsumfang zählen, dazu noch → Rn. 14 f.

[7] Zum missverständlichen, weil „unzweideutigen" Wortlaut vgl. auch BGH 9.11.1960 – 4 StR 407/60, BGHSt 15, 203 (207 f.) = NJW 1961, 228 (229) in Bezug auf die Prüfungspflicht der Verfahrenshindernisse von Amts wegen.

[8] Vgl. auch die Aufzählung bei Widmaier/Momsen in Satzger/Schluckebier/Widmaier StPO Rn. 1.

[9] Auch in Datenbanken wird Abs. 1 nicht selten als „Assoziationsnorm" für die jeweiligen Grundsätze zitiert, obwohl die Vorschrift in den Urteilsgründen selbst nicht ausdrücklich auftaucht, so für das Rekonstruktionsverbot etwa BGH 17.3.1988 – 1 StR 361/87, BGHSt 35, 238 (241) = NJW 1988, 3161(3162); BGH 8.5.2003 – 5 StR 120/03, BeckRS 2003, 4643; vgl. auch BGH 23.1.2003 – 4 StR 412/02, NJW 2003, 2036; dass das Revisionsgericht keine eigenen Kompetenzen zur Sachverhaltsfeststellung in Anspruch nehmen kann, ergibt sich eigentlich schon aus §§ 337, 261; mit einem Umkehrschluss aus § 352 Abs. 1 wird dieser Befund nur bestätigt, vgl. Bartel Rekonstruktionsverbot S. 147 unter Verweis auf Stein, Das private Wissen des Richters, 1893, S. 110.

[10] Wonach das Gericht auf eine Sachrüge hin ohnehin zur umfassenden Prüfung des Urteils verpflichtet sei und damit die Verletzung rechtlichen Gehörs nicht zu befürchten sei, vgl. etwa OLG Hamm 6.12.2007 – 4 Ss OWi 634/07; OLG Hamm 12.5.2005 – 2 Ss OWi 752/04, BeckRS 2005, 30356305.

[11] Diese Überlegung taucht auch in BGH 27.7.2006 – 1 StR 147/06, HRRS 2006 Nr. 765 auf, als Abs. 2 in unmittelbarem Zusammenhang mit § 300 zitiert wird; vgl. Widmaier/Momsen in Satzger/Schluckebier/Widmaier StPO Rn. 19 („Parallele").

[12] Gericke in KK-StPO Rn. 17; Wohlers in SK-StPO Rn. 2.

Auslegung zu „retten" (vgl. hierzu noch → § 344 Rn. 11 ff. sowie → Rn. 67 ff.). Es entsteht mitunter der Eindruck, dass dies dazu genutzt wird, die Darstellungsanforderungen nach § 344 Abs. 2 S. 2 weniger ernst zu nehmen, wenn der Senat sich mit der (im Einzelfall auf die Stirn geschriebenen) Begründetheit der Rüge befassen will. Jedenfalls wird auf sie zurückgegriffen, wenn der Senat die Darstellungsanforderungen im Einzelfall als eingehalten betrachtet und es seiner Auffassung nach keiner „weitergehenden Ausführungen" bedarf.[13]

II. Erläuterung

1. Prüfungsmaßstab im Einzelnen. Zu prüfen hat das Gericht unabhängig von 5 § 352 alle Verfahrensfragen, die es ohnehin **von Amts wegen zu prüfen** hat und zwar **vorrangig** (ausführlich → § 337 Rn. 50 ff.):[14] Hierzu zählen die **Zulässigkeit der Revision** als solches, die Anhängigkeit beim Revisionsgericht[15] sowie sonstige **Prozessvoraussetzungen**. Im Übrigen ergibt sich der Prüfungsmaßstab des Revisionsgerichts aus den gestellten Anträgen (Abs. 1), deren Reichweite durch Auslegung zu ermitteln ist (wobei unterschiedliche Maßstäbe bei einer Revision des Angeklagten und derjenigen der StA anzulegen sein können, vgl. → § 344 Rn. 11 f.). Die **Reichweite des Antrags** wird durch das Gesetz näher konturiert. Bei einer Sachrüge, die nicht an die erhöhten Darstellungsanforderungen des § 344 Abs. 2 S. 2 gekoppelt ist, hat das Revisionsgericht das Urteil in sachlich-rechtlicher Hinsicht uneingeschränkt zu prüfen. Nach § 301 erstreckt sich der Prüfungsmaßstab bei staatsanwaltschaftlichen Revisionen zuungunsten des Angeklagten auf denkbare Entscheidungen zu dessen Gunsten.[16] Bei einer **Nebenklagerevision** beschränkt die Zulässigkeit der Nebenklage zugleich die Reichweite der Überprüfung.[17] Bei nur teilweiser Einlegung des Rechtsmittels prüft das Revisionsgericht, das im ersten Schritt die Wirksamkeit der Beschränkung bejaht hat, entsprechend beschränkt.

Eine negative Abgrenzung erfährt der Prüfungsmaßstab durch **spezielle Rechtsbe-** 6 **helfe** mit besonderem Prüfungsgegenstand: Insbes. die Voraussetzungen für Nebenentscheidungen im Urteil – über die Kosten und Auslagen einerseits (§ 464 Abs. 3) und die Entschädigung für Strafverfolgungsmaßnahmen nach dem StrEG (§ 8 Abs. 3 StrEG) andererseits – sind nicht Gegenstand der Prüfung des Revisionsgerichts.[18] Im Einzelnen:

a) Zulässigkeit der Revision. aa) Allgemeine Zulässigkeitsvoraussetzungen. 7 Die Zulässigkeit hat der Senat in jeder Lage des Verfahrens ohnehin zu prüfen (und zwar uneingeschränkt, weswegen auch keine Bindungswirkung zum Beschluss nach § 346 besteht;[19] zur Kritik dieses „Vorverfahrens", auch im Hinblick auf das Rechtsmittel nach § 346 Abs. 2, vgl. dort → § 346 Rn. 19). Dabei werden gerade aufgrund dieser Filtermechanismen klassische Unzulässigkeitsgründe (Verfristung, Formwidrigkeit) fast nie zum Zeitpunkt der Entscheidung nach § 352 eine Rolle spielen, sondern zu einer Beschlussverwerfung nach § 346 Abs. 1 oder § 349 Abs. 1 führen. Denkbar ist eine **Revisionsverwerfung wegen Unzulässigkeit durch Urteil** nur, soweit sich nachträgliche Änderungen

---

[13] Vgl. etwa BGH 16.10.2006 – 1 StR 180/06, NJW 2007, 92 (96).
[14] Franke in Löwe/Rosenberg Rn. 1; Widmaier/Momsen in Satzger/Schluckebier/Widmaier StPO Rn. 4.
[15] BGH 25.6.1993 – 3 StR 304/93, NJW 1993, 3338 (3339); 18.4.2007 – 2 StR 144/07, NStZ 2007, 476; 16.3.2010 – 4 StR 48/10, NStZ-RR 2010, 251; 17.8.2000 – 4 StR 245/00, BGHSt 46, 130 (133 ff.) = NJW 2000, 3293; BGH 17.7.2012 – 3 StR 244/12, HRRS 2013 Nr. 1010; Widmaier/Momsen in Satzger/Schluckebier/Widmaier StPO Rn. 6; Nagel in Radtke/Hohmann Rn. 1. In diesem Zusammenhang wird immer wieder darauf hingewiesen, dass es im Zeitpunkt der Zurückverweisung geboten ist, entsprechend § 4 das anhängig gebliebene Verfahren zu dem zurückverwiesenen hinzu zu verbinden, vgl. auch OLG Celle 22.2.2007 – 32 Ss 20/07, NStZ 2008, 118 (119).
[16] Der Prüfungsauftrag des Revisionsgerichts wird durch § 301 allerdings nicht über die angefochtenen Teile des Urteils hinaus erweitert, BGH 4.12.2011 – 1 StR 428/01, BeckRS 2001, 30224011.
[17] Ausführlich zur Nebenklägerrevision im Zusammenhang mit § 352 Gericke in KK-StPO Rn. 10 (dort auch mwN).
[18] Wohlers in SK-StPO Rn. 23; Franke in Löwe/Rosenberg § 344 Rn. 6.
[19] BGH 16.6.1961 – 1 StR 95/61, BGHSt 16, 115 (116 ff.); Franke in Löwe/Rosenberg Rn. 2; Wohlers in SK-StPO Rn. 4.

(Rücknahme etc) ergeben oder trotz der Mehrfachprüfung Unzulässigkeitsgründe übersehen worden sind (Anfechtungsberechtigung, Anschlussbefugnis des Nebenklägers[20]).

8 **bb) Beschränkung der Revision.** Um den Entscheidungsumfang näher bestimmen zu können, muss das Gericht bei **Beschränkungen der Revision** überprüfen, ob diese wirksam sind und damit einer Befassung des Gerichts hinsichtlich des nicht angefochtenen Teils bereits die Rechtskraft entgegensteht.[21] Insbesondere berühren etwaige Subsumtionsfehler des erkennenden Gerichts und daraus resultierende Mängel des Schuldspruchs die Wirksamkeit einer Rechtsmittelbeschränkung, die den Schuldspruch von der Beanstandung ausnimmt, nicht.[22] So ist etwa nach wirksamer Beschränkung der Revision auf den Rechtsfolgenausspruch[23] vom Revisionsgericht nur noch die Frage der Tagessatzhöhe zu prüfen (die ein abgrenzbarer Beschwerdepunkt ist, der in der Regel losgelöst vom übrigen Urteilsinhalt geprüft werden kann,[24] vgl. → § 344 Rn. 44). Im **Adhäsionsverfahren** nach § 406a Abs. 2 kann der Angekl. die bürgerlich-rechtliche Entscheidung auch ohne den strafrechtlichen Teil mit den im Strafverfahren zulässigen Rechtsmitteln anfechten. Greift er den bürgerlich-rechtlichen Teil nicht an, unterliegt dieser daher nach §§ 327, 352 der Prüfung durch das Revisionsgericht nicht.[25] Auch für die Nebenklage gilt, dass der Prüfungsumfang nicht über die Anträge hinausgeht. Ausgeurteilte, materiell-rechtlich selbständige Taten, die der Nebenkläger mit seinem Rechtsmittel nicht angreift, werden deshalb trotz der Revisionseinlegung rechtskräftig und sind bereits deshalb einer Überprüfung durch das Revisionsgericht entzogen.[26]

9 Erachtet das Revisionsgericht in nicht zu beanstandender Weise die **Rechtsmittelbeschränkung** als unzulässig, gilt der „normale" Prüfungsmaßstab (dazu → § 344 Rn. 54).[27] Für die Geltendmachung eines Verstoßes gegen das Gebot eines fairen Verfahrens im Rahmen einer Verfassungsbeschwerde, die auf die Überschreitung revisionsgerichtlicher Prüfungsbefugnis (Abs. 1) und auf die Verletzung des Verschlechterungsverbots (§ 358 Abs. 2 S. 1) gestützt ist, bleibt damit kein Raum.[28]

10 **b) Prozessvoraussetzungen/Verfahrenshindernisse. aa) Zulässige Revision als Prüfungsvoraussetzung?** Das Revisionsgericht hat stets die Prozessvoraussetzungen und das Vorliegen von Verfahrenshindernissen zu prüfen,[29] auch wenn bereits Teilrechtskraft eingetreten ist (→ § 337 Rn. 54).[30] Das Verfahren ist einzustellen, wenn ein Verfahrenshin-

---

[20] Schmitt in Meyer-Goßner/Schmitt Rn. 1.
[21] BGH 30.11.1976 – 1 StR 319/76, BGHSt 27, 70 (72) = NJW 1977, 442; BayObLG 9.6.1997 – 4 St RR 137/97, BayObLGSt 1997, 95 (96) = NStZ-RR 1998, 55; OLG München 18.3.2009 – 4 St RR 21/09, BeckRS 2010, 30556; Widmaier/Momsen in Satzger/Schluckebier/Widmaier StPO Rn. 2; Wiedner in BeckOK StPO Rn. 4.
[22] BGH 14.2.2023 – 5 StR 34/23, BeckRS 2023, 3745.
[23] Die Beschränkung der Revision auf den Rechtsfolgenausspruch kann auch bei unbeschränktem Revisionsantrag und allgemein erhobener Sachrüge eindeutiges Ergebnis einer vom Senat vorgenommenen Auslegung der Revisionsbegründung sein, vgl. jüngst BGH 2.2.2017 – 4 StR 481/16, NStZ-RR 2017, 105.
[24] Vgl. OLG Braunschweig 26.6.2015 – 1 Ss 30/15, BeckRS 2015, 13078; siehe hierzu auch BGH 10.1.1989 – 1 StR 682/88, NStZ 1989, 178; Fischer StGB § 40 Rn. 26; zu möglichen Wechselwirkungen jedoch jüngst OLG Jena 29.1.2015 – 1 Ss 124/14, NStZ-RR 2015, 181 (181 f.).
[25] BGH 23.5.1952 – 2 StR 20/52, BGHSt 3, 210 = NJW 1952, 1347.
[26] BGH 30.7.2015 – 4 StR 561/14, StV 2015, 758 (Ls.) = HRRS 2015 Nr. 1004 Rn. 20.
[27] Grundsätzlich auch BayObLG 15.3.1989 – RReg. 3 St 38/89, BayObLGSt 1989, 48; zum Fall der Unwirksamkeit der Berufungsbeschränkung Widmaier/Momsen in Satzger/Schluckebier/Widmaier StPO Rn. 9.
[28] BVerfG (1. Kammer des 2. Senats) 31.3.2008 – 2 BvR 590/08, NStZ 2008, 614.
[29] BGH 9.11.1960 – 4 StR 407/60, BGHSt 15, 203 (208) = NJW 1961, 228 (229); zum Ganzen auch → § 344 Rn. 64. Zur Unterscheidung zwischen Befassungs- und Bestrafungsverboten vgl. → Einl. Rn. 335 f.
[30] BGH 24.9.1954 – 2 StR 598/53, BGHSt 6, 304 (305) = NJW 1954, 1776; BGH 11.11.1955 – 1 StR 409/55, BGHSt 8, 269 (270) = NJW 1956, 110; BGH 26.6.1958 – 4 StR 145/58, BGHSt 11, 293 (395) = NJW 1958, 1307(1308); BGH 6.6.1967 – 5 StR 147/67, BGHSt 21, 242 (243) = NJW 1967, 1476; BGH 28.4.1982 – 3 StR 35/82, BGHSt 31, 51 = NJW 1982, 1954; Schmitt in Meyer-Goßner/Schmitt Rn. 2; Wohlers in SK-StPO Rn. 8; Gericke in KK-StPO Rn. 3.

dernis anzunehmen ist (zu diesen im Einzelnen → Einl. Rn. 352 ff.), nach Durchführung der Revisionshauptverhandlung durch Urteil, es sei denn, es besteht zugleich (der äußerst seltene Fall von) Freispruchreife,[31] § 354. Die Prüfung durch den Senat setzt keine Rüge und keinen entsprechenden Sachvortrag des Revidenten voraus. Die entsprechenden Tatsachen sind im Freibeweis zu ermitteln. Dennoch sind Ausführungen zu den von Amts wegen zu prüfenden Aspekten des Urteils zu empfehlen, etwa wenn der Senat auf ein Verfahrenshindernis hingewiesen werden soll (gerade bei Verfahrenshindernissen mit „komplexem Unterbau"[32]). Die Prüfung durch das Revisionsgericht setzt allerdings stets voraus, dass überhaupt form- und fristgerecht gem. §§ 341 ff. Revision eingelegt wurde (→ § 337 Rn. 50). Nach Erlass des Instanzurteils auftretende Verfahrenshindernisse müssen durch das Revisionsgericht stets berücksichtigt werden, selbst wenn die Revisionsbegründung unzureichend ist. Bestand hingegen das Hindernis bereits zum Zeitpunkt des Erlasses des angegriffenen Urteils, liegt ein Mangel vor, der sich im Urteil niedergeschlagen hat und daher einen form- und fristgerechten Antrag auf Aufhebung des Urteils (also eine ausreichende Revisionsbegründung) erfordert.[33] Zwar dürfte es sich dann um einen „sachlichrechtlichen" Mangel handeln, der nicht den erhöhten Darstellungsanforderungen des § 344 Abs. 2 S. 2 unterliegt, doch ist schon im Hinblick auf die zum Teil vollkommen unterschiedlichen Typen von Verfahrenshindernissen anzuraten, stets die „den Mangel enthaltenden Tatsachen" in die Rüge aufzunehmen (dazu auch → § 344 Rn. 66).

bb) Revision gegen Berufungsurteile. Nach hM ist bei Revisionen gegen **Berufungsurteile** auch die Zulässigkeit der Berufung von Amts wegen zu prüfen[34] (vgl. auch → § 337 Rn. 57 ff.). Das Gericht hat im Falle einer bereits unzulässigen Berufung das Urteil aufzuheben und die Berufung zu verwerfen (etwa bei verfristeter oder formwidriger Einlegung). Dies gilt auch dann, wenn das Urteil noch nicht rechtskräftig ist, weil ein anderer Verfahrensbeteiligter ein Rechtsmittel in zulässiger Weise eingelegt hat.[35] Von Amts wegen ist ferner der „Prüfungsumfang" der Vorinstanz zu prüfen, insbes. die Wirksamkeit einer etwaigen Berufungsbeschränkung. Hat das Berufungsgericht über mehr entschieden als es durfte, ist der richtige Zustand unter Berücksichtigung des § 331 wiederherzustellen;[36] wurde hingegen eine Berufungsbeschränkung unrichtigerweise für wirksam erachtet, ist das Urteil aufzuheben und zurückzuverweisen, damit das Urteil hinsichtlich des nicht verhandelten Teils „nachgeholt" werden kann.[37]

c) Verfahrensrügen. aa) Zulässigkeit und Begründetheit der Verfahrensrüge. 12
Verfahrensfehler des Tatgerichtes prüft das Gericht nur, soweit die Revision diese frist- und formgerecht rügt und insbes. das Vorbringen den Darstellungsanforderungen des § 344 Abs. 2 S. 2 genügt (→ § 344 Rn. 99 ff.). Zudem steht es dem Revisionsführer im Hinblick

---

[31] Wohlers in SK-StPO Rn. 6; Franke in Löwe/Rosenberg § 354 Rn. 8; zum Ganzen auch → § 354 Rn. 21c ff.

[32] Man denke etwa an den Vorstoß des 2. Strafsenats, in den Fällen der Tatprovokation grundsätzlich ein Verfahrenshindernis anzunehmen, dazu BGH 10.6.2015 – 2 StR 97/14, BGHSt 60, 276 (282 f.) = NStZ 2016, 52 (55).

[33] BGH 27.10.1970 – 5 StR 347/70, BGHSt 23, 367 = NJW 1971, 106; 19.12.1973 – 2 StR 322/73, BGH 25, 261 = NJW 1974, 373; Wohlers in SK-StPO Rn. 7; Gericke in KK-StPO Rn. 3; Franke in Löwe/Rosenberg § 346 Rn. 34; Wiedner in BeckOK StPO § 337 Rn. 21 mwN; Schmitt in Meyer-Goßner/Schmitt § 346 Rn. 11.

[34] Dazu jüngst OLG Jena 29.1.2015 – 1 Ss 124/14, NStZ-RR 2015, 181; Gericke in KK-StPO Rn. 22; Widmaier/Momsen in Satzger/Schluckebier/Widmaier StPO Rn. 7; Schmitt in Meyer-Goßner/Schmitt Rn. 3.

[35] Zwar entfällt in derartigen Fällen die Gefahr einer Sachentscheidung trotz Rechtskraft. Dennoch bleibt eine eigenständige Prüfung des Revisionsgerichts (schon im Hinblick auf § 301) erforderlich, so auch Gericke in KK-StPO Rn. 3; Schmitt in Meyer-Goßner/Schmitt Rn. 3; Franke in Löwe/Rosenberg Rn. 3; aA BayObLG 3.8.1993 – 5 St RR 63/93, BayObLGSt 1993, 140; differenzierend Wohlers in SK-StPO Rn. 5.

[36] Schmitt in Meyer-Goßner/Schmitt Rn. 4.

[37] Wohlers in SK-StPO Rn. 9; zu den Besonderheiten bei Revisionen gegen Berufungsurteile vgl. auch Gericke in KK-StPO Rn. 22.

auf seine Dispositionsbefugnis zu, ein Prozessgeschehen nur unter einem bestimmten Gesichtspunkt zu rügen, einen etwa zusätzlich begangenen Verfahrensverstoß aber **hinzunehmen** (zur Konkurrenz mehrerer erhobener Rügen → Rn. 23).[38]

13   **Rechtliche Ausführungen** können auch nach Ablauf der Frist nach § 345 nachgeschoben werden, tatsächliche hingegen nicht (→ § 345 Rn. 1)[39] (soweit nicht ausnahmsweise Wiedereinsetzung in den vorherigen Stand gewährt wird;[40] zur Kritik an der Begründungsfrist und dieser Differenzierung → § 345 Rn. 3). Die Prüfungskompetenz entfällt, wenn die jeweilige Rüge zurückgenommen wird.[41] Die Richtigkeit des Revisionsvorbringens wird im **Freibeweisverfahren** geprüft, wenn nicht schon die positive Beweiskraft des Protokolls genügt (zum Freibeweisverfahren allgemein → § 244 Rn. 41 ff., speziell im Rahmen der Revision → § 347 Rn. 2 sowie → § 351 Rn. 10). Das Freibeweisverfahren soll aber zum einen seine **Grenze** in der Bindung des Revisionsgerichts an vom Tatrichter festgestellten doppelrelevanten Tatsachen finden,[42] und zum anderen sollen ihm auch Zeugen entzogen sein, die vom Tatrichter im Strengbeweisverfahren vernommen wurden, sofern die auf ihren Angaben (mit)beruhenden Feststellungen seine Entscheidung in der Sache (mit)tragen (→ § 351 Rn. 11).[43]

14   bb) **Berücksichtigungsfähiges Vorbringen und „eigene Kenntnis" des Revisionsgerichts.** Grundsätzlich gilt, dass die Revisionsbegründung bei der Rüge der Verletzung einer Verfahrensnorm die den Verfahrensmangel enthaltenden Tatsachen vortragen muss (→ § 344 Rn. 92 ff.). Nur in diesem Umfang ist das Revisionsgericht überhaupt zu eigener Prüfung berechtigt, Abs. 1.[44] Vereinzelt hat die Rechtsprechung allerdings auch Umstände, die das Revisionsgericht **anderweitig** – etwa bei den von Amts wegen zu prüfenden Umständen (Verfahrensvoraussetzungen) oder aus dem Urteil bei erhobener Sachrüge – festgestellt hat, im Rahmen der Prüfung, ob die Verfahrensrüge begründet ist, herangezogen.[45] Damit mag man den Prüfungsumfang des Gerichts, diesem faktisch Bekanntes und die Darstellungsanforderungen des § 344 Abs. 2 S. 2 vermengen. Erreicht wird damit aber revisionspraktisch eine „Abfederung" der sich stetig erhöhenden Anforderungen an die Verfahrensrüge (vgl. noch → Rn. 16 im Folgenden).

15   Dem Revisionsgericht steht es frei, das Revisionsvorbringen schon mangels **„Schlüssigkeit"** zurückzuweisen, mithin zu prüfen, ob das Vorbringen überhaupt geeignet wäre, eine Verfahrensrüge zu begründen[46] oder die Prüfung der Begründunganforderungen (systematisch stimmiger) voranzustellen.[47] Meist hängt dies davon ab, ob sich der Senat – was im

---

[38] BGH 28.5.2003 – 2 StR 486/02, NStZ-RR 2003, 268; 3.9.2013 – 5 StR 318/13, NStZ 2013, 671.
[39] So bereits BGH 27.3.1958 – 1 StR 555/57.
[40] Ausführlich und krit. zum allzu „restriktiven Standpunkt der Rechtsprechung" Wohlers in SK-StPO Rn. 12 f.; zur Wiedereinsetzung im Rahmen der Revisionsbegründung vgl. auch → § 345 Rn. 23 sowie → § 350 Rn. 23.
[41] BGH 13.4.1960 – 2 StR 593/59, BGHSt 14, 240 = NJW 1960, 1678; BayObLG 3.12.1958 – RevReg. 1 St 698/58, BayObLGSt 1958, 299 (299 f.); Franke in Löwe/Rosenberg Rn. 9; Schmitt in Meyer-Goßner/Schmitt Rn. 7 unter Bezugnahme auf Kaiser NJW 1982, 1368.
[42] Vgl. etwa OLG Karlsruhe 22.3.1984 – 4 Ss 24/84, GA 1985, 134; BayObLG 28.6.2000 – 4 St RR 54/00, NStZ-RR 2001, 271 (272).
[43] BayObLG 28.6.2000 – 4 St RR 54/00, NStZ-RR 2001, 271 (272) unter Verweis auf BGH 21.2.1968 – 2 StR 719/67, BGHSt 22, 90 (93) = NJW 1968, 1148; somit stellt sich das Rekonstruktionsverbot auch im Hinblick auf die Verfahrensrüge als „Konstante in einem sich wandelnden System revisionsgerichtlicher Kontrolle" dar, vgl. Bartel Rekonstruktionsverbot S. 12 f. sowie S. 177, dem ebenfalls den hier postulierten Ansatz vertritt, wonach das Revisionsgericht bei Verfahrensrügen umfassend zur Überprüfung der Verfahrenstatsachen berechtigt ist (dort unter Rückgriff auf den Zweck der Verfahrensrüge, die Justizförmigkeit des Verfahrens zu gewährleisten.
[44] BGH 12.12.2013 – 3 StR 210/13, BGHSt 59, 130 = NStZ 2014, 284 (284).
[45] BGH 20.3.1990 – 1 StR 693/89, BGHSt 36, 384 = NJW 1990, 1859; 23.9.1999 – 4 StR 189/99, BGHSt 45, 203 = NJW 2000, 596; 3.11.2000 – 2 StR 354/00, BGHSt 46, 189 = NJW 2001, 528; hierzu auch Bartel Rekonstruktionsverbot S. 201 f. mwN.
[46] Franke in Löwe/Rosenberg Rn. 1; Temming in Gercke/Julius/Temming/Zöller Rn. 5; Gericke in KK-StPO Rn. 13 f.; Widmaier/Momsen in Satzger/Schluckebier/Widmaier StPO Rn. 12.
[47] Wohlers in SK-StPO Rn. 16.

Hinblick auf die Funktion der Revision nicht per se unzulässig sein kann – zu der im Raum stehenden Rechtsfrage äußern will oder nicht.[48] Erfolg hat die Verfahrensrüge, wenn sich das Vorbringen zur Überzeugung des Revisionsgerichts tatsächlich so zugetragen hat und einen Verfahrensverstoß begründet, auf dem die Fehlerhaftigkeit des Urteils beruht. Die rechtliche Würdigung ist „ureigene Sache" des Revisionsgerichts: Das Gericht ist nach Abs. 1 zunächst nur insofern gebunden, als die Revision das Vorliegen eines konkreten Rechtsverstoßes bzw. die Verletzung einer bestimmten Rechtsnorm rügen muss. Diese Bindung lockert Abs. 2 dann, indem es „unrichtige Begründungen" als unschädlich deklariert.

cc) Unrichtigkeit – Umdeutung. Unrichtig iSd § 352 Abs. 2 kann das Vorbringen **16** also nur sein, wenn es nicht der Wahrheit entspricht oder das Vorbringen „rechtlich" unrichtig eingeordnet werden muss, weil die „weitere Begründung" überflüssig (in tatsächlicher Hinsicht) ist, auf eine andere Norm Bezug nimmt und damit eine falsche Angriffsrichtung hat[49] oder falsche rechtliche Schlüsse im Übrigen gezogen werden.[50] Eine Korrektur der insoweit fehlerhaften Verfahrensrüge durch Auslegung kommt nur in Betracht, wenn das Vorbringen des Revisionsführers für sich den **Darstellungsanforderungen genügt**.[51] Weil die Verletzung einer anderen als der in Bezug genommenen Vorschrift im Detail auch regelmäßig die Darstellungsanforderungen modifiziert bzw. erweitert, bleibt ein solches Vorgehen indes die Ausnahme und es sind selten Fälle vorstellbar, in denen das Tatsachenvorbringen für die Verletzung einer qualitativ anderen Rüge genügt. Nur in einer Situation, in der eine konkrete Rüge innerhalb einer allgemeinen Rechtsverletzung „aufgeht", ist es denkbar, dass auf die allgemeinere Rechtsverletzung (iSe **„minus"**) zurückgegriffen werden kann; dieser Rückgriff dürfte aber normalerweise daran scheitern, dass bei Verfahrensrügen, die letztlich nicht an bestimmte Normen, sondern in der StPO niedergelegte Grundsätze knüpfen (Aufklärungsmaxime, Konzentrationsmaxime, fair-trial), im Hinblick auf § 344 Abs. 2 S. 2 wesentlich umfangreicher bzw. aufwendiger begründet werden müssen. Will also das Revisionsgericht umdeuten, wird es meist zugleich die Anforderungen an die Darstellung im Einzelfall „zurechtstutzen"[52] oder auf eigene Kenntnis zurückgreifen.[53]

Diese Vorüberlegungen zur Umdeutung als Reaktionsweg, dem § 352 nicht entgegen- **17** steht, manifestieren sich in den wenigen veröffentlichten **Entscheidungen** (regelmäßig älteren Datums) hierzu. Es ist konsequent, dass die (unbegründete) Rüge einer Verletzung des § 244 Abs. 3 (in Bezug auf einen konkreten Ablehnungsgrund) als Aufklärungsrüge (als „Minus", siehe oben), mithin als Geltendmachung einer Verletzung der Aufklärungspflicht gedeutet wird.[54]

---

[48] Zu obiter dicta im Rahmen von konkurrierenden Rügen vgl. noch → Rn. 26.
[49] „Daß der Verteidiger den § 140 Abs. 2 StPO als verletzt bezeichnet und nicht § 140 Abs. 1 Nr. 3 iVm § 141 Abs. 2, ist unschädlich", vgl. BGH 12.7.1960 – 1 StR 228/60; ebenso BGH 27.3.1962 – 1 StR 77/62; zur Rüge nach § 29 Abs. 1 StPO, § 46 Abs. 1 OWiG vgl. KG 28.9.2012 – 3 Ws (B) 524/12 – 162 Ss 165/12, NJW-Spezial 2013, 90.
[50] Die Annahme, dass der Verteidiger sich in seiner Revisionsbegründung widerspricht (etwa im Rahmen der Frage, ob die Verteidigung „notwendig" war, dies selbst verneint, ändert nichts daran, dass der Senat selbst die vorgetragenen Tatsachen unter die entsprechende Verfahrensnorm zu subsumieren hat, vgl. BGH 21.2.1957 – 4 StR 490/56.
[51] Widmaier/Momsen in Satzger/Schluckebier/Widmaier StPO Rn. 13; Gericke in KK-StPO Rn. 15; Damit trifft es zu, dass auch erst in diesem Moment vom Eintritt der revisionsgerichtlichen Aufklärungspflicht auszugehen ist, vgl. Bartel Rekonstruktionsverbot S. 209, 211.
[52] Wenn es in BGH 23.9.1960 – 3 StR 29/60, BGHSt 15, 161 = NJW 1960, 2349 und einer damit noch relativ frühen Entscheidung des Dritten Senats heißt, dass „in dem Verlangen, eine bereits vernommene und entlassene Beweisperson neuerlich über eine bestimmte Frage zu hören, […] ein Beweisantrag liegen" kann und die Verfahrensrüge demgemäß zu verstehen ist, so wird deutlich, dass sich Rügen in eine ganz andere Stoßrichtung deuten lassen (Fragerecht einerseits, Beweisantragsrecht andererseits), solange man die Anforderungen an die Darstellung der Verletzung des § 244 Abs. 3 nicht allzu hoch ansetzt. Zum Zeitpunkt der Entscheidung war dies wohl noch der Fall – oder man ging schlicht lax damit um, da die Rüge im Übrigen als unbegründet zurückgewiesen wurde, weil die unter Beweis gestellte Tatsache nach Auffassung des Gerichts ohne Bedeutung war.
[53] Dann liegt aber streng genommen gerade keine Umdeutung vor.
[54] BGH 21.6.1978 – 3 StR 56/78, MDR 1978, 805; KG 8.12.1998 – (5) 1 Ss 240/98, StV 1999, 197; zust.; Franke in Löwe/Rosenberg Rn. 7; Schmitt in Meyer-Goßner/Schmitt Rn. 5; Wohlers in SK-StPO Rn. 19.

18 Ein qualitativ klar abgrenzbarer Verfahrensverstoß soll allerdings nicht in einen anderen, damit zusammenhängenden bzw. in diesem „Kontext" denkbaren Verstoß umgedeutet werden können, weil der Kontext nichts darüber aussagt, ob die Stoßrichtung des Angriffs dieselbe bleibt. Die Rüge, der Geschäftsverteilungsplan sei nicht richtig angewendet worden, kann nicht auch so verstanden werden, dass der Plan schon gar nicht richtig aufgestellt worden sei – denn die Aufstellung geht der Anwendung zeitlich voraus.[55] Die Rüge, dass ein Antrag materiell zu Unrecht verworfen sei, kann nicht dahingehend gedeutet werden, dass dieser formell gar nicht oder nicht umfänglich verworfen worden sei (bzw. es an einem nach formellen Vorschriften notwendigen Beschluss fehle);[56] denn während ersteres Vorbringen inhaltlich die Verfahrensordnung betreffende Fragen des Prozessrechts zum Gegenstand hat, betrifft das letzte Vorbringen die Verfahrensordnung.[57]

19 Damit erfolgt eine Unterscheidung zwischen „verwandten Rügen mit gleicher Stoßrichtung" und sonst „situativ zusammenhängenden, aber qualitativ unterschiedlichen" Verstößen, was schon aufgrund der schwierigen Abgrenzbarkeit freilich kaum überzeugt. Entscheidend muss bleiben, ob der Tatsachenvortrag genügt oder nicht.[58] Im Übrigen ist der Wortlaut des Abs. 2, der gerade keine konkrete Benennung einer Rechtsvorschrift bzw. eine zutreffende Subsumtion verlangt, eindeutig. Mit solch einem konsistenten Verständnis wird die Umdeutung auch nicht unnötig extensiviert, denn wie bereits aufgezeigt, wird – wenn die Revision die falsche Vorschrift zum Anknüpfungspunkt ihres Vorbringens macht – die mitgeteilte Tatsachengrundlage für einen qualitativ anderen Verstoß meist ohnehin nicht genügen. Sollte dies im Einzelfall dennoch der Fall sein, so müsste gerade dieser Umstand selbst als Indiz dafür gewertet werden, dass der unterlaufene Fehler durchaus mit dem von der Revision „eigentlich gerügten" Fehler vergleichbar ist (dazu auch → § 344 Rn. 105). Im Übrigen gilt, dass sich derartige Fragen für das Revisionsgericht nicht stellen, wenn nur die Sachrüge in allgemeiner Form erhoben wurde.[59] An der allgemeinen Floskel gibt es schließlich selten etwas zu deuten (zum umgekehrten Fall, also zum Fehlen einer ausdrücklich erhobenen Sachrüge vgl. bereits → § 344 Rn. 4).

20 **d) Sachrüge.** Die unbeschränkte Sachrüge führt zur vollumfänglichen sachlich-rechtlichen Überprüfung des Urteils (→ § 344 Rn. 93).[60] Hier stellt sich die Frage der Zulässigkeit

---

[55] BGH 22.11.1957 – 4 StR 497/57, BGHSt 11, 106 (107) = NJW 1958, 429 (430).

[56] BGH 21.2.1951 – 1 StR 5/51, MDR 1951, 371 (dort zu einem gegen einen Sachverständigen gerichtetes Ablehnungsgesuch); zur Rüge eines Verstoßes gegen § 251 Abs. 4 S. 3, 4, vgl. BGH 8.11.1966 – 1 StR 423/66; zur Verletzung des § 412 OLG Hamburg 22.9.1964 – 2 Ss 105/64, NJW 1965, 315; ferner zur Umdeutung im Rahmen von Rügen betreffend die Vereidigungsvorschriften wie bspw. fehlender Beschluss einerseits, zu Unrecht unterbliebene Vereidigung andererseits OLG Hamburg 19.12.1952 – Ss 193/52, NJW 1953, 434 f.; zusf. auch Wolters in SK-StPO Rn. 20; Franke in Löwe/Rosenberg Rn. 8.

[57] Welchen Tatsachenvortrag die Formulierungen enthalten, ist also auch eine Frage der Auslegung, wie in BGH 15.2.1956 – 1 StR 580/55, BeckRS 1956, 31193043, zutreffend konstatiert. Insofern hat sich der BGH in der zitierten Entscheidung (mithin schon zu einem frühen Zeitpunkt) „unentschieden" gezeigt, ob „zweifelhafte oder undeutliche Rechtsmittelerklärungen bei der Erforschung des wahren Willens des Beschwerdeführers regelmäßig so aufzufassen sind, daß sie sich als den Erfordernissen des § 344 StPO genügend darstellen".

[58] So etwa explizit KG 8.12.1998 – (5) 1 Ss 240/98, StV 1999, 197, wenn es heißt: „Entgegen der Auffassung der Staatsanwaltschaft bei dem KG ist die Rüge der fehlerhaften Verlesung nicht deshalb unzulässig, weil sich die ihr zugrunde liegenden Tatsachen in einem Abschnitt der Revisionsbegründungsschrift befinden, in dem auch die Bescheidung eines Beweisantrages nach § 244 Abs. 5 S. 2 StPO gerügt wird und die Revision ihre Angriffe nur gegen die Ablehnung des Beweisantrages richtet. Maßgebend für die Zulässigkeit der Verfahrensrüge und den Prüfungsumfang nach § 352 Abs. 1 StPO ist nicht die Bezeichnung der Rüge (...) oder der Gesichtspunkt, auf den sich die Revision ausdrücklich stützt (...), sondern sind die Tatsachen, die zur Begründung der Revisionsanträge bezeichnet worden sind."; BGH 24.3.1964 – 3 StR 60/63, BGHSt 19, 273 (275 ff.) = NJW 1964, 1234 (1235).

[59] Dann schaden auch unzulässige „in dubio pro reo"-Rügen, mit denen der Beweiswürdigung des Tatrichters durch die eigene ersetzt werden soll nicht; solch ein „Vortrag ist (...) nach § 352 Abs. 2 StPO unschädlich, weil die allgemein erhobene Sachrüge den Erfordernissen des § 344 Abs. 2 StPO entspricht" vgl. BGH 25.9.1962 – 5 StR 413/62.

[60] Gericke in KK-StPO Rn. 16; Schmitt in Meyer-Goßner/Schmitt Rn. 8.

einer Prüfung der Verfahrenstatsachen nicht, da die Revision schlicht nichts vorbringen, sondern nur die Fehlerhaftigkeit des Urteils geltend machen muss.[61] Eine etwaige (Teil-)**Rücknahme** der Revision durch einen der Verfahrensbeteiligten schränkt den Prüfungsumfang wieder entsprechend ein.[62] Im Fall einer Nichtverurteilung wegen eines **idealkonkurrierenden Delikts** aus tatsächlichen Gründen gilt derselbe Prüfungsmaßstab wie bei Freisprüchen.[63] Weil faktisch nur das tatsächliche Vorbringen für die Verfahrensrüge und die Erhebung der (allgemeinen) Sachrüge an die Frist des § 345 Abs. 1 geknüpft sind, kann der Revisionsführer nicht nur jederzeit rechtliche Erwägungen nachschieben, sondern auch die allgemein erhobene Sachrüge weiter begründen. Der Revisionsführer kann aber nicht durch eine „Ankündigung" der Revisionsbegründung das Gericht zum „Abwarten" und zu „weiterem Gehör" zwingen.

Die §§ 300 und § 352 Abs. 2 gelten selbstverständlich auch im Rahmen der Sachrüge: **21** Somit bedarf es **keines ausdrücklichen Antrages** im Sinne der § 344 Abs. 1, § 352 Abs. 1, wenn sich das Begehren des Beschwerdeführers nach umfassender Aufhebung des Urteils aus materiell-rechtlichen Gründen sicher aus der Revisionsbegründung ergibt.[64] In der Erhebung der uneingeschränkten allgemeinen Sachrüge durch den Angeklagten ist regelmäßig die Erklärung zu sehen, dass das Urteil insgesamt angefochten werden soll.[65] Zudem schaden rechtlich irrelevante oder gar falsche Ausführungen nicht, solange das Gericht seinerseits von einem fehlerhaften Urteil ausgeht. Strenger ist die Rechtsprechung hingegen mit **Revisionen der StA:** So hat der 5. Strafsenat des BGH bei einem Strafverfahren gegen mehrere Angeklagte, denen eine Vielzahl von Straftaten zur Last gelegt wurde, entschieden, dass sich aus einer nicht näher ausgeführten allgemeinen Sachrüge das Anfechtungsziel der StA nicht sicher ermitteln lasse und es daher „eines ausdrücklichen Antrags im Sinne der § 344 Abs. 1, § 352 Abs. 1" bedarf, um das Begehren der Beschwerdeführerin hinreichend klar zu erkennen (→ § 344 Rn. 12).[66] Begründet wird diese Handhabung zum Teil damit, dass es bei einer Revision der StA im Gegensatz zu einem Rechtsmittel des Angeklagten (und seines Verteidigers) nicht zu Meinungsverschiedenheiten innerhalb der StA als Rechtsmittelführer kommen kann, sondern vielmehr davon auszugehen sei, dass diese – sofern sich aus der Rechtsmittelschrift nicht Gegenteiliges ergibt – die nach ihrer Ansicht vorliegenden Angriffspunkte innerhalb der Begründungsfrist vollständig aufzählt.[67]

Da das Revisionsgericht im Rahmen einer Sachrüge nur zu prüfen hat, ob das Urteil **22** fehlerhaft ist, geht man im Allgemeinen davon aus, dass alleinige **Grundlage der Entscheidungsfindung** auch nur das angefochtene Urteil sein kann.[68] Zum Teil wird die Einbeziehung von Wissen „kraft Prüfung von Amts wegen"[69] (hierzu auch → Rn. 14) und darüber hinaus sogar die Berücksichtigung sonstiger Aktenbestandteile bzw. Aufzeichnungen für zulässig erachtet.[70] Doch darf im Hinblick auf die Stoßrichtung der Sachrüge diese Frage nicht überschätzt werden,[71] zumal der Verteidiger, der im Rahmen seiner Sachrüge auf

---

[61] Im seltenen Fall kann es vorkommen, dass sich der Revision weder die ausdrückliche Aussage, es werde Verletzung des sachlichen (oder „materiellen") Rechts gerügt, noch ihrem Inhalt dieser Sinn entnehmen lässt, vgl. BGH 15.12.1953 – 5 StR 472/53.
[62] So iE auch Dahs Strafprozessrevision Rn. 605: Prüfungsumfang nach Maßgabe der Revisionsanträge.
[63] BGH 5.11.2014 – 1 StR 327/14, NStZ-RR 2015, 83 (85).
[64] BGH 18.2.2004 – 5 StR 566/03, NStZ 2004, 636, vgl. auch BGH 31.10.1989 – 3 StR 381/89, NStZ 1990, 96; dies gilt auch für die Rechtsbeschwerde vgl. etwa OLG Dresden 11.12.2006 – Ss (OWi) 650/06, NZV 2007, 152.
[65] BGH 21.11.2006 – 3 StR 407/06, HRRS 2007 Nr. 22 Rn. 3; so auch BGH 25.7.2013 – 3 StR 76/13, NJW 2013, 3191; anders, wenn ausweislich der insoweit eindeutigen Revisionsanträge und ihrer Begründung die Revision sich nur auf die Verurteilung in bestimmten Fällen (dort: der Steuerhinterziehung) erstreckt, vgl. OLG Brandenburg 3.3.2005 – 2 Ss 10/05, BeckRS 2005, 30352246.
[66] BGH 7.11.2002 – 5 StR 336/02, NJW 2003, 839; 10.12.2015 – 3 StR 163/15, BeckRS 2016, 027732.
[67] OLG Karlsruhe 1.6.2004 – 1 Ss 80/03, BeckRS 2004, 07943.
[68] BGH 8.2.1961 – 2 StR 625/60, BGHSt 15, 347 = NJW 1961, 789; 7.6.1979 – 4 StR 441/7829, BGHSt 29, 18 = NJW 1979, 2318; Wohlers in SK-StPO Rn. 24; Gericke in KK-StPO Rn. 16.
[69] Nagel in Radtke/Hohmann Rn. 10.
[70] Gericke in KK-StPO Rn. 16; Temming in Gercke/Julius/Temming/Zöller Rn. 5; Nagel in Radtke/Hohmann Rn. 10.
[71] Ähnlich Wohlers in SK-StPO Rn. 24.

23 **2. Mehrere Rügen (Reihenfolge der Prüfung). a) Grundsätze.** Der divergierende Prüfungsmaßstab des Gerichts (insbes. hinsichtlich der Aufklärungspflicht bzw. der im Einzelfall erforderlichen Ausermittlung der Verfahrenstatsachen bei Verfahrensrügen) führt auch zur Frage, wie das Gericht bei einem Nebeneinander von Sach- und Verfahrensrüge vorzugehen hat. Gerade die geringen Erfolgsaussichten der Revision haben den Nebeneffekt, dass Verteidiger ihre (ausgeführten oder allgemein gehaltenen) Sachrügen regelmäßig um – gleich mehrere – Verfahrensrügen ergänzen, die getrennt zu prüfen sind. Das Gesetz gibt in solch einem Fall keine konkrete (Rang-/)Reihenfolge der Prüfung vor.[72] Der Revisionsführer hat weder einen **Anspruch** auf eine Bescheidung aller erhobener Rügen,[73] noch kann er nach hA das Gericht durch einen **„prozessual bedingten"** Hilfsantrag zu einer bestimmten Reihenfolge der Prüfung bestimmen. Es erscheint allerdings zu weitgehend, der Rüge aufgrund des bedingten Antrags selbst die Zulässigkeit abzusprechen.[74] Die spezifischen Zulässigkeitsanforderungen an eine Verfahrensrüge sind in § 344 abschließend bestimmt; daher müsste man die Bedingung als unwirksam erachten, sodass beide Rügen der Prüfung offen stünden.

24 Das Revisionsgericht braucht für den Fall einer Aufhebung nur diejenige Rüge zu prüfen, die sicher zur Aufhebung führt.[75] Über die anderen, zulässig erhobenen Rügen braucht dann nicht entschieden zu werden, selbst wenn diese zu einem absoluten Revisionsgrund nach § 338 führen würden. In erster Linie sind es damit **prozessökonomische Erwägungen**, welche die Reihenfolge der Prüfung beeinflussen,[76] doch muss die Prüfung stets dem Anliegen bzw. der Reichweite der Revisionsanträge gerecht werden.[77] Insofern ist diese Frage bei Rügen mit derselben Entscheidungsfolge (so etwa stets bei mehreren Verfahrensrügen) zumindest praktisch insoweit irrelevant, als das Gericht bei „offensichtlichen Fehlern" bzw. prima vista zulässigen und begründeten Verfahrensrügen diese in ihre tragenden Entscheidungsgründe aufnehmen wird, soweit sie zur vollständigen Aufhebung des angegriffenen Urteils führen.[78] Beabsichtigt das Revisionsgericht tatsächliche Feststellungen aufrechtzuerhalten, muss jede zulässig erhobene Rüge, welche den Bestand der Feststellungen gefährden könnte, auf ihre Begründetheit hin überprüft werden.[79] Dieselben Erwägungen gelten für mehrere Sachrügen (und Verfahrensrügen) nebeneinander, solange nur eine von diesen zur Aufhebung der Feststellungen bzw. Aufhebung des Urteils unter Beibehaltung der Feststellungen führen

---

[72] Etwa Sach- vor Verfahrensrügen oder absolute vor relativen Revisionsgründen, Wiedner in BeckOK StPO Rn. 9.

[73] Franke in Löwe/Rosenberg Rn. 12; selbstverständlich wird das Gericht aber alle Rügen zu prüfen haben, wenn es „insgesamt verwerfen will, Schmitt in Meyer-Goßner/Schmitt Rn. 9.

[74] So aber der 1. Senat, der in zwei Entscheidungen die Verfahrensrüge ohne weitere Begründung als unzulässig qualifiziert, vgl. BGH 19.10.2005 – 1 StR 117/05, NStZ-RR 2006, 181 (182) sowie BGH 27.7.2006 – 1 StR 147/06, HRRS 2006 Nr. 765 Rn. 38. Dabei geht vor allem in ersterer Entscheidung die auch bei Schmitt in Meyer-Goßner/Schmitt § 344 Rn. 12 aufzufindende Bezugnahme auf BGH 14.5.1962 – 5 StR 51/62, BGHSt 17, 253 = NJW 1962, 1452 (1452 f.) fehl, da sich das Gericht dort nur mit der Frage der Reihenfolge der Prüfung bzw. des Vorrangs des Freispruchs vor Aufhebung und Zurückverweisung beschäftigt.

[75] Schmitt in Meyer-Goßner/Schmitt Rn. 9; Franke in Löwe/Rosenberg Rn. 12; Jagusch NJW 1962, 1417; Sarstedt FS Mayer, 1966, 529 (540); Widmaier/Momsen in Satzger/Schluckebier/Widmaier StPO Rn. 5 sprechen vom „revisionsrechtlichen Minimum".

[76] Wohlers in SK-StPO Rn. 26; vgl. auch → Rn. 26; Widmaier/Momsen in Satzger/Schluckebier/Widmaier StPO Rn. 4, 7.

[77] BGH 14.5.1962 – 5 StR 51/62, BGHSt 17, 253. = NJW 1962, 1452 (1452 f.); Franke in Löwe/Rosenberg Rn. 12; Wiedner in BeckOK StPO Rn. 8; Temming in Gercke/Julius/Temming/Zöller Rn. 6; Dahs Strafprozessrevision Rn. 607.

[78] Bei nur teilweiser Aufhebung müssen selbstverständlich weitere Rügen geprüft werden, die zu einer vollständigen Aufhebung führen könnten, vgl. Franke in Löwe/Rosenberg Rn. 11; Schmitt in Meyer-Goßner/Schmitt Rn. 10; ist dies unter dem Strich der Fall, spielt die Reihenfolge ebenso keine Rolle, vgl. Gericke in KK-StPO Rn. 20.

[79] Wohlers in SK-StPO Rn. 27.

könnte.[80] Hebt das Gericht nicht auf und entscheidet es nicht gem. § 349 Abs. 2, so muss es alle erhobenen Rügen prüfen, wenn auch nicht alle im Urteil bzw. Beschluss verbescheiden. Greift etwa die Sachrüge umfassend durch, so kommt es letztlich auf die Verfahrensrügen nicht mehr an, mögen diese auch zulässig und begründet sein.

b) Freispruch vs. Zurückverweisung. Eine echte Konkurrenzfrage stellt sich, wenn die Revision einerseits Freispruch beantragt und andererseits Verfahrensrügen (insbes. gem. § 338) geltend macht, welche den Bestand der den Freispruch tragenden Feststellungen in Frage stellen.[81] Zumindest für den Fall, dass bei einer hypothetischen Prüfung beide Rügen begründet sind, mutet das Vorgehen der Revision objektiv widersprüchlich an. Schon früh hat sich der BGH nichtsdestotrotz für einen Vorrang des Freispruchs ausgesprochen, weil nicht einzusehen sei, „dass dies nur deshalb unzulässig sein soll, weil sich ein Angeklagter gegen seine Verurteilung, die dem sachlichen Recht widerspricht, obendrein mit einer begründeten Verfahrensbeschwerde wehrt".[82] 25

c) obiter dicta. Wie mit nicht zu prüfenden bzw. „nachrangigen" Rügen umzugehen ist, insbes. ob man obiter dicta („Ob auch die Verfahrensrüge XY durchgreift, kann dahinstehen. Der Senat neigt jedoch dazu, diese als begründet anzusehen, weil ...") auch in derartigen Konstellationen für zulässig erachten will, hängt von der grundsätzlichen Einordnung der Revision bzw. deren Wesen sowie Funktion ab. Während *Meyer-Goßner* typische Ausführungen wie „der Senat neigt dazu (...)" als „Unsitte" empfindet,[83] sind diese Hilfserwägungen – vor dem Hintergrund der Disziplinierungsfunktion der Revision (und dem der Wahrung der Einheitlichkeit des Rechts) – selbst in denjenigen Fällen, in denen sich die Ausführungen gerade nicht als „Segelanweisungen" für die neue Instanz qualifizieren lassen,[84] nicht problematisch.[85] 26

III. Ausblick auf ein DokHVG

Im – am 15.12.2023 an den Vermittlungsausschuss überwiesenen[86] – **Entwurf eines Gesetzes zur digitalen Dokumentation der strafgerichtlichen Hauptverhandlung** und zur Änderung weiterer Vorschriften (Hauptverhandlungsdokumentationsgesetz – DokHVG)[87] ist § 352 der Standort für Änderungen bzw. gerade keine materiellen Änderungen klarstellende Formulierungen für die Revision im Zusammenhang mit einer Audio-Dokumentation der Hauptverhandlung. **Vorgesehen ist ein neuer Absatz 3** der Vorschrift mit folgendem Inhalt: *„Zur Prüfung eines behaupteten Verfahrensmangels ist ein Beweismittel* [bzw. nach der Beschlussempfehlung des Rechtsausschusses: *„ein Beweisinhalt"*] *nur dann heranzuziehen, wenn der Verfahrensmangel daraus ohne weiteres erkennbar ist. Dies ist insbesondere dann nicht der Fall, wenn es möglich ist, dass weitere Beweiserhebungen dem Beweismittel* [bzw. nach der Beschlussempfehlung des Rechtsausschusses: *„dem Beweisinhalt"*] *die maßgebliche* 27

---

[80] BGH 9.4.1958 – 5 StR 28/58, JZ 1958, 669 (670); Schmitt in Meyer-Goßner/Schmitt Rn. 11 f.; Wohlers in SK-StPO Rn. 28; Franke in Löwe/Rosenberg Rn. 13.
[81] Vgl. bereits Hülle JZ 1951, 172.
[82] BGH 14.5.1962 – 5 StR 51/62, BGHSt 17, 253 = NJW 1962, 1452.
[83] Schmitt in Meyer-Goßner/Schmitt Rn. 13 unter Bezugnahme auf Beulke/Witzigmann JR 2008, 432; zur Disziplinierung im Hinblick auf unnötige obiter dicta hat Lilie vorgeschlagen, eine Außendivergenz auch bei nicht tragenden Urteilsgründen anzunehmen, vgl. Obiter dictum und Divergenzausgleich in Strafsachen, 1993, S. 263.
[84] Wohlers in SK-StPO Rn. 29, vgl. auch Fezer FS Küper, 2007, 45 (50): „rechtlichen Bewältigung des konkreten Verfahrens"; es erscheint fraglich, ob derartige Ausführungen überhaupt als „echte" obiter dicta angesehen werden können, vgl. auch Widmaier/Momsen in Satzger/Schluckebier/Widmaier StPO Rn. 18, welche derartige „Anweisungen" ausklammern.
[85] Widmaier/Momsen in Satzger/Schluckebier/Widmaier StPO Rn. 18; Rissing-van Saan FS Widmaier, 2008, 505 (513 f.); Jungmann JZ 2009, 380 ff.
[86] Vgl. Stenografischer Bericht der 1040. Sitzung des Bundesrates vom 15. Dezember 2023, S. 428; Beschluss des Vermittlungsausschusses zur Vertagung am 12.6.2024.
[87] Vgl. BT-Drs. 20/8096 (Regierungsentwurf) und BT-Drs. 20/9359 (Beschlussempfehlung des Rechtsausschusses).

Bedeutung für das Urteil genommen haben, oder wenn lediglich Feststellungen oder Wertungen angegriffen werden, die dem Tatgericht vorbehalten sind."

28 Mit dieser Formulierung soll **verhindert** werden, dass eine **Rekonstruktion der Hauptverhandlung** in einem zumindest deutlich größeren Umfang als bisher ermöglicht würde. Insbesondere ist ein bloßer Hinweis auf die Dokumentation mit der Behauptung, „es sei alles anders gewesen", als im Urteil angenommen, nicht behelflich. Neben der – durch den genauen Zeitpunkt der entscheidenden Aufnahme noch vergleichsweise einfach erfüllbaren – Pflicht, die entsprechende **Äußerung sehr klar und in einem eng umgrenzten Zeitraum zu benennen,** muss nämlich auch noch dargelegt werden, dass es in der Verhandlung **keine anderen Passagen** gibt, welche die angegebene Aussage **vielleicht relativieren.** Dies ist für den Revisionsführer vergleichsweise schwierig, wenn man ihm nicht mehr oder weniger pauschal glauben oder aber das Revisionsgericht doch zum Abhören der gesamten Aufnahme nötigen will. Eine **effektive und verfahrensgerecht erscheinende Lösung,** dass die **Gegenseite die Stellen dartun muss,** welche die Aussage des Revisionsführers widerlegen bzw. relativieren, scheint der Gesetzgeber nicht aufgreifen zu wollen.

29 Im Detail bliebe dann freilich abzuwarten, **wie die Rechtsprechung unbestimmte Rechtsbegriffe** wie „ohne weiteres erkennbar" oder „maßgebliche Bedeutung (des Beweismittels) für das Urteil" **auslegt,** wann die „Neugierde", was tatsächlich passiert ist, einen Senat dazu verführen kann, sich die Aufnahme und ihr zeitliches Umfeld doch genauer anzuhören[88] und wie beständig man dann ggf. der Versuchung, auf das Urteil zuzugreifen widerstehen kann. So sehr ein solches Vorgehen dann ggf. der Einzelfallgerechtigkeit dienen kann, so sehr leidet umgekehrt die Rechtsanwendungsgleichheit, wenn hier mit sehr unterschiedlichen Maßstäben gemessen würde.

§ 353 Aufhebung des Urteils und der Feststellungen

(1) Soweit die Revision für begründet erachtet wird, ist das angefochtene Urteil aufzuheben.

(2) Gleichzeitig sind die dem Urteil zugrunde liegenden Feststellungen aufzuheben, sofern sie durch die Gesetzesverletzung betroffen werden, wegen deren das Urteil aufgehoben wird.

Schrifttum: Dahs, Bestehen bleibende Feststellungen (§ 353 Abs. 2 StPO) und ihre Probleme, Hanack-Symp., 1991, 144 ff.; Ernemann, Bindung an Urteilsfeststellungen bei Teilrechtskraft des Schuldspruchs, FS Meyer-Goßner, 2001, 619 ff.; Gössel, Über die mit der horizontalen Teilrechtskraft verbundene Bindungswirkung bei Teilanfechtung und Teilaufhebung, FS Rieß, 2002, 113 ff.; Jagusch, Weitere Fragen zum rechtlichen Gehör im Strafverfahren, NJW 1962, 1647; Krauth, Erwägungen zur Vereinfachung des Verfahrens nach der Revision, FS Tröndle, 1989, S. 513 ff.; Mayer, Teilverwerfung der Revision in Strafsachen. Fassung des Entscheidungssatzes, DRiZ 1970, 120; Naucke, Die Einstellung gemäß § 153 Abs. 2 StPO in der Revision, StASchlH-FS, 1992, 459 ff.; Sarstedt, Zur Reform der Revision in Strafsachen, FS Dreher, 1977, 691; Seibert, Zur Mitaufhebung der Feststellungen (§ 353 Abs. 2 StPO), NJW 1958, 1076; Walbaum, Schuldspruch in der Revisionsinstanz nach freisprechendem Urteil des Tatgerichts, 1996; Widmaier, Bindungsumfang der teilaufhebenden Revisionsentscheidung, StraFo 2004, 366; Winkler, Bindungsumfang der teilaufhebenden Revisionsentscheidung, StraFo 2004, 369; Wollweber, Die innerprozessuale Bindungswirkung vom Revisionsgericht aufrechterhaltener tatrichterlicher Feststellungen, 1991; Wollweber, Fortgesetzte Probleme der fortgesetzten Handlung, NJW 1996, 2632.

Übersicht

	Rn.			Rn.
A. Grundlagen	1	1.	Entscheidungsarten, insbes. Einstellung durch das Revisionsgericht	2
I. Überblick	1	2.	Struktur	5

---

[88] Vgl. zu diesen Fragen Bartel StV 2018, 678; Kudlich in Cirener/Jahn/Radtke, 7. Karlsruher Strafrechtsdialog, 2020, S. 13; Kudlich in Hoven/Kudlich, Digitalisierung und Strafverfahren, 2020, S. 163; Wehowsky NStZ 2018, 177.

		Rn.			Rn.
II.	Die Aufhebung der Feststellungen gem. Abs. 2 – Grundlagen	6	1.	Explizite Aufhebung oder Aufrechterhaltung der Feststellungen?	33
B.	Erläuterung	9	2.	Gesetzesverletzung	35
I.	Aufhebung des Urteils	9		a) Prozesshindernisse	36
1.	Aufhebung des Schuld- oder Freispruchs	11		b) Verfahrensfehler	38
				c) Sachlich-rechtliche Mängel	40
2.	Rechtsfolgenausspruch	15	3.	Aufhebung der Feststellungen bei erfolgreicher Revision gegen Freispruch	45
	a) Grundsatz	15			
	b) Strafausspruch	16	III.	Revisionsentscheidung	46
	c) Doppelrelevante Tatsachen	20			
	d) Maßregeln und sonstige Nebenfolgen	21	1.	Inhalt	46
3.	Aufhebung nach Berufungsurteil	26	2.	Bindung des Tatrichters	47
4.	Teilaufhebung	27		a) Revisibilität	49
				b) Fallgruppen	51
II.	Aufhebung der Feststellungen	30		c) Fehlertypologie	58

A. Grundlagen

I. Überblick

Die Vorschrift findet für den Fall einer **erfolgreichen Revision** Anwendung, also 1 wenn diese (teilweise) begründet ist.[1] Ähnlich wie § 352 regelt die Norm die Entscheidung des Revisionsgerichtes nur partiell. So fehlt es bspw. an einer Regelung, welche explizit die Verwerfung der Revision nach Hauptverhandlung (eher selten), mithin durch Urteil zum Gegenstand hat (im absoluten Regelfall wird die unzulässige oder unbegründete Revision durch Beschluss verworfen, vgl. § 349 Abs. 1, 2).[2] Für die mit dem Urteil/Beschluss gleichzeitig zu erlassenden **Nebenentscheidungen** (Kosten, Rechtsmittel nach §§ 305a, 464 Abs. 3 S. 1 und § 8 Abs. 3 StrEG), wie auch für die Form und formalen Korrekturen des Urteils (Fassungsversehen, Berichtigung der Liste der angewendeten Vorschriften[3]) gelten die allgemeinen Grundsätze,[4] insbes. ist das Bestehen der Nebenentscheidungen von der Existenz des Urteils abhängig (zum Aufbau und Inhalt vgl. noch → Rn. 46).[5] Damit entfällt der Kosten- und Entschädigungsausspruch auch dann, wenn der Revisionsführer dies nicht beantragt hat[6] und dies in der Revisionsentscheidung auch nicht explizit zum Ausdruck kommt.[7] Die Entscheidung ist – anders als die Verwerfung durch Beschluss (→ § 349 Rn. 69) – **endgültig**, eine Rücknahme nach Verkündung wegen Irrtums ausgeschlossen.[8] Soweit der Anwendungsbereich einer Anhörungsrüge eröffnet ist (was freilich bei Anberaumung einer Hauptverhandlung kaum vorstellbar ist, vgl. noch → § 356a Rn. 20 ff.), könnte es vorkommen, dass das Verfahren durch Beschluss wieder in den Zustand vor Erlass der Entscheidung zurückversetzt wird.

---

[1] Beck-online.beck.de wies zum Zeitpunkt der Bearbeitung 717 Entscheidungen auf. Ähnlich wie § 352 muss der Entscheidungsinhalt nicht die Auslegung und Reichweite der Norm betreffen. Umgekehrt können zahlreiche Erwägungen, welche die Vorschrift konkretisieren, im Zusammenhang derjenigen Vorschriften fallen, mit denen sie korrespondiert. Eine isolierte „Kommentierung" des § 353 kann es damit nicht geben, die Ausführungen sind stets im Gesamtzusammenhang, beginnend bei § 344 über § 349 hin zu § 354 zu lesen.
[2] Schmitt in Meyer-Goßner/Schmitt Rn. 1.
[3] BGH 4.10.1978 – 3 StR 232/78, NJW 1979, 1259.
[4] Schmitt in Meyer-Goßner/Schmitt Rn. 1.
[5] Franke in Löwe/Rosenberg Rn. 1; Momsen in Satzger/Schluckebier/Widmaier StPO Rn. 1.
[6] Schmitt in Meyer-Goßner/Schmitt Rn. 4; Momsen in Satzger/Schluckebier/Widmaier StPO Rn. 2.
[7] BGH 9.12.1975 – 7 BJs 176/74, BGHSt 26, 253 = NJW 1976, 523.
[8] Schmitt in Meyer-Goßner/Schmitt Rn. 1; aA Rieß JR 1978, 523.

2   **1. Entscheidungsarten, insbes. Einstellung durch das Revisionsgericht.** Die Revisionsentscheidung (bzw. der Tenor) kann nur so weit gehen, wie der jeweilige Revisionsantrag gem. § 344 Abs. 1 (insofern sei auf die Kommentierung bei → § 344 Rn. 1 ff. verwiesen), sodass sich auch der Rahmen denkbarer Entscheidungsarten aus einem Zusammenspiel der §§ 344, 349, 353, 354 ergibt. Unzulässige bzw. unbegründete Revisionen können durch Beschluss (§ 349 Abs. 1, 2) bzw. nach durchgeführter Hauptverhandlung durch Urteil verworfen werden. Ist die Revision hingegen begründet, kommen (ggf. nur teilweise) Aufhebung und Zurückverweisung (§ 353 Abs. 1, § 354 Abs. 2), Aufhebung und Einstellung (§§ 353, 354 Abs. 1), Aufhebung und Freispruch in Betracht (zu den besonderen Entscheidungsformen nach §§ 354, 354a siehe dort).[9] Daneben ist eine **Einstellung ohne Aufhebung** möglich,[10] wenn etwa während des Revisionsverfahrens ein Strafverfolgungshindernis eintritt (Tod des Angeklagten, Rücknahme des Strafantrags bei absolutem Antragsdelikt, absolute Verjährung, dann § 206a[11]) oder das Verfahren nach **Opportunitätsgrundsätzen** eingestellt wird. Letzteres ist (wegen der niedrigeren Strafrahmen) va, aber nicht nur, bei Revisionen zum OLG denkbar, wo diesem als „Gericht" iSd § 153 Abs. 2, § 383 Abs. 2 diese Möglichkeit offen steht.[12] Nicht in Frage kommen Einstellungen, bei denen die Einstellungskompetenz allein bei der StA liegt (§ 153c).[13] Allerdings macht auch der BGH nicht selten von der Möglichkeit Gebrauch, bestimmte Verfahrensteile nach § 154 Abs. 2 einzustellen (vgl. hierzu noch → § 354 Rn. 54).

3   § 153a ist nunmehr für das Revisionsgericht anwendbar. Denn in Fällen, die schon länger zurückgebliebene und nur schwer beweisbare Vorwürfe zum Gegenstand haben, kann eine Einstellung zu angemessenen Ergebnissen führen, wenn die mögliche Schuld des Angeklagten durch die belastenden Folgen des Verfahrens ausgeglichen erscheint.[14] Deshalb ist es nur sachgerecht, wenn neben § 153 auch § 153a im Revisionsverfahren Anwendung findet.[15]

4   Jedenfalls muss eine reine „Subsumtionsentscheidung" des Revisionsgerichts möglich sein (vergleichbar zu § 354 Abs. 1), dh die tatsächlichen Voraussetzungen der Einstellungsvorschrift müssen dem Urteil zu entnehmen sein, eigene **Beweiserhebungen** des Revisionsgerichts (zur „Konkretisierung") sind unzulässig.[16] Auch die sonstigen Voraussetzungen der Einstellung (insbes. Zustimmung der StA) müssen erfüllt sein, im Fall des § 154 Abs. 2 (bzw. § 154a Abs. 2[17]) muss sich der Tatrichter mit der abzutrennenden Tat befasst haben.[18]

---

[9] Überblick auch bei Gericke in KK-StPO Rn. 2 ff.
[10] Naucke FS StASchlH, 1992, 459 (468); Franke in Löwe/Rosenberg Rn. 2; Schmitt in Meyer-Goßner/Schmitt Rn. 2.
[11] Str. ist, ob § 206a auch in den Fällen des ursprünglichen Verfolgungshindernisses Anwendung findet und damit § 353 Abs. 1 und § 354 verdrängt. Dies wird von der wohl inzwischen hM abgelehnt, obwohl der BGH vereinzelt bereits als „allgemein anzuwendende" Einstellungsvorschrift interpretiert hat, vgl. etwa BGH 16.9.1971 – 1 StR 284/71, BGHSt 24, 208 (212) = NJW 1971, 2272; BGH 27.2.1984 – 3 StR 396/83, BGHSt 32, 275 (290) = NJW 1984, 2048, zum Ganzen → § 206a Rn. 13 ff.
[12] Instruktiv Naucke FS StASchlH, 1992, 459 ff., dort auch zur Frage, auf welche Tatsachengrundlage sich das Revisionsgericht zu stützen hat und in welchem Verhältnis Einstellungsbeschluss und angefochtenes Urteil stehen. Die Tendenz, durch Verfolgungsbeschränkungen nach § 154a Abs. 2 in der Revisionsinstanz eine „Entscheidung" iSd § 357 zu umgehen, ist jedoch kritisch zu sehen, vgl. etwa Schuhr JR 2013, 572 (581).
[13] Franke in Löwe/Rosenberg Rn. 2; Momsen in Satzger/Schluckebier/Widmaier StPO Rn. 3.
[14] Franke in Löwe/Rosenberg Rn. 2 unter Verweis auf BGH 2.7.1997 – 2 StR 228/97, NStZ 1997, 543.
[15] Vgl. hierzu das Gesetz zur effektiveren und praxistauglicheren Ausgestaltung des Strafverfahrens vom 17.8.2017, BGBl. I 3202, mit dem die Anwendbarkeit des § 153a im Revisionsverfahren eingeführt wurde, um dem Revisionsgericht die Möglichkeit zu eröffnen, eigens Auflagen oder Weisungen zu beschließen; die Gesetzesmaterialien sind abrufbar über die Internetseite des Bundesministeriums für Justiz und Verbraucherschutz.
[16] RGSt 77, 72 (75); BayObLG 15.1.1952 – RevReg. Nr. III 892/51, BayObLGSt 1952, 12; OLG Bremen 17.1.1951 – Ss 107/50, NJW 1951, 326; Franke in Löwe/Rosenberg Rn. 2; Oehler JZ 1951, 326.
[17] BGH 3.10.1967 – 1 StR 355/67, BGHSt 21, 326 (328) = NJW 1968, 116; Franke in Löwe/Rosenberg Rn. 2.
[18] OLG Celle 22.2.2007 – 32 Ss 20/07, NStZ 2008, 118; BGH 25.6.1993 – 3 StR 304/93, NStZ 1993, 551; 17.8.2000 – 4 StR 245/00, NStZ 46, 130 = NJW 2000, 3293; Meyer-Goßner JR 1985, 454.

Selbstverständlich ist auch eine Einstellung auf einen Antrag der StA hin möglich bzw. zwingend, soweit die Vorschrift einen solchen voraussetzt.[19] Zuständig ist die StA beim Revisionsgericht. *Franke* plädiert für eine analoge Anwendung des § 153 Abs. 1 auch bei schwerwiegenden Taten in den Fällen extremer Verletzung des Beschleunigungsgrundsatzes und notwendiger Vertiefung im Falle einer an sich gebotenen Zurückverweisung.[20] Als Notlösung ist dem zuzustimmen, de lege ferenda muss das System der Einstellung im Rechtsmittelverfahren (auch im Hinblick auf den Wandel der Revision) und dem immer stärker werdenden Einfluss der EMRK (Stichwort „Tatprovokation"[21]) ggf. neu justiert werden, um einen in Anbetracht der bis zum Zeitpunkt der Revisionsentscheidung aufgewendeten Ressourcen besseren Ausgleich der widerstreitenden Interessen zu ermöglichen.

2. Struktur. Die Vorschrift gliedert sich in zwei Absätze: Während Abs. 1 die zwingende Rechtsfolge der **Urteilsaufhebung** anordnet, hat Abs. 2 die Frage zum Gegenstand, inwiefern daneben auch die zugrunde liegenden **Feststellungen** aufzuheben sind, mithin das Verfahren vollständig neu aufgerollt werden muss. Über die Aufhebung der Feststellungen muss bei jeder Revisionsentscheidung (also nicht nur bei Urteilen, sondern auch bei Beschlüssen) entschieden werden.[22] 5

II. Die Aufhebung der Feststellungen gem. Abs. 2 – Grundlagen

Abs. 2 ist für das gesamten Verfahren von besonderer Relevanz: Wie geht es nach Zurückverweisung weiter? Bleiben die – ggf. langwierig erarbeiteten – Feststellungen erhalten oder nicht? Hier liegt auch der Schwerpunkt der Rechtsprechung, die konkret § 353 betrifft. Diesbezüglich haben sich im Laufe der Zeit einige Grundsätze herausgebildet (vgl. → Rn. 30 ff.), die hauptsächlich vom Gedanken der **Prozessökonomie** geleitet sind. Eine Tendenz größtmöglicher Aufrechterhaltung der von den Gesetzesverletzungen nicht berührten Feststellungen ist nicht zu verkennen.[23] Das BVerfG hat diese Maxime – zumindest im Kontext zu § 353 – bereits positiv aufgenommen.[24] Der offene Wortlaut („betroffen") stellt kein irgendwie geartetes Regel-Ausnahme-Verhältnis auf. 6

Der Auslegung zugänglich muss Abs. 2 damit als wirkmächtiges Instrument des Revisionsgerichts zur Regulierung des Verfahrens „im nächsten Anlauf" gesehen werden. Das Revisionsgericht darf hierbei niemals aus dem Blick verlieren, dass die infolge der Entscheidung des Abs. 2 eintretende innerprozessuale Bindungswirkung zumindest einen faktischen Eingriff in die **freie richterliche Beweiswürdigung** des neuen Tatrichters (§ 261) bedeutet.[25] 7

Die derzeitige Ausgestaltung hat eine Einzelfallrechtsprechung zur Folge, die kaum einer Systematisierung zugeführt werden kann.[26] Trotz der dargelegten prozessökonomischen Erwägungen sollte die Aufrechterhaltung der Feststellungen daher auf klar und deutlich abgesteckte (ggf. gesetzlich geregelte) Einzelfälle beschränkt bleiben. Man wird dem Gedanken der Prozessökonomie sogar eher gerecht, wenn sich der neue Tatrichter keine 8

---

[19] Schmitt in Meyer-Goßner/Schmitt Rn. 2 dort auch zur Anhörung des Angeklagten hinsichtlich der eingestellten Tat unter Verweis auf BGH 11.3.2008 – 4 StR 454/07, NStZ-RR 2008, 183.
[20] Franke in Löwe/Rosenberg Rn. 2 u.a. unter Verweis auf BGH 26.6.1996 – 3 StR 199/95, NJW 1996, 2739; zust. Momsen in Satzger/Schluckebier/Widmaier StPO Rn. 3.
[21] Vgl. BGH 10.6.2015 – 2 StR 97/14, BGHSt 60, 276 = NJW 2016, 91 (Verfahrenshindernis), 19.5.2015 – 1 StR 128/15, BGHSt 60, 238 = NStZ 2015, 541 (Vollstreckungslösung). Zum Ganzen Jahn/Kudlich JR 2016, 83.
[22] Vgl. etwa OLG Bamberg 5.5.2006 – 3 Ss 154/2005, NStZ 2006, 591; Wohlers in SK-StPO Rn. 1.
[23] Es sei denn, das Revisionsgericht ist von der Urteilsdarstellung als solcher nicht überzeugt und hat die Entscheidung daraufhin aufgehoben. Insofern steht die „erweiterte Revision" dieser Tendenz diametral gegenüber.
[24] BVerfG 3.2.2006 – 2 BvR 1765/05, BVerfGK 7, 260 = BeckRS 2006, 21455, sowie BVerfG 15.2.2006 – 2 BvR 2209/05, BeckRS 2006, 21423 (Prüfung der Entziehung des gesetzlichen Richters und Willkürkontrolle, Art. 101 Abs. 1 S. 2 GG).
[25] Zum Ganzen BVerfG 3.2.2006 – 2 BvR 1765/05, BVerfGK 7, 260 = BeckRS 2006, 21455.
[26] Exemplarisch dazu BVerfG (2. Kammer des 2. Senats) 9.7.1995 – 2 BvR 1180/94, NJW 1995, 2706.

Gedanken über einen eventuell beschränkten Umfang der Beweisaufnahme machen muss (und damit über dem Verfahren nach Zurückverweisung nicht das Damoklesschwert der innerprozessualen Bindungswirkung schwebt). Auch die Disziplinierungsfunktion der Revision (vgl. → Vor § 333 Rn. 67 f.) spricht nicht gegen solch ein Credo der „Aufhebung der Feststellungen als Normalfall".

B. Erläuterung

I. Aufhebung des Urteils

9   Das Urteil ist aufzuheben, wenn und soweit die Revision begründet ist. Zwar hat insbes. der 5. Strafsenat des BGH eine **Ausnahme** (freilich im Rahmen von „Ausnahmefällen": die erste Entscheidung betraf die Mauerschützenprozesse,[27] die zweite den Mord am Bülower Platz, Fall „Mielke"[28]) machen wollen, wenn das Verfahren im Anschluss (also nach Zurückverweisung) ohnehin wegen überlanger Verfahrensdauer bzw. Verhandlungsunfähigkeit des Angeklagten einzustellen wäre.[29] Mit dem Wortlaut lässt sich diese Methode der eigenständigen Herbeiführung von Rechtskraft allerdings kaum vereinbaren, solange eine eingelegte Revision zulässig und begründet ist.[30]

10 Das Revisionsgericht ist daran gehindert, über eine Tat zu entscheiden, die zwar angeklagt war, aber über die der Tatrichter nicht entschieden hat; insoweit steht anderweitige Rechtshängigkeit entgegen. Umgekehrt ist das Revisionsgericht ebenfalls daran gehindert, zu entscheiden, wenn zwar der Tatrichter entschieden hat, die gegenständliche Tat aber nicht angeklagt war.[31] Neben der Aufhebungsentscheidung wird weiter über die Zurückverweisung nach § 354 Abs. 2 bzw. die Verweisung an das zuständige Gericht nach § 355 entschieden.[32] Zu unterscheiden ist zwischen der Aufhebung des Schuldspruchs bzw. Freispruchs einerseits (im Folgenden → Rn. 11) und der Aufhebung des Strafausspruchs (→ Rn. 15 ff.), da eine isolierte Aufhebung des Strafausspruchs möglich,[33] aber auf eine Aufhebung des Schuldspruchs hin im Regelfall auch der Strafausspruch aufzuheben ist (vgl. aber noch → Rn. 16 f.). Ist die Revision beschränkt oder das Urteil einer selbstständigen Prüfung zugänglich, kommt auch eine Teilaufhebung des Urteils in Betracht („soweit", vgl. noch → Rn. 27 ff.).

11 **1. Aufhebung des Schuld- oder Freispruchs.** Der Schuldspruch ist aufzuheben, wenn die tragenden Feststellungen nicht prozessordnungsgemäß zustande gekommen sind oder ein Rechtsfehler vorliegt, der unmittelbar den Schuldspruch betrifft (insbes. die Subsumtion fehlerhaft ist).[34] Daraus ergibt sich aber zugleich, dass sich der Verfahrens- oder Rechtsfehler konkret auf den Schuldspruch **auswirken** bzw. beziehen muss, es also nicht genügt, wenn der Rechtsfehler nur einzelne Aspekte des Schuldumfangs betrifft.[35] So lässt es bei einer Steuerhinterziehung den Schuldspruch unberührt, wenn lediglich der Verkürzungsumfang, etwa durch eine fehlerhafte Schätzung, unrichtig bestimmt wurde, die Verwirklichung des Tatbestandes aber sicher von den Feststellungen getragen wird.[36] Gleiches

---

[27] BGH 26.7.1994 – 5 StR 98/94, BGHSt 40, 218 = NJW 1994, 2703.
[28] BGH 10.3.1995 – 5 StR 434/94, BGHSt 41, 72 = NStZ 1995, 394.
[29] Vgl. auch 27.8.2009 – 3 StR 250/09, BGHSt 54, 135 = NJW 2009, 3734.
[30] Zutreffend bemerkt Wohlers in SK-StPO Rn. 4, dass das Argument des BGH, die Rechtskraft habe in diesen Fällen Vorrang, ins Leere geht, da die Nichtaufhebung des Urteils diese gerade herbeiführen soll.
[31] BGH 25.6.1993 – 3 StR 304/93, NStZ 1993, 551 (552); für den umgekehrten Fall BGH 17.8.2000 – 4 StR 245/00, BGHSt 46, 130 (138) = NJW 2000, 3293; Schmitt in Meyer-Goßner/Schmitt Rn. 4; Wohlers in SK-StPO Rn. 3.
[32] Schmitt in Meyer-Goßner/Schmitt Rn. 4.
[33] BGH 3.9.2002 – 5 StR 210/02, BGHSt 47, 383 = NJW 2002, 3788; BGH 22.5.2012 – 1 StR 103/12, NJW 2012, 2599.
[34] Vgl. auch Wohlers in SK-StPO Rn. 6; Gericke in KK-StPO Rn. 11 ff.
[35] Temming in Gercke/Julius/Temming/Zöller Rn. 6; Gericke in KK-StPO Rn. 13 unter Verweis auf BGH 28.6.1983 – 1 StR 576/82, wistra 1983, 257 (258).
[36] BGH 24.5.2007 – 5 StR 58/07, wistra 2007, 345.

gilt, wenn der Tatrichter bei der Zumessung der Strafe einen zu hohen Vermögensschaden oder eine zu große Menge von Betäubungsmitteln zu Grunde gelegt hat.[37]

Der Schuldspruch kann trotz Fehlerhaftigkeit aufrechterhalten bleiben, wenn der Strafausspruch auf mehreren **Alternativen** beruhen kann und zumindest eine der Alternativen erfüllt ist.[38] Das betrifft nicht nur unterschiedliche Tathandlungsvarianten und Tatobjekte (körperliche Misshandlung statt Gesundheitsschädigung; Herstellen einer unechten Urkunde statt Verfälschen einer echten Urkunde), sondern auch alternative **Qualifikations- bzw. sonstige Strafschärfungsmodalitäten**.[39] So kann der Schuldspruch wegen Mordes gem. § 211 StGB bestehen bleiben, wenn lediglich eines von mehreren vorliegenden Mordmerkmalen fehlerhaft bejaht[40] oder verneint wurde.[41] Bei einer Verurteilung wegen Vollrauschs gem. § 323a StGB ist eine entsprechende Aufrechterhaltung des Schuldspruchs bei Wegfall von etwaigen Rauschtaten[42] bzw. einer vollständigen Ersetzung der ursprünglichen Rauschtat[43] nur konsequent, wenn man keine Schuldbeziehung zwischen Rauschtat und der Tathandlung des sich Berauschens verlangt, da es sich bei der Rauschtat lediglich um eine objektive Bedingung der Strafbarkeit handelt. 12

Schwerwiegende Mängel bei der **Eingrenzung des Schuldumfanges** (etwa wenn bei einem Vermögensdelikt sämtliche Feststellungen zu Umsätzen und Gewinnen betroffen sind)[44] führen allerdings zur Aufhebung des Schuldspruchs und nicht nur des Strafausspruches.[45] Fehlt es an Feststellungen zu **wesentlichen Modalitäten des Tathergangs**[46] (bspw. zum Ausmaß der Verletzungen, der Gefährlichkeit des Täters[47] oder im Steuerstrafrecht zu den Voraussetzungen des § 15 Abs. 1 S. 1 Nr. 2 UStG) oder ist zB im Steuerstrafrecht das Zahlenwerk insgesamt widersprüchlich,[48] wird die rechtliche Einordnung der Tat regelmäßig zweifelhaft sein.[49] Die Rechtsprechung begründet die Notwendigkeit der Aufhebung des Schuldspruchs damit, dass dem neuen Tatrichter die Möglichkeit gegeben werden muss, eine Entscheidung ohne Bindung an die bisherigen – widersprüchlichen – Feststellungen zu treffen.[50] 13

Ferner gebietet es der Grundsatz der **Einheitlichkeit der Tat,** den Schuldspruch dann aufzuheben, wenn die Verurteilung wegen einer anderen Straftat rechtsfehlerhaft unterblieben ist, die mit der abgeurteilten Tat in **Tateinheit**[51] bzw. in Gesetzeskonkurrenz[52] steht. Eine isolierte Aufrechterhaltung einzelner Elemente des Schuldspruchs[53] birgt die Gefahr, „dass infolge der teilweisen Aufhebung des Schuldspruchs zu einer einheitlichen strafbaren 14

---

[37] BGH 28.6.1983 – 1 StR 576/82, wistra 1983, 257 (258); 7.3.1984 – 3 StR 21/84, StV 1984, 188; aA wohl BayObLG 23.11.1972 – RReg. 7 St 219/72, NJW 1973, 633 (634).
[38] BGH 7.6.1994 – 1 StR 279/94, NStZ 1994, 583; Wohlers in SK-StPO Rn. 7.
[39] Dallinger MDR 1968, 201 mwN; Momsen in Satzger/Schluckebier/Widmaier StPO Rn. 4.
[40] BGH 22.8.1995 – 1 StR 393/95, BGHSt 41, 222 = NJW 1996, 471.
[41] BGH 7.6.1994 – 1 StR 279/94, NStZ 1994, 583.
[42] BGH 22.2.1994 – 1 StR 789/93, StV 1994, 304 (305).
[43] RGSt 69, 189 (190); einschränkend BGH 3.2.1960 – 2 StR 640/59, NJW 1960, 731 = BGHSt 14, 114, wenn gleichzeitig ausgeschlossen werden kann, dass nicht auch die Frage der Verantwortlichkeit anders zu beurteilen sein kann.
[44] BGH 6.10.2014 – 1 StR 214/14, NStZ 2015, 281; 28.6.1983 – 1 StR 576/82, wistra 1983, 257 (258). Vgl. auch Franke in Löwe/Rosenberg Rn. 11.
[45] BGH 21.4.1993 – 2 StR 54/93, BeckRS 1993, 31105838.
[46] Vgl. BGH 2.11.1995 – 1 StR 167/95, NStZ-RR 1996, 98.
[47] In Bezug auf die verwendete Waffe BGH 18.3.2003 – 4 StR 17/03, NStZ-RR 2003, 241.
[48] BGH 19.11.2013 – 1 StR 498/13, BeckRS 2013, 22097.
[49] Wohlers in SK-StPO Rn. 7.
[50] Deutlich unter Rückgriff auf diese zwei Argumentationsstränge BGH 18.3.2003 – 4 StR 17/03, NStZ-RR 2003, 241; vgl. im Übrigen BGH 22.5.2012 – 1 StR 103/12, NJW 2012, 2599; vgl. auch hierzu vgl. auch BGH 20.6.1996 – 4 StR 680/95, NStZ-RR 1997, 72 (73).
[51] BGH 20.9.2005 – 1 StR 288/05, NStZ-RR 2006, 10; 13.9.2011 – 3 StR 231/11, BGHSt 57, 14 = NJW 2012, 325 (329); Kusch NStZ-RR 1998, 257 (262 f.) mwN; BGH 22.10.2015 – 4 StR 133/15, BeckRS 2015, 18919; Schmitt in Meyer-Goßner/Schmitt Rn. 7a.
[52] BGH 6.5.1980 – 1 StR 89/80, NJW 1980, 1807; vgl. auch Wohlers in SK-StPO Rn. 9.
[53] Vgl. Wohlers in SK-StPO Rn. 9 unter Verweis auf BGH 27.11.1959 – 4 StR 394/59, BGHSt 14, 30 (34 f.) = NJW 1960, 1393.

Handlung einander widersprechende tatsächliche Feststellungen getroffen werden, von denen die einen dem aufrechterhaltenen Teil des Schuldspruchs zugrunde lägen, die anderen im Rahmen der neuerlichen Entscheidung durch den Tatrichter getroffen werden würden".[54] Dies gilt etwa bei Aufhebung auch der Verurteilung wegen der zu dem Vergehen nach dem Gewaltschutzgesetz in Tateinheit stehenden – und für sich rechtsfehlerfrei angenommenen – Straftaten der Bedrohung und des unerlaubten Führens einer Schusswaffe;[55] ferner bei an sich rechtsfehlerfreier Annahme von neun Taten der Geldwäsche nach § 261 Abs. 1 S. 1, S. 2 Nr. 4 lit. a, Abs. 2 Nr. 1 StGB, die in Tateinheit mit der (rechtsfehlerhaften Annahme) mitgliedschaftlichen Beteiligung des Angeklagten an einer kriminellen Vereinigung gem. § 129 StGB stehen.[56] Weitere Beispiele: Aufhebung des Schuldspruchs wegen Vergewaltigung (gemäß § 177 Abs. 2 Nr. 1 StGB aF = § 177 Abs. 5 StGB), welche sich auf tateinheitliche Körperverletzung erstreckt;[57] tateinheitliche Datenveränderung gemäß § 303a Abs. 1 StGB,[58] Aufhebung des Schuldspruchs bei Darstellungsmängeln hinsichtlich Beihilfe zum Totschlag durch Unterlassen bei an sich rechtsfehlerfrei festgestellten Tatbeständen der Freiheitsberaubung mit Todesfolge.[59] Verurteilung des Angeklagten wegen fahrlässiger Brandstiftung und wegen Vortäuschens einer Straftat.[60]

15 **2. Rechtsfolgenausspruch. a) Grundsatz.** Bezieht sich der Rechtsfehler auf einzelne Aspekte des Rechtsfolgenausspruchs (insbes. auf die Strafzumessung oder eine damit in Zusammenhang stehende Nebenfolge[61]), kann dieser isoliert aufzuheben sein, obwohl der Schuldspruch bestehen bleibt.[62] Fällt der Schuldspruch weg, ist dem Rechtsfolgenausspruch regelmäßig die Grundlage entzogen.[63]

16 **b) Strafausspruch.** Die Rechtsprechung geht zwar grundsätzlich auch davon aus, dass der Wegfall des Schuldspruchs zugleich den Wegfall des Strafausspruchs bedeutet. Sie stellt dies in neuerer Zeit ausdrücklich klar,[64] obwohl es einer solchen expliziten Aufhebung des Strafausspruchs nur bei teilweiser Aufhebung bzw. **Veränderung des Schuldspruchs** bedürfe.[65] Dies mag darauf zurückzuführen sein, dass der BGH die Veränderung bzw.

---

[54] BayObLG 17.11.1998 – 4 St RR 182/98, NStZ-RR 2000, 53 (54); aber im Anschluss einschränkend: „Daraus folgt aber auch, dass der oben genannte Grundsatz dann nicht anzuwenden ist, wenn die Gefahr widerspruchsvoller Entscheidungen von vornherein ausscheidet", was das BayObLG für die Prüfung eines persönlichen Strafausschließungsgrunds bejaht. Auch der BGH relativiert den genannten Grundsatz und lässt eine Aufrechterhaltung des Schuldspruchs zu, wenn hinsichtlich anderer in Tateinheit verbundener Tatbestände allein eine Verfahrensvoraussetzung rechtsfehlerhaft beurteilt wurde, vgl. Becker NStZ-RR 2007, 1 (5) mwN.

[55] BGH 10.5.2012 – 4 StR 122/11, NStZ 2013, 108.

[56] BGH 13.9.2011 – 3 StR 231/11, NJW 2012, 325 (329).

[57] BGH 11.9.2002 – 2 StR 193/02, NStZ 2003, 201.

[58] BGH 21.7.2015 – 1 StR 16/15, NJW 2015, 3463: „Da nach den Feststellungen nahe liegt, dass die 18 unter Ziffer II. 2. der Urteilsgründe namentlich benannten Computernutzer bereits zu den 327. 379 Geschädigten aus Ziffer II. 1. zählen und Feststellungen zum Vorliegen möglicherweise automatisierter technischer Abläufe fehlen, kann der Senat eine (Teil-) Überschneidung von Handlungseinheiten und damit einer einheitlichen Tat im Rechtssinne jedenfalls nicht sicher ausschließen."

[59] BGH 15.3.2005 – 3 StR 5/05, BeckRS 2005, 05078.

[60] BGH 21.11.2002 – 3 StR 296/02, NStZ 2003, 264.

[61] BGH 28.6.1983 – 1 StR 576/82, BGHSt 32, 22 = wistra 1983, 257 (258).

[62] Vgl. etwa BGH 27.10.2015 – 3 StR 314/15, BeckRS 2015, 19545; 29.9.2015 – 1 StR 412/15, BeckRS 2015, 17563.

[63] Wohlers in SK-StPO Rn. 8, 11; Schmitt in Meyer-Goßner/Schmitt Rn. 6; Franke in Löwe/Rosenberg Rn. 12 ff.; Nagel in Radtke/Hohmann Rn. 9; Wiedner in BeckOK StPO Rn. 16; Momsen in Satzger/Schluckebier/Widmaier StPO Rn. 6.

[64] BGH 3.7.2007 – 1 StR 3/07, BGHSt 51, 367 = NJW 2007, 2706; BGH 28.7.2015 – 2 StR 109/15, BeckRS 2015, 17202; 9.9.2015 – 4 StR 347/15, BeckRS 2015, 17435; 3.9.2015 – 1 StR 255/15, NStZ-RR 2016, 198; 1.9.2015 – 1 StR 12/15, BeckRS 2015, 15939; 7.9.2015 – 2 StR 47/15, BeckRS 2015, 17043; KG 19.10.2015 – (2) 161 Ss 220/15 (63/15), BeckRS 2015, 20804; auch bei einer Aufhebung des Schuldspruchs hinsichtlich einer prozessualen Tat, welche zur Aufhebung der Einzelstrafen führt und damit die Aufhebung der Aussprüche über die Gesamtstrafen bedingt, vgl. BGH 30.9.2015 – 5 StR 367/15, NStZ 2015, 698, sowie BGH 23.9.2015 – 4 StR 301/15, BeckRS 2015, 17565.

[65] Wohlers in SK-StPO Rn. 11.

Beschränkung des Schuldspruchs (also nicht vollständigen Aufhebung) vereinzelt unschädlich für den Strafausspruch hält, namentlich wenn die Rechtsfolge nicht in Frage gestellt werde.[66]

Dem ist zuzustimmen, soweit die Veränderung des Schuldspruchs nur das Ausmaß der Schuld, nicht hingegen die **Schuldbeziehung als solche** betrifft.[67] Vor allem im Betäubungs- und Arzneimittelstrafrecht – wo es in Form von repressiven Umgangsverboten um die Bestrafung des Inverkehrbringens von entsprechenden Substanzen geht – kann eine Aufrechterhaltung des Strafausspruches trotz Schuldspruchänderung angezeigt sein. In diesen Gebieten des Nebenstrafrechts führt die enumerative Aufzählung einzelner Tathandlungen häufig zu einer Überschneidung der Modalitäten, die jedoch nichts am Schuldgehalt der Tat ändern. Wird etwa bei einer Einfuhr von Betäubungsmitteln in nicht geringen Mengen gem. § 30 Abs. 1 Nr. 4 BtMG die tateinheitliche Verurteilung wegen Handeltreibens aufgehoben, so könne der Rechtsfolgenausspruch ebenso bestehen bleiben, wenn das Gericht den Strafrahmen des aufrechterhaltenen Delikts zugrunde gelegt und den Handel nicht strafschwerend berücksichtigt hat.[68] Hingegen kann die Fehlerhaftigkeit im Rechtsfolgenausspruch zu Lasten des Angeklagten (Nichtberücksichtigung verminderter Schuldfähigkeit) nicht die Fehlerhaftigkeit zugunsten des Angeklagten (Verurteilung wegen einfacher, statt qualifizierter räuberischer Erpressung) „kompensieren", mithin kann in solchen Fällen der Schuldspruchänderung durch das Revisionsgericht der Strafausspruch keinen Bestand haben.[69]

Für die **Gesamtstrafenbildung** gilt:[70] Betrifft der revisible Fehler lediglich die Gesamtstrafenbildung an sich, bleibt es bei der Aufrechterhaltung der einzelnen Strafen, wobei die Sache lediglich zur neuen Gesamtstrafenbildung zurückzuverweisen ist.[71] Sind **Einzelstrafen** betroffen, so ist zu differenzieren: Im Regelfall führt die Aufhebung der Einzelstrafe auch zur Aufhebung der Gesamtstrafe[72] (vgl. auch → § 354 Rn. 21), es sei denn die Gesamtstrafe ist nach Sachlage, insbesondere im Hinblick auf Zahl und Höhe der übrigen Einzelstrafen ohne weiteres legitim (was bei einer Gesamtfreiheitsstrafe von fünf Jahren trotz des Wegfalls von 16 Einzelstrafen von je sechs Monaten angenommen werden könne[73]). Entscheidend ist, dass dem Revisionsgericht kein Spielraum verbleibt, weil seine Entscheidung sonst als neue Festsetzung der Strafe angesehen werden könnte.[74] Zur Möglichkeit einer Verweisung in das Beschlussverfahren nach §§ 460, 462, wenn das Urteil nur wegen einer Gesetzesverletzung bei Bildung einer Gesamtstrafe aufgehoben worden ist, vgl. § 354 Abs. 1b; dazu → § 354 Rn. 44 ff.

Ist die **Einsatzstrafe** von der Revision betroffen, wird sich nicht ausschließen lassen, dass sie die Höhe weiterer Strafen nach oben oder unten beeinflusst hat.[75] Das Schicksal

---

[66] RGSt 70, 53 (56 f.); Dallinger MDR 1968, 201 mwN; zust. Schmitt in Meyer-Goßner/Schmitt Rn. 7; dies kann jedenfalls dann nicht mehr gelten, wenn die Schuldspruchveränderung zwingend zu einer Strafrahmenverschiebung führt (aus Täterschaft wird Beihilfe, vgl. KG 19.10.2015 – (2) 161 Ss 220/15 (63/15), BeckRS 2015, 20804).
[67] Krit. Wohlers in SK-StPO Rn. 8, der in jeder Veränderung des Schuldspruchs einen „qualitativen" Einschnitt, mithin einen „Wegfall" des ursprünglichen Schuldspruchs sieht.
[68] BGH 1.10.2015 – 3 StR 287/15, BeckRS 2015, 18050; 4.8.2015 – 3 StR 162/15, NStZ 2015, 704; ähnlich auch BGH 3.9.2015 – 1 StR 322/15, BeckRS 2015, 16146.
[69] BGH 20.8.2015 – 3 StR 259/15, NStZ 2016, 215.
[70] Franke in Löwe/Rosenberg Rn. 15.
[71] BGH 24.3.1988 – 1 StR 83/88, BGHSt 35, 243 = NJW 1988, 2749; Wohlers in SK-StPO Rn. 13.
[72] Wohlers in SK-StPO Rn. 13 mN.
[73] BGH 11.5.2004 – 1 StR 181/04, BeckRS 2004, 05909. Erst recht bei Wegfall einer von 44, vgl. BGH 8.9.1981 – 5 StR 434/81, Schmitt in Meyer-Goßner/Schmitt Rn. 10.
[74] BGH 13.2.2004 – 1 StR 517/03, BeckRS 2004, 02942; 29.7.1998 – 1 StR 202/98, wistra 1999, 28 (29). Überschreitet das Revisionsgericht diese Kompetenz, lässt sich dieser Fehler verfassungsgerichtlich geltend machen. Im Hinblick auf Art. 101 Abs. 1 S. 2 GG sind die Grenzen, „die der Auslegung und Anwendung des Strafprozessrechts unter Berücksichtigung der gesetzlichen Aufgabenverteilung zwischen Tatgericht und Revisionsgericht von Verfassungs wegen gezogen sind, jedenfalls dann überschritten, wenn ein Revisionsgericht das Ergebnis der tatrichterlichen Strafzumessung aufrechterhält, obgleich zwei Einzelstrafen weggefallen sind, die der Tatrichter für die Bildung der Gesamtstrafe als wesentlich erachtet hatte", vgl. BVerfG (3. Kammer des Zweiten Senats) 7.1.2004 – 2 BvR 1704/01, NJW 2004, 1790.
[75] Wiedner in BeckOK StPO Rn. 19.

weiterer Einzelstrafen hängt also auch hier vom prognostizierten Einfluss der aufgehobenen Einzelstrafe auf die übrigen ab,[76] mithin spielt auch hier das revisionsgerichtliche Ermessen eine nicht unerhebliche Rolle. Denn einerseits wird man gerade bei **Serienstraftaten** unter Umständen dazu neigen, dem Tatrichter eine neue Gesamtbewertung möglich zu machen und damit den Gesamtstrafausspruch aufzuheben.[77] Andererseits wird auch bei Gesamtstrafenbildungen, die aus vollkommen unterschiedlichen Tatkomplexen bzw. Deliktsarten herrühren, schwierig abzuschätzen sein, wie das erkennende Gericht die Delikte zueinander gewichtet.[78]

20   c) **Doppelrelevante Tatsachen.** Eine zunächst nur isolierte Aufhebung des Strafausspruchs kann auf den Schuldspruch „übergreifen", wenn sich der die Revision begründende Rechtsfehler auf doppelrelevante Tatsachen bezieht. Von der Rspr. wurden bspw. Tatzeit,[79] Tatausführung[80] und Tathergang[81] als doppelrelevante Tatsachen angesehen, nicht jedoch die persönlichen Verhältnisse.[82] Die Frage einer erheblich verminderten Schuldfähigkeit gehört nicht zum Schuldspruch, sondern allein zum Strafausspruch.[83] Kann hingegen nicht zugleich ausgeschlossen werden, dass sogar § 20 StGB (Schuldunfähigkeit) hätte angewendet werden müssen, lässt sich eine Doppelrelevanz wiederum bejahen.[84]

21   d) **Maßregeln und sonstige Nebenfolgen.** Für die Auswirkungen der Aufhebung des Rechtsfolgenausspruchs auf die daneben angeordneten Maßregeln gelten die Grundsätze der Teilbarkeit bzw. Teilrechtskraftfähigkeit und Rechtsmittelbeschränkung.[85] Wird also die Maßregel durch den Wegfall des Schuldspruchs nicht infrage gestellt, kann sie auch aufrechterhalten bleiben.[86] So zB bei Verurteilung wg mehrerer prozessualer Taten, die in keinerlei Zusammenhang stehen (und die Maßregel sich auf eine Verurteilung bezieht, die bestehen bleibt, etwa eine Trunkenheitsfahrt[87]). Nicht selten besteht jedoch eine **Wechselbeziehung,** weil der Maßregelausspruch auf dieselben strafzumessungsrelevanten Aspekte gestützt wird,[88] die zur Urteilsaufhebung führten (ist die Verknüpfung offensichtlich, braucht es keiner ausdrücklichen Aufhebung *auch* der Nebenfolge). Dann ist eine Gesamtaufhebung des Rechtsfolgenausspruchs angezeigt, etwa bei der fehlerhaften Anwendung von § 21 StGB,[89] der unzureichenden Prüfung der Anwendbarkeit von Jugendstrafrecht[90] oder der Verknüpfung von Strafzumessung und Berufsverbot.[91] Im Übrigen gilt auch hier, dass das Revisionsgericht nicht selten dazu geneigt ist, den Rechtsfolgenausspruch insgesamt aufzuheben, um dem neuen Tatrichter eine einheitliche und umfassende Rechtsfolgenbestimmung zu ermöglichen.[92] Zur Situation der (dem Teilfreispruch vergleichbaren) Aufhebung einzelner Maßregeln bei Zurückverweisung im Übrigen vgl. → § 354 Rn. 21.

---

[76] BGH 26.10.1978 – 4 StR 429/78, NJW 1979, 378; 1.7.1981 – 3 StR 151/81, NJW 1981, 2204 (2206).
[77] BGH 12.11.2008 – 2 StR 355/08, NStZ-RR 2009, 72 (73).
[78] Zumal es keine Rolle spielt, ob die weiteren Strafen aus gänzlich anderen, für sich fehlerfrei beurteilten Tatkomplexen stammen, vgl. BGH 17.4.2007 – 5 StR 99/07, StV 2007, 402; anders aber BGH 15.10.2008 – 5 StR 482/08, BeckRS 2008, 23041.
[79] BGH 14.4.2004 – 4 StR 99/04, BeckRS 2004, 04975.
[80] BGH 8.12.1982 – 3 StR 458/82, StV 1983, 140.
[81] BGH 7.3.1984 – 3 StR 21/84, StV 1984, 188; OLG Frankfurt a. M. 29.7.1999 – 3 Ss 192–99, NStZ-RR 1999, 336.
[82] BGH 17.12.1971 – 2 StR 522/71, BGHSt 24, 274 (275) = NJW 1972, 548.
[83] BGH 12.12.2012 – 2 StR 481/12, BeckRS 2013, 02238; 16.2.2000 – 3 StR 24/00, BeckRS 2000, 30096206; 15.4.1997 – 5 StR 24/97, NStZ-RR 1997, 237; dazu jüngst BGH 21.3.2017 – 5 StR 81/17, StraFo 2017, 160.
[84] OLG Schleswig bei Lorenzen/Görl SchlHA 1988, 117; Gericke in KK-StPO Rn. 17, 22.
[85] Momsen in Satzger/Schluckebier/Widmaier StPO Rn. 6; Schmitt in Meyer-Goßner/Schmitt Rn. 8.
[86] Wiedner in BeckOK StPO Rn. 16, 24 mit Hinweis auf § 66 StGB (Übergriff auf die Maßregel, wenn die formellen Voraussetzungen entfallen).
[87] BGH 22.8.1985 – 4 StR 398/85, BGHSt 33, 306 (310) = NJW 1986, 144; BGH 11.2.1980 – 3 StR 515/79.
[88] OLG Frankfurt a. M. 29.7.1999 – 3 Ss 192–99, NStZ-RR 1999, 336 („charakterliche Mängel").
[89] BGH 16.1.2008 – 3 StR 479/07, NStZ 2008, 330.
[90] BGH 27.5.2008 – 4 StR 178/08, NStZ-RR 2008, 324.
[91] BGH 28.6.1983 – 1 StR 576/82, BGHSt 32, 22 = NJW 1984, 622 (623).
[92] BGH 3.9.2015 – 1 StR 255/15, NStZ-RR 2016, 198.

Allerdings kann eine rechtsfehlerhaft verhängte Maßregel zur Aufhebung des Strafaus- **22** spruchs führen, wenn die Möglichkeit besteht, dass die Verhängung den Strafausspruch beeinflusst hat. Da die Verhängung häufig, aber nicht a priori zu einem niedrigeren Strafausspruch führt,[93] wird im Regelfall (aber dementsprechend nicht zwingend) die **Angriffsrichtung** entscheidend sein: Während bei einer staatsanwaltschaftlichen Revision zuungunsten des Angeklagten die Aufhebung auf den Strafausspruch zu erstrecken ist, ist bei einer Revision des Angeklagten die Beeinflussung zu seinen Gunsten nach allgemeinen Grundsätzen (mangelnde Beschwer) nicht zu berücksichtigen.[94] Umgekehrtes gilt, wenn der Angeklagte moniert, dass die Anordnung einer Maßregel bzw. die Prüfung diesbezüglich fehlerhaft unterblieben ist.[95] Für den Wegfall einer Maßregel bei mehreren daneben angeordneten weiteren Maßregeln gilt, dass eine Auswirkung auf die (grundsätzlich vom Rechtsfehler nicht betroffene) Maßregel in Betracht kommen muss (vom BGH etwa angenommen, wenn die Neubeurteilung der Erfolgsaussichten einer Behandlung zugleich die Legalprognose nach § 66 StGB beeinflusst[96]).

Dieselben Grundsätze gelten bei **sonstigen Nebenfolgen**,[97] wobei ihr Wegfall bei **23** Aufhebung des zugrunde liegenden Strafausspruches gesondert auszusprechen ist.[98] So hat der 4. Strafsenat des BGH in einem Fall der Schuldspruchänderung (§ 250 Abs. 1 Nr. 2 statt Nr. 1 StGB) zwar auch den Strafausspruch aufgehoben, weil nicht auszuschließen sei, dass sich der Rechtsfehler auf die Bewertung des Schuldgehalts und damit auch auf die Strafzumessung ausgewirkt hat, die **Einziehung** des Tatwerkzeugs (Revolver) hingegen aufrechterhalten.[99] Wird das tatrichterliche Urteil nur hinsichtlich der Nichtanordnung der Einziehung aufgehoben, so zieht dies regelmäßig nicht die Aufhebung rechtsfehlerfrei verhängter Strafen nach sich, da die Anordnung des (ggf. erweiterten) Verfalls grundsätzlich kein Strafmilderungsgrund ist.[100]

Isolierte Aufhebungen (also ohne Übergriff auf den Strafausspruch) erfolgten darüber **24** hinaus etwa bei fehlerhafter Nichtanrechnung der U-Haft gem. § 51 Abs. 1 S. 2 StGB,[101] sonstigen Anrechnungsentscheidungen (gem. 51 Abs. 4 S. 2 StGB),[102] unterbliebener oder fehlerhafter Bestimmung der Vollstreckungsreihenfolge und der Dauer eines Vorwegvollzuges nach § 67 Abs. 2, Abs. 5 StGB,[103] unterbliebener Prüfung der Möglichkeit von Zahlungserleichterungen nach § 42 StGB,[104] Nichtgewährung der Strafaussetzung zur Bewährung[105] sowie bei fehlender Festlegung der Höhe des Tagessatzes.[106] Da nach der neueren

---

[93] Ob es sich hierbei um eine „anerkannte Regel" handelt, sei an dieser Stelle dahingestellt. Jedenfalls in Jugendstrafverfahren ist solch ein Beziehungsverhältnis in § 5 Abs. 3 JGG niedergelegt, als von Jugendstrafe und Zuchtmitteln bei Anordnungen nach §§ 63, 64 StGB abgesehen werden kann.

[94] Zusf. Wiedner in BeckOK StPO Rn. 24 mit Verweis auf die entsprechenden Ausnahmen: BGH 21.8.2013 – 1 StR 665/12, NStZ 2014, 107, wo auch bei einer Angeklagtenrevision eine Erstreckung auf den Strafausspruch angenommen wurde, weil die Maßregel bei der Strafzumessung ausdrücklich berücksichtigt wurde und BGH 14.8.2007 – 1 StR 201/07, NStZ 2007, 700 andererseits, wo eine Erstreckung trotz staatsanwaltlicher Revision verneint wurde.

[95] Schmitt in Meyer-Goßner/Schmitt Rn. 11a; auch in dieser umgekehrten Richtung bestehen Ausnahmen, vgl. zusf. Wiedner in BeckOK StPO Rn. 6 ff. mwN.

[96] BGH 28.82007 – 4 StR 257/07, BeckRS 2007, 15275.

[97] Zusammenfassend Wohlers in SK-StPO Rn. 14; Wiedner in BeckOK StPO Rn. 22, 28.

[98] Vgl. BGH 8.1.2008 – 4 StR 468/07, NStZ 2008, 283 (284) zu § 45 Abs. 2 StGB.

[99] BGH 8.9.1982 – 3 StR 241/82 (S), StV 1982, 574; vgl. bereits BGH 10.4.1979 – 4 StR 87/79, NJW 1979, 2113.

[100] BGH 27.3.2003 – 5 StR 434/02, BeckRS 2003, 3473; 26.11.2008 – 5 StR 425/08, NStZ-RR 2009, 94; 4.2.2009 – 2 StR 504/08, NStZ 2009, 499; zur Tenorierung in diesen Fällen Wiedner in BeckOK StPO Rn. 34.

[101] BGH 25.1.1955 – 3 StR 552/54, BGHSt 7, 214 (217) = NJW 1955, 557; Schmitt in Meyer-Goßner/Schmitt Rn. 8.

[102] BGH 8.12.1981 – 1 StR 648/81, NJW 1982, 1236 (1237).

[103] BGH 16.12.2008 – 4 StR 552/08, NStZ-RR 2009, 105; 4.7.2012 – 4 StR 228/12, BeckRS 2012, 16236; 17.3.2011 – 4 StR 29/11, BeckRS 2011, 07698.

[104] RGSt 64, 207 (208); aA OLG Bremen 20.1.1954 – Ss 91/53, NJW 1954, 522.

[105] Wohlers in SK-StPO Rn. 14.

[106] BGH 14.5.1981 – 4 StR 599/80, BGHSt 30, 93 (96) = NJW 1981, 2071; BGH 10.6.1986 – 1 StR 445/85, BGHSt 34, 90 (92 f.) = NJW 1987, 199; Schmitt in Meyer-Goßner/Schmitt Rn. 8.

Vollstreckungslösung des BGH im Bereich **rechtsstaatswidriger Verfahrensverzögerung** Strafausspruch und Kompensationsentscheidungen einer getrennten Beurteilung unterliegen, ist bei einer Aufhebung des Strafausspruches nicht auch zwingend die Vollstreckungsanrechnung aufzuheben.[107] Soweit sich jedoch nicht ausschließen lässt, dass die Strafhöhe den Vollstreckungsabschlag beeinflusst hat, wird dem neuen Tatrichter die Gelegenheit zu einer umfassenden Neubewertung zu geben sein.[108]

25 Auch die **Adhäsionsentscheidung** kann abtrennbar vom „strafrechtlichen Teil" des Urteils geprüft und beurteilt werden. Nach der ausdrücklichen gesetzlichen Regelung des § 406a Abs. 2 S. 1 kann der Angeklagte die stattgebende Entscheidung über die Entschädigung auch ohne den strafrechtlichen Teil des Urteils mit dem sonst nach der StPO zulässigen Rechtsmittel anfechten, über den dann isoliert entschieden werden kann.[109]

26 **3. Aufhebung nach Berufungsurteil.** Bei Revisionen gegen Berufungsurteile vor dem OLG muss ggf. auch das Ersturteil aufgehoben werden, wenn es noch nicht „aus der Welt geschafft" worden ist, obwohl dies erforderlich wäre: Angesprochen sind Konstellationen, in denen das Berufungsgericht ebenso wie die erste Instanz trotz Rechtskraft durchentscheidet (etwa bei übersehener Verfristung des Einspruchs gegen einen Strafbefehl[110] oder Verstoß gegen die Zuständigkeitsvorschrift des § 328 Abs. 2).[111] Das Urteil ist ersatzlos aufzuheben, wenn eine bereits zurückgenommene Berufung durch das Berufungsgericht nach § 329 Abs. 1 verworfen wurde.[112]

27 **4. Teilaufhebung.** Die Teilaufhebung richtet sich nach den Grundsätzen der zulässigen Beschränkung der Revision; mithin müssen die Grundsätze der Abtrennbarkeit bzw. der beschränkten Anfechtbarkeit erfüllt sein (vgl. hierzu → § 318 Rn. 5 ff. sowie → § 344 Rn. 29 ff.).[113] Folglich ist die Teilaufhebung nur in den Grenzen zulässig, die für die Wirksamkeit der Teilanfechtung des Urteils bestehen.[114] Der aufgehobene Teil des Urteils muss also einer **selbstständigen Prüfung** zugänglich sein, ohne ein erneutes Eingehen auf die übrigen Teile notwendig zu machen.[115] Dies gilt also entweder, wenn eine unbeschränkt erhobene Revision nur teilweise begründet ist, ein beschränkt eingelegtes Rechtsmittel voll durchgreift (in solch einem Fall wäre das Urteil schließlich auch nur zum Teil aufzuheben) oder wenn bei Revisionen mehrerer Revidenten nur die Verfahrensrüge eines Mitangeklagten Erfolg hat und insofern § 357 nicht greift.[116]

28 Zieht das Revisionsgericht in Betracht, dass vom Tatgericht zwei getrennt beurteilte Taten zu einer **Bewertungseinheit** zusammengefasst werden müssten, so kann die Aufhebung eines Freispruchs hinsichtlich der einen Tat auch zur Aufhebung der nicht angefochtenen Verurteilung wegen der anderen Tat führen.[117] Auch im Falle von Tateinheit (vgl. bereits → Rn. 14) erstreckt sich bei einer Revision gegen den „verurteilenden Part" die Urteilsaufhebung auf den freisprechenden Teil, selbst wenn der Beschwerdeführer diesen (selbstverständlich) nicht anficht.[118] Prozessvoraussetzungen, die sich auf das gesamte Verfahren beziehen, führen zur Aufhebung des gesamten Urteils, und zwar auch, wenn einzelne

---

[107] BGH 27.8.2009 – 3 StR 250/09, BGHSt 54, 135 = NJW 2009, 3734.
[108] BGH 28.1.2014 – 4 StR 502/13, wistra 2014, 180; umfassend auch zu Fragen der Tenorierung Wiedner in BeckOK StPO Rn. 22.
[109] BGH 8.10.2014 – 2 StR 137/14, NStZ-RR 2015, 382.
[110] Schmitt in Meyer-Goßner/Schmitt Rn. 5.
[111] Schmitt in Meyer-Goßner/Schmitt Rn. 5 nennt weiterhin das Beispiel der unrechtmäßigen Bestätigung eines Verwerfungsurteils nach § 412.
[112] Schmitt in Meyer-Goßner/Schmitt Rn. 5.
[113] Vgl. auch Momsen in Satzger/Schluckebier/Widmaier StPO Rn. 4.
[114] BGH 20.2.1997 – 4 StR 642/96, NStZ 1997, 276; Schmitt in Meyer-Goßner/Schmitt Rn. 6.
[115] Momsen in Satzger/Schluckebier/Widmaier StPO Rn. 4; Wohlers in SK-StPO Rn. 5.
[116] Schmitt in Meyer-Goßner/Schmitt Rn. 6; Momsen in Satzger/Schluckebier/Widmaier StPO Rn. 4.
[117] Gericke in KK-StPO Rn. 12.
[118] BGH 17.4.1984 – 2 StR 63/84, NStZ 1984, 566; 8.7.1997 – 4 StR 271/97, NStZ-RR 1997, 331 (332); 26.8.1997 – 4 StR 350/97, NStZ-RR 1998, 187, zu den Ausnahmen vgl. bereits BayObLG 17.11.1998 – 4 St RR 182/98, NStZ-RR 2000, 53 (54).

Urteilsteile nicht angegriffen worden sind.[119] Handelt es sich jedoch um Prozessvoraussetzungen, die sich auf bestimmte Taten beschränken (Strafantrag, Verjährung), ist wiederum eine Trennung möglich.

Entsprechendes gilt für **Verfahrensrügen:** Typischerweise wird die Verfahrensrüge die Entstehung des gesamten Urteils betreffen. Handelt es sich hingegen um einen Verfahrensfehler, der nur einen einzelnen abtrennbaren Teil des Urteils betrifft (Zeugenaussage, die lediglich hinsichtlich einer prozessualen Tat relevant ist und wird), ist eine Teilaufhebung selbstverständlich zulässig.[120] Da nach ständiger Rechtsprechung ein Gleichlauf zwischen prozessualer Tat und materiell-rechtlicher Tateinheit die Regel, aber nicht zwingend ist, kommt eine Teilaufhebung zudem auch in Betracht, wenn trotz einer prozessualen Tat materiell-rechtlich selbstständige Taten vorliegen.[121]

II. Aufhebung der Feststellungen

Die Aufhebung der (gesamten) Feststellungen ist nicht zwingende Folge der Urteilsaufhebung (bzw. Aufhebung des Rechtsfolgenausspruchs). Nach **Abs. 2** *werden* die erstinstanzlich gewonnenen Erkenntnisse nur aufgehoben, *soweit* sie von der Gesetzesverletzung betroffen sind, die der Urteilsaufhebung zu Grunde liegen.[122] Die Gesetzesverletzung muss sich also auf das Zustandekommen der Feststellungen **ausgewirkt** haben.[123] Relativ früh formulierte der BGH, dass die „innere Unteilbarkeit der Schuldfrage", die eine gesonderte rechtliche Beurteilung von Teilen eines einheitlichen Schuldspruchs durch den Rechtsmittelrichter nicht zulässt, einer gesonderten Behandlung der dem einheitlichen Schuldspruch zugrunde liegenden tatsächlichen Feststellungen nicht entgegenstehe.[124] Mithin ist stets aufs Neue zu überprüfen, in welchem Umfang die betroffenen Feststellungen aus dem Gesamtzusammenhang des festgestellten Sachverhalts herausgelöst werden können, ohne dass damit die weiteren Feststellungen, und sei es auch nur durch Wegfall eines Beweisanzeichens, in Zweifel gezogen werden.[125]

Aus der Wendung „werden" folgt nur, dass die Feststellungen jedenfalls bei Betroffenheit iSd Vorschrift aufzuheben sind, nicht jedoch, dass sie nicht auch darüber hinaus aufgehoben werden könnten. Die Rechtsprechung ist auf eine **flexible Handhabung** der Vorschrift bedacht, was mit einem Rückgriff auf den Gedanken der Prozessökonomie und unverfälschter Wahrheitsfindung (soweit es um die Aufrechterhaltung der Feststellungen) begründet wird.[126] In vielen Fällen der Aufrechterhaltung der Feststellungen (namentlich der sachlich-rechtlichen Subsumtionsfehler) lässt sich nach Auffassung des Revisionsgerichts ausschließen, dass der Fehler sich auf das Entstehen der Feststellungen ausgewirkt hat. (vgl. aber noch → Rn. 40 ff.). Bei Darstellungsmängeln bzw. Rechtsfehlern, welche die innere Tatseite betreffen, muss sich das Revisionsgericht – weil die Überzeugung des Tatrichters die innere Tatseite betreffend regelmäßig aus objektiven Umständen abgeleitet wird – regelmäßig entscheiden, ob die Mängel auf der subjektiven Seite auf die objektive durchschlagen sollen, um dem neu zuständigen Tatrichter Gelegenheit zu einer umfassenden neuen Sachverhaltsfeststellung zu geben.[127] Die Alternative lautet, dem Tatrichter insofern schon den

---

[119] Wiedner in BeckOK StPO § 354 Rn. 4; Wohlers in SK-StPO Rn. 5.
[120] Wohlers in SK-StPO Rn. 5.
[121] BGH 20.2.1997 – 4 StR 642/96, NStZ 1997, 276.
[122] Zum Ganzen Franke in Löwe/Rosenberg Rn. 16 ff.; Schmitt in Meyer-Goßner/Schmitt Rn. 12 ff.; Momsen in Satzger/Schluckebier/Widmaier StPO Rn. 7.
[123] BGH 27.11.1959 – 4 StR 394/59, BGHSt 14, 30 (34) = NJW 1960, 1393; BGH 25.10.1995 – 2 StR 433/95, BGHSt 41, 305 (308) = NJW 1996, 1293; Franke in Löwe/Rosenberg Rn. 16 f.
[124] BGH 27.11.1959 – 4 StR 394/59, BGHSt 14, 30 (35) = NJW 1960, 1393; hierzu Gericke in KK-StPO Rn. 23.
[125] BGH 6.9.2011 – 1 StR 633/10, BeckRS 2011, 24533 = NStZ 2012, 511.
[126] BGH 27.11.1959 – 4 StR 394/59, BGHSt 14, 30 (35 ff.) = NJW 1960, 1393.
[127] Vgl. bereits BGH 9.5.1972 – 1 StR 358/71, BeckRS 1972, 43; aber auch BGH 12.2.2003 – 1 StR 403/02, BGHSt 48, 207 = NJW 2003, 1955; BGH 28.4.2015 – 1 StR 594/14, BeckRS 2015, 10528; 8.7.2014 – 1 StR 29/14, NStZ 2015, 287; 16.9.2014 – 2 StR 113/14, NStZ-RR 2014, 379.

zu Weg zu weisen, als ihm lediglich „zusätzliche Feststellungen, die nicht mit den bisherigen in Widerspruch stehen", ermöglicht werden (vgl. → Rn. 41).

32 Die Wendung „**soweit**" ermöglicht zum einen eine **partielle Aufhebung/Aufrechterhaltung** der Feststellungen, wovon das Revisionsgericht, das ohnehin keinen Einblick in den Erkenntnisprozess hat(te), nur spärlich Gebrauch machen wird, weil es den neuen Tatrichter nicht zu uU **widersprüchlichen Feststellungen** zwingen will.[128] Zum anderen ergibt sich aus dieser Formulierung kein Regel-Ausnahmeverhältnis, sondern allenfalls, dass die Aufhebung des Urteils und Aufhebung der dem Urteil zugrunde liegenden Feststellungen getrennt zu betrachten sind (vgl. im Folgenden → Rn. 46).

33 **1. Explizite Aufhebung oder Aufrechterhaltung der Feststellungen?** Dementsprechend ist diskutabel, ob die Aufhebung der Feststellungen im **Urteilstenor** gesondert zum Ausdruck kommen muss oder nicht.[129] Die Formulierung bei Aufhebung des Schuldspruchs „mit den Feststellungen aufgehoben" oder bei Teilaufhebungen der Passus „mit den zugehörigen Feststellungen aufgehoben" ist geläufig, ihre Verwendung allerdings uneinheitlich. Der Wortlaut des Abs. 2 lässt dies offen; man könnte in der imperativen Formulierung („sind aufzuheben") und der exponierten Stellung des Abs. 2 ein Indiz dafür sehen, dass sich das Revisionsgericht stets zu den Feststellungen verhalten muss, wenn es diese aufhebt.[130] So will dies der **2. Senat** des BGH handhaben, der auf diese Problematik aufmerksam gemacht hat.[131] Denn andernfalls müsste das Gericht gerade nicht die Aufhebung, sondern die Aufrechterhaltung der Feststellungen in den Tenor aufnehmen. Gerade das **Wortlautargument** verfängt aber nur, wenn man in Abs. 2 nicht lediglich eine Aufhebungs-, sondern eine Ausspruchdirektive sieht (was nicht zwingend ist).

34 Die überwiegende Meinung versteht die Aufhebung der Feststellungen auf die Urteilsaufhebung hin als „**Regelfall**" und verlangt dementsprechend **keinen** (expliziten) **Ausspruch** (es sei denn) die Aufhebung erfolgt beschränkt, noch → Rn. 51 ff.[132] Dennoch sollte der Vorstoß durch den 2. Senat positiv gesehen werden. Problematisch ist, dass unter den Senaten und in der Literatur noch kein Konsens besteht. Eine aus dem Blickwinkel der Rechtssicherheit begrüßenswerte (aber nicht wesentlich aufwendigere) Handhabung des Abs. 2 bestünde darin, schlicht klarzustellen, ob und inwiefern die Feststellungen aufgehoben wurden oder nicht. Im Hinblick darauf, dass Verstöße gegen die Bindungswirkung ihrerseits revisibel sind, ist dem Revisionsgericht in erweiternder Auslegung des Abs. 2 eine Klarstellung – in beide Richtungen – im Urteilstenor zuzumuten.[133]

---

[128] Widmaier StrFo 2004, 366.
[129] Franke in Löwe/Rosenberg Rn. 19 ff.; Seibert NJW 1958, 1076; Sarstedt FS Dreher, 1977, 691; Krauth FS Tröndle, 1989, 513; Dahs Hanack-Symp., 1991, 144 (150 ff.); Wollweber S. 104 ff.
[130] Umgekehrt heißt es in BGH 11.6.1953 – 5 StR 949/52, BeckRS 1953, 107918: „Einer solchen Auslegung steht außer dem Wortlaut, wonach ‚das Urteil', also das ganze Urteil, aufgehoben wird, auch § 353 Abs. 2 StPO entgegen. Nach dieser zwingenden Vorschrift sind die dem Urteil zugrundeliegenden Feststellungen aufzuheben, sofern sie durch die Gesetzesverletzung betroffen werden, derentwegen das Urteil aufgehoben wird. Wenn der ganze Schuldspruch wegen Gesetzesverletzung aufgehoben wird, so werden von dieser Gesetzesverletzung alle Feststellungen betroffen. Das Bestehenbleiben von Feststellungen bei Aufhebung des Schuldspruchs ist überhaupt nur dann möglich, wenn der Schuldspruch nicht wegen Gesetzesverletzung, sondern aus einem anderen Grunde aufgehoben wird, so zum Beispiel, wenn die Verurteilung nur hinsichtlich einer von mehreren Taten wegen Gesetzesverletzung, hinsichtlich einer anderen aber nur wegen der Ungewißheit aufgehoben wird, ob diese andere Tat unter das Straffreiheitsgesetz fällt oder wegen späterer Gesamtstrafenbildung nicht darunter fällt".
[131] BGH 28.3.2007 – 2 StR 62/07, NJW 2007, 1540 (1541); im Anschluss BGH 25.6.2008 – 2 StR 176/08, NStZ-RR 2008, 342; dem nun scheinbar folgend BGH 12.2.2014 – 1 StR 10/14, NStZ 2014, 510.
[132] BGH 13.2.2007 – 1 StR 574/06, BeckRS 2007, 05012; 25.10.1995 – 2 StR 433/95, BGHSt 41, 305 = NJW 1996, 1293; dem folgt die Literatur, vgl. etwa Hanack in Löwe/Rosenberg, 25. Aufl. Rn. 18: „Die Aufhebung der Feststellungen ist in der Urteilsformel auszusprechen. Fehlt ein Ausspruch darüber, ist davon auszugehen, dass sie in vollem Umfang als aufgehoben gelten...'; zust. Schmitt in Meyer-Goßner/Schmitt Rn. 12; Wohlers in SK-StPO Rn. 23.
[133] Somit ist dem Gericht zwar ein Ermessen einzuräumen, auf welche Art und Weise er klarstellen will (mithin ob er bestimmte Feststellungen aufrechterhält oder nur bestimmte Feststellungen aufhebt).

2. Gesetzesverletzung. Abs. 2 spricht von der *Gesetzesverletzung* und nimmt damit 35
auf § 337 Bezug, sodass sich eine Orientierung an der typischen Untergliederung der Arten
revisibler Rechtsfehler anbietet. Während Verfahrensfehler nämlich unmittelbar den
„Erkenntnisprozess" betreffen (mithin ein Betroffensein der Feststellungen von der gerügten
und letztlich zur Aufhebung führenden Gesetzesverletzung auf der Hand liegt), kann das
Gericht sachlich-rechtlichen Fehlern auch auf Grundlage tadellos ermittelter und prozessual
aufbereiteter Feststellungen unterliegen. Ebenso wie bei der Aufhebung des Schuldspruchs
gilt auch hier, dass die Gesetzesverletzung das gesamte Verfahren betreffen kann, aber nicht
muss (sondern auch nur eine bestimmte prozessuale Tat betreffen kann; die Erwägungen
bei → Rn. 11 gelten entsprechend).

a) Prozesshindernisse. Liegt der Rechtsfehler bereits darin, dass das Gericht per se 36
nicht verhandeln und damit keine Feststellungen treffen durfte, betrifft die Gesetzesverletzung die gesamten Feststellungen.[134] Diesbezüglich differenziert allen voran *Meyer-Goßner*
überzeugend bei den (ohnehin von Amts wegen zu prüfenden) Prozesshindernissen zwischen **Befassungs-** und **Bestrafungsverboten**.[135] Wird das Urteil aufgehoben, weil es
bereits an einer wirksamen Anklage[136] oder einem Eröffnungsbeschluss[137] fehlt oder unterliegt der Angeklagte schon gar nicht der deutschen Gerichtsbarkeit[138] (Befassungsverbote),
sind die Feststellungen selbstverständlich auch von der Gesetzesverletzung betroffen, da die
Vorschrift gerade die „Entstehung" von Feststellungen verhindern soll.

Handelt es sich hingegen um Bestrafungsverbote (fehlt etwa der erforderliche Strafan- 37
trag[139] bzw. wurde ein Straffreiheitsgesetz nicht angewendet[140]), können die Feststellungen
zum Tatgeschehen bestehen bleiben. Eine Zurückverweisung ist in derlei Fällen ohnehin
selten, sodass die Aufrechterhaltung bei Bestrafungsverboten ebenfalls nur selten eine Rolle
spielt; denkbar ist jedoch, dass die Bestrafungsverbote nur zum Teil bestehen, das Urteil
aufgehoben und zurückverwiesen wird, sodass der Tatrichter die feststehenden Taten nunmehr strafschärfend in der Strafzumessung berücksichtigt. Va in den Fällen der **Verjährung**
sieht die Rechtsprechung „regelmäßig" davon ab, über die Verfahrenseinstellung hinaus das
angefochtene Urteil und die darin getroffenen Feststellungen aufzuheben.[141]

b) Verfahrensfehler. Da Verfahrensvorschriften regelmäßig den Vorgang des Zustan- 38
dekommens der Feststellungen (bzw. der Erkenntnis) betreffen, führen Fehler in diesem
Bereich regelmäßig zur Aufhebung aller Feststellungen.[142] Dies gilt unabhängig davon, ob es
sich um relative oder absolute Revisionsgründe handelt, wobei das Vorliegen eines absoluten
Revisionsgrundes nicht per se zur Aufhebung aller Feststellungen führt, sondern weiterhin
die Trennbarkeitsformel gilt (also überprüft werden muss, ob sich der Fehler auf alle prozessuale Taten ausgewirkt hat, vgl. → Rn. 14).[143] Vornehmlich die rechtswidrige Ablehnung
von Beweisanträgen,[144] die Verletzung der Amtsaufklärungspflicht im Allgemeinen (die

---

[134] Instruktiv BGH 25.10.1995 – 2 StR 433/95, BGHSt 41, 305 = NJW 1996, 1293; Franke in Löwe/Rosenberg Rn. 20.
[135] Schmitt in Meyer-Goßner/Schmitt Rn. 13, dem folgend Wohlers in SK-StPO Rn. 18; Franke in Löwe/Rosenberg Rn. 20; Momsen in Satzger/Schluckebier/Widmaier StPO Rn. 7.
[136] BGH 24.3.2005 – 5 St RR 046/05, NStZ-RR 2005, 350 (351); vgl. auch BGH 27.5.1992 – 2 StR 94/92, BeckRS 1992, 31095813; 14.5.1991 – 2 StR 158/91.
[137] BGH 13.2.1991 – 2 StR 30/91; bei Fehlen der deutschen Gerichtsbarkeit: BGHR StGB § 7 Abs. 2 Nr. 2 Auslieferung 1.
[138] Wohlers in SK-StPO Rn. 19.
[139] RGSt 43, 363 (367).
[140] BGH 25.6.1953 – 3 StR 608/51, BGHSt 4, 287 (289) = NJW 1953, 1522.
[141] BGH 17.7.1968 – 3 StR 117/68, BGHSt 22, 213 (217) = NJW 1968, 2253; BGH 11.10.1977 – 5 StR 395/77, 27, 271 (273) = NJW 1978, 59; sowie BGH 25.10.1995 – 2 StR 433/95, BGHSt 41, 305 = NJW 1996, 1293; hierzu auch Wollweber NJW 1996, 2632.
[142] Franke in Löwe/Rosenberg Rn. 21; Wohlers in SK-StPO Rn. 20; Schmitt in Meyer-Goßner/Schmitt Rn. 14; Momsen in Satzger/Schluckebier/Widmaier StPO Rn. 10; Wiedner in BeckOK StPO Rn. 41 f.
[143] BGH 23.10.2002 – 1 StR 234/02, NJW 2003, 597; vgl. bereits BGH 2.7.1974 – 1 StR 159/74, BeckRS 1974, 00031; 10.12.1975 – 2 StR 177/75; 8.10.1980 – 3 StR 273/80, StV 1981, 3.
[144] BGH 9.7.2015 – 1 StR 141/15, BeckRS 2015, 14701.

durch eine erfolgreiche Aufklärungsrüge geltend gemacht wird), aber auch die unzulässige Einschränkung des Fragerechts zwingen zur Aufhebung der Feststellungen. Als weitere Beispiele sind etwa die fehlende Verlesung des Anklagesatzes[145] oder der Verstoß gegen die Hinweispflicht nach § 265 zu nennen.[146] Auch bei Unzuständigkeit des Gerichts[147] oder vorschriftswidriger Besetzung sind alle Feststellungen aufzuheben.

39   Nach den oben skizzierten Grundsätzen (→ Rn. 38) ist eine Auswirkung von Verfahrensfehlern auf die Feststellungen ausnahmsweise zu verneinen, wenn die Verletzung der Verfahrensvorschrift nicht den **Erkenntnisprozess** betrifft, so wenn der Tatrichter es beispielsweise unterließ, einen nach § 154a ausgeschiedenen Tatvorwurf wieder einzubeziehen;[148] auch bei einem Verstoß gegen den Öffentlichkeitsgrundsatz oder fehlender Beteiligung des Nebenklägers[149] sind Auswirkungen auf die Feststellungen nicht selbstverständlich.[150] Darüber hinaus will die Rechtsprechung vereinzelt auch eine Ausnahme bei den in → Rn. 38 genannten Verfahrensfehlern machen, allerdings erst dann, wenn das Revisionsgericht mit absoluter Sicherheit davon ausgehen kann, dass die bisherigen Feststellungen weiterhin als Tatsachengrundlage fungieren können. Es muss also davon **überzeugt** sein, dass die noch vorzunehmenden Beweiserhebungen die aufrecht erhaltenen Feststellungen nicht in Frage stellen werden.[151] Ob diese Prognose dem Revisionsgericht überhaupt möglich ist, ist zu bezweifeln.

40   **c) Sachlich-rechtliche Mängel.** Bei sachlich-rechtlichen Mängeln[152] sind die Feststellungen im Zweifel so weit als möglich aufrecht zu erhalten. Soweit lediglich **Wertungsfehler** in Frage stehen,[153] können die zum Schuldspruch getroffenen Feststellungen aufrecht erhalten bleiben. Basiert eine Schuldspruchänderung auf einem Subsumtionsfehler, ist eine Aufhebung von Feststellungen nach Abs. 2 im Regelfall nicht veranlasst.[154] Sind die zugrunde liegenden Urteilsfeststellungen zur Strafzumessung von einer fehlerhaften Strafrahmenwahl bzw. fehlerhaften **Gesamtstrafenbildung**[155] nicht berührt, können diese ebenfalls bestehen bleiben.[156] Das nunmehr zur Entscheidung berufene Tatgericht ist in beiden Fällen nicht gehindert, ergänzende, hierzu nicht in Widerspruch stehende Feststellungen zu treffen[157] (zum Freispruch aber vgl. noch → Rn. 45). Bei reinen Subsumtionsfehlern mit erschöpfenden Feststellungen ist eine eigene Sachentscheidung gem. § 354 Abs. 1 angezeigt. Soweit der Rechtsfehler hingegen die Anforderungen an die Reichweite der zu treffenden Feststellungen tangiert haben könnte (so etwa bei der Nichtberücksichtigung von ausländischem Recht), liegt eine

---

[145] OLG Köln 26.9.2003 – Ss 388/03 – 199, NStZ-RR 2004, 48 (49).
[146] BGH 27.11.1959 – 4 StR 394/59, BGHSt 13, 30 (37) = NJW 1960, 1393; OLG Stuttgart 4.4.1973 – 1 Ss 724/72, NJW 1973, 1385 (1387); mittels Rückgriff auf den Kausalitätsgedanken lässt sich dies freilich relativieren (Wohlers in SK-StPO Rn. 20, vgl. dort auch zur Konstellation zur potentiellen Rücknahme des Strafbefehls), doch wird jedenfalls diese Art von Kausalität (anderweitige Verteidigung des Angeklagten) bereits für die Begründetheit der Verfahrensrüge erforderlich.
[147] Wohlers in SK-StPO Rn. 20 unter Verweis auf Walbaum, 1996, S. 43 f.
[148] BGH 15.9.1983 – 4 StR 535/83, BGHSt 32, 84 = NJW 1984, 1364; Schmitt in Meyer-Goßner/Schmitt Rn. 14.
[149] BGH 23.10.2002 – 1 StR 234/02, NStZ 2003, 218; vgl. auch Poppe NJW 1954, 1914 (1916).
[150] So auch Wohlers in SK-StPO Rn. 20; krit. gegenüber Einschränkungen in diesem Kontext Schmitt in Meyer-Goßner/Schmitt Rn. 14; Schmid JZ 1969, 765.
[151] Vgl. Wohlers in SK-StPO Rn. 20; Wiedner in BeckOK StPO Rn. 41.
[152] Wohlers in SK-StPO Rn. 21; Franke in Löwe/Rosenberg Rn. 22; Schmitt in Meyer-Goßner/Schmitt Rn. 15.
[153] Vgl. zuletzt BGH 23.4.2015 – 4 StR 607/14, NJW 2015, 2131 sowie BGH 8.10.2002 – 5 StR 365/02, NStZ-RR 2003, 104 (105); 4.5.2004 – 5 StR 115/04, BeckRS 2004, 05208; 28.10.2004 – 5 StR 276/04, NJW 2005, 374; 27.7.2005 – 5 StR 285/05, BeckRS 2005, 09344; 30.4.2015 – 1 StR 99/14, BeckRS 2015, 11649; 19.5.2015 – 1 StR 200/15, NStZ-RR 2015, 239; 21.7.2015 – 3 StR 261/15, BeckRS 2015, 14860.
[154] BGH 21.4.2004 – 5 StR 122/04, BeckRS 2004, 30341643; 14.1.2003 – 5 StR 478/02, BeckRS 2003, 01642.
[155] BGH 20.5.2014 – 4 StR 143/14, BeckRS 2014, 12996; 5.11.2002 – 5 StR 473/02, BeckRS 2002, 30291571.
[156] BGH 23.12.1998 – 3 StR 505/98, BeckRS 1998, 30040530.
[157] BGH 2.6.2015 – 5 StR 80/15, BeckRS 2015, 11497.

Aufhebung der Feststellungen nahe.[158] Somit kann eine Aufhebung der Feststellungen aufgrund der Widersprüchlichkeit des Urteils von Nöten sein, obwohl die Aufhebung ausschließlich aufgrund eines Wertungsfehlers des Tatgerichts erfolgt.[159]

Gerade bei **Darstellungsmängeln,** welche die **innere Tatseite** betreffen, kann die 41 Aufhebung der Feststellungen zum Vorsatz zu einer „Kettenreaktion" führen, da die Feststellung des subjektiven Tatbestands meist Ergebnis der Zuschreibung anhand objektiver Geschehnisse ist. Mithin wird im Regelfall die Aufhebung der Feststellungen wegen eines sachlich-rechtlichen Mangels betreffend die Schuld oder die innere Tatseite auf die äußeren Feststellungen „durchschlagen" (und dabei nicht nur auf die unmittelbare Tathandlung, auf die sich der Vorsatz bezieht, sondern auch auf sonstige Indizien, die auf den Vorsatz und die Vornahme der Handlungen überhaupt deuten[160]). Vor allem in solchen Konstellationen tendiert das Revisionsgericht aber nicht selten dazu, die Feststellungen aufrecht zu erhalten und dem Tatrichter lediglich zusätzliche Feststellungen – insbesondere zur Darstellung und Bezifferung etwa des Schadensumfangs[161] – zu ermöglichen, um die Zuordnung zu untermauern.[162] Dies betrifft auch Tatbestands- und Verbotsirrtümer,[163] besondere subjektive Merkmale (wie Zueignungs-,[164] oder Bereicherungsabsicht) sowie die Frage der Bandenmitgliedschaft.[165] Ähnliches gilt für den Bereich der Abgrenzung von dolus eventualis und bewusster Fahrlässigkeit einerseits,[166] und derjenigen von Täterschaft und Teilnahme andererseits.[167] Da all diese Rechtsfragen anhand einer Zuschreibung anhand von objektiven Indizien gelöst werden,[168] erscheint es eher problematisch, bei einer fehlerhaften Zuordnung im zweiten Anlauf *nur* ergänzende Feststellungen zuzulassen.[169]

Das Revisionsgericht gelangt allerdings nicht selten gerade aufgrund des Widerspruchs 42 von dargestelltem Sachverhalt und rechtlicher Bewertung zur Aufhebung des Urteils (weil sich etwa eine fehlende Zueignungsabsicht oder ein Irrtum nach den tatrichterlichen Feststellungen geradezu aufdrängt). Insofern wird man bei Darstellungsmängeln, die sich auf einen **konkreten Akt** bzw. eine tatbestandsmäßige Handlung beziehen, nicht annehmen können, dass im Hinblick auf die Rückverweisung ein vollständiger Neuanfang von Nöten ist.[170] Dann wird knapp darauf hingewiesen, dass die Feststellungen zum objektiven Tatgeschehen vom fehlerhaften rechtlichen Ansatz der Strafkammer nicht betroffen sind und damit aufrechterhalten bleiben.[171]

---

[158] Vgl. bereits BGH 14.9.1956 – 5 StR 108/56; aktuell BGH 10.6.2015 – 1 StR 399/14, NJW 2015, 2675 (Berücksichtigung des portugiesischen Rechts). Bei einer Gesetzesänderung ist ebenso entscheidend, ob dies den Maßstab erforderlicher Feststellungen berührt, vgl. BGH 13.1.1965 – 3 StR 58/64 (dort verneinend).
[159] BGH 10.2.2015 – 1 StR 488/14, NJW 2015, 1705.
[160] Vgl. auch Wohlers in SK-StPO Rn. 17.
[161] BGH 2.9.2015 – 5 StR 314/15, BeckRS 2015, 17662.
[162] Für die Schuld BGH 27.11.1959 – 4 StR 394/59, BGHSt 14, 30 (34) = NJW 1960, 1393; BGH 14.8.1964 – 4 StR 240/64, NJW 1964, 2213 (anders wiederum BGH 22.10.2007 – 5 StR 364/07, BeckRS 2007, 17766 sowie BGH 10.11.2004 – 2 StR 248/04, NStZ 2005, 688); für § 142 StGB Hamburg OLGSt § 142 StGB S. 132; zuletzt BGH 29.9.2015 – 1 StR 287/15, NJW 2016, 341; vgl. auch Franke in Löwe/Rosenberg Rn. 23; Wiedner in BeckOK StPO Rn. 13.1.
[163] OLG Hamburg 12.10.1966 – 1 Ss 46/66, NJW 1967, 213.
[164] BGH 9.6.2011 – 4 StR 204/11, BeckRS 2011, 19727.
[165] BGH 7.10.2010 – 3 StR 363/10, NStZ-RR 2011, 58.
[166] BGH 13.5.1983 – 3 StR 22/83, StV 1983, 360.
[167] BGH 27.9.1990 – 4 StR 242/90, BeckRS 1990, 31081678.
[168] Was die Frage Mittäterschaft oder Beihilfe angeht, erfolgt die Abgrenzung nach hM schon theoretisch „gemischt objektiv-subjektiv". Ebenso wird die Frage, ob der Täter den eingetretenen Tötungserfolg billigend in Kauf genommen hat, von objektiven Kriterien abhängig gemacht (Gefährlichkeit des Handelns, Nachtatverhalten, körperliche Verfassung, Vortatbeziehung).
[169] Wohlers in SK-StPO Rn. 21.
[170] So auch etwa bei der Abgabe eines Schusses, bei dem man nicht weiß, ob dieser von einem Verteidigungswillen getragen war, vgl. BGH 6.3.2008 – 5 StR 192/07, NStZ 2008, 453.
[171] BGH 27.11.1959 – 4 StR 394/59, BGHSt 14, 30 (34 ff.) = NJW 1960, 1393; BGH 20.10.1961 – 4 StR 362/61; 26.4.1977 – 1 StR 204/77; 1.10.2013 – 1 StR 312/13, NStZ 2014, 331; 8.5.2014 – 3 StR 243/13, NJW 2014, 3459; 21.5.2015 – 3 StR 575/14, BeckRS 2015, 126410; 22.10.2014 – 5 StR 380/14, NJW 2014, 3737.

43 Hingegen ist bei komplexeren Aussage-gegen-Aussage-Konstellationen, **Indizienprozessen** und **Großverfahren** eine Grundhaltung, die Feststellungen aufrechterhalten zu wollen, äußerst kritisch zu sehen.[172] Die Obergerichte gehen hier mit der Aufrechterhaltung uneinheitlich um und greifen nicht selten auf die Floskel zurück, dem nunmehr zur Entscheidung berufenen Tatrichter müssten in sich widerspruchsfreie Feststellungen ermöglicht werden (→ Rn. 32).[173] Jedoch soll es etwa in einem Fall des Doppelmords der Aufrechterhaltung nicht entgegenstehen, dass „die beiden angeklagten Tötungshandlungen in unmittelbarem zeitlichem und örtlichem Zusammenhang standen und dass die rechtskräftigen Feststellungen zur Tötung der Ehefrau des Angeklagten Indizwirkung auch für die Tötung des weiteren Tatopfers haben konnten".[174] Umgekehrt hat der BGH die Feststellungen zum äußeren Tatgeschehen in einem Fall aufgehoben, in dem ein enger tatsächlicher Zusammenhang mit den rechtsfehlerhaften Feststellungen zur Arglosigkeit des Tatopfers bestand und zumindest teilweise dieselben Beweisanzeichen (Fehlen auf Selbstrettungsversuche hindeutender Spuren im Halsbereich, vollständig erhaltene künstliche Fingernägel etc) gewürdigt worden sind.[175] Eine klare Linie lässt sich hier nicht erkennen, und die Entscheidung im Einzelfall hängt wohl auch von „informellen" Faktoren (generelle Einschätzung des Verfahrens, der zuständigen Kammer durch den Senat etc) ab.

44 Bei **Schätzungen**, bei denen die rechtlichen Maßstäbe verkannt wurden (Berücksichtigung eines Sicherheitsabschlags etc), bedarf es nach nach Auffassung des BGH bei ausreichender Schätzungsgrundlage keiner Aufhebung der Feststellungen.[176] Das ist kritisch zu sehen, weil die rechtlichen Maßstäbe regelmäßig die Schätzung bzw. Berechnung prägen werden. Soweit ein Beweisantrag rechtsfehlerhaft abgelehnt wurde, der darauf abzielt, die Anwesenheit des Beschwerdeführers am Tatort zu hinterfragen, kann das Revisionsgericht das Urteil mit den Feststellungen auch nur insoweit aufheben, als festgestellt wurde, dass der Beschwerdeführer der Mittäter war.[177] Im Regelfall lassen sich Feststellungen zu den **persönlichen Verhältnissen** der Angeklagten aufrechterhalten, wenn sie (isoliert betrachtet) rechtsfehlerfrei getroffen worden sind.[178] Eine Urteilsaufhebung wegen Feststellung und Bewertung des **Nachtatgeschehens** führt nicht notwendig zur Aufhebung der tatsächlichen Feststellungen zum vorangegangenen Geschehen (vgl. Abs. 2).[179] Die Aufhebung einer negativen **Aussetzungsentscheidung** bedingt nicht zwingend die Aufhebung von Urteilsfeststellungen (Abs. 2).[180] Nicht selten sind die den Nebenfolgen zugrundeliegenden Feststellungen von denjenigen der prozessualen Tat trennbar (oder genauer formuliert: vom Aufhebungsgrund nicht betroffen), sodass eine isolierte Aufhebung[181] bzw. Aufrechterhaltung[182] der Bezugsfeststellungen – etwa bei der Einziehung oder einer fehlerhaften Anwendung des § 59 StGB[183] – möglich ist. Bei teilweiser Aufhebung von Feststellungen dürfte das hier aufgestellte Postulat einer Klarstellungspflicht durch das Revisionsgericht erst Recht gelten.[184]

---

[172] Widmaier StraFo 2004, 366.
[173] Vgl. zuletzt BGH 16.7.2015 – 4 StR 126/15, BeckRS 2015, 14046.
[174] BGH 5.8.2005 – 2 StR 195/05, BeckRS 2005, 10654, aufrechterhalten von BVerfG 3.2.2006 – 2 BvR 1765/05, BVerfGK 7, 260 = BeckRS 2006, 21455.
[175] BGH 4.6.2013 – 4 StR 180/13, BeckRS 2013, 11308.
[176] BGH 26.11.2008 – 5 StR 425/08, NStZ-RR 2009, 94.
[177] BGH 18.9.2008 – 4 StR 353/08, NStZ-RR 2009, 21.
[178] BGH 21.10.2004 – 3 StR 94/04, BGHSt 49, 268 = NJW 2005, 80.
[179] BGH 20.12.2004 – 1 StR 527/04, BeckRS 2005, 01411; in concreto hat der Senat aber „die Urteilsfeststellungen jedoch insgesamt aufgehoben, weil S. nach den Feststellungen der Strafkammer ausgesagt hat", Sch. „habe ihn in den Bauch gestochen. Näher erläutert sei dies nicht. Ohne dass es auf weiteres ankäme, schien es im Hinblick auf die insgesamt zentrale Bedeutung der Aussagen S. s angezeigt, der neu zur Entscheidung berufenen Strafkammer Gelegenheit zu geben, dessen Aussagen insgesamt einheitlich festzustellen und zu bewerten".
[180] BGH 3.9.2002 – 5 StR 346/02, BeckRS 2002, 30280384.
[181] BGH 4.11.2014 – 1 StR 474/14, BeckRS 2014, 22216.
[182] BGH 13.5.1960 – 3 StR 15/60.
[183] OLG Zweibrücken 13.7.1983 – 1 Ss 163/83, VRS 66, 198 (202).
[184] Vgl. auch BGH 28.6.1983 – 1 StR 576/82, NJW 1984, 622 (623), wonach bei bloßer Aufhebung der Feststellungen zum Strafausspruch die ausdrückliche Aufhebung üblich ist.

3. Aufhebung der Feststellungen bei erfolgreicher Revision gegen Freispruch. 45
Feststellungen zu den Grundlagen eines Freispruchs können **nur in Ausnahmefällen** bestehen bleiben.[185] Denn es muss sicher sein, dass die aufrechterhaltenen Feststellungen im neuen tatgerichtlichen Verfahren nicht – auch nur teilweise – Grundlage einer Verurteilung werden könnten, da dem Angeklagten eine revisionsrechtliche Beanstandung mangels Beschwer nicht möglich war.[186] Außerdem gilt auch hier der oben dargestellte Grundsatz, dass die in Frage stehenden strafrechtlich relevanten Vorgänge nicht so eng mit einander verbunden sein dürfen, dass bei teilweiser Aufrechterhaltung die Gefahr widersprüchlicher Erkenntnisse im neuen Verfahren besteht (→ Rn. 32). Die Aufrechterhaltung von Feststellungen bei Freispruch unter Verletzung der Kognitionspflicht hinsichtlich **derselben Tat** gemäß § 264 wird daher nur in seltenen Fällen in Betracht kommen.[187] Denkbar soll eine Aufrechterhaltung hingegen bei einem **geständigen Angeklagten** sein.[188]

III. Revisionsentscheidung

1. Inhalt. Hinsichtlich des **Aufbaus und Inhalts** der Revisionsentscheidung gelten 46 grundsätzlich keine Besonderheiten: Dem Rubrum folgt der Tenor,[189] der den Umfang der Aufhebung der angefochtenen Entscheidung beinhaltet, wobei das Urteil insgesamt als aufgehoben gilt, wenn es an einer ausdrücklichen Entscheidung dazu fehlt.[190] Ebenso hat sich das Gericht auch zur Aufhebung der Feststellungen zu verhalten; dies gilt jedenfalls bei teilweiser Aufhebung, während hinsichtlich der gänzlichen Aufhebung die überwiegende Meinung einen Ausspruch für überflüssig hält (vgl. aber → Rn. 33 f.). Einer gesonderten Aufhebung von Nebenentscheidungen bedarf es nicht,[191] eine eigene Nebenentscheidung scheidet bei Aufhebung und Rückverweisung aus (vielmehr hat der Tatrichter diese selbst zu treffen, zu den denkbaren Entscheidungsarten vgl. bereits → Rn. 2 f.).[192] Aus dem Wesen der Revision und ihrem Zweck (vgl. → Vor § 333 Rn. 1 ff. und 66 ff.) ergibt sich, dass im relativ seltenen Fall der Begründung des Urteils **rechtliche Ausführungen** im Mittelpunkt stehen müssen; eine Darstellung der Prozessgeschichte und Sachverhaltsschilderungen sind nur angezeigt, um den Entscheidungskontext bzw. die Abhandlung der Rügen nachvollziehbar zu machen.[193]

2. Bindung des Tatrichters. Nach Zurückverweisung ist der neue Tatrichter nicht 47 nur an die Aufhebungsrechtsansicht des Revisionsgerichts gebunden (§ 358 Abs. 1, siehe dort), sondern muss bei (auch nur teilweiser) Aufrechterhaltung der Feststellungen diese seiner Entscheidung zugrunde legen.[194] Es tritt insoweit eine **innerprozessuale Bindungswirkung** ein,[195] allerdings auch nur, soweit die Feststellungen durch die Gesetzesver-

---

[185] BGH 15.9.1983 – 4 StR 535/83, BGHSt 32, 84 (86 ff.); zum Ganzen Wiedner in BeckOK StPO Rn. 40a; Schmitt in Meyer-Goßner/Schmitt Rn. 15a.
[186] BGH 18.3.2004 – 4 StR 533/03, NStZ 2004, 499; 25.11.1998 – 3 StR 334/98, NStZ 1999, 205 (206); 21.12.2005 – 3 StR 470/04, BGHSt 50, 331 = NJW 2006, 522; BGH 23.4.2013 – 4 StR 485/12, NStZ 2013, 612.
[187] BGH 7.2.2012 – 1 StR 542/11, NStZ-RR 2012, 355 (Im konkreten Fall konnte wegen des engen Zusammenhangs des den Freispruch betreffenden Teils der Tat mit dem möglichen Verstoß gegen das Betäubungsmittelgesetz nur mit einer umfassenden Aufhebung der Weg zu insgesamt widerspruchsfreien Feststellungen eröffnet werden).
[188] Schmitt in Meyer-Goßner/Schmitt Rn. 15a unter Verweis auf BGH 20.8.1991 – 1 StR 321/91, NJW 1992, 382 (384).
[189] Zum Tenor der Revisionsentscheidung Mayer DRiZ 1970, 120.
[190] Wohlers in SK-StPO Rn. 22.
[191] Mit Aufhebung eines Freispruchs entfällt die Grundlage für den Ausspruch einer Strafverfolgungsentschädigung (zB BGH 28.8.2007 – 4 StR 305/07, NStZ-RR 2007, 368); mit Aufhebung der Verurteilung entfallen Entscheidungen nach § 268a, vgl. Wiedner in BeckOK StPO Rn. 31.1.
[192] Wohlers in SK-StPO Rn. 22; Zum Wegfall der Nebenentscheidungen BGH 8.12.1972 – 2 StR 29/72, BGHSt 25, 77 (79) = NJW 1973, 336; Temming in Gercke/Julius/Temming/Zöller Rn. 3.
[193] Gericke in KK-StPO Rn. 1.
[194] Schmitt in Meyer-Goßner/Schmitt Rn. 18 ff.; Franke in Löwe/Rosenberg Rn. 27 ff.
[195] BGH 9.7.1998 – 4 StR 521/97, BGHSt 44, 119 = NJW 1998, 3212; BGH 12.6.2014 – 3 StR 139/14, NStZ 2015, 182 (183); 9.4.2015 – 4 StR 585/14, NStZ 2015, 600 (600 f.); die Bindungswirkung

letzungen betroffen sind (vgl. hierzu noch → Rn. 51 ff.).[196] Aus dieser Bindungswirkung folgt, dass eine neue Beweisaufnahme mit dem Ziel, neue Feststellungen zu treffen, grundsätzlich unstatthaft ist.[197] Dies gilt auch dann, wenn das Erstgericht einen Vorfall in Wahrheit nicht aufgeklärt hatte oder nicht hatte voll aufklären können und deshalb wegen des Grundsatzes **„in dubio pro reo"** von bestimmten – dem Angeklagten günstigen – Tatsachen ausgegangen war.[198] Auch wenn das Revisionsgericht den Schuldspruch und einen Teil der Einzelstrafen bestätigt, weitere Einzelstrafen (sowie die Gesamtstrafe) dagegen mit den zugehörigen Feststellungen aufgehoben hat, tritt die Folge der Bindung des mit der zurückgewiesenen Sache befassten Tatrichters an die ihnen zugrunde liegenden nicht aufgehobenen tatsächlichen Grundlagen ein.[199]

48 Trotz der Bindungswirkung ist es dem Tatrichter jedoch unbenommen, im Rahmen einer erneuten Beweisaufnahme ergänzende Feststellungen zu treffen, solange diese den bestehen gebliebenen Feststellungen nicht widersprechen. Die neuen Feststellungen müssen mit den bindend gewordenen ein einheitliches und widerspruchsfreies Ganzes bilden.[200] Prozessuale Feststellungen des Ausgangsgerichts nehmen nicht an der Bindungswirkung teil (etwa die Entscheidung des Gerichts, die beschworene Aussage der Zeugin als uneidliche zu werten, weil „nicht ausschließbar" sei, daß die Zeugin „an den Straftaten der Angeklagten beteiligt" war).[201] Ebenso betrifft die Einordnung der Tat als Jugendverfehlung ausschließlich die Rechtsfolgenfrage und ist somit nicht bindend.[202]

49 **a) Revisibilität.** Die Nichtberücksichtigung der Bindungswirkung ist als Verstoß gegen Abs. 2 selbst auf die Sachrüge[203] bzw. die Inbegriffsrüge (§ 261) hin revisibel, ebenso die fehlerhafte Annahme einer Bindungswirkung bzw. das „Übersehen" der Aufhebung (dann uU als Verstoß gegen § 244 Abs. 2).[204] Beruht die Bindungswirkung auf der Teilrechtskraft des Tenors, hat das Revisionsgericht dies im Falle einer erneuten Revision von Amts wegen zu berücksichtigen.[205] Hat der neue Tatrichter trotz Bindungswirkung Beweis erhoben bzw. die ursprüngliche ersetzt, ist dies genauso rechtsfehlerhaft, wie eine fehlende Beweisaufnahme aufgrund der fehlerhaften Annahme, es sei eine Bindungswirkung eingetreten (vgl. noch im Folgenden).[206] Die Rechtsprechung untersagt dem Tatrichter sogar eine andere „Würdigung" bzw. „Bewertung" der als „bindend betrachteten" Feststellungen (vgl. noch → Rn. 56 f. mwN).[207]

---

tritt auch bei einer Wiederaufnahme nach § 79 BVerfGG ein, BGH 9.5.1963 – 3 StR 19/63, BGHSt 18, 339 = NJW 1963, 1364; zur Frage der Bindung des Berufungsgerichts bei Aufhebung auf Sprungrevision gem. § 335 vgl. OLG Koblenz 27.12.1982 – 2 Ss 569/82, NJW 1983, 1921; Schmitt in Meyer-Goßner/Schmitt Rn. 17 ff.

[196] BGH 20.2.1981 – 2 StR 644/80, BGHSt 30, 46 = NJW 1981, 1457 (Wertersatzleistungen); BGH 3.8.1998 – 5 StR 311/98, NStZ-RR 1999, 303 (Gesamtstrafenbildung).
[197] BGH 14.1.1982 – 4 StR 642/81, BGHSt 30, 340 = NJW 1982, 1295.
[198] BGH 12.2.1998 – 4 StR 521/97, BeckRS 1998, 02300.
[199] BGH 9.4.2015 – 4 StR 585/14, NStZ 2015, 600.
[200] BGH 31.3.1955 – 4 StR 68/55, BGHSt 7, 283 (287) = NJW 1955, 917; BGH 19.12.1956 – 4 StR 524/56, BGHSt 10, 71 (72) = NJW 1957, 433; BGH 17.12.1971 – 2 StR 522/71, BGHSt 24, 274 = NJW 1972, 548; BGH 30.8.1978 – 2 StR 323/78, BGHSt 28, 119 = NJW 1979, 54; zuletzt BGH 9.4.2015 – 4 StR 585/14, NStZ 2015, 600.
[201] BGH 4.12.1984 – 1 StR 430/84, NJW 1985, 638.
[202] BGH 15.3.2005 – 4 StR 67/05, NStZ 2005, 644.
[203] BGH 21.10.1987 – 2 StR 345/87, BeckRS 1987, 31094590.
[204] BGH 17.12.1971 – 2 StR 522/71, BGHSt 24, 274 (275) = NJW 1972, 548; BGH 26.5.2004 – 4 StR 149/04, BeckRS 2004, 07348; 9.12.2010 – 5 StR 540/10, BeckRS 2010, 30897.
[205] Franke in Löwe/Rosenberg Rn. 35; Wohlers in SK-StPO Rn. 32.
[206] BGH 17.12.1971 – 2 StR 522/71, BGHSt 24, 274 (275) = NJW 1972, 548; BGH 9.4.2015 – 2 StR 19/15, BeckRS 2015, 10529.
[207] Für einen Fall, in dem das Landgericht zwar von einer Bindung an die Feststellungen zum äußeren Tatablauf ausgegangen ist und die einzelnen Tathandlungen in der von ihm getroffenen Feststellungen übernommen hat. „Das Landgericht hat sie aber zum Teil in einen anderen Zusammenhang gestellt, in das festgestellte Gesamtgeschehen weitere Handlungen eingefügt und die Erheblichkeit der Gewalthandlungen der Angeklagten anders bewertet. Damit hat das Landgericht das Tatgeschehen unzulässigerweise im Sinne eines anderen geschichtlichen Vorgangs näher beschrieben", 30.11.2005 – 5 StR 344/05,

Die Bindungswirkung ist aber getrennt von der „Rechtskraft" des Urteils zu bestim- 50
men, insbes. führt die Rechtskraft einer prozessualen Tat bei Teilaufhebung gerade nicht
dazu, dass die Feststellungen für den nicht in Rechtskraft erwachsenen Teil bindend sind.[208]
Noch deutlicher wird dies bei horizontaler Teilrechtskraft, da bei Teilaufhebung im Rechtsfolgenauspruch schon begrifflich keine Rechtskraft der Feststellungen zum Schuldspruch
möglich ist.[209]

b) Fallgruppen. Die voranstehenden Erwägungen sind Anknüpfungspunkt für die 51
Kasuistik zur Bindungswirkung, welche sich in die drei Fallgruppen der vertikalen Teilaufhebung, der horizontalen Teilaufhebung und der gänzlichen Aufrechterhaltung der Feststellungen gliedern lässt.[210]

aa) Vertikale/Relative Teilaufhebung. Die Bindungswirkung betrifft nicht die Fest- 52
stellungen hinsichtlich der von der Aufhebung nicht betroffenen Taten, welche in Rechtskraft erwachsen sind. Da die Rechtsprechung jedoch das materiell-rechtliche Konkurrenzverhältnis und den Begriff der prozessualen Tat (§ 264) getrennt beurteilt (vgl. → Rn. 29),
kann trotz Teilaufhebung in einem Fall der Tatmehrheit prozessuale Tatidentität bestehen.[211]
In solch einem Fall sind die „rechtskräftigen Feststellungen" zu den nicht aufgehobenen
Taten – soweit sie doppelrelevant sind – bei der Neuaburteilung des in Tatmehrheit stehenden Delikts zu berücksichtigen.[212]

Bei **relativer Teilaufhebung** – also einer Aufhebung, welche die Tatbeteiligung einzel- 53
ner Mitangeklagter betrifft – kann das Revisionsgericht die Feststellungen zum Tatgeschehen
aufrechterhalten, wenn sie von dem Grund der Aufhebung nicht erfasst werden, und die
Feststellungen nach der Trennbarkeitsformel im Übrigen aufheben, soweit sie die Tatbeteiligung der revidierenden Angeklagten betreffen.

bb) Horizontale Teilaufhebung. Wird das Urteil im Rechtsfolgenauspruch aufge- 54
hoben, können von der Bindungswirkung nur diejenigen Umstände betroffen sein, welche
den – rechtskräftigen – Schuldvorwurf tragen, nicht hingegen die ausschließlich für den
Strafauspruch bedeutsamen.[213] Hinsichtlich des nicht beanstandeten Schuldspruchs tritt
Teilrechtskraft ein.[214] Tatrichterliche Feststellungen, die nicht ausschließlich die Rechtsfolgenseite betreffen, bleiben aufrechterhalten, und für sie gilt die bei → Rn. 52 erläuterte
Bindungswirkung.[215] Deshalb sind u.a. alle **Beweiserhebungen unzulässig,** die bei einem
rechtskräftigen Schuldspruch darauf abzielen, die Anzahl der Einzelakte einer fortgesetzten
Tat, über das Maß der Pflichtwidrigkeit, die festgestellte Schadenshöhe,[216] über den Zeit-

---

[207] BeckRS 2006, 00168. Vgl. hierzu auch BGH 14.1.1982 – 4 StR 642/81, BGHSt 30, 340 (343 f.) = NJW 1982, 1295; BGH 17.11.1998 – 4 StR 528–98, NStZ 1999, 259 (260).
[208] BGH 28.3.2007 – 2 StR 62/07, NJW 2007, 1540 (1541); BayObLG 20.5.1959 – RevReg. 1 St 112/59, BayObLGSt 1959, 126.
[209] Bruns NStZ 1984, 129 (131); Kleinknecht JR 1968, 468; vgl. hierzu OLG Koblenz 27.12.1982 – 2 Ss 569/82, NJW 1983, 1921.
[210] Vgl. auch Schmitt in Meyer-Goßner/Schmitt Rn. 20 f.; Wohlers in SK-StPO Rn. 25 ff.
[211] Wiedner in BeckOK StPO Rn. 43a.
[212] BGH 30.8.1978 – 2 StR 323/78, BGHSt 28, 119 (121) = NJW 1979, 54 mAnm Grünwald JR 1979, 300; hierzu auch Wohlers in SK-StPO Rn. 26.
[213] BGH 17.12.1971 – 2 StR 522/71, BGHSt 24, 274 (275) = NJW 1972, 548; zuletzt BGH 12.6.2014 – 3 StR 139/14, NStZ 2015, 182 (183). Umgekehrt formuliert: „Die Bindungswirkung des im Schuldspruch rechtskräftigen Urteils macht allein vor solchen Feststellungen Halt, die nicht zum Tatgeschehen gehö-ren", vgl. BGH 12.6.2014 – 3 StR 139/14, NStZ 2015, 182; zusf. Schmitt in Meyer-Goßner/Schmitt Rn. 20; Wiedner in BeckOK StPO Rn. 44 f.
[214] Gericke in KK-StPO Rn. 31 mwN; BGH 12.6.2014 – 3 StR 139/14, NStZ 2015, 182.
[215] BGH 17.12.1971 – 2 StR 522/71, BGHSt 24, 274 = NJW 1972, 548; vgl. auch BGH 21.10.1980 – 1 StR 262/80, BGHSt 89, 359 (366 ff.) = NJW 1981, 589; BGH 14.1.1982 – 4 StR 642/81, BGHSt 30, 340 = NJW 1982, 1295; BGH 4.8.1982 – 3 StR 206/82, NStZ 1982, 483; 21.3.2023 – 6 StR 88/23, NStZ 2023, 377; OLG Hamm 17.11.1967 – 3 Ws 516/67, NJW 1968, 313 (314); Wiedner in BeckOK StPO Rn. 44 f. mit zahlreichen weiteren Beispielen.
[216] BGH 24.3.1981 – 1 StR 688/80, NStZ 1981, 448.

punkt des Tatentschlusses,²¹⁷ das tatauslösende Moment²¹⁸ oder die Beweggründe für die Tatbegehung in Zweifel zu ziehen.²¹⁹ Dementsprechend werden im Fall der Aufhebung einer Einziehungsentscheidung nach Abs. 2 nicht auch diejenigen tatrichterlichen Feststellungen erfasst, die auch den Schuld- oder Strafausspruch tragen.²²⁰ Auch Abweichungen, durch die nur der Schuldumfang betroffen, die rechtliche Beurteilung aber nicht in Frage gestellt wird, unterliegen dem Widerspruchsverbot.²²¹

55 Die von der Bindungswirkung erfassten Feststellungen dürfen ergänzt werden, die ergänzenden Feststellungen dürfen den bindend gewordenen jedoch nicht widersprechen (vgl. bereits → Rn. 48).²²² Hingegen muss zu den nicht von der Bindungswirkung betroffenen Umständen erneut Beweis erhoben werden.²²³ **Hierzu zählen etwa:** Feststellungen zu nicht zum Tatgeschehen gehörigen Tatfolgen,²²⁴ zum Nachtatverhalten (weswegen die Bezugnahme auf das ursprüngliche Urteil unzulässig ist, vgl. noch → Rn. 58),²²⁵ zum besonders schweren Fall,²²⁶ zu den persönlichen Verhältnissen des Angeklagten (wobei der Tatrichter in diesen Fällen klarstellen sollte, dass die Feststellungen nicht einfach „kopiert" worden, sondern tatsächlich erneut gemacht worden sind, vgl. hierzu noch → Rn. 58),²²⁷ zur Strafzumessung im engeren Sinne²²⁸ und zur Anwendbarkeit des § 21 StGB.²²⁹ Die Kompensationsfrage nach Art. 6 EMRK gehört nicht zum Rechtsfolgenausspruch.²³⁰

56 **cc) Aufrechterhaltung aller Feststellungen.** Soweit alle Feststellungen aufrechterhalten werden, ergeben sich keine Besonderheiten, was die innerprozessuale Bindungswirkung angeht (vgl. insofern → Rn. 30).²³¹ Bezüglich der aufrechterhaltenen Feststellungen ist eine neue Beweisaufnahme unzulässig. Beweisaufnahmen, um die aufrechterhaltenen Feststellungen in Zweifel zu ziehen bzw. entsprechende Beweisanträge sind unzulässig.²³² Für ergänzende Feststellungen gilt der Grundsatz der Einheitlichkeit und Widerspruchsfreiheit (→ Rn. 48).²³³ So könnte der Tatrichter gezwungen werden, einen Angeklagten trotz

---

[217] BGH 14.11.1978 – 1 StR 439/78.
[218] BGH 23.2.1979 – 2 StR 728/78, BeckRS 1979, 108442; 15.4.1977 – 2 StR 97/77; 6.5.1981 – 2 StR 105/81, StV 1981, 607.
[219] Aus neuerer Zeit BGH 12.6.2014 – 3 StR 139/14, NStZ 2015, 182.
[220] BGH 23.5.2012 – 4 StR 76/12, NStZ-RR 2012, 312; 22.6.2010 – 4 StR 216/10, BeckRS 2010, 17266.
[221] BGH 30.8.1978 – 2 StR 323/78, BGHSt 28, 119 (121) = NJW 1979, 54; BGH 23.2.1979 – 2 StR 728/78, BeckRS 1979, 108442.
[222] BGH 31.3.1955 – 4 StR 68/55, BGHSt 7, 283 (287) = NJW 1955, 917; BGH 19.12.1956 – 4 StR 524/56, BGHSt 10, 71 = NJW 1957, 433; BGH 17.12.1971 – 2 StR 522/71, BGHSt 24, 274 = NJW 1972, 548; BGH 30.8.1978 – 2 StR 323/78, BGHSt 28, 119 (121) = NJW 1979, 54; BGH 21.10.1980 – 1 StR 262/80, BGHSt 29, 359 (366) = NJW 1981, 589; BGH 11.1.2023 – 1 StR 398/22, BeckRS 2023, 2043.
[223] BGH 6.5.1981 – 2 StR 105/81, StV 1981, 607.
[224] BGH 22.8.2006 – 1 StR 293/06, StV 2007, 23; vgl. auch BGH 9.12.2003 – 4 StR 393/03, BeckRS 2004, 00644; vgl. BGH 29.9.2009 – 3 StR 301/09, BeckRS 2009, 29110; 4.12.1984 – 1 StR 430/84, NJW 1985, 638; 22.1.2002 – 1 StR 564/01, BeckRS 2002, 30233688.
[225] BGH 26.5.2004 – 4 StR 149/04, BeckRS 2004, 07348; 10.6.2015 – 1 StR 217/15, BeckRS 2015, 13120; 17.12.1971 – 2 StR 522/71, BGHSt 24, 274 (275) = NJW 1972, 548; BGH 28.3.2007 – 2 StR 62/07, NJW 2007, 1540 (1541); 8.9.2015 – 2 StR 136/15, BeckRS 2015, 17203.
[226] BGH 22.4.2008 – 3 StR 52/08, BeckRS 2008, 11720.
[227] BGH 28.3.2012 – 2 StR 592/11, NStZ-RR 2012, 272; 9.12.2010 – 5 StR 540/10, BeckRS 2010, 30897.
[228] BGH 16.7.2008 – 2 StR 250/08, BeckRS 2008, 15805.
[229] BGH 17.12.1971 – 2 StR 522/71, BGHSt 24, 274 = NJW 1972, 548; BGH 4.11.2008 – 3 StR 336/08, NStZ-RR 2009, 148; aA Ernemann FS Meyer-Goßner, 2001, 624.
[230] BGH 19.8.2009 – 1 StR 206/09, BGHSt 54, 133 = NJW 2009, 3383.
[231] Schmitt in Meyer-Goßner/Schmitt Rn. 21; Wiedner in BeckOK StPO Rn. 46 ff.
[232] BGH 24.3.1981 – 1 StR 688/80, NStZ 1981, 448; 14.1.1982 – 4 StR 642/81, BGHSt 30, 340 = NJW 1982, 1295.
[233] Vgl. hierzu zusf. Wohlers in SK-StPO Rn. 30. mit 3 Beispielen: Becker NStZ-RR 2003, 97 mwN; BGH 30.11.2005 – 5 StR 344/05, NStZ-RR 2006, 317 (318) und BGHR StPO § 353 Abs. 2 Teilrechtskraft 2.

zwischenzeitlicher Überzeugung von dessen Schuldunfähigkeit bzw. Unschuld aufgrund der Bindungswirkung zu verurteilen.[234] In Anbetracht des Umstands, dass das Revisionsgericht dem Tatrichter kein Urteil vorgeben kann, erscheint solch eine Reichweite der Bindungswirkung allerdings zu weitgehend.[235]

Jedenfalls in Konstellationen, in denen die Feststellung des Tatrichters und dessen Überzeugung nicht das Ergebnis einer Beweiserhebung sind, welche von Anfang an unter Nichtberücksichtigung der Bindungswirkung erfolgt ist, sondern am Ende einer Beweiswürdigung stehen, die er unter zutreffender Bewertung der Bindungswirkung vorgenommen hat (vorstellbar etwa bei Beweiserhebungen über die verminderte Schuldfähigkeit), sollte eine Durchbrechung der Bindungswirkung für möglich erachtet werden,[236] statt den Angeklagten auf das komplexe Wiederaufnahmeverfahren zu verweisen. 57

c) Fehlertypologie. Geht der Tatrichter zutreffend von einer Bindungswirkung aus, 58 kann er in den neuen Urteilsgründen die festgeklopften Feststellungen der guten Ordnung halber (aber rein deklaratorisch) wiederholen bzw. auf die Urteilsgründe des ersten Urteils verweisen. Nach ständiger Rechtsprechung des BGH ist er hierzu allerdings nicht gezwungen.[237] Umgekehrt ist damit auch gesagt, wie sich eine fehlerhafte Annahme bezüglich der Bindungswirkung im Urteil manifestiert. Besteht keine Bindungswirkung (weil die Feststellungen mit aufgehoben worden sind), gelten hinsichtlich der tragenden Urteilsgründe die allgemeinen Darstellungsanforderungen an ein instanzgerichtliches Urteil.[238] Jedenfalls bei einer falschen Annahme der Teilaufhebung von Feststellungen kann der Fehler ohne Auswirkungen bleiben, wenn die entsprechenden Feststellungen schlicht nicht auftauchen. Deutlich wird der Verstoß hingegen bei Bezugnahmen,[239] kopierten Gründen[240] bzw. Wortzitaten sowie allgemeinen Verweisen auf Passagen des ursprünglichen Urteils, welche nicht bindend gewordene Feststellungen beinhalten. Diese lassen stets besorgen, dass das Gericht den Umfang seiner Kognitionspflicht verkannt hat.[241] Allein die Darstellung solch eines Mangels in der Revisionsbegründung führt regelmäßig zur erneuten Urteilsaufhebung. Das gilt auch, wenn das neue Tatgericht den Umfang der Bindungswirkung nach Teilaufhebung verkannt hat.[242]

Das Verbot der Bezugnahme gilt selbstredend auch bei einem Geständnis. Nur wenn 59 die neue Hauptverhandlung die Richtigkeit der Feststellungen des aufgehobenen Urteils ergeben hat, dürfen sich die neuen Feststellungen an diese anlehnen; dann ist es sogar zulässig, in dem Umfang den Text des aufgehobenen Urteils wörtlich zu übernehmen.[243]

---

[234] Schmitt in Meyer-Goßner/Schmitt Rn. 21; Gericke in KK-StPO Rn. 33.
[235] Offen gelassen für Fälle mit internationaler Berührung, wenn anderweitig die Einhaltung völkerrechtlicher Vereinbarungen nicht gewährleistet ist in BGH 10.1.2007 – 5 StR 305/06, BGHSt 51, 202 = NJW 2007, 853.
[236] Offen gelassen jeweils in BGH 14.1.1982 – 4 StR 642/81, NJW 1982, 1295.
[237] BGH 9.4.2002 – 5 StR 5/02, NStZ-RR 2002, 233; 19.9.2001 – 3 StR 339/01, BeckRS 2001, 30206267 mwN; BGH 13.5.2003 – 1 StR 133/03, BeckRS 2003, 04908; Winkler StraFo 2004, 369 (372); Wohlers in SK-StPO Rn. 31.
[238] Vgl. auch Wiedner in BeckOK StPO Rn. 42.
[239] BGH 17.12.2013 – 2 StR 335/13, BeckRS 2014, 01646; vgl. auch BGH 8.12.1981 – 5 StR 253/81 Vgl. auch BGH 4.12.2003 – 4 StR 467/03, BeckRS 2004, 00464.
[240] BGH 12.3.2013 – 4 StR 337/12, BeckRS 2013, 06495.
[241] So deutlich BGH 12.12.2012 – 2 StR 481/12, BeckRS 2013, 02238: hat die Strafkammer erst einmal unzulässig Bezug genommen (die kopierte Passage sogar „optisch eingerückt"), hilft es auch nicht, dass die Strafkammer zum Lebenslauf des Angeklagten hinsichtlich einer Marginalie eine abweichende Feststellung getroffen hat; denn „daraus kann (…) nicht geschlossen werden, dass sie insoweit im Übrigen eigenständig zu inhaltsgleichen Feststellungen gelangt ist wie das Ersturteil". Ähnlich bereits BGH 25.6.1999 – 3 StR 239/99, BeckRS 1999, 30064720: Dies gilt auch, wenn die Kammer „lediglich zur weiteren Entwicklung des gesundheitlichen Zustandes und der wirtschaftlichen Verhältnisse des Angeklagten" eigene Feststellungen getroffen hat. Dazu jüngst auch BGH 20.11.2016 – 4 StR 542/16, NStZ 2017, 108 zu Feststellungen zur Person: „Hebt das Revisionsgericht ein Urteil im Strafausspruch auf, muss der nunmehr zur Entscheidung berufene Tatrichter dazu eigene Feststellungen treffen".
[242] BGH 21.3.2017 – 5 StR 81/17, StraFo 2017, 160.
[243] BGH 14.10.2008 – 4 StR 172/08, NStZ-RR 2009, 91.

§ 354 Eigene Entscheidung in der Sache; Zurückverweisung

(1) Erfolgt die Aufhebung des Urteils nur wegen Gesetzesverletzung bei Anwendung des Gesetzes auf die dem Urteil zugrunde liegenden Feststellungen, so hat das Revisionsgericht in der Sache selbst zu entscheiden, sofern ohne weitere tatsächliche Erörterungen nur auf Freisprechung oder auf Einstellung oder auf eine absolut bestimmte Strafe zu erkennen ist oder das Revisionsgericht in Übereinstimmung mit dem Antrag der Staatsanwaltschaft die gesetzlich niedrigste Strafe oder das Absehen von Strafe für angemessen erachtet.

(1a) ¹Wegen einer Gesetzesverletzung nur bei Zumessung der Rechtsfolgen kann das Revisionsgericht von der Aufhebung des angefochtenen Urteils absehen, sofern die verhängte Rechtsfolge angemessen ist. ²Auf Antrag der Staatsanwaltschaft kann es die Rechtsfolgen angemessen herabsetzen.

(1b) ¹Hebt das Revisionsgericht das Urteil nur wegen Gesetzesverletzung bei Bildung einer Gesamtstrafe (§§ 53, 54, 55 des Strafgesetzbuches) auf, kann dies mit der Maßgabe geschehen, dass eine nachträgliche gerichtliche Entscheidung über die Gesamtstrafe nach den §§ 460, 462 zu treffen ist. ²Entscheidet das Revisionsgericht nach Absatz 1 oder Absatz 1a hinsichtlich einer Einzelstrafe selbst, gilt Satz 1 entsprechend. ³Die Absätze 1 und 1a bleiben im Übrigen unberührt.

(2) ¹In anderen Fällen ist die Sache an eine andere Abteilung oder Kammer des Gerichtes, dessen Urteil aufgehoben wird, oder an ein zu demselben Land gehörendes anderes Gericht gleicher Ordnung zurückzuverweisen. ²In Verfahren, in denen ein Oberlandesgericht im ersten Rechtszug entschieden hat, ist die Sache an einen anderen Senat dieses Gerichts zurückzuverweisen.

(3) Die Zurückverweisung kann an ein Gericht niederer Ordnung erfolgen, wenn die noch in Frage kommende strafbare Handlung zu dessen Zuständigkeit gehört.

Schrifttum: Altvater, Die Erweiterung der Sachentscheidungsbefugnis der Revisionsgerichte zum Rechtsfolgenausspruch durch das Erste Gesetz zur Modernisierung der Justiz (§ 354 Abs. 1a, b StPO neu) – Was bleibt nach dem Beschl. des BVerfG 2 BvR 136, 1447/05?, FS Widmaier, 2008, S. 35; Arzt, Der befangene Strafrichter – zugl. eine Kritik an der Beschränkung der Befangenheit auf die Parteilichkeit, 1969; Barton, Kennzeichen und Effekte der modernen Revisionsrechtsprechung – Führt die Materialisierung des Strafrechts auf den Weg nach Pappenheim?, StV 2004, 332; Basdorf, Nochmals: Beeinflussung der Strafe durch abweichende Beurteilung der Konkurrenzverhältnisse (Ergänzung zu Kalf NStZ 1997, 66), NStZ 1997, 423; Bateau, Die Schuldspruchberichtigung, 1971; Berenbrink, Tatrichter oder Revisionsgericht – Wer bestimmt die Strafe? – Ein Beitrag zu den Grenzen eigener Sachentscheidung des Revisionsgerichts unter Berücksichtigung rechtstatsächlicher Befunde, GA 2008, 625; Beulke, Schuldspruchersetzung – Berichtigung oder Benachteiligung? Der Austausch der Straftatbestände im Urteilstenor durch das Revisionsgericht unter Aufrechterhaltung des Strafausspruchs, FS Schöch, 2010, S. 963; Bock, Die Entscheidungen des Revisionsgerichts in Strafsachen, JA 2011, 134; Bode, Die Entscheidung des Revisionsgerichts in der Sache selbst, 1958; Buchholz, Die Grenzen der Sachentscheidungskompetenz des Revisionsgerichts, HRRS 2019, 123; Dahs, Ablehnung von Tatrichtern nach Zurückverweisung durch das Revisionsgericht – zugl. zu neuen Entscheidungen des BGH, des OLG Celle und des OLG Münster in diesem Heft, NJW 1966, 1691; Dahs, Rezension zu Arzt, Der befangene Richter, JZ 1970, 230; Dehne-Niemann, Der gesetzliche Richter und die Strafzumessung – zur Verfassungswidrigkeit des § 354 Abs. 1a S. 1 StPO, zugl. Bespr. v. BVerfG 2 BvR 1447/05, ZIS 2008, 239; Dehne-Niemann, Wider die wahrunterstellende Einbeziehung neuer Strafzumessungstatsachen in die Angemessenheitsprüfung des Revisionsgerichts (§ 354 Abs. 1a S. 1 StPO), StV 2016, 601; Dierlamm, Ausschließung und Ablehnung von Tatrichtern nach Zurückverweisung durch das Revisionsgericht (§ 354 Abs. 2 StPO), 1994; Eisenberg/Haeseler, Zum begrenzten Anwendungsbereich des § 354 Abs. 1a und 1b StPO, StraFo 2005, 221; Engisch, Logische Studien zur Gesetzesanwendung, 3. Aufl. 1963; Franke, Die erweiterte Sachentscheidungsbefugnis des Revisionsgerichts nach § 354 Abs. 1a und 1b StPO nF, GA 2006, 261; Franke, Ambivalente Wirkungen des Beschleunigungsgebotes nach Art. 6 Abs. 1 S. 1 EMRK, StV 2010, 433; Frisch, Die Erweiterung der Sachentscheidungsrechts der Revisionsgerichte, StV 2006, 431; Gaede, Faire Strafzumessung durch Revisionsgerichte nur nach effektiver Verfahrensteilhabe – zugl. Bespr. v. BVerfG 2 BvR 1447/05, GA 2008, 394; Geis, Mordverurteilung durch das Revisionsgericht, NJW 1990, 2735; Hamm, Eingriffe in die „Domäne(n) des Tatrichters" – Besprechung von BVerfG 2 BvR 1447/05 und 2 BvR 760/07, StV 2008, 205; Ignor, Eigene Sachentscheidungen des Revisionsgerichts. Ein kritischer Überblick über die alte und neue Rechtslage unter besonderer Berücksichtigung der sog. Schuldspruchberichtigungen, FS Dahs, 2005, S. 281; Jagusch, Zum Zusammentreffen mehrerer Revisionsrügen – zugl. Bespr. von BGH 5 StR 51/62, NJW 1962, 1417; Junker, Die Ausdehnung der eigenen Sachentscheidung in der strafrechtlichen Rechtsprechung des Bundesgerichtshofs, 2002; Kalf, Muß die Veränderung der Konkurrenzverhältnisse die Strafe beeinflussen?, NStZ 1997, 66; Köberer, Zur Rechtsfolgenfestsetzungskompetenz des Revisionsgerichts, FS Hamm, 2008, S. 303; Kudlich, „Missbrauch" durch bewusste Berufung auf ein unrichtiges Hauptverhandlungsprotokoll? – zugl. Bespr. v. BGH 3 StR 284/05, HRRS 2007, 9; Langrock, Über die Grenzen der Strafzumessungskompetenz der Revisionsgerichte nach § 354 Abs. 1a StPO, StraFo 2005, 226; Leipold, § 354 Abs. 1a StPO – Ein Verstoß gegen die EMRK und die Prozessmaxime der StPO, StraFo 2006, 305; St. Maier/Paul, Anwendungsbereiche des § 354 Abs. 1a und 1b StPO in der Rechtsprechung des BGH, NStZ 2006, 82; Meyer-Goßner, Nachholung fehlender Erstentscheidungen durch das Rechtsmittelgericht?, JR 1985, 452; Meyer-Goßner, Zu den „besonderen" Entscheidungsmöglichkeiten des Revisionsgerichts, GS Schlüchter, 2002, S. 519; Neubacher/Bachmann, Person oder Amt? – Wer ist im Nachverfahren zuständig für die Verhängung einer Jugendstrafe wegen schädlicher Neigungen gemäß §§ 30 I, 62 I JGG, NStZ 2013, 386; Palder, Anklage – Eröffnungsbeschluß – Urteil, Eine Trias mit Tücken, JR 1986, 94; Paster/Sättele, Zu den Möglichkeiten einer eigenen Sachentscheidung des Revisionsgerichts nach der Entscheidung des BVerfG zu § 354 Abs. 1a S. 1 StPO, NStZ 2007, 609; Peglau, Neue strafprozessuale Möglichkeiten der eigenen Sachentscheidung des Revisionsgerichts nach dem JuMoG, JR 2005, 143; Peters, Bundesverfassungsgericht und Bundesgerichtshof (eine Betrachtung zu BVerfG 2 BvR 462/77), JZ 1978, 230; Raacke, Zurückverweisung in Strafsachen und Nachtragsentscheidung, NJW 1966, 1697; Radtke, Notwendigkeiten und Grenzen eigener Strafzumessung durch Revisionsgerichte, FS Maiwald, 2010, 643; Rissing-van Saan, Die Hauptverhandlung vor dem Revisionsgericht, StraFo 2010, 359; Sander, Die Strafzumessung in der Revision, StraFo 2010, 365; Schuhr, Sachentscheidungen des Revisionsgerichts in Strafsachen – Reform durch Nichtanwendung des Gesetzes?, FS Stöckel, 2010, 323; Schuster, Schuld, Strafe, Rechtsfolge und das BVerfG, StV 2014, 109; Schwarz, Die eigene Sachentscheidung des BGH in Strafsachen (§ 354 Abs. 1 StPO), 2002; Seibert, Bei Zurückverweisung – andere Richter!, JZ 1958, 609; Senge, Die Entscheidung des Revisionsgerichts nach § 354 Abs. 1a und 1b StPO, FS Dahs, 2005, 475; Senge, Sachentscheidungen durch das Revisionsgericht nach § 354 Abs. 1a StPO und ihre Grenzen, StraFo 2006, 309; Sommer, Moderne Strafverteidigung – Strafprozessuale Änderungen des Justizmodernisierungsgesetzes, StraFo 2004, 295; Sowada, Der gesetzliche Richter im Strafverfahren, 2002; Steinmetz, Sachentscheidungskompetenzen des Revisionsgerichts in Strafsachen (§ 354 Abs. 1 StPO), 1997; Tepperwien, „Schöpferische Rechtsfindung" in der neueren Rechtsprechung des Bundesgerichtshofs zum Strafverfahrensrecht, FS Widmaier, 2008, 583; Tepperwien, Beschleunigung über alles? – Das Beschleunigungsgebot im Straf- und Ordnungswidrigkeitenverfahren, NStZ 2009, 1; Tolksdorf, Revision und tatrichterlicher Beurteilungsspielraum bei der Gesetzesanwendung, FS Meyer-Goßner, 2001, 523; Ventzke, Auf der Jagd nach Wahrheit? – Revisionsverteidigung zwischen Rekonstruktionsverbot und Rekonstruktionspflicht, HRRS 2008, 180; Wasserburg, Gesamtstrafenbildung im Beschlussverfahren nach Aufhebung der Gesamtstrafe durch das Revisionsgericht (§ 354 Abs. 1b StPO), GA 2006, 393.

Übersicht

		Rn.			Rn.
A.	**Überblick**	1		c) Absolut bestimmte Strafe (Abs. 1 Var. 3)	27
B.	**Sachentscheidung des Revisionsgerichts (Abs. 1–1b)**	7		d) Gesetzliche Mindeststrafe (Abs. 1 Var. 4)	30
I.	**Allgemeine Voraussetzungen**	7		e) Absehen von Strafe (Abs. 1 Var. 5)	33
1.	Anwendungsbereich: Urteilsaufhebung	7	2.	Aufrechterhaltung des Urteils trotz Strafzumessungsfehler (Abs. 1a S. 1)	34
2.	Hinreichende tatsächliche Feststellungen	9		a) Regelungsziel und Regelungsinhalt	34
	a) Vollständigkeit der Feststellungen	9		b) Verfassungskonforme Auslegung	38
	b) Maßgeblicher Beurteilungszeitpunkt und zu berücksichtigende Beweismittel	10	3.	Angemessene Herabsetzung der Rechtsfolgen (Abs. 1a S. 2)	40
	c) Implizite Voraussetzungen	15	4.	Korrektur einer Gesamtstrafenbildung (Abs. 1b)	44
3.	Richterliche Hinweispflicht (§ 265 Abs. 1)	16		a) Anordnung des Beschlussverfahrens nach §§ 460, 462 (Abs. 1b S. 1)	44
4.	Beschlussverfahren (§ 349 Abs. 2 und 4) und Quorum	17		b) Verhältnis zu den Abs. 1 und 1a (Abs. 1b S. 2 und 3)	47
II.	**Gesetzlich gestattete Sachentscheidungen**	19	**III.**	**„Schuldspruchberichtigung" in „Analogie" zu Abs. 1**	48
1.	Klassischer Kompetenzkanon des Abs. 1	19	1.	Problematik der Analogie zu Abs. 1	48
	a) Freispruch (Abs. 1 Var. 1)	20		a) Praxis der Revisionsgerichte	48
	b) Einstellung (Abs. 1 Var. 2)	23		b) Analogiefähigkeit und ihre Grenzen	49

		Rn.			Rn.
	c) Desiderata *de lege ferenda* ...	53	VI.	Berichtigung offensichtlicher Versehen ...	80
2.	Einzelne Konstellationen ...	54	C.	**Zurückverweisung (Abs. 2 und 3)** ..	82
	a) Wegfall einzelner Verurteilungen	54	I.	Grundsätze ...	82
	b) Auswechslung der Strafvorschrift	57			
	c) Änderung des Konkurrenzverhältnisses ...	62	II.	Andere Abteilung oder Kammer bzw. anderer Senat (Abs. 2 S. 1 Alt. 1 bzw. S. 2)	86
	d) Hinzutreten einer Verurteilung ...	63			
	e) Prozessurteile ...	65	III.	Anderes Gericht gleicher Ordnung (Abs. 2 S. 1 Alt. 2) ...	89
IV.	„Berichtigung" des Rechtsfolgenausspruchs in „Analogie" zu Abs. 1	66			
1.	Besondere Problematik der Analogie bzgl. Rechtsfolgen ...	66	IV.	Zurückverweisung an Gericht niederer Ordnung (Abs. 3) ...	91
2.	Haltung der Rspr. und einzelne Konstellationen ...	70	V.	Verfahren in der neuen Tatsacheninstanz ...	93
	a) Haltung der Rspr. ...	70	1.	Mitwirkung bereits zuvor beteiligter Richter ...	93
	b) Änderung des Strafausspruchs ...	71			
	c) Weitere gerichtliche Anordnungen ..	74	2.	Umfang der Bindungswirkung ...	96
V.	**Nebenentscheidungen und Prozessurteile** ...	76	3.	Beweisaufnahme und neue Feststellungen ...	98
1.	Nebenentscheidungen ...	76	4.	Neue Entscheidung und Nachtragsentscheidungen ...	99
2.	Prozessurteile ...	79			

A. Überblick

1   Das Revisionsgericht wird von der StPO grds. als **reine Rechtsinstanz** ausgestaltet (§§ 337, 344). Damit gehen die folgenden (jeweils gewisse Ausnahmen zulassenden) Grundsätze einher:[1] Das Revisionsgericht darf **weder eigene Tatsachenfeststellungen** zur Sache treffen **noch** das Ergebnis der vorinstanzlichen **Beweisaufnahme rekonstruieren** (§ 352). Soweit das Revisionsgericht die Revision für begründet erachtet, hat es das angegriffene Urteil einschließlich der betroffenen Feststellungen aufzuheben (§ 353). Es hat die **Entscheidung nicht zu korrigieren,** sondern die Sache an eine Tatsacheninstanz zur Sachentscheidung **zurückzuverweisen** (§ 354 Abs. 2 und 3).

2   Der letztgenannte Grundsatz einschließlich seiner Ausnahmen ist **Gegenstand der §§ 354, 354a, 355.**[2] Dabei enthält § 355 eine – dem angegebenen Grundsatz konforme – Sonderbestimmung über die Verweisung (die sich von der Zurückverweisung abheben lässt) an das originär zuständige Gericht bei Aufhebung des Urteils wegen Unzuständigkeit der Vorinstanzen. Ob man § 355 als vorrangig vor § 354 (insbes. Abs. 1) ansieht[3] oder davon ausgeht, dass in den Fällen des § 355 ohnehin keine hinreichenden Feststellungen bestehen bleiben können, sodass § 354 Abs. 1 tatbestandlich gar nicht anwendbar ist (vgl. → Rn. 9 ff.), ist im Ergebnis ohne Bedeutung. § 354a stellt klar, dass § 354 nicht nur in den Fällen der Aufhebung eines Urteils wegen Fehlerhaftigkeit der Entscheidung anzuwenden ist, sondern auch in den Fällen der Aufhebung ursprünglich fehlerfreier Urteile wegen rückwirkender Berücksichtigung günstiger Rechtsänderungen. Die Regelungssystematik ist daher bereits § 354 allein zu entnehmen.

3   **Grundsatz** ist die Pflicht zur **Zurückverweisung** (Abs. 2, wiederum allein hinsichtlich des „Zielgerichts" für Sonderfälle modifiziert in Abs. 3). In **Ausnahme** von diesem

---

[1] Vgl. auch Franke in Löwe/Rosenberg Rn. 1; Temming in Gercke/Julius/Temming/Zöller Rn. 1; Steinmetz, Sachentscheidungskompetenzen des Revisionsgerichts, 1997, S. 58 ff.; Schuhr FS Stöckel, 2010, 323 (323 f.).
[2] Vgl. Meyer-Goßner GS Schlüchter, 2002, 515.
[3] So Meyer-Goßner GS Schlüchter, 2002, 515 (532 f.).

Grundsatz enthalten die Abs. 1–1b **Kompetenzen zu eigener Sachentscheidung** des Revisionsgerichts.[4] Dabei geht es stets darum, ein einfacheres Vorgehen und ein schnelleres (eine weitere Tatsacheninstanz vermeidendes oder zumindest abkürzendes) Verfahren in bestimmten Fallgruppen zu gestatten, in denen praktisch sicher feststeht, dass die Verkürzung sich **nicht auf das Ergebnis auswirken** wird und daher zur **Beschleunigung** des Verfahrens nach Art. 6 Abs. 1 S. 1 Var. 2 EMRK geboten ist.[5]

Die Vorschrift entspricht **§ 394 RStPO**[6] und wurde 1924 in § 354 übertragen.[7] Die Abs. 1a und 1b wurden durch das **1. Justizmodernisierungsgesetz** mWv 1.9.2004 eingefügt,[8] Abs. 1 Var. 5 durch das 1. StrÄndG.[9] Seit dem StPÄG vom 19.12.1964 ist die ehemals fakultative Rückverweisung an eine andere (statt derselben) Kammer des Ausgangsgerichts zwingend (wenn nicht von einer der besonderen Rückverweisungsmöglichkeiten Gebrauch gemacht wird). Weitere Änderungen von Abs. 2 erfolgten im VereinhG[10] und im StaatsschStrafsG.[11] 4

Zu Auslegungsvorgaben des **BVerfG** beachte → Rn. 38 f. und → Rn. 42. Jenseits des Revisionsverfahrens wendet auch das BVerfG nach einer erfolgreichen Verfassungsbeschwerde gegen ein Strafurteil (§ 95 Abs. 2 BVerfGG iVm) § 354 Abs. 2 an.[12] 5

Im Bußgeldverfahren hat sich der Gesetzgeber in **§ 83 Abs. 3 OWiG** für eine grds. andere Regelung entschieden: Dort ist das (Rechts-)Beschwerdegericht – soweit es nur Ordnungswidrigkeiten betrifft – umfassend zur eigenen Sachentscheidung befugt. Die Vorschrift findet in der strafrechtlichen Revision entsprechende Anwendung, wenn das Revisionsgericht zur Überzeugung gelangt, dass die Sache strafrechtlich freispruchreif ist.[13] 6

B. Sachentscheidung des Revisionsgerichts (Abs. 1–1b)

I. Allgemeine Voraussetzungen

1. Anwendungsbereich: Urteilsaufhebung. Raum für eine eigene **Sachentscheidung** ist zunächst an sich nur, soweit das tatgerichtliche **Urteil aufgehoben** wurde. Es **genügt,** dass das angegriffene Urteil wegen **Fehlens einer Sachurteilsvoraussetzung** aufgehoben wird.[14] Zwar ist dann keine Sachentscheidung ieS veranlasst, aber zumindest die Einstellung des Verfahrens muss förmlich ausgesprochen werden (→ Rn. 23). Im Wortlaut des Abs. 1 und Abs. 1b ist das Aufhebungserfordernis ausdrücklich genannt; eine **scheinbare Ausnahme** von diesem Grundsatz bildet **§ 354 Abs. 1a S. 1,** indes ist dieser Unterschied nur vordergründig, denn man könnte die Vorschrift auch als Kombination aus Aufhebung des Urteils und neuer, inhaltsgleicher Sachentscheidung im Akt der Aufrechterhaltung des Urteils (unter Austausch der Begründung) interpretieren. 7

Problematisch sind hingegen Fälle, in denen das Instanzurteil auf **eine oder mehrere** der angeklagten (und eröffneten) **prozessualen Taten** gar **nicht eingeht.** Die neuere Rspr. tendiert dazu, das Verfahren hinsichtlich solcher prozessualer Taten weiterhin als bei der Vorinstanz anhängig, vom Rechtsmittel nicht erfasst und den Verfahrensverbund insoweit implizit als durch das Urteil getrennt anzusehen (wobei sich nach Rückverweisung ggf. 8

---

[4] Vgl. zu den Grenzen der Sachentscheidungskompetenz Buchholz HRRS 2019, 123.
[5] Vgl. Schlüchter Rn. 751.2.
[6] RGBl. 1877 I 253 (323). Zu Entwurf und Entstehungsgeschichte Steinmetz, Sachentscheidungskompetenzen des Revisionsgerichts, 1997, S. 27 ff.; Köberer FS Hamm, 2008, 303 ff. jeweils mwN.
[7] RGBl. 1924 I 322 (357; sog. Emminger-Verordnung).
[8] BGBl. 2004 I 2028 (2203). Näher zur Entstehungsgeschichte Senge FS Dahs, 2005, 475.
[9] BGBl. 1951 I 739 (746).
[10] BGBl. 1950 I 455 (496).
[11] BGBl. 1969 I 1582 (1585).
[12] BVerfG 24.2.2006 – 2 BvR 836/04, NJW 2006, 3129 (insoweit nicht abgedr. in NJW 2006, 3129).
[13] OLG Bremen 16.3.1983 – Ss 140/82, VRS 65 (1983), 36; Schmitt in Meyer-Goßner/Schmitt Rn. 12; Lutz in KK-OWiG § 83 Rn. 13.
[14] Schmitt in Meyer-Goßner/Schmitt Rn. 2.

eine neuerliche Verbindung anbietet).¹⁵ Für die Revision, wo es (anders als in der Berufung) nicht um den Verlust einer Instanz geht, ist hingegen der ältere Standpunkt vorzuwürdig, wonach das Urteil die gesamte zuletzt verfahrensgegenständliche Tat (in ihrer Gestalt nach dem Ergebnis der Verhandlung) zum Gegenstand hat (entspr. § 264 Abs. 1). Die StA kann damit einheitlich durch die Sachrüge überprüfen lassen, ob die Anklage erschöpft wurde; anderenfalls wären Fragen der Abgrenzung prozessualer Taten und der Interpretation der Anklageschrift uU gar nicht revisibel, weil die Vorinstanz auf einer eigenen Rechtsauffassung beharren, eine Entscheidung konsequent verweigern und so schon den Gegenstand eines Rechtsmittelverfahrens verhindern könnte; auch muss der Angeklagte nicht befürchten, viel später durch das Auffinden noch anhängiger Verfahren gegen ihn überrascht zu werden.¹⁶ **Im Ergebnis** wird sich in solchen Fällen freilich eine **eigene Sachentscheidung** des Revisionsgerichts schon mangels hinreichender Feststellungen **zumeist** von vornherein **verbieten** (zur bloßen Berichtigung offensichtlicher Versehen → Rn. 80).

9   **2. Hinreichende tatsächliche Feststellungen. a) Vollständigkeit der Feststellungen.** Eine eigene Sachentscheidung des Revisionsgerichts kommt nur dann in Betracht, wenn hinreichende tatsächliche Feststellungen vorhanden sind (und nach revisionsgerichtlicher Überprüfung bestehen bleiben). Eigene Tatsachenfeststellungen darf das Revisionsgericht im Zuge seiner Überprüfung des Urteils niemals treffen¹⁷ (im Gegensatz zur freibeweislichen Feststellung sonstiger Tatsachen bzw. Fundierung von Prognosen, die für den Erfolg der Revision relevant sind, dazu → Rn. 12 f.).¹⁸ Daher
– Müssen
  – im revidierten Urteil einschlägige Feststellungen enthalten sein,
  – diese Feststellungen in der Revision erhalten bleiben,¹⁹
  – die fortbestehenden **Feststellungen** so **vollständig** sein, dass sie die intendierte **Sachentscheidung tragen,**²⁰ und
– muss praktisch sicher davon auszugehen sein, dass die Vorinstanz – hätte sie von vornherein die nun zur Aufhebung des Urteils führende Rechtsauffassung des Revisionsgerichts zu Grunde gelegt – **keine** der intendierten Sachentscheidung **entgegenstehenden Feststellungen** (weder bzgl. der vom Revisionsgericht für maßgeblich erachteten Normen, noch bzgl. anderer, auf Grundlage der Rechtsauffassung des Revisionsgerichts möglicherweise zusätzlich eingreifender Normen) **getroffen hätte.**

10   **b) Maßgeblicher Beurteilungszeitpunkt und zu berücksichtigende Beweismittel.** Die **rückblickende Betrachtung** (vgl. soeben Nr. 2, statt prospektiv auf den Zeitpunkt einer möglichen neuerlichen Beweisaufnahme und der dort zu erwartenden Feststellungen abzustellen) erklärt sich daraus, dass der revisionsgerichtlichen Entscheidung grds. der Tatsachenstoff in seiner Gestalt am Ende der Vorinstanz zugrundezulegen ist (zu Ausnahmen beachte → Rn. 13 und 67 f.).²¹ Die Feststellungen müssen also sowohl die intendierte Sachentscheidung tragen als auch der gerichtlichen Aufklärungspflicht genügen.²² Aus die-

---

¹⁵ S. dazu BGH 25.6.1993 – 3 StR 304/93, NJW 1993, 3338; 11.11.1993 – 4 StR 629/93, BGHR StPO § 352 Abs. 1 Prüfungsumfang 4; BGH 10.11.2011 – 3 StR 314/11, ZWH 2012, 474; OLG Celle 22.2.2007 – 32 Ss 20/07, NStZ 2008, 118 (119); eingehend Meyer-Goßner JR 1985, 452 (453 ff.); Palder JR 1986, 94 (94 f.).
¹⁶ In diesem Sinne BGH 25.11.1980 – 1 StR 508/80, StV 1981, 127; Schmitt in Meyer-Goßner/Schmitt § 264 Rn. 12.
¹⁷ Krit. daher zur wahrunterstellenden Einbeziehung (neuer) Strafzumessungstatsachen (hier: im Kontext der Angemessenheitsentscheidung nach Abs. 1a) Dehne/Niemann StV 2016, 601 ff. zu BGH 4.8.2015 – 3 StR 224/15, StV 2016, 542 = BeckRS 2015, 16313.
¹⁸ Vgl. BVerfG 7.1.2004 – 2 BvR 1704/01, NJW 2004, 1790 (1791); BGH 24.4.1964 – StBStR 1/63, BGHSt 19, 334 (338) = NJW 1964, 1579 (1580).
¹⁹ Schmitt in Meyer-Goßner/Schmitt Rn. 2.
²⁰ Vgl. (zum Freispruch nach Abs. 1) BGH 13.10.1959 – 1 StR 57/59, BGHSt 13, 268 (274; insoweit nicht abgedr. in NJW 1959, 2272).
²¹ Vgl. Schuhr FS Stöckel, 2010, 323 (328).
²² Vgl. Steinmetz, Sachentscheidungskompetenzen des Revisionsgerichts, 1997, S. 75 ff.

sem Bezugszeitpunkt und dem revisionsrechtlichen Rekonstruktionsverbot ergibt sich, dass die Beurteilung grds. **anhand des Inhalts des revidierten Urteils** zu erfolgen hat.[23] Ob das Revisionsgericht aufgrund nachträglicher (insbes. freibeweislich erworbener) Erkenntnisse weitere oder entgegenstehende Feststellungen für möglich hält, ist nur unter den folgenden Voraussetzungen bzw. in dem im Folgenden näher angegebenen Umfang von Bedeutung:

Das Revisionsgericht muss berücksichtigen, dass Feststellungen und Rechtsanwendung **11** einander wechselseitig beeinflussen: Es ist nicht nur so, dass die tatsächlichen Feststellungen die Grundlage der Rechtsanwendung bilden, sondern umgekehrt werden **Feststellungen** notwendig auch **mit Blick auf** ein bestimmtes, erwartetes **rechtliches Ergebnis** getroffen. Zwischen beiden „wandert der Blick hin und her",[24] denn erst entscheidet die letztlich angewandte Norm darüber, welche Feststellungen überhaupt relevant sind.[25] Erst so ergibt sich der Inhalt der Feststellungen und damit auch, welche Feststellungen noch fehlen bzw. welche weitere Beweisaufnahme im Falle einer Zurückverweisung (auch bei Aufrechterhaltung der bisherigen Feststellungen) zulässig und nötig wäre.

Soweit Feststellungen in dieser Weise noch **ergänzungsbedürftig** oder wahldeutig **12** sind, bilden sie – unabhängig vom erwarteten Ergebnis einer hypothetischen Beweisaufnahme – keine tragfähige Grundlage für eine Sachentscheidung.[26] In diesem Umfang kann der revidierten Entscheidung uU nicht einmal entnommen werden, ob auf der Basis der Rechtsauffassung des Revisionsgerichts im maßgeblichen Zeitpunkt der revidierten Entscheidung mit weiteren Feststellungen hätte gerechnet werden können. Insoweit ist es dann zulässig, wenn das Revisionsgericht sich – über den Inhalt des revidierten Urteils hinaus – **freibeweislich** (insbes. anhand des Akteninhalts)[27] eine Überzeugung bildet, ob solche weiteren Feststellungen möglich gewesen wären und – sonst würde eine Zurückverweisung das Verfahren ebenfalls nicht fördern, sondern nur unter Verstoß gegen das Beschleunigungsgebot in die Länge ziehen – weiterhin möglich sind.[28]

Zur Anwendung dieser allgemeinen Kriterien ist folgende Unterscheidung hilfreich: **13** Ein **Schuldspruch** und der Ausspruch einer **Sanktion** müssen von der positiven Überzeugung getragen werden, dass die jeweiligen tatsächlichen Voraussetzungen erfüllt sind. Das **Absehen** (oder Abmildern) **von** einem **Schuldspruch bzw.** einer **Sanktion** – insbes. ein Freispruch – erfordert hingegen nur, dass die (nach Maßgabe von → Rn. 11 interpretierten) Feststellungen erstens keine hinreichende eigene Überzeugung des Revisionsgerichts von den Voraussetzungen für den Schuldspruch ermöglichen und es mangels konkreter Anhaltspunkte als nicht so wahrscheinlich erscheint, dass sich solche Feststellungen in einer weiteren Tatsacheninstanz treffen ließen, dass die gerichtliche Aufklärungspflicht eine weitere Beweisaufnahme erforderlich machen würde.[29] Die gerichtliche Aufklärungspflicht kann auch dann zurücktreten, wenn eine erneute Beweisaufnahme mit unzumutbaren Belastungen zB für minderjährige Zeugen verbunden wäre, was insbes. dann anzunehmen sein kann, wenn ein wesentlicher Teil der Verurteilung ohnehin bestehen bleibt.[30]

---

[23] Vgl. OLG Köln 2.7.1993 – Ss 263/93, VRS 86 (1994), 127 mwN; Schmitt in Meyer-Goßner/Schmitt Rn. 3.
[24] Engisch, Gesetzesanwendung, 3. Aufl. 1963, S. 14 f.
[25] Vgl. Franke in Löwe/Rosenberg Rn. 19; Jagusch NJW 1962, 1417; Schuhr FS Stöckel, 2010, 323 (325 f.) mwN und Bsp.
[26] Vgl. BVerfG 15.2.1995 – 2 BvR 383/94, NJW 1996, 116 (117).
[27] (Anhörung eines Sachverständigen) BGH 22.4.2004 – 5 StR 534/02, NStZ-RR 2004, 270 (271); demgegenüber hatte BGH 7.3.1995 – 1 StR 523/94, BeckRS 1995, 2463, BGHR StPO § 354 Abs. 1 Freisprechung 1 (nicht abgedr. in StV 1996, 81) noch offengelassen, ob zumindest der Akteninhalt herangezogen werden darf.
[28] Vgl. BGH 26.10.1978 – 4 StR 429/78, BGHSt 28, 162 (164) = NJW 1979, 378.
[29] Vgl. (Freispruch) BGH 14.5.1962 – 5 StR 51/62, NJW 1962, 1452 (insoweit nicht abgedr. in BGHSt 17, 253 und NJW 1962, 1452); BGH 31.8.1995 – 4 StR 283/95, BGHSt 41, 231 (242) = NJW 1996, 203 (205); BGH 19.1.1999 – 1 StR 171/98, NJW 1999, 1562 (1564) mzustAnm Saliditt NStZ 1999, 420, krit. Barton StV 2004, 332 (340); (Zurückverweisung) BGH 3.5.1978 – 3 StR 30/78, NJW 1978, 2105 (2107) sowie die im Folgenden angegebenen Entscheidungen.
[30] BGH 5.10.1994 – 2 StR 411/94, NStZ 1995, 204; Wiedner in Graf Rn. 3.

Erkennt das Revisionsgericht keine konkreten Anhaltspunkte dafür, dass sich ein Tatnachweis führen lassen wird, hat es freizusprechen.[31] Dabei bezieht sich der erste Teil indirekt wiederum auf den Zeitpunkt des angegriffenen Urteils, denn es geht allein um dessen Feststellungen, der zweite Teil der Voraussetzungen hingegen ist eine – ggf. wiederum freibeweislich zu fundierende – **Prognose** über einen möglichen künftigen Verfahrensablauf.[32] **Revisionsurteile** enthalten oft nur Ausführungen zu diesem Teil (während der erste Teil sich oft bereits aus der Darstellung zu Rechtsfehler und Beruhen ergibt), sodass aus der Rspr. leicht der unzutreffende Eindruck entsteht, die Prüfung habe insgesamt nur prospektiv zu erfolgen.[33]

14 Ferner kommt der Unterscheidung zwischen **Schuldspruch** und **Rechtsfolgenausspruch** besondere Bedeutung bei der Prüfung zu, ob tragfähige Feststellungen vorliegen: Gerade Letzterer erfordert regelmäßig einen persönlichen Eindruck vom Angeklagten, der in den dem Revisionsgericht vorliegenden Feststellungen nur begrenzt ausgedrückt sein kann und den das Revisionsgericht selbst regelmäßig nicht zu erlangen vermag. Ein eigener Rechtsfolgenausspruch des Revisionsgerichts ist daher stets besonders problematisch (näher dazu → Rn. 66 ff.).

15 **c) Implizite Voraussetzungen.** Weil hinreichende tatsächliche Feststellungen fortbestehen müssen, können Entscheidungen nach § 354 Abs. 1–1b idR nur auf eine **Sachrüge** hin ergehen. Weil die Anwendung der Vorschrift grds. die Aufhebung des Urteils voraussetzt, muss die Sachrüge **zulässig** gewesen und der Revisionsführer durch den festgestellten Rechtsfehler **beschwert** gewesen sein.

16 **3. Richterliche Hinweispflicht (§ 265 Abs. 1).** Die Entscheidung darf – auch wenn sie im Beschlussverfahren ergeht – den Angeklagten nicht in einer Weise überraschen, die ihn in seinen Verteidigungsmöglichkeiten beeinträchtigt. Zur Wahrung seines **Anspruchs auf rechtliches Gehör** ist ihm ggf. ein Hinweis nach § 265 Abs. 1 zu geben und – wenn seine Verteidigung dann tatsächliche Aspekte betrifft – die Sache zurückzuverweisen.[34] Hingegen ist seine Anwesenheit in der Revisionshauptverhandlung nicht allgemein notwendig[35] (und nicht einmal die Durchführung einer solchen, vgl. → Rn. 17), wohl aber regelmäßig die Bestellung eines Pflichtverteidigers (vgl. → § 350 Rn. 15 ff.).[36]

17 **4. Beschlussverfahren (§ 349 Abs. 2 und 4) und Quorum.** § 354 ist auch im Rahmen des Beschlussverfahrens nach **§ 349 Abs. 2 bzw. 4** anwendbar. Dies gilt auch für Abs. 1a und 1b,[37] obwohl sie bei wortgetreuer Gesetzesanwendung gerade keinen Fall von § 349 Abs. 1, 2 oder 4 bilden können und daher gem. § 349 Abs. 5 ein Urteil nach Revisionshauptverhandlung verlangen würden.[38] § 349 wurde aber nicht mit Blick auf diese neuen Konstellationen formuliert. Das Ziel einer Verfahrensvereinfachung- und -verkürzung kann

---

[31] Meyer-Goßner GS Schlüchter, 2002, 515 (519).
[32] Eingehend KG 3.4.2006 – (5) 1 Ss 329/05 (12/06), NStZ-RR 2006, 276; entspr. KG 17.1.2007 – (2/5) 1 Ss 448/06 (73/06), NStZ-RR 2007, 246.
[33] Vgl. BGH 16.2.1993 – 5 StR 689/92, NJW 1993, 2451 (2452); 7.3.1995 – 1 StR 523/94, BeckRS 1995, 2463, BGHR StPO § 354 Abs. 1 Freisprechung 1 (nicht abgedr. in StV 1996, 81); BGH 22.4.2004 – 5 StR 534/02, NStZ-RR 2004, 270 (271).
[34] Vgl. BGH 28.4.1981 – 5 StR 692/80, NJW 1981, 1744 (1745); Momsen in KMR-StPO Rn. 17; Maiwald in AK-StPO Rn. 16 f.; Keller JR 1983, 210 (211); Beulke FS Schöch, 2010, 963 (969 ff.); Bock JA 2011, 134 (137). Zum vom Revisionsgericht selbst erteilten Hinweis s. Steinmetz, Sachentscheidungskompetenzen des Revisionsgerichts, 1997, S. 99 ff. insb. unter Wiedergabe einer entspr. Passage aus BGH 22.6.1995 – 5 StR 249/95 (insoweit nicht in BeckRS 1996, 31089325). S. auch (kein Hinweis) BGH 21.3.1985 – 1 StR 583/84, BGHSt 33, 163 (166) = (vollständiger) NJW 1985, 1967 (1968); BGH 20.10.1993 – 5 StR 473/93, BGHSt 39, 353 (371) = NJW 1994, 267 (270); BGH 16.3.2006 – 4 StR 536/05, NJW 2006, 1822 (1824); BGH 11.8.2011 – 2 StR 91/11, NStZ-RR 2011, 367 (368).
[35] BGH 2.12.1987 – 2 StR 559/87, NJW 1988, 2679 (2681; insoweit nicht abgedr. in BGHSt 35, 116).
[36] BVerfG 19.10.1977 – 2 BvR 462/77, BVerfGE 46, 202 (209 ff.) = NJW 1978, 151; BVerfG 25.9.2014 – 2 StR 163/14, NStZ 2015, 47.
[37] Vgl. BT-Drs. 15/3482, 22; (zu Abs. 1a) BGH 7.3.2006 – 5 StR 547/05, NJW 2006, 1605; (zu Abs. 1a) Senge StraFo 2006, 309 (314); aA (insbes. mit Blick auf die EMRK) Leipold StraFo 2006, 305 ff.
[38] Vgl. BGH 28.7.2005 – 3 StR 368/02, NStZ 2005, 705; St. Maier/Paul NStZ 2006, 82 (86).

jedoch durch § 354 Abs. 1a und 1b nur bei einer Anwendung auch im Beschlussverfahren wirklich erreicht werden, und die Materialien formulieren die Gleichstellung mit Fällen von § 349 Abs. 2 und 4 teilweise selbst.[39] Deshalb ist die erweiternde Anwendung von § 349 Abs. 2 bzw. 4 – obgleich eine Anpassung des Gesetzes vorzugswürdig wäre – hier nicht unzulässig.[40]

Obiter dictum hat der BGH in Betracht gezogen, für eine Entscheidung nach **§ 354 Abs. 1a** auch nach einer Revisionshauptverhandlung ein Quorum zu verlangen.[41] Dem ist zuzugeben, dass Entscheidungen nach **§ 354 Abs. 1–1b** regelmäßig Prognosen voraussetzen, die für das Revisionsverfahren höchst untypisch und naturgemäß besonders fehleranfällig sind. Zur Kompensation dieser besonderen Gefahrneigung und mit Blick auf den Ausnahmecharakter von Entscheidungen nach § 354 Abs. 1–1b käme es daher durchaus in Betracht, ein **Quorum für all diese Entscheidungen** (und erst recht bei „analoger" Anwendung dieser Vorschriften) einzufordern, das mit dem 3. Senat eher demjenigen des § 263 Abs. 1 als „nur" dem des § 196 Abs. 1 GVG entsprechen müsste.

II. Gesetzlich gestattete Sachentscheidungen

1. Klassischer Kompetenzkanon des Abs. 1. § 354 Abs. 1 gestattet bestimmte, im Einzelnen aufgezählte Sachentscheidungen. Nach Var. 1 und 2 darf das Revisionsgericht zwei Typen von Entscheidungen gegen einen Schuldspruch treffen. Nach Var. 3–5 ist es zu bestimmten umfassenden Sachentscheidung befugt.

a) Freispruch (Abs. 1 Var. 1). Das Revisionsgericht darf (und muss bei Vorliegen der Voraussetzungen[42]) den Angeklagten selbst freisprechen.[43] Voraussetzung ist dafür, dass die Feststellungen des angegriffenen Urteils nach der Rechtsauffassung des Revisionsgerichts keine Verurteilung des Angeklagten tragen und das Verfahren sich insgesamt als **freispruchreif** darstellt (vgl. → Rn. 9 ff.).[44] Dass auch eine Verfahrensrüge erhoben wurde, muss dem nicht entgegenstehen.[45] Maßgeblicher Bezugszeitpunkt ist grds. der Moment der revidierten Entscheidung (vgl. → Rn. 10 ff.). Ein Freispruch ist aber auch dann möglich, wenn die Freispruchreife sich erst aus der Prognose ergibt, dass in einer künftigen Beweisaufnahme nicht mehr mit Feststellungen zu rechnen ist, die eine Verurteilung tragen würden (→ Rn. 12 f.). Ebenso ist freizusprechen, wenn der Straftatbestand zwischenzeitlich aufgehoben wurde (§ 354a); dies gilt selbst bei Teilrechtskraft des Urteils. Liegt eine Ordnungswidrigkeit vor, beachte → Rn. 6.

Die Vorschrift gilt gleichermaßen für einen **Teilfreispruch** sowie – auch wenn die Rspr. dabei oft von einer Analogie spricht – für die **Aufhebung einzelner nachteiliger Rechtsfolgen** (Nebenstrafen, Maßregeln, Einziehungsanordnungen, Anordnung des Unterbleibens der Anrechnung von UHaft nach § 51 Abs. 1 S. 2 StGB etc),[46] und zwar auch dann, wenn die Sache hinsichtlich anderer Teile oder Entscheidungen zurückzuverwei-

---

[39] BT-Drs. 15/3482, 22. Dagegen ist die (ohnehin eher deskriptiv als normativ vorgenommene) Differenzierung zwischen Abs. 1a S. 1 und Abs. 1b einerseits sowie Abs. 1a S. 2 andererseits in der Sache kaum gerechtfertigt.
[40] Vgl. Senge FS Dahs, 2005, 475 (490 f.). Freilich ist die Entscheidung im Urteil einzig konsequentes Vorgehen bei entgegenstehender Auffassung, daher die entspr. Begründung tragend und führt – entgegen BGH 7.3.2006 – 5 StR 547/05, NJW 2006, 1605 – zu den Pflichten aus § 132 GVG.
[41] BGH 2.12.2004 – 3 StR 273/04, BGHSt 49, 371 (375) = NJW 2005, 913 (914).
[42] Meyer-Goßner GS Schlüchter, 2002, 515 (519).
[43] ZB BGH 25.6.2010 – 2 StR 454/09, NJW 2010, 2963 (2968); OLG Stuttgart 19.4.2011 – 2 Ss 14/11, StV 2012, 23 (25); Lohse in Krekeler/Löffelmann/Sommer Rn. 2.
[44] S. zur bei dieser Beurteilung gebotenen Vorsicht Jagusch NJW 1962, 1417.
[45] BGH 14.5.1962 – 5 StR 51/62, BGHSt 17, 253 f. = NJW 1962, 1452.
[46] Vgl. (Unterbringung) BGH 28.4.1970 – 1 StR 82/70, NJW 1970, 1242; (§ 51 Abs. 1 S. 2 StGB) BGH 23.2.1999 – 4 StR 49/99, NStZ 1999, 347 (348); (Entziehung der Fahrerlaubnis, § 69 StGB) BGH 31.5.2005 – 4 StR 85/03, wistra 2005, 337; (Sicherungsverwahrung) BGH 10.11.2006 – 1 StR 483/06, NStZ 2007, 267; Franke in Löwe/Rosenberg Rn. 5, 37 ff.; Momsen in Satzger/Schluckebier/Widmaier StPO Rn. 5; („Einzelstrafe" innerhalb einer Tateinheit) BGH 11.3.2014 – 1 StR 55/14, NStZ-RR 2014, 185.

sen ist.⁴⁷ Soweit eine Gesamtstrafe davon betroffen wird, ist idR für eine neue Gesamtstrafenbildung zurückzuverweisen (oder nach Abs. 1b S. 2 iVm S. 1 vorzugehen; → Rn. 44 ff.). Wenn ein Teilfreispruch erfolgreich angefochten wird, wird nur insoweit zurückverwiesen; das Tatgericht hat dann, wenn es zu einer Verurteilung kommt, unter Auflösung der bisherigen Gesamtstrafe eine neue Gesamtstrafe zu bilden.⁴⁸ Bleibt nur eine Verurteilung bestehen, ist die betreffende Einzelstrafe regelmäßig als alleinige Strafe auszusprechen (→ Rn. 71).⁴⁹ Ist die Zumessung der bestehen bleibenden Rechtsfolgen mit den aufgehobenen sachlich verknüpft, sind auch jene aufzuheben, und die Sache ist zur neuerlichen Zumessung zurückzuverweisen.

22 Wurde die Verfolgung nach § 154a beschränkt, so entsteht eine Pflicht zur Wiedereinbeziehung der ausgeschiedenen Teile der Tat nach § 154a Abs. 3 S. 2 auch bei einem Antrag der StA nur dann, wenn hinsichtlich der wiedereinzubeziehenden Teile eine Verurteilung zu erwarten ist; einem den Verfahrensabschluss voraussichtlich nur verschleppenden Antrag muss nicht entsprochen werden.⁵⁰ Nach § 154a Abs. 3 S. 1 steht die Wiedereinbeziehung aber stets – auch ohne Antrag – im pflichtgemäßen Ermessen des Gerichts, das – als Revisionsgericht im Rahmen der Revisionsanträge – eine erschöpfende Aburteilung der gesamten prozessualen Tat sicherzustellen hat.⁵¹ Für eine Zurückverweisung zum Zwecke der Entscheidung über die Wiedereinbeziehung nach § 154a Abs. 3⁵² besteht – weil das Revisionsgericht seine Prognosen selbst freibeweislich fundieren darf (→ Rn. 12 f.) – richtigerweise nur dann Raum, wenn eine neuerliche Beweisaufnahme auch ohne die Wiedereinbeziehung erforderlich ist.⁵³ Zum umgekehrten Fall der selbst ausgesprochenen Beschränkung nach § 154a → Rn. 24.

23 **b) Einstellung (Abs. 1 Var. 2).** Auch die Einstellungsvariante befasst sich – wie ihr Kontext ergibt – nur mit der Korrektur fehlerhafter Urteile durch strikt gebundene eigene Entscheidung des Revisionsgerichts, also der (idR fehlerhaft nicht bereits zuvor nach § 260 Abs. 3 erfolgten) Einstellung wegen **nicht behebbarer Verfahrenshindernisse**,⁵⁴ etwa der endgültig abgelaufenen Frist zur Stellung eines Strafantrags (§ 77b Abs. 1 StGB).⁵⁵

24 Eigene **Ermessenseinstellungen** (bzw. Beschränkung der Strafverfolgung) sind hingegen – soweit das Revisionsgericht zu ihnen befugt ist (beachte insbes. § 153a Abs. 2 S. 1⁵⁶) – **unmittelbar** auf §§ 153 ff. zu stützen (vgl. → Rn. 54),⁵⁷ uU auch *praeter legem* auf den Fair-Trial-Grundsatz und das Rechtsstaatsprinzip, nicht aber auf § 354.⁵⁸ Sie können ggf. eine **eigene Änderung des Schuldspruchs** durch das Revisionsgericht

---

47 BGH 21.12.1972 – 4 StR 561/72, NJW 1973, 474 (475); Temming in Gercke/Julius/Temming/Zöller Rn. 6.
48 Vgl. BGH 14.9.2017 – 4 StR 45/17, NStZ-RR 2018, 24; anders noch BGH 14.1.2016 – 4 StR 361/15, BeckRS 2016, 02760 (vollständige Aufhebung der Gesamtstrafe).
49 Schmitt in Meyer-Goßner/Schmitt Rn. 41.
50 BGH 3.10.1967 – 1 StR 355/67, BGHSt 21, 326 (327 ff.) = NJW 1968, 116; BGH 22.1.1988 – 2 StR 133/87, NJW 1988, 2483 (2485); aA Maiwald in AK-StPO Rn. 4.
51 Vgl. BGH 15.9.1983 – 4 StR 535/83, BGHSt 32, 84 (85 ff.) = NJW 1984, 1364 mAnm Maiwald JR 1984, 479; BGH 11.7.1985 – 4 StR 274/85, NStZ 1985, 515; vgl. auch (noch zur „fortgesetzten Tat") BGH 26.2.1988 – 3 StR 477/87, NStZ 1988, 322; Schmitt in Meyer-Goßner/Schmitt Rn. 3.
52 So BGH 14.2.1984 – 1 StR 808/83, NJW 1984, 1469 (1470).
53 Siehe wiederum BGH 14.9.2017 – 4 StR 45/17, NStZ-RR 2018, 24.
54 Vgl. BGH 4.4.1985 – 5 StR 193/85, BGHSt 33, 167 f. = NJW 1985, 1720; BGH 24.8.1988 – 2 StR 324/88, NJW 1989, 595 (insoweit nicht abgedr. in BGHSt 35, 325); BGH 10.11.2011 – 3 StR 314/11, ZWH 2012, 474 mAnm Kudlich. Vgl. auch Wohlers in SK-StPO Rn. 11 ff. Zu den Verfahrenshindernissen → Einl. Rn. 352 ff.; zur Einstellung nach §§ 153 ff. s. dort sowie die Kommentierung zu § 353.
55 KG 3.8.2015 – (2) 161 Ss 160/15 (44/15), NJW 2015, 3527 (3528).
56 Dessen rechtspolitisch bereits vorgesehene Änderung würde in der Praxis durchaus – wenn auch nicht durchwegs – begrüßt, vgl. Sander StraFo 2010, 365 (371).
57 Vgl. Wiedner in Graf Rn. 21 f.; Bock JA 2011, 134 (135 f.).
58 Etwa bei willkürlicher und schwerwiegender Verletzung des Beschleunigungsgebots, vgl. BGH 9.12.1987 – 3 StR 104/87, BGHSt 35, 137 (141 ff.) = NJW 1988, 2188 (2189 f.); Gericke in KK-StPO Rn. 27.

begründen, die den Wegfall der Verurteilung bzw. des entspr. Teils der Verurteilung zum Ausdruck bringt.[59]

Ist ein **Freispruch** nach Abs. 1 Var. 1 möglich, so hat dieser grds. **Vorrang**.[60] Bei 25 einem behebbaren Verfahrenshindernis ist grds. zurückzuverweisen.[61] Steht vorübergehende Verhandlungsunfähigkeit der Durchführung des Revisionsverfahrens entgegen, stellt das Revisionsgericht das Verfahren selbst nach § 205 vorläufig ein.[62]

Nach der Vorschrift sind auch **Teileinstellungen** zulässig.[63] Zum **Beschlussverfahren** 26 nach § 349 Abs. 4 → Rn. 17 f.). Die Einstellung macht die Aufhebung des Urteils (bzw. Anpassung des Schuldspruchs) nach zutreffender Ansicht nicht entbehrlich.[64]

c) Absolut bestimmte Strafe (Abs. 1 Var. 3). Abs. 1 Var. 3 gestattet es dem Revisi- 27 onsgericht, eine im Gesetz festgelegte **Punktstrafe**, bei der sich die Frage einer Ermessensausübung von vornherein nicht stellt, selbst auszusprechen.[65] Im geltenden Strafrecht gibt es eine solche nur als lebenslange (auch nicht unter einer Ausnahme für minder schwere Fälle stehende) Freiheitsstrafe in § 211 StGB und § 6 Abs. 1 Nr. 1, § 7 Abs. 1 Nr. 1 sowie § 8 Abs. 1 Nr. 1 VStGB. Die Vorschrift hierauf zu beziehen, ist aber keineswegs so unproblematisch, wie die Praxis heute meint. Der historische Gesetzgeber hatte mit § 354 Abs. 1 Var. 3 nicht die Verhängung der schwersten strafrechtlichen Sanktion im Auge, sondern damalige Nebenstrafen sowie Sanktionen des Zoll- und Steuerstrafrechts; es war in der Folgezeit fast einhellige Ansicht, dass weder die Verhängung der (nicht minder absolut bestimmten) Todesstrafe noch ein sie bedingender Schuldspruch dem RG zustünde.[66] Heute ist mit Blick auf die verfassungskonforme Auslegung von § 211, die bei entspr. Umständen auch gerade nur die Verhängung einer zeitigen Freiheitsstrafe zulässt, die Rechtsfolge des § 211 StGB (etc) letztlich auch nicht mehr absolut bestimmt.[67]

Ferner spricht die Vorschrift nicht von einer Änderung des zu Grunde liegenden **Schuld-** 28 **spruchs,** die Rspr. sieht eine solche aber – wie beim Freispruch (Var. 1) – als zulässig an.[68] Eine Schuldspruchänderung bedeutet hier, dass das Revisionsgericht die Feststellungen in einer dem Angeklagten erheblich nachteiligen (nämlich lebenslange Freiheitsstrafe begründenden) Weise selbst neu interpretiert. Ganz anders als beim Freispruch ist also weder die Entscheidung selbst dem Angeklagten günstig noch ist sie Ausdruck einer ihm günstigen Interpretation der Feststellungen. Die Anforderungen an die Überzeugungsbildung des Revisionsgerichts sind daher ungleich höher als beim Freispruch (vgl. → Rn. 13 f.). Soweit der Angeklagte durch das angegriffene Urteil nicht beschwert war (zB Revision der StA nach Freispruch), hatte er nicht einmal Gelegenheit, die Feststellungen berührende Fehler zu rügen, sodass sie

---

[59] Vgl. BGH 9.10.2008 – 1 StR 359/08, NStZ-RR 2009, 17 (18); 2.11.2010 – 1 StR 544/09, NZWiSt 2012, 75 (77).
[60] Vgl. BGH 13.10.1959 – 1 StR 57/59, BGHSt 13, 268 (273) = NJW 1959, 2272 (2273); BGH 28.10.1965 – KRB 3/65, BGHSt 20, 333 (335) = NJW 1966, 460 (461); Nagel in Radtke/Hohmann Rn. 6; Wiedner in Graf Rn. 15 f.; anders wenn es bereits an einer Anklage fehlte ((Einstellung) BGH 17.8.2000 – 4 StR 245/00, BGHSt 46, 130 (135 f.) = NJW 2000, 3293 (3294); (Aufhebung erforderlich) BGH 16.9.2004 – 1 StR 212/04, bei Becker NStZ-RR 2006, 1 (4)) oder durch den Freispruch eine anderweitige Verfolgung abgeschnitten würde (vgl. BGH 8.6.1983 – 3 StR 476/82 (S), NJW 1983, 2270 (2272)).
[61] BGH 20.9.1955 – 5 StR 263/55, BGHSt 8, 151 (154 f.) = NJW 1955, 1804 (1805).
[62] BGH 14.12.1995 – 5 StR 208/95, NStZ 1996, 242.
[63] BGH 11.11.1955 – 1 StR 409/55, BGHSt 8, 269 = NJW 1956, 110; BGH 10.11.2011 – 3 StR 314/11, ZWH 2012, 474; Schmitt in Meyer-Goßner/Schmitt Rn. 7.
[64] Vgl. BGH 10.11.2011 – 3 StR 314/11 BeckRS 2011, 27881 (insoweit nicht abgedr. in ZWH 2012, 474); OLG Düsseldorf 20.3.2012 – III-3 RVs 28/12, 3 RVs 28/12, NZV 2012, 395 (396).
[65] Vgl. BGH 23.2.1978 – 4 StR 660/77, NJW 1978, 1336 (1337).
[66] Dazu Peters JZ 1978, 230.
[67] BVerfG 21.6.1977 – 1 BvL 14/76, BVerfGE 45, 187 (225, 239, 258, 261) = NJW 1977, 1525 (1525, 1528, 1532 f.) sowie grundlegend BVerfG 5.6.1973 – 1 BvR 536/72, BVerfGE 35, 202 (235 ff.) = NJW 1973, 1226 (1231 ff.).
[68] BGH 2.12.1987 – 2 StR 559/87, NJW 1988, 2679 (2681; insoweit nicht abgedr. in BGHSt 35, 116); bereits zuvor unbeanstandet von BVerfG 16.4.1980 – 1 BvR 505/78, BVerfGE 54, 100 (115) = NJW 1980, 1943 (1945); aA Geis NJW 1990, 2735 (2735 f.); Peters JZ 1978, 230 (230 f.).

schon deshalb nicht als verlässlich angesehen werden können (vgl. → Rn. 64). Zur Herabsetzung einer im angegriffenen Urteil ausgesprochenen Strafe auf das gesetzlich zulässige Höchstmaß und weiteren Korrekturen des Rechtsfolgenausspruchs → Rn. 66 ff.

29 Im Kernanwendungsbereich der Vorschrift liegt es nach alledem – obwohl die Rspr. hier bisweilen bereits von einer Analogie spricht –, wenn das Revisionsgericht bei unverändert bestehenbleibendem Schuldspruch die Anordnung fehlender, vom Gesetz aber zwingend vorgeschriebener Rechtsfolgen selbst nachholt. Dies gilt auch, wenn es sich nicht um „Strafen" im techn. Sinne handelt, namentlich bei der **zwingend vorgeschriebenen Einziehung**.[69]

30 **d) Gesetzliche Mindeststrafe (Abs. 1 Var. 4).** Die Befugnis, eine gesetzliche Mindeststrafe zu verhängen, geht qualitativ über die Befugnisse der Var. 1–3 hinaus, denn das Revisionsgericht muss sich dabei ein eigenes Urteil über die Angemessenheit der Strafe bilden. Sein **Ermessensspielraum** ist dabei sogar **weit** und weist Besonderheiten auf: Dass der aus dem Urteil gewonnene Eindruck von der Tat nur ungenau sein kann, nimmt das Gesetz in Kauf, denn dem Angeklagten entsteht kein Nachteil. Einzustellen hat das Revisionsgericht in seine Würdigung maßgeblich auch den mit einer neuen Hauptverhandlung verbundenen Aufwand, die Belastung für die Verfahrensbeteiligten und Beweispersonen und eine Erwartung über Qualität und Ausgang der Beweisaufnahme – das Gesetz drückt in Var. 4 also eine Tendenz zur **Beschleunigung** des Verfahrens aus, die freilich unter dem Vorbehalt steht, dass der Rechtsfolgenausspruch nicht eindeutig unangemessen geraten darf.[70]

31 Ein gewisses Korrektiv findet diese weite Befugnis darin, dass das Gesetz sie an einen entspr. **Antrag der StA** knüpft. Freilich hat diese letztlich nach gleichen Kriterien über die Antragstellung zu entscheiden.

32 In Fällen von Tatmehrheit bzw. im Verfahrensverbund ist die Vorschrift auch auf **Einzelstrafen** anwendbar, selbst wenn ihre Festsetzung im angefochtenen Urteil fehlte.[71] Ebenso ist die minimal erhöhte Einsatzstrafe gesetzliche **Mindestgesamtstrafe** (§ 54 Abs. 1 S. 2 StGB; wenn so bereits die Summe der Einzelstrafen erreicht wird, sogar die Einsatzstrafe selbst).[72] Sie wird sinnvollerweise auf die Mindeststrafe in Ausnahmefällen ersetzende schwächere Sanktionen (§ 59 StGB) erstreckt.[73] Ferner ist die Vorschrift – auch wenn die Rspr. dabei meist bereits von einer Analogie spricht – auf **sonstige Rechtsfolgen** anwendbar, wenn das Gesetz zwingend vorsieht, dass eine unter mehreren möglichen Rechtsfolgen ausgesprochen wird, soweit sich die vom Revisionsgericht ausgesprochene Rechtsfolge dabei als die eindeutig mildeste oder eine der eindeutig gleichermaßen mildesten Rechtsfolgen darstellt. Zulässig sein kann so zB die Anordnung der Mindestsperre (§ 69a Abs. 1 StGB)[74] und die Anordnung der jeweils am wenigsten belastenden Bekanntmachung der Verurteilung (§§ 165, 200 StGB).[75] Erst recht (auch in einer Zusammenschau mit Var. 1) muss dies für den Angeklagten günstige, seine Strafe

---

[69] RG 9.7.1919 – V 84/19, RGSt 53, 428 (429); (auch zu Besonderheiten bei tatsächlich zu bestimmender Geldentwertung) RG 18.12.1923 – I 169/23, RGSt 57, 424 (429); Schmitt in Meyer-Goßner/Schmitt Rn. 9a; Momsen in KMR-StPO Rn. 8. – Ebenso für Ermessenseinziehungen bei Ermessensreduktion auf Null – gleichwohl problematisch, vgl. → Rn. 71 f. – BGH 17.12.1975 – 3 StR 4/711, BGHSt 26, 258 (266) = NJW 1976, 575 (578).

[70] Vgl. BGH 26.6.1952 – 5 StR 382/52, BGHSt 3, 73 (76) = BeckRS 1952, 31192623; BGH 20.10.1993 – 5 StR 473/93, BGHSt 39, 353 (371) = NJW 1994, 267 (271); BGH 8.11.2011 – 3 StR 244/11, NStZ-RR 2012, 76; 29.4.2014 – 4 StR 23/14, BeckRS 2014, 10052.

[71] Vgl. BGH 14.1.1998 – 2 StR 606/97, BGHR StPO § 354 Abs. 1 Strafausspruch 10; BGH 16.9.2010 – 4 StR 433/10, NStZ-RR 2010, 384; 9.2.2012 – 2 StR 445/11, NStZ-RR 2012, 181; 26.2.2014 – 1 StR 6/14, NStZ-RR 2014, 186; 12.1.2016 – 1 StR 406/15, NStZ-RR 2016, 251; OLG Bamberg 16.10.2014 – 3 OLG 7 Ss 132/14, NStZ-RR 2015, 149.

[72] Vgl. (unzutreffend zu Abs. 1a) BGH 14.12.2006 – 4 StR 472/06, StV 2008, 177 mAnm Schneider.

[73] Vgl. BGH 7.2.2001 – 5 StR 474/00, BGHSt 46, 279 (291) = NJW 2001, 1802 (1805); OLG Celle 5.1.1988 – 3 Ss 221/87, StV 1988, 109.

[74] BGH 14.5.1998 – 4 StR 211/98, NZV 1998, 418.

[75] BGH 26.6.1952 – 5 StR 382/52, BGHSt 3, 73 (76) = BeckRS 1952, 31192623; BGH 24.5.1955 – 2 StR 13/55, NJW 1955, 1118 (1119).

(oder andere Rechtsfolge) abmildernde Anordnungen gelten, etwa eine Strafrestaussetzung zur Bewährung (als ggü. der Ablehnung eindeutig günstigere Entscheidung; dazu → Rn. 74 f.).[76]

e) Absehen von Strafe (Abs. 1 Var. 5). Unter entspr. Voraussetzungen wie bei Var. 4 (vgl. auch § 153b) gestattet die erst nachträglich eingefügte – und kaum angewendete[77] – Var. 5 ein Absehen von Strafe, wenn das Gesetz diese Möglichkeit vorsieht (so allg. in § 60 StGB sowie diversen Einzelvorschriften des AT und BT des StGB). Die Straffreierklärung nach § 199 StGB fällt ebenfalls unter diese Variante.[78]

2. Aufrechterhaltung des Urteils trotz Strafzumessungsfehler (Abs. 1a S. 1). 34
a) Regelungsziel und Regelungsinhalt. § 354 Abs. 1a S. 1 bildet formal eine (in der Sache freilich wohl nur scheinbare, vgl. → Rn. 7 und sogleich → Rn. 35) Ausnahme davon, dass § 354 im Übrigen für eine Sachentscheidung des Revisionsgerichts eine zumindest teilweise Aufhebung des Urteils voraussetzt. Er gestattet nämlich äußerlich gerade seine **Aufrechterhaltung** trotz eines festgestellten Fehlers.[79] Im Einzelnen:

Wie in sämtlichen Fällen von § 354 muss die Aufhebung des vorinstanzlichen Urteils 35 wegen Beruhens auf einem revisiblen Rechtsfehler anstehen (§ 337). Wenn aber in einer neuen Tatsacheninstanz praktisch sicher mit einer Entscheidung zu rechnen wäre, die inhaltlich mit der aufgehobenen übereinstimmt, kann die Aufhebung als verzichtbar erscheinen. Das Gros derartiger Fälle wird über das **Beruhenserfordernis in § 337** bereits ausgefiltert (→ § 337 Rn. 129 ff.). Dort geht es aber strikt um die rückblickende Beurteilung, ob die Vorinstanz unter Vermeidung des in der Revision aufgezeigten Fehlers möglicherweise anders entschieden hätte;[80] ist das zu verneinen, bedarf es nach dem Gesetz (§ 337 Abs. 1) auch keiner Aufhebung des Urteils. In § 354 Abs. 1a S. 1 wird der retrospektiven Nicht-Beruhens-Ausnahme (vom Grundsatz der Aufhebung rechtsfehlerhafter Entscheidungen) für die Spezialfälle, dass es nur um Rechtsfehler bei der Strafzumessung geht, ein **prospektives Pendant** zur Seite gestellt,[81] das dann eingreift, wenn in einer neuen Tatsacheninstanz praktisch sicher mit einer inhaltlichen Wiederholung der bisherigen Entscheidung zu rechnen ist (→ Rn. 36)[82] (ob die Revision zugunsten oder zum Nachteil des Angeklagten eingelegt wurde und ob der Fehler den Angeklagten begünstigt oder belastet, ist dabei grds. ohne Bedeutung[83]). In diesem Sinne ist das **Angemessenheitserfordernis** zu verstehen. Daher ist in den Fällen, in denen das **Verschlechterungsverbot** nach § 358 Abs. 2 eingreift, auch eine am Maßstab von § 46 StGB „unverständlich milde Strafe" (und uU selbst eine das gesetzliche Mindestmaß unterschreitende Strafe[84]) angemessen im Sinne von § 354 Abs. 1a.[85] Umgekehrt ist eine

---

[76] Vgl. BGH 1.10.1991 – 5 StR 443/91, StV 1992, 13 (14); 21.5.1996 – 5 StR 236/96 bei Kusch NStZ 1997, 71 (73 Nr. 20); BGH 8.10.1996 – 5 StR 481/96, BeckRS 1996, 31091801, bei Kusch NStZ 1997, 376 (377 f. Nr. 14); BGH 31.7.2012 – 5 StR 135/12, NStZ-RR 2012, 357. Zur Möglichkeit der Zurückverweisung zur tatrichterlichen Prüfung der Bewährungsfrage OLG Bamberg 25.6.2018 – 3 OLG 110 Ss 41/18, BeckRS 2018, 15190.
[77] Junker, Ausdehnung der eigenen Sachentscheidung, 2002, S. 32 f.; Ignor FS Dahs, 2005, 281 (286).
[78] Schmitt in Meyer-Goßner/Schmitt Rn. 11.
[79] Eingehend Sander StraFo 2010, 365 (369 f.).
[80] Krit. dazu (verdeckte Angemessenheitsprüfung) Paster/Sättele NStZ 2007, 609 (615); vgl. auch Gaede GA 2008, 394 (412). Zum Spannungsverhältnis ggü. dem Rekonstruktionsverbot eingehend Ventzke HRRS 2008, 180 (insbes. 187).
[81] Vgl. BT-Drs. 15/1491, 26; BT-Drs. 15/3482, 21 f.; BGH 11.8.2009 – 3 StR 175/09, JR 2011, 177 mAnm Peglau und mkritAnm Gaede StV 2011, 139. Zur Abgrenzung von der retrospektiven Sicht vgl. auch BGH 22.8.2006 – 1 StR 293/06, NJW 2006, 3362 (3363). S. ferner Basdorf NStZ 1997, 423.
[82] Vgl. (noch vor Einführung des Abs. 1a zur analogen Anwendung von Abs. 1) Meyer-Goßner GS Schlüchter, 2002, 515 (517).
[83] BGH 16.3.2006 – 4 StR 536/05, NJW 2006, 1822 (1824); 21.12.2006 – 3 StR 451/06, insoweit nicht in BGHR StGB § 239b Entführen 5.
[84] BGH 4.5.1977 – 2 StR 9/77, NJW 1977, 1544.
[85] BGH 2.12.2004 – 3 StR 273/04, BGHSt 49, 371 (375) = NJW 2005, 913 (914) – die spätere Aufhebung dieser Entsch. durch das BVerfG berührt die Richtigkeit dieser Aussage nicht.

Anwendung von Abs. 1a S. 1 von vornherein ausgeschlossen, wenn die Rechtsfolge in den Angeklagten belastender Weise gegen das Gesetz verstößt.[86]

36 Das Revisionsgericht muss das aufrechterhaltene Urteil selbst verantworten. Dass die Erwägungen der Vorinstanz das revidierte Urteil rechtlich nicht tragen, ist ja Voraussetzung des Vorgehens nach Abs. 1a; eine weitere Tatsacheninstanz wird mit der Sache gerade nicht befasst und kann das Urteil also ebenfalls nicht verantworten. Ein Urteil ohne urteilendes Subjekt gibt es aber nicht; in der Entscheidung nach Abs. 1a liegt daher eine eigene Entscheidung zur Sache; das **Revisionsgericht misst Strafe selbst zu.**[87]

37 Im letzteren Aspekt liegt das **Kernproblem** der Vorschrift.[88] Eine selbstständige Strafzumessungsentscheidung ohne eigenen Eindruck vom Angeklagten ist schwer vorstellbar. Der Eingriff des Strafrichters in die Strafzumessung war dem historischen Strafgesetzgeber des RStGB mit Blick auf die Verantwortungsverteilung zwischen Tat- und Revisionsrichter dementsprechend auch nicht vorstellbar.[89] Indem die Vorschrift in objektivem Duktus von der Angemessenheit der verhängten Rechtsfolge spricht, verschleiert sie zudem den Ermessenscharakter der gestatteten Entscheidung[90] und die dadurch eröffneten Spielräume. Dies erschwert zugleich die Interpretation und Ermittlung, in welchem Umfang solche Spielräume eröffnet werden sollten: Ausgehend vom klassischen Kompetenzkanon des Abs. 1 liegt es nahe, zu verlangen, dass das Revisionsgericht sich **praktisch sicher** sein muss, dass eine weitere Tatsacheninstanz keine andere Entscheidung treffen würde, auch wenn die theoretische Möglichkeit einer anderen Entscheidung eines künftigen Tatrichters nicht entgegensteht, solange sie hinreichend fern liegt.[91] Stellt man hingegen die Befugnis zur eigenen Sachentscheidung in den Vordergrund, die in einer reinen Rechtsinstanz mangels Beweisaufnahme und persönlichem Eindruck von vornherein keine klassische Strafzumessung sein kann, liegt es weniger fern, im verbalen Spiel mit der „Angemessenheit der Strafe" den Eindruck von Tat und Schuld durch das **Streben nach Beschleunigung** zu verdrängen[92] und – in Umkehrung des Regel-Ausnahme-Verhältnisses – darauf abzustellen, es sei nicht erkennbar, „dass es hier im Einzelfall besonders auf den persönlichen Eindruck vom Angeklagten ankäme".[93]

38 **b) Verfassungskonforme Auslegung.** Das BVerfG hat – unter Aufhebung von Revisionsentscheidungen wegen Verletzung der Ansprüche auf ein faires Verfahren und den gesetzlichen Richter – entschieden, dass Abs. 1a das Revisionsgericht zwar ermächtigt, Strafe nach Lage der Akten zuzumessen, aber **verfassungskonform eng ausgelegt** werden muss.[94] Insbes. verlangt das BVerfG, dass das Revisionsgericht sich selbst davon überzeugt, dass ihm „ein lückenloser, wahrheitsorientiert ermittelter und aktueller Strafzumessungs-

---

[86] (Summe der Einzelstrafen entgegen § 54 Abs. 2 S. 1 StGB als Gesamtstrafe) BGH 14.12.2006 – 4 StR 472/06, StV 2008, 177 mzustAnm Schneider.
[87] Vgl. BGH 17.3.2005 – 3 StR 39/05, NJW 2005, 1813 ff.; 20.12.2006 – 1 StR 595/06, NStZ-RR 2007, 152 (153) und BGH 11.8.2009 – 3 StR 175/09, JR 2011, 177 (Rn. 20 ff.), wo der BGH auch ein Bsp. entspr. – gerade nicht pauschal denkbarer – Erwägungen gibt, ebenso BGH 17.3.2006 – 1 StR 577/05, NStZ 2006, 587 (588). Näher dazu Schuhr FS Stöckel, 2010, 323 (333 ff.); vgl. auch Senge FS Dahs, 2005, 475 (486 f.); Franke GA 2006, 261 (263 f.).
[88] Vgl. Franke in Löwe/Rosenberg Rn. 53 ff.; Eisenberg/Haeseler StraFo 2005, 221 (222 f., 224); bereits zuvor Meyer-Goßner GS Schlüchter, 2002, 515 (523).
[89] Nachweise bei Knauer NStZ 2016, 1 (4).
[90] Dazu und va zu den Feststellungen im Urteil als ihrer Grundlage BGH 29.4.2014 – 4 StR 23/14, BeckRS 2014, 10052 Rn. 8.
[91] Vgl. BGH 17.3.2005 – 3 StR 39/05, NJW 2005, 1813; Sommer StraFo 2004, 295 (298).
[92] Vgl. dazu BGH 8.12.2004 – 1 StR 483/04, NStZ 2005, 285 mkritAnm Ventzke NStZ 2005, 461. Krit. auch Tepperwien NStZ 2009, 1 (7).
[93] BGH 22.8.2006 – 1 StR 293/06, BGHSt 51, 84 (Rn. 14) = NJW 2006, 3362 (3363).
[94] BVerfG 14.6.2007 – 2 BvR 1447/05, 2 BvR 136/05, BVerfGE 118, 212 (226 ff.) = NJW 2007, 2977 ff. = JR 2008, 73 mAnm Peglau; dazu auch Hamm StV 2008, 205 ff.; Gaede GA 2008, 394; Berenbrink GA 2008, 625 (627 ff.); Köberer FS Hamm, 2008, 303 (315 ff.); Altvater FS Widmaier, 2008, 35 ff.; Radtke FS Maiwald, 2010, 643 (645 ff.). Zuvor bereits dazu Frisch StV 2006, 431 ff. AA (für Verfassungswidrigkeit von Abs. 1a) Dehne-Niemann ZIS 2008, 239 ff. S. auch (bereits vor der Entscheidung des BVerfG) Langrock StraFo 2005, 226.

sachverhalt zur Verfügung steht" (vgl. auch → Rn. 9 ff.).[95] Der Angeklagte muss (zumindest durch einen Antrag der StA) auf die für eine Entscheidung nach Abs. 1a sprechenden Gründe hingewiesen worden sein und Gelegenheit auch zum (dem Revisionsverfahren ansonsten fremden) Tatsachenvortrag gehabt haben, was die Verpflichtung des Revisionsgerichts einschließt, sich mit einem solchen Vortrag auseinanderzusetzen und ihn ggf. – auch ohne Revisionshauptverhandlung – inhaltlich zu prüfen.[96] Vorrangiger Rechtsbehelf insoweit wäre die Anhörungsrüge nach § 356a;[97] eine Verfassungsbeschwerde müsste zudem darlegen, was bei pflichtgemäß erteiltem Hinweis aussichtsreich hätte vorgetragen werden können.[98]

Der Wortlaut der Vorschrift beschränkt die Befugnis ausdrücklich auf solche Fälle, in **39** denen es **ausschließlich** um einen revisiblen Fehler der **Zumessung von Rechtsfolgen** geht;[99] der **Schuldspruch** muss von dem Fehler also **unberührt** bleiben. Zu Recht hat das BVerfG unterstrichen, dass der Wortlaut der Vorschrift sich einer Ausdehnung auf Fälle der Schuldspruchberichtigung (dazu → Rn. 48 ff.; einschließlich solcher nach §§ 154, 154a), in denen das Revisionsgericht gleichwohl an der ausgesprochenen Rechtsfolge festhalten möchte, explizit verschließt.[100] Richtigerweise ist das nicht nur formal zu verstehen, sondern setzt ebenfalls voraus, dass die Revisionsentscheidung den Schuldspruch auch nicht nur mit einer materiell wesentlich anderen Begründung aufrechterhält.[101] Dass Abs. 1a in seinem Anwendungsbereich so eng gefasst wird, entspricht der – auch zur zuvor schon bestehenden Praxis der Rspr. konträren – gesetzgeberischen Intention.[102] Soweit der Schuldspruch allerdings **heraufgestuft** (→ Rn. 60) und die Rechtsfolge gleichwohl aufrechterhalten wird, hält sich das BVerfG mit Beanstandungen zurück.[103] Die Entscheidung muss in jedem Fall nachvollziehbare Gründe erkennen lassen.[104] Regelbeispiele sind zwar tatbestandsähnlich, soweit nur eines von mehreren Regelbeispielen entfällt, steht die betreffende Schuldspruchänderung einer Anwendung von Abs. 1a aber nicht entgegen.[105]

3. Angemessene Herabsetzung der Rechtsfolgen (Abs. 1a S. 2). Abs. 1a S. 2 **40** erweitert die Möglichkeiten von Abs. 1a S. 1 dahingehend, dass nicht nur eine Aufrechterhaltung des Urteils, sondern auch eine **Herabsetzung** der Rechtsfolgen zulässig sein kann. Darunter ist auch die Anordnung neuer, den Angeklagten **entlastender Rechtsfolgen** zu verstehen, zB dass ein bestimmter Teil der Strafe zur Kompensation einer konventionswidri-

---

[95] S. dazu auch BVerfG 14.8.2007 – 2 BvR 1253/07, BeckRS 2007, 25957; ferner BGH 23.6.2006 – 2 StR 135/06, NStZ-RR 2007, 195; OLG Köln 16.2.2016 – III-1 RVs 17/16, NStZ-RR 2016, 181. Vgl. dazu Schlothauer/Weider/Nobis Untersuchungshaft Rn. 105, 2531 ff. Gerade mit Blick auf „gedealte" Feststellungen Roxin/Schünemann StrafVerfR § 55 Rn. 72.
[96] BVerfG 14.6.2007 – 2 BvR 1447/05, 2 BvR 136/05, BVerfGE 118, 212 (236) = NJW 2007, 2977 (2980); dazu BGH 11.8.2009 – 3 StR 175/09, JR 2011, 177 (Rn. 8 ff.) mAnm Peglau und BGH 21.4.2010 – 4 StR 245/09, bei Cierniak/Zimmermann NStZ-RR 2013, 193 (195).
[97] BVerfG 29.1.2008 – 2 BvR 2556/07, StRR 2008, 202.
[98] BVerfG 18.7.2008 – 2 BvR 1423/08, BVerfGK 14, 95 (Rn. 5); ferner BVerfG 14.8.2007 – 2 BvR 124/05, BeckRS 2007, 25628.
[99] Zu Fallgruppen vgl. insoweit (die Ausführungen zur Schuldspruchänderung stehen im Wspr. zu späteren Entscheidungen des BVerfG) Maier/Paul NStZ 2006, 82 (83).
[100] BVerfG 14.6.2007 – 2 BvR 1447/05, 2 BvR 136/05, BVerfGE 118, 212 (242 ff.) = NJW 2007, 2977 (2982); anders zuvor (in selber Sache) BGH 2.12.2004 – 3 StR 273/04, BGHSt 49, 371 (372 ff.) = NJW 2005, 913; ferner BGH 8.12.2004 – 1 StR 483/04, NStZ 2005, 285. Vgl. dazu Tepperwien FS Widmaier, 2008, 583 (586 f., 595 ff.); Berenbrink GA 2008, 625 (631 ff.); Beulke Rn. 574. Entspr. zuvor bereits Jahn/Kudlich NStZ 2006, 340 (341; mablAnm zu BGH 20.9.2005 – 1 StR 86/05, NStZ 2006, 36; entspr. (in dieser Sache) BVerfG 10.10.2007 – 2 BvR 1977/05, BeckRS 2007, 27156); Kudlich HRRS 2007, 9 (15). AA zuvor Peglau JR 2005, 143 (144); (sogar nach erfolgreicher Verfahrensrüge) Senge StraFo 2006, 309 (311 f., 315). Vgl. nunmehr BGH 23.8.2007 – 3 StR 273/04, wistra 2007, 457.
[101] Vgl. Peglau JR 2011, 181 (181 f.).
[102] Vgl. Franke StV 2010, 433 (435).
[103] Vgl. BVerfG 18.7.2008 – 2 BvR 1423/08, BVerfGK 14, 95.
[104] BVerfG 14.6.2007 – 2 BvR 1447/05, 2 BvR 136/05, BVerfGE 118, 212 (238 ff.) = NJW 2007, 2977 (2981 ff.); Temming in Gercke/Julius/Temming/Zöller Rn. 21.
[105] BGH 29.11.2011 – 1 StR 459/11, ZWH 2012, 241 mzustAnm Schuhr.

gen **Verfahrensverzögerung** für vollstreckt erklärt wird;[106] sind dem Revisionsgericht alle betreffenden Umstände bekannt,[107] wäre der Tatrichter nicht prinzipiell in einer besseren Position für diese Entscheidung, und die Zurückverweisung würde nur weitere Verzögerungen bedeuten. Grds. bedarf es zur Strafzumessung und zur Erstellung der für die Entscheidung über eine – von Abs. 1a mitumfasste[108] – Strafaussetzung zur Bewährung nach § 56 StGB nötigen Prognose aber entspr. vollständiger und aktueller Feststellungen, an denen es gerade bzgl. § 56 StGB oft fehlen wird.[109] Auf Maßregeln der §§ 63–66b StGB ist die Vorschrift hingegen nicht anwendbar.[110]

41 Die Befugnis setzt einen **Antrag der StA** voraus. Die Vorschrift formuliert weder eine Verpflichtung der StA, in ihrem Antrag eine bestimmte Rechtsfolge vorzuschlagen, noch eine Bindung des Revisionsgerichts an einen solchen. Die herrschende Auffassung, wonach keine derartige Bindung besteht,[111] geht gleichwohl zu weit. Sie würde bedeuten, dass das Revisionsgericht nach einem beliebigen, auf Herabsetzung der Rechtsfolgen gerichteten Antrag auf die gesetzlich niedrigste Strafe erkennen dürfte, was Abs. 1 Var. 4 aber explizit an einen übereinstimmenden Antrag der StA knüpft. Seine **Begrenzungs- und Kontrollfunktion** kann das Antragserfordernis auch hier nur ausüben, wenn man die Entscheidungskompetenz des Revisionsgerichts als auf den Antrag limitiert ansieht, dh durch die Formulierung ihres Antrags (der eine bestimmte Rechtsfolge vorschlagen, einen Rahmen von der StA als angemessen erachteter Entscheidungen angeben oder unbestimmt bleiben kann) **konkretisiert die StA** – entgegen der hM – **den Spielraum** des Revisionsgerichts; dabei wird man einen nur beispielhaft angeführten Vorschlag als unbezifferten Antrag und eine konkret genannte Strafhöhe uU lediglich als Untergrenze eines nach oben nur durch das angegriffene Urteil begrenzten Antrags auszulegen haben.[112]

42 Zur eigenen Strafzumessungsentscheidung des Revisionsgerichts gelten auch hier das unter → Rn. 36 ff. Gesagte und die dort behandelten Einschränkungen und **Kriterien des BVerfG**.[113] Je stärker das Gericht sich von Beschleunigungsgedanken, dem Schutz der Betroffenen vor den Belastungen einer weiteren Beweisaufnahme oder der Rücksichtnahme auf zwischenzeitlich verschlechterte Beweismittel leiten lässt, desto stärkere **Sicherheitsabschläge** zu Gunsten des Angeklagten muss es vornehmen. Die Kompetenz zur Verhängung der Mindest(gesamt)strafe ergibt sich (nebst Erfordernis eines Antrags der StA) aus Abs. 1 Var. 4.[114]

43 Eine Anwendung von Abs. 1a S. 2 kommt **vor allem dann** in Betracht, wenn der Rechtsfehler innerhalb der Begründung abgrenzbare Auswirkungen hat und deshalb isoliert korrigiert werden kann. Das kann zB bei weniger gravierenden Fehlern in der Bestimmung einer Strafrahmengrenze[115] oder fehlendem Härteausgleich[116] der Fall sein, ebenso bei

---

[106] Vgl. BVerfG 14.8.2007 – 2 BvR 760/07, NStZ 2007, 710 (711); BGH 15.5.1996 – 2 StR 119/96, NStZ 1997, 29 mAnm Scheffler; BGH 27.9.2007 – 4 StR 251/07, NStZ-RR 2008, 22; 6.3.2008 – 3 StR 376/07, NStZ-RR 2008, 208 (209); 1.4.2008 – 5 StR 80/08, BeckRS 2008, 07843; 22.9.2009 – 4 StR 292/09, NStZ-RR 2010, 75 (76); Schmitt in Meyer-Goßner/Schmitt Rn. 29.
[107] Zu einem solchen Fall BGH 31.1.2023 – 4 StR 471/22, BeckRS 2023, 2741; zu mangels vollständiger Information nötiger Zurückverweisung BGH 17.4.2008 – 5 StR 155/08, wistra 2008, 304 (305).
[108] OLG Schleswig 6.6.2005 – 2 Ss 29/05 (30/05), StV 2006, 403 mkritAnm Jung.
[109] OLG Nürnberg 3.4.2007 – 2 St OLG Ss 318/06, StV 2007, 409 = NZV 2007, 640; (zu § 56 StGB) OLG Nürnberg 21.5.2008 – 2 St OLG Ss 11/08, NJW 2008, 2518.
[110] Senge StraFo 2006, 309 (315).
[111] Vgl. BT-Drs. 15/1491, 26; OLG Karlsruhe 20.10.2004 – 1 Ss 76/03, NJW 2004, 3724 (3725); Senge FS Dahs, 2005, 475 (489).
[112] Vgl. BGH 23.7.2008 – 5 StR 283/08, BGHR StPO § 354 Abs. 1a S. 2 Herabsetzung 2.
[113] BVerfG 14.8.2007 – 2 BvR 760/07, NStZ 2007, 710; dazu Hamm StV 2008, 205 ff.; einschränkend (Herabsetzung der Strafe nach Änderung des Schuldspruchs) OLG Rostock 22.2.2008 – 2 Ss 347/07 I 138/07, BeckRS 2008, 21664.
[114] Unzutreffend bzgl. der Anwendung von Abs. 1a S. 2 daher BGH 14.12.2006 – 4 StR 472/06, StV 2008, 177 mAnm Schneider.
[115] BGH 9.1.2008 – 5 StR 554/07, NStZ-RR 2008, 182 (183).
[116] BGH 24.1.2007 – 2 StR 583/06, NStZ-RR 2007, 168 (169); dagegen keine Anwendung von Abs. 1b bei unterbliebenem Härteausgleich, vgl. BGH 17.9.2014 – 2 StR 325/14, BeckRS 2014, 19308; 25.2.2016 – 2 StR 31/16, NStZ-RR 2016, 251.

gegenläufigen Fehlern,[117] hingegen nicht, wenn wegen eines grds. unzutreffend bestimmten Strafrahmens,[118] einer Vielzahl von Strafzumessungsfehlern[119] oder aus anderen Gründen eine umfassende neue Gesamtabwägung[120] erforderlich ist.

4. Korrektur einer Gesamtstrafenbildung (Abs. 1b). a) Anordnung des Beschlussverfahrens nach §§ 460, 462 (Abs. 1b S. 1). § 460 regelt die nachträgliche Gesamtstrafenbildung nach Verurteilung in verschiedenen rechtskräftigen Urteilen, § 462 ordnet dafür das Beschlussverfahren ohne mündliche Verhandlung an und trifft dazu nähere Bestimmungen.[121] § 354 Abs. 1b gestattet es dem Revisionsgericht, statt einer Zurückverweisung zu erneuter Hauptverhandlung die Sache **in** ein entspr. **Beschlussverfahren zu verweisen,** auch wenn diesem dann nur ein einziges Urteil zu Grunde liegt.[122] Ob der zur Aufhebung führende Rechtsfehler den Angeklagten beschwert oder begünstigt, ist dabei grds. unerheblich;[123] auch die zwischenzeitliche Erledigung einzelner Strafsachen nach Erlass des letzten tatrichterlichen Urteils steht dem Vorgehen nicht entgegen.[124] Auf die Einbeziehung nach § 31 JGG ist die Vorschrift nicht anwendbar.[125] 44

Eine eigene Sachentscheidung des Revisionsgerichts liegt darin nur bedingt; es **entscheidet nicht die Sache selbst,** auch keinen Teil davon, reduziert aber das für die Sachentscheidung vorgesehene Verfahren und die Erkenntnismöglichkeiten des nachfolgenden Tatgerichts und muss dazu eigenes Ermessen ausüben. Zum Vorgehen nach Abs. 1b eignet sich eine Sache nur dann, wenn die bisherigen Feststellungen so aktuell und vollständig sind, dass sie eine Strafzumessung ohne neuerliche Hauptverhandlung ermöglichen.[126] Das kann auch der Fall sein, wenn die Voraussetzungen einer nachträglichen Gesamtstrafenbildung (§ 55 StGB) irrig verkannt wurden[127] oder wenn allein die (an sich gebotene) nachträgliche Gesamtstrafenbildung zur Überschreitung der Strafgewalt des Berufungsgerichts geführt hat.[128] Zur Korrektur eigentlicher Strafzumessungsfehler (wie auf die Zäsurwirkung bezogener Irrtümer) und zur Behandlung schwierigerer Fälle ist das Vorgehen idR ungeeignet;[129] auch über einen übersehenen Härteausgleich soll nicht auf diese Weise entschieden werden können.[130] 45

Abs. 1b S. 1 regelt technisch keinen Fall der **Zurückverweisung** (insbes. bildet er keinen Fall des § 462a Abs. 6).[131] Vielmehr wird die Entscheidung hinsichtlich der einzelnen prozessualen Taten rechtskräftig, und es findet nur mehr das nachgelagerte Verfahren der 46

---

[117] BGH 1.3.2005 – 2 StR 507/04, NStZ-RR 2006, 109.
[118] Vgl. Schmitt in Meyer-Goßner/Schmitt Rn. 29.
[119] BGH 7.2.2007 – 2 StR 577/06, StV 2007, 408.
[120] Vgl. (neue Gesamtabwägung erforderlich) BGH 8.11.2007 – 4 StR 522/07, NStZ 2008, 233 (234); (neue Gesamtabwägung nicht erforderlich) BGH 13.10.2009 – 5 StR 347/09, NStZ-RR 2010, 21.
[121] Instruktiv zu zwei divergierenden Konstellationen BGH 21.8.2014 – 3 StR 245/14, NStZ-RR 2015, 20.
[122] Vgl. etwa aus neuerer Zeit BGH 20.8.2014 – 3 StR 320/14, StV 2015, 174 = BeckRS 2014, 19207 oder OLG Frankfurt a. M. 2.6.2014 – 3 Ss 68/14, NStZ-RR 2014, 220 (222).
[123] BGH 30.11.2006 – 4 StR 278/06, NStZ-RR 2007, 107.
[124] BGH 21.8.2014 – 3 StR 245/14, NStZ-RR 2015, 20.
[125] Eisenberg/Haeseler StraFo 2005, 221 (225).
[126] Vgl. BGH 30.11.2006 – 4 StR 278/06, NStZ-RR 2007, 107; OLG Hamm 6.3.2008 – 3 Ss 68/08, NStZ-RR 2008, 235 (236). S. auch (Teilfreispruch in der Revision) BGH 2.2.2010 – 1 StR 635/09, bei Cierniak/Zimmermann NStZ-RR 2013, 193 (195). Ferner BGH 24.1.2017 – 5 StR 601/16, BeckSR 2017, 102395 (Entscheidung über Härteausgleich ungeeignet); OLG Hamm 6.11.2007 – III – 1 RVs 88/17, BeckRS 2017, 142837 (ungeeignet, wenn tatrichterliche Neubewertung der Strafzuweisung erforderlich ist).
[127] BGH 1.7.2010 – 1 StR 196/10, bei Cierniak/Zimmermann NStZ-RR 2013, 193 (195); (Vollstreckungssituation zum Zeitpunkt der ersten Verhandlung maßgeblich) BGH 13.11.2007 – 3 StR 415/07, NStZ-RR 2008, 72 (73).
[128] OLG Jena 8.3.2016 – 1 OLG 171 Ss 5/16, BeckRS 2016, 17321.
[129] BGH 28.10.2004 – 5 StR 430/04, NJW 2004, 3788 (3789); 2.11.2010 – 1 StR 544/09, NZWiSt 2012, 75 (77); Peglau JR 2005, 143 (145).
[130] BGH 17.9.2014 – 2 StR 325/14, BeckRS 2014, 19308; 25.2.2016 – 2 StR 31/16, NStZ-RR 2016, 251.
[131] BGH 28.10.2004 – 5 StR 430/04, NJW 2004, 3788.

§§ 460, 462 statt. Zuständig ist dafür aber – wie bei der alten Zurückverweisung und entgegen der Regel des heutigen Abs. 2 – genau der Spruchkörper, der bereits das angegriffene Urteil erlassen hat (§ 462a Abs. 3).[132] Das hat den Vorteil, dass – soweit dort noch dieselben Richter aktiv sind – zumindest seinerzeit ein eigener, persönlicher Eindruck vom Angeklagten in der Hauptverhandlung gewonnen wurde,[133] verursacht aber leicht zumindest einen subjektiven Eindruck der Befangenheit beim Angeklagten (auch → Rn. 93 f.).[134] Zudem ist die Entscheidung dann nicht erneut revisibel, sondern nur mit sofortiger Beschwerde – und damit nicht mehr vor dem BGH – anfechtbar (§ 462 Abs. 3).[135] Auch deshalb ist bei der Anwendung von Abs. 1b Zurückhaltung geboten.

47 **b) Verhältnis zu den Abs. 1 und 1a (Abs. 1b S. 2 und 3).** S. 1 beschränkt die Vorschrift zwar auf Fälle, in denen das Urteil nur wegen eines **Fehlers bei der Gesamtstrafenbildung** aufgehoben wird, das passt aber nur wenig zur Regel des § 462, der grds. das Beschlussverfahren für die nachträgliche Gesamtstrafenbildung vorsieht. Die Einschränkung wird auch bereits in **S. 2** stark relativiert, wonach Abs. 1b S. 1 auch dann anwendbar ist, wenn eine neuerliche Gesamtstrafenbildung **aufgrund** einer **Sachentscheidung** des Revisionsgerichts (Abs. 1 oder 1a) erforderlich wird.[136] Der BGH dehnt diese Regel – überzeugend – auch auf Ermessenseinstellungen (vgl. → Rn. 24) aus.[137] **S. 3** stellt dazu ausdrücklich klar, dass Abs. 1b dem Revisionsgericht eine zusätzliche (und nach S. 2 ggf. kombinierbare) Entscheidungsvariante eröffnet, die **Abs. 1 und 1a** aber **nicht verdrängt.**

III. „Schuldspruchberichtigung" in „Analogie" zu Abs. 1

48 **1. Problematik der Analogie zu Abs. 1. a) Praxis der Revisionsgerichte.** Die Revisionsgerichte entscheiden schon seit Langem in großem Umfang auf die Sachrüge (nicht bei Revision gegen ein Verwerfungsurteil nach § 329 Abs. 1)[138] auch in der Sache selbst. Sie bezeichnen dieses Vorgehen als **„Schuldspruchberichtigung"** (sowie „Berichtigung" des Rechtsfolgenausspruchs, dazu → Rn. 66 ff.; vgl. zu Schuldspruchberichtigungen zugunsten nicht revidierender Mitangeklagter auch → § 357 Rn. 13) und sprechen dabei von einer analogen bzw. entsprechenden Anwendung von § 354 Abs. 1,[139] so etwa bei einem offensichtlichen Fassungsversehen.[140] Eine Studie von *Junker* kam zu dem Ergebnis, dass fast jede vierte begründete Revisionsentscheidung des BGH im Zeitraum von 1992 bis 1999 (also vor Geltung der Abs. 1a und 1b) eine Sachentscheidung beinhaltete, etwa drei von vier dieser Sachentscheidungen waren „Schuldspruchberichtigungen" jenseits des Anwendungsbereichs von § 354.[141]

49 **b) Analogiefähigkeit und ihre Grenzen.** Ob dieses Vorgehen überzeugen kann, ist fraglich. Geht man davon aus, dass die bei → Rn. 7 ff. erläuterten „allgemeinen Vorausset-

---

[132] BGH 1.7.2010 – 1 StR 196/10, BeckRS 2010, 17262 bei Cierniak/Zimmermann NStZ-RR 2013, 193 (195); BGH 2.2.2010 – 1 StR 635/09, NStZ 2010, 644; OLG Köln 8.10.2004 – 8 Ss 415/04, NStZ 2005, 164; OLG Nürnberg 7.12.2006 – 2 St OLG Ss 270/06, NStZ-RR 2007, 72 (73); Franke GA 2006, 261 (264).
[133] Vgl. Sommer StraFo 2004, 295 (298).
[134] Näher dazu Wasserburg GA 2006, 393 (396).
[135] Vgl. Senge FS Dahs, 2005, 475 (493 f.).
[136] Vgl. Eisenberg/Haeseler StraFo 2005, 221 (223).
[137] BGH 16.11.2004 – 4 StR 392/04, NJW 2005, 376 (377).
[138] OLG Frankfurt a. M. 22.11.1962 – 2 Ss 893/62, NJW 1963, 460; Franke in Löwe/Rosenberg Rn. 18; Schmitt in Meyer-Goßner/Schmitt Rn. 14.
[139] Zu Nachweisen aus der Rspr. s. bei den im Folgenden dargestellten Fallgruppen. Aus der (grds. zustimmenden, die Grenzen aber tendenziell enger als die heutige Praxis ziehenden) Lit. dazu eingehend Bode, Die Entscheidung des Revisionsgerichts in der Sache selbst, 1958, S. 16 ff.; Batereau, Die Schuldspruchberichtigung, 1971, S. 17 ff.; Meyer-Goßner GS Schlüchter, 2002, 515 (516 ff.); Ignor FS Dahs, 2005, 281 (286 ff.); Wohlers in SK-StPO Rn. 27 ff.; Momsen in Satzger/Schluckebier/Widmaier StPO Rn. 16.
[140] BGH 6.4.2023 – 1 StR 61/23, BeckRS 2023, 10006.
[141] Junker, Ausdehnung der eigenen Sachentscheidung, 2002, S. 14 ff. (34 ff.); vgl. dazu Schuhr FS Stöckel, 2010, 323 (335 f.). Zu einer ähnlichen Studie s. Schwarz, Die eigene Sachentscheidung, 2002, S. 98 ff.

zungen" einer eigenen Sachentscheidung des Revisionsgerichts die **äußerste Grenze** abstecken, innerhalb derer das Revisionsgericht ohne Verstoß gegen die gerichtliche Aufklärungspflicht, gegen die Unschuldsvermutung oder gegen den Grundsatz *in dubio pro reo* selbst zur Sache entscheiden kann, belässt es § 354 gerade nicht bei diesen Voraussetzungen. In Abs. 2 ordnet die Vorschrift eine Rückverweisung nach Aufhebung des Urteils allgemein an. Abs. 1–1b treffen nur einzelne Ausnahmen vom Grundsatz der Rückverweisung. Der **Regelungsinhalt** von § 354 insgesamt ist also, die Sachentscheidungsbefugnis des Revisionsgerichts **stärker einzuschränken,** als dies nach allgemeinen Grundsätzen erforderlich wäre[142] (und nicht etwa eine dem Revisionsgericht ansonsten nicht bestehende Sachentscheidungsbefugnis zu gewähren).

Deshalb ist es methodisch fragwürdig, die Regelung des § 354 Abs. 1 im Wege eines **50 Erst-recht-Schlusses**[143] **oder** durch **Analogie** auf weitere Fallgruppen zu übertragen.[144] Es besteht nicht nur keine *ungewollte* Regelungslücke, denn der historische Gesetzgeber der StPO hat den Umfang der Sachentscheidungsbefugnis für das Revisionsgericht intensiv diskutiert, und auch später hat sich der Gesetzgeber (insbes. im Zuge der Beratungen über das 1. Justizmodernisierungsgesetz) mit der Sachentscheidungskompetenz des Revisionsgerichts und der längst von der Rechtslage abweichenden Rechtspraxis auseinandergesetzt und „nur" die Kompetenzen aus Abs. 1a und 1b eingefügt.[145] Es besteht noch nicht einmal überhaupt eine Regelungslücke; § 354 (zusammen mit § 354a) regelt die Sachentscheidungskompetenzen des Revisionsgerichts **vollständig und abschließend** und eben sehr anders als § 83 Abs. 3 OWiG (dazu → Rn. 6).

Welche Ähnlichkeiten auch immer ein Rechtsanwender zwischen einem ihm vorliegen- **51** den Fall, einem von der Vorschrift erfassten Fall und gesetzgeberischen Intentionen sehen mag,[146] im Wege der analogen bzw. entsprechenden Anwendung von § 354 (Abs. 1) lässt sich eine Sachentscheidungskompetenz nicht begründen.[147] Methodisches Mittel könnte höchstens eine **teleologische Reduktion von § 354** sein, auch diese schlägt aber weitgehend fehl, weil sie dem Zweck der Vorschrift, die Sachentscheidungsbefugnis des Revisionsgerichts einzuschränken, gerade zuwider liefe. Einige wenige Fallgruppen, die die Rspr. bereits als analoge Anwendung von Abs. 1 einordnet, sind **aber richtigerweise** unmittelbar unter **(nicht allzu eng ausgelegte)** Varianten in Abs. 1 zu fassen (vgl. → Rn. 21, 29 und 32).

Dass das **BVerfG** solche Entscheidungen auch darüber hinaus bislang nur in seltenen **52** Ausnahmefällen aufgehoben hat,[148] ist kein Beleg ihrer Richtigkeit, denn das BVerfG überprüft die Rechtsanwendung durch die Fachgerichte grds. nicht.[149] Die verfassungsrechtliche Prüfung beschränkt es ausdrücklich – auch bzgl. Art. 101 Abs. 1 S. 2 GG und den Anspruch auf ein faires Verfahren (Art. 20 Abs. 3 iVm Art. 2 Abs. 1 GG) – auf das Willkürverbot (Art. 3 Abs. 1 GG).[150]

---

[142] Vgl. BVerfG 7.1.2004 – 2 BvR 1704/01, NJW 2004, 1790 (1791). Näher dazu Schuhr FS Stöckel, 2010, 323 (329 ff.); vgl. auch Wohlers in SK-StPO Rn. 3.
[143] So argumentiert Franke in Löwe/Rosenberg Rn. 16.
[144] Vgl. auch Steinmetz, Sachentscheidungskompetenzen des Revisionsgerichts, 1997, S. 360 ff., 384; Geerds JZ 1968, 390 (393; Anm. zu BayObLG 22.8.1967 – RReg. 2a St. 234/67, BayObLGSt 1967, 138); Hanack StV 1993, 63 (64); Ignor FS Dahs, 2005, 281 (297 f.).
[145] Vgl. BT-Drs. 15/3482, 22: Die Einschränkung der Kompetenz des Revisionsgerichts zu Sachentscheidung ist und bleibt vom Gesetzgeber gewollte gesetzliche Regelung; vgl. dazu auch Schuhr FS Stöckel, 2010, 323 (330 ff., 339) mN.
[146] Sehr pauschal so zB BGH 8.12.2004 – 1 StR 483/04, NStZ 2005, 285 mkritAnm Ventzke NStZ 2005, 461.
[147] Überzeugend Schuhr FS Stöckel, 2010, 323 (338 ff.).
[148] Zu solchen s. (Eigene Beweiswürdigung) BVerfG 8.5.1991 – 2 BvR 1380/90, NJW 1991, 2893; (wahldeutige Feststellungen) BVerfG 15.2.1995 – 2 BvR 383/94, NJW 1996, 116; (Aufrechterhalten der Gesamtstrafe trotz Wegfalls wesentlicher Einzelstrafen) BVerfG 7.1.2004 – 2 BvR 1704/01, NJW 2004, 1790 f.; dazu Ignor FS Dahs, 2005, 281 (299 ff.); Paster/Sättele NStZ 2007, 609.
[149] Vgl. dazu ergänzend auch BVerfG 3.6.1987 – 1 BvR 313/85, BVerfGE 75, 369 (381) = NJW 1987, 2661 (2662).
[150] Siehe auch (jeweils Willkür verneinend) BVerfG 15.2.1995 – 2 BvR 383/94, NJW 1996, 116; 1.3.2000 – 2 BvR 2049/99, BeckRS 2000, 30099026; BVerfG 30.11.2000 – 2 BvR 1473/00, NStZ 2001, 187; 1.3.2004 – 2 BvR 2251/03, BVerfGK 3, 20 f. jeweils mwN.

53   c) **Desiderata** *de lege ferenda.* Kritik an der Rechtslage ist durchaus begründet. Sachentscheidungen des Revisionsgerichts schonen in erheblichem Maße Ressourcen und üben eine ungleich zügigere Befriedungsfunktion aus. Die bisherigen Erfahrungen mit der Praxis der Revisionsgerichte zeigen zudem, dass der Gesetzgeber die Gefahren eigener Sachentscheidungen der Revisionsgerichte tendenziell überbewertet. Umgekehrt ist diese Praxis indes nicht nur ein offener Bruch mit dem Gesetz, sondern neigt in gewissem Umfang auch zu materiell bedenklichen Sachentscheidungen. Wünschenswert wäre es, den **Positivkatalog** zulässiger Sachentscheidungen nach Abs. 1–1b **aufzugeben** und es stattdessen dem Revisionsgericht zu überlassen, die Voraussetzung einer eigenen Sachentscheidung anhand der „allgemeinen Voraussetzungen" (→ Rn. 7 ff.) zu prüfen. Eine unmittelbare Änderung des Schuldspruchs ist in der Revision dann sinnvoll, wenn das Revisionsgericht sicher absehen kann, dass jede andere Entscheidung rechtsfehlerhaft wäre; die derzeit noch darüber hinausgehende Praxis sollte hingegen aufgegeben werden.[151] Idealtypischer Fall einer sinnvollen Schuldspruchänderung ist die Korrektur von Verletzungen bestehender Teilrechtskraft (zB bei beschränktem Einspruch gegen einen Strafbefehl).[152]

54   **2. Einzelne Konstellationen. a) Wegfall einzelner Verurteilungen.** Eine Teileinstellung nach **§ 154 Abs. 2** auf Antrag der StA sowie eine Beschränkung der Strafverfolgung nach **§ 154a Abs. 2** mit Zustimmung der StA ist auch dem Revisionsgericht gestattet.[153] Diese Entscheidungsvarianten stehen neben § 354 und bleiben daher vom Analogieproblem zunächst unberührt. Entgegen der Rspr. gilt dies freilich nur, soweit eine Reduzierung des Schuldspruchs aus der Teileinstellung bzw. Beschränkung resultiert, nicht hingegen soweit der Schuldspruch bzgl. weiterhin verfahrensgegenständlicher Teile abgeändert wird.[154]

55   Daneben läge es besonders nahe, dem Revisionsgericht auch die selbstständige Streichung **einzelner tateinheitlicher Verurteilungen** zu gestatten, wenn der neue Tatrichter aufgrund seiner Bindung an die Revisionsentscheidung nicht anders handeln könnte.[155] In der letzteren Konstellation ist auch die Vorstellung einer Analogie zur Freispruchsvariante des Abs. 1 am ehesten nachvollziehbar; gelegentlich werden diese Entscheidungsvarianten sogar als „kleiner Freispruch" bezeichnet. In berufsrechtlichen Verfahren, in denen keine Unterteilung des Sachverhalts in rechtlich selbstständige Taten erfolgt, stellt sich diese Frage so nicht; auch bei Wegfall einzelner Aspekte der Begründung einer einheitlichen Verurteilung bleibt der Schuldspruch unverändert.[156]

56   **Problematisch** sind aber beide Konstellationen, wenn nicht nur der Schuldspruch berichtigt wird, sodass einzelne Verurteilungen entfallen, sondern auch eine Entscheidung über die (idR Aufrechterhaltung der) **Rechtsfolgen** getroffen wird.[157] Die Situation ist nicht mit der des Abs. 1a vergleichbar; vielmehr wird man es als Regelfall ansehen müssen,

---

[151] Vertiefend und mit Gesetzgebungsvorschlag dazu Schuhr FS Stöckel, 2010, 323 (342 ff.). Einen Überblick über diverse Gesetzgebungsvorschläge im vergangenen Jahrhundert gibt Steinmetz, Sachentscheidungskompetenzen des Revisionsgerichts, 1997, S. 385 ff.

[152] ZB OLG Zweibrücken 31.7.2008 – 1 Ss 96/08, NStZ-RR 2008, 381 – Bisweilen wird diese sogar als Fall von Abs. 1 Var. 3 angesehen, vgl. Franke in Löwe/Rosenberg Rn. 12 mN.

[153] Zu Bsp. und Anwendungshäufigkeit s. Junker, Ausdehnung der eigenen Sachentscheidung, 2002, S. 77 f.

[154] Anders BGH 22.1.2013 – 1 StR 416/12, BGHSt 58, 119 Rn. 53 = NJW 2013, 2608 (2612), insoweit in NStZ 2013, 525 nicht abgedruckt.

[155] Vgl. („Anwendung des § 354 Abs. 1") BGH 19.8.1958 – 5 StR 338/58, NJW 1958, 1692 (insoweit nicht abgedr. in BGHSt 12, 30); BGH 14.1.1998 – 2 StR 606/97, BGHR StPO § 354 Abs. 1 Strafausspruch 10; BGH 18.12.2007 – 1 StR 86/05, NStZ 2008, 279 (280); s. in selber Sache zuvor aber auch Anm. Jahn/Kudlich NStZ 2006, 340 sowie BVerfG 10.10.2007 – 2 BvR 1977/05, BeckRS 2007, 27156).

[156] Vgl. BGH 20.5.1985 – StbStR 9/84, BGHSt 33, 225 (229) = NJW 1985, 3032 (3033).

[157] ZB BGH 14.1.1998 – 2 StR 606/97, BGHR StPO § 354 Abs. 1 Strafausspruch 10; BGH 4.7.2007 – 1 StR 267/07, BeckRS 2007, 12143; 18.9.2008 – 4 StR 185/08, ZIS 2008, 583 mablAnm Dehne-Niemann (den dort auch im redaktionellen Leitsatz behaupten Bezug zu § 337 Abs. 1 stellt der BGH allerdings – zu Recht – nicht her). Eingehend abl. zu diesem Entscheidungstyp Beulke FS Schöch, 2010, 963 (971 ff.).

dass ein reduzierter Schuldspruch auch eine Reduktion der Rechtsfolge nahelegt, der Strafzumessungssachverhalt der teilweise aufgehobenen Entscheidung aber für die Neubemessung der Strafe nicht hinreicht.[158] Wegen Verstoßes gegen Art. 101 Abs. 1 S. 2 GG aufgehoben hat das BVerfG eine Entscheidung des BGH über eine **Gesamtstrafe,** nachdem er zwei nach der Begründung des LG wesentliche Einzelstrafen aufgehoben hatte.[159]

b) Auswechslung der Strafvorschrift. Die Rspr. wechselt auch Teile des Schuldspruchs aus, was in recht unterschiedlichen Konstellationen vorkommt: Bisweilen werden **Straftatbestände** gegeneinander ausgetauscht,[160] ebenso wegen des Grunddelikts statt einer **Qualifikation**[161] oder umgekehrt nach einem Qualifikations- statt nach dem Grundtatbestand,[162] wegen **Versuchs** statt Vollendung[163] (bzw. Verabredung statt Versuchs[164]) oder umgekehrt wegen Vollendung statt Versuchs,[165] wegen **Teilnahme** statt Täterschaft[166] oder umgekehrt wegen Täterschaft statt Teilnahme[167] bzw. wegen **fahrlässiger** statt vorsätzlicher[168] und bis zu einem gewissen Grad sogar umgekehrt wegen vorsätzlicher statt fahrlässiger Tat[169] verurteilt. 57

Der Austausch von Straftatbeständen kann zwar eine in der Art des Delikts und der Schwere des Schuldvorwurfs unbedeutende Änderung darstellen, so etwa wenn das Revisionsgericht einen Trickdiebstahl statt eines Sachbetrugs annimmt. Eine solche Auswechslung der Strafvorschrift ist aber anfällig für eine **Überinterpretation der Feststellungen,** die gerade mit Blick auf den von der Vorinstanz letztlich angewendeten Straftatbestand getroffen worden sind (näher dazu → Rn. 10 ff.).[170] 58

---

[158] ZB BGH 27.11.1951 – 1 StR 19/50, NJW 1952, 274; 21.4.1978 – 2 StR 686/77, BGHSt 28, 11 (16 f.) = NJW 1978, 2040 (2041).

[159] BVerfG 7.1.2004 – 2 BvR 1704/01, NJW 2004, 1790 (1791).

[160] ZB (§ 315c statt § 315b StGB) BGH 6.6.2000 – 4 StR 91/00, NStZ-RR 2000, 343; (§ 315c Abs. 1 Nr. 2 lit. d statt c StGB) OLG Celle 3.1.2013 – 31 Ss 50/12, NZV 2013, 252 = BeckRS 2013, 01158. Vgl. auch (Wahlfeststellung statt eindeutiger Verurteilung) BGH 30.6.1955 – 3 StR 133/55, BGHSt 8, 34 (37) = NJW 1955, 1407.

[161] ZB (§ 223 StGB) BGH 16.1.2007 – 4 StR 524/06, NStZ 2007, 405 = NZV 2007, 481. Entspr. (§ 240 statt § 253) BGH 2.11.2011 – 2 StR 375/11, NStZ 2012, 272 (273); (§ 240 statt § 106 StGB) BGH 8.11.2011 – 3 StR 244/11, NStZ-RR 2012, 76. Vgl. auch (§ 227 statt § 224 StGB nF) BGH 17.10.1996 – 4 StR 343/96, NStZ 1997, 82 mablAnm Stein StV 1997, 582.

[162] (§ 224 StGB) BGH 16.3.2006 – 4 StR 536/05, BGHSt 51, 18 (Rn. 16) = NJW 2006, 1822 (1824); (§§ 244, 244a StGB) BGH 22.3.2006 – 5 StR 38/06, NStZ 2006, 574; (§ 263 Abs. 5 StGB) BGH 16.11.2006 – 3 StR 204/06, NStZ 2007, 269. Entspr. (§ 227 statt §§ 224, 222 StGB) BGH 9.10.2002 – 5 StR 42/02, BGHSt 48, 34 = NJW 2003, 150 (151); BGH 10.1.2008 – 5 StR 435/07, NStZ 2008, 278.

[163] ZB (§ 240 StGB) BGH 19.6.2012 – 4 StR 139/12, NStZ 2013, 36; (§ 263a StGB) BGH 22.1.2013 – 1 StR 416/12, BGHSt 58, 119 Rn. 19 ff., 53 = NJW 2013, 2608 (2609, 2612) = NStZ 2013, 525 (527, nicht vollständig abgedruckt). Vgl. auch (§§ 306b, 26, 28 StGB) BGH 10.5.2011 – 4 StR 659/10, NJW 2011, 2148 (2149); BGH 29.3.2023 – 5 StR 358/22, BeckRS 2023, 7559.

[164] ZB (§ 249 StGB) BGH 7.10.1993 – 4 StR 506/93, StV 1994, 240; (§ 30 Abs. 1 Nr. 4 BtMG) BGH 14.5.1996 – 1 StR 245/96, NStZ 1996, 507 (508); (§§ 152a, 152b StGB) BGH 11.8.2011 – 2 StR 91/11, NStZ-RR 2011, 367 (368).

[165] Vgl. BVerfG 18.7.2008 – 2 BvR 1423/08, BVerfGK 14, 95; BGH 14.8.2009 – 3 StR 552/08, BGHSt 54, 69 (Rn. 3, 138, 144, 147, 162) = NJW 2009, 3448; OLG Hamm 10.6.2008 – 4 Ss 197/08, BeckRS 2008, 26413. Vgl. auch (vollendete sexuelle Nötigung statt versuchter Vergewaltigung) OLG Zweibrücken 4.12.1990 – 1 Ss 163/89, JR 1991, 214 mkritAnm Otto.

[166] ZB (§ 250 StGB) BGH 29.9.2005 – 4 StR 420/05, NStZ 2006, 94; (§§ 29, 29a BtMG) BGH 30.8.2011 – 3 StR 270/11, NStZ 2012, 40 (41); 22.8.2012 – 4 StR 272/12, NStZ 2012, 375.

[167] ZB (§ 178 StGB) BGH 11.9.1990 – 1 StR 390/90, BGHR StGB § 178 Abs. 1 Mittäter 1.

[168] ZB (§ 316 StGB) OLG Zweibrücken 3.2.1993 – 1 Ss 227/92, NZV 1993, 240 (241; Ls. auch in NJW 1993, 2631); OLG Hamm 5.8.2002 – 2 Ss OWi 498/02, NZV 2003, 47 (48).

[169] (Korrektur wegen verletzter Teilrechtskraft) OLG Zweibrücken 31.7.2008 – 1 Ss 96/08, NStZ-RR 2008, 381; (Bußgeldsache, § 3 StVO) OLG Rostock 28.3.2007 – 2 Ss (OWi) 311/06 I 171/06, VRS 113 (2007), 309; OLG Celle 9.8.2011 – 322 SsBs 245/11, NStZ-RR 2011, 618. In der Korrektur eines Bezeichnungsversehens liegt hingegen keine materielle Änderung, vgl. (Übersehen von § 11 Abs. 2 StGB) BGH 9.10.2003 – 4 StR 127/03, NStZ-RR 2004, 108 (im SV).

[170] Vgl. auch (willkürlich einseitige Auffassung der Feststellungen) BVerfG 15.2.1995 – 2 BvR 383/94, NJW 1996, 116 (117); Jagusch NJW 1962, 1417; Peters S. 665.

59 Am Maßstab der allgemeinen Voraussetzungen für revisionsgerichtliche Sachentscheidungen (→ Rn. 7 ff.) regelmäßig am wenigsten problematisch sind Änderungen des Schuldspruchs, die die Verurteilung (oder einen Teil davon) in dem Sinne **herabstufen,** dass sie auf eine in einem **materiellrechtlichen Stufenverhältnis** zur ursprünglichen Verurteilung stehenden schwächeren Deliktsvariante (die in diesem Sinne in der ursprünglichen Verurteilung bereits enthalten ist) übergehen. Das ist der Fall bei (→ Rn. 57) einer Verurteilung wegen des Grunddelikts statt der Qualifikation (bzw. wegen des allgemeineren statt des spezielleren Deliktstatbestands), wegen Versuchs statt Vollendung, wegen Verabredung statt Versuch, wegen Teilnahme statt Täterschaft, wegen fahrlässiger statt vorsätzlicher Tat und uU auch wegen Unterlassung statt positiven Tuns. Tragen die Feststellungen die neue Verurteilung, so besteht Fehlerpotenzial hier va darin, dass die Tatsacheninstanz möglicherweise auch noch weitere Feststellungen hätte treffen können (und sich noch immer treffen ließen), die dann doch auch die schwerer wiegende Verurteilung getragen hätten. Dies abzuschätzen, könnte der Gesetzgeber durchaus in die Hand des Revisionsgerichts legen, zumal mögliche Fehlentscheidungen dem Angeklagten hier gerade günstig wären.

60 Auch zur umgekehrten Entscheidungsvariante der **Heraufstufung** des Schuldspruchs innerhalb eines materiellrechtlichen Stufenverhältnisses (→ Rn. 57) sieht die Rspr. sich befugt. Dies gilt selbst dann, wenn die Revision nur vom Angeklagten, seinem gesetzlichen Vertreter bzw. nur zu seinen Gunsten eingelegt wurde, denn § 358 Abs. 2 spricht nur von den Rechtsfolgen;[171] solange die Korrektur nicht für eine fehlerfreie Strafzumessung oder anderer Zusammenhänge wegen nötig ist, wird von ihr dann aber i.a. abgesehen.[172] Die Heraufstufung begegnet hingegen am Maßstab der unter → Rn. 7 ff. dargelegten Prinzipien **durchgreifenden Bedenken.** Die Begründung des vorinstanzlichen Urteils hat darzulegen, weshalb der Angeklagte so wie geschehen zu verurteilen war; primär ist dabei eine tragende Begründung für die tatsächlich erfolgte Verurteilung zu geben, nur sekundär eine Erklärung, weshalb keine schwerere und keine andere Verurteilung angezeigt war. Wegen dieser Gewichtung sind Feststellungen und Begründung grds. zu Recht hinsichtlich der Frage einer schwerer wiegenden Verurteilung weniger tragfähig. Dies gilt umso mehr, wenn sich die Begründung im gegenständlichen Bereich auch noch als fehlerhaft erweist, und das ist immer der Fall, wenn es um eine „Schuldspruchberichtigung" geht. Heraufstufungen sind daher in besonderem Maße anfällig für eine Überinterpretation der Feststellungen (vgl. wiederum → Rn. 10 ff.). Beachte dazu auch → Rn. 63. Gleiches gilt, wenn durch die **Auswechslung von Straftatbeständen** auch andersartige Rechtsgüter oder Normen mit deutlich anderer Struktur bzw. deutlich anderen Tatbestandsmerkmalen involviert werden.

61 Die Rechtsprechung kombiniert die genannten Formen der Schuldspruchänderung nicht selten mit einer **Entscheidung über die Rechtsfolgen.**[173] Ein solches Vorgehen wird nicht nur von § 354 untersagt (→ Rn. 49 ff.), es ist auch **inhärent problematisch,** denn die Änderung des Schuldspruchs drückt in typisierter Weise auch einen anderen Schuldgehalt aus; das legt weder eine Aufrechterhaltung der Rechtsfolgen noch die Annahme nahe, die bisherigen Feststellungen würden hinreichend verlässlichen Aufschluss über die bei korrekter rechtlicher Würdigung der Tat angemessenen Rechtsfolgen geben. **Ausnahmen** bilden dabei nur Auswechslungen zwischen Straftatbeständen, die sehr ähnliche Vorwürfe vertypen (etwa Diebstahl und Betrug) sowie solche Fälle, in denen die Änderung im Vergleich zu einer daneben unverändert bestehen bleibenden (und insgesamt ungleich schwereren) Verurteilung praktisch nicht ins Gewicht fallen kann.

62 **c) Änderung des Konkurrenzverhältnisses.** Unproblematisch – weil keine Änderung der Sachentscheidung, sondern lediglich der Begründung – ist der (praktisch wenig

---

[171] Vgl. BGH 25.2.1997 – 4 StR 40/97, NJW 1997, 1590 (1591; insoweit nicht abgedr. in BGHSt 42, 399); OLG Hamm 10.6.2008 – 4 Ss 197/08, BeckRS 2008, 26413.
[172] Vgl. BGH 10.4.1990 – 1 StR 9/90, BGHSt 37, 5 (8) = NJW 1990, 2143; Franke in Löwe/Rosenberg Rn. 23.
[173] ZB BGH 16.1.2007 – 4 StR 524/06, NZV 2007, 481 f. (insoweit nicht abgedr. in NStZ 2007, 405); vgl. auch in den Nachweisen zu → Rn. 57.

interessante) Austausch zwischen Konkurrenzverhältnissen, die jeweils zum Zurücktreten derselben Norm führen. Im Übrigen besteht auch hinsichtlich der Konkurrenzverhältnisse **eine Art Stufenverhältnis** – beginnend (bei der schwersten Form) mit nicht-gesamtstrafenfähiger Tatmehrheit über die zur Bildung einer Gesamtstrafe führenden Tatmehrheit und die Tateinheit hin zum Zurücktreten von verwirklichten Delikten.[174] Die Ausführungen unter → Rn. 57 ff. sind daher grds. entspr. zu übertragen.[175]

d) Hinzutreten einer Verurteilung. Die am stärksten einschneidende Form der Änderung des Schuldspruchs ist das Hinzufügen von (in Tateinheit oder Tatmehrheit hinzutretenden) Verurteilungen (ggf. auch nach Wiedereinbeziehung, § 154a Abs. 3) oder gar die Verurteilung eines vom Tatrichter vorinstanzlich freigesprochenen Angeklagten.[176] Einerseits ist eine solche Entscheidung § 354 nicht gänzlich fremd (vgl. Abs. 1 Var. 3, → Rn. 27 ff.). Andererseits sind die Feststellungen gerade nicht zur Begründung einer Verurteilung nach dieser Norm getroffen worden (vgl. zu unterschiedlichen Begründungsqualitäten → Rn. 58) und uU gar nicht mit Blick auf die vom Revisionsgericht als erfüllt angesehene Norm. Daher steht regelmäßig auch nicht sicher fest, dass das Ergebnis der Beweisaufnahme insoweit hinreichend sorgfältig gewürdigt wurde. Eine eigene Beweiswürdigung ist dem Revisionsgericht jedoch kategorisch verwehrt.[177] Schon nach den allgemeinen Voraussetzungen einer revisionsgerichtlichen Sachentscheidung (→ Rn. 7 ff.) muss es daher idR einer **neuen Tatsacheninstanz** überlassen werden, die Feststellungen zu interpretieren (→ Rn. 10 ff.) und ggf. zu ergänzen;[178] erst recht gilt dies, wenn eine Anpassung des Rechtsfolgenausspruchs erforderlich wird. 63

Soweit das Revisionsgericht zur Überzeugung gelangt, dass durch das Instanzgericht eine weitere oder schwerere Verurteilung hätte erfolgen müssen, geht es um den **Angeklagten begünstigende Rechtsfehler.** Insoweit wäre aber eine Revision des Angeklagten unzulässig, selbst wenn die vom Revisionsgericht zugrunde gelegten Feststellungen des Urteils auf an sich revisiblen Rechtsfehlern beruhen würden (und das Urteil zB im Ergebnis doch zuträfe). Schon wegen dieses Mangels an Überprüfbarkeit sind die Feststellungen hier regelmäßig nicht hinreichend zuverlässig und eine **Schuldspruchänderung** ist **unzulässig**, weil sie den Rechtsschutz des Angeklagten erheblich verkürzen würde.[179] 64

e) Prozessurteile. Zur Verwerfung eines unzulässigen Einspruchs gegen einen Strafbefehl und andere Prozessurteile beachte → Rn. 79. 65

IV. „Berichtigung" des Rechtsfolgenausspruchs in „Analogie" zu Abs. 1

1. Besondere Problematik der Analogie bzgl. Rechtsfolgen. Einer „Berichtigung" des Rechtsfolgenausspruchs außerhalb der in Abs. 1 und 1a explizit vorgesehenen Fälle (zum Zusammenhang mit der § 354 vorgelagerten Frage nach dem Beruhen der 66

---

[174] Schuldspruchänderung zB in BGH 23.4.1998 – 4 StR 150/98, NStZ 1998, 510; 17.7.2007 – 4 StR 220/07, BeckRS 2007, 13333. Als Bsp. zur Aufrechterhaltung des Strafausspruchs s. („zutreffende Beurteilung des Schuldumfangs" unabhängig von Konkurrenzen) BGH 21.12.1995 – 5 StR 392/95, NStZ 1996, 296; vgl. auch BGH 3.6.1982 – 4 StR 271/82, JR 1983, 210; Franke in Löwe/Rosenberg Rn. 33 f.; Schmitt in Meyer-Goßner/Schmitt Rn. 22.

[175] Speziell zur Aufrechterhaltung des Strafausspruchs nach Änderung des Konkurrenzverhältnisses Kalf NStZ 1997, 66 ff.; Basdorf NStZ 1997, 423. Zur Festsetzung der Höchststrafe bei Übergang von Tatmehrheit zu Tateinheit BGH 9.7.1991 – 4 StR 291/91, NStZ 1992, 297 mAnm Scheffler.

[176] Vgl. zB (Körperverletzung mit Todesfolge neben Landfriedensbruch) BGH 15.9.1981 – 5 StR 407/81, NStZ 1982, 27; (§ 4 Abs. 1 UWG) BGH 15.8.2002 – 3 StR 11/02, NJW 2002, 3415 (3417); OLG Düsseldorf 8.12.1992 – 5 Ss 317/92 – 100/92 I, JR 1994, 201 (202) mablAnm Laubenthal. S. dazu Franke in Löwe/Rosenberg Rn. 43 ff.; Schmitt in Meyer-Goßner/Schmitt Rn. 23.

[177] BVerfG 8.5.1991 – 2 BvR 1380/90, NJW 1991, 2893 (2894).

[178] Vgl. BGH 7.10.2011 – 1 StR 321/11, NStZ-RR 2012, 50 (51); Roxin/Schünemann StrafVerfR § 55 Rn. 75; Ranft Rn. 2247.

[179] Vgl. BGH 7.8.1997 – 1 StR 319/97, BGHR StPO § 354 Abs. 1 Schuldspruch 1 (insoweit nicht abgedr. in NStZ 1998, 210); BGH 8.5.2012 – 5 StR 528/11, NStZ 2012, 688; OLG Koblenz 15.10.2012 – 2 Ss 68/12, NStZ-RR 2013, 44.

Entscheidung auf dem Rechtsfehler → Rn. 35) steht nicht nur die **Analogiefeindlichkeit** der Vorschrift (dazu → Rn. 48 ff.) entgegen. Vielmehr ist selbst nach den **allg. Voraussetzungen** der → Rn. 7 ff. eine eigene Entscheidung des Revisionsgerichts über die Rechtsfolgen[180] der Tat nur **sehr eingeschränkt** möglich, sodass selbst Überlegungen *de lege ferenda* hier nur Ausnahmefälle betreffen können.[181]

67 Strafe ist gem. § 46 Abs. 1 StGB auf Grundlage der **individuellen Schuld** des Täters unter Berücksichtigung der für das Leben des Täters in der Gesellschaft **zu erwartenden Wirkungen der Strafe** zuzumessen. Gerade beim verurteilten Täter kann sich die Tatsachenbasis für die dabei zu erstellende Prognose durch den Eindruck des angegriffenen Urteils auf ihn bis zur Revisionsentscheidung beträchtlich gewandelt haben. § 46 Abs. 2 StGB verlangt zudem allg. die Berücksichtigung auch des in dieser Zeitspanne liegenden **Nachtatverhaltens**; sogar ausdrücklich verlangt dies § 46a StGB.[182] Zwar wird die Berücksichtigung solcher Veränderungen tendenziell eine Besserstellung revidierender Angeklagter gegenüber denjenigen, welche die Verurteilung akzeptieren, bewirken. Das ist aber unvermeidliche Konsequenz der heute zumindest im Grundsatz anerkannten Bedeutung präventiver Aspekte (und folglich von Wirkungsprognosen) im jeweils aktuellen Strafzumessungsvorgang.[183]

68 Unabhängig davon besteht die Zumessung von Strafe aber vor allem auch in einer jeweils persönlichen abwägenden Gesamtbewertung diverser tat- und täterbezogener Faktoren. Während die Revisionsgerichte die in der fremden (vorinstanzlichen) Strafzumessung liegende Ausübung von Ermessen nur auf Rechtsfehler zu prüfen haben und sich zur Kontrolle dieser fremden Entscheidung gerade auf die im Urteil aggregiert vermittelte Fremdwahrnehmung stützen müssen, ist für eine eigene Ermessensausübung grds. auch eine eigene Überzeugung von der Vollständigkeit (einschließlich der Aktualität) der dabei zu berücksichtigenden Informationen nötig. Der durch die zusammenfassende Mitteilung im Urteil eintretende Informationsverlust führt regelmäßig zur Unvollständigkeit der Informationsbasis. Es genügt nicht, dass das Revisionsgericht irgendeine Entscheidung trifft, die einer hypothetischen weiteren Kontrolle auf Rechtsfehler standhalten würde, wenn sie vom Tatrichter getroffen worden wäre; das Revisionsgericht muss sich eine eigene Überzeugung bilden und bedarf dazu einer eigenen hinreichenden, unverkürzten Informationsbasis. Ohne einen bei der Erörterung der Sache gewonnenen **persönlichen Eindruck vom Angeklagten** ist das kaum möglich,[184] und die Revisionshauptverhandlung darf (zumindest jenseits von Abs. 1a) nicht als Mittel eines eigenen Strafausspruchs eingesetzt werden.[185] Für **weitere Rechtsfolgen** der Tat gilt Entsprechendes, und zwar umso mehr, je stärker präventive bzw. aktuell auf den Angeklagten bezogene Gesichtspunkte dabei dominieren.

69 Daran ändert auch der Befund nichts, dass die Rspr. die inhaltliche **Prüfung von Beweiswürdigung und Strafzumessung** in den letzten Jahrzehnten (in begrüßenswerter Weise) gegenüber der früheren Handhabung (und Vorstellung des historischen Gesetzgebers der RStPO) **ausgedehnt** hat und die eigene (meist die angegriffene Entscheidung ganz oder weitgehend aufrechterhaltende) Sachentscheidung diese Spruchpraxis für den Einzelfall kompensiert (→ Vor § 333 Rn. 24 ff.),[186] was per Saldo oft zu keiner Schlechterstellung des Angeklagten führt. Die Unterscheidung der Fragen nach dem Vorliegen eines Rechts-

---

[180] Den Begriff der Rechtsfolge vertieft Schuster StV 2014, 109.
[181] Vgl. (keine andere Festsetzung einer Einzelstrafe als die Mindeststrafe) BGH 14.1.1998 – 2 StR 606/97, BGHR StPO § 354 Abs. 1 Strafausspruch 10; Berenbrink GA 2008, 625 (634 ff.).
[182] Vgl. BGH 9.10.2008 – 1 StR 359/08, NStZ-RR 2009, 17 (18).
[183] Vgl. dazu (tendenziell zurückhaltend) Eschelbach in Satzger/Schluckebier/Widmaier StGB StGB § 46 Rn. 18, 20, 106 ff. mwN sowie (stets aktueller Zeitpunkt maßgeblich) Meyer-Goßner GS Schlüchter, 2002, 515 (519).
[184] Vgl. dazu BVerfG 7.1.2004 – 2 BvR 1704/01, NJW 2004, 1790; zur Wirkung dieser Entscheidung auf die Rspr. des BGH Franke GA 2006, 261 (263). S. Hanack StV 1993, 63 (65; Anm. zu BGH 17.12.1991 – 5 StR 569/91, StV 1993, 62 = BeckRS 1991, 31084000); insbes. zur Abgrenzung strafprozessualer und verfassungsrechtlicher Fragen voneinander Radtke FS Maiwald, 2010, 643 (652 ff.).
[185] BVerfG 19.10.1977 – 2 BvR 462/77, BVerfGE 46, 202 (213; insoweit nicht abgedr. in NJW 1978, 151).
[186] Vgl. dazu Barton StV 2004, 332 (333 ff.); Hamm StV 2008, 205 ff.; Rissing-van-Saan StraFo 2010, 359 (360) jeweils mwN. Speziell zur Strafzumessung eingehend Sander StraFo 2010, 365.

fehlers, dem Beruhen des Urteils auf diesem Fehler und deren Abhebung von der neuen Sachentscheidung sichern gerade, dass das Revisionsgericht seiner vornehmsten Aufgabe – Rechtseinheit herzustellen und rationale Leitlinien für die Rechtsanwendung zu geben – gerecht werden und zugleich die Einzelfallgerechtigkeit fördern kann;[187] durch deren Vermengung gerät beides in Gefahr.

2. Haltung der Rspr. und einzelne Konstellationen. a) Haltung der Rspr. Demgegenüber hält sich die Rspr. zumindest dann zur Änderung des Rechtsfolgenausspruchs für befugt und verpflichtet, wenn für das Revisionsgericht „**Gewissheit** besteht", dass die **Vorinstanz,** hätte sie ihren Fehler erkannt, genauso wie nun vom Revisionsgericht intendiert entschieden hätte und ein **künftiges Tatsachengericht** genauso entscheiden würde.[188] Sie setzt diesen Fall demjenigen der absolut bestimmten Strafe (Abs. 1 Var. 3) gleich bzw. wendet Abs. 1 „insgesamt analog" an,[189] So etwa bei mehreren vergleichbaren Taten innerhalb einer Verurteilung.[190] Selbst *de lege ferenda* überzeugt das aber nur insoweit, wie das Revisionsgericht ausnahmsweise Gewissheit darüber erlangen kann, dass für einen künftigen Tatrichter nur eine einzige rechtlich fehlerfreie Entscheidungsmöglichkeit bestehen wird.[191] Zu darüber hinaus uU aus der Verfahrensdauer resultierenden Ausnahmen → Rn. 73. 70

b) Änderung des Strafausspruchs. Bisweilen wurde die Herabsetzung einer den Strafrahmen sprengenden Strafe auf das gesetzlich zulässige **Höchstmaß** sowie der Übergang von einer unzulässig verhängten **Gesamtstrafe** auf eine **Einzelstrafe** bzw. alleinige Strafe gleicher Höhe und umgekehrt als Fall von § 354 Abs. 1 Var. 3 bzw. dieser Vorschrift oder Abs. 1 insges. entspr. angesehen.[192] Beides trifft nicht zu: Selbst der Fall einer **Ermessensreduktion auf Null** (der bei der Strafzumessung ohnehin kaum vorstellbar ist) müsste anhand von über den Straftatbestand hinausgehenden einzelfallbezogenen Wertungen festgestellt werden und unterscheidet sich daher wesentlich von einer gesetzlich angeordneten Punktstrafe. Das Revisionsgericht kann zwar vom Tatrichter verletzte konkrete Grenzen seines Ermessens mit Bindungswirkung für Folgeentscheidungen (§ 358 Abs. 1, vgl. auch → Rn. 97) aussprechen, es kann aber richtigerweise in der Regel nicht die Ermessensreduktion auf Null bindend aussprechen, und es kann einem Tatgericht (unbeschadet der Bindung an fortbestehende Feststellungen, § 353 Abs. 2) richtigerweise auch nicht verwehrt sein, von ihm als unvollständig erkannte Feststellungen (beachte → Rn. 10ff.) zu ergänzen. Deshalb lässt sich kaum mit Sicherheit sagen, dass dem Tatrichter nach der Zurückverweisung von Rechts wegen schlechterdings nur mehr eine mögliche Entscheidung bliebe. Zudem ist der Schluss, wenn der Tatrichter die höhere Strafe wollte, hätte er zumindest auch die niedrigere Strafe gewollt, stets unzulässig, denn die Prüfung in der Revision hat gerade ergeben, dass die zu Grunde liegenden Überlegungen fehlerhaft waren. Auch eine auf den Einzelfall bezogene Überzeu- 71

---

[187] Vgl. dazu Rissing-van-Saan StraFo 2010, 359 (365) mwN.
[188] Vgl. dazu BGH 17.12.1991 – 5 StR 569/91, StV 1993, 62 mkritAnm Hanack; OLG Düsseldorf 8.5.2000 – 2a Ss 114/00 – 21/00 III, NStZ-RR 2001, 21 (22); BGH 4.8.2015 – 3 StR 265/15, NStZ-RR 2015, 380 = BeckRS 2015, 15761 (unterschiedliche Strafe in Urteilstenor und Gründen mit Durcherkennen auf die niedrigere der beiden Strafen, wenn auszuschließen ist, dass das Tatgericht auf eine noch niedrigere Strafe erkannt hätte) sowie die folgenden Nachweise. Zu einer ausführlichen Darstellung der Entscheidungspraxis s. Wohlers in SK-StPO Rn. 37ff.; Momsen in KMR-StPO Rn. 27ff.; Junker, Ausdehnung der eigenen Sachentscheidung, 2002, S. 101ff.
[189] BGH 27.2.2007 – 5 StR 459/06, BGHR StPO § 354 Abs. 1 Strafausspruch 12.
[190] BGH 10.1.2023 – 2 StR 376/22, BeckRS 2023, 2321.
[191] Vgl. dazu Meyer-Goßner GS Schlüchter, 2002, 515 (521).
[192] BGH 21.12.1995 – 5 StR 392/95, NStZ 1996, 296; 17.6.1997 – 4 StR 60/97, StraFo 1997, 274; 4.2.1999 – 4 StR 13/99, bei Kusch NStZ-RR 2000, 33 (40); BGH 17.8.2004 – 1 StR 325/04, BeckRS 2004, 08049; 27.2.2007 – 5 StR 459/06, BGHR StPO § 354 Abs. 1 Strafausspruch 12; (Zusammenfassung von Einzelstrafen) BGH 2.11.2010 – 1 StR 544/09, NZWiSt 2012, 75 (76, ferner 77); (Herabsetzung wegen Verschlechterungsverbot) BayObLG 11.9.2003 – 1 St RR 108/03, NStZ-RR 2004, 22 (23); grundlegend (Höchstbetrag einer Geldstrafe bei ebenfalls zulässiger Freiheitsstrafe) OLG Celle 1.4.1953 – Ss 591/52, NJW 1953, 1683; Gericke in KK-StPO Rn. 8f. Vgl. (höchste nach Verschlechterungsverbot zulässige Strafe nach fehlerhafter Gesamtstrafenbildung) BGH 20.9.2012 – 3 StR 220/12, NStZ-RR 2013, 6.

gung, der Tatrichter hätte, wenn ihm der aufgedeckte Fehler nicht unterlaufen wäre, auf die Höchststrafe erkannt bzw. Einzel- und Gesamtstrafe ausgetauscht, lässt sich ohne Beweisaufnahme nicht hinreichend objektivieren; einschlägig sind allein Abs. 1a S. 2, Abs. 1b bzw. Abs. 2.[193] Anderes anzunehmen ist nur plausibel, wenn der Fehler allein in der Verletzung des Schlechterstellungsverbots aus §§ 331, 358 Abs. 2 besteht.[194]

72 Zur Korrektur ebenso wie zur Aufrechterhaltung des Strafausspruchs sieht sich die Rspr. auch dann befugt, wenn sie (wie bei Änderung des Konkurrenzverhältnisses) **zugleich** den **Schuldspruch** und damit die Grundlage des Strafausspruchs **abändert.** Selbst wenn der Strafrahmen gleich bleibt, ist das problematisch[195] und wird oft mit recht pauschalen Bemerkungen zur Ähnlichkeit mit anderen zugleich abgeurteilten Taten begründet[196] oder erfolgt gar ohne Begründung.[197] Zu einzelnen Konstellationen s. auch jeweils bei der entspr. „Schuldspruchberichtigung" (→ Rn. 54 ff.). Die Darlegung des **BVerfG,** dass und weshalb Abs. 1a nach einer sog. Schuldspruchberichtigung nicht angewendet werden darf (→ Rn. 38 f.), hat diese Überzeugung bislang nur bedingt zu ändern vermocht. Unter Umgehung der vom BVerfG erläuterten Gesetzeslage stützt sich der BGH nunmehr auch im Regelungsbereich des Abs. 1a wieder „direkt" auf eine „analoge" Anwendung von § 354 Abs. 1 sowie extensive Beruhensprüfung[198] oder kaschiert über § 154a Schuldspruchänderungen auch soweit sie nicht in der Verfahrensbeschränkung gründen.[199]

73 Eine tragende Begründung für ein solches Vorgehen ergibt sich (jenseits der in Abs. 1 geregelten Fälle, vgl. insbes. → Rn. 30 ff.) nur dort, wo das **Beschleunigungsgebot** (und keine an § 354 anknüpfende „Analogie") es rechtfertigt, die inhaltliche Richtigkeit der Entscheidung in gewissem Umfang hintanzustellen, denn darauf laufen derartige Sachentscheidungen unweigerlich hinaus (→ Rn. 62 ff.). Am ehesten ist das im Jugendstrafrecht vorstellbar, weil die zeitliche Nähe der Entscheidung zur Tat dort besonders wichtig ist. Ausnahmslos sichergestellt werden muss dabei, dass die Entscheidung nicht zulasten des Angeklagten geht, sondern ihn am wenigsten belastende Rechtsfolge festgelegt wird.[200] So kann es etwa zulässig sein, dass das Revisionsgericht nachträglich ein früheres Urteil einbezieht (§ 31 Abs. 2 JGG) und dabei an den im angegriffenen Urteil ausgesprochenen Rechtsfolgen festhält.[201] Daher gehört es auch zu den weniger problematischen Entscheidungsvarianten, wenn das Revisionsgericht selbst die Mindeststrafe[202] oder die Tagessatzhöhe auf den gesetzlichen Mindestbetrag[203] festsetzt oder eine Kompensation konventionswidriger Verfahrensverzögerungen selbst ausspricht.[204]

---

[193] Vgl. Temming in Gercke/Julius/Temming/Zöller Rn. 8.
[194] Dazu Franke in Löwe/Rosenberg Rn. 36 mN. Auch hier soll aber nach OLG Bamberg 16.10.2014 – 3 OLG 7 Ss 132/14, NStZ-RR 2015, 149 eine Rückführung einer unter Verstoß gegen § 331 Abs. 1 durch das Berufungsgericht erhöhten Einzelstrafe auf das Strafmaß des Erstgerichtes nur ausnahmsweise in Betracht kommen.
[195] Entspr. BGH 25.11.1986 – 1 StR 613/86, NJW 1987, 1092 (1093). Vgl. auch Basdorf NStZ 1997, 423; Ranft Rn. 2246. Eingehend Beulke FS Schöch, 2010, 963 (971 ff.).
[196] Vgl. zB BGH 7.1.2009 – 3 StR 528/08, BeckRS 2009, 05121.
[197] BGH 30.6.1955 – 3 StR 133/55, BGHSt 8, 34 (37) = NJW 1955, 1407.
[198] Vgl. BGH 7.1.2009 – 3 StR 528/08, BeckRS 2009, 05121; 15.2.2011 – 1 StR 676/10, BGHSt 56, 162 (Rn. 21) = NJW 2011, 2065. Krit. dazu auch Temming in Gercke/Julius/Temming/Zöller Rn. 16; Radtke FS Maiwald, 2010, 643 (657 ff.); Beulke FS Schöch, 2010, 963 (972) mwN.
[199] BGH 22.1.2013 – 1 StR 416/12, BGHSt 58, 119 Rn. 19 ff., 53 = NJW 2013, 2608 (2609, 2612) = NStZ 2013, 525 (527, nicht vollständig abgedruckt).
[200] Vgl. BVerfG 2.6.2006 – 2 BvR 906/06, BeckRS 2006, 24391.
[201] Vgl. BGH 12.9.2000 – 4 StR 358/00, StV 2001, 179. Vgl. ferner (Teilentscheidung zur Beschleunigung bei Anfrage- und Vorlageverfahren) BGH 6.7.2004 – 4 StR 85/03, BGHSt 49, 209 (211 ff.) = NJW 2004, 2686 sowie (Kompensation von Verfahrensverzögerung (noch nach Strafzumessungslösung)) BGH 30.6.2005 – 3 StR 122/05, NStZ-RR 2005, 320 (321).
[202] Vgl. (Versuch statt Vollendung; Mindestfreiheitsstrafe unter Ablehnung von Geldstrafe) BGH 2.11.2010 – 1 StR 544/09, NZWiSt 2012, 75 (76).
[203] Vgl. BGH 8.4.2014 – 1 StR 126/14, NStZ-RR 2014, 208 (209) sowie bereits BGH 25.1.1979 – 2 StR 613/78, zit. nach (zurückhaltend dazu) BGH 14.5.1981 – 4 StR 599/80, BGHSt 30, 93 (95) = NJW 1981, 2071.
[204] Vgl. dazu (noch nach Strafzumessungslösung) BGH 18.12.1998 – 2 StR 193/98, BGHR StPO § 354 Abs. 1 Strafausspruch 11; BGH 14.1.2004 – 2 StR 435/03, wistra 2004, 184 = BeckRS 2004, 01723.

c) **Weitere gerichtliche Anordnungen.** Besser begründet ist hingegen die Auffas- 74
sung der Rspr., dass **zwingend** (ohne Ermessen) **vorgeschriebene Anordnungen,** die im
angegriffenen Urteil fehlen, auf eine Sachrüge der StA hin nachgeholt bzw. bei grundloser
Anordnung auf die Sachrüge des Angeklagten wie der StA endgültig aufgehoben werden
können.[205] Die Situation entspricht hier tatsächlich unmittelbar der von Abs. 1 Var. 3.
Entspr. darf auch eine gesetzlich unzulässige Strafaussetzung zur Bewährung vom Revisionsgericht selbst abgelehnt werden;[206] die Beurteilung, ob die Verteidigung der Rechtsordnung
eine Vollstreckung der Strafe gebietet, gebührt hingegen auch im Grenzfall der 2-jährigen
Freiheitsstrafe grds. dem Tatrichter.[207] Zur zulässigen Streichung rechtswidrig verhängter
Rechtsfolgen beachte → Rn. 21, zur ebenfalls zulässigen Verhängung des Mindestmaßes
zwingend angeordneter Rechtsfolgen → Rn. 32.

Auch solche Konstellationen nimmt die Rspr. aber extensiv an. Statt sich auf gesetzlich 75
ohne Ermessen vorgeschriebene Rechtsfolgen zu beschränken, argumentiert sie mit der Figur,
„dem Tatrichter vorbehaltener Wertungen oder Beurteilungen". Dabei dreht sie das
Regel-Ausnahme-Verhältnis um, prüft die Kompetenz des Revisionsgerichts letztlich nicht,
sondern unterstellt eine Generalbefugnis[208] und erörtert lediglich, ob es sich an einer eigenen
Sachentscheidung gehindert sieht. In dieser Weise legt der BGH zB auch die Dauer des
Vorwegvollzugs gelegentlich selbst fest[209] und ergänzt die Urteilsformel um das Anrechnungs-
verhältnis ausländischer UHaft, wenn in EU-Fällen keine Anhaltspunkte vom Angeklagten
proaktiv dafür vorgetragen wurden, dass ein anderes Verhältnis als 1:1 zu bestimmen wäre.[210]

V. Nebenentscheidungen und Prozessurteile

1. Nebenentscheidungen. Soweit die Entscheidungen des Revisionsgerichts Neben- 76
entscheidungen erfordern, muss es diese ebenfalls treffen, wenn das ohne eine Beweisaufnahme
möglich ist und die entscheidungsrelevanten Tatsachen bereits bekannt oder hinreichend sicher
absehbar sind. Das kann insbes. für die Entscheidung über **Kosten und Auslagen** (§ 464
Abs. 1 und 2) gelten,[211] wenn der Umfang des Erfolgs des Rechtsmittels (§ 473) bereits für
das Revisionsgericht abzusehen ist.[212] Bei Zurückverweisung zeigt dieser sich aber idR erst
im darauf folgenden Urteil (bzw. insbes. in Fällen des §§ 460, 462-Beschlusses).[213] Dann ist
dort auch über die Kosten des Rechtsmittels zu entscheiden, denn ein Vorbehalten der
Entscheidung durch das Revisionsgericht würde das Verfahren nur abermals verlängern.[214]

---

[205] ZB (Ausspruch der Einziehung nach § 69 Abs. 3 S. 2 StGB) BGH 15.1.1999 – 2 StR 602/98, bei Kusch NStZ-RR 2000, 33 (39); (Aufhebung der Anordnung des Vorwegvollzugs, § 67 StGB) BGH 22.3.2006 – 1 StR 75/06, StraFo 2006, 299 = BeckRS 2006, 04009; ferner (Anrechnung von Untersuchungshaft) BGH 18.6.1991 – 5 StR 584/90, NJW 1992, 123 (125; insoweit nicht abgedr. in BGHSt 38, 7). Vgl. dazu auch BVerfG 2.6.2006 – 2 BvR 906/06, BeckRS 2006, 24391; BGH 14.5.2014 – 3 StR 398/13, NStZ-RR 2015, 16.
[206] Dies gilt zB bei einer – entgegen § 56 StGB – 2 Jahre übersteigenden (bestehen bleibenden) Freiheits-
strafe. Problematischer ist es, wenn letztlich doch – und sei es reduziertes (→ Rn. 71) – Ermessen
ausgeübt wird, vgl. BGH 14.10.1953 – 2 StR 40/53, NJW 1954, 39 (40); BayObLG 22.8.1967 – RReg.
2a St. 234/67, JZ 1968, 388 (390) mablAnm Geerds; BayObLG 3.7.2003 – 5 St RR 95/2003, NStZ-
RR 2004, 42 (43).
[207] BGH 13.6.1985 – 4 StR 219/85, NStZ 1985, 459.
[208] Für Rechtsfragen wäre das zutreffend (eingehend Tolksdorf FS Meyer-Goßner, 2001, 523 ff. (538)),
nicht aber soweit es letztlich doch um Tatsachenfeststellungen geht.
[209] BGH 15.11.2007 – 3 StR 390/07, NJW 2008, 1173; 18.3.2008 – 1 StR 103/08, NStZ-RR 2008, 182;
9.11.2011 – 2 StR 444/11, NStZ-RR 2012, 71 (72). S. in diesem Kontext auch (keine Beschränkung der
Revision auf Anordnung der Vorwegvollstreckung) BVerfG 31.3.2008 – 2 BvR 590/08, NStZ 2008, 614.
[210] BGH 22.7.2003 – 5 StR 162/03, NStZ-RR 2003, 364 (Ls.); 10.7.2014 – 1 StR 247/14, BGHR StGB
§ 51 Abs. 4 Anrechnung 7.
[211] Schmitt in Meyer-Goßner/Schmitt Rn. 5; Momsen in Satzger/Schluckebier/Widmaier StPO Rn. 51.
[212] Vgl. (eigene sofortige Kostenentscheidung wegen absehbar geringen Rechtsmittelerfolgs) BGH
28.10.2004 – 5 StR 430/04, NJW 2004, 3788 (3789); 16.11.2004 – 4 StR 392/04, NJW 2005, 376
(377); 30.11.2006 – 4 StR 278/06, NStZ-RR 2007, 107.
[213] Vgl. dazu BGH 9.11.2004 – 4 StR 426/04, NJW 2005, 1205.
[214] Dazu St. Maier/Paul NStZ 2006, 82 (86); Meyer-Goßner/Appl Strafsachen Rn. 176, 178.

77 Entgegen der Rspr. des RG und der urspr. Handhabung des BGH[215] ordnet § 8 Abs. 1 S. 1 **StrEG** nun bzgl. der Haftentschädigung (etc) grds. eine Entscheidung des Gerichts an, welches das Verfahren abschließt, ggf. also auch eine eigene Entscheidung des Revisionsgerichts. Ist eine solche nicht – insbes. nicht ohne weitere Ermittlungen – möglich, überlässt es das Nachverfahren nach § 8 Abs. 1 S. 2 StrEG indes dem Tatrichter.[216] Auch bei erst im Revisionsverfahren angeordneter Bewährung werden die Nebenentscheidungen idR dem LG zu überlassen sein.[217]

78 Zu Entscheidungen nach §§ 154, 154a → Rn. 23 ff. und 54 f.

79 **2. Prozessurteile.** Der BGH sieht das Revisionsgericht als befugt an, einen **verspäteten Einspruch** gegen einen Strafbefehl neben der Aufhebung eines die Verspätung verkennenden Urteils selbst zu **verwerfen**.[218] Das ist zutreffend, beruht entgegen der vom BGH gegebenen Begründung aber nicht auf einer analogen Anwendung von Abs. 1. Vielmehr entscheidet das Revisionsgericht gerade nicht selbst in der Sache, sondern fällt lediglich ein **Prozessurteil,** dem von vornherein weder § 354 noch die Ausgestaltung des Revisionsgerichts als reine Rechtsinstanz entgegensteht. Wie jedes Gericht hat es daher die entscheidungsreife Sache zu entscheiden. Dass dabei der Strafbefehl wieder auflebt, ist keine neuerliche Sachentscheidung, sondern von selbst eintretende Folge der Urteilsaufhebung (§ 353 Abs. 1). Für andere Prozessurteile gilt dasselbe.

VI. Berichtigung offensichtlicher Versehen

80 Die Berichtigung offensichtlicher Versehen bei Abfassung der Urteilsformel beinhaltet zwar eine formelle Änderung des Schuldspruchs und/oder Rechtsfolgenausspruchs,[219] aber das Revisionsgericht trifft keine echte eigene Sachentscheidung, sondern spricht lediglich die **Entscheidung der Vorinstanz** formgerecht und inhaltlich unmittelbar verständlich aus.[220] Deshalb muss das Versehen in dem Sinne **offensichtlich** sein, dass es bei der mündlichen Begründung des Urteils bereits zum Ausdruck kam, sich bei verständigem Lesen des schriftlichen Urteils aufdrängt und das tatsächlich Gemeinte bei verständigem Lesen eindeutig rekonstruierbar ist.[221] Letzteres ist zB dann nicht der Fall, wenn bei einem Widerspruch zwischen Urteilsformel und Gründe beide für sich keinen in der Revision erkennbaren Rechtsfehler aufweisen[222] (gleichwohl setzt das Revisionsgericht ggf. „analog Abs. 1" die niedrigere zweier in Tenor und Gründen widersprüchlich bezifferter Strafen fest, wenn es keine Anhaltspunkte sieht, dass das Gericht nicht eine der beiden meinte[223]). Das Versehen kann in falschen oder fehlenden Angaben bestehen und auch bereits rechtskräftige Teile der Entscheidung betreffen.[224] Es kann in einer rechtsirrigen Bezeichnung (zB wegen Übersehens von § 11 Abs. 2 StGB) liegen, wenn daran sicher keine weiteren Konsequenzen geknüpft wurden.[225] Eine rechtsfehlerhaft unterbliebene Entscheidung kann aber – entgegen

---

[215] BGH 14.7.1953 – 3 StR 141/51, BGHSt 4, 300 (301 ff.) = NJW 1953, 1602 mwN.
[216] Vgl. BGH 15.3.2007 – 3 StR 486/06 (insoweit nicht abgedr. in BGHSt 51, 244 = NJW 2007, 1602; Gericke in KK-StPO Rn. 26; krit.dazu Franke in Löwe/Rosenberg Rn. 6.
[217] Vgl. BGH 31.7.2012 – 5 StR 135/12, NStZ-RR 2012, 357; zur Entscheidung über Zahlungserleichterungen vgl. etwa OLG Hamm 5.6.2014 – III-1 RVs 48/14, 1 RVs 48/14, BeckRS 2014, 12843; Momsen in Satzger/Schluckebier/Widmaier StPO Rn. 40.
[218] BGH 19.11.1959 – 2 StR 357/59, BGHSt 13, 306 (308 ff.) = NJW 1960, 109.
[219] ZB BGH 12.7.2001 – 4 StR 550/00, NJW 2001, 3062 (3064).
[220] Vgl. RG 22.12.1919 – IV 524/19, RGSt 54, 202 (205) mwN; Bock JA 2011, 134 (136).
[221] ZB (Ausdruck der Vorsätzlichkeit im Urteilsausspruch) BGH 10.1.1964 – 2 StR 427/63, BGHSt 19, 217 (219) = NJW 1964, 988.
[222] BGH 25.5.2007 – 1 StR 223/07, NStZ 2008, 710.
[223] BGH 12.3.2014 – 1 StR 605/13, wistra 2014, 361 (362) mwN.
[224] Vgl. BayObLG 7.1.1972 – RReg. 8 St 141/71, BayObLGSt 1972, 1 = NJW 1972, 1149 (Ls.); Nagel in Radtke/Hohmann Rn. 22.
[225] Vgl. BGH 9.10.2003 – 4 StR 127/03, NStZ-RR 2004, 108 (im SV). S. demgegenüber aber (Unzulässigkeit eines Berichtigungsbeschlusses bei zu besorgender inhaltlicher Änderung, aber Schuldspruchberichtigung wegen verletzter Teilrechtskraft auf Sachrüge) OLG Zweibrücken 31.7.2008 – 1 Ss 96/08, NStZ-RR 2008, 381.

bisweilen aA in der Rspr.[226] – nicht als offensichtliches Versehen eingeordnet, sondern nur nach den für Sachurteile geltenden Anforderungen (→ Rn. 7 ff.) nachgeholt werden. Soweit der Fehler die Bildung einer Gesamtstrafe betrifft, kommt auch eine Anwendung von Abs. 1b in Betracht.[227]

§ 354 ist für derartige Berichtigungen zwar die sachnächste Vorschrift, die Verortung **81** dieser Fälle dort aber auch irreführend, denn das eigentliche Problem der Sachentscheidung stellt sich nicht.[228] Daher ist es auch nicht zu beanstanden, dass die Rechtsprechung derartige Korrekturen *praeter legem* für **zulässig** hält. UU kann das **Beschleunigungsgebot** darüber hinaus auch eine Auflösung offensichtlicher Widersprüche innerhalb der Urteilsformel oder zwischen Urteilsformel und Gründen rechtfertigen, ohne dass sich das Gemeinte eindeutig ergibt, wenn das Revisionsgericht die Urteilsformel auf die dem Angeklagten günstigste Variante korrigiert und diese von den Gründen hinreichend getragen wird.[229]

C. Zurückverweisung (Abs. 2 und 3)

I. Grundsätze

Soweit das Verfahren nicht nach Abs. 1 vollständig zum Abschluss gebracht wird, ist **82** seine Zurückverweisung erforderlich. Diese muss stets an einen nach **aktuellem Kenntnisstand**[230] für die nach der Rückverweisung noch zu verhandelnden Verfahrensgegenstände sachlich **zuständigen** Richter bzw. Spruchkörper erfolgen. Dabei bemisst sich die sachliche Zuständigkeit objektiv; Irrtümer der Vorinstanz verändern sie nicht.[231] Die Zurückverweisung muss – soweit das Urteil nicht wegen insoweit bestehender Zuständigkeitsmängel aufgehoben wird – stets **in das Land** erfolgen, in dem das angegriffene Urteil erging. Dies gilt auch, soweit dort nur ein entspr. Gericht besteht (insbes. LG Berlin, LG Bremen, LG Hamburg und LG Saarbrücken) und macht Abs. 2 S. 1 Alt. 2 ggf. unanwendbar.[232] Zudem darf ein OLG nicht aus seinem eigenen Bezirk hinausverweisen, sich also nicht künftiger erneuter Revisionen in derselben Sache entledigen; der BGH ist hingegen nicht auf Gerichte desselben OLG-Bezirks beschränkt.[233] Das Gericht muss auch nicht zu dem bisherigen benachbart sein.[234] Selbst an Zuständigkeitskonzentrationen nach § 74c Abs. 3 GVG ist der BGH nicht gebunden.[235]

In diesem Rahmen hat das Revisionsgericht ein **Auswahlermessen**[236] (vgl. auch **83** → Rn. 89) unter den sogleich näher behandelten einzelnen Optionen und ist sogar zu eigenen Ermittlungen zu den Anknüpfungstatsachen befugt.[237] Das Revisionsgericht **bestimmt** den Spruchkörper, an den es verweist, nur insoweit, als es das **Gericht vollständig** und den **Spruchköper seiner Art nach** (zB „kleine Strafkammer", „Wirtschaftskammer" etc) bezeichnet,[238] das Weitere muss sich aus der **Geschäftsverteilung** des Gerichts

---

[226] ZB (Aufrechterhaltung der Einziehung im Gesamtstrafenurteil, § 55 Abs. 2 StGB) BGH 10.4.1979 – 4 StR 87/79, NJW 1979, 2113 (2114).
[227] BGH 25.5.2007 – 2 StR 186/07, BeckRS 2007, 10123.
[228] Vgl. Franke in Löwe/Rosenberg Rn. 47.
[229] BGH 20.2.2008 – 2 StR 579/07, BeckRS 2008, 04123.
[230] (Nunmehr Schwurgericht) BGH 29.4.2010 – 5 StR 18/10, BGHSt 55, 121 (Rn. 40) = NJW 2010, 2595 (2599).
[231] Vgl. (unrichtige und mit § 120 Abs. 1 Nr. 5 GVG unvereinbare Verurteilung durch LG nach § 106 StGB) BGH 8.11.2011 – 3 StR 244/11, NStZ-RR 2012, 76 (77).
[232] Vgl. BGH 7.2.1967 – 5 StR 587/66, BGHSt 21, 191 (192) = NJW 1967, 789; Meyer-Goßner GS Schlüchter, 2002, 515 (529 f.).
[233] Franke in Löwe/Rosenberg Rn. 72.
[234] Franke in Löwe/Rosenberg Rn. 72.
[235] BGH 19.7.1995 – 2 StR 758/94, NJW 1995, 2933 (2937).
[236] (Nicht mehr Jugendkammer) BGH 28.4.1988 – 4 StR 33/88, BGHSt 35, 267 (268 ff.) = NJW 1988, 3216 (3217); Pfeiffer Rn. 12.
[237] (Alter des evtl. noch Heranwachsenden) BGH 28.6.1957 – 1 StR 8/57, NJW 1957, 1370.
[238] ZB OLG Oldenburg 4.10.2011 – 1 Ss 166/11, NJOZ 2012, 1125; OLG Frankfurt a. M. 22.8.2012 – 1 Ss 210/12, BeckRS 2012, 20563.

ergeben (vgl. → Rn. 87). Eine Bindung an jugendstrafrechtliche Grundsätze personeller Einheit besteht nicht.[239]

84 Berufsrechtliche Verfahrensregeln sperren eine Zurückverweisung regelmäßig nicht.[240] Eine Entscheidung nach Abs. 2 bzw. 3 kann – da **nur Zwischenentscheidung** – grds. keine Beschwer beinhalten, die mit einer Verfassungsbeschwerde angreifbar wäre.[241]

85 **Akten** werden auf „demselben" Weg, auf dem sie zum Revisionsgericht gelangen (vgl. → § 347 Rn. 18 f.), an das nunmehr zuständige Gericht zurück geleitet (zB BGH, Bundesanwaltschaft, Generalstaatsanwaltschaft, nun zuständige Staatsanwaltschaft, nun zuständiges Gericht).[242] Wird die Sache an ein anderes LG (oder an ein AG in einem anderen LG-Bezirk) verwiesen, kann der Generalstaatsanwalt gleichwohl gem. § 145 Abs. 1 GVG die schon **zuvor** mit der Sache **betrauten Staatsanwälte** weiterhin mit der Sache beauftragen; weil das regelmäßig persönliche Verbundenheiten zwischen StA und Gericht durchbricht, kann das trotz der Vorbefassung einer neutralen Sachbehandlung besonders förderlich sein.[243]

II. Andere Abteilung oder Kammer bzw. anderer Senat (Abs. 2 S. 1 Alt. 1 bzw. S. 2)

86 Grds. wird an **das Gericht** zurückverwiesen, **dessen Urteil** die Revision zum Gegenstand hat und das **aufgehoben** wird. Soweit dies indes ein Berufungsurteil ist, aber nur dessen Vorinstanz (das AG) den Fehler beheben bzw. das Verfahren fortführen kann – etwa weil die Berufung selbst nur gegen die Verwerfung eines Strafbefehls (§ 412) gerichtet war,[244] es also noch gar keine gerichtlichen Feststellungen zur Sache gibt –, sind **ausnahmsweise** beide Urteile aufzuheben und die Sache an das **AG** zu verweisen.[245] Zu weiteren (fakultativen) Möglichkeiten, ans AG zu verweisen, → Rn. 91 ff.

87 Der **Geschäftsverteilungsplan** (und nicht das Revisionsgericht) muss bestimmen, welche – dem vorherigen Spruchkörper gleichartige – Abteilung oder Kammer (bzw. welcher Senat)[246] für das zurückverwiesene Verfahren zuständig ist.[247] Eine Bezugnahme auf andere im Geschäftsverteilungsplan getroffene Regelungen (zB über die Vertretung) ist zulässig.[248] Besteht in einem Lande nur ein Gericht seiner Art (zB nur ein anwaltlicher Ehrengerichtshof), so muss dieses mindestens zwei Senate haben.[249] Bei mehrfacher Zurückverweisung muss sich der Spruchkörper (insbes. nominell) von allen bislang mit der Sache befassten Spruchkörpern unterscheiden;[250] es ist aber verfassungsrechtlich nicht zu

---

[239] Vgl. Neubacher/Bachmann NStZ 2013, 386 (389).
[240] Vgl. BGH 21.11.1960 – AnwSt (R) 5/60, BGHSt 15, 227 (229) = NJW 1961, 230; BGH 24.4.1964 – StBStR 1/63, BGHSt 19, 334 (338) = NJW 1964, 1579 (1580).
[241] BVerfG 3.10.2001 – 2 BvR 1198/01, NStZ-RR 2002, 45.
[242] R. Hamm Revision Rn. 1436.
[243] R. Hamm Revision Rn. 1439.
[244] Meyer-Goßner Rn. 35.
[245] Vgl. (Einstellung unbestimmter Taten nach § 154 Abs. 2) OLG München 13.2.2008 – 5 St RR 221/07, wistra 2008, 319.
[246] Zum Begriff (richterliche Geschäftsverteilung, nicht büromäßige Organisation entscheidend) OLG Hamm 5.4.1968 – 4 Ws (B) 92/68, NJW 1968, 1438.
[247] BGH 14.1.1975 – 1 StR 601/74, NJW 1975, 743; 28.1.1980 – 3 StR 206/79, bei Pfeiffer NStZ 1982, 188 (191). Eine „strukturelle Inkaufnahme einer Doppelbefassung" derselben Richter mit einem zurückverwiesenen Verfahren ist zu vermeiden, BGH 28.11.2012 – 5 StR 416/12, NStZ 2013, 542. Eine solche liegt, wenn aufgrund eines Geschäftsverteilungsplans die Bearbeitung vom Revisionsgericht zurückverwiesener Sachen einer mit solchen Richtern besetzten Strafkammer zugewiesen wird, die zuvor aufgrund einer anderen Kammerzugehörigkeit regelmäßig an den in Rede stehenden zurückverwiesenen Sachen beteiligt waren, vgl. auch BGH 14.10.2015 – 5 StR 273/15, NStZ-RR 2016, 17; Franke in Löwe/Rosenberg Rn. 64, 66.
[248] Vgl. („Vertreterkammer") BGH 20.1.1982 – 2 StR 473/81, NStZ 1982, 211. Vgl. auch (naheliegende Auslegung) BGH 7.8.1991 – 2 StR 255/91, BGHR StPO § 338 Nr. 1 Schwurgericht 1.
[249] BGH 14.2.1966 – AnwSt (R) 7/65, NJW 1966, 1084 (1086).
[250] BGH 20.7.2004 – 5 StR 207/04, bei Becker NStZ 2006, 65 (Nr. 21); OLG Köln 23.2.2016 – III-1 RVs 21/16, StV 2016, 637 = BeckRS 2016, 08138; LG Potsdam 26.11.2014 – 22 KL2 14/13, NStZ-R 2015, 20.

beanstanden, wenn in solchen Fällen eine Auffangstrafkammer erst durch Präsidiumsbeschluss (entspr. § 21e GVG) im laufenden Geschäftsjahr gebildet wird;[251] ein Verfahren nach § 15 ist hingegen nicht angezeigt.[252] Allerdings ist ein Geschäftsverteilungsplan, der nicht ausschließt, dass eine Abteilung, die bereits mit einer zurückgewiesenen Sache befasst war, erneut mit der Sache befasst wird, wegen Verstoßes gegen § 354 Abs. 2 rechtswidrig; das Gleiche gilt, wenn der Geschäftsverteilungsplan nicht ausschließt oder sogar vorsieht, dass „Nachrücker" als geschäftsplanmäßige Vertreter zuständig werden, die eine Abteilung besetzen, die bereits mit der Sache befasst war.[253]

Die Zurückverweisung erfolgt bei Vorliegen der entspr. Voraussetzungen an ein **88** „**Gericht höherer Ordnung**" iSd Vorrangregeln von § 74e GVG und § 209a StPO, zB also an das **Schwurgericht** oder die **Wirtschaftskammer;** dies gilt auch dann, wenn sich dessen Zuständigkeit erst aus Erkenntnissen im Revisionsverfahren ergibt.[254] Weil Schwurgerichtssachen möglichst jeweils in einer Kammer des jeweiligen Landgerichts zu konzentrieren sind (§ 74 Abs. 2 GVG), ist es nicht statthaft, von vornherein mehrere gleichermaßen mit Schwurgerichtssachen betraute Kammern vorzusehen und ihnen Rückverweisungen wechselseitig zuzuweisen. Vielmehr ist im Geschäftsverteilungsplan eine andere Kammer als „Auffangschwurgerichtskammer" für die Fälle der Zurückverweisung vorzusehen.[255]

III. Anderes Gericht gleicher Ordnung (Abs. 2 S. 1 Alt. 2)

Mit Ausnahme von Staatsschutzsachen (Abs. 2 S. 2; § 120 GVG)[256] darf das Revisions- **89** gericht die (alleinige) Zuständigkeit eines anderen Gerichts gleicher Ordnung (desselben Landes im eigenen Gerichtsbezirk, → Rn. 82) begründen. Darin liegt kein Verstoß gegen Art. 101 Abs. 1 S. 2 GG; das Revisionsgericht darf diese Befugnis aber **nicht willkürlich** gebrauchen.[257] Zumindest bei einem entspr. Antrag der StA obliegt es dem Angeklagten, hierzu im Revisionsverfahren **vorzutragen;** hatte er keinen Anlass, mit einer Entscheidung nach Abs. 2 S. 1 Alt. 2 zu rechnen, ist eine Anhörungsrüge (§ 356a) statthaft.[258]

Für eine Anwendung von Abs. 2 S. 1 Alt. 2 kann namentlich ein **besonderer öffentli- 90 cher oder kollegialer Druck** am bisherigen Gerichtsort sprechen.[259] Durchaus zu Recht tendiert der BGH mitunter bereits dann zur Verweisung an ein anderes Gericht, wenn er besonders betont, dass keine Bindung an frühere Feststellungen besteht oder die Bindung erheblich eingeschränkt ist.[260] Die gängige Zurückhaltung, bereits die erste Zurückverweisung an ein anderes Landgericht zu richten, ist bei **kleinen Landgerichten,** an denen mit erneuter Beteiligung bereits zuvor mit der Sache befasster Richter oder mit einer primär aus aktuell zivilrechtlich tätigen Richtern besetzten Auffangstrafkammer zu rechnen ist, nicht unproblematisch; im Zweifel sollte das Revisionsgericht einer **vom Revidenten gegebenen Anregung** entsprechen.[261]

---

[251] BVerfG 16.3.2006 – 2 BvR 954/02, NJW 2006, 2684 (Rn. 31); vgl. auch BGH 8.4.1981 – 3 StR 88/81, NStZ 1981, 489.
[252] BGH 25.9.1984 – 2 StR 418/84, bei Pfeiffer/Miebach NStZ 1985, 204 (Nr. 1). Anders nur wenn die Einrichtung eines weiteren Spruchkörpers tatsächlich unmöglich ist (Franke in Löwe/Rosenberg Rn. 65).
[253] OLG Köln 23.2.2016 – III-1 Rvs 21/16, StV 2016, 637 = BeckRS 2016, 08138.
[254] (Wirtschaftskammer) BGH 13.4.2010 – 5 StR 428/09, NStZ 2010, 632 (Rn. 17 f.); (Schwurgericht) BGH 29.4.2010 – 5 StR 18/10, BGHSt 55, 121 (Rn. 40) = NJW 2010, 2595 (2599).
[255] BGH 9.2.1978 – 4 StR 636/77, BGHSt 27, 349 (350 ff.) = NJW 1978, 1273; BGH 11.4.1978 – 1 StR 576/77, NJW 1978, 1594 mAnm Katholnigg. Zum nur nach Bedarf zusammentretenden Schwurgericht des § 79 GVG aF s. BGH 7.7.1965 – 2 StR 210/65, BGHSt 20, 252 = NJW 1965, 1871.
[256] Vgl. Gericke in KK-StPO Rn. 34.
[257] BVerfG 14.2.2006 – 2 BvR 109/06, BeckRS 2006, 21444; grundlegend, allerdings noch zu § 354 Abs. 2 aF BVerfG 25.10.1966 – 2 BvR 291/64, 2 BvR 656/64, BVerfGE 20, 336 (342 ff.) = NJW 1967, 99. Näher (und krit.) dazu Schmitt in Meyer-Goßner/Schmitt Rn. 40; Wohlers in SK-StPO Rn. 82 f.; Meyer-Goßner GS Schlüchter, 2002, 515 (524 ff.); Sowada, Der gesetzliche Richter, 2002, S. 760 ff.
[258] BVerfG 14.2.2006 – 2 BvR 109/06, BeckRS 2006, 21444; vgl. auch Dahs Strafprozessrevision Rn. 9.
[259] Vgl. Franke in Löwe/Rosenberg Rn. 71.
[260] Vgl. BGH 28.3.2007 – 2 StR 62/07, NJW 2007, 1540 (Rn. 9 f.).
[261] Vgl. Meyer-Goßner GS Schlüchter, 2002, 515 (524 ff., 529 f.).

IV. Zurückverweisung an Gericht niederer Ordnung (Abs. 3)

91 Die Sache ist an das AG zurückzuverweisen, wenn das Urteil wegen **willkürlicher Anklage zum LG** aufgehoben wird.²⁶² Für die Aufhebung des Urteils wegen Unzuständigkeit des Gerichts gilt § 355. Zu weiteren Fällen zwingender Rückverweisung an das AG → Rn. 86. Im Übrigen steht die Verweisung an ein Gericht niederer Ordnung (als dasjenige, dessen Urteil aufgehoben wird) im pflichtgemäßen Ermessen des Revisionsgerichts, wobei Aspekte der Fairness, insbes. Interessen am Instanzenzug, wenn noch besondere tatsächliche oder rechtliche Schwierigkeiten verbleiben, ebenso zu berücksichtigen sind wie Belange der Verfahrensökonomie.²⁶³ Letztere Belange können in unterschiedliche Richtungen weisen, da die grds. ressourcenschonende Befassung der unteren Instanz regelmäßig zugleich den Instanzenzug verlängert. Allerdings sendet der Senat praktisch auch ein Signal bzgl. der geringeren Bedeutung der Sache – weil er für eine weitere Revision dann nicht mehr zuständig wäre.²⁶⁴

92 Die Ordnung ergibt sich dabei nicht nur aus § 12 GVG (unterhalb des BGH: OLG, LG und AG), sondern auch – weiter ausdifferenziert – aus § 74e GVG und § 209a StPO; vgl. → Rn. 88.²⁶⁵ Das Revisionsgericht muss sich im Rahmen der **gesetzlichen Zuständigkeiten** halten; allein, dass die Strafgewalt des AG nicht mehr überschritten werden kann, verpflichtet aber nicht, dorthin zu verweisen.²⁶⁶ Gute Orientierung gibt die Frage, ob bei Zugrundelegung der Rechtsauffassung des Revisionsgerichts und aktuellem Kenntnisstand eine **Anklageerhebung zum Gericht niederer Ordnung nahegelegen** hätte.²⁶⁷ Insbes. wenn das Verfahren sich nach der Revision als reines Bußgeldverfahren darstellt, ist an ein AG zu verweisen.²⁶⁸ An die Regeln über die örtliche Zuständigkeit (§§ 7 ff.) ist das Revisionsgericht im Rahmen dieser Verweisung nicht gebunden, sondern kann in seinem Gerichtsbezirk ein Gericht außerhalb des Bezirks des Gerichts, dessen Urteil es aufhebt, wählen.²⁶⁹ Stellt sich ein vom OLG in erster Instanz entschiedenes Verfahren nach der Revision nicht mehr als Fall des § 120 GVG dar, ist der BGH an einer Zurückverweisung an ein Gericht niederer Ordnung nicht (insbes. nicht aus Abs. 2 S. 2) gehindert.²⁷⁰

V. Verfahren in der neuen Tatsacheninstanz

93 **1. Mitwirkung bereits zuvor beteiligter Richter.** Abs. 2 strebt in der Neufassung vom 19.12.1964 gerade im Gegensatz zur vorherigen Gesetzeslage an, dass die Sache nach der Zurückverweisung **vor andere Richter** kommt.²⁷¹ Das Gesetz verfolgt dieses Anliegen aber nicht stringent, sondern normiert „einen bemerkenswert schlechten Kompromiß":²⁷² Die Sache kommt vor eine „andere Abteilung oder Kammer", was zwingend eine andere Bezeichnung der Spruchkörpers voraussetzt. Der Geschäftsverteilungsplan darf den nach Zurückverweisung zuständigen Spruchkörper auch nicht mit einem Richter besetzen, der

---

²⁶² Vgl. BGH 7.10.2011 – 1 StR 321/11, NStZ-RR 2012, 50 (51); zur entspr. Rüge vgl. BGH 22.4.1997 – 1 StR 701/96, BGHSt 43, 53 (55 ff.) = NJW 1997, 2689; Wohlers in SK-StPO Rn. 69.
²⁶³ BGH 11.12.1959 – 4 StR 321/59, BGHSt 14, 64 (68) = NJW 1960, 545 (546); BGH 7.10.2011 – 1 StR 321/11, NStZ-RR 2012, 50 (51); ferner (Zuständigkeitsänderung durch Beschränkung nach § 154a) BGH 26.9.1980 – StB 32/80, BGHSt 29, 341 (350) = NJW 1981, 180 (182); BGH 9.10.2008 – 1 StR 359/08, StraFo 2009, 33 (34) mablAnm Dehne-Niemann; Momsen in KMR-StPO Rn. 48 f.
²⁶⁴ So im Fall BGH 21.12.2016 – 1 StR 253/15, NStZ 2017, 284.
²⁶⁵ Vgl. Franke in Löwe/Rosenberg Rn. 76. ZB (allgemeine Strafkammer statt Schwurgericht) BGH 7.9.1994 – 2 StR 264/94, NJW 1994, 3304 (3305); insoweit nicht abgedr. in BGHSt 40, 251).
²⁶⁶ BGH 9.10.2008 – 1 StR 359/08, NStZ-RR 2009, 17 (19).
²⁶⁷ Vgl. Meyer-Goßner GS Schlüchter, 2002, 515 (531).
²⁶⁸ OLG Koblenz 10.10.2007 – 1 Ss 267/07, NStZ-RR 2008, 120 (122).
²⁶⁹ BGH 28.1.1994 – 3 StR 439/93, BGHR StPO § 354 Abs. 3 Amtsgericht 1; BGH 10.5.1994 – 4 StR 75/94, BGHR StPO § 354 Abs. 3 Zuständigkeit 1.
²⁷⁰ Vgl. BGH 7.8.1996 – 3 StR 251/96, BeckRS 1996, 05731; Franke in Löwe/Rosenberg Rn. 75 mwN.
²⁷¹ BGH 9.9.1966 – 4 StR 261/66, BGHSt 21, 142 (143 f.) = NJW 1967, 62.
²⁷² Hanack NJW 1967, 580; Rieß JR 1980, 385; entspr. zB Schmitt in Meyer-Goßner/Schmitt Rn. 39; Meyer-Goßner GS Schlüchter, 2002, 515 (525).

(nach diesem Plan) bereits einem zuvor zuständigen Spruchkörper angehört;[273] bei Verstößen ist ein absoluter Revisionsgrund nach § 338 Nr. 1 anzunehmen.[274] Er muss aber nicht (über längere Zeit und Tätigkeitswechsel hinweg) sicherstellen, dass kein bereits zuvor mit der zurückverwiesenen Sache befasster Richter erneut mit ihr befasst wird; ein Ausschluss vorbefasster Richter ergibt sich zudem weder aus § 23 noch über das Konzept der Verhinderung.[275]

Die Rspr. geht davon aus, dass die Vorbeteiligung als solche auch keine **Besorgnis der Befangenheit** im Sinne von **§ 24** begründet,[276] sondern erst – jeweils „objektiv" bemessen – unsachliches Verhalten (insbes. „in der Sache nicht gebotene abträgliche Werturteile über den Angeklagten oder sein Verhalten") oder grobe Verstöße gegen das Verfahrensrecht (insbes. „objektiv willkürliche oder auf Missachtung grundlegender Verfahrensrechte von Prozessbeteiligten beruhende Verstöße").[277] Grund der Neufassung von § 354 Abs. 2 war aber gerade eine – wenn auch schwache – generelle Besorgnis der Befangenheit, und nach derzeitiger Handhabung unterliegt die Frage, ob ein Angeklagter wirklich vor neuen Richtern steht, Zufälligkeiten der Geschäftsumverteilung und Personalfluktuation.[278] Mit der Neufassung ist auch der Grund entfallen, § 354 Abs. 2 als gesetzliche Ausnahmeregelung zu § 24 anzusehen.[279] Vielmehr wird man heute davon auszugehen haben, dass es zwar einerseits von jedem Richter verlangt wird, auch ihm verfügbare Informationen nach rechtlichen Regeln (insbes. des Strengbeweisverfahrens und der Verwertungsverbote) auszublenden und seine Entscheidung an rechtliche Vorgaben (im Gegensatz zu eigenen Gerechtigkeitsüberzeugungen) zu binden, und aus diesen Anforderungen nicht eo ipso eine Besorgnis der Befangenheit resultiert, andererseits der direkte Widerspruch einer höheren Instanz aber eine Sondersituation und die Besorgnis des Angeklagten, vor einem befangenen Richter zu stehen, begründen kann.[280] Richtigerweise sind zur Ablehnung eines Richters nach § 24 daher zwar weitere Umstände als die bloße Tatsache seines Vorbefasstseins vorzutragen (sonst sogar § 26a Abs. 1 Nr. 2), es muss aber genügen, dass sie in der konkreten Situation eine nachvollziehbare Besorgnis des Angeklagten belegen, weil sie die Neutralität des Richters in Zweifel ziehen.[281] Das ist insbes. dann der Fall, wenn die Aufhebung der Entscheidung gerade auf rechtlich unzulässig angeführten abträglichen Werturteilen gegen den Angeklagten (zB bei der Strafzumessung) beruht; weil eine objektiv nachvollziehbare subjektive Besorgnis des Angeklagten genügt, bedarf es dann keiner Anhaltspunkte dafür, dass der Richter den Fehler (ausgesprochen oder im Geiste) wiederholen würde.[282] Entspr. gilt für einen als Tatrichter mit der Sache vorbefassten StA.[283] *De lege ferenda* wäre – bzgl. Richtern – durchaus über eine Aufnahme dieser Fallkonstellationen in § 23 (oder § 22) nachzudenken und schon heute eine Rechtsentwicklung zu begrüßen, die § 24 hier regelmäßig anwendet;[284] der Akzeptanz von Urteil und Justiz wäre das sicher förderlich.

---

[273] OLG Hamm 11.11.2004 – 4 Ss 476/04, NStZ-RR 2005, 212.
[274] Hierzu tendiert BGH 28.11.2012 – 5 StR 416/12, NStZ 2013, 542, hier allerdings nicht tragend entschieden.
[275] Vgl. BGH 9.9.1966 – 4 StR 261/66, BGHSt 21, 142 (143 f.) = NJW 1967, 62; ferner BGH 10.11.1967 – 4 StR 512/66, BGHSt 21, 334 (342 f.; insoweit nicht abgedr. in NJW 1968, 710); zur aA s. Raacke NJW 1966, 1697 (1698) mwN.
[276] BGH 9.9.1966 – 4 StR 261/66, BGHSt 21, 142 (144 ff.) = NJW 1967, 62 maAnm Hanack NJW 1967, 580; vgl. auch Momsen in Satzger/Schluckebier/Widmaier StPO Rn. 56.
[277] BGH 18.11.2008 – 1 StR 541/08, NStZ-RR 2009, 85 mwN.
[278] Vgl. Hanack NJW 1967, 580.
[279] Hanack NJW 1967, 580.
[280] Ausführlich („im Regelfall wegen Besorgnis der Befangenheit abgelehnt werden kann") Dahs NJW 1966, 1691 (1694 ff. (Zit. 1696)).
[281] Vgl. BVerfG 27.9.2006 – 2 BvR 1598/06, BVerfGK 9, 282 (Rn. 11 ff.). Näher dazu Kudlich/Noltensmeier in Satzger/Schluckebier/Widmaier StPO § 24 Rn. 10 ff.
[282] BGH 27.4.1972 – 4 StR 149/72, BGHSt 24, 336 (337 ff.) = NJW 1972, 1288 = JZ 1973, 33 mAnm Arzt.
[283] BGH 27.8.1991 – 1 StR 438/91, NStZ 1991, 595.
[284] Eingehend Dahs NJW 1966, 1691 (1694 ff.); ferner Siolek in Löwe/Rosenberg § 23 Rn. 3 sowie § 24 Rn. 49; Wohlers in SK-StPO Rn. 93; Momsen in KMR-StPO Rn. 43; Arzt, Der befangene Strafrichter, 1969, S. 82; Hanack NJW 1967, 580; Dahs JZ 1970, 230; Dahs Strafprozessrevision Rn. 631. Grundlegend Seibert JZ 1958, 609 (609 f.); monographisch Dierlamm, Ausschließung und Ablehnung von

95 Dass das BVerfG einen ablehnenden Beschluss nur am Willkürmaßstab prüft, ist dem qualifizierten verfassungsrechtlichen Prüfprogramm des Art. 101 Abs. 1 S. 2 GG geschuldet, begründet aber keine strafverfahrensrechtliche Einschränkung von § 24.[285] Für Rechtsmittel gegen die Entscheidung über den Befangenheitsantrag gelten grds. §§ 28, 305, in einem neuerlichen Revisionsverfahren ist hierzu aber eine Anhörungsrüge nach § 356a statthaft.[286]

96 **2. Umfang der Bindungswirkung.** Soweit das angegriffene Urteil vom Revisionsgericht **nicht aufgehoben** wird, erwächst es nach traditioneller Auffassung in **(Teil-)Rechtskraft;** die zugehörigen **Feststellungen** sowie alle weiteren nicht (ausdrücklich oder konkludent) aufgehobenen Feststellungen **binden** nachfolgende Tatgerichte in dem Sinne, dass diese grds. keine dazu in Widerspruch stehenden neuen Feststellungen treffen dürfen.[287] Das Modell der Bindungswirkung ist einer strengen Rechtskraftlehre im scharfen Konfliktfall aber vorzugswürdig: Stellt sich die **Unrichtigkeit der festgestellten Tatbeteiligung** oder Schuldfähigkeit insges. heraus, begründet die Konzentrations- und Bindungswirkung der bisherigen Entscheidungen nicht, dass der Angeklagte weiterhin unschuldig verurteilt und erst auf eine Wiederaufnahme verwiesen wird.[288] Die Bindungswirkung beschränkt sich grds. auf die jeweilige prozessuale Tat; werden die Feststellungen bzgl. einer materiell und prozessual selbständigen Tat aufgehoben, müssen neue Feststellungen nicht notwendig widerspruchsfrei zu fortbestehenden Feststellungen zu anderen prozessualen Taten sein.[289] Umfang und Inhalt der Bindung sind in der neuen Hauptverhandlung festzustellen und zu erörtern, wobei idR eine (teilweise) Verlesung der Revisionsentscheidung und der bestehen gebliebenen Teile des im Übrigen aufgehobenen Urteils zu erfolgen haben wird.[290] Außerhalb dieser Bindungswirkung gelten § 244 Abs. 2, § 261. Die Bindungswirkung steht einer Verbindung mit anderen Verfahren (auch wenn sie bei einem Gericht höherer oder niederer Ordnung anhängig sind) nicht entgegen.[291]

97 Das nunmehr erkennende Gericht (ebenso im Falle einer neuerlichen Revision das Revisionsgericht selbst) hat seiner Behandlung der Sache die **Aufhebungsansicht** des Revisionsgerichts zugrunde zu legen (§ 358 Abs. 1); dh es ist an die Rechtsauffassung des Revisionsgerichts gebunden, soweit diese bei mind. einer der durchgreifenden Revisionsrügen für deren Durchgreifen tragend war (insbes. nicht hingegen an dem angegriffenen Urteil zustimmende Erwägungen oder „Segelanweisungen").[292] Dabei besteht die Aufhebungsansicht jeweils in einer rechtlichen Bewertung von (idR den festgestellten) Umständen und ist so in tatsächlicher Hinsicht gebunden; soweit die Situation sich nach neuer bzw. ergänzender Beweisaufnahme – im Rahmen der Bindung an die erhaltenen Feststellungen – verändert darstellt, besteht auch keine Bindung.[293] § 358 Abs. 1 durchbricht zwar den Grundsatz, dass Gerichte nur an Recht und Gesetz, nicht aber an Präjudizien oder andere fremde Auffassungen gebunden sind, dient aber – als Schutz der Beteiligten vor sich wiederholenden Rechtsfehlern – ebenso wie der durchbrochene Grundsatz ihrem (subjektiven) Anspruch auf Rechtsgewährung und der (objektiven) Rechtsstaatlichkeit der Sachbehandlung. Deshalb ist die Ausnahme nicht etwa eng zu fassen, vielmehr liegt es ganz im Sinne dieser Regelung und ihrer Gründe, wenn die Revisionsentscheidung vorgetragene Rügen (zumindest im Rahmen des derzeit eindeutig Entscheidbaren) möglichst umfassend behandelt, auch soweit

---

Tatrichtern nach Zurückverweisung, 1994, (Ergebnis) S. 225 f. Vgl. auch Franke in Löwe/Rosenberg Rn. 70.
[285] Vgl. BVerfG 27.9.2006 – 2 BvR 1598/06, BVerfGK 9, 282 (Rn. 9 f., 15, 18).
[286] BGH 6.2.2009 – 1 StR 541/08, NJW 2009, 1092 (1093).
[287] Vgl. BGH 14.1.1982 – 4 StR 642/81, BGHSt 30, 340 (342 ff.) = NJW 1982, 1295; Franke in Löwe/Rosenberg § 353 Rn. 27 ff.
[288] Näher dazu Franke in Löwe/Rosenberg § 353 Rn. 31 (sowie § 344 Rn. 66) mN.
[289] BGH 28.3.2007 – 2 StR 62/07, NJW 2007, 1540 (Rn. 9).
[290] BGH 31.10.1961 – 1 StR 401/61, NJW 1962, 59 (60); Franke in Löwe/Rosenberg Rn. 79.
[291] BGH 15.11.1972 – 2 ARs 300/72, BGHSt 25, 51 (53) = NJW 1973, 204.
[292] Ausführlich Franke in Löwe/Rosenberg § 358 Rn. 4 ff. Vgl. auch Peters S. 665.
[293] Franke in Löwe/Rosenberg § 358 Rn. 13; Schlüchter Rn. 756.

sie zum selben Ergebnis (Aufhebung gleichen Umfangs) führen, und so die von § 358 Abs. 1 eröffneten Bindungsmöglichkeiten ausschöpft.[294]

3. Beweisaufnahme und neue Feststellungen. Zumindest soweit sich keine konkreten Anhaltspunkte für grundlegende Fehler der bisherigen Feststellungen ergeben (→ Rn. 96), darf die Beweisaufnahme sich nicht auf Gegenstände richten, die von den bindenden Feststellungen bereits erschöpft werden. Im Übrigen findet eine völlig neue Verhandlung statt, die bereits zuvor verwendete Beweismittel zwar erneut verwenden – sogar über Aussagen in der vorherigen Verhandlung Beweis erheben[295] – darf, aber nicht muss (§ 244 Abs. 2).[296] Insoweit – dh soweit die Feststellungen aufgehoben wurden, ergänzungsbedürftig sind oder fehlen – muss das neue Tatsachengericht eigene Feststellungen treffen und das Beweisergebnis selbst und unabhängig von der aufgehobenen Entscheidung würdigen. Ergebnisse der früheren Beweisaufnahme dürfen nicht übernommen werden. Nur soweit das Gericht sich in der neuen Beweisaufnahme von der Richtigkeit aufgehobener Feststellungen selbst positiv überzeugt hat, darf es in das neue Urteil auch Text des alten übernehmen.[297] Bezugnahmen auf aufgehobene Teile vorhergehender Urteile sind stets unzulässig – sie sind Aktinhalt, aber „nicht mehr existent".[298] 98

4. Neue Entscheidung und Nachtragsentscheidungen. Die Urteilsformel des neuen Urteils muss so gefasst werden, dass sie **aus sich heraus verständlich** ist.[299] Sie muss das Verschlechterungsverbot des § 358 Abs. 2 wahren; uU ist danach eine unterhalb der Untergrenze des einschlägigen Strafrahmens liegende Sanktion auszusprechen. Neben einer neuen Sachentscheidung sind auch Einstellungen bzw. Beschränkungen nach §§ 153 ff., § 206a statthaft.[300] Wegen § 329 Abs. 1 S. 2 kommt eine Verwerfung der Berufung nur dann in Betracht, wenn schon der Gegenstand der Revision ein Verwerfungsurteil war.[301] 99

Das Gericht, an das zurückverwiesen wurde, ist nach § 462a Abs. 6 Gericht des ersten Rechtszugs bzgl. **Nachtragsentscheidungen** im Rahmen der Strafvollstreckung. Im Übrigen soll es nach hM beim bisherigen Gericht bleiben, wenn nicht ein Fall des § 354 Abs. 3 vorliegt.[302] 100

§ 354a Entscheidung bei Gesetzesänderung

Das Revisionsgericht hat auch dann nach § 354 zu verfahren, wenn es das Urteil aufhebt, weil zur Zeit der Entscheidung des Revisionsgerichts ein anderes Gesetz gilt als zur Zeit des Erlasses der angefochtenen Entscheidung.

Schrifttum: Bock, Die Entscheidungen des Revisionsgerichts in Strafsachen, JA 2011, 134; Bohnert, Die Einstellungsbeschlüsse nach §§ 206a, 206b StPO, GA 1982, 166; Dannecker, Das intertemporale Strafrecht, 1993; Gleß, Zum Begriff des mildesten Gesetzes (§ 2 Abs. 3 StGB), GA 2000, 224; Hanack, Die Rechtsprechung des Bundesgerichtshofs zum Strafverfahrensrecht (Bd. 11–22 der Amtl. Sammlung), Teil A.V.3., JZ 1973, 777; Hettinger/Engländer, Täterbelastende Rechtsprechungsänderungen im Strafrecht – zur Reich-

---

[294] Jagusch NJW 1962, 1417 (1419).
[295] BGH 2.10.1951 – 1 StR 421/51, bei Dallinger MDR 1952, 16 (18, § 244).
[296] BGH 2.4.1974 – 5 StR 575/73, bei Dallinger MDR 1974, 544 (547); Franke in Löwe/Rosenberg Rn. 80; Temming in Gercke/Julius/Temming/Zöller Rn. 34 f.
[297] BGH 14.10.2008 – 4 StR 167/08, NStZ-RR 2009, 148 (149); 14.10.2008 – 4 StR 172/08, NStZ-RR 2009, 91 (92); 4.11.2008 – 3 StR 336/08, NStZ-RR 2009, 148.
[298] BGH 17.12.1971 – 2 StR 522/71, BGHSt 24, 274 (275) = NJW 1972, 548; BGH 25.9.2012 – 1 StR 212/12, NStZ-RR 2013, 22. Vgl. auch (Bezugnahme auf bindende Feststellungen) BGH 13.10.1981 – 1 StR 471/81, BGHSt 30, 225 (226) = NJW 1982, 589.
[299] Temming in Gercke/Julius/Temming/Zöller Rn. 36.
[300] Franke in Löwe/Rosenberg Rn. 82.
[301] Vgl. BGH 10.8.1977 – 3 StR 240/77, BGHSt 27, 236 (238 ff.) = NJW 1977, 2273.
[302] Franke in Löwe/Rosenberg Rn. 84; Schmitt in Meyer-Goßner/Schmitt Rn. 47; Pfeiffer Rn. 15; mit beachtlichen Gründen (stets der nach Zurückverweisung zuständige Spruchkörper) aA Raacke NJW 1966, 1697 (1969).

weite von Art. 103 Abs. 2 GG, FS Meyer-Goßner, 2001, S. 145; Knauth, Die Rückwirkung verfahrensrechtlicher Normen zum Zwecke der Verfolgbarkeit im Strafrecht – dargestellt an Hand der Entscheidung BGHSt 46, 310 ff., StV 2003, 418; Küper, Revisionsgerichtliche Sachprüfung ohne Sachrüge? – Zur Prüfungskompetenz des Revisionsgerichts bei Änderung des materiellen Rechts, FS Pfeiffer, 1988, 425; Meiss, Die Berücksichtigung von Gesetzesänderungen in der Revisionsinstanz, ZZP 65 (1952), 114; Mitsch, Raub mit Waffen und Werkzeugen – BGH 1 StR 180/98 und 2 StR 167/98, JuS 1999, 640; Neumann, Rückwirkungsverbot bei belastenden Rechtsprechungsänderungen der Strafgerichte?, ZStW 103 (1991), 331; Schuhr, Der „Grundsatz der Gesetzmäßigkeit der Strafen" im Recht der Europäischen Union, in: Kudlich/Montiel/Schuhr, Gesetzlichkeit und Strafrecht, 2012, S. 255; Tiedemann, Zeitliche Grenzen des Strafrechts, FS Peters, 1974, 193; Tiedemann, Der Wechsel von Strafnormen und die Rechtsprechung des Bundesgerichtshofes, Bemerkungen aus Anlaß des Beschlusses GSSt 1/75, JZ 1975, 692; Tröndle, Rückwirkungsverbot bei Rechtsprechungswandel? – Eine Betrachtung zu einem Scheinproblem der Strafrechtswissenschaft, FS Dreher, 1977, 117; Ullenbruch, Verschärfung der Sicherungsverwahrung auch rückwirkend – populär, aber verfassungswidrig?, NStZ 1998, 326; Zopfs, Die Revisionserstreckung (§ 357 StPO) als Wohltat für den Mitangeklagten?, GA 1999, 482.

I. Überblick und Grundlagen

1   Das Strafrecht (entspr. Verfassungsrecht und EMRK) beinhaltet nicht nur ein Rückwirkungsverbot als Kernbestand des Gesetzlichkeitsprinzips (*nulla poena sine lege*, Art. 103 Abs. 2 GG, Art. 7 Abs. 1 EMRK, Art. 49 Abs. 1 S. 1 und 2 GRCh), welches den Angeklagten vor einer ihm nachteiligen rückwirkenden Anwendung von Strafrecht schützt, sondern umgekehrt bzgl. dem Angeklagten günstiger Rechtsänderungen gerade auch ein Rückwirkungsgebot, die **Rückwirkung des milderen Strafgesetzes nach § 2 Abs. 3 StGB** (*lex mitior*-Regel, Art. 49 Abs. 1 S. 3 GRCh; entspr. § 4 Abs. 3 OWiG).[1] § 354a **erstreckt diesen Grundsatz** – mit Unterbrechungen in der amerikanischen und britischen Besatzungszone seit 1935,[2] in Abkehr von früherer Rspr. des RG – zwingend **auf das Revisionsverfahren**[3] (und entspr. – wegen § 79 Abs. 3 OWiG – auf die Rechtsbeschwerde[4]): Dem Angeklagten vorteilhafte Rechtsänderungen sind nicht nur bis zur tatgerichtlichen Entscheidung, sondern auch noch in der Revisionsentscheidung zu berücksichtigen;[5] ein Urteil ist ggf. aufzuheben, obwohl es (bezogen auf den Zeitpunkt seines Erlasses) keinerlei Rechtsfehler beinhaltet, seine rechtliche Grundlage aber nachträglich wegen der Rückwirkung neueren, dem Angeklagten günstigeren Rechts entfallen ist. Mit Blick auf diese Rechtslage ist eine auf die Sachrüge gestützte Revision auch gegen ein fehlerfreies Urteil aus Verteidigersicht sinnvoll, wenn sich dem Verurteilten günstige Änderungen des Strafrechts politisch konkret abzeichnen; entspr. kann eine solche Situation auch in gewissem Umfang ein Abwarten in (oder vor) der Tatsacheninstanz vor Erlass des Urteils rechtfertigen. Zu § 206b → Rn. 7 f.

2   Änderungen am gültigen Strafrecht können sich nicht nur durch Akte des Gesetzgebers, sondern auch durch Entscheidungen des **BVerfG** (**Nichtigkeit** wegen Verfassungswidrigkeit) ergeben. Darauf ist § 354a gleichermaßen anwendbar.[6] Gemäß § 2 Abs. 4 StGB gelten

---

[1] Vgl. dazu EGMR (GK) 17.9.2009 – 10249/03, § 109 (sowie §§ 114–119), NJOZ 2010, 2726 – Scoppola/I (Nr. 2) beruhend auf EuGH 3.5.2005 – C-387/02, C-391/02, C-403/02, Slg. 2005, I-3565 (= JZ 2005, 997) Rn. 68 – Berlusconi u.a.; EuGH 4.6.2009 – C-142/05, Slg. 2009, I-4273 Rn. 43 – Percy Mickelsson und Joakim Roos; s. gerade mit Blick auf Überlagerungen zwischen nationalem Recht durch Unionsrecht auch Gleß GA 2000, 224 ff.; Schuhr in Kudlich/Montiel/Schuhr, Gesetzlichkeit und Strafrecht, 2012, S. 255 (261, 276, 279).

[2] S. dazu Franke in Löwe/Rosenberg Vor § 354a Rn. 1 mN.

[3] Vgl. BGH 14.10.1953 – 2 StR 40/53, NJW 1954, 39 (40) mN.; BGH 17.11.1953 – 1 StR 362/53, BGHSt 5, 207 (208) = NJW 1954, 360; BGH 27.10.1964 – 1 StR 358/64, BGHSt 20, 77 (78 f.) = NJW 1965, 52; Meiss ZZP 65 (1952), 114 (122 f.); Mitsch JuS 1999, 640 (640 f.); Bock JA 2011, 134 (137); Schlüchter Rn. 755; Momsen in Satzger/Schluckebier/Widmaier StPO Rn. 1. Freilich bemerkt Franke in Löwe/Rosenberg Rn. 2 zutreffend, dass der Wortlaut das genau genommen nicht aussagt.

[4] ZB OLG Hamburg 24.4.2007 – 1 – 11/07 (RB), 1 – 11/07 (RB) – 3 Ss 34/07, NZV 2007, 372; gem. § 120 Abs. 1 StVollzG gilt die Vorschrift auch im Rechtsbeschwerdeverfahren im Strafvollzugsrecht, vgl. OLG Hamm 2.6.2015 – III-1 Vollz (Ws) 180/15, 1 Vollz (Ws) 180/15, BeckRS 2015, 12011.

[5] Vgl. BGH 27.11.1951 – 1 StR 19/50, NJW 1952, 270 ; BGH 23.12.1998 – 3 StR 344/98, NStZ-RR 1999, 212 (214 f.); 25.6.2010 – 2 StR 454/09, BGHSt 55, 191 (Rn. 40) = NJW 2010, 2963 (2968).

[6] Vgl. BGH 26.1.1995 – 1 StR 798/94, BGHSt 41, 6 (7) = NJW 1995, 2424; OLG Stuttgart 31.8.1962 – 2 Ss 225/62, NJW 1962, 2118; Momsen in Satzger/Schluckebier/Widmaier StPO Rn. 3.

befristete Strafnormen nach ihrem Auslaufen hingegen für während der Geltungsdauer begangene Taten fort, wenn das Gesetz nicht etwas anderes bestimmt. Die angegebenen Grundsätze gelten auch bzgl. Einziehung und Unbrauchbarmachung (§ 2 Abs. 5 StGB), indes nach der – insbes. mit Blick auf Art. 7 Abs. 1 EMRK und die Rspr. des EGMR indes nicht unproblematischen[7] – Regel des § 2 Abs. 6 StGB nicht für **Maßregeln** der Besserung und Sicherung[8] (wiederum soweit das betreffende Gesetz nichts anderes bestimmt).

II. Voraussetzungen und Konstellationen

1. Sachlich-rechtliche Änderung. § 354a gilt – wie § 2 Abs. 3 StGB – grds. nur für 3 Änderungen des materiellen Rechts, dh von Straftatbeständen („BT"), auf sie bezogene bzw. sie modifizierende allgemeine Vorschriften („AT") sowie jede gesetzliche Bestimmung, die Voraussetzungen und Umfang einer strafrechtlichen Verurteilung oder einer Strafsanktion (insbes. einschließlich Einziehung, vgl. auch → Rn. 2) betreffen.[9] Ggf. hat eine Aufhebung des Urteils zB auch allein hinsichtlich der Entscheidung über die Vollstreckungsreihenfolge zu erfolgen.[10] Die zwischenzeitliche Veränderung von Prozessvoraussetzungen und anderen Normen des Verfahrensrechts folgt hingegen eigenen Regeln. Danach wird die Strafverfolgung durch das Entstehen eines **Prozesshindernisses** unzulässig (bzgl. Teilrechtskraft auch rückwirkend).[11] Die Auffassung der Rspr., dass umgekehrt die Strafverfolgung durch den Wegfall eines Prozesshindernisses – einschließlich absoluter Antragserfordernisse – nachträglich zulässig wird, ist hingegen nicht ganz unproblematisch und jedenfalls auf Tatsacheninstanzen zu beschränken.[12] **Änderungen des Strafverfahrensrechts** betreffen abgeschlossene Verfahrensteile und die Wirkung bereits vorgenommener Prozesshandlungen grds. nicht,[13] gelten aber für die Fortführung des laufenden Verfahrens in seiner jeweiligen Lage.[14] Rechtsmittel werden nicht nachträglich unzulässig,[15] frühere Verfahrensfehler kann die Rechtsänderung aber „heilen", wenn die fehlerfreie Wiederholung der betreffenden Verfahrenshandlungen nunmehr ebenso wie bereits geschehen erfolgen dürfte.[16] Verfahrenshindernisse sind hingegen in jeder Lage des Verfahrens auch dann zu berücksichtigen, wenn sie neu sind.[17] Mit der Änderungen bzw. dem Hinzutreten von **Tatsachen** hat § 354a hingegen nichts zu tun,[18] sodass insbes. die Kompensation erst nach dem angegriffenen Urteil eingetretener Verfahrensverzögerungen besser unmittelbar auf Art. 6 Abs. 1 S. 1 EMRK bzw. das Rechtsstaatsprinzip gestützt wird als (so aber die Rspr.[19]) auf eine Analogie zu § 354a.

---

[7] S. dazu Schmitz in MüKoStGB StGB § 2 Rn. 62; Ullenbruch NStZ 1998, 326 (329 f.) mwN.
[8] Zur Anwendung von § 354a in diesen Fällen (Änderung des § 63 StGB) vgl. BGH 3.8.2016 – 4 StR 305/16, StV 2017, 35 = BeckRS 2016, 15571.
[9] Vgl. Gericke in KK-StPO Rn. 4; Momsen in Satzger/Schluckebier/Widmaier StPO Rn. 1.
[10] BGH 29.8.2007 – 1 StR 378/07, RuP 2008, 57.
[11] BGH 15.11.1967 – 3 StR 26/66, BGHSt 21, 367 (369) = NJW 1968, 900 (901); BGH 28.10.1999 – 4 StR 453/99, BGHSt 45, 261 (267) = NJW 2000, 820 (821).
[12] Vgl. BGH 8.9.1964 – 1 StR 292/64, BGHSt 20, 22 (27 f.) = NJW 1964, 2359 (2360); BGH 15.3.2001 – 5 StR 454/00, BGHSt 46, 310 (317 ff.) = NJW 2001, 2102 (2107) m. krit. Bespr. Knauth StV 2003, 418 (421); aA Momsen in KMR-StPO Rn. 4; Jescheck/Weigend AT § 15 IV 4. (S. 139 f.) mwN; Roxin AT I § 5 Rn. 58 ff. Einschränkend auch BGH 7.6.2005 – 2 StR 122/05, BGHSt 50, 138 (139 ff.) = NJW 2005, 2566 mablAnm Mitsch NStZ 2006, 33.
[13] BGH 19.2.1969 – 4 StR 357/68, BGHSt 22, 321 (325 f.) = NJW 1969, 887 (887 f.); OLG Frankfurt a. M. 2.3.2007 – 3 Ws 240/07, NStZ-RR 2007, 180; Momsen in KMR-StPO Rn. 5; Vgl. auch BVerfG 7.7.1992 – 2 BvR 1631/90, 2 BvR 1728/90, BVerfGE 87, 48 (64 ff.) = NJW 1993, 1123 (1124).
[14] BGH 19.2.1969 – 4 StR 357/68, BGHSt 22, 321 (325 f.) = NJW 1969, 887 (887 f.); BGH 21.2.1976 – 2 StR 601/75, BGHSt 26, 288 (289 f.) = NJW 1976, 1275. Vgl. auch BVerfG 7.7.1992 – 2 BvR 1631/90, 2 BvR 1728/90, BVerfGE 87, 48 (64) = NJW 1993, 1123 (1124) mwN. → Einl. Rn. 609.
[15] BVerfG 7.7.1992 – 2 BvR 1631/90, 2 BvR 1728/90, BVerfGE 87, 48 (65 ff.) = NJW 1993, 1123 (1124).
[16] RG 4.11.1940 – 2 D 746/39, RGSt 74, 371 (373); BayObLG 14.2.2005 – 5 St RR 248/04, NJW 2005, 1592.
[17] Wohlers in SK-StPO Rn. 7.
[18] Vgl. Gericke in KK-StPO Rn. 8; Wohlers in SK-StPO Rn. 9.
[19] BGH 2.8.2000 – 3 StR 502/99, NStZ 2001, 52.

4   Die neue (ggf. auch eine nur zwischenzeitlich geltende, bereits wieder überholte[20]) Rechtslage (insbes. bei Blankettgesetzen einschließlich der ausfüllenden Normen[21]) ist der Entscheidung zugrundezulegen, wenn dies für den Angeklagten **günstiger** ist. Dies ist dann der Fall, wenn es im konkreten Fall die mildere Rechtsfolge zulässt.[22] Eine kombinierte Anwendung neuen und alten Rechts mit der Folge einer zu keinem Zeitpunkt vorgesehenen Bewertung der Tat ist nicht statthaft.[23] Die Einordnung eines neuen Gesetzes als „günstiger" bzw. „milder" setzt dabei voraus, dass es sich im Wesentlichen auf denselben Unrechtskern bezieht wie die frühere Vorschrift; ist das nicht der Fall, tritt das neue Gesetz nicht an die Stelle des alten, sondern das alte Gesetz entfällt (insoweit rückwirkend Straffreiheit als stets günstigste Rechtsfolge) und das neue darf wegen des allgemeineren Rückwirkungsverbots nicht angewendet werden.[24] Ebenso wie es bei § 337 Abs. 1 genügt, dass ein Beruhen des Urteils auf dem Fehler **nicht ausgeschlossen** werden kann, muss auch hier nicht mit Sicherheit feststehen, dass eine Anwendung des neuen (oder zwischenzeitlichen) Rechts zu einem dem Angeklagten günstigeren Urteil geführt hätte; für eine Aufhebung des Urteils und Zurückverweisung der Sache (nicht aber für eine eigene Entscheidung des Revisionsgerichts – vgl. → Rn. 9) genügt auch hier, dass das nicht auszuschließen ist.[25]

5   Rspr. und hM übertragen diese Grundsätze noch nicht auf **Änderungen der Rspr.** Sie gehen vielmehr davon aus, dass auch Änderungen einer ständigen Rspr. grds. sowohl zum Vorteil wie zum Nachteil des Angeklagten in allen künftig zu entscheidenden Fällen zugrundezulegen sind.[26] Der Rechtsprechungswandel wird dann ggf. im Rahmen von § 17 StGB berücksichtigt.[27] Wenn die Änderungen für den Angeklagten nachteilig sind, ist das indes problematisch,[28] insbesondere wenn der Auslegung durch die Obergerichte „quasilegislatorischer" Charakter zukommt und der Ausfüllungsspielraum für die Tatgerichte gering ist (wie etwa besonders anschaulich bei der höchstrichterlich geprägten Vermutungswirkung zur absoluten Fahruntüchtigkeit[29]).

---

[20] BGH 20.10.1993 – 5 StR 473/93, BGHSt 39, 353 (370 f.) = NJW 1994, 267 (271); (Blankett) BGH 23.7.1992 – 4 StR 194/92, NStZ 1992, 535 (536) mBespr. Achenbach NStZ 1993, 427.

[21] BGH 8.1.1965 – 2 StR 49/64, BGHSt 20, 177 (180 ff.) = NJW 1965, 981 (982); vgl. auch (allgemeiner) OLG Düsseldorf 16.10.1990 – 5 Ss 299/90 – 118/90 I, NJW 1991, 710 (711).

[22] BGH 8.9.1964 – 1 StR 292/64, BGHSt 20, 22 (25, 29 f.) = NJW 1964, 2359 (2359 f.); BGH 10.7.1975 – GSSt 1/75, BGHSt 26, 167 (170 ff.) = NJW 1975, 2214; BGH 22.3.1983 – 1 StR 820/82, NStZ 1983, 416; 3.6.1998 – 3 StR 166/98, NStZ-RR 1998, 295; (keine günstigere Bewertung) BGH 8.12.2009 – 1 StR 277/09, BGHSt 54, 243 (258 f.) = NJW 2010, 2528 (2532). Vgl. auch BGH 9.5.2017 – 4 StR 366/16, NStZ-RR 2017, 240 (Aufhebung auch, wenn für das Revisionsgericht nicht auszuschließen ist, dass das Tatgericht nach neuer Rechtslage einen besonders schweren Fall verneint hätte).

[23] BGH 10.2.1971 – 2 StR 527/70, BGHSt 24, 94 (97) = NJW 1971, 850 (851); BGH 9.7.1965 – 3 StR 12/65, NJW 1965, 1723 mkritAnm Schröder JR 1966, 68 ff.; BGH 14.10.1982 – 3 StR 363/82, NStZ 1983, 80; Fischer StGB § 2 Rn. 9 f. Zur Kombination von Rückwirkungsverbot und lex mitior-Regel vgl. BGH 9.9.1997 – 4 StR 401/97, NStZ-RR 1998, 103 (104).

[24] BGH 1.12.1964 – 3 StR 35/64, BGHSt 20, 116 (119 f.) = NJW 1965, 453 (454); BGH 10.7.1975 – GSSt 1/75, BGHSt 26, 167 (172) = NJW 1975, 2214 m. krit. Bespr. Tiedemann JZ 1975, 692; Tiedemann FS Peters, 1974, 193 (202 ff.).

[25] Vgl. BGH 22.9.1998 – 4 StR 423/98, bei Kusch NStZ-RR 1999, 257 (263 Nr. 27).

[26] BVerfG 23.6.1990 – 2 BvR 752/90, NJW 1990, 3140; BGH 20.3.1995 – 5 StR 111/94, BGHSt 41, 101 (111 f.) = NJW 1995, 2728 (2732); Temming in Gercke/Julius/Temming/Zöller Rn. 6; Eser/Hecker in Schönke/Schröder StGB § 2 Rn. 7; näher dazu Tröndle FS Dreher, 1977, 117; Dannecker, Das intertemporale Strafrecht, 1993, S. 364 ff. (390).

[27] Vgl. Momsen in Satzger/Schluckebier/Widmaier StGB § 17 Rn. 13; („zweitbeste Lösung"); Momsen in Satzger/Schluckebier/Widmaier StPO Rn. 6; Hassemer/Kargl in NK-StGB StGB § 1 Rn. 57 f.

[28] Zu Recht für ein Rückwirkungsverbot bei täterbelastender Änderung von Rspr. mit gesetzesergänzender Wirkung Momsen in KMR-StPO Rn. 6; Schmitz in MüKoStGB StGB § 1 Rn. 33 f.; Hassemer/Kargl in NK-StGB StGB § 1 Rn. 50 ff.; Neumann ZStW 103 (1991), 331 (347 ff.); Hettinger/Engländer FS Meyer-Goßner, 2001, 145 (157).

[29] In der Anwendung der Tatgerichte besteht hier zwischen der unwiderleglichen Vermutung ab einer vom BGH festgesetzten Obergrenze und einer gesetzlichen Regelung, die eben 1,3 oder 1,1 ‰ benennt, kein nennenswerter Unterschied.

2. Bestehende Teilrechtskraft bzw. beschränkte Revision. Wurde die Revision 6 wirksam beschränkt bzw. ist die angegriffene Entscheidung bereits teilweise in Rechtskraft erwachsen, muss die dem Angeklagten vorteilhafte Gesetzesänderung sich grds. auf den (noch) revidierten Teil beziehen. Nach allgemeinen Grundsätzen dürfen aber stets auch alle mit der aktuell anstehenden Revisionsentscheidung untrennbar verbundenen Fragen (neu) behandelt werden (→ Einl. Rn. 260).[30] So ist bei einer Entscheidung über die Strafzumessung stets auch der Strafrahmen neu (nach dem milderen Gesetz) zu bestimmen; erst recht muss auch bei Teilrechtskraft hinsichtlich des Schuldspruchs bzw. Beschränkung der Revision auf den Rechtsfolgenausspruch gleichwohl noch freigesprochen werden, wenn der Straftatbestand zwischenzeitlich aufgehoben wurde (und damit auch der Strafrahmen entfallen ist).[31] Das gilt selbst dann, wenn die Revision sich nur mehr mit der Strafaussetzung zur Bewährung befasst.[32] Soweit die abgeurteilte Straftat durch eine Ordnungswidrigkeit ersetzt wurde, ist das Strafverfahren als Bußgeldverfahren fortzuführen; beachte dazu → § 354 Rn. 6.[33]

III. Verfahren

1. Sach- und Verfahrensrüge. Soll eine unterbliebene oder fehlerhafte Anwendung 7 von § 2 StGB durch den Tatrichter gerügt (also auf eine Änderung des Rechts zwischen Begehung der Tat und Erlass des Urteils abgestellt) werden, ist das mit einer Sachrüge anzugreifen, ist aber kein Fall des § 354a.[34] Denn dieser setzt eine **Änderung** des materiellen Strafrechts **nach Erlass des** angegriffenen **Urteils** voraus. Doch auch § 354a wendet die **Rspr.** – weil es um die Prüfung materiellen Rechts geht – nur dann an, wenn eine **Sachrüge** zulässig erhoben wurde.[35] Ohne diese bleibt nur eine **Einstellung nach § 206b**,[36] die setzt aber voraus, dass die (betreffende prozessuale) Tat insgesamt nicht strafbar ist und keine Ordnungswidrigkeit beinhaltet.[37] Demgegenüber plädiert die **hL** dafür, in jeder fristgerechten Revision – auch wenn nur eine Verfahrensrüge erhoben wurde – den Angeklagten noch in den Genuss des milderen materiellen Rechts zu bringen.[38]

Die Frage, wie bei einer Änderung der Rechtslage, aber fehlender Sachrüge zu verfah- 8 ren ist, entzieht sich einer rechtspositivistischen Herangehensweise. Der der Wortlaut von § 354a setzt bereits voraus, dass das Urteil aufgehoben wird (was auf die Verfahrensrüge allein ja keineswegs erfolgen muss); auch die Gesetzes-Systematik gibt keinen Aufschluss, denn die Frage wurzelt in § 337, nicht in § 354 (ebenso wie § 206b eine Freispruch-Konstellation behandelt und kein Verfahrenshindernis).[39] Schon die zentrale, hinter § 354a stehende Regelung, dass Änderungen des materiellen Rechts auch noch in der Revision

---

[30] Franke in Löwe/Rosenberg § 344 Rn. 25 ff., 66 f.; Momsen in Satzger/Schluckebier/Widmaier StPO Rn. 2.
[31] BGH 1.12.1964 – 3 StR 35/64, BGHSt 20, 116 (118 f.) = NJW 1965, 453; Gericke in KK-StPO § 354 Rn. 5 sowie § 354a Rn. 1 und 12. Weitergehend (Beschränkung idR unerheblich) Franke in Löwe/Rosenberg Rn. 9 ff. (sowie § 354 Rn. 3); Momsen in KMR-StPO Rn. 2.
[32] BGH 24.9.1974 – 1 StR 365/74, BGHSt 26, 1 (2 ff.) = NJW 1975, 63 (64); Schmitt in Meyer-Goßner/Schmitt Rn. 5.
[33] BGH 24.11.1958 – KRB 2/58, BGHSt 12, 148 (152 ff.) = NJW 1959, 252; Gericke in KK-StPO Rn. 12 mN.
[34] Vgl. Bohnert GA 1982, 166 (175).
[35] BGH 26.2.1975 – 2 StR 681/74, BGHSt 26, 94 = NJW 1975, 1038 mablAnm Küper NJW 1975, 1329; entspr. Gericke in KK-StPO Rn. 9; Schmitt in Meyer-Goßner/Schmitt Rn. 2; Wiedner in Graf Rn. 4; Momsen in Satzger/Schluckebier/Widmaier Rn. 10.
[36] Paeffgen in SK-StPO § 206b Rn. 8; Stuckenberg in Löwe/Rosenberg § 206b Rn. 10; sogar für generellen Vorrang von § 206b Seidl in KMR-StPO § 206b Rn. 8; eingehend Bohnert GA 1982, 166 (176 f.); aA Schmitt in Meyer-Goßner/Schmitt § 206b Rn. 6; Schneider in KK-StPO § 206b Rn. 7.
[37] Näher Paeffgen in SK-StPO § 206b Rn. 11; Stuckenberg in Löwe/Rosenberg § 206b Rn. 12 ff.
[38] Vgl. Maiwald in AK-StPO Rn. 5; Franke in Löwe/Rosenberg § 354a Rn. 9; Eisenberg JR 1991, 347 (348; Anm. zu BGH 25.1.1991 – 2 StR 614/90, NStZ 1991, 235); eingehend Küper FS Pfeiffer, 1988, 425 (437).
[39] Vgl. Franke in Löwe/Rosenberg Rn. 1 f.; Schmitt in Meyer-Goßner/Schmitt § 206b Rn. 1; Paeffgen in SK-StPO § 206b Rn. 2.

zu berücksichtigen sind, ist § 354a nur indirekt zu entnehmen (die Norm wäre sonst gegenstandslos). In dieser impliziten Regelung liegt eine Grundsatzentscheidung dahingehend, dass die Übereinstimmung der Entscheidung mit den aktuellen Überzeugungen der Rechtsgemeinschaft (wie sie im jeweils geltenden Strafrecht ihren Ausdruck findet) dem durch Rechtskraft vermittelten Rechtsfrieden vorgehen soll (vgl. auch → Rn. 6). Die detaillierten Voraussetzungen dafür lässt die Regelung dagegen offen. Die Rspr. fasst diese Voraussetzungen und damit auch die durch die Regelung entstehenden systemwidrigen Störungen (die Revision dient grds. der Reaktion auf Rechtsfehler, nicht der Aktualisierung von Entscheidungen)[40] eng, was als rechtspolitische Entscheidung vertretbar ist. Gleichwohl ist der Standpunkt der hL vorzugswürdig: Das Gericht spricht nur dann „im Namen des Volkes", wenn seine Entscheidung – auch soweit sie auf vorherigen Entscheidungen beruht – der aktuellen materiellen Rechtslage (einschließlich des sich aus § 2 StGB ergebenden intertemporalen Rechts) konform geht. Dieses Grundprinzip gilt es zu wahren, hinter ihm tritt die Systematik des Revisionsrechts zurück. Bei **jeder Entscheidung über die Begründetheit einer Revision** – oder wenn eine solche lediglich wegen inhaltlicher Mängel der Revisionsbegründung als unzulässig angesehen wird[41] – ist § 354a (einschließlich seines impliziten Regelungsgehalts) daher anzuwenden.

9   2. Sachentscheidung. Von § 354a angeordnete Rechtsfolge ist die Anwendbarkeit von § 354. Das bedeutet, dass die Sachentscheidung der nach § 2 StGB bestehenden **materiellen Rechtslage anzupassen** ist und zwar in dem in § 354 bestimmten Verfahren – freilich nur soweit Änderungsbedarf auf der Rechtsänderung und nicht eventuellen weiteren Fehlern beruht (beachte → Rn. 4).[42] Das Revisionsgericht ist dazu nicht nur befugt, sondern verpflichtet (kann aber uU alternativ nach § 206b vorgehen).[43] Gegen eine Anwendung im Rahmen von § 349 Abs. 4 bestehen keine durchgreifenden Bedenken.[44] Ist die Strafbarkeit der Tat insges. (einschließlich Ordnungswidrigkeiten) entfallen und das Verfahren nach den vorliegenden Feststellungen freispruchreif, so ist der Angeklagte nach § 354 Abs. 1 Var. 1 **freizusprechen** (auch wenn uU einzelne Rechtsfolgen – etwa eine Einziehung – bestehen bleiben[45]); der Freispruch geht dann der Einstellung (auch nach § 354 Abs. 1 Var. 2 iVm § 206b) vor.[46] Zur Zulässigkeit sonstiger **Schuldspruchberichtigungen** durch das Revisionsgericht selbst → § 354 Rn. 19 ff., 48 ff. Kann das Revisionsgericht den Schuldspruch nicht selbst korrigieren (sei es wegen Unzulässigkeit der eigenen Sachentscheidung, sei es weil die Feststellungen zur Anwendung des neuen Rechts bzw. zur Klärung verbleibender Strafbarkeit nicht ausreichen), so ist nach § 354 Abs. 2 bzw. 3 die Sache **zurückzuverweisen**.[47] Weil unter diesen Voraussetzungen kein Fall von § 206b vorliegen kann, kann dem Angeklagten die neue Hauptverhandlung auch nicht nach dieser Vorschrift erspart werden, das neue Tatgericht kann das Verfahren aber uU nach § 206b beenden.

10 3. Revisionserstreckung. Die Rspr. wendet **§ 357** nicht im Rahmen von § 354a an, bringt nicht revidierende Mitangeklagte also nicht in den Genuss der neuen Rechtslage.[48]

---

[40] Vgl. dazu Mitsch JuS 1999, 640 (641).
[41] Eingehend zur Differenzierung bei unzulässigen Revisionen (tendenziell noch etwas weitergehend als hier) Küper FS Pfeiffer, 1988, 425 (444 ff.).
[42] Momsen in KMR-StPO Rn. 11; Wiedner in Graf Rn. 3; Pfeiffer Rn. 4.
[43] BGH 9.10.1964 – 3 StR 32/64, BGHSt 20, 74 (75) = NJW 1965, 160 (161); BGH 27.10.1964 – 1 StR 358/64, BGHSt 20, 77 (78 f.) = NJW 1965, 52; Nagel in Radtke/Hohmann Rn. 9 f.
[44] Franke in Löwe/Rosenberg § 349 Rn. 36; Mitsch JuS 1999, 640 (641).
[45] Vgl. BGH 15.11.1967 – 3 StR 26/66, BGHSt 21, 367 (370) = NJW 1968, 900 (901).
[46] Lohse in Krekeler/Löffelmann/Sommer Rn. 7; im Ergebnis läuft darauf auch der von Schmitt in Meyer-Goßner/Schmitt § 206b Rn. 6 und Schneider in KK-StPO § 206b Rn. 7 angenommene Vorrang von § 354a ggü. § 206b hinaus.
[47] Vgl. BGH 4.12.2002 – 4 StR 411/02, StV 2003, 166 (167).
[48] S. dazu BGH 27.10.1964 – 1 StR 358/64, BGHSt 20, 77 (79 ff.) = NJW 1965, 52 m. abl. Bespr. Hanack JZ 1973, 777 (779); BGH 7.5.2003 – 5 StR 535/02, NStZ-RR 2003, 335 (nur Ls.); ebenso selbst bei (nach BVerfG) nichtigem Gesetz BGH 26.1.1995 – 1 StR 798/94, BGHSt 41, 6 (7) = NJW 1995, 2424; Temming in Gercke/Julius/Temming/Zöller Rn. 11; Ranft Rn. 2250. Vgl. auch (§ 357 nur in Fällen des § 354 Abs. 1) Zopfs GA 1999, 482 (492 ff.).

Das passt zwar zu ihrer unter → Rn. 7 f. dargestellten Haltung. Richtigerweise erstreckt sich aber die Notwendigkeit einer begünstigenden Anpassung an materielle Rechtsänderungen (→ Rn. 8) aus den § 357 zu Grunde liegenden Gerechtigkeitserwägungen ohne Weiteres auch auf nicht revidierende Angeklagte.[49]

§ 355 Verweisung an das zuständige Gericht

Wird ein Urteil aufgehoben, weil das Gericht des vorangehenden Rechtszuges sich mit Unrecht für zuständig erachtet hat, so verweist das Revisionsgericht gleichzeitig die Sache an das zuständige Gericht.

Schrifttum: Gössel, Probleme der Verweisung nach § 328 Abs. 3 StPO, GA 1968, 356.

Übersicht

		Rn.			Rn.
I.	Anwendungsbereich	1	IV.	Zurückverweisung	7
1.	Allgemeines	1	1.	Form	7
2.	Anwendungsbereich	2	2.	Zuständigkeit mehrerer Gerichte	8
3.	Ausgeschlossene Anwendung	3	3.	Zurückverweisung an das vorher unzuständige Gericht	9
II.	Maßstab der Unzuständigkeit des Tatrichters	4	4.	Bindende Wirkung	11
III.	Weitere Voraussetzungen	5			

I. Anwendungsbereich

1. Allgemeines. Bei Aufhebung eines Urteils aufgrund des Umstandes, dass der Tatrichter seine Zuständigkeit zu Unrecht angenommen hat, ist nicht § 354 Abs. 2, sondern § 355 (zumindest als *lex specialis;* → § 354 Rn. 2) anzuwenden.[1] § 355 trägt dem Anspruch auf den gesetzlichen Richter Rechnung, indem er dem Revisionsgericht eine bindende Zurückverweisung an das zuständige Gericht ermöglicht.[2] Für das Berufungsverfahren enthält § 328 Abs. 3 eine § 355 entsprechende Regelung.[3]

2. Anwendungsbereich. Unter Zuständigkeit iSv § 355 fallen (**unmittelbar**) sowohl die örtliche[4] und die sachliche[5] als auch die Zuständigkeit einer anderen Strafkammer nach der Geschäftsverteilung[6] und der Jugendgerichte. **Entsprechend** anwendbar ist § 355 in Fällen, in denen ein anderer Aufhebungsgrund vorliegt und die Sache vor ein Gericht höherer Ordnung oder ein ihm nach § 209a gleichstehendes Gericht gehört,[7] wenn sich ein zuständiges Gericht zu Unrecht für unzuständig erklärt hat,[8] wenn eine unzulässige Verbindung nach § 13 vorliegt[9] oder wenn eine nach dem Geschäftsverteilungsplan unzu-

---

[49] Dazu auch Wohlers in SK-StPO Rn. 10 mwN.
[1] RG 29.10.1907 – V 569/07, RGSt 40, 354 (359); BGH 11.12.2008 – 4 StR 376/08, NStZ 2009, 404 (405); Schmitt in Meyer-Goßner/Schmitt Rn. 1; Momsen in Satzger/Schluckebier/Widmaier StPO Rn. 1.
[2] BGH 31.1.1996 – 2 StR 621/95, BGHSt 42, 39 (42) = NStZ 1996, 346.
[3] Momsen in Satzger/Schluckebier/Widmaier StPO Rn. 1.
[4] RG 29.10.1907 – V 569/07, RGSt 40, 354 (359).
[5] BGH 27.2.1992 – 4 StR 23/92, BGHSt 38, 212 ff. = NJW 1992, 2104 (2105); OLG Hamm 23.10.2014 – 3 RVs 79/14, BeckRS 2014, 21233.
[6] BGH 29.10.1992 – 4 StR 199/92, BGHSt 38, 376. (380) = NJW 1993, 672.
[7] RG 15.3.1886 – 319/86, RGSt 14, 19 (28); BGH 22.12.1959 – 3 StR 40/59, BGHSt 13, 378 (382) = NJW 1960, 493 (494); Schmitt in Meyer-Goßner/Schmitt Rn. 1.
[8] BGH 31.1.1996 – 2 StR BGHSt 42, 39 (42) = NStZ 1996, 346.
[9] BGH 26.7.1995 – 2 StR 74/95, NStZ 1996, 47; 16.11.2010 – 1 StR 539/10, BeckRS 2010, 30732; 20.5.2015 – 1 StR 578/14, NStZ 2015, 655; 11.7.2013 – 3 StR 166/13, NStZ-RR 2013, 378; Schmitt in Meyer-Goßner/Schmitt Rn. 9.

ständige StrK[10] entschieden hat.[11] Der Grund hierfür liegt darin, dass die Sache auch dann nicht an ein unzuständiges Gericht zurückverwiesen werden darf. Der BGH wendet § 355 auch auf den Fall an, dass die (zulässige) Revision der StA unbegründet ist, weil der Tatrichter das Verfahren zu Recht wegen sachlicher Unzuständigkeit eingestellt hat und verweist dann an das tatsächlich zuständige Gericht;[12] das erscheint zweifelhaft, weil die Vorschrift eine Urteilsaufhebung und damit eine begründete Revision voraussetzt.

3 **3. Ausgeschlossene Anwendung.** Aufgrund von § 269 ist jedoch § 355 dann nicht anzuwenden, wenn anstelle des eigentlich zuständigen niederen das höhere Gericht entschieden hat und keine willkürliche Entziehung des gesetzlichen Richters vorliegt.[13]

II. Maßstab der Unzuständigkeit des Tatrichters

4 Die Beurteilung, ob sich ein Tatrichter zu Unrecht für zuständig erachtet hat, erfolgt **objektiv anhand der Sachlage** zum Zeitpunkt des Eröffnungsbeschlusses.[14] Dabei ist die rechtliche Bewertung des Tatrichters unerheblich. Hat dieser daher im Urteil nach Maßgabe seiner Beurteilung seine Strafgewalt überschritten, wäre aber bei zutreffender rechtlicher Würdigung objektiv zuständig gewesen, so verfährt das Revisionsgericht nach § 354 und nicht nach § 355.[15] Dagegen ist § 355 dann anzuwenden, wenn beispielsweise die allgemeine Strafkammer irrtümlich einen Sachverhalt zu Grunde gelegt hat, nach welchem sie zuständig wäre, der tatsächliche Sachverhalt aber vom Schwurgericht abzuurteilen ist.[16]

III. Weitere Voraussetzungen

5 Liegt ein Verstoß gegen die **sachliche Zuständigkeit** vor, so berücksichtigt das Revisionsgericht diesen bei zulässiger Revision stets von Amts wegen (vgl. auch § 6).[17] **Im Übrigen** ist für die Anwendung des § 355 eine entsprechende Verfahrensrüge Voraussetzung. Dies gilt nach der Rspr. auch für das Verhältnis zwischen Jugend- und Erwachsenengerichten.[18]

6 Bei Verstößen gegen die örtliche Zuständigkeit oder die spezielle Zuständigkeit der besonderen Strafkammern beim Landgericht ist Voraussetzung einer Aufhebung nach § 355, dass der Rechtsmittelführer vor dem Tatrichter rechtzeitig den **Einwand der Unzuständigkeit** erhebt und dieser erfolglos geblieben ist. Dabei ist bei einem Verstoß gegen die örtliche Zuständigkeit § 16 und bei einem solchen gegen die funktionelle Zuständigkeit § 6a zu beachten.[19] Im Gegensatz dazu ist bei Verstößen gegen die **besondere Zuständigkeit** der Jugendgerichte im Verhältnis zu den gleichrangigen Erwachsenengerichten **kein entsprechender Besetzungseinwand** in der Hauptverhandlung notwendig.[20] Auch wo

---

[10] BGH 29.10.1992 – 4 StR 199/92, BGHSt 38, 376 (380) = NJW 1993, 672.
[11] BGH 29.10.1992 – 4 StR 199/92, BGHSt 38, 376 (380) = NJW 1993, 672.
[12] BGH 25.8.1975 – 2 StR 309/75, BGHSt 26, 191 (201) = NJW 1975, 2304 (2306); Kuckein in KK-StPO Rn. 4; ablehnend Sieg NJW 1976, 301; Anm. Meyer-Goßner NJW 1976, 977; Franke in Löwe/Rosenberg Rn. 3; Meyer-Goßner Rn. 1; Temming in Gercke/Julius/Temming/Zöller Rn. 2.
[13] Wiedner in BeckOK StPO Rn. 2; Franke in Löwe/Rosenberg Rn. 1.
[14] BGH 28.6.2011 – 3 StR 164/11, BeckRS 2011, 19177; 14.7.1998 – 4 StR 273/98, BGHSt 44, 121 (124); 20.5.2001 – 1 StR 504/00, BGHSt 47, 16 (21) = NStZ 2001, 495 (496); BGH 16.3.2005 – 1 StR 43/05, BeckRS 2005, 03972; Gössel GA 1968, 359 (361).
[15] So bereits RG 22.4.1882 – Rep. 446/82, RGSt 6, 309 (314 f.); BayObLG 10.3.2000 – 4 St RR 25/00, StraFo 2000, 230; BGH 8.11.2011 – 3 StR 244/11, NStZ-RR 2012, 76; Temming in Gercke/Julius/Temming/Zöller Rn. 4; Gericke in KK-StPO Rn. 2; Momsen in KMR-StPO Rn. 3; Wohlers in SK-StPO Rn. 7.
[16] Franke in Löwe/Rosenberg Rn. 7.
[17] BGH 5.10.1962 – GSSt 1/62, BGHSt 18, 79 (81) = NJW 1963, 60 (61); BayObLG 7.7.1959 – RReg. 2 St 333/59, BayObLGSt 1959, 210.
[18] BGH 11.4.2007 – 2 StR 107/07, StV 2008, 117.
[19] Momsen in Satzger/Schluckebier/Widmaier StPO Rn. 4.
[20] BGH 4.11.1981 – 2 StR 242/81, BGHSt 30, 260 = NJW 1982, 454.

eine Rüge nicht erfolgt oder nicht beachtlich ist und das Urteil aus einem anderen Grund aufgehoben und zurückverwiesen werden muss, verweist das Revisionsgericht an das zuständige Gericht und berücksichtigt den Mangel insoweit dennoch.[21]

IV. Zurückverweisung

1. Form. Die Verweisung durch das Revisionsgericht ist, wenn sie nicht in einem Beschluss nach § 349 Abs. 4 erfolgt, Teil des Revisionsurteils.[22] Dabei ist die Form des § 270 einzuhalten.[23] Bleibt der tatsächliche und rechtliche Inhalt des Anklagevorwurfs jedoch unverändert, braucht dieser nicht erneut ausgeführt zu werden.[24] 7

2. Zuständigkeit mehrerer Gerichte. Sind mehrere Gerichte zuständig, so wählt das Revisionsgericht das Gericht aus, wobei die Staatsanwaltschaft zu hören ist.[25] Dabei verweist das Revisionsgericht die Sache grundsätzlich an ein örtlich zuständiges Gericht innerhalb des Bezirks, für den der entscheidende Senat zuständig ist, und nur dann an ein Gericht außerhalb seines Bezirks, wenn innerhalb keine Zuständigkeit nach §§ 7 ff. begründet ist. 8

3. Zurückverweisung an das vorher unzuständige Gericht. Ausnahmsweise kann die Sache auch an den vorher unzuständigen Richter zurückverwiesen werden, falls dieser für die noch zu treffende Entscheidung zuständig ist. Dies gilt etwa, wenn anstelle des Jugendschöffengerichts der Jugenrichter entschieden hat und die Sache nun nur noch in einem Punkt anhängig ist, über den der Jugendrichter entscheiden könnte.[26] 9

War ein **gegen einen Erwachsenen** geführtes Strafverfahren mit einem Verfahren **gegen einen Jugendlichen verbunden** und wurde diese Verbindung nach Ausscheiden des einen oder des anderen Beteiligten getrennt, ist das weiterzuführende Verfahren an das dann noch zuständige Gericht abzugeben.[27] Dies ist, wenn sich das weitere Verfahren nur noch gegen einen Erwachsenen richtet, grundsätzlich die allgemeine Strafkammer bzw. das Schwurgericht[28] (wobei die Zurückverweisung an die Jugendkammer dennoch zulässig bleibt[29]), wenn sich dagegen das weitere Verfahren nur noch gegen einen Jugendlichen richtet, die Jugendkammer oder das Jugendschöffengericht.[30] Etwas anderes nimmt die Rspr. bei einer **Revision gegen ein Berufungsurteil** an. In diesem Fall soll es allein darauf ankommen, welches Gericht im ersten Rechtszug entschieden hat.[31] 10

4. Bindende Wirkung. Das Gericht, an welches die Sache verwiesen wird, ist nach § 358 Abs. 1 und in den für ihn geltenden Grenzen an die Aufhebungsansicht des Revisionsgerichts gebunden. Dies gilt auch für die Entscheidung über die Zuständigkeit des Gerichts, an welches die Sache verwiesen worden ist.[32] 11

---

[21] Franke in Löwe/Rosenberg Rn. 4.
[22] BGH 10.1.1957 – 2 StR 575/56, BGHSt 10, 74 = NJW 1957, 511; BGH 15.4.1975 – 1 StR 388/74, BGHSt 26, 106 (109) = NJW 1975, 1236 (1237); Momsen in Satzger/Schluckebier/Widmaier StPO Rn. 8; Gericke in KK-StPO Rn. 8.
[23] RG 10.3.1884 – 288/84, RGSt 10, 192 (195); 2.6.1927 – II 251/27, RGSt 61, 322 (326); Gericke in KK-StPO Rn. 8; Schmitt in Meyer-Goßner/Schmitt Rn. 4.
[24] BGH 2.11.1954 – 5 StR 492/54, BGHSt 7, 26 (28) = NJW 1955, 273; BGH 19.10.1956 – 5 StR 142/56, NJW 1957, 391; OLG Karlsruhe 28.9.1977 – 3 Ss 204/77, NJW 1978, 840.
[25] Temming in Gercke/Julius/Temming/Zöller Rn. 5; Gericke in KK-StPO § 335 Rn. 5; Nagel in Radtke/Hohmann § 335 Rn. 11.
[26] BayObLG 4.4.1962 – RReg. 1 St 738/61, BayObLGSt 1962, 85 (87 f.).
[27] BGH 28.4.1988 – 4 StR 33/88, BGHSt 35, 267 (269) = NJW 1988, 3216 (3217); Schmitt in Meyer-Goßner/Schmitt Rn. 8.
[28] BGH 28.4.1988 – 4 StR 33/88, BGHSt 35, 267 (269) = NJW 1988, 3216 (3217).
[29] BGH 27.4.1994 – 3 StR 690/93, StV 1994, 415 mablAnm Schneider; Schmitt in Meyer-Goßner/Schmitt Rn. 8.
[30] BGH 15.12.1955 – 4 StR 342/55, BGHSt 8, 349 (355) = NJW 1956, 517 ff.
[31] BGH 30.1.1968 – 1 StR 319/67, BGHSt 22, 48 (49 f.) = NJW 1968, 952; Gericke in KK-StPO Rn. 6.
[32] Franke in Löwe/Rosenberg Rn. 13.

§ 356 Urteilsverkündung

Die Verkündung des Urteils erfolgt nach Maßgabe des § 268.

Schrifttum: Rieß/Hilger, Das neue Starverfahrensrecht, Opferschutzgesetz und Strafverfahrensänderungsgesetz 1987, NStZ 1987, 145; H. Kirchner, „Von Rechts wegen" – Zum Verständnis einer überkommenen Rechtsformel, FS Pfeiffer, 1988, 485.

I. Verkündung des Urteils

1   Wenn kein Beschluss nach § 349 Abs. 1–4 ergehen kann, entscheidet das Revisionsgericht gemäß § 349 Abs. 5 durch Urteil. Dieses ergeht, wie jedes andere strafrechtliche Urteil, im Namen des Volkes gemäß § 268 Abs. 1 und wird gemäß § 268 Abs. 2 durch Verlesung der Urteilsformel und Eröffnung der Urteilsgründe in öffentlicher (§ 173 GVG) bzw. bei Anwendbarkeit des JGG in nicht-öffentlicher (§ 48 Abs. 1 JGG) Sitzung verkündet (str.). § 268 Abs. 3 S. 2, also die Verkündungsfrist spätestens elf Tage nach dem Schluß der Hauptverhandlung, ist hier nicht einzuhalten. Überwiegend wird (ohne nähere Begründung) angenommen, dass diese Vorschrift nur für das Verfahren vor dem Tatrichter gilt,[1] jedenfalls bliebe aber ein Verstoß folgenlos. Der BGH verkündet nicht nur „im Namen des Volkes" sondern gebraucht in der Nachfolge des Reichsgerichts auch die überkommene Formel „von Rechts wegen".[2] Dabei ist die Anwesenheit eines Vertreters der StA wie auch die eines Protokollführers erforderlich, nicht jedoch die des Angeklagten, seines Verteidigers (selbst dann nicht, wenn es sich um einen notwendigen handelt) oder anderer Verfahrensbeteiligter.[3] Ab Verkündung sind nachträgliche Änderungen des Urteils grundsätzlich unzulässig, wobei Berichtigungen, die keine sachlichen Änderungen zum Gegenstand haben, möglich bleiben. Die Beseitigung eines offensichtlichen Fassungsversehens[4] erfolgt hierbei durch Beschluss (und auch außerhalb der Hauptverhandlung[5]).

II. Nebenentscheidungen und Rechtsmittelbelehrung

2   Nebenentscheidungen, wie beispielsweise Beschlüsse über die Wiedereinsetzung in den vorigen Stand, die Zurückweisung einer Kostenbeschwerde oder die Zubilligung einer Entschädigung nach StrEG, können zusammen mit dem Urteil verkündet werden.[6] Eine Rechtsmittelbelehrung ist nicht erforderlich, da gegen eine Entscheidung des Revisionsgerichts kein Rechtsmittel (außer in den Fällen eines Gehörsverstoßes, vgl. → § 356a Rn. 7 f.) vorgesehen ist und auf die Möglichkeit einer Verfassungsbeschwerde ebenfalls nicht hingewiesen werden muss.[7]

III. Rechtskraft

3   Bei einer Entscheidung des Revisionsgerichts nach § 354 Abs. 1 in der Sache selbst oder bei Verwerfung der Revision durch Urteil als unzulässig oder unbegründet, tritt Rechtskraft bereits mit der Verkündung des Urteils ein.[8] Anders ist dies dann, wenn das Revisionsgericht die Revision durch Urteil als verspätet oder formungültig verwirft. In diesen Fällen, in welchen genauso ein Beschluss nach §§ 346, 349 Abs. 1 hätte ergehen

---

[1]   Franke in Löwe/Rosenberg Rn. 1; Schmitt in Meyer-Goßner/Schmitt Rn. 1; Nagel in Radtke/Hohmann Rn. 2; aA Wiedner in BeckOK StPO Rn. 1; Momsen in KMR-StPO Rn. 1; Momsen in Satzger/Schluckebier/Widmaier StPO Rn. 1; Wohlers in SK-StPO Rn. 2; Temming in Gercke/Julius/Temming/Zöller Rn. 1.
[2]   Dazu Kirchner FS Pfeiffer, 1988, 485.
[3]   Franke in Löwe/Rosenberg Rn. 1.
[4]   BGHSt 3, 245 (246).
[5]   BGH 15.3.2011 – 1 StR 581/09, BeckRS 2011, 01483 (insoweit in NStZ 2011, 461 nicht abgedruckt); Wiedner in BeckOK StPO Rn. 5.
[6]   Temming in Gercke/Julius/Temming/Zöller Rn. 3; Gericke in KK-StPO Rn. 4.
[7]   Gericke in KK-StPO Rn. 6.
[8]   Temming in Gercke/Julius/Temming/Zöller Rn. 5; Schmitt in Meyer-Goßner/Schmitt Rn. 2.

können, ist für die Rechtskraft § 343 Abs. 1 zu beachten, da nur eine rechtzeitig eingelegte Revision das tatrichterliche Urteil, soweit es angefochten wird, hemmt, und aufgrunddessen bei einer verspäteten Revision das Revisionsurteil nur feststellende Wirkung hat.[9]

IV. Ausfertigung und Zustellung

Das Revisionsurteil ist entsprechend § 275 Abs. 1 S. 1 unverzüglich zu den Akten zu bringen. Dabei gelten jedoch die Fristen des § 275 Abs. 1 S. 2–5 nicht, da diese wiederum speziell auf das tatrichterliche Verfahren zugeschnitten sind.[10] Nach Wegfall von § 35 Abs. 2 S. 2 Hs. 2 braucht das Revisionsurteil nicht (mehr) förmlich zugestellt werden. Allerdings empfiehlt sich die förmliche Zustellung dennoch, wenn der Zugang des Urteils nachgewiesen werden muss, da an dessen Rechtskraft sanktionsbewerte Pflichten anknüpfen, wie beispielsweise bei § 145a oder § 145c.[11] 4

§ 356a Verletzung des Anspruchs auf rechtliches Gehör bei einer Revisionsentscheidung

¹Hat das Gericht bei einer Revisionsentscheidung den Anspruch eines Beteiligten auf rechtliches Gehör in entscheidungserheblicher Weise verletzt, versetzt es insoweit auf Antrag das Verfahren durch Beschluss in die Lage zurück, die vor dem Erlass der Entscheidung bestand. ²Der Antrag ist binnen einer Woche nach Kenntnis von der Verletzung des rechtlichen Gehörs schriftlich oder zu Protokoll der Geschäftsstelle beim Revisionsgericht zu stellen und zu begründen. ³Der Zeitpunkt der Kenntniserlangung ist glaubhaft zu machen. ⁴Hierüber ist der Angeklagte bei der Bekanntmachung eines Urteils, das ergangen ist, obwohl weder er selbst noch ein Verteidiger mit nachgewiesener Vertretungsvollmacht anwesend war, zu belehren. ⁵§ 47 gilt entsprechend.

Schrifttum: Allgayer: Auswirkungen des Anhörungsrügeverfahrens auf die Zulässigkeit von Verfassungsbeschwerden?, NJW 2013, 3484; Bachmann, Die Anhörungsrüge im Verfahren der Rechtsbeschwerde gemäß §§ 116 ff. StVollzG und ihr Zusammenspiel mit der Verfassungsbeschwerde, ZIS 2013, 545; Beukelmann, Bedeutung von Anhörungsrüge nach § 356a StPO und Gegenvorstellung, NJW-Spezial 2008, 344; Desens, Die subsidiäre Verfassungsbeschwerde und ihr Verhältnis zu fachgerichtlichen Anhörungsrügen, NJW 2006, 1243; Eschelbach, „Feststellungen", FS Widmaier, 2008, 127; Eschelbach/Geipel/Weiler, Anhörungsrügen, StV 2010, 325; Gehb, Zumutungen aus Karlsruhe: Die Instrumentalisierung des Justizgewährungsanspruchs zur Entlastung des Bundesverfassungsgerichts, DRiZ 2005, 121; Huber, Anhörungsrüge bei Verletzung des Anspruchs auf rechtliches Gehör, JuS 2005, 109; Jahn, Der befangene Revisionsrichter, FS Fezer, 2008, 413 ff.; Lohse, Fünf Jahre Anhörungsrüge (§ 356a StPO) – kein Grund zum Feiern, StraFo 2010, 434; Redeker, Verfahrensgrundrechte und Justizgewährungsanspruch, NJW 2003, 2956; Sachs, Fachgerichtliche Abhilfemöglichkeit bei Verletzung des Anspruchs auf rechtliches Gehör, JuS 2003, 914; Sangmeister, „Oefters totgesagt bringt langes Leben" – Doch noch ein (kleiner) Hoffnungsschimmer für die Anhörungsrüge?, NJW 2007, 2363; Treber, Neuerungen durch das Anhörungsrügengesetz, NJW 2005, 97; Widmaier, Die Anhörungsrüge nach § 33a und § 356a StPO, FS Böttcher, 2007, 223 ff.; Voßkuhle, Bruch mit einem Dogma – Die Verfassung gewährt Rechtsschutz gegen den Richter, NJW 2003, 2193; Wilhelm, „Versteckte Gesetzesverstöße in der Revision", ZStW 117 (2006), 142; Zuck, Die Berufungszurückweisung durch Beschluss und rechtliches Gehör, NJW 2006, 1703; Zuck, Rechtsstaatswidrige Begründungsmängel in der Rechtsprechung des BGH, NJW 2008, 479.

Übersicht

	Rn.		Rn.
A. Grundlagen	1	B. Regelungsgehalt	7
I. Normzweck und Entstehung	1	I. Zulässigkeit	7
II. Die Anhörungsrüge in der Praxis	4	1. Statthaftigkeit	7

---
[9] Momsen in Satzger/Schluckebier/Widmaier StPO Rn. 2.
[10] Franke in Löwe/Rosenberg Rn. 3; Schmitt in Meyer-Goßner/Schmitt Rn. 3.
[11] Rieß/Hilger NStZ 1987, 145 (153); Momsen in Satzger/Schluckebier/Widmaier StPO Rn. 4.

	Rn.		Rn.
2. Antragsberechtigung	9	b) Verfahren nach § 349 Abs. 2 und 3	21
3. „Antragsbefugnis" (zur Geltendmachung sonstiger Prozessgrundrechte bzw. grundrechtsgleicher Rechte)	10	c) Sonstige Fallgruppen, insbes. unterlassene Einbeziehung des Verurteilten	23
		3. Anhörungsrüge und Befangenheitsantrag	24
4. Form und Frist	11		
a) Bezeichnung	11a	4. Entscheidungserheblichkeit des Gehörverstoßes	25
b) Frist	12		
c) Begründung	17	III. Rechtsfolgen	26
II. Begründetheit des Rechtsbehelfs (Gehörsverletzung)	18	1. Entscheidungskompetenz	27
1. Grundlagen	18	2. Entscheidungsarten	28
2. „Systemimmanente" Einschränkungen des rechtlichen Gehörs	20	a) Unzulässigkeit oder Unbegründetheit	28
		b) Zulässigkeit und Begründetheit	29
a) Entscheidung ohne Hauptverhandlung	20	C. Anhörungsrüge und Verfassungsbeschwerde	30

A. Grundlagen

I. Normzweck und Entstehung

1 Zweck der Vorschrift ist die verfahrensmäßige Sicherung des Anspruchs auf rechtliches Gehör im Rahmen einer Revisionsentscheidung.[1] § 356a konzipiert einen Rechtsbehelf („auf Antrag"), welcher das Verfahren bei Abhilfe in die Lage zurückversetzen lässt, die vor dem Erlass der Entscheidung bestand, wenn das Revisionsgericht den Anspruch eines Beteiligten auf rechtliches Gehör (Art. 103 Abs. 1 GG) in entscheidungserheblicher Weise verletzt hat. Das verfassungsrechtliche Podest, auf dem die Norm steht, erweist sich als porös, soweit zum einen die Staatsanwaltschaft als „Beteiligte" ebenso antragsbefugt sein soll (vgl. → Rn. 9); andererseits sind dem Revisionsverfahren „Einschränkungen" des rechtlichen Gehörs im weiteren Sinne immanent. (→ Rn. 20 ff.).

2 Der verfassungsrechtlich überladene Rechtsbehelf wirkt in der StPO „fremdkörperartig".[2] Dies beruht darauf, dass ein Plenarbeschluss des BVerfG[3] unmittelbarer Anlass für seine Einfügung durch das **Anhörungsrügengesetz vom 9.12.2004**[4] war.[5] Nach alter Rechtslage war die fachgerichtliche Kontrolle der Verletzung des Art. 103 Abs. 1 GG auf das Rechtsmittelsystem selbst sowie auf spezielle Rechtsbehelfe für bestimmte Verfahrenssituationen (etwa befristete Anhörungsrügen) beschränkt. Nach Auffassung des BVerfG[6] soll jedoch in *jedem Stadium* des Verfahrens (also auch in der Revisionsinstanz) rechtliches Gehör gewährleistet sein, weswegen der Erste Senat es unter Bezugnahme auf den Grundsatz der Rechtsmittelklarheit[7] für erforderlich hielt, einen entsprechenden Rechtsbehelf einzuführen.[8]

---

[1] Zum Zweck der Vorschrift vgl. auch BGH 22.11.2006 – 1 StR 180/06, JR 2007, 172; Gericke in KK-StPO Rn. 1; Wiedner in Graf Rn. 1; Nagel in Hohmann/Radtke Rn. 2.
[2] Widmaier FS Böttcher, 2007, 223 (228); Beukelmann NJW-Spezial 2008, 344 (345) „systemwidrig"; Franke in Löwe/Rosenberg Rn. 1 („Sonderregelung").
[3] BVerfG 30.4.2003 – 1 PBvU 1/02, BVerfGE 107, 395 (Plenum) = NJW 2003, 1924, zusf. Sachs JuS 2003, 914.
[4] Vgl. BT-Drs. 15/3966 und 15/3706, zum Ganzen Treber NJW 2005, 97.
[5] Krit. zur Gesetzgebungsgeschichte und zum Plenumsbeschluss Eschelbach/Geipel/Weiler StV 2010, 325 (326); zur verfassungsrechtlichen Dimension des Plenumsbeschlusses Voßkuhle NJW 2003, 2193; Redeker NJW 2003, 2956 (2957).
[6] So der Entscheidungstenor in BVerfG 30.4.2003 – 1 PBvU 1/02, BVerfGE 107, 395 = NJW 2003, 1924.
[7] Hierzu Desens NJW 2006, 1243.
[8] BVerfG 30.4.2003 – 1 PBvU 1/02, NJW 2003, 1924 (1929); nunmehr ist in jeder Verfahrensordnung eine Anhörungsrüge zu finden, vgl. nur § 78a ArbGG, § 152a VwGO, § 179a SGG, § 133a FGO,

Der „eher missmutig denn überzeugt" agierende Gesetzgeber[9] hat bei seiner Begründung hauptsächlich auf die Ausführungen des BVerfG zurückgegriffen:[10] Für einen umfassenden Schutz des rechtlichen Gehörs sei eine eigenständige gerichtliche Abhilfemöglichkeit in Fällen des erstmaligen (**„primären"**) Gehörsverstoßes in der Rechtsmittelinstanz erforderlich. Damit wird zugleich klargestellt, dass Verletzungen des rechtlichen Gehörs in früheren Verfahrensabschnitten, die durch ein Urteil abgeschlossen wurden, nach wie vor mit allgemeinen Rechtsmitteln,[11] insbesondere mit der Revision geltend gemacht werden können (und dies wohl auch müssen, weil die Einbeziehung des **sekundären** Gehörsverstoßes[12] zur einer das Rechtsschutzsystem überbordernden „Doppelkontrolle" führen würde).

II. Die Anhörungsrüge in der Praxis

Ob die Vorschrift den angestrebten Zweck effektiveren Rechtsschutzes erfüllen kann, erscheint (zumindest bislang) fraglich, da sie seit ihrer Einführung für mehr Verwirrung als für Rechtsklarheit gesorgt hat.[13] Grund hierfür mag das falsche Assoziationen weckende Schlagwort „Anhörungsrüge" sein. Überspitzt ausgedrückt, mag man als Strafverteidiger bei einer **„ou-Verwerfung"** gem. § 349 Abs. 2 stets das Gefühl haben, nicht „angehört" worden zu sein.[14] Bei genauerer Betrachtung hat § 356a aber einen äußerst exklusiven Charakter: Die Vorschrift dient nicht als „Revision" der Revision;[15] nachgeschobene Rechts- und Tatsachenvorträge bleiben unberücksichtigt. Der Revisionsführer muss nur **„gehört"**, nicht aber auch **„erhört"** worden sein.[16] Nicht selten enthält die Anhörungsrüge „im Kern" lediglich den Vorwurf, der Senat habe in der Sache fehlerhaft entschieden.[17] Dies genügt für ihre Begründetheit keinesfalls. Gleichwohl sind in der neueren Rechtsprechung zumindest Tendenzen zu erkennen, den anzutreffenden Vorwurf, die Vorschrift verkümmere zu einer **for-**

---

§ 121a WDO, § 71a GWB, § 69a GKG, § 4a des Justizvergütungs- und Entschädigungsgesetzes (JVEG) sowie § 12a RVG.

[9] Gehb DRiZ 2005, 121.

[10] BT-Drs. 15/3706, 18.

[11] BT-Drs. 15/3706, 18; Schmitt in Meyer-Goßner/Schmitt Rn. 1; Nagel in Radtke/Hohmann Rn. 1.

[12] Zu dieser Terminologie sowie Einschränkung des § 356a auf primäre Gehörsverstöße vgl. Eschelbach/Geipel/Weiler StV 2010, 325 (330).

[13] Dies macht sich in uneinheitlichen, nicht-amtlichen Überschriften bemerkbar vgl. nur Gericke in KK-StPO („Verletzung des Anspruchs auf rechtliches Gehör"); Graf/Wiedner („Wiedereinsetzung in den vorherigen Stand"); Hohmann/Radtke/Nagel („Verletzung des Anspruchs auf rechtliches Gehör"); Schmitt in Meyer-Goßner/Schmitt („Verletzung rechtlichen Gehörs"); Lohse in Krekeler/Löffelmann/Sommer („Anhörungsrüge"). Die Norm darf auch nicht als spezielle „Wiedereinsetzung in den vorherigen Stand" bei Fristversäumnissen im Revisionsverfahren gedeutet werden, auch wenn die Obergerichte die unterschiedlichen Arten der Wiedereinsetzung mitunter vermengen. Einer Wiedereinsetzung i.e. Sinne würde der rechtskräftige Abschluss des Verfahrens entgegenstehen, vgl. BGH 17.1.1962 – 4 StR 392/61, BGHSt 17, 94 = NJW 1962, 818; BGH 6.12.2006 – 1 StR 499/06, BeckRS 2006, 15081; 4.8.2010 – 3 StR 105/10, StraFo 2011, 55; 12.1.2010 – 5 StR 378/09, BeckRS 2010, 02406; 3.5.2006 – 2 StR 444/00, BeckRS 2006, 06374.

[14] Natürlich wäre solch eine pauschal gehaltene Rüge des Verteidigers „offensichtlich haltlos", da die Verwerfung durch Beschluss „mit einer (bestimmten) Maßgabe" erfolgt, BGH 7.11.2011 – 1 StR 452/11, BeckRS 2011, 26337; vgl. auch BGH 5.5.2014 – 1 StR 82/14, NStZ-RR 2014, 222 (Ls.) = BeckRS 2014, 10051. Auch die Praxis des Vier-Augen-Prinzips führt nach BGH 2.9.2015 – 1 StR 433/14, NJW 2016, 343 zu keinem anderen Ergebnis.

[15] BGH 2.10.2008 – 3 StR 272/08, BeckRS 2008, 23598; 25.3.2010 – 1 StR 567/09, BeckRS 2010, 08464; zum Ganzen auch Franke in Löwe/Rosenberg Rn. 4.

[16] Eine in ablehnenden Beschlüssen sehr häufig auftauchende Wendung, vgl. Wiedner in Graf Rn. 9; BGH 13.8.2008 – 1 StR 162/08, StV 2010, 297; 18.6.2008 – 1 StR 185/08, BeckRS 2008, 19536; 12.8.2008 – 1 StR 204/08, BeckRS 2008, 18843; 27.8.2008 – 1 StR 35/08, BeckRS 2008, 19760; 19.1.2012 – 1 StR 546/11, BeckRS 2012, 03357.

[17] Eine Wendung, auf die der Erste Senat häufiger zurückgreift, erstmals wohl BGH 9.11.2006 – 1 StR 360/06, dann BGH 19.11.2014 – 1 StR 114/14, NStZ-RR 2015, 318; 29.1.2015 – 1 StR 359/13, wistra 2015, 240; 29.9.2015 – 1 StR 602/14, BeckRS 2015, 17160; 15.9.2015 – 1 StR 368/14, BeckRS 2015, 16387; 15.9.2015 – 1 StR 307/15, BeckRS 2015, 16669; 2.9.2015 – 1 StR 207/15, NStZ-RR 2016, 151.

§ 356a 5, 6   3. Buch. 4. Abschnitt. Revision

malen Hürde für eine Verfassungsbeschwerde[18] (→ Rn. 35 ff.) und sei nur eine zusätzliche Belastung der Fachgerichte,[19] zumindest etwas zu entkräften, indem der BGH potentiell einschlägige Fallgruppen auch benennt, wenn der Rechtsbehelf *in concreto* unzulässig bzw. unbegründet ist (zu den Zulässigkeits- und Begründetheitsanforderungen → Rn. 7 ff., 18 ff.).[20]

5   § 356a fügt sich in das geltende Revisionsrecht ein und erfindet dieses nicht neu. Da die Vorschrift nicht das **„Ob"** einer Gehörsverletzung zum Gegenstand hat, kann sie keine Wirkungen auf das geltende Verfahrensrecht und die hierzu ergangene Rechtsprechung entfalten. Richterrechtlich konzipierte **Präklusionsregelungen** (Befristung von Beweisanträgen, Widerspruchslösung) sind dadurch grundsätzlich ebenso wenig angreifbar wie ein **Vorgehen nach § 349 Abs. 2.** Diese aus Sicht eines Verteidigers womöglich bittere Erkenntnis musste von den Obergerichten in zehn Jahren Anhörungsrüge am häufigsten repetiert werden.[21] Zudem beseitigt die Vorschrift auch nicht die rechtstatsächlichen (aus dem Verbot der Rekonstruktion der Hauptverhandlung resultierenden) Probleme **„apokrypher Gehörsverletzungen"**[22] einerseits sowie die potentielle **Voreingenommenheit** des *iudex a quo* andererseits.[23]

6   Im Ergebnis heißt das: § 356a ist im Regelfall nur einschlägig, wenn etwaige Schriftsätze oder sonstiges Vorbringen **rein objektiv nicht zur Kenntnis genommen** wurden (etwa weil sie nicht einmal zugegangen sind) und diese Gehörsverletzung **tatsächliches Vorbringen** verhindert hat.[24] Die geringen Erfolgsaussichten des Rechtsbehelfs basieren damit nicht auf einem zu strengen Verständnis der Anhörungsrüge, sondern sind gesetzgeberisch angelegt, ihr Anwendungsbereich soll quasi auf **„Pannenfälle"** im Revisionsverfahren beschränkt sein.[25] Dies hat den – aus Sicht des Revisionsgerichts unangenehmen – Nebeneffekt, dass

---

[18] Zur Anhörungsrüge als Zulässigkeitsvoraussetzung einer Verfassungsbeschwerde BVerfG 25.4.2005 – 1 BvR 644/05, NJW 2005, 3059; 5.5.2005 – 2 BvR 1593/03, BeckRS 2005, 27482; 29.1.2007 – 2 BvR 2203/06, BeckRS 2007, 27475; 18.7.2008 – 2 BvR 1423/08, BVerfGK 14, 95; 29.1.2008 – 2 BvR 2556/07, BeckRS 2008, 32835; 5.10.2011– 2 BvR 1555/11, BeckRS 2011, 55538; für Landesverfassungsbeschwerden (in OWi-Verfahren) vgl. nur Bayerischer VerfGH 16.3.2010 – Vf. 62-VI-09, BeckRS 2010, 48445; VerfGH Sachsen 19.7.2007 – Vf. 51-IV-07; VerfGH Thüringen 23.5.2006 – VerfGH 33/05, BeckRS 2006, 134762.

[19] Krit. auch Lohse in Krekeler/Löffelmann/Sommer Rn. 1 sowie Eschelbach/Geipel/Weiler StV 2010, 325; Zuck NJW 2006, 1703.

[20] Wobei in den ersten Jahren nach Einfügung ein „Konkretisierungs- und Festigungsbedürfnis" sicher auch bestanden hat. „Dreizeiler", in denen die Unzulässigkeit bzw. Unbegründetheit des Rechtsbehelfs knapp festgestellt wird, mehren sich daher erst in neuerer Zeit, vgl. BGH 22.9.2010 – 2 StR 325/10, BeckRS 2010, 24650; 23.8.2011 – 1 StR 633/10, BeckRS 2011, 22219; 19.1.2012 – 1 StR 571/11, BeckRS 2012, 03052; 12.7.2012 – 2 StR 16/12, BeckRS 2012, 19268; 21.6.2012 –1 StR 197/12, BeckRS 2012, 14804; 20.11.2012 – 2 StR 168/12, BeckRS 2012, 25038; 27.11.2012 – 5 StR 474/12, BeckRS 2013, 00513; 11.10.2012 – 5 StR 384/12, BeckRS 2012, 22962; 22.11.2011 – 4 StR 408/11, BeckRS 2011, 27598.

[21] Ausdrücklich BGH 13.2.2008 – 3 StR 507/07, BeckRS 2008, 04672: „Der Senat sieht auch keine Veranlassung, die ständige Rechtsprechung des Bundesgerichtshofs und des Bundesverfassungsgerichts zur Form der Gewährung des rechtlichen Gehörs im Verfahren nach § 349 Abs. 2, 3 StPO in Frage zu stellen."

[22] Wilhelm ZStW 117 (2006), 142 ff.; Eschelbach FS Widmaier, 2008, 127 (132).

[23] Vgl. bereits vor Einfügung des § 356a Redeker NJW 2003, 2956 (2957); zu § 321a ZPO Sangmeister NJW 2007, 2363 (2369); diesem gesetzgeberisch angelegten „Dilemma" (Eschelbach/Geipel/Weiler StV 2010, 329) kann man nicht durch eine Verknüpfung der Anhörungsrüge mit einem Befangenheitsantrag beggenen, jedenfalls dann nicht, wenn man die Befangenheit auf die vorherige Befassung des Revisionsrichters stützt.

[24] BGH 7.9.2006 – 2 StR 135/06, BeckRS 2006, 11444.

[25] Dieser Befund wird bei einem Blick auf die zwei Abhilfe-Entscheidungen des Zweiten Strafsenats bestätigt, der womöglich aufgrund der Querelen um seinen Vorsitz anfällig für derartige „Pannen" war. Während in der Entscheidung aus dem Jahre 2011 übersehen wurde, dass der Generalbundesanwalt allein die Verwerfung der Revision gemäß § 349 Abs. 1 StPO als unzulässig beantragt und keinen (hilfsweise) Verwerfungsantrag gemäß § 349 Abs. 2 StPO gestellt hatte, nichtsdestotrotz aber eine Abweisung nach § 349 Abs. 2 erfolgte, BGH 13.4.2011 – 2 StR 524/10, BeckRS 2011, 08338 wurde in der Entscheidung aus dem Jahre 2012 ein beim Gericht eingegangener Antrag des Beschwerdeführers auf Ablehnung einzelner Mitglieder des Senats wegen der Besorgnis der Befangenheit nicht beachtet, obwohl der Antrag statthaft war, BGH 14.8.2012 – 2 StR 629/11, NStZ 2012, 710.

Verteidiger derartige Pannen (hinsichtlich etwaiger Ergänzungsschriften, erneuten Vorbringens und Gegenerklärungen) gerne vermuten bzw. zumindest erst einmal behaupten. Das Gericht ist dann in jedem ablehnenden Beschluss zu einer Klarstellung dahingehend herausgefordert, dass auch jeder berücksichtigungsfähige Schriftsatz zur Kenntnis gelangt ist.[26] Statistisch äußern sich die geringen Erfolgsaussichten darin, dass in den letzten Jahren bei ca. 50–80 erledigten Anhörungsrügen pro Jahr (vor den Strafsenaten des BGH) die allermeisten entweder als unbegründet zurückgewiesen oder als unzulässig verworfen wurden (zur Unterscheidung → Rn. 33 f.)[27] und regelmäßig pro Jahr nur einzelnen[28] oder mehrfach auch keiner einzigen abgeholfen wurde.[29] Überwiegend begnügt man sich inzwischen mit „Dreizeilern" bzw. wiederkehrenden Floskeln, was die Begründung der ablehnenden Beschlüsse angeht, doch werden auch immer wieder etwas ausführlichere Beschlüsse veröffentlicht, in denen sich die Senate nochmals mit konkretem Vorbringen des Beschwerdeführers „hilfsweise" auseinandersetzen[30] oder das Wesen der Anhörungsrüge konkretisieren.[31] Die Norm hat aber auch dazu geführt, dass derjenige, der gegen eine Entscheidung des Revisionsgerichts Verfassungsbeschwerde erheben will, die Anhörungsrüge schon „sicherheitshalber" erhebt, um nicht am Erfordernis der Rechtswegerschöpfung zu scheitern (§ 90 Abs. 2 BVerfGG; → Rn. 35 f.).[32]

B. Regelungsgehalt

I. Zulässigkeit

1. Statthaftigkeit. Statthaft ist der Rechtsbehelf gegen alle Entscheidungen des Revisionsgerichts. Auch **Revisionsurteile** sind damit erfasst. Zumindest in den (seltenen) Fällen, in denen der Angeklagte vor dem Revisionsgericht anwesend war und sich dementsprechend umfassend äußern konnte, ist ein Gehörsverstoß aber kaum vorstellbar.[33] Bei der Entscheidung über einen Antrag nach **§ 346 Abs. 2** handelt es sich ebenfalls um eine „Revisionsentscheidung" iSd § 356a.[34] Nach Auffassung des BGH soll unter die Wendung **„bei einer Revisionsentscheidung"** auch die **Entscheidung über einen Befangenheitsantrag** als eigenständiges Zwischenverfahren fallen, wenn der Antrag vor Erlass der Revisionsentscheidung gestellt worden war.[35] Ob dieses extensive Verständnis im Hinblick auf den Grundsatz der Rechtsmittelklarheit überzeugen kann, mag fraglich sein; es lässt

7

---

[26] BGH 29.10.2015 – 3 StR 162/15, BeckRS 2015, 19541; 3.9.2015 – 1 StR 235/14, BeckRS 2015, 16668. Daran ändert auch nichts, dass das Bundesverfassungsgericht diesbezüglich festgestellt hat, dass grundsätzlich schon davon auszugehen sei, „dass das Gericht das von ihm entgegengenommene Vorbringen eines Beteiligten auch zur Kenntnis genommen und in Erwägung gezogen hat", BVerfG 30.6.2014 – 2 BvR 792/11, wistra 2014, 434 Rn. 16 mwN.
[27] Statistik nach Jahren geordnet abrufbar auf der Homepage des Bundesgerichtshofs unter http://www.bundesgerichtshof.de/DE/Service/Statistik/StatistikStraf/statistikStraf_node.html.
[28] BGH 13.4.2011 – 2 StR 524/10, BeckRS 2011, 08338 sowie BGH 14.8.2012 – 2 StR 629/11, NStZ 2012, 710.
[29] Somit tatsächlich fast „Erfolgsquote bei Null", vgl. Eschelbach/Geipel/Weiler StV 2010, 325.
[30] Vgl. etwa BGH 21.4.2015 – 1 StR 555/14, NStZ-RR 2015, 257; 3.12.2013 – 1 StR 521/13, BeckRS 2013, 22626.
[31] BGH 12.2.2015 – 2 StR 439/13, BeckRS 2015, 06144; 10.2.2015 – 4 StR 519/14, BeckRS 2015, 03935.
[32] Vgl. Allgayer NJW 2013, 3484.
[33] BGH 25.9.2012 – 1 StR 534/11, BeckRS 2012, 21054 (der BGH hat offen gelassen, ob eine Anhörungsrüge nach Hauptverhandlung, aber vor Urteilsbegründung überhaupt zulässig ist; jedenfalls soll eine erneute Anhörungsrüge gegen den zitierten Beschluss unzulässig sein, vgl. in demselben Verfahren BGH 22.10.2012 – 1 StR 534/11, BeckRS 2012, 22355; zu einem vergleichbaren Fall einer „doppelten Anhörungsrüge", vgl. OLG Nürnberg 21.11.2012 – 2 Ws 481/10, StRR 2013, 2); hierzu auch BGH 17.2.2010 – 1 StR 95/09, BeckRS 2010, 07398; 26.11.2009 – 5 StR 296/09, NStZ-RR 2010, 117.
[34] OLG Jena 4.10.2007 – 1 Ss 127/07, NJW 2008, 534; OLG Hamburg 21.4.2008 – 2-40/07 (REV) 1 Ss 103/07, NStZ-RR 2008, 317.
[35] BGH 6.2.2009 – 1 StR 541/08, NJW 2009, 1092; Franke in Löwe/Rosenberg Rn. 5.

§ 356a 8–10   3. Buch. 4. Abschnitt. Revision

sich aber rechtfertigen, wenn man es als Umsetzung der bundesverfassungsgerichtlichen
Vorgabe versteht, einen möglichst umfassenden Rechtsschutz zu gewährleisten.

8   Im **Jugendstrafverfahren** kommt § 356a über **§ 55 Abs. 4 JGG** entsprechend zur
Anwendung. In **Ordnungswidrigkeiten-Sachen** richtet sich im Falle der Verletzung des
rechtlichen Gehörs durch das **Rechtsbeschwerdegericht** (bspw. bei der Entscheidung
über den Antrag auf Zulassung der Rechtsbeschwerde) das Verfahren ebenfalls nach § 356a,
da das Rechtsbeschwerdeverfahren im Ordnungswidrigkeitenrecht das Pendant zur Revision
im Strafprozess bildet, vgl. **§ 79 Abs. 3, § 46 Abs. 1 OWiG**.[36] Gleiches soll für das **Rechtsbeschwerdeverfahren** in Strafvollzugssachen gelten, **§ 120 StVollzG**.[37] Das Bundesverfassungsgericht deutet an, dass diese Rechtsauffassung (die zu strengeren Anforderungen an
die Rüge führt, als sie nach § 33a gelten würden) genauerer Überprüfung bedarf, da Strafgefangene im Verfahren nach dem Strafvollzugsgesetz regelmäßig nicht anwaltlich vertreten
sind.[38] Die Vorschrift ist **lex specialis** zu § 33a, dessen Bedeutung sich auf Gehörsverstöße
bis zum Rechtsmittelverfahren beschränkt.[39] Für das Beschwerdeverfahren innerhalb der
StPO bleibt weiterhin § 311a einschlägig.

9   **2. Antragsberechtigung.** Da die Vorschrift die Verletzung rechtlichen Gehörs voraussetzt, ist in erster Linie der **Angeklagte** sowie Neben-/Privatkläger bzw. Nebenbeteiligte
antragsberechtigt. Da sich die Wendung „Antrag" nicht unmittelbar auf den beeinträchtigten
Beteiligten bezieht, ist der Schluss, die **StA** sei auszuklammern,[40] zumindest nicht zwingend.[41]

10   **3. „Antragsbefugnis"** (zur Geltendmachung sonstiger Prozessgrundrechte
bzw. grundrechtsgleicher Rechte). Geltend gemacht werden muss **die Verletzung
rechtlichen Gehörs.** Umstritten ist, ob die Vorschrift darüber hinaus auch bei der Verletzung **sonstiger grundrechtsgleicher Rechte** (etwa fair-trial gem. Art. 6 EMRK iVm
Art. 20 Abs. 3 GG) zur Anwendung kommt.[42] Der BGH ließ anklingen, dass er eine analoge
Anwendung der Vorschrift für zulässig erachtet, dass aber dann „auf der Hand liegt", dass
man die entsprechenden **Fristen ebenfalls berücksichtigen** muss.[43] Dies ist im Hinblick
auf die fachgerichtliche Kontrolle nach § 356a nicht weiter bedenklich, da ein zusätzlicher,
wenn auch befristeter Rechtsbehelf besser ist, als gar kein Rechtsmittel. Verneint man indes
deshalb bei einem verfristeten Antrag nach § 356a S. 2 auch die Rechtswegerschöpfung

---
[36] Vgl. BT-Drs. 15/3706, 14; Bauer in Göhler OWiG Vor § 79 Rn. 13; zum Ganzen OLG Frankfurt a. M.
      1.3.2007 – 2 Ss-OWi 524/06, NStZ-RR 2007, 211; KG 8.7.2008 – 3 Ws (B) 48/08, BeckRS 2008,
      21240; OLG Hamm 12.5.2005 – 2 Ss OWi 752/04, VRS 109, 43.
[37] KG 18.12.2015 – 2 Ws 259/15 Vollz, BeckRS 2016, 02901; OLG Frankfurt a. M. 25.8.2008 – 3 Ws
      31/08, NStZ-RR 2009, 30; zur Anwendung des § 116 S. 2 BRAO in berufsrechtlichen Verfahren BGH
      14.12.2010 – AnwSt (B) 7/10, BeckRS 2011, 00936; KG 18.12.2015 – 2 Ws 259/15 Vollz., BeckRS
      2016, 02901; KG 7.7.2015 – 2 Ws 97/15 Vollz, NStZ-RR 2015, 392; zum Ganzen auch Bachmann
      ZIS 2013, 545.
[38] BVerfG 30.11.2011 – 2 BvR 2358/11, BeckRS 2011, 56808.
[39] BGH 29.11.2012 –3 StR 236/12, BeckRS 2013, 01370; Momsen in Satzger/Schluckebier/Widmaier
      StPO Rn. 1.
[40] So Gericke in KK-StPO Rn. 9; Schmitt in Meyer-Goßner/Schmitt Rn. 5; Wohlers in SK-StPO Rn. 7;
      Nagel in Hohmann/Radtke Rn. 8; Momsen in Satzger/Schluckebier/Widmaier StPO Rn. 2; Franke
      in Löwe/Rosenberg Rn. 7.
[41] Temming in Gercke/Julius/Temming/Zöller Rn. 6; Wiedner in Graf Rn. 21.
[42] Vgl. bereits Redeker NJW 2003, 2956 (2957); ausführlich hierzu Desens NJW 2006, 1243 (1244).
[43] BGH 4.4.2006 – 5 StR 514/04, wistra 2006, 271 (in concreto Geltendmachung des Willkürverbots).
      Offen gelassen in BGH BGH 21.8.2007 – 3 StR 221/07, BeckRS 2007, 16187; 7.6.2006 – 5 StR 121/
      06, BeckRS 2006, 11161 („sonstige Verfahrensgrundrechte"); BGH 25.4.2006 – 5 StR 430/05, BeckRS
      2006, 11166 („Bestimmtheitsgrundsatz"); wegen der Anwendung des § 356a S. 2 krit. Temming in
      Gercke/Julius/Temming/Zöller Rn. 10. Jeweils offen gelassen in BGH 23.5.2007 – 5 StR 35/07,
      BeckRS 2007, 09823 (Unschuldsvermutung) sowie BGH 20.6.2006 – 1 StR 171/06, BeckRS 2006,
      07539; 7.6.2006 – 5 StR 121/06, BeckRS 2006, 11161 („sonstige Verfahrensgrundrechte"). Ablehnend
      hingegen hinsichtlich der Verletzung des verfassungsrechtlich gewährleisteten Rechts auf den gesetzlichen
      Richter, BGH 13.12.2012 – 2 StR 585/11, BeckRS 2013, 02723; 14.3.2013 – 2 StR 534/12, NStZ-
      RR 2013, 214; 11.4.2013 – 2 StR 525/1, NStZ-RR 2013, 289.

in Bezug auf die Verfassungsbeschwerde, führt dies zu einer erheblichen Einschränkung des verfassungsrechtlichen Rechtsschutzes (vgl. hierzu noch → Rn. 35).[44]

4. Form und Frist. Der Antrag ist form- und fristgerecht schriftlich oder zu Protokoll 11 beim Revisionsgericht einzureichen, § 356a S. 2, 3.

a) Bezeichnung. Bei Falschbezeichnungen des Rechtsbehelfs („Anhörungsrüge gem. 11a § 33a",[45] Antrag „gemäß § 356a und § 33a",[46] Antrag auf „Wiederaufhebung des Beschlusses",[47] „Wiedereinsetzung" nach Sachentscheidung,[48] „Beschwerde"[49] oder „Gehörsrüge"[50]) oder sonstigen Schreibfehlern bzw. Fassungsversehen[51] gilt § 300;[52] selbst eine „Ergänzung der Revisionsbegründung" kann als Anhörungsrüge interpretiert werden.[53] Eine Falschbezeichnung ist nicht mehr unschädlich, wenn das einschlägige Rechtsmittel (wegen Fristablaufs) unzulässig ist, was va im Verhältnis der nicht fristgebundenen Vorschrift des § 33a zu § 356a häufiger vorkommen kann.[54] Gleiches gilt für **„Gegenvorstellungen"** des Verteidigers, die nach Ablauf der Frist getätigt werden:[55] In beiden Fällen ist zwar von einer Anhörungsrüge auszugehen, die bei Fristablauf als unzulässig zu verwerfen ist: allerdings besteht kein Anlass, einen als Gegenvorstellung bezeichneten Schriftsatz als Antrag nach § 356a auszulegen, wenn keine Gehörsverletzung geltend gemacht wird (relevant im Hinblick auf die Kostenpflichtigkeit der Anhörungsrüge).[56] Im umgekehrten Fall (fälschliche Bezeichnung als Antrag nach § 356a) kann das Revisionsgericht seine Entscheidung korrigieren, in dem es den Antrag als Gegenvorstellung behandelt, der – ausnahmsweise – zu einer Aufhebung der Entscheidung berechtigt.[57]

b) Frist. aa) Fristbeginn. Der Rechtsbehelf ist innerhalb einer Woche ab **Kenntnis** 12 der Gehörsverletzung beim Revisionsgericht einzureichen **und** zu begründen.[58] Die Frist kann **nicht verlängert** werden.[59] **Kenntnis** erlangt der Beschwerde im Regelfall mit **Zustellung der Revisionsentscheidung**,[60] wobei eine Zustellung an den Verteidiger auch dem

---

[44] Temming in Gercke/Julius/Temming/Zöller Rn. 10.
[45] BGH 3.2.2010 – 2 StR 417/09, BeckRS 2010, 07400; 9.12.2015 – 2 StR 288/12, BeckRS 2013, 06311.
[46] BGH 23.2.2011 – 1 StR 427/10, BeckRS 2011, 05053.
[47] BGH 20.11.2012 – 1 StR 497/12, BeckRS 2012, 24404.
[48] BGH 22.2.2011 – 5 StR 353/10, BeckRS 2011, 06083; 8.9.2009 – 4 StR 204/09, BeckRS 2009, 26070.
[49] BGH 27.7.2012 – 1 StR 210/12, BeckRS 2012, 17540; 25.8.2009 – 4 StR 79/09, BeckRS 2009, 25864.
[50] BGH 11.9.2008 – 4 StR 110/08, BeckRS 2008, 20686.
[51] BGH 1.9.2014 – 1 StR 279/14, BeckRS 2014, 17992.
[52] BGH 6.2.2009 – 1 StR 541/08, NJW 2009, 1092.
[53] BGH 3.3.2016 – 1 StR 518/15, NStZ-RR 2016, 496 (497).
[54] Vgl. BGH 15.10.2015 – 1 StR 52/15, BeckRS 2015, 17968; 2.9.2015 – 1 StR 135/15, BeckRS 2015, 17037; 16.5.2006 – 4 StR 110/05, NStZ 2007, 236; 7.3.2006 – 5 StR 362/05, BeckRS 2006, 03554; 15.4.2008 – 5 StR 442/07, BeckRS 2008, 07998.
[55] BGH 13.3.2012 – 1 StR 19/12, BeckRS 2012, 09215; 4.10.2012 – 3 StR 88/12, BeckRS 2012, 22153; 24.3.2011 – 4 StR 637/10, StraFo 2011, 218; 11.9.2012 – 4 StR 195/12, BeckRS 2012, 21263; 30.11.2009 – 4 StR 164/09, BeckRS 2009, 89273; 16.6.2011 – 2 StR 34/11, BeckRS 2011, 18949.
[56] BGH 6.3.2012 – 3 StR 22/12, BeckRS 2012, 06615; so auch im Falle einer erneuten Revision, vgl. BGH 1.6.2010 – 4 StR 552/09, BeckRS 2010, 16345; vgl. hierzu auch OLG Frankfurt a. M. 18.5.2006 – 2 Ss 314/05, BeckRS 2011, 25453.
[57] Vgl. OLG Nürnberg 27.4.2009 – 1 St OLG Ss 78/08, StV 2009, 519. Ebenso ist zu verfahren, wenn das Revisionsgericht nach Verwerfungsbeschluss seine Auffassung bzgl. einer Gehörsverletzung ändert, zutreffend daher OLG Hamm 13.7.2011 – III-4 RBs 193/11, BeckRS 2011, 25293.
[58] Vgl. hierzu und unter Bezugnahme auf die Gesetzesbegründung (BT-Drs. 15/3706, 18) BGH 9.3.2005 – 2 StR 444/04, NStZ 2005, 462. Die Rechtfertigung dieser Frist mit Rechtssicherheitserwägungen (vgl. BGH 13.12.2007 – 1 StR 497/07, NStZ-RR 2008, 151) kann im Hinblick auf den fehlenden Suspensiveffekt (arg. e contrario § 356 S. 4) kaum überzeugen (krit. auch Eschelbach/Geipel/Weiler StV 2010, 325 (330)), sie ist aber de lege lata natürlich zu beachten.
[59] BGH 8.7.2010 – 4 StR 79/10, BeckRS 2010, 18402; Franke in Löwe/Rosenberg Rn. 8.
[60] BGH 16.6.2011 – 2 StR 34/11, BeckRS 2011, 18949; 9.12.2009 – 1 StR 521/09, BeckRS 2009, 89489; 1.9.2010 – 5 StR 209/10, BeckRS 2010, 22549.

Angeklagten gegenüber wirksam ist, **§ 145a**.[61] Weil durch die Bekanntmachung der Entscheidung selbst keine Frist in Lauf gesetzt wird (§ 35 Abs. 2 S. 2), ist aber eine förmliche Zustellung von Revisionsentscheidungen, die in Abwesenheit des Angeklagten ergehen, nicht von Nöten. Maßgeblich ist die Kenntnis der **tatsächlichen** Umstände, aus denen sich der Verstoß ergibt. Auf das „**rechtliche**" Wissen des Antragsstellers kommt es nicht an.[62]

13 bb) **Glaubhaftmachung.** Weil das Revisionsgericht den Zeitpunkt, zu dem der Beteiligte Kenntnis von diesen tatsächlichen Umständen erlangt, nicht selbst zuverlässig feststellen kann und dieser häufig von Umständen aus der Sphäre des Betroffenen abhängt, muss dieser den Zeitpunkt der Kenntniserlangung **glaubhaft** machen.[63] An dieser Voraussetzung scheiterten anfangs viele Anhörungsrügen.[64] Als Mittel der Glaubhaftmachung scheiden Erklärungen – auch „eidesstattliche Versicherungen"[65] – des Antragsstellers aus.

14 Soweit der Beschluss nicht zugestellt wurde, kann man in Anlehnung an die „Drei-Tages-Fiktion" davon ausgehen, dass ein Verteidiger von dem fristauslösenden Beschluss **drei Tage** nach dessen Absendung Kenntnis genommen hat.[66] Der Glaubhaftigkeit anwaltlicher Erklärungen hinsichtlich der Kenntniserlangung von der Verwechslung der Gegenerklärungen kann entgegenstehen, dass die Verteidiger die Gegenerklärungen als für ihren jeweiligen Mandanten bestimmt akzeptiert haben, weil sie es pflichtwidrig unterließen, die Staatsanwaltschaft auf die offensichtliche Verwechslung hinzuweisen.[67] Der Antragsteller kann sich nicht darauf berufen, ihm sei die Glaubhaftmachung **nicht möglich,** weil Zweifel an der Glaubhaftigkeit seiner Erklärungen bestehen oder weil er sich verborgen halten muss, um sich dem Verfahren zu entziehen.[68]

15 cc) **Wiedereinsetzung.** Bei unverschuldeter Fristversäumung kann der Antragsteller eine Wiedereinsetzung gem. §§ 44 ff. beantragen.[69] Eine solche kommt in Betracht, wenn ein vom Verurteilten abgegebener Schriftsatz von der Justizvollzugsanstalt erst nach Ablauf der Frist abgesendet[70] oder wenn wegen eines Versehens in der Kanzlei des Verteidigers die fristgerecht gefertigte Gehörsrüge nicht abgeschickt wird.[71] Das ist beachtlich, da nach hM das **Verteidigerverschulden gem. § 93 Abs. 2 S. 6 BVerfGG** dem Antragsteller **zugerechnet werden soll,**[72] weil die Gehörsrüge letztlich Vorstufe der

---

[61] Vgl. auch BGH 8.9.2009 – 4 StR 204/09, BeckRS 2009, 26070; 2.3.2010 – 4 StR 618/09, BeckRS 2010, 05918.
[62] Vgl. OLG Hamm 7.7.2008 – 3 Ss 357/07, BeckRS 2008, 18105; BGH 29.9.2009 – 1 StR 628/08, StV 2010, 297.
[63] BT-Drs. 15/3706, 18; BGH 9.3.2005 – 2 StR 444/04, NStZ 2005, 462; 16.5.2006 – 4 StR 110/05, NStZ 2007, 236; 7.3.2006 – 5 StR 362/05, BeckRS 2006, 03554; 22.12.2006 – 1 StR 488/06, BeckRS 2007, 00053; Schmitt in Meyer-Goßner/Schmitt Rn. 6, 9; Wohlers in SK-StPO Rn. 9.
[64] Vgl. zuletzt BGH 10.1.2013 – 1 StR 382/10, BeckRS 2013, 03149 (wonach die bloße Mitteilung der Verteidiger habe erst zu spät von der Antragsschrift Kenntnis genommen nicht ausreichen soll). In Fällen, in denen sich die Einhaltung der Frist des § 356a S. 2 nicht schon aus dem aus der Akte ersichtlichen Verfahrensgang ergibt, gehört die Mitteilung des nach § 356a S. 2 für den Fristbeginn maßgeblichen Zeitpunkts der Kenntniserlangung von den tatsächlichen Umständen, aus denen sich die Gehörsverletzung ergeben soll und dessen Glaubhaftmachung (§ 356a S. 3) zu den Zulässigkeitsvoraussetzungen des Rechtsbehelfs, vgl. BGH 22.9.2015 – 4 StR 85/15, BeckRS 2015, 17567; 18.8.2015 – 5 StR 71/15, BeckRS 2015, 2901; 10.9.2014 – 5 StR 169/14, BeckRS 2014, 18271. Vgl. zum Ganzen auch Zuck NJW 2008, 479.
[65] Vgl. hierzu BGH 5.3.2008 – 2 StR 485/06, wistra 2008, 223 (224); 25.4.2006 – 5 StR 597/05, BeckRS 2006, 06390.
[66] BGH 24.11.2009 – 5 StR 439/09, BeckRS 2009, 88311; nach BGH 27.6.2012 – 1 StR 131/12, NStZ 2012, 319 ist sogar „zwingend davon auszugehen"; umgekehrt ist ein Zugang am 29.11. zumindest „ungewöhnlich", wenn der „Ab"-Vermerk das Datum des 21.11. trägt, vgl. OLG Hamm 6.12.2007 – 4 Ss OWi 634/07.
[67] BGH 1.8.2007 – 5 StR 147/07, BeckRS 2007, 13235.
[68] BGH 16.4.2008 – 2 StR 485/06, BeckRS 2008, 08434.
[69] Franke in Löwe/Rosenberg Rn. 9.
[70] BGH 22.6.2011 – 2 StR 589/10, BeckRS 2011, 19926.
[71] BGH 18.6.2008 – 1 StR 185/08, BeckRS 2008, 19536.
[72] BGH 20.5.2011 – 1 StR 381/10, wistra 2011, 315; 17.7.2009 – 5 StR 353/08, BeckRS 2009, 23666; 20.6.2012 – 5 StR 134/12, BeckRS 2012, 15544; 16.5.2013 – 1 StR 633/12, NStZ-RR 2014, 89.

Verfassungsbeschwerde gegen die Revisionsentscheidung auf fachgerichtlicher Ebene sei.[73] Von einem **Eigenverschulden des Angeklagten** ist auszugehen, wenn der Verurteilte behauptet, wegen Urlaubs unerreichbar gewesen zu sein und sein Verteidiger nicht über seinen Aufenthaltsort informiert war;[74] die Unkenntnis von der Bedeutung der Gehörsrüge für die Zulässigkeit einer späteren Verfassungsbeschwerde schließt ein Verschulden nicht aus.[75] Offen gelassen hat der BGH, ob ein ausschließlich von einer Kanzleikraft zu vertretender Fehler vorliegt, der dem Verteidiger und damit auch dem Verurteilten nicht anzulasten wäre, wenn der Verteidiger einen Schriftsatz unterschreibt und absenden lässt, ohne zu überprüfen, ob dieser Schriftsatz – in einem für die Zulässigkeit des darin gestellten Antrags maßgeblichen Punkt – seinem Diktat entspricht.[76] Wenn sich aus dem Schriftsatz ergibt, dass bereits die Niederschrift verspätet abgefasst worden ist, kommt es nicht mehr darauf an, ob der Eingang beim Bundesgerichtshof eventuell infolge der Haftsituation verzögert gewesen sein könnte.[77]

Der Wiedereinsetzungsantrag ist nur statthaft für die **Fristversäumnis.** „Verpasst" der 16 Antragsteller die nach § 356a S. 3 erforderliche Glaubhaftmachung, kann diese nicht im Wege eines erneuten Wiedereinsetzungsantrags nachgeholt werden.[78]

c) Begründung. Der Rechtsbehelf ist zu **begründen,** damit das Gericht erkennen 17 kann, ob eine unterbliebene Äußerung des Beteiligten der Sphäre der Justiz oder des Beteiligten selbst zuzuordnen ist.[79] Im Hinblick auf die Bedeutung des Anspruchs aus Artikel 103 Abs. 1 GG sind an diese Begründung keine hohen Anforderungen zu stellen.[80] Fehlt es an einer ordnungsgemäßen Begründung, ist der Antrag unzulässig.[81] Hiervon ist auszugehen, wenn sich der Sachvortrag darauf beschränkt, das Revisionsgericht habe fehlerhaft entschieden und hierdurch rechtliches Gehör verletzt.[82] Ebenso ungenügend ist die floskelhafte Behauptung, das Revisionsgericht habe mit seiner Entscheidung eine frühere Gehörsverletzung „perpetuiert".[83]

II. Begründetheit des Rechtsbehelfs (Gehörsverletzung)

1. Grundlagen. Das Antragsverfahren nach § 356a dient nicht dazu, eine verworfene 18 Rüge weiter zu verfolgen, obwohl der verwertete Verfahrensstoff in dem Verfahren umfangreich erörtert wurde.[84] Trotzdem tendiert der BGH nicht selten dazu, „Gründe nachzuschie-

---

[73] BGH 13.8.2008 – 1 StR 162/09, StV 2010, 297; vgl. auch Schmitt in Meyer-Goßner/Schmitt Rn. 6; Wiedner in Graf Rn. 22; krit. Lohse StraFo 2010, 434.
[74] BGH 17.12.2009 – 1 StR 436/09, NStZ-RR 2010, 116.
[75] BGH 9.8.2016 – 1 StR 52/16, NStZ-RR 2016, 318.
[76] BGH 16.5.2013 – 1 StR 633/12, NStZ-RR 2014, 89.
[77] BGH 9.8.2011 – 1 StR 275/11, BeckRS 2011, 21177; 24.8.2010 – 1 StR 169/10, BeckRS 2010, 20997.
[78] BGH 17.2.2009 – 3 StR 467/08, BeckRS 2009, 07187; für formwidrige Verfahrensrügen BGH 24.10.2012 – 5 StR 311/12, BeckRS 2012, 22961.
[79] BT-Drs. 15/3706, 18.
[80] Gericke in KK-StPO Rn. 10; Eine Begründung durch den Verteidiger bzw. durch einen RA ist nicht erforderlich, vgl. Meyer/Goßner/Schmitt Rn. 7.
[81] Daher ist es ratsam, die Rüge durch einen Verteidiger erheben zu lassen, Nagel in Radtke/Hohmann Rn. 9; die Pflichtverteidigerbestellung dauert fort, vgl. BGH 24.10.2005 – 5 StR 269/05, NStZ-RR 2006, 85.
[82] BGH 9.11.2006 – 1 StR 360/06, BeckRS 2006, 14592; da es sich um eine Formvorschrift handelt, dürfte eine unzureichende Begründung zur Unzulässigkeit des Rechtsbehelfs führen, vgl. hierzu OLG Nürnberg 18.10.2006 – 2 St OLG Ss 170/06, NStZ 2007, 237; Gericke in KK-StPO Rn. 10; Schmitt in Meyer-Goßner/Schmitt Rn. 7.
[83] BGH 10.1.2023 – 3 StR 12/22, NStZ-RR 2023, 118; OLG Bamberg 7.6.2011 – 3 Ss 32/11, BeckRS 2011, 24696.
[84] BGH 2.10.2008 – 3 StR 272/08, BeckRS 2008, 23598; 13.1.2009 – 4 StR 196/08, BeckRS 2009, 05587; 31.10.2011 – 1 StR 399/11, NStZ-RR 2012, 21; 13.12.2011 – 3 StR 317/11, BeckRS 2012, 01702; 16.5.2012 – 2 StR 49/12, BeckRS 2012, 15641; vgl. auch BGH 9.5.2017 – 1 StR 627/16, BeckRS 2017, 112980 (keine erneute Prüfung der Revisionsentscheidung auf inhaltliche Richtigkeit) Nagel in Hohmann/Radtke Rn. 5.

ben",⁸⁵ und sich damit gegen etwaige Vorwürfe zu verteidigen, eine bestimmte Erklärung oder ein Schriftsatz sei nicht wahrgenommen worden. Dies ist im Hinblick auf den Grundsatz effektiven Rechtsschutzes zu begrüßen, darf aber nicht dazu führen, dass der Rechtsbehelf als „Auskunftsanspruch" verstanden wird.⁸⁶ Auch kein Antrag nach § 356a, sondern eine Gegenvorstellung, liegt vor, wenn der Verurteilte keinen Gehörsverstoß im Revisionsverfahren geltend macht, sondern unter Hinweis auf eine fehlerhafte Übersetzung in erster Instanz und unter eigener Würdigung einzelner Beweismittel einen anderen Ablauf der Tat behauptet.⁸⁷

19 Der Rechtsbehelf ist nur **begründet,** wenn ein entscheidungserheblicher Gehörsverstoß vorliegt. Eine objektive Gehörsverletzung liegt vor, wenn das Gericht **zu berücksichtigendes** Vorbringen, also vornehmlich Schriftsätze des Verurteilten, nachweislich nicht zur Kenntnis genommen hat, zB weil sich diese nicht bei den Akten befanden⁸⁸ bzw. ein Schriftsatz sich nicht im Senatsheft befand.⁸⁹ Ferner zählen hierzu auch Zurückweisungen, die auf einer falschen Tatsachengrundlage basieren, etwa die Verwerfung einer Revision aufgrund der (fälschlichen) Annahme, es sei ein wirksamer Rechtsmittelverzicht vereinbart worden.⁹⁰ Denkbar ist auch, dass (die weitgehend eingeschränkten, vgl. → § 351 Rn. 18 ff.) Mitteilungs- und Anwesenheitspflichten in der Revisionshauptverhandlung verletzt wurden.⁹¹ Eine Einstellung des Verfahrens nach § 154 Abs. 2 ohne vorherige Anhörung des Angeklagten kann ebenso einen Gehörsverstoß begründen⁹² wie eine Entscheidung durch Beschluss, bevor die Gegenerklärungsfrist nach § 349 Abs. 3 abgelaufen war.⁹³ Entscheidungen vor Ablaufen einer Äußerungsfrist stellen allerdings dann keinen Verstoß dar, wenn tatsächlich eine Äußerung erfolgt ist (und nicht angekündigt wurde, noch eine Ergänzung vorzunehmen).⁹⁴ Rechtlich fehlerhafte Zuordnungen (etwa die Einordnung eines Gesprächs als Verständigungsversuch gem. § 257c, das von einer Erörterung nach § 257b abzugrenzen sei) begründen keinen Gehörsverstoß.⁹⁵

20 **2. „Systemimmanente" Einschränkungen des rechtlichen Gehörs. a) Entscheidung ohne Hauptverhandlung.** Verfahrensrechtlich angelegte Einschränkungen des rechtlichen Gehörs können nicht zur Begründetheit des Rechtsbehelfs führen. So hat der Beschwerdeführer keinen Anspruch auf Durchführung einer Hauptverhandlung, soweit die Voraussetzungen des § 349 Abs. 2 vorliegen, sodass eine fehlende Anberaumung auch keinen Gehörsverstoß darstellt.⁹⁶

21 **b) Verfahren nach § 349 Abs. 2 und 3.** Soweit das Revisionsgericht eine Verurteilung bestätigt, bedarf es nach der ganz überwiegenden Rspr. keiner weiteren ausführlichen Begründung, da hiermit konkludent auf die Ausführungen des Antrags Bezug genommen wird, dem stattgegeben wurde.⁹⁷ Da das Verfahren als solches nach Auffassung des Bundesverfassungsge-

---

⁸⁵ Vgl. nur BGH 23.2.2011 – 1 StR 427/10, BeckRS 2011, 05053: „Es war rechtlich auch nicht zu beanstanden, dass…"; ähnlich auch BGH 7.8.2007 – 4 StR 142/07, NStZ 2008, 55: „Dennoch merkt der Senat […] Folgendes an" sowie auch BGH 14.12.2010 – 1 StR 57/10, BeckRS 2011, 00717; Ferner BGH 11.1.2011 – 1 StR 145/10, BeckRS 2011, 02201; 17.1.2011 – 5 StR 307/10, BeckRS 2011, 02319.
⁸⁶ Exemplarisch BGH 10.7.2009 – 2 StR 168/09, BeckRS 2009, 21211; 25.1.2011 – 5 StR 490/10, BeckRS 2011, 06168; 16.2.2011 – 2 StR 397/10, BeckRS 2011, 05054; 7.10.2010 – 4 StR 324/10, BeckRS 2010, 27857; 29.9.2010 – 2 StR 111/09, BeckRS 2010, 26823.
⁸⁷ 19.1.2023 – 4 StR 430/22, BeckRS 2023, 2240.
⁸⁸ BGH 4.8.2010 – 3 StR 105/10, StraFo 2011, 55; Wohlers in SK-StPO Rn. 5.
⁸⁹ BGH 8.8.2008 – 2 StR 206/07, BeckRS 2008, 19816.
⁹⁰ BGH 11.8.2010 – 2 StR 217/10, BeckRS 2010, 21361.
⁹¹ Zu solch einer (letztlich nicht durchdringenden) Konstellation BGH 15.5.2013 – 5 StR 567/12, BeckRS 2013, 09605.
⁹² BGH 11.3.2008 – 4 StR 454/07, NStZ-RR 2008, 183.
⁹³ BT-Drs. 15/3706, 17.
⁹⁴ OLG Koblenz 14.10.2013 – 2 Ws 492/13, NStZ-RR 2014, 348 (Ls.) = BeckRS 2014, 08426.
⁹⁵ BGH 8.12.2015 – 5 StR 467/15, BeckRS 2016, 01205.
⁹⁶ BGH 14.4.2011 – 3 StR 36/11, BeckRS 2011, 09434; 9.2.2010 – 4 StR 536/09, BeckRS 2010, 05102; 13.3.2017 – 1 StR 476/15, wistra 2017, 274 = BeckRS 2017, 105596.
⁹⁷ BGH 16.5.2006 – 4 StR 110/05, NStZ 2007, 236; 13.1.2009 – 4 StR 196/08, BeckRS 2009, 05587; 12.1.2011 – 1 StR 581/10, BeckRS 2011, 02205.

richts prozessgrundrechtlich nicht zu beanstanden ist (mithin als solches keinen Gehörsverstoß darstellt[98]), dürfte die Konkretisierung potentieller Gehörsverstöße den Fachgerichten überlassen bleiben.[99] Insbes. der Rechtsbehelf der Anhörungsrüge selbst soll eine Begründung des Beschlusses nach § 349 Abs. 2 nicht erforderlich machen (die höchstrichterliche Rechtsprechung geht davon aus, dass auch dann eine sinnvolle Entscheidung darüber getroffen werden kann, ob eine Anhörungsrüge oder Verfassungsbeschwerde erhoben wird).[100] In diesen Fällen macht sich das Revisionsgericht die Ausführungen (im Regelfall des GBA) zu eigen, was der **ratio des Verfahrens nach § 349 Abs. 2 und 3** entspricht und damit gerade nicht als Nichtbeachtung des Sachvortrags des Revisionsführers interpretiert werden kann (zur Kritik an der Verfahrenswirklichkeit des § 349 Abs. 2 vgl. dort → § 349 Rn. 5 f.).[101] Art. 103 Abs. 1 GG zwingt also die Gerichte nicht dazu, jedes Vorbringen eines Beteiligten ausdrücklich zu bescheiden.[102] Erst recht liegt kein Gehörsverstoß vor, wenn auf die Einwände des Beschwerdeführers „nur partiell" Bezug genommen wird.[103] Das Schweigen des Senats auf Rechtsausführungen in der Gegenerklärung offenbart „nach der Sachlogik des revisionsgerichtlichen Beschlussverfahrens", dass der neue Vortrag ungeeignet gewesen ist, die Erfolglosigkeit der Revision zu entkräften.[104] Diese Grundsätze gelten auch für Verteidiger, die erst im Rahmen des Revisionsverfahrens hinzustoßen und um den bisherigen Verfahrensstand (Antrag auf Verwerfung) kraft ihrer Neumandatierung wissen müssten.[105]

Da die Frist des § 349 Abs. 3 S. 2 nicht verlängert werden kann (vgl. → Rn. 12), **22** stellt es auch keinen Gehörsverstoß dar, wenn ein entsprechender Antrag unberücksichtigt bleibt.[106] Nimmt der Verteidiger Stellung, bevor die ihm dafür eingeräumte Frist abgelaufen ist, ohne sich eine Ergänzung seines Vorbringens bis Fristablauf vorzubehalten, und ist auch nach dem Inhalt der Stellungnahme eine Ergänzung nicht zu erwarten, ist der Anspruch auf rechtliches Gehör nicht verletzt, wenn das Gericht vor Fristablauf entscheidet.[107] Soweit

---

[98] BVerfG 28.2.1979 – 2 BvR 84/79, BVerfGE 50, 287 (289) = NJW 1979, 1161; BVerfG 22.11.1983 – 2 BvR 399/81, BVerfGE 65, 293 (295); 17.7.2007 – 2 BvR 496/07, NStZ-RR 2007, 381; BGH 7.11.2011 – 1 StR 452/11, BeckRS 2011, 26337; anders wohl Wohlers in SK-StPO Rn. 7 zumindest bei gänzlich fehlender Begründung auch im Falle der Entscheidung durch Beschluss.

[99] BVerfG 30.6.2014 – 2 BvR 792/1, NJW 2014, 2563.

[100] BVerfG 30.6.2014 – 2 BvR 792/1, NJW 2014, 2563.

[101] Hierzu auch BGH 21.10.2015 – 4 StR 241/15, BeckRS 2015, 19642; 5.10.2015 – 2 StR 396/14, BeckRS 2015, 17083; 24.1.2012 – 4 StR 469/11, StRR 2012, 191; 2.9.2008 – 5 StR 74/08, BeckRS 2008, 20322; 20.12.2011 – 1 StR 354/11, BeckRS 2012, 01701; 13.8.2009 – 3 StR 137/09, BeckRS 2009, 24817; 16.9.2008 – 3 StR 240/08, BeckRS 2008, 21820; 2.3.2023 – 5 StR 503/22, BeckRS 2023, 4616 und BGH 15.6.2023 – 1 StR 83/20, BeckRS 2023, 15384; 10.5.2023 – 2 StR 52/23, BeckRS 2023, 12820 und BGH 12.4.2023 – 5 StR 406/22, BeckRS 2023, 8090; Franke in Löwe/Rosenberg Rn. 3. Dem Angeklagten muss nicht zusätzlich die Antragsschrift mitgeteilt werden, BGH 9.7.2013 – 5 StR 233/13, BeckRS 2013, 13337.

[102] BVerfG 20.6.2007 – 2 BvR 746/07, NJW 2007, 3563; BGH 21.8.2008 – 3 StR 229/08, NStZ-RR 2008, 385; 2.5.2012 – 1 StR 152/11, NStZ-RR 2012, 314 (dort im Zusammenhang mit nachträglichen Erkenntnissen aus einem Freibeweisverfahren gem. Art. 14 Abs. 1 Buchst. B EuAlÜbk); BGH 20.11.2012 – 2 StR 369/12, BeckRS 2012, 24882; 11.1.2011 – 1 StR 18/10, BeckRS 2011, 01759; 28.6.2011 – 4 StR 180/11, BeckRS 2011, 19232; vgl. auch BGH 2.9.2008 – 5 StR 225/08, NStZ 2009, 52; 24.5.2023 – 1 StR 436/22, BeckRS 2023, 13119; dies va nicht, wenn die Bemerkungen offensichtlich fehl gehen, vgl. aus neuerer Zeit BGH 20.11.2012 – 4 StR 378/12, BeckRS 2012, 24944.

[103] BGH 11.12.2006 – 5 StR 70/06, wistra 2007, 159; 18.8.2015 – 5 StR 196/15, BeckRS 2015, 15853; zum Umgang mit Gegenerklärungen des Angeklagten vgl. auch BGH 12.5.2010 – 1 StR 530/09, wistra 2010, 312; 6.11.2006 – 1 StR 50/06, NStZ-RR 2007, 57; fehlt es dagegen an einer Auseinandersetzung des GBA sowie im Anschluss des Gerichts mit einer Verfahrensrüge, lässt dies die Vermutung zu, dass diese Rüge überhaupt nicht „gehört" wurde. Ob dies dann auch entscheidungserheblich ist, steht auf einem anderen Blatt, vgl. BGH 19.7.2007 – 3 StR 184/07, BeckRS 2007, 14387 sowie → Rn. 25.

[104] BGH 9.12.2008 – 5 StR 426/08, NStZ-RR 2009, 119; 10.2.2010 – 2 StR 423/09, BeckRS 2010, 07713; 13.2.2009 – 2 StR 479/08, BeckRS 2009, 08261.

[105] BGH 26.11.2015 – 1 StR 386/15, BeckRS 2015, 20453; 9.6.2015 – 3 StR 10/15, BeckRS 2015, 11388.

[106] BGH 7.8.2013 – 1 StR 248/13, BeckRS 2013, 15381; 27.2.2007 – 1 StR 8/07, wistra 2007, 231; 30.7.2008 – 2 StR 234/08, NStZ-RR 2008, 352.

[107] So jedenfalls OLG Koblenz 14.10.2013 – 2 Ws 492/13, NStZ-RR 2014, 348.

das Revisionsgericht über das Vorliegen von zur Begründung der Verfahrensrüge vorgetragenen Tatsachen freibeweisliche Ermittlungen (etwa zum Zustandekommen eines Rechtsmittelverzichts) durchführt, hat es den Beschwerdeführer in Kenntnis hiervon zu setzen, ihm ggf. eingegangene dienstliche Erklärungen in Ablichtung zu übersenden und die Möglichkeit zur Stellungnahme zu geben. Erfolgt dies, liegt ein Gehörsverstoß nicht vor.[108]

23   **c) Sonstige Fallgruppen, insbes. unterlassene Einbeziehung des Verurteilten.** Da es sich beim **Vorbringen** des Antragstellers um eines handeln muss, **zu dessen Berücksichtigung** das Gericht **verpflichtet** ist, ist die Rügefähigkeit in zahlreichen Fällen ausgeschlossen. Zu nennen sind hier: die Nichtweiterleitung einer die Antragsschrift ergänzenden dienstlichen Erklärung der Strafkammervorsitzenden an den Verteidiger;[109] das Abschlagen der Bitte des Verurteilten um eine „persönliche Unterredung" vor der Entscheidung durch den Senat;[110] das Verwehren des Einblicks in das Senatsheft; die fehlende Gewährung „weiteren" rechtlichen Gehörs an den Verurteilten, wenn dieser selbst bereits persönliche Stellungnahmen zum erstinstanzlichen Urteil abgegeben hat und das Gericht diese (wenn auch nur „ergänzend") heranzieht.[111]

24   **3. Anhörungsrüge und Befangenheitsantrag.** Dem Antragsteller steht es frei (wenngleich dies auch kaum je erfolgversprechend sein wird), seine Anhörungsrüge mit einem Befangenheitsantrag zu verbinden. Freilich handelt es sich hierbei um zwei eigenständige Rechtsbehelfe, die unterschiedlichen Voraussetzungen unterworfen sind.[112] Bei einem übergangenen Ablehnungsantrag ist – soweit eine Revisionsentscheidung noch nicht ergangen ist – dementsprechend nicht § 356a, sondern § 33a einschlägig.[113] Die Anhörungsrüge gem. § 356a dient nicht dazu, einem unzulässigen Ablehnungsgesuch[114] durch die unzutreffende Behauptung einer Verletzung des Art. 103 Abs. 1 GG doch noch Geltung zu verschaffen.[115] Von entscheidender Bedeutung ist somit, ob das Ablehnungsgesuch zum Zeitpunkt des Antrags überhaupt **noch statthaft** angebracht werden konnte. Ist dies nicht der Fall, muss der Antragsteller den „Hebel" der Anhörungsrüge erst mit einem anderen Gehörsverstoß umlegen, sodass insoweit in eine erneute Sachprüfung eingetreten werden kann.[116]

25   **4. Entscheidungserheblichkeit des Gehörsverstoßes.** Zuletzt muss sich der Gehörsverstoß auch auf das Ergebnis der Revisionsentscheidung ausgewirkt haben.[117] Daran fehlt es etwa, wenn der Antragsteller einen nicht zugegangenen Schriftsatz mit der Anhörungsrüge vorlegt und das Gericht zu dem Ergebnis kommt, dass eine rechtzeitige Berücksichtigung

---

[108] BGH 19.8.2010 – 4 StR 657/09, BeckRS 2010, 21674; Im Ordnungswidrigkeitenverfahrensrecht ist im Regelfall nicht einmal eine Übersendung der Stellungnahme der Staatsanwaltschaft an den Betroffenen geboten, da die Verwerfung des Zulassungsantrags keiner Begründung bedarf, vgl. § 80 Abs. 4 S. 3 OWiG, vgl. OLG Frankfurt a. M. 1.3.2007 – 2 Ss-OWi 524/06, NStZ-RR 2007, 211.
[109] BGH 13.12.2011 – 5 StR 388/11, BeckRS 2012, 00749.
[110] BGH 26.8.2010 – 1 StR 338/10, BeckRS 2010, 21672.
[111] BGH 25.7.2007 – 1 StR 165/07, BeckRS 2007, 14619.
[112] Zur alten Rechtslage vgl. BGH 1.2.2005 – 4 StR 486/04, NStZ-RR 2005, 173.
[113] BGH 5.8.2015 – 2 ARs 18/15, BeckRS 2015, 16080.
[114] Vgl. hierzu BGH 24.10.2005 – 5 StR 269/05, NStZ-RR 2006, 85.
[115] BGH 31.1.2013 – 1 StR 595/12, NStZ-RR 2013, 153; 11.4.2013 – 2 StR 525/11, NStZ-RR 2013, 289; 24.4.2014 – 4 StR 479/13, BeckRS 2014, 10267; 30.9.2013 – 1 StR 305/13, BeckRS 2013, 18100; 19.8.2010 – 4 StR 657/09, BeckRS 2010, 21674; 2.5.2012 – 1 StR 152/11, NStZ-RR 2012, 314; OLG Nürnberg 18.10.2006 – 2 St OLG Ss 170/06, NStZ 2007, 237; vgl. zur alten Rechtslage BGH 6.8.1993 – 3 StR 277/93, NStZ 1993, 600; OLG Jena 17.6.1997 – 1 Ws 123, 124/97, NStZ 1997, 510; KG 13.8.1982 – 2 Ws 176/82 Vollz – 2 Ws 171/82, NStZ 1983, 44 (45); hierzu auch Jahn FS Fezer, 2008, 413 (427); Heil in KK-StPO § 25 Rn. 5 und wohl auch BGH 9.3.2005 – 2 StR 444/04, NStZ 2005, 462 (463).
[116] BGH 24.1.2012 – 4 StR 469/11, StRR 2012, 191; 2.5.2012 – 1 StR 152/11, NStZ-RR 2012, 314; 15.11.2012 – 3 StR 239/12, NStZ-RR 2013, 153; Eine andere Frage ist, ob das Gericht dann auch dazu verpflichtet ist, gleich in diesem Zusammenhang die Befangenheitsprüfung vorzunehmen, vgl. hierzu Anm. Kretschmer JR 2007, 172.
[117] Momsen in Satzger/Schluckebier/Widmaier StPO Rn. 6.

zu keiner anderen Entscheidung geführt hätte.[118] Gerichte gehen häufig davon aus, dass sie von ihrer rechtlichen Auffassung nicht abrücken würden, solange die Tatsachengrundlage gleich bleibt. Dies führt *de facto* dazu, dass man mit nicht „gehörten Schriftsätzen", in denen lediglich **rechtliche** Ausführungen enthalten sind, nie zu einem entscheidungserheblichen Verstoß gelangen kann.[119] Auch wenn das Gericht streng genommen im Rahmen einer Sachrüge ohnehin gehalten wäre, umfassend zu prüfen, ob die Beweiswürdigung rechtsfehlerfrei erfolgte und das Urteil in sachlich-rechtlicher Hinsicht korrekt ist (§ 352 Abs. 1),[120] überzeugt das jedenfalls in dieser Pauschalität nicht, weil damit unterstellt wird, dass die aus der Dynamik des Verfahrens und den Äußerungen der Beteiligten entspringenden Argumente nie Einfluss auf die Entscheidung haben könnten, was entweder an der Realität vorbeigehen oder Beleg für eine generell nicht hinreichende Berücksichtigung dieser Argumente wäre.

III. Rechtsfolgen

Der Beschluss des Revisionsgerichts ist **unanfechtbar** (§ 304 Abs. 4).[121] Die entsprechende Anwendbarkeit von § 47 Abs. 2 räumt dem Gericht die Möglichkeit ein, frühzeitig einen Aufschub der Vollstreckung anzuordnen. **26**

1. Entscheidungskompetenz. Der Senat entscheidet über die Anhörungsrüge (§ 356a) in der nach dem Geschäftsverteilungsplan des BGH bestimmten Besetzung.[122] Dass dies dieselben Richter sind, die auch über die Revision des Angeklagten entschieden haben, entspricht der Intention des Rechtsbehelfs (wobei ein Richterwechsel denkbar, aber aufgrund der kurzen Frist selten ist).[123] **Befangenheitsrügen** mit dem Ansinnen, es würden dieselben (und damit „voreingenommene") Richter über die Anhörungsrüge entscheiden, **greifen damit nicht durch,** da die Prüfung durch den mit der Sache befassten **Richter** gesetzlich angelegt ist.[124] Gegen eine ablehnende Entscheidung ist keine erneute Anhörungsrüge bzw. Gegenvorstellung zulässig.[125] **27**

2. Entscheidungsarten. a) Unzulässigkeit oder Unbegründetheit. Mit Zurückweisung des Antrags wird der Antrag auf Anordnung des Vollstreckungsaufschubs gem. § 47 Abs. 2 gegenstandslos.[126] Der Antragssteller hat in entsprechender Anwendung des § 465 Abs. 1 die Kosten des Verfahrens in Höhe einer **Gerichtsgebühr von 50,00 EUR** zu tragen.[127] Als abschließende Entscheidung ist eine Kostengrundentscheidung geboten. Gegen den Kostenansatz ist die Erinnerung gem. § 66 GKG statthaft.[128] **28**

---

[118] BGH 6.6.2011 – 1 StR 490/10, BeckRS 2011, 16676; vgl. auch BGH 10.7.2008 – 3 StR 173/08, BeckRS 2008, 17049; 1.8.2007 – 5 StR 147/07, BeckRS 2007, 13235 („fehlerhafter Aushang").

[119] BGH 4.8.2010 – 3 StR 105/10, StraFo 2011, 55 (Schriftsatz, in dem auf die Einordnung eines Teleskopschlagstocks als gefährliches Werkzeug und nicht als Waffe aufmerksam gemacht wird) sowie BGH 24.7.2007 – 3 StR 216/07, BeckRS 2007, 16869 (Schriftsatz zur rechtlichen Zulässigkeit eines V-Mann-Einsatzes).

[120] BGH 31.1.2013 – 1 StR 595/12, NStZ-RR 2013, 153; 24.7.2012 – 1 StR 481/11, BeckRS 2012, 17196; 18.6.2008 – 1 StR 120/08, BeckRS 2008, 14178; 19.11.2008 – 1 StR 593/08, BeckRS 2008, 25827; 22.6.2011 – 2 StR 589/10, BeckRS 2011, 19926; 8.8.2008 – 2 StR 206/07, BeckRS 2008, 19816; 4.3.2008 – 4 StR 514/07, BeckRS 2008, 05522; zuletzt BGH 12.12.2012 – 1 StR 517/12, BeckRS 2013, 00980; OLG Hamm 6.12.2007 – 4 Ss OWi 634/07; krit. Gericke in KK-StPO Rn. 5.

[121] Bestätigt in BVerfG 26.4.2011 – 2 BvR 597/11 mwN sowie BGH 22.10.2012 – 1 StR 534/11, BeckRS 2012, 22355; 5.12.2011 – 1 StR 399/11, BeckRS 2011, 29861; 8.7.2013 – 1 StR 557/12, BeckRS 2013, 12714.

[122] Wohlers in SK-StPO Rn. 11.

[123] BGH 4.8.2009 – 1 StR 287/09, NStZ-RR 2009, 353.

[124] BGH 13.4.2011 – 1 StR 26/11, BeckRS 2011, 09429; 17.2.2010 – 1 StR 95/09, BeckRS 2010, 07398; krit. Eschelbach/Geipel/Weiler StV 2010, 325 (329): „Neutralitätsgarantie aus Art. 101 Abs. 1 S. 2 GG nicht gewahrt".

[125] BGH 13.8.2015 – 4 StR 576/14, NStZ-RR 2015, 315 (Ls.) = BeckRS 2015, 14867.

[126] BGH 4.6.2007 – 2 StR 505/06, BeckRS 2007, 11481.

[127] KG 13.4.2005 – (3) 1 Ss 532/04 (3/05), BeckRS 2005, 159654.

[128] BGH 5.3.2012 – 1 StR 571/11, BeckRS 2012, 07420; OLG Köln 10.10.2005 – 81 Ss-OWi 41/05-268.

§ 357

29 **b) Zulässigkeit und Begründetheit.** Ist der Antrag zulässig und begründet, versetzt das Revisionsgericht das Verfahren durch Beschluss in die Lage vor Erlass der angegriffenen Entscheidung zurück.[129] Nach Anhörung der Beteiligten gem. § 33 Abs. 2 und 3 prüft es die Revision erneut und berücksichtigt nunmehr die Ausführungen.[130] Dann kann das Revisionsgericht die frühere Entscheidung ganz oder teilweise aufrechterhalten oder abändern. Die neue Entscheidung muss nicht in gleicher Besetzung erfolgen.[131] Eine vor der Rechtskraft bestandene Untersuchungshaft lebt gem. § 356a S. 4 iVm § 47 Abs. 3 S. 1 wieder auf.[132] Bei mehreren Mitangeklagten findet **§ 357** Anwendung.[133]

C. Anhörungsrüge und Verfassungsbeschwerde

30 Im Verhältnis zur Verfassungsbeschwerde bleiben ungeklärte Fragen, insbes. was die Rechtswegerschöpfung und den Fristlauf nach § 93 Abs. 1 BVerfGG angeht. Eindeutig ist die Rechtslage wohl nur, wenn **eindimensional** gerügt wird, mithin nur eine Gehörsverletzung oder nur ein sonstiger Grundrechtsverstoß geltend gemacht wird. Im ersteren Fall ist die Anhörungsrüge jedenfalls vor einer Gehörsrüge beim BVerfG zu erheben, um den Subsidiaritätsgrundsatz (§ 90 BVerfGG) zu wahren. Macht der Verurteilte dagegen ausschließlich die Verletzung von sonstigen Grundrechten geltend, sollte die Einlegung einer Anhörungsrüge im Hinblick auf das rechtsstaatliche Gebot der Rechtsmittelklarheit zumindest nicht zwingend verlangt werden[134] (selbst wenn man eine analoge Anwendung des § 356a in diesen Fällen befürwortet[135]). Dementsprechend bleibt auch der Fristlauf unberührt.

31 Umstritten ist die Konstellation, in der neben der Gehörsrüge **gleichzeitig** weitere Verfahrensgrundrechte geltend gemacht werden (und die Anhörungsrüge noch nicht erhoben wurde).[136] Teils wird die **Teilbarkeit des Streitgegenstands** als Abgrenzungskriterium herangezogen, doch kann bereits die konkrete Zuordnung (Wird überhaupt die Verletzung eines Gehörsverstoßes geltend gemacht?) Abgrenzungsschwierigkeiten bereiten.[137] *De lege lata* dürfte sich **jegliche Präklusion im Hinblick auf sonstige Verfahrensgrundrechte verbieten,** unabhängig davon, ob man eine fachgerichtliche Überprüfbarkeit analog befürwortet oder nicht.[138] Denn die allgemeine Rechtsunsicherheit kann nicht zu Lasten des Verurteilten gehen.[139]

32 Die Entscheidung nach § 356a S. 1, mit der das Revisionsgericht die Anhörungsrüge zurückweist, schafft **keine eigenständige Beschwer** und ist deshalb nicht selbstständig mit der Verfassungsbeschwerde anfechtbar.[140]

§ 357 Revisionserstreckung auf Mitverurteilte

¹Erfolgt zugunsten eines Angeklagten die Aufhebung des Urteils wegen Gesetzesverletzung bei Anwendung des Strafgesetzes und erstreckt sich das Urteil, soweit

---

[129] Nagel in Hohmann/Radtke Rn. 15.
[130] Gericke in KK-StPO Rn. 15; Wohlers in SK-StPO Rn. 12.
[131] Gericke in KK-StPO Rn. 15; Schmitt in Meyer-Goßner/Schmitt Rn. 8.
[132] Momsen in Satzger/Schluckebier/Widmaier StPO Rn. 8.
[133] Gericke in KK-StPO Rn. 15; Wohlers in SK-StPO Rn. 13; Schmitt in Meyer-Goßner/Schmitt Rn. 11.
[134] Strenger aber scheinbar BVerfG 5.4.2013 – 2 BvR 759/13, NStZ-RR 2014, 84 (mwN), wonach dieser Rechtsbehelf mit Blick auf die Subsidiarität der Verfassungsbeschwerde auch dann auszuschöpfen sei, wenn keine Verletzung des Anspruchs auf rechtliches Gehör gerügt wird. Zum Ganzen auch Allgayer NJW 2013, 3484 (3485).
[135] So Desens NJW 2006, 1243 (1245).
[136] Für eine Unzulässigkeit der Verfassungsbeschwerde insgesamt (im Zusammenhang mit § 321a ZPO) BVerfG 27.5.2005 – 1 BvR 964/05, BeckRS 2005, 159024.
[137] Ausführlich Desens NJW 2006, 1243 (1245 f.) mwN aus der verfassungsgerichtlichen Rechtsprechung.
[138] Hierzu auch Lohse in Krekeler/Löffelmann/Sommer Rn. 13.
[139] Vgl. aber BVerfG 25.4.2005 – 1 BvR 644/05, NJW 2005, 3059 (zu 321a ZPO); VerfGH Berlin 21.4.2009 – VerfGH 18/08, JR 2009, 367 („Aussichtslosigkeit" der Anhörungsrüge als maßgebliches Kriterium).
[140] BVerfG 17.7.2007 – 2 BvR 496/07, NStZ-RR 2007, 381.

es aufgehoben wird, noch auf andere Angeklagte, die nicht Revision eingelegt haben, so ist zu erkennen, als ob sie gleichfalls Revision eingelegt hätten.[2] § 47 Abs. 3 gilt entsprechend.

Schrifttum: Barton, Die Abgrenzung von Sach- und Verfahrensrüge bei der klassischen und der erweiterten Revision in Strafsachen, JuS 2007, 977; Basdorf, Eingeschränkte Anwendung des § 357 StPO, FS Meyer-Goßner, 2001, 665; Benninghoven, Revisionserstreckung auf Mitverurteilte (2002); Dallinger, § 357 StPO und die Rechtsmittelbeschränkungen des § 55 Abs. 2 JGG, MDR 1963, 539; Gössel, Über die Zulässigkeit der Wiederaufnahme gegen teilrechtskräftige Urteile, NStZ 1983, 391; Haase, Die Revisionserstreckung (Rechtsfragen des § 357 StPO), GA 1956, 273; Hamm, Pyrrhussiege und Danaergeschenke im strafprozessualen Rechtsmittelsystem, FS Hanack, 1999, 369; Henkel, Zur Auslegung des § 357 StPO, JZ 1959, 690; Krause, Analoge Anwendbarkeit des § 357 StPO im Berufungsverfahren?, GS Küchenhoff, 1987, 425; Meyer-Goßner, Abschaffung des § 357 StPO, FS Roxin, 2001, 1345; Meyer-Goßner, Revisionserstreckung und Jugendstrafrecht, FS Eisenberg, 2009, 399; Mohr, Zur Problematik der Verbindung von Jugend- und Erwachsenenstrafverfahren, JR 2006, 499; Oberrath, Die Probleme des § 357 StPO (1992); von Preuschen, Die Modernisierung der Justiz – ein Dauerthema, NJW 2007, 321; Prittwitz, Scheinbegünstigung und Scheinfürsorge - Zur Erstreckung begünstigender Revisionsentscheidungen auf frühere nach JGG verurteilte Mitangeklagte, StV 2007, 52; Satzger, Überlegungen zur Anwendbarkeit des § 357 StPO auf nach Jugendstrafrecht Verurteilte – gibt es einen abweichenden Maßstab für Gerechtigkeit gegenüber Jugendlichen?, FS Böttcher, 2007, 175; Schubath, Die Erstreckung der Revision auf den Nichtrevidenten gemäß § 357 StPO im Falle der Verjährung der Strafverfolgung, JR 1972, 240; Tappe, Die Voraussetzungen des § 357 StPO (1971); Vogel/Kurth, Der Streit um die Frankfurter Schöffenwahl, NJW 1985, 106; Wohlers/Gaede, Die Revisionsbegründung auf Mitangeklagte – Plädoyer für eine konventionskonforme Auslegung des § 357 StPO, NStZ 2004, 9; Zopfs, Die Revisionserstreckung (§ 357 StPO) als Wohltat für den Mitangeklagten?, GA 1999, 482.

Übersicht

	Rn.		Rn.
I. Grundlagen	1	c) Entscheidungsart	13
1. Zweck der Vorschrift	2	d) Zugunsten des Beschwerdeführers ...	16
2. Kritik und Diskussion de lege ferenda	3	3. „Gesetzesverletzung bei Anwendung des Strafgesetzes"	17
II. Voraussetzungen der Aufhebungserstreckung		a) Beschränkung auf Gesetzesverletzung als Beschränkung auf Sachrüge?	18
1. Anwendungsbereich	7	b) Insbesondere: Unzureichende Beweiswürdigung	21
a) § 357 als spezifische Revisionsvorschrift	7	4. Identitätstrias („...erstreckt sich das Urteil...")	22
b) „Statthaftigkeit" der Revision für den Mitangeklagten, insbes. das Zusammentreffen von § 55 Abs. 2 JGG und § 357	8	a) Urteilsidentität	23
		b) Tatidentität	24
		c) Rechtsfehleridentität	27
2. Urteilsaufhebung zugunsten eines Angeklagten	11	5. „Angeklagte, die nicht Revision eingelegt haben"	31
a) Urteilsaufhebung	11	**III. Entscheidung des Revisionsgerichts und weiteres Verfahren**	33
b) Revisionsführer	12		

I. Grundlagen

Der seit 1877 unveränderte[1] § 357 sieht in Verfahren gegen mehrere Personen eine **1** subjektive **Durchbrechung der Rechtskraft**[2] bezüglich aller Mitangeklagten vor, wenn nur einer von ihnen Revision eingelegt hat und eine Aufhebung zu seinen Gunsten erfolgt.

---

[1] Bis auf die Nummerierung, da die gleichlautende Bestimmung in der ursprünglichen Fassung in § 397 zu finden war; zur Gesetzgebungsgeschichte näher Hamm FS Hanack, 1999, 369 (377); Haase GA 1956, 273 sowie Zopfs GA 1999, 482 (484) mwN. Heute gilt die Vorschrift in der Fassung des insoweit am 31.12.2006 in Kraft getretenen 2. Justizmodernisierungsgesetzes vom 22.12.2006, BGBl. I 3416.

[2] BGH 27.10.1955 – 3 StR 316/55, NJW 1955, 1934 (1935); OLG Hamm 22.11.1956 – 2 Vs 13/56, NJW 1957, 392; OLG Oldenburg 5.3.1957 – Ss 476/56, NJW 1957, 1450; OLG Stuttgart 14.7.1969 – 2 Ss 105/69, NJW 1970, 66; vgl. Gericke in KK-StPO Rn. 1; Momsen in Satzger/Schluckebier/Widmaier StPO Rn. 1.

Dies gilt, soweit sich das Urteil auf die nichtrevidierenden Mitangeklagten erstreckt, dh dasselbe Urteil, dieselbe Tat und dieselbe Rechtsverletzung betroffen sind (vgl. näher → Rn. 22 ff.).[3] Dies führt uU auch zu einer **„auflösend bedingten Rechtskraft"**,[4] so etwa wenn ein Mitangeklagter auf Rechtsmittel verzichtet oder dieses zurückgenommen hat (vgl. → Rn. 31). Gerade bei Umfangsverfahren kann damit ein einziger Angeklagter, welcher sich – anders als eine ganze Hand voll Mitangeklagter – dafür entscheidet, Revision einzulegen, eine vollständige „Neuauflage" des Prozesses verursachen und damit das Revisionsgericht zu einer umfangreichen und differenzierten Erstreckungsentscheidung veranlassen.[5]

2 1. Zweck der Vorschrift. Der Wille des Gesetzgebers, mehrere Mitangeklagte möglichst einheitlich zu ver- und behandeln, schlägt sich auch in anderen Verfahrensvorschriften nieder. Idealtypisch sollte der einzelne Angeklagte hier trotz der Verhandlung über die Angeklagtengesamtheit seine subjektive Rechtsstellung behalten,[6] weshalb es sich bei § 357 um eine **„Ausnahmevorschrift"** handelt,[7] die absolut und streng formalistisch[8] die Rechtsfolge der Revisionserstreckung „über den Kopf des Mittäters hinweg"[9] anordnet, sozusagen als „Revisionsderivat".[10] Legitimiert wird dieser Eingriff in die Position des Mitangeklagten als Prozesssubjekt[11] mit dem Ziel der Wahrung **„objektiver bzw. materieller Gerechtigkeit".**[12] Demnach soll § 357 eine ungleiche Behandlung mehrerer Angeklagter verhindern, zu der es kommen kann, wenn nicht alle einen sachlich-rechtlichen Urteilsmangel mit der Revision (zumindest nicht durchgreifend) angegriffen haben.[13] Konkreter könnte man auch formulieren, dass § 357 den Bestand inhaltlich unrichtiger Urteile verhindern und damit auch zur Normstabilisierung beitragen soll.[14] Soweit das Gericht sich gegen eine Erstreckung im

---

[3] Insofern ist es missverständlich, wenn von einer „Revisionserstreckung" die Rede ist, da damit suggeriert wird, es sei die „Rechtsfolge" des § 357 angesprochen, obwohl es sich um ein Tatbestandsmerkmal handelt, das die Rechtsfolge der „Revisionsfiktion" für die übrigen Mitangeklagten auslöst.

[4] Paulus in KMR-StPO Rn. 2; Gericke in KK-StPO Rn. 1; Momsen in Satzger/Schluckebier/Widmaier StPO Rn. 1.

[5] Vgl. etwa aus neuerer Zeit BGH 1.10.2015 – 3 StR 102/15, NStZ-RR 2016, 12 oder BGH 2.12.2014 – 1 StR 31/14, NStZ 2015, 278; 15.4.2013 – 3 StR 35/13, StV 2013, 684.

[6] Speziell im Bezug auf § 357 daher krit. Schmitt in Meyer-Goßner/Schmitt Rn. 1.

[7] BGH 21.10.2008 – 4 StR 364/08, NJW 2009, 307 mAnm Lampe; Wohlers in SK-StPO Rn. 52; Gericke in KK-StPO Rn. 1; Nagel in Radtke/Hohmann Rn. 2; man findet sie allerdings auch in anderen Verfahrensordnungen, vgl. nur Art. 621-1 Code de Procédure Pénale), siehe hierzu Oberrath S. 21.

[8] Krit. Basdorf FS Meyer-Goßner, 2001, 665 (667); vgl. auch Temming in Gercke/Julius/Temming/Zöller Rn. 1.

[9] BGH 27.10.1964 – 1 StR 358/64, BGHSt 20, 77 (80) = NJW 1965, 52.

[10] Oder noch negativer ausgedrückt, ein „Abfallprodukt" der Revisionsentscheidung, Basdorf FS Meyer-Goßner, 2001, 665 (670).

[11] Dabei sollte das Recht, zumindest vor einer Einbeziehung gehört zu werden (Art. 103 Abs. 1 GG), nicht mit der Stellung des Angeklagten als „Subjekt" des Verfahrens vermengt werden. Vgl. zur Problematik insgesamt auch Basdorf FS Meyer-Goßner, 2001, 665 (677).

[12] BGH 23.1.1959 – 4 StR 428/58, BGHSt 12, 241 = NJW 1959, 894 („wirkliche Gerechtigkeit"); BGH 27.10.1964 – 1 StR 358/64, BGHSt 20, 77 (80) = NJW 1965, 52; BGH 16.9.1971 – 1 StR 284/71, BGHSt 24, 208 (210) = NJW 1971, 2272; so bereits RG 1.7.1880 – 1682/80, RGSt 6, 256 ff. (259); 5.12.1887 – 2634/87, RGSt 16, 420; 3.6.1937 – 2 D 302/37, RGSt 71, 252; OLG Bremen 28.10.1957 – Ws 181/57, NJW 1958, 432 spricht von einem „Verstoß gegen das Rechtsgefühl"; vgl. auch Henkel JZ 1959, 690; Gericke in KK-StPO Rn. 1; krit. zum Normzweck Franke in Löwe/Rosenberg Rn. 1; Schmitt in Meyer-Goßner/Schmitt Rn. 1; Wohlers in SK-StPO Rn. 1; Temming in Gercke/Julius/Temming/Zöller Rn. 1; Wiedner in Graf Rn. 1. Von Maiwald in AK-StPO Rn. 1 als „Kompromiss zwischen Rechtssicherheit und materieller Gerechtigkeit" charakterisiert.

[13] Dies soll nach BGH auch der „Ausgangspunkt" sein, von dem her die materielle Reichweite der Revisionserstreckung begrenzt wird, BGH 16.9.1971 – 1 StR 284/71, BGHSt 24, 208 (210) = NJW 1971, 2272; zusf. Satzger FS Böttcher, 2007, 175 (177 f.), der mit seinem Verweis auf die §§ 359 ff. zutreffend herausarbeitet, dass die Durchbrechung der Rechtskraft nicht stets den Interessen des Individuums zu dienen bestimmt ist.

[14] Vgl. die Diktion des Gesetzgebers, es solle der „peinliche Eindruck" vermieden werden, der entstehe, wenn das Urteil gegen den Revidenten aufgehoben werde, der wegen derselben Tat Mitangeklagte aber an dem rechtskräftigen Urteil festgehalten werde, Hahn, Die gesamten Materialien zu den Reichsjustizgesetzen, Bd. 3 (StPO), 2. Aufl. 1885, S. 1048, 1606 sowie Paulus in KMR-StPO Rn. 4; vgl. auch Momsen

Urteil entschieden hat, kann die Erstreckung nicht im Nachhinein beantragt werden (insbes. wenn die eigene Revision als offensichtlich unbegründet zurückgewiesen wurde) bzw. im Beschlusswege korrigiert werden (zum Widerspruchsrecht vgl. → Rn. 33).[15]

2. Kritik und Diskussion de lege ferenda. Dieser Grundgedanke passt hervorragend 3 auf den von der Reichstagskommission zur Begründung des § 357 herangezogenen Grundfall, in dem einer von mehreren Mittätern mit der Revision einen Freispruch erwirkt, während bei den übrigen Angeklagten die Strafe vollstreckt werden müsste.[16] Ob der Ansatz in Zeiten zunehmender Professionalisierung der Strafverteidigung **überholt** ist (und es solche Fälle etwa nicht mehr gibt), darf man bezweifeln, da diese zum einen nicht flächendeckend gelebt wird und es auch bei höchstprofessioneller Verteidigung – nicht zuletzt auf Grund der fehlenden Berechenbarkeit von Revisionsentscheidungen – Gründe gegeben haben mag, warum ein Angeklagter nicht in die Revision gegangen ist. Was für die realistische Einschätzung der praktischen Bedeutung allerdings bedacht werden muss, ist, dass ein Freispruch in der Revision schon seit jeher die Ausnahme gewesen ist und sich daran bis heute nichts geändert hat. Im Regelfall bewirkt – wie Kritiker zu Recht anmerken[17] – die erfolgreiche Revision allenfalls ein „Reset" nach **§ 354 Abs. 2,** das den Mitangeklagte zwingt, an einer erneuten Aufarbeitung und Verhandlung des Falles teilzunehmen, obwohl er nicht mit einem für ihn günstigeren Ergebnis rechnet bzw. rechnen kann[18] und nicht an einem erneut kostspieligen sowie nervenaufreibenden Prozess interessiert ist.[19]

Weil *de lege lata* keine Sondervorschriften für Mitangeklagte im Verfahren nach Zurück- 4 verweisung existieren,[20] wird sich die Revisionserstreckung im seltensten Fall als „Geschenk des Himmels" erweisen.[21] Denn der betroffene Mitangeklagte hat aus seiner Sicht die Entscheidung des Instanzgerichts akzeptiert und muss sich nun dennoch einer zeit- und nervenaufreibenden neuen Verhandlung und den damit verbundenen Kosten stellen. Freilich lässt sich darüber diskutieren, ob die **mittelbaren Nachteile** wie die „missliche Kostenfolge" des § 465,[22] das Wiederaufleben der U-Haft,[23] oder die Unterbrechung der Strafvollstreckung[24] für sich gesehen eine Einschränkung legitimieren können.[25] Schließlich hat der Angeklagte auch bis zum maßgeblichen Zeitpunkt der Revisionsentscheidung nicht immer in der Hand, ob er über den Ablauf des „belastenden" Strafverfahrens disponieren kann: In der Ausgangsinstanz gilt das ohnehin,[26] und nach dem erstinstanzlichen Urteil kann sich

---

in Satzger/Schluckebier/Widmaier StPO Rn. 4, der folgerichtig davon ausgeht, dass die Norm in erster Linie der Rechtspflege dient.

[15] BGH 25.11.2014 – 2 StR 608/12, BeckRS 2015, 01255.
[16] Vgl. Haase GA 1956, 273; krit. Franke in Löwe/Rosenberg Rn. 1; dazu auch RG 1.7.1880 –1682/80, RGSt 6, 256 ff. (259).
[17] Franke in Löwe/Rosenberg Rn. 1.
[18] Allerdings auch nicht mit einem schlechteren, § 358 Abs. 2.
[19] Hamm FS Hanack, 1999, 369 (376).
[20] Gemeint sind Mitangeklagte, die nur aufgrund einer Erstreckung gem. § 357 erneut beteiligt sind; hier könnte man etwa an eine Lockerung der Anwesenheitspflichten denken.
[21] Sondern eher – wie es Hamm formuliert – als „Danaer-Geschenk", vgl. auch BGH 27.10.1964 – 1 StR 358/64, BGHSt 20, 77 (80); zu den mit § 357 verbundenen Nachteilen ausführlich Zopfs GA 1999, 482 ff.
[22] Hierzu auch BGH 12.5.1976 – 2 StR 793/75, BeckRS 1976, 107955. Neben der Gerichtskosten ist an die Honorargebühren für den Wahlverteidiger zu denken, Zopfs GA 1999, 482 (491).
[23] Vgl. auch OLG Köln 21.7.2014 – 2 Ws 417/14, BeckRS 2014, 19626: „Ist infolge Revisionserstreckung gem. § 357 StPO der Nichtrevidenten die Rechtskraft seiner Verurteilung weggefallen, entfällt damit zugleich die Umwandlungsentscheidung (hier: der niederländischen Behörden) als Grundlage der Vollstreckung. Nach § 357 S. 2 in Verb. mit § 47 Abs. 3 StPO kann daher erneut Untersuchungshaft angeordnet werden."; hierzu auch OLG Hamm 5.7.2012 – III-3 Ws 159/12, NJW-Spezial 2012, 537; vgl. auch Zopfs GA 1999, 482 (491).
[24] Die va im Bereich der Jugendstrafvollstreckung kritisch zu sehen ist, Basdorf FS Meyer-Goßner, 2001, 665 (667). Hierauf stützt der BGH im Übrigen die Nichtanwendung des § 357 in den Fällen des § 55 Abs. 2 JGG, vgl. noch → Rn. 14; zu den Nachteilen des § 357 für die Vollstreckung ausführlich Zopfs GA 1999, 482 (491).
[25] Krit. Meyer-Goßner FS Roxin, 2001, 1345 (1347).
[26] Trotz Einfügung des § 257c, vgl. auch Satzger FS Böttcher, 2007, 175 (178).

auch der nicht revidierende Angeklagte nicht dagegen verwehren, dass die Staatsanwaltschaft ein Rechtsmittel einlegt. Gleichwohl bleibt die Vorschrift Bedenken ausgesetzt. Eine Einschränkung ausschließlich auf den beschriebenen Extremfall ist aber mit ihrem eindeutigen Wortlaut nicht vereinbar; vielmehr müsste man der Überlegung nachgehen, ob nicht *de lege ferenda* eine ausdrückliche Eingrenzung auf Freispruch- und Schuldspruchberichtigungsfälle in Erwägung zu ziehen wäre.[27] Gleichwohl kann natürlich versucht werden, den Bedenken durch eine **enge Auslegung** der einzelnen Tatbestandsmerkmale Rechnung zu tragen,[28] trotz – oder gerade wegen – des Umstands, dass die prinzipielle Kritik (allen voran *Meyer-Goßners*[29]), die Feststellung ihrer „Reformbedürftigkeit"[30] und die damit verbundenen Reformvorschläge[31] nicht auf Resonanz des Gesetzgebers gestoßen sind.

5   Eine Einschränkung bereitet im Einzelfall selten Schwierigkeiten, da sich der Gesetzesverletzung ein „individueller" Kern entnehmen lässt, der dann gegen eine „Erstreckung" iSd § 337 angebracht werden könnte[32] (dies gilt insbes. für die Rechtsfolgenentscheidung[33]). Neben derart rechtsmethodisch korrekten Einschränkungsversuchen des Anwendungsbereichs greifen Obergerichte häufiger auch auf die **§§ 154, 154a**[34] zurück oder missbrauchen die tatbestandliche Voraussetzung der „Gesetzesverletzung bei Anwendung des Strafgesetzes", indem sie die Aufhebung ausschließlich auf die Verfahrensrüge stützen[35] (obwohl diese uU nicht den Anforderungen des § 344 Abs. 2 S. 2 genügt[36]). Solch ein „restriktiver Exzess" erscheint auch aus verfassungsrechtlicher Perspektive nicht geboten,[37] soweit sich der Gesetzgeber nicht für die „ehrlichere" Variante der Abschaffung bzw. positiv-rechtlichen Einschränkung *de lege ferenda* entschieden hat. Zuletzt können trotz vergleichbarer Sachlage **prozessuale Zufälligkeiten** (gleiche Tat, aber getrenntes Verfahren[38]) einer Revisionserstreckung entgegenstehen.[39]

---

[27] Vgl. Tappe, Revisionserstreckung, S. 79; Für eine vollständige Streichung der Vorschrift und dafür (im Hinblick auf die Durchbrechung der Rechtskraft) als Wiederaufnahmegrund Meyer-Goßner FS Roxin, 2001, 1345 (1357); monographisch Benninghoven, 2002.

[28] So bereits BGH 27.10.1955 – 3 StR 316/55, NJW 1955, 1934; vgl. auch BGH 21.10.2008 – 4 StR 364/08, NStZ 2009, 108; Schmitt in Meyer-Goßner/Schmitt Rn. 1; Nagel in Radtke/Hohmann Rn. 2; Franke in Löwe/Rosenberg Rn. 3 mwN.

[29] Meyer-Goßner FS Roxin, 2001, 1345.

[30] Vgl. auch BGH 27.10.1964 – 1 StR 358/64, BGHSt 20, 77 (80); so bereits Haase GA 1956, 287; Oberrath will dagegen den Anwendungsbereich der Vorschrift auf das Berufungs- und Beschwerdeverfahren der StPO (samt passender Modifikationen) erweitern, vgl. S. 106 ff.; dies lehnt die hM mit guten Gründen ab, vgl. → Rn. 12 mN.

[31] Dies wohl auch, weil sie ihrerseits Kritik ausgesetzt sind, zusf. Schmitt in Meyer-Goßner/Schmitt Rn. 1; Zopfs GA 1999, 482 (493) schlägt vor, § 357 nur anzuwenden, wenn das Revisionsgericht in der Sache selbst entscheidet, § 354 Abs. 1; vgl. bereits Tappe S. 10 ff. (krit. wiederum Meyer-Goßner FS Roxin, 2001, 1345 (1347), der die Gefahr sieht, das „Wahlrecht" des Gerichts bzgl. einer Revisionserstreckung im Hinblick auf die Beschränkung auf sachlich-rechtliche Fehler durch die Entscheidungsmöglichkeit zwischen § 354 Abs. 1 und 2 zusätzlich zu erweitern.

[32] Zudem könnte man über eine „realitätsnahe" Auslegung der Wendung „zugunsten" nachdenken, die Pyrrhussiege der Verteidigung (Schuldspruchberichtigungen ohne Auswirkungen auf den Rechtsfolgenausspruch) ausscheidet, Basdorf FS Meyer-Goßner, 2001, 665 (676). Da die Wendung allerdings häufiger im Rechtsmittelrecht auftaucht, müsste man darüber nachdenken, ob eine „autonome" Auslegung sachgerecht ist.

[33] Vgl. Franke in Löwe/Rosenberg Rn. 3; aus der Rechtsprechung BGH 21.10.2008 – 4 StR 364/08, NStZ 2009, 108 sowie BGH 29.3.2000 – 2 StR 541/99, StV 2002, 12 mkritAnm Sieg. Zum Ganzen Basdorf FS Meyer-Goßner, 2001, 665 (674).

[34] Basdorf FS Meyer-Goßner, 2001, spricht von einer „Art Bypass", 665 (672) und verweist auf BGH 28.8.2000 – 5 StR 300/00, NStZ-RR 2001, 171. Deutlich auch – ob letztlich bewusst oder auch unbewusst – in BGH 13.9.2010 – 1 StR 220/09, BGHSt 55, 288 = NStZ 2011, 37.

[35] Hierzu Wohlers/Gaede NStZ 2004, 9 (10); Basdorf FS Meyer-Goßner, 2001, 665 (669).

[36] Franke in Löwe/Rosenberg Rn. 3.

[37] Umgekehrt ist es aber verfassungsrechtlich unbedenklich, dass § 357 die Erstreckung auf materiell-rechtlich begründete Aufhebungen beschränkt und damit dem Revisionsgericht eben jene Möglichkeit eröffnet, seine Entscheidung auf § 357 auszurichten, vgl. BVerfG 12.11.1984 – 2 BvR 1350/84, NJW 1985, 125; ebenso Temming in Gercke/Julius/Temming/Zöller Rn. 8; Gericke in KK-StPO Rn. 5.

[38] Gleicher Rechenfehler bei zwei unterschiedlichen Taten, die aufgrund von Sachnähe gemeinsam verhandelt wurden, weitere Beispiele bei Basdorf FS Meyer-Goßner, 2001, 665 (668) unter Verweis auf BGH 29.11.1995 – 5 StR 495/95, NStZ 1996, 191; siehe hierzu auch Zopfs GA 1999, 482 (493 f.).

[39] Vgl. Meyer-Goßner FS Roxin, 2001, 1345 (1351).

Der **Fünfte Strafsenat** des BGH hat mit einer Art „**Widerspruchslösung**"[40] bereits 6
seine eigene *lex ferenda* umgesetzt, wenn er aus Art. 103 Abs. 1, Art. 20 Abs. 3 GG iVm
Art. 6 Abs. 1 S. 1 EMRK eine Pflicht zur Anhörung des Nichtrevidenten abgeleitet wissen
will, die ihn zum Widerspruch gegen die Revisionserstreckung berechtige.[41] Diese Rechtsprechung wurde (außer vom Fünften Senat selbst schon mehrmals[42]) bis dato – soweit
ersichtlich – durch die anderen Senate nicht aufgegriffen. In jüngerer Zeit wurde sie vom
Fünften Senat selbst etwas konkretisiert und dahingehend eingeschränkt, dass es keiner
Nachfrage beim Mitangeklagten bedarf, wenn die Anwendung des § 357 keine Fortsetzung
des Verfahrens gegen den Nichtrevidenten nach sich zieht, sondern ihm einen „unmittelbaren Rechtsvorteil verschafft" (*in concreto* die Herabsetzung des Strafmaßes durch den Senat
selbst).[43]

II. Voraussetzungen der Aufhebungserstreckung

1. Anwendungsbereich. a) § 357 als spezifische Revisionsvorschrift. Eine ent- 7
sprechende Anwendung auf das **Berufungsverfahren** als zweite Tatsacheninstanz ist richtigerweise abzulehnen.[44] Gleiches gilt für die **Beschwerde**,[45] das **ehrengerichtliche** Verfahren[46] sowie für das Wiederaufnahmeverfahren.[47] § 357 ist gegenüber der Entscheidung über
das vom Angeklagten eingelegte Rechtsmittel subsidiär.[48] Die Revisionserstreckung bezieht
sich stets nur auf andere Mitangeklagte: Eine „analoge" Anwendung auf denselben Täter,
der seine Revision auf bestimmte Taten beschränkt, obwohl der Fehler alle Taten betrifft,
scheidet aus.[49] Dagegen gilt die Vorschrift für Einziehungsbeteiligte und tatunbeteiligte
Dritte, die nicht als Einziehungsbeteiligte zugelassen sind.[50] Anwendbar ist sie für die
Rechtsbeschwerde im Ordnungswidrigkeitenverfahren gem. § 79 Abs. 3 OWiG,[51] bei
Erforderlichkeit einer Zulassung nach § 79 Abs. 1 S. 2, § 80 OWiG allerdings nur, wenn
sie **zuzulassen** gewesen wäre.[52]

---

[40] Eingeführt von Basdorf FS Meyer-Goßner, 2001, 665 (680). Zustimmend Nagel in Radtke/Hohmann Rn. 7.

[41] BGH 28.10.2004 – 5 StR 276/04, NJW 2005, 374; damit ist die Widerspruchslösung auch ein „Mehr" gegenüber dem von Hamm eingebrachten Vorschlag der Anhörung des Mitangeklagten, vgl. Hamm FS Hanack, 1999, 369 (376); hierzu auch Basdorf FS Meyer-Goßner, 2001, 665 (678 ff.); Wohlers/Gaede NStZ 2004, 9 (12). Prittwitz ergänzt im Hinblick auf die strittige Frage der Anwendbarkeit des § 357 im Falle des § 55 Abs. 2 JGG diesen Ansatz um die Erwägung, im Jugendstrafrecht in solchen Fällen stets von einer notwendigen Verteidigung auszugehen (der den Jugendlichen bzgl. der Ausübung des Widerspruchs berät), vgl. StV 2007, 52 (55).

[42] BGH 7.2.2008 – 5 StR 242/08, NJW 2008, 1460; vgl. auch BGH 24.10.2012 – 5 StR 392/12, NJW 2012, 3736 sowie BGH 14.10.2010 – 5 StR 72/10, wistra 2010, 303 (304).

[43] BGH 30.3.2011 – 5 StR 39/11, StraFo 2011, 241; sie wird weiterhin praktiziert vgl. etwa BGH 18.2.2014 – 5 StR 41/14, NStZ 2015, 156; 24.10.2013 – 5 StR 371/13, BeckRS 2013, 19612; 24.10.2012 – 5 StR 392/12, NJW 2012, 3736.

[44] OLG Stuttgart 14.7.1969 – 2 Ss 105/69, NJW 1970, 66; Zur Begründung Meyer-Goßner FS Roxin, 2001, 1345 (1349); Pfeiffer Rn. 1; Wiedner in Graf Rn. 1; Zopfs GA 1999, 482 (489 f.); Nagel in Radtke/Hohmann Rn. 3; Franke in Löwe/Rosenberg Rn. 4; eingehend Krause GS Küchenhoff, 1987, 425; aA Oberrath S. 106 ff.; Momsen in Satzger/Schluckebier/Widmaier StPO Rn. 7 (im Zusammenhang mit Prozesshindernissen); vgl. auch LG Essen 23.12.1955 – 14 b Ns 177/55, NJW 1956, 602.

[45] OLG Hamm 26.1.1973 – 4 Ws 304/72, MDR 1973, 1042; aA OLG Bremen 28.10.1957 – Ws 181/57, NJW 1958, 432.

[46] BGH 25.3.1991 – AR Anw 2/90, BGHSt 37, 361 = NJW 1991, 3034 (Nichtzulassung der Revision gegen ein Urteil des Ehrengerichtshofs).

[47] Gössel NStZ 1983, 391 (395).

[48] BGH 14.5.1996 – 1 StR 51/9, NJW 1996, 2663 (2665).

[49] Vgl. Haase GA 1956, 273 ff. mwN; Temming in Gercke/Julius/Temming/Zöller Rn. 2; Momsen in Satzger/Schluckebier/Widmaier StPO Rn. 5.

[50] BGH 10.5.1966 – 1 StR 592/65, BGHSt 21, 66 (69) = NJW 1966, 1465.

[51] BGH 16.9.1971 – 1 StR 284/71, BGHSt 24, 208 = NJW 1971, 2272; BGH 8.5.1990 – KRB 2/90, wistra 1990, 30; BayObLG 18.3.1999 – 3 ObOwi 32-99, NStZ 1999, 518.

[52] OLG Karlsruhe 26.7.2016 – 2 (4) SsBs 253/16, wistra 2016, 214 = BeckRS 2016, 14072; OLG Hamm 30.8.2012 – III-3 RBs 173/12, BeckRS 2013, 00046; BayObLG 18.3.1999 – 3 ObOWi 32-99, NStZ 1999, 518.

8 **b) „Statthaftigkeit" der Revision für den Mitangeklagten, insbes. das Zusammentreffen von § 55 Abs. 2 JGG und § 357.** Diese „Beschränkung" für die Rechtsbeschwerde im Ordnungswidrigkeitenverfahren fügt sich in die allgemeine Tendenz der Rechtsprechung ein, eine Erstreckung nach § 357 grundsätzlich abzulehnen, wenn die Revisionseinlegung durch den Mitangeklagten **gesetzlich ausgeschlossen** bzw. dieses Rechtsmittel gar **nicht statthaft** wäre.[53] Für Diskussionen hat in diesem Zusammenhang eine Entscheidung des BGH bezüglich des Zusammentreffens von § 357 und § 55 Abs. 2 JGG gesorgt, die auf eine Vorlagefrage des OLG Karlsruhe hin (neu) entfacht wurde.[54] Der Erste Senat des BGH entschied hier, dass § 357 nicht auf den jugendlichen oder heranwachsenden Straftäter anzuwenden ist, für den die Revision gem. **§ 55 Abs. 2 JGG** unzulässig war.[55] Begründet wird dies mit dem Wortlaut der Vorschrift, wonach sich das Urteil auf andere Angeklagte erstreckt, die nicht Revision eingelegt haben. Da aber der Jugendliche gar keine Revision einlegen kann, komme § 357 auf ihn von vornherein nicht zur Anwendung.[56]

9 Dies wird überwiegend kritisiert, weil der Wortlaut des § 357 diese Einschränkung nicht trage.[57] Das „Zulässigkeitsargument" überzeugt tatsächlich kaum, weil die Revision auch auf einen Mitangeklagten erstreckt würde, der seine Revisionsbegründung nicht innerhalb der vorgegebenen Frist eingereicht hatte.[58] Die Hypothese des § 357 bezieht sich somit auch auf die Zulässigkeit.[59] Auch die **teleologischen Erwägungen** des BGH zur Verknüpfung von § 357 und § 55 Abs. 2 JGG sind Einwänden ausgesetzt,[60] wobei die Überlegung, dass es sich bei § 357 um eine Ausnahmevorschrift handle,[61] jedenfalls im Hinblick auf § 55 Abs. 2 verfehlt anmutet, da selbiges für diese Vorschrift selbst gilt.[62] Mehr Gewicht haben demgegenüber die Überlegungen *Meyer-Goßners*, ob § 55 Abs. 2 die Anwendung des § 357 nicht schlicht **sperrt**, da § 55 Abs. 2 dem Jugendlichen selbst schon eine Angriffsmöglichkeit versage, sodass diese ihm erst recht nicht durch ein Rechtsmittel eines Dritten eröffnet werden könnte.[63] Andererseits könnte eine weite Anwendung des § 357 auch als teleologisch verfassungskonforme Auslegung des § 55 Abs. 2 JGG selbst (und nicht des § 357!) verstanden werden, sodass im Ergebnis trotz § 55 Abs. 2 JGG gute Gründe für eine Erstreckung der Revision sprechen.

10 **c) Abgekürzte Urteilsgründe.** Da bei einem nichtrevidierenden Mitangeklagten die Möglichkeit besteht, die Urteilsgründe gem. § 267 Abs. 4 abzukürzen, kann es vorkommen, dass etwa der Darstellungsmangel in der verurteilenden Urteilsbegründung des Mitangeklag-

---

[53] Darstellung und Nachweise bei Gericke in KK-StPO Rn. 12.
[54] Bereits das OLG Oldenburg 5.3.1957 – Ss 476/56, NJW 1957, 1450 hatte sich mit dem Problem des Zusammentreffens von § 55 Abs. 2 JGG und § 357 zu befassen.
[55] BGH 9.5.2006 – 1 StR 57/06, BGHSt 51, 34 = NJW 2006, 2275; zu diesem „Zusammentreffen zweier verfehlter Vorschriften" Meyer-Goßner FS Eisenberg, 2009, 399 ff.; auf diese Frage kommt es damit selbstverständlich nicht an, wenn der Jugendliche gerade keine Berufung eingelegt hatte, OLG Koblenz 28.1.2008 – 1 Ss 331/07, StV 2009, 90.
[56] BGH 9.5.2006 – 1 StR 57/06, BGHSt 51, 34 (36).
[57] Prittwitz StV 2007, 52 (55) „Scheinfürsorge"; Anm. Altenhain NStZ 2007, 283; Mohr JR 2006, 499; Anm. Swoboda HRRS 2006, 376; Satzger FS Böttcher, 2007, 175 (182 ff.).
[58] So schon Dallinger MDR 1963, 539 zur „Vorgänger"-Entscheidung des OLG Oldenburg 5.3.1957 – Ss 476/56, NJW 1957, 1450.
[59] Freilich könnte man diesem Einwand wiederum entgegenhalten, dass die Statthaftigkeit eines Rechtsbehelfs von Zulässigkeitsvoraussetzungen getrennt beurteilt werden muss, vgl. Meyer-Goßner FS Eisenberg, 2009, 399 (402).
[60] Krit. zu den teleologischen Argumenten, wonach § 55 Abs. 2 JGG eine „ungerechte" Entscheidung bereits in Kauf nehme und damit § 357 überlagere sowie zur Überlegung, die Jugendstrafvollstreckung wegen des Erziehungsgedankens nicht unterbrechen zu wollen Prittwitz StV 2007, 52 (54) sowie ausführlich Satzger FS Böttcher, 2007, 175 (182 ff.), die zutreffend auf die „objektive Manifestation der Ungerechtigkeit" in den Fällen der Kombination von § 357 und 55 Abs. 2 JGG hinweisen.
[61] Die man freilich trotz ihrer „Baustellen" akzeptieren kann, vgl. Satzger FS Böttcher, 2007, 175 (183 ff.).
[62] Dallinger MDR 1963, 539 (541).
[63] Meyer-Goßner FS Eisenberg, 2009, 399 (407), der nüchtern auf die „Richtigkeit" des Urteils hinweist, dieses aber als Resultat der Kombination zweier verfehlter Vorschriften versteht. Vgl. auch Franke in Löwe/Rosenberg Rn. 12, der ebenso darauf hinweist, dass § 357 nicht im Stande ist, „den gesetzlich vorgesehenen Rechtsmittelzug als solchen zu verändern."

ten überhaupt nicht auftaucht. Das mag der Anknüpfungspunkt für die Überlegung (der wohl inzwischen herrschenden Ansicht) sein, eine Revisionserstreckung *a priori* abzulehnen, wenn das Instanzgericht von dieser Möglichkeit Gebrauch gemacht hat.[64] Doch wird hierbei verkannt, dass sich die erfolgreiche Revision eben auf das nicht angegriffene Urteil (unabhängig von dessen Inhalt) *erstreckt,* wenn die Voraussetzungen des § 357 vorliegen. Auf die Fehlerhaftigkeit des Urteils als solches und damit auch auf die Abkürzung des Urteils des Nichtrevidenten kann es niemals ankommen. Vielmehr sind schlicht die zu § 357 entwickelten Voraussetzungen zu prüfen,[65] wobei die Identitätstrias gerade nicht dieselbe Rechtsverletzung verlangt, sondern nur entscheidend ist, ob der Fehler beim nichtrevidierenden Mitangeklagten zur Urteilsaufhebung geführt hätte (was zu vermuten ist, wenn § 267 Abs. 4 den einzigen Grund für eine divergierende Darstellung ausmacht[66]). Einig ist man sich jedoch darüber, dass die Erstreckung bei Rechtsfehlern vorzunehmen ist, von denen § 267 Abs. 4 nicht befreit (Fehlen einer Beweiswürdigung insgesamt[67] bzw. eine die Feststellungen tragende Beweisgrundlage.[68]

2. Urteilsaufhebung zugunsten eines Angeklagten. a) Urteilsaufhebung. Die **11** Revisionsentscheidung muss die Aufhebung eines Urteils nach §§ 333, 335 beinhalten,[69] wobei es unerheblich ist, ob es die Sache gem. § 354 Abs. 2, 3, 355 zurückverweist oder gem. § 354 Abs. 1 selbst entscheidet.[70] Die Erstreckung erfolgt auch bei einer **Berichtigung des Schuldspruchs** (Beihilfe statt Mittäterschaft, Versuch statt Vollendung),[71] wobei der Anwendung des § 357 nicht entgegensteht, wenn diese keine Auswirkungen auf den Strafausspruch hat, weil der Senat auch hinsichtlich der Mitangeklagten die Verhängung einer milderen Strafe ausschließen kann.[72] Dies gilt nicht, wenn die Änderung des Schuldspruchs auf einem Verfahrensfehler beruhte (vgl. noch → Rn. 18 f.).[73] Erfasst sind auch **Teilaufhebungen**[74] und Aufhebungen im Privatklageverfahren, im Sicherungsverfahren nach § 413 ff. sowie im selbstständigen Verfahren nach §§ 440 f.[75] Hingegen kommt eine Erstreckung bei einer Verfahrensbeschränkung gemäß § 154a Abs. 2 nicht in Betracht.[76]

b) Revisionsführer. Die Revision muss nicht vom Angeklagten eingelegt worden **12** sein, dh auch eine Revision durch die **Staatsanwaltschaft** reicht aus.[77] Dabei ist es uner-

---

[64] So ohne weitere Begründung BGH 25.6.2013 – 5 StR 276/13, BeckRS 2013, 12244; ferner auch BGH 21.7.2015 – 2 StR 75/14, StV 2016, 94; Hamm FS Rissing-van Saan, 2011, 195 (200f.); Schmitt in Meyer-Goßner/Schmitt Rn. 14; Wiedner in BeckOK StPO Rn. 3a; unklar BGH 23.7.2015 – 3 StR 518/14, NStZ-RR 2015, 341, wo auf die verkürzten Urteilsgründe Bezug genommen wird, aber die Erstreckung schon deswegen abgelehnt werden könnte, weil die fehlerhafte Darstellung der Gewerbsmäßigkeit als subjektives Merkmal nicht zwingend der Nichtrevidenten betreffen muss, vgl. aber BGH 17.12.2014 – 3 StR 484/14, NStZ 2015, 396, wo bei der Bestimmung des Maßstabs der Gewerbsmäßigkeit Fehler unterlaufen sind.
[65] BGH 22.8.2013 – 1 StR 378/13, NStZ-RR 2013, 387.
[66] Diese „Vermutung" wird erst dann widerlegt, wenn es trotz desselben Darstellungsmaßstabs beim Nichtrevidenten (mithin bei nicht abgekürzten Urteilsgründen) nicht zu dem Fehler gekommen ist, insofern zutreffend BGH 22.10.2014 – 1 StR 364/14, NStZ 2015, 476.
[67] BGH 22.9.2011 – 2 StR 263/11, NStZ-RR 2012, 52; Wiedner in BeckOK StPO Rn. 3a.
[68] BGH 15.4.2013 – 3 StR 35/13, NStZ 2014, 53 (549); 7.2.2012 – 3 StR 335/11, BeckRS 2012, 08652 Rn. 8.
[69] Unerheblich ist also, ob es sich um eine „Sprungrevision" handelt, Franke in Löwe/Rosenberg Rn. 5.
[70] Gericke in KK-StPO Rn. 2; Schmitt in Meyer-Goßner/Schmitt Rn. 4; Nagel in Radtke/Hohmann Rn. 4.
[71] BGH 11.6.2015 – 3 StR 182/15, NJW 2016, 98; 18.6.2015 – 4 StR 122/15, NStZ-RR 2015, 310; 15.2.2011 – 1 StR 676/1, NJW 2011, 2065; 8.11.2011 – 4 StR 468/11, NStZ-RR 2012, 45; 10.8.2011 – 4 StR 369/11, BeckRS 2011, 22664; 11.1.2011 – 4 StR 633/10, StraFo 2011, 184; 22.12.2010 – 2 StR 416/10, BeckRS 2011, 02574; 5.10.2011 – 4 StR 406/11, BeckRS 2011, 25180.
[72] BGH 19.4.2011 – 3 StR 230/10, NStZ 2011, 577; 14.5.1996 – 1 StR 245/96, NStZ 1996, 507.
[73] BGH 9.12.2008 – 1 StR 359/08, NStZ-RR 2009, 17; 22.1.2013 – 1 StR 416/12, NJW-Spezial 2013, 185.
[74] BGH 10.5.1966 – 1 StR 592/65, BGHSt 21, 66 (69).
[75] Schmitt in Meyer-Goßner/Schmitt Rn. 4; Gericke in KK-StPO Rn. 2; Haase GA 1956, 273 (279); Lohse in Krekeler/Löffelmann/Sommer Rn. 2.
[76] BGH 2.7.2015 – 4 StR 101/15, BeckRS 2015, 13335; 16.5.2001 – 1 StR 98/01, BeckRS 2001, 30180801; 9.10.2008 – 1 StR 359/08, StraFo 2009, 33; Schmitt in Meyer-Goßner/Schmitt Rn. 5.
[77] RG 5.12.1887 – 2634/87, RGSt 16, 417 (420); Wiedner in Graf Rn. 1.

heblich, ob sie zuungunsten des Angeklagten eingelegt worden ist,[78] solange sich die eingelegte Revision im Ergebnis zu seinen Gunsten ausgewirkt hat, § 301.

13 **c) Entscheidungsart. aa) Grundsatz (Urteile und Beschlüsse).** Eine Aufhebung durch Beschluss gem. § 349 Abs. 4 genügt.[79] Der Fehler kann den Schuldspruch, den Rechtsfolgenausspruch[80] oder Nebenentscheidungen betreffen. Dagegen beinhalten Einstellungsbeschlüsse aus Opportunitätsgründen (§§ 154, 154a) keine „Entscheidung", die sich auf sonstige Mitangeklagte erstrecken könnte (bereits → Rn. 11).[81]

14 **bb) Einstellung des Verfahrens wegen Verfahrenshindernis.** Trotz der grundsätzlichen Beschränkung des § 357 auf Gesetzesverletzungen bei Anwendung des Strafgesetzes (→ Rn. 18) ist es im Ansatz unbestritten, dass § 357 bei formellen Fehlern, welche die „Wurzel des Prozesses" betreffen und diesen uU gegen alle Angeklagten unzulässig machen,[82] zur Anwendung kommt,[83] also bei **Aufhebungen** des Urteils wegen Fehlens einer von Amts wegen zu beachtenden Verfahrensvoraussetzung oder des Vorliegens von **Verfahrenshindernissen**[84] (Verjährung,[85] fehlender Strafantrag,[86] fehlender Antrag für das Adhäsionsverfahren,[87] fehlender Eröffnungsbeschluss,[88] ne bis in idem[89]).

15 **cc) Einstellung des Verfahrens bei nachträglich eingetretener Änderung der Rechtslage.** Bei einer nachträglich eingetretenen Änderung der Rechtslage muss im Hinblick auf den Wortlaut des § 357 zwischen Einstellungen nach **§ 206a** und „Aufhebungen" nach **§ 349 Abs. 4** differenziert werden (dies schon aufgrund der unterschiedlichen Stimmenmehrheitsvoraussetzungen[90]). Auf echte Einstellungen nach § 206a durch das Revisionsgericht darf § 357 keine Anwendung finden.[91] Darüber hinaus wendet der BGH auch

---

[78] Gericke in KK-StPO Rn. 3; Temming in Gercke/Julius/Temming/Zöller Rn. 6.
[79] BGH 16.9.1971 – 1 StR 284/71, BGHSt 24, 208 (213) = NJW 1971, 2272; OLG Celle 21.2.1969 – 3 Ss 25/69, NJW 1969, 1977; Schmitt in Meyer-Goßner/Schmitt Rn. 5; Wiedner in Graf Rn. 5; Gericke in KK-StPO Rn. 2.
[80] BGH 10.5.1966 – 1 StR 592/65, BGHSt 21, 66 (69).
[81] BGH 18.8.2009 – 1 StR 107/09, NStZ-RR 2009, 366; Wiedner in Graf Rn. 6.2.
[82] BayObLG 18.3.1998 – 4 St RR 20/98, wistra 1998, 275; vgl. Henkel JZ 1959, 690 (691); zum Ganzen Schubath JR 1972, 240.
[83] Zur Begründung der Einbeziehung von Verfahrenshindernissen Hanack JZ 1973, 779; Franke in Löwe/Rosenberg Rn. 15.
[84] BGH 26.2.1957 – 5 StR 411/56, BGHSt 10, 137 (141) = NJW 1957, 719; BGH 26.5.1964 – 5 StR 136/64, BGHSt 19, 320 (321) = NJW 1964, 1380; Haase GA 1956, 273 (275); so bereits RG 9.1.1934 – 1 D 1470/33, RGSt 68, 18 = JW 1934, 773.
[85] So bereits BGH 23.1.1959 – 4 StR 428/58, BGHSt 12, 335 (340) = NJW 1959, 894; BGH 16.9.1971 – 1 StR 284/71, BGHSt 24, 208 (210); ferner BGH 31.3.2011 – 4 StR 657/10, wistra 2011, 308; 29.11.1994 – 3 StR 221/94, NStZ 1995, 196; 29.7.1998 – 2 StR 197/98, BeckRS 1998, 31357841; Gericke in KK-StPO Rn. 7.
[86] BGH 17.2.2011 – 3 StR 477/10, StRR 2011, 167; dabei darf die Aufzählung der Verfahrenshindernisse nicht den Blick dafür trüben, dass sich diese im Wesen und in ihren Voraussetzungen erheblich unterscheiden können, sodass eine pauschale Betrachtung verfehlt anmutet: die Verjährung ist für jeden Angeklagten gesondert zu bestimmen, va im Hinblick auf etwaige Unterbrechungstatbestände (vgl. auch BGH 11.2.2014 – 1 StR 355/13, NJW 2014, 2456: „Der Eintritt der Verfolgungsverjährung ist regelmäßig vom konkreten Verfahrensgang hinsichtlich des jeweiligen Angeklagten abhängig, wobei sich in Bezug auf dieselbe Tat auch bei Mittätern unterschiedliche Verjährungszeitpunkte – zB aufgrund unterschiedlicher Unterbrechungshandlungen i.S.v. § 78c StGB – ergeben können. Vorliegend erfolgte jedoch die erste verjährungsunterbrechende Maßnahme auch hinsichtlich der Angeklagten H. und N. erst durch den Erlass der Durchsuchungsbeschlüsse am 22. Februar 2011, sodass sich die Gesetzesverletzung auch bei ihnen auswirkt"); der Strafantrag lässt sich zurücknehmen und der Tod eines Angeklagten hat keine Auswirkungen auf das Verfahren im Übrigen; krit. auch Schubath JR 1972, 240 (241).
[87] BGH 7.6.1988 – 1 StR 172/88, NStZ 1988, 470 (471); 19.3.1998 – 4 StR 90/9, NStZ 1998, 477.
[88] BGH 11.1.2011 – 3 StR 484/10, NStZ-RR 2011, 150; 19.11.2002 – 3 StR 395/02, StV 2004, 61.
[89] BGH 3.4.2012 – 3 StR 73/12, BeckRS 2012, 08653; RG 9.1.1934 – 1 D 1470/33, RGSt 68, 18 = JW 1934, 773.
[90] Äußerst krit. zu der damit verbundenen Diskussion um ein Wahlrecht des Revisionsgerichts zwischen § 206a und § 349 Abs. 4 Meyer-Goßner FS Roxin, 2001, 1345 (1350); krit. Franke in Löwe/Rosenberg Rn. 9.
[91] Zu dieser Problematik vgl. auch BayObLG 18.3.1998 – 4 St RR 20/98, NStZ-RR 1998, 245.

in sonstigen Fällen nachträglich eingetretener Änderungen der Rechtslage (also va im Verfahren nach § 354a) § 357 nicht an, da die ursprüngliche Entscheidung keine Verletzung des materiellen Rechts beinhaltet;[92] zur Kritik vgl. → § 354a Rn. 10. Ebenso soll nach der Rspr. eine Revisionserstreckung ausscheiden, wenn die zwischenzeitliche Gesetzesänderung durch eine Entscheidung des Bundesverfassungsgerichts eingetreten ist (§ 31 Abs. 2 BVerfGG).[93] Dagegen kann eine Änderung der höchstrichterlichen Rechtsprechung bei der Auslegung der angewandten Rechtsvorschrift berücksichtigt werden.[94]

d) Zugunsten des Beschwerdeführers. Zugunsten des Beschwerdeführers erfolgt die 16 Aufhebung, wenn sie sich **ganz oder teilweise zu seinem Vorteil auswirkt**.[95] Die Rechtsprechung nimmt dieses Merkmal nicht zum Anlass, um neben den formalen Revisionserfolg auch auf die tatsächlichen Belastungen etwa im Falle einer Aufhebung und Zurückverweisung zu berücksichtigen, bei der man sich etwa fragen könnte, worin dabei eine Entscheidung „zugunsten" des Angeklagten zu sehen sein soll.[96] Diejenigen, die auf dem Standpunkt stehen, dass nicht notwendig jede Hauptverhandlung als „neue Chance" (und damit vorteilhaft) bewertet werden kann,[97] wollen dem Revisionsgericht eine Einschätzungsprärogative einräumen, die es bei einer Negativprognose für den Mitangeklagten zu einer Ablehnung der Revisionserstreckung veranlassen soll.[98] Der Erstreckung steht es nicht entgegen, dass es zu einer **Verschärfung des Schuldspruchs** kommt.[99] Aufgrund des Vorrangs von Freispruch gegenüber einer Einstellung dürfte eine Aufhebung zugunsten des Beschwerdeführers angenommen werden, wenn es an einem entsprechenden Mangel litt.[100]

3. „Gesetzesverletzung bei Anwendung des Strafgesetzes". Die Revisionserstre- 17 ckung setzt eine „Gesetzesverletzung bei Anwendung des Strafgesetzes" voraus. Dieser Passus erinnert (eben bis auf seine Beschränkung) an § 337, weswegen – auch in Anlehnung an die Gesetzesmaterialien[101] – bei der Auslegung die Abgrenzung von Sach- und Verfahrensrüge als Orientierung dienen kann. Bei Adhäsionsentscheidungen ist denkbar, dass einer fehlerhaften Berechnung der Höhe des Anspruchs nicht die Anwendung eines Strafgesetzes zugrunde liegen muss.[102]

a) Beschränkung auf Gesetzesverletzung als Beschränkung auf Sachrüge? 18 Dementsprechend soll eine Aufhebungserstreckung nicht in Betracht kommen, wenn maßgeblicher Aufhebungsgrund die **Verfahrensrüge** ist,[103] selbst wenn seine Aufhebung einen absoluten Revisionsgrund darstellt[104] (vgl. aber auch → Rn. 14). Diese im Wortlaut manifestierte Einschränkung lässt sich auf die Idee der Vorschrift zurückführen, „Gerechtigkeit"

---

[92] BGH 27.10.1964 – 1 StR 358/64, BGHSt 20, 77 (78); Freilich ist diese Auffassung bei einer teleologischen Betrachtung Zweifeln ausgesetzt, vgl. Paulus in KMR-StPO Rn. 26; Hanack JZ 1973, 779; hierzu schon Haase GA 1956, 273 (276). Dem BGH zustimmend Franke in Löwe/Rosenberg Rn. 14.
[93] BGH 26.1.1995 – 1 StR 798/94, BGHSt 41, 6 = NJW 1995, 2424; vgl. auch BGH 15.9.1998 – 1 StR 290/98, NStZ 1999, 32 (33); 22.9.1998 – 4 StR 423/98, BeckRS 1998, 30024699; krit. Hamm FS Hanack, 1999, 369 (382); Wiedner in Graf Rn. 7.1.
[94] Gericke in KK-StPO Rn. 5.
[95] Schmitt in Meyer-Goßner/Schmitt Rn. 6.
[96] Vgl. auch Zopfs GA 1999, 482 (489); krit. Nagel in Radtke/Hohmann Rn. 7.
[97] Zopfs GA 1999, 482 (489).
[98] Vgl. auch Franke in Löwe/Rosenberg Rn. 24; dem wird man zustimmen müssen, soweit die Rechtsfehler, weswegen das Revisionsgericht das Urteil aufhebt nur partiell zugunsten, des Angeklagten wirken und überprüft werden muss, ob die Zurückverweisung nicht überwiegend nachteilhaft ist, vgl. BGH 10.11.1953 – 5 StR 453/53.
[99] BGH 29.10.1996 – 4 StR 414/96.
[100] Temming in Gercke/Julius/Temming/Zöller Rn. 6.
[101] Hahn, Die gesamten Materialien zu den Reichsjustizgesetzen, Bd. 3 (StPO), 2. Aufl. 1885, S. 1607.
[102] BGH 8.1.2014 – 3 StR 372/13, NStZ-RR 2014, 137.
[103] BGH 23.11.2010 – 5 StR 414/10, BeckRS 2010, 30911; OLG Celle 9.11.2010 – 32 Ss 152/10, NStZ-RR 2011, 252; Franke in Löwe/Rosenberg Rn. 15. Wohlers in SK-StPO Rn. 22.
[104] BGH 6.3.1962 – 1 StR 554/61, BGHSt 17, 176 (179) = NJW 1962, 1167; vgl. auch Anm. Katholnigg JR 1985, 346; aA Vogt/Kurth NJW 1985, 106 (für unrichtige Gerichtsbesetzung; krit. hierzu Franke in Löwe/Rosenberg Rn. 16; Wiedner in Graf Rn. 6.1.

wahren zu wollen, da die Verletzung von Verfahrensnormen einer richtigen bzw. „gerechten" Entscheidung nicht entgegenstehen muss.[105] Dies verpflichtet das Revisionsgericht nicht dazu, die Sachrüge vorrangig zu prüfen.[106] Nach hM reicht für eine Anwendung des § 357 aber aus, wenn die Sachrüge die Urteilsaufhebung zumindest **mitträgt**.[107]

19 Soweit man sich auf den Standpunkt stellt, dass auch **Beweiswürdigungsfehler** zu einem sachlich-rechtlichen Mangel führen, könnten Verfahrensfehler, die im Ergebnis zu einer ungenügenden Beweiswürdigung führen (sprich: begründete **„Aufklärungsrügen"**) ebenfalls von der Vorschrift umfasst sein, was die hM freilich verneint[108] (vgl. aber → Rn. 21). Schließlich ist die Verpflichtung des Richters, die Beweiswürdigung lückenlos bzw. umfassend vorzunehmen und seine Urteile mit einer Begründung zu versehen, „vorrangig" verfahrensrechtlicher Natur (§§ 267, 338 Nr. 7).

20 Aus solchen Gründen wird auch bezweifelt, ob die nach wie vor **Schwierigkeiten bereitende Abgrenzung von Sach- und Verfahrensrüge** (→ § 337 Rn. 43 ff.)[109] dazu geeignet ist, den Anwendungsbereich des § 357 zu konkretisieren.[110] Aber selbst wenn dieser Transfer nicht für alle Fälle glücklich gewählt erscheint,[111] ist keine bessere Lösung ersichtlich.

21 **b) Insbesondere: Unzureichende Beweiswürdigung.** Dass sich die Anforderungen an die Urteilsgründe hinsichtlich der nichtrevidierenden Mitangeklagten nur nach dem Maßstab des § 267 Abs. 4 bestimmen, steht einer Erstreckung nicht entgegen, soweit es sich nicht nur um einen bloßen Erörterungsmangel handelt.[112] Bei unzureichender **Beweiswürdigung,** die zu einer Verurteilung sämtlicher Angeklagter führt, bleibt § 357 einschlägig.[113] Ist die Beweiswürdigung zwischen mehreren Beteiligten deutlich voneinander getrennt, kann eine Erstreckung ausbleiben, soweit die Mängel nicht die Überführung des Mitangeklagten betreffen.[114] Von der Verpflichtung des Tatgerichts, seine Überzeugung auf eine tragfähige Grundlage zu stützen, vermag aber auch § 267 Abs. 4, der nur Darstellungspflichten betrifft, nicht zu befreien.[115]

22 **4. Identitätstrias („…erstreckt sich das Urteil…").** Den größten Interpretationsspielraum belässt § 357 bei seinem wichtigsten Tatbestandsmerkmal, namentlich der Frage, wann sich das Urteil noch auf andere Angeklagte **erstreckt**. Diesbezüglich lässt sich aus der bisher ergangenen Rechtsprechung zu § 357 eine „Identitätstrias" herausfiltern, die sich aus Urteil, Tat und derselben Rechtsverletzung zusammenfügt.[116] Die Voraussetzungen müssen **kumulativ** vorliegen, dh eine Erstreckung muss unterbleiben, wenn ein – auch identischer – Rechtsfehler (etwa im Hinblick auf eine Einziehungsentscheidung) unterschiedliche Taten betrifft.[117] Obwohl – oder gerade weil – diese Voraussetzungen im engeren Sinne die Stellschrauben für eine mehr oder weniger extensive Revisionserstreckungspraxis darstellen, werden sie selten konsequent interpretiert.

---

[105] Roxin/Schünemann StrafVerfR § 55 Rn. 80.
[106] Haase GA 1956, 273 (276).
[107] BGH 20.7.1988 – 3 StR 583/87, wistra 1988, 256; Gericke in KK-StPO Rn. 5.
[108] Siehe hierzu bereits RG 12.10.1934 – 1 D 659/34, RGSt 68, 418 (426) = JW 1935, 356.
[109] Hierzu Barton JuS 2007, 977; Franke in Löwe/Rosenberg Rn. 16.
[110] Hamm FS Hanack, 1999, 369 (383).
[111] Basdorf FS Meyer-Goßner, 2001, 665 (673).
[112] Ansonsten hätte der Mitangeklagte kraft Gesetzes sein Recht verwirkt, vgl. auch Basdorf FS Meyer-Goßner, 2001, 665 (674) sowie KG 9.7.1997 – (4) 1 Ss 158/97 (66/97), NStZ 1998, 55.
[113] BGH 22.9.2011 – 2 StR 383/11, NStZ-RR 2012, 52; 9.6.2011 – 2 StR 153/11, BeckRS 2011, 20140; Wiedner in Graf Rn. 10.
[114] Etwa, wenn sich die Beweislage beim Nichtrevidenten erheblich unterscheidet, vgl. 6.10.2015 – 2 StR 373/14, BeckRS 2015, 19174; BGH 13.9.2011 – 5 StR 308/11, BeckRS 2011, 23473; 4.5.2011 – 5 StR 124/11, StV 2011, 458; zu einem nach § 267 Abs. 4 S. 3 ergänzungsbedürftigen Urteil KG 9.7.1997 – (4) 1 Ss 158/97 (66/97), NStZ 1998, 55.
[115] BGH 7.12.2012 – 3 StR 335/12, NStZ 2013, 181; zum vollständigen Fehlen der Urteilsgründe OLG Celle 8.5.1959 – 2 Ss 136/59, NJW 1959, 1647.
[116] Zopfs GA 1999, 482 (489).
[117] Zuletzt BGH 27.10.2011 – 5 StR 14/11, NStZ 2012, 267.

a) Urteilsidentität. Beschwerdeführer und Nichtrevident müssen wegen derselben Tat 23
verurteilt worden sein.[118] Damit ist die Frage, ob § 357 „entsprechende Anwendung" auf das Berufungsverfahren findet (→ Rn. 7), von der Situation zu trennen, in der ein Angeklagter erst nach einer gem. § 329 verworfenen Berufung weiter Revision beim OLG einlegt, während der „Nichtrevident" schon gar keine Berufung eingelegt[119] bzw. diese auf einen für die Revision nicht relevanten Teil beschränkt hatte oder dessen Berufung ebenso nach § 329 verworfen wurde. Hier fehlt es bereits an einer Urteilsidentität bzw. an einem „äußeren Zusammenhang"[120] für die Revisionserstreckung nach § 357.

b) Tatidentität. Während die Urteilsidentität als erster Anknüpfungspunkt den äuße- 24
ren Konnex zwischen Beschwerdeführer und nicht revidierendem Mitangeklagten herstellt, ist der darüber hinaus erforderliche **„innere Zusammenhang"** bei Tatidentität gegeben. Eine Aufhebung der Verurteilungen des Angeklagten im Wege der Erstreckung nach § 357 S. 1 kommt demnach nicht in Betracht, wenn ihr **selbständige Taten** zu Grunde liegen.[121] Der BGH hat sich relativ schnell von dem vom Reichsgericht gewählten Ansatzpunkt (§ 3) gelöst, wonach ein „sachlicher Zusammenhang" zwischen den abgeurteilten Handlungen ausreichte, um zu § 357 zu gelangen.[122] Die Tragweite der Revisionserstreckung orientiert sich vielmehr am Begriff der prozessualen Tat nach **§ 264,**[123] dessen Umgrenzung freilich Spielraum für unterschiedliche Interpretationsmöglichkeiten eröffnet.[124]

Bei Tatbestandsmerkmalen und Delikten, die kraft ihrer Ausgestaltung **„Drittbezug"** 25
haben, sticht die Tatidentität und damit die „Erstreckung" auf weitere Mitangeklagte sofort ins Auge. Neben der Zurechnung objektiver Tatbeiträge bei gemeinschaftlicher Begehung[125] gem. § 25 Abs. 2 StGB zählen hierzu die bandenmäßige Begehung[126] oder die Beteiligung an einer kriminellen Vereinigung;[127] gleiches gilt für Delikte, die eine Drittbeteiligung tatbestandlich voraussetzen (man denke an Konvergenzdelikte oder „Begegnungs-Tatbestände",[128] die spiegelbildlich ausgestaltet sind, wie etwa die Korruptions-[129] sowie Begünstigungsdelikte[130]). Doch kann § 357 letztlich bei **jeder Form der Beteiligung** greifen, da die limitierte Teilnehmerakzessorietät häufig zu einem „Betroffensein" führt, wenn ihr Anknüpfungspunkt (die Haupttat) wegfällt bzw. deren Verurteilung an einem sachlich-rechtlichen Mangel leidet.[131] Umgekehrt besteht selbstverständlich auch ein Drittbezug, wenn das Gericht die Verurteilung wegen Beihilfe zur Untreue aufhebt, weil es

---

[118] Schmitt in Meyer-Goßner/Schmitt Rn. 12; Haase GA 1956, 273 (280).
[119] Vgl. OLG Celle 8.5.1959 – 2 Ss 136/59, NJW 1954, 1498; OLG Stuttgart 14.7.1969 – 2 Ss 105/69, NJW 1970, 66.
[120] Zopfs GA 1999, 482 (489).
[121] BGH 23.1.1959 – 4 StR 428/58, BGHSt 12, 335 (341) = NJW 1959, 894; BGH 22.4.1983 – 3 StR 25/8, NJW 1983, 2097 (2099); aus neuerer Zeit etwa BGH 6.3.2012 – 4 StR 669/11, NStZ-RR 2013, 80; 23.11.2011 – 4 StR 516/11, NStZ 2012, 382; 29.11.1995 – 5 StR 495/95, NStZ 1996, 191; 4.8.2010 – 2 StR 239/10, NStZ-RR 2010, 372; 24.6.2003 – 3 StR 173/03, BeckRS 2003, 05881.
[122] Vgl. noch RG 1.7.1880 – 1682/80, RGSt 6, 256 ff. (260). Wiedner in Graf Rn. 9.
[123] BGH 3.2.1955 – 1 StR 648/54, NJW 1955, 1566; vgl. auch Henkel JZ 690 (691).
[124] Wobei man sich auch auf den Standpunkt einer „autonomen" Bestimmung des inneren Zusammenhangs stellen (und damit eine mehr, vgl. Paulus in KMR-StPO Rn. 60 oder weniger, vgl. Hanack in Löwe/Rosenberg (12. Aufl.) Rn. 18 extensiven Auslegung des § 357 erreichen) kann.
[125] Etwa das Beisichführen eines gefährlichen Werkzeugs, vgl. OLG Frankfurt a. M. 24.3.2011 – 2 Ss 90/11, StV 2011, 624; vgl. auch BGH 25.8.2010 – 1 StR 305/10, BeckRS 2010, 21588; 20.9.2012 – 3 StR 380/12, BeckRS 2012, 22152; 27.3.2012 – 3 StR 83/12, NStZ-RR 2012, 201; 26.10.2011 – 2 StR 287/11, NStZ-RR 2012, 309; 27.4.2010 – 3 StR 112/10, NStZ 2010, 568.
[126] BGH 10.10.2012 – 2 StR 120/12, LSK 2013, 310068; 9.6.2011 – 2 StR 153/11, BeckRS 2011, 20140.
[127] BGH 7.12.2012 – 3 StR 335/12, NStZ-RR 2013, 181.
[128] Erwerb und Abgabe bzw. Inverkehrbringen verbotener Gegenstände; Gefangenenmeuterei gem. 121 StGB oder – vgl. Gericke in KK-StPO Rn. 9 Beteiligung an einer Schlägerei gem. § 231 StGB.
[129] BGH 11.10.2012 – 5 StR 115/11, NStZ-RR 2011, 303.
[130] BGH 17.11.2011 – 3 StR 203/11, NStZ 2012, 700; vgl. Wohlers in SK-StPO Rn. 42 (Mord und Nichtanzeige des Verbrechens); Wiedner in Graf Rn. 9.1. für Diebstahl und Hehlerei.
[131] Für die Beihilfe etwa BGH 7.12.2011 – 4 StR 517/11, NStZ 2012, 339; 1.3.2011 – 4 StR 30/11, NStZ-RR 2011, 245; 8.11.2011 – 3 StR 364/11, BeckRS 2011, 28850; 5.7.2011 – 3 StR 197/11, StRR 2011, 367; 22.1.2013 – 1 StR 234/12, NJW 2013, 310.

beim Vordermann am strafbarkeitsbegründenden Merkmal der Vermögensbetreuungspflicht fehle.[132]

26 Da aber ein einheitlich-geschichtlicher Lebensvorgang genügt, an dem sowohl der Beschwerdeführer als auch der nichtrevidierende Mitangeklagte als „Akteure" beteiligt sind, kann die Einheitlichkeit der Tat auch bei spiegelbildlichem Täter-Opfer-Verhältnis (so etwa bei wechselseitigen Beleidigungen,[133]) oder bei Nebentäterschaft[134] (fahrlässige Beteiligung am Verkehrsunfall,[135] nacheinander erfolgende Fehlbehandlung durch zwei Ärzte,[136] Tötung des Haustyrannen durch Mutter und Tochter[137]) vorliegen.[138] Dann fällt aber die „Indizwirkung" der Tatbeteiligung weg, und man hat genauer zu überprüfen, ob dieselbe Tat betroffen ist.[139]

27 **c) Rechtsfehleridentität.** Die Verurteilung des Nichtrevidenten muss zuletzt auf dem Rechtsfehler **beruhen,** der zur Aufhebung des angefochtenen Urteils geführt hat, wobei nach hM ein „**gleichartiger** Rechtsfehler" genügt,[140] während teils auch eine „**identische** Rechtsverletzung" gefordert wird.[141] Somit ist nur von Bedeutung, ob dieselben sachlich-rechtlichen Erwägungen auch beim nichtrevidierenden Mitangeklagten zur Urteilsaufhebung geführt hätten.[142] Mit diesem Kriterium scheidet man hauptsächlich sachlich-rechtliche Fehler aus, die sich kraft Natur der Sache nur auf den Einzelnen beziehen können, etwa die Strafzumessung im engeren Sinn gem. **§ 46 Abs. 2 StGB,**[143] die Beurteilung der Schuldfähigkeit gem. **§ 20 StGB,**[144] die Anwendung der Härtevorschrift beim früheren Verfall gem. **§ 73c StGB aF**[145] oder die Entscheidung über die Unterbringung des Angeklagten gem. **§ 64 StGB,**[146] die charakterliche Ungeeignetheit iSd **§ 69 Abs. 1 StGB,**[147] die Dauer des Vorwegvollzugs gem. § 67 Abs. 2 S. 2 StGB[148] bzw. über die Vollstreckungsreihenfolge gem. **§ 67 Abs. 2 StGB.**[149] Auch Anrechnungs- und Kompensationsentscheidungen (§ 51 StGB, § 52a S. 2 JGG, bei rechtsstaatswidriger Verfahrensverzögerung **Art. 6 EMRK**[150]) haben regelmäßig „individuellen" Einschlag, die gegen eine Revisionserstreckung spricht.

28 Dies bedeutet nicht, dass jeglicher Fehler bei der **Rechtsfolgenentscheidung** per se aus dem Anwendungsbereich des § 357 fällt.[151] Schließlich können sich „Berechnungsfehler" bzw. rechtliche Erwägungen, welche die Strafaussetzung zur Bewährung oder die Einziehung von Tatwerkzeugen betreffen,[152] bei mehreren Mitangeklagten wiederholen. So

---

[132] BGH 3.5.2012 – 2 StR 446/11, NStZ 2013, 40.
[133] AA OLG Hamm 22.6.1956 – 2 Vs 13/56, NJW 1957, 392.
[134] Haase GA 1956, 273 (282).
[135] BGH 23.1.1959 – 4 StR 428/58, BGHSt 12, 335 (342); krit. Hanack JZ 1973, 779; hierzu auch BayObLG 5.5.1953 – BeschwReg. 1 St 50/53, BayObLGSt 53, 86.
[136] BGH 22.4.1983 – 3 StR 25/83, BGHSt 31, 348 (357) = NJW 1983, 2097 (2099).
[137] BGH 12.7.1966 – 1 StR 291/66, NJW 1966, 1823 (1824).
[138] Siehe auch Franke in Löwe/Rosenberg Rn. 19 mit weiteren Beispielen.
[139] Zu verneinen bei voneinander unabhängigen Betrugsfällen trotz demselben wirtschaftlichen Hintergrund, BGH 29.11.1995 – 5 StR 495/95, NStZ 1996, 327 (bei Kusch).
[140] Schmitt in Meyer-Goßner/Schmitt Rn. 14.
[141] Vgl. Tappe S. 29 ff.; in diese Richtung noch RG 1.7.1880 –1682/80, RGSt 6, 256 (259).
[142] RG 3.6.1937 – 2 D 302/37, RGSt 71, 214; OLG Düsseldorf 3.8.1985 – 5 Ss 248/85 – 199/85 I, NJW 1986, 2266.
[143] BGH 10.7.2008 – 5 StR 209/08, BeckRS 2008, 15345.
[144] BGH 9.1.1992 – 4 StR 615/91, StV 1992, 317.
[145] BGH 6.11.2014 – 4 StR 290/14, wistra 2015, 70; 10.1.2008 – 5 StR 365/07, NStZ 2008, 565.
[146] BGH 24.3.2015 – 1 StR 39/15, BeckRS 2015, 10849; 21.8.2012 – 4 StR 311/12, NStZ-RR 2013, 74; 4.7.2012 – 4 StR 173/12, BeckRS 2012, 15766.
[147] BGH 29.6.1994 – 2 StR 265/94, BeckRS 1994, 04331; 4.9.1998 – 2 StR 390/98, NStZ-RR 1999, 15; 16.4.2003 – 2 StR 60/03, BeckRS 2003, 04639; 4.11.2014 – 1 StR 233/14, NStZ 2015, 579.
[148] BGH 23.6.2015 – 1 StR 243/15, BeckRS 2015, 13121.
[149] Anfrageverfahren des Zweiten Senats bei BGH 23.9.2009 – 2 StR 305/09, NStZ 2010, 32 und die Erwiderung des Fünften Senats BGH 16.12.2009 – 2 StR 305/09, NStZ-RR 2010, 118.
[150] BGH 21.10.2008 – 4 StR 364/08, NJW 2009, 307; hierzu Wiedner in Graf Rn. 6.
[151] Vgl. auch Franke in Löwe/Rosenberg Rn. 22.
[152] Vgl. etwa BGH 4.11.2014 – 1 StR 474/14, StraFo 2015, 22; 10.5.1966 – 1 StR 592/65, BGHSt 21, 66 (68 f.) = NJW 1966, 1465 mAnm Koch.

kann eine **Aufhebung der Einziehungsanordnung** ebenfalls auf die Mitangeklagten zu erstrecken sein.[153] Wurde bei einer fehlerhaften **Anwendung des § 111i Abs. 2 aF** der Verfallsbetrag beim Mitangeklagten richtig berechnet, kam hingegen § 357 nicht zur Anwendung.[154] Betrifft die unzureichende Ermittlung des aus den Taten Erlangten auch den Mitangeklagten in gleicher Weise, ist die Aufhebung wiederum zu erstrecken;[155] Gleiches gilt etwa bei einer fehlerhaften Berechnung der BAK und die darauf bezogene Beurteilung der Schuldfähigkeit von Mitbeschuldigten.[156] Dem steht nicht entgegen, dass die Anordnungen für sich nochmals individuellen Einschlag haben oder von einer Ermessensentscheidung abhängen können, deren Beantwortung ganz wesentlich von den persönlichen Verhältnissen des jeweils Betroffenen abhängt.[157]

Ein **vergleichbarer Rechtsfehler** kommt in Betracht bei fehlerhafter Ablehnung natürlicher **Handlungseinheit**,[158] soweit der Mitangeklagte alle Tatbestandsmerkmale in eigener Person erfüllt hat;[159] bei Verneinung eines **minder schweren Falles** bei gemeinschaftlicher Deliktsverwirklichung;[160] bei unzutreffender Annahme einer Bandenabrede oder Bandentat[161] (dagegen wohl nicht zwingend bei Bandenmitgliedschaft[162]), bei Nichtberücksichtigung **staatlicher Provokation** des gemeinschaftlichen Handeltreibens iRd Strafzumessung.[163] 29

Dabei macht die Darstellung bereits deutlich, dass sich die Rechtsprechung bisher auf die Frage des gleichartigen Rechtsfehlers konzentriert. Doch kann das Gericht trotz Vorliegen aller Voraussetzungen eine Erstreckung letztlich auch mit der Erwägung verneinen, dass die Verurteilung bzw. die konkrete Sanktion[164] nicht auf dem Rechtsfehler „beruht" (etwa wenn bereits die Strafe in Anwendung von § 46b StGB gemildert wurde).[165] Auch kommt eine Erstreckung nach § 357 auf nicht revidierende Mitangeklagte nicht in Betracht, wenn die Änderung der Einziehungsentscheidung auf einer Verfahrensbeschränkung beruht.[166] 30

5. „Angeklagte, die nicht Revision eingelegt haben". Über den Wortlaut der Vorschrift hinaus kommt § 357 auch auf Mitangeklagte zur Anwendung, deren eigene 31

---

[153] BGH 5.3.2013 – 1 StR 52/13, NStZ 2013, 403; 20.4.2011 – 2 StR 639/10, StraFo 2011, 312; 11.10.2005 – 1 StR 344/05, NStZ-RR 2006, 39; 17.8.2011 – 2 StR 304/11, BeckRS 2011, 22875; 27.10.2010 – 2 StR 487/10, BeckRS 2010, 29307; 7.2.2023 – 6 StR 494/22, BeckRS 2023, 2197; 18.4.2023 – 6 StR 417/22, BeckRS 2023, 9510.

[154] BGH 4.11.2010 – 4 StR 404/10, BeckRS 2011, 00718 (insoweit in NJW 2011, 467 nicht abgedruckt).

[155] BGH 9.12.2014 – 3 StR 438/14, BeckRS 2015, 01257; 10.4.2013 – 1 StR 22/13, NStZ-RR 2013, 254; 28.10.2010 – 4 StR 215/10, NJW 2011, 624; 1.3.2011 – 4 StR 30/11, NStZ-RR 2011, 245; 29.2.2012 – 2 StR 639/11, NZWiSt 2012, 349 mAnm Rübenstahl; vgl. BGH 22.5.1979 – 1 StR 650/78, NStZ 1981, 295 (298); vgl. auch BGH 10.5.1966 – 1 StR 592/65, BGHSt 21, 66 (68 f.) = NJW 1966, 1465 mAnm Koch; BGH 28.10.2010 – 4 StR 215/10, BGHSt 56, 39 (51) = NJW 2011, 624.

[156] BGH 2.7.2015 – 2 StR 146/15, NJW 2015, 3527.

[157] BGH 10.1.2008 – 5 StR 365/07, NStZ 2008, 565 (567).

[158] BGH 21.10.2015 – 2 StR 119/15, BeckRS 2016, 01608; 6.10.2015 – 4 StR 38/15, BeckRS 2015, 17969; zur Nichtanwendung bei Änderung des Konkurrenzverhältnisses bei Taten nach § 152a Abs. 1 Nr. 2 StGB, vgl. BGH 7.1.2004 – 3 StR 454/03, wistra 2004, 180.

[159] BGH 4.11.2010 – 4 StR 404/10, NJW 2011, 467.

[160] BGH 24.10.2013 – 5 StR 371/13, BeckRS 2013, 19612; 2.10.2012 – 3 StR 374/12, BeckRS 2012, 23585 (versuchter Bandendiebstahl); BGH 16.3.2011 – 2 StR 671/10, BeckRS 2011, 13559 (Aufklärungshilfe).

[161] BGH 14.4.2015 – 3 StR 627/14, NStZ 2015, 589; 15.9.2015 – 3 StR 229/15, BeckRS 2015, 17756.

[162] Ähnlich scheidet eine Revisionserstreckung nach den Grundsätzen bei → Rn. 20 aus, wenn sich der nichtrevidierende Mitangeklagte auf einer niedrigeren Hierarchieebene als der Revident befand und die Beweisgründe für die Feststellung seiner Tatbegehung als Mitglied einer Bande daher eine andere Bedeutung als diejenigen haben, BGH 21.7.2015 – 2 StR 75/14, StV 2016, 94.

[163] BGH 9.2.2012 – 2 StR 455/11, NStZ 2013, 99.

[164] So etwa, wenn der nicht revidierende Angeklagte Jugendlicher ist und die „vornehmlich an erzieherischen Aspekten orientierte Jugendstrafe" unabhängig davon verhängt worden wäre, vgl. BGH 24.11.2015 – 3 StR 444/15, BeckRS 2016, 01618.

[165] BGH 1.9.2010 – 2 StR 418/10, wistra 2010, 481 (482).

[166] BGH 7.3.2023 – 6 StR 46/23, BeckRS 2023, 4634.

Revision gem. § 346 Abs. 1, § 349 Abs. 1 als **unzulässig** verworfen wurde.[167] Selbiges gilt in Fällen einer **erfolglosen Verfahrensrüge** oder einer **zurückgenommenen**[168] bzw. auf bestimmte Beschwerdepunkte **beschränkten** Revision.[169] Selbst derjenige, der auf sein Revisionsrecht ausdrücklich **verzichtet** (§ 302 Abs. 1), wird erfasst.[170] Etwas anderes gilt, wenn im Hinblick auf den Mitangeklagten bereits vorweg durch Beschluss eine verwerfende Sachentscheidung ergangen ist, § 349 Abs. 2 (etwa bei einem verspäteten Einspruch gegen einen Strafbefehl[171]). Hier hat deren Rechtskraft Vorrang gegenüber § 357.[172]

32 Einer auf den Rechtsfolgenausspruch beschränkten Revision des Angeklagten kommt durch die teilweise Aufhebung des Schuldspruchs im Wege der Erstreckung nach § 357 in diesem Umfang keine Bedeutung mehr zu, weil der Nichtrevident so zu stellen ist, als habe er im gleichen Umfang wie der revidierende Mitangeklagte Revision eingelegt.[173] Wenn der revidierende Mitangeklagte aber seine Revision zurückgenommen hat, entzieht er § 357 für die Übrigen Angeklagten die Grundlage, sodass mangels Entscheidungsbefugnis des Revisionsgerichts auch keine Erstreckung mehr in Betracht kommt.[174]

III. Entscheidung des Revisionsgerichts und weiteres Verfahren

33 Die Entscheidung des Revisionsgerichts ergeht **von Amts wegen.** Bis auf den Fünften Senat gewährt der BGH dem nichtrevidierenden Mitangeklagten weder ein Anhörungs- noch ein Widerspruchsrecht. Dieses lässt sich auch nicht auf § 356a stützen bzw. über den dort geregelten Rechtsbehelf geltend machen, da der Mitangeklagte gerade keine Revision eingelegt hat und damit auch nicht am „Revisionsverfahren beteiligt ist".[175] Überwiegend geht man damit von einem grundsätzlich strikten Verständnis der Vorschrift aus, dh bei Vorliegen der Voraussetzungen ist ihre Anwendung zwingend.[176] „**Ermessen**" iwS hat das Revisionsgericht folglich **nicht,**[177] sodass eine Erstreckung nicht unterbleiben kann, weil die Möglichkeit besteht, dass die neue Verhandlung keine Änderungen mit sich bringt.[178] Ist eine Erstreckung unterblieben, kann sie nicht durch eine nachträgliche Änderung der Entscheidung nach § 357 nachgeholt werden.[179] Die Erstreckung kann auch nur partiell erfolgen, wenn der Rechtsfehler die Verurteilung des Mitangeklagten auch nur zum Teil betrifft.[180]

34 Im **Verfahren nach Zurückverweisung** wird der Mitangeklagte so behandelt, als habe er erfolgreich Revision eingelegt (§ 358 Abs. 2 ist zu beachten; es besteht eine Anwe-

---

[167] BGH 30.3.1984 – 3 StR 95/84, NStZ 1984, 465; 12.6.2001 – 4 StR 83/01, BeckRS 2001, 30185788; OLG Zweibrücken 6.1.1987 – 1 Ss 268/86-258 Js 58898/84, wistra 1987, 268 (269); OLG Düsseldorf 31.3.1983 – 5 Ss 39/83-94/83 I, JR 1983, 479; RG 14.6.1907 – V 518/07, RGSt 40, 219 (220); Schmitt in Meyer-Goßner/Schmitt Rn. 7; Zopfs GA 1999, 482 (486); Haase GA 1956, 273 (278); Franke in Löwe/Rosenberg Rn. 11; Nagel in Radtke/Hohmann Rn. 13.
[168] BGH 2.5.2012 – 2 StR 123/12, BeckRS 2012, 14663; 28.10.2004 – 3 StR 301/03, BGHSt 49, 275 (276) = NJW 2004, 3569; BGH 14.5.1996 – 1 StR 51/96, NJW 1996, 2663 (2665); 11.2.1958 – 1 StR 589/57, NJW 1958, 560.
[169] BGH 6.3.2012 – 4 StR 669/11, NStZ-RR 2013, 80; Momsen in Satzger/Schluckebier/Widmaier StPO Rn. 16.
[170] Schmitt in Meyer-Goßner/Schmitt Rn. 7; Nagel in Radtke/Hohmann Rn. 13.
[171] Franke in Löwe/Rosenberg Rn. 11.
[172] Temming in Gercke/Julius/Temming/Zöller Rn. 3.
[173] BGH 6.3.2012 – 4 StR 669/11, NStZ-RR 2013, 80; 20.12.2012 – 4 StR 292/12, StV 2013, 438; 11.6.1991 – 5 StR 178/91; Schmitt in Meyer-Goßner/Schmitt Rn. 7; Wohlers in SK-StPO Rn. 28.
[174] BGH 14.9.2011 – 5 StR 342/11, BeckRS 2011, 23475.
[175] Wiedner in Graf Rn. 12.
[176] BGH 16.9.1971 – 1 StR 284/71, BGHSt 24, 208 (211) = NJW 1971, 2272; OLG Celle 31.12.1957 – 2 Ss 452/57, JZ 1959, 180.
[177] Nagel in Radtke/Hohmann Rn. 19; Franke in Löwe/Rosenberg Rn. 24.
[178] Schmitt in Meyer-Goßner/Schmitt Rn. 16; Haase GA 1956, 273(288); aA OLG Düsseldorf 3.8.1985 – 5 Ss 248/85 – 199/85 I, NJW 1986, 2266, wenn sicher auszuschließen ist, dass sich die Position des Mitangeklagten verbessert. Vgl. auch Gericke in KK-StPO Rn. 17 (keine Erstreckung bei „untragbarem Missverhältnis", hierzu Franke in Löwe/Rosenberg Rn. 25).
[179] BGH 29.3.2000 – 2 StR 541/99, StV 2002, 12.
[180] So in BGH 8.7.2014 – 1 StR 29/14, NStZ 2015, 287 mAnm Grötsch.

senheitspflicht, die nicht durch eine Rechtsmittelrücknahme umgangen werden kann[181]). Soweit Haftbefehle wieder „aufleben",[182] sind diese gem. § 357 S. 2 iVm § 46 Abs. 3 zu überprüfen.[183] Eine bereits begonnene Strafvollstreckung ist abzubrechen.[184] Bei einer erneuten Verurteilung hat er die Verfahrenskosten zu tragen, § 465.[185] Gegen das neue Urteil sind erneut die allgemeinen Rechtsmittel statthaft.

§ 358 Bindung des Tatgerichts; Verbot der Schlechterstellung

(1) Das Gericht, an das die Sache zur anderweiten Verhandlung und Entscheidung verwiesen ist, hat die rechtliche Beurteilung, die der Aufhebung des Urteils zugrunde gelegt ist, auch seiner Entscheidung zugrunde zu legen.

(2) ¹Das angefochtene Urteil darf in Art und Höhe der Rechtsfolgen der Tat nicht zum Nachteil des Angeklagten geändert werden, wenn lediglich der Angeklagte, zu seinen Gunsten die Staatsanwaltschaft oder sein gesetzlicher Vertreter Revision eingelegt hat. ²Wird die Anordnung der Unterbringung in einem psychiatrischen Krankenhaus aufgehoben, hindert diese Vorschrift nicht, an Stelle der Unterbringung eine Strafe zu verhängen. ³Satz 1 steht auch nicht der Anordnung der Unterbringung in einem psychiatrischen Krankenhaus oder einer Entziehungsanstalt entgegen.

Schrifttum: Becker, Bindung des Vorderrichters (§ 358 Abs. 1 StPO) bei Verletzung der Vorlagepflicht durch das Revisionsgericht?, NJW 1955, 1262; Drees, Gilt das Verbot der Schlechterstellung auch dann, wenn das Rechtsmittelgericht das Verfahren wegen eines behebbaren Verfahrenshindernisses einstellt?, StV 1995, 669; Eisenberg, Über die Grenzen der Bindung nach § 358 Abs. 1 StPO, StraFo 1997, 129; Hamm, Pyrrhussiege und Danaergeschenke im strafprozessualen Rechtsmittelsystem, FS Hanack, 1999, 369 ff.; Kaiser, Bindungswirkung gemäß § 358 Abs. 1 StPO, insbesondere bei übersehenem Eintritt der Verfolgungsverjährung, NJW 1974, 2080; Kretschmer, Der neue § 358 Abs. 2 StPO – oder: Das Verschlechterungsverbot bei den Maßregeln der Besserung und Sicherung zwischen Freiheit und Sicherheit; StV 2010, 161; Langer, Zur falschen Verdächtigung eines Zeugen durch den Angeklagten, JZ 1987, 804; Meyer-Goßner, Einstellung des Verfahrens und Verschlechterungsverbot, FS Kleinknecht, 1985, 287 ff.; Meyer-Goßner, Sachliche Unzuständigkeit und Verschlechterungsverbot, FS Volk, 2009, 455; Mohrbotter, Grenzen der Bindung an aufhebende Entscheidungen im Strafprozeß, ZStW 84 (1972), 612; Sarstedt, Nochmals: Bindung des Vorderrichters (§ 358 Abs. 1 StPO) trotz Verletzung der Vorlagepflicht (§ 121 Abs. 2 GVG) durch das Revisionsgericht, NJW 1955, 1629; Schneider, Sind höchstrichterliche obiter dicta verfassungswidrig?, MDR 1973, 821; Schneider, Die Reform des Maßregelrechts, NStZ 2008, 68; Schröder, Bindung an aufhebende Entscheidungen im Zivil- und Strafprozess, FS Nickisch, 1958, 205; Schünemann, Der polizeiliche Lockspitzel – Kontroverse ohne Ende? StV 1985, 424; Sommerlad, Die sogenannte Selbstbindung der Rechtsmittelgerichte, NJW 1974, 123; Wömpner, Zur Verlesung früherer Urteile, NStZ 1984, 481; Zehetgruber, Probleme der Bindungswirkung revisionsgerichtlicher Urteile, JZ 2020, 397.

Übersicht

		Rn.			Rn.
I.	Normzweck und Gesetzgebungsgeschichte	1		a) Umfang und Bezugspunkt	6
				b) Wegfall und Grenzen der Bindungswirkung	12
II.	Bindungswirkung an die Revisionsentscheidung (Abs. 1)	4	3.	Weiteres Verfahren bei Verstoß gegen Abs. 1	14
1.	Anwendungsbereich („Gericht")	4		a) Revisionsführer	14
2.	Reichweite der Bindungswirkung („rechtliche Beurteilung, die der Aufhebung des Urteils zugrundegelegt ist")	5		b) Neues Tatgericht	15
				c) Erneute Befassung des Revisionsgerichts	16

---

[181] Nagel in Radtke/Hohmann Rn. 21.
[182] Vgl. hierzu OLG Köln 21.7.2014 – III-2 Ws 417/14, 2 Ws 417/14, BeckRS 2014, 19626.
[183] Schmitt in Meyer-Goßner/Schmitt Rn. 17; Momsen in Satzger/Schluckebier/Widmaier StPO Rn. 32; zur Einfügung des § 46 Abs. 3 Franke in Löwe/Rosenberg Rn. 27; von Preuschen NJW 2007, 321 (324).
[184] Franke in Löwe/Rosenberg Rn. 26; Tappe S. 68.
[185] BGH 29.1.1963 – 1 StR 516/62, BGHSt 18, 231 (233) = NJW 1963, 724; BGH 27.10.1964 – 1 StR 358/64, NJW 1965, 52; allerdings nicht die Kosten des Revisionsverfahrens, so Nagel in Radtke/Hohmann Rn. 21; Gericke in KK-StPO Rn. 19.

§ 358 1, 2   3. Buch. 4. Abschnitt. Revision

	Rn.		Rn.
III. Verbot der reformatio in peius (Abs. 2)	18	3. Änderung der „Art und Höhe der Rechtsfolgen"	24
		a) Begriff und Allgemeines	24
1. Allgemeines	18	b) „Rechtsfolgen" iSd §§ 38 ff. StGB ..	26
		c) Maßregeln und Verschlechterungsverbot	34
2. Anwendungsbereich	21		
a) Entscheidungsart	22	4. Prüfung durch das Revisionsgericht von Amts wegen	39
b) Revisionsführer	23		

I. Normzweck und Gesetzgebungsgeschichte

1 Die Vorschrift beinhaltet Grundsätze für den Fall einer (begründeten) Revision nach §§ 353, 354. Nur dieser weiter gespannte Rahmen hält Absatz 1 und 2 der Vorschrift zusammen. Eine vollständige Trennung der im Gesetzgebungsverfahren hoch umstrittenen Norm in zwei Vorschriften wäre ebenso denkbar gewesen,[1] was sich auch in den (eher unüblichen) „zwei Titeln" in der amtlichen Überschrift widerspiegelt. Die seit Schaffung der StPO häufig geänderte Vorschrift basiert auf der Fassung des Art. 21 Nr. 85 EGStGB.[2] Ihre aktuelle Gestalt nahm sie durch das Gesetz zur Sicherung der Unterbringung in einem psychiatrischen Krankenhaus und in einer Entziehungsanstalt vom 16.7.2007 an, die zur Einfügung des § 358 Abs. 2 S. 2 (und zur Verschiebung des bisherigen S. 2 in S. 3) führte.[3]

2 **Abs. 1** trägt dem Grundgedanken des Revisionsrechts Rechnung, wonach das Rechtsmittelgericht keine eigene Sachentscheidung trifft. Um der Kontroll- und Disziplinierungsfunktion der Revision (vgl. → Vor § 333 Rn. 67 ff.) gerecht zu werden und auch Rechtssicherheit zu schaffen, entfaltet aber seine *Rechts*auffassung eine **innerprozessuale Bindungswirkung,** damit die Sache zumindest aus rechtlicher Perspektive zu einem Abschluss kommt.[4] Damit schafft § 358 Abs. 1 die Grundlage für die Aufgabe der Revisionsgerichte, **Rechtseinheit** herzustellen[5] und darüber hinaus einen „Streit" zwischen unabhängigen Richtern zu vermeiden, der auf dem Rücken des Angeklagten ausgetragen wird.[6] Insofern ist die Einflussnahme auf die richterliche Unabhängigkeit – soweit man eine solche annimmt[7] – wie auch in anderen Kontexten der instanziellen

---

[1] Vgl. auch Gericke in KK-StPO Rn. 2.
[2] BGBl. 1974 I 469 (512).
[3] Vgl. auch Franke in Löwe/Rosenberg zur Entstehungsgeschichte. Zur gesetzgeberischen Intention vgl. → Rn. 34 ff.
[4] Momsen in Satzger/Schluckebier/Widmaier StPO Rn. 1; Franke in Löwe/Rosenberg Rn. 1 mwN zur Aufgabe des § 358 Abs. 1.
[5] BGH 6.2.1973 – GmS-OGB 1/72, BGHZ 60, 392 (396) = NJW 1973, 1274.
[6] Diese angeklagten-schützende Dimension des § 358 Abs. 1 ist nicht zu unterschätzen, vgl. noch → Rn. 5 ff. Bis zu einem gewissen Grade lässt sich ein „Hin und Herschieben" (Schmitt in Meyer-Goßner/Schmitt Rn. 3 unter Bezugnahme auf GmS-OGB 6.2.1973 – GmS-OGB 1/72, BGHZ 60, 392 (396) = NJW 1973, 1273) trotzdem nicht vermeiden, da es dem Tatgericht bei Aufhebung der Feststellungen möglich bleibt, auf „tatsächlicher Ebene" immer wieder nachzujustieren (vgl. BGH 18.7.1956 – 6 StR 28/56, BGHSt 9, 324 (324) = NJW 1956, 1725 sowie OLG Düsseldorf 15.3.1985 – 5 Ss 22/85 – 25/85 I, StV 1985, 274; Eisenberg StraFo 1997, 129). Als aktuelles Beispiel vgl. BGH 20.6.2012 – 5 StR 536/11, NJW 2012, 2453 im Anschluss an BGH 29.4.2010 – 3 StR 314/09, BGHSt 55, 121 = NStZ 2010, 637. Das Revisionsgericht wiederum kann diesem Vorgehen zumindest mittelbar durch die Anordnung von „Beweiswürdigungsregeln" entgegenwirken, zumal neue Feststellungen allenfalls hinzutreten können, aber unwahrscheinlich ist, dass der gesamte Sachverhalt „neu erfunden" wird. Krit. zur erkennenden Instanz hier etwa BGH 20.6.2012 – 5 StR 536/11, NJW 2012, 2453: „Die Regelung in § 354 Abs. 2 Satz 1 StPO ermöglicht dem Senat im Falle des Landgerichts Bremen keine Zurückverweisung an ein anderes Gericht. Der Senat weist ausdrücklich auf den Fortbestand der Bindung an die gesamte rechtliche Beurteilung in seinem ersten Urteil hin (§ 358 Abs. 1 StPO) und auch auf die Ausführungen in dieser Entscheidung zur Rechtsfolge."
[7] Anders wohl BVerfG 17.1.1961 – 2 BvL 25/6, BVerfGE 12, 67 (71) = NJW 1961, 655; vgl. Franke in Löwe/Rosenberg („kein Eingriff") Rn. 2; Schmitt in Meyer-Goßner/Schmitt Rn. 2.

Kontrolle legitim.[8] Dementsprechend ist bei Abs. 1 „erster" Adressat das Tatgericht, an das die Sache zur anderweitigen Verhandlung und Entscheidung verwiesen wurde (wobei im Anschluss auch die Rechtsmittelgerichte an die Entscheidung gebunden sind, → Rn. 16 f.).

Dagegen beinhaltet **Abs. 2** mit dem **Verschlechterungsverbot** einen allgemeinen Rechtsgedanken, den schon das Revisionsgericht bei eigenen Entscheidungen nach § 354 Abs. 1 zu berücksichtigen hat. Die Vorschrift hat ihren Hauptanwendungsbereich bei einer erneuten Entscheidung des Tatgerichts im Falle der Rückverweisung. Im Gegensatz zum „**revisionsspezifischen**"[9] § 358 Abs. 1 existiert mit **§ 331** eine dem Abs. 2 entsprechende Vorschrift für das Rechtsmittel der Berufung.[10]

II. Bindungswirkung an die Revisionsentscheidung (Abs. 1)

1. Anwendungsbereich („Gericht"). Die innerprozessuale Bindungswirkung des § 358 Abs. 1 gilt für **jedes Gericht,** das nach Zurückverweisung mit der Sache befasst ist, also auch für das **Berufungsgericht** nach Zurückverweisung an das Amtsgericht[11] (zur „**Selbstbindung**" des Revisionsgerichts vgl. noch → Rn. 16 f.).[12] Notwendig ist **Verfahrensidentität.**[13] Eine Bindung an rechtliche Ausführungen des Revisionsgerichts, die ein abgetrenntes Verfahren betreffen, kommt nicht in Betracht.[14] § 358 Abs. 1 gilt gem. **§ 79 Abs. 3 OWiG** im Rechtsbeschwerdeverfahren entsprechend.[15] Auch die Strafvollstreckungskammer hat gem. **§ 120 Abs. 1 StVollzG** bei Aufhebung und Zurückverweisung die rechtliche Beurteilung, die der Aufhebung ihrer Entscheidung zu Grunde gelegt ist, bei ihrer neuen Entscheidung zu beachten.[16] Dagegen kommt eine **analoge** Anwendung des § 358 Abs. 1 bei Zurückverweisung durch das Berufungsgericht (§ 328 Abs. 2) nicht in Betracht,[17] vgl. bereits. → Rn. 3.

2. Reichweite der Bindungswirkung („rechtliche Beurteilung, die der Aufhebung des Urteils zugrundegelegt ist"). Das Ausmaß der Bindungswirkung richtet sich nach den Gründen, welche die Aufhebung **tragen („Aufhebungsansicht").**[18] Liegt etwa ein **Subsumtionsfehler** vor, sodass keine Aufhebung – allenfalls eine Ergänzung – der Feststellungen nach § 353 Abs. 2 notwendig ist, hat das erkennende Gericht bei seiner erneuten Entscheidung die Subsumtion des Revisionsgerichts zu übernehmen.[19] Gleiches gilt bei einer Aufhebung nach § 353 Abs. 2, bei der im Hinblick auf die tragenden Aufhebungsgründe die gleichen Erkenntnisse festgestellt werden (etwa die Bewertung, ein bestimmtes Verhalten sei nicht nach § 81a gerechtfertigt und damit als Körperverletzung zu bewerten).[20]

---

[8] So wohl Maiwald in AK-StPO Rn. 2; zum Ganzen auch Mohrbotter ZStW 84 (1972), 612 (620).
[9] BVerfG 17.1.1961 – 2 BvL 25/6, BVerfGE 12, 67 (71); Gericke in KK-StPO Rn. 2.
[10] Zu § 328 Abs. 2 grundlegend BGH 18.7.1956 – 6 StR 28/56, BGHSt 9, 324 = NJW 1956, 1724; BGH 26.5.1967 – 2 StR 129/67, BGHSt 21, 256 = NJW 1967, 1972; vgl. auch § 373 Abs. 2 für die Wiederaufnahme, hierzu BGH 8.1.1952 – 1 StR 755/51, BGHSt 2, 96 = NJW 1952, 516 (Ls.) sowie § 79 OWiG, hierzu BGH 11.11.1970 – 4 StR 66/70, BGHSt 24, 11 = NJW 1971, 105.
[11] OLG Koblenz 27.12.1982 – 2 Ss 569/82, NJW 1983, 1921.
[12] Momsen in Satzger/Schluckebier/Widmaier StPO Rn. 2.
[13] Wiedner in Graf Rn. 9; Schmitt in Meyer-Goßner/Schmitt Rn. 6; Gericke in KK-StPO Rn. 10.
[14] BGH 25.9.2007 – 4 StR 348/07, BeckRS 2007, 16818; 18.3.2004 – 4 StR 533/03, NStZ 2004, 499.
[15] Franke in Löwe/Rosenberg Rn. 2.
[16] OLG Celle 11.8.2010 – 1 Ws 366/10 (StrVollz), NStZ 2011, 349.
[17] Franke in Löwe/Rosenberg Rn. 3; Schmitt in Meyer-Goßner/Schmitt Rn. 2; Momsen in Satzger/Schluckebier/Widmaier StPO Rn. 3; Momsen in KMR-StPO Rn. 3; Mohrbotter ZStW 84 (1972), 612 (615); aA Wohlers in SK-StPO Rn. 4 mwN.
[18] BGH 30.5.1963 – 1 StR 6/63, BGHSt 18, 376 (378) = NJW 1963, 1627.
[19] Sodass sich die richterliche Tätigkeit auf die Festsetzung der Strafhöhe beschränkt, vgl. OLG Frankfurt a. M. 11.4.2011 – 2 Ss 36/11, NStZ-RR 2011, 257.
[20] BGH 20.6.2012 – 5 StR 536/11, NJW 2012, 2453; vgl. auch BGH 25.7.2000 – 4 StR 229/00, NStZ-RR 2001, 40.

6   **a) Umfang und Bezugspunkt. aa) „Rechtliche Beurteilung".** Der Begriff der „rechtlichen Beurteilung" umfasst alle rechtlichen Bewertungen, die bei der Abfassung einer Entscheidung Geltung beanspruchen und zu berücksichtigen sind, und damit sowohl **Verfahrensrechtliches** (Beweisverbote, Verfolgungsvoraussetzungen) als auch **Sachlich-Rechtliches** (Subsumtion, Strafzumessung, aber auch Verfassungsgemäßheit der Rechtsanwendung[21]). Bindend sind auch die Feststellung von **Erfahrungssätzen**,[22] oder die Annahme, der Sachverhalt sei nicht ausreichend **ausermittelt** (§ 244 Abs. 2), die **Beweiswürdigung** sei lückenhaft bzw. widersprüchlich.[23] Dabei kann stets nur Bindungswirkung entfalten, dass etwaige „Beweiswürdigungsregeln" nicht eingehalten bzw. die Beweiswürdigung nicht *lege artis* vorgenommen wurden.[24] Das Tatgericht hat dann eben diese Fehler bei seiner neuen Entscheidung zu vermeiden, wobei sich Begründungsmängel in der Strafzumessung nicht dadurch kompensieren lassen, dass das Tatgericht bei erneuter Entscheidung einen (pauschalen) Abschlag macht.[25] Auch bei der Würdigung iRd **§ 105 Abs. 1 JGG** handelt es sich um eine „ureigene" Entscheidung des Jugendrichters, die der Bindungswirkung des § 358 Abs. 1 kraft Natur der Sache nicht zugänglich ist.[26]

7   **bb) Bestimmung des Bindungsrahmens nach Art der Begründung.** Zur Konturierung des Umfangs der Bindungswirkung ist zunächst herauszuarbeiten, welche Ausführungen des Revisionsgerichts die Aufhebung der Entscheidung **tragen.** Dies kann mitunter schwierig sein, insbesondere im Fall von Teilaufhebungen – da unklar bleiben kann, welche rechtlichen Erwägungen diese tragen. Zudem machen die Obergerichte im Interesse der Rechtsfortbildung häufiger Ausführungen, die nicht ausschließlich zur Begründung der Aufhebung dienen, sondern diese nur untermauern sollen, ggf. einen parallel gelagerten Fall betreffen oder weitere Empfehlungen für den Fall bestimmter, weiterer Feststellungen beinhalten.

8   **Bestätigt** das Revisionsgericht eine bestimmte rechtliche Auffassung des Tatrichters, hebt allerdings wegen eines Verfahrensfehlers auf, kommt es nur im Hinblick auf den Verfahrensfehler zu einer Bindungswirkung für das Tatgericht.[27] Stützt sich die Aufhebung des Urteils gleichermaßen auf Verfahrensfehler wie auf sachlich-rechtliche Gründe (was keinen Teil der Ausführungen per se zu obiter dicta macht), erstreckt sich die Bindungswirkung **kumulativ** auf alle Fehler, die in der Urteilsbegründung genannt werden. Insofern kann nicht überzeugen, die kumulative Begründung den Fällen der **Haupt- und Hilfsbegründung** gegenüberzustellen[28] (und insbes. anders zu behandeln[29]), da es sich im Einzelfall als äußerst schwierig erweisen kann, die beiden Begründungsarten auseinanderzuhalten.[30] Nur Ausführungen, in denen der Senat „hilfsweise" Bedenken gegenüber alternativen Interpretationsmöglichkeiten äußert, ohne sich selbst festzulegen, sind von der Bindungswirkung ausgenommen.[31] Denn diese sind mit **obiter**

---

[21] Gericke in KK-StPO Rn. 9; zur „Haftempfindlichkeit" iRd § 56 Abs. 1 StGB OLG Hamm 29.9.2015 – III-5 RVs 121/15, III-5 Ws 314/15, BeckRS 2015, 17476; zur Annahme der Verfassungsgemäßheit einer Auslegung OLG Bamberg 18.1.2017 – 2 Ss OWi 1363/16, SpuRT 2017, 247.
[22] BGH 13.12.1956 – 4 StR 494/56, VRS 12, 208.
[23] Bei einer erneut fehlerhaften Beweiswürdigung liegt ein doppelter Verstoß (sowohl gegen § 261 als auch § 358 Abs. 1) vor, hierzu BGH 13.7.1993 – 5 StR 396/93, NStZ 1993, 552; 30.5.2000 – 1 StR 610/99, NStZ 2000, 551.
[24] BGH 13.7.1993 – 5 StR 396/93, NStZ 1993, 552; Langer JZ 1987, 804 (805); Gericke in KK-StPO Rn. 9; Schmitt in Meyer-Goßner/Schmitt Rn. 6. So etwa in einer Konstellation „Aussage gegen Aussage", vgl. → § 261 Rn. 230 ff.
[25] BGH 3.11.1998 – 4 StR 523/98, NStZ 1999, 154.
[26] BGH 15.3.2005 – 4 StR 67/05, NStZ 2005, 644.
[27] BGH 19.12.1952 – 1 StR 2/52, BGHSt 3, 357 = NJW 1953, 351; Momsen in Satzger/Schluckebier/Widmaier StPO Rn. 7.
[28] Lohse in Krekeler/Löffelmann/Sommer Rn. 2; Temming in Gercke/Julius/Temming/Zöller Rn. 6.
[29] So wohl die hM, welche § 358 Abs. 1 allein auf die Hauptbegründung erstrecken will, vgl. Wiedner in Graf Rn. 3; Gericke in KK-StPO Rn. 5 will auf den Schwerpunkt der Ausführungen abstellen.
[30] Vgl. Dahs Strafprozessrevision Rn. 596; auch bei Schmitt in Meyer-Goßner/Schmitt Rn. 3 f. ist solch eine Differenzierung nicht zu finden.
[31] Wohlers in SK-StPO Rn. 11; Momsen in Satzger/Schluckebier/Widmaier StPO Rn. 9 (obiter dicta oder bloße empfehlende rechtliche Hinweise); Schneider MDR 1973, 821.

dicta, dahingestellten Erwägungen und Rechtsfragen, die **nicht entscheidungserheblich** sind, vergleichbar, die nach hM jedenfalls nicht von der Bindungswirkung umfasst sind.[32]

Ferner gilt: Selbst wenn es äußerst nahe liegt, dass sich nach Rückverweisung bisher **9** unterbliebene Feststellungen treffen lassen, welche angestellte „**Vermutungen**" des Revisionsgerichts bestätigen, heißt dies nicht, dass das Tatgericht an die auf diese Vermutung gestützte „Subsumtion" gebunden wäre. Derartige „Hilfsgutachten" durch das Revisionsgericht sind nicht von der Bindungswirkung umfasst.[33] Gleiches gilt für rechtsvergleichende Ausführungen und rechtssystematische Erwägungen des Revisionsgerichts unter Hinzuziehung weiterer, nicht einschlägiger Vorschriften.[34] Auch wenn die Hinweise einen gänzlich **anderen Verfahrensgegenstand** betreffen, kann keine Bindungswirkung eintreten.[35]

cc) Notwendige Vorfragen als „Annex" zur Bindungswirkung. Bei sachlich- **10** rechtlichen Aufhebungsurteilen setzt der Prüfungsmaßstab des Gerichts die Bejahung bzw. Zugrundelegung bestimmter rechtlicher **Vorfragen** sowie tatsächlicher Umstände voraus, die ebenfalls von der Bindungswirkung umfasst werden. Hierzu zählt etwa die Verfassungsmäßigkeit der angewandten Normen,[36] die Zuständigkeit des Gerichts,[37] materiell-rechtliche Subsumtionen (betreffend den Grundtatbestand, wenn lediglich die Qualifikation verneint wurde oder zivilrechtliche bzw. öffentlich-rechtliche Vorfragen[38]), allerdings auch tatsächliche Feststellungen über die Tatentstehung oder über die Beweggründe zur Tat.[39]

Nach der Rspr. führt der Eintritt in die Sachprüfung durch das Revisionsgericht **11** auch zu einer Bindung des Tatrichters bei starren **Prozesshindernissen** (Vorliegen eines form- und fristgerechten Strafantrags). So soll eine vorhergehende Revisionsentscheidung nach Auffassung des BGH für das weitere Verfahren – einschließlich des anhängigen Revisionsverfahrens – bindend feststellen (§ 358 Abs. 1), dass das Verfahrenshindernis der absoluten **Verfolgungsverjährung** für sämtliche durch den Senat nicht gem. § 206a eingestellten Fälle nicht entstanden war.[40] Das ist schon im Ansatz zweifelhaft, denn rechtliche Erwägungen, die das Revisionsgericht gar nicht explizit anstellt, können kaum bindend sein. Ein ähnliches Problem stellt sich für tatsächliche Vorfragen. Wenn sich Umstände, welche den Strafausspruch betreffen, mit solchen, die auch für den Schuldspruch maßgeblich sind, überschneiden (**doppelrelevante Tatsachen**[41]), und das Revisionsgericht das Urteil im Strafausspruch aufhebt, soll der Tatrichter an den Schuldspruch und damit an die diesbezüglich geschilderte Tatentstehung gebunden bleiben.[42] Es dürfen sich keine Widersprüche ergeben,[43] insbes. ist das Nachschieben eines vollständig abwei-

---

[32] BGH 11.4.1985 – 1 StR 507/84, BGHSt 33, 172 (174) = NStZ 1985, 415; BGH 13.7.1993 – 5 StR 396/93, NStZ 1993, 552; Schmitt in Meyer-Goßner/Schmitt Rn. 3; Nagel in Radtke/Hohmann Rn. 1; Gericke in KK-StPO Rn. 6.
[33] Krit. daher Meyer-Goßner zu OLG Zweibrücken 27.3.2009 – 1 SsBs 9/09, NStZ 2010, 459, in der das OLG die Bindungswirkung auf die eigene Vermutung, Vorsatz liege nahe, erstreckt.
[34] BGH 19.12.1996 – 5 StR 472/96, NJW 1997, 1455.
[35] Vgl. BGH 19.12.1996 – 5 StR 472/96, NJW 1977, 183; 28.6.1977 – 5 StR 30/77, BGHSt 27, 212.
[36] BVerfG 19.2.1957 – 1 BvL 13/54, BVerfGE 6, 222 (242) = NJW 1957, 625 (627).
[37] Franke in Löwe/Rosenberg Rn. 5; zum Verschlechterungsverbot bei sachlicher Unzuständigkeit Meyer-Goßner FS Volk, 2009, 455.
[38] Zur Bindungswirkung bzgl. der rechtlichen Beurteilung vorgelagerter Fragen etwa BGH 10.1.2013 – 1 StR 297/12, NStZ-RR 2013, 157.
[39] BGH 16.5.2002 – 3 StR 124/02, NStZ-RR 2003, 101; Schmitt in Meyer-Goßner/Schmitt Rn. 4.
[40] BGH 29.9.2010 – 5 StR 146/10, wistra 2011, 27 (28); 29.10.2009 – 3 StR 141/09, StraFo 2010, 203 mwN. In einem solchen Fall wäre allein ein Wiederaufnahmeverfahren geeignet, im Revisionsverfahren nicht mehr zu beachtende neue Tatsachen zu berücksichtigen, nach denen sich die prozessuale Tat als verjährt darstellen könnte, vgl. Schmitt in Meyer-Goßner/Schmitt § 359 Rn. 22; krit. Kaiser NJW 1974, 2080.
[41] BGH 17.12.1971 – 2 StR 522/71, BGHSt 24, 274 (275) = NJW 1972, 548.
[42] BGH 9.4.2015 – 2 StR 19/15, NStZ-RR 2015, 351 (Ls.) = BeckRS 2015, 10529.
[43] BGH 14.1.1982 – 4 StR 642/81, BGHSt 30, 340 (343) = NJW 1982, 1295; BGH 24.9.1987 – 4 StR 413/87, NStZ 1988, 214; Wiedner in Graf Rn. 8.

chenden Tatmotivs nicht zulässig, wenn es dem Geschehen ein vollkommen anderes Gepräge verleiht.[44]

12 **b) Wegfall und Grenzen der Bindungswirkung.** Die Vorfragenbindungswirkung kann damit zugegebenermaßen erhebliche Einschränkungen für den neuen Tatrichter mit sich bringen, dem es uU nicht einmal mehr möglich ist, eine widerspruchsfreie oder aus seiner Sicht gar richtige Entscheidung zu treffen. Indes kann § 358 Abs. 1 den erstrebten Zweck der Rechtseinheit nur erreichen, wenn der neue Tatrichter die innerprozessuale Bindungswirkung nicht mit der Floskel durchbrechen kann, die Entscheidung des Revisionsgerichts sei rechtsfehlerhaft. Will man dem Tatrichter in Härtefällen unter Berücksichtigung des Art. 20 Abs. 3 GG eine **Evidenzkontrolle** gewähren,[45] müsste jedenfalls eine Kontrolle möglich sein, ob die Annahme von Evidenz nicht ihrerseits „evident" fehlerhaft ist.[46] Um hier in keine „Endlosschleife" zu geraten, spricht daher viel für die Ansicht, dass eine fehlerhafte Rechtsanwendung hier letztlich **hinzunehmen** ist (statt zu versuchen, durch plakative Beispiele[47] den Begriff der Evidenz zu konturieren).[48] Grundsätzlich gilt die Bindungswirkung damit auch bei Entscheidungen des Revisionsgerichts, die bei einer hypothetischen Prüfung ihrerseits „revisibel" wären; insbes. ist nach hM eine **Vorlagepflichtverletzung** des OLG nach den § 121 Abs. 2, § 132 Abs. 2, Abs. 3 GVG unerheblich.[49]

13 Die Bindungswirkung entfällt allerdings im Falle einer **nachträglichen Gesetzesänderung** (§§ 206b, 354a; im Rahmen materiell-rechtlicher Gesetzesänderungen ist § 2 StGB zu beachten) oder bei zwischenzeitlich für **verfassungswidrig erklärten Strafgesetzen**,[50] sowie bei Verfolgungshindernissen, die „**dynamischen**" Charakter haben, dh nachträglich wegfallen können.[51] Die Bindung wirkt damit nur bei gleicher Verfahrens- und Sachlage.[52] Umstritten ist dagegen, ob die Bindungswirkung aufrechterhalten bleibt, wenn das Revisionsgericht seine Rechtsauffassung **zwischenzeitlich geändert** hat[53] (vgl. hierzu → Rn. 16).

14 **3. Weiteres Verfahren bei Verstoß gegen Abs. 1. a) Revisionsführer.** Auch wenn die Auffassung des Revisionsgerichts jedenfalls die konkret aufgegriffene Rechtsfrage endgültig klärt, ist nicht von einer Rechtswegerschöpfung auszugehen, welche die Möglichkeit eröffnete, die Entscheidung mit einer **Verfassungsbeschwerde** anzugreifen.[54] Vielmehr ist zunächst wieder das neue Tatgericht zuständig, und erst wenn die Revision gegen die

---

[44] BGH 16.5.2002 – 3 StR 124/02, NStZ-RR 2003, 101; dagegen betreffen Beweisfragen nicht den Schuldspruch, sodass neue Erkenntnisse, die dem Geschehen ein vollkommen neues Gepräge geben und im Rahmen der Abwägungslehre nunmehr zu einem Beweisverwertungsverbot führen könnten, berücksichtigungsfähig sind. Vgl. zu einem Grenzfall KG 21.9.2009 – (4) 1 Ss 240/09 (191/09), NStZ-RR 2010, 346.

[45] StGH Hessen 10.10.2001 – P. St. 1629, NStZ 2002, 162. So wohl auch Schmitt in Meyer-Goßner/Schmitt Rn. 8; Gericke in KK-StPO Rn. 17.

[46] Vgl. LG Duisburg 11.11.1985 – V Ns 12 Js 597/83, StV 1986, 99, das der Aufhebungsansicht seine „eigene Auslegung des GG entgegenhält" (nach Schmitt in Meyer-Goßner/Schmitt Rn. 8 „unrichtigerweise").

[47] Etwa die Bestrafung des Versuchs eines Vergehens, obwohl diese nicht nach § 12 Abs. 2, 23 Abs. 1 Alt. 2 StGB ausdrücklich angeordnet ist, vgl. Franke in Löwe/Rosenberg Rn. 10, unter Bezugnahme auf OLG Neustadt 23.10.1963 – Ss 125/63, NJW 1964, 311.

[48] Gericke in KK-StPO Rn. 4; Paulus in KMR-StPO Rn. 13. Auch eine „Kommunikation" zwischen neuem Tatrichter und Revisionsgericht als pragmatische Lösung findet im Rechtsmittelsystem der StPO keine Stütze, Franke in Löwe/Rosenberg Rn. 4.

[49] Momsen in Satzger/Schluckebier/Widmaier StPO Rn. 10; KG 7.10.1983 – 1 StR 615/83, JR 1984, 269 mAnm Sarstedt; vgl. bereits Becker NJW 1955, 1262 sowie Sarstedt NJW 1955, 1629.

[50] Mohrbotter ZStW 84 (1972), 612 (632); Momsen in Satzger/Schluckebier/Widmaier StPO Rn. 13.

[51] BGH 27.10.1964 – 1 StR 358/64, BGHSt 20, 77 (80) = NJW 1965, 52.

[52] KG 21.9.2009 – (4) 1 Ss 240/09 (191/09), NStZ-RR 2010, 346; Wiedner in Graf Rn. 11; Schmitt in Meyer-Goßner/Schmitt Rn. 9.

[53] Franke in Löwe/Rosenberg Rn. 16.

[54] BVerfG 3.10.2001 – 2 BvR 1198/01, NStZ-RR 2002, 45 (46), dort im Zusammenhang mit einer bindenden Verneinung der Verfolgungsverjährung, vgl. noch → Rn. 11.

zweite Entscheidung erneut verworfen wird, ist der Rechtsweg erschöpft. **Ein Verstoß** gegen § 358 Abs. 1 ist nicht von Amts wegen zu prüfen, sondern mit einer **Sachrüge** geltend zu machen.[55] Kommt es zu demselben Verfahrensfehler, der zur Erstaufhebung geführt hat, verbleibt es nach hM bei den erhöhten Darstellungsanforderungen des § 344 Abs. 2 S. 2.[56]

b) Neues Tatgericht. Dem Tatgericht ist aufgrund der Vorfragen-Bindungswirkung 15 (→ Rn. 10 f.) eine **Vorlage nach § 100 Abs. 1 GG** verwehrt, wenn es (im Gegensatz zum ersten Gericht) an der Verfassungsmäßigkeit der angewandten Normen zweifelt.[57] Schon aufgrund des Verfahrensganges wird der neue Tatrichter vom Revisionsurteil **Kenntnis** nehmen; die Bindungswirkung ist im neuen Verfahren zu erörtern, welche durch eine zulässige, förmliche Verlesung nach § 249 angestoßen werden kann.[58] Im Übrigen ist aber eine Einführung des aufgehobenen Urteils nicht zwingend.[59]

c) Erneute Befassung des Revisionsgerichts. Das Revisionsgericht prüft auf die 16 Sachrüge (→ Rn. 14), ob der Tatrichter die Bindungswirkung berücksichtigt hat.[60] Dabei gilt die Bindungswirkung grundsätzlich auch für das Revisionsgericht selbst[61] und zwar auch, wenn vorher ein OLG entschieden hatte.[62] Umstritten ist, ob das Revisionsgericht selbst dann von seiner ursprünglichen Rechtsauffassung abweichen kann, obwohl keine der bei → Rn. 13 diskutierten Ausnahmen von der Bindungswirkung greift. Die hM lehnt dies im Hinblick auf den Zweck des § 358 Abs. 1 zu Recht ab und bejaht damit eine **Selbstbindung** des Revisionsgerichts,[63] zumal das Revisionsgericht die Verletzung sachlichen Rechts „durch das Tatgericht" prüft und dann im Verhalten des Tatrichters, die Bindungswirkung des § 358 Abs. 1 zu beachten, eine Gesetzesverletzung sehen müsste.[64] Freilich wird hier das Dilemma deutlich, in welches das Revisionsgericht geraten kann. Denn man könnte bei einer zwischenzeitlich geänderten Rechtsauffassung auch in deren Missachtung eine „Rechtsverletzung" sehen.[65] Allerdings wird ein Entfallen der Selbstbindung überwiegend erst dann in Betracht gezogen, wenn das Revisionsgericht seine der Aufhebungsentscheidung zugrunde liegende Rechtsansicht bereits geändert und dies bekannt gegeben hat.[66] Die Selbstbindung entfällt also nicht, wenn die Änderung der Rechtsauffassung erst anlässlich der neuen Entscheidung in derselben Sache erfolgen würde. Der Große Strafsenat scheint sogar dazu zu tendieren,[67] dass im Strafverfahrens eine Einschränkung der Bindungswirkung generell abzulehnen ist.

Ein Blick auf die anerkannten Ausnahmen von der Bindungswirkung legt es dagegen 17 nahe, eine Selbstbindung zumindest dann zu verneinen, wenn eine höhere revisionsrechtliche Instanz im Vorlageverfahren abschließend über die Rechtsfrage entschieden hat (§ 121 Abs. 2, § 132 GVG), da derartigen Entscheidungen zwar nicht kraft Gesetzes Bindungswirkung zukommt, aber diesen doch eine jedenfalls vorübergehend „gesetzesähnliche" Wirkung beizumessen ist.[68] Bleibt es bei einer ausschließlich an den Interessen des Angeklagten

---

[55] BGH 13.7.1993 – 5 StR 396/93, NStZ 1993, 552; 30.5.2000 – 1 StR 610/99, StV 2002, 14; Momsen in Satzger/Schluckebier/Widmaier StPO Rn. 17.
[56] Schmitt in Meyer-Goßner/Schmitt Rn. 10.
[57] BVerfG 15.7.1953 – 1 BvL 7/53, BVerfGE 2, 412 = NJW 1953, 1385.
[58] Gericke in KK-StPO Rn. 11; hierzu Dahs Strafprozessrevision Rn. 597; Wömpner NStZ 1984, 481.
[59] Schmitt in Meyer-Goßner/Schmitt Rn. 44.
[60] BGH 30.5.2000 – 1 StR 610/99, NStZ 2000, 551; OLG Düsseldorf 15.3.1985 – 5 Ss 22/85 – 25/85 I, StV 1985, 274, Franke in Löwe/Rosenberg Rn. 14.
[61] Vgl. hierzu näher auch anhang eines konkreten Falles Zehetgruber JZ 2020, 397 (insbes. 398 und 402 f.).
[62] BGH 27.9.1951 – 3 StR 148/51, NJW 1951, 970; 17.9.1953 – 3 StR 295/53, NJW 1953, 1880.
[63] Franke in Löwe/Rosenberg Rn. 15 mwN.
[64] Zutreffend Schmitt in Meyer-Goßner/Schmitt Rn. 10; Momsen in Satzger/Schluckebier/Widmaier StPO Rn. 11.
[65] Vgl. Franke in Löwe/Rosenberg Rn. 16 Fn. 55 mwN.
[66] OLG Düsseldorf 15.3.1985 – 5 Ss 22/85 – 25/85, StV 1985, 274 (275); KG 21.9.2009 – (4) 1 Ss 240/09 (191/09), NStZ-RR 2010, 346.
[67] BGH 7.11.1985 – GSSt 1/85, BGHSt 33, 356 (362).
[68] Franke in Löwe/Rosenberg Rn. 16; zum Ganzen auch Schröder FS Nickisch, 1958, 205 ff. (219 ff.).

orientierten Sichtweise, ist es konsequent, diese Ausnahme nur zuzulassen, wenn diese Rechtsauffassung die Situation des Angeklagten nicht verschlechtert.[69]

III. Verbot der reformatio in peius (Abs. 2)

18   **1. Allgemeines.** Beherrschender Grundgedanke des in § 358 Abs. 2 positiv-rechtlich festgesetzten **Verbots der *reformatio in peius*** ist, dass der Angeklagte „bei seiner Entscheidung darüber, ob er von dem ihm zustehenden Rechtsmittel Gebrauch machen will, nicht durch die Besorgnis beeinträchtigt werden soll, es könne ihm durch die Einlegung des Rechtsmittels ein Nachteil in Gestalt härterer Bestrafung entstehen".[70] In der Sache handelt es sich um eine Ausprägung der grundrechtlich verankerten Garantie effektiven Rechtsschutzes (Art. 19 Abs. 4 GG), die durch die Festlegung einer **„beschränkten Rechtskraft besonderer Art"**[71] durchgesetzt wird.

19   Insofern beinhaltet auch § 358 Abs. 2 eine **Bindungswirkung iwS,** nämlich an die ursprüngliche Entscheidung als „worst case". Dementsprechend kann sich auch hier das Problem stellen, dass der Adressat des § 358 Abs. 2 eine aus seiner Perspektive evident fehlerhafte Entscheidung – etwa die Beibehaltung einer Geldstrafe von 4 Tagessätzen, obwohl § 40 Abs. 1 S. 2 StGB eine Mindestzahl von 5 Tagessätzen festlegt – beibehalten muss.[72] Da schon das Revisionsgericht (sowohl bei Verwerfungsbeschlüssen als auch bei Entscheidungen nach § 354 Abs. 1) das Verschlechterungsverbot zu beachten hat,[73] kann es sich ebenfalls mit diesem Problem konfrontiert sehen, etwa wenn das Berufungsgericht eine Strafe ermäßigt, obwohl diese wegen Verfristung des Einspruchs gegen den Strafbefehl rechtskräftig war. Das Revisionsgericht hat dann den Einspruch zu verwerfen, bleibt aber an die Strafherabsetzung gebunden.[74]

20   Wie viele Vorschriften, die einen allgemeinen Rechtsgedanken zum Gegenstand haben, bringt § 358 Abs. 2 relativ viel Einzelfallkasuistik mit sich. Die Rechtsprechung muss die entsprechenden Normen (auch § 331) häufiger ins rechte Licht rücken.

21   **2. Anwendungsbereich.** Der Anwendungsbereich der Vorschrift reicht – was bei einem allgemeinen Rechtsgedanken zugunsten des Angeklagten nicht überrascht – nach hM **über ihren Wortlaut hinaus,** sowohl was die Entscheidungsart als auch was die Prozesssituation angeht.

22   **a) Entscheidungsart.** Zwar sieht das Gesetz ein Verbot der *reformatio in peius* ausdrücklich nur für das Berufungs-, Revisions- und Wiederaufnahmeverfahren vor (§ 331, § 358 Abs. 2, § 373 Abs. 2), doch soll der Grundsatz nach zustimmungswürdiger Ansicht der Rechtsprechung ausnahmsweise auch im **Beschwerdeverfahren** gelten, wenn durch den angegriffenen Beschluss eine Rechtsfolge endgültig festgelegt worden ist,[75] so etwa wenn

---

[69] So wohl Wohlers in SK-StPO Rn. 8; Lohse in Krekeler/Löffelmann/Sommer Rn. 3.
[70] BGH 14.12.1954 – 5 StR 416/54, BGHSt 7, 86 (87) = NJW 1955, 599 (600); BGH 4.5.1977 – 2 StR 9/77, BGHSt 27, 176 (178) = NJW 1977, 1544; BGH 10.11.1999 – 3 StR 361/99, BGHSt 45, 308 (310) = NJW 2000, 748 (749); BGH 7.4.2005 – 3 StR 347/04, NStZ 2005, 464; OLG Celle 13.9.2000 – 33 Ss 73/00, StV 2001, 179 (180).
[71] BGH 29.4.1958 – 1 StR 68/58, BGHSt 11, 319 (323) = NJW 1958, 1050; krit. Schmitt in Meyer-Goßner/Schmitt § 331 Rn. 2; Franke in Löwe/Rosenberg Rn. 23; Momsen in KMR-StPO Rn. 9.
[72] BGH 4.5.1977 – 2 StR 9/77, BGHSt 27, 176 (178) = NJW 1977, 1544; hierzu auch Anm. Maiwald NStZ 2000, 389 (389 f.).
[73] Vgl. auch OLG Düsseldorf 11.8.1993 – 2 Ss (OWi) 267/93 – 49/93, NStZ 1994, 41.
[74] BGH 30.5.1963 – 1 StR 6/63, BGHSt 18, 127 = NJW 1963, 1627; OLG München 28.12.2007 – 4 St RR 227/07, NJW 2008, 1331 mAnm Meyer-Goßner; in diesem Zusammenhang auch OLG Oldenburg 2.7.1959 – 2 Ss 185/59, NJW 1959, 1983 für den Fall einer unzulässigen Berufung und die in diesem Kontext rechtskräftige Herabsetzung des Strafausspruchs; ferner wird häufig das Beispiel genannt, in dem das LG eine Revision als Berufung behandelt und die Strafe herabsetzt, vgl. BayObLG 14.1.1953 – RevReg. 1 St 419/52, BayObLGSt 1953, 5 bei Franke in Löwe/Rosenberg Rn. 20 sowie Schmitt in Meyer-Goßner/Schmitt Rn. 11.
[75] OLG Hamm 13.12.1995 – 2 Ws 195/95, NStZ 1996, 303 (304); OLG München 1.2.1980 – 2 Ws 92/80, JZ 1980, 365.

die Strafvollstreckungskammer abschließend eine **Anrechnungsentscheidung** bzgl. der noch zu verbüßenden Freiheitsstrafe trifft.[76] Darüber hinaus soll das Verschlechterungsverbot nicht nur bei der „Änderung" eines angefochtenen Urteils, sondern auch in Situationen greifen, in denen das Verfahren nach Revision des Angeklagten aufgrund eines Prozesshindernisses hin **eingestellt** wurde und nach Heilung des Mangels erneut Anklage erhoben wird.[77]

b) Revisionsführer. Über den Wortlaut der Vorschrift hinaus („lediglich der Ange- 23 klagte, zu seinen Gunsten die Staatsanwaltschaft") greift das Verschlechterungsverbot auch, wenn auf eine staatsanwaltschaftliche Revision **zuungunsten** des Angeklagten lediglich **zu dessen Gunsten** aufgehoben wird (**§ 301**).[78] Für das Verschlechterungsverbot darf nicht die Intention, sondern muss das Ergebnis der Revisionsentscheidung maßgeblich sein.[79] Das Verbot der Schlechterstellung gilt damit **nicht** in den Fällen der **Revisionsentscheidung zuungunsten des Angeklagten,** wenn die Revision nicht durch diesen oder dessen gesetzlichen Vertreter eingelegt wurde (Revision der Staatsanwaltschaft zur Aufhebung des Urteils insgesamt[80]). Freilich bleibt entscheidend, ob die konkrete Sanktion (etwa die Verhängung einer Nebenstrafe oder zusätzlichen Maßregel) überhaupt von der staatsanwaltschaftlichen Revision angefochten wurde. Ist dies nicht der Fall und die Revision der Staatsanwaltschaft im Übrigen erfolgreich, gilt für die auch von dem Angeklagten angefochtene Maßregel (etwa für ein Berufsverbot) § 358 Abs. 2, was Höhe und Ausgestaltung dieser angeht.[81]

3. Änderung der „Art und Höhe der Rechtsfolgen". a) Begriff und Allgemei- 24 **nes.** Mit der Wendung „Art und Höhe der Rechtsfolgen" nimmt § 358 Abs. 2 unmittelbar auf die **Überschrift des Dritten Abschnitts** des StGB und somit auf das Sanktionenrecht Bezug. Im Übrigen ist die Konkretisierung des Begriffs der „Verschlechterung" dem Rechtsanwender überlassen. Sie erweist sich aber bei einer pragmatischen Betrachtung als nicht allzu kompliziert, wenn man ein Verständnis zu Grunde legt, wonach „unter dem Strich" keine höhere bzw. schwerwiegendere Strafe herauskommen darf, als vor Einlegung der Revision (zur Gesamtstrafenbildung → Rn. 32 mwN). Damit ist ein **Verstoß** gegen das Verbot anzunehmen, wenn die Gesamtschau aller verhängten Ahndungsmaßnahmen eine dem alleinigen Revisionsführer nachteilige Veränderung erkennen lässt (zur „Verschlechterungskasuistik" auch → § 331 Rn. 28 ff.).[82] Die Bindungswirkung des Abs. 2 bezieht sich hierbei nur auf auf die frühere Strafhöhe als Obergrenze,[83] nicht auf die Begründung der Strafzumessung.[84] Bei einer unauflösbaren Divergenz zwischen dem (höheren) Strafausspruch im Tenor und der (niedrigeren) in den Urteilsgründen angegebenen Strafe, ist für den neuen Tatrichter die tenorierte Strafe als mögliche Obergrenze maßgeblich.[85]

---

[76] OLG Nürnberg 20.4.2011 – 1 Ws 149/11, NStZ-RR 2011, 289 (290); OLG Jena 13.12.2010 – 1 Ws 455/10, BeckRS 2011, 15206.
[77] BayObLG 10.5.1961 – RevReg. 1 St 133/61, BayObLGSt 1961, 124 = NJW 1961, 1487; OLG Hamburg 14.1.1975 – 2 Ss 132/74, NJW 1975, 1473 (1475); Drees StV 1995, 669 (670); Kretschmer Verbot der reformatio in peius, S. 130 ff. (134); Gericke in KK-StPO Rn. 21; Wohlers in SK-StPO Rn. 28; aA BGH 27.10.1964 – 1 StR 358/64, BGHSt 20, 77 (80) = NJW 1965, 52 (obiter dictum); zum Ganzen auch Meyer-Goßner FS Kleinknecht, 1985, 287 ff.
[78] So ausdrücklich BGH 20.12.2011 – 3 StR 374/11, NStZ-RR 2012, 106; vgl. auch OLG Köln 5.7.2016 – 1 RVs 67/16, BeckRS 2016, 12523.
[79] BGH 3.3.1959 – 5 StR 4/59, BGHSt 13, 41 (42) = NJW 1959, 950; BGH 18.9.1991 – 2 StR 288/91, BGHSt 38, 66 (67) = NJW 1992, 516; Gericke in KK-StPO Rn. 18; Franke in Löwe/Rosenberg Rn. 19; Schmitt in Meyer-Goßner/Schmitt Rn. 11.
[80] BGH 26.7.2012 – 1 StR 492/11, wistra 2012, 477 (481 f.).
[81] BGH 16.8.2012 – 5 StR 238/12, NStZ 2012, 651.
[82] BGH 7.5.1980 – 2 StR 10/80, BGHSt 29, 269 = NJW 1980, 1967; BGH 8.12.1982 – 3 StR 397/82, NStZ 1983, 168; OLG Celle 13.9.2000 – 33 Ss 73/00, NStZ-RR 2001, 90.
[83] OLG Brandenburg 23.3.2009 – 1 Ss 14/09, BeckRS 2009, 12054.
[84] Unabhängig hiervon ist ggf. eine nach § 358 Abs. 1 eingetretene Bindungswirkung zu berücksichtigen, vgl. auch Wiedner in Graf Rn. 19a.
[85] BGH 11.6.2013 – 5 StR 174/13, NStZ 2014, 225.

25 Dagegen garantiert § 358 Abs. 2 dem Angeklagten **keine Verbesserung** seiner Position „im zweiten Durchgang". Der neue Tatrichter kann die Strafe grundsätzlich auch beibehalten[86] (etwa eine angemessene Gesamtstrafe trotz nachträglichen Wegfalls von Einzelstrafen[87]), es sei denn, es wurden erhebliche Umstände festgestellt, welche die Schuld des Täters mindern.[88] Denkbar ist auch eine nachträgliche Festsetzung von Strafen, wenn diese im ersten Urteil vergessen wurden. Ist jedoch eine Verbesserung eingetreten, hat der Tatrichter nicht das „Recht" bis zur Grenze der Verschlechterung zu kompensieren, indem er etwa eine Bewilligung der Strafaussetzung mit einer höheren Freiheitsstrafe kombiniert.[89]

26 b) „Rechtsfolgen" iSd §§ 38 ff. StGB. aa) Kasuistik zu Arten und Formen der Strafe. Durch den Verweis auf die §§ 38 ff. StGB sind die **Bezugspunkte** des Verschlechterungsverbots klar abgesteckt (Strafausspruch, Geld- und Freiheitsstrafe, Einzel- und Gesamtstrafe,[90] die Strafzumessung in concreto sowie Nebenfolgen). Sie ergeben sich auch aus **Abs. 2 S. 3 e contrario,** wonach das Verschlechterungsverbot für Maßregeln nach den §§ 63, 64 StGB nicht gilt (vgl. noch → Rn. 34 f.). Umstritten ist, ob § 358 Abs. 2 für Verschlechterungen im Beschlussverfahren gilt **(Auflagen)**;[91] richtig erscheint auch hier ein Mittelweg, indem – ähnlich wie bei § 358 Abs. 1 – eine Bindungswirkung nur bei gleicher Verfahrenslage anerkannt wird.[92]

27 Eindeutige Fälle der Verböserung sind: **Freiheitsstrafe statt Geldstrafe,**[93] Erwachsenen- statt Jugendstrafe,[94] **Bewährungs**-Freiheitsstrafe statt Geldstrafe,[95] **Erhöhung der Tagessätze**[96] (dagegen ist es nicht zu beanstanden, wenn das Gericht Geldstrafen nachträglich festsetzt[97] oder Geldbußen wegen eines erhöhten Toleranzabzuges aus der nächst niedrigeren bzw. der dann zutreffenden Kategorie des Bußgeldkataloges entnimmt, soweit und solange deren Summe nicht höher liegt, als die bisher ausgeurteilte Geldbuße[98]). Die Anordnung eines Fahrverbots auch dann, wenn die ursprüngliche Geldbuße herabgesetzt wird,[99] oder das Nachholen einer **Einziehungsanordnung**[100] gem. § 73 Abs. 1 S. 1 StGB.[101] Auch die

---

[86] Kein Zwang zur Herabsetzung der Rechtsfolgen bei Reduzierung des Schuldspruchs, KG 15.12.1976 – (1) Ss 356/76 (150/76), JR 1977, 348.
[87] Gericke in KK-StPO Rn. 27; eventuell kann jedoch eine Neuberechnung durch das Revisionsgericht in entsprechender Anwendung des § 354 Abs. 1 unter Berücksichtigung des Verschlechterungsverbots angezeigt sein, vgl. BGH 27.9.2012 – 4 StR 329/12, BeckRS 2012, 21934; vgl. auch BGH 21.5.2003 – 5 StR 199/03, NStZ-RR 2003, 272; 10.11.1999 – 3 StR 361/99, BGHSt 45, 308 (310) = NJW 2000, 748 (749).
[88] Dann bedarf es einer besonderen Begründung, warum an der Strafe festgehalten wird, BGH 14.12.1954 – 5 StR 416/54, BGHSt 7, 86 = NJW 1955, 600; BGH 20.8.1982 – 2 StR 296/82, NStZ 1982, 507; 11.6.2008 – 5 StR 194/08, wistra 2008, 386 (387); OLG Stuttgart 28.6.2000 – 2 Ss 289/00, StV 2001, 232.
[89] BGH 13.10.1955 – 4 StR 372/55, NJW 1955, 1927.
[90] Zur Anwendung auch bei zugunsten des Angeklagten fehlerhafter Gesamtstrafenbildung BGH 8.6.2016 – 4 StR 73/16, NStZ-RR 2016, 275. Nach BGH 12.1.2016 – 1 StR 406/15, NStZ 2016, 251 ist § 358 Abs. 2 aber nicht berührt, wenn entsprechend § 354 Abs. 1 eine unterlassene Einzelstrafe festgesetzt wird (ohne dass sich die Gesamtstrafe ändert).
[91] Hierzu KG 17.6.2005 – 5 Ws 453/04, NStZ-RR 2006, 137.
[92] BGH 16.2.1982 – 5 StR 1/82, NJW 1982, 1544 mAnm Meyer JR 1982, 338.
[93] BGH 14.12.1954 – 5 StR 416/54, BGHSt 7, 86 = NJW 1955, 599; BGH 15.5.1997 – 4 StR 89/9, StV 1997, 465 mAnm Radtke JR 1998, 115; zum umgekehrten Fall OLG Hamm 22.10.2007 – 3 Ss 437/07, NStZ-RR 2008, 118.
[94] BGH 7.5.1980 – 2 StR 10/80, BGHSt 29, 269 = NJW 1980, 1967.
[95] BGH 15.5.1997 – 4 StR 89/9, StV 1997, 465; dies gilt in beide Richtungen, dh es kann weder eine längere zur Bewährung ausgesetzte Strafe durch eine kürzere nicht zur Bewährung ausgesetzte Strafe, noch eine kürzere nicht zur Bewährung ausgesetzte Strafe durch eine längere mit Bewährung ersetzt werden (für die Umwandlung von Freiheits- in Geldstrafe und umgekehrt greift § 43 S. 2 StGB).
[96] BGH 14.5.1981 – 4 StR 599/80, BGHSt 30, 93 = NJW 1981, 2071.
[97] BGH 14.5.1981 – 4 StR 599/80, BGHSt 30, 93 (97) = NJW 1981, 2071; ggf. in entsprechender Anwendung des § 354 Abs. 1, vgl. BGH 22.4.1998 – 5 StR 73/98, NStZ-RR 1999, 35.
[98] OLG Schleswig 6.1.2011 – 5 Ss OWi 209/10 (214/10), Verkehrsrecht aktuell 2011, 64.
[99] OLG Bamberg 5.3.2015 – 3 Ss OWi 320/15, NStZ-RR 2015, 184.
[100] BGH 7.2.2001 – 3 StR 579/00, BeckRS 2001, 30160039.
[101] BGH 28.4.2015 – 3 StR 101/15, BeckRS 2015, 09406; 10.11.2009 – 4 StR 443/09, NStZ 2010, 693; 9.11.2010 – 4 StR 447/10, NStZ 2011, 229.

Abänderung der Einziehungshöhe ist unzulässig[102] (dagegen greift § 358 Abs. 2 nicht bei Abänderung des Einziehungsinhalts, also Wertersatz statt dem Gegenstand,[103] da hierin keine „andere Art" der Sanktion, sondern ein „Sanktionssurrogat" zu sehen ist).[104]

Wenn über die Frage einer Aussetzung der Vollstreckung von **zwei ausgeurteilten** 28 **Freiheitsstrafen zur Bewährung** lediglich **einheitlich** entschieden werden kann, ist wegen der für die Vollstreckung der rechtskräftigen zweiten Gesamtfreiheitsstrafe gewährten Bewährung zwingend auch die Vollstreckung der weiteren Freiheitsstrafe zur Bewährung auszusetzen.[105] Zulässig ist die Abänderung des Ausspruchs über den **vorweg zu vollziehenden Teil** einer erkannten Gesamtfreiheitsstrafe gemäß den Vorgaben des § 67 Abs. 2 S. 2 und 3 StGB (iVm § 2 Abs. 6 StGB).[106]

Das Verschlechterungsverbot gilt dagegen **nicht für Nachteile außerhalb des Sankti-** 29 **onskatalogs,** etwa Entscheidungen über die Entschädigung für Strafverfolgungsmaßnahmen nach dem **StrEG**[107] oder für **Kosten**[108] bzw. **Auslagen.** § 358 Abs. 2 hindert auch nicht die nachträgliche Anerkennung eines zivilrechtlichen Schadensersatzanspruchs im **Adhäsionsverfahren** nach den §§ 403 ff.[109]

bb) „Schuldspruchverböserung". Das Verschlechterungsverbot des § 358 Abs. 2 30 S. 1 hindert die Verböserung des **Schuldspruchs** nicht[110] (etwa räuberischer Diebstahl statt räuberischer Erpressung;[111] zusätzliches Mordmerkmal der Verdeckungsabsicht[112]). Allerdings können sich aus § 358 Abs. 2 Beschränkungen hinsichtlich der nun entstehenden Möglichkeiten bei der neuen Gesamtstrafenbildung ergeben (vgl. → Rn. 38).[113] Unzulässig ist dagegen eine nachträgliche Feststellung der besonderen **Schwere der Schuld** iSd § 57a Abs. 1 S. 1 Nr. 2 StGB.[114] Verbesserungen bzgl. des konkurrenzrechtlichen Verhältnisses der Tatbestände zueinander (Annahme von Tatmehrheit statt Tateinheit bei mehreren Lenkzeitüberschreitungen) berühren das Verschlechterungsverbot nicht,[115] können aber mittelbar im Rahmen der Strafzumessung zu berücksichtigen sein.

cc) Abs. 2 und „Vollstreckungslösung". Auch der nachträgliche Wegfall einer 31 durch das Tatgericht angeordneten Kompensation nach der sog. **„Vollstreckungslösung"**[116] bedeutet durch den längeren Vollzug im Ergebnis eine härtere Bestrafung für den Angeklagten.[117] Die zu verbüßende Strafe kann deshalb im Rechtsmittelverfahren nicht

---

[102] Vgl. BGH 7.7.2021 – 2 StR 20/21, BeckRS 2021, 28978; 6.4.2023 – 1 StR 412/22, BeckRS 2023, 11334.
[103] OLG Hamm 28.2.2012 – III-3 RVs 7/12, NStZ-RR 2012, 272.
[104] Vgl. auch BGH 15.10.2014 – 3 StR 409/14, BeckRS 2014, 21968.
[105] OLG Celle 21.12.2010 – 32 Ss 142/10, NStZ-RR 2011, 324.
[106] BGH 7.6.2011 – 4 StR 168/11, BeckRS 2011, 17810; 16.12.2009 – 2 StR 305/09, NStZ-RR 2010, 118; 16.12.2008 – 4 StR 552/08, NStZ-RR 2009, 105.
[107] Gericke in KK-StPO Rn. 18; Schmitt in Meyer-Goßner/Schmitt § 331 Rn. 6.
[108] BGH 22.10.1953 – 4 StR 112/53, BGHSt 5, 52 = NJW 1954, 122.
[109] Franke in Löwe/Rosenberg Rn. 18.
[110] HM und stRspr, vgl. BGH 6.2.2002 – 2 StR 522/01, NStZ-RR 2003, 6; 30.6.2005 – 1 StR 227/05, NStZ 2006, 34 (35); 14.3.2007 – 5 StR 461/06, NStZ 2007, 592; 21.8.2012 – 2 StR 199/12, BeckRS 2012, 21851; 15.7.2010 – 4 StR 164/10, NStZ-RR 2011, 276; 27.7.2010 – 4 StR 165/10, StRR 2010, 363; 13.1.2016 – 2 StR 417/15, BeckRS 2016, 02694; OLG Hamm 29.12.2015 – III – 5 RVs 144/15, BeckRS 2016, 00894; Gericke in KK-StPO Rn. 18; Schmitt in Meyer-Goßner/Schmitt Rn. 11, Franke in Löwe/Rosenberg Rn. 18; Temming in Gercke/Julius/Temming/Zöller Rn. 12.
[111] BGH 13.4.2011 – 4 StR 130/11, BeckRS 2011, 12468.
[112] BGH 23.3.2011 – 2 StR 584/10, NStZ 2011, 475.
[113] Die mittelbare Verschlechterung der Rechtsposition des Angeklagten, etwa durch nunmehr denkbare, außerstrafrechtliche (ausländerrechtliche oder disziplinarrechtliche) Maßnahmen, wird nicht berücksichtigt, vgl. Dahs Strafprozessrevision Rn. 581.
[114] BGH 31.3.1993 – 3 StR 92/93, NStZ 1993, 449; 7.7.1993 – 2 StR 17/93, NStZ 1994, 34 (35); 25.8.1999 – 2 StR 223/99, NStZ 2000, 194.
[115] OLG Koblenz 21.7.2011 – 1 SsBs 61/11, BeckRS 2011, 20650.
[116] Zum Ganzen zusf. Eschelbach in Satzger/Schluckebier/Widmaier StGB StGB § 46 Rn. 56 ff.
[117] OLG Celle 22.12.2011 – 32 Ss 116/11, NJW-Spezial 2012, 154; hierzu auch BGH 13.2.2008 – 3 StR 563/07, NStZ-RR 2008, 168.

zum Nachteil des Angeklagten geändert werden,[118] sondern der Tatrichter ist (bei einer allein vom Angeklagten eingelegten Revision) vielmehr an die im Ersturteil zugesprochene „Mindestkompensation" gebunden.[119] Bei einer **Anrechnungsentscheidung** nach § 51 Abs. 1 S. 2 StGB gelten ähnliche Überlegungen. Zwar ist es dem neuen Tatrichter nicht verwehrt, anstelle der bisher vollen Anrechnung der Untersuchungshaft eine Anordnung nach § 51 Abs. 1 S. 2 StGB zu treffen. Das Verbot der Schlechterstellung lässt es jedoch nicht zu, dass sich dadurch das Maß der zu verbüßenden Strafe erhöht.

32 **dd) Erneute Gesamtstrafenbildung.** Im fehleranfälligen Komplex der Gesamtstrafenbildung[120] (insbes. der unzulässigen Einbeziehung von noch zur Bewährung ausgesetzten Freiheitsstrafen unter Wegfall der Vergünstigung) kann es häufiger zu Aufhebungen des Strafausspruchs kommen. Auch bei der erneuten Bildung der **Gesamtstrafe** gilt das Verschlechterungsverbot.[121] Der neue Tatrichter hat mithin zu beachten, dass die neu zu verhängende Gesamtstrafe nur so hoch bemessen werden darf, dass sie die im angefochtenen Urteil festgesetzte erste Gesamtstrafe nicht übersteigt.[122] Dagegen soll das Verschlechterungsverbot in Fällen, in denen wegen einer Konkurrenzkorrektur aufgrund der Revision eines Angeklagten neue Einzelstrafen festzusetzen sind, der Verhängung einer höheren Einzelstrafe nicht entgegen stehen;[123] die mittelbare Gefahr, dass bei Auflösung der Gesamtstrafe und der erneuten Einbeziehung der Einzelstrafen in andere Gesamtstrafen (etwa im Wiederaufnahmeverfahren) eine Benachteiligung eintritt, wird von der Rechtsprechung also hingenommen.[124] Ebenso kann die auf die Rüge hin gebildete Gesamtstrafe jenseits der Bewährungsgrenze liegen, was nicht als Verstoß gegen das Verschlechterungsverbots bewertet wird,[125] obwohl Bewährungsstrafe als grundsätzlich bessere Rechtsposition anerkannt ist. (vgl. → Rn. 27). Zur **Vermeidung einer Doppelbestrafung** kann eine fehlerhafte Gesamtstrafe aufgehoben werden.[126]

33 Dagegen steht das Verschlechterungsverbot der **Verhängung höherer Einzelstrafen** (bei einer Erhöhung des Unrechtsgehalts) nicht entgegen.[127] Ebenso ist es zulässig, dass das Revisionsgericht eine vom Tatgericht nicht vorgenommene Festsetzung der Einzelstrafe **nachholt,**[128] wobei jedoch die Summe der beiden bisherigen Einzelstrafen bei der Bemes-

---

[118] So auch BGH 13.2.2008 – 3 StR 563/07, NStZ-RR 2008, 168; 2.4.2008 – 5 StR 62/08, StV 2008, 400; zu den problematischen Übergangsfällen ausführlich Wiedner in Graf Rn. 20.1 mwN; durch den Wechsel von der Strafzumessungs- auf die Vollstreckungslösung führt eine Urteilsaufhebung im Strafausspruch nicht mehr zu einer Annexaufhebung der Feststellungen zur Verfahrenskompensation. Vgl. zu einer solchen Konstellation BGH 27.8.2009 – 3 StR 250/09, BGHSt 54, 135 = NStZ 2010, 531; zur weiterhin bestehenden Möglichkeit, im Rahmen einer „Gesamtbetrachtung des ganzen Verfahrens zu entscheiden", vgl. auch Schmitt in Meyer-Goßner/Schmitt EMRK Art. 6 Rn. 9 sowie OLG Köln 25.8.2017 – III-1 RVs 117/17, NStZ-RR 2018, 93 (94); OLG Hamm 11.7.2017 – III-4 RVs 77/17, ZfSch 2017, 711.
[119] Wiedner in Graf Rn. 20.
[120] Ausführlich Gericke in KK-StPO Rn. 29 f.
[121] BGH 11.1.2011 – 4 StR 450/10, StRR 2011, 83; 23.7.1997 – 3 StR 146/97, NStZ 1998, 34; 21.8.2001 – 5 StR 291/01, NStZ 2001, 645; 13.11.2007 – 3 StR 415/07, NStZ-RR 2008, 72.
[122] BGH 13.1.2016 – 5 StR 485/15, BeckRS 2016, 01728; 8.2.2012 – 2 StR 136/1, NStZ-RR 2012, 170; 20.12.2011 – 3 StR 374/11, NStZ-RR 2012, 106; 31.8.2022 – 4 StR 372/21, BeckRS 2022, 24428.
[123] BGH 4.10.2022 – 2 StR 319/21, NStZ-RR 2023, 85.
[124] BGH 21.5.1991 – 4 StR 144/91, BeckRS 1991, 31082763; hierzu Hamm FS Hanack, 1999, 369 (371).
[125] Krit. Hamm FS Hanack, 1999, 369 (371) mwN.
[126] BGH 28.10.2008 – 5 StR 493/08, NStZ-RR 2009, 44.
[127] BGH 12.4.2011 – 4 StR 22/11, VRR 2011, 309; 24.3.1999 – 3 StR 636/98, NStZ-RR 1999, 218; 4.3.2008 – 5 StR 594/07, NStZ-RR 2008, 168; scheinbar abweichend, im Ergebnis dann aber wohl doch genauso OLG Brandenburg 11.11.2013 – (1) 53 Ss 149/13 (78/13), NStZ-RR 2014, 90 (Ls.) = BeckRS 2013, 22384.
[128] BGH 15.1.2013 – 4 StR 258/12, LSK 2013, 410386; 27.9.2011 – 3 StR 283/11, BeckRS 2011, 24653; 16.9.2010 – 4 StR 433/10, NStZ-RR 2010, 384; 11.2.2009 – 2 StR 529/08, NStZ-RR 2009, 202; 16.12.2010 – 4 StR 557/10, BeckRS 2011, 00719; 24.1.2013 – 3 StR 477/12, BeckRS 2013, 03333; 18.12.2012 – 3 StR 458/12, BeckRS 2013, 03332; 17.12.2002 – 1 StR 412/02, BeckRS 2003, 01569; 16.9.2010 – 4 StR 433/10, NStZ-RR 2010, 384; Schmitt in Meyer-Goßner/Schmitt Rn. 11.

sung der neu festzusetzenden Einzelstrafe **nicht** überschritten werden darf.[129] Dies gilt erst Recht, wenn eine nachträgliche Gesamtstrafe nach § 460 nicht gebildet werden durfte.[130] Die Höhe der vorherigen, nach der Revision entfallenen Einzelstrafen darf überschritten werden; das Verschlechterungsverbot (§ 358 Abs. 2 S. 1) hindert jedoch eine die Summe der bisherigen Einzelstrafen überschreitende neu festzusetzende Einzelstrafe.[131]

c) Maßregeln und Verschlechterungsverbot. aa) Grundsatz (Abs. 2). Grund- 34 sätzlich ist auch die nachträgliche Anordnung bzw. „Verböserung" einer **Maßregel** – etwa eines **Berufsverbot** oder einer **Fahrerlaubnisentziehung**[132] – unzulässig. **§ 358 Abs. 2 S. 3** nimmt allerdings Maßregeln nach §§ 63, 64 StGB vom Verbot der Schlechterstellung aus.[133] Die Vorschrift bezieht sich explizit nur auf die Unterbringung in einem psychiatrischen Krankenhaus oder in einer Entziehungsanstalt. Für eine Maßregel nach **§ 66 StGB** gilt § 358 Abs. 2 weiterhin. Damit dürfen das Revisionsgericht oder das LG nach Zurückverweisung keine **Sicherungsverwahrung** nach § 66 StGB anordnen, soweit diese im ersten Urteil nach § 66a StGB lediglich vorbehalten war.[134] Für die nicht nach § 358 Abs. 2 S. 3 ausgenommenen Maßregeln lassen sich die obigen Ausführungen zum Verschlechterungsverbot bei Strafen prinzipiell übertragen (und reichen genauso weit bzw. sogar weiter, wenn bspw. eine nachträgliche Anordnung selbst dann ausgeschlossen sein soll, wenn das Unterlassen der Anordnung auf einem **Irrtum** beruht[135]). Allerdings lässt sich aufgrund des mangelnden Strafcharakters die „Vor- und Nachteiligkeit" einer Maßregel mitunter weniger leicht feststellen, weswegen in Einzelfällen ein genauer Vergleich zwischen den Alternativen von Nöten sein kann.[136]

bb) Ausnahme (Abs. 2 S. 2 und S. 3). Dagegen ist es dem neuen Tatrichter unbe- 35 nommen, zusätzlich oder an Stelle anderer Maßregeln der Besserung und Sicherung die Unterbringung nach den §§ 63, 64 StGB zu verhängen (wobei **a maiore ad minus** auch zulässig ist, eine zunächst nach **§ 67b StGB** gewährte Bewährung entfallen zu lassen[137] oder einen Freispruch aufzuheben[138]). Dabei kann nach der Rspr. dahinstehen, dass eine fehlende Anordnung der Unterbringung den Angeklagten erst gar nicht **beschwert.** Auch wenn das Revisionsgericht aus Gründen der Prozesswirtschaftlichkeit nicht die Pflicht zum Einschreiten hat, so hat es **das Recht zu intervenieren,** wenn es dies für erforderlich hält.[139] Damit korrespondiert das Recht des Revisionsführers, sein Angriffsmittel auf den Strafausspruch zu beschränken.[140] Eine Nachholung der Unterbringungsanordnung ist

---

[129] BGH 31.3.2011 – 4 StR 657/10, wistra 2011, 308 (309); 29.5.2008 – 3 StR 94/08, NStZ-RR 2008, 275 (insoweit nicht abgedruckt).
[130] BGH 11.2.1988 – 4 StR 516/87, BGHSt 35, 208 (215) = NStZ 1988, 284 (285).
[131] BGH 13.12.2012 – 4 StR 99/12, NStZ-RR 2013, 147; 13.2.2008 – 3 StR 563/07, NStZ-RR 2008, 168; vgl. auch BGH 20.9.2012 – 3 StR 220/12, NStZ-RR 2013, 6.
[132] Zu den unterschiedlichen Facetten einer potentiellen „(Nicht?)Verböserung" der Fahrerlaubnisentziehung (Verlängerung von Sperrfristen, nachträglichen Einziehungen, Kompensation durch Geldbuße) Gericke in KK-StPO Rn. 25 mwN; so steht § 358 Abs. 2 einer Entscheidung nach § 73 Abs. 1 S. 2, Abs. 2 StGB iVm § 111i Abs. 2 StPO anstelle der früheren Einziehungsanordnung in einem neuen tatrichterlichen Urteil nicht entgegen, BGH 12.11.2015 – 3 StR 385/15, NStZ-RR 2016, 41. Ferner kann das Revisionsgericht die Einziehung nachholen, wenn das Tatgericht die Anordnung ersichtlich übersehen hat, weil keine Anhaltspunkte dafür bestehen, dass die Angeklagten Inhaber im Ausland erteilter Fahrerlaubnisse sind, vgl. BGH 8.10.2014 – 4 StR 262/14, BeckRS 2014, 20659.
[133] Hierzu etwa OLG Celle 26.3.2013 – 32 Ss 39/13, NStZ-RR 2013, 317.
[134] BGH 5.9.2008 – 2 StR 237/08, StV 2008, 635.
[135] BGH 22.6.1960 – 2 StR 221/60, BGHSt 14, 381 (383) = NJW 1960, 1870.
[136] BGH 25.10.1972 – 2 StR 422/72, BGHSt 25, 38 = NJW 1973, 107 mAnm Maurach JR 1973, 162; BayObLG 12.11.1982 – 1 Ob OWi 337/82, NStZ 1983, 258.
[137] Gericke in KK-StPO Rn. 24.
[138] BGH 1.3.2023 – 6 StR 22/23, BeckRS 2023, 5380. Allerdings darf das neue Tatgericht dann nicht erstmal eine Verurteilung aussprechen.
[139] Vgl. hierzu BGH 10.4.1990 – 1 StR 9/90, BGHSt 37, 5 = NJW 1990, 2143; BGH 11.12.2008 – 3 StR 469/08, NStZ 2009, 261.
[140] BGH 18.9.1991 – 2 StR 288/91, BGHSt 38, 66 (67) = NJW 1992, 516; BGH 31.7.1992 – 4 StR 267/92, NStZ 1992, 539.

damit jedenfalls möglich, wenn der Beschwerdeführer die Nichtanwendung des § 64 StGB nicht **ausgenommen** hat (was der BGH verhältnismäßig oft feststellt).[141] Im Übrigen ist es umstritten, ob der in den §§ 331, 358 Abs. 2 geregelte Grundsatz **disponibel** ist.[142] Einig dürfte man sich darüber sein, dass das Verschlechterungsverbot nur den Angeklagten schützt und dieses Vorgehen jedenfalls der **Staatsanwaltschaft versagt** ist.[143]

36 Die Frage wirkt sich va auf den Anwendungsbereich des **Abs. 2 S. 2** aus. Mit dieser Regelung wollte der Gesetzgeber vermeiden,[144] dass eine erfolgreiche Revision des Angeklagten gegen die Anordnung der Unterbringung in einem psychiatrischen Krankenhaus dazu führt, dass eine Tat, die wegen ursprünglich festgestellter Schuldunfähigkeit gemäß § 20 StGB nicht zu einer Bestrafung geführt hat, „im zweiten Anlauf" ohne strafrechtliche Sanktion bleibt, wenn sich in der neuen Hauptverhandlung herausstellt, dass der Angeklagte schuldfähig war.[145] Nach alter Rechtslage war die Staatsanwaltschaft gezwungen, zuungunsten des Untergebrachten Revision einzulegen, um das Schlechterstellungsverbot ggf. zu „sperren".[146] Nunmehr kann auch auf die Revision des Angeklagten hin ein Freispruch aufgehoben werden bzw. in einer neuen Hauptverhandlung an Stelle der Unterbringung in einem psychiatrischen Krankenhaus den Täter schuldig zu sprechen und eine Strafe zu verhängen.[147] Dies gilt auch für die Aufhebung von Urteilen im **Sicherungsverfahren.**[148] § 358 Abs. 2 S. 2 ermöglicht nur einen **Ersatz,** dh nach Aufhebung einer isoliert angeordneten Unterbringung ist keine erneute Verhängung der Unterbringung „plus Strafe" zum Nachteil des Angeklagten möglich.[149]

37 Das gesetzgeberische Ziel des Abs. 2 S. 2 kann nur erreicht werden, wenn das Revisionsgericht in derartigen Fällen nicht nur die auf rechtsfehlerhaften Feststellungen zur Schuldfähigkeit beruhende Maßregelanordnung, sondern auch den hierauf gestützten Freispruch aufhebt.[150] Diese Überlegungen gelten **auch im Jugendstrafverfahren (§ 2 Abs. 2 JGG),** sodass auf die Revision des Angeklagten mit dem rechtsfehlerhaften Maßregelausspruch auch die Entscheidung, von Zuchtmitteln oder Jugendstrafe nach § 5 Abs. 3 JGG abzusehen, zum Wegfall kommt. Der Umstand, dass der Gesetzgeber bei der Einführung des § 358 Abs. 2 S. 2 nur das Erwachsenenstrafrecht vor Augen hatte, dürfte nach zutreffender Ansicht des BGH eine Anwendung dieser Vorschrift nicht in Frage stellen.[151]

38 Der Zweck des § 358 Abs. 2 S. 2 würde durch eine Disponibilität konterkariert, da der Angeklagte die fehlende Sanktionierbarkeit „heraufbeschwören" könnte, indem er seine Nicht-Unterbringung vom Rechtsmittelangriff ausnimmt.[152] Daher vertritt die wohl hM

---

[141] BGH 10.4.1990 – 1 StR 9/90, BGHSt 37, 5 = NJW 1990, 2143; BGH 12.9.2012 – 4 StR 294/12, BeckRS 2012, 20752; 21.8.2012 – 4 StR 311/12, NStZ-RR 2013, 74; 21.10.2008 – 3 StR 382/08, NStZ-RR 2009, 59; dies gilt auch im Jugendstrafverfahren, OLG Koblenz 29.11.2010 – 1 Ss 197/10, BeckRS 2011, 01376.
[142] Zum Ganzen Anm. Hanack JR 1993, 429 (430 f.); Anm. Meyer-Goßner JR 1987, 172 (174); Meyer-Goßner FS Volk, 2009, 455 (468).
[143] Vgl. OLG Hamburg 10.5.2012 – 3-19/12 (Rev), NStZ 2013, 124.
[144] BT-Drs. 16/5137, 28 f. sowie BT-Drs. 16/1344, 17.
[145] BGH 12.11.2004 – 2 StR 367/04, NStZ 2005, 205.
[146] So noch in BGH 24.7.2001 – 4 StR 268/01, BeckRS 2001, 30195547 angeraten.
[147] BGH 24.10.2013 – 3 StR 349/13, NStZ 2014, 89 (Ls.); 29.7.2015 – 4 StR 293/15, NStZ-RR 2015, 315.
[148] Zu dieser Problematik und zur alten Rechtslage Schneider NStZ 2008, 68 (73) sowie Gericke in KK-StPO Rn. 26.
[149] BT-Drs. 16/1344, 18. Bestätigt in BGH 27.10.2009 – 3 StR 369/09, BeckRS 2010, 695; 14.9.2010 – 5 StR 229/10, StraFo 2011, 55; 3.6.2015 – 4 StR 167/15, BeckRS 2015, 13284.
[150] Vgl. zuletzt BGH 20.11.2012 – 1 StR 504/12, NJW 2013, 246 sowie BGH 26.9.2012 – 4 StR 348/12, NStZ 2013, 424; 14.9.2010 – 5 StR 229/10, NStZ-RR 2011, 320; 27.10.2009 – 3 StR 369/09, BeckRS 2010, 00695.
[151] BGH 19.12.2012 – 4 StR 494/12, BeckRS 2013, 02239.
[152] Jedenfalls vor Neufassung des § 358 Abs. 2 wurde dieses Vorgehen von der Rechtsprechung gebilligt, vgl. BGH 18.9.1991 – 2 StR 288/91, BGHSt 38, 66 (67) = NJW 1992, 516; BGH 12.12.2000 – 4 StR 464/00, NStZ 2001, 313 (314); 21.11.2001 – 3 StR 423/01, NStZ 2002, 197 (198); allerdings machte man schon nach früherer Rechtsprechung Ausnahmen von der Dispositionsbefugnis, vgl. nur

die Auffassung, dass die Einfügung des S. 2 in einschlägigen Fällen die Dispositionsbefugnis des Angeklagten zumindest „überlagert".[153]

4. Prüfung durch das Revisionsgericht von Amts wegen. Aufgrund der „rechtskraftsähnlichen" Wirkung des Abs. 2 ist das Verschlechterungsverbot von Amts wegen zu berücksichtigen.[154] Dem Revisionsführer steht es jedoch frei, auf den Verstoß gegen Abs. 2 S. 1 mit der allgemeinen Sachrüge aufmerksam zu machen.[155]

BGH 15.7.1992 – 5 StR 333/92, NStZ 1992, 538; es ist zu erwarten, dass bei einer sinn- und zweckorientierten Auslegung des § 358 Abs. 2 S. 2 und 3 die einzelfallbezogene Betrachtungsweise zunehmen wird.

[153] BGH 26.9.2012 – 4 StR 348/12, NStZ 2013, 424; 21.5.2013 – 2 StR 29/13, NStZ-RR 2014, 54. Etwas anderes gilt, wenn die den Freispruch tragende Schuldunfähigkeit des Angeklagten unabhängig von der konkret festgestellten Tat feststünde, BGH 8.6.2011 – 5 StR 199/11, BeckRS 2011, 17006; Momsen in KMR-StPO Rn. 23; Schmitt in Meyer-Goßner/Schmitt Rn. 12; aA Kretschmer StV 2010, 161 (164).

[154] BGH 6.12.1978 – 3 StR 437/78, NJW 1979, 936; Schmitt in Meyer-Goßner/Schmitt Rn. 13; Wohlers in SK-StPO Rn. 32.

[155] BGH 28.10.1958 – 5 StR 419/58, BGHSt, 12, 94 = NJW 1959, 56.

Viertes Buch. Wiederaufnahme eines durch rechtskräftiges Urteil abgeschlossenen Verfahrens

Vorbemerkung zu § 359

Schrifttum: Alsberg, Justizirrtum und Wiederaufnahme, 1913; Altenhain/Dietmeier/May, Die Praxis der Absprachen in Strafverfahren, 2013; Altenhain/Jahn/Kinzig, Die Praxis der Verständigung im Strafprozess, 2020; Arnemann, Defizite der Wiederaufnahme in Strafsachen, 2019; Arnemann, Zur Reformbedürftigkeit des Wiederaufnahmerechts, NK 2023, 46; Aust/Schmidt, Ne bis in idem und Wiederaufnahme, ZRP 2020, 251; Bajohr, Die Aufhebung rechtskräftiger Strafurteile im Wege der Wiederaufnahme, 2008; Barton, „Das Fehlurteil gibt es nicht" – gibt es doch!, FS für Eisenberg, 2019, 15; Barton/Dubelaar/Kölbel/Lindemann (Hrsg.), „Vom hochgemuten, voreiligen Griff nach der Wahrheit", 2018; D. Bayer/Bung, Wiederaufnahme der Wiederaufnahme, GA 2021, 586; S. Bayer, Die strafrechtliche Wiederaufnahme im deutschen, französischen und englischen Recht, 2019; Berner, Non bis in idem, GA 1855, 472; Bertram, Einzelne Fragen zum Wiederaufnahmeverfahren nach §§ 79 I BVerfGG, 359 ff. StPO, MDR 1962, 535; Bliesener/Altenhain/Kilian/Leve/Neumann/Otzipka/Penther/Volbert, Fehlquellen und Wiederaufnahme im Strafverfahren – Eine bundesweite Untersuchung der Rechtspraxis bei Wiederaufnahmeverfahren nach rechtskräftigen Entscheidungen, MschrKrim 2023, 106; Bock/Eschelbach/Geipel/Hettinger/Röschke/Wille, Die erneute Wiederaufnahme des Strafverfahrens, GA 2013, 328; Böhme, Das strafgerichtliche Fehlurteil – Systemimmanenz oder vermeidbares Unrecht?, 2018; Böse, Der Grundsatz „ne bis in idem" in der Europäischen Union (Art. 54 SDÜ), GA 2003, 744; Bohn, Die Wiederaufnahme des Strafverfahrens zuungunsten des Angeklagten vor dem Hintergrund neuer Beweise, 2016; Bohnert/Lagodny, Art. 54 SDÜ im Lichte der nationalen Wiederaufnahmegründe, NStZ 2000, 636; Brade, Der Grundsatz „ne bis in idem" Art. 103 Abs. 3 GG, AöR 146 (2021), 130; Brade, Erweiterung von § 362 StPO im Lichte des Verfassungsrechts, ZIS 2021, 362; Darnstädt, Der Richter und sein Opfer, 2013; Deml, Zur Reform der Wiederaufnahme des Strafverfahrens, 1979; Deckers, Neuere Diskussionen zum Wiederaufnahmeverfahren, FS für Fischer, 2018, 623; Dingeldey, Strafrechtliche Konsequenzen einer etwaigen Nichtigkeitserklärung des Parteifinanzierungsgesetzes durch das BVerfG, NStZ 1985, 337; Dippel, Zur Reform des Rechts der Wiederaufnahme des Verfahrens im Strafprozeß, GA 1972, 97; Doerner, Die Wiederaufnahme des Verfahrens, in: Gürtner, Das kommende deutsche Strafverfahren, 1938, S. 428; Dreier, Grundgesetz Kommentar, Bd. I, 4. Aufl. 2023, Bd. II, 3. Aufl. 2015, Bd. III, 3. Aufl. 2018; Dünnebier, Die Berechtigung zum Wiederaufnahmeantrag, FG für Karl Peters, 1984, S. 333; Dürig/Herzog/Scholz, Grundgesetz-Kommentar, Loseblatt, Stand August 2023; Dunkel, Fehlentscheidungen in der Justiz, 2018; Dunkel/Kemme, Fehlurteile in Deutschland: eine Bilanz der empirischen Forschung seit fünf Jahrzehnten, NK 2016, 138; Eisenberg, Aspekte des Verhältnisses von materieller Wahrheit und Wiederaufnahme des Verfahrens gemäß §§ 359 ff. StPO, JR 2007, 360; Eisenberg, Überdehnung strafjustizieller Kompetenz in tatgerichtlicher Beweiswürdigung im Wiederaufnahmeverfahren gemäß § 359 Nr. 5 StPO, NK 2021, 139; Epping/Lenz/Leydecker, Grundrechte, 10. Aufl. 2024; Eschelbach, Absprachenpraxis versus Wiederaufnahme des Strafverfahrens, HRRS 2008, 190; Eschelbach/Geipel/Hettinger/Meller/Wille, Plädoyer gegen die Abschaffung der Wiederaufnahme des Strafverfahrens, GA 2018, 238; Feilcke/Schiller, Aus der Rechtsprechung zur Wiederaufnahme in Strafsachen, NStZ-RR 2016, 1 (1. Teil); 68 (2. Teil); Förschner, Der Deal und seine Folgen ... Geständniswiderruf und Wiederaufnahme, StV 2008, 443; Fornauf/C Heger, Die Wiederaufnahme nach § 79 BVerfGG unter dem Blickwinkel der Sicherungsverwahrung – ein Mittel zur Wiedererlangung verfassungswidrig entzogener Freiheit, StraFo 2014, 284; Freisler, Rechtspolitische Gedanken zur Wiederaufnahme des Verfahrens, DJ 1937, 730; Frister/Müller, Reform der Wiederaufnahme in Strafsachen, ZRP 2019, 101; Gaede, Transnationales „ne bis in idem" auf schwachem grundrechtlichen Fundament, NJW 2014, 2990; Gärditz, Strafanklageverbrauch im Wiederaufnahmeverfahren bei propter nova – Verfassungsrechtsprechung im Schatten historischen Strafprozessrechts, Anm. zum Urteil des v. BVerfG 31.10.2023 – 2 BvR 900/22, JZ 2024, 96; Gerson, „Man höre nach die andere Seite!" – oder lieber auch nicht?, NK 2023, 29; Gössel, Über die Zulässigkeit der Wiederaufnahme gegen teilrechtskräftige Urteile, NStZ 1983, 391; Gössel, Über fehlerhafte Rechtsanwendung und den Tatsachenbegriff im Wiederaufnahmeverfahren, NStZ 1993, 565; Greco, Strafprozesstheorie und materielle Rechtskraft, 2015; Groth, Anm. zum Beschluss des AG Lahn-Gießen v. 20.3.1979 – 56 Gs 3 Js 2356/79, MDR 1980, 595; Grünewald, Die Wiederaufnahme des Strafverfahrens zuungunsten des Angeklagten, ZStW 120 (2008), 545; Grünewald, Systemwidrige Erweiterung der Wiederaufnahme zuungunsten des Freigesprochenen, Anm. zum Urteil des v. BVerfG 31.10.2023 – 2 BvR 900/22, JZ 2024, 101; H. Günther, Verbot der antizipierten Beweiswürdigung im strafprozessualen Wiederaufnahmeverfahren?, MDR 1974, 93; Hahn, Die gesamten Materialien zur Strafprozessordnung, Erste Abteilung, 1880; Haller/Conzen, Das Strafverfahren, 9. Aufl. 2021; Hanack, Zur Reform des Rechts der Wiederaufnahme des Verfahrens im Strafprozeß, JZ 1973, 393; Hanack, Anm. zum Beschluss des OLG Celle v. 17.7.1973 – 2 Ws 123/73, JR 1974, 113; Hassemer, Verhandlungsunfähigkeit des Verurteilten im Wiederaufnahmeverfahren, NJW 1983, 2353; Heinatz, Zehn Jahre strafrechtliche Rehabilitierung in Deutschland – Eine Zwischenbilanz, NJW 2000, 3022; Hellebrand, Rückgängigmachung einer Gesamtstrafenbildung mittels Wiederaufnahme des Verfahrens, NStZ 2004, 64; Hellebrand, Geständniswiderruf und Wiederaufnahmeverfahren – Gedanken zu Urteilsabsprachen unter dem Aspekt des Wiederaufnahmerechts, NStZ 2004, 413; Hellebrand, Geständniswiderruf und Wiederaufnahmeverfahren – Urteilsabsprachen unter dem Aspekt des Wiederaufnahmerechts nach der Rechtsprechung des BVerfG, NStZ 2008, 374; Hellmann, Wiederaufnahme des Verfahrens zugunsten des Beschuldigten bei der

Einstellung gegen Auflagen?, MDR 1989, 952; Hirschberg, Das Fehlurteil im Strafprozeß, 1960; Hohmann, Anm. zum Beschluss des LG Hamburg v. 17.10.1990 – 35a StVK 720/89, NStZ 1991, 149, NStZ 1991, 507; Hörnle, Die subjektiven Rechte der Angehörigen von Mordopfern – und ihre Relevanz für die Wiederaufnahme nach § 362 Nr. 5 StPO, GA 2022, 184; Hoven, Die Erweiterung der Wiederaufnahme zuungunsten des Freigesprochenen – Eine Kritik der Kritik, JZ 2021, 1154; Huber/Voßkuhle, Grundgesetz, Kommentar, 8. Aufl. 2024; Isensee/Kirchhof (Hrsg.), Handbuch des Staatsrechts der Bundesrepublik Deutschland, Bd. VIII, 3. Aufl. 2010; Jarass, Charta der Grundrechte der Europäischen Union, 4. Aufl. 2021; Jarass/Pieroth, Grundgesetz für die Bundesrepublik Deutschland, 17. Aufl. 2022; Joerden, Anm. zum Beschluss des BGH v. 3.12.1992 – StB 6/92, JZ 1994, 582; Kaspar, Mord-Freisprüche nur noch unter Vorbehalt? Strafprozessuale und verfassungsrechtliche Probleme der neuen Wiederaufnahme des Verfahrens gem. § 362 Nr. 5 StPO, GA 2022, 21; Kaspar/Arnemann, Die Wiederaufnahme des Strafverfahrens zur Korrektur fehlerhafter Urteile – rechtliche Grundlagen, empirische Erkenntnisse und Reformbedarf, R&P 34 (2016), 58; Kemme/Dunkel, Strafbefehl und Fehlurteil?, StV 2020, 52; Kemper/Lehner, Überprüfung rechtskräftiger Strafurteile der DDR, NJW 1991, 329; Kingreen/Poscher, Grundrechte Staatsrecht II, 39. Aufl. 2023; Kleinknecht, Das Fehlurteil im Strafprozess, GA 1961, 45; Klug, Überlegungen zum Versuch einer Wiederaufnahme des Carl von Ossietzky-Prozesses nach 60 Jahren, FS für Günter Spendel, 1992, S. 679; Kölbel/Puschke/Singelnstein, Zum Stand, zur Notwendigkeit und zu den Aussichten der Prozessfehler- und Fehlurteilsforschung, GA 2019, 129; Krägeloh, Verbesserungen im Wiederaufnahmerecht durch das Erste Gesetz zur Reform des Strafverfahrensrechts (1. StVRG), NJW 1975, 137; Kubiciel, Reform der Wiederaufnahme zuungunsten des Freigesprochenen im Licht des Verfassungsrechts, GA 2021, 380; Kubik, Die unzulässige Sanktionsschere, 2014; Kunz, Anm. zum Beschluss des OLG Hamburg v. 6.5.1999 – 2 Ws 1/99, StV 2000, 569; Leitmeier, Fehlurteile und ihre Ursachen – eine Replik, StV 2011, 766; Leitmeier, „Im Namen des Volkes: Der Angeklagte wird bis auf Weiteres freigesprochen"?, StV 2021, 341; Leitmeier, § 362 Nr. 1–4 StPO – ebenfalls verfassungswidrig?!, NStZ 2024, 398; Lemke, Gegenvorstellungen gegen rechtskräftige, die Strafaussetzung widerrufende Beschlüsse, ZRP 1978, 281; Lenz/Hansel, Bundesverfassungsgerichtsgesetz: Handkommentar, 3. Aufl. 2021; Letzgus, Wiederaufnahme zuungunsten des Angeklagten bei neuen Tatsachen und Beweismitteln, NStZ 2020, 717; Lobe, Die Wiederaufnahme im Strafverfahren, GS 110 (1938), 239; Marxen/Tiemann, Die geplante Reform der Wiederaufnahme zuungunsten des Angeklagten, ZIS 2008, 188; Schmidt-Bleibtreu/Klein/Bethge (Hrsg.), Bundesverfassungsgerichtsgesetz: BVerfGG, Loseblattkommentar; H. Mayer, Die konstruktiven Grundlagen des Wiederaufnahmeverfahrens und seine Reform, GS 99 (1930), 299; J. Meyer, Aktuelle Probleme der Wiederaufnahme des Strafverfahrens, ZStW 84 (1972), 909; J. Meyer, Wiederaufnahmereform, 1977; J. Meyer, Wiederaufnahme bei Teilrechtskraft, FG für Karl Peters, 1984, S. 375; Miebach/Hohmann (Hrsg.), Wiederaufnahme in Strafsachen – Handbuch, 2016; Neumann, Non numquam bis in idem crimen iudicetur?, FS für Heike Jung, 2007, S. 655; Pabst, Wider die Erweiterung der Wiederaufnahme zuungunsten des Angeklagten, ZIS 2010, 126; Peters, Justizgewährungspflicht und Abblocken von Verteidigungsvorbringen, FS für Hanns Dünnebier, 1982, S. 53; Peters, Anm. zum Beschluss des LG Freiburg/Br. v. 5.12.1978 – VI Qs 565/78, JR 1979, 162; Pfister, Das Rehabilitierungsgesetz, NStZ 1991, 165, 264; Pohlreich, Mit dem Zweiten sieht man schlechter – Plädoyer für die Verfassungswidrigkeit von § 362 Nr. 5 StPO, HRRS 2023, 140; Priebernig, § 362 Nr. 5 StPO – Stellt der Gesetzgeber so wirklich materielle Gerechtigkeit her?, HRRS 2023, 156; Radtke, Die Systematik des Strafklageverbrauchs verfahrenserledigender Entscheidungen im Strafprozess, 1994; Radtke, Materielle Rechtskraft bei der Anordnung freiheitsentziehender Maßregeln der Besserung und Sicherung, ZStW 110 (1998), 297; Radtke/Busch, Transnationaler Strafklageverbrauch in den sog. Schengen-Staaten?, EuGRZ 2000, 421; Reiff, Das Schicksal friedensgerichtlicher Entscheidungen nach dem Karlsruher Spruch, NJW 1960, 1559; Rieß, Möglichkeiten und Grenzen einer Reform des Rechts der Wiederaufnahme im Strafverfahren, NStZ 1994, 153; Rieß, Anm. zum Beschluss des BGH v. 21.12.2007 – 2 StR 485/06, NStZ 2008, 297; Roggon, Wiederaufnahme zuungunsten des Angeklagten?, BLJ 2011, 50; Ruhs, Rechtsbehelfe bei Verständigungen, 2018; Ruhs, Aktuelle Reformbestrebungen der Wiederaufnahme in Strafsachen, ZRP 2021, 88; Sabel, Die Wiederaufnahme des Strafverfahrens zuungunsten des Angeklagten bei Mord und Völkermord, FS zu Ehren von Marie-Luise Graf-Schlicker, 2018, S. 561; Saliger, Radbruchsche Formel und Rechtsstaat, 1995; Scherzberg/Thiée, Die Wiederaufnahme zu Ungunsten des Angeklagten, ZRP 2008, 80; Schmidt-Bleibtreu/Hofmann/Henneke (Hrsg.), Grundgesetz Kommentar, 15. Aufl. 2022; Schmidt-Bleibtreu/Klein/Bethge, Bundesverfassungsgerichtsgesetz, Kommentar, Loseblatt, Stand Juni 2023; Schneidewin, Konkurrierende Wiederaufnahmegründe, JZ 1957, 537; Schiffbauer, „Unerträglich" als valides Argument des Gesetzgebers? – Aktuelle Normsetzung und das Konzept des Rechts, NJW 2021, 2097; Schöneborn, Verfassungsrechtliche Aspekte des strafprozessualen Wiederaufnahmeverfahrens, MDR 1975, 441; Schünemann, Das strafprozessuale Wiederaufnahmeverfahren propter nova und der Grundsatz „in dubio pro reo", ZStW 84 (1972), 870; Schwenn, Fehlurteile und ihre Ursachen – die Wiederaufnahme im Verfahren wegen sexuellen Missbrauchs, StV 2010, 705; Schwenn Fehlurteile und ihre Ursachen – ein Nachtrag, StV 2012, 255; Sello, Die Irrtümer der Strafjustiz und ihre Ursachen, 1911; Singelnstein, Die Erweiterung der Wiederaufnahme zuungunsten des Freigesprochenen, NJW 2022, 1058; Slogsnat, Ne bis in idem – Legitimität und verfassungsrechtliche Zulässigkeit einer Erweiterung der Wiederaufnahmegründe zuungunsten des Beschuldigten durch das Gesetz zur Herstellung materieller Gerechtigkeit, ZStW 133 (2021), 741; v. Stackelberg, Beweisprobleme im strafprozessualen Wiederaufnahmeverfahren, FG für Karl Peters, 1984, S. 453; Stern, Zur Verteidigung des Verurteilten in der Wiederaufnahme, NStZ 1993, 409; Strafrechtsausschuss der Bundesrechtsanwaltskammer, Denkschrift zur Reform des Rechtsmittelrechts und der Wiederaufnahme des Verfahrens im Strafprozeß, 1971; Strate, Die Tragweite des

Vorbemerkung   1 **Vor § 359**

Verbots der Beweisantizipation im Wiederaufnahmeverfahren, GS für Karlheinz Meyer, 1990, S. 469; Strate., Der Verteidiger in der Wiederaufnahme, StV 1999, 228; Stree, Anm. zu BayObLGSt. 1981, 159, JR 1982, 336; Swoboda, Das Recht der Wiederaufnahme in Europa, HRRS 2009, 188; Tiemann, Die erweiterte Darlegungslast des Antragstellers im strafrechtlichen Wiederaufnahmeverfahren, 1992; Trepper, Zur Rechtskraft Strafprozessualer Beschlüsse, 1996; Vogel, Internationales und europäisches ne bis in idem, FS für Friedrich-Christian Schroeder, 2006, S. 877; von Münch/Kunig, Grundgesetz-Kommentar, 7. Aufl. 2021; Wasserburg, § 79 Abs. 1 BVerfGG im Spannungsverhältnis zwischen Rechtssicherheit und materieller Gerechtigkeit, StV 1982, 237; Wasserburg, Anm. zum Beschluss des LG Mannheim v. 21.8.1990 – 6 Qs 65/90, StV 1992, 104; Wasserburg./Eschelbach, Die Wiederaufnahme des Verfahrens propter nova als Rechtsschutzmittel, GA 2003, 335; Wasserburg/Rübenstahl, Verfahrensfehler bei Zwischenentscheidungen im Probationsverfahren und ihre Anfechtung, GA 2002, 29; Waßmer, Die Wiederaufnahme in Strafsachen – Bestandsaufnahme und Reform, Jura 2002, 454; Weber-Klatt, Die Wiederaufnahme von Verfahren zu Ungunsten des Angeklagten, 1997; Wendisch, Anm. zum Beschluss des OLG Düsseldorf v. 2.5.1991 – 1 Ws 322/91, JR 1992, 126; Zehetgruber, Ist eine Erweiterung der Wiederaufnahmegründe zu Ungunsten des Angeklagten möglich?, JR 2020, 157; Ziemann, Die „Schuldspruchänderung" im Wiederaufnahmerecht – Zugleich Besprechung von BGHSt 48, 153 –, JR 2006, 409; Ziemba, Die Wiederaufnahme des Verfahrens zuungunsten des Freigesprochenen oder Verurteilten, 1974.

Übersicht

		Rn.			Rn.
A.	Grundlagen	1	II.	Rechtskräftige Beschlüsse	17
I.	Der verfassungsrechtliche Rahmen	1	1.	Vergleichbarkeit	18
II.	Die gesetzliche Ausgestaltung der Wiederaufnahmegründe	5	2.	Regelungslücke	27
B.	Der Gegenstand der Wiederaufnahme	8	C.	Das Wiederaufnahmeverfahren	33
I.	Rechtskräftige Urteile	8	D.	Die Wiederaufnahme nach § 79 Abs. 1 BVerfGG	36
1.	Urteile	8	E.	Die Wiederaufnahme und das transnationale Doppelverfolgungsverbot	37
2.	Rechtskraft	11			
	a) Vertikale Teilrechtskraft	12	F.	Die praktische Bedeutung der Wiederaufnahme und die Reformdiskussionen	39
	b) Horizontale Rechtskraft	14			
3.	Deutsches Strafgericht	16			

A. Grundlagen

I. Der verfassungsrechtliche Rahmen

Die Wiederaufnahme des Verfahrens ermöglicht als **Rechtsbehelf eigener Art**[1] in 1 abschließend aufgezählten Fällen eine **Durchbrechung** der **materiellen Rechtskraft** zur Korrektur gerichtlicher Fehlentscheidungen.[2] Sie bewegt sich damit im Spannungsfeld von **materieller Gerechtigkeit** und **Rechtssicherheit** als zwei Elementen des in Art. 20 Abs. 3 GG verankerten Rechtsstaatsprinzips.[3] Während das Prinzip der materiellen Gerechtigkeit für eine sachlich richtige Entscheidung auf der Grundlage der materiellen Wahrheit streitet, fordert das Prinzip der Rechtssicherheit die Beständigkeit rechtskräftiger Entscheidungen. Nach dem BVerfG ist es grds. Sache des Gesetzgebers festzulegen, welchem der beiden Prinzipien im Kollisionsfall der Vorrang gebühren soll.[4] Allerdings gibt die Verfassung

---

[1] AllgM: Siehe anstelle vieler Schmitt in Meyer-Goßner/Schmitt Rn. 2; Marxen/Tiemann Strafsachen Rn. 5.
[2] Zum Begriff des Fehlurteils vgl. Barton FS Eisenberg, 2019, 15 (17 ff.); Böhme S. 25 ff.; Geipel in Miebach/Hohmann HdB Wiederaufnahme Kap. A Rn. 59 ff.; Kleinknecht GA 1961, 45 (46); Peters Bd. I S. 11 ff. Für Fallschilderungen s. Alsberg S. 125 ff.; Hirschberg; Sello; aktuell Darnstädt.
[3] BGH 3.12.1992 – StB 6/92, BGHSt 39, 75 (78) = NJW 1993, 1481 (1482); Tiemann in KK-StPO Rn. 4. Krit. Greco S. 871 ff.
[4] BVerfG 18.12.1953 – 1 BvL 106/53, BVerfGE 3, 225 (237); 14.3.1963 – 1 BvL 28/62, BVerfGE 15, 313 (319) = NJW 1963, 851.

dabei einen Rahmen vor. Hier kommt den **Grundrechtspositionen** des Verurteilten bzw. des Angeklagten besondere Bedeutung zu.[5]

2   Soweit die Wiederaufnahme **zugunsten des Verurteilten** in Rede steht, ist zu beachten, dass die Verurteilung und Bestrafung eines Unschuldigen diesen in seinen Grundrechten aus **Art. 2 Abs. 1 GG** (dem allg. Persönlichkeitsrecht sowie bei der Geldstrafe der wirtschaftlichen Dispositionsfreiheit[6]) und **Art. 2 Abs. 2 S. 2 GG** (der Freiheit der Person bei der Freiheitsstrafe[7]) verletzt. Deshalb darf der Gesetzgeber hier nicht einseitig der Rechtssicherheit den Vorrang einräumen. Zwar ist er – auch angesichts der (freilich begrenzten) Möglichkeit des Angeklagten, etwaige Fehler zu seinen Lasten iRd ordentlichen Rechtsmittelverfahrens zu monieren – grds. berechtigt, von der sachlichen Richtigkeit rechtskräftiger Entscheidungen auszugehen.[8] Gleichwohl lässt sich die Gefahr einer sachlich falschen Verurteilung nie vollständig ausschließen. Daher trifft den Gesetzgeber die Pflicht, für Fälle, in denen konkrete Anhaltspunkte die Vermutung der Richtigkeit der rechtskräftigen Verurteilung erschüttern, einen Weg zur Wahrung der Grundrechtspositionen des Verurteilten zu institutionalisieren (**Grundrechtsschutz durch Verfahren** als Ausprägung der objektiv-rechtlichen Dimensionen der Grundrechte[9]). Dass das Verfahrensrecht eine effektive Wiederaufnahmemöglichkeit zugunsten des Verurteilten vorsehen muss, ergibt sich somit nicht allein aus dem Prinzip der materiellen Gerechtigkeit, sondern auch und gerade aus den Freiheitsrechten in Art. 2 Abs. 1, 2 Abs. 2 GG.[10]

3   Anders verhält es sich dagegen bei der Wiederaufnahme **zulasten des Angeklagten.** Hier streiten dessen Freiheitsrechte zunächst mit dem in **Art. 103 Abs. 3 GG** kodifizierten Grundsatz **ne bis in idem** prinzipiell für die Beständigkeit der rechtskräftigen Entscheidung. Entgegen dem zu engen Wortlaut untersagt Art. 103 Abs. 3 GG dabei nicht nur eine Doppelbestrafung, sondern auch die erneute Anklage nach rechtskräftigem Freispruch, normiert also ein Doppelverfolgungsverbot.[11] Da diese Bestimmung keinen geschriebenen Gesetzesvorbehalt enthält, stellt sich die Frage, ob für eine Wiederaufnahme zulasten des Angeklagten überhaupt Raum ist. Ganz überwiegend wird das bejaht.[12] Eine an die frühe Rspr. des BVerfG zu Art. 103 Abs. 3 GG anknüpfende Auffassung begründet das mit dem Argument, der Verfassungsgeber habe den Grundsatz „ne bis in idem" lediglich im Umfang des bei Inkrafttreten des GG geltenden Standes des Prozessrechts und seiner Auslegung durch die Rspr. festschreiben wollen[13] und insoweit das bereits existierende Institut der Wiederaufnahme zulasten des Angeklagten als zulässige Einschränkung anerkannt.[14] Gegen diesen Begründungsansatz spricht allerdings zweierlei.[15] Zum einen ist der behauptete Wille des Verfassungsgebers weder im Wortlaut des Art. 103 Abs. 3 GG zum Ausdruck gekommen,

---

[5]   Zutr. Kaspar in Satzger/Schluckebier/Widmaier StPO Rn. 9. Ausf. zu den verfassungsrechtlichen Bezügen Arnemann S. 138 ff.
[6]   BVerfG 7.3.1995 – 1 BvR 1564/92, BVerfGE 92, 191 (196) = NJW 1995, 3110 (zur Geldbuße); Barczak in Dreier GG Art. 2 I Rn. 39.
[7]   BVerfG 27.10.1970 – 1 BvR 557/68, BVerfGE 29, 312 (316) = NJW 1970, 2287; BVerfG 9.3.1994 – 2 BvL 43, 51, 63, 64, 70, 80/92, 2 BvR 2031/92, BVerfGE 90, 145 (172) = NJW 1994, 1577 (1578).
[8]   Kaspar in Satzger/Schluckebier/Widmaier StPO Rn. 14.
[9]   Näher dazu Sauer in Dreier GG Vor Art. 1 Rn. 120 f. mwN.
[10] Eschelbach/Geipel/Hettinger/Meller/Wille GA 2018, 243, wollen zur Begründung auch Art. 19 Abs. 4 S. 1 GG heranziehen, den sie entgegen der hM auch als Rechtsschutzgarantie gegen richterliche Entscheidungen interpretieren.
[11] BVerfG 17.1.1961 – 2 BvL 17/60, BVerfGE 12, 62 (66) = NJW 1961, 867 (867 f.); BVerfG 31.10.2023 – 2 BvR 900/22, NJW 2023, 3698 (3699 ff.); BGH 9.12.1953 – GSSt 2/53, BGHSt 5, 323 (328 ff.); aA Hoven JZ 2021, 1154 (1155 ff.).
[12] Abl. allerdings Brade AöR 146 (2021), 130 (170 f.). Krit. auch Dünnebier FG Peters, 1984, 333 (345 f.); Neumann FS Jung, 2007, 655; Aust in Huber/Voßkuhle GG Art. 103 Rn. 237 ff.
[13] BVerfG 18.12.1953 – 1 BvR 230/51, BVerfGE 3, 248 (252 f.); 17.1.1961 – 2 BvL 17/60, BVerfGE 12, 62 (66) = NJW 1961, 867 (867 f.).
[14] Schulze-Fielitz in Dreier GG Art. 103 III Rn. 32; Möstl in Isensee/Kirchhof § 179 Rn. 57; Tiemann in KK-StPO § 362 Rn. 3; Saliger in v. Münch/Kunig/Kunig GG Art. 103 Rn. 78.
[15] Ausf. dazu Neumann FS Jung, 2007, 655 (657 ff.). S. zur Kritik ferner Eschelbach in KMR-StPO § 362 Rn. 47 ff.

noch lässt er sich anhand der Gesetzesmaterialien zureichend belegen. Und zum anderen hat das BVerfG in seiner späteren Rspr. zu Art. 103 Abs. 3 GG eine starre Bindung an den Stand des Prozessrechts bei Inkrafttreten des GG abgelehnt und die Möglichkeit einer Weiterentwicklung betont,[16] so dass der vorkonstitutionellen Rechtslage allenfalls eine beschränkte Aussagekraft zukommt. Daneben wird für die verfassungsrechtliche Zulässigkeit einer Wiederaufnahme zuungunsten des Angeklagten (freilich in engen Grenzen) angeführt, die materielle Gerechtigkeit, der die Wiederaufnahme diene, stelle aufgrund ihrer Verankerung im Rechtsstaatsprinzip **kollidierendes Verfassungsrecht** dar und bilde somit eine **verfassungsimmanente Schranke**.[17] Dabei soll der Grundsatz „ne bis in idem" iRd praktischen Konkordanz dann zurücktreten, wenn ein Festhalten an der Rechtskraft der Entscheidung zu einem **unerträglichen Gerechtigkeitsverstoß** führen würde.[18] Die Frage, wonach sich die Unerträglichkeit des Gerechtigkeitsverstoßes bemisst, wird indes nur selten näher erörtert. Soweit dies doch geschieht, werden im Wesentlichen drei Kriterien genannt: die **Schwere** des Fehlers, seine **Evidenz** sowie seine **Auswirkung** auf das Verfahrensergebnis.[19] Neuerdings wird als kollidierendes Verfassungsrecht auch der vom BVerfG[20] aus der Schutzpflichtdimension der Grundrechte abgeleitete **Anspruch des Opfers** und – im Falle von dessen rechtswidriger Tötung – seiner Angehörigen **auf effektive Strafverfolgung** bei erheblichen Straftaten gegen höchstpersönliche Rechtsgüter herangezogen.[21] Dieser Anspruch bezieht sich jedoch nur auf das Tätigwerden der Strafverfolgungsorgane und Gerichte innerhalb des Regelverfahrens. Wurde eine ordnungsgemäße Hauptverhandlung durchgeführt, die mit einem rechtskräftigen Urteil ihren Abschluss gefunden hat, ist er erfüllt. Ein Anspruch auf eine Erweiterung der Verfolgungsmöglichkeiten außerhalb des Regelverfahrens lässt sich ihm, wie auch das BVerfG klargestellt hat,[22] nicht entnehmen. In seinem jüngsten Urteil vertritt das BVerfG den Standpunkt, der Verfassungsgeber habe mit Art. 103 Abs. 3 GG eine Regel geschaffen, die für den Kollisionsfall der Rechtssicherheit **strikt** den **Vorrang** einräume und deshalb eine **Abwägung** mit materiellen Gerechtigkeitsüberlegungen **sperre**.[23] Das soll allerdings eine Wiederaufnahme zulasten des Angeklagten gleichwohl nicht generell ausschließen.[24] Bei der Ermittlung des Schutzgehalts seien die Vorprägungen des ne bis in idem-Grundsatzes durch die Rspr. des RG zu berücksichtigen. Damit greift das BVerfG seine frühe Rspr. wieder auf, nach der die Reichweite des Art. 103 Abs. 3 GG durch die vorkonstitutionell anerkannten Grenzen von ne bis in idem mitbestimmt wird.

Neben der verfassungsrechtlichen Garantie finden sich in **Art. 4 Abs. 1 des 7. ZP-EMRK, Art. 14 Abs. 7 IPBPR** sowie **Art. 50 EU-GRCharta** noch **menschenrechtliche** bzw. **unionsrechtliche Gewährleistungen** des ne bis in idem-Grundsatzes.[25] Daraus ergeben sich allerdings keine zusätzlichen Schranken für die Wiederaufnahme zulasten des Angeklagten Das 7. ZP-EMRK wurde vom Deutschen Gesetzgeber bislang nicht ratifiziert; zudem enthält Art. 4 Abs. 2 eine explizite Einschränkung für die Wiederaufnahme: 4

---

[16] BVerfG 8.1.1981 – 2 BvR 873/80, BVerfGE 56, 22 (34 f.) = NJW 1981, 1433 (1435).
[17] Epping/Lenz/Leydecker Grundrechte Rn. 984; Kment in Jarass/Pieroth GG Art. 103 Rn. 106; Kingreen/Poscher Rn. 1246.
[18] Schmahl in Schmidt-Bleibtreu/Hofmann/Henneke GG Art. 103 Rn. 88. Zum Bezug zur Radbruchschen Formel s. Roggon BLJ 2011, 50; Saliger, Radbruchsche Formel und Rechtsstaat, 1995, S. 71 ff.; krit. Leitmeier StV 2021, 341 (343 f.); Slogsnat ZStW 133 (2021), 741 (755 f.).
[19] Deml S. 60 ff.; Roggon BLJ 2011, 50 (55 f.). Für die Schwere der Straftat als weiteres Kriterium plädiert Bohn S. 185 ff.; danach soll die Wiederaufnahme zuungunsten des Angeklagten nur bei Verbrechen zulässig sein.
[20] BVerfG 6.10.2014 – 2 BvR 1568/12, NJW 2015, 150; 19.5.2015 – 2 BvR 987/11, NJW 2015, 3500; 15.1.2020 – 2 BvR 1763/16, NJW 2020, 675.
[21] Hörnle GA 2022, 184 (189 ff.).
[22] BVerfG 31.10.2023 – 2 BvR 900/22, NJW 2023, 3698 (3708).
[23] BVerfG 31.10.2023 – 2 BvR 900/22, NJW 2023, 3698 (3701 ff.) mzustAnm Grünewald JZ 2024, 101 u. Mitsch KriPoz 2023, 498 u. krit. Anm Gärditz JZ 2024, 96. In diese Richtung bereits Aust/Schmidt ZRP 2020, 251 (253); Neumann FS Jung, 2007, 655 (666 f.).
[24] Krit. dazu Leitmeier NStZ 2024, 398.
[25] S. dazu Swoboda HRRS 2009, 188 (189 f.).

„Absatz 1 schließt die Wiederaufnahme des Verfahrens nach dem Gesetz und dem Strafverfahrensrecht des betr. Staates nicht aus, falls neue oder neu bekannt gewordene Tatsachen vorliegen oder das vorausgegangene Verfahren schwere, den Ausgang des Verfahrens berührende Mängel aufweist." Art. 14 Abs. 7 IPBPR verfügt zwar wie Art. 103 Abs. 3 GG über keine Schrankenklausel, soll aber wie dieser einer Wiederaufnahme zulasten des Angeklagten nicht grds. entgegenstehen.[26] Gleiches gilt auch für Art. 50 EU-GRCharta, bei dem der EuGH die Einschränkung aus Art. 4 Abs. 2 ZP-EMRK entspr. heranziehen will.[27] (Zum transnationalen Doppelverfolgungsverbot und den Konsequenzen für die Wiederaufnahme → Rn. 37 ff.).

II. Die gesetzliche Ausgestaltung der Wiederaufnahmegründe

5   Der Gesetzgeber hat den Zielkonflikt zwischen materieller Gerechtigkeit und Rechtssicherheit dadurch gelöst, dass er der Rechtssicherheit grds. den Vorrang einräumt. Eine Wiederaufnahme des Verfahrens soll nur ausnahmsweise[28] aus den in **§§ 359, 362, 373a** und **§ 79 Abs. 1 BVerfGG abschließend** genannten Gründen in Betracht kommen (Sonderregelungen enthalten allerdings das Gesetz zur Aufhebung nationalsozialistischer Unrechtsurteile in der Strafrechtspflege (**NS-AufhG**)[29] zur Aufhebung von Urteilen der Wehrmachts- und Sondergerichte aus der NS-Zeit und das Strafrechtliche Rehabilitierungsgesetz (**StrRehaG**)[30] zur Aufhebung rechtsstaatswidriger Urteile der DDR-Gerichte; dazu auch → Rn. 16). Aufgrund des gesetzessystematischen **Regel/Ausnahme-Verhältnisses** lassen sich aus diesen Vorschriften daher nach ganz hM auch im Wege der Analogie keine weiteren Wiederaufnahmegründe entnehmen.[31] Allerdings sollten die Wiederaufnahmetatbestände bei der Wiederaufnahme **zugunsten** des Verurteilten im Hinblick auf die durch eine Fehlentscheidung verletzten Grundrechte zumindest **extensiv** interpretiert werden.[32]

6   Um den verfassungsrechtlichen Vorgaben (→ Rn. 1 ff.) Rechnung zu tragen, sind die Hürden für die Wiederaufnahme zuungunsten des Angeklagten höher als jene für die Wiederaufnahme zugunsten des Verurteilten. Dies gilt insbes. im Hinblick auf sog. **nova**, dh neue Tatsachen und Beweismittel. Während zugunsten des Verurteilten neue Tatsachen und Beweismittel nach § 359 Nr. 5 in relativ weitem Umfang Berücksichtigung finden können, vermag (abgesehen vom Sonderfall der Wiederaufnahme beim Strafbefehl, vgl. § 373a) zulasten des Angeklagten lediglich ein einziges Novum – die Abgabe eines **glaubwürdigen Geständnisses** nach Freispruch, § 362 Nr. 4 – eine Wiederaufnahme zu rechtfertigen.

7   Umstr. ist, ob der Gesetzgeber den Katalog der Wiederaufnahmegründe **erweitern** dürfte. Bei der Antwort gilt es zu differenzieren. Ansichten, die eine Erweiterungsmöglichkeit für die Wiederaufnahme **zugunsten** des Verurteilten bezweifeln oder hier zumindest für enge Grenzen votieren,[33] verdienen keine Zustimmung. Wie dargelegt (→ Rn. 2) streiten die Freiheitsrechte des Betroffenen in dieser Konstellation für eine effektive Wiederaufnahmemöglichkeit. Der Gesetzgeber verfügt hier über einen **weiten Spielraum,** den Aspekt der materiellen Gerechtigkeit stärker zu gewichten und neue Wiederaufnahmegründe einzuführen.[34] Anders verhält es sich dagegen wegen des ne bis in idem-Grundsatzes bei der Wiederaufnahme **zulasten** des Verurteilten. Sofern man nicht schon davon ausgeht,

---

[26] Esser in Löwe/Rosenberg Art. 6 EMRK/IPBPR Art. 14 Rn. 1022.
[27] EuGH 5.6.2014 – C-398/12 (M), NJW 2014, 3010 (3012). S. ferner Jarass EU-GrCharta Art. 50 Rn. 11.
[28] Den Ausnahmecharakter der Wiederaufnahme bestreitet Greco S. 892 ff.
[29] BGBl. I 2501; zul. geändert durch Art. 1 Zweites ÄndG v. 24.9.2009 (BGBl. I 3150).
[30] BGBl. I 2664; zul. geändert durch Art. 11 G zur Koordinierung der Systeme der sozialen Sicherheit in Europa und zur Änd. anderer G v. 22.6.2011 (BGBl. I 1202).
[31] LG Hannover 24.11.1969 – 38 Qs 249/69, NJW 1970, 288 (289); Eschelbach in KMR-StPO § 359 Rn. 3; Schmitt in Meyer-Goßner/Schmitt § 359 Rn. 1; Hohmann in Radtke/Hohmann § 359 Rn. 1.
[32] S. dazu auch Kaspar in Satzger/Schluckebier/Widmaier StPO Rn. 20 f.
[33] Tendenziell etwa Schmitt in Meyer-Goßner/Schmitt § 359 Rn. 1.
[34] Grünewald ZStW 120 (2008), 545 (566); Kaspar in Satzger/Schluckebier/Widmaier StPO Rn. 22.

dass Art. 103 Abs. 3 GG eine solche Wiederaufnahme gänzlich untersagt, sind Erweiterungen der bestehenden Wiederaufnahmegründe jedenfalls **enge Grenzen** gesetzt.[35] Teilw. wird auch vertreten, die Grenze des Zulässigen sei bereits erreicht.[36] Konsequent erscheint das, wenn man der Auffassung folgt, der Verfassungsgeber habe bei Kodifizierung des ne bis in idem-Grundsatzes allein die bei Inkrafttreten des GG bereits existierenden Wiederaufnahmetatbestände zulasten des Angeklagten als zulässige Einschränkung anerkennen wollen (→ Rn. 3). Geht man dagegen davon aus, dass keine starre Bindung an den seinerzeitigen Stand des Prozessrechts beabsichtigt war, bleiben „Grenzkorrekturen" möglich.[37] Freilich müssen sich diese durch den – nicht leicht zu führenden – Nachw. legitimieren, zur Behebung eines unerträglichen Gerechtigkeitsverstoßes erforderlich zu sein (→ Rn. 3),[38] und dürfen nicht in den Kernbereich des Art. 103 Abs. 3 GG eingreifen.

Diese Bedingungen sah der Gesetzgeber bei der kurz vor Ende der 19. Legislaturperiode auf Initiative der BT-Fraktionen von CDU/CSU und SPD[39] beschlossenen Erweiterung des § 362 um eine Nr. 5 als erfüllt an. Sie ließ eine Wiederaufnahme zuungunsten des Freigesprochenen auch dann zu, wenn neue Tatsachen oder Beweismittel **dringende Gründe** dafür bilden, dass er in einer neuen Hauptverhandlung wegen eines nicht verjährbaren Delikts des **Mordes,** des **Völkermordes,** des **Verbrechens gegen die Menschlichkeit** oder des **Kriegsverbrechens gegen eine Person** verurteilt wird. Bei Delikten, die schwerstes Unrecht verwirklichen, deshalb mit der Höchststrafe geahndet würden und nicht der Verjährung unterlägen, stelle ein Festhalten an der Rechtskraft des freisprechenden Urteils trotz eines durch neue Tatsachen oder Beweismittel begründeten dringenden Tatverdachts gegen den Freigesprochenen einen **unerträglichen Gerechtigkeitsverstoß** dar. Die deshalb gebotene Erweiterung der Wiederaufnahme zuungunsten des Verurteilten tangiere auch nicht den Kernbereich des Art. 103 Abs. 3 GG. Zum einen bleibe sie auf einen engen Kreis schwerster, nicht verjährbarer Straftaten beschränkt. Zum anderen genügten nur neue Tatsachen und Beweismittel mit einer besonders hohen Beweiskraft. Damit entwickle die Neuregelung lediglich Gedanken fort, die bereits in § 362 Nr. 4 angelegt seien. Auch sei nicht nachvollziehbar, weshalb der geständige reuige Täter schlechter dastehen solle als der durch einen genetischen Fingerabdruck oder eine DNA-Analyse überführte „raffinierte" Täter. Die Freiheitsrechte des Betroffenen stünden nicht entgegen; dass diese hier zurückzustehen hätten, erscheine vielmehr angemessen.[40] **7a**

Dem ist das **BVerfG** zu Recht nicht gefolgt und hat die Regelung als **verfassungswidrig** verworfen.[41] Innerhalb des Schutzbereichs des abwägungsfesten Art. 103 Abs. 3 GG verbiete sich jede Wiederaufnahme aufgrund neuer Tatsachen und Beweismittel, die auf die Änderung des Ergebnisses der rechtskräftigen Entscheidung abziele. Die Verfassung treffe insoweit eine strikte Vorrangentscheidung zugunsten der Rechtssicherheit, die dem Gesetzgeber hier keinen Gestaltungsspielraum lasse. Für diese Sichtweise sprechen gute Gründe.[42] Zunächst: Neue „Gesichtspunkte, die sich der Prozeßrechtswissenschaft und der Rechtsprechung so noch nicht **7b**

---

[35] AA Letzgus NStZ 2020, 717 (719), der freilich mit der Forderung nach einer engen Auslegung des Art. 103 Abs. 3 GG grundlegende methodische und grundrechtsdogmatische Zusammenhänge verkennt. Zutr. Kritik bei Leitmeier StV 2021, 341 (342 f.).

[36] Schulze-Fielitz in Dreier GG Art. 103 III Rn. 32; Aust in Huber/Voßkuhle GG Art. 103 Rn. 241; Remmert in Dürig/Herzog/Scholz GG Art. 103 Abs. 3 Rn. 63.

[37] BVerfG 8.1.1981 – 2 BvR 873/80, BverfGE 56, 22 (34 f.) = NJW 1981, 1433 (1435); Grünewald ZStW 120 (2008), 545 (570); Kment in Jarass/Pieroth GG Art. 103 Rn. 105; Marxen/Tiemann ZIS 2008, 188 (191).

[38] Krit. zum Unerträglichkeitskriterium allerdings Frister in SK-StPO § 362 Rn. 5.

[39] BT-Drs. 19/30399.

[40] BT-Drs. 19/30399, 8 ff.; ebenso in der Begründung bzw. zumindest iE Hoven JZ 2021, 1154; Kubiciel GA 2021, 380; Letzgus NStZ 2020, 717; Zehetgruber JR 2020, 157.

[41] BVerfG 31.10.2023 – 2 BvR 900/22, NJW 2023, 3698 (3708) mzustAnm Grünewald JZ 2024, 101 u. Mitsch KriPoz 2023, 498 u. krit. Anm Gärditz JZ 2024, 96.

[42] Näher dazu Kaspar GA 2022, 21 (28 ff.); Pohlreich HRRS 2023, 140. S. außerdem Aust/Schmidt ZRP 2020, 251 (252 ff.); Frister/Müller ZRP 2019, 101 (102 ff.); Leitmeier StV 2021, 341 (343 ff.); Priebernig HRRS 2023, 156; Ruhs ZRP 2021, 88 (90 f.); Singelnstein NJW 2022, 1058 (1059); Slogsnat ZStW 133 (2021), 741 (759 ff.).

gestellt hatten",[43] bei denen das BVerfG in einer früheren Entscheidung eine Erweiterung des § 362 zumindest als denkbar ansah, lagen hier nicht vor. Der Möglichkeit des Auftauchens neuer Tatsachen oder Beweismittel war man sich seit jeher bewusst, wollte diesen Umstand aber nach 1945 in Abkehr von der NS-Gesetzgebung für eine Widerufnahme in malam partem gerade nicht genügen lassen. Weiterhin: Mit § 362 Nr. 5 stand bei den dort aufgezählten Delikten der Freispruch unter einem dauerhaften Vorbehalt. Hierbei handelte es sich nicht bloß um eine Grenzkorrektur, sondern aufgrund der damit verbundenen Umkehr des Regel-Ausnahme-Verhältnisses um einen Eingriff in den **Kernbereich** des Art. 103 Abs. 3 GG. Ferner: Der Vergleich mit § 362 Nr. 4 trägt nicht. Dieser Wiederaufnahmegrund wurzelt nicht im hohen Beweiswert des Geständnisses, sondern er soll verhindern, dass ein Freigesprochener sich ohne rechtliche Konsequenzen im Nachhinein seiner Tat rühmen und dadurch die Justiz verhöhnen kann.[44] Nr. 5 konnte daher nicht als Fortentwicklung der Nr. 4 angesehen werden. Das gilt umso mehr, als es bei der Ersteren der Freigesprochene anders als bei der Letzteren gerade nicht selbst in der Hand hat, ob er den Schutz durch die Rechtskraft des Urteils behält oder verliert. Des Weiteren: Das Argument, die Freiheitsrechte des Betroffenen stünden nicht entgegen, ihre Einschränkung sei in den einschlägigen Konstellationen vielmehr angemessen, nimmt in unzulässiger Weise den Schuldspruch vorweg und übersieht die Möglichkeit, dass sich das Gericht auch in der neuen Hauptverhandlung von der Schuld des Angeklagten nicht zu überzeugen vermag. Die mit der Durchführung eines – sich womöglich über Wochen und Monate hinziehenden – neuen Prozesses verbundenen Eingriffe in die Freiheitsrechte eines Unschuldigen lassen sich indes nicht rechtfertigen. Schließlich: Auch der teilw. angeführte Anspruch des Opfers und seiner Angehörigen auf eine effektive Strafverfolgung[45] vermag keine Einschränkung des Art. 103 Abs. 3 GG zu begründen (dazu bereits → Rn. 3).

B. Der Gegenstand der Wiederaufnahme

I. Rechtskräftige Urteile

8   **1. Urteile.** Im Wege der Wiederaufnahme können unstr. alle rechtskräftigen **Sachurteile** angefochten werden, somit auch solche, die in besonderen Verfahren – dem Jugendstrafverfahren, dem Privatklageverfahren, dem Sicherungsverfahren, dem beschleunigten Verfahren und dem objektiven Verfahren (§ 440) – ergangen sind.[46] Entspr. gilt für rechtskräftige Strafbefehle, da sie einem rechtskräftigen Urteil gleichstehen, § 410 Abs. 3 (wobei hier § 373a eine Sonderregelung enthält).

9   Umstr. ist, inwieweit auch **Prozessurteile** (zB Einstellungen wegen eines Verfahrenshindernisses nach § 260 Abs. 3, Rechtsmittelverwerfungen wegen Unzulässigkeit gem. § 322 Abs. 1, § 249 Abs. 1, 5) als Gegenstand der Wiederaufnahme in Betracht kommen. Von der hM wird das prinzipiell verneint, da Prozessurteile mangels Entscheidung in der Sache nur in formelle, nicht aber in materielle Rechtskraft erwachsen.[47] Deshalb kann ohne weiteres erneut Anklage erhoben werden, wenn ein **vorläufiges Verfahrenshindernis,** das zur Einstellung nach § 260 Abs. 3 geführt hat, später entfällt (also zB der Beschuldigte wieder verhandlungsfähig wird); der besonderen Gründe des § 362 bedarf es in diesem Fall nicht. Nichts anderes soll nach verbreiteter Ansicht auch dann gelten, wenn das Gericht unzutr. wegen eines **endgültigen Verfahrenshindernisses** (zB Verjährung, Fehlen des Strafantrags) eingestellt hat. Mit bedenkenswertem Verweis auf die Schutzinteressen des

---

[43] BVerfG 8.1.1981 – 2 BvR 873/80, BVerfGE 56, 22 (34) = NJW 1981, 1433 (1435).
[44] Vgl. Hahn S. 265.
[45] Hörnle GA 2022, 184 (189 ff.).
[46] Eschelbach in KMR-StPO Rn. 14; Frister in SK-StPO Rn. 15.
[47] Tiemann in KK-StPO Rn. 10; Schuster in Löwe/Rosenberg Rn. 54; Marxen/Tiemann Strafsachen Rn. 22; Schmitt in Meyer-Goßner/Schmitt Rn. 4 (ohne nähere Begr.); zu Recht diff. Frister in SK-StPO Rn. 16 ff.

Angeklagten will hier allerdings die Gegenauffassung eine der materiellen Rechtskraft „vergleichbare Bestandskraft" annehmen und eine erneute Hauptverhandlung nur unter den Voraussetzungen der Wiederaufnahme zulassen.[48] Hierfür lässt sich anführen, dass ein unanfechtbar gewordenes Prozessurteil eine bindende Entscheidung über das Vorliegen eines Verfahrenshindernisses zum Zeitpunkt der Einstellung trifft.[49] Das aber muss konsequenterweise bei den endgültigen Verfahrenshindernissen, die ihrem Wesen nach auf Dauer bestehen und später nicht einfach wieder entfallen können, eine materielle Sperrwirkung zur Folge haben,[50] die einer umstandslosen Einl. eines neuen Verfahrens entgegensteht. Ganz in diesem Sinne hat auch der 2. Strafsen. für eine Einstellung wegen des Todes des Beschuldigten grds. materielle Rechtskraft bejaht, die lediglich unter den Voraussetzungen des § 362 durchbrochen werden könne – etwa, wenn die Einstellung auf der Vorlage einer unechten Sterbeurkunde beruhe.[51]

Daneben erscheint eine Ausnahme auch bei solchen Einstellungsurteilen geboten, die **10** implizit eine **Sachentscheidung** enthalten.[52] Am Bsp.: Stellt das Gericht bei einer Anklage wegen Wohnungseinbruchsdiebstahls das Verfahren gem. § 260 Abs. 3 ein, weil es zu der Überzeugung gelangt ist, dass lediglich der Hausfriedensbruch bewiesen ist, diesbzgl. aber kein Strafantrag gestellt wurde, beinhaltet das Prozessurteil implizit die Entscheidung, dass der Angeklagte sich nicht nach § 244 Abs. 1 Nr. 3 StGB strafbar gemacht hat. Die implizite Sachentscheidung erwächst hier wie auch sonst in materielle Rechtskraft; eine erneute Strafverfolgung kommt daher nur nach Maßgabe des § 362 im Wege der Wiederaufnahme in Betracht.

2. Rechtskraft. Fraglich ist, ob mit der Wiederaufnahme nur vollrechtskräftige Urteile **11** angefochten werden können oder ob der Eintritt **relativer Rechtskraft** genügt. Von der mittlerweile hM wird – zu Recht – letzteres bejaht.

a) Vertikale Teilrechtskraft. Das gilt zunächst für die vertikale Teilrechtskraft.[53] Hier **12** geht es um Fälle, in denen das Urteil bei mehreren Angeklagten oder mehreren selbständigen prozessualen Taten nur hinsichtlich eines Teils von ihnen rechtskräftig geworden ist (subjektiv- und objektiv-vertikale Teilrechtskraft) – zB weil von zwei Verurteilten der eine gegen die Entscheidung noch mit dem Rechtsmittel der Revision vorgeht. Für die Zulässigkeit der Wiederaufnahme streiten folgende Gesichtspunkte: Da aus dem rechtskräftig gewordenen Teil bereits vollstreckt werden kann, muss der Betroffene bei Vorliegen eines Wiederaufnahmegrundes auch über eine Möglichkeit verfügen, sofort gegen die Vollstreckungsgrundlage vorzugehen.[54] Dies gilt umso mehr, als dem Betroffenen die Wiederaufnahme unstr. offen stünde, wenn der rechtskräftig abgeurteilte Teil nicht in demselben, sondern einem getrennten Verfahren abgeurteilt worden wäre.[55] Dass das Prozessrecht aus prozessökonomischen Gründen die Möglichkeit einer Verbindung zusammenhängender Strafsachen eröffnet, rechtfertigt keine Verkürzung des Rechtsschutzes.[56]

---

[48] Brinkmann S. 162 ff.; Marxen/Tiemann Strafsachen Rn. 23. Noch weitergehend Eschelbach in KMR-StPO Rn. 76, der eine absolute Sperrwirkung annimmt.
[49] Stuckenberg in Löwe/Rosenberg § 260 Rn. 123; Frister in SK-StPO Rn. 16.
[50] Julius/Beckemper in Gercke/Julius/Temming/Zöller § 260 Rn. 20; Kühne in Löwe/Rosenberg Einl. Abschn. K Rn. 86; Schmitt in Meyer-Goßner/Schmitt § 260 Rn. 48 (s. aber zur Wiederaufnahme Schmitt in Meyer-Goßner/Schmitt Vor § 359 Rn. 4); Roxin/Schünemann StrafVerfR § 52 Rn. 18; Velten/Schlüchter in SK-StPO § 260 Rn. 58. S. dazu auch BGH 20.12.1983 – StR 821/83, BGHSt 32, 209 (210) = NJW 1984, 988 (989) für die Verjährung.
[51] BGH 21.12.2007 – 2 StR 485/06, BGHSt 52, 119 = NJW 2008, 1008 mzustAnm Rieß NStZ 2008, 297. In der Entscheidung geht es zwar um eine Einstellung nach § 206a (zur Anwendbarkeit der §§ 359 ff. auf Beschl. → Rn. 17 ff.), doch will der BGH dort die Einstellungen nach § 206a und § 260 Abs. 3 gleich behandeln.
[52] Schuster in Löwe/Rosenberg Rn. 56.
[53] BGH 27.1.1960 – 2 StR 604/59, BGHSt 14, 85 (88); Rotsch in Krekeler/Löffelmann/Sommer Rn. 5; Tiemann in KK-StPO Rn. 11; Schmitt in Meyer-Goßner/Schmitt Rn. 4; Frister in SK-StPO Rn. 26; aA Temming in Gercke/Julius/Temming/Zöller Rn. 4; diff. Schuster in Löwe/Rosenberg Rn. 86 f.
[54] Tiemann in KK-StPO Rn. 11; Marxen/Tiemann Strafsachen Rn. 26.
[55] Frister in SK-StPO Rn. 26.
[56] In diese Richtung auch Eschelbach in KMR-StPO Rn. 7.

13 Zugegeben verbleibt so in den Fällen der subjektiv-relativen Rechtskraft ein Restrisiko einander widersprechender Entscheidungen im Rechtsmittel- und Wiederaufnahmeverfahren – etwa, wenn bei zwei einer mittäterschaftlichen Tatbegehung Angeklagten der eine die Wiederaufnahme erreicht, bevor auf die Revision des anderen hin das Urteil aufgehoben und die Sache zur erneuten Verhandlung zurückverwiesen wird.[57] Denn zwar entzieht die Rechtskraftdurchbrechung nach § 357 der Wiederaufnahme die Basis;[58] diese Regelung hilft aber nicht weiter, wenn die Entscheidung im Wiederaufnahmeverfahren der Revisionsentscheidung vorausgeht. Freilich dürfte das eben genannte Restrisiko eher theoretischer Natur sein.[59] Zudem besteht die Gefahr einander widersprechender Entscheidungen gleichfalls bei getrennten Verfahren und wird dort von der Rechtsordnung hingenommen.

14 **b) Horizontale Rechtskraft.** Des Weiteren reicht es für die Wiederaufnahme auch aus, dass lediglich horizontale Teilrechtskraft vorliegt,[60] dh bislang nur der Schuldspruch rechtskräftig geworden ist, weil gegen den Rechtsfolgenausspruch noch im Wege der Revision vorgegangen wird. Dafür sprechen mehrere Gründe. Zunächst erscheint es im Hinblick auf das Beschleunigungsgebot nicht überzeugend, bei Vorliegen eines Wiederaufnahmegrundes die Rechtskraft eines Rechtsfolgenausspruchs abwarten zu müssen, der im Ergebnis doch keinen Bestand haben wird. Der Angeklagte hat das Recht auf eine baldestmögliche Klärung der gegen ihn erhobenen Vorwürfe,[61] vgl. Art. 6 Abs. 1 S. 1 EMRK. Ferner widerspricht es auch dem Prinzip der materiellen Gerechtigkeit, die Gerichte wissentlich auf der Grundlage eines anfechtbaren Schuldspruchs noch eine sachlich falsche und damit materiell ungerechte Entscheidung treffen zu lassen.[62]

15 Diesem wiederaufnahmefreundlichen Ansatz steht – entgegen einer älteren Rspr.[63] – der Wortlaut der §§ 359, 362 nicht entgegen. Denn im Hinblick auf den Schuldspruch liegt sehr wohl ein „durch rechtskräftiges Urteil abgeschlossene[s] Verfahren" vor.[64] Und soweit wiederum mit der Gefahr einander widersprechender Entscheidungen im Rechtsmittel- und Wiederaufnahmeverfahren argumentiert wird, ist auch hier an die eher theoretische Natur dieses Risikos zu erinnern – zumal es sich praktisch dadurch ausschließen lässt, dass das Rechtsmittelgericht seine Entscheidung zurückstellt, bis das Wiederaufnahmegericht entschieden hat.[65]

16 **3. Deutsches Strafgericht.** Es muss sich um das Urteil eines deutschen Strafgerichts handeln. Als solches gelten neben Strafgerichten der **BRep.** und ihren Bundesländern auch die Strafgerichte des **Deutschen Reiches** und seiner Länder sowie des OGH. In den letzteren Fällen richtet sich die Zuständigkeit nach Art. 8 Abs. 3 Nr. 88 und 119 des RechtspflegevereinheitlichungsG bzw., wenn an den Sitzen dieser Gerichte heute keine deutsche Strafgewalt mehr ausgeübt wird (wie zB in den ehemaligen Ostgebieten), nach §§ 17 ff. des ZuständigkeitsergänzungsG. Kein tauglicher Gegenstand der Wiederaufnahme sind dagegen

---

[57] Zu diesem Einwand näher Gössel NStZ 1983, 391 (394 ff.); Schuster in Löwe/Rosenberg Rn. 86.
[58] Tiemann in KK-StPO Rn. 11; Frister in SK-StPO Rn. 26.
[59] Zutr. Marxen/Tiemann Strafsachen Rn. 27; J. Meyer FG Peters, 1984, 375 (385).
[60] OLG Braunschweig 15.10.1949 – Ws 71/49, NJW 1950, 36; OLG Frankfurt a. M. 16.6.1964 – 1 Ws 121/64, NJW 1965, 313; OLG Frankfurt a. M. 22.10.1982 – 1 Ws 266/82, NJW 1983, 2399; OLG Hamburg 30.6.1971 – 1 Ws 63, 64/71, NJW 1971, 2240; OLG Hamm 10.7.1997 – 2 Ws 252/97, NStZ-RR 1997, 371; OLG München 20.11.1980 – 1 Ws 1043/80, NJW 1981, 593; OLG Stuttgart 13.5.1980 – 3 Ws 104/80, MDR 1980, 955; Rotsch in Krekeler/Löffelmann/Sommer Rn. 5; Frister in SK-StPO Rn. 27; aA Schuster in Löwe/Rosenberg Rn. 88 ff.; Schmitt in Meyer-Goßner/Schmitt Rn. 4; zw. OLG Jena 31.1.2017 – 1 Ws 147/16, BeckRS 2017, 135302.
[61] OLG Celle 5.7.1990 – 2 Ws 1134/90, StV 1990, 537; OLG München 20.11.1980 – 1 Ws 1043/80, NJW 1981, 593 (594); Marxen/Tiemann Strafsachen Rn. 26; Stern NStZ 1993, 409 (412).
[62] OLG Celle 5.7.1990 – 2 Ws 1134/90, StV 1990, 537; OLG München 20.11.1980 – 1 Ws 1043/80, NJW 1981, 593 (594).
[63] OLG Hamburg 12.12.1950 – Ws 349/50, MDR 1951, 245; OLG Frankfurt a. M. 24.9.1951 – 2 Ws 141/51, NJW 1951, 975.
[64] OLG Celle 5.7.1990 – 2 Ws 1134/90, StV 1990, 537; OLG Düsseldorf 12.12.1950 – Ws 340/50, NJW 1951, 677; OLG München 20.11.1980 – 1 Ws 1043/80, NJW 1981, 593.
[65] So Tiemann in KK-StPO Rn. 13; J. Meyer FG Peters, 1984, 375 (384); Frister in SK-StPO Rn. 27.

Entscheidungen der Besatzungsgerichte, da diese keine deutsche Strafgewalt ausgeübt haben. Urteile der **Wehrmachtsgerichte** und der **Sondergerichte** können wieder aufgenommen werden, sofern sie nicht bereits nach dem **NS-AufhG** aufgehoben sind.[66] Ebenfalls wiederaufnahmefähig sind die Urteile der Strafgerichte der **DDR** (wobei für Entscheidungen, die „mit wesentlichen Grundsätzen einer freiheitlichen rechtsstaatlichen Ordnung unvereinbar" sind, das **StrRehaG** eine Sonderregelung zu ihrer Aufhebung enthält[67]). Mangels spezieller Regelung ist hier zur Bestimmung der Zuständigkeit § 140a GVG anzuwenden; dabei kommt es darauf an, welches Gericht nach heutigem Recht für die mit dem Wiederaufnahmeantrag angegriffene Entscheidung zuständig gewesen wäre (→ GVG § 140a Rn. 21).[68]

II. Rechtskräftige Beschlüsse

Der Wortlaut der §§ 359, 362 benennt als Gegenstand der Wiederaufnahme nur rechtskräftige Urteile. Teile der Rspr. und des Schrifttums nehmen daher an, dass Beschlüsse prinzipiell nicht mit der Wiederaufnahme angefochten werden können.[69] Diese Auffassung berücksichtigt indes nicht hinreichend, dass sich seit der gesetzlichen Ausgestaltung des Instituts der Wiederaufnahme die **Sachverhaltsstruktur** des geregelten Bereiches – va durch die Einf. **urteilsersetzender Beschlüsse** – erheblich verändert hat.[70] Dass der Gesetzgeber den Gerichten aus Effizienzgesichtspunkten verstärkt eine Entscheidung ohne Hauptverhandlung ermöglicht, darf indes nicht zu einer Rechtsschutzverkürzung führen.[71] Eine **analoge Anwendung** der §§ 359 ff. auf Beschlüsse ist daher unter folgenden Voraussetzungen möglich: 17

1. Vergleichbarkeit. Zunächst muss der Beschluss einem im Wege der Wiederaufnahme anfechtbaren Urteil gleichstehen. Im Hinblick auf den Regelungszweck der §§ 359 ff. ist das dann der Fall, wenn der Beschluss eine **Entscheidung in der Sache** enthält und in **materielle Rechtskraft**[72] erwachsen ist. Entspr. **Sachentscheidungen** stellen bspw. dar: 18

– die Verwerfung der Revision als offenkundig unbegründet gem. **§ 349 Abs. 2** (relevant im Fall des § 359 Nr. 3[73]), 19
– die Aufhebung des Urteils bei einer Revision zugunsten des Angeklagten, die das Gericht als begründet ansieht, gem. **§ 349 Abs. 4** (relevant im Falle des § 362 Nr. 3[74]), 20
– die Einstellung wegen Gesetzesänderung nach § 206b, 21
– die Verwerfung der Berufung als unzulässig wegen offensichtlicher Unbegründetheit gem. **§ 313 Abs. 2, § 322a,** 22

---

[66] S. BVerfG 8.3.2006 – 2 BvR 486/05, NJW 2006, 2618; OLG Köln 18.2.2005 – 2 Ws 540/04, NStZ-RR 2006, 61. Näher dazu Schuster in Löwe/Rosenberg Rn. 182 ff.;
[67] Ausf. Heinatz NJW 2000, 3022; Kemper/Lehner NJW 1991, 329; Schuster in Löwe/Rosenberg Rn. 188 f.; Pfister NStZ 1991, 165 (264); Frister in SK-StPO Rn. 35 f.
[68] Schuster in Löwe/Rosenberg Rn. 99; Frister in SK-StPO Rn. 14.
[69] OLG Hamburg 6.5.1999 – 2 Ws 1/99, StV 2000, 568 (569) mablAnm Kunz; OLG Stuttgart 18.12.1995 – 2 Ws 248/95, NStZ-RR 1996, 176; OLG Zweibrücken 1.8.1996 – 1 Ws 120-121/96, NStZ 1997, 55; LG Freiburg 5.12.1978 – VI Qs 565/78, JR 1979, 161 (162); LG Hamburg 27.7.1974 – (88) Qs 72/74, MDR 1975, 246; 17.10.1990 – 35a StVK 720/89, NStZ 1991, 149 (150) mablAnm Hohmann; Eschelbach in KMR-StPO Rn. 76. Eingehende Kritik bei Brinkmann S. 187 ff.
[70] Singelnstein in BeckOK StPO § 359 Rn. 5; Marxen/Tiemann Strafsachen Rn. 30.
[71] Frister in SK-StPO Rn. 20.
[72] Zur Fähigkeit von Beschl., in materielle Rechtskraft zu erwachsen, s. Trepper S. 52 ff.; Radtke S. 139 ff.
[73] Zwar besteht bei der Verwerfung der Revision als offenkundig unbegründet normalerweise kein Bedarf nach einer Wiederaufnahme im Hinblick auf den Beschl., da hier der Betroffene gegen das durch den Beschl. rechtskräftig gewordene Urteil im Wege der Wiederaufnahme vorgehen kann. Das gilt jedoch nicht, wenn an dem Beschl. ein Richter mitgewirkt hat, der sich in Beziehung auf die Sache einer strafbaren Verletzung seiner Amtspflicht schuldig gemacht hat. In diesem Fall delegitimiert der Wiederaufnahmegrund des § 359 Nr. 3 allein den Beschl. und nicht auch das Urteil. Ebenso Tiemann in KK-StPO Rn. 14.
[74] Es gilt das soeben zu § 359 Nr. 3 Gesagte entspr.

23 – der sofortige Freispruch ohne neue Hauptverhandlung im Wiederaufnahmeverfahren nach § 371 Abs. 2.
24 Um **keine Sachentscheidungen** handelt es sich dagegen bei
25 – der Verwerfung der Berufung oder der Revision als unzulässig gem. **§ 319 Abs. 1, § 322 Abs. 1 S. 1, § 346 Abs. 1, § 349 Abs. 1,**
26 – der Einstellung wegen eines Verfahrenshindernisses gem. **§ 206a** (es sei denn, es ist darin ausnahmsweise implizit eine Sachentscheidung enthalten; zum gleichgelagerten Problem bei Prozessurteilen → Rn. 10). Bejaht man allerdings mit der hier vertretenen Ansicht bei Einstellungen gem. § 260 Abs. 3 wegen eines **endgültigen Verfahrenshindernisses** eine materielle Sperrwirkung (→ Rn. 9), die nur nach § 362 überwunden werden kann, so muss dies auch für die entspr. Einstellungsbeschlüsse nach § 206a gelten.[75]

27 **2. Regelungslücke.** Ferner muss eine (planwidrige) Regelungslücke bestehen, zu deren Schließung auch keine sachnäheren Normen zur Verfügung stehen. Das bedeutet:
28 – Bei den in den Rn. 19 ff. beispielhaft aufgezählten **urteilsersetzenden Beschlüssen** mit Sachentscheidungscharakter sind die §§ 359 ff. analog anwendbar.[76]
29 – Dagegen richtet sich bei der Einstellung des Verfahrens gem. **§ 153a** die Wiederaufnahme **zulasten des Beschuldigten** allein nach § 153a Abs. 1 S. 5. Gleiches gilt für die gerichtliche Einstellung gem. **§ 153 Abs. 2** und **§ 383 Abs. 2**, da die hM hier § 153a Abs. 1 S. 5 analog anwendet.[77] Und bei der Diversion gem. **§ 47 JGG** im Jugendstrafverfahren hat der Gesetzgeber in Abs. 3 eine abschließende Regelung getroffen.
30 – Ob bei **§ 153a zugunsten des Beschuldigten** eine Wiederaufnahme analog § 359 in Betracht kommt, ist umstr. § 153a Abs. 1 S. 5 steht dem jedenfalls nicht entgegen, da diese Regelung nur die Wiederaufnahme zu seinen Lasten betrifft.[78] Für die Möglichkeit eines Wiederaufnahmeverfahrens wird vorgebracht, der Betroffene sei aufgrund des Sanktionscharakters der Auflage durchaus beschwert. Auch dass er seine Zustimmung gegeben habe, ändere daran nichts, denn bei unklarer Beweislage könne selbst der Unschuldige gute Gründe haben, sich auf das Verfahren nach § 153 einzulassen, um das Risiko einer Verurteilung zu vermeiden.[79] Gegen eine Analogie macht die hM freilich geltend, dass ungeachtet des belastenden Charakters der Auflage die Einstellung nach § 153a keine förmliche Schuldfeststellung beinhaltet und insoweit kein für ein Wiederaufnahmeverfahren zureichendes Rehabilitationsinteresse besteht.[80] Ebenso verhält es sich bei der Diversion gem. **§ 47 Abs. 1** – soweit diese überhaupt mit einer Maßnahme mit Sanktionscharakter verbunden ist (also ggf. in Fällen der Nr. 3).
31 – Bei der Verwerfung des Antrags auf Erhebung der öffentl. Klage gem. **§ 174 Abs. 1** richtet sich die Wiederaufnahme allein nach § 174 Abs. 2, bei der Ablehnung der Eröffnung des Hauptverfahrens gem. **§ 204** ausschließlich nach § 211.
32 – Inwieweit **urteilserg. Beschlüsse** über einzelne Rechtsfolgen durch analoge Anwendung der §§ 359 ff. korrigiert werden können, ist sehr str. Einigkeit besteht lediglich

---

[75] Für eine materielle Sperrwirkung von Einstellungsbeschl. BGH 21.12.2007 – 2 StR 485/06, BGHSt 52, 119 (120) = NJW 2008, 1008; Schneider in KK-StPO § 206a Rn. 15; Stuckenberg in Löwe/Rosenberg § 206a Rn. 113; Rosenau in Satzger/Schluckebier/Widmaier StPO § 206a Rn. 9. Die Möglichkeit einer Wiederaufnahme analog § 362 bejahen der BGH 21.12.2007 – 2 StR 485/06, BGHSt 52, 119 (120) = NJW 2008, 1008, Frister in SK-StPO Rn. 21; dagegen und für eine absolute Sperrwirkung Paeffgen in SK-StPO § 206a Rn. 31 f.

[76] S. dazu auch Rotsch in Krekeler/Löffelmann/Sommer Rn. 4; Singelnstein in BeckOK StPO § 359 Rn. 5; Schuster in Löwe/Rosenberg Rn. 63 ff.; Marxen/Tiemann Strafsachen Rn. 37 ff.; Frister in SK-StPO Rn. 20 f.

[77] Vgl. BGH 26.8.2003 – 5 StR 145/03, BGHSt 48, 331 (333 ff.) = NJW 2004, 375 (376 f.) für § 153 Abs. 2 (krit. dazu Joecks/Jäger StPO § 153 Rn. 21); für § 383 Abs. 2 Marxen/Tiemann Strafsachen Rn. 32; Velten in SK-StPO § 383 Rn. 25.

[78] Anders allerdings Gössel in Löwe/Rosenberg, 26. Aufl. 2009, Rn. 58.

[79] Hellmann MDR 1989, 952; Marxen/Tiemann Strafsachen Rn. 35; Greco Strafprozesstheorie S. 863 f.

[80] OLG Frankfurt a. M. 12.7.1996 – 1 Ws 82/96, NJW 1996, 3353; LG Baden-Baden 30.1.2004 – 3 Qs 36/03 jug., NStZ 2004, 513; Frister in SK-StPO Rn. 25; Kaspar in Satzger/Schluckebier/Widmaier StPO Rn. 31.

darüber, dass der Rückgriff auf die §§ 359 ff. dort ausscheidet, wo das Gesetz wie bei den Entscheidungen über Bewährungszeit, -auflagen, -weisungen oder -hilfe die Möglichkeit nachträglicher Änderungen speziell regelt (vgl. § 56a Abs. 2, § 56e StGB). Bei Beschlüssen, bei denen wie im Falle des Widerrufs der Strafaussetzung zur Bewährung gem. **§ 56f StGB** und des Widerrufs der Strafaussetzung einer Unterbringung gem. **§ 67g StGB** eine gesonderte Regelung über eine nachträgliche Änderung fehlt, findet sich dagegen ein breites Meinungsspektrum. Die überwiegende Rspr. und ein erheblicher Teil des Schrifttums lehnen eine analoge Anwendung der §§ 359 ff. vollständig ab.[81] Es handele sich bei diesen Vorschriften um Ausnahmeregelungen, die restriktiv zu interpretieren seien. Zudem fehle es an einer planwidrigen Regelungslücke, da der Gesetzgeber bewusst auf eine Regelung verzichtet habe. Umstr. zwischen den Gegnern einer Analogie ist dann allerdings im Weiteren, inwieweit die entspr. rechtskräftigen Beschlüsse in anderer, ggf. nichtförmlicher Weise an die geänderte Sachlage angepasst werden können[82] oder ob zur Vermeidung von Härten nur der Gnadenweg[83] verbleibt. Indes folgt aus dem Ausnahmecharakter von Normen nicht, dass sie nicht analogiefähig sind. Und die Annahme eines planmäßigen Schweigens des Gesetzes lässt sich vor dem Hintergrund der Gesetzgebungshistorie nicht halten.[84] Ein anderer Teil des Schrifttums bejaht daher die analoge Anwendbarkeit der §§ 359 ff.[85] Dem lässt sich allerdings entgegenhalten, dass das Wiederaufnahmeverfahren zur Korrektur von urteilserg. Beschlüssen zu umständlich und damit wenig geeignet ist.[86] Vorzugswürdig erscheint daher eine ebenfalls in der Rspr. vertretene differenzierende Lösung: **Prozessual** sind hier die **§§ 458, 462** anzuwenden. Und sachlichrechtlich können dann für die iRd Verfahrens gem. §§ 458, 462 zu treffende Entscheidung über die Aufhebung bzw. Änderung des angegriffenen rechtskräftigen Beschlusses grds. die Wiederaufnahmegründe der §§ 359, 362 analog herangezogen werden.[87] Eine Besonderheit besteht allerdings beim Widerruf der Bewährung gem. § 56f Abs. 1 Nr. 1 StGB: Beziehen sich die vorgebrachten Wiederaufnahmegründe auf die Nachverurteilung, die dem Bewährungswiderruf zugrunde liegt, muss der Verurteilte hier zunächst im Wege der Wiederaufnahme gegen die Nachverurteilung vorgehen und kann nicht direkt den Widerrufsbeschluss angreifen.[88] Auch bei der Aufhebung bzw. Änderung des rechtskräftigen Beschlusses über die nachträgliche Gesamtstrafenbildung gem. **§ 460** ist nach §§ 458, 462 zu verfahren. In diesem Rahmen sind dann wiederum die §§ 359, 362 analog heranzuziehen. Das hat zur Folge, dass eine Änderung zu Lasten des Verurteilten nur bei Vorliegen eines der Gründe aus § 362 in Betracht kommt.[89]

---

[81] OLG Düsseldorf (1. Sen.) 1.12.2003 – III-3 Ws 454/03, StraFo 2004, 146 (anders der 4. Sen., vgl. OLG Düsseldorf 2.7.1992 – 4 Ws 214/92, MDR 1993, 67); OLG Hamburg 6.5.1999 – 2 Ws 1/99, StV 2000, 568 (569) mablAnm Kunz; OLG Koblenz 18.7.2016 – 2 Ws 130/16, BeckRS 2016, 138014; OLG Stuttgart 18.12.1995 – 2 Ws 248/95, NStZ-RR 1996, 176; 26.1.2001 – 2 Ws 16/01, wistra 2001, 239; OLG Zweibrücken 1.8.1996 – 1 Ws 120-121/96, NStZ 1997, 55; LG Freiburg 5.12.1978 – VI Qs 565/78, JR 1979, 161 (162) mAnm Peters; LG Hamburg 27.7.1974 – (88) Qs 72/74, MDR 1975, 246; 17.10.1990 – 35a StVK 720/89, NStZ 1991, 149 (150) mablAnm Hohmann; AG Lahn-Gießen 20.3.1997 – 56 Gs 3 Js 2356/79, MDR 1980, 595 mablAnm Groth; Temming in Gercke/Julius/Temming/Zöller Rn. 5; Appl in KK-StPO § 458 Rn. 15; Schmitt in Meyer-Goßner/Schmitt Rn. 5.
[82] Schuster in Löwe/Rosenberg Rn. 78; Peters JR 1979, 162.
[83] So OLG Hamburg 6.5.1999 – 2 Ws 1/99, StV 2000, 568 (569) mablAnm Kunz; OLG Stuttgart 26.1.2001 – 2 Ws 16/01, wistra 2001, 239; OLG Zweibrücken 1.8.1996 – 1 Ws 120-121/96, NStZ 1997, 55 (56); 17.10.1990 – 35a StVK 720/89, NStZ 1991, 149 (150); Appl in KK-StPO § 458 Rn. 15.
[84] Näher zu beiden Punkten Kunz StV 2000, 569.
[85] Groth MDR 1980, 595; Hohmann NStZ 1991, 507; Kunz StV 2000, 569; Lemke ZRP 1978, 281.
[86] (Insoweit) zutr. Schuster in Löwe/Rosenberg Rn. 78; Marxen/Tiemann Strafsachen Rn. 33; Frister in SK-StPO Rn. 22.
[87] OLG Düsseldorf (4. Sen.) 2.7.1992 – 4 Ws 214/92, MDR 1993, 67; OLG Oldenburg 22.2.1962 – 1 Ws 42/62, NJW 1962, 1169; LG Bremen 15.3.1990 – III Kl. StVK 203/90, StV 1990, 311; Hanack JR 1974, 113 (115); abl. OLG Düsseldorf (1. Sen.) 2.5.1991 – 1 Ws 322/91, JR 1992, 126 mzustAnm Wendisch; Appl in KK-StPO § 458 Rn. 15.
[88] OLG Celle 29.8.2012 – 2 Ws 130/12, BeckRS 2012, 19758.
[89] Frister in SK-StPO Rn. 22.

C. Das Wiederaufnahmeverfahren

33 Eingeleitet wird das Wiederaufnahmeverfahren stets nur auf **Antrag;** das Gericht besitzt keine Kompetenz, von Amts wegen tätig zu werden. Die **Antragsbefugnis** ergibt sich gem. § 365 aus den allg. Vorschriften über die Rechtsmittelberechtigung (§§ 296 ff.; näheres dazu bei § 365). Weitere Zulässigkeitsvoraussetzung bildet das Vorliegen einer **Beschwer.** Während die StA immer als beschwert gilt, wenn sie vorbringt, dass ein Wiederaufnahmegrund besteht,[90] bedarf es beim Angeklagten einer für ihn nachteiligen Entscheidung, bei der sich der Nachteil zudem gerade aus dem **Urteilstenor** ergeben muss. Ein Freigesprochener kann somit kein Wiederaufnahmeverfahren gegen ein freisprechendes Urteil betreiben, weil er sich durch die Gründe beschwert fühlt (zB beim Freispruch aus Mangel an Beweisen anstelle erwiesener Unschuld).[91] Und ganz genauso scheidet die Wiederaufnahme gegen eine Einstellung nach § 260 Abs. 3 aus, um statt ihrer einen Freispruch zu erwirken. Eine Beschwer durch den Urteilstenor liegt allerdings auch dann vor, wenn das Gericht nach § 23 Abs. 3, § 46a, § 46b, § 60 StGB von Strafe abgesehen oder einen Beleidiger gem. § 199 StGB für straffrei erklärt hat.[92] An eine **Frist** ist der Wiederaufnahmeantrag grds. nicht gebunden. Zeitliche Grenzen ergeben sich jedoch bei der Wiederaufnahme zulasten des Angeklagten aus der **Verfolgungsverjährung** (näher → § 362 Rn. 7). § 366 enthält die Anforderungen an **Inhalt** und **Form.** Eine Wiederaufnahme zugunsten des Verurteilten ist auch nach dessen Tod möglich, § 361 Abs. 1; die Antragsbefugnis für diesen Fall regelt Abs. 2.

34 Gegliedert ist das Wiederaufnahmeverfahren in zwei Abschn., das **Aditions-** und das **Probationsverfahren.** Im Aditionsverfahren wird die **Zulässigkeit** des Wiederaufnahmeantrags geprüft, § 368. Diese Prüfung umfasst auch die **Schlüssigkeit** des Wiederaufnahmevorbringens.[93] Wird die Zulässigkeit bejaht, schließt sich das Probationsverfahren an, das die **Begründetheit** des Wiederaufnahmeantrags zum Gegenstand hat, §§ 369, 370. Dort geht es also um die Frage, ob der vom Antragsteller schlüssig vorgetragene Wiederaufnahmegrund tatsächlich besteht. Ist das der Fall, ordnet das Gericht gem. § 370 Abs. 2 die Wiederaufnahme des Verfahrens sowie eine **erneute Hauptverhandlung** (Ausnahme: § 371) an, dh das Verfahren wird grds. in den Stand nach Erl. des Öffnungsbeschlusses zurückversetzt. Die erneute Hauptverhandlung gehört damit nicht mehr zum Wiederaufnahmeverfahren,[94] bildet also nicht, wie gelegentlich zu lesen ist,[95] dessen dritten Abschn. Insoweit gilt nichts anderes als bei einer Zurückverweisung gem. § 354 Abs. 2 nach erfolgreicher Revision.

35 Um eine möglichst unvoreingenommene Prüfung des Wiederaufnahmeantrags zu gewährleisten, weist § 367 Abs. 1 S. 1 iVm § 140a GVG die **Zuständigkeit** für das Wiederaufnahmeverfahren nicht demjenigen Gericht zu, das die angegriffene Entscheidung getroffen hat, sondern grds. einem anderen Gericht mit gleicher sachlicher Zuständigkeit. Ordnet das Wiederaufnahmegericht die Erneuerung der Hauptverhandlung an, liegt bei ihm normalerweise auch die Zuständigkeit für deren Durchführung (näher dazu → § 373 Rn. 6).

D. Die Wiederaufnahme nach § 79 Abs. 1 BVerfGG

36 Einen außerhalb der StPO geregelten Wiederaufnahmegrund enthält § 79 Abs. 1 BVerfGG. Danach ist die Wiederaufnahme auch dann zulässig, wenn ein rechtskräftiges

---

[90] Eschelbach in KMR-StPO Rn. 50; Schuster in Löwe/Rosenberg Rn. 127.
[91] OLG Braunschweig 19.2.1954 – Ws 227/53, GA 1954, 246 (248); Schuster in Löwe/Rosenberg Rn. 128; Kaspar in Satzger/Schluckebier/Widmaier StPO Rn. 32; krit. Marxen/Tiemann Strafsachen Rn. 53.
[92] Tiemann in KK-StPO § 365 Rn. 2; Schmitt in Meyer-Goßner/Schmitt Rn. 6; Kaspar in Satzger/Schluckebier/Widmaier StPO Rn. 32.
[93] Eisenberg JR 2007, 360 (367); Frister in SK-StPO Rn. 10.
[94] Rotsch in Krekeler/Löffelmann/Sommer Rn. 3; Schmitt in Meyer-Goßner/Schmitt Rn. 3; Frister in SK-StPO Rn. 12; Kaspar in Satzger/Schluckebier/Widmaier StPO Rn. 24.
[95] Tiemann in KK-StPO Rn. 7; Kühne Rn. 1120.

Urteil auf einer vom BVerfG mit dem GG für unvereinbar oder für nichtig erklärten Norm beruht. Gleiches gilt, wenn das Urteil auf der Auslegung einer Norm beruht, die das BVerfG für unvereinbar mit dem GG erklärt hat. Fraglich ist, ob § 79 Abs. 1 BVerfGG die Wiederaufnahme nur **zugunsten** des Verurteilten oder ebenfalls **zulasten** des Angeklagten ermöglicht (bspw. bei einem rechtskräftigen Freispruch wegen Vorliegens eines Rechtfertigungsgrundes, bei dem das BVerfG nunmehr eine einschr. verfassungskonforme Auslegung als geboten ansieht, so dass das Verhalten des Angeklagten nicht mehr darunter fiele).[96] Zwar enthält der Wortlaut der Regelung insoweit keine Einschränkung.[97] Allerdings hatte der Gesetzgeber ausweislich der Gesetzesmaterialien wohl nur Fälle einer **Verurteilung** auf verfassungswidriger Grundlage im Blick.[98] Ferner erscheint zw., dass bei begünstigenden Entscheidungen der Fortbestand der Rechtskraft die Unerträglichkeitsschwelle überschreitet.[99] Zudem erfüllt § 79 Abs. 1 BVerfGG nicht die an eine gesetzliche Eingriffsgrundlage zu stellenden Bestimmtheitsanforderungen; der Gesetzestext müsste wie § 362 eine explizite Ermächtigung zur Durchbrechung der Rechtskraft zulasten des Angeklagten beinhalten.[100] Und schließlich wirkt der vergleichbar gelagerte Wiederaufnahmegrund, dass das Urteil auf einer vom EGMR festgestellten Verletzung der EMRK beruht, auch nur zugunsten des Verurteilten, vgl. § 359 Nr. 6.[101] Nach alledem ist § 79 Abs. 1 BVerfGG systematisch als § 359 Nr. 7 zu lesen (zu den Voraussetzungen vgl. → § 359 Rn. 72 ff.).[102] Möglich bleiben soll nach hM aber über § 79 Abs. 1 BVerfGG der **Austausch** der **Rechtsgrundlage,** dh die Ersetzung einer für verfassungswidrig erklärten Norm durch eine gleichgelagerte, zum Tatzeitpunkt bereits geltende Norm, da der Verurteilte hierdurch nicht beschwert werde und es sich somit nicht um eine Wiederaufnahme zu seinen Lasten handele.[103]

E. Die Wiederaufnahme und das transnationale Doppelverfolgungsverbot

Wurde eine Tat nicht durch ein deutsches, sondern durch ein ausländisches Gericht **37** abgeurteilt, steht Art. 103 Abs. 3 GG einer weiteren Anklage vor einem deutschen Gericht nicht entgegen. Art. 103 Abs. 3 GG gilt nur **innerstaatlich.**[104] Zu beachten ist dann lediglich § 51 Abs. 3 StGB: Eine im Ausland verhängte Strafe wird, sofern sie vollstreckt worden ist, auf eine neue Strafe angerechnet. Die Europäisierung der Strafrechtspflege und die damit verbundene zunehmende Harmonisierung der nationalen Strafrechtsordnungen haben indes im Europäischen Raum ein Bedürfnis nach einem **transnationalen Strafklageverbrauch** begründet. Dem tragen inzwischen **Art. 50 EU-GRCharta** und **Art. 54 SDÜ** Rechnung. Sie sollen ermöglichen, dass alle Personen in Europa von ihrem Recht auf Freizügigkeit Gebrauch machen können, ohne eine mehrfache Strafverfolgung befürchten zu müssen.

---

[96] Für die Möglichkeit einer Wiederaufnahme zulasten des Angeklagten OLG Bamberg 8.10.1962 – Ws 254/62, NJW 1962, 2168; OLG Köln 26.3.1963 – 2 Ws 541/62, VRS 24, 380; Tiemann in KK-StPO Rn. 18.
[97] Darauf stellt etwa Reiff NJW 1960, 1559 ab.
[98] Vgl. BT-Verhandlungen I/4234.
[99] Bajohr S. 28 f.; Dingeldey NStZ 1985, 337 (339); Marxen/Tiemann Strafsachen Rn. 521. Ähnlich auch Frister in SK-StPO § 362 Rn. 6.
[100] Schuster in Löwe/Rosenberg Rn. 170. Allg. zu den Bestimmtheitsanforderungen bei Eingriffsnormen s. Schulze-Fielitz in Dreier GG Art. 20 Rn. 124 ff.
[101] Auf die Parallele zu § 359 Nr. 6 weisen auch Lenz/Hansel BVerfGG § 79 Rn. 40; Schmidt-Bethge in Bleibtreu/Klein/Bethge BVerfGG § 79 Rn. 25 hin.
[102] KG 18.4.2012 – 3 Ws 231/12 – 141 AR 190/12, NJW 2012, 2985; Bethge in Schmidt-Bleibtreu/Klein/ Bethge BVerfGG § 79 Rn. 25; Frister in SK-StPO § 359 Rn. 78. Ebenso iErg LG Aachen 28.9.1962 – 12 Ms 164/61, NJW 1962, 1973; Lenz/Hansel BVerfGG § 79 Rn. 40.
[103] S. im Einzelnen dazu BVerfG 7.3.1963 – 2 BvR 629, 637/62, BVerfGE 15, 303 (308); Frister in SK-StPO § 362 Rn. 7 f.; Wasserburg StV 1982, 237 (241).
[104] So jüngst nochmals bestätigend BVerfG 15.12.2011 – 2 BvR 148/11, NJW 2012, 1202.

38   Noch wenig geklärt ist in diesem Kontext indes der Zusammenhang des transnationalen Doppelverfolgungsverbots und dem Wiederaufnahmerecht zulasten des Angeklagten. Einigkeit besteht darüber, dass die Wiederaufnahme durch das **Gericht** des **Erstverfolgerstaates** nach dessen nationalem Wiederaufnahmerecht (Bsp.: Wiederaufnahme vor einem deutschen Gericht nach § 362 zulasten eines italienischen Angeklagten, nachdem dieser von einem anderen deutschen Gericht rechtskräftig freigesprochen worden war) nicht gegen Art. 50 EU-GRCharta und Art. 54 SDÜ verstößt.[105] Fraglich ist aber, ob die Strafverfolgungsorgane eines **anderen Staates** eine Wiederaufnahme betreiben können, wenn die Voraussetzungen für eine solche nach dem **Recht** des **Erstverfolgerstaates** erfüllt sind. Teile des Schrifttums bejahen dies.[106] Danach wäre zB vor einem deutschen Gericht ein Verfahren gegen einen von einem dänischen Gericht rechtskräftig freigesprochenen deutschen Angeklagten möglich, sofern die Wiederaufnahmebedingungen nach dänischem Recht vorlägen. Dem wird allerdings zutr. entgegengehalten, dass das Gebot des Vertrauens in die Effektivität des jeweils anderen Mitgliedsstaates[107] eine Zuständigkeitskonzentration bedingt, nach der nur die Gerichte des Erstverfolgerstaates kompetent sind, eine Durchbrechung der Rechtskraft nach Maßgabe ihres nationalen Wiederaufnahmerechts anzuordnen.[108] Erst recht scheidet deshalb eine Wiederaufnahme in einem anderen Staat aus, wenn lediglich die Wiederaufnahmevoraussetzungen nach **seinem Recht,** nicht aber nach dem Recht des Erstverfolgerstaates vorliegen. Das muss – jedenfalls solange dies nicht gegen den europäischen ordre public verstößt – selbst dann gelten, wenn das Recht des Erstverfolgerstaates überhaupt keine Wiederaufnahme zulasten des Angeklagten vorsieht.[109]

F. Die praktische Bedeutung der Wiederaufnahme und die Reformdiskussionen

39   Umfassende aktuelle Untersuchungen zur Häufigkeit von Fehlurteilen und ihren Ursachen existieren gegenwärtig nicht. Die letzte großangelegte Studie von Peters stammt aus den 70er Jahren des letzten Jahrhunderts.[110] Ein Interesse der Justizpolitik, diesem Mangel abzuhelfen, ist derzeit nicht erkennbar. Allerdings lässt die vom BVerfG anlässlich der Verhandlung über die Verfassungsmäßigkeit des VerständigungsG in Auftrag gegebene empirische Studie über die **Absprachenpraxis** (genannt seien hier das unzulässige Verhandeln des Schuldspruchs, das Unterbleiben einer ausreichenden Überprüfung von Geständnissen sowie die Abgabe mutmaßlicher Falschgeständnisse)[111] zumindest für diesen Bereich Rückschlüsse zu, die Anlass zu Besorgnis geben.[112] Auch kann in der **Gleichartigkeit der Fehlerquellen** bei erkannten Fehlurteilen womöglich ein Indiz für die Existenz einer nicht unerheblichen Dunkelziffer gesehen werden.[113] Im jüngeren Schrifttum finden sich immer-

---

[105] Swoboda HRRS 2009, 188 (199).
[106] Radtke/Busch EuGRZ 2000, 421 (429 f.); ebenso wohl Gaede NJW 2014, 2990 (2992), sofern der Erstverfolgerstaat dem anderen Staat die Wiederaufnahme genehmigt.
[107] EuGH 11.2.2003 – verb. Rs. C-187/01 u. C-385/01, NJW 2003, 1173 – Gözütok u. Brügge.
[108] Bohnert/Lagodny NStZ 2000, 636 (640); Böse GA 2003, 744 (755); Swoboda HRRS 2009, 188 (200).
[109] Ausf. dazu Swoboda HRRS 2009, 188 (200 f.). S. auch Vogel FS FC Schroeder, 2006, 877 (888).
[110] Peters Fehlerquellen Bd. I u. Bd. II. Zu einer aktuellen Würdigung aus heutiger Sicht Deckers FS Fischer, 2018, 623 (626 ff.). Noch älter sind die Studien v. Alsberg (1913); Hirschberg (1960); Sello (1911). Internationaler Vergleich bei Dunkel/Kemme NK 2016, 138 (147 ff.). Zum Forschungsbedarf s. auch Kaspar/Arnemann R&P 34 (2016), 58; Kölbel/Puschke/Singelnstein GA 2019, 129 (141 ff.).
[111] Altenhain/Dietmeier/May. Dass die dort aufgezeigten Fehlerquellen fortbestehen, belegt die Studie von Altenhain/Jahn/Kinzig.
[112] S. auch Bock/Eschelbach/Geipel/Hettinger/Röschke/Wille GA 2013, 328 (338). Eingehend zum Verhältnis von Absprachenpraxis und Wiederaufnahme des Verfahrens Eschelbach HRRS 2008, 190; Ruhs S. 165 ff.
[113] So Bock/Eschelbach/Geipel/Hettinger/Röschke/Wille GA 2013, 328 (330); Schwenn StV 2010, 705 (706); krit. dazu Leitmeier StV 2011, 766 (767).

hin erste Ansätze zu einer **weitergehenden Analyse** und **Ursachenforschung**.[114] Auch belastbare Daten über die Häufigkeit und die Erfolgsaussichten von Wiederaufnahmeanträgen stehen zur Stunde nur in geringem Umfang zur Verfügung.[115] Vonseiten der Anwaltschaft und der Wissenschaft wird jedenfalls schon lange eine zu restriktive Einstellung der Gerichte bemängelt.[116]

Forderungen nach einer **umfassenden Reform** begleiten die geltende Wiederaufnahmekonzeption seit ihrer Einführung mit Inkrafttreten der RStPO von 1877.[117] Erste Reformentwürfe 1908/09 und 1919, die auf eine Beschränkung der Wiederaufnahme zielten, konnten sich indes genauso wenig durchsetzen wie eher wiederaufnahmefreundliche Vorschläge iRd E eines EinführungsG zum Allg. Deutschen StGB 1929.[118] Zu einer erheblichen Umgestaltung kam es dann allerdings in der **NS-Zeit** auf der Grundlage des E einer Strafverfahrensordnung von 1939. Unter einseitiger Betonung der materiellen Gerechtigkeit und mit Verweis auf ihre vorgebliche Unteilbarkeit erfolgte eine erhebliche Ausdehnung der Wiederaufnahme zulasten des Angeklagten und Anpassung an die ebenfalls erweiterte Wiederaufnahme zugunsten des Verurteilten.[119] Diese Änderungen wurden indes nach 1945 wieder weitestgehend revertiert. 40

Einen Höhepunkt erlebte die Reformdiskussion, mit angestoßen durch Peters große Fehlerquellenstudie, in den **70er Jahren**.[120] So forderte die Denkschrift des StrafRA der BundesRAK ein ganzes Bündel an Maßnahmen, die primär auf eine Erweiterung und Verbesserung der Wiederaufnahme zugunsten des Verurteilten abzielten.[121] Der Gesetzgeber folgte dem jedoch nur in Teilen. So hat er iRd 1. StVRG in §§ 364a, 364b dem Verurteilten einen Anspruch auf **Bestellung eines Verteidigers** eingeräumt, soweit dessen Mitwirkung geboten erscheint, und die **Gerichtszuständigkeit** in § 367 Abs. 1 S. 1 iVm § 140a GVG neu geregelt (dazu → Rn. 35). Weitergehende Änderungen sollten dagegen nach seiner Vorstellung der – freilich mittlerweile in weite Ferne gerückten – Gesamtreform des Strafverfahrens vorbehalten bleiben.[122] 41

Den letzten Anlauf zu einer größeren Reform des Wiederaufnahmerechts unternahm aus Anlass des Scheiterns der Wiederaufnahme im Fall Carl v. Ossietzky[123] die SPD-BT-Fraktion in den **90er Jahren.** Ihr E sah u.a. vor, bei der Wiederaufnahme zugunsten des Verurteilten die speziellen Wiederaufnahmegründe wegen Tatsachenfehlern durch einen allg. Wiederaufnahmegrund zu ersetzen, sowohl für offensichtliche Rechtsfehler als auch für Verstöße des rechtskräftigen Urteils gegen die EMRK neue Wiederaufnahmegründe zu 42

---

[114] Barton/Dubelaar/Kölbel/Lindemann; Bock/Eschelbach/Geipel/Hettinger/Röschke/Wille GA 2013, 328 (331 ff.); Böhme; Darnstädt S. 303 ff.; Dunkel; Geipel in Miebach/Hohmann HdB Wiederaufnahme Kap. A Rn. 105 ff.; Kölbel/Puschke/Singelnstein GA 2019, 129; Eisenberg NK 2021, 139; Schwenn StV 2010, 705 m. Replik Leitmeier StV 2011, 766 und Duplik Schwenn StV 2012, 255. Zur Fehlurteilsproblematik bei Strafbefehlen Kemme/Dunkel StV 2020, 52.

[115] S. aber nun immerhin Arnemann S. 186 ff.; Bliesener/Altenhain/Kilian/Leve/Neumann/Otzipka/Penther/Volbert MschrKrim 2023, 106

[116] Schon vor über hundert Jahren Alsberg S. 84 ff. S. ferner Bock/Eschelbach/Geipel/Hettinger/Röschke/Wille GA 2013, 328 (330 u. ö.); Eschelbach in KMR-StPO Rn. 5; Marxen/Tiemann Strafsachen Rn. 2; Peters FS Dünnebier, 1982, 53 (71 ff.); Schöneborn MDR 1975, 441; Schünemann ZStW 84 (1972), 870 (888 f.); Stern NStZ 1993, 409 (412 ff.); Strate StV 1999, 228 (229 ff.); Wasserburg StV 1992, 104.

[117] Zur Entstehungsgeschichte des Wiederaufnahmerechts ausf. S. Bayer S. 51 ff.; Mayer GS 99 (1930), 299; s. ferner Deml S. 5 ff.; Peters Fehlerquellen Bd. III S. 23 ff.; sowie zur älteren Geschichte Berner GA 1855, 472 (478 ff.). Zu einem Überblick über die Reformdiskussionen s. Rieß NStZ 1994, 153; Wasserburg S. 12 ff.; Waßmer JURA 2002, 454 (459 f.). Zum Rechtsvergleich mit Frankreich und England S. Bayer S. 191 ff., 254 ff.

[118] Wasserburg S. 13 f.

[119] Dazu aus dem NS-Schrifttum Doerner in Gürtner, Das kommende deutsche Strafverfahren, 1938, S. 428, 430 ff.; Freisler DJ 1937, 730; Lobe GS 110 (1938), 239.

[120] Vgl. zur Reformdiskussion in den 70er Jahren Deml S. 21 ff.; Dippel GA 1972, 97; Hanack JZ 1973, 393; Wasserburg S. 18 ff.

[121] Denkschrift zur Reform des Rechtsmittelrechts und der Wiederaufnahme im Strafprozeß 1971, S. 81 ff.

[122] Vgl. BT-Drs. 7/2600, 7.

[123] Vgl. dazu BGH 3.12.1992 – StB 6/92, BGHSt 39, 75 = NJW 1993, 1481 mAnm Joerden JZ 1994, 582 u. Bespr. Gössel NStZ 1993, 565. S. ferner auch Klug FS Spendel, 1992, 679.

schaffen, die Erheblichkeitsprüfung im Aditions- und Probationsverfahren zu konkretisieren, die Wiederaufnahmeziele um das Ziel der wesentlich milderen Bestrafung auch bei Anwendung desselben Gesetzes zu erweitern sowie die Zulässigkeit der Wiederaufnahme zuungunsten des Angeklagten auf Mord und Völkermord zu begrenzen.[124] Davon umgesetzt wurde indes lediglich mit **§ 359 Nr. 6** die Einf. eines neuen Wiederaufnahmegrundes für Urteile, die auf einer durch den EGMR festgestellten **Verletzung der EMRK** beruhen. Im Übrigen zog die SPD ihren E während der Beratungen wieder zurück.[125]

43 Sodann starteten, ausgelöst durch einen medial vielbeachteten Fall,[126] 2007 NRW und Hmb.[127] und 2010 nochmals NRW[128] im BR eine Initiative, die Wiederaufnahme zulasten des Verurteilten zu erweitern; diese solle bei Mord und bestimmten Straftaten gegen das VStGB wie Völkermord auch dann in Betracht kommen, wenn sich aufgrund **neuer Untersuchungsmethoden,** die zum Zeitpunkt des Freispruchs noch nicht zur Verfügung standen (gemeint ist damit insbes. die DNA-Analyse), neue belastende Anhaltspunkte ergeben. Auch dieser Vorschlag konnte sich zunächst nicht durchsetzen.[129]

44 In einer Kehrtwende und inhaltlich über die vorstehend genannten Entwürfe noch hinausgehend verabschiedete der BT 2021 kurz vor Ende der 19. Legislaturperiode indes im Eiltempo auf Initiative der BT-Fraktionen von CDU/CSU und SPD[130] durch das **„Gesetz zur Herstellung materieller Gerechtigkeit",** das den § 362 um eine Nr. 5 ergänzte.[131] Er sah eine Wiederaufnahme zuungunsten des Freigesprochenen vor, wenn **allgemein neue Tatsachen** oder **Beweismittel dringende Gründe** dafür bilden, dass er in einer neuen Hauptverhandlung wegen eines nicht verjährbaren Delikts des Mordes, des Völkermordes, des Verbrechens gegen die Menschlichkeit oder des Kriegsverbrechens gegen eine Person verurteilt wird. Mit Urteil vom 31.10.2023 wurde die Regelung jedoch vom BVerfG als verfassungswidrig verworfen.[132] Näher → Rn. 7a f.

§ 359 Wiederaufnahme zugunsten des Verurteilten

Die Wiederaufnahme eines durch rechtskräftiges Urteil abgeschlossenen Verfahrens zugunsten des Verurteilten ist zulässig,
1. wenn eine in der Hauptverhandlung zu seinen Ungunsten als echt vorgebrachte Urkunde unecht oder verfälscht war;
2. wenn der Zeuge oder Sachverständige sich bei einem zuungunsten des Verurteilten abgelegten Zeugnis oder abgegebenen Gutachten einer vorsätzlichen oder fahrlässigen Verletzung der Eidespflicht oder einer vorsätzlichen falschen uneidlichen Aussage schuldig gemacht hat;
3. wenn bei dem Urteil ein Richter oder Schöffe mitgewirkt hat, der sich in Beziehung auf die Sache einer strafbaren Verletzung seiner Amtspflichten schuldig gemacht hat, sofern die Verletzung nicht vom Verurteilten selbst veranlaßt ist;
4. wenn ein zivilgerichtliches Urteil, auf welches das Strafurteil gegründet ist, durch ein anderes rechtskräftig gewordenes Urteil aufgehoben ist;
5. wenn neue Tatsachen oder Beweismittel beigebracht sind, die allein oder in Verbindung mit den früher erhobenen Beweisen die Freisprechung des Angeklagten oder in Anwendung eines milderen Strafgesetzes eine geringere Bestrafung oder eine wesentlich andere Entscheidung über eine Maßregel der Besserung und Sicherung zu begründen geeignet sind;

---

[124] BT-Drs. 12/6219; 13/3594.
[125] Vgl. BT-Drs. 13/10333, 4.
[126] Kurze Zusammenfassung bei Pabst ZIS 2010, 126.
[127] BR-Drs. 655/07.
[128] BR-Drs. 222/10.
[129] Zur Kritik s. Grünewald ZStW 120 (2008), 545 (578 f.); Marxen/Tiemann ZIS 2008, 188; Pabst ZIS 2010, 126; Roggon BLJ 2011, 50 (53 ff.); Scherzberg/Thiée ZRP 2008, 80.
[130] BT-Drs. 19/30399.
[131] BGBl. I 5252.
[132] BVerfG 31.10.2023 – 2 BvR 900/22, NJW 2023, 3698.

§ 359

6. wenn der Europäische Gerichtshof für Menschenrechte eine Verletzung der Europäischen Konvention zum Schutze der Menschenrechte und Grundfreiheiten oder ihrer Protokolle festgestellt hat und das Urteil auf dieser Verletzung beruht.

Schrifttum: Angerer/Stumpf, Nochmals: Auswirkungen der neuen Sitzblockade-Entscheidung des BVerfG – Wiederaufnahme aller bisherigen Verfahren oder nur der nach der ersten verfassungsgerichtlichen Entscheidung ergangenen Strafurteile?, NJW 1996, 2216; Eisenberg, Histrionische Zeugen und Wiederaufnahme des Verfahrens gemäß § 359 Nr. 5 StPO, FS Amelung, 2009, 585; Esser, Die Umsetzung der Urteile des Europäischen Gerichtshofs für Menschenrechte im nationalen Recht – ein Beispiel für die Dissonanz völkerrechtlicher Verpflichtungen und verfassungsrechtlicher Vorgaben?, StV 2005, 348; Feiber, Anm. zum Beschluss des OLG Düsseldorf v. 11.3.1988 – 1 Ws 158/88, NStZ 1989, 45; Fornauf, Die Neuheit bereits erörterter Tatsachen im Wiederaufnahmeverfahren, StraFo 2013, 235; Frister, Strafrecht AT, 9. Aufl. 2020; Gerst, Die Konventionsgarantie des Art. 6 IIIc und die Abwesenheitsverwerfung gem. § 329 I 1 StPO – Ein kleiner Schritt für Straßburg, ein zu großer für Deutschland?, NStZ 2013, 310; Gössel, Anm. zum Beschluss des BGH v. 20.12.2002 – StB 15/02, JR 2003, 517; Graßhof, Auswirkungen der neuen Sitzblockade-Entscheidung des BVerfG – Wiederaufnahme aller bisherigen Verfahren oder nur der nach der ersten verfassungsgerichtlichen Entscheidung ergangenen Strafurteile?, NJW 1995, 3085; HL Günther, Strafrechtswidrigkeit und Strafunrechtsausschluss, 1983; Jokisch, Gemeinschaftsrecht und Strafverfahren, 2000; Loos, Anm. zum Beschluss des BGH v. 20.12.2002 – StB 15/02, NStZ 2003, 680; Marxen/Tiemann, Die Korrektur des Rechtsfolgenausspruchs im Wege der Wiederaufnahme, StV 1992, 534; Matt/Renzikowski (Hrsg.), Strafgesetzbuch Kommentar, 2. Aufl. 2020; J. Meyer, Anm. zum Beschluss des OLG Hamm v. 19.12.1968 – 1 Ws 336/67, NJW 1969, 805, NJW 1969, 1360; J. Meyer, Der „Fall Ossietzky" – auch eine Sache des Gesetzgebers, ZRP 1993, 284; HE Müller, Anm. zum Beschluss des LG Hannover v. 8.12.1995 – 52 StVK 92/95 – 3 Ws 5/96, JR 1997, 124; Peters, Beiträge zum Wiederaufnahmerecht – Zulässigkeitsprobleme, FS für Eduard Kern, 1968, S. 335; Peters, Literaturbericht zu Deml, Peter: Zur Reform der Wiederaufnahme des Strafverfahrens, ZStW 94 (1982), 1035; Rieß, Anm. zum Beschluss des OLG Koblenz v. 13.1.1981 – 1 Ws 761/80, JR 1981, 522; Satzger, Die Europäisierung des Strafrechts, 2001; Schenke, Strafbarkeit der Zuwiderhandlung gegen einen sofort vollziehbaren, nachträglich aufgehobenen strafbewehrten Verwaltungsakt?, JR 1970, 449; Schneider, Die Wiederaufnahme rechtskräftig abgeschlossener nationaler Verfahren nach EuGH-Entscheidungen, EuR 2017, 433; Weigend, Die Europäische Menschenrechtskonvention als deutsches Recht – Kollisionen und ihre Lösungen, StV 2000, 384; Wessels/Hettinger/Engländer, Strafrecht BT 1, 47. Aufl. 2023; Zimmermann, Das neue Recht der Sicherungsverwahrung (ohne JGG), HRRS 2013, 164. S. a. Schrifttum Vor § 359.

Übersicht

	Rn.		Rn.
A. Grundlagen	1	**B. Die Wiederaufnahmegründe des § 359 im Einzelnen**	17
I. Die gesetzliche Systematik der Wiederaufnahmegründe zugunsten des Verurteilten	1	**I. Unechte oder verfälschte Urkunde (Nr. 1)**	17
1. Verfahrens-, Feststellungs- und Rechtsanwendungsmängel	1	1. Urkunde	17
		2. Unecht oder verfälscht	19
2. Verhältnis der Wiederaufnahmegründe zueinander	2	3. Als echt vorgebracht	20
		4. Zuungunsten des Verurteilten	22
II. Die Wiederaufnahmeziele	4	5. Antragsbegründung	23
1. Verfolgung zulässiger Wiederaufnahmeziele	4	**II. Strafbare falsche Aussage oder strafbares falsches Gutachten (Nr. 2)**	24
2. Die Freisprechung	6	1. Zeuge oder Sachverständiger	24
		2. Aussagedelikt	25
3. Die geringere Bestrafung in Anwendung eines milderen Strafgesetzes	7	3. Zuungunsten des Verurteilten	26
		4. Antragsbegründung	27
4. Die wesentlich andere Entscheidung über eine Maßregel	11	**III. Strafbare Amtspflichtverletzung (Nr. 3)**	28
5. Die Einstellung des Verfahrens	13	1. Beim Urteil mitwirkender Richter oder Schöffe	28
6. Reine Schuldspruchänderung	15		
7. Geringere Bestrafung aufgrund eines anderen, jedoch nicht milderen Gesetzes	16	2. Strafbare Amtspflichtverletzung in Beziehung auf die Sache	29

		Rn.			Rn.
3.	Keine Veranlassung durch den Verurteilten	31	1.	Allgemeines	66
4.	Antragsbegründung	32	2.	Feststellung einer Konventionsverletzung durch den EGMR	67
IV.	**Aufgehobenes zivilgerichtliches Urteil (Nr. 4)**	33	3.	Beruhen	68
1.	Zivilgerichtliches Urteil	33	4.	Persönlicher Anwendungsbereich	69
2.	Durch ein anderes, rechtskräftig gewordenes Urteil aufgehoben	34	5.	Wiederaufnahmeziele	70
3.	Grundlage des Strafurteils	35	6.	Antragsbegründung	71
4.	Antragsbegründung	36	C.	**Der Wiederaufnahmegrund des § 79 Abs. 1 BVerfGG**	72
V.	**Neue geeignete Tatsachen oder Beweismittel (Nr. 5)**	37	I.	Allgemeines	72
1.	Allgemeines	37	II.	Die Voraussetzungen der Wiederaufnahme im Einzelnen	74
2.	Tatsachen oder Beweismittel	38	1.	Anwendungsbereich	74
3.	Neuheit	44		a) Nichtigkeits- oder Unvereinbarkeitserklärung des BVerfG oder LVerfG	75
	a) Maßgeblicher Zeitpunkt	45		b) Verfassungswidrige Norm	77
	b) Maßgeblicher Personenkreis	46		c) Verfassungswidrige Auslegung einer Norm	78
	c) Neue Tatsachen	47			
	d) Neue Beweismittel	50		d) Feststellung einer Verletzung des Unionsrechts durch den EuGH	79
4.	Geeignetheit	55			
	a) Allgemeines	55	2.	Anfechtungsgegenstand	80
	b) Prognosestandpunkt	57	3.	Beruhen	81
	c) Prognosemaßstab	61	4.	Nach den Vorschriften der StPO	82
	d) Prüfungsdichte	64	5.	Antragsbegründung	83
5.	Beibringen	65			
VI.	**Vom EGMR festgestellte Verletzung der EMRK (Nr. 6)**	66	III.	**Das Wiederaufnahmeverfahren**	84

A. Grundlagen

I. Die gesetzliche Systematik der Wiederaufnahmegründe zugunsten des Verurteilten

1 1. Verfahrens-, Feststellungs- und Rechtsanwendungsmängel. In § 359 finden sich die wichtigsten der gesetzlich abschließend geregelten (dazu → Vor § 359 Rn. 5) Gründe für eine Wiederaufnahme zugunsten des Verurteilten. Daneben ist noch § 79 Abs. 1 BVerfGG von Bedeutung, der systematisch als Nr. 7 des § 359 zulesen ist (näher → Vor § 359 Rn. 36). Als Wiederaufnahmegründe sieht das Gesetz hauptsächlich gewisse schwerwiegende **Verfahrensmängel** (die richterliche Integrität und bestimmte Beweismittel betr., Nr. 1–4) sowie **Feststellungsmängel** hinsichtlich der Tatsachenermittlung (Nr. 5) an.[1] **Rechtsanwendungsmängel** (soweit sie nicht mit einem Grund nach Nr. 1–4 verbunden sind) können dagegen nur im engen Rahmen der Nr. 6 und des § 79 Abs. 1 BVerfGG geltend gemacht werden. Das bedeutet: Außerhalb des Geltungsbereichs dieser Regelungen scheiden selbst schwere Rechtsanwendungsfehler – solange sie keine Rechtsbeugung darstellen[2] – als Wiederaufnahmegründe aus.[3]

---

[1] Tiemann in KK-StPO Rn. 1; Peters Fehlerquellen Bd. III S. 44.
[2] Zur Sperrwirkung des § 339 vgl. BGH 7.12.1956 – 1 StR 56/56, BGHSt 10, 294 = NJW 1957, 1158; BGH 15.9.1995 – 5 StR 713/94, BGHSt 41, 247 (255) = NJW 1995, 3324 (3326); Kuhlen in NK-StGB StGB § 339 Rn. 90 ff.; Kudlich in Satzger/Schluckebier/Widmaier StGB StGB § 339 Rn. 35.
[3] Frister in SK-StPO Rn. 3. Eine Reform befürworten u.a. Deml S. 114 ff.; Hanack JZ 1973, 393 (401); J. Meyer ZRP 1993, 284; abl. Bajohr S. 129 ff.; Rieß NStZ 1994, 153 (158). Für eine Anwendbarkeit des § 359 Nr. 5 auf bestimmte Rechtsanwendungsfehler bereits de lege lata Peters Fehlerquellen Bd. III S. 63 f. (näher dazu → Rn. 42).

2. Verhältnis der Wiederaufnahmegründe zueinander. IdR beruht auch die 2
Annahme der Wiederaufnahmegründe der Nr. 1–4 auf neuen Tatsachen und Beweismitteln,
so dass normalerweise ebenfalls der Wiederaufnahmegrund der Nr. 5 vorliegt.[4] Teilw. wird
deshalb dafür plädiert, die erstgenannten Gründe im letztgenannten aufgehen zu lassen.[5]
Ein Unterschied besteht allerdings insoweit, als die Nr. 3 einen **absoluten Wiederaufnahmegrund** darstellt. Bei ihm bedarf es anders als bei den **relativen Wiederaufnahmegründen,** zu denen neben Nr. 1, 2, 4 und 6 auch Nr. 5 gehört, keines Nachw., dass sich der
Mangel zulasten des Verurteilten inhaltlich auf das Urteil ausgewirkt hat.[6] Umgekehrt fällt
Nr. 5 nicht unter die Regelung des § 364, der die Zulässigkeit eines auf die **Behauptung
einer Straftat** gegründeten Wiederaufnahmeantrags einschränkt, vgl. § 364 S. 2. Fehlt es
bei den in Nr. 2 u. 3 genannten Gründen an einer rechtskräftigen Verurteilung, lässt sich
der Wiederaufnahmeantrag daher immer noch auf Nr. 5 stützen (näher → § 364 Rn. 1).[7]
In der Praxis kommt dem Wiederaufnahmegrund der Nr. 5 denn auch die weitaus größte
Bedeutung zu.[8]

Ohne Weiteres können mehrere Wiederaufnahmegründe **nebeneinander** geltend 3
gemacht werden.[9] Ferner ist das Wiederaufnahmegericht, entgegen einer in der Rspr. vereinzelt vertretenen Ansicht,[10] nicht gehindert, im Hinblick auf den vom Antragsteller vorgetragenen Sachverhalt einen anderen Wiederaufnahmegrund zu bejahen als den im Antrag
geltend gemachten,[11] also zB Nr. 5 statt Nr. 2.

II. Die Wiederaufnahmeziele

1. Verfolgung zulässiger Wiederaufnahmeziele. Der ganz hM zufolge muss der 4
Antragsteller mit den vorgebrachten Wiederaufnahmegründen des § 359 ein zulässiges Wiederaufnahmeziel verfolgen.[12] In Betracht kommen hier zunächst die in § 359 Nr. 5 ausdrücklich genannten: (1) die **Freisprechung,** (2) die **geringere Bestrafung** in Anwendung eines **milderen Strafgesetzes** und (3) die **wesentlich andere Entscheidung** über
eine **Maßregel** der Besserung und Sicherung. Über den Wortlaut hinaus gelten sie nach
allgM nicht nur für Nr. 5, sondern für sämtliche Wiederaufnahmegründe, stellen also insoweit generell zulässige Wiederaufnahmeziele dar.[13] Ebenfalls als generell zulässiges Wiederaufnahmeziel zählt aus teleologischen Gründen die **Einstellung des Verfahrens,** soweit
sie dem Freispruch in der Wirkung gleichkommt (dazu → Rn. 13 ff.).[14]

Umstr. ist, ob es daneben noch weitere zulässige Ziele gibt. In Betracht kommen etwa 5
die bloße **Schuldspruchänderung** und die geringere Bestrafung in Anwendung eines
anderen, aber nicht milderen **Strafgesetzes.** Beachtet man Wortlaut und Systematik des
§ 359, gilt hier Folgendes: Aus dem Merkmal „zugunsten des Verurteilten" ergibt sich, dass
das Ziel der Wiederaufnahme in einer **Besserstellung** des Verurteilten bestehen muss.
Relevant wird dies etwa bei der bloßen Schuldspruchänderung (→ Rn. 15) oder der Ersetzung durch einen Straftatbestand mit demselben Strafrahmen (dazu → Rn. 16). Ferner folgt

---

[4] Tiemann in KK-StPO Rn. 3; Frister in SK-StPO Rn. 4.
[5] Deml S. 103 ff. (Ausnahme: Nr. 3); J. Meyer S. 93 ff.; abl. Peters ZStW 94 (1982), 1035 (1036 f.).
[6] Eschelbach in KMR-StPO Rn. 21; Tiemann in KK-StPO Rn. 2; Schuster in Löwe/Rosenberg Rn. 1; Peters Fehlerquellen Bd. III S. 44; Wasserburg S. 270 f. – mit allerdings teilw. unterschiedlichen Einordnungen der Wiederaufnahmegründe als absolut oder relativ.
[7] LG Regensburg 19.6.2009 – 1 Ns 127 Js 27875/08 WA, StraFo 2009, 522 (523); Rotsch in Krekeler/Löffelmann/Sommer Rn. 4; Eschelbach in KMR-StPO Rn. 22; Frister in SK-StPO Rn. 6.
[8] Eschelbach in KMR-StPO Rn. 4; Schuster in Löwe/Rosenberg Rn. 6.
[9] Rotsch in Krekeler/Löffelmann/Sommer Rn. 3; Schuster in Löwe/Rosenberg Rn. 7; Kaspar in Satzger/Schluckebier/Widmaier StPO Rn. 1. S. dazu auch Schneidewin JZ 1957, 537; Wasserburg S. 272 f.
[10] OLG Hamburg 8.2.2000 – 2 Ws 287/99, NStZ-RR 2000, 241 (242 f.).
[11] Kaspar in Satzger/Schluckebier/Widmaier StPO Rn. 1.
[12] Krit. allerdings Frister in SK-StPO Rn. 7 f.
[13] Temming in Gercke/Julius/Temming/Zöller Rn. 2; Marxen/Tiemann Strafsachen Rn. 69; Kaspar in Satzger/Schluckebier/Widmaier StPO Rn. 2.
[14] OLG Bamberg 11.2.1955 – Ws 27/55, NJW 1955, 1121; Singelnstein in BeckOK StPO Rn. 7; Tiemann in KK-StPO Rn. 4; Schuster in Löwe/Rosenberg Rn. 125.

aus der Aufzählung in Nr. 5 eine Begrenzung der zulässigen Wiederaufnahmeziele nur für den dort genannten Wiederaufnahmegrund.[15] Gegen eine Übertragung auf die anderen Wiederaufnahmegründe spricht, dass sie eine entspr. Festlegung gerade nicht enthalten. Eine **allg. Einschränkung** findet sich jedoch in § 363. Keine zulässigen Wiederaufnahmeziele sind danach (1) die geringere Bestrafung in Anwendung **desselben Strafgesetzes** und (2) eine Milderung der Strafe wegen **verminderter Schuldfähigkeit** gem. § 21 StGB. Allerdings ist § 363 nicht anwendbar bei den Wiederaufnahmegründen aus Nr. 6 (vgl. → Rn. 70) und § 79 Abs. 1 BVerfGG (näher → Rn. 83). Eine weitere Einschränkung gilt für die Wiederaufnahme zugunsten bereits **verstorbener Verurteilter.** Hier kann, wie sich aus § 371 Abs. 1 ergibt, nur eine Freisprechung sowie (wiederum aus teleologischen Gründen) eine der Freisprechung gleichkommende Verfahrenseinstellung erstrebt werden.[16]

6 **2. Die Freisprechung.** Dieses Ziel kann auf alle Umstände gestützt werden, aufgrund derer der Verurteilte in einer neuen Hauptverhandlung freizusprechen wäre – zB Fehlen der Täterschaft, mangelnder Vorsatz (bei Vorsatzdelikt), Vorliegen eines Rechtfertigungs-, Entschuldigungs-, Strafausschließungs- oder Strafaufhebungsgrundes. Dass bei einer geltend gemachten Schuldunfähigkeit gem. **§ 20 StGB** an die Stelle der Strafe womöglich eine **Maßregel** der Besserung und Sicherung tritt, spielt für die Zulässigkeit des Wiederaufnahmeantrags keine Rolle;[17] entscheidend ist allein, dass auch hier ein Freispruch angestrebt wird. Nicht als Freisprechung zählt das Absehen von Strafe und die Straffreierklärung, da ihnen ein Schuldspruch zugrunde liegt (zur Frage, ob sie als geringere Bestrafung angesehen werden können, → Rn. 10).[18] Macht der Antragsteller geltend, der Verurteilte habe eine **fremde Tat** auf sich genommen, steht die etwaige Strafbarkeit nach §§ 145d, 258 StGB dem Wiederaufnahmeziel der Freisprechung nicht entgegen, da es sich um eine **andere prozessuale Tat** handelt.[19] Bei einer **Wahlfeststellung** genügt es, wenn sich die Wiederaufnahme nur gegen die Bejahung eines der Delikte richtet, da das andere, nicht angegriffene Delikt – weil lediglich wahlweise festgestellt – allein die Verurteilung nicht zu tragen vermag und der Angeklagte deshalb insges. freizusprechen wäre.[20] Ist der Angeklagte wegen mehrerer Taten in **Tatmehrheit** gem. § 53 StGB verurteilt worden, kann zulässigerweise mit der Wiederaufnahme auch ein **Teilfreispruch** erstrebt werden;[21] dass die tatmehrheitlich verwirklichten Delikte ggf. prozessual eine Tat iSd § 264 darstellen, steht dem nicht entgegen.[22] Bei einer Verurteilung wegen **fortgesetzter Handlung** muss sich der Antrag für einen Teilfreispruch gegen alle Einzelakte bis auf einen richten; anderenfalls – so die hM – geht es nur um eine andere Strafbemessung aufgrund desselben Gesetzes und damit um ein nach § 363 Abs. 1 unzulässiges Ziel.[23] In der Praxis wird dieses Problem freilich aufgrund

---
[15] BGH 20.12.2002 – StB 15/02, BGHSt 48, 153 (158) = NJW 2003, 1261 (1262) mAnm Loos NStZ 2003, 680; Marxen/Tiemann Strafsachen Rn. 70; Kaspar in Satzger/Schluckebier/Widmaier StPO Rn. 2; aA OLG Celle 25.2.2010 – 2 Ws 13/10, NStZ-RR 2010, 251 (252).
[16] Rotsch in Krekeler/Löffelmann/Sommer Rn. 8.
[17] Marxen/Tiemann Strafsachen Rn. 72; Kaspar in Satzger/Schluckebier/Widmaier StPO Rn. 3.
[18] So die hM; vgl. Singelnstein in BeckOK StPO Rn. 34; Eschelbach in KMR-StPO Rn. 182; Schuster in Löwe/Rosenberg Rn. 122. Nach Marxen/Tiemann Strafsachen Rn. 86 stehen sie einem Freispruch in ihrer praktischen Wirkung gleich. Das erscheint indes aufgrund der bereits mit dem Schuldspruch als solchem verbundenen Beschwer nicht zutr.
[19] BayObLG 25.7.1984 – RReg 1 St 75/84, NStZ 1984, 569 (zur Frage der prozessualen Tat); Tiemann in KK-StPO Rn. 30; Schuster in Löwe/Rosenberg Rn. 121; Marxen/Tiemann Strafsachen Rn. 74 f.; Schmitt in Meyer-Goßner/Schmitt Rn. 38; aA Peters Fehlerquellen Bd. III S. 43, wonach nur das Ziel einer geringeren Bestrafung in Anwendung eines milderen G in Betracht kommen soll.
[20] Tiemann in KK-StPO Rn. 31; Schuster in Löwe/Rosenberg Rn. 124; Schmitt in Meyer-Goßner/Schmitt Rn. 38; Hohmann in Radtke/Hohmann Rn. 41.
[21] LG Stuttgart 20.11.2000 – 2 Qs 49/00, StV 2003, 233 (234); Rotsch in Krekeler/Löffelmann/Sommer Rn. 35; Tiemann in KK-StPO Rn. 30; Schuster in Löwe/Rosenberg Rn. 123; Schmitt in Meyer-Goßner/Schmitt Rn. 38.
[22] Kaspar in Satzger/Schluckebier/Widmaier StPO Rn. 3.
[23] OLG Düsseldorf 24.11.1992 – 1 Ws 1077/92, 1 Ws 1134-1135/92, VRS 84 (1993), 298 (300 f.); OLG München 15.9.1981 – 1 Ws 743/81, MDR 1982, 250; OLG Oldenburg 29.5.1952 – Ws 39/52, NJW 1952, 1029; Gössel in Löwe/Rosenberg, 26. Aufl. 2009, Vor § 359 Rn. 86; Schmitt in Meyer-Goßner/

der durch die Rspr. bereits vor einiger Zeit erfolgten faktischen Abschaffung der Figur des Fortsetzungszusammenhangs[24] zunehmend an Bedeutung verlieren.

3. Die geringere Bestrafung in Anwendung eines milderen Strafgesetzes. Der 7 Wiederaufnahmeantrag bezweckt unstr. eine **geringere Bestrafung,** wenn die **Hauptstrafe** abgesenkt werden soll. Dagegen soll nach hM das Ziel des Wegfalls oder der Milderung von **Nebenstrafen** oder **Nebenfolgen** nicht ausreichen.[25] Soweit es um eine Nebenstrafe geht (nach derzeitigem Recht kommt hier nur das Fahrverbot gem. § 44 StGB in Betracht), ist ein solches restriktives Verständnis indes nicht nur vom Wortlaut nicht geboten. Es trägt auch der empfindlichen Wirkung, die dieser Sanktion zukommen kann, nicht hinreichend Rechnung. Die besseren Gründe sprechen daher dafür, auch den Wegfall bzw. die Milderung der Nebenstrafe als zulässiges Wiederaufnahmeziel anzusehen.[26]

Als **milderes Gesetz** zählt jedes Gesetz, das im Mindest- oder Höchstmaß eine **gerin-** 8 **gere Strafdrohung** enthält, dem im Vergleich zum der Verurteilung zugrundeliegenden Gesetz strafbarkeitserhöhende Umstände fehlen oder das **strafbarkeitsvermindernde Umstände** vorsieht.[27] Zugleich darf es sich wegen § 363 Abs. 1 nicht um **dasselbe,** sondern muss sich um ein **anderes Gesetz** handeln. Die Abgrenzung ist dabei äußerst umstr. (ausf. → § 363 Rn. 5 ff.); jedenfalls kann ein anderes Gesetz ohne weiteres auch vorliegen, wenn die Regelungen in demselben Paragrafen enthalten sind (zB wenn eine Verurteilung nach § 250 Abs. 1 anstelle Abs. 2 erstrebt wird).[28]

Als klare Fälle der Anwendung eines anderen, milderen Gesetzes gelten u.a. die 9 Verurteilung aus der Privilegierung anstelle des Grundtatbestands[29] oder aus dem Grundtatbestand anstelle der Qualifikation,[30] wegen Tateinheit statt Tatmehrheit,[31] wegen Beihilfe anstelle Täterschaft oder Anstiftung,[32] wegen Versuchs statt Vollendung,[33] wegen versuchter Anstiftung statt Anstiftung zum Versuch, wegen Strafvereitelung oder Begünstigung statt Begehung der Haupttat,[34] wegen einer weniger schwerwiegenden Rauschtat im Falle des § 323a StGB,[35] unter Annahme eines vermeidbaren Verbotsirrtums[36] oder eines vermeidbaren Entschuldigungstatumstandsirrtums, unter Anwendung von Jugendstatt Erwachsenenstrafrecht.[37] Benannte Strafmilderungsgründe wie § 213 Alt. 1 StGB stellen ebenfalls ein anderes Gesetz dar.[38] Bei Regelbsp. ist dies umstr. (näher → § 363

Schmitt Rn. 38; für eine Gleichstellung mit dem Teilsfreispruch, wenn eine Reduzierung der Verurteilung um wesentliche Teile der fortgesetzten Handlung erstrebt wird, hingegen LG Bielefeld 22.1.1986 – Qs 846/85, NStZ 1986, 282 (283); Tiemann in KK-StPO Rn. 33; Marxen/Tiemann Strafsachen Rn. 78; Wasserburg S. 331 f.

[24] BGH 3.5.1994 – GSSt 2/93, BGHSt 40, 138 = NJW 1994, 1663.
[25] Temming in Gercke/Julius/Temming/Zöller Rn. 28; Tiemann in KK-StPO § 363 Rn. 3; Schmitt in Meyer-Goßner/Schmitt Rn. 40.
[26] Eschelbach in KMR-StPO Rn. 188; Schuster in Löwe/Rosenberg Rn. 126; Kaspar in Satzger/Schluckebier/Widmaier StPO Rn. 5.
[27] OLG Hamm 28.10.1954 – 2 Ws 355/54, NJW 1955, 565; Temming in Gercke/Julius/Temming/Zöller Rn. 28; Schuster in Löwe/Rosenberg Rn. 129.
[28] Tiemann in KK-StPO § 363 Rn. 4; Kaspar in Satzger/Schluckebier/Widmaier StPO Rn. 5.
[29] OLG Hamm 28.10.1954 – 2 Ws 355/54, NJW 1955, 565.
[30] Singelnstein in BeckOK StPO Rn. 35.
[31] Temming in Gercke/Julius/Temming/Zöller Rn. 28; Eschelbach in KMR-StPO Rn. 192; Schuster in Löwe/Rosenberg Rn. 130.
[32] BVerfG 8.11.1995 – 2 BvR 1885/94, NStZ-RR 1996, 82 (83); Tiemann in KK-StPO § 363 Rn. 6; Schuster in Löwe/Rosenberg Rn. 130.
[33] OLG Hamm 14.1.1964 – 4 Ws 314/63, NJW 1964, 1040; OLG Oldenburg 8.1.1953 – Ws 185/52, NJW 1953, 435.
[34] Schuster in Löwe/Rosenberg Rn. 130; Schmitt in Meyer-Goßner/Schmitt Rn. 41.
[35] OLG Hamm 14.1.1964 – 4 Ws 314/63, NJW 1964, 1040 (1041); Tiemann in KK-StPO § 363 Rn. 7; Schuster in Löwe/Rosenberg Rn. 130.
[36] Schuster in Löwe/Rosenberg Rn. 130; Schmitt in Meyer-Goßner/Schmitt Rn. 41.
[37] OLG Hamburg 8.12.1951 – Ws 356/51, NJW 1952, 1150; Tiemann in KK-StPO § 363 Rn. 4; Schuster in Löwe/Rosenberg Rn. 130.
[38] BGH 20.6.1958 – 5 StR 219/58, BGHSt 11, 361 (363) = NJW 1958, 1309; OLG Hamm 28.10.1954 – 2 Ws 355/54, NJW 1955, 565; OLG Stuttgart 27.8.1968 – 1 Ws 169/68, NJW 1968, 2206; Tiemann

Rn. 7 ff.).³⁹ Nicht als anderes Gesetz sieht die hM dagegen die Regelungen unbenannter Strafmilderungs- oder Strafschärfungsgründe.⁴⁰ Die Bejahung eines minder schweren oder die Ablehnung eines besonders schweren Falles bildet nach dieser – allerdings nicht überzeugenden – Ansicht kein zulässiges Wiederaufnahmeziel (näher dazu → § 363 Rn. 7, 9). Ist der Angeklagte wegen mehrerer Delikte in Tateinheit verurteilt worden, reicht es grds. nicht aus, wenn sich der Wiederaufnahmeantrag nur gegen die Verurteilung nach dem minder schweren Gesetz richtet, da diesem die Strafe nicht entnommen wurde und der Angeklagte somit erneut aus demselben Gesetz verurteilt würde; eine Wiederaufnahme kommt hier daher nur in Betracht, wenn sich der Antrag gegen die Verurteilung nach dem schwereren Gesetz richtet (zu Sonderkonstellationen unter dem Gesichtspunkt der Schuldspruchänderung → § 363 Rn. 10 ff.).⁴¹ Anders verhält es sich freilich in den Fällen, in denen das minder schwere Gesetz nach § 52 Abs. 2 S. 2 StGB die Untergrenze der Strafe bestimmt.⁴² Sind die Delikte gleich schwer, kann der Antragsteller nach hL gegen jede der Verurteilungen vorgehen.⁴³ Wiederum keine zulässigen Wiederaufnahmeziele sind nach hM die Umwandlung der kurzen Freiheitsstrafe in Geldstrafe wegen Wegfalls der Voraussetzungen des § 47 StGB,⁴⁴ die Strafaussetzung zur Bewährung gem. § 56 StGB,⁴⁵ die AnO der Unterbringung in einem psychiatrischen Krankenhaus nach § 63 StGB anstelle der verhängten Freiheitsstrafe bei verminderter Schuldfähigkeit,⁴⁶ sowie die nachträgliche Anrechnung eines Teils der Strafe nach überlanger Verfahrensdauer gem. der sog. Vollstreckungslösung (dazu aber → Rn. 70),⁴⁷ da in all diesen Fällen keine geringere Bestrafung in Anwendung eines anderen Gesetzes erstrebt werde.

10 Zurecht nimmt eine teilw. vertretene Auffassung an, dass mit der Wiederaufnahme auch ein **Absehen von Strafe** gem. § 23 Abs. 3, § 60, § 129 Abs. 5, § 218a Abs. 4 S. 2 StGB und eine **Straffreierklärung** nach § 199 StGB verfolgt werden können.⁴⁸ Wenn der Antragsteller schon eine geringere Strafe anstreben kann, muss das erst recht für den vollständigen Verzicht auf eine Bestrafung gelten. Es handelt sich hierbei gleichsam um den **optimalen** Fall der Milderbestrafung in Anwendung eines anderen Gesetzes.

11 **4. Die wesentlich andere Entscheidung über eine Maßregel.** Maßregeln der Besserung und Sicherung sind die in **§ 61 StGB** genannten Maßnahmen.⁴⁹ Als wesentlich

---

³⁹ in KK-StPO § 363 Rn. 7; Frister in SK-StPO § 363 Rn. 16; aA OLG Düsseldorf 5.6.1984 – 2 Ws 222/84, NStZ 1984, 571.

⁴⁰ Zust. Eschelbach in KMR-StPO Rn. 191; Frister in SK-StPO § 363 Rn. 16; abl. OLG Düsseldorf 5.6.1984 – 2 Ws 222/84, NStZ 1984, 571; Temming in Gercke/Julius/Temming/Zöller § 363 Rn. 2; Tiemann in KK-StPO § 363 Rn. 8; Schuster in Löwe/Rosenberg § 363 Rn. 12.

⁴⁰ Temming in Gercke/Julius/Temming/Zöller Rn. 28; Tiemann in KK-StPO § 363 Rn. 7; aA Arnemann S. 58 f.; Frister in SK-StPO § 363 Rn. 16.

⁴¹ RG 25.5.1929 – 13 J 38/23, JW 1930, 3422 (3423); OLG Hamburg 17.4.1952 – Ws 115/52, MDR 1953, 119 (120); OLG Hamm 16.11.1979 – 4 Ws 695/79, NJW 1980, 717; Rotsch in Krekeler/Löffelmann/Sommer Rn. 35; Schmitt in Meyer-Goßner/Schmitt Rn. 40; aA Peters Fehlerquellen Bd. III S. 94; de lege ferenda auch Tiemann in KK-StPO § 363 Rn. 10; Marxen/Tiemann Strafsachen Rn. 96.

⁴² Frister in SK-StPO § 363 Rn. 17.

⁴³ Temming in Gercke/Julius/Temming/Zöller Rn. 28; Schuster in Löwe/Rosenberg Rn. 128; Schmitt in Meyer-Goßner/Schmitt Rn. 40; aA BGH 20.12.2002 – StB 15/02, BGHSt 48, 153 (155 f.) = NJW 2003, 1261; Tiemann in KK-StPO § 363 Rn. 10.

⁴⁴ OLG Nürnberg 18.5.2015 – 1 Ws 214/15 WA, NStZ-RR 2015, 318.

⁴⁵ OLG Nürnberg 18.5.2015 – 1 Ws 214/15 WA, NStZ-RR 2015, 318; Tiemann in KK-StPO § 363 Rn. 9; Schuster in Löwe/Rosenberg Rn. 130; Schmitt in Meyer-Goßner/Schmitt Rn. 41.

⁴⁶ OLG Köln 5.8.2011 – 2 Ws 426/11, NStZ-RR 2011, 382 (382 f.); Schmitt in Meyer-Goßner/Schmitt Rn. 41; anders dagegen, wenn der Antragsteller einen Fall der Schuldunfähigkeit gem. § 20 StGB geltend macht, da der Antrag hier auf eine Freisprechung abzielt.

⁴⁷ OLG Celle 25.2.2010 – 2 Ws 13/10, NStZ-RR 2010, 251; aA Kaspar in Satzger/Schluckebier/Widmaier StPO Rn. 6.

⁴⁸ Eschelbach in KMR-StPO Rn. 190; Marxen/Tiemann Strafsachen Rn. 86.

⁴⁹ Rotsch in Krekeler/Löffelmann/Sommer Rn. 35; Tiemann in KK-StPO Rn. 36; Kaspar in Satzger/Schluckebier/Widmaier StPO Rn. 7.

andere (den Verurteilten begünstigende) Entscheidung zählen das **Entfallen** der Maßregel, ihre **erhebliche Verkürzung** und ihre **Ersetzung** durch eine nach intersubjektiven Maßstäben mildere Maßregel.[50] Soweit die Ersetzung in Rede steht, stellt sich das Problem, dass es zwischen den verschiedenen Maßregeln hinsichtlich des Schweregrades der Belastung keine feste **Rangfolge** gibt; maßgeblich sind nach ganz hM die Umstände des Einzelfalls.[51] Immerhin lässt sich aber als grobe Leitlinie festhalten:[52] Ambulante Maßregeln wiegen, selbst wenn sie kumuliert werden, idR weniger schwer als stationäre Maßregeln. Von den stationären Maßregeln beschwert die Unterbringung in einer Entziehungsanstalt gem. § 64 StGB den Betroffenen aufgrund der zeitlichen Befristung, vgl. § 67d Abs. 1 S. 1 u. 2 StGB, am geringsten. Hinsichtlich des Verhältnisses der Unterbringung in einem psychiatrischen Krankenhaus nach § 63 StGB zur Sicherungsverwahrung gem. § 66 StGB betont die Rspr., dass erstere kein geringeres, sondern ein anderes Übel darstelle als letztere.[53] Indes dürfte auch in diesem Vergleich die Sicherungsverwahrung idR als ultima ratio aufzufassen sein und damit die schwerwiegendere Maßregel darstellen.[54]

Für die Zulässigkeit des Wiederaufnahmezieles ist es unerheblich, ob die Maßregel **12** neben der Strafe oder isoliert angeordnet wurde.[55] Ferner kann die erstrebte wesentlich andere Entscheidung, im Unterschied zum Zweck der geringeren Bestrafung, auf der **Anwendung desselben Strafgesetzes** beruhen.[56] § 361 Abs. 1 gilt hier ausweislich seines eindeutigen Wortlauts („andere Strafbemessung") nicht.

5. Die Einstellung des Verfahrens. Als zulässiges Wiederaufnahmeziel wird mittler- **13** weile auch die Einstellung des Verfahrens anerkannt, soweit sie dem Freispruch in der Wirkung gleichkommt.[57] Das ist bei den Einstellungsgründen zu bejahen, die das Verfahren **dauerhaft beenden**.[58] Hierzu zählen die Strafunmündigkeit,[59] die Verjährung,[60] das Fehlen eines nicht mehr nachholbaren Strafantrags,[61] das Eingreifen eines AmnestieG[62] sowie die Doppelbestrafung,[63] nicht dagegen die bloß vorübergehende Verhandlungsunfähigkeit des Verurteilten bei der vorangegangenen Verhandlung.[64] Bei der Doppelbestrafung soll nach einer teilw. vertretenen Ansicht alternativ auch gem. § 458 die Unzulässigkeit der Vollstreckung aus dem den Strafklageverbrauch missachtenden Urteil festgestellt werden können;[65]

---

[50] OLG Bremen 21.5.1980 – Ws 107/80, NStZ 1981, 317 (318); Schuster in Löwe/Rosenberg Rn. 132; Marxen/Tiemann StV 1992, 534 (536 f.); Schmitt in Meyer-Goßner/Schmitt Rn. 42.
[51] BGH 11.2.1954 – 4 StR 755/53, BGHSt 5, 312 (314) = NJW 1954, 968 (969); Eschelbach in Matt/Renzikowski StGB § 72 Rn. 5; Kaspar in Satzger/Schluckebier/Widmaier StPO Rn. 8.
[52] Eschelbach in Matt/Renzikowski StGB § 72 Rn. 6 ff.; Kinzig in Schönke/Schröder § 72 Rn. 4 ff.
[53] BGH 11.2.1954 – 4 StR 755/53, BGHSt 5, 312 (314) = NJW 1954, 968 (969); BGH 6.8.1997 – 2 StR 199/97, NStZ 1998, 35; 20.2.2002 – 2 StR 486/01, BGHR StGB § 72 Sicherungszweck 6.
[54] Hanack in LK-StGB StGB § 72 Rn. 15; Eschelbach in Matt/Renzikowski StGB § 72 Rn. 6.
[55] Schuster in Löwe/Rosenberg Rn. 132; Schmitt in Meyer-Goßner/Schmitt Rn. 42.
[56] Rotsch in Krekeler/Löffelmann/Sommer Rn. 35; Eschelbach in KMR-StPO Rn. 194; Schmitt in Meyer-Goßner/Schmitt Rn. 42.
[57] Rotsch in Krekeler/Löffelmann/Sommer Rn. 7; Tiemann in KK-StPO Rn. 34; Schuster in Löwe/Rosenberg Rn. 124; Schmitt in Meyer-Goßner/Schmitt Rn. 39.
[58] OLG Bamberg 11.2.1955 – Ws 27/55, NJW 1955, 1121 (1122); LG Berlin 21.3.2011 – 537 Qs 30/11, NStZ 2012, 352; Marxen/Tiemann Strafsachen Rn. 80; Kaspar in Satzger/Schluckebier/Widmaier StPO Rn. 4.
[59] Brinkmann S. 81 ff.; Schmitt in Meyer-Goßner/Schmitt Rn. 39; Kaspar in Satzger/Schluckebier/Widmaier StPO Rn. 4.
[60] Rotsch in Krekeler/Löffelmann/Sommer Rn. 35; Brinkmann S. 89 ff.; Tiemann in KK-StPO Rn. 34.
[61] OLG Bamberg 11.2.1955 – Ws 27/55, NJW 1955, 1121 (1122); Brinkmann S. 94 ff.; Tiemann in KK-StPO Rn. 34; Marxen/Tiemann Strafsachen Rn. 82.
[62] OLG Bamberg 11.2.1955 – Ws 27/55, NJW 1955, 1121 (1122); Brinkmann S. 97 f.; Tiemann in KK-StPO Rn. 34; Schuster in Löwe/Rosenberg Rn. 125.
[63] LG Berlin 21.3.2011 – 537 Qs 30/11, NStZ 2012, 352; LG Krefeld 9.2.1973 – 8 Qs 63/73, NJW 1973, 1205; Rotsch in Krekeler/Löffelmann/Sommer Rn. 35; Brinkmann S. 98 ff.; Marxen/Tiemann Strafsachen Rn. 83.
[64] Tiemann in KK-StPO Rn. 34; Schmitt in Meyer-Goßner/Schmitt Rn. 39. AA Brinkmann S. 113.
[65] OLG Koblenz 13.1.1981 – 1 Ws 761/80, JR 1981, 520 (521) mkritAnm Rieß; Feiber NStZ 1989, 45; Schmitt in Meyer-Goßner/Schmitt Rn. 39; aA OLG Saarbrücken 14.2.2003 – 1 Ws 224/02, NStZ-

allerdings wird dadurch die gegen Art. 103 Abs. 3 GG verstoßende Verurteilung selbst nicht beseitigt.[66]

14 Die hM fordert darüber hinaus noch, der Einstellungsgrund müsse einen **Tatbezug** aufweisen und dürfe nicht rein **verfahrensbezogener** Natur sein.[67] Somit schiede etwa eine Einstellung wegen extrem überlanger Verfahrensdauer, die der Rspr. zufolge ausnahmsweise ein dauerhaftes Verfahrenshindernis bilden kann,[68] aus. Eine tragfähige Begründung für diese Restriktion bleibt die hM indes schuldig.[69] Weitestgehend Einigkeit besteht darüber, dass die Einstellung nach **§§ 153 ff.** kein zulässiges Wiederaufnahmeziel darstellt.[70] Hierfür spricht zunächst, dass das Wiederaufnahmeverfahren auf die Korrektur gravierender gerichtlicher Fehlentscheidungen beschränkt ist. Eine solche liegt aber nicht vor, wenn es grds. im Ermessen des Gerichts steht (dazu → § 153 Rn. 7), ob es das Verfahren einstellt oder in der Sache so urteilt, wie es dies getan hat.[71] Ferner lässt sich anführen, dass anderenfalls ein Wertungswiderspruch zum Ausschluss der allg. Strafmaßwiederaufnahme in § 363 Abs. 1 entstünde.[72]

15 **6. Reine Schuldspruchänderung.** Nach hM kann in den Fällen der Nr. 1–4, 6 auch die reine Schuldspruchänderung ohne Auswirkung auf das Strafmaß ein zulässiges Wiederaufnahmeziel sein.[73] Der BGH hat dies für einen Fall bejaht, in dem der wegen Völkermordes in Tateinheit mit Mord in 30 Fällen zu lebenslanger Freiheitsstrafe Verurteilte sich mit dem Wiederaufnahmeantrag gegen seine Verurteilung wegen Mordes in 22 Fällen wendete.[74] Zurecht begründet der BGH die Möglichkeit der Schuldspruchänderung hier mit der **eigenständigen Beschwer,** die in einem unrichtigen Schuldspruch als solchem liegen kann. Deshalb scheidet die Schuldspruchkorrektur als Wiederaufnahmeziel auch aus, wenn die Unrichtigkeit des Schuldspruchs den Verurteilten nicht besonders belastet, weil es um rechtsethisch gleichwertige Vorwürfe geht (Bsp.: der Verurteilte macht geltend, die von ihm begangene Tat sei kein Raub, sondern eine räuberische Erpressung).[75] § 363 Abs. 1 steht der Schuldspruchänderung als Wiederaufnahmeziel nicht entgegen, da diese Vorschrift nur den Bereich der reinen Strafzumessung ieS der wiederaufnahmerechtlichen Kontrolle entziehen will.

16 **7. Geringere Bestrafung aufgrund eines anderen, jedoch nicht milderen Gesetzes.** Bislang wenig erörtert wird die Frage, ob der Antragsteller mit der Wiederaufnahme in den Fällen der Nr. 1–4, 6 auch eine geringere Bestrafung aufgrund eines anderen Gesetzes erstreben kann, das über dens. Strafrahmen verfügt und somit nicht milder ist (zB Begünstigung statt mittäterschaftlichem Diebstahl).[76] § 363 Abs. 1 schließt dies jedenfalls nicht aus, da hier gerade nicht die Anwendung desselben Gesetzes in Rede steht (auch → § 363 Rn. 12). Für die Zulässigkeit einer Wiederaufnahme spricht, dass bei einem ande-

---

RR 2003, 180 (181); LG Frankfurt a. M. 8.10.2002 – 7/26 Qs 33/02, NStZ-RR 2003, 80; Müller JR 1997, 124 (125).

[66] Marxen/Tiemann Strafsachen Rn. 84; Frister in SK-StPO Rn. 12.
[67] Tiemann in KK-StPO Rn. 34; Schmitt in Meyer-Goßner/Schmitt Rn. 39; Hohmann in Radtke/Hohmann Rn. 42.
[68] BGH 25.10.2000 – 2 StR 232/00, BGHSt 46, 159 = NJW 2001, 1146 (1148); krit. dazu allerdings Volk/Engländer GK StPO § 14 Rn. 27.
[69] Zur Kritik s. Eschelbach in KMR-StPO Rn. 199; Marxen/Tiemann Strafsachen Rn. 81.
[70] Eschelbach in KMR-StPO Rn. 200; Tiemann in KK-StPO Rn. 34; Schmitt in Meyer-Goßner/Schmitt Rn. 39; aA J. Meyer NJW 1969, 1360 (1361).
[71] Ähnlich auch Frister in SK-StPO Rn. 15; anderer Begründungsansatz bei Marxen/Tiemann Strafsachen Rn. 85.
[72] Eschelbach in KMR-StPO Rn. 200; Frister in SK-StPO Rn. 15.
[73] Singelnstein in BeckOK StPO Rn. 7; Marxen/Tiemann Strafsachen Rn. 70, 109 ff.; aA Schmitt in Meyer-Goßner/Schmitt § 363 Rn. 2; Ziemann JR 2006, 409.
[74] BGH 20.12.2002 – StB 15/02, BGHSt 48, 153 = NJW 2003, 1261 (1261 f.) mAnm Gössel JR 2003, 517; Loos NStZ 2003, 680 (681).
[75] Marxen/Tiemann Strafsachen Rn. 112; Frister in SK-StPO § 363 Rn. 17; in diese Richtung auch Eschelbach in KMR-StPO § 363 Rn. 25.
[76] Vgl. aber Eschelbach in KMR-StPO § 363 Rn. 25; Ziemba S. 110.

ren Deliktstypus für die Strafzumessung neue Aspekte ausschlaggebend werden, insoweit also ungeachtet des übereinstimmenden Strafrahmens grds. eine geringere Bestrafung möglich erscheint. Es geht hier anders als in den Fällen des § 363 Abs. 1 auch nicht lediglich um einzelne, womöglich schwer wägbare Gesichtspunkte der Strafzumessung. Wurde wegen eines der in den Nr. 1–4, 6 aufgezählten Mängel das anzuwendende Strafgesetz falsch bestimmt, fehlt bereits die Grundlage für eine sachgerechte Entscheidung über die Strafbemessung.[77] Freilich besteht aufgrund des übereinstimmenden Strafrahmens hinsichtlich der Eignung, eine geringere Bestrafung zu begründen, eine sog. erweiterte Darlegungslast (näher dazu → § 368 Rn. 43).

B. Die Wiederaufnahmegründe des § 359 im Einzelnen

I. Unechte oder verfälschte Urkunde (Nr. 1)

1. Urkunde. Was als Urkunde iSd § 359 Nr. 1 zählt, bestimmt sich nach ganz üA 17 nicht nach dem prozessualen Urkundenbegriff des § 249,[78] sondern nach dem **materiell-rechtlichen Urkundenbegriff** des § 267 StGB.[79] Dafür spricht, dass sowohl die weiteren Merkmale in Nr. 1 „unecht" und „verfälscht" als auch die vergleichbar gelagerten Wiederaufnahmegründe in den Nr. 2 und 3 ersichtlich auf die Begriffsbildungen des materiellen Strafrechts Bezug nehmen.[80] Eine Urkunde ist folglich, wenn man das herrschende materiell-rechtliche Verständnis zugrunde legt, jede verkörperte Gedankenerklärung, die zum Beweis im Rechtsverkehr geeignet und bestimmt ist und die ihren Aussteller jedenfalls aus den Umständen erkennen lässt.[81] Erfasst werden damit auch Zufallsurkunden und Beweiszeichen (Bspe.: Künstlerzeichen auf dem Gemälde, Nummernschild, TÜV-Prüfplakette, Striche auf dem Bierdeckel), nicht dagegen Augenscheinsobjekte (Bspe.: Fingerabdrücke, Fußspuren), bloße Kennzeichen (Bspe.: Wäschemonogramm, Eigentümerzeichen in Büchern), einfache Abschriften sowie als solche erkennbare Fotokopien oder Ausdrucke zuvor eingescannter Urkunden.[82]

Umstr. ist, ob sich § 359 Nr. 1 auch auf unechte oder verfälschte **technische Aufzeich-** 18 **nungen** iSd § 268 StGB, die nicht unter den materiell-rechtlichen Urkundenbegriff fallen, anwenden lässt. Teile des Schrifttums befürworten hier eine analoge Anwendung.[83] Dem ist jedoch zu widersprechen.[84] Die Wiederaufnahmegründe in § 359 Nr. 1 und § 362 Nr. 1 entsprechen einander und sind deshalb aus systematischen Gründen auch gleich zu interpretieren. IRd § 362 Nr. 1 scheidet eine Analogie jedoch aus, da ein Eingriff in das Justizgrundrecht des Freigesprochenen aus Art. 103 Abs. 3 GG nur auf einer hinreichend bestimmten gesetzlichen Grundlage erfolgen darf.[85] Und bei der Wiederaufnahme zugunsten des Verurteilten ist eine analoge Anwendung entbehrlich; der Umstand, dass eine unechte oder verfälschte technische Aufzeichnung zu dessen Nachteil vorgebracht wurde, stellt regelmäßig eine neue Tatsache gem. § 359 Nr. 5 dar.

---

[77] Zutr. Frister in SK-StPO § 363 Rn. 3.
[78] So aber Tiemann in KK-StPO Rn. 5a; Marxen/Tiemann Strafsachen Rn. 137 ff.; Peters Fehlerquellen Bd. III S. 48.
[79] Rotsch in Krekeler/Löffelmann/Sommer Rn. 11; Temming in Gercke/Julius/Temming/Zöller Rn. 4; Tiemann in KK-StPO Rn. 5; Schuster in Löwe/Rosenberg Rn. 13 f.; Kaspar in Satzger/Schluckebier/Widmaier StPO Rn. 10.
[80] Tiemann in KK-StPO Rn. 5; Eschelbach in KMR-StPO Rn. 40; Frister in SK-StPO Rn. 16; Wasserburg S. 276 f.
[81] BGH 3.7.1952 – 5 StR 151/52, BGHSt 3, 82 (84 f.); 1.7.1959 – 2 StR 191/59, BGHSt 13, 235 (239).
[82] Näher dazu Wessels/Hettinger/Engländer BT 1 Rn. 790 ff.
[83] Singelnstein in BeckOK StPO Rn. 8; Schmitt in Meyer-Goßner/Schmitt Rn. 4 (für eine direkte Subsumtion unter den Urkundenbegriff); Hohmann in Miebach/Hohmann HdB Wiederaufnahme Kap. E Rn. 21.
[84] Abl. auch Tiemann in KK-StPO Rn. 6; Eschelbach in KMR-StPO Rn. 41; Schuster in Löwe/Rosenberg Rn. 16.
[85] Zutr. Frister in SK-StPO Rn. 18.

19 **2. Unecht oder verfälscht.** Die Urkunde ist nach dem herrschenden Verständnis unecht, wenn sie nicht von demjenigen herrührt, der aus ihr als Aussteller („Erklärender") hervorgeht (Erfordernis der Identitätstäuschung);[86] verfälscht ist sie bei nachträglicher Änderung ihres gedanklichen Inhalts unter Erweckung des Anscheins, der Aussteller habe die Erklärung von Anfang an in dieser Form abgegeben.[87] Dass inhaltlich etwas Unwahres erklärt wird (sog. schriftliche Lüge), macht die Urkunde somit nicht unecht.

20 **3. Als echt vorgebracht.** Als vorgebracht gilt die Urkunde, wenn sie in der Hauptverhandlung ordnungsgemäß, dh durch Verlesung, Bekanntgabe durch den Vorsitzenden oder Inaugenscheinnahme (im Falle der Nichtverlesbarkeit, etwa bei Beweiszeichen) als Beweismittel eingeführt wurde.[88] Die Verwendung im Ermittlungs- oder Zwischenverfahren genügt dagegen nicht, ebenso wenig nach hM der Gebrauch lediglich zum Zweck des Vorhalts, da Beweiswert hier allein der auf den Vorhalt folgenden Erklärung des Befragten zukommt.[89] Wer die Urkunde vorgebracht hat, ist unerheblich.

21 Gestritten wird darüber, ob das Vorbringen der Urkunde zugleich eine **Straftat** nach § 267 StGB darstellen muss.[90] Für ein solches Erfordernis können womöglich die Gesetzesmaterialien zur RStPO angeführt werden.[91] Dagegen spricht aber, dass § 359 Nr. 1 gerade nicht den Begriff des Gebrauchens aus § 267 Abs. 1 StGB verwendet und sich „vorbringen" iSd § 359 Nr. 1 und „gebrauchen" iSd § 267 Abs. 1 StGB auch nicht zur Deckung bringen lassen.[92] Das hat zur Folge, dass § 364 Abs. 1 hier keine Anwendung findet. Auch wenn man die Erforderlichkeit eines strafbaren Verhaltens verneint, stellt sich freilich die Frage, ob derjenige, der die Urkunde vorbringt, subjektiv in **Kenntnis** ihrer Unechtheit bzw. Verfälschtheit und **zur Täuschung im Rechtsverkehr** handeln muss. Angeführt wird hierfür, der Zweck des § 359 bestehe gerade darin, die Aufhebung in strafrechtswidriger Weise manipulierter Urteile zu ermöglichen.[93] Diese Argumentation scheitert jedoch schon daran, die Wiederaufnahmegründe der Nr. 4–6 nicht erklären zu können. Führt man den Wiederaufnahmegrund des § 359 Nr. 1 dagegen auf den hohen Beweiswert zurück, der Urkunden üblicherweise zugeschrieben wird, sind Wissen und Wollen des Vorlegenden ohne Bedeutung. Dafür spricht auch, dass der Wortlaut des § 359 Nr. 1 im Unterschied zu § 267 Abs. 1 StGB auf das Merkmal „zur Täuschung im Rechtsverkehr" verzichtet.[94] Ein irrtümliches Vorbringen reicht daher aus.

22 **4. Zuungunsten des Verurteilten.** Nach hM wurde die Urkunde zuungunsten des Verurteilten vorgebracht, wenn nicht ausgeschlossen werden kann, dass sie das Urteil zu seinem Nachteil **beeinflusst hat** (vgl. auch § 370 Abs. 1 Var. 2).[95] Einer aA zufolge soll es dagegen allein darauf ankommen, ob sie **subjektiv** mit dem **Ziel** eingeführt wurde, einen Belastungsbeweis zu führen;[96] inwiefern sie tatsächlich Einfluss auf die Entscheidung gehabt

---

[86] Wessels/Hettinger/Engländer BT 1 Rn. 808.
[87] Wessels/Hettinger/Engländer BT 1 Rn. 828.
[88] Tiemann in KK-StPO Rn. 7; Hohmann in Radtke/Hohmann Rn. 8.
[89] LG Cottbus 26.9.2019 – 23 KLs 24/19, BeckRS 2019, 35485; Tiemann in KK-StPO Rn. 7; Schuster in Löwe/Rosenberg Rn. 20; Schmitt in Meyer-Goßner/Schmitt Rn. 7; aA Eschelbach in KMR-StPO Rn. 53.
[90] Dafür Tiemann in KK-StPO Rn. 9; Marxen/Tiemann Strafsachen Rn. 140; Frister in SK-StPO Rn. 20; abl. OLG Nürnberg 6.8.2013 – 1 Ws 354/13 WA, NJW 2013, 2692 (2694); wohl auch BGH 20.12.2002 – StB 15/02, BGHSt 48, 153 (158) = NJW 2003, 1261 (1262), wonach § 359 Nr. 2 und 3 eine Straftat „zwingend", § 359 Nr. 1 dagegen nur „regelmäßig" zur Voraussetzung hat; Schuster in Löwe/Rosenberg Rn. 19; Schmitt in Meyer-Goßner/Schmitt Rn. 6; Kaspar in Satzger/Schluckebier/Widmaier StPO Rn. 11.
[91] Vgl. Hahn Abt. 3, S. 264 (wo sich die Ausführungen allerdings auf die Wiederaufnahme zuungunsten des Angeklagten beschränken).
[92] Rotsch in Krekeler/Löffelmann/Sommer Rn. 12; Eschelbach in KMR-StPO Rn. 57.
[93] Rotsch in Krekeler/Löffelmann/Sommer Rn. 12.
[94] Schuster in Löwe/Rosenberg Rn. 19.
[95] Tiemann in KK-StPO Rn. 8; Schuster in Löwe/Rosenberg Rn. 23; Schmitt in Meyer-Goßner/Schmitt Rn. 8; Kaspar in Satzger/Schluckebier/Widmaier StPO Rn. 10.
[96] Rotsch in Krekeler/Löffelmann/Sommer Rn. 13; Eschelbach in KMR-StPO Rn. 56.

habe, spiele keine Rolle. Begründet wird das mit dem Argument, die hM vermenge die Begründetheitsanforderungen des § 370 Abs. 1 mit den Zulässigkeitsvoraussetzungen des § 359 Nr. 1; beide Fragen seien aber strikt voneinander zu trennen. Dem ist indes zu widersprechen. Die Wiederaufnahme ist zulässig, wenn der Antragsteller zunächst einen der Wiederaufnahmegründe des § 359 schlüssig vorträgt (Zulässigkeit des Wiederaufnahmeantrags) und der schlüssig vorgetragene Wiederaufnahmegrund dann auch tatsächlich besteht (Begründetheit des Wiederaufnahmeantrags). Letzteres bestimmt sich im Falle des § 359 Nr. 1 u.a. nach dem Kriterium des § 370 Abs. 1 Var. 2. Zulässigkeit der Wiederaufnahme und Begründetheit des Wiederaufnahmeantrags lassen sich somit gerade nicht voneinander trennen; vielmehr sind § 359 Nr. 1 und § 370 Abs. 1 Var. 2 intern miteinander verknüpft. Die besseren Gründe sprechen daher für die Begriffsbestimmung der hM.

5. Antragsbegründung. In der Antragsbegründung sind zu bezeichnen die **Urkunde**, die **Tatsachen**, aus denen ihre Unechtheit oder Verfälschtheit folgt sowie die Umstände, aus denen sich die Einführung als Beweismittel in die Hauptverhandlung ergibt.[97] Die hM fordert zudem die Angabe der Gesichtspunkte, die die Möglichkeit einer nachteiligen Verwertung begründen.[98] Das ist aber unzutr. Während nämlich die Frage formell ordnungsgemäßer Antragsbegründung eine solche der Zulässigkeit ist, spielt die Beruhensfrage nach dem eindeutigen Wortlaut des § 370 Abs. 1 erst bei der Begründetheitsprüfung eine Rolle (näher → § 368 Rn. 17); es wäre aber widersprüchlich, die Zulässigkeit des Antrags von der Angabe eines im Aditionsverfahren gar nicht überprüfungsfähigen Umstands abhängig zu machen.[99] Ebenfalls nicht erforderlich ist die Darlegung der Voraussetzungen des § 364,[100] da nach zutr. Ansicht (vgl. → Rn. 21) eine Straftat nach § 267 StGB nicht vorzuliegen braucht. Hinsichtlich der geeigneten **Beweismittel** → § 368 Rn. 18.

II. Strafbare falsche Aussage oder strafbares falsches Gutachten (Nr. 2)

1. Zeuge oder Sachverständiger. § 359 Nr. 2 verlangt im Unterschied zum Vorbringen der unechten oder verfälschten Urkunde nicht, dass die falsche Zeugenaussage bzw. Gutachtenerstattung gerade in der Hauptverhandlung erfolgt. Es genügt daher auch eine Mitwirkung als Zeuge oder Sachverständiger **außerhalb der Hauptverhandlung** (zB im Ermittlungsverfahren). Aus § 191 S. 1 GVG leitet die hM ab, dass **Dolmetscher** einem Sachverständigen gleichstehen (auch die nächste → Rn. 25).[101]

2. Aussagedelikt. Mit seiner Zeugenaussage bzw. Gutachtenerstattung muss sich der Zeuge bzw. Sachverständige einer **falschen uneidlichen Aussage** gem. § 153 StGB, einem **Meineid** gem. § 154 StGB (ggf. iVm § 155 StGB) oder einem **fahrlässigen Falscheid** gem. § 161 Var. 1 StGB schuldig gemacht haben. Eine vorsätzliche oder fahrlässige falsche Versicherung an Eides statt gem. §§ 156, 161 Var. 2 StGB reicht dagegen nicht. Es müssen **alle Strafbarkeitsvoraussetzungen** vorliegen (allgM).[102] § 359 Nr. 2 scheidet daher aus, wenn die Tat gerechtfertigt ist, der Täter aufgrund eines Schuldausschließungsgrundes (zB Strafunmündigkeit) oder Entschuldigungsgrundes (zB Nötigungsnotstand[103]) ohne Schuld handelte oder im Falle der uneidlichen Falschaussage bereits der Vorsatz fehlt; in Betracht kommt hier nur eine Wiederaufnahme nach § 359 Nr. 5.[104] Das Vorliegen eines Aussagenot-

---

[97] Singelnstein in BeckOK StPO Rn. 11; Eschelbach in KMR-StPO Rn. 64; Marxen/Tiemann Strafsachen Rn. 143.
[98] LG Cottbus 26.9.2019 – 23 KLs 24/19, BeckRS 2019, 35485; Schmitt in Meyer-Goßner/Schmitt Rn. 9; Singelnstein in BeckOK StPO Rn. 11; Marxen/Tiemann Strafsachen Rn. 143.
[99] Zutr. Eschelbach in KMR-StPO Rn. 65.
[100] Kaspar in Satzger/Schluckebier/Widmaier StPO Rn. 12; Eschelbach in KMR-StPO Rn. 58. AA Singelnstein in BeckOK StPO Rn. 11.
[101] Tiemann in KK-StPO Rn. 11; Marxen/Tiemann Strafsachen Rn. 148; Schmitt in Meyer-Goßner/Schmitt Rn. 10; aA Frister in SK-StPO Rn. 23.
[102] S. nur Rotsch in Krekeler/Löffelmann/Sommer Rn. 15; Singelnstein in BeckOK StPO Rn. 12; Schuster in Löwe/Rosenberg Rn. 28; Marxen/Tiemann Strafsachen Rn. 149.
[103] KG 30.7.1996 – 1 AR 415/96 – 4 Ws 55/96, JZ 1997, 629.
[104] Tiemann in KK-StPO Rn. 12; Schuster in Löwe/Rosenberg Rn. 28; Frister in SK-StPO Rn. 22.

stands gem. § 157 StGB ermöglicht dagegen nur eine Strafmilderung oder (bei § 153 StGB) ein Absehen von Strafe, lässt also die Strafbarkeit unberührt und ist somit für § 359 Nr. 2 unschädlich. Der Dolmetscher kann sich nach hM wegen des strafrechtlichen Analogieverbots nicht nach § 153 StGB strafbar machen;[105] freilich dürfte bei ihm wegen § 189 GVG idR eine Strafbarkeit wegen Meineids oder fahrlässigem Falscheid in Rede stehen. Wurde die Tat im **Ausland** begangen, ist entscheidend, ob sie auch im Inland strafbar gewesen wäre.[106]

26 **3. Zuungunsten des Verurteilten.** Wann das falsche Zeugnis bzw. das falsche Gutachten zuungunsten des Beschuldigten abgelegt bzw. erstattet wurde, richtet sich nach hM nach dem gleichen Maßstab wie bei § 359 Nr. 1: Es darf nicht auszuschließen sein, dass das Zeugnis bzw. das Gutachten das Urteil zu seinem Nachteil beeinflusst hat.[107] Bei Zeugenaussagen oder Sachverständigengutachten außerhalb der Hauptverhandlung genügt die Einf. und Verwertung durch eine Protokollverlesung, eine Vorführung der Video-Aufzeichnung der Vernehmung oder die Vernehmung der Verhörperson als Zeuge vom Hörensagen. Auf die Zulässigkeit dieses Vorgehens kommt es dabei nicht an; die Voraussetzungen des § 359 Nr. 2 sind daher auch erfüllt, wenn bspw. das Vernehmungsprotokoll gar nicht hätte verlesen werden dürfen, da die Urteilsgrundlage hier nicht weniger als im Falle einer zulässigen Protokollverlesung erschüttert ist.[108] Nach hM ist es nicht erforderlich, dass gerade der **unwahre Teil** der Zeugenaussage bzw. des Sachverständigengutachtens das Urteil zum Nachteil des Verurteilten beeinflusst hat; vielmehr soll es genügen, wenn die Entscheidung auf **irgendeinem Teil** der Aussage bzw. des Gutachtens beruht, da durch das falsche Zeugnis bzw. das falsche Gutachten in einem Punkt dessen Glaubhaftigkeit insges. in Frage gestellt sei.[109] Dem ist indes zu widersprechen. Dass der Zeuge bzw. der Gutachter nachgewiesenermaßen (und zwar durch rechtskräftiges Strafurteil, vgl. § 364 S. 1) schuldhaft ein Aussagedelikt begangen hat, stellt das zentrale Merkmal und damit das Spezifikum des § 359 Nr. 2 dar. Dann erscheint es indes nur konsequent, wenn hier als Bezugspunkt für das Beruhen des Urteils auch gerade der Teil der Zeugenaussage bzw. des Gutachtens fungieren muss, der die Verurteilung nach §§ 153, 154, 155, 161 StGB begründet. IÜ bleibt wiederum nur die Wiederaufnahme nach § 359 Nr. 5.[110]

27 **4. Antragsbegründung.** Anzugeben sind die **angegriffene Beweiserklärung** und **Erläuterungen zu ihrer Unrichtigkeit**,[111] ferner, dass der Zeuge oder Sachverständige wegen eines Aussagedelikts verurteilt worden ist bzw. die sonstigen **Voraussetzungen des § 364 S. 1** vorliegen.[112] Soweit teilw. die Darlegung eines Ursächlichkeitszusammenhangs zwischen Falschaussage und nachteiliger Entscheidung gefordert wird,[113] geht dies schon deshalb fehl, weil insoweit die Kausalitätsvermutung des § 370 Abs. 1 gilt.[114] Richtigerweise sind Angaben hierzu aus dem unter → Rn. 23 dargelegten Grund sogar vollständig entbehrlich.[115] Hinsichtlich der geeigneten **Beweismittel** → § 368 Rn. 20.

---

[105] Eschelbach in KMR-StPO Rn. 75.
[106] Schuster in Löwe/Rosenberg Rn. 28; Hohmann in Radtke/Hohmann Rn. 11.
[107] BGH 2.5.1983 – 3 ARs 4/83 – StB 15/83, BGHSt 31, 365 (371) = NStZ 1983, 424 (425); Tiemann in KK-StPO Rn. 12; Marxen/Tiemann Strafsachen Rn. 150; Frister in SK-StPO Rn. 25.
[108] Schuster in Löwe/Rosenberg Rn. 26; Frister in SK-StPO Rn. 24.
[109] OLG Düsseldorf 6.12.1949 – Ws 250/49, NJW 1950, 616; Tiemann in KK-StPO Rn. 12; Schuster in Löwe/Rosenberg Rn. 30; Schmitt in Meyer-Goßner/Schmitt Rn. 12; Hohmann in Miebach/Hohmann HdB Wiederaufnahme Kap. E Rn. 36.
[110] Ebenso iE LG Berlin 22.12.2016 – 502 Qs 71/16, NStZ-RR 2017, 121; Rotsch in Krekeler/Löffelmann/Sommer Rn. 17; Frister in SK-StPO Rn. 25.
[111] Singelstein in BeckOK StPO Rn. 14; Marxen/Tiemann Strafsachen Rn. 151.
[112] Eschelbach in KMR-StPO Rn. 99; Schmitt in Meyer-Goßner/Schmitt § 364 Rn. 4.
[113] Schmitt in Meyer-Goßner/Schmitt Rn. 13; Schuster in Löwe/Rosenberg Rn. 31.
[114] Eschelbach in KMR-StPO Rn. 99; Marxen/Tiemann Strafsachen Rn. 151.
[115] AA Marxen/Tiemann Strafsachen Rn. 151, wonach zumindest Darlegungen zur Möglichkeit einer ungünstigen Auswirkung erforderlich sind.

III. Strafbare Amtspflichtverletzung (Nr. 3)

1. Beim Urteil mitwirkender Richter oder Schöffe. Nur die Amtspflichtverletzung eines Richters oder Schöffen, der bei dem Urteil mitgewirkt hat, kann die Wiederaufnahme nach § 359 Nr. 3 begründen. Nicht zum relevanten Personenkreis gehören somit Ermittlungsrichter, nicht eingesetzte Ergänzungsrichter bzw. -schöffen und Richter und Schöffen, die bereits vor der Urteilsberatung ausgeschieden sind. Gleiches gilt für Staatsanwälte, Urkundsbeamte, Verteidiger oder sonstige Prozessbevollmächtigte.[116] Bei Pflichtverletzungen dieser Personen kommt allenfalls eine Wiederaufnahme nach § 359 Nr. 5 in Betracht. Demgegenüber spielt es keine Rolle, wenn der Betr. nicht die formale Qualifikation für das Richteramt erfüllt, so lange die Richterernennung nicht nichtig und damit wirksam ist.[117]

2. Strafbare Amtspflichtverletzung in Beziehung auf die Sache. Der Richter oder Schöffe muss sich einer strafbaren Amtspflichtverletzung schuldig gemacht haben. Freilich braucht es sich bei dem einschlägigen Delikt nicht zwingend um eine Straftat im Amt zu handeln; es genügt, wenn der Täter mit der Deliktsbegehung zugleich seine Amtspflichten verletzt.[118] In Betracht kommen somit u.a. Rechtsbeugung gem. § 339 StGB, Vorteilsannahme oder Bestechlichkeit gem. §§ 331, 332 StGB, Aussageerpressung gem. § 343 StGB, Verfolgung Unschuldiger gem. § 344 StGB, verbotene Mitteilungen über Gerichtsverhandlungen gem. § 353d StGB, Freiheitsberaubung gem. § 339 StGB, Nötigung gem. § 240 StGB oder Urkundenfälschung gem. § 267 StGB.[119] Nicht ausreichend sind demgegenüber nach dem klaren Wortlaut nur disziplinarisch zu ahndende Pflichtverletzungen. Ebenso wenig genügt das Vorliegen von Ausschlussgründen nach §§ 22, 23, 31. Wie bei § 359 Nr. 2 müssen **alle Strafbarkeitsvoraussetzungen** vorliegen. § 359 Nr. 3 scheidet deshalb aus, wenn die Tat gerechtfertigt ist oder der Richter bzw. Schöffe aufgrund eines Schuldausschließungsgrundes oder Entschuldigungsgrundes ohne Schuld handelte.[120]

Des Weiteren muss die strafbare Amtspflicht einen Bezug zur Sache, dh zum **Gegenstand des Strafverfahrens** aufweisen. Sie darf also nicht bloß **bei Gelegenheit** des Strafverfahrens verübt worden sein (zB Beleidigung des Angeklagten durch den Vorsitzenden Richter als „verkommenes Subjekt").[121] Nicht erforderlich ist dagegen ein Nachw., dass das mit der Wiederaufnahme angefochtene Urteil auch auf der Amtspflichtverletzung **beruht**; der Zusammenhang wird hier unwiderleglich vermutet.[122] § 359 Nr. 3 stellt somit einen **absoluten Wiederaufnahmegrund** dar (→ Rn. 2). Allerdings will die Rspr. eine **Ausnahme** machen, wenn in der Berufungsinstanz oder nach einer Zurückverweisung durch das Revisionsgericht gem. § 354 Abs. 2 die tatsächlichen Feststellungen insges. neu getroffen werden.[123] Das verdient zwar iE Zustimmung. Freilich fehlt es in diesen Fällen bereits am Erfordernis der **Mitwirkung** des strafbaren Richters bzw. Schöffen an dem angefochtenen Urteil. Denn die rechtskräftige Entscheidung, gegen die allein sich die Wiederaufnahme richten kann, ist hier das Urteil des Berufungsgerichts bzw. des Gerichts, an das die Sache zurückverwiesen wurde, nicht aber das bereits vollständig aufgehobene Urteil, an dem der strafbare Richter bzw. Schöffe beteiligt war.[124]

---

[116] Eschelbach in KMR-StPO Rn. 104; für eine Erweiterung de lege ferenda Frister in SK-StPO Rn. 26.
[117] Schuster in Löwe/Rosenberg Rn. 34.
[118] Rotsch in Krekeler/Löffelmann/Sommer Rn. 20; Temming in Gercke/Julius/Temming/Zöller Rn. 9; Frister in SK-StPO Rn. 28.
[119] Zu strafbaren Amtspflichtverletzungen im Kontext rechtswidriger Verständigungen s. Ruhs S. 229 ff.
[120] Krit. zu Letzterem Eschelbach in KMR-StPO Rn. 107. Für eine Analogie bei schuldlosem bzw. entschuldigtem Handeln des Richters bzw. Schöffen Ruhs S. 219 ff.
[121] Rotsch in Krekeler/Löffelmann/Sommer Rn. 20; Kaspar in Satzger/Schluckebier/Widmaier StPO Rn. 16.
[122] BGH 2.5.1983 – 3 ARs 4/83 – StB 15/83, BGHSt 31, 365 (372) = NStZ 1983, 424 (425); Tiemann in KK-StPO Rn. 13; Marxen/Tiemann Strafsachen Rn. 155.
[123] BGH 2.5.1983 – 3 ARs 4/83 – StB 15/83, BGHSt 31, 365 (372 f.) = NStZ 1983, 424 (425).
[124] Schuster in Löwe/Rosenberg Rn. 40; Frister in SK-StPO Rn. 27.

31 **3. Keine Veranlassung durch den Verurteilten.** Ausgeschlossen ist die Wiederaufnahme nach § 359 Nr. 3, wenn die strafbare Amtspflichtverletzung vom Verurteilten **unmittelbar** oder **mittelbar**, dh über einen Dritten, veranlasst wurde (Bsp.: der später verurteilte Angeklagte stiftet seinen Bruder dazu an, einem Schöffen ein Bestechungsgeld zu zahlen). Der Verurteilte soll aus seinem Fehlverhalten keinen Vorteil ziehen dürfen.[125] Nicht ausreichend für den Ausschluss der Wiederaufnahme ist allerdings die **bloße Kenntnis** des Verurteilten von einer Veranlassung durch einen Dritten.[126] Ebenso wenig genügt das **bloße Einverständnis** ohne eigenes Zutun, weil die subjektive Billigung das Fehlen einer Veranlassungshandlung nicht zu kompensieren vermag.[127]

32 **4. Antragsbegründung.** Es genügt die eindeutige **Bezeichnung des Richters oder Schöffen** und die Angabe der Amtspflichtverletzung[128] einschließlich des Vorliegens der **Voraussetzungen von § 364 S. 1**.[129] Darlegungen zum ursächlichen Zusammenhang zwischen der strafbaren Amtspflichtverletzung und der angefochtenen Entscheidung sind, da dieser ohnehin unwiderleglich vermutet wird (→ Rn. 30), nach allgA entbehrlich.[130] Angaben zum Nichtvorliegen des Ausschlussgrundes der Selbstveranlassung bedarf es ebenfalls nicht.[131] Hinsichtlich der geeigneten Beweismittel → § 368 Rn. 20.

IV. Aufgehobenes zivilgerichtliches Urteil (Nr. 4)

33 **1. Zivilgerichtliches Urteil.** Historisch bedingt nennt der Wortlaut nur das zivilgerichtliche Urteil. Nach ganz hM stehen ihm aber ein **arbeits-, sozial-, verwaltungs-** und **finanzgerichtliches Urteil** gleich.[132] Eine Einbeziehung aufgehobener **strafrechtlicher Urteile** lehnt die hM dagegen ab.[133] Hierfür lässt sich anführen, dass es insoweit wohl an einer planwidrigen Regelungslücke fehlt. In Betracht kommt dann freilich eine Wiederaufnahme nach § 359 Nr. 5.[134] Umstr. ist, ob § 359 Nr. 4 auch auf nachträglich aufgehobene **VAe** angewendet werden kann. Die hM verneint dies[135] (manche befürworten dann allerdings die Möglichkeit einer Wiederaufnahme nach Nr. 5[136]). Begründet wird die Ablehnung der Wiederaufnahme vorwiegend damit, dass es für das Vorliegen eines strafbewehrten Verstoßes gegen eine behördliche AnO (zB ein Hausverbot) nicht auf ihre materielle Rechtmäßigkeit, sondern nur auf ihre Vollziehbarkeit zum Tatzeitpunkt ankomme. Dass der VA später rückwirkend aufgehoben werde, ändere daran nichts und könne deshalb die Strafbarkeit nicht nachträglich beseitigen.[137] Dem ist jedoch entgegenzuhalten, dass im Falle der materiellen Rechtswidrigkeit des VA der Unrechtsvorwurf sich auf den bloßen Gehorsamsverstoß gegenüber der staatlichen Autorität als solchen reduziert. Damit wird der Unwert der Tat soweit verringert, dass das Strafunrecht entfällt.[138] Deshalb sprechen die besseren

---

[125] Krit. zur Ausschlussklausel Deml S. 110; Eschelbach in KMR-StPO Rn. 108; Wasserburg S. 282.
[126] Tiemann in KK-StPO Rn. 14; Schuster in Löwe/Rosenberg Rn. 41; Frister in SK-StPO Rn. 30.
[127] Frister in SK-StPO Rn. 30; aA wohl Schmitt in Meyer-Goßner/Schmitt Rn. 15.
[128] Marxen/Tiemann Strafsachen Rn. 157; Schmitt in Meyer-Goßner/Schmitt Rn. 16.
[129] KG 13.1.1997 – 1 AR 1568/96 – 4 Ws 219/96, BeckRS 1997, 14905 Rn. 4; Eschelbach in KMR-StPO Rn. 111.
[130] Statt Vieler Schmitt in Meyer-Goßner/Schmitt Rn. 16; Kaspar in Satzger/Schluckebier/Widmaier StPO Rn. 18.
[131] Marxen/Tiemann Strafsachen Rn. 157; Schuster in Löwe/Rosenberg Rn. 42; Eschelbach in KMR-StPO Rn. 111.
[132] Vgl. Rotsch in Krekeler/Löffelmann/Sommer Rn. 21; Tiemann in KK-StPO Rn. 15; Schuster in Löwe/Rosenberg Rn. 44; Krit. jedoch Eschelbach in KMR-StPO Rn. 115.
[133] Temming in Gercke/Julius/Temming/Zöller Rn. 11; Tiemann in KK-StPO Rn. 15; Schuster in Löwe/Rosenberg Rn. 44; aA Frister in SK-StPO Rn. 33; Kaspar in Satzger/Schluckebier/Widmaier StPO Rn. 20.
[134] Tiemann in KK-StPO Rn. 15; Hohmann in Radtke/Hohmann Rn. 24.
[135] BGH 23.7.1969 – 4 StR 371/68, BGHSt 23, 86 (94) = NJW 1969, 2023 (2026); Eschelbach in KMR-StPO Rn. 117; Schuster in Löwe/Rosenberg Rn. 47 f.; Schmitt in Meyer-Goßner/Schmitt Rn. 17.
[136] Hohmann in Miebach/Hohmann HdB Wiederaufnahme Kap. E Rn. 60; Frister in SK-StPO Rn. 34a.
[137] BGH 23.7.1969 – 4 StR 371/68, BGHSt 23, 86 (94) = NJW 1969, 2023 (2026).
[138] Zur Konzeption der sog. Strafunrechtsausschließungsgründe knapp Engländer in Matt/Renzikowski StGB § 32 Rn. 3; grundlegend HL Günther Strafrechtswidrigkeit und Strafunrechtsausschluss.

Gründe dafür, den ex tunc aufgehobenen VA wie das aufgehobene zivilgerichtliche Urteil zu behandeln.[139]

2. Durch ein anderes, rechtskräftig gewordenes Urteil aufgehoben. Die Ent- 34 scheidung muss zunächst aufgehoben worden sein. Soweit es sich dabei um ein Urteil handelt (und nicht ausnahmsweise um einen rechtswidrigen VA) wird es dabei, da die Strafgerichte ihre Entscheidungen üblicherweise nur auf solche Urteile gründen, die bereits rechtskräftig sind, zumeist um eine Beseitigung nicht im Rechtsmittelverfahren, sondern im Wiederaufnahmeverfahren nach den §§ 578 ff. ZPO (auf die auch § 79 ArbGG, § 153 VwGO, § 134 FGO, und – mit Besonderheiten – § 179 SGG verweisen) gehen. Ferner muss die Entscheidung auch durch eine **neue, inhaltlich abw.** Entscheidung ersetzt worden sein, die ihrerseits bereits in Rechtskraft erwachsen ist.[140]

3. Grundlage des Strafurteils. Unstr. ist das Strafurteil auf die aufgehobene Entschei- 35 dung gegründet, wenn es sich bei ihr um ein für das Strafgericht **bindendes zivilrechtliches Gestaltungsurteil** handelt (praxisrelevant zB bei der Verletzung der Unterhaltspflicht gem. § 170 StGB). Darüber hinaus genügt es nach ganz hM aber auch, dass sie, obgleich nicht bindend (vgl. § 262), sonst im Wege des **Urkundenbeweises** verwertet wurde.[141] Nicht unter § 359 Nr. 4 fällt hingegen die **Nichtverwertung** einer mit dem Strafurteil in Widerspruch stehenden Entscheidung; deshalb reicht es auch nicht aus, dass nachträglich eine abw. Entscheidung ergeht.[142]

4. Antragsbegründung. Zur Antragsbegründung muss **das weggefallene Präjudiz** 36 benannt sowie dargelegt werden, dass dieses Grundlage der angefochtenen Entscheidung gewesen ist.[143] Zu bezeichnen ist außerdem **die aufhebende Entscheidung** unter Darlegung ihrer Rechtskraft.[144] Hinsichtlich der geeigneten **Beweismittel** → § 368 Rn. 23.

V. Neue geeignete Tatsachen oder Beweismittel (Nr. 5)

1. Allgemeines. § 359 Nr. 5 stellt den mit weitem Abstand praktisch bedeutsamsten 37 Wiederaufnahmegrund dar. Er verlangt, dass **Tatsachen** oder **Beweismittel** beigebracht werden, die **neu** und zudem auch **geeignet** sind, um eines der drei explizit genannten Wiederaufnahmeziele oder (soweit sie dem Freispruch gleichkommt) eine Einstellung zu erreichen (vgl. → Rn. 13 ff.). Diese Anforderungen sind bei der Gesetzesinterpretation begrifflich klar voneinander zu unterscheiden und sollten nicht miteinander verschliffen werden.

2. Tatsachen oder Beweismittel. Eine Tatsache ist zunächst ein Umstand, der wirk- 38 lich besteht. Hierzu zählen alle Ereignisse, Verhältnisse und Zustände der Vergangenheit oder Gegenwart, aber auch die logischen oder mathematischen Wahrheiten. Des Weiteren folgt aus der Formulierung „oder in Verbindung mit den früher erhobenen Beweisen", dass als Tatsache iSd § 359 Nr. 5 nur solche Umstände gelten, die auch Thema der strafprozessualen Beweisaufnahme sein können, die also als **Beweisgegenstand im Strafverfahren** in Frage kommen. Der wiederaufnahmerechtliche Tatsachenbegriff ist somit enger als der wissenschaftstheoretische. Relevant wird dies etwa für die Frage, inwieweit auch rechtliche Bewertungen als sog. „Rechtstatsachen" unter § 359 Nr. 5 fallen (dazu → Rn. 42).

---

[139] Ebenso iE LG Berlin 22.12.2016 – 502 Qs 71/16, NStZ-RR 2017, 121; Tiemann in KK-StPO Rn. 15b; Kaspar in Satzger/Schluckebier/Widmaier StPO Rn. 20; Schenke JR 1970, 449 (451 ff.); zumindest für die Möglichkeit einer Wiederaufnahme auch BVerfG 23.5.1967 – 2 BvR 534/62, BVerfGE 22, 21 (27) = NJW 1967, 1221 (1222).
[140] Schuster in Löwe/Rosenberg Rn. 45; Marxen/Tiemann Strafsachen Rn. 164.
[141] Tiemann in KK-StPO Rn. 16; Schmitt in Meyer-Goßner/Schmitt Rn. 19; Frister in SK-StPO Rn. 32; krit. Temming in Gercke/Julius/Temming/Zöller Rn. 12.
[142] Tiemann in KK-StPO Rn. 16; Frister in SK-StPO Rn. 32.
[143] Kaspar in Satzger/Schluckebier/Widmaier StPO Rn. 21; Schmitt in Meyer-Goßner/Schmitt Rn. 20.
[144] Singelnstein in BeckOK StPO Rn. 19; Marxen/Tiemann Strafsachen Rn. 166; Eschelbach in KMR-StPO Rn. 121.

39 Näherhin lassen sich die Tatsachen unterscheiden in materielle Tatsachen, Beweistatsachen ieS und Prozesstatsachen. **Materielle Tatsachen** sind zunächst die Umstände, die den Ausschlag dafür geben, ob die begrifflichen Merkmale der Straftat erfüllt sind oder nicht.[145] Dazu zählen etwa auf der Tatbestandsebene die Tätereigenschaft oder die Kenntnis der Tatumstände (beim Vorsatzdelikt), auf der Rechtswidrigkeitsebene das Bestehen einer Rechtfertigungslage sowie auf der Schuldebene das für die Strafmündigkeit relevante Alter oder das Vorliegen einer die Schuldunfähigkeit begründenden geistigen Erkrankung. Ferner gehören zu den materiellen Tatsachen auch die Umstände, die für die Rechtsfolgenentscheidung ausschlaggebend sind, also zB ein zum Strafausschluss führendes Angehörigenverhältnis, ein für die Unterbringung in einer Entziehungsanstalt ausschlaggebender Hang zu alkoholischen Getränken im Übermaß oder das für die Anwendung des Jugendstrafrechts anstelle des Erwachsenenstrafrechts maßgebliche Alter.[146]

40 Um **Beweistatsachen ieS** handelt es sich bei den Umständen, die einen Schluss auf eine Haupttatsache ermöglichen, dh **Indizien** (zB das Blut des Opfers auf der Kleidung eines Dritten und nicht des Verurteilten) und **Erfahrungssätze**. Ferner zählen dazu Tatsachen, die die **Beweiskraft** von Beweisen bzw. Beweismitteln betreffen, also etwa für die Korrektheit eines Sachverständigengutachtens oder die Glaubwürdigkeit eines Belastungszeugen ausschlaggebend sind[147] (zB das Vorliegen einer Persönlichkeitsstörung[148] oder die Entgegennahme einer Geldsumme von einem anderen Verdächtigen). Als neue Beweistatsache erkennt die hM auch den Widerruf einer belastenden Aussage durch den Zeugen[149] oder den Mitangeklagten,[150] den Widerruf eines Geständnisses durch den Verurteilten (auch nach einer Verständigung)[151] und die wesentliche Einlassungsänderung[152] an (gelegentlich nicht ganz präzise als Wegfall eines Beweismittels bezeichnet[153]); zur erweiterten Darlegungslast in diesen Fällen → § 368 Rn. 34–42).

41 **Prozesstatsachen**, dh verfahrensbezogene Sachverhalte, sollen hingegen nach hM grds. nicht unter den Tatsachenbegriff des § 359 Nr. 5 fallen.[154] Freilich schränkt die hM dies sogleich wieder ein und nimmt Umstände, die ein **endgültiges Verfahrenshindernis** begründen können (zB Fehlen eines Strafantrags bzw. Rücknahme vor der Urteilsverkündung, Verjährung, entgegenstehende Rechtskraft), davon aus; hier bleibe eine Wiederaufnahme nach § 359 Nr. 5 möglich.[155] Richtigerweise sind aber auch sonstige verfahrensbezogene Sachverhalte Tatsachen, soweit sie Gegenstand einer Beweisaufnahme sein können (zB die Nicht-Beachtung des Anwesenheitsrechts des Verteidigers bei der Vernehmung eines Zeugen durch den Ermittlungsrichter). Die hM verschleift hier in systematisch nicht überzeugender Weise den Tatsachenbegriff mit dem weiteren Erfordernis der Geeignetheit.[156]

---

[145] Rotsch in Krekeler/Löffelmann/Sommer Rn. 24; Eschelbach in KMR-StPO Rn. 127.
[146] LG Landau 6.11.2002 – 2 Qs 19/02, NStZ-RR 2003, 28.
[147] OLG Braunschweig 9.7.1955 – Ws 69/53, GA 1956, 266; OLG Düsseldorf 8.2.1999 – 1 Ws 826-828/98, NStZ-RR 1999, 245 (246); OLG Frankfurt a. M. 13.7.1966 – 1 Ws 174/66, NJW 1966, 2423 (2424); OLG Hamburg 11.1.1957 – Ws 642/56, NJW 1957, 601; Eschelbach in KMR-StPO Rn. 129; Schuster in Löwe/Rosenberg Rn. 63.
[148] Speziell zu historischen Zeugen Eisenberg FS Amelung, 2009, 585.
[149] BGH 7.7.1976 – 5 (7) (2) StE 15/56, NJW 1977, 59; KG 28.6.1974 – 3 Ws 67/74, JR 1975, 166; OLG Köln 27.12.1962 – 2 WS 446/62, NJW 1963, 967 (968); OLG Rostock 2.3.2006 – 1 Ws 13/06, NStZ 2007, 357; Eschelbach in KMR-StPO Rn. 136; Schuster in Löwe/Rosenberg Rn. 64.
[150] OLG Celle 12.5.1966 – 4 Ws 527/65, JR 1967, 150; OLG Hamburg 30.8.1950 – Ws 248/50, JR 1951, 218; Rotsch in Krekeler/Löffelmann/Sommer Rn. 24; Eschelbach in KMR-StPO Rn. 133.
[151] BGH 7.7.1976 – 5 (7) (2) StE 15/56, NJW 1977, 59; OLG Köln 7.9.1990 – 2 Ws 140/90, NStZ 1991, 96 (97); OLG München 20.11.1980 – 1 Ws 1043/80, NJW 1981, 593 (594); OLG Stuttgart 26.11.1997 – 1 Ws 199/97, NJW 1999, 375 (376); Rotsch in Krekeler/Löffelmann/Sommer Rn. 24; Kaspar in Satzger/Schluckebier/Widmaier StPO Rn. 23.
[152] Rotsch in Krekeler/Löffelmann/Sommer Rn. 24; Eschelbach in KMR-StPO Rn. 134; Schuster in Löwe/Rosenberg Rn. 64.
[153] ZB von Schmidt in KK-StPO, 8. Aufl. 2019, Rn. 29.
[154] KG 1.3.1973 – 2 Ws 24/73, GA 1974, 25 (26); Schmitt in Meyer-Goßner/Schmitt Rn. 22.
[155] Deml S. 69 f.
[156] Zutr. Eschelbach in KMR-StPO Rn. 137.

Das führt insbes. dazu, dass Prozesstatsachen, die ein **Beweisverwertungsverbot** begründen können (zB die Anwendung einer verbotenen Vernehmungsmethode iSd § 136a im Ermittlungsverfahren), bei § 359 Nr. 5 unberücksichtigt bleiben,[157] obwohl sie die Urteilsgrundlage zu erschüttern vermögen. Hierfür gibt es indes keinen Anlass.[158] Es besteht auch keine Gefahr der Ausuferung der Wiederaufnahme nach § 359 Nr. 5 zu einer zeitlich unbefristeten Revision, wenn man Prozesstatsachen als Tatsachen iS dieser Vorschrift ansieht, da die weiteren Kriterien der Neuheit und der Geeignetheit insoweit für die notwendigen Einschränkungen sorgen.

Umstr. ist, ob ebenfalls sog. **Rechtstatsachen,** also etwa eine Änderung des Gesetzes **42** oder der ständigen Rspr. sowie das Bestehen einer gefestigten und eindeutigen Gesetzesinterpretation, vom wiederaufnahmerechtlichen Tatsachenbegriff erfasst werden. Eine teilw. vertretene Auffassung bejaht dies.[159] Sie strebt an, dadurch auch **schwerwiegende Fehler** bei der **Rechtsanwendung,** die aber noch keine strafbare Amtspflichtverletzung darstellen, einer Korrektur im Wege der Wiederaufnahme zuzuführen. Ungeachtet der Frage, ob eine solche Wiederaufnahmemöglichkeit rechtspolitisch wünschenwert wäre,[160] steht dem bei § 359 Nr. 5 jedoch entgegen, dass hier nur solche Tatsachen erfasst werden, die als Gegenstand der Beweisaufnahme im Strafverfahren in Betracht kommen (→ Rn. 38). Den Zweck der Beweisaufnahme bildet indes nur die Feststellung des Sachverhalts, auf den das Recht angewendet wird, nicht hingegen die Ermittlung des anzuwendenden Rechts; dieses hat das Gericht selbst zu kennen. Zutr. verneint die ganz hM daher, dass Rechtstatsachen unter den Tatsachenbegriff des § 359 Nr. 5 fallen.[161] Deshalb stellt auch eine abw. rechtliche Bewertung oder Beweiswürdigung in einem anderen Urteil gegen einen Mittäter oder Beteiligten keine neue Tatsache dar.[162] Eine Ausnahme von diesen Grundsätzen ist allerdings für das **ausländische** und das **internationale Recht** zu machen, soweit dieses Gegenstand des Beweisverfahrens sein kann (dazu → § 244 Rn. 25 ff.).[163]

Als **Beweismittel** gelten nach hM nur die förmlichen Beweismittel des Strengbeweis- **43** verfahrens, dh Zeugen, Sachverständige, Urkunden und Augenscheinsobjekte.[164] Der Verurteilte ist daher kein Beweismittel iSd § 359 (wohl aber handelt es sich bei seiner Einlassung um eine Beweistatsache).[165] Bei Zeugen und Sachverständigen, dh beim Personalbeweis, stellen der hM zufolge diese selbst und nicht der Inhalt ihrer Aussage das Beweismittel dar.[166] Eine wesentliche Einlassungsänderung bildet deshalb kein neues Beweismittel (jedoch eine neue Beweistatsache).

3. Neuheit. Als neu gelten nach hM alle Tatsachen oder Beweismittel, die das Gericht **44** bei seiner Entscheidung **nicht berücksichtigt** hat.[167] Dazu zählen zunächst die Tatsachen und Beweismittel, die ihm **noch nicht** oder **nicht mehr bekannt** waren (etwa weil sie zum Zeitpunkt der Entscheidung wieder in Vergessenheit geraten sind). Erfasst werden

---

[157] Schmidt in KK-StPO, 8. Aufl. 2019, Rn. 18; Schuster in Löwe/Rosenberg Rn. 72.
[158] Brinkmann S. 122 ff.; Eschelbach in KMR-StPO Rn. 141.
[159] Mit Unterschieden im Einzelnen Bayer/Bung GA 2021, 586 (593 ff.); Brinkmann S. 224 ff.; Klug FS Spendel, 1992, 681 (684 f.); Peters Fehlerquellen Bd. III S. 63 f.
[160] Dafür zB Greco S. 930 ff.; Waßmer JURA 2002, 454 (456); dagegen Arnemann S. 65 ff.
[161] BVerfG 19.10.2006 – 2 BvR 1486/06, NStZ-RR 2007, 29 (30); BGH 3.12.1992 – StB 6/92, BGHSt 39, 75 (79) = NJW 1993, 1481 (1482); OLG Zweibrücken 14.9.2009 – 1 Ws 108/09, wistra 2009, 488; Tiemann in KK-StPO Rn. 19; Schuster in Löwe/Rosenberg Rn. 74; Schmitt in Meyer-Goßner/Schmitt Rn. 24; Kaspar in Satzger/Schluckebier/Widmaier StPO Rn. 24.
[162] BGH 8.5.1990 – KRB 2/90, wistra 1991, 30 (31); LG Mannheim 21.8.1990 – 6 Qs 65/90, StV 1992, 103; Schuster in Löwe/Rosenberg Rn. 77.
[163] AA Schuster in Löwe/Rosenberg Rn. 73; Schmitt in Meyer-Goßner/Schmitt Rn. 24.
[164] Rotsch in Krekeler/Löffelmann/Sommer Rn. 25; Temming in Gercke/Julius/Temming/Zöller Rn. 16; Tiemann in KK-StPO Rn. 23; Schuster in Löwe/Rosenberg Rn. 80.
[165] KG 23.5.1975 – 3 Ws 53/75, JR 1976, 76 (77); Schuster in Löwe/Rosenberg Rn. 80.
[166] Temming in Gercke/Julius/Temming/Zöller Rn. 16; Eschelbach in KMR-StPO Rn. 150; Tiemann in KK-StPO Rn. 23.
[167] BVerfG 19.7.2002 – 2 BvR 18/02, StV 2003, 225; Schmitt in Meyer-Goßner/Schmitt Rn. 30; Kaspar in Satzger/Schluckebier/Widmaier StPO Rn. 25.

darüber hinaus aber auch Tatsachen und Beweismittel, die das Gericht zwar kannte, die aber von ihm aus **sonstigen Gründen** nicht berücksichtigt wurden, zB weil es ihre Bedeutung übersehen hat (vgl. auch → Rn. 47, 49).[168] Unerheblich ist, ob das Gericht die Tatsache oder das Beweismittel hätte berücksichtigen können. Neu sind auch Tatsachen oder Beweismittel, die das Gericht seiner Überzeugungsbildung nicht zugrundegelegt hat, obwohl es die Möglichkeit dazu besaß.[169] Ferner setzt § 359 Nr. 5 nur voraus, dass entweder eine Tatsache oder ein Beweismittel neu ist. Der Antragsteller kann daher ohne weiteres die neue Tatsache auf ein altes Beweismittel stützen oder er kann sich des neuen Beweismittels bedienen, um eine alte (dh bereits behauptete) Tatsache zu belegen.

45 **a) Maßgeblicher Zeitpunkt.** Den entscheidenden Zeitpunkt zur Beurteilung der Neuheit bildet der Augenblick, in dem die Entscheidung erlassen, dh in dem sie gefällt wurde. Bei **Urteil** und **Beschluss** von Kollegialgerichten ist dies nach hM der **Abschluss der Beratung**.[170] Tatsachen oder Beweismittel, die das Gericht zu diesem Zeitpunkt noch nicht oder nicht mehr kannte oder aus sonstigen Gründen nicht berücksichtigt hat, gelten als neu. Beim **Strafbefehl** will die hM auf die **Aktenkundigkeit** abstellen, da die Entscheidung nach Aktenlage ergehe.[171] In den Akten berücksichtigte Tatsachen und Beweismittel wären somit niemals neu. Das vermag indes nicht zu überzeugen, da der Richter einen aktenkundigen Umstand bei seiner Entscheidung gleichwohl übersehen kann, so dass dieser als neu anzusehen ist.[172] Da es auf den Zeitpunkt des EntscheidungsE ankommt, kann die Neuheit nicht dadurch entfallen, dass die Tatsache oder das Beweismittel bereits in einem **früheren Wiederaufnahmeantrag** verwertet wurde (zum Gesichtspunkt des Verbrauchs von Wiederaufnahmegründen → § 368 Rn. 59 f.; → § 370 Rn. 18).[173]

46 **b) Maßgeblicher Personenkreis.** Bei Entscheidungen von Kollegialgerichten sind Tatsachen oder Beweismittel nur dann nicht mehr neu, wenn **alle Mitglieder** des Spruchkörpers sie berücksichtigt haben.[174] Nur in diesem Fall ist das Fehlurteilsrisiko, dem § 359 Nr. 5 entgegenwirken soll, ausgeschlossen. Für die Neuheit genügt es daher bereits, dass einem der Richter die entspr. Kenntnis fehlt. Dagegen kommt es nicht darauf an, ob sich das Gericht seine Kenntnis in **prozessordnungsgemäßer Weise** verschafft hat. Ein Verstoß gegen § 261 begründet zwar die Revision, aber keine Wiederaufnahme nach § 359 Nr. 5.[175] Keine Rolle spielt auch, ob der Verurteilte die Tatsache oder das Beweismittel kannte, sie bzw. es aber nicht vorgebracht, womöglich sogar bewusst zurückgehalten hat.[176] Den Angeklagten trifft keine Obliegenheit zur Vermeidung eines Fehlurteils zu seinen Lasten.

---

[168] OLG Düsseldorf 23.6.1986 – 2 Ws 414/86, NJW 1987, 2030; OLG Frankfurt a. M. 20.1.1978 – 1 Ws 21/78, NJW 1978, 841; Schuster in Löwe/Rosenberg Rn. 97; Kaspar in Satzger/Schluckebier/Widmaier StPO Rn. 25.

[169] BVerfG 14.9.2006 – 2 BvR 123/06, 2 BvR 429/06, 2 BvR 430/06, NJW 2007, 207 (208); Tiemann in KK-StPO Rn. 24; Schuster in Löwe/Rosenberg Rn. 93; Kaspar in Satzger/Schluckebier/Widmaier StPO Rn. 25.

[170] OLG Hamm 9.11.1956 – 3 Ws 275/56, GA 1957, 90; Eschelbach in KMR-StPO Rn. 153; Schmitt in Meyer-Goßner/Schmitt Rn. 30; Kaspar in Satzger/Schluckebier/Widmaier StPO Rn. 25. Nach aA soll bereits der Zeitpunkt des Abschlusses der mündlichen Verhandlung maßgeblich sein: LG Gießen 26.2.1993 – 6 Js 24553.9/92 6 Ks, NJW 1994, 465 (466); Schuster in Löwe/Rosenberg Rn. 86.

[171] BVerfG 15.2.1993 – 2 BvR 1746/91, NJW 1993, 2735 (2736); LG Karlsruhe 1.10.2012 – 3 Qs 62/12, NStZ-RR 2013, 55; Rotsch in Krekeler/Löffelmann/Sommer Rn. 26; Tiemann in KK-StPO Rn. 24.

[172] Singelnstein in BeckOK StPO Rn. 24; Schuster in Löwe/Rosenberg Rn. 90; Marxen/Tiemann Strafsachen Rn. 179; Frister in SK-StPO Rn. 48. Entsprechend im Hinblick auf Bußgeldbescheide LG Trier 20.5.2020 – 1 Qs 34/20, BeckRS 2020, 44073.

[173] Marxen/Tiemann Strafsachen Rn. 180; aA OLG Hamburg 13.10.1999 – 2 Ws 136/99, JR 2000, 380 (381).

[174] Eschelbach in KMR-StPO Rn. 154; Schuster in Löwe/Rosenberg Rn. 91; Marxen/Tiemann Strafsachen Rn. 181.

[175] Eschelbach in KMR-StPO Rn. 155; Marxen/Tiemann Strafsachen Rn. 178; aA Singelnstein in BeckOK StPO Rn. 24; Fornauf StraFo 2013, 235 (238 f.); Frister in SK-StPO Rn. 45.

[176] BGH 19.3.1999 – 2 ARs 109/99 – 2 AR 26/99, BGHSt 45, 37 (39) = NJW 1999, 2290; OLG Frankfurt a. M. 10.5.1983 – 1 Ws 103/82, MDR 1984, 74; LG Saarbrücken 22.8.1988 – 5 Qs 94/88, NStZ 1989, 546; Tiemann in KK-StPO Rn. 24; Schmitt in Meyer-Goßner/Schmitt Rn. 30; Frister in SK-StPO Rn. 49.

c) Neue Tatsachen. (Widerlegliche) Indizien für die Neuheit einer Tatsache sind 47
insbes. die **fehlende Aktenkundigkeit** und die **mangelnde Erörterung** in der Hauptverhandlung.[177] Umgekehrt stellt es einen Anhaltspunkt für die Berücksichtigung der Tatsache in der Entscheidung dar, dass sie aktenkundig war oder zum Gegenstand der Hauptverhandlung gemacht wurde. Allerdings kann sie übersehen, überhört oder unzutr. wahrgenommen worden sein (zB wenn das Gericht einen Zeugen falsch verstanden hat). Auch kann das Gericht sie bis zur Entscheidung wieder vergessen haben. In all diesen Fällen gilt die Tatsache als neu. Anders verhält es sich dagegen, wenn das Gericht sie richtig erfasst und lediglich **fehlerhaft gewürdigt** hat.[178] Ungeachtet der unzutr. Würdigung ist sie hier berücksichtigt worden; eine Korrektur im Wege der Wiederaufnahme gem. § 359 Nr. 5 scheidet daher aus.

Gem. einer nach wie vor verbreiteten Ansicht stellt die **Nichterwähnung** einer Tatsa- 48
che in den **Urteilsgründen** kein Indiz dafür dar, dass das Gericht sie nicht berücksichtigt hat.[179] Dem ist indes für solche Beweistatsachen ieS (vgl. → Rn. 40) zu widersprechen, die im Hinblick auf die Tatsachengrundlage der Entscheidung gewichtig erscheinen. Denn das Tatgericht trifft die Pflicht, alle wesentlichen Umstände, die für oder gegen den Angeklagten sprechen, im Urteil anzusprechen;[180] insoweit besteht eine Vermutung der Vollständigkeit der Urteilsgründe.[181] Gewichtige Beweistatsachen ieS, die dort keine Erwähnung gefunden haben, sind daher als prima facie neu anzusehen.

Durch die bloße Behauptung des **Gegenteils** eines festgestellten Umstands wird noch 49
keine neue Tatsache beigebracht, da das Gericht mit der Feststellung des entspr. Umstands denknotwendig das Vorliegen seines Gegenteils ausgeschlossen und dieses somit berücksichtigt hat (zB impliziert die Feststellung, dass das Tatopfer sich um 23 Uhr in seiner Wohnung befand, dass es sich nicht zu diesem Zeitpunkt außerhalb der Wohnung aufhielt).[182] Neue Tatsachen können daher lediglich weitere, noch nicht bedachte Beweistatsachen sein, mit deren Hilfe dann auf das Gegenteil des festgestellten Umstands geschlossen werden soll (zB dass mehrere Personen das Tatopfer um 23 Uhr in einer Bar gesehen haben).[183]

d) Neue Beweismittel. Neu sind alle Beweismittel, die das Gericht nicht berücksich- 50
tigt hat (vgl. → Rn. 44). Umfasst sind somit sowohl die dem Gericht unbekannten als auch die ihm zwar bekannten, aber von ihm nicht genutzten oder verwerteten Beweismittel. Das bedeutet im Einzelnen:

aa) Zeugen. Ein Zeuge gilt als neues Beweismittel, wenn er in der Hauptverhandlung 51
nicht gehört wurde, zB weil er nicht erreichbar war,[184] trotz Ladung nicht erschienen ist, von einem Zeugnis- oder Aussageverweigerungsrecht Gebrauch gemacht hat,[185] das Gericht einen Beweisantrag auf seine Vernehmung abgelehnt oder auf diese verzichtet worden ist.[186] Die Neuheit entfällt nicht dadurch, dass eine Aussage des Betr. aus dem Ermittlungsverfahren im Wege der Protokollverlesung oder durch Vernehmung der Verhörperson als Zeuge vom Hörensagen in die Hauptverhandlung eingeführt worden ist, da als Beweismittel hier

---

[177] Marxen/Tiemann Strafsachen Rn. 183.
[178] Rotsch in Krekeler/Löffelmann/Sommer Rn. 27; Schuster in Löwe/Rosenberg Rn. 98.
[179] OLG Hamm 9.11.1956 – 3 Ws 275/56, GA 1957, 90; OLG Düsseldorf 31.10.1991 – 2 Ws 118/90, NStE Nr. 16 zu § 359; OLG Jena 2.4.2013 – 1 Ws 391/12, OLGSt StPO § 359 Nr. 21; Singelnstein in BeckOK StPO Rn. 27; Temming in Gercke/Julius/Temming/Zöller Rn. 18; Schmitt in Meyer-Goßner/Schmitt § 368 Rn. 5; Tiemann in KK-StPO § 368 Rn. 8.
[180] Eschelbach in KMR-StPO Rn. 161.
[181] Rotsch in Krekeler/Löffelmann/Sommer Rn. 28; Eschelbach in KMR-StPO Rn. 161.
[182] BGH 22.10.1999 – 3 StE 15/93-1 – StB 4/99, NStZ 2000, 218; Singelnstein in BeckOK StPO Rn. 26; Eschelbach in KMR-StPO Rn. 167; Marxen/Tiemann Strafsachen Rn. 186.
[183] BGH 22.10.1999 – 3 StE 15/93-1 – StB 4/99, NStZ 2000, 218; Temming in Gercke/Julius/Temming/Zöller Rn. 18; Schuster in Löwe/Rosenberg Rn. 101; Marxen/Tiemann Strafsachen Rn. 186.
[184] Rotsch in Krekeler/Löffelmann/Sommer Rn. 29; Eschelbach in KMR-StPO Rn. 171; Schuster in Löwe/Rosenberg Rn. 110.
[185] OLG Hamm 28.10.1980 – 1 Ws 283/79, JR 1981, 439.
[186] OLG Köln 27.12.1962 – 2 Ws 446/62, NJW 1963, 968; Schuster in Löwe/Rosenberg Rn. 110; Kaspar in Satzger/Schluckebier/Widmaier StPO Rn. 30.

allein das Vernehmungsprotokoll bzw. die Verhörperson diente. Auch ein früherer Mitangeklagter, der nunmehr als Zeuge in Betracht kommt, stellt ein neues Beweismittel dar, da er zuvor als Angeklagter gerade noch kein solches war.[187] Ob er dabei an etwaigen bisherigen Einlassungen festhält oder nicht, spielt insoweit keine Rolle (kann aber freilich für die Geeignetheit zur Erreichung eines Wiederaufnahmezieles bedeutsam sein). Bloße Änderungen persönlicher Umstände (zB der Eintritt der Eidesmündigkeit) machen jemanden dagegen nicht zu einem neuen Zeugen.[188] Entspr. gilt – entgegen der wohl hM[189] – auch für Aussageänderungen oder Angaben zu einem neuen Beweisthema, denn als Zeuge wurde der Betr. gleichwohl schon berücksichtigt.[190] Freilich stellen die neuen Angaben neue Tatsachen dar (zur erweiterten Darlegungslast bei Aussageänderungen → § 368 Rn. 39).

52   **bb) Sachverständige.** Ein erstmals benannter Sachverständiger ist stets als neu anzusehen.[191] Soweit die Rspr. zT die Neuheit verneinen will, wenn bereits ein anderer Sachverständiger gehört wurde,[192] muss dem widersprochen werden. Diese Ansicht verkennt, dass nicht das Gutachten, sondern die Person das Beweismittel darstellt (bereits → Rn. 43). Inwieweit die Behauptung, ein anderer Sachverständiger werde zu abw. Erg. gelangen, die Wiederaufnahme nach § 359 Nr. 5 zu begründen vermag, ist daher keine Frage der Neuheit, sondern der Geeignetheit des Beweismittels (näher dazu → Rn. 55 ff.).[193] Dass ein bereits gehörter Sachverständiger zwischenzeitlich zu anderen Resultaten gelangt, macht ihn nicht zu einem neuen Beweismittel, bildet aber eine neue Tatsache.[194]

53   **cc) Urkunden.** Urkunden sind nach den o. g. Grundsätzen (→ Rn. 50) neu, wenn sie nicht **als Beweismittel** berücksichtigt wurden.[195] Ihre Verwendung lediglich zum Zwecke des **Vorhalts** schließt deshalb die Neuheit nicht aus.[196] Maßgeblich ist wiederum allein ihre tatsächliche Berücksichtigung. Ob die Urkunde in prozessordnungsgemäßer Weise eingeführt wurde, ist daher unerheblich.[197] Die Neuheit liegt auch im Falle ihrer fehlerhaften Wahrnehmung durch das Gericht vor, dagegen nicht bei bloß unzutr. Würdigung.[198]

54   **dd) Augenschein.** Entspr. handelt es sich beim Augenschein um ein neues Beweismittel, wenn eine Augenscheineinnahme nicht erfolgt ist oder das Augenscheinsobjekt falsch wahrgenommen wurde.[199] Teile des Schrifttums wollen allerdings die Neuheit des Augenscheins verneinen, wenn das Gericht ihn in zulässiger Weise durch ein anderes Beweismittel, etwa einen

---

[187]   Singelnstein in BeckOK StPO Rn. 28; Schuster in Löwe/Rosenberg Rn. 111; Marxen/Tiemann Strafsachen Rn. 189; aA OLG Düsseldorf 30.1.1985 – 1 Ws 56/85, JZ 1985, 452; Temming in Gercke/Julius/Temming/Zöller Rn. 21.
[188]   Rotsch in Krekeler/Löffelmann/Sommer Rn. 29; Temming in Gercke/Julius/Temming/Zöller Rn. 21; Schmitt in Meyer-Goßner/Schmitt Rn. 33.
[189]   OLG Hamburg 17.7.2000 – 1 Ws 53/00, StV 2003, 229 (230); Tiemann in KK-StPO Rn. 29; Schmitt in Meyer-Goßner/Schmitt Rn. 33.
[190]   Ebenso Temming in Gercke/Julius/Temming/Zöller Rn. 21; Eschelbach in KMR-StPO Rn. 172; Marxen/Tiemann Strafsachen Rn. 188.
[191]   Rotsch in Krekeler/Löffelmann/Sommer Rn. 29; Eschelbach in KMR-StPO Rn. 173; Frister in SK-StPO Rn. 41.
[192]   BGH 2.5.1983 – 3 ARs 4/83 – StB 15/83, BGHSt 31, 365 (370) = NStZ 1983, 424 (425); BGH 3.12.1992 – StB 6/92, BGHSt 39, 75 (83 f.) = NJW 1993, 1481 (1483 f.); OLG Hamm 24.1.2002 – 2 Ws 7/02, StV 2003, 231; OLG Köln 15.7.2013 – III-2 Ws 288/13, BeckRS 2013, 17033.
[193]   Singelnstein in BeckOK StPO Rn. 29; Tiemann in KK-StPO Rn. 26; Eschelbach in KMR-StPO Rn. 174; Marxen/Tiemann Strafsachen Rn. 191; Kaspar in Satzger/Schluckebier/Widmaier StPO Rn. 29.
[194]   Marxen/Tiemann Strafsachen Rn. 193; Kaspar in Satzger/Schluckebier/Widmaier StPO Rn. 29.
[195]   Schuster in Löwe/Rosenberg Rn. 107; Frister in SK-StPO Rn. 42.
[196]   Temming in Gercke/Julius/Temming/Zöller Rn. 23; Eschelbach in KMR-StPO Rn. 176; Schuster in Löwe/Rosenberg Rn. 109.
[197]   OLG Stuttgart 20.3.2012 – 4 Ws 276/11, NStZ-RR 2012, 290; Kaspar in Satzger/Schluckebier/Widmaier StPO Rn. 31.
[198]   Rotsch in Krekeler/Löffelmann/Sommer Rn. 29; Marxen/Tiemann Strafsachen Rn. 195; Kaspar in Satzger/Schluckebier/Widmaier StPO Rn. 31.
[199]   Rotsch in Krekeler/Löffelmann/Sommer Rn. 29; Kaspar in Satzger/Schluckebier/Widmaier StPO Rn. 31.

Zeugen, ersetzt hat oder eine Eignung zur Erschütterung von Zeugen- bzw. Sachverständigenaussagen oder sonstigen Urteilsfeststellungen fehlt.[200] Das verdient indes keine Zustimmung, da hier die Frage der Geeignetheit des Beweismittels mit der der Neuheit vermengt wird.[201]

4. Geeignetheit. a) Allgemeines. Die neuen Tatsachen oder Beweismittel müssen 55 geeignet sein, eine günstigere Entscheidung iSe zulässigen Wiederaufnahmeziels zu begründen. In der Praxis stellt das Fehlen der Geeignetheit den häufigsten Ablehnungsgrund dar.[202] Insofern bildet die Begründungsgeeignetheit nicht bloß den **Dreh- und Angelpunkt des § 359 Nr. 5**, sondern den zentralen Punkt des gesamten Wiederaufnahmerechts schlechthin.[203] Was nun allerdings Eignung im Einzelnen bedeutet, ist in verschiedener Hinsicht str.

Als unumstr. Ausgangspunkt lässt sich festhalten, dass die vom Antragsteller vorgebrach- 56 ten „Behauptungen" (§ 370 Abs. 1) in der Lage sein müssen, **gewichtige Zweifel** an der Richtigkeit des Grundurteils hervorzurufen. Das dabei anzuwendende Prüfverfahren erfordert ein komplexes Gedankenexperiment. Keine Rolle spielt dabei der zu erwartende Verlauf einer künftigen Hauptverhandlung im wiederaufgenommenen Verfahren.[204] Maßgeblich für die Begründungsgeeignetheit ist vielmehr allein die Frage, ob die neuen Beweise im **vorangegangenen Verfahren** geeignet gewesen wären, eine iSd zulässigen Wiederaufnahmeziele günstigere Entscheidung zu begründen.[205] Das bedeutet, dass die Beweissituation in der vorangegangenen Hauptverhandlung unter Hinzudenken der neuen Beweise zu rekonstruieren ist.[206] Zur Feststellung der Geeignetheit iSv § 359 Nr. 5 muss somit eine **Erfolgsprognose** angestellt werden, die sowohl **prospektive** als auch **retrospektive Elemente** beinhaltet („nachträgliche Prognose").[207]

b) Prognosestandpunkt. Gestritten wird darüber, wessen Sichtweise dabei zugrunde- 57 zulegen ist. Von den drei theoretisch in Betracht kommenden Perspektiven – des Erstgerichts, des Wiederaufnahmegerichts im Zeitpunkt der Aditions- bzw. Probationsentscheidung und des Gerichts der künftigen Hauptverhandlung[208] – werden nur die beiden zuerst genannten ernsthaft erwogen. Die Rspr.[209] und Teile des Schrifttums[210] gehen mit verfassungsgerichtlicher Billigung[211] davon aus, dass die Geeignetheit vom Standpunkt des früher **erkennenden Gerichts** aus geprüft werden muss. Demggü. will die hL die Prüfung aus der Perspektive des **Wiederaufnahmegerichts** im Wiederaufnahmeverfahren vornehmen.[212] Der Streit ist in seinen Auswirkungen allerdings vorwiegend akademischer Natur.

Die zuletzt genannte Auffassung verdient insofern Zustimmung, als es den Wiederauf- 58 nahmerichtern psychologisch unmöglich ist, sich in die Rolle der Erstrichter „gedanklich

---

[200] Temming in Gercke/Julius/Temming/Zöller Rn. 24; Tiemann in KK-StPO Rn. 28; Schmitt in Meyer-Goßner/Schmitt Rn. 36.
[201] Eschelbach in KMR-StPO Rn. 179; Marxen/Tiemann Strafsachen Rn. 197; Frister in SK-StPO Rn. 42.
[202] Eschelbach in KMR-StPO Rn. 180; Förschner StV 2008, 443 (444); Marxen/Tiemann Strafsachen Rn. 199.
[203] So Hellebrand NStZ 2004, 413 (415 f.).
[204] So aber tendenziell Eschelbach in KMR-StPO Rn. 201 u. 210; J. Meyer ZStW 84 (1972), 909 (933 f.); Marxen/Tiemann Strafsachen Rn. 218 u. 229.
[205] Frister in SK-StPO Rn. 55; Tiemann in KK-StPO § 368 Rn. 12; Eisenberg JR 2007, 360 (364).
[206] Vgl. Eschelbach HRRS 2008, 190 (202).
[207] H. Günther MDR 1974, 93 (95). Vgl. auch Marxen/Tiemann Strafsachen Rn. 229.
[208] Dazu H. Mayer GS 99 (1930), 299 (320); Eschelbach in KMR-StPO § 368 Rn. 15; Marxen/Tiemann Strafsachen Rn. 227.
[209] BGH 3.12.1992 – StB 6/92, BGHSt 39, 75 (86) = NJW 1993, 1481 (1484); BGH 28.7.1964 – 2 StE 15/56, BGHSt 19, 365 (366); 18.1.1963 – 4 StR 385/62, BGHSt 18, 225 (226) = NJW 1963, 1019 (1020); OLG Karlsruhe 30.1.1984 – 3 Ws 178/83, Justiz 1984, 308 (309); OLG Celle 12.5.1966 – 4 Ws 527/65, JR 1967, 150.
[210] Schmitt in Meyer-Goßner/Schmitt § 368 Rn. 9; Hellebrand NStZ 2008, 374 (375); Strate in MAH Strafverteidigung § 27 Rn. 65.
[211] BVerfG 16.5.2007 – 2 BvR 93/07, BVerfGK 11, 215 (224); 30.4.1993 – 2 BvR 525/93, NJW 1994, 510; 15.2.1993 – 2 BvR 1746/91, NJW 1993, 2735 (2736).
[212] Eschelbach in KMR-StPO § 368 Rn. 16; Schuster in Löwe/Rosenberg Rn. 143; Förschner StV 2008, 443 (445); Eisenberg JR 2007, 360 (367); Waßmer JURA 2002, 454 (458); J. Meyer ZStW 84 (1972), 909 (933 f.); Marxen/Tiemann Strafsachen Rn. 227.

hineinzuversetzen"²¹³ um zu prognostizieren, wie diese bei Kenntnis der Noven entschieden hätten;²¹⁴ dies gilt erst recht vor dem Hintergrund, dass auch die hM eine Befragung der damaligen Richter über ihre Gedankenwelt für unzulässig hält.²¹⁵ IÜ spricht für die hL die Absicht des Gesetzgebers, mit Schaffung der § 23 Abs. 2 StPO und § 140a GVG den iudex a quo aus dem Wiederaufnahmeverfahren gerade herauszuhalten.²¹⁶ Schließlich sieht sich die hM dem berechtigten Vorwurf ausgesetzt, dass sie im Fall einer zulässigen Beweisantizipation durch das Wiederaufnahmegericht (dazu → § 368 Rn. 29 ff.) eine Spaltung des Beurteilungsstandpunkts in Kauf nimmt.²¹⁷

59 Allerdings trifft die Auffassung der hM insoweit zu, als der die Geeignetheit prüfende Richter im Wiederaufnahmeverfahren nach inzwischen allgA an die der Ursprungsentscheidung zugrunde gelegten **rechtlichen Würdigungen** gebunden ist.²¹⁸ Eine Ausnahme gilt hier lediglich für obiter dicta²¹⁹ sowie absolut unvertretbare Rechtsansichten.²²⁰

60 Weitgehende Einigkeit besteht zudem darüber, dass das Wiederaufnahmegericht zumindest teilw. auch an die **Beweiswürdigung** des Erstgerichts gebunden ist.²²¹ Relevant wird das bspw., wenn der Wiederaufnahmeantrag ausschließlich gegen einen seinerzeit für unmaßgeblich gehaltenen Belastungsbeweis gerichtet ist, das Wiederaufnahmegericht aber unabhängig von diesem und entgegen der Würdigung des Ursprungsgerichts die weiteren Belastungsbeweise für nicht ausreichend hält.²²² Evident fehlerhafte Beweiswürdigungen durch das Ursprungsgericht sind im Wiederaufnahmeverfahren allerdings nicht bindend (Bsp.: die Aussage des Belastungszeugen, Tatzeit sei 18.30h gewesen, wird ohne Erläuterung dahingehend gewürdigt, die Tat sei um 18.50h geschehen²²³). Ferner ist es dem Wiederaufnahmegericht nicht verwehrt, vormals für unbeachtlich befundene Entlastungs(indizien)beweise im Lichte des Wiederaufnahmevorbringens neu zu würdigen;²²⁴ das folgt bereits aus dem Gesetzeswortlaut („in Verbindung mit den früher erhobenen Beweisen").

61 c) **Prognosemaßstab.** Str. ist zudem, welcher Prognosemaßstab bei der Geeignetheitsprüfung anzulegen ist. Teilen des Schrifttums zufolge genügt es, wenn die neuen Beweise, deren Richtigkeit nach allgA im Aditionsverfahren unterstellt wird (dazu → § 368 Rn. 27), eine reformatio in melius **möglich** erscheinen lassen.²²⁵ Die hierfür vorgebrachten Argumente vermögen allerdings nicht zu überzeugen. Insbes. geht der Verweis auf den in dubio-Grundsatz²²⁶ fehl, da diese Entscheidungsregel nur beim Erfordernis sicherer Tatsachenfest-

---

[213] So aber Schmidt in KK-StPO, 8. Auf. 2019, § 368 Rn. 14.
[214] Singelnstein in BeckOK StPO § 368 Rn. 13; Eschelbach in KMR-StPO § 368 Rn. 16; Kaspar in Satzger/Schluckebier/Widmaier StPO § 368 Rn. 6; Marxen/Tiemann Strafsachen Rn. 227.
[215] BGH 28.7.1964 – 2 StE 15/56, BGHSt 19, 365 (366); Schmitt in Meyer-Goßner/Schmitt § 368 Rn. 9. AA mit beachtlichen Argumenten Strate in MAH Strafverteidigung § 27 Rn. 77 mit Fn. 117.
[216] Eschelbach in KMR-StPO § 368 Rn. 16; Eisenberg JR 2007, 360 (367). Dazu auch → GVG § 140a Rn. 2.
[217] Vgl. Eschelbach in KMR-StPO § 368 Rn. 16; Weiler in HK-GS § 359 Rn. 5, die allerdings ein Beweisantizipationsverbot befürworten.
[218] BGH 18.1.1963 – 4 StR 385/62, BGHSt 18, 225 (226 f.); Schmitt in Meyer-Goßner/Schmitt § 368 Rn. 9; Frister in SK-StPO Rn. 56; Marxen/Tiemann Strafsachen Rn. 230; Eschelbach in KMR-StPO Rn. 214. AA Peters FS Kern, 1968, 335 (347).
[219] Loos in AK-StPO § 368 Rn. 18.
[220] OLG Stuttgart 26.11.1997 – 1 Ws 199/97, NJW 1999, 2024; Schuster in Löwe/Rosenberg § 359 Rn. 141; Schmitt in Meyer-Goßner/Schmitt § 368 Rn. 9. AA Marxen/Tiemann Strafsachen Rn. 230. Zum Begriff der Unvertretbarkeit Eschelbach in KMR-StPO § 372 Rn. 49; Kubik Sanktionsschere S. 226 ff.
[221] BGH 28.7.1964 – 2 StE 15/56, BGHSt 19, 365 (366 f.); Frister in SK-StPO Rn. 56; v. Stackelberg FS Peters II, 1984, 453 (456 f.); Marxen/Tiemann Strafsachen Rn. 230. AA Eschelbach in KMR-StPO § 368 Rn. 16; Wasserburg/Eschelbach GA 2003, 335 (347 f.).
[222] Frister in SK-StPO Rn. 56; v. Stackelberg FS Peters II, 1984, 453 (457).
[223] Vgl. BVerfG 15.2.1993 – 2 BvR 1746/91, NJW 1993, 2735 (2736).
[224] Vgl. Eschelbach in KMR-StPO Rn. 214.
[225] Kaspar in Satzger/Schluckebier/Widmaier StPO § 368 Rn. 8; Wasserburg/Eschelbach GA 2003, 335 (349 f.); Schünemann ZStW 84 (1972), 870 (898). Ähnlich Eschelbach in KMR-StPO Rn. 209 ff., § 368 Rn. 11; Eschelbach HRRS 2008, 190 (207), der eine „konkrete Möglichkeit" fordert und dadurch die Unterschiede zur hM relativiert sieht.
[226] Schünemann ZStW 84 (1972), 870 (881 und passim). Dagegen Schöneborn MDR 1975, 441 (443).

stellung, nicht hingegen bei Prognoseentscheidungen unmittelbar anwendbar ist.[227] Vor allem ist der auf der unteren Stufe der Wahrscheinlichkeitsleiter angesiedelte Möglichkeitsmaßstab aber auch deshalb abzulehnen, weil er dem Ausnahmecharakter der Wiederaufnahme nicht gerecht wird und der Rechtskraft zu geringen Wert beimisst.

Zutr. stellen Rspr. und hL demgegenüber auf einen **Wahrscheinlichkeitsmaßstab** ab. **62** Zumeist wird dabei in Anlehnung an den für die Eröffnung des Hauptverfahrens erforderlichen hinreichenden Tatverdacht (§ 203) danach gefragt, ob bei (vorläufiger) Beurteilung des Antragsvorbringens und unter mittelbarer Berücksichtigung des Grundsatzes in dubio pro reo in einer neuen Hauptverhandlung die angestrebte Entscheidung wahrscheinlich erscheint.[228] Dem ist allerdings nur iE zuzustimmen. Die Erfolgsaussichten des Antragstellers in einer neuen Hauptverhandlung können schon deshalb kein tauglicher Anknüpfungspunkt sein, weil es auf die Sichtweise des in einer künftigen Hauptverhandlung erkennenden Gerichts nach allgA nicht ankommt (→ Rn. 57). Vielmehr ist dem anzustellenden Gedankenexperiment (dazu → Rn. 59 f.) entspr. auf die Regeln abzustellen, nach denen die zu überprüfende Entscheidung in dem angefochtenen Urteil zu treffen gewesen wäre.[229] Da das vormals erkennende Gericht prinzipiell an den in dubio-Grundsatz gebunden war,[230] sind die im Wiederaufnahmeantrag vorgebrachten Behauptungen iSv § 359 Nr. 5 dann geeignet, wenn durch sie ernsthafte Zweifel an der Richtigkeit der betr. tatsächlichen Feststellungen geweckt werden.[231] Somit muss es das Wiederaufnahmegericht für überwiegend wahrscheinlich halten, dass das zuvor erkennende Gericht in Kenntnis der nunmehrigen Beweislage zumindest in Anwendung des in dubio-Grundsatzes von der angefochtenen Verurteilung abgesehen hätte. Spieltheoretisch formuliert: Wäre der Wiederaufnahmerichter gezwungen, auf den Ausgang einer Hauptverhandlung vor dem Erstgericht zu wetten, in der neben den Alt-Beweisen auch die neuen Entlastungsbeweise wie behauptet erhoben werden, und würde er auf ein dem Angeklagten günstigeres Urteil setzen, so liegt Geeignetheit vor.

Ein strengerer Prognosemaßstab iSv hoher oder gar an Sicherheit grenzender Wahr- **63** scheinlichkeit wäre demgegenüber nicht bloß system-[232] sondern nach der Rspr. des BVerfG auch verfassungswidrig.[233]

d) Prüfungsdichte. Streit herrscht schließlich auch darüber, in welchem Umfang das **64** Wiederaufnahmegericht die Frage der Geeignetheit zu überprüfen hat. Das Spektrum der vertretenen Ansichten reicht hier von einer **kursorischen Grobsichtung** über eine **abstrakte Schlüssigkeitsprüfung** bis hin zu einer **antizipierten (Gesamt-)Beweiswürdigung**. Zustimmung verdient grds. die zuletzt genannte Auffassung (näher → § 368 Rn. 31). Umstr. ist überdies, ob sich die Anforderungen an die Begründungsgeeignetheit je nach Verfahrensstadium unterscheiden. Richtigerweise ist in Additions- und Probationsverfahren prinzipiell ders. Maßstab anzulegen (vgl. → § 370 Rn. 6).

5. Beibringen. Die erforderliche „Beibringung" setzt neben einer genauen **Bezeich- 65 nung der nova** (dazu → § 366 Rn. 9) deren **bestimmte Behauptung** voraus. Die bloße Anregung an das Gericht, eine neue Tatsache zu überprüfen, und das Vermuten neuer

---

[227] Tiemann in KK-StPO § 368 Rn. 13; Dippel GA 1972, 97 (107); Marxen/Tiemann Strafsachen Rn. 223. S. auch VerfGH Bayern 17.7.2007 – Vf. 96-VI-05, juris Rn. 62.
[228] OLG Koblenz 25.4.2005 – 1 Ws 231/05, NStZ-RR 2007, 317 (Ls.) = BeckRS 2005, 07236; LG Gießen 26.2.1993 – 6 Js 24553.9/92 6 Ks, NJW 1994, 465 (466); Schmitt in Meyer-Goßner/Schmitt § 368 Rn. 10; Tiemann in KK-StPO § 368 Rn. 13; Förschner StV 2008, 443 (444); Hellebrand NStZ 2004, 413 (416); Marxen/Tiemann Strafsachen Rn. 221; Volk/Engländer GK StPO § 38 Rn. 19; Beulke/Swoboda Rn. 882.
[229] Frister in SK-StPO Rn. 56, § 370 Rn. 10.
[230] Zu Ausnahmen zB bei den Voraussetzungen von Beweisverwertungsverboten s. Frister in SK-StPO Rn. 57.
[231] Frister in SK-StPO Rn. 57. IE ebenso VerfGH Bayern 17.7.2007 – Vf. 96-VI-05, juris Rn. 54; Marxen/Tiemann Strafsachen Rn. 225; v. Stackelberg FS Peters II, 1984, 453 (456); Peters Fehlerquellen Bd. III S. 85 f. Krit. Hellebrand NStZ 2004, 413 (418).
[232] So Marxen/Tiemann Strafsachen Rn. 224.
[233] Vgl. BVerfG 16.5.2007 – 2 BvR 93/07, BVerfGK 11, 215 (227).

Umstände genügen nicht.²³⁴ Verbunden mit diesem Erfordernis ist eine **Begründungslast des Antragstellers** dergestalt, dass dieser das zu erwartende Ergebnis der Beweiserhebung benennen und möglichst detailliert angeben muss, aus welchem Grund die Erhebung des betr. Beweises das von ihm behauptete Ergebnis erwarten lässt.²³⁵ In der Lit. wird dies treffend dahingehend umschrieben, dass die Präsentation der neuen Tatsachen und Beweismittel von einem „fühlbaren Überzeugungswillen" getragen sein muss.²³⁶

Zu dem noch darüber hinausgehenden Erfordernis einer erweiterten Darlegung im Falle von verfahrensinternen Widersprüchlichkeiten (zB bei **Geständniswiderruf**) → § 368 Rn. 34–43.

VI. Vom EGMR festgestellte Verletzung der EMRK (Nr. 6)

66 **1. Allgemeines.** Die in Deutschland nach hM im Range einfachen Bundesrechts geltende EMRK gewährleistet einen Mindeststandard grundlegender Rechte und Freiheiten. Verletzungen dieser Grundrechte können, soweit sie nicht schon im innerstaatlichen Instanzenzug korrigiert wurden, vor dem EGMR mit Sitz in Straßburg geltend gemacht werden. Dabei steht die Klagebefugnis neben den Mitgliedsstaaten des Europarates (Staatenbeschwerde, Art. 33 EMRK) auch natürlichen oder juristischen Personen zu (Individualbeschwerde, Art. 34 EMRK), wenn sie den innerstaatlichen Rechtsweg erschöpft haben und seit der endgültigen innerstaatlichen Entscheidung nicht mehr als sechs Monate verstrichen sind, Art. 35 EMRK. Im Falle eines Verstoßes gegen die EMRK kann der EGMR dem Betroffenen zwar ggf. eine Entschädigung zusprechen, Art. 41 EMRK, jedoch die Entscheidungen der nationalen Gerichte nicht aufheben. Urteile des EGMR haben also **keine kassatorische Wirkung.** Allerdings sind die Mitgliedsstaaten in allen Rechtssachen, in denen sie Partei sind, dazu verpflichtet, das Urteil des EGMR zu befolgen, Art. 46 Abs. 1 EMRK, dh einen **konventionsgemäßen Zustand** herzustellen. Dem hat der deutsche Gesetzgeber (erst) 1998 durch die Einf. des § 359 Nr. 6 Rechnung getragen, wonach die Bejahung einer Verletzung der EMRK oder ihrer Zusatz-Protokolle durch den EGMR einen Wiederaufnahmegrund zugunsten des Verurteilten nach § 359 Nr. 6 darstellt (sofern das gerügte Urteil des nationalen Gerichts auf dieser Verletzung beruht).

67 **2. Feststellung einer Konventionsverletzung durch den EGMR.** Für die Wiederaufnahme nach § 359 Nr. 6 muss zunächst der EGMR einen Konventionsverstoß festgestellt haben. Die bloße Offenkundigkeit einer EMRK-Verletzung allein, dh ohne entspr. Entscheidung des EGMR, genügt daher nicht. Mangels planwidriger Regelungslücke scheidet auch eine analoge Anwendung der Vorschrift auf solche Fälle aus.²³⁷ Ebenfalls nicht ausreichend soll es der Rspr. zufolge sein, wenn der Beschwerdeführer und die Bundesrepublik eine gütliche Einigung gem. Art. 39 EMRK erzielt haben und der EGMR daraufhin die Rechtssache aus seinem Register gestrichen hat.²³⁸ Auch kann die Regelung nicht auf vom **EuGH** festgestellte Verletzungen der EU-GRCharta oder sonstigen Unionsrechts angewendet werden (zur Möglichkeit der analogen Anwendung des § 79 Abs. 1 BVerfGG → Rn. 79).²³⁹

68 **3. Beruhen.** Ferner muss das Urteil auch auf dem vom EGMR festgestellten Konventionsverstoß beruhen. Das bestimmt sich grds. nach dems. Maßstab wie bei § 337.²⁴⁰ Es

---

234 KG 22.4.1999 – 3 Ws 221/99, BeckRS 1999, 16100 Rn. 5; Eschelbach in KMR-StPO Rn. 217.
235 Ausf. Frister in SK-StPO Rn. 50 f.; Eschelbach in KMR-StPO Rn. 217.
236 Strate in MAH Strafverteidigung § 27 Rn. 121; Eschelbach in KMR-StPO Rn. 217.
237 Bajohr S. 95 f.; Tiemann in KK-StPO Rn. 40b; Marxen/Tiemann Strafsachen Rn. 279; Hohmann in Radtke/Hohmann Rn. 56; aA LG Ravensburg 4.9.2000 – 1 Qs 169/00, NStZ-RR 2001, 115 (116).
238 AG Düren 25.7.2017 – 13 Ls-104 Js 763/13-71/17; LG Aachen 15.8.2017 – 65 Qs-104 Js 763/13-51/17. Als verfassungskonform gebilligt von BVerfG 13.2.2019 – 2 BvR 2136/17, NJW 2019, 1590 (1591 f.). Zu den Auswirkungen einer fehlenden oder unsicheren Wiederaufnahmemöglichkeit auf die Streichung aus dem Register nach Art. 37 EMRK EGMR 26.7.2018 – 35778/11, NJW 2019, 3051.
239 Schuster in Löwe/Rosenberg Rn. 177; Marxen/Tiemann Strafsachen Rn. 279; Schneider EuR 2017, 433 (441 ff.); Kaspar in Satzger/Schluckebier/Widmaier StPO Rn. 40.
240 Rotsch in Krekeler/Löffelmann/Sommer Rn. 38; Frister in SK-StPO Rn. 74.

reicht somit aus, wenn nicht ausgeschlossen werden kann, dass die Entscheidung ohne die Verletzung der EMRK-Grundrechte für den Verurteilten günstiger ausgefallen wäre. Demnach ist das Beruhen zu verneinen, wenn das Tatgericht den Verstoß schon kompensiert hat[241] – so etwa, wenn im Fall einer das Beschleunigungsgebot aus Art. 6 Abs. 1 S. 1 EMRK verletzenden überlangen Verfahrensdauer in der Urteilsformel ausgesprochen wurde, dass ein bezifferter Teil der verhängten Strafe zur Wiedergutmachung bereits als vollstreckt gilt (sog. Vollstreckungslösung[242]). Dabei bedarf es keiner eigenen Überprüfung durch das Wiederaufnahmegericht, wenn bereits der EGMR festgestellt hat, dass das Urteil nicht auf dem Konventionsverstoß beruht.[243] Bezieht sich der Konventionsverstoß auf einen (vom Revisionsgericht nicht korrigierten) absoluten Revisionsgrund des § 338, ist zur Vermeidung von Wertungswidersprüchen das Beruhen unwiderleglich zu vermuten.[244]

4. Persönlicher Anwendungsbereich. Nach hM kann der Wiederaufnahmegrund **69** des § 359 Nr. 6 nur geltend gemacht werden, wenn der Verurteilte die Entscheidung des EGMR **selbst** erstritten hat.[245] Zur Begründung wird auf den insoweit eindeutigen Willen des Gesetzgebers hingewiesen.[246] Eine solche Beschränkung des persönlichen Anwendungsbereichs hätte freilich nicht nur zur Konsequenz, dass selbst ein in dems. Strafverfahren Mitverurteilter, den die Verletzung der EMRK gleichermaßen betrifft, erst noch eine gleichlautende Entscheidung des EGMR erwirken müsste. Sie führte darüber hinaus auch dazu, dass einem Verurteilten die Wiederaufnahme sogar vollständig versagt bliebe, wenn der EGMR den Konventionsverstoß zuvor im Rahmen eines Piloturteilsverfahrens, dh in einem Musterverfahren, festgestellt hat, da hier über die weiter anhängigen Beschwerden in Parallelverfahren nicht mehr entschieden wird.[247] Damit würde indes der konventionswidrige Zustand perpetuiert. Vor dem Hintergrund, dass der Wortlaut des § 359 Nr. 6 die Beschränkung des persönlichen Anwendungsbereichs keineswegs fordert und insoweit einen Auslegungsspielraum eröffnet, lässt sich die restriktive Interpretation deshalb nicht mit der auch vom BVerfG bekräftigten Pflicht zu einer konventionsgemäßen Auslegung[248] in Einklang bringen. Geboten ist folglich eine wiederaufnahmefreundliche Lösung, die die Wiederaufnahme nach § 359 Nr. 6 nicht davon abhängig macht, dass der Verurteilte selbst die Entscheidung des EGMR erstritten hat.[249] Für eine solche Lösung spricht nicht zuletzt auch das systematische Argument, dass der vergleichbare § 79 Abs. 1 BVerfGG ebenfalls auf eine Beschränkung des persönlichen Anwendungsbereichs verzichtet.

5. Wiederaufnahmeziele. § 363 gilt bei § 359 Nr. 6 nach hM nicht.[250] Zwar schließt **70** der Regelungszweck dieser Vorschrift, entgegen der wohl vorherrschenden Ansicht,[251] eine

---

[241] Tiemann in KK-StPO Rn. 40; Kaspar in Satzger/Schluckebier/Widmaier StPO Rn. 41.
[242] BGH 17.1.2008 – GSSt 1/07, BGHSt 52, 124 = NJW 2008, 860.
[243] OLG Frankfurt a. M. 29.6.2012 – 1 Ws 3/12, BeckRS 2012, 15152; Kaspar in Satzger/Schluckebier/Widmaier StPO Rn. 41.
[244] AA OLG Frankfurt a.M. 8.7.2022 – 1 Es 21/22, NStZ 2023, 118 mablAnm Müller-Metz u. Frister StV 2023, 84, jedenfalls für § 338 Nr. 3. Die Entscheidung wurde von BVerfG 4.12.2023 – 2 BvR 1699/22, NJW 2024, 956 wegen Verstoßes gegen Art. 101 Abs. 1 S. 2 GG aufgehoben.
[245] OLG Bamberg 5.3.2013 – 1 Ws 98/13, BeckRS 2013, 05389; Bajohr S. 89 f.; Schmitt in Meyer-Goßner/Schmitt Rn. 52; Frister in SK-StPO Rn. 75; Kaspar in Satzger/Schluckebier/Widmaier StPO Rn. 42 (allerdings krit.). Von BVerfG 13.2.2019 – 2 BvR 2136/17, NJW 2019, 1590 (1591) als verfassungskonform gebilligt.
[246] Vgl. BT-Drs. 13/10333, 3 f. Die dortigen Ausführungen erscheinen bei näherer Betrachtung freilich keineswegs so eindeutig wie von den Vertretern der hM angenommen.
[247] S. dazu Swoboda HRRS 2009, 188 (192).
[248] BVerfG 14.10.2004 – 2 BvR 1481/04, BVerfGE 111, 307 (329) = NJW 2004, 3407 (3411).
[249] Ebenso Esser StV 2005, 348 (354 f.); Hohmann in Miebach/Hohmann HdB Wiederaufnahme Kap. E Rn. 124; Swoboda HRRS 2009, 188 (192); iE auch Tiemann in KK-StPO Rn. 40a; Weigend StV 2000, 384 (388). Für die entspr. gesetzliche Klarstellung Gerst NStZ 2013, 310 (312).
[250] Rotsch in Krekeler/Löffelmann/Sommer Rn. 38; Schuster in Löwe/Rosenberg Rn. 180; Kaspar in Satzger/Schluckebier/Widmaier StPO Rn. 41.
[251] Frister in SK-StPO § 363 Rn. 4; Eschelbach in KMR-StPO § 363 Rn. 15; wohl auch Schuster in Löwe/Rosenberg Rn. 180.

Anwendung nicht notwendig aus. Ihr steht aber die Verpflichtung aus Art. 46 Abs. 1 EMRK entgegen, das Urteil des EGMR zu befolgen, da sie in den Fällen des § 363 zu einer Perpetuierung des konventionswidrigen Zustands führte. Deshalb kann mit der Wiederaufnahme nach § 359 Nr. 6 auch eine geringere Bestrafung in Anwendung desselben Gesetzes erstrebt werden (zB wenn eine Kompensation des Konventionsverstoßes durch eine wesentliche Strafmilderung im Raum steht). Im Falle einer vom EGMR festgestellten überlangen Verfahrensdauer stellt des Weiteren die Anrechnung eines Teils der verhängten Strafe im Wege der Vollstreckungslösung ein zulässiges Wiederaufnahmeziel dar.[252] Soweit dies in der Rspr. mit einem Verweis auf die Aufzählung der Wiederaufnahmeziele in § 359 Nr. 5 bestr. wird,[253] ist dem entgegenzuhalten, dass diesem Katalog für die anderen Wiederaufnahmegründe keine abschließende Wirkung zukommt (→ Rn. 5).

71 **6. Antragsbegründung.** Der Antrag muss zunächst die die Konventionswidrigkeit **feststellende Entscheidung des EGMR** konkret bezeichnen. Erforderlich ist zudem eine Darlegung, inwiefern die Verurteilung auf der dort festgestellten Verletzung der EMRK beruht.[254] Entspr. trifft den Antragsteller die Pflicht, diejenigen Umstände vorzutragen, deren eingehende Prüfung es wenigstens möglich erscheinen lässt, dass die angefochtene Entscheidung ohne die Konventionsverletzung für den Angeklagten günstiger ausgefallen wäre.[255] Hinsichtlich der geeigneten Beweismittel → § 368 Rn. 23.

C. Der Wiederaufnahmegrund des § 79 Abs. 1 BVerfGG

I. Allgemeines

72 Einen weiteren Wiederaufnahmegrund **zugunsten** des Verurteilten enthält § 79 Abs. 1 BVerfGG. Für eine Wiederaufnahme **zulasten** des Angeklagten bietet die Vorschrift dagegen keine Grundlage. Systematisch ist sie deshalb als Nr. 7 des § 359 zu lesen (näher dazu → Vor § 359 Rn. 36). § 79 Abs. 1 BVerfGG lautet:

„Gegen ein rechtskräftiges Strafurteil, das auf einer mit dem GG für unvereinbar oder nach § 78 für nichtig erklärten Norm oder auf der Auslegung einer Norm beruht, die vom BVerfG für unvereinbar mit dem GG erklärt worden ist, ist die Wiederaufnahme des Verfahrens nach den Vorschriften der Strafprozessordnung zulässig."

73 Ebenso wie § 359 Nr. 6 ermöglicht § 79 Abs. 1 BVerfGG ausnahmsweise eine Wiederaufnahme für Konstellationen, in denen die **rechtliche Basis** des rechtskräftigen Urteils erschüttert ist. Begründet wird das von der hM mit dem Argument, niemand solle gezwungen sein, den Makel einer Bestrafung auf sich ruhen zu lassen, die auf einer verfassungswidrigen Rechtsgrundlage beruhe;[256] nach aA handelt es sich um eine Konsequenz der besonderen Autorität verfassungsgerichtlicher Entscheidungen.[257]

II. Die Voraussetzungen der Wiederaufnahme im Einzelnen

74 **1. Anwendungsbereich.** § 79 Abs. 1 BVerfGG nennt **drei Wiederaufnahmegründe:** das Beruhen des Strafurteils auf (Var. 1) einer mit dem GG für unvereinbar erklärten Norm, (Var. 2) einer nach § 78 BVerfGG für nichtig erklärten Norm oder (Var. 3) einer mit dem GG für unvereinbar erklärten Auslegung einer Norm. Eine genauere Systematisierung ergibt,

---

[252] Ebenso Schuster in Löwe/Rosenberg Rn. 181; Frister in SK-StPO Rn. 77; Kaspar in Satzger/Schluckebier/Widmaier StPO Rn. 6.
[253] OLG Celle 25.2.2010 – 2 Ws 13/10, NStZ-RR 2010, 251 (252).
[254] Kaspar in Satzger/Schluckebier/Widmaier StPO Rn. 43; Marxen/Tiemann Strafsachen Rn. 287.
[255] OLG Stuttgart 26.10.1999 – 1 Ws 157/99, NStZ-RR 2000, 243 (244); OLG Frankfurt a.M. 8.7.2022 – 1 Ws 21/22, NStZ-RR 2023, 118; Pfeiffer Rn. 7a; Marxen/Tiemann Strafsachen Rn. 287.
[256] BVerfG 10.5.1961 – 2 BvR 55/61, BVerfGE 12, 338 (340) = NJW 1961, 1203; Tiemann in KK-StPO Vor § 359 Rn. 17; Bethge in Schmidt-Bleibtreu/Klein/Bethge BVerfGG § 79 Rn. 36.
[257] Frister in SK-StPO Rn. 80.

dass die Wiederaufnahme gem. § 79 Abs. 1 BVerfGG in **sieben Konstellationen** in Betracht kommt: bei (1) dem Verstoß einer bundesrechtlichen Norm gegen das GG, (2) dem Verstoß einer landesrechtlichen Norm gegen das GG, (3) dem Verstoß der Auslegung einer bundesrechtlichen Norm gegen das GG, (4) dem Verstoß der Auslegung einer landesrechtlichen Norm gegen das GG, (5) dem Verstoß einer landesrechtlichen Norm gegen sonstiges Bundesrecht, (6) dem Verstoß einer landesrechtlichen Norm gegen die jeweilige Landesverfassung und (7) dem Verstoß der Auslegung einer landesrechtlichen Norm gegen die jeweilige Landesverfassung Explizit geregelt sind in § 79 Abs. 1 BVerfGG zwar nur die Fälle 1–5; es besteht jedoch Einigkeit darüber, dass die Regelung auf die Fälle 6–7 analog Anwendung findet.[258]

a) Nichtigkeits- oder Unvereinbarkeitserklärung des BVerfG oder LVerfG. Der 75 Verstoß gegen das übergeordnete (Verfassungs-)Recht allein reicht für die Wiederaufnahme allerdings nicht aus. Er muss auch verfassungsgerichtlich festgestellt worden sein, in den Fällen 1–5 durch das BVerfG, in den Fällen 6–7 durch das zuständige LVerfG. Dabei befindet sich § 79 Abs. 1 BVerfGG zwar im Abschn. über die **abstrakte Normenkontrolle.** Aufgrund der Verweisungen in den § 82 Abs. 1, § 95 Abs. 3 S. 3 BVerfGG ist die Wiederaufnahme aber ebenso möglich, wenn das BVerfG seine Entscheidung, eine Norm oder Normauslegung für nichtig oder für unvereinbar mit dem GG zu erklären, aufgrund einer **konkreten Normenkontrolle** oder einer **Verfassungsbeschwerde** getroffen hat.[259] Für die Entscheidungen der LVerfG hinsichtlich eines Verstoßes gegen die Landesverfassung gilt das entspr.[260]

Umstr. ist, ob die vom BVerfG trotz ausgesprochener Unvereinbarkeit der Norm mit 76 dem GG angeordnete **befristete Weitergeltung** gem. § 35 BVerfGG der Wiederaufnahme entgegensteht. Von einem Teil der Rspr. wird das mit dem Argument bejaht, die AnO der Weitergeltung besage implizit, dass auch die Urteile, die in Anwendung dieser Norm ergangen seien, weiterhin bestandskräftig bleiben sollten.[261] Dem hält ein anderer Teil der Rspr. entgegen, § 35 BVerfGG besitze einen rein zukunftsgerichteten Charakter, indem er ein „Folgenmanagement" ermögliche. Dagegen treffe er keine vergangenheitsorientierte AnO, wie mit vor der Normverwerfung vollzogenen Normanwendungsakten verfahren werden solle. Wenn das BVerfG die Wiederaufnahme nach § 79 Abs. 1 BVerfGG ausschließen wolle, pflege es dies üblicherweise explizit zu sagen. Das sei hier indes nicht geschehen.[262] Praktische Bedeutung hat diese Frage etwa bei der **Sicherungsverwahrung,** bei der das BVerfG im Mai 2011 weite Teile der damals geltenden gesetzlichen Regelung für mit dem GG unvereinbar erklärte, aber – unter freilich sehr restriktiven Bedingungen – die Weitergeltung bis längstens Ende Mai 2013 anordnete.[263]

b) Verfassungswidrige Norm. Als verfassungswidrige Normen (bzw. gegen sonstiges 77 Bundesrecht verstoßende Normen des Landesrechts) kommen nicht nur ParlamentsG, sondern auch untergesetzliche Normen wie RechtsVOen und Satzungen (Gesetz im materiellen Sinn) in Betracht (zB die RVO, auf deren Missachtung die Verurteilung wegen Bodenverunreinigung gem. § 324a StGB beruht).[264] Umstr. ist, ob es sich bei der Norm um eine solche des **materiellen Rechts** handeln muss oder ob § 79 Abs. 1 BVerfGG ebenfalls

---

[258] Auf andere rechtsfehlerhafte Entscheidungen ist § 79 Abs. 1 BVerfGG nicht anwendbar; OLG Köln 19.12.2007 – 2 Ws 683/07, NStZ-RR 2008, 213.
[259] § 95 Abs. 3 S. 3 BVerfGG betrifft zwar unmittelbar nur den Fall der Nichtigkeits- oder Unvereinbarkeitserklärung hinsichtlich eines G; er ist aber auf den Fall der verfassungswidrigen G-Auslegung entspr. anzuwenden. Vgl. BGH 28.11.1996 – StB 13/96, BGHSt 42, 314 (317) = NJW 1997, 670; Angerer/ Stumpf NJW 1996, 2216; Marxen/Tiemann Strafsachen Rn. 524.
[260] Schuster in Löwe/Rosenberg Vor § 359 Rn. 159; Marxen/Tiemann Strafsachen Rn. 525; Frister in SK-StPO Rn. 80.
[261] OLG Köln 28.2.2013 – 2 Ws 81/13, BeckRS 2013, 08028; OLG München (2. Sen.) 21.8.2014 – 2 Ws 741/12, BeckRS 2014, 19636.
[262] Wenn auch iE offen gelassen OLG München (1. Sen.) 10.7.2013 – 1 Ws 499/13, StV 2014, 129 (130).
[263] BVerfG 4.5.2011 – 2 BvR 2365/09, 740/10, 2333/08, 1152/10, 571/10, BVerfGE 128, 326 = NJW 2011, 1931. Näher dazu Fornauf/Heger StraFo 2014, 284 ff. Ausf. zur historischen Entwicklung und zum neuen Recht der Sicherungsverwahrung Zimmermann HRRS 2013, 164.
[264] Schuster in Löwe/Rosenberg Vor § 359 Rn. 159; Marxen/Tiemann Strafsachen Rn. 524.

Anwendung finden kann, wenn eine **prozessrechtliche Vorschrift** für nichtig oder für mit dem GG (bzw. der Landesverfassung) unvereinbar erklärt wird. Teile des Schrifttums bejahen im Anschluss an zwei Beschlüsse des BVerfG[265] ersteres.[266] Sie begründen das mit dem Ausnahmecharakter des § 79 Abs. 1 BVerfGG, der eine restriktive Auslegung gebiete. Dem ist indes zu widersprechen.[267] Zunächst enthält der Wortlaut des § 79 Abs. 1 BVerfGG keinen Anhaltspunkt für eine entspr. Differenzierung. Ferner folgt aus dem Ausnahmecharakter einer Norm keineswegs, dass sie stets eng auszulegen ist. Und schließlich spricht auch die Entstehungsgeschichte des § 79 Abs. 1 Var. 3 BVerfGG – Anlass für ihre Einfügung ins Gesetz war die verfassungswidrige Auslegung einer verfahrensrechtlichen Norm – gegen eine Beschränkung auf das materielle Recht.

78   **c) Verfassungswidrige Auslegung einer Norm.** Eine Wiederaufnahme ist nach § 79 Abs. 1 Var. 3 BVerfGG auch möglich, wenn zwar nicht eine angewendete Norm verfassungswidrig ist, wohl aber die vom Fachgericht gewählte Auslegungsvariante. Stimmen aus dem verfassungsrechtlichen Schrifttum zufolge soll es dabei allerdings nicht ausreichen, dass das Auslegungserg. aufgrund eines Fehlers bei der fachgerichtlichen Rechtsanwendung nicht mit der Verfassung im Einklang stehe. Vielmehr gehe es lediglich um solche Fälle, in denen das Fachgericht bei der Gesetzesinterpretation gerade verkenne, dass die gesetzliche Regelung, um ihre Verwerfung als verfassungswidrig zu vermeiden, **verfassungskonform** einschr. **ausgelegt** werden müsse, und deshalb eine nach der herkömmlichen Auslegungsmethodik zwar **mögliche**, aber mit der Verfassung unvereinbare Auslegungsvariante wähle.[268] Stelle das verfassungswidrige Auslegungserg. dagegen bei korrekter Anwendung der herkömmlichen Auslegungsmethodik gar keine mögliche Auslegungsvariante dar (zB weil das Fachgericht die Gesetzesmaterialien missverstanden hat), liege der Mangel nicht im **Gesetz,** sondern nur in der fehlerhaften Rechtsanwendung begründet und falle deshalb nicht unter § 79 Abs. 1 BVerfGG. So resultiere die vom BVerfG in der Sitzblockaden-Entscheidung beanstandete Entgrenzung des Gewaltbegriffs bei § 240 StGB schlicht aus einer falschen Rechtsanwendung und nicht aus der Notwendigkeit einer von den Fachgerichten übersehenen verfassungskonformen Auslegung des Straftatbestandes; eine Wiederaufnahme nach § 79 Abs. 1 BVerfGG scheide hier daher aus.[269] Diese restriktive Auffassung verdient indes keine Zustimmung. § 79 Abs. 1 BVerfGG verlangt lediglich eine mit dem GG nicht zu vereinbarende Auslegung einer Norm. Eine solche liegt immer vor, wenn das Fachgericht den Anwendungsbereich einer Vorschrift in einer Weise festlegt, die mit den verfassungsrechtlichen Vorgaben nicht kompatibel ist.[270] Deshalb ermöglicht § 79 Abs. 1 BVerfGG auch eine Wiederaufnahme bei **Doppelverurteilungen,** wenn das Fachgericht in Kenntnis der früheren Verurteilung den Angeklagten erneut verurteilt, weil es die verfassungsrechtlichen Grenzen des prozessualen Tatbegriffs verkannt hat.[271]

79   **d) Feststellung einer Verletzung des Unionsrechts durch den EuGH.** Stimmen aus dem Schrifttum wollen § 79 Abs. 1 BVerfGG **analog** auch auf vom EuGH festgestellte Verletzungen des Unionsrechts anwenden.[272] Dem ist indes nicht zu folgen. Zwar erscheint das Anliegen, in diesen Fällen eine Wiederaufnahme zu ermöglichen, rechtspolitisch ohne Weiteres diskutabel. Eine entspr. Lösung bedarf jedoch eines Tätigwerdens des Gesetzgebers;

---

[265] BVerfG 7.7.1960 – 2 BvR 435, 440/60, BVerfGE 11, 263 (265) = NJW 1960, 1563; BVerfG 16.1.1961 – 2 BvR 55/61, BVerfGE 12, 338 (340).
[266] Schmidt in KK-StPO, 8. Aufl. 2019, Vor § 359 Rn. 24; Lenz/Hansel BVerfGG § 79 Rn. 31.
[267] Zutr. Bajohr S. 66 ff.; Frister in SK-StPO Rn. 82; Wasserbug StV 1982, 237 (239 f.); danach diff., ob die verfassungswidrige Norm Auswirkungen auf die materielle Rechtsgrundlage des Urteils hat, BGH 28.11.1996 – StB 13/96, BGHSt 42, 314 (318 ff.) = NJW 1997, 670 (671).
[268] Graßhof NJW 1995, 3085; Bethge in Schmidt-Bleibtreu/Klein/Bethge BVerfGG § 79 Rn. 29 ff.
[269] Bethge in Schmidt-Bleibtreu/Klein/Bethge BVerfGG § 79 Rn. 33. Für eine analoge Anwendung des § 79 Abs. 1 in bestimmten Fällen Graßhof NJW 1995, 3085 (3089 f.).
[270] OLG Koblenz 14.8.1997 – 1 Ws 421/97, NStZ-RR 1998, 44; Bajohr S. 56 ff.
[271] Marxen/Tiemann Strafsachen Rn. 523.
[272] Jokisch, Gemeinschaftsrecht und Strafverfahren, 2000, S. 225 ff.; Satzger, Die Europäisierung des Strafrechts, 2001, S. 681 ff.; Schneider EuR 2017, 432 (443 ff.).

eine analoge Anwendung des § 79 Abs. 1 BVerfGG sprengte dagegen die Grenzen zulässiger Rechtsfortbildung.[273]

2. Anfechtungsgegenstand. Als Anfechtungsgegenstand nennt § 79 Abs. 1 BVerfGG 80 zwar ausdrücklich nur das rechtskräftige Strafurteil. Es kommen aber zunächst wiederum alle Entscheidungsarten in Betracht, die auch sonst Gegenstand einer Wiederaufnahme sein können, also etwa Strafbefehle oder Beschlüsse[274] – letztere freilich nur unter den oben näher dargelegten Bedingungen (vgl. → Vor § 359 Rn. 17 ff.), so dass nach hM Einstellungen nach § 153 Abs. 2 oder 153a Abs. 2 nicht wiederaufnahmefähig sind.[275] Ferner können ebenfalls Bußgeldbescheide[276] und Urteile der Disziplinargerichte[277] (nicht aber VAe[278]) nach § 79 Abs. 1 BVerfGG angefochten werden.

3. Beruhen. Das Strafurteil muss auch auf der verfassungswidrigen Norm oder Nor- 81 mauslegung beruhen. Es gilt hier grds. derselbe Maßstab wie bei § 337.[279] Ein Beruhen liegt somit vor, wenn nicht ausgeschlossen werden kann, dass die Entscheidung ohne die Anwendung der verfassungswidrigen Norm bzw. bei verfassungskonformer Auslegung für den Verurteilten günstiger ausgefallen wäre. In den Sitzblockaden-Fällen bedeutet dies: Wurde der Angeklagte unter Rückgriff auf den sog. vergeistigten Gewaltbegriff rechtskräftig wegen Nötigung verurteilt, beruht die Entscheidung nicht auf dieser als verfassungswidrig beanstandeten Normauslegung des § 240 StGB, wenn der Angeklagte gem. der sog. Zweite-Reihe-Rspr. des BGH[280] ebenfalls sicher verurteilt worden wäre.[281]

4. Nach den Vorschriften der StPO. Aus der Verweisung auf die Vorschriften der 82 StPO folgt, dass sich die Wiederaufnahme gem. § 79 Abs. 1 BVerfGG nach den **verfahrensrechtlichen Normen** des vierten Buches richtet. Dagegen bezieht sich die Verweisung nicht auf die strafprozessrechtlichen Regelungen, die die **sachlichen Voraussetzungen** der Wiederaufnahme zum Gegenstand haben. Entgegen einer in der Rspr. vertretenen Ansicht[282] ist deshalb auch § 363 nicht auf die Wiederaufnahme nach § 79 Abs. 1 BVerfGG anwendbar.[283]

5. Antragsbegründung. Erforderlich ist die **Angabe der Entscheidung des Verfas-** 83 **sungsgerichts,** durch welche die fragliche Norm(auslegung) für verfassungswidrig erklärt worden ist.[284] Dargelegt werden muss zudem, inwieweit die angefochtene Entscheidung gerade auf dem Verfassungsverstoß beruht.[285] Hinsichtlich der geeigneten Beweismittel → § 368 Rn. 23.

III. Das Wiederaufnahmeverfahren

In verfahrensrechtlicher Hinsicht bestehen **grds. keine Besonderheiten** gegenüber 84 einem „normalen" Wiederaufnahmeverfahren.[286] Hervorzuheben ist aber, dass im Probati-

---

[273] LG Mannheim 10.7.2019 – 23 KLs 618 Js 9394/19, NZWiSt 2019, 440. Ausf. Bajohr S. 113 ff.
[274] Marxen/Tiemann Strafsachen Rn. 522.
[275] OLG Frankfurt a. M. 12.7.1996 – 1 Ws 82/96, NJW 1996, 3353 (3354); OLG Z.weibrücken 19.3.1996 – 1 Ws 57/96, NJW 1996, 2246.
[276] Bajohr S. 33 ff.; Tiemann in KK-StPO Vor § 359 Rn. 20; Bethge in Schmidt-Bleibtreu/Klein/Bethge BVerfGG § 79 Rn. 25; aA BayObLG 14.9.1962 – BWReg. 4 St 35/62, NJW 1962, 2166.
[277] Bajohr S. 35 f.; Schuster in Löwe/Rosenberg Vor § 359 Rn. 165; Marxen/Tiemann Strafsachen Rn. 522.
[278] Tiemann in KK-StPO Vor § 359 Rn. 20.
[279] Bethge in Schmidt-Bleibtreu/Klein/Bethge BVerfGG § 79 Rn. 35.
[280] BGH 20.7.1995 – 1 StR 126/95, BGHSt 41, 182 = NJW 1995, 2643; als verfassungskonform gebilligt in BVerfG 24.10.2001 – 1 BvR 1190/90, 2173/93, 433/96, BVerfGE 104, 92 = NJW 2002, 1031.
[281] OLG München 20.11.1996 – 3 Ws 722/96, NStZ-RR 1997, 174; Bajohr S. 61; s. aber auch OLG Koblenz 14.8.1997 – 1 Ws 421/97, NStZ-RR 1998, 44.
[282] LG Berlin 19.1.2001 – 503 – 1/01, NJW 2001, 2271 (2272).
[283] Bajohr S. 42 ff.; Frister in SK-StPO Rn. 78.
[284] Schuster in Löwe/Rosenberg Vor § 359 Rn. 172; Marxen/Tiemann Strafsachen Rn. 530.
[285] BGH 28.11.1996 – StB 12/96, BGHSt 42, 324 (331) = NJW 1997, 668 (670); Eschelbach in KMR-StPO Vor § 359 Rn. 80. S. auch BVerfG 6.4.1999 – 2 BvR 1153/96, BeckRS 1999, 30054084.
[286] Vgl. Marxen/Tiemann Strafsachen Rn. 531 ff. Ausf. Schuster in Löwe/Rosenberg Vor § 359 Rn. 167–177.

onsverfahren eine Beweisaufnahme in aller Regel nicht notwendig sein wird, sodass eine Verbindung von Zulassungs- und Begründetheitsbeschluss (dazu → § 369 Rn. 8) angezeigt ist.[287] Auch werden häufig die Voraussetzung einer Freisprechung ohne neues Hauptverfahren gem. § 371 Abs. 2 vorliegen (→ § 371 Rn. 11),[288] wobei die Zustimmung der StA ausnahmsweise entbehrlich sein soll.[289]

Hinsichtlich der Kostenfolge (zu den Grundsätzen → § 370 Rn. 17, → § 371 Rn. 20) ist im Falle der Ersetzung einer nichtigen Norm durch eine gültige (Austausch der Rechtsgrundlage, → Vor § 359 Rn. 36) zu beachten, dass sich die **Kostenentscheidung** hier auf die Kosten des Wiederaufnahmeverfahrens und die dem Verurteilten in diesem Verfahren entstandenen notwendigen Auslagen beschränkt.[290] Auch wenn in diesen Fällen der Angeklagte im Ergebnis keine Besserstellung erfährt, hält es die hM zutr. für sachgerecht, die Kosten der Staatskasse aufzuerlegen.[291] Begründet wird dies mit einer analogen Anwendung entweder der § 467 Abs. 1, § 473 Abs. 1[292] oder des § 21 GKG[293] (oder beidem zusammen[294]).

§ 360 Keine Hemmung der Vollstreckung

(1) Durch den Antrag auf Wiederaufnahme des Verfahrens wird die Vollstreckung des Urteils nicht gehemmt.

(2) Das Gericht kann jedoch einen Aufschub sowie eine Unterbrechung der Vollstreckung anordnen.

Schrifttum: S. Vor § 359.

Übersicht

	Rn.		Rn.
I. Normzweck	1	c) Sicherheitsleistung	9
II. Hemmung der Vollstreckung (Abs. 2)	3	d) Keine antizipierte Vollstreckung	10
		2. Anordnungsgegenstand	11
1. Entscheidungskriterien	3	3. Zuständigkeit, Verfahren und Form	13
a) Entscheidungsmaßstab	3		
b) Veränderung der Umstände	8	4. Rechtsbehelfe	15

I. Normzweck

1 Als Rechtsbehelf kommt dem (günstigen) Wiederaufnahmeantrag grds. **keine aufschiebende Wirkung** zu, Abs. 1. Dies gilt auch, wenn der Antrag für zulässig erklärt worden ist;[1] erst mit der Durchbrechung der Rechtskraft durch einen Wiederaufnahmebeschluss (§ 370 Abs. 2) gilt wieder das Vollstreckungsverbot des § 449 (→ § 370 Rn. 21).

2 Der Ausschluss des Suspensiveffekts ist sachgerecht, weil sonst der Verurteilte durch mutwillige Wiederaufnahmeanträge die Vollstreckung torpedieren könnte.[2] Darüber hinaus

---

[287] Schuster in Löwe/Rosenberg Vor § 359 Rn. 178; Marxen/Tiemann Strafsachen Rn. 531.
[288] Marxen/Tiemann Strafsachen Rn. 532.
[289] Schuster in Löwe/Rosenberg Vor § 359 Rn. 179.
[290] OLG Bremen 15.10.1962 – Ws 239/62, NJW 1962, 2169 (2171); AG Stuttgart 23.11.1962 – B 17 Cs (P) 19810/61, NJW 1963, 458 (459); Schuster in Löwe/Rosenberg Vor § 359 Rn. 181.
[291] AA nur OLG Hamm 24.8.1962 – (1) Ss 570/62, NJW 1962, 2073.
[292] OLG Bremem 15.10.1962 – Ws 239/62, NJW 1962, 2169 (2171); OLG Oldenburg 16.12.1962 – 1 Ws 377/62, NJW 1963, 457 (458); 14.8.1962 – Ss 70/62, NJW 1962, 2120; Schuster in Löwe/Rosenberg Vor § 359 Rn. 181; Marxen/Tiemann Strafsachen Rn. 535.
[293] OLG Hamm 25.10.1962 – 4 Ss 1330/62, NJW 1962, 2265 (2267) (zu § 7 GKG aF).
[294] OLG Köln 14.12.1962 – 1 Ws 95/62, NJW 1963, 456 (457) OLG Bamberg 8.10.1962 – Ws 254/62, NJW 1962, 2168 (2169) (jew. zu § 7 GKG aF).
[1] Rotsch in Krekeler/Löffelmann/Sommer Rn. 1; Hohmann in Radtke/Hohmann Rn. 2; Kaspar in Satzger/Schluckebier/Widmaier StPO Rn. 1.
[2] Schuster in Löwe/Rosenberg Rn. 1; Frister in SK-StPO Rn. 1; Tiemann in KK-StPO Rn. 1.

bezieht die Norm ihre **Legitimation** aus dem Umstand, dass sich mit dem Eintritt der Rechtskraft einer Verurteilung das öffentl. Rechtsschutzinteresse hinsichtlich der Sache erledigt und der öffentl. Rechtsfrieden als wiederhergestellt gilt.[3] Infolgedessen hat die rechtskräftige Verurteilung die Vermutung der Richtigkeit für sich, während gleichzeitig die Unschuldsvermutung als widerlegt gilt. Zur Vermeidung grober Ungerechtigkeiten sieht Abs. 2 die Möglichkeit vorläufiger Maßnahmen vor.

II. Hemmung der Vollstreckung (Abs. 2)

1. Entscheidungskriterien. a) Entscheidungsmaßstab. Die Voraussetzungen, unter denen der Aufschub einer noch nicht eingeleiteten oder die Unterbrechung einer bereits begonnenen Vollstreckung angeordnet werden kann, sind im Gesetz nicht genannt. Einigkeit besteht, dass es dafür auf die Erfolgsaussichten des Wiederaufnahmeantrags ankommt. Umstr. ist der an den „Unschuldsverdacht"[4] anzulegende Entscheidungsmaßstab. Eine dem **Anfangsverdacht** entspr. bloße Möglichkeit, dass der Antrag begründet ist, reicht nach allgA nicht.

Die Rspr. verlangt zumeist eine so hohe Erfolgswahrscheinlichkeit, „dass die Vollstreckung des Urteils bedenklich erscheint".[5] Hierbei handelt es sich, ebenso wie beim Erfordernis „einiger Sicherheit"[6] oder einer nicht näher bestimmten „gewissen Wahrscheinlichkeit",[7] um eine Leerformel, da offen bleibt, wann **„Bedenklichkeit"** vorliegt.

Zur Konkretisierung wird teilw. vorgeschlagen, entspr. der **Wertung des § 112 Abs. 1** die Vollstreckungshemmung immer dann anzuordnen, wenn der Antragsteller angesichts der im Wiederaufnahmeantrag vorgetragenen Behauptungen nicht mehr dringend tatverdächtig ist.[8] Gegen diesen verurteiltenfreundlichen Maßstab spricht aber, dass hier, anders als bei der UHaft, die Unschuldsvermutung durch eine rechtskräftige Verurteilung bis zu einem etwaigen Beschluss nach § 370 Abs. 2 als widerlegt gilt.

Abzul. ist ferner diejenige Ansicht, die eine HemmungsAnO analog zum hinreichenden Tatverdacht (§ 203) davon abhängig macht, dass der Wiederaufnahmeantrag **überwiegende Erfolgsaussicht**en hat.[9] Damit würde für Abs. 2 ders. Wahrscheinlichkeitsmaßstab gelten wie für den Zulassungsbeschluss.[10] Da ein solcher für eine aufschiebende Wirkung aber gerade nicht ausreicht (→ Rn. 1), muss nach der Gesetzessystematik für die HemmungsAnO ein höherer Wahrscheinlichkeitsgrad gegeben sein.[11]

Daher ist für eine AnO nach Abs. 2 zu verlangen, dass der Wiederaufnahmeantrag mit **großer Wahrscheinlichkeit** Erfolg haben wird; die zum dringenden Tatverdacht gem. § 112 Abs. 1 S. 1 entwickelten Kriterien gelten entspr. Für diese Lösung spricht neben der Gesetzessystematik, dass in diesem Verfahrensstadium die Verurteilung nach wie vor die Vermutung der Richtigkeit für sich hat und deshalb erst die Vollstreckung gegen einen höchstwahrscheinlich unrechtmäßig Verurteilten dem Rechtsstaatsprinzip widerspricht.

b) Veränderung der Umstände. Für die Entscheidung nach Abs. 2 kommt es auch auf eine antizipierende Würdigung der angebotenen Beweise an.[12] Ändert sich die diesbzgl.

---
[3] Vgl. OLG Bamberg 5.3.2013 – 1 Ws 98/12, OLGSt StPO § 359 Nr. 20 = bei Feilcke/Schiller NStZ-RR 2016, 1 (6) = BeckRS 2013, 05389; Marxen/Tiemann Strafsachen Rn. 9; Kaspar in Satzger/Schluckebier/Widmaier StPO Vor § 359 Rn. 10. AA Strate GS KH Meyer, 1990, 469 (475) („nie und nimmer").
[4] Strate in MAH Strafverteidigung § 28 Rn. 10; Strate StV 1999, 228 (229).
[5] KG 27.3.2000 – 4 Ws 67/00, BeckRS 2000, 15791; OLG Karlsruhe 22.2.1979 – 1 Ws 53/79, Justiz 1979, 237; LG Aschaffenburg 5.8.1999 – KLs 103 Js 7165/98, StV 2003, 238; LG Gießen 26.2.1993 – 6 Js 24553.9/92 6 Ks, NJW 1994, 467; Schuster in Löwe/Rosenberg Rn. 4; Schmitt in Meyer-Goßner/Schmitt Rn. 3.
[6] OLG Hamm 7.3.1978 – 6 Ws 145/78, MDR 1978, 691 (692).
[7] OLG Hamm 21.8.1980 – 2 Ws 204/80, JMBl. NRW. 1980, 276.
[8] Frister in SK-StPO Rn. 5; Eschelbach in KMR-StPO Rn. 20.
[9] So Loos in AK-StPO Rn. 4; Kaspar in Satzger/Schluckebier/Widmaier StPO Rn. 4.
[10] Vgl. Rotsch in Krekeler/Löffelmann/Sommer Rn. 2; Radtke ZStW 110 (1998), 297 (Fn. 3).
[11] Marxen/Tiemann Strafsachen Rn. 224.
[12] Loos in AK-StPO Rn. 4; Eschelbach in KMR-StPO Rn. 18.

Prognose im Lauf des Wiederaufnahmeverfahrens (zB nach erfolgter Beweisaufnahme gem. § 369[13]), kann eine **neuerliche Entscheidung,** auch die Aufhebung einer vorausgegangenen HemmungsAnO,[14] geboten sein.

9   c) **Sicherheitsleistung.** Str. ist, ob eine AnO nach Abs. 2 in entspr. Anwendung des § 116 Abs. 1 S. 2 von einer Sicherheitsleistung abhängig gemacht[15] oder zumindest das Angebot einer solchen berücksichtigt werden[16] darf. Diese Auffassung hat das praktische Argument für sich, in Grenzfällen eine Entscheidung zugunsten des Strafgefangenen zu ermöglichen.[17] Gleichwohl **widerspricht** dies **der Struktur** des zu entscheidenden Interessenwiderstreits. Es geht bei der Hemmungsentscheidung nicht um die Abwägung eines abstrakten staatlichen Strafvollstreckungsinteresses gegenüber dem Freiheitsinteresse des Verurteilten,[18] sondern darum, ob die konkrete Gefahr der Vollstreckung einer wiederaufnahmerelevanten Fehlentscheidung verantwortet werden kann. Entscheidend ist hierfür allein die Wahrscheinlichkeit, dass es zu einem Beschluss nach § 370 Abs. 2 kommt. Dieser Wahrscheinlichkeitsgrad kann aber nicht dadurch beeinflusst werden, dass eine Sicherheitsleistung erfolgt; andersherum: **Fluchtgefahr** rechtfertigt nicht die (fortgesetzte) Vollstreckung von Strafhaft gegen einen höchstwahrscheinlich zu Unrecht so Verurteilten, wenn dieser die Kaution nicht aufbringt.

10   d) **Keine antizipierte Vollstreckung.** Aus dems. Grund ist die Auffassung abzulehnen, wonach die Aussicht auf eine neuerliche (ggf. mildere) Verurteilung in der erneuerten Hauptverhandlung einer HemmungsAnO entgegen stehen könne.[19] Denn selbst wenn eine neuerliche Haftstrafe absehbar ist, würde der auf dem Weg dorthin notwendige Beschluss nach § 370 Abs. 2 zunächst zu einer sofortigen Haftentlassung führen. In diesem Fall käme die vorläufige Haftfortdauer bis zum Beschluss nach § 370 Abs. 2 der unzulässigen antizipierten Vollstreckung einer noch nicht ergangenen Verurteilung gleich. Der Sicherung des (wiederaufgenommenen) Verfahrens kann in Fällen mit Fluchtgefahr dadurch Rechnung getragen werden, dass neben der AnO nach Abs. 2 zugleich ein **UHaft**befehl ergeht; dieses Vorgehen ist schon aufgrund der für den Inhaftierten unterschiedlichen Belastungen durch U- und Strafhaft keine unnötige Förmelei. Dass das Vorliegen einer – noch – rechtskräftigen Verurteilung in ders. Sache einem Haftbefehl nicht entgegensteht, zeigt der Umstand, dass UHaft im umgekehrten Fall – ungünstige Wiederaufnahme – für zulässig gehalten wird.[20]

11   2. **Anordnungsgegenstand.** Dies können zunächst **alle vollstreckbaren Maßnahmen** sein, insbes. Freiheitsstrafen; bezieht sich die AnO auf eine Einzelstrafe innerhalb einer Gesamtstrafe, entfällt insges. deren Vollstreckung und es ist gem. §§ 449 ff. über die Vollstreckung der anderen Einzelstrafen zu entscheiden.[21] Abs. 2 gilt zudem für freiheitsentziehende Maßregeln gem. §§ 63–66 StGB, für jugendstrafrechtlichen Freiheitsentzug und für noch nicht vollstreckte Geldstrafen.[22]

---

[13] Loos in AK-StPO Rn. 8.
[14] Singelnstein in BeckOK StPO Rn. 4; Schmitt in Meyer-Goßner/Schmitt Rn. 3; Temming in Gercke/Julius/Temming/Zöller Rn. 3; Schuster in Löwe/Rosenberg Rn. 5. AA mit beachtlichen Argumenten Eschelbach in KMR-StPO Rn. 30–33.
[15] So OLG Düsseldorf 16.10.1989 – 3 Ws 458/89, OLGSt § 359 Nr. 4; Weiler in HK-GS Rn. 3; Frister in SK-StPO Rn. 7. AA Schmitt in Meyer-Goßner/Schmitt Rn. 3.
[16] Marxen/Tiemann Strafsachen Rn. 498.
[17] So Loos in AK-StPO Rn. 4.
[18] So aber Eschelbach in KMR-StPO Rn. 21. S. auch Frister in SK-StPO Rn. 4; Schuster in Löwe/Rosenberg Rn. 4; Loos in AK-StPO Rn. 4.
[19] So aber Marxen/Tiemann Strafsachen Rn. 497; Singelnstein in BeckOK StPO Rn. 3; Kaspar in Satzger/Schluckebier/Widmaier StPO Rn. 2.
[20] Schuster in Löwe/Rosenberg § 369 Rn. 4 mwN. Zw. Eschelbach in KMR-StPO § 369 Rn. 1. AA Marxen/Tiemann Strafsachen Rn. 371 m. Fn. 40.
[21] Schmitt in Meyer-Goßner/Schmitt Rn. 2; Kaspar in Satzger/Schluckebier/Widmaier StPO Rn. 3. Zur Problematik der jugendstrafrechtlichen Einheitsstrafe Eisenberg/Kölbel JGG § 55 Rn. 30 mN zum Streitstand.
[22] Vgl. die Verfahrensschilderung bei OLG Zweibrücken 1.2.1993 – 1 Ws 432/92, GA 1993, 463 (464).

Problematisch sind AnOen in Bezug auf Maßnahmen, die mit der Rechtskraft des **12** Urteils wirksam werden, sich also „quasi von selbst vollstrecken".[23] Bei **Befugnissperren** wie Fahr- (§ 44 StGB) oder Berufsverbot (§ 70 StGB) ist eine UnterbrechungsAnO nach allgA zulässig. Anderes gilt für die **Entziehung der Fahrerlaubnis;** diese „erlischt" mit der Rechtskraft des Urteils (§ 69 Abs. 3 S. 1 StGB), weshalb eine unterbrechungsfähige Vollstreckung nicht möglich ist.[24] Diesem – unbefriedigenden[25] – Zustand kann auch nicht mit der Erwägung abgeholfen werden, das Gericht könne über den Wortlaut von Abs. 2 hinaus die Rechtskraft der Verurteilung einstweilen für unbeachtlich erklären.[26] Bei Entscheidungen über die **Einziehung von Gegenständen** (§§ 73 ff. StGB) trifft § 68 Abs. 1 StVollstrO eine Sonderregelung.[27]

3. Zuständigkeit, Verfahren und Form. Die **Anordnungsbefugnis** nach Abs. 2 **13** kommt dem Wortlaut nach nur dem Gericht zu. Vorgriffe durch die StA als Vollstreckungsbehörde sind daher unzulässig.[28] Zuständig ist das Wiederaufnahmegericht, § 367 Abs. 1 S. 1 StPO, § 140a GVG,[29] nach sofortiger Beschwerde (§ 372 S. 1) gegen eine Entscheidung gem. § 368 Abs. 1, § 370 Abs. 1 das Beschwerdegericht. Das Gericht entscheidet per Beschluss. Dieser kann von Amts wegen ergehen aber auch auf Antrag des Verurteilten[30] oder der StA. Diese ist gem. § 33 Abs. 2 zu hören, wenn sie nicht selbst den Antrag gestellt hat.[31]

Eine **AnO** nach Abs. 2 ergeht frühestens, wenn ein Wiederaufnahmeantrag eingereicht **14** ist.[32] Sie **tritt außer Kraft,** wenn sie wieder aufgehoben wird (dazu → Rn. 8) oder wenn das Wiederaufnahmeverfahren rechtskräftig für unzulässig (§ 368 Abs. 1) bzw. unbegründet (§ 370 Abs. 1) erklärt worden ist. Ferner erledigt sich diese mit einem Beschluss nach § 370 Abs. 2, da mit der einhergehenden Beseitigung der Rechtskraft die Grundlage der Vollstreckung entfällt.

4. Rechtsbehelfe. Eine Entscheidung nach Abs. 2 kann von der StA stets und vom **15** Verurteilten ablehnendenfalls mit der **sofortigen Beschwerde** angegriffen werden, § 372 S. 1; der Nebenkläger ist nicht beschwerdebefugt.[33] Eine weitere Beschwerde ist ausgeschlossen, § 310 Abs. 2. Unanfechtbar sind zudem Entscheidungen nach Abs. 2, die das als Beschwerdegericht mit dem Wiederaufnahmeantrag befasste Gericht trifft.[34]

§ 361 Wiederaufnahme nach Vollstreckung oder Tod des Verurteilten

(1) Der Antrag auf Wiederaufnahme des Verfahrens wird weder durch die erfolgte Strafvollstreckung noch durch den Tod des Verurteilten ausgeschlossen.

(2) Im Falle des Todes sind der Ehegatte, der Lebenspartner, die Verwandten auf- und absteigender Linie sowie die Geschwister des Verstorbenen zu dem Antrag befugt.

Schrifttum: Kühl, Unschuldsvermutung, Freispruch und Einstellung, 1983; Laubenthal, Wiederaufnahme des Verfahrens zugunsten eines vor Rechtskraft des verkündeten Urteils verstorbenen Angeklagten?, GA 1989,

---

[23] Heintschel-Heinegg in BeckOK StGB StGB § 44 Rn. 27.
[24] Schuster in Löwe/Rosenberg Rn. 3; Marxen/Tiemann Strafsachen Rn. 496; Eschelbach in KMR-StPO Rn. 14. Offen gelassen vom OLG Hamm 18.8.1969 – 3 Ws 419/69, GA 1970, 309.
[25] S. Marxen/Tiemann Strafsachen Rn. 496 mit Vorschlag de lege ferenda.
[26] So aber Frister in SK-StPO Rn. 9. Zutr. dagegen Marxen/Tiemann Strafsachen Rn. 496 Fn. 11.
[27] Kaspar in Satzger/Schluckebier/Widmaier StPO Rn. 3; näher dazu Wühr in BeckOK StVollstrO StVollstrO § 68 Rn. 2.
[28] Schuster in Löwe/Rosenberg Rn. 2; Frister in SK-StPO Rn. 2; Marxen/Tiemann Strafsachen Rn. 500. AA Schmitt in Meyer-Goßner/Schmitt Rn. 4; Pfeiffer Rn. 4; Kaspar in Satzger/Schluckebier/Widmaier StPO Rn. 5. Einschr. Loos in AK-StPO Rn. 5: kurzfristiger Aufschub möglich.
[29] BGH 11.7.1979 – 2 ARs 185/79, BGHSt 29, 47 (49) = NJW 1980, 131 (132).
[30] Muster bei Eschelbach in KMR-StPO Rn. 8; Marxen/Tiemann Strafsachen Rn. 588; Gorka in Miebach/Hohmann HdB Wiederaufnahme Kap. D Rn. 296.
[31] Loos in AK-StPO Rn. 7; Kaspar in Satzger/Schluckebier/Widmaier StPO Rn. 5.
[32] Eschelbach in KMR-StPO Rn. 25; Radtke ZStW 110 (1998), 297 (313).
[33] OLG Oldenburg 30.5.2007 – 1 Ws 279/07, StraFo 2007, 336.
[34] OLG Hamm 27.9.1961 – 3 Ws 505/61, NJW 1961, 2363; Schuster in Löwe/Rosenberg Rn. 8.

20; Meyer-Goßner, Zur Anwendung des § 206a StPO im Rechtsmittel- und Wiederaufnahmeverfahren, GA 1973, 366; Pflüger, Entschädigung für Strafverfolgungsmaßnahmen zugunsten des verstorbenen Angeklagten?, GA 1992, 20; Pflüger, Der Abschluss des Strafverfahrens beim Tod des Angeklagten, NJW 1988, 675; Ziemann, Zum Rehabilitationsgedanken im Wiederaufnahmerecht, in: Institut für Kriminalwissenschaften und Rechtsphilosophie Frankfurt am Main (Hrsg.), Jenseits des rechtsstaatlichen Strafrechts, 2007, S. 661. S. a. Schrifttum Vor § 359.

Übersicht

	Rn.			Rn.
I. Normzweck	1	1.	Wiederaufnahme nach Strafvollstreckung	11
1. Inhalt und Reichweite der Vorschrift	1	2.	Wiederaufnahme nach dem Tod	12
2. Ratio legis der günstigen Wiederaufnahme	2		a) Tod des Verurteilten	12
			b) Antragsrecht	14
a) Wiederaufnahmespezifisches Rehabilitationsinteresse	2		c) Eintrittsrecht	15
		III.	Analoge Anwendung?	16
b) Beschwer durch Strafurteil	3	1.	Versterben vor Rechtskraft	16
c) Beschwer durch Schuldspruch	4	2.	Tod nach Wiederaufnahmebeschluss	19
d) Beschwer durch Vollstreckung	6	3.	Berichtigungsanspruch bei Personenverwechslung	22
II. Erläuterung	11			

I. Normzweck

1 1. Inhalt und Reichweite der Vorschrift. Aus seinem Zweck und der Stellung im Gesetz vor § 362 ergibt sich, dass § 361 allein für die günstige Wiederaufnahme gilt (allgA). Abs. 1 bringt zum Ausdruck, dass das berechtigte Interesse an einer günstigen Wiederaufnahme auch durch bestimmte grds. verfahrenserledigende Umstände nicht entfällt. Die Norm nennt ausdrücklich den Tod des Verurteilten und die erfolgte Strafvollstreckung. Als klarstellende **Sonderregelung über** das **Vorliegen einer Beschwer** ist Abs. 1 jedoch unvollständig; nach allgM kann ein Rehabilitationsinteresse auch in weiteren, vom Wortlaut nicht erfasst Fällen, bestehen. Abs. 2 enthält eine verfahrensbezogene Sonderregel zum Antragsrecht bei Wiederaufnahme nach dem Tod des Verurteilten.

2 2. Ratio legis der günstigen Wiederaufnahme. a) Wiederaufnahmespezifisches Rehabilitationsinteresse. Die günstige Wiederaufnahme dient der Rehabilitierung eines zu Unrecht Verurteilten, indem dieser in den Status eines Nichtverurteilten zurückversetzt wird.[1] Konkreter Zweck des Verfahrens ist die **Folgenbeseitigung ungerechtfertigter Grundrechtseingriffe** durch die Rechtsfolgen eines Strafverfahrens (→ Vor § 359 Rn. 2). Nicht ausreichend ist daher eine bloß faktische Belastung bzw. ein unspezifisches Rehabilitationsinteresse allg. Art.[2] Vielmehr bedarf es einer spezifischen Beschwer. Hierbei sind verschiedene Konstellationen auseinanderzuhalten.

3 b) Beschwer durch Strafurteil. Im „Normalfall" der **rechtskräftigen Verurteilung zu** einer **Strafe** greift der Schuldspruch in das allg. Persönlichkeitsrecht und die Strafvollstreckung zusätzlich in die Fortbewegungs- (Freiheitsstrafe) bzw. wirtschaftliche Dispositionsfreiheit (Geldstrafe) ein (→ Vor § 359 Rn. 2). Im Fall eines Fehlurteils besteht daher unstr. ein Rehabilitationsinteresse.

4 c) Beschwer durch Schuldspruch. Für eine wiederaufnahmerelevante Beschwer bedarf es aber nicht der genannten Kumulation von Grundrechtsbeeinträchtigungen. Wie sich auch aus Abs. 1 ergibt, reicht schon jede dieser Beeinträchtigungen für sich. Bereits das in einem Schuldspruch enthaltene ethische Unwerturteil[3] diskreditiert die Person des

---

[1] Ziemann Rehabilitationsgedanke S. 661, 669.
[2] Temming in Gercke/Julius/Temming/Zöller Rn. 5.
[3] Vgl. BVerfG 8.3.2006 – 2 BvR 486/05, BVerfGK 7, 363 (382); BGH 20.12.2002 – StB 15/02, BGHSt 48, 153 (159) = NJW 2003, 1261 (1262).

Verurteilten; auf eine zusätzlich belastende Rechtsfolge kommt es nicht an. Demgemäß sind auch Schuldsprüche unter Absehen von Strafe (§ 60 StGB), bei Straffreierklärung (§ 199 StGB); → Vor § 359 Rn. 33⁴ oder bei Aussetzung der Verhängung der Jugendstrafe zur Bewährung (§ 27 JGG)⁵ wiederaufnahmerelevant. Die Wiederaufnahme zielt in diesen Fällen auf eine **Wiederherstellung der Ehre,**⁶ wobei sich die Rehabilitation durch die Restauration der Unschuldsvermutung zugunsten des Verurteilten vollzieht.⁷

Die Beeinträchtigung des Persönlichkeitsrechts entfällt nicht mit dem **Tod des Schul-** 5 **diggesprochenen.** Abs. 1 stellt klar, dass sich der Eingriff ins allg. Persönlichkeitsrecht nach dem Tod des Verurteilten an dessen postmortalem Persönlichkeitsrecht fortsetzt⁸ und daher eine Wiederaufnahme möglich bleibt.

d) Beschwer durch Vollstreckung. Ferner lässt das Wiederaufnahmerecht verschie- 6 denenorts erkennen, dass bestimmte Urteils-Rechtsfolgen auch **unabhängig von** der **Beschwer durch** den **Schuldspruch** sub specie Rehabilitationsinteresse relevant sind.

aa) Strafvollstreckung. Rehabilitationsfähig sind drohende oder bereits erfolgte Ein- 7 griffe in die Freiheit oder das Vermögen durch die Vollstreckung von **Haft- bzw. Geldstrafe.** Selbständige Bedeutung kommt dem zu, wenn der Verurteilte isoliert den Rechtsfolgenausspruch angreift, etwa zum Zweck einer Milderbestrafung oder bei gerügter Nichtberücksichtigung von Strafbefreiungsgründen auf der Grenze zwischen Strafbarkeit und Straflosigkeit (zB § 23 Abs. 3, § 60, § 218 Abs. 4 S. 2 StGB).⁹

Ob die Sanktion bereits (vollständig) vollstreckt wurde, ist nach Abs. 1 unerheblich. 8 Dahinter steht der Gedanke, dass durch Strafe erlittene materielle und immaterielle Schäden über die unmittelbare Vollstreckung hinaus fortwirken und kompensationsfähig bleiben (vgl. §§ 1, 7 StrEG).¹⁰ Auch hinsichtlich dieser Beschwer ist der **Tod** des Verurteilten **kein Ausschlussgrund.** Dies rechtfertigt sich jedenfalls aus der Vererblichkeit des auch posthum zuzusprechenden¹¹ Entschädigungsanspruchs.

bb) Maßregelvollstreckung. Eine günstige Wiederaufnahme kommt zudem bei 9 einem mit einer MaßregelAnO verbundenen Freispruch bzw. einem im Sicherungsverfahren ergangenen Maßregelausspruch in Betracht, arg. e § 359 Nr. 5. Hier liegt die Beschwer in den mit der Maßregel einhergehenden Grundrechtsbeeinträchtigungen, insbes. in dem mit einer Unterbringung verbundenen **Freiheitsentzug**.

Ebenso wie bei der Haftstrafe wird auch bzgl. der Maßregel zutr. ein das Wiederaufnah- 10 meinteresse begründendes **Fortwirken des Grundrechtseingriffs** über den Zeitraum der Vollstreckung hinaus anerkannt;¹² die aufgrund der Maßregel zu Unrecht erlittene Freiheitseinbuße bleibt kompensationsfähig. Ferner ergibt sich bereits aus dem Wortlaut von Abs. 1 – der Begriff des Verurteilten umfasst im Wiederaufnahmerecht auch denjenigen, gegen den neben dem Freispruch eine Maßregel angeordnet worden ist –,¹³ dass auch hier der **Tod des Gemaßregelten** die Möglichkeit einer günstigen Wiederaufnahme unberührt lässt.

II. Erläuterung

1. Wiederaufnahme nach Strafvollstreckung. Abs. 1 regelt lediglich, dass die 11 erfolgte Strafvollstreckung den Antrag auf Wiederaufnahme nicht ausschließt. Dem Normzweck entspr. (→ Rn. 8) gilt dasselbe auch in Konstellationen, in denen sich eine Urteils-

---

⁴ Ziemann JR 2006, 409 (412).
⁵ Eisenberg in Eisenberg/Kölbel JGG § 55 Rn. 28.
⁶ BGH 16.11.1967 – 1 StE 1/64, BGHSt 21, 373 (375).
⁷ Vgl. Kühl Unschuldsvermutung S. 50 ff.; Pflüger GA 1992, 20 (35 f.).
⁸ Frister in SK-StPO Rn. 1; Eschelbach in KMR-StPO Rn. 2.
⁹ Zum hier einschlägigen Wiederaufnahmeziel → § 359 Rn. 10; Marxen/Tiemann Strafsachen Rn. 86.
¹⁰ Eingehend zur sog. finanziellen Rehabilitation Ziemann Rehabilitationsgedanke S. 661, 664 ff.
¹¹ Dazu BGH 8.6.1999 – 4 StR 595/97, BGHSt 45, 108 (115) = NJW 1999, 3644 (3646); D. Meyer StrEG Vor §§ 1–6 Rn. 9, 18; Pflüger GA 1992, 20 (37).
¹² Radtke ZStW 110 (1998), 297 (310).
¹³ Radtke ZStW 110 (1998), 297 (317 Fn. 76).

vollstreckung gegen den noch lebenden Verurteilten erledigt hat, ohne dass hierdurch das Rehabilitationsinteresse entfallen wäre. Neben dem Fall des nicht vollstreckungsfähigen bloßen Schuldausspruchs (→ Rn. 4) zählen hierzu die **Erledigung einer** vollstreckten **Maßregel,**[14] **Vollstreckungsverjährung** (auch bei Strafbefehl[15]), **Begnadigung** und **Amnestie** sowie das **Ablaufen der Bewährungszeit.**[16] Ferner hindert die Tilgung der Verurteilung im BZR nicht die günstige Wiederaufnahme (allgM).

12   **2. Wiederaufnahme nach dem Tod. a) Tod des Verurteilten.** Der **Tod** des rechtskräftig Verurteilten (bzw. dessen Todeserklärung gem. § 2 VerschG[17]) schließt die günstige Wiederaufnahme nicht aus, Abs. 1. Die Regelung ist sachgerecht (→ Rn. 5 und 8). Das Verfahren richtet sich in diesen Fällen nach § 371 Abs. 1.

13   Teilw. wird eine analoge Anwendung der Vorschrift auf den Fall der inzwischen eingetretenen **Verhandlungsunfähigkeit** des Verurteilten erwogen, da anderenfalls eine Rehabilitation zu Lebzeiten nicht erreichbar sei.[18] Hierfür besteht aber kein Bedürfnis.[19] Im Gegensatz zum Hauptverfahren legt das Gesetz im Wiederaufnahmeverfahren auf die Präsenz des Verurteilten keinen gesteigerten Wert, vgl. § 369 Abs. 3 S. 3; dieser kann sich durchgängig vertreten lassen. Infolgedessen ist die Verhandlungsfähigkeit entgegen der hM keine Voraussetzung für die Stellung des Wiederaufnahmeantrags.

14   **b) Antragsrecht.** Dieses richtet sich zunächst nach Abs. 2. Befugte **Angehörige** sind der Ehegatte bzw. Lebenspartner – und zwar, entgegen der hL,[20] ungeachtet dessen, ob die Ehe bzw. Lebenspartnerschaft zuvor bereits geschieden worden war. Auch der geschiedene Partner kann ein Interesse an der Rehabilitation haben.[21] Das gegen die hiesige Sichtweise angeführte Fehlen der in § 52 Abs. 1 Nr. 2/2a enthaltenen Wendung „auch wenn die Ehe/Partnerschaft nicht mehr besteht" trägt nicht, weil Ehe bzw. Lebenspartnerschaft ohnehin mit dem Tod enden (§ 1353 Abs. 1 S. 1 BGB) und eine Übernahme der Formulierung auf die Situation in § 361 Abs. 2 daher sinnlos gewesen wäre. Antragsberechtigt sind ferner die (Halb-)Geschwister des Verstorbenen sowie dessen Verwandte in auf- und absteigender Linie (Eltern, Großeltern, Kinder, Enkel etc). Antragsberechtigt ist zudem, obwohl in Abs. 2 nicht genannt, die StA.[22] Deren Antragsbefugnis aus § 365 iVm § 296 Abs. 1 Var. 1, Abs. 2 bleibt von § 361 Abs. 2 unberührt, da dieser lediglich lex specialis zu § 296 Abs. 1 Var. 2 ist.

15   **c) Eintrittsrecht.** Die hM erachtet es für zulässig, dass die nach Abs. 2 Antragsberechtigten sowie die StA das Verfahren fortführen, wenn der günstige Wiederaufnahmeantrag zu Lebzeiten des Verurteilten gestellt wurde, dieser jedoch vor der Entscheidung über den Antrag verstorben ist.[23] Obzwar das Eintrittsrecht gesetzlich nicht vorgesehen ist, rechtfertigt sich dieses unter dem Gesichtspunkt der **Verfahrensökonomie.** Anderenfalls müssten nämlich die Angehörigen bzw. die StA den umständlicheren Weg einer erneuten Antragstellung beschreiten.[24] Allerdings ist zu beachten, dass das Versterben des Verurteilten den Kreis

---

[14] Radtke ZStW 110 (1998), 297 (310). AA Eschelbach in KMR-StPO Rn. 10.
[15] Eschelbach in KMR-StPO § 368 Rn. 3. AA LG Ulm 7.1.2013 – 2 Qs 2088/12, bei Feilcke/Schiller NStZ-RR 2016, 1.
[16] Frister in SK-StPO Rn. 3; Eschelbach in KMR-StPO Rn. 8; Weiler in HK-GS Rn. 2.
[17] Näher dazu Eschelbach in KMR-StPO Rn. 13.
[18] Schuster in Löwe/Rosenberg Rn. 7; Marxen/Tiemann Strafsachen Rn. 509; Loos in AK-StPO Rn. 9; Petermann in Miebach/Hohmann HdB Wiederaufnahme Kap. B Rn. 36; Tiemann in KK-StPO Rn. 7.
[19] Frister in SK-StPO Rn. 5; Weiler in HK-GS Rn. 5; Eschelbach in KMR-StPO Rn. 19.
[20] Peters Fehlerquellen Bd. III S. 117; Frister in SK-StPO Rn. 4; Schuster in Löwe/Rosenberg Rn. 3; Eschelbach in KMR-StPO Rn. 23.
[21] Peters Fehlerquellen Bd. III S. 117.
[22] BGH 8.6.1999 – 4 StR 595/97, BGHSt 45, 108 (115) = NJW 1999, 3644 (3646); Hohmann in Radtke/Hohmann Rn. 5; Marxen/Tiemann Strafsachen Rn. 504; Schmitt in Meyer-Goßner/Schmitt Rn. 2. AA BayObLG 6.12.1906 – ohne Az., BayObLGSt 7, 136 (137).
[23] BGH 23.7.1997 – StB 11/97, BGHSt 43, 169 (170) = NJW 1997, 2762; Marxen/Tiemann Strafsachen Rn. 505; Schuster in Löwe/Rosenberg § 371 Rn. 13.
[24] Frister in SK-StPO § 371 Rn. 3.

der zulässigen Antragsziele verengt, § 371 Abs. 1, Abs. 3 S. 2.[25] Der Eintritt erfordert eine **ausdrückliche Erklärung**,[26] wobei das Gericht unter dem Aspekt der Fürsorge eine Hinweispflicht trifft.[27] Wird vom Eintrittsrecht kein Gebrauch gemacht, ist der Antrag im Aditionsverfahren nach § 368 Abs. 1 als nunmehr unzulässig, im Probationsverfahren als unbegründet zu verwerfen.[28] Entgegen der hM besteht das Eintrittsrecht nicht, wenn der Antragsteller verstirbt, nachdem das Gericht bereits gem. § 370 Abs. 2 die Wiederaufnahme des Verfahrens angeordnet hat (→ Rn. 18).

III. Analoge Anwendung?

1. Versterben vor Rechtskraft. Stirbt der Angeklagte nach seiner Verurteilung, aber 16 bevor die Entscheidung in Rechtskraft erwächst, kommt eine Wiederaufnahme aufgrund des Rechtskrafterfordernisses in § 359 nicht in Betracht. Dies entspr. der Binnenlogik des Prozessrechts: Eine Beschwer durch die Rechtswirkungen des Urteilsspruchs liegt nicht vor, da die mit der Verfahrensbeendigung einhergehende Fortgeltung der Unschuldsvermutung den drohenden sozialethischen Tadel bereits von selbst beseitigt. Es besteht insoweit **kein Rehabilitationsbedürfnis.**[29]

Die hL zieht jedoch § 361 analog heran. Zur Begründung wird auf ein vergleichbares 17 Rehabilitationsinteresse verwiesen.[30] Richtig ist hieran, dass auch nicht rechtskräftige Urteile zu einer dauerhaften „faktisch sozialethischen Mißbilligung" führen können, da sich insbes. die **Wirkungen massenmedialer Berichterstattung** über eine spektakuläre Verurteilung[31] kaum jemals dadurch rückgängig machen lassen, dass der Tote de jure als unschuldig gilt.

Dennoch ist eine Analogie fehl am Platz.[32] Ein wiederaufnahmerelevantes Rehabilitationsinteresse kommt nur im Fall einer Beschwer durch den Urteilsspruch in Betracht, nicht 18 aber bei sonstigen faktischen Belastungen (→ Rn. 2). Hierfür spricht zunächst, dass auch im Wiederaufnahmerecht der Grundsatz der Tenorbeschwer[33] gilt und demzufolge die Beseitigung faktisch belastender Gründe eines iE freisprechenden Urteils kein zulässiges Verfahrensziel darstellt.[34] Zudem käme die Gewährung eines Rehabilitierungsanspruchs trotz Fehlens einer rechtskräftigen Verurteilung einer gefährlichen **Geringschätzung der Unschuldsvermutung** gleich, da im Bewusstsein der Öffentlichkeit künftig nur noch derjenige als unschuldig gelten würde, dessen Unschuld gerichtlich festgestellt wurde.[35] Schließlich lässt sich das Erfordernis einer gerichtlichen Entscheidung gem. § 371 Abs. 1 auch nicht mit dem Bedürfnis nach einem prozessualen Vehikel für eine **Grundentscheidung über** die **Entschädigungspflicht** nach § 8 Abs. 1 StrEG begründen. Geht man richtigerweise davon aus, dass der Tod des Angeklagten einen formellen Verfahrensabschluss erzwingt,[36] ermöglicht der fällige

---

[25] Marxen/Tiemann Strafsachen Rn. 514; Eschelbach in KMR-StPO Rn. 28–30.
[26] BGH 23.7.1997 – StB 11/97, BGHSt 43, 169 (170) = NJW 1997, 2762.
[27] Marxen/Tiemann Strafsachen Rn. 505. Vgl. auch Schuster in Löwe/Rosenberg § 371 Rn. 13.
[28] Vgl. Marxen/Tiemann Strafsachen Rn. 507; Kaspar in Satzger/Schluckebier/Widmaier StPO Rn. 3; Loos in AK-StPO § 371 Rn. 13. AA Schuster in Löwe/Rosenberg § 371 Rn. 13: Einstellung des Wiederaufnahmeverfahrens nach § 206a. So wohl auch BGH 23.7.1997 – StB 11/97, BGHSt 43, 169 (170) = NJW 1997, 2762 („Einstellung des Verfahrens geboten").
[29] BGH 9.11.1982 – 1 StR 687/81, NJW 1983, 463.
[30] Loos in AK-StPO Rn. 7; Marxen/Tiemann Strafsachen Rn. 510; Hohmann in Radtke/Hohmann Rn. 7.
[31] Laubenthal GA 1989, 20 (24); Eschelbach in KMR-StPO § 371 Rn. 15.
[32] Wie hier Frister in SK-StPO Rn. 2; Schuster in Löwe/Rosenberg Rn. 9; Eschelbach in KMR-StPO § 371 Rn. 15. IE auch Laubenthal GA 1989, 20 (30): keine planwidrige Regelungslücke.
[33] Dazu Ziemann JR 2006, 409 (412 m. Fn. 55). Zum Grundsatz der Tenorbeschwer (und Ausnahmen) s. EGMR 15.1.2015 – 48144/09, StV 2016, 1 mAnm Stuckenberg; BVerfG 14.4.1970 – 1 BvR 33/68, BVerfGE 28, 151 (160 ff.); BGH 14.10.2015 – 1 StR 56/15, NJW 2016, 728 mAnm Michalke u. Jahn JuS 2016, 180.
[34] Bertram MDR 1962, 535 (537).
[35] Frister in SK-StPO Rn. 2. Vgl. auch Kühl Unschuldsvermutung S. 51.
[36] BGH 8.6.1999 – 4 StR 595/97, BGHSt 45, 108 (111 f.) = NJW 1999, 3644 (3645 f.); Pflüger NJW 1988, 675. AA die vormals vom BGH vertretene Selbstbeendigungstheorie, zB BGH 9.11.1982 – 1 StR 687/81, NJW 1983, 463 = NStZ 1983, 179 mzustAnm Schätzler.

Einstellungsbeschluss nach § 206a StPO die „gerechte Nebenentscheidung gemäß § 8 StrEG".[37]

19 **2. Tod nach Wiederaufnahmebeschluss.** Die hM bejaht in analoger Anwendung des § 361 Abs. 2 ein **Eintrittsrecht** auch für den Fall, dass der Antragsteller verstirbt, wenn nach § 370 Abs. 2 bereits die Wiederaufnahme des Verfahrens und die Erneuerung der Hauptverhandlung angeordnet worden ist; das Verfahren sei dann nach Maßgabe des § 371 weiterzuführen.[38] Als Begründung wird angeführt, es gehe nicht an, einen Verurteilten, der auf dem Weg zur Rehabilitierung weiter vorangeschritten ist, posthum schlechter zu stellen als denjenigen, der noch vor einer Entscheidung über die Begründetheit seines Antrags verstirbt.[39]

20 Diese Ansicht geht fehl. Der Antragsteller erleidet keinen Nachteil, wenn das bereits wiedereröffnete Verfahren nicht weiterbetrieben wird. Indem der Antragsteller einen Anordnungsbeschluss nach § 370 Abs. 2 erreicht hat, entfällt die Rechtskraft seiner Verurteilung und mit ihr jegliche wiederaufnahmerelevante Beschwer (→ § 370 Rn. 19). Die Unschuldsvermutung ist schon hierdurch wiederhergestellt und bleibt infolge des sodann fälligen **Einstellungsbeschlusses nach § 206a**[40] fürderhin unerschütterlich. Spätestens mit der Einstellung des Verfahrens ist daher eine vollständige materiell-rechtliche Rehabilitierung erreicht, die insoweit einem expliziten Freispruch in nichts nachsteht;[41] ein darüber hinaus bestehendes Freispruchs-Affektionsinteresse ist grds. irrelevant (→ § 371 Rn. 13). Das Nichteinräumen der Chance, förmlich freigesprochen zu werden, ist auch von Verfassungs wegen nicht zu beanstanden.[42]

Ferner bedarf es – entgegen der Befürchtung in BGHSt 21, 373 – auch nicht eines Freispruchs nach § 371 als **Vehikel für geldliche Ausgleichsansprüche** wegen entstandener materieller Schäden; auch hierfür genügt der Beschluss nach § 206a. Tatsächlich handelt es sich also um d. Situation wie im Fall des Versterbens vor Rechtskraft.[43] Der gegen diese Gleichstellung erhobene Einwand, anders als bei der Verfahrenseinstellung vor Rechtskraft wirke sich die Einstellung nach der WiederaufnahmeAnO als „Rechtsnachteil" aus,[44] beruht auf der unzutr. Prämisse, der Beschluss nach § 370 Abs. 2 bewirke keine vollwertige Beseitigung der vormals rechtskräftigen Verurteilung (→ § 370 Rn. 19). Entscheidend gegen die hM spricht schließlich deren Konsequenz bei Nichterweislichkeit der Unschuld des Verstorbenen. In diesem Fall muss der Wiederaufnahmeantrag konsequenterweise gem. § 371 Abs. 1 als erfolglos verworfen werden,[45] sodass die bereits durchbrochene Rechtskraft der aufgehobenen Verurteilung wiederhergestellt wird, ohne dass der Verurteilte sich dagegen verteidigen kann.[46] Diese absurde Konsequenz konterkariert die Ausgangsposition der hM, wonach dem Verurteilten sein Versterben im Wiederaufnahmeverfahren nicht zum Nachteil gereichen dürfe. Ein Eintrittsrecht ist deshalb abzul.[47]

21 Hält man mit BGHSt 21, 373 eine über die Restauration der Unschuldsvermutung hinausgehende rehabilitative **„Wirkung in der Öffentlichkeit"** für unerlässlich, bietet

---

[37] BGH 8.6.1999 – 4 StR 595/97, BGHSt 45, 108 (113) = NJW 1999, 3644 (3464); Schuster in Löwe/Rosenberg Rn. 9.
[38] BGH 16.11.1967 – 1 StE 1/64, BGHSt 21, 373 (375); Schuster in Löwe/Rosenberg § 371 Rn. 14; Marxen/Tiemann Strafsachen Rn. 506; Kaspar in Satzger/Schluckebier/Widmaier StPO Rn. 3; Peters Fehlerquellen Bd. III S. 158; Loos in AK-StPO Rn. 15; Eschelbach in KMR-StPO § 371 Rn. 10.
[39] BGH 16.11.1967 – 1 StE 1/64, BGHSt 21, 373 (375); Marxen/Tiemann Strafsachen Rn. 506.
[40] Dazu Meyer-Goßner GA 1973, 366 (374).
[41] Abw. BVerfG 24.9.2002 – 2 BvR 66/01, NJW 2003, 1175.
[42] Vgl. BVerfG 8.3.2006 – 2 BvR 486/05, BVerfGK 7, 363 (282); OLG Köln 18.2.2005 – 2 Ws 540/04, JMBl. NRW. 2006, 46 (47).
[43] Eschelbach in KMR-StPO Rn. 14.
[44] Hassemer NJW 1983, 2353 (2355).
[45] So BGH 16.11.1967 – 1 StE 1/64, BGHSt 21, 373 (375); Kaspar in Satzger/Schluckebier/Widmaier StPO Rn. 3; Marxen/Tiemann Strafsachen Rn. 506 Fn. 12.
[46] Abl. daher Frister in SK-StPO § 371 Rn. 3.
[47] Ebenso OLG Hamm 29.11.1956 – 2 Ws 408/56, NJW 1957, 473 mablAnm Blei NJW 1957, 960; Frister in SK-StPO § 371 Rn. 3.

es sich an, den noch zu Lebzeiten erstrittenen Begründetheits- sowie den Einstellungsbeschluss in analoger Anwendung des § 371 Abs. 4 auf Antrag der Angehörigen zu veröffentlichen.

3. Berichtigungsanspruch bei Personenverwechslung. Wenn jemand infolge eines 22 Bezeichnungsmangels unter dem Namen eines (inzwischen) Verstorbenen verurteilt worden ist, räumt die hL den Angehörigen des wahren Namensträgers in entspr. Anwendung von Abs. 2 ein **auf Urteilsberichtigung gerichtetes Antragsrecht** ein.[48] Das erscheint prinzipiell sachgerecht, da die Fehlbezeichnung eine Beeinträchtigung des (postmortalen) Persönlichkeitsrechts bedeutet.[49] Allerdings ist zu beachten, dass es sich bei der Durchsetzung des Anspruchs auf Urteilsberichtigung in Verwechselungsfällen nicht um den Sonderfall einer günstigen Wiederaufnahme propter nova handelt,[50] sondern um einen im Einzelnen noch ungeklärten Rechtsbehelf sui generis.[51]

§ 362 Wiederaufnahme zuungunsten des Verurteilten

Die Wiederaufnahme eines durch rechtskräftiges Urteil abgeschlossenen Verfahrens zuungunsten des Angeklagten ist zulässig,
1. wenn eine in der Hauptverhandlung zu seinen Gunsten als echt vorgebrachte Urkunde unecht oder verfälscht war;
2. wenn der Zeuge oder Sachverständige sich bei einem zugunsten des Angeklagten abgelegten Zeugnis oder abgegebenen Gutachten einer vorsätzlichen oder fahrlässigen Verletzung der Eidespflicht oder einer vorsätzlichen falschen uneidlichen Aussage schuldig gemacht hat;
3. wenn bei dem Urteil ein Richter oder Schöffe mitgewirkt hat, der sich in Beziehung auf die Sache einer strafbaren Verletzung seiner Amtspflichten schuldig gemacht hat;
4. wenn von dem Freigesprochenen vor Gericht oder außergerichtlich ein glaubwürdiges Geständnis der Straftat abgelegt wird;
5. [1] *wenn neue Tatsachen oder Beweismittel beigebracht werden, die allein oder in Verbindung mit früher erhobenen Beweisen dringende Gründe dafür bilden, dass der freigesprochene Angeklagte wegen Mordes (§ 211 des Strafgesetzbuches), Völkermordes (§ 6 Absatz 1 des Völkerstrafgesetzbuches), des Verbrechens gegen die Menschlichkeit (§ 7 Absatz 1 Nummer 1 und 2 des Völkerstrafgesetzbuches) oder Kriegsverbrechens gegen eine Person (§ 8 Absatz 1 Nummer 1 des Völkerstrafgesetzbuches) verurteilt wird.*

Schrifttum: Arnemann, Ausweitung der Wiederaufnahme zuungunsten des Angeklagten, NJW-Spezial 2021, 440; Asholt, Verjährung im Strafrecht, 2016; v. Bierbrauer zu Brennstein, Der neue § 362 Nr. 5 StPO im System der Wiederaufnahmegründe, HRRS 2022, 118; Gerson, „Vom Wecken schlafender Hunde" – Zu den verfassungsrechtlichen Grenzen des § 362 Nr. 5 StPO bei der Wiederaufnahme von Altfällen zuungunsten des Angeklagten, StV 2022, 124; Jacobsen-Raetsch, Wiederaufnahme und Verjährung, 2011; Kuhli/May, Rückwirkung im Strafverfahren, GA 2022, 37; Lenk, Das „Gesetz zur Herstellung materieller Gerechtigkeit" – gerecht oder rechtsstaatlich bedenklich?, StV 2022, 118; Lenzen, Zum Verhältnis von Wiederaufnahme des Verfahrens und Verfolgungsverjährung, Anm. zum Beschluss des OLG Düsseldorf v. 29.1.1988 – 1 Ws 1043/87, JR 1988, 520; Letzgus, Wiederaufnahme zu Ungunsten des Angeklagten, FS für Klaus Geppert, 2011, 785; Marxen, Zur Wiederaufnahme eines Strafverfahrens bei einem Freispruch, der auf der Nötigung eines

---

[48] Singelnstein in BeckOK StPO Rn. 2; Marxen/Tiemann Strafsachen Rn. 511; Schuster in Löwe/Rosenberg Rn. 10.
[49] Für ein Berichtigungsinteresse implizit BGH 9.8.1995 – 2 StR 385/95, NStZ-RR 1996, 9 f.
[50] Zutr. Peters Fehlerquellen Bd. III S. 117 f. AA Eschelbach in KMR-StPO Rn. 21.
[51] Zu Rechtsschutzmöglichkeiten des wahren Namensträgers Gmel in KK-StPO § 230 Rn. 7; J-P Becker in Löwe/Rosenberg § 230 Rn. 9; Jesse in Löwe/Rosenberg § 296 Rn. 2.
[1] Red. Anm.: § 362 Nr. 5 der StPO idF des G zur Herstellung materieller Gerechtigkeit v. 21.12.2021 (BGBl. I 5252) ist gem. Urt. des BVerfG v. 31.10.2023 (BGBl. 2023 I Nr. 357) mit Art. 103 Abs. 3 GG, auch iVm mit dem verfassungsrechtlichen Grundsatz des Vertrauensschutzes (Art. 20 Abs. 3 GG), unvereinbar und nichtig.

Zeugen beruht, Anm. zum Beschluss des KG Berlin v. 30.7.1996 – 1 AR 415/96 – 4 Ws 55/96, JZ 1997, 630. S. a. Schrifttum Vor § 359.

Übersicht

	Rn.			Rn.
I. Grundlagen	1	4.	Die Verfolgungsverjährung	7
1. Die gesetzliche Systematik der Wiederaufnahmegründe zuungunsten des Angeklagten	1	**II.**	**Die Wiederaufnahmegründe des § 362 im Einzelnen**	8
a) Der verfassungsrechtliche Rahmen	1	1.	Die Wiederaufnahmegründe der Nr. 1–3	8
b) Verfahrens-, Feststellungs- und Rechtsanwendungsmängel	2		a) Veranlassung durch den Angeklagten	9
c) Verhältnis der Wiederaufnahmegründe zueinander	3		b) Straftat	10
2. Die Wiederaufnahmeziele	4	2.	Glaubwürdiges Geständnis (Nr. 4)	11
			a) Freispruch	11
			b) Glaubwürdiges Geständnis	13
3. Antragsberechtigung	6		c) Antragsbegründung	17

I. Grundlagen

1 **1. Die gesetzliche Systematik der Wiederaufnahmegründe zuungunsten des Angeklagten. a) Der verfassungsrechtliche Rahmen.** § 362 enthält die wichtigsten der gesetzlich abschließend geregelten Gründe für eine Wiederaufnahme zuungunsten des Angeklagten. Daneben findet sich in § 373a Abs. 1 noch eine Sonderregelung für Strafbefehle. § 79 Abs. 1 BVerfGG ermöglicht dagegen nur eine Wiederaufnahme zugunsten, nicht aber auch zulasten des Angeklagten (vgl. → Vor § 359 Rn. 36). Seine Rechtfertigung findet § 362 nach hM im Prinzip der materiellen Gerechtigkeit, das aufgrund seiner Verankerung im Rechtsstaatsprinzip als kollidierendes Verfassungsrecht eine verfassungsimmanente Schranke des dem Wortlaut nach schrankenlosen Grundrechts aus **Art. 103 Abs. 3 GG** (ne bis in idem) bildet (näher dazu → Vor § 359 Rn. 3). Aufgrund des schwerwiegenden Eingriffs in die Grundrechtspositionen des Angegriffenen ist § 362 restriktiv zu interpretieren. Einer Erweiterung der vorkonstitutionellen Wiederaufnahmegründe der Nr. 1–4 durch den Gesetzgeber sind **enge Grenzen** gesetzt. Die durch das „Gesetz zur Herstellung materieller Gerechtigkeit"[2] mit Wirkung zum 30.12.2021 eingefügte Nr. 5 überschritt diese Grenzen und wurde vom BVerfG zu Recht für **verfassungswidrig** erklärt[3] (dazu → Vor § 359 Rn. 7a f.).

2 **b) Verfahrens-, Feststellungs- und Rechtsanwendungsmängel.** Als Wiederaufnahmegründe sieht das Gesetz ebenso wie bei § 359 hauptsächlich gewisse schwerwiegende **Verfahrensmängel** (die richterliche Integrität und bestimmte Beweismittel betr., Nr. 1–3) vor. Von diesen **falsa** unabhängige **nova** rechtfertigen dagegen anders als bei § 359 grds. keine Wiederaufnahme zuungunsten des Angekl. – mit einer Ausnahme: wenn der Angeklagte nach dem Freispruch ein **glaubwürdiges Geständnis** abgibt, Nr. 4. Dem liegt das Argument zugrunde, dass das Vertrauen der Bevölkerung in die Geltungskraft der Rechtsordnung erschüttert würde, wenn der Straftäter sich ohne rechtliche Konsequenzen seiner Tat rühmen könnte.[4] Fehler bei der Rechtsanwendung (solange sie keine Rechtsbeugung darstellen und damit unter Nr. 3 fallen) sind unbeachtlich.

3 **c) Verhältnis der Wiederaufnahmegründe zueinander.** Es können mehrere Wiederaufnahmegründe nebeneinander geltend gemacht werden. Die Frage, ob sich wie bei § 359 bezogen auf den vom Antragsteller vorgetragenen Sachverhalt das Wiederaufnahme-

---

[2] BGBl. I 5252.
[3] BVerfG 31.10.2023 – 2 BvR 900/22, NJW 2023, 3698 mzustAnm Grünewald JZ 2024, 101 u. Mitsch KriPoz 2023, 498 u. krit. Anm Gärditz JZ 2024, 96.
[4] Marxen/Tiemann Strafsachen Rn. 317; Weber-Klatt S. 264; krit. Deml S. 141; Greco S. 981 ff., Eschelbach in KMR-StPO Rn. 84 ff.

gericht auch auf einen anderen Wiederaufnahmegrund stützen kann als auf den im Antrag geltend gemachten (vgl. § 359 Rn. 3), dürfte kaum einmal praktisch werden. Wie erwähnt enthält § 362 keinen dem § 359 Nr. 5 entspr. Wiederaufnahmegrund. Üblicherweise stellt sich die Problematik bei § 359 aber nur, wenn das Wiederaufnahmegericht entgegen dem Antrag zwar einen Verfahrensmangel iS der Nrn. 1–3 verneint, jedoch das Vorliegen einer neuen Tatsache iS der Nr. 5 bejaht.

2. Die Wiederaufnahmeziele. Nach hM muss der Antragsteller wie bei § 359 mit 4 den vorgebrachten Wiederaufnahmegründen des § 362 ein zulässiges Wiederaufnahmeziel verfolgen.[5] In Betracht kommen hier im Umkehrschluss zu den in § 359 Nr. 5 ausdrücklich genannten zunächst die folgenden: (1) die **Verurteilung** des **Freigesprochenen,** (2) die **höhere Bestrafung** des bereits Verurteilten in Anwendung eines **schärferen Strafgesetzes** und (3) die **wesentlich andere** (nachteilige) **Entscheidung** über eine Maßregel der Besserung und Sicherung (zu den Einzelheiten s. die Ausführungen bei § 359, die hier entspr. gelten). Um der im Hinblick auf Art. 103 Abs. 3 GG gebotenen restriktiven Interpretation des § 362 Rechnung zu tragen, muss beim Ziel der höheren Bestrafung eine Verschärfung der **Hauptstrafe** in Rede stehen;[6] eine Änderung lediglich bei der Nebenstrafe reicht – anders als bei § 359 – nicht aus, da hier die Auswirkungen nicht so gravierend sind, dass ein Festhalten an der Rechtskraft zu einem unerträglichen Gerechtigkeitsverstoß führt. Aus § 363 Abs. 1 folgt, dass die höhere Bestrafung in Anwendung **desselben Strafgesetzes** kein zulässiges Wiederaufnahmeziel darstellt. Eine weitere Begrenzungen ergibt sich aus § 362 Nr. 4 für den dortigen Wiederaufnahmegrund. Da er das Geständnis eines **Freigesprochenen** voraussetzt, scheidet eine Wiederaufnahme aus, um bei einem geständigen Verurteilten eine höhere Bestrafung in Anwendung eines schärferen Strafgesetzes zu erwirken (zB in dem Fall, in dem der wegen Körperverletzung mit Todesfolge Verurteilte nachträglich glaubhaft gesteht, mit Tötungsvorsatz gehandelt zu haben) oder bei ihm eine schärfere Maßregelentscheidung durchzusetzen.[7] (Zur Frage, inwieweit dem Freispruch die AnO von Maßregeln der Besserung und Sicherung im Sicherungsverfahren nach §§ 413 ff., die Einstellung des Verfahrens, das Absehen von Strafe gem. § 23 Abs. 3, § 60, § 218a Abs. 4 S. 2 StGB und die Straffreierklärung nach § 199 StGB gleichstehen, → Rn. 11 f.).

Bislang wenig erörtert ist die Frage, ob mit den Wiederaufnahmegründen der Nr. 1–3 5 auch eine bloße **Schuldspruchänderung** verfolgt werden kann. Das ist zu verneinen. Gerechtfertigt werden kann der Eingriff in Art. 103 Abs. 3 GG nur, wenn das Festhalten an der Rechtskraft der Entscheidung zu einem unerträglichen Gerechtigkeitsverstoß führen würde. Maßgeblich dafür sind neben der Schwere und Evidenz des Fehlers auch seine Auswirkungen auf das Verfahrenserg. (vgl. → Vor § 359 Rn. 3). Diese blieben bei der bloßen Schuldspruchänderung aufgrund des unveränderten Strafmaßes aber so begrenzt, dass sie die Wiederaufnahme nicht zu legitimieren vermögen.[8] Insoweit gilt hier ein strengerer Maßstab als bei § 359.

3. Antragsberechtigung. Antragsberechtigt sind die StA und der Privatkläger (vgl. 6 § 390 Abs. 1 S. 2), nicht dagegen der Nebenkläger, da § 401 eine entspr. Befugnis gerade nicht vorsieht und durch das OpferschutzG vom 18.12.1986 die pauschale Verweisung auf die Rechte des Privatklägers beseitigt wurde.[9] Eine **Pflicht** der StA, bei Vorliegen eines Wiederaufnahmegrundes einen Antrag auf Wiederaufnahme zu stellen, besteht entgegen einer teilw. vertretenen Ansicht nicht (näher dazu → § 364b Rn. 7–12).

---

[5] Eschelbach in KMR-StPO Rn. 25; Marxen/Tiemann Strafsachen Rn. 298; Kaspar in Satzger/Schluckebier/Widmaier StPO Rn. 3.
[6] Ebenso Kaspar in Satzger/Schluckebier/Widmaier StPO Rn. 3.
[7] Rotsch in Krekeler/Löffelmann/Sommer Rn. 3; Temming in Gercke/Julius/Temming/Zöller Rn. 4; Schmitt in Meyer-Goßner/Schmitt Rn. 4.
[8] Ebenso iE Arnemann S. 83; Kaspar in Satzger/Schluckebier/Widmaier StPO Rn. 3.
[9] Dies verkennend Allgayer in KK-StPO § 401 Rn. 13.

7   **4. Die Verfolgungsverjährung.** Umstr. ist, inwieweit der Wiederaufnahme zulasten des Angeklagten die Verfolgungsverjährung entgegenstehen kann. Der BGH und Teile des Schrifttums nehmen an, dass mit dem Eintritt der Rechtskraft des später angefochtenen Urteils die Verfolgungsverjährung endet. Durch den rechtskräftigen Wiederaufnahmebeschluss gem. § 370 Abs. 2 werde dann eine völlig **neue Frist** in Gang gesetzt.[10] Einer anderen Meinung zufolge bewirkt der Eintritt der Rechtskraft ein **Ruhen** der Verjährung gem. § 78b Abs. 1 StGB. Dieses dauere bis zum rechtskräftigen Wiederaufnahmebeschluss an, so dass erst mit ihm die **alte Frist** wieder zu laufen beginne.[11] Beide Ansichten verdienen indes für die Wiederaufnahme zulasten des Angeklagten keine Zustimmung.[12] Vielmehr ist mit einer dritten, immerhin auch in der Rspr. vertretenen Auffassung davon auszugehen, dass hier der Eintritt der Rechtskraft die Verfolgungsverjährung nicht beeinflusst.[13] Nur so lässt sich gewährleisten, dass der rechtskräftig Freigesprochene bzw. der rechtskräftig Verurteilte (bei dem eine schärfere Bestrafung in Rede steht) nicht schlechter gestellt wird als der noch nicht verfolgte Täter.[14] Dies steht auch im Einklang mit den **Zwecken der Verjährung,** nämlich dem **Schwinden des Strafverfolgungsinteresses** aufgrund Zeitablaufs Rechnung zu tragen und der **steigenden Gefahr** eines zulasten des Angeklagten gehenden **Fehlurteils** aufgrund der sich typischerweise verschlechternden Beweislage entgegenzuwirken.[15] Anderenfalls könnten selbst geringfügige Straftaten noch nach Jahrzehnten verfolgt werden, obwohl eine solche späte Strafverfolgung an sich nur für schwerste Straftaten vorgesehen ist.[16] Die hier befürwortete Ansicht führt auch nicht zu Friktionen bei der Wiederaufnahme zugunsten des Verurteilten. Dort ist die Interessenlage insoweit eine andere, als es nicht um das Strafverfolgungsinteresse der Allgemeinheit, sondern um das Rehabilitationsinteresse des Einzelnen geht.[17] Letzterem kommt aber gegenüber einer etwaigen Verfolgungsverjährung der Vorrang zu. Das belegt auch § 361 Abs. 1, wonach selbst das Verfahrenshindernis des Todes der Wiederaufnahme nicht entgegensteht.[18]

II. Die Wiederaufnahmegründe des § 362 im Einzelnen

8   **1. Die Wiederaufnahmegründe der Nr. 1–3.** Die Wiederaufnahmegründe der Nr. 1–3 entspr. weitestgehend denen aus § 359 Nr. 1–3. Daher kann zunächst auf die dortigen Ausführungen verwiesen werden. Erg. sind folgende Punkte anzusprechen:

9   **a) Veranlassung durch den Angeklagten.** Keiner der in Nr. 1–3 genannten Wiederaufnahmegründe setzt voraus, dass der die Wiederaufnahme begründende Fehler vom Angeklagten veranlasst wurde. Zu seinen Lasten kann das Verfahren also auch dann wiederaufgenommen werden, wenn die schweren Verfahrensmängel **nicht in seine Verantwortungssphäre** fallen.[19] Das ergibt sich systematisch aus einem Vergleich mit § 359

---

[10] BGH 18.3.2024 – 5 StR 12/23, BeckRS 2024, 8717 mablAnm Kudlich NJW 2024, 1760; 29.11.1972 – 2 StR 498/72, GA 1974, 149 (149 f.); RG 26.1.1942 – 5 StS 33/41, RGSt 76, 46 (48 f.); OLG Düsseldorf 29.1.1988 – 1 Ws 1043/87, NJW 1988, 2251 mablAnm Lenzen JR 1988, 520; OLG Düsseldorf 22.11.2000 – 2a Ss 295/00 – 78/00 I, NStZ-RR 2001, 142 (143 f.); OLG Frankfurt a. M. 25.1.1978 – 1 Ws (B) 36/78 OWiG, MDR 1978, 513; Saliger in NK-StGB StGB § 78 Rn. 15.
[11] Lackner/Kühl § 78 Rn. 7; Mitsch in MüKoStGB § 78b Rn. 20; Rosenau in Satzger/Schluckebier/Widmaier StGB StGB § 78b Rn. 12.
[12] Eingehende Analyse und Kritik bei Asholt, Verjährung im Strafrecht, S. 672 ff.
[13] OLG Nürnberg 4.5.1988 – Ws 297/88, NStZ 1988, 555 (556); Fischer StGB § 78b Rn. 11b; Tiemann in KK-StPO Rn. 7; Eschelbach in KMR-StPO Rn. 102; Schmitt in Meyer-Goßner/Schmitt Rn. 1; Feilcke in Miebach/Hohmann HdB Wiederaufnahme Kap. G Rn. 30 ff.; Frister in SK-StPO Rn. 20 f.; Bosch in Schönke/Schröder § 78a Rn. 15; Ziemba S. 116 ff. Ausf. Asholt, Verjährung im Strafrecht, S. 682 ff.
[14] Marxen/Tiemann Strafsachen Rn. 19; Eschelbach in KMR-StPO Rn. 102; krit. zu diesem Argument allerdings Jacobsen-Raetsch S. 208 f.
[15] Tiemann in KK-StPO Rn. 7; Eschelbach in KMR-StPO Rn. 102; Lenzen JR 1988, 520.
[16] Tiemann in KK-StPO Rn. 7; Schmitt in Meyer-Goßner/Schmitt Rn. 1; Frister in SK-StPO Rn. 21; Ziemba S. 116.
[17] S. dazu auch Asholt, Verjährung im Strafrecht, S. 686.
[18] Marxen/Tiemann Strafsachen Rn. 17.
[19] Rotsch in Krekeler/Löffelmann/Sommer Rn. 2; Tiemann in KK-StPO Rn. 8; Schmitt in Meyer-Goßner/Schmitt Rn. 3.

Nr. 3, der die Veranlassung durch den Verurteilten (dort als Ausschlussgrund für die Wiederaufnahme) explizit aufführt. Im Umkehrschluss soll dieser Umstand nach der Intention des Gesetzgebers für die anderen Wiederaufnahmegründe offenbar keine Rolle spielen. De lege ferenda sprechen freilich bei der Wiederaufnahme zuungunsten des Angeklagten gute Gründe für eine entspr. Einschränkung.[20]

b) Straftat. Bei den Wiederaufnahmegründen der Nr. 2 und 3 (nicht dagegen bei 10 Nr. 1; vgl. → § 359 Rn. 21) müssen sich die betr. Personen der genannten Straftaten **schuldig** gemacht haben. Eine Wiederaufnahme scheidet daher aus, wenn die Tat gerechtfertigt oder entschuldigt ist, und zwar selbst dann, wenn die Rechtfertigung bzw. Entschuldigung in Form eines **Nötigungsnotstands** ihren Grund gerade in einer Nötigung durch den Angeklagten findet.[21] Letzteres erscheint – insbes. im Hinblick auf die Bekämpfung der Organisierten Kriminalität – ausgesprochen unbefriedigend; Abhilfe kann hier freilich nur der Gesetzgeber schaffen.[22]

2. Glaubwürdiges Geständnis (Nr. 4). a) Freispruch. Aufgrund des eindeutigen 11 Wortlauts kommt § 362 Nr. 4 nur bei einem **Freigesprochenen** in Betracht. Eine Wiederaufnahme, um bei einem **geständigen Verurteilten** eine höhere Bestrafung in Anwendung eines schärferen Strafgesetzes oder eine schärfere Maßregelentscheidung durchzusetzen, ist daher nicht möglich (bereits → Rn. 4).[23] Das gilt selbst im Falle einer erheblichen Diskrepanz zwischen der verhängten und der schuldangemessenen Strafe.[24] Am Bsp.: Der wegen fahrlässiger Tötung Verurteilte gesteht nachträglich glaubhaft, mit Tötungsvorsatz und aus Habgier gehandelt zu haben. Aus demselben Grund scheidet bei der Verurteilung wegen **fortgesetzter Handlung** die Wiederaufnahme mit dem Ziel aus, weitere Einzelakte in die Tat einzubeziehen[25] (wobei diese Frage aufgrund der durch die Rspr. bereits vor einiger Zeit erfolgten faktischen Abschaffung der Figur des Fortsetzungszusammenhangs[26] in absehbarer Zeit praktisch bedeutungslos werden dürfte). Entspr. verhält es sich bei der **ungleichartigen Wahlfeststellung,**[27] wenn der Verurteilte die schwerere Alternativtat zugibt.[28] Am Bsp.: Der wegen Diebstahls oder Hehlerei Verurteilte gesteht später die Begehung der im konkreten Fall schwerer wiegenden Diebstahlstat. Und schließlich kann das Verfahren auch bei einer **Verwarnung mit Strafvorbehalt** gem. § 59 StGB, einem **Absehen von Strafe** gem. § 23 Abs. 3, § 60, § 218a Abs. 4 S. 2 StGB, einer **Straffreierklärung** nach § 199 StGB oder der Verhängung jugendstrafrechtlicher Sanktionen (zB Verwarnung, Auflagen, Jugendarrest) nicht nach § 362 Nr. 4 wiederaufgenommen werden, da in all diesen Fällen ein Schuldspruch erfolgt ist.[29]

Dass neben dem Freispruch eine Maßregel der Besserung und Sicherung verhängt 12 wurde (zB die Unterbringung in einem psychiatrischen Krankenhaus), hindert die Wieder-

---

[20] Grünewald ZStW 120 (2008), 545 (574 ff.); Kaspar in Satzger/Schluckebier/Widmaier StPO Rn. 5; Krit. Frister in SK-StPO Rn. 10.
[21] KG 30.7.1996 – 1 AR 415/96 – 4 Ws 55/96, JZ 1997, 629; Hohmann in Radtke/Hohmann Rn. 3; Frister in SK-StPO Rn. 11; Kaspar in Satzger/Schluckebier/Widmaier StPO Rn. 6.
[22] Ebenso Eschelbach in KMR-StPO Rn. 75; Frister in SK-StPO Rn. 11; Kaspar in Satzger/Schluckebier/ Widmaier StPO Rn. 6. Krit. zur Realisierbarkeit einer dem Bestimmtheitsgebot gerecht werdenden gesetzlichen Regelung allerdings Marxen JZ 1997, 630 (632). Zu einem Vorschlag Ruhs S. 415 ff.
[23] Tiemann in KK-StPO Rn. 9; Schuster in Löwe/Rosenberg Rn. 13; Marxen/Tiemann Strafsachen Rn. 308; Schmitt in Meyer-Goßner/Schmitt Rn. 4.
[24] Singelnstein in BeckOK StPO Rn. 5; Kaspar in Satzger/Schluckebier/Widmaier StPO Rn. 8; Weber-Klatt S. 256 f.
[25] AA Tiemann in KK-StPO Rn. 9.
[26] BGH 3.5.1994 – GSSt 2 u. 3/93, BGHSt 40, 138 = NJW 1994, 1663.
[27] Die Verfassungsmäßigkeit der Wahlfeststellung allerdings bestreitend der 2. Strafsen., BGH 28.1.2014 – 2 StR 495/12, NStZ 2014, 392; dagegen die anderen Sen., vgl. BGH 16.7.2014 – 5 ARs 39/14, NStZ-RR 2014, 307; 24.6.2014 – 1 ARs 14/14, NStZ-RR 2014, 308; 30.9.2014 – 3 ARs 13/14, NStZ-RR 2015, 39; 11.9.2014 – 4 ARs 12/14, NStZ-RR 2015, 40.
[28] Tiemann in KK-StPO Rn. 9; Schuster in Löwe/Rosenberg Rn. 13.
[29] Rotsch in Krekeler/Löffelmann/Sommer Rn. 3; Eschelbach in KMR-StPO Rn. 92; Schuster in Löwe/ Rosenberg Rn. 15; aA für das Absehen von Strafe und die Straffreierklärung Marxen/Tiemann Strafsachen Rn. 312.

aufnahme dagegen nicht. Entscheidend ist insoweit nur, dass das Gericht den Angeklagten vom Vorwurf der Straftat freigesprochen hat.[30] Nach ganz hM steht dem Freispruch die AnO von Maßregeln der Besserung und Sicherung im **Sicherungsverfahren** nach §§ 413 ff. gleich,[31] da das Urteil hier implizit einen Freispruch beinhalte. Dies kann freilich nur gelten, wenn die Entscheidung zumindest auch wegen Schuldunfähigkeit und nicht lediglich wegen Verhandlungsunfähigkeit im Sicherungsverfahren ergeht. Bei einem **Prozessurteil** ist eine Wiederaufnahme nach § 362 Nr. 4 nur möglich, soweit dieses implizit eine **freisprechende Sachentscheidung** enthält[32] (allg. zur Wiederaufnahme bei Einstellungsurteilen → Vor § 359 Rn. 9 f.). Am Bsp.: Stellt das Gericht bei einer Anklage wegen Wohnungseinbruchsdiebstahls das Verfahren gem. § 260 Abs. 3 ein, weil es zu der Überzeugung gelangt ist, dass lediglich der Hausfriedensbruch bewiesen ist, diesbzgl. aber kein Strafantrag gestellt wurde, beinhaltet das Prozessurteil implizit den Freispruch vom Vorwurf des § 244 Abs. 1 Nr. 3 StGB. Entspr. verhält es sich bei einem Einstellungsbeschluss gem. § 206a (näher → Vor § 359 Rn. 26). Eine von Teilen des Schrifttums befürwortete Erstreckung des § 362 Nr. 4 auf weitere Prozessurteile,[33] bei denen nach hiesiger Auffassung ebenfalls eine materielle Sperrwirkung eintritt (→ Vor § 359 Rn. 9), stellte dagegen eine unzulässige Analogie dar;[34] diese können daher nur bei Vorliegen eines Wiederaufnahmegrundes der Nr. 1–3 angefochten werden. Dagegen reicht es für § 362 Nr. 4 aus, wenn bei mehreren angeklagten Taten im prozessualen Sinne ein **Teilfreispruch** ergeht; im entspr. Umfang ist daher eine Wiederaufnahme möglich.[35]

13   b) **Glaubwürdiges Geständnis.** In **personaler Hinsicht** bedarf es für die Wiederaufnahme eines Geständnisses des Freigesprochenen, auf den sich der Wiederaufnahmeantrag bezieht, **selbst.** Nicht ausreichend sind deshalb Geständnisse eines Mitangeklagten, Anstifters oder Gehilfen.[36] Fraglich ist, welchen **Inhalt** das Geständnis haben muss. Unstr. genügen allg. Bemerkungen, es werde „ein nicht ganz richtiges Verhalten" eingeräumt, nicht. Ebenso wenig reicht es aus, dass der Freigesprochene lediglich einzelne Tatumstände zugibt. Allerdings will es die hM bereits hinreichen lassen, wenn er den **„äußeren Tatbestand"** der Handlung und seiner Täterschaft einräumt.[37] Ein volles Schuldbekenntnis sei dagegen nicht erforderlich. Deshalb soll eine Wiederaufnahme auch dann in Betracht kommen, wenn der Freigesprochene zwar die Umstände des objektiven Tatbestands gesteht, zugleich aber den Tatvorsatz bestreitet oder Rechtfertigungs- bzw. Entschuldigungsgründe geltend macht (es sei denn, der Freispruch beruht gerade auf diesen Gegebenheiten).[38] Gegen diese Ansicht sprechen jedoch sowohl der **Normtext** als auch die **Ratio** des § 362 Nr. 4. Der Wortlaut fordert ein Geständnis **„der Straftat".** Eine solche liegt im Falle fehlenden Tatvorsatzes (beim Vorsatzdelikt) oder bei Bestehen eines Rechtfertigungs- oder Entschuldigungsgrundes aber gerade nicht vor.[39] Es droht zudem keine die Wiederaufnahme nach § 362 Nr. 4 erforderlich machende Erschütte-

---

[30] Tiemann in KK-StPO Rn. 9; Frister in SK-StPO Rn. 15; Kaspar in Satzger/Schluckebier/Widmaier StPO Rn. 8.
[31] Rotsch in Krekeler/Löffelmann/Sommer Rn. 3; Singelnstein in BeckOK StPO Rn. 5; Temming in Gercke/Julius/Temming/Zöller Rn. 4; Schuster in Löwe/Rosenberg Rn. 15; Schmitt in Meyer-Goßner/Schmitt Rn. 4; Feilcke in Miebach/Hohmann HdB Wiederaufnahme Kap. G Rn. 68; Frister in SK-StPO Rn. 15; aA Eschelbach in KMR-StPO Rn. 93; Weber-Klatt S. 259.
[32] Tiemann in KK-StPO Rn. 10; Temming in Gercke/Julius/Temming/Zöller Rn. 4.
[33] Marxen/Tiemann Strafsachen Rn. 311; Schmitt in Meyer-Goßner/Schmitt Rn. 4; Weber-Klatt S. 260.
[34] Eschelbach in KMR-StPO Rn. 94.
[35] Tiemann in KK-StPO Rn. 9; Schmitt in Meyer-Goßner/Schmitt Rn. 4; Frister in SK-StPO Rn. 14.
[36] BayObLG 8.10.1926 – I 351/1926, BayObLGSt 26, 172 (172 f.); 1.7.1921 – I 373/1921, BayObLGSt 21, 226 (228); Tiemann in KK-StPO Rn. 13; Schuster in Löwe/Rosenberg Rn. 17; krit. dazu Eschelbach in KMR-StPO Rn. 95.
[37] Temming in Gercke/Julius/Temming/Zöller Rn. 5; Schuster in Löwe/Rosenberg Rn. 18 ff.; Schmitt in Meyer-Goßner/Schmitt Rn. 4; Weber-Klatt S. 265 ff.
[38] BayObLG 1.7.1921 – I 373/1921, BayObLGSt 21, 226 (229); Tiemann in KK-StPO Rn. 11; Schmitt in Meyer-Goßner/Schmitt Rn. 5; diff. Feilcke in Miebach/Hohmann HdB Wiederaufnahme Kap. G Rn. 71.
[39] Ebenso Rotsch in Krekeler/Löffelmann/Sommer Rn. 4; Hohmann in Radtke/Hohmann Rn. 5.

rung des Vertrauens in die Geltungskraft der Rechtsordnung, wenn der Freispruch auch nach den nunmehr zugegebenen Umständen iErg zutr. bleibt.[40] Der Einwand, damit könne sich der Täter unter Beifügung einer völlig haltlosen Behauptung, in Notwehr gehandelt zu haben, gefahrlos seiner Straftat berühmen,[41] lässt sich durch den Hinweis entkräften, dass eine solche pauschale Behauptung nicht ausreicht, um die Wiederaufnahme auszuschließen. Denn ein Geständnis besteht im Einräumen von rechtlich relevanten Tatsachen,[42] nicht im Vorbringen einer rechtlichen Bewertung. Gibt der Täter den objektiven Tatbestand zu, stellt dies daher nur dann kein Geständnis der Straftat dar, wenn er zugleich zumindest im Kern glaubhaft die Umstände mitbehauptet, die eine rechtliche Bewertung als Notwehr (oder als sonstigem Rechtfertigungs- oder Entschuldigungsgrund) tragen.[43]

Zeitlich muss das Geständnis, da es „vom Freigesprochenen" zu stammen hat, **nach der Freisprechung,** dh der hM zufolge nach der letzten **tatrichterlichen Entscheidung** abgelegt worden sein.[44] Dagegen ist es nicht erforderlich, dass diese schon rechtskräftig geworden ist.[45] Eine Wiederaufnahme kommt somit auch in Betracht, wenn der Freigesprochene die Tat – etwa gegenüber einem Freund – noch innerhalb der laufenden Rechtsmittelfrist oder, bei eingelegter Revision, noch vor der abschließenden Entscheidung des Revisionsgerichts gesteht. Hat der Freigesprochene das Geständnis indes bereits vor dem Freispruch abgegeben und das Tatgericht davon lediglich keine Kenntnis erlangt, scheidet § 362 Nr. 4 aus.[46] 14

Aus der Formulierung „vor Gericht oder außergerichtlich" folgt zunächst, dass das Geständnis gegenüber einem **Adressaten** abgelegt worden sein muss. Selbstgespräche oder nicht zur Kenntnis anderer bestimmte Tagebucheinträge genügen daher nicht.[47] Des Weiteren stellt der Wortlaut klar, dass der Adressat grds. **jedermann** sein kann und der konkrete Anlass, aus dem sich der Freigesprochene geständig einlässt, keine Rolle spielt.[48] Teile des Schrifttums wollen allerdings solche Geständnisse ausklammern, deren Weitergabe eine **Verletzung von Privatgeheimnissen** gem. § 203 StGB darstellt[49] oder die gegenüber einem **engen Vertrauten,** insbes. einem engen Familienangehörigen, unter Inanspruchnahme der Vertraulichkeit abgegeben werden.[50] Dem tritt die hM mit Verweis auf den Normtext entgegen, der gerade keine Einschränkung vorsehe.[51] Jedoch hindert das nicht, die Vorschrift teleologisch zu reduzieren. Zu berücksichtigen ist, dass die Erschütterung des Vertrauens der Bevölkerung in die Geltungskraft der Rechtsordnung, der entgegenzuwirken den Zweck des § 362 Nr. 4 bilden soll, eine Äußerung mit einem gewissen **Öffentlichkeitsbezug** bedingt.[52] Freilich kann dieser auch hergestellt werden, indem die Vertrauensperson Dritten über das Geständnis des Freigesprochenen berichtet.[53] Aus Gründen der Wertungskonsistenz muss das aber in den Fällen außer Betracht bleiben, in denen die strafbewehrten rechtlichen Verhaltensanweisungen fordern, dass eine solche Weitergabe der Information unterbleibt. 15

---

[40] Frister in SK-StPO Rn. 16; Kaspar in Satzger/Schluckebier/Widmaier StPO Rn. 10.
[41] Weber-Klatt S. 264 f.
[42] Eschelbach in KMR-StPO Rn. 87; Hohmann in Radtke/Hohmann Rn. 5.
[43] Ebenso iE Marxen/Tiemann Strafsachen Rn. 319.
[44] Tiemann in KK-StPO Rn. 13; Eschelbach in KMR-StPO Rn. 96; Schmitt in Meyer-Goßner/Schmitt Rn. 5; Kaspar in Satzger/Schluckebier/Widmaier StPO Rn. 10.
[45] Rotsch in Krekeler/Löffelmann/Sommer Rn. 4; Schuster in Löwe/Rosenberg Rn. 17; Marxen/Tiemann Strafsachen Rn. 314.
[46] Temming in Gercke/Julius/Temming/Zöller Rn. 5; Schuster in Löwe/Rosenberg Rn. 17; Kaspar in Satzger/Schluckebier/Widmaier StPO Rn. 10; Weber-Klatt S. 268.
[47] Eschelbach in KMR-StPO Rn. 97; Hohmann in Radtke/Hohmann Rn. 8.
[48] Tiemann in KK-StPO Rn. 13; Schuster in Löwe/Rosenberg Rn. 22 f.; Schmitt in Meyer-Goßner/Schmitt Rn. 6.
[49] Frister in SK-StPO Rn. 17; Kaspar in Satzger/Schluckebier/Widmaier StPO Rn. 11; Wasserburg S. 288.
[50] Marxen/Tiemann Strafsachen Rn. 323; Hohmann in Radtke/Hohmann Rn. 8; Kaspar in Satzger/Schluckebier/Widmaier StPO Rn. 11.
[51] Eschelbach in KMR-StPO Rn. 97.
[52] Kaspar in Satzger/Schluckebier/Widmaier StPO Rn. 7.
[53] Insoweit zutr. Weber-Klatt S. 271.

16 Für die **Glaubwürdigkeit** (eigentlich: Glaubhaftigkeit) des Geständnisses, über die das Wiederaufnahmegericht nach pflichtgem. Ermessen entscheidet,[54] kommt es nach hM insbes. darauf an, ob die Schilderungen denkgesetzlich möglich sind und der allg. Lebenserfahrung entspr.[55] Dass der Freigesprochene das Geständnis später widerruft, macht dieses nicht notwendig unglaubhaft;[56] selbstverständlich kann der geständigen Einlassung eine deutlich größere Glaubhaftigkeit zukommen als ihrem Widerruf.

17 c) **Antragsbegründung.** Erforderlich sind neben der Angabe von (strafbarkeitsbegründendem) Inhalt, Zeitpunkt und Adressat des Geständnisses auch Darlegungen bzgl. der Glaubhaftigkeit.[57] Dies setzt im Einzelfall eine Stellungnahme zu den Gründen voraus, die den Freigesprochenen dazu bewogen haben (könnten), die Straftat nunmehr einzugestehen.[58]

§ 363 Unzulässigkeit

(1) Eine Wiederaufnahme des Verfahrens zu dem Zweck, eine andere Strafbemessung auf Grund desselben Strafgesetzes herbeizuführen, ist nicht zulässig.

(2) Eine Wiederaufnahme des Verfahrens zu dem Zweck, eine Milderung der Strafe wegen verminderter Schuldfähigkeit (§ 21 des Strafgesetzbuches) herbeizuführen, ist gleichfalls ausgeschlossen.

Schrifttum: Funcke, Die Korrektur des Strafausspruches zugunsten des Verurteilten im Wege der Wiederaufnahme des Strafverfahrens, 1995. S. a. Schrifttum Vor § 359.

Übersicht

	Rn.		Rn.
I. Grundlagen	1	a) Weites vs. enges Begriffsverständnis	5
1. Der Anwendungsbereich der Regelung	1	b) Abgrenzung nach dem weiten Begriffsverständnis	6
2. Der Regelungszweck	2	c) Abgrenzung nach dem engen Begriffsverständnis	8
II. Der Ausschluss der allgemeinen Strafmaßwiederaufnahme	4	d) Schuldspruchänderungen	10
1. Die andere Strafbemessung	4	III. Der Ausschluss der Wiederaufnahme wegen erheblich verminderter Schuldfähigkeit	14
2. Dasselbe Strafgesetz	5		

I. Grundlagen

1 1. **Der Anwendungsbereich der Regelung.** § 363 schränkt die möglichen Wiederaufnahmeziele ein. Dabei gilt **Abs. 1** sowohl für die Wiederaufnahme **zugunsten** des Verurteilten gem. § 359 als auch **zulasten** des Angeklagten gem. § 362. Bei der praktisch bedeutsamsten Wiederaufnahme nach § 359 Nr. 5 kommt ihm freilich allenfalls eine klarstellende Funktion zu, da bereits die dortige Regelung als Ziel die geringere Bestrafung aufgrund eines milderen, dh nicht desselben Strafgesetzes fordert. Keine Bedeutung besitzt er ferner für § 362 Nr. 4 u. 5, weil sich die Wiederaufnahme hier gegen einen Freispruch richten muss. **Abs. 2** bezieht sich lediglich auf die Wiederaufnahme zugunsten des Verurteilten, da nur bei dieser eine Strafmilderung angestrebt sein kann. Nicht anwendbar ist § 363

---

[54] Rotsch in Krekeler/Löffelmann/Sommer Rn. 5; Tiemann in KK-StPO Rn. 11; Hohmann in Radtke/Hohmann Rn. 6.
[55] Temming in Gercke/Julius/Temming/Zöller Rn. 6; Schuster in Löwe/Rosenberg Rn. 24; Schmitt in Meyer-Goßner/Schmitt Rn. 7.
[56] OLG Hamm 19.10.1956 – 1 Ws 496/56, GA 1957, 123; Rotsch in Krekeler/Löffelmann/Sommer Rn. 5; Frister in SK-StPO Rn. 18; Kaspar in Satzger/Schluckebier/Widmaier StPO Rn. 11.
[57] Schmitt in Meyer-Goßner/Schmitt Rn. 8; Singelnstein in BeckOK StPO Rn. 9.
[58] Marxen/Tiemann Strafsachen Rn. 324.

bei der Wiederaufnahme nach **§ 359 Nr. 6** und **§ 79 Abs. 1 BVerfGG**. Bei § 359 Nr. 6 folgt dies aus der Pflicht zur Herstellung eines konventionsgem. Zustands gem. Art. 46 EMRK, die auch in den Fällen des § 363 besteht (vgl. → § 359 Rn. 70), bei § 79 Abs. 1 BVerfGG aus der Beschränkung der Verweisung auf die verfahrensrechtlichen Wiederaufnahmevorschriften der StPO (vgl. → § 359 Rn. 82). Zu berücksichtigen ist § 363 nur bei der **Zulässigkeits-** und **Begründetheitsentscheidung** gem. §§ 368, 370.[1] Wurde die Wiederaufnahme angeordnet, begrenzt in der **erneuten Hauptverhandlung** allein das Verbot der reformatio in peius nach § 373 Abs. 2 die Entscheidungsmöglichkeiten des Gerichts.[2] Der Angeklagte kann hier somit auch aufgrund desselben Gesetzes zu einer anderen Strafe verurteilt werden.

2. Der Regelungszweck. Der Zweck des Abs. 1 besteht darin, eine **allg. Strafmaß-** 2 **wiederaufnahme** auszuschließen. Fraglich ist der Grund hierfür. Letztlich wird man § 363 Abs. 1 nur mit der – freilich nicht unbezweifelbaren – **abstrakt-generellen Wertung** begründen können, dass Mängel, die sich lediglich auf die Strafzumessungsgründe iSd § 46 StGB ausgewirkt haben, aufgrund der Vielzahl der bei der Strafzumessung eine Rolle spielenden Gesichtspunkte in ihrem **Ausmaß zu begrenzt** und damit regelmäßig nicht hinreichend gewichtig erscheinen, um eine Durchbrechung der Rechtskraft zu rechtfertigen.[3]

Die auf den nationalsozialistischen Gesetzgeber zurückgehende Regelung des Abs. 2 3 soll nach heutigem Verständnis eine Überlastung der Justiz durch ein erhebliches Ansteigen von Wiederaufnahmeanträgen verhindern, da ohne sie das Vorliegen schuldmindernder Umstände nur allzu leicht behauptet würde.[4] Konkrete Belege für die Richtigkeit dieser Annahme existieren indes nicht. Gleichwohl hat das BVerfG Abs. 2 als verfassungskonform gebilligt.[5] Das erscheint vor dem Hintergrund des weiten Beurteilungsspielraums des Ggebers zwar vertretbar, ändert aber freilich nichts an der rechtspolitischen Fragwürdigkeit der Regelung.

II. Der Ausschluss der allgemeinen Strafmaßwiederaufnahme

1. Die andere Strafbemessung. Abs. 1 schließt es aus, eine **andere Strafbemessung** 4 aufgrund desselben Gesetzes zu erreichen. Dies gilt nicht nur für die Wiederaufnahme zugunsten des Verurteilten, sondern auch für jene zulasten des Angeklagten. Nicht erfasst werden nach dem eindeutigen Wortlaut dagegen die **Maßregeln** der Besserung und Sicherung; bei ihnen kann daher eine wesentlich andere Entscheidung erstrebt werden, die auf der Anwendung desselben Gesetzes beruht.[6] Nach hM soll die Vorschrift auch auf **Nebenstrafen** und **Nebenfolgen** keine Anwendung finden.[7] Dem ist indes nicht zuzustimmen. Grds. kommen der Wegfall und die Milderung von Nebenstrafen und Nebenfolgen als zulässige Wiederaufnahmeziele bei der Wiederaufnahme zugunsten des Verurteilten in Betracht (vgl. → § 359 Rn. 7). Hierbei handelt es sich aber um eine andere Strafbemessung,[8] so dass die Einschränkung des Abs. 1 beachtet werden muss.

2. Dasselbe Strafgesetz. a) Weites vs. enges Begriffsverständnis. Wann eine 5 Strafbemessung aufgrund desselben Strafgesetzes erstrebt wird, stellt eine der umstr. Fragen

---

[1] Tiemann in KK-StPO Rn. 2; Schmitt in Meyer-Goßner/Schmitt Rn. 1; Hohmann in Radtke/Hohmann Rn. 3.
[2] Schuster in Löwe/Rosenberg Rn. 3; Peters Fehlerquellen Bd. III S. 172.
[3] Arnemann S. 60 ff.; Eschelbach in KMR-StPO Rn. 8; Frister in SK-StPO Rn. 3; krit. dazu Marxen/Tiemann Strafsachen Rn. 89 ff. Zu den Gründen des historischen Gesetzgebers der RStPO s. Funcke S. 10 f.
[4] Temming in Gercke/Julius/Temming/Zöller Rn. 3.
[5] BVerfG 25.5.1956 – 1 BvR 128/56, BVerfGE 5, 22 = NJW 1956, 1026; aA Funcke S. 94 ff.
[6] Eschelbach in KMR-StPO Rn. 16; Schmitt in Meyer-Goßner/Schmitt Rn. 2; Frister in SK-StPO Rn. 8.
[7] Eschelbach in KMR-StPO Rn. 17; Schuster in Löwe/Rosenberg Rn. 5; Schmitt in Meyer-Goßner/Schmitt Rn. 2.
[8] AA Hohmann in Radtke/Hohmann Rn. 3, die nicht überzeugend annehmen, der Wegfall von Nebenstrafen oder Nebenfolgen stehe einem Freispruch gleich.

des Wiederaufnahmerechts dar. Jedenfalls kommt es nicht auf das Gesetz im technischen Sinne an: Dass die jetzt vom Antragsteller geltend gemachte Strafvorschrift sich in demselben Paragrafen befindet wie die urspr. angewendete Vorschrift, begründet noch keine Identität der Strafgesetze.[9] Am Bsp.: Wird eine Verurteilung nach § 250 Abs. 1 StGB anstelle von Abs. 2 erstrebt, handelt es sich nicht um dasselbe Strafgesetz. Grob kann man bei der Abgrenzung zwischen einem weiten und einem engen Begriffsverständnis unterscheiden. Nach dem von der hM vertretenen weiten Begriffsverständnis schließt der Umstand, dass es zu einer Strafrahmenverschiebung käme, nicht aus, dass der Antragsteller gleichwohl noch eine andere Strafbemessung aufgrund „desselben Gesetzes" anstrebt. Um ein anderes Gesetz soll es sich erst dann handeln, wenn die nun geltend gemachte Strafvorschrift einen **gesetzlich benannten Strafänderungsgrund** enthält.[10] Dem engen Begriffsverständnis zufolge ist das Strafgesetz iSd § 363 Abs. 1 dagegen die gesetzliche Regelung, aus der sich der **anzuwendende Strafrahmen** ergibt.[11] Bewirkt die Strafvorschrift, die an die Stelle der urspr. angewendeten Regelung treten soll, eine Strafrahmenverschiebung, führt dies deshalb stets dazu, dass der Antragsteller eine andere Strafbemessung nicht mehr aufgrund desselben, sondern aufgrund eines anderen Gesetzes herbeiführen will.

6   b) **Abgrenzung nach dem weiten Begriffsverständnis.** Auf der Basis der hM gilt Folgendes: Um ein **anderes Gesetz** handelt es sich bei selbständigen Abwandlungen, Qualifikationen und Privilegierungen, die – bezogen auf einen bestimmten Grundtatbestand – eine höhere oder geringere Strafdrohung vorsehen.[12] Gleiches trifft für die tatbestandlich vertypten Strafmilderungsgründe des AT zu, und zwar unabhängig davon, ob die Strafmilderung wie bei § 27 Abs. 2 S. 2, § 30 Abs. 1 S. 2, § 35 Abs. 2 S. 2 StGB **zwingend** oder wie bei § 13 Abs. 2, § 17 S. 2, § 23 Abs. 2 StGB **fakultativ** ist.[13] § 363 Abs. 1 steht somit nicht entgegen, wenn Beihilfe an die Stelle von Täterschaft oder Anstiftung, Unterlassen an die Stelle von Tun, Versuch an die Stelle von Vollendung, versuchte Anstiftung an die Stelle von Anstiftung treten sollen oder ein vermeidbarer Verbotsirrtum oder ein vermeidbarer Entschuldigungstatumstandsirrtum geltend gemacht werden. Ebenso verhält es sich bei den – wenigen – gesetzlich benannten minder oder besonders schweren Fällen wie in § 129 Abs. 6, § 129a Abs. 7, § 213 Alt. 1 StGB.[14] Der Verurteile kann daher mit seinem Wiederaufnahmeantrag das Ziel verfolgen, wegen Totschlags in einem minder schweren Fall nach § 213 Var. 1 StGB anstelle einfachen Totschlags bestraft zu werden. Ferner geht es auch dann um eine Strafbemessung aufgrund eines anderen Gesetzes, wenn der Antragsteller die Anwendung von Jugend- statt Erwachsenenstrafrecht[15] oder die Annahme von Tateinheit anstelle Tatmehrheit herbeiführen will.[16]

7   Als **dasselbe Gesetz** fasst die hM dagegen die zahlreichen Regelungen der unbenannten Strafmilderungs- oder Strafschärfungsgründe auf. Die Bejahung eines minder schweren oder die Ablehnung eines besonders schweren Falles stellt nach dieser Ansicht daher kein zulässiges Wiederaufnahmeziel dar.[17] Das hat bei § 213 StGB zur Konsequenz, dass der Verurteilte mit der Wiederaufnahme zwar eine Strafbemessung auf Basis der Alt. 1 anstelle des § 212 StGB anstreben kann, nicht aber aufgrund der Alt. 2.[18] Innerhalb der hM umstr.

---

[9] Tiemann in KK-StPO Rn. 4; Schmitt in Meyer-Goßner/Schmitt Rn. 3; Kaspar in Satzger/Schluckebier/Widmaier StPO Rn. 5.
[10] Singelnstein in BeckOK StPO Rn. 2; Temming in Gercke/Julius/Temming/Zöller Rn. 2; Schuster in Löwe/Rosenberg Rn. 6; Schmitt in Meyer-Goßner/Schmitt Rn. 4.
[11] Greco S. 909 f.; Frister in SK-StPO Rn. 14.
[12] OLG Hamm 28.10.1954 – 2 Ws 355/54, NJW 1955, 565; Singelnstein in BeckOK StPO Rn. 2; Schuster in Löwe/Rosenberg Rn. 6.
[13] Singelnstein in BeckOK StPO Rn. 2; Tiemann in KK-StPO Rn. 5.
[14] Tiemann in KK-StPO Rn. 7; Schuster in Löwe/Rosenberg Rn. 6.
[15] OLG Hamburg 8.12.1951 – Ws 356/51, NJW 1952, 1150; Tiemann in KK-StPO Rn. 4; Schuster in Löwe/Rosenberg Rn. 6.
[16] OLG Hamburg 4.4.1917, GA 1917, 575; 4.12.1934 – Bs. St. 577/34, HRR 1935, 708; Singelnstein in BeckOK StPO Rn. 3; Frister in SK-StPO Rn. 12.
[17] Tiemann in KK-StPO Rn. 7; Schuster in Löwe/Rosenberg Rn. 8, 11.
[18] Schuster in Löwe/Rosenberg Rn. 10; Schmitt in Meyer-Goßner/Schmitt Rn. 4.

ist die Einordnung der Regelbsp. Nach wohl üA bilden auch sie im Verhältnis zum Grundtatbestand kein anderes Gesetz.[19] Da ihre Anwendung immer eine Wertung des Richters voraussetze, seien sie mit einer Regelung wie § 213 Alt. 1 StGB nicht vergleichbar, die bei Vorliegen ihrer Voraussetzungen zwingend angewendet werden müsse. Bei mehreren in Tateinheit zueinander stehenden Delikten strebe der Antragsteller eine Bestrafung aufgrund desselben Gesetzes an, wenn sich sein Antrag nur auf die minder schwere Strafvorschrift beziehe, da dieser die Strafe nicht entnommen wurde bzw. nicht zu entnehmen wäre (dazu auch → Rn. 13 und → § 359 Rn. 9).

c) Abgrenzung nach dem engen Begriffsverständnis. Das weite Begriffsverständnis der hM vermag indes nicht zu überzeugen. Es knüpft an Zufälligkeiten der Regelungstechnik im materiellen Strafrecht an, ohne ihre Relevanz für die Wiederaufnahme plausibel machen zu können.[20] Besonders augenfällig wird dies bei den den Qualifikationstatbeständen angenäherten Regelbsp. Soweit Teile des Schrifttums ihren fakultativen Charakter anführen, um die unterschiedliche Behandlung zu rechtfertigen,[21] ist darauf hinzuweisen, dass dieser nach hM bei den gesetzlich benannten Strafmilderungsgründen des AT der Annahme eines anderen Gesetzes auch nicht entgegensteht. Eine Betrachtung der Gesetzesgenese zeigt, dass der historische Gesetzgeber bei der Abgrenzung zwischen demselben und einem anderen Gesetz das Kriterium des **gesetzlichen Strafrahmens** im Blick hatte.[22] Ausgeschlossen werden sollten Wiederaufnahmen, die allein das Ziel verfolgen, die gefundene Strafe innerhalb des gesetzlichen Strafrahmens zu verändern. Das lässt sich, wie erwähnt (→ Rn. 2), mit der abstrakt-generellen Wertung begründen, dass Mängel, die sich lediglich auf die Strafzumessungsgründe iSd § 46 StGB ausgewirkt haben, aufgrund der Vielzahl der bei der Strafzumessung eine Rolle spielenden Gesichtspunkte in ihrem Ausmaß regelmäßig zu begrenzt und damit nicht hinreichend gewichtig erscheinen, um eine Durchbrechung der Rechtskraft zu rechtfertigen.

Folgt man dem engen Begriffsverständnis, so ergeben sich dort keine abweichenden Ergebnisse, wo auch die hM annimmt, dass die Strafbemessung nicht aufgrund desselben Gesetzes herbeigeführt werden soll. Freilich steht nun eine wesentlich einfachere und klarere Begr. zur Verfügung, weshalb § 363 Abs. 1 die Wiederaufnahme mit dem Ziel einer Anwendung von materiellem Jugend- statt Erwachsenenstrafrecht oder einer tateinheitlichen anstelle einer tatmehrheitlichen Bestrafung nicht hindert. Zu anderen Resultaten gelangt man auf der Basis des engen Begriffsverständnisses allerdings bei den **Regelbsp.** und den **unbenannten Strafmilderungs-** und **Strafschärfungsgründen**.[23] Da auch bei ihnen die Wiederaufnahme auf die Anwendung einer Vorschrift mit einem veränderten Strafrahmen abzielt, soll die Strafbemessung hier entgegen der hM nicht aufgrund desselben, sondern aufgrund eines anderen Gesetzes herbeigeführt werden. § 363 Abs. 1 steht daher einer Wiederaufnahme nicht entgegen. Somit kann der Verurteilte bspw. das Ziel verfolgen, wegen einfachen Diebstahls anstelle Diebstahls im besonders schweren Fall oder wegen Raubes im minder schweren Fall anstelle einfachen Raubes bestraft zu werden.

d) Schuldspruchänderungen. Besondere Abgrenzungsprobleme können entstehen, wenn mit der Wiederaufnahme – zumindest auch – eine Schuldspruchkorrektur erstrebt wird. Für eine de lege lata dogmatisch stimmige Lösung ist der Zweck des § 363 Abs. 1 in Erinnerung zu rufen. Er soll solche Wiederaufnahmen ausschließen, die allein eine Veränderung der gefundenen Strafe innerhalb des gesetzlichen Strafrahmens herbeiführen wollen. § 363 Abs. 1 steht somit nicht entgegen, soweit neben der anderen Strafbemessung noch

---

[19] OLG Düsseldorf 5.6.1984 – 2 Ws 222/84, NStZ 1984, 571; Temming in Gercke/Julius/Temming/Zöller Rn. 2; Tiemann in KK-StPO Rn. 7; Schnitt in Meyer-Goßner/Schmitt Rn. 5; aA Singelnstein in BeckOK StPO Rn. 2; Schuster in Löwe/Rosenberg Rn. 12.
[20] Frister in SK-StPO Rn. 13; Kaspar in Satzger/Schluckebier/Widmaier StPO Rn. 4.
[21] Tiemann in KK-StPO Rn. 8.
[22] Ausf. dazu Frister in SK-StPO Rn. 14 f. Ebenso für die günstige Wiederaufnahme Kaspar in Satzger/Schluckebier/Widmaier StPO Rn. 5.
[23] Frister in SK-StPO Rn. 16. Ebenso iE Arnemann S. 58 f.

ein anderes, zulässiges Wiederaufnahmeziel verfolgt wird (bereits → § 359 Rn. 15).[24] Das bedeutet im Einzelnen:

11   **aa) Reine Schuldspruchänderung ohne Auswirkung auf die Strafbemessung.** Strebt der Antragsteller eine Schuldspruchänderung an, die ohne Auswirkungen auf das Strafmaß bleiben muss (etwa bei einer Verurteilung nur wegen einfachen statt zweifachen Mordes), ist § 363 Abs. 1 von vornherein nicht einschlägig, da hier keine andere Strafbemessung in Rede steht.[25] Die Zulässigkeit eines entspr. Ansinnens richtet sich daher allein nach den sonstigen Grundsätzen zu den Wiederaufnahmezielen (vgl. dazu → § 359 Rn. 15; → § 362 Rn. 5).

12   **bb) Ersetzung durch einen Straftatbestand mit demselben Strafrahmen.** Will der Antragsteller mit seinem Wiederaufnahmeantrag bewirken, dass ein angewandter Straftatbestand durch einen Straftatbestand mit demselben Strafrahmen ersetzt wird, um eine geringere oder schärfere Bestrafung herbeizuführen, ist zu differenzieren. Geht es um **unterschiedliche Deliktstypen** (zB bei einer Verurteilung wegen Begünstigung statt mittäterschaftlichen Diebstahls), steht § 363 Abs. 1 nicht entgegen, da es sich hier nicht mehr um dasselbe Gesetz handelt. Somit ist eine Wiederaufnahme hier (abgesehen vom Fall des § 359 Nr. 5, der als Wiederaufnahmeziel die Anwendung eines milderen und nicht bloß anderen Gesetzes verlangt) grds. möglich (näher dazu → § 359 Rn. 16).[26] Geht es dagegen um **denselben Deliktstypus** (zB bei einer Verurteilung nach § 244 Abs. 1 Nr. 1b statt Nr. 1a StGB), betrifft der Wiederaufnahmeantrag dasselbe Gesetz, so dass § 363 Abs. 1 die Wiederaufnahme sperrt. Eine Überwindung dieser Sperrwirkung ist bei der Wiederaufnahme zugunsten des Verurteilten auch nicht unter dem Gesichtspunkt der Schuldspruchänderung möglich; die Unrichtigkeit des Schuldspruchs begründet hier wegen der rechtsethischen Vergleichbarkeit der Taten keine die Wiederaufnahme legitimierende besondere Beschwer.

13   **cc) Korrekturen in Fällen der Tateinheit.** Bei mehreren Delikten, die zueinander in Tateinheit stehen, bezweckt der Wiederaufnahmeantrag eine andere Bestrafung aufgrund desselben Gesetzes, wenn er sich nur auf die minder schwere Strafvorschrift bezieht, da dieser die Strafe nicht entnommen wurde bzw. nicht zu entnehmen wäre. Hier steht § 363 Abs. 1 der Wiederaufnahme daher grds. entgegen. Möglich ist aber eine Überwindung der Sperrwirkung unter dem Gesichtspunkt der Schuldspruchänderung als anderem, zulässigen Wiederaufnahmeziel in den Fällen des § 359 Nr. 1–4, 6 (vgl. → § 359 Rn. 15), in denen der unrichtige Schuldspruch als solcher den Verurteilten besonders beschwert.[27] Am Bsp.: Das Gericht verurteilt den Angeklagten wegen besonders schweren Raubes nach § 250 Abs. 2 Nr. 1, 3b StGB in Tateinheit mit versuchtem Mord, wobei es bei diesem die Strafe nach § 23 Abs. 2, § 49 Abs. 1 Nr. 1 StGB mildert. Die Verurteilung wegen versuchten Mordes stützt es dabei auf die Aussage eines Zeugen, die sich indes später als Meineid gem. § 154 StGB erweist.

III. Der Ausschluss der Wiederaufnahme wegen erheblich verminderter Schuldfähigkeit

14   § 363 Abs. 1 schließt eine Wiederaufnahme zu dem Zweck, eine Milderung der Strafe wegen verminderter Schuldfähigkeit herbeizuführen, nicht aus. § 21 StGB ordnet eine fakultative Strafrahmenverschiebung an und enthält zudem einen gesetzlich benannten Strafmilderungsgrund. Folglich steht hier sowohl nach dem engen als auch dem weiten Begriffsverständnis eine geringere Bestrafung nicht aufgrund desselben, sondern aufgrund eines anderen, milderen Gesetzes in Rede. Aus Sorge vor einer **Überlastung der Gerichte**

---

[24] Ebenso Eschelbach in KMR-StPO Rn. 18.
[25] BGH 20.12.2002 – StB 15/02, BGHSt 48, 153 = NJW 2003, 1261; Singelnstein in BeckOK StPO Rn. 1; Schuster in Löwe/Rosenberg Rn. 4, 15. AA Schmitt in Meyer-Goßner/Schmitt Rn. 2; Hohmann in Radtke/Hohmann Rn. 2.
[26] AA Hohmann in Radtke/Hohmann Rn. 6.
[27] Dazu auch Eschelbach in KMR-StPO Rn. 21.

durch eine zu große Anzahl von Wiederaufnahmeanträgen infolge der – vorgeblich – zu leichten Behauptbarkeit entspr. schuldmindernder Umstände normiert § 363 Abs. 2 deshalb einen weiteren Ausschlussgrund (→ Rn. 3).[28]

§ 363 Abs. 2 kommt auch zur Anwendung, wenn wegen erheblich verminderter Schuldfähigkeit eine **Strafaussetzung zur Bewährung** erstrebt wird.[29] Weiterhin hindert er die Wiederaufnahme in den Fällen, in denen der Antragsteller bei einer Verurteilung wegen Mordes über die Anwendung des § 21 StGB die Verhängung einer zeitigen statt lebenslanger Freiheitsstrafe herbeiführen will.[30] Schließlich soll nach hM § 363 Abs. 2 analog gelten, wenn der Antragsteller mit der Wiederaufnahme bezweckt, bei einem Mord durch Anwendung der vom BGH entwickelten sog. **Rechtsfolgenlösung**[31] eine Strafmilderung gem. § 49 Abs. 1 StGB aufgrund außergewöhnlicher Umstände zu erwirken.[32] Dem ist indes zu widersprechen. Der BGH zieht zur Begr. seiner Rechtsfolgenlösung nicht allein den § 21 StGB, sondern auch die gesetzlichen Milderungsgründe in § 13 Abs. 2, § 17 Abs. 2 StGB heran. Ihre Anwendung kann aber mit einer Wiederaufnahme ohne Weiteres angestrebt werden. Zudem sind die außergewöhnlichen Umstände, die der BGH im Blick hat – notstandsnahe, ausweglos erscheinende Situationen, große Verzweiflung, tiefes Mitleid, schwere Provokationen entspr. § 213 StGB – entgegen der hM nicht eben solche, die nahe bei § 21 StGB liegen. 15

Zu beachten ist, dass § 363 Abs. 2 zwar eine Wiederaufnahme zur Herbeiführung einer Milderung wegen erheblich verminderter Schuldfähigkeit hindert. Dagegen schließt er nicht aus, dass bei Vorliegen eines Wiederaufnahmegrundes gem. § 362 Nr. 1–3 **zuungunsten des Angeklagten** eine Wiederaufnahme mit dem Ziel einer höheren Bestrafung infolge **Wegfalls des § 21 StGB** erstrebt wird. 16

§ 364 Behauptung einer Straftat

[1]Ein Antrag auf Wiederaufnahme des Verfahrens, der auf die Behauptung einer Straftat gegründet werden soll, ist nur dann zulässig, wenn wegen dieser Tat eine rechtskräftige Verurteilung ergangen ist oder wenn die Einleitung oder Durchführung eines Strafverfahrens aus anderen Gründen als wegen Mangels an Beweis nicht erfolgen kann. [2]Dies gilt nicht im Falle des § 359 Nr. 5.

Schrifttum: Böse, Die Unzulässigkeit einer Wiederaufnahme nach § 364 S. 1 StPO bei Einstellung des Strafverfahrens wegen der behaupteten Tat nach den §§ 153 ff. StPO, JR 2005, 12. S. a. Schrifttum Vor § 359.

I. Grundlagen

§ 364 stellt an eine Wiederaufnahme, die sich auf die Behauptung einer Straftat stützt, besondere Anforderungen. S. 1 findet dabei sowohl auf die Wiederaufnahme zugunsten des Verurteilten als auch auf jene zulasten des Angekl. Anwendung. Im Einzelnen betrifft die Vorschrift die Wiederaufnahmegründe aus **§ 359 Nr. 2 u. 3, § 362 Nr. 2 u. 3**, nicht aber – entgegen einer teilw. vertretenen Ansicht[1] – die Gründe aus § 359 Nr. 1, § 362 Nr. 1, da das Vorbringen der unechten oder verfälschten Urkunde keine Straftat darzustellen braucht (näher dazu → § 359 Rn. 21). Sind in den Fällen des § 359 Nr. 2 u. 3 die Voraussetzungen des § 364 nicht erfüllt, kann die Wiederaufnahme idR immer noch auf **§ 359 Nr. 5** gestützt 1

---

[28] Temming in Gercke/Julius/Temming/Zöller Rn. 3; krit. dazu Arnemann S. 63 ff.
[29] OLG Stuttgart 15.2.1982 – 3 Ws 6/82, Justiz 1982, 166; Rotsch in Krekeler/Löffelmann/Sommer Rn. 4; Temming in Gercke/Julius/Temming/Zöller Rn. 2.
[30] OLG Düsseldorf 22.8.1989 – 3 Ws 628/89, JMBl. NRW 1990, 46 (47); Schuster in Löwe/Rosenberg Rn. 20.
[31] BGH 19.5.1981 – GSSt 1/81, BGHSt 30, 105 = NJW 1981, 1965.
[32] OLG Bamberg 25.1.1982 – WS 692/81, NJW 1982, 1714 (1715); Schmitt in Meyer-Goßner/Schmitt Rn. 6; abl. Tiemann in KK-StPO Rn. 12; Eschelbach in KMR-StPO Rn. 43.
[1] Temming in Gercke/Julius/Temming/Zöller Rn. 1; Tiemann in KK-StPO Rn. 1; Schmitt in Meyer-Goßner/Schmitt Rn. 1.

werden (die Straftat als neue Tatsache), da § 364 gem. S. 2 für die Wiederaufnahme propter nova nicht gilt. In der Praxis kommt deshalb § 364 S. 1 bei der Wiederaufnahme zugunsten des Verurteilten keine große Bedeutung zu. Anders verhält es sich dagegen bei der Wiederaufnahme zuungunsten des Freigesprochenen, da dort keine dem § 359 Nr. 5 entspr. Regelung existiert. Hier stellt § 364 eine echte Wiederaufnahmehürde dar, die den Angekl. vor einer übereilten Wiederaufnahme zu seinen Lasten schützt.[2]

II. Die Tatbestandsmerkmale im Einzelnen

1. Behauptung einer Straftat. Die Behauptung muss nicht nur die Tat, sondern auch die Person des Täters bezeichnen, weil nur dann die weiteren Voraussetzungen des § 364 geprüft werden können.[3]

2. Rechtskräftige Verurteilung. S. 1 verlangt einen **rechtskräftigen Schuldspruch**. Es genügt also nicht, dass ein Gericht das Vorliegen einer rechtswidrigen Tat festgestellt hat. Deshalb scheidet eine Wiederaufnahme nach § 359 Nr. 2 u. 3, § 362 Nr. 2 u. 3 aus, wenn die vom Antragsteller als Täter bezeichnete Person in einem Strafverfahren mangels Schuld freigesprochen wurde.[4] Das gilt selbst in den Fällen, in denen der Freispruch nur deshalb ergangen ist, weil sich der Betreffende infolge einer Nötigung durch den Angekl. in einem Nötigungsnotstand befand. Dies führt bei der Wiederaufnahme zulasten des Angekl. freilich zu unbefriedigenden Konsequenzen (bereits → § 362 Rn. 10). Dagegen spielt es keine Rolle, ob das Gericht von Strafe abgesehen hat, da hier gleichwohl eine Verurteilung erfolgt ist.[5] Entspr. verhält es sich bei Maßregelentscheidungen, die das Gericht lediglich neben dem Schuldspruch trifft (etwa im Falle erheblich verminderter Schuldfähigkeit gem. § 21 StGB).[6] Nicht ausreichend ist nach hM eine **wahldeutige Verurteilung**, da hier das Vorliegen der Straftat, auf die sich der Wiederaufnahmeantrag gründet, gerade nicht sicher festgestellt werden konnte.[7]

3. Bestehen eines Verfolgungshindernisses. Eine **Ausnahme** vom Erfordernis der rechtskräftigen Verurteilung bildet das Bestehen eines **Verfolgungshindernisses** – es sei denn, dieses resultiert aus einem **Mangel an Beweisen** (Ausnahme von der Ausnahme). Gründe, die der Einl. oder Durchführung eines Strafverfahrens entgegenstehen können, sind tatsächliche oder rechtliche Hindernisse wie bspw. der Tod oder die Abwesenheit des Beschuldigten, seine Verhandlungsunfähigkeit, eine Amnestie oder die Verjährung der Tat.[8] Dass das Strafverfahren vor der Verjährung oder dem Eintritt eines der anderen tatsächlichen oder rechtlichen Hinderungsgründe aus Mangel an Beweisen eingestellt wurde, steht der Annahme eines Verfolgungshindernisses nicht entgegen, sofern sich aufgrund neuer Tatsachen oder Beweismittel ein neuer Tatverdacht ergibt.[9] Entscheidend ist dann nur, dass zum **Zeitpunkt der Beurteilung des Wiederaufnahmeantrags** ein Strafverfahren nicht mehr eingeleitet oder durchgeführt werden kann. Entspr. verhält es sich, wenn seinerzeit ein Klageerzwingungsantrag verworfen oder die Eröffnung der Hauptverhandlung abgelehnt worden war, vgl. § 174 Abs. 2, § 211.[10] Nicht als Verfolgungshindernis zählt, dass bereits ein **rechtskräftiger Freispruch** ergangen ist,[11] denn in diesem Fall wurde das Strafverfah-

---

[2] Eschelbach in KMR-StPO Rn. 9; Frister in SK-StPO Rn. 3; Weber-Klatt S. 251; Ziemba S. 113.
[3] Eschelbach in KMR-StPO Rn. 11.
[4] Marxen/Tiemann Strafsachen Rn. 290; Hohmann in Radtke/Hohmann Rn. 4.
[5] Marxen/Tiemann Strafsachen Rn. 290; Kaspar in Satzger/Schluckebier/Widmaier StPO Rn. 2.
[6] Marxen/Tiemann Strafsachen Rn. 290; Kaspar in Satzger/Schluckebier/Widmaier StPO Rn. 2.
[7] Tiemann in KK-StPO Rn. 5; Schuster in Löwe/Rosenberg Rn. 1; Schmitt in Meyer-Goßner/Schmitt Rn. 1. AA Eschelbach in KMR-StPO Rn. 15.
[8] Rotsch in Krekeler/Löffelmann/Sommer Rn. 1; Tiemann in KK-StPO Rn. 6; Schuster in Löwe/Rosenberg Rn. 2; Schmitt in Meyer-Goßner/Schmitt Rn. 1.
[9] Tiemann in KK-StPO Rn. 7; Schuster in Löwe/Rosenberg Rn. 2; Marxen/Tiemann Strafsachen Rn. 292; Frister in SK-StPO Rn. 8.
[10] Zu damit verbundenen Wertungswidersprüchen s. Eschelbach in KMR-StPO Rn. 18.
[11] Tiemann in KK-StPO Rn. 6; Schuster in Löwe/Rosenberg Rn. 1.

ren schon vollständig durchgeführt – mit negativem Ausgang. Freilich hindert der Freispruch nicht, die Wiederaufnahme auf die Behauptung der Straftat als neue Tatsache iSd § 359 Nr. 5 zu stützen.[12] Ebenfalls kein Verfolgungshindernis stellt die **Schuldunfähigkeit** des Beschuldigten dar;[13] sie unterbindet nicht die Einl. oder Durchführung eines Strafverfahrens, sondern führt dazu, dass das Verhalten des Beschuldigten keine Straftat darstellt. Auch hier steht § 364 aber einer Wiederaufnahme nach § 359 Nr. 5 nicht entgegen.

Nach hM stellt auch die **Einstellung aus Opportunitätsgründen** gem. §§ 153 ff. **5** ein Verfolgungshindernis dar, das vom Erfordernis einer rechtskräftigen Verurteilung befreit.[14] Das verdient für die Wiederaufnahme zugunsten des Verurteilten Zustimmung, da die der StA und den Gerichten aus prozessökonomischen Erwägungen gewährte Option, auf eine vollständige Sachverhaltsaufklärung und einen Urteilspruch zu verzichten, nicht zum Nachteil des Verurteilten zum Verlust einer Wiederaufnahmemöglichkeit führen darf.[15] Anders verhält es sich dagegen bei der Wiederaufnahme zuungunsten des Angekl. Die Strafverfolgungsorgane dürfen sich nicht vom Wiederaufnahmeerfordernis der rechtskräftigen Verurteilung dadurch befreien, dass sie selbst zuvor auf die ihnen prinzipiell mögliche Klärung in einer Hauptverhandlung, ob die behauptete Straftat tatsächlich begangen worden ist, verzichtet haben.[16]

Auch wenn bei Vorliegen eines Verfolgungshindernisses die Zulässigkeit des Wiederauf- **6** nahmeantrages nicht von einer rechtskräftigen Verurteilung abhängt, bedarf es hinsichtlich der behaupteten Straftat eines Verdachtes. Während eine teilw. vertretene Ansicht hier einen hinreichenden Tatverdacht gem. § 170 Abs. 1 fordert,[17] lässt die hM einen **Anfangsverdacht** iSd § 152 Abs. 2 genügen.[18] Letzteres verdient Zustimmung, da ein hinreichender Tatverdacht erst am Ende vorläufiger Beweiserhebungen stehen kann und deshalb als Zulässigkeitsvoraussetzung im Aditionsverfahren falsch loziert wäre. Selbstverständlich muss dann im Probationsverfahren die Behauptung der Straftat noch eine genügende Bestätigung finden (vgl. dazu → § 370 Rn. 8).

4. Die Ausschlussklausel in S. 2 für die Wiederaufnahme gem. § 359 Nr. 5. 7
§ 364 S. 2 wurde 1953 in die StPO aufgenommen. Damit erfolgte eine gesetzliche Klarstellung, dass die Wiederaufnahme über § 359 Nr. 5 auch dann auf die Falschaussage eines Zeugen gestützt werden kann, wenn dieser nicht wegen des Aussagedelikts rechtskräftig verurteilt wurde und der Einl. und Durchführung des Strafverfahrens auch kein Verfolgungshindernis entgegensteht. Der Antragsteller hat deshalb die **Wahl,** ob er eine rechtskräftige Verurteilung abwartet oder die Wiederaufnahme beantragt, bevor es zu einem Strafverfahren gegen den Zeugen kommt oder während dieses noch läuft.[19] Selbst wenn eine rechtskräftige Verurteilung bereits erfolgt ist, kann § 359 Nr. 5 neben § 359 Nr. 2 oder an dessen Stelle geltend gemacht werden.[20]

---

[12] Eschelbach in KMR-StPO Rn. 16; Peters Fehlerquellen Bd. III S. 52.
[13] Eschelbach in KMR-StPO Rn. 17; Schuster in Löwe/Rosenberg Rn. 3. AA Weber-Klatt S. 252.
[14] OLG Düsseldorf 12.3.1980 – 5 Ws 27/80, GA 1980, 393 (395); 24.7.1994 – 1 Ws 562/94, VRS 88 (1995), 48 (49) jeweils bzgl. § 154; Böse JR 2005, 12 (14); Marxen/Tiemann Strafsachen Rn. 290; Schmitt in Meyer-Goßner/Schmitt Rn. 1. AA KG 31.7.2009 – 2 Ws 200/09, 1 AR 608/09, StRR 2009, 362.
[15] Frister in SK-StPO Rn. 10.
[16] Zutr. Eschelbach in KMR-StPO Rn. 19; Frister in SK-StPO Rn. 9.
[17] KG 31.7.2009 – 2 Ws 200/09, 1 AR 608/09, StRR 2009, 362; LG Saarbrücken 20.8.2013 – 2 Ks 05 Js 216/06 (1/13), BeckRS 2014, 03013; Marxen/Tiemann Strafsachen Rn. 291; Frister in SK-StPO Rn. 7.
[18] BGH 20.12.2002 – StB 15/02, BGHSt 48, 153 (155) = NJW 2003, 1261; OLG Düsseldorf 24.7.1994 – 1 Ws 562/94, VRS 88 (1995), 48; OLG Oldenburg 5.2.2001 – 1 Ws 593/00, StV 2003, 234; Schuster in Löwe/Rosenberg Rn. 2; Schmitt in Meyer-Goßner/Schmitt Rn. 1; Kaspar in Satzger/Schluckebier/Widmaier StPO Rn. 3.
[19] OLG Rostock 2.3.2006 – 1 Ws 13/06, NStZ 2007, 357; Temming in Gercke/Julius/Temming/Zöller Rn. 3; Tiemann in KK-StPO Rn. 3; Marxen/Tiemann Strafsachen Rn. 293; Schuster in Löwe/Rosenberg Rn. 6.
[20] Singelnstein in BeckOK StPO Rn. 2; Eschelbach in KMR-StPO Rn. 28; Hohmann in Radtke/Hohmann Rn. 6. S. dazu auch Schneidewin JZ 1957, 537; Wasserburg S. 272 f.

8 Weiterhin ist das Wiederaufnahmegericht, entgegen einer in der Rspr. vereinzelt vertretenen Ansicht,[21] nicht an den im Wiederaufnahmeantrag bezeichneten Wiederaufnahmegrund gebunden.[22] Es muss deshalb **von Amts wegen** prüfen, ob sich die Wiederaufnahme auf § 359 Nr. 5 stützen lässt, falls es die Voraussetzungen des geltend gemachten § 359 Nr. 2 als nicht erfüllt ansieht. Umgekehrt hat es, auch wenn der Antragsteller sich allein auf § 359 Nr. 5 beruft, § 359 Nr. 2 zu berücksichtigen, sofern nach dem vorgetragenen Sachverhalt dessen Voraussetzungen vorliegen, da dieser Wiederaufnahmegrund leichter zum Erfolg führt. Grds. ist stets die für den Antragsteller **günstigere Regelung** anzuwenden.[23]

§ 364a Bestellung eines Verteidigers für das Wiederaufnahmeverfahren

Das für die Entscheidungen im Wiederaufnahmeverfahren zuständige Gericht bestellt dem Verurteilten, der keinen Verteidiger hat, auf Antrag einen Verteidiger für das Wiederaufnahmeverfahren, wenn wegen der Schwierigkeit der Sach- oder Rechtslage die Mitwirkung eines Verteidigers geboten erscheint.

Schrifttum: Hartung/Schons/Enders, Praxiskommentar zum RVG, 3. Aufl. 2017; Scheffler/Lehmann, Verständigung oder Rechtsmittel – ein Verteidigerdilemma!, StV 2015, 123; Wasserburg, Die Pflichtverteidigerbestellung unter besonderer Berücksichtigung des Wiederaufnahmerechts, GA 1982, 304. S. a. Schrifttum Vor § 359.

Übersicht

	Rn.		Rn.
I. Zweck und Regelungszusammenhang		III. Verfahren	21
	1	1. Antrag	21
1. Normzweck	1	a) Antragserfordernis	21
2. Geltungsbereich	4	b) Antragsberechtigung	22
a) Beschränkung auf günstige Wiederaufnahme	4	c) Antragsinhalt	23
b) Abgrenzung gegenüber § 364b	5	2. Entscheidung über den Antrag	25
3. Analoge Anwendung	8	3. Inhalt und Wirkungen der Entscheidung	29
II. Erläuterung	9	a) Dauer der Beiordnung	29
1. Für das Verfahren	9	b) Keine Sperrwirkung durch abl. Entscheidung	30
2. Fehlen eines Verteidigers	11	c) Verteidigerauswahl	32
3. Schwierigkeit der Sach- oder Rechtslage	15	d) Pflichten des beigeordneten Verteidigers	33
4. Erfolgsaussicht des Wiederaufnahmeantrags	19	IV. Rechtsmittel	34

I. Zweck und Regelungszusammenhang

1. Normzweck. Die Vorschrift enthält eine spezielle wiederaufnahmerechtliche Bestimmung über die **Bestellung eines Verteidigers** und bezweckt die Verbesserung der (faktisch schwachen) Lage des Verurteilten im Wiederaufnahmeverfahren.[1] Ihre Einführung erfolgte, zusammen mit der des § 364b, durch das 1. StVRG,[2] nachdem sich die

---

[21] OLG Hamburg 8.2.2000 – 2 Ws 287/99, NStZ-RR 2000, 241.
[22] Temming in Gercke/Julius/Temming/Zöller Rn. 3; Tiemann in KK-StPO Rn. 4.
[23] Im Hinblick auf die günstige Wiederaufnahme OLG Düsseldorf 12.3.1980 – 5 Ws 27/80, GA 1980, 393 (397); Singelnstein in BeckOK StPO Rn. 3; Tiemann in KK-StPO Rn. 4; Schuster in Löwe/Rosenberg Rn. 7.

[1] Marxen/Tiemann Strafsachen Rn. 464; Krägeloh NJW 1975, 137.
[2] Zur Entstehungsgeschichte Frister in SK-StPO Rn. 1.

bis dato praktizierte analoge Anwendung von § 140 Abs. 2 als nicht konsensfähig erwiesen hatte.[3] Die Normarchitektur der §§ 364a, 364b wird als missglückt betrachtet.[4]

Ob die Möglichkeit der Verteidigerbestellung für das Wiederaufnahmeverfahren **verfassungs- und menschenrechtlich geboten** ist, ist zw.[5] Dagegen spricht, dass die Fairnessgarantie des Art. 6 Abs. 3 Buchst. c EMRK lediglich bis zum rechtskräftigen Abschluss des Strafverfahrens gilt.[6] Generell stellt die Rechtskraft eine Zäsur dar, die das öffentl. Rechtsschutzinteresse hinsichtlich der Sache erledigt und jedes weitere Prozessieren des Verurteilten zu seiner Privatangelegenheit werden lässt (→ § 360 Rn. 2). Es besteht auch keine einfachrechtliche Notwendigkeit professioneller Verteidigung. Denn der Wiederaufnahmeantrag kann nach § 366 Abs. 2 zu Protokoll der Geschäftsstelle gestellt werden und auch im weiteren Verfahren besteht de jure kein „Anwaltszwang".[7] 2

Für die **Legitimation** von § 364a lässt sich aber anführen, dass das Wiederaufnahmeverfahren auch unter erfahrenen Strafverteidigern als besonders komplizierte Materie gilt;[8] faktisch ist diese, zumindest in Folge der unerbittlich restriktiven gerichtlichen Handhabung, für juristische Laien gänzlich unbeherrschbar.[9] Der verfassungsrechtlich verbürgte, im Rechtsstaatsprinzip wurzelnde Anspruch auf das Zurverfügungstellen eines effektiven und chancenreichen Wiederaufnahmeverfahrens[10] lässt daher eine nicht an der konkreten Einkommenssituation des Betroffenen orientierte Möglichkeit der Verteidigerbestellung geboten erscheinen.[11] 3

2. Geltungsbereich. a) Beschränkung auf günstige Wiederaufnahme. Unklar ist, ob die Verteidigerbestellung nach dieser Vorschrift **auf** den Fall der **günstigen Wiederaufnahme beschränkt** ist. Die Stellung im Gesetz und der Wortlaut lassen es zu, auch das Verfahren gem. § 362 Abs. 1 Nr. 1–3 zuungunsten eines (zu milde) Verurteilten als erfasst anzusehen.[12] In der Lit. wird daher eine Anwendung des § 364a auch auf derartige Fallkonstellationen befürwortet.[13] Die besseren Argumente streiten indes für die Gegenansicht, derzufolge die Bestellung eines Verteidigers im ungünstigen Verfahren stets nach § 140 Abs. 2 analog zu geschehen hat.[14] Dem historischen Gesetzgeber ging es bei der Einführung des § 364a allein um die Rechtsstellung des Verurteilten in einem für ihn günstigen Wiederaufnahmeverfahren.[15] Zudem ist zu beachten, dass die Verteidigerbestellung nach § 140 Abs. 2 für den Beschuldigten günstiger ist als diejenige gem. § 364a; so kennt § 140 insbes. kein Antragserfordernis.[16] Sachliche Gründe dafür, im ungünstigen Wiederaufnahmeverfahren den „nur" zu milde Verurteilten gegenüber dem zuvor rechtskräftig Freigesprochenen durch Anwendung des § 364a schlechter zu stellen, sind aber nicht ersichtlich. 4

b) Abgrenzung gegenüber § 364b. Die Bestellung eines Verteidigers gem. § 364a erfolgt „für das Wiederaufnahmeverfahren". Demggü. ermöglicht § 364b unter strengeren 5

---

3 Nachw. in BT-Drs. 7/551, 88.
4 Frister in SK-StPO Rn. 2; Eschelbach in KMR-StPO § 364b Rn. 6 f.
5 Ausf. Eschelbach in KMR-StPO Rn. 2.
6 EGMR 6.7.2010 – 5980/07, NJW 2010, 3703 (3705); Meyer in SK-StPO EMRK Art. 6 Rn. 69; Eschelbach in KMR-StPO Rn. 2; Esser in Löwe/Rosenberg EMRK Art. 6 Rn. 102. AA Gössel in Löwe/Rosenberg, 26. Aufl. Rn. 2.
7 Eschelbach in KMR-StPO Rn. 6.
8 Beulke/Ignor in Marxen/Tiemann Strafsachen, S. V.
9 Eschelbach in KMR-StPO Rn. 6.
10 Zuletzt BVerfG 31.7.2014 – 2 BvR 571/14, BeckRS 2015, 41162 mwN.
11 Eschelbach in KMR-StPO Rn. 9 f. AA J. Meyer ZStW 84 (1972), 909 (913).
12 Eschelbach in KMR-StPO Rn. 22 f.; Marxen/Tiemann Strafsachen Rn. 465. AA Schuster in Löwe/Rosenberg Rn. 2.
13 Frister in SK-StPO Rn. 12; Kaspar in Satzger/Schluckebier/Widmaier StPO Rn. 1. Offenlassend Eschelbach in KMR-StPO Rn. 25 f.
14 OLG Düsseldorf 14.12.1988 – 2 Ws 519/88, NStE Nr. 1 = NJW 1989, 676; Hohmann in Radtke/Hohmann Rn. 1; Marxen/Tiemann Strafsachen Rn. 465; Schmitt in Meyer-Goßner/Schmitt Rn. 1.
15 BT-Drs. 7/551, 52; vgl. auch Krägeloh NJW 1975, 137. Zur entspr. Anwendbarkeit im Verfahren nach dem StrRehaG KG 21.8.1991 – 4 Ws 129/91/REHA, NStZ 1991, 593.
16 Marxen/Tiemann Strafsachen Rn. 465 Fn. 11. S. auch Eschelbach in KMR-StPO Rn. 26 f.

Voraussetzungen eine solche „schon für die Vorbereitung eines Wiederaufnahmeverfahrens". Unterschiede zwischen den Normen bestehen zudem hinsichtlich des **Gebührenanspruch**s **des Verteidigers** gegen die Staatskasse.[17] Daher ist eine Abgrenzung der Anwendungsbereiche beider Vorschriften nötig.

6 Teile des Schrifttums vertreten die Ansicht, die Verteidigerbestellung nach § 364a sei erst im Verfahren, dh frühestens mit Eingang des Wiederaufnahmeantrags möglich.[18] Diese Auffassung hat den Normwortlaut für sich; ausgehend von der Formulierung „für das Verfahren" liegt es nahe, die **Anhängigkeit** des Wiederaufnahmeantrags **als Grenzlinie** zwischen § 364a und § 364b zu betrachten.[19] Allg. Grundsätzen zufolge setzt nämlich die Existenz eines „Verfahrens" wenigstens die Anbringung eines Antrags bei der Behörde voraus; hingegen kommt dadurch, dass jemand an seinem Schreibtisch einen Antrag bloß entwirft, ein Verfahren noch nicht zustande. Als praktische Konsequenz folgt aus dieser Ansicht, dass die Inanspruchnahme anwaltlicher Hilfe auf Kosten der Staatskasse[20] bei der Formulierung der Antragsschrift der Verfahrensvorbereitung zuzurechnen und daher nur unter den engeren Voraussetzungen des § 364b möglich wäre.

7 Die hL geht hingegen davon aus, § 364a ermögliche eine Verteidigerbestellung gerade auch zu dem Zweck, bei der **Abfassung des Antrags** professionelle Hilfe in Anspruch nehmen zu können.[21] Dieser Sehweise ist beizupflichten. Sie entspricht dem erklärten Willen des Gesetzgebers[22] und erscheint ebenfalls mit dem Wortlaut vereinbar, betrachtet man die Regelung im Zusammenhang mit dem Vergütungsrecht. Während dem nach § 364b zu Vorbereitungshandlungen, insbes. zur Vornahme von „Nachforschungen" bestellten Verteidiger hierfür unabhängig davon ein Vergütungsanspruch gegen die Staatskasse entsteht, ob letztlich eine Antragstellung erfolgt oder aber von dieser abgeraten wird (§ 45 Abs. 4 S. 1, § 46 Abs. 3 S. 1 RVG), steht dem nach § 364a bestellten Verteidiger ein Anspruch nur für die tatsächliche Durchführung des Wiederaufnahmeverfahrens (einschließlich der Vorbereitung des verfahrenseingangsetzenden Antrags, § 45 Abs. 4 S. 1 RVG iVm Nr. 4136 VVRVG) zu.[23] Insoweit kann also die Bestellung nach § 364a zwar durchaus zeitlich vor dem Verfahren, gebührenrechtlich aber allein für das Verfahren erfolgen. Ferner spricht für die hier favorisierte Ansicht, dass nach der Gegenansicht die Vorschrift des § 364b Abs. 1 S. 2 leer liefe (→ § 364b Rn. 27).

8 **3. Analoge Anwendung.** Die Verteidigerbestellung kann nur für den Verurteilten erfolgen und ist daher in Fällen der **Wiederaufnahme zugunsten eines Verstorbenen** nicht direkt anwendbar, da hier die Bestellung für die verfahrensbetreibenden Hinterbliebenen erfolgen müsste. Teilw. werden die §§ 364a, 364b jedoch zugunsten der in § 361 Abs. 2 bezeichneten Angehörigen analog herangezogen.[24] Hierfür sprechen gute Argumente. Zum einen wäre es angesichts der in § 361 Abs. 1 zum Ausdruck kommenden grds. Gleichgewichtung der Rehabilitationsinteressen noch lebender und toter Verurteilter widersprüchlich, den in § 361 Abs. 2 genannten Betreibern eines Wiederaufnahmeverfahrens zugunsten eines Verstorbenen bestimmte Verfahrenserleichterungen ohne Not vorzuenthalten.[25] Zum anderen kann angesichts des vollständigen Schweigens des historischen Gesetzgebers in

---

[17] Näher Frister in SK-StPO Rn. 8 f.
[18] Wasserburg GA 1982, 304 (322); Temmig in Gercke/Julius/Temming/Zöller Rn. 4.
[19] Eschelbach in KMR-StPO Rn. 16.
[20] Beachte aber § 437 Abs. 6 iVm § 464a Abs. 1 S. 3: Bleibt der Wiederaufnahmeantrag erfolglos, trägt der Antragsteller auch die Kosten zur Vorbereitung des Antrags.
[21] Marxen/Tiemann Strafsachen Rn. 466; Eschelbach in KMR-StPO Rn. 16; Schuster in Löwe/Rosenberg Rn. 6; Loos in AK-StPO Rn. 3.
[22] BT-Drs. 7/551, 88.
[23] Eschelbach in KMR-StPO Rn. 38. AA Frister in SK-StPO Rn. 25, der bei einer Bestellung nach § 364a und dem anschließenden Unterbleiben eines Antrags einen Anspruch gegen die Staatskasse unter dem staatshaftungsrechtlichen Gesichtspunkt der Aufopferung erwägt.
[24] OLG Stuttgart 4.5.1999 – 1 Ws 59/99, OLGSt Nr. 1 = NStZ 1999, 587 (588); Eschelbach in KMR-StPO Rn. 58; Singelnstein in BeckOK StPO Rn. 4; Tiemann in KK-StPO Rn. 5; Weiler in HK-GS Rn. 1. AA Frister in SK-StPO Rn. 11; Schuster in Löwe/Rosenberg Rn. 2; Loos in AK-StPO Rn. 4.
[25] Eschelbach in KMR-StPO Rn. 58. S. auch Frister in SK-StPO Rn. 11.

dieser Frage ein Übersehen der Problematik und mithin eine planwidrige Regelungslücke angenommen werden.

II. Erläuterung

1. Für das Verfahren. Der Anspruch auf die Bestellung des Pflichtverteidigers besteht 9 für das gesamte Wiederaufnahmeverfahren, also vom Abfassen der Antragsschrift (dazu → Rn. 7) bis zu einer rechtskräftigen Entscheidung über den Wiederaufnahmeantrag nach § 368 Abs. 1, § 370 bzw. § 371.[26] Eine Beschränkung der Bestellung auf bestimmte **Verfahrensabschnitte** ist unzulässig.[27] Dies ist nicht nur vom Gericht zu beachten, sondern gilt auch in Bezug auf die Begehr des Antragstellers; Anträge auf eine beschränkte Bestellung sind daher unzulässig.[28]

Freilich ist es möglich, den Antrag erst in einem **späteren Verfahrensstadium** zu 10 stellen, insbes. um im Rahmen einer Beweisaufnahme einem Verteidiger die Teilnahme hieran (§ 369 Abs. 3 S. 1) oder die anschließende Abgabe einer Abschlusserklärung nach § 369 Abs. 4 zu ermöglichen.[29] Zulässig ist ferner eine Beiordnung erst im Beschwerdeverfahren nach § 372.[30]

2. Fehlen eines Verteidigers. § 364a gilt nur für denjenigen Verurteilten, der keinen 11 Verteidiger hat. Der Anspruch ist daher ausgeschlossen, wenn sich der Verurteilte bereits eines **Wahlverteidiger**s bedient; sei es durch eigene Bevollmächtigung, sei es durch eine solche durch seinen gesetzlichen Vertreter oder – bei Jugendlichen – durch die Erziehungsberechtigten.[31] Zu beachten ist, dass der Antrag eines Wahlverteidigers, ihn zum Pflichtverteidiger zu bestellen, die konkludente Erklärung enthält, die Wahlverteidigung solle mit der Bestellung enden.[32]

Hat der Verurteilte bereits einen **Pflichtverteidiger,** kommt eine Bestellung nach 12 § 364a ebenfalls nicht in Betracht. Dies ist zunächst dann der Fall, wenn für das Wiederaufnahmeverfahren bereits ein Pflichtverteidiger nach § 364a oder § 364b bestellt worden ist (→ § 364b Rn. 26). Daran ändert sich auch nichts, wenn der für Vorbereitungshandlungen oder die Antragstellung bestellte Verteidiger es nach Prüfung der Erfolgsaussichten ablehnt, einen Wiederaufnahmeantrag zu stellen (→ Rn. 33).[33] Hier kommt die Bestellung eines neuen Verteidigers erst dann in Betracht, wenn die vorherige Bestellung zurückgenommen worden ist, weil anderenfalls eine weitere ordnungsgemäße Verteidigung nicht mehr zu gewährleisten war.[34] Da der für das Wiederaufnahmeverfahren bestellte Pflichtverteidiger „wirkliche Verteidigung" schuldet,[35] liegt eine die Rücknahme begründende Zerstörung des Vertrauensverhältnisses zwischen Verteidiger und Verurteiltem iSv 143a Abs. 2 S. 1 Nr. 3 indes nahe, wenn jener es zu Unrecht abgelehnt. hat, das Wiederaufnahmebegehren des Verurteilten zu unterstützen. Ein solcher Vertrauensverlust ist anzunehmen, wenn der Verurteilte Anlass für die Vermutung hat, es liege im Eigeninteresse seines Verteidigers, ein Wiederaufnahmeverfahren zu verhindern.[36] Dies kann bei einem Verteidiger, der bereits am Grundverfahren mitgewirkt hat, insbes. der Fall sein, wenn das Wiederaufnahmeverfahren zur Offenbarung eigener Fehler im Erstverfahren führen würde,[37] oder wenn die Verur-

---

[26] Eschelbach in KMR-StPO Rn. 16 ff.
[27] Vgl. Wasserburg GA 1982, 304 (312).
[28] Vgl. OLG Stuttgart 26.3.2001 – 3 Ws 51/2001, NStZ-RR 2003, 114 (115).
[29] Schmitt in Meyer-Goßner/Schmitt Rn. 3; Schuster in Löwe/Rosenberg Rn. 6. Zur gebührenrechtlichen Rückwirkung Eschelbach in KMR-StPO Rn. 16 aE.
[30] OLG Karlsruhe 11.12.2002 – 3 Ws 229/02, NStZ-RR 2003, 116.
[31] Marxen/Tiemann Strafsachen Rn. 471.
[32] OLG Düsseldorf 9.10.1987 – 1 Ws 836/87, MDR 1988, 431 (Ls.).
[33] OLG Bremen 3.4.1964 – Ws 36/64, AnwBl. 1964, 288; Tiemann in KK-StPO Rn. 2a; Schmitt in Meyer-Goßner/Schmitt Rn. 5.
[34] Marxen/Tiemann Strafsachen Rn. 470.
[35] Eschelbach in KMR-StPO Rn. 68.
[36] Marxen/Tiemann Strafsachen Rn. 470 Fn. 21.
[37] Loos in AK-StPO Rn. 6; Stern NStZ 1993, 409 (413).

13 teilung auf einer Verständigung beruht und sich der Verteidiger darob der Strafjustiz ggü. im Wort sieht.[38]

13 Der bis vor Kurzem noch hM zufolge ist der Verurteilte auch dann nicht ohne **Verteidiger, wenn im Grundverfahren** ein Fall notwendiger Verteidigung gem. § 140 vorgelegen hat und der seinerzeit bestellte Verteidiger dem Verurteilten nicht inzwischen durch Tod, Verlust der Anwaltszulassung oder Entpflichtung verloren gegangen ist.[39] Grundlage dieser Auffassung war die überkommene Annahme, die Beiordnung eines Pflichtverteidigers nach § 141 wirke über den rechtskräftigen Abschluss des Ausgangsverfahrens hinaus und bestehe bis zum rechtskräftigen Abschluss eines sich etwaig anschließenden Wiederaufnahmeverfahrens fort.

14 Richtigerweise ist jedoch davon auszugehen, dass die Pflichtverteidigerbestellung nach § 141 mit der Rechtskraft der Verurteilung im Grundverfahren endet;[40] demzufolge spielt die Frage einer Bestellung im Ausgangsverfahren für die §§ 364a, 364b keine Rolle. Für diese Sichtweise sprachen bereits bislang gewichtige Gründe.[41] Die Frage ist nunmehr vom Gesetzgeber entschieden worden: Durch die im Dezember 2019 in Kraft getretenen Neufassung von § 143 ist ausdrücklich klargestellt, dass die Bestellung des Pflichtverteidigers, von wenigen Ausnahmen abgesehen, mit dem rechtskräftigen Abschluss des Verfahrens endet. Die Annahme eines Fortbestehens der ursprünglichen Verteidigerbestellung im Wiederaufnahmeverfahren ist mit der Neuregelung nicht vereinbar.[42]

15 **3. Schwierigkeit der Sach- oder Rechtslage.** Die Wendung hat prinzipiell **dies. Bedeutung wie in § 140** Abs. 2 S. 1, weist aber einen anderen Bezugspunkt auf.[43] Zu fragen ist, ob es dem Verurteilten aus sachlichen oder aus rechtlichen Gründen voraussichtlich besondere Schwierigkeiten bereiten wird, im Wiederaufnahmeverfahren sachgerecht zu agieren, insbes. den Wiederaufnahmeantrag anforderungsgerecht abzufassen, iRd Beweisaufnahme nach § 369 Abs. 1 seine Interessen wahrzunehmen und die Schlusserklärung gem. § 369 Abs. 4 abzugeben.[44]

16 Bei dieser Prognose ist ein **subjektiver Maßstab** anzulegen, dh es sind zB die faktischen Handlungsspielräume eines Inhaftierten, die (fremd)sprachlichen Fähigkeiten eines Ausländers sowie allg. die intellektuellen Kapazitäten des Verurteilten in Rechnung zu stellen.[45]

17 Für die **Schwierigkeit der** konkreten **Sachlage** auch im Fall eines zumindest durchschnittsbegabten Verurteilten spricht namentlich, wenn eine besonders umfangreiche Beweisaufnahme zu erwarten steht, die Strafbarkeit von komplizierten ökonomischen oder technischen Fragen abhängt oder die Würdigung eines komplexen Sachverständigengutachtens eine Rolle spielt.[46] Hingegen wird eher von einer Einfachheit der Sachlage auszugehen sein, wenn absolute Wiederaufnahmegründe vorliegen.[47]

---

[38] Eschelbach in KMR-StPO Rn. 47. Zur dilemmatischen Situation des Verteidiger s. auch Strate in MAH Strafverteidigung § 28 Rn. 97 m. Fn. 139; Scheffler/Lehmann StV 2015, 123 (127).

[39] OLG Brandenburg 14.2.2019 – 1 Ws 21/19, juris Rn. 2; OLG Braunschweig 10.4.2014 – 1 Ws 55/14, NStZ-RR 2014, 314; KG 23.5.2012 – 4 Ws 46/12 – 141 AR 245/12, NJW 2013, 182 (183); OLG Rostock 2.3.2006 – 1 Ws 13/06, NStZ 2007, 357 (358); OLG Düsseldorf 20.12.1989 – 1 Ws 1143–1144/89, wistra 1990, 168; OLG Koblenz 8.10.1982 – 1 Ws 635/82, MDR 1983, 252; OLG Karlsruhe 13.5.1979 – 1 Ws 145/76, GA 1976, 344 (345); Schuster in Löwe/Rosenberg Rn. 3; Tiemann in KK-StPO Rn. 2; Schmitt in Meyer-Goßner/Schmitt Rn. 2; Wasserburg GA 1982, 304 (314 f.).

[40] OLG Frankfurt a. M. 6.3.2020 – 1 Ws 29/20, 1 Ws 30/20, BeckRS 2020, 3895 Rn. 6; OLG Jena 23.10.2013 – 1 Ws 283/13, StV 2015, 16 (Ls.) = BeckRS 2014, 09283; OLG Oldenburg 15.4.2009 – 1 Ws 205/09, NStZ-RR 2009, 208 f.; LG Mannheim 2.8.2010 – 6 Qs 10/10, BeckRS 2011, 23159; Frister in SK-StPO Rn. 5; Eschelbach in KMR-StPO Rn. 37 ff.; Willnow in KK-StPO § 143 Rn. 1; Miebach in Miebach/Hohmann HdB Wiederaufnahme Kap. D Rn. 89.

[41] S. dazu → 1. Aufl. 2019 Rn. 14 mwN.

[42] OLG Frankfurt a. M. 6.3.2020 – 1 Ws 29/20, 1 Ws 30/20, BeckRS 2020, 3895 Rn. 6.

[43] Frister in SK-StPO Rn. 15; Eschelbach in KMR-StPO Rn. 48. Abw. Schuster in Löwe/Rosenberg Rn. 9: unterschiedliche Bedeutung.

[44] Marxen/Tiemann Strafsachen Rn. 472; Schuster in Löwe/Rosenberg Rn. 9.

[45] Eschelbach in KMR-StPO Rn. 49; J. Meyer ZStW 84 (1972), 909 (914 Fn. 18). Anderer Akzent bei Marxen/Tiemann Strafsachen Rn. 473; Schuster in Löwe/Rosenberg Rn. 9: objektive und subjektive Schwierigkeit zu berücksichtigen.

[46] Eschelbach in KMR-StPO Rn. 51; Loos in AK-StPO Rn. 7.

[47] Eschelbach in KMR-StPO Rn. 51.

Die **Schwierigkeit der Rechtslage** kann sich ergeben sowohl aus der Gestaltung 18 der Rechtslage im Grundverfahren als auch aus dem Wiederaufnahmerecht selbst.[48] Auch insoweit kommt es aber zuvörderst auf die intellektuellen Fähigkeiten des jeweiligen Verurteilten an, sodass im Fall eines mit den hiesigen rechtlichen Verhältnissen nicht vertrauten Ausländers die besondere Schwierigkeit auch in rechtlich höchst einfach gelagerten Fällen anzunehmen sein kann,[49] während bei einem Verurteilten, der über Expertise auf dem Gebiet des Wiederaufnahmerechts verfügt, auch bei objektiv komplizierter Rechtslage die besondere Schwierigkeit zu verneinen sein kann. Generell wird es als den Schwierigkeitsgrad erhöhend anzusehen sein, wenn es im Verfahren auf höchstrichterlich ungeklärte Rechtsfragen ankommt oder schwierige Abgrenzungsfragen entscheidend sind. Aufgrund der äußerst restriktiv gehandhabten, hohen formellen Anforderungen an ein zulässiges Wiederaufnahmeverfahren dürfte die Schwierigkeit der Rechtslage nur in Ausnahmefällen zu verneinen sein.[50] In praktischer Hinsicht ist der Begriff der schwierigen Rechtslage daher so zu handhaben, dass gefragt wird, ob es dem Verurteilten ausnahmsweise möglich und zumutbar ist, seine Verteidigung selbst zu führen.[51]

4. Erfolgsaussicht des Wiederaufnahmeantrags. Die hA nimmt an, eine Verteidi- 19 gerbestellung sei nur unter der (ungeschriebenen) Voraussetzung hinreichender Erfolgswahrscheinlichkeit des Wiederaufnahmeantrags möglich.[52] Der Ausgangspunkt dieser Ansicht, nämlich dass evidentermaßen zum Scheitern verurteilte Wiederaufnahmeanträge nicht von der Staatskasse getragen werden sollen,[53] leuchtet ein.[54] Gleichwohl ist es nicht überzeugend, zu diesem Zweck das eigenständige Merkmal **hinreichender Erfolgswahrscheinlichkeit** zu postulieren. Zunächst ergibt sich für den Verurteilten eine Anreizwirkung zum Verzicht auf aussichtslose Wiederaufnahmeanträge bereits aus dem Kostenrecht (vgl. § 473 Abs. 6 Nr. 1 iVm § 464a Abs. 1 S. 3). Gegen die hA spricht zudem ein Umkehrschluss aus § 364b Abs. 1 S. 1 Nr. 1, der die positive Prüfung der Erfolgsaussicht ausdrücklich vorsieht.[55] Des Weiteren ist die Forderung einer hinreichend wahrscheinlichen Erfolgsaussicht zur Verhinderung offensichtlich unbegründeter Anträge überflüssig: Ist es tatsächlich offenkundig, dass einem Antrag keinerlei Erfolg beschieden sein kann, mangelt es bereits an der Schwierigkeit der Sach- oder Rechtslage; die Lage ist dann absolut klar.[56]

Für die hier favorisierte Auffassung spricht schließlich, dass mit ihr ein Folgeproblem 20 vermieden wird. So ist auf der Basis der hM umstr., ob sich im Fall der Verteidigerbestellung vor Stellung des Wiederaufnahmeantrags aus der gerichtlichen Bejahung der Erfolgsaussicht gleichzeitig ein **Auftrag an den Pflichtverteidiger** zur Antragstellung ergibt.[57] Das schon mit der Stellung des RA als unabhängigem Rechtspflegeorgan (§ 1 BRAO) unvereinbare[58] Postulat eines gerichtlichen Auftrags ist nach der hiesigen Ansicht gegenstandslos, weil sich das Gericht einer positiven Erfolgsaussichtskontrolle ohnehin enthält.

III. Verfahren

1. Antrag. a) Antragserfordernis. Abw. von der allg. Regel in §§ 140, 141, besteht 21 für die Verteidigerbestellung für das Wiederaufnahmeverfahren ein Antragserfordernis.[59]

---

[48] Eschelbach in KMR-StPO Rn. 52.
[49] OLG Düsseldorf 14.12.1988 – 2 Ws 519/88, NStE Nr. 1 = NJW 1989, 676.
[50] Frister in SK-StPO Rn. 16.
[51] Marxen/Tiemann Strafsachen Rn. 473.
[52] Schuster in Löwe/Rosenberg Rn. 8; Schmitt in Meyer-Goßner/Schmitt Rn. 5; Loos in AK-StPO Rn. 8; Rotsch in Krekeler/Löffelmann/Sommer Rn. 6; Kaspar in Satzger/Schluckebier/Widmaier StPO Rn. 5.
[53] Loos in AK-StPO Rn. 8.
[54] Marxen/Tiemann Strafsachen Rn. 475.
[55] Marxen/Tiemann Strafsachen Rn. 474.
[56] Frister in SK-StPO Rn. 17 f.; Eschelbach in KMR-StPO Rn. 51, 54; Weiler in HK-GS Rn. 8.
[57] So Schuster in Löwe/Rosenberg Rn. 8; Schmitt in Meyer-Goßner/Schmitt Rn. 5. Einschr Marxen/Tiemann Strafsachen Rn. 476. AA Loos in AK-StPO Rn. 9.
[58] Loos in AK-StPO Rn. 9; Frister in SK-StPO Rn. 24 f.; Eschelbach in KMR-StPO Rn. 69.
[59] Musterformulare bei Eschelbach in KMR-StPO Rn. 59; Marxen/Tiemann Strafsachen Rn. 590; Weiler in HK-GS Rn. 10.

Erkennt das Gericht die Unfähigkeit des Wiederaufnahmeantragstellers, in dem Verfahren sachgemäße Anträge zu stellen, gebietet es allerdings die gerichtliche Fürsorgepflicht, durch Hinweis die Stellung eines Antrags nach § 364a zu veranlassen.[60] Entgegen teilw. vertretener Ansicht[61] ist die Annahme einer entspr. **Hinweispflicht** auch nicht aufgrund der vermeintlichen Sanktionslosigkeit eines diesbzgl. Pflichtverstoßes „ohne praktischen Wert"; denn sie ist sowohl im Rechtsmittelzug als auch verfassungs- und menschenrechtlich justiziabel.[62]

22 **b) Antragsberechtigung.** Die Antragsberechtigung ist nicht ausdrücklich geregelt, ergibt sich aber über § 365 aus den **allg. Regeln**. Berechtigt sind neben dem Verurteilten seine gesetzlichen Vertreter und ggf. Erziehungsberechtigten (§ 67 Abs. 3 JGG), daneben nach allgA auch die StA.[63] Soweit ein seine Beiordnung erstrebender RA den Antrag stellt, ist dies ebenfalls möglich, jedoch nicht gegen den Willen des Verurteilten.[64] Bei analoger Anwendung von § 364a im Fall der günstigen Wiederaufnahme zugunsten Verstorbener (→ Rn. 8) sind auch die in § 361 Abs. 2 genannten Hinterbliebenen antragsberechtigt.[65]

23 **c) Antragsinhalt.** Zum notwendigen Antragsinhalt schweigt das Gesetz. Keineswegs dürfen hier ähnlich strenge Maßstäbe wie an den Wiederaufnahmeantrag gestellt werden; denn die Verteidigerbeiordnung dient ja gerade auch der Unterstützung desjenigen Verurteilten, der zur Stellung eines Wiederaufnahmeantrags nicht in der Lage ist.[66] Daher sind an den Inhalt des Bestellungsantrags nur sehr **geringe Anforderungen** zu stellen.[67] Allerdings muss das Gericht in der Lage sein, die Voraussetzungen der Beiordnung, insbes. die Schwierigkeit der Sach- oder Rechtslage, zu überprüfen. Liegt dem Gericht noch kein Wiederaufnahmeantrag vor bzw. wird dieser nicht gemeinsam mit dem Antrag nach § 364a gestellt, so muss sich aus dem Antrag auf Verteidigerbestellung zumindest die Bezeichnung der anzufechtenden Entscheidung, das Ziel der Wiederaufnahme und ein knapper Tatsachenvortrag zu den Wiederaufnahmegründen, die geltend gemacht werden sollen, ergeben.[68] Erforderlichenfalls hat das Gericht zu versuchen, sich durch konkrete Nachfrage beim unverteidigten Verurteilten eine bessere Beurteilungsgrundlage zu verschaffen.[69]

24 Gegenstand des Antrags des Verurteilten kann auch die **Bestellung eines bestimmten Verteidigers** sein. Für die Auswahl des Verteidigers gilt § 142 Abs. 5 entspr., sodass das Gericht grds. den vom Verurteilten selbst bezeichneten Verteidiger beizuordnen hat.[70]

25 **2. Entscheidung über den Antrag.** Zuständig ist dasjenige **Gericht,** das gem. § 140a GVG im Wiederaufnahmeverfahren zu entscheiden hat, § 367 Abs. 1 S. 1. Nach S. 2 dieser Vorschrift kann der Verurteilte den Antrag jedoch auch bei dem Gericht, dessen Entscheidung angefochten wird, einreichen und dadurch die Weiterleitung an das zuständige Gericht erwirken. Dasselbe wird für den Fall zu gelten haben, dass bei der Wiederaufnahme zugunsten eines Verstorbenen die in § 361 Abs. 2 genannten Hinterbliebenen einen Antrag analog § 364a stellen.[71]

26 Die Entscheidung über den Antrag wird nach Anhörung der StA (§ 33 Abs. 2) ohne mündliche Verhandlung (§ 367 Abs. 2) per Beschluss getroffen; ablehnendenfalls besteht eine **Begründungspflicht** aus § 34.

---

[60] Tiemann in KK-StPO Rn. 5; Kaspar in Satzger/Schluckebier/Widmaier StPO Rn. 6; Marxen/Tiemann Strafsachen Rn. 477.
[61] Frister in SK-StPO Rn. 19; Eschelbach in KMR-StPO Rn. 56.
[62] Schuster in Löwe/Rosenberg Rn. 10 Fn. 47.
[63] Statt aller Schuster in Löwe/Rosenberg Rn. 11 mwN.
[64] Eschelbach in KMR-StPO Rn. 57.
[65] Kaspar in Satzger/Schluckebier/Widmaier StPO Rn. 6.
[66] Schuster in Löwe/Rosenberg Rn. 12; Marxen/Tiemann Strafsachen Rn. 477.
[67] Marxen/Tiemann Strafsachen Rn. 479.
[68] Marxen/Tiemann Strafsachen Rn. 479; Frister in SK-StPO Rn. 20; Eschelbach in KMR-StPO Rn. 59. S. auch OLG Karlsruhe 13.5.1979 – 1 Ws 145/76, GA 1976, 344.
[69] Frister in SK-StPO Rn. 20.
[70] Frister in SK-StPO Rn. 23; Eschelbach in KMR-StPO Rn. 63 ff.
[71] Vgl. Frister in SK-StPO § 367 Rn. 2.

Die **Entscheidungskompetenz** liegt, anders als im Erkenntnisverfahren (§ 142 Abs. 3 27
Nr. 3), nicht beim Vorsitzenden allein, sondern beim Gericht, dh bei Kollegialorganen bei dem
gesamten Spruchkörper.[72] Die Gesetzesbegründung für diese Abweichung, nämlich dass
dadurch Beschwerdeverfahren in denjenigen Fällen vermieden werden sollen, in denen die beisitzenden Richter entgegen der Meinung des Vorsitzenden die Voraussetzungen für die Bestellung für gegeben erachten,[73] ist zwar nicht frei von Widersprüchen[74] und wird von Praktiker-
seite als „naiv" und praxisfern bezeichnet.[75] Dennoch ist die Regelung aus anderen Gründen
sachgerecht: Besteht der regelmäßig einzig zulässige Ablehnungsgrund in der Bejahung offenkundiger Aussichtslosigkeit des Wiederaufnahmeantrags (→ Rn. 19), bietet eine Kollegialent-
scheidung die beste Gewähr für die Richtigkeit der Annahme diesbezüglicher Evidenz.[76]

Umstr. ist, wie es sich verhält, wenn die Verteidigerbestellung zu Unrecht **vom Vorsit-** 28
zenden allein erfolgt ist. Teilw. wird angenommen, die Beiordnung sei infolgedessen
unwirksam.[77] Andere gehen demggü. von einem gänzlich unbeachtlichen Verfahrensfehler
aus.[78] Zutr. ist eine vermittelnde Ansicht.[79] Demnach ist die Entscheidung des Vorsitzenden
zwar im Beschwerdeverfahren anfechtbar (respektive heilbar[80]), jedoch – da auf einem
bloßen Fehler in der funktionellen Zuständigkeit beruhend – nicht nichtig. Infolgedessen
bleiben die Prozesshandlungen des Verteidigers für den Verurteilten wirksam (analog § 146a
Abs. 2)[81] und der Gebührenanspruch gegenüber der Staatskasse erhalten.[82]

3. Inhalt und Wirkungen der Entscheidung. a) Dauer der Beiordnung. Die 29
Verteidigerbestellung gilt **für das gesamte Wiederaufnahmeverfahren** bis zu dessen
Abschluss,[83] endet also mit der rechtskräftigen Verwerfung des Wiederaufnahmeantrags gem.
§ 368 Abs. 1 oder § 370 Abs. 1 (ggf. auch § 371 Abs. 1) bzw. mit Eintritt der Rechtskraft
des die Wiederaufnahme anordnenden Beschlusses gem. § 370 Abs. 2;[84] ferner erstreckt
sich die Bestellung auch auf die Rechtsbehelfsverfahren im Wiederaufnahmeverfahren, dh
auf die sofortige Beschwerde nach § 372 und die Erhebung von Anhörungsrügen nach
§ 33a.[85] Für das wiederaufgenommene Verfahren muss erneut (nach § 140) über die Verteidigerbestellung entschieden werden.[86]

b) Keine Sperrwirkung durch abl. Entscheidung. Einer den Antrag nach § 364a 30
abl. Entscheidung kommt grds. keine Sperrwirkung zu. Im weiteren Verlauf des Verfahrens
kann deshalb nach zutr. Ansicht ein **neuer Antrag** auf Beiordnung eines Verteidigers gestellt
werden;[87] Voraussetzung dafür ist, dass neue Umstände vorliegen, die eine abw. Entscheidung
rechtfertigen.[88] Dies kann der Fall sein, wenn das Verfahren im Beschwerdeverfahren nach
§ 372 einen höheren Schwierigkeitsgrad erreicht hat.[89]

---

[72] Marxen/Tiemann Strafsachen Rn. 480; Frister in SK-StPO Rn. 21.
[73] BT-Drs. 7/551, 88.
[74] Schuster in Löwe/Rosenberg Rn. 14.
[75] Eschelbach in KMR-StPO Rn. 61.
[76] Vgl. Frister in SK-StPO Rn. 21; Eschelbach in KMR-StPO Rn. 61; Schuster in Löwe/Rosenberg Rn. 14.
[77] Schmitt in Meyer-Goßner/Schmitt Rn. 8; Kaspar in Satzger/Schluckebier/Widmaier StPO Rn. 7. Einschr. Frister in SK-StPO Rn. 22.
[78] Schuster in Löwe/Rosenberg Rn. 14; Tiemann in KK-StPO Rn. 7; Marxen/Tiemann Strafsachen Rn. 480 aE.
[79] Eschelbach in KMR-StPO Rn. 61; ähnlich Schmidt in KK-StPO, 8. Aufl. 2019, Rn. 7.
[80] OLG Karlsruhe 11.12.2002 – 3 Ws 229/02, StV 2003, 237 (238).
[81] Loos in AK-StPO Rn. 13.
[82] Eschelbach in KMR-StPO Rn. 61.
[83] OLG Rostock 26.3.2004 – I Ws 531/03, NStZ-RR 2004, 273.
[84] LG Ulm 7.1.2013 – 2 Qs 2088/12, bei Feilcke/Schiller NStZ-RR 2016, 68 (71) = BeckRS 2013, 01047; Marxen/Tiemann Strafsachen Rn. 482.
[85] Eschelbach in KMR-StPO Rn. 68.
[86] Marxen/Tiemann Strafsachen Rn. 483; Wasserburg GA 1982, 304 (309).
[87] OLG Karlsruhe 11.12.2002 – 3 Ws 229/02, NStZ-RR 2003, 116; KG 21.8.1991 – 4 Ws 129/91/REHA, NStZ 1991, 593 f.; Eschelbach in KMR-StPO Rn. 70.
[88] Eschelbach in KMR-StPO Rn. 70. Vgl. auch OLG Stuttgart 30.7.2003 – 4 Ws 163/03, NStZ-RR 2003, 334 (335); Marxen/Tiemann Strafsachen Rn. 483 Fn. 46.
[89] Eschelbach in KMR-StPO Rn. 48 aE.

31 Von der Gegenansicht⁹⁰ wird die Möglichkeit einer erneuten Antragstellung kategorisch, aber (nur) mit Blick auf eine spezielle Fallgruppe bestritten: So führe die Zulässigkeit eines neuerlichen Antrags dazu, dass der Antragsteller seinen erstinstanzlich abgelehnten Beiordnungsantrag nach § 304 Abs. 1 anfechten und diesen sodann vor dem Beschwerdegericht erneut stellen könne – mit der Folge, dass, von den Fällen des § 304 Abs. 4 S. 2 abgesehen, bei einer neuerlichen Ablehnung des Antrags durch das Beschwerdegericht hiergegen abermals eine Beschwerde zulässig wäre; da es bei beiden Entscheidungen des Beschwerdegerichts, scil. der (endgültigen) Entscheidung über den abl. Beschluss in der Vorinstanz und der (beschwerdefähigen) Ablehnung des neuerlichen Antrags jedoch um denselben Verfahrensgegenstand gehe, nämlich um die Verteidigerbestellung für das gesamte weitere Wiederaufnahmeverfahren, werde auf diese Weise die Überprüfung in einer weiteren Instanz und damit faktisch die Möglichkeit einer gesetzlich nicht vorgesehenen weiteren Beschwerde eröffnet. Richtig ist daran, dass in den genannten Konstellationen, entgegen der Wertung in § 310 Abs. 2, letztlich drei Instanzen zur Frage einer Beiordnung entscheiden. Indes führt die hier abgelehnte Gegenansicht zu der unhaltbaren Konsequenz, dass dem unverteidigten Verurteilten, der sich im Beschwerdeverfahren aufgrund einer schwieriger gewordenen Sach- und Rechtslage nicht mehr zu verteidigen imstande ist, anwaltliche Hilfe vorenthalten werden müsste; der Hinweis auf die im Beschwerdeverfahren regelmäßig „nicht wesentlich veränderte Interessenlage" des Antragstellers⁹¹ kann über die Existenz von abw. gelagerten Ausnahmefällen nicht hinwegtäuschen. Etwaigen Missbräuchen wird durch das **Erfordernis neuer Umstände** (→ Rn. 30) Rechnung getragen.

32 **c) Verteidigerauswahl.** Die Entscheidung des Gerichts bezieht sich auf die Beiordnung eines konkreten Verteidigers. Auch wenn der Verurteilte keinen Anspruch auf die Bestellung eines Verteidigers seiner Wahl hat, soll ihm das Gericht in analoger Anwendung des § 142 Abs. 5 grds. den von ihm selbst bezeichneten Verteidiger beiordnen (→ Rn. 24). Ein dem entgegenstehender wichtiger Grund kann dabei, anders als bei § 142 Abs. 5, nicht ohne weiteres in der **mangelnde**n **Gerichtsnähe** des gewünschten Verteidigers gesehen werden. Zum einen ist das Wiederaufnahmeverfahren als schriftliches Verfahren ohne Anwesenheitspflichten ausgestaltet,⁹² zum anderen kommt es aufgrund der Komplexität des Wiederaufnahmerechts zuvörderst auf die besonderen Kenntnisse und Erfahrungen auf diesem Rechtsgebiet an; die Beiordnung eines ortsfremde Spezialisten kann daher geboten sein und sollte auch dann in Erwägung gezogen werden, wenn der Verurteilte keinen Verteidiger seiner Wahl benennt.⁹³ Demgegenüber kann auch die Beiordnung des in dem früheren Verfahren tätig gewesenen (Wahl- oder Pflicht-)Verteidigers, dessen Mandat erloschen ist, zweckmäßig sein,⁹⁴ wobei allerdings wiederaufnahmespezifische Ungeeignetheitsgründe zu beachten sind (→ Rn. 12).

33 **d) Pflichten des beigeordneten Verteidigers.** Der beigeordnete Verteidiger schuldet ab dem Zeitpunkt seiner gerichtlichen Bestellung die sachgemäße Führung der Verteidigung im Wiederaufnahmeverfahren.⁹⁵ Erfolgt die Bestellung noch bevor ein Antrag auf Wiederaufnahme gestellt worden ist, trifft den Verteidiger die vom Gericht unabhängige Pflicht zur selbständigen **Prüfung der Erfolgsaussicht.** Zur Stellung eines von ihm für aussichtslos gehaltenen (oder prozesstaktisch – noch – nicht sachdienlichen⁹⁶) Antrags ist er nicht nur nicht verpflichtet, arg. e § 45 Abs. 4 S. 1 RVG,⁹⁷ sondern uU nicht einmal berechtigt.⁹⁸

---

⁹⁰ OLG Rostock 26.3.2004 – I Ws 531/03, NStZ-RR 2004, 273; Frister in SK-StPO Rn. 26.
⁹¹ OLG Stuttgart 26.3.2001 – 3 Ws 51/2001, NStZ-RR 2003, 114 (115).
⁹² Eschelbach in KMR-StPO Rn. 66.
⁹³ Frister in SK-StPO Rn. 23.
⁹⁴ Schuster in Löwe/Rosenberg Rn. 15.
⁹⁵ Eschelbach in KMR-StPO Rn. 68. Zur Frage einer gebührenrechtlichen Rückwirkung bei Bestellung erst im Verlauf des Wiederaufnahmeverfahrens Hartung in Hartung/Schons/Enders RVG § 45 Rn. 5, 57 ff.
⁹⁶ Dazu Eschelbach in KMR-StPO Rn. 69.
⁹⁷ Eschelbach in KMR-StPO § 366 Rn. 69. AA Weiler in HK-GS Rn. 12.
⁹⁸ Frister in SK-StPO Rn. 25.

IV. Rechtsmittel

Gegen die Ablehnung eines Antrags auf Verteidigerbestellung für das Wiederaufnahmeverfahren ist die **einfache Beschwerde** nach § 304 Abs. 1 statthaft, nicht die sofortige gem. § 372 S. 1.[99] OLG-Entscheidungen sind daher nicht beschwerdefähig, § 304 Abs. 4 S. 2 Hs. 1;[100] Hs. 2 Nr. 5 der Vorschrift gilt für ablehnende Vorentscheidungen nach §§ 364a, 364b gerade nicht.[101] In welchem Abschnitt des Verfahrens die Verteidigerbeiordnung abgelehnt wurde ist irrelevant.[102] Unbeschadet der Regelung des § 304 Abs. 4 S. 2 ist daher eine Beschwerde auch dann statthaft, wenn es um die Ablehnung der Verteidigerbestellung durch das Beschwerdegericht im Verfahren nach § 372 geht (auch → Rn. 31).[103] Beschwerdeberechtigt sind der durch die Abl. beschwerte Verurteilte (bzw. dessen Hinterbliebene nach § 361 Abs. 2) sowie die StA. Nach allgM kann die Beschwerde auf die **Auswahl des Verteidigers** beschränkt werden.

§ 364b Bestellung eines Verteidigers für die Vorbereitung des Wiederaufnahmeverfahrens

(1) ¹Das für die Entscheidungen im Wiederaufnahmeverfahren zuständige Gericht bestellt dem Verurteilten, der keinen Verteidiger hat, auf Antrag einen Verteidiger schon für die Vorbereitung eines Wiederaufnahmeverfahrens, wenn
1. hinreichende tatsächliche Anhaltspunkte dafür vorliegen, daß bestimmte Nachforschungen zu Tatsachen oder Beweismitteln führen, welche die Zulässigkeit eines Antrags auf Wiederaufnahme des Verfahrens begründen können,
2. wegen der Schwierigkeit der Sach- oder Rechtslage die Mitwirkung eines Verteidigers geboten erscheint und
3. der Verurteilte außerstande ist, ohne Beeinträchtigung des für ihn und seine Familie notwendigen Unterhalts auf eigene Kosten einen Verteidiger zu beauftragen.

²Ist dem Verurteilten bereits ein Verteidiger bestellt, so stellt das Gericht auf Antrag durch Beschluß fest, daß die Voraussetzungen der Nummern 1 bis 3 des Satzes 1 vorliegen.

(2) Für das Verfahren zur Feststellung der Voraussetzungen des Absatzes 1 Satz 1 Nr. 3 gelten § 117 Abs. 2 bis 4 und § 118 Abs. 2 Satz 1, 2 und 4 der Zivilprozeßordnung entsprechend.

Schrifttum: Bockemühl, Eigene Erhebungen des Strafverteidigers – Ein praktischer Leitfaden, FS für Werner Beulke, 2015, S. 647; Clausing, Conviction Integrity Units – ein Modell für das deutsche Strafrecht?, NStZ 2020, 644; Engländer/Zimmermann, Die Zulässigkeit eigenständiger Nachermittlungen durch die Staatsanwaltschaft, FS für Werner Beulke, 2015, S. 699; Grüner/Wasserburg, Die Mitwirkungspflichten der Staatsanwaltschaft im Wiederaufnahmeverfahren zugunsten des Verurteilten, NStZ 1999, 286; Hartung/Schons/Enders, RVG-Kommentar, 3. Aufl. 2017; Hauer, Anmerkungen und Gedanken zum Fall Mollath – Verschwörung oder Gleichgültigkeit?, ZRP 2013, 209; Jungfer, Eigene Ermittlungstätigkeit des Strafverteidigers – Strafprozessuale und standesrechtliche Möglichkeiten und Grenzen, StV 1981, 100; Kleinknecht, Das Legalitätsprinzip nach Abschluß des gerichtlichen Strafverfahrens, FS für Hans-Jürgen Bruns, 1978, S. 475; H-J Mayer/Kroiß, RVG-Kommentar, 7. Aufl. 2018; Momsen/Diederichs, Conviction Integrity Units – Ein Vorschlag zur Einbindung der Staatsanwaltschaft in die Wiederaufnahmepraxis nach US-amerikanischem Vorbild, StV 2021, 466; Spoerr, Tatsachenermittlung durch Rechtsanwälte und Strafverteidiger: Fakten und rechtlicher Schutz, StV 2019, 697; Strate, Der Fall Mollath, 2014; Terbach, Rechtsschutz gegen die staatsanwaltschaftliche Zustimmungsverweigerung zur Verfahrenseinstellung nach §§ 153 II, 153a II StPO, NStZ 1988, 172. S. a. Schrifttum Vor § 359.

---

[99] Zur Möglichkeit einer Verfassungsbeschwerde ausf. Eschelbach in KMR-StPO Rn. 73–75.
[100] BGH 18.12.1975 – StB 64/75, NJW 1976, 431 (432). Zur Möglichkeit eines Sonderrechtsbehelfs nach §§ 33a, 311a wegen Verletzung des Anspruchs auf rechtliches Gehör Eschelbach in KMR-StPO Rn. 71 f.
[101] Cirener in BeckOK StPO § 304 Rn. 28.
[102] Eschelbach in KMR-StPO Rn. 72.
[103] Eschelbach in KMR-StPO Rn. 72 mwN auch zur Gegenansicht.

Übersicht

	Rn.		Rn.
I. Zweck und Regelungszusammenhang	1	2. Inhaltliche Voraussetzungen	15
1. Normzweck	1	a) Erfolgsaussicht	16
2. Abgrenzung gegenüber § 364a	3	b) Schwierigkeit der Sach- oder Rechtslage	19
3. Ermittlungskompetenzen zur Vorbereitung des Wiederaufnahmeverfahrens ...	6	c) Unvermögen zur Kostentragung	22
a) Ermittlungstätigkeit des Verteidigers	6	III. Wirkungen der Verteidigerbestellung	24
b) Ermittlungspflichten der StA	7	1. Pflichten des Verteidigers	24
c) Behördliche Auskunftspflichten	13	2. Gebührenrechtliche Wirkungen	25
II. Erläuterung	14	3. Dauer der Bestellung	26
1. Formelle Voraussetzung: Fehlen eines Verteidigers	14	IV. Isolierte Feststellung	27
		V. Antrag und Verfahrensfragen	28

I. Zweck und Regelungszusammenhang

1. Normzweck. § 364b ermöglicht die Bestellung eines Verteidigers schon für die 1
Vorbereitung des Wiederaufnahmeverfahrens. Die Vorschrift wurde, zusammen mit § 364a,
durch das 1. StVRG eingeführt, um die verfahrensmäßige Stellung des zu Unrecht Verurteilten im Wiederaufnahmeverfahren zu verbessern;[1] sie ist daher nur auf die günstige Wiederaufnahme anwendbar. Ihre Bedeutung liegt in ihrem engen **Zusammenhang mit dem Gebührenrecht** (→ Rn. 25).

Anders als bei § 364a, geht es bei § 364b weniger um Fairness und Effektivität des 2
Wiederaufnahmeverfahrens, sondern primär um **Aspekte sozialer Gerechtigkeit.**[2] Der
mittellose Verurteilte, der sich aussichtsreiche Nachforschungen nicht leisten kann, soll
gegenüber dem vermögenden Verurteilten nicht schlechter gestellt werden. Diese armenrechtliche Prägung des § 364b ist, entgegen Stimmen, die de lege ferenda einen Verzicht
auf das Mittellosigkeitserfordernis befürworten,[3] sachgerecht. Erwächst eine Verurteilung
in Rechtskraft, erledigt sich damit das öffentl. Rechtsschutzinteresse hinsichtlich der Sache
und der Rechtsfrieden gilt ungeachtet der Entscheidungsrichtigkeit als wiederhergestellt
(→ § 360 Rn. 2); es trifft deshalb nicht zu, dass beim Vorliegen eines Anfangsverdachts für
die Unrichtigkeit der rechtskräftigen Entscheidung mögliche Nachforschungen ein Anliegen (auch) der Allgemeinheit seien.[4] Deshalb muss ein weiteres Anfechten der Entscheidung
durch den Verurteilten prinzipiell als dessen Privatsache betrachtet und sollte daher auch
hinsichtlich der mit ihr verbundenen Kosten (zunächst) als solche behandelt werden.[5]

2. Abgrenzung gegenüber § 364a. § 364b gewährt einen Anspruch auf die Beiord- 3
nung eines Verteidigers für die Verfahrensvorbereitung, § 364a einen solchen für die Verfahrensdurchführung. Aufgrund der **unterschiedlichen Anspruchsvoraussetzungen und**
den abw. gebührenrechtlichen **Folgen** – insbes. wenn der beigeordnete Verteidiger von
der Stellung eines Wiederaufnahmeantrags abrät (einerseits → § 364a Rn. 7, andererseits
→ Rn. 25) – sind die Anwendungsbereiche der Vorschriften gegeneinander abzugrenzen.

Grds. ist eine **chronologische Differenzierung** zwischen Verfahrensvorbereitung und 4
-durchführung anzustellen. Die Durchführung des Verfahrens beginnt mit der Erstellung
und Anbringung des Wiederaufnahmeantrags (→ § 364a Rn. 7). Die zeitlich davor liegende, auf die Sammlung des für einen Antrag notwendigen Materials gerichtete „Detektiv-

---
[1] Krägeloh NJW 1975, 137.
[2] Loos in AK-StPO Rn. 1; Eschelbach in KMR-StPO Rn. 6. Vgl. auch OVG Hamburg 23.1.1995 – Bs IV 3/95, NJW 1995, 2309: spezialgesetzlich geregelte Einrichtung der Sozialhilfe.
[3] Frister in SK-StPO Rn. 2; Dünnebier FS Peters II, 1984, 333 (337). Krit. auch Weiler in HK-GS Rn. 1.
[4] So aber Frister in SK-StPO Rn. 2; Eschelbach in KMR-StPO § 365 Rn. 41.
[5] IE ebenso Schuster in Löwe/Rosenberg Rn. 10.

arbeit" unterfällt der in Abs. 1 S. 1 Nr. 1 als Nachforschungen bezeichneten Verfahrensvorbereitung. Hierzu zählt etwa das Ermitteln, Aufsuchen und Befragen von Zeugen, die Beauftragung eines Sachverständigen mit der Erstattung eines Gutachtens, das Einholen von Auskünften und die Sichtung polizeilicher und gerichtlicher Akten;[6] nicht mehr zur Vorbereitung, sondern zur Verfahrensdurchführung gehört allerdings die rein juristische Prüfung des zuvor organisierten Aktenmaterials, die mit der Formulierung des Wiederaufnahmeantrags einhergeht.[7]

Teilw. wird eine zeitlich geordnete Unterscheidungsweise unter Hinweis auf die Eventualität des Nachschiebens weiterer Wiederaufnahmegründe infolge während des Verfahrens angestellter Nachforschungen für unmöglich gehalten und stattdessen eine **„funktionale Abgrenzung"** vorgeschlagen; auf „nachträgliche Nachforschungen" sei dann Abs. 1 S. 2 entspr. anzuwenden.[8] Damit ist aber keine Änderung der Abgrenzungsmethode verbunden. Sofern man ein Nachschieben von Wiederaufnahmegründen überhaupt für zulässig erachtet (→ § 366 Rn. 19 und → § 372 Rn. 10), bleibt die gedankliche Zerlegung in das Materialsammeln einerseits (§ 364b) und das Anfertigen eines darauf Bezug nehmenden Schriftsatzes andererseits (§ 364a) dieselbe. 5

3. Ermittlungskompetenzen zur Vorbereitung des Wiederaufnahmeverfahrens. a) Ermittlungstätigkeit des Verteidigers. Der Verteidiger ist, wie der Begriff Nachforschungen voraussetzt, zur selbständigen Vornahme von Ermittlungen der o. g. Art (→ Rn. 4), insbes. zur Befragung von Zeugen, befugt.[9] **Rechtliche Grenzen** der anwaltlichen Ermittlungstätigkeit ergeben sich lediglich aus dem allg. Strafrecht (insbes. § 258 StGB) sowie aus Standesrecht.[10] Probleme bestehen in praktischer Hinsicht. Der Verteidiger ist ein „Ermittlungsorgan ohne rechtliche Durchschlagskraft",[11] vor allem da es ihm an **Zwangsbefugnisse**n gegenüber auskunftsunwilligen Zeugen fehlt. Insoweit ist die Verteidigung zwangsläufig auf die Mitwirkung der Strafverfolgungsbehörden angewiesen. 6

b) Ermittlungspflichten der StA. Unstr. kann sich der Verteidiger mit **Ermittlungsanregungen** an die StA wenden. Fraglich ist, ob und in welchem Umfang die StA iRd Vorbereitung eines Wiederaufnahmeverfahrens zur Mithilfe bei der Ermittlung entlastender Umstände verpflichtet ist. Eine ausdrücklich **normierte Ermittlungspflicht** existiert nicht. Das gesetzgeberische Vorhaben, mit der Einführung der §§ 364a, 364b in einem § 364c auch eine Pflicht zu statuieren zur Vornahme derjenigen aussichtsreichen Ermittlungen zur Vorbereitung eines Wiederaufnahmeantrags, „die dem Verurteilten oder seinem Verteidiger nicht zuzumuten sind",[12] ist gescheitert; der BR befürchtete eine unvertretbare Belastung der StA, müsste diese jedem begründeten Anfangs-Unschuldsverdacht nachgehen.[13] 7

Ob die StA dennoch zwecks Antragsvorbereitung zu ermitteln verpflichtet sein kann, ist umstr. Das Problem ist eng verknüpft und nicht zu trennen von der Frage, ob die StA dazu verpflichtet ist, einen (günstigen oder ungünstigen) Wiederaufnahmeantrag zu stellen. Beides hängt letztlich davon ab, ob auch hinsichtlich des Wiederaufnahmeverfahrens das Legalitätsprinzip gilt. 8

Teile des Schrifttums bejahen dies.[14] Diese Auffassung überzeugt aber nicht. Das einfachgesetzlich normierte **Legalitätsprinzip** ist für das Wiederaufnahmeverfahren 9

---

[6] Vgl. Schuster in Löwe/Rosenberg Rn. 4; Eschelbach in KMR-StPO Rn. 13, 25.
[7] Eschelbach in KMR-StPO Rn. 25.
[8] Eschelbach in KMR-StPO Rn. 12, 14.
[9] Marxen/Tiemann Strafsachen Rn. 462 mwN in Fn. 2; Schuster in Löwe/Rosenberg Rn. 4. Praktische Handreichungen bei Strate StV 1999, 228 (233 f.); Spoerr StV 2019, 689 ff.
[10] Näher Jungfer StV 1981, 100; Bockemühl FS Beulke, 2015, 647.
[11] Peters Fehlerquellen Bd. III S. 115. Ebenso Schuster in Löwe/Rosenberg Rn. 4; Loos in AK-StPO Rn. 10.
[12] BT-Drs. 7/551, 12.
[13] Krägeloh NJW 1975, 137 (138); Dünnebier FS Peters II, 1984, 333 (341).
[14] Eschelbach in KMR-StPO § 365 Rn. 21–26; Grüner/Wasserburg NStZ 1999, 286 (290); Loos in AK-StPO Rn. 11; Frister in SK-StPO Rn. 9; Ruhs S. 301. Einschr. Schuster in Löwe/Rosenberg Rn. 5 f. S. auch BVerfG 12.1.1983 – 2 BvR 864/81, BVerfGE 63, 45 (63) = NJW 1983, 1043 (1044). AA

(und seine Vorbereitung) schon aus formellen Gründen nicht anwendbar, weil die maßgeblichen Vorschriften (§ 152 Abs. 2, § 160 Abs. 1 und 2) im zweiten Buch geregelt sind; sie gelten daher unmittelbar nur für das Verfahren im ersten Rechtszug.[15] Nicht weiterführend ist auch der Hinweis auf das Legalitätsprinzip als übergeordnetes, aus Rechtsstaatsprinzip und Gleichbehandlungsgebot folgendes Grundprinzip, das iRd StPO immer gelte, solange im Gesetz keine ausdrückliche Ausnahme vorgesehen ist.[16] Diese Argumentation übersieht die grundrechtliche „Kehrseite" der Antrags- und Ermittlungspflicht und übergeht die ebenfalls im Rechtsstaatsprinzip wurzelnde Lehre vom Gesetzesvorbehalt. Die Annahme, die Strafverfolgungsbehörden seien auch ohne ausdrückliche gesetzliche Ermächtigung aus allg. Prinzipien zu günstigen[17] oder ungünstigen[18] Wiederaufnahmeermittlungen verpflichtet, impliziert die Befugnis zu den dazu erforderlichen Zwangsmaßnahmen. Diese sind jedoch ebenfalls vornehmlich im zweiten Buch geregelt (zB Zeugenvernehmung gem. § 161a, Ermittlungsgeneralklausel des § 161) und auf die dort genannten Zwecke beschränkt.[19] Für Wiederaufnahmeermittlungen fehlt es hingegen an einer entsprechenden Befugnisnorm.[20] Mit dem simplen Verweis auf die grundsätzliche Geltung des Art. 20 Abs. 3 GG lassen sich aber keine ungeschriebenen Eingriffsbefugnisse schaffen. Vorrangig zu klären wäre daher nicht die Frage, ob die StA ermitteln muss, sondern ob sie überhaupt darf.[21]

10 Die besseren Gründe sprechen dafür, dass die StA lediglich einer besonderen Ausprägung des **Opportunitätsprinzips** unterliegt.[22] Unter verfahrensstrukturellen Gesichtspunkten ist daran zu erinnern, dass mit der Rechtskraft einer Verurteilung bzw. eines Freispruchs der Rechtsfrieden als wiederhergestellt gilt und daher ein Tätigwerden der Strafverfolgungsbehörden zu Wiederaufnahmezwecken als Ausnahme konzipiert ist.[23] Die Kompetenz zur Definition relevanter Ausnahmefälle fällt dabei nach dem erklärten Willen des historischen Ggebers der Exekutive zu. Die Ablehnung der Einführung einer Ermittlungspflicht (§ 364c Abs. 1 S. 2 StPO-E) mit dem Argument, die StA solle zum Schutz vor Überlastung nicht dazu verpflichtet sein, auf Antrag der Verteidigung einem zuvor gerichtlich festgestellten (!) Unschulds-Anfangsverdacht nachzugehen, ist mit der Annahme der Geltung des Legalitätsprinzips unvereinbar.[24] Letzten Endes handelt es sich deshalb bei der Entschließung zur Vornahme von Wiederaufnahmeermittlungen um eine gubernativ determinierte, allenfalls in Randbereichen justiziable Administrativentscheidung. Der Verurteilte ist insoweit auf den „guten Willen der StA" angewiesen.[25] Dass dieses System, wie zuletzt der Fall Mollath gezeigt hat,[26] nicht gut funktioniert, trägt nicht als Auslegungsargument, sondern nur als Appell an die Rechtspolitik. Ein vielversprechender Reformansatz bestünde etwa in der Schaffung sog. Conviction Integrity Units nach anglo-amerikanischem Vorbild; dabei handelt es sich um speziell mit Fehlurteilen befasste Abteilungen der StA, deren Aufgabe in der Vornahme von Unschuldsermittlungen besteht.[27]

Marxen/Tiemann Strafsachen Rn. 44, 297, 463; Kaspar in Satzger/Schluckebier/Widmaier StPO Rn. 1; Temming in Gercke/Julius/Temming/Zöller Rn. 2; Schmitt in Meyer-Goßner/Schmitt Rn. 3; Hellebrand NStZ 2004, 64 (66).
[15] Marxen/Tiemann Strafsachen Rn. 297 unter Verweis auf Kleinknecht FS Bruns, 1978, 475 (476 f.). Ebenso Eschelbach in KMR-StPO § 365 Rn. 23.
[16] So Eschelbach in KMR-StPO § 365 Rn. 23 f.
[17] So Frister in SK-StPO Rn. 9 unter Bezugnahme auf den „Rechtsgedanken des § 160 Abs. 2".
[18] So etwa Eschelbach in KMR-StPO § 362 Rn. 20.
[19] Ausf. Engländer/Zimmermann FS Beulke, 2015, 699 (703 ff.).
[20] Dünnebier FS Peters II, 1984, 333 (340).
[21] Die Befugnis zur Vornahme eingriffsintensiver Ermittlungsmaßnahmen ergibt sich für das Wiederaufnahmeverfahren unter dem Gesichtspunkt der Analogie, s. Engländer/Zimmermann FS Beulke, 2015, 699 (705 Fn. 56).
[22] Ähnlich Kleinknecht FS Bruns, 1978, 475 (477), der auf das Rechtsmittelermessen abstellt.
[23] Vgl. Marxen/Tiemann Strafsachen Rn. 297.
[24] Vgl. Marxen/Tiemann Strafsachen Rn. 463 Fn. 4.
[25] So Dünnebier FS Peters II, 1984, 333 (341).
[26] Dazu Hauer ZRP 2013, 209. Ausf. Strate Fall Mollath, 2014.
[27] Näher zu diesem Ansatz Clausing NStZ 2020, 644; Momsen/Diederichs StV 2021, 466.

Die Ermessensentscheidung der StA ist nicht völlig frei. Zu beachten sind **verwal-** 11
tungsinterne Weisungen und Richtlinien. Den auf das Rechtsmittelermessen zugeschnittenen Soll-Vorschriften der Nr. 147 Abs. 1 und 3 RiStBV mag eine Orientierungsfunktion zukommen. Keineswegs aber haben diese eine unmittelbare Bindungswirkung im Verhältnis zwischen Staat und Bürger.[28] Dies ergibt sich auch nicht unter dem Gesichtspunkt der Selbstbindung der Verwaltung (Art. 3 GG).[29] Unter der Geltung des Opportunitätsprinzips gibt es nach hM keine **Verwaltungsselbstbindung** im klassischen Sinn. Ebenso wenig wie es einen justiziablen Anspruch auf Verfahrenseinstellung nach §§ 153a f.[30] oder einen Erörterungs- (§ 160b)[31] respektive Verständigungszwang (§ 257c)[32] gibt, wenn die StA in identisch gelagerten Fällen diesen Weg beschritten hat, kann auch im Vorfeld des Wiederaufnahmeverfahrens nicht mit dem sonst üblichen Verhalten der StA argumentiert werden.

In engen Grenzen kommt auf der Basis anderer Verfassungsprinzipien eine **Ermessens-** 12
reduzierung auf Null, dh eine Ermittlungspflicht in Betracht. Unter dem Gesichtspunkt des Willkürverbots ist die StA zum Handeln verpflichtet, wenn diese zuvor Straftaten iSd § 359 Nr. 1–3, § 362 Nr. 1–3 aufgeklärt hat.[33] Hinsichtlich der ungünstigen Wiederaufnahme kann sich zudem eine Ermittlungspflicht aus der Schutzaufgabe des Staates zugunsten potenzieller Opfer gefährlicher Gewalttäter ergeben.[34] Ferner ist die in § 160 Abs. 2 zum Ausdruck kommende ermittlungsspezifische Neutralitätspflicht zu beachten: Wenn die StA zur Vorbereitung eines ungünstigen Wiederaufnahmeverfahrens zu Lasten eines (vermeintlich) zu milde Verurteilten ermittelt, müssen dabei aus Fairnessgründen auch entlastende Umstände ermittelt werden, die zu einem günstigen Wiederaufnahmeantrag führen können.[35]

c) Behördliche Auskunftspflichten. Nach hL sind StA und Gericht dazu verpflich- 13
tet, dem Verteidiger Auskünfte zu erteilen.[36] Unklar bleibt aber, worauf eine solche **allg. Auskunftsverpflichtung** beruhen sollte; Friktionen mit den Rechten Dritter auf informationelle Selbstbestimmung und daraus resultierende Abwägungsfragen bleiben ausgeblendet. Eine pauschale Auskunftsverpflichtung ist daher abzulehnen.[37] Vielfach wird aber ein Recht auf Akteneinsicht und Auskunftserteilung unter den diff. Voraussetzungen des § 147 Abs. 5 S. 1 bzw. § 475 iVm Nr. 182 ff. RiStBV gegeben sein.[38]

II. Erläuterung

1. Formelle Voraussetzung: Fehlen eines Verteidigers. Eine Beiordnung kommt 14
nur in Betracht, wenn der Verurteilte keinen Verteidiger hat, Abs. 1 S. 1. Dies ist nicht der Fall, wenn sich der Verurteilte bereits eines Wahlverteidigers bedient oder wenn zuvor bereits ein Verteidiger nach § 364b oder § 364a bestellt worden ist; letzterenfalls ist aber Abs. 1 S. 2 zu beachten. Die **Beiordnung** eines Pflichtverteidigers **im Ausgangsverfahren** wirkt gem. § 143 nicht für das Wiederaufnahmeverfahren fort (→ § 364a Rn. 14). IÜ gilt das bei → § 364a Rn. 11 f. Gesagte.

---

[28] So aber Eschelbach in KMR-StPO § 365 Rn. 26 (zugunsten); Frister in SK-StPO § 365 Rn. 4 (zuungunsten). Wie hier Marxen/Tiemann Strafsachen Rn. 44.
[29] So aber Eschelbach in KMR-StPO § 365 Rn. 26.
[30] Dazu Mavany in Löwe/Rosenberg § 153 Rn. 42 mwN. AA Terbach NStZ 1998, 172 (173 f.).
[31] Noltensmeier-v. Osten in KMR-StPO § 160b Rn. 2; Weingarten in KK-StPO § 160b Rn. 1; Sackreuther in BeckOK StPO § 160b Rn. 4.
[32] Moldenhauer in KK-StPO § 257b Rn. 8d; Eschelbach in BeckOK StPO § 257b Rn. 12. AA König/Harrendorf in HK-GS § 257b Rn. 3.
[33] Eschelbach in KMR-StPO § 365 Rn. 23.
[34] Eschelbach in KMR-StPO Rn. 28.
[35] Vgl. Eschelbach in KMR-StPO Rn. 28.
[36] Marxen/Tiemann Strafsachen Rn. 463; Hohmann in Radtke/Hohmann Rn. 1; Tiemann in KK-StPO Rn. 2; Frister in SK-StPO Rn. 9.
[37] Ebenso Schuster in Löwe/Rosenberg Rn. 6.
[38] Speziell zur Überlassung polizeilicher Spurenakten für die Vorbereitung des Wiederaufnahmeverfahrens BVerfG 12.1.1983 – 2 BvR 864/81, BVerfGE 63, 45 (67) = NJW 1983, 1043 (1045).

15 **2. Inhaltliche Voraussetzungen.** Die in Abs. 1 S. 1 Nr. 1–3 genannten Voraussetzungen müssen **kumulativ** vorliegen.

16 **a) Erfolgsaussicht.** Es müssen hinreichende tatsächliche Anhaltspunkte dafür vorliegen, dass bestimmte Nachforschungen zu Tatsachen oder Beweismitteln führen, welche die Zulässigkeit eines Antrags auf Wiederaufnahme des Verfahrens begründen können, Abs. 1 S. 1 Nr. 1. Es ist daher auf der Basis substantiierter Hinweise[39] – nicht hingegen blanker Vermutungen[40] – eine **Prognose** darüber anzustellen, ob durch ein näher bezeichnetes Vorgehen Material aufgefunden werden wird, das als geeignetes Beweismittel iSd § 368 Abs. 1 angeführt werden kann.

17 Unter den Begriff der **Nachforschungen** fallen verschiedenste Methoden der Materialsammlung (→ Rn. 4). Diese müssen zu „Tatsachen oder Beweismitteln" führen können. Obwohl die Vorschrift damit auf den Wiederaufnahmegrund des § 359 Nr. 5 zugeschnitten ist,[41] ist die Verteidigerbestellung nicht auf diesen beschränkt. Soll die Wiederaufnahme zB auf die Behauptung einer Straftat iSd § 364 S. 1 gestützt werden, kann dies das Stellen einer Strafanzeige als Vorbereitungsmaßnahme erforderlich machen.[42]

18 Der einschlägige **Prognosemaßstab** ist niedrig anzusetzen. Nach allgA wird die Voraussetzung der Nr. 1 als prozessuales Gegenstück zum Anfangsverdacht iSv § 152 Abs. 2 verstanden.[43] Es genügt daher, wenn auf Grund durchaus entfernter Indizien die Möglichkeit besteht, dass geeignete Tatsachen oder Beweismittel gefunden werden.[44]

19 **b) Schwierigkeit der Sach- oder Rechtslage.** Die aus der subjektiven Sicht des Verurteilten zu bestimmende (→ § 364a Rn. 16) Schwierigkeit der Sach- oder Rechtslage muss die Mitwirkung eines Verteidigers geboten erscheinen lassen, Abs. 1 S. 1 Nr. 2. **Bezugspunkt** ist hierbei, anders als bei § 364a, nicht die Kompliziertheit des Wiederaufnahmeverfahrens, sondern diejenige der Nachforschungen.[45] Es ergeben sich freilich Querbezüge zum Schwierigkeitsgrad des künftigen Wiederaufnahmeverfahrens insoweit, als dessen Schwierigkeitsgrad häufig auf denjenigen der Verfahrensvorbereitung durchschlägt.[46] Der Übergang zwischen Problemen der Sach- und solchen der Rechtslage ist bisweilen fließend;[47] das ist praktisch nicht bedeutsam, da es ausreicht, wenn entweder die eine oder die andere schwierig ist.

20 **Schwierigkeit der Sachlage** liegt vor, wenn es dem Verurteilten nur schwer oder gar nicht möglich ist, die erforderlichen Nachforschungen selbst anzustellen. Dies ist stets der Fall, wenn sich der Verurteilte in Haft befindet.[48] Schwierigkeit wird häufig auch dann anzunehmen sein, wenn ein Sachverständigengutachten einzuholen ist[49] oder wenn zu befragende Zeugen oder Mitangeklagte im Ausland inhaftiert und daher für den Verurteilten unerreichbar sind.[50] Der Verteidiger hat hier trotz fehlender Zwangsbefugnisse (→ Rn. 6) bessere Möglichkeiten als der Verurteilte, die Auskunftspersonen zu erreichen, da „[n]ur

---

[39] Vgl. Hanack JZ 1973, 393 (397); OLG Düsseldorf 19.12.1986 – 1 Ws 1120/86, MDR 1987, 606.
[40] Marxen/Tiemann Strafsachen Rn. 486; Schuster in Löwe/Rosenberg Rn. 8; OLG Karlsruhe 13.5.1976 – 1 Ws 145/76, GA 1976, 344.
[41] Eschelbach in KMR-StPO Rn. 22.
[42] Eschelbach in KMR-StPO Rn. 23.
[43] OLG Zweibrücken 24.4.2017 – 1 Ws 81/17, BeckRS 2017, 115868 Rn. 6; Marxen/Tiemann Strafsachen Rn. 486; Kaspar in Satzger/Schluckebier/Widmaier StPO Rn. 4; Frister in SK-StPO Rn. 4; Schuster in Löwe/Rosenberg Rn. 8.
[44] Marxen/Tiemann Strafsachen Rn. 486; Eschelbach in KMR-StPO Rn. 27. Tendenziell strenger OLG Koblenz 12.3.1981 – 1 Ws 64/81, 1 Ws 162/81, OLGSt zu § 364b, 1 (2); Schmitt in Meyer-Goßner/Schmitt Rn. 5, wonach eine „entfernte Möglichkeit" nicht ausreicht.
[45] LG Köln 28.1.1991 – 151 – 230/90 181 Js 1189/90 – WA, MDR 1991, 666; Frister in SK-StPO Rn. 6; Eschelbach in KMR-StPO Rn. 29; Weiler in HK-GS Rn. 7.
[46] Eschelbach in KMR-StPO Rn. 30.
[47] Eschelbach in KMR-StPO Rn. 36.
[48] Schuster in Löwe/Rosenberg Rn. 9 („regelmäßig"); Marxen/Tiemann Strafsachen Rn. 488; Tiemann in KK-StPO Rn. 5.
[49] Frister in SK-StPO Rn. 6; Weiler in HK-GS Rn. 7. Einschr. Eschelbach in KMR-StPO Rn. 34.
[50] OLG Stuttgart 18.8.1986 – 4 Ws 79/86, NStE Nr. 1.

seine Autorität als RA ihm die Türen [öffnet]".[51] Von tatsächlich und rechtlich bedingten Schwierigkeiten ist auszugehen, wenn aus Rechtsgründen die Erlangung der erforderlichen Akteneinsicht nur unter Zuhilfenahme eines RA möglich ist, zB bei § 475 Abs. 1 S. 1.[52]

Von einer **Schwierigkeit der Rechtslage** ist insbes. auszugehen, wenn die Durchführungsmöglichkeit bestimmter Nachforschungen von komplizierten rechtlichen Bewertungen abhängt.[53] 21

c) Unvermögen zur Kostentragung. Der Verurteilte muss außerstande sein, ohne Beeinträchtigung des für ihn und seine Familie notwendigen Unterhalts auf eigene Kosten einen Verteidiger zu beauftragen, Abs. 1 S. 1 Nr. 3. Zugrundezulegen sind dabei vor allem die (uU erheblichen) Aufwendungen für die im Antrag in Aussicht gestellten Nachforschungen.[54] Die Beurteilung der Mittellosigkeit richtet sich nicht nach § 114 ZPO (arg. e § 397a Abs. 2), sondern ist anhand **familien- und vollstreckungsrechtlicher** Unterhaltsmaßstäbe zu beurteilen.[55] 22

Hinsichtlich des Verfahrens zur Feststellung der Mittellosigkeit ordnet Abs. 2 die entspr. Geltung der § 117 Abs. 2–4, § 118 Abs. 2 S. 1, 2 und 4 ZPO an. Die Verweisung dient der Missbrauchsprävention und -kontrolle.[56] Infolge der Verweisung auf § 117 ZPO muss sich der Verurteilte durch Verwendung des in der PKHFV[57] vorgesehenen amtl. Formulars[58] über seine persönlichen und wirtschaftlichen Verhältnisse erklären und entspr. Belege beifügen.[59] Das Gericht kann gem. § 118 Abs. 2 S. 1 ZPO die **Glaubhaftmachung** der erklärten Tatsachen verlangen, wobei die in § 294 Abs. 1 ZPO genannte Versicherung an Eides statt nicht als geeignetes Mittel der Glaubhaftmachung im Strafverfahren angesehen wird;[60] das gilt aber nicht, wenn ein Beistellungsantrag analog § 364b von den in § 361 Abs. 2 genannten Hinterbliebenen gestellt wird (dazu → § 364a Rn. 8). Das Gericht kann darüber hinaus zur Klärung der Mittellosigkeit eigene Nachforschungen im Freibeweisverfahren anstellen, § 118 Abs. 2 S. 2 ZPO. Bleibt der Verurteilte nach Fristsetzung mit der Beibringung der Glaubhaftmachung oder anderer geforderter Informationen säumig, wird der Antrag abgelehnt, § 118 Abs. 2 S. 4 ZPO. 23

III. Wirkungen der Verteidigerbestellung

1. Pflichten des Verteidigers. Der bestellte Verteidiger hat allen naheliegenden und aussichtsreichen Möglichkeiten für Nachforschungen nachzugehen. Er ist dabei nicht an die in seinem Antrag vorgebrachten bestimmten **Nachforschungen** gebunden; soweit sich iRd Wiederaufnahmevorbereitung weitere Ermittlungsansätze ergeben, sind auch diese von der gerichtlichen Bestellung gedeckt, ohne dass es einer ergänzenden Entscheidung nach Abs. 1 S. 1 bedürfte.[61] Nach Abschluss seiner Ermittlungen hat der Verteidiger eine **Einschätzung der Erfolgsaussicht** des beabsichtigten Wiederaufnahmeantrags vorzunehmen; ggf. hat er von der Stellung eines Wiederaufnahmeantrags abzuraten (→ § 364a Rn. 33). 24

2. Gebührenrechtliche Wirkungen. Im Unterschied zur Bestellung nach § 364a erhält der nach § 364b bestellte Verteidiger einen Anspruch gegenüber der Staatskasse auch für den Fall, dass er dem Verurteilten schlussendlich von der Stellung des Wiederaufnahme- 25

---

[51] Strate StV 1999, 228 (234). S. auch Eschelbach in KMR-StPO Rn. 33.
[52] Näher Eschelbach in KMR-StPO Rn. 35.
[53] Vgl. Eschelbach in KMR-StPO Rn. 37; Frister in SK-StPO Rn. 7.
[54] Vgl. Loos in AK-StPO Rn. 7.
[55] Näher Eschelbach in KMR-StPO Rn. 38; Frister in SK-StPO Rn. 11.
[56] BT-Drs. 7/551, 89.
[57] Verordnung zur Verwendung eines Formulars für die Erklärung über die persönlichen und wirtschaftlichen Verhältnisse bei Prozess- und Verfahrenskostenhilfe v. 6.1.2014 (BGBl. I 34).
[58] Abrufbar unter https://justiz.de/service/formular/dateien/zp1a.pdf.
[59] Zur Belegpflicht näher Wache in MüKoZPO § 117 Rn. 23.
[60] Schuster in Löwe/Rosenberg Rn. 11; Frister in SK-StPO Rn. 10 jew. unter Verweis auf Graalmann-Scheerer in Löwe/Rosenberg § 45 Rn. 16 ff.
[61] Eschelbach in KMR-StPO Rn. 1, 49.

antrags abrät, § 45 Abs. 4 S. 1 RVG (Geschäftsgebühr nach Nr. 4136 VVRVG).[62] Zudem bestimmt § 46 Abs. 3 S. 1 RVG, dass bei einer Bestellung nach § 364b auch Auslagen, die durch Nachforschungen zur Vorbereitung eines Wiederaufnahmeverfahrens entstehen, vergütet werden. Damit können im Einzelfall selbst **kostenintensive Ermittlungsmaßnahmen** wie die Beauftragung eines Privatdetektivs[63] oder eines Sachverständigen sowie Auslandsreisen zum Aufsuchen vielversprechender Entlastungszeugen[64] erstattungsfähig sein. Dabei ist der Erstattungsanspruch weder auf die im Beiordnungsantrag genannten bestimmten Nachforschungen[65] noch auf den Fall beschränkt, dass am Ende tatsächlich ein Antrag auf Verfahrenswiederaufnahme gestellt wird.[66] Entgegen teilw. vertretener Ansicht[67] ist die Vergütungsfähigkeit von Auslagen jedoch, wie sich aus § 46 Abs. 1 RVG ergibt, durch ihre Erforderlichkeit begrenzt.[68] Dies betr. einerseits die Erforderlichkeit der Auslage zur Durchführung einer Nachforschungsmaßnahme,[69] andererseits aber auch deren Geeignetheit zur Vorbereitung eines beabsichtigten Wiederaufnahmeverfahrens. Das kostenträchtige Nachgehen völlig aus der Luft gegriffener Vermutungen ist keine sachgemäße Durchführung der Angelegenheit iSv § 46 Abs. 1 RVG, sodass Aufwendungen für gerichtlich nicht vorgeprüfte Nachforschungen mit marginaler ex ante-Erfolgsaussicht nicht erstattungsfähig sind. Es empfiehlt sich daher, kostenintensive Ermittlungsmethoden auf die bereits im Antrag angekündigten Nachforschungen zu beschränken.

26 **3. Dauer der Bestellung.** Die Bestellung gilt **für das gesamte** weitere **Wiederaufnahmeverfahren,** also auch für die Stellung des Antrags auf Wiederaufnahme und dessen Durchführung; „§ 364b schließt also § 364a ein."[70] Die Gegenansicht, die die Beiordnung zur Verfahrensvorbereitung mit der Einreichung des Wiederaufnahmeantrags enden lassen will und ggf. einen neuen Antrag nach § 364a fordert,[71] ist unpraktisch und hat auch den Normwortlaut („schon") gegen sich.[72] Für das wiederaufgenommene Verfahren muss aber erneut (nach § 140) über die Verteidigerbestellung entschieden werden (→ § 364a Rn. 29).

IV. Isolierte Feststellung

27 Abs. 1 S. 2 sieht die Möglichkeit vor, auf Antrag einen **bereits bestellten Verteidiger** durch den gerichtlichen Beschluss, dass die Voraussetzungen von Abs. 1 S. 1 Nr. 1–3 vorliegen, in gebührenrechtlicher Hinsicht (§ 45 Abs. 4 S. 1 Var. 2, § 46 Abs. 3 S. 1 Var. 2 RVG) dem nach Abs. 1 S. 1 beigeordneten Verteidiger gleichzustellen. Dem Gesetzgeber schwebte hierbei der Fall vor Augen, dass der im Ausgangsverfahren nach §§ 140 ff. bestellte Pflichtverteidiger nunmehr zur Vorbereitung eines Wiederaufnahmeantrags tätig wird.[73] Die Fortwirkungstheorie ist indes überholt (→ § 364a Rn. 14). Gleichwohl ist das Feststellungsverfahren nach Abs. 1 S. 2 auch nach der hiesigen Auffassung nicht ohne Anwendungsbereich. Es betrifft den (uU prozesstaktisch absichtlich herbeigeführten) Fall, dass dem Verurteilten zunächst nach § 364a ein Verteidiger bestellt wurde, die aussichtsreiche Stellung eines Wie-

---

[62] Folgt der Verurteilte dem Rat und verzichtet auf die Stellung des Antrags, muss er die Kosten der Vorbereitung des Antrags (vgl. § 464a Abs. 1 S. 3) nicht tragen, Temming/EC Schmidt in Gercke/Julius/Temming/Zöller § 464a Rn. 7.
[63] Eschelbach in KMR-StPO Rn. 25. Davon abratend Strate StV 1999, 228 (234): unseriös und zu teuer.
[64] Vgl. Eschelbach in KMR-StPO Rn. 6 f., 10.
[65] Eschelbach in KMR-StPO Rn. 1.
[66] Eschelbach in KMR-StPO Rn. 5; K. Sommerfeldt/M. Sommerfeldt in BeckOK RVG RVG § 46 Rn. 76.
[67] Eschelbach in KMR-StPO § 364a Rn. 8, § 364b Rn. 2, 4, 9; Hartung in Hartung/Schons/Enders RVG § 46 Rn. 62.
[68] K. Sommerfeldt/M. Sommerfeldt in BeckOK RVG RVG § 46 Rn. 76; Ebert in HK-RVG RVG § 46 Rn. 178.
[69] Toussaint in Toussaint RVG § 46 Rn. 52; Krägeloh NJW 1975, 137 (140).
[70] Eschelbach in KMR-StPO Rn. 51. Ebenso Schuster in Löwe/Rosenberg Rn. 3.
[71] Temming in Gercke/Julius/Temming/Zöller Rn. 8.
[72] Loos in AK-StPO Rn. 3.
[73] BT-Drs. 7/551, 89.

deraufnahmeantrags aber noch vorbereitende Ermittlungen voraussetzt.[74] Wird in dieser Situation fälschlicherweise ein Bestellungsantrag nach § 364a Abs. 1 S. 1 gestellt, ist dieser in einen Feststellungsantrag nach § 364b Abs. 1 S. 2 umzudeuten.[75]

V. Antrag und Verfahrensfragen

Die Beiordnung erfolgt nur auf **Antrag**.[76] Insoweit gilt das zu § 364a Gesagte entspr. (→ § 364a Rn. 21 ff.). Der Antrag muss allerdings ausführlicher begründet werden als derjenige nach § 364a, da ihm (nebst den beigefügten Unterlagen) die Beiordnungsvoraussetzungen gem. Abs. 1 S. 1 Nr. 1–3 zu entnehmen sein müssen.[77]

28

Die **Anfechtung** einer Entscheidung über die Verteidigerbestellung sowie diejenige über eine Feststellung nach Abs. 1 S. 2 beurteilt sich nach § 304, nicht nach § 372. Das zu § 364a Gesagte gilt entspr. (→ § 364a Rn. 34).

§ 365 Geltung der allgemeinen Vorschriften über Rechtsmittel für den Antrag

Die allgemeinen Vorschriften über Rechtsmittel gelten auch für den Antrag auf Wiederaufnahme des Verfahrens.

Schrifttum: Frisch, Ausschluß und Ablehnung des Staatsanwalts, FS für H-J Bruns, 1978, S. 385; D. Meyer, Zur Kostentragungspflicht des Verteidigers bei Rücknahme eines Rechtsmittels, JurBüro 1992, 74; Rieß, Nebenkläger und Wiederaufnahme nach neuem Recht, NStZ 1988, 15; Wuttke, Der Einziehungsbeteiligte und das Wiederaufnahmeverfahren, SchlHA 1970, 189. S. a. Schrifttum Vor § 359.

Übersicht

		Rn.			Rn.
I.	Anwendungsbereich	1	5.	Antragsrecht der StA	8
II.	Allgemeine Vorschriften	2	6.	Antragsrecht des Privatklägers	11
1.	Antragsrecht des Verurteilten	3	7.	Antragsrecht des Nebenklägers	12
2.	Antragsrecht des Verteidigers	5	8.	Falschbezeichnung	13
3.	Antragsrecht gesetzlicher Vertreter und Erziehungsberechtigter	6	9.	Rücknahme, Verzicht und Verwirkung	14
4.	Antragsrecht der Einziehungsbeteiligten und Nebenbetroffenen	7	III.	Beschränkung des Wiederaufnahmeantrags	17

I. Anwendungsbereich

Der Antrag auf Wiederaufnahme des Verfahrens ist mangels Devolutiv- (§ 367 Abs. 1 S. 1 iVm § 140a GVG) und Suspensiveffekts (§ 360) ein Rechtsbehelf, sodass die allg. Vorschriften über Rechtsmittel nicht direkt gelten. § 365 erklärt diese jedoch für anwendbar. Diese **Pauschalverweisung** bezieht sich auf das gesamte Wiederaufnahmeverfahren einschließlich der Verteidigerbestellung nach §§ 364a, 364b. Soweit davon auch die jeweiligen Beschwerdeverfahren nach § 372 bzw. § 304 erfasst sind, hat die Verweisung lediglich deklaratorische Bedeutung; für das „klassische Rechtsmittel"[1] der Beschwerde gelten die allg. Vorschriften des dritten Buchs ohnehin.[2] § 365 gilt nicht für die erneuerte Hauptverhandlung.[3]

1

---

[74] LG Mannheim 2.8.2010 – 6 Qs 10/10, BeckRS 2011, 23159; Frister in SK-StPO Rn. 12; Eschelbach in KMR-StPO Rn. 51.
[75] OLG Koblenz 15.4.1982 – 2 Ws 90/82.
[76] Muster bei Weiler in HK-GS Rn. 4.
[77] Frister in SK-StPO Rn. 13; Eschelbach in KMR-StPO Rn. 43 f.
[1] Haller/Conzen Strafverfahren Rn. 846.
[2] Frister in SK-StPO Rn. 1; Weiler in HK-GS Rn. 1.
[3] Frister in SK-StPO Rn. 1; Schuster in Löwe/Rosenberg Rn. 1; Hohmann in Radtke/Hohmann Rn. 1; Rotsch in Krekeler/Löffelmann/Sommer Rn. 1.

II. Allgemeine Vorschriften

2   Der **Begriff** allg. Vorschriften verweist zunächst auf die Überschrift des ersten Abschn. des dritten Buchs, mithin die §§ 296–303. Daneben sind auch allg. Vorschriften aus dem JGG über die Verweisung anwendbar. Auf die jeweiligen Kommentierungen der in Bezug genommenen Einzelvorschriften wird verwiesen. IÜ gilt Folgendes:

3   **1. Antragsrecht des Verurteilten.** § 296 Abs. 1 Var. 2 ist iVm § 365 so zu lesen, dass **der Verurteilte zu seinen Gunsten** die Wiederaufnahme beantragen kann. Zu beachten ist, dass unter den wiederaufnahmerechtlichen Begriff der Verurteilung auch der mit einer Maßregel verbundene Freispruch fällt (→ § 361 Rn. 10). Ein ungünstiger Wiederaufnahmeantrag kann vom Verurteilten mangels Beschwer nicht gestellt werden.[4] Entgegen einer Lit.-Ansicht[5] ist auch der verhandlungsunfähige Verurteilte antragsbefugt (→ § 361 Rn. 13).[6] Verstirbt der Verurteilte, gilt die Sondervorschrift § 361 Abs. 2 (Antragsrecht der Hinterbliebenen – → § 361 Rn. 14 f.).

4   Neben § 366 Abs. 2 Alt. 2 (Wiederaufnahmeantrag zu Protokoll der Geschäftsstelle – → § 366 Rn. 14 ff.) und § 367 Abs. 1 S. 2 (Antrag beim Gericht, dessen Entscheidung angefochten wird – → § 367 Rn. 3 f.) bietet § 299 Abs. 1 eine weitere **Erleichterung** der Antragstellung **für den inhaftierten Verurteilten**, indem für diesen auch das Gericht des Verwahrungsorts empfangszuständig ist.[7] § 299 Abs. 2 ist mangels zeitlicher Begrenzung für den Wiederaufnahmeantrag bedeutungslos, gilt aber für die Beschwerde nach § 372.[8]

5   **2. Antragsrecht des Verteidigers.** Über § 297 steht auch dem mandatierten oder gem. §§ 364a, 364b bestellten Verteidiger ein Antragsrecht zu, sofern nicht der Wille des Verurteilten entgegensteht.[9] Auch der Wahlverteidiger braucht für einen Wiederaufnahmeantrag **keine besondere Vollmacht**.[10] Mit dem Tod des Verurteilten erlischt die Antragsbefugnis des Verteidigers (arg. e § 361 Abs. 2). Hinsichtlich des Rücknahmerechts ist § 302 Abs. 2 zu beachten (→ Rn. 15).

6   **3. Antragsrecht gesetzlicher Vertreter und Erziehungsberechtigter.** § 298 gesteht dem gesetzlichen Vertreter ein selbständiges Antragsrecht (nur) **zugunsten des Verurteilten** zu,[11] das auch gegen dessen Willen ausgeübt werden kann. Über § 67 Abs. 3 JGG haben dieses Recht auch die Erziehungsberechtigten. Endet die gesetzliche Vertretung bzw. Erziehungsberechtigung vor einer Entscheidung nach § 370, wird das Verfahren nur fortgeführt, wenn der Verurteilte von seinem **Selbsteintrittsrecht** Gebrauch macht (allgA). Tut er das nicht, ist hierbei die hinsichtlich der Kosten bedeutsame Frage umstr., ob das Verfahren formlos eingestellt (keine Kostenentscheidung)[12] oder gem. § 368 Abs. 1 als nunmehr unzulässig verworfen wird (Kostenentscheidung nach § 473 Abs. 1 S. 1, Abs. 6 Nr. 1 zulasten des gesetzlichen Vertreters).[13] Unter dogmatischen Gesichtspunkten ist allein die Verwerfung als unzulässig folgerichtig.[14] Soweit hinsichtlich der belastenden Kostenfolge

---

[4] So iE Eschelbach in KMR-StPO Rn. 7; Weber-Klatt S. 272.
[5] Schmitt in Meyer-Goßner/Schmitt Rn. 2.
[6] Frister in SK-StPO Rn. 2; Eschelbach in KMR-StPO Rn. 9; Schuster in Löwe/Rosenberg Rn. 3; Peters Fehlerquellen Bd. III S. 119.
[7] Eschelbach in KMR-StPO Rn. 30.
[8] Vgl. Schmitt in Meyer-Goßner/Schmitt Rn. 1; Frister in SK-StPO Rn. 8.
[9] Schuster in Löwe/Rosenberg Rn. 5; Rotsch in Krekeler/Löffelmann/Sommer Rn. 4. Zur Kostentragungspflicht des Verteidigers in derartigen Fällen OLG Frankfurt a. M. 11.6.1991 – 2 Ws 79/91, NStE § 473 Nr. 14 = NJW 1991, 3164 m. abl. Bespr. D. Meyer JurBüro 1992, 74.
[10] OLG Düsseldorf 7.2.1996 – 1 Ws 62/96, NStZ 1997, 52 (53).
[11] Eschelbach in KMR-StPO Rn. 13; Schuster in Löwe/Rosenberg Rn. 6; Temming in Gercke/Julius/Temming/Zöller Rn. 4.
[12] Frister in SK-StPO Rn. 7; Schmitt in Meyer-Goßner/Schmitt Rn. 4; Loos in AK-StPO Rn. 6; Singelnstein in BeckOK StPO Rn. 6.
[13] Schuster in Löwe/Rosenberg Rn. 6; Tiemann in KK-StPO Rn. 5; Temming in Gercke/Julius/Temming/Zöller Rn. 4.
[14] Vgl. Marxen/Tiemann Strafsachen Rn. 339.

auf die Unbilligkeit dieser Lösung hingewiesen wird,[15] kann dieses Problem durch die in § 473 Abs. 6 Nr. 1 angeordnete entspr. Anwendung von § 473 Abs. 1 S. 4 iVm § 472a Abs. 2 S. 2 bzw. über § 21 Abs. 1 S. 3 GKG (jew. Billigkeitsentscheidung zulasten der Staatskasse) entschärft werden.

4. Antragsrecht der Einziehungsbeteiligten und Nebenbetroffenen. Den Einziehungsbeteiligten (§ 424 Abs. 1) und vom Einziehungsverfahren Nebenbetroffenen (§ 438 Abs. 1, 3) stehen in bestimmtem Umfang die Befugnisse zu, die einem Angeklagten zustehen, § 427 Abs. 1 S. 1, § 431, § 433 Abs. 6, § 439 Abs. 1. Hierunter fällt prinzipiell auch das dem Verurteilten zustehende Wiederaufnahmeantragsrecht; dieser wird nämlich in § 366 Abs. 2 ausdrücklich als „Angeklagter" bezeichnet.[16] Allerdings bestimmt § 433 Abs. 6, dass einer Wiederaufnahme propter nova (§ 359 Nr. 5) das speziellere **Nachverfahren** nach § 433 Abs. 1 vorgeht.[17] Davon abgesehen gibt es keinen Grund, den günstigen Wiederaufnahmeantrag eines Einziehungsbeteiligten oder Nebenbetroffenen als unzulässig zu betrachten.[18]

5. Antragsrecht der StA. Die StA kann sowohl einen ungünstigen (§ 296 Abs. 1) als auch einen günstigen Wiederaufnahmeantrag (§ 296 Abs. 2) stellen; letzteres ist **auch gegen den Willen des Verurteilten** möglich.[19] Verstirbt der Betroffene, ist allein ein Antrag zu Gunsten des Verstorbenen möglich (→ § 371 Rn. 2). Unerheblich ist, ob die im Wiederaufnahmeverfahren von der StA angegriffene Entscheidung im Privatklageverfahren ergangen ist.[20]

Eine **Antragspflicht** der StA besteht grds. nicht, da für das Wiederaufnahmeverfahren das Legalitätsprinzip nicht gilt (str., → § 364b Rn. 10).

Umstr. ist, welche StA für den Wiederaufnahmeantrag zuständig ist. Die ganz hM nimmt an, dies sei die StA beim Wiederaufnahmegericht (§ 367 Abs. 1 S. 1 StPO iVm § 140a GVG).[21] Die bis dahin zuständige StA müsse die Akten abgeben und eine Antragstellung anregen, wenn sie dies für erforderlich hält.[22] Gegen diese Sichtweise spricht, dass § 296 außerhalb des Wiederaufnahmerechts so verstanden wird, zuständig sei die StA bei dem Gericht, das die anzufechtende Entscheidung erlassen hat.[23] Da Gründe, warum § 296 im Wiederaufnahmeverfahren eine andere Bedeutung haben sollte, nicht ersichtlich sind, spricht einiges dafür, dass auch hier die StA bei dem Gericht zuständig ist, welches die anzugreifende Entscheidung erlassen hat.[24] Für diese Lösung lässt sich zudem anführen, dass die StA bei dem späteren Wiederaufnahmegericht regelmäßig keinen Anlass hat, ein Wiederaufnahmeverfahren vorzubereiten. Dennoch ist iE der hM beizupflichten. Nr. 170 Abs. 2 RiStBV lässt eindeutig erkennen, dass sich die **staatsanwaltliche Zuständigkeit** nach § 140a GVG richten soll. IÜ wird der von der Gegenansicht aufgezeigte praktische Vorteil dadurch wieder aufgezehrt, dass nach Nr. 170 Abs. 1 RiStBV der frühere Sachbearbeiter, der bereits im Erkenntnisverfahren beteiligt gewesen ist und daher über die konkrete

---

[15] Frister in SK-StPO Rn. 7.
[16] Gaede in Löwe/Rosenberg § 427 Rn. 18. IE ebenso Eschelbach in KMR-StPO Rn. 8.
[17] Gaede in Löwe/Rosenberg § 427 Rn. 16, § 433 Rn. 38.
[18] Eschelbach in KMR-StPO Rn. 8; Gaede in Löwe/Rosenberg § 427 Rn. 14 ff.; Schmidt/Scheuß in KK-StPO § 433 Rn. 16 AA Wuttke SchlHA 1970, 189 (191).
[19] Frister in SK-StPO Rn. 2; Eschelbach in KMR-StPO Rn. 18; Schuster in Löwe/Rosenberg Rn. 4; Schmitt in Meyer-Goßner/Schmitt Rn. 2.
[20] Hilger in Löwe/Rosenberg, 26. Aufl. 2009, § 377 Rn. 6; Eschelbach in KMR-StPO Rn. 20. AA Wenske in Löwe/Rosenberg § 377 Rn. 6; Eisenberg JR 2007, 360 (Fn. 10): keine ungünstige Wiederaufnahme möglich.
[21] Frister in SK-StPO Rn. 2, GVG § 140a Rn. 19; Schuster in Löwe/Rosenberg Rn. 4, § 367 Rn. 5; Tiemann in KK-StPO Rn. 3; Rotsch in Krekeler/Löffelmann/Sommer Rn. 3; Simon in Löwe/Rosenberg GVG § 140a Rn. 17; Kissel/Mayer GVG § 140a Rn. 22.
[22] Tiemann in KK-StPO Rn. 3.
[23] BGH 18.11.1994 – 2 StR 172/94, BGHR § 296 Zuständigkeit 1 = NStZ 1995, 204; Paul in KK-StPO § 296 Rn. 4.
[24] So Eschelbach in KMR-StPO Rn. 19, der allerdings von einer nachträglichen Änderung der Behördenzuständigkeit ab Anhängigkeit ausgeht.

Sachkenntnis verfügt, in dem von dem Verurteilten beantragten Wiederaufnahmeverfahren aus Gründen mutmaßlicher Voreingenommenheit nicht mitwirken soll.[25] Aus diesem Grund ist auch die teilw. geübte Praxis, dass die urspr. zuständige StA die Akten vor Weiterleitung mit Hinweisen zur Behandlung des Wiederaufnahmeantrags versieht, zw.

10 Ungeklärt ist, ob § 301 Anwendung findet. Dies wird unter Hinweis darauf bestritten, dass ein ungünstiger Antrag aufgrund der Bezeichnungspflicht des gesetzlichen Wiederaufnahmegrundes (§ 366 Abs. 1, § 368 Abs. 1) nicht zugunsten des Verurteilten wirken könne.[26] Dabei wird jedoch die partielle Identität der günstigen und ungünstigen Wiederaufnahmegründe übersehen.[27] Es sind Fälle denkbar, in denen das zulasten eines (vermeintlich) zu milde Verurteilten betriebene Wiederaufnahmeverfahren dazu führt, dass im Rahmen der Probation die Verurteilung in Gänze erschüttert wird.[28] Hier gilt § 301.[29] Der zuungunsten gestellte Wiederaufnahmeantrag wird dann, obwohl die darin aufgestellten Behauptungen keine Bestätigung gefunden haben, nicht gem. § 370 Abs. 1 zurückgewiesen, sondern es ergeht ein Beschluss nach § 370 Abs. 2 bzw. § 371. IRd neuen Hauptverhandlung hat § 301 entgegen der hM[30] keine Bedeutung, da es sich bei jener nicht um einen Bestandteil des Wiederaufnahmeverfahrens handelt (→ Vor § 359 Rn. 34).[31]

11 **6. Antragsrecht des Privatklägers.** Aus § 390 Abs. 1 S. 2 folgt die Berechtigung des Privatklägers, in den Fällen des § 362, dh **beschränkt auf die ungünstige Wiederaufnahme,** einen Wiederaufnahmeantrag zu stellen. Über den Verweis in § 390 Abs. 1 S. 3 gilt aber § 301 (dazu → Rn. 10). Hinsichtlich der Antragsform ist § 390 Abs. 2 zu beachten.[32]

12 **7. Antragsrecht des Nebenklägers.** Dem Nebenkläger steht **kein Antragsrecht** zu; dieses ist mit dem OpferSchG entfallen (→ § 362 Rn. 6).[33] Uneinigkeit herrscht, ob sich der Nebenkläger zumindest einem von der StA zuungunsten des Angeklagten betriebenen Wiederaufnahmeverfahren anschließen kann. Ein gesetzlich normiertes **Anschlussrecht** besteht nicht; der Gesetzgeber hat die Frage übersehen.[34] Teile der Lit. halten die Verschlechterung der Nebenklägerposition durch ein vermeintlich dem Opferschutz dienendes Gesetz für ein Unding und bejahen deshalb ein Anschlussrecht analog § 395 Abs. 4.[35] Diese Ansicht ist abzulehnen. Die Neuregelung ist eindeutig und spricht gegen ein Anschlussrecht.[36] Für eine Analogie ist kein Bedarf, da der Nebenkläger nach den allg. Vorschriften später am etwaig wiederaufgenommenen Verfahren mitwirken und so seine Interessen einbringen kann. Bedenken, das Wiederaufnahmegericht könne diese Position vereiteln, indem es nach § 371 Abs. 2 (Freisprechung ohne neue Hauptverhandlung) verfährt,[37] sind nicht stichhaltig; zumindest in den Fällen, in denen der Nebenkläger bereits im urspr. Verfahren mitgewirkt hat, kann nämlich das Gericht nicht nach § 371 Abs. 2 verfahren, da es sonst dessen Anspruch auf rechtliches Gehör aus Art. 103 Abs. 1 GG verletzen würde (→ § 371 Rn. 10).[38]

---

[25] Entgegen Frisch FS Bruns, 1978, 385 (400) besteht jedoch kein gesetzliches Verbot, zutr. Loos in AK-StPO Rn. 4; Schuster in Löwe/Rosenberg Rn. 4.
[26] Dünnebier FS Peters II, 1984, 333 (342); Loos in AK-StPO Rn. 9; Schmitt in Meyer-Goßner/Schmitt Rn. 5.
[27] Frister in SK-StPO Rn. 10.
[28] Bsp. bei Eschelbach in KMR-StPO Rn. 35.
[29] Frister in SK-StPO Rn. 10; Eschelbach in KMR-StPO Rn. 35; Kaspar in Satzger/Schluckebier/Widmaier StPO Rn. 6; Singelnstein in BeckOK StPO Rn. 9; Weiler in HK-GS Rn. 2.
[30] Schuster in Löwe/Rosenberg Rn. 9; Dünnebier FS Peters II, 1984, 333 (342 f.); Schmitt in Meyer-Goßner/Schmitt Rn. 5; Loos in AK-StPO Rn. 9.
[31] Kaspar in Satzger/Schluckebier/Widmaier StPO Rn. 6; Eschelbach in KMR-StPO Rn. 35.
[32] Näher Schuster in Löwe/Rosenberg Rn. 12.
[33] OLG Stuttgart 17.8.1987 – 3 Ws 243/87, OLGSt § 395 Nr. 1 = NStZ 1988, 42 (43); LG Münster 6.9.1989 – 7 Qs 41/89, NStE § 395 Nr. 5 = NStZ 1989, 588; Rieß NStZ 1988, 15 (17).
[34] Rieß NStZ 1988, 15.
[35] Schuster in Löwe/Rosenberg Rn. 14; Rieß NStZ 1988, 15 (16).
[36] Eschelbach in KMR-StPO Rn. 29; Frister in SK-StPO Rn. 3; Marxen/Tiemann Strafsachen Rn. 47.
[37] OLG Stuttgart 17.8.1987 – 3 Ws 243/87, OLGSt § 395 Nr. 1 = NStZ 1988, 42 (43); Schuster in Löwe/Rosenberg Rn. 15.
[38] Marxen/Tiemann Strafsachen Rn. 48.

8. Falschbezeichnung. Falsa demonstratio non nocet, § 300. Der Wiederaufnah- 13
meantrag braucht deshalb nicht als solcher bezeichnet zu werden. Es reicht, dass sich aus
ihm ergibt, dass die Wiederaufnahme eines bestimmten Verfahrens gewollt ist.[39] Bei iÜ
formgerechten Wiederaufnahmeanträgen (§ 366 Abs. 2) dürfte es sich angesichts der obligatorischen Mitwirkung eines Verteidigers, eines RA oder eines Rechtspflegers (§ 24 Abs. 1
Nr. 2 RPflG) um eine eher hypothetische Konstellation handeln. Für (sofortige) Beschwerden im Wiederaufnahmeverfahren gilt § 300 direkt.[40]

9. Rücknahme, Verzicht und Verwirkung. Der Wiederaufnahmeantrag kann 14
zurückgenommen werden, solange keine rechtskräftige Entscheidung nach §§ 370, 371
ergangen ist.[41] In formeller Hinsicht ist Schriftform und eindeutige Erkennbarkeit des
Rücknahmewillens nötig; eine Erklärung in ausländischer Sprache soll trotz § 184 S. 1
GVG wirksam sein.[42] Die Rücknahme kann auf Teile des Antrags beschränkt werden.[43]

Folgende **Rücknahmebeschränkungen** sind zu beachten: Die StA kann einen von 15
ihr gestellten günstigen Wiederaufnahmeantrag nicht ohne die Zustimmung des Verurteilten
zurücknehmen, § 302 Abs. 1 S. 3. Dasselbe gilt für den Antrag eines Erziehungsberechtigten, § 55 Abs. 3 JGG. Der Verteidiger bedarf zur Rücknahme einer ausdrücklichen Ermächtigung, § 302 Abs. 2; demgü. kann der Verurteilte auch den von seinem Verteidiger gestellten Antrag zurücknehmen.[44] Vereinzelt wird zudem vertreten, die Rücknahme eines
ungünstigen Wiederaufnahmeantrags bedürfe analog § 303 S. 1 der Zustimmung des Angeklagten für den Fall, dass sich die Beweisaufnahme zu dessen Gunsten entwickelt habe
und nunmehr die Anwendung des § 301 im Raum steht.[45] Gegen diese nachvollziehbare
Erwägung spricht jedoch zum einen der eindeutige Zuschnitt der Vorschrift auf eine Hauptverhandlung, zum anderen, dass der fragliche Beweis in einem neuerlichen günstigen Antrag
berücksichtigungsfähig bleibt; ein etwaiger Beweisverlust durch Zeitablauf[46] ist nicht zu
besorgen, da zumindest das richterliche Protokoll über die Beweiserhebung (§ 369 Abs. 2
S. 2 iVm § 244 Abs. 1 S. 3) erhalten bleibt.

Die Rücknahme des Wiederaufnahmeantrags hat mangels Fristbindungen keine präklu- 16
dierende Wirkung. Der zurückgenommene Antrag kann inhaltsgleich neu gestellt werden.[47]
Das Wiederaufnahmerecht ist auch nicht verzicht- oder verwirkbar.[48] Eine **Verständigung**
nach § 257c steht einem Wiederaufnahmeverfahren deshalb nicht entgegen.[49]

III. Beschränkung des Wiederaufnahmeantrags

Im Wiederaufnahmerecht fehlt es an einer Regelung über die Möglichkeit der 17
Beschränkung eines Wiederaufnahmeantrags. Da diese im Rechtsmittelrecht speziell gere-

---

[39] Eschelbach in KMR-StPO Rn. 32, § 366 Rn. 20 mwN; vgl. auch KG 1.8.2001 – (3) 1 Ss 148/01 (56/01), BeckRS 2001, 16716 Rn. 6. Zur Abgrenzung von Wiederaufnahmeantrag und querulatorischer Unmutsäußerung s. BGH 18.12.2006 – 1 StR 161/01, BeckRS 2007, 00627.
[40] Eschelbach in KMR-StPO Rn. 33.
[41] KG 15.8.1983 – 4 Ws 57/83, JR 1984, 393; Eschelbach in KMR-StPO Rn. 36; Frister in SK-StPO Rn. 11.
[42] Eschelbach in KMR-StPO Rn. 37 unter Berufung auf BGH 21.10.1986 – 1 StR 433/86, BGHR § 302 Abs. 1 Rücknahme 1.
[43] Kaspar in Satzger/Schluckebier/Widmaier StPO Rn. 7.
[44] Schmitt in Meyer-Goßner/Schmitt Rn. 3.
[45] Frister in SK-StPO Rn. 12; Weiler in HK-GS Rn. 4. Überwiegend wird § 303 für unanwendbar gehalten, vgl. Eschelbach in KMR-StPO Rn. 36; Schuster in Löwe/Rosenberg Rn. 11; Hohmann in Radtke/Hohmann Rn. 7.
[46] Dazu Eschelbach in KMR-StPO Rn. 73.
[47] Eschelbach in KMR-StPO Rn. 40; Rotsch in Krekeler/Löffelmann/Sommer Rn. 7. AA OLG Freiburg 21.7.1949 – Ws 42/49, SJZ 1950, 622 (Ls.).
[48] Eschelbach HRRS 2008, 190 (202 f.); Frister in SK-StPO Rn. 11; Schuster in Löwe/Rosenberg Rn. 10; Tiemann in KK-StPO Rn. 9. AA LG Karlsruhe 11.7.2002 – 3 Qs 49/02, NStZ 2003, 108 f. (Verwirkung bei Rücknahme des Einspruchs gegen Strafbefehl maßlAnm Murmann NStZ 2003, 618; LG Passau 15.10.2003 – 1 Qs 133/03, UA S. 7 (Verwirkung infolge von Rechtsmittelbeschränkung).
[49] KG 28.2.2005 – 5 Ws 673/04, NStZ 2006, 468 (469); Weiler in HK-GS Rn. 3; Ruhs S. 310 ff.

gelt sind, greift § 365 nicht.[50] Nach allgA gelten die Vorschriften über Rechtsmittelbeschränkungen (§ 318, § 327, § 344 Abs. 1, § 352 Abs. 1) aber entspr.[51] Insbes. zur Vermeidung einer für ihn **ungünstigen Kostenfolge** (vgl. § 473 Abs. 3, 4 und 6 Nr. 1) kann der Antragsteller seinen Angriff beschränken, bspw. auf den Rechtsfolgenausspruch[52] oder bei einer Verurteilung wegen mehrerer Taten (§ 53 StGB) auf eine davon.[53] Bevor eine teilw. ungünstige Entscheidung ergeht, soll das Gericht den Antragsteller auf die Beschränkungsmöglichkeit hinweisen.[54]

§ 366 Inhalt und Form des Antrags

(1) In dem Antrag müssen der gesetzliche Grund der Wiederaufnahme des Verfahrens sowie die Beweismittel angegeben werden.

(2) Von dem Angeklagten und den in § 361 Abs. 2 bezeichneten Personen kann der Antrag nur mittels einer von dem Verteidiger oder einem Rechtsanwalt unterzeichneten Schrift oder zu Protokoll der Geschäftsstelle angebracht werden.

Schrifttum: Gössel, Anm. zu OLG Düsseldorf v. 2.5.1991 – 1 Ws 323/91, JR 1992, 125; Neumann, System der strafprozessualen Wiederaufnahme, 1932. S. a. Schrifttum Vor § 359.

Übersicht

		Rn.			Rn.
I.	Überblick	1	III.	Form des Antrags	10
II.	Notwendiger Antragsinhalt (Abs. 1)	2	1.	Allgemeines	10
1.	Allgemeines	2	2.	Von einem Verteidiger oder RA unterzeichnete Schrift (Abs. 2 Alt. 1)	12
2.	Bezeichnung des Antragsgegenstands	3	3.	Antragstellung zu Protokoll der Geschäftsstelle (Abs. 2 Alt. 2)	14
3.	Angabe des gesetzlichen Wiederaufnahmegrundes	4		a) Zuständigkeit	14
	a) Sachvortrag	4		b) Erklärung zu Protokoll	15
	b) Schlüssigkeit der Angaben	5	4.	Antragstellung durch die StA	18
	c) Geschlossenheit der Angaben	6	IV.	Antragsfrist	19
4.	Angabe des Wiederaufnahmeziels	8			
5.	Angabe der Beweismittel	9			

I. Überblick

1   § 366 enthält Regeln über den Inhalt (Abs. 1) und die Form (Abs. 2) sowohl des günstigen als auch des ungünstigen Wiederaufnahmeantrags. Die Vorschrift muss im **Zusammenhang mit § 368 Abs. 1** gesehen werden, der die Rechtsfolgen eines Verstoßes regelt und den notwendigen Antragsinhalt konkretisiert. § 366 ist nicht nur für die Antragsschrift zu beachten, sondern gilt auch für den Fall, dass im Verlauf des Verfahrens ein vollständig neuer Wiederaufnahmegrund nachgeschoben wird (→ Rn. 19).

II. Notwendiger Antragsinhalt (Abs. 1)

2   **1. Allgemeines.** Der Normtext fordert nur die Angabe eines gesetzlichen Wiederaufnahmegrundes und der Beweismittel. Diese moderat anmutenden Zulässigkeitsvoraussetzungen erweisen sich allerdings infolge ihrer wiederaufnahmefeindlichen gerichtlichen

---

[50] Schuster in Löwe/Rosenberg Rn. 2.
[51] BGH 20.6.1958 – 5 StR 219/58, BGHSt 11, 361 (363 f.) = NJW 1958, 1309 (1310); Eschelbach in KMR-StPO Rn. 57 f.; Frister in SK-StPO Rn. 13.
[52] Frister in SK-StPO Rn. 13.
[53] Eschelbach in KMR-StPO Rn. 58.
[54] Marxen/Tiemann Strafsachen Rn. 340.

Handhabung¹ zu einer schwierig zu überwindenden Hürde, die in praxi nur selten gemeistert wird² und an der bisweilen auch die StA scheitert.³ **Hinweispflichten** und gewährte **Nachbesserungsmöglichkeiten** bei fehlerhaften Anträgen (→ Rn. 6 und → § 368 Rn. 10) vermögen die überhöhten Anforderungen offenbar nicht zu kompensieren.

2. Bezeichnung des Antragsgegenstands. Der Wiederaufnahmeantrag braucht 3 nicht als solcher bezeichnet, muss aber eindeutig als solcher erkennbar sein (→ § 365 Rn. 13). Dasselbe gilt hinsichtlich der mit ihm angegriffenen Entscheidung.⁴ Bei Zweifeln hat das Gericht zunächst zurückzufragen.⁵

3. Angabe des gesetzlichen Wiederaufnahmegrundes. a) Sachvortrag. Nicht 4 gemeint ist die Nennung der entsprechenden gesetzlichen Vorschrift; diese Angabe ist entbehrlich (iura novit curia), eine Falschbezeichnung nach § 300 zu behandeln.⁶ Erforderlich ist ein Sachvortrag, nämlich die Angabe derjenigen **tatsächlichen Umstände,** aus denen sich der Wiederaufnahmegrund ergibt.⁷ Der Antrag kann auch auf mehrere Wiederaufnahmegründe gestützt werden (→ § 359 Rn. 3).⁸ Die **Angriffsrichtung,** dh Angaben darüber, ob die Wiederaufnahme zugunsten oder zulasten des Angeklagten erstrebt wird, ergibt sich regelmäßig aus dem Wiederaufnahmegrund und ist entbehrlich; ein Wiederaufnahmeantrag der StA sollte eine Klarstellung enthalten.⁹

b) Schlüssigkeit der Angaben. Der erforderliche Sachvortrag muss in schlüssiger 5 Form dargebracht werden.¹⁰ Das bedeutet, dass die vom Antragsteller behaupteten Tatsachen – ihre Richtigkeit unterstellt – einen Wiederaufnahmegrund ergeben.¹¹ Ist der Sachvortrag in sich widersprüchlich, führt dies zur Unbeachtlichkeit des Vorbringens.¹²

c) Geschlossenheit der Angaben. Die hM fordert darüber hinaus in Analogie zu 6 Revisions- (§ 345 Abs. 2) und Klageerzwingungsverfahren (§ 172 Abs. 3 S. 1) eine in sich geschlossene und aus sich heraus verständliche Darstellung des Gesamtsachverhalts im Wiederaufnahmeantrag.¹³ Daraus folgt insbes. die Unzulässigkeit von **Bezugnahmen und Verweisen auf andere Schriftstücke,** namentlich Urteile, Aktenstücke und frühere Wieder-

---

1 Hohmann in Radtke/Hohmann Rn. 2; Frister in SK-StPO Rn. 1. Spekulationen über die Ursachen bei Eschelbach in KMR-StPO Rn. 2 ff.
2 Hohmann in Radtke/Hohmann Rn. 1; Strate in MAH Strafverteidigung § 28 Rn. 73.
3 Vgl. LG Cottbus 26.9.2019 – 23 KLs 24/19, bei Feilcke/Schiller NStZ-RR 2020, 193 (195 f.) = BeckRS 2019, 35485 Rn. 19 ff.
4 OLG Koblenz 12.2.1996 – 1 Ws 71/96, NStZ-RR 1997, 111; Schuster in Löwe/Rosenberg Rn. 1. Zur Bestimmung des richtigen Angriffsgegenstands → GVG § 140a Rn. 6–11.
5 Schmitt in Meyer-Goßner/Schmitt Rn. 1.
6 Frister in SK-StPO Rn. 2; Eschelbach in KMR-StPO Rn. 22, 59. AA Schuster in Löwe/Rosenberg Rn. 2.
7 Marxen/Tiemann Strafsachen Rn. 123 ff.; Loos in AK-StPO Rn. 2; Tiemann in KK-StPO Rn. 1b; Frister in SK-StPO Rn. 2; Eschelbach in KMR-StPO Rn. 21. Musteranträge bei Marxen/Tiemann Strafsachen Rn. 588; Eschelbach in KMR-StPO Rn. 73, weitere Hinweise zur Präsentation bei Strate in MAH Strafverteidigung § 28 Rn. 132 ff.; Geipel in Miebach/Hohmann HdB Wiederaufnahme Kap. C Rn. 43–46. Zu den je nach Wiederaufnahmegrund variierenden erforderlichen Angaben → § 359 Rn. 23 (zu §§ 359 Nr. 1, 362 Nr. 1), 27 (zu §§ 359 Nr. 2, 362 Nr. 2), 32 (zu §§ 359 Nr. 3, 362 Nr. 3), 36 (zu § 359 Nr. 4), 65 (zu §§ 359 Nr. 5, 373a Abs. 1), 71 (zu § 359 Nr. 6) und 83 (zu § 79 Abs. 1 BVerfGG) sowie § 362 Nr. 17 (zu § 362 Nr. 4).
8 OLG Düsseldorf 12.3.1980 – 5 Ws 27/80, GA 1980, 393 (396 f.); Marxen/Tiemann Strafsachen Rn. 127 Fn. 10.
9 Eschelbach in KMR-StPO Rn. 10.
10 BGH 28.11.1996 – StB 12/96, BGHSt 42, 324 (331) = NJW 1997, 668 (670); BGH 7.7.1976 – StB 11/74, MDR 1976, 857; Schuster in Löwe/Rosenberg Rn. 2.
11 Marxen/Tiemann Strafsachen Rn. 128. Krit. Eschelbach in KMR-StPO Rn. 5, 29, der Substanziiertheit der Angaben ausreichen lassen will.
12 OLG Hamburg 18.10.1999 – 2 Ws 136/99, OLGSt § 359 Nr. 12 = JR 2000, 380 (382 f.), das von „Unzulässigkeit des Vorbringens" spricht.
13 OLG Frankfurt a. M. 29.6.2012 – 1 Ws 3/12, BeckRS 2012, 15152; OLG Hamburg 7.8.2003 – 2 Ws 212/03, StraFo 2003, 430; OLG Stuttgart 26.10.1999 – 1 Ws 157/99, OLGSt 2000 § 359 Nr. 13 = NStZ-RR 2000, 243; Schuster in Löwe/Rosenberg Rn. 2.

aufnahmeanträge;¹⁴ auch das Hineinkopieren gescannter Dokumente in die Antragsschrift wird nur in engen Grenzen für zulässig gehalten.¹⁵ Zur Begründung führt die hM an, es dürfe vom Antragsteller erwartet werden, dass er die zur Antragsbegründung notwendigen Unterlagen selbst in übersichtlicher Form zusammenstellt, um so dem Gericht die Mühsal zu ersparen, sich diese aus den Verfahrensakten erst zusammenzusuchen.¹⁶

In Ausnahmefällen besteht aber die Pflicht, auf einen solchen Mangel hinzuweisen und die Möglichkeit zu geben, diesen durch **Nachreichen eines vervollständigten Antrags** auszubessern.¹⁷

7   Das Anliegen der hM ist verständlich, da dem Wiederaufnahmegericht der Ausgangsfall unbekannt und es daher auf die Verschaffung eines Verfahrensüberblicks angewiesen ist.¹⁸ Gleichwohl ist das **Geschlossenheitspostulat abzulehnen.**¹⁹ Dieses ergibt sich nicht aus dem Gesetzeswortlaut.²⁰ Zudem kann eine restriktive Auslegung von Prozessrechtsnormen nicht allein mit dem Ziel der Arbeitsersparnis für die Gerichte begründet werden.²¹ Das Argument, dass dem Antragsteller eine geschlossene Darstellung im Allgemeinen zuzumuten sei, mag zutreffen, besagt aber nichts darüber, dass die richterliche Nachvollziehung und Überprüfung des Vorbringens im Aditionsverfahren auch anhand der Akten dem Gericht nicht zuzumuten sei.²²

Ferner ist der behauptete Gleichklang mit dem Revisionsverfahren irreführend: Während der Revisionsrichter nicht auf die Akten zurückgreifen kann, ist dies dem Wiederaufnahmegericht ohne Weiteres möglich; der Wiederaufnahmeantrag wird in der Praxis üblicherweise zusammen mit den Verfahrensakten vorgelegt.²³ Überwiegend erschöpft sich das Bezugnahmeverbot daher in überflüssigem Formalismus.²⁴ Auch sprechen **prozessökonomische Gesichtspunkte** gegen das Geschlossenheitserfordernis: Der wegen falscher Darstellung als unzulässig verworfene Wiederaufnahmeantrag kann mit entsprechenden Nachbesserungen erneut gestellt werden.²⁵

8   **4. Angabe des Wiederaufnahmeziels.** ZT wird die Angabe eines Wiederaufnahmeziels verlangt.²⁶ Zur Begründung heißt es, anderenfalls könne die iRd Zulässigkeit erforderliche Schlüssigkeitsprüfung nicht vorgenommen werden.²⁷ Dieser Ansicht kann so nicht gefolgt werden.²⁸ Weder ergibt sich das Erfordernis einer konkreten Zielangabe aus dem Gesetz,²⁹ noch besteht die behauptete systematische Notwendigkeit. Richtig ist, dass bestimmte Wiederaufnahmeziele der Zulässigkeit des Antrags entgegenstehen, §§ 363, 433

---

14 Jew. zahlr. Nachw. bei Schuster in Löwe/Rosenberg Rn. 2 Fn. 8; Eschelbach in KMR-StPO Rn. 31; Frister in SK-StPO Rn. 2.
15 VerfGH Berlin 30.4.2004 – 128/03, NJW 2004, 2728 (2729); OLG Hamm 16.12.2004 – 1 Ws 521/14, NStZ-RR 2015, 81 (jew. zum Klageerzwingungsantrag). Vgl. auch Eschelbach in KMR-StPO Rn. 39.
16 Schuster in Löwe/Rosenberg Rn. 2; OLG Stuttgart 26.10.1999 – 1 Ws 157/99, OLGSt 2000 § 359 Nr. 13 = NStZ-RR 2000, 243.
17 OLG München 9.3.2010 – 3 Ws 109/10, juris-Rn. 15; OLG Düsseldorf 30.9.1992 – 1 Ws 494/92, wistra 1993, 159 f.; OLG Hamm 16.11.1979 – 4 Ws 695/79, NJW 1980, 717; Marxen/Tiemann Strafsachen Rn. 68. Näher Eschelbach in KMR-StPO Rn. 81; Tiemann Darlegungslast S. 135 ff.
18 Vgl. Eschelbach in KMR-StPO Rn. 5, 32.
19 So auch Eschelbach in KMR-StPO Rn. 34, 72; Marxen/Tiemann Strafsachen Rn. 130; Loos in AK-StPO Rn. 2.
20 Eschelbach in KMR-StPO Rn. 7, 34 aE; Marxen/Tiemann Strafsachen Rn. 130.
21 Eschelbach in KMR-StPO Rn. 27.
22 Eschelbach in KMR-StPO Rn. 38.
23 Marxen/Tiemann Strafsachen Rn. 130. Vgl. auch Eschelbach in KMR-StPO Rn. 34.
24 Marxen/Tiemann Strafsachen Rn. 130. S. auch Peters Fehlerquellen Bd. III S. 123 f.
25 Marxen/Tiemann Strafsachen Rn. 130; Loos in AK-StPO Rn. 1.
26 Schuster in Löwe/Rosenberg Rn. 1; Loos in AK-StPO Rn. 1; Tiemann in KK-StPO Rn. 1a; Haller/Conzen Strafverfahren Rn. 116.
27 Günther MDR 1974, 93 (98); Neumann System S. 114.
28 Wie hier Eschelbach in KMR-StPO Rn. 14; Frister in SK-StPO Rn. 4; Wasserburg/Eschelbach GA 2003, 335 (345).
29 Weiler in HK-GS Rn. 1; Eschelbach in KMR-StPO Rn. 12.

Abs. 6. Daraus ergibt sich aber nur, dass der Antragsinhalt die Prüfung ermöglichen muss, ob das Vorbringen dem canon der zulässigen Wiederaufnahmeziele unterfällt (zu diesen → § 359 Rn. 4 ff.) und ob die Unzulässigkeitsvoraussetzungen der §§ 363, 433 Abs. 6 vorliegen. Eine weitergehende **Pflicht zur Festlegung** auf ein bestimmtes Antragsziel besteht nicht.[30]

Allerdings steht es dem Antragsteller frei, den Wiederaufnahmeantrag zur Vermeidung einer ungünstigen **Kostenentscheidung** zu beschränken (→ § 365 Rn. 17).

5. Angabe der Beweismittel. Neben dem Sachvortrag ist gem. Abs. 1 eine Angabe 9 der diesen tragenden Beweise notwendig;[31] für die Wiederaufnahme propter nova folgt dies bereits aus § 359 Nr. 5. Der Begriff des Beweismittels meint dabei nicht nur die **förmliche**n **Beweismittel** der StPO (Sachverständige, Zeugen, Augenschein und Urkunden),[32] sondern auch die Aussage des Verurteilten (zB beim **Geständniswiderruf**) oder eines Mitangeklagten.[33] Die Beweismittel müssen so genau bezeichnet werden, dass das Gericht in die Lage versetzt wird, die Beweise nach § 369 zu erheben.[34] Zeugen sind in identifizierbarer und ladbarer Weise zu bezeichnen; die Angabe einer ladungsfähigen Anschrift ist nicht zwingend notwendig.[35]

III. Form des Antrags

1. Allgemeines. Abs. 2, der § 345 Abs. 2 entspricht, gilt über seinen Wortlaut hinaus 10 auch für die gesetzlichen Vertreter (§ 298), die Erziehungsberechtigten (§ 67 Abs. 3 JGG) sowie die in § 361 Abs. 2 genannten Hinterbliebenen,[36] also **nur für günstige Wiederaufnahmeanträge**. Für den Privatkläger gilt § 390 Abs. 2, für die StA → Rn. 18. Für Verfahren nach dem StrRehaG gilt Abs. 2 nicht.[37]

Der **paternalistische Formzwang** dient dem Interesse des Verurteilten an einer mög- 11 lichst sachgerechten Begründung seines Wiederaufnahmebegehrens,[38] darüber hinaus dem Schutz vor Vergeudung gerichtlicher Ressourcen durch unverständliche, offensichtlich aussichtslose und querulatorische Anträge.[39] Eine allg. Arbeitsvermeidungsvorschrift ist darin aber nicht zu erblicken.[40] Eine übermäßige Formstrenge ist überdies unökonomisch, da ein formal nachgebesserter, inhaltlich identischer Wiederaufnahmeantrag möglich bleibt.[41]

2. Von einem Verteidiger oder RA unterzeichnete Schrift (Abs. 2 Alt. 1). Ver- 12 **teidiger** ist jeder für das Wiederaufnahmeverfahren mandatierte oder bestellte Verteidiger, auch nach § 138 Abs. 2 zugelassene Personen und Referendare gem. § 139.[42] Die Beiordnung eines Pflichtverteidigers im Ausgangsverfahren wirkt gem. § 143 nicht für das Wiederaufnahmeverfahren fort (→ § 364a Rn. 14). Die gesonderte Erwähnung des **RA**s erfasst den Fall einer speziellen Bevollmächtigung nur für den Antrag[43] sowie die Unterzeichnung durch einen Angeklagten, der selbst RA ist.[44]

---

[30] Frister in SK-StPO Rn. 4; Eschelbach in KMR-StPO Rn. 12 f.
[31] Marxen/Tiemann Strafsachen Rn. 131; Eschelbach in KMR-StPO Rn. 54.
[32] So aber Kaspar in Satzger/Schluckebier/Widmaier StPO Rn. 2.
[33] Marxen/Tiemann Strafsachen Rn. 132; Weiler in HK-GS § 368 Rn. 4; Loos in AK-StPO § 368 Rn. 13.
[34] OLG Nürnberg 5.8.1963 – Ws 243/63, MDR 1964, 171; Schuster in Löwe/Rosenberg Rn. 3. Ausf. Eschelbach in KMR-StPO Rn. 56–58.
[35] Schmitt in Meyer-Goßner/Schmitt Rn. 2; näher Eschelbach in KMR-StPO Rn. 57.
[36] Schuster in Löwe/Rosenberg Rn. 4; Marxen/Tiemann Strafsachen Rn. 115.
[37] OLG Dresden 13.11.2014 – 1 Reha Ws 35/14, BeckRS 2014, 124007 Rn. 6.
[38] Frister in SK-StPO Rn. 6.
[39] OLG Bamberg 16.12.1960 – Ws 467/60, MDR 1961, 529; Eschelbach in KMR-StPO Rn. 3; Schuster in Löwe/Rosenberg Rn. 5.
[40] IdS aber OLG Hamm 29.8.1988 – 2 Ws 349/88, NStE Nr. 2 = NStZ 1988, 571 (572): Dem Gericht müsse erspart bleiben, 300 engzeilig beschriebene Seiten mit langatmig verfassten Einlassungen zu lesen.
[41] Eschelbach in KMR-StPO Rn. 18; Marxen/Tiemann Strafsachen Rn. 66.
[42] Näher Schuster in Löwe/Rosenberg Rn. 6; Marxen/Tiemann Strafsachen Rn. 116.
[43] Marxen/Tiemann Strafsachen Rn. 116; Schuster in Löwe/Rosenberg Rn. 9.
[44] Tiemann in KK-StPO Rn. 14. Nicht aber bei bestehendem Berufsverbot, s. KG 11.9.1968 – (1) Ss (63) 245/68, NJW 1969, 338.

13 Der Antrag muss in Schriftform gestellt und von einer der v.g. Personen unterzeichnet sein. Das Unterzeichnungserfordernis setzt eine **eigenhändige Unterschrift** voraus,[45] erschöpft sich aber nicht darin. Erforderlich ist zudem, dass der Unterzeichner erkennbar die Verantwortung für den Inhalt der Schrift übernehmen will.[46] Was daraus im Einzelnen folgt, ist str. Nach fast einhelliger Auffassung liegt eine **Verantwortungsübernahme** jedenfalls nicht vor, wenn der Verteidiger oder RA eine laienhaft gefertigte oder offensichtlich unsachgemäße Antragsschrift schlicht unterschreibt[47] oder er durch Zusätze kenntlich macht, den Inhalt der Schrift nicht (vollständig) verantworten zu wollen.[48] Teilw. wird darüber hinaus für eine wirksame Unterzeichnung gefordert, dass der Verteidiger oder RA die Antragsschrift auch inhaltlich gestaltet hat.[49] Das geht indes zu weit. Der Normzweck (→ Rn. 11) lässt es zu, dass der Verteidiger oder RA die von einem juristisch kompetenten Verurteilten vorgefertigten Textelemente prüft und sodann in seine Antragsschrift integriert oder auf diese Bezug nimmt (dazu → Rn. 7); ein Zwang zur Neuformulierung wäre unnötiger Formalismus.[50]

14 **3. Antragstellung zu Protokoll der Geschäftsstelle (Abs. 2 Alt. 2). a) Zuständigkeit.** Funktionell zuständig ist der **Rechtspfleger** (§ 24 Abs. 1 Nr. 2 RPflG) beim Wiederaufnahmegericht (§ 367 Abs. 1 S. 1 iVm § 140a GVG) und beim Gericht, dessen Urteil angefochten wird (§ 367 Abs. 1 S. 2); für den Fall der behördlichen Verwahrung des Verurteilten auch am AG des Verwahrungsortes (§ 299 Abs. 1 iVm § 365). Dem Antragsteller kommt hierbei ein **Wahlrecht** zu, wobei zweckmäßigerweise das die Akten verwahrende Gericht des Ursprungsverfahrens angegangen werden sollte.[51]

15 **b) Erklärung zu Protokoll.** Das Wiederaufnahmematerial zu beschaffen und zu bewerten ist nicht die **Aufgabe des Urkundsbeamten;**[52] seine Aufgabe ist es, den Antragsteller zu beraten und bei der Antragstellung gestaltend mitzuwirken, damit das Vorbringen in sachgerechter und geeigneter Form erfolgt.[53] Daraus folgt, dass der Rechtspfleger sich nicht auf eine Rolle als „Schreibkraft oder Briefannahmestelle"[54] beschränken darf; es genügt daher regelmäßig nicht, wenn er sich den Inhalt diktieren lässt, ein Schriftstück des Antragstellers abschreibt[55] oder ein vorgefertigtes Schriftstück entgegennimmt und mit den Eingangs- und Schlussworten des Protokolls versieht.[56] Stattdessen muss der Rechtspfleger die Erklärung selbst formulieren[57] und darf nur ausnahmsweise mit juristischer Expertise sachgerecht vorformulierte Schriftstücke übernehmen.[58] Ferner herrscht auch hier die – verfehlte (→ Rn. 7) – Ansicht vor, eine Bezugnahme auf Anlagen sei nicht gestattet.[59]

16 Die hM verabsolutiert die genannten Formalia mit der Begründung, der Rechtspfleger müsse für das Antragsvorbringen, ebenso wie ein Verteidiger oder RA, die volle Verantwor-

---

[45] Hohmann in Radtke/Hohmann Rn. 8; Marxen/Tiemann Strafsachen Rn. 118; Eschelbach in KMR-StPO Rn. 71. Zu Vertretungskonstellationen Schuster in Löwe/Rosenberg Rn. 11.
[46] Marxen/Tiemann Strafsachen Rn. 118; Kaspar in Satzger/Schluckebier/Widmaier StPO Rn. 4; Tiemann in KK-StPO Rn. 15; Weiler in HK-GS Rn. 2.
[47] Tiemann in KK-StPO Rn. 15; Marxen/Tiemann Strafsachen Rn. 118; Schuster in Löwe/Rosenberg Rn. 13; Eschelbach in KMR-StPO Rn. 71; Loos in AK-StPO Rn. 5. AA Frister in SK-StPO Rn. 7.
[48] OLG Hamm 29.8.1988 – 2 Ws 349/88, NStZ 1987, 571 (572); Frister in SK-StPO Rn. 7; Schmitt in Meyer-Goßner/Schmitt Rn. 4.
[49] OLG Hamm 29.8.1988 – 2 Ws 349/88, NStE Nr. 2 = NStZ 1988, 571 (572); Schuster in Löwe/Rosenberg Rn. 13; Tiemann in KK-StPO Rn. 15; Weiler in HK-GS Rn. 2.
[50] So auch Marxen/Tiemann Strafsachen Rn. 119; Frister in SK-StPO Rn. 7; Eschelbach in KMR-StPO Rn. 71; Loos in AK-StPO Rn. 5.
[51] Schuster in Löwe/Rosenberg Rn. 14.
[52] Eschelbach in KMR-StPO Rn. 14; Schuster in Löwe/Rosenberg Rn. 16 f.
[53] OLG Bremen 4.11.1966 – Ws 233/66, NJW 1967, 641; Temming in Gercke/Julius/Temming/Zöller Rn. 6.
[54] So OLG Düsseldorf 2.5.1991 – 1 Ws 323/91, JR 1992, 124.
[55] OLG Schleswig 28.11.1983 – 1 SsOWi 629/83, SchlHA 1984, 109 (110) (zu § 341 Abs. 1).
[56] OLG Düsseldorf 2.5.1991 – 1 Ws 323/91, JR 1992, 124 mAnm Gössel.
[57] Schuster in Löwe/Rosenberg Rn. 16 mwN in Fn. 44.
[58] Eschelbach in KMR-StPO Rn. 17; Gössel JR 1992, 125; Marxen/Tiemann Strafsachen Rn. 121.
[59] Schuster in Löwe/Rosenberg Rn. 16 mwN aus der älteren Rspr. in Fn. 45.

tung übernehmen.⁶⁰ Diese Ansicht geht fehl. Dem Rechtspfleger kommt lediglich eine **Beurkundungsfunktion** zu.⁶¹ Er hat zwar seine Unterstützung zur Antragsgestaltung im o. g. Sinne anzubieten (→ Rn. 15), darf aber andererseits – was unstr. ist⁶² – im Gegensatz zu einem Verteidiger seine Unterschrift selbst dann nicht verweigern, wenn ein beratungsresistenter Antragsteller auf der Protokollierung einer unsachgemäßen und evident aussichtslosen Formulierung beharrt. Diese Protokollierungspflicht ist mit dem Prinzip der **Verantwortungsübernahme** nicht zu vereinbaren;⁶³ konsequenterweise herrscht daher auch Konsens, dass selbst der erklärte Unwille des Protokollanten zur Verantwortungsübernahme keinen Formmangel darstellt.⁶⁴

Vor diesem Hintergrund ist eine **differenzierende Betrachtung** am Platz. Grds. ist 17 der zu Protokoll genommene Antrag formunwirksam, wenn die unter → Rn. 15 genannten Formalien missachtet sind. Vermerkt jedoch das auch vom Antragsteller zu unterschreibende Protokoll, dass dieser nach Beratung durch den Rechtspfleger auf der Protokollierung eigener Formulierungen bestanden hat, so ist auch dieser Antrag formwirksam.⁶⁵ Das Gebot einer geschlossenen Gesamtdarstellung ohne jede Bezugnahmemöglichkeit auf weitere Schriftstücke ist auch hier verfehlt (→ Rn. 7).⁶⁶ Im Unterschied zur rigorosen Position bzgl. einer fehlenden anwaltlichen Unterschrift (→ Rn. 13) stellt die fehlende Unterschrift des Urkundsbeamten nach hM keinen Formmangel dar, wenn aufgrund anderer Umstände feststeht, dass die Niederschrift von dem zuständigen Urkundsbeamten herrührt.⁶⁷

4. Antragstellung durch die StA. Nach allgA reicht die **einfache Schriftform**. 18 Das ist sachgerecht, da ein laienhaftes Antragsvorbringen hier nicht zu erwarten ist.⁶⁸ Die StA muss aber eine zustellungsfähige (vgl. § 368 Abs. 2) Antragsschrift anbringen, sodass eine bloße Verfügung in den Akten nicht ausreicht.⁶⁹ IÜ gelten die in → Rn. 5–9 beschriebenen Anforderungen an den Antragsinhalt auch für den Antrag der StA.⁷⁰

IV. Antragsfrist

Eine **Antragsfrist besteht nicht**.⁷¹ Das (formgerechte) Nachschieben weiterer Wie- 19 deraufnahmegründe in dems. Verfahren ist daher möglich,⁷² jedoch nur bis zur erstinstanzlichen Aditionsentscheidung (→ § 372 Rn. 10).

§ 367 Zuständigkeit des Gerichts; Entscheidung ohne mündliche Verhandlung

(1) ¹Die Zuständigkeit des Gerichts für die Entscheidungen im Wiederaufnahmeverfahren und über den Antrag zur Vorbereitung eines Wiederaufnahmeverfahrens richtet sich nach den besonderen Vorschriften des Gerichtsverfassungsgesetzes.

---

⁶⁰ OLG Köln 15.3.1972 – 2 Ws 82/72, OLGSt § 366 S. 13; Gössel in Löwe/Rosenberg Rn. 17.
⁶¹ Eschelbach in KMR-StPO Rn. 74.
⁶² S. nur Schuster in Löwe/Rosenberg Rn. 17; Eschelbach in KMR-StPO Rn. 78; Marxen/Tiemann Strafsachen Rn. 121.
⁶³ Frister in SK-StPO Rn. 8; Eschelbach in KMR-StPO Rn. 75, 77.
⁶⁴ Eschelbach in KMR-StPO Rn. 77; Frister in SK-StPO Rn. 8; Schuster in Löwe/Rosenberg Rn. 17.
⁶⁵ So iE auch OLG Zweibrücken 22.2.2017 – 1 Ws 310/16, BeckRS 2017, 107533 Rn. 4 ff.: Geringfügige gestalterische Mitwirkung des Rechtspflegers für Formwirksamkeit ausreichend, sofern der nach vorheriger Rechtsberatung laienhaft vorformulierte Antrag keine von vornherein unsachlichen Ausführungen enthält.
⁶⁶ Ebenso Eschelbach in KMR-StPO Rn. 79.
⁶⁷ OLG Celle 26.5.1998 – 1 Ws 101/98, NStZ-RR 1999, 62 (63) (zu § 118 Abs. 3 StVollzG); OLG Hamburg 18.10.1999 – 2 Ws 136/99, OLGSt § 359 Nr. 12 = NStZ-RR 2000, 50 (51) mzustAnm Gössel JR 2000, 383.
⁶⁸ Eschelbach in KMR-StPO Rn. 64.
⁶⁹ LG Cottbus 26.9.2019 – 23 KLs 24/19, BeckRS 2019, 35485 Rn. 17.
⁷⁰ LG Cottbus 26.9.2019 – 23 KLs 24/19, BeckRS 2019, 35485 Rn. 19 f.
⁷¹ Marxen/Tiemann Strafsachen Rn. 14, 122.
⁷² Vgl. Eschelbach in KMR-StPO § 365 Rn. 59.

²Der Verurteilte kann Anträge nach den §§ 364a und 364b oder einen Antrag auf Zulassung der Wiederaufnahme des Verfahrens auch bei dem Gericht einreichen, dessen Urteil angefochten wird; dieses leitet den Antrag dem zuständigen Gericht zu.

(2) Die Entscheidungen über Anträge nach den §§ 364a und 364b und den Antrag auf Zulassung der Wiederaufnahme des Verfahrens ergehen ohne mündliche Verhandlung.

Schrifttum: S. Vor § 359.

I. Allgemeines

1   Abs. 1 enthält Regelungen über die gerichtliche Zuständigkeit, Abs. 2 eine Verfahrensvorschrift. Der **Anwendungsbereich** der Zuständigkeitsregel in Abs. 1 S. 1 erstreckt sich auf das gesamte Wiederaufnahmeverfahren einschließlich vorbereitender Entscheidungen nach §§ 364a, 364b,[1] Anordnungen gem. § 360 Abs. 2 (→ § 360 Rn. 13)[2] sowie Eingaben mit Bitten um die Überlassung von Aktenteilen zwecks Vorbereitung derartiger Anträge,[3] ferner grds. auch auf das wiederaufgenommene Verfahren (→ § 373 Rn. 6).[4]

II. Gerichtliche Zuständigkeit

2   Entgegen vormaliger Rechtslage[5] entscheidet im Wiederaufnahmeverfahren nicht der iudex a quo, sondern grds. ein **anderes Gericht mit gleicher sachlicher Zuständigkeit.** Die Einzelheiten regelt § 140a GVG (s. dazu die Kommentierung von § 140a GVG), auf den § 367 Abs. 1 S. 1 verweist. Zu beachten ist ferner § 23 Abs. 2.

Die Bestimmung der gerichtlichen **Zuständigkeit** hat auch Bedeutung für diejenige **der StA** im Wiederaufnahmeverfahren, § 143 Abs. 1 GVG (auch → § 365 Rn. 9). Die Zuständigkeit der Strafvollstreckungsbehörde bei der etwaigen Umsetzung des angegriffenen Urteils bleibt von § 367 unberührt.[6]

III. Anträge an das Ursprungsgericht

3   Der Verurteilte kann seinen Wiederaufnahmeantrag oder solche nach §§ 364a, 364b auch **bei dem Gericht** einreichen, **dessen Entscheidung angefochten wird,** Abs. 1 S. 2 Hs. 1. Dadurch bleibt es dem Antragsteller erspart, die komplizierten Zuständigkeitsregeln des § 140a GVG beachten zu müssen.[7] Die Möglichkeit des **inhaftierten Verurteilten,** gem. §§ 365, 299 Abs. 1 Anträge auch zu Protokoll der Geschäftsstelle des AG am Verwahrungsort zu stellen (→ § 365 Rn. 4), bleibt davon unberührt. Abs. 1 S. 2 ist entspr. anzuwenden auf die in § 361 Abs. 2 genannten Hinterbliebenen,[8] nach teilw. vertretener Ansicht auch auf die nach §§ 297 f. Antragsberechtigten.[9] Für StA und Privatkläger gilt die Vorschrift nach AllgM nicht.

---

[1] Schuster in Löwe/Rosenberg Rn. 3; Loos in AK-StPO Rn. 2.
[2] BGH 11.7.1979 – 2 ARs 185/79, BGHSt 29, 47 (49) = NJW 1980, 131 (132).
[3] BGH 13.9.2012 – 1 StR 91/03, BeckRS 2012, 20992; Frister in SK-StPO Rn. 2.
[4] Eschelbach in KMR-StPO Rn. 1 aE.
[5] Zur Entstehungsgeschichte Krägeloh NJW 1975, 137 (138 f.); Schuster in Löwe/Rosenberg Rn. 1 f.; Eschelbach in KMR-StPO Rn. 3 ff.
[6] Eschelbach in KMR-StPO Rn. 15; Temming in Gercke/Julius/Temming/Zöller Rn. 6; Frister in SK-StPO GVG § 140a Rn. 19; Kissel/Mayer GVG § 140a Rn. 22; Simon in Löwe/Rosenberg GVG § 140a Rn. 17.
[7] Vgl. Loos in AK-StPO Rn. 22; Eschelbach in KMR-StPO Rn. 17; Schmitt in Meyer-Goßner/Schmitt Rn. 3. Gorka in Miebach/Hohmann HdB Wiederaufnahme Kap. D Rn. 194 empfiehlt daher, stets das Ursprungsgericht anzurufen.
[8] Frister in SK-StPO Rn. 2; Tiemann in KK-StPO Rn. 5.
[9] Schuster in Löwe/Rosenberg Rn. 30.

Gem. Abs. 1 S. 2 Hs. 2 hat das Ursprungsgericht den Antrag an das zuständige Gericht **4** weiterzuleiten; dies geschieht entweder durch Beschluss des Gerichts[10] oder Verfügung des Vorsitzenden.[11] Die **Weiterleitung** unterbleibt aber, wenn der Antragsteller auch nach Belehrung über die Zuständigkeitsfrage auf einer Entscheidung des angegangenen Gerichts beharrt.[12]

IV. Entscheidung

Nach Abs. 2 ergehen Entscheidungen über Anträge nach §§ 364a, 364b und über die **5** „Zulassung" der Wiederaufnahme – gemeint ist eine Zulässigkeitsentscheidung nach § 368 Abs. 1 – **ohne mündliche Verhandlung durch Beschluss.** Die Vorschrift gilt für Anordnungen nach § 360 Abs. 2 entspr.;[13] für die Entscheidung über das Begründetsein ordnet § 370 Abs. 1 dasselbe an. Schöffen sind an der Entscheidung nicht beteiligt, § 30 Abs. 2, § 76 Abs. 1 S. 2 GVG.[14]

V. Verfahren und Folgen bei Unzuständigkeit

1. Allgemeines. Das vierte Buch trifft zu den Folgen fehlender Zuständigkeit keine **6** Regelung.[15] Der Gesetzgeber scheint prinzipiell von der Möglichkeit einer **Antragsverwerfung wegen Unzuständigkeit** ausgegangen zu sein.[16] Es erscheint jedoch aus Gründen der Prozessökonomie sachgerecht, Anträge auch im Wiederaufnahmeverfahren nach Möglichkeit direkt einer Entscheidung durch das zuständige Gericht zuzuführen.[17]

Übereinstimmend wird darüber hinaus angenommen, dass wiederaufnahmerechtliche **Entscheidungen unzuständiger Gerichte wirksam**,[18] ggf. aber im weiteren Verfahren anfechtbar bzw. korrekturbedürftig sind. Hinsichtlich des Verfahrens bei fehlender Zuständigkeit und den Folgen der Entscheidungen eines unzuständigen Gerichts herrscht jedoch Unklarheit im Detail; der Streitstand ist unübersichtlich. Im Einzelnen gilt Folgendes:

2. Fehlende sachliche Zuständigkeit. a) Gericht zu niedriger Ordnung angerufen. **7** Bemerkt das Gericht im **Aditionsverfahren** seine Unzuständigkeit, verweist es die Sache analog § 270 an das zuständige höhere Gericht.[19] Ergeht ein (auf andere Gründe als Unzuständigkeit gestützter) **Verwerfungsbeschluss** nach § 368 Abs. 1 und wird dieser nach § 372 angegriffen, hebt das Beschwerdegericht den Beschluss auf und verweist die Sache an das zuständige Gericht.[20] Verkennt auch das LG als Beschwerdegericht seine Verweisungspflicht, eröffnet sich dem Beschwerdeführer in Ausnahme zu § 310 Abs. 2 die Möglichkeit einer weiteren Beschwerde an das OLG; die vermeintliche Beschwerdeentscheidung

---

[10] BGH 10.1.1996 – 3 StR 242/80, BGHR Zuständigkeit 1; 7.11.1995 – 1 StR 604/84, BeckRS 1996, 00885.
[11] Schmitt in Meyer-Goßner/Schmitt Rn. 3; Frister in SK-StPO Rn. 2.
[12] BGH 25.3.2015 – 1 ARs 3/15, BeckRS 2015, 08331 Rn. 3; 23.1.1985 – 2 ARs 6/85, GA 1985, 419; Schmitt in Meyer-Goßner/Schmitt Rn. 3; Schuster in Löwe/Rosenberg Rn. 30; Eschelbach in KMR-StPO Rn. 18; aA Loos in AK-StPO Rn. 22.
[13] Vgl. Eschelbach in KMR-StPO Rn. 19.
[14] Temming in Gercke/Julius/Temming/Zöller Rn. 7; Gössel in Löwe/Rosenberg Rn. 32.
[15] Schuster in Löwe/Rosenberg Rn. 34.
[16] Vgl. Krägeloh NJW 1975, 137 (139) (zum Normzweck des § 367 Abs. 1 S. 2). Ebenso Frister in SK-StPO Rn. 2 für Anträge der StA und des Privatklägers an das örtlich unzuständige Gericht.
[17] Schuster in Löwe/Rosenberg Rn. 33 f.; vgl. auch BGH 10.8.2022 – 3 ARs 9/22, BeckRS 2022, 21546 Rn. 7.
[18] Eschelbach in KMR-StPO Rn. 20; Kaspar in Satzger/Schluckebier/Widmaier StPO Rn. 4; Schuster in Löwe/Rosenberg Rn. 39; Frister in SK-StPO Rn. 3; Peters Fehlerquellen Bd. III S. 132; OLG Hamm 8.5.1957 – 2 Ws 196/56, JMBl. NRW. 1957, 155 (Zulassungsbeschl. durch unzuständiges LG statt AG); OLG Düsseldorf 7.8.1979 – 5 Ws 64/79 u. 5 Ws 6/79, JMBl. NRW. 1979, 259 (261) (Zulassungsbeschl. durch sachlich und örtlich unzuständiges AG).
[19] Schuster in Löwe/Rosenberg Rn. 35; Eschelbach in KMR-StPO Rn. 21 („Vorlage"); Weiler in HK-GS Rn. 5 („Abgabe").
[20] Eschelbach in KMR-StPO Rn. 22; Frister in SK-StPO Rn. 3; Peters Fehlerquellen Bd. III S. 133.

des LG wird in diesem Fall als erstinstanzlich betrachtet.[21] Wird ein **Zulassungsbeschluss** mit der sofortigen Beschwerde angegriffen, hebt das Beschwerdegericht ebenfalls unter Verweisung an das zuständige Gericht auf.[22] Stellt das Gericht seine Unzuständigkeit erst im **Probationsverfahren** fest, hat es wiederum einen Verweisungsbeschluss analog § 270 zu erlassen.[23] Verwirft das Gericht den für zulässig erklärten **Wiederaufnahmeantrag** als **unbegründet** (§ 370 Abs. 1), bestehen für das Beschwerdegericht mehrere Möglichkeiten: Eigene (als erstinstanzlich zu behandelnde) Sachentscheidung gem. § 309 Abs. 2 und im Abhilfefall Wiederaufnahmeanordnung vor dem zuständigen Gericht oder aber in entspr. Anwendung des § 355 Verweisung an das zuständige Gericht.[24] Ergeht hingegen ein **Anordnungsbeschluss** nach § 370 Abs. 2, ist dieser wirksam und gem. § 372 S. 2 unanfechtbar. Wird die Wiederaufnahme des Verfahrens vor einem unzuständigen Gericht angeordnet, hat dieses seine Zuständigkeit nach § 6 zu prüfen und verfährt nach § 225a bzw. § 270.

8 **b) Gericht zu hoher Ordnung angerufen.** Wird die Unzuständigkeit bereits im **Aditionsverfahren** bemerkt, erfolgt nach einhelliger Auffassung eine formlose Abgabe an das zuständige Gericht niederer Ordnung.[25] Erlässt das Gericht in der irrigen Annahme seiner Zuständigkeit jedoch einen **Verwerfungsbeschluss nach § 368 Abs. 1** und wird dieser mit der sofortigen Beschwerde angegriffen, kann dieser nach üA nicht mit dem Argument sachlicher Unzuständigkeit kassiert werden (Rechtsgedanke des § 269).[26] Ergeht hingegen ein materiell zutr. **Zulassungsbeschluss** und wird dieser angefochten, ist umstr., ob dieser der Unzuständigkeit zum Trotz Bestand hat.[27] Ebenfalls str. ist, ob der erst im **Probationsverfahren** erkannte Zuständigkeitsmangel zur sofortigen Verfahrensabgabe zwingt. Die hL bejaht dies.[28] Aus Gründen der Prozessökonomie sollte indes das den Zulassungsbeschluss erlassende Gericht zu hoher Ordnung in jedem Fall auch das Probationsverfahren durchführen und die sachliche Zuständigkeit erst mit der AnO der Erneuerung der Hauptverhandlung vor dem zuständigen Gericht analog § 354 Abs. 3 berücksichtigen;[29] darin liegt nach dem Rechtsgedanken des § 269 keine Beschwer. Verwirft das Gericht den **Wiederaufnahmeantrag** materiell zutr. als **unbegründet,** kann die im Beschwerdeverfahren erhobene Rüge mangelnder Zuständigkeit deshalb keinen Erfolg haben.[30] Übergeht das Gericht bei der (unanfechtbaren, § 372 S. 2) Entscheidung nach § 370 Abs. 2 den Zuständigkeitsmangel und ordnet die Wiederaufnahme vor einem zu hohen Gericht an, bleibt dieses bei einem späteren Erkennen des Mangels an diese Entscheidung gebunden, § 269.

9 **3. Örtliche Unzuständigkeit des angerufenen Gerichts.** Wird der Antrag bei einem örtlich unzuständigen Gericht gestellt, ist unklar, welche Folgen dies bei Bekanntwer-

---

[21] KG 27.3.2009 – 4 Ws 31/09, NStZ 2009, 592 Ls. = BeckRS 2009, 12737; OLG Düsseldorf 12.11.1981 – 3 Ws 623/81, MDR 1982, 518; Tiemann in KK-StPO Rn. 7; Frister in SK-StPO Rn. 3.
[22] AA Eschelbach in KMR-StPO Rn. 21, der den Zulassungsbeschl. in analoger (?) Anwendung von § 372 S. 2 für unanfechtbar hält.
[23] Schuster in Löwe/Rosenberg Rn. 39; Loos in AK-StPO Rn. 26; Frister in SK-StPO Rn. 3 („Abgabe").
[24] Vgl. Schuster in Löwe/Rosenberg Rn. 40 (zum umgekehrten Fall des Anordnungsbeschl. durch ein sachlich unzuständiges Gericht höherer Ordnung).
[25] OLG Frankfurt a. M. 11.7.2006 – 3 Ws 652/06, NStZ-RR 2006, 275 (276); Peters Fehlerquellen Bd. III., S. 132 f.; Frister in SK-StPO Rn. 4 Fn. 12; Eschelbach in KMR-StPO Rn. 21 („Verweisung").
[26] Kaspar in Satzger/Schluckebier/Widmaier StPO Rn. 4; Schuster in Löwe/Rosenberg Rn. 40; Schmitt in Meyer-Goßner/Schmitt Rn. 5; Temming in Gercke/Julius/Temming/Zöller Rn. 8; aA OLG Oldenburg 30.9.1991 – 1 Ws 186/91, StV 1992, 102; Eschelbach in KMR-StPO Rn. 23 (unter Hinweis auf Art. 101 Abs. 1 S. 2 GG).
[27] Dafür Loos in AK-StPO Rn. 26; Frister in SK-StPO Rn. 4. Dagegen OLG Hamm 8.5.1957 – 2 Ws 196/56, JMBl. NRW. 1957, 155; Temming in Gercke/Julius/Temming/Zöller Rn. 8; Tiemann in KK-StPO Rn. 7.
[28] Tiemann in KK-StPO Rn. 7; Hohmann in Radtke/Hohmann Rn. 6; Gössel in Löwe/Rosenberg Rn. 39; Temming in Gercke/Julius/Temming/Zöller Rn. 8.
[29] Frister in SK-StPO Rn. 4; Loos in AK-StPO Rn. 26.
[30] Frister in SK-StPO Rn. 5. AA Schuster in Löwe/Rosenberg Rn. 40 aE: Zurückverweisung an das zuständige Gericht analog §§ 354 Abs. 3, 355.

den des Zuständigkeitsmangels bereits im **Aditionsverfahren** hat. Vereinzelt wird eine Abgabe des Verfahrens an das zuständige Gericht befürwortet.[31] Indes mangelt es hierfür an einer gesetzlichen Grundlage; eine analoge Anwendung der § 328 Abs. 2, § 355 würde die Spezialregel in Abs. 1 S. 2 Hs. 2 unterlaufen. Es gilt daher dasselbe wie zu § 16: Das Gericht erklärt sich für unzuständig und verwirft den Antrag gem. § 368 Abs. 1 als unzulässig.[32] Ergeht eine verwerfende Entscheidung nach § 368 Abs. 1 aus anderen Gründen und wird angefochten, hebt das Beschwerdegericht den **Verwerfungsbeschluss** auf und verweist in entspr. Anwendung des § 355 an das zuständige Gericht.[33] Erlässt das Gericht einen **Zulassungsbeschluss,** ist dieser nach AllgM wirksam. Wird dieser aber angefochten, soll das Beschwerdegericht nach ganz hM aufheben und an das zuständige Gericht verweisen.[34] Fraglich ist, wie bei einem Bekanntwerden des Zuständigkeitsmangels erst im **Probationsverfahren** zu verfahren ist. Die hL sieht das Gericht an seinen Zulassungsbeschluss gebunden und zur Durchführung der Probation verpflichtet; die Verweisung an das örtlich zuständige Gericht soll erst mit der AnO der Wiederaufnahme (§ 370 Abs. 2) erfolgen.[35] Zugleich soll aber die Anfechtung einer materiell richtigen **Probationsentscheidung nach § 370 Abs. 1** zu einer Zurückverweisung durch das Beschwerdegericht an das örtlich zuständige Wiederaufnahmegericht führen. Diese Lösung ist jedoch verfahrensökonomisch unsinnig, da sie ein örtlich unzuständiges Wiederaufnahmegericht dazu zwingen kann, sehenden Auges eine wegen fehlender Zuständigkeit anfechtbare Probationsentscheidung nach § 370 Abs. 1 zu treffen.[36] Soweit zur Vermeidung dieser Situation eine Abgabe an das zuständige Gericht auch im Probationsverfahren befürwortet wird,[37] überzeugt das aber nicht. Vielmehr folgt aus dem Rechtsgedanken des § 16 S. 3,[38] dass der Unzuständigkeitseinwand infolge eines rechtskräftigen Zulassungsbeschlusses präkludiert und im Beschwerdeverfahren gegen eine Unbegründetheitsverwerfung nach § 370 Abs. 1 daher unbeachtlich ist. Wird auch bei der AnO nach § 370 Abs. 2 die örtliche Zuständigkeit missachtet und die Wiederaufnahme vor einem örtlich unzuständigen Gericht angeordnet, kann der Angeklagte im wiederaufgenommenen Verfahren den Einwand nach § 16 erheben.[39]

§ 368 Verwerfung wegen Unzulässigkeit

(1) Ist der Antrag nicht in der vorgeschriebenen Form angebracht oder ist darin kein gesetzlicher Grund der Wiederaufnahme geltend gemacht oder kein geeignetes Beweismittel angeführt, so ist der Antrag als unzulässig zu verwerfen.

(2) Andernfalls ist er dem Gegner des Antragstellers unter Bestimmung einer Frist zur Erklärung zuzustellen.

Schrifttum: Bröckers, Ein Alternativ- und Ergänzungsvorschlag zur Reform der Wiederaufnahme von Strafverfahren zuungunsten von Freigesprochenen, KriPoZ 2022, 15; König, Das Geständnis im postmodernen, konsensualen Strafprozess, NJW 2012, 1915; Marxen, Ende gut, aber keineswegs alles gut – Defizite des strafrechtlichen Wiederaufnahmeverfahrens, FS für Walter Kargl, 2015, S. 323; K. Meyer, Wiederaufnahmeanträge mit bisher zurückgehaltenem Tatsachenvortrag, FG für Karl Peters, 1984, S. 387; Peters, Anm. zu KG v. 28.6.1974 – 3 Ws 67/74, JR 1975, 166; Peters, Anm. zu KG v. 23.5.1975 – 3 Ws 53/75, JR 1976, 77;

---

[31] Frister in SK-StPO Rn. 5 aE. Wohl ebenso Schuster in Löwe/Rosenberg Rn. 38.
[32] Vgl. Geilhorn in KK-StPO § 16 Rn. 8 mwN.
[33] Loos in AK-StPO Rn. 28.
[34] Tiemann in KK-StPO Rn. 8; Eschelbach in KMR-StPO Rn. 22; Weiler in HK-GS Rn. 5; Temming in Gercke/Julius/Temming/Zöller Rn. 9.
[35] Eschelbach in KMR-StPO Rn. 22; Loos in AK-StPO Rn. 28; Peters Fehlerquellen Bd. III S. 132; Schuster in Löwe/Rosenberg Rn. 41.
[36] Frister in SK-StPO Rn. 5.
[37] Frister in SK-StPO Rn. 5.
[38] Zur entspr. Anwendung von § 16 auf das Wiederaufnahmeverfahren s. OLG Koblenz 30.5.1995 – 2 Ws 308/95, BeckRS 1995, 31113255 mablAnm Weiler NJW 1996, 1042 f.; Schuster in Löwe/Rosenberg Rn. 38; Frister in SK-StPO Rn. 5.
[39] Schuster in Löwe/Rosenberg Rn. 42; Peters Fehlerquellen Bd. III S. 132; Loos in AK-StPO Rn. 28.

§ 368 1   4. Buch. Wiederaufnahme eines durch rechtskr. Urteil abgeschl. Verfahrens

Rick, „An die Hunde verfüttert" – Prozessbericht zu einem Justizirrtum, StraFo 2012, 400; Schöneborn, Verfassungsrechtliche Aspekte des strafprozessualen Wiederaufnahmeverfahrens, MDR 1975, 441; Velten, Fehlentscheidungen im Strafverfahren, GA 2015, 387. S. a. Schrifttum Vor § 359.

Übersicht

	Rn.		Rn.
A. Grundlagen	1	2. Geeignetheit	26
I. Gesetzessystematik	1	a) Unterstellung der Richtigkeit	27
II. Prüfungsdichte	2	b) Erheblichkeitsprüfung	28
III. Bedeutung der Zulässigkeitsentscheidung	5	c) (Gesamt-)Beweisantizipation	29
		d) Erweiterte Darlegungslasten	34
B. Allgemeines zum Prüfungsgegenstand	6	e) Grenzen der Beweisantizipation	44
		V. § 362 Nr. 4 (glaubwürdiges Geständnis)	46
I. Allgemeine Prozessvoraussetzungen	7	1. Prüfungsgegenstand	46
II. Allgemeine Voraussetzungen des Wiederaufnahmeverfahrens	8	2. Geeignete Beweismittel	47
III. Besondere Voraussetzungen des Wiederaufnahmeverfahrens	9	D. Entscheidungsmöglichkeiten und Verfahren	48
1. Beachtung der Form	10	I. Zulassungsbeschluss	49
2. Geltendmachung eines Wiederaufnahmegrundes	11	1. Beschlusserfordernis	49
3. Angebot eines geeigneten Beweismittels	12	2. Bindungswirkung	50
		3. Verfahren	52
C. Prüfungsgegenstand einzelner Wiederaufnahmegründe	17	a) Allgemeines	52
		b) Zusammenfallen von Aditions- und Probationsverfahren	53
I. §§ 359 Nr. 1, 362 Nr. 1 (unechte oder verfälschte Urkunde)	17	c) Rechtliches Gehör	54
1. Prüfungsgegenstand	17	d) Bekanntmachung	55
2. Geeignete Beweismittel	18	II. Verwerfungsbeschluss	56
II. §§ 359 Nr. 2–3, 362 Nr. 2–3 (strafbare Pflichtverletzung)	19	1. Beschlusserfordernis	56
		2. Möglichkeit der Teilentscheidung	57
1. Prüfungsgegenstand	19	3. Wirkung (Verbrauch)	59
2. Beweismittel	20	4. Verfahren	61
III. § 359 Nr. 4 und 6 StPO, § 79 Abs. 1 BVerfGG	21	a) Rechtliches Gehör	62
1. Geeigneter Prüfungsgegenstand	21	b) Bekanntmachung	63
		III. Entscheidung bei Fehlen allgemeiner Prozessvoraussetzungen	64
2. Geeignete Beweismittel	23	1. Günstige Wiederaufnahme	65
IV. § 359 Nr. 5 (restitutio propter nova)	24	2. Ungünstige Wiederaufnahme	66
1. Neuheit	25	E. Rechtsbehelfe	67

A. Grundlagen

I. Gesetzessystematik

1   Die Vorschrift ist Ausgangspunkt zur Bestimmung des **Prüfungsumfang**s **im Aditionsverfahren**. Sie regelt in unvollständiger Weise die Voraussetzungen und Folgen der (Un-)Zulässigkeit des Wiederaufnahmeantrags; die Zulässigkeit des Ausgangsverfahrens ist hingegen ebensowenig unmittelbarer Gegenstand des Aditionsverfahrens wie die Zulässigkeit des wiederaufgenommenen Verfahrens.[1]

---

[1] Schuster in Löwe/Rosenberg Rn. 1.

II. Prüfungsdichte

In der Praxis scheitern die meisten Wiederaufnahmeanträge im Aditionsverfahren.² **2** Deshalb wird die Zulässigkeitsprüfung als das **„Nadelöhr" des Wiederaufnahmerechts** bezeichnet³ und als Abblock-Instrument einer wiederaufnahmefeindlichen Justiz wahrgenommen.⁴ Tatsächlich wird ein Großteil der im Wiederaufnahmeverfahren anzustellenden Prüfungsoperationen innerhalb des Aditionsverfahrens verortet, während für das Begründetheitsverfahren nicht viel mehr als die Erhebung der zuvor bereits angewürdigten Beweise verbleibt.

ZT wird daher vorgeschlagen, die Zulässigkeitsprüfung bloß als **grobe Ausfilterung** **3** evident ungeeigneter Anträge zu handhaben.⁵ Zu prüfen bliebe danach im Aditionsverfahren wenig mehr als die Frage, „ob der geltend gemacht Antragsgrund zum canon der gesetzlichen Wiederaufnahmegründe gehört oder nicht."⁶ In der Folge würden wesentliche Prüfungsschritte in das Probationsverfahren oder in die neue Hauptverhandlung verlagert.

Im Kern geht es bei der Bestimmung des Wesens des Aditionsverfahrens um die äußerst **4** praxisrelevante Frage, mit welcher Intensität die **Prüfung der Begründungsgeeignetheit** iSv § 359 Nr. 5 bereits vor einer etwaigen Beweisaufnahme vorzunehmen ist (→ Rn. 26 ff.). Der skizzierten Lit.-Auffassung ist dabei zuzugestehen, dass die gegenwärtige praktische Handhabung der Zulässigkeitsvoraussetzungen zu restriktiv erfolgt. Das liegt aber nicht an einem fundamentalen Konstruktionsfehler der hM iSe unnötig in die Zulässigkeit vorverlagerten Prüfungsschwerpunkts, sondern an dessen überzogener bzw. fehlerhafter Handhabung. An dem Ansatz der hM, wonach sich Aditions- und Probationsverfahren vornehmlich dadurch unterscheiden, dass in jenem die Richtigkeit des Wiederaufnahmevorbringens nicht untersucht, sondern unterstellt wird,⁷ ist daher grds. festzuhalten.

III. Bedeutung der Zulässigkeitsentscheidung

Die „Entscheidung über den Antrag auf Zulassung der Wiederaufnahme" (§ 367 Abs. 2) **5** ist unter verschiedenen Aspekten von Bedeutung. Ein Verwerfungsbeschluss beendet das Wiederaufnahmeverfahren und kann hinsichtlich des Wiederaufnahmevorbringens **verbrauchende Wirkung** entfalten (→ Rn. 59 f.). Einem Zulassungsbeschluss kommt partielle **Bindungswirkung für das Probationsverfahren** zu (→ Rn. 51), er markiert die zeitliche Grenze für die Möglichkeit des **Nachschiebens** weiterer **Wiederaufnahmegründe** (→ § 372 Rn. 10) und präkludiert in entspr. Anwendung von § 16 S. 3 (vorübergehend) den **Einwand örtlicher Unzuständigkeit** (→ § 367 Rn. 9).

B. Allgemeines zum Prüfungsgegenstand

Hinsichtlich des Prüfungsgegenstands kann unterschieden werden zwischen den allg. **6** Prozessvoraussetzungen sowie den allg. und den besonderen, in Abs. 1 ausdrücklich genannten Zulässigkeitsvoraussetzungen des Wiederaufnahmeverfahrens.⁸

---

² Marxen FS Kargl, 2015, 323 (324); Strate in MAH Strafverteidigung § 28 Rn. 73; Geipel in Miebach/Hohmann HdB Wiederaufnahme Kap. A Rn. 43.
³ Kaspar in Satzger/Schluckebier/Widmaier StPO Rn. 4. Ebenso Eschelbach in KMR-StPO Rn. 1.
⁴ Eschelbach in KMR-StPO Rn. 2; Peters JR 1976, 77 (78); Bock/Eschelbach/Geipel/Hettinger/Röschke/Wille GA 2013, 328 (331 Fn. 27).
⁵ Eschelbach in KMR-StPO Rn. 1, 7–9 („Grobsichtung"), § 365 Rn. 72; J. Meyer ZStW 84 (1972), 909 (920); Peters Fehlerquellen Bd. III S. 137; Schöneborn MDR 1975, 441. Tendenziell auch Frister in SK-StPO § 359 Rn. 58, der weite Teile des Prüfungsprogramms erst im Probationsverfahren berücksichtigen will. AA Schuster in Löwe/Rosenberg Rn. 7.
⁶ Eschelbach in KMR-StPO Rn. 9.
⁷ Schuster in Löwe/Rosenberg Rn. 7, 21; Marxen/Tiemann Strafsachen Rn. 128, 355; Schmitt in Meyer-Goßner/Schmitt Rn. 1.
⁸ Abw. Einteilung bei Gössel in Löwe/Rosenberg, 26. Aufl. 2013, Rn. 3; Marxen/Tiemann Strafsachen Rn. 11.

I. Allgemeine Prozessvoraussetzungen

7   Die Bedeutung allg. Prozesshindernisse für das Wiederaufnahmeverfahren hängt davon ab, ob der Antrag zugunsten oder zulasten des Angeklagten gestellt worden ist.[9] Da mit einer günstigen Wiederaufnahme zB auch der inzwischen verstorbene (vgl. § 371 Abs. 1), verhandlungsunfähig (dazu → § 361 Rn. 13) oder nach §§ 18 ff. GVG verfolgungsimmun gewordene[10] Verurteilte rehabilitiert werden können soll, ferner weder Vollstreckungsverjährung noch Amnestie ein Rehabilitationshindernis bilden (→ § 361 Rn. 11), sind derartige Prozesshindernisse im **günstigen Wiederaufnahmeverfahren** unbeachtlich; erst im Anschluss an bzw. im Zusammenhang mit einem Begründetheitsbeschluss nach § 370 Abs. 2 ist das Verfahren ggf. nach § 206a bzw. § 371 Abs. 1 einzustellen. Im Fall eines **ungünstigen** Wiederaufnahmeantrags kann das **Wiederaufnahmeverfahren** hingegen beim Vorliegen eines Prozesshindernisses nicht mehr den ihm zugedachten Erfolg haben[11] und ist daher in entspr. Anwendung der §§ 205, 206a umgehend (einstweilen) einzustellen (näher dazu → Rn. 66).

II. Allgemeine Voraussetzungen des Wiederaufnahmeverfahrens

8   Obzwar in Abs. 1 nicht ausdrücklich erwähnt, erstreckt sich die Zulässigkeitsprüfung nach allgA auf die hier sog. allg. Wiederaufnahmeverfahrensvoraussetzungen. Dazu zählen insbes. die Rechtskraft der angefochtenen Entscheidung (→ § 361 Rn. 16–18), die Antragsbefugnis,[12] das Vorliegen einer wiederaufnahmespezifischen Beschwer[13] sowie eines zulässigen Antragsziels (→ § 366 Rn. 8) und die **Unverbrauchtheit des Vorbringens**.[14] Fehlt eine dieser Voraussetzungen, ist der Antrag als unzulässig zu verwerfen (→ Rn. 56). Besonderheiten gelten für den Fall der Anrufung eines unzuständigen Gerichts (dazu → § 367 Rn. 6–9).

III. Besondere Voraussetzungen des Wiederaufnahmeverfahrens

9   Abs. 1 hebt drei Zulässigkeitsvoraussetzungen ausdrücklich hervor: Die Beachtung der vorgeschriebenen Form sowie „als eher sachliche Voraussetzungen"[15] die Geltendmachung eines gesetzlichen Wiederaufnahmegrundes und die Anführung eines geeigneten Beweismittels.

10   **1. Beachtung der Form.** Dies bezieht sich auf § 366.[16] Zu den Formerfordernissen zählt neben dem Antragserfordernis als solchem[17] die Beachtung des Unterzeichnungs- (§ 366 Abs. 2) bzw. Protokollerfordernisses (§ 366 Abs. 2, § 299 Abs. 1 iVm § 365; → § 366 Rn. 12–17). Entgegen der hM besteht aber kein Formzwang iSe geschlossenen Darstellung des Antragsvorbringens (→ § 366 Rn. 7). Ein Formverstoß rechtfertigt indes nicht ohne Weiteres die Verwerfung des Antrags als unzulässig. Aus dem Gebot richterlicher Fürsorge erwächst eine Pflicht, auf unschwer behebbare Mängel hinzuweisen und **Gelegenheit zur Nachbesserung** einzuräumen (→ § 366 Rn. 6);[18] hierzu kann das Gericht eine Frist setzen.[19]

---

[9] Weiler in HK-GS Rn. 3; Frister in SK-StPO Rn. 3; Eschelbach in KMR-StPO Rn. 3; Schuster in Löwe/Rosenberg Rn. 3. Einschr. Gössel in Löwe/Rosenberg, 26. Aufl. 2013, Rn. 4.
[10] Dazu Schuster in Löwe/Rosenberg Rn. 2.
[11] Näher Frister in SK-StPO Rn. 3.
[12] Schuster in Löwe/Rosenberg Rn. 5; Temming in Gercke/Julius/Temming/Zöller Rn. 1. Zur Antragsbefugnis → § 365 Rn. 3–12.
[13] Temming in Gercke/Julius/Temming/Zöller Rn. 1; Kaspar in Satzger/Schluckebier/Widmaier StPO Rn. 2. Näher dazu → § 361 Rn. 2–10.
[14] Schuster in Löwe/Rosenberg Rn. 4; Marxen/Tiemann Strafsachen Rn. 294.
[15] Kaspar in Satzger/Schluckebier/Widmaier StPO Rn. 2.
[16] Schuster in Löwe/Rosenberg Rn. 8; Rotsch in Krekeler/Löffelmann/Sommer Rn. 3.
[17] Vgl. Marxen/Tiemann Strafsachen Rn. 12.
[18] Schuster in Löwe/Rosenberg Rn. 9; Tiemann in KK-StPO Rn. 1; Kaspar in Satzger/Schluckebier/Widmaier StPO Rn. 1.
[19] Eschelbach in KMR-StPO Rn. 5.

2. Geltendmachung eines Wiederaufnahmegrundes. Des Weiteren ist zu prüfen, 11 ob in schlüssiger Weise (→ § 366 Rn. 5) ein gesetzlicher Wiederaufnahmegrund geltend gemacht worden ist.[20]

3. Angebot eines geeigneten Beweismittels. Wie sich bereits aus § 366 Abs. 1 12 ergibt, reicht die schlüssige Darlegung eines gesetzlichen Wiederaufnahmegrundes nicht hin. Aufgrund der im Wiederaufnahmeverfahren geltenden **Dispositionsmaxime**[21] muss der Antragsteller für seine Behauptungen zudem Beweismittel (→ § 366 Rn. 9) anbieten. Dieses Erfordernis konkretisiert § 368 Abs. 1 dahingehend, dass die angeführten Beweismittel „geeignet" sein müssen; anderenfalls ist der Antrag unzulässig. Diese Zulässigkeitsvoraussetzung gilt für alle Wiederaufnahmegründe.[22]

Die **Bedeutung** der hier sog. Beweisgeeignetheit ist **umstr.**,[23] die Problemdarstellung 13 im Schrifttum unübersichtlich. Schwierigkeiten bereitet vor allem der Umstand, dass der praktisch wichtigste Wiederaufnahmegrund, § 359 Nr. 5, die Geeignetheit der neuen Tatsachen und Beweismittel bereits in den Wiederaufnahmetatbestand integriert; dies führt bei unbefangener Betrachtung dazu, dass die Geeignetheit bei einer restitutio propter nova iRd Zulässigkeitsprüfung gleich zweimal zu prüfen ist – einmal als spezielle Voraussetzung des Wiederaufnahmegrundes nach § 359 Nr. 5 und einmal als Zulässigkeitsvoraussetzung nach § 368 Abs. 1.[24] Das Verhältnis der Geeignetheitsbegriffe in § 368 Abs. 1 und § 359 Nr. 5 zueinander ist latent unklar und Anlass von Missverständnissen.[25] Teilw. wird den Begriffen identische Bedeutung beigemessen;[26] die gesonderte Erwähnung in § 359 Nr. 5 wäre demzufolge, soweit sich diese auf Beweismittel bezieht, überflüssig.[27] Richtiger Ansicht nach haben die beiden Geeignetheitsbegriffe jedoch einen verschiedenen Bedeutungsgehalt und sind streng voneinander zu trennen.[28]

Die **Beweisgeeignetheit** iSv § 368 Abs. 1 besagt lediglich, dass das im Antrag angebo- 14 tene Beweismittel, dessen Ergiebigkeit im Aditionsverfahren zu unterstellen ist, zu dem Kreis der in der StPO vorgesehenen Beweismittel gehören muss, dass es in zulässiger Weise erhoben werden kann, dass es für das Gericht erreichbar und dass es nicht von vornherein völlig ungeeignet ist. Mit anderen Worten: Die Eignung des Beweismittels iSv Abs. 1 richtet sich nach den **Kriterien des § 244 Abs. 3.**[29] Die Annahme völliger Ungeeignetheit eines Beweismittels iSd § 244 Abs. 3 S. 3 Nr. 4 setzt voraus, dass sich ohne jede Rücksicht auf das bisherige Beweisergebnis feststellen lässt, dass das in Aussicht gestellte Ergebnis mit dem angebotenen Beweismittel nach sicherer Lebenserfahrung nicht erzielt werden kann.[30] Am Bsp.: Zum Beweis des Wiederaufnahmegrundes nach § 362 Nr. 4 wird der Gehörlose als Ohrenzeuge dafür benannt, der Freigesprochene habe ein glaubhaftes Geständnis abgelegt.[31] Da an die Annahme absoluter Untauglichkeit ein strenger Maßstab anzulegen ist, sind bloße

---

[20] Hinsichtlich des jeweiligen Prüfungsgegenstands der einzelnen Wiederaufnahmegründe bei → Rn. 17, 19, 21 f., 24–46.
[21] Str., näher dazu → § 369 Rn. 9 ff.
[22] Schuster in Löwe/Rosenberg Rn. 13. Einschr. Eschelbach in KMR-StPO Rn. 32.
[23] Weiler in HK-GS Rn. 5; Rotsch in Krekeler/Löffelmann/Sommer Rn. 5.
[24] So ausdrücklich Peters JR 1976, 77.
[25] Bspw. wendet sich Eschelbach in KMR-StPO Rn. 31 bei der Bestimmung der Reichweite des Geeignetheitsbegriffs in § 368 Abs. 1 gegen OLG Jena 23.5.2005 – 1 Ws 162/05, OLGSt § 359 Nr. 19 = NStZ-RR 2005, 379; dieser Beschl. bezieht sich aber ausdrücklich auf die Geeignetheit iSv § 359 Nr. 5. Zu Unrecht hält Loos in AK-StPO Rn. 12 den Streit für bedeutungslos.
[26] Schuster in Löwe/Rosenberg Rn. 13; Rotsch in Krekeler/Löffelmann/Sommer Rn. 5. Ebenso OLG Stuttgart 12.2.2003 – 1 Ws 55/03, NStZ-RR 2003, 210 (211); OLG Rostock 7.4.2004 – I Ws 117/04, BeckRS 2005, 09619; OLG Schleswig 27.5.2004 – 2 Ws 146/04, BeckRS 2004, 18737 Rn. 4.
[27] Vgl. Schuster in Löwe/Rosenberg Rn. 19.
[28] K. Meyer FS Peters II, 1984, 387 (393); Strate GS K Meyer, 1990, 469 (470 Fn. 9); Frister in SK-StPO Rn. 1, 8–11; Weiler in HK-GS Rn. 6. S. auch Peters JR 1976, 77.
[29] K. Meyer FS Peters II, 1984, 387 (393); Weiler in HK-GS Rn. 6; Frister in SK-StPO Rn. 11; Temming in Gercke/Julius/Temming/Zöller Rn. 3; Eschelbach in KMR-StPO Rn. 31; Eisenberg JR 2007, 360 (365).
[30] BGH 10.7.2003 – 3 StR 130/03, NStZ 2003, 611 (612).
[31] Vgl. Marxen/Tiemann Strafsachen Rn. 234.

(berechtigte) Zweifel am Beweiswert nicht ausreichend.³² Es ist daher verfehlt, wenn die Erinnerung eines Zeugen für zehn Jahre zurückliegende Vorgänge als absolut ungeeignet eingestuft wird.³³

15   Insges. stellt die Beweisgeeignetheit also lediglich einen groben Filter zur Aussonderung derjenigen Anträge dar, die ein schon bei isolierter Betrachtung erkennbar völlig unbrauchbares Beweismittel anbieten. Eine darüber hinausgehende **Beweisantizipation** ist hier unzulässig. Vielmehr entspricht es dem Wesen des Aditionsverfahrens, dass die Ergiebigkeit des angeführten Beweismittels zunächst unterstellt wird (→ Rn. 14).

16   Demggü. ist der Geeignetheitsbegriff in § 359 Nr. 5 deutlich weitreichender. Die **Begründungsgeeignetheit** ist nicht nur dann zu verneinen, wenn sich das angebotene Beweismittel bei isolierter antizipierter Würdigung als völlig untauglich erweist,³⁴ sondern bereits dann, wenn eine (antizipierte) Gesamtbeweiswürdigung ergibt, dass das neue Beweismittel nicht zu einem iSd zulässigen Wiederaufnahmeziele günstigeren Ergebnis geführt haben würde (näher → Rn. 29 ff.).

C. Prüfungsgegenstand einzelner Wiederaufnahmegründe

I. §§ 359 Nr. 1, 362 Nr. 1 (unechte oder verfälschte Urkunde)

17   **1. Prüfungsgegenstand.** Zu prüfen ist die Einführung einer falschen Urkunde zu Ungunsten (§ 359 Nr. 1) bzw. zu Gunsten (§ 362 Nr. 1) des Angeklagten im Ausgangsverfahren (→ § 359 Rn. 17 ff. und → § 362 Rn. 8–10). § 364 spielt in diesem Zusammenhang keine Rolle, da das Vorbringen der unechten oder verfälschten Urkunde keine Straftat darzustellen braucht (str., → § 364 Rn. 1). Auf die grds. erforderliche **Kausalverknüpfung** zwischen dem Vorbringen der Urkunde und dem Ergebnis der angefochtenen Entscheidung kommt es ausweislich § 370 Abs. 1, der diese Frage dem Probationsverfahren vorbehält, im Aditionsverfahren nicht an;³⁵ die Gegenansicht³⁶ ist mit den gesetzlichen Vorgaben unvereinbar.

18   **2. Geeignete Beweismittel.** Als Beweismittel kommt insbes. das wegen der strafbaren Einführung der Urkunde in die Hauptverhandlung ergangene **Urteil** in Betracht,³⁷ daneben aber auch sonstige förmliche Beweismittel wie die **Inaugenscheinnahme** der fraglichen Urkunde und die Vernehmung von Zeugen dazu.³⁸

II. §§ 359 Nr. 2–3, 362 Nr. 2–3 (strafbare Pflichtverletzung)

19   **1. Prüfungsgegenstand.** Zu prüfen ist das Vorliegen der bezeichneten **Straftat** (→ § 359 Rn. 24–31 und → § 362 Rn. 10) sowie der diesbzgl. rechtskräftigen Verurteilung (§ 364 S. 1 Alt. 1). Liegt eine Verurteilung nicht vor, ist zu prüfen, ob das Wiederaufnahmevorbringen konkrete Anhaltspunkte für einen entsprechenden Tatverdacht enthält und ob der Antragsteller die qualifizierten Hinderungsgründe bzgl. der Einleitung oder Durchführung eines Strafverfahrens (§ 364 S. 1 Alt. 2) angeführt hat. Die nur bei § 359 Nr. 2, § 362 Nr. 2 relevante Beruhensfrage (→ § 359 Rn. 2, 30 und → § 362 Rn. 8) spielt im Aditionsverfahren keine Rolle (→ Rn. 17).

---

³² BGH 24.8.2007 – 2 StR 322/07, NStZ 2008, 116.
³³ So aber tendenziell OLG München 13.3.1984 – 1 Ws 205/84, NStZ 1984, 380. Zutr. aA OLG Frankfurt a. M. 10.5.1983 – 1 Ws 103/82, OLGSt § 359 Nr. 1 = JR 1984, 40 mzustAnm Peters; Marxen/Tiemann Strafsachen Rn. 234; Eisenberg JR 2007, 360 (365).
³⁴ Insofern trifft es zu, dass die Geeignetheit in § 359 Nr. 5 diejenige in § 368 Abs. 1 mitumfasst, Frister in SK-StPO Rn. 8; Schuster in Löwe/Rosenberg Rn. 19.
³⁵ Eschelbach in KMR-StPO Rn. 20.
³⁶ Schuster in Löwe/Rosenberg Rn. 10 mwN.
³⁷ Marxen/Tiemann Strafsachen Rn. 145; Schuster in Löwe/Rosenberg Rn. 14.
³⁸ Vgl. OLG Nürnberg 6.8.2013 – 1 Ws 354/13 WA, NJW 2013, 2692 (2693 f.).

2. Beweismittel. Als Beweismittel kommt in erster Linie das wegen des Meineids oder 20
der Falschaussage ergangene **Urteil** in Betracht, daneben aber auch sonstige förmliche
Beweismittel.[39]

III. § 359 Nr. 4 und 6 StPO, § 79 Abs. 1 BVerfGG

1. Geeigneter Prüfungsgegenstand. Prüfungsgegenstand ist die Frage, ob die Kassa- 21
tion eines für die angefochtene Entscheidung präjudiziellen Urteils (§ 359 Nr. 4) oder die
Feststellung eines Konventions- (§ 359 Nr. 6) oder Verfassungsverstoßes (§ 79 Abs. 1
BVerfGG) dargelegt ist.

Fraglich ist, ob die jeweils erforderliche **Beruhensprüfung** (→ § 359 Rn. 68), wie 22
§ 370 Abs. 1 dies für die § 359 Nr. 1 und 2, § 362 Nr. 1 und 2 bestimmt (→ Rn. 17,
19), ebenfalls dem Probationsverfahren vorbehalten bleiben muss, oder aber ob Fälle eines
eindeutigen Kausalitätsausschlusses bereits zu einer Verwerfung wegen Unzulässigkeit führen
können. Teile der Lit. gehen davon aus, das Beruhen sei erst iRd Begründetheit zu thematisieren.[40] Eine Notwendigkeit für dieses Vorgehen ist aber nicht zu erkennen, sodass evident
fehlende Kausalität zum Prüfungsgegenstand des Aditionsverfahrens gemacht werden
kann.[41]

2. Geeignete Beweismittel. Beweismittel ist bei § 359 Nr. 4 das kassatorische **Urteil,** 23
mit dem die der Verurteilung zugrundeliegende Entscheidung aufgehoben worden ist,[42]
bei § 359 Nr. 6 die die Konventionswidrigkeit feststellende EGMR-[43] und bei § 79 Abs. 1
BVerfGG die verfassungsgerichtliche Entscheidung.

IV. § 359 Nr. 5 (restitutio propter nova)

Prüfungsgegenstand ist, ob im Antrag neue Tatsachen (→ § 359 Rn. 38–42) oder 24
Beweismittel (→ § 359 Rn. 43) beigebracht sind und ob diese dazu geeignet sind, eine iSd
zulässigen Wiederaufnahmeziele günstigere Entscheidung zu begründen.

1. Neuheit. Die Neuheit (→ § 359 Rn. 44) kann, sofern die angefochtene Entschei- 25
dung, die Sitzungsniederschrift oder die Akten insoweit unergiebig sind, bereits im Aditionsverfahren im Wege des **Freibeweisverfahrens** ermittelt werden.[44] Lässt sich die Neuheit
nicht feststellen, ist der Antrag unzulässig; in dubio pro reo gilt insoweit nicht.[45]

2. Geeignetheit. Der Geeignetheitsbegriff in § 359 Nr. 5 (Begründungsgeeignet- 26
heit) ist von demjenigen in Abs. 1 (Beweisgeeignetheit) zu unterscheiden (→ Rn. 16).
Maßgeblich für die Begründungsgeeignetheit ist, ob die neuen Tatsachen oder Beweismittel in dem vorangegangenen Verfahren dazu geeignet gewesen wären, eine iSd zulässigen Wiederaufnahmeziele günstigere Entscheidung zu begründen (→ § 359 Rn. 56).
Erforderlich ist eine **Rekonstruktion der Beweissituation** in der vorangegangenen
Hauptverhandlung unter **Hinzudenken der neuen Beweise** aus der Sicht des Wiederaufnahmegerichts.[46] Geeignetheit liegt nach dem von der hM zutr. angelegten **Wahrscheinlichkeitsmaßstab** (→ § 359 Rn. 62) vor, wenn es das Wiederaufnahmegericht
für überwiegend wahrscheinlich hält, dass das zuvor erkennende Gericht bei Kenntnis
der nunmehrigen Beweislage zumindest in Anwendung des in dubio-Satzes von der angefochtenen Verurteilung abgesehen hätte. Beruht die angefochtene Entscheidung auf einer
Gesamtschau von Indizien, liegt Geeignetheit grds. schon immer dann vor, wenn nur

---

[39] Marxen/Tiemann Strafsachen Rn. 152.
[40] Eschelbach in KMR-StPO Rn. 21; Schuster in Löwe/Rosenberg Rn. 14.
[41] So iE auch OLG Stuttgart 26.10.1999 – 1 Ws 157/99, NStZ-RR 2000, 243 (244) (zu § 359 Nr. 6).
[42] Marxen/Tiemann Strafsachen Rn. 167; Eschelbach in KMR-StPO Rn. 21.
[43] Marxen/Tiemann Strafsachen Rn. 288; Schuster in Löwe/Rosenberg Rn. 14.
[44] OLG Frankfurt a. M. 20.1.1978 – 1 Ws 21/78, NJW 1978, 841; Tiemann in KK-StPO Rn. 8.
[45] Schuster in Löwe/Rosenberg Rn. 17 mwN in Fn. 45.
[46] Zur Frage des Beurteilungsstandpunkts und einer Bindungswirkung der Ausgangsentscheidung → § 359
Rn. 57–60.

ein einziges der Indizien erschüttert ist.[47] Die Geeignetheitsprüfung iRd § 359 Nr. 5 erfolgt in mehreren Prüfungsstufen.[48]

27 **a) Unterstellung der Richtigkeit.** Ausgangspunkt ist auch hier die Unterstellung, dass die behaupteten **Tatsachen** wahr sind und dass die benannten **Beweismittel** den vom Antragsteller behaupteten Erfolg haben werden.[49] Ob die neuen Tatsachen tatsächlich bewiesen werden und ob neue Beweismittel den ihnen zugedachten Beweis wirklich erbringen können, ist Gegenstand des Probationsverfahrens; im Aditionsverfahren ist eine Beweiserhebung grds. Unzulässig (→ § 369 Rn. 2).

28 **b) Erheblichkeitsprüfung.** Sodann ist zu fragen, ob der neue Sachvortrag gegenüber der angefochtenen Entscheidung überhaupt erheblich ist[50] (sog. hypothetische Schlüssigkeitsprüfung);[51] Prüfungsgegenstand ist lediglich die **abstrakte Relevanz** des Vorbringens. Der neue Sachvortrag ist dabei als erheblich anzusehen, wenn er den in der angefochtenen Entscheidung ausgesprochenen Rechtsfolgen die tatsächliche Grundlage entzieht.[52] **Unerheblichkeit** liegt vor, wenn das Vorbringen sich selbst unter der Annahme seiner Richtigkeit unter keinen Umständen zugunsten des Verurteilten auswirken kann.[53] IRd Prüfung ist das Gericht allerdings von Verfassungs wegen zu einer sorgfältigen „Gesamtbetrachtung des Geschehensablaufs" verpflichtet. Daher darf auch neuer Vortrag zu bloßen Details im Gefüge eines komplexen Tatgeschehens (zB Auswirkungen einzelner Angriffsakte bei längerem Kampfgeschehen) nicht ohne hinreichende Berücksichtigung der „Gesamtzusammenhänge" als irrelevant abgetan werden.[54]

29 **c) (Gesamt-)Beweisantizipation.** Eine „zentrale Streitfrage"[55] besteht darin, ob iRd Prüfung der Begründungsgeeignetheit auch eine über die Annahme absoluter Beweisungeeignetheit iSv § 244 Abs. 3 S. 3 Nr. 4 (→ Rn. 14) hinausgehende Beweiswertprognose anzustellen ist. Weite Teile der Lit.[56] sowie vereinzelte Judikate[57] verneinen dies. Demggü. hält es die hM[58] mit verfassungsgerichtlicher Billigung[59] für zulässig, in gewissem Umfang bereits im Aditionsverfahren eine Vorabwürdigung der Behauptungen vorzunehmen.

---

[47] OLG Karlsruhe 8.10.2004 – 3 Ws 100/04, Justiz 2005, 197; OLG Frankfurt a. M. 4.12.1996 – 1 Ws 160/95, StV 1996, 138; Strate in MAH Strafverteidigung § 28 Rn. 99.

[48] Vgl. Marxen/Tiemann Strafsachen Rn. 199 ff.; Loos in AK-StPO § 368 Rn. 14; Förschner StV 2008, 443 (444).

[49] BGH 19.6.1962 – 5 StR 189/62, BGHSt 17, 303 (304) = NJW 1962, 1520; Marxen/Tiemann Strafsachen Rn. 128, 200; Loos in AK-StPO § 368 Rn. 15; Temming in Gercke/Julius/Temming/Zöller Rn. 5; Eisenberg JR 2007, 360 (364).

[50] Marxen/Tiemann Strafsachen Rn. 200; Loos in AK-StPO Rn. 15; Frister in SK-StPO § 359 Rn. 58.

[51] So die Bezeichnung bei BVerfG 16.5.2007 – 2 BvR 93/07, BVerfGK 11, 215 (227); BGH 10.4.2014 – StB 22/13, HRRS 2014 Nr. 554 Rn. 3; Schmitt in Meyer-Goßner/Schmitt Rn. 8; Loos in AK-StPO Rn. 15.

[52] Marxen/Tiemann Strafsachen Rn. 200; Strate in MAH Strafverteidigung § 28 Rn. 83.

[53] OLG Zweibrücken 15.3.2017 – 1 Ws 363/16, BeckRS 2017, 107531 Rn. 20; Eisenberg JR 2007, 360 (364).

[54] BVerfG 16.5.2007 – 2 BvR 93/07, BVerfGK 11, 215 (228 ff.).

[55] Eisenberg JR 2007, 360 (364).

[56] Strate GS K Meyer, 1990, 469 (472); Eschelbach in KMR-StPO Rn. 31; Weiler in HK-GS Rn. 6; Peters JR 1975, 166 (167); Eisenberg JR 2007, 360 (365); v. Stackelberg FS Peters II, 1984, 453 (459).

[57] OLG Köln 29.2.1956 – Ws 100/56, GA 1957, 92; 27.12.1962 – 2 Ws 446/62, NJW 1963, 967 (968).

[58] BGH 22.10.1999 – 3 StE 15/93-1 – StB 4/99, NStZ 2000, 218; 7.7.1976 – 5 (7) (2) StE 15/56, NJW 1977, 59; KG 28.6.1974 – 3 Ws 67/74, JR 1975, 166; OLG Celle 12.5.1966 – 4 Ws 527/65, JR 1967, 150 f.; OLG Nürnberg 5.8.1963 – Ws 243/63, MDR 1964, 171; OLG Braunschweig 30.1.1959 – Ws 200/58, NJW 1959, 1984; LG Arnsberg 5.2.2019 – II-2 KLs-14 Js 293/08-6/19, BeckRS 2019, 7415 Rn. 12 f.; Schuster in Löwe/Rosenberg Rn. 24; Hellebrand NStZ 2004, 413 (416 ff.); Volk/Engländer GK StPO § 38 Rn. 19.

[59] BVerfG 11.9.2001 – 2 BvR 1491/91, StV 2003, 226; 7.9.1994 – 2 BvR 2093/93, NJW 1995, 2024 (2025); 30.4.1993 – 2 BvR 525/93, NJW 1994, 510; VerfGH Brandenburg 19.11.2009 – VfGBbg 17/09, LVerfGE 20, 125 (130).

Wortlaut[60] und Entstehungsgeschichte[61] sind für die Streitfrage unergiebig. Für die hL **30** wird angeführt, die Gegenansicht sei mit dem generellen **Verbot der Beweisantizipation** unvereinbar: es sei unmöglich, einen Beweis zu würdigen, bevor er erhoben ist;[62] entspr. müsse die Beweiswürdigung zumindest dem Probationsverfahren, wenn nicht gar der neuen Hauptverhandlung vorbehalten bleiben. Auch bereite es Schwierigkeiten, die Möglichkeit einer Beweisantizipation mit dem Grundsatz der Richtigkeitsunterstellung (dazu → Rn. 27) in Einklang zu bringen.[63]

Gleichwohl ist der hM zuzustimmen. Die Gegenansicht lässt unberücksichtigt, dass der **31** Wiederaufnahmegrund des § 359 Nr. 5 auf eine Erschütterung des den Urteilsfeststellungen zugrundeliegenden Beweisgebäudes in seiner Gesamtheit abzielt. Eine **Gesamtbetrachtung der Beweislage** ist daher unabdingbar;[64] der Normwortlaut legt die Zulässigkeit dieser Vorgehensweise nahe („in Verbindung mit den früher erhobenen Beweisen").[65] Begnügte man sich mit der abstrakten Erheblichkeit eines neuen Entlastungsbeweises, bliebe dieser Aspekt unberücksichtigt. Am Bsp.: Es trifft zu, dass eine neuer Alibi-Zeuge, der bekunden soll, der Verurteilte habe sich am Tattag mit ihm zusammen am anderen Ende der Welt befunden, abstrakt dazu geeignet ist, die festgestellte eigenhändige Tatbeteiligung des Verurteilten am Tatort hinreichend in Zweifel zu ziehen.[66] Der hL zufolge wäre der neue Alibi-Zeuge jedoch auch dann noch als begründungsgeeignetes Beweismittel einzustufen, wenn die Feststellung der Tatbeteiligung im Grundurteil darauf beruht, dass der Angeklagte vom Opfer und drei Mitbeschuldigten zweifelsfrei wiedererkannt, er bei der Tatausführung von einer Überwachungskamera gefilmt und überdies im Wege der „unangreifbaren"[67] DNA-Analyse der am Tatort zurückgelassenen Spuren als Täter identifiziert worden ist. In diesem Fall ist es (erst) iRe. Gesamtschau offenkundig, dass der Alibi-Zeuge nicht die Wahrheit sagt. Will man vermeiden, dass es gleichwohl zu einer neuen – evident unnötigen – Hauptverhandlung kommt, geht an einer Beweisantizipation kein Weg vorbei.[68]

Ein Rückgriff auf das Ausschlusskriterium der absoluten Ungeeignetheit iSv § 244 Abs. 3 **32** S. 3 Nr. 4 kommt in derartigen Fällen nicht in Betracht, da hierbei das bisherige Beweisergebnis außer Acht zu bleiben hat (→ Rn. 14). Es führt auch nicht weiter, die Beweiswürdigung, wie teilw. vorgeschlagen,[69] vollständig in das Probationsverfahren zu verlagern. Denn erscheint hierbei der nunmehr vernommene Alibi-Zeuge isoliert betrachtet glaubwürdig, hat sich die zuvor unterstellte Richtigkeit und mithin die abstrakt verstandene Begründungsgeeignetheit genügend bestätigt; eine darüber hinausgehende „echte" Gesamtbeweiswürdigung kann auch das **Probationsverfahren** nicht leisten, da das Wiederaufnahmegericht die der angegriffenen Entscheidungen zugrunde liegenden Belastungsbeweise nicht abermals erhebt (→ § 359 Rn. 9, → § 370 Rn. 14).[70] Daraus folgt, dass es im Fall eines Nebeneinanders sich widersprechender „richtiger" Tatsachen – dh der im Grundurteil als richtig erkannten und der im Aditionsverfahren als richtig unterstellen – zulässig sein muss, die Richtigkeitsunterstellung zumindest in eindeutig gelagerten Fällen zu relativieren.[71] Entspr. ist beim **Zeugenbeweis** nicht zu unterstellen, dass die Tatsachen, die der Zeuge bekunden soll, zutreffen, sondern nur, dass er so aussagen werde, wie es der Antragsteller behauptet.[72]

---

[60] Dazu Peters JR 1975, 166.
[61] Dazu Strate GS K Meyer, 1990, 469 (472).
[62] Strate GS K Meyer, 1990, 469. Ähnlich Loos in AK-StPO Rn. 27.
[63] Hellebrand NStZ 2004, 413 (417).
[64] Vgl. Bock/Eschelbach/Geipel/Hettinger/Röschke/Wille GA 2013, 328 (333, 340); Strate in MAH Strafverteidigung § 27 Rn. 19.
[65] Abw. Interpretation bei Frister in SK-StPO § 370 Rn. 11.
[66] Vgl. Schuster in Löwe/Rosenberg Rn. 24.
[67] Strate in MAH Strafverteidigung § 27 Rn. 91.
[68] So iE auch Loos in AK-StPO § 368 Rn. 35.
[69] Frister in SK-StPO § 359 Rn. 58; Schöneborn MDR 1975, 441 (442 Fn. 15).
[70] Schuster in Löwe/Rosenberg § 369 Rn. 4; Marxen/Tiemann Strafsachen Rn. 369 mwN.
[71] Vgl. OLG Frankfurt a. M. 15.2.1974 – 1 Ws 57/74, MDR 1975, 511 (512); KG 5.7.2001 – 4 Ws 64/01, BeckRS 2014, 11181.
[72] So KG 11.11.1991 – (1) 5 (7) (2) StE 15/56 (23/91), NJW 1992, 450; OLG Köln 7.9.1990 – 2 Ws 140/90, NStZ 1991, 96 (98); Schuster in Löwe/Rosenberg Rn. 24.

33   Maßstab für eine beweisantizipatorische Ungeeignetheitsannahme ist eine Wahrscheinlichkeitsprognose, ggf. unter mittelbarer Berücksichtigung des in dubio-Grundsatzes (vgl. → § 359 Rn. 62): Erscheint es wahrscheinlich, dass das Erstgericht angesichts einer „Patt-Situation" der einander widersprechenden alten und neuen Beweise im Zweifel für den Angeklagten entschieden hätte, so ist das Behauptungsvorbringen begründungsgeeignet.[73] Ein solches non liquet wird immer der Fall sein, wenn dem einzigen seinerzeitigen Belastungszeugen nunmehr ein neuer Entlastungszeuge gegenübergestellt wird (**Aussage gegen Aussage**).[74] Ergibt jedoch die Betrachtung des neuen Beweismittels iVm den früher erhobenen Beweisen eine erdrückende Übermacht der urspr. Belastungsbeweise dergestalt, dass das neue Beweismittel keine ernsthaften Zweifel am festgestellten Sachverhalt zu wecken vermag, ist die Begründungsgeeignetheit zu verneinen.

34   **d) Erweiterte Darlegungslasten.** Einen Unterfall der zulässigen Beweisantizipation[75] bildet das im Grundsatz nahezu allg. anerkannte[76] und verfassungsrechtlich im Grds. gebilligte[77] Erfordernis der sog. erweiterten Darlegungslast im Fall **verfahrensinterner Widersprüchlichkeit**. Damit ist vor allem die Situation gemeint, dass der Antragsteller auf Hilfstatsachen oder Beweismittel zurückgreift, die bereits vom erkennenden Gericht berücksichtigt wurden und deren Neuheit sich allein aus einer Umkehrung der Beweisrichtung ergibt.[78] Am Bsp.: Der frühere Belastungszeuge wird nunmehr als entlastendes Beweismittel angeboten. Das „umgedrehte" Beweismittel ist in diesen Fällen ein Beweis gegen sich selbst. Daraus entsteht aber noch kein zur mittelbaren Anwendung des in dubio-Grundsatzes – und damit zur Geeignetheit – führendes non liquet, da der Beweiswert desselben Beweismittels bei „Zweitverwertung" erheblich gemindert ist, soweit nunmehr etwas anderes damit bewiesen werden soll.[79] Will der Antragsteller das Wiederaufnahmegericht dennoch von der Geeignetheit des (personalen) Beweismittels überzeugen, wird daher zutr. gefordert, dass er das widersprüchliche Aussageverhalten einleuchtend müsse erklären können. Fehlen im Antrag Ausführungen dazu, ist das Gericht iR seiner Fürsorgepflicht gehalten, dem Antragsteller zunächst die **Möglichkeit zur Nachbesserung** einzuräumen.

Folgende Fallgruppen werden unter dem Gesichtspunkt der erweiterten Darlegungslast diskutiert:

35   **aa) Geständniswiderruf.** Beruht die Verurteilung des Antragstellers auf einem im Erstverfahren abgelegten Geständnis, kommt dem Geständniswiderruf nur dann ein zur Annahme von Begründungsgeeignetheit ausreichender Beweiswert zu, wenn zusätzlich eine **einleuchtende Erklärung** für das widersprüchliche Aussageverhalten gegeben wird.[80] Eine solche kann darin liegen, dass der Verurteilte die Schuld auf sich genommen hat, um den

---

[73] Vgl. Hellebrand NStZ 2004, 413 (418 f.).
[74] OLG Koblenz 25.4.2005 – 1 Ws 231/05, NStZ-RR 2007, 317 (Ls.) = BeckRS 2005, 07236; Schuster in Löwe/Rosenberg Rn. 23; Marxen/Tiemann Strafsachen Rn. 255 Fn. 439. S. auch BVerfG 11.9.2001 – 2 BvR 1491/91, StV 2003, 226; OLG Stuttgart 11.7.1988 – 4 Ws 57/88, StV 1990, 539 (540); OLG Bremen 3.9.1957 – Ws 132/57, NJW 1957, 1730 (1731).
[75] Zutr. dogmatische Einordnung v. Hellebrand NStZ 2004, 413 (417). Soweit die Gegner einer Beweisantizipationsmöglichkeit ebenfalls eine erweiterte Darlegungslast befürworten, hängt die Konstruktion dogmatisch in der Luft, s. bspw. OLG Köln 27.12.1962 – 2 Ws 446/62, NJW 1963, 967 (968); Eisenberg JR 2007, 360 (365 f.); Frister in SK-StPO § 359 Rn. 53; Eschelbach in KMR-StPO § 366 Rn. 50.
[76] BGH 7.7.1976 – StB 11/74, 5 (7) (2) StE 15/76, JR 1977, 217 (218); Schmitt in Meyer-Goßner/Schmitt § 359 Rn. 46 ff.; Marxen/Tiemann Strafsachen Rn. 243; abl. Eschelbach in KMR-StPO § 366 Rn. 40; Wasserburg/Eschelbach GA 2003, 335 (346). Einschr. auch Frister in SK-StPO § 359 Rn. 50, 72.
[77] BVerfG 26.3.2002 – 2 BvR 357/02, BeckRS 2002, 30249493; VerfGH Bayern 11.3.2003 – Vf. 29-VI-02, NStZ 2004, 447 (448 f.); VerfGH Berlin 30.8.2002 – 93/01, 93 A/01, BeckRS 2002, 18429.
[78] Marxen/Tiemann Strafsachen Rn. 242.
[79] Marxen/Tiemann Strafsachen Rn. 242; Hellebrand NStZ 2004, 413 (417); K. Meyer FS Peters II, 1984, 387 (394 ff.).
[80] BGH 7.7.1976 – StB 11/74, 5 (7) (2) StE 15/76, JR 1977, 217 (218); OLG Düsseldorf 20.3.2003 – 2 Ws 45/03, NStZ 2004, 454 (455); OLG Köln 7.9.1990 – 2 Ws 140/90, NStZ 1991, 96 (97); Marxen/Tiemann Strafsachen Rn. 244; Hellebrand NStZ 2008, 374 (379).

wahren Täter zu schützen[81] oder dass er ernsthaft befürchten musste, ohne Geständnis zu einer zu vollstreckenden Freiheitsstrafe verurteilt zu werden.[82] Dasselbe gilt im Fall einer **abw. oder erweiterten Einlassung** des Verurteilten.[83]

Anderes gilt, wenn der Verurteilung eine **Verständigung** iSd § 257c vorausgegangen 36 ist. Zwar ist auch dann grds. vom Bestehen einer erweiterten Darlegungslast auszugehen.[84] Da die Beweiswertminderung des Geständniswiderrufs unmittelbar mit dem Beweiswert des urspr. Geständnisses zusammenhängt, ist aber die Besonderheit der Verständigungssituation zu berücksichtigen. Der Beweiswert einer Einlassung iSv § 257c Abs. 2 S. 2 ist insbes. dann als äußerst gering zu veranschlagen, wenn es sich um ein **„schlankes Geständnis"**[85] handelt und die Verurteilung iÜ unter Verstoß gegen § 257c Abs. 1 S. 2 iVm § 244 Abs. 2[86] ohne jede weitere Sachaufklärung ergangen ist; ein solches Geständnis hat praktisch keinen Beweiswert,[87] weshalb an den gegenbeweislichen Geständniswiderruf keine hohen Anforderungen gestellt werden dürfen. Der Verurteilte braucht daher lediglich darzulegen, warum er das Geständnis abgelegt hat und jetzt widerruft; dazu reicht der Vortrag, dass die Verweigerung der Absprache mit dem Risiko einer Sanktionsschere, dh einer signifikant höheren Bestrafung verbunden gewesen wäre.[88]

bb) Erstmalige Einlassung. Umstr. ist, ob der Antragsteller auch darzulegen hat, 37 weshalb er im Erstverfahren von seinem Schweigerecht Gebrauch gemacht hat. Teilw. wird dies unter Hinweis auf die im Wiederaufnahmeverfahren geltende Dispositionsmaxime bejaht.[89] Diese Ansicht ist abzulehnen.[90] Eine erweiterte Darlegungslast ist nur anzunehmen, wenn sich eine Minderung des Beweiswerts der neuen Behauptung infolge einer gegenläufigen Feststellung im Erstverfahren ergibt (→ Rn. 34). Da dem Gebrauchmachen von der Aussagefreiheit aber kein (belastender) Beweiswert zukommen darf **(nemo tenetur)**, ergibt sich für die nunmehr angebotene Einlassung auch kein durch erweiterte Darlegung zu kompensierender Minderwert.

Ebenfalls keine erweiterte Darlegungslast besteht für den Fall, dass ein früher **schwei-** 38 **gender Mitangeklagter** nunmehr **als Entlastungszeuge** aufgeboten wird;[91] denn auch insoweit gilt, dass aus dem vormaligen Schweigerecht nichts Nachteiliges – auch nicht zulasten des Mitangeklagten – gefolgert werden durfte. Ein kompensationsbedürftiger Minderwert liegt daher nicht vor.

cc) Aussageänderung früherer Mitangeklagter oder von Belastungszeugen. 39 Die schlichte Behauptung, ein früherer Belastungszeuge oder Mitbeschuldigter werde nunmehr anders, nämlich zugunsten des Verurteilten aussagen, entfaltet für sich genommen keine genügende Beweiskraft. Nur wenn das Wiederaufnahmevorbringen den **Sin-**

---

[81] K. Meyer FS Peters II, 1984, 387 (398).
[82] AG Starnberg 27.11.2007 – 2 Ds 68 Js 16608/07, StV 2008, 516 (517) mzustAnm Förschner StV 2008, 443; Marxen/Tiemann Strafsachen Rn. 244 Fn. 418. AA VerfGH Bayern 11.3.2003 – Vf. 29-VI-02, NStZ 2004, 447 (449).
[83] Marxen/Tiemann Strafsachen Rn. 245; Loos in AK-StPO § 359 Rn. 72.
[84] OLG Stuttgart 26.11.1997 – 1 Ws 199/97, NJW 1999, 375 (376); OLG Düsseldorf 20.3.2003 – 2 Ws 45/03, NStZ 2004, 454 (455); KG 28.2.2005 – 5 Ws 673/04, NStZ 2006, 169 (170) mAnm König StraFo 2006, 170; Marxen/Tiemann Strafsachen Rn. 244.
[85] Dazu König NJW 2012, 1915 (1917 f.).
[86] Vgl. BGH 7.2.2012 – 3 StR 335/11, NStZ-RR 2012, 256 (257).
[87] BGH 24.9.2013 – 2 StR 267/13, BGHSt 59, 21 (27 f.) = NJW 2014, 872 (874); Eschelbach in KMR-StPO § 366 Rn. 43; Strate in MAH Strafverteidigung § 27 Rn. 43.
[88] Marxen/Tiemann Strafsachen Rn. 244; Hellebrand NStZ 2008, 374 (379). S. auch Eschelbach in BeckOK StPO § 257c Rn. 56.4. Abl. Marxen FS Kargl, 2015, 323 (332).
[89] Marxen/Tiemann Strafsachen Rn. 246 f. Dabei soll freilich bereits die Erklärung ausreichen, der Verteidiger habe aufgrund seiner Einschätzung der Beweislage dem Angeklagten zum Schweigen geraten.
[90] Wie hier KG 6.11.2013 – 4 Ws 137/13 – 141 AR 564/13, NStZ 2014, 670 (671); OLG Jena 23.2.2010 – 1 Ws 41/10, StraFo 2010, 205; K. Meyer FS Peters II, 1984, 387 (397); Strate in MAH Strafverteidigung § 27 Rn. 44; Singelnstein in BeckOK StPO § 359 Rn. 38.
[91] AA OLG Hamm 28.10.1980 – 1 Ws 283/79, JR 1981, 439 mablAnm Peters; Marxen/Tiemann Strafsachen Rn. 251.

neswandel plausibel zu erklären vermag, liegt Begründungsgeeignetheit vor.[92] Dabei ist jedoch zu beachten, dass insoweit nicht dies. Anforderungen gestellt werden dürfen wie bei einem widerrufenen Geständnis.[93] Insbes. die Mitteilung der Motive, weshalb der Zeuge im Grundverfahren der Wahrheit zuwider ausgesagt hat, kann vom Antragsteller nicht verlangt werden; er kann dies nicht wissen, wenn der Zeuge sich dazu in Schweigen hüllt. Es reicht daher die Angabe der Umstände aus, unter denen der Zeuge von seinen früheren Aussagen abgerückt ist.[94] Noch geringere Anforderungen ergeben sich, wenn die urspr. Zeugenaussage lediglich im **Freibeweisverfahren** gewürdigt worden war.[95]

40 dd) **Verzicht auf Zeugnisverweigerungsrecht.** Nach umstr., aber zutr. Auffassung trifft den Antragsteller eine erweiterte Darlegungslast auch dann, wenn er einen zuvor von seinem Zeugnisverweigerungsrecht Gebrauch machenden Zeugen zur Entlastung benennt.[96] Richtig ist zwar, dass auch insoweit eine Beweiswertminderung nicht vorliegt, da aus dem Schweigen keine nachteiligen Schlüsse gezogen werden durften. Jedoch muss das Wiederaufnahmegericht auf der Basis der „Vorgeschichte" prinzipiell davon ausgehen, dass der Zeuge sein Aussageverhalten nicht ändert und es sich bei ihm deshalb um ein unerreichbares bzw. völlig ungeeignetes Beweismittel iSd § 244 Abs. 3 S. 3 handelt.[97] Es obliegt daher dem Antragsteller, die nunmehrige **Aussagebereitschaft des Zeugen darzutun,** etwa indem er die Umstände benennt, unter denen der Zeuge sein Aussageverhalten geändert hat.

41 ee) **Beweismittelverzicht.** Nach der hM greift eine erweiterte Darlegungslast auch, wenn das Verhalten des Antragstellers im Grundverfahren rückblickend als widersprüchlich iwS erscheint, bspw. wenn er nunmehr ein Beweismittel anbietet, auf dessen Erhebung er im Grundverfahren verzichtet[98] bzw. diese vereitelt hat[99] oder das er seinerzeit, obwohl es ihm bereits bekannt war, nicht benannt hat.[100] Verlangt wird, dass der Antragsteller den **Grund für die Nichtbenennung** des Beweismittels **im Erkenntnisverfahren** erklärt.[101] Dahinter steht die Vermutung, dass der Entlastungsbeweis bereits seinerzeit von der Verteidigung als wenig erfolgversprechend eingestuft worden war;[102] faktisch wird der Antragsteller, der diese Vermutung entkräften will, gezwungen einzuräumen, dass seine urspr. Verteidigungsstrategie misslungen war.

---

[92] VerfGH Brandenburg 21.1.2011 – VfGBbg 35/10, BeckRS 2011, 51180; OLG Karlsruhe 21.12.2004 – 1 Ws 211/04, NStZ-RR 2005, 179 (180); OLG Düsseldorf 12.3.1980 – 5 Ws 27/80, GA 1980, 393 (395); OLG Neustadt 31.12.1963 – Ws 218/63, NJW 1964, 678 (679); Schmitt in Meyer-Goßner/Schmitt § 359 Rn. 48. Gebilligt von BVerfG 30.4.1993 – 2 BvR 525/93, NJW 1994, 510.

[93] OLG Rostock 2.3.2006 – 1 Ws 13/06, NStZ 2007, 357 (358); OLG Schleswig 22.5.2003 – 1 Ws 123/03, StraFo 2003, 385; Marxen/Tiemann Strafsachen Rn. 248.

[94] KG 6.11.2013 – 4 Ws 137/13 – 141 AR 564/13, NStZ 2014, 670 (671); Eschelbach in KMR-StPO § 366 Rn. 49 f.; Marxen/Tiemann Strafsachen Rn. 248 (anders jedoch für den Widerruf der belastenden Angabe durch einen früheren Mitangeklagten Rn. 250). AA KG 12.2.2001 – 3 Ws 82/01, BeckRS 2001, 16521 Rn. 5.

[95] BVerfG 26.3.2003 – 2 BvR 357/02, BeckRS 2002, 30249493.

[96] So auch Marxen/Tiemann Strafsachen Rn. 249; gebilligt von VerfGH Bayern 16.11.1990 – Vf. 57-VI-88, BayVbl. 1991, 717 (719)). AA KG 6.11.2013 – 4 Ws 137/13 – 141 AR 564/13, NStZ 2014, 670 (671); OLG Jena 23.2.2010 – 1 Ws 41/10, StraFo 2010, 205; Tiemann in KK-StPO § 366 Rn. 9; Eschelbach in KMR-StPO § 366 Rn. 53.

[97] Vgl. BGH 30.8.2000 – 5 StR 268/00, NStZ 2001, 48; 22.12.1981 – 5 StR 662/81, NStZ 1982, 126 (127).

[98] Marxen/Tiemann Strafsachen Rn. 252.

[99] OLG Hamm 21.6.1999 – 2 Ws 184/99, NStZ-RR 2000, 85 (86) (Verweigerung einer Kindesvernehmung).

[100] OLG Oldenburg 3.7.2020 – 1 Ws 240/20, StraFo 2020, 423 (424); OLG Frankfurt a. M. 4.5.2009 – 1 Ws 33/09, BeckRS 2013, 22811; OLG Stuttgart 12.2.2003 – 1 Ws 55/03, NStZ-RR 2003, 210 (211); OLG Düsseldorf 14.12.1992 – 2 Ws 508/92, NStZ 1993, 504 (505).

[101] OLG Oldenburg 3.7.2020 – 1 Ws 240/20, StraFo 2020, 423 (424); OLG Stuttgart 12.2.2003 – 1 Ws 55/03, NStZ-RR 2003, 210 (211).

[102] Vgl. OLG Düsseldorf 14.12.1992 – 2 Ws 508/92, NStZ 1993, 504 (505).

Das verdient keine Zustimmung. Der Angeklagte sollte zwar im Eigeninteresse ihm **42** bekannte Entlastungsbeweise vortragen (sog. Beweisobliegenheit),[103] aber er ist nicht zur Mitwirkung an der Beweisführung im Erkenntnisverfahren verpflichtet;[104] eine **Sanktionierung schlechter Verteidigung** sieht die StPO nicht vor. Unter normativen Gesichtspunkten kann daher das nicht rechtzeitige Benennen eines Beweismittels keine Schmälerung von dessen Beweiskraft bewirken, die dann im Rahmen erweiterter Darlegungen erst wieder auszugleichen wäre.

ff) Erfolgsaussicht der Strafmaß-Wiederaufnahme. Teilw. wird auch die Oblie- **43** genheit des Antragstellers, darzulegen, inwieweit sein Tatsachenvortrag zur Erreichung einer geringeren Bestrafung geeignet ist, unter dem Gesichtspunkt der erweiterten Darlegungslast rubriziert (→ § 359 Rn. 16).[105] Diese Fallgruppe hat mit der Begründungsgeeignetheit iSv § 359 Nr. 5 allerdings nichts zu tun. Es geht dabei um das für alle Wiederaufnahmegründe gleichermaßen geltende Erfordernis der **Darlegung eines zulässigen Antragsziels** (→ § 366 Rn. 8).

e) Grenzen der Beweisantizipation. Die antizipierte Beweiswürdigung unterliegt **44** Grenzen. Diese legitimiert sich allein daraus, dass die behauptete Beweistatsache iRe. Gesamtschau mit den früher erhobenen Beweisen als schlechthin unglaubhaft erscheinen kann (→ Rn. 31). Die antizipatorische Annahme eines geminderten Beweiswerts kann sich daher nur iVm den früher erhobenen Beweisen ergeben. Daraus folgt, dass sich, jenseits der absoluten Ungeeignetheit iSv § 244 Abs. 3 (dazu → Rn. 14), eine **isolierte antizipierte Beweiswürdigung** verbietet.[106] Es wäre daher zB unzulässig anzunehmen, der neue Entlastungszeuge sei bereits aufgrund seiner Alkoholsucht, seiner **Verwandtschaft zum Verurteilten**[107] oder aufgrund langen Zeitablaufs (→ Rn. 14)[108] ungeeignet, durch seine Aussage die Urteilsfeststellungen zu erschüttern.

Eine weitere Grenze folgt aus der verfassungsgerichtlichen Rspr. zum **fair trial**-Gebot **45** (Art. 2 Abs. 1 iVm Art. 20 Abs. 3 GG). Dieses verbietet, ohne erneute Hauptverhandlung den festgestellten unmittelbaren Tatverlauf durch einen anderen zu ersetzen oder eine Erschütterung der betr. Feststellungen unter Verweis auf denkbare alternative Verläufe für unmaßgeblich zu erklären.[109] Plastisch: Geht es iRd Begründungsgeeignetheit darum, ob mit den nova eine tragende Säule des Beweisgebäudes herausgebrochen wird,[110] ist es dem Gericht im Wiederaufnahmeverfahren verwehrt, den Wegfall durch ein eigenes Urteil nach Aktenlage zu ersetzen und die Entscheidung auf diese Weise doch noch aufrecht zu erhalten.

Dieses **Ersetzungsverbot** schließt es zB aus, die Tat nach Präsentation eines Alibi-Zeugen auf einen anderen Tag zu „verlegen"[111] oder die im Ersturteil auf Indizienbasis festgestellte Art und Weise der Tötung (Erschlagen und anschließende Zerstückelung der Leiche) nach Auffinden der unversehrten Leiche durch eine andere Tötungsart auszutauschen.[112] Insoweit ist die Formel, iRd Gesamtbeweisantizipation sei das angebotene Beweis-

---

[103] Beckemper NZWiSt 2021, 358 (359); Walter JZ 2006, 340.
[104] OLG Frankfurt a. M. 10.5.1983 – 1 Ws 103/82, JR 1984, 40 mzustAnm Peters; Eschelbach in KMR-StPO § 366 Rn. 52.
[105] Marxen/Tiemann Strafsachen Rn. 256.
[106] Insoweit zutr. Eschelbach in KMR-StPO § 368 Rn. 31.
[107] Vgl. OLG Koblenz 25.4.2005 – 1 Ws 231/05, BeckRS 2005, 07236.
[108] So aber OLG München 13.3.1984 – 1 Ws 205/84, NStZ 1984, 380.
[109] BVerfG 16.5.2007 – 2 BvR 93/07, BVerfGK 11, 215 (231) mzustAnm Barton StRR 2007, 184; BVerfG 7.9.1994 – 2 BvR 2093/93, NJW 1995, 2024 (2025); VerfGH Bayern 17.7.2007 – Vf. 96-VI-05, juris Rn. 63; OLG München 9.3.2010 – 3 Ws 109–112/10, StRR 2010, 386. Ebenso RG 12.6.1923 – IV 116/23, RGSt 57, 317 (318) (Verstoß gegen Unmittelbarkeitsgrundsatz); Strate in MAH Strafverteidigung § 27 Rn. 107; Eschelbach HRRS 2008, 190 (205); Förschner StV 2008, 443 (444); Marxen/Tiemann Strafsachen Rn. 240. Eingehend Hellebrand NStZ 2008, 374 (378).
[110] So LG Gießen 26.2.1993 – 6 Js 24553.9/92 6 Ks, NJW 1994, 465 (466).
[111] So der zugrunde liegende Sachverhalt in BVerfG 7.9.1994 – 2 BvR 2093/93, NJW 1995, 2024.
[112] So aber in nachgerade rechtsbeugerischer Manier das LG Landshut 17.11.2009 – J KLs 7 Js 14112/09 jug (Fall Rupp), zit. nach Rick StraFo 2012, 400 (404); Marxen FS Kargl, 2015, 323 (325); Velten GA 2015, 387 Ausf. Darnstädt S. 94 ff.

mittel zu dem gesamten Inhalt der Akten und zu dem früheren Beweisergebnis in Beziehung zu setzen,[113] mit Vorsicht zu genießen.[114]

V. § 362 Nr. 4 (glaubwürdiges Geständnis)

46 **1. Prüfungsgegenstand.** Zu prüfen, ist ob der Antragsteller Tatsachen behauptet, aus denen sich das Vorliegen eines Geständnisses durch den Freigesprochenen ergibt. Der Antrag muss zwar Hinweise auf dessen Glaubhaftigkeit enthalten,[115] jedoch ist die Prüfung der Glaubhaftigkeit erst Gegenstand der Begründetheitsprüfung.[116]

47 **2. Geeignete Beweismittel.** Als Beweismittel kommt das **Geständnis in schriftlicher Form** in Betracht, daneben kann der Nachweis auch durch **Zeugen** erbracht werden.[117]

D. Entscheidungsmöglichkeiten und Verfahren

48 Die Entscheidungsmöglichkeiten im Aditionsverfahren sind in § 368 **unvollständig geregelt.** In Betracht kommt eine Überleitung in das Probationsverfahren (Zulassungsbeschluss), eine Verwerfung als unzulässig (Verwerfungsbeschluss), eine Einstellung des Wiederaufnahmeverfahrens und eine Verweisung wg. Unzuständigkeit (dazu → § 367 Rn. 6). Ebenfalls nur unvollständig geregelt ist das rechtliche Gehör.[118]

I. Zulassungsbeschluss

49 **1. Beschlusserfordernis.** § 368 sagt nichts darüber, wie das Gericht zu verfahren hat, wenn es den Antrag „für zulässig befindet" (§ 369 Abs. 1). Nach hM ergeht **zwingend** ein förmlicher Zulassungsbeschluss, der in das Probationsverfahren überleitet.[119] Die Gegenansicht, die einen Zulassungsbeschluss für verzichtbar hält,[120] überzeugt nicht. Zum einen hat der Zulassungsbeschluss in verschiedener Hinsicht Bindungs- (→ Rn. 51) und Präklusionswirkung (→ Rn. 5), zum anderen verlangt § 367 Abs. 2 ausdrücklich eine „Entscheidung über den Antrag auf Zulassung". Wird ohne vorherigen Zulassungsbeschluss das Probationsverfahren betrieben, macht dies die Probationsentscheidung nicht nichtig, aber grds. anfechtbar.[121]

50 **2. Bindungswirkung.** Umstr. ist, ob dem Zulassungsbeschluss im Probationsverfahren Bindungswirkung zukommt. Die hM verneint dies grds.[122] und macht eine Ausnahme nur insoweit, als es um die Feststellung der **Formwahrung** iSv § 366 Abs. 2 geht.[123] Demnach

---

[113] So bspw. VerfGH Bayern 17.7.2007 – Vf. 96-VI-05, juris Rn. 62; KG 5.7.2001 – 4 Ws 64/01, BeckRS 2014, 11181; OLG Stuttgart 26.11.1997 – 1 Ws 199/97, NJW 1999, 375; OLG Schleswig 2.10.1986 – 2 Ws 527/86, SchlHA 1987, 121; Schmitt in Meyer-Goßner/Schmitt Rn. 9.
[114] Ebenso Förschner StV 2008, 443 (444).
[115] Schmitt in Meyer-Goßner/Schmitt Rn. 2.
[116] Schuster in Löwe/Rosenberg Rn. 12; Eschelbach in KMR-StPO Rn. 22 u. § 366 Rn. 26.
[117] Marxen/Tiemann Strafsachen Rn. 324; Eschelbach in KMR-StPO Rn. 22.
[118] Marxen/Tiemann Strafsachen Rn. 328.
[119] RG 26.9.1902 – 3968/02, RGSt 35, 351 (352); Kaspar in Satzger/Schluckebier/Widmaier StPO Rn. 12; Loos in AK-StPO Rn. 40; Schuster in Löwe/Rosenberg Rn. 27 u. § 370 Rn. 3; Temming in Gercke/Julius/Temming/Zöller Rn. 9; Marxen/Tiemann Strafsachen Rn. 338.
[120] Eschelbach in KMR-StPO Rn. 34, 37; H. Meyer GS 99 (1930), 299 (343).
[121] Näher Schuster in Löwe/Rosenberg § 370 Rn. 3 f. Zu einer Ausnahme OLG Brandenburg 2.3.2009 – 1 Ws 226/08, NStZ-RR 2010, 22.
[122] BVerfG 23.12.2002 – 2 BvR 1439/02, StV 2003, 223 (224); OLG Zweibrücken 15.3.2017 – 1 Ws 363/16, bei Feilcke/Schiller NStZ-RR 2020, 265 (268 f.) = BeckRS 2017, 107531 Rn. 24; OLG Hamburg 28.4.1967 – 1 Ws 447/66, GA 1967, 317; Tiemann in KK-StPO Rn. 20; Schuster in Löwe/Rosenberg Rn. 27.
[123] Schmitt in Meyer-Goßner/Schmitt § 370 Rn. 2; Weiler in HK-GS Rn. 10; Schuster in Löwe/Rosenberg § 370 Rn. 10.

könnte das Gericht auch noch im Probationsverfahren den Antrag als unzulässig verwerfen, wenn eine inhaltliche Zulässigkeitsvoraussetzung irrtümlich bejaht worden[124] oder nachträglich weggefallen ist;[125] Letzteres kann durch den Tod des Verurteilten im günstigen Wiederaufnahmeverfahren eintreten, sofern niemand vom Eintrittsrecht Gebrauch macht (Wegfall eines Verfahrensführers, → § 361 Rn. 15) oder durch den Tod das Antragsziel unzulässig wird (→ § 371 Rn. 2; → § 361 Rn. 15).

Vorzugswürdig ist die Ansicht, wonach der Zulassungsbeschluss eine **vollumfängliche,** 51 dh auf Antragsform und -inhalt bezogene **Bindungswirkung** entfaltet.[126] Dies folgt aus der Notwendigkeit der Bindung des Gerichts erster Instanz an eine etwaige obergerichtliche Zulassungsentscheidung; diese darf nicht im Probationsverfahren vom Untergericht wieder ausgehebelt werden.[127] Tritt der Mangel einer Zulässigkeitsvoraussetzung erst im Probationsverfahren ein oder hervor, ergeht ein Unbegründetheitsbeschluss. Die dagegen gerichteten Bedenken hinsichtlich eines Verbrauchs des Wiederaufnahmevorbringens[128] sind nicht stichhaltig.[129]

3. Verfahren. a) Allgemeines. Die Zulässigkeitsentscheidung ergeht **unverzüg-** 52 **lich**[130] nach Anhörung der zur Stellungnahme berechtigten Verfahrensbeteiligten (dazu → Rn. 54) ohne mündliche Verhandlung per zu begründendem (§ 34)[131] Beschluss. Näheres bei → § 367 Rn. 5. Bei überlanger Verfahrensdauer sind Verzögerungsrüge und Entschädigung gem. § 198 GVG möglich.[132]

b) Zusammenfallen von Aditions- und Probationsverfahren. Ist eine **Beweis-** 53 **aufnahme** ausnahmsweise **entbehrlich** (dazu → § 369 Rn. 4–7), kann der Zulassungsmit einem Begründetheitsbeschluss nach § 370 Abs. 2 bzw. § 371 Abs. 1, 2 in einer **gemeinsamen Beschlussurkunde** zusammengefasst[133] und mit einer einheitlichen Begründung[134] versehen werden. Die Kombination einer positiven Zulässigkeits- mit einer negativen Begründetheitsentscheidung ist – mit Ausnahme des Sonderfalls evident fehlenden Kausalzusammenhangs iSv § 370 Abs. 1 Hs. 2[135] – sachlogisch ausgeschlossen.[136]

c) Rechtliches Gehör. Vor der Entscheidung ist stets der Antragsgegner anzuhören. 54 Das ergibt sich ungeachtet der allg. Vorschriften über das rechtliche Gehör (§ 33; Art. 103 Abs. 1 GG)[137] aus dem **Wortlaut von Abs. 2,** wonach „er" – gemeint ist „der Antrag" aus Abs. 1[138] – zulässigenfalls dem Gegner unter Bestimmung einer Frist zur Erklärung

---

[124] OLG Zweibrücken 15.3.2017 – 1 Ws 363/16, BeckRS 2017, 107531 Rn. 24; OLG Hamburg 17.7.2000 – 1 Ws 53/00, StV 2003, 229 (230).
[125] Tiemann in KK-StPO Rn. 20; Schuster in Löwe/Rosenberg § 370 Rn. 9.
[126] So Peters Fehlerquellen Bd. III S. 150; Frister in SK-StPO Rn. 16; Eschelbach in KMR-StPO Rn. 39 u. 44.
[127] Eschelbach in KMR-StPO Rn. 44.
[128] Schuster in Löwe/Rosenberg § 370 Rn. 8.
[129] Näher Frister in SK-StPO Rn. 16; Eschelbach in KMR-StPO Rn. 45.
[130] Dazu Marxen/Tiemann Strafsachen Rn. 337 (unter Hinweis auf Art. 6 Abs. 1 S. 1 EMRK). S. auch BVerfG 8.12.2011 – 2 BvR 2181/11, NJW 2012, 513 Rn. 34 f.
[131] Eschelbach in KMR-StPO Rn. 37.
[132] OLG München 15.2.2016 – 22 EK 4/14 (Entschädigung iHv 100 EUR pro Monat Verzögerung).
[133] RG 26.9.1902 – 3968/02, RGSt 35, 351 (352): zwei eigenständige, aber ggf. „verbundene" Beschl.; Eschelbach in KMR-StPO Rn. 38; Schuster in Löwe/Rosenberg § 370 Rn. 4; Marxen/Tiemann Strafsachen Rn. 361.
[134] Marxen/Tiemann Strafsachen Rn. 361. AA Schuster in Löwe/Rosenberg § 370 Rn. 4 Fn. 11: je gesonderte Begründung mit wechselseitigen Bezugnahmen.
[135] Dazu Frister in SK-StPO § 370 Rn. 19 aE.
[136] Marxen/Tiemann Strafsachen Rn. 362 Fn. 19 gegen OLG München 27.5.1974 – 2 Ws 181/74, MDR 1974, 775 (obiter dictum).
[137] Dazu Marxen/Tiemann Strafsachen Rn. 328 ff. einerseits und BVerfG 7.3.1963 – 2 BvR 629, 637/62, BVerfGE 15, 303 (307) andererseits.
[138] Frister in SK-StPO Rn. 12a; Hohmann in Radtke/Hohmann Rn. 14; Alexander in Miebach/Hohmann HdB Wiederaufnahme Kap. F Rn. 224 f.

zuzustellen ist.¹³⁹ Das Verständnis der Gegenansicht, wonach Abs. 2 lediglich die Anhörung des Gegners nach Zustellung des bereits erlassenen (!) Zulassungsbeschlusses erfordere,¹⁴⁰ widerspricht zweifellos dem Normwortlaut, ist prozedural sinnlos und damit unhaltbar.

Im Einzelnen folgt daraus, dass vor der Zulassung eines **Antrag**s **des Verurteilten** zwar nicht dieser,¹⁴¹ jedoch die StA anzuhören ist (§ 33 Abs. 2),¹⁴² bei einer Verurteilung im Privatklageverfahren auch der Privatkläger als Gegner iSv Abs. 2.¹⁴³ Nach zutr. Auffassung müssen im Fall einer **ungünstigen Wiederaufnahme** vor einem Zulassungsbeschluss der Angeklagte sowie sein Verteidiger Gelegenheit zur Stellungnahme erhalten;¹⁴⁴ die Gegenansicht¹⁴⁵ verstößt gegen Abs. 2 und Art. 103 Abs. 1 GG. Zur Ermöglichung einer sachgerechten Erklärung ist erforderlich, dem Anhörungsberechtigten eine **Abschrift des Wiederaufnahmeantrags** zuzustellen.

Die gem. Abs. 2 zu setzende **Erklärungsfrist** muss mindestens eine Woche betragen und kann verlängert werden.¹⁴⁶

55   **d) Bekanntmachung.** Der Zulassungsbeschluss wird den Beschwerdeberechtigten förmlich zugestellt (§ 35 Abs. 2 S. 1), den anderen Verfahrensbeteiligten formlos (§ 35 Abs. 2 S. 2). Bei einem günstigen Antrag aus dem Lager des Verurteilten erfolgt also eine **förmliche Zustellung** gegenüber der StA und ggf. dem Privatkläger, bei einem ungünstigen Antrag gegenüber dem Verurteilten, seinem gesetzlichen Vertreter oder den Erziehungsberechtigten¹⁴⁷ sowie dem jetzigen Verteidiger.¹⁴⁸

II. Verwerfungsbeschluss

56   **1. Beschlusserfordernis.** Abs. 1 sieht nur für den Fall des Fehlens der besonderen Wiederaufnahmeverfahrensvoraussetzungen (Form, Wiederaufnahmegrund, geeignetes Beweismittel) einen Verwerfungsbeschluss vor. Nach allgA ergeht ein solcher jedoch auch bei einem im Aditionsverfahren auftretenden Mangel der allg. Wiederaufnahmeverfahrensvoraussetzungen (zum Begriff → Rn. 8). Wie auf das Fehlen einer allg. Prozessvoraussetzung zu reagieren ist, ist umstr. (dazu → Rn. 64–66).

Der Verwerfungsbeschluss hat grds. auch eine **Entscheidung über die Kosten** zu treffen; diese fallen dem Antragsteller zur Last, § 473 Abs. 6 Nr. 1;¹⁴⁹ zu einer Ausnahme → Rn. 58.

57   **2. Möglichkeit der Teilentscheidung.** Richtet sich der Wiederaufnahmeantrag gegen eine Entscheidung in toto, aber trägt das Vorbringen allein den Angriff gegen einen selbständig der Rechtskraft fähigen Teil davon (zB den Strafmaßausspruch oder eine von **mehreren prozessual selbständigen Taten**), ist der Antrag nur insoweit zulässig und im Übrigen zu verwerfen.¹⁵⁰ Innerhalb eines Wiederaufnahmegrundes ist aber nur eine einheitliche Entscheidung möglich.¹⁵¹

---

[139] Eschelbach in KMR-StPO Rn. 36; Rotsch in Krekeler/Löffelmann/Sommer Rn. 8; Weiler in HK-GS Rn. 7.
[140] Marxen/Tiemann Strafsachen Rn. 328 Fn. 567 u. Rn. 342; Temming in Gercke/Julius/Temming/Zöller Rn. 10; Schmitt in Meyer-Goßner/Schmitt Rn. 13; Schuster in Löwe/Rosenberg Rn. 35. Zw. Loos in AK-StPO Rn. 36.
[141] Peters Fehlerquellen Bd. III S. 140; Marxen/Tiemann Strafsachen Rn. 331.
[142] Marxen/Tiemann Strafsachen Rn. 328; Kaspar in Satzger/Schluckebier/Widmaier StPO Rn. 9. Zu den Fehlerfolgen Weiler in HK-GS Rn. 7.
[143] Marxen/Tiemann Strafsachen Rn. 329; Tiemann in KK-StPO Rn. 16; Schuster in Löwe/Rosenberg Rn. 30.
[144] Marxen/Tiemann Strafsachen Rn. 332–334; Loos in AK-StPO Rn. 38; Hohmann in Radtke/Hohmann Rn. 14; Frister in SK-StPO Rn. 12a; Tiemann in KK-StPO Rn. 16.
[145] Schmitt in Meyer-Goßner/Schmitt Rn. 13; Schuster in Löwe/Rosenberg Rn. 35.
[146] Vgl. Schuster in Löwe/Rosenberg Rn. 36; Marxen/Tiemann Strafsachen Rn. 335.
[147] Marxen/Tiemann Strafsachen Rn. 342.
[148] Marxen/Tiemann Strafsachen Rn. 343 iVm Rn. 334.
[149] Temming in Gercke/Julius/Temming/Zöller Rn. 9; Marxen/Tiemann Strafsachen Rn. 340.
[150] AllgA, s. etwa Frister in SK-StPO Rn. 13; Eschelbach in KMR-StPO Rn. 35, 40.
[151] BGH 13.9.1966 – 7/2 StE 15/56, NJW 1966, 2177; Temming in Gercke/Julius/Temming/Zöller Rn. 9.

Str. ist, ob der Antrag bei **Geltendmachung mehrerer Wiederaufnahmegründe** 58
nur hinsichtlich eines Teils davon für zulässig erklärt werden kann. Die hM bejaht dies mit
dem Argument, anderenfalls müsse im Probationsverfahren auch über den unzulässigen
Antragsteil befunden werden.[152] Das überzeugt. Soweit die Gegenansicht[153] einwendet,
infolgedessen werde der Antragsteller gem. § 473 Abs. 4 zur Tragung eines Kostenteils
verpflichtet, obwohl das Gericht später möglicherweise ohne Beschränkungen die Erneuerung der Hauptverhandlung anordnet,[154] verfängt dies nicht. Denn im Fall eines teilw.
Zulassungsbeschlusses bleibt die Kostenentscheidung der das Verfahren insges. abschließenden Entscheidung vorbehalten.[155]

3. Wirkung (Verbrauch). Erwächst der Verwerfungsbeschluss in Rechtskraft, ist das 59
Wiederaufnahmeverfahren beendet. Wurde der Antrag allein **aus formellen Gründen
verworfen**, tritt kein Verbrauch des Vorbringens ein;[156] es kann ein formell nachgebesserter
Antrag identischen Inhalts gestellt werden.

Anderes gilt, soweit der Antrag wegen fehlender Eignung des Beweismittels iSv § 368 60
Abs. 1 oder Bedeutung des Tatsachenvortrags im Hinblick auf die gesetzlichen Wiederaufnahmegründe verworfen wird. In diesem Fall enthält der Beschluss eine **Sachentscheidung**
und es tritt Verbrauch der im Antrag vorgebrachten Tatsachen und Beweismittel ein;[157]
ausschlaggebend ist insoweit die Begründung nach § 34.[158] Verbrauchtes kann in einem
neuerlichen Wiederaufnahmeverfahren nurmehr als Ergänzung zu neuem Vorbringen
herangezogen werden.[159]

4. Verfahren. Der Verwerfungsbeschluss ergeht in ders. Weise wie ein Zulassungsbe- 61
schluss (dazu → Rn. 52).

a) Rechtliches Gehör. Hat der Verurteilte oder jemand aus seinem Lager den Antrag 62
gestellt, ist die StA gem. § 33 Abs. 2 anzuhören, ggf. auch der Privatkläger,[160] nicht aber
der Nebenkläger (→ § 365 Rn. 12).[161] Wird ein von der StA gestellter günstiger Antrag
verworfen, ist zuvor dem Verurteilten rechtliches Gehör zu gewähren (**Rechtsgedanke
Art. 103 Abs. 1 GG, § 33 Abs. 3**);[162] dasselbe gilt, wenn dieser selbst Antragsteller ist.[163]

b) Bekanntmachung. Der Verwerfungsbeschluss ist dem Antragsteller (und ggf. sei- 63
nem Verteidiger[164]) sowie der stets beschwerdeberechtigten StA **förmlich zuzustellen**
(§ 35 Abs. 2 S. 1), dem Antragsgegner gegenüber reicht formlose Zustellung aus, sofern es
sich um einen privaten Verfahrensbeteiligten handelt (§ 35 Abs. 2 S. 2).[165]

---

[152] OLG Hamburg 28.4.1967 – 1 Ws 447/66, GA 1967, 317 (318); Loos in AK-StPO Rn. 42; Schmitt in Meyer-Goßner/Schmitt Rn. 12.
[153] Frister in SK-StPO Rn. 14; Eschelbach in KMR-StPO Rn. 41; Schmidt StPO/GVG II Rn. 3; Peters Fehlerquellen Bd. III S. 138.
[154] Frister in SK-StPO Rn. 15.
[155] Marxen/Tiemann Strafsachen Rn. 340. Wie hier Schuster in Löwe/Rosenberg Rn. 33 Fn. 80 aE.
[156] OLG Hamburg 18.10.1999 – 2 Ws 136/99, NStZ-RR 2000, 50 (51); Marxen/Tiemann Strafsachen Rn. 294; Temming in Gercke/Julius/Temming/Zöller Rn. 9; Frister in SK-StPO Rn. 15.
[157] OLG Düsseldorf 30.3.1984 – 1 Ws 109/84, JMBl. NRW. 1984, 263; Frister in SK-StPO Rn. 15; Loos in AK-StPO § 372 Rn. 9; Temming in Gercke/Julius/Temming/Zöller Rn. 9; Marxen/Tiemann Strafsachen Rn. 294. AA Peters Fehlerquellen Bd. III S. 137 f., der allein einer abl. Probationsentscheidung Verbrauchswirkung zuerkennt; dem zust. Eschelbach in KMR-StPO § 372 Rn. 45.
[158] Frister in SK-StPO Rn. 15. Zur notwendigen Begründungstiefe OLG Hamm 4.12.1950 – 2 Ws 184/50, NJW 1951, 166.
[159] OLG Hamburg 3.5.1967 – 1 Ws 171/66, OLGSt § 359, S. 19; Weiler in HK-GS Rn. 9; Loos in AK-StPO § 372 Rn. 10; Schmitt in Meyer-Goßner/Schmitt § 372 Rn. 9. Missverständlich OLG Braunschweig 10.2.1966 – Ws 192/65, NJW 1966, 993 (994): „niemals wieder".
[160] Loos in AK-StPO Rn. 37; Schuster in Löwe/Rosenberg Rn. 30; Marxen/Tiemann Strafsachen Rn. 329.
[161] Str. Wie hier Marxen/Tiemann Strafsachen Rn. 330 mN zur Gegenansicht.
[162] Marxen/Tiemann Strafsachen Rn. 331; Loos in AK-StPO Rn. 39. AA Weiler in HK-GS Rn. 7; Frister in SK-StPO Rn. 12.
[163] Kaspar in Satzger/Schluckebier/Widmaier StPO Rn. 9.
[164] OLG Düsseldorf 17.2.1993 – 1 Ws 116/93, NStZ 1993, 403.
[165] Temming in Gercke/Julius/Temming/Zöller Rn. 10; Marxen/Tiemann Strafsachen Rn. 342. Dort auch zur Vorgehensweise bei Teilentscheidungen.

III. Entscheidung bei Fehlen allgemeiner Prozessvoraussetzungen

64 Unklar ist, wie bei Fehlen einer allg. Prozessvoraussetzung, das die Durchführung einer neuen Hauptverhandlung unmöglich macht, zu verfahren ist. Hierbei ist zwischen Wiederaufnahmeverfahren zugunsten und zulasten des Angeklagten zu differenzieren.[166]

65 **1. Günstige Wiederaufnahme.** Der Zweck der günstigen Wiederaufnahme, die Rehabilitierung des Verurteilten (dazu → § 361 Rn. 2), setzt nicht notwendig voraus, dass eine neue Hauptverhandlung durchgeführt wird (§§ 361 und 371 Abs. 1). Die rehabilitative Wirkung in Gestalt der dauerhaften Wiederherstellung der Unschuldsvermutung kann sich gerade daraus ergeben, dass das Verfahren nach Durchbrechung der Rechtskraft infolge eines allg. Prozesshindernisses (insbes. Tod; dauerhafte Verhandlungsunfähigkeit) gem. § 206a eingestellt wird (→ § 361 Rn. 20). Es wäre daher kontraproduktiv, bereits vor Rechtskraftdurchbrechung das Wiederaufnahmeverfahren infolge des Fehlens der allg. Prozessvoraussetzung einzustellen.[167] Allg. Prozesshindernisse **spielen** daher im Wiederaufnahmeverfahren zugunsten des Verurteilten **keine Rolle** (→ Rn. 7).[168] Nur wenn ein allg. Prozesshindernis zufällig mit dem Wegfall einer allg. Wiederaufnahmeverfahrensvoraussetzung einhergeht (zB Tod des Verurteilten bei einer Strafmaß-Wiederaufnahme), ergeht im Aditionsverfahren ein Verwerfungsbeschluss nach § 368 Abs. 1, im Probationsverfahren ein Unbegründetheitsbeschluss (→ Rn. 52).

66 **2. Ungünstige Wiederaufnahme.** Ziel der ungünstigen Wiederaufnahme ist letztlich die Verurteilung des Anklagten in einer neuen Hauptverhandlung.[169] Dieses Ziel wird mit Eintritt eines allg. Prozesshindernisses unerreichbar, sodass einer sinnlosen Durchführung des Wiederaufnahmeverfahrens nach allgM mit **Verfahrensbeendigung** zu begegnen ist. Wie das geht, ist umstr. Teilw. wird einer Verwerfung wegen Unzulässigkeit nach § 368 Abs. 1 das Wort geredet.[170] Die Gegenansicht befürwortet eine Einstellung gem. **§ 206a (analog).**[171] Letzteres ist vorzugswürdig. Dies zum einen, weil die Anwendung von § 368 Abs. 1 mit der starren Rechtsfolge endgültiger Verfahrensbeendigung in Fällen vorübergehender Hindernisse dem differenzierteren Instrumentarium des zweiten Buchs – **§ 205 S. 1** – unterlegen ist.[172] Zum anderen erscheint die Verwerfung wegen Unzulässigkeit unangebracht, da sämtliche Wiederaufnahmeverfahrensvoraussetzungen nach wie vor gegeben sind.

E. Rechtsbehelfe

67 **Zulassungs- und Verwerfungsbeschluss** können mit der **sofortigen Beschwerde** angefochten werden, § 371 S. 1; § 371 S. 2 gilt hier nicht. Beschwerdeberechtigt sind die StA sowie jeder sonstige beschwerte Antragsteller bzw. -gegner.[173] Der nach hier vertretener Ansicht nicht antragsberechtigte Nebenkläger (→ § 365 Rn. 12) ist demnach nicht beschwerdebefugt; er kann sich auch nicht durch Beschwerdeeinlegung der sofortigen

---

[166] Zu den Gründen Frister in SK-StPO Rn. 3.
[167] Frister in SK-StPO Rn. 2; Marxen/Tiemann Strafsachen Rn. 385; Gössel in Löwe/Rosenberg Vor § 359 Rn. 112 ff.
[168] Ebenso Frister in SK-StPO Rn. 5.
[169] Frister in SK-StPO Rn. 3.
[170] Marxen/Tiemann Strafsachen Rn. 339 mit Fn. 596; Temming in Gercke/Julius/Temming/Zöller Rn. 9; Kaspar in Satzger/Schluckebier/Widmaier StPO Rn. 10.
[171] Schuster in Löwe/Rosenberg Rn. 3; Schmitt in Meyer-Goßner/Schmitt Rn. 1a. Diff. Frister in SK-StPO Rn. 3 f., der bei Auftreten des Hindernisses im Aditionsverfahren einen Beschl. nach § 368 Abs. 1, im Probationsverfahren aufgrund der Bindungswirkung des Zulassungsbeschlusses eine Einstellung nach §§ 205, 206a befürwortet.
[172] Hierin liegt zugleich die von Marxen/Tiemann Strafsachen Rn. 339 vermisste Regelungslücke.
[173] Marxen/Tiemann Strafsachen Rn. 344.

Beschwerde eines anderen Antragstellers anschließen.[174] Hält das Beschwerdegericht den Antrag für zulässig und eine Beweisaufnahme für nicht erforderlich, kann es gem. § 309 Abs. 2 ohne Zurückverweisung die Erneuerung der Hauptverhandlung anordnen.[175] Auch gegen einen **Einstellungsbeschluss** ist sofortige Beschwerde statthaft, § 206a Abs. 2 analog.

§ 369 Beweisaufnahme

(1) Wird der Antrag für zulässig befunden, so beauftragt das Gericht mit der Aufnahme der angetretenen Beweise, soweit dies erforderlich ist, einen Richter.

(2) Dem Ermessen des Gerichts bleibt es überlassen, ob die Zeugen und Sachverständigen eidlich vernommen werden sollen.

(3) ¹Bei der Vernehmung eines Zeugen oder Sachverständigen und bei der Einnahme eines richterlichen Augenscheins ist der Staatsanwaltschaft, dem Angeklagten und dem Verteidiger die Anwesenheit zu gestatten. ²§ 168c Abs. 3, § 224 Abs. 1 und § 225 gelten entsprechend. ³Befindet sich der Angeklagte nicht auf freiem Fuß, so hat er keinen Anspruch auf Anwesenheit, wenn der Termin nicht an der Gerichtsstelle des Ortes abgehalten wird, wo er sich in Haft befindet, und seine Mitwirkung der mit der Beweiserhebung bezweckten Klärung nicht dienlich ist.

(4) Nach Schluß der Beweisaufnahme sind die Staatsanwaltschaft und der Angeklagte unter Bestimmung einer Frist zu weiterer Erklärung aufzufordern.

Schrifttum: Gössel, Anm. zu OLG Braunschweig v. 10.6.1986 – Ws 70/86, NStZ 1987, 378; Pfeiffer, Zum strafrechtlichen Wiederaufnahmeverfahren, FG für Karin Graßhof, 1998, S. 271; Schwenn, Probation und Opferschutz, FS für Thomas Fischer, 2018, S. 835. S. a. Schrifttum Vor § 359.

Übersicht

		Rn.			Rn.
I.	Gesetzessystematik	1	1.	Grundsätzliches	14
II.	Notwendigkeit und Umfang der Beweisaufnahme	2	2.	Richterliche Durchführung	16
1.	Formelle Voraussetzungen	2	3.	Beweisaufnahme durch Polizei und StA	18
2.	Materielle Voraussetzung: Erforderlichkeit	3	4.	Vereidigung	19
	a) Grundsatz	3	5.	Anwesenheitsrechte	20
	b) Ausnahmen	4	6.	Benachrichtigung	22
	c) Verfahren bei Entbehrlichkeit	8	7.	Protokollvorlage	23
3.	Umfang und Begrenzung der Beweisaufnahme	9	IV.	Schlussanhörung	24
III.	Durchführung der Beweisaufnahme	14	V.	Rechtsbehelfe	26

I. Gesetzessystematik

Die Vorschrift regelt **Notwendigkeit, Umfang und Durchführung der Beweisaufnahme** im Probationsverfahren. Diese ist zwar dem Strengbeweisverfahren angenähert,[1] jedoch nur vorläufiger Natur und insoweit eher mit der Sachverhaltserforschung im Ermittlungsverfahren vergleichbar.[2] Zweck der Probation ist die Ermöglichung der Entscheidung

---

[174] Marxen/Tiemann Strafsachen Rn. 344; Singelnstein in BeckOK StPO § 365 Rn. 15.
[175] OLG Nürnberg 6.8.2013 – 1 Ws 354/13 WA, NJW 2013, 2692 (2694); OLG Bremen 22.3.1960 – Ws 57/60, GA 1960, 216 (217); Schuster in Löwe/Rosenberg Rn. 38. AA Eschelbach in KMR-StPO Rn. 42: Verstoß gegen Art. 101 Abs. 1 S. 2 GG.
[1] Eschelbach in KMR-StPO Rn. 1; Schuster in Löwe/Rosenberg Rn. 9; Tiemann in KK-StPO Rn. 7a.
[2] Schuster in Löwe/Rosenberg Rn. 1.

über die Begründetheit nach § 370, nicht die endgültige Klärung der Schuldfrage,³ welche der neuen Hauptverhandlung vorbehalten ist. Entspr. dieser Zielsetzung sieht § 369 ein vereinfachtes Beweiserhebungsverfahren vor. So kann die Beweisaufnahme an einen beauftragten oder ersuchten Richter delegiert werden (Abs. 1); auch trifft den Angeklagten weder eine grds. Anwesenheitspflicht (arg. e Abs. 3 S. 1), noch genießt er ein uneingeschränktes Anwesenheitsrecht (vgl. Abs. 3 S. 3). Abs. 2 regelt die eidliche Vernehmung, Abs. 4 Fragen rechtlichen Gehörs.

II. Notwendigkeit und Umfang der Beweisaufnahme

2   **1. Formelle Voraussetzungen.** Eine Beweisaufnahme ist im Probationsverfahren, wie sich bereits aus Abs. 1 ergibt, nicht stets erforderlich. Im Fall ihrer Notwendigkeit ist jedoch als zwingende Durchführungsvoraussetzung das Vorliegen eines zur Probation überleitenden **Zulassungsbeschlusses** zu beachten.⁴ Eine Beweiserhebung im Aditionsverfahren ist grds. nicht zulässig;⁵ eine Ausnahme besteht nur in Bezug auf freibeweislich zu klärende verfahrensbezogene Fragen, zB die Neuheit des Beweismittels oder die Beweisgeeignetheit iSv § 368 Abs. 1.⁶ Dagegen ist ein (weiterer) förmlicher **Beschluss zu Beweisthema, -mittel und Notwendigkeit der Vereidigung** nur dann erforderlich, wenn das Gericht die Beweisaufnahme nicht selbst oder nicht in voller Gerichtsbesetzung durchführt, sie also delegiert; der die Probation selbst durchführende Einzelrichter braucht sich daher nicht zuvor selbst einen derartigen Beweisauftrag zu erteilen.⁷

3   **2. Materielle Voraussetzung: Erforderlichkeit. a) Grundsatz.** Die Beweiserhebung wird nur durchgeführt, soweit diese **erforderlich** ist, Abs. 1. Das ist immer dann der Fall, wenn die Entscheidung über die Begründetheit des Antrags von der näheren Klärung der Frage abhängt, ob das im Aditionsverfahren als zutr. unterstellte Wiederaufnahmevorbringen in tatsächlicher Hinsicht zutrifft;⁸ eine fortgesetzte Richtigkeitsunterstellung ist im Probationsverfahren unzulässig.⁹ Erachtet das Wiederaufnahmegericht den schlüssigen Sachvortrag des Antragstellers schon aufgrund des Antragsvorbringens für genügend bestätigt, ist die Beweisaufnahme **entbehrlich**.¹⁰

4   **b) Ausnahmen.** Bereits nach allg. Grundsätzen nicht erforderlich ist die Beweiserhebung über **offenkundige Tatsachen**.¹¹ Daneben kann eine Entbehrlichkeit der Beweisaufnahme nach den o. g. Grundsätzen (→ Rn. 3) insbes. in den folgenden Fallgruppen in Betracht kommen.

Bei einem **Beweisantritt mit Urkunden** erübrigt sich die Beweiserhebung, sofern keine Zweifel an der Echtheit bestehen;¹² auch eine Verlesung der Urkunde nach § 249

---

³ BGH 19.6.1962 – 5 StR 189/62, BGHSt 17, 303 (304) = NJW 1962, 1520; Eschelbach in KMR-StPO Rn. 1; Frister in SK-StPO Rn. 1.
⁴ Schuster in Löwe/Rosenberg Rn. 1; Marxen/Tiemann Strafsachen Rn. 361; Eschelbach in KMR-StPO Rn. 2, der sich damit allerdings im Widerspruch zu seiner abl. Position hinsichtlich der generellen Notwendigkeit eines Zulassungsbeschl. befindet, dazu → § 368 Rn. 49.
⁵ OLG Zweibrücken 1.2.1993 – 1 Ws 432/92, GA 1993, 463 (465); Eschelbach in KMR-StPO Rn. 1; Bock/Eschelbach/Geipel/Hettinger/Röschke/Wille GA 2013, 328 (341). S. aber auch LG Arnsberg 6.10.2014 – 2 KLs 38/13, BeckRS 2015, 03617 (Beweisaufnahme vor (!) Aditionsverfahren).
⁶ OLG Celle 6.6.1991 – 1 Ws 129, 139/91, MDR 1991, 1077; Gössel NStZ 1987, 378 (379).
⁷ Näher Eschelbach in KMR-StPO Rn. 14.
⁸ Schuster in Löwe/Rosenberg Rn. 5; Eschelbach in KMR-StPO Rn. 11; Singelnstein in BeckOK StPO Rn. 3.
⁹ Schuster in Löwe/Rosenberg Rn. 5; Schmitt in Meyer-Goßner/Schmitt Rn. 2; Tiemann in KK-StPO Rn. 2.
¹⁰ Marxen/Tiemann Strafsachen Rn. 360; Kaspar in Satzger/Schluckebier/Widmaier StPO Rn. 2.
¹¹ KG 15.8.1983 – 4 Ws 57/83, JR 1984, 393; OLG Bremen 22.3.1960 – Ws 57/60, GA 1960, 216 (217) (bzgl. aktenkundiger Tatsache); Frister in SK-StPO Rn. 3; Eschelbach in KMR-StPO Rn. 5 u. 11; Schuster in Löwe/Rosenberg Rn. 6; Rotsch in Krekeler/Löfflmann/Sommer Rn. 2. Zum Begriff der Offenkundigkeit Eschelbach in BeckOK StPO § 261 Rn. 26; Krehl in KK-StPO § 244 Rn. 138 f.
¹² Eschelbach in KMR-StPO Rn. 6; Frister in SK-StPO Rn. 5.

Abs. 1 S. 1 ist dann entbehrlich.[13] Dies gilt insbes. wenn sich die Bestätigung der Wiederaufnahmegründe aus einem rechtskräftigen Urteil ergibt.[14] Zurückhaltung bei der Bejahung von Entbehrlichkeit ist angebracht, wenn mit der Urkunde ein Geständnis iSv § 362 Nr. 4 bewiesen werden soll.[15]

Bei **Sachverständigengutachten** ist zu differenzieren: Ist dieses bereits vom Antragsteller eingeholt und in schriftlicher Form vorgelegt worden, bedarf es keiner förmlichen Beweiserhebung durch die Vernehmung des Sachverständigen, wenn die methodische Fehlerlosigkeit und genügende Aussagekraft unzweifelhaft ist.[16] Die Gegenansicht, wonach der Gutachter stets zu vernehmen sei,[17] findet im Gesetz keine Stütze und wäre unnötiger Formalismus. Erst recht kommt in diesen Fällen die Einholung eines Gegengutachtens nicht in Betracht (dazu → Rn. 12). Tritt der Antragsteller den Beweis jedoch durch den Antrag auf Einholung eines Gutachtens an, ist eine Vernehmung des nach § 73 Abs. 1 ausgewählten Sachverständigen zumindest dann zwingend erforderlich, wenn das Gericht auf der Basis des schriftlichen Gutachtens den Antrag zu verwerfen gedenkt; anderenfalls käme dies einer Umgehung des Probationsverfahrens gleich.[18]

Bei einem auf § 359 Nr. 5 gegründeten Wiederaufnahmeantrag ist von Entbehrlichkeit der Beweisaufnahme auszugehen, wenn der Antragsteller einleuchtend die Unwahrheit seines ursprünglichen Geständnisses dargelegt hat. Dies hat vor allem Bedeutung, wenn das **widerrufene Geständnis** Teil einer Verständigung gewesen ist (→ § 368 Rn. 36).[19]

Die Ergiebigkeit der **Aussage eines Zeugen** und dessen Glaubwürdigkeit lassen sich ohne Vernehmung schlecht vorhersehen. Im Fall eines Zeugenbeweises stellt die Erforderlichkeit deshalb den Regelfall dar.[20] Wird der Zeuge sodann vernommen, liegt eine genügende Bestätigung allerdings idR bereits dann vor, wenn der Zeuge in der Beweiserhebung nach § 369 wie in der Antragsbegründung angekündigt aussagt.[21] Das gilt aber nicht, wenn die Aussage von vornherein unglaubhaft oder der Zeuge offensichtlich unglaubwürdig ist.[22]

c) Verfahren bei Entbehrlichkeit. Erachtet das Wiederaufnahmegericht die Behauptungen auch ohne Beweisaufnahme für genügend bestätigt, dann können die **Beschlüsse** nach §§ 368, 370 bzw. 371 **miteinander verbunden** werden (→ § 368 Rn. 53).[23] Der Einwand, bei dieser Vorgehensweise werde dem Antragsgegner das rechtliche Gehör nach Abs. 4 verwehrt,[24] geht fehl. Es werden nämlich keine dem Gegner bislang unbekannten Umstände verwertet, sodass die Gelegenheit zur Stellungnahme im Aditionsverfahren ausreichend ist.[25]

3. Umfang und Begrenzung der Beweisaufnahme. Gegenstand der Beweisaufnahme sind nach dem Wortlaut des Abs. 1 nur die vom Antragsteller **angetretenen Beweise**.[26] Gemeint sind diejenigen in der Antragsschrift „angegebenen" (§ 366 Abs. 1)

---

[13] Frister in SK-StPO Rn. 4. Vgl. auch OLG Hamburg 8.2.2000 – 2 Ws 287/99, JR 2001, 207 (210) (in NStZ-RR 2000, 241 nicht mitabgedruckt); OLG Jena 4.7.1996 – 1 Ws 125/96, NStZ-RR 1997, 47.
[14] Schuster in Löwe/Rosenberg Rn. 6; Frister in SK-StPO Rn. 4 f.; Eschelbach in KMR-StPO Rn. 11; Marxen/Tiemann Strafsachen Rn. 360. Zu § 79 Abs. 1 BVerfGG Bertram MDR 1962, 535 (536).
[15] S. Frister in SK-StPO Rn. 5: allenfalls bei notarieller Beurkundung.
[16] Eschelbach in KMR-StPO Rn. 7; Weiler in HK-GS Rn. 2.
[17] OLG Hamm 25.3.1977 – 4 Ws 66/77, BeckRS 1977, 01858; Schuster in Löwe/Rosenberg Rn. 5.
[18] Eschelbach in KMR-StPO Rn. 7.
[19] Schuster in Löwe/Rosenberg Rn. 6; Marxen/Tiemann Strafsachen Rn. 360. IE übereinstimmend Förschner StV 2008, 443 (444), der dies mit beachtlichen Argumenten sogar für verfassungsrechtlich zwingend hält.
[20] Weiler in HK-GS Rn. 2; einschr. Eschelbach in KMR-StPO Rn. 8.
[21] OLG Koblenz 25.4.2005 – 1 Ws 231/05, NStZ-RR 2007, 317 (Ls.) = BeckRS 2005, 07236; Schuster in Löwe/Rosenberg Rn. 1.
[22] OLG Jena 21.3.2018 – 1 Ws 63/18, BeckRS 2018, 53088 Rn. 16.
[23] Hellebrand NStZ 2004, 64 (65).
[24] So Loos in AK-StPO Rn. 8.
[25] Frister in SK-StPO Rn. 7; Weiler in HK-GS Rn. 3.
[26] Frister in SK-StPO Rn. 8; Eschelbach in KMR-StPO Rn. 2; Weiler in HK-GS Rn. 3; Marxen/Tiemann Strafsachen Rn. 370.

bzw. „angeführten" (§ 368 Abs. 1) Beweismittel, die nicht iSv §§ 368 Abs. 1 ungeeignet sind. Diese Beweismittel müssen umfassend ausgeschöpft werden.[27] Daraus folgt zB die Pflicht, ggf. Nachfragen an den Sachverständigen zu richten.[28] Eine Erstreckung auf weitere Beweismittel – sei es zugunsten, sei es zulasten des Angeklagten – kommt nicht in Betracht.

10 Demggü. nimmt die hM an, dass die Erhebung prinzipiell auch auf zusätzliche Beweise erstreckt werden könne und ggf. sogar müsse;[29] lediglich der Beweis eines alternativen Tathergangs sei – entsprechend des vom BVerfG postulierten Ersetzungsverbots (→ § 368 Rn. 45)[30] – unzulässig.[31] In der Praxis führt dies vor allem dazu, die mit dem günstigen Wiederaufnahmeantrag vorgebrachten Beweise zu entkräften,[32] bspw. indem Gegengutachten eingeholt[33] oder den neuen Entlastungszeugen diskreditierende Beweise eingeführt werden. Zur Begründung stützt sich diese Auffassung auf das Gebot der **Amtsaufklärungspflicht** des § 244 Abs. 2.

11 Die hM überzeugt nicht. Im Wiederaufnahmeverfahren gilt nicht der Amtsermittlungsgrundsatz sondern die **Dispositionsmaxime**.[34] Dies ergibt sich aus dem eindeutigen Sprachgebrauch des Wiederaufnahmerechts, welches neben dem Antragserfordernis verschiedenenorts Beibringungspflichten des Antragstellers statuiert. IÜ krankt die hM an inneren Widersprüchen: So soll trotz Geltung der Inquisitionsmaxime ein Wiederaufnahmeantrag, der kein geeignetes Beweismittel anführt, selbst dann als unzulässig verworfen werden müssen, wenn das Gericht ein geeignetes Beweismittel kennt;[35] im Probationsverfahren sollen nur die geltend gemachten Wiederaufnahmegründe geprüft werden dürfen, auch wenn ein weiterer auf der Hand liegt;[36] hinsichtlich des Umfangs der tatsächlich durchgeführten Beweisaufnahme soll diese unanfechtbar und damit auch der Aufklärungsrüge entzogen sein.[37] Ferner sieht sich die hM mit der unbilligen Folge konfrontiert, durch die Erstreckung der Beweisaufnahme auf vom Antragsteller bewusst zurückgehaltene Beweise uU einen Verbrauch derselben zu verursachen.[38]

12 Schließlich kann der hier vertretenen Ansicht nicht die **Rspr. des BVerfG** entgegengehalten werden,[39] welches sich einer Streitentscheidung ausdrücklich enthält, aber betont,

---

[27] Frister in SK-StPO Rn. 8.
[28] BVerfG 23.12.2002 – 2 BvR 1439/02, StV 2003, 223 (224); Frister in SK-StPO Rn. 8 Fn. 17.
[29] OLG Hamburg 17.7.2000 – 1 Ws 53/00, StV 2003, 229 (230); OLG Jena 4.7.1996 – 1 Ws 125/96, NStZ-RR 1997, 47; OLG Zweibrücken 1.2.1993 – 1 Ws 432/92, GA 1993, 463 (465); Schuster in Löwe/Rosenberg Vor § 359 Rn. 25; Eschelbach in KMR-StPO § 365 Rn. 70; Singelnstein in BeckOK StPO Rn. 5; Kaspar in Satzger/Schluckebier/Widmaier StPO Rn. 2; Rotsch in Krekeler/Löffelmann/Sommer Rn. 3; Schmitt in Meyer-Goßner/Schmitt Rn. 5; Temming in Gercke/Julius/Temming/Zöller Rn. 2; Strate in MAH Strafverteidigung § 28 Rn. 7 Fn. 16; Alexander in Miebach/Hohmann HdB Wiederaufnahme Kap. F Rn. 258; Roxin/Schünemann StrafVerfR § 57 Rn. 15; Ruhs S. 365.
[30] BVerfG 16.5.2007 – 2 BvR 93/07, BVerfGK 11, 215 (231).
[31] Loos in AK-StPO Rn. 4; Schuster in Löwe/Rosenberg Rn. 3; Peters Fehlerquellen Bd. III S. 144 f.
[32] Eschelbach in KMR-StPO Rn. 3.
[33] Krit. zu dieser „verbreiteten Übung" Schwenn FS Fischer, 2018, 835 (839 f.).
[34] Frister in SK-StPO Rn. 9; Tiemann in KK-StPO Rn. 2a; Hellebrand NStZ 2004, 413 (415); Wasserburg/Rübenstahl GA 2002, 28 (30 Fn. 9); Marxen/Tiemann Strafsachen Rn. 370. Ausf. Tiemann Darlegungslast S. 56 ff. Einschr. Weiler in HK-GS Rn. 3 (Beibringungsgrundsatz nur bei günstiger Wiederaufnahme). Widersprüchlich Eisenberg JR 2007, 360 (368 Fn. 145) sowie Eschelbach in KMR-StPO, der im günstigen Wiederaufnahmeverfahren die Dispositionsmaxime bejaht, der Gegenansicht „Unvertretbarkeit" und Rechtsbeugung iSv § 339 StGB vorwirft (§ 369 Rn. 4), anderenorts (§ 365 Rn. 67 ff.) jedoch unter Hinweis auf § 155 Abs. 2 der Aufklärungsmaxime das Wort redet, auch wenn diese zulasten des Angeklagten wirkt.
[35] Vgl. Frister in SK-StPO Rn. 9.
[36] OLG Bremen 18.2.1977 – Ws 219/76, OLGSt zu § 359, S. 44, 54 f.; Eschelbach in KMR-StPO Rn. 3; Schuster in Löwe/Rosenberg Rn. 3; Schmitt in Meyer-Goßner/Schmitt Rn. 5; Marxen/Tiemann Strafsachen Rn. 370 iVm 354.
[37] Frister in SK-StPO Rn. 10.
[38] Loos in AK-StPO Rn. 3; Frister in SK-StPO Rn. 9. Nach Schuster in Löwe/Rosenberg Rn. 4 Fn. 16 sei dies „hinzunehmen".
[39] So aber Schuster in Löwe/Rosenberg Rn. 4 Fn. 9; Eschelbach in KMR-StPO § 365 Rn. 67; Weiler in HK-GS Rn. 3.

„dass auch für die außerhalb des prozessualen Hauptverfahrens zu treffenden Entscheidungen die Ermittlung des wahren Sachverhalts von zentraler Bedeutung bleibt, weil sonst das materielle Schuldprinzip nicht verwirklicht werden kann.".[40] Diese Passage gibt für die hM nichts her, denn sie bezieht sich ausweislich des Folgesatzes allein auf die „Ausschöpfung der angetretenen Beweise".[41] Tatsächlich ist die Erstreckung der Probation auf Beweise zur Entkräftung der neuen Entlastungsbeweise sogar von Verfassungs wegen unzulässig, da „die Feststellung solcher Tatsachen, […] deren Bestätigung oder Widerlegung im Verteidigungskonzept des Angekl. eine hervorragende Rolle spielt, der Hauptverhandlung vorbehalten bleiben [muss]."[42]

Aus der Beschränkung der Beweisaufnahme auf die angetretenen Beweise folgt, dass die Erhebung auch bei der günstigen Wiederaufnahme nicht auf dem Verurteilten günstige Beweismittel erstreckt werden darf, die erst im Verlauf der Probation hervorgetreten und einen weiteren Wiederaufnahmegrund zu begründen geeignet sind.[43] Das ist keine unbillige Härte für den Verurteilten, da es ihm freisteht, gestützt auf den im Probationsverfahren hervorgetretenen Umstand einen neuen Wiederaufnahmeantrag zu stellen.[44] Den einzig denkbaren Fall der Beachtlichkeit eines erst **im Probationsverfahren hervorgetretenen günstigen Umstands** bildet die von § 301 iVm § 365 erfasste Ausnahme, dass ein im ungünstigen Verfahren angebotener Belastungsbeweis wider Erwarten die gänzliche Unschuld eines vermeintlich zu milde Verurteilten erweist (→ § 365 Rn. 10). **13**

III. Durchführung der Beweisaufnahme

1. Grundsätzliches. Zweck der Beweisaufnahme ist die Ermöglichung der Entscheidung darüber, ob die vom Antragsteller aufgestellten Behauptungen, die zunächst zw. scheinen, genügend bestätigt sind (§ 370 Abs. 1). Die Beweiserhebung ist nach Abs. 1 eine richterliche Angelegenheit, mithin eine **„echte Beweisaufnahme",**[45] für die die Regeln der Hauptverhandlung gelten. Daraus folgt, dass im Fall der Notwendigkeit einer Erhebung strengbeweislich zu verfahren ist;[46] die Möglichkeit einer kommissarischen Vernehmung (Abs. 1) sowie die Ermessensregelung in Abs. 2 zur Vereidigung bilden hierzu keine Ausnahme,[47] da beides auch für die Hauptverhandlung vorgesehen ist (§ 223 iVm § 251; § 59). **14**

Aus dem **Strengbeweiserfordernis** folgt, dass eine Übertragung der Beweiserhebung an StA oder Polizei unzulässig ist, soweit dies über die in der Hauptverhandlung bestehenden Möglichkeiten hinausgeht (→ Rn. 18). Unstatthaft ist auch, eine erforderliche Zeugenvernehmung durch eine eidesstattliche Versicherung[48] oder eine Erklärung **15**

---

[40] BVerfG 23.12.2002 – 2 BvR 1439/02, StV 2003, 223 (224).
[41] So zutr. Marxen/Tiemann Strafsachen Rn. 370 Fn. 36.
[42] BVerfG 7.9.1994 – 2 BvR 2093/93, NJW 1995, 2024 (2025); VerfGH Brandenburg 19.11.2009 – VfGBbg 17/09, LVerfGE 20, 125 (130). So auch Eschelbach in KMR-StPO § 365 Rn. 74, der die Kammerentscheidung des BVerfG indes kritisiert und deren Bindungswirkung iSv § 31 BVerfGG abspricht. Hiergegen Strate in MAH Strafverteidigung § 28 Rn. 80 mit Fn. 111.
[43] So aber (in Bezug auf § 359 Nr. 5) OLG Hamburg 26.1.1954 – Ws 511/53, NJW 1954, 974 (Ls.); Strate in MAH Strafverteidigung § 28 Rn. 7 Fn. 16 aE; Eschelbach in KMR-StPO § 365 Rn. 68, § 369 Rn. 2 aE (aus Gründen materieller Gerechtigkeit; allerdings verbunden mit der unlogischen Einschr., die neuen Umstände seien „jedenfalls bei der Zulassungsentscheidung" (!) zu beachten); Weiler in HK-GS Rn. 3 (Fairnessgebot). IE wie hier Schuster in Löwe/Rosenberg Rn. 3.
[44] Nicht weiterführend ist der Rekurs von Marxen/Tiemann Strafsachen Rn. 370 Fn. 37 auf die Pflicht des Gerichts zum Hinweis auf weitere sich aufdrängende Beweise. Denn ein Nachschieben neuer Wiederaufnahmegründe kommt nur im Aditionverfahren in Betracht, → § 372 Rn. 10.
[45] Tiemann in KK-StPO Rn. 7a.
[46] Schuster in Löwe/Rosenberg Rn. 9; Loos in AK-StPO Rn. 12. Relativierend Eschelbach in KMR-StPO § 365 Rn. 69 f., 75; Weiler in HK-GS Rn. 1 (Mischform von Streng- und Freibeweis).
[47] So aber Schuster in Löwe/Rosenberg Rn. 9.
[48] BGH 19.6.1962 – 5 StR 189/62, BGHSt 17, 303 f. = NJW 1962, 1520; Schmitt in Meyer-Goßner/Schmitt Rn. 4; Schuster in Löwe/Rosenberg Rn. 9. AA OLG Hamm 1.12.1953 – (1) 2a Ss 853/53, NJW 1954, 363 (364).

zu Protokoll der Geschäftsstelle⁴⁹ zu ersetzen. Wird Beweis über eine Urkunde erhoben, gilt § 249.⁵⁰ § 251 findet entgegen der hL⁵¹ Anwendung.

16   **2. Richterliche Durchführung.** Die Beweisaufnahme erfolgt durch einen „vom Gericht beauftragten Richter", Abs. 1. Der Wortlaut ist missverständlich, da offensichtlich nicht der **beauftragte Richter** iSv §§ 63, 223, welcher Mitglied des entscheidenden Kollegialgerichts ist, gemeint sein kann; anderenfalls ergäbe sich eine Regelungslücke für den als Einzelrichter entscheidenden Strafrichter, der sich schlecht selbst beauftragen kann.⁵² Die Vorschrift wird daher so verstanden, dass dem Gericht drei Wege offen stehen: es kann die Beweise selbst (auch das Kollegialgericht in voller Besetzung⁵³) oder durch einen beauftragten oder ersuchten Richter erheben lassen; § 156 GVG und § 15 KonsularG sind anwendbar.⁵⁴ Der beauftragte oder ersuchte Richter ist bloßes Ausführungsorgan des Gerichts⁵⁵ und an die Vorgaben gebunden, die es ihm in einem Beschluss zu Beweisthema, -mittel und ggf. der Erforderlichkeit oder Entbehrlichkeit einer Vereidigung gemacht hat.

17   Das Gericht darf zum Zweck der Beweisaufnahme diejenigen **Zwangsmittel** anwenden, die ihm auch in der Hauptverhandlung zur Verfügung stehen. Darunter fallen Maßnahmen ggü. Zeugen gem. § 70, die Untersuchung anderer Personen nach § 81c oder die Beschlagnahme von herbeizuschaffenden Beweismitteln.⁵⁶ Hierbei dürfen StA und Polizei zur Leistung technischer Hilfe ersucht werden.⁵⁷

18   **3. Beweisaufnahme durch Polizei und StA.** Vorermittlungen der Strafverfolgungsbehörden im Kontext eines Wiederaufnahmeverfahrens sind grds. zulässig, zB um einen eigenen Wiederaufnahmeantrag der StA zu begründen oder um gegen einen der Falschaussage verdächtigen Zeugen zu ermitteln (→ § 364b Rn. 7 ff.).⁵⁸ Derart gewonnene Ermittlungsergebnisse dürfen vom Gericht allerdings nur in den Grenzen des § 251 (→ Rn. 14)⁵⁹ sowie dann verwendet werden, wenn diese bereits vor Antragstellung Aktenbestandteil geworden sind;⁶⁰ iÜ besteht ein **Verwertungsverbot** und die Beweisaufnahme muss in vollem Umfang wiederholt werden.⁶¹ Es ist daher zB vorbehaltlich § 251 nicht erlaubt, die richterliche Vernehmung eines Entlastungszeugen durch die Verwertung des Protokolls einer nichtrichterlichen Vernehmung zu ersetzen.⁶²

---

49   OLG Düsseldorf 8.1.1976 – 3 Ws 1/76, MDR 1976, 778; Marxen/Tiemann Strafsachen Rn. 366.
50   Schuster in Löwe/Rosenberg Rn. 9; Temming in Gercke/Julius/Temming/Zöller Rn. 3. AA OLG Jena 4.7.1996 – 1 Ws 125/96, NStZ-RR 1997, 47 (48): Einbeziehung durch Vorhalt des Urkundeninhalts bei Zeugenvernehmung möglich.
51   Marxen/Tiemann Strafsachen Rn. 367; Pfeiffer FG Graßhof, 1998, 271 (277). Wie hier Frister in SK-StPO Rn. 6.
52   Marxen/Tiemann Strafsachen Rn. 364; Eschelbach in KMR-StPO Rn. 14.
53   Schuster in Löwe/Rosenberg Rn. 12; Eschelbach in KMR-StPO Rn. 16; Wasserburg/Rübenstahl GA 2002, 29 (31).
54   Tiemann in KK-StPO Rn. 6; Schuster in Löwe/Rosenberg Rn. 12; Eschelbach in KMR-StPO Rn. 16; Marxen/Tiemann Strafsachen Rn. 364. Zur Rechtshilfevernehmung im Probationsverfahren s. auch OLG Hamburg 8.2.2000 – 2 Ws 287/99, JR 2001, 207 (209).
55   BGH 8.4.1954 – 4 StR 793/53, NJW 1954, 891; Schuster in Löwe/Rosenberg Rn. 13.
56   Schuster in Löwe/Rosenberg Rn. 4; Tiemann in KK-StPO Rn. 3; Eschelbach in KMR-StPO § 365 Rn. 76; Marxen/Tiemann Strafsachen Rn. 371. Zur Anwendbarkeit sonstiger Zwangsmittel → § 360 Rn. 10.
57   Eschelbach in KMR-StPO Rn. 14; Hohmann in Radtke/Hohmann Rn. 5; Marxen/Tiemann Strafsachen Rn. 366.
58   Eschelbach in KMR-StPO § 365 Rn. 69; Schuster in Löwe/Rosenberg Rn. 8.
59   Frister in SK-StPO Rn. 6.
60   Marxen/Tiemann Strafsachen Rn. 368.
61   Marxen/Tiemann Strafsachen Rn. 366. Einschr. Tiemann in KK-StPO Rn. 7; Eschelbach in KMR-StPO Rn. 15: nur bei Wesentlichkeit.
62   OLG Zweibrücken 1.2.1993 – 1 Ws 432/92, GA 1993, 463 (465); OLG Celle 6.6.1991 – 1 Ws 129, 139/91, MDR 1991, 1077. AA OLG Braunschweig 10.6.1986 – Ws 70/86, NStZ 1987, 377 mablAnm Gössel. Unklar Eschelbach in KMR-StPO § 365 Rn. 69: ergänzende Verwertung zulässig.

4. Vereidigung. Nach Abs. 2 steht die Vereidigung eines Zeugen oder Sachverständigen im **Ermessen des Gerichts**. Die Entscheidung hat sich an den zu § 59 geltenden Maßstäben zu orientieren.[63] Eine Vereidigung erscheint regelmäßig angebracht, wenn eine Freisprechung ohne neue Hauptverhandlung (§ 371) im Raum steht.[64] Die Bezugnahme auf einen früheren Eid (§ 67) ist unzulässig.[65]

5. Anwesenheitsrechte. Für die Beweisaufnahme bestehen keine **Teilnahmepflichten** (Abs. 3 S. 2 iVm § 224 Abs. 1 S. 1 Hs. 2), aber **Anwesenheitsrechte** für StA, den Angeklagten und seinen Verteidiger (Abs. 3 S. 1) sowie ggf. für den Privatkläger (§ 385 Abs. 1 S. 1), Erziehungsberechtigte und gesetzliche Vertreter (§ 67 JGG) und Hinterbliebene iSv § 361 Abs. 2; der Nebenkläger ist nach zutr. Auffassung nicht anwesenheitsberechtigt.[66]

Das Anwesenheitsrecht des Angeklagten ist begrenzt. Er kann zum einen nach Abs. 3 S. 2 iVm § 168c Abs. 3 von der Anwesenheit ausgeschlossen werden, wenn diese den **Untersuchungszweck gefährden** würde. Eine weitere Einschränkung sieht Abs. 3 S. 3 vor: Befindet sich der Angeklagte nicht auf freiem Fuß und findet der Termin nicht in einem Gerichtsgebäude des Haftortes statt, besteht kein Anwesenheitsrecht, wenn die Mitwirkung des Angeklagten der mit der Beweiserhebung bezweckten Klärung nicht dienlich ist. Der Begriff der Dienlichkeit ist weit auszulegen. Diese ist nicht bereits dann zu verneinen, wenn der Verteidiger an der Beweiserhebung teilnimmt.[67] Bei **Zeugenbefragungen** ist kaum einmal die Situation denkbar, dass der Angeklagte durch Vorhalte oder direkte Fragen an den Zeugen nichts zur Klärung der Beweisfrage beitragen kann.[68]

Über die Verweigerung der Teilnahme entscheidet (formlos) der die Beweiserhebung durchführende Richter.[69] Wird der Angeklagte ausgeschlossen oder entgegen seinem Wunsch nicht vorgeführt, ist dies nach Maßgabe von § 34 zu begründen.[70] **Eine Vorführung** ist rechtzeitig anzuordnen.[71]

6. Benachrichtigung. Die Anwesenheitsberechtigten sind nach Abs. 3 S. 2 iVm § 224 Abs. 1 S. 1 (Vernehmung) bzw. § 225 (Augenscheinseinnahme) von dem Termin zu benachrichtigen.[72] Die Benachrichtigung muss so **rechtzeitig** erfolgen, dass eine ordnungsgemäße Vorbereitung gewährleistet ist.[73] Sie ergeht prinzipiell formfrei; da der Nachw. des Zugangs dem Gericht obliegt,[74] empfiehlt sich indes **förmliche Zustellung**.[75] Der Angeklagte ist, auch in den Fällen von Abs. 3 S. 3 und § 168c Abs. 3 neben seinem Verteidiger auch selbst zu benachrichtigen, wobei Zustellung an den empfangsbe-

---

[63] Frister in SK-StPO Rn. 12; Marxen/Tiemann Strafsachen Rn. 373.
[64] Marxen/Tiemann Strafsachen Rn. 373; Schuster in Löwe/Rosenberg Rn. 14.
[65] RG 3.1.1889 – 2960/88, RGSt 18, 417 (419); Frister in SK-StPO Rn. 12; Schuster in Löwe/Rosenberg Rn. 15. AA Peters Fehlerquellen Bd. III S. 146.
[66] Frister in SK-StPO Rn. 13; Eschelbach in KMR-StPO Rn. 19; Marxen/Tiemann Strafsachen Rn. 377. AA Schuster in Löwe/Rosenberg Rn. 18; Hohmann in Radtke/Hohmann Rn. 9; Schmitt in Meyer-Goßner/Schmitt Rn. 9.
[67] Schuster in Löwe/Rosenberg Rn. 20; Schmitt in Meyer-Goßner/Schmitt Rn. 10; Marxen/Tiemann Strafsachen Rn. 374.
[68] Eschelbach in KMR-StPO Rn. 20; Marxen/Tiemann Strafsachen Rn. 374. Vgl. auch OLG Frankfurt a. M. 3.7.1990 – I Ws 159/90, StV 1990, 538 f.
[69] Eschelbach in KMR-StPO Rn. 22; Temming in Gercke/Julius/Temming/Zöller Rn. 5; Marxen/Tiemann Strafsachen Rn. 375.
[70] OLG Frankfurt a. M. 3.7.1990 – I Ws 159/90, StV 1990, 538; Tiemann in KK-StPO Rn. 10; Eschelbach in KMR-StPO Rn. 22.
[71] Marxen/Tiemann Strafsachen Rn. 375.
[72] Marxen/Tiemann Strafsachen Rn. 378; Schuster in Löwe/Rosenberg Rn. 22; Temming in Gercke/Julius/Temming/Zöller Rn. 6.
[73] Loos in AK-StPO Rn. 16; Marxen/Tiemann Strafsachen Rn. 378.
[74] OLG Bremen 22.7.1966 – Ws 128/66, MDR 1967, 61 (62).
[75] Schmitt in Meyer-Goßner/Schmitt Rn. 11; Frister in SK-StPO Rn. 15; Eschelbach in KMR-StPO Rn. 24.

vollmächtigten Verteidiger möglich ist (§ 145a Abs. 1).[76] Seine Benachrichtigung unterbleibt nur im Fall der Gefährdung des Untersuchungserfolgs, Abs. 3 S. 2 iVm § 224 Abs. 1 S. 2.[77] Ein **Benachrichtigungsmangel** ist durch die Wiederholung der Beweisaufnahme in Anwesenheit der Verfahrensbeteiligten heilbar.[78]

23   **7. Protokollvorlage.** Abs. 3 iVm § 224 Abs. 1 S. 3 ordnet an, dass das über die Beweisaufnahme anzufertigende Protokoll (vgl. § 168)[79] der StA und dem Verteidiger vorzulegen ist. Die **Vorlagepflicht** besteht unabhängig davon, ob die Berechtigten bei der Beweisaufnahme anwesend waren;[80] sie entfällt auch nicht dadurch, dass der rechtzeitig vom Termin benachrichtige Verteidiger nicht erschienen ist.[81] Der StA werden die Akten üblicherweise mit dem Protokoll übersandt, der Verteidiger erhält eine Abschrift oder ihm wird (nochmals) Akteneinsicht gewährt.[82]

Die **übrigen Beteiligten,** insbes. der Angeklagte, haben nach dem Gesetzeswortlaut keinen Anspruch auf Protokollvorlage. Da diese ihr Anhörungsrecht nach Abs. 4 bzw. Art. 103 Abs. 1 GG aber nur in Kenntnis des Protokolls sinnvoll wahrnehmen können, ist ihnen nach allgA der Inhalt bekannt zu geben. In welcher Form, steht im Ermessen des Gerichts.[83]

IV. Schlussanhörung

24   Abs. 4 sieht vor, der StA und dem Angeklagten nach Schluss der Beweisaufnahme durch die **Aufforderung innerhalb angemessener Frist,**[84] die mit der Protokollvorlage zu laufen beginnt,[85] zur Abgabe einer Erklärung rechtliches Gehör zu gewähren. Für die übrigen Verfahrensbeteiligten folgt Gleiches unmittelbar aus Art. 103 Abs. 1 GG.[86] Damit die Anhörung überhaupt sinnvoll ist, muss dem Anzuhörenden das Ergebnis der Beweisaufnahme, wie es sich durch den Protokollinhalt aus der Sicht des Gerichts darstellt, bekannt sein. Daher reicht es für eine ordnungsgemäße Schlussanhörung nicht aus, wenn der Anhörungsberechtigte an der Beweiserhebung teilgenommen[87] oder der Verteidiger bereits vor Protokollvorlage eine Erklärung abgegeben hat.[88] Hinsichtlich der **Bekanntgabe** der Aufforderung gilt das zur Terminsbenachrichtigung Gesagte (→ Rn. 22) entspr.

25   In der Erklärung können **Rechtsansichten** ebenso vorgetragen werden wie Erklärungen zu den erhobenen Beweisen an sich sowie zur Bedeutung dieser Beweise für das vom Erstgericht errichtete Beweisgebäude **(Gesamtwürdigung).**[89] Die von der hM genannte Möglichkeit des Anbringens weiterer Beweisanträge (ggf. mit der Folge einer **ergänzenden Beweiserhebung** und nochmaliger Schlussanhörung) kommt dagegen nach hier vertretener Ansicht, wonach die Probation auf die vom Antragsteller angetretenen Beweise beschränkt bleiben muss (→ Rn. 11) nur ausnahmsweise in Betracht;[90] bspw. dann, wenn der Antragsteller rügt, die genannten Beweismittel seien nicht voll ausgeschöpft worden (→ Rn. 12).

---

[76] Loos in AK-StPO Rn. 16; Hohmann in Radtke/Hohmann Rn. 11.
[77] Näher Kaspar in Satzger/Schluckebier/Widmaier StPO Rn. 8.
[78] OLG Jena 31.1.1996 – 1 Ws 17/96, StraFo 1996, 89; Eschelbach in KMR-StPO Rn. 25.
[79] Zum notwendigen Inhalt Eschelbach in KMR-StPO Rn. 26.
[80] Tiemann in KK-StPO Rn. 11; Eschelbach in KMR-StPO Rn. 28.
[81] BGH 28.8.1974 – 2 StR 99/74, BGHSt 25, 357 (358); Frister in SK-StPO Rn. 16.
[82] Eschelbach in KMR-StPO Rn. 28; Schuster in Löwe/Rosenberg Rn. 24; Frister in SK-StPO Rn. 6.
[83] Eschelbach in KMR-StPO Rn. 31; Hohmann in Radtke/Hohmann Rn. 14; Schuster in Löwe/Rosenberg Rn. 26; Marxen/Tiemann Strafsachen Rn. 382.
[84] Dazu Eschelbach in KMR-StPO Rn. 29 f.
[85] OLG Hamburg 6.5.1977 – 2 Ws 196/77, MDR 1977, 865.
[86] Frister in SK-StPO Rn. 18; Marxen/Tiemann Strafsachen Rn. 380.
[87] Marxen/Tiemann Strafsachen Rn. 380. Vgl. auch OLG Hamm 25.2.1974 – 2 Ws 306/73, MDR 1974, 689.
[88] OLG Düsseldorf 25.9.1981 – 5 Ws 151-152, 175/81, NJW 1982, 839.
[89] Vgl. Eschelbach in KMR-StPO Rn. 32.
[90] Vgl. auch Frister in SK-StPO Rn. 19.

V. Rechtsbehelfe

In entspr. Anwendung von § 305 S. 1 können **Art und Umfang der Beweisauf- 26 nahme** nach hM nicht gesondert mit der (sofortigen) Beschwerde angefochten werden (→ § 372 Rn. 15).[91] Verletzungen können aber mit der sofortigen Beschwerde gegen die (abl., § 372 S. 2) Probationsentscheidung geltend gemacht werden.[92]

Wird der Angeklagte gem. § 168c Abs. 3 **von der Teilnahme ausgeschlossen** oder im Fall der Inhaftierung die Vorführung abgelehnt, kann die Entscheidung mit der einfachen Beschwerde (§ 304) angefochten werden.[93] Diese wird jedoch mit Abschluss der Beweisaufnahme gegenstandslos, also unzulässig,[94] sodass auch insoweit praktisch nur die sofortige Beschwerde gegen die Probationsentscheidung in Betracht kommt.[95] Dasselbe gilt hinsichtlich einer (verwirkbaren[96]) Rüge der unterbliebenen oder **nicht rechtzeitigen Terminsbenachrichtigung**.[97] Eine begründete Beschwerde führt jeweils zur Zurückverweisung an das erstinstanzliche Gericht.[98]

Ist die **Schlussanhörung**, auch diejenige der StA, unterblieben oder ein Antrag auf Fristverlängerung unbeschieden geblieben, kann dies ebenfalls mit der sofortigen Beschwerde gegen die den Antrag als unbegründet verwerfende Entscheidung geltend gemacht werden.[99] Entgegen teilw. vertretener Ansicht[100] führt auch hier die begründete Beschwerde wegen des ansonsten eintretenden Instanzverlusts zur Zurückverweisung.[101]

§ 370 Entscheidung über die Begründetheit

(1) Der Antrag auf Wiederaufnahme des Verfahrens wird ohne mündliche Verhandlung als unbegründet verworfen, wenn die darin aufgestellten Behauptungen keine genügende Bestätigung gefunden haben oder wenn in den Fällen des § 359 Nr. 1 und 2 oder des § 362 Nr. 1 und 2 nach Lage der Sache die Annahme ausgeschlossen ist, daß die in diesen Vorschriften bezeichnete Handlung auf die Entscheidung Einfluß gehabt hat.

(2) Andernfalls ordnet das Gericht die Wiederaufnahme des Verfahrens und die Erneuerung der Hauptverhandlung an.

Schrifttum: Asper, Rechtsfolgen der Aufhebung eines die Fahrerlaubnis entziehenden Urteils im Wiederaufnahmeverfahren, NStZ 1994, 171; Dallinger, Aus der Rechtsprechung des Bundesgerichtshofs in Strafsachen, MDR 1973, 190; Groß, Folgen der Aufhebung eines die Fahrerlaubnis entziehenden Urteils im Wiederaufnahmeverfahren, NStZ 1993, 221; Groß, Entgegnung auf Asper, NStZ 1994, 171, NStZ 1994, 173; Krehl, Anm. zu OLG Hamburg v. 8.2.2000 – 2 Ws 287/99, JR 2001, 211; Mosbacher, Freiheit durch Säumnis: Keine

---

[91] OLG Hamm 16.4.1969 – 1 Ws 55/69, MDR 1969, 950; OLG Frankfurt a. M. 11.8.1964 – 1 Ws 157-159/64, NJW 1965, 314; Frister in SK-StPO Rn. 20; Schuster in Löwe/Rosenberg Rn. 28; Weiler in HK-GS Rn. 11. AA Eschelbach in KMR-StPO Rn. 33.
[92] Frister in SK-StPO Rn. 20.
[93] OLG Frankfurt a. M. 3.7.1990 – I Ws 159/90, StV 1990, 538; Frister in SK-StPO Rn. 14, 20; Schmitt in Meyer-Goßner/Schmitt Rn. 14; Eschelbach in KMR-StPO Rn. 34.
[94] OLG Hamm 21.1.1972 – 2 Ws 14/72, JMBl. NRW. 1972, 239 (240).
[95] Frister in SK-StPO Rn. 20; Schuster in Löwe/Rosenberg Rn. 28.
[96] OLG Celle 24.5.1963 – 3 Ws 267/63, NJW 1963, 2041; Temming in Gercke/Julius/Temming/Zöller Rn. 9. Krit. Schuster in Löwe/Rosenberg Rn. 28; Frister in SK-StPO Rn. 20 Fn. 50.
[97] OLG Jena 31.1.1996 – 1 Ws 17/96, StraFo 1996, 89; Frister in SK-StPO Rn. 20; Weiler in HK-GS Rn. 11.
[98] Frister in SK-StPO Rn. 21; Weiler in HK-GS Rn. 11.
[99] Schuster in Löwe/Rosenberg Rn. 28 f.; Frister in SK-StPO Rn. 21; Eschelbach in KMR-StPO Rn. 35; Marxen/Tiemann Strafsachen Rn. 380 Fn. 68.
[100] Temming in Gercke/Julius/Temming/Zöller Rn. 9.
[101] OLG Frankfurt a. M. 22.10.1982 – 1 Ws 266/82, NStZ 1983, 426 (427); OLG Hamburg 6.5.1977 – 2 Ws 196/77, MDR 1977, 865; OLG Hamm 25.2.1974 – 2 Ws 306/73, MDR 1974, 689; Schuster in Löwe/Rosenberg Rn. 29; Frister in SK-StPO Rn. 21; Weiler in HK-GS Rn. 11. Einschr. Eschelbach in KMR-StPO Rn. 35.

Haftfortdauer bei Wiedereinsetzung, NJW 2005, 3110; Theobald, Barrieren im strafrechtlichen Wiederaufnahmeverfahren, 1998. S. a. Schrifttum Vor § 359.

Übersicht

	Rn.		Rn.
I. Überblick und Gesetzessystematik	1	IV. Form und Verfahren der Probationsentscheidung	17
II. Entscheidungsmöglichkeiten im Probationsverfahren	2	V. Wirkungen der Entscheidung	18
1. Keine Verwerfung wegen Unzulässigkeit	2	1. Verwerfungsbeschluss	18
2. Ungünstiges Wiederaufnahmeverfahren	3	2. Wiederaufnahmeanordnung	19
3. Günstiges Wiederaufnahmeverfahren	4	a) Beseitigung der Rechtskraft	19
III. Entscheidungsmaßstab	5	b) Erneute Rechtshängigkeit	20
1. Genügende Bestätigung	6	c) Vollstreckbarkeit	21
a) Grundsätze	6	d) Zwangsmaßnahmen	22
b) Die genügende Bestätigung einzelner Wiederaufnahmegründe	7	e) Aufleben entzogener Rechtspositionen	23
		f) Verfolgungsverjährung	25
2. Besondere Kausalitätsprüfung	16	VI. Rechtsbehelfe	26

I. Überblick und Gesetzessystematik

1 Die Vorschrift, die im **Zusammenhang mit § 371** zu sehen ist, regelt die Entscheidungsmöglichkeiten im Probationsverfahren. Die Probationsentscheidung ist von großer Bedeutung. Mit ihrer Rechtskraft endet das Wiederaufnahmeverfahren.[1] Ggf. schließt sich daran eine neue Hauptverhandlung an, für welche der Begründetheitsbeschluss eine Prozessvoraussetzung darstellt.[2] Wird der Antrag hingegen als unbegründet verworfen, gelten die darin vorgebrachten Tatsachen künftig als verbraucht (→ Rn. 18).

II. Entscheidungsmöglichkeiten im Probationsverfahren

2 **1. Keine Verwerfung wegen Unzulässigkeit.** Entgegen der hM[3] kommt im Probationsverfahren eine Verwerfung wegen Unzulässigkeit nach § 368 Abs. 1 nicht mehr in Betracht (→ § 368 Rn. 51); dies folgt aus der vollumfänglichen, nicht bloß auf die Einhaltung der von § 366 Abs. 2 geforderten Förmlichkeiten beschränkten (so aber die üA) **Bindungswirkung des Zulassungsbeschlusses.** Tritt der Mangel einer inhaltlichen Zulässigkeitsvoraussetzung erst im Probationsverfahren ein oder hervor, ergeht ein Unbegründetheitsbeschluss nach Abs. 1.[4] Zum Verfahren bei erst im Probationsverfahren bemerkter Unzuständigkeit des Gerichts → § 367 Rn. 7–9.

3 **2. Ungünstiges Wiederaufnahmeverfahren.** Erweist sich der Antrag zulasten des Angeklagten als unbegründet, ergeht ein **Verwerfungsbeschluss** nach Abs. 1. Begründetenfalls erfolgt ein **Anordnungsbeschluss** nach Abs. 2. Umstr. ist, wie zu entscheiden ist, wenn im Probationsverfahren ein allg. Prozesshindernis eintritt (insbes. Tod oder Verhandlungsunfähigkeit des Angeklagten). Die teilw. favorisierte Lösung einer Verwerfung wegen Unzulässigkeit nach § 368 Abs. 1[5] kommt aus den unter → Rn. 2 genannten Gründen

---

[1] Eschelbach in KMR-StPO Rn. 6.
[2] BGH 9.5.1963 – 3 StR 19/63, BGHSt 18, 339 (341); OLG Karlsruhe 5.11.1964 – 1 Ss 162/64b, Justiz 1965, 242 (243); LG Ravensburg 3.3.1997 – 4 Ns 54/97, NStZ-RR 1998, 112; Schuster in Löwe/Rosenberg Rn. 29. Zu den Fehlerfolgen Eschelbach in KMR-StPO Rn. 32, 44.
[3] OLG Zweibrücken 15.3.2007 – 1 Ws 363/16, BeckRS 2017, 107531 Rn. 24; OLG Koblenz 25.4.2005 – 1 Ws 231/05, NStZ-RR 2007, 317 (Ls.); Schuster in Löwe/Rosenberg Rn. 5; Schmitt in Meyer-Goßner/Schmitt Rn. 2; Marxen/Tiemann Strafsachen Rn. 387.
[4] Eschelbach in KMR-StPO Rn. 7; Frister in SK-StPO § 368 Rn. 16; Peters Fehlerquellen Bd. III S. 150.
[5] Marxen/Tiemann Strafsachen Rn. 387 Fn. 82.

nicht in Betracht. Vorzugswürdig ist auch hier die **Verfahrenseinstellung** analog §§ 205, 206a.[6]

3. Günstiges Wiederaufnahmeverfahren. Der wegen des Wegfalls einer Zulässigkeitsvoraussetzung, ungenügendem Beweis oder Ausschluss des Kausalzusammenhanges **unbegründete** Antrag zugunsten eines noch lebenden Verurteilten wird nach Abs. 1 „verworfen", derjenige zugunsten eines Verstorbenen nach § 371 Abs. 1 „abgelehnt"; hinsichtlich der Folgen besteht aber kein Unterschied. 4

Erweist sich der Antrag hingegen als **begründet,** ist zu differenzieren. Beim Verfahren zugunsten eines Lebenden kommt regelmäßig ein Anordnungsbeschluss nach Abs. 2, ausnahmsweise auch ein sofortiger Freispruch (§ 371 Abs. 2) bzw. beim Vorliegen eines allg. Prozesshindernisses eine sofortige Verfahrenseinstellung analog § 371 Abs. 2 (→ § 371 Rn. 15) in Betracht; eine Entscheidung nach § 371 Abs. 2 ersetzt den Beschluss nach Abs. 2 (→ § 371 Rn. 1). Auf den begründeten Antrag zugunsten eines Verstorbenen ergeht ein Freispruch nach § 371 Abs. 1. Eine Verfahrenseinstellung nach § 206a kommt nicht in Betracht (→ § 368 Rn. 65).[7]

III. Entscheidungsmaßstab

Die (Un)Begründetheit des Antrags hängt von drei Faktoren ab: Dem Fortbestehen der Zulässigkeit (→ Rn. 2), der genügenden Bestätigung der im Antrag aufgestellten Behauptungen (→ Rn. 6–15) sowie dem Kausalitätserfordnis bei § 359 Nr. 1 und 2 und § 362 Nr. 1 und 2 (→ Rn. 16). 5

1. Genügende Bestätigung. a) Grundsätze. Wann eine Behauptung „genügende" Bestätigung gefunden hat, ist „unklar und umstr."[8] Das Gesetz enthält keinen eindeutigen Hinweis darauf, an welchem Maßstab das Genügen zu messen ist. Offenbar geht es jedenfalls darum, dass an die Stelle der im Aditionsverfahren unterstellten Richtigkeit (→ § 368 Rn. 4, 27) nunmehr ein **bestimmter Grad an überprüfter Richtigkeit** des Wiederaufnahmevorbringens über neue Tatsachen oder Beweismittel treten muss.[9] Gegenstand der Prüfung ist also allein die Frage, ob die im Antrag bezeichneten Beweismittel den Sachverhalt bestätigen, der zur Begründung des Wiederaufnahmeantrags behauptet wird.[10] Welche Anforderungen an die Bestätigung zu stellen sind, wird kontrovers beurteilt. 6

Umstr. ist bereits, ob ein einheitlicher **Maßstab** zugrunde zu legen ist[11] oder ob dieser je nach Wiederaufnahmegrund variiert. Letzteres ist vom Wortlaut gedeckt[12] und aus Sachgründen zutr.,[13] sodass zwischen den einzelnen Gründen zu differenzieren ist. Unklar ist des Weiteren, ob sich die Prüfung allein auf diejenigen Gründe erstrecken darf, auf die sich der Zulassungsbeschluss bezieht.[14] Dies ist abzulehnen.[15] Richtig ist zwar, dass im Probationsverfahren allein das im Antrag enthaltene und für zulässig befundene tatsächliche Vorbringen beachtlich (→ § 369 Rn. 11) und das Nachschieben von Gründen unzulässig ist (→ § 372 Rn. 10); insoweit entfaltet der Zulassungsbeschluss Bindungswirkung. Diese erstreckt sich jedoch nicht auf die rechtliche Beurteilung des Vorbringens, sodass auch im Probationsverfahren das Antragsvorbringen unabhängig von der (ohnehin entbehrlichen,

---

[6] S. auch Frister in SK-StPO Rn. 1; Schuster in Löwe/Rosenberg Rn. 6. Zur entspr. Problematik im Aditionsverfahren → § 368 Rn. 64–66.
[7] Marxen/Tiemann Strafsachen Rn. 385.
[8] Roxin/Schünemann StrafVerfR § 57 Rn. 15.
[9] Vgl. Eschelbach in KMR-StPO Rn. 17.
[10] Frister in SK-StPO Rn. 3; Weiler in HK-GS Rn. 3.
[11] So Krehl JR 2001, 211 (212); wohl auch Tiemann in KK-StPO Rn. 3, 5; Schmitt in Meyer-Goßner/Schmitt Rn. 4.
[12] OLG Hamburg 8.2.2000 – 2 Ws 287/99, NStZ-RR 2000, 241 (242) = JR 2001, 207 (208).
[13] S. Frister in SK-StPO Rn. 4; Temming in Gercke/Julius/Temming/Zöller Rn. 2.
[14] Dafür OLG Hamburg 8.2.2000 – 2 Ws 287/99, NStZ-RR 2000, 241 (242 f.) = JR 2001, 207 (210 f.); Marxen/Tiemann Strafsachen Rn. 354; Schuster in Löwe/Rosenberg Rn. 11.
[15] So auch Frister in SK-StPO Rn. 3; Krehl JR 2001, 211 (212 f.).

→ § 365 Rn. 13) rechtlichen Bezeichnung durch den Antragsteller zu bewerten und die ihm jeweils günstigste Vorschrift anzuwenden ist.[16] Daher kann zB das unter dem Gesichtspunkt von § 359 Nr. 2 für zulässig befundene Vorbringen nach § 359 Nr. 5 für begründet erklärt werden (→ § 359 Rn. 3).

7 **b) Die genügende Bestätigung einzelner Wiederaufnahmegründe. aa) §§ 359 Nr. 1, 362 Nr. 1 (unechte oder verfälschte Urkunde).** Erforderlich ist eine **hinreichende Wahrscheinlichkeit**,[17] dass in der Hauptverhandlung eine als echt vorgebrachte Urkunde unecht oder verfälscht war. Genügende Bestätigung liegt zB vor, wenn die Inaugenscheinnahme der im Ausgangsverfahren verwendeten Urkunde ergibt, dass diese wahrscheinlich objektiv unecht ist.[18]

8 **bb) §§ 359 Nr. 2 und 3, 362 Nr. 2 und 3 (strafbare Pflichtverletzung).** Stützt sich der Wiederaufnahmegrund auf die Behauptung einer Straftat, derentwegen eine rechtskräftige Verurteilung ergangen ist (§ 364 S. 1 Alt. 1), wird eine Beweiserhebung bei Vorlage der Urteilsurkunde praktisch immer entbehrlich sein (→ § 369 Rn. 4), sodass es auf die Frage genügender Bestätigung nicht ankommt. Anderes gilt, soweit die Wiederaufnahme gem. § 364 S. 1 Alt. 2 ausnahmsweise ohne rechtskräftige Verurteilung zulässig ist. Zutr. verlangt die hM in diesen Fällen für eine genügende Bestätigung, dass die Begehung der Straftat zur **vollen Überzeugung** des Wiederaufnahmegerichts feststeht.[19] Genügte auch hier lediglich eine Wahrscheinlichkeit des Vorliegens der Straftat,[20] ergäbe sich die Widersprüchlichkeit, im Fall der Möglichkeit der Durchführung des Strafverfahrens eine rechtskräftige Verurteilung (und damit den vollen Nachweis der Straftat) zu verlangen, bei Undurchführbarkeit aber ein Wahrscheinlichkeitsurteil ausreichen zu lassen.[21] Für § 359 Nr. 1, § 362 Nr. 1 gilt diese Einschr. nicht, sofern man mit der hier vertretenen Ansicht (→ § 359 Rn. 21) für diesen Wiederaufnahmegrund eine Straftat nicht verlangt und daher § 364 insoweit nicht gilt.

9 **cc) § 359 Nr. 4 und 6, § 79 Abs. 1 BVerfGG.** Zweifel an der genügenden Bestätigung des Vorbringens gibt es hierbei nicht, da mit der Vorlage der jeweiligen Entscheidung, aus der sich die Berechtigung zur Wiederaufnahme ergibt, der volle Nachweis praktisch immer erbracht sein dürfte.[22]

10 **dd) § 359 Nr. 5 (neue Tatsachen und Beweismittel).** Unklar ist, was mit genügender Bestätigung iRd restitutio propter nova gemeint ist. Weitgehend unumstr. Ausgangspunkt ist, dass prinzipiell dies. gedanklichen Operationen wie im Aditionsverfahren vorzunehmen sind und dass hinsichtlich der Begründungsgeeignetheit iSv § 359 Nr. 5 (→ § 359 Rn. 55) **in Additions- und Probationsverfahren ders. Prognosemaßstab** anzulegen ist.[23] Konsequenz dessen ist, dass das für zulässig befundene Vorbringen im Falle einer entbehrlichen Beweisaufnahme logischerweise nicht unter Verweis auf mangelnde Begründungsgeeignetheit verworfen werden darf.[24] Entspr. kommt es auch im Probationsverfahren darauf an, ob es das Wiederaufnahmegericht für überwiegend wahrscheinlich[25] hält, dass

---

[16] Frister in SK-StPO Rn. 3; Krehl JR 2001, 211 (212).
[17] Zum Maßstab → Rn. 10.
[18] Vgl. OLG München 6.8.2013 – 1 Ws 354/13 WA, NJW 2013, 2692 (2694) (hier wurde die Unechtheit allerdings als erwiesen betrachtet).
[19] OLG Hamburg 8.2.2000 – 2 Ws 287/99, NStZ-RR 2000, 241 f. (zu § 359 Nr. 2) mablAnm Krehl JR 2001, 211 (212); OLG Oldenburg 5.2.2001 – 1 Ws 593/00, StV 2003, 234 f. (zu § 362 Nr. 2); Frister in SK-StPO Rn. 4; Schuster in Löwe/Rosenberg Rn. 12.
[20] So Eschelbach in KMR-StPO Rn. 11.
[21] Frister in SK-StPO Rn. 4.
[22] Vgl. Frister in SK-StPO Rn. 6.
[23] Schuster in Löwe/Rosenberg Rn. 23; Eschelbach in KMR-StPO Rn. 16; Kaspar in Satzger/Schluckebier/Widmaier StPO Rn. 1. Vgl. auch VerfGH Bayern 25.8.2016 – Vf. 2-VI-15, BeckRS 2016, 52503 Rn. 37.
[24] Eschelbach in KMR-StPO Rn. 17. AA nur Theobald Barrieren S. 181, 189 f., der im Aditionsverfahren einen Möglichkeitsmaßstab, im Probationsverfahren einen Wahrscheinlichkeitsmaßstab propagiert.
[25] Zu diesem Maßstab → § 359 Rn. 62.

das Erstgericht in Kenntnis der vorgebrachten nova zumindest in Anwendung des in dubio-Grundsatzes von der angefochtenen Verurteilung abgesehen hätte.

Damit ist aber noch nichts darüber gesagt, was genau **Gegenstand und Maßstab der Bestätigungsprüfung** iSv § 370 Abs. 1 ist, dh welche Anforderungen an das Ergebnis der Beweisaufnahme zu stellen sind, um genügende Bestätigung anzunehmen. Konsens herrscht lediglich in Bezug auf Eckpunkte: Während ein unergiebiges Beweismittel zwingend zur Verwerfung führt, folgt aus verfassungsgerichtlichen Vorgaben,[26] dass ein zweifelsfreies Feststehen der nova nicht verlangt werden darf.[27] Zwischen diesen Polen werden bei Abweichungen im Detail folgende Modelle vertreten. **11**

Die **Rspr.** nimmt genügende Bestätigung an, wenn sich die Behauptungen in der neuen Hauptverhandlung als wahrscheinlich erweisen oder aber in Anwendung des Grundsatzes „im Zweifel für den Angeklagten" jedenfalls nicht mit Sicherheit ausschließen lassen werden.[28] Diese Formel ist allerdings in sich widersprüchlich, weil ihr erster Teil hinreichende Wahrscheinlichkeit verlangt, ihr zweiter Teil (der in dubio-Part) aber schon eine deutlich unterhalb davon liegende Freispruchsmöglichkeit ausreichen lässt; es handelt sich daher um eine unbrauchbare „Leerformel".[29] **12**

Teile der Lit. modifizieren den Ansatz der Rspr., indem dieser in **zwei unterschiedliche Prüfungsschritte** zerteilt wird. Zunächst sei isoliert betrachtet danach zu fragen, ob es nach der Probation hinreichend wahrscheinlich erscheint, dass sich in einer Hauptverhandlung die Richtigkeit des Wiederaufnahmevorbringens erweisen wird;[30] eine leichte Relativierung der Richtigkeit des Antragsvorbringens iRd Beweiserhebung nach § 369 Abs. 1, zB ein nur eingeschränkt glaubwürdig wirkender Zeuge, ist danach (noch) unschädlich.[31] Sodann müsse in einem zweiten Schritt die schon im Aditionsverfahren angestellte Prüfung wiederholt und danach gefragt werden, ob das novum, fügt man dieses gedanklich in das Beweisgebäude der angegriffenen Entscheidung ein, dieses in einer Weise erschüttert, dass zumindest unter Berücksichtigung des in dubio-Grundsatzes eine iSd Antragsziels günstigerer Entscheidung mit hinreichender Wahrscheinlichkeit zu erwarten gewesen wäre.[32] Der einzige **Unterschied gegenüber dem Aditionsverfahren** besteht dabei darin, dass im Rahmen dieser Gesamtwürdigung das vormals im Wege der Richtigkeitsunterstellung mit „voller Beweiskraft"[33] (= 100 %ige Richtigkeitswahrscheinlichkeit) veranschlagte Vorbringen durch das konkrete Ergebnis der Beweiserhebung nach § 369 Abs. 1 ersetzt wird. **13**

Diese Vorgehensweise bedingt, dass bereits ein geringfügig geminderter Beweiswert zur Unbegründetheit führen kann; denn durch die Hintereinanderschaltung zweier jeweils hinreichende (= überwiegende[34]) Wahrscheinlichkeit fordernder Prüfungsschritte multiplizieren sich Beweiswertminderungen zulasten des Antragstellers.[35] Am **Bsp.**: Überspringt

---

[26] BVerfG 20.6.1990 – 2 BvR 1110/89, NJW 1990, 3193 (3194) = NStZ 1990, 499 (500): „[Die] Auffassung, im Probationsverfahren sei statt einer genügenden Bestätigung voller Beweis für die aufgestellten Behauptungen zu führen, verfehlt [...] nicht nur den Wortlaut der Bestimmung des § 370 Abs. 1 StPO, sondern auch Sinn und Zweck des Wiederaufnahmeverfahrens" (zu § 359 Nr. 5).

[27] Frister in SK-StPO Rn. 6.

[28] OLG Stuttgart 11.7.1988 – 4 Ws 57/88, StV 1990, 539 mAnm Förschner; OLG Karlsruhe 30.1.1984 – 3 Ws 178/83, Justiz 1984, 308 (309); OLG Schleswig 24.10.1973 – 1 Ws 92/73, NJW 1974, 714 mAnm Peters; OLG Bremen 3.9.1957 – 132/57, NJW 1957, 1730 (1731); LG Hamburg 2.6.1987 – (83) 74/86, NJW 1987, 3016.

[29] Frister in SK-StPO Rn. 7; Eschelbach in KMR-StPO Rn. 15.

[30] Tiemann in KK-StPO Rn. 5.

[31] Vgl. Eschelbach in KMR-StPO Rn. 20.

[32] Temming in Gercke/Julius/Temming/Zöller Rn. 3; Tiemann in KK-StPO Rn. 2. Ebenso Eschelbach in KMR-StPO Rn. 20, 22 (vom Standpunkt der Möglichkeitstheorie aus). S. auch VerfGH Bayern 17.7.2007 – Vf. 96-VI-05, juris Rn. 67.

[33] v. Stackelberg FS Peters II, 1984, 453 (458).

[34] Vgl. BGH 22.4.2003 – StB 3/03, BGHR § 210 Abs. 2 Prüfungsmaßstab 2; OLG Stuttgart 8.11.2011 – 4 Ws 247/11, NStZ-RR 2012, 117 (jew. zum hinreichenden Tatverdacht). S. auch Greco Strafprozesstheorie S. 924 f.

[35] Vgl. Eschelbach in KMR-StPO Rn. 18: „Je mehr sich die Richtigkeit des Wiederaufnahmevorbringens nach dem Ergebnis der Beweiserhebung gem. § 369 Abs. 1 relativiert, desto eher kommt eine Verwerfung des Wiederaufnahmeantrags als unbegründet in Betracht."

der Antrag bereits die Zulässigkeitshürde nur äußerst knapp (das Wiederaufnahmegericht taxiert die der Begründungsgeeignetheit zugrunde liegende Prognosewahrscheinlichkeit trotz Richtigkeitsunterstellung bei nur 51 %), nützt es dem Antragsteller nichts, wenn sich der von ihm präsentierte Alibi-Zeuge im Probationsverfahren zu 90 % (und damit, isoliert betrachtet, als hinreichend) glaubwürdig erweist. Denn die Wiederholung der Begründungsgeeignetheitsprüfung unter Berücksichtigung des konkreten Beweisergebnisses ergibt, dass ein günstigeres Urteil nunmehr eher unwahrscheinlich als wahrscheinlich ist (45,9 %). IE führt diese Sichtweise dazu, dass in Fällen „knapper" Zulässigkeitsentscheidungen faktisch doch ein annähernd voller Beweis gefordert würde. Das widerspricht den Vorgaben des BVerfG (→ Rn. 11).

14 Vorzugswürdig ist daher eine die Multiplikation von Ungewissheiten vermeidende **„Parallelschaltung" der Prüfungsschritte:** Entscheidend ist und bleibt zwar auch im Probationsverfahren die Prüfung der Begründungsgeeignetheit iSv § 359 Nr. 5. Jedoch geht es bei der Feststellung genügender Bestätigung nicht um die Frage, wie die Prüfung der Geeignetheit ausfällt, wenn anstelle der zuvor als richtig unterstellten Behauptung nunmehr der konkret ermittelte Beweiswert in die Gesamtwürdigung des Beweisgebäudes eingesetzt wird; vielmehr geht es allein um die isoliert vorzunehmende Betrachtung der voraussichtlichen Beweisbarkeit der zuvor als richtig unterstellten Behauptung.[36] MaW: genuiner Prüfungsgegenstand des Probationsverfahrens ist allein die Frage, ob das ermittelte Beweisergebnis es rechtfertigt, iRd Begründungsgeeignetheitsprüfung weiterhin von der Richtigkeit der Behauptungen auszugehen. Dies ist immer dann zu bejahen, wenn es hinreichend wahrscheinlich erscheint, dass sich das tatsächliche Vorbringen in der neuen Hauptverhandlung als richtig erweisen wird.[37] Ein in der Probation hervortretender leicht **geminderter Beweiswert** hat demzufolge auf die Frage der Begründungsgeeignetheit keinen Einfluss. Am Bsp.: Sagt der neue Entlastungszeuge in seiner Vernehmung nach § 369 Abs. 1 im Wesentlichen so aus, wie im Antrag angekündigt und ruft er dabei lediglich geringe Glaubhaftigkeitsbedenken hervor, erscheint die vollständige Beweisbarkeit der zu bekundenden Tatsache in einer Hauptverhandlung hinreichend wahrscheinlich. Infolgedessen muss die im Aditionsverfahren getroffene Prognoseentscheidung aufrechterhalten werden.

15 ee) **§ 362 Nr. 4 (glaubwürdiges Geständnis).** Sofern eine Beweisaufnahme nicht ohnehin entbehrlich ist (→ § 369 Rn. 6),[38] kommt es darauf an, ob das Geständnis aufgrund seiner **Substantiiertheit**[39] einen hinreichenden Tatverdacht iSv § 203 begründet.[40] Ein Dementi als Gegenbeweis ist infolge der Geltung der Dispositionsmaxime im Probationsverfahren (→ § 369 Rn. 11) allenfalls dann beachtlich, wenn der Antrag auf das Beweismittel (iSv § 368 Abs. 1) der Einlassung des Angeklagten gestützt ist.[41]

16 **2. Besondere Kausalitätsprüfung.** Bei den Wiederaufnahmegründen nach § 359 Nr. 1 und 2, § 362 Nr. 1 und 2 ist zusätzlich zu prüfen, ob die in diesen Vorschriften bezeichneten Handlungen Einfluss auf die angegriffene Entscheidung gehabt haben können; diese Prüfung darf nicht bereits im Aditionsverfahren vorgenommen werden (→ § 368 Rn. 17, 19).[42] Aus der Formulierung „wenn die Annahme ausgeschlossen ist" ergibt sich allerdings eine – widerlegliche – **Vermutung für den ursächlichen Zusammenhang** zwischen Falschbeweis und Urteil des Erstgerichts;[43] der Antragsteller muss also den Kausalzusammenhang weder darlegen noch beweisen. Eine Verwerfung des Antrags kommt nur

---

[36] IE ebenso Frister in SK-StPO Rn. 13; Weiler in HK-GS Rn. 3.
[37] AA Frister in SK-StPO Rn. 13, der eine Möglichkeit ausreichen lässt, sowie Weiler in HK-GS Rn. 3, der – im Widerspruch zum BVerfG – die volle Überzeugung des Wiederaufnahmegerichts fordert.
[38] Dazu Eschelbach in KMR-StPO Rn. 12.
[39] Dazu Eschelbach in KMR-StPO Rn. 13.
[40] Frister in SK-StPO Rn. 5; Loos in AK-StPO Rn. 6.
[41] Abw. Eschelbach in KMR-StPO Rn. 13.
[42] Zur Ratio Frister in SK-StPO Rn. 17.
[43] BGH 28.7.1964 – 2 StE 15/56, BGHSt 19, 365 (366); Kaspar in Satzger/Schluckebier/Widmaier StPO Rn. 4; Eschelbach in KMR-StPO Rn. 25.

in Betracht, wenn das Wiederaufnahmegericht allein anhand der Urteilsgründe, dh ohne weitere Beweisaufnahme, mit Sicherheit davon ausgehen kann, dass das Beweismittel bei der Urteilsfindung keine Berücksichtigung gefunden hat.[44] Die Auffassung des BGH, ein Ausschluss des Beruhenszusammenhanges sei auch dann anzunehmen, wenn das frühere Beweisergebnis auch ohne Berücksichtigung des Falschbeweises gleich ausgefallen wäre,[45] widerspricht dem Sinn der gesetzlichen Vermutung und ist abzulehnen.[46]

Bei den § 359 Nr. 3, § 362 Nr. 3 wird ein Kausalzusammenhang zwischen Amtsdelikt und der Entscheidung **unwiderleglich vermutet** (→ § 359 Rn. 30).[47] In den Fällen von § 359 Nr. 4 und 6 sowie § 79 Abs. 1 BVerfGG ist hingegen eine positive Ursächlichkeitsfeststellung erforderlich;[48] diese Prüfung ist jedoch bereits im Aditionsverfahren vorzunehmen (→ § 368 Rn. 22).

IV. Form und Verfahren der Probationsentscheidung

Die Entscheidung ergeht in jedem Fall nach Anhörung der Verfahrensbeteiligten (§§ 33, 369 Abs. 4) ohne mündliche Verhandlung **per Beschluss** (Abs. 1); dieser ist gem. § 34 zu begründen. Details bei → § 367 Rn. 5. **17**

Die Verwerfung wegen Unbegründetheit nach Abs. 1 muss eine **Entscheidung über die Kosten** enthalten, § 473 Abs. 6 Nr. 1; zu den Kosten gehören nach § 464a Abs. 1 S. 3 auch die der Verteidigerbestellung gem. §§ 364a, 364b.

Hält das Gericht den Antrag zulasten des Angeklagten für begründet, ergeht ein Beschluss nach Abs. 2, mit welchem die Wiederaufnahme des Verfahrens und die Erneuerung der Hauptverhandlung angeordnet werden. Im Fall eines günstigen Wiederaufnahmeantrags steht dem Gericht zudem die Möglichkeit eines **sofortigen Freispruchs** nach § 371 Abs. 2 offen, sodass zunächst dessen Voraussetzungen (dazu → § 371 Rn. 10) zu prüfen sind;[49] liegen diese nicht vor oder macht das Gericht von seinem diesbzgl. Ermessen keinen Gebrauch, ist nach Abs. 2 zu verfahren. Im Verfahren zugunsten eines Verstorbenen gilt § 371 Abs. 1; eines zusätzlichen Beschlusses nach Abs. 2 bedarf es dann nicht (→ § 371 Rn. 18).

Wenn das Gericht die Wiederaufnahme anordnet ohne über die Erneuerung der Hauptverhandlung zu entscheiden, ist dies unschädlich.[50] Grds. findet die neue Hauptverhandlung vor dem Gericht statt, das den Anordnungsbeschluss erlassen hat (→ GVG § 140a Rn. 2). Nach allgA kommt aber auch eine entspr. Anwendung von § 354 Abs. 3, § 355 in Betracht.

Eine **Teilentscheidung** ist möglich, wenn der Verurteilte wegen mehrerer in Realkonkurrenz (§ 53 StGB) stehender Taten bestraft worden ist und sich der zulässige Antrag nur in Bezug auf einen Teil davon als begründet erweist.[51]

V. Wirkungen der Entscheidung

1. Verwerfungsbeschluss. Eine rechtskräftige Entscheidung nach Abs. 1 beendet das Wiederaufnahmeverfahren; das darin enthalten Vorbringen ist mit Blick auf künftige Anträge verbraucht. Eine einstweilige AnO nach § 360 Abs. 2 wird gegenstandslos (→ § 360 Rn. 4). Im ungünstigen Verfahren gegen den Angeklagten angeordnete Zwangsmaßnahmen (UHaft) sind unverzüglich aufzuheben. **18**

---

[44] OLG Brandenburg 2.3.2009 – 1 Ws 226/08, BeckRS 2009, 08454 (in NStZ-RR 2010, 22 nicht mitabgedruckt); Schuster in Löwe/Rosenberg Rn. 26; Eschelbach in KMR-StPO Rn. 25; Marxen/Tiemann Strafsachen Rn. 144.
[45] BGH 28.7.1964 – 2 StE 15/56, BGHSt 19, 365 (366).
[46] Kaspar in Satzger/Schluckebier/Widmaier StPO Rn. 4; Eschelbach in KMR-StPO Rn. 25; Marxen/Tiemann Strafsachen Rn. 144.
[47] Eschelbach in KMR-StPO Rn. 26; Schuster in Löwe/Rosenberg Rn. 13.
[48] Eschelbach in KMR-StPO Rn. 27; Schuster in Löwe/Rosenberg Rn. 14.
[49] Eschelbach in KMR-StPO Rn. 33.
[50] Schuster in Löwe/Rosenberg Rn. 48; Tiemann in KK-StPO Rn. 9; Eschelbach in KMR-StPO Rn. 33.
[51] BGH 27.1.1960 – 2 StR 604/59, BGHSt 14, 85 (88); Eschelbach in KMR-StPO Rn. 35; Schuster in Löwe/Rosenberg Rn. 30.

19 **2. Wiederaufnahmeanordnung. a) Beseitigung der Rechtskraft.** Der Beschluss nach Abs. 2 beseitigt nach allgA die Rechtskraft der angefochtenen Entscheidung in dem Umfang, in dem die Wiederaufnahme angeordnet wird.[52] Umstr. ist, ob dadurch auch die Entscheidung selbst bereits endgültig wegfällt[53] oder diese bis zum Abschluss des wiederaufgenommenen Verfahrens trotzdem noch gewisse **Restwirkungen** zeitigt.[54] Die Frage ist nicht ohne Bedeutung,[55] da von ihr u.a. abhängt, ob § 371 Abs. 1 analog anzuwenden ist, wenn im günstigen Verfahren der Antragsteller nach AnO der Wiederaufnahme verstirbt oder verhandlungsunfähig wird (→ § 361 Rn. 19–21; → § 371 Rn. 8 f.) und durch welche Entscheidung ein rückwirkendes Aufleben entzogener Rechte anzunehmen ist (→ Rn. 24). Richtigerweise ist von einer vollständigen Beseitigung der angefochtenen Entscheidung auszugehen; der Verweis der Gegenansicht auf den Wortlaut der § 371 Abs. 3, § 373 Abs. 1 sowie auf § 16 BZRG geht fehl, da es sich hierbei lediglich um Vorschriften zur Vereinfachung der Tenorierung bzw. um die AnO der Fortgeltung einer früheren Wirkung der angefochtenen Entscheidung über deren Existenz hinaus handelt.[56]

20 **b) Erneute Rechtshängigkeit.** Mit der AnO der Wiederaufnahme wird das **Verfahren erneut rechtshängig**[57] und in denjenigen Zustand zurückversetzt, in dem es sich vor Erlass der angefochtenen Entscheidung befand;[58] die Sache wird also entweder in das Stadium nach Eröffnung des Hauptverfahrens,[59] in die Lage nach AnO der Berufungsverhandlung[60] oder in den Zustand vor Terminierung der Revisionsverhandlung zurückversetzt.[61] Zu Besonderheiten im Strafbefehlsverfahren → § 373a Rn. 16 ff.

21 **c) Vollstreckbarkeit.** Bei einer günstigen Wiederaufnahme **endet die Vollstreckbarkeit** des angefochtenen Urteils, § 449.[62] Die Vollstreckung, insbes. bei Freiheitsentzug, ist deshalb unverzüglich zu unterbrechen;[63] das Wiederaufnahmegericht erteilt der Vollstreckungsbehörde eine entspr. Weisung.[64] Weisungen und Auflagen eines Bewährungsbeschlusses werden gegenstandslos.[65] Bei nur teilw. Wiederaufnahme entfällt auch

---

[52] BayObLG 16.7.1991 – RReg. 2 St 133/91, BayObLGSt 1991, 95 = NJW 1992, 1120; Frister in SK-StPO Rn. 22; Eschelbach in KMR-StPO Rn. 36; Schuster in Löwe/Rosenberg Rn. 31; Marxen/Tiemann Strafsachen Rn. 395.

[53] So RG 25.1.1898 – 4638/97, RGSt 30, 421; 18.12.1923 – IV S 33/23, RGSt 58, 52; OLG Hamm 29.11.1956 – 2 Ws 408/56, NJW 1957, 473 mablAnm Blei NJW 1957, 960; LG Frankfurt a. M. 12.3.1969 – 5/11 (9) Qs 159/68, NJW 1970, 70; Eschelbach in KMR-StPO Rn. 38; Tiemann in KK-StPO Rn. 13; Marxen/Tiemann Strafsachen Rn. 396.

[54] So Temming in Gercke/Julius/Temming/Zöller Rn. 4; Schuster in Löwe/Rosenberg Rn. 34; Hassemer NJW 1983, 2353 (2357).

[55] So aber Frister in SK-StPO Rn. 22.

[56] Näher Schuster in Löwe/Rosenberg Rn. 33; Marxen/Tiemann Strafsachen Rn. 396.

[57] BayObLG 16.7.1991 – RReg. 2 St 133/91, BayObLGSt 1991, 95 = NJW 1992, 1120; Schuster in Löwe/Rosenberg Rn. 35; Eschelbach in KMR-StPO Rn. 38; Marxen/Tiemann Strafsachen Rn. 398; Stree JR 1982, 336 (337).

[58] BGH 11.12.1959 – 4 StR 321/59, BGHSt 14, 64 (66) = NJW 1960, 545; OLG Frankfurt a. M. 18.10.1979 – 3 Ws 911/79, GA 1980, 262 (264); Tiemann in KK-StPO Rn. 13; Loos in AK-StPO Rn. 24.

[59] BGH 11.12.1959 – 4 StR 321/59, BGHSt 14, 64 (66) = NJW 1960, 545; OLG Braunschweig 17.1.1961 – Ws 288/60, NJW 1961, 1082; Schuster in Löwe/Rosenberg Rn. 35. Etwaige Berufungs- und Revisionsurteile werden dann gegenstandslos, OLG Köln 3.4.1957 – 2 Ws 24/57, JMBl. NRW. 1957, 131 (132); Marxen/Tiemann Strafsachen Rn. 398.

[60] Schuster in Löwe/Rosenberg Rn. 35; Marxen/Tiemann Strafsachen Rn. 398.

[61] Vgl. Marxen/Tiemann Strafsachen Rn. 398; Schuster in Löwe/Rosenberg Rn. 35; Frister in SK-StPO Rn. 22; Tiemann in KK-StPO Rn. 13.

[62] OLG Bremen 22.9.1955 – Ws 172/55, NJW 1956, 316; Frister in SK-StPO Rn. 23; Eschelbach in KMR-StPO Rn. 36.

[63] OLG Frankfurt a. M. 7.10.2004 – 3 Ws 1044/04, NStZ-RR 2005, 30 (31); Frister in SK-StPO Rn. 23. Die Unterbrechung hat, im Gegensatz zur endgültigen Erledigung, gem. § 462a Abs. 1 S. 2 zur Folge, dass die Strafvollstreckungskammer zuständig bleibt.

[64] Loos in AK-StPO Rn. 25; Marxen/Tiemann Strafsachen Rn. 400.

[65] Tiemann in KK-StPO Rn. 18; Marxen/Tiemann Strafsachen Rn. 400.

die Gesamtstrafe;⁶⁶ nicht betroffene Einzelstrafen bleiben vollstreckbar.⁶⁷ § 357 findet im Wiederaufnahmerecht keine Anwendung.⁶⁸

d) Zwangsmaßnahmen. Frühere Zwangsmaßnahmen (zB **UHaft** oder Beschlagnahmeanordnung) leben nicht wieder auf, können aber neu angeordnet werden.⁶⁹ 22

e) Aufleben entzogener Rechtspositionen. Entzogene Rechte (§ 45 StGB) 23 gewinnt der Verurteilte nach zutr. Ansicht bereits mit der Entscheidung nach Abs. 2 zurück, nicht erst mit einer endgültigen Entscheidung im wiederaufgenommenen Verfahren.⁷⁰ Dasselbe gilt hinsichtlich des Eigentums an eingezogenen Gegenständen,⁷¹ einer nach § 69 StGB **entzogenen Fahrerlaubnis**⁷² und bei einem Fahrverbot nach § 44 StGB.⁷³

Vom Wiederaufleben entzogener Rechtspositionen durch einen Beschluss nach Abs. 2 24 zu unterscheiden ist die Frage, ob diesem auch rückwirkende Kraft zukommt. Dies ist insbes. hinsichtlich einer Strafbarkeit aus § 21 StVG praxisrelevant, kann aber zB auch unter dem Gesichtspunkt unbefugten Wählens (§ 107a StGB) oder dem strafbewehrten Umgang mit fremdem Eigentum relevant werden. Die hM geht von einem rückwirkenden Wiederaufleben aus,⁷⁴ billigt die **ex tunc-Wirkung** jedoch erst der endgültigen Urteilsaufhebung nach § 371 Abs. 3, § 373 Abs. 2 zu; der Beschluss nach Abs. 2 gelte hingegen bloß ex nunc.⁷⁵ Diese Restriktion ist allerdings allein von der hier abgelehnten Restwirkungslehre aus begründbar. Nimmt man mit der zutr. Gegenansicht an, dass bereits die AnO der Wiederaufnahme das fehlerhafte Urteil in all seinen Konsequenzen beseitigt (→ Rn. 19), können ihm unabhängig von der Frage einer etwaigen späteren Bestätigung keinerlei Rechtswirkungen mehr zukommen. Eine Ausnahme davon gilt nur, wenn das Gesetz dies, wie in § 42 Abs. 1 S. 1 BBG bzgl. des Verlusts der Beamtenrechte, ausdrücklich anordnet, indem es die „Ersetzung" der urspr. Entscheidung verlangt.⁷⁶

f) Verfolgungsverjährung. Die Wiederaufnahmeanordnung hat für die Verfolgungs- 25 verjährung **keine Bedeutung.**⁷⁷ Im günstigen Verfahren ergibt sich das schon daraus, dass das Recht auf Rehabilitierung nicht verjährt.⁷⁸ Im ungünstigen Verfahren wird nicht, wie

---

⁶⁶ BGH 27.1.1960 – 2 StR 604/59, BGHSt 14, 85 (89); Eschelbach in KMR-StPO Rn. 37; Marxen/Tiemann Strafsachen Rn. 400.
⁶⁷ Loos in AK-StPO Rn. 26. Zur Zuständigkeit bei einer etwaig neu zu treffenden Entscheidung über die Strafaussetzung zur Bewährung s. OLG Koblenz 19.10.1990 – 1 Ws 478/90, NStZ 1991, 555 mablAnm Gössel.
⁶⁸ Eschelbach in KMR-StPO Rn. 36; Gössel NStZ 1983, 391 (394 f.); Marxen/Tiemann Strafsachen Rn. 397.
⁶⁹ Schuster in Löwe/Rosenberg Rn. 46; Eschelbach in KMR-StPO Rn. 40; Kaspar in Satzger/Schluckebier/Widmaier StPO Rn. 7; Loos in AK-StPO Rn. 29; Marxen/Tiemann Strafsachen Rn. 401; Tiemann in KK-StPO Rn. 18; Mosbacher NJW 2005, 3110 (3111). Zur Möglichkeit eines UHaftbefehls noch während des Wiederaufnahmeverfahrens → § 360 Rn. 10.
⁷⁰ Schmitt in Meyer-Goßner/Schmitt Rn. 11; Tiemann in KK-StPO Rn. 18; Schuster in Löwe/Rosenberg Rn. 37; Marxen/Tiemann Strafsachen Rn. 400. AA Kinzig in Schönke/Schröder § 45 Rn. 15.
⁷¹ Eschelbach in KMR-StPO Rn. 37; Frister in SK-StPO Rn. 24; Schuster in Löwe/Rosenberg Rn. 37; Marxen/Tiemann Strafsachen Rn. 400. AA Gössel in Löwe/Rosenberg, 26. Aufl. 2013, Rn. 37.
⁷² BayObLG 16.7.1991 – RReg. 2 St 133/91, BayObLGSt 1991, 95 (96) = NJW 1992, 1120; Eschelbach in KMR-StPO Rn. 39; Tiemann in KK-StPO Rn. 18; Marxen/Tiemann Strafsachen Rn. 400. AA Groß NStZ 1993, 221 (222); Groß NStZ 1994, 173: Neuerteilung durch Verwaltungsbehörde erforderlich. Dagegen zutr. Frister in SK-StPO Rn. 24. S. auch OVG Lüneburg 26.1.2009 – 12 ME 316/08, NJW 2009, 1160.
⁷³ Eschelbach in KMR-StPO Rn. 39; Tiemann in KK-StPO Rn. 18. Vgl. auch OLG Frankfurt a. M. 6.4.1999 – 3 Ss 70/99, NStZ-RR 2000, 23 (zu einer Probationsentscheidung nach § 371 Abs. 2).
⁷⁴ AA nur Schmidt in KK-StPO, 8. Aufl. 2019, Rn. 18; Groß NStZ 1993, 221; Frister in SK-StPO Rn. 24 (speziell hinsichtlich des Entzugs der Fahrerlaubnis nach § 69).
⁷⁵ BayObLG 16.7.1991 – RReg. 2 St 133/91, BayObLGSt 1991, 95 (96) = NJW 1992, 1120; Asper NStZ 1994, 171 (173); Marxen/Tiemann Strafsachen Rn. 400 m. Fn. 113 iVm Rn. 434 Fn. 189; Peters Fehlerquellen Bd. III S. 156.
⁷⁶ Zur ratio wegen der beamtenrechtlichen Folgen s. auch Peters Fehlerquellen Bd. III S. 156.
⁷⁷ So auch Marxen/Tiemann Strafsachen Rn. 404.
⁷⁸ Marxen/Tiemann Strafsachen Rn. 17 m. Fn. 7. S. auch Frister in SK-StPO Rn. 25.

vielfach angenommen, eine neue Frist in Gang gesetzt.[79] Dies würde eine ungerechtfertigte Schlechterstellung des rechtskräftig Freigesprochenen gegenüber dem überhaupt noch nicht verfolgten Täter bedeuten (→ § 362 Rn. 7).[80]

VI. Rechtsbehelfe

26 Ein Verwerfungsbeschluss kann, auch von der StA, gem. § 372 S. 1 mit der **sofortigen Beschwerde** angefochten werden.[81] Die Entscheidung nach Abs. 2 kann gem. § 372 S. 2 nur vom Angeklagten mit der sofortigen Beschwerde angegriffen werden, sofern dieser nach §§ 362, 373a beschwert ist. Auch das Gericht kann den Anordnungsbeschluss nicht wieder aufheben;[82] dies gilt selbst für den Fall, dass dieser durch die Anstiftung eines Zeugen zur Falschaussage erschlichen worden ist.[83] IRd neuen Hauptverhandlung wird der Beschluss nach Abs. 2 nur noch auf gröbste, zur Nichtigkeit führende Mängel hin untersucht.[84]

§ 371 Freisprechung ohne erneute Hauptverhandlung

(1) Ist der Verurteilte bereits verstorben, so hat ohne Erneuerung der Hauptverhandlung das Gericht nach Aufnahme des etwa noch erforderlichen Beweises entweder auf Freisprechung zu erkennen oder den Antrag auf Wiederaufnahme abzulehnen.

(2) Auch in anderen Fällen kann das Gericht, bei öffentlichen Klagen jedoch nur mit Zustimmung der Staatsanwaltschaft, den Verurteilten sofort freisprechen, wenn dazu genügende Beweise bereits vorliegen.

(3) ¹Mit der Freisprechung ist die Aufhebung des früheren Urteils zu verbinden. ²War lediglich auf eine Maßregel der Besserung und Sicherung erkannt, so tritt an die Stelle der Freisprechung die Aufhebung des früheren Urteils.

(4) Die Aufhebung ist auf Verlangen des Antragstellers im Bundesanzeiger bekannt zu machen und kann nach dem Ermessen des Gerichts auch auf andere geeignete Weise veröffentlicht werden.

Schrifttum: Baumann, Von der Funktion von Prozeß- und Verhandlungsfähigkeit und der Rechtswohltat der Sachentscheidung, FG für Karl Peters, 1984, S. 7; Kalomiris, Wiederaufnahme bei der Verhängung von Geldstrafen trotz erfüllter Auflagen nach § 153a I StPO, NStZ 1998, 500; Knapp, Die Beseitigung einer ungerechtfertigten Verurteilung nach dem Tode des Verurteilten, 1911; Ulsenheimer, Zur Rücknahme des Eröffnungsbeschlusses bei Wegfall des Tatverdachts, NStZ 1984, 440. S. a. Schrifttum Vor § 359.

Übersicht

	Rn.		Rn.
I. Normzweck und Gesetzessystematik	1	2. Verfahren	4
		3. Analoge Anwendung	8
II. Verfahren nach dem Tod des Verurteilten	2	a) Versterben des Verurteilten nach Beschluss gem. § 370 Abs. 2	8
1. Allgemeines	2	b) Verhandlungsunfähigkeit nach Beschluss gem. § 370 Abs. 2	9

---

[79] So aber BGH 18.3.2024 – 5 StR 12/23, BeckRS 2024, 8717 mablAnm Kudlich NJW 2024, 1760; 29.11.1972 – 2 StR 498/72, bei Dallinger MDR 1973, 190 (191); OLG Düsseldorf 29.1.1988 – 1 Ws 1043/87, NJW 1988, 2251.
[80] OLG Nürnberg 4.5.1988 – Ws 297/88, NJW 1988, 555 (556).
[81] Loos in AK-StPO Rn. 30; Eschelbach in KMR-StPO Rn. 43; Schuster in Löwe/Rosenberg Rn. 51; Frister in SK-StPO Rn. 20 aE. Zu den rügbaren Fehlern → § 369 Rn. 26.
[82] LG Frankfurt a. M. 12.3.1969 – 5/11 (9) Qs 159/68, NJW 1970, 70; Schuster in Löwe/Rosenberg Rn. 52.
[83] OLG Köln 23.11.1954 – Ws 317/54, NJW 1955, 314; Eschelbach in KMR-StPO Rn. 43.
[84] Vgl. BGH 9.5.1963 – 3 StR 19/63, BGHSt 18, 339 (341); LG Ravensburg 3.3.1997 – 4 Ns 54/97, NStZ-RR 1998, 112.

		Rn.			Rn.
III.	**Sofortige Freisprechung Lebender**	10		c) Einstellung im wiederaufgenommenen Verfahren	17
1.	Allgemeines	10	IV.	**Entscheidung**	18
2.	Geeignete Konstellationen	11	1.	Entscheidungsform	18
3.	Verfahren	14	2.	Tenorierung	19
4.	Analoge Anwendung	15	3.	Begleitentscheidungen	20
	a) Einstellung bei Verfahrenshindernis	15	V.	**Öffentliche Bekanntmachung**	21
	b) Einstellung nach dem Opportunitätsprinzip	16	VI.	**Rechtsbehelfe**	22

I. Normzweck und Gesetzessystematik

Die Vorschrift ist lex specialis zu § 370 Abs. 2[1] und gilt nur für die günstige Wiederaufnahme. Sie ermöglicht ein **vereinfachtes Freispruchsverfahren** ohne neue Hauptverhandlung, das bei verstorbenen Verurteilten obligatorisch (Abs. 1), bei noch lebenden fakultativ (Abs. 2) zur Anwendung kommt. Abs. 3 und 4 enthalten Verfahrensvorschriften. **1**

II. Verfahren nach dem Tod des Verurteilten

1. Allgemeines. Abs. 1 zieht die Konsequenz daraus, dass einerseits § 361 die Wiederaufnahme zugunsten eines Verstorbenen ermöglicht, andererseits die StPO eine Hauptverhandlung gegen Tote nicht zulässt (§§ 230 ff.).[2] Im Unterschied zum Wiederaufnahmeverfahren zugunsten Lebender ist als einziges **Antragsziel** die **Freisprechung** vorgesehen. Davon erfasst ist auch ein Teilfreispruch bei real konkurrierenden Delikten.[3] Zudem steht der Freisprechung nach allgA die **Einstellung** des Verfahrens wegen eines endgültigen Prozesshindernisses gleich (→ § 359 Rn. 13).[4] Insbes. eine Milderbestrafung kommt hingegen nicht in Betracht.[5] Diese Beschränkung ist ein Kompromiss zwischen dem Rehabilitationsinteresse Verstorbener und der Unbill, die es bedeuten würde, einen unstr. Schuldigen, der zu lediglich hart bestraft worden ist, mangels Neuverurteilungsmöglichkeit ohne jeden sozial-ethischen Tadel davon kommen lassen zu müssen; Härten in Randbereichen sind nicht zu leugnen.[6] **2**

Das Verfahren nach Abs. 1 ist auch dann zulässig, wenn die Verurteilung im Wege der **Privatklage** ergangen ist. An die Stelle der StA tritt dann der Privatkläger.[7] Unerheblich ist ferner, ob ein noch lebender Mitverurteilter ebenfalls ein Wiederaufnahmeverfahren betreibt; es ist nicht möglich, in dessen neuer Hauptverhandlung die Sache gegen den verstorbenen Verurteilten mitzuverhandeln.[8] **3**

2. Verfahren. Die Zulässigkeitsprüfung nach § 368 bleibt, von der Einschr. im Antragsziel abgesehen, vom Verfahren nach § 371 unberührt.[9] Anders das Begründetheitsverfahren: Während es bei der Probationsentscheidung nach § 370 allein um die genügende Bestätigung des Wiederaufnahmevorbringens geht, erfordert Abs. 1 darüber hinaus eine zusätzliche Ent- **4**

---

[1]   Frister in SK-StPO Rn. 2, 10; Eschelbach in KMR-StPO Rn. 1.
[2]   Vgl. Schuster in Löwe/Rosenberg Rn. 1; Eschelbach in KMR-StPO Rn. 2; Loos in AK-StPO Rn. 1 f.
[3]   BGH 20.12.1955 – 5 StR 363/55, BGHSt 8, 383 (388) = NJW 1956, 478; Eschelbach in KMR-StPO Rn. 7; Schmitt in Meyer-Goßner/Schmitt Rn. 8.
[4]   Statt Vieler Loos in AK-StPO Rn. 3; Schuster in Löwe/Rosenberg Rn. 11.
[5]   OLG Hamm 29.11.1956 – 2 Ws 408/56, NJW 1957, 473; Marxen/Tiemann Strafsachen Rn. 514 Fn. 27. AA Wasserburg S. 235, der eine Milderbestrafung Verstorbener contra legem für zulässig hält.
[6]   Krit. daher Frister in SK-StPO Rn. 2 Fn. 6; Peters Fehlerquellen Bd. III S. 158; Marxen/Tiemann Strafsachen Rn. 514 Fn. 27.
[7]   Schuster in Löwe/Rosenberg Rn. 6; Frister in SK-StPO Rn. 14.
[8]   RG 29.4.1884 – 917/84, RGSt 10, 423 (424); Schmitt in Meyer-Goßner/Schmitt Rn. 1; Eschelbach in KMR-StPO Rn. 1; Gössel in Löwe/Rosenberg Rn. 5. AA Peters Fehlerquellen Bd. III S. 158.
[9]   Frister in SK-StPO Rn. 5; Schuster in Löwe/Rosenberg Rn. 5; Loos in AK-StPO Rn. 4.

scheidung über Freispruch oder Ablehnung,¹⁰ also über die gesamte Schuldfrage.¹¹ Wie bereits an der eigenartigen Terminologie erkennbar (das Gericht „erkennt" oder „lehnt ab"), **ersetzt** also das Verfahren nach Abs. 1 **die neue Hauptverhandlung.**¹² Das ist insoweit problematisch, als das für die Probationsentscheidung in § 369 vorgesehene Verfahren mit Beibringungsgrundsatz, vorläufiger Beweiserhebung und Schlussanhörung nicht auf eine endgültige Entscheidung über die Schuldfrage zugeschnitten ist; ein Defizit besteht insbes. darin, dass § 369 abw. Feststellungen zum Geschehen, die zu dems. oder einem anderen Schuldspruch oder auch zum Freispruch führen könnten, nicht zulässt (→ § 369 Rn. 9–13).¹³ Welche Konsequenzen sich daraus ergeben, ist str. Dazu werden drei Ansätze vertreten:

5 Teile des Schrifttums ignorieren diesen Befund und befürworten neben einer **„normalen" Anwendung des § 369** eine am Prognosemaßstab der überwiegenden Wahrscheinlichkeit orientierte Entscheidung über den Freispruch, bei der der in dubio-Grundsatz nicht gilt.¹⁴ Demzufolge ist die Rehabilitierung des toten Verurteilten an strengere Voraussetzungen geknüpft als diejenige des noch Lebenden, da dieser sich in der neuen Hauptverhandlung auf den Zweifelsgrundsatz berufen könnte.¹⁵

6 Demggü. wird vereinzelt vorgeschlagen, das Verfahren über die Entscheidung der Schuldfrage als eine **quasi-Hauptverhandlung** zu begreifen.¹⁶ Statt nach den Maßgaben von § 369 soll eine unter dem Amtsaufklärungsgrundsatz stehende Beweisaufnahme nach den für die Hauptverhandlung gültigen Regeln (insbes. § 244 Abs. 3–6, § 226) durchgeführt werden. Entscheidungsmaßstab sei § 261 und der Zweifelsgrundsatz. Gegen diese an sich konsequente Auffassung spricht, dass sie im Gesetz keine ausreichende Grundlage findet.¹⁷

7 Vorzugswürdig ist der von der hM beschrittene Mittelweg, wonach für die Beweisaufnahme § 369 mit der Maßgabe gilt, diesen „möglichst hauptverhandlungsnah" zu handhaben.¹⁸ Die Beauftragung eines Richters bleibt daher ebenso möglich wie eine freibeweisliche Würdigung des Akteninhalts iRd notwendigen Gesamtbeweiswürdigung.¹⁹ Aus Abs. 1 folgt allerdings, dass auch nicht „angetretene" (vgl. § 369 Abs. 1) bzw. nicht „bereits vorliegende" (vgl. Abs. 2) Beweise, die aber für die Entscheidung über den Freispruch „erforderlich" sind, aufgenommen werden dürfen; insoweit gilt abw. vom sonstigen Verfahren der Amtsermittlungsgrundsatz. Hinsichtlich des Entscheidungsmaßstabs kann mangels Verhandlungsinbegriff nicht auf die subjektive Überzeugung des Gerichts von der Schuld des Verurteilten iSv § 261 als Voraussetzung der Antragsablehnung abgestellt werden; jedoch kann diese durch das Kriterium der objektiv hohen Wahrscheinlichkeit der Schuld des Täters²⁰ ersetzt werden.²¹ Fehlt es an dieser hohen Wahrscheinlichkeit, ist die Verurteilung zu kassieren. Mithin ist auf Freispruch zu erkennen, wenn **begründete Zweifel an der Schuld des Verurteilten** bestehen.²² Bei einem auf § 359 Nr. 5 gestützten, zulässigen und genügend bestätigten Wiederaufnahmevorbringen zugunsten eines Verstorbenen dürfte diese Voraussetzung fast immer erfüllt sein. Denn wenn das Gericht in dieser Konstellation bis zur

---

10 Frister in SK-StPO Rn. 5 aE; vgl. auch Eschelbach in KMR-StPO Rn. 5.
11 Frister in SK-StPO Rn. 7.
12 Frister in SK-StPO Rn. 7; Marxen/Tiemann Strafsachen Rn. 516.
13 Eschelbach in KMR-StPO Rn. 5.
14 ZB Schmidt StPO/GVG II Rn. 3; Paulus in KMR-StPO, 7. Aufl. 1980, Rn. 9: „Freispruch [...], wenn der Schuldbeweis derart erschüttert ist, daß Freispruch auch im Fall einer Hauptverhandlung mit überwieg. Wahrscheinlichkeit zu erwarten wäre."
15 Schmitt in Meyer-Goßner/Schmitt Rn. 4.
16 Frister in SK-StPO Rn. 6–8 unter Berufung auf Knapp Beseitigung S. 33 f.
17 Dagegen auch Eschelbach in KMR-StPO Rn. 3; Weiler in HK-GS Rn. 2.
18 Marxen/Tiemann Strafsachen Rn. 516. Ähnlich Schuster in Löwe/Rosenberg Rn. 7; Eschelbach in KMR-StPO Rn. 3; Weiler in HK-GS Rn. 2; Loos in AK-StPO Rn. 5.
19 Eschelbach in KMR-StPO Rn. 3; Weiler in HK-GS Rn. 2.
20 Zu diesem Maßstab BGH 19.1.1999 – 1 StR 171-98, NJW 1999, 1562 (1564).
21 So überzeugend Eschelbach in KMR-StPO Rn. 6.
22 So auch Eschelbach in KMR-StPO Rn. 3, 6. IE ganz ähnlich Schuster in Löwe/Rosenberg Rn. 9; Loos in AK-StPO Rn. 7; Frister in SK-StPO Rn. 8; Tiemann in KK-StPO Rn. 7.

Entscheidung über die Freisprechung nach Abs. 1 vorgedrungen ist, hat es auf dem Weg dorthin bereits die Geeignetheit des Vorbringens zur Begründung eines Freispruchs und die Beweisbarkeit desselben geprüft und beides für hinreichend wahrscheinlich befunden. Allenfalls nach Abs. 1 erhobene Gegenbeweise können dann noch einem Freispruch entgegenstehen.

3. Analoge Anwendung. a) Versterben des Verurteilten nach Beschluss gem. 8
§ 370 Abs. 2. Verstirbt der Verurteilte nach AnO der Wiederaufnahme (§ 370 Abs. 2) aber vor Durchführung der neuen Hauptverhandlung, befürwortet die hM eine analoge Anwendung von Abs. 1 unter der Bedingung, dass die StA oder die in § 361 Abs. 2 Genannten das Verfahren fortführen.[23] Diese Ansicht ist abzulehnen. Der Verurteilte ist durch die Beseitigung der Verurteilung infolge des Beschlusses nach § 370 Abs. 2 und der fälligen **Einstellung nach § 206a** bereits vollumfänglich rehabilitiert (→ § 361 Rn. 20).

b) Verhandlungsunfähigkeit nach Beschluss gem. § 370 Abs. 2. Teile der Lit. 9 wenden Abs. 1 entspr. an, wenn der Verurteilte nach AnO der Wiederaufnahme gem. § 370 Abs. 2 dauerhaft verhandlungsunfähig wird.[24] Dies wird damit begründet, der Eintritt der Verhandlungsunfähigkeit dürfe nicht das „**Ende der Rehabilitationschance**" bedeuten.[25] Dem ist mit der hM[26] zu widersprechen. Für eine analoge Anwendung besteht kein Bedürfnis, weil dem Rehabilitationsinteresse des Verhandlungsunfähigen mit der Einstellung des wiederaufgenommenen Verfahrens nach § 206a ausreichend Rechnung getragen wird. Insoweit gilt dasselbe wie für die Situation des Versterbens nach einem Beschluss gem. § 370 Abs. 2 (→ Rn. 8).

III. Sofortige Freisprechung Lebender

1. Allgemeines. Abs. 2 sieht im Interesse der **Prozessökonomie**[27] die Möglichkeit 10 vor, den noch lebenden Verurteilten ohne neue Hauptverhandlung freizusprechen, wenn dazu genügende Beweise bereits vorliegen. Auch eine teilw. Freisprechung[28] oder Abänderung des Rechtsfolgenausspruchs[29] ist möglich. Die Anwendung der Vorschrift steht grds. im **Ermessen des Gerichts**.[30] Das vereinfachte Verfahren ist jedoch nicht möglich, wenn bei öffentl. Klagen die StA ihre (widerrufliche[31]) Zustimmung dazu verweigert; auf die Zustimmung eines Privatklägers kommt es hingegen nicht an.[32] Ebenfalls ausgeschlossen ist das Verfahren nach Abs. 2, wenn im urspr. Verfahren ein Nebenkläger mitgewirkt hat und dieser mit der sofortigen Verfahrensbeendigung nicht einverstanden ist.[33] Anderenfalls würde diesem der Anspruch auf rechtliches Gehör genommen. Liegen die Voraussetzungen des Abs. 2 nicht vor, ergeht stattdessen ein Anordnungsbeschluss nach § 370 Abs. 2.

---

[23] Nachw. bei → § 361 Rn. 19.
[24] Schuster in Löwe/Rosenberg Rn. 3; Kaspar in Satzger/Schluckebier/Widmaier StPO Rn. 2; Hassemer NJW 1983, 2353 (2357); Baumann FS Peters II, 1984, 7 (9 f.). Zum Verfahren bei im Wiederaufnahmeverfahren eintretender Verhandlungsunfähigkeit → § 361 Rn. 13.
[25] So Baumann FS Peters II, 1984, 7 (9 f.).
[26] OLG Frankfurt a. M. 21.3.1983 – 1 Ws 330/82, NJW 1983, 2398 (2399); Eschelbach in KMR-StPO Rn. 14 f.; Frister in SK-StPO Rn. 4; Marxen/Tiemann Strafsachen Rn. 424. Zw. Tiemann in KK-StPO § 370 Rn. 15.
[27] Eschelbach in KMR-StPO Rn. 13; Frister in SK-StPO Rn. 10; Schuster in Löwe/Rosenberg Rn. 2, 16. Vgl. auch BGH 20.12.1955 – 5 StR 363/55, BGHSt 8, 383 (387) = NJW 1956, 478.
[28] BGH 20.12.1955 – 5 StR 363/55, BGHSt 8, 383 (388) = NJW 1956, 478; Schuster in Löwe/Rosenberg Rn. 19; Loos in AK-StPO Rn. 17.
[29] LG Fulda 28.3.2012 – 19 Js 20880/11 C 1 Kls, StV 2012, 401 (Aufhebung der Sicherungsverwahrungsanordnung). Zust. Schmitt in Meyer-Goßner/Schmitt Rn. 8a.
[30] Eschelbach in KMR-StPO Rn. 11; Kaspar in Satzger/Schluckebier/Widmaier StPO Rn. 4; Schuster in Löwe/Rosenberg Rn. 22; Frister in SK-StPO Rn. 10.
[31] Schuster in Löwe/Rosenberg Rn. 20; Schmitt in Meyer-Goßner/Schmitt Rn. 9.
[32] Schuster in Löwe/Rosenberg Rn. 21; Rotsch in Krekeler/Löffelmann/Sommer Rn. 3; Schmitt in Meyer-Goßner/Schmitt Rn. 9.
[33] Marxen/Tiemann Strafsachen Rn. 455 iVm Rn. 48. AA Schuster in Löwe/Rosenberg Rn. 21.

11   **2. Geeignete Konstellationen.** Das vereinfachte Verfahren nach Abs. 2 kommt **nur in Ausnahmefällen** in Betracht.[34] Eine Beschränkung auf bestimmt Fallkonstellationen besteht aber nicht.[35] Ermessensleitend muss dem Normzweck (→ Rn. 10) entspr. allein die Erwägung sein, dass eine Verurteilung realistischerweise nicht mehr in Frage kommt.[36] Dies kann zB der Fall sein, wenn inzwischen ein Alternativtäter wegen der Tat verurteilt worden ist,[37] die Verurteilung auf die Aussage eines einzigen Belastungszeugen gestützt war, die sich als falsch herausgestellt und zur Verurteilung des Zeugen wegen eines Aussagedelikts geführt hat[38] oder einwandfrei feststeht, dass der Verurteilte zur Tatzeit schuldunfähig war.[39] Ferner ist die Anwendung von Abs. 2 bei einem auf § 359 Nr. 6 oder § 79 Abs. 1 BVerfGG gestützten Wiederaufnahmeantrag möglich.[40] Letzteres kommt insbes. in den Fällen eines Normenaustauschs (Ersetzung einer verfassungswidrigen Norm durch eine bereits zur Tatzeit gültige; → Vor § 359 Rn. 36)[41] in Betracht.[42]

12   Nicht erforderlich ist – entgegen Nr. 171 Abs. 2 Hs. 1 RiStBV –, dass die Unschuld des Verurteilten offenkundig ist.[43] Es ist ausreichend, dass die Schuld des Angeklagten in der neuen Hauptverhandlung aufgrund der **Anwendung des Zweifelssatzes** aller Voraussicht nach nicht zu beweisen sein wird.[44]

13   Unbeachtlich ist, ob der Verurteilte auf der Durchführung einer Hauptverhandlung insistiert. Ein derartiges Affektionsinteresse ist – entgegen Nr. 171 Abs. 2 Hs. 2 RiStBV und Teilen der Lit.[45] – mangels **Anspruchs auf Rehabilitierung** gerade **durch Hauptverhandlung** (→ § 361 Rn. 20)[46] und vor dem Hintergrund des Normzwecks (Prozessökonomie) rechtlich irrelevant.[47] Dem Interesse an einer Öffentlichkeitswirkung der Rehabilitierung wird durch Abs. 4 Rechnung getragen.

14   **3. Verfahren.** Die Entscheidung nach Abs. 2 ergeht auf der Basis des Antragsvorbringens und einer etwaig nach § 369 durchgeführten **Beweisaufnahme.** Eine (weitere) Beweisaufnahme zur Klärung der Frage, ob nach Abs. 2 oder nach § 370 Abs. 2 zu verfahren ist, kommt nach dem eindeutigen Wortlaut („bereits vorliegen") nicht in Betracht.

Umstr. ist, ob der Verurteilte vor einer Entscheidung nach Abs. 2 angehört werden muss[48] und ob ihm sogar eine Art **Vetorecht** zukommt.[49] Beides ist abzulehnen. Da kein Anspruch auf eine Hauptverhandlung besteht (→ Rn. 13), wird der Verurteilte durch einen Freispruch nach Abs. 2 auch nicht iSv § 33 Abs. 3 beschwert.[50]

---

[34] RG 6.5.1913 – IV 421/13, RGSt 47, 166 (169); Eschelbach in KMR-StPO Rn. 11; Frister in SK-StPO Rn. 12. Vgl. auch Nr. 171 Abs. 1 RiStBV.
[35] Eschelbach in KMR-StPO Rn. 18.
[36] Eschelbach in KMR-StPO Rn. 18; Marxen/Tiemann Strafsachen Rn. 446. Vgl. auch Nr. 171 Abs. 2 RiStBV: „wenn seine Unschuld klar zutage tritt".
[37] Schuster in Löwe/Rosenberg Rn. 23; Eschelbach in KMR-StPO Rn. 18.
[38] Eschelbach in KMR-StPO Rn. 18; Schuster in Löwe/Rosenberg Rn. 23; Rotsch in Krekeler/Löffelmann/Sommer Rn. 3.
[39] Frister in SK-StPO Rn. 12; Tiemann in KK-StPO Rn. 6. Vgl. auch Nr. 171 Abs. 2 RiStBV.
[40] OLG Koblenz 12.2.1996 – 1 Ws 71/96, NStZ-RR 1997, 111 (112); AG Preetz 6.10.1966 – 1 Cs 151/63, NJW 1967, 68; Bertram MDR 1962, 535 (536).
[41] Dazu Marxen/Tiemann Strafsachen Rn. 521.
[42] OLG Nürnberg 16.10.1962 – Ws 390/62, NJW 1962, 2264; OLG Hamm 25.10.1962 – 4 Ss 1330/62, NJW 1962, 2265 (2267). Zu einer kostenrechtlichen Besonderheit in diesen Fällen → Vor § 359 Rn. 36.
[43] So aber Schmitt in Meyer-Goßner/Schmitt Rn. 9; Bartel in BeckOK StPO RiStBV Nr. 171 Rn. 3.
[44] Eschelbach in KMR-StPO Rn. 17; Tiemann in KK-StPO Rn. 5, 7; Schuster in Löwe/Rosenberg Rn. 16; Peters Fehlerquellen Bd. III S. 158.
[45] Loos in AK-StPO Rn. 20; Schuster in Löwe/Rosenberg Rn. 24; Bartel in BeckOK StPO RiStBV Nr. 171 Rn. 3.
[46] Vgl. auch BGH 20.12.1955 – 5 StR 363/55, BGHSt 8, 383 (387) = NJW 1956, 478; Ulsenheimer NStZ 1984, 440 (444).
[47] So auch Frister in SK-StPO Rn. 11.
[48] So OLG Koblenz 12.2.1996 – 1 Ws 71/96, NStZ-RR 1997, 111 (112); Eschelbach in KMR-StPO Rn. 16; Marxen/Tiemann Strafsachen Rn. 453.
[49] Vgl. Schuster in Löwe/Rosenberg Rn. 24.
[50] Frister in SK-StPO Rn. 11; Peters Fehlerquellen Bd. III S. 159.

4. Analoge Anwendung. a) Einstellung bei Verfahrenshindernis. Nach üA ist 15 Abs. 2 analog anzuwenden, wenn im Probationsverfahren sicher feststeht, dass das wiederaufgenommene Verfahren aufgrund eines **Prozesshindernisses nach § 206a** eingestellt werden müsste.[51] In Betracht kommt dies etwa bei dauerhafter Verhandlungsunfähigkeit des Verurteilten,[52] Vorliegen einer Amnestie,[53] fehlendem Strafantrag, Verjährung oder Strafklageverbrauch.[54] Dabei macht es für die Anwendbarkeit von Abs. 2 keinen Unterschied, ob das Hindernis bereits im Ausgangsverfahren übersehen worden oder erst nachträglich eingetreten ist.[55] Erstrebt der Antragsteller indes einen „echten" Freispruch, ist in entspr. Anwendung der zu § 260 entwickelten Grundsätze (→ § 260 Rn. 149–153)[56] vorrangig zu prüfen, ob bereits genügende Beweise für die Freisprechung vorliegen oder unaufwendig zu beschaffen sind, sodass sofort oder nach einfach zu erledigender Erhebung der angetretenen Beweise in direkter Anwendung von Abs. 2 entschieden werden kann.[57]

b) Einstellung nach dem Opportunitätsprinzip. Str. ist, ob auch die Einstellungs- 16 gründe nach **§§ 153 ff.** eine entsprechende Anwendung von Abs. 2 erlauben. Die hM ist dafür.[58] Teile der Lit.[59] verneinen dies unter Hinweis auf entgegenstehende Interessen des Verurteilten[60] oder der Allgemeinheit.[61] Diese Einwände sind nicht überzeugend: Während eine Einstellung aus Opportunitätsgründen ohne Zustimmung des Angeklagten gem. § 153 Abs. 2 S. 1, § 153a Abs. 2 S. 1 ohnehin ausscheidet,[62] macht es für die Allgemeinheit keinen Unterschied, ob das Wiederaufnahmegericht bereits im abgekürzten Verfahren nach Abs. 2 oder erst in der neuen Hauptverhandlung zu einer entspr. Einstellungsentscheidung gelangt.[63]

c) Einstellung im wiederaufgenommenen Verfahren. Teilw. wird angenommen, 17 Abs. 2 sei auch im wiederaufgenommenen Verfahren, dh nachdem bereits ein Beschluss gem. § 370 Abs. 2 ergangen ist, entspr. anwendbar, wenn sich ein im Ausgangsverfahren **übersehenes**[64] **oder nachträglich eingetretenes**[65] **Prozesshindernis** ergebe. Dies ist jedoch abzulehnen, da dem Wiederaufnahmegericht mit den §§ 206a, 260 Abs. 3 ein angemessenes Instrumentarium zur Verfügung steht (→ § 361 Rn. 16 ff.).[66]

IV. Entscheidung

1. Entscheidungsform. Freispruch oder Ablehnung nach Abs. 1 ergehen mangels 18 Hauptverhandlung jeweils **per Beschluss.**[67] Dasselbe gilt hinsichtlich der Entscheidung

---

[51] Schuster in Löwe/Rosenberg Rn. 18; Eschelbach in KMR-StPO Rn. 18; Frister in SK-StPO Rn. 13; Marxen/Tiemann Strafsachen Rn. 385, 450. AA BayObLG 9.4.1952 – RevReg. Nr. III 872/51, BayObLGSt 1952, 78 (80); Peters Fehlerquellen Bd. III S. 157: Verbindung eines Beschl. nach § 370 Abs. 2 mit einem Einstellungsbeschl. nach § 206a.
[52] Eschelbach in KMR-StPO Rn. 18. Diff. Tiemann in KK-StPO Rn. 6, der vom Boden der Restwirkungslehre aus (dazu → § 370 Rn. 19) für einen Sonderfall die Fortführung des Strafverfahrens analog § 415 befürwortet. Dagegen Marxen/Tiemann Strafsachen Rn. 451.
[53] Schuster in Löwe/Rosenberg Rn. 4.
[54] Vgl. LG Duisburg 10.1.2003 – 35 Kls 22/02, NStZ 2004, 104 mzustAnm Hellebrand NStZ 2004, 64; LG Frankfurt a. M. 8.10.2002 – 7/26 Qs 33/02, NStZ-RR 2003, 80; v. Heintschel-Heinegg in BeckOK StGB StGB § 55 Rn. 49; Kalomiris NStZ 1998, 500 (501).
[55] Frister in SK-StPO Rn. 13. Vgl. auch Peters Fehlerquellen Bd. III S. 157.
[56] S. Tiemann in KK-StPO § 260 Rn. 50 ff.
[57] Marxen/Tiemann Strafsachen Rn. 450 iVm Rn. 427.
[58] OLG Hamm 20.7.1981 – 2 Ws 123/81, JMBl. NRW. 1981, 285; Beulke in Löwe/Rosenberg, 26. Aufl., § 153 Rn. 59; Schuster in Löwe/Rosenberg Rn. 18; Frister in SK-StPO Rn. 13; Loos in AK-StPO Rn. 18.
[59] Schmitt in Meyer-Goßner/Schmitt Rn. 8; Eschelbach in KMR-StPO Rn. 19; Hohmann in Radtke/Hohmann Rn. 6; Mavany in Löwe/Rosenberg § 153 Rn. 63.
[60] So Peters Fehlerquellen Bd. III S. 157.
[61] So Marxen/Tiemann Strafsachen Rn. 452.
[62] Zum Fall einer Einstellung nach § 154 Abs. 2 → § 373 Rn. 19.
[63] So überzeugend Frister in SK-StPO Rn. 13 aE.
[64] Tiemann in KK-StPO § 370 Rn. 16; Marxen/Tiemann Strafsachen Rn. 425.
[65] Baumann FS Peters II, 1984, 7 (15). Dagegen Tiemann in KK-StPO § 370 Rn. 15.
[66] So iE auch Eschelbach in KMR-StPO § 370 Rn. 33; Peters Fehlerquellen Bd. III S. 164.
[67] BGH 11.12.1959 – 4 StR 321/59, BGHSt 14, 64 (66); Eschelbach in KMR-StPO Rn. 7; Schuster in Löwe/Rosenberg Rn. 25 mN. zur vormals hM, die eine Entscheidung durch Urteil annahm.

nach Abs. 2.⁶⁸ Wird nach Abs. 1 oder 2 freigesprochen (bzw. eingestellt), ist nach zutr. Auffassung kein Beschluss nach § 370 Abs. 2 als Zwischenentscheidung erforderlich.⁶⁹ Da ein solcher nach § 372 S. 2 unanfechtbar wäre, hätte er ohnehin keine praktische Auswirkung.⁷⁰ Entscheidungen nach § 371 müssen gem. § 34 nachvollziehbar begründet werden.⁷¹

19 2. **Tenorierung.** Der erfolglose Antrag zugunsten eines Verstorbenen ist gem. Abs. 1 „**abzulehnen**". Ergeht ein **Freispruch** (bzw. eine Einstellung) nach Abs. 1 oder 2, so ist diesem (bzw. dieser) die (deklaratorisch wirkende; → § 370 Rn. 19⁷²) **Aufhebung des früheren Urteils** voranzustellen;⁷³ der Wortlaut von Abs. 3 S. 1 ist insoweit missverständlich.

War im angegriffenen Urteil ausschließlich eine **Maßregel** angeordnet, kann mangels Schuldspruch auch kein Freispruch ergehen,⁷⁴ weshalb der Tenor gem. Abs. 3 S. 2 nur die Urteilsaufhebung enthält. Soll der mit einer Unterbringung nach § 63 StGB verbundene, auf der Basis verminderter Schuldfähigkeit gem. § 21 StGB ergangene Strafausspruch durch einen mit Schuldunfähigkeit begründeten Freispruch ersetzt werden, kann die Unterbringungsanordnung neben der Freisprechung nach Abs. 2 bestehen bleiben.⁷⁵ Steht hingegen eine erstmalige Unterbringung im Raum, darf kein Freispruch nach Abs. 2 erfolgen, da der einhergehende Strafklageverbrauch ein anschließendes selbständiges **Sicherungsverfahren** ausschließen würde;⁷⁶ stattdessen ist in diesen Fällen nach § 370 Abs. 2 zu verfahren.

20 3. **Begleitentscheidungen.** Ein Beschluss nach dieser Vorschrift muss eine **Kostenentscheidung** enthalten.⁷⁷ Ergeht nach Abs. 2 nur ein **Teilfreispruch** (dazu → Rn. 10), kann in dems. Beschluss eine neue **Gesamtstrafe** gebildet werden.⁷⁸ Bei Teilfreispruch nach Abs. 1 wird keine neue Gesamtstrafe gebildet.⁷⁹ Der Freispruch ist mit einer Grundentscheidung über die (ggf. den Hinterbliebenen zustehende) **Entschädigung** nach § 8 Abs. 1 StrEG zu verbinden.⁸⁰

V. Öffentliche Bekanntmachung

21 Um die mangelnde Publizitätswirkung eines Freispruchs im Beschlusswege zu kompensieren, sieht Abs. 4 die **Veröffentlichung der Urteilsaufhebung** vor.⁸¹ Diese ergeht nur auf unbefristeten⁸² Antrag des Freigesprochenen bzw. im Fall des § 361 Abs. 2 der dort bezeichneten Angehörigen; die StA ist nicht antragsbefugt.⁸³ Bekannt gemacht wird dabei nur der Beschlusstenor.⁸⁴ Die Veröffentlichung erfolgt stets im Bundesanzeiger.⁸⁵ Da diesen

---

⁶⁸ BGH 20.12.1955 – 5 StR 363/55, BGHSt 8, 383 (384) = NJW 1956, 478 mablAnm Schwarz NJW 1956, 757; Frister in SK-StPO Rn. 14; Marxen/Tiemann Strafsachen Rn. 456.
⁶⁹ Schuster in Löwe/Rosenberg Rn. 5; Marxen/Tiemann Strafsachen Rn. 515. AA OLG Bremen 26.11.1955 – Ws 212/55, JZ 1956, 100 (101); LG Duisburg 10.1.2003 – 35 Kls 22/02, NStZ 2004, 104 (105).
⁷⁰ Loos in AK-StPO Rn. 6; Frister in SK-StPO Rn. 5.
⁷¹ Eschelbach in KMR-StPO Rn. 8.
⁷² Marxen/Tiemann Strafsachen Rn. 448 Fn. 217.
⁷³ Schuster in Löwe/Rosenberg Rn. 10; Tiemann in KK-StPO Rn. 3.
⁷⁴ Frister in SK-StPO Rn. 15.
⁷⁵ Schuster in Löwe/Rosenberg Rn. 17; Eschelbach in KMR-StPO Rn. 20; Marxen/Tiemann Strafsachen Rn. 448 aE.
⁷⁶ Tiemann in KK-StPO Rn. 6; Marxen/Tiemann Strafsachen Rn. 449.
⁷⁷ Tiemann in KK-StPO Rn. 3; Eschelbach in KMR-StPO Rn. 8. Zum Umfang bei Freispruch BGH 18.10.1955 – 1 StR 369/55, NJW 1956, 70 (Ls.) = BeckRS 1955, 31192322.
⁷⁸ Schuster in Löwe/Rosenberg Rn. 19; Loos in AK-StPO Rn. 17.
⁷⁹ Loos in AK-StPO Rn. 8.
⁸⁰ Tiemann in KK-StPO Rn. 3; Frister in SK-StPO Rn. 15. Ausf. Marxen/Tiemann Strafsachen Rn. 560 ff.
⁸¹ Schuster in Löwe/Rosenberg Rn. 26; Hohmann in Radtke/Hohmann Rn. 12.
⁸² Schmitt in Meyer-Goßner/Schmitt Rn. 12; Temming in Gercke/Julius/Temming/Zöller Rn. 7.
⁸³ Frister in SK-StPO Rn. 16; Schmitt in Meyer-Goßner/Schmitt Rn. 12.
⁸⁴ Eschelbach in KMR-StPO Rn. 21; Kaspar in Satzger/Schluckebier/Widmaier StPO Rn. 5.
⁸⁵ Schuster in Löwe/Rosenberg Rn. 28; Marxen/Tiemann Strafsachen Rn. 457.

aber „kaum jemand liest",[86] kann das Gericht auch die Veröffentlichung zB in einer **lokalen Tageszeitung** verfügen.[87] Die Kosten dafür trägt die Staatskasse,[88] für die Vollstreckung gelten die § 36 Abs. 2, § 463c Abs. 3 und 4.

VI. Rechtsbehelfe

Gegen die Beschlüsse nach Abs. 1 und 2 ist gem. § 372 S. 1 **sofortige Beschwerde** 22 möglich.[89] § 372 S. 2 gilt nicht.[90] Die StA ist stets beschwerdebefugt, selbst wenn diese zuvor einem Verfahren nach Abs. 2 ihre Zustimmung erteilt hat.[91] Verweigert die StA ihre Zustimmung zum Verfahren nach Abs. 2, kann die hiergegen gerichtete Beschwerde des Verurteilten (bzw. der in § 361 Abs. 2 Genannten) keinen Erfolg haben.[92] Verweigert sich das Gericht einem Freispruch nach Abs. 2, obwohl die StA dazu ihre Zustimmung erteilt hat, soll hingegen die Entscheidung für den Antragsteller anfechtbar sein.[93]

Erwächst ein Freispruch nach Abs. 2 in Rechtskraft, ist bei Vorliegen der Voraussetzungen des § 362 ein **Wiederaufnahmeverfahren zu Ungunsten** des Freigesprochenen möglich (→ Vor § 395 Rn. 23).[94]

§ 372 Sofortige Beschwerde

¹Alle Entscheidungen, die aus Anlaß eines Antrags auf Wiederaufnahme des Verfahrens von dem Gericht im ersten Rechtszug erlassen werden, können mit sofortiger Beschwerde angefochten werden. ²Der Beschluß, durch den das Gericht die Wiederaufnahme des Verfahrens und die Erneuerung der Hauptverhandlung anordnet, kann von der Staatsanwaltschaft nicht angefochten werden.

Schrifttum: Fuchs, Anm. zu OLG Stuttgart v. 5.9.1969 – 3 Ws 171/69, MDR 1970, 165; Gössel, Anm. zu OLG Hamburg v. 18.10.1999 – 2 Ws 136/99, JR 2000, 383; Hanack, Anm. zu OLG Celle v. 25.3.1966 – 5 Ws 26/66, JZ 1967, 223; Pfeiffer/Miebach, Aus der (vom BGH nicht veröffentlichten) Rechtsprechung des Bundesgerichtshofs in Strafsachen zum Verfahrensrecht – Januar bis Juni 1985 –, NStZ 1985, 492. S. a. Schrifttum Vor § 359.

Übersicht

	Rn.		Rn.
I. Normzweck und Gesetzessystematik	1	4. Befangenheit eines Richters	5
II. Reichweite	2	5. Zusammenfassung	6
		III. Prüfungsumfang	7
1. Entscheidungen des „Gerichts im ersten Rechtszug"	2	1. Grundsatz	7
2. „aus Anlass" eines Wiederaufnahmeverfahrens	3	2. Nachschieben neuer Tatsachen und Beweismittel	8
3. Vorbereitungsentscheidungen	4	IV. Verfahren	11

---

[86] Peters Fehlerquellen Bd. III S. 159; Eschelbach in KMR-StPO Rn. 21.
[87] Schuster in Löwe/Rosenberg Rn. 28; Marxen/Tiemann Strafsachen Rn. 457.
[88] Loos in AK-StPO Rn. 24; Frister in SK-StPO Rn. 16; Weiler in HK-GS Rn. 4.
[89] BGH 18.12.1975 – 4 BJs 129/72; StB 64/75, NJW 1976, 431; 20.12.1955 – 5 StR 363/55, BGHSt 8, 383 (384) = NJW 1956, 478; Eschelbach in KMR-StPO Rn. 22; Frister in SK-StPO Rn. 9, 14.
[90] Schuster in Löwe/Rosenberg Rn. 30; Hohmann in Radtke/Hohmann Rn. 13.
[91] Eschelbach in KMR-StPO Rn. 23. AA Frister in SK-StPO Rn. 14; Schuster in Löwe/Rosenberg Rn. 30; Schmitt in Meyer-Goßner/Schmitt Rn. 13. Zw. Loos in AK-StPO Rn. 26. Zum Recht des Privatklägers Frister in SK-StPO Rn. 14.
[92] OLG Frankfurt a. M. 11.8.1964 – 1 Ws 157–159/64, NJW 1965, 314 (315) („unstatthaft"); Schuster in Löwe/Rosenberg Rn. 30 („unbegründet"); Eschelbach in KMR-StPO Rn. 25.
[93] OLG Frankfurt a. M. 11.8.1964 – 1 Ws 157–159/64, NJW 1965, 314 (315); Schuster in Löwe/Rosenberg Rn. 30; Marxen/Tiemann Strafsachen Rn. 461 mit Fn. 252. AA Loos in AK-StPO Rn. 25.
[94] Schuster in Löwe/Rosenberg Rn. 31; Hohmann in Radtke/Hohmann Rn. 13. Zw. Eschelbach in KMR-StPO Rn. 24.

	Rn.		Rn.
1. Form	11	V. **Entscheidung des Beschwerdegerichts**	15
2. Frist	12	1. Zuständigkeit	15
3. Anfechtungsberechtigte	13	2. Rechtskraft	16
a) Grundsatz	13		
b) Ausschluss	14	VI. **Rechtsbehelfe**	17

I. Normzweck und Gesetzessystematik

1 Erstinstanzliche Entscheidungen im Wiederaufnahmeverfahren unterliegen grds. der unbefristeten einfachen Beschwerde gem. §§ 304 ff.[1] S. 1 beschränkt diesen Grundsatz, indem für alle Entscheidungen, die aus Anlass eines Wiederaufnahmeantrags von dem Gericht im ersten Rechtszug erlassen werden, die fristgebundene sofortige Beschwerde für statthaft erklärt wird. Dies ist sachgerecht, da im Wiederaufnahmeverfahren ein **erhöhtes Interesse an der Rechtskraft** von Beschlüssen besteht,[2] insbes. bei der günstigen Wiederaufnahme Verzögerungen eine unnötige Verlängerung der gegen den Verurteilten gerichteten Strafvollstreckungsmaßnahmen bedeuten können.[3] Von den durch § 372 erfassten Fällen abgesehen, bleibt die Geltung der §§ 304 ff. unberührt.[4]

II. Reichweite

2 **1. Entscheidungen des „Gerichts im ersten Rechtszug".** Der Wortlaut ist in mehrfacher Hinsicht unklar. Zunächst kommen als Anfechtungsgegenstand nur Entscheidungen des „Gerichts im ersten Rechtszug" in Betracht. Damit ist nicht das erstinstanzliche Gericht des Erstverfahrens oder des wiederaufgenommenen Verfahrens gemeint, sondern allein **das Wiederaufnahmegericht,** das im Aditions- oder Probationsverfahren erstinstanzlich durch Beschluss entscheidet.[5]

3 **2. „aus Anlass" eines Wiederaufnahmeverfahrens.** Ferner ist die sofortige Beschwerde statthaft nur gegen Entscheidungen „aus Anlass" eines Wiederaufnahmeverfahrens. Hieraus wird geschlossen, dass Entscheidungen nach §§ 364a, 364b über die **Bestellung eines Verteidigers** nicht der sofortigen, sondern der einfachen Beschwerde unterliegen.[6] Das leuchtet aber nur ein, soweit die Entscheidung über die Verteidigerbestellung zeitlich vor dem eigentlichen Wiederaufnahmeverfahren erfolgt ist.[7] Da dies insbes. bei § 364a-Entscheidungen jedoch keineswegs zwingend der Fall ist (→ § 364a Rn. 10), erscheint es überzeugender, dasselbe Ergebnis nicht mit dem Wortlaut, sondern mit dem Willen des historischen Gesetzgebers zu begründen.[8]

4 **3. Vorbereitungsentscheidungen.** Str. ist, ob auch Vorbereitungsentscheidungen wie bspw. der Beschluss über die Ablehnung eines im Probationsverfahren zu hörenden Sachverständigen,[9] die Entscheidung, mit der die Vernehmung eines Zeugen angeordnet wird[10]

---

[1] OLG Frankfurt a. M. 19.9.2008 – 1 Ws 27/08, NStZ-RR 2008, 378 (379); OLG Koblenz 9.5.1961 – 1 Ws 120/61, NJW 1961, 1418; Schuster in Löwe/Rosenberg Rn. 1; Frister in SK-StPO Rn. 1.
[2] BGH 8.3.1963 – StB 1/63, MDR 1963, 942; OLG Frankfurt a. M. 19.9.2008 – 1 Ws 27/08, NStZ-RR 2008, 378; Schuster in Löwe/Rosenberg Rn. 1.
[3] Frister in SK-StPO Rn. 1.
[4] Schuster in Löwe/Rosenberg Rn. 6; Eschelbach in KMR-StPO Rn. 2.
[5] BGH 25.3.1991 – AnwSt (B) 27/90, BGHSt 37, 356 (357); Eschelbach in KMR-StPO Rn. 2, 5; Schuster in Löwe/Rosenberg Rn. 2 f.; Rotsch in Krekeler/Löffelmann/Sommer Rn. 1.
[6] Frister in SK-StPO Rn. 2; Eschelbach in KMR-StPO Rn. 8; Schuster in Löwe/Rosenberg Rn. 6. IE auch BGH 18.12.1975 – 4 BJs 129/72; StB 64/75, NJW 1976, 431; OLG Koblenz 9.5.1961 – 1 Ws 120/61, NJW 1961, 1418.
[7] Darauf abstellend Tiemann in KK-StPO Rn. 1.
[8] BGH 18.12.1975 – 4 BJs 129/72; StB 64/75, NJW 1976, 431 (432).
[9] Vern. OLG Düsseldorf 9.2.1989 – 1 Ws 149/89, MDR 1989, 762. Bejahend Eschelbach in KMR-StPO Rn. 18.
[10] Vern. OLG Frankfurt a. M. 11.8.1964 – 1 Ws 157-159/64, NJW 1965, 314.

oder die Beschränkung oder Erweiterung der Beweisaufnahme nach § 369 auf bestimmte Beweismittel[11] mit der (sofortigen) Beschwerde isoliert angefochten werden können. Teile der Lit. bejahen dies unter Berufung auf den Wortlaut von S. 1 („alle").[12] Die hM geht demggü. zutr. davon aus, dass derartige Vorbereitungsentscheidungen in entspr. Anwendung von § 305 S. 1 **nur zusammen mit der abschließenden Entscheidung** angegriffen werden können.[13] Dies folgt aus der ratio des § 372, welcher nur die sonst nach §§ 304 ff. statthaften Beschwerden durch das Fristerfordernis des § 311 beschränken will; die Gegenansicht würde zu einer sinnwidrigen Erweiterung der Beschwerdemöglichkeit führen.

4. Befangenheit eines Richters. Ebenfalls umstr. ist, ob die Zurückweisung der 5 Ablehnung eines Richters wegen Befangenheit **isoliert**[14] oder nur zusammen mit der Endentscheidung[15] **anfechtbar** ist. Der zuerst genannten Ansicht ist beizupflichten. Ein Ausschluss der isolierten Anfechtbarkeit analog § 305 S. 1 kommt nicht in Betracht, da es sich bei der Beurteilung der Befangenheit eines Richters nicht um eine vorbereitende Entscheidung handelt.[16] Auch steht § 28 Abs. 2 S. 2 (analog) der isolierten Anfechtbarkeit nicht entgegen.[17] Eine direkte Anwendung dieser Vorschrift scheitert daran, dass es sich beim Richter im Wiederaufnahmeverfahren nicht um einen „erkennenden" Richter iSv § 28 Abs. 2 S. 2 handelt;[18] einer Analogie steht sowohl die unterschiedlich geartete prozessuale Situation entgegen[19] als auch die Überlegung, dass anderenfalls die StA gegen den § 370 Abs. 2-Beschluss eines befangenen Richters wegen S. 2 überhaupt keine Beschwerdemöglichkeit hätte.[20]

5. Zusammenfassung. Die sofortige Beschwerde ist statthaft gegen die Zurückwei- 6 sung der Ablehnung eines Richters wegen Befangenheit sowie gegen **Entscheidungen nach § 360 Abs. 2, § 368 Abs. 1, § 370 Abs. 1**[21] **und Abs. 2, 371**. Vorbereitungsentscheidungen, insbes. iRv § 369, sind nicht isoliert anfechtbar, Entscheidungen über die Verteidigerbestellung gem. §§ 364a, 364b unterliegen der einfachen Beschwerde.

III. Prüfungsumfang

1. Grundsatz. Das Beschwerdegericht prüft die angefochtene Entscheidung des Erst- 7 gerichts dahingehend, ob dieses das Wiederaufnahmevorbringen zutr. gewürdigt hat.[22] Hinsichtlich der in Frage kommenden Verstöße wird auf die jeweiligen Kommentierungen verwiesen.

---

[11] Vern. OLG Frankfurt a. M. 8.7.1954 – 2 Ws 388/54, NJW 1955, 73.
[12] Eschelbach in KMR-StPO Rn. 4, 13–15; Wasserburg/Rübenstahl GA 2002, 29 (39 ff.).
[13] OLG Düsseldorf 9.2.1989 – 1 Ws 149/89, MDR 1989, 762; OLG Frankfurt a. M. 11.8.1964 – 1 Ws 157-159/64, NJW 1965, 314; Frister in SK-StPO Rn. 3; Schuster in Löwe/Rosenberg Rn. 7; Loos in AK-StPO Rn. 2.
[14] So, gestützt auf § 28 Abs. 2 S. 1, OLG Hamm 6.3.2014 – 1 Ws 110/14, NStZ-RR 2014, 215; OLG Frankfurt a. M. 19.9.2008 – 1 Ws 27/08, NStZ-RR 2008, 378; OLG Düsseldorf 21.11.1994 – 3 Ws 671/94, JMBl. NRW. 1995, 80 (81 f.); Schuster in Löwe/Rosenberg Rn. 8; Temming in Gercke/Julius/Temming/Zöller Rn. 2; Kaspar in Satzger/Schluckebier/Widmaier StPO Rn. 1; Weiler in HK-GS Rn. 3. IE übereinstimmend, aber (zusätzlich) gestützt auf § 372 S. 1 Frister in SK-StPO Rn. 3; Eschelbach in KMR-StPO Rn. 17.
[15] So OLG Frankfurt a. M. 18.1.2007 – 2 Ws 2/07, NStZ-RR 2007, 148; OLG Koblenz 11.3.1992 – 1 Ws 60/92, NStE Nr. 3 zu § 28 StPO; Schmitt in Meyer-Goßner/Schmitt Rn. 2; Loos in AK-StPO Rn. 2; Hohmann in Radtke/Hohmann Rn. 2.
[16] OLG Düsseldorf 21.11.1994 – 3 Ws 671/94, JMBl. NRW. 1995, 80; Frister in SK-StPO Rn. 3. AA Loos in AK-StPO Rn. 2.
[17] AA OLG Frankfurt a. M. 18.1.2007 – 2 Ws 2/07, NStZ-RR 2007, 148; 11.3.1992 – 1 Ws 60/92, NStE Nr. 3 zu § 28 StPO.
[18] Siolek in Löwe/Rosenberg § 28 Rn. 24; Schuster in Löwe/Rosenberg Rn. 8; Eschelbach in KMR-StPO Rn. 17.
[19] OLG Hamm 6.3.2014 – 1 Ws 110/14, NStZ-RR 2014; OLG Frankfurt a. M. 19.9.2008 – 1 Ws 27/08, NStZ-RR 2008, 378 (379).
[20] Frister in SK-StPO Rn. 3.
[21] Musterformular bei Marxen/Tiemann Strafsachen Rn. 589.
[22] Schuster in Löwe/Rosenberg Rn. 15; Frister in SK-StPO Rn. 7. Abw. Eschelbach in KMR-StPO § 365 Rn. 63, § 372 Rn. 27: Nicht nur Rechtsmittelgericht, sondern auch eigenständige Tatsacheninstanz.

8 **2. Nachschieben neuer Tatsachen und Beweismittel.** Umstr. ist, ob und inwieweit ein Nachschieben neuer, dh im Wiederaufnahmeantrag nicht angeführter Tatsachen und Beweismittel im Beschwerdeverfahren zulässig ist. Das **Meinungsspektrum** reicht hierbei von völliger Ablehnung[23] über unterschiedlich nuancierte Mittelpositionen mit dem Tenor, eine gänzliche Auswechslung des Antragsvorbringens sei unzulässig, Ergänzungen oder Abrundungen unter Wahrung der Form des § 366 Abs. 2 hingegen erlaubt,[24] bis hin zur Annahme uneingeschr. Zulässigkeit.[25]

9 **Gegen die Zulässigkeit** des Nachschiebens neuen Vorbringens werden verschiedene Einwände vorgetragen. Neben dem Argument der besseren Sachkenntnis des iudex a quo[26] und dem Einwand der Umgehung der Formvorschrift des § 366 Abs. 2,[27] kapriziert sich die hM vor allem auf das paternalistische Argument, der Antragsteller müsse – auch gegen seinen Willen – vor dem drohenden Verlust einer Instanz bewahrt werden.[28] All dies vermag nicht zu überzeugen. Während das Sachkenntnis-Argument durch § 23 Abs. 2 überholt[29] und der Formeinwand jedenfalls bei Einlegung der Beschwerde unter Beachtung von § 366 Abs. 2 gegenstandslos ist, ist insbes. nicht ersichtlich, inwieweit der, ggf. durch Hinweis aufgeklärte, Antragsteller unbedingt vor dem Risiko eines Instanzverlusts bewahrt werden müsste; es wird schließlich auch niemand dazu gezwungen, überhaupt Rechtsmittel einzulegen.[30]

10 Vorzugswürdig erscheint eine **diff. Sichtweise** dahingehend, ob das neue Vorbringen als Geltendmachung eines anderen gesetzlichen Wiederaufnahmegrundes zu werten ist[31] – dann unzulässig – oder ob sich dieses bloß als – zulässige – Konkretisierung[32] oder Erläuterung des bisherigen Sachvortrags[33] darstellt.[34] Die Unzulässigkeit der Geltendmachung eines anderen Wiederaufnahmegrundes im Beschwerdeverfahren gegen eine Probationsentscheidung ergibt sich daraus, dass infolge der Bindungswirkung des Zulassungsbeschlusses (→ § 368 Rn. 51) nur die im Aditionsverfahren geltend gemachten Wiederaufnahmegründe geprüft werden dürfen.[35] Im Beschwerdeverfahren gegen eine Aditionsentscheidung folgt das Verbot des Nachschiebens neuer Wiederaufnahmegründe aus der Unzuständigkeit des Beschwerdegerichts.[36] Denn durch ein Überspringen der an sich für den neuen Antrag zuständigen Erstinstanz würden die gerichtsverfassungsrechtlichen Zuständigkeitsregeln (§ 367 StPO iVm § 140a GVG) ausgehebelt,[37] ohne dass der Antragsteller hierüber dispositionsbefugt wäre.[38]

---

[23] OLG München 23.12.1970 – 1 Ws 615, 616/69, NJW 1971, 577 (578); Marxen/Tiemann Strafsachen Rn. 347; Loos in AK-StPO Rn. 6. S. auch BGH 30.10.1996 – StB 19/96, BGHR StPO § 359 Neue Tatsache 6.

[24] BGH 20.2.1985 – 4 StE 1/78, bei Pfeiffer/Miebach NStZ 1985, 492 (496); OLG Celle 12.3.1976 – 2 Ws 42/76, NJW 1976, 1417 (Ls.); 25.3.1966 – 5 Ws 26/66, NJW 1966, 943; Tiemann in KK-StPO Rn. 6; Schuster in Löwe/Rosenberg Rn. 17 f.; Rotsch in Krekeler/Löffelmann/Sommer Rn. 4.

[25] Eschelbach in KMR-StPO § 365 Rn. 61, § 372 Rn. 27 f., 39–42; Weiler in HK-GS Rn. 5.

[26] Grdl. OLG Oldenburg 18.6.1951 – Ws 58/51, NJW 1952, 1068 (1069).

[27] OLG Braunschweig 10.2.1966 – Ws 192/65, NJW 1966, 993 (994). Dagegen Eschelbach in KMR-StPO Rn. 41.

[28] KG 6.6.1966 – 4 Ws 54/66, JR 1967, 32; Tiemann in KK-StPO Rn. 6; Marxen/Tiemann Strafsachen Rn. 347.

[29] Zutr. OLG Celle 25.3.1966 – 5 Ws 26/66, NJW 1966, 943.

[30] Zutr. Eschelbach in KMR-StPO § 365 Rn. 65; Hanack JZ 1967, 223 (224).

[31] Dies ist jdf. immer dann der Fall, wenn ein neues Beweismittel benannt wird, Frister in SK-StPO Rn. 9; Schuster in Löwe/Rosenberg Rn. 18.

[32] Bsp.: Nennung des Namens eines bereits im Wiederaufnahmeantrag bezeichneten Zeugen, BGH 20.2.1985 – 4 StE 1/78, bei Pfeiffer/Miebach NStZ 1985, 492 (496); Frister in SK-StPO Rn. 9.

[33] Bsp.: Erläuterung seiner Relevanz, vgl. Marxen/Tiemann Strafsachen Rn. 347 Fn. 613.

[34] So Frister in SK-StPO Rn. 9; Schuster in Löwe/Rosenberg Rn. 18; Hanack JZ 1967, 223 (225).

[35] Vgl. Marxen/Tiemann Strafsachen Rn. 354.

[36] Zur grds. Zulässigkeit des Nachschiebens von Gründen im Aditionsverfahren → § 366 Rn. 19.

[37] OLG München 23.12.1970 – 1 Ws 615, 616/69, NJW 1971, 577 (578); Frister in SK-StPO Rn. 9; Hanack JZ 1967, 223 (225). AA Eschelbach in KMR-StPO Rn. 42.

[38] OLG Stuttgart 18.12.1968 – 1 Ws 231/68, MDR 1969, 330. AA Eschelbach in KMR-StPO § 365 Rn. 62: Verzicht auf Justizgrundrecht aus Art. 101 Abs. 1 S. 2 GG.

IV. Verfahren

1. Form. Für die sofortige Beschwerde gilt § 306 Abs. 1, nicht das (strenge) Formerfordernis des § 366 Abs. 2.[39] Der Verurteilte kann sie daher auch schriftlich selbst einlegen.[40] Sie bedarf keiner **Begründung**,[41] wiewohl sich eine solche empfiehlt.[42]

2. Frist. Für die Einlegung gilt die **einwöchige Beschwerdefrist** ab Bekanntgabe der Entscheidung, § 311 Abs. 2;[43] bei unverschuldeter Säumnis ist **Wiedereinsetzung** möglich.[44] Für eine (fakultative) Begründung gilt die Frist nicht; diese kann auch nachgereicht werden.[45] Wird ggü. dem Gericht eine Begründung angekündigt, hat dieses vor Erlass einer Entscheidung eine angemessene Zeit zu warten.[46]

3. Anfechtungsberechtigte. a) Grundsatz. Beschwerdeberechtigt sind neben der StA der beschwerte Antragsteller und ggf. die in § 361 Abs. 2 genannten Angehörigen.[47] Der Nebenkläger ist nach zutr. Auffassung nicht beschwerdebefugt.[48]

b) Ausschluss. S. 2 bestimmt, dass ein Begründetheitsbeschluss nach § 370 Abs. 2 von der StA nicht angefochten werden kann. Die Vorschrift beruht auf der Erwägung, es müsse eine umgehende Überprüfung des Falls gesichert werden, sobald ein unabhängiges Gericht eine solche Prüfung für notwendig erachtet;[49] ihre Sinnhaftigkeit wird kontrovers beurteilt.[50]

Für Entscheidungen nach § 368 oder § 371 hat die Vorschrift keine Bedeutung. Wird der Zulassungs- mit dem Begründetheitsbeschluss verbunden (→ § 368 Rn. 53), kann die StA gleichwohl ersteren anfechten.[51] Die Beschränkung gilt auch für den **Privatkläger,** da dieser keine weitergehenden Rechte hat als die StA.[52] Dasselbe gilt für den **Nebenkläger,** soweit dieser – entgegen hiesiger Ansicht (→ Rn. 13) – für antragsberechtigt gehalten wird.[53]

V. Entscheidung des Beschwerdegerichts

1. Zuständigkeit. Das Gericht, das den angefochtenen Beschluss erlassen hat, ist zur **Abänderung** seiner Entscheidung nur im Ausnahmefall des § 311 Abs. 3 S. 2 befugt.[54] Beschwerdegericht ist das dem Wiederaufnahmegericht übergeordnete Gericht.[55] Dies gilt gem. § 304 Abs. 4 S. 2 Nr. 5 auch bei erstinstanzlicher OLG-Zuständigkeit.[56] Die Entscheidung ergeht ohne mündliche Verhandlung, § 309 Abs. 1. Bei Begründetheit entscheidet

---

[39] Tiemann in KK-StPO Rn. 5; Eschelbach in KMR-StPO Rn. 21; Schuster in Löwe/Rosenberg Rn. 13.
[40] OLG Braunschweig 10.2.1966 – Ws 192/65, NJW 1966, 993; Schuster in Löwe/Rosenberg Rn. 13.
[41] Marxen/Tiemann Strafsachen Rn. 345.
[42] Weiler in HK-GS Rn. 5; Eschelbach in KMR-StPO Rn. 21.
[43] Marxen/Tiemann Strafsachen Rn. 345. Rechtspolitische Kritik bei Eschelbach in KMR-StPO Rn. 22.
[44] OLG Hamm 6.8.2003 – 2 Ws 164/03, NStZ-RR 2004, 81; Eschelbach in KMR-StPO Rn. 22.
[45] Rotsch in Krekeler/Löffelmann/Sommer Rn. 3; Schuster in Löwe/Rosenberg Rn. 14.
[46] OLG Bamberg 8.11.1990 – Ws 411/90, MDR 1991, 665 (hier: 7 Tage); Eschelbach in KMR-StPO Rn. 21.
[47] Schuster in Löwe/Rosenberg Rn. 9; Eschelbach in KMR-StPO Rn. 19; Kaspar in Satzger/Schluckebier/Widmaier StPO Rn. 4.
[48] Marxen/Tiemann Strafsachen Rn. 344; näher → § 365 Rn. 12 mN. zur Gegenansicht.
[49] Frister in SK-StPO Rn. 5; Eschelbach in KMR-StPO Rn. 6; Hanack JZ 1973, 393 (400); zur Entstehungsgeschichte Schuster in Löwe/Rosenberg Rn. 10.
[50] Abl. Gössel in Löwe/Rosenberg, 26. Aufl. 2013, Rn. 10, zust. Frister in SK-StPO Rn. 6. Loos in AK-StPO Rn. 13 schlägt vor, die Vorschrift qua teleologischer Reduktion auf die günstige Wiederaufnahme zu beschränken.
[51] Schuster in Löwe/Rosenberg Rn. 12; Eschelbach in KMR-StPO Rn. 6; Fuchs MDR 1970, 165 (166). AA Peters Fehlerquellen Bd. III S. 163.
[52] Schmitt in Meyer-Goßner/Schmitt Rn. 4; Frister in SK-StPO Rn. 4; Eschelbach in KMR-StPO Rn. 11.
[53] OLG Oldenburg 30.5.2007 – 1 Ws 279/07, StraFo 2007, 336; Schuster in Löwe/Rosenberg Rn. 11.
[54] Eschelbach in KMR-StPO Rn. 23.
[55] Temming in Gercke/Julius/Temming/Zöller Rn. 6; Marxen/Tiemann Strafsachen Rn. 349.
[56] BGH 18.12.1975 – 4 BJs 129/72; StB 64/75, NJW 1976, 431; Hohmann in Radtke/Hohmann Rn. 1.

das Beschwerdegericht grds. in der Sache selbst, § 309 Abs. 2. Bei einem vom Beschwerdegericht nicht behebbaren Verfahrensmangel kommt allerdings praeter legem eine **Zurückverweisung** an das Ausgangsgericht in Betracht;[57] dies gilt zB, wenn bei der erstinstanzlichen Entscheidung ein nach § 23 Abs. 3 ausgeschlossener Richter mitgewirkt hat[58] oder die Schlussanhörung nach § 369 Abs. 4 unterblieben ist.[59] Steht eine Voreingenommenheit des Erstgerichts zu befürchten, kommt analog § 210 Abs. 3 die Zurückverweisung an einen anderen Spruchkörper oder Gerichtsort in Frage.[60]

16   **2. Rechtskraft.** Wird die sofortige Beschwerde als unzulässig verworfen oder als unbegründet zurückgewiesen, erwächst die angefochtene Entscheidung in Rechtskraft. Handelt es sich bei dieser um einen aus sachlichen Gründen ergangenen Verwerfungsbeschluss nach § 368 Abs. 1 oder § 370 Abs. 1 oder um eine Ablehnungsentscheidung nach § 371 Abs. 1, endet das Wiederaufnahmeverfahren und es tritt ein Verbrauch der der Sachentscheidung zugrundeliegenden Tatsachen und der dabei benutzten Beweismittel ein (→ § 370 Rn. 18);[61] die **Verbrauchswirkung** erstreckt sich dabei auch auf die Frage der Neuheit von Tatsachen oder Beweismitteln iSv § 359 Nr. 5, weshalb sog. nova für nova nicht in Betracht kommen.[62] Die Verbrauchswirkung hat zur Folge, dass die Stellung eines identischen Wiederaufnahmeantrags unzulässig ist;[63] Verbrauchtes kann in einem weiteren Antrag lediglich noch als ergänzendes Vorbringen berücksichtigt werden (→ § 368 Rn. 60).[64] Kein Verbrauch tritt jedoch ein bei Vorbringen, das in dem rechtskräftigen Beschluss unberücksichtigt geblieben oder lediglich für Hilfserwägung gebraucht worden ist.[65]

VI. Rechtsbehelfe

17   Eine **weitere Beschwerde** ist unstatthaft.[66] Ein Wiederaufnahmebeschluss nach § 370 Abs. 2 erwächst zudem in materielle Rechtskraft, sodass die Rechtmäßigkeit der Wiederaufnahme endgültig feststeht.[67] In der **neuen (Revisions-)Hauptverhandlung** ist das Gericht daher an den Beschluss gebunden und dieser der Nachprüfbarkeit entzogen,[68] sofern nicht die rechtliche Nichtexistenz der Wiederaufnahmeanordnung in Frage steht.[69]

18   Str. ist, ob es eine **Wiederaufnahme der Wiederaufnahme** gibt. Sofern hiergegen vorgebracht wird, eine Wiederaufnahme komme nur gegen Urteile in Betracht,[70] geht dies schon aus grds. Erwägungen fehl (→ Vor § 359 Rn. 17). Jedenfalls wenn sich der Wiederaufnahmerichter iSd § 359 Nr. 3, § 362 Nr. 3 einem Amtsdelikt schuldig gemacht hat, gebietet die Rechtsstaatlichkeit eine Korrekturmöglichkeit.[71] Dies kann durch eine

---

[57] Schuster in Löwe/Rosenberg Rn. 19; Temming in Gercke/Julius/Temming/Zöller Rn. 6; Marxen/Tiemann Strafsachen Rn. 349. Einschr. Eschelbach in KMR-StPO Rn. 43 iVm Rn. 24.
[58] OLG Bremen 21.12.1965 – Ws 247/65, NJW 1966, 605.
[59] OLG Düsseldorf 25.9.1981 – 5 Ws 151-152, 175/81, NJW 1982, 839.
[60] Marxen/Tiemann Strafsachen Rn. 459. AA OLG Frankfurt a. M. 19.9.2008 – 1 Ws 27/08, NStZ-RR 2008, 378 (379). Gegen dieses aber OLG Nürnberg 6.8.2013 – 1 Ws 354/13 WA, NJW 2013, 2692 (2694 f.).
[61] Frister in SK-StPO Rn. 10; Temming in Gercke/Julius/Temming/Zöller Rn. 7; Marxen/Tiemann Strafsachen Rn. 294. Auch → § 368 Rn. 60.
[62] OLG Hamburg 18.10.1999 – 2 Ws 136/99, JR 2000, 380 (381) mAnm Gössel; Eschelbach in KMR-StPO Rn. 47; Schuster in Löwe/Rosenberg Rn. 23.
[63] Frister in SK-StPO Rn. 10; Eschelbach in KMR-StPO Rn. 47.
[64] Eschelbach in KMR-StPO Rn. 44; Marxen/Tiemann Strafsachen Rn. 295.
[65] Loos in AK-StPO Rn. 9; Temming in Gercke/Julius/Temming/Zöller Rn. 7; Schuster in Löwe/Rosenberg Rn. 22; Marxen/Tiemann Strafsachen Rn. 294.
[66] BGH 10.7.1981 – 2 ARs 117/81, NStZ 1981, 489; OLG Hamm 27.9.1961 – 3 Ws 505/61, NJW 1961, 2363; Frister in SK-StPO Rn. 10; Marxen/Tiemann Strafsachen Rn. 352.
[67] Schuster in Löwe/Rosenberg Rn. 24.
[68] BGH 27.1.1960 – 2 StR 604/59, BGHSt 14, 85 (88); Schmitt in Meyer-Goßner/Schmitt Rn. 10.
[69] BGH 9.5.1963 – 3 StR 19/63, BGHSt 18, 339 (341); Schuster in Löwe/Rosenberg Rn. 26; Tiemann in KK-StPO § 373 Rn. 1.
[70] So OLG Hamburg 18.10.1999 – 2 Ws 136/99, JR 2000, 380 (381 f.).
[71] Vgl. Eschelbach in KMR-StPO Rn. 47.

Wiederaufnahme der Wiederaufnahme[72] oder die Verneinung einer Verbrauchswirkung[73] geschehen.

Gegen die abl. Entscheidung des Beschwerdegerichts sind **Anhörungsrüge**[74] und **Verfassungsbeschwerde**[75] möglich. 19

§ 373 Urteil nach erneuter Hauptverhandlung; Verbot der Schlechterstellung

(1) In der erneuten Hauptverhandlung ist entweder das frühere Urteil aufrechtzuerhalten oder unter seiner Aufhebung anderweit in der Sache zu erkennen.

(2) ¹Das frühere Urteil darf in Art und Höhe der Rechtsfolgen der Tat nicht zum Nachteil des Verurteilten geändert werden, wenn lediglich der Verurteilte, zu seinen Gunsten die Staatsanwaltschaft oder sein gesetzlicher Vertreter die Wiederaufnahme des Verfahrens beantragt hat. ²Diese Vorschrift steht der Anordnung der Unterbringung in einem psychiatrischen Krankenhaus oder einer Entziehungsanstalt nicht entgegen.

Schrifttum: Krieg/Wieckhorst, Bewältigung gravierenden Unrechts im demokratischen Rechtsstaat, Der Staat 54 (2013), 539; D. Meyer, Geldstrafen und Geldauflagen als Vermögensschaden i. S. v. §§ 1, 7 StrEG, MDR 1979, 459; Pfeiffer/Miebach, Aus der (vom BGH nicht veröffentlichten) Rechtsprechung des Bundesgerichtshofs in Strafsachen zum Verfahrensrecht – Juli bis Dezember 1984 –, NStZ 1985, 204. S. a. Schrifttum Vor § 359.

Übersicht

		Rn.			Rn.
I.	Übersicht	1	2.	Art der Entscheidung	17
II.	Das neue Hauptverfahren	1a		a) Grundsatz	17
1.	Grundlagen	1a		b) Sach- und Prozessentscheidungen	18
2.	Zuständigkeit	6		c) Opportunitätsentscheidung	19
3.	Allgemeine Bestimmungen und Gang			d) Beendigung durch Rücknahme	20
	des Verfahrens	7	3.	Tenor und Inhalt der Entscheidung	24
	a) Grundsätzliches	7		a) Sachentscheidung	24
	b) Gang der neuen Hauptverhandlung	9		b) Nebenentscheidungen	27
III.	Entscheidung des Gerichts	16	IV.	Verschlechterungsverbot (Abs. 2)	32
1.	Grundsätzliches	16	V.	Rechtsbehelfe	33

I. Übersicht

Abs. 1 regelt in unvollständiger Weise (→ Rn. 10 ff.) die Entscheidungsmöglichkeiten 1 des Gerichts in dem erneuerten Hauptverfahren; Regeln für deren Ablauf enthält die Vorschrift nicht.¹ Abs. 2 statuiert ein eingeschr. Verschlechterungsverbot für die günstige Wiederaufnahme.

II. Das neue Hauptverfahren

1. Grundlagen. Das neue Hauptverfahren ist kein Bestandteil des Wiederaufnahme- 1a
verfahrens mehr, sondern folgt diesem nach (→ Vor § 359 Rn. 34). Die häufig anzutref-

---

[72] Dafür wohl Gössel JR 2000, 383 (384). Dagegen Bock/Eschelbach/Geipel/Hettinger/Röschke/Wille GA 2013, 328 (341) (ohne Begr.).
[73] So Eschelbach in KMR-StPO Rn. 50.
[74] Näher Weiler in HK-GS Rn. 7; Eschelbach in KMR-StPO Rn. 51.
[75] Dazu Eschelbach in KMR-StPO Rn. 52 f.; Miebach in Miebach/Hohmann HdB Wiederaufnahme Kap. J Rn. 41–45.
¹ Frister in SK-StPO Rn. 2; Eschelbach in KMR-StPO Rn. 1; Weiler in HK-GS Rn. 1.

fende Bezeichnung des wiederaufgenommenen Verfahrens als „Wiederaufnahmeverfahren"[2] ist irreführend und unzutr.

2 Aber auch die gesetzliche Formulierung ist unpräzise. Das Gesetz spricht lediglich von einer Erneuerung der Hauptverhandlung, § 370 Abs. 2, § 373 Abs. 1. Dies ist insoweit zu eng, als es im Anschluss an einen Anordnungsbeschluss nach § 370 Abs. 2. zu einem neuen Hauptverfahren kommt, welches nicht notwendigerweise in einer neuen Hauptverhandlung mündet (→ Rn. 18 ff.), in dessen Verlauf aber auch mehrere neue Verhandlungen möglich sind (→ Rn. 33). Der **Beschluss nach § 370 Abs. 2** ist aufgrund seiner die Rechtskraft der früheren Entscheidung beseitigenden Wirkung eine **Prozessvoraussetzung** für das neue Verfahren (→ § 370 Rn. 1)[3] und bestimmt insoweit den **Umfang der Erneuerung**.[4]

3 Innerhalb dieser Grenze bemisst sich der **Entscheidungsgegenstand** nach dem prozessualen Tatbegriff gem. § 264[5] auf der Basis der urspr. Anklageschrift und ihrer damaligen Zulassung zum Hauptverfahren durch das Erstgericht.[6] Mithin handelt es sich weder um eine Überprüfung der aufgehobenen Entscheidung noch der Richtigkeit des Wiederaufnahmebeschlusses, sondern vielmehr um ein **völlig neues und autonomes Hauptverfahren**.[7] Bei der neuerlichen Erforschung und Bewertung des Sachverhalts ist das Gericht daher vorbehaltlich Abs. 2 nach allgA völlig unabhängig von den vorausgegangenen Entscheidungen;[8] weder die aufgehobene Verurteilung noch der Wiederaufnahmebeschluss zeitigen eine **Bindungswirkung**. Daraus ergibt sich insbes. Folgendes:

4 Das tatsächliche **Vorliegen des Wiederaufnahmegrundes**, der zur Wiederaufnahme geführt hat, ist irrelevant.[9] **Neues Tatsachenvorbringen** ist unbeschränkt zulässig;[10] anderes gilt nur für eine neue Revisionshauptverhandlung: da die früher eingelegte Revision deren Gegenstand bildet, kommt ein **Nachschieben neuer Rügen** nicht in Betracht.[11]

Die **Auswahl der Beweismittel und deren Würdigung** ist von den früher getroffenen Feststellungen und Beweisergebnissen unabhängig.[12] Das Wiederaufnahmegericht muss seine eigene **Rechtsauffassung** zugrunde legen.[13] Inzwischen eingetretene **Gesetzesänderungen** sind gem. § 2 Abs. 3 StGB zu berücksichtigen.[14] Bei der Verhängung von Maßregeln gem. § 61 StGB ist für die **Prognoseentscheidung** auf den Zeitpunkt der neuen Urteilsfällung abzustellen.[15]

5 In der Folge sind mannigfaltige **Abweichungen gegenüber den vorhergegangenen Entscheidungen** möglich. So kann einerseits die urspr. Entscheidung gem. Abs. 1 (deklaratorisch, → Rn. 25) aufgehoben werden, obwohl sich der geltend gemachte Wiederaufnahmegrund als unzutr. erweist; andererseits kann die urspr. Entscheidung aufrechterhalten werden, obwohl sich der Wiederaufnahmegrund endgültig als zutr. bestätigt.[16] Ferner ist es möglich, eine neuerliche Verurteilung auf einen alternativen Tatablauf zu stützen.[17] Auch

---

[2] Exemplarisch VerfGH Sachsen 29.11.2018 – Vf. 59-IV-18, NJW 2019, 2077; Beulke/Swoboda Rn. 883.
[3] Eschelbach in KMR-StPO § 370 Rn. 44.
[4] BGH 27.1.1960 – 2 StR 604/59, BGHSt 14, 85 (88); Frister in SK-StPO Rn. 3.
[5] BGH 17.4.1964 – 2 StE 1/64, BGHSt 19, 280 (282); Loos in AK-StPO Rn. 19; Gössel in Löwe/Rosenberg Rn. 6; Marxen/Tiemann Strafsachen Rn. 417.
[6] Eschelbach in KMR-StPO Rn. 8; Schuster in Löwe/Rosenberg Rn. 6.
[7] Eschelbach in KMR-StPO Rn. 7; Schuster in Löwe/Rosenberg Rn. 5, 21; Temming in Gercke/Julius/Temming/Zöller Rn. 2; Tiemann in KK-StPO Rn. 1; Marxen/Tiemann Strafsachen Rn. 434.
[8] S. nur RG 12.6.1923 – IV 116/23, RGSt 57, 317 f.; Schmitt in Meyer-Goßner/Schmitt Rn. 2; Frister in SK-StPO Rn. 8; Eschelbach in KMR-StPO Rn. 7–9, 18.
[9] Marxen/Tiemann Strafsachen Rn. 435. S. auch BGH 24.8.1984 – 5 StR 508/84, bei Pfeiffer/Miebach NStZ 1985, 204 (208); RG 26.9.1902 – 3968/02, RGSt 35, 351 (353).
[10] Tiemann in KK-StPO Rn. 5; Eschelbach in KMR-StPO Rn. 9; Schuster in Löwe/Rosenberg Rn. 6.
[11] Schuster in Löwe/Rosenberg Rn. 7; Marxen/Tiemann Strafsachen Rn. 417 aE.
[12] Schuster in Löwe/Rosenberg Rn. 22; Frister in SK-StPO Rn. 3; Loos in AK-StPO Rn. 8.
[13] Frister in SK-StPO Rn. 3; Marxen/Tiemann Strafsachen Rn. 434.
[14] OLG München 17.8.1981 – 1 Ws 175/81, StV 1984, 471 (472); LG Frankfurt a. M. 12.3.1969 – 5/11 (9) Qs 159/68, NJW 1970, 70; Schuster in Löwe/Rosenberg Rn. 21; Marxen/Tiemann Strafsachen Rn. 434.
[15] Schuster in Löwe/Rosenberg Rn. 25; Marxen/Tiemann Strafsachen Rn. 439.
[16] Schuster in Löwe/Rosenberg Rn. 22; Marxen/Tiemann Strafsachen Rn. 435.
[17] Loos in AK-StPO Rn. 19; Beulke/Swoboda Rn. 884.

kann auch unter Beibehaltung des Schuldspruchs der Strafausspruch abgeändert werden, ohne dass dem der nur für das Wiederaufnahmeverfahren geltende § 363 entgegenstünde (→ § 363 Rn. 1).[18]

2. Zuständigkeit. Das neue Hauptverfahren wird durchgeführt von dem nach **§ 140a** **6** **GVG** zuständigen Gericht in dem Rechtszug, in dem das durch den Wiederaufnahmeantrag angefochtene Urteil ergangen war;[19] regelmäßig handelt es sich dabei um dasjenige Gericht, das bereits die Wiederaufnahme angeordnet hat.[20] Ein am Erstverfahren mitwirkender Richter ist gem. § 23 Abs. 2 ausgeschlossen;[21] eine **Vorbefassung** in Aditions- oder Probationsverfahren ist davon nicht erfasst.[22] Für einen vorbefassten Sitzungsvertreter der StA besteht kein Mitwirkungsverbot.[23]

Gerichtszuständigkeit und Mitwirkungsverbote sind von Amts wegen zu prüfen;[24] ggf. kommt eine **Verweisung** nach § 225a bzw. § 270 (→ § 367 Rn. 7)[25] oder eine Unzuständigkeitserklärung nach § 16 (→ § 367 Rn. 9) in Betracht.

3. Allgemeine Bestimmungen und Gang des Verfahrens. a) Grundsätzliches. **7** Das Gesetz enthält keine spezifischen Regelungen über die Durchführung des neuen Hauptverfahrens. Mit dem Anordnungsbeschluss nach § 370 Abs. 2 wird das Verfahren allerdings in den Stand zurückversetzt, in dem es sich vor der angefochtenen Entscheidung befand (→ § 370 Rn. 20), sodass die allg. Vorschriften sowie für die neue Hauptverhandlung die **Vorbereitungsregeln** der §§ 213 ff., 323 bzw. 350[26] und die **Verfahrensregeln** der jeweiligen Instanz gelten: §§ 226 ff. für das erstinstanzliche Verfahren, §§ 324 ff. für die neue Berufungs- und §§ 351 ff. für die neue Revisionshauptverhandlung.[27]

Aus den allg. Vorschriften resultiert eine **Prüfungspflicht des Gerichts** in Bezug auf **8** seine Zuständigkeit (→ Rn. 6) sowie hinsichtlich des Vorliegens von Prozessvoraussetzungen, insbes. mit Blick auf die Existenz einer formwirksamen Entscheidung nach § 370 Abs. 2.[28] Erforderlich ist ferner die Prüfung, ob ein Fall der notwendigen Verteidigung nach § 140 vorliegt und deshalb ein **Pflichtverteidiger** (neu) zu bestellen ist (→ § 364a Rn. 11–14).[29] Ein früher bereits zugelassener **Nebenkläger** ist an der neuen Hauptverhandlung zu beteiligen, ohne dass es einer neuen Anschlusserklärung bedarf.[30] Eine **Verfahrensverbindung** ist möglich.[31]

b) Gang der neuen Hauptverhandlung. aa) Geltung der allgemeinen Regeln. **9** Der Gang der neuen Hauptverhandlung richtet sich grds. nach den §§ 243, 325 und 351. **Hinweise** gem. § 265 Abs. 1, 2 sind, soweit noch erforderlich, zu wiederholen.[32] Die

---

[18] RG 25.1.1898 – 4638/97, RGSt 30, 421 (422); Schuster in Löwe/Rosenberg Rn. 23; Marxen/Tiemann Strafsachen Rn. 436.
[19] Schuster in Löwe/Rosenberg Rn. 1; Temming in Gercke/Julius/Temming/Zöller Rn. 1. Zu besonderen Zuständigkeiten im Erstverfahren s. Eschelbach in KMR-StPO Rn. 4; → GVG § 140a Rn. 12.
[20] Eschelbach in KMR-StPO Rn. 4; zu Ausnahmen → GVG § 140a Rn. 22.
[21] Schuster in Löwe/Rosenberg Rn. 3; Eschelbach in KMR-StPO Rn. 5. Ausf. → § 23 Rn. 10–13.
[22] RG 23.9.1881 – 1794/81, RGSt 4, 426 (427); Hohmann in Radtke/Hohmann Rn. 2.
[23] Eschelbach in KMR-StPO Rn. 6.
[24] Eschelbach in KMR-StPO Rn. 2.
[25] Kaspar in Satzger/Schluckebier/Widmaier StPO Rn. 3; Schuster in Löwe/Rosenberg Rn. 17; Marxen/Tiemann Strafsachen Rn. 423.
[26] Peters Fehlerquellen Bd. III S. 164; Weiler in HK-GS Rn. 1.
[27] Schuster in Löwe/Rosenberg Rn. 5; Eschelbach in KMR-StPO Rn. 7; Marxen/Tiemann Strafsachen Rn. 409.
[28] BGH 9.5.1963 – 3 StR 19/63, BGHSt 18, 339 (341); LG Ravensburg 3.3.1997 – 4 Ns 54/97, NStZ-RR 1998, 112 (113); Eschelbach in KMR-StPO Rn. 7 aE.
[29] Eschelbach in KMR-StPO Rn. 7; Schuster in Löwe/Rosenberg Rn. 4; Marxen/Tiemann Strafsachen Rn. 414.
[30] OLG Köln 8.3.1983 – 2 Ws 106/83, JMBl. NRW. 1984, 21 f.; Eschelbach in KMR-StPO Rn. 7; Marxen/Tiemann Strafsachen Rn. 414.
[31] Eschelbach in KMR-StPO Rn. 10.
[32] RG 18.12.1923 – IV 833/23, RGSt 58, 52; Schuster in Löwe/Rosenberg Rn. 15; Eschelbach in KMR-StPO Rn. 14; Marxen/Tiemann Strafsachen Rn. 421. AA Peters Fehlerquellen Bd. III S. 168. Gegen diesen Loos in AK-StPO Rn. 10.

Erweiterung des Verfahrensgegenstands durch **Nachtragsanklage** gem. § 266 ist möglich,[33] ebenso eine **Verständigung** nach § 257c.[34]

10   bb) **Informierung über Verfahrensgegenstand und Prozessgeschichte.** Diesbzgl. gelten nach allgA zunächst die § 243 Abs. 3,[35] § 324 Abs. 1 S. 1[36] bzw. § 351 Abs. 1. Umstr. ist, inwieweit das **Verlesen früherer Entscheidungen,** insbes. des angefochtenen Urteils und des Wiederaufnahmebeschlusses, zulässig oder gar geboten ist. Eine ausdrückliche Regelung dazu besteht nicht.[37]

11   Hinsichtlich der **Verlesung des früher ergangenen Urteils** wird diese von der hM nicht als zwingend, jedoch als geboten angesehen, wenn die neue Verhandlung sonst unverständlich bliebe;[38] wenn allerdings Schöffen an der Verhandlung mitwirken, sei die Verlesung der Beweiswürdigung unzulässig.[39] Selbiges gelte für die **Verlesung des Beschlusses nach § 370 Abs. 2:** Geboten, soweit zum Verständnis der Prozesslage erforderlich,[40] aber unzulässig, wenn Schöffen Kenntnis von einer im Beschluss enthaltenen Beweiswürdigung erhielten.[41]

12   Dem kann nur bedingt zugestimmt werden. Es ist nicht nachvollziehbar, inwieweit die Verlesung der urspr. Entscheidungen zum Verständnis der Prozesslage bzw. der Verhandlung erforderlich sein sollte. Denn da in der neuen Verhandlung vollständig neu verhandelt wird (→ Rn. 3 f.), bedarf es zu ihrem Verständnis nicht des Rückgriffs auf vorangegangene Entscheidungen.[42] Richtig ist allerdings, dass die neue Verhandlung die Kenntnis bestimmter Elemente vorausgegangener Entscheidungen voraussetzt: Als Prozessvoraussetzung sind **Existenz und Reichweite des Wiederaufnahmebeschlusses** nach § 370 Abs. 2 zu überprüfen; stehen hier zur Nichtigkeit führende Mängel im Raum,[43] kann eine Prüfung des Beschlussinhalts notwendig sein. Ferner muss bei der günstigen Wiederaufnahme durch Kenntnisnahme des **Tenors der urspr. Verurteilung** die Reichweite des Verböserungsverbots ermittelt werden.[44] Eine darüber hinausgehende Verlesungsnotwendigkeit ist nicht zu erkennen.

13   Wird gleichwohl die Beweiswürdigung einer vorausgegangenen Entscheidung vor Schöffen verlesen, handelt es sich entgegen der hL nicht automatisch um einen **revisiblen Verfahrensfehler.** Zwar mag die Verlesung regelmäßig unnötig und damit unzweckmäßig sein;[45] jedoch wird man nur in seltenen Ausnahmefällen annehmen können, dass aus den damit einhergehenden suggestiven Einflüssen eine **Besorgnis der Befangenheit** iSv § 24 erwächst.[46] Jenseits dieser Fälle bleibt die (unzweckmäßige) Verlesung folgenlos.

14   cc) **Besonderheiten in der Tatsacheninstanz.** Der Angeklagte ist erneut gem. § 243 Abs. 5 zu belehren und ggf. zu vernehmen.[47] Die Beweise sind originär und unab-

---

[33] Eschelbach in KMR-StPO Rn. 10.
[34] Eschelbach in KMR-StPO Rn. 16.
[35] Dazu RG 23.9.1881 – 1794/81, RGSt 4, 426 (428); Rotsch in Krekeler/Löffelmann/Sommer Rn. 3; Schmitt in Meyer-Goßner/Schmitt Rn. 2; zum Fall, dass mangels Anklageschrift auf andere Schriftstücke zurückzugreifen ist Schuster in Löwe/Rosenberg Rn. 8; Marxen/Tiemann Strafsachen Rn. 416.
[36] Eschelbach in KMR-StPO Rn. 11; Schuster in Löwe/Rosenberg Rn. 9.
[37] Eschelbach in KMR-StPO Rn. 11; Schuster in Löwe/Rosenberg Rn. 10.
[38] RG 19.1.1882 – 3165/81, RGSt 5, 429 (430); Schmitt in Meyer-Goßner/Schmitt Rn. 2; Schuster in Löwe/Rosenberg Rn. 11; Rotsch in Krekeler/Löffelmann/Sommer Rn. 3; Marxen/Tiemann Strafsachen Rn. 420.
[39] Marxen/Tiemann Strafsachen Rn. 420. Einschr. Tiemann in KK-StPO Rn. 3; Peters Fehlerquellen Bd. III S. 167: Unzulässigkeit nur bei ungünstiger Wiederaufnahme. Gegen diese Differenzierung Loos in AK-StPO Rn. 7 aE.
[40] Schuster in Löwe/Rosenberg Rn. 10.
[41] Temming in Gercke/Julius/Temming/Zöller Rn. 2; Weiler in HK-GS Rn. 1; Marxen/Tiemann Strafsachen Rn. 420. AA Peters Fehlerquellen Bd. III S. 167, demzufolge der Wiederaufnahmebeschl. uneingeschränkt verlesbar sei.
[42] Frister in SK-StPO Rn. 3.
[43] S. dazu BGH 9.5.1963 – 3 StR 19/63, BGHSt 18, 339 (341); LG Ravensburg 3.3.1997 – 4 Ns 54/97, NStZ-RR 1998, 112; Schuster in Löwe/Rosenberg § 372 Rn. 25.
[44] Frister in SK-StPO Rn. 3 aE.
[45] Vgl. BGH 29.11.1960 – 1 StR 465/60, MDR 1961, 250; Eschelbach in KMR-StPO Rn. 11.
[46] Ausf. Frister in SK-StPO Rn. 5 f.
[47] Eschelbach in KMR-StPO Rn. 12.

hängig von der bisherigen Prozessgeschichte zu erheben und zu würdigen.[48] Zur Herbeiführung der förmlichen Wirkung der § 244 Abs. 3–6, § 245 sind die **Beweisanträge** eines Verfahrensbeteiligten neu zu stellen.[49] Die **Präklusion eines Verwertungswiderspruchs** gilt in der neuen Hauptverhandlung nicht.[50] **Zeugen** müssen grds. neu vernommen werden;[51] bei Vereidigung ist die Berufung auf einen früheren Eid gem. § 67 ausgeschlossen.[52] **Niederschriften früherer Aussagen,** auch solcher aus dem Probationsverfahren, sind unter den Voraussetzungen des § 251 verlesbar;[53] im Berufungsverfahren gilt § 325.[54]

Frühere Mitbeschuldigte sind nach hM als Zeugen zu vernehmen.[55] Der Gegenansicht, die nur eine Vernehmung als Mitbeschuldigten zulässt,[56] steht die in § 60 Nr. 2 enthaltene Wertung entgegen.[57] 15

III. Entscheidung des Gerichts

1. Grundsätzliches. Abs. 1 sieht zwei Entscheidungsmöglichkeiten vor: Die **Aufrechterhaltung** des früheren Urteils oder dessen **Aufhebung** unter anderweitiger Erkennung in der Sache. Diese Programmatik ist in verschiedener Hinsicht irreführend. Die Option der Aufrechterhaltung ist lediglich eine Tenorierungsvereinfachung für den Fall, dass das Wiederaufnahmegericht – sozusagen zufällig – zu genau dems. Spruch gelangt wie das urspr. Gericht; auch die Aufrechterhaltung erspart dem Gericht nicht eine autonome Urteilsbegründung (→ Rn. 26). Die Möglichkeit „anderweit in der Sache zu erkennen" ist insofern missverständlich,[58] als auch eine Prozessentscheidung **(Verfahrenseinstellung)** in Betracht kommt (→ Rn. 18 f.). 16

2. Art der Entscheidung. a) Grundsatz. Prinzipiell hat das Gericht **alle Entscheidungsmöglichkeiten,** die in dem Verfahrensstadium, in das die Sache durch den Beschluss nach § 370 Abs. 2 versetzt worden ist, möglich sind.[59] Das Gericht kann also ggf. auch außerhalb der Hauptverhandlung entscheiden.[60] 17

b) Sach- und Prozessentscheidungen. Neben einem **Sachurteil** (Freispruch oder Verurteilung)[61] kommt bei einem Prozesshindernis auch eine **Verfahrenseinstellung** nach §§ 206a, 260 Abs. 3 in Betracht,[62] auch eine vorläufige gem. § 205.[63] Möglich sind ferner Beschlüsse nach § 349[64] oder § 270 (→ Rn. 6). Eine freisprechende Entscheidung analog 18

---

[48] Eschelbach in KMR-StPO Rn. 13; Hohmann in Radtke/Hohmann Rn. 5; Marxen/Tiemann Strafsachen Rn. 418.
[49] Eschelbach in KMR-StPO Rn. 15.
[50] Näher Eschelbach in KMR-StPO Rn. 15.
[51] RG 3.1.1889 – 2960/88, RGSt 18, 417 (418); Eschelbach in KMR-StPO Rn. 13; Tiemann in KK-StPO Rn. 4.
[52] Schuster in Löwe/Rosenberg Rn. 12; Marxen/Tiemann Strafsachen Rn. 419 m. Fn. 158. AA Peters Fehlerquellen Bd. III S. 168. Gegen diesen Loos in AK-StPO Rn. 9.
[53] Schuster in Löwe/Rosenberg Rn. 13; Temming in Gercke/Julius/Temming/Zöller Rn. 3; Frister in SK-StPO Rn. 7; Marxen/Tiemann Strafsachen Rn. 419.
[54] Tiemann in KK-StPO Rn. 11; Schuster in Löwe/Rosenberg Rn. 13; Marxen/Tiemann Strafsachen Rn. 419.
[55] RG 7.11.1904 – 4979/04, GA 52 (1905), 88; Schuster in Löwe/Rosenberg Rn. 12; Tiemann in KK-StPO Rn. 4; Rotsch in Krekeler/Löffelmann/Sommer Rn. 4; Eschelbach in KMR-StPO Rn. 13.
[56] Peters Fehlerquellen Bd. III S. 168. Wohl ebenso Marxen/Tiemann Strafsachen Rn. 419 Fn. 156.
[57] Loos in AK-StPO Rn. 8.
[58] S. Eschelbach in KMR-StPO Rn. 17.
[59] Schuster in Löwe/Rosenberg Rn. 16; Frister in SK-StPO Rn. 7; Marxen/Tiemann Strafsachen Rn. 422.
[60] Schuster in Löwe/Rosenberg Rn. 20; Kaspar in Satzger/Schluckebier/Widmaier StPO Rn. 4. AA Peters Fehlerquellen Bd. III S. 164 f.
[61] Loos in AK-StPO Rn. 12; Schuster in Löwe/Rosenberg Rn. 17.
[62] Schuster in Löwe/Rosenberg Rn. 17; Eschelbach in KMR-StPO Rn. 22; Frister in SK-StPO Rn. 9; Marxen/Tiemann Strafsachen Rn. 424. Diff. Schmitt in Meyer-Goßner/Schmitt Rn. 4a.
[63] Loos in AK-StPO Rn. 14; Schmitt in Meyer-Goßner/Schmitt Rn. 4; Marxen/Tiemann Strafsachen Rn. 430.
[64] Loos in AK-StPO Rn. 17; Schuster in Löwe/Rosenberg Rn. 16.

§ 371 ist nach zutr. Auffassung in diesem Verfahrensstadium nicht möglich (→ § 371 Rn. 17).[65]

19   c) **Opportunitätsentscheidung.** Nach ganz hA ist auch eine Opportunitätsentscheidung **nach §§ 153 ff. zulässig.**[66] Das Gegenargument, dass die Rechtskraftdurchbrechung in aller Regel das öffentl. Interesse an einer endgültigen sachlichen Klärung zur Folge habe,[67] überzeugt nicht. Auch der Verweis auf entgegenstehende Individualinteressen des Beschuldigten[68] ist nicht stichhaltig: Sofern der Beschuldigte gegen die Einstellung nicht ohnehin ein Vetorecht hat (§ 153 Abs. 2, § 153a Abs. 2), erwächst ihm aus der Einstellungsentscheidung, zB nach §§ 154, 154a, kein Nachteil.[69] Das gilt auch hinsichtlich der Kosten,[70] da der faktisch verfahrensbeendende Einstellungsbeschluss mit einer freispruchsäquivalenten **Kosten- und Entschädigungsentscheidung** zu versehen ist.[71]

20   d) **Beendigung durch Rücknahme.** Umstr. ist, ob das Verfahren zwingend durch eine neue Entscheidung beendet werden muss oder ob auch eine verfahrensbeendende Rücknahme möglich ist. Einigkeit herrscht insoweit, dass eine **Rücknahme der Klage** durch die StA gem. § 156 nicht, eine Rücknahme von **Strafantrag** (§ 77d StGB) und **Privatklage** (§ 391) hingegen stets möglich ist.[72]

21   Ob darüber hinaus auch ein Rechtsmittel (Berufung oder Revision) zurückgenommen werden kann, wird kontrovers beurteilt. Im Schrifttum wird diese Frage teilw. mit der Begründung verneint, das Gericht müsse nach dem Wortlaut des Abs. 1 „in der Sache" erkennen.[73] Jedoch ist nichts dafür ersichtlich, dass der Gesetzgeber mit dieser Formulierung § 302 hat verdrängen und somit dem Gericht die alleinige Dispositionsbefugnis über den Verfahrensgegenstand hat zuweisen wollen;[74] iÜ bleiben die Interessen des Gegners durch das Zustimmungserfordernis gem. § 303 gewahrt.[75] Eine **Rechtsmittelrücknahme** ist daher statthaft.[76]

22   Ebenfalls str. ist, ob das Verfahren durch **Fallenlassen der Klage** bzw. Rücknahme des **Einspruchs gegen einen Strafbefehl** nach § 411 Abs. 3 S. 1 beendbar ist. Die hM bejaht dies.[77] Die Gegenansicht[78] verweist auf die aus systematischen Erwägungen folgende Unanwendbarkeit des § 411 im wiederaufgenommenen Verfahren.[79] Dieser Schluss ist zu weitgehend (→ § 373a Rn. 18).[80] IÜ wird dem Interesse des Gegners durch § 411 Abs. 3 S. 2 ausreichend Rechnung getragen.

23   Wird das Verfahren durch den Wiederaufnahmebeschluss in das vom Angeklagten betriebene Berufungsverfahren zurückversetzt, kommt nach ganz hM eine **Verwerfung**

---

[65] AA zB Marxen/Tiemann Strafsachen Rn. 425 ff.
[66] Loos in AK-StPO Rn. 13; Temming in Gercke/Julius/Temming/Zöller Rn. 4; Frister in SK-StPO Rn. 9; Schmitt in Meyer-Goßner/Schmitt Rn. 4a; Tiemann in KK-StPO Rn. 6; Singelnstein in BeckOK StPO Rn. 6; Marxen/Tiemann Strafsachen Rn. 431.
[67] Peters Fehlerquellen Bd. III S. 165; Eschelbach in KMR-StPO Rn. 22.
[68] Kaspar in Satzger/Schluckebier/Widmaier StPO Rn. 4; Marxen/Tiemann Strafsachen Rn. 432.
[69] Zutr. OLG Hamm 20.7.1981 – 2 Ws 123/81, JMBl. NRW. 1981, 285. AA Marxen/Tiemann Strafsachen Rn. 432, die eine Einstellung nach den §§ 154, 154a von einem Einverständnis des Antragstellers abhängig machen wollen.
[70] AA Eschelbach in KMR-StPO Rn. 22.
[71] S. Mavany in Löwe/Rosenberg § 154 Rn. 49 ff., § 154a Rn. 29.
[72] Schuster in Löwe/Rosenberg Rn. 18; Peters Fehlerquellen Bd. III S. 164.
[73] Temming in Gercke/Julius/Temming/Zöller Rn. 4. IE ebenso Schmitt in Meyer-Goßner/Schmitt Rn. 4.
[74] Frister in SK-StPO Rn. 10.
[75] Schuster in Löwe/Rosenberg Rn. 18.
[76] So auch Eschelbach in KMR-StPO Rn. 23; Kaspar in Satzger/Schluckebier/Widmaier StPO Rn. 2; Tiemann in KK-StPO Rn. 11; Loos in AK-StPO Rn. 16; Marxen/Tiemann Strafsachen Rn. 410.
[77] Frister in SK-StPO Rn. 10; Schmidt in KK-StPO Rn. 6; Kaspar in Satzger/Schluckebier/Widmaier StPO Rn. 2; Loos in AK-StPO Rn. 18.
[78] Schuster in Löwe/Rosenberg Rn. 18; Temming in Gercke/Julius/Temming/Zöller Rn. 4.
[79] So insbes. Schuster in Löwe/Rosenberg Rn. 18. Zur abw. Begr. von Temming in Gercke/Julius/Temming/Zöller Rn. 4 s. die Kritik im Text bei → Rn. 21.
[80] Marxen/Tiemann Strafsachen Rn. 411.

wegen unentschuldigten Ausbleibens nach § 329 Abs. 1 S. 1 und 2 nicht in Betracht, da insoweit § 329 Abs. 1 S. 4 entspr. anzuwenden ist.[81] An der Analogiefähigkeit dieser Vorschrift hat sich auch durch die (inhaltlich unveränderte) Neufassung nichts geändert.[82]

3. Tenor und Inhalt der Entscheidung. a) Sachentscheidung. aa) Tenor. Der 24 Tenor der neuen Entscheidung ist grds. **neu zu fassen.** Lediglich für den Fall, dass das Gericht in allen Punkten genau so entscheidet wie das urspr. Gericht, sieht Abs. 1 aus Gründen der Vereinfachung die Möglichkeit vor, die angefochtene Entscheidung „aufrechtzuerhalten". Hierbei handelt es sich um eine bloße Tenorierungshilfe ohne sachliche Bedeutung.[83] Eine **Teilaufrechterhaltung** ist nicht vorgesehen.[84]

Trifft das Gericht eine abw. Entscheidung, hat es nach Abs. 1 zudem die **„Aufhebung"** 25 der früheren Entscheidung auszusprechen. Der Ausspruch ist aber rein deklaratorisch und hat keine sachliche Bedeutung (→ § 370 Rn. 19);[85] ein versehentliches Unterbleiben ist unschädlich,[86] kann aber in der Revisionsentscheidung zur Klarstellung nachgeholt werden.[87] Stellt das Gericht das Verfahren im Beschlusswege ein, sollte aus Gründen der Klarstellung ebenfalls eine Aufhebung nach Abs. 1 erfolgen.[88]

bb) Gründe. Unabhängig davon, ob das frühere Urteil aufrechterhalten oder ander- 26 weitig in der Sache erkannt wird, muss das Gericht sowohl über den **Schuldspruch**[89] als auch über die **Rechtsfolge**frage einschließlich der **Strafzumessungserwägungen**[90] völlig neu und unabhängig entscheiden. Die Gründe (§ 267) sind daher neu und eigenständig zu fassen,[91] **Verweisungen und Bezugnahmen** auf die Begründung der früheren Entscheidung sind ausnahmslos unzulässig.[92]

b) Nebenentscheidungen. aa) Gesamtstrafe und Bewährung. IRe neuen 27 **Gesamtstrafenbildung** nach § 55 StGB sind alle noch unerledigten Verurteilungen einzubeziehen, die bis zu dem neuen Urteil ergangen sind;[93] das gilt auch, wenn das alte Urteil aufrechterhalten wird.[94] Bei bloß teilw. Wiederaufnahme muss eine neue Gesamtstrafe unter Einbeziehung der unberührt gebliebenen Einzelstrafen gebildet werden.[95] Liegt eine neue Gesamtfreiheitsstrafe im aussetzungsfähigen Bereich (§§ 56, 58 StGB), ist zudem über die **Strafaussetzung zur Bewährung** zu entscheiden.[96] Wird die Entschei-

---

[81] Eschelbach in KMR-StPO Rn. 23; Schuster in Löwe/Rosenberg Rn. 19; Schmitt in Meyer-Goßner/Schmitt Rn. 4; Frister in SK-StPO Rn. 10. AA Tiemann in KK-StPO Rn. 11; Cirener in Miebach/Hohmann HdB Wiederaufnahme Kap. H Rn. 51. Gegen diese Marxen/Tiemann Strafsachen Rn. 413.
[82] Die Begr. zum G zur Stärkung des Rechts des Angeklagten auf Vertretung in der Berufungsverhandlung und über die Anerkennung von Abwesenheitsentscheidungen in der Rechtshilfe schweigt zur hiesigen Problematik, vgl. BT-Drs. 18/3562, 72, sodass nicht von einer bewussten Nichtregelung auszugehen ist.
[83] OLG Bremen 22.9.1955 – Ws 172/55, NJW 1956, 316; Eschelbach in KMR-StPO Rn. 18; Schuster in Löwe/Rosenberg Rn. 27; Frister in SK-StPO Rn. 8; Stree JR 1982, 336 (337).
[84] Eschelbach in KMR-StPO Rn. 18; Schuster in Löwe/Rosenberg Rn. 28; Weiler in HK-GS Rn. 2.
[85] Eschelbach in KMR-StPO Rn. 18.
[86] Schuster in Löwe/Rosenberg Rn. 26; Hohmann in Radtke/Hohmann Rn. 8.
[87] BGH 10.5.2011 – 4 StR 144/11, BGHR StPO § 373 Abs. 1 Alt. 2 Wiederaufnahme 1.
[88] Frister in SK-StPO Rn. 9.
[89] Schuster in Löwe/Rosenberg Rn. 21; Marxen/Tiemann Strafsachen Rn. 435.
[90] RG 25.1.1898 – 4638/97, RGSt 30, 421 (422 f.); Schuster in Löwe/Rosenberg Rn. 23; Temming in Gercke/Julius/Temming/Zöller Rn. 4; Marxen/Tiemann Strafsachen Rn. 436.
[91] Eschelbach in KMR-StPO Rn. 19; Marxen/Tiemann Strafsachen Rn. 434.
[92] Eschelbach in KMR-StPO Rn. 19; Temming in Gercke/Julius/Temming/Zöller Rn. 5; Bertram MDR 1962, 535 (536).
[93] BayObLG 20.10.1981 – RReg. 1 St 260/81, JR 1982, 335 (336) mzustAnm Stree; OLG Frankfurt a. M. 18.10.1979 – 3 Ws 911/79, GA 1980, 262 (264); OLG Bremen 22.9.1955 – Ws 172/55, NJW 1956, 316.
[94] Schuster in Löwe/Rosenberg Rn. 24; Tiemann in KK-StPO Rn. 8. AA Peters Fehlerquellen Bd. III S. 173. Gegen diesen Marxen/Tiemann Strafsachen Rn. 437 Fn. 189.
[95] BGH 27.1.1960 – 2 StR 604/59, BGHSt 14, 85 (89); Marxen/Tiemann Strafsachen Rn. 437.
[96] Schuster in Löwe/Rosenberg Rn. 24; Marxen/Tiemann Strafsachen Rn. 437.

dung versäumt, gilt § 460 analog.⁹⁷ Str. ist, ob die nachholende Entscheidung in die Zuständigkeit des Wiederaufnahmegerichts oder diejenige der Strafvollstreckungskammer fällt.⁹⁸

28   bb) Anrechnung früherer Rechtsfolgen. Kommt es erneut zu einer Verurteilung, so ist eine aus dem früheren Urteil **bereits vollstreckte Strafe** gem. § 51 Abs. 2 StGB auf die nunmehr verhängte anzurechnen. Wird der vormals Verurteilte nunmehr freigesprochen, gilt die Vorschrift analog für die Anrechnung auf in anderen Sachen verhängte Strafen, wenn diese im Fall einer neuerlichen Verurteilung gesamtstrafenfähig gewesen wären.⁹⁹ Für die **Umrechnung von Geld- in Freiheitsstrafe** gilt § 51 Abs. 4 S. 1 StGB.¹⁰⁰ Wird erneut eine **Sicherungsmaßregel** nach §§ 69, 70 StGB verhängt, ist die Zeit des bisherigen Verbots auf das neue anzurechnen.¹⁰¹ Eine **Sperrfrist** nach § 69a StGB ist auf eine neue anzurechnen;¹⁰² selbiges gilt für einen **Rechteverlust** nach § 45 StGB.¹⁰³ Frühere **Gnadenerweise** gelten auch für die neuerliche Verurteilung.¹⁰⁴ Für sämtliche Anrechnungen bedarf es grds. keines ausdrücklichen Ausspruchs im neuerlichen Urteil.¹⁰⁵

29   cc) Restitution. Wird die urspr. Verurteilung endgültig (deklaratorisch, → Rn. 25) aufgehoben, stehen dem Freigesprochenen (bzw. milder Verurteilten) insbes. für erlittene Freiheitseinbußen ggf. **Entschädigungsansprüche** nach den §§ 1 ff. StrEG zu.¹⁰⁶ Die Grundentscheidung hierüber ergeht gem. § 8 Abs. 1 S. 1 StrEG grds. in der verfahrensbeendenden Entscheidung; das kann auch ein Einstellungsbeschluss nach §§ 153 ff.¹⁰⁷ oder 206a (→ § 361 Rn. 20) sein. Die **Rückerstattung einer weggefallenen Geldstrafe** erfolgt außerhalb des StrEG.¹⁰⁸

30   Zur rückwirkenden Wiedererlangung bei der **Entziehung von Befugnissen** und beim **Verlust von Rechten** → § 370 Rn. 19.¹⁰⁹ Eingezogene Gegenstände müssen zurückgegeben werden.¹¹⁰ War das aufgehobene Urteil öffentlich bekanntgemacht worden (§§ 165, 200 StGB), muss auf Antrag des Freigesprochenen die **Bek.** der Urteilsaufhebung in dems. Publikationsorgan angeordnet werden.¹¹¹

31   dd) Kostenentscheidung. Das neue **Urteil** muss eine Kostenentscheidung enthalten, bei der § 473 Abs. 6 Nr. 1 zu beachten ist; das gilt auch bei einer **Einstellungsentscheidung** nach §§ 153 ff. (→ Rn. 19) oder § 206a (→ § 361 Rn. 20). Zu entscheiden

---

⁹⁷ OLG Koblenz 19.10.1990 – 1 Ws 478/90, NStZ 1991, 555 mAnm Gössel.
⁹⁸ Näher Marxen/Tiemann Strafsachen Rn. 437 Fn. 197.
⁹⁹ OLG Frankfurt a. M. 18.10.1979 – 3 Ws 911/79, GA 1980, 262 (263); Marxen/Tiemann Strafsachen Rn. 438; Schuster in Löwe/Rosenberg Rn. 30; Frister in SK-StPO Rn. 11; aA Schmitt in Meyer-Goßner/Schmitt Rn. 9.
¹⁰⁰ Schuster in Löwe/Rosenberg Rn. 30; Temming in Gercke/Julius/Temming/Zöller Rn. 6; Marxen/Tiemann Strafsachen Rn. 438.
¹⁰¹ Frister in SK-StPO Rn. 11; Schuster in Löwe/Rosenberg Rn. 31.
¹⁰² OLG Hamm 11.10.1960 – 1 Ss 1055/60, VRS 21, 43 (45); Marxen/Tiemann Strafsachen Rn. 439.
¹⁰³ RG 8.6.1923 – IV 877/22, RGSt 57, 312 (313); Tiemann in KK-StPO Rn. 9.
¹⁰⁴ Näher Schuster in Löwe/Rosenberg Rn. 35; Marxen/Tiemann Strafsachen Rn. 443. AA RG 8.6.1923 – IV 877/22, RGSt 57, 312 (313).
¹⁰⁵ RG 8.6.1923 – IV 877/22, RGSt 57, 312 (313) (zum Ehrenrechteverlust); Marxen/Tiemann Strafsachen Rn. 438; Schmitt in Meyer-Goßner/Schmitt Rn. 9; Tiemann in KK-StPO Rn. 8. Diff. Schuster in Löwe/Rosenberg Rn. 30.
¹⁰⁶ Schmitt in Meyer-Goßner/Schmitt Rn. 12; Schuster in Löwe/Rosenberg Rn. 37. Ausf. Marxen/Tiemann Strafsachen Rn. 560 ff.; Forkert-Hosser in Miebach/Hohmann HdB Wiederaufnahme Kap. L Rn. 7 ff.
¹⁰⁷ Näher Cornelius in BeckOK StPO StrEG § 3 Rn. 1 ff.; Mavany in Löwe/Rosenberg § 153a Rn. 146.
¹⁰⁸ Schmitt in Meyer-Goßner/Schmitt Rn. 9; D. Meyer MDR 1979, 459 (460); → StrEG Einl. Rn. 53. Zu Zinsverlusten Krieg/Wieckhorst Der Staat 54 (2015), 539 (572 Fn. 194).
¹⁰⁹ Zur Beachtlichkeit einer Aufhebungsentscheidung iR verwaltungsbehördlicher Entscheidungen OVG Lüneburg 26.1.2006 – 12 ME 316/08, NJW 2009, 1160.
¹¹⁰ Näher Schuster in Löwe/Rosenberg Rn. 32; Marxen/Tiemann Strafsachen Rn. 441.
¹¹¹ RG 18.1.1887 – 3380/86, RGSt 15, 188 (189 f.); Schuster in Löwe/Rosenberg Rn. 33; Marxen/Tiemann Strafsachen Rn. 440.

ist dabei nicht nur über die Kosten und notwendigen Auslagen des neuen Hauptverfahrens, sondern auch über die im Wiederaufnahmeverfahren entstandenen[112] sowie ggf. über die **Rechtsmittelkosten** des Erstverfahrens.[113] Der Erstattungsanspruch des nunmehr Freigesprochenen wegen früherer Zahlungen an die Staatskasse ist zivilrechtlich durchsetzbar.[114]

IV. Verschlechterungsverbot (Abs. 2)

Abs. 2 enthält ein im Wesentlichen den §§ 331, 358 Abs. 2 entspr. Verböserungsverbot **32** bei der günstigen Wiederaufnahme. Da dieses sich nur auf den Rechtsfolgenausspruch bezieht, bleibt eine **Verschlechterung des Schuldspruchs** möglich[115] (zB statt Freispruch mit Maßregelanordnung nunmehr Schuldspruch mit Straffreierklärung[116]).

Das Verbot der reformatio in peius gilt nach Abs. 2 S. 2 nicht für die **AnO von Maßregeln** nach §§ 63, 64 StGB.[117] Eine dem § 358 Abs. 2 S. 2 vergleichbare Regelung fehlt, weshalb eine im aufgehobenen Urteil angeordnete Unterbringung nach § 63 StGB nicht durch die Verhängung von Strafe ausgetauscht werden kann.[118]

V. Rechtsbehelfe

Gegen das neue Urteil sind nach den allg. Regeln **Berufung und Revision** mög- **33** lich,[119] gegen Beschlüsse (sofortige) **Beschwerde.** Nach Rechtskraft ist auch ein neuerliches **Wiederaufnahme**verfahren möglich.[120]

§ 373a Verfahren bei Strafbefehl

(1) Die Wiederaufnahme eines durch rechtskräftigen Strafbefehl abgeschlossenen Verfahrens zuungunsten des Verurteilten ist auch zulässig, wenn neue Tatsachen oder Beweismittel beigebracht sind, die allein oder in Verbindung mit den früheren Beweisen geeignet sind, die Verurteilung wegen eines Verbrechens zu begründen.

(2) Im übrigen gelten für die Wiederaufnahme eines durch rechtskräftigen Strafbefehl abgeschlossenen Verfahrens die §§ 359 bis 373 entsprechend.

Schrifttum: Bruns, Erlaubt die Rechtskraft des Strafbefehls die zusätzliche Verfolgung nachträglich eingetretener strafschärfender Tatsachen?, JZ 1960, 85; Groth, Ein Dogma fällt – das BVerfG zur Rechtskraft des Strafbefehls, MDR 1985, 716; Kertai, Schriftliche Verteidigung im Strafbefehlsverfahren und Wiederaufnahme, JR 2024, 18; Kudlich/Göken, Wiederaufnahme zuungunsten des Freigesprochenen – das Urteil des BVerfG und seine Ausstrahlungswirkungen, NJW 2023, 3683; Mitsch, Der Strafklageverbrauch des rechtskräftigen Strafbefehls – Bespr. von BGH, Beschluss v. 3.5.2012 – 3 StR 109/12 –, NZV 2013, 63; Neumann, Zur Frage der Rechtskraft von Strafbefehlen, NJW 1984, 779; Noak, Wiederaufnahme des Verfahrens nach unzulässig ergangenem Strafbefehl gegen einen Jugendlichen, JA 2005, 539; Possienke, Die Regelung des § 373a StPO im Lichte des Grundgesetzes als mögliche Leitlinie einer Reform des Wiederaufnahmerechts, 2016; Rieß/Hilger, Das neue Strafverfahrensrecht – Opferschutzgesetz und Strafverfahrensänderungsgesetz 1987 – (2. Teil), NStZ 1987, 204; Schnarr, Anm. zu BVerfG v. 7.12.1983 – 2 BvR 282/80, NStZ 1984, 326. S. a. Schrifttum Vor § 359.

---

[112] Eschelbach in KMR-StPO Rn. 20; Marxen/Tiemann Strafsachen Rn. 444.
[113] BGH 18.10.1955 – 1 StR 369/55, JZ 1956, 101.
[114] Schuster in Löwe/Rosenberg Rn. 36; Marxen/Tiemann Strafsachen Rn. 444.
[115] Eschelbach in KMR-StPO Rn. 24.
[116] Näher zu dieser Konstellation Radtke ZStW 110 (1998) 297 (321).
[117] Krit. dazu Kaspar/Arnemann R&P 34 (2016), 58 (60).
[118] Temming in Gercke/Julius/Temming/Zöller Rn. 9; Kaspar in Satzger/Schluckebier/Widmaier StPO Rn. 6; Eschelbach in KMR-StPO Rn. 26.
[119] Schuster in Löwe/Rosenberg Rn. 38; Eschelbach in KMR-StPO Rn. 27.
[120] Hohmann in Radtke/Hohmann Rn. 13; Frister in SK-StPO Rn. 13; Schuster in Löwe/Rosenberg Rn. 38; Marxen/Tiemann Strafsachen Rn. 445; vgl. auch BGH 8.6.2011 – 5 StR 199/11, HRRS 2011 Nr. 802 Rn. 1.

Übersicht

		Rn.			Rn.
I.	Überblick	1		b) Legitimation sub specie Doppelbestrafungsverbot	8a
II.	Die Wiederaufnahme zugunsten des Verurteilten	3		c) Neuheit von Tatsachen und Beweismitteln	10
1.	Allgemeines	3		d) Sonderfall: Nachträglicher Eintritt von Tatsachen	12
2.	Die Neuheit von Tatsachen und Beweismitteln gem. § 359 Nr. 5	4	IV.	Verfahren und Entscheidungsmöglichkeiten im Wiederaufnahmeverfahren	15
III.	Die Wiederaufnahme zuungunsten des Verurteilten	6	V.	Entscheidungsmöglichkeiten im wiederaufgenommenen Verfahren	16
1.	Allgemeines	6	1.	Grundsätzliches	16
2.	Geltung des § 362	7	2.	Strafbefehls- oder Normalverfahren?	17
3.	Wiederaufnahme propter nova nach Abs. 1	8	3.	Entscheidung in der Sache; Tenorierung	21
	a) Grundsätzliches	8			

I. Überblick

1 Die Vorschrift regelt die **Wiederaufnahme** gegen **im Strafbefehlsverfahren** ergangene Entscheidungen. Abs. 2 stellt klar, dass das vierte Buch hierauf entspr. Anwendung findet. Abs. 1 enthält einen speziellen Wiederaufnahmegrund propter nova in malam partem.

2 Die heutige Gestalt der Vorschrift geht auf das StVÄG 1987 zurück; vorausgegangen war eine **wechselvolle Geschichte,** geprägt vom Str. über die Reichweite der Rechtskraft des Strafbefehls, Gesetzesänderungen und der Judikatur des BVerfG.[1] Ob der jetzige Zustand rechtspolitisch befriedigt, wird uneinheitlich beantwortet.[2] Jedenfalls zwingt die Rspr. des BVerfG zu einer einschränkenden Auslegung (→ Rn. 13).

II. Die Wiederaufnahme zugunsten des Verurteilten

3 **1. Allgemeines.** Die Verurteilung qua Strafbefehl kann zugunsten des Verurteilten mit den **Wiederaufnahmegründen des § 359** angefochten werden, Abs. 2. Die Regelung ist sachgerecht; es ist nicht einzusehen, weshalb der im Strafbefehlsverfahren Verurteilte ggü. demjenigen, der in einer Hauptverhandlung verurteilt wird, schlechter gestellt sein sollte.[3] Schon aus diesem Grund muss, über Abs. 2 hinaus, auch der Wiederaufnahmegrund des **§ 79 Abs. 1 BVerfGG** hier Anwendung finden.[4]

4 **2. Die Neuheit von Tatsachen und Beweismitteln gem. § 359 Nr. 5.** Der **Tatsachen- und Beweismittelbegriff** ist ders. wie bei § 359 Nr. 5 (→ § 359 Rn. 38–43). Bloße Rechtsfehler sind keine Tatsachen. Daraus folgt, dass der Erlass eines Strafbefehls gegen einen Jugendlichen in Verkennung von § 79 Abs. 1 JGG für sich allein kein novum darstellt.[5]

5 Hinsichtlich der **Neuheit** ist im Grunde unstr., dass es auf die **Aktenlage** ankommt.[6] Von hieraus ist wie folgt zu differenzieren: Was nicht zum Gegenstand der Akten geworden

---

[1] Näher dazu Frister in SK-StPO Rn. 1–5; Schuster in Löwe/Rosenberg Rn. 1–4; Eschelbach in KMR-StPO Rn. 2 f. Zum – qua Zeitablauf inzwischen irrelevanten – Problem der analogen Anwendung auf Strafverfügungen BVerfG 8.11.1967 – 1 BvR 60/66, BVerfGE 22, 322 = NJW 1968, 147; Eschelbach in KMR-StPO Rn. 3; Schuster in Löwe/Rosenberg Rn. 19.
[2] Positiv Schuster in Löwe/Rosenberg Rn. 5, krit. Frister in SK-StPO Rn. 5.
[3] Eschelbach in KMR-StPO Rn. 1.
[4] So auch AG Preetz 6.10.1966 – 1 Cs 151/63, NJW 1967, 68; Fornauf/C Heger StraFo 2014, 284 (285).
[5] LG Landau 11.6.2002 – 2 Qs 19/02, NStZ-RR 2003, 28 m. Bespr. Noak JA 2005, 539; Eschelbach in KMR-StPO Rn. 7.
[6] BVerfG 19.7.2002 – 2 BvR 18 + 76/02, StV 2003, 225; 15.2.1993 – 2 BvR 1746/91, NJW 1993, 2735 (2736); LG Landau 11.6.2002 – 2 Qs 19/02, NStZ-RR 2003, 28; Frister in SK-StPO Rn. 6. Zur Neuheit des Verteidigungsvorbringens in einem gem. § 412 verworfenen Einspruch Kertai JR 2024, 18 (20).

ist, darf nicht als bereits verbraucht zurückgewiesen werden; dies gilt selbst für nicht aktenkundige **allgemein- oder gerichtskundige Tatsachen**.[7] Umgekehrt kann aber nicht von der Aktenkundigkeit auf die fehlende Neuheit geschlossen werden. Vielmehr gilt dem BVerfG zufolge dasselbe wie bei einer Entscheidung nach Hauptverhandlung, nämlich dass eine Tatsache nur dann nicht neu ist, wenn das Gericht sie bereits bei der Urteilsfindung verwertet hat.[8] Neuheit ist daher auch dann zu bejahen, wenn eine aktenkundige Tatsache vom Richter bei Erlass des Strafbefehls übersehen wurde (→ § 359 Rn. 45).[9] Die Gegenansicht[10] steht im Widerspruch zur Rspr. des BVerfG. Bei konkreten Zweifeln über die Verwertung aktenkundiger Tatsachen hat das Gericht eine freibeweisliche Aufklärungspflicht.[11] Ist die Aktenkundigkeit infolge **Aktenverlusts** nicht mehr rekonstruierbar, soll dies nach der Rspr. stets zulasten des darlegungs- und beweispflichtigen Antragstellers gehen.[12] Jedoch ist nach den prozessordnungsübergreifenden allg. Grundsätzen der Beweisvereitelung eine Beweislastumkehr am Platz, wenn der Aktenverlust auf einem Verschulden innerhalb der staatlichen Sphäre beruht.[13]

III. Die Wiederaufnahme zuungunsten des Verurteilten

1. Allgemeines. Der unwidersprochene Strafbefehl steht gem. § 410 Abs. 3 einem rechtskräftigen Urteil gleich und hat demzufolge einen **grds. unbeschränkten Strafklageverbrauch** zur Folge.[14] Die von der vormals hM auf der Basis eines inzwischen geänderten Wortlauts befürwortete Möglichkeit einer weiteren bzw. Ergänzungsklage[15] ist heute gegenstandslos; Rechtskraftdurchbrechungen zulasten des Verurteilten sind nunmehr auch bei Strafbefehlsverfahren ausschließlich im Wege des Wiederaufnahmeverfahrens möglich.[16]

2. Geltung des § 362. Wie sich aus Abs. 2 ergibt, kann die **neuerliche Verfolgung eines (zu milde) Verurteilten** zunächst auf die allg. ungünstigen Wiederaufnahmegründe des § 362 gestützt werden; dessen Nr. 1 und 3 scheiden aber naturgemäß aus.[17] Gegen diese Regelung bestehen keine Bedenken, da der im Strafbefehlswege Verurteilte hierdurch nicht schlechter gestellt wird als derjenige, der im Hauptverhandlungswege verurteilt worden ist.[18]

3. Wiederaufnahme propter nova nach Abs. 1. a) Grundsätzliches. Abs. 1 normiert einen **zusätzlichen ungünstigen Wiederaufnahmegrund**[19] für den Fall, dass neue Tatsachen oder Beweismittel beigebracht sind, die allein oder iVm den früheren Beweisen geeignet sind, die Verurteilung wegen eines Verbrechens zu begründen. Die Vorschrift

---

[7] BVerfG 14.9.2006 – 2 BvR 123/06, 429/06, 430/06, NJW 2007, 207 (208).
[8] BVerfG 31.7.2014 – 2 BvR 571/14, bei Feilcke/Schiller NStZ-RR 2016, 1 (3); Eschelbach in KMR-StPO Rn. 14; Tiemann in KK-StPO Rn. 7.
[9] LG Landau 11.6.2002 – 2 Qs 19/02, NStZ-RR 2003, 28; Frister in SK-StPO Rn. 6; Eschelbach in KMR-StPO Rn. 14; Eisenberg JR 2007, 360 (362); Greco Strafprozesstheorie S. 922; Marxen/Tiemann Strafsachen Rn. 179; Einschr. Kaspar in Satzger/Schluckebier/Widmaier StPO Rn. 3: Einwand der Nichtverwertung nur im günstigen Verfahren nach § 359 Nr. 5 beachtlich.
[10] LG Karlsruhe 1.10.2012 – 3 Qs 62/12, NStZ-RR 2013, 55; Loos in AK-StPO Rn. 3.
[11] BVerfG 31.7.2014 – 2 BvR 571/14, bei Feilcke/Schiller NStZ-RR 2016, 1 (3) mAnm Lampe jurisPR-StrafR 20/2014 Anm 1.
[12] LG Karlsruhe 1.10.2012 – 3 Qs 62/12, NStZ-RR 2013, 55. Zw. Eschelbach in KMR-StPO Rn. 15; Kaspar in Satzger/Schluckebier/Widmaier StPO Rn. 3.
[13] Vgl. BSG 10.8.1993 – 9/9a RV 10/92, MDR 1994, 723. S. auch OLG Frankfurt a. M. 10.5.1983 – 1 Ws 103/82, OLGSt § 359 Nr. 1, S. 2 = JR 1984, 40 mAnm Peters.
[14] BGH 3.5.2012 – 3 StR 109/12, BeckRS 2012, 11529 mAnm Kudlich JA 2012, 710; Schuster in Löwe/Rosenberg Rn. 4.
[15] BGH 11.7.1978 – 1 StR 232/78, BGHSt 28, 69.
[16] Schuster in Löwe/Rosenberg Rn. 3, 7; Tiemann in KK-StPO Rn. 1; Eschelbach in KMR-StPO Rn. 2; Mitsch NZV 2013, 63 (66); Rieß/Hilger NStZ 1987, 204 (205 f.).
[17] Eschelbach in KMR-StPO Rn. 2.
[18] AA Frister in SK-StPO Rn. 5; Groth MDR 1985, 716 (717).
[19] Schuster in Löwe/Rosenberg Rn. 3; Eschelbach in KMR-StPO Rn. 4.

befindet sich damit in einem (verfassungsgerichtlich erzwungenen[20]) Gleichlauf mit § 153a Abs. 1 S. 5 und § 85 Abs. 3 S. 2 OWiG.[21] Der **Verbrechensbegriff** richtet sich nach § 12 Abs. 1 StGB.[22]

8a **b) Legitimation sub specie Doppelbestrafungsverbot.** Der Grundsatz ne bis in idem gilt nach allg. Ansicht grds. auch für im Strafbefehlsverfahren ergangene Entscheidungen (→ Rn. 6). Umstritten ist lediglich, ob dies bereits unmittelbar aus Art. 103 Abs. 3 GG folgt.[23] Hierfür lässt sich jedenfalls die (urspr.) Rspr. des BVerfG anführen, die die Möglichkeit der ungünstigen Durchbrechung der Rechtskraft eines Strafbefehls als eine „dem Art. 103 Abs. 3 GG immanente Schranke" bezeichnet;[24] diese Redeweise legt es nahe, dass auch Strafbefehle grds. dem Schutzbereich dieser Norm unterfallen, § 373a StPO aber, soweit er ungünstige Wiederaufnahmegründe enthält, einen zulässigen Eingriff in den Schutzbereich darstellt. Eine andere Ansicht zieht unter Berufung auf eine spätere Entscheidung des BVerfG[25] zur Begründung den allgemeinen Gleichheitssatz aus Art. 3 Abs. 1 GG heran.[26] Dabei wird jedoch verkannt, dass die seinerzeit als gleichheitswidrig gerügte Ungleichbehandlung von der bedingt strafklageverbrauchend wirkenden Einstellung nach § 153a Abs. 1 S. 5 StPO einerseits und dem ohne eine vergleichbare Regelung ausgestatteten Strafbefehlsverfahren seit Inkrafttreten von Abs. 1 (→ Rn. 2) heute nicht mehr besteht. Wieder anders geht die neuere Rspr. des BVerfG[27] davon aus, dass Strafbefehle von vornherein nicht dem Schutz des Art. 103 Abs. 3 GG unterfallen, mithin der Begriff der „immanenten Schranke" iSe Schutzbereichskonturierung zu verstehen sei; unabhängig davon gelte für Strafbefehle aber der allgemeine Prozessgrundsatz ne bis in idem als Ausfluss des rechtsstaatlichen Vertrauensschutzgebots.

9 Indem Abs. 1 eine über § 362 hinausgehende Rechtskraftdurchbrechung zulässt, ist die Frage nach der Vereinbarkeit von Abs. 1 mit dem Doppelbestrafungsverbot virulent. Gelegentlichen Zweifeln[28] zum Trotz wird diese ganz überwiegend bejaht. Im Anschluss an die Rspr. von RG[29] und BGH[30] argumentiert das BVerfG so: Als summarisches Verfahren bleibe das Strafbefehlsverfahren seiner Natur nach mit „Unzulänglichkeiten" behaftet, da der Richter im schriftlichen Verfahren entscheide und ihm mangels Hauptverhandlung die Möglichkeit fehlt, die Tat in ihrem wahren Unrechts- und Schuldgehalt zu ermitteln. „Deshalb", so das BVerfG, „muß [...] der [...] Grundsatz der Rechtssicherheit zurückstehen."[31] Infolge der Vorkonstitutionalität dieser Sehweise handele es sich um „eine **dem Art. 103 Abs. 3 GG immanente Schranke**".[32] Diese Argumentation leuchtet (ungeachtet ihrer grundrechtsdogmatischen Unschärfe, → Rn. 8a) prinzipiell ein und erhellt, wes-

---

[20] BVerfG 7.12.1983 – 2 BvR 282/80, BVerfGE 65, 377 = NJW 1984, 604.
[21] Schuster in Löwe/Rosenberg Rn. 6; Eschelbach in KMR-StPO Rn. 11.
[22] Schuster in Löwe/Rosenberg Rn. 11; Hohmann in Radtke/Hohmann Rn. 4; Eschelbach in KMR-StPO Rn. 9; Loos in AK-StPO Rn. 6.
[23] Dafür Sachs in Degenhart, GG Art. 103 Rn. 79 Fn. 812; Eschelbach in KMR-StPO Rn. 5. AA Remmert in Dürig/Herzog/Scholz GG Art. 103 Abs. 3 Rn. 74.
[24] BVerfG 18.12.1953 – 1 BvR 230/51, BVerfGE 3, 248 (252 f.). Die Sentenz findet sich auch in BVerfG 7.12.1983 – 2 BvR 282/80, BVerfGE 65, 377 (384) = NJW 1984, 604 (605); BVerfG 31.10.2023 – 2 BvR 900/22, NJW 2023, 3698 Rn. 92, 108.
[25] BVerfG 7.12.1983 – 2 BvR 282/80, BVerfGE 65, 377 (384) = NJW 1984, 604 (605).
[26] Pohlreich in Bonner Kommentar-GG, 2018, GG Art. 103 Abs. 3 Rn. 50.
[27] BVerfG 31.10.2023 – 2 BvR 900/22, NJW 2023, 3698 Rn. 107; insoweit krit. Kudlich/Göken NJW 2023, 3683 Rn. 15 f.
[28] Eschelbach in KMR-StPO Rn. 5, 8; Weiler in HK-GS Rn. 2; Groth MDR 1985, 716 (717).
[29] StRspr seit RG 2.6.1881 – 1195/81, RGSt 4, 243 (245).
[30] Seit BGH 10.6.1952 – 1 StR 827/51, BGHSt 3, 13.
[31] BVerfG 18.12.1953 – 1 BvR 230/51, BVerfGE 3, 248 (253 f.), bestätigt durch BVerfG 7.12.1983 – 2 BvR 282/80, BVerfGE 65, 377 (383) = NJW 1984, 604 (605). Zust. Schuster in Löwe/Rosenberg Rn. 1; Tiemann in KK-StPO Rn. 4; Mitsch NZV 2013, 63 (66); ähnl. OLG Stuttgart 1.7.2021 – 1 Rv 13 Ss 421/21, NJW 2021, 2596 Rn. 27.
[32] BVerfG 18.12.1953 – 1 BvR 230/51, BVerfGE 3, 248 (252 f.); BVerfG 7.12.1983 – 2 BvR 282/80, BVerfGE 65, 377 (384) = NJW 1984, 604 (605); BVerfG 31.10.2023 – 2 BvR 900/22, NJW 2023, 3698 Rn. 92, 108.

halb die Gründe in § 362 für den „kurzen Prozess"[33] nach Aktenlage „zweifellos zu eng sind".[34]

c) Neuheit von Tatsachen und Beweismitteln. Da der **Tatsachen- und Beweismittelbegriff** ders. ist wie bei § 359 Nr. 5 (→ § 359 Rn. 38–43),[35] sind bloße Rechtsfehler keine relevanten nova. Daraus folgt, dass die irrige Wertung eines Verbrechens als Vergehen für eine Wiederaufnahme nach Abs. 1 nicht ausreicht.[36] Hinsichtlich der **Neuheit** gilt das bei → Rn. 5 Gesagte mit der Einschr., dass hier ein Aktenverlust nicht zur Beweislastumkehr führen kann. 10

Auch die **Begründungsgeeignetheit** ist methodisch so zu handhaben wie bei § 359 Nr. 5.[37] Zu fragen ist also danach, ob mit hinreichender Wahrscheinlichkeit davon auszugehen ist, dass die Kenntnis der nova in dem vorangegangenen Verfahren zur Verurteilung wegen eines (nicht verfolgungsverjährten[38]) Verbrechens geführt hätte (→ § 359 Rn. 62). Im Prinzip geht es darum, ob die neuen Erkenntnisse einen **hinreichenden Tatverdacht (§ 203) bzgl. eines Verbrechens** begründen.[39] Daraus folgt, dass die bei § 359 Nr. 5 im Zweifel für die Wiederaufnahme streitende mittelbare **Wirkung des in dubio-Grundsatzes** sich bei Abs. 1 dahingehend zugunsten des Verurteilten auswirkt, dass die Begründungsgeeignetheit im Zweifel zu verneinen ist. 11

d) Sonderfall: Nachträglicher Eintritt von Tatsachen. Die **Neuheit** von Tatsachen **kann zwei Ursachen haben**: entweder diese waren dem Richter im Erstverfahren schlicht nicht bekannt bzw. wurden von ihm übersehen (zB der Tötungsvorsatz oder die Mitwirkung eines anderen Bandenmitglieds bei einem Einbruchsdiebstahl), oder aber, die Tatsache ist erst nach Strafbefehlserlass entstanden (Eintritt einer schweren Folge zB nach § 226 StGB).[40] Unstr. ist Abs. 1 auf die erstgenannte Fallgruppe anwendbar. 12

Umstr. ist, ob Abs. 1 auch für den nachträglichen Eintritt von Tatsachen gilt. Eine weitverbreitete Ansicht bejaht dies.[41] Richtigerweise ist mit der Gegenansicht davon auszugehen, dass der Einbezug nachträglich entstandener neuer Tatsachen mit dem ne bis in idem-Grundsatz unvereinbar ist.[42] Dies ergibt sich jedenfalls aus der Rspr. des BVerfG, wonach sich die Lockerung des Doppelbestrafungsverbots allein durch die „**Unzulänglichkeiten**" **des summarischen Verfahrens** rechtfertigt (→ Rn. 9). Die Nichtberücksichtigung eines bei Strafbefehlserlass noch inexistenten straferschwerenden Taterfolgs ist kein Defizit des summarischen Verfahrens. Denn, so das BVerfG, „der Richter hätte ihn ebensowenig berücksichtigen können, wenn er nicht durch Strafbefehl nach Aktenlage, sondern durch Urteil aufgrund einer Hauptverhandlung entschieden hätte."[43] 13

---

[33] Vgl. Eschelbach in KMR-StPO Rn. 2: „Sprung des ‚kangaroo court' vom Tatverdacht bis zur Endentscheidung".
[34] Schuster in Löwe/Rosenberg Rn. 2. IE auch Greco Strafprozesstheorie S. 990.
[35] BT-Drs. 10/1313, 33; Schuster in Löwe/Rosenberg Rn. 9.
[36] Schuster in Löwe/Rosenberg Rn. 9; Eschelbach in KMR-StPO Rn. 13.
[37] Eschelbach in KMR-StPO Rn. 17.
[38] Schuster in Löwe/Rosenberg Rn. 11; Eschelbach in KMR-StPO Rn. 10.
[39] Loos in AK-StPO § 370 Rn. 7; Eschelbach in KMR-StPO § 370 Rn. 14.
[40] Frister in SK-StPO Rn. 7; Tiemann in KK-StPO Rn. 5.
[41] BGH 20.11.1962 – 1 StR 442/62, BGHSt 18, 141 = NJW 1963, 260; RG 5.11.1937 – 4 D 634/37, DStR 1938, 55; OLG Saarbrücken 28.11.1968 – Ss 7/68, JR 1969, 430 mzustAnm Koffka; OLG Stuttgart 23.10.1959 – 1 Ss 512/59, JZ 1960, 608; Schmitt in Meyer-Goßner/Schmitt Rn. 2; Schuster in Löwe/Rosenberg Rn. 11; Tiemann in KK-StPO Rn. 5; Temming in Gercke/Julius/Temming/Zöller Rn. 2; Loos in AK-StPO Rn. 5; Eschelbach in KMR-StPO Rn. 16; v. Münch/Kunig/Kunig/Saliger GG Art. 103 Rn. 77; Feilcke in Miebach/Hohmann HdB Wiederaufnahme Kap. G Rn. 85. Zw. Weiler in HK-GS Rn. 3.
[42] OLG Koblenz 8.5.1958 – 1 Ws 117/58, JZ 1960, 607; LG Karlsruhe 20.8.1960 – I Qs 92/60, NJW 1961, 88; Possienke, Regelung des § 373a StPO, S. 71 ff. Nahestehend Frister in SK-StPO Rn. 7.
[43] BVerfG 7.12.1983 – 2 BvR 282/80, BVerfGE 65, 377 (383) = NJW 1984, 604 (605) mzustAnm Kühne JZ 1984, 376 u. Schnarr NStZ 1984, 326. Ebenso OLG Koblenz 8.5.1958 – 1 Ws 117/58, JZ 1960, 607; Frister in SK-StPO Rn. 7; Neumann NJW 1984, 779; Bruns JZ 1960, 585 (588).

14 Die hiergegen vorgebrachten Argumente verfangen nicht. Die abw. vorkonstitutionelle Rspr. des RG zu dieser Frage[44] ist nicht Bestandteil der vom BVerfG in BVerfGE 3, 248 festgestellten **immanenten Schranke** des Art. 103 Abs. 3 GG (→ Rn. 9);[45] Zum einen verkennt das RG in seiner maßgeblichen Entscheidung das Problem,[46] zum anderen findet diese Entscheidung in BVerfGE 3, 248 gerade keine Erwähnung. Das BVerfG hat später auch ausdrücklich klargestellt, dass die Rspr. zur immanenten Schranke „ersichtlich die typische Fallgestaltung im Blick hatte, daß die Korrektur des Strafbefehls wegen der verfahrenseigentümlichen Beschränkung auf eine summarische Prüfung veranlasst ist."[47] Ferner überzeugt auch das **Schnelligkeitsargument** nicht. Dieses verweist auf die Möglichkeit, dass der nachträglich eingetretene Umstand nur deshalb nicht berücksichtigt werden konnte, weil der Strafbefehl „in aller Regel zu einem wesentlich früheren Zeitpunkt ergeht als dem, in welchem vermutlich die Hauptverhandlung stattgefunden hätte."[48] Der Einwand verkennt, dass die Beschleunigung keine „Unzulänglichkeit" des summarischen Verfahrens darstellt; bei den in Rede stehenden Bagatellfällen könnte nämlich das Gericht in vergleichbarer Kürze auch per Hauptverhandlung entscheiden (§§ 417 ff.), ohne dass der hierdurch eintretende Strafklageverbrauch eingeschränkt wäre.

IV. Verfahren und Entscheidungsmöglichkeiten im Wiederaufnahmeverfahren

15 Nach Abs. 2 gelten grds. die Regeln des vierten Buchs entspr. Die **Antragsbefugnis** richtet sich bei den Wiederaufnahmegründen der §§ 359, 362 nach den allg. Regeln (→ § 365 Rn. 3 ff.). Der nur bei Offizialverfahren einschlägige Wiederaufnahmegrund nach Abs. 1 kann dagegen nur von der StA, nicht vom Privatkläger vorgebracht werden.[49] Auch hier ist der Nebenkläger nicht antragsbefugt (→ § 365 Rn. 12).[50] Die amts**gerichtliche Zuständigkeit** folgt aus § 367 iVm § 140a[51] (aber → Rn. 19).

Für die Durchführung von **Aditions- und Probationsverfahren** gelten keine Besonderheiten.[52] Das gilt prinzipiell auch hinsichtlich der wiederaufnahmegerichtlichen Entscheidungsmöglichkeiten, sodass statt einem Begründetheitsbeschluss nach § 370 Abs. 2 auch ein **sofortiger Freispruch nach § 371** in Betracht kommt.[53]

V. Entscheidungsmöglichkeiten im wiederaufgenommenen Verfahren

16 **1. Grundsätzliches.** Für das neue Hauptverfahren sind Besonderheiten zu beachten. Die Regel, dass der Beschluss nach § 370 Abs. 2 das Verfahren **in den status quo ante decisionem zurückversetzt** (→ § 370 Rn. 20), bereitet für das Strafbefehlsverfahren Probleme. Unklar ist namentlich die für die Bandbreite möglicher Entscheidungen relevante Frage, in welches Stadium das Verfahren zurückfällt.

17 **2. Strafbefehls- oder Normalverfahren?** Die hL nimmt an, der Wiederaufnahmebeschluss überführe das vormalige Strafbefehls- in das **Normalverfahren**.[54] Konsequenz des-

---

[44] RG 5.11.1937 – 4 D 634/37, DStR 1938, 55.
[45] So aber OLG Stuttgart 23.10.1959 – 1 Ss 512/59, JZ 1960, 608; Schnarr NStZ 1984, 326, jew. unter Hinweis auf die vom BVerfG ausdrücklich in Bezug genommene Entscheidung RGSt 4, 243. Diese Entscheidung gibt für das Problem jedoch, wie Bruns JZ 1960, 585 (588) zutr. bemerkt, nichts her.
[46] Vgl. BGH 20.11.1962 – 1 StR 442/62, BGHSt 18, 141 (144) = NJW 1963, 260 (261): „ohne die Besonderheit gegenüber anderen Fällen auch nur zu erörtern".
[47] BVerfG 7.12.1983 – 2 BvR 282/80, BVerfGE 65, 377 (384) = NJW 1984, 604 (605).
[48] OLG Stuttgart 23.10.1959 – 1 Ss 512/59, JZ 1960, 608 (609). Ebenso BGH 20.11.1962 – 1 StR 442/62, BGHSt 18, 141 (144) = NJW 1963, 260 (261); OLG Saarbrücken 28.11.1968 – Ss 7/68, JR 1969, 430 (431); Mitsch NZV 2013, 63 (66).
[49] Eschelbach in KMR-StPO Rn. 12; Schmitt in Meyer-Goßner/Schmitt Rn. 2.
[50] AA Eschelbach in KMR-StPO Rn. 12.
[51] Loos in AK-StPO Rn. 10.
[52] Frister in SK-StPO Rn. 8; Schuster in Löwe/Rosenberg Rn. 12; Loos in AK-StPO Rn. 9.
[53] Frister in SK-StPO Rn. 8; Schmitt in Meyer-Goßner/Schmitt Rn. 4.
[54] Schuster in Löwe/Rosenberg § 370 Rn. 36, § 373a Rn. 13 f.; Eschelbach in KMR-StPO Rn. 19 f.; Schmitt in Meyer-Goßner/Schmitt Rn. 4; Temming in Gercke/Julius/Temming/Zöller Rn. 3; Rotsch in Krekeler/Löffelmann/Sommer Rn. 3.

sen ist die Unanwendbarkeit der §§ 408, 411, 412. Begründet wird dies mit einer doppelten Inkompatibilität der Regeln des Strafbefehlsverfahrens mit denjenigen des Wiederaufnahmerechts: Zum einen erfordere das erneuerte Hauptverfahren gem. § 370 Abs. 2, § 373 Abs. 1 zwingend eine neue Hauptverhandlung, sodass eine Verfahrensbeendigung nach § 408 Abs. 3 S. 1 (Strafbefehlserlass), § 411 Abs. 1 S. 3 Hs. 1 (Entscheidung über Rechtsfolgeneinspruch per Beschluss), Abs. 3 (Rücknahme) ausscheide. Zum anderen stünde die in § 411 Abs. 1 S. 3 Hs. 2, Abs. 4 vorgesehene Möglichkeit der reformatio in peius mit dem in § 373 Abs. 2 statuierten Verschlechterungsverbot in Widerspruch.

Die vorzugswürdige Gegenansicht geht davon aus, der Beschluss nach § 370 Abs. 2 **18** lasse den Charakter als **Strafbefehlsverfahren** unberührt und versetze dieses lediglich in denjenigen Stand zurück, der eine (neuerliche) richterliche Entscheidung über den Strafbefehlsantrag gem. § 408 erforderlich macht.[55] Die Radikallösung der hL geht über die in Abs. 2 geforderte entspr. Anwendung weit hinaus; ihr Kernargument – die zwingende Durchführung einer neuen Hauptverhandlung – überzeugt schon deshalb nicht, weil auch im regulären erneuerten Hauptverfahren eine Verfahrensbeendigung ohne Hauptverhandlung möglich ist, zB gem. §§ 153 ff. oder 206a (→ § 373 Rn. 17–19). Dem Grundgedanken der Verfahrenserneuerung durch Zurückversetzung wird besser Rechnung getragen, wenn ein erneuertes Strafbefehls- und das sich ggf. anschließende Regelverfahren unter Ausschluss der **reformatio in peius** durch Nichtanwendung der § 411 Abs. 1 S. 3 Hs. 2, Abs. 4 durchgeführt wird. Daraus folgt, dass, wenn das Gericht nicht nach § 408 Abs. 2 verfährt, ein neuerlicher Strafbefehl erlassen werden sowie Klage und Einspruch gem. § 411 Abs. 3 zurückgenommen werden können; auch § 411 Abs. 1 S. 3 Hs. 1[56] und Abs. 2 S. 2 iVm § 420[57] sind anwendbar. Die Unanwendbarkeit von § 412 ergibt sich aus dem zu § 329 Gesagten (→ § 373 Rn. 23).[58]

Die hier favorisierte Lösung stößt aber auf Schwierigkeiten, wenn es sich um eine **19** ungünstige Wiederaufnahme nach Abs. 1 handelt. In diesen Fällen wird wegen des Verbrechenscharakters der in Rede stehenden Tat regelmäßig die **Zuständigkeit eines höheren Gerichts** gegeben sein und sich die StA auch nicht an der im urspr. Strafbefehl festgesetzten Rechtsfolge festhalten lassen wollen. Die hL löst dieses Problem, indem sie dem Strafbefehl iVm dem Beschluss nach § 370 Abs. 2 die Bedeutung eines Eröffnungsbeschlusses beimisst;[59] somit nun im regulären Hauptverfahren, müsse das Gericht sodann nach § 225a verfahren.[60] Nach der hiesigen Auffassung wird das Verfahren jedoch in einen dem Zwischenverfahren vergleichbaren Stand versetzt (vgl. § 407 Abs. 1 S. 4), in dem § 225a nicht gilt. Da im Strafbefehlsverfahren auch eine Vorlage nach § 209 Abs. 2 nicht möglich ist,[61] hat das AG bei der StA die Rücknahme des Strafbefehlsantrags anzuregen, anderenfalls sich für unzuständig zu erklären. In beiden Fällen erhält die StA dadurch die Möglichkeit einer ordentlichen Anklage.

In dem Sonderfall, dass die Wiederaufnahme gegen einen unter **Verstoß gegen § 79** **20** **Abs. 1 JGG** erlassenen Strafbefehl angeordnet wird, ist das fehlerhafte Strafbefehlsverfahren einzustellen und anschließend ggf. Anklage im ordentlichen Verfahren zu erheben.[62]

3. Entscheidung in der Sache; Tenorierung. Erlässt das Gericht nach § 408 Abs. 3 **21** S. 2 den urspr. beantragten Strafbefehl (erneut), entspricht dies einer Aufrechterhaltung iSv

---

[55] Marxen/Tiemann Strafsachen Rn. 399, 411. Wohl auch Tiemann in KK-StPO § 373 Rn. 6 („Strafbefehlsverfahren").
[56] AA Marxen/Tiemann Strafsachen Rn. 399.
[57] AA Frister in SK-StPO Rn. 8.
[58] S. auch Schuster in Löwe/Rosenberg Rn. 17; Frister in SK-StPO Rn. 8.
[59] Frister in SK-StPO Rn. 8; Schmitt in Meyer-Goßner/Schmitt Rn. 4; Eschelbach in KMR-StPO Rn. 22.
[60] Schuster in Löwe/Rosenberg Rn. 13; Schmitt in Meyer-Goßner/Schmitt Rn. 5; Eschelbach in KMR-StPO Rn. 18.
[61] OLG Rostock 10.8.2010 – I Ws 193/10, NStZ-RR 2010, 382 (383); Maur in KK-StPO § 408 Rn. 8; Metzger in KMR-StPO § 408 Rn. 7.
[62] Eschelbach in KMR-StPO Rn. 7. IE auch Kaspar in Satzger/Schluckebier/Widmaier StPO Rn. 4; Schmitt in Meyer-Goßner/Schmitt Rn. 4.

§ 373 Abs. 1. Kommt es (nach Einspruch) zu einer Hauptverhandlung im Regelverfahren, wird entweder der alte Strafbefehl aufrechterhalten oder aber aufgehoben und in der Sache anderweitig entschieden.[63] Das Gericht kann dabei auch dann wegen eines bloßen Vergehens verurteilen, wenn das Verfahren nach Abs. 1 wiederaufgenommen worden war; denn anders als § 153a Abs. 1 S. 5[64] statuiert § 373a gerade kein partielles Verfahrenshindernis.

Eine **Einstellung nach § 153 Abs. 2, § 153a Abs. 2** ist möglich, scheidet aber regelmäßig aus, wenn die Wiederaufnahme auf Abs. 1 gegründet ist.[65]

---

[63] Vgl. Schuster in Löwe/Rosenberg Rn. 17; Eschelbach in KMR-StPO Rn. 22.
[64] Zur sog. beschränkten Sperrwirkung Mavany in Löwe/Rosenberg § 153a Rn. 116.
[65] Eschelbach in KMR-StPO Rn. 20. AA wohl Loos in AK-StPO Rn. 8, der eine Analogie zu § 153a erwägt.

Fünftes Buch. Beteiligung des Verletzten am Verfahren

Erster Abschnitt. Definition

§ 373b Begriff des Verletzten

(1) Im Sinne dieses Gesetzes sind Verletzte diejenigen, die durch die Tat, ihre Begehung unterstellt oder rechtskräftig festgestellt, in ihren Rechtsgütern unmittelbar beeinträchtigt worden sind oder unmittelbar einen Schaden erlitten haben.

(2) Verletzten im Sinne des Absatzes 1 gleichgestellt sind
1. der Ehegatte oder der Lebenspartner,
2. der in einem gemeinsamen Haushalt lebende Lebensgefährte,
3. die Verwandten in gerader Linie,
4. die Geschwister und
5. die Unterhaltsberechtigten

einer Person, deren Tod eine direkte Folge der Tat, ihre Begehung unterstellt oder rechtskräftig festgestellt, gewesen ist.

Schrifttum: Burhoff, Der (neue) Begriff des Verletzten in § 373b StPO – Voraussetzungen und Auswirkungen, StRR 06/2022, 5; Burhoff, „Fortentwicklung der StPO" – Änderungen in der StPO 2021, StraFo 2021, 398.

Übersicht

		Rn.			Rn.
A.	Normzweck	1	c) Verwandte in gerader Linie (Abs. 2 Nr. 3)		34
B.	Erläuterung	6	d) Geschwister (Abs. 2 Nr. 4)		37
I.	Verletzter (Abs. 1)	6	e) Unterhaltsberechtigte (Abs. 2 Nr. 5)		38
1.	Rechtskräftig festgestellte oder unterstellte Tat	8	C.	Anwendungsbereich	39
2.	Rechtsgutsbeeinträchtigung oder Schaden	11	I.	StPO	39
	a) Personenkreis	12	1.	Maßnahmen zum Schutz von Zeugen	42
	b) Geschützte Rechtsgüter	14	2.	Täter-Opfer-Ausgleich	45
	c) Unmittelbare Beeinträchtigung	16	3.	Anzeigerstattung und Einstellungsbeschwerde	47
	d) Unmittelbarer Schaden	17	4.	Auskunftsrechte und Anspruch auf Unterrichtung	49
II.	Verletzten gleichgestellte Personen (Abs. 2)	21	5.	Adhäsionsverfahren	51
1.	Tod des Verletzten als direkte Folge einer Straftat	24	6.	Akteneinsichtsrecht	52
2.	Angehörige und nahestehende Personen	27	7.	Verletztenbeistand und psychosoziale Prozessbegleitung	53
	a) Ehegatte oder Lebenspartner (Abs. 2 Nr. 1)	28	8.	Berücksichtigung von schutzwürdigen Interessen bei Urteilsverkündung	54
	b) In einem gemeinsamen Haushalt lebender Lebensgefährte (Abs. 2 Nr. 2)	30	II.	JGG, GVG und IRG	55
			III.	StGB	58

A. Normzweck

1 § 373b ist zum 1.7.2021 in Kraft getreten.[1] Mit der Vorschrift wird der Begriff des **Verletzten** für alle Vorschriften der StPO **legaldefiniert**. Abs. 1 definiert den Verletztenbegriff, Abs. 2 benennt Personen, die Verletzten bei deren Tod rechtlich gleichgestellt sind.

2 Die Legaldefinition löst die – wegen vormals fehlender gesetzlicher Definition – herausgebildete Rechtsprechung zum Verletztenbegriff ab. Die Rechtsprechung und das Schrifttum hatten den Verletztenbegriff bis zur Einführung des § 373b nicht einheitlich bestimmt, sondern im Kontext der jeweiligen Norm ausgelegt, die an die Verletzteneigenschaft anknüpft.[2]

3 Die Legaldefinition des Verletztenbegriffs erleichtert und vereinheitlicht den Schutz der Rechte und Interessen von Personen, die durch eine Straftat geschädigt wurden. Im Zusammenspiel mit anderen Normen der StPO wird es Verletzten ermöglicht, eine aktive Rolle im Strafverfahren einzunehmen. Verletzten stehen bestimmte Rechte zu, etwa das Recht auf Akteneinsicht nach § 406e oder das Recht auf Hinzuziehung eines Verletztenbeistands nach § 406f.

4 § 373b knüpft an die in der **europäischen Opferschutzrichtlinie**[3] enthaltenen (Mindest-)Anforderungen an. Art. 27 Abs. 1 der europäischen Opferschutzrichtlinie verpflichtete die Mitgliedstaaten zur gesetzlichen Definition des Verletztenbegriffs bis zum 16.11.2015.[4] Der nationale Gesetzgeber ist dieser Verpflichtung erst mit Einführung des § 373b zum 1.7.2021[5] nachgekommen. Nach Art. 2 Nr. 1 lit. a der europäischen Opferschutzrichtlinie ist „Opfer" – insoweit abweichend von der Terminologie des § 373b, der vom Verletzten spricht –, eine natürliche Person, die eine körperliche, geistige oder seelische Schädigung oder einen wirtschaftlichen Verlust, der direkte Folge einer Straftat war, erlitten hat.[6] Opfer in diesem Sinne sind auch Familienangehörige einer Person, deren Tod eine direkte Folge einer Straftat ist und die durch den Tod dieser Person eine Schädigung erlitten haben.[7]

5 Mit § 373b ist der Verletztenbegriff nun einheitlich für den gesamten Geltungsbereich der StPO[8] legaldefiniert und inhaltlich weiter gefasst als die Definition der europäischen Opferschutzrichtlinie. § 373b erfasst nicht nur natürliche Personen, deren in gerader Linie Verwandte und sonstige nahestehende Personen, sondern auch juristische Personen. Die in der europäischen Opferschutzrichtlinie enthaltene Definition des Verletztenbegriffs wurde durch den nationalen Gesetzgeber (zulässig) ausgeweitet und sieht ein **höheres Maß an Schutz** vor.[9]

B. Erläuterung

I. Verletzter (Abs. 1)

6 Verletzter im Sinne des Abs. 1 ist, wer durch die Tat, ihre Begehung unterstellt oder rechtskräftig festgestellt, **in seinen Rechtsgütern unmittelbar beeinträchtigt** worden ist oder einen **unmittelbaren Schaden** erlitten hat.

7 Die Definition orientiert sich maßgeblich an Art. 2 der europäischen Opferschutzrichtlinie[10] und der in der Rechtsprechung[11] zu §§ 171, 172 entwickelten Definition.[12] Bei der

---

[1] Gesetz zur Fortentwicklung der Strafprozessordnung und zur Änderung weiterer Vorschriften, BGBl. I 2099.
[2] BT-Drs. 19/27654, 39; Weiner in BeckOK StPO Rn. 1; Taute/Hohmann in Radtke/Hohmann Rn. 1.
[3] RL 2012/29/EU des Europäischen Parlaments und des Rates vom 25.10.2012, ABl. 2012 L 315, 57.
[4] BT-Drs. 19/27654, 39; Taute/Hohmann in Radtke/Hohmann Rn. 2.
[5] BGBl. I 2099.
[6] ABl. 2012 L 315, 65.
[7] ABl. 2012 L 315, 65; Taute/Hohmann in Radtke/Hohmann Rn. 3.
[8] BT-Drs. 19/27654, 97; Allgayer in KK-StPO Rn. 1; Schmitt in Meyer-Goßner/Schmitt Rn. 1; Taute/Hohmann in Radtke/Hohmann Rn. 4.
[9] Burhoff StraFo 2021, 398 (407); Allgayer in KK-StPO Rn. 1; Schmitt in Meyer-Goßner/Schmitt Rn. 2.
[10] RL 2012/29/EU des Europäischen Parlaments und des Rates vom 25.10.2012, ABl. 2012 L 315, 57.
[11] OLG Karlsruhe 18.1.1988 – 4 Ws 221/87, BeckRS 1988, 7357; OLG Hamm 6.2.1986 – 6 Ws 9/86, NStZ 1986, 327.
[12] BT-Drs. 19/27654, 99.

Auslegung ist nach dem Willen des Gesetzgebers zu berücksichtigen, dass durch die Tat nur verletzt sein kann, wessen Rechte der betroffene Straftatbestand – jedenfalls auch – schützen will.[13] Die Anforderungen an die unmittelbare Rechtsgutsverletzung entsprechen denen des Art. 2 Nr. 1 lit. a der europäischen Opferschutzrichtlinie, wonach eine Schädigung als direkte Folge einer Straftat vorausgesetzt wird.[14]

1. Rechtskräftig festgestellte oder unterstellte Tat. § 373b Abs. 1 verlangt, dass 8 die Beeinträchtigung eines Rechtsguts oder ein Schaden **„durch die Tat, ihre Begehung unterstellt oder rechtskräftig festgestellt"**, eingetreten ist.

Rechte im Verfahren stehen Verletzten schon früh und unabhängig von der Frage der 9 Schuld oder Unschuld des Beschuldigten, Angeschuldigten oder Angeklagten zu.[15] Eine rechtskräftig festgestellte Tat liegt nur im Vollstreckungsverfahren vor.[16] Naturgemäß ist es zu einem früheren Verfahrenszeitpunkt, etwa bei Einleitung eines Ermittlungsverfahrens, noch nicht möglich, dass die Begehung einer Tat bereits rechtskräftig festgestellt ist. Deshalb genügt es, dass die Begehung der Tat unterstellt wird. Dabei ist auf den Sachverhalt abzustellen, wie er sich nach dem jeweiligen Stand der Ermittlungen darstellt.

Die Begehung der Tat wird ausschließlich zur Bestimmung der Verletzteneigenschaft 10 iSd § 373b unterstellt. Hieraus ergeben sich keine Auswirkungen auf die Stellung und Rechte des Beschuldigten, Angeschuldigten oder Angeklagten, zu dessen Gunsten bis zum rechtskräftigen Verfahrensabschluss die **Unschuldsvermutung** wirkt.[17] Endet das Verfahren mit einem rechtskräftigen Freispruch des Angeklagten, so entfällt ab diesem Zeitpunkt auch die Verletzteneigenschaft.[18]

2. Rechtsgutsbeeinträchtigung oder Schaden. Die Definition des Verletzten 11 setzt – durch die Tat verursacht – eine unmittelbare Beeinträchtigung von Rechtsgütern oder einen unmittelbaren Schaden voraus.

a) Personenkreis. Der Personenkreis, bei dem eine Beeinträchtigung von Rechtsgü- 12 tern bestehen oder ein Schaden eintreten kann, umfasst **natürliche Personen** und **juristische Personen** gleichermaßen.[19]

Auch juristische Personen sind Träger von Rechtsgütern, insbesondere im Hinblick 13 auf die Rechtsgüter Eigentum und Vermögen. Verletzte von Vermögens- und Eigentumsdelikten können damit etwa Kapitalgesellschaften (AG und GmbH), Personenhandelsgesellschaften (OHG, KG, GmbH & Co. KG) oder eine Gesellschaft bürgerlichen Rechts sein.[20]

b) Geschützte Rechtsgüter. Von § 373b Abs. 1 umfasst sind lediglich **Individual-** 14 **rechtsgüter.**[21] Die Vorschrift bezieht sich damit alleine auf die Beeinträchtigung von Rechtsgütern, die einzelnen (natürlichen oder juristischen) Personen zustehen. Dabei handelt es sich beispielsweise um Leben und körperliche Unversehrtheit, Freiheit, sexuelle Selbstbestimmung, Ehre, Eigentum oder Vermögen.[22] Die Rechte, die die StPO für Verletzte vorsieht (→ Rn. 41 ff.), haben ihre Berechtigung in der angemessenen Wahrung der individuellen Rechte und Interessen einer von einer Straftat betroffenen Person, weshalb Allgemeinrechtsgüter von § 373b Abs. 1 nicht umfasst sein können.

---

[13] BT-Drs. 19/27654, 42; Schmitt in Meyer-Goßner/Schmitt Rn. 5.
[14] BT-Drs. 19/27654, 99; Weiner in BeckOK StPO Rn. 12; Schmitt in Meyer-Goßner/Schmitt Rn. 4; Taute/Hohmann in Radtke/Hohmann Rn. 9.
[15] BT-Drs. 19/27654, 100; Schmitt in Meyer-Goßner/Schmitt Rn. 3; Taute/Hohmann in Radtke/Hohmann Rn. 19.
[16] BT-Drs. 19/27654, 100.
[17] BT-Drs. 19/27654, 100; Taute/Hohmann in Radtke/Hohmann Rn. 19.
[18] Allgayer in KK-StPO Rn. 11.
[19] BT-Drs. 19/27654, 99; Allgayer in KK-StPO Rn. 8; Schmitt in Meyer-Goßner/Schmitt Rn. 2; Taute/Hohmann in Radtke/Hohmann Rn. 12.
[20] BT-Drs. 19/27654, 98; Schmitt in Meyer-Goßner/Schmitt Rn. 2; Taute/Hohmann in Radtke/Hohmann Rn. 12.
[21] Taute/Hohmann in Radtke/Hohmann Rn. 11.
[22] Taute/Hohmann in Radtke/Hohmann Rn. 11.

15 Der Gesetzgeber hat sich zu der Frage, ob mit Rechtsgütern im Sinne von § 373b Abs. 1 lediglich Individual- oder auch Allgemeinrechtsgüter gemeint sind, nicht verhalten. Er hat allerdings darauf hingewiesen, dass angesichts der geforderten Unmittelbarkeit der Beeinträchtigung ohnehin regelmäßig nur die Verletzung eines strafrechtlich geschützten (Individual-)Rechtsguts wie Leib, Leben, Freiheit, sexuelle Selbstbestimmung, Eigentum oder Vermögen in Betracht kommen dürfte.[23]

16 c) **Unmittelbare Beeinträchtigung.** § 373b Abs. 1 setzt eine **unmittelbare Rechtsgutsbeeinträchtigung** voraus. Eine unmittelbare Beeinträchtigung eines Rechtsguts liegt vor, wenn sie sich als Folge der begangenen Straftat darstellt, mit dieser einhergeht und sich der tatbestandsspezifische Zusammenhang realisiert hat.[24] In der Beeinträchtigung muss sich gerade die dem Straftatbestand anhaftende Gefahr niedergeschlagen haben.[25] Zwischen der Tathandlung und der eingetretenen Beeinträchtigung muss eine **enge räumlich-zeitliche Verbindung**[26] bestehen. Keine unmittelbare Beeinträchtigung liegt vor, wenn kein Zurechnungszusammenhang zwischen der Tat und der Beeinträchtigung vorliegt und die Beeinträchtigung nur mittelbar verursacht wurde oder als Randfolge des Geschehens eintrat.[27] Ein bloßes zeitliches Zusammentreffen von Tat und Folge als Verknüpfung ist nicht ausreichend.[28]

17 d) **Unmittelbarer Schaden.** Verletzter ist nach Abs. 1 auch, bei wem durch die Tat – ihre Begehung rechtskräftig festgestellt oder unterstellt – ein **unmittelbarer Schaden** entstanden ist. Hiervon sind Fälle erfasst, in denen durch die Begehung der Tat Individualrechtsgüter nicht beeinträchtigt sind, aber trotzdem eines unmittelbarer (sonstiger) Schaden entstanden ist.[29]

18 Das geschützte Rechtsgut des betroffenen Straftatbestandes ist demnach nicht entscheidend für die Verletzteneigenschaft nach Abs. 1.[30] Auch vor Einführung des § 373b hat die Rechtsprechung bei der Begriffsbestimmung des Verletzten nicht nur auf eine unmittelbare Beeinträchtigung in einem durch eine Strafrechtsnorm geschützten Rechtsgut, sondern alternativ auch eine unmittelbare Beeinträchtigung in Rechten oder (rechtlich) anerkannten Interessen abgestellt.[31] Ein Anwendungsfall sind beispielsweise die **Aussagedelikte,** bei denen die Rechtspflege das geschützte Rechtsgut darstellt.[32] Auch die durch die Folgen von Aussagedelikten betroffenen Verfahrensbeteiligten konnten nach der Rechtsprechung vor Einführung des § 373b Verletzte iSd § 172 Abs. 1 sein, weil durch die Rechtspflege auch die Interessen der Verfahrensbeteiligten gewährleistet werden sollen.[33] Verletzter war danach eine Person, deren Stellung im Verfahren durch die in Betracht kommende Aussage erschwert worden ist oder, sofern das Verfahren bereits abgeschlossen ist, zu deren Nachteil sich die Aussage ausgewirkt hat.[34] Als weiterer Anwendungsfall kommen Schäden in Betracht, die bei Betroffenen unmittelbar durch dir Begehung von **Umweltdelikten** oder **Kapitalmarktdelikten**[35] verursacht worden sind.[36]

---

[23] BT-Drs. 19/27654, 100.
[24] Taute/Hohmann in Radtke/Hohmann Rn. 14.
[25] Taute/Hohmann in Radtke/Hohmann Rn. 14.
[26] Sander in MüKoStGB StGB § 249 Rn. 27; Taute/Hohmann in Radtke/Hohmann Rn. 14.
[27] Taute/Hohmann in Radtke/Hohmann Rn. 14.
[28] Taute/Hohmann in Radtke/Hohmann Rn. 14.
[29] BT-Drs. 19/27654, 101; Taute/Hohmann in Radtke/Hohmann Rn. 15, 18.
[30] Allgayer in KK-StPO Rn. 11.
[31] BT-Drs. 19/27654, 101; OLG Hamm 19.12.2019 – 4 Ws 192/19, BeckRS 2019, 56089; OLG Celle 22.2.2016 – 1 Ws 67/16, BeckRS 2016, 12004; OLG Stuttgart 4.12.2000 – 1 Ws 222/00, NJW 2001, 840.
[32] BT-Drs. 19/27654, 101; Taute/Hohmann in Radtke/Hohmann Rn. 17.
[33] BT-Drs. 19/27654, 101.
[34] BT-Drs. 19/27654, 101; OLG Düsseldorf 19.11.1991 – 1 Ws 888/91, VRS 82, 352; Taute/Hohmann in Radtke/Hohmann Rn. 17.
[35] aA Wenske in Löwe/Rosenberg Rn. 27.
[36] Allgayer in KK-StPO Rn. 11.

Wie auch in der Vorschrift des § 153a Abs. 1 Nr. 1 wird in Abs. 1 auf den Eintritt **19** eines Schadens abgestellt, ohne dass der Wortlaut der Norm Art und Umfang des Schadens präzisiert. In § 397a Abs. 1 Nr. 3 hingegen sind ausdrücklich körperliche oder seelische Schäden benannt. Da eine solche Präzisierung in Abs. 1 fehlt und entsprechende Schäden regelmäßig nur dann denkbar sind, wenn durch die Tat ein Individualrechtsgut beeinträchtigt wurde, ist der Schaden – wie bei § 153a Abs. 1 Nr. 1[37] – als **Vermögensschaden** zu betrachten und nach zivilrechtlichen Maßstäben[38] zu bestimmen.

Der Schaden muss **unmittelbar** durch die Tat verursacht worden sein. Unmittelbarkeit liegt vor, wenn der eingetretene Schaden sich als Folge der begangenen Straftat **20** darstellt, mit dieser einhergeht und sich der tatbestandsspezifische Zusammenhang realisiert hat.[39] Die dem Straftatbestand anhaftende Gefahr muss sich in dem Eintritt des Schadens niedergeschlagen haben.[40] Zwischen der Tathandlung und dem eingetretenen Schaden muss eine enge räumlich-zeitliche Verbindung[41] bestehen. Nicht ausreichend ist, wenn der Schaden nur mittelbar verursacht wurde oder als Randfolge des Geschehens eintrat.[42]

II. Verletzten gleichgestellte Personen (Abs. 2)

Die in Abs. 2 – abschließend[43] – genannten **Angehörigen und nahestehenden Per- 21 sonen** einer Person, deren **Tod** eine direkte Folge der Straftat ist, sind dem Verletzten gleichgestellt.

Abs. 2 erweitert Rechte und Befugnisse von Verletzten nach der StPO auf alle Angehö- **22** rigen des Verletzten gerader Linie, beispielsweise Enkel, Urenkel, Großeltern und Urgroßeltern.[44] Der bisherige Anwendungsbereich des § 395 Abs. 2 Nr. 1 wird durch Abs. 2 allerdings nicht berührt.[45] Die Befugnis zur Nebenklage steht weiterhin ausschließlich den dort genannten Personen zu.[46] Die Erweiterung des Verletztenbegriffs auf nahe Angehörige des getöteten Verletzten ist insbesondere deshalb sachgerecht, weil es sich dabei regelmäßig um Personen handelt, die durch den Tod des Verletzten persönlich und wirtschaftlich massiv beeinträchtigt sind.[47]

Ehegatten oder Lebenspartner, mit dem getöteten Verletzten in einem gemeinsamen **23** Haushalt lebende Lebensgefährten, in gerader Linie Verwandte, Geschwister und Unterhaltsberechtigte werden Verletzten gleichgestellt, wenn der **Tod des Verletzten** eine **direkte Folge** der Tat ist. Der Tod des Verletzten muss demnach durch ein Tötungsdelikt oder ein mit dem Tod erfolgsqualifiziertes Delikt verursacht worden sein.[48] Es kommt dabei nicht darauf an, ob der Tod durch einen Täter oder Teilnehmer auf fahrlässige oder vorsätzliche Weise verursacht worden ist.[49]

1. Tod des Verletzten als direkte Folge einer Straftat. Die Gleichstellung der in **24** Abs. 2 bezeichneten Personen mit dem Verletzten setzt voraus, dass der Tod des Verletzten tatsächlich eingetreten ist[50] und sich als **direkte Folge** der – hypothetisch angenommenen – Straftat darstellt.

---

[37] Beukelmann in BeckOK StPO § 153a Rn. 24; Diemer in KK-StPO § 153a Rn. 1.
[38] So auch Taute/Hohmann in Radtke/Hohmann Rn. 17.
[39] Taute/Hohmann in Radtke/Hohmann Rn. 14, 18.
[40] Taute/Hohmann in Radtke/Hohmann Rn. 14, 18.
[41] Sander in MüKoStGB § 249 Rn. 27; Taute/Hohmann in Radtke/Hohmann Rn. 14, 18.
[42] Taute/Hohmann in Radtke/Hohmann Rn. 14, 18.
[43] Taute/Hohmann in Radtke/Hohmann Rn. 25.
[44] BT-Drs. 19/27654, 101; Schmitt in Meyer-Goßner/Schmitt Rn. 13; Taute/Hohmann in Radtke/Hohmann Rn. 36.
[45] BT-Drs. 19/27654, 101; Schmitt in Meyer-Goßner/Schmitt Rn. 16.
[46] BT-Drs. 19/27654, 101; OLG Oldenburg 24.2.2022 – 1 Ws 360/21, StraFo 2022, 204 (205).
[47] Taute/Hohmann in Radtke/Hohmann Rn. 22.
[48] Weiner in BeckOK StPO Rn. 20; Taute/Hohmann in Radtke/Hohmann Rn. 24.
[49] Weiner in BeckOK StPO Rn. 20; Allgayer in KK-StPO Rn. 14.
[50] Weiner in BeckOK StPO Rn. 20; krit. Taute/Hohmann in Radtke/Hohmann Rn. 42.

25 Bei der den Tod verursachenden Straftat muss es sich entweder um ein **Tötungs- oder um ein todeserfolgsqualifiziertes Delikt** handeln.[51] Tötungsdelikte nach Abs. 2 sind Straftaten gegen das Leben (§§ 211 ff. StGB), durch den Erfolg des Todes qualifizierte Delikte sind beispielsweise § 176b, § 178, § 221 Abs. 2, § 239 Abs. 2, § 251 oder § 306c StGB.[52] Ob der Tötungserfolg auf fahrlässige oder vorsätzliche Art und Weise verursacht ist, ist nicht erheblich.[53]

26 Der Tod des Verletzten muss direkte Folge der Tat sein. Er muss mit der Tat also in einem **kausalen Zusammenhang** stehen, wobei sie entweder sofort oder zeitversetzt eintreten kann.[54] Nicht ausreichend ist ein bloßes zeitliches Zusammentreffen von Tat und Tod.[55] Ebenfalls nicht ausreichend soll sein, dass ein kausaler Zusammenhang mit dem Tod des Verletzten nicht ausgeschlossen werden kann.[56]

27 **2. Angehörige und nahestehende Personen.** Ehegatten oder Lebenspartnern, mit dem getöteten Verletzten in einem gemeinsamen Haushalt lebenden Lebensgefährten, in gerader Linie Verwandten, Geschwistern und Unterhaltsberechtigten kommen nach Abs. 2 die gleichen Befugnisse im Hinblick auf die Ausübung der in der StPO verankerten Rechte auf Schutz, Information und Beistand zu.[57]

28 **a) Ehegatte oder Lebenspartner (Abs. 2 Nr. 1).** Ehegatten oder Lebenspartner sind verschieden- oder gleichgeschlechtliche Personen, die gem. § 1353 BGB die Ehe (oder vor dem 1.1.2017 die Lebenspartnerschaft) geschlossen haben.[58] Der Nachweis erfolgt durch die Eheurkunde nach § 15 PStG oder die Urkunde über die Lebenspartnerschaft nach § 17 PStG.[59]

29 Mit **Beendigung** der Ehe oder Lebenspartnerschaft, insbesondere beim Tod des Verletzten (§ 1482 BGB), entfällt die Gleichstellung nach Abs. 2 nicht.[60] Die Ehe oder Lebenspartnerschaft muss formell wirksam geschlossene worden sein; eine im Ausland geschlossene Ehe oder Lebenspartnerschaft muss nach deutschem Recht als gültig anzuerkennen sein. Bei formell unwirksamen oder im Inland nicht anerkannten Ehen wird allerdings in der Regel eine Gleichstellung nach Abs. 2 Nr. 2 in Betracht kommen.

30 **b) In einem gemeinsamen Haushalt lebender Lebensgefährte (Abs. 2 Nr. 2).** Dem Verletzten gleichgestellt ist nach dessen Tod auch der mit dem Verletzten **in einem gemeinsamen Haushalt lebende Lebensgefährte** nach Abs. 2 Nr. 2. Das in der europäischen Opferschutzrichtlinie[61] enthaltene zusätzliche Erfordernis einer intimen Lebensgemeinschaft hat der nationale Gesetzgeber nicht übernommen, um die Hinterbliebenen von Verletzten keine zusätzlichen Belastungen (Nachweis einer intimen Lebensgemeinschaft) aufzubürden.[62]

31 In einem gemeinsamen Haushalt lebt, wer sich – jedenfalls auch – eine gemeinsame Wohnung und den dazugehörigen Hausstand teilt.[63] Erforderlich ist dabei ein „Mindestmaß

---

[51] Weiner in BeckOK StPO Rn. 20; Taute/Hohmann in Radtke/Hohmann Rn. 41.
[52] Weiner in BeckOK StPO Rn. 20; Allgayer in KK-StPO Rn. 14; Taute/Hohmann in Radtke/Hohmann Rn. 41.
[53] BGH 13.4.1954 – 2 StR 681/53, NJW 1954, 1048; Weiner in BeckOK StPO Rn. 20; Taute/Hohmann in Radtke/Hohmann Rn. 41.
[54] Taute/Hohmann in Radtke/Hohmann Rn. 41.
[55] BGH 3.7.1985 – 2 StR 202/85, NJW 1985, 2958; Taute/Hohmann in Radtke/Hohmann Rn. 41.
[56] OLG Oldenburg 24.2.2022 – 1 Ws 360/21, StraFo 2022, 204 (205); Schmitt in Meyer-Goßner/Schmitt Rn. 7.
[57] BT-Drs. 19/27654, 101.
[58] Allgayer in KK-StPO Rn. 15; Schmitt in Meyer-Goßner/Schmitt Rn. 10; Taute/Hohmann in Radtke/Hohmann Rn. 25.
[59] Weiner in BeckOK StPO Rn. 15; Allgayer in KK-StPO Rn. 15; Taute/Hohmann in Radtke/Hohmann Rn. 25.
[60] Taute/Hohmann in Radtke/Hohmann Rn. 27.
[61] ABl. 2012 L 315, 57.
[62] BT-Drs. 19/27654, 100; Schmitt in Meyer-Goßner/Schmitt Rn. 11; Taute/Hohmann in Radtke/Hohmann Rn. 29.
[63] Taute/Hohmann in Radtke/Hohmann Rn. 30.

gemeinsamen Wirtschaftens".⁶⁴ Die Lebensgefährten müssen wechselseitig Leistungen – entweder finanzieller Art oder durch Arbeit – die dem gemeinsamen Haushalt zugutekommen, erbringen.⁶⁵

Ob eine Lebensgemeinschaft im Sinne des Abs. 2 Nr. 2 besteht, wird sich regelmäßig **32** anhand von **Indizien** ermitteln lassen. Für eine Lebensgemeinschaft sprechen der Bestand einer häuslichen Gemeinschaft, die auf Dauer angelegt ist, das gemeinsame Wirtschaften („Wirtschaften aus einem Topf"), die Sicherstellung des gemeinsamen Lebensunterhalts, die gemeinsame Lebensführung, die Versorgung von Kindern, die Verfügungsmacht über die Konten des Partners oder die nach außen erkennbare Intensität der Beziehung.⁶⁶ Ob die betroffene Person mit dem getöteten Verletzten in einem gemeinsamen Haushalt gelebt hat, wird sich in der Regel ohne großen Aufwand bereits im Ermittlungsverfahren feststellen lassen.⁶⁷ Ausreichend muss dabei sein, dass zumindest ein teilweises Zusammenleben in einem gemeinsamen Haushalt – etwa bei Fernbeziehungen an den Wochenenden – gegeben ist.⁶⁸

Eine rein aus Zweckmäßigkeitsgründen bestehende Wohngemeinschaft dürfte die **33** Voraussetzungen des Abs. 2 Nr. 2 hingegen nicht erfüllen, da es sich bei den Mitbewohnern nicht im Lebensgefährten mit einem entsprechenden persönlichen Näheverhältnis handelt.⁶⁹

c) Verwandte in gerader Linie (Abs. 2 Nr. 3). Dem Verletzten gleichgestellt sind **34** nach Abs. 2 Nr. 3 auch alle Verwandten gerader Linie, also zum Beispiel Enkel, Urenkel, Großeltern und Urgroßeltern des Verletzten.⁷⁰

Der Begriff der Verwandten in gerader Linie bestimmt sich nach den Regelungen des **35** BGB: Nach § 1589 S. 1 BGB sind in gerader Linie miteinander verwandt Personen, wenn eine von der anderen abstammt. Dem Verletzten gleichgestellt nach Abs. 2 Nr. 3 sind damit sowohl seine **Vorfahren** als auch seine **Abkömmlinge.**

Ein Verwandtschaftsverhältnis in gerader Linie im Sinne des Abs. 2 Nr. 3 wird auch **36** durch **Adoption** nach den §§ 1741 ff. BGB begründet. Durch die Adoption entstehen eine Verwandtschaft in gerader Linie zu der annehmenden Person und zugleich ein Verwandtschaftsverhältnis zu den Verwandten des Annehmenden.⁷¹ Die Rechtsfolgen der Adoption sind im Strafrecht allerdings anders als im Familienrecht zu beurteilen: Während im Familienrecht nach §§ 1755, 1756 BGB das Verwandtschaftsverhältnis des Kindes zu den bisherigen Angehörigen erlischt, wird die Angehörigeneigenschaft im Verhältnis zu den bisherigen Verwandten im Strafrecht durch die Adoption nicht aufgehoben.⁷²

d) Geschwister (Abs. 2 Nr. 4). Geschwister sind dem Verletzten nach Abs. 2 Nr. 4 **37** gleichgestellt. Hiervon erfasst sind auch Halbgeschwister, dh Geschwister, die lediglich einen gemeinsamen Elternteil haben.⁷³

e) Unterhaltsberechtigte (Abs. 2 Nr. 5). Dem Verletzten gleichgestellt sind nach **38** dessen Tod auch seine **Unterhaltsberechtigten** nach Abs. 2 Nr. 5, sofern diese nicht bereits von Abs. 2 Nr. 1 oder Abs. 2 Nr. 3 erfasst werden. Die Unterhaltsberechtigung bestimmt sich nach zivilrechtlichen Maßstäben.⁷⁴ In Betracht kommen beispielsweise geschiedene nach §§ 1569, 1570 ff. BGB unterhaltsberechtigte Ehegatten, nach Aufhebung der Lebens-

---

[64] Taute/Hohmann in Radtke/Hohmann Rn. 30.
[65] BT-Drs. 19/27654, 99; Taute/Hohmann in Radtke/Hohmann Rn. 30.
[66] BVerfG 17.11.1992 – 1 BvL 8/87, NJW 1993, 643; 7.5.2013 – 2 BvR 909/06, 2 BvR 1981/06, 2 BvR 288/07, NJW 2013, 2257; Weiner in BeckOK StPO Rn. 16.
[67] Weiner in BeckOK StPO Rn. 16.
[68] So wohl auch Taute/Hohmann in Radtke/Hohmann Rn. 31.
[69] So wohl auch Wenske in Löwe/Rosenberg Rn. 40; Taute/Hohmann in Radtke/Hohmann Rn. 31.
[70] BT-Drs. 19/27654, 101.
[71] Taute/Hohmann in Radtke/Hohmann Rn. 37.
[72] Taute/Hohmann in Radtke/Hohmann Rn. 37; Hecker in Schönke/Schröder StGB § 11 Rn. 12.
[73] Allgayer in KK-StPO Rn. 18; Schmitt in Meyer-Goßner/Schmitt Rn. 14; Taute/Hohmann in Radtke/Hohmann Rn. 39.
[74] Weiner in BeckOK StPO Rn. 29; Allgayer in KK-StPO Rn. 19; Schmitt in Meyer-Goßner/Schmitt Rn. 15.

partnerschaft nach § 16 LPartG unterhaltsberechtigte Lebenspartner oder nach § 1615l BGB unterhaltsberechtigte Personen.[75]

C. Anwendungsbereich

I. StPO

39   Mit § 373b wird der Verletztenbegriff einheitlich **für alle Vorschriften der StPO** legaldefiniert.[76] Der Verletztenbegriff ist in § 22 Nr. 1–4, § 48a Abs. 1, § 68a Abs. 2 S. 1, § 69 Abs. 2 S. 2, § 138 Abs. 3, § 140 Abs. 1 Nr. 9, § 153a Abs. 1 S. 2 Nr. 5, § 155a, § 158, § 171, § 172, § 255a Abs. 2 S. 2, § 268 Abs. 2 S. 3, § 374, § 388, § 395, § 397a und §§ 406d–406l enthalten.[77]

40   Andere Vorschriften wie etwa §§ 403 ff. (Adhäsionsverfahren), §§ 395 ff. (Nebenklage) oder §§ 459i–459 (Rückgabe von Vermögenswerten und Auskehrung von Verwertungserlösen) werden von § 373b nicht eingeschränkt, sofern dort bereits Rechte sonstiger Personen, etwa von Familienangehörigen eines Getöteten, enthalten sind.[78]

41   Bei § 373b handelt es sich um eine **rein verfahrensrechtliche Regelung** zur Konkretisierung der prozessualen Rechtsstellung des Verletzten.[79]

42   **1. Maßnahmen zum Schutz von Zeugen.** Verhandlungen, Vernehmungen und sonstigen Untersuchungshandlungen, die den Verletzten (in seiner Rolle als Zeugen) betreffen, so sind nach § 48a Abs. 1 unter Berücksichtigung der besonderen Schutzbedürftigkeit durchzuführen.

43   Als **Maßnahmen zum Schutz von Zeugen**, die zugleich Verletzte iSd § 373b sind, kommen etwa eine getrennte Vernehmung durch den Richter nach § 168e, eine audiovisuelle Zeugenvernehmung § 247a, der Ausschluss der Öffentlichkeit nach § 171b Abs. 1 GVG oder eine Beschränkung des Fragerechts nach § 68a in Betracht. Erforderlich ist jeweils, dass die dringende Gefahr eines schwerwiegenden Nachteils für das Wohl des Zeugen eine dieser Maßnahmen erfordert.

44   Die StPO sieht daneben **weitere Maßnahmen** zum Schutz von Zeugen – beispielsweise die beschränkte Abfrage persönlichen Angaben des Zeugen nach § 68 Abs. 1 S. 2 oder die Verhüllung von Zeugen nach § 68 Abs. 2 und 3 – vor. Diese Maßnahmen setzen eine Verletzteneigenschaft iSd § 373b nicht voraus, kommen allerdings unter den jeweiligen Voraussetzungen auch für Zeugen, die zugleich Verletzte sind, in Betracht, da sie alleine an die Eigenschaft des Betroffenen als Zeuge anknüpfen.

45   **2. Täter-Opfer-Ausgleich.** Der Verletztenbegriff des § 373b findet Anwendung auf die Vorschrift zum **Täter-Opfer-Ausgleich** nach § 155a.[80] Eine Einigung im Rahmen eines Täter-Opfer-Ausgleichs ist nach § 155a S. 3 nur mit **Einwilligung** des Verletzten oder der dem Verletzten gleichgestellten Personen möglich.[81]

46   Weil § 373b keine Anwendung auf das materielle Strafrecht findet,[82] ist der Verletztenbegriff des § 373b nicht auf die Vorschrift des § 46a StGB (Täter-Opfer-Ausgleich) anwendbar. Bei Tötungsdelikten ist der Anwendungsbereich des § 46a Nr. 1 StGB im Hinblick auf die Hinterbliebenen nicht eröffnet, da es nach höchstrichterlicher Rechtsprechung an einem

---

[75] BT-Drs. 19/27654, 101; Allgayer in KK-StPO Rn. 19; Taute/Hohmann in Radtke/Hohmann Rn. 40.
[76] Allgayer in KK-StPO Rn. 2; Taute/Hohmann in Radtke/Hohmann Rn. 4.
[77] BT-Drs. 19/27654, 40; Schmitt in Meyer-Goßner/Schmitt Rn. 8; Taute/Hohmann in Radtke/Hohmann Rn. 45.
[78] OLG Oldenburg 24.2.2022 – 1 Ws 360/21, StraFo 2022, 204 (205); Schmitt in Meyer-Goßner/Schmitt Rn. 18; Taute/Hohmann in Radtke/Hohmann Rn. 45.
[79] Allgayer in KK-StPO Rn. 2.
[80] BT-Drs. 19/27654, 105.
[81] BT-Drs. 19/27654, 101.
[82] BT-Drs. 19/27564, 98; OLG Oldenburg 24.2.2022 – 1 Ws 360/21, StraFo 2022, 204 (205); Allgayer in KK-StPO Rn. 2; Taute/Hohmann in Radtke/Hohmann Rn. 6, 44.

„durch die Straftat unmittelbar Verletzten" im Sinne der (materiellrechtlichen) Vorschrift zum Täter-Opfer-Ausgleich gerade fehlt.[83] Auch eine Anwendung des § 46a Nr. 2 StGB scheint bei Tötungsdelikten im Hinblick auf die Hinterbliebenen fernliegend.[84]

3. Anzeigeerstattung und Einstellungsbeschwerde. Der Verletztenbegriff des § 373b findet Anwendung auf § 158 Abs. 1 S. 3 **(Strafanzeige; Strafantrag),** wonach dem Verletzten auf Antrag der Eingang seiner Anzeige schriftlich zu bestätigen ist, wenn nicht der Untersuchungszweck, auch in einem anderen Strafverfahren, gefährdet erscheint. Nach § 158 Abs. 3 S. 1 übermittelt die Staatsanwaltschaft auf Antrag der Verletzten die Anzeige an die zuständige Strafverfolgungsbehörde des Mitgliedstaats der Europäischen Union, in dem eine Straftat begangen wurde. § 158 Abs. 4 S. 1 bestimmt, dass der anzeigewillige Verletzte die notwendige Hilfe bei der Verständigung mit den Ermittlungsbehörden erhält, sofern er der deutschen Sprache nicht mächtig ist. 47

Sofern der Strafantragsteller zugleich Verletzter iSd § 373b ist und einem Antrag auf Erhebung der öffentlichen Klage keine Folge geleistet oder die Einstellung des Verfahrens verfügt wird, muss der Verletzte im **Einstellungsbescheid** nach § 171 S. 2 über die Möglichkeit der Anfechtung und die dafür vorgesehene Frist belehrt werden. Nach § 172 Abs. 1 S. 1 (Klageerzwingungsverfahren) steht dem verletzten Antragsteller gegen den Einstellungsbescheid nach § 171 binnen zwei Wochen nach der Bekanntmachung die Beschwerde an den vorgesetzten Beamten der Staatsanwaltschaft zu. 48

4. Auskunftsrechte und Anspruch auf Unterrichtung. Dem Verletzten ist auf Antrag nach Maßgabe des § 406d **Auskunft über den Stand des Verfahrens** zu erteilen.[85] 49

Nach den § 406i, § 406j und § 406k sind Verletzte über ihre **Befugnisse im Strafverfahren** zu unterrichten.[86] 50

5. Adhäsionsverfahren. Zur Geltendmachung von Ansprüchen im **Adhäsionsverfahren** sind nach § 403 sowohl Verletzte iSd § 373b (S. 1) als auch sonstige Personen, die einen aus der Straftat erwachsenen vermögensrechtlichen Anspruch, der zur Zuständigkeit der ordentlichen Gerichte gehört und noch nicht anderweit gerichtlich anhängig gemacht ist, geltend machen (S. 2).[87] Dass der Begriff des Verletzten in § 373b legaldefiniert ist beschränkt den Kreis der im Adhäsionsverfahren Berechtigten – wie beim Akteneinsichtsrecht nach § 406e – nicht.[88] 51

6. Akteneinsichtsrecht. § 406e Abs. 1–3 gewähren dem Verletzten und seinem Rechtsanwalt ein **Akteneinsichtsrecht.** Nach § 406e Abs. 4 gelten die Abs. 1–3 auch für die in § 403 S. 2 genannten sonstigen Adhäsionsbefugten, die durch eine Straftat nur mittelbar geschädigt sind.[89] Wie bei den Vorschriften zum Adhäsionsverfahren (§§ 403 ff.) wird der Kreis der nach § 406e zur Akteneinsicht Berechtigten nicht dadurch beschränkt, dass der Begriff des Verletzten in § 373b legaldefiniert ist. 52

7. Verletztenbeistand und psychosoziale Prozessbegleitung. Verletzte haben nach § 406f das Recht auf einen anwaltlichen **Verletztenbeistand** sowie nach Maßgabe des § 406g auf **psychosoziale Prozessbegleitung.**[90] 53

8. Berücksichtigung von schutzwürdigen Interessen bei Urteilsverkündung. Nach § 268 Abs. 2 S. 3 wird bei Verkündung des Strafurteils und der Eröffnung der Urteilsgründe auf die **schutzwürdigen Interessen** u.a. von Verletzten iSd § 373b Rücksicht genommen. Hierdurch soll eine sekundäre und wiederholte Viktimisierung aufgrund einer 54

---

[83] BGH 6.6.2018 – 4 StR 144/18, NJW 2019, 319.
[84] Streng/Kett-Straub in NK-StGB StGB § 46a Rn. 10.
[85] BT-Drs. 19/27654, 104; Weiner in BeckOK StPO Rn. 46.
[86] Weiner in BeckOK StPO Rn. 49; Taute/Hohmann in Radtke/Hohmann Rn. 48.
[87] BT-Drs. 19/27654, 105.
[88] BT-Drs. 19/27654, 105.
[89] Taute/Hohmann in Radtke/Hohmann Rn. 50.
[90] BT-Drs. 19/27654, 105.

abermaligen Konfrontation mit der Tat, den Umständen ihrer Begehung und deren Folgen, die psychisch als besonders belastend erfahren werden, vermieden werden.[91] Dies ist insbesondere in Fällen relevant, in denen in der Hauptverhandlung die Öffentlichkeit ausgeschlossen war.[92] Die Bestimmung des § 268 Abs. 2 S. 3 hat in erster Linie eine mahnende Funktion; ob Verletzten bei Missachtung eigene Rechtsansprüche (Amtshaftung) erwachsen, erscheint eher zweifelhaft.[93]

II. JGG, GVG und IRG

55 Die Legaldefinition des Verletztenbegriffs gilt wegen der Verweisung in § 2 Abs. 2 JGG auch für die **prozessualen Vorschriften des JGG** wie beispielsweise das Anwesenheitsrecht des Verletzten in der nichtöffentlichen Hauptverhandlung nach § 48 Abs. 2 S. 1 JGG.[94] (BT-Drs. 19/27654, 105). Einen weiteren Anwendungsfall bildet die Weisung nach § 10 Abs. 1 Nr. 7 JGG, sich um einen Täter-Opfer-Ausgleich mit dem Verletzten zu bemühen.[95]

56 Nach der Vorstellung des Gesetzgebers soll § 373b auch auf **§ 24 Abs. 1 Nr. 3 GVG** Anwendung finden, wonach der Staatsanwaltschaft bei besonderer Schutzbedürftigkeit des Verletzten die Möglichkeit eingeräumt ist, Klage zum Landgericht zu erheben.[96] Diese Möglichkeit bezweckt es, besonders schutzbedürftigen Verletzten eine zweite Tatsacheninstanz zu ersparen, etwa, wenn durch eine weitere Vernehmung psychische Auswirkungen auf den als Zeugen zu vernehmenden Verletzten zu erwarten sind.[97] Auch auf **§ 175 Abs. 2 S. 2 GVG** soll § 373b nach der Vorstellung des Gesetzgebers Anwendung finden.[98]

57 Über die Verweisung des **§ 77 IRG** findet der Verletztenbegriff des § 373b StPO außerdem bei der Geltendmachung von Vollstreckungstiteln und zivilrechtlichen Ansprüchen durch den Rechtsnachfolger des Verletzten im Rahmen des § 56a IRG sinngemäß Anwendung.[99]

III. StGB

58 Die Definition des Verletzten nach § 373b gilt nach ihrem ausdrücklichen Wortlaut ausschließlich für die Normen der StPO. Sie entfaltet **keine unmittelbare Wirkung auf das materielle Strafrecht.**[100] Die Vorschriften des StGB, die im Zusammenhang mit dem Tod des Verletzten stehen (etwa §§ 46a, 59a Abs. 2 S. 1 StGB), werden daher von § 373b nicht berührt.[101] Auch auf das Zivilrecht hat § 373b keine Auswirkungen.[102]

59 Eine Anpassung des (materiellen) Strafrechts an den Verletztenbegriff des § 373b hat der Gesetzgeber nicht vorgenommen.[103] Die Beschränkung auf das Strafverfahrensrecht und damit die Strafprozessordnung hat ihren Ursprung darin, dass die dem Opfer nach der Opferschutzrichtlinie zukommenden Schutz-, Beistands- und Informationsrechte speziell auf das Verfahrensrecht zugeschnitten sind und im materiellen Recht keinen Anwendungsbereich haben.[104]

---

[91] BT-Drs. 19/27654, 102; Taute/Hohmann in Radtke/Hohmann Rn. 53.
[92] Peglau in BeckOK StPO § 268 Rn. 10.
[93] Peglau in BeckOK StPO § 268 Rn. 10.
[94] BT-Drs. 19/27654, 105; Allgayer in KK-StPO Rn. 2; Schmitt in Meyer-Goßner/Schmitt Rn. 8; Taute/Hohmann in Radtke/Hohmann Rn. 54.
[95] Taute/Hohmann in Radtke/Hohmann Rn. 54.
[96] BT-Drs. 19/27654, 105; Allgayer in KK-StPO Rn. 2; Taute/Hohmann in Radtke/Hohmann Rn. 54.
[97] Schmitt in Meyer-Goßner/Schmitt GVG § 24 Rn. 6; Taute/Hohmann in Radtke/Hohmann Rn. 54.
[98] BT-Drs. 19/27654, 104.
[99] BT-Drs. 19/27654, 102; Allgayer in KK-StPO Rn. 2.
[100] BT-Drs. 19/27564, 98; OLG Oldenburg 24.2.2022 – 1 Ws 360/21, StraFo 2022, 204 (205); Allgayer in KK-StPO Rn. 2; Taute/Hohmann in Radtke/Hohmann Rn. 6, 44.
[101] BT-Drs. 19/27654, 101; Taute/Hohmann in Radtke/Hohmann Rn. 45.
[102] Allgayer in KK-StPO Rn. 2.
[103] BT-Drs. 19/27654, 98; Taute/Hohmann in Radtke/Hohmann Rn. 7.
[104] BT-Drs. 19/27654, 98; Taute/Hohmann in Radtke/Hohmann Rn. 7.

Zweiter Abschnitt. Privatklage

Vorbemerkung zu § 374

Schrifttum: Bartsch, Bericht über einen Moribunden: Das Privatklageverfahren, ZJS 2017, 40 (Teil 1) und 167 (Teil 2); Buchberger, Ablauf, Kosten und Erfolg des Privatklageverfahrens, SchiedsmZ 1977, 183; Grebing, Abschaffung oder Reform der Privatklage?, GA 1984, 1; Koewius, Die Rechtswirklichkeit der Privatklage, Berlin 1974; Lütz-Binder, Rechtswirklichkeit der Privatklage und Umgestaltung zu einem Aussöhnungsverfahren, Diss. Mannheim 2009; Muttelsee, Die Sicherung des Rechtsfriedens im Bereich der Privatklagedelikte, Diss. Bonn 1991; Oehler, Die Zukunft der Privatklage, SchiedsmZ 1977, 103; Rieß, Die Rechtsstellung des Verletzten im Strafverfahren, Gutachten C zum 55. Deutschen Juristentag, München 1984; von Schacky, Das Privatklageverfahren und seine Berechtigung heute, Diss. München 1975; Schauf, Entkriminalisierungsdiskussion und Aussöhnungsgedanke, Diss. Freiburg 1983; Schöch, Die Rechtsstellung des Verletzten im Strafverfahren, NStZ 1984, 395.

I. Allgemeines zur Privatklage

Die Privatklage ist ein **staatliches Strafverfahren** mit dem Ziel, gegen den Beschuldigten eine regulär zu vollstreckende Strafe zu verhängen.[1] Es gelten die allgemeinen Vorschriften der StPO, soweit in den §§ 374 ff. nichts anderes bestimmt ist. Für die in § 374 abschließend genannten Delikte gilt ausnahmsweise die Offizialmaxime nicht: Die StA ist, sofern kein öffentliches Interesse iSd § 376 vorliegt, nicht dazu berufen, Ermittlungen durchzuführen und die Tat zur Anklage zu bringen. Dagegen ist der Privatkläger (idR der Verletzte, § 374) ohne Bindung an das Legalitätsprinzip nach freiem Ermessen berechtigt, ein Verfahren anzustrengen. Er kann über das Verfahren durch Klageerhebung und Rücknahme disponieren (zur Möglichkeit eines Vergleichs → § 391 Rn. 7 ff.). Das Privatklageverfahren ist **kein Parteiprozess,** sondern das Gericht ist durch den Amtsermittlungsgrundsatz zur Aufklärung des Sachverhaltes verpflichtet. 1

Die Privatklage bezweckt eine **Entkriminalisierung bagatellartiger Taten** für Streitigkeiten des täglichen Lebens, die das allgemeine gesellschaftliche Wohl nur wenig berühren und auch für die Betroffenen in der Regel keine so große Bedeutung haben, dass stets ein legitimes Bedürfnis nach Bestrafung bestehen würde.[2] Die Privatklage trifft deshalb Verfehlungen mit meist höchstpersönlichem Charakter.[3] Das Verfahren zielt darüber hinaus auf eine Beilegung des Konflikts nicht mit dem staatlichen Machtinstrumentarium des Strafrechts, sondern durch Schlichtung und Übereinkunft der Parteien.[4] Dies belegen die Prozessvoraussetzung des Sühneversuches (§ 380) für bestimmte Delikte sowie die Möglichkeit des gerichtlichen Vergleiches. 2

II. Rechtswirklichkeit und Kritik

Die Zahl der Privatklageverfahren ist derzeit stabil im Bereich des Marginalen. Im Jahr 2015 wurden 210.289 Verfahren bei der StA mittels Verweisung auf den Privatklageweg erledigt,[5] davon 57.369 Verfahren aus dem Sachgebiet der vorsätzlichen Körperverletzung.[6] Vor den Amtsgerichten wurden jedoch im Kontrast dazu lediglich 442 Verfahren erledigt (ca. 0,07 % aller dort erledigten Verfahren), die auf eine Privatklage zurückgingen.[7] Schon 2006 wurden nur 564 Privatklageverfahren erledigt.[8] Seit mindestens zweieinhalb Jahrzehnten ist das Institut der Privatklage damit rechtstatsächlich betrachtet eine **absolute Rander-** 3

---

[1] BVerfG 1.4.1993 – 2 BvR 253/93, NJW 1994, 242; Daimagüler Der Verletzte im Strafverfahren Rn. 411. Zur Entstehungsgeschichte s. Bartsch ZJS 2017, 40 ff.
[2] Hahn Die gesamten Materialien zur Strafprozessordnung, 1. Abt., Halbbd. 1, 1880, S. 231.
[3] Koewius § 12.
[4] Hahn Die gesamten Materialien zur Strafprozessordnung, 1. Abt., Halbbd. 1, 1880, S. 231; Grebing GA 1984, 1 (3, 8); Koewius § 11; Oehler SchiedsmZ 1977, 103.
[5] Statistisches Bundesamt, Fachserie 10, Reihe 2.6, 2020, 2.2.1.1.
[6] Statistisches Bundesamt, Fachserie 10, Reihe 2.6, 2020, 3.2.1.
[7] Statistisches Bundesamt, Fachserie 10, Reihe 2.3, 2020, 2.1.
[8] Hilger in Löwe/Rosenberg Rn. 4.

scheinung.⁹ Die zentrale Funktion der Verweisung auf den Privatklageweg ist in der Praxis die Einstellungswirkung dieser Entscheidung.¹⁰

4   Grund für den **stetigen Rückgang** der Privatklageverfahren dürfte vor allem ihre Aussichtslosigkeit sein. Der Anteil der Verfahren, die nicht durch Vergleich, Rücknahme oder gerichtliche Einstellung beendet werden und letztlich zu einem Urteil führen, ist gering: Von 442 Privatklagen im Jahr 2020 wurden nur 24 durch Urteil erledigt, 68 durch Zurückweisung, 13 durch Vergleich und 52 durch Rücknahme.¹¹ Der Großteil der Verfahren wird somit wegen geringer Schuld gem. § 383 Abs. 2 eingestellt. Der Eindruck einer gewissen Abneigung der Richterschaft gegenüber der Privatklage bei gleichzeitiger oft verfahrensfehlerhafter Handhabung ist nicht von der Hand zu weisen.¹² Diese dürfte mit dem erhöhten Aufklärungsaufwand der Gerichte zusammenhängen, der sich aus der fehlenden Filterwirkung des Ermittlungsverfahrens ergibt.¹³ Der Privatkläger dürfte zudem oft Schwierigkeiten haben, die Tat zu beweisen,¹⁴ so dass von einer Klageerhebung abgesehen wird. Diesen Erfolgsaussichten steht ein hohes Prozess- und Kostenrisiko gegenüber.¹⁵ Einen weiteren Grund für die fehlende Attraktivität des Privatklagewegs dürfte die Erweiterung des Ehrschutzes auf dem Zivilrechtsweg darstellen.¹⁶

5   **Kritisiert** wird das Institut der Privatklage vor allem für das geringe Niveau des Rechtsschutzes, denn die Verweisung auf den Privatklageweg bedeutet in der Praxis letztlich Rechtsverweigerung für die Verletzten.¹⁷ Die Privatklage begünstige finanzkräftige Opfer, da diese die Verfahrenslast auf sich nehmen könnten.¹⁸ Konzeptionell wird die Disponibilität des staatlichen Strafanspruches durch Privatpersonen infrage gestellt.¹⁹ Gefordert wird deshalb die Abschaffung des Privatklageverfahrens, teilweise unter Beibehaltung bzw. Weiterentwicklung des Sühneverfahrens.²⁰

§ 374 Zulässigkeit; Privatklageberechtigte

(1) Im Wege der Privatklage können vom Verletzten verfolgt werden, ohne daß es einer vorgängigen Anrufung der Staatsanwaltschaft bedarf,
1. **ein Hausfriedensbruch (§ 123 des Strafgesetzbuches),**
2. **eine Beleidigung (§§ 185 bis 189 des Strafgesetzbuches), wenn sie nicht gegen eine der in § 194 Abs. 4 des Strafgesetzbuches genannten politischen Körperschaften gerichtet ist,**
2a. **eine Verletzung des höchstpersönlichen Lebensbereichs und von Persönlichkeitsrechten durch Bildaufnahmen (§ 201a Absatz 1 und 2 des Strafgesetzbuches),**
3. **eine Verletzung des Briefgeheimnisses (§ 202 des Strafgesetzbuches),**
4. **eine Körperverletzung (§§ 223 und 229 des Strafgesetzbuches),**
5. **eine Nötigung (§ 240 Absatz 1 bis 3 des Strafgesetzbuches) oder eine Bedrohung (§ 241 Absatz 1 bis 3 des Strafgesetzbuches),**

---

[9] Eine ausführliche empirische Betrachtung nimmt Bartsch ZJS 2017, 167 ff. vor.
[10] Rieß Rn. 23.
[11] Statistisches Bundesamt, Fachserie 10, Reihe 2.3, 2020, 2.2; s. auch Oehler SchiedsmZ 1977, 103 (105); Buchberger SchiedsmZ 1977, 183 (188); Grebing GA 1984, 1 (9); Muttelsee S. 107; Rieß Rn. 23; Schauf S. 196 ff.; Schöch NStZ 1984, 385 (389).
[12] Koewius § 43.
[13] Rieß Rn. 21.
[14] Buchberger SchiedsmZ 1977, 183 (188).
[15] Zu den Risiken für den Privatkläger s. Daimagüler Der Verletzte im Strafverfahren Rn. 413 ff.
[16] S. hierzu auch Koewius § 46.
[17] Vgl. Oehler SchiedsmZ 1977, 103 (104); Rieß Rn. 103; Schöch NStZ 1984, 385 (389).
[18] Hilger in Löwe/Rosenberg Vor § 374 Rn. 13.
[19] Schauf S. 209; Velten in SK-StPO Rn. 28.
[20] Grebing GA 1984, 1 (10); Hilger in Löwe/Rosenberg Rn. 13 f.; Lütz-Binder S. 164 ff.; Schmitt in Meyer-Goßner/Schmitt Rn. 1; Muttelsee S. 119; Rieß Rn. 102 ff.; von Schacky S. 267 ff.; Schauf S. 216; Schöch NStZ 1984, 385 (390 f.); Velten in SK-StPO Rn. 28 ff. Näher zur Reformdebatte Bartsch ZJS 2017, 167 (170 ff.).

5a. eine Bestechlichkeit oder Bestechung im geschäftlichen Verkehr (§ 299 des Strafgesetzbuches),
6. eine Sachbeschädigung (§ 303 des Strafgesetzbuches),
6a. eine Straftat nach § 323a des Strafgesetzbuches, wenn die im Rausch begangene Tat ein in den Nummern 1 bis 6 genanntes Vergehen ist,
7. eine Straftat nach den des Gesetzes gegen den unlauteren Wettbewerb und § 23 des Gesetzes zum Schutz von Geschäftsgeheimnissen,
8. eine Straftat nach § 142 Abs. 1 des Patentgesetzes, § 25 Abs. 1 des Gebrauchsmustergesetzes, § 10 Abs. 1 des Halbleiterschutzgesetzes, § 39 Abs. 1 des Sortenschutzgesetzes, § 143 Abs. 1, § 143a Abs. 1 und § 144 Abs. 1 und 2 des Markengesetzes, § 51 Abs. 1 und § 65 Abs. 1 des Designgesetzes, den §§ 106 bis 108 sowie § 108b Abs. 1 und 2 des Urheberrechtsgesetzes und § 33 des Gesetzes betreffend das Urheberrecht an Werken der bildenden Künste und der Photographie.

(2) ¹Die Privatklage kann auch erheben, wer neben dem Verletzten oder an seiner Stelle berechtigt ist, Strafantrag zu stellen. ²Die in § 77 Abs. 2 des Strafgesetzbuches genannten Personen können die Privatklage auch dann erheben, wenn der vor ihnen Berechtigte den Strafantrag gestellt hat.

(3) Hat der Verletzte einen gesetzlichen Vertreter, so wird die Befugnis zur Erhebung der Privatklage durch diesen und, wenn Körperschaften, Gesellschaften und andere Personenvereine, die als solche in bürgerlichen Rechtsstreitigkeiten klagen können, die Verletzten sind, durch dieselben Personen wahrgenommen, durch die sie in bürgerlichen Rechtsstreitigkeiten vertreten werden.

Schrifttum: Hilger, Über den Begriff des Verletzten im Fünften Buch der StPO, GA 2007, 287; Klussmann, Welche Bedeutung hat die Einstellungsverfügung der Staatsanwaltschaft nach § 153 Abs. 2 StPO für das Privatklageverfahren bei Tateinheit zwischen Offizialdelikt und Privatklagedelikt?, MDR 1974, 362; Kuhlmann, Die Einstellungsverfügung nach § 153 Abs. 2 StPO bei tateinheitlichem Zusammentreffen von Offizial- und Privatklagedelikten, MDR 1974, 897; Mayer, Klageerzwingungsverfahren und Opportunitätsprinzip, JZ 1955, 601; Rieß, Strafantrag und Nebenklage, NStZ 1989, 103; Solbach, Rechtsmittelbelehrung bei Erteilung eines Einstellungsbescheides, DRiZ 1977, 182.

Übersicht

	Rn.		Rn.
I. Voraussetzungen der Privatklage ...	1	b) Strafantragsberechtigte (Abs. 2)	10
1. Prozessvoraussetzungen	2	c) Strafantragserfordernis	14
2. Privatklageberechtigung	7	d) Einzelne Privatklagedelikte (Abs. 1)	15
a) Verletzter einer Straftat (Abs. 1)	8	II. Konkurrenz mit Offizialdelikten ...	26

I. Voraussetzungen der Privatklage

Die Norm regelt die **Zulässigkeit** der Privatklage. Die Anklageerhebung durch Privatpersonen in Abweichung vom Offizialprinzip (vgl. § 152 Abs. 1) bedingt das Erfordernis besonderer Prozessvoraussetzungen. Der Kläger muss sich zudem auf eine Privatklageberechtigung stützen können. 1

1. Prozessvoraussetzungen. Der Privatkläger muss nach allgM analog der zivilrechtlichen Vorschriften **prozessfähig** (§§ 51, 52 ZPO) sein. Eine vor Eröffnung des Hauptverfahrens bemerkte **Prozessunfähigkeit** führt zu einem Zurückweisungsbeschluss gem. § 383 Abs. 1 S. 1 Alt. 2. Tritt die Prozessunfähigkeit später auf bzw. wird später bemerkt, führt sie zur Einstellung des Verfahrens.¹ Soweit die Prozessfähigkeit selbst Gegenstand der Ver- 2

---
¹ Hilger in Löwe/Rosenberg Rn. 38.

handlung ist, wird der Privatkläger als prozessfähig behandelt; dies gilt auch bei der Verhandlung in der Rechtsmittelinstanz, wenn die Feststellung der Prozessunfähigkeit gerügt wird.[2]

3   Für Prozessunfähige kann der **gesetzliche Vertreter** Privatklage erheben (Abs. 3 Alt. 1). Der Mangel der Prozessfähigkeit bei Klageerhebung durch Minderjährige kann bis zur Zurückweisung der Klage dadurch geheilt werden, dass der gesetzliche Vertreter das Verfahren genehmigt und übernimmt.[3] Bei fristgebundenen Prozesshandlungen muss die Genehmigung bis zum Fristablauf erklärt werden.[4] Heilende Wirkung hat es ebenfalls, wenn der im Laufe des Verfahrens bzw. der Frist prozessfähig (volljährig) gewordene Kläger das Verfahren fortführt.[5] Umgekehrt sind Prozesshandlungen, die der gesetzliche Vertreter nach Erreichen der Prozessfähigkeit (Volljährigkeit) des Privatklägers vornimmt, nur aufgrund einer Genehmigung des nunmehr Prozessfähigen wirksam.[6] Der gesetzliche Vertreter ist verhindert, wenn er selbst der Beschuldigte ist.[7]

4   Für **juristische Personen, rechtsfähige und nicht-rechtsfähige Vereine sowie prozessfähige Gesellschaften** können die zivilrechtlichen Vertreter (§ 51 ZPO) – ausschließlich im Namen des Verletzten[8] – die Privatklage erheben.

5   Sachlich **zuständig** ist gem. § 25 Nr. 1 GVG grundsätzlich der Strafrichter. Die örtliche Zuständigkeit ergibt sich aus den §§ 7ff. Eine Verweisung bei Unzuständigkeit ist ausgeschlossen.[9]

6   Unzulässig ist die Privatklage gem. § 80 Abs. 1 S. 1 JGG gegen zur Tatzeit **Jugendliche**. Gegen **Heranwachsende** ist die Privatklage zulässig (vgl. §§ 2, 109 JGG), sachlich zuständig ist dann gem. § 108 Abs. 2, § 39 JGG der Jugendrichter.

7   **2. Privatklageberechtigung.** Privatklageberechtigt ist der Verletzte eines Privatklagedelikts (Abs. 1) sowie jeder, der neben dem Verletzten oder an seiner Stelle berechtigt ist, Strafantrag zu stellen (Abs. 2). Abs. 1 enthält einen abschließenden Katalog der Straftaten auf Grund derer die Privatklage erhoben werden kann.

8   **a) Verletzter einer Straftat (Abs. 1).** Der Begriff des Verletzten, der sowohl im materiellen Strafrecht als auch an verschiedenen Stellen innerhalb des Strafprozessrechts verwendet wird, ist nicht einheitlich definiert.[10] Die Reichweite ist nach der gesetzgeberischen Intention anhand der Funktion des Rechtsbegriffes im Kontext seiner jeweiligen Verwendung zu bestimmen.[11] Funktionen des Verletztenbegriffes in § 374 sind der Ausschluss von Popularklagen sowie die Anerkennung des Genugtuungsinteresses des Verletzten.[12] Nach hM ist **Verletzter** iSd § 374 ebenso wie im Kontext des § 77 StGB derjenige, dessen Rechtsgut (das dem Schutzgut der materiell-rechtlichen Norm entspricht) durch die Straftat unmittelbar beeinträchtigt wurde.[13] Kritik erfährt diese Formel etwa mit dem Argument, das Erfordernis einer „unmittelbaren" Verletzung trage zur Präzisierung des Begriffes nichts bei und sei überflüssig.[14] Entscheidend für die Anerkennung der Verletzteneigenschaft ist nach hier vertretener Auffassung die Beeinträchtigung des durch die jeweils verletzte Strafnorm konkret geschützten Rechtskreises.[15] Aufgrund der eingrenzenden Wir-

---

[2] OLG Hamm 23.8.1961 – 1 Ws 317/61, NJW 1961, 2322.
[3] Allgayer in KK-StPO Rn. 4.
[4] Velten in SK-StPO Rn. 52.
[5] Schmitt in Meyer-Goßner/Schmitt Rn. 9.
[6] Hilger in Löwe/Rosenberg Rn. 39.
[7] Hilger in Löwe/Rosenberg Rn. 46.
[8] Allgayer in KK-StPO Rn. 13.
[9] LG Bonn 22.1.1982 – 31 Qs 2/82, JurBüro 82, 1045.
[10] Statt vieler nur Hilger GA 2007, 287 (288) mwN.
[11] BT-Drs. 10/5305, 16; Hilger in Löwe/Rosenberg Vor §§ 374ff. Rn. 17.
[12] Velten in SK-StPO Rn. 10.
[13] BGH 18.1.1983 – 1 StR 490/82, BGHSt 31, 208 = NJW 1983, 1919 (zum Verletztenbegriff des § 77 StGB); BGH 8.6.1999 – 1 StR 210/99, BGHR § 73 StGB Verletzter 2 – Anspruch = NStZ 1999, 560 (zum Verletztenbegriff in § 73 Abs. 1 S. 2 StGB aF).
[14] Hilger in Löwe/Rosenberg Vor §§ 374ff. Rn. 20a; Hilger GA 2007, 287 (292).
[15] Vgl. BGH 24.6.2010 – 3 StR 84/10, StV 2011, 16: „Verletzter im Sinne des § 73 Abs. 1 S. 2 StGB kann nur derjenige sein, dessen Individualinteressen durch das vom Täter übertretene Strafgesetz geschützt werden sollen." Vgl. auch Velten in SK-StPO Rn. 17.

kung des abschließenden Kataloges der Privatklagedelikte kommt der abstrakten Diskussion um den Begriff des Verletzten im Rahmen des § 374 nur geringe Bedeutung zu.[16]

Auch eine lediglich **versuchte** Katalogstraftat führt zu einer Privatklageberechtigung 9 des anvisierten Opfers.[17] In Übereinstimmung mit der Auslegung des Verletztenbegriffes in § 77 StGB[18] stellt auch die Gefährdung des Rechtgutes eine Verletzung ihres Inhabers dar. Denn das potentielle Opfer muss Dispositionen zur Abwehr der Verletzung treffen; zudem hat der Gesetzgeber mit der Anordnung der Versuchsstrafbarkeit den Rechtskreis, der vor Beeinträchtigungen geschützt werden soll, entsprechend weit gezogen.[19]

b) Strafantragsberechtigte (Abs. 2). Stirbt der Verletzte, so geht das Strafantrags- 10 recht in den gesetzlichen bestimmten Fällen auf dessen **Hinterbliebene** über (§ 77 Abs. 2 StGB). Klageberechtigt ist demnach zunächst der Ehegatte oder Lebenspartner sowie die Kinder des Verstorbenen, falls solche nicht (mehr) existieren die Eltern und, sofern diese bereits verstorben sind, die Geschwister und Enkel. Für die Katalogstraftaten der Privatklage wird der Übergang des Antragsrechtes in den § 194 Abs. 1 S. 5, § 205 Abs. 2 S. 1, § 230 Abs. 1 S. 2 StGB angeordnet. Satz 2 stellt klar, dass die genannten Personen die Privatklage auch dann erheben können, wenn der vor ihnen Berechtigte bereits Strafantrag gestellt, jedoch die Privatklage noch nicht erhoben hat.

Ist der Verletzte in einem weiten Sinne ein Angehöriger des öffentlichen Dienstes, 11 so ist auch der **Dienstvorgesetzte** (§ 77a StGB) in den gesetzlich angeordneten Fällen privatklageberechtigt. Im Kontext der Privatklagebefugnis relevant sind die Strafantragsbefugnisse nach den § 194 Abs. 3, § 230 Abs. 2 StGB. Regelmäßig dürfte in diesen Fällen auch ein öffentliches Interesse an der Strafverfolgung vorliegen, so dass eine Übernahme durch die StA in Betracht kommt.[20]

In den Fällen des § 299 Abs. 1 Nr. 1 sowie des § 299 Abs. 2 Nr. 1 StGB steht gem. § 301 12 Abs. 2 StGB das Strafantragsrecht auch den in § 8 Abs. 3 Nr. 2 und 4 UWG bezeichneten **Verbänden und Kammern**[21] zu, so dass auch diese über Abs. 2 S. 1 privatklageberechtigt sind.

Die Regelung des § 77 Abs. 3 StGB schafft kein eigenes Strafantragsrecht der **gesetzli-** 13 **chen Vertreter** bzw. Personensorgeberechtigten, sondern ist eine Regelung über die Vertretung bei der Ausübung des Rechts für den Geschäftsunfähigen oder beschränkt Geschäftsfähigen.[22] In Übereinstimmung mit der Regelung des Abs. 3 S. 1 bleibt es folglich dabei, dass die Vertreter nicht in eigenem Namen Privatklage erheben können, sondern nur im Namen des Verletzten.

c) Strafantragserfordernis. Bei fast allen Privatklagedelikten handelt es sich um 14 Antragsdelikte. Die Klageerhebung innerhalb der Strafantragsfrist enthält den Strafantrag.[23] Fraglich ist, ob derjenige die Privatklage erheben kann, der den **Strafantrag** nicht selbst gestellt hat, sondern sich auf den eines anderen Antragsberechtigten beruft. Praktische Bedeutung hat die Frage aufgrund der kurzen Strafantragsfrist des § 77b StGB. Drei Fälle sind zu unterscheiden: Erstens, dass der Privatkläger die Befugnis aus Abs. 2 ableitet, beispielsweise der Dienstvorgesetzte, wenn nur der Beamte einen Strafantrag gestellt hat. Hier ergibt der Umkehrschluss aus Abs. 2 S. 2, dass die Privatklagebefugnis nicht gegeben ist: Die Klarstellung wäre überflüssig, wenn der Strafantrag irgendeines Antragsberechtigten genügen würde.[24] Zweitens, dass durch dieselbe Tathandlung mehrere Rechtsgüter bzw. Rechtsgutsinhaber verletzt wurden, etwa durch mehrere Individualbeleidigungen unter

---

[16] Hilger GA 2007, 287.
[17] Velten in SK-StPO Rn. 18; Hilger GA 2007, 287 (293).
[18] Mitsch in MüKoStGB StGB § 77 Rn. 8.
[19] Velten in SK-StPO Rn. 18.
[20] Daimagüler Der Verletzte im Strafverfahren Rn. 430; Hilger in Löwe/Rosenberg Rn. 27.
[21] S. Krick in MüKoStGB StGB § 301 Rn. 2.
[22] Mitsch in MüKoStGB StGB § 77 Rn. 30.
[23] Schmitt in Meyer-Goßner/Schmitt Rn. 6; Hilger in Löwe/Rosenberg § 375 Rn. 3.
[24] Velten in SK-StPO Rn. 31.

einer Kollektivbezeichnung. Dann ist die Privatklage ausgeschlossen, denn die Taten sind nur hinsichtlich der Rechtsgüter verfolgbar, hinsichtlich derer auch Strafantrag gestellt wurde.[25] Drittens, dass mehrere Inhaber desselben Rechtsgutes existieren, beispielsweise mehrere Miteigentümer derselben Sache. Auch in diesem Fall ist die Privatklage ohne eigenen Strafantrag unzulässig.[26] Dies ergibt sich aus systematischen Erwägungen: Der Zweck des Antragserfordernisses als Prozessvoraussetzung ist darin zu suchen, dass das öffentliche Interesse an der Durchsetzung strafrechtlicher Sanktionen bei den betreffenden Straftaten unterdurchschnittlich ist und dem Individualinteresse des Antragsberechtigten an der Strafverfolgung daher ein höherer Stellenwert zukommen soll.[27] Verzichtet der Antragsberechtigte auf die Stellung eines Antrages, macht er damit deutlich, dass er auf die Geltendmachung seines Genugtuungsinteresses bei der Entscheidung über den Fortgang des Verfahrens auch im Rahmen der Privatklage verzichtet.

15 **d) Einzelne Privatklagedelikte (Abs. 1).** Privatklagefähig sind nur die in Abs. 1 genannten Delikte, **nicht** jedoch deren **Qualifikationstatbestände** wie der schwere Hausfriedensbruch (§ 124 StGB), die gefährliche Körperverletzung (§ 224 StGB) oder die gewerbsmäßige Patentverletzung (§ 142 Abs. 1, 2 PatG).[28]

16 **Hausfriedensbruch** (§ 123 StGB): Die Norm schützt das Hausrecht. Verletzter ist somit dessen Inhaber, also derjenige, dem der geschützte Raum den Hausfrieden gewähren soll.[29] Insbesondere ist zu berücksichtigen, dass dies nicht zwangsläufig der Eigentümer, sondern zuvörderst der Inhaber des Nutzungsrechts ist, also beispielsweise der Mieter.

17 **Beleidigung** (§§ 185–189 StGB): Verletzter ist der Träger des Rechtsgutes der persönlichen Ehre. In erster Linie sind also natürliche Personen privatklageberechtigt, darüber hinaus aber auch jede Personengesamtheit, die eine rechtlich anerkannte gesellschaftliche Funktion erfüllt und einen einheitlichen Willen bilden kann.[30] Ausgenommen ist die Beleidigung von Organen und Vertretern ausländischer Staaten (§ 103 StGB) sowie die gegenüber staatlichen Institutionen (§ 194 Abs. 4 StGB) begangene Beleidigung. Die gegenüber Amtsträgern (§ 194 Abs. 3 StGB) begangene Beleidigung ist Privatklagedelikt, wenngleich regelmäßig auch ein öffentliches Interesse an der Strafverfolgung bestehen dürfte.[31]

18 **Verletzung des höchstpersönlichen Lebensbereiches und von Persönlichkeitsrechten durch Bildaufnahmen** (§ 201a Abs. 1 und Abs. 2 StGB): Verletzter ist eine andere Person, also diejenige Person, die auf den Bildaufnahmen abgebildet ist. Umstritten ist, ob und inwieweit verstorbene Personen durch die Norm geschützt werden.[32] Bei der **Verletzung des Briefgeheimnisses** (§ 202 StGB) ist Verletzter der Berechtigte, also bis der Brief den Herrschaftsbereich des Empfängers erreicht der Absender, danach der Empfänger.[33]

19 Die **Körperverletzung** und die **fahrlässige Körperverletzung** (§ 223 und § 229 StGB) schützen die körperliche Integrität. Verletzter ist, wer durch die Tathandlung in diesem Rechtsgut beeinträchtigt wird, also die „andere Person" im Sinne des Tatbestandes.

20 Das Delikt der **Bedrohung** (§ 241 Abs. 1–3 StGB, die Qualifikation nach Abs. 4 ist kein Privatklagedelikt) dient dem (abstrakten) Schutz des individuellen Rechtsfriedens, indem es das Vertrauen des Einzelnen auf seine durch das Recht gewährleistete Sicherheit vor besonders gravierenden Bedrohungen erfasst.[34] Tatopfer und damit potentiell Verletzter

---

[25] RG 23.12.1937 – 5 D 637/37, RGSt 72, 44; Mitsch in MüKoStGB StGB § 77 Rn. 37.
[26] BayObLG 15.12.1964 – 2 a St 496/64, JZ 1965, 371; Weißer in Gercke/Julius/Temming/Zöller Rn. 12; Schmitt in Meyer-Goßner/Schmitt Rn. 1; Allgayer in KK-StPO § 375 Rn. 2; aA Hilger in Löwe/Rosenberg § 375 Rn. 3; Kulhanek in KMR-StPO § 375 Rn. 4; Velten in SK-StPO § 375 Rn. 18.
[27] Mitsch MüKoStGB StGB Vor § 77 Rn. 17.
[28] Zur gewerbsmäßigen Patentverletzung s. OLG Celle 11.8.2010 – 1 Ws 395/10, wistra 2010, 494.
[29] Zur Inhaberschaft des Hausrechtes s. im Einzelnen Feilcke in MüKoStGB StGB § 123 Rn. 34 ff.
[30] BGH 8.1.1954 – 1 StR 260/53, BGHSt 6, 186 = NJW 1954, 1412. Auch Parteien sind danach beleidigungsfähig, LG Würzburg 22.8.1958 – Qs 105/58, NJW 1959, 1934.
[31] Näher Hilger in Löwe/Rosenberg Rn. 5.
[32] Überblick bei Graf in MüKoStGB StGB § 201a Rn. 17 ff. mwN.
[33] Graf in MüKoStGB StGB § 205 Rn. 8; Kulhanek in KMR-StPO Rn. 10d.
[34] Sinn in MüKoStGB StGB § 241 Rn. 2 mwN.

ist der Adressat der Drohung, nicht aber das (potentielle) Tatopfer des angekündigten Verbrechens.[35] Die Bedrohung setzt keinen Strafantrag voraus.

Bestechlichkeit und Bestechung im geschäftlichen Verkehr (§ 299 StGB): Verletzter ist jeder Mitbewerber (§ 8 Abs. 3 Nr. 1 UWG) und somit jeder Gewerbebetreibende, der auf demselben Markt Waren oder gewerbliche Leistungen gleicher Art konkret vertreibt sowie der Geschäfts- und Dienstherr des Angestellten oder Beauftragten bei intern pflichtwidrigem Verhalten.[36]

Bei der **Sachbeschädigung** (§ 303 StGB) kommen neben dem Eigentümer als Verletzte auch alle aus dinglichen oder persönlichen Rechten unmittelbar Berechtigte als Privatkläger in Betracht, zum Beispiel der Mieter einer Sache.[37]

Bei der **Rauschtat** (§ 323a StGB) ist auf den Verletzten des jeweiligen Privatklagedelikts abzustellen, für das der Täter aufgrund seiner Schuldunfähigkeit nicht bestraft werden kann.

In Fällen der **unlauteren Werbung** gem. § 16 UWG und § 23 GeschGehG sind die Mitbewerber (§ 8 Abs. 3 Nr. 1 UWG) die Verletzten (→ Rn. 21), nicht jedoch mittelbar Geschädigte aus dem Publikumsbereich;[38] im Falle des § 16 Abs. 2 UWG ist Verletzter nur der tatbestandliche Verbraucher (§ 2 Abs. 2 UWG, § 13 BGB) im Zeitpunkt des Versuchsbeginns.[39] Bei **Verstößen gegen § 23 GeschGehG** ist der Geheimnisinhaber iSv § 2 Nr. 2 GeschGehG verletzt und damit privatklagebefugt.[40] Dies kann sowohl der ursprüngliche Rechtsträger als auch ein Erwerber oder Lizenznehmer sein.[41] Denkbar ist auch, dass mehrere Personen gleichzeitig Geheimnisinhaber und damit Verletzte sind.[42]

Bei den Katalogstraftaten des **Patent- und Urheberrechts** (§ 142 Abs. 1 des Patentgesetzes, § 25 Abs. 1 des Gebrauchsmustergesetzes, § 10 Abs. 1 des Halbleiterschutzgesetzes, § 39 Abs. 1 des Sortenschutzgesetzes, § 143 Abs. 1, § 143a Abs. 1, § 144 Abs. 1 und 2 des Markengesetzes, § 51 Abs. 1, § 65 Abs. 1 des Designgesetzes, §§ 106–108, 108b Abs. 1 und 2 des Urheberrechtsgesetzes, § 33 des Gesetzes betreffend das Urheberrecht an Werken der bildenden Künste und der Photographie) ist Verletzter der Inhaber des jeweiligen Rechtes.

II. Konkurrenz mit Offizialdelikten

Konkurrenzfragen ergeben sich, wenn Offizial- und Privatklagedelikte zusammentreffen. Hierbei ist im Grundsatz von einem **Vorrang des Offizialverfahrens** auszugehen.[43] Dieser Vorrang bezweckt den Schutz des öffentlichen Interesses an der Strafverfolgung in Gestalt des Offizialverfahrens, indem er sicherstellt, dass dem Offizialverfahren nicht der Einwand der Rechtskraft oder der Rechtshängigkeit entgegengehalten werden kann, weil die Tat schon Gegenstand eines Privatklageverfahrens gewesen wäre.

Folgerichtig muss als Abgrenzungskriterium dafür, ob die Privatklage wegen eines Offizialverfahrens zurücktreten muss, die Frage herangezogen werden, ob die verfolgbaren Tathandlungen eine **prozessuale Tat** iSd § 264 darstellen.[44] Denn nur bei einer einheitlichen Tat ist die StA gehindert, die Offizialdelikte zu verfolgen. Zulässig ist die Privatklage somit regelmäßig in Fällen der Realkonkurrenz, unzulässig in Fällen der

---

[35] Sinn in MüKoStGB StGB § 241 Rn. 3; Kulhanek in KMR-StPO Rn. 10 f.
[36] Krick in MüKoStGB StGB § 301 Rn. 2 mwN.
[37] Näher Wieck-Noodt in MüKoStGB StGB § 303c Rn. 2 mwN.
[38] Allgayer in KK-StPO Rn. 6j.
[39] Kulhanek in KMR-StPO Rn. 10c; aA wohl Hilger in Löwe/Rosenberg Rn. 13.
[40] Hiéramente in BeckOK GeschGehG GeschGehG § 23 Rn. 85.
[41] Hohmann in MüKoStGB GeschGehG § 23 Rn. 75.
[42] Vgl. Alexander in Köhler/Bornkamm/Feddersen, 42. Aufl. 2024, GeschGehG § 23 Rn. 109.
[43] BGH 8.3.2016 – 3 StR 417/15, NStZ 2016, 680; Weißer in Gercke/Julius/Temming/Zöller Rn. 14; Velten in SK-StPO § 374 Rn. 36.
[44] BGH 8.3.2016 – 3 StR 417/15, NStZ 2016, 680; Schmitt in Meyer-Goßner/Schmitt Rn. 4; Kulhanek in KMR-StPO § 374 Rn. 14 f.; Velten in SK-StPO Rn. 37; vgl. auch Hilger in Löwe/Rosenberg § 374 Rn. 18.

§ 375

Ideal- und Gesetzeskonkurrenz. Fallen Privatklage- und Offizialdelikt in einer prozessualen Tat zusammen, ist die Privatklage auch dann unzulässig, wenn die StA kein Verfahren betreibt.[45] Der Vorrang des Offizialverfahrens endet erst mit der Verjährung der konkurrierenden Tat.[46]

28 Bei der Beurteilung der Frage, ob auch eine Tat vorliegt, die dem Offizialverfahren unterliegt, kommt es auf den **hinreichenden Tatverdacht** an.[47] Der Richter, der die Akten nach § 377 Abs. 1 wegen des Verdachts eines Offizialdelikts der StA zuleitet, ist an deren gegenteilige Auffassung bei der Entscheidung, ob das Verfahren nach § 383 Abs. 1 wegen eines konkurrierenden Offizialdelikts zurückgewiesen wird, nicht gebunden.[48] Der Verletzte kann über das Klageerzwingungsverfahren eine Verfolgung durch die StA erreichen.[49]

29 Unzulässig bleibt die Privatklage auch dann, wenn die StA oder das Gericht das Verfahren hinsichtlich des Offizialdelikts nach den **§§ 153 ff.** einstellt:[50] In Fällen des §§ 153, 153a bleibt die Tat weiterhin durch die StA verfolgbar, so dass der Vorrang des Offizialverfahrens entgegensteht (→ § 153 Rn. 9).[51] Auch in Fällen des § 154a bleiben die eingestellten Privatklagedelikte ein Teil des Offizialverfahrens, welches die prozessuale Tat als Ganzes zum Gegenstand hat, so dass einer Privatklage zunächst die Rechtshängigkeit und nach Eintritt der Rechtskraft schließlich Strafklageverbrauch entgegensteht.[52]

30 Eine Ausnahme soll nach teilweise vertretener Auffassung für den Fall gelten, dass die StA das Verfahren hinsichtlich eines reinen Privatklagedeliktes kompetenzwidrig einstellt, denn die Einstellung obläge in diesen Fällen ausschließlich dem Gericht (§ 383 Abs. 2 S. 1).[53] Allerdings setzt diese Ansicht voraus, dass das Gericht auch dazu befugt ist, das Vorliegen eines öffentlichen Interesses iSd § 376 zu überprüfen, da in diesem Fall die StA als Herrin des Verfahrens zur Einstellung befugt wäre.[54] Eine solche Befugnis hat das Gericht aber nicht (→ § 376 Rn. 9), so dass die Privatklage auch bei **fehlerhafter Einstellung durch die StA** unzulässig ist.

31 Stehen Privatklage- und Offizialdelikt zueinander in **Tatmehrheit,** ist an eine Verbindung nach § 4 zu denken, sofern nicht die Ausnahme des § 384 Abs. 5 vorliegt. Der Privatkläger verliert seine Rolle hierdurch nicht.[55]

§ 375 Mehrere Privatklageberechtigte

(1) Sind wegen derselben Straftat mehrere Personen zur Privatklage berechtigt, so ist bei Ausübung dieses Rechts ein jeder von dem anderen unabhängig.

(2) Hat jedoch einer der Berechtigten die Privatklage erhoben, so steht den übrigen nur der Beitritt zu dem eingeleiteten Verfahren, und zwar in der Lage zu, in der es sich zur Zeit der Beitrittserklärung befindet.

(3) Jede in der Sache selbst ergangene Entscheidung äußert zugunsten des Beschuldigten ihre Wirkung auch gegenüber solchen Berechtigten, welche die Privatklage nicht erhoben haben.

---

[45] Allgayer in KK-StPO Rn. 9; Velten in SK-StPO Rn. 39.
[46] Hilger in Löwe/Rosenberg Rn. 19; Kulhanek in KMR-StPO Rn. 16; Velten in SK-StPO Rn. 40.
[47] Hilger in Löwe/Rosenberg Rn. 20; Schmitt in Meyer-Goßner/Schmitt Rn. 3.
[48] OLG Neustadt 15.2.1961 – Ws 22/62, MDR 1961, 1955.
[49] Das Klageerzwingungsverfahren bezieht sich dann auf die gesamte prozessuale Tat, so dass eine Rechtsmittelbelehrung nicht nur hinsichtlich des Offizialdeliktes zu erfolgen hat. s. zutreffend Solbach DRiZ 1977, 181 (182).
[50] Hilger in Löwe/Rosenberg Rn. 25 f.; Mayer JZ 1955, 601 (603).
[51] Diemer in KK-StPO § 153 Rn. 9; Kuhlmann MDR 1974, 897; Mayer JZ 1955, 601 (603); aA Klussmann MDR 1974, 362.
[52] Kulhanek in KMR-StPO Rn. 18; Velten in SK-StPO Rn. 43.
[53] Hilger in Löwe/Rosenberg Rn. 24; Kulhanek in KMR-StPO Rn. 17.
[54] Velten in SK-StPO Rn. 42.
[55] Hilger in Löwe/Rosenberg Rn. 17; Weißer in Gercke/Julius/Temming/Zöller Rn. 14.

Übersicht

	Rn.		Rn.
I. **Normzweck**	1	b) Mehrere Berechtigte nach Eröffnungsbeschluss	6
II. **Beteiligung durch mehrere Berechtigte**	3	2. Prozesshandlungen mehrerer Berechtigter	8
1. Klageerhebung und Beitritt (Abs. 1 und 2)	4		
a) Mehrere Berechtigte vor Eröffnungsbeschluss	4	III. **Wirkung von Entscheidungen (Abs. 3)**	9

I. Normzweck

Das Privatklageverfahren stellt eine Ausnahme von der Offizialmaxime dar (→ Vor § 374 Rn. 1). Das Offizialprinzip in Verbindung mit der prozessrechtlichen Stellung der StA hat im Offizialverfahren unter anderem zur Folge, dass Prozesshandlungen gegenüber dem Gericht „aus einer Hand" erfolgen. Im Privatklageverfahren können mehrere, hinsichtlich derselben prozessualen Tat iSd § 264 Klageberechtigte unabhängig voneinander gegenüber dem Gericht auftreten und sich abweichend voneinander verhalten. Die Norm des § 375 zielt auf die Regelung der möglicherweise hieraus entstehenden **Konflikte.** Dies betrifft die Frage nach den Folgen, die eine Klageerhebung eines Berechtigten gegenüber dem Recht zur Klageerhebung weiterer Berechtigter hat (Abs. 1), die Frage nach den Konsequenzen zeitlich auseinanderfallender Klageerhebungen mehrerer Berechtigter (Abs. 2) sowie die Frage nach der Rechtskraftwirkung von Entscheidungen gegenüber mehreren Berechtigten (Abs. 3). 1

Das gesetzliche Leitbild ist, dass mehrere Privatklageberechtigte über ihr Prozessverhalten **unabhängig** voneinander entscheiden können sollen, ohne auf eine einheitliche Willensbildung angewiesen zu sein oder und ohne ihre jeweiligen Prozessrechte dadurch zu verlieren, dass ein anderer Berechtigter sein korrespondierendes Recht ausübt. Dieser Grundsatz gilt aber nur soweit, wie die Stellung des Angeklagten gegenüber dem Offizialverfahren unberührt bleibt: Rechtshängigkeit und Rechtskraft der prozessualen Tat (§ 264) stehen einer weiteren Anklage durch einen anderen Berechtigten entgegen. Dem Angeklagten gegenüber wird hinsichtlich einer prozessualen Tat ein einheitliches Verfahren geführt, das nicht durch später hinzutretende Akteure verzögert werden soll. 2

II. Beteiligung durch mehrere Berechtigte

Mehrere Personen können wegen derselben prozessualen Tat iSd § 264 zur Privatklage berechtigt sein, wenn es bei einer Tat mehrere Verletzte gibt oder neben dem Verletzten eine weitere zur Stellung eines Strafantrages berechtigte Person existiert. Denkbar sind auch Mischfälle dieser Konstellationen. 3

1. Klageerhebung und Beitritt (Abs. 1 und 2). a) Mehrere Berechtigte vor Eröffnungsbeschluss. Mehrere Klageberechtigte können die Privatklage **gemeinsam** erheben.[1] Der Vorteil einer gemeinsamen Klageerhebung kann darin liegen, dass ggf. der Sachvortrag und die Beweismittel zwischen den Privatklageberechtigten abgestimmt und gebündelt werden können, um die Chance auf einen positiven Eröffnungsbeschlusses (§ 383 Abs. 1 S. 1) zu erhöhen. Ist auf Klageerhebung eines Privatklageberechtigten ein negativer Eröffnungsbeschluss ergangen, werden auch für die anderen Berechtigten wegen derselben prozessualen Tat die Folgen des § 211 ausgelöst (→ § 383 Rn. 10). Mehrere Klageberechtigte, die gemeinsam Privatklage erheben, bleiben in der Ausübung ihrer prozessualen Rechte auch im Laufe des Verfahrens unabhängig voneinander. 4

---

[1] AllgM: Hilger in Löwe/Rosenberg Rn. 2; Schmitt in Meyer-Goßner/Schmitt Rn. 2.

5   Erheben mehrere Berechtigte **gleichzeitig** Klage, sind die Verfahren von Amts wegen zu verbinden.² Auch das Rechtsmittelgericht kann, wenn rechtsfehlerhaft zwei Urteile wegen derselben prozessualen Tat erlassen wurden, die Verfahren noch verbinden. Das Verfahrenshindernis kann auch durch die Rücknahme einer der beiden Klagen beseitigt werden.³ Eine Klage, die nach Klageerhebung durch einen anderen Berechtigten, aber vor dem Eröffnungsbeschluss über die Klage des anderen bei Gericht eingeht, wird in einen Beitritt umgedeutet.⁴

6   **b) Mehrere Berechtigte nach Eröffnungsbeschluss.** Nach dem Eröffnungsbeschluss kann ein weiterer Privatklageberechtigter schriftlich, durch Niederschrift in der Geschäftsstelle oder in der mündlichen Verhandlung seinen **Beitritt** erklären. Die Entscheidung über die Zulässigkeit erfolgt durch Beschluss und kann durch den Antragsteller mit der einfachen Beschwerde nach § 304 Abs. 1 angefochten werden. Dem Angeklagten steht kein Rechtsmittel gegen die Entscheidung zu. Der Beitritt kann in jedem Stadium des Verfahrens bis zur Rechtskraft erfolgen, einschließlich der Rechtsmittelinstanzen. Der Beitritt kann auch noch zu dem Zwecke erfolgen, die Wiederaufnahme des Verfahrens zu beantragen.⁵

7   Der Beitritt unterliegt nicht den **Anforderungen** des § 381 und auch ein eigener Sühneversuch des Beitretenden mit dem Angeklagten nach § 380 Abs. 1 ist nicht erforderlich (→ § 380 Rn. 8).⁶ Ist die Klage des anderen Privatklageberechtigten, der die Person beizutreten versucht, unzulässig, so wird das Verfahren mit dem Beitretenden weitergeführt, wenn seine Privatklage zulässig wäre.

8   **2. Prozesshandlungen mehrerer Berechtigter.** Die **Rolle des Beigetretenen** entspricht der des Privatklägers mit dem einzigen Unterschied, dass der Beigetretene das Verfahren nur noch in der Lage beeinflussen kann, in dem es sich zum Zeitpunkt des Beitritts befindet. Der Beigetretene kann wie im Falle mehrerer Berechtigter, die gemeinsam die Privatklage erheben, alle Prozesshandlungen selbstständig und unabhängig von der Zustimmung des ursprünglichen Privatklägers oder weiterer Beigetretenen vornehmen, also etwa Beweisanträge stellen und Beschlüsse beantragen.⁷

III. Wirkung von Entscheidungen (Abs. 3)

9   In der Sache ergangene Entscheidungen über dieselbe prozessuale Tat entfalten ihre **Wirkung** gem. Abs. 3 gegenüber allen Privatklageberechtigten. Dies ergibt sich bereits unmittelbar aus Art. 103 Abs. 3 GG und gilt deshalb – über den Wortlaut hinaus – auch für die StA in dem Fall, dass diese das Verfahren nach § 377 Abs. 2 übernimmt. Abs. 3 hat insofern nur klarstellende Funktion.⁸ In der Sache selbst ergangene Entscheidungen sind alle Entscheidungen, die der materiellen Rechtskraft fähig sind. Solange noch keine formelle Rechtskraft eingetreten ist, kann der Berechtigte noch Rechtsmittel gegen die Entscheidungen einlegen.

10 **Hervorzuheben** sind insbesondere das Sachurteil (§ 260 Abs. 1), der Zurückweisungsbeschluss wegen eines nicht hinreichenden Tatverdachts iSd § 203 bzw. fehlender Strafbarkeit (§ 383 Abs. 1 S. 1) und die Einstellung des Verfahrens wegen geringer Schuld (§ 383 Abs. 2).

11 Ein **Zurückweisungsbeschluss** (§ 383 Abs. 1 S. 1) wegen Unzulässigkeit führt nicht zum Strafklageverbrauch und wirkt deshalb nicht gegen weitere Privatklageberechtigte. Die **Zurückweisung bei Verdacht eines Offizialdelikts** (§ 389 Abs. 1) führt nicht zum Strafklageverbrauch, bindet aber nach dem Zweck der Norm auch die übrigen Privatklageberechtigten. Die StA ist an die Einschätzung des Gerichts jedoch nicht gebunden. Ein

---

2   Hilger in Löwe/Rosenberg Rn. 8; Schmitt in Meyer-Goßner/Schmitt Rn. 7. Vgl. auch OLG Braunschweig 25.11.1966 – Ss 189/66, NdsRpflege 1967, 140.
3   OLG Düsseldorf 23.2.1961 – 1 Vs 16/60, JMBl. NRW. 1961, 111.
4   LG Krefeld 20.8.1980 – 9 Qs 171/80, AnwBl. 1981, 27; Hilger in Löwe/Rosenberg Rn. 9.
5   AllgM: Allgayer in KK-StPO Rn. 6; Schmitt in Meyer-Goßner/Schmitt Rn. 3.
6   Schmitt in Meyer-Goßner/Schmitt Rn. 4; Velten in SK-StPO Rn. 20.
7   Velten in SK-StPO Rn. 22.
8   Kulhanek in KMR-StPO Rn. 9.

Vergleich entfaltet Wirkung nur inter partes und bindet diejenigen Privatklageberechtigten, die nicht auf die Führung des Verfahrens verzichtet haben, nicht.

§ 376 Anklageerhebung bei Privatklagedelikten

Die öffentliche Klage wird wegen der in § 374 bezeichneten Straftaten von der Staatsanwaltschaft nur dann erhoben, wenn dies im öffentlichen Interesse liegt.

Schrifttum: Heghmanns, Öffentliches und besonderes öffentliches Interesse an der Verfolgung von Softwarepiraterie, NStZ 1991, 112; Husmann, Die Beleidigung und die Kontrolle des öffentlichen Interesses an der Strafverfolgung, MDR 1988, 727; Meier/Böhm, Strafprozessuale Probleme der Computerkriminalität, wistra 1992, 166; Keller, Zur gerichtlichen Kontrolle prozessualer Ermessensentscheidungen der Staatsanwaltschaft, GA 1983, 497; Kröpil, Gerichtliche Überprüfung des von der Staatsanwaltschaft bejahten besonderen öffentlichen Interesses, DRiZ 1986, 19; Kröpil, Zur Überprüfbarkeit der Bejahung des besonderen öffentlichen Interesses im Sinne von § 232 StGB, NJW 1992, 654; Vogel, Das besondere öffentliche Interesse an der Strafverfolgung bei Körperverletzungen (§ 232 Abs. 1 StGB), NJW 1961, 761.

I. Normzweck

Die Norm stellt die **Offizialmaxime,** die bei Privatklagedelikten nach § 374 ausnahmsweise nicht gilt (→ Vor § 374 Rn. 1), für den Fall wieder her, dass ein öffentliches Interesse an der Klageerhebung durch die StA besteht. Unsicherheit besteht darüber, inwieweit die StA durch den Begriff des öffentlichen Interesses zur **Klageerhebung verpflichtet** ist. So wird in der Literatur davon gesprochen, dass die Anwendung des unbestimmten Rechtsbegriffes einer Ermessensentscheidung nahekomme[1] oder gar davon, dass der StA ein Verfolgungs- oder Tatbestandsermessen zustehe.[2] Hierzu ist zunächst festzustellen, dass der Begriff des öffentlichen Interesses zum Tatbestand des § 376 und nicht zur Rechtsfolgenanordnung gehört.[3] Hinsichtlich der Rechtsfolge sieht die Norm kein Ermessen vor: Die öffentliche Klage „wird" erhoben. Dass der StA faktisch ein Beurteilungsspielraum zukommt, ergibt sich daraus, dass sie als einzige Institution zur Auslegung des unbestimmten Rechtsbegriffes berufen ist und insoweit auch keiner gerichtlichen Kontrolle unterliegt (→ Rn. 9). Entscheidend für die Einordnung des Rechtsbegriffes ist somit letztlich die Frage, ob man einen gesetzlich verbindlichen, aber gerichtlich nicht überprüfbaren Tatbestand unter den Ermessensbegriff fassen möchte.[4] Die besseren Gründe sprechen dafür, diese – praktisch freilich nicht bedeutsame – Frage zu verneinen: Dass eine Entscheidung gerichtlich nicht überprüft werden kann, bedeutet nicht, dass sie nicht mit rechtlichen Argumenten kritisiert werden kann. Die StA muss die Norm auslegen, nicht zwischen mehreren Optionen auswählen. 1

II. Öffentliches Interesse

Das öffentliche Interesse an der Strafverfolgung kann sich aus Gründen ergeben, die mit der **Natur der Tat, der Person des Täters oder der Täter-Opfer-Beziehung** zusammenhängen. Tatbezogene, generalpräventive Erwägungen für die Erhebung einer öffentlichen Klage sind etwa das Ausmaß der Rechtsverletzung und für den Rechtsfrieden besonders gefährliche Tatmotive. Eine täterbezogene, spezialpräventive Erwägung kann in dem Aspekt der Häufung von Straffälligkeiten des Täters liegen. Zu weiteren Fallgruppen wird auf die Ausführungen zu § 153 verwiesen (→ § 153 Rn. 27 ff.). Der öffentlichen Klage sollen zudem solche Fälle zugeführt werden, bei denen die spezifischen Vorteile des Privatklageverfahrens wie die Möglichkeit eines Vergleiches und das Sühneverfahren nicht greifen. Zu berücksichti- 2

---

[1] Kulhanek in KMR-StPO Rn. 1. Von einem „recht weiten Beurteilungsspielraum" spricht Weißer in Gercke/Julius/Temming/Zöller Rn. 2.
[2] Jofer in Satzger/Schluckebier/Widmaier StPO Rn. 1; Allgayer in KK-StPO Rn. 1 spricht von einem „Ermessensbegriff".
[3] Zutreffend Husmann MDR 1988, 727 (729); Kröpil NJW 1992, 654 (655), Husmann DRiZ 1986, 19.
[4] In diese Richtung Keller GA 1983, 497 (517): „Ob die Staatsanwaltschaft Ermessen hat, ist eine Frage der Letztentscheidungskompetenz."

gen ist also zum Beispiel, ob das Opfer dem Täter sozial unterlegen ist, ob wechselseitig bagatellhafte Taten begangen worden sind, die im Rahmen von Sühneverfahren oder Widerklage besser adressiert werden können, oder ob das Opfer in einem besonderen Nähe- bzw. Abhängigkeitsverhältnis zum Täter steht, in dessen Rahmen eine Durchsetzung des materiellen Strafrechts auf dem Privatklageweg unwahrscheinlich erscheint.[5]

3 Der Begriff des öffentlichen Interesses umfasst somit alle Fallgruppen, die unter den gleichlautenden **Begriff des § 153 Abs. 1 S. 1** subsumiert werden, soweit sie sich auf Privatklagedelikte beziehen. Er geht aber auch darüber hinaus, soweit ein öffentliches Interesse deswegen besteht, weil sich die Fälle wegen der Täter-Opfer-Beziehung nicht zur Verfolgung auf dem Privatklageweg eignen.[6]

4 Nach teilweise vertretener Auffassung kann sich ein öffentliches Interesse daraus ergeben, dass das Verfahren nach **§§ 153, 153a eingestellt** werden soll.[7] Es handle sich bei der Entscheidung für eine Verfahrenseinstellung um eine kriminalpolitische und keine prozessökonomische Erwägung; gerade zur Berücksichtigung dieser diene das Legalitätsprinzip.[8] Die Auffassung ist abzulehnen:[9] Das öffentliche Interesse muss nach dem Wortlaut gerade an der Strafverfolgung, nicht am Absehen von der Strafverfolgung bestehen. Systematisch tritt an die Stelle der §§ 153, 154a im Privatklageverfahren die Möglichkeit der Verfahrenseinstellung nach § 383 Abs. 2.

III. Entscheidung der Staatsanwaltschaft

5 Die StA prüft auf Antrag (§ 158) die Erhebung der öffentlichen Klage und kann im vorbereitenden Verfahren (§§ 160–162) ggf. notwendige **Ermittlungen** anstellen, um über das Vorliegen eines öffentlichen Interesses zu befinden.

6 **Bejaht** die StA das öffentliche Interesse, führt sie die Ermittlungen fort und erhebt Anklage. Die positive Feststellung des öffentlichen Interesses muss weder vor noch mit der Anklageerhebung erklärt werden.[10] Sie kann nach Auffassung der Rspr. bis zur rechtskräftigen Entscheidung durch eine formlose Erklärung nachgeholt werden.[11] Der Verletzte kann sich dem Verfahren ggf. als Nebenkläger anschließen (§ 395). Einer Privatklage steht vor Erhebung der öffentlichen Klage der Vorrang des Offizialverfahrens, nach Erhebung der öffentlichen Klage die Rechtshängigkeit entgegen.

7 **Verneint** die StA das öffentliche Interesse, stellt sie das Verfahren nach § 170 Abs. 2 ein und verweist den Verletzten auf den Privatklageweg. Bejaht die StA zunächst das öffentliche Interesse, verneint es aber zu einem späteren Zeitpunkt, kann sie die Klage bis zur Eröffnung des Hauptverfahrens zurücknehmen (§ 156).[12] Die StA muss dann das Verfahren nach § 170 Abs. 2 einstellen und den Verletzten auf den Privatklageweg verweisen. Im umgekehrten Fall, in dem die StA das zunächst verneinte öffentliche Interesse später bejaht, kann sie das Verfahren nach § 377 Abs. 2 übernehmen.

8 Abzugrenzen von der Feststellung des öffentlichen Interesses ist die Prüfung des **besonderen öffentlichen Interesses** nach § 230 Abs. 1 S. 1. Dieser Begriff stellt höhere Anforderungen. Handelt es sich bei der verfolgten Tat um ein Antragsdelikt, muss der Strafantrag auch bei Bejahung des öffentlichen Interesses iSd § 376 vorliegen oder das besondere öffent-

---

[5] Näher Velten in SK-StPO Rn. 3, 6. In der Formulierung der RiStBV Nr. 86 Abs. 2 „[...] kann ein öffentliches Interesse auch dann vorliegen, wenn dem Verletzten wegen seiner persönlichen Beziehung zum Täter nicht zugemutet werden kann, die Privatklage zu erheben, und die Strafverfolgung ein gegenwärtiges Anliegen der Allgemeinheit ist."

[6] Unzutreffend ist insofern die Einschätzung, die Rechtsbegriffe würden sich decken, so aber Jofer in Satzger/Schluckebier/Widmaier StPO Rn. 1; Schmitt in Meyer-Goßner/Schmitt Rn. 1.

[7] Hilger in Löwe/Rosenberg Rn. 2.

[8] Rieß NStZ 1981, 2 (8).

[9] So auch Schmitt in Meyer-Goßner/Schmitt Rn. 1; Kulhanek in KMR-StPO Rn. 4.

[10] Hilger in Löwe/Rosenberg Rn. 12.

[11] BGH 26.5.1961 – 2 StR 40/61, BGHSt 16, 225 = NJW 1961, 2120 (bezogen auf das besondere öffentliche Interesse nach § 232 Abs. 1 StGB aF).

[12] Kulhanek in KMR-StPO Rn. 12.

liche Interesse ebenfalls bejaht werden. In der Feststellung des besonderen öffentlichen Interesses liegt zugleich die Bejahung des (einfachen) öffentlichen Interesses.[13]

IV. Rechtsmittel

Bejaht die StA das öffentliche Interesse an der Strafverfolgung, kann der Beschuldigte nach der zustimmungswürdigen hM hiergegen **gerichtlich nicht vorgehen**.[14] Das öffentliche Interesse stellt keine Prozessvoraussetzung dar, die das Gericht überprüfen und ggf. die Verfahrenseröffnung ablehnen bzw. das Verfahren einstellen müsste, denn systematisch ist die Letztentscheidungskompetenz der StA als Anklagebehörde zugewiesen. Ein Rechtsmittel ist nicht etwa deshalb geboten, weil die Entscheidung den Beschuldigten in seinen Rechten beeinträchtigen würde. Denn die Hürde des § 376 dient nicht dazu, den Beschuldigten vor einer Strafverfolgung zu schützen, sondern lediglich dazu, die Reichweite der Ausnahme vom Legalitätsprinzip festzulegen, also die Frage zu beantworten, unter welchen Voraussetzungen eine durch das materielle Strafrecht pönalisierte Tat durch den Einsatz staatlicher Ressourcen zur Sanktion gebracht wird.[15] Aus diesem Grund steht auch Art. 19 Abs. 4 GG dieser Auslegung nicht entgegen.[16] Auch im umgekehrten Fall, wenn also die StA das öffentliche Interesse verneint, das Gericht dieses aber bejaht, ist das Gericht nur zur Vorlage der Akten verpflichtet, nicht aber dazu berechtigt, die Übernahme des Verfahrens anzuordnen (vgl. § 377 Abs. 1 S. 2). 9

Verneint die StA das öffentliche Interesse, steht dem Privatklageberechtigten kein gerichtliches Rechtsmittel hiergegen zu. Das Klageerzwingungsverfahren ist für Privatklagedelikte gem. § 172 Abs. 2 S. 3 ausdrücklich ausgeschlossen. Es verbleiben für den Verletzten die Möglichkeit der Beschwerde nach § 172 Abs. 1 sowie die Dienstaufsichtsbeschwerde. Ansonsten muss Privatklage erhoben werden, wobei das Gericht die Privatklage nicht deshalb zurückweisen kann, weil es das öffentliche Interesse für gegeben hält.[17] 10

§ 377 Beteiligung der Staatsanwaltschaft; Übernahme der Verfolgung

(1) ¹Im Privatklageverfahren ist der Staatsanwalt zu einer Mitwirkung nicht verpflichtet. ²Das Gericht legt ihm die Akten vor, wenn es die Übernahme der Verfolgung durch ihn für geboten hält.

(2) ¹Auch kann die Staatsanwaltschaft in jeder Lage der Sache bis zum Eintritt der Rechtskraft des Urteils durch eine ausdrückliche Erklärung die Verfolgung übernehmen. ²In der Einlegung eines Rechtsmittels ist die Übernahme der Verfolgung enthalten.

Übersicht

	Rn.		Rn.
I. Normzweck	1	IV. Übernahmegrund	7
II. Beteiligung vor Übernahme	2	V. Zeitliche Grenzen	11
III. Form der Übernahme	4	VI. Folgen der Übernahme	13

---

[13] Hilger in Löwe/Rosenberg Rn. 5.
[14] Hilger in Löwe/Rosenberg Rn. 15; Weißer in Gercke/Julius/Temming/Zöller Rn. 8; Schmitt in Meyer-Goßner/Schmitt Rn. 7; Allgayer in KK-StPO Rn. 3; BGH 26.5.1961 – 2 StR 40/61, BGHSt 16, 225 = NJW 1961, 2120 sowie BayObLG 29.11.1990 – 3 St 168/90, NJW 1991, 1765; aA OLG Bremen 24.11.1960 – Ss 70/60, NJW 1961, 144; Husmann MDR 1988, 727 (728 f.); Kröpil NJW 1992, 654; Kröpil DRiZ 1986, 19 (20); Vogel NJW 1961, 761 (jeweils bezogen auf das besondere öffentliche Interesse nach § 232 Abs. 1 StGB aF).
[15] In den Worten von Velten in SK-StPO Rn. 38: „Es gibt kein berechtigtes Interesse des Beschuldigten auf ein bestimmtes Prozedere."
[16] BVerfG 8.5.1979 – 2 BvR 782/78, NJW 1979, 1591 (Bezogen auf das besondere öffentliche Interesse nach § 232 Abs. 1 StGB aF).
[17] Hilger in Löwe/Rosenberg Rn. 9; Kulhanek in KMR-StPO Rn. 8.

I. Normzweck

1 Die Vorschrift regelt die **Stellung der StA** im Verfahren ab dem Zeitpunkt, in dem die Privatklage erhoben wird. Die öffentliche Klage kann wegen derselben prozessualen Tat iSd § 264 nicht mehr erhoben werden, da die Rechtshängigkeit entgegensteht. Nach dem gesetzlichen Leitbild soll die StA zu jedem Zeitpunkt ermächtigt sein, das Verfahren wieder an sich zu ziehen und als Anklagebehörde an die Stelle des Privatklägers zu treten.

II. Beteiligung vor Übernahme

2 Die StA hat in jeder Lage des Verfahrens ein **Teilnahmerecht.** Es ergibt sich aus Abs. 2 S. 1 und umfasst alle Rechte, die erforderlich sind, um das Vorliegen der Voraussetzungen für eine Übernahme pflichtgemäß feststellen zu können. So hat die StA ein Recht auf Akteneinsicht auch dann, wenn das Gericht die Akten nicht nach Abs. 1 S. 2 vorlegt.[1] Auch kann die StA an der – ggf. nicht-öffentlichen –[2] Hauptverhandlung teilnehmen und die zur Ermittlung des Bestehens einer Übernahmepflicht erforderlichen Fragen stellen.[3]

3 **Weitere Befugnisse** wie ein Antragsrecht oder die Abgabe von Erklärungen stehen der StA vor der Übernahme des Verfahrens jedoch nicht zu.[4] Sie ist keine Verfahrensbeteiligte und ihre Einbeziehung würde auch der Systematik des Privatklageverfahrens, nach welcher der Privatkläger anstelle der StA nach eigenem Belieben das Verfahren führt, widersprechen.

III. Form der Übernahme

4 Die Übernahme muss gem. Abs. 2 S. 1 **ausdrücklich** erklärt werden. Dies erfolgt vor dem Eröffnungsbeschluss durch den Antrag auf Eröffnung des Hauptverfahrens (§ 199 Abs. 2), nach dem Eröffnungsbeschluss regelmäßig schriftlich oder mündlich in der Hauptverhandlung, wobei die Übernahmeerklärung dann gem. § 273 Abs. 1 protokolliert werden muss. Die Ausfertigung einer eigenen Anklageschrift ist nicht erforderlich;[5] doch sollte die Erklärung regelmäßig an den Formvorgaben des § 200 orientiert sein. Die Erklärung der Übernahme ist bedingungsfeindlich.[6] Die Einlegung eines Rechtsmittels fingiert die Übernahmeerklärung gem. Abs. 2 S. 2. Die Rechtsmittelfristen des Privatklägers gelten auch für die StA.[7] Eine Begründung ist in keinem Fall erforderlich.

5 Die Auffassung, **Abs. 1 S. 2** liefere einen eigenständigen Übernahmetatbestand, für den die Formvorschrift des Abs. 2 nicht gelten würde,[8] vermag nicht zu überzeugen.[9] Auch wenn das Gericht die Übernahme durch die StA selbst anregt, besteht ein Bedürfnis, die Entscheidung der StA nachzuvollziehen.

6 Die Übernahme muss gegenüber dem Privatklagegericht abgegeben werden, bei dem das Verfahren anhängig ist. **Örtlich und sachlich zuständig** ist somit gem. § 143 Abs. 1 GVG die StA bei dem diesem Gericht übergeordneten LG.[10] Andere StAen, in deren Bezirk ein Gerichtsstand gegeben ist, können keine wirksame Übernahmeerklärung abgeben.

---

[1] AllgA, s. nur Hilger in Löwe/Rosenberg Rn. 2; Allgayer in KK-StPO Rn. 2.
[2] Velten in SK-StPO Rn. 4.
[3] Hilger in Löwe/Rosenberg Rn. 2.
[4] Hilger in Löwe/Rosenberg Rn. 2; Jofer in Satzger/Schluckebier/Widmaier StPO Rn. 3; Schmitt in Meyer-Goßner/Schmitt Rn. 2; Velten in SK-StPO Rn. 4; aA Allgayer in KK-StPO Rn. 2.
[5] BayObLG 27.3.1962 – 2 St 774/61, BayObLGSt 1962, 75. Für das Erfordernis einer eigenen Anklageschrift bei Zweifeln darüber, ob die Tat als Offizialdelikt zu verfolgen ist s. Hilger in Löwe/Rosenberg Rn. 8; Kulhanek in KMR-StPO Rn. 10; aA Schmitt in Meyer-Goßner/Schmitt Rn. 8.
[6] Allgayer in KK-StPO Rn. 7.
[7] Hilger in Löwe/Rosenberg Rn. 12.
[8] OLG Saarbrücken 24.10.1963 – Ss 33/63, NJW 1964, 679; Allgayer in KK-StPO Rn. 6.
[9] Hilger in Löwe/Rosenberg Rn. 7; Velten in SK-StPO Rn. 5.
[10] BGH 7.11.1957 – 2 ARs 143/57, BGHSt 11, 59 = NJW 1958, 229.

IV. Übernahmegrund

Die Übernahme des Verfahrens steht nach dem Wortlaut im **Ermessen** der StA. Die 7 Norm trifft zu den möglichen Gründen einer Übernahme keine Regelung. Sie ergeben sich vielmehr aus der Systematik der StPO: Der **Legalitätsgrundsatz** umfasst grundsätzlich auch die Verpflichtung zur Erhebung der öffentlichen Klage, soweit deren Voraussetzungen gegeben sind (→ § 152 Rn. 26 und → § 170 Rn. 1). Diese Verpflichtung endet nicht etwa dadurch, dass die StA das Verfahren abgeschlossen und den Verletzten nach § 170 Abs. 2 auf den Privatklageweg verwiesen hat, sondern besteht bis zur Verjährung der Taten und auch dann fort, wenn eine Tat in einem Privatklageverfahren rechtshängig geworden ist. Ermessenslenkend ist demnach die Frage, ob nach Lage des Falles unter Berücksichtigung aller im bisherigen Privatklageverfahren bekannt gewordener Umstände die Voraussetzungen für die Erhebung der öffentlichen Klage vorliegen. Wie die Regelung des § 377 Abs. 1 S. 1 klarstellt, ergibt sich hieraus jedoch keine Pflicht der StA, das Verfahren zwecks Aufklärung des Sachverhaltes (vgl. § 160 Abs. 1) zu begleiten.

Die Umstände, die im Ermittlungsverfahren zur Einleitung des Offizialverfahrens füh- 8 ren müssten, sind namentlich die **Bejahung des öffentlichen Interesses** iSd § 376 (→ § 376 Rn. 1 ff.) und der hinreichende **Tatverdacht eines Offizialdeliktes,** das im Rahmen derselben prozessualen Tat iSd § 264 begangen wurde (→ § 374 Rn. 26 ff.). Zu prüfen ist also, ob deren Voraussetzungen im Zeitpunkt der Entscheidung über eine Übernahme vorliegen bzw. Anhaltspunkte vorliegen, die weitere Ermittlungen (§ 160 Abs. 2) zur Feststellung dieser Voraussetzungen[11] erforderlich machen.

Anders als noch vor Erhebung der Privatklage kann in der Abwägung nun auch die 9 **prozessökonomische** Frage berücksichtigt werden, ob die Tat auch ohne Mitwirkung der StA zur Verurteilung gebracht werden kann. Zu bewerten ist der jeweilige Verfahrensstand, ob also etwa die Beweislage ausreichend erscheint oder ob weitere hoheitliche Ermittlungsmaßnahmen erforderlich sind.

Die Auffassung, dass eine Übernahme wegen hinreichenden **Tatverdachtes eines** 10 **Offizialdeliktes unzulässig** sei und die Taten erst mittels einer neuen Klage nach dem Einstellungsbeschluss gem. § 389 Abs. 1 verfolgt werden können,[12] ist abzulehnen. Denn strafprozessrechtlich obliegt der StA die pflichtgemäße und von der gerichtlichen Einschätzung unabhängige Entscheidung darüber, ob wegen eines Offizialdeliktes ermittelt und angeklagt wird (vgl. → § 376 Rn. 9). Dies wird durch die Gegenmeinung unterlaufen, wenn das Gericht erst durch einen Beschluss nach § 389 Abs. 1 die Rechtshängigkeit der Tat beseitigen und damit den Weg für das Offizialverfahren freimachen müsste.[13] Auch Gründe der Prozessökonomie sprechen gegen eine enge Auslegung des Übernahmerechts.[14]

V. Zeitliche Grenzen

Das Übernahmerecht besteht in **jeder Lage** der Sache (Abs. 2 S. 2). Es beginnt, sobald 11 das Privatklageverfahren anhängig ist, also mit dem Eingang der Privatklage bei dem zuständigen Gericht.[15] Die Übernahme ist somit schon vor Eröffnung des Hauptverfahrens,[16] während des Hauptverfahrens und in den Rechtsmittelinstanzen möglich. Die Sache muss noch anhängig sein: Endet das Verfahren vor der Übernahmeerklärung durch Rücknahme (§ 391 Abs. 1), durch Rücknahmefiktion (§ 391 Abs. 2 und 3), durch Tod des Privatklägers bzw. Fristversäumung des Fortsetzungsberechtigten (§ 393) oder durch Einstellung wegen

---

[11] So auch Hilger in Löwe/Rosenberg Rn. 4.
[12] LG Göttingen 18.1.1956 – 6 QS 254/55, NJW 1956, 882; aA Schmitt in Meyer-Goßner/Schmitt Rn. 10; Kulhanek in KMR-StPO Rn. 7.
[13] OLG Düsseldorf 19.9.1963 – Ss 445/63, JMBl. NRW. 1964, 80; Hilger in Löwe/Rosenberg Rn. 16 f.
[14] OLG Celle 22.2.1962 – 1 Ss 39/62, NJW 1962, 1217.
[15] Hilger in Löwe/Rosenberg Rn. 4; Kulhanek in KMR-StPO Rn. 8.
[16] OLG Braunschweig 25.11.1966 – Ss 189/66, Nds. Rpfl. 1967, 140 unter Hinweis darauf, dass einer parallel erhobenen öffentlichen Klage vor dem Eröffnungsbeschluss nicht die Rechtshängigkeit entgegensteht.

des Verdachtes eines Offizialdeliktes (§ 389 Abs. 1), so kann die StA das Verfahren nicht übernehmen, sondern muss öffentliche Klage erheben.

12 Die Übernahme ist bis zur Rechtskraft des Urteils möglich (Abs. 2 S. 1). Umstritten ist, ob die StA das Verfahren auch übernehmen kann, um die **Wiederaufnahme** (§§ 359 ff.) zu betreiben.[17] Der Wortlaut, nach dem die Übernahme nur bis zur Rechtskraft möglich ist, spricht eindeutig dagegen. Jedoch ist kein sachlicher Grund ersichtlich, weshalb die StA entgegen praktischer Bedürfnisse, wenn sie nämlich erst nach Rechtskraft von neuen Tatsachen Kenntnis erhält, zur Übernahme nicht mehr berechtigt sein soll.

VI. Folgen der Übernahme

13 Ab Übernahme gelten ausschließlich die Vorschriften für das öffentliche Verfahren. Die StA tritt in das Verfahren in der Lage ein, in der es sich zum Zeitpunkt der Übernahme befindet, und setzt es **in dieser Lage** fort.[18] Der Strafrichter bleibt zuständig, auch wenn die Sache bei öffentlicher Klage vor dem Schöffengericht hätte verhandelt werden müssen.[19] Die Prozessvoraussetzung eines Sühneversuches (§ 380) entfällt.

14 Der Privatkläger verliert seine **Stellung als Verfahrensbeteiligter** und kann sich als Nebenkläger anschließen, sofern er nach § 395 hierzu befugt ist. Da sich Privat- und Nebenklagebefugnis nicht vollständig decken, scheidet der Privatkläger ggf. gänzlich aus dem Verfahren aus. Sicherheitsleistung (§ 379 Abs. 1) und Gebührenvorschuss (§ 379a) werden frei.[20] Bei einer späteren Verurteilung des Angeklagten trägt er die notwendigen Auslagen des Privatklägers (§ 472 Abs. 3 S. 2).

15 Erhebt die StA die öffentliche Klage, kann sie diese bis zur Eröffnung des Hauptverfahrens zurücknehmen (vgl. § 156). Im Falle der Übernahme des Privatklageverfahrens fehlt es an einer ursprünglich erhobenen öffentlichen Klage, weshalb eine **Klagerücknahme** nach allgemeiner Meinung ausgeschlossen ist.[21] Allerdings liegt es nahe, entgegen der überwiegenden Meinung eine Befugnis zur **Rücknahme der Übernahme** bis zur Eröffnung des Hauptverfahrens anzunehmen.[22] Berechtigte Interessen des Privatklägers stehen dem nicht entgegen, denn mit der Einstellung des staatsanwaltschaftlichen Verfahrens wird die Privatklage als solche fortgeführt, so dass über die Eröffnung des Hauptverfahrens (§ 383 Abs. 1 S. 1) durch das Gericht entschieden werden muss. Die StA wird durch das Legalitätsprinzip zur Führung des Verfahrens ermächtigt und verpflichtet, wenn die Voraussetzungen der öffentlichen Klage vorliegen. Stellt sich im Zwischenverfahren heraus, dass dies (doch) nicht der Fall ist, muss sie spiegelbildlich hiervon wieder Abstand nehmen können.

16 Eine **Einstellung** des Verfahrens nach den § 153 Abs. 1, § 170 Abs. 2 kommt ab dem Zwischenverfahren, in dem sich das Verfahren durch die Erhebung der Privatklage bei Übernahme des Verfahrens vor Eröffnung des Hauptverfahrens befindet, nicht mehr in Betracht.[23] An einer Zustimmungserklärung zur Einstellung nach § 153 Abs. 2, § 153a Abs. 2 ist die StA nicht gehindert. Die StA kann auch nach Übernahme bis zur Eröffnung der Hauptverhandlung in das **Strafbefehlsverfahren** übergehen.[24]

---

[17] Für ein Übernahmerecht Hilger in Löwe/Rosenberg Rn. 6; Kulhanek in KMR-StPO Rn. 8; aA Schmitt in Meyer-Goßner/Schmitt Rn. 5; Allgayer in KK-StPO Rn. 5.
[18] BGH 7.11.1957 – 2 ARs 143/57, BGHSt 11, 56 = NJW 1958, 229.
[19] Hilger in Löwe/Rosenberg Rn. 21; Allgayer in KK-StPO Rn. 8.
[20] Hilger in Löwe/Rosenberg Rn. 25.
[21] BayObLG 27.3.1962 – RevReg. 2 St 774/61, BayObLGSt 1962, 75; Hilger in Löwe/Rosenberg Rn. 20; Weißer in Gercke/Julius/Temming/Zöller Rn. 9; Schmitt in Meyer-Goßner/Schmitt Rn. 7; Kulhanek in KMR-StPO Rn. 17; Velten in SK-StPO Rn. 14.
[22] Hilger in Löwe/Rosenberg Rn. 27; Allgayer in KK-StPO Rn. 10; aA OLG Saarbrücken 9.10.1958 – Vs 2/58, NJW 1959, 163; Schmitt in Meyer-Goßner/Schmitt Rn. 6; Kulhanek in KMR-StPO Rn. 20; Velten in SK-StPO Rn. 16; Weißer in Gercke/Julius/Temming/Zöller Rn. 9.
[23] LG Göttingen 18.1.1956 – 6 QS 254/55, NJW 1956, 882; Kulhanek in KMR-StPO Rn. 17; Velten in SK-StPO Rn. 13; aA Hilger in Löwe/Rosenberg Rn. 28.
[24] Hilger in Löwe/Rosenberg Rn. 20; Allgayer in KK-StPO Rn. 10; aA BayObLG 27.3.1962 – RevReg. 2 St 774/61, BayObLGSt 1962, 75.

Eine vor der Übernahme erhobene **Widerklage** wird durch die Übernahme zu einer 17
Privatklage, die nach § 4 abzutrennen ist.[25] Entsprechendes gilt, wenn die StA die Widerklage übernimmt. Nach der Übernahme ist eine Widerklage nicht mehr zulässig.

§ 378 Beistand und Vertreter des Privatklägers

[1]Der Privatkläger kann im Beistand eines Rechtsanwalts erscheinen oder sich durch einen Rechtsanwalt mit nachgewiesener Vertretungsvollmacht vertreten lassen. [2]Im letzteren Falle können die Zustellungen an den Privatkläger mit rechtlicher Wirkung an den Anwalt erfolgen.

I. Beistand und Vertretung (S. 1)

Der Privatkläger hat das Recht, in der Hauptverhandlung im Beistand eines Rechtsan- 1
waltes zu erscheinen oder sich mit einer nachgewiesenen Vertretungsvollmacht vertreten zu lassen. Mit dem zum 1.1.2018[1] eingefügten technologieoffenen Begriff „nachgewiesen" wollte der Gesetzgeber neben der schriftlichen Fassung der Vollmacht weitere Möglichkeiten eröffnen, die Bevollmächtigung sicher nachzuweisen. Im Blick hatte der Gesetzgeber insbesondere die Übermittlung eines mit einer qualifizierten elektronischen Signatur versehenen Dokuments, in dem der Vertretene das Bestehen einer Vollmacht bestätigt.[2] Unbeschadet bleibt die Möglichkeit des Gerichts, das persönliche Erscheinen anzuordnen (§ 387 Abs. 3). Eine Pflicht zur Bestellung eines Rechtsanwaltes besteht zu keinem Zeitpunkt des Verfahrens, jedoch können die Ausübung des Rechts zur Akteneinsicht (§ 385 Abs. 3) sowie die Stellung von Revisionsanträgen und Anträgen auf Wiederaufnahme (§ 390 Abs. 2) nur durch einen Anwalt erfolgen. Der Privatkläger ist, auch wenn er einen Rechtsanwalt bevollmächtigt hat, zur Teilnahme an der Hauptverhandlung berechtigt und kann bei eigener Verhandlungsunfähigkeit die Aussetzung verlangen.[3] Das Verschulden des Rechtsanwaltes wird wie eigenes Verschulden zugerechnet.[4]

Gem. **§ 138 Abs. 3** kommen als Beistand und Vertreter auch Rechtslehrer an deutschen 2
Hochschulen im Sinne des Hochschulrahmengesetzes mit Befähigung zum Richteramt (§ 138 Abs. 1) sowie – mit Genehmigung des Gerichts – auch andere Personen (§ 138 Abs. 2 S. 1) in Betracht (→ § 138 Rn. 10 f., 13 ff.). Der Rechtsanwalt kann sich gem. § 387 Abs. 2 in Verbindung mit **§ 139** durch einen Referendar vertreten lassen.[5]

Außerhalb der Hauptverhandlung kann sich der Privatkläger nach den allgemeinen 3
zivilrechtlichen Vorschriften **vertreten** lassen. Die Beschränkung auf besonders qualifizierte Personen sowie besondere Formvorschriften gelten somit grundsätzlich nicht. Auch hier sind die Ausnahmen des § 385 Abs. 3, § 390 Abs. 2 zu beachten.

II. Zustellungen (S. 2)

Ist der Rechtsanwalt mit schriftlicher Vollmacht versehen, können die **Zustellungen** 4
(fakultativ) an den Anwalt erfolgen. Die Ladung richtet sich nach den §§ 217, 218.[6] § 145a ist nach seinem Zweck – der Erleichterung des Verfahrens für die Justiz – entsprechend anzuwenden; es ist somit nicht erforderlich, dass sich die Vollmacht ausdrücklich auf den Empfang von Zustellungen erstreckt.[7] Der Privatkläger ist nicht schutzwürdiger als der Beschuldigte, zumal auch der Privatkläger über den ebenfalls entsprechend anzuwendenden

---

[25] Hilger in Löwe/Rosenberg Rn. 26; Allgayer in KK-StPO Rn. 11; Velten in SK-StPO Rn. 12.
[1] BGBl. 2017 I 2208.
[2] BT-Drs. 18/9416, 70.
[3] KG 12.12.1960 – 3 Vs 3/60, JR 1961, 106; OLG Bremen 17.12.1958 – Ss 65/58, GA 1959, 151.
[4] OLG Düsseldorf 8.2.1993 – 1 Ws 99 100/93, NJW 1993, 1344.
[5] Hilger in Löwe/Rosenberg Rn. 5.
[6] OLG Celle 25.10.1965 – 2 Ss 303/65, MDR 1966, 256; Schmitt in Meyer-Goßner/Schmitt Rn. 5.
[7] Hilger in Löwe/Rosenberg Rn. 9; Weißer in Gercke/Julius/Temming/Zöller Rn. 6; Schmitt in Meyer-Goßner/Schmitt Rn. 7; aA Kulhanek in KMR-StPO Rn. 5; Velten in SK-StPO Rn. 4.

§ 145a Abs. 3 geschützt wird. Der Empfang von Ladungen bedarf entsprechend § 145a Abs. 2 der ausdrücklichen Zustimmung des Privatklägers. Eine Zustellung an den Privatkläger selbst ist stets wirksam. Bei einer Doppelzustellung richtet sich der Beginn eines Fristlaufes entsprechend § 37 Abs. 2 nach der zuletzt bewirkten Zustellung.[8]

§ 379 Sicherheitsleistung; Prozesskostenhilfe

(1) Der Privatkläger hat für die dem Beschuldigten voraussichtlich erwachsenden Kosten unter denselben Voraussetzungen Sicherheit zu leisten, unter denen in bürgerlichen Rechtsstreitigkeiten der Kläger auf Verlangen des Beklagten Sicherheit wegen der Prozeßkosten zu leisten hat.

(2) ¹Die Sicherheitsleistung ist durch Hinterlegung in barem Geld oder in Wertpapieren zu bewirken. ²Davon abweichende Regelungen in einer auf Grund des Gesetzes über den Zahlungsverkehr mit Gerichten und Justizbehörden erlassenen Rechtsverordnung bleiben unberührt.

(3) Für die Höhe der Sicherheit und die Frist zu ihrer Leistung sowie für die Prozeßkostenhilfe gelten dieselben Vorschriften wie in bürgerlichen Rechtsstreitigkeiten.

Übersicht

	Rn.			Rn.
I. Allgemeines	1	1.	Bewilligungsvoraussetzungen der Prozesskostenhilfe	9
II. Sicherheitsleistung	2			
1. Voraussetzungen der Sicherheitsleistung (Abs. 1)	2	2.	Wirkung der Prozesskostenhilfe	11
		3.	Beiordnung eines Rechtsanwalts	12
2. Bewirken der Sicherheitsleistung (Abs. 2)	5	4.	Bewilligungsverfahren	13
III. Prozesskostenhilfe (Abs. 3)	8	IV.	Rechtsmittel	14

I. Allgemeines

1 In § 379 kommt zum Ausdruck, dass das Privatklageverfahren dem Zivilprozess angenähert ist. Der Kläger hat – das Gesetz verweist insofern auf die entsprechenden Vorschriften der ZPO – an den Beschuldigten nach Abs. 1 Sicherheit zu leisten. Dass der Kläger das wirtschaftliche Risiko der Privatklage trägt, ergibt sich zum einen aus dem Umstand, dass er alleiniger Adressat des § 379 ist, als auch aus § 471 Abs. 2 und Abs. 3. Danach hat er im Falle der Klagezurückweisung oder des Freispruchs die Kosten des Verfahrens zu tragen. § 379 Abs. 3 eröffnet dem Kläger die Möglichkeit, Prozesskostenhilfe zu beantragen, was eine Ausnahme im durch die Offizialmaxime geprägten Regelungsgefüge der StPO darstellt.

II. Sicherheitsleistung

2 **1. Voraussetzungen der Sicherheitsleistung (Abs. 1).** Abs. 1 verweist bezüglich der Voraussetzungen der Sicherheitsleistung auf die §§ 108–113 ZPO. Bedeutsam ist insbesondere der Verweis auf § 110 Abs. 1, wonach nur derjenige Privatkläger Sicherheit leisten muss, der seinen **gewöhnlichen Aufenthalt** nicht in einem Mitgliedstaat der Europäischen Union oder in einem Vertragsstaat des Abkommens über den Europäischen Wirtschaftsraum hat.

3 Die Verpflichtung zur Sicherheitsleistung entsteht jedoch nur auf **Verlangen** des Beschuldigten. Bringt dieser das Verlangen in der ersten Instanz nicht zum Ausdruck, so

---

[8] Hilger in Löwe/Rosenberg Rn. 9.

kann er in der Rechtsmittelinstanz nur unter den Voraussetzungen des § 111 ZPO Sicherheiten fordern.[1]

Sofern dem Privatkläger auf Antrag nach Abs. 3 Prozesskostenhilfe bewilligt wird, ist 4 er von der Verpflichtung zur Sicherheitsleistung nach § 122 Abs. 1 Nr. 2 ZPO befreit.

2. Bewirken der Sicherheitsleistung (Abs. 2). Das Gericht bestimmt die **Höhe** der 5 Sicherheitsleistung nach § 112 Abs. 1 ZPO. § 112 Abs. 2 ZPO beschränkt das grundsätzlich freie richterliche Ermessen auf die für den Beschuldigten voraussichtlich aus dem Rechtsstreit erwachsenden Kosten.[2] Bei der Kostenprognose sind alle dem Privatkläger offenstehenden Instanzen zu berücksichtigen. Stellt sich in der Rechtsmittelinstanz heraus, dass die in erster Instanz geleisteten Sicherheiten nicht genügend sind, kann das Gericht eine Aufstockung anordnen.[3] Dadurch soll sichergestellt werden, dass ausreichende Sicherheiten auch für etwaige Rechtsmittel des Beschuldigten vorhanden sind.

Bezüglich der **Art** der Sicherheitsleistung trifft Abs. 2 abschließende Regelungen. Die 6 Sicherheit ist nach Satz 1 durch Hinterlegung von barem Geld oder von Wertpapieren zu leisten.[4] Abweichend von § 108 Abs. 1 S. 2 ZPO kommt die Leistung einer Bankbürgschaft nicht in Betracht. Nach § 379 Abs. 2 S. 2 iVm § 2 des Gesetzes über den Zahlungsverkehr mit Gerichten und Justizbehörden (ZahlVGJG v. 22.12.2006) steht die Leistung von unbarem Geld der Leistung von barem Geld gleich.

Gem. Abs. 3 Var. 2 iVm § 113 S. 1 ZPO bestimmt das Gericht eine Frist zur Entrich- 7 tung der Sicherheit. Wird die Sicherheit **nicht fristgerecht geleistet,** richtet sich der Fortbestand der Klage nach § 113 S. 2 ZPO. § 391 Abs. 1 und § 379a Abs. 3 finden keine Anwendung.[5] Der Unterschied liegt darin, dass das Gericht nach § 113 S. 2 nur auf Antrag des Beschuldigten die Klage mit Beschluss für zurückgenommen erklärt oder, wenn über ein Rechtsmittel des Klägers zu verhandeln ist, dieses verwirft. Der Kläger kann die Sicherheitsleistung bis zum Zeitpunkt dieses zurückweisenden/verwerfenden Gerichtsbeschlusses nachholen. Anders als bei den § 391 Abs. 2, § 392 führt ein Beschluss des Gerichts nach § 113 S. 2 ZPO nicht zum Strafklageverbrauch. Die erneute Erhebung der Privatklage bleibt dem Kläger also unbenommen.[6] Versäumt der Kläger die Frist unverschuldet, kann er einen Antrag auf Wiedereinsetzung nach §§ 45 f. stellen.[7]

III. Prozesskostenhilfe (Abs. 3)

Abs. 3 Var. 3 verweist für den Anspruch auf Prozesskostenhilfe auf die §§ 114 ff. ZPO. 8 Dieser Verweis bezieht sich auf die Voraussetzungen, die Wirkung und das Bewilligungsverfahren der Prozesskostenhilfe. Die Anfechtbarkeit des gerichtlichen Beschlusses über die Prozesskostenhilfe richtet sich allerdings nach den Normen der StPO und ist somit von der Verweisung nicht umfasst.[8] Aus dem Wortlaut des Abs. 3 ergibt sich nicht, dass ausschließlich dem Kläger Prozesskostenhilfe zusteht. Jedoch hat der Beschuldigte weder Sicherheiten zu leisten, noch einen Kostenvorschuss zu entrichten, sodass für ihn kein Bedürfnis für Prozesskostenhilfe besteht.[9] Der Beschuldigte kann nur Prozesskostenhilfe verlangen, wenn er Widerklage nach § 388 erhebt.[10]

---

[1] OLG Celle 15.2.1955 – 2 Ws 198/54, NJW 1955, 724; Weißer in Gercke/Julius/Temming/Zöller Rn. 3; Schmitt in Meyer-Goßner/Schmitt Rn. 3.
[2] Hilger in Löwe/Rosenberg Rn. 11; Jofer in Satzger/Schluckebier/Widmaier StPO Rn. 4; Schmitt in Meyer-Goßner/Schmitt Rn. 5.
[3] OLG Frankfurt a. M. 8.1.1980 – 2 Ws 232/79, NJW 1980, 2032; Hilger in Löwe/Rosenberg Rn. 11.
[4] Hilger in Löwe/Rosenberg Rn. 10; Jofer in Satzger/Schluckebier/Widmaier StPO Rn. 3.
[5] Hilger in Löwe/Rosenberg Rn. 11; Schmitt in Meyer-Goßner/Schmitt Rn. 6.
[6] OLG Hamburg 27.1.1989 – 1 Ws 283/88, NStZ 1989, 244; Velten in SK-StPO Rn. 5.
[7] Hilger in Löwe/Rosenberg Rn. 11.
[8] OLG Celle 4.2.1957 – 2 Ws 30/57, MDR 1957, 374; OLG Hamburg 24.1.1969 – 1 Ws 55/69, NJW 1969, 944; Weißer in Gercke/Julius/Temming/Zöller Rn. 9; Schmitt in Meyer-Goßner/Schmitt Rn. 8; Velten in SK-StPO Rn. 6.
[9] Daimagüler Der Verletzte im Strafverfahren Rn. 581; Hilger in Löwe/Rosenberg Rn. 17.
[10] OLG Düsseldorf 8.4.1988 – 1 Ws 298/88, NStZ 1989, 92; Hilger in Löwe/Rosenberg Rn. 34; Jofer in Satzger/Schluckebier/Widmaier StPO Rn. 6; Schmitt in Meyer-Goßner/Schmitt Rn. 7.

9 **1. Bewilligungsvoraussetzungen der Prozesskostenhilfe.** § 114 Abs. 1 S. 1 ZPO statuiert die **Voraussetzungen** für die Gewährung von Prozesskostenhilfe. Der Antragsteller darf nach seinen persönlichen und wirtschaftlichen Verhältnissen die Kosten der Prozessführung nicht, nur zum Teil oder nur in Raten aufbringen können. Des Weiteren muss die Privatklage hinreichende Erfolgsaussichten bieten und darf nicht mutwillig sein. Der Kläger hat beim zuständigen Prozessgericht einen Antrag auf Prozesskostenhilfe nach § 117 ZPO zu stellen. Diesem Antrag ist nach § 117 Abs. 2 ZPO die Erklärung über die persönlichen und wirtschaftlichen Verhältnisse beizufügen. Das Gericht berechnet die Mittellosigkeit des Klägers für jeden Einzelfall anhand § 115 ZPO.

10 An **hinreichenden Erfolgsaussichten** fehlt es, wenn eine Einstellung des Verfahrens wegen geringer Schuld nach § 383 Abs. 2 S. 1 absehbar oder, im Falle wechselseitiger Beleidigungen, nach § 199 StGB Straffreiheit des Beschuldigten zu erwarten ist.[11] Die Privatklage ist **mutwillig** gem. § 114 Abs. 2 ZPO, wenn ein Kläger trotz hinreichender Erfolgsaussichten der Klage das Verfahren mit eigenen Mitteln nicht anstreben würde. Dadurch soll verhindert werden, dass die Privatklage als Mittel zur Durchsetzung privater Willkür zweckentfremdet wird.[12]

11 **2. Wirkung der Prozesskostenhilfe.** Bewilligt das Gericht den Antrag auf Prozesskostenhilfe, so können Kostenansprüche des Staates gegen den Kläger nur unter Beachtung dieser gerichtlichen Anordnung verlangt werden. Mit der Bewilligung der PKH entfällt die Pflicht des Klägers Sicherheit (§ 379 Abs. 1) zu leisten gem. § 122 Abs. 1 Nr. 1 ZPO sowie die Pflicht einen Vorschuss (§ 379a Abs. 1) zu entrichten gem. § 122 Abs. 1 Nr. 2. Jedoch wird der Kläger durch die Bewilligung der PKH nicht von seiner Pflicht aus § 220 Abs. 2 befreit. Einem unmittelbar geladenen Zeugen muss er die gesetzliche Entschädigung zahlen.[13] Die Prozesskostenhilfe wird gem. § 119 Abs. 1 ZPO für jede Instanz gesondert bewilligt.[14]

12 **3. Beiordnung eines Rechtsanwalts.** Abs. 3 Var. 3 verweist auch auf § 121 ZPO.[15] Nach § 121 Abs. 1 wird dem Privatkläger ein Rechtsanwalt beigeordnet, wenn die anwaltliche Vertretung vorgeschrieben ist. Das Gesetz statuiert in § 390 Abs. 2 für Revisionsanträge und für Anträge zur Wiederaufnahme des Verfahrens einen Anwaltszwang. Darüber hinaus wird auf Antrag nach § 121 Abs. 2 Var. 1 ZPO ein Rechtsanwalt beigeordnet, wenn die Vertretung erforderlich erscheint. Das ist insbesondere bei hoher Komplexität der Rechts- oder Sachlage der Fall oder wenn der Privatkläger sein Recht zur Akteneinsicht gem. § 385 Abs. 3 ausüben möchte.[16] Umstritten ist, ob im Rahmen der Privatklage auch § 121 Abs. 2 Var. 2 ZPO Anwendung findet. § 121 Abs. 2 Var. 2 ZPO ist im Zivilprozess Ausdruck des Prinzips der Waffengleichheit. Eine Übertragung dieses Prinzips ins Strafverfahren ist wegen der staatlichen Aufklärungspflicht und der Offizialmaxime nicht geboten. § 121 Abs. 2 Var. 2 ZPO findet somit nach zutreffender Auffassung keine Anwendung.[17]

13 **4. Bewilligungsverfahren.** Das Bewilligungsverfahren richtet sich nach den §§ 114 ff. ZPO. Die Anforderungen an den Antrag auf Prozesskostenhilfe ergeben sich aus § 117 ZPO. Der Antrag ist schriftlich bei dem für die Privatklage zuständigen Gericht einzureichen oder kann bei dessen Geschäftsstelle zu Protokoll erklärt werden. Die persönlichen und wirtschaftlichen Angaben sind regelmäßig mit Hilfe des durch die PKH-Vordruckverord-

---

[11] Hilger in Löwe/Rosenberg Rn. 16; Jofer in Satzger/Schluckebier/Widmaier StPO Rn. 7; Schmitt in Meyer-Goßner/Schmitt Rn. 9.
[12] Jofer in Satzger/Schluckebier/Widmaier StPO Rn. 7; Schmitt in Meyer-Goßner/Schmitt Rn. 9; Velten in SK-StPO Rn. 10.
[13] Hilger in Löwe/Rosenberg Rn. 18; Weißer in Gercke/Julius/Temming/Zöller Rn. 11; Velten in SK-StPO Rn. 11.
[14] Hilger in Löwe/Rosenberg Rn. 19; Weißer in Gercke/Julius/Temming/Zöller Rn. 11.
[15] Schmitt in Meyer-Goßner/Schmitt Rn. 10.
[16] Hilger in Löwe/Rosenberg Rn. 19; Schmitt in Meyer-Goßner/Schmitt Rn. 10; Velten in SK-StPO Rn. 15.
[17] BVerfG 12.4.1983 – 2 BvR 1304/80, 432/81, NJW 1983, 1599; OLG Düsseldorf 8.4.1988 – 1 Ws 298/88, NStZ 1989, 92; Schmitt in Meyer-Goßner/Schmitt Rn. 10; Velten in SK-StPO Rn. 15.

nung vom 17.10.1994 (BGBl. I 3001) eingeführten Formblattes zu übermitteln.[18] Der Antrag kann vor, zeitgleich mit oder nach der Privatklageerhebung gestellt werden. Wird der Antrag mit Klageerhebung gestellt und abgewiesen, trägt der Kläger die Kosten. Um dieses Risiko zu vermeiden, empfiehlt es sich, den Antrag vor Klageerhebung zu stellen und einen Entwurf der Klage beizufügen.[19] Alternativ kann die Privatklageerhebung auch von der Bewilligung des Prozesskostenhilfeantrages abhängig gemacht werden (auch → § 381 Rn. 4).[20] Die Bewilligung wirkt auf den Zeitpunkt der Antragstellung zurück. Nach § 118 Abs. 2 S. 1 ZPO kann das Gericht die Glaubhaftmachung der vom Kläger getätigten Angaben verlangen. Es kann im Privatklageverfahren jedoch keine Versicherung an Eides statt fordern.[21] Nach § 118 Abs. 1 S. 1 ZPO ist dem Beschuldigten Gelegenheit zur Stellungnahme zu geben. § 118 Abs. 1 S. 1 ZPO statuiert von diesem Erfordernis eine Ausnahme beim Vorliegen von besonderen Umständen, die die Möglichkeit zur Stellungnahme unzweckmäßig erscheinen lassen. Diese Ausnahme findet im Rahmen der Privatklage keine Anwendung, da § 382 eine Anhörung des Beschuldigten in jedem Falle anordnet.[22] Das Gericht entscheidet über den Antrag durch Beschluss, den es nach § 34 zu begründen hat, sofern dem Antrag nicht zur Gänze stattgegeben wird.

IV. Rechtsmittel

Gegen den für ihn nachteiligen Beschluss über die **Sicherheitsleistung** kann der Kläger mit einer Beschwerde gem. § 304 Abs. 1 vorgehen.[23] **14**

Wird der Antrag des Klägers auf **Prozesskostenhilfe** abgelehnt, so kann er gegen den Beschluss ebenfalls mit einer Beschwerde nach § 304 Abs. 1 vorgehen.[24] Die Wertgrenze des § 304 Abs. 3 greift nicht.[25] Eine Beschwerde ist auch im Berufungsverfahren vor dem LG möglich, § 305 S. 1 steht dem nicht entgegen. Nicht anwendbar ist § 127 Abs. 2 ZPO.[26] Entscheidungen des OLG sind gem. § 304 Abs. 4 S. 2 nicht anfechtbar.[27] Eine weitere Beschwerde ist wegen § 310 Abs. 2 ausgeschlossen.[28] **15**

In Bezug auf den Beschluss über die Prozesskostenhilfe ist ausschließlich der Privatkläger **anfechtungsberechtigt**. Der Beschuldigte wird von dem Beschluss nicht beschwert. Für ihn macht es keinen Unterschied, ob der Kläger die Klage mit eigenen oder mit staatlichen Mitteln betreibt. Dem Beschuldigten steht somit gegen die Bewilligung der Prozesskostenhilfe kein Rechtsmittel zu.[29] **16**

§ 379a Gebührenvorschuss

(1) Zur Zahlung des Gebührenvorschusses nach § 16 Abs. 1 des Gerichtskostengesetzes soll, sofern nicht dem Privatkläger die Prozeßkostenhilfe bewilligt ist oder

---

[18] Weißer in Gercke/Julius/Temming/Zöller Rn. 12.
[19] Weißer in Gercke/Julius/Temming/Zöller Rn. 13.
[20] LG Frankfurt a. M. 28.1.1953 – 5/7 Qs 397/52, NJW 1953, 798; LG Köln 26.3.1958 – 35 Qs 87/58, MDR 1958, 622; Weißer in Gercke/Julius/Temming/Zöller Rn. 13; aA Hilger in Löwe/Rosenberg Rn. 23 f.
[21] Hilger in Löwe/Rosenberg Rn. 25.
[22] Hilger in Löwe/Rosenberg Rn. 25.
[23] Jofer in Satzger/Schluckebier/Widmaier StPO Rn. 9; Weißer in Gercke/Julius/Temming/Zöller Rn. 16; Schmitt in Meyer-Goßner/Schmitt Rn. 16.
[24] BayObLG 15.12.1950 – III 38/50, NJW 1951, 164; OLG Hamburg 24.1.1969 – 1 Ws 55/69, NJW 1969, 944; Jofer in Satzger/Schluckebier/Widmaier StPO Rn. 9; Schmitt in Meyer-Goßner/Schmitt Rn. 17; Velten in SK-StPO Rn. 15; aA Hilger in Löwe/Rosenberg Rn. 30 f.
[25] Weißer in Gercke/Julius/Temming/Zöller Rn. 17; Schmitt in Meyer-Goßner/Schmitt Rn. 17.
[26] BayObLG 15.12.1950 – III 38/50, NJW 1951, 164; OLG Hamburg 24.1.1969 – 1 Ws 55/69, NJW 1969, 944; Weißer in Gercke/Julius/Temming/Zöller Rn. 17.
[27] Schmitt in Meyer-Goßner/Schmitt Rn. 17.
[28] Weißer in Gercke/Julius/Temming/Zöller Rn. 17; Schmitt in Meyer-Goßner/Schmitt Rn. 17.
[29] Hilger in Löwe/Rosenberg Rn. 30; Jofer in Satzger/Schluckebier/Widmaier StPO Rn. 9; Schmitt in Meyer-Goßner/Schmitt Rn. 18; Velten in SK-StPO Rn. 17.

Gebührenfreiheit zusteht, vom Gericht eine Frist bestimmt werden; hierbei soll auf die nach Absatz 3 eintretenden Folgen hingewiesen werden.

(2) Vor Zahlung des Vorschusses soll keine gerichtliche Handlung vorgenommen werden, es sei denn, daß glaubhaft gemacht wird, daß die Verzögerung dem Privatkläger einen nicht oder nur schwer zu ersetzenden Nachteil bringen würde.

(3) ¹Nach fruchtlosem Ablauf der nach Absatz 1 gestellten Frist wird die Privatklage zurückgewiesen. ²Der Beschluß kann mit sofortiger Beschwerde angefochten werden. ³Er ist von dem Gericht, das ihn erlassen hat, von Amts wegen aufzuheben, wenn sich herausstellt, daß die Zahlung innerhalb der gesetzten Frist eingegangen ist.

Übersicht

		Rn.			Rn.
I.	Allgemeines	1	IV.	Zurückweisung der Klage (Abs. 3 S. 1)	9
II.	Zahlung des Gebührenvorschusses/ Frist (Abs. 1)	2	V.	Rechtsmittel (Abs. 3 S. 2, 3)	12
III.	Gerichtliche Handlungen vor Zahlung (Abs. 2)	7	VI.	Auslagenvorschuss	14

I. Allgemeines

1   Abs. 1 statuiert die **Pflicht,** innerhalb einer Frist einen Gebührenvorschuss an das Gericht zu entrichten. Erfolgt die Zahlung nicht fristgerecht, wird die Klage nach Abs. 3 zurückgewiesen.[1] Damit verfolgt die Norm nicht den Schutz des Beklagten, sondern die Wahrung fiskalischer Interessen.[2] Die Zurückweisung hat zur Folge, dass der Kläger mit den Kosten des Verfahrens belastet wird. § 379a begründet dadurch eine Motivation für den Kläger zur fristgerechten Zahlung, wodurch ein dauernder Schwebezustand des Verfahrens verhindert wird. Damit soll zum einen eine Beschleunigung des Verfahrens erreicht,[3] zum anderen eine Belastung der Gerichte durch anhängige „tote Verfahren" vermieden werden.

II. Zahlung des Gebührenvorschusses/Frist (Abs. 1)

2   Nach § 16 Abs. 1 S. 1 GKG hat der Kläger, wenn er Privatklage erhebt, Rechtsmittel einlegt, die Wiederaufnahme beantragt oder ein Verfahren nach §§ 440, 441 anstrebt für den jeweiligen Rechtszug einen **Gebührenvorschuss** an das Gericht zu zahlen. Die Höhe dieses Vorschusses richtet sich nach den Nr. 3311, 3321, 3331, 3340, 3410, 3431, 3441 oder 3450 des Kostenverzeichnisses. Wird dem Kläger Prozesskostenhilfe bewilligt, entfällt diese Pflicht nach § 379a Abs. 1 Hs. 2. Auf den Auslagenvorschuss gem. § 17 GKG verweist § 379a nicht. Gem. § 16 Abs. 1 S. 2 GKG ist der Widerkläger zur Entrichtung eines Vorschusses nicht verpflichtet.

3   Das Gericht hat dem Kläger durch Beschluss eine **Frist zur Zahlung** zu setzen. Das bedeutet, dass in höheren Instanzen die Frist nicht vom Vorsitzenden allein, sondern vom gesamten Kollegium zu bestimmen ist.[4] Der Beschluss ist dem Kläger gem. § 35 zuzustellen. Zwar handelt es sich bei § 379a Abs. 1 um eine Sollvorschrift, jedoch ist dem Gericht kein Ermessen eingeräumt.[5] Nur ein fehlerfreier Beschluss kann die Rechtsfolgen des § 379a

---

[1] Daimagüler Der Verletzte im Strafverfahren Rn. 578.
[2] OLG Hamburg 27.1.1989 – 1 Ws 283/8, NStZ 1989, 244; Hilger in Löwe/Rosenberg Rn. 13; Velten in SK-StPO Rn. 1.
[3] OLG Hamburg 27.1.1989 – 1 Ws 283/8, NStZ 1989, 244; Hilger in Löwe/Rosenberg Rn. 4; Velten in SK-StPO Rn. 2.
[4] OLG Schleswig 30.10.1956 – Vs 13/56, GA 1957, 425; Hilger in Löwe/Rosenberg Rn. 4; Weißer in Gercke/Julius/Temming/Zöller Rn. 2; Schmitt in Meyer-Goßner/Schmitt Rn. 2.
[5] Jofer in Satzger/Schluckebier/Widmaier StPO Rn. 2; Schmitt in Meyer-Goßner/Schmitt Rn. 2; Velten in SK-StPO Rn. 5.

auslösen. Der Beschluss muss die zutreffende Höhe des Gebührenvorschusses, Dauer und Ende der angemessenen Frist und einen Hinweis auf die Folgen der Nichtzahlung bei Fristablauf enthalten.[6] Die Dauer der Frist ist nach pflichtgemäßem Ermessen in Ansehung des Einzelfalls zu bestimmen. Dem Kläger muss ausreichend Zeit zugebilligt werden, um seine Rechtsschutzversicherung einzuschalten und entsprechende Zahlung zu veranlassen. Eine Frist von sechs Tagen genügt diesen Anforderungen nicht.[7] Vor deren Ablauf kann die Frist von Amts wegen oder auf Antrag verlängert werden. Das kann insbesondere der Fall sein, wenn eine Zahlung durch den Kläger oder seine Rechtsschutzversicherung voraussichtlich alsbald erfolgt.[8]

Welche Anforderungen an die **Fristwahrung** zu stellen sind, hängt vom verwendeten Zahlungsmittel ab. Bei Verwendung von Gerichtskostenmarken ist der Eingang bei Gericht entscheidend.[9] Weist der Kläger eine Überweisung an, so ist auf den Zeitpunkt der Erteilung des Überweisungsauftrages an den Anweisungsempfänger abzustellen. Die Frist bleibt auch dann gewahrt, wenn zwar die Anweisung, nicht aber der Buchungsnachweis innerhalb der Frist erfolgt.[10] Nicht ausreichend zur Fristwahrung ist die Mitteilung einer Rechtsschutzversicherung, dass eine Zahlung veranlasst ist.[11] Wenn der im Beschluss bezifferte Gebührenvorschuss zu hoch angesetzt ist, werden die Rechtsfolgen des Abs. 3 auch dann nicht ausgelöst, wenn die erbrachte Leistung des Klägers hinter seiner tatsächlich bestehenden Leistungspflicht zurückbleibt.[12] 4

Stellt der Kläger vor Fristablauf einen **Prozesskostenhilfeantrag,** so wird die Frist gegenstandslos. Im Falle der Bewilligung der Prozesskostenhilfe entfällt gem. § 379a Abs. 1 Hs. 2 die Pflicht zur Zahlung des Gebührenvorschusses. Wird der Antrag abgelehnt, so setzt das Gericht eine erneute Frist.[13] 5

Lässt der Kläger die Frist unverschuldet verstreichen, kann er nach § 44 **Wiedereinsetzung** beantragen. Das Gericht kann die Wiedereinsetzung auch von Amts wegen gem. § 45 Abs. 2 S. 1 bewilligen.[14] Jedoch trifft das Gericht keine Nachforschungspflicht in Bezug auf mögliche Wiedereinsetzungsgründe.[15] Die Mittellosigkeit des Klägers rechtfertigt keine Wiedereinsetzung, da er einen Antrag auf Prozesskostenhilfe stellen kann. 6

III. Gerichtliche Handlungen vor Zahlung (Abs. 2)

Vor Zahlung des Gebührenvorschusses sollen gem. Abs. 2 keine gerichtlichen Handlungen erfolgen. Wird das Gericht trotzdem tätig, sind alle Verfahrenshandlungen **wirksam,** auch wenn die Voraussetzungen der Ausnahme aus Abs. 2 Hs. 2 nicht vorliegen.[16] Das gilt insbesondere auch für den Eröffnungsbeschluss.[17] 7

Einen nicht oder nur **schwer zu ersetzenden Nachteil** erfährt der Kläger durch die Verzögerung, wenn die Gefahr besteht, dass sich gegen ihn begangene Straftaten wiederholen werden.[18] Es genügt die Glaubhaftmachung (→ § 26 Rn. 12 ff., → § 45 8

---

[6] BayObLG 6.8.1954 – 2 St 103/54, NJW 1954, 1735; Weißer in Gercke/Julius/Temming/Zöller Rn. 2; Allgayer in KK-StPO Rn. 2; Velten in SK-StPO Rn. 6.
[7] Weißer in Gercke/Julius/Temming/Zöller Rn. 3; Velten in SK-StPO Rn. 5.
[8] OLG Hamm 16.3.1973 – 4 Ws 61/73, NJW 1973, 1206; Schmitt in Meyer-Goßner/Schmitt Rn. 2.
[9] OLG Hamm 26.10.1959 – 3 Ws 539/59, NJW 1960, 547; Schmitt in Meyer-Goßner/Schmitt Rn. 9; Velten in SK-StPO Rn. 9.
[10] LG Hof/Saale 9.10.1957 – Qs 259/57, MDR 1958, 265; Schmitt in Meyer-Goßner/Schmitt Rn. 2; Velten in SK-StPO Rn. 9.
[11] Hilger in Löwe/Rosenberg Rn. 9.
[12] BayObLG 6.8.1954 – 2 St 103/54, NJW 1954, 1735; Schmitt in Meyer-Goßner/Schmitt Rn. 8.
[13] Weißer in Gercke/Julius/Temming/Zöller Rn. 4; Schmitt in Meyer-Goßner/Schmitt Rn. 4; Allgayer in KK-StPO Rn. 2.
[14] Hilger in Löwe/Rosenberg Rn. 12; Schmitt in Meyer-Goßner/Schmitt Rn. 10; Velten in SK-StPO Rn. 10.
[15] OLG Bamberg 12.5.1949 – Ws 99/49, NJW 1949, 835.
[16] Hilger in Löwe/Rosenberg Rn. 11; Schmitt in Meyer-Goßner/Schmitt Rn. 6; Velten in SK-StPO Rn. 7.
[17] Schmitt in Meyer-Goßner/Schmitt Rn. 6; Velten in SK-StPO Rn. 7.
[18] Jofer in Satzger/Schluckebier/Widmaier StPO Rn. 4; Weißer in Gercke/Julius/Temming/Zöller Rn. 6; Schmitt in Meyer-Goßner/Schmitt Rn. 6.

Rn. 9 ff.). Der Beschuldigte kann gegen das Tätigwerden des Gerichts nicht mit Rechtsmitteln vorgehen.[19]

IV. Zurückweisung der Klage (Abs. 3 S. 1)

9 Nach fruchtlosem Ablauf der Frist aus Abs. 1 weist das Gericht die Klage durch begründeten Beschluss (§ 34) nach Abs. 3 S. 1 zurück. Dabei ist unerheblich, ob der Kläger das Fristversäumnis verschuldet hat.[20] Umstritten ist, ob der Kläger nach erfolgter Zurückweisung **erneut Privatklage erheben** kann. Das wird unter Anwendung von § 391 Abs. 2 herrschend verneint.[21] In § 379a Abs. 3 S. 1 ist von einer Zurückweisung die Rede, wohingegen § 391 Abs. 2 eine Zurücknahme voraussetzt. Einer Zurücknahme geht immer ein Eröffnungsbeschluss voraus,[22] der bei fruchtlosem Fristablauf nach § 379a gerade noch nicht existiert. Es kommt deshalb nur eine analoge Anwendung des § 391 Abs. 2 in Betracht, was eine Regelungslücke sowie eine gleichgelagerte Interessenlage voraussetzt. Der Gesetzgeber hat in § 391 Abs. 2, § 392 Regelungen zur Verwirkung des Klagerechts getroffen und dadurch zum Ausdruck gebracht, dass ihm die Problematik grundsätzlich bekannt war. Die Annahme einer Regelungslücke liegt somit eher fern.

10 Jedoch soll § 391 Abs. 2 aufgrund teleologischer Gesichtspunkte **mit folgender Begründung** Anwendung finden: Nur wenn die erneute Klageerhebung unmöglich ist, besteht für den Kläger ausreichender Motivationsdruck, den Gebührenvorschuss fristgerecht zu entrichten. Außerdem wird argumentiert, dass der Kläger durch die Fristsäumnis gerade zum Ausdruck bringt, dass er das Verfahren nicht weiterverfolgen möchte. Darüber hinaus ist der Beschuldigte schutzwürdig, da er andernfalls einer erneuten Klage ausgesetzt würde. Auch sind die Gerichte vor der unnötigen Belastung durch eine Vielzahl von Verfahren zu schützen.

11 Dem ist **entgegenzuhalten,** dass der Kläger, auch wenn ihm die Möglichkeit einer erneuten Klageerhebung zugestanden wird, die Verfahrenskosten zu tragen hat. Das allein gibt ihm Anreiz, den Vorschuss fristgem. zu zahlen. Indem der Kläger erneut Klage erhebt, zeigt er gerade, dass er das Verfahren verfolgen möchte. Gegenteiliges zu behaupten ist eine Willensfiktion. Der Beschuldigte ist hingegen nicht schutzwürdig, da er mangels Zustellung der Klage von ihr noch keine Kenntnis erlangt hat. Er steht bei erneuter Klageerhebung so, als wäre die Klage später erhoben worden. Auch die Argumentation mit der Überlastung der Gerichte geht an der Realität vorbei, da die Privatklageverfahren selten vorkommen und zudem stark rückläufig sind.[23] Es ist darüber hinaus auch nicht einzusehen, weswegen die nicht fristgem. Zahlung des Gebührenvorschusses einen Klageverbrauch nach sich ziehen soll (→ § 379 Rn. 7), eine verspätete Sicherheitsleistung nach § 379 Abs. 1 aber nicht. Die überzeugenderen Argumente sprechen somit dafür, bei einer Zurückweisung nach Abs. 3 S. 1 eine erneute Klageerhebung zuzulassen.[24]

V. Rechtsmittel (Abs. 3 S. 2, 3)

12 Der Privatkläger kann gegen den **Beschluss über den Gebührenvorschuss** und gegen eine Fristsetzung nach Abs. 1 mit einfacher Beschwerde nach § 304 Abs. 1 vorgehen.[25]

---

[19] Hilger in Löwe/Rosenberg Rn. 11; Velten in SK-StPO Rn. 7.
[20] OLG Bamberg 12.5.1949 – Ws 99/49, NJW 1949, 835; Schmitt in Meyer-Goßner/Schmitt Rn. 8.
[21] BayObLG 10.1.1956 – 3 St 180/55, NJW 1956, 758; OLG Hamm 16.2.1953 – 2 Vs 40/52, NJW 1953, 717; LG Bonn 28.11.1990 – 35 Qs 11/90, NStZ 1991, 204; Schmitt in Meyer-Goßner/Schmitt Rn. 11; Allgayer in KK-StPO Rn. 5.
[22] BayObLG 10.1.1956 – 3 St 180/55, NJW 1956, 758.
[23] Rieß SchAZtg 2000, 306.
[24] OLG Hamburg 27.1.1989 – 1 Ws 283/88, NStZ 1989, 244; Hilger in Löwe/Rosenberg Rn. 13 ff.; Weißer in Gercke/Julius/Temming/Zöller Rn. 7 f.; Velten in SK-StPO Rn. 11 ff.
[25] Hilger in Löwe/Rosenberg Rn. 17; Jofer in Satzger/Schluckebier/Widmaier StPO Rn. 6; Schmitt in Meyer-Goßner/Schmitt Rn. 12; Weißer in Gercke/Julius/Temming/Zöller Rn. 9; Allgayer in KK-StPO Rn. 6.

Einen **Zurückweisungsbeschluss** nach Abs. 3 S. 1 kann der Privatkläger mit sofortiger Beschwerde nach § 311 anfechten.[26] Entgegen § 311 Abs. 3 S. 1 ist der Beschluss schon von Amts wegen gem. § 379a Abs. 3 S. 3 aufzuheben, wenn sich im Nachhinein herausstellt, dass die Zahlung fristgerecht geleistet wurde. Dem Beschuldigten steht auch bei fruchtlosem Fristablauf kein Rechtsmittel zu.[27]

VI. Auslagenvorschuss

Der Auslagenvorschuss ist auf **gerichtliche Anordnung** gem. § 17 Abs. 1 GKG zu zahlen. Auf diese Norm wird in Abs. 1 nicht verwiesen. Wird der Auslagenvorschuss nicht entrichtet, so unterlässt das Gericht die Handlungen, zu deren Finanzierung der Vorschuss dient (§ 17 Abs. 1 S. 2 GKG). Zahlt der Kläger nur einen Teilbetrag, so wird, unabhängig vom Klägerbegehren, vorrangig der Gebührenvorschuss aus § 16 Abs. 1 GKG geleistet.[28] Wird dem Kläger Prozesskostenhilfe bewilligt, entfällt seine Vorschusspflicht.[29] Wird das Gericht von Amts wegen tätig, besteht gem. § 17 Abs. 3 GKG keine Vorschusspflicht. Der Beschuldigte muss nur dann einen Auslagenvorschuss gem. § 17 Abs. 4 S. 1 GKG zahlen, wenn er eine gerichtliche Handlung als Widerkläger begehrt.[30]

§ 380 Erfolgloser Sühneversuch als Zulässigkeitsvoraussetzung

(1) ¹Wegen Hausfriedensbruchs, Beleidigung, Verletzung des Briefgeheimnisses, Körperverletzung (§§ 223 und 229 des Strafgesetzbuches), Bedrohung und Sachbeschädigung ist die Erhebung der Klage erst zulässig, nachdem von einer durch die Landesjustizverwaltung zu bezeichnenden Vergleichsbehörde die Sühne erfolglos versucht worden ist. ²Gleiches gilt wegen einer Straftat nach § 323a des Strafgesetzbuches, wenn die im Rausch begangene Tat ein in Satz 1 genanntes Vergehen ist. ³Der Kläger hat die Bescheinigung hierüber mit der Klage einzureichen.

(2) Die Landesjustizverwaltung kann bestimmen, daß die Vergleichsbehörde ihre Tätigkeit von der Einzahlung eines angemessenen Kostenvorschusses abhängig machen darf.

(3) Die Vorschriften der Absätze 1 und 2 gelten nicht, wenn der amtliche Vorgesetzte nach § 194 Abs. 3 oder § 230 Abs. 2 des Strafgesetzbuches befugt ist, Strafantrag zu stellen.

(4) Wohnen die Parteien nicht in demselben Gemeindebezirk, so kann nach näherer Anordnung der Landesjustizverwaltung von einem Sühneversuch abgesehen werden.

Übersicht

		Rn.			Rn.
I.	Allgemeines zum Sühneverfahren	1	V.	Entbehrlichkeit des Sühneversuches (Abs. 3, 4)	7
II.	Erfolgloser Sühneversuch/Bescheinigung (Abs. 1)	4	VI.	Vergleichsbehörden der Länder (Abs. 1 S. 1)	12
III.	Erfolgreicher Sühneversuch	5	VII.	Kostenvorschuss (Abs. 2)	13
IV.	Unterbliebener Sühneversuch	6			

---

[26] Daimagüler Der Verletzte im Strafverfahren Rn. 579.
[27] Jofer in Satzger/Schluckebier/Widmaier StPO Rn. 6; Schmitt in Meyer-Goßner/Schmitt Rn. 12; Weißer in Gercke/Julius/Temming/Zöller Rn. 9.
[28] Hilger in Löwe/Rosenberg Rn. 2.
[29] Hilger in Löwe/Rosenberg Rn. 2; Allgayer in KK-StPO Rn. 7.
[30] Hilger in Löwe/Rosenberg Rn. 2; Schmitt in Meyer-Goßner/Schmitt Rn. 13.

I. Allgemeines zum Sühneverfahren

1 Das Sühneverfahren ist dem gerichtlichen Verfahren vorgeschaltet und zielt auf eine **außergerichtliche Streitbeilegung** mittels Vereinbarung eines Sühnevergleiches (§ 779 BGB) zwischen den beteiligten Parteien. Dadurch sollen die Gerichte entlastet, durch individuelle Wiedergutmachung zwischen Täter und Opfer Rechtsfrieden geschaffen und ein Entkriminalisierungseffekt erreicht werden.[1] Das bedeutet allerdings nicht, dass der Beschuldigte in jedem Fall vor Strafverfolgung geschützt ist. Bei der Bedrohung nach § 241 StGB handelt es sich zB nicht um Antragsdelikt, sodass die StA, trotz erfolgreichen Sühneverfahrens ein Strafverfahren anstreben kann.[2]

2 Der Sühneversuch stellt keine echte Prozessvoraussetzung dar, sondern eine besondere, von Amts wegen zu prüfende **Klagevoraussetzung.** Anders als bei echten Prozessvoraussetzungen ist das Fehlen des Sühneversuchs nicht während des gesamten Verfahrens, sondern nur bis zum Eröffnungsbeschluss beachtlich. Beschließt das Gericht trotz fehlenden Sühneversuchs die Eröffnung des Hauptverfahrens, so ist der Mangel geheilt. Nach Klageerhebung ist eine Nachholung des Sühneversuchs nicht mehr möglich, da dessen Zweck gerade in der Vermeidung des Verfahrens liegt.[3]

3 Das Sühneverfahren ist kein Strafverfahren, weswegen die **Belehrungspflicht** aus § 136 Abs. 1 S. 2 für den Schiedsmann nicht gilt.[4] Da keine polizeiliche oder staatsanwaltschaftliche Vernehmung vorliegt, entspringt für den Schiedsmann eine solche Verpflichtung auch nicht aus § 163a Abs. 3 oder 4. Das Sühneverfahren unterliegt nach Abs. 1 S. 1 der Regelungshoheit der Länder. Teilweise steht es dem Beschuldigten frei, dem Sühneverfahren fern zu bleiben. Da dann keine Zwangssituation gegeben ist, die einer Vernehmung ähnelt, besteht auch kein Grund für eine analoge Anwendung des § 136 Abs. 1 S. 2.[5] Nichts anderes gilt in Ländern, in denen das Fernbleiben mit einem Ordnungsgeld sanktioniert werden kann. Zwar hat der Beschuldigte dann zu erscheinen, jedoch steht es ihm weiterhin frei zu schweigen und sich dadurch dem Sühneverfahren zu entziehen. Die Anwesenheitspflicht versetzt den Beschuldigten nicht in eine Zwangssituation, die eine Analogie zu § 136 Abs. 1 S. 2 rechtfertigen könnte. Eine Pflicht zur Belehrung besteht für den Schiedsmann somit nicht.[6]

II. Erfolgloser Sühneversuch/Bescheinigung (Abs. 1)

4 Klagevoraussetzung für die Privatklage ist ein erfolgloser Sühneversuch. Der Sühneversuch ist erfolglos, wenn die Streitparteien **keinen Sühnevergleich schließen.** Es liegt auch ein erfolgloser Sühneversuch vor, wenn der Beschuldigte zum Sühnetermin nicht erscheint. Das gilt jedoch nur, wenn er ordnungsgemäß unter Einhaltung der Fristen geladen worden ist.[7] Über den gescheiterten Sühneversuch wird von der Vergleichsbehörde eine Bescheinigung nach Abs. 1 S. 3 ausgestellt. Das Gericht hat die erfolglose Durchführung des Sühneverfahrens von Amts wegen zu überprüfen. Dieser Nachweis wird regelmäßig durch die Bescheinigung erbracht, auch wenn das Gericht hieran nicht gebunden ist. Hat das Sühneverfahren vor Klageerhebung stattgefunden, kann der Nachweis hierüber auch noch nachgereicht werden.[8] Legt

---

[1] Daimagüler Der Verletzte im Strafverfahren Rn. 458; Jofer in Satzger/Schluckebier/Widmaier StPO Rn. 1; Weißer in Gercke/Julius/Temming/Zöller Rn. 1; Velten in SK-StPO Rn. 1.
[2] Hilger in Löwe/Rosenberg Rn. 1; Jofer in Satzger/Schluckebier/Widmaier StPO Rn. 1.
[3] OLG Hamburg 9.11.1955 – Vs 11/55, NJW 1956, 522; LG Hamburg 12.9.1972 – (39) Qs 128/71, NJW 1973, 382; LG Neubrandenburg 2.11.1994 – II Qs 81/94, NStZ 1995, 149; Jofer in Satzger/Schluckebier/Widmaier StPO Rn. 3; Schmitt in Meyer-Goßner/Schmitt Rn. 10 f.; Velten in SK-StPO Rn. 11.
[4] Hilger in Löwe/Rosenberg Rn. 23; Schmitt in Meyer-Goßner/Schmitt Rn. 7; Velten in SK-StPO Rn. 8.
[5] So auch Velten in SK-StPO Rn. 8.
[6] Daimagüler Der Verletzte im Strafverfahren Rn. 467; Hilger in Löwe/Rosenberg Rn. 23; Schmitt in Meyer-Goßner/Schmitt Rn. 7; Allgayer in KK-StPO Rn. 7.
[7] LG Itzehoe 30.9.2010 – 1 Qs 175/10, BeckRS 2010, 28407; Velten in SK-StPO Rn. 15.
[8] LG München 21.10.1955 – III Qs 47/55, NJW 1956, 74; LG Stuttgart 25.6.1963 – I Qs 515/63, NJW 1963, 1792; Daimagüler Der Verletzte im Strafverfahren Rn. 460; Hilger in Löwe/Rosenberg Rn. 25; Schmitt in Meyer-Goßner/Schmitt Rn. 9; Velten in SK-StPO Rn. 17.

der Privatkläger die Bescheinigung nicht vor, so wird das Gericht ihn regelmäßig auf sein Versäumnis hinweisen und ihm eine Frist zur Nachreichung setzten.[9] Davon sieht das Gericht jedoch ab, wenn der Kläger durch einen Anwalt vertreten wird. Der Anwalt agiert als Interessensvertreter des Klägers, sodass die gerichtliche Fürsorgepflicht hinter dessen Funktion zurücktritt.[10] Die Klage darf dem Beschuldigten erst mitgeteilt werden, wenn die Bescheinigung bei Gericht vorliegt.[11] Die Strafantragsfrist nach § 77 Abs. 5 StGB ruht bis zur Ausstellung der Bescheinigung.[12]

III. Erfolgreicher Sühneversuch

Ist der Sühneversuch erfolgreich, wird **keine Bescheinigung** ausgestellt. Die Privatklage ist nach Abs. 1 S. 1 unzulässig. Die Parteien schließen einen Vergleich nach § 779 Abs. 1 BGB, der einen Klageverzicht des Klageberechtigten und eine Rücknahme des Strafantrages beinhaltet. Der Vergleich stellt ein Verfahrenshindernis dar und ist nach Landesrecht vollstreckbar. Durch den Vergleich werden allerdings keine Rechte der StA oder möglicher klageberechtigter Dritter beschränkt.[13] Der in dem Vergleich enthaltene Klageverzicht kann nicht angefochten werden.[14] Eine trotz erfolgreichen Sühneverfahrens erhobene Privatklage ist gem. § 383 Abs. 1 zurückzuweisen. Sofern das Verfahren eröffnet wurde, ist es einzustellen.[15]

IV. Unterbliebener Sühneversuch

Wurde trotz fehlenden Sühneversuches eine Privatklage erhoben, erlässt das Gericht einen **Zurückweisungsbeschluss.** Die Kosten trägt gem. § 471 Abs. 2 der Privatkläger.[16] Dem Beschluss kommt keine materielle Rechtskraft zu, sodass die Durchführung des Sühneversuchs und eine erneute Klageerhebung bis zum Eintritt der Verjährung möglich sind.[17] Dadurch wird der Beschuldigte nicht benachteiligt, da er zum Zeitpunkt der Zurückweisung noch keine Kenntnis von der Klageerhebung hatte. Er kann somit kein berechtigtes Vertrauen in den Zurückweisungsbeschluss setzen. Diesem Ergebnis wird entgegengehalten, dass die Vergleichsbereitschaft des Privatklägers bei erneuter Klageerhebung verringert sein wird, da er schon die Kosten der ersten Klage zu tragen hat.[18] Das überzeugt jedoch nicht. Bei den entstandenen Kosten handelt es sich um versunkene Kosten, die der Privatkläger jedenfalls, unabhängig vom späteren Verfahrensausgang, aufgrund seiner übereilten Klageerhebung zu tragen hat. Ein rational handelnder Kläger wird dadurch in seiner Vergleichsbereitschaft nicht beeinträchtigt.[19]

V. Entbehrlichkeit des Sühneversuches (Abs. 3, 4)

Der Sühneversuch ist entbehrlich, wenn die Tat im prozessualen Sinne (§ 264) **zusätzliche Privatklagedelikte** nach § 374 Abs. 1 umfasst, die wiederum kein Sühneverfahren nach § 380 Abs. 1 erfordern.[20]

---

[9] LG Bonn 12.1.1973 – 13a Qs 443/72, MDR 1973, 784; Weißer in Gercke/Julius/Temming/Zöller Rn. 4; Schmitt in Meyer-Goßner/Schmitt Rn. 9.
[10] LG Stuttgart 25.6.1963 – I Qs 515/63, NJW 1963, 1792.
[11] Hilger in Löwe/Rosenberg Rn. 25; Weißer in Gercke/Julius/Temming/Zöller Rn. 4.
[12] Schmitt in Meyer-Goßner/Schmitt Rn. 9.
[13] Hilger in Löwe/Rosenberg Rn. 38 f.; Weißer in Gercke/Julius/Temming/Zöller Rn. 6; Velten in SK-StPO Rn. 10.
[14] LG Frankfurt a. M. 4.5.1959 – 5/5 Qs 49/59, NJW 1959, 1935.
[15] Hilger in Löwe/Rosenberg Rn. 39; Jofer in Satzger/Schluckebier/Widmaier StPO Rn. 10; Weißer in Gercke/Julius/Temming/Zöller Rn. 6.
[16] LG Hamburg 12.9.1972 – (39) Qs 128/71, NJW 1973, 382; LG Aachen 9.12.1960 – III Qs 712/60, NJW 1961, 524; Weißer in Gercke/Julius/Temming/Zöller Rn. 5; Velten in SK-StPO Rn. 12 ff.
[17] LG Düsseldorf 12.4.1965 – X Qs 160/65, NJW 1965, 1446; Graf in BeckOK StPO, 26. Ed., Rn. 6; Hilger in Löwe/Rosenberg Rn. 28; Schmitt in Meyer-Goßner/Schmitt Rn. 12; Velten in SK-StPO Rn. 14.
[18] LG Bonn 28.10.1963 – 13 Qs 567/63, NJW 1964, 417.
[19] Hilger in Löwe/Rosenberg Rn. 29.
[20] Daimagüler Der Verletzte im Strafverfahren Rn. 462; Hilger in Löwe/Rosenberg Rn. 41; Weißer in Gercke/Julius/Temming/Zöller Rn. 7.

8   Nach § 375 Abs. 2 ist ein **Beitritt** zum Verfahren nur in der Lage möglich, in der sich das Verfahren im Zeitpunkt der Beitrittserklärung befindet. Somit muss das Sühneverfahren bei Erhebung einer Wider- oder Nachtragsanklage nicht nochmals durchlaufen werden.[21]

9   In Abs. 3 normiert das Gesetz eine Ausnahme von dem Erfordernis des Sühneverfahrens, wenn die **Antragsbefugnis** nach § 194 Abs. 3, § 230 Abs. 2 StGB nicht allein dem Geschädigten, sondern auch seinem Dienstvorgesetzten zusteht. Eine Rechtsgutsverletzung liegt dann auch gegenüber der Institution vor, der das Opfer angehört. Diese Rechtsgutsverletzung kann durch eine Aussöhnung zwischen Opfer und Täter nicht ausgeräumt werden, sodass ein Sühneverfahren nicht erfolgreich sein kann.

10   Nach Abs. 4 kann auf **Anordnung der Landesjustizverwaltung** von einem Sühneversuch abgesehen werden, wenn die Parteien nicht im selben Gemeindebezirk wohnen. Anders als von der Rechtsprechung[22] wird in der Literatur vertreten, dass das Gericht auch bei Fehlen der Anordnung die Klage zulassen darf.[23]

11   Existiert in der betreffenden Gemeinde **keine Vergleichsbehörde**, kann ebenfalls auf die Durchführung eines Sühneverfahrens verzichtet werden.[24] Gegner dieser Ansicht erblicken darin eine gesetzeswidrige Nichtanwendung des § 380 Abs. 1, wodurch das Gericht seine Kompetenzen überschreite.[25] Verlangt man die Durchführung eines Sühneverfahrens, obwohl keine entsprechende Schiedsstelle existiert, wälzt man ein staatliches Versäumnis auf den Privatkläger ab. Er wird rechtlos gestellt, obwohl der Staat seinen Pflichten, eine für das Sühneverfahren zuständige Stelle einzurichten, nicht nachgekommen ist.

VI. Vergleichsbehörden der Länder (Abs. 1 S. 1)

12   **Baden-Württemberg:** Gem. § 37 S. 1 BWAGGVG (Gesetz zur Ausführung des Gerichtsverfassungsgesetzes und von Verfahrensgesetzen der ordentlichen Gerichtsbarkeit, GBl. 868) ist die Gemeinde Vergleichsbehörde.
Bayern: Gem. Art. 49 Abs. 1 BayAGGVG (Gesetz zur Ausführung des Gerichtsverfassungsgesetzes und von Verfahrensgesetzen der ordentlichen Gerichtsbarkeit, GVBl. 194) ist die Gemeinde Vergleichsbehörde.
Berlin: Gem. §§ 1, 35 BlnSchAG (Schiedsamtsgesetz, GVBl. 109) ist das Schiedsamt Vergleichsbehörde, das für den Bezirk zuständig ist, indem der Beschuldigte seinen Wohnort hat.
Brandenburg: Gem. §§ 1, 30 BbgSchGG (Gesetz zur Regelung der außergerichtlichen Streitbeilegung durch Schiedsstellen und anerkannte Gütestellen im Land Brandenburg, GVBl. I Nr. 31) sind die in jeder Gemeinde eingerichteten Schiedsstellen Vergleichsbehörden.
Bremen: Gem. § 2 AGStPO (Ausführungsgesetz zu Strafprozessordnung, GBl. 103) in Verbindung mit der Verordnung des Senators für Justiz und Verfassung vom 30.12.1958 (SaBremR 312-a-2, GBl. 105) werden Mitglieder der Amtsgerichte zu Sühnebeamten bestellt.
Hamburg: Gem. § 1 Abs. 1, 4 ÖRAG (Gesetz über die Öffentliche Rechtsauskunfts- und Vergleichsstelle, HmbGVBl. 2010, 603, ber. 2011, 16) ist die Öffentliche Rechtsauskunfts- und Vergleichsstelle (ÖRA) Vergleichsbehörde.
Hessen: Gem. §§ 1, 30 HSchAG (Schiedsamtsgesetz, GVBl. 148) ist das Schiedsamt Vergleichsbehörde.

---

[21] Hilger in Löwe/Rosenberg Rn. 42; Weißer in Gercke/Julius/Temming/Zöller Rn. 7; Velten in SK-StPO Rn. 20.
[22] LG Hamburg 12.9.1972 – (39) Qs 128/71, NJW 1973, 382; LG Bonn 12.1.1973 – 13a Qs 443/72, MDR 1973, 784; LG Verden 10.4.1974 – 5 Qs 8/74, MDR 1974, 862.
[23] Hilger in Löwe/Rosenberg Rn. 43; Velten in SK-StPO Rn. 19.
[24] BezG Meiningen 11.3.1992 – Qs 26/92, NStZ 1992, 404; Hilger in Löwe/Rosenberg Rn. 44; Schmitt in Meyer-Goßner/Schmitt Rn. 16; Velten in SK-StPO Rn. 22.
[25] LG Neubrandenburg 2.11.1994 – II Qs 81/94, NStZ 1995, 149; Weißer in Gercke/Julius/Temming/Zöller Rn. 10.

Mecklenburg-Vorpommern: Gem. § 35 SchStG M-V (Gesetz über die Schiedsstellen in den Gemeinden DDR-GBl. I Nr. 61, 1527) ist die gemeindliche Schiedsstelle Vergleichsbehörde.
Niedersachsen: Gem. §§ 1, 37 NSchÄG (Gesetz über gemeindliche Schiedsämter, GVBl. 389) sind die Schiedsämter Vergleichsbehörden.
Nordrhein-Westfalen: Gem. §§ 1, 34 SchAG NRW (Gesetz über das Schiedsamt in den Gemeinden des Landes Nordrhein-Westfalen, GVBl. 316) ist das Schiedsamt Vergleichsbehörde.
Rheinland-Pfalz: Gem. §§ 1, 9 SchO (Schiedsamtsordnung, GVBl. 209) ist die im Schiedsamtsbezirk bestellte Schiedsperson Vergleichsbehörde.
Saarland: Gem. §§ 1, 30 SSchO (Saarländische Schiedsordnung, ABl. 974, ber. ABl. 1313) sind die in den Gemeinden bestellten Schiedspersonen Vergleichsbehörde.
Sachsen: Gem. § 1 Abs. 3 SächsSchiedsGütStG (Sächsisches Schieds- und Gütestellengesetzes, SächsGVBl. 247) ist die gemeindliche Schiedsstelle Vergleichsbehörde.
Sachsen-Anhalt: Gem. §§ 1, 35 SchStG (Schiedsstellen und Schlichtungsgesetz, GVBl. 214) ist die gemeindliche Schiedsstelle Vergleichsbehörde.
Schleswig-Holstein: Gem. §§ 1, 35 SHSchO (Schiedsordnung für das Land Schleswig-Holstein, GBVl. 232) ist das Schiedsamt Vergleichsbehörde.
Thüringen: Gem. §§ 1, 35 ThürSchStG (Schiedsstellengesetz, GVBl. 61) sind die in den Gemeinden eingerichteten Schiedsstellen Vergleichsbehörde.

VII. Kostenvorschuss (Abs. 2)

Die Landesjustizbehörden können nach Abs. 2 bestimmen, dass die Vergleichsbehörden ihr Tätigwerden von der Einzahlung eines angemessenen **Kostenvorschusses** abhängig zu machen haben. Liegt eine solche landesrechtliche Bestimmung vor, hat der Privatkläger den Vorschuss an die Vergleichsbehörde zu entrichten. Erst nach Zahlungseingang wird die Vergleichsbehörde einen Termin für den Sühneversuch anberaumen.[26]   13

§ 381 Erhebung der Privatklage

[1]**Die Erhebung der Klage geschieht zu Protokoll der Geschäftsstelle oder durch Einreichung einer Anklageschrift.** [2]**Die Klage muß den in § 200 Abs. 1 bezeichneten Erfordernissen entsprechen.** [3]**Mit der Anklageschrift sind zwei Abschriften einzureichen.** [4]**Der Einreichung von Abschriften bedarf es nicht, wenn die Anklageschrift elektronisch übermittelt wird.**

Schrifttum: Bohlander, Zu den Anforderungen an die Privatklageschrift nach § 381 StPO, NStZ 1994, 420.

I. Erhebung der Privatklage (S. 1)

Nach § 25 Nr. 1 GVG entscheiden die **Amtsgerichte** über die Privatklage. Zuständig ist das Amtsgericht, in dessen Bezirk ein Gerichtsstand nach §§ 7 ff. fällt. Die Klage wird durch Einreichung einer Anklageschrift erhoben. Alternativ kann die Klage zu Protokoll der Geschäftsstelle gegeben werden. Dabei steht es dem Kläger frei, sich durch einen Rechtsanwalt oder eine andere bevollmächtigte Person vertreten lassen (auch → § 378 Rn. 3).[1]   1

Wird die Klageschrift bei der Geschäftsstelle eines **unzuständigen Gerichts** zu Protokoll gegeben, gilt die Klage erst als erhoben, wenn das Protokoll dem zuständigen Gericht zugeht.[2]   2

---

[26] Weißer in Gercke/Julius/Temming/Zöller Rn. 27.
[1] Velten in SK-StPO Rn. 3.
[2] Hilger in Löwe/Rosenberg Rn. 2; Weißer in Gercke/Julius/Temming/Zöller Rn. 1.

II. Inhalt der Klageschrift (S. 2)

3   Die Anklageschrift muss aufgrund der Verweisung auf § 200 Abs. 1 den Anforderungen an eine **öffentliche Anklageschrift** genügen. Somit muss sie Angaben zum Namen des Beschuldigten, den begangenen Taten mit Ort- und Zeitangaben, den Beweismitteln, den verletzten Normen und dem zuständigen Gericht enthalten. Der Kläger ist jedoch nicht dazu verpflichtet, das Geburtsdatum des Beschuldigten zu nennen.[3] Auch sind die an den Kläger zu stellenden Anforderungen bei der Benennung der verletzen Rechtsnormen eher gering zu halten.[4] Umfasst die Klageschrift nicht alle erforderlichen Informationen, so hat das Gericht den Kläger aufgrund seiner gerichtlichen Fürsorgepflicht verständlich auf Versäumnisse hinzuweisen.[5] Der Kläger kann in der Klageschrift auch auf weitere Schriftstücke (beispielsweise Strafantrag) verweisen, soweit er Abschriften von ihnen beifügt.[6]

4   Ob die Klageerhebung von der Bewilligung der **Prozesskostenhilfe abhängig** gemacht werden kann, ist umstritten. Zum Teil wird dies abgelehnt, da ansonsten bis zum gerichtlichen Beschluss über die PKH ein Schwebezustand entsteht, der zu Unklarheit über die Anhängigkeit der Klage führt.[7] Dem lässt sich jedoch entgegenhalten, dass ein solcher Schwebezustand keine schwerwiegenden Nachteile mit sich bringt. Das Gericht, bei dem die Klage erhoben wird, entscheidet auch über die PKH. Solange die Unterlagen zur Klageerhebung bei Gericht vorliegen, aber noch keine Entscheidung bezüglich der Bewilligung der Prozesskostenhilfe ergangen ist, gilt die Klage als nicht erhoben. Erhoben ist die Klage erst ab Bewilligung der PKH. Die Unsicherheit, die durch die Verbindung von Klageerhebung und dem Antrag auf PKH entsteht, beschränkt sich somit darauf, dass der Kläger und Dritte bis zum gerichtlichen Beschluss über die PKH nicht wissen, ob eine Klage zukünftig erhoben werden wird. Für das Gericht entsteht jedoch keine zusätzliche Unsicherheit. Vielmehr kann das Gericht seine Effizienz steigern, indem die Klageerhebung erst abschließend geprüft wird, wenn die Entscheidung zur Bewilligung der Prozesskostenhilfe gefallen ist. Schutzwürdig könnte in dieser Situation nur der Beschuldigte sein. Er wird vom Gericht gem. § 382 aber erst nach wirksamer Klageerhebung von dem Verfahren in Kenntnis gesetzt. Zu dem Zeitpunkt des „Schwebezustandes" hat er also noch keine Kenntnis von den Geschehnissen, weswegen er keine schützenswerten Interessen geltend machen kann. Für den Kläger ist es jedoch von hoher Relevanz, dass er die Klageerhebung von der Bewilligung der PKH abhängig machen kann, da er im Falle der Ablehnung der PKH die bisher angefallenen Prozesskosten zu tragen hätte. Die überzeugenderen Argumente sprechen somit dafür, dem Kläger die Möglichkeit einzuräumen, seine Klageerhebung von dem Erfolg des Antrags über die Prozesskostenhilfe abhängig zu machen.[8]

5   Nach S. 3 sind **zwei Abschriften der Anklageschrift** bei der Klageerhebung beizufügen. Selbiges gilt für Dokumente auf die verwiesen wird. Wird die Klageerhebung zu Protokoll der Geschäftsstelle erklärt, werden die Abschriften von derselben erstellt. Die eine Abschrift ist für den Beschuldigten, die andere für die StA bestimmt. Gem. S. 4 ist die Einreichung Abschriften entbehrlich, wenn die Anklageschrift elektronisch übermittelt wird.

§ 382 Mitteilung der Privatklage an den Beschuldigten

Ist die Klage vorschriftsmäßig erhoben, so teilt das Gericht sie dem Beschuldigten unter Bestimmung einer Frist zur Erklärung mit.

---

[3] LG Krefeld 19.7.2005 – 21 Qs 159/05, NJW 2005, 3438.
[4] Hilger in Löwe/Rosenberg Rn. 4; Bohlander NStZ 1994, 420.
[5] Weißer in Gercke/Julius/Temming/Zöller Rn. 4.
[6] Velten in SK-StPO Rn. 6.
[7] Hilger in Löwe/Rosenberg Rn. 5; Schmitt in Meyer-Goßner/Schmitt Rn. 2.
[8] LG Frankfurt a. M. 28.1.1953 – 5/7 Qs 397/52, NJW 1953, 798; LG Köln 26.3.2958 – 35 Qs 87/58, MDR 1958, 622; Weißer in Gercke/Julius/Temming/Zöller Rn. 2.

I. Vorschriftsmäßige Klageerhebung

1. Prüfungsumfang des Gerichts. Das Gericht prüft ausschließlich, ob die Klage 1 nach den §§ 379–381 **vorschriftsmäßig** erhoben wurde. Vorschriftsmäßig erhoben ist die Klage, wenn der Kläger gem. § 379 Sicherheit geleistet, gem. § 379a den Gebührenvorschuss entrichtet, entsprechend § 380 einen erfolglosen Sühneversuch durchgeführt hat und die Anklageschrift den Anforderungen von § 381 genügt. Darüber hinaus prüft das Gericht, ob – falls der Beschuldigte Parlamentsabgeordneter ist – eine Genehmigung des Parlaments zur Strafverfolgung nach Art. 46 Abs. 2 GG vorliegt und ob der Beschuldigte nach §§ 18 ff. GVG der deutschen Gerichtsbarkeit unterliegt. Andere Prozessvoraussetzungen werden erst in einem späteren Verfahrensstadium im Rahmen von § 383 Abs. 1 S. 1 geprüft.[1]

2. Mitteilung an den Beschuldigten. Durch die Mitteilung an den Beschuldigten 2 wird dessen Recht auf **rechtliches Gehör** aus Art. 103 Abs. 1 GG gewahrt. Ihm soll die Möglichkeit eingeräumt werden, sich zu den Vorwürfen des Privatklägers zu äußern und Einwendungen vorzubringen, bevor der Eröffnungsbeschluss gem. § 383 Abs. 1 S. 1 ergeht. Dadurch werden dem Beschuldigten die in § 201 Abs. 1 genannten Rechte gewährt. Seine Einlassungen können schon genügen, um das Gericht von der Unzulässigkeit der Klage oder der Gegenstandslosigkeit der Anklage zu überzeugen.

Die Aufforderung zur Mitteilung stellt weder eine erste Vernehmung noch die Einleitung eines Ermittlungsverfahrens dar. Somit wird weder nach § 78c Abs. 1 S. 1 Var. 1 StGB 3 noch gem. § 78c Abs. 1 Nr. 1 Var. 2 StGB die **Verjährung unterbrochen**.[2] Jedoch ähnelt die vorliegende Situation für den Beschuldigten einer Vernehmung, weswegen er analog § 136 Abs. 1 S. 2 zu **belehren** ist.[3] Sofern die Voraussetzungen des § 145a Abs. 1 vorliegen, kann die Mitteilung auch an den Verteidiger des Beschuldigten ergehen.

Die StA wird gem. § 377 Abs. 1 S. 1 im Privatklageverfahren grundsätzlich nicht betei- 4 ligt. Erachtet das Gericht es für geboten, kann es die Akten gem. § 377 Abs. 1 S. 2 der StA vorlegen und dadurch auf eine Übernahme des Verfahrens hinwirken.[4]

II. Unvorschriftsmäßige Klageerhebung

Wird die Klage nicht vorschriftsmäßig erhoben, ist zu ermitteln, ob der **Mangel** 5 **behebbar** ist. In diesem Fall wird das Gericht dem Kläger eine Frist setzen, damit er den Fehler beheben bzw. das Versäumnis nachholen kann. Leidet die Anklageschrift an einem **unbehebbaren** Mangel oder läuft eine zur Mängelbeseitigung gesetzte Frist fruchtlos ab, wird die Klage vom Gericht durch Beschluss zurückgewiesen.[5] Gegen diesen Beschluss steht dem Kläger eine Beschwerde nach § 304 Abs. 1 zu. Hiervon statuiert § 379a Abs. 3 S. 2 eine Ausnahme, indem er auf die sofortige Beschwerde nach § 311 verweist.

§ 383 Eröffnungs- oder Zurückweisungsbeschluss; Einstellung bei geringer Schuld

(1) ¹Nach Eingang der Erklärung des Beschuldigten oder Ablauf der Frist entscheidet das Gericht darüber, ob das Hauptverfahren zu eröffnen oder die Klage zurückzuweisen ist, nach Maßgabe der Vorschriften, die bei einer von der Staatsanwaltschaft unmittelbar erhobenen Anklage anzuwenden sind. ²In dem Beschluß, durch den das Hauptverfahren eröffnet wird, bezeichnet das Gericht den Angeklagten und die Tat gemäß § 200 Abs. 1 Satz 1.

---

[1] Schmitt in Meyer-Goßner/Schmitt Rn. 1; Velten in SK-StPO Rn. 6.
[2] BayObLG 25.7.1977 – 5 St 113/77, MDR 1978, 72.
[3] Hilger in Löwe/Rosenberg Rn. 6; Velten in SK-StPO Rn. 2 f.
[4] Daimagüler Der Verletzte im Strafverfahren Rn. 427 f., 451 ff.; Velten in SK-StPO Rn. 5.
[5] Hilger in Löwe/Rosenberg Rn. 2; Schmitt in Meyer-Goßner/Schmitt Rn. 3.

§ 383 1–3　　　　　　　　　　　　　　　　　　5. Buch. 2. Abschnitt. Privatklage

(2) ¹Ist die Schuld des Täters gering, so kann das Gericht das Verfahren einstellen. ²Die Einstellung ist auch noch in der Hauptverhandlung zulässig. ³Der Beschluß kann mit sofortiger Beschwerde angefochten werden.

Schrifttum: Nierwetberg, Die Feststellung hinreichenden Tatverdachts bei der Eröffnung insbesondere des Privatklageverfahrens, NStZ 1989, 212.

Übersicht

		Rn.			Rn.
I.	Eröffnungsbeschluss (Abs. 1)	1	1.	Normkontext	13
1.	Verweisung/Anwendbare Vorschriften (Abs. 1 S. 1)	1		a) Verhältnis zu Abs. 1	13
				b) Verhältnis zu §§ 153 ff.	14
				c) Verhältnis zum Freispruch	15
2.	Prüfungsumfang des Gerichts	2			
	a) Allgemeine Prozessvoraussetzungen	2	2.	Geringe Schuld (Abs. 2 S. 1)	16
	b) Besondere Voraussetzungen der Privatklage	3	3.	Einstellung in jeder Lage des Verfahrens (Abs. 2 S. 2)	19
	c) Hinreichender Tatverdacht	4			
	d) Beweiserhebung	8	4.	Anhörung der Beteiligten	20
3.	Gerichtlicher Beschluss (Abs. 1 S. 2)	9	5.	Einstellungsbeschluss	21
	a) Eröffnungsbeschluss	9			
	b) Zurückweisungsbeschluss	10	6.	Kosten	22
4.	Rechtsmittel	11	7.	Rechtsmittel (Abs. 2 S. 3)	23
	a) Rechtsmittel gegen Eröffnungsbeschluss	11		a) Privatkläger	23
				b) Beschuldigter	25
	b) Rechtsmittel gegen Zurückweisungsbeschluss	12		c) Staatsanwaltschaft	27
			8.	Wiederaufnahme	28
II.	Verfahrenseinstellung wegen geringer Schuld (Abs. 2)	13	9.	Widerklage	29

I. Eröffnungsbeschluss (Abs. 1)

1 **1. Verweisung/Anwendbare Vorschriften (Abs. 1 S. 1).** Abs. 1 statuiert die **Voraussetzungen** für den Erlass des Eröffnungsbeschlusses, indem er auf den vierten Abschnitt des zweiten Buches der StPO, also auf die §§ 199–211, verweist. Es sind nicht sämtliche dieser Vorschriften anwendbar, da sich im Abschnitt der Privatklage speziellere Regelungen finden oder die Normen inhaltlich nicht auf die Privatklage passen. Der Verweis bezieht sich somit nur auf die §§ 202–206b, 210 Abs. 1, 2 und 211. Die §§ 199, 201 und 207 werden von den jeweils spezielleren §§ 383, 382 und 383 Abs. 1 S. 2 verdrängt. Die §§ 209 und 209a sind für die Privatklage bedeutungslos. § 200 Abs. 1 findet über den Verweis in § 381 S. 2 Anwendung.

2 **2. Prüfungsumfang des Gerichts. a) Allgemeine Prozessvoraussetzungen.** Das Gericht prüft, ob die **allgemeinen Prozessvoraussetzungen** gegeben sind und ob dem Verfahren Hindernisse entgegenstehen. Zu den allgemeinen Prozessvoraussetzungen gehören die örtliche Zuständigkeit, die Prozessfähigkeit des Beschuldigten, der Strafantrag, das Nicht-Vorliegen eines Strafklageverbrauchs, das Fehlen einer anderweitigen Rechtshängigkeit sowie mangelnde Verjährung.

3 **b) Besondere Voraussetzungen der Privatklage.** Das Privatklageverfahren **setzt voraus**, dass der Kläger sowohl prozessfähig als auch klageberechtigt ist, er eine nach § 380 erforderliche Sühnebescheinigung vorlegen kann und die entsprechenden Formen aus §§ 379–382 gewahrt hat. Damit kommt es zu einer Wiederholung der Prüfung der Voraussetzungen des § 382. Darüber hinaus darf kein Fall des § 392 vorliegen. Das Gericht muss außerdem feststellen, dass im Rahmen der prozessualen Tat iSd § 264 ausschließlich ein Privatklagedelikt vorliegt und kein Offizialdelikt (→ § 374 Rn. 26 ff.).

c) Hinreichender Tatverdacht. Nach § 203 beschließt das Gericht die Eröffnung 4 des Hauptverfahrens, wenn der Beschuldigte aufgrund der Ergebnisse des vorbereitenden Verfahrens hinreichend verdächtig erscheint. Hinreichender Tatverdacht liegt vor, wenn die **Verurteilung** mit vollgültigen Beweismitteln **wahrscheinlich** ist (→ § 203 Rn. 10).[1] Nun geht § 203 jedoch davon aus, dass ein vorbereitendes Verfahren stattgefunden hat. Ein solches sieht das Privatklageverfahren jedoch nicht vor, weswegen es für den Privatkläger schwierig sein kann, die notwendigen Beweismittel beizubringen. Deshalb stellt sich die Frage, ob die Maßstäbe zur Begründung eines „hinreichenden Tatverdachts" aus dem Offizialverfahren ins Privatklageverfahren eins zu eins übertragen werden können.

Der „hinreichende Tatverdacht" stellt einen **Filter** dar, der zweierlei bezweckt. Zum 5 einen soll verhindert werden, dass Gerichte mit Verfahren überfrachtet werden, deren Ausgang von vornherein offensichtlich ist. Zum anderen soll der Angeklagte vor den Belastungen eines Verfahrens geschützt werden, wenn keine hinreichende Wahrscheinlichkeit seiner Verurteilung besteht.[2]

Auch im Privatklageverfahren ist dieser Schutz für die Gerichte und den Beschuldig- 6 ten erforderlich, weswegen auf den Nachweis des hinreichenden Tatverdachts **nicht verzichtet** werden kann. Das führt jedoch dazu, dass der Privatkläger teilweise die Aufgabe des Ermittlungsverfahrens im Offizialverfahren übernimmt. An den Privatkläger dürfen dadurch aber keine übertriebenen Anforderungen gestellt werden, da die Eröffnung des Verfahrens sonst eine kaum überwindbare Hürde darstellen und das Rechtsinstitut der Privatklage entwerten würde. Entscheidend ist somit, dass die Filterfunktion durch das Merkmal „hinreichender Tatverdacht" erhalten bleibt, es aber nicht zu einer Überforderung des Privatklägers kommt.

Dieses Ziel wird erreicht, indem man das Maß an **erforderlicher Verurteilungswahr-** 7 **scheinlichkeit** am Einzelfall orientiert und dem Gericht entsprechenden Beurteilungsspielraum (→ § 203 Rn. 6) zugesteht.[3] Wenn der Beschuldigte die Anklage nicht bestreitet, kann ein schlüssiges und glaubhaftes Vortragen des Privatklägers für die Verfahrenseröffnung ausreichen.[4] Wird die Anklage vom Beschuldigten bestritten, hat der Kläger die möglichen und ihm zumutbaren Beweise darüber zu erbringen, dass die Verurteilung des Beschuldigten wahrscheinlich ist. Kann er bestimmte Beweise nicht beschaffen, besteht die Möglichkeit einen Antrag bei Gericht nach § 202 S. 1 auf Anordnung der Beweiserhebung zu stellen. Das Gericht delegiert die Ermittlungen oder beschafft die Beweise selbst. Durch dieses Verfahren wird das Gericht weitestgehend entlastet und auch der Beschuldigte nicht schutzlos gestellt. Dass die Hürden zur Verfahrenseröffnung im Privatklageverfahren dadurch teils geringer ausfallen als bei einem Offizialverfahren, lässt sich mit der ebenfalls geringeren Belastung des Beschuldigten erklären. So muss der Beschuldigte während der Hauptverhandlung im Privatklageverfahren aufgrund § 387 Abs. 1 S. 1 Var. 2 nicht anwesend sein. Außerdem kommt einer Anklage durch eine Privatperson nicht der gleiche Stigmatisierungseffekt zu wie einer Anklage durch die StA,[5] was es rechtfertigt, die Voraussetzungen an die Verfahrenseröffnung entsprechend zu reduzieren.

d) Beweiserhebung. Sofern es das Gericht für erforderlich erachtet, hat es gem. § 202 8 S. 1 die Möglichkeit, den Sachverhalt durch **Beweiserhebungen** weiter zu ermitteln. Das kann insbesondere der Fall sein, wenn der Kläger nicht in der Lage ist, einen hinreichenden Tatverdacht zu begründen oder wenn die Begehung eines Offizialdelikts im Raum steht. Das Gericht kann von Amts wegen oder aufgrund eines entsprechenden Antrags tätig werden. Dem Richter steht es dabei offen die Beweise selbst zu erheben, gem. §§ 157 f. GVG Amtshilfe in Anspruch zu nehmen oder die Polizei oder die Geschäftsstelle mit der

---

[1] BGH 15.10.2013 – StB 16/13, BeckRS 2014, 00528.
[2] Stuckenberg in Löwe/Rosenberg Vor § 198 Rn. 12.
[3] Hilger in Löwe/Rosenberg Rn. 8; Weißer in Gercke/Julius/Temming/Zöller Rn. 5; aA Nierwetberg NStZ 1989, 212.
[4] Velten in SK-StPO Rn. 13.
[5] Nierwetberg NStZ 1989, 212.

Beweiserhebung zu beauftragen.⁶ Sowohl der Beschuldigte, als auch der Kläger haben das Recht gem. §§ 168c, 168d der Beweiserhebung beizuwohnen. Gleiches gilt gem. § 378 S. 1 für deren rechtlichen Beistand. War eine Partei bei der Beweiserhebung nicht zugegen und sollen die Beweise zu deren Nachteil verwandt werden, muss ihr Gelegenheit zur Stellungnahme gem. § 33 Abs. 3 eingeräumt werden.⁷

9 **3. Gerichtlicher Beschluss (Abs. 1 S. 2). a) Eröffnungsbeschluss.** Liegen sämtliche Verfahrensvoraussetzungen vor und ist der Beschuldigte eines Privatklagedelikts hinreichend verdächtig, beschließt das Gericht die Eröffnung des Verfahrens, wodurch die Privatklage **rechtshängig** wird.⁸ Der Inhalt des Eröffnungsbeschlusses ergibt sich aus § 383 Abs. 1 S. 2, § 200 Abs. 1 S. 1 und stellt eine Spezialregelung gegenüber § 207 dar. Das Gericht muss darin den Beschuldigten benennen und erläutern, durch welche seiner Handlungen es strafrechtliche Tatbestände als erfüllt ansieht. Der Eröffnungsbeschluss muss diese Straftatbestände und den Ort und die Zeit der Tatbegehung bezeichnen. Durch den Eröffnungsbeschluss wird der Verhandlungsstoff des Hauptverfahrens bestimmt, wonach sich auch die Reichweite der Rechtshängigkeit und der Rechtskraft richten.⁹ Der Richter verliest den Beschluss gem. § 384 Abs. 2, § 243 Abs. 3 S. 1 zu dem Zeitpunkt, an dem der Staatsanwalt im Offizialverfahren die Anklageschrift vorträgt.¹⁰

10 **b) Zurückweisungsbeschluss.** Sind nicht sämtliche Verfahrensvoraussetzungen gegeben, lässt sich kein hinreichender Tatverdacht begründen oder liegt kein reines Privatklagedelikt vor, weist das Gericht die Klage durch einen **Zurückweisungsbeschluss** zurück. Den Beschluss hat das Gericht nach § 204 Abs. 1 zu begründen und gem. § 471 Abs. 2 mit einer Kostenentscheidung zu versehen. Der Kläger hat die notwendigen Auslagen des Beschuldigten und die Verfahrenskosten zu tragen.¹¹ Wird die Klage aufgrund von behebbaren Verfahrenshindernissen zurückgewiesen, kann sie erneut erhoben werden, sobald die Hindernisse nicht mehr bestehen.¹² Weist das Gericht die Klage zurück, weil kein reines Privatklagedelikt oder kein hinreichender Tatverdacht vorliegt, werden die Rechtsfolgen des § 211 ausgelöst. Die Klage kann dann nur aufgrund neuer Tatsachen oder Beweismittel wieder aufgenommen werden.¹³

11 **4. Rechtsmittel. a) Rechtsmittel gegen Eröffnungsbeschluss.** Gegen einen Eröffnungsbeschluss bestehen **keine Rechtsmittel**. Der Angeklagte kann nicht gegen ihn vorgehen (§ 210 Abs. 1). Gleiches gilt für den Kläger, der durch den Beschluss schon nicht beschwert ist. Macht die StA geltend, dass es sich richtigerweise um ein Offizialverfahren handele, muss sie das Verfahren gem. § 377 Abs. 2 S. 1 übernehmen.

12 **b) Rechtsmittel gegen Zurückweisungsbeschluss.** Der Privatkläger kann nach § 390 Abs. 1, § 210 Abs. 2 gegen einen Zurückweisungsbeschluss mit einer sofortigen Beschwerde nach § 311 vorgehen. Erfolgt die Zurückweisung aufgrund von Mängeln, die schon nach § 382 zu prüfen sind, ist die einfache Beschwerde gem. § 304 Abs. 1 statthaft. Gegen eine Zurückweisung wegen Nichtzahlung des Gebührenvorschusses kann gem. § 379a Abs. 3 mit der sofortigen Beschwerde vorgegangen werden.¹⁴

II. Verfahrenseinstellung wegen geringer Schuld (Abs. 2)

13 **1. Normkontext. a) Verhältnis zu Abs. 1.** Eine Einstellung des Verfahrens nach Abs. 2 ist nur möglich, wenn die Voraussetzungen für eine Zurückweisung nach Abs. 1

---

⁶ OLG Zweibrücken 16.4.1965 – WS 142/65, NJW 1966, 685; Weißer in Gercke/Julius/Temming/Zöller Rn. 7.
⁷ BVerfG 22.9.1958 – 1 BvR 268/58, NJW 1958, 1723.
⁸ Schmitt in Meyer-Goßner/Schmitt Rn. 6.
⁹ Hilger in Löwe/Rosenberg Rn. 2; Weißer in Gercke/Julius/Temming/Zöller Rn. 10.
¹⁰ Daimagüler Der Verletzte im Strafverfahren Rn. 497.
¹¹ Hilger in Löwe/Rosenberg Rn. 13; Velten in SK-StPO Rn. 17.
¹² OLG Hamm 18.7.1983 – 6 Vs 1/83, NJW 1984, 249.
¹³ Schmitt in Meyer-Goßner/Schmitt Rn. 8; Velten in SK-StPO Rn. 17.
¹⁴ Hilger in Löwe/Rosenberg Rn. 16.

nicht gegeben sind. Das bedeutet, dass Abs. 2 das Vorliegen sämtlicher allgemeiner und besonderer Verfahrensvoraussetzungen sowie den hinreichenden Tatverdacht voraussetzt. Daraus folgt, dass die Zurückweisung nach Abs. 1 der Verfahrenseinstellung nach Abs. 2 vorgeht.[15]

b) Verhältnis zu §§ 153 ff. Die allgemeinen Regelungen aus §§ 153, 153a werden durch Abs. 2 im Rahmen der Privatklage **verdrängt.** Anders als bei §§ 153 f. kann das Gericht eine Verfahrenseinstellung nach Abs. 2 beschließen ohne eine Zustimmung des Beschuldigten, des Klägers oder der StA einholen zu müssen.[16] Auch ist das öffentliche Interesse bei einer Einstellung nach Abs. 2 nicht erforderlich, da die StA das Verfahren ansonsten nach § 376 übernehmen müsste. An die Stelle des § 153a tritt im Privatklageverfahren der gerichtliche Vergleich. §§ 154a, 430 finden aufgrund von § 385 Abs. 4 auch im Rahmen der Privatklage Anwendung.[17]

c) Verhältnis zum Freispruch. Lässt sich im Hauptverfahren die Schuld des Angeklagten nicht feststellen, so ist er **freizusprechen.** Eine Einstellung des Verfahrens nach Abs. 2 kommt nicht in Betracht.[18]

2. Geringe Schuld (Abs. 2 S. 1). Der Wortlaut „geringe Schuld" in S. 1 meint, dass die **deliktspezifische Strafzumessungsschuld** des Beschuldigten wenig schwer wiegt. Die Schwere dieser Strafzumessungsschuld bemisst sich anhand der in § 46 StGB aufgestellten Kriterien zur Strafzumessung (→ § 153 Rn. 18). Die Schuld des Beschuldigten ist als gering anzusehen, wenn im Falle seiner Verurteilung eine Strafe zu erwarten wäre, die den Strafrahmen weitestgehend zu seinen Gunsten ausschöpft.[19]

Aus Abs. 2 S. 2 wird deutlich, dass eine Einstellung in unterschiedlichen Verfahrensabschnitten möglich ist. Dabei ist aber jedenfalls die aus dem Rechtsstaatsprinzip entspringende Unschuldsvermutung zu beachten. Soll das Verfahren vor Ende der Hauptverhandlung eingestellt werden, zu einem Zeitpunkt also, in dem die Schuld des Beklagten nicht feststeht, darf das Gericht nicht von dessen Schuld ausgehen.[20] Da es aber gerade ein Bedürfnis gibt, Verfahren in frühen Stadien einzustellen, behilft sich das Gericht mit einer **hypothetischen Betrachtung.** Es wird geprüft, ob die Schuld des Beklagten gering wäre, wenn sich die bisherigen Einlassungen in einer späteren Hauptverhandlung bestätigen würden.[21] Dabei darf das Gericht weder Tatbestandsmäßigkeit noch Rechtswidrigkeit oder Schuld feststellen, sondern nur strafrechtlich relevantes Handeln unterstellen.[22]

Wird die Hauptverhandlung durchgeführt und kommt das Gericht zu dem Schluss, dass die Schuld des Beschuldigten gering ist, kann es entweder ein Urteil aussprechen oder das Verfahren nach Abs. 2 einstellen. Auch im Falle der Einstellung kann das Gericht in der Begründung des Einstellungsbeschlusses auf die Schuld des Beschuldigten hinweisen und ihm die Kosten gem. § 471 Abs. 3 Nr. 2 auferlegen.

3. Einstellung in jeder Lage des Verfahrens (Abs. 2 S. 2). Die Verwendung des Wortes „auch" in Abs. 2 S. 2 zeigt, dass die Einstellung des Verfahrens in jedem Verfahrensstadium möglich ist. § 390 Abs. 5 S. 1 stellt klar, dass das auch das Berufungsverfahren einschließt. Nicht ersichtlich ist, weswegen für Revisionsverfahren etwas anderes gelten sollte.[23] Frühester Zeitpunkt für eine Verfahrenseinstellung ist der Ablauf der Mitteilungspflicht aus § 382.[24]

---

[15] Hilger in Löwe/Rosenberg Rn. 21; Weißer in Gercke/Julius/Temming/Zöller Rn. 14.
[16] Velten in SK-StPO Rn. 19.
[17] Weißer in Gercke/Julius/Temming/Zöller Rn. 15; Schmitt in Meyer-Goßner/Schmitt Rn. 11.
[18] LG Mosbach 9.9.1963 – Qs 57/63, MDR 1964, 616.
[19] Daimagüler Der Verletzte im Strafverfahren Rn. 491.
[20] BVerfG 16.12.1991 – 2 BvR 1590/89, NJW 1992, 1611.
[21] Weißer in Gercke/Julius/Temming/Zöller Rn. 16.
[22] BVerfG 1.10.1990 – 2 BvR 340/89, NJW 1991, 829.
[23] OLG Neustadt 15.5.1957 – Vs 2/57, MDR 1957, 568; Hilger in Löwe/Rosenberg Rn. 26.
[24] Velten in SK-StPO Rn. 23.

20 **4. Anhörung der Beteiligten.** Zwar erfordert der Einstellungsbeschluss nach Abs. 2 keine Zustimmung, jedoch müssen die Beteiligten unter Umständen davor angehört werden. Das gilt für den Privatkläger gem. § 385 Abs. 1 S. 1, § 33 Abs. 3. Anders als der Kläger ist der Beschuldigte nicht durch jede Verfahrenseinstellung belastet. Er ist deshalb nur dann anzuhören, wenn ihm die Kosten auferlegt werden oder der Kläger die ihm entstandenen Auslagen nicht zu tragen hat. Ein Verfahren kann vor Ablauf der Mitteilungsfrist aus § 382 nicht nach Abs. 2 eingestellt werden, da dem Beschuldigten die Möglichkeit einzuräumen ist, sich zu den Vorwürfen zu äußern.[25]

21 **5. Einstellungsbeschluss.** Das Gericht kann in jeder Verfahrenslage über eine Einstellung durch Beschluss entscheiden, der nach § 35 Abs. 1, 2 bekanntzumachen ist. Auch wenn bezüglich eines Teils des Klagegegenstandes ein Sachurteil ergeht, befindet das Gericht über den einzustellenden Teil mit Beschluss.[26] Gegen den Beschluss kann mit sofortiger Beschwerde gem. § 311 vorgegangen werden. Das gilt auch, wenn das Gericht irrtümlicherweise anstelle des Beschlusses ein Urteil erlassen hat.[27]

22 **6. Kosten.** Jeder Einstellungsbeschluss muss aufgrund § 464 Abs. 1 eine Kostenentscheidung enthalten. Die Kosten des Verfahrens sowie die notwendigen Auslagen des Beschuldigten trägt nach § 471 Abs. 2 im Regelfall der Privatkläger.[28] Davon kann das Gericht jedoch nach § 471 Abs. 3 Nr. 2 abweichen. Da der Kostentragung Sanktionscharakter zukommt, darf sie dem Beschuldigten mit Hinweis auf seine geringe Schuld nur aufgebürdet werden, wenn seine Schuld erwiesen ist. Vor der Schuldspruchreife können die Kosten dem Beschuldigten nur auferlegt werden, wenn dafür ein anderer Grund als die geringe Schuld vorliegt. Ein solcher Grund kann gegeben sein, wenn die Privatklageerhebung nachvollziehbar erscheint.[29] Liegt allerdings Schuldspruchreife vor, kann die Kostentragungspflicht des Beklagten auch mit dessen geringer Schuld begründet werden.[30]

23 **7. Rechtsmittel (Abs. 2 S. 3). a) Privatkläger.** Der Privatkläger kann sich gegen den Einstellungsbeschluss mit **sofortiger Beschwerde** nach § 311 zur Wehr setzen. Die Kostenentscheidung des Gerichts kann er auch isoliert gem. § 464 Abs. 3 S. 1 anfechten.[31]

24 Im **Berufungsverfahren** ist ein Einstellungsbeschluss wegen § 390 Abs. 5 S. 1 nicht mehr anfechtbar. Das gilt auch für die Kostenentscheidung gem. § 464 Abs. 3 S. 1 Hs. 2. Ebenfalls unanfechtbar ist der Einstellungsbeschluss eines Beschwerdegerichts.[32] Bezogen auf die statthaften Rechtsmittel macht es keinen Unterschied, ob das Gericht irrtümlich ein Urteil anstelle des Beschlusses erlassen hat.[33]

25 **b) Beschuldigter.** Da der Beschuldigte durch die Einstellung nicht beschwert ist, steht ihm gegen den Beschluss auch **kein Rechtsmittel** zur Verfügung.[34] Mit einer Einstellung wegen geringer Schuld geht kein impliziter Schuldvorwurf einher. Vielmehr besagt der Einstellungsbeschluss, dass, falls der Beschuldigte schuldig sein sollte, seine Schuld jedenfalls gering wäre.

26 Der Beschuldigte kann durch die **Kostentragung** beschwert sein, wenn er die Kosten zu tragen hat oder wenn dem Privatkläger die notwendigen Auslagen des Beschuldigten

---

[25] BVerfG 19.12.1967 – 2 BvQ 2/67, BVerfGE 23, 45; Hilger in Löwe/Rosenberg Rn. 26; Schmitt in Meyer-Goßner/Schmitt Rn. 25.
[26] Weißer in Gercke/Julius/Temming/Zöller Rn. 21; Schmitt in Meyer-Goßner/Schmitt Rn. 18.
[27] OLG Düsseldorf 2.2.2963 – 1 Ws 47/62, MDR 1962, 327.
[28] Daimagüler Der Verletzte im Strafverfahren Rn. 559.
[29] BVerfG 1.10.1990 – 2 BvR 340/89, NJW 1991, 829.
[30] VerfG Berlin 21.12.2000 – VerfGH 92/00, NStZ-RR 2001, 203.
[31] LG Potsdam 14.2.2003 – 24 Qs 92/01, NStZ-RR 2003, 158.
[32] OLG Düsseldorf 24.7.1987 – 1 Ws 561/87, JurBüro 1988, 515.
[33] OLG Düsseldorf 2.2.2963 – 1 Ws 47/62, MDR 1962, 327.
[34] OLG Düsseldorf 24.7.1987 – 1 Ws 561/87, JurBüro 1988, 515; LG Potsdam 14.2.2003 – 24 Qs 92/01, NStZ-RR 2003, 158.

nicht auferlegt werden.³⁵ Für diesen Fall sieht § 464 Abs. 3 S. 1 die sofortige Beschwerde vor.

c) Staatsanwaltschaft. Legt die StA ein Rechtsmittel gegen eine Verfahrenseinstellung ein, liegt darin nach § 377 Abs. 2 S. 2 die **Übernahme** des Verfahrens. 27

8. Wiederaufnahme. Die Wiederaufnahme eines nach Abs. 2 eingestellten Verfahrens ist **nicht möglich**. 28

9. Widerklage. Abs. 2 findet auch auf die Widerklage Anwendung. Stehen sich Klage und Widerklage gegenüber und kommt für eine der beiden eine Einstellung, für die andere Klage jedoch ein Sachurteil in Betracht, so ist über beide Klagen in einem **einheitlichen Urteil** zu entscheiden. Da die Einstellung dann einen Teil des Urteils darstellt, kann mit allen Rechtsmitteln, die gegen das Urteil statthaft sind, auch gegen die Einstellung vorgegangen werden.³⁶ 29

§ 384 Weiteres Verfahren

(1) ¹Das weitere Verfahren richtet sich nach den Vorschriften, die für das Verfahren auf erhobene öffentliche Klage gegeben sind. ²Jedoch dürfen Maßregeln der Besserung und Sicherung nicht angeordnet werden.

(2) § 243 ist mit der Maßgabe anzuwenden, daß der Vorsitzende den Beschluß über die Eröffnung des Hauptverfahrens verliest.

(3) Das Gericht bestimmt unbeschadet des § 244 Abs. 2 den Umfang der Beweisaufnahme.

(4) Die Vorschrift des § 265 Abs. 3 über das Recht, die Aussetzung der Hauptverhandlung zu verlangen, ist nicht anzuwenden.

(5) Vor dem Schwurgericht kann eine Privatklagesache nicht gleichzeitig mit einer auf öffentliche Klage anhängig gemachten Sache verhandelt werden.

Schrifttum: Geerds, Festnahme und Untersuchungshaft bei Antrags- und Privatklagedelikten, GA 1982, 239; Lorenz, Über die Vernehmung des Privatklägers als Zeugen, JR 1950, 106; Schlothauer, Vereinfachte Beweisaufnahme nach dem Verbrechensbekämpfungsgesetz auch in der Berufungsinstanz?, StV 1995, 46, 47; Woesner, Der Privatkläger in der Hauptverhandlung, NJW 1959, 704.

Übersicht

	Rn.		Rn.
I. Normzweck	1	a) Allgemeines	6
II. Die Verweisung in Abs. 1 S. 1	2	b) Beweisanträge	8
III. Einschränkungen der Verweisung	4	c) Der Privatkläger als Zeuge	14
1. Maßregeln der Besserung und Sicherung (Abs. 1 S. 2)	4	4. Aussetzung der Hauptverhandlung (Abs. 4)	15
2. Verlesung des Eröffnungsbeschlusses (Abs. 2)	5	5. Verbindung mit einer Schwurgerichtssache (Abs. 5)	16
3. Beweisaufnahme (Abs. 3)	6	6. Zwangsmaßnahmen	17

I. Normzweck

Abs. 1 S. 1 erklärt die Vorschriften über das **Offizialverfahren** auf das weitere Verfahren der Privatklage für anwendbar. In Abs. 1 S. 2 und den Absätzen 2–5 werden Abweichun- 1

---
³⁵ LG Freiburg 20.11.1987 – IV Qs 103/87, NStZ 1988, 164; Hilger in Löwe/Rosenberg Rn. 26.
³⁶ BGH 6.4.1962 – 1 StR 550/61, NJW 1962, 1069; Weißer in Gercke/Julius/Temming/Zöller Rn. 29.

§ 384 2–8

gen von diesem Grundsatz genannt. Weitere Abweichungen können sich aus den §§ 385 ff. ergeben. Zudem ist zu berücksichtigen, dass statt der StA ein Privater an dem Verfahren mitwirkt.

II. Die Verweisung in Abs. 1 S. 1

2   Von der **Verweisung** in Abs. 1 S. 1 sind grundsätzlich die §§ 48 ff. (inkl. der §§ 59 ff.), §§ 72 ff., § 206a[1] sowie die §§ 213–275 umfasst. Zudem gelten auch für die Privatklage die Vorschriften über die Rechtsmittel (§§ 296 ff.), Wiederaufnahme (§§ 359 ff.), Strafvollstreckung (§§ 449 ff.) und Kosten (§§ 464 ff.).

3   Damit ist unter der Voraussetzung, dass der Beschuldigte zugestimmt hat, auch die **Nachtragsanklage** zulässig.[2] Sie kommt in Betracht, wenn der Privatkläger dem Angeklagten weitere mit einer Privatklage verfolgbare Vergehen zur Last legt. Ein Sühneversuch nach § 380 ist nicht erforderlich. Ein solcher ist bei bereits laufendem Privatklageverfahren obsolet.[3]

III. Einschränkungen der Verweisung

4   **1. Maßregeln der Besserung und Sicherung (Abs. 1 S. 2).** Nach Abs. 1 S. 2 dürfen Maßregeln der Besserung und Sicherung (§§ 61 ff. StGB) im Privatklageverfahren **nicht angeordnet** werden. Sollte eine solche Maßregel dennoch notwendig erscheinen, ist eine Verweisung nach § 270 nicht zulässig, da § 25 Nr. 1 GVG dem Richter beim Amtsgericht die alleinige Zuständigkeit für die Privatklage zuweist.[4] In solchen Fällen muss das Gericht daher die Privatklage nach § 383 Abs. 1 zurückweisen oder das Verfahren nach § 206a oder § 389 Abs. 1 einstellen. Gegen eine gleichwohl verhängte Maßregel muss sich der Angeklagte mit Berufung oder Revision wehren.[5]

5   **2. Verlesung des Eröffnungsbeschlusses (Abs. 2).** Nach Abs. 2 ist § 243 mit der Maßgabe anzuwenden, dass der Vorsitzende den Beschluss über die Eröffnung des Hauptverfahrens verliest. Damit tritt der Richter an die Stelle der StA, der normalerweise die Verlesung gem. § 243 Abs. 3 S. 1 obliegt.

6   **3. Beweisaufnahme (Abs. 3). a) Allgemeines.** Abs. 3 besagt, dass das Gericht den Umfang der Beweisaufnahme bestimmt, ohne dass § 244 Abs. 2 davon berührt würde. Damit findet grundsätzlich das **Strengbeweisverfahren** für Schuld- und Rechtsfolgenfragen im Privatklageverfahren Anwendung. Dies gilt auch für das Berufungsverfahren.[6]

7   Nach § 244 Abs. 2 hat der Richter zur Erforschung der Wahrheit die Beweisaufnahme von Amts wegen auf alle Tatsachen und Beweismittel zu erstrecken, die für die Entscheidung von Bedeutung sind. Diese **Aufklärungspflicht** besteht auch im Privatklageverfahren. Sie wird durch Abs. 3 jedoch erweitert.[7]

8   **b) Beweisanträge.** Wird der Umfang der Beweisaufnahme durch das Gericht bestimmt, ist dieses nicht an die **Ablehnungsgründe** nach § 244 Abs. 3 und 4, § 245 gebunden.[8] Der Wortlaut steht dieser Auslegung nicht entgegen. Systematisch ist die Privatklage insofern vergleichbar mit dem beschleunigten Verfahren vor dem Strafrichter nach § 420 Abs. 4, mit dem Strafbefehlsverfahren nach Einspruch (§ 411 Abs. 2 S. 2) und dem Bußgeldverfahren (§ 77 Abs. 1 S. 1 OwiG).[9]

---

[1]   OLG Braunschweig 18.2.1949 – Ws 98/48, NJW 1949, 835; Hilger in Löwe/Rosenberg Rn. 1.
[2]   Daimagüler Der Verletzte im Strafverfahren Rn. 502.
[3]   Schmitt in Meyer-Goßner/Schmitt Rn. 3.
[4]   Hilger in Löwe/Rosenberg Rn. 2.
[5]   Hilger in Löwe/Rosenberg Rn. 2.
[6]   Schmitt in Meyer-Goßner/Schmitt Rn. 13; aA Schlothauer StV 1995, 46 (47).
[7]   Allgayer in KK-StPO Rn. 3; Schmitt in Meyer-Goßner/Schmitt Rn. 14; Jofer in Satzger/Schluckebier/Widmaier StPO Rn. 5; kritisch Hilger in Löwe/Rosenberg Rn. 7.
[8]   Vgl. auch BGH 21.1.1959 – KRB 11/58, BGHSt 12, 333 = NJW 1959, 587; Allgayer in KK-StPO Rn. 3; Pfeiffer Rn. 4.
[9]   Allgayer in KK-StPO Rn. 3.

Trotz der Bestimmung des Umfangs der Beweisaufnahme durch das Gericht müssen die 9
Beweisanträge der Beteiligten Berücksichtigung finden. Das Gericht darf sie nicht einfach
ignorieren.[10] Aus § 384 Abs. 3 und § 244 Abs. 2 ergibt sich, dass die Anträge als **Anregungen** für das Gericht innerhalb seiner Aufklärungspflicht zu verstehen sind. Wenn die tatsächlichen Grundlagen der Entscheidung durch den Antrag wesentlich beeinflusst werden können, so hat sich das Gericht mit dem Antrag zu befassen.[11] Zur Behandlung von
Beweisanträgen vor der Hauptverhandlung → § 386 Rn. 3.

Das Gericht kann Beweisanträge ablehnen mit der Begründung, dass der Sachverhalt 10
bereits hinreichend geklärt sei oder das Gegenteil der Tatsache bereits bewiesen sei und
somit das Beweismittel die Überzeugung des Gerichts nicht zu erschüttern vermag.[12] Das
in § 244 Abs. 3 enthaltene **Beweisantizipationsverbot** ist im Privatklageverfahren somit
nicht anwendbar.[13]

§ 246 findet Anwendung im Privatklageverfahren.[14] Ebenso steht den Beteiligten nach 11
§ 386 Abs. 2 das Recht zu, einen **Zeugen unmittelbar zu laden.** § 245 Abs. 2 wird
insoweit von § 386 Abs. 2 verdrängt.[15] Das Gericht ist jedoch nicht verpflichtet diesen auch
zu vernehmen.[16] Über die Vernehmung solcher Zeugen muss der Richter nach pflichtgemäßem Ermessen innerhalb seiner Aufklärungspflicht entscheiden.

Über Beweisanträge muss das Gericht mit einem **Gerichtsbeschluss** gem. § 244 Abs. 6 12
entscheiden.[17] Dieser Beschluss muss die entscheidungserheblichen tatsächlichen und rechtlichen Gesichtspunkte darlegen (§ 34). Dies gebietet auch der Anspruch auf rechtliches
Gehör. Bei einer Ablehnung eines Antrags aus einem der in § 244 Abs. 3, 4 oder § 245
Abs. 2 S. 2, 3 genannten Gründe müssen die Voraussetzungen der jeweiligen Norm beachtet
werden.[18]

Wird ein erforderlicher Beweis nicht erhoben, kann das mit der **Revision** als Verletzung 13
der Aufklärungspflicht gerügt werden.[19] Dies gilt sowohl für den Verurteilten als auch für
den Privatkläger.[20]

c) Der Privatkläger als Zeuge. Die Zeugenstellung ist dem Privatkläger, ebenso wie 14
seinem gesetzlichen Vertreter, verwehrt.[21] Dies ergibt sich daraus, dass der Angeklagte nicht
Zeuge sein kann und der Privatkläger dem Angeklagten gegenüber **nicht bessergestellt**
werden soll.[22] Der Grundsatz der freien Beweiswürdigung (§ 384 Abs. 1, § 261) ermöglicht
es jedoch, auch dem Privatkläger Glauben zu schenken.[23]

4. Aussetzung der Hauptverhandlung (Abs. 4). § 265 ist grundsätzlich auch im 15
Privatklageverfahren anwendbar, sodass eine **Hinweispflicht** des Gerichts bei einer Veränderung der rechtlichen Gesichtspunkte besteht. In Abs. 4 wird dem Angeklagten jedoch
das Recht versagt, nach § 265 Abs. 3 eine Aussetzung des Verfahrens zu verlangen. Unberührt bleibt das Recht auf rechtliches Gehör (Art. 103 Abs. 1 GG), sollte dieses eine Aussetzung gebieten.[24]

---

[10] Hilger in Löwe/Rosenberg Rn. 5.
[11] BGH 21.1.1959 – KRB 11/58, BGHSt 12, 333 (im Rahmen eines Kartell-Bußgeldverfahrens).
[12] Vgl. OLG Hamm 8.9.1969 – 4 Ws OWI 386/69, NJW 1969, 2169; BayObLG 6.2.1970 – 2 a Ws (B) 116/69, BayObLGSt 1970, 41; Allgayer in KK-StPO Rn. 3; Schmitt in Meyer-Goßner/Schmitt Rn. 14; aA Velten in SK-StPO Rn. 8; Woesner NJW 1959, 704 (706 f.); krit. Hilger in Löwe/Rosenberg Rn. 7.
[13] Schmitt in Meyer-Goßner/Schmitt Rn. 14; Rössner in AK-StPO Rn. 8; Daimagüler Der Verletzte im Strafverfahren Rn. 511; aA Velten in SK-StPO Rn. 11.
[14] Schmitt in Meyer-Goßner/Schmitt Rn. 15.
[15] Hilger in Löwe/Rosenberg Rn. 9.
[16] Daimagüler Der Verletzte im Strafverfahren Rn. 513.
[17] BayObLG 6.2.1970 – 2 a Ws (B) 116/69, BayObLGSt 1970, 41.
[18] Schmitt in Meyer-Goßner/Schmitt Rn. 15.
[19] Velten in SK-StPO Rn. 8.
[20] Allgayer in KK-StPO Rn. 3; Hilger in Löwe/Rosenberg Rn. 8.
[21] Dazu Daimagüler Der Verletzte im Strafverfahren Rn. 414.
[22] Hilger in Löwe/Rosenberg Rn. 8.
[23] BayObLG 10.2.1953 – RevReg. 2 St 843/52, BayObLGSt 1953, 26 (28); aA Lorenz JR 1950, 106 (107).
[24] Hilger in Löwe/Rosenberg Rn. 16.

16 **5. Verbindung mit einer Schwurgerichtssache (Abs. 5).** Die Verbindung mit einer Schwurgerichtssache ist gem. Abs. 5 nicht statthaft. In der Praxis spielt eine solche Verbindung **keine Rolle**. Ist eine Verbindung mit einer Schwurgerichtssache notwendig, kann die StA gem. § 377 Abs. 2 die Verfolgung übernehmen.[25]

17 **6. Zwangsmaßnahmen.** Zwangsmaßnahmen sind nur **eingeschränkt anwendbar.** Dies ergibt sich aus dem Verhältnismäßigkeitsgrundsatz sowie aus der Tatsache, dass der Privatkläger nicht wie die StA zur objektiven Rechtsverfolgung verpflichtet ist.[26] Mithin kann das öffentliche Interesse an der Strafverfolgung fehlen.[27]

18 Ein **Haftbefehl** ist im Privatklageverfahren unzulässig (→ § 387 Rn. 3).[28] Sobald die StA das Verfahren nach § 377 Abs. 2 S. 2 übernommen hat, finden die §§ 112 ff. wieder Anwendung.[29]

19 Eine vorläufige Festnahme nach § 127 Abs. 1 zur Identitätsfeststellung oder auf Grund eines Fluchtverdachts ist hingegen **zulässig.**[30] Eine vorläufige Festnahme nach § 127 Abs. 2 ist ebenso zulässig. Dies gilt auch, wenn die StA das Verfahren noch nicht übernommen hat. Auch zu diesem Zeitpunkt müssen Maßnahmen möglich sein, die es ermöglichen, eine Entscheidung nach § 377 Abs. 2 vorzubereiten. Erklärt die StA jedoch nicht sofort, dass sie die Verfolgung übernimmt, ist der Beschuldigte gem. § 128 freizulassen.[31]

20 An Unverhältnismäßigkeit gem. § 81 Abs. 2 S. 2 scheitert die Zulässigkeit einer **Unterbringung des Beschuldigten** in einem öffentlichen psychiatrischen Krankenhaus.[32]

21 **Beschlagnahmen** sind grundsätzlich zulässig (etwa nach § 94 und den §§ 111b ff.). Unzulässig ist die Postbeschlagnahme nach § 99.[33]

22 Um eine Beschlagnahme durchführen zu können, ist auch eine **Durchsuchung** nach §§ 102 ff., 111b Abs. 2 zulässig. Eine solche Durchsuchung kann als Beweiserhebung vor und nach Eröffnung des Hauptverfahrens angeordnet und durchgeführt werden.[34] Im Eröffnungsverfahren ist besonderer Wert auf den Verhältnismäßigkeitsgrundsatz zu legen. Eine Durchsuchung zum Zweck der Ergreifung des Beschuldigten wäre daher nicht zulässig.[35]

23 Maßnahmen, die eine **Straftat von erheblicher Bedeutung** als Tatbestandsvoraussetzung erfordern (etwa die §§ 98a, 100a ff.), sind nicht mit dem Wesen der Privatklage vereinbar.[36] Die Voraussetzungen der §§ 131 ff. werden im Privatklageverfahren regelmäßig auch nicht gegeben sein.[37] Ist die Verhältnismäßigkeit gewahrt, sind Eingriffe nach §§ 98c, 131a Abs. 1 und § 100h Abs. 1 Nr. 1 denkbar.[38]

24 Unter Wahrung der Verhältnismäßigkeit sind sitzungspolizeiliche Maßnahmen (§§ 176 ff. GVG) zulässig.[39] Dies gilt auch für Maßnahmen gegen Zeugen und Sachverständige (§§ 51, 70 und 77).[40]

---

[25] Hilger in Löwe/Rosenberg Rn. 19.
[26] OLG Karlsruhe 20.11.1973 – 1 Ws 379/73, NJW 1974, 658.
[27] Vgl. Schmitt in Meyer-Goßner/Schmitt Rn. 5.
[28] Hilger in Löwe/Rosenberg Rn. 1; Schmitt in Meyer-Goßner/Schmitt Rn. 5; Allgayer in KK-StPO Rn. 5; Daimagüler Der Verletzte im Strafverfahren Rn. 494.
[29] Velten in SK-StPO Rn. 2.
[30] Schultheis in KK-StPO § 127 Rn. 47; Schmitt in Meyer-Goßner/Schmitt § 127 Rn. 22; Geerds GA 1982, 239 (248 ff.); differenzierend Velten in SK-StPO Rn. 2.
[31] Schultheis in KK-StPO § 127 Rn. 47; Schmitt in Meyer-Goßner/Schmitt § 127 Rn. 22; aA Velten in SK-StPO Rn. 2; Hilger in Löwe/Rosenberg § 127 Rn. 8.
[32] Hilger in Löwe/Rosenberg Rn. 21; Velten in SK-StPO Rn. 5; Schmitt in Meyer-Goßner/Schmitt Rn. 6.
[33] Hilger in Löwe/Rosenberg Rn. 22; Schmitt in Meyer-Goßner/Schmitt Rn. 8a; Daimagüler Der Verletzte im Strafverfahren Rn. 495.
[34] Hilger in Löwe/Rosenberg Rn. 22.
[35] Allgayer in KK-StPO Rn. 6; Schmitt in Meyer-Goßner/Schmitt Rn. 8.
[36] Hilger in Löwe/Rosenberg Rn. 22.
[37] Schmitt in Meyer-Goßner/Schmitt Rn. 8a.
[38] Hilger in Löwe/Rosenberg Rn. 22.
[39] Allgayer in KK-StPO Rn. 7; Daimagüler Der Verletzte im Strafverfahren Rn. 496.
[40] Schmitt in Meyer-Goßner/Schmitt Rn. 9.

§ 385 Stellung des Privatklägers; Ladung; Akteneinsicht

(1) ¹Soweit in dem Verfahren auf erhobene öffentliche Klage die Staatsanwaltschaft zuzuziehen und zu hören ist, wird in dem Verfahren auf erhobene Privatklage der Privatkläger zugezogen und gehört. ²Alle Entscheidungen, die dort der Staatsanwaltschaft bekanntgemacht werden, sind hier dem Privatkläger bekanntzugeben.

(2) Zwischen der Zustellung der Ladung des Privatklägers zur Hauptverhandlung und dem Tag der letzteren muß eine Frist von mindestens einer Woche liegen.

(3) ¹Für den Privatkläger kann ein Rechtsanwalt die Akten, die dem Gericht vorliegen oder von der Staatsanwaltschaft im Falle der Erhebung einer Anklage vorzulegen wären, einsehen sowie amtlich verwahrte Beweisstücke besichtigen, soweit der Untersuchungszweck in einem anderen Strafverfahren nicht gefährdet werden kann und überwiegende schutzwürdige Interessen des Beschuldigten oder Dritter nicht entgegenstehen. ²Der Privatkläger, der nicht durch einen Rechtsanwalt vertreten wird, ist in entsprechender Anwendung des Satzes 1 befugt, die Akten einzusehen und amtlich verwahrte Beweisstücke unter Aufsicht zu besichtigen. ³Werden die Akten nicht elektronisch geführt, können dem Privatkläger, der nicht durch einen Rechtsanwalt vertreten wird, an Stelle der Einsichtnahme in die Akten Kopien aus den Akten übermittelt werden. ⁴§ 406e Absatz 5 gilt entsprechend.

(4) In den Fällen der §§ 154a und 421 ist deren Absatz 3 Satz 2 nicht anzuwenden.

(5) ¹Im Revisionsverfahren ist ein Antrag des Privatklägers nach § 349 Abs. 2 nicht erforderlich. ²§ 349 Abs. 3 ist nicht anzuwenden.

Übersicht

	Rn.		Rn.
I. Normzweck	1	V. Ladung des Privatklägers (Abs. 2)	8
II. Rechte des Privatklägers	2	VI. Akteneinsicht (Abs. 3)	10
III. Pflichten des Privatklägers	5	VII. Beschränkung der Strafverfolgung (Abs. 4)	15
IV. Bekanntmachungen an den Privatkläger (Abs. 1 S. 2)	6	VIII. Beteiligung im Revisionsverfahren (Abs. 5)	18

I. Normzweck

§ 385 beschreibt die Stellung des Privatklägers. Der Privatkläger wird weitgehend mit **1** dem Staatsanwalt gleichgesetzt. Damit hat der Privatkläger im Grundsatz auch die **Rechte und Pflichten des Staatsanwalts**. Die Grenze besteht dort, wo diese Rechte und Pflichten einen „Ausfluss der Amtsgewalt" des Staatsanwalts darstellen.[1] Zudem ist zu berücksichtigen, dass der Privatkläger selbst Partei des Verfahrens ist und nicht – wie die StA – ein öffentliches Amt innehat.[2]

II. Rechte des Privatklägers

Im Grundsatz ist der Privatkläger im selben Umfang zuzuziehen und zu hören wie die **2** StA (Abs. 1 S. 1). Aus der Einschränkung hinsichtlich der hoheitlichen Befugnisse (→ Rn. 1) folgt, dass ihm nicht die **Ermittlungsmöglichkeiten** der StA gem. §§ 161 ff. zur Verfügung stehen. Jedoch kann der Privatkläger entsprechende Maßnahmen bei dem Gericht anregen.[3]

---
[1] So Hilger in Löwe/Rosenberg Rn. 1; Rössner in AK-StPO Rn. 1.
[2] Daimagüler Der Verletzte im Strafverfahren Rn. 499.
[3] Hilger in Löwe/Rosenberg Rn. 2.

3   Der Privatkläger hat ein Anwesenheitsrecht nach § 226 und § 224.[4] Er kann Fragen nach § 240 Abs. 2 stellen und die Sachleitung nach § 238 Abs. 2 beanstanden. Ihm steht das Recht zu, Beweisanträge zu stellen. Zu deren Behandlung → § 384 Rn. 8 ff. Zur Nachtragsanklage → § 384 Rn. 3. Dem Privatkläger ist **rechtliches Gehör** gem. § 33 Abs. 1 und 2 iVm § 385 Abs. 1 S. 1 und Art. 103 Abs. 1 GG zu gewähren.[5]

4   § 258 findet ebenso Anwendung. Darüber hinaus hat der Privatkläger das Recht, sich schon vor dem Schluss der Beweisaufnahme **zur Sache zu äußern**. Oftmals wird es nämlich keine anderen Erkenntnismittel geben und zugleich ist dem Privatkläger die Zeugenstellung verwehrt (→ § 384 Rn. 14).[6]

Da der Privatkläger nicht im öffentlichen Interesse handelt, kann er nicht nach § 296 Abs. 2 Rechtsmittel zugunsten des Beschuldigten einlegen.[7]

III. Pflichten des Privatklägers

5   Die Pflichten des Staatsanwalts lassen sich nicht ohne Einschränkung übertragen. § 160 Abs. 2 kann auf den Privatkläger keine Anwendung finden. Als Partei ist er nicht verpflichtet, entlastende Umstände zu ermitteln und vorzutragen.[8] Den Privatkläger trifft **keine Pflicht zur Objektivität**. Natürlich gelten auch für den Privatkläger die §§ 164, 187 StGB. Unwahre Aussagen können somit eine Strafbarkeit für den Privatkläger begründen. Eine Verpflichtung dazu, bestimmte Anträge zu stellen, wie es für die StA der Fall sein kann, existiert für den Privatkläger nicht.[9]

IV. Bekanntmachungen an den Privatkläger (Abs. 1 S. 2)

6   Hinsichtlich der Bekanntgabe von Entscheidungen tritt der Privatkläger an die Stelle der StA. Damit sind alle Entscheidungen ihm oder seinem Rechtsanwalt (§ 378 S. 2) bekanntzugeben. Die Bekanntmachungen erfolgen insbesondere nach § 35 Abs. 1 und 2 sowie nach § 37. § 41 findet keine Anwendung, da der Privatkläger eine Privatperson und keine Behörde ist.[10] § 35 ist anwendbar und der Privatkläger somit über seine Rechtsmittel zu belehren.[11]

7   Als **Widerbeklagten** ist es für den Privatkläger erforderlich, seinen Rechtsanwalt ausdrücklich zu bevollmächtigen, damit Entscheidungen diesem wirksam bekanntgemacht werden können (§ 145a Abs. 3).[12]

V. Ladung des Privatklägers (Abs. 2)

8   Abs. 2 ersetzt § 217 Abs. 1. Dem Privatkläger steht dennoch die Möglichkeit zur Verfügung, nach § 217 Abs. 2 die **Aussetzung der Verhandlung** zu verlangen oder nach § 217 Abs. 3 auf die Einhaltung der Frist zu verzichten. Die Frist des § 385 Abs. 2 gilt auch im Berufungsverfahren.[13]

9   In Abs. 2 wird vorausgesetzt, dass der Privatkläger wie der Angeklagte im Offizialverfahren zu laden ist.[14] Jedoch gehen die Regelungen aus § 391 Abs. 2 und 3 denjenigen aus § 216 Abs. 1 vor. Damit ist auf die Folgen aus § 391 Abs. 2 und 3 hinzuweisen. Der Hinweis gem. § 216 Abs. 1 S. 1 unterbleibt hingegen.

---

[4] Rössner in AK-StPO Rn. 2.
[5] BVerfG 13.2.1962 – BvR 173/60, BVerfGE 14, 8 = NJW 1962, 580.
[6] Hilger in Löwe/Rosenberg Rn. 4.
[7] Velten in SK-StPO Rn. 2.
[8] Daimagüler Der Verletzte im Strafverfahren Rn. 505.
[9] Hilger in Löwe/Rosenberg Rn. 2.
[10] Velten in SK-StPO Rn. 4.
[11] Hilger in Löwe/Rosenberg Rn. 16.
[12] Allgayer in KK-StPO Rn. 6; Hilger in Löwe/Rosenberg Rn. 5.
[13] Hilger in Löwe/Rosenberg Rn. 8.
[14] Schmitt in Meyer-Goßner/Schmitt Rn. 7; Allgayer in KK-StPO Rn. 7.

VI. Akteneinsicht (Abs. 3)

Das Akteneinsichtsrecht des Privatklägers hat der Gesetzgeber durch das Gesetz zur 10
Einführung der elektronischen Akte in Strafsachen und zur weiteren Förderung des elektronischen Rechtsverkehrs vom 5.7.2017[15] mit Wirkung zum 1.1.2018 neu geregelt. Wie schon nach altem Recht steht dem Privatkläger ein Recht auf Akteneinsicht sowie auf Besichtigung amtlich verwahrter Beweisstücke zu. Anders als in der bis zum 31.12.2017 geltenden Fassung des Abs. 3 kann der Privatkläger dieses Recht aber nunmehr nicht nur durch einen Rechtsanwalt (S. 1), sondern (wenn auch unter Aufsicht) selbst ausüben (S. 2).

Sowohl in den Fällen des S. 1 (Einsichtnahme durch einen Rechtsanwalt) als auch nach 11
S. 2 (eigene Einsichtnahme durch den Privatkläger) besteht das Einsichtsrecht nicht, soweit durch die Einsicht der Untersuchungszweck in einem anderen als dem vom Privatkläger initiierten Strafverfahren gefährdet würde und/oder überwiegende schutzwürdige Interessen des Beschuldigten oder Dritter der Einsicht entgegenstehen. Dass eine Einsichtnahme des den Untersuchungszweck in dem von ihm selbst angestrengten Verfahren gefährden würde, kann dem Privatkläger nach neuer Rechtslage nicht mehr entgegengehalten werden.[16] 12

Bei der für die Entscheidung über die Einsichtnahme notwendigen Interessenabwägung ist insbesondere das Recht auf informationelle Selbstbestimmung des Beschuldigten oder Dritter zu berücksichtigen. Unverhältnismäßig kann es nach dem Willen des Gesetzgebers etwa sein, wenn der Privatkläger in einem Bagatellverfahren Kenntnis von besonders sensiblen medizinischen, psychiatrischen oder sonst sensitiven Unterlagen erlangen würde.[17]

Für die Form der Gewährung der Einsichtnahme gilt § 32 f. Nach § 385 Abs. 3 S. 3 13
ist es möglich, dem Privatkläger an Stelle der Einsichtnahme in die Akten Kopien daraus übermittelt werden.

Für die Entscheidung über die Gewährung oder Versagung der Einsicht verweist Abs. 3 14
S. 4 auf § 406e Abs. 5 und das dort geregelte Verfahren.

VII. Beschränkung der Strafverfolgung (Abs. 4)

Eine Beschränkung der Strafverfolgung nach § 154a oder § 430 ist grundsätzlich zuläs- 15
sig. Eine Zustimmung der StA (wie vorgesehen in § 154a Abs. 2 oder § 430 Abs. 1) ist nicht erforderlich, die **Zustimmung des Privatklägers** zur Beschränkung der Strafverfolgung hingegen schon. Die StA kann eine Beschränkung erst beantragen, wenn sie die Verfolgung nach § 377 Abs. 2 übernommen hat.

Ist eine Beschränkung erfolgt, hat der Privatkläger nicht die Möglichkeit, eine **Wieder-** 16
einbeziehung nach § 154a Abs. 3 S. 2 oder 430 Abs. 3 S. 2 zu beantragen. Dies schließt Abs. 4 explizit aus. Das Gericht kann somit unabhängig vom Willen des Privatklägers über die Wiedereinbeziehung entscheiden.[18] Übernimmt die StA die Verfolgung nach § 377 Abs. 2 ist sie berechtigt, die Wiedereinbeziehung zu beantragen.[19] Keine Anwendung im Privatklageverfahren findet § 154.[20]

Vor einer Beschränkung oder Wiedereinbeziehung ist den Beteiligten **rechtliches Gehör** zu gewähren.[21]

Andere verfahrensrechtliche Vereinfachungen, etwa § 249 Abs. 2 S. 1 oder § 251 17
Abs. 1 Nr. 1, Abs. 2 Nr. 3, sind ohne eine Erklärung des Privatklägers zulässig.[22] Ihm ist jedoch rechtliches Gehör zu gewähren.

---

[15] BGBl. I 2208.
[16] Allgayer in KK-StPO Rn. 8.
[17] BT-Drs. 18/9416, 65.
[18] Schmitt in Meyer-Goßner/Schmitt Rn. 10.
[19] Hilger in Löwe/Rosenberg Rn. 17.
[20] HM, s. LG Regensburg 2.8.1989 – 3 Qs 34/89, NJW 1990, 1742 (1743); Schmitt in Meyer-Goßner/Schmitt Rn. 10; Allgayer in KK-StPO Rn. 9; Hilger in Löwe/Rosenberg Rn. 17.
[21] Schmitt in Meyer-Goßner/Schmitt Rn. 10.
[22] Allgayer in KK-StPO Rn. 5.

VIII. Beteiligung im Revisionsverfahren (Abs. 5)

18 Grundsätzlich sind die Vorschriften über das Revisionsverfahren (§§ 333 ff.) auch im Privatklageverfahren anwendbar. Abs. 5 S. 1 schließt jedoch die Geltung von § 349 Abs. 2 aus. Damit kann das Revisionsgericht auch dann durch Beschluss entscheiden, wenn es die Revision einstimmig für **offensichtlich unbegründet** erachtet. Ein Antrag der StA oder des Privatklägers ist nicht erforderlich.[23]

19 Nach Abs. 5 S. 2 ist auch § 349 Abs. 3 nicht anzuwenden. Dies folgt daraus, dass ein Antrag nach § 349 Abs. 2 nicht erforderlich ist. Somit ist auch eine **Mitteilung an den Beschwerdeführer** nicht erforderlich.

Abs. 5 gilt sowohl für Revisionen des Angeklagten als auch des Privatklägers.[24]

§ 386 Ladung von Zeugen und Sachverständigen

(1) Der Vorsitzende des Gerichts bestimmt, welche Personen als Zeugen oder Sachverständige zur Hauptverhandlung geladen werden sollen.

(2) Dem Privatkläger wie dem Angeklagten steht das Recht der unmittelbaren Ladung zu.

I. Normzweck

1 In **§ 384 Abs. 3** ist angeordnet, dass das Gericht den Umfang der Beweisaufnahme bestimmt. Diese Regelung wird in § 386 Abs. 1 formal umgesetzt.[1] Bei der Auswahl der Zeugen und Sachverständigen ist das Gericht durch den Aufklärungsgrundsatz aus § 244 Abs. 2 gebunden (→ § 384 Rn. 7 ff.). In das Ermessen des Gerichts müssen die Anklageschrift, die Erklärung des Beschuldigten nach § 382 und mögliche gerichtliche Ermittlungen einbezogen werden.[2]

II. Herbeischaffung von Beweismitteln

2 Für das Privatklageverfahren überträgt § 386 Abs. 1 die Entscheidung darüber, welche Beweispersonen zu laden sind, dem Vorsitzenden. In erster Instanz ist das nach § 25 GVG der Richter beim Amtsgericht als Strafrichter. Auch die Umsetzung der Entscheidung obliegt dem Gericht.[3] Im Offizialverfahren ist für die Herbeischaffung der als Beweismittel dienenden Gegenstände die StA nach § 214 Abs. 4 zuständig. Wird im Privatklageverfahren vom Vorsitzenden gem. § 213 ein Termin zur Hauptverhandlung anberaumt, muss dieser hingegen prüfen, welche Beweismittel erforderlich sind und sich um die Herbeischaffung bemühen. Die Auswahl der Beweismittel erfolgt im Rahmen der **Aufklärungspflicht** nach § 244 Abs. 2. Somit entfalten die Anträge der Parteien keine Bindungswirkung (→ § 384 Rn. 9).[4]

3 Beweisanträge **vor der Hauptverhandlung** kann das Gericht ebenfalls im Rahmen seiner Aufklärungspflicht nach § 384 Abs. 3, § 244 Abs. 2 behandeln. § 384 Abs. 3 enthält keine Beschränkung auf die Hauptverhandlung und gilt somit im gesamten Privatklageverfahren.[5] Erfasst sind sowohl Anträge des Angeklagten als auch des Privatklägers. Ihre Anträge sind als bloße Beweisanregungen zu verstehen. § 219 gilt nicht.[6]

---

[23] Hilger in Löwe/Rosenberg Rn. 19.
[24] OLG Köln 5.12.1967 – Ss 533/67, NJW 1968, 561; OLG Stuttgart 20.7.1966 – 3 Vs 3/66, NJW 1967, 792.
[1] So Rössner in AK-StPO Rn. 1.
[2] Hilger in Löwe/Rosenberg Rn. 1.
[3] Velten in SK-StPO Rn. 1.
[4] Rössner in AK-StPO Rn. 1.
[5] Rössner in AK-StPO Rn. 2.
[6] Schmitt in Meyer-Goßner/Schmitt Rn. 2; Pfeiffer Rn. 1; Rössner in AK-StPO Rn. 2; aA Allgayer in KK-StPO Rn. 1; im Ergebnis wohl wie hier Velten in SK-StPO Rn. 2; Hilger in Löwe/Rosenberg Rn. 2.

III. Das Recht zur unmittelbaren Ladung (Abs. 2)

Nach § 386 Abs. 2 steht dem Angeklagten und dem Privatkläger das Recht zu, unmittelbar Zeugen zu laden. Dies gilt auch für den jeweiligen rechtlichen Beistand der Beteiligten (§ 378 und § 387). Die unmittelbare Ladung richtet sich nach § 220.[7] Auch § 220 Abs. 3 findet Anwendung, sodass nach sachdienlicher Vernehmung eine Entschädigung aus der Staatskasse zu gewähren ist.[8] Die unmittelbar geladenen Zeugen müssen nicht vom Gericht vernommen werden (→ § 384 Rn. 11). 4

IV. Mitteilungspflichten

Privatkläger und Angeklagter sind vom Gericht darüber zu **informieren,** welche Ladungen für die Hauptverhandlung ergehen.[9] Ebenso müssen der Privatkläger und der Angeklagte das Gericht sowie den Gegner in Kenntnis darüber setzen, welche Personen unmittelbar geladen werden (§ 219 Abs. 2, § 222 Abs. 2). 5

V. Beweiserhebung in der Berufungsinstanz

Die **§§ 324 und 325** sind im Berufungsverfahren der Privatklage anwendbar. Damit ist für die Verlesung des Urteils des ersten Rechtszugs (§ 324 Abs. 1 S. 2) sowie weiterer Schriftstücke (§ 325) die Zustimmung des Privatklägers erforderlich.[10] Aus § 385 und § 386 Abs. 2 ergibt sich nämlich, dass der Privatkläger die Beweisaufnahme beeinflussen können soll.[11] Dies gilt auch im Berufungsverfahren. Die Verlesung wird jedoch nicht dadurch gehindert, dass der Privatkläger entsprechende Ladungsanträge stellt.[12] 6

§ 387 Vertretung in der Hauptverhandlung

(1) In der Hauptverhandlung kann auch der Angeklagte im Beistand eines Rechtsanwalts erscheinen oder sich auf Grund einer nachgewiesenen Vollmacht durch einen solchen vertreten lassen.

(2) Die Vorschrift des § 139 gilt für den Anwalt des Klägers und für den des Angeklagten.

(3) Das Gericht ist befugt, das persönliche Erscheinen des Klägers sowie des Angeklagten anzuordnen, auch den Angeklagten vorführen zu lassen.

Schrifttum: Ladiges, Der Hochschullehrer im Strafverfahrensrecht nach der Neuregelung des § 138 Abs. 3 StPO, JR 2013, 294; Woesner, Der Privatkläger in der Hauptverhandlung, NJW 1959, 704.

Übersicht

	Rn.			Rn.
I. Allgemeines	1	III.	Rechte und Pflichten des Privatklägers	10
II. Rechte und Pflichten des Angeklagten	2		1. Anwesenheit	10
1. Anwesenheit	2		2. Anordnung des persönlichen Erscheinens (Abs. 3)	11
2. Anordnung des persönlichen Erscheinens (Abs. 3)	3		3. Vertretung	14
3. Vertretung	7			

---

[7] Schmitt in Meyer-Goßner/Schmitt Rn. 4.
[8] Hilger in Löwe/Rosenberg Rn. 4.
[9] Allgayer in KK-StPO Rn. 3.
[10] Allgayer in KK-StPO Rn. 4; Rössner in AK-StPO Rn. 4.
[11] Rössner in AK-StPO Rn. 4.
[12] Schmitt in Meyer-Goßner/Schmitt Rn. 3.

I. Allgemeines

1 § 387 regelt die Pflicht der Parteien in der Hauptverhandlung zu erscheinen sowie ihre Vertretungsmöglichkeiten.[1] Abs. 3 gewährt dem Gericht die Befugnis, das persönliche Erscheinen des Klägers sowie des Angeklagten anzuordnen. Dies gilt unabhängig von den Vertretungsregeln des Abs. 1. Damit wird Abs. 3 zur **zentralen Regelung** von § 387.[2]

II. Rechte und Pflichten des Angeklagten

2 **1. Anwesenheit.** Im Ausgangspunkt ist festzuhalten, dass auch im Privatklageverfahren die **§§ 230 ff.** für den Angeklagten anwendbar sind (→ § 384 Rn. 2). Damit ist er grundsätzlich zur Anwesenheit verpflichtet.[3] § 387 Abs. 1 ordnet an, dass der Angeklagte auch im Beistand eines Rechtsanwalts erscheinen kann oder sich auf Grundlage einer Vollmacht durch einen solchen vertreten lassen kann. Seit dem 1.1.2018 kann das Bestehen der Bevollmächtigung neben einer schriftlichen Urkunde auch durch vergleichbar sichere Wege (etwa durch Übermittlung eines mit einer qualifizierten elektronischen Signatur versehenen Dokuments) nachgewiesen werden. Der Angeklagte kann nach § 233 von seiner Anwesenheit entbunden werden, sodass weder er noch ein Vertreter anwesend sein müssen. Eine Hauptverhandlung kann ohne den Angeklagten auch gem. § 232 Abs. 1 S. 1 durchgeführt werden. Eine Vertretung des abwesenden Angeklagten nach § 234 ist möglich. Entfernt sich der Angeklagte, kann § 231 Abs. 2 anwendbar sein und die Verhandlung kann in Abwesenheit zu Ende geführt werden.[4]

3 **2. Anordnung des persönlichen Erscheinens (Abs. 3).** Nach Abs. 3 kann das Gericht das persönliche Erscheinen des Angeklagten anordnen und ihn zur Durchsetzung auch vorführen lassen. Anders als in § 230 Abs. 2 ist jedoch ein **Haftbefehl** gegen den Angeklagten nicht zulässig.[5] Dies ergibt sich aus einem Vergleich von Abs. 3 mit § 230 Abs. 2. Abs. 3 ist insofern die vorrangige Regelung. Ein Haftbefehl wäre auch unverhältnismäßig, wenn man berücksichtigt, dass bei der Privatklage kein öffentliches Interesse an der Strafverfolgung besteht und der Privatkläger die Klage jederzeit zurücknehmen kann (→ § 391 Rn. 2 und → § 384 Rn. 18 f.).[6]

4 Abs. 3 gilt auch noch in der **Berufungsinstanz.**[7] Insbesondere gilt § 329 bei einer Berufung des Angeklagten.[8]

In der **Revisionsinstanz** besteht jedoch keine Möglichkeit mehr, ein persönliches Erscheinen des Angeklagten nach Abs. 3 anzuordnen.[9]

5 Der Angeklagte ist persönlich zu laden. Ersatzzustellung nach § 181 ZPO ist möglich.[10] Die Ladung des Verteidigers richtet sich nach § 218. Die **Ladung** des Angeklagten sollte einen Hinweis auf die Möglichkeit einer Vorführung beinhalten.[11]

6 **Beschwerde** gegen Anordnung des persönlichen Erscheinens ist nicht möglich.[12] Dies ergibt sich aus § 305 S. 1, § 384 Abs. 1 S. 1.[13]

---

[1] Hilger in Löwe/Rosenberg Rn. 1.
[2] Rössner in AK-StPO Rn. 1.
[3] Allgayer in KK-StPO Rn. 1; Schmitt in Meyer-Goßner/Schmitt Rn. 1; Hilger in Löwe/Rosenberg Rn. 1; aA Velten in SK-StPO Rn. 3.
[4] Hilger in Löwe/Rosenberg Rn. 18.
[5] HM, s. etwa Rössner in AK-StPO Rn. 6; Allgayer in KK-StPO Rn. 3; Jofer in Satzger/Schluckebier/Widmaier StPO Rn. 6; Daimagüler Der Verletzte im Strafverfahren Rn. 508.
[6] Hilger in Löwe/Rosenberg Rn. 23.
[7] Schmitt in Meyer-Goßner/Schmitt Rn. 6.
[8] Schmitt in Meyer-Goßner/Schmitt Rn. 8.
[9] Woesner NJW 1959, 704 (709); Schmitt in Meyer-Goßner/Schmitt Rn. 6; aA Rössner in AK-StPO Rn. 2.
[10] Hilger in Löwe/Rosenberg Rn. 24.
[11] Hilger in Löwe/Rosenberg Rn. 16.
[12] OLG Celle 28.8.1953 – Ws 286/53, NJW 1953, 1933.
[13] Hilger in Löwe/Rosenberg Rn. 18; Velten in SK-StPO Rn. 5.

Eine falsche Handhabung der Anordnungsbefugnis sowohl hinsichtlich des Angeklagten als auch des Privatklägers kann einen **Revisionsgrund** darstellen.[14] Zwar besteht ein Spielraum bei der Anordnung des persönlichen Erscheinens. Ein Verstoß gegen § 244 Abs. 2 ist jedoch denkbar. Dabei ist insbesondere zu berücksichtigen, dass mit Blick auf die Privatklagedelikte die Sachverhaltsfeststellung oftmals entscheidend von der Anwesenheit der Parteien abhängt. Zudem verfolgt die Privatklage auch das Ziel einer friedensstiftenden Konfliktregelung, die bei Abwesenheit einer Partei nur schwerlich zu erreichen ist.[15]

Die **Frist für ein Rechtsmittel** beginnt für den abwesenden Angeklagten mit Zustellung des Urteils gem. § 314 Abs. 2, § 341 Abs. 2. Nach § 145a Abs. 1 und 2 ist auch eine Zustellung an den Verteidiger ausreichend.

3. Vertretung. Für das Offizialverfahren regeln die **§§ 137 ff.** die Zulassung von Beiständen. Der Wortlaut des Abs. 1 legt prima facie nahe, dass für den Angeklagten nur der Beistand eines Rechtsanwalts zulässig ist.[16] Für den Privatkläger wurde in § 138 Abs. 3 eine Regelung getroffen, nach der sich dieser auch einen Hochschullehrer oder mit Genehmigung des Gerichts eine andere Person als Beistand auswählen kann. Ihrem Wortlaut nach findet auch diese Regelung keine Anwendung auf den Angeklagten. Es ist jedoch zu beachten, dass der Gesetzgeber im Privatklageverfahren grundsätzlich eine Waffengleichheit zwischen dem Angeklagten und dem Privatkläger schaffen wollte.[17] Dies zeigt sich auch an § 387 Abs. 2. Dieser Waffengleichheit würde eine strenge Auslegung von § 387 Abs. 1 widersprechen. Der Wortlaut von Abs. 1 ist damit als zu eng geratene Verweisung auf sämtliche Beistände der §§ 137 ff. zu verstehen.[18] Für eine Beschränkung der Rechte des Angeklagten im Privatklageverfahren, die im Offizialverfahren nicht existiert, ist auch sonst kein Grund ersichtlich.[19] Nach richtiger Auslegung kann damit auch der Angeklagte einen Beistand nach § 138 Abs. 1 oder Abs. 2 wählen.[20] 7

Nach **§ 387 Abs. 2** ist eine Übertragung der Verteidigung des Angeklagten auf einen Referendar gem. § 139 möglich. Nach dem oben Gesagten (→ Rn. 14) hat die Vorschrift hinsichtlich des Angeklagten nur noch eine klarstellende Funktion. 8

Eine **Beiordnung eines Verteidigers** kann nach § 140 Abs. 2, § 141 erfolgen.[21] Ist beispielsweise die Beweisaufnahme aufwendig oder die Anwendbarkeit von § 193 StGB schwer zu durchschauen, erfordert die Sach- oder Rechtslage einen professionellen Beistand.[22] Damit ist dann die Beiordnung auch im Privatklageverfahren gerechtfertigt. 9

III. Rechte und Pflichten des Privatklägers

1. Anwesenheit. Der Privatkläger ist ebenso wie der Angeklagte zur Anwesenheit verpflichtet.[23] Darüber hinaus wird die Stellung des Privatklägers nach § 385 Abs. 1 S. 1 derjenigen der StA angeglichen (→ § 385 Rn. 2 f.). Aus dem Recht, persönlich Fragen und Anträge in der Verhandlung zu stellen (etwa nach § 240 Abs. 2 und § 238 Abs. 2), folgt, dass der Privatkläger bei Verhandlungsunfähigkeit die **Aussetzung** verlangen kann.[24] Das Gesetz erklärt den Aussetzungswillen des Privatklägers dabei für unbedingt beachtlich.[25] 10

---

[14] Hilger in Löwe/Rosenberg Rn. 1.
[15] Rössner in AK-StPO Rn. 4; Velten in SK-StPO Rn. 5; Daimagüler Der Verletzte im Strafverfahren Rn. 506.
[16] So OLG Hamburg 17.12.1965 – 1 Ws 290/65, MDR 1966, 256; Allgayer in KK-StPO Rn. 4.
[17] Velten in SK-StPO Rn. 8.
[18] Rössner in AK-StPO Rn. 10.
[19] Hilger in Löwe/Rosenberg Rn. 19.
[20] Schmitt in Meyer-Goßner/Schmitt Rn. 2; Ladiges JR 2013, 296 (296 f.).
[21] BVerfG 12.4.1983 – 2 BvR 1304/80, 2 BvR 432/18, BVerfGE 63, 380 = NJW 1983, 1599; Schmitt in Meyer-Goßner/Schmitt Rn. 3.
[22] Hilger in Löwe/Rosenberg Rn. 22; Daimagüler Der Verletzte im Strafverfahren Rn. 507.
[23] Allgayer in KK-StPO Rn. 1.
[24] Hilger in Löwe/Rosenberg Rn. 6.
[25] Woesner NJW 1959, 704 (705 f.).

§ 388

Es ist daher unerheblich, ob der Privatkläger sich durch einen Anwalt vertreten lassen könnte oder eine weitere Sachaufklärung durch seine Anwesenheit zu erwarten ist.[26]

Zu der Frage, ob der Privatkläger bzw. sein Vertreter während des gesamten Verfahrens, insbesondere noch nach den **Schlussvorträgen,** anwesend sein muss, → § 391 Rn. 18.

Erscheint der Privatkläger nicht und lässt sich auch nicht vertreten, gilt das gem. § 391 Abs. 2 Var. 1 als **Rücknahme der Klage** (→ § 391 Rn. 16).

11 **2. Anordnung des persönlichen Erscheinens (Abs. 3).** Gem. Abs. 3 kann der Richter das persönliche Erscheinen des Privatklägers anordnen. Das persönliche Erscheinen kann auch in den Fällen der §§ 223, 225 angeordnet werden.[27] Erscheint der Privatkläger trotz entsprechender Anordnung nicht oder erscheint nur sein Vertreter, so ist das gem. § 391 Abs. 2 als **Rücknahme der Klage** zu werten (→ § 391 Rn. 17).

12 Zur Anordnung des persönlichen Erscheinens ist eine **Ladung** des Privatklägers erforderlich. Sie kann dem Privatkläger oder seinem bevollmächtigten Vertreter zugestellt werden. Wird jedoch nur der Privatkläger geladen, ist der bevollmächtigte Rechtsanwalt gesondert zu laden.[28]

13 Die Befugnis nach Abs. 3 hinsichtlich des Privatklägers besteht auch noch in der **Berufungsinstanz,** nicht mehr jedoch in der Revisionsinstanz.[29]

Eine **Beschwerde** gegen die Anordnung des persönlichen Erscheinens kann von dem Privatkläger nicht erhoben werden (§ 305 S. 1).

Zu einer möglichen **Revision** sowie der Bedeutung der Anordnung des persönlichen Erscheinens → Rn. 6.

Die **Frist für ein Rechtsmittel** beginnt für den Privatkläger mit der Urteilsverkündung, unabhängig davon, ob nur der Rechtsanwalt des Privatklägers anwesend ist.[30]

14 **3. Vertretung.** Der Privatkläger kann gem. **§ 378 S. 1** im Beistand eines Rechtsanwalts erscheinen oder sich mit schriftlicher Vertretungsvollmacht vertreten lassen (→ § 378 Rn. 1). In § 138 Abs. 3 ist geregelt, dass sich der Privatkläger auch eines Beistands nach § 138 Abs. 1 oder Abs. 2 bedienen kann. Nach § 387 Abs. 2 ist die Vertretung durch einen Rechtsreferendar gem. § 139 möglich.

§ 388 Widerklage

(1) Hat der Verletzte die Privatklage erhoben, so kann der Beschuldigte bis zur Beendigung des letzten Wortes (§ 258 Abs. 2 Halbsatz 2) im ersten Rechtszug mittels einer Widerklage die Bestrafung des Klägers beantragen, wenn er von diesem gleichfalls durch eine Straftat verletzt worden ist, die im Wege der Privatklage verfolgt werden kann und mit der den Gegenstand der Klage bildenden Straftat in Zusammenhang steht.

(2) ¹Ist der Kläger nicht der Verletzte (§ 374 Abs. 2), so kann der Beschuldigte die Widerklage gegen den Verletzten erheben. ²In diesem Falle bedarf es der Zustellung der Widerklage an den Verletzten und dessen Ladung zur Hauptverhandlung, sofern die Widerklage nicht in der Hauptverhandlung in Anwesenheit des Verletzten erhoben wird.

(3) Über Klage und Widerklage ist gleichzeitig zu erkennen.

(4) Die Zurücknahme der Klage ist auf das Verfahren über die Widerklage ohne Einfluß.

---

[26] Hilger in Löwe/Rosenberg Rn. 6.
[27] Hilger in Löwe/Rosenberg Rn. 4.
[28] Allgayer in KK-StPO Rn. 2.
[29] Woesner NJW 1959, 704 (709); Schmitt in Meyer-Goßner/Schmitt Rn. 6; aA Rössner in AK-StPO Rn. 2.
[30] Hilger in Löwe/Rosenberg Rn. 4.

Übersicht

		Rn.			Rn.
I.	**Normzweck**	1	2.	Form	12
II.	**Voraussetzungen der Widerklage**	3	3.	Weitere Voraussetzungen	13
1.	Zulässige Privatklage	3	4.	Gerichtsstand	15
2.	Privatklagedelikt und Strafantrag	6	**IV.**	**Verfahren**	16
3.	Personenidentität	7	1.	Eröffnungsbeschluss	16
4.	Zusammenhang	9	2.	Weitere Widerkläger	19
III.	**Erhebung der Widerklage**	10	3.	Gleichzeitige Entscheidung (Abs. 3)	20
1.	Zeitpunkt	10	**V.**	**Erledigung der Privatklage (Abs. 4)**	23

I. Normzweck

Durch die Widerklage soll versucht werden, einen **zugrundeliegenden Konflikt** zwischen den Beteiligten endgültig zu beseitigen und anders als in getrennten Verfahren sollen nicht bloß einzelne strafbare Handlungen abgeurteilt werden.[1] 1

Die Widerklage ist grundsätzlich auch eine Privatklage, jedoch mit Besonderheiten. 2 So kann etwa nach § 80 Abs. 2 S. 1 JGG eine Widerklage gegen einen **jugendlichen Privatkläger** erhoben werden. Eine Privatklage gegen einen Jugendlichen ist gem. § 80 Abs. 1 S. 1 JGG hingegen nicht zulässig. Bei einer Widerklage gegen einen Jugendlichen darf nicht auf Jugendstrafe erkannt werden (§ 80 Abs. 2 S. 2 JGG).

II. Voraussetzungen der Widerklage

1. Zulässige Privatklage. Voraussetzung für die Widerklage ist zunächst eine zulässige 3 Privatklage. Damit scheidet eine Widerklage im Verfahren auf öffentliche Klage aus. Voraussetzung ist zudem die vorherige **Erhebung der Privatklage.** Diese darf zum Zeitpunkt der Erhebung der Widerklage auch noch nicht erledigt sein.[2] Eine Erledigung der Privatklage nach Erhebung der Widerklage schadet der Widerklage nicht (→ Rn. 23).[3]

Bei **anfänglicher Unzulässigkeit** der Privatklage ist auch die Widerklage unzulässig. 4 Dies gilt auch, wenn die Unzulässigkeit der Privatklage erst im Laufe des Verfahrens erkannt wird. Eine solche anfängliche Unzulässigkeit kann etwa durch einen fehlenden Strafantrag, einen ausgebliebenen Sühneversuch oder weil kein Privatklagedelikt iSv § 374 vorliegt, gegeben sein.[4]

Wird der Strafantrag im Privatklageverfahren zurückgenommen oder die StA übernimmt die Verfolgung, so wird die Privatklage **nachträglich unzulässig.**[5] Eine solche 5 nachträgliche Unzulässigkeit hindert jedoch nicht Zulässigkeit der Widerklage. Die Widerklage ist in einem solchen Fall abzutrennen und als selbständige Privatklage fortzuführen.[6] Die Erhebung einer Widerklage nach Übernahme der Privatklage durch die StA ist jedoch nicht zulässig.[7]

2. Privatklagedelikt und Strafantrag. Da es sich bei der Widerklage im Grundsatz 6 um eine Privatklage handelt, muss auch ein Privatklagedelikt vorliegen (→ § 374 Rn. 15 ff.). Handelt es sich hierbei um ein **Antragsdelikt,** so kann der Antrag gem. § 77c S. 1 StGB bis zur Beendigung des letzten Wortes im ersten Rechtszug des Verfahrens des

---

[1] Rössner in AK-StPO Rn. 1; zu den tatsächlichen Erfolgsaussichten einer solchen Konfliktlösung s. Daimagüler Der Verletzte im Strafverfahren Rn. 416 ff.
[2] Allgayer in KK-StPO Rn. 5.
[3] BayObLG 26.3.1958 – RevReg. 1 St 961/57, NJW 1958, 1149.
[4] Schmitt in Meyer-Goßner/Schmitt Rn. 5; Allgayer in KK-StPO Rn. 4.
[5] Allgayer in KK-StPO Rn. 4.
[6] Hilger in Löwe/Rosenberg Rn. 3.
[7] Hilger in Löwe/Rosenberg Rn. 2.

anderen Antragsdelikts gestellt werden. Ob der erste Strafantrag sich auf eine begangene und erwiesene Straftat bezieht, ist dabei unerheblich.[8]

7   **3. Personenidentität.** Für die Widerklage muss Identität zwischen denjenigen Personen vorliegen, die an dem Gegenstand der ursprünglichen Privatklage und dem Gegenstand der Widerklage beteiligt waren.[9] Der Angeklagte kann statt einer Widerklage ebenso **selbständig Privatklage** erheben.[10] Eine solche Privatklage in eine Widerklage umzudeuten, ist nicht zulässig.[11] Die selbständig erhobene Privatklage und die ursprüngliche Privatklage können jedoch nach § 237 mit umgekehrten Parteirollen verbunden werden.[12] Möchte der Angeklagte seine selbständige Privatklage doch als Widerklage fortführen, ist dies möglich. § 392 oder Rechtshängigkeit stehen dem nicht entgegen. Voraussetzung ist, dass der Angeklagte seine selbständige Privatklage zurücknimmt. Dies muss nach Erhebung der Widerklage und vor einer Entscheidung über die Widerklage geschehen.[13]

8   **Abs. 2 S. 1.** erlaubt, dass der Beschuldigte auch dann Widerklage gegen den Verletzten erhebt, wenn dieser selbst gar nicht die ursprüngliche Privatklage erhoben hat. Die Vorschrift ist von geringer praktischer Bedeutung.[14]

9   **4. Zusammenhang.** Abs. 1 fordert, dass die Straftat, die mit der Widerklage verfolgt wird und diejenige der ursprünglichen Privatklage in einem Zusammenhang stehen. Ausreichend ist ein **loser Zusammenhang**.[15] Ein zeitlicher, ursächlicher oder Motivationszusammenhang ist nicht erforderlich.[16] Entscheidend ist, ob eine gemeinsame Behandlung der Gegenstände zweckmäßig ist. Dies wird in der Regel der Fall sein, wenn die Taten auf gegenseitiger Feindseligkeit beruhen.[17] Dann ist die Funktion der Widerklage, eine grundlegende Konfliktbereinigung zu gewährleisten, betroffen (→ Rn. 1).

III. Erhebung der Widerklage

10 **1. Zeitpunkt.** Vom Zeitpunkt der Erhebung der ursprünglichen Privatklage bis zum Zeitpunkt des letzten Wortes in der ursprünglichen Privatklage (§ 258 Abs. 2 Hs. 2) kann Widerklage erhoben werden. Über den Wortlaut von Abs. 1 hinaus, ist die Erhebung der Widerklage nach **endgültiger Erledigung** (etwa aufgrund der § 381 Abs. 1 oder 2, § 391 Abs. 1) der ursprünglichen Privatklage nicht zulässig.[18] Die endgültige Erledigung der ursprünglichen Privatklage nach Erhebung der Widerklage schadet hingegen nicht (→ Rn. 23).

11 Bei **mehreren Hauptverhandlungen** in erster Instanz kann der Angeklagte auch in der letzten Verhandlung noch Widerklage erheben.[19] Ein schon früher erteiltes letztes Wort nach § 258 Abs. 2 Hs. 2 steht dem nicht entgegen. Die Erhebung der Widerklage ist auch bei einer erneuten erstinstanzlichen Verhandlung aufgrund einer Verweisung gem. § 328 Abs. 2 zulässig.

12 **2. Form.** Die Widerklage kann außerhalb der Verhandlung gem. § 381 S. 1 zu Protokoll der Geschäftsstelle oder durch Einreichung einer Anklageschrift erhoben werden (→ § 381 Rn. 3). Sie kann auch in der Hauptverhandlung **mündlich** erhoben werden.[20] Die Erhebung muss protokolliert werden. Die Widerklage muss als solche oder mit einem

---

[8] BayObLG 13.11.1958 – RReg. 4 St 283/58, NJW 1959, 304.
[9] LG Paderborn 27.7.1949 – Qs 68/49, NJW 1950, 78.
[10] Allgayer in KK-StPO Rn. 8.
[11] OLG Düsseldorf 15.10.1953 – Vs 14/53 (685), NJW 1954, 123.
[12] Hilger in Löwe/Rosenberg Rn. 18.
[13] Hilger in Löwe/Rosenberg Rn. 18.
[14] S. zu möglichen Fällen Hilger in Löwe/Rosenberg Rn. 15 f.
[15] BGH 6.4.1962 – 1 StR 550/61, BGHSt 17, 194 = NJW 1962, 1069.
[16] Allgayer in KK-StPO Rn. 7.
[17] Velten in SK-StPO Rn. 7.
[18] Hilger in Löwe/Rosenberg Rn. 4 f.
[19] Hilger in Löwe/Rosenberg Rn. 6.
[20] OLG Hamburg 31.5.1956 – Ws 321/56, NJW 1956, 1890; Schmitt in Meyer-Goßner/Schmitt Rn. 5.

ähnlichen Ausdruck bezeichnet werden und sich auf das Privatklageverfahren beziehen, in welchem sie erhoben wird.

3. Weitere Voraussetzungen. Allgemeine Voraussetzungen wie etwa Prozessfähigkeit des Widerklägers, keine entgegenstehende Rechtskraft oder der Strafantrag (→ Rn. 6) müssen wie bei der Privatklage gegeben sein.[21] Auch die Widerklage kann nicht unter einer Bedingung erhoben werden. Ebenso ist § 381 S. 2 zu beachten (→ § 381 Rn. 5). 13

Die Erhebung der Widerklage wird dadurch erleichtert, dass §§ 379 (Sicherheitsleistung), 379a (Gebührenvorschuss) und 380 (Sühneversuch) **keine Anwendung** finden.[22] Sicherheitsleistung und Gebührenvorschuss sind bei der Widerklage entbehrlich, da die Widerklage als Verteidigungshandlung gilt. Der Sühneversuch ist aufgrund einer bereits erfolgten Klageerhebung durch den Verletzten entbehrlich.[23] Für den Widerkläger können in den Grenzen des § 17 Abs. 4 GKG Auslagenvorschüsse anfallen. 14

4. Gerichtsstand. Zuständiges Gericht für die Widerklage ist nach § 388 das **Gericht der ursprünglichen Privatklage.** Ob das auch für die Widerklage gem. den allgemeinen Vorschriften in §§ 7 ff. zuständig wäre, ist unerheblich.[24] Die Erledigung der ursprünglichen Privatklage hat auf den Gerichtsstand keine Auswirkungen.[25] Ist die ursprüngliche Privatklage von Anfang an unzulässig (→ Rn. 4), wird auch für die Widerklage kein Gerichtsstand begründet.[26] 15

IV. Verfahren

1. Eröffnungsbeschluss. Das Gericht prüft die Widerklage nach den §§ 382, 383. Wurde die Widerklage außerhalb des Verfahrens erhoben (→ Rn. 12), wird sie dem Privatkläger nach **§ 382** mitgeteilt und ihm wird eine Frist zur Erklärung gesetzt. Wird sie mündlich erhoben, ist der Privatkläger in der Verhandlung zu hören.[27] Ihm steht das Recht zu, entsprechend § 265 Abs. 3 eine Aussetzung der Verhandlung zu beantragen.[28] Ist anstelle des Verletzten ein Vertreter des Verletzten im Privatklageverfahren anwesend, muss dem Verletzten die Klage gem. § 382 zugestellt werden und diesem muss eine Frist zur Erklärung gesetzt werden.[29] Steht die Unzulässigkeit oder Unbegründetheit der Widerklage von vornherein fest, ist eine Mitteilung grundsätzlich entbehrlich.[30] 16

Nach der Erklärung des Privatklägers bzw. nach Fristablauf entscheidet das Gericht über die Eröffnung des Verfahrens nach § 383. Dafür ist ein **Eröffnungsbeschluss** erforderlich.[31] Die Widerklage ist im Grundsatz wie die Privatklage zu behandeln und das Gesetz enthält für den Eröffnungsbeschluss keine Ausnahme bereit. Es wird vertreten, dass bei mündlicher Erhebung der Widerklage kein Raum für einen Eröffnungsbeschluss sei und daher auch bei einer außerhalb der Hauptversammlung erhobenen Widerklage ein solcher nicht erforderlich sei.[32] Dagegen ist aus systematischer Sicht einzuwenden, dass auch bei einer mündlich erhobenen Nachtragsklage ein Einbeziehungsbeschluss gem. § 266 Abs. 1 erforderlich ist.[33] Ferner 17

---

[21] Velten in SK-StPO Rn. 5; Hilger in Löwe/Rosenberg Rn. 7 ff.
[22] OLG Hamburg 31.5.1956 – Ws 321/56, NJW 1956, 1890; Daimagüler Der Verletzte im Strafverfahren Rn. 509.
[23] Velten in SK-StPO Rn. 4.
[24] Allgayer in KK-StPO Rn. 9.
[25] Schmitt in Meyer-Goßner/Schmitt Rn. 9.
[26] Hilger in Löwe/Rosenberg Rn. 19.
[27] Schmitt in Meyer-Goßner/Schmitt Rn. 13.
[28] Velten in SK-StPO Rn. 12.
[29] Velten in SK-StPO Rn. 11.
[30] Hilger in Löwe/Rosenberg Rn. 23, § 382 Rn. 3.
[31] Schmitt in Meyer-Goßner/Schmitt Rn. 13; Hilger in Löwe/Rosenberg Rn. 23 f.; Velten in SK-StPO Rn. 12; Rössner in AK-StPO Rn. 5; aA OLG Hamburg 31.5.1956 – Ws 321/56, NJW 1956, 1890; Allgayer in KK-StPO Rn. 2.
[32] BayObLG 26.3.1958 – RevReg 1 St 961/57, NJW 1958, 1149.
[33] Hilger in Löwe/Rosenberg Rn. 24.

§ 389   5. Buch. 2. Abschnitt. Privatklage

besteht ein Bedürfnis dafür, mit dem Eröffnungsbeschluss das Vorliegen der Voraussetzungen der Widerklage durch das Gericht zu festzustellen.

18   Der StA ist die Widerklage nur mitzuteilen, wenn die Übernahme durch die StA nach § 377 Abs. 1 S. 2 vom Gericht für geboten erachtet wird.[34] Eine Übernahme durch die StA ist ebenso nur hinsichtlich der Widerklage oder der Privatklage möglich. Die jeweils andere geht dann als selbständige Privatklage weiter.

19   **2. Weitere Widerkläger.** Sind weitere potentielle Widerkläger vorhanden, so gilt für sie § 375. Eine selbständige Privatklage können diese potentiellen Widerkläger nicht erheben. Sie können jedoch der Widerklage beitreten (→ § 375 Rn. 6 ff.). Die Rechtskraft der Entscheidung im Widerklageverfahren wirkt auch ohne Beitritt gegen sie (§ 375 Abs. 3). Der Privatkläger kann auch gegen die Beigetretenen die Privatklage erheben.[35]

20   **3. Gleichzeitige Entscheidung (Abs. 3).** Abs. 3 ordnet an, dass über Klage und Widerklage gleichzeitig zu erkennen ist. Die Vorschrift darf jedoch nicht zu wörtlich genommen werden. Es ist durchaus möglich beide Verfahren durch Beschluss wegen Geringfügigkeit nach § 383 Abs. 2 einzustellen.[36] Der **Zweck** dieser Vorschrift liegt darin, sicherzustellen, dass die beiden Verfahren nicht ohne hinreichenden Grund nach § 4 getrennt werden.[37] Grundsätzlich ist jedoch eine getrennte Entscheidung über beide Verfahren möglich.

21   **Getrennte Entscheidungen** können jedenfalls dann ergehen, wenn Privatklage und Widerklage nicht mehr in der gleichen Instanz verhandelt werden.[38] Ebenso ist eine Trennung zulässig, wenn die eine Klage spruchreif ist, während die andere noch eine längere Beweisaufnahme erfordert.[39] Privatklage oder Widerklage können auch jede für sich wegen fehlenden Tatverdachts zurückgewiesen werden. Auch eine Einstellung nur einer der beiden Klagen wegen Geringfügigkeit nach § 383 Abs. 2 ist möglich.[40]

22   Wird eine der beiden Klagen durch **Beschluss** erledigt, kann dies durch eine erfolgreiche Beschwerde behoben werden. Dann muss ein Urteil über das Verfahren gefällt werden, in welchem zuvor der Beschluss gefasst wurde.[41] Dass das andere Verfahren mittlerweile schon durch Urteil erledigt ist, steht dem nicht entgegen.

V. Erledigung der Privatklage (Abs. 4)

23   Die Rücknahme der Privatklage hat gem. Abs. 4 keinen Einfluss auf die Widerklage. Wird die Privatklage zurückgenommen, so besteht die Widerklage als Privatklage fort → Rn. 5).[42] Die Folgen von Abs. 4 greifen nicht nur bei Rücknahme der Privatklage, sondern auch bei einer **Erledigung** der Privatklage **auf andere Weise** (etwa bei Einstellung wegen Geringfügigkeit nach § 383 Abs. 2 oder Übernahme durch die StA nach § 377 Abs. 2).[43] Im Falle der Unzulässigkeit der Privatklage kann Abs. 4 nicht angewendet werden.[44]

§ 389 Einstellung durch Urteil bei Verdacht eines Offizialdelikts

(1) Findet das Gericht nach verhandelter Sache, daß die für festgestellt zu erachtenden Tatsachen eine Straftat darstellen, auf die das in diesem Abschnitt vorgeschrie-

---

[34] Hilger in Löwe/Rosenberg Rn. 25.
[35] Hilger in Löwe/Rosenberg Rn. 27.
[36] Allgayer in KK-StPO Rn. 11.
[37] Schmitt in Meyer-Goßner/Schmitt Rn. 15.
[38] BayObLG 26.3.1958 – RevReg 1 St 961/57, NJW 1958, 1149.
[39] Allgayer in KK-StPO Rn. 11.
[40] Schmitt in Meyer-Goßner/Schmitt Rn. 15; Hilger in Löwe/Rosenberg Rn. 29; aA BGH 6.4.1962 – 1 StR 550/61, BGHSt 17, 194 = NJW 1962, 1069; Allgayer in KK-StPO Rn. 11; Hanack JZ 1974, 54 (54 f.).
[41] Hilger in Löwe/Rosenberg Rn. 30.
[42] Allgayer in KK-StPO Rn. 12.
[43] Schmitt in Meyer-Goßner/Schmitt Rn. 17.
[44] BayObLG 25.6.1952 – RevReg 1 St 1/52, BayObLGSt 1952, 114.

bene Verfahren nicht anzuwenden ist, so hat es durch Urteil, das diese Tatsachen hervorheben muß, die Einstellung des Verfahrens auszusprechen.

(2) Die Verhandlungen sind in diesem Falle der Staatsanwaltschaft mitzuteilen.

Übersicht

		Rn.			Rn.
I.	Normzweck	1	3.	Nachträgliches Erkennen des Fehlens eines Privatklagedelikts	7
II.	Einstellungsvoraussetzungen	2			
1.	Maßstab des Abs. 1 für die Entscheidung über eine Einstellung	2	III.	Wirkungen des Einstellungsurteils	9
2.	Anfängliches Fehlen eines Privatklagedelikts	3	IV.	Rechtsmittel	12

I. Normzweck

§ 389 trifft eine Regelung für den Fall, dass sich im Laufe des Privatklageverfahrens 1 herausstellt, dass im Rahmen derselben prozessualen Tat iSv § 264 der Verdacht auf ein Offizialdelikt vorliegt (→ § 374 Rn. 25 ff.). Das Privatklageverfahren soll dann eingestellt und ein Offizialverfahren ermöglicht werden.[1]

II. Einstellungsvoraussetzungen

1. Maßstab des Abs. 1 für die Entscheidung über eine Einstellung. Der Wortlaut 2 von Abs. 1 spricht davon, dass das Gericht nach verhandelter Sache entscheidet, dass eine Straftat vorliegt, für die das Privatklageverfahren nicht anwendbar sei. Eine restlose Sachverhaltsaufklärung ist jedoch nicht erforderlich.[2] Ausreichend für eine Einstellung ist ein **hinreichender Tatverdacht** iSv § 203 hinsichtlich eines Offizialdelikts.[3]

2. Anfängliches Fehlen eines Privatklagedelikts. Das Vorliegen eines Privatklage- 3 delikts ist eine Zulässigkeitsvoraussetzung, die das Gericht in jeder Lage des Verfahrens von Amts wegen zu prüfen hat.[4] Entscheidend ist der Tatsachenvortrag in der Klageschrift (bzw. eine ergänzende Beweiserhebung nach § 202). Liegt nach diesem ein Offizialdelikt vor oder trifft ein Privatklagedelikt mit einem solchen zusammen, so ist die Privatklage unzulässig.[5] Das Gericht muss die Klage durch **Beschluss nach § 383 Abs. 1** zurückweisen.

Unerheblich ist, ob der Vortrag, aus dem sich ein Offizialdelikt ergibt, in der Hauptver- 4 handlung widerlegt wird oder sich nicht beweisen lässt. Auch auf die Glaubhaftigkeit der Darstellung des Offizialdelikts in der Klage kommt es nicht an.[6] Denn einer Entscheidung über die Klage steht die Reichweite ihrer Rechtskraft entgegen: Wird ein in der Klage vorgetragenes Offizialdelikt entgegen Abs. 1 als Privatklagedelikt abgeurteilt, kann das Offizialdelikt in einem weiteren Verfahren nicht mehr auf Grundlage des Offizialprinzips von der StA zur Anklage gebracht und abgeurteilt werden.[7] Dieser **Verbrauch der Strafklage** gilt bei jeder Entscheidung des Gerichts, unabhängig davon, ob auf Freispruch oder Verurteilung erkannt wird oder ob wegen des Privatklagedelikts oder des Offizialdelikts verurteilt bzw. freigesprochen wird.[8]

Wird das Verfahren trotz Behauptung eines Offizialdelikts eröffnet, so ist es gem. § 206a 5 außerhalb der Hauptverhandlung durch Beschluss einzustellen, wenn der Fehler erkannt

---

[1] Hilger in Löwe/Rosenberg Rn. 4.
[2] BayObLG 15.12.1953 – RevReg. 2 St 503/53, BayObLGSt 1953, 260; Hilger in Löwe/Rosenberg Rn. 3; Schmitt in Meyer-Goßner/Schmitt Rn. 3; Allgayer in KK-StPO Rn. 2; aA Velten in SK-StPO Rn. 5.
[3] Hilger in Löwe/Rosenberg Rn. 5; Daimagüler Der Verletzte im Strafverfahren Rn. 487.
[4] Allgayer in KK-StPO Rn. 1.
[5] Daimagüler Der Verletzte im Strafverfahren Rn. 424.
[6] Hilger in Löwe/Rosenberg Rn. 2.
[7] Allgayer in KK-StPO Rn. 1, 4.
[8] Hilger in Löwe/Rosenberg Rn. 21.

wird. In der Hauptverhandlung erfolgt eine Einstellung durch Urteil gem. Abs. 1.[9] Dies gilt auch in höheren Instanzen.

6 Wird das Verfahren aufgrund der Behauptung eines Offizialdelikts eingestellt, steht es dem Privatkläger offen, **erneut Klage** zu erheben und dabei diejenigen Tatsachen nicht vorzutragen, welche das Offizialdelikt begründen.[10]

7 **3. Nachträgliches Erkennen des Fehlens eines Privatklagedelikts.** Enthält die Klageschrift keinen Hinweis auf ein Offizialdelikt und ergibt sich **erst während der Hauptverhandlung** ein entsprechender hinreichender Tatverdacht, so ist Abs. 1 einschlägig. Das Gericht muss das Verfahren wegen Unzulässigkeit einstellen.[11]

8 Zuvor sollte es jedoch der StA die Akten nach **§ 377 Abs. 1 S. 2** vorlegen und eine Übernahme anregen.[12] Erst wenn eine Übernahme abgelehnt wird, ist ein Einstellungsurteil zweckmäßig. Dieses Vorgehen ist zwar nicht rechtlich geboten. Es reduziert jedoch die Gefahr, dass Meinungsverschiedenheiten zwischen Gericht und StA über das Vorliegen eines Offizialdelikts dazu führen, dass der Angeklagten wegen seiner Tat überhaupt nicht verurteilt wird.[13] Diese Gefahr besteht dann, wenn das Gericht das Verfahren wegen des Verdachts eines Offizialdelikts nach Abs. 1 einstellt und die StA keine Anklage erhebt, weil sie davon ausgeht, dass nur lediglich ein Privatklagedelikt vorliegt. Dem Privatkläger steht dann nur das Klageerzwingungsverfahren nach § 172 Abs. 2 offen (→ Rn. 11).

III. Wirkungen des Einstellungsurteils

9 Wird ein Einstellungsurteil nach Abs. 1 rechtskräftig, ist eine erneute Privatklage auf derselben Tatsachengrundlage unzulässig (aber → Rn. 6).[14] Da die Einstellung des Privatklageverfahrens eine Offizialklage durch die StA ermöglichen soll, wird diese durch das Urteil nicht gebunden. Die StA muss im Rahmen ihrer Legalitätspflicht eigenständig prüfen, ob sie ein Verfahren wegen des Offizialdelikts einleiten will.[15] Dies ergibt sich auch aus der zwischen StA und Gericht bestehenden Aufgabenteilung.

10 Der Privatkläger muss sich nach rechtskräftiger Einstellung jedoch nicht selbst an die StA wenden, da diese gem. Abs. 2 vom Gericht über die Verhandlungen in Kenntnis gesetzt wird.[16]

11 Entscheidet sich die StA gegen eine Anklage, kann der Privatkläger ein **Klageerzwingungsverfahren** nach § 172 einleiten.[17] Das im Klageerzwingungsverfahren zuständige OLG ist jedoch nicht an die Auffassung des Privatklagegerichts gebunden. Ist es der Auffassung, dass ein Privatklagedelikt vorliegt, setzt sich die Rechtskraft des Einstellungsurteils durch und eine erneute Privatklage kann nicht erhoben werden.[18]

IV. Rechtsmittel

12 Gegen das Einstellungsurteil können der Privatkläger, der Angeklagte und die StA **Berufung und Revision** einlegen.[19] Eine Anfechtung der StA stellt nach § 377 Abs. 2 S. 2 zugleich eine Übernahme der Verfolgung dar. Eine Beschwer des Angeklagten ist gegeben, da dieser noch im Offizialverfahren verurteilt werden kann und somit keine rechtskräftige Erledigung der Anklage vorliegt.[20]

---

[9] Hilger in Löwe/Rosenberg Rn. 1.
[10] Hilger in Löwe/Rosenberg Rn. 4.
[11] Allgayer in KK-StPO Rn. 2.
[12] Schmitt in Meyer-Goßner/Schmitt Rn. 4; Daimagüler Der Verletzte im Strafverfahren Rn. 428.
[13] Dazu ausführlich Hilger in Löwe/Rosenberg Rn. 5 ff.
[14] Schmitt in Meyer-Goßner/Schmitt Rn. 5.
[15] Schmitt in Meyer-Goßner/Schmitt Rn. 5; Hilger in Löwe/Rosenberg Rn. 14.
[16] Hilger in Löwe/Rosenberg Rn. 13.
[17] Ausführlich zum Klageerzwingungsverfahren Daimagüler Der Verletzte im Strafverfahren Rn. 589 ff.
[18] Allgayer in KK-StPO Rn. 5.
[19] Allgayer in KK-StPO Rn. 7; Daimagüler Der Verletzte im Strafverfahren Rn. 518.
[20] Hilger in Löwe/Rosenberg Rn. 10.

Folgt auf ein Rechtsmittel des Angeklagten in höherer Instanz ein Einstellungsurteil, **13** so darf dieser in einem darauffolgenden Offizialverfahren nicht zu einer höheren Strafe verurteilt werden als im Ausgangsprozess. Es gilt ein **Verschlechterungsverbot** (§§ 331, 358 Abs. 2).[21] Dies folgt aus dem Zweck des Verschlechterungsverbots, wonach es dem Angeklagten möglich sein soll, von seinen Rechtsmitteln Gebrauch zu machen, ohne eine Verschärfung der Strafe gegen ihn befürchten zu müssen. Dieser Zweck ist unabhängig davon einschlägig, ob die Strafe in einem anderen Verfahren verhängt wird.[22]

§ 390 Rechtsmittel des Privatklägers

(1) ¹Dem Privatkläger stehen die Rechtsmittel zu, die in dem Verfahren auf erhobene öffentliche Klage der Staatsanwaltschaft zustehen. ²Dasselbe gilt von dem Antrag auf Wiederaufnahme des Verfahrens in den Fällen des § 362. ³Die Vorschrift des § 301 ist auf das Rechtsmittel des Privatklägers anzuwenden.

(2) Revisionsanträge und Anträge auf Wiederaufnahme des durch ein rechtskräftiges Urteil abgeschlossenen Verfahrens kann der Privatkläger nur mittels einer von einem Rechtsanwalt unterzeichneten Schrift anbringen.

(3) ¹Die in den §§ 320, 321 und 347 angeordnete Vorlage und Einsendung der Akten erfolgt wie im Verfahren auf erhobene öffentliche Klage an und durch die Staatsanwaltschaft. ²Die Zustellung der Berufungs- und Revisionsschriften an den Gegner des Beschwerdeführers wird durch die Geschäftsstelle bewirkt.

(4) Die Vorschrift des § 379a über die Zahlung des Gebührenvorschusses und die Folgen nicht rechtzeitiger Zahlung gilt entsprechend.

(5) ¹Die Vorschrift des § 383 Abs. 2 Satz 1 und 2 über die Einstellung wegen Geringfügigkeit gilt auch im Berufungsverfahren. ²Der Beschluß ist nicht anfechtbar.

Schrifttum: Hilger, Über Fragen der Selbstvertretung eines Rechtsanwalts, der Verletzter einer Straftat ist, NStZ 1988, 441; Kurth, Rechtsprechung zur Beteiligung des Verletzten am Verfahren, NStZ 1997, 1.

Übersicht

	Rn.		Rn.
I. Normzweck	1	III. Wirkung des Rechtsmittels (Abs. 1 S. 3)	13
II. Rechtsmittel des Privatklägers (Abs. 1 S. 1)	2	IV. Revisions- und Wiederaufnahmeanträge (Abs. 2)	14
1. Gesetzliche Vertreter und Dienstvorgesetzte	4	V. Mitwirkung der Staatsanwaltschaft im Rechtsmittelverfahren (Abs. 3)	17
2. Persönliche Beschwer	7	VI. Entsprechende Anwendung des § 379a (Abs. 4)	19
3. Rechtsmittelfrist	10	VII. Einstellung wegen geringer Schuld (Abs. 5 S. 1, 2)	24
4. Wiederaufnahme (Abs. 1 S. 2)	12		

I. Normzweck

Abs. 1 überträgt den Grundsatz des § 385 Abs. 1, dass der Privatkläger die **Parteistel-** **1** **lung** der StA hat, auf die Rechtsmittel.[1] **Abs. 2** bezweckt die **Sachgerechtigkeit und Rechtmäßigkeit** der Revisionsbegründungsschrift im Interesse des Rechtsmittelführers

---

[21] BayObLG 10.5.1961 – RReg 1 St 133/61, NJW 1961, 1481; Allgayer in KK-StPO Rn. 8; Hilger in Löwe/Rosenberg Rn. 11; aA Schmitt in Meyer-Goßner/Schmitt Rn. 6.
[22] BayObLG 10.5.1961 – RReg 1 St 133/61, NJW 1961, 1481.
[1] Rössner in HK-GS Rn. 1.

und der Rechtsmittelgerichte zu gewährleisten: Der Rechtsmittelführer soll davor bewahrt werden, dass sein Rechtsmittel von vornherein an Formfehlern oder sonstigen Mängeln scheitert, während die Rechtsmittelgerichte vor einer Überlastung durch unsachgemäßes Vorbringen Rechtsunkundiger bewahrt werden sollen.[2]

II. Rechtsmittel des Privatklägers (Abs. 1 S. 1)

2   Nach Abs. 1 S. 1 stehen dem Privatkläger die Rechtsmittel zu, die im Offizialverfahren der StA zustehen. Dies gilt auch für den Privatkläger als **Widerkläger** und den nach § 375 **Beigetretenen**.[3] Der Privatkläger als **Widerbeklagte** hat dagegen die Rechtsmittel des Angeklagten nach § 296 ff.[4]

3   Die Rechtsmittel sind nach dem Gesetzeswortlaut die Rechtsmittel der StA, also Berufung (§ 312), Revision (§ 333) oder Sprungrevision (§ 335) gegen das Berufungsurteil, sowie die einfache oder die sofortige Beschwerde (§§ 304 ff.).[5]

4   **1. Gesetzliche Vertreter und Dienstvorgesetzte.** Der gesetzliche Vertreter des **Angeklagten** hat – neben der Rechtsmittelbefugnis des Angeklagten – eine eigene Rechtsmittelbefugnis gem. § 298 Abs. 1.[6] Wie sich bereits aus der Notwendigkeit einer Prozessfähigkeit des Privatklägers bei Klageerhebung ergibt, steht dem gesetzlichen Vertreter des **Privatklägers** kein eigenes Recht zur Einlegung der Rechtsmittel zu.[7] Der Privatkläger hat daher auch bei den Rechtsmitteln ausschließlich selbst die Befugnis, die Rechtsmittel einzulegen, wobei er die Rechtsmittel im Fall der gesetzlichen Vertretung nur durch den Vertreter erheben kann.[8]

5   Die Rechtsmittelbefugnis gilt für den gesetzlichen Vertreter in der **Widerklage** entsprechend: Der Vertreter des Widerklägers kann mangels eigener Rechtsmittelbefugnis nur für den Widerkläger Rechtsmittel einlegen, während der Vertreter des **Widerbeklagten** eine eigene Rechtsmittelbefugnis hat.[9]

6   Der **Dienstvorgesetzte** kann Rechtsmittel nur einlegen, soweit er nach § 374 Abs. 2 selbst die Privatklage erhoben hat,[10] oder nach Strafantragstellung den Beitritt gem. § 375 durch die Einlegung eines Rechtsmittels erklärt hat.[11]

7   **2. Persönliche Beschwer.** Die Zulässigkeit des Rechtsmittels setzt eine Beschwer des Privatklägers voraus, da er zwar die Parteistellung der StA hat, nicht aber ihre Amtsstellung.[12] Der Privatkläger kann deshalb **keine Rechtsmittel zugunsten des Angeklagten** einlegen.[13] Da der Privatkläger die Klage gem. § 391 zurücknehmen kann, hat die Einlegung von Rechtsmitteln zugunsten des Angeklagten nur geringe praktische Bedeutung.[14]

8   Die Beschwer besteht auch, wenn nach den Anträgen des Privatklägers entschieden wurde, der Privatkläger aber eine **Verschärfung des Urteils** anstrebt.[15] Aus der Stellung des Privatklägers in Abgrenzung zur StA ergibt sich, dass keine Beschwer vorliegt, wenn nur die Klärung von Rechtsfragen erstrebt wird.[16]

---

[2] BGH 22.1.1974 – 1 StR 586/73, BGHSt 25, 272 (273) = NJW 1974, 655 (zu § 345 Abs. 2 StPO).
[3] Rössner in HK-GS Rn. 1; Allgayer in KK-StPO Rn. 1; Kulhanek in KMR-StPO Rn. 1.
[4] Allgayer in KK-StPO Rn. 1.
[5] Hilger in Löwe/Rosenberg Rn. 4; Daimagüler Der Verletzte im Strafverfahren Rn. 541.
[6] Hilger in Löwe/Rosenberg Rn. 1; Kulhanek in KMR-StPO Rn. 1.
[7] Schmitt in Meyer-Goßner/Schmitt Rn. 2; Allgayer in KK-StPO Rn. 1.
[8] Kulhanek in KMR-StPO Rn. 1; aA OLG Hamm 23.8.1961 – 1 Ws 317/61, NJW 1961, 2322.
[9] Kulhanek in KMR-StPO Rn. 1.
[10] Hilger in Löwe/Rosenberg Rn. 3; Schmitt in Meyer-Goßner/Schmitt Rn. 2; Allgayer in KK-StPO Rn. 3.
[11] Allgayer in KK-StPO Rn. 3; ausführlich zum Beitritt: Daimagüler Der Verletzte im Strafverfahren Rn. 447 f.
[12] Paul in KK-StPO § 296 Rn. 6; Allgayer in KK-StPO Rn. 4; Velten in SK-StPO Rn. 5.
[13] BGH 12.7.1990 – 4 StR 247/90, BGHSt 37, 136 = NJW 1990, 2479; OLG Hamburg 13.1.1958 – Ss 179/57, NJW 1958, 1313; Hilger in Löwe/Rosenberg Rn. 6.
[14] Kulhanek in KMR-StPO Rn. 5.
[15] OLG Hamm 23.8.1961 – 1 Ws 317/61, NJW 1961, 2322.
[16] Schmitt in Meyer-Goßner/Schmitt Rn. 3; Daimagüler Der Verletzte im Strafverfahren Rn. 542.

Der Privatkläger kann auch Rechtsmittel gegen einen **Freispruch** einlegen, um statt- 9
dessen eine Einstellung des Verfahrens herbeizuführen.[17] Ist im Verfahren wegen übler
Nachrede (§ 186 StGB) die Prüfung der Erweislichkeit der behaupteten Tatsache nach
§ 193 StGB unterblieben und der Angeklagte freigesprochen worden, so ist der Privatkläger
beschwert und kann die Unterlassung mit einem Rechtsmittel rügen.[18]

3. Rechtsmittelfrist. Die Rechtsmittelfrist beginnt für den Privatkläger – auch wenn 10
er bei der Urteilsverkündung abwesend und nicht vertreten war – nach § 314 Abs. 1, § 341
Abs. 1 **entsprechend § 401 Abs. 2 S. 1** mit der **Urteilsverkündung,** wenn ausnahmsweise
wegen eines Widerspruchs des Angeklagten nach § 391 Abs. 1 S. 2 die Privatklage nicht als
zurückgenommen gilt (§ 391 Abs. 2).[19]

Die **Anwendung des § 401 Abs. 2 S. 1** rechtfertigt sich daraus, dass die Stellung des 11
Privatklägers mit der des Nebenklägers oder Staatsanwalts vergleichbar ist, nicht aber mit
der Stellung des Angeklagten und der gesetzlichen Regelung des § 314 Abs. 2.[20] War der
Urteilsverkündungstermin dem Privatkläger nicht bekanntgegeben, so beginnt die Frist
ausnahmsweise mit der **Urteilszustellung.**[21]

4. Wiederaufnahme (Abs. 1 S. 2). Auch die Wiederaufnahme des Verfahrens kann 12
der Privatkläger nicht zugunsten des Angeklagten (§ 359), sondern nur nach § 362 **zuungunsten des Angeklagten** beantragen.[22] Eine Wiederaufnahme gegen einen Einstellungsbeschluss aufgrund geringer Schuld des Täters nach § 383 Abs. 2 ist unzulässig.[23] Stirbt der
Privatkläger während des Privatklageverfahrens, so gilt § 393.[24]

III. Wirkung des Rechtsmittels (Abs. 1 S. 3)

Durch das Erfordernis einer persönlichen Beschwer kann der Privatkläger ein Rechtsmit- 13
tel nicht zugunsten des Angeklagten einlegen (→ § 390 Rn. 8). Nichtsdestotrotz kann jedes
Rechtsmittel des Privatklägers gem. § 301 auch **zugunsten** des Beschuldigten **wirken.**[25]

IV. Revisions- und Wiederaufnahmeanträge (Abs. 2)

Der Privatkläger kann Revisions- und Wiederaufnahmeanträge nicht nach § 345 Abs. 2, 14
§ 366 Abs. 2 zu Protokoll der Geschäftsstelle erklären, sondern nur mittels einer **vom
Rechtsanwalt unterzeichneten** Schrift anbringen. Genügen die Revisions- und Wiederaufnahmeanträge den Vorgaben des Abs. 2 nicht, so wird das Rechtsmittel nach § 346 Abs. 1
als unzulässig verworfen.[26]

Der Rechtsanwalt muss dabei die **volle Verantwortung** für den Inhalt der Schrift 15
übernehmen.[27] Die Verantwortungsübernahme durch den unterzeichnenden Rechtsanwalt
wird auch dann vermutet, wenn der Schriftsatz von ihm nur „i.V." unterzeichnet wurde
und beim Namen des eigentlichen zuständigen Rechtsanwalts der Zusatz „nach Diktat
verreist" angebracht ist.[28]

---

[17] OLG Naumburg 21.12.1938 – Vs 14/38, JW 1939, 336; differenzierend Kulhanek Rn. 4: Die Beschwer ist durch den Freispruch gegeben, daher betrifft es eine Frage der Begründung der revisionsrechtlichen Sachrüge.
[18] BGH 12.2.1958 – 4 StR 189/57, BGHSt 11, 273; zu den Pflichten des Verteidigers beim Wahrheitsbeweis: Daimagüler Der Verletzte im Strafverfahren Rn. 419.
[19] OLG Frankfurt a. M. 10.10.1995 – 3 Ws 661/95, NStZ-RR 1996, 43; Hilger in Löwe/Rosenberg Rn. 8 f.; aA Kulhanek in KMR-StPO Rn. 2.
[20] OLG Frankfurt a. M. 10.10.1995 – 3 Ws 661/95, NStZ-RR 1996, 43, zust. Kurth NStZ 1997, 1.
[21] Hilger in Löwe/Rosenberg Rn. 12; Schmitt in Meyer-Goßner/Schmitt Rn. 4.
[22] Hilger in Löwe/Rosenberg Rn. 15; Rössner in HK-GS Rn. 2; Kulhanek in KMR-StPO Rn. 6.
[23] OLG Bremen 24.11.1958 – Ws 178/58, NJW 1959, 353.
[24] Schmitt in Meyer-Goßner/Schmitt Rn. 5.
[25] Zu den Pflichten des Strafverteidigers Daimagüler Der Verletzte im Strafverfahren Rn. 543.
[26] Kulhanek in KMR-StPO Rn. 7.
[27] BVerfG 7.12.1995 – 2 BvR 1955/95, NJW 1996, 713 (zu § 345 Abs. 2 StPO); Hilger in Löwe/Rosenberg Rn. 14.
[28] BVerfG 7.12.2015 – 2 BvR 767/15, NJW 2016, 1570 (zu § 345 Abs. 2 StPO).

16 Ist der Privatkläger selbst Rechtsanwalt, so genügt seine eigene Unterschrift.[29] Der Anwaltszwang erstreckt sich auch auf die Stellung von Anträgen auf **Prozesskostenhilfe,** wenn dem Privatkläger Prozesskostenhilfe gewährt worden war.[30]

V. Mitwirkung der Staatsanwaltschaft im Rechtsmittelverfahren (Abs. 3)

17 Nach S. 1 übernimmt die StA die technische Aktenabwicklung und wird so vom Privatklageverfahren **unterrichtet.** Dadurch kann die StA prüfen, ob sie nach § 377 Abs. 2 die Verfolgung übernehmen möchte.[31]

18 Die **Zustellung** der Berufungs- und Revisionsschriften an den Gegner des Beschwerdeführers nach S. 2 wird durch die Geschäftsstelle des Gerichts bewirkt und erfolgt gem. § 36 Abs. 1 S. 1 auf Anordnung des Vorsitzenden.[32] Die Akten sind erst dann dem Revisionsgericht vorzulegen, wenn die Revisionsbegründungsschrift dem Gegner zugegangen ist; das gilt selbst dann, wenn der Privatkläger Revision eingelegt hat.[33]

VI. Entsprechende Anwendung des § 379a (Abs. 4)

19 Die Pflicht zur Zahlung eines Gebührenvorschusses nach § 379a betrifft nur die Rechtsmittel des **Privatklägers und Widerklägers,** nicht aber den Angeklagten oder den Widerbeklagten.[34]

20 Die nach dem Wortlaut vorgesehene **entsprechende Anwendung** des § 379a bedeutet, dass das Rechtsmittel bzw. der Wiederaufnahmeantrag nach § 379a Abs. 3 als **unzulässig zurückgewiesen** wird, wenn die vom Gericht bestimme Frist zur Zahlung des Gebührenvorschusses nach § 379a Abs. 1 nicht eingehalten worden ist.[35]

21 Wird ein zu **hoher Gebührenvorschuss** verlangt, so darf das Rechtsmittel bzw. der Wiedereinsetzungsantrag auch dann nicht als unzulässig zurückgewiesen werden, wenn der Privatkläger nicht einmal den tatsächlich geschuldeten Vorschuss gezahlt hat.[36]

22 Die **Frist** zur Zahlung eines Gebührenvorschusses für die Berufungsinstanz darf dem Privatkläger erst nach wirksamer Zustellung des Urteils und Ablauf der Berufungsrechtfertigungsfrist gesetzt werden.[37] Für die Fristsetzung **zuständig** ist das Rechtsmittel- oder Wiederaufnahmegericht, nicht aber der Vorsitzende, eine Fristsetzung durch diesen ist unwirksam.[38]

23 Wird das Rechtsmittel wegen einer Verfristung durch Beschluss als unzulässig zurückgewiesen, so ist gegen den Beschluss die **sofortige Beschwerde** zulässig, vgl. § 379a Abs. 3 S. 2. Hat ein Oberlandesgericht den Beschluss erlassen, gegen den die sofortige Beschwerde nach § 304 Abs. 4 S. 2 Hs. 1 nicht statthaft ist, so ist der Beschluss gem. § 379a Abs. 3 S. 3 dennoch aufzuheben, wenn sich herausstellt, dass der Gebührenvorschuss innerhalb der gesetzten Frist eingegangen war.[39]

VII. Einstellung wegen geringer Schuld (Abs. 5 S. 1, 2)

24 S. 1 ordnet die Anwendbarkeit von § 383 Abs. 2 S. 1 und S. 2 im Berufungsverfahren an.[40] S. 2 bestimmt abweichend von § 383 Abs. 2 S. 3 die **Unanfechtbarkeit** des Einstellungsbeschlusses. Die Einstellung ist auch dann unanfechtbar, wenn sie irrtümlich durch

---

[29] Allgayer in KK-StPO Rn. 5; Hilger NStZ 1988, 441.
[30] Allgayer in KK-StPO Rn. 5.
[31] OLG Karlsruhe 21.11.1980 – 2 Ws 199, 200/80, Die Justiz 1981, 58; Schmitt in Meyer-Goßner/Schmitt Rn. 8; Allgayer in KK-StPO Rn. 6; Kulhanek in KMR-StPO Rn. 8.
[32] Vgl. Schmitt in Meyer-Goßner/Schmitt Rn. 9.
[33] BayObLG 6.9.1961 – RevReg. 4 St 298/61, BayObLGSt 1961, 231.
[34] OLG Bamberg 12.5.1949 – Ws 99/49, NJW 1949, 835.
[35] Hilger in Löwe/Rosenberg Rn. 18; Schmitt in Meyer-Goßner/Schmitt Rn. 10.
[36] BayObLG 6.8.1954 – BeschwReg. 2 St 103/54, BayObLGSt 1954, 74.
[37] OLG Karlsruhe 21.11.1980 – 2 Ws 199, 200/80, Die Justiz 1981, 58.
[38] BayObLG 4.11.1953 – BeschwReg. 2 St 122/53, BayObLGSt 1953, 214.
[39] Hilger in Löwe/Rosenberg Rn. 19; Daimagüler Der Verletzte im Strafverfahren Rn. 579.
[40] Zur Wirkung der Einstellung in der Öffentlichkeit: Daimagüler Der Verletzte im Strafverfahren Rn. 418.

Urteil und nicht durch Beschluss getroffen wird,[41] und selbst dann, wenn die Einstellung verfahrensrechtlich unzulässig ist.[42]

Eine **Wiederaufnahme** gegen einen Einstellungsbeschluss aufgrund **geringer Schuld** 25 **des Täters** nach den § 383 Abs. 2, § 390 Abs. 5 ist unzulässig, da bei einem Einstellungsbeschluss keine hinreichenden Gründe eine Durchbrechung der Rechtskraft zulasten des Täters rechtfertigen.[43]

Ebenfalls unanfechtbar ist die Entscheidung der **Zurückweisung einer Privatklage** 26 durch das Landgericht, wenn das Landgericht in der gleichen Entscheidung auf Beschwerde des Privatklägers den vorherigen Einstellungsbeschluss des Amtsgerichts wegen Geringfügigkeit aufgehoben hat.[44]

Eine Beschwerde gegen die landgerichtliche Einstellung ist stets, und damit **auch bei** 27 **schweren Verfahrensverstößen,** unzulässig.[45] Dies kann den Privatkläger in seinem Recht auf rechtliches Gehör aus Art. 103 Abs. 1 GG verletzen.[46]

Der Beschluss, der die Einstellung wegen Geringfügigkeit **ablehnt,** ist nach § 305 nicht 28 anfechtbar. Die Unanfechtbarkeit erstreckt sich auch auf die **Kostenentscheidung,** vgl. § 464 Abs. 3 S. 1 Hs. 2.[47]

§ 391 Rücknahme der Privatklage; Verwerfung bei Versäumung; Wiedereinsetzung

(1) ¹Die Privatklage kann in jeder Lage des Verfahrens zurückgenommen werden. ²Nach Beginn der Vernehmung des Angeklagten zur Sache in der Hauptverhandlung des ersten Rechtszuges bedarf die Zurücknahme der Zustimmung des Angeklagten.

(2) Als Zurücknahme gilt es im Verfahren des ersten Rechtszuges und, soweit der Angeklagte die Berufung eingelegt hat, im Verfahren des zweiten Rechtszuges, wenn der Privatkläger in der Hauptverhandlung weder erscheint noch durch einen Rechtsanwalt vertreten wird oder in der Hauptverhandlung oder einem anderen Termin ausbleibt, obwohl das Gericht sein persönliches Erscheinen angeordnet hatte, oder eine Frist nicht einhält, die ihm unter Androhung der Einstellung des Verfahrens gesetzt war.

(3) Soweit der Privatkläger die Berufung eingelegt hat, ist sie im Falle der vorbezeichneten Versäumungen unbeschadet der Vorschrift des § 301 sofort zu verwerfen.

(4) Der Privatkläger kann binnen einer Woche nach der Versäumung die Wiedereinsetzung in den vorigen Stand unter den in den §§ 44 und 45 bezeichneten Voraussetzungen beanspruchen.

Schrifttum: Rieß, Unentschuldigtes Ausbleiben des Angeklagten, Privatklägers oder Nebenklägers in der Berufungshauptverhandlung, NStZ 2000, 120; Rieß, Der Hauptinhalt des Ersten Gesetzes zur Reform des Strafverfahrensrechts, NJW 1975, 81.

Übersicht

	Rn.		Rn.
I. Normzweck	1	2. Auslegung der Rücknahmeerklärung	4
II. Zurücknahme (Abs. 1 S. 1)	2	3. Rücknahme der Klage im Vergleich	7
		a) Gerichtlicher Vergleich	8
1. Teilrücknahme	3	b) Außergerichtlicher Vergleich	11

---
[41] BayObLG 14.2.1951 – RevReg. Nr. III 102/50, BayObLGSt 1949, 302.
[42] OLG Celle 1.10.1956 – 1 Ws 285/56, NJW 1957, 35.
[43] OLG Bremen 24.11.1958 – Ws 178/58, NJW 1959, 353.
[44] OLG Neustadt 26.6.1952 – Ws 89/52, NJW 1952, 1349.
[45] OLG Hamm 27.9.1951 – 2 Ws 164/51, MDR 1952, 248.
[46] Hilger in Löwe/Rosenberg Rn. 21.
[47] Gieg in KK-StPO § 464 Rn. 8.

		Rn.			Rn.
4.	Form der Rücknahme und Kosten	12	5.	Zustimmung des Angeklagten, Einstellungsentscheidung	21
III.	**Zustimmung des Angeklagten (Abs. 1 S. 2)**	14	**V.**	**Berufung des Privatklägers (Abs. 3)**	23
IV.	**Unterstellung der Rücknahme (Abs. 2)**	15	1.	Berufung des Privatklägers	23
1.	Nichterscheinen (Var. 1)	16	2.	Berufung des Angeklagten	26
2.	Ausbleiben (Var. 2)	17	**VI.**	**Wiedereinsetzung in den vorigen Stand (Abs. 4)**	29
3.	Eigenmächtiges Sich-Entfernen	18			
4.	Fristsetzung (Var. 3)	19	**VII.**	**Rechtsbehelfe**	31

I. Normzweck

1 Abs. 1 regelt die Rücknahme der Privatklage und ist Ausdruck der Dispositionsbefugnis des Privatklägers über den staatlichen Strafanspruch im Bereich der Privatklagedelikte.[1] Abs. 2 bezweckt die **zügige Durchführung** des Privatklageverfahrens, für das sich der Privatkläger bereithalten und seinen Teil zum Verfahren beitragen muss.[2]

II. Zurücknahme (Abs. 1 S. 1)

2 Die Privatklage kann, ebenso wie der Strafantrag (§ 77d Abs. 1 S. 1, 2 StGB), in jeder Lage des Verfahrens bis zu seinem rechtskräftigen Abschluss zurückgenommen werden.[3] Als Prozesshandlung ist die Rücknahme **unwiderruflich, unanfechtbar** und **bedingungsfeindlich** (→ Rn. 8).[4]

3 **1. Teilrücknahme.** Eine **Teilrücknahme** ist zulässig, wenn über den verbleibenden Teil eine Privatklage erhoben werden könnte.[5] Dies ist etwa bei einer Privatklage gegen mehrere Angeklagte oder bei einer Mehrzahl von Privatklägern der Fall.[6] Die Teilrücknahme ist ebenso zulässig bei Straftaten in Tatmehrheit (§ 53 StGB), nicht aber bei Straftaten in Tateinheit (§ 52 StGB).[7]

4 **2. Auslegung der Rücknahmeerklärung.** Aufgrund der strukturellen Ähnlichkeit zwischen der Privatklage und dem Strafantrag ist die **Rücknahme der Privatklage** im Zweifel zugleich als Rücknahme des Strafantrags auszulegen.[8] Gleichzeitig statuiert § 392 nur einen Privatklageverbrauch, nicht aber den Verbrauch der Strafklage allgemein.[9] Ergibt die **Auslegung** der Rücknahmeerklärung daher, dass nach dem Willen des Privatklägers nur die Privatklage, nicht aber der Strafantrag zurückzunehmen war, so bleibt durch den dann weiterhin bestehenden Strafantrag die öffentliche Klage selbst bei Antragsdelikten zulässig.[10] Um ein Offizialverfahren zu verhindern, sollte der Verteidiger des Angeklagten deshalb bei einer Rücknahme der Privatklage **im Rahmen eines Vergleichs** durchsetzen, dass auch der Strafantrag zurückgenommen wird.[11]

5 Die **Rücknahme des Strafantrags** beinhaltet regelmäßig auch die Rücknahme der Privatklage, denn gem. § 77d Abs. 3 S. 1 ist eine erneute Strafantragsstellung, und damit das Privatklageverfahren bei Antragsdelikten, ausgeschlossen. In dem Fall kann die StA

---

[1] Rössner in HK-GS Rn. 1.
[2] Allgayer in KK-StPO Rn. 12; Kulhanek in KMR-StPO Rn. 11.
[3] Rössner in HK-GS Rn. 1, Daimagüler Der Verletzte im Strafverfahren Rn. 528.
[4] OLG Neustadt 28.6.1961 – Vs 1/61, Ss 74/61, NJW 1961, 1984; Allgayer in KK-StPO Rn. 8; Kulhanek in KMR-StPO Rn. 2.
[5] Hilger in Löwe/Rosenberg Rn. 7; Schmitt in Meyer-Goßner/Schmitt Rn. 4.
[6] Allgayer in KK-StPO Rn. 2.
[7] Schmitt in Meyer-Goßner/Schmitt Rn. 4; Kulhanek in KMR-StPO Rn. 5.
[8] Schmitt in Meyer-Goßner/Schmitt Rn. 2.
[9] Kulhanek in KMR-StPO Rn. 7.
[10] Hilger in Löwe/Rosenberg Rn. 1.
[11] Allgayer in KK-StPO Rn. 1.

mangels Strafantrags nur bei Vorliegen eines öffentlichen Interesses an der Strafverfolgung das Offizialverfahren eröffnen.[12]

Die Zurücknahme der Privatklage lässt die **Widerklage** unberührt, vgl. § 388 Abs. 4. Dies gilt auch umgekehrt.[13] **6**

3. Rücknahme der Klage im Vergleich. Häufig wird die Rücknahme in Form eines (gesetzlich nicht geregelten) Vergleichs erklärt.[14] Ein solcher Vergleich kann gerichtlich oder außergerichtlich geschlossen werden.[15] **7**

a) Gerichtlicher Vergleich. Der **gerichtliche Vergleich** ist unanfechtbar.[16] Im Wege des Vergleichs übernimmt der Beklagte häufig Verpflichtungen bezüglich Ehrenerklärungen, Kostentragung und Schadensersatz.[17] Als Druckmittel zur Erfüllung dieser Verpflichtungen erklärt der Privatkläger anschließend meistens die Rücknahme der Klage unter einem **Widerrufsvorbehalt.**[18] Der Vorbehalt eines Widerrufs steht im Konflikt zu der Bedingungsfeindlichkeit der Rücknahme. Daher wird zum einen vorgeschlagen, hier eine **Ausnahme** vom Grundsatz der Bedingungsfeindlichkeit zu machen.[19] Zum anderen wird vertreten, dass der Vergleich die Rechtshängigkeit der Privatklage nicht beseitigt, da die Rechtshängigkeit durch den Eröffnungsbeschluss des Gerichts entstanden ist.[20] Nach dieser Auffassung sind die im Vergleich enthaltenen Rücknahmeerklärungen Prozesshindernisse, die einen **gerichtlichen Einstellungsbeschluss** nach § 391 erforderlich machen.[21] Zu folgen ist der zuletzt genannten Auffassung: Ein Gerichtsbeschluss zur Beendigung des Verfahrens bei einem gerichtlichen Vergleich ist erforderlich, weil nur so die Einhaltung der übernommenen Verpflichtungen über die Ehrenerklärungen, Kostentragung und etwaigen Schadensersatz gerichtlich überprüft werden kann.[22] **8**

Wird ein Vergleich unter einer Widerrufsfrist geschlossen, so erfolgt bei Versäumung der Widerrufsfrist **keine Wiedereinsetzung,** da es sich bei der Widerrufsfrist nicht um eine richterliche, sondern um eine vertragliche Frist handelt.[23] **9**

Der Vergleich ist bei vollstreckbarem Inhalt **Vollstreckungstitel** gem. § 794 Abs. 1 Nr. 1 ZPO.[24] Ein Vergleich, in dem der Angeklagte die Prozesskosten übernimmt, ist nur dann Vollstreckungstitel, wenn der Vergleich die Zurücknahme der Privatklage enthält.[25] **10**

b) Außergerichtlicher Vergleich. Der **außergerichtliche Vergleich** kann vor der Vergleichsbehörde nach § 380 Abs. 1 erklärt werden und enthält den Verzicht auf das Privatklagerecht und/oder auf den Strafantrag.[26] Der Vergleich ist unwiderruflich.[27] Erbringt der Beschuldigte vor Gericht den Beweis, dass ein wirksamer außergerichtlicher Vergleich vorliegt, ist eine dennoch erhobene Privatklage nach § 383 Abs. 3 zurückzuweisen oder das Verfahren nach § 260 Abs. 3 einzustellen.[28] **11**

4. Form der Rücknahme und Kosten. Die Rücknahme wird innerhalb der Hauptverhandlung mündlich erklärt. Außerhalb der Hauptverhandlung erfolgt die Erklärung schriftlich oder zu Protokoll der Geschäftsstelle.[29] **12**

---

[12] Kulhanek in KMR-StPO Rn. 3.
[13] Hilger in Löwe/Rosenberg Rn. 7.
[14] Allgayer in KK-StPO Rn. 3.
[15] Ausführlich: Daimagüler Der Verletzte im Strafverfahren Rn. 521 f.
[16] LG Frankfurt a. M. 4.5.1959 – 5/5 Qs 49/59, NJW 1959, 1454.
[17] Hilger in Löwe/Rosenberg Rn. 15.
[18] Schmitt in Meyer-Goßner/Schmitt Vor § 374 Rn. 11.
[19] Schmitt in Meyer-Goßner/Schmitt Vor § 374 Rn. 11; Kulhanek in KMR-StPO Vor § 374 Rn. 15.
[20] Allgayer in KK-StPO Rn. 4.
[21] Hilger in Löwe/Rosenberg Rn. 17; Schmitt in Meyer-Goßner/Schmitt Vor § 374 Rn. 12.
[22] Allgayer in KK-StPO Rn. 4.
[23] LG Würzburg 21.1.1954 – Qs 21/54, NJW 1954, 768.
[24] LG Kassel 26.1.1951 – Is Qs 58/50, NJW 1951, 373.
[25] LG Lüneburg 3.12.1962 – 1 Bs 11/60, NJW 1963, 312.
[26] Schmitt in Meyer-Goßner/Schmitt Vor § 374 Rn. 16; Allgayer in KK-StPO Rn. 6.
[27] Schmitt in Meyer-Goßner/Schmitt Vor § 374 Rn. 15.
[28] KG 8.2.1960 – 3 VS 11/59, NJW 1960, 2207; aA Velten in SK-StPO Rn. 7; Hartung NJW 1961, 523.
[29] Kulhanek in KMR-StPO Rn. 2; Daimagüler Der Verletzte im Strafverfahren Rn. 529.

13 Mit der Zurückweisung bzw. bei Rücknahme der Privatklage nach Eröffnung der Hauptverhandlung ist mit dem Einstellungsbeschluss über die **Kosten** und notwendigen Auslagen des Beschuldigten nach § 471 Abs. 2 zu entscheiden.[30]

III. Zustimmung des Angeklagten (Abs. 1 S. 2)

14 Die Zustimmung des Angeklagten zur Rücknahme der Privatklage ist nur erforderlich, wenn die Rücknahme nach Beginn seiner Vernehmung gem. § 243 Abs. 5 S. 2 erklärt wurde. Bei Antragsdelikten kann der Privatkläger durch Rücknahme des Strafantrags nach § 77d StGB das Zustimmungserfordernis und eine Sachentscheidung des Gerichts verhindern.[31]

IV. Unterstellung der Rücknahme (Abs. 2)

15 Die Unterstellung der Rücknahme nach Abs. 2 gilt stets im 1. Rechtszug. Im Berufungsrechtszug gilt Abs. 2 dagegen nur, wenn (zumindest) der Angeklagte Berufung eingelegt hat.[32] Legt nur der Privatkläger Berufung ein, greift Abs. 3.

16 **1. Nichterscheinen (Var. 1).** Die Unterstellung der Rücknahme der Privatklage aufgrund eines Nichterscheinens des Privatklägers oder seines Rechtsanwalts setzt **über den Wortlaut der Norm** voraus, dass der Privatkläger **ordnungsgemäß geladen** wurde und dem Gericht **keine Entschuldigungsgründe** für das Ausbleiben bekannt sind.[33]

17 **2. Ausbleiben (Var. 2).** Ebenso wie die Unterstellung der Rücknahme der Privatklage aufgrund eines Nichterscheinens, setzt die Unterstellung der Klagerücknahme aufgrund eines Ausbleibens des Privatklägers voraus, dass der Privatkläger **ordnungsgemäß geladen** wurde und dem Gericht keine Entschuldigungsgründe für das Ausbleiben bekannt sind.[34] Zudem führt das Ausbleiben des Privatklägers nur dann zur Unterstellung, wenn das Gericht das **persönliche Erscheinen des Privatklägers** angeordnet hat. In diesem Fall steht das Erscheinen eines Vertreters des Privatklägers der Unterstellung nicht entgegen (vgl. § 387 Abs. 1, 3). Ein anderer Termin im Sinne der Vorschrift ist beispielsweise eine kommissarische Vernehmung nach § 223 oder eine Augenscheinsnahme nach § 225.[35]

18 **3. Eigenmächtiges Sich-Entfernen.** Das **eigenmächtige Sich-Entfernen** steht aus Normzweckgründen dem Nichterscheinen und Ausbleiben gleich.[36] Entfernt sich der Privatkläger nach den Schlussvorträgen gem. § 258, ist dies unschädlich.[37] Folglich schadet eine Abwesenheit während der Urteilsverkündung nicht mehr.[38]

19 **4. Fristsetzung (Var. 3).** Wie sich aus dem Wortlaut „Einstellung" ergibt, greift die Fiktion erst ab Eröffnung des Hauptverfahrens nach § 383 Abs. 1.[39] Im Zeitraum davor ist nur eine Fristsetzung ohne Androhung der Einstellung des Verfahrens zulässig.[40] Regelmäßig wird ein Verhalten in Form eines aktiven Tuns vom Kläger verlangt werden.

---

[30] Schmitt in Meyer-Goßner/Schmitt Rn. 7; Allgayer in KK-StPO Rn. 6.
[31] Schmitt in Meyer-Goßner/Schmitt Rn. 6.
[32] Schmitt in Meyer-Goßner/Schmitt Rn. 11.
[33] BayObLG 11.7.1951 – BeschwReg. Nr. III 159/51, BayObLGSt 1949, 471; Hilger in Löwe/Rosenberg Rn. 30; Schmitt in Meyer-Goßner/Schmitt Rn. 10.
[34] BayObLG 11.7.1951 – BeschwReg. Nr. III 159/51, BayObLGSt 1949, 471; Hilger in Löwe/Rosenberg Rn. 30; Schmitt in Meyer-Goßner/Schmitt Rn. 10.
[35] Schmitt in Meyer-Goßner/Schmitt Rn. 10; Allgayer in KK-StPO Rn. 11.
[36] OLG Bremen 16.1.1957 – Ws 9/57, NJW 1957, 474.
[37] Schmitt in Meyer-Goßner/Schmitt Rn. 12; Allgayer in KK-StPO Rn. 12.
[38] BayObLG 22.2.1962 – RReg. 4 St 412/61, JZ 1962, 577; Poppe NJW 1954, 1915; Woesner NJW 1959, 704 f.; aA Hilger in Löwe/Rosenberg Rn. 32; Kulhanek in KMR-StPO Rn. 12.
[39] OLG Düsseldorf 18.7.1959 – III a Qs 310/59, NJW 1959, 2080.
[40] Schmitt in Meyer-Goßner/Schmitt Rn. 14.

Das an den Privatkläger gestellte Verlangen muss hinreichend **bestimmt** sein.[41] Es kann die Beseitigung eines jeden Hindernisses für den Verfahrensfortgang beinhalten.[42] Das Verlangen darf den Privatkläger nicht zu Handlungen nötigen, zu denen er **rechtlich nicht verpflichtet** ist, beispielsweise zur Abgabe eine Berufungsbegründung.[43] Das an den Privatkläger gestellte Verlangen kann aufgrund der vorrangig anwendbaren Normen für **Fiskalverlangen**, § 379a iVm § 390 Abs. 4, weder in einem Gebührenvorschuss noch in einem Auslagenvorschuss gem. § 17 GKG liegen.[44]

Die **analoge Anwendung des Erfordernisses der Androhung** auf Var. 1 (Nichterscheinen) und Var. 2 (Ausbleiben) der fingierten Zurücknahme ist mangels Schutzwürdigkeit des Privatklägers nicht angebracht, da es bereits Voraussetzung der Unterstellung ist, dass der Privatkläger ordnungsgemäß geladen wurde und dem Gericht keine Entschuldigungsgründe bekannt sind.[45] 20

5. Zustimmung des Angeklagten, Einstellungsentscheidung. Aufgrund des Normzwecks tritt die Rücknahmeunterstellung nach Abs. 2 auch dann ein, wenn der Angeklagte mit dem Säumnis des Privatklägers einverstanden ist.[46] Hiervon abzugrenzen ist, dass das Zustimmungserfordernis des Angeklagten nach § 391 Abs. 1 S. 2 durch die Rücknahmeunterstellung nicht umgangen werden darf. Daher kann das Verfahren in Folge der unterstellten Zurücknahme in den Fällen des § 391 Abs. 1 S. 2 nur mit der **Zustimmung des Angeklagten** eingestellt werden.[47] 21

Die **Einstellungsentscheidung** ergeht, wie bei der erklärten Rücknahme gem. § 393 Abs. 1 S. 1, außerhalb der Hauptverhandlung per Beschluss, in der Hauptverhandlung durch Urteil gem. § 260 Abs. 3.[48] 22

V. Berufung des Privatklägers (Abs. 3)

1. Berufung des Privatklägers. Die Vorschrift regelt nur den Fall, dass der **Privatkläger** Berufung eingelegt hat. Der Angeklagte soll durch die fingierte Rücknahme der Berufung nicht schlechter stehen als bei Durchführung der Berufung. Dem trägt die Vorschrift mit dem Verweis auf § 301 Rechnung. 23

Richtete sich die Berufung des Privatklägers gegen einen **Freispruch** für den Angeklagten, so ist die Berufung nach dem Gesetzeswortlaut sofort, also ohne inhaltliche Prüfung, durch Gerichtsurteil zu verwerfen.[49] 24

Kommt eine Abänderung zugunsten des Angeklagten in Betracht, ist die Berufungsverhandlung ohne den Privatkläger durchzuführen und die neue Entscheidung durch Urteil auszusprechen.[50] Wenn eine Abänderung zugunsten des Angeklagten ausscheidet, ist die Berufung durch Urteil zu verwerfen.[51] 25

Bei **Zurückweisung aus der Revision** in die Berufungsinstanz wird nicht § 391 Abs. 3 sondern § 329 Abs. 1 S. 2 analog angewendet.[52]

Ist neben dem Privatkläger auch der Angeklagte säumig, ist mangels Schutzwürdigkeit des Angeklagten nur § 393 Abs. 3, nicht aber § 301 anzuwenden.[53]

---

[41] Hilger in Löwe/Rosenberg Rn. 33; Allgayer in KK-StPO Rn. 13.
[42] Hilger in Löwe/Rosenberg Rn. 33; Schmitt in Meyer-Goßner/Schmitt Rn. 14; aA Allgayer in KK-StPO Rn. 13.
[43] Schmitt in Meyer-Goßner/Schmitt Rn. 15.
[44] LG Heidelberg 18.11.1963 – 2 Qs 185/63, NJW 1964, 680; LG Zweibrücken 31.1.1974 – 2 Qs 2/74, MDR 1974, 422; aA LG Karlsruhe 19.9.1962 – II Qs 74/62, NJW 1963, 66.
[45] AA Kulhanek in KMR-StPO Rn. 14.
[46] Kulhanek in KMR-StPO Rn. 13.
[47] Rieß NStZ 2000, 120 (121).
[48] Hilger in Löwe/Rosenberg Rn. 37; Schmitt in Meyer-Goßner/Schmitt Rn. 16.
[49] Hilger in Löwe/Rosenberg Rn. 40; Schmitt in Meyer-Goßner/Schmitt Rn. 17.
[50] Rieß NStZ 2000, 120 (121).
[51] Hilger in Löwe/Rosenberg Rn. 40.
[52] Rieß NStZ 2000, 120 (121).
[53] Kulhanek in KMR-StPO Rn. 25; Rieß NStZ 2000, 120 (122).

26 **2. Berufung des Angeklagten.** Die Berufung durch den Angeklagten ist von Abs. 3 nicht erfasst. Haben **sowohl Angeklagter, als auch Privatkläger** Berufung eingelegt, gilt daher grundsätzlich Absatz 2.[54] Stimmt der Angeklagte der Zurücknahme der Klage gem. § 391 Abs. 1 S. 2 nicht zu, gilt für die Berufung des Privatklägers Abs. 3, erneut unbeschadet des § 301.[55]

27 Bei **Säumnis des Angeklagten** findet auf seine Berufung § 329 Abs. 1 Anwendung, über die Berufung des Angeklagten ist analog § 329 Abs. 2 zu verhandeln.[56] Bei Säumnis **beider** ist schließlich Absatz 2 anzuwenden.[57]

28 Gelangt das Gericht zur Überzeugung, dass die Säumnis des Privatklägers **unverschuldet** ist, findet Abs. 3 keine Anwendung.[58]

VI. Wiedereinsetzung in den vorigen Stand (Abs. 4)

29 Die **Wochenfrist** beginnt mit dem versäumten Termin oder mit dem Ablauf der unter Androhung der Einstellung gesetzten Frist.[59]
Wiedereinsetzung kann beantragt werden, wenn der Privatkläger ohne Verschulden **keine Kenntnis** von der Zustellung einer Ladung oder der Fristsetzung erhalten hat.[60] Begrifflich scheidet ein Versäumnis aber aus, wenn es überhaupt an einer Zustellung der Ladung oder Fristbestimmung fehlt.[61]

30 Die Versäumnis des Berufungstermins kann nicht damit entschuldigt werden, dass die Rücknahmeerklärung **durch ein Versehen** verspätet eingegangen ist, und die Berufung vor der Verwerfung zurückgenommen werden sollte.[62]

VII. Rechtsbehelfe

31 Das Einstellungsurteil (§ 260 Abs. 3) kann mit **Berufung** und **Revision** angegriffen werden. Der Einstellungsbeschluss ist mit der **sofortigen Beschwerde** gem. § 206a Abs. 2 anfechtbar.[63] Gegen die Verwerfung der Berufung des Privatklägers nach Abs. 3 ist das Rechtsmittel der **Revision** gegeben.[64] Der die Verwerfung ablehnende Beschluss ist mit der **einfachen Beschwerde** anfechtbar.[65]

§ 392 Wirkung der Rücknahme

Die zurückgenommene Privatklage kann nicht von neuem erhoben werden.

I. Allgemeines

1 Durch die Vorschrift soll der böswilligen erneuten Klageerhebung durch den Privatkläger Einhalt geboten werden, sobald er die Klage einmal zurückgenommen hat.

2 Die Rücknahme der Privatklage führt, auch im Wege der Fiktion nach § 391 Abs. 2, zu einem **Verbrauch der Privatklage** des Rücknehmenden.[1]

---

[54] Hilger in Löwe/Rosenberg Rn. 40a.
[55] Hilger in Löwe/Rosenberg Rn. 40a.
[56] Hilger in Löwe/Rosenberg Rn. 40a.
[57] Ausführlich Rieß NStZ 2000, 120 (121).
[58] Schmitt in Meyer-Goßner/Schmitt Rn. 17; Kulhanek in KMR-StPO Rn. 25; vgl. auch BayObLG 11.7.1951 – BeschwReg. Nr. III 159/51, BayObLGSt 1949, 471.
[59] Hilger in Löwe/Rosenberg Rn. 41; Schmitt in Meyer-Goßner/Schmitt Rn. 41.
[60] Hilger in Löwe/Rosenberg Rn. 42.
[61] Schmitt in Meyer-Goßner/Schmitt Rn. 42.
[62] BayObLG 28.3.1957 – BeschwReg. 3 St 6/57, BayObLGSt 1957, 63; Kulhanek in KMR-StPO Rn. 23.
[63] Allgayer in KK-StPO Rn. 16; Kulhanek in KMR-StPO Rn. 23.
[64] Kulhanek in KMR-StPO Rn. 26.
[65] Kulhanek in KMR-StPO Rn. 26.
[1] Allgayer in KK-StPO Rn. 2.

II. Erläuterung

Der Verbrauch der Privatklage erstreckt sich auch auf eine mögliche **Widerklage**.[2] Der 3
Privatkläger kann die zurückgenommene Klage nicht als Widerklage, eine zurückgenommene
Widerklage nicht als selbstständige Privatklage gegen den gleichen Angeklagten von neuem
erheben.[3] Hat ein Privatkläger wegen des gleichen Lebenssachverhalts sowohl Klage als auch
Widerklage erhoben, die **zum selben Zeitpunkt anhängig** wurden und nimmt er die bereits
erhobene Widerklage zurück, so bleibt die nebenher laufende Privatklage davon unberührt.[4]

Kein Privatklageverbrauch liegt dagegen vor, wenn die Privatklage **mangels Prozess-** 4
voraussetzungen zurückgenommen wurde, beispielsweise, wenn die als Widerklage erhobene Privatklage mangels Widerklagevoraussetzungen unzulässig ist.[5] Denn in diesem Fall
erfolgt die Rücknahme aus prozessualen Gründen und nicht zur Vermeidung eines Sachurteils.[6] Überdies führt die Rücknahme wegen **Fehlens der Sühnebescheinigung** nicht
zum Strafklageverbrauch.[7]

Die StA ist von einem Strafklageverbrauch nicht betroffen, vielmehr kann sie die Tat 5
im **Offizialverfahren** verfolgen, soweit mit der Rücknahme der Privatklage bei Antragsdelikten nicht auch der Strafantrag zurückgenommen wurde.[8]

Der Privatklageverbrauch beschränkt lediglich den zurücknehmenden Privatkläger, dh 6
ein anderer Privatklageberechtigter kann eine neue Privatklage in seinem Namen erheben.[9] Ebenso kann der Rücknehmende die Privatklage gegen den tatsächlichen Täter erheben, wenn er sie zuvor gegen den falschen Angeklagten erhoben hat.[10]

§ 393 Tod des Privatklägers

(1) Der Tod des Privatklägers hat die Einstellung des Verfahrens zur Folge.

(2) Die Privatklage kann jedoch nach dem Tode des Klägers von den nach § 374 Abs. 2 zur Erhebung der Privatklage Berechtigten fortgesetzt werden.

(3) Die Fortsetzung ist von dem Berechtigten bei Verlust des Rechts binnen zwei Monaten, vom Tode des Privatklägers an gerechnet, bei Gericht zu erklären.

Übersicht

		Rn.			Rn.
I.	Normzweck	1	5.	Tod des Angeklagten	9
II.	Tod des Privatklägers (Abs. 1)	2	III.	Fortsetzung der Privatklage (Abs. 2)	10
1.	Wirkung des Einstellungsbeschlusses	3	1.	Selbstständig Klageberechtigte	10
2.	Reichweite der Verfahrensbeendigung	6	2.	Fortsetzungsberechtigung	11
3.	Teilrechtskraft	7	3.	Erklärungsfrist (Abs. 3)	12
4.	Kosten des Verfahrens	8	IV.	Rechtsbehelfe	14

I. Normzweck

Die Vorschrift, die für den Fall, dass der Privatkläger verstirbt, die Einstellung des Verfah- 1
rens anordnet, ist Ausdruck der Höchstpersönlichkeit strafrechtlicher Opferinteressen.[1]

---

[2] Hilger in Löwe/Rosenberg Rn. 1; Allgayer in KK-StPO Rn. 1.
[3] Schmitt in Meyer-Goßner/Schmitt Rn. 1.
[4] OLG Düsseldorf 15.10.1953 – Vs 14/53, NJW 1954, 123.
[5] OLG Braunschweig 6.3.1953 – Vs 2/53, NJW 1953, 957.
[6] Hilger in Löwe/Rosenberg Rn. 3.
[7] Hilger in Löwe/Rosenberg Rn. 4.
[8] Schmitt in Meyer-Goßner/Schmitt Rn. 4.
[9] Schmitt in Meyer-Goßner/Schmitt Rn. 3; Allgayer in KK-StPO Rn. 1.
[10] Hilger in Löwe/Rosenberg Rn. 2.
[1] Rössner in HK-GS Rn. 1; vgl. Hartung NJW 1950, 670 (672).

II. Tod des Privatklägers (Abs. 1)

2 Das Recht zur Privatklage ist grundsätzlich nicht vererblich.[2] Daher wird das Verfahren durch Beschluss gem. § 206a Abs. 1 eingestellt, wenn der Kläger während des Verfahrens verstirbt; bei Tod während der Hauptverhandlung erfolgt die Einstellung durch Urteil gem. § 260 Abs. 3.[3]

3 **1. Wirkung des Einstellungsbeschlusses.** Umstritten ist, ob dem Einstellungsbeschluss **konstitutive** oder nur **deklaratorische** Wirkung zukommt.[4] Dabei sprechen die besseren Gründe dafür, dass dem Einstellungsbeschluss konstitutive Wirkung zukommt: Der Wortlaut „zur Folge" in Abs. 1 kann dahin ausgelegt werden, dass nicht schon der Todeseintritt, sondern erst der Einstellungsbeschluss konstitutiv das Verfahren beendet. Systematisch betrachtet wäre zudem Abs. 2 überflüssig, wenn bereits der Tod des Privatklägers das Verfahren beenden würde.[5]

4 **Relevant** wird der Streit dann, wenn die StA in der Zeit zwischen Tod und Einstellung von ihrem Recht zur Übernahme der Strafverfolgung gem. § 377 Abs. 2 S. 1 Gebrauch machen möchte. Eine Übernahme durch die StA kann zur Vermeidung unbilliger Härte geboten sein, denn gem. § 471 Abs. 2 fallen die Kosten des Verfahrens sowie die notwendigen Auslagen des – ggf. evident schuldigen – Beschuldigten den Erben zur Last.[6] Wenn die StA die Verfolgung übernimmt und die Erben sich dem Offizialverfahren als Nebenkläger anschließen, erfolgt gem. § 472 Abs. 3 S. 2 bei Abschluss des Offizialverfahrens die Erstattung der Kosten an die Erben.[7]

5 Bei Annahme einer konstitutiven Wirkung des Einstellungsbeschlusses kann das Gericht die Benachteiligung der Erben jedenfalls dadurch vermeiden, dass es bei Bestehen eines Fortsetzungsrechts nach Abs. 2 mit der Einstellungsentscheidung bis zum **Ablauf der Zweimonatsfrist** gem. Abs. 3 wartet.[8]

6 **2. Reichweite der Verfahrensbeendigung.** Die Einstellung wegen Todes beendet nur das Verfahren des jeweiligen Privatklägers. Das Recht zur Erhebung einer neuen Privatklage durch andere Berechtigte sowie das Recht der StA zur Erhebung einer öffentlichen Klage bleiben **unberührt**.[9] Ist der Verstorbene Mitglied einer Streitgenossenschaft gewesen, wird die Privatklage fortgeführt.[10]

7 **3. Teilrechtskraft.** Die Einstellung des gesamten Verfahrens aufgrund eines Verfahrenshindernisses wird **nicht** dadurch gehindert, dass eine Teilrechtskraft vorliegt.[11] Dies gilt auch dann, wenn das Urteil allein in Bezug auf die **Kostenfrage** nicht rechtskräftig ist.[12]

8 **4. Kosten des Verfahrens.** Bei Einstellung des Verfahrens sind die Kosten den Erben des Privatklägers aufzuerlegen.[13] Eine Belastung der Staatskasse mit Kosten und Auslagen

---

[2] OLG Stuttgart 20.11.1969 – 2 Ws 145/69, NJW 1970, 822.
[3] RG 6.12.1887 – g. R. Rep. 2723/87, RGSt 16, 424; Rössner in HK-GS Rn. 1, Allgayer in KK-StPO Rn. 1.
[4] Für die Auffassung, dass das Privatklageverfahren mit dem Tod des Privatklägers ende und der gerichtlichen Einstellungsentscheidung daher nur deklaratorische Wirkung zukomme, s. Rössner in HK-GS Rn. 1; Kulhanek in KMR-StPO Rn. 2; für die auch hier vertretene Gegenauffassung s. Schmitt in Meyer-Goßner/Schmitt Rn. 1 und Allgayer in KK-StPO Rn. 1.
[5] Hilger in Löwe/Rosenberg Rn. 2.
[6] Kulhanek in KMR-StPO Rn. 1; Hartung NJW 1950, 670 (672).
[7] Daimagüler Der Verletzte im Strafverfahren Rn. 569.
[8] Hilger in Löwe/Rosenberg Rn. 1; Kulhanek in KMR-StPO Rn. 2.
[9] Kulhanek in KMR-StPO Rn. 2.
[10] Hilger in Löwe/Rosenberg Rn. 3.
[11] RG 1.10.1928 – g. Sch. II 206/28, RGSt 62, 262; BGH 24.9.1954 – 2 StR 598/53, BGHSt 6, 305 = NJW 1954, 1776; BGH 11.11.1955 – 1 StR 409/55, BGHSt 8, 269 = NJW 1956, 110; Hilger in Löwe/Rosenberg Rn. 1.
[12] OLG Hamm 18.3.1977 – 4 Ws 82/77, NJW 1978, 654; Allgayer in KK-StPO Rn. 1.
[13] BayObLG 8.6.1960 – RevReg. 1 St 781/59, BayObLGSt 1960, 141; Allgayer in KK-StPO Rn. 1; Kulhanek in KMR-StPO Rn. 3.

ist im Privatklageverfahren nicht vorgesehen.[14] Die **Kostenentscheidung** nach § 471 Abs. 2 kann auch durch besonderen Beschluss nachgeholt werden.[15] Stirbt einer von mehreren Privatklägern, so ist über die Kosten, die durch die Privatklage des Verstorbenen entstanden sind, ein selbstständiger Kostenbeschluss zu Lasten der Erben zu erlassen.[16] Eine Kostenentscheidung in dem Urteil zwischen den übrigen Privatklägern und dem Angeklagten ist nicht zulässig.[17]

5. Tod des Angeklagten. Stirbt der **Angeklagte** vor dem rechtskräftigen Abschluss des Verfahrens, so endet – wie im Fall des Offizialverfahrens – das Privatklageverfahren.[18] Ein Einstellungsbeschluss ist zulässig und in Einzelfällen sinnvoll, wenn Zweifel über den Todeseintritt bestehen.[19] Die Kosten und Auslagen verbleiben dort, wo sie angefallen sind, insbesondere trägt der Privatkläger nicht die staatlichen Verfahrenskosten.[20] Der Nachlass des verstorbenen Angeklagten trägt die **Auslagen des Angeklagten.**[21] Für eine Erstattung der Kosten des Privatklägers durch den Nachlass des Angeklagten besteht kein Raum.[22]

III. Fortsetzung der Privatklage (Abs. 2)

1. Selbstständig Klageberechtigte. Zur Fortsetzung des Verfahrens sind die nach § 374 Abs. 2 **selbstständig Klageberechtigten** befugt (→ § 374 Rn. 10 ff.).[23] Bei Angehörigen nach § 77 Abs. 2 StGB bleibt der **vom Verstorbenen gestellte** Strafantrag **wirksam.**[24] § 375 wird für **mehrere Fortsetzungsberechtigte** entsprechend angewendet.[25]

2. Fortsetzungsberechtigung. Das Verfahren kann nur insoweit fortgesetzt werden, wie die Fortsetzungsberechtigung nach § 374 Abs. 2 reicht.[26] Eine Ergänzung oder Erweiterung der Privatklage steht den Fortsetzungsberechtigten nicht zu.[27] Die Fortsetzungsberechtigung erstreckt sich daher auf die **prozessuale Tat,** wie sie Gegenstand des Privatklageverfahrens ist.[28] Die Gegenansicht, die eine Fortsetzung auf die gesamte Tat im prozessualen Sinne und unabhängig von der Privatklagebefugnis nach § 374 Abs. 1 befürwortet, kann in teleologischer Auslegung zwar die Kognitionspflicht des Gerichts anführen, ist aber mit dem Wortlaut in § 374 Abs. 2, („an seiner Stelle berechtigt"), nicht vereinbar.[29] Bei **Tatmehrheit** zwischen mehreren Delikten, ist die Verfolgung der mangels Fortsetzungsbefugnis nicht fortsetzungsfähigen Delikte einzustellen.[30] Bei **Tateinheit** ist die Sachentscheidung nur hinsichtlich des fortsetzungsfähigen Delikts möglich.[31]

3. Erklärungsfrist (Abs. 3). Die Fortsetzungserklärung ist gegenüber der mit der Sache befasstem Gericht **schriftlich oder zu Protokoll** der Geschäftsstelle abzugeben.[32] Die Anfechtung des Einstellungsbeschlusses im Wege der sofortigen Beschwerde kann als

---

[14] Daimagüler Der Verletzte im Strafverfahren Rn. 555.
[15] BayObLG 8.6.1960 – RReg. 1 St 781/59, NJW 1960, 2065; Schmitt in Meyer-Goßner/Schmitt Rn. 2; Hilger in Löwe/Rosenberg Rn. 1.
[16] Allgayer in KK-StPO Rn. 1.
[17] BayObLG 8.6.1960 – RReg. 1 St 781/59, NJW 1960, 2065.
[18] Kulhanek in KMR-StPO Rn. 5.
[19] Allgayer in KK-StPO Rn. 4.
[20] Daimagüler Der Verletzte im Strafverfahren Rn. 557.
[21] OLG Celle 18.6.1971 – 2 Ss 29/71, NJW 1971, 2182.
[22] OLG Celle 18.6.1971 – 2 Ss 29/71, NJW 1971, 2182.
[23] Rössner in HK-GS Rn. 2; Kulhanek in KMR-StPO Rn. 6.
[24] Fischer StGB § 77 Rn. 4.
[25] Allgayer in KK-StPO Rn. 2.
[26] Hilger in Löwe/Rosenberg Rn. 5; Schmitt in Meyer-Goßner/Schmitt Rn. 4; Kulhanek in KMR-StPO Rn. 7.
[27] Schmitt in Meyer-Goßner/Schmitt Rn. 4; Allgayer in KK-StPO Rn. 3.
[28] Kulhanek in KMR-StPO Rn. 7; aA Velten in SK-StPO Rn. 8.
[29] Statt aller Velten in SK-StPO Rn. 8.
[30] Schmitt in Meyer-Goßner/Schmitt Rn. 4; Allgayer in KK-StPO Rn. 3; aA Velten in SK-StPO Rn. 8.
[31] Schmitt in Meyer-Goßner/Schmitt Rn. 4; aA Velten in SK-StPO Rn. 8.
[32] Schmitt in Meyer-Goßner/Schmitt Rn. 6.

Fortsetzungserklärung ausgelegt werden.³³ Die Frist zur Fortsetzungserklärung beginnt mit dem Zeitpunkt des Todes und wird nach § 43 berechnet.³⁴

13 Ausweislich des Normwortlauts („bei Verlust des Rechts") ist eine **Wiedereinsetzung** nach Verstreichen der Frist ausgeschlossen.³⁵ Dies entspricht in teleologischer Auslegung dem Interesse des Angeklagten am Rechtsfrieden.³⁶

IV. Rechtsbehelfe

14 Wenn trotz der Fortsetzungsmöglichkeit ein Beschluss nach Abs. 1 ergangen ist, so muss dieser nach wirksamer Fortsetzungserklärung wieder aufgehoben werden.³⁷ Statthaftes Rechtsmittel der Berechtigten ist die **sofortige Beschwerde** gem. § 206a.³⁸ Die sofortige Beschwerde ist auch gegen die **Ablehnung der Fortsetzung** durch das Gericht statthaft.³⁹ Die Fortsetzung durch das Gericht kann gem. § 305 nicht mehr angefochten werden.⁴⁰

§ 394 Bekanntmachung an den Beschuldigten

Die Zurücknahme der Privatklage und der Tod des Privatklägers sowie die Fortsetzung der Privatklage sind dem Beschuldigten bekanntzumachen.

1 Dem Beschuldigten sind die Zurücknahme der Privatklage gem. § 391, der Tod des Privatklägers gem. Abs. 1 sowie die Fortsetzung der Privatklage gem. Abs. 2 und Abs. 3 **bekanntzumachen.**

2 In den Fällen des Abs. 1 und des § 391 Abs. 1 S. 1 genügt die **formlose** Mitteilung gem. § 35 Abs. 2 S. 2, da durch die Bekanntmachung an den Beschuldigten keine Frist in Lauf gesetzt wird.¹

3 Eine **förmliche** Zustellung gem. § 35 Abs. 2 S. 1 ist dagegen bei einer Rücknahme der Privatklage nach § 391 S. 2 ratsam, da die Rücknahme die Zustimmung des Angeklagten bedarf und ihm eine Erklärungsfrist zu setzen ist.² Ebenfalls empfiehlt sich eine förmliche Zustellung im Falle der Fortsetzung der Privatklage gem. Abs. 2 und Abs. 3, da der Angeklagte zwecks seiner Verteidigung von der Fortsetzung Kenntnis erlangen soll.³

---

33 Hilger in Löwe/Rosenberg Rn. 6.
34 Hilger in Löwe/Rosenberg Rn. 6; Schmitt in Meyer-Goßner/Schmitt Rn. 6.
35 Hilger in Löwe/Rosenberg Rn. 6; Schmitt in Meyer-Goßner/Schmitt Rn. 7.
36 Kulhanek in KMR-StPO Rn. 11.
37 Allgayer in KK-StPO Rn. 2.
38 Kulhanek in KMR-StPO Rn. 9.
39 Schmitt in Meyer-Goßner/Schmitt Rn. 5.
40 Kulhanek in KMR-StPO Rn. 9.
1 Schmitt in Meyer-Goßner/Schmitt Rn. 1.
2 Hilger in Löwe/Rosenberg Rn. 2; Schmitt in Meyer-Goßner/Schmitt Rn. 1.
3 Allgayer in KK-StPO Rn. 1.

Dritter Abschnitt. Nebenklage

§ 395 Befugnis zum Anschluss als Nebenkläger

(1) Der erhobenen öffentlichen Klage oder dem Antrag im Sicherungsverfahren kann sich mit der Nebenklage anschließen, wer verletzt ist durch eine rechtswidrige Tat nach
1. den §§ 174 bis 182, 184i bis 184k des Strafgesetzbuches,
2. den §§ 211 und 212 des Strafgesetzbuches, die versucht wurde,
2a. den §§ 6 bis 8, 11 und 12 des Völkerstrafgesetzbuches gegen das Leben, die versucht wurde, sofern auch hier ein unmittelbarer Zusammenhang zwischen der verfahrensgegenständlichen Tat und der Rechtsgutverletzung besteht,
3. den §§ 221, 223 bis 226a und 340 des Strafgesetzbuches,
4. den §§ 232 bis 238, 239 Absatz 3, §§ 239a, 239b und 240 Absatz 4 des Strafgesetzbuches,
4a. den §§ 6 bis 8 und 10 bis 12 des Völkerstrafgesetzbuches in seinen Rechten auf körperliche Unversehrtheit, Freiheit oder auf religiöse, sexuelle oder reproduktive Selbstbestimmung oder als Kind in seinem Recht auf ungestörte körperliche und seelische Entwicklung, sofern auch hier ein unmittelbarer Zusammenhang zwischen der verfahrensgegenständlichen Tat und der Rechtsgutverletzung besteht,
5. § 4 des Gewaltschutzgesetzes,
6. § 142 des Patentgesetzes, § 25 des Gebrauchsmustergesetzes, § 10 des Halbleiterschutzgesetzes, § 39 des Sortenschutzgesetzes, den §§ 143 bis 144 des Markengesetzes, den §§ 51 und 65 des Designgesetzes, den §§ 106 bis 108b des Urheberrechtsgesetzes, § 33 des Gesetzes betreffend das Urheberrecht an Werken der bildenden Künste und der Photographie, § 16 des Gesetzes gegen den unlauteren Wettbewerb und § 23 des Gesetzes zum Schutz von Geschäftsgeheimnissen.

(2) Die gleiche Befugnis steht Personen zu,
1. deren Kinder, Eltern, Geschwister, Ehegatten oder Lebenspartner durch eine rechtswidrige Tat getötet wurden oder
2. die durch einen Antrag auf gerichtliche Entscheidung (§ 172) die Erhebung der öffentlichen Klage herbeigeführt haben.

(3) Wer durch eine andere rechtswidrige Tat, insbesondere nach den §§ 185 bis 189, 229, 244 Absatz 1 Nummer 3, Absatz 4, §§ 249 bis 255 und 316a des Strafgesetzbuches, verletzt ist, kann sich der erhobenen öffentlichen Klage mit der Nebenklage anschließen, wenn dies aus besonderen Gründen, insbesondere wegen der schweren Folgen der Tat, zur Wahrnehmung seiner Interessen geboten erscheint.

(4) ¹Der Anschluss ist in jeder Lage des Verfahrens zulässig. ²Er kann nach ergangenem Urteil auch zur Einlegung von Rechtsmitteln geschehen.

(5) ¹Wird die Verfolgung nach § 154a beschränkt, so berührt dies nicht das Recht, sich der erhobenen öffentlichen Klage als Nebenkläger anzuschließen. ²Wird der Nebenkläger zum Verfahren zugelassen, entfällt eine Beschränkung nach § 154a Absatz 1 oder 2, soweit sie die Nebenklage betrifft.

Schrifttum: Altenhain, Angreifende und verteidigende Nebenklage, JZ 2001, 791; Bandemer, Die Anschlußberechtigung des Nebenklägers im Regelkreis von § 323a StGB: Der Kurzschluß des Kostenrechts mit der beweislichen Seite, JurBüro 1993, 193; Barton, Die Reform der Nebenklage: Opferschutz als Herausforderung für das Strafverfahren, JA 2009, 753; Barton, Nebenklagevertretung im Strafverfahren. Empirische Fakten und praktische Konsequenzen, StraFo 2011, 161; Baumhöfener, Informationsrechte der Nebenklage – Gefährdung des Grundsatzes der Wahrheitsermittlung, StraFo 2012, 2; Baumhöfener, Aktenkenntnis des Nebenklägers – Gefährdung des Untersuchungszwecks bei der Konstellation Aussage-gegen-Aussage, NStZ 2014, 135; Berger, Gruppenvertretung der Nebenklage. Das Beiordnungsermessen nach § 397a Abs. 3 S. 2 iVm § 142 Abs. 1 StPO als gesetzlich vorgesehene Beschränkungsmöglichkeit der Anzahl der Nebenklägervertreter, NStZ 2019, 251; Berz, Zur Reform der Nebenklage, DAR 1978, 1; Beulke, Die Neuregelung der Nebenklage, DAR 1988, 114; Bittmann, Perspektiven zum Opferschutz – Reform der Reform, ZRP 2009, 212; Bittmann, Das 2. Opferrechtsreformgesetz, JuS 2010, 219; Böttcher, Das neue Opferschutzgesetz, JR 1987, 133; Bott/Kohlhof, Kurz und klarstellend: zur Nebenklagebefugnis von Unternehmen, StraFo 2019, 413; Bringewat, Die Nebenklage – ein wirksames Verfahren zur „privaten Kontrolle" staatsanwaltschaftlicher Strafverfolgung?, GA 1972, 289; Brocke, KG Berlin: Unzulässigkeit der Nebenklage im Jugendstrafverfahren bei teilweiser Tatbegehung als Jugendlicher und Heranwachsender – Opferschutz kontra Erziehungsgedanke (KG NStZ 2007, 44), NStZ 2007, 8; Bühler, (Keine) Nebenklage gegen Jugendliche im deutschen Jugendstrafrecht?, StraFo 2016, 365; Bung, Zweites Opferrechtsreformgesetz: Vom Opferschutz zur Opferermächtigung, StV 2009, 430; Celebi, Kritische Würdigung des Opferrechtsreformgesetzes, ZRP 2009, 110; Daimagüler, Der Verletzte im Strafverfahren, 2016; Daimagüler, Nebenklage im Wirtschaftsstrafverfahren, wistra 2017, 180; Eisenberg, Unzulässigkeit der Nebenklage Minderjähriger gegen ihren Willen, GA 1998, 32; Fabricius, Die Stellung des Nebenklagevertreters, NStZ 1994, 257; Ferber, Das Opferrechtsreformgesetz, NJW 2004, 2562; Ferber, Stärkung der Opferrechte im Strafverfahren – Das 3. Opferrechtsreformgesetz, NJW 2016, 279; Franze, Die Nebenklage im verbundenen Verfahren gegen Jugendliche und Heranwachsende/Erwachsene, StV 1996, 289; Geerds, Zur Rechtsstellung des Verletzten im Strafprozeß, JZ 1984, 786; Gollwitzer, Die Stellung des Nebenklägers in der Hauptverhandlung, FS Schäfer, 1979, 65; Granderath, Schutz des Tatopfers im Strafverfahren, MDR 1983, 797; Herrmann, Die Entwicklung des Opferschutzes im deutschen Strafrecht und Strafprozessrecht – Eine unendliche Geschichte, ZIS 2010, 236; Hilger, Über das Opferrechtsreformgesetz, GA 2004, 478; Hilger, Über den Begriff des Verletzten im Fünften Buch der StPO, GA 2007, 287; Hilger, Das 2. Opferrechtsreformgesetz, GA 2009, 657; Hinz, Nebenklage im Verfahren gegen Jugendliche. Gedanken zum neuen § 80 Abs. 3 JGG, JR 2007, 140; Hombrecher, „Grünes Strafrecht" – Die Verteidigung von Marken mit Mitteln des Strafrechts, WRP 2017, 20; Jahn/Bung, Die Grenzen der Nebenklagebefugnis, StV 2012, 754; Jung, Zur Rechtsstellung des Verletzten im Strafverfahren, JR 1984, 309; Jung, Das Opferschutzgesetz, JuS 1987, 157; Klinger, Die Nebenklage bei strafbaren Wettbewerbsverstößen – strategisches Rüstzeug oder „stumpfes Schwert"?, NZWiSt 2013, 412; Kölbel, Opfergenugtuung oder rehabilitative Idee?, StV 2014, 698; Kuhlmann, Die Nebenklage – eine Sinekure der Anwaltschaft, DRiZ 1982, 311; Kurth, Rechtsprechung zur Beteiligung des Verletzten am Verfahren, NStZ 1997, 1; Lehmann, Zur Zulassung der Nebenklage bei Nötigung zu einer sexuellen Handlung (§ 240 I, IV Nr. 1 StGB), NStZ 2002, 353; Leibinger, Zur Anschluß- und Rechtsmittelbefugnis des Nebenklägers, FS Trifferer, 1996, 481; Lemke-Küch, Das Fragerecht der Nebenklage, StraFo 2018, 369; Maeffert, Plädoyer im zweiten Verfahren gegen Monika Böttcher (ehemalige Weimar), StV 1998, 461; Makowka, Der vorläufige Verletztenbegriff. Wann ist das potentielle Opfer einer Straftat potentiell verletzt genug, um im Sinne der Strafprozessordnung verletzt zu sein?, GVRZ 2021, 23; Meyer-Goßner, Die Rechtsstellung des Verletzten im Strafprozeß, ZRP 1984, 228; Mitsch, Nebenklage im Strafverfahren gegen Jugendliche und Heranwachsende, GA 1998, 159; Mitsch, Die Erfolglosigkeit des vom Nebenkläger eingelegten Rechtsmittels, FG Paulus, 2009, 119; Mohr, Zur Problematik der Verbindung von Jugend- und Erwachsenenstrafverfahren, JR 2006, 499; Neuhaus, Das Opferrechtsreformgesetz, StV 2004, 620; Noak, Nebenklage gegen Jugendliche und Heranwachsende, ZRP 2009, 15; Noak, Die auf Freisprechung des Angeklagten gerichtete Nebenklage – zulässig?, ZIS 2014, 189; Noak, Der »mögliche« versuchte Totschlag als nebenklagefähiges Delikt im Jugendstrafverfahren, JR 2022, 232; Peter, Der Strafverteidiger als Opferanwalt – Systembruch oder: Wer kann und soll Opfer fachgerecht vertreten?, StraFo 2013, 199; Prinz, Die Nebenklage – ein überholtes Rechtsinstitut, ZRP 1971, 128; Raube, Das Gesetz zur Fortentwicklung des Völkerstrafrechts. Zu den jüngsten Arbeiten am Bau für deutsche Weltrechtspflege, KriPoZ 2024, 278; Riegner, Ist bei den in § 395 Abs. 1 StPO aufgeführten Antragsdelikten in wirksamer Strafantrag Voraussetzung der Nebenklagebefugnis?, MDR 1989, 602; Rieks, Die Nebenklage – Terra Incognita des Wirtschaftsstrafverfahrens, NStZ 2019, 643; Riemann-Uwer, Das Akteneinsichtsrecht des Nebenklägers unter Berücksichtigung von § 19 Abs. 2 S. 2 BORA, StraFo 2021, 414; Rieß, Die Rechtsstellung des Verletzten im Strafverfahren. Gutachten C zum 55. Deutschen Juristentag, 1984; Rieß, Der Strafprozeß und der Verletzte – eine Zwischenbilanz, Jura 1987, 281; Rieß, Nebenkläger und Wiederaufnahme nach neuem Recht, NStZ 1988, 15; Rieß, Strafantrag und Nebenklage, NStZ 1989, 102; Rieß, Zeugenschutz bei Vernehmungen im Strafverfahren. Das neue Zeugenschutzgesetz vom 30.4.1998, NJW 1998, 3240; Rüth, Ist die Nebenklage noch zeitgemäß?, JR 1982, 265; Safferling, Die Rolle des Opfers im Strafverfahren – Paradigmenwechsel im nationalen und internationalen Recht?, ZStW 122 (2010), 87; von Saucken, Die strafrechtliche Verfolgung von Markenrechtsverletzungen. Ermittlungsaspekte, Strafantrag und strafprozessuale Rechte des Verletzten, MarkenR 2019, 6; Sauer, Zur Verfassungsmäßigkeit der Nebenklagebestimmungen, DRiZ 1970, 349; Schmid, Zur Prozeßfähigkeit des Privat- und Nebenklägers, SchlHA 1981, 153; Schneider, Die „verteidigende" Nebenklage – eine Antwort auf die „angreifende" Verteidigung, StV 1998, 456; Schöch, Verteidigende Nebenklage?, JR 2021, 382; Schramm, Sozialer Wandel der Familie im Strafrecht, RW 2014, 88; Schroth, 2. Opferrechtsreformgesetz – Das Strafverfahren auf dem Weg zum Parteienprozess?, NJW 2009, 2916; Schünemann, Zur Stellung des Opfers im System der Strafrechtspflege, NStZ 1986, 193; Seitz, Das Zeugenschutzgesetz – ZSchG, JR 1998, 309; Selig, Opferschutzgesetz – Verbesserung für Geschädigte in Sexualstrafverfahren?, StV 1988, 498; Stiebig, Opfersorge oder Täterpflege? – Eine Zwischenbilanz vor dem Hintergrund des Opferrechtsreformgesetzes, Jura 2005, 592; Walther, Strafverteidigung zwischen Beschuldigten- und Opferinteressen, StraFo 2005, 452; Weigend, Das Opferschutzgesetz – kleine Schritte zu welchem Ziel?, NJW 1987, 1170; Weigend, „Die Strafe für das Opfer"? – Zur Renaissance des Genugtuungsgedankens im Straf- und Strafverfahrensrecht, RW 2010, 39; Weigend, Das Opfer als Prozesspartei?, FS Schöch, 2010, 947; Wetekamp, Das „Erste Gesetz zur Verbesserung der Stellung des Verletzten im Strafverfahren" (Opferschutzgesetz), DAR 1987, 210; Wucherer, Beeinflusst der Schlussvortrag eines Nebenklägers die richterliche Strafzumessung? Eine empirische Untersuchung der Auswirkung einer Nebenklägerbeteiligung auf die Strafzumessung, NStZ 2021, 462; Zätzsch, Die Beteiligungsrechte des Verletzten im Strafverfahren (status activus) – Eine kritische Betrachtung, ZRP 1992, 167; Zöller, Die strafrechtliche Nebenklage – Fremdkörper oder Missverständnis?, GA 2021, 303.

Übersicht

	Rn.			Rn.
I.	**Überblick**	1	2.	Nebenklage und andere Beteiligungen am Verfahren	35
1.	Normzweck	1	3.	Nebenklagebefugnis	37
	a) Wesen der Nebenklage	1		a) Allgemeines	37
	b) Interessen des Nebenklägers	4		b) Uneingeschränkte Nebenklagebefugnis des Verletzten gemäß Abs. 1	40
	c) Kritik	8		c) Nebenklagebefugnis nach Abs. 2	56
	d) Rechtswirklichkeit	12		d) Eingeschränkte Nebenklagebefugnis des Verletzten gemäß Abs. 3	67
2.	Anwendungsbereich	13			
	a) Sicherungsverfahren	13			
	b) Jugendstrafverfahren	14			
3.	Entstehungsgeschichte	20	4.	Anschluss als Nebenkläger	80
II.	**Erläuterung**	27		a) Zeitpunkt des Anschlusses (Abs. 4) ..	80
1.	Allgemeine Voraussetzungen der Nebenklage	27		b) Anschluss bei Beschränkung der Verfolgung nach § 154a (Abs. 5)	87

I. Überblick

1. Normzweck. a) Wesen der Nebenklage. Die §§ 395 ff. ermöglichen in erster **1** Linie dem Verletzten einer Straftat, in bestimmten Fällen an dem Verfahren gegen den Beschuldigten als Nebenkläger mitzuwirken. Ein solcher Anschluss mit der **Nebenklage** setzt allerdings voraus, dass bereits öffentliche Klage erhoben oder ein Antrag im Sicherungsverfahren gestellt ist. Anders als bei der Privatklage (§§ 374 ff.) kann mit der Nebenklage hingegen kein historischer Geschehensablauf iSv § 264 vor Gericht gebracht werden. Es bleibt dem Nebenklageberechtigten somit verwehrt, den staatlichen Strafanspruch aus eigenem Antrieb vor Gericht zu verfolgen und durchzusetzen. Bei der Nebenklage handelt es sich daher an sich nicht um eine Klage.[1]

Zwar stellt die Nebenklage somit kein selbstständiges Verfahren,[2] sondern lediglich ein **2** akzessorisches Recht dar.[3] Wer seinen Anschluss als Nebenkläger erklärt bzw. in den Fällen des § 395 Abs. 3 zum Verfahren zugelassen wird (zur Bedeutung des Zulassungsbeschlusses → § 396 Rn. 19 ff.), erlangt aber die Stellung eines **selbstständigen Verfahrensbeteiligten** mit umfassendem Beteiligungsrecht.[4] Insbesondere ist der Nebenkläger von der Staatsanwaltschaft unabhängig[5] und nicht etwa deren Gehilfe.[6] Er tritt somit neben den öffentli-

---

[1] Kulhanek in KMR-StPO Rn. 3; Velten in SK-StPO Vor §§ 395 ff. Rn. 1; Weiner in BeckOK StPO Rn. 2; Wenske in Löwe/Rosenberg Vor § 395 Rn. 1; Fabricius NStZ 1994, 257 (258); Gollwitzer FS Schäfer, 1979, 65 (65).
[2] Allgayer in KK-StPO Vor § 395 Rn. 1.
[3] Velten in SK-StPO Vor §§ 395 ff. Rn. 1.
[4] Kulhanek in KMR-StPO Rn. 3; Schmitt in Meyer-Goßner/Schmitt Vor § 395 Rn. 1; Weiner in BeckOK StPO Rn. 9; Weißer/Duesberg in Gercke/Temming/Zöller Vor §§ 395 ff. Rn. 39.
[5] BGH 23.1.1979 – 5 StR 748/78, BGHSt 28, 272 (273) = NJW 1979, 1310; Kulhanek in KMR-StPO Rn. 3; Gollwitzer FS Schäfer, 1979, 65 (66).
[6] OLG Köln 22.10.1993 – 2 Ws 490/93, NJW 1993, 3279 (3279); OLG Schleswig 2.8.1999 – 2 Ws 239, 248–254, 256–257/99, NStZ-RR 2000, 270 (271); Allgayer in KK-StPO Vor § 395 Rn. 1; Schmitt in Meyer-Goßner/Schmitt Vor § 395 Rn. 2; Schöch/Werner in Satzger/Schluckebier/Widmaier StPO Vor § 395 Rn. 2; Wenske in Löwe/Rosenberg Vor § 395 Rn. 2.

chen Ankläger und betreibt in diesem Sinn eine Nebenklage.[7] Aufgrund seiner eigenständigen Position ist der Nebenkläger in der Lage, sich aktiv an dem gesamten Verfahren zu beteiligen und durch Erklärungen, Fragen, Anträge und ggf. Rechtsmittel dessen Ergebnis zu beeinflussen.[8] Zur Objektivität ist der Nebenkläger hierbei – schon im Hinblick auf seine durch das Institut der Nebenklage berücksichtigten Interessen (→ Rn. 4 ff.) – nicht verpflichtet.[9] Der Nebenkläger ist insbesondere kein Organ der Rechtspflege.[10]

3   Die Vorschrift des § 395 im Speziellen regelt hauptsächlich, wer zur Nebenklage befugt ist (näher → Rn. 37 ff.). Die Anschlussberechtigung steht nicht jeder von einer Straftat unmittelbar oder mittelbar beeinträchtigten Person, auch nicht jedem Verletzten zu, sondern knüpft vornehmlich an bestimmte Straftaten (Abs. 1; → Rn. 40 ff.) bzw. zusätzlich an die Interessen des Verletzten (Abs. 3; → Rn. 67 ff.) an. Nebenklagebefugt soll demnach nur sein, wer nach kriminalpolitischen und viktimologischen Gesichtspunkten besonders schutzbedürftig erscheint (hierzu sogleich insbesondere → Rn. 5 und 7).[11]

4   **b) Interessen des Nebenklägers.** Die Beteiligung am Verfahren soll verschiedenen Interessen des Nebenklägers Rechnung tragen. Hierzu zählt nicht zuletzt die Gelegenheit, an der Verurteilung des Angeklagten mitzuwirken und dadurch rehabilitiert zu werden[12] sowie das Vertrauen in die Rechtsordnung zu stärken oder wiederzuerlangen.[13] In diesem Zusammenhang wird häufig von einem **Genugtuungsinteresse** des Verletzten gesprochen.[14] Zu weit geht es jedenfalls, dem Verletzten Rache und Vergeltung gewähren zu wollen. Dass dies kein Ziel der Nebenklage ist, belegt bereits die fehlende Rechtsmittelberechtigung bzgl. des Rechtsfolgenausspruchs (§ 400 Abs. 1).[15]

5   In erster Linie dienen die umfassenden Beteiligungsrechte des Nebenklägers indessen einem Ziel, bei dem weniger die Sanktionierung des Beschuldigten im Vordergrund steht als der **Schutz des Verletzten.** Er soll davor bewahrt werden, im Laufe des Gerichtsverfahrens erneut in die Rolle des Opfers zu geraten. Eine solche **Sekundärviktimisierung** droht durch persönliche Angriffe und herabwürdigende Äußerungen ebenso wie durch Verzerrungen des Sachverhalts und Zuweisung von Schuld für das Geschehen, sei es bei der Befragung des Verletzten als Zeugen, durch die Einlassung des Angeklagten oder aufgrund sonstiger Erklärungen im Prozess.[16] Dem Nebenkläger wird daher eine aktive Mitwirkung am Verfahren auch zu dem Zweck eingeräumt, den Tatverlauf aus seiner Sicht schildern und Verantwortungszuweisungen durch den Anklagten entgegentreten zu können.[17]

6   Mit der Beteiligung am Verfahren geht schließlich dessen größere Transparenz für den Verletzten einher. Hierbei handelt es sich aber um kein zentrales Anliegen der Nebenklage,

---

[7] BGH 23.1.1979 – 5 StR 748/78, BGHSt 28, 272 (273) = NJW 1979, 1310; KG 22.3.2010 – 4 Ws 6/10, NStZ-RR 2011, 22 (23): Nebenklage als „Annex" zur öffentlichen Klage der Staatsanwaltschaft; OLG Karlsruhe 20.11.1973 – 1 Ws 379/73, NJW 1974, 658 (658 f.); vgl. auch BT-Drs. 10/5305, 13.

[8] BT-Drs. 10/5305, 11; 16/12098, 29; OLG Rostock 26.3.2012 – I Ws 77/12, NStZ 2013, 126 (127); Kulhanek in KMR-StPO Rn. 1; Schmitt in Meyer-Goßner/Schmitt Vor § 395 Rn. 1; Weißer/Duesberg in Gercke/Temming/Zöller Vor §§ 395 ff. Rn. 1.

[9] OLG Karlsruhe 20.11.1973 – 1 Ws 379/73, NJW 1974, 658 (659); Allgayer in KK-StPO Vor § 395 Rn. 1; Merz in Radtke/Hohmann Rn. 4; Schöch/Werner in Satzger/Schluckebier/Widmaier StPO Vor § 395 Rn. 2; Velten in SK-StPO Vor §§ 395 ff. Rn. 1.

[10] OLG Schleswig 2.8.1999 – 2 Ws 239, 248–254, 256–257/99, NStZ-RR 2000, 270 (271).

[11] Wenske in Löwe/Rosenberg Vor § 395 Rn. 2.

[12] Velten in SK-StPO Vor §§ 395 ff. Rn. 8.

[13] Weiner in BeckOK StPO Rn. 2; vgl. auch Meyer-Goßner ZRP 1984, 228 (229).

[14] BGH 23.1.1979 – 5 StR 748/78, BGHSt 28, 272 (273) = NJW 1979, 1310; OLG Düsseldorf 22.2.1994 – VI 13/93, NStZ 1994, 299; OLG Rostock 26.3.2012 – I Ws 77/12, NStZ 2013, 126 (127); OLG Schleswig 2.8.1999 – 2 Ws 239, 248–254, 256–257/99, NStZ-RR 2000, 270 (271); Kulhanek in KMR-StPO Rn. 1; Fabricius NStZ 1994, 257 (260); Gollwitzer FS Schäfer, 1979, 65 (65); krit. Jahn/Bung StV 2012, 754 (760 f.); Prinz ZRP 1971, 128 (128); Rüth JR 1982, 265 (266); Weigend FS Schöch, 2010, 947 (958 ff.); ausf. zu einem subjektiven Recht des Verletzten auf Genugtuung Weigend RW 2010, 39 (45 ff.).

[15] Velten in SK-StPO Vor §§ 395 ff. Rn. 6; Weiner in BeckOK StPO Rn. 3.

[16] Merz in Radtke/Hohmann Rn. 1; Weiner in BeckOK StPO Rn. 2; krit. Schünemann NStZ 1986, 193 (197 f.).

[17] BT-Drs. 10/5305, 11; Altenhain JZ 2001, 791 (796).

sondern lediglich um eine Begleiterscheinung.[18] Insoweit ist mitunter von einer **Kontrollfunktion** die Rede, die zudem im Interesse der Allgemeinheit stehe.[19] Eine solche Zielsetzung kommt zwar bei der Anschlussbefugnis aufgrund eines erfolgreichen Antrags auf gerichtliche Entscheidung nach § 172 Abs. 2 im Klageerzwingungsverfahren (§ 395 Abs. 2 Nr. 2; → Rn. 64 ff.) zum Ausdruck.[20] Ansonsten kann der Nebenklage inzwischen jedoch kaum noch eine Kontrollfunktion attestiert werden und stehen vielmehr die individuellen Interessen des schutzbedürftigen Verletzten im Vordergrund.[21]

Darüber hinaus werden der Nebenklage im Schrifttum **weitere Zwecke** zugeschrieben. So soll sie das Opfer im Verfahren in die Lage versetzen, seine besonderen Belastungen zu verdeutlichen und staatliche Anerkennung seiner Leiden zu erfahren.[22] Außerdem soll sie der Vorbereitung zivilrechtlicher Schadensersatzforderungen und -prozesse dienen (hierzu auch → Rn. 78).[23] Hierbei dürfte es sich indessen eher um Ziele handeln, die Nebenkläger im Einzelfall zwar durchaus verfolgen, aber nicht zu den primären Anliegen des Instituts der Nebenklage zählen. Vielmehr ist die Entwicklung der Nebenklage seit dem Opferschutzgesetz vom 18.12.1986 (→ Rn. 21 f.) deutlich dadurch geprägt, die **Schutzbedürftigkeit des Opfers** in den Vordergrund zu rücken.[24] Das Genugtuungsinteresse und andere Belange werden demgegenüber als nachrangig eingestuft.[25] Schon in Anbetracht der zahlreichen wie unterschiedlichen Nebenklagedelikte kann allerdings nicht davon die Rede sein, dass eines der vorstehenden Ziele konsequent bei jeder Nebenklage gleichermaßen verfolgt wird.[26]

7

c) Kritik. Die umfassende Mitwirkung eines weiteren, nicht zur Objektivität verpflichteten (→ Rn. 2) Verfahrensbeteiligten ist nicht frei von Kritik.[27] Bedenken gegenüber der Nebenklage zielen im Wesentlichen darauf ab, dass bei allen berechtigten Belangen des Nebenklägers dessen Schutz und Teilnahme an dem Verfahren nicht zu Lasten der **Verteidigungsinteressen des Angeklagten** gehen darf.[28] In der Tat bleibt bei jedem Verfahren mit Beteiligung von Nebenklägern daran zu erinnern, dass die Feststellung und ggf. Durchsetzung des staatlichen Strafanspruchs im Mittelpunkt steht und der Beschuldigte seine Subjektstellung im Verfahren nicht verlieren darf. Es wird daher zu Recht erwogen, dass ein „Fehlurteil" in dem Sinn, die materielle Wahrheit als Grundlage für den Richterspruch nicht zutreffend ermittelt zu haben, den zu Unrecht Verurteilten weitaus schwerer belasten dürfte als eine Fehlentscheidung den hiervon betroffenen Verletzten, dessen Opferstellung aufgrund eines zu Unrecht verkündeten Freispruchs nicht anerkannt wurde.[29]

8

---

[18] S. insbes. Velten in SK-StPO Vor §§ 395 ff. Rn. 9: „unselbstständige Teilfunktion der Nebenklage".
[19] OLG Nürnberg 15.7.1983 – Ws 558/83, JurBüro 1984, 79 (80); Velten in SK-StPO Vor §§ 395 ff. Rn. 4; Berz DAR 1978, 1 (3); Bringewat GA 1972, 289 (292); vgl. auch Fabricius NStZ 1994, 257 (260); krit. Berger NStZ 2019, 251 (251).
[20] Kulhanek in KMR-StPO Rn. 1; Velten in SK-StPO Rn. 20; Weiner in BeckOK StPO Rn. 2.
[21] Zur ursprünglichen Ausgestaltung der Nebenklage Velten in SK-StPO Vor §§ 395 ff. Rn. 16.
[22] Weiner in BeckOK StPO Rn. 2.
[23] Berz DAR 1978, 1 (3); Granderath MDR 1983, 797 (798); krit. Fabricius NStZ 1994, 257 (260).
[24] S. etwa BT-Drs. 10/5305, 13; 16/12098, 29; OLG Köln 22.10.1993 – 2 Ws 490/93, NJW 1993, 3279 (3279); Allgayer in KK-StPO Vor § 395 Rn. 7; Schöch/Werner in Satzger/Schluckebier/Widmaier StPO Vor § 395 Rn. 6.
[25] OLG Köln 22.10.1993 – 2 Ws 490/93, NJW 1993, 3279 (3279 f.); Schöch/Werner in Satzger/Schluckebier/Widmaier StPO Vor § 395 Rn. 1; Weiner in BeckOK StPO Rn. 2; Wenske in Löwe/Rosenberg Vor § 395 Rn. 8.
[26] S. hierzu Weißer/Duesberg in Gercke/Temming/Zöller Vor §§ 395 ff. Rn. 2 ff.
[27] S. hierzu etwa Kulhanek in KMR-StPO Rn. 2; Bung StV 2009, 430 (431 ff.); Kölbel StV 2014, 698 (701); Meyer-Goßner ZRP 1984, 228 (230 f.); Rüth JR 1982, 265; Zätzsch ZRP 1992, 167 (169 f.), der für eingeschränkte Rechte jedes Verletzten einer Straftat plädiert.
[28] Kulhanek in KMR-StPO Rn. 2; Velten in SK-StPO Vor §§ 395 ff. Rn. 10; Wenske in Löwe/Rosenberg Vor § 373b Rn. 4; Schünemann NStZ 1986, 193 (198 f.). Zu Auswertungen der Auswirkungen der Nebenklage auf die ausgesprochenen Sanktionen und zur Deutung der zT unterschiedlichen Ergebnisse Velten in SK-StPO Vor §§ 395 ff. Rn. 20; s. auch die empirische Untersuchung von Wucherer NStZ 2021, 462 (463 ff.).
[29] Velten in SK-StPO Vor §§ 395 ff. Rn. 7.

9 Weitere Kritikpunkte betreffen unter anderem die **Unschuldsvermutung** zugunsten des Beschuldigten (ergänzend zu § 373b → Rn. 37).[30] Schließlich steht die Verletzteneigenschaft, an welche die Anschlussberechtigung in § 395 im Wesentlichen anknüpft, während des Verfahrens für das Gericht noch überhaupt nicht fest.[31] Darüber hinaus birgt die Mitwirkung eines weiteren selbstständigen Verfahrensbeteiligten die Gefahr, das Verfahren unangemessen zu **verzögern.**[32] Außerdem ist die erhöhte **Kostenbelastung** für den Angeklagten ins Feld zu führen.[33]

10 Nur wenig in den Blick geraten zudem **Begleiterscheinungen** der Nebenklage, die sich mit den Zielen des Strafverfahrens, insbesondere der Ermittlung der materiellen Wahrheit kaum vereinbaren lassen.[34] Nimmt der Nebenkläger an der Hauptverhandlung teil oder gebraucht er sein Akteneinsichtsrecht gemäß § 406e, ist er (bewusst oder unbewusst) in der Lage, mit seiner Zeugenaussage auf den bisherigen Verlauf des Verfahrens zu reagieren, beispielsweise seine Äußerungen mit den bisherigen Ergebnissen der Beweisaufnahme abzustimmen (hierzu auch → § 397 Rn. 6).[35] Dass das Gericht im Rahmen seiner freien Beweiswürdigung gemäß § 261 einer derart informierten Aussage ggf. weniger Beweiswert bescheinigt als bei sonstigen Zeugen, die vor ihrer Vernehmung nicht der Hauptverhandlung beiwohnen durften, erscheint hier nicht stets als hinreichender Ausgleich, um die Verteidigungsinteressen des Angeklagten zu wahren.[36] Zudem soll es nach Ansicht des BGH in der Regel – selbst bei Aussage-gegen-Aussage-Konstellationen – nicht erforderlich sein, sich im Rahmen der Beweiswürdigung mit der Erteilung der Akteneinsicht an den Nebenkläger auseinanderzusetzen.[37]

11 Diese Kritikpunkte erfahren unabhängig davon einiges Gewicht, dass die Nebenklage wie jedes rechtliche Institut missbraucht werden kann. Ein **Missbrauch** kommt zum einen durch Personen in Betracht, die überhaupt nicht durch die angeklagte Tat verletzt wurden,[38] sondern zB nur als Nebenkläger auftreten, um sich selbst von einem Tatverdacht zu befreien (sog. angreifende Nebenklage).[39] Zum anderen kann die Nebenklage – auch von tatsächlich Verletzten – dadurch zweckentfremdet werden, dass mit dem Anschluss als Nebenkläger andere als die vom Gesetzgeber in den Blick genommenen Ziele verfolgt werden, zum Beispiel die Selbstdarstellung in den Medien bis hin zum Verkauf der eigenen Leidensgeschichte an Boulevardmagazine. Aber selbst das verständliche Anliegen, auch die Hintergründe der angeklagten Tat eingehend zu untersuchen, kann mit der Nebenklage nicht vollumfänglich verfolgt werden. Schließlich beschränkt sich die Aufgabe des erkennenden Gerichts darauf, lediglich die angeklagte Tat abzuurteilen, und hat es daher auch nur insoweit die materielle Wahrheit zu ermitteln.[40] Das Gericht ist hingegen nicht der richtige Adressat, um etwa generelle Versäumnisse oder auch skandalöse Praktiken der beteiligten Behörden

---

[30] Velten in SK-StPO Vor §§ 395 ff. Rn. 7.
[31] S. Velten in SK-StPO Vor §§ 395 ff. Rn. 1, die vom „potenziell Verletzte(n)" spricht. Walther StraFo 2005, 452 (455) weist darauf hin, dass „keine rechtliche ‚Opfervermutung'" besteht; s. schon Schünemann NStZ 1986, 193 (197 f.).
[32] Kulhanek in KMR-StPO Rn. 2; Rüth JR 1982, 265 (267 f.); aA Berz DAR 1978, 1 (1 f.).
[33] Kulhanek in KMR-StPO Rn. 2; Kuhlmann DRiZ 1982, 311 (312); Meyer-Goßner ZRP 1984, 228 (231); Prinz ZRP 1971, 128 (128 f.); Rüth JR 1982, 265 (268 f.); Sauer DRiZ 1970, 349 (349 f.).
[34] Hierzu va Velten in SK-StPO Vor §§ 395 ff. Rn. 11 ff.: „dysfunktionale Wirkungen der Nebenklage".
[35] Baumhöfener StraFo 2012, 2 (3 f.); Baumhöfener NStZ 2014, 135 (135); Herrmann ZIS 2010, 236 (238); Safferling ZStW 122 (2010), 87 (99 f.); Schroth NJW 2009, 2916 (2919); Schünemann NStZ 1986, 193 (199).
[36] S. nicht zuletzt Velten in SK-StPO Vor §§ 395 ff. Rn. 12, die für eine Vernehmung des Nebenklägers lediglich als Partei anstatt als Zeugen plädiert. Riemann-Uwer StraFo 2021, 414 (416 f.) schlägt hingegen eine Beschränkung des Akteneinsichtsrechts gem. § 19 Abs. 2 S. 2 BARO durch die aktenaushändigende Stelle dergestalt vor, dass der Rechtsanwalt seinem Mandanten den Akteninhalt nicht vermitteln dürfe.
[37] BGH 15.3.2016 – 5 StR 52/16, JR 2016, 390 (390) mkritAnm Eisenberg = StV 2017, 146 mkritAnm Deiters; 5.4.2016 – 5 StR 40/16, JR 2016, 391 mkritAnm Eisenberg; s. hierzu auch Lemke-Küch StraFo 2018, 369 (372 f.).
[38] S. hierzu etwa Meyer-Goßner ZRP 1984, 228 (230).
[39] Eing. zu deren Zulässigkeit Altenhain JZ 2001, 791 (792 ff.).
[40] S. auch Zöller GA 2021, 303 (306 ff.); ebenso krit. Berger NStZ 2019, 251.

(zB im NSU-Verfahren die Rolle und die Kenntnisse des Verfassungsschutzes sowie die Beteiligung von V-Personen an dem rechtsextremen Netzwerk) aufzudecken, soweit sie für das konkrete Strafverfahren und die Verurteilung der Angeklagten gerade nicht von Bedeutung sind.

d) Rechtswirklichkeit. Dass in jüngerer Zeit in prominenten Gerichtsverfahren häufig auch die Nebenkläger im Mittelpunkt der Berichterstattung standen, darf nicht darüber hinwegtäuschen, dass in der Rechtswirklichkeit Nebenklagen nach wie vor **in überschaubarem Maß** betrieben werden.[41] So waren 2008 bei insgesamt 655.093 Hauptverhandlungen vor den Amtsgerichten an der letzten (bzw. einzigen) Hauptverhandlung in 10.111 Verfahren Nebenkläger bzw. Nebenklägervertreter beteiligt, in erster Instanz vor den Landgerichten in 2.406 Verfahren bei 11.429 Verhandlungen insgesamt. 2012 nahmen in 9.070 Verfahren Nebenkläger bzw. Nebenklägervertreter vor den Amtsgerichten (bei 564.055 Hauptverhandlungen insgesamt) teil, in erster Instanz vor den Landgerichten in 2.374 Verfahren (bei 10.701 Verhandlungen insgesamt), 2016 in 8.071 Verfahren vor den Amtsgerichten (bei 497.594 Hauptverhandlungen insgesamt) bzw. in 2.135 Verfahren in erster Instanz vor den Landgerichten (bei 9.761 Verhandlungen insgesamt), 2018 in 7.393 Verfahren vor den Amtsgerichten (bei 486.215 Hauptverhandlungen insgesamt) bzw. in 2.152 erstinstanzlichen Verfahren vor den Landgerichten (bei 10.016 Verhandlungen insgesamt) und 2020 in 6.695 Verfahren vor den Amtsgerichten (bei 428.111 Hauptverhandlungen insgesamt) bzw. in 2.207 Verfahren in erster Instanz vor den Landgerichten (bei 10.383 Verhandlungen insgesamt).[42] Im Jahr 2022 beteiligten sich in 6.207 Verfahren Nebenkläger bzw. Nebenklägervertreter an der letzten (einzigen) Hauptverhandlung vor den Amtsgerichten (bei 413.990 Hauptverhandlungen insgesamt) bzw. in 2.056 Verfahren in erster Instanz vor den Landgerichten (bei 10.460 Verhandlungen insgesamt).[43] Dass von den erstinstanzlichen Verhandlungen vor den Landgerichten ein deutlich höherer prozentualer Anteil mit Beteiligung eines Nebenklägers stattfindet, dürfte dem Umstand geschuldet sein, dass die Nebenklage nicht bei sämtlichen, sondern nur bei schwerer wiegenden Straftaten mit entsprechendem Schutzbedürfnis des Verletzten zulässig ist.[44]

2. Anwendungsbereich. a) Sicherungsverfahren. Wird Nebenklage erhoben, ist ein Anschluss sowohl bei erhobener **öffentlicher Klage** als auch bei einem **Antrag im Sicherungsverfahren** gemäß §§ 413 ff. zulässig. Die ausdrückliche Regelung in Abs. 1 ist auf das Opferrechtsreformgesetz vom 24.6.2004 (→ Rn. 24) zurückzuführen und entspricht der Auffassung der Rechtsprechung, wonach schon nach der früheren Rechtslage die Vorschriften über die Nebenklage analog auf das Sicherungsverfahren anzuwenden waren.[45] Mangels gesetzlicher Grundlage unzulässig ist die Nebenklage im Verfahren über die nachträgliche Anordnung der Sicherungsverwahrung gemäß § 275a.[46]

b) Jugendstrafverfahren. Im Jugendstrafverfahren gelten gemäß § 2 Abs. 2 JGG die allgemeinen Vorschriften und somit auch die Regelungen der StPO, soweit das JGG nichts anderes bestimmt. Eine solche abweichende Regelung enthält § 80 Abs. 3 JGG, der ursprünglich die Nebenklage **gegen Jugendliche** kategorisch ausschloss. Seit dem Inkrafttreten des Zweiten Gesetzes zur Modernisierung der Justiz (**2. Justizmodernisierungsgesetz**) vom 22.12.2006[47] am 31.12.2006 ist hingegen die Nebenklage unter bestimmten

---

[41] Zur Nebenklagevertretung in Strafverfahren Barton StraFo 2011, 161 (162 ff.).
[42] Statistisches Bundesamt, Strafgerichte, 2008, 2012, 2016, 2018 und 2020, jeweils Tabellen 2.4 und 4.4.
[43] Statistisches Bundesamt, Statistischer Bericht – Strafgerichte, 2022, Tabellen 24221-07 und 24221-17.
[44] S. auch Schöch/Werner in Satzger/Schluckebier/Widmaier StPO Vor § 395 Rn. 10.
[45] Statt aller BGH 18.12.2001 – 1 StR 268/01, BGHSt 47, 202 (203 ff.) = NJW 2002, 692 (692 f.) in Abkehr von BGH 10.9.1974 – 1 StR 402/74, NJW 1974, 2244; s. auch den vorangegangenen Anfragebeschluss des Senats, BGH 9.8.2001 – 1 StR 268/01, NJW 2001, 3489; ferner OLG Nürnberg 21.9.1999 – Ws 967/99, NJW 1999, 3647 (3647 f.).
[46] BGH 24.3.2006 – 1 StR 27/06, Becker NStZ-RR 2008, 68; OLG Brandenburg 13.9.2005 – 2 Ws 137/05, NStZ 2006, 183.
[47] BGBl. I 3416.

Voraussetzungen zugelassen. Der Gesetzgeber hat in diesen Fällen den Opferinteressen den Vorzug vor erzieherischen Erwägungen eingeräumt, denen die Gerichte nur im Rahmen der Verhandlungsführung Rechnung tragen können.[48] Zur Nebenklage durch eine Straftat verletzter Jugendlicher → Rn. 29 f.

15 Die Nebenklagebefugnis gegenüber Jugendlichen ist gegenüber § 395 Abs. 1–3 auf in § 80 Abs. 3 S. 1 JGG abschließend aufgezählte **Verbrechen** beschränkt. So darf sich der Verletzte als Nebenkläger nur anschließen, wenn er entweder durch ein Verbrechen gegen das Leben, die körperliche Unversehrtheit oder die sexuelle Selbstbestimmung oder nach § 239 Abs. 3, § 239a oder § 239b StGB oder durch einen besonders schweren Fall eines Vergehens nach § 177 Abs. 6 StGB seelisch oder körperlich schwer geschädigt bzw. einer solchen Gefahr ausgesetzt wurde oder wenn er durch ein Verbrechen nach § 251 StGB, ggf. iVm § 252 oder § 255 StGB, verletzt wurde.[49] Für die Anschlussberechtigung genügt der Versuch der genannten Taten.[50] Den Angehörigen steht gemäß § 80 Abs. 3 S. 2 JGG die gleiche Befugnis unter den Voraussetzungen des § 395 Abs. 2 Nr. 1 zu.[51] Im Übrigen gelten die Vorschriften des zweiten Abschnitts des fünften Buches entsprechend (§ 80 Abs. 3 S. 2 JGG).

16 Gegenüber **Heranwachsenden** bestehen die Beschränkungen des § 80 Abs. 3 JGG nicht (§ 2 Abs. 2, § 109 JGG) und bleibt es daher bei der Anwendung der §§ 395 ff. Unerheblich ist, ob gegen den heranwachsenden Beschuldigten Jugendstrafrecht oder allgemeines Strafrecht angewendet wird.[52] Steht nicht fest, ob der Angeklagte zum Zeitpunkt der Tat noch Jugendlicher iSd § 1 Abs. 2 JGG oder zumindest schon Heranwachsender war, ist der Anschluss mit der Nebenklage nach den allgemeinen Vorschriften zulässig.[53]

17 Wird das **Verfahren** gegen einen Jugendlichen mit dem Verfahren gegen einen Heranwachsenden oder einen Erwachsenen **verbunden,** soll nach wohl hM die Nebenklage gegenüber dem Heranwachsenden bzw. dem Erwachsenen zulässig sein.[54] Verwiesen wird auf das Bestreben des Gesetzgebers bei Änderung des § 80 Abs. 3 JGG im Jahr 2006 (→ Rn. 14), die verfahrensrechtliche Stellung des Opfers zu verbessern.[55] Zudem könne ansonsten die Staatsanwaltschaft den Verfahrensgang beeinflussen, indem sie eine solche Verfahrensverbindung bewirkt. Bei dieser Entscheidung sei ohnehin zu beachten, ob eine Nebenklage in Betracht komme.[56] Sollten die Verfahren verbunden werden, obliege es dem Vorsitzenden, durch eine entsprechende Verhandlungsführung die Interessen des Jugendlichen zu wahren und erzieherische Belange zu berücksichtigen.[57]

18 Dem bleibt indes entgegenzuhalten, dass es sich insbesondere bei einem sachlichen Zusammenhang zwischen den Taten des jugendlichen und des heranwachsenden bzw. erwach-

---

[48] BT-Drs. 16/3640, 54; krit. Velten in SK-StPO Vor §§ 395 ff. Rn. 26. Hingegen plädiert Bühler StraFo 2016, 365 (371) für eine generell zulässige Nebenklage in Verfahren gegen Jugendliche, sofern Erziehungsgründe nicht entgegenstehen.
[49] Näher hierzu Hinz JR 2007, 140 (142 ff.); Noak ZRP 2009, 15 (15 f.).
[50] Allgayer in KK-StPO Rn. 9; Hinz JR 2007, 140 (142 und 143).
[51] Zur unterschiedlichen Interpretation der Verweisung Hinz JR 2007, 140 (144) einerseits und Noak ZRP 2009, 15 (16) andererseits.
[52] Schöch/Werner in Satzger/Schluckebier/Widmaier StPO Vor § 395 Rn. 5.
[53] BGH 5.9.2007 – 2 StR 306/07, StraFo 2007, 502 (503); Schmitt in Meyer-Goßner/Schmitt Vor § 395 Rn. 5; Weißer/Duesberg in Gercke/Temming/Zöller Vor §§ 395 ff. Rn. 52.
[54] BGH 18.10.1995 – 2 StR 470/95, BGHSt 41, 288 (290 ff.) = NJW 1996, 1007 (1008) mablAnm Graul NStZ 1996, 402; 30.7.1996 – 5 StR 199/96, NStZ 1997, 97; 9.10.2002 – 5 StR 42/02, NJW 2003, 150 (152), in BGHSt 48, 34 nicht abgedr.; OLG Düsseldorf 22.2.1994 – VI 13/93, NStZ 1994, 299 mkritAnm Eisenberg und Ostendorf StV 1994, 605; 2.11.1994 – VI 13/93, NJW 1995, 343; OLG Frankfurt a. M. 8.11.2016 – 3 Ws 784/16, BeckRS 2016, 110994 Rn. 9; LG Duisburg 14.3.1994 – VII Qs 14/94, NJW 1994, 3305 (3305 f.); LG Saarbrücken 9.12.2002 – 4 Qs 88/02 I, StraFo 2003, 172 (173) mablAnm Möller; Allgayer in KK-StPO Rn. 10; Schmitt in Meyer-Goßner/Schmitt Vor § 395 Rn. 6; Schöch/Werner in Satzger/Schluckebier/Widmaier StPO Vor § 395 Rn. 5; Weiner in BeckOK StPO Rn. 14; Mitsch GA 1998, 159 (161 ff.); Noak ZRP 2009, 15 (17).
[55] OLG Frankfurt a. M. 8.11.2016 – 3 Ws 784/16, BeckRS 2016, 110994 Rn. 9.
[56] BGH 18.10.1995 – 2 StR 470/95, BGHSt 41, 288 (291 f.) = NJW 1996, 1007 (1008).
[57] BGH 18.10.1995 – 2 StR 470/95, BGHSt 41, 288 (292) = NJW 1996, 1007 (1008); 9.10.2002 – 5 StR 42/02, NJW 2003, 150 (152), in BGHSt 48, 34 nicht abgedr.

senen Angeklagten nicht vermeiden lässt, dass die Nebenklage auch den Jugendlichen betrifft.[58] Insbesondere um den im Jugendstrafverfahren im Vordergrund stehenden Erziehungsgedanken nicht zu beeinträchtigen, muss daher eine Nebenklage bei anderen als den in § 80 Abs. 3 S. 1 JGG genannten Delikten von vornherein unzulässig sein.[59] Anderes gilt, wenn das verbundene Verfahren ein Sicherungsverfahren gemäß §§ 413 ff. gegen einen Jugendlichen ist.[60] In diesem Fall steht nicht der Erziehungsauftrag im Vordergrund, sondern die Frage der Schuldfähigkeit und nach den erforderlichen Maßregeln der Besserung und Sicherung.[61]

Trifft eine **Jugend-** mit einer **Heranwachsenden- oder Erwachsenentat** zusammen, die nicht gemäß § 80 Abs. 3 JGG den Anschluss mit der Nebenklage gestattet, ist der Anschluss mit der Nebenklage auch an die als Heranwachsender oder Erwachsener begangene Tat nach hM unzulässig.[62] Da bei den einzelnen Taten nicht nach dem jeweiligen Lebensalter des Angeklagten zum Zeitpunkt ihrer Begehung differenziert werden kann, muss der Erziehungszweck des Jugendstrafverfahrens jedenfalls dann insgesamt berücksichtigt werden, wenn kein eindeutiger Schwerpunkt der vorgeworfenen Taten im Heranwachsenen- oder Erwachsenenstadium liegt.[63] 19

3. Entstehungsgeschichte. Die Vielfalt der schützenswerten Interessen des Nebenklägers (→ Rn. 4 ff.) spiegeln sich in der wechselhaften gesetzlichen Ausgestaltung des zweiten Abschnitts des fünften Buches wider (→ Rn. 21 f.).[64] **Ursprünglich** orientierte sich die Nebenklage weitgehend an den **Voraussetzungen der Privatklage,** standen doch eher die Kontrolle des Legalitätsprinzips und die Durchsetzung des staatlichen Strafanspruchs im Vordergrund als die Interessen des Verletzten.[65] Insbesondere wurde im Wesentlichen nur Privatklageberechtigten (generell, dh auch bei Bagatelldelikten) die Möglichkeit zugesprochen, sich der erhobenen öffentlichen Klage mit der Nebenklage anzuschließen, und auch bzgl. der Rechte des Nebenklägers auf die des Privatklägers verwiesen. Die Besonderheiten der Nebenklage und die speziellen Interessen und Bedürfnisse des Nebenklägers wurden dadurch jedenfalls nicht hinreichend berücksichtigt. Daher wurde nicht zuletzt auf dem 55. Deutschen Juristentag 1984 eine Reform der Nebenklage diskutiert.[66] 20

Der Gesetzgeber hat auf die Vorschläge mit einer grundlegenden Überarbeitung der §§ 395 ff. durch das Erste Gesetz zur Verbesserung der Stellung des Verletzten im Strafverfahren **(Opferschutzgesetz)** vom 18.12.1986,[67] in Kraft getreten am 1.4.1987, reagiert. Ziel des Gesetzes war ein erster Schritt, um die Belange des Opfers im Strafrecht und Strafverfah- 21

---

[58] Weißer/Duesberg in Gercke/Temming/Zöller Vor §§ 395 ff. Rn. 53; Kurth NStZ 1997, 1 (5).
[59] OLG Köln 18.2.1994 – Ss 30/94, NStZ 1994, 298 (299); LG Aachen 13.5.1993 – 91 Qs 17/93, MDR 1993, 679 (680); LG Zweibrücken 29.10.2008 – Qs 125/08, StV 2009, 88 (88 f.); Velten in SK-StPO Vor §§ 395 ff. Rn. 27; Weißer/Duesberg in Gercke/Temming/Zöller Vor §§ 395 ff. Rn. 53; Franze StV 1996, 289 (290 ff.); Graul NStZ 1996, 402 (402); abstellend auf die Umstände des Einzelfalls Mohr JR 2006, 499 (504); Ostendorf StV 1994, 605 (606).
[60] KG 15.11.1994 – 4 Ws 270/94, JR 1995, 259 (260) mkritAnm Eisenberg/Schönberger JR 1995, 391; Weißer/Duesberg in Gercke/Temming/Zöller Vor §§ 395 ff. Rn. 54.
[61] Weißer/Duesberg in Gercke/Temming/Zöller Vor §§ 395 ff. Rn. 54.
[62] KG 3.5.2006 – 4 Ws 73/06, NStZ 2007, 44 (45) mkritBespr Brocke NStZ 2007, 8; OLG Hamburg 12.12.2005 – 1 Ws 220/05, StraFo 2006, 117 (117); OLG Koblenz 17.2.2003 – 1 Ws 921/02, StV 2003, 455; OLG Oldenburg 12.7.2005 – 1 Ws 351/05, NStZ 2006, 521; Schmitt in Meyer-Goßner/Schmitt Vor § 395 Rn. 6; Velten in SK-StPO Vor §§ 395 ff. Rn. 27; Weißer/Duesberg in Gercke/Temming/Zöller Vor § 395 ff. Rn. 53; aA Schöch/Werner in Satzger/Schluckebier/Widmaier StPO Vor § 395 Rn. 5; Mitsch GA 1998, 159 (169 ff.).
[63] KG 3.5.2006 – 4 Ws 73/06, NStZ 2007, 44 (45); OLG Oldenburg 12.7.2005 – 1 Ws 351/05, NStZ 2006, 521; s. auch Brocke NStZ 2007, 8 (9).
[64] Ausf. hierzu Velten in SK-StPO Vor §§ 395 ff. Rn. 16 ff.; Wenske in Löwe/Rosenberg Vor § 395 Rn. 4 ff.; s. auch Weißer/Duesberg in Gercke/Temming/Zöller Vor §§ 395 ff. Rn. 30 ff. für die Entwicklung ab dem Opferschutzgesetz vom 18.12.1986.
[65] Velten in SK-StPO Vor §§ 395 ff. Rn. 16.
[66] S. insbes. Rieß, Die Rechtsstellung des Verletzten im Strafverfahren, 1984, Rn. 120 ff.; ferner Geerds JZ 1984, 786 (794 f.); Jung JR 1984, 309 (310 ff.).
[67] BGBl. I 2496. S. hierzu Beulke DAR 1988, 114; Böttcher JR 1987, 133; Jung JuS 1987, 157; Rieß JURA 1987, 281 (285 ff.); Weigend NJW 1987, 1170; Wetekamp DAR 1987, 210.

rensrecht stärker zu berücksichtigen.[68] Demzufolge betonte die eingeleitete Reform der Nebenklage die Interessen der Verletzten, vor allem der Opfer schwerer Straftaten gegen höchstpersönliche Rechtsgüter,[69] und erhob deren **Schutzbedürftigkeit** insbesondere gegen Verantwortungs- und Schuldzuweisungen zum Leitbild für die Ausgestaltung der einzelnen Regelungen (→ Rn. 5 und 7).[70]

22 Im Einzelnen bestimmte das Opferschutzgesetz insbesondere den **Kreis der Nebenklageberechtigten** neu und unabhängig von der Befugnis zur Privatklage. Er setzt sich seitdem im Wesentlichen aus Verletzten zusammen, die entweder durch eine schwerwiegende Straftat in ihren höchstpersönlichen Rechtsgütern (zB der sexuellen Selbstbestimmung) beeinträchtigt oder die Opfer einer Straftat wurden, die typischerweise eine besondere Schutzbedürftigkeit des Verletzten begründet.[71] Des Weiteren wurden durch das Opferschutzgesetz die **Rechte und Pflichten des Nebenklägers** überarbeitet. Die frühere Verweisung auf die Regelungen der Privatklage erschien als nicht sachgerecht, da dies zu einer Doppelbesetzung der Anklageposition im gerichtlichen Verfahren zum Nachteil des Beschuldigten führte. Außerdem soll die Nebenklage dem Verletzten eine gesicherte Schutzposition vermitteln, so dass seine Befugnisse entsprechend auszurichten und selbstständig festzulegen sind.[72] Eine letzte wesentliche Änderung bestand darin, die **Rechtsmittelbefugnis** des Nebenklägers durch die Vorschrift des § 400 **einzuschränken,** um dessen Stellung als bloßem Zusatzbeteiligten im Offizialverfahren besser zu entsprechen.[73]

23 Die durch das Opferschutzgesetz hervorgehobene besondere Schutzbedürftigkeit des Verletzten wurde auch zum Leitbild späterer Gesetzesänderungen. So wollte zunächst das zum 1.12.1998 in Kraft getretene Gesetz zum Schutz von Zeugen bei Vernehmungen im Strafverfahren und zur Verbesserung des Opferschutzes (**Zeugenschutzgesetz** – ZSchG) vom 30.4.1998[74] die Belange des Opfers stärker berücksichtigen. Seitdem ermöglicht § 397a Abs. 1 bei bestimmten Delikten, dem Nebenkläger auf Antrag einen anwaltlichen Beistand (sog. Opferanwalt) zu bestellen.[75]

24 Weitere Umgestaltungen brachte sodann das Gesetz zur Verbesserung der Rechte von Verletzten im Strafverfahren (**Opferrechtsreformgesetz** – OpferRRG) vom 24.6.2004[76] mit sich, das am 1.9.2004 in Kraft trat. Hierdurch wurde der Katalog der Nebenklagedelikte in § 395 Abs. 1–3 überarbeitet und ausdrücklich geregelt, dass eine Nebenklage auch im Sicherungsverfahren zulässig ist (→ Rn. 13). Dabei wurde wiederum betont, dass die Nebenklage Opfern einer Straftat gegen besonders gewichtige höchstpersönliche Rechtsgüter eine Beteiligung am Strafverfahren gewähren soll.[77] Zudem wurde auch nebenklageberechtigten Angehörigen ein Anspruch auf Bestellung eines Opferanwalts eingeräumt, da sie gleichfalls besonders schutzbedürftig seien.[78]

25 Größere Änderungen beruhten schließlich auf dem **Gesetz zur Stärkung der Rechte von Verletzten und Zeugen im Strafverfahren (2. Opferrechtsreformgesetz)** vom 29.7.2009,[79] das am 1.10.2009 in Kraft trat und in dessen Begründung erneut die Maßgeb-

---

[68] BT-Drs. 10/6124, 12.
[69] BT-Drs. 10/5305, 1.
[70] Velten in SK-StPO Vor §§ 395 ff. Rn. 18; Rieß JURA 1987, 281 (287). Zur Kritik an dem Opferschutzgesetz Schünemann NStZ 1986, 193 (196 ff.); Selig StV 1988, 498.
[71] BT-Drs. 10/5305, 11; Wenske in Löwe/Rosenberg Vor § 395 Rn. 9; Böttcher JR 1987, 133 (135); Rieß JURA 1987, 281 (287); Weigend NJW 1987, 1170 (1174); krit. Beulke DAR 1988, 114 (114 f.).
[72] BT-Drs. 10/5305, 13.
[73] BT-Drs. 10/5305, 14.
[74] BGBl. I 820. S. hierzu Rieß NJW 1998, 3240; Seitz JR 1998, 309; zur Entstehungsgeschichte Schöch FS Böhm, 1999, 663.
[75] S. hierzu BT-Drs. 13/9542, 2. Für die Einführung eines Fachanwalts für Opferrechte plädiert Peter StraFo 2013, 199 (199).
[76] BGBl. I 1354. S. hierzu Celebi ZRP 2009, 110; Ferber NJW 2004, 2562; Hilger GA 2004, 478; Neuhaus StV 2004, 620; Stiebig JURA 2005, 592.
[77] BR-Drs. 829/03, 13.
[78] BR-Drs. 829/03, 31.
[79] BGBl. I 2280. S. hierzu Bittmann ZRP 2009, 212; Bittmann JuS 2010, 219; Hilger GA 2009, 657; Schroth NJW 2009, 2916; Weigend FS Schöch, 2010, 947 (948 ff.).

lichkeit der Schutzbedürftigkeit des Opfers für das Institut der Nebenklage hervorgehoben wurde.[80] Im Einzelnen wurden insbesondere die Kataloge der Nebenklagedelikte in § 395 und § 397a erweitert, wobei sich der Gesetzgeber – nicht zuletzt bei der Öffnungsklausel in § 395 Abs. 3 (→ Rn. 69 f.) – in erster Linie von der Schwere der Tatfolgen für das Opfer leiten ließ. Vor allem bei Aggressionsdelikten, die sich gegen höchstpersönliche Rechtsgüter richten, sei das Opfer besonders schutzbedürftig.[81] Außerdem wurde § 397 neu gefasst, um die Rechte des Nebenklägers klarer und übersichtlicher zu fassen.[82]

Seitdem wurden die §§ 395–402 im Wesentlichen nur noch geringfügig modifiziert, **26** wobei vor allem die Kataloge der Nebenklagedelikte in § 395 Abs. 1 sowie in § 397a Abs. 1 betroffen waren. Dies galt etwa für den neuen Straftatbestand des § 184k StGB (Verletzung des Intimbereichs durch Bildaufnahmen), der durch das 59. StrÄndG vom 9.10.2020,[83] das am 1.1.2021 in Kraft trat, in § 395 Abs. 1 Nr. 1 und in § 397a Abs. 1 Nr. 4 aufgenommen wurde. Selbst das **Gesetz zur Stärkung der Opferrechte im Strafverfahren (3. Opferrechtsreformgesetz)** vom 21.12.2015,[84] das überwiegend am 31.12.2015 in Kraft trat, brachte lediglich die Einfügung des § 397 Abs. 3 mit sich, der Nebenklägern, die der deutschen Sprache nicht mächtig sind, einen Anspruch auf Übersetzung schriftlicher Unterlagen gewährt (→ § 397 Rn. 35 ff.). Eine weitere nicht unerhebliche Änderung bestand in der Normierung der gemeinschaftlichen Nebenklagevertretung in dem durch das **Gesetz zur Modernisierung des Strafverfahrens** vom 10.12.2019[85] mit Wirkung zum 13.12.2019 neu eingefügten § 397b, dessen Regelungsgehalt aber nach dem ausdrücklichen Willen des Gesetzgebers auf der insoweit schon praktizierten Rechtsprechung aufbaute (→ § 397b Rn. 4). Schließlich trat am 3.8.2024 das **Gesetz zur Fortentwicklung des Völkerstrafrechts** vom 30.7.2024[86] in Kraft. Es erweiterte die Kataloge des § 395 Abs. 1 (um die Nr. 2a und Nr. 4a)[87] und des § 397a Abs. 1 (durch eine Änderung der Nr. 2 und eine neue Nr. 6) und ergänzte die Vorschrift des § 397b in dessen Abs. 1 Satz 2 (→ § 397b Rn. 9) sowie um einen neuen Abs. 4 (→ § 397b Rn. 21a).

II. Erläuterung

1. Allgemeine Voraussetzungen der Nebenklage. Auch für die Nebenklage müs- **27** sen zunächst die **allgemeinen Prozessvoraussetzungen** gegeben sein.[88] Ansonsten hat das Gericht die Anschlusserklärung als unzulässig zurückzuweisen.[89] Zweifel über das Vorliegen der Prozessvoraussetzungen sind im Freibeweisverfahren zu beseitigen. Es gilt kein Zweifelsgrundsatz zugunsten des Nebenklägers.[90]

Schon aus § 402 ergibt sich, dass als Nebenkläger nur eine **lebende Person** in Betracht **28** kommt.[91] In ein und demselben Verfahren können mehrere Verletzte bzw. mehrere sonstige gemäß Abs. 2 zum Anschluss mit der Nebenklage berechtigte Personen (zu Abs. 2 Nr. 1 → Rn. 59) als Nebenkläger auftreten.[92] Auch juristische Personen kommen als Verletzte

---

[80] BT-Drs. 16/12098, 29.
[81] BT-Drs. 16/12098, 9.
[82] BT-Drs. 16/12098, 9.
[83] BGBl. I 2075.
[84] BGBl. I 2525. S. hierzu Ferber NJW 2016, 279.
[85] BGBl. I 2121.
[86] BGBl. I Nr. 255.
[87] Art. 6 des Gesetzes zur Fortentwicklung des Völkerstrafrechts sieht eine Evaluierung der § 395 Abs. 1 Nr. 2a und Nr. 4a durch das Bundesministerium der Justiz vor. Der Evaluierungsbericht ist dem Deutschen Bundestag zum 31.12.2034, ein Zwischenbericht zum 31.12.2029 vorzulegen.
[88] Kulhanek in KMR-StPO Rn. 15; Velten in SK-StPO Rn. 4.
[89] Kulhanek in KMR-StPO Rn. 15; Velten in SK-StPO Rn. 5.
[90] BGH 18.11.2008 – 4 StR 301/08, NStZ 2009, 174 zur Existenz des Nebenklägers; Velten in SK-StPO Rn. 4.
[91] BGH 18.11.2008 – 4 StR 301/08, NStZ 2009, 174; Kulhanek in KMR-StPO Rn. 13; Schmitt in Meyer-Goßner/Schmitt Rn. 1; Velten in SK-StPO Rn. 6.
[92] Allgayer in KK-StPO Vor § 395 Rn. 2.

einer Straftat[93] (zB einer Katalogtat des Abs. 1 Nr. 6) und somit als Nebenkläger in Betracht.[94] Eine behördliche Nebenklage (zB des Finanzamts in Steuerstrafsachen) ist mit dem auf die Schutzbedürftigkeit des einzelnen Opfers ausgerichteten Wesen der Nebenklage hingegen nicht vereinbar.[95]

29 Durch eine Straftat verletzte Jugendliche oder jugendliche Angehörige eines Verletzten können sich nach den allgemeinen Voraussetzungen der §§ 395 ff. mit der Nebenklage anschließen, wie sich schon aus § 397a Abs. 1 Nr. 5 ergibt. Um wirksam den Anschluss zu erklären bzw. seine Beteiligungsrechte auszuüben, muss der Nebenkläger allerdings **prozessfähig** sein.[96] Ansonsten bedarf es jeweils der (nicht formgebundenen)[97] Erklärung oder Zustimmung des gesetzlichen Vertreters.[98] Nach zwischenzeitlichem Eintritt der Volljährigkeit kann der Nebenkläger selbst seine Anschlusserklärung billigen und wirksam werden lassen.[99] Eine rückwirkende Genehmigung einer fristgebundenen Erklärung (zB bei Anschluss mit Einlegung eines Rechtsmittels) des prozessunfähigen Nebenklageberechtigten ist nach Fristablauf nicht mehr möglich.[100] Als Nebenkläger wird nur der Vertretene, nicht der gesetzliche Vertreter zugelassen.[101]

30 Gesetzlicher Vertreter ist der Personensorgeberechtigte.[102] Durch einen nach § 1809 BGB bestellten Ergänzungspfleger wird das Kind vertreten, wenn sich das Verfahren gegen ein Elternteil richtet[103] oder ein sonstiger Interessenkonflikt besteht (zB wenn der Angeschuldigte ein Geschwisterteil des Opfers ist).[104]

31 Ein Anschluss des Nebenklageberechtigten scheidet aus, wenn bzgl. des Nebenklagedelikts ein **Prozesshindernis** der Aburteilung des Beschuldigten entgegensteht und somit die Nebenklage ihr Ziel von vornherein nicht erreichen kann.[105] Dies gilt beispielsweise bei fehlender Gerichtsbarkeit oder Immunität des Beschuldigten,[106] bei eingetretenem Strafklageverbrauch[107] oder bei Verjährung des Nebenklagedelikts.[108] Auch ein fehlender und nicht mehr nachholbarer Strafantrag (näher → Rn. 44 ff.) schließt die Nebenklage aus.[109]

32 Auf die Anschlussberechtigung mit der Nebenklage kann verzichtet werden. Der **Verzicht** ist schriftlich oder zu Protokoll der Geschäftsstelle oder der Hauptverhandlung abzu-

---

[93] S. etwa OLG Stuttgart 4.12.2000 – 1 Ws 222/00, NJW 2001, 840 (840 f.) zu § 172 Abs. 1 S. 1; vgl. auch BT-Drs. 19/27654, 99 zu § 373b.
[94] Kulhanek in KMR-StPO Rn. 1; Bott/Kohlhof StraFo 2019, 413 (414 f.).
[95] BGH 12.7.1990 – 4 StR 247/90, BGHSt 37, 136 (137) = NJW 1990, 2479.
[96] BGH 7.6.1989 – 3 StR 49/89, BeckRS 1989, 31106127; KG 22.3.2010 – 4 Ws 6/10, NStZ-RR 2011, 22 (23); Allgayer in KK-StPO Rn. 2; Kulhanek in KMR-StPO Rn. 5; Weiner in BeckOK StPO Rn. 31; ausf. Schmid SchlHA 1981, 153; aA Eisenberg GA 1998, 32 (32 f.).
[97] BGH 26.1.2022 – 3 StR 465/21, NStZ-RR 2022, 123.
[98] KG 22.3.2010 – 4 Ws 6/10, NStZ-RR 2011, 22 (23); OLG Hamm 8.1.1957 – 2 Ws 293/56, VRS 13, 212 (213); Allgayer in KK-StPO Rn. 2; Kulhanek in KMR-StPO Rn. 5; Velten in SK-StPO Rn. 6; s. auch AG Bochum 30.4.2021 – 64 Gs 1058/21, NZFam 2021, 600 mkritAnm Eisenberg unter Verweis u.a. auf Eisenberg GA 1998, 32 (32 ff.), der auf die Verstandesreife des Minderjährigen abstellt; hiergegen Wenske in Löwe/Rosenberg Rn. 19.
[99] KG 22.3.2010 – 4 Ws 6/10, NStZ-RR 2011, 22 (25).
[100] BayObLG 9.12.1955 – BReg. 1 St 255/55, NJW 1956, 681 (681); OLG Hamm 10.1.1963 – 2 Ss 1414/62, JMBl. NRW. 1963, 112.
[101] BayObLG 27.11.1956 – BReg. 3 St 138/56, JR 1957, 149 (149); OLG Oldenburg 26.11.1955 – Ws 379/55, NJW 1956, 682; Allgayer in KK-StPO Vor § 395 Rn. 2; Kulhanek in KMR-StPO Rn. 5; Weiner in BeckOK StPO Rn. 31; Weißer/Duesberg in Gercke/Temming/Zöller Vor §§ 395 ff. Rn. 43; Wenske in Löwe/Rosenberg Rn. 18.
[102] OLG Hamm 8.1.1957 – 2 Ws 293/56, VRS 13, 212 (213); Velten in SK-StPO Rn. 6; zur Erklärung des Anschlusses nur durch ein Elternteil LG Kassel 16.10.1959 – 1 Qs 470/59, NJW 1960, 62.
[103] OLG Stuttgart 31.3.1999 – 4 Ws 57–58/99, Die Justiz 1999, 348 (348); Velten in SK-StPO Rn. 6. Nach Weiner in BeckOK StPO Rn. 31 soll hier auch der Minderjährige selbst bei genügender Verstandesreife den Anschluss wirksam erklären können, falls der alleinige Personensorgeberechtigte der Beschuldigte ist.
[104] OLG Düsseldorf 30.4.2001 – 2 Ws 71/01, NStZ-RR 2001, 303 (304).
[105] Kulhanek in KMR-StPO Rn. 15; Velten in SK-StPO Rn. 4; Wenske in Löwe/Rosenberg Rn. 13.
[106] Wenske in Löwe/Rosenberg Rn. 13.
[107] Velten in SK-StPO Rn. 4; Wenske in Löwe/Rosenberg Rn. 13.
[108] Kulhanek in KMR-StPO Rn. 15; Velten in SK-StPO Rn. 4.
[109] Kulhanek in KMR-StPO Rn. 15; Velten in SK-StPO Rn. 4.

geben.[110] Adressat ist das mit der Sache befasste Gericht.[111] Zu seiner Wirksamkeit muss aus dem Verzicht eindeutig hervorgehen, dass der Verzichtende die prozessuale Bedeutung und Tragweite seiner Erklärung erkennt.[112] Ein gleichwohl später erklärter Anschluss ist dann unzulässig.[113]

Bei der **Rücknahme** der Anschlusserklärung gemäß § 402 ist hingegen ein erneuter 33 Anschluss mit der Nebenklage grundsätzlich möglich (→ § 402 Rn. 5). Die Rücknahme einer Privatklage (bzw. deren Fiktion gemäß § 391 Abs. 2) steht der Nebenklage nicht entgegen, wenn dadurch nicht zugleich auf die Nebenklage verzichtet wurde.[114]

Der Verzichts- bzw. Rücknahmeerklärung kann ein **Vergleich** zwischen dem Beschul- 34 digten und dem Nebenklageberechtigten zugrunde liegen.[115] Gegenstand des Vergleichs kann darüber hinaus der Verzicht des Nebenklageberechtigten auf das Strafantragsrecht oder die Rücknahme eines bereits gestellten Strafantrags sein.[116]

2. Nebenklage und andere Beteiligungen am Verfahren. Eine anderweitige 35 Beteiligung des Verletzten am Verfahren schließt die Nebenklage grundsätzlich nicht aus. Vor allem steht eine Rolle als Beweisperson dem Anschluss nicht entgegen. Für den **Zeugen** folgt dies bereits aus § 397 Abs. 1 S. 1.[117] Ebenso ist es an sich möglich, einen **Sachverständigen** als Nebenkläger zuzulassen.[118] In diesem Fall wird aber ein Ablehnungsgesuch nach § 74 iVm § 24 wegen Besorgnis der Befangenheit in der Regel erfolgreich sein.[119]

Auch ein **Mitangeklagter** kann als Nebenkläger in „seinem" Verfahren zugelassen 36 werden, sofern sich seine Verletztenrolle auf eine andere Tat im materiell-rechtlichen Sinn bezieht als auf diejenige, derer Begehung wegen er selbst angeklagt ist.[120] Ebenso wenig schließt der bloße Tatverdacht die Nebenklage des Verdächtigen aus (zur sog. angreifenden Nebenklage → Rn. 11). Ausgeschlossen ist der Anschluss mit der Nebenklage indes in Bezug auf Taten, die dem Mitangeklagten selbst als Täter oder Teilnehmer vorgeworfen werden, solange die insoweit erhobene öffentliche Klage noch nicht erledigt ist.[121]

3. Nebenklagebefugnis. a) Allgemeines. Anschlussberechtigt ist grundsätzlich nur 37 der **Verletzte**; zur Nebenklagebefugnis von Angehörigen des getöteten Opfers gemäß Abs. 2 Nr. 1 → Rn. 56 ff. Als Verletzter iSd Abs. 1 ist nur der unmittelbar Verletzte anzusehen,[122] dh der **Inhaber des Schutzgutes** der jeweiligen durch die Tat verwirklichten

---

[110] Kulhanek in KMR-StPO Rn. 12.
[111] OLG Hamm 3.1.1964 – 1 Ws 355/63, JMBl. NRW. 1964, 192; Kulhanek in KMR-StPO Rn. 2.
[112] BGH 19.3.1998 – 4 StR 98/98, NStZ-RR 1998, 305 (305); Allgayer in KK-StPO Vor § 395 Rn. 6.
[113] BGH 5.2.1998 – 4 StR 10/98, NStZ-RR 1998, 305; 19.3.1998 – 4 StR 98/98, NStZ-RR 1998, 305 (305); OLG Hamm 3.1.1964 – 1 Ws 355/63, JMBl. NRW. 1964, 192; Allgayer in KK-StPO Vor § 395 Rn. 6; Kulhanek in KMR-StPO Rn. 12; Weißer/Duesberg in Gercke/Temming/Zöller Vor §§ 395 ff. Rn. 49.
[114] Wenske in Löwe/Rosenberg Rn. 25.
[115] Kulhanek in KMR-StPO Rn. 23; Weiner in BeckOK StPO Rn. 18; Weißer/Duesberg in Gercke/Temming/Zöller Vor §§ 395 ff. Rn. 50.
[116] Allgayer in KK-StPO Vor § 395 Rn. 6; Schmitt in Meyer-Goßner/Schmitt Vor § 395 Rn. 13.
[117] Kulhanek in KMR-StPO Rn. 7; Schmitt in Meyer-Goßner/Schmitt Vor § 395 Rn. 10; Velten in SK-StPO Vor §§ 395 ff. Rn. 28; Weiner in BeckOK StPO Rn. 16; Weißer/Duesberg in Gercke/Temming/Zöller Vor §§ 395 ff. Rn. 40.
[118] S. etwa BGH 24.9.1953 – 3 StR 929/52, Kirchhof GA 1954, 368.
[119] Kulhanek in KMR-StPO Rn. 7; Schmitt in Meyer-Goßner/Schmitt Vor § 395 Rn. 11; Wenske in Löwe/Rosenberg § 397 Rn. 9.
[120] BGH 5.7.2005 – 3 StR 199/05, StraFo 2005, 427 (427); OLG Hamm 22.10.2020 – III-5 RVs 83/20, medstra 2021, 108 (113); Kulhanek in KMR-StPO Rn. 6; Schmitt in Meyer-Goßner/Schmitt Vor § 395 Rn. 9; Velten in SK-StPO Vor §§ 395 ff. Rn. 28; Weißer/Duesberg in Gercke/Temming/Zöller Vor §§ 395 ff. Rn. 40; s. auch OLG Stuttgart 16.11.1956 – 2 Ss 525/56, NJW 1957, 435.
[121] BGH 15.11.1977 – 1 StR 287/77, NJW 1978, 330 (330 f.); OLG Hamm 22.10.2020 – III-5 RVs 83/20, medstra 2021, 108 (113); Allgayer in KK-StPO Vor § 395 Rn. 5; Kulhanek in KMR-StPO Rn. 6; Velten in SK-StPO Vor §§ 395 ff. Rn. 28; Wenske in Löwe/Rosenberg Rn. 23; Gollwitzer FS Schäfer, 1979, 65 (68).
[122] OLG Hamm 26.8.1966 – 2 Ws 365/66, MDR 1967, 148 (148); Schmitt in Meyer-Goßner/Schmitt Rn. 3; Weiner in BeckOK StPO Rn. 19; krit. gegenüber dem Attribut „unmittelbar" Hilger GA 2007, 287 (292): „überflüssig".

Strafvorschrift.[123] Die durch das Gesetz zur Fortentwicklung der Strafprozessordnung und zur Änderung weiterer Vorschriften vom 25.6.2021[124] eingeführte Legaldefinition des Verletzten in § 373b Abs. 1 (→ § 373b Rn. 6 ff.; zur (fehlenden) Bedeutung des erweiterten Verletztenbegriffs des § 373b Abs. 2 → Rn. 56) entspricht weitgehend diesem schon zuvor anerkannten Verständnis. Der Einschub „ihre Begehung unterstellt oder rechtskräftig festgestellt" hebt nunmehr aber hervor, dass im Strafverfahren die Unschuldsvermutung gilt (zur entsprechenden Kritik an der Nebenklage schon → Rn. 9).[125] Die Anschlussbefugnis des Nebenklägers ist in jeder Lage des Verfahrens von Amts wegen zu prüfen (→ § 396 Rn. 34 und → § 401 Rn. 4).[126] Der Verletzte ist gemäß § 406h S. 1 Nr. 1 auf seine Nebenklagebefugnis hinzuweisen. Er hat zudem nach § 406e Abs. 1 S. 2 kein berechtigtes Interesse darzulegen, wenn er über einen Rechtsanwalt sein Akteneinsichtsrecht ausüben will.

38 Der durch Abs. 1–3 bestimmte Personenkreis ist zwar abschließend.[127] Da seit dem 2. Opferrechtsreformgesetz vom 29.7.2009 (→ Rn. 25) die **Nebenklagedelikte** selbst allerdings nicht mehr vollständig aufgeführt werden, sondern Abs. 3 dem Verletzten an sich bei jeder rechtswidrigen Tat eine Nebenklage ermöglicht (→ Rn. 74), wenn dies aus besonderen Gründen zur Wahrnehmung seiner Interessen geboten erscheint, geht hiermit keine trennscharfe Abgrenzung mehr einher.

39 Umstritten ist, ob die Nebenklage auch zu Gunsten des Beschuldigten erhoben werden darf. Eine solche sog. **verteidigende Nebenklage** kommt etwa in Betracht, wenn der Nebenkläger von der Unschuld des Beschuldigten ausgeht und eine andere Person des Nebenklagedelikts verdächtigt.[128] Für die Zulässigkeit der verteidigenden Nebenklage wird unter anderem auf das Genugtuungsinteresse des Nebenklägers (→ Rn. 4) verwiesen, das nur durch die Bestrafung desjenigen befriedigt werden könne, der die Tat wirklich begangen habe.[129] Werden die Interessen des Nebenklägers indessen auf das Verfahren gegen den konkreten, aus Sicht des Nebenklägers unschuldigen Beschuldigten bezogen, vermag allein dessen Freispruch nicht zur Genugtuung des Verletzten beizutragen.[130] Ebenso wenig streitet insoweit die Gefahr einer Sekundärviktimisierung für die Zulässigkeit einer Nebenklage, dürften doch in dem Verfahren gegen einen Unschuldigen keine Verantwortungs- oder Schuldzuweisungen gegenüber dem Verletzten zu erwarten sein.[131] Nach wohl überwiegender wie vorzugswürdiger Ansicht muss die Nebenklage daher die Verurteilung des Beschuldigten zum Ziel haben.[132] Eine Anschlusserklärung, mit welcher der Freispruch des Beschuldigten verfolgt wird, ist deshalb als unzulässig anzusehen.[133] Der BGH hat in einer jüngeren Entscheidung[134] zwar ausdrücklich offen gelassen, ob sich der Nebenkläger dem Verfahren anschließen kann, wenn

---

[123] Allgayer in KK-StPO Rn. 3; eing. Velten in SK-StPO Rn. 9 f.; Hilger GA 2007, 287 (291 ff.).
[124] BGBl. I 2099.
[125] BT-Drs. 19/27654, 100.
[126] Wenske in Löwe/Rosenberg Rn. 77.
[127] Allgayer in KK-StPO Rn. 2; Weiner in BeckOK StPO Rn. 20.
[128] S. etwa OLG Rostock 26.3.2012 – I Ws 77/12, NStZ 2013, 126 und OLG Schleswig 2.8.1999 – 2 Ws 239, 248–254, 256–257/99, NStZ-RR 2000, 270 (sog. Lübecker Hafenstraßenprozess); hierzu auch Maeffert StV 1998, 461; Schneider StV 1998, 456.
[129] Velten in SK-StPO Rn. 18; Daimagüler Rn. 232; s. auch Altenhain JZ 2001, 791 (800); Noak ZIS 2014, 189 (190).
[130] OLG Schleswig 2.8.1999 – 2 Ws 239, 248–254, 256–257/99, NStZ-RR 2000, 270 (271); s. auch Kulhanek NJW 2020, 3400; Schöch JR 2021, 382 (384 f.).
[131] OLG Rostock 26.3.2012 – I Ws 77/12, NStZ 2013, 126 (127).
[132] OLG Rostock 26.3.2012 – I Ws 77/12, NStZ 2013, 126 (127); OLG Schleswig 2.8.1999 – 2 Ws 239, 248–254, 256–257/99, NStZ-RR 2000, 270 (271 f.); Allgayer in KK-StPO § 395 Rn. 4; Schöch/Werner in Satzger/Schluckebier/Widmaier StPO Rn. 13; Kulhanek NJW 2020, 3400; Schöch JR 2021, 382 (384 f.); aA Velten in SK-StPO Rn. 17 f.; Altenhain JZ 2001, 791 (798 ff.); Fabricius NStZ 1994, 257 (261); Kalf NStZ 2020, 746 (747); Noak ZIS 2014, 189 (191 ff.); diff. Wenske in Löwe/Rosenberg Vor § 395 Rn. 29 ff.
[133] OLG Rostock 26.3.2012 – I Ws 77/12, NStZ 2013, 126 (127) = JR 2013, 426 mablAnm Bock; Allgayer in KK-StPO § 395 Rn. 4.
[134] BGH 1.9.2020 – 3 StR 214/20, BGHSt 65, 145 = NJW 2020, 3398 mkritAnm Kulhanek = NStZ 2020, 745 mzustAnm Kalf = JZ 2021, 48 mzustAnm Noak.

er sich schon zum Zeitpunkt seiner Anschlusserklärung nicht durch den Angeklagten verletzt glaubt.[135] Sollte ein Nebenkläger jedoch den Freispruch des Angeklagten erstreben, weil er Zweifel an dessen Schuldfähigkeit und strafrechtlicher Verantwortlichkeit hegt, sei der Anschluss zulässig.[136] Schließlich lasse sich weder dem Wortlaut und dem systematischen Zusammenhang des § 395 Abs. 1 noch dem Zweck der Nebenklage irgendeine Beschränkung für die Anschlussbefugnis als Nebenkläger entnehmen, der vielmehr selbst einschätzen müsse, wie er seine Belange am besten schützen könne.[137]

b) Uneingeschränkte Nebenklagebefugnis des Verletzten gemäß Abs. 1. aa) Allgemeine Anforderungen an das Nebenklagedelikt. Abs. 1 zählt diejenigen Straftaten **abschließend** auf, bei denen der Anschluss mit der Nebenklage uneingeschränkt möglich, dh nicht an weitere besondere Voraussetzungen geknüpft ist. Nach zutreffender hM genügt jeweils die – wenn auch nur geringe[138] – **rechtliche Möglichkeit,** dass der Angeklagte nach dem von der Anklage umfassten Lebenssachverhalt iSv § 264[139] wegen eines der genannten Nebenklagedelikte verurteilt wird.[140] Eines hinreichenden oder sogar dringenden Tatverdachts bedarf es nicht;[141] der Nebenklagebefugnis steht auch nicht entgegen, dass die tatsächliche Wahrscheinlichkeit einer entsprechenden Verurteilung gering ist.[142] Unbeachtlich ist, ob die Staatsanwaltschaft ihre Anklage auf das Nebenklagedelikt stützt[143] oder ob im Eröffnungsbeschluss die Voraussetzungen des Nebenklagedelikts bejaht, verneint oder überhaupt behandelt werden.[144] Ebenso wenig wird die Schlüssigkeit der Anklageschrift untersucht.[145] Diese Grundsätze gelten auch für die Nebenklagebefugnis im Jugendstrafverfahren.[146]

Bei den Nebenklagedelikten des Abs. 1 muss es sich jeweils um eine **rechtswidrige Tat** iSd § 11 Abs. 1 Nr. 5 StGB handeln. Eine schuldhafte Begehung ist nicht erforderlich.[147] Daher berechtigt auch eine öffentliche Anklage wegen Vollrauschs gemäß § 323a StGB zur Nebenklage, wenn es sich bei der Rauschtat um eine der in § 395 Abs. 1 genann-

---

[135] BGH 1.9.2020 – 3 StR 214/20, BGHSt 65, 145 (149 f.) = NJW 2020, 3398 (3399).
[136] BGH 1.9.2020 – 3 StR 214/20, BGHSt 65, 145 (147) = NJW 2020, 3398 (3399); krit. Allgayer in KK-StPO § 395 Rn. 4.
[137] BGH 1.9.2020 – 3 StR 214/20, BGHSt 65, 145 (147 ff.) = NJW 2020, 3398 (3399).
[138] BGH 26.9.1974 – 4 StR 390/74, VRS 48, 18 (19); 9.2.1978 – 4 StR 686/77, Holtz MDR 1978, 461; 15.3.2001 – 3 StR 542/00, Becker NStZ-RR 2002, 103 (104); BayObLG 27.1.1986 – RReg 2 St 292/85, VRS 70, 446 (447); OLG Bamberg 27.6.1991 – Ws 309/91, MDR 1992, 68 (69); OLG Düsseldorf 20.11.1996 – 1 Ws 999/96, NStZ 1997, 204 (205); LG Koblenz 7.10.2003 – 10 Qs 88/03, NJW 2004, 305 (306).
[139] S. hierzu etwa OLG Rostock 25.4.2016 – 20 Ws 75/16, BeckRS 2016, 8013 Rn. 8 ff.
[140] Statt vieler BGH 20.5.2008 – 5 StR 15/08, NStZ-RR 2008, 352 (353); OLG Brandenburg 19.4.2010 – 1 Ws 54/10, NStZ 2010, 654 (655); Allgayer in KK-StPO Rn. 18; Merz in Radtke/Hohmann Rn. 7; Weiner in BeckOK StPO Rn. 34; Weißer/Duesberg in Gercke/Temming/Zöller Rn. 1; Gollwitzer FS Schäfer, 1979, 65 (67); Makowka GVRZ 2021, 23.
[141] OLG Celle 14.12.2016 – 2 Ws 267/16, StraFo 2017, 195 (196); OLG Düsseldorf 20.11.1996 – 1 Ws 999/96, NStZ 1997, 204 (205); OLG Rostock 25.4.2016 – 20 Ws 75/16, BeckRS 2016, 8013 Rn. 8; LG Koblenz 7.10.2003 – 10 Qs 88/03, NJW 2004, 305 (306); Allgayer in KK-StPO Rn. 18; Kulhanek in KMR-StPO Rn. 14; Schöch/Werner in Satzger/Schluckebier/Widmaier StPO Rn. 3; aA Velten in SK-StPO Rn. 13; Altenhain JZ 2001, 791 (794); hiergegen Makowka GVRZ 2021, 23; Noak JR 2022, 232 (233 f.).
[142] OLG Brandenburg 19.4.2010 – 1 Ws 54/10, NStZ 2010, 654 (655); LG Hamburg 23.4.2018 – 606 Qs 8/18, NStZ-RR 2018, 322 (323).
[143] BGH 13.2.1980 – 3 StR 57/80 (S), BGHSt 29, 216 (218), in NJW 1980, 1586 nicht abgedr.; 21.7.1981 – 1 StR 219/81, StV 1981, 535; OLG Rostock 23.2.2016 – 20 Ws 36/16, OLGSt StPO § 395 Nr. 7, S. 2.
[144] OLG Düsseldorf 20.11.1996 – 1 Ws 999/96, NStZ 1997, 204 (205).
[145] OLG Köln 15.12.1967 – 2 Ws 642/67, JMBl. NRW. 1969, 209 (211).
[146] KG 10.11.2021 – 4 Ws 97/21 – 161 AR 213/21, NStZ 2022, 759 (760); Noak JR 2022, 232 (234).
[147] BGH 18.12.2001 – 1 StR 268/01, BGHSt 47, 202 (205) = NJW 2002, 692 (692); Allgayer in KK-StPO Rn. 6; Kulhanek in KMR-StPO Rn. 14; Merz in Radtke/Hohmann Rn. 6; Schöch/Werner in Satzger/Schluckebier/Widmaier StPO Rn. 3; Velten in SK-StPO Rn. 8; Weiner in BeckOK StPO Rn. 32; Weißer/Duesberg in Gercke/Temming/Zöller Rn. 1.

ten Taten handelt.¹⁴⁸ Der Vollrausch gemäß § 323a StGB als solcher vermag hingegen schon deswegen nicht zum Anschluss mit der Nebenklage berechtigen, weil er nicht das im Rausch verletzte Einzelrechtsgut schützen, sondern die Allgemeinheit vor rauschbedingten Ausschreitungen bewahren soll (ergänzend zur Rechtsmittelbefugnis → § 400 Rn. 14).¹⁴⁹

42   Unerheblich ist – abgesehen von den ausdrücklichen Regelungen in Abs. 1 Nr. 2 (→ Rn. 51) und Abs. 1 Nr. 2a (→ Rn. 51a) –, ob die Tat **vollendet oder** nur (strafbar) **versucht** wurde.¹⁵⁰ Eine unter den Voraussetzungen des § 30 StGB strafbare Vorbereitung eines Verbrechens soll hingegen von vornherein keine Nebenklageberechtigung begründen.¹⁵¹ Dem ist entgegenzuhalten, dass – sofern sich der Verletzte schon eindeutig bestimmen lässt – auch bei solchen Handlungen im Vorbereitungsstadium das Opfer gegenüber Schuldzuweisungen im Prozess schutzbedürftig ist.¹⁵² Nicht von Bedeutung ist jedenfalls, ob der Beschuldigte an dem Nebenklagedelikt als **Täter oder Teilnehmer** beteiligt war.¹⁵³ Bei Erfolgsqualifikationen genügt es, wenn das Grunddelikt die Nebenklagebefugnis begründet.¹⁵⁴

43   Werden dem Beschuldigten mehrere Straftaten vorgeworfen, reicht es aus, wenn eine von ihnen ein Nebenklagedelikt darstellt. Für die Nebenklagebefugnis bleibt somit unbeachtlich, wenn eine der in Abs. 1 bezeichneten Straftaten in **Tateinheit oder Gesetzeskonkurrenz** mit einem nicht diesem Katalog angehörenden und auch sonst nicht zur Nebenklage berechtigenden Delikt begangen wurde.¹⁵⁵

44   Handelt es sich bei dem Nebenklagedelikt um ein **absolutes Antragsdelikt** (in Abs. 1 derzeit nur § 33 KunstUrhG nach dessen Abs. 2, in Abs. 3 §§ 185 ff. StGB nach § 194 Abs. 1 S. 1 StGB), kann sich der Verletzte nur als Nebenkläger anschließen, wenn er zuvor einen Strafantrag gestellt hat. Ansonsten fehlt eine erforderliche Prozessvoraussetzung (→ Rn. 31).¹⁵⁶ Der notwendige Strafantrag kann aber die Anschlusserklärung beinhalten.¹⁵⁷

45   Sofern bei einem **eingeschränkten Antragsdelikt** die Staatsanwaltschaft das besondere öffentliche Interesse an der Strafverfolgung bejaht (siehe zB § 230 Abs. 1 S. 1 für § 223 und § 229 StGB, § 142 Abs. 4 PatG, § 25 Abs. 4 GebrMG, § 10 Abs. 4 HalblSchG, § 39 Abs. 4 SortSchG, § 143 Abs. 4 (iVm § 143a Abs. 2) MarkenG, § 51 Abs. 4 (iVm § 65 Abs. 2) DesignG, § 109 UrhG für §§ 106–108, 108b UrhG, § 23 Abs. 8 GeschGehG), kann sich

---

¹⁴⁸ BGH 5.2.1998 – 4 StR 10/98, NStZ-RR 1998, 305; 16.7.2019 – 4 StR 131/19, NStZ-RR 2019, 353; BayObLG 22.10.2021 – 206 StRR 271/21, BeckRS 2021, 52188 Rn. 10; OLG Bamberg 27.6.1991 – Ws 309/91, MDR 1992, 68 (69); LG Oldenburg 14.10.1980 – V Qs 271/80, MDR 1982, 75; LG Stuttgart 26.7.1989 – 4 Qs 53/89, NJW 1990, 1126; Allgayer in KK-StPO Rn. 6; Kulhanek in KMR-StPO Rn. 13; Schmitt in Meyer-Goßner/Schmitt Rn. 3; Schöch/Werner in Satzger/Schluckebier/Widmaier StPO Rn. 3; Velten in SK-StPO Rn. 8; Bandemer JurBüro 1993, 193 (194 ff.); Lehmann NStZ 2002, 353 (355); aA noch BayObLG 27.1.1986 – RReg 2 St 292/85, VRS 70, 446 (447); LG Bayreuth 6.6.1991 – Kls 1 Js 2553/90, StV 1991, 555.
¹⁴⁹ BGH 16.7.2019 – 4 StR 131/19, NStZ-RR 2019, 353.
¹⁵⁰ OLG Hamburg 13.1.2021 – 2 Rev 32/20, BeckRS 2021, 478 Rn. 15; Allgayer in KK-StPO Rn. 3; Merz in Radtke/Hohmann Rn. 6; Schöch/Werner in Satzger/Schluckebier/Widmaier StPO Rn. 3; Velten in SK-StPO Rn. 10; Weißer/Duesberg in Gercke/Temming/Zöller Rn. 2.
¹⁵¹ BGH 6.10.2020 – 6 StR 310/20, BeckRS 2010, 145290; Allgayer in KK-StPO Rn. 6; Merz in Radtke/Hohmann Rn. 6; Schmitt in Meyer-Goßner/Schmitt Rn. 3; Weiner in BeckOK StPO Rn. 19; Weißer/Duesberg in Gercke/Temming/Zöller Rn. 2.
¹⁵² Velten in SK-StPO Rn. 10; Hilger GA 2007, 287 (294); hierzu auch Leibinger FS Trifftterer, 1996, 481 (482 f.).
¹⁵³ Allgayer in KK-StPO Rn. 3; Schmitt in Meyer-Goßner/Schmitt Rn. 3; Schöch/Werner in Satzger/Schluckebier/Widmaier StPO Rn. 3; Velten in SK-StPO Rn. 10; Weißer/Duesberg in Gercke/Temming/Zöller Rn. 2.
¹⁵⁴ BGH 9.1.1985 – 3 StR 502/84, BGHSt 33, 114 (115) = NJW 1985, 1175 (1176).
¹⁵⁵ BGH 9.2.1978 – 4 StR 686/77, Holtz MDR 1978, 461; 13.2.1980 – 3 StR 57/80 (S), BGHSt 29, 216 (218), in NJW 1980, 1586 nicht abgedr.; OLG Frankfurt a. M. 22.6.1967 – 3 Ws 229/67, NJW 1967, 2075 (2075); OLG Hamm 5.4.1972 – 3 Ss 359/72, NJW 1972, 1769; Allgayer in KK-StPO Rn. 19; Schmitt in Meyer-Goßner/Schmitt Rn. 4; Schöch/Werner in Satzger/Schluckebier/Widmaier StPO Rn. 3; Velten in SK-StPO Rn. 12; Bringewat GA 1972, 289 (293).
¹⁵⁶ Allgayer in KK-StPO Rn. 11.
¹⁵⁷ BGH 9.1.1985 – 3 StR 502/84, BGHSt 33, 114 (116) = NJW 1985, 1175 (1176); Allgayer in KK-StPO Rn. 11; Kulhanek in KMR-StPO Rn. 16; Velten in SK-StPO Rn. 5.

der Nebenklageberechtigte dem auf diese Weise eröffneten Verfahren auch ohne eigenen Strafantrag anschließen.[158] Schließlich bezwecken die §§ 395 ff. den Schutz des Nebenklageberechtigten, sich an einer tatsächlich erhobenen öffentlichen Klage aktiv beteiligen zu können.[159] Daher bleibt eine Nebenklage trotz fehlenden Strafantrags des Verletzten ebenso zulässig, wenn der Dienstvorgesetzte sein Antragsrecht (zB nach § 194 Abs. 3 oder § 230 Abs. 2 StGB) gebraucht.[160] Jedoch würde der Strafantrag des Verletzten wieder zur für den Fortgang des Verfahrens unentbehrlichen Voraussetzung, wenn der Dienstvorgesetzte den Strafantrag zurücknimmt oder die Staatsanwaltschaft das anfänglich bejahte öffentliche Interesse später verneint.[161]

Nicht anschlussberechtigt ist ein Verletzter, wenn lediglich der verletzte **Inhaber eines** 46 **anderen Rechtsguts** Strafantrag gestellt hat. Dies gilt auch bei gleichartiger Idealkonkurrenz, dh wenn durch ein und dieselbe Handlung mehrere Personen verletzt wurden (zB bei der Beleidigung unter einer Kollektivbezeichnung),[162] da dann der Angeklagte gerade nicht wegen einer Verletzung desjenigen verurteilt wird, der keinen Strafantrag gestellt hat.[163]

Trifft das Antragsdelikt mit einem **Offizialdelikt** zusammen, kann sich als Nebenkläger 47 ebenso nur anschließen, wer zuvor wegen des zum Anschluss berechtigenden Nebenklagedelikts Strafantrag gestellt hat.[164]

bb) Nebenklagedelikte im Einzelnen. Die in Abs. 1 Nr. 1–4 aufgelisteten Straftaten 48 zeichnen sich allesamt dadurch aus, dass **höchstpersönliche Rechtsgüter** des Verletzten beeinträchtigt werden, namentlich seine sexuelle Selbstbestimmung (Nr. 1), sein Leben (Nr. 2), seine körperliche Unversehrtheit (Nr. 3) und seine persönliche Freiheit (Nr. 4). Auch Nr. 2a und Nr. 4a erfassen ausdrücklich Straftaten gegen das Leben sowie Verletzungen der Rechte auf körperliche Unversehrtheit, Freiheit oder auf religiöse, sexuelle oder reproduktive Selbstbestimmung und von Kindern in die ungestörte körperliche und seelische Entwicklung. Daher erscheint auch die Aufnahme des in Nr. 5 aufgeführten Straftatbestands des § 4 GewSchG trotz dessen geringen Strafrahmens noch vertretbar, bezieht sich die hierdurch sanktionierte Zuwiderhandlung doch auf eine Anordnung, die eine vorsätzliche Verletzung des Körpers, der Gesundheit oder der Freiheit einer anderen Person und somit ebenfalls einen Eingriff in ein höchstpersönliches Rechtsgut voraussetzt. Den Opfern solcher Angriffe ist zudem gemein, sich häufig gegen Schuldzuweisungen erwehren zu müssen und daher besonders schutzbedürftig zu sein.[165]

Einen **Fremdkörper** in dem Katalog des Abs. 1 bilden hingegen die in **Nr. 6** genannten 49 Strafvorschriften zum Schutz des geistigen Eigentums. Ihre Einordnung als Nebenklagedelikte sollte u.a. das Interesse des Verletzten an der Einziehung der „Piratenware" und der Vorrich-

---

[158] OLG Schleswig 2.8.1999 – 2 Ws 239, 248–254, 256–257/99, NStZ-RR 2000, 270 (272); LG Hamburg 10.10.1991 – 603 Qs 807/91, MDR 1992, 397 (398); LG Tübingen 15.12.1987 – 2 Ns 287/87, NStZ 1988, 520 (520 f.) mablAnm Pelchen; AG Höxter 28.6.1989 – 8 Cs 22 Js 282/89 (105/89), NJW 1990, 1126 (1126 f.); Kulhanek in KMR-StPO Rn. 16; Schmitt in Meyer-Goßner/Schmitt Rn. 5; Velten in SK-StPO Rn. 15; Weißer/Duesberg in Gercke/Temming/Zöller Rn. 3; Wenske in Löwe/Rosenberg Rn. 15; Altenhain JZ 2001, 791 (800); Riegner MDR 1989, 602 (603); Rieß NStZ 1989, 102 (105 f.); aA LG Bremen 13.4.1988 – 13 Qs 149/88, StV 1988, 293 (293).

[159] BGH 7.4.1992 – 1 StR 117/92, NStZ 1992, 452; KG 29.5.1990 – 4 Ws 98/90, NStZ 1991, 148 mzustAnm Wendisch; OLG Nürnberg 10.9.1990 – Ws 220/90, NJW 1991, 712; Velten in SK-StPO Rn. 16; Rieß NStZ 1989, 102 (104 f.).

[160] BGH 7.4.1992 – 1 StR 117/92, NStZ 1992, 452; KG 24.1.2008 – 3 Ws 66/07, NStZ-RR 2008, 198; Schmitt in Meyer-Goßner/Schmitt Rn. 5; Velten in SK-StPO Rn. 15; Weißer/Duesberg in Gercke/Temming/Zöller Rn. 3; Rieß NStZ 1989, 102 (105 f.).

[161] Allgayer in KK-StPO Rn. 11.

[162] Allgayer in KK-StPO Rn. 11; Merz in Radtke/Hohmann Rn. 8; Schmitt in Meyer-Goßner/Schmitt Rn. 5; Velten in SK-StPO Rn. 15; diff. Kulhanek in KMR-StPO Rn. 16.

[163] OLG Frankfurt a. M. 25.1.1991 – 1 Ss 31/90, NJW 1991, 2036 = JR 1991, 390 mkritAnm Hilger; Weißer in Gercke/Temming/Zöller Rn. 3; hierzu ebenso tendierend Rieß NStZ 1989, 102 (106).

[164] Velten in SK-StPO Rn. 16; Weißer/Duesberg in Gercke/Temming/Zöller Rn. 3; Wenske in Löwe/Rosenberg Rn. 16; Rieß NStZ 1989, 102 (106).

[165] Hilger in Löwe/Rosenberg Rn. 2; Böttcher JR 1987, 133 (135).

tungen zu deren Herstellung berücksichtigen sowie die Rechte des geistigen Eigentums stärken.[166] Zu überzeugen vermag dieses Anliegen indessen nicht, da die aufgeführten Straftatbestände allesamt im Wesentlichen wirtschaftliche Interessen des Einzelnen schützen.[167] Die sonstigen Nebenklagedelikte des Abs. 1 sollen hingegen vor (in der Regel nicht geringen) Eingriffen in höchstpersönliche Rechtsgüter bewahren. Außerdem lässt sich eine besondere Schutzbedürftigkeit des Verletzten einer Straftat nach Nr. 6 nicht erkennen.[168] Zu Recht wird daher deren Einordnung als Nebenklagedelikt als „systemfremd"[169] oder „systemwidrig"[170] bzw. der Katalog der Nebenklagedelikte insgesamt als „in sich wenig konsistentes Sammelsurium"[171] kritisiert. Vorschläge, die Vorschriften aus dem Katalog des Abs. 1 zu streichen,[172] vermochten sich aber bislang gleichwohl nicht durchzusetzen. Zuletzt wurde ein solches Vorhaben aus „rechtspolitischen Erwägungen" abgelehnt, ohne ins Detail zu gehen.[173]

50   Nebenklagedelikte nach **Nr. 1** sind die **Straftaten gegen die sexuelle Selbstbestimmung** in §§ 174–182, 184i–184k StGB. Verletzter ist lediglich der Inhaber des Rechts auf sexuelle Selbstbestimmung, weder hingegen der Ehegatte oder Lebenspartner noch etwa die Eltern eines minderjährigen Opfers.[174]

51   **Nr. 2** erfasst als Nebenklagedelikte den **Versuch der §§ 211 und 212 StGB**. Wegen des Wortlauts reichen in diesem Fall (ansonsten → Rn. 42) Vorstufen der Verbrechensbeteiligung gemäß § 30 StGB nicht aus.[175] Anschlussberechtigt ist ausschließlich der Verletzte des versuchten Tötungsdelikts, nicht hingegen dessen Angehörige.[176] Stirbt der Verletzte, können sich die Angehörigen aber unter den Voraussetzungen des Abs. 2 Nr. 1 (→ Rn. 56 ff.) mit der Nebenklage anschließen.

51a Nach **Nr. 2a** kann auch der **Versuch** einer Straftat nach den **§§ 6–8, 11 und 12 VStGB** zur Nebenklage berechtigen. Da sich die Tat **gegen das Leben** richten muss, sind aber nur versuchte Tötungsdelikte umfasst.[177] Hierzu zählen vornehmlich der Versuch der § 6 Abs. 1 Nr. 1, § 7 Abs. 1 Nr. 1, § 8 Abs. 1 Nr. 1 und § 11 Abs. 1 S. 1 Nr. 7 Var. 1 VStGB und der Versuch der Erfolgsqualifikationen des § 11 Abs. 2 S. 2 und des § 12 Abs. 2 S. 2 VStGB.[178] Nebenklagebefugt sind gemäß § 373b Abs. 1 aber jeweils nur Personen, die durch die angeklagte Einzeltat unmittelbar in ihren eigenen Rechtsgütern beeinträchtigt werden. Hingegen begründet etwa bei dem Völkermord gemäß § 6 VStGB allein die Zugehörigkeit zu der Gruppe, auf die sich die tatbestandliche Zerstörungsabsicht des Täters bezieht, keine Nebenklagebefugnis.[179] Ebenso wenig genügt es, Opfer im Rahmen der Gesamttat eines Völkermordes zu werden, der aus einer Vielzahl von Straftaten mit demsel-

---

[166] Vgl. BT-Drs. 11/4792, 26.
[167] Schöch/Werner in Satzger/Schluckebier/Widmaier StPO Rn. 8; Weißer/Duesberg in Gercke/Temming/Zöller Rn. 10; Wenske in Löwe/Rosenberg Vor § 395 Rn. 9. Zur geringen Bedeutung in der Praxis Daimagüler wistra 2017, 180 (181); Rieks NStZ 2019, 643 (643) spricht der Nebenklage im Wirtschaftsstrafverfahren „vielfach ungenutztes Potenzial" zu und gibt strategische Hinweise für den Anschluss mit der Nebenklage (645 f.); hierzu auch von Saucken MarkenR 2019, 6 (13).
[168] Weißer/Duesberg in Gercke/Temming/Zöller Rn. 10; Barton JA 2009, 753 (754 f.); s. auch BT-Drs. 10/5305, 28; 16/12098, 30; zur Gegenansicht Klinger NZWiSt 2013, 412 (415 f.); zu den Vorteilen einer Nebenklage für den Markeninhaber Hombrecher WRP 2017, 20 (24).
[169] BGH 9.5.2012 – 5 StR 523/11, NJW 2012, 2601 (2602); Schmitt in Meyer-Goßner/Schmitt Rn. 6; krit. auch Velten in SK-StPO Rn. 1 und 22; Weißer/Duesberg in Gercke/Temming/Zöller Rn. 10; Wenske in Löwe/Rosenberg Rn. 41 ff.
[170] Schöch/Werner in Satzger/Schluckebier/Widmaier StPO Rn. 1; Weiner in BeckOK StPO Rn. 22.
[171] Weigend FS Schöch, 2010, 947 (956).
[172] S. zB BT-Drs. 16/12098, 30; zur Diskussion auch Bung StV 2009, 430 (434 f.).
[173] BT-Drs. 16/13671, 22; erläuternd Klinger NZWiSt 2013, 412 (416); hierzu auch Wenske in Löwe/Rosenberg Rn. 42.
[174] Allgayer in KK-StPO Rn. 3.
[175] OLG Stuttgart 20.2.1990 – 5 Ws 19/90, NStZ 1990, 298; Velten in SK-StPO Rn. 11; offen gelassen von OLG Koblenz 24.5.2012 – 1 Ws 269/12, NStZ 2012, 655.
[176] Allgayer in KK-StPO Rn. 5.
[177] BT-Drs. 20/9471, 36.
[178] BT-Drs. 20/9471, 36.
[179] BT-Drs. 20/9471, 36, dort auch zur Rechtfertigung der Aufnahme des § 6 VStGB in den Katalog der Nebenklagedelikte.

ben Vernichtungsziel besteht.[180] Vielmehr bedarf es – wie bei jeder Straftat – eines **unmittelbaren Zusammenhangs** gerade **zwischen der verfahrensgegenständlichen Tat und der Rechtsgutverletzung.** Die Formulierung soll klarstellen, dass nebenklagebefugt nur Opfer sind, die gerade durch diejenige Einzeltat verletzt wurden, die dem Angeklagten in dem jeweiligen Strafverfahren vorgeworfen wird.[181]

Gemäß **Nr. 3** sind Verletzte einer Aussetzung gemäß § 221 StGB sowie der **Straftaten** 52 **gegen die körperliche Unversehrtheit** der §§ 223–226a und 340 StGB zum Anschluss berechtigt. Für die Nebenklagebefugnis genügt nach allgemeinen Grundsätzen (→ Rn. 40) die rechtliche Möglichkeit, dass die Körperverletzung vorsätzlich verwirklicht wurde. Kommt von vornherein lediglich eine fahrlässige Körperverletzung in Betracht, kann der Anschluss mit der Nebenklage nur unter den zusätzlichen Voraussetzungen des Abs. 3 (→ Rn. 67 ff.) erfolgen.

Von den **Straftaten gegen die persönliche Freiheit** nennt **Nr. 4** die §§ 232–238, 239 53 Abs. 3, §§ 239a, 239b und 240 Abs. 4 StGB.[182] Keine Nebenklagedelikte sind hiernach der Grundtatbestand der Freiheitsberaubung in § 239 Abs. 1 StGB[183] sowie die Nötigung in einem nicht besonders schweren Fall gemäß § 240 Abs. 1 StGB[184] und die Bedrohung gemäß § 241 StGB. Da die §§ 239a, 239b StGB sowohl die persönliche Freiheit und (körperliche wie seelische) Unversehrtheit des Entführten bzw. Bemächtigten als auch die persönliche Freiheit des Erpressten bzw. Genötigten schützen, sind beide ebenso Verletzte einer solchen Tat iSd Nr. 4.[185] Bei § 240 Abs. 4 StGB sollen nach verbreiteter Ansicht unbenannte besonders schwere Fälle nach dessen S. 1 nicht zum Anschluss mit der Nebenklage berechtigen.[186] Dem stünden unter anderem Überlegungen der fehlenden Rechtssicherheit entgegen, könne in einem frühen Verfahrensstadium doch nur schwerlich beantwortet werden, ob ein unbenannter besonders schwerer Fall vorliege und demzufolge der Verletzte anschlussberechtigt sei.[187] Der insoweit gerade nicht differenzierende Wortlaut der Nr. 4 spricht hingegen dafür, dass auch die unbenannten besonders schweren Fälle zum Anschluss berechtigen.[188]

Nr. 4a nennt – wie schon Nr. 2a (→ Rn. 51a) – Straftaten aus dem VStGB als Neben- 53a klagedelikte. Abweichend von Nr. 2a wird mit den aufgelisteten **§§ 6 bis 8 und §§ 10 bis 12 VStGB** zum einen auch § 10 VStGB erfasst; auf die Aufnahme des § 9 und des § 13 VStGB hat der Gesetzgeber hingegen bewusst verzichtet.[189] Zum anderen muss sich die rechtswidrige Tat nicht gegen das Leben richten, sondern gegen die **abschließend genannten Individualrechtsgüter** der körperlichen Unversehrtheit, der Freiheit, der religiösen, sexuellen oder reproduktiven Selbstbestimmung oder der ungestörten körperlichen und seelischen Entwicklung in der Kindheit.[190] Die körperliche Unversehrtheit kann auch durch Vorenthalten von Nahrungsmitteln sowie durch erhebliche psychische Folter (zB durch eine Dauerbeschallung mit lauter Musik oder durch Scheinhinrichtungen) verletzt werden.[191] Unter Freiheit ist auch die Freiheit der bloßen Willensentschließung oder Willensbetätigung

---

[180] BT-Drs. 20/11661, 17 f.
[181] BT-Drs. 20/11661, 17 f.
[182] Zur Aufnahme des § 240 Abs. 4 Nr. 1 StGB als Nebenklagedelikt bereits Lehmann NStZ 2002, 353 (354 ff.).
[183] S. auch OLG Hamburg 13.1.2021 – 2 Rev 32/20, BeckRS 2021, 478 Rn. 17.
[184] BGH 30.1.2014 – 1 StR 506/13, BeckRS 2014, 04052; OLG Hamburg 13.1.2021 – 2 Rev 32/20, BeckRS 2021, 478 Rn. 18.
[185] Velten in SK-StPO Rn. 10.
[186] OLG Frankfurt a. M. 23.2.2023 – 7 Ws 28/23, BeckRS 2023, 6647 Rn. 9; OLG Hamburg 13.1.2021 – 2 Rev 32/20, BeckRS 2021, 478 Rn. 20 ff.; Wenske in Löwe/Rosenberg Rn. 36 ff.; s. auch Barton JA 2009, 753 (754); offen gelassen von KG 30.6.2020 – 4 Ws 37/20 – 121 AR 102/20, BeckRS 2020, 14759 Rn. 11.
[187] OLG Hamburg 13.1.2021 – 2 Rev 32/20, BeckRS 2021, 478 Rn. 22.
[188] Ebenso schon Weißer/Duesberg in Gercke/Temming/Zöller Rn. 8.
[189] BT-Drs. 20/9471, 39.
[190] Eine detaillierte Auflistung, welche der einzelnen genannten Straftatbestände diese Rechtsgüter schützen, findet sich in BT-Drs. 20/9471, 37 ff.; krit. gegenüber der Einschränkung auf die genannten Individualrechtsgüter Raube KriPoZ 2024, 278 (288 f.).
[191] BT-Drs. 20/11661, 18.

zu verstehen.[192] Der Anschluss mit der Nebenklage ist jeweils nur dann zulässig, wenn die genannten Individualrechtsgüter durch die Tat verletzt werden. Ohne eine solche unmittelbare Rechtsgutverletzung berechtigen somit insbesondere die Eignungsdelikte namentlich des § 6 Abs. 1 Nr. 3 und Nr. 4 oder des § 7 Abs. 1 Nr. 2 VStGB nicht zur Nebenklage.[193] Zu dem auch hier notwendigen **unmittelbaren Zusammenhang zwischen der verfahrensgegenständlichen Tat und der Rechtsgutverletzung** → Rn. 51a.

54 **Nr. 5** nennt **§ 4 GewSchG** als Nebenklagedelikt (zur Berechtigung der Aufnahme der Vorschrift schon → Rn. 48). Wird diese Straftat tateinheitlich mit einer Nachstellung gemäß § 238 StGB begangen, ist der Verletzte freilich schon nach Nr. 4 anschlussberechtigt. Nach Nr. 5 genügt allerdings bereits die einmalige Zuwiderhandlung gegen eine vollstreckbare Anordnung gemäß § 4 GewSchG, um eine Nebenklagebefugnis zu begründen.

55 Die in ihrer Legitimation fragwürdige (→ Rn. 49) **Nr. 6** ordnet schließlich **Straftaten zum Schutz des geistigen Eigentums** als Nebenklagedelikte ein, namentlich § 142 PatG, § 25 GebrMG, § 10 HalblSchG, § 39 SortSchG, §§ 143, 143a und 144 MarkenG, §§ 51 und 65 DesignG, §§ 106, 107, 108, 108a und 108b UrhG, § 33 KunstUrhG sowie § 16 UWG und § 23 GeschGehG. Trotz des im Vordergrund stehenden Schutzes wirtschaftlicher Interessen ist nur der Inhaber des beeinträchtigten Rechts Verletzter, nicht hingegen der Insolvenzverwalter.[194]

56 **c) Nebenklagebefugnis nach Abs. 2. aa) Angehörige des getöteten Opfers (Nr. 1).** Nach Abs. 2 Nr. 1 sind auch bestimmte Angehörige des Verletzten nebenklagebefugt. Sie können deshalb an einem Verfahren mitwirken, an dem sich der Verstorbene nicht mehr beteiligen und somit nicht mehr gegen Verantwortungszuweisungen verteidigen kann.[195] Dadurch wird letztlich eine **besondere Schutzbedürftigkeit** der Angehörigen und ein eigenes Genugtuungsinteresse anerkannt.[196] Der erweiterte Verletztenbegriff des § 373b Abs. 2, der – über § 395 Abs. 2 Nr. 1 hinaus – unter anderem auch Enkel und Großeltern sowie unterhaltsberechtigte Personen umfasst, lässt den Anwendungsbereich des Abs. 2 Nr. 1 nach dem ausdrücklichen Willen des Gesetzgebers unberührt.[197] Schließlich fordert die sog. Opferschutzrichtlinie,[198] der die Einfügung des § 373b geschuldet war, gerade nicht die Möglichkeit einer Nebenklage.[199]

57 Der **Kreis der Nebenklageberechtigten** nach Abs. 2 Nr. 1 besteht aus denjenigen Personen, deren Kinder, Eltern, Geschwister, Ehegatten oder Lebenspartner durch eine rechtswidrige Tat getötet wurden (→ Rn. 60 ff.). Die Auflistung ist **abschließend.**[200] Großeltern sind demzufolge nicht nebenklageberechtigt,[201] ebenso wenig Verlobte und Partner auf Dauer angelegter nichtehelicher Lebensgemeinschaften,[202] Onkel und Tanten[203] sowie Stief-[204] und Kin-

---

[192] BT-Drs. 20/9471, 37.
[193] BT-Drs. 20/9471, 39.
[194] OLG Jena 27.6.2011 – 1 Ws 237/11, 1 Ws 242/11, NJW 2012, 547 (548).
[195] Velten in SK-StPO Rn. 21.
[196] BGH 18.9.2012 – 3 BGs 262/12, NJW 2012, 3524 (3526); Velten in SK-StPO Rn. 21; s. auch BGH 26.3.1965 – 4 StR 84/65, NJW 1965, 1285 (1285 f.); OLG Düsseldorf 20.11.1996 – 1 Ws 999/96, NStZ 1997, 204 (205).
[197] BT-Drs. 19/27654, 101; krit. Weiner in BeckOK StPO § 373b Rn. 53 ff.
[198] Richtlinie 2012/29/EU des Europäischen Parlaments und des Rates vom 25.10.2012 über Mindeststandards für die Rechte, die Unterstützung und den Schutz von Opfern von Straftaten sowie zur Ersetzung des Rahmenbeschlusses 2001/220/JI (ABl. 2012 L 315, 57).
[199] BT-Drs. 19/27654, 101.
[200] OLG Bremen 18.4.2023 – 1 Ws 26/23, BeckRS 2023, 9276 Rn. 13; OLG Düsseldorf 20.11.1996 – 1 Ws 999/96, NStZ 1997, 204 (204); OLG Köln 28.10.2008 – 2 Ws 525/08, BeckRS 2008, 25579; Schöch/Werner in Satzger/Schluckebier/Widmaier StPO Rn. 6; Wenske in Löwe/Rosenberg Rn. 45.
[201] BGH 20.12.1966 – 1 StR 477/66, NJW 1967, 454 (455); OLG Celle 22.2.2016 – 1 Ws 67/16, NStZ-RR 2016, 285; LG Hamburg 5.10.1978 – 33 Qs 964/78, MDR 1979, 251 mkritAnm Tempke.
[202] OLG Celle 22.2.2016 – 1 Ws 67/16, NStZ-RR 2016, 285.
[203] BGH 1.3.1995 – 2 StR 331/94, NJW 1995, 1297 (1301).
[204] BGH 14.2.2012 – 3 StR 7/12, BeckRS 2012, 10165.

deskinder.²⁰⁵ Unter „Eltern" sind nur die Eltern im rechtlichen Sinn zu verstehen, nicht hingegen Stiefeltern als soziale Elternteile.²⁰⁶ Ebenso kommt es für „Geschwister" nur auf das rechtliche und nicht auf das leibliche Verwandtschaftsverhältnis an;²⁰⁷ erfasst werden auch Halbgeschwister.²⁰⁸

Als **Ehe und Lebenspartnerschaft** sind nur Bündnisse anerkannt, die formgültig nach 58 den Regeln des bürgerlichen Rechts geschlossen werden. Eine nicht vor dem Standesbeamten geschlossene Ehe berechtigt den auf diese Weise Vermählten daher nicht zur Nebenklage.²⁰⁹ Ehen und Lebenspartnerschaften müssen zum Zeitpunkt des Verfahrens fortbestehen, um zur Nebenklage zu berechtigen.²¹⁰ Der geschiedene Ehegatte kann ebenso wenig wirksam den Anschluss erklären wie der frühere Lebenspartner.²¹¹ Verbreitet wird darüber hinaus verlangt, dass auch sonstige Verwandtschaftsverhältnisse nur dann die Nebenklagebefugnis begründen können, wenn sie zum Zeitpunkt des Verfahrens noch bestehen.²¹²

Die Nebenklagebefugnis der in Abs. 2 Nr. 1 genannten Personen besteht **unabhängig** 59 voneinander. Sind mehrere zum Anschluss mit der Nebenklage berechtigt, existiert folglich etwa keine Reihenfolge dergestalt, dass nähere Verwandte (zB Eltern als Verwandte ersten Grades) entferntere Verwandte (zB Geschwister als Verwandte zweiten Grades) ausschlössen.²¹³ Vielmehr können sämtliche Nebenklageberechtigte kumulativ den Anschluss erklären.²¹⁴

Das Opfer muss durch eine **rechtswidrige Tat** getötet worden sein. Der Täter muss 60 somit nicht schuldhaft gehandelt haben.²¹⁵ Anschlussberechtigt sind die Angehörigen sowohl bei öffentlicher Klage als auch bei einem Antrag im Sicherungsverfahren.²¹⁶ Es genügt wiederum (→ Rn. 40) die bloße rechtliche Möglichkeit, dass der Beschuldigte wegen einer solchen Tat verurteilt wird. Die Staatsanwaltschaft muss die Anklage aber nicht auf ein Tötungsdelikt stützen.²¹⁷

Der Verletzte muss durch die Tat **getötet** worden sein. Bleibt der Tötungserfolg tatsäch- 61 lich aus (zur fehlenden rechtlichen Zurechenbarkeit → Rn. 63), ist ausschließlich der Verletzte anschlussberechtigt.²¹⁸ Als Nebenklagedelikte nach Abs. 2 Nr. 1 kommen außer vollendeten Straftaten gegen das Leben auch sämtliche durch einen **Tötungserfolg** qualifizierten **Delikte** in Betracht,²¹⁹ zB § 176d, § 178, § 221 Abs. 3, § 227, § 235 Abs. 5, § 238

---

[205] OLG Köln 28.10.2008 – 2 Ws 525/08, BeckRS 2008, 25579; Allgayer in KK-StPO Rn. 12; Velten in SK-StPO Rn. 21; Weiner in BeckOK StPO Rn. 24; Weißer/Duesberg in Gercke/Temming/Zöller Rn. 13; Wenske in Löwe/Rosenberg Rn. 47.
[206] BGH 14.2.2012 – 3 StR 7/12, BeckRS 2012, 10165 unter Verweis auf BGH 15.9.1995 – 3 StR 328/95, BeckRS 1995, 123277; Weißer/Duesberg in Gercke/Temming/Zöller Rn. 13; aA AG Aurich 9.5.2012 – 6 Gs 827/12, BeckRS 2012, 22110; Weiner in BeckOK StPO Rn. 24; Schramm RW 2014, 88 (99 f.).
[207] OLG Bremen 18.4.2023 – 1 Ws 26/23, BeckRS 2023, 9276 Rn. 12.
[208] OLG Bremen 18.4.2023 – 1 Ws 26/23, BeckRS 2023, 9276 Rn. 11; OLG Düsseldorf 19.9.1957 – 2 Ws 19/57, NJW 1958, 394.
[209] BVerfG 2.2.1993 – 2 BvR 1491/91, NJW 1993, 3316 (3317) zu einer auf „Sinti-Art" geschlossenen Ehe.
[210] Schmitt in Meyer-Goßner/Schmitt Rn. 8; Wenske in Löwe/Rosenberg Rn. 47.
[211] BGH 18.9.2012 – 3 BGs 262/12, NJW 2012, 3524 (3524); 4.5.2022 – 1 StR 309/21, NStZ-RR 2022, 245 (246); OLG Hamm 22.10.2020 – III-5 RVs 83/20, medstra 2021, 108 (113); Allgayer in KK-StPO Rn. 12; Mitsch FG Paulus, 2009, 119 (122).
[212] BGH 18.9. 2012 – 3 BGs 262/12, NJW 2012, 3524 (3524); OLG Bremen 18.4.2023 – 1 Ws 26/23, BeckRS 2023, 9276 Rn. 8 ff.; Wenske in Löwe/Rosenberg Rn. 47.
[213] OLG Neustadt 10.4.1956 – Ws 63/56, NJW 1956, 1611; Allgayer in KK-StPO Rn. 12; Kulhanek in KMR-StPO Rn. 19.
[214] LG Osnabrück 1.8.1968 – 7 Qs 242/68, AnwBl. 1968, 331 (331); Velten in SK-StPO Rn. 21.
[215] Allgemein Wenske in Löwe/Rosenberg Rn. 5.
[216] Allgemein Wenske in Löwe/Rosenberg Rn. 6.
[217] OLG Celle 24.6.1968 – 4 Ws 125/68, NJW 1969, 945; OLG Düsseldorf 20.11.1996 – 1 Ws 999/96, NStZ 1997, 204 (205); OLG Frankfurt a. M. 9.11.1978 – 3 Ws 758/78, NJW 1979, 994 (995); LG Koblenz 7.10.2003 – 10 Qs 88/03, NJW 2004, 305 (306); Schmitt in Meyer-Goßner/Schmitt Rn. 7.
[218] Allgayer in KK-StPO Rn. 12; Schöch/Werner in Satzger/Schluckebier/Widmaier StPO Rn. 5; Weißer/Duesberg in Gercke/Temming/Zöller Rn. 12.
[219] BGH 13.5.1998 – 3 StR 148/98, BGHSt 44, 97 (99) = NJW 1998, 3069; 13.6.2002 – 4 StR 95/02, DAR 2002, 421; 10.1.2006 – 4 StR 490/05, NStZ 2006, 351 (351); 5.3.2008 – 2 StR 626/07, BGHSt

Abs. 3, § 239 Abs. 4, § 239a Abs. 3 (iVm § 239b Abs. 2), § 251, § 306c, § 307 Abs. 3, § 308 Abs. 3 (iVm § 313 Abs. 2 oder § 314 Abs. 2), § 309 Abs. 4, § 312 Abs. 4, § 315d Abs. 5,[220] § 316a Abs. 3, § 316c Abs. 3, § 318 Abs. 4, § 330 Abs. 2 Nr. 2 und § 330a Abs. 2 StGB. Die Auflistung zeigt, dass die Nebenklagebefugnis der Angehörigen nicht voraussetzt, dass sich der Verletzte im Fall seines Überlebens selbst dem Verfahren hätte anschließen können. Umgekehrt sind die Angehörigen nicht in jedem Fall anschlussberechtigt, in dem der Verletzte zur Nebenklage befugt ist. Insbesondere geht dessen Nebenklagebefugnis mangels gesetzlicher Regelung (→ Rn. 21)[221] nicht auf die Angehörigen über, wenn er verstirbt.[222]

62   **Sonstige Delikte** (zB gefährliche Körperverletzung gemäß § 224 StGB[223] oder unterlassene Hilfeleistung gemäß § 323c Abs. 1 StGB[224]) berechtigen selbst dann nicht zum Anschluss mit der Nebenklage, wenn sie den Todeserfolg kausal verursacht haben. Schließlich muss dem Täter jedenfalls (strafbare) Fahrlässigkeit bzgl. des Todes des Opfers vorgeworfen werden können (auch sogleich → Rn. 63).[225] Gleiches gilt für die Beteiligung an einer Schlägerei gemäß § 231 StGB.[226] Ebenso scheidet der Straftatbestand des § 138 StGB als Nebenklagedelikt aus, auch wenn die hiernach gebotene Anzeige den Tod des Opfers hätte verhindern können.[227]

63   Der Anschluss mit der Nebenklage ist nur zulässig, wenn der Tod **durch** die rechtswidrige Tat herbeigeführt wurde. Gelangt eine Tötung nicht über das Versuchsstadium hinaus, sind die Angehörigen selbst dann nicht anschlussberechtigt, wenn der Verletzte zwischenzeitlich aus anderen Gründen verstorben ist.[228] Wird der Tod fahrlässig verursacht, muss dem Täter insoweit eine Sorgfaltspflichtverletzung vorgeworfen werden können. Bei Erfolgsqualifikationen müssen die Voraussetzungen des § 18 StGB erfüllt sein.[229]

64   **bb) Erfolgreiche Antragsteller im Klageerzwingungsverfahren (Nr. 2).** Gemäß Abs. 2 Nr. 2 sind Personen nebenklageberechtigt, die durch einen Antrag auf gerichtliche Entscheidung im Klageerzwingungsverfahren (§ 172 Abs. 2–4) die Erhebung der öffentlichen Klage nach § 175 herbeigeführt haben. **Ziel** der Regelung ist es zu gewährleisten, dass die Staatsanwaltschaft auch eine öffentliche Anklage, die durch eine Sachentscheidung des Oberlandesgerichts und somit gegen ihren Willen erhoben wurde, engagiert und nicht nur nachlässig vertritt.[230]

65   Die (selbstständige) Nebenklagebefugnis steht nur dem **Antragsteller** zu, nicht hingegen anderen Verletzten oder Angehörigen.[231] Ebenso wenig geht die Antragsbefugnis des

---

52, 153 (156) = NJW 2008, 2199 (2200); 20.5.2008 – 5 StR 15/08, NStZ-RR 2008, 352 (353); 11.10.2011 – 5 StR 396/11, StraFo 2012, 67; Allgayer in KK-StPO Rn. 12; Kulhanek in KMR-StPO Rn. 18; Schmitt in Meyer-Goßner/Schmitt Rn. 7; Velten in SK-StPO Rn. 21; Weißer/Duesberg in Gercke/Temming/Zöller Rn. 12.

[220] BGH 17.2.2021 – 4 StR 225/20, NJW 2021, 1173 (1174).
[221] S. zur alten Rechtslage bis zum Opferschutzgesetz v. 18.12.1986 etwa BGH 9.1.1985 – 3 StR 502/84, BGHSt 33, 114 (115 f.) = NJW 1985, 1175 (1176); Velten in SK-StPO Rn. 21.
[222] BGH 13.5.1998 – 3 StR 148/98, BGHSt 44, 97 (98) = NJW 1998, 3069; 10.1.2006 – 4 StR 490/05, NStZ 2006, 351 (351); OLG Düsseldorf 20.11.1996 – 1 Ws 999/96, NStZ 1997, 204 (204); Schmitt in Meyer-Goßner/Schmitt Rn. 4; Mitsch NStZ 2008, 422 (422).
[223] BGH 11.10.2011 – 5 StR 396/11, StraFo 2012, 67.
[224] OLG Celle 24.6.1968 – 4 Ws 125/68, NJW 1969, 945.
[225] OLG Celle 24.6.1968 – 4 Ws 125/68, NJW 1969, 945; Kulhanek in KMR-StPO Rn. 18; Velten in SK-StPO Rn. 21.
[226] BGH 26.3.1965 – 4 StR 84/65, NJW 1965, 1285 (1285); Kulhanek in KMR-StPO Rn. 18; Velten in SK-StPO Rn. 21; Weißer/Duesberg in Gercke/Temming/Zöller Rn. 12.
[227] Schmitt in Meyer-Goßner/Schmitt Rn. 7.
[228] BGH 10.1.2006 – 4 StR 490/05, NStZ 2006, 351 (351); Schmitt in Meyer-Goßner/Schmitt Rn. 7; Velten in SK-StPO Rn. 21; hierzu auch Mitsch NStZ 2008, 422 (422); Mitsch FG Paulus, 2009, 119 (123 ff.); aA wohl BGH 18.10.2007 – 3 StR 226/07, NStZ 2008, 93 (94).
[229] Merz in Radtke/Hohmann Rn. 9; Schmitt in Meyer-Goßner/Schmitt Rn. 7; Weiner in BeckOK StPO Rn. 23.
[230] OLG Frankfurt a. M. 9.11.1978 – 3 Ws 758/78, NJW 1979, 994 (995); OLG München 4.12.1985 – 2 Ws 1145/84, NStZ 1986, 376 (377); Schmitt in Meyer-Goßner/Schmitt Rn. 9; Velten in SK-StPO Rn. 20.
[231] Wenske in Löwe/Rosenberg Rn. 49.

Antragstellers mit dessen Tod auf die Angehörigen über.[232] Unerheblich ist, ob die öffentliche Klage zu Recht erhoben wurde, insbesondere ob der Klageerzwingungsantrag formell und materiell rechtmäßig war.[233]

Wegen des Anliegens des Abs. 2 Nr. 2 (→ Rn. 64) ist eine Nebenklagebefugnis auch **66** dann anzunehmen, wenn die Generalstaatsanwaltschaft der beantragten Entscheidung des Oberlandesgerichts zuvorkommt, indem sie selbst öffentliche Klage erhebt. Schließlich wird hier die Anklageerhebung ebenso iSd Vorschrift „durch einen Antrag auf gerichtliche Entscheidung [...] herbeigeführt", nachdem die Staatsanwaltschaft zunächst das Verfahren nicht weiter betreiben wollte.[234] Um den **Ursachenzusammenhang** zwischen Klageerzwingungsantrag und der Erhebung öffentlicher Klage festzuhalten, empfiehlt es sich für den Antragsteller, seinen prozessual überholten gerichtlichen Antrag für erledigt zu erklären und die Feststellung zu begehren, dass dieser erfolgreich war.[235] Mangels Ursächlichkeit eines Antrags auf gerichtliche Entscheidung für die Anklageerhebung durch die Staatsanwaltschaft besteht hingegen keine Anschlussberechtigung, wenn der Generalstaatsanwalt auf die Vorschaltbeschwerde gemäß § 172 Abs. 1 hin die Einstellungsverfügung aufhebt und die Staatsanwaltschaft zur Anklageerhebung veranlasst.[236]

d) Eingeschränkte Nebenklagebefugnis des Verletzten gemäß Abs. 3. aa) All- 67 gemeines. Der Auffangtatbestand des Abs. 3 erweitert die Nebenklagebefugnis des Verletzten unter bestimmten Voraussetzungen auf weitere Straftaten. Mit dieser Regelung wollte der Gesetzgeber die **Schutzbedürftigkeit** des Opfers besser berücksichtigen können, wenn ein Delikt im Einzelfall als besonders schwerwiegend einzuordnen bleibt.[237]

Der Anschluss scheint nach dem Wortlaut der Vorschrift nur bei erhobener **öffentli- 68 cher Klage** möglich. Im Hinblick auf die frühere Rechtsprechung (→ Rn. 13) dürfte die Nebenklage bei einem Antrag im Sicherungsverfahren gemäß §§ 413 ff. jedoch ebenso zulässig sein, zumal auch Abs. 3 nur eine „rechtswidrige Tat" erwähnt.

Anders als bei Abs. 1 ist die (mit „insbesondere" eingeleitete) Auflistung der Nebenkla- **69** gedelikte in Abs. 3 **nicht abschließend.**[238] Es steht daher zu befürchten, den Anwendungsbereich der Nebenklage mit dieser „Öffnungsklausel"[239] unangemessen zu erweitern. Schließlich lassen sich keine Kriterien finden, nach denen sich die Nebenklageberechtigung im Einzelfall hinreichend eindeutig bestimmen lässt (→ Rn. 75 ff.).[240]

Auch aus anderen Gründen erweist sich der Auffangtatbestand als fragwürdig. So **70** dürfte sich die gewonnene Flexibilität in erster Linie als **Belastung der Gerichte** erweisen. Damit ist nicht nur eine Erhöhung der Arbeitsbelastung gemeint, weil eine Zunahme

---

[232] OLG Düsseldorf 20.11.1996 – 1 Ws 999/96, NStZ 1997, 204 (205).
[233] BGH 22.10.1953 – 1 StR 66/53, Kirchhof GA 1954, 365; Velten in SK-StPO Rn. 20.
[234] OLG München 4.12.1985 – 2 Ws 1145/84, NStZ 1986, 376 (377); 29.7.2011 – 2 Ws 913/10, NStZ-RR 2011, 378 (380); Allgayer in KK-StPO Rn. 14; Merz in Radtke/Hohmann Rn. 10; Schöch/Werner in Satzger/Schluckebier/Widmaier StPO Rn. 7; Velten in SK-StPO Rn. 20; Weißer/Duesberg in Gercke/Temming/Zöller Rn. 17; aA OLG Frankfurt a. M. 9.11.1978 – 3 Ws 758/78, NJW 1979, 994 (995); Schmitt in Meyer-Goßner/Schmitt Rn. 9.
[235] OLG München 4.12.1985 – 2 Ws 1145/84, NStZ 1986, 376 (377); 29.7.2011 – 2 Ws 913/10, NStZ-RR 2011, 378 (379); Weißer/Duesberg in Gercke/Temming/Zöller Rn. 17.
[236] OLG München 29.7.2011 – 2 Ws 913/10, NStZ-RR 2011, 378 (380); LG Waldshut-Tiengen 17.11.2003 – 1 Ns 12 Js 1001/00, NStZ-RR 2004, 120; Allgayer in KK-StPO Rn. 14; Schöch/Werner in Satzger/Schluckebier/Widmaier StPO Rn. 7; Velten in SK-StPO Rn. 20; Weißer/Duesberg in Gercke/Temming/Zöller Rn. 17.
[237] BT-Drs. 16/12098, 30 f.; zur Entstehungsgeschichte der aktuellen Fassung des § 395 Abs. 3 StPO Jahn/Bung StV 2012, 754 (754 ff.).
[238] OLG Jena 27.6.2011 – 1 Ws 237/11, 1 Ws 242/11, NJW 2012, 547 (548); OLG Koblenz 24.5.2012 – 1 Ws 269/12, NStZ 2012, 655; Schmitt in Meyer-Goßner/Schmitt Rn. 10; Velten in SK-StPO Rn. 3; Weißer/Duesberg in Gercke/Temming/Zöller Rn. 18.
[239] So auch Velten in SK-StPO Rn. 1.
[240] Krit. auch Weißer/Duesberg in Gercke/Temming/Zöller Rn. 24; Bung StV 2009, 430 (435); Hilger GA 2009, 657 (658); Safferling ZStW 122 (2010), 87 (95); Weigend RW 2010, 39 (56 f.); Weigend FS Schöch, 2010, 947 (956 f.).

von Nebenklageanträgen zu erwarten bleibt.[241] Vielmehr verlagert Abs. 3 die Entscheidung über die Zulässigkeit der Nebenklage auf die Gerichte, indem nunmehr im Grunde jeder Verletzte einer Straftat potentiell anschlussberechtigt ist. Da die meisten, die den Anschluss als Nebenkläger beantragen, gerade in ihrer Person die Voraussetzungen des Abs. 3 annehmen und sich als besonders schutzbedürftig ansehen werden, sind bei Ablehnungsbeschlüssen Enttäuschungen gewissermaßen in der Norm angelegt, die das Vertrauen in die Rechtsordnung und nicht zuletzt in die Rechtsprechung nicht gerade fördern werden.[242] Ein abschließender Deliktskatalog wäre jedenfalls aus diesem Gesichtspunkt vorzugswürdig gewesen.

71 **bb) Nebenklagedelikte im Einzelnen.** Ausdrücklich nennt Abs. 3 zunächst die Ehrverletzungsdelikte der **§§ 185–189 StGB.** Deren Beibehaltung als Nebenklagedelikt – wenngleich nun nicht mehr in Abs. 1, sondern unter den engeren Voraussetzungen des Abs. 3[243] – vermag allenfalls dadurch gerechtfertigt werden, dass auf diese Weise wiederum (freilich in der Regel geringere) Eingriffe in ein höchstpersönliches Rechtsgut zum Anschluss mit der Nebenklage berechtigen und gerade bei Ehrverletzungsdelikten die Gefahr weiterer (verbaler) Angriffe und einer Zuweisung von Schuld und Verantwortung besteht.[244] Allerdings dürfte aufgrund der hohen Anforderungen des Abs. 3 (→ Rn. 75 ff.) die Nebenklage wegen Beleidigung nur noch auf wenige Fälle beschränkt sein.[245]

72 Die Anschlussberechtigung bei fahrlässiger Körperverletzung gemäß **§ 229 StGB,** auf die sich Abs. 3 seit seiner Einfügung durch das Opferschutzgesetz vom 18.12.1986 (→ Rn. 21) bis zu seiner Änderung durch das 2. Opferrechtsreformgesetz vom 29.7.2009 (→ Rn. 25) beschränkte, erfährt vor allem bei Körperverletzungen im Straßenverkehr Bedeutung.[246]

73 Außerdem nennt Abs. 3 als Nebenklagedelikte die Diebstahls- und Raubtatbestände gemäß **§ 244 Abs. 1 Nr. 3, Abs. 4 StPO und §§ 249–255 StGB,** des Weiteren den räuberischen Angriff auf Kraftfahrer gemäß **§ 316a StGB.** Die Nennung von § 251 StGB dürfte ein Redaktionsversehen darstellen, beinhaltet dessen Versuch doch zugleich ein versuchtes, nach Abs. 1 Nr. 2 zum Anschluss mit der Nebenklage berechtigendes Tötungsdelikt (→ Rn. 51) für den Verletzten.[247]

74 Unklar ist, welche **sonstigen,** nicht ausdrücklich genannten **Straftaten** für eine Nebenklageberechtigung nach Abs. 3 in Betracht kommen. Insoweit wird zum Teil gefordert, dass die Nebenklagebefugnis nur bei Delikten besteht, die mit den in Abs. 3 genannten Straftatbeständen vergleichbar sind und höchstpersönliche Rechtsgüter schützen.[248] Dem steht zum einen aber entgegen, dass zB die Schutzgüter und Strafrahmen der ausdrücklich genannten Straftaten zu unterschiedlich sind, um ihnen Maßstäbe für eine Vergleichbarkeit entnehmen zu können. Zum anderen erfasst die Aufzählung auch Straftatbestände, die höchstpersönliche Interessen jedenfalls nicht zuvörderst schützen, im Fall des Wohnungseinbruchdiebstahls etwa nur zum Anlass für eine Strafrahmenerhöhung heranziehen. Es sind daher grundsätzlich sämtliche rechtswidrigen Taten anschlussfähig.[249] Umso mehr sind die einschränkenden Voraussetzungen des Abs. 3 (sogleich → Rn. 75 ff.) zu beachten, um die Nebenklageberechtigung sinnvoll zu begrenzen.[250] Hieraus ergibt sich, dass zB bei §§ 242,

---

[241] Bittmann ZRP 2009, 212 (214).
[242] Vgl. schon Beulke DAR 1988, 114 (115) zu § 395 Abs. 3 aF.
[243] S. hierzu BT-Drs. 16/13671, 22.
[244] Weißer/Duesberg in Gercke/Temming/Zöller Rn. 20; hierzu auch BT-Drs. 10/6124, 14; 16/13671, 22.
[245] Bittmann JuS 2010, 219 (221); krit. daher Celebi ZRP 2009, 110 (111).
[246] Wenske in Löwe/Rosenberg Rn. 68.
[247] Weißer/Duesberg in Gercke/Temming/Zöller Rn. 23; Bittmann JuS 2010, 219 (221).
[248] OLG Koblenz 24.5.2012 – 1 Ws 269/12, NStZ 2012, 655; s. auch OLG Jena 27.6.2011 – 1 Ws 237/11, 1 Ws 242/11, NJW 2012, 547 (548).
[249] BGH 9.5.2012 – 5 StR 523/11, NJW 2012, 2601 (2602); 28.1.2021 – 3 StR 279/20, BeckRS 2021, 2810 Rn. 9; Daimagüler wistra 2017, 180 (181).
[250] Vgl. BGH 9.5.2012 – 5 StR 523/11, NJW 2012, 2601 (2602).

263 und 266 StGB eine Nebenklageberechtigung in der Regel ausgeschlossen ist.[251] Angenommen wurde hingegen eine Anschlussbefugnis wegen eines fahrlässigen gefährlichen Eingriffs in den Straßenverkehr gemäß § 315b Abs. 5 StGB,[252] wegen einer falschen Verdächtigung gemäß § 164 StGB[253] sowie wegen unterlassener Hilfeleistung gemäß § 323c StGB.[254]

cc) Einschränkende Voraussetzungen des Abs. 3. Der Anschluss mit der Nebenklage nach Abs. 3 ist nur zulässig, wenn dies aus besonderen Gründen zur Wahrnehmung der Interessen des Verletzten geboten erscheint. Durch diese materielle Voraussetzung sollte bei der früheren Fassung, die lediglich die fahrlässige Körperverletzung gemäß § 229 StGB nannte (→ Rn. 72), die Nebenklagebefugnis insbesondere bei Straftaten im Straßenverkehr maßvoll eingeschränkt werden.[255] Diese **Begrenzungsfunktion** hat nunmehr, nachdem Abs. 3 als Auffangtatbestand fungiert, eine umso größere Bedeutung. 75

Ob **besondere Gründe** für eine Nebenklageberechtigung des Verletzten sprechen,[256] bestimmt sich stets nach den Umständen des Einzelfalls unter Berücksichtigung der Funktion und Aufgabe der Nebenklage.[257] Ausdrücklich nennt Abs. 3 zur Konkretisierung des unbestimmten Rechtsbegriffs die **schweren Folgen der Tat,** auf die daher insbesondere abzustellen bleibt.[258] Schwere Folgen der Tat liegen vor, wenn körperliche oder seelische Schäden (zB Traumatisierungen, erhebliche Schockerlebnisse) mit einem gewissen Grad an Erheblichkeit bereits eingetreten oder zu erwarten sind.[259] Beispiele sind schwere Beeinträchtigungen der Gesundheit nach ärztlichen Kunstfehlern[260] und schwere Verletzungen nach Verkehrsunfällen.[261] Nicht erforderlich sind schwere körperliche oder seelische Schäden iSd § 397a Abs. 1 Nr. 3.[262] 76

Ansonsten ist vornehmlich das Anliegen der Nebenklage zu beachten, der **besonderen Schutzbedürftigkeit** des Verletzten Rechnung zu tragen (→ Rn. 5).[263] Insoweit kommt eine Anschlussberechtigung nach Abs. 3 vor allem dann in Betracht, wenn schwere Schuldzuweisungen drohen.[264] Zu einem besonderen Grund wird es indessen noch nicht gerei- 77

---

[251] BGH 9.5.2012 – 5 StR 523/11, NJW 2012, 2601 (2602); zust. Jahn/Bung StV 2012, 754 (756); iErg ebenso zu § 266 StGB OLG Jena 27.6.2011 – 1 Ws 237/11, 1 Ws 242/11, NJW 2012, 547 (548); zu § 263 StGB s. LG Hamburg 1.6.2017 – 620 KLs 10/11, StraFo 2017, 422; ausf. zur Nebenklage bei Wirtschaftsstraftaten Daimagüler wistra 2017, 180 (181 ff.); s. auch Bott/Kohlhof StraFo 2019, 413 (414). Eine Ausnahme ließ etwa das AG Duisburg 11.3.2020 – 93 Ls-642 Js 100/15-74/19, StraFo 2020, 248 mAnm Nassif für eine Verletzte zu, die durch 203 Untreuehandlungen über vier Jahre hinweg massiv geschädigt wurde.
[252] OLG Hamm 15.9.2011 – 3 RVs 52/11, NStZ-RR 2012, 22.
[253] LG Bad Kreuznach 12.9.2013 – 2 Qs 77/13, BeckRS 2014, 8292 Rn. 13 ff.; AG Bad Mergentheim 5.9.2017 – 3 Cs 11 Js 9430/17, StraFo 2018, 29 (29 f.).
[254] BGH 28.1.2021 – 3 StR 279/20, BeckRS 2021, 2810 Rn. 11.
[255] BT-Drs. 10/5305, 12; Schmitt in Meyer-Goßner/Schmitt Rn. 11; Velten in SK-StPO Rn. 24.
[256] Krit. gegenüber der Voraussetzung „aus besonderen Gründen" Bittmann JuS 2010, 219 (221).
[257] BT-Drs. 10/5305, 12; Weißer/Duesberg in Gercke/Temming/Zöller Rn. 18.
[258] BT-Drs. 16/12098, 31; OLG Koblenz 24.5.2012 – 1 Ws 269/12, NStZ 2012, 655.
[259] BT-Drs. 16/12098, 31; BGH 9.5.2012 – 5 StR 523/11, NJW 2012, 2601 (2602); 28.1.2021 – 3 StR 279/20, BeckRS 2021, 2810 Rn. 10; OLG Koblenz 24.5.2012 – 1 Ws 269/12, NStZ 2012, 655; Allgayer in KK-StPO Rn. 16; Kulhanek in KMR-StPO Rn. 22; Wenske in Löwe/Rosenberg Rn. 58; s. auch KG 30.6.2020 – 4 Ws 37/20 – 121 AR 102/20, BeckRS 2020, 14759 Rn. 15.
[260] Wenske in Löwe/Rosenberg Rn. 68.
[261] LG Kassel 6.8.1987 – 651 Js 20091/86–7 Ns, DAR 1988, 140; AG Höxter 28.6.1989 – 8 Cs 22 Js 282/89, NJW 1990, 1126; AG Homburg/Saar 24.7.1987 – 5 Cs 117/87, DAR 1987, 297; Schmitt in Meyer-Goßner/Schmitt Rn. 11; Weiner in BeckOK StPO Rn. 28; Weißer/Duesberg in Gercke/Temming/Zöller Rn. 21; Beulke DAR 1988, 114 (115 ff.).
[262] BT-Drs. 16/12098, 31; BGH 28.1.2021 – 3 StR 279/20, BeckRS 2021, 2810 Rn. 10; OLG Koblenz 24.5.2012 – 1 Ws 269/12, NStZ 2012, 655; Allgayer in KK-StPO Rn. 16; Weiner in BeckOK StPO Rn. 29; Wenske in Löwe/Rosenberg Rn. 58.
[263] BGH 9.5.2012 – 5 StR 523/11, NJW 2012, 2601 (2602); s. auch BGH 28.1.2021 – 3 StR 279/20, BeckRS 2021, 2810 Rn. 10.
[264] BT-Drs. 16/12098, 31; Kulhanek in KMR-StPO Rn. 22; Velten in SK-StPO Rn. 24; Weiner in BeckOK StPO Rn. 29; s. auch LG Braunschweig 18.3.2015 – 13 Qs 32/15, StraFo 2015, 248; Weigend FS Schöch, 2010, 947 (957 f.).

chen, wenn bei dem angeklagten Lebenssachverhalt ein Mitverschulden des Verletzten (zB bei einem Verkehrsunfall) im Raum steht, selbst wenn dies für die Höhe der Strafe des Angeklagten von Bedeutung sein kann.[265] Entscheidend ist vielmehr wiederum, ob im konkreten Prozess zB eine Diffamierung des Opfers oder die Zuweisung von Verantwortung und somit eine Sekundärviktimisierung droht.[266]

78 Für die Nebenklagebefugnis gemäß Abs. 3 **unbeachtlich** sind erlittene Vermögens- und Sachschäden.[267] Ebenso wenig genügt das wirtschaftliche Interesse des Verletzten, etwaige zivilrechtliche Ansprüche gegen den Angeklagten effektiv durchzusetzen.[268] Daher ist generell und nicht nur bei „lediglich" mittleren Verletzungen unerheblich, ob bei einem Verkehrsunfall mit fahrlässiger Körperverletzung der Schaden bereits reguliert ist.[269] Auch das Interesse an einer im Verfahren angestrebten Schadenswiedergutmachung oder an einem Täter-Opfer-Ausgleich nach § 46a StGB vermag die Anschlussberechtigung nicht zu begründen.[270] Kein Anliegen der Nebenklage und somit kein besonderer Grund iSd Abs. 3 ist ferner, sich mit dem Angeklagten auszusöhnen.[271]

79 Ob besondere Gründe vorliegen, die zum Anschluss mit der Nebenklage berechtigen, entscheidet das Gericht gemäß § 396 Abs. 2 nach Anhörung der Staatsanwaltschaft sowie des Angeschuldigten nach pflichtgemäßem Ermessen.[272] Die **Entscheidung** ist gemäß § 396 Abs. 2 S. 2 Hs. 2 unanfechtbar (→ § 396 Rn. 37 ff.).

80 **4. Anschluss als Nebenkläger. a) Zeitpunkt des Anschlusses (Abs. 4).** Die Nebenklage ist **in jeder Lage des Verfahrens** zulässig **(Abs. 4 S. 1)**. Möglich ist ein Anschluss gemäß Abs. 1 S. 1, sobald öffentliche Klage erhoben wurde, dh die Anklageschrift bei Gericht eingegangen ist.[273] Der Anschluss kann zwar bereits im Ermittlungsverfahren erklärt werden, wird dann aber nach § 396 Abs. 1 S. 2 erst mit der Erhebung der öffentlichen Klage wirksam (→ § 396 Rn. 7).

81 Dem Nebenklageberechtigten steht es schon vor einer bzw. ohne eine Anschlusserklärung frei, zB durch Stellen eines Strafantrags, Benennen von Beweismitteln, Mitteilungen, Anregungen auf das Verfahren **einzuwirken**. Gemäß § 406f Abs. 1 S. 1 können sich nach § 395 zum Anschluss mit der Nebenklage Befugte auch vor Erhebung der öffentlichen Klage und ohne Erklärung eines Anschlusses eines Rechtsanwalts als Beistand bedienen oder sich durch einen solchen vertreten lassen. Zur Ausübung des Akteneinsichtsrechts siehe § 406e.

82 Der Anschluss kann ebenso erst während eines bereits anhängigen **Rechtsmittelverfahrens** erklärt werden. Ob der Nebenkläger zu diesem Zeitpunkt noch oder in Hinblick auf § 400 Abs. 1 überhaupt rechtsmittelbefugt ist, bleibt unerheblich.[274] Eine Nebenklage

---

[265] Vgl. Wenske in Löwe/Rosenberg Rn. 59; s. auch Beulke DAR 1988, 114 (115); s. hingegen BT-Drs. 10/5305, 12; LG Passau 22.9.2006 – 1 Qs 146/06, NStZ-RR 2007, 382; AG Bayreuth 18.8.1995 – 2 Cs 6 Js 2815/95, DAR 1995, 503; AG Homburg/Saar 24.7.1987 – 5 Cs 117/87, DAR 1987, 297 (298).
[266] Velten in SK-StPO Rn. 24; hierzu auch BGH 9.5.2012 – 5 StR 523/11, NJW 2012, 2601 (2602).
[267] KG 30.6.2020 – 4 Ws 37/20 – 121 AR 102/20, BeckRS 2020, 14759 Rn. 15; Wenske in Löwe/Rosenberg Rn. 60; einschränkend Weißer/Duesberg in Gercke/Temming/Zöller Rn. 22: „nur in Ausnahmefällen"; aA Herrmann ZIS 2010, 236 (241); krit. auch Rieks NStZ 2019, 643 (644).
[268] BGH 9.5.2012 – 5 StR 523/11, NJW 2012, 2601 (2602) = JR 2012, 392 mAnm Schiemann; Allgayer in KK-StPO Rn. 16; Kulhanek in KMR-StPO Rn. 22; Schmitt in Meyer-Goßner/Schmitt Rn. 10; Schöch/Werner in Satzger/Schluckebier/Widmaier StPO Rn. 9.
[269] AA AG Homburg/Saar 24.7.1987 – 5 Cs 117/87, DAR 1987, 297 (298); Merz in Radtke/Hohmann Rn. 11; Schmitt in Meyer-Goßner/Schmitt Rn. 11; Weiner in BeckOK StPO Rn. 28; Weißer/Duesberg in Gercke/Temming/Zöller Rn. 21; s. auch LG Passau 22.9.2006 – 1 Qs 146/06, NStZ-RR 2007, 382; AG Düren 16.11.1987 – 11 Cs 62 Js 1157/87, DAR 1988, 140; Beulke DAR 1988, 114 (116).
[270] AA Schöch/Werner in Satzger/Schluckebier/Widmaier StPO Rn. 9.
[271] Velten in SK-StPO Rn. 24; s. auch Beulke DAR 1988, 114 (115).
[272] Allgayer in KK-StPO Rn. 15.
[273] Wenske in Löwe/Rosenberg Rn. 74.
[274] BGH 5.9.2001 – 3 StR 281/01, Becker NStZ-RR 2002, 261; 16.1.2003 – 1 StR 512/02, Becker NStZ-RR 2004, 67; 14.7.2020 – 4 StR 629/19, BeckRS 2020, 18880 Rn. 1; OLG Düsseldorf 30.3.1990 – 4 Ws 44/90, MDR 1991, 276 (277); OLG Hamm 14.1.2021 – 4 Ws 244/20, BeckRS 2021, 1234 Rn. 9; Allgayer in KK-StPO Rn. 21; hierzu auch OLG Brandenburg 6.4.1998 – 2 Ws 73/98, NStZ-RR 1998, 255.

scheidet erst aus, sobald das Verfahren rechtskräftig abgeschlossen ist.[275] Dies setzt trotz der nach § 400 Abs. 1 beschränkten Rechtsmittelbefugnis des Nebenklägers voraus, dass nicht nur der Schuldspruch rechtskräftig, sondern auch das Verfahren zur Festsetzung der Rechtsfolgen beendet ist.[276] Zu Entscheidungen über rechtzeitig vorgenommene Anschlusserklärungen nach Eintritt der Rechtskraft → § 396 Rn. 18.

Entscheidend ist der Zeitpunkt des Eingangs der Anschlusserklärung. Bestehen Zweifel **83** über deren Rechtzeitigkeit (zB wegen eines unklaren Eingangsstempels), ist entgegen der wohl hA zugunsten des Anschlussberechtigten von einem fristgerechten Eingang auszugehen (→ § 44 Rn. 8).[277] Eine **Wiedereinsetzung in den vorigen Stand** ist nicht zulässig. Da die Zeitspanne bis zum Eintritt der Rechtskraft weder bestimmt noch im Voraus bestimmbar ist, läuft für den Nebenklageberechtigten, der seinen Anschluss noch nicht erklärt hat, auch keine Frist, die er versäumen kann (→ § 399 Rn. 9).[278]

Der Anschluss kann ebenso erstmals in einem **Wiederaufnahmeverfahren** zugunsten **84** wie zuungunsten des Angeklagten erklärt werden.[279] Zum Anschluss ist der Nebenkläger hierbei bereits im Aditionsverfahren nach § 368 berechtigt.[280] Hat er sich bereits im Ursprungsverfahren angeschlossen, bedarf es keiner erneuten Anschlusserklärung.[281] Der Nebenkläger ist allerdings nicht befugt, selbst die Wiederaufnahme des Verfahrens zuungunsten des Angeklagten gemäß § 362 zu betreiben.[282] Die frühere Verweisung in § 397 Abs. 1 aF auf die Vorschriften der Privatklage und somit unter anderem auf § 390 Abs. 1 S. 2 ist durch das Opferschutzgesetz vom 18.12.1986 (→ Rn. 21 f.) entfallen. Eine analoge Anwendung der Vorschrift kommt nicht in Betracht, da sich die Nebenklage auf die Begleitung eines laufenden Verfahrens beschränkt und kein Verfahren unter Durchbrechung der Rechtskraft (erneut) initiieren kann (→ Rn. 1).[283]

Abs. 4 S. 2 stellt klar, dass der Anschluss mit der Nebenklage auch erst erklärt werden **85** kann, um Rechtsmittel einzulegen. Entsprechend ist die Vorschrift anwendbar für die sofortige Beschwerde gegen den Nichteröffnungsbeschluss nach § 210 Abs. 2 (→ § 396 Rn. 10).[284]

Legt der Nebenklageberechtigte ein Rechtsmittel ein, liegt hierin zumeist sogleich die **86** notwendige **Anschlusserklärung**.[285] Umgekehrt muss allerdings nicht jede Anschlusserklä-

---

[275] BGH 10.7.1996 – 2 StR 295/96, NStZ-RR 1997, 136; 6.9.2005 – 1 StR 363/05, StraFo 2005, 513; 8.5.2008 – 3 StR 48/08, NStZ-RR 2008, 255 (256); 4.11.2020 – 6 StR 292/20, BeckRS 2020, 32845 Rn. 1; OLG Köln 2.12.2020 – 2 Ws 543/20, BeckRS 2020, 45820 Rn. 1; OLG München 29.7.2011 – 2 Ws 913/10, NStZ-RR 2011, 378 (379); Allgayer in KK-StPO Rn. 22; Kulhanek in KMR-StPO Rn. 20; Velten in SK-StPO Rn. 27.

[276] BGH 16.1.2003 – 1 StR 512/02, Becker NStZ-RR 2004, 67; 1.3.2011 – 4 StR 687/10, BeckRS 2011, 05301; Allgayer in KK-StPO Rn. 21; Kulhanek in KMR-StPO Rn. 27; Weißer/Duesberg in Gercke/Temming/Zöller Rn. 26.

[277] AG Mainz 19.1.1970 – 16 Cs 854/69, Rpfleger 1970, 95 (96); aA OLG Celle 23.12.1957 – 1 Ws 416/57, DAR 1958, 245 (246); OLG München 29.7.2011 – 2 Ws 913/10, NStZ-RR 2011, 378 (379); Schmitt in Meyer-Goßner/Schmitt Rn. 12.

[278] BGH 10.7.1996 – 2 StR 295/96, NStZ-RR 1997, 136; 8.5.2008 – 3 StR 48/08, NStZ-RR 2008, 255 (256); 4.11.2020 – 6 StR 292/20, BeckRS 2020, 32845 Rn. 2; Allgayer in KK-StPO Rn. 23; Velten in SK-StPO Rn. 27; Weißer/Duesberg in Gercke/Temming/Zöller Rn. 29.

[279] OLG Saarbrücken 25.2.1963 – Ws 7/63, NJW 1963, 1513 (1515); Allgayer in KK-StPO Rn. 23; Kulhanek in KMR-StPO Rn. 26; Merz in Radtke/Hohmann Rn. 12; Velten in SK-StPO Vor §§ 395 ff. Rn. 22. Ausf. zu den Rechten des Nebenklägers im Wiederaufnahmeverfahren Velten in SK-StPO Vor §§ 395 ff. Rn. 22; Wenske in Löwe/Rosenberg § 397 Rn. 41 ff.; Rieß NStZ 1988, 15 (16 ff.).

[280] OLG Saarbrücken 25.2.1963 – Ws 7/63, NJW 1963, 1513 (1515); OLG Stuttgart 17.8.1987 – 3 Ws 243/87, NStZ 1988, 42 (43).

[281] OLG Düsseldorf 22.11.2000 – 2a Ss 295/00 – 78/00 I, NStZ-RR 2001, 142 (143); OLG Köln 8.3.1983 – 2 Ws 106/83, JMBl. NRW. 1984, 21 (22); Weißer/Duesberg in Gercke/Temming/Zöller Rn. 29; aA wohl OLG Stuttgart 17.8.1987 – 3 Ws 243/87, NStZ 1988, 42 (43).

[282] OLG Stuttgart 17.8.1987 – 3 Ws 243/87, NStZ 1988, 42 (43); Weißer/Duesberg in Gercke/Temming/Zöller Rn. 26.

[283] LG Münster 6.9.1989 – 7 Qs 41/89, NStZ 1989, 588; Velten in SK-StPO Vor §§ 395 ff. Rn. 23; Rieß NStZ 1988, 15 (17).

[284] OLG München 29.7.2011 – 2 Ws 913/10, NStZ-RR 2011, 378 (379).

[285] Kulhanek in KMR-StPO Rn. 25; Wenske in Löwe/Rosenberg Rn. 79.

§ 396   5. Buch. 3. Abschnitt. Nebenklage

rung während der Rechtsmittelfrist zugleich die Einlegung eines Rechtsmittels enthalten.[286] Dies gilt vor allem dann, wenn bereits ein anderer Verfahrensbeteiligter ein Rechtsmittel eingelegt hat (zur Unabhängigkeit der Rechtsmittel → § 399 Rn. 8).[287]

87 **b) Anschluss bei Beschränkung der Verfolgung nach § 154a (Abs. 5).** Die Sonderregelung in Abs. 5 ist nahezu wortlautgleich mit § 397 Abs. 2 aF. Sie wurde durch das 2. Opferrechtsreformgesetz vom 29.7.2009 (→ Rn. 25) wegen ihrer systematischen Zugehörigkeit nach § 395 verschoben.[288] Nach **Abs. 5 S. 1** steht die Beschränkung der Verfolgung nach § 154a dem **Anschluss eines Nebenklägers** nicht entgegen. Die Belange des Nebenklageberechtigten werden somit höher eingestuft als das Interesse an einer Vereinfachung und Beschleunigung des Verfahrens.[289] Eine Beschränkung nach § 154a ist daher nur mit ausdrücklich und klar erteilter Zustimmung der Nebenklage wirksam.[290] In diesem Fall geht auch die Befugnis verloren, die Nichtverurteilung wegen der abgetrennten Tatteile bzw. Gesetzesverletzungen mit Rechtsmitteln zu rügen.[291]

88 Mit **Zulassung des Nebenklägers** entfällt außerdem nach **Abs. 5 S. 2** eine Beschränkung nach § 154a Abs. 1 oder Abs. 2, soweit sie die Nebenklage betrifft. Ein Antrag der Staatsanwaltschaft gemäß § 154a Abs. 3 S. 2, die ausgeschiedenen Teile einer Tat oder Gesetzesverletzungen wieder in das Verfahren einzubeziehen, ist nicht erforderlich.[292] Es empfiehlt sich aber, diese Rechtsfolge in einem Beschluss festzuhalten.[293]

89 Für Einstellungen nach § 154 ist die Vorschrift wegen ihres Wortlauts **nicht einschlägig**.[294] Ebenso wenig ist Abs. 5 entsprechend auf eine Beschränkung nach § 430 anzuwenden.[295]

§ 396 Anschlusserklärung; Entscheidung über die Befugnis zum Anschluss

(1) ¹Die Anschlußerklärung ist bei dem Gericht schriftlich einzureichen. ²Eine vor Erhebung der öffentlichen Klage bei der Staatsanwaltschaft oder dem Gericht eingegangene Anschlußerklärung wird mit der Erhebung der öffentlichen Klage wirksam. ³Im Verfahren bei Strafbefehlen wird der Anschluß wirksam, wenn Termin zur Hauptverhandlung anberaumt (§ 408 Abs. 3 Satz 2, § 411 Abs. 1) oder der Antrag auf Erlaß eines Strafbefehls abgelehnt worden ist.

(2) ¹Das Gericht entscheidet über die Berechtigung zum Anschluß als Nebenkläger nach Anhörung der Staatsanwaltschaft. ²In den Fällen des § 395 Abs. 3 entscheidet es nach Anhörung auch des Angeschuldigten darüber, ob der Anschluß aus den dort genannten Gründen geboten ist; diese Entscheidung ist unanfechtbar.

(3) Erwägt das Gericht, das Verfahren nach § 153 Abs. 2, § 153a Abs. 2, § 153b Abs. 2 oder § 154 Abs. 2 einzustellen, so entscheidet es zunächst über die Berechtigung zum Anschluß.

Schrifttum: Beulke, Die Neuregelung der Nebenklage, DAR 1988, 114; Bringewat, Die Nebenklage – ein wirksames Verfahren zur „privaten Kontrolle" staatsanwaltschaftlicher Strafverfolgung?, GA 1972, 289; Jahn/

---

[286] Allgayer in KK-StPO Rn. 22.
[287] Weißer/Duesberg in Gercke/Temming/Zöller Rn. 28; Wenske in Löwe/Rosenberg Rn. 79.
[288] BT-Drs. 16/12098, 31.
[289] Weiner in BeckOK StPO Rn. 43; Gollwitzer FS Schäfer, 1979, 65 (77); Lenckner JZ 1973, 741 (744); zur Berechtigung des Abs. 5 auch Velten in SK-StPO Rn. 29.
[290] BGH 12.6.2001 – 1 StR 190/01, BeckRS 2001, 06349; OLG Hamm 1.6.2017 – 1 Ws 151/17, BeckRS 2017, 122299 Rn. 6.
[291] BGH 6.2.1991 – 4 StR 8/91, Kusch NStZ 1992, 30.
[292] OLG Düsseldorf 1.12.1998 – 1 Ws 799/98, NStZ-RR 1999, 116 (117).
[293] Velten in SK-StPO Rn. 29. Nach Schmitt in Meyer-Goßner/Schmitt Rn. 13, Schöch/Werner in Satzger/Schluckebier/Widmaier StPO § 396 Rn. 11 und Weißer/Duesberg in Gercke/Temming/Zöller Rn. 30 ist ein klarstellender Beschluss erforderlich.
[294] OLG Celle 30.12.1982 – 2 Ws 199/82, NStZ 1983, 328 (329); OLG Stuttgart 13.3.1990 – 1 Ws 61/90, Die Justiz 1990, 192 (193); Allgayer in KK-StPO Rn. 24; Merz in Radtke/Hohmann Rn. 13.
[295] Allgayer in KK-StPO Rn. 24; Merz in Radtke/Hohmann Rn. 13.

Bung, Die Grenzen der Nebenklagebefugnis, StV 2012, 754; Letzgus, Beschwerde gegen Nichtzulassung der Nebenklage bei fahrlässiger Körperverletzung, NStZ 1989, 352; Lichti, Die Nebenklage bei Verkehrsstraftaten, DAR 1953, 102; Meyer, Nachholung eines versehentlich unterlassenen Zulassungsbeschlusses als Nebenkläger nach dem rechtskräftigen Abschluß des Verfahrens?, JurBüro 1983, 165; Theuerkauf, Selbständige Anfechtung der Entscheidung über die Berechtigung des Nebenklägers?, MDR 1962, 789.

I. Überblick

Während § 395 im Wesentlichen die materiellen Voraussetzungen bestimmt, unter denen die Nebenklage zulässig ist, regelt § 396 **formelle Anforderungen** an die Anschlusserklärung (Abs. 1) sowie an die Entscheidungsfindung des Gerichts (Abs. 2 und Abs. 3). 1

II. Erläuterung

1. Anschlusserklärung (Abs. 1). a) Schriftform (S. 1). Abs. 1 bestimmt zunächst in seinem S. 1, dass der Anschluss bei dem Gericht **schriftlich zu erklären** ist. Hierfür reicht nach allgemeinen Grundsätzen aus, dass ein Schriftstück zweifelsfrei erkennen lässt, von wem die darin enthaltene Erklärung stammt, und darin eindeutig zum Ausdruck kommt, dass die Erklärung bei der zur Entgegennahme zuständigen Stelle angebracht werden soll.[1] Die Unterschrift des Nebenklägers ist entbehrlich.[2] 2

In Betracht kommen unter anderem die Einreichung durch **Telefax** sowie durch die heute kaum noch gebräuchlichen Formen des Fernschreibens und des Telegramms.[3] Die Schriftform ist außerdem gewahrt, wenn die Erklärung zu **Protokoll** der Geschäftsstelle abgegeben oder in die Sitzungsniederschrift der Hauptverhandlung aufgenommen wird.[4] Unter den Voraussetzungen des § 32a ist auch die Einreichung als **elektronisches Dokument** möglich (→ § 32a Rn. 7 ff.). 3

Einer **Begründung** bedarf die Anschlusserklärung nicht. Jedoch erscheint eine nähere Erläuterung zweckmäßig, falls sich die Voraussetzungen der Anschlussberechtigung den Akten nicht ohne weiteres entnehmen lassen.[5] 4

Die Anschlusserklärung muss der Nebenkläger nicht höchstpersönlich abgeben. Vielmehr kann er sich nach allgemeinen Grundsätzen **vertreten** lassen, insbesondere durch einen Rechtsanwalt.[6] Erforderlich ist hierfür eine Vollmacht bereits im Zeitpunkt der Erklärung; deren Nachweis ist aber ebenso später noch zulässig.[7] Auch bei einer Vertretung muss der Anschluss eindeutig zum Ausdruck gebracht werden. Zeigt ein Rechtsanwalt die Vertretung eines Nebenklägers gegenüber dem Gericht an, liegt hierin allein keine Anschlusserklärung.[8] 5

---

[1] OLG Stuttgart 6.5.1955 – Ss 48/55, NJW 1955, 1369 (1370); Kulhanek in KMR-StPO Rn. 1; Velten in SK-StPO Rn. 2.

[2] OLG Stuttgart 6.5.1955 – Ss 48/55, NJW 1955, 1369 (1370); Kulhanek in KMR-StPO Rn. 1; Schmitt in Meyer-Goßner/Schmitt Rn. 2; Velten in SK-StPO Rn. 2.

[3] Kulhanek in KMR-StPO Rn. 1; Schöch/Werner in Satzger/Schluckebier/Widmaier StPO Rn. 1; Velten in SK-StPO Rn. 2.

[4] BayObLG 14.5.1958 – 1 St 964/57, NJW 1958, 1598; OLG Hamm 8.11.1956 – 2 Ss 933/56, VRS 12, 368 (369); OLG Rostock 26.3.2012 – I Ws 77/12, NStZ 2013, 126 (126 f.); OLG Stuttgart 6.5.1955 – Ss 48/55, NJW 1955, 1369 (1369); Allgayer in KK-StPO Rn. 1; Kulhanek in KMR-StPO Rn. 1; Merz in Radtke/Hohmann Rn. 1; Schöch/Werner in Satzger/Schluckebier/Widmaier StPO Rn. 1; Velten in SK-StPO Rn. 2; Weißer/Duesberg in Gercke/Temming/Zöller Rn. 1; Theuerkauf MDR 1962, 789 (789 f.).

[5] S. auch Kulhanek in KMR-StPO Rn. 2.

[6] Allgayer in KK-StPO Rn. 1; Velten in SK-StPO Rn. 2; zu den Anforderungen an die Übertragung der Vertretungsmacht auf einen Betreuer BGH 3.12.2019 – 2 StR 155/19, NStZ-RR 2020, 91.

[7] Wenske in Löwe/Rosenberg Rn. 3.

[8] OLG Celle 23.12.1957 – 1 Ws 416/57, DAR 1958, 245 (246); OLG Köln 2.12.2020 – 2 Ws 543/20, BeckRS 2020, 45820 Rn. 1; OLG Schleswig 9.9.1993 – 1 Ws 313/93, Lorenzen/Thamm SchlHA 1995, 8; Allgayer in KK-StPO Rn. 1; Schmitt in Meyer-Goßner/Schmitt Rn. 3; Schöch/Werner in Satzger/Schluckebier/Widmaier StPO Rn. 2; Velten in SK-StPO Rn. 2.

6 **Adressat** der Anschlusserklärung ist grundsätzlich das Gericht, das über die Anschlussberechtigung zu entscheiden hat oder bei dem die Sache anhängig ist.[9] Schließt sich der Nebenklageberechtigte an, um Rechtsmittel einzulegen (siehe § 395 Abs. 4 S. 2; → § 395 Rn. 85), ist dies gegenüber demjenigen Gericht zu erklären, dessen Entscheidung angefochten wird und bei dem das Rechtsmittel einzulegen ist (siehe etwa § 306 Abs. 1, § 314 Abs. 1 und § 341 Abs. 1).[10] Über die Zulässigkeit des Anschlusses entscheidet allerdings das Rechtsmittelgericht (→ Rn. 12). Erfolgt die Erklärung gegenüber einer anderen Stelle (zB gegenüber dem Rechtsmittelgericht oder insbesondere im Vorverfahren gegenüber der Staatsanwaltschaft; dazu sogleich → Rn. 7), ist sie nur wirksam, wenn sie fristgerecht an das zuständige Gericht weitergeleitet wird.[11]

7 **b) Zeitpunkt der Wirksamkeit (S. 2 und S. 3).** Der Anschluss mit der Nebenklage kann nach § 395 Abs. 4 S. 1 (→ § 395 Rn. 80 ff.) in jeder Lage des Verfahrens erklärt werden. Geschieht dies bereits im Ermittlungsverfahren, wird die Anschlusserklärung gemäß **Abs. 1 S. 2** jedoch erst wirksam, wenn **öffentliche Klage erhoben** wird, dh die Akten einschließlich der von der Staatsanwaltschaft zugleich weitergeleiteten Anschlusserklärung bei Gericht eingegangen sind.[12] Es ist nicht erforderlich, den Anschluss noch einmal zu erklären.[13]

8 Im **beschleunigten Verfahren** wird die Anschlusserklärung mit Erhebung der mündlichen Anklage zu Beginn der Hauptverhandlung wirksam, sofern gemäß § 418 Abs. 3 S. 1 auf eine Anklageschrift verzichtet wird.[14] Im **Sicherungsverfahren** ist der Eingang der Antragsschrift gemäß § 414 Abs. 2 maßgeblich.[15]

9 Im **Strafbefehlsverfahren** wird nicht bereits auf den Zeitpunkt des Antrags auf Erlass eines Strafbefehls abgestellt, auch wenn dadurch gemäß § 407 Abs. 1 S. 4 öffentliche Klage erhoben wird. Vielmehr wird nach **Abs. 1 S. 3** die Anschlusserklärung zum einen erst dann wirksam, wenn gemäß § 408 Abs. 3 S. 2 oder nach zwischenzeitlichem Einspruch des Beschuldigten gemäß § 411 Abs. 1 S. 2 Termin zur **Hauptverhandlung** anberaumt wird.

10 Zum anderen wird der Anschluss im Strafbefehlsverfahren wirksam, wenn das (Amts-)Gericht den **Antrag** auf Erlass eines Strafbefehls gemäß § 408 Abs. 2 S. 1 **ablehnt.** Entscheidend ist der Zeitpunkt, zu dem der Ablehnungsbeschluss erlassen, nicht zu dem er bekanntgemacht wird.[16] Das Gericht hat hierbei zugleich über die Anschlussberechtigung zu entscheiden. Dies ermöglicht dem Nebenkläger, sich entweder einer etwaigen sofortigen Beschwerde der Staatsanwaltschaft gegen den Ablehnungsbeschluss (§ 210 Abs. 2, § 408 Abs. 2 S. 2) anzuschließen oder diese selbst einzulegen (§ 400 Abs. 2 S. 1, § 408 Abs. 2 S. 2, § 204).[17]

11 Wird der Strafbefehl auf Antrag der Staatsanwaltschaft **erlassen** und kommt es zu keiner Hauptverhandlung, weil der Beschuldigte keinen Einspruch einlegt, diesen vor der Hauptverhandlung wieder zurücknimmt oder das Verfahren vor Terminsanberaumung eingestellt wird, wird der bereits erklärte Anschluss nicht wirksam, sondern gegenstandslos.[18] Über die An-

---

[9] Kulhanek in KMR-StPO Rn. 3; Schmitt in Meyer-Goßner/Schmitt Rn. 4; Schöch/Werner in Satzger/Schluckebier/Widmaier StPO Rn. 3.
[10] Allgayer in KK-StPO Rn. 2; Velten in SK-StPO Rn. 3.
[11] Allgayer in KK-StPO Rn. 2; Kulhanek in KMR-StPO Rn. 3; Velten in SK-StPO Rn. 3; Wenske in Löwe/Rosenberg Rn. 4.
[12] OLG Hamm 17.12.1962 – 4 Ws 274/62, JMBl. NRW. 1963, 165 (165); 3.7.2003 – 2 Ws 97/03, NStZ-RR 2003, 335 (335); OLG Köln 15.12.1967 – 2 Ws 642/67, JMBl. NRW. 1969, 209 (210 f.); Allgayer in KK-StPO Rn. 3; Velten in SK-StPO Rn. 4.
[13] Allgayer in KK-StPO Rn. 3.
[14] Wenske in Löwe/Rosenberg Rn. 5.
[15] Allgayer in KK-StPO Rn. 3.
[16] Wenske in Löwe/Rosenberg Rn. 6.
[17] Allgayer in KK-StPO Rn. 3; Kulhanek in KMR-StPO Rn. 4; Schmitt in Meyer-Goßner/Schmitt Rn. 6; Velten in SK-StPO Rn. 4; Weißer/Duesberg in Gercke/Temming/Zöller Rn. 9; Wenske in Löwe/Rosenberg Rn. 6.
[18] LG Traunstein 4.3.1991 – 6 Qs 33/91, DAR 1991, 316; Allgayer in KK-StPO Rn. 3; Kulhanek in KMR-StPO Rn. 4; Velten in SK-StPO Rn. 4; Weißer in Gercke/Temming/Zöller Rn. 10; Wenske in Löwe/Rosenberg Rn. 6; aA LG Köln 7.3.1984 – 105 Qs 26/84, MDR 1984, 776 (776 f.); Weiner in BeckOK StPO Rn. 6.

schlussberechtigung muss das Gericht dann nicht mehr entscheiden.[19] Wird ein Strafbefehl nach Eröffnung des Hauptverfahrens gemäß § 408a Abs. 1 beantragt, wird hingegen der bereits erklärte Anschluss wegen § 410 Abs. 1 S. 1 nicht unwirksam. Allerdings kann der Nebenkläger seine Rechte nicht mehr ausüben, bevor kein neuer Termin anberaumt wird.[20]

2. Entscheidung des Gerichts (Abs. 2 und Abs. 3). a) Zuständigkeit. Über die 12 Anschlussberechtigung als Nebenkläger entscheidet das Gericht, das **mit der Sache befasst ist**.[21] So ist das Rechtsmittelgericht zuständig, wenn die Nebenklage erst in der Rechtsmittelinstanz, zB nach Einlegung eines Rechtsmittels durch einen anderen Verfahrensbeteiligten, erhoben wird.[22] Gleiches gilt, wenn der Anschluss gemäß § 395 Abs. 4 S. 2 zur Einlegung von Rechtsmitteln erklärt wird.[23] Ein Beschluss desjenigen Gerichts, dessen Entscheidung angefochten wird, über die Berechtigung des Anschlusses ist unbeachtlich.[24] Schließlich ist die Anschlussberechtigung eine Voraussetzung für das Nebenklageverfahren, die stets von dem zuständigen Gericht von Amts wegen zu überprüfen bleibt (→ § 395 Rn. 37).[25] Das Gericht, dessen Urteil angefochten wird, bleibt hingegen dann zuständig, wenn das Rechtsmittel verspätet eingelegt wurde; in diesem Fall entscheidet der iudex a quo sowohl gemäß § 319 Abs. 1 bzw. § 346 Abs. 1 über die (fehlende) Fristwahrung als auch über den Anschluss.[26]

Zuständig ist das **Gericht,** nicht der Vorsitzende.[27] Entscheidet er gleichwohl allein 13 über die Berechtigung zum Anschluss als Nebenkläger, ist der Beschluss zwar nicht nichtig, aber anfechtbar.[28]

b) Prüfungsgegenstand. Das Gericht hat zum einen die **formellen Anforderungen** 14 an den Anschluss mit der Nebenklage zu überprüfen, namentlich die Prozessfähigkeit des Erklärenden (→ § 395 Rn. 29 f.) und seine Zugehörigkeit zu dem Personenkreis des § 395 Abs. 1–3 (→ § 395 Rn. 37 ff.).[29] Für die Anschlussberechtigung genügt es, wenn es nach dem Gegenstand der Anklage zumindest rechtlich möglich erscheint, dass der Angeschuldigte nach der angeklagten prozessualen Tat iSd § 264 (unter anderem) wegen eines Nebenklagedelikts verurteilt wird (→ § 395 Rn. 40).

Der Prüfung des Gerichts werden sämtliche **Erkenntnisse** zugrunde gelegt, die sich 15 den Akten, nicht zuletzt der Anklageschrift entnehmen lassen oder sich aus dem bisherigen Stand der Hauptverhandlung ergeben. Ebenso zu berücksichtigen sind das tatsächliche Vorbringen desjenigen, der den Anschluss erklärt,[30] und die Ergebnisse der Anhörung nach

---

[19] LG Deggendorf 28.1.1965 – Qs 12/65, NJW 1965, 1092 (1092 f.); Schmitt in Meyer-Goßner/Schmitt Rn. 6; Wenske in Löwe/Rosenberg Rn. 6; vgl. auch LG Heidelberg 6.6.1967 – 2 Qs 147/67, NJW 1967, 2420 (2420 f.).
[20] Weiner in BeckOK StPO Rn. 6; Wenske in Löwe/Rosenberg Rn. 6.
[21] BGH 4.11.2020 – 6 StR 292/20, BeckRS 2020, 32845 Rn. 1; Allgayer in KK-StPO Rn. 4; Velten in SK-StPO Rn. 5; Wenske in Löwe/Rosenberg Rn. 12.
[22] Allgayer in KK-StPO Rn. 4; Schmitt in Meyer-Goßner/Schmitt Rn. 8; Wenske in Löwe/Rosenberg Rn. 12.
[23] BayObLG 29.1.1955 – BeschwReg. 1 St 18a–b/55, BayObLGSt 1955, 19 (20); KG 28.3.1968 – (3) 1 Ss 458/67, VRS 35, 353 (354); Kulhanek in KMR-StPO Rn. 6; Schmitt in Meyer-Goßner/Schmitt Rn. 8; Schöch/Werner in Satzger/Schluckebier/Widmaier StPO Rn. 5; Velten in SK-StPO Rn. 5; Weißer/Duesberg in Gercke/Temming/Zöller Rn. 11.
[24] BayObLG 29.1.1955 – BeschwReg. 1 St 18a–b/55, BayObLGSt 1955, 19 (20); 12.8.1970 – RReg. 5 St 34/70, GA 1971, 22 (23); Kulhanek in KMR-StPO Rn. 6; Merz in Radtke/Hohmann Rn. 5; Velten in SK-StPO Rn. 5.
[25] Wenske in Löwe/Rosenberg Rn. 12.
[26] Kulhanek in KMR-StPO Rn. 6; Schmitt in Meyer-Goßner/Schmitt Rn. 8; Velten in SK-StPO Rn. 5; aA BayObLG 29.1.1955 – BeschwReg. 1 St 18a–b/55, BayObLGSt 1955, 19 (20).
[27] Kulhanek in KMR-StPO Rn. 10; Schmitt in Meyer-Goßner/Schmitt Rn. 9; Velten in SK-StPO Rn. 9.
[28] BGH 18.12.1968 – 3 StR 297/68, Dallinger MDR 1969, 360 (361); BayObLG 20.5.1952 – RevReg. 2 St 230/51, BayObLGSt 1952, 99 (100); Schöch/Werner in Satzger/Schluckebier/Widmaier StPO Rn. 5.
[29] Allgayer in KK-StPO Rn. 5; Kulhanek in KMR-StPO Rn. 8; Schmitt in Meyer-Goßner/Schmitt Rn. 10; Schöch/Werner in Satzger/Schluckebier/Widmaier StPO Rn. 6.
[30] OLG Schleswig 2.8.1999 – 2 Ws 239, 248–254, 256–257/99, NStZ-RR 2000, 270 (271); LG Koblenz 7.10.2003 – 10 Qs 88/03, NJW 2004, 305 (306).

§ 396   16–19   5. Buch. 3. Abschnitt. Nebenklage

Abs. 2 (→ Rn. 26 ff.). Zweifel über die entscheidungserheblichen Umstände hat das Gericht außerhalb der Hauptverhandlung im Freibeweisverfahren zu klären (→ § 395 Rn. 27).³¹ Ggf. hat der Verletzte maßgebliche Tatsachen (zB für die Anschlussberechtigung nach § 395 Abs. 2 Nr. 1 oder Abs. 3) glaubhaft zu machen, etwa die Schwere seiner erlittenen Verletzungen durch ein ärztliches Attest zu belegen.³²

16   **c) Beschluss. aa) Verfahren und Wirkung.** Das Gericht entscheidet über die Berechtigung zum Anschluss als Nebenkläger durch **Beschluss** innerhalb oder außerhalb der Hauptverhandlung.³³ Die Entscheidung kann stillschweigend erfolgen, indem der den Anschluss Erklärende in der Hauptverhandlung wie ein zugelassener Nebenkläger behandelt³⁴ oder der Angeklagte auf die Berufung des Nebenklägers wegen der diesen zum Anschluss berechtigenden Delikte verurteilt wird.³⁵ Dies soll sogar in den Fällen des § 395 Abs. 3 gelten.³⁶

17   Der Zulassungsbeschluss gilt zwar grundsätzlich für das **gesamte Verfahren.** Es ist daher nicht erforderlich, den bereits in der ersten Instanz zugelassenen Nebenkläger in der Rechtsmittelinstanz erneut zuzulassen; ein entsprechender Antrag ist vielmehr gegenstandslos.³⁷ Allerdings hat jede Instanz die Anschlussberechtigung von Amts wegen zu überprüfen (→ Rn. 34 und → § 401 Rn. 4).

18   Der Zulassungsbeschluss muss **unverzüglich,** vor allem vor einer weiteren Veränderung der Prozesslage erlassen werden (vgl. auch Abs. 3).³⁸ Die Entscheidung (zB über eine übersehene Anschlusserklärung) kann aber auch noch nach rechtskräftigem Abschluss des Verfahrens nachgeholt werden, wenn die Anschlusserklärung rechtzeitig bei Gericht eingegangen war.³⁹ Auf den bereits erfolgten Abschluss des Verfahrens wirkt sich die Entscheidung jedoch nicht mehr aus.

19   **bb) Charakter des Beschlusses.** Dem Beschluss über die Zulassung als Nebenkläger nach § 395 Abs. 1 und Abs. 2 kommt lediglich **deklaratorischer Charakter** zu.⁴⁰ Dies ergibt sich sowohl aus der in Abs. 1 S. 2 angesprochenen Wirksamkeit bereits der Anschlusserklärung als auch aus Abs. 2 S. 1, wonach das Gericht nur über die Berechtigung, nicht aber über die Wirksamkeit des Anschlusses entscheidet.⁴¹ Die Stellung eines Verfahrensbeteiligten erlangt der Nebenkläger demzufolge bereits durch seine wirksame Anschlusserklärung als

---

31   Wenske in Löwe/Rosenberg Rn. 16.
32   Kulhanek in KMR-StPO Rn. 8; Schmitt in Meyer-Goßner/Schmitt Rn. 10; Weißer/Duesberg in Gercke/Temming/Zöller Rn. 17; Wenske in Löwe/Rosenberg Rn. 16; Beulke DAR 1988, 114 (117).
33   Kulhanek in KMR-StPO Rn. 10; Wenske in Löwe/Rosenberg Rn. 18.
34   BayObLG 12.8.1970 – RReg. 5 St 34/70, GA 1971, 22 (23); OLG Düsseldorf 11.12.1989 – 2 Ws 554–555/89, JurBüro 1990, 769 (770); Allgayer in KK-StPO Rn. 9; Kulhanek in KMR-StPO Rn. 10; Schmitt in Meyer-Goßner/Schmitt Rn. 15; Weißer/Duesberg in Gercke/Temming/Zöller Rn. 18; s. auch KG 28.3.1968 – (3) 1 Ss 458/67, VRS 35, 353 (354); OLG Düsseldorf 22.11.2000 – 2a Ss 295/00 – 78/00 I, NStZ-RR 2001, 142 (143).
35   OLG Hamm 15.9.2011 – 3 RVs 52/11, NStZ-RR 2012, 22 mkritAnm Wenske JR 2014, 170.
36   OLG Hamm 15.9.2011 – 3 RVs 52/11, NStZ-RR 2012, 22; zu Recht krit. Wenske in Löwe/Rosenberg Rn. 31; Wenske JR 2014, 170 (172 ff.).
37   BGH 6.9.2000 – 3 StR 349/00, Becker NStZ-RR 2001, 266; 27.1.2009 – 3 StR 592/08, NStZ-RR 2009, 253.
38   Velten in SK-StPO Rn. 10; Weißer/Duesberg in Gercke/Temming/Zöller Rn. 21.
39   LG Hanau 29.8.1986 – 3 Qs 253/86, JurBüro 1987, 393 (393); LG Kiel 4.12.1961 – 13 Qs 364/61, SchlHA 1962, 109 (110); AG Mainz 19.1.1970 – 16 Cs 854/69, Rpfleger 1970, 95 (96); Kulhanek in KMR-StPO Rn. 11; Schmitt in Meyer-Goßner/Schmitt Rn. 14; Velten in SK-StPO Rn. 11; Meyer JurBüro 1983, 165 (165 f.); aA OLG Düsseldorf 9.5.1996 – 4 Ws 110/96, NStZ-RR 1997, 11; LG Düsseldorf 13.9.1982 – XIV Qs 121/82, JurBüro 1983, 252 (252 f.); LG München I 11.10.1962 – III Qs 292/62, DAR 1963, 246 (247).
40   S. nur BGH 1.4.1998 – 2 StR 23/98, Kusch NStZ-RR 1999, 39; 3.12.2019 – 2 StR 155/19, NStZ-RR 2020, 91; KG 24.1.2008 – 3 Ws 66/07, NStZ-RR 2008, 198; 30.6.2020 – 4 Ws 37/20 – 121 AR 102/20, BeckRS 2020, 14759 Rn. 12; OLG Celle 24.10.1960 – 3 Ws 539/60, NJW 1961, 378; OLG Köln 6.10.1959 – 2 Ws 369/59, NJW 1960, 307; OLG Schleswig 2.8.1999 – 2 Ws 239, 248–254, 256–257/99, NStZ-RR 2000, 270 (271); Allgayer in KK-StPO Rn. 7; Merz in Radtke/Hohmann Rn. 8; Schmitt in Meyer-Goßner/Schmitt Rn. 13; Schöch/Werner in Satzger/Schluckebier/Widmaier StPO Rn. 8; Weißer/Duesberg in Gercke/Temming/Zöller Rn. 19.
41   Kulhanek in KMR-StPO Rn. 13; Velten in SK-StPO Rn. 11.

prozessrechtliche Bewirkungshandlung.[42] Prozesshandlungen des Nebenklägers sind daher schon ab diesem Zeitpunkt wirksam, ohne dass es des Zulassungsbeschlusses bedarf.[43]

Auch eine unzutreffende **Ablehnung** oder eine zu Unrecht ergangene Aufhebung der bereits festgestellten Zulassung durch das Gericht lässt die berechtigte Anschlusserklärung wirksam bleiben und vermag dem Nebenkläger nicht dessen Rechte zu nehmen.[44] Umgekehrt kann die Eigenschaft als Nebenkläger ebenso wenig durch einen unzutreffenden Zulassungsbeschluss begründet werden.[45] **20**

Konstitutiven Charakter erfährt der Zulassungsbeschluss in den Fällen des **§ 395 Abs. 3,** in denen und insoweit dem Gericht eine Prüfungsbefugnis über das Vorliegen **besonderer Gründe** iSd Norm zuteilwird.[46] Der Nebenklageberechtigte wird hier demzufolge nicht vor dem Zulassungsbeschluss zum Nebenkläger, sondern kann erst ab diesem Zeitpunkt seine Rechte ausüben.[47] Lediglich wenn sich der Nebenkläger zur Einlegung von Rechtsmitteln dem Verfahren anschließt, ist das Rechtsmittel nicht schon unzulässig, wenn das Gericht über den rechtzeitig erklärten Anschluss nach Ablauf der Frist entscheidet.[48] Auch der Ablehnungsbeschluss in den Fällen des § 395 Abs. 3 sowie der Beschluss, der eine bereits erfolgte Zulassung wieder aufhebt, sind konstitutiver Natur.[49] **21**

In Bezug auf die **allgemeinen Voraussetzungen** der Nebenklagebefugnis ist die Entscheidung des Gerichts hingegen nur deklaratorischer Natur. Die Entscheidung über die Anschlussberechtigung nach Abs. 2 S. 1 kann zusammen mit, aber auch gesondert von der Entscheidung nach Abs. 2 S. 2 ergehen.[50] Zur Unfechtbarkeit der letztgenannten Entscheidung gemäß Abs. 2 S. 2 Hs. 2 → Rn. 37 ff. **22**

cc) Rechtskraft. Dem **Zulassungsbeschluss** kommt keine Rechtskraft zu.[51] Das Gericht kann daher die Zulassung des Nebenklägers in jeder Lage des Verfahrens – sowohl auf Antrag als auch von Amts wegen – widerrufen, wenn die verfahrensrechtlichen Anforderungen an die Zulassung als Nebenkläger von vornherein gefehlt haben (zB ein notwendiger Strafantrag nicht gestellt war).[52] Ebenso wenig ist das Rechtsmittelgericht an den Zulassungsbeschluss **23**

---

[42] BGH 18.10.1995 – 2 StR 470/95, BGHSt 41, 288 (289) = NJW 1996, 1007 (1007); 1.4.1998 – 2 StR 23/98, Kusch NStZ-RR 1999, 39; OLG Köln 6.10.1959 – 2 Ws 369/59, NJW 1960, 306 (307); OLG Schleswig 2.8.1999 – 2 Ws 239, 248–254, 256–257/99, NStZ-RR 2000, 270 (271); Allgayer in KK-StPO Rn. 7; Schmitt in Meyer-Goßner/Schmitt Rn. 13; Schöch/Werner in Satzger/Schluckebier/Widmaier StPO Rn. 8; Velten in SK-StPO Rn. 11; Weiner in BeckOK StPO Rn. 12.

[43] Kulhanek in KMR-StPO Rn. 11; Weißer/Duesberg in Gercke/Temming/Zöller Rn. 20.

[44] BGH 9.2.1994 – 3 StR 634/93, NStZ 1994, 297 (297); 18.10.1995 – 2 StR 470/95, BGHSt 41, 288 (289) = NJW 1996, 1007 (1007); Kulhanek in KMR-StPO Rn. 12.

[45] BGH 5.4.2000 – 3 StR 75/00, Kusch NStZ-RR 2001, 135; OLG Stuttgart 20.11.1969 – 2 Ws 145/69, NJW 1970, 822 (822); Allgayer in KK-StPO Rn. 7; Schöch/Werner in Satzger/Schluckebier/Widmaier StPO Rn. 8; Weißer/Duesberg in Gercke/Temming/Zöller Rn. 19.

[46] OLG Düsseldorf 27.4.1993 – 2 Ss 85-27/93 III und 3 Ws 157/93, NStZ 1994, 49 (49); 13.2.1996 – 5 Ss 31/96 – 13/96 I und 1 Ws 65–66/96, NStZ-RR 1996, 310 (310); OLG Oldenburg 6.2.2013 – 1 Ws 70/13, StraFo 2013, 212; Kulhanek in KMR-StPO Rn. 12; Schmitt in Meyer-Goßner/Schmitt Rn. 13; Schöch/Werner in Satzger/Schluckebier/Widmaier StPO Rn. 8; Weißer/Duesberg in Gercke/Temming/Zöller Rn. 22; Letzgus NStZ 1989, 352 (353); offen gelassen von BT-Drs. 10/5305, 13; ausf. zur Diskussion Wenske in Löwe/Rosenberg Rn. 24 ff.

[47] OLG Düsseldorf 9.5.1996 – 4 Ws 110/96, NStZ-RR 1997, 11; Weiner in BeckOK StPO Rn. 13; Wenske in Löwe/Rosenberg Rn. 26; aA Velten in SK-StPO Rn. 12.

[48] Wenske in Löwe/Rosenberg Rn. 26.

[49] Kulhanek in KMR-StPO Rn. 12; Wenske in Löwe/Rosenberg Rn. 25.

[50] BT-Drs. 10/5305, 13; Allgayer in KK-StPO Rn. 6; Weißer/Duesberg in Gercke/Temming/Zöller Rn. 22.

[51] OLG Schleswig 2.8.1999 – 2 Ws 239, 248–254, 256–257/99, NStZ-RR 2000, 270 (271); Allgayer in KK-StPO Rn. 9; Kulhanek in KMR-StPO Rn. 14; Velten in SK-StPO Rn. 13.

[52] BayObLG 18.12.1952 – BeschwReg. 2 St 104/52, NJW 1953, 433; KG 24.1.2008 – 3 Ws 66/07, NStZ-RR 2008, 198; 30.6.2020 – 4 Ws 37/20 – 121 AR 102/20, BeckRS 2020, 14759 Rn. 12; OLG Celle 14.12.2016 – 2 Ws 267/16, StraFo 2017, 195 (195); OLG Düsseldorf 20.11.1996 – 1 Ws 999/96, NStZ 1997, 204 (204); OLG Schleswig 2.8.1999 – 2 Ws 239, 248–254, 256–257/99, NStZ-RR 2000, 270 (271); Allgayer in KK-StPO Rn. 9; Kulhanek in KMR-StPO Rn. 14; Merz in Radtke/Hohmann Rn. 9; Schöch/Werner in Satzger/Schluckebier/Widmaier StPO Rn. 9; Velten in SK-StPO Rn. 13; Weißer/Duesberg in Gercke/Temming/Zöller Rn. 23.

gebunden.⁵³ Nicht gerechtfertigt ist jedoch ein Widerruf des Zulassungsbeschlusses, wenn sich erst im Laufe der Hauptverhandlung ergibt, dass die materiellen Voraussetzungen eines Nebenklagedelikts nicht vorliegen (zB bei unzutreffendem Tatsachenvortrag des Nebenklägers) bzw. sich nicht nachweisen lassen.⁵⁴ Diese sachliche Entscheidung über die Nebenklage obliegt dem Urteil und nicht dem verfahrensrechtlichen Beschluss über die Zulassung als Nebenkläger.

24 Auch der **Nichtzulassungs- und** der **Aufhebungsbeschluss** erwachsen nicht in Rechtskraft und schließen eine spätere abweichende Entscheidung nicht aus.⁵⁵ Der Anschluss mit der Nebenklage kann daher jederzeit mit neuem Vorbringen nochmals erklärt werden.⁵⁶ Möglich ist auch, mit Einlegung des Rechtsmittels gegen das Urteil die Ablehnung der Zulassung zu rügen (ergänzend → Rn. 35) und insoweit eine neue Entscheidung des Rechtsmittelgerichts herbeizuführen.⁵⁷

25 Der Entscheidung nach Abs. 2 S. 2 über das **Vorliegen besonderer Gründe iSd § 395 Abs. 3** kommt zwar wegen ihrer Unanfechtbarkeit (Abs. 2 S. 2 Hs. 2; → Rn. 37 ff.) formelle Rechtskraft zu. Dies schließt indessen eine eigenständige entgegenstehende Entscheidung des Gerichts nicht aus.⁵⁸ So bleibt es dem Nebenklageberechtigten nach einer Ablehnung der Zulassung durch das Gericht auch hier unbenommen, neue Tatsachen vorzutragen und erneut den Anschluss mit der Nebenklage zu erklären.⁵⁹ Ebenso kann das Gericht seine Entscheidung von Amts wegen ändern.⁶⁰

26 **d) Anhörung der Verfahrensbeteiligten (Abs. 2).** Vor seiner Entscheidung hat das zuständige Gericht gemäß Abs. 2 **S. 1** stets die **Staatsanwaltschaft** zu hören. Ob die Anschlussberechtigung aus § 395 Abs. 1, Abs. 2 oder Abs. 3 folgt, ist insoweit belanglos.

27 Eine Anhörung „auch des **Angeschuldigten**" sieht das Gesetz in Abs. 2 **S. 2 Hs. 1** nur in den Fällen des § 395 Abs. 3 vor. Nach hM ist der Angeschuldigte daher nicht zu hören, wenn über die Berechtigung eines Anschlusses als Nebenkläger nach § 395 Abs. 1 oder Abs. 2 zu entscheiden ist.⁶¹ Für diese Differenzierung wird angeführt, dass der Anschluss nach § 395 Abs. 3 zusätzlich „besondere Gründe" fordert, die den Anschluss mit der Nebenklage zur Wahrnehmung der Interessen des Verletzten geboten erscheinen lassen.⁶²

28 Um den Anspruch des Angeschuldigten auf **rechtliches Gehör** aus Art. 103 Abs. 1 GG zu wahren, dürfte indessen angebracht sein, ihn auch in den Fällen des § 395 Abs. 1 und Abs. 2 zu hören.⁶³ Schließlich steht dem Nebenkläger ein umfassendes Beteiligungsrecht zu, durch dessen Ausübung er das Verfahren nicht unerheblich beeinflussen kann (→ § 395

---

53 BGH 9.5.2012 – 5 StR 523/11, NJW 2012, 2601 (2601); 3.12.2019 – 2 StR 155/19, NStZ-RR 2020, 91; BayObLG 18.12.1952 – BeschwReg. 2 St 104/52, NJW 1953, 433; 29.3.1971 – RReg. 1 St 22/71, BayObLGSt 1971, 56 (57).
54 BayObLG 18.12.1952 – BeschwReg. 2 St 104/52, NJW 1953, 433; OLG Celle 14.12.2016 – 2 Ws 267/16, StraFo 2017, 195 (196) zur Nebenklage im Jugendstrafverfahren mablAnm Eisenberg StraFo 2017, 283; OLG Düsseldorf 20.11.1996 – 1 Ws 999/96, NStZ 1997, 204 (205); Kulhanek in KMR-StPO Rn. 14; Schmitt in Meyer-Goßner/Schmitt Rn. 16; Schöch/Werner in Satzger/Schluckebier/Widmaier StPO Rn. 9; aA Riegner NZV 1991, 42 (42 f.).
55 BGH 18.10.1995 – 2 StR 470/95, BGHSt 41, 288 (289) = NJW 1996, 1007 (1007); 1.9.2020 – 3 StR 214/20, BGHSt 65, 145 (146) = NJW 2020, 3398 (3398); BayObLG 29.3.1971 – RReg. 1 St 22/71, BayObLGSt 1971, 56 (58); Allgayer in KK-StPO Rn. 9; Velten in SK-StPO Rn. 13.
56 Kulhanek in KMR-StPO Rn. 14; Merz in Radtke/Hohmann Rn. 10; Schmitt in Meyer-Goßner/Schmitt Rn. 17; Schöch/Werner in Satzger/Schluckebier/Widmaier StPO Rn. 10; Velten in SK-StPO Rn. 13; Weiner in BeckOK StPO Rn. 15; Weißer/Duesberg in Gercke/Temming/Zöller Rn. 24.
57 BGH 3.12.1969 – 3 StR 185/69, Dallinger MDR 1970, 732; Kulhanek in KMR-StPO Rn. 14; Weiner in BeckOK StPO Rn. 15; Letzgus NStZ 1989, 352 (353).
58 Wenske in Löwe/Rosenberg Rn. 22.
59 Wenske in Löwe/Rosenberg Rn. 22; Beulke DAR 1988, 114 (118); vgl. auch OLG Düsseldorf 27.4.1993 – 2 Ss 85-27/93 III und 3 Ws 157/93, NStZ 1994, 49 (50).
60 Wenske in Löwe/Rosenberg Rn. 22.
61 Allgayer in KK-StPO Rn. 8; Schmitt in Meyer-Goßner/Schmitt Rn. 11. Gleiches gilt nach OLG Rostock 28.2.2017 – 20 Ws 69/17, NJ 2017, 252 (253 f.) im Beschwerdeverfahren gegen den Widerruf der Zulassung als Nebenkläger.
62 Weißer/Duesberg in Gercke/Temming/Zöller Rn. 15.
63 Velten in SK-StPO Rn. 6; Jahn/Bung StV 2012, 754 (757); s. auch Kulhanek in KMR-StPO Rn. 7.

Rn. 2).⁶⁴ Der Angeschuldigte ist daher schon mit der Zulassung des Nebenklägers beschwert. Zwar kommt dem Zulassungsbeschluss keine Rechtskraft zu. Er kann aber nicht nach Belieben geändert werden, sondern nur, wenn die verfahrensrechtlichen Anforderungen von vornherein gefehlt haben; ein materiell unzutreffender Tatsachenvortrag des Nebenklägers allein berechtigt hingegen nicht zum Widerruf des Beschlusses (→ Rn. 23). Jedenfalls empfiehlt es sich deshalb, dem Angeschuldigten in der Regel rechtliches Gehör zu gewähren.⁶⁵

e) Entscheidung vor Einstellung des Verfahrens (Abs. 3). Kommt aus Sicht des 29 Gerichts eine Einstellung des Verfahrens aus Opportunitätsgründen nach den in Abs. 3 genannten Vorschriften in Betracht, ist vor dem Einstellungsbeschluss **zuerst über** die **Berechtigung zum Anschluss** mit der Nebenklage **zu entscheiden.** Dies soll den Anspruch des Nebenklageberechtigten auf rechtliches Gehör beachten und ihm ermöglichen, seine Rechte wahrzunehmen, da es seiner Zustimmung zu einer Einstellung nach den §§ 153 ff. nicht bedarf (→ § 153 Rn. 49; → § 153b Rn. 19; → § 154 Rn. 60; ergänzend auch → § 397 Rn. 25 und → § 400 Rn. 36).⁶⁶ Ein Anschluss mit der Nebenklage kommt indessen nicht mehr in Betracht, wenn das Verfahren bereits (vorläufig) eingestellt ist.⁶⁷

Der zeitliche Vorrang der Entscheidung über die Wirksamkeit der Anschlusserklärung 30 gilt nur bei den ausdrücklich genannten Einstellungen nach den § 153 Abs. 2, § 153a Abs. 2, § 153b Abs. 2 und § 154 Abs. 2. Hingegen bedarf es keines Zulassungsbeschlusses, wenn das Gericht ein Strafbefehlsverfahren einstellen will, ohne zuvor einen Termin zur Hauptverhandlung anzuberaumen. Denn in diesem Fall ist die Anschlusserklärung gemäß Abs. 1 S. 3 noch nicht wirksam geworden (→ Rn. 11).⁶⁸ Zu den (fehlenden) Auswirkungen einer Verfolgungsbeschränkung gemäß § 154a auf die Nebenklage siehe § 395 Abs. 5 (→ § 395 Rn. 87 f.).

III. Beschwerde

Gegen den **Zulassungsbeschluss** steht sowohl dem Beschuldigten⁶⁹ als auch der 31 Staatsanwaltschaft die Beschwerde zu.⁷⁰ Auch im Rechtsmittelverfahren kann Beschwerde erhoben werden.⁷¹ § 305 S. 1 ist jeweils nicht einschlägig, da der Beschluss über die Anschlussberechtigung des Nebenklägers als weiterem Verfahrensbeteiligten mit umfassendem Beteiligungsrecht eine eigenständige prozessuale Wirkung entfaltet.⁷²

---

⁶⁴ Wenske in Löwe/Rosenberg Rn. 17; vgl. auch Velten in SK-StPO Rn. 6.
⁶⁵ Kulhanek in KMR-StPO Rn. 7; Merz in Radtke/Hohmann Rn. 6; Weißer/Duesberg in Gercke/Temming/Zöller Rn. 14; Wenske in Löwe/Rosenberg Rn. 17.
⁶⁶ BGH 23.1.1979 – 5 StR 748/78, BGHSt 28, 272 (273) = NJW 1979, 1310; OLG Celle 30.12.1982 – 2 Ws 199/82, NStZ 1983, 328 (329); OLG Köln 11.7.1952 – Ws 144/52, NJW 1952, 1029; Kulhanek in KMR-StPO Rn. 9; Schmitt in Meyer-Goßner/Schmitt Rn. 18; Weiner in BeckOK StPO Rn. 16; Weißer/Duesberg in Gercke/Temming/Zöller Rn. 25.
⁶⁷ OLG Stuttgart 13.3.1990 – 1 Ws 61/90, Die Justiz 1990, 192 (193); Wenske in Löwe/Rosenberg Rn. 33.
⁶⁸ LG Flensburg 9.8.1982 – I Qs 203/82, VRS 64, 31 (33); Schmitt in Meyer-Goßner/Schmitt Rn. 18.
⁶⁹ KG 22.3.2010 – 4 Ws 6/10, NStZ-RR 2011, 22 (22); OLG Celle 15.1.1960 – 3 Ws 133/59, NJW 1960, 1171; OLG Frankfurt a. M. 22.6.1967 – 3 Ws 229/67, NJW 1967, 2075 (2075); OLG Köln 22.10.1993 – 2 Ws 490/93, NJW 1993, 3279 (3279); OLG Oldenburg 26.11.1955 – Ws 379/55, NJW 1956, 682; OLG Saarbrücken 25.2.1963 – Ws 7/63, NJW 1963, 1513 (1513).
⁷⁰ Allgayer in KK-StPO Rn. 11; Kulhanek in KMR-StPO Rn. 16; Schmitt in Meyer-Goßner/Schmitt Rn. 19; Schöch/Werner in Satzger/Schluckebier/Widmaier StPO Rn. 13; Velten in SK-StPO Rn. 15; Beulke DAR 1988, 114 (117).
⁷¹ BayObLG 29.1.1955 – BeschwReg. 1 St 18a–b/55, BayObLGSt 1955, 19 (20); OLG Celle 15.1.1960 – 3 Ws 133/59, NJW 1960, 1171; OLG Stuttgart 17.4.2000 – 4 Ws 64/00, Die Justiz 2000, 149 (149); Wenske in Löwe/Rosenberg Rn. 34.
⁷² KG 22.3.2010 – 4 Ws 6/10, NStZ-RR 2011, 22 (22 f.); OLG Celle 15.1.1960 – 3 Ws 133/59, NJW 1960, 1171; OLG Frankfurt a. M. 22.6.1967 – 3 Ws 229/67, NJW 1967, 2075 (2075); OLG Köln 22.10.1993 – 2 Ws 490/93, NJW 1993, 3279 (3279); OLG Oldenburg 26.11.1955 – Ws 379/55, NJW 1956, 682; OLG Saarbrücken 25.2.1963 – Ws 7/63, NJW 1963, 1513 (1513 ff.); Allgayer in KK-StPO Rn. 11; Kulhanek in KMR-StPO Rn. 16; Schöch/Werner in Satzger/Schluckebier/Widmaier StPO Rn. 13; Velten in SK-StPO Rn. 15; Weiner in BeckOK StPO Rn. 18.

32 Eine Beschwerde scheidet grundsätzlich aus, wenn das Verfahren bereits **rechtskräftig** abgeschlossen ist.[73] Dies gilt auch dann, wenn der Beschwerdeführer mit der Beschwerde lediglich die Folgen des Urteils beseitigen und etwa die Erstattung von Auslagen abwehren oder erstreiten will.[74] Zu diesem Zweck ist vielmehr die sofortige Kostenbeschwerde zu erheben.[75] Gegen einen ablehnenden Beschluss kann die Beschwerde ausnahmsweise nach Eintritt der Rechtskraft des Urteils eingelegt werden, sofern erst zu diesem Zeitpunkt über den Anschluss als Nebenkläger entschieden wird (→ Rn. 18).[76]

33 Wird die **Zulassung** als Nebenkläger **abgelehnt,** können hiergegen Antragsteller[77] und Staatsanwaltschaft Beschwerde gemäß § 304 Abs. 1 einlegen.[78] Ebenso kann Beschwerde gegen die Aufhebung des Zulassungsbeschlusses erhoben werden.[79] Auch hier steht § 305 S. 1 jeweils nicht entgegen.[80] An die Entscheidung des Beschwerdegerichts ist das Ausgangsgericht gebunden, solange sich der zu beurteilende Sachverhalt nicht ändert.[81] Die Beschwerde ist überholt, wenn der Nebenkläger Rechtsmittel einlegt und damit erneut seinen Anschluss erklärt. Eine gleichwohl erlassene Entscheidung des Beschwerdegerichts bindet das Revisionsgericht nicht.[82] Um diese Doppelung ggf. widersprechender Entscheidungen zu vermeiden, plädiert das Schrifttum zum Teil für die Einführung einer sofortigen Beschwerde des Nebenklägers gegen den Ablehnungsbeschluss.[83]

IV. Revision

34 **1. Allgemeines.** Legt der **Nebenkläger** Revision ein, ist seine Anschlussberechtigung als eine Zulässigkeitsvoraussetzung des Rechtsmittels von Amts wegen zu prüfen (→ § 401 Rn. 4).[84] Fehlt die Anschlussberechtigung, wurde der Nebenkläger demzufolge im vorinstanzlichen Verfahren zu Unrecht zugelassen, wird das Rechtsmittel von Amts wegen, dh ohne entsprechende Verfahrensrüge eines anderen Verfahrensbeteiligten, als unzulässig verworfen.[85] Die Kosten des Nebenklägers dürfen in diesem Fall nicht dem Angeklagten auferlegt werden.[86]

---

[73] OLG Frankfurt a. M. 23.2.2023 – 7 Ws 28/23, BeckRS 2023, 6647 Rn. 9; Allgayer in KK-StPO Rn. 11.
[74] OLG Zweibrücken 7.10.1981 – 1 Ws 306/81, StV 1982, 66; Wenske in Löwe/Rosenberg Rn. 34.
[75] Wenske in Löwe/Rosenberg Rn. 34.
[76] Kulhanek in KMR-StPO Rn. 19; Weißer/Duesberg in Gercke/Temming/Zöller Rn. 28 f.
[77] OLG Düsseldorf 23.6.1982 – 2 Ws 414/82, NJW 1982, 2566; OLG Hamburg 27.1.1981 – 1 Ws 34/81, MDR 1981, 957; LG Koblenz 7.10.2003 – 10 Qs 88/03, NJW 2004, 305 (306); Bringewat GA 1972, 289 (295).
[78] Allgayer in KK-StPO Rn. 11; Kulhanek in KMR-StPO Rn. 16; Schmitt in Meyer-Goßner/Schmitt Rn. 19; Velten in SK-StPO Rn. 15; Beulke DAR 1988, 114 (117); zur Unzulässigkeit der nur subsidiären Verfassungsbeschwerde gegen den Nichtzulassungsbeschluss BVerfG 14.6.2002 – 2 BvQ 32/02, NStZ-RR 2002, 309.
[79] BayObLG 18.12.1952 – BeschwReg. 2 St 104/52, NJW 1953, 433; OLG Düsseldorf 20.11.1996 – 1 Ws 999/96, NStZ 1997, 204 (204); OLG Schleswig 2.8.1999 – 2 Ws 239, 248–254, 256–257/99, NStZ-RR 2000, 270 (271); Merz in Radtke/Hohmann Rn. 12; Schöch/Werner in Satzger/Schluckebier/Widmaier StPO Rn. 13; Weißer/Duesberg in Gercke/Temming/Zöller Rn. 27.
[80] OLG Düsseldorf 23.6.1982 – 2 Ws 414/82, NJW 1982, 2566; OLG Oldenburg 26.11.1955 – Ws 379/55, NJW 1956, 682; LG Koblenz 7.10.2003 – 10 Qs 88/03, NJW 2004, 305 (306).
[81] OLG Rostock 28.2.2017 – 20 Ws 69/17, NJ 2017, 252 (254) mzustAnm Sasse.
[82] BGH 3.12.1969 – 3 StR 185/69, Dallinger MDR 1970, 732; Merz in Radtke/Hohmann Rn. 12; Schmitt in Meyer-Goßner/Schmitt Rn. 19; Weißer/Duesberg in Gercke/Temming/Zöller Rn. 34.
[83] Wenske in Löwe/Rosenberg Rn. 39. Aus denselben Gründen schlägt Bringewat GA 1972, 289 (299) eine Aussetzung des eigentlichen Strafverfahrens bis zur endgültigen Entscheidung über die Beschwerde vor.
[84] BGH 13.2.1980 – 3 StR 5/80 (S), BGHSt 29, 216 (217 f.), in NJW 1980, 1586 nicht abgedr.; 18.10.1995 – 2 StR 470/95, BGHSt 41, 288 (289) = NJW 1996, 1007 (1007); OLG Hamm 17.7.1963 – 1 Ss 764/63, NJW 1964, 265 (265); OLG Köln 25.3.1952 – Ss 78/52, NJW 1952, 678; 18.2.1994 – Ss 30/94, NStZ 1994, 298 (298); Allgayer in KK-StPO Rn. 12; Merz in Radtke/Hohmann Rn. 13; Schmitt in Meyer-Goßner/Schmitt Rn. 20; Schöch/Werner in Satzger/Schluckebier/Widmaier StPO Rn. 14; Weißer/Duesberg in Gercke/Temming/Zöller Rn. 31.
[85] BayObLG 8.10.1952 – 1 St 93/52, MDR 1953, 249; OLG Düsseldorf 12.7.1982 – 2 Ss 315/82 – 216/82 II, NJW 1983, 1337; Velten in SK-StPO Rn. 16; Weißer/Duesberg in Gercke/Temming/Zöller Rn. 31.
[86] BayObLG 29.3.1971 – RReg. 1 St 22/71, BayObLGSt 1971, 56 (58); OLG Düsseldorf 12.7.1982 – 2 Ss 315/82 – 216/82 II, NJW 1983, 1337; Allgayer in KK-StPO Rn. 12.

Rügt der Nebenkläger seine **fehlende Zulassung,** stellt dies keinen absoluten Revisionsgrund nach § 338 Nr. 5 dar.[87] In Betracht kommt nur ein relativer Revisionsgrund gemäß § 337. Auf der fehlenden Zulassung kann ein Urteil beruhen, wenn nicht ausgeschlossen werden kann, dass der zugelassene Nebenkläger Tatsachen hätte vorbringen oder Beweismittel hätte benennen können, die für den Schuldspruch wesentlich von Bedeutung hätten sein können.[88] Wurde der Nebenkläger fehlerhaft nur verspätet zugelassen, beruht das Urteil zumindest dann nicht hierauf, wenn er auf die Wiederholung der bereits vorgenommenen Vernehmungen verzichtet hat.[89] 35

Bei einer Revision des **Angeklagten** oder eines anderen Verfahrensbeteiligten wird die Anschlussbefugnis des vom Gericht zugelassenen Nebenklägers grundsätzlich nur auf entsprechende Verfahrensrüge und nicht von Amts wegen geprüft (§ 352 Abs. 1).[90] Nach hM soll das Urteil in der Regel nicht darauf beruhen, dass jemand zu Unrecht als Nebenkläger zugelassen wurde.[91] Aufgrund der richterlichen Aufklärungspflicht sei ein ursächlicher Zusammenhang zwischen fehlerhafter Zulassung und dem Urteil in der Regel zu verneinen. Ein etwaiger Aufklärungszuwachs könne ohnehin nicht mehr rückgängig gemacht werden.[92] Indes sind die Beteiligungsmöglichkeiten des Nebenklägers und seine Einflussnahme auf das Verfahren nicht zu unterschätzen, so dass in jedem Einzelfall zu überprüfen bleibt, ob Auswirkungen seiner Teilnahme auf das Urteil tatsächlich auszuschließen sind.[93] 36

2. Unanfechtbarkeit nach Abs. 2 S. 2 Hs. 2. Nach Abs. 2 S. 2 Hs. 2 ist die Entscheidung über das Vorliegen **besonderer Gründe iSd § 395 Abs. 3** unanfechtbar. Der Beschluss kann nur bzgl. der formellen Anschlussvoraussetzungen (→ Rn. 14) angefochten werden.[94] Ansonsten soll das Rechtsmittelgericht die wertende Entscheidung des mit der Sache jeweils befassten Gerichts nicht nachträglich und rückwirkend korrigieren können.[95] Einer Nachprüfung im **Revisionsverfahren** ist die Entscheidung über den materiellen Anschlussgrund daher wegen § 336 S. 2 entzogen.[96] 37

Für das **Berufungsverfahren** fehlt es hingegen an einer § 336 S. 2 vergleichbaren Regelung. Daher dürfte die Unanfechtbarkeit der Entscheidung einer Beanstandung durch das Berufungsgericht nicht entgegenstehen.[97] 38

Umstritten ist, ob wegen der Anordnung der Unanfechtbarkeit in Abs. 2 S. 2 Hs. 2 auch eine **rügeunabhängige Überprüfung** unzulässig ist. Vornehmlich die Rechtsprechung befürwortet dies im Hinblick auf den Willen des Gesetzgebers und die von ihm erstrebte 39

---

[87] BGH 30.7.1996 – 5 StR 199/96, NStZ 1997, 97.
[88] BGH 30.7.1996 – 5 StR 199/96, NStZ 1997, 97; 13.1.1999 – 2 StR 586/98, NStZ 1999, 259; Allgayer in KK-StPO Rn. 13; Schmitt in Meyer-Goßner/Schmitt Rn. 22; Schöch/Werner in Satzger/Schluckebier/Widmaier StPO Rn. 16; Weiner in BeckOK StPO Rn. 21; s. auch BGH 21.7.1981 – 1 StR 219/81, StV 1981, 535; OLG Köln 23.11.1956 – Ss 18/56, VRS 12, 220 (220 f.).
[89] BGH 22.8.1952 – 4 StR 404/51, Kirchhof GA 1954, 368.
[90] BGH 18.12.1952 – 3 StR 677/52, Kirchhof GA 1954, 365; BayObLG 29.3.1971 – RReg. 1 St 22/71, BayObLGSt 1971, 56 (57); OLG Düsseldorf 12.7.1982 – 2 Ss 315/82 – 216/82 II, NJW 1983, 1337; Velten in SK-StPO Rn. 16; Weißer/Duesberg in Gercke/Temming/Zöller Rn. 32.
[91] BGH 27.7.1993 – 3 StR 102/93, Kusch NStZ 1994, 26; BayObLG 15.4.1953 – RevReg. 1 St 746/52, NJW 1953, 1116 (1116 f.); 26.1.1979 – 2 St 397/78, Rüth DAR 1980, 270; OLG Köln 23.3.1948 – Ss 161/47, NJW 1949, 35 (36) mkritAnm Roesen; Kulhanek in KMR-StPO Rn. 21; Schmitt in Meyer-Goßner/Schmitt Rn. 21; Schöch/Werner in Satzger/Schluckebier/Widmaier StPO Rn. 15; Weiner in BeckOK StPO Rn. 22; Weißer/Duesberg in Gercke/Temming/Zöller Rn. 32.
[92] BayObLG 15.4.1953 – RevReg. 1 St 746/52, NJW 1953, 1116 (1116) unter Verweis auf OLG Köln 23.3.1948 – Ss 161/47, NJW 1949, 35 nicht vollständig abgedr.
[93] OLG Frankfurt a. M. 19.1.1966 – 3 Ss 1024/65, NJW 1966, 1669 (1669 f.); Allgayer in KK-StPO Rn. 14; Velten in SK-StPO Rn. 18 f.; Wenske in Löwe/Rosenberg Rn. 41.
[94] Schmitt in Meyer-Goßner/Schmitt Rn. 19; Velten in SK-StPO Rn. 15; Wenske in Löwe/Rosenberg Rn. 35; Beulke DAR 1988, 114 (117); Letzgus NStZ 1989, 352 (353); offen gelassen von BGH 9.5.2012 – 5 StR 523/11, NJW 2012, 2601 (2601 f.).
[95] BT-Drs. 10/5305, 13.
[96] BT-Drs. 10/5305, 13; BGH 9.5.2012 – 5 StR 523/11, NJW 2012, 2601 (2602); Schöch/Werner in Satzger/Schluckebier/Widmaier StPO Rn. 17; s. auch OLG Hamm 11.5.2021 – 4 RVs 7/21, BeckRS 2021, 11241 Rn. 16.
[97] Velten in SK-StPO Rn. 20; aA OLG Stuttgart 17.4.2000 – 4 Ws 64/00, Die Justiz 2000, 149 (149 f.).

verbesserte Rechtsstellung des Verletzten. Demnach darf die Nebenklageberechtigung auch nicht als Zulässigkeitsvoraussetzung einer Revision von Amts wegen überprüft werden.[98] Vielmehr sei das Revisionsgericht selbst dann an die Entscheidung der Vorinstanz gebunden, wenn diese die Nebenklage nach § 395 Abs. 3 zu Unrecht zugelassen habe.[99]

40 Dem bleibt entgegenzuhalten, dass der Gesetzgeber selbst zwischen der (ausgeschlossenen) Überprüfung des Beschlusses des mit der Sache jeweils befassten Gerichts und der eigenständigen Entscheidung des Rechtsmittelgerichts über eine erneute Anschlusserklärung als Nebenkläger unterschieden hat.[100] Die Rechtsstellung des Verletzten streitet ebenso wenig für ein anderes Verständnis des Abs. 2 S. 2 Hs. 2, da die hier angeordnete Unanfechtbarkeit auch für den (fehlerhaften) Ablehnungsbeschluss gilt. Ihm ist daher nicht verwehrt, trotz ablehnender Entscheidung nach Abs. 2 S. 2 Hs. 1 erneut seinen Anschluss als Nebenkläger zu erklären, ggf. auch zur Einlegung eines Rechtsmittels gemäß § 395 Abs. 4 S. 2 oder erst während der Rechtsmittelinstanz. Dem Revisionsgericht bleibt dann unbenommen, abweichend von dem Beschluss der Vorinstanz besondere Gründe iSd § 395 Abs. 3 zu bejahen und den Anschluss als Nebenkläger zuzulassen.[101]

§ 397 Verfahrensrechte des Nebenklägers

(1) ¹Der Nebenkläger ist, auch wenn er als Zeuge vernommen werden soll, zur Anwesenheit in der Hauptverhandlung berechtigt. ²Er ist zur Hauptverhandlung zu laden; § 145a Absatz 2 Satz 1 und § 217 Absatz 1 und 3 gelten entsprechend. ³Die Befugnis zur Ablehnung eines Richters (§§ 24, 31) oder Sachverständigen (§ 74), das Fragerecht (§ 240 Absatz 2), das Recht zur Beanstandung von Anordnungen des Vorsitzenden (§ 238 Absatz 2) und von Fragen (§ 242), das Beweisantragsrecht (§ 244 Absatz 3 bis 6) sowie das Recht zur Abgabe von Erklärungen (§§ 257, 258) stehen auch dem Nebenkläger zu. ⁴Dieser ist, soweit gesetzlich nichts anderes bestimmt ist, im selben Umfang zuzuziehen und zu hören wie die Staatsanwaltschaft. ⁵Entscheidungen, die der Staatsanwaltschaft bekannt gemacht werden, sind auch dem Nebenkläger bekannt zu geben; § 145a Absatz 1 und 3 gilt entsprechend.

(2) ¹Der Nebenkläger kann sich des Beistands eines Rechtsanwalts bedienen oder sich durch einen solchen vertreten lassen. ²Der Rechtsanwalt ist zur Anwesenheit in der Hauptverhandlung berechtigt. ³Er ist vom Termin der Hauptverhandlung zu benachrichtigen, wenn seine Wahl dem Gericht angezeigt oder er als Beistand bestellt wurde.

(3) Ist der Nebenkläger der deutschen Sprache nicht mächtig, erhält er auf Antrag nach Maßgabe des § 187 Absatz 2 des Gerichtsverfassungsgesetzes eine Übersetzung schriftlicher Unterlagen, soweit dies zur Ausübung seiner strafprozessualen Rechte erforderlich ist.

Schrifttum: Altenhain, Angreifende und verteidigende Nebenklage, JZ 2001, 791; Barton, Die Reform der Nebenklage: Opferschutz als Herausforderung für das Strafverfahren, JA 2009, 753; Beulke, Die Neuregelung der Nebenklage, DAR 1988, 114; Bock, Das Beweisantragsrecht des Nebenklägers – ein Recht zweiter Klasse?, HRRS 2011, 119; Fabricius, Die Stellung des Nebenklagevertreters, NStZ 1994, 257; Ferber, Stärkung der Opferrechte im Strafverfahren – Das 3. Opferrechtsreformgesetz, NJW 2016, 279; Gollwitzer, Die Stellung des Neben-

---

[98] BGH 9.5.2012 – 5 StR 523/11, NJW 2012, 2601 (2602); OLG Düsseldorf 27.4.1993 – 2 Ss 85-27/93 III und 3 Ws 157/93, NStZ 1994, 49 (49); 13.2.1996 – 5 Ss 31/96 – 13/96 I und 1 Ws 65–66/96, NStZ-RR 1996, 310 (310 f.); Allgayer in KK-StPO Rn. 12; Merz in Radtke/Hohmann Rn. 13; Schmitt in Meyer-Goßner/Schmitt Rn. 23.
[99] BGH 9.5.2012 – 5 StR 523/11, NJW 2012, 2601 (2602); OLG Düsseldorf 27.4.1993 – 2 Ss 85-27/93 III und 3 Ws 157/93, NStZ 1994, 49 (49) mzustAnm Rössner NStZ 1994, 506.
[100] BT-Drs. 10/5305, 13.
[101] Schöch/Werner in Satzger/Schluckebier/Widmaier StPO Rn. 17; Velten in SK-StPO Rn. 20; Weiner in BeckOK StPO Rn. 23; Weißer/Duesberg in Gercke/Temming/Zöller Rn. 35; Letzgus NStZ 1989, 352 (353).

klägers in der Hauptverhandlung, FS Schäfer, 1979, S. 65; Herrmann, Die Entwicklung des Opferschutzes im deutschen Strafrecht und Strafprozessrecht – Eine unendliche Geschichte, ZIS 2010, 236; Kempf, Opferschutzgesetz und Strafverfahrensänderungsgesetz 1987. Gegenreform durch Teilgesetze, StV 1987, 215; Lemke-Küch, Das Fragerecht der Nebenklage, StraFo 2018, 369; Schünemann, Der Ausbau der Opferstellung im Strafprozeß – Fluch oder Segen?, FS Hamm, 2008, S. 687; Senge, Zwei Rechtsfragen aus dem Bereich der Nebenklage, FS Rissing-van Saan, 2011, S. 657; Walther, Zum Anspruch des Deliktsopfers auf rechtliches Gehör und auf ein faires Verfahren, GA 2007, 615; Weigend, Das Opferschutzgesetz – kleine Schritte zu welchem Ziel?, NJW 1987, 1170.

Übersicht

		Rn.			Rn.
I.	Überblick	1		b) Ladung zur Hauptverhandlung (S. 2)	9
1.	Normzweck	1		c) Befugnisse in der Hauptverhandlung (S. 3)	11
2.	Entstehungsgeschichte	3		d) Anhörungsrechte (S. 4)	24
II.	Erläuterung	4		e) Bekanntgabe von Entscheidungen (S. 5)	27
1.	Rechte des Nebenklägers (Abs. 1)	4	2.	Beteiligung eines Rechtsanwalts (Abs. 2)	30
	a) Anwesenheitsrecht in der Hauptverhandlung (S. 1)	4	3.	Anspruch auf Übersetzung schriftlicher Unterlagen (Abs. 3)	35

I. Überblick

1. Normzweck. Die Vorschrift des § 397 benennt in Abs. 1 die einzelnen **Befugnisse** 1 **des Nebenklägers.** Sie sollen der Situation und den Belangen des Nebenklägers, nicht zuletzt seiner besonderen Schutzbedürftigkeit (→ § 395 Rn. 5) Rechnung tragen.[1] Um sein dadurch gewährleistetes umfassendes Beteiligungsrecht (→ § 395 Rn. 2) effektiv auszuüben, ermöglicht Abs. 2 ausdrücklich, auf einen **Rechtsanwalt** als Beistand oder als Vertretung zurückzugreifen.

Soweit sich die Rechte des Nebenklägers mit denen der Staatsanwaltschaft vergleichen lassen, verweist die Vorschrift auf deren Befugnisse (Abs. 1 S. 4 und S. 5). Ansonsten (Abs. 1 S. 1–3) werden die Rechte einzeln aufgelistet. Dies soll zum einen verdeutlichen, dass der Nebenkläger **der Staatsanwaltschaft nicht umfassend gleichgestellt** wird.[2] Zum anderen handelt es sich bei dem Nebenkläger um einen weiteren Verfahrensbeteiligten neben der Anklagebehörde mit selbstständigen Rechten und nicht etwa um einen „zweiten Staatsanwalt" (→ § 395 Rn. 2).[3]

2. Entstehungsgeschichte. Die Vorschrift wurde durch das **Opferschutzgesetz** vom 3 18.12.1986 (→ § 395 Rn. 21) neu gefasst. Während sich Abs. 1 bis zu diesem Zeitpunkt mit einem Verweis auf die Rechte des Privatklägers begnügte,[4] werden seitdem die Rechte des Nebenklägers einzeln benannt (zur Prozesskostenhilfe auch → § 397a Rn. 3). Die zunächst verbliebene Verweisung auf Normen der Privatklage in Abs. 1 S. 2 idF des Opferschutzgesetzes, der aus Vereinfachungsgründen auf § 378 und § 385 Abs. 1–3 Bezug nahm anstatt deren Wortlaut zu wiederholen, wurde durch das **2. Opferrechtsreformgesetz** vom 29.7.2009 (→ § 395 Rn. 25) beseitigt. Die betreffenden Befugnisse sind nunmehr zur Klarstellung ebenso ausdrücklich in Abs. 1 S. 2, S. 4 und S. 5 sowie in Abs. 2 aufgenommen. Abs. 3 wurde durch das **3. Opferrechtsreformgesetz** vom 21.12.2015 (→ § 395 Rn. 26) eingefügt.

II. Erläuterung

1. Rechte des Nebenklägers (Abs. 1). a) Anwesenheitsrecht in der Hauptver- 4 **handlung (S. 1).** Ein zentrales Recht des Nebenklägers ist es, in der Hauptverhandlung

---
[1] Wenske in Löwe/Rosenberg Rn. 2.
[2] Allgayer in KK-StPO Rn. 1; Schmitt in Meyer-Goßner/Schmitt Rn. 1; Wenske in Löwe/Rosenberg Rn. 1.
[3] BT-Drs. 10/5305, 13, 14; Schöch/Werner in Satzger/Schluckebier/Widmaier StPO Rn. 1; Velten in SK-StPO Rn. 1.
[4] Zu den hieraus abzuleitenden Rechten des Nebenklägers BGH 23.1.1979 – 5 StR 748/78, BGHSt 28, 272 (274) = NJW 1979, 1310.

anwesend zu sein (Abs. 1 S. 1). Das Anwesenheitsrecht erstreckt sich auf die gesamte **Hauptverhandlung**.[5] Insbesondere darf der Nebenkläger als Verfahrensbeteiligter sowohl an der nichtöffentlichen Hauptverhandlung[6] als auch an Teilen der Hauptverhandlung teilnehmen, die außerhalb des Sitzungssaals stattfinden, zB an kommissarischen Vernehmungen nach § 223 und Augenscheinseinnahmen nach § 225.[7]

5 Das Anwesenheitsrecht besteht auch im Rechtsmittelverfahren[8] sowie für die Hauptverhandlung nach Rückverweisung der Sache.[9] **Nicht** erfasst ist hingegen das **Zwischenverfahren**. Selbst bei einer Anschlusserklärung schon im Ermittlungsverfahren (zu deren Wirksamkeit → § 396 Rn. 7) ist der Nebenkläger nicht befugt, beispielsweise an einzelnen Beweiserhebungen nach § 202 teilzunehmen.[10] Es liegt aber im Ermessen des Gerichts, nach Abwägung der Interessen sämtlicher Beteiligter den Nebenkläger zuzulassen, sofern dies den Untersuchungszweck nicht beeinträchtigt.[11] Kein Anwesenheitsrecht hat der Nebenkläger im Verfahren zur Untersuchungshaft.[12]

6 Wegen des hohen Stellenwerts des Anwesenheitsrechts ist es unzulässig, den Nebenkläger entsprechend § 247 aus dem Gerichtssaal zu entfernen.[13] Ebenso wenig darf gemäß S. 1 das Anwesenheitsrecht eingeschränkt werden, wenn der Nebenkläger **als Zeuge vernommen** werden soll.[14] Die Vorschriften der § 58 Abs. 1 und § 243 Abs. 2 S. 1 sind nicht anwendbar.[15] Um eine vom bisherigen Verlauf der Hauptverhandlung möglichst unbeeinflusste Aussage des Nebenklägers als Zeugen zu gewinnen (hierzu schon → § 395 Rn. 10), ist es aber grundsätzlich angezeigt, den Nebenkläger so früh wie möglich zu vernehmen.[16] Ähnlich ist dem Nebenkläger zu empfehlen, bis zu seiner Vernehmung als Zeuge nicht an der Hauptverhandlung teilzunehmen, um seiner Aussage nicht entgegenhalten lassen zu müssen, sie sei durch den bisherigen Verfahrensgang beeinflusst.[17] Ansonsten bleibt die Anwesenheit des Zeugen bei der Würdigung seiner Aussage zu berücksichtigen.[18]

7 Ist der zur Nebenklage Befugte der deutschen Sprache nicht mächtig oder hör- oder sprachbehindert, hat das Gericht nach § 187 Abs. 4 iVm Abs. 1 S. 1 GVG einen **Dolmetscher** oder Übersetzer heranzuziehen, soweit dies zur Ausübung seiner strafprozessualen Rechte erforderlich ist.[19] Auf diese Möglichkeit einer unentgeltlichen Inanspruchnahme eines Dolmetschers oder Übersetzers ist der Anschlussberechtigte nach § 187 Abs. 4 iVm Abs. 1 S. 2 GVG in einer ihm verständlichen Sprache hinzuweisen. Eines Anschlusses als Nebenkläger bedarf es hierfür nicht (ergänzend → § 397a Rn. 19).[20] Erfolgt der Anschluss, ordnet zudem Abs. 3 ausdrücklich einen Anspruch des Nebenklägers auf die Übersetzung

---

[5] S. nur OLG Naumburg 16.3.2021 – 1 Ws (s) 60/21, BeckRS 2021, 9628 Rn. 7.
[6] Velten in SK-StPO Rn. 6; Wenske in Löwe/Rosenberg Rn. 5.
[7] Schmitt in Meyer-Goßner/Schmitt Rn. 2; Velten in SK-StPO Rn. 6; Wenske in Löwe/Rosenberg Rn. 5.
[8] S. zur Revisionshauptverhandlung BGH 27.4.2015 – 1 StR 594/14, BeckRS 2015, 10527 Rn. 2; 10.8.2020 – 5 StR 616/19, NStZ-RR 2020, 392.
[9] Wenske in Löwe/Rosenberg Rn. 3.
[10] Wenske in Löwe/Rosenberg Rn. 17; für eine Beteiligung des Nebenklägers bereits im Zwischenverfahren Walther GA 2007, 615 (622 f.).
[11] Wenske in Löwe/Rosenberg Rn. 17.
[12] OLG Hamm 16.10.2007 – 3 Ws 588/07, NStZ-RR 2008, 219 (220); Wenske in Löwe/Rosenberg Rn. 17.
[13] Kulhanek in KMR-StPO Rn. 2; Schmitt in Meyer-Goßner/Schmitt Rn. 2; Velten in SK-StPO Rn. 6; Gollwitzer FS Schäfer, 1979, 65 (78).
[14] Krit. Schünemann FS Hamm, 2008, 687 (691 ff.).
[15] OLG Naumburg 16.3.2021 – 1 Ws (s) 60/21, BeckRS 2021, 9628 Rn. 7; Kulhanek in KMR-StPO Rn. 2; Schmitt in Meyer-Goßner/Schmitt Rn. 2; Schöch/Werner in Satzger/Schluckebier/Widmaier StPO Rn. 2; Weißer in Gercke/Temming/Zöller Rn. 4; vgl. auch LG Dresden 10.11.1997 – 8 Ns 101 Js 44995/95, NStZ 1999, 313 (314) mAnm Rüping.
[16] Weißer/Duesberg in Gercke/Temming/Zöller Rn. 5.
[17] Schöch/Werner in Satzger/Schluckebier/Widmaier StPO Rn. 2; Weiner in BeckOK StPO Rn. 3.
[18] Kulhanek in KMR-StPO Rn. 2; Herrmann ZIS 2010, 236 (242).
[19] S. hierzu OLG Hamburg 27.10.2004 – IV-1/04, NJW 2005, 1135 (1136 ff.); zur Rechtslage vor Einführung des § 187 GVG BGH 22.10.2002 – 1 StR 298/02, NStZ 2003, 218 (218 f.).
[20] BeckOK GVG/Allgayer § 187 Rn. 1; Schmitt in Meyer-Goßner/Schmitt GVG § 187 Rn. 11.

schriftlicher Unterlagen an, soweit dies für die Ausübung seiner strafprozessualen Rechte erforderlich ist (→ Rn. 35 ff.).

Mit seinem ausdrücklich normierten Anwesenheitsrecht geht **keine Anwesenheits-** 8 **pflicht** des Nebenklägers einher;[21] zur Anwesenheitsobliegenheit in der Berufungsverhandlung siehe § 401 Abs. 3 S. 1 (→ § 401 Rn. 19 ff.). Der Nebenkläger zählt nicht zu denjenigen Personen, deren Anwesenheit das Gesetz iSv § 338 Nr. 5 vorschreibt.[22] Das persönliche Erscheinen des Nebenklägers kann daher insbesondere nicht entsprechend § 236 angeordnet und erzwungen werden.[23] Dies ist lediglich nach anderen Vorschriften möglich, vor allem wenn er zugleich als Zeuge geladen wird. Die Anwesenheitspflicht eines Zeugen gemäß § 48 trifft auch den in dieser Funktion geladenen Nebenkläger.[24]

b) Ladung zur Hauptverhandlung (S. 2). Zur Wahrnehmung seines Anwesenheits- 9 rechts ist der Nebenkläger gemäß S. 2 Hs. 1 zur Hauptverhandlung zu **laden** (zu den Erfolgsaussichten der Rüge einer fehlerhaft unterbliebenen Ladung → § 398 Rn. 8). Einschränkend ist jedoch § 398 Abs. 2 zu beachten (→ § 398 Rn. 5 ff.).

Die Vorschriften des § 145a Abs. 2 S. 1 über die Zustellung der Ladung an den **Vertei-** 10 **diger** und des § 217 Abs. 1 und Abs. 3 zur **Ladungsfrist** und zu dem möglichen Verzicht auf deren Einhaltung gelten entsprechend (S. 2 Hs. 2).

c) Befugnisse in der Hauptverhandlung (S. 3). aa) Ausdrücklich aufgezählte 11 **Beteiligungsrechte.** Dem Nebenkläger stehen gemäß S. 3 umfassende Beteiligungsrechte zu. Werden dem Angeklagten auch den Nebenkläger nicht zum Anschluss berechtigende Straftaten vorgeworfen, kann dieser seine Befugnisse nur **im Hinblick auf das Nebenklagedelikt** gebrauchen.[25]

Im Einzelnen ist der Nebenkläger ebenso wie Staatsanwaltschaft, Privatkläger und 12 Beschuldigter dazu befugt, einen **Richter** gemäß §§ 24, 31 **abzulehnen**. Gleiches gilt für die über die Verweisung in § 74 mögliche Ablehnung eines **Sachverständigen** insbesondere wegen Besorgnis der Befangenheit. Das Ablehnungsrecht steht dem Nebenkläger auch in einem verbundenen Verfahren gegen heranwachsende bzw. erwachsene und jugendliche Angeklagte zu (zu dessen Zulässigkeit → § 395 Rn. 17 f.).[26] Für die Rechtzeitigkeit eines Ablehnungsgesuchs nach § 25 Abs. 2 S. 1 muss sich der Nebenkläger die Kenntnis des Ablehnungsgrundes durch den bevollmächtigten Vertreter zurechnen lassen.[27]

Der Nebenkläger hat außerdem das Recht, während der Hauptverhandlung Angeklagte, 13 Zeugen und Sachverständige zu **befragen** (§ 240 Abs. 2).[28] Sofern der Nebenkläger selbst Angeklagter in dem Verfahren ist (→ § 395 Rn. 36), darf er einen Mitangeklagten wegen § 240 Abs. 2 S. 2 allerdings nicht unmittelbar befragen.[29]

Des Weiteren ist der Nebenkläger berechtigt, Anordnungen des Vorsitzenden (§ 238 14 Abs. 2) sowie Fragen des Gerichts und anderer Verfahrensbeteiligter (§ 242) zu **beanstanden.**[30]

Ein bedeutsames Recht des Nebenklägers, um Einfluss auf das Verfahren zu nehmen 15 und seine Interessen sachgerecht wahrzunehmen, ist das **Beweisantragsrecht**. Beweisan-

---

[21] KG 11.11.2019 – 1 Ws 2/19, BeckRS 2019, 33304 Rn. 7; Schmitt in Meyer-Goßner/Schmitt Rn. 3; Wenske in Löwe/Rosenberg Rn. 5; Gollwitzer FS Schäfer, 1979, 65 (79); s. schon BGH 23.1.1979 – 5 StR 748/78, BGHSt 28, 272 (273) = NJW 1979, 1310 zu § 397 StPO aF.
[22] OLG Düsseldorf 22.11.2000 – 2a Ss 295/00 – 78/00 I, NStZ-RR 2001, 142 (144); Allgayer in KK-StPO Rn. 2.
[23] Allgayer in KK-StPO Rn. 9.
[24] Kulhanek in KMR-StPO Rn. 3; Schöch/Werner in Satzger/Schluckebier/Widmaier StPO Rn. 3; Weiner in BeckOK StPO Rn. 3.
[25] Wenske in Löwe/Rosenberg Rn. 2; Gollwitzer FS Schäfer, 1979, 65 (67).
[26] OLG Düsseldorf 2.11.1994 – VI 13/93, NJW 1995, 343.
[27] BGH 18.12.1990 – 5 StR 448/90, BGHSt 37, 264 (265) = NJW 1991, 1900.
[28] Näher hierzu Lemke-Küch StraFo 2018, 369 (370 ff.).
[29] Merz in Radtke/Hohmann Rn. 8; Wenske in Löwe/Rosenberg Rn. 13; Gollwitzer FS Schäfer, 1979, 65 (69).
[30] Zur Nutzung des Beanstandungsrechts in der Praxis Lemke-Küch StraFo 2018, 369 (371).

träge des Nebenklägers können nur unter den Voraussetzungen der § 244 Abs. 3–5 sowie lediglich durch einen Gerichtsbeschluss nach § 244 Abs. 6 abgelehnt werden.[31]

16 Nicht zu Unrecht wird allerdings **Kritik** an einem uneingeschränkten Beweisantragsrecht für den Nebenkläger geäußert, dient die Nebenklage doch nicht zuletzt dessen Schutz vor Sekundärviktimisierung (→ § 395 Rn. 5), für den derart weitgehende Befugnisse nicht erforderlich sind.[32] Daher hat der 5. Strafsenat es für vertretbar erachtet, die gesetzlichen Ablehnungsgründe bei Beweisanträgen des Nebenklägers weniger restriktiv als beim Angeklagten anzuwenden.[33] Dem steht indessen schon der Wortlaut des Abs. 1 S. 3 entgegen, der eine solche Beschränkung – anders als etwa § 400 Abs. 1 für die Rechtsmittelbefugnis des Nebenklägers – nicht vorsieht.[34]

17 Es bleibt insoweit aber besonders zu beachten, dass der Nebenkläger seine Rechte nur **in Bezug auf das Nebenklagedelikt** ausüben darf (→ Rn. 11). Das Beweisantragsrecht steht dem Nebenkläger daher nur hinsichtlich des Nebenklagedelikts sowie – mangels möglicher Abgrenzung – damit in Tateinheit oder Gesetzeskonkurrenz stehender Taten zu.[35] Bei Tatmehrheit mit dem Nebenklagedelikt ist das Beweisantragsrecht hingegen hierauf beschränkt und sind darüber hinaus gehende Beweisanträge als unzulässig abzulehnen.[36] Ebenso ausgeschlossen sind Beweisanträge, die lediglich für die – gemäß § 400 Abs. 1 nicht anfechtbare – Rechtsfolgenfrage relevante Tatsachen betreffen.[37] Ansonsten würde dem Nebenkläger ein Antragsrecht zugebilligt, dessen Verletzung er in der Revision überhaupt nicht rügen könnte.[38]

18 Schließlich steht dem Nebenkläger das Recht zu, Erklärungen gemäß §§ 257, 258 abzugeben. Er erhält nach der Vernehmung des Angeklagten sowie nach jeder einzelnen Beweiserhebung **Gelegenheit zur Erklärung** (§ 257), um dadurch ggf. die Überzeugungsbildung des Gerichts zu beeinflussen.[39] Sofern der Nebenkläger darüber hinaus Ausführungen zur Sache vornimmt, ist dies in der Regel als eine (ggf. ergänzende) Zeugenaussage zu werten, so dass über die Vereidigung ggf. neu entschieden werden muss.[40]

19 Auch nach dem Schluss der Beweisaufnahme ist dem Nebenkläger das Wort zu gewähren (§ 258 Abs. 1). Die ihm hiernach mögliche **abschließende Stellungnahme** darf der Nebenkläger nach dem Staatsanwalt und vor dem Angeklagten abgeben.[41] Ebenso steht dem Nebenkläger das Recht zur Erwiderung auf den Schlussvortrag des Angeklagten zu (§ 258 Abs. 2).[42] Allerdings kommt ihm nicht dasselbe Gewicht wie dem letzten Wort des Angeklagten zu, so dass die Verweigerung dieses Rechts die Revision nicht ausnahmslos, sondern nur dann begründet, wenn und soweit das Urteil auf dem Fehler gemäß § 337 Abs. 1 beruht.[43]

---

[31] Wenske in Löwe/Rosenberg Rn. 16; hierzu etwa BGH 12.6.1997 – 5 StR 58/97, NJW 1997, 2762 = NStZ 1997, 503 mAnm Herdegen; 7.4.2011 – 3 StR 497/10, NStZ 2011, 713.
[32] Weißer/Duesberg in Gercke/Temming/Zöller Rn. 10; Kempf StV 1987, 215 (219); Weigend NJW 1987, 1170 (1175); s. auch BT-Drs. 10/5305, 29; krit. auch Kulhanek in KMR-StPO Rn. 6.
[33] BGH 28.4.2010 – 5 StR 487/09, NStZ 2010, 714.
[34] BGH 7.4.2011 – 3 StR 497/10, NStZ 2011, 713 (714); Weißer/Duesberg in Gercke/Temming/Zöller Rn. 10; Bock HRRS 2011, 119 (120).
[35] Schöch/Werner in Satzger/Schluckebier/Widmaier StPO Rn. 8; Velten in SK-StPO Rn. 3; Weiner in BeckOK StPO Rn. 8; Weißer/Duesberg in Gercke/Temming/Zöller Rn. 11.
[36] Allgayer in KK-StPO Rn. 7; Kulhanek in KMR-StPO Rn. 6; Merz in Radtke/Hohmann Rn. 8; Schöch/Werner in Satzger/Schluckebier/Widmaier StPO Rn. 8; Weiner in BeckOK StPO Rn. 8; Weißer/Duesberg in Gercke/Temming/Zöller Rn. 11.
[37] Allgayer in KK-StPO Rn. 7; Wenske in Löwe/Rosenberg Rn. 16; Walther FS Rissing-van Saan, 2011, 657 (666 f.); aA Schmitt in Meyer-Goßner/Schmitt Rn. 6.
[38] Allgayer in KK-StPO Rn. 7.
[39] Hierzu Lemke-Küch StraFo 2018, 369 (372).
[40] OLG Hamburg 5.12.1988 – 1 Ss 170/88, StV 1990, 153 (153 f.).
[41] Schmitt in Meyer-Goßner/Schmitt Rn. 5; Velten in SK-StPO Rn. 8; Wenske in Löwe/Rosenberg Rn. 14.
[42] BGH 11.7.2001 – 3 StR 179/01, NJW 2001, 3137 (3137).
[43] BGH 11.7.2001 – 3 StR 179/01, NJW 2001, 3137 (3137); 9.12.2021 – 4 StR 162/21, NStZ-RR 2022, 52 (52); Allgayer in KK-StPO Rn. 6; Weiner in BeckOK StPO Rn. 7.

bb) Sonstige Beteiligungsrechte. Die Aufzählung des S. 3 ist **abschließend**.[44] Da 20 die Nebenklage akzessorisch und keine Klage im eigentlichen Sinn ist (→ § 395 Rn. 2), bleiben dem Nebenkläger vor allem diejenigen Befugnisse der Staatsanwaltschaft verwehrt, in denen deren Anklagemonopol zum Ausdruck kommt.[45] Der Nebenkläger kann daher weder gemäß § 246 Abs. 2[46] noch gemäß § 265 Abs. 4[47] die Aussetzung der Hauptverhandlung beantragen.[48] Des Weiteren ist der Nebenkläger nicht berechtigt, dem Selbstleseverfahren nach § 249 Abs. 2 zu widersprechen oder die Protokollierung der Urkundenverlesung und ihres Grundes nach § 255 oder die besondere Beurkundung von Verfahrensvorgängen und das vollständige Niederschreiben von Aussagen und Äußerungen nach § 273 Abs. 3 zu beantragen.[49] Wegen der abschließenden Aufzählung in S. 3 hat der Nebenkläger auch nicht das Recht, Beweispersonen unmittelbar gemäß § 220 zu laden.[50]

Ebenso wenig ist der Nebenkläger um seine **Zustimmung** oder seinen Verzicht zu 21 fragen, wenn das Gesetz die Vornahme oder das Unterlassen bestimmter Prozesshandlungen an eine entsprechende Erklärung von Staatsanwaltschaft und/oder Angeklagten knüpft.[51] Eine Erklärung des Nebenklägers ist beispielsweise entbehrlich bei dem Verzicht auf die Erhebung einzelner Beweise gemäß § 245 Abs. 1 S. 2 und bei der Ersetzung der Vernehmung eines Zeugen, Sachverständigen oder Mitbeschuldigten durch die Verlesung eines früheren Vernehmungsprotokolls nach § 251 Abs. 1 Nr. 1, Abs. 2 Nr. 3.[52] Auch bei § 324 Abs. 1 S. 2[53] und § 325 Hs. 2[54] sind Verzicht bzw. Zustimmung des Nebenklägers nicht erforderlich.

Trotz fehlender Erwähnung in Abs. 1 ist der Nebenkläger berechtigt, gemäß § 222b 22 **Einwände gegen die Besetzung** zu erheben.[55] Dies ergibt sich aus § 222a Abs. 3 sowie vor allem aus § 222b Abs. 1 S. 4 Hs. 2, der von einem möglichen Einwand auch durch den Nebenkläger ausgeht.[56]

Unbenommen bleibt dem Nebenkläger – wie jedem Verfahrensbeteiligten – zudem, 23 durch **Anträge** auf einen sachgerechten Verfahrensablauf, nicht zuletzt die notwendigen Maßnahmen zur ordnungsgemäßen Erfüllung der richterlichen Aufklärungspflicht gemäß § 244 Abs. 2 hinzuwirken.[57] Hierbei ist der Nebenkläger allerdings wiederum auf die Auf-

---

[44] Kulhanek in KMR-StPO Rn. 5; Velten in SK-StPO Rn. 5; Weißer/Duesberg in Gercke/Temming/Zöller Rn. 13; Beulke DAR 1988, 114 (118).
[45] Velten in SK-StPO Rn. 1; zu § 397 StPO aF Gollwitzer FS Schäfer, 1979, 65 (76).
[46] Schmitt in Meyer-Goßner/Schmitt Rn. 6; Velten in SK-StPO Rn. 10; Weißer/Duesberg in Gercke/Temming/Zöller Rn. 13; Wenske in Löwe/Rosenberg Rn. 17; aA noch BGH 23.1.1979 – 5 StR 748/78, BGHSt 28, 272 (274) = NJW 1979, 1310 zu § 397 StPO aF.
[47] Schmitt in Meyer-Goßner/Schmitt Rn. 6; Weißer/Duesberg in Gercke/Temming/Zöller Rn. 13; Wenske in Löwe/Rosenberg Rn. 17; aA noch BGH 23.1.1979 – 5 StR 748/78, BGHSt 28, 272 (274) = NJW 1979, 1310 zu § 397 StPO aF.
[48] Hierzu auch OLG Karlsruhe 1.2.2016 – 2 Ws 572/15, BeckRS 2016, 03105 Rn. 6 zum Aussetzungsbeschluss des Gerichts nach § 228 Abs. 1 StPO.
[49] Schmitt in Meyer-Goßner/Schmitt Rn. 6; Velten in SK-StPO Rn. 10; Weißer/Duesberg in Gercke/Temming/Zöller Rn. 13; Beulke DAR 1988, 114 (118); aA zu § 273 Abs. 3 noch BGH 23.1.1979 – 5 StR 748/78, BGHSt 28, 272 (274) = NJW 1979, 1310 zu § 397 StPO aF.
[50] Velten in SK-StPO Rn. 8; Weißer/Duesberg in Gercke/Temming/Zöller Rn. 13; Wenske in Löwe/Rosenberg Rn. 17; Beulke DAR 1988, 114 (118); aA Allgayer in KK-StPO Rn. 7; Merz in Radtke/Hohmann Rn. 10; Schmitt in Meyer-Goßner/Schmitt Rn. 5; Weiner in BeckOK StPO Rn. 17.
[51] Schmitt in Meyer-Goßner/Schmitt Rn. 7; Velten in SK-StPO Rn. 10; Weiner in BeckOK StPO Rn. 19.
[52] Allgayer in KK-StPO Rn. 8; Schmitt in Meyer-Goßner/Schmitt Rn. 7; Beulke DAR 1988, 114 (118); aA noch BGH 23.1.1979 – 5 StR 748/78, BGHSt 28, 272 (274) = NJW 1979, 1310 zu § 397 StPO aF.
[53] Schmitt in Meyer-Goßner/Schmitt Rn. 7; Wenske in Löwe/Rosenberg Rn. 17; Beulke DAR 1988, 114 (118).
[54] Schmitt in Meyer-Goßner/Schmitt Rn. 7; Wenske in Löwe/Rosenberg Rn. 17.
[55] Velten in SK-StPO Rn. 7; Wenske in Löwe/Rosenberg Rn. 15.
[56] Weißer/Duesberg in Gercke/Temming/Zöller Rn. 13; Wenske in Löwe/Rosenberg Rn. 15.
[57] BT-Drs. 10/5305, 14; Allgayer in KK-StPO Rn. 7; Kulhanek in KMR-StPO Rn. 8; Merz in Radtke/Hohmann Rn. 10; Schmitt in Meyer-Goßner/Schmitt Rn. 6; Weiner in BeckOK StPO Rn. 17; Weißer/Duesberg in Gercke/Temming/Zöller Rn. 14.

klärung derjenigen Delikte beschränkt, die ihn zum Anschluss berechtigen (vgl. → Rn. 11 und 17).[58]

24   **d) Anhörungsrechte (S. 4).** Der Nebenkläger ist gemäß S. 4 im selben Umfang zuzuziehen und zu hören wie die Staatsanwaltschaft (siehe etwa § 33 Abs. 1 und Abs. 2 zur Anhörung vor gerichtlichen Entscheidungen), soweit das Gesetz nichts anderes bestimmt. Das Anhörungsrecht gilt allerdings nur für den in der Hauptverhandlung **anwesenden** oder zumindest vertretenen **Nebenkläger**.[59]

25   Insbesondere muss der Nebenkläger **angehört** werden, bevor das Gericht das Verfahren nach §§ 153 ff. einstellen will. Seine Zustimmung zur Einstellung ist jedoch nicht erforderlich (→ § 396 Rn. 29).

26   **Kein Anhörungsrecht** steht dem Nebenkläger im Haftbeschwerdeverfahren zu.[60]

27   **e) Bekanntgabe von Entscheidungen (S. 5).** Der Staatsanwaltschaft gleichgestellt ist der Nebenkläger auch bei der **Bekanntgabe** von Entscheidungen. Gemäß S. 5 **Hs. 1** sind sämtliche Entscheidungen, die der Staatsanwaltschaft bekannt gemacht werden, auch dem Nebenkläger bekannt zu geben. In der Hauptverhandlung verkündete Entscheidungen werden dem nicht anwesenden Nebenkläger jedoch nicht gemäß § 35 Abs. 1 zugestellt.[61]

28   **§ 145a Abs. 1 und Abs. 3** gelten bei der Bekanntgabe entsprechend (S. 5 **Hs. 2**). Demnach gilt der Rechtsanwalt des Nebenklägers nur als ermächtigt, Zustellungen und sonstige Mitteilungen für diesen zu empfangen, wenn seine Bevollmächtigung nachgewiesen wurde oder er gemäß § 397a Abs. 1 als Beistand bestellt wurde (vgl. § 145a Abs. 1). Der Nebenkläger wird von der Zustellung unterrichtet und erhält formlos eine Abschrift der Entscheidung (vgl. § 145a Abs. 3 S. 1). Gleiches gilt umgekehrt für den weder durch eine schriftliche Vollmacht bei den Akten ausgewiesenen noch bestellten anwaltlichen Beistand des Nebenklägers (vgl. § 145a Abs. 3 S. 2).

29   Ist der Nebenkläger nach §§ 400, 401 anfechtungsberechtigt, ist er nach § 35a über seine Rechtsmittel zu **belehren**.[62]

30   **2. Beteiligung eines Rechtsanwalts (Abs. 2).** Damit der Nebenkläger seine Rechte hinreichend wahrzunehmen vermag, kann er sich gemäß Abs. 2 S. 1 des **Beistands eines Rechtsanwalts** bedienen oder sich durch einen solchen vertreten lassen.[63] Dies steht dem Nebenkläger bereits vor der Erhebung der öffentlichen Klage und ohne Erklärung des Anschlusses mit der Nebenklage frei (§ 406h Abs. 1 S. 1).

31   Außer einem Rechtsanwalt kann der Nebenkläger ebenso einen Hochschullehrer (§ 138 Abs. 1) oder mit Zustimmung des Gerichts eine andere Person (§ 138 Abs. 2 S. 1) hinzuziehen (§ 138 Abs. 3).[64] Da § 146 auch nicht entsprechend anwendbar ist, können sich mehrere Nebenkläger durch einen Rechtsanwalt **gemeinschaftlich vertreten** lassen,[65] gehen insoweit mit einer Mehrfachvertretung doch grundsätzlich keine Interessenkonflikte einher.[66] Auch gegen den Willen der Nebenkläger kann das Gericht bei gleichgelagerten Interessen (→ § 397b Rn. 6 ff.) gemäß § 397b eine gemeinschaftliche Nebenklagevertretung als Beistand bestellen oder beiordnen (ergänzend zum Rechtsschutzbedürfnis für die Bestellung eines eigenen Beistandes → § 397a Rn. 10).

---

58   Allgayer in KK-StPO Rn. 7.
59   Wenske in Löwe/Rosenberg Rn. 6; Gollwitzer FS Schäfer, 1979, 65 (69).
60   OLG Hamm 16.10.2007 – 3 Ws 588/07, NStZ-RR 2008, 219 (220).
61   Velten in SK-StPO Rn. 6.
62   Schmitt in Meyer-Goßner/Schmitt Rn. 9; Velten in SK-StPO Rn. 6; Wenske in Löwe/Rosenberg Rn. 28.
63   Zur Rechtsstellung des Nebenklagevertreters Fabricius NStZ 1994, 257 (263).
64   S. hierzu BT-Drs. 16/12098, 19 f.; krit. Weißer/Duesberg in Gercke/Temming/Zöller Rn. 17; Barton JA 2009, 753 (756).
65   Velten in SK-StPO Rn. 11; Weißer/Duesberg in Gercke/Temming/Zöller Rn. 16.
66   OLG Hamburg 17.12.2012 – 2 Ws 175/12, NStZ-RR 2013, 153 (153); OLG Köln 22.2.2013 – 2 Ws 100/13, BeckRS 2013, 17029; Kulhanek in KMR-StPO Rn. 10.

Einen Rechtsanwalt zu mandatieren, ist der Nebenkläger selbst bei schwerwiegenden 32
Nebenklagedelikten **nicht verpflichtet.** Selbst in den Fällen des § 397a Abs. 1 wird ein
anwaltlicher Beistand nur auf Antrag bestellt. Allerdings ist die Bestellung eines Rechtsanwalts erforderlich, um das Akteneinsichtsrecht nach § 406e auszuüben.

Um den Nebenkläger bei seiner Beteiligung an dem Verfahren hinreichend zu unter- 33
stützen, muss der Rechtsanwalt nicht zuletzt an der Hauptverhandlung teilnehmen können.
Abs. 2 S. 2 gewährt dem Rechtsanwalt des Nebenklägers daher ein **Anwesenheitsrecht**
in der Hauptverhandlung.

Gemäß Abs. 2 S. 3 ist der Rechtsanwalt von dem Termin der Hauptverhandlung zu 34
benachrichtigen, sofern seine Wahl dem Gericht angezeigt oder er als Beistand gemäß
§ 397a bestellt wurde.[67] Auf eine förmliche Ladung verzichtet die Regelung nach ihrem
ausdrücklichen Wortlaut, da bereits der Nebenkläger nach Abs. 1 S. 2 (→ Rn. 9) zu laden
ist.[68]

3. Anspruch auf Übersetzung schriftlicher Unterlagen (Abs. 3). Sprachunkundi- 35
gen Nebenklägern gewährt Abs. 3 einen Anspruch auf Übersetzung schriftlicher Unterlagen. **Der deutschen Sprache nicht mächtig** ist, wer aufgrund seiner nicht notwendig
gänzlich fehlenden, aber zumindest unzureichenden Sprachkenntnisse der Verhandlung
nicht folgen kann.[69] Keinen Anspruch auf Übersetzung hat, wer lediglich nicht in deutscher
Sprache verhandeln will, obwohl er sie ausreichend versteht.[70] Die Übersetzung wird nur
auf Antrag des Nebenklägers geleistet und hat – unabhängig von der finanziellen Lage des
Nebenklägers – **kostenlos** zu erfolgen.[71]

Die Übersetzung ist dem Nebenkläger **für das gesamte gerichtliche Verfahren** zu 36
gewähren. Ein solcher Anspruch ergab sich jedoch schon vor der ausdrücklichen Anordnung
in Abs. 3 aus § 187 Abs. 4 iVm Abs. 1 S. 1 GVG (hierzu auch → Rn. 7). Diese Vorschrift
ist nach wie vor einschlägig, wenn der Nebenkläger (zB bei Teilnahme in der Hauptverhandlung) eine Übersetzung mündlicher Äußerungen benötigt oder trotz Berechtigung der
Anschluss mit der Nebenklage noch nicht erklärt wurde.

Der Übersetzungsanspruch reicht nur so weit, wie dies für den Nebenkläger **zur Aus-** 37
übung seiner strafprozessualen Rechte erforderlich ist.[72] Abzulehnen bleibt dies etwa
bei rechtskräftigen Einstellungsbeschlüssen (zB wegen des Todes des Angeklagten).[73] Hingegen kommt – wie die Bezugnahme auf § 187 Abs. 2 GVG verdeutlicht – eine Übersetzung
vor allem bei Anklageschriften, Strafbefehlen und nicht rechtskräftigen Urteilen in Betracht.
Eine Übersetzung erscheint hierbei aber zum einen nur im Hinblick auf diejenigen Delikte
und Tatkomplexe notwendig, welche die Anschlussbefugnis des Nebenklageberechtigten
begründen. Zum anderen genügt eine mündliche Übersetzung der Unterlagen bzw. deren
mündliche Zusammenfassung, wenn dadurch bereits die strafprozessualen Rechte des
Nebenklägers gewahrt werden; hiervon ist in der Regel auszugehen, wenn – wie so häufig –
der Nebenkläger anwaltlich vertreten ist (vgl. § 187 Abs. 2 S. 4 und S. 5 GVG).[74]

§ 397a Bestellung eines Beistands; Prozesskostenhilfe

(1) Dem Nebenkläger ist auf seinen Antrag ein Rechtsanwalt als Beistand zu bestellen, wenn er

---

[67] Zum Anliegen der Regelung BT-Drs. 16/12098, 31 f.
[68] BT-Drs. 16/12098, 32; Schmitt in Meyer-Goßner/Schmitt Rn. 12; zur früheren Rechtslage OLG Karlsruhe 11.9.1975 – 2 Ss 119/75, VRS 50, 119 (119 f.) mwN.
[69] Vgl. Simon in Löwe/Rosenberg GVG § 185 Rn. 5; s. auch BVerfG 17.5.1983 – 2 BvR 731/80, BVerfGE 64, 135 (146 f.) = NJW 1983, 2762 (2763).
[70] Vgl. BGH 14.6.2005 – 3 StR 446/04, NJW 2005, 3434 (3435) zum Angeklagten.
[71] Vgl. OLG Hamburg 27.10.2004 – IV-1/04, NJW 2005, 1135 (1136); Schmitt in Meyer-Goßner/Schmitt GVG § 187 Rn. 11; Simon in Löwe/Rosenberg GVG § 187 Rn. 29.
[72] Hierzu auch OLG Hamburg 27.10.2004 – IV-1/04, NJW 2005, 1135 (1137 f.).
[73] BGH 4.10.2018 – 4 StR 51/17, BeckRS 2018, 26805 Rn. 5.
[74] Ferber NJW 2016, 279 (280).

1. durch ein Verbrechen nach den §§ 177, 232 bis 232b und 233a des Strafgesetzbuches oder durch einen besonders schweren Fall eines Vergehens nach § 177 Absatz 6 des Strafgesetzbuches verletzt ist,
1a. durch eine Straftat nach § 184j des Strafgesetzbuches verletzt ist und der Begehung dieser Straftat ein Verbrechen nach § 177 des Strafgesetzbuches oder ein besonders schwerer Fall eines Vergehens nach § 177 Absatz 6 des Strafgesetzbuches zugrunde liegt,
2. durch eine versuchte rechtswidrige Tat nach den §§ 211 und 212 des Strafgesetzbuches oder, sofern auch hier ein unmittelbarer Zusammenhang zwischen der verfahrensgegenständlichen Tat und der Rechtsgutverletzung besteht, nach den §§ 6 bis 8, 11 sowie 12 des Völkerstrafgesetzbuches, die sich gegen das Leben richtet, verletzt ist oder wenn er Angehöriger eines durch eine rechtswidrige Tat Getöteten (§ 395 Absatz 2 Nummer 1) ist,
3. durch ein Verbrechen nach den §§ 226, 226a, 234 bis 235, 238 bis 239b, 249, 250, 252, 255 und 316a des Strafgesetzbuches verletzt ist, das bei ihm zu schweren körperlichen oder seelischen Schäden geführt hat oder voraussichtlich führen wird,
4. durch eine rechtswidrige Tat nach den §§ 174 bis 182, 184i bis 184k und 225 des Strafgesetzbuchs verletzt ist und er zur Zeit der Tat das 18. Lebensjahr noch nicht vollendet hatte oder seine Interessen selbst nicht ausreichend wahrnehmen kann,
5. durch eine rechtswidrige Tat nach den §§ 221, 226, 226a, 232 bis 235, 237, 238 Absatz 2 und 3, §§ 239a, 239b, 240 Absatz 4, §§ 249, 250, 252, 255 und 316a des Strafgesetzbuches verletzt ist und er bei Antragstellung das 18. Lebensjahr noch nicht vollendet hat oder seine Interessen selbst nicht ausreichend wahrnehmen kann oder
6. durch ein Verbrechen nach dem Völkerstrafgesetzbuch verletzt ist, das ihn nach § 395 Absatz 1 Nummer 4a zur Nebenklage berechtigt.

(2) ¹Liegen die Voraussetzungen für eine Bestellung nach Absatz 1 nicht vor, so ist dem Nebenkläger für die Hinzuziehung eines Rechtsanwalts auf Antrag Prozesskostenhilfe nach denselben Vorschriften wie in bürgerlichen Rechtsstreitigkeiten zu bewilligen, wenn er seine Interessen selbst nicht ausreichend wahrnehmen kann oder ihm dies nicht zuzumuten ist. ²§ 114 Absatz 1 Satz 1 zweiter Halbsatz sowie Absatz 2 und § 121 Absatz 1 bis 3 der Zivilprozessordnung sind nicht anzuwenden.

(3) ¹Anträge nach den Absätzen 1 und 2 können schon vor der Erklärung des Anschlusses gestellt werden. ²Über die Bestellung des Rechtsanwalts, für die § 142 Absatz 5 Satz 1 und 3 entsprechend gilt, und die Bewilligung der Prozesskostenhilfe entscheidet der Vorsitzende des mit der Sache befassten Gerichts.

Schrifttum: Barton, Nebenklagevertretung im Strafverfahren, FS Schwind, 2006, S. 211; Berger, Gruppenvertretung der Nebenklage. Das Beiordnungsermessen nach § 397a Abs. 3 S. 2 iVm § 142 Abs. 1 StPO als gesetzlich vorgesehene Beschränkungsmöglichkeit der Anzahl der Nebenklägervertreter, NStZ 2019, 251; Eisenberg, Referentenentwurf des BMJ „Gesetz zur Stärkung der Rechte von Opfern sexuellen Missbrauchs (StORMG)" 2010, HRRS 2011, 64; Kaster, Prozeßkostenhilfe für Verletzte und andere Berechtigte im Strafverfahren, MDR 1994, 1073; Özata, Gruppenvertretung als zulässiges Mittel gegen die Hypertrophie in der Nebenklage?, HRRS 2017, 197; Pues, Gruppenvertretung der Nebenklage im Strafprozess?, StV 2014, 304; Ruppert, Prozeßkostenhilfe bei Nebenklage im Revisionsverfahren, MDR 1995, 556; Schöch, Opferanwalt auf Staatskosten, FS Böhm, 1999, S. 663.

I. Überblick

1 **1. Normzweck.** Die Vorschrift erleichtert dem Nebenkläger auf zweierlei Weise, durch einen rechtskundigen Beistand seine Interessen (→ § 395 Rn. 4 ff.) zu wahren, insbesondere seine Beteiligungsrechte im Verfahren auszuüben. Nicht geschützt ist das Kosteninteresse des Nebenklägers; so ist es verfahrensfremd, den Vergütungsanspruch des

Verfahrensbevollmächtigten gegen die Staatskasse sichern zu wollen.[1] Gemäß Abs. 1 ist dem Nebenkläger bei bestimmten Nebenklagedelikten auf Antrag ein anwaltlicher Beistand (sog. **Opferanwalt**) zu bestellen (→ Rn. 8 ff.). Sind die Voraussetzungen hierfür nicht erfüllt, kommt nach Abs. 2 die Bewilligung von **Prozesskostenhilfe** in Betracht (→ Rn. 22 ff.). Auf die Rechte nach § 397a Abs. 1 und Abs. 2 ist der Verletzte gemäß § 406i Abs. 1 Nr. 2a hinzuweisen. Entsprechend gilt § 397a in den Fällen des § 406g (§ 406g Abs. 3).

2. Anwendungsbereich. Schon mangels ausdrücklicher Beschränkung ist die Vorschrift nicht nur bei erhobener öffentlicher Klage, sondern auch im **Sicherungsverfahren** anwendbar.[2] Für das **Adhäsionsverfahren** ist Abs. 1 nach seiner Entstehungsgeschichte hingegen nicht einschlägig.[3] Hier kann lediglich für jede Instanz gesondert Prozesskostenhilfe nach § 404 Abs. 5 gewährt werden.[4]

3. Entstehungsgeschichte. Eingefügt wurde § 397a durch das **Opferschutzgesetz** vom 18.12.1986 (→ § 395 Rn. 21 f.), damals noch beschränkt auf die Regelung der Prozesskostenhilfe. Zwar stand dem Nebenkläger schon zuvor ein Anspruch auf Gewährung von Prozesskostenhilfe über die Generalverweisung in § 397 Abs. 1 aF iVm § 379 Abs. 3 zu. Wegen deren Streichung musste der Anspruch aber nunmehr eigenständig geregelt werden, wobei die besondere Situation des Nebenklägers berücksichtigt werden sollte.[5] Daher erklärte Abs. 1 S. 2 (nach heutiger Fassung Abs. 2 S. 2) auch die Vorschriften der § 114 S. 1 Hs. 2 (inzwischen § 114 Abs. 1 S. 1 Hs. 2 und Abs. 2) und § 121 Abs. 1–3 ZPO für nicht anwendbar (→ Rn. 29 ff.). Außerdem wurde die Prozesskostenhilfe auf die Kosten für die Beiordnung eines Rechtsanwalts beschränkt.[6]

Wesentlich erweitert wurde die Vorschrift durch das Gesetz zum Schutz von Zeugen bei Vernehmungen im Strafverfahren und zur Verbesserung des Opferschutzes (**Zeugenschutzgesetz – ZSchG**) vom 30.4.1998 (→ § 395 Rn. 23), das den Anspruch des verletzten Nebenklägers auf Bestellung eines anwaltlichen Beistands in Abs. 1 einführte.[7] Eine geringfügige Änderung brachte das am 1.4.2004 in Kraft getretene **Gesetz zur Änderung der Vorschriften über die Straftaten gegen die sexuelle Selbstbestimmung und zur Änderung anderer Vorschriften** vom 27.12.2003[8] mit sich, das bei bestimmten Nebenklagedelikten für die Bestellung eines anwaltlichen Beistands ausreichen ließ, dass der Nebenkläger seine Interessen ersichtlich nicht selbst ausreichend wahrnehmen kann (siehe heute insbesondere Abs. 1 Nr. 4; → Rn. 19). Das Gesetz zur Verbesserung der Rechte von Verletzten im Strafverfahren (**Opferrechtsreformgesetz – OpferRRG**) vom 24.6.2004 (→ § 395 Rn. 24) gewährte schließlich auch nebenklageberechtigten Angehörigen einen Anspruch auf Bestellung eines Opferanwalts (→ Rn. 14).

Die Regelung des Abs. 1 ist Gegenstand vielfältiger **Kritik**. Fraglich erscheint nicht zuletzt, warum die Staatskasse auch dann die Kosten des anwaltlichen Beistands (zumindest vorerst) übernehmen soll, wenn der Verletzte seine Interessen selbst ausreichend wie zumutbar wahrnehmen bzw. sich selbst einen Anwalt leisten kann. Vor allem ist aber zu befürchten, dass die Verteidigungsmöglichkeiten des Beschuldigten in der Praxis aufgrund der Bestellung

---

[1] OLG Hamm 13.6.2017 – 4 Ws 90/17, BeckRS 2017, 116329 Rn. 20; LG Saarbrücken 19.6.2017 – 8 Qs 45/17, BeckRS 2017, 159162 Rn. 10 f.
[2] Wenske in Löwe/Rosenberg Rn. 3.
[3] BGH 30.3.2001 – 3 StR 25/01, NJW 2001, 2486 (2487); 27.5.2009 – 2 StR 103/09, NStZ-RR 2009, 253; OLG Hamm 18.6.2001 – 2 (s) Sbd. 6–78/01, NStZ-RR 2001, 351 (351); Kulhanek in KMR-StPO Rn. 17; Weiner in BeckOK StPO Rn. 21.
[4] BGH 30.3.2001 – 3 StR 25/01, NJW 2001, 2486 (2487); 2.11.2007 – 2 StR 486/07, StraFo 2008, 131; 27.5.2009 – 2 StR 103/09, NStZ-RR 2009, 253; 13.10.2010 – 5 StR 179/10, StraFo 2011, 115 (115); Velten in SK-StPO Rn. 6.
[5] BT-Drs. 10/5305, 14.
[6] BT-Drs. 10/5305, 14.
[7] S. hierzu BT-Drs. 13/9542, 2.
[8] BGBl. I 3007.

eines anwaltlichen Beistandes für den Nebenkläger leiden.⁹ Die vorstehenden Einwände gelten umso mehr, wenn mehrere Nebenkläger und deren (in der Regel ebenso mehrere; siehe aber → Rn. 10 sowie die Möglichkeit der Bestellung oder Beiordnung einer gemeinschaftlichen Nebenklagevertretung gemäß § 397b) Anwälte an dem Verfahren teilnehmen. Davon unabhängig bleibt abzuwarten, ob und ggf. welches Berufsethos sich für den Opferanwalt entwickeln wird, der einem nicht zur Objektivität verpflichteten Nebenkläger (→ § 395 Rn. 2) zur Seite steht.¹⁰

6 Umfassendere Änderungen nahm das **2. Opferrechtsreformgesetz** vom 29.7.2009 (→ § 395 Rn. 25) vor. Insbesondere wurde der Katalog der Nebenklagedelikte in Abs. 1 erweitert, um berechtigten Belangen des Opferschutzes Rechnung zu tragen.¹¹ Des Weiteren wurde in Abs. 2 das Merkmal „Schwierigkeit der Sach- und Rechtslage" gestrichen (→ Rn. 28), da auch in einfach gelagerten Fällen nicht ausgeschlossen ist, dass der Nebenkläger seine Interessen nicht ausreichend wahrnehmen kann, oder ihm dies nicht zugemutet werden kann.¹²

7 Die letzte bedeutsamere Überarbeitung der Vorschrift erfolgte durch das **Gesetz zur Stärkung der Rechte von Opfern sexuellen Missbrauchs** vom 26.6.2013,¹³ in Kraft getreten am 1.9.2013. Hierdurch wurden Abs. 1 Nr. 4 eingefügt (→ Rn. 17 ff.) und Abs. 3 S. 3 (→ Rn. 54) gestrichen. Zudem sieht § 140 Abs. 1 Nr. 9 nunmehr die Beiordnung eines Rechtsanwalts gemäß § 397a als zwingenden Fall einer notwendigen Verteidigung an. Zuvor musste nach § 140 Abs. 2 S. 1 letzter Halbsatz aF noch ersichtlich sein, dass sich der Beschuldigte aus diesem Grund nicht selbst verteidigen kann.¹⁴

7a Seitdem beschränkten sich die Änderungen der Norm entweder auf den Katalog der Nebenklagedelikte in Abs. 1 oder auf Folgeanpassungen wegen Umgestaltungen bzw. Erweiterungen der verwiesenen Normen. So wurde durch das **59. StRÄndG** vom 9.10.2020¹⁵ mit Wirkung vom 1.1.2021 in Abs. 1 Nr. 4 auch auf den zu diesem Zeitpunkt in Kraft getretenen Straftatbestand des § 184k StGB (Verletzung des Intimbereichs durch Bildaufnahmen) verwiesen. Durch das am 3.8.2024 in Kraft getretene Gesetz zur Fortentwicklung des Völkerstrafrechts vom 30.7.2024¹⁶ wurde schließlich zum einen Abs. 1 Nr. 2 (→ Rn. 14) auf die Straftaten des §§ 6 bis 8, 11 und 12 VStGB, sofern sie sich gegen das Leben richten, erweitert. Außerdem wurde in Abs. 1 eine neue Nr. 6 (→ Rn. 21a) eingefügt, die auch bei Verbrechen nach dem VStGB, die nach § 395 Abs. 1 Nr. 4a zur Nebenklage berechtigten, einen anwaltlichen Beistand vorsieht.

II. Erläuterung

8 **1. Bestellung eines Rechtsanwalts als Beistand (Abs. 1). a) Grundlagen.** Einem durch eine in Abs. 1 aufgezählte Straftat verletzten Nebenkläger ist – ggf. unter den weiteren Voraussetzungen der Nr. 3–5 – auf Antrag ein Rechtsanwalt als Beistand zu bestellen. In den Fällen des Abs. 1 Nr. 2 kann auch Angehörigen des getöteten Verletzten ein sog. Opferanwalt bestellt werden. Anders als bei der Prozesskostenhilfe nach Abs. 2 ist die Unterstützung des Nebenklägers nicht an dessen wirtschaftliche (oder rechtliche) Bedürftigkeit gebunden.¹⁷ Ebenso ist unerheblich, ob der Nebenkläger bereits vor dem Antrag anwaltlich vertreten wird;¹⁸ wird ein bereits beauftragter Rechtsanwalt zum Beistand bestellt, besteht

---

[9] Weißer/Duesberg in Gercke/Temming/Zöller Rn. 2.
[10] Zum Leitbild des Nebenklagevertreters Barton FS Schwind, 2006, 211 (216 ff.).
[11] Begrüßend Weigend FS Schöch, 2010, 947 (954 f.).
[12] BT-Drs. 16/12098, 34.
[13] BGBl. I 1805.
[14] S. etwa OLG Köln 20.10.1987 – Ss 495/87, MDR 1989, 183; 25.8.1989 – Ss 379/89, NStZ 1989, 542 (542 f.); hierzu auch EGMR 22.11.2018 – 18297/13, NJW 2019, 2005 (2006 f.).
[15] BGBl. I 2075.
[16] BGBl. I Nr. 255.
[17] OLG Köln 1.10.1999 – 2 Ws 528/99, NStZ-RR 2000, 285 (286); Allgayer in KK-StPO Rn. 3; Kulhanek in KMR-StPO Rn. 3.
[18] KG 31.8.2007 – 1 AR 836/07 – 3 Ws 346/07, StraFo 2008, 47 (48); Velten in SK-StPO Rn. 3; aA Weißer/Duesberg in Gercke/Temming/Zöller Rn. 21.

das Auftragsverhältnis fort.[19] Ein anwaltlicher Beistand soll vielmehr beigeordnet werden, wenn das **Opfer besonders schutzbedürftig** erscheint, nicht zuletzt wegen der im Verfahren drohenden Sekundärviktimisierung (→ § 395 Rn. 5).[20]

Ist der Nebenkläger nicht schutzbedürftig, fehlt das notwendige **Rechtsschutzinteresse** an der Beiordnung eines Rechtsanwalts. Hiervon ist auszugehen, wenn der Antrag auf Bestellung eines anwaltlichen Beistandes zusammen mit einem offensichtlich unzulässigen Rechtsmittel gestellt wird.[21] Ein Antrag nach Abs. 1 soll aber – anders als ein Antrag nach Abs. 2 (→ Rn. 30) – selbst dann erfolgreich sein, wenn das Rechtsmittel des Angeklagten nach § 349 Abs. 2 als offensichtlich unbegründet verworfen wird.[22]

In diesem Zusammenhang wurde ebenso zunehmend diskutiert, ob und ggf. unter welchen Voraussetzungen eine **Gruppenvertretung** von Nebenklägern im Strafverfahren auch gegen den Willen der Vertretenen angebracht erscheint (zur grundsätzlich möglichen Mehrfachvertretung bei Nebenklägern → § 397 Rn. 31).[23] Insbesondere wenn sich zahlreiche nahe Angehörige ein und desselben getöteten Opfers als Nebenkläger anschließen, erwogen die Gerichte jedenfalls bei gleichgerichteten Interessen vermehrt und unter Verweis auf den nach § 397a Abs. 3 S. 2 iVm § 142 Abs. 5 S. 3 fehlenden Anspruch auf Bestellung des gewünschten Anwalts (→ Rn. 38) ein fehlendes Rechtsschutzbedürfnis für die Bestellung eines jeweils eigenen Beistands.[24] An diese Rechtsprechung knüpft inzwischen die durch das Gesetz zur Modernisierung des Strafverfahrens vom 10.12.2019[25] mit Wirkung zum 13.12.2019 eingefügte Vorschrift des § 397b an, wonach das Gericht Nebenklägern bei gleichgelagerten Interessen einen gemeinschaftlichen Rechtsanwalt als Beistand bestellen oder beiordnen kann.

Die Liste der in Abs. 1 genannten **Nebenklagedelikte** ist abschließend.[26] Maßgeblich – insbesondere für den Verbrechenscharakter einer Tat nach Abs. 1 Nr. 1 und Nr. 3 – ist die Rechtslage zum Zeitpunkt der Entscheidung über die Beiordnung des anwaltlichen Beistands, nicht zum Zeitpunkt der Tat. § 2 Abs. 3 StGB ist als materielle Vorschrift zugunsten des Täters nicht zu berücksichtigen.[27]

b) Einzelne Voraussetzungen. Wie für die Anschlussberechtigung als solche (→ § 395 Rn. 40) genügt ebenso für die Bestellung eines anwaltlichen Beistands die – wenn auch nur geringe – **Möglichkeit,** dass der Beschuldigte wegen einer der in Abs. 1 genannten Taten **verurteilt** wird.[28] Die Bestellung eines Beistands bleibt lediglich dann abzulehnen, wenn bereits nach der Darstellung des Nebenklägers eine unmittelbare Rechtsbeeinträchtigung ausscheidet oder sich die Wahrnehmung des Rechts der Beistandsbestellung nach allgemeinen Grundsätzen als rechtsmissbräuchlich erweist.[29] Ob das jeweilige Delikt in der Anklageschrift oder im Eröffnungsbeschluss genannt wird, bleibt unerheb-

---

[19] BGH 13.8.2014 – 2 StR 573/13, BGHSt 59, 284 (287 f.) = NJW 2014, 3320 (3321); KG 13.6.2005 – 5 Ws 253/05, NStZ-RR 2006, 160; 29.6.2005 – 5 Ws 164/05, NStZ-RR 2005, 327 (328).
[20] Merz in Radtke/Hohmann Rn. 2; Velten in SK-StPO Rn. 2.
[21] BGH 24.3.1999 – 2 StR 637/98, BGHR StPO § 397a Abs. 1 Beistand 1; Weißer/Duesberg in Gercke/Temming/Zöller Rn. 21; Wenske in Löwe/Rosenberg Rn. 35.
[22] BGH 28.6.2005 – 3 StR 209/05, NStZ 2005, 650 (651); vgl. auch BGH 12.5.1999 – 1 ARs 4/99, NJW 1999, 2380 (2380 f.).
[23] Rechtsvergleichend Pues StV 2014, 304 (305 ff.).
[24] S. hierzu OLG Düsseldorf 12.3.2015 – III-1 Ws 40–41/15, BeckRS 2015, 14047 Rn. 8 ff.; OLG Hamburg 17.12.2012 – 2 Ws 175/12, NStZ-RR 2013, 153 (153 f.); OLG Köln 22.2.2013 – 2 Ws 100/13, BeckRS 2013, 17029; 18.4.2013 – 2 Ws 207/13, StV 2014, 277 (278); aus dem Schrifttum Berger NStZ 2019, 251 (252 ff.).
[25] BGBl. I 2121.
[26] Weißer/Duesberg in Gercke/Temming/Zöller Rn. 3.
[27] BGH 10.3.1999 – 3 StR 2/99, NJW 1999, 1647; 21.9.2000 – 4 StR 366/00, Becker NStZ-RR 2001, 266; 14.5.2002 – 3 StR 35/02, Becker NStZ-RR 2003, 101 (101 f.); 28.6.2005 – 3 StR 209/05, NStZ 2005, 650 (650 f.); Weißer/Duesberg in Gercke/Temming/Zöller Rn. 10.
[28] BGH 30.5.2000 – 4 StR 24/00, NJW 2000, 3222 (3223); OLG Hamm 9.3.2021 – 4 Ws 35/21, BeckRS 2021, 4821 Rn. 11; OLG Schleswig 8.3.2022 – 1 Ws 42/22, BeckRS 2022, 6036 Rn. 2; Kulhanek in KMR-StPO Rn. 13.
[29] OLG Hamm 9.3.2021 – 4 Ws 35/21, BeckRS 2021, 4821 Rn. 11.

lich.³⁰ Gleichfalls unerheblich ist, ob tateinheitlich oder in Gesetzeskonkurrenz mit dem in Abs. 1 aufgelisteten Straftatbestand weitere Delikte begangen wurden (vgl. → § 395 Rn. 43). Sollte das Verfahren (angesichts der allesamt schwerwiegenden Straftaten in Abs. 1: ausnahmsweise) nach den §§ 153–154 eingestellt oder beschränkt werden und somit eine Verurteilung wegen des Nebenklagedelikts nicht mehr in Betracht kommen, scheidet die Bestellung eines anwaltlichen Beistands aus.³¹

13 Nach **Nr. 1** ist ein Rechtsanwalt als Beistand zu bestellen, wenn der Nebenkläger durch ein **Verbrechen** nach §§ 177, 232–232b und 233a StGB verletzt wurde. Bei den aufgelisteten Straftaten gegen die sexuelle Selbstbestimmung und Delikten des Menschenhandels besteht ein gesteigertes Bedürfnis des Verletzten nach rechtlicher Unterstützung im Strafverfahren.³² Da es sich bei den genannten Taten um ein Verbrechen handeln muss, scheidet bei § 177 Abs. 1 und Abs. 2 sowie bei § 232 Abs. 1, Abs. 2 und Abs. 3 S. 1, § 232a Abs. 1 und Abs. 6, § 232b Abs. 1 und § 233a Abs. 1 StGB die Beiordnung eines Anwalts aus, die vielmehr nur bei den Taten der § 177 Abs. 4, Abs. 5, Abs. 7 und Abs. 8, § 232 Abs. 3 S. 2, § 232a Abs. 3 und Abs. 4 (iVm § 232b Abs. 4), § 232b Abs. 3 und § 233a Abs. 3 StGB in Betracht kommt. Darüber hinaus hat ein Opfer seit dem Gesetz zur Modernisierung des Strafverfahrens vom 10.12.2019³³ mit Wirkung zum 13.12.2019 einen Anspruch auf privilegierte Bestellung eines Rechtsbeistandes, wenn es durch einen **besonders schweren Fall eines Vergehens nach § 177 Abs. 6 StGB** verletzt wurde. Dadurch sollte den berechtigten Interessen der Opfer solcher Straftaten, nicht zuletzt von Vergewaltigungen nach § 177 Abs. 6 S. 2 Nr. 1 StGB, Rechnung getragen werden, denen durch das Ermittlungs- und Gerichtsverfahren vergleichbare Belastungen wie bei den ausdrücklich in Nr. 1 genannten Verbrechenstatbeständen des § 177 StGB drohen.³⁴

13a Durch das am 10.11.2016 in Kraft getretene 50. StRÄndG vom 4.11.2016³⁵ wurde **Nr. 1a** eingeführt, der die Bestellung eines Rechtsanwalts als Beistand ebenso vorsieht, wenn der Nebenkläger durch eine Straftat nach § 184j StGB verletzt wurde und die Strafbarkeit nach dieser Vorschrift auf der Begehung eines Verbrechens nach § 177 StGB oder – ebenfalls neu durch das Gesetz zur Modernisierung des Strafverfahrens vom 10.12.2019³⁶ mit Wirkung zum 13.12.2019 eingeführt – auf einem besonders schweren Fall eines Vergehens nach § 177 Abs. 6 StGB beruht.

14 Ebenso wenig an weitere Voraussetzungen außer der Möglichkeit eines bestimmten Nebenklagedelikts geknüpft ist die Beiordnung eines Rechtsanwalts bei versuchten **Tötungsdelikten** der §§ 211, 212 StGB **(Nr. 2)**. Gleiches gilt für Verletzte durch eine versuchte Straftat nach den **§§ 6 bis 8, 11 oder 12 VStGB**, die sich gegen das Leben richtet (→ § 395 Rn. 51a); zum notwendigen unmittelbaren Zusammenhang zwischen der verfahrensgegenständlichen Tat und der Rechtsgutverletzung ebenso → § 395 Rn. 51a. Hinterbliebenen des durch eine rechtswidrige Tat getöteten Opfers (→ § 395 Rn. 60 ff.) ist auf Antrag ein Rechtsanwalt als Beistand zu stellen, wenn das Opfer in einem Angehörigenverhältnis iSd § 395 Abs. 2 Nr. 1 (→ § 395 Rn. 57 f.) stand. Angehörige sind wegen der weiteren erheblichen Belastung durch das Strafverfahren als besonders schutzbedürftig anzusehen.³⁷

15 Ein Anspruch auf Bestellung eines anwaltlichen Beistands kommt auch Nebenklägern zu, die durch ein Verbrechen nach den §§ 226, 226a, 234–235, 238–239b, 249, 250, 252, 255 oder 316a StGB verletzt wurden **(Nr. 3)**. Um berechtigte Interessen des Opferschutzes zu berücksichtigen, wurde die Liste der genannten Delikte durch das 2. Opferrechtsreformgesetz (→ Rn. 6) insbesondere um Taten erweitert, die schwere Folgen bei den Opfern

---

[30] BGH 12.5.1999 – 1 ARs 4/99, NJW 1999, 2380 (2380); 18.6.2002 – 4 StR 178/02, NStZ-RR 2002, 340; OLG Hamm 9.3.2021 – 4 Ws 35/21, BeckRS 2021, 4821 Rn. 11.
[31] Wenske in Löwe/Rosenberg Rn. 33.
[32] BT-Drs. 16/12098, 32; Kulhanek in KMR-StPO Rn. 4a.
[33] BGBl. I 2121.
[34] BT-Drs. 19/14747, 37.
[35] BGBl. I 2460.
[36] BGBl. I 2121.
[37] BR-Drs. 829/03, 31.

verursachen und deren Schutzbedürftigkeit dadurch erhöhen.[38] Da ein **Verbrechen** vorliegen muss, kommt bei Straftaten nach § 234a Abs. 3, § 235 Abs. 1 und Abs. 2, § 238 Abs. 1 und Abs. 2, § 239 Abs. 1 StGB die Beiordnung eines Opferanwalts nicht in Betracht.

Einschränkend setzt Nr. 3 voraus, dass die Tat bei dem Verletzten zu **schweren körperlichen oder seelischen Schäden** geführt hat oder voraussichtlich führen wird. Die Schwere der eingetretenen oder zu erwartenden, körperlichen wie seelischen Schäden kann sich sowohl aus deren Erheblichkeit als auch aus deren Dauerhaftigkeit ergeben.[39] Als Anhaltspunkt dienen die in § 226 und § 239 Abs. 3 Nr. 2 StGB beschriebenen Tatfolgen.[40] Der Bezugnahme der Gesetzesbegründung auf diese beiden Delikte lässt sich entnehmen, dass die Regelung in erster Linie Opfer im Blick hat, die sich (wie etwa das Entführungsopfer eines erpresserischen Menschenraubs) im Zwei-Personen-Verhältnis gegen sie gerichteten Aggressionsdelikten ausgesetzt sahen, nicht hingegen lediglich mittelbar betroffene Personen (wie zB ein Angehöriger eines Entführungsopfers).[41] Für einen schweren seelischen Schaden iSd Nr. 3 genügt nicht jede geistige Krankheit iSd § 226 Abs. 1 Nr. 3 StGB.[42] Erst recht reichen nur kurzfristige und vorübergehende Störungen der Gesundheit jedenfalls nicht aus.[43] Auf finanzielle Einbußen oder Beeinträchtigungen kommt es nicht an.[44]   16

Nr. 4 und Nr. 5 haben Nebenkläger im Blick, die ihre Interessen selbst nicht ausreichend wahrnehmen können, insbesondere weil sie entweder zur Zeit der Tat oder zum Zeitpunkt der Antragstellung noch minderjährig waren. Gemäß **Nr. 4** kommt die Beiordnung eines anwaltlichen Beistands in Betracht, wenn der Nebenkläger durch eine rechtswidrige Tat nach den §§ 174–182, 184i–184k oder nach § 225 StGB verletzt wurde. Zu den Nebenklagedelikten zählen somit vornehmlich wiederum **Straftaten gegen die sexuelle Selbstbestimmung.** Allerdings ist insoweit der Kreis gegenüber Nr. 1 weiter und schließt nicht zuletzt auch Vergehen ein.   17

Die Bestellung eines Rechtsanwalts als Beistand gemäß Nr. 4 setzt voraus, dass der Nebenkläger entweder zur Zeit der Tat noch **minderjährig** war oder er seine Interessen selbst nicht ausreichend wahrnehmen kann. Auf das Alter zum Zeitpunkt der Tat wurde abgestellt, da bei den genannten Delikten ein besonderes Interesse des Verletzten an der Bestellung eines anwaltlichen Beistands besteht, selbst wenn die Tat bereits längere Zeit zurückliegt und der Verletzte zwischenzeitlich schon volljährig ist. Schließlich leiden vor allem minderjährige Opfer sexuellen Missbrauchs im Rahmen eines Macht- oder Abhängigkeitsverhältnisses unter den psychischen Folgen der Tat, werden dadurch von einer frühzeitigen Anzeige abgehalten und benötigen ganz besonders anwaltlichen Beistand.[45]   18

Die alternative Voraussetzung, seine **Interessen** selbst **nicht ausreichend wahrnehmen** zu können, wurde aus der Regelung der Prozesskostenhilfe übernommen (→ Rn. 26). Solche Nebenklageberechtigte wurden als ebenso besonders schutzbedürftig wie Minderjährige angesehen.[46] Entscheidend sind stets die Umstände des Einzelfalls. Unter anderem kann die Schwierigkeit der Sach- oder Rechtslage (→ Rn. 28) den Nebenkläger daran hindern, seine Belange ausreichend zu vertreten.[47] Ferner kann aus der Unzumutbarkeit (→ Rn. 27)   19

---

[38] BT-Drs. 16/12098, 32 f.
[39] OLG Düsseldorf 9.12.2010 – 3 Ws 430/10, NStZ-RR 2011, 186 in Auseinandersetzung mit BT-Drs. 16/12098, 33, wonach „eine schwere bzw. erhebliche und dauerhafte Gesundheitsschädigung" erforderlich sei; s. auch Kulhanek in KMR-StPO Rn. 4d; Schmitt in Meyer-Goßner/Schmitt Rn. 3; krit. Weißer/Duesberg in Gercke/Temming/Zöller Rn. 13 wegen der unzureichenden Trennschärfe.
[40] BT-Drs. 16/12098, 33; Kulhanek in KMR-StPO Rn. 4d.
[41] BGH 7.6.2018 – 3 StR 149/18, NStZ-RR 2018, 256 (257).
[42] BGH 7.6.2018 – 3 StR 149/18, NStZ-RR 2018, 256 (257) zu posttraumatischen Belastungsstörungen wie etwa Schlafstörungen, Albträumen und Motivationsschwierigkeiten.
[43] Weiner in BeckOK StPO Rn. 11.
[44] BT-Drs. 16/12098, 33; Merz in Radtke/Hohmann Rn. 2; Weißer/Duesberg in Gercke/Temming/Zöller Rn. 13; Wenske in Löwe/Rosenberg Rn. 9.
[45] BT-Drs. 17/6261, 12; zust. Schöch/Werner in Satzger/Schluckebier/Widmaier StPO Rn. 2; krit. Eisenberg HRRS 2011, 64 (69).
[46] S. hierzu BT-Drs. 15/1311, 25.
[47] Wenske in Löwe/Rosenberg Rn. 12.

eine nur eingeschränkte Möglichkeit der Wahrnehmung der eigenen Interessen resultieren. Für Abs. 1 Nr. 4 und Nr. 5 gilt dies nicht zuletzt, wenn die Defizite des Nebenklägers auf der Tat beruhen.[48] Dass der Nebenkläger der deutschen Sprache nicht mächtig ist, begründet hingegen – wie sich auch aus § 397 Abs. 3 (→ § 397 Rn. 35 ff.) ergibt – grundsätzlich keine Unfähigkeit zur Wahrnehmung der eigenen Interessen.[49]

20 **Nr. 5** listet weitere Nebenklagedelikte auf, bei denen die Beiordnung eines Rechtsanwalts unter ähnlichen Voraussetzungen wie nach Nr. 4 beantragt werden kann. Als rechtswidrige Taten, durch die der Nebenkläger verletzt ist, werden §§ 221, 226, 226a, 232–235, 237, 238 Abs. 2 und Abs. 3, §§ 239a, 239b, 240 Abs. 4, §§ 249, 250, 252, 255 und 316a StGB aufgezählt. Soweit diese Delikte bereits in Nr. 1 oder vornehmlich Nr. 3 genannt sind, ergibt sich dadurch eine weitere Möglichkeit, dem Verletzten einen anwaltlichen Beistand zu bestellen.

21 Einschränkend setzt Nr. 5 voraus, dass der Nebenkläger entweder bei Antragstellung das 18. Lebensjahr noch nicht vollendet hat oder er seine Interessen selbst nicht ausreichend wahrnehmen kann (→ Rn. 26). Abweichend von Nr. 4 (→ Rn. 18) wird nicht an das Alter zur Zeit der Tat, sondern einschränkend an den **Zeitpunkt der** – wirksamen[50] – **Antragstellung** angeknüpft. Den Anschluss muss der Antragsteller zum Zeitpunkt seines Antrags noch nicht erklärt haben.

21a **Nr. 6** gewährleistet die Bestellung eines anwaltlichen Beistandes, wenn jemand durch ein Verbrechen gemäß §§ 6 bis 8 oder §§ 10 bis 12 VStGB verletzt wird, das ihn nach § 395 Abs. 1 Nr. 4a zur Nebenklage berechtigt (→ § 395 Rn. 53a). Wegen der in der Regel besonderen Schutzbedürftigkeit dieser Verletzten hat der Gesetzgeber darauf verzichtet, in Anlehnung an Nr. 4 und Nr. 5 einen Opferanwalt nur dann vorzusehen, wenn der Nebenkläger nicht in der Lage ist, die eigenen Interessen selbst ausreichend wahrzunehmen.[51]

22 **2. Prozesskostenhilfe (Abs. 2). a) Grundlagen.** Gemäß Abs. 2 kann der Nebenkläger für die Hinzuziehung eines Rechtsanwalts – oder einer anderen Person gemäß § 138 Abs. 3 iVm Abs. 1, Abs. 2 S. 1 (→ § 397 Rn. 31) – Prozesskostenhilfe beantragen. Auf diese Möglichkeit darf aber ausdrücklich nur zurückgegriffen werden, wenn die Voraussetzungen für einen Antrag auf Bestellung eines anwaltlichen Beistands nach Abs. 1 nicht vorliegen. Abs. 2 ist gegenüber Abs. 1 somit **subsidiär**.[52] Daher kann nach dem allgemeinen Rechtsgedanken des § 300 ein Antrag auf Bewilligung von Prozesskostenhilfe gemäß Abs. 2 auch als Antrag auf Bestellung eines anwaltlichen Beistandes gemäß Abs. 1 interpretiert werden, wenn dessen Voraussetzungen erfüllt sind.[53] Dies ist für den Nebenkläger in der Regel ohnehin günstiger, da insoweit dessen wirtschaftliche Verhältnisse unbeachtlich sind (→ Rn. 8).[54]

23 Die Prozesskostenhilfe für die Hinzuziehung eines Rechtsanwalts ist dem Nebenkläger nach denselben Vorschriften wie in bürgerlichen Rechtsstreitigkeiten zu bewilligen, dh nach den §§ 114 ff. ZPO. Wesentliche Voraussetzung für die Gewährung von Prozesskostenhilfe ist gemäß §§ 114 f. ZPO das **wirtschaftliche Unvermögen** des Nebenklägers. Prozesskostenhilfe wird demjenigen Nebenkläger bewilligt, der nach seinen persönlichen und wirtschaftlichen Verhältnissen die Kosten für den anwaltlichen Beistand nicht, nur zum Teil

---

[48] Weiner in BeckOK StPO Rn. 15.
[49] BGH 7.6.2018 – 3 StR 149/18, NStZ-RR 2018, 256 (257).
[50] Schmitt in Meyer-Goßner/Schmitt Rn. 3.
[51] BT-Drs. 20/9471, 40.
[52] BGH 17.12.1999 – 2 StR 574/99, NStZ 2000, 218 (219); 8.5.2008 – 3 StR 48/08, NStZ-RR 2008, 255 (255); Wenske in Löwe/Rosenberg Rn. 15; Velten in SK-StPO Rn. 2; Weißer/Duesberg in Gercke/Temming/Zöller Rn. 1.
[53] BGH 25.8.2000 – 2 StR 236/00, NStZ 2001, 106; 21.9.2000 – 4 StR 366/00, Becker NStZ-RR 2001, 266; 10.8.2005 – 2 StR 324/05, StraFo 2005, 525; 8.5.2008 – 3 StR 48/08, NStZ-RR 2008, 255 (255); OLG Celle 8.5.2012 – 2 Ws 119/12, NStZ-RR 2012, 291 (291); OLG Köln 1.10.1999 – 2 Ws 528/99, NStZ-RR 2000, 285 (286); Kulhanek in KMR-StPO Rn. 13; Merz in Radtke/Hohmann Rn. 3.
[54] BGH 12.5.1999 – 1 ARs 4/99, NJW 1999, 2380 (2380); 11.11.1999 – 1 StR 557/99, Kusch NStZ-RR 2000, 295 (295); 8.5.2008 – 3 StR 48/08, NStZ-RR 2008, 255 (255); OLG Schleswig 8.3.2022 – 1 Ws 42/22, BeckRS 2022, 6036 Rn. 2; Weiner in BeckOK StPO Rn. 3.

oder nur in Raten aufbringen kann. Maßgeblich ist der Zeitpunkt, in dem über den Antrag auf Bewilligung der Prozesskostenhilfe entschieden wird.[55]

Der Nebenkläger hat eigenes **Einkommen** (§ 115 Abs. 1 ZPO)[56] sowie eigenes Vermögen im Rahmen der Zumutbarkeit (§ 115 Abs. 3 ZPO) einzusetzen. Prozesskostenhilfe scheidet gemäß § 115 Abs. 4 ZPO aus, wenn die Kosten der Prozessführung vier Monatsraten nach § 115 Abs. 2 ZPO und die aus dem Vermögen aufzubringenden Teilbeträge voraussichtlich nicht übersteigen.[57] 24

b) Einzelne Voraussetzungen. Gemäß Abs. 1 S. 1 darf der Nebenkläger seine Interessen selbst nicht ausreichend wahrnehmen können oder ihm dies nicht zuzumuten sein. Die Grenzen zwischen **Unfähigkeit und Unzumutbarkeit** der Interessenwahrnehmung sind fließend.[58] 25

Seine **Interessen** selbst **nicht ausreichend wahrnehmen** kann, wer aus in seiner Person liegenden Gründen nicht in der Lage ist, seine eigenen Belange sachgerecht zu verfolgen.[59] Diese fehlende Fähigkeit kann insbesondere körperlichen oder geistigen Einschränkungen geschuldet sein, die einer effektiven Mitwirkung am Verfahren entgegenstehen.[60] Im Übrigen kann wegen der vergleichbaren Situation mit dem verteidigungsunfähigen Angeklagten auf die insoweit zu § 140 Abs. 2 ergangene Rechtsprechung verwiesen werden.[61] 26

Denkbar ist auch, dass der Nebenkläger trotz der in seiner Person liegenden Gründe seine Belange zwar durchaus noch ausreichend verfolgen könnte, er dadurch aber unvertretbar beschwert würde.[62] An der **Zumutbarkeit,** seine Interessen selbst wahrzunehmen, kann es vor allem bei psychischer Betroffenheit durch die Tat bzw. durch deren Folgen fehlen.[63] Außerdem können die Belastungen bei der Konfrontation mit dem Angeklagten oder die Gefahr einer erneuten Viktimisierung die Unzumutbarkeit begründen.[64] Dies betrifft vor allem Opfer von Straftaten gegen die sexuelle Selbstbestimmung oder von Nachstellungen.[65] 27

Des Weiteren dürfte häufig ein Unvermögen zur Wahrnehmung der eigenen Interessen anzunehmen sein, wenn die **Sach- oder Rechtslage** besondere Schwierigkeiten aufweist.[66] Die Streichung des Merkmals durch das 2. Opferrechtsreformgesetz steht dem nicht entgegen, da hiermit der Anspruch des Nebenklägers auf Prozesskostenhilfe auf einfach gelagerte Fälle ausgeweitet und nicht beschränkt werden sollte (→ Rn. 6).[67] Erforderlich ist wie nach der früheren Gesetzesfassung, dass die besonderen Schwierigkeiten aus Rechtsfragen herrühren, welche die spezielle Interessenlage, vornehmlich die Schutzbedürftigkeit des Nebenklägers betreffen.[68] Die Rechtsprechung bejahte dies etwa für eine „Aussage gegen Aussage"-Konstellation, in der sich der Beschuldigte auf Notwehr berief.[69] 28

Gemäß Abs. 2 **S. 2** sind zum einen **§ 114 Abs. 1 S. 1 Hs. 2 und Abs. 2 ZPO** nicht anzuwenden. Demnach erfordert die Bewilligung von Prozesskostenhilfe für den Nebenklä- 29

---

[55] Wenske in Löwe/Rosenberg Rn. 18.
[56] S. hierzu Weißer/Duesberg in Gercke/Temming/Zöller Rn. 23.
[57] S. hierzu etwa BGH 3.4.1992 – 2 StR 65/92, Kusch NStZ 1993, 31; 26.11.1992 – 1 StR 249/92, Kusch NStZ 1993, 230; 13.1.1993 – 5 StR 669/92, NStZ 1993, 351; 19.5.1994 – 1 StR 259/94, Kusch NStZ 1995, 21; 12.9.1996 – 1 StR 498/96, Kusch NStZ 1997, 379.
[58] Kulhanek in KMR-StPO Rn. 12.
[59] Wenske in Löwe/Rosenberg Rn. 16; s. auch Kulhanek in KMR-StPO Rn. 9.
[60] Weißer/Duesberg in Gercke/Temming/Zöller Rn. 26; Wenske in Löwe/Rosenberg Rn. 12; s. auch Kulhanek in KMR-StPO Rn. 9.
[61] Weißer in Gercke/Temming/Zöller Rn. 26; Kaster MDR 1994, 1073 (1074 f.); Ruppert MDR 1995, 556 (556).
[62] Wenske in Löwe/Rosenberg Rn. 17.
[63] OLG Schleswig 8.3.2022 – 1 Ws 42/22, BeckRS 2022, 6036 Rn. 2; Weiner in BeckOK StPO Rn. 19; Wenske in Löwe/Rosenberg Rn. 17.
[64] Velten in SK-StPO Rn. 13; Weiner in BeckOK StPO Rn. 19.
[65] BT-Drs. 10/6124, 14; Wenske in Löwe/Rosenberg Rn. 17.
[66] BT-Drs. 16/12098, 34; Schmitt in Meyer-Goßner/Schmitt Rn. 9; Velten in SK-StPO Rn. 13; Weiner in BeckOK StPO Rn. 20; Weißer/Duesberg in Gercke/Temming/Zöller Rn. 27.
[67] BT-Drs. 16/12098, 34.
[68] Velten in SK-StPO Rn. 13; Weiner in BeckOK StPO Rn. 20.
[69] OLG Schleswig 8.3.2022 – 1 Ws 42/22, BeckRS 2022, 6036 Rn. 2.

ger nicht, dass die Nebenklage hinreichende Aussicht auf Erfolg bietet und nicht mutwillig erscheint. Diese Anforderungen lassen sich indes schon deswegen nicht auf die Nebenklage übertragen, da allein die Staatsanwaltschaft (bei hinreichendem Tatverdacht) öffentliche Anklage erhebt und bereits aus diesem Grund eine mutwillige Nebenklage kaum in Betracht kommt.[70] Außerdem ist ein wesentliches Kriterium für die Anschlussberechtigung die Schutzbedürftigkeit des Verletzten (→ § 395 Rn. 5), deren notwendiges Vorliegen ebenfalls einen mutwilligen Anschluss mit der Nebenklage in aller Regel ausschließen dürfte.[71]

30 Die **Schutzbedürftigkeit** des Nebenklägers ist allerdings für die Bewilligung von Prozesskostenhilfe auch erforderlich (→ Rn. 10 für die Bestellung eines anwaltlichen Beistandes). Mangels Rechtsschutzinteresses kann Prozesskostenhilfe daher nicht gewährt werden, wenn der Nebenkläger ein unzulässiges[72] oder offensichtlich unbegründetes[73] Rechtsmittel betreibt. Ebenso scheidet Prozesskostenhilfe aus, wenn der Angeklagte nur gegen den Strafausspruch Rechtsmittel einlegt (vgl. § 400 Abs. 1)[74] oder seine Revision offensichtlich unbegründet ist und gemäß § 349 Abs. 2 verworfen wird.[75]

31 Zum anderen gelangen gemäß Abs. 2 S. 2 ebenso wenig die **§ 121 Abs. 1–3 ZPO** zur Anwendung. Vor allem kann der Nebenkläger nicht schon deswegen die Beiordnung eines Rechtsanwalts beanspruchen, weil der Angeklagte einen Verteidiger hat (vgl. § 121 Abs. 2 Var. 2 ZPO).[76] Es soll aber im Einzelfall nicht auszuschließen sein, dass allein die Verteidigung des Angeklagten dem Nebenkläger die Fähigkeit oder Zumutbarkeit der Wahrnehmung der eigenen Interessen nimmt und dadurch die Voraussetzungen für die Bewilligung von Prozesskostenhilfe erfüllt.[77]

32 **3. Verfahren (Abs. 3). a) Gemeinsame Grundsätze.** Die Bestellung eines Rechtsanwalts nach Abs. 1 und die Bewilligung von Prozesskostenhilfe nach Abs. 2 erfolgen lediglich auf **Antrag**. Anträge nach Abs. 1 (ergänzend → Rn. 36) und Abs. 2 (ergänzend → Rn. 44) sind schriftlich oder zu Protokoll der Geschäftsstelle (vgl. § 117 Abs. 1 S. 1 Hs. 2 ZPO für den Antrag auf Bewilligung der Prozesskostenhilfe) bei demjenigen Gericht einzureichen, das über die Anschlussberechtigung entscheidet.[78]

33 **Abs. 3 S. 1** hält ausdrücklich fest, dass die Anträge nach Abs. 1 und Abs. 2 schon gestellt werden können, **bevor** der **Anschluss mit der Nebenklage** erklärt wird. Schließlich kann der Nebenklageberechtigte daran interessiert sein, dass ihm ein anwaltlicher Beistand bestellt bzw. Prozesskostenhilfe gewährt wird, bevor er sich dem Verfahren anschließt. Unzulässig

---

[70] BGH 7.9.1989 – 1 StR 326/89, StPO § 397a Abs. 1 Prozesskostenhilfe 6; Wenske in Löwe/Rosenberg Rn. 15.
[71] BT-Drs. 10/5305, 14; vgl. Merz in Radtke/Hohmann Rn. 12.
[72] BGH 13.1.1993 – 5 StR 669/92, NStZ 1993, 351; 3.3.1993 – 3 StR 302/92, Kusch NStZ 1994, 26; OLG Hamburg 6.1.1988 – 1 Ss 137/87, NStZ 1988, 193 (193); Schmitt in Meyer-Goßner/Schmitt Rn. 9; Weißer/Duesberg in Gercke/Temming/Zöller Rn. 29; Wenske in Löwe/Rosenberg Rn. 35.
[73] BGH 13.10.1995 – 2 StR 240/95, Kurth NStZ 1997, 4; 13.7.2004 – 4 StR 178/04, StraFo 2004, 399; Weißer/Duesberg in Gercke/Temming/Zöller Rn. 29; Wenske in Löwe/Rosenberg Rn. 35; Ruppert MDR 1995, 556 (556).
[74] KG 6.3.2014 – 2 Ws 88/14, NStZ-RR 2014, 295; Weißer/Duesberg in Gercke/Temming/Zöller Rn. 29.
[75] BGH 22.3.1995 – 2 StR 93/95, Kurth NStZ 1997, 4; 27.9.1995 – 2 StR 107/95, Kurth NStZ 1997, 4; 20.4.1999 – 5 StR 184/99, Kusch NStZ-RR 2000, 40; 8.1.2002 – 3 StR 440/01, Becker NStZ-RR 2003, 6; 7.3.2002 – 3 StR 335/01, Becker NStZ-RR 2003, 102; 13.7.2004 – 4 StR 178/04, StraFo 2004, 399; 25.4.2017 – 5 StR 95/17, StraFo 2017, 258 (259); 29.7.2020 – 6 StR 163/20, BeckRS 2020, 21894 Rn. 2; OLG Hamm 20.8.2009 – 3 Ss 271/09, NStZ-RR 2010, 160.
[76] KG 10.9.1981 – 4 Ws 128/81, JR 1982, 169 (169f.); 6.3.2014 – 2 Ws 88/14, NStZ-RR 2014, 295; OLG Düsseldorf 21.6.1985 – 1 Ws 493/85, MDR 1986, 166 (167); OLG Hamburg 7.12.1984 – 1 Ss 147/83, MDR 1985, 605 (606); Kulhanek in KMR-StPO Rn. 10f.; Schmitt in Meyer-Goßner/Schmitt Rn. 9; Weißer/Duesberg in Gercke/Temming/Zöller Rn. 26.
[77] Kulhanek in KMR-StPO Rn. 1; Velten in SK-StPO Rn. 14; Weißer/Duesberg in Gercke/Temming/Zöller Rn. 26; Kaster MDR 1994, 1073 (1075).
[78] Kulhanek in KMR-StPO Rn. 13; Schmitt in Meyer-Goßner/Schmitt Rn. 12; Weißer/Duesberg in Gercke/Temming/Zöller Rn. 30.

ist es aber, ein Rechtsmittel unter der Bedingung einzulegen oder durchzuführen, dass Prozesskostenhilfe bewilligt wird.[79]

Über die Anträge nach Abs. 1 und Abs. 2 **entscheidet** der **Vorsitzende** des mit der 34 Sache befassten Gerichts (**Abs. 3 S. 2**). Zuständig ist somit der Vorsitzende desjenigen Gerichts, bei dem die öffentliche Klage erhoben wird. Über Anträge, die schon im Ermittlungsverfahren gestellt werden, wird beim gewöhnlichen Verfahren daher erst **nach Erhebung der öffentlichen Klage** entschieden.[80] Werden Rechtsmittel eingelegt, ist das Rechtsmittelgericht erst nach prozessordnungsgemäßer Vorlage der Akten zuständig.[81] Die Entscheidungskompetenz des Vorsitzenden erstreckt sich auch auf die Aufhebung der Bewilligung der Prozesskostenhilfe; die diesbezügliche Zuständigkeit kann somit etwa nicht auf den Rechtspfleger übertragen werden.[82]

Die Bestellung eines anwaltlichen Beistands gemäß Abs. 1 und die Bewilligung von 35 Prozesskostenhilfe gemäß Abs. 2 erfolgt jeweils mit Zugang der stattgebenden Entscheidung.[83] Dem Beschluss kommt grundsätzlich **keine Rückwirkung** zu.[84] Ein Antrag, der erst nach rechtskräftigem Abschluss des Verfahrens gestellt wird, bleibt im Allgemeinen von vornherein erfolglos.[85] Ausnahmsweise kommt eine Rückwirkung auf den Zeitpunkt der Antragstellung in Betracht, wenn der Antrag nicht rechtzeitig beschieden wurde und der Antragsteller mit seinem Antrag bereits alles für die Bestellung des Beistandes[86] bzw. die Bewilligung der Prozesskostenhilfe[87] Erforderliche getan hat.[88]

b) Verfahren nach Abs. 1. Der **Antrag** auf Bestellung eines anwaltlichen Beistands 36 bedarf zwar an sich keiner Begründung. Sollte sich ein in Abs. 1 Nr. 1–5 genanntes Nebenklagedelikt allerdings nicht aus der Anklage ergeben, empfehlen sich nähere Ausführungen zu den Tatsachen, die eine solche Straftat als möglich (→ Rn. 12) erscheinen lassen.[89] Gleiches gilt zB in Bezug auf die eingetretenen oder voraussichtlichen Schäden nach Abs. 1 Nr. 3.[90]

Vor der Entscheidung ist die Staatsanwaltschaft gemäß § 33 Abs. 2 zu **hören**. Ebenso 37 ist nach vorzugswürdiger Auffassung dem Angeschuldigten rechtliches Gehör zu gewähren, da für ihn die Bestellung eines anwaltlichen Beistands für den Nebenkläger erhebliche Bedeutung haben kann, zB wegen der dann gemäß § 140 Abs. 1 Nr. 9 notwendigen Mitwir-

---

[79] BGH 11.1.2007 – 3 StR 402/06, NStZ-RR 2008, 49.
[80] Wenske in Löwe/Rosenberg Rn. 20.
[81] BGH 2.6.1992 – 5 ARs 30/92, BGHSt 38, 307 (308) = NJW 1992, 2306; 12.5.1999 – 1 ARs 4/99, NJW 1999, 2380 (2380); Schöch/Werner in Satzger/Schluckebier/Widmaier StPO Rn. 8; Weiner in BeckOK StPO Rn. 26; Weißer/Duesberg in Gercke/Temming/Zöller Rn. 38.
[82] OLG Düsseldorf 23.3.2018 – 2 Ws 94/18, BeckRS 2018, 4519 Rn. 19 ff.
[83] Kulhanek in KMR-StPO Rn. 15; Schmitt in Meyer-Goßner/Schmitt Rn. 15; Schöch/Werner in Satzger/Schluckebier/Widmaier StPO Rn. 11.
[84] BGH 8.5.2008 – 3 StR 48/08, NStZ-RR 2008, 255 (256); OLG Karlsruhe 9.10.2015 – 2 Ws 291/15, NStZ-RR 2015, 381 (381) jeweils zu Abs. 1; BGH 21.4.1988 – 4 StR 112/88, Miebach NStZ 1989, 16; 4.9.1991 – 3 StR 142/91, Kusch NStZ 1992, 226; 23.7.2015 – 1 StR 52/15, NStZ-RR 2015, 351 (352) jeweils zu Abs. 2; s. auch OLG Bamberg 29.4.2021 – 1 Ws 260/21, BeckRS 2021, 14711 Rn. 18; OLG Celle 4.8.2015 – 2 Ws 111/15, BeckRS 2015, 16902 Rn. 6; Weiner in BeckOK StPO Rn. 29.
[85] Für Abs. 1 BGH 8.5.2008 – 3 StR 48/08, NStZ-RR 2008, 255 (256); für Abs. 2 BGH 4.9.1986 – 1 StR 161/86, Pfeiffer/Miebach NStZ 1987, 221; 16.2.1989 – 4 StR 540/88, Miebach NStZ 1990, 29.
[86] OLG Celle 8.5.2012 – 2 Ws 119/12, NStZ-RR 2012, 291 (291); OLG Köln 1.10.1999 – 2 Ws 528/99, NStZ-RR 2000, 285 (286); OLG Nürnberg 21.9.1999 – Ws 967/99, NJW 1999, 3647 (3648).
[87] BGH 4.9.1991 – 3 StR 142/91, Kusch NStZ 1992, 226; 18.3.2021 – 5 StR 222/20, BeckRS 2021, 8406 Rn. 4; KG 23.7.1988 – (3) 1 Ss 7/88 (10/88), JR 1988, 436; OLG Hamm 3.7.2003 – 2 Ws 97/03, NStZ-RR 2003, 335 (335); 13.6.2017 – 4 Ws 90/17, BeckRS 2017, 116329 Rn. 15; vgl. auch BVerfG 11.10.1996 – 2 BvR 1777/95, NStZ-RR 1997, 69 (70); BGH 13.10.2010 – 5 StR 179/10, StraFo 2011, 115 (115).
[88] Schmitt in Meyer-Goßner/Schmitt Rn. 15; Schöch/Werner in Satzger/Schluckebier/Widmaier StPO Rn. 11; Weiner in BeckOK StPO Rn. 29.
[89] Merz in Radtke/Hohmann Rn. 6; Schmitt in Meyer-Goßner/Schmitt Rn. 12; Schöch/Werner in Satzger/Schluckebier/Widmaier StPO Rn. 3; Wenske in Löwe/Rosenberg Rn. 24.
[90] Weißer/Duesberg in Gercke/Temming/Zöller Rn. 33.

kung eines Verteidigers.⁹¹ Außerdem ist nicht auszuschließen, dass der Beschuldigte Umstände vorträgt, die dem Gericht noch unbekannt sind, für dessen Entscheidung aber relevant sein können.⁹² Überwiegend wird jedoch eine Anhörungspflicht mit Verweis auf § 396 Abs. 2 S. 1, wonach das Gericht über die Berechtigung zum Anschluss als Nebenkläger nur nach Anhörung der Staatsanwaltschaft entscheidet, abgelehnt.⁹³

38   Für die **Bestellung des Rechtsanwalts**⁹⁴ gilt gemäß **Abs. 3 S. 2** die Vorschrift des § 142 Abs. 5 S. 1 und S. 3 entsprechend. Danach kann der Nebenkläger innerhalb einer zu bestimmenden Frist einen Rechtsanwalt seiner Wahl vorschlagen. Diesem Vorschlag wird entsprochen, wenn kein wichtiger Grund entgegensteht, zB der Anwalt nicht oder nicht rechtzeitig zur Verfügung steht. Ein Anspruch auf Bestellung des gewünschten Anwalts besteht indes nicht;⁹⁵ ergänzend zur gemeinschaftlichen Nebenklagevertretung → Rn. 10 sowie die Vorschrift des § 397b. Dass für den Nebenkläger im Verfahren bereits ein Rechtsanwalt tätig geworden ist, schließt die Bestellung nach Abs. 1 nicht aus (→ Rn. 8). Nach Wegfall des früheren § 142 Abs. 1 S. 1 durch das 2. Opferrechtsreformgesetz (→ Rn. 6 und → § 395 Rn. 25) muss der Vorsitzende den Beistand nicht mehr möglichst aus der Gruppe der in dem jeweiligen Gerichtsbezirk niedergelassenen Rechtsanwälte auswählen. Dies bedeutet jedoch nicht, diesem Kriterium überhaupt keine Bedeutung mehr zukommen zu lassen, sondern lediglich, auch weitere Faktoren (zB zu vermeidende Verzögerung des Verfahrens, besonderes Vertrauensverhältnis zu dem Mandanten) zu berücksichtigen.⁹⁶ Mangels gesetzlicher Grundlage unzulässig ist es, einen Rechtsanwalt nur unter Beschränkung auf die Vergütung eines ortsansässigen Rechtsanwalts als Beistand zu bestellen.⁹⁷

39   Wird ein Rechtsanwalt gemäß Abs. 1 bestellt, scheidet die **Beiordnung eines Zeugenbeistands** nach § 68b aus.⁹⁸ War dem Nebenklageberechtigten bereits nach § 406h Abs. 3 S. 1 Nr. 1 ein anwaltlicher Beistand bestellt und schließt er sich sodann dem Verfahren mit der Nebenklage an, erscheint eine erneute Bestellungsentscheidung nach Abs. 1 zumindest zweckmäßig.⁹⁹

40   Die Bestellung eines Rechtsanwalts gemäß Abs. 1 gilt **für das gesamte Verfahren** bis zu dessen rechtskräftigem Abschluss, nicht nur für die jeweilige Instanz.¹⁰⁰ Insbesondere wird der Rechtsanwalt – anders als bei § 140 – auch für die Revisionshauptverhandlung bestellt;¹⁰¹ § 119 Abs. 1 ZPO gilt insoweit mangels Verweisung wie in Abs. 2 (→ Rn. 48) nicht.¹⁰² Ob der Angeklagte in erster Instanz wegen eines in Abs. 1 genannten Nebenklage-

---

⁹¹ Wenske in Löwe/Rosenberg Rn. 29; s. auch Weißer/Duesberg in Gercke/Temming/Zöller Rn. 39.
⁹² Wenske in Löwe/Rosenberg Rn. 29.
⁹³ KG 24.9.2018 – 2 Ws 184/18 – 121 AR 220/18, BeckRS 2018, 31493 Rn. 6; Merz in Radtke/Hohmann Rn. 13; Schmitt in Meyer-Goßner/Schmitt Rn. 13; Weiner in BeckOK StPO Rn. 28.
⁹⁴ Zur Rechtsnatur der Bestellung Weißer/Duesberg in Gercke/Temming/Zöller Rn. 46.
⁹⁵ OLG Köln 22.2.2013 – 2 Ws 100/13, BeckRS 2013, 17029; 18.4.2013 – 2 Ws 207/13, StV 2014, 277 (278); Wenske in Löwe/Rosenberg Rn. 28.
⁹⁶ Vgl. OLG Köln 21.9.2010 – 2 Ws 594/10, NStZ-RR 2011, 49; LG Koblenz 25.5.2011 – 3 Qs 29–30/11, JurBüro 2011, 480 (481).
⁹⁷ OLG Brandenburg 15.3.2006 – 1 Ws 22/06, StraFo 2006, 214 (215).
⁹⁸ Merz in Radtke/Hohmann Rn. 1; Schmitt in Meyer-Goßner/Schmitt Rn. 2; Velten in SK-StPO Rn. 2; Wenske in Löwe/Rosenberg Rn. 1.
⁹⁹ Enger Schmitt in Meyer-Goßner/Schmitt Rn. 15; Wenske in Löwe/Rosenberg Rn. 19: Entscheidung erforderlich.
¹⁰⁰ BGH 17.12.1999 – 2 StR 574/99, NStZ 2000, 218 (219); 6.9.2000 – 3 StR 349/00, Becker NStZ-RR 2001, 266; 20.8.2002 – 5 StR 344/02, Becker NStZ-RR 2003, 293; 2.11.2007 – 2 StR 486/07, StraFo 2008, 131; 17.12.2008 – 2 StR 563/08, NStZ-RR 2009, 190; 27.1.2009 – 3 StR 592/08, NStZ-RR 2009, 253; 24.6.2010 – 2 StR 156/10, NStZ 2010, 714; 10.8.2020 – 5 StR 616/19, NStZ-RR 2020, 392; OLG Celle 8.5.2012 – 2 Ws 119/12, NStZ-RR 2012, 291 (292); OLG Düsseldorf 21.10.1999 – 2 Ws 331–332/99, NStZ-RR 2000, 148 (149); Kulhanek in KMR-StPO Rn. 17; Weißer/Duesberg in Gercke/Temming/Zöller Rn. 47.
¹⁰¹ BGH 23.3.2005 – 2 StR 51/05, StraFo 2005, 343; 6.8.2019 – 1 ARs 4/19, BeckRS 2019, 19937 Rn. 10; Velten in SK-StPO Rn. 6; Weiner in BeckOK StPO Rn. 30; offen gelassen noch von BGH 17.12.1999 – 2 StR 574/99, NStZ 2000, 218 (219).
¹⁰² BGH 30.5.2000 – 4 StR 24/00, NJW 2000, 3222 (3222); Weißer/Duesberg in Gercke/Temming/Zöller Rn. 47.

delikts verurteilt wird, bleibt ohne Bedeutung.[103] Ein Rechtsanwalt kann aber ebenso erstmals in der Revisionsinstanz als Beistand bestellt werden.[104]

Soll der Beistand durch einen anderen Anwalt **ersetzt** werden, kann dies nur durch die Rücknahme der ursprünglichen Beiordnung und Bestellung eines anderen anwaltlichen Beistands geschehen.[105] Hingegen ist es nicht möglich, dass ein Rechtsanwalt seine Beistandsbestellung wirksam auf einen anderen überträgt; ausnahmsweise kommt hier lediglich das Tätigwerden des anderen Anwalts als allgemeiner Vertreter nach § 53 Abs. 2 BRAO in Betracht.[106] Für die Bestellung des neuen Anwalts müssen wiederum die Voraussetzungen des § 397a Abs. 1 vorliegen, die das mit der Sache befasste Gericht eigenständig und ggf. abweichend von dem Gericht beurteilen kann, das über die ursprüngliche Beiordnung entschieden hat.[107] Zudem bleibt zu beachten, dass mit dem Wechsel des Beistands zusätzliche Kosten für die Staatskasse entstehen könnten. In diesem Fall bedarf es eines wichtigen Grundes für einen Wechsel des Beistands.[108] 41

Wird gemäß Abs. 1 ein Rechtsanwalt als Beistand bestellt, muss der Nebenkläger für die **Kosten** des Rechtsanwalts selbst dann nicht aufkommen, wenn sie dem Angeklagten nicht auferlegt werden, weil dieser freigesprochen wird oder das Gericht eine Billigkeitsentscheidung nach § 472 Abs. 1 S. 2 trifft. Ebenso wenig trägt der Nebenkläger das Kostenrisiko, wenn sich ein Kostenerstattungsanspruch beim verurteilten Angeklagten (zur Kostenfrage § 472 Abs. 1 S. 1) wirtschaftlich nicht realisieren lässt.[109] Unberührt bleibt jedoch eine Kostenentscheidung nach §§ 469, 470, sofern das Verfahren auf einer vorsätzlich oder leichtfertig erstatteten unwahren Anzeige beruht oder ein zur Verfolgung notwendiger Strafantrag zurückgenommen wird.[110] Außerdem trägt der Nebenkläger das Risiko, bei einem erfolglos eingelegten Rechtsmittel die Gerichtskosten zu tragen.[111] 42

Der anwaltliche Beistand wird nach den §§ 45 ff. RVG aus der **Staatskasse** vergütet. Dieser Vergütungsanspruch erfasst gemäß § 48 Abs. 6 RVG auch Tätigkeiten, die der Rechtsanwalt vor dem Zeitpunkt seiner Bestellung oder Beiordnung erbracht hat. Die Gebühren eines gewählten Beistandes kann der bestellte oder beigeordnete Rechtsanwalt nur nach § 53 Abs. 1 iVm § 52 RVG verlangen. Entsprechend der Verteilung des Kostenrisikos (→ Rn. 42) kann er diesen Anspruch gemäß § 53 Abs. 2 S. 1 RVG nur gegenüber dem **Verurteilten,** nicht gegenüber dem Verletzten geltend machen.[112] Einen Anspruch auf Zahlung von Auslagen gewährt § 53 Abs. 2 S. 1 RVG jedoch nicht.[113] 43

c) Verfahren nach Abs. 2. Das Verfahren für die Bewilligung von Prozesskostenhilfe bestimmt sich nach Abs. 2 S. 1 iVm §§ 117 ff. ZPO. Für den **Antrag** ist gemäß § 117 Abs. 4 ZPO auf die hierfür vorgesehenen amtlichen Vordrucke zurückzugreifen.[114] Hierbei sind die Voraussetzungen der Nebenklageberechtigung darzulegen, wenn sie sich nicht eindeutig aus den Akten ergeben (§ 117 Abs. 1 S. 2 ZPO). Außerdem sind gemäß § 117 Abs. 2 ZPO eine Erklärung über die persönlichen und wirtschaftlichen Verhältnisse des Nebenklägers sowie entsprechende Belege beizufügen. 44

---

[103] BGH 20.8.2002 – 5 StR 344/02, Becker NStZ-RR 2003, 293.
[104] BGH 25.8.2000 – 2 StR 236/00, NStZ 2001, 106.
[105] BGH 15.3.2001 – 3 StR 63/01, Becker NStZ-RR 2002, 104; 24.6.2010 – 2 StR 156/10, NStZ 2010, 714; OLG Köln 19.8.2009 – 2 Ws 377/09, NStZ-RR 2010, 22 (23); Weißer/Duesberg in Gercke/Temming/Zöller Rn. 42.
[106] BGH 13.8.2014 – 2 StR 573/13, BGHSt 59, 284 (285 f.) = NJW 2014, 3320 (3321); LG Aachen 17.9.2021 – 95 KLs 4/19, BeckRS 2021, 52267 Rn. 14; Weiner in BeckOK StPO Rn. 30.
[107] BGH 15.3.2001 – 3 StR 63/01, Becker NStZ-RR 2002, 104.
[108] OLG Köln 19.8.2009 – 2 Ws 377/09, NStZ-RR 2010, 22 (23).
[109] Schmitt in Meyer-Goßner/Schmitt Rn. 2.
[110] Schmitt in Meyer-Goßner/Schmitt Rn. 2.
[111] BGH 6.8.2019 – 1 ARs 4/19, BeckRS 2019, 19937 Rn. 10; 24.8.2021 – 4 StR 56/21, StraFo 2021, 480; Weiner in BeckOK StPO Rn. 33.
[112] OLG Hamm 9.3.2017 – 1 Ws 54/17, NStZ-RR 2017, 360; s. auch OLG Celle 20.9.2019 – 2 Ws 281/19, BeckRS 2019, 25435 Rn. 5.
[113] OLG Hamm 9.3.2017 – 1 Ws 54/17, NStZ-RR 2017, 360.
[114] S. hierzu BGH 5.2.1987 – 1 StR 686/86, StPO § 397a Abs. 1 Prozesskostenhilfe 1; Velten in SK-StPO Rn. 15; Wenske in Löwe/Rosenberg Rn. 25.

45 Nach § 118 Abs. 2 ZPO kann das Gericht die **Glaubhaftmachung** der Angaben verlangen und eigene Beweiserhebungen anstellen.[115] Sofern der Nebenkläger innerhalb einer von dem Gericht gesetzten Frist Angaben über seine persönlichen und wirtschaftlichen Verhältnisse nicht glaubhaft macht oder bestimmte Fragen nicht oder ungenügend beantwortet, lehnt das Gericht die Bewilligung von Prozesskostenhilfe insoweit ab (§ 118 Abs. 2 S. 4 ZPO).[116]

46 Vor der Entscheidung ist gemäß § 33 Abs. 2 der Staatsanwaltschaft **rechtliches Gehör** zu gewähren.[117] Ebenso ist der Antragsteller zu hören, wenn seine Angaben nach Ansicht des Gerichts zweifelhaft oder unvollständig sind.[118] Umstritten ist, ob der Angeschuldigte zu den Voraussetzungen für die Bewilligung von Prozesskostenhilfe anzuhören bleibt. Dies wird zum Teil abgelehnt, da er nach hM nicht einmal bei der Frage der Anschlussbefugnis gehört werde (→ § 396 Rn. 27).[119] Dem steht aber die Regelung des § 118 Abs. 1 S. 1 ZPO entgegen, wonach der gegnerischen Partei insoweit Gelegenheit zur Stellungnahme zu geben ist, soweit dies aus besonderen Gründen nicht unzweckmäßig erscheint.[120]

47 In dem **Bewilligungsbeschluss** entscheidet das Gericht zugleich darüber, ob und ggf. in welcher Höhe der Nebenkläger gemäß § 120 ZPO Monatsraten (siehe hierzu § 115 Abs. 2 ZPO) und Zahlungen aus seinem Vermögen[121] an die Landes- bzw. Bundeskasse (§ 120 Abs. 2 ZPO) zu erbringen hat. Zudem wird dem Antragsteller entsprechend § 142 Abs. 5 S. 1 und S. 3 (→ Rn. 38) ein Rechtsanwalt beigeordnet.[122]

48 Anders als die Bestellung eines anwaltlichen Beistands nach Abs. 1 (→ Rn. 40) wird Prozesskostenhilfe gemäß Abs. 2 S. 1 iVm § 119 Abs. 1 S. 1 ZPO lediglich für den **jeweiligen Rechtszug** bewilligt.[123] Insoweit ist Prozesskostenhilfe aber einheitlich zu bewilligen und können nicht einzelne Teile des Verfahrens (wie insbesondere einzelne Hauptverhandlungstage oder einzelne Tatvorwürfe) ausgenommen werden.[124] Die Voraussetzungen für die Gewährleistung von Prozesskostenhilfe sind in jeder Instanz erneut zu prüfen und vom Antragsteller darzulegen;[125] ein Hinweis des Revisionsgerichts auf die Darlegungspflicht ist nicht erforderlich.[126] Eine Bezugnahme auf bei dem früheren Antrag eingereichte Unterlagen ist ausnahmsweise möglich, sofern sich zwischenzeitlich die Verhältnisse nicht geändert haben.[127] Entbehrlich ist eine Entscheidung des Rechtsmittelgerichts, wenn die in der Vorinstanz bewilligte Prozesskostenhilfe als Bestellung eines Beistands iSd Abs. 1 ausgelegt werden kann.[128] Hebt das Rechtsmittelgericht das Urteil auf und verweist es die Sache an die Vorinstanz zurück, wirkt eine von ihr bewilligte Prozesskostenhilfe fort.[129]

49 Eine **Änderung** des Bewilligungsbeschlusses soll das Gericht nach § 120a Abs. 1 ZPO vornehmen, wenn sich die für die Prozesskostenhilfe maßgebenden persönlichen oder wirt-

---

[115] S. hierzu Velten in SK-StPO Rn. 15.
[116] S. hierzu Wenske in Löwe/Rosenberg Rn. 25.
[117] Velten in SK-StPO Rn. 16.
[118] BVerfG 11.2.1999 – 2 BvR 229/98, NStZ 1999, 469 (469); Velten in SK-StPO Rn. 16.
[119] Schmitt in Meyer-Goßner/Schmitt Rn. 13; Schöch/Werner in Satzger/Schluckebier/Widmaier StPO Rn. 9; Weiner in BeckOK StPO Rn. 28.
[120] Kulhanek in KMR-StPO Rn. 14; Velten in SK-StPO Rn. 16; Wenske in Löwe/Rosenberg Rn. 30; Kaster MDR 1994, 1073 (1075).
[121] S. hierzu etwa BGH 10.8.1993 – 1 StR 461/93, Kusch NStZ 1994, 229.
[122] Wenske in Löwe/Rosenberg Rn. 37.
[123] BGH 25.4.2017 – 5 StR 95/17, StraFo 2017, 258 (258); OLG Düsseldorf 3.11.1992 – 3 (s) BRAGO 142/91, MDR 1993, 389 (390); Schöch/Werner in Satzger/Schluckebier/Widmaier StPO Rn. 4; Weißer/Duesberg in Gercke/Temming/Zöller Rn. 51.
[124] OLG Naumburg 16.3.2021 – 1 Ws (s) 60/21, BeckRS 2021, 9628 Rn. 6.
[125] BGH 5.2.1987 – 1 StR 686/86, StPO § 397a Abs. 1 Prozesskostenhilfe 1; 21.4.1988 – 4 StR 112/88, Miebach NStZ 1989, 16; 22.7.1988 – 4 StR 319/88, Miebach NStZ 1989, 221; 23.7.2015 – 1 StR 52/15, NStZ-RR 2015, 351 (352).
[126] BGH 25.4.2017 – 5 StR 95/17, StraFo 2017, 258 (259).
[127] BGH 27.8.1987 – 1 StR 331/87, Miebach NStZ 1988, 214; 21.4.1988 – 4 StR 112/88, Miebach NStZ 1989, 16; 22.7.1988 – 4 StR 319/88, Miebach NStZ 1989, 221; Weißer in Gercke/Temming/Zöller Rn. 44; Wenske in Löwe/Rosenberg Rn. 25; aA KG 19.9.1988 – (4) 1 Ss 192/88, StV 1989, 11.
[128] BGH 17.12.1999 – 2 StR 574/99, NStZ 2000, 218 (219).
[129] OLG Schleswig 8.1.1997 – 1 Str. 245/96, SchlHA 1997, 75 (76); Schöch/Werner in Satzger/Schluckebier/Widmaier StPO Rn. 13; Weißer/Duesberg in Gercke/Temming/Zöller Rn. 44.

schaftlichen Verhältnisse wesentlich verändert haben. Aufgehoben werden kann die Bewilligung nur nach § 124 ZPO, wenn einer der dort abschließend aufgezählten Voraussetzungen vorliegt.[130] Eine Aufhebung aus anderen Gründen, zB dass aufgrund einer erneuten Prüfung der Sach- und Rechtslage die Gewährung von Prozesskostenhilfe nicht in Betracht komme, ist unzulässig.[131]

Je nach Inhalt des Bewilligungsbeschlusses hat der Nebenkläger die **Kosten** für seinen anwaltlichen Beistand der Staatskasse zu erstatten (vgl. § 122 Abs. 1 Nr. 1 ZPO).[132] Nach § 122 Abs. 1 Nr. 3 ZPO darf der nach Abs. 2 beigeordnete Rechtsanwalt seine Vergütungsansprüche nicht gegen den Nebenkläger geltend machen. Sein Anspruch richtet sich vielmehr zunächst gegen die Staatskasse. Wird der Angeklagte verurteilt, kann der dem Nebenkläger nach Abs. 2 beigeordnete Rechtsanwalt seine Gebühren (→ Rn. 43) gemäß § 126 ZPO direkt vom Verurteilten beitreiben.[133] Auf die Erstattung seiner Gebühren und Auslagen, soweit diese vor Beantragung der Prozesskostenhilfe nach Abs. 2 entstanden bzw. angefallen sind, hat der Nebenklagevertreter indessen nach jüngerer Rechtsprechung keinen Anspruch gegen die Staatskasse. Insbesondere ergebe sich ein solcher Anspruch nicht aus § 48 Abs. 6 S. 1 RVG.[134] 50

III. Rechtsmittel

Gegen den **stattgebenden Beschluss**, einen Rechtsanwalt gemäß **Abs. 1** als Beistand zu bestellen, kann die Staatsanwaltschaft nach allgemeinen Grundsätzen Beschwerde gemäß § 304 einlegen.[135] Nicht unmittelbar beschwert durch die Bestellung als solche soll nach hM der Angeklagte sein, dessen Rechtsmittel daher als unzulässig zu verwerfen sei,[136] ergebe sich eine unmittelbare Belastung für den Angeklagten doch nicht durch die Bestellung des Beistandes, sondern erst durch dessen Ausübung von Verfahrensrechten.[137] Nichts anderes wird für die Bestellung eines weiteren Nebenklägerbeistandes angenommen.[138] 51

Wird der Antrag auf Beiordnung eines anwaltlichen Beistands **abgelehnt,** können sowohl Antragsteller als auch Staatsanwaltschaft Beschwerde einlegen.[139] Dies gilt auch, wenn der Beschluss in der Hauptverhandlung ergeht.[140] § 305 S. 1 steht nicht entgegen, da dem Ablehnungsbeschluss eine selbstständige prozessuale Bedeutung zukommt.[141] Nach der rechtskräftigen Beendigung des Verfahrens in der Hauptsache ist ein Rechtsmittel gegen den Ablehnungsbeschluss allerdings mangels Beschwer unzulässig.[142] 52

---

[130] OLG Frankfurt a. M. 26.3.1985 – 3 Ws 274/85, NStZ 1986, 43 mzustAnm von Stackelberg; Kulhanek in KMR-StPO Rn. 14; Weißer/Duesberg in Gercke/Temming/Zöller Rn. 45; Wenske in Löwe/Rosenberg Rn. 45.

[131] OLG Frankfurt a. M. 26.3.1985 – 3 Ws 274/85, NStZ 1986, 43 mzustAnm von Stackelberg; Weißer/Duesberg in Gercke/Temming/Zöller Rn. 45.

[132] Allgayer in KK-StPO Rn. 17; Wenske in Löwe/Rosenberg Rn. 44.

[133] Wenske in Löwe/Rosenberg Rn. 44.

[134] OLG Celle 13.11.2018 – 2 Ws 426/18, BeckRS 2018, 30895 Rn. 14 ff.; aA OLG Koblenz 14.6.2007 – 2 Ws 300/07, BeckRS 2007, 10843.

[135] OLG Hamm 22.10.2020 – III-5 RVs 83/20, medstra 2021, 108 (112); Schöch/Werner in Satzger/Schluckebier/Widmaier StPO Rn. 15; Weiner in BeckOK StPO Rn. 36; Weißer/Duesberg in Gercke/Temming/Zöller Rn. 53.

[136] KG 22.3.2010 – 4 Ws 6/10, NStZ-RR 2011, 22 (25); OLG Celle 29.6.2020 – 3 Ws 154/20, NStZ-RR 2020, 320 (321); OLG Hamm 7.2.2006 – 4 Ws 48/06, NJW 2006, 2057; Merz in Radtke/Hohmann Rn. 15; Schmitt in Meyer-Goßner/Schmitt Rn. 19; Schöch/Werner in Satzger/Schluckebier/Widmaier StPO Rn. 15; Weiner in BeckOK StPO Rn. 36; Weißer/Duesberg in Gercke/Temming/Zöller Rn. 53; zu Recht krit. Kulhanek in KMR-StPO Rn. 19; Velten in SK-StPO Rn. 7; Wenske in Löwe/Rosenberg Rn. 50.

[137] OLG Celle 29.6.2020 – 3 Ws 154/20, NStZ-RR 2020, 320 (321); vgl. auch KG 22.3.2010 – 4 Ws 6/10, NStZ-RR 2011, 22 (25); OLG Hamm 7.2.2006 – 4 Ws 48/06, NJW 2006, 2057.

[138] KG 24.9.2018 – 2 Ws 184/18 – 121 AR 220/18, BeckRS 2018, 31493 Rn. 5.

[139] Schmitt in Meyer-Goßner/Schmitt Rn. 19; Schöch/Werner in Satzger/Schluckebier/Widmaier StPO Rn. 15; Velten in SK-StPO Rn. 7; zur Unzulässigkeit der Beschwerde gegen Entscheidungen der Oberlandesgerichte nach § 304 Abs. 4 S. 2 Hs. 1 s. hingegen BGH 27.4.2017 – StB 8/17, StraFo 2017, 239.

[140] Allgayer in KK-StPO Rn. 19.

[141] Velten in SK-StPO Rn. 7.

[142] OLG Hamm Beschl. v. 9.12.2021 – 3 Ws 438/21, NStZ-RR 2022, 289 (289 f.).

53 Nach wohl hM soll der Antragsteller ebenso gegen die **Auswahl** des Beistands mit der Beschwerde vorgehen können.[143] Dem nicht beigeordneten Rechtsanwalt steht jedenfalls kein Anfechtungsrecht zu.[144]

54 Entscheidungen über die Bewilligung von Prozesskostenhilfe gemäß **Abs. 2** sind ebenso nach allgemeinen Grundsätzen, dh mit der Beschwerde anfechtbar.[145] Die entgegenstehende Regelung in Abs. 3 S. 3, wonach Entscheidungen gemäß Abs. 2 unanfechtbar waren,[146] wurde durch das Gesetz zur Stärkung der Rechte von Opfern sexuellen Missbrauchs vom 26.6.2013 (→ Rn. 7) aufgehoben. Dadurch soll der Rechtsschutz des Verletzten verbessert und die Einheitlichkeit der Rechtsprechung zu den Kriterien des Abs. 2 gewahrt werden.[147]

IV. Revision

55 Den Ablehnungsbeschluss über einen Antrag nach **Abs. 1** kann der **Nebenkläger** auch mit der Revision rügen. In der Regel wird hierauf das Urteil indes nicht beruhen.[148] Etwas anderes gilt nur, wenn sich nicht ausschließen lässt, dass der Nebenkläger im Beistand seines Rechtsanwalts Tatsachen hätte vorbringen oder Beweismittel hätte benennen können, die für den Schuldspruch wesentlich von Bedeutung hätten sein können (vgl. → § 396 Rn. 35).[149]

56 Auf einer rechtswidrigen Bestellung eines anwaltlichen Beistands für den Nebenkläger wird ein Urteil ebenso kaum beruhen (zur Beruhensfrage bei der gesetzeswidrigen Zulassung als Nebenkläger aber → § 396 Rn. 36). Eine entsprechende Rüge des **Angeklagten** mit der Revision wird daher nur selten erfolgreich sein.[150]

§ 397b Gemeinschaftliche Nebenklagevertretung

(1) ¹Verfolgen mehrere Nebenkläger gleichgelagerte Interessen, so kann ihnen das Gericht einen gemeinschaftlichen Rechtsanwalt als Beistand bestellen oder beiordnen. ²Gleichgelagerte Interessen liegen in der Regel vor, wenn es sich
1. **bei den Nebenklägern um mehrere Angehörige desselben durch eine rechtswidrige Tat Getöteten (§ 395 Absatz 2 Nummer 1) handelt oder**
2. **um mehrere Nebenkläger handelt, die Verletzte solcher Taten im Sinne des § 395 Absatz 1 Nummer 2a und 4a sind, denen der gleiche Lebenssachverhalt zugrunde liegt, wobei es dem Gericht unbenommen bleibt, zusätzliche sachnahe Kriterien im Einzelfall zu berücksichtigen.**

(2) ¹Vor der Bestellung oder Beiordnung eines gemeinschaftlichen Rechtsanwalts soll den betroffenen Nebenklägern Gelegenheit gegeben werden, sich dazu zu äußern. ²Wird ein gemeinschaftlicher Rechtsanwalt nach Absatz 1 bestellt oder hinzugezogen, sind bereits erfolgte Bestellungen oder Beiordnungen aufzuheben.

---

[143] OLG Köln 22.2.2013 – 2 Ws 100/13, BeckRS 2013, 17029; Schmitt in Meyer-Goßner/Schmitt Rn. 19; Weiner in BeckOK StPO Rn. 36; Weißer/Duesberg in Gercke/Temming/Zöller Rn. 53; aA Merz in Radtke/Hohmann Rn. 15.
[144] OLG Köln 22.2.2013 – 2 Ws 100/13, BeckRS 2013, 17029; Schmitt in Meyer-Goßner/Schmitt Rn. 19; Weiner in BeckOK StPO Rn. 36; Weißer/Duesberg in Gercke/Temming/Zöller Rn. 53.
[145] Schmitt in Meyer-Goßner/Schmitt Rn. 21; s. etwa OLG Düsseldorf 23.3.2018 – 2 Ws 94/18, BeckRS 2018, 4519 Rn. 14 ff. zur Beschwerde gegen die Aufhebung der Bewilligung der Prozesskostenhilfe oder OLG Naumburg 16.3.2021 – 1 Ws (s) 60/21, BeckRS 2021, 9628 Rn. 5 zur Beschwerde gegen die Bewilligung von Prozesskostenhilfe nur unter Einschränkungen.
[146] S. hierzu etwa OLG Düsseldorf 23.11.1998 – 2 Ws 582/98, NStZ-RR 1999, 115.
[147] BT-Drs. 17/6261, 13; krit. BT-Drs. 17/6261, 23.
[148] Wenske in Löwe/Rosenberg Rn. 55.
[149] Schmitt in Meyer-Goßner/Schmitt Rn. 20; Schöch/Werner in Satzger/Schluckebier/Widmaier StPO Rn. 16.
[150] Schmitt in Meyer-Goßner/Schmitt Rn. 20; Schöch/Werner in Satzger/Schluckebier/Widmaier StPO Rn. 16; Wenske in Löwe/Rosenberg Rn. 57.

(3) Wird ein Rechtsanwalt nicht als Beistand bestellt oder nicht beigeordnet, weil nach Absatz 1 ein anderer Rechtsanwalt bestellt oder beigeordnet worden ist, so stellt das Gericht fest, ob die Voraussetzungen nach § 397a Absatz 3 Satz 2 in Bezug auf den nicht als Beistand bestellten oder nicht beigeordneten Rechtsanwalt vorgelegen hätten.

(4) ¹Die in § 397 Absatz 1 Satz 3 und 4 genannten Verfahrensrechte der Nebenkläger werden in den Fällen des Absatzes 1 Satz 2 Nummer 2 nur durch den bestellten oder beigeordneten Beistand ausgeübt, sofern es sich um Nebenkläger handelt, deren Befugnis zum Anschluss an die öffentliche Klage nur aufgrund des § 395 Absatz 1 Nummer 2a oder 4a begründet ist. ²Das Gericht kann dem Nebenkläger gestatten, sein Recht auf Abgabe von Erklärungen nach § 258 Absatz 1 in Verbindung mit § 397 Absatz 1 Satz 3 selbst auszuüben.

Schrifttum: Berger, Gruppenvertretung der Nebenklage. Das Beiordnungsermessen nach § 397a Abs. 3 S. 2 iVm § 142 Abs. 1 StPO als gesetzlich vorgesehene Beschränkungsmöglichkeit der Anzahl der Nebenklägervertreter, NStZ 2019, 251; Claus, Zur Modernisierung des Strafverfahrens, NStZ 2020, 57; Özata, Gruppenvertretung als zulässiges Mittel gegen die Hypertrophie in der Nebenklage?, HRRS 2017, 197; Pues, Gruppenvertretung der Nebenklage im Strafprozess?, StV 2014, 304; Raube, Das Gesetz zur Fortentwicklung des Völkerstrafrechts. Zu den jüngsten Arbeiten am Bau für deutsche Weltrechtspflege, KriPoZ 2024, 278; Schork, Das Gesetz zur Modernisierung des Strafverfahrens. Änderung der Kräfteverhältnisse zum Nachteil der Verteidigung, NJW 2020, 1.

I. Überblick

1. Normzweck. Die Vorschrift verfolgt das Anliegen, insbesondere bei Strafverfahren mit einer Vielzahl von Nebenklägern die **Nebenklagevertretung** in der Person eines gemeinschaftlichen Rechtsbeistands zu **bündeln,** sofern die Nebenkläger gleichgerichtete Interessen verfolgen. In diesem Fall kann auch ein gemeinschaftlich bestellter oder beigeordneter Rechtsanwalt die Opferinteressen wirksam wahrnehmen (zur Zulässigkeit der Mehrfachvertretung bei Nebenklägern → § 397 Rn. 31). Dadurch wird die Anzahl der Verfahrensbeteiligten verringert und dem Gericht somit die Durchführung der Hauptverhandlung erleichtert.[1] Zudem sollen auf diese Weise Verfahrensverzögerungen vermieden und eine faire Verfahrensführung sichergestellt werden.[2] Schließlich verspricht sich der Gesetzgeber hiervon, die Chance des Verurteilten auf Resozialisierung zu verbessern, die durch die Auferlegung der Kosten einer großen Zahl von Nebenklägern gemindert sein könnte.[3] 1

Ohne die Norm des § 397b wäre jeder Rechtsanwalt, dessen Beistand sich jeder Nebenkläger nach § 397 Abs. 2 S. 1 bedienen kann (ergänzend → Rn. 17), unter den Voraussetzungen des § 397a Abs. 1 (→ § 397a Rn. 8 ff.) als Beistand zu bestellen. Eine solche – vor Einführung des § 397b in Verfahren mitunter zu bemerkende – **Vervielfachung der Nebenklagevertretungen** stellt das Gericht aber nicht nur vor organisatorische Schwierigkeiten (zB bei Ladungen und bei der Bereitstellung ausreichender Räumlichkeiten), sondern erschwert auch eine effektive Durchführung der Hauptverhandlung und lässt eine erheblich längere Verfahrensdauer befürchten.[4] Nicht zuletzt bei sehr umfangreichen Verfahren tritt eine Einzelvertretung der Nebenkläger somit sowohl mit dem Beschleunigungsgebot als auch dem Gebot effektiver Strafrechtspflege in Widerspruch und ist bei einer sehr großen Anzahl von Nebenklägern zudem im Hinblick auf den Grundsatz der Waffengleichheit bedenklich.[5] Des Weiteren führt eine solche 2

---
[1] BT-Drs. 19/14747, 16.
[2] BT-Drs. 19/14747, 38.
[3] BT-Drs. 19/14747, 38.
[4] BT-Drs. 19/14747, 38; Schmitt in Meyer-Goßner/Schmitt Rn. 1.
[5] Bericht der Expertenkommission zur effektiveren und praxistauglicheren Ausgestaltung des allgemeinen Strafverfahrens und des Jugendstrafverfahrens, S. 147; hierzu schon Pues StV 2014, 304 (305); s. auch Schmitt in Meyer-Goßner/Schmitt Rn. 2; krit. hingegen Weiner in BeckOK StPO Rn. 3; Özata HRRS 2017, 197 (199 ff.).

Vervielfachung von Verfahrensbeteiligten zu erheblichen Kosten für den Angeklagten bzw. für die Staatskasse.[6] Allerdings ist die Vorschrift – schon ihrem offenen Wortlaut nach – nicht auf Großverfahren beschränkt.[7]

3 Völlig ohne **Kritik** wurden die Überlegungen zu einer Gruppenvertretung bei der Nebenklage nicht begleitet. So sollen einerseits die demzufolge beschränkten Auswahlmöglichkeiten des Rechtsbeistands die Rechte der Nebenkläger über Gebühr zu beschneiden drohen.[8] Außerdem sei eine Gruppenvertretung für Rechtsanwälte nicht sonderlich lukrativ, so dass die Qualität der Nebenklagevertretung darunter leiden würde.[9] Des Weiteren wurde auf mögliche standesrechtliche Lösungen verwiesen, um Missbrauchsfällen bei Beiordnungen zu begegnen, und somit eine Regelung in der StPO als nicht notwendig angesehen.[10] Demgegenüber stehen andererseits Bedenken, ob die Hoffnung auf eine merkliche Verringerung der Zahl der Nebenklagevertreter überhaupt erfüllt werden wird, zumal es den Nebenklägern unbenommen bleibt, auf eigene Kosten einen Wahlnebenklagevertreter zu beauftragen (→ Rn. 17).[11] Angesichts der beträchtlichen Bedenken gegenüber einer uneingeschränkten Einzelvertretung auch mehrerer Nebenkläger (→ Rn. 2) bleibt die Normierung einer – in der Rechtsprechung schon zuvor mitunter praktizierten (→ Rn. 4 sowie → § 397a Rn. 10) – gemeinschaftlichen Nebenklagevertretung als solche jedoch zu begrüßen.[12] Ob die Anliegen der Nebenkläger auch im konkreten Verfahren ausreichend berücksichtigt werden, wird aber maßgeblich von der Auslegung der wesentlichen Voraussetzung der gleichgelagerten Interessen (→ Rn. 6 ff.) abhängen. Insoweit wäre es wünschenswert gewesen, wenn das Gesetz mehr zur Konkretisierung beigetragen hätte als lediglich ein Regelbeispiel in Abs. 1 S. 2 zu nennen.

4 **2. Entstehungsgeschichte.** Eingefügt wurde § 397b durch das **Gesetz zur Modernisierung des Strafverfahrens** vom 10.12.2019[13] mit Wirkung zum 13.12.2019. Der Gesetzgeber berief sich hierbei auf frühere Ansätze in der Rechtsprechung, auf denen er die Neuregelung ausdrücklich aufbauen wollte.[14] So reagierten die Gerichte mitunter auf die geschilderte Entwicklung (→ Rn. 2), indem sie bei gleichgerichteten Interessen der Nebenkläger das Rechtsschutzbedürfnis für die Bestellung eines jeweils eigenen Beistands jedenfalls dann verneinten, wenn es sich bei den Nebenklägern um Hinterbliebene einer durch das zum Anschluss berechtigenden Nebenklagedelikt getöteten Person handelte (→ § 397a Rn. 10).[15]

5 Ähnlich sprach sich die **Expertenkommission zur effektiveren und praxistauglicheren Ausgestaltung des allgemeinen Strafverfahrens und des Jugendstrafverfahrens** in ihrem Abschlussbericht 2015 dafür aus, dem Vorsitzenden durch eine Ergänzung des § 397a Abs. 3 in Ausnahmefällen ein Ermessen einzuräumen, „Gruppen von Nebenklägern zu bilden und diesen für die Vertretung in der Hauptverhandlung einen Gruppenrechtsbeistand beizuordnen. Voraussetzung hierfür sollte sein, dass eine solche Bündelung aufgrund des Umfangs des Verfahrens und der Anzahl der Nebenkläger zur Durchführung einer effizienten Hauptverhandlung notwendig ist."[16] Grundsätzlich sollte es aber bei der individuellen Bestellung eines Rechtsbeistands für jeden Nebenkläger bleiben.[17] Auf den

---

[6] Berger NStZ 2019, 251 (252); Pues StV 2014, 304 (305).
[7] KG 6.8.2021 – 5 Ws 171/21, BeckRS 2021, 55959 Rn. 10.
[8] Özata HRRS 2017, 197 (201).
[9] Özata HRRS 2017, 197 (201); s. auch Weiner in BeckOK StPO Rn. 4, der die „vergütungsfreie Mehrarbeit" für die gemeinschaftlichen Rechtsanwälte beklagt.
[10] Weiner in BeckOK StPO Rn. 3.
[11] Schmitt in Meyer-Goßner/Schmitt Rn. 3.
[12] Ebenso Claus NStZ 2020, 57 (61).
[13] BGBl. I 2121.
[14] BT-Drs. 19/14747, 39.
[15] OLG Düsseldorf 12.3.2015 – III-1 Ws 40–41/15, BeckRS 2015, 14047 Rn. 8 ff.; OLG Hamburg 17.12.2012 – 2 Ws 175/12, NStZ-RR 2013, 153 (153 f.); OLG Köln 22.2.2013 – 2 Ws 100/13, BeckRS 2013, 17029; 18.4.2013 – 2 Ws 207/13, StV 2014, 277 (278).
[16] Bericht der Expertenkommission, 23; s. auch Pues StV 2014, 304 (309).
[17] Bericht der Expertenkommission, 147; ebenso bereits Pues StV 2014, 304 (309).

Vorschlag der Expertenkommission verwies der Gesetzgeber in seiner Begründung zur Einführung des § 397b jedoch nicht.

Erstmalig geändert wurde die Vorschrift durch das am 3.8.2024 in Kraft getretene **Gesetz zur Fortentwicklung des Völkerstrafrechts** vom 30.7.2024.[18] Außer einer Ergänzung sowie Klarstellung in Abs. 1 S. 2 zu den Regelbeispielen für gleichgelagerte Interessen (→ Rn. 9) wurde Abs. 4 eingeführt, der bei Großverfahren wegen Straftaten nach dem VStGB die Ausübung der Beteiligungsrechte beschränkt, um die Handhabbarkeit der Verfahren zu gewährleisten (→ Rn. 21a).[19] 5a

II. Erläuterung

1. Voraussetzungen (Abs. 1). Nebenklägern kann gemäß **Abs. 1 S. 1** nur dann ein gemeinschaftlicher Rechtsanwalt als Beistand bestellt oder beigeordnet werden, wenn sie **gleichgelagerte** Interessen verfolgen. Hierfür ist weder erforderlich, dass die Interessen identisch sind,[20] noch müssen sich die Nebenkläger (zB über die Art und Weise der Verfahrensführung) völlig einig sein.[21] Sollten die Interessen indessen derart gegenläufig, widersprüchlich oder unvereinbar sein, so dass der gemeinsame Rechtsanwalt entgegen § 43a Abs. 4 BRAO widerstreitende Interessen vertreten müsste, scheidet die Annahme gleichgelagerter Interessen aus.[22] Allerdings ist zu beachten, dass es dem gemeinschaftlichen Nebenklagevertreter durchaus möglich ist, einzelne Anträge bzw. Erklärungen nur im Namen einzelner Nebenkläger zu stellen bzw. abzugeben und dadurch unterschiedliche Auffassungen unter den vertretenen Nebenklägern zu berücksichtigen.[23] Nicht jeder Unterschied bei den Interessen begründet folglich sogleich deren Widerstreit.[24] Auch bei einer gemeinschaftlichen Nebenklagevertretung muss indessen gewährleistet sein, dass die Interessen der vertretenen Nebenkläger hinreichend wahrgenommen werden können.[25] 6

Maßgeblich sind lediglich diejenigen **Interessen,** die anerkanntermaßen mit der Nebenklage verfolgt werden, die nicht zuletzt dem Verletzten eine aktive Mitwirkung am Verfahren ermöglichen und ihn vor einer Sekundärviktimisierung bewahren soll (näher → § 395 Rn. 4 ff.).[26] Da sich diese Anliegen stets auf die angeklagte Tat beziehen, ist für die Bewertung der Interessen als gleichgelagert insbesondere wesentlich, ob die Nebenkläger durch ein und dieselbe Tat oder durch verschiedene Taten verletzt wurden.[27] 7

Demgegenüber auch **subjektive Kriterien** wie persönliche Differenzen zwischen den Nebenklägern als ausschlaggebend zu erachten,[28] vermag im Hinblick auf den Sinn und Zweck der Regelung und nicht zuletzt deren fehlende Relevanz für das wesentliche Anliegen des Schutzes vor Sekundärviktimisierung nicht zu überzeugen.[29] Aus denselben 8

---

[18] BGBl. I Nr. 255.
[19] BT-Drs. 20/9471, 41.
[20] KG 26.4.2021 – 2 Ws 33/21, BeckRS 2021, 13566 Rn. 7; Schmitt in Meyer-Goßner/Schmitt Rn. 5.
[21] BT-Drs. 19/14747, 39; OLG Karlsruhe 8.5.2020 – 2 Ws 94/20, BeckRS 2020, 8475 Rn. 20; Schmitt in Meyer-Goßner/Schmitt Rn. 5.
[22] BT-Drs. 19/14747, 39; KG 26.4.2021 – 2 Ws 33/21, BeckRS 2021, 13566 Rn. 7; KG 6.8.2021 – 5 Ws 171/21, BeckRS 2021, 55959 Rn. 12; OLG Karlsruhe 8.5.2020 – 2 Ws 94/20, BeckRS 2020, 8475 Rn. 20; Velten/Deiters in SK-StPO Rn. 4.
[23] BT-Drs. 19/14747, 39; KG 6.8.2021 – 5 Ws 171/21, BeckRS 2021, 55959 Rn. 13; OLG Karlsruhe 8.5.2020 – 2 Ws 94/20, BeckRS 2020, 8475 Rn. 20; krit. Kulhanek in KMR-StPO Rn. 11.
[24] BT-Drs. 19/14747, 39; KG 26.4.2021 – 2 Ws 33/21, BeckRS 2021, 13566 Rn. 7; 6.8.2021 – 5 Ws 171/21, BeckRS 2021, 55959 Rn. 13; OLG Karlsruhe 8.5.2020 – 2 Ws 94/20, BeckRS 2020, 8475 Rn. 20; Kulhanek in KMR-StPO Rn. 10; Velten/Deiters in SK-StPO Rn. 4.
[25] BT-Drs. 19/14747, 39; KG 6.8.2021 – 5 Ws 171/21, BeckRS 2021, 55959 Rn. 13; Velten/Deiters in SK-StPO Rn. 4.
[26] Zu den üblicherweise mit der Nebenklage verfolgten Interessen KG 6.8.2021 – 5 Ws 171/21, BeckRS 2021, 55959 Rn. 12.
[27] Vgl. Schmitt in Meyer-Goßner/Schmitt Rn. 6; enger Weiner in BeckOK StPO Rn. 9, der es als notwendige Voraussetzung ansieht, dass eine vom Täter gesetzte Ursache viele gemeinsame Verletzte schafft.
[28] So etwa Weiner in BeckOK StPO Rn. 10 f.; s. auch Kulhanek in KMR-StPO Rn. 9.
[29] S. auch KG 6.8.2021 – 5 Ws 171/21, BeckRS 2021, 55959 Rn. 14; Schmitt in Meyer-Goßner/Schmitt Rn. 6.

Erwägungen genügt ebenso wenig die nicht übereinstimmende rechtliche Bewertung der angeklagten Tat durch die Nebenkläger (und eine demzufolge unterschiedlich angestrebte Verurteilung des Angeklagten), um gleichgelagerte Interessen zu verneinen.[30] Etwas anderes gilt jedoch, falls ein Nebenkläger nicht die Verurteilung des Angeklagten, sondern – sofern entgegen der hier vertretenen Ansicht (→ § 395 Rn. 39) als zulässiges Ziel der Nebenklage erachtet – dessen Freispruch zu erreichen versucht.[31]

9   Dass für die (gleiche oder unterschiedliche) Ausrichtung der Interessen der Nebenkläger die Verletzung durch ein und dieselbe Tat nicht unwesentlich ist, verdeutlicht auch Abs. 1 S. 2.[32] Nach dessen **Nr. 1** ist von gleichgelagerten Interessen auszugehen, wenn es sich bei den Nebenklägern um **Angehörige** eines durch eine rechtswidrige Tat getöteten **Opfers** iSd § 395 Abs. 2 Nr. 1 handelt. Dies gilt nicht zuletzt, wenn sich mehrere minderjährige Angehörige des Getöteten der öffentlichen Klage als Nebenkläger anschließen.[33] Ein weiteres Regelbeispiel für gleichgelagerte Interessen liegt nach Abs. 1 S. 2 **Nr. 2** vor, wenn mehrere Nebenkläger durch (bestimmte) Taten (nach dem **VStGB**) iSd § 395 Abs. 1 Nr. 2a (→ § 395 Rn. 51a) und Nr. 4a (→ § 395 Rn. 53a) in ihren dort genannten Individualrechtsgütern verletzt werden und den Taten der gleiche Lebenssachverhalt zugrunde liegt. Unter Lebenssachverhalt ist der in der Anklageschrift beschriebene einheitliche geschichtliche Vorgang zu verstehen, der mit Blick auf die Strafbarkeit des Angeklagten rechtlich gewürdigt werden soll.[34] Diese Voraussetzung verdeutlicht, dass für die Beurteilung der Interessen der Nebenkläger als gleichgelagert nicht zuletzt maßgeblich ist, ob der zur Viktimisierung führende Sachverhalt identisch ist (→ Rn. 7).[35] Der abschließende Halbsatz der Nr. 2 stellt aber klar, dass bei der gerichtlichen Bewertung im Einzelfall auch weitere sachnahe Kriterien (wie zB ein unterschiedlicher Grad an Traumatisierung der Nebenkläger) berücksichtigt werden können.[36]

10 Die Regelbeispiele in Abs. 1 S. 2 sind indessen nicht als abschließend zu verstehen.[37] Vielmehr können auch in anderen Konstellationen (sei es außerhalb von Tötungsdelikten oder auch bei fehlenden Verwandtschaftsbeziehungen zwischen den Anschlussberechtigten) die Interessen der Nebenkläger gleichgelagert sein.[38] Denkbar ist dies etwa bei Großschadensereignissen oder Umweltdelikten.[39] Maßgeblich sind jeweils die **Umstände des Einzelfalls.**[40]

11 **2. Entscheidung des Gerichts.** Die Entscheidung über Bestellung oder Beiordnung eines gemeinschaftlichen Rechtsanwalts liegt im pflichtgemäßen **Ermessen des Gerichts** (Abs. 1 S. 1: „kann"). Abweichend von § 397a Abs. 3 S. 2 (→ § 397a Rn. 34) ist somit nicht allein der Vorsitzende des Gerichts zuständig.[41]

12 Das Gericht hat zum einen ein **Entschließungsermessen,** ob überhaupt eine gemeinschaftliche Vertretung in Betracht kommt.[42] Insoweit sind neben der Interessenlage der Nebenkläger auch die Rechte des Angeklagten, der Resozialisierungsgedanke sowie die voraussichtliche Dauer und Komplexität des Verfahrens zu berücksichtigen.[43] Können die Interessen der Nebenkläger nur durch einen jeweils gesonderten Rechtsbeistand sachgerecht

---

[30] So aber Weiner in BeckOK StPO Rn. 10.
[31] Weiner in BeckOK StPO Rn. 10.
[32] Schmitt in Meyer-Goßner/Schmitt Rn. 6.
[33] BT-Drs. 19/14747, 39.
[34] BT-Drs. 20/9471, 40.
[35] BT-Drs. 20/9471, 40.
[36] BT-Drs. 20/11661, 18.
[37] BT-Drs. 19/14747, 39.
[38] BT-Drs. 19/14747, 39.
[39] BT-Drs. 19/14747, 39.
[40] BT-Drs. 19/14747, 39.
[41] Hierzu Kulhanek in KMR-StPO Rn. 14.
[42] BT-Drs. 19/14747, 39; KG 6.8.2021 – 5 Ws 171/21, BeckRS 2021, 55959 Rn. 16; OLG Karlsruhe 8.5.2020 – 2 Ws 94/20, BeckRS 2020, 8475 Rn. 19.
[43] BT-Drs. 19/14747, 39; KG 6.8.2021 – 5 Ws 171/21, BeckRS 2021, 55959 Rn. 16; Velten/Deiters in SK-StPO Rn. 5; s. auch OLG Karlsruhe 8.5.2020 – 2 Ws 94/20, BeckRS 2020, 8475 Rn. 26.

wahrgenommen werden, soll von der gemeinschaftlichen Nebenklagevertretung abgesehen werden.[44] Abgelehnt wurde eine Einzelvertretung etwa zutreffend für den Einwand, dass ein Vertrauensverhältnis aufgrund „kultureller Besonderheiten" nur zwischen Personen gleichen Geschlechts hergestellt werden könnte.[45]

Im Ermessen des Gerichts steht es auch, die Nebenkläger in **Gruppen** mit jeweils 13 gleichgelagerten Interessen einzuteilen und diesen Gruppen jeweils einen gemeinschaftlichen Rechtsanwalt als Beistand zu bestellen oder beizuordnen.[46] Insbesondere wenn eine Gruppe aus einer größeren Anzahl von Nebenklägern besteht, können auch mehrere gemeinschaftliche Nebenklagevertreter bestellt werden, um etwa eine sachgerechte und vertrauensvolle Interessensvertretung zu gewährleisten oder auch der Verfahrensökonomie Rechnung zu tragen (und zB zu viele Einzelabsprachen zu vermeiden).[47] Abs. 1 S. 1 ist folglich nicht dergestalt zu interpretieren, dass nur die Option besteht, entweder allen Nebenklägern einen einzigen gemeinschaftlichen Vertreter beizuordnen oder bei sämtlichen Nebenklägern eine Einzelvertretung zuzulassen. Für die Gruppeneinteilung sind die gleichgelagerten Interessen der Nebenkläger maßgeblich. Hingegen ist hierfür unbeachtlich, ob die Nebenkläger einen Anspruch auf Bestellung eines Beistandes nach § 397a Abs. 1 oder auf Prozesskostenhilfe nach § 397a Abs. 2 haben.[48]

Zum anderen kommt dem Gericht ein **Auswahlermessen** im Hinblick auf den 14 Rechtsanwalt zu, der als gemeinschaftliche Vertretung bestellt oder beigeordnet wird.[49] Bei dieser Ermessensentscheidung können etwa der (mehrheitliche) Wille der Nebenkläger (ergänzend → Rn. 15), der Zeitpunkt des Antrags auf Bestellung bzw. Beiordnung (Prioritätsprinzip), die Nähe des Kanzleisitzes zum Gerichtsort oder auch eine Verhinderung des vorgeschlagenen Nebenklagevertreters infolge einer Terminkollision berücksichtigt werden.[50] Nicht von Bedeutung ist hingegen der Gesichtspunkt der Waffengleichheit.[51] Ebenso unerheblich ist – anders als bei der Auswahl des Pflichtverteidigers nach § 142 – ein besonderes Vertrauen zum selbst gewählten Beistand, liefe dies doch der gesetzlichen Regelung einer gemeinschaftlichen Nebenklagevertretung ersichtlich zuwider.[52]

3. Verfahren (Abs. 2 und Abs. 3). Vor der Entscheidung des Gerichts ist das **rechtli-** 15 **che Gehör** zu gewähren. Die **Staatsanwaltschaft** ist schon nach allgemeinen Grundsätzen gemäß § 33 Abs. 2 zu hören.[53] Den betroffenen **Nebenklägern** soll gemäß der ausdrücklichen Regelung in **Abs. 2 S. 1** Gelegenheit gegeben werden, sich zur Bestellung oder Beiordnung eines gemeinschaftlichen Rechtsanwalts zu äußern. Dies soll den Nebenklägern ermöglichen, ihre individuelle Situation und ihre Interessenlage darzustellen, die das Gericht bei seiner Ermessensentscheidung (→ Rn. 11 ff.) zu berücksichtigen hat.[54] Zudem können sie selbst einen Rechtsanwalt als Mehrfachvertreter vorschlagen.[55] Selbst wenn dies einstimmig geschieht, muss das Gericht diesem Vorschlag im Rahmen seines Auswahlermessens (→ Rn. 14) indessen nicht folgen,[56] wenngleich es sich hierbei durchaus um ein nicht unwesentliches Kriterium handelt.[57]

---

[44] BT-Drs. 19/14747, 39; KG 6.8.2021 – 5 Ws 171/21, BeckRS 2021, 55959 Rn. 16; Velten/Deiters in SK-StPO Rn. 5.
[45] KG 26.4.2021 – 2 Ws 33/21, BeckRS 2021, 13566 Rn. 8.
[46] BT-Drs. 19/14747, 39.
[47] BT-Drs. 19/14747, 39 f.; Velten/Deiters in SK-StPO Rn. 6.
[48] BT-Drs. 19/14747, 39.
[49] BT-Drs. 19/14747, 40; OLG Karlsruhe 8.5.2020 – 2 Ws 94/20, BeckRS 2020, 8475 Rn. 19.
[50] BT-Drs. 19/14747, 40; KG 6.8.2021 – 5 Ws 171/21, BeckRS 2021, 55959 Rn. 17; Schmitt in Meyer-Goßner/Schmitt Rn. 8; Velten/Deiters in SK-StPO Rn. 6; hierzu auch Kulhanek in KMR-StPO Rn. 16; Weiner in BeckOK StPO Rn. 20.
[51] OLG Karlsruhe 8.5.2020 – 2 Ws 94/20, BeckRS 2020, 8475 Rn. 25.
[52] OLG Karlsruhe 8.5.2020 – 2 Ws 94/20, BeckRS 2020, 8475 Rn. 25.
[53] BT-Drs. 19/14747, 40; Kulhanek in KMR-StPO Rn. 13; Schmitt in Meyer-Goßner/Schmitt Rn. 7.
[54] BT-Drs. 19/14747, 40.
[55] BT-Drs. 19/14747, 40; Schmitt in Meyer-Goßner/Schmitt Rn. 7.
[56] Schmitt in Meyer-Goßner/Schmitt Rn. 8; Schork NJW 2020, 1 (5).
[57] Kulhanek in KMR-StPO Rn. 12; enger Weiner in BeckOK StPO Rn. 19, wonach dem übereinstimmenden Vorschlag der Nebenkläger in der Regel zu entsprechen sei.

16 Wie bei der **Bestellung** eines Einzelbeistands nach § 397a Abs. 1 (→ § 397a Rn. 40) wird auch die gemeinschaftliche Nebenklagevertretung **für das gesamte Verfahren** bestellt.[58] **Prozesskostenhilfe** nach § 397a Abs. 2 wird hingegen auch bei einem gemeinschaftlichen Beistand nur **für den jeweiligen Rechtszug** bewilligt.[59]

17 Dem Nebenkläger steht es frei, sich statt des bestellten oder beigeordneten gemeinschaftlichen Rechtsanwalts oder auch zusätzlich durch einen selbst gewählten Anwalt vertreten zu lassen.[60] Dieses in § 397 Abs. 2 S. 1 normierte Recht (→ § 397 Rn. 30 ff.) bleibt somit von der Bestellung einer gemeinschaftlichen Nebenklagevertretung unberührt. Die Kosten für den **Wahlnebenklagevertreter** muss der Nebenkläger dann allerdings selbst tragen.[61] Ebenso hat die Bestellung oder Beiordnung eines gemeinschaftlichen Rechtsanwalts keine Auswirkungen auf die sonstigen Rechte des Nebenklägers. Unberührt bleiben insbesondere dessen Verfahrensrechte nach § 397 wie nicht zuletzt das Anwesenheits- und Fragerecht.[62]

18 Sollten die Voraussetzungen der gemeinschaftlichen Nebenklagevertretung im Laufe der Hauptverhandlung entfallen, kann sie ganz oder teilweise **aufgehoben** werden.[63] Die Bestellung eines Rechtsbeistands richtet sich dann nach den Voraussetzungen des § 397a Abs. 3 S. 2 iVm § 142.[64]

19 Der mit der mehrfachen Vertretung einhergehende Mehraufwand (zur diesbezüglichen Kritik schon → Rn. 3) wird nach Ansicht des Gesetzgebers **vergütungsrechtlich** in der Regel durch den Mehrvertretungszuschlag gemäß Nr. 1008 des Vergütungsverzeichnisses zum RVG abgegolten.[65] Darüber hinaus ist es möglich, gemäß § 51 RVG wegen des besonderen Umfangs oder der besonderen Schwierigkeit des Verfahrens eine Pauschgebühr zu bewilligen.[66]

20 Sofern das Gericht einen gemeinschaftlichen Rechtsanwalt bestellt oder beiordnet, sind bereits erfolgte (Einzel-)Bestellungen oder Beiordnungen von Amts wegen **aufzuheben (Abs. 2 S. 2)**. Dadurch soll verhindert werden, dass ein Nebenklagevertreter zugleich als Mehrfach- und Einzelvertreter bestellt oder beigeordnet ist bzw. neben dem gemeinschaftlichen Nebenklagevertreter doppelte (Einzel-)Bestellungen oder Beiordnungen zulasten der Staatskasse bestehen bleiben.[67]

21 Wird eine gemeinschaftliche Nebenklagevertretung nach Abs. 1 bestellt oder beigeordnet, kann aber auch künftig von der **Bestellung oder Beiordnung eines anderen Rechtsanwalts abgesehen** werden. Dies hat für den betroffenen Rechtsanwalt zur Folge, dass die Kostenregelungen der §§ 45 ff. RVG (→ § 397a Rn. 43) keine Anwendung finden. Um den mandatierenden Nebenkläger infolge der gemeinschaftlichen Nebenklagevertretung kostenrechtlich nicht schlechter zu stellen,[68] hat das Gericht nach **Abs. 3** durch Beschluss festzustellen, ob die Voraussetzungen nach § 397a Abs. 3 S. 2 (→ § 397a Rn. 38) in Bezug auf den nicht als Beistand bestellten oder nicht beigeordneten Rechtsanwalt vorgelegen hätten. Ist dies der Fall, steht der Rechtsanwalt nach – dem ebenfalls durch das Gesetz

---

[58] BT-Drs. 19/14747, 40; Kulhanek in KMR-StPO Rn. 18; Velten/Deiters in SK-StPO Rn. 6.
[59] BT-Drs. 19/14747, 40; Kulhanek in KMR-StPO Rn. 18; Velten/Deiters in SK-StPO Rn. 6.
[60] BT-Drs. 19/14747, 39; OLG Karlsruhe 8.5.2020 – 2 Ws 94/20, BeckRS 2020, 8475 Rn. 18; Schmitt in Meyer-Goßner/Schmitt Rn. 3; Velten/Deiters in SK-StPO Rn. 3.
[61] BT-Drs. 19/14747, 39; Kulhanek in KMR-StPO Rn. 5.
[62] BT-Drs. 19/14747, 39; OLG Karlsruhe 8.5.2020 – 2 Ws 94/20, BeckRS 2020, 8475 Rn. 18; Velten/Deiters in SK-StPO Rn. 3.
[63] BT-Drs. 19/14747, 40; vgl. auch KG 6.8.2021 – 5 Ws 171/21, BeckRS 2021, 55959 Rn. 21; enger Velten/Deiters in SK-StPO Rn. 6, wonach die gemeinschaftliche Nebenklagevertretung bei Wegfall ihrer Voraussetzungen (ganz oder teilweise) aufgehoben werden muss.
[64] BT-Drs. 19/14747, 40; Kulhanek in KMR-StPO Rn. 20.
[65] BT-Drs. 19/14747, 40; s. auch KG 26.4.2021 – 2 Ws 33/21, BeckRS 2021, 13566 Rn. 8; krit. Weiner in BeckOK StPO Rn. 4.
[66] BT-Drs. 19/14747, 40; krit. wegen der Handhabung von Pauschanträgen in der Praxis Weiner in BeckOK StPO Rn. 4.
[67] BT-Drs. 19/14747, 40; Schmitt in Meyer-Goßner/Schmitt Rn. 9; Velten/Deiters in SK-StPO Rn. 7.
[68] BT-Drs. 19/14747, 40.

zur Modernisierung des Strafverfahrens vom 10.12.2019 (→ Rn. 4) eingefügten – § 53a S. 1 RVG hinsichtlich der von ihm bis zu dem Zeitpunkt der Bestellung oder Beiordnung eines anderen Rechtsanwalts erbrachten Tätigkeiten einem bestellten oder beigeordneten Rechtsanwalt gleich. Dies gewährt zum einen dem betroffenen Rechtsanwalt für Tätigkeiten, die er vor der Bestellung oder Beiordnung eines anderen Rechtsanwalts als gemeinschaftliche Nebenklagevertretung erbracht hat, einen Vergütungsanspruch gegen die Staatskasse gemäß § 48 Abs. 6 RVG. Auf die Vergütung später erbrachter Tätigkeiten hat der Rechtsanwalt hingegen kein schützenswertes Vertrauen mehr.[69] Zum anderen gelten infolge der durch § 53a S. 1 RVG angeordneten Gleichstellung auch die Beschränkungen des § 53 RVG hinsichtlich der Ansprüche des bestellten oder beigeordneten Rechtsanwalts gegenüber dem Nebenkläger und dem Verurteilten.[70]

4. Beschränkung der Beteiligungsrechte (Abs. 4). Werden die Nebenkläger in den Fällen des Abs. 1 S. 2 Nr. 2 (→ Rn. 9) durch einen gemeinschaftlich bestellten anwaltlichen Beistand vertreten, darf nach **S. 1** grundsätzlich nur dieser die in § 397 Abs. 1 S. 3 und S. 4 genannten Beteiligungsrechte wahrnehmen. Dadurch soll die Handhabbarkeit von Großverfahren wegen Straftaten nach dem VStGB, denen sich bei identischem zugrunde liegendem Sachverhalt eine Vielzahl von Verletzten mit der Nebenklage anschließt, gewährleistet und sollen Verzögerungen vermieden werden.[71] Diese Beschränkung gilt aber lediglich dann, wenn sich die **Nebenklagebefugnis nur aufgrund des § 395 Abs. 1 Nr. 2 oder Nr. 4a** ergibt, und entfällt, wenn tateinheitlich weitere Nebenklagedelikte angeklagt werden.[72] Zudem kann das Gericht nach **S. 2** dem Nebenkläger gestatten, selbst einen **Schlussvortrag** nach § 258 Abs. 1 iVm § 397 Abs. 1 S. 3 zu halten. Diese Ausnahme soll der besonderen Bedeutung von Schlussvorträgen für die Nebenklage Rechnung tragen.[73] 21a

III. Rechtsmittel

Die Entscheidung über die **Bestellung** einer gemeinschaftlichen Nebenklagevertretung **nach Abs. 1** ist nach allgemeinen Grundsätzen mit der (einfachen) Beschwerde gemäß § 304 anfechtbar.[74] § 305 steht deren Statthaftigkeit nicht entgegen, entfaltet die Bestellung eines gemeinschaftlichen Beistandes doch eine über die bloße Vorbereitung des späteren Urteils hinausgehende selbstständige Bedeutung.[75] Beschwerdeberechtigt sind sowohl die Staatsanwaltschaft als auch diejenigen Nebenkläger, deren Rechtsanwälte nicht zum Beistand bestellt wurden.[76] Sofern auch der Angeklagte entgegen der hM als beschwerdebefugt angesehen wird (→ § 397a Rn. 51), ist eine solche Beschwer nur durch die Bestellung eines Beistands als solche, nicht hingegen aufgrund der unterbliebenen Reduzierung durch Ablehnung einer gemeinschaftlichen Nebenklagevertretung gegeben.[77] 22

Auch der **Beschluss nach Abs. 3** kann nach allgemeinen Grundsätzen mit der (einfachen) Beschwerde gemäß § 304 angefochten werden.[78] 23

IV. Revision

Sollte der Antrag eines Nebenklägers auf Bestellung seines Rechtsanwalts als Beistand abgelehnt werden, wird darauf nur selten eine Revision gestützt werden können, da auf der gemeinschaftlichen Nebenklagevertretung das Urteil in der Regel nicht beruhen wird.[79] 24

---
[69] BT-Drs. 19/14747, 51.
[70] BT-Drs. 19/14747, 51.
[71] BT-Drs. 20/9471, 41; krit. wegen der fehlenden Beschränkung auf etwa „Großverfahren ab einer gewissen Anzahl an Nebenklägern" Raube KriPoZ 2024, 278 (291).
[72] BT-Drs. 20/9471, 41.
[73] BT-Drs. 20/11661, 18.
[74] BT-Drs. 19/14747, 40; KG 6.8.2021 – 5 Ws 171/21, BeckRS 2021, 55959 Rn. 6; OLG Karlsruhe 8.5.2020 – 2 Ws 94/20, BeckRS 2020, 8475 Rn. 14.
[75] KG 6.8.2021 – 5 Ws 171/21, BeckRS 2021, 55959 Rn. 6.
[76] Kulhanek in KMR-StPO Rn. 25; Schmitt in Meyer-Goßner/Schmitt Rn. 10.
[77] Kulhanek in KMR-StPO Rn. 27 f.
[78] BT-Drs. 19/14747, 41; Schmitt in Meyer-Goßner/Schmitt Rn. 10.
[79] Schmitt in Meyer-Goßner/Schmitt Rn. 10.

§ 398 Fortgang des Verfahrens bei Anschluss

(1) Der Fortgang des Verfahrens wird durch den Anschluß nicht aufgehalten.

(2) Die bereits anberaumte Hauptverhandlung sowie andere Termine finden an den bestimmten Tagen statt, auch wenn der Nebenkläger wegen Kürze der Zeit nicht mehr geladen oder benachrichtigt werden konnte.

Schrifttum: Gollwitzer, Die Stellung des Nebenklägers in der Hauptverhandlung, FS Schäfer, 1979, S. 65.

I. Überblick

1   Die Vorschrift trägt dem Umstand Rechnung, dass gemäß § 395 Abs. 4 S. 1 ein Anschluss mit der Nebenklage zu jedem Zeitpunkt des Verfahrens möglich ist (→ § 395 Rn. 80 ff.). Die Anschlusserklärung soll allerdings das Verfahren nicht verzögern.[1] Dementsprechend bestimmt **Abs. 1** allgemein, dass der Anschluss den Fortgang des Verfahrens nicht aufhalten soll. Etwaige spätere Verfahrensverzögerungen nach Anschluss des Nebenklägers bleiben dadurch freilich nicht ausgeschlossen.[2] Die Regelung bestätigt zugleich die Rolle des Nebenklägers als eines wegen seiner Schutzbedürftigkeit zwar möglichen, für das Verfahren aber nicht notwendigen Verfahrensbeteiligten.[3]

2   Eine Verzögerung könnte vor allem dadurch verursacht werden, dass nunmehr Ladungsfristen gegenüber dem Nebenkläger zu beachten sind. Daher finden nach **Abs. 2** eine bereits anberaumte Hauptverhandlung sowie andere Termine auch dann an den vorgesehenen Tagen statt, wenn der Nebenkläger wegen der Kürze der Zeit nicht mehr geladen oder benachrichtigt werden kann.

II. Erläuterung

3   **1. Keine Hemmung des Verfahrens (Abs. 1).** Gemäß Abs. 1 wird der Fortgang des Verfahrens durch den Anschluss mit der Nebenklage nicht aufgehalten. Der Nebenkläger tritt dem Verfahren in demjenigen **Stadium** bei, in dem dieses sich **zur Zeit seines Anschlusses** befindet.[4] Insbesondere steht ihm nicht das Recht zu, die Beweisaufnahme oder sonstige geschehene prozessuale Maßnahmen (zB eine kommissarische Vernehmung oder eine Augenscheinseinnahme) wiederholen zu lassen.[5] Ebenso wenig hat er einen Anspruch darauf, über den wesentlichen Inhalt der bisherigen Verhandlung unterrichtet zu werden.[6]

4   Darüber hinaus hat der Nebenkläger bereits vorgenommene **prozessgestaltende Maßnahmen** der anderen Verfahrensbeteiligten gegen sich gelten zu lassen. Ihm ist es auch nicht möglich, neue prozessgestaltende Maßnahmen zu verhindern, selbst wenn sich diese gegen ihn auswirken sollten.[7]

5   **2. Hauptverhandlung und andere Termine (Abs. 2).** Abs. 2 konkretisiert den allgemeinen Grundsatz aus Abs. 1 für **Termine** wie vor allem die bereits anberaumte Hauptverhandlung. Sie **finden** an den hierfür bereits bestimmten Tagen selbst dann **statt,** wenn der Nebenkläger wegen der Kürze der Zeit nicht mehr geladen oder benachrichtigt werden konnte. Die (zumindest formlose) Ladung hat aber auch dann zu erfolgen, wenn die vorgesehene Ladungsfrist nicht mehr eingehalten werden kann.[8]

---

[1] Zu Verfahrensverzögerungen nach früherer Rechtslage bei der Einlegung von Rechtsmitteln durch den Nebenkläger s. Wenske in Löwe/Rosenberg Rn. 2.
[2] Velten in SK-StPO Rn. 2.
[3] Velten in SK-StPO Rn. 1.
[4] Schmitt in Meyer-Goßner/Schmitt Rn. 1; Wenske in Löwe/Rosenberg Rn. 1.
[5] Kulhanek in KMR-StPO Rn. 1; Schmitt in Meyer-Goßner/Schmitt Rn. 1; Velten in SK-StPO Rn. 2.
[6] Weißer/Duesberg in Gercke/Temming/Zöller Rn. 1.
[7] OLG Stuttgart 20.11.1969 – 2 Ws 145/69, NJW 1970, 822 (823); Schmitt in Meyer-Goßner/Schmitt Rn. 1; Wenske in Löwe/Rosenberg Rn. 1.
[8] Kulhanek in KMR-StPO Rn. 3; Velten in SK-StPO Rn. 4.

Der jeweilige Termin, insbesondere die Hauptverhandlung, kann ebenso durchgeführt **6** werden, wenn der Nebenkläger zwar noch geladen werden konnte, aber an der Teilnahme aus wichtigen Gründen (zB Krankheit oder dringende persönliche Angelegenheit) **verhindert** ist.[9] Nicht anders verhält es sich bei Verhinderung des Verfahrensbevollmächtigten des Nebenklägers.[10] Ein Recht auf Vertagung hat der Nebenkläger grundsätzlich somit nicht.[11] Schließlich wird ihm schon durch die Ladung rechtliches Gehör gewährt.[12] Zur fehlenden Befugnis, nach § 246 Abs. 2 und § 265 Abs. 4 die Aussetzung der Hauptverhandlung zu beantragen → § 397 Rn. 20.

Allerdings steht es dem Gericht im Rahmen seiner allgemeinen Fürsorgepflicht frei, **7** auf den Anschluss des Nebenklägers zu reagieren und dessen Belange zu berücksichtigen. Ein anberaumter Termin kann demzufolge verlegt werden, um eine Ladung oder eine Teilnahme des Nebenklägers zu ermöglichen.[13] Dies gilt nicht zuletzt, um denkbare Folgen einer vermeidbaren Verzögerung der Zulassung des Nebenklägers abzuwehren.[14] Außerdem kann eine Verlegung geboten sein, wenn eine Mitwirkung des Nebenklägers die Sachaufklärung fördern könnte.[15]

III. Revision

Unterbleibt die **Ladung** des Nebenklägers, ohne dass die Voraussetzungen des Abs. 2 **8** vorliegen, kann hierauf eine Revision gestützt werden. In der Regel wird das Urteil auf diesem Verfahrensfehler iSd § 337 beruhen,[16] da nicht auszuschließen ist, dass der Nebenkläger durch Erklärungen, Anträge oder die Einführung zusätzlicher Beweismittel den Ausgang des Verfahrens beeinflusst hätte.[17]

§ 399 Bekanntmachung und Anfechtbarkeit früherer Entscheidungen

(1) Entscheidungen, die schon vor dem Anschluß ergangen und der Staatsanwaltschaft bekanntgemacht waren, bedürfen außer in den Fällen des § 401 Abs. 1 Satz 2 keiner Bekanntmachung an den Nebenkläger.

(2) Die Anfechtung solcher Entscheidungen steht auch dem Nebenkläger nicht mehr zu, wenn für die Staatsanwaltschaft die Frist zur Anfechtung abgelaufen ist.

Schrifttum: Böttcher, Unterlassener Hinweis auf die Nebenklagebefugnis – folgenlos?, FS Widmaier, 2008, 81; Gollwitzer, Die Stellung des Nebenklägers in der Hauptverhandlung, FS Schäfer, 1979, 65; Renkl, Die Versäumung von Rechtsmittelfristen durch den Nebenkläger und Wiedereinsetzung in den vorigen Stand nach der Neufassung von § 44 StPO, MDR 1975, 904.

I. Überblick

Dass der Nebenkläger dem Verfahren nur in dem Stadium zum Zeitpunkt seines **1** Anschlusses beitritt (→ § 398 Rn. 3), konkretisiert die Vorschrift des § 399 in Ergänzung

---

[9] OLG Stuttgart 21.8.2003 – 1 Ws 232/03, Die Justiz 2004, 127 (128); Allgayer in KK-StPO Rn. 3; Kulhanek in KMR-StPO Rn. 2; Schmitt in Meyer-Goßner/Schmitt Rn. 3; Weißer/Duesberg in Gercke/Temming/Zöller Rn. 2.
[10] OLG Stuttgart 21.8.2003 – 1 Ws 232/03, Die Justiz 2004, 127 (127 f.); Allgayer in KK-StPO Rn. 3.
[11] Wenske in Löwe/Rosenberg Rn. 3; Gollwitzer FS Schäfer, 1979, 65 (79).
[12] Allgayer in KK-StPO Rn. 2; Kulhanek in KMR-StPO Rn. 2; Gollwitzer FS Schäfer, 1979, 65 (69).
[13] Schmitt in Meyer-Goßner/Schmitt Rn. 3; Schöch/Werner in Satzger/Schluckebier/Widmaier StPO Rn. 3.
[14] Allgayer in KK-StPO Rn. 1.
[15] Allgayer in KK-StPO Rn. 1; Merz in Radtke/Hohmann Rn. 2; Velten in SK-StPO Rn. 3; weiter Weiner in BeckOK StPO Rn. 2, wonach auch die Pflicht des Gerichts, Opferschutzinteressen zu wahren, zu berücksichtigen sei; aA Wenske in Löwe/Rosenberg Rn. 3.
[16] Allgayer in KK-StPO Rn. 4; Schmitt in Meyer-Goßner/Schmitt Rn. 4; Schöch/Werner in Satzger/Schluckebier/Widmaier StPO Rn. 4; Weißer/Duesberg in Gercke/Temming/Zöller Rn. 3; s. aber OLG Oldenburg 28.8.2013 – 1 Ss 90/13, NStZ-RR 2013, 385.
[17] OLG Düsseldorf 22.11.2000 – 2a Ss 295/00 – 78/00 I, NStZ-RR 2001, 142 (144).

zu § 398 in Bezug auf **bereits ergangene Entscheidungen**.¹ Während nach Abs. 1 solche Entscheidungen grundsätzlich nicht dem Nebenkläger bekannt gemacht werden müssen, bestimmt Abs. 2, dass eine Anfechtung ausscheidet, wenn für die Staatsanwaltschaft die Anfechtungsfrist bereits verstrichen ist.

II. Erläuterung

2   **1. Bekanntmachung früherer Entscheidungen (Abs. 1). Entscheidungen,** die schon **vor dem Anschluss des Nebenklägers** ergangen sind, müssen ihm gemäß Abs. 1 grundsätzlich nicht mehr bekanntgemacht werden, wenn sie bereits der Staatsanwaltschaft bekanntgemacht wurden. Alle später erlassenen Entscheidungen sind nach allgemeinen Grundsätzen auch dem Nebenkläger gegenüber bekannt zu machen.² Über Entscheidungen innerhalb der Hauptverhandlung muss der Nebenkläger sich allerdings selbst informieren.³

3   Maßgeblich ist grundsätzlich der **Zeitpunkt der Anschlusserklärung**.⁴ Nur in den Fällen des § 395 Abs. 3 ist wegen dessen konstitutiver Bedeutung auf den Zulassungsbeschluss nach § 396 abzustellen.⁵

4   Eine **Ausnahme** von dem Grundsatz nach Abs. 1 sieht **§ 401 Abs. 1 S. 2** vor. Danach ist dem Nebenkläger das angefochtene Urteil sofort zuzustellen, wenn er seinen Anschluss erklärt, um gegen das ergangene Urteil Rechtsmittel einzulegen (→ § 401 Rn. 9).

5   **2. Anfechtung früherer Entscheidungen (Abs. 2).** Entscheidungen, die schon vor dem Anschluss des Nebenklägers ergangen sind, kann dieser gemäß Abs. 2 nicht mehr anfechten, sobald für die Staatsanwaltschaft die **Anfechtungsfrist abgelaufen** ist. Dem steht gleich, wenn die Staatsanwaltschaft auf Rechtsmittel verzichtet⁶ oder ein bereits eingelegtes Rechtsmittel zurücknimmt.⁷ Ein gleichwohl eingelegtes Rechtsmittel des Nebenklägers ist unzulässig.⁸

6   Für den Nebenklageberechtigten, der sich dem Verfahren gemäß § 395 Abs. 4 S. 2, § 401 Abs. 1 S. 2 erst zur Einlegung eines Rechtsmittels gegen das ergangene Urteil anschließen will, läuft **keine eigene Rechtsmittelfrist**.⁹ Etwas anderes soll trotz der ausdrücklichen Regelung in Abs. 2 gelten, wenn dem Nebenkläger die schon vor dessen Anschluss ergangene Entscheidung entgegen Abs. 1 zugestellt wird.¹⁰

7   Abs. 2 betrifft nur die Frist für die Einlegung eines Rechtsmittels.¹¹ Für die **Rechtsmittelbegründungsfrist** gelten hingegen die allgemeinen Vorschriften; zu beachten bleibt insoweit vor allem § 401 Abs. 1 S. 3 (→ § 401 Rn. 10).¹²

---

1   Schöch/Werner in Satzger/Schluckebier/Widmaier StPO Rn. 1; Velten in SK-StPO Rn. 1.
2   Kulhanek in KMR-StPO Rn. 1; Velten in SK-StPO Rn. 2.
3   Kulhanek in KMR-StPO Rn. 1; Gollwitzer FS Schäfer, 1979, 65 (83).
4   Kulhanek in KMR-StPO Rn. 1; Schmitt in Meyer-Goßner/Schmitt Rn. 1; Velten in SK-StPO Rn. 2.
5   Weißer/Duesberg in Gercke/Temming/Zöller Rn. 1.
6   BGH 3.5.1983 – 4 StR 107/83, Pfeiffer/Miebach NStZ 1984, 18; 17.2.1988 – 2 StR 24/88, Miebach NStZ 1989, 16; 10.7.1996 – 2 StR 295/96, NStZ-RR 1997, 136; OLG München 29.7.2011 – 2 Ws 913/10, NStZ-RR 2011, 378 (379); Allgayer in KK-StPO Rn. 2; Kulhanek in KMR-StPO Rn. 4; Schmitt in Meyer-Goßner/Schmitt Rn. 2; Velten in SK-StPO Rn. 3; Wenske in Löwe/Rosenberg Rn. 2.
7   OLG München 29.7.2011 – 2 Ws 913/10, NStZ-RR 2011, 378 (379); Allgayer in KK-StPO Rn. 2; Kulhanek in KMR-StPO Rn. 4; Schmitt in Meyer-Goßner/Schmitt Rn. 2; Velten in SK-StPO Rn. 3; Weißer/Duesberg in Gercke/Temming/Zöller Rn. 5; Wenske in Löwe/Rosenberg Rn. 2.
8   BGH 10.7.1996 – 2 StR 295/96, NStZ-RR 1997, 136.
9   BGH 17.2.1988 – 2 StR 24/88, Miebach NStZ 1989, 16; BayObLG 29.1.1955 – BeschwReg. 1 St 18a–b/55, BayObLGSt 1955, 19 (21); OLG Hamm 17.7.1963 – 1 Ss 764/63, NJW 1964, 265; OLG München 29.7.2011 – 2 Ws 913/10, NStZ-RR 2011, 378 (379); Allgayer in KK-StPO Rn. 2; Kulhanek in KMR-StPO Rn. 3; Merz in Radtke/Hohmann Rn. 2; Schöch/Werner in Satzger/Schluckebier/Widmaier StPO Rn. 2; Velten in SK-StPO Rn. 3.
10 OLG München 29.7.2011 – 2 Ws 913/10, NStZ-RR 2011, 378 (379); Weiner in BeckOK StPO Rn. 2; aA Schmitt in Meyer-Goßner/Schmitt Rn. 2.
11 Allgayer in KK-StPO Rn. 2; Velten in SK-StPO Rn. 4; Wenske in Löwe/Rosenberg Rn. 5.
12 Allgayer in KK-StPO Rn. 2; Kulhanek in KMR-StPO Rn. 3; Schmitt in Meyer-Goßner/Schmitt Rn. 4; Wenske in Löwe/Rosenberg Rn. 5.

Dem Nebenkläger bleibt es freilich nach § 395 Abs. 4 S. 1 unbenommen, sich auch **8** nach Ablauf der Frist in Abs. 2 dem Verfahren **in der Rechtsmittelinstanz** bis zum Eintritt der Rechtskraft **anzuschließen,** wenn die Staatsanwaltschaft, der Angeklagte oder ein anderer Nebenkläger Rechtsmittel eingelegt hat (→ § 395 Rn. 86). In diesem Fall legt der Nebenkläger indessen selbst kein Rechtsmittel ein. Nimmt der Rechtsmittelführer sein Rechtsmittel zurück und wird dadurch die angefochtene Entscheidung rechtskräftig, kann der Nebenkläger dies daher nicht verhindern.[13] Auch ein von der Staatsanwaltschaft eingelegtes Rechtsmittel kann der Nebenkläger nicht übernehmen und selbstständig weiterführen.[14]

III. Rechtsbehelfe

Versäumt der Nebenkläger die Frist gemäß Abs. 2, kommt eine **Wiedereinsetzung** **9** **in den vorigen Stand** nicht in Betracht. Da ihm selbst gegenüber keine Frist läuft (→ Rn. 6), kann er auch keine Frist iSd § 44 versäumen. Ebenso wenig handelt es sich bei der Zeitspanne bis zum Eintritt der Rechtskraft um eine Frist, da sie weder bestimmt noch im Voraus bestimmbar ist (→ § 395 Rn. 83).[15]

Etwas anderes soll nach hM hingegen dann gelten, wenn der Nebenkläger innerhalb **10** der für die Staatsanwaltschaft laufenden Anfechtungsfrist seinen **Anschluss erklärt** und lediglich die bereits ergangene Entscheidung verspätet angefochten hat.[16] In diesem Fall soll die Rechtsmittelfrist der Staatsanwaltschaft auch eine eigene Einlegungsfrist für den Nebenkläger darstellen, so dass dem Nebenkläger unter den Voraussetzungen der §§ 44, 45 Wiedereinsetzung in den vorigen Stand gewährt werden könne.[17]

§ 400 Rechtsmittelbefugnis des Nebenklägers

(1) Der Nebenkläger kann das Urteil nicht mit dem Ziel anfechten, daß eine andere Rechtsfolge der Tat verhängt wird oder daß der Angeklagte wegen einer Gesetzesverletzung verurteilt wird, die nicht zum Anschluß des Nebenklägers berechtigt.

(2) ¹Dem Nebenkläger steht die sofortige Beschwerde gegen den Beschluß zu, durch den die Eröffnung des Hauptverfahrens abgelehnt oder das Verfahren nach den §§ 206a und 206b eingestellt wird, soweit er die Tat betrifft, auf Grund deren der Nebenkläger zum Anschluß befugt ist. ²Im übrigen ist der Beschluß, durch den das Verfahren eingestellt wird, für den Nebenkläger unanfechtbar.

Schrifttum: Altenhain, Angreifende und verteidigende Nebenklage, JZ 2001, 791; Hanack, Die Rechtsprechung des Bundesgerichtshofs zum Strafverfahrensrecht, JZ 1974, 54; Leibinger, Zur Anschluß- und Rechtsmittelbefugnis des Nebenklägers, FS Triffterer, 1996, 481; Lichtenthäler, Zur Anwendung von § 301 StPO im Rahmen der Revision des Nebenklägers und ihrer Reichweite, NStZ 2022, 518; Mitsch, Die Erfolglosigkeit des vom Nebenkläger eingelegten Rechtsmittels, FG Paulus, 2009, S. 119; Riegner, Auswirkungen des § 400 I StPO auf Berufung und Revision des Nebenklägers, NStZ 1990, 11; Rieß, Beschwerdebefugnis des Nebenklägers bei vorläufiger Verfahrenseinstellung nach § 205 StPO?, NStZ 2001, 355; Rieß, Die Behandlung von Regelbeispielen im Strafverfahren, GA 2007, 377; Schmid, Nebenklage und Adhäsionsantrag in der

---

[13] Kulhanek in KMR-StPO Rn. 5; Merz in Radtke/Hohmann Rn. 2; Schmitt in Meyer-Goßner/Schmitt Rn. 2; Velten in SK-StPO Rn. 4; Weißer/Duesberg in Gercke/Temming/Zöller Rn. 5; Wenske in Löwe/Rosenberg Rn. 3.
[14] Allgayer in KK-StPO Rn. 3; Wenske in Löwe/Rosenberg Rn. 3.
[15] BGH 10.7.1996 – 2 StR 295/96, NStZ-RR 1997, 136; 8.5.2008 – 3 StR 48/08, NStZ-RR 2008, 255 (256); Allgayer in KK-StPO Rn. 4; Kulhanek in KMR-StPO Rn. 6; Schöch/Werner in Satzger/Schluckebier/Widmaier StPO Rn. 3; Velten in SK-StPO Rn. 5; Weiner in BeckOK StPO Rn. 2; Wenske in Löwe/Rosenberg Rn. 3; krit. Böttcher FS Widmaier, 2008, 81 (87 ff.).
[16] OLG Hamm 17.7.1963 – 1 Ss 764/63, NJW 1964, 265 (265); Allgayer in KK-StPO Rn. 4; Merz in Radtke/Hohmann Rn. 4; Schöch/Werner in Satzger/Schluckebier/Widmaier StPO Rn. 3; Renkl MDR 1975, 904; aA Weißer/Duesberg in Gercke/Temming/Zöller Rn. 8.
[17] Kulhanek in KMR-StPO Rn. 6.

Berufung, NStZ 2011, 611; Schuster, Schuld, Strafe, Rechtsfolge und das BVerfG, StV 2014, 109; Walther, Interessen und Rechtsstellung des Verletzten im Strafverfahren, JR 2008, 405.

Übersicht

	Rn.		Rn.
I. Überblick	1	b) Kein Rechtsmittel gegen andere als Nebenklagedelikte	14
1. Normzweck	1	c) Auslegung des Rechtsmittels	17
2. Anwendungsbereich	5	d) Prüfungsumfang des Rechtsmittelgerichts	26
3. Entstehungsgeschichte	7	2. Anfechtungsrecht bei Einstellungsbeschlüssen (Abs. 2)	31
II. Erläuterung	8	a) Ablehnung der Eröffnung	31
1. Anfechtungsrecht bei Urteilen (Abs. 1)	8	b) Einstellung des Verfahrens	34
a) Keine Beschränkung des Rechtsmittels auf den Rechtsfolgenausspruch ..	8	3. Anfechtungsrecht bei sonstigen Entscheidungen	37

I. Überblick

1   **1. Normzweck.** Wie sich bereits aus § 395 Abs. 4 S. 2 ergibt, gehört zu dem umfassenden Beteiligungsrecht des Nebenklägers grundsätzlich auch die Möglichkeit, gegen ein Urteil **Rechtsmittel einzulegen**. Es handelt sich hierbei um ein selbstständiges, von der Staatsanwaltschaft unabhängiges Recht (§ 401 Abs. 1 S. 1). Darüber hinaus bleibt es dem Nebenkläger unbenommen, die Anschlussberechtigung erst in der (aufgrund der Anfechtung eines anderen Verfahrensbeteiligten eröffneten) Rechtsmittelinstanz auszuüben. Diese Möglichkeit steht dem Nebenkläger auch dann offen, wenn er nicht anfechtungsberechtigt nach § 400 Abs. 1 ist (→ § 395 Rn. 85).

2   Wie bei anderen Verfahrensbeteiligten sind an die Zulässigkeit des Rechtsmittels des Nebenklägers bestimmte Voraussetzungen zu stellen. Insbesondere muss er durch die anzufechtende Entscheidung in Hinsicht auf die Funktion der Nebenklage **beschwert** sein.[1] Um die spezielle Interessenlage des Nebenklägers zu berücksichtigen, beschränkt § 400 die Rechtsmittelbefugnis des Nebenklägers.[2] Zu den allgemeinen Zulässigkeitsvoraussetzungen der Rechtsmittel des Nebenklägers → § 401 Rn. 4 ff.

3   Das Gesetz erkennt ein Interesse des Nebenklägers, an einem Strafverfahren umfassend beteiligt zu sein, zum einen nur bei **Nebenklagedelikten iSd § 395** an. Dementsprechend beschränkt die Vorschrift des § 400 die Rechtsmittelbefugnis auf Taten, die den Nebenkläger zum Anschluss berechtigen (→ Rn. 14 ff.). Ansonsten fehlt es bereits an der notwendigen Beschwer des Nebenklägers.[3] Dies gilt sowohl für Rechtsmittel gegen Urteile (Abs. 1) als auch für die sofortige Beschwerde gegen die Ablehnung der Eröffnung des Hauptverfahrens oder die Einstellung des Verfahrens nach §§ 206a, 206b (Abs. 2 S. 1).

4   Zum anderen bezieht sich das Interesse des Nebenklägers nur auf die Verurteilung des Angeklagten wegen eines zum Anschluss berechtigenden Nebenklagedelikts als solche, nicht hingegen auf die Rechtsfolgen der Tat. Daher verwehrt Abs. 1 dem Nebenkläger die Anfechtung eines Urteils generell, dh auch bezüglich der Verurteilung wegen eines Nebenklagedelikts, wenn sich das Rechtsmittel lediglich gegen den **Rechtsfolgenausspruch** wendet (→ Rn. 8 ff.).

5   **2. Anwendungsbereich.** § 400 begrenzt die Anfechtungsberechtigung nur bei **Urteilen** (Abs. 1) **und Einstellungsbeschlüssen** (Abs. 2). Abs. 1 erfasst hierbei sämtliche Urteile,

---

[1] BGH 13.2.1980 – 3 StR 57/80 (S), BGHSt 29, 216 (218), in NJW 1980, 1586 nicht abgedr.; 9.1.1985 – 3 StR 502/84, BGHSt 33, 114 (117) = NJW 1985, 1175 (1175); OLG Köln 18.2.1994 – Ss 30/94, NStZ 1994, 298 (298); Allgayer in KK-StPO § 401 Rn. 3; Schöch/Werner in Satzger/Schluckebier/Widmaier StPO Rn. 1; Weißer/Duesberg in Gercke/Temming/Zöller Rn. 1.
[2] BT-Drs. 10/5305, 15; Kulhanek in KMR-StPO Rn. 2; Wenske in Löwe/Rosenberg Rn. 3; s. auch BGH 20.11.2019 – 2 StR 554/18, BeckRS 2019, 45976 Rn. 28, in NStZ 2021, 33 nicht abgedr.
[3] Allgayer in KK-StPO Rn. 3.

dh nicht nur solche, die eine Sachentscheidung (Verurteilung oder Freispruch) beinhalten, sondern auch Urteile, die das Verfahren wegen eines Prozesshindernisses nach § 260 Abs. 3 einstellen.[4] Gegen sonstige ihn beschwerende Entscheidungen kann der Nebenkläger uneingeschränkt unter den allgemeinen Voraussetzungen Rechtsmittel einlegen.[5]

Unabhängig von § 400 gelten die Einschränkungen für Rechtsmittel im JGG.[6] **Unberührt** bleibt auch die Bestimmung des § 313 zur Annahmeberufung.[7] Insoweit ist im Fall des Abs. 1 S. 1 bei Tatmehrheit die Gesamtgeldstrafe maßgeblich, nicht die Einzelstrafe für das Nebenklagedelikt.[8] Bei Abs. 1 S. 2 ist schon dessen Wortlaut nach auf den Antrag der Staatsanwaltschaft und nicht den des Nebenklägers abzustellen.[9] Bei § 313 Abs. 2 entscheidet schließlich die offensichtliche Unbegründetheit der Berufung (nur) in Bezug auf das Nebenklagedelikt.[10]

3. Entstehungsgeschichte. Die Vorschrift des § 400 wurde durch das **Opferschutzgesetz** vom 18.12.1986 (→ § 395 Rn. 21 f.) eingeführt. Zuvor standen dem Nebenkläger noch sämtliche Rechtsmittel der Staatsanwaltschaft zu. Ein legitimes Interesse räumte der Gesetzgeber dem Verletzten als bloßem Zusatzbeteiligten im Offizialverfahren in erster Linie aber nur bzgl. der Verurteilung des Täters wegen des den Nebenkläger zum Anschluss berechtigenden Delikts ein, nicht hingegen etwa in Bezug auf die Höhe der deswegen verhängten Strafe.[11]

II. Erläuterung

1. Anfechtungsrecht bei Urteilen (Abs. 1). a) Keine Beschränkung des Rechtsmittels auf den Rechtsfolgenausspruch. aa) Unzulässige Rüge des Rechtsfolgenausspruchs. Abs. 1 schränkt das Anfechtungsrecht des Nebenklägers zunächst insoweit ein, als dieser generell ein Urteil nicht mit dem Ziel anfechten darf, dass eine **andere Rechtsfolge** der Tat verhängt wird.[12] Unerheblich ist, ob der Nebenkläger begehrt, dass die ausgesprochene Rechtsfolge verschärft (zB eine höhere oder eine nicht zur Bewährung ausgesetzte Freiheitsstrafe verhängt wird),[13] durch eine andere ersetzt (zB Anordnung einer Unterbringung nach § 63 StGB anstatt nach § 64 StGB)[14] oder um eine zusätzliche Rechtsfolge erweitert werden soll (zB Unterbringung in einem psychiatrischen Krankenhaus nach § 63 StGB neben einer Verurteilung).[15] Ebenso wenig kann der Nebenkläger die unterbliebene Feststellung der besonderen Schwere der Schuld iSd § 57a Abs. 1 S. 1 Nr. 2 StGB beanstanden.[16] Des Weiteren ist ein Rechtsmittel des Nebenklägers unzulässig, mit dem er die Anwendung des allgemeinen Strafrechts anstatt des Jugendstrafrechts erstrebt.[17] Auch gegen den Beschluss nach § 268a steht dem Nebenkläger kein Rechtsmittel zu.[18]

---

[4] Merz in Radtke/Hohmann Rn. 7; Wenske in Löwe/Rosenberg Rn. 7.
[5] Wenske in Löwe/Rosenberg Rn. 2.
[6] Wenske in Löwe/Rosenberg Rn. 2.
[7] S. OLG Karlsruhe 20.7.1995 – 3 Ss 88/94, NStZ 1995, 562; Wenske in Löwe/Rosenberg Rn. 2.
[8] Wenske in Löwe/Rosenberg Rn. 39.
[9] OLG Schleswig 26.10.2000 – 1 Ws 451/00, SchlHA 2000, 256; OLG Zweibrücken 27.3.1996 – 1 Ws 117 und 118/96, MDR 1996, 742; Wenske in Löwe/Rosenberg Rn. 39; hierzu auch OLG Stuttgart 22.8.2000 – 4 Ws 157/00, NStZ-RR 2001, 84 (84 f.).
[10] Wenske in Löwe/Rosenberg Rn. 39.
[11] BT-Drs. 10/5305, 14 f.
[12] Krit. Walther JR 2008, 405 (409).
[13] BGH 18.9.1991 – 2 StR 288/91, NJW 1992, 516 (516), in BGHSt 38, 66 nicht abgedr.; OLG Karlsruhe 4.5.1988 – 2 Ws 65/88, NStZ 1988, 427.
[14] BGH 13.5.1998 – 3 StR 148/98, BGHSt 44, 97 (97 f.) = NJW 1998, 3069; s. auch BGH 2.5.1997 – 2 StR 186/97, StV 1997, 624.
[15] BGH 17.5.2010 – 5 StR 161/10, StraFo 2010, 295 (295); 20.12.2012 – 3 StR 426/12, BeckRS 2013, 02112 Rn. 3; 9.2.2021 – 3 StR 214/20, BeckRS 2021, 4452 Rn. 1; Allgayer in KK-StPO Rn. 2; Velten in SK-StPO Rn. 10.
[16] BGH 12.6.2001 – 5 StR 45/01, BGHR StPO § 400 Abs. 1 Zulässigkeit 12; 21.2.2007 – 2 StR 540/06, StraFo 2007, 245; 28.6.2022 – 3 StR 123/22, BeckRS 2022, 18565 Rn. 3; Wenske in Löwe/Rosenberg Rn. 23.
[17] BGH 28.2.2007 – 2 StR 599/06, StraFo 2007, 245.
[18] Schmitt in Meyer-Goßner/Schmitt Rn. 3a; Velten in SK-StPO Rn. 10.

9 Nicht zulässig ist nach bislang einhelliger Meinung außerdem, wenn der Nebenkläger mit einem Rechtsmittel ausschließlich einen anderen **Strafrahmen** durch Anwendung einer anderen Strafzumessungsvorschrift verfolgt.[19] Dies gilt etwa für die gerügte Annahme eines minder schweren Falls (zB des § 213 StGB)[20] oder einer Strafrahmenverschiebung zugunsten des Verurteilten (zB nach § 23 Abs. 2, § 49 StGB → Rn. 7)[21] sowie für die beanstandete Ablehnung eines besonders schweren Falls[22] wie etwa auch des Regelbeispiels einer Vergewaltigung nach § 177 Abs. 6 S. 2 Nr. 1 StGB.[23]

10 Ebenso wenig kann der Nebenkläger mit seinem Rechtsmittel lediglich den festgestellten **Umfang der Schuld** rügen, um auf diesem Umweg eine höhere (Einzel-)Strafe zu erreichen.[24] Unzulässig sind somit Rügen, dass das Verschulden des Angeklagten (zB infolge geringeren Mitverschuldens des Nebenklägers) schwerer sei als im Urteil angenommen[25] oder der Verurteilung ein direkter anstatt ein nur bedingter Vorsatz des Angeklagten zugrunde zu legen sei.[26] Ebenso wenig kann ein Urteil angefochten werden, um die Annahme einer weiteren Tatmodalität zu erreichen,[27] zB eines zusätzlichen Mordmerkmals des § 211 StGB[28] oder eines weiteren Qualifikationsmerkmals der gefährlichen Körperverletzung des § 224 StGB.[29]

11 **bb) Zulässige Rüge des Schuldspruchs.** Zulässig bleiben indessen Rechtsmittel, die den **Schuldspruch** betreffen und sich nur mittelbar auf die Rechtsfolgenfrage auswirken.[30] Dies gilt vor allem, wenn der Nebenkläger die Verurteilung des Angeklagten wegen eines Qualifikationstatbestandes erstrebt,[31] zB wegen Mordes statt wegen Totschlags,[32] wegen § 177 Abs. 7 statt Abs. 6 StGB[33] oder wegen § 226 Abs. 2 statt Abs. 1 StGB.[34] Ebenso ist es ein zulässiges Anfechtungsziel, eine Verurteilung des Angeklagten wegen Anstiftung statt

---

[19] BGH 3.7.2003 – 2 StR 173/03, NStZ-RR 2003, 306; Wenske in Löwe/Rosenberg Rn. 23; aA Schuster StV 2014, 109 (113) unter Übertragung der Auslegung des gleichlautenden Begriffs der „Rechtsfolge" in § 257c Abs. 2 S. 1 durch BVerfG 19.3.2013 – 2 BvR 2628/10, 2883/10, 2155/11, NJW 2013, 1058 (1063 f.), obwohl er diesen Ausführungen des BVerfG kritisch gegenübersteht (109 ff.).

[20] BGH 17.6.1998 – 2 StR 257/98, Kusch NStZ-RR 1999, 40; 21.4.1999 – 2 StR 64/99, Kusch NStZ-RR 2000, 40.

[21] Zur früheren Rechtslage vor dem Opferschutzgesetz BGH 9.1.1985 – 3 StR 502/84, BGHSt 33, 114 (118) = NJW 1985, 1175 (1176).

[22] BGH 14.4.2020 – 5 StR 644/19, NStZ-RR 2020, 224; Weißer/Duesberg in Gercke/Temming/Zöller Rn. 6; Leibinger FS Trifftterer, 1996, 481 (484); Riegner NStZ 1990, 11 (13).

[23] BGH 3.7.2003 – 2 StR 173/03, NStZ-RR 2003, 306; 9.1.2018 – 3 StR 587/17, BeckRS 2018, 1502 Rn. 2; 28.10.2021 – 4 StR 118/21, NStZ-RR 2022, 56 (56 f.); krit. Rieß GA 2007, 377 (387).

[24] BGH 10.5.1995 – 1 StR 764/94, BGHSt 41, 140 (144) = NJW 1995, 2301 (2302); BayObLG 11.4.1988 – RReg. 1 St 46/88, NZV 1988, 114 (114 f.); Allgayer in KK-StPO Rn. 2; Kulhanek in KMR-StPO Rn. 3; Velten in SK-StPO Rn. 10; Weißer/Duesberg in Gercke/Temming/Zöller Rn. 8; Wenske in Löwe/Rosenberg Rn. 23.

[25] BayObLG 11.4.1988 – RReg. 1 St 46/88, NZV 1988, 114 (114); Kulhanek in KMR-StPO Rn. 3; Wenske in Löwe/Rosenberg Rn. 23.

[26] BGH 17.12.2002 – 3 StR 412/02, BeckRS 2003, 00901.

[27] Allgayer in KK-StPO Rn. 2; Kulhanek in KMR-StPO Rn. 3; Velten in SK-StPO Rn. 10; Weißer/Duesberg in Gercke/Temming/Zöller Rn. 9; Wenske in Löwe/Rosenberg Rn. 23; Riegner NStZ 1990, 11 (13); zur früheren Rechtslage BGH 1.10.1958 – 2 StR 251/58, BGHSt 13, 143 (145 f.) = NJW 1959, 1740 (1740).

[28] BGH 3.7.1997 – 4 StR 266/97, NStZ-RR 1997, 371; 21.4.1999 – 5 StR 714/98, NJW 1999, 2449, in BGHSt 45, 51 nicht abgedr.; 17.12.2002 – 3 StR 412/02, BeckRS 2003, 00901; 24.6.2004 – 5 StR 306/03, NJW 2004, 3051 (3056); 21.2.2007 – 2 StR 540/06, StraFo 2007, 245; 28.6.2022 – 3 StR 123/22, BeckRS 2022, 18565 Rn. 3.

[29] BGH 12.1.2011 – 1 StR 634/10, BeckRS 2011, 02207; aA noch BGH 1.10.1958 – 2 StR 251/58, BGHSt 13, 143 (145 f.) = NJW 1959, 1740 (1740) zu § 400 aF; nunmehr OLG Jena 15.7.2014 – 1 Ws 268/14, NStZ 2016, 63 (63 f.) zur Berufung eines Nebenklägers mit dem Ziel, neben einer Verurteilung des Angeklagten wegen § 224 Abs. 1 Nr. 4 StGB auch eine wegen § 224 Abs. 1 Nr. 2 StGB zu erreichen.

[30] OLG Oldenburg 30.3.1992 – Ss 85/92, GA 1992, 471 (472); Wenske in Löwe/Rosenberg Rn. 24.

[31] OLG Köln 15.12.2010 – 2 Ws 815/10, NStZ 2011, 477 (478); Allgayer in KK-StPO Rn. 4; Kulhanek in KMR-StPO Rn. 3; Velten in SK-StPO Rn. 10.

[32] BGH 10.2.1988 – 3 StR 556/87, Miebach NStZ 1989, 221.

[33] BGH 28.2.2001 – 3 StR 400/00, NStZ 2001, 420.

[34] BGH 14.12.2000 – 4 StR 327/00, NJW 2001, 980 (980).

Beihilfe bzw. wegen Täterschaft statt Teilnahme[35] oder wegen vollendeter anstatt versuchter Tat zu verfolgen.[36] Unschädlich ist, wenn der Nebenkläger im Rahmen eines zulässigen Rechtsmittels auch den Rechtsfolgenausspruch beanstandet. Insoweit können (zusätzliche) Rügen erhoben werden, die (allein vorgetragen) das Rechtsmittel unzulässig werden ließen.[37]

Unbenommen bleibt dem Nebenkläger insbesondere, gegen einen **Freispruch** Rechts- 12 mittel einzulegen. Bei für schuldunfähig befundenen Angeklagten gilt dies nicht nur dann, wenn überhaupt keine Maßregel – sei es im gewöhnlichen Hauptverfahren oder im Sicherungsverfahren nach § 413 – angeordnet wurde;[38] in diesem Fall soll der Nebenkläger sein Rechtsmittel aber auf die unterbliebene Anordnung zB der Unterbringung beschränken können.[39] Vielmehr ist der Nebenkläger auch dann rechtsmittelberechtigt, wenn er den Freispruch des Angeklagten angreift, gegen den lediglich eine Maßregel (zB die Unterbringung in einem psychiatrischen Krankenhaus gemäß § 63 StGB) verhängt wurde.[40] Nicht zulässig ist es hingegen, bei einer angeordneten Maßregel lediglich eine andere rechtliche Bewertung der Anlasstat als solcher herbeizuführen.[41]

Zum Schuldspruch zählt auch das **Konkurrenzverhältnis** mehrerer Gesetzesverletzun- 13 gen.[42] Der Nebenkläger kann daher rügen, dass vom Angeklagten verwirklichte Nebenklagedelikte in Tatmehrheit statt in Tateinheit stehen[43] oder dass ein Nebenklagedelikt tateinheitlich mit dem verurteilten Nichtnebenklagedelikt begangen wurde und daher in den Schuldspruch der Entscheidung hätte aufgenommen werden müssen.[44]

b) Kein Rechtsmittel gegen andere als Nebenklagedelikte. Abs. 1 bestimmt 14 außerdem, dass der Nebenkläger ein Urteil nicht anfechten kann, um (ausschließlich) die Verurteilung des Angeklagten wegen einer Gesetzesverletzung zu erreichen, die nicht zum Anschluss des Nebenklägers berechtigt. Beispielsweise begründet es keine Rechtsmittelbefugnis, wenn der Nebenkläger eine Änderung des Schuldspruchs von fahrlässigem in vorsätzlichen Vollrausch erstrebt, handelt es sich bei § 323a StGB doch um keine in § 395 Abs. 1 bezeichnete Tat (→ § 395 Rn. 41).[45] Eine **Sachrüge** ist daher nur zulässig, wenn sie die Verletzung einer Rechtsvorschrift über ein Delikt beanstandet, das den Nebenkläger zum Anschluss berechtigt, dieses folglich nicht oder nicht richtig angewendet worden ist (zur Auslegung insbesondere der allgemeinen Sachrüge → Rn. 22 ff.).[46] Hierbei reicht es wiederum aus, dass eine Verurteilung wegen eines Nebenklagedelikts entfernt rechtlich möglich erscheint (vgl. schon → § 395 Rn. 40).[47] Unzulässig ist hingegen ein Rechtsmittel, das die

---

[35] BGH 21.4.1999 – 5 StR 714/98, NJW 1999, 2449 (2449), in BGHSt 45, 51 nicht abgedr.; Weißer/Duesberg in Gercke/Temming/Zöller Rn. 7; Wenske in Löwe/Rosenberg Rn. 24; Leibinger FS Triffterer, 1996, 481 (484).
[36] Schmitt in Meyer-Goßner/Schmitt Rn. 3b; Schöch/Werner in Satzger/Schluckebier/Widmaier StPO Rn. 3; Velten in SK-StPO Rn. 10; Weißer/Duesberg in Gercke/Temming/Zöller Rn. 7; Wenske in Löwe/Rosenberg Rn. 24; Leibinger FS Triffterer, 1996, 481 (484); aA Riegner NStZ 1990, 11 (13).
[37] Wenske in Löwe/Rosenberg Rn. 21.
[38] Allgayer in KK-StPO Rn. 4; Schmitt in Meyer-Goßner/Schmitt Rn. 3.
[39] BGH 7.6.1995 – 2 StR 206/95, NStZ 1995, 609 (610); 31.8.2021 – 2 StR 129/21, NStZ 2022, 99 (100); Weißer/Duesberg in Gercke/Temming/Zöller Rn. 5; s. auch BGH 1.9.2020 – 3 StR 214/20, BGHSt 65, 145 (147 f.) = NJW 2020, 3398 (3399).
[40] Schmitt in Meyer-Goßner/Schmitt Rn. 3.
[41] BGH 31.8.2021 – 2 StR 129/21, NStZ 2022, 99 (100).
[42] BGH 5.11.2013 – 1 StR 518/13, NStZ-RR 2014, 117 (118).
[43] BGH 14.12.1999 – 1 StR 492/99, NStZ 2000, 219; Allgayer in KK-StPO Rn. 4; Schmitt in Meyer-Goßner/Schmitt Rn. 3b; Velten in SK-StPO Rn. 10.
[44] BGH 10.5.1995 – 1 StR 764/94, BGHSt 41, 140 (144) = NJW 1995, 2301 (2302); OLG Hamm 30.9.2002 – 2 Ss 590/02, NZV 2003, 150 (151); Wenske in Löwe/Rosenberg Rn. 24.
[45] BGH 16.7.2019 – 4 StR 131/19, NStZ-RR 2019, 353; BayObLG 22.10.2021 – 206 StRR 271/21, BeckRS 2021, 52188 Rn. 11.
[46] BGH 20.12.1966 – 4 StR 477/66, NJW 1967, 454 (454); 18.9.1986 – 4 StR 432/86, Pfeiffer/Miebach NStZ 1987, 221; 18.12.2007 – 5 StR 578/07, StraFo 2008, 164; OLG Hamm 30.9.2002 – 2 Ss 590/02, NZV 2003, 150 (150 f.); Schmitt in Meyer-Goßner/Schmitt Rn. 6; Wenske in Löwe/Rosenberg Rn. 21.
[47] OLG Hamm 30.9.2002 – 2 Ss 590/02, NZV 2003, 150 (151).

fehlende Verurteilung wegen eines Nebenklagedelikts rügt, für dessen Verwirklichung keine Anhaltspunkte bestehen.[48]

15 Zulässig ist eine Sachrüge etwa, wenn der Angeklagte vollständig bzw. zumindest vom Vorwurf des Nebenklagedelikts freigesprochen[49] oder es nicht in den Schuldspruch aufgenommen wurde (zum Prüfungsumfang des Revisionsgerichts → Rn. 28 ff.).[50] Der Zulässigkeit des Rechtsmittels steht nicht entgegen, wenn außer der fehlerhaften Anwendung des den Nebenkläger zum Anschluss berechtigenden Delikts beispielsweise auch die unterbliebene Verurteilung wegen sonstiger Delikte oder die Strafzumessung gerügt wird (vgl. schon → Rn. 11).[51]

16 Ebenso ist eine **Verfahrensrüge** lediglich dann zulässig, wenn sie Delikte betrifft, die den Nebenkläger zum Anschluss berechtigen.[52] Unter dieser Einschränkung steht es dem Nebenkläger frei, auch die rechtsfehlerhafte Ablehnung eines Beweisantrags der Staatsanwaltschaft zu beanstanden, selbst wenn er sich dem Antrag nicht angeschlossen hat.[53] Nicht zur Rüge berechtigt den Nebenkläger hingegen der Verstoß gegen Vorschriften, die nicht seinem Schutz dienen (zB bei der entgegen § 52 Abs. 3 unterlassenen Belehrung zum Schutz des Zeugen).[54]

17 **c) Auslegung des Rechtsmittels. aa) Grundlagen.** Wegen der gemäß Abs. 1 nur beschränkten Anfechtungsberechtigung muss das Gericht von Amts wegen klären, **welches Ziel** der Nebenkläger mit seinem Rechtsmittel verfolgt. Beispielsweise ist für die Unzulässigkeit eines Rechtsmittels unerheblich, ob es entgegen § 400 Abs. 1 ausdrücklich auf die Rechtsfolgenfrage beschränkt wird oder ob sich dies lediglich der Begründung eines unbeschränkt eingelegten Rechtsmittels entnehmen lässt, dessen Rügen ausschließlich eine Änderung der Rechtsfolgenentscheidung und nicht des Schuldspruchs herbeiführen könnten.[55]

18 **bb) Berufung.** Problematisch ist die Ermittlung des Anfechtungsziels vor allem dann, wenn es an einer erläuternden Rechtsmittelbegründung fehlt. Dies betrifft nicht zuletzt die Berufung, die keinem Begründungszwang unterliegt. Insbesondere in der Rechtsprechung wird hier dem Nebenkläger wegen seiner eingeschränkten Anfechtungsmöglichkeit entgegen § 317 grundsätzlich eine generelle **Begründungspflicht** auferlegt, um zuverlässig zu beurteilen, ob der Berufungsführer ein zulässiges Begehren verfolgt.[56] Dem steht aber entgegen, dass sich auch aus anderen Umständen eindeutig ergeben kann, welches Ziel der

---

[48] OLG Köln 17.8.2004 – Ss 350/04, NStZ-RR 2004, 341 (341 f.).
[49] OLG Düsseldorf 1.12.1998 – 1 Ws 799/98, NStZ-RR 1999, 116 (117); OLG Frankfurt a. M. 27.6.2000 – 2 Ss 131/00, NStZ-RR 2001, 22 (23); OLG Oldenburg 18.4.2000 – 1 Ws 197/99, NStZ-RR 2001, 246 (247) zur Verurteilung des Angeklagten nur wegen fahrlässiger statt vorsätzlicher Körperverletzung.
[50] OLG Hamm 22.2.1980 – 1 Ss 2880/79, VRS 59, 260 (261); 11.5.2021 – 4 RVs 7/21, BeckRS 2021, 11241 Rn. 12; Kulhanek in KMR-StPO Rn. 3; Schmitt in Meyer-Goßner/Schmitt Rn. 4; Schöch/Werner in Satzger/Schluckebier/Widmaier StPO Rn. 4; Velten in SK-StPO Rn. 20.
[51] BGH 4.11.1969 – 1 StR 359/69, NJW 1970, 205 (205); 12.1.2011 – 1 StR 634/10, BeckRS 2011, 02207; Merz in Radtke/Hohmann Rn. 5; Wenske in Löwe/Rosenberg Rn. 21; s. auch OLG Stuttgart 4.4.1973 – 1 Ss 724/72, NJW 1973, 1385 (1385) = JZ 1973, 739 (740) mkritAnm Lenckner.
[52] BGH 18.9.1986 – 4 StR 432/86, Pfeiffer/Miebach NStZ 1987, 221; Allgayer in KK-StPO Rn. 4; Kulhanek in KMR-StPO Rn. 20; Schmitt in Meyer-Goßner/Schmitt Rn. 6; Velten in SK-StPO Rn. 18; Wenske in Löwe/Rosenberg Rn. 25; s. auch BGH 9.2.2021 – 3 StR 214/20, BeckRS 2021, 4452 Rn. 1.
[53] Allgayer in KK-StPO Rn. 4; Velten in SK-StPO Rn. 19.
[54] BGH 24.1.2006 – 1 StR 362/05, NStZ 2006, 349 (350); Allgayer in KK-StPO Rn. 4; Velten in SK-StPO Rn. 19.
[55] Kulhanek in KMR-StPO Rn. 7; Schmitt in Meyer-Goßner/Schmitt Rn. 3a; Weißer/Duesberg in Gercke/Temming/Zöller Rn. 5; Riegner NStZ 1990, 11 (13); vgl. etwa OLG Karlsruhe 4.5.1988 – 2 Ws 65/88, NStZ 1988, 427.
[56] OLG Düsseldorf 19.4.1994 – 1 Ws 271/94, NStZ 1994, 507 (507); OLG Jena 6.9.2006 – 1 Ws 298/06, NStZ-RR 2007, 209 (210); OLG Köln 15.12.2010 – 2 Ws 815/10, NStZ 2011, 477 (478); ebenso wohl Merz in Radtke/Hohmann Rn. 3; Schöch in Satzger/Schluckebier/Widmaier StPO Rn. 5; krit. Leibinger FS Trifferer, 1996, 481 (485 f.).

Nebenkläger mit seiner Berufung zu erreichen versucht. So wird insbesondere bei einem Freispruch des Angeklagten ohne weitere Anhaltspunkte grundsätzlich davon auszugehen sein, dass der Nebenkläger sein Rechtsmittel im Einklang mit seiner Anfechtungsberechtigung auf das Nebenklagedelikt beschränkt.[57]

Trotz der unterschiedlichen Ausgangspunkte gelangen beide Meinungen aufgrund von Einschränkungen ihrer Ansätze nicht stets zu abweichenden Ergebnissen. So rücken einerseits einige Befürworter einer grundsätzlichen Begründungspflicht hiervon ab, wenn sich das Berufungsziel aus **Umständen außerhalb der Berufungsschrift** zuverlässig ermitteln lässt.[58] Andererseits fordert auch die Gegenauffassung, dass bei einer Verurteilung des Angeklagten wegen des den Nebenkläger zum Anschluss berechtigenden Delikts sich aus dem Zusammenhang des eingelegten Rechtsmittels ergeben muss, dass eine unrichtige Rechtsanwendung bei dem Nebenklagedelikt gerügt wird.[59] Es wird daher jedenfalls eine kurze Begründung der Berufung empfohlen, um das Ziel der Anfechtung darzulegen.[60] 19

Vorzugswürdig erscheint gleichwohl die Auffassung, die jedenfalls im Grundsatz auch bei der Berufung des Nebenklägers eine Begründungspflicht ablehnt. Diese Ansicht erweist sich als flexibler und es droht weniger die Gefahr, sich zu sehr auf Formalia zurückzuziehen, obwohl ansonsten bei der Auslegung von Rechtsmitteln und deren Begehren eher großzügig verfahren wird (vgl. auch § 300 und den hierin zum Ausdruck kommenden allgemeinen Rechtsgedanken). Beispielsweise wird innerhalb der erstgenannten Auffassung zum Teil als zweifelhaft angesehen, auf Umstände außerhalb der Berufungsschrift vor Erlass des angefochtenen Urteils zurückzugreifen, da sich die Ziele des Nebenklägers im Laufe der Zeit ändern könnten.[61] 20

cc) Revision. Ein ähnliches Meinungsbild ergibt sich für die Revision des Nebenklägers. Insoweit stellt vornehmlich die Rechtsprechung mit unterschiedlichen Formulierungen im Grundsatz strenge Anforderungen für die gemäß § 345 erforderliche Begründung auf. Danach sei die **Angabe des Ziels** der Revision eine Zulässigkeitsvoraussetzung für das Rechtsmittel des Nebenklägers.[62] Es bedürfe daher eines genauen Antrags oder einer Begründung, die verdeutliche, dass mit der Nebenklage ein nach Abs. 1 zulässiges Ziel verfolgt werde.[63] Die erforderlichen Ausführungen, aus denen sich das Anfechtungsziel zweifelsfrei ergebe, müssten zudem bis zum Ablauf der Revisionsbegründungsfrist aus § 345 Abs. 1 eingegangen sein.[64] 21

Eine **allgemeine Sachrüge** genüge jedenfalls dann nicht, wenn der Angeklagte verurteilt wurde und daher unklar bleibe, ob der Nebenkläger mit der Revision unzulässigerweise den Rechtsfolgenausspruch beanstandet oder zulässigerweise eine Änderung des Schuld- 22

---

[57] Vgl. Schmitt in Meyer-Goßner/Schmitt Rn. 5; Weiner in BeckOK StPO Rn. 5.
[58] OLG Düsseldorf 19.4.1994 – 1 Ws 271/94, NStZ 1994, 507 (508).
[59] Schmitt in Meyer-Goßner/Schmitt Rn. 5.
[60] Riegner NStZ 1990, 11 (14).
[61] OLG Jena 6.9.2006 – 1 Ws 298/06, NStZ-RR 2007, 209 (210) zu einem Sachverhalt, in dem der Nebenkläger vor der Urteilsverkündung beantragte, die Anklage wegen gefährlicher Körperverletzung auch auf versuchten Totschlag sowie Beihilfe hierzu zu erweitern, und drei Tage später Berufung einlegte.
[62] BGH 9.11.2000 – 4 StR 425/00, Becker NStZ-RR 2001, 266 (266 f.); 5.11.2002 – 5 StR 447/02, Becker NStZ-RR 2004, 67; 20.12.2012 – 3 StR 426/12, BeckRS 2013, 02112 Rn. 2; aus dem Schrifttum etwa Schöch/Werner in Satzger/Schluckebier/Widmaier StPO Rn. 6.
[63] S. nur BGH 20.12.2012 – 3 StR 426/12, BeckRS 2013, 02112 Rn. 2; 5.11.2013 – 1 StR 518/13, NStZ-RR 2014, 117 (117); 2.8.2016 – 2 StR 454/15, BeckRS 2016, 14917 Rn. 2; 5.6.2018 – 2 StR 170/18, BeckRS 2018, 15184 Rn. 3; OLG Hamm 30.9.2002 – 2 Ss 590/02, NZV 2003, 150 (151); 11.5.2021 – 4 RVs 7/21, BeckRS 2021, 11241 Rn. 13; s. auch BGH 13.1.1999 – 2 StR 586/98, NStZ 1999, 259; 9.12.2008 – 3 StR 514/08, NStZ-RR 2009, 182; 19.11.2019 – 2 StR 175/19, NStZ 2020, 310; 9.2.2021 – 3 StR 214/20, BeckRS 2021, 4452 Rn. 1.
[64] BGH 9.11.2000 – 4 StR 425/00, Becker NStZ-RR 2001, 266 (266); 8.10.2002 – 4 StR 360/02, StraFo 2003, 15; 5.11.2002 – 5 StR 447/02, Becker NStZ-RR 2004, 67; 26.7.2007 – 3 StR 221/07, NStZ 2007, 700 (701); 12.8.2021 – 3 StR 450/20, BeckRS 2021, 35048 Rn. 2; OLG Hamburg 13.1.2021 – 2 Rev 32/20, BeckRS 2021, 478 Rn. 6 f.; Allgayer in KK-StPO Rn. 3; Kulhanek in KMR-StPO Rn. 7; Schmitt in Meyer-Goßner/Schmitt Rn. 6; Schöch/Werner in Satzger/Schluckebier/Widmaier StPO Rn. 6.

spruchs wegen eines (anderen) Nebenklagedelikts erreichen will.[65] Hierbei soll sich die Verurteilung des Angeklagten nicht einmal auf ein zum Anschluss berechtigendes Nebenklagedelikt stützen müssen.[66] Ebenso wenig reiche es aus, auf die Schriftsätze anderer Verfahrensbeteiligter (zB die Revisionen anderer Nebenkläger oder der Staatsanwaltschaft) oder Aktenbestandteile Bezug zu nehmen.[67]

23   Uneinheitlich wird die Frage beantwortet, ob **Ausnahmen** dieser Begründungspflicht zulässig sind. Häufig wird einerseits ein klarstellender Antrag oder eine verdeutlichende Begründung nur „in der Regel" gefordert.[68] Zum Teil wird darauf hingewiesen, dass im Ausnahmefall auf die Klarstellung, dass das Urteil mit dem Ziel einer Änderung des Schuldspruchs hinsichtlich eines zum Anschluss berechtigenden Nebenklagedelikts angefochten wird, verzichtet werden könne.[69] Mitunter ist die Rechtsprechung auch etwas großzügiger, indem sie über den Weg einer sachgerechten Auslegung eines Revisionsantrags[70] oder aus einer Gesamtschau des dargelegten Verfahrensgeschehens[71] ein zulässiges Ziel der Revision ermittelt. Andererseits scheint die Rechtsprechung bei Revisionen von Nebenklägern häufig eher streng vorzugehen und auf einem formellen Antrag zu beharren.[72] Sonstige Umstände wie zB Schlussanträge in der Hauptverhandlung werden dann zur Auslegung nicht herangezogen[73] bzw. trotz Abweichungen von der späteren Verurteilung in Bezug auf Nebenklagedelikte nicht als ausreichend erachtet.[74]

24   Einer solchen Betrachtung bleibt jedoch wiederum (vgl. → Rn. 19) entgegenzuhalten, dass sich auch aus den **Umständen außerhalb der Rechtsmittelschrift** das Anfechtungsziel des Nebenklägers klar offenbaren kann.[75] Dies gilt zB bei einem Freispruch des nur wegen eines nebenklagefähigen Delikts Angeklagten[76] oder bei entsprechenden Anhaltspunkten in dem Schlussantrag des Nebenklägers in der Vorinstanz[77] (hierzu aber soeben → Rn. 23) oder in der Begründung der Anschlusserklärung zur Einlegung von Rechtsmit-

---

[65] BGH 10.2.1988 – 3 StR 556/87, Miebach NStZ 1989, 221; 5.2.1998 – 4 StR 10/98, NStZ-RR 1998, 305; 6.3.2001 – 4 StR 505/00, Becker NStZ-RR 2002, 104; 18.10.2007 – 4 StR 425/07, BeckRS 2007, 16948; 21.4.2011 – 3 StR 46/11, BeckRS 2011, 13384; 13.7.2011 – 2 StR 198/11, BeckRS 2011, 20141; 2.11.2022 – 3 StR 162/22, BeckRS 2022, 38872 Rn. 3; s. auch BGH 14.1.1992 – 4 StR 629/91, StV 1992, 456; 5.11.2002 – 5 StR 447/02, Becker NStZ-RR 2004, 67; 15.12.2016 – 3 StR 417/16, StV 2017, 805; krit. Leibinger FS Triffterer, 1996, 481 (486 f.); aA OLG Stuttgart 4.4.1973 – 1 Ss 724/72, NJW 1973, 1385 (1385) = JZ 1973, 739 (740) mkritAnm Lenckner; Mitsch NStZ 2008, 422 (422).
[66] BGH 31.8.1988 – 4 StR 401/88, NStZ 1988, 565 (566); Schmitt in Meyer-Goßner/Schmitt Rn. 6.
[67] BGH 13.10.2006 – 2 StR 362/06, NStZ 2007, 166; 6.2.2018 – 3 StR 426/17, NStZ-RR 2018, 153 (153).
[68] BGH 30.7.1996 – 5 StR 199/96, NStZ 1997, 97; 17.6.1998 – 1 StR 247/98, Kusch NStZ-RR 1999, 39; 17.12.1999 – 2 StR 574/99, NStZ 2000, 218 (218 f.); 11.3.2004 – 3 StR 493/03, Becker NStZ-RR 2005, 262; 13.10.2006 – 2 StR 362/06, NStZ 2007, 166; 27.1.2009 – 3 StR 592/08, NStZ-RR 2009, 253.
[69] BGH 21.10.2008 – 3 StR 459/08, NStZ-RR 2009, 57.
[70] S. etwa BGH 19.9.2001 – 3 StR 336/01, Becker NStZ-RR 2002, 261 (261 f.), wonach aus dem Revisionsantrag, „das Urteil aufzuheben und den Angeklagten angemessen zu bestrafen", gefolgert wurde, dass sich die Nebenklägerin gegen den Teilfreispruch vom Vorwurf der sexuellen Nötigung wandte und eine höhere Strafe des Angeklagten wegen der verurteilten vorsätzlichen Trunkenheit im Verkehr erreichen wollte.
[71] BGH 8.12.1999 – 1 StR 571/99, Kusch NStZ-RR 2000, 296; offen gelassen von BGH 6.3.2001 – 4 StR 505/00, Becker NStZ-RR 2002, 104.
[72] S. zB BGH 31.8.1988 – 4 StR 401/88, NStZ 1988, 565 (566), wonach eine Revision als unzulässig verworfen wurde, weil sich aus der allgemeinen Sachrüge nicht ergab, ob die Nebenklägerin unzulässigerweise die Verurteilung des Angeklagten wegen des nicht zum Anschluss berechtigenden Betrugs und die Höhe der insoweit verhängten Rechtsfolgen oder zulässigerweise den Freispruch vom Nebenklagedelikt des versuchten Mordes beanstanden wollte.
[73] BGH 9.11.2000 – 4 StR 425/00, Becker NStZ-RR 2001, 266; 6.3.2001 – 4 StR 505/00, Becker NStZ-RR 2002, 104; offen gelassen von BGH 27.1.2009 – 3 StR 592/08, NStZ-RR 2009, 253.
[74] S. etwa BGH 17.6.1998 – 1 StR 247/98, Kusch NStZ-RR 1999, 39.
[75] Krit. gegenüber der Rspr. daher Velten in SK-StPO Rn. 12.
[76] Vgl. BGH 27.11.2018 – 5 StR 379/18, BeckRS 2018, 33938 Rn. 4; OLG Hamburg 13.1.2021 – 2 Rev 32/20, BeckRS 2021, 478 Rn. 8; Kulhanek in KMR-StPO Rn. 8.
[77] AA Wenske in Löwe/Rosenberg Rn. 19.

teln.⁷⁸ Wegen der entgegenstehenden Rechtsprechung bleibt es dem Nebenkläger aber freilich nahe zu legen, das Ziel der Revision zu benennen und zu erläutern.⁷⁹

Verbleiben (nach hier vertretener Auffassung selbst nach Berücksichtigung außerhalb **25** der Rechtsmittelschrift liegender Umstände) **Zweifel**, ob der Nebenkläger mit seinem Rechtsmittel ein zulässiges Anfechtungsziel verfolgt, ist das Rechtsmittel unzulässig.⁸⁰ Das Gericht kann jedoch aufgrund seiner Fürsorgepflicht dazu angehalten sein, den Nebenkläger zu einer Erläuterung des Ziels seines Rechtsmittels aufzufordern.⁸¹ Sollte der Nebenkläger dann gleichwohl sein Anfechtungsziel nicht präzisieren, muss das Rechtsmittel als unzulässig verworfen werden.⁸²

d) Prüfungsumfang des Rechtsmittelgerichts. aa) Berufung. Eine nach den obi- **26** gen Maßstäben (→ Rn. 18 ff.) zulässige Berufung hat wegen § 400 Abs. 1 nur dann Aussicht auf Erfolg, wenn eine **fehlerhafte Rechtsanwendung** in Bezug auf das Nebenklagedelikt (zB eine insoweit zu Unrecht unterbliebene Verurteilung) festgestellt werden kann.⁸³ In diesem Fall muss das Berufungsgericht aber nicht nur das einschlägige Nebenklagedelikt, sondern auch alle hiermit in Tateinheit oder Gesetzeskonkurrenz stehenden Delikte überprüfen, selbst wenn sie den Nebenkläger nicht zum Anschluss berechtigen, und ggf. allein deswegen den Angeklagten verurteilen.⁸⁴ Schließlich entscheidet das Berufungsgericht als neue Tatsacheninstanz in der Sache (§ 328 Abs. 1) und darf sich daher nicht auf das Nebenklagedelikt beschränken.⁸⁵ Gleiches gilt wegen § 354 Abs. 2 für das Tatgericht, wenn das Revisionsgericht ein Urteil aufhebt und die Sache zurückverweist.⁸⁶

Liegt hingegen **keine Gesetzesverletzung** bei einem Nebenklagedelikt vor (zB weil **27** sich in der Berufungshauptverhandlung dessen Begehung nicht nachweisen lässt), ist die Berufung des Nebenklägers selbst dann unbegründet, wenn etwa durch dieselbe Handlung ein Nichtnebenklagedelikt verwirklicht wurde.⁸⁷

bb) Revision. Auf die zulässige Revision des Nebenklägers (→ Rn. 21 ff.) ist allein **28** die richtige Anwendung der Vorschriften über das ihn zum Anschluss berechtigende Delikt zu prüfen.⁸⁸ Auf die Sachrüge hat das Revisionsgericht daher lediglich zu untersuchen, ob das **Nebenklagedelikt** im Schuldspruch unzutreffend nicht berücksichtigt wurde.⁸⁹ Ob der Rechtsfolgenausspruch rechtsfehlerfrei war, wird nicht geprüft.⁹⁰ Außer demjenigen

---

[78] Weißer/Duesberg in Gercke/Temming/Zöller Rn. 14; Mitsch FG Paulus, 2009, 119 (128 f.).
[79] Weißer/Duesberg in Gercke/Temming/Zöller Rn. 16; s. auch Riegner NStZ 1990, 11 (15).
[80] BGH 5.2.1998 – 4 StR 10/98, NStZ-RR 1998, 305; 17.12.1999 – 2 StR 574/99, NStZ 2000, 218 (218); 9.11.2000 – 4 StR 425/00, Becker NStZ-RR 2001, 266 (266 f.); 6.3.2001 – 4 StR 505/00, Becker NStZ-RR 2002, 104; 26.7.2007 – 3 StR 221/07, NStZ 2007, 700 (701); 22.1.2015 – 3 StR 490/14, StraFo 2015, 163; OLG Düsseldorf 19.4.1994 – 1 Ws 271/94, NStZ 1994, 507 (508).
[81] Wenske in Löwe/Rosenberg Rn. 40.
[82] Vgl. OLG Jena 6.9.2006 – 1 Ws 298/06, NStZ-RR 2007, 209 (210).
[83] OLG Frankfurt a. M. 27.6.2000 – 2 Ss 131/00, NStZ-RR 2001, 22 (23); Weißer/Duesberg in Gercke/Temming/Zöller Rn. 18.
[84] BGH 1.10.1958 – 2 StR 251/58, BGHSt 13, 143 (146) = NJW 1959, 1740 (1740); OLG Frankfurt a. M. 27.6.2000 – 2 Ss 131/00, NStZ-RR 2001, 22 (23); Velten in SK-StPO Rn. 15; Leibinger FS Trifterer, 1996, 481 (491); Riegner NStZ 1990, 11 (16); Schmid NStZ 2011, 611 (613); krit. Hanack JZ 1974, 54 (55); aA OLG Hamm 15.9.2011 – 3 RVs 52/11, NStZ-RR 2012, 22; Merz in Radtke/Hohmann Rn. 6; Weiner in BeckOK StPO Rn. 8.
[85] Velten in SK-StPO Rn. 15; Wenske in Löwe/Rosenberg Rn. 44; aA Kulhanek in KMR-StPO Rn. 5.
[86] BGH 9.11.1993 – 5 StR 539/93, BGHSt 39, 390 (391) = NJW 1994, 1015 = JR 1995, 71 mzustAnm Geerds; Schmitt in Meyer-Goßner/Schmitt Rn. 7a; Weißer/Duesberg in Gercke/Temming/Zöller Rn. 19; Wenske in Löwe/Rosenberg Rn. 36.
[87] OLG Frankfurt a. M. 27.6.2000 – 2 Ss 131/00, NStZ-RR 2001, 22 (23); Wenske in Löwe/Rosenberg Rn. 43; Riegner NStZ 1990, 11 (16).
[88] BGH 12.3.1997 – 3 StR 627/96, BGHSt 43, 15 (16) = NJW 1997, 2123 (2124); 21.8.2008 – 3 StR 236/08, NStZ-RR 2009, 24 (25); Mitsch NStZ 2008, 422 (423).
[89] OLG Frankfurt a. M. 27.6.2000 – 2 Ss 131/00, NStZ-RR 2001, 22 (23).
[90] BGH 25.11.2010 – 3 StR 364/10, NStZ-RR 2011, 73 (74); s. auch BGH 2.2.2022 – 2 StR 41/21, BGHSt 67, 7 (8 ff.) = NJW 2022, 1263 (1264 f.) mzustBespr Lichtenthäler NStZ 2022, 518 für die unbegründete Revision der Nebenklage; offen gelassen von BGH 23.4.2002 – 3 StR 106/02, Becker NStZ-RR 2003, 102.

Delikt, dessen fehlerhafte Nichtanwendung der Nebenkläger beanstandet, können auch weitere Nebenklagedelikte jedenfalls dann überprüft werden, wenn sie sich tatbestandlich weitgehend mit dem gerügten Delikt überschneiden und dieselbe Zielrichtung haben.[91] Bei Verfahrensrügen wird nur die Einhaltung von Vorschriften überprüft, deren Verletzung sich (auch) auf die Behandlung eines Nebenklagedelikts auswirken kann.[92]

29 Nicht zum Anschluss berechtigende Delikte, die in Tateinheit mit dem Nebenklagedelikt stehen, werden nicht auf ihre zutreffende Anwendung untersucht.[93] Die Revision des Nebenklägers ist daher auch dann erfolglos, wenn das Tatgericht es fälschlicherweise unterlassen hat, in den Schuldspruch ein tateinheitlich in Betracht kommendes **Nichtnebenklagedelikt** aufzunehmen.[94] Die Revision bleibt selbst dann unbegründet, wenn diese Prüfung durch eine zulässige Revision der Staatsanwaltschaft eröffnet wird.[95]

30 Eine **Ausnahme** von der Beschränkung des Umfangs der revisionsgerichtlichen Prüfung ist allerdings **zugunsten des Angeklagten** anzunehmen, wenn dieser danach überhaupt keine Straftat begangen hat. In diesem Fall bleibt das angefochtene Urteil durch Beschluss nach § 349 Abs. 4 aufzuheben, auch wenn lediglich der Nebenkläger Revision zu Ungunsten des Angeklagten eingelegt hat.[96]

31 **2. Anfechtungsrecht bei Einstellungsbeschlüssen (Abs. 2). a) Ablehnung der Eröffnung.** Lehnt das Gericht die Eröffnung des Hauptverfahrens nach § 204 ab, gewährt Abs. 2 S. 1 dem Nebenkläger die **sofortige Beschwerde** (§ 311). Gleiches gilt, wenn das Gericht den Erlass eines Strafbefehls ablehnt (§ 408 Abs. 2 S. 2).[97] Die sofortige Beschwerde gegen die Ablehnung der Eröffnung des Hauptverfahrens ist nach Abs. 2 S. 1 nur zulässig, soweit der Ablehnungsbeschluss diejenige **Tat** betrifft, die den Nebenkläger **zum Anschluss berechtigt.**

32 Unanfechtbar für den Nebenkläger ist hingegen der **Eröffnungsbeschluss** nach § 203. Dies gilt auch dann, wenn das Verfahren nicht wegen eines Delikts eröffnet wird, das den Nebenkläger zum Anschluss berechtigt.[98] Insoweit hat der Nebenkläger ausreichend Gelegenheit, seinen abweichenden Standpunkt in der Hauptverhandlung oder mit Rechtsmitteln zu vertreten. Sollte das Gericht wegen der anderen rechtlichen Würdigung die Anschlussberechtigung verneinen, kann der Nebenkläger gegen den Nichtzulassungsbeschluss Beschwerde einlegen (→ § 396 Rn. 33).[99]

33 Eröffnet das Gericht, bei dem die Anklage eingereicht ist, das Verfahren vor einem **Gericht niedrigerer Ordnung** gemäß § 209 Abs. 1 (iVm § 209a), steht dem Nebenkläger – anders als der Staatsanwaltschaft gemäß § 210 Abs. 2 – nicht die sofortige Beschwerde zu (→ Rn. 7).[100] Gleiches gilt für den Beschluss des Gerichts höherer Instanz, die Übernahme nach § 225a abzulehnen.[101]

---

[91] BGH 10.10.1995 – 5 StR 268/95, NStZ-RR 1996, 141 (141); Weißer/Duesberg in Gercke/Temming/Zöller Rn. 17.
[92] OLG Frankfurt a. M. 27.6.2000 – 2 Ss 131/00, NStZ-RR 2001, 22 (23).
[93] BGH 12.3.1997 – 3 StR 627/96, BGHSt 43, 15 (16) = NJW 1997, 2123 (2124); 23.4.2002 – 3 StR 106/02, Becker NStZ-RR 2003, 102; Kulhanek in KMR-StPO Rn. 9; Schmitt in Meyer-Goßner/Schmitt Rn. 7; Schöch/Werner in Satzger/Schluckebier/Widmaier StPO Rn. 7; aA Leibinger FS Triffterer, 1996, 481 (490); offen gelassen von BGH 10.10.1995 – 5 StR 268/95, NStZ-RR 1996, 141 (141).
[94] BGH 21.8.2008 – 3 StR 236/08, NStZ-RR 2009, 24 (25).
[95] BGH 12.3.1997 – 3 StR 627/96, BGHSt 43, 15 (16) = NJW 1997, 2123 (2124).
[96] BGH 23.8.1995 – 2 StR 394/95, NStZ-RR 1996, 130 (131); Schmitt in Meyer-Goßner/Schmitt Rn. 7.
[97] Kulhanek in KMR-StPO Rn. 12; Schmitt in Meyer-Goßner/Schmitt Rn. 8; Weißer/Duesberg in Gercke/Temming/Zöller Rn. 20; Wenske in Löwe/Rosenberg Rn. 47.
[98] Wenske in Löwe/Rosenberg Rn. 47; vgl. auch OLG München 15.7.1985 – 2 Ws 768/85, NStZ 1986, 183 (183).
[99] Wenske in Löwe/Rosenberg Rn. 47.
[100] OLG Karlsruhe 28.4.1989 – 2 Ws 83/89, NStZ 1989, 442; s. schon vor Einführung des § 400 durch das Opferschutzgesetz OLG München 15.7.1985 – 2 Ws 768/85, NStZ 1986, 183 (184) mAnm Dahs sowie Meyer-Goßner NStZ 1986, 328.
[101] OLG Zweibrücken 11.5.1992 – 1 Ws 79/92, MDR 1992, 1072; Weißer/Duesberg in Gercke/Temming/Zöller Rn. 20; Wenske in Löwe/Rosenberg Rn. 49.

b) Einstellung des Verfahrens. Gemäß Abs. 2 S. 1 kann der Nebenkläger mit der **sofortigen Beschwerde** ebenso gegen einen **Einstellungsbeschluss nach §§ 206a, 206b** vorgehen. Bei den nicht ausdrücklich erwähnten Einstellungsurteilen nach § 260 Abs. 3 ergibt sich nichts anderes.[102] Dies gilt jeweils wiederum nur, soweit der Beschluss sich auf das den Nebenkläger zum Anschluss berechtigende Delikt bezieht.[103]

34

Im übrigen, dh sowohl in Bezug auf Nichtnebenklagedelikte als auch wenn das Verfahren nach anderen Vorschriften eingestellt wird, ist der Einstellungsbeschluss gemäß Abs. 2 S. 2 **unanfechtbar;** zur fehlenden Bedeutung der Vorschrift bei anderen als Einstellungsbeschlüssen → Rn. 37. Aus teleologischen Erwägungen und angesichts der Entstehungsgeschichte der Vorschrift wird zwar für die Einstellung nach § 205 befürwortet, dem Nebenkläger eine Beschwerde zuzugestehen.[104] Dem bleibt aber der Wortlaut entgegenzuhalten, da die ausdrücklich aufgenommenen Vorschriften lediglich die Einstellung wegen eines (dauerhaften) Verfahrenshindernisses oder wegen einer Gesetzesänderung betreffen, nicht indes die Einstellung wegen (vorübergehender) Hindernisse in der Person des Angeschuldigten.[105]

35

Unstreitig dürfte sein, dass dem Nebenkläger kein Rechtsmittel gegen einen Einstellungsbeschluss nach den **§§ 153 ff.** zur Verfügung steht (ergänzend → § 396 Rn. 29).[106] Dem steht selbst dann nichts entgegen, wenn der Beschluss verfahrensrechtlich fehlerhaft zustande gekommen ist.[107] Zur Beschränkung der Verfolgung gemäß § 154a siehe § 395 Abs. 5 (→ § 395 Rn. 87 ff.).

36

3. Anfechtungsrecht bei sonstigen Entscheidungen. Bei anderen Entscheidungen als bei Urteilen gemäß Abs. 1 und Einstellungsbeschlüssen gemäß Abs. 2 ist für deren Anfechtung nach allgemeinen Grundsätzen eine **Beschwer** des Nebenklägers erforderlich (→ Rn. 2). Abs. 2 S. 2 lässt sich folglich nicht die Unanfechtbarkeit sämtlicher (auch Nichteinstellungs-)Beschlüsse entnehmen (→ Rn. 35).[108] Insbesondere kann der Nebenkläger eine zulässige Beschwerde gegen Beschlüsse einlegen, die einen Antrag auf Anordnung einer strafprozessualen Zwangsmaßnahme (zB einer Durchsuchung) zur Gewinnung von Beweismitteln bei der Verfolgung eines ihn zum Anschluss berechtigenden Nebenklagedelikts ablehnen.[109]

37

Auch die Zulässigkeit der **Kostenbeschwerde** bleibt unberührt. § 464 Abs. 3 S. 1 Hs. 2 steht nicht entgegen, da § 400 Abs. 1 lediglich die Beschwer des Nebenklägers beschränkt und nicht die Statthaftigkeit von Rechtsmitteln gegen Urteile generell ausschließt.[110]

38

---

[102] Allgayer in KK-StPO Rn. 8; Schmitt in Meyer-Goßner/Schmitt Rn. 9; Schöch/Werner in Satzger/Schluckebier/Widmaier StPO Rn. 9.
[103] S. hierzu etwa OLG Düsseldorf 24.9.1997 – 2 Ws 330/97, NJW 1998, 395 (396).
[104] Rieß NStZ 2001, 355 (355 f.).
[105] Merz in Radtke/Hohmann Rn. 7; Schmitt in Meyer-Goßner/Schmitt Rn. 9; Schöch/Werner in Satzger/Schluckebier/Widmaier StPO Rn. 9; Weiner in BeckOK StPO Rn. 10; Weißer/Duesberg in Gercke/Temming/Zöller Rn. 21.
[106] BVerfG 27.8.2003 – 2 BvR 911/03, wistra 2003, 419 zu § 153a StPO; Allgayer in KK-StPO Rn. 8; Merz in Radtke/Hohmann Rn. 7; Weiner in BeckOK StPO Rn. 10; Weißer/Duesberg in Gercke/Temming/Zöller Rn. 21; offen gelassen von BGH 22.3.2002 – 4 StR 485/01, NJW 2002, 2401 (2401 f.), in BGHSt 47, 270 nicht abgedr.
[107] BGH 22.1.2015 – 3 StR 490/14, StraFo 2015, 163; LG Mönchengladbach 4.11.1986 – 12 Qs 269/86, StV 1987, 335; Kulhanek in KMR-StPO Rn. 13; Schöch/Werner in Satzger/Schluckebier/Widmaier StPO Rn. 9; Velten in SK-StPO Rn. 22; Weißer/Duesberg in Gercke/Temming/Zöller Rn. 21; zur verfassungsrechtlichen Vereinbarkeit BVerfG 28.6.1994 – 2 BvR 1235/94, NJW 1995, 317 (318); aA OLG Celle 30.12.1982 – 2 Ws 199/82, NStZ 1983, 328 (329) mkritAnm von Stackelberg.
[108] Wenske in Löwe/Rosenberg Rn. 49.
[109] Schmitt in Meyer-Goßner/Schmitt Rn. 1; Weiner in BeckOK StPO Rn. 1; Weißer/Duesberg in Gercke/Temming/Zöller Rn. 1; Wenske in Löwe/Rosenberg Rn. 49.
[110] OLG Hamm 19.7.2004 – 2 Ws 143/04, NStZ-RR 2006, 95 (95); 14.1.2021 – 4 Ws 244/20, BeckRS 2021, 1234 Rn. 6 f.; OLG Jena 22.1.2010 – 1 Ws 525/09, Rpfleger 2010, 389 (390 f.); OLG Karlsruhe 18.9.2003 – 2 Ws 236/02, NStZ-RR 2004, 120 (120 f.).

39   Mangels eigener **Beschwer** unzulässig ist hingegen die Beschwerde des Nebenklägers gegen Entscheidungen über die Untersuchungshaft (zB Beschlüsse über die Aufhebung oder Außervollzugsetzung des Haftbefehls)[111] oder die vorläufige Unterbringung des Beschuldigten.[112]

§ 401 Einlegung eines Rechtsmittels durch den Nebenkläger

(1) ¹Der Rechtsmittel kann sich der Nebenkläger unabhängig von der Staatsanwaltschaft bedienen. ²Geschieht der Anschluß nach ergangenem Urteil zur Einlegung eines Rechtsmittels, so ist dem Nebenkläger das angefochtene Urteil sofort zuzustellen. ³Die Frist zur Begründung des Rechtsmittels beginnt mit Ablauf der für die Staatsanwaltschaft laufenden Frist zur Einlegung des Rechtsmittels oder, wenn das Urteil dem Nebenkläger noch nicht zugestellt war, mit der Zustellung des Urteils an ihn auch dann, wenn eine Entscheidung über die Berechtigung des Nebenklägers zum Anschluß noch nicht ergangen ist.

(2) ¹War der Nebenkläger in der Hauptverhandlung anwesend oder durch einen Anwalt vertreten, so beginnt für ihn die Frist zur Einlegung des Rechtsmittels auch dann mit der Verkündung des Urteils, wenn er bei dieser nicht mehr zugegen oder vertreten war; er kann die Wiedereinsetzung in den vorigen Stand gegen die Versäumung der Frist nicht wegen fehlender Rechtsmittelbelehrung beanspruchen. ²Ist der Nebenkläger in der Hauptverhandlung überhaupt nicht anwesend oder vertreten gewesen, so beginnt die Frist mit der Zustellung der Urteilsformel an ihn.

(3) ¹Hat allein der Nebenkläger Berufung eingelegt, so ist diese, wenn bei Beginn einer Hauptverhandlung weder der Nebenkläger noch für ihn ein Rechtsanwalt erschienen ist, unbeschadet der Vorschrift des § 301 sofort zu verwerfen. ²Der Nebenkläger kann binnen einer Woche nach der Versäumung unter den Voraussetzungen der §§ 44 und 45 die Wiedereinsetzung in den vorigen Stand beanspruchen.

(4) Wird auf ein nur von dem Nebenkläger eingelegtes Rechtsmittel die angefochtene Entscheidung aufgehoben, so liegt der Betrieb der Sache wiederum der Staatsanwaltschaft ob.

Schrifttum: Rieß, Unentschuldigtes Ausbleiben des Angeklagten, Privatklägers oder Nebenklägers in der Berufungshauptverhandlung, NStZ 2000, 120; Senge, Zwei Rechtsfragen aus dem Bereich der Nebenklage, FS Rissing-van Saan, 2011, 657.

Übersicht

	Rn.		Rn.
I. Überblick	1	b) Allgemeine Voraussetzungen des Rechtsmittels	4
II. Erläuterung	2	c) Einlegung und Begründung im Einzelnen	7
1. Einlegung und Begründung des Rechtsmittels (Abs. 1 und Abs. 2)	2	2. Verwerfung der Berufung des Nebenklägers (Abs. 3)	16
a) Unabhängigkeit des Rechtsmittels des Nebenklägers	2	3. Betrieb der Sache durch die Staatsanwaltschaft (Abs. 4)	24

---

[111] OLG Düsseldorf 24.9.1997 – 2 Ws 330/97, NJW 1998, 395 (396); OLG Frankfurt a. M. 25.7.1995 – 1 Ws 120–123/95, StV 1995, 594; OLG Hamm 16.10.2007 – 3 Ws 588/07, NStZ-RR 2008, 219 (220); OLG Karlsruhe 20.11.1973 – 1 Ws 379/73, NJW 1974, 658 (659); OLG München 29.7.2013 – 2 Ws 672/13, StV 2014, 28; Schmitt in Meyer-Goßner/Schmitt Rn. 1; Weißer/Duesberg in Gercke/Temming Rn. 1; s. auch OLG Oldenburg 30.5.2007 – 1 Ws 279/07, StraFo 2007, 336 für eine im Wiederaufnahmeverfahren gewährte Haftunterbrechung.

[112] OLG Hamm 16.10.2007 – 3 Ws 588/07, NStZ-RR 2008, 219 (220); Merz in Radtke/Hohmann Rn. 2; Schmitt in Meyer-Goßner/Schmitt Rn. 1.

I. Überblick

Während § 400 die Anfechtungsberechtigung und somit die Beschwer des Nebenklägers näher (einschränkend) bestimmt, enthält § 401 allgemeine Regelungen zur Einlegung und Durchführung von Rechtsmitteln. 1

II. Erläuterung

1. Einlegung und Begründung des Rechtsmittels (Abs. 1 und Abs. 2). 2
a) Unabhängigkeit des Rechtsmittels des Nebenklägers. Abs. 1 S. 1 hält zunächst fest, dass sich der Nebenkläger der Rechtsmittel **unabhängig** von der Staatsanwaltschaft bedienen kann. Er ist bei der **Einlegung** und Begründung sowie bei der Durchführung seiner Rechtsmittel selbstständig.[1] Es ist deshalb sowohl möglich, dass lediglich der Nebenkläger (bzw. einer von mehreren Nebenklägern) oder ausschließlich die Staatsanwaltschaft Rechtsmittel einlegt, als auch dass beide (unabhängig voneinander) die ergangene Entscheidung anfechten. Sollte ein Rechtsmittelführer Berufung einlegen, während der andere sogleich das Rechtsmittel der (Sprung-)Revision wählt, gilt auch bei der Beteiligung des Nebenklägers die Vorschrift des § 335 Abs. 3.[2]

Auch nach der Einlegung **betreiben** Staatsanwaltschaft und Nebenkläger ihre Rechtsmittel eigenständig. Der Nebenkläger ist nicht berechtigt, über das Rechtsmittel der Staatsanwaltschaft zu verfügen, kann es insbesondere nicht übernehmen, wenn er etwa selbst kein eigenes Rechtsmittel eingelegt hat (→ § 399 Rn. 8). Ebenso kann die Staatsanwaltschaft das Rechtsmittel des Nebenklägers weder zurücknehmen oder beschränken noch übernehmen oder in sonstiger Weise darüber verfügen. Sie darf auch nicht der Rücknahme des Nebenklägers widersprechen.[3] Sollte die Staatsanwaltschaft selbst kein Rechtsmittel eingelegt haben oder ihr Rechtsmittel zurücknehmen, ist sie aber nach wie vor zur Mitwirkung am Verfahren verpflichtet, auch wenn dieses nur noch auf das Rechtsmittel des Nebenklägers hin betrieben wird (ergänzend → Rn. 24).[4] Die Staatsanwaltschaft muss folglich an der Hauptverhandlung teilnehmen, hat Stellung zu dem Rechtsmittel zu nehmen und einen Schlussvortrag nach § 258 zu halten.[5] 3

b) Allgemeine Voraussetzungen des Rechtsmittels. Im Einzelnen stehen dem Nebenkläger – wie der Staatsanwaltschaft – die Rechtsmittel der Beschwerde und der sofortigen Beschwerde (siehe auch § 400 Abs. 2 S. 1) sowie der Berufung und der Revision zu. Deren **Zulässigkeitsvoraussetzungen** richten sich nach allgemeinen Grundsätzen, die es neben den besonderen Anforderungen des § 400 zu beachten gilt.[6] Unter anderem muss das gewählte Rechtsmittel statthaft sein und form- wie fristgerecht (→ Rn. 7) eingelegt werden.[7] Nicht zuletzt muss der Nebenkläger prozessfähig (vgl. → § 395 Rn. 29 f.) und anfechtungsberechtigt sein (→ § 400 Rn. 8 ff.). Das Rechtsmittelgericht hat außerdem von Amts wegen zu prüfen, ob der Nebenkläger zum Anschluss befugt ist. Dies gilt auch, wenn sich der Nebenkläger bereits in der Vorinstanz dem Verfahren angeschlossen hat (→ § 396 Rn. 34). 4

---

[1] BGH 12.7.1990 – 4 StR 247/90, BGHSt 37, 136 = NJW 1990, 2479 = JuS 1991, 158 mAnm Hassemer; Schmitt in Meyer-Goßner/Schmitt Rn. 3; Schöch/Werner in Satzger/Schluckebier/Widmaier StPO Rn. 1; Wenske in Löwe/Rosenberg Rn. 1.
[2] Wenske in Löwe/Rosenberg Rn. 3.
[3] Schmitt in Meyer-Goßner/Schmitt Rn. 3; Velten in SK-StPO Rn. 1; Wenske in Löwe/Rosenberg Rn. 2.
[4] OLG Zweibrücken 3.7.1985 – 1 Ss 68/85, StV 1986, 51 (52); Allgayer in KK-StPO Rn. 1; Kulhanek in KMR-StPO Rn. 3; Velten in SK-StPO Rn. 2; Wenske in Löwe/Rosenberg Rn. 2.
[5] OLG Zweibrücken 3.7.1985 – 1 Ss 68/85, StV 1986, 51 (52); Merz in Radtke/Hohmann Rn. 2; Weiner in BeckOK StPO Rn. 2; Weißer/Duesberg in Gercke/Temming/Zöller Rn. 5; Wenske in Löwe/Rosenberg Rn. 27; s. aber auch OLG Frankfurt a. M. 28.3.1956 – 2 Ss 1145/55, NJW 1956, 1250; hiergegen OLG Köln 28.5.1963 – Ss 380/63, GA 1964, 156.
[6] Kulhanek in KMR-StPO Rn. 2; Wenske in Löwe/Rosenberg § 400 Rn. 8.
[7] Allgayer in KK-StPO Rn. 1; Velten in SK-StPO § 400 Rn. 4; Wenske in Löwe/Rosenberg § 400 Rn. 8.

5 Mangels Beschwer unzulässig ist das Rechtsmittel des Nebenklägers, wenn er es **zugunsten des Angeklagten** einlegt (ergänzend → § 395 Rn. 39 zur Anschlussbefugnis). § 296 Abs. 2 ist nicht entsprechend auf den Nebenkläger anwendbar.[8] Allerdings kann das zu Lasten des Angeklagten eingelegte Rechtsmittel des Nebenklägers zu dessen Gunsten wirken;[9] zu Abs. 3 S. 1 iVm § 301 → Rn. 21, zur Anwendung des § 349 Abs. 4 bei Revisionen des Nebenklägers → § 400 Rn. 30. Der Staatsanwaltschaft wiederum ist es verwehrt, ein Rechtsmittel lediglich zugunsten des Nebenklägers einzulegen.[10]

6 Zu beachten bleiben auch die gesetzlichen Form- und Fristanforderungen (siehe aber → Rn. 10 und 12 ff. zu den Sonderregelungen in Abs. 1 S. 3 und Abs. 2). **Revisionen** können trotz der seit dem Opferschutzgesetz vom 18.12.1986 (→ § 395 Rn. 21 f.) fehlenden (und aufgrund eines offensichtlichen Versehens des Gesetzgebers nicht anderweitig aufgenommenen) Verweisung auf § 390 Abs. 2 entsprechend dieser Vorschrift nur durch eine von einem Rechtsanwalt unterzeichnete Schrift eingelegt und begründet werden.[11] Ansonsten würde der Nebenkläger ohne sachlichen Grund privilegiert. Es genügt nicht, die Revision zu Protokoll der Geschäftsstelle einzulegen;[12] in diesem Fall bleibt aber unter Umständen Wiedereinsetzung in den vorigen Stand zu gewähren, wenn die Einlegung und Begründung der Revision von dem Rechtspfleger trotz fehlender Zuständigkeit aufgenommen wird.[13]

7 c) **Einlegung und Begründung im Einzelnen. aa) Grundlagen.** Wegen der selbstständigen Stellung des Nebenklägers läuft für ihn grundsätzlich eine eigenständige **Frist** für die **Einlegung des Rechtsmittels,** die sich nach den allgemeinen Vorschriften bestimmt (→ Rn. 12). Schließt sich der Nebenklageberechtigte aber erst zur Einlegung eines Rechtsmittels an (§ 395 Abs. 4 S. 2), ist mangels eigener Rechtsmittelfrist gemäß § 399 Abs. 2 die Anfechtungsfrist der Staatsanwaltschaft maßgeblich (→ § 399 Rn. 5 f.).

8 Nach § 16 Abs. 2 S. 1 GKG muss der Nebenkläger einen bestimmten **Gebührenvorschuss** (siehe hierzu K 3511 und 3521 GKG) entrichten, wenn er ein Rechtsmittel einlegt. Unterbleibt dies, ist das Rechtsmittel allein deswegen aber nicht unzulässig.[14] Beantragt der Nebenkläger die Vornahme einer Handlung, mit der Auslagen einhergehen, hat er gemäß § 17 Abs. 1 GKG einen Auslagenvorschuss zu leisten. Ist die Handlung ohnehin von Amts wegen vorzunehmen, gilt § 17 Abs. 3 GKG.[15] Eine Sicherheitsleistung hat der Nebenkläger – anders als etwa der Privatkläger nach § 379 – nicht zu bewirken.[16]

9 bb) **Anschluss zur Einlegung des Rechtsmittels.** Erklärt der Nebenkläger seinen Anschluss erst nach ergangenem Urteil, um hiermit zugleich Rechtsmittel einzulegen, ist ihm gemäß **Abs. 1 S. 2** das angefochtene Urteil **sofort zuzustellen.** Indem dem Nebenkläger dadurch umgehend diejenigen Unterlagen ausgehändigt werden, die er für die Begründung seines Rechtsmittels benötigt, soll das Verfahren beschleunigt werden.[17]

---

[8] BGH 12.7.1990 – 4 StR 247/90, BGHSt 37, 136 (136 f.) = NJW 1990, 2479; Wenske in Löwe/Rosenberg Rn. 7; aA Altenhain JZ 2001, 791 (799).
[9] BGH 12.7.1990 – 4 StR 247/90, BGHSt 37, 136 (137) = NJW 1990, 2479; 23.8.1995 – 2 StR 394/95, NStZ-RR 1996, 130 (130); Schmitt in Meyer-Goßner/Schmitt Rn. 1.
[10] LG Dresden 19.1.1994 – 5 Qs 6/94, NStZ 1994, 251; Weißer/Duesberg in Gercke/Temming/Zöller Rn. 5; Wenske in Löwe/Rosenberg Rn. 7; aA OLG Dresden 2.8.1999 – 1 Ws 206/99, NStZ-RR 2000, 115.
[11] BGH 14.2.1992 – 3 StR 433/91, NJW 1992, 1398 (1399); 13.8.2014 – 2 StR 573/13, BGHSt 59, 284 (288 f.) = NJW 2014, 3320 (3321 f.) mkritAnm Stoffers; OLG Brandenburg 22.1.2020 – 53 Ss 158/19, BeckRS 2020, 1080 Rn. 20; OLG Hamm 19.7.2007 – 2 Ss 294/07, StraFo 2007, 467; Kulhanek in KMR-StPO Rn. 5; Schmitt in Meyer-Goßner/Schmitt Rn. 2; Schöch/Werner in Satzger/Schluckebier/Widmaier StPO Rn. 1; Velten in SK-StPO § 400 Rn. 4; Weißer/Duesberg in Gercke/Temming/Zöller Rn. 6.
[12] BGH 14.2.1992 – 3 StR 433/91, NJW 1992, 1398 (1398); Allgayer in KK-StPO Rn. 1.
[13] OLG Hamm 19.7.2007 – 2 Ss 294/07, StraFo 2007, 467.
[14] OLG Frankfurt a. M. 29.10.1979 – 3 Ws 918/79, MDR 1980, 603; OLG Hamm 1.10.1984 – 3 Ws 495/84, MDR 1985, 251; Kulhanek in KMR-StPO Rn. 2; Wenske in Löwe/Rosenberg Rn. 34.
[15] S. hierzu OLG Hamm 1.4.1976 – 5 Ws 53/76, MDR 1976, 779; Hilger in Löwe/Rosenberg Rn. 35.
[16] Schmitt in Meyer-Goßner/Schmitt Rn. 1; Wenske in Löwe/Rosenberg Rn. 36.
[17] Wenske in Löwe/Rosenberg Rn. 8.

Eine etwaige **Frist** für die **Begründung des Rechtsmittels** (§ 317, § 345 Abs. 1) 10
beginnt gemäß **Abs. 1 S. 3 Hs. 1** grundsätzlich mit dem Ablauf der für die Staatsanwaltschaft laufenden Frist zur Einlegung des Rechtsmittels (→ § 399 Rn. 7). Ist das Urteil dem Nebenkläger noch nicht zugestellt, beginnt gemäß Abs. 1 S. 3 Hs. 2 die Frist erst mit der Zustellung des Urteils.

Über die **Zulassung der Nebenklage** entscheidet das Rechtsmittelgericht grund- 11
sätzlich nicht vor der Zustellung (siehe „sofort" in Abs. 1 S. 2).[18] Schließlich ist der Zulassungsbeschluss in der Regel nur deklaratorisch und erfolgt der Anschluss bereits mit der Anschlusserklärung (→ § 396 Rn. 19 ff.). Die verbleibende Unsicherheit, ein Rechtsmittel unnötig zu begründen, wenn sodann die Anschlussberechtigung verneint wird, ist dem Rechtsmittelführer im Hinblick auf die Beschleunigung des Verfahrens zumutbar.[19] Nur wenn offensichtlich eine Anschlussbefugnis abzulehnen bleibt, ist ausnahmsweise eine diesbezügliche Entscheidung des Rechtsmittelgerichts schon geboten, bevor das Urteil zugestellt wird.[20]

cc) Anschluss vor Verkündung des Urteils. Schließt sich der Nebenkläger nicht 12
erst durch die Einlegung des Rechtsmittels dem Verfahren an, sondern ist er bereits vor Erlass des nun anzufechtenden Urteils an dem Verfahren beteiligt, beginnt für ihn die Rechtsmitteleinlegungsfrist grundsätzlich mit der **Verkündung des Urteils** (§ 314 Abs. 1, § 341 Abs. 1).

Die Rechtsmittelfrist beginnt gemäß **Abs. 2 S. 1 Hs. 1** aber nur dann mit der Verkün- 13
dung des Urteils, wenn der Nebenkläger irgendwann in der **Hauptverhandlung anwesend** oder durch einen Anwalt vertreten war. Wie sich aus Abs. 2 S. 2 ergibt, ist – vor allem bei mehrtägiger Hauptverhandlung – eine durchgehende Anwesenheit oder Vertretung des Nebenklägers aber nicht notwendig.[21] Abs. 2 S. 1 Hs. 1 hält ausdrücklich fest, dass der Nebenkläger insbesondere nicht bei der Verkündung des Urteils zugegen oder vertreten sein muss. Wenn jemand zunächst an der Hauptverhandlung teilnimmt und dadurch sein persönliches Interesse an dem Ausgang des Verfahrens zum Ausdruck bringt, dann aber zu einem Fortsetzungstermin der Hauptverhandlung nicht erscheint oder sich vor der Verkündung des Urteils entfernt, ohne sich vertreten zu lassen, kann ihm zugemutet und von ihm erwartet werden, sich selbst nach dem Ausgang des Verfahrens zu erkundigen, um binnen der einwöchigen Frist Rechtsmittel einzulegen.[22] Ein Antrag auf Wiedereinsetzung in den vorigen Stand hat daher mangels in der Regel fehlenden Verschuldens kaum Aussicht auf Erfolg.[23]

Der Nebenkläger kann sich wegen der ihm möglichen Teilnahme an der Hauptverhand- 14
lung ebenso wenig darauf berufen, nach der Verkündung des Urteils keine **Rechtsmittelbelehrung** erhalten zu haben.[24] Dementsprechend kann er gemäß **Abs. 2 S. 1 Hs. 2** eine Wiedereinsetzung in den vorigen Stand wegen versäumter Rechtsmittelfrist nicht auf eine fehlende Rechtsmittelbelehrung stützen; § 44 S. 2 findet keine Anwendung.[25]

War der Nebenkläger hingegen in der Hauptverhandlung durchweg weder anwesend 15
noch vertreten, beginnt die Frist erst mit der Zustellung der Urteilsformel **(Abs. 2 S. 2).**

---

[18] Allgayer in KK-StPO Rn. 6; Kulhanek in KMR-StPO Rn. 7; Merz in Radtke/Hohmann Rn. 7.
[19] BT-Drs. 7/551, 93 f.; Allgayer in KK-StPO Rn. 6.
[20] Velten in SK-StPO Rn. 5; Weißer/Duesberg in Gercke/Temming/Zöller Rn. 7; weiter Allgayer in KK-StPO Rn. 6, wonach die Entscheidung über die Zulassung auch bei wahrscheinlich fehlender Anschlussberechtigung vorzuziehen sei; ähnlich wohl Merz in Radtke/Hohmann Rn. 5, demzufolge der Zulassungsbeschluss schon zurückzustellen sei, wenn die Anschlussberechtigung nicht feststehe.
[21] Allgayer in KK-StPO Rn. 7; s. auch BGH 12.7.1994 – 5 StR 388/94, Kusch NStZ 1995, 21.
[22] BT-Drs. 7/551, 94; BGH 18.12.2007 – 4 StR 541/07, NStZ-RR 2008, 151; OLG Düsseldorf 10.1.1991 – 1 Ws 1153/90, JurBüro 1991, 982; OLG Köln 8.3.1983 – 2 Ws 106/83, JMBl. NRW 1984, 21 (22).
[23] BGH 12.7.1994 – 5 StR 388/94, Kusch NStZ 1995, 21; Weißer/Duesberg in Gercke/Temming/Zöller Rn. 10.
[24] Schmitt in Meyer-Goßner/Schmitt Rn. 5; Wenske in Löwe/Rosenberg Rn. 31.
[25] S. hierzu aber OLG Hamm 5.1.1996 – 2 Ws 614/95, MDR 1996, 643.

Hieran ändert sich auch nichts dadurch, dass der Nebenkläger als Zeuge geladen wird, sofern er nach seiner Vernehmung sogleich wieder entlassen wird.[26] Das vollständige Urteil muss nicht zugestellt werden, um den Fristlauf auszulösen.[27]

16   **2. Verwerfung der Berufung des Nebenklägers (Abs. 3).** Legt allein der Nebenkläger Berufung gegen das erstinstanzliche Urteil ein und erscheint weder er noch ein Rechtsanwalt für ihn zu Beginn der Hauptverhandlung, ist die Berufung ohne Verhandlung zur Sache sofort zu verwerfen (Abs. 3 **S. 1**). Die an § 391 Abs. 3 angelehnte Vorschrift verlangt von dem Nebenkläger, sein durch die Anschlusserklärung angezeigtes Interesse auch im Rechtsmittelverfahren zum Ausdruck zu bringen.[28]

17   Abs. 3 S. 1 legt dem Nebenkläger eine Anwesenheitsobliegenheit **zu Beginn einer Hauptverhandlung** auf. Die Hauptverhandlung beginnt gemäß § 243 Abs. 1 S. 1 mit dem (ggf. später als angesetzt erfolgenden) Aufruf der Sache (vgl. → § 329 Rn. 20).[29] Bei Nichterscheinen des Nebenklägers hat das Gericht mit dem Beginn der Hauptverhandlung mindestens 15 Minuten zu warten (vgl. → § 329 Rn. 22).[30] Nach Ablauf der Wartefrist ist die Berufung des Nebenklägers zu verwerfen. Dies gilt auch dann, wenn der Nebenkläger – etwa bei einer Fortführung der Verhandlung wegen § 301 (→ Rn. 21) – nachträglich noch erscheint.[31]

18   Unerheblich bleibt hingegen, ob sich der bei Aufruf der Sache erschienene Nebenkläger **während der Hauptverhandlung** entfernt.[32] Eine Anwesenheitspflicht zB auch bei den Schlussvorträgen oder der Urteilsverkündung lässt sich nicht mit dem Grundsatz vereinbaren, dass der Nebenkläger seine Befugnisse nur gebrauchen darf, nicht aber muss (zum Anwesenheitsrecht → § 397 Rn. 8).[33] Anders als der Privatkläger tritt der Nebenkläger in der Hauptverhandlung nicht an die Stelle der Staatsanwaltschaft, die nach wie vor am Verfahren mitwirkt.[34] Ebenso wenig besteht bei Fortsetzungsterminen eine Anwesenheitspflicht des Nebenklägers.

19   Abs. 3 S. 1 setzt ausdrücklich voraus, dass der **Nebenkläger allein Berufung** eingelegt hat. Hat hingegen außerdem die Staatsanwaltschaft oder der Angeklagte das Urteil angefochten, wird über die Berufung des Nebenklägers grundsätzlich ebenso verhandelt und entschieden, selbst wenn er in der Hauptverhandlung weder erscheint noch sich vertreten lässt.[35] Ansonsten droht eine weitere Hauptverhandlung mit ggf. abweichendem Ausgang, wenn nur über die Berufungen anderer Rechtsmittelführer entschieden, die Berufung des Nebenklägers hingegen ohne Beweisaufnahme verworfen werden würde und ihm später aber Wiedereinsetzung in den vorigen Stand (hierzu → Rn. 23) gewährt werden müsste.[36] Bleibt der Nebenkläger unentschuldigt aus und hat das Gericht auch über die Berufung des Angeklagten zu befinden, ist somit zwar ebenfalls über beide Rechtsmittel sachlich zu

---

[26] OLG Karlsruhe 27.9.1999 – 2 Ss 146/99, NStZ-RR 2000, 16 (17); OLG Köln 8.3.1983 – 2 Ws 106/83, JMBl. NRW 1984, 21 (22); Allgayer in KK-StPO Rn. 7; Velten in SK-StPO Rn. 4.
[27] Allgayer in KK-StPO Rn. 7; Schmitt in Meyer-Goßner/Schmitt Rn. 5; Wenske in Löwe/Rosenberg Rn. 11.
[28] BT-Drs. 7/551, 94.
[29] OLG Frankfurt a. M. 14.12.1999 – 2 Ss 351/99, NStZ-RR 2001, 85 (85) zu § 329 Abs. 1; aA OLG Düsseldorf 22.1.2001 – 2b Ss 370/00 – 99/00 I, NStZ-RR 2001, 303 zu § 412 iVm § 329 Abs. 1; Weiner in BeckOK StPO Rn. 8: angesetzte Terminzeit.
[30] OLG Düsseldorf 22.1.2001 – 2b Ss 370/00 – 99/00 I, NStZ-RR 2001, 303 zu § 412 iVm § 329 Abs. 1; OLG Frankfurt a. M. 14.12.1999 – 2 Ss 351/99, NStZ-RR 2001, 85 (85) zu § 329 Abs. 1; Weiner in BeckOK StPO Rn. 8.
[31] Schmitt in Meyer-Goßner/Schmitt Rn. 6; Schöch/Werner in Satzger/Schluckebier/Widmaier StPO Rn. 4; Velten in SK-StPO Rn. 6; Weißer/Duesberg in Gercke/Temming/Zöller Rn. 12; aA Kulhanek in KMR-StPO Rn. 8.
[32] Allgayer in KK-StPO Rn. 8; Kulhanek in KMR-StPO Rn. 9; Velten in SK-StPO Rn. 6; Wenske in Löwe/Rosenberg Rn. 18; aA Merz in Radtke/Hohmann Rn. 8.
[33] Kulhanek in KMR-StPO Rn. 9.
[34] Wenske in Löwe/Rosenberg Rn. 18.
[35] Allgayer in KK-StPO Rn. 11; Schmitt in Meyer-Goßner/Schmitt Rn. 7.
[36] BT-Drs. 7/551, 94; Wenske in Löwe/Rosenberg Rn. 23.

entscheiden. Allerdings gilt in diesem Fall zugunsten des Angeklagten das Verschlechterungsverbot (§ 331).[37]

Die beschriebene Gefahr besteht allerdings nur, wenn über das Rechtsmittel eines **20** anderen Verfahrensbeteiligten **in der Sache** befunden werden muss. Daher bleibt auf Abs. 3 S. 1 zurückzugreifen, wenn sachlich allein über die Berufung des Nebenklägers zu entscheiden ist. Dies gilt vor allem dann, wenn die sonstigen Rechtsmittelführer ihre Berufung zurücknehmen oder die Berufung des Angeklagten nach § 329 Abs. 1 S. 1 verworfen wird.[38]

Uneingeschränkt gelten die vorstehenden Grundsätze, wenn der Angeklagte in der **21** Vorinstanz freigesprochen wurde. Wurde der Angeklagte hingegen verurteilt, ist **§ 301** zu beachten, der gemäß **Abs. 3 S. 1 aE** ausdrücklich unberührt bleiben soll. Demzufolge muss das Berufungsgericht ohne Nebenkläger zur Sache verhandeln, wenn die Aktenlage eine günstigere Entscheidung für den Angeklagten erwarten lässt.[39] Bestätigt sich diese Einschätzung in der Berufungsverhandlung, ist dies für den Angeklagten durch Urteil auszusprechen.[40] Dürfte keine günstigere Entscheidung ergehen oder müsste sogar eine Änderung zuungunsten des Angeklagten erfolgen, ist hingegen die Berufung des Nebenklägers durch Urteil zu verwerfen.[41] § 301 ist aber nicht anzuwenden, wenn auch der Angeklagte auf die alleinige Berufung des Nebenklägers hin ausbleibt.[42]

Für die **Revisionsinstanz** gilt Abs. 3 nicht. In der Hauptverhandlung vor dem Revisi- **22** onsgericht muss der Nebenkläger – ebenso wie die Staatsanwaltschaft – daher weder anwesend noch vertreten sein.[43]

Da es sich in den Fällen des Abs. 3 S. 1 nicht um die Versäumnis einer Frist handelt, **23** wäre eine Wiedereinsetzung in den vorigen Stand bei fehlender Anwesenheit zu Beginn der Hauptverhandlung an sich ausgeschlossen (→ § 44 Rn. 6). Um gleichwohl eine schuldlose Säumnis berücksichtigen zu können, kann gemäß **Abs. 3 S. 2** der Nebenkläger binnen einer Woche nach dieser Säumnis unter den Voraussetzungen der §§ 44 f. Wiedereinsetzung in den vorigen Stand beanspruchen.[44]

3. Betrieb der Sache durch die Staatsanwaltschaft (Abs. 4). Legt allein der **24** Nebenkläger Rechtsmittel ein, hat die Staatsanwaltschaft gleichwohl an dem Rechtsmittelverfahren mitzuwirken (→ Rn. 3). Ebenso obliegt gemäß Abs. 4 der **Betrieb der Sache** der Staatsanwaltschaft, wenn auf ein allein vom Nebenkläger eingelegtes Rechtsmittel die angefochtene Entscheidung aufgehoben und die Sache zurückverwiesen wird. Das weitere Verfahren hat folglich genauso abzulaufen, wie wenn die Staatsanwaltschaft erfolgreich ein Rechtsmittel eingelegt hätte.[45] Insbesondere bleibt Gegenstand des Verfahrens die gesamte Tat im materiell-rechtlichen Sinn einschließlich der nicht zum Anschluss berechtigenden Delikte.[46] Der Nebenkläger ist freilich nach wie vor an dem Verfahren beteiligt.[47] Allerdings stellt die Regelung klar, dass das Verfahren selbst dann (von der Staatsanwaltschaft) fortgeführt wird, wenn der Nebenkläger ausscheiden sollte.[48]

---

[37] Wenske in Löwe/Rosenberg Rn. 24; Rieß NStZ 2000, 120 (123).
[38] Allgayer in KK-StPO Rn. 11; Kulhanek in KMR-StPO Rn. 10; Merz in Radtke/Hohmann Rn. 8; Schmitt in Meyer-Goßner/Schmitt Rn. 7; Wenske in Löwe/Rosenberg Rn. 24; Rieß NStZ 2000, 120 (122).
[39] Allgayer in KK-StPO Rn. 10; Schmitt in Meyer-Goßner/Schmitt Rn. 6; Schöch/Werner in Satzger/Schluckebier/Widmaier StPO Rn. 4; Weiner in BeckOK StPO Rn. 8; Wenske in Löwe/Rosenberg Rn. 22; Rieß NStZ 2000, 120 (122).
[40] Allgayer in KK-StPO Rn. 10; Wenske in Löwe/Rosenberg Rn. 22.
[41] Allgayer in KK-StPO Rn. 10; Wenske in Löwe/Rosenberg Rn. 22.
[42] Wenske in Löwe/Rosenberg Rn. 22; Rieß NStZ 2000, 120 (122).
[43] Wenske in Löwe/Rosenberg Rn. 25; ausf. Senge FS Rissing-van Saan, 2011, 657 (660 ff.).
[44] BT-Drs. 7/551, 94.
[45] Allgayer in KK-StPO Rn. 14; Wenske in Löwe/Rosenberg Rn. 29.
[46] OLG Frankfurt a. M. 27.6.2000 – 2 Ss 131/00, NStZ-RR 2001, 22 (23); Allgayer in KK-StPO Rn. 14; Merz in Radtke/Hohmann Rn. 10.
[47] Wenske in Löwe/Rosenberg Rn. 29.
[48] Merz in Radtke/Hohmann Rn. 10; Schmitt in Meyer-Goßner/Schmitt Rn. 8.

§ 402 Widerruf der Anschlusserklärung; Tod des Nebenklägers

Die Anschlußerklärung verliert durch Widerruf sowie durch den Tod des Nebenklägers ihre Wirkung.

I. Überblick

1   Die Vorschrift des § 402 regelt die Folgen des Widerrufs der Anschlusserklärung durch den Nebenkläger sowie die Auswirkungen seines Todes auf die Nebenklage. Die gesetzlich eingeräumte Möglichkeit des Widerrufs verdeutlicht zugleich die **unabhängige Stellung** des Nebenklägers im Verfahren (→ § 395 Rn. 2).

II. Erläuterung

2   **1. Widerruf der Anschlusserklärung.** Der Nebenkläger kann **jederzeit** bis zum rechtskräftigen Abschluss des Verfahrens seine Anschlusserklärung widerrufen. Der Widerruf ist folglich auch noch in der Revisionsinstanz zulässig.[1] Einer Zustimmung der anderen Verfahrensbeteiligten, etwa des Angeklagten, bedarf es nicht.[2] Vielmehr wird der Widerruf ebenso wie der Anschluss selbstständig und insbesondere unabhängig von der Staatsanwaltschaft ausgeübt.

3   Eine bestimmte **Form** für den Widerruf schreibt § 402 nicht vor. Insoweit gelten demzufolge dieselben Anforderungen wie für die widerrufene Anschlusserklärung selbst (→ § 396 Rn. 2 f.). Der Widerruf muss daher schriftlich, zu Protokoll der Geschäftsstelle oder in der Hauptverhandlung erfolgen;[3] nach aA soll hingegen eine formlose Erklärung gegenüber dem Gericht genügen.[4] Ein stillschweigender Verzicht (zB durch einen längeren bewussten Verzicht auf die Ausübung der Rechte als Nebenkläger) kommt jedenfalls nicht in Betracht.[5]

4   Mit dem Widerruf werden bislang nicht beschiedene Anträge und Rechtsmittel gegenstandslos.[6] Wird das Verfahren nur noch wegen des Rechtsmittels des Nebenklägers betrieben, wird das von ihm angefochtene Urteil somit rechtskräftig.[7] Da die **Wirkung** auf die Zukunft beschränkt ist, bleiben bereits ergangene Entscheidungen jedoch in Kraft.[8]

5   Nach erfolgtem Widerruf kann der Nebenklageberechtigte erneut seinen Anschluss erklären.[9] § 392 ist nicht anwendbar.[10] Ein späterer Anschluss scheidet allerdings dann aus, wenn mit dem Widerruf der Anschlusserklärung ausnahmsweise zugleich auf das Nebenklagerecht insgesamt verzichtet werden soll. Aus einem solchen **Verzicht** müsste sich allerdings

---

[1] Allgayer in KK-StPO Rn. 1; Kulhanek in KMR-StPO Rn. 2; Schmitt in Meyer-Goßner/Schmitt Rn. 1; Velten in SK-StPO Rn. 2; Wenske in Löwe/Rosenberg Rn. 1.
[2] Schmitt in Meyer-Goßner/Schmitt Rn. 1; Velten in SK-StPO Rn. 2; Weißer/Duesberg in Gercke/Temming/Zöller Rn. 1.
[3] Merz in Radtke/Hohmann Rn. 1; Kulhanek in KMR-StPO Rn. 1; Velten in SK-StPO Rn. 1; Wenske in Löwe/Rosenberg Rn. 1.
[4] OLG Hamm 19.10.1970 – 3 Ss 739/70, NJW 1971, 394; Allgayer in KK-StPO Rn. 1; Schmitt in Meyer-Goßner/Schmitt Rn. 1; Schöch/Werner in Satzger/Schluckebier/Widmaier StPO Rn. 1; Weiner in BeckOK StPO Rn. 1; Weißer/Duesberg in Gercke/Temming/Zöller Rn. 2.
[5] Kulhanek in KMR-StPO Rn. 1; Merz in Radtke/Hohmann Rn. 1; Schmitt in Meyer-Goßner/Schmitt Rn. 1; Schöch/Werner in Satzger/Schluckebier/Widmaier StPO Rn. 1; Velten in SK-StPO Rn. 1; Wenske in Löwe/Rosenberg Rn. 1; aA OLG Hamm 19.10.1970 – 3 Ss 739/70, NJW 1971, 394.
[6] Kulhanek in KMR-StPO Rn. 3; Schmitt in Meyer-Goßner/Schmitt Rn. 2; Schöch/Werner in Satzger/Schluckebier/Widmaier StPO Rn. 2; Velten in SK-StPO Rn. 3.
[7] Kulhanek in KMR-StPO Rn. 3; Weißer/Duesberg in Gercke/Temming/Zöller Rn. 6.
[8] BayObLG 25.8.1953 – RevReg. 2 St 137/53, BayObLGSt 1953, 156 (156 f.); Kulhanek in KMR-StPO Rn. 3; Schmitt in Meyer-Goßner/Schmitt Rn. 2; Schöch/Werner in Satzger/Schluckebier/Widmaier StPO Rn. 2.
[9] OLG Hamm 19.10.1970 – 3 Ss 739/70, NJW 1971, 394; Allgayer in KK-StPO Rn. 2; Schöch/Werner in Satzger/Schluckebier/Widmaier StPO Rn. 2.
[10] Kulhanek in KMR-StPO Rn. 4; Velten in SK-StPO Rn. 3; Wenske in Löwe/Rosenberg Rn. 2.

eindeutig ergeben, dass sich der Nebenkläger der prozessualen Bedeutung und Tragweite seiner Erklärung bewusst ist (→ § 395 Rn. 32).

Einen Anspruch auf Erstattung der **notwendigen Auslagen** gemäß § 472 Abs. 1 kann **6** der mit dem Widerruf seiner Anschlusserklärung aus dem Verfahren ausgeschiedene Nebenkläger nicht mehr geltend machen. Dieser Anspruch entsteht erst bei rechtskräftiger Verurteilung des Angeklagten.[11]

2. Tod des Nebenklägers. Stirbt der Nebenkläger, ist – wie bei deren Widerruf **7** (→ Rn. 4) – die Anschlusserklärung und somit auch die Nebenklage hinfällig.[12] Noch nicht beschiedene Anträge und Rechtsmittel werden gegenstandslos.[13] Sollte das Verfahren lediglich aufgrund des Rechtsmittels des Nebenklägers betrieben werden, wird das angegriffene Urteil rechtskräftig,[14] ohne dass es eines Ausspruchs über das Schicksal des Rechtsmittels bedarf.[15] Da die **Wirkung** wiederum auf die Zukunft beschränkt ist, bleiben bereits ergangene Entscheidungen bestandskräftig. Dies gilt auch für ein Berufungs- oder Revisionsurteil, das allein auf ein Rechtsmittel des Nebenklägers erlassen wurde.[16]

Die **Angehörigen** können die Nebenklage nicht entsprechend § 393 Abs. 2 fortführen.[17] Mit dem Opferschutzgesetz vom 18.12.1986 (→ § 395 Rn. 21 f.) hat der Gesetzgeber die Verweisung in § 397 Abs. 1 aF auf Vorschriften der Privatklage bewusst beseitigt, so dass eine analoge Anwendung des § 393 Abs. 2 nicht mehr in Betracht kommt.[18] Ein Eintrittsrecht des Angehörigen in das Verfahren entsteht selbst dann nicht, wenn der Tod des Nebenklägers durch die zu seinem Anschluss berechtigende Straftat herbeigeführt wurde.[19] Allerdings entsteht unter den Voraussetzungen des § 395 Abs. 2 Nr. 1 (→ § 395 Rn. 56 ff.) eine eigene Anschlussberechtigung der Angehörigen. Ein Anschluss mit der Nebenklage ist hiernach allerdings nicht mehr möglich, wenn allein der Nebenkläger ein Rechtsmittel eingelegt hat und die angefochtene Entscheidung mit dessen Tod sogleich rechtskräftig wird.[20]

---

[11] BayObLG 25.8.1953 – RevReg. 2 St 137/53, BayObLGSt 1953, 156 (157); Merz in Radtke/Hohmann Rn. 6; Schmitt in Meyer-Goßner/Schmitt Rn. 2; Schöch/Werner in Satzger/Schluckebier/Widmaier StPO Rn. 2; Weiner in BeckOK StPO Rn. 1; Weißer/Duesberg in Gercke/Temming/Zöller Rn. 4; Wenske in Löwe/Rosenberg Rn. 10; aA OLG Nürnberg 9.1.1959 – Ws 563/58, NJW 1959, 1052 (1053), wenn der Nebenkläger mit dem Widerruf zugleich beantragt, die ihm erwachsenen notwendigen Auslagen dem Angeklagten aufzuerlegen, mablAnm Pohlmann NJW 1959, 1455; Schmitt NJW 1959, 1742.

[12] Kulhanek in KMR-StPO Rn. 5; Wenske in Löwe/Rosenberg Rn. 3.

[13] BGH 19.6.1996 – 5 StR 2540/96, NStZ 1997, 49; OLG Celle 5.5.1953 – Ws 65/53, NJW 1953, 1726; OLG Düsseldorf 28.8.1986 – 1 Ws 749/86, JurBüro 1987, 555; OLG Stuttgart 20.11.1969 – 2 Ws 145/69, NJW 1970, 822 (823); Allgayer in KK-StPO Rn. 5; Wenske in Löwe/Rosenberg Rn. 9.

[14] OLG Celle 5.5.1953 – Ws 65/53, NJW 1953, 1726; Kulhanek in KMR-StPO Rn. 5; Velten in SK-StPO Rn. 4.

[15] BGH 19.6.1996 – 5 StR 2540/96, NStZ 1997, 49; Weißer/Duesberg in Gercke/Temming/Zöller Rn. 7.

[16] Kulhanek in KMR-StPO Rn. 5; Schmitt in Meyer-Goßner/Schmitt Rn. 5; Wenske in Löwe/Rosenberg Rn. 8.

[17] BGH 18.11.2008 – 4 StR 301/08, NStZ 2009, 174; OLG Nürnberg 27.9.1977 – Ws 631/77, NJW 1978, 1017; OLG Stuttgart 20.11.1969 – 2 Ws 145/69, NJW 1970, 822 (823); Allgayer in KK-StPO Rn. 4; Schmitt in Meyer-Goßner/Schmitt Rn. 4; Schöch/Werner in Satzger/Schluckebier/Widmaier StPO Rn. 3; Wenske in Löwe/Rosenberg Rn. 5; offen gelassen von BGH 22.8.1996 – 5 StR 240/96, NStZ 1997, 200.

[18] Allgayer in KK-StPO Rn. 4; Fezer NStZ 1997, 300; vgl. auch Wenske in Löwe/Rosenberg Rn. 5, wonach § 402 als Sonderregelung gegenüber § 393 Abs. 2 anzusehen ist; aA vor Inkrafttreten des Opferschutzgesetzes insbes. OLG Zweibrücken 14.6.1966 – Ws 28/66, NJW 1966, 2076 (2077); Ellscheid NJW 1970, 1467 (1468).

[19] OLG Stuttgart 20.11.1969 – 2 Ws 145/69, NJW 1970, 822 (823); Merz in Radtke/Hohmann Rn. 4; Schmitt in Meyer-Goßner/Schmitt Rn. 4; Fezer NStZ 1997, 300); aA OLG Nürnberg 27.9.1977 – Ws 631/77, NJW 1978, 1017; OLG Zweibrücken 14.6.1966 – Ws 28/66, NJW 1966, 2076 (2077); Velten in SK-StPO Rn. 5; Weiner in BeckOK StPO Rn. 2; Weißer/Duesberg in Gercke/Temming/Zöller Rn. 8.

[20] Krit. daher Wenske in Löwe/Rosenberg Rn. 6; Fezer NStZ 1997, 300.

9 Über die **Kosten** muss das Gericht auch nach dem Tod des Nebenklägers entscheiden. Wird der Angeklagte verurteilt und hat er die notwendigen Auslagen des Nebenklägers zu erstatten, entfällt der diesbezügliche Anspruch des Nebenklägers – anders als beim Widerruf der Anschlusserklärung (→ Rn. 6) – nicht und geht vielmehr auf dessen Erben über.[21] Bei einem Freispruch des Angeklagten hat hingegen der verstorbene Nebenkläger gemäß § 473 Abs. 1 S. 3 die notwendigen Auslagen des Beschuldigten zu tragen, die durch ein allein vom Nebenkläger eingelegtes oder durchgeführtes Rechtsmittel entstanden sind; die Kosten sind daher aus dem Nachlass zu entrichten.[22] Die Kostenentscheidung erlässt das Tatgericht, nach Vorlage der Akten gemäß § 347 Abs. 2 das Revisionsgericht.[23]

---

[21] OLG Karlsruhe 30.9.1983 – 3 Ws 180/83, MDR 1984, 250; OLG Stuttgart 16.10.1959 – 2 Ss 486/59, NJW 1960, 115 (115 f.); Allgayer in KK-StPO Rn. 5; Kulhanek in KMR-StPO Rn. 7; Merz in Radtke/Hohmann Rn. 6; Schmitt in Meyer-Goßner/Schmitt Rn. 6; Schöch/Werner in Satzger/Schluckebier/Widmaier StPO Rn. 4; Wenske in Löwe/Rosenberg Rn. 10.

[22] OLG Celle 5.5.1953 – Ws 65/53, NJW 1953, 1726; OLG Jena 13.6.1995 – 1 Ws 45/95, MDR 1995, 1071 (1072).

[23] BGH 19.6.1996 – 5 StR 2540/96, NStZ 1997, 49; Allgayer in KK-StPO Rn. 5; Schöch/Werner in Satzger/Schluckebier/Widmaier StPO Rn. 4.

Vierter Abschnitt. Adhäsionsverfahren

§ 403 Geltendmachung eines Anspruchs im Adhäsionsverfahren

¹Der Verletzte oder sein Erbe kann gegen den Beschuldigten einen aus der Straftat erwachsenen vermögensrechtlichen Anspruch, der zur Zuständigkeit der ordentlichen Gerichte gehört und noch nicht anderweit gerichtlich anhängig gemacht ist, im Strafverfahren geltend machen, im Verfahren vor dem Amtsgericht ohne Rücksicht auf den Wert des Streitgegenstandes. ²Das gleiche Recht steht auch anderen zu, die einen solchen Anspruch geltend machen.

Schrifttum: Bahnson, Das Adhäsionsverfahren nach dem Opferrechtsreformgesetz 2004, 2008; Bergmann, Die Verwaltungsbefugnis des Insolvenzverwalters über einen zur Insolvenzmasse gehörenden GmbH-Geschäftsanteil, ZInsO 2004, 225; Braun (Hrsg.), Insolvenzordnung, 9. Aufl., 2022; Buhlert, Die strafprozessuale Adhäsion als Instrument im Insolvenzverfahren, DZWIR 2011, 443; Cierniak/Niehaus, Aus der Rechtsprechung des BGH zum Strafverfahrensrecht, NStZ-RR 2016, 193; Daimagüler, Der Verletzte im Strafverfahren, 1. Aufl. 2016; Erb/Schäfer (Hrsg.), Münchener Kommentar zum Strafgesetzbuch, 4. Aufl. 2023; J. P. Feigen, Adhäsionsverfahren in Wirtschaftsstrafsachen, 2011; Ferber, Stärkung der Opferrechte im Strafverfahren, Das 3. Opferrechtsreformgesetz, NJW 2016, 279; Ferber, Das Opferrechtsreformgesetz, NJW 2004, 2562; Granderath, Opferschutz – Totes Recht?, NStZ 1984, 399; Grau/Blechschmidt/Frick, Stärken und Schwächen des reformierten Adhäsionsverfahrens – Zugleich Anmerkungen zu LG Stuttgart – 11 KLs 34 Js 11865/07 (Beschlüsse v. 14.7. und 21.7. und Verfügung v. 29.7.2009) – NStZ 2010, 662; Haller, Das „kränkelnde" Adhäsionsverfahren – Indikator struktureller Probleme der Strafjustiz, NJW 2011, 970; Hilger, Über das Opferrechtsreformgesetz, GA 2004, 478; Hopt, Handelsgesetzbuch, 43. Aufl., 2024; Jescheck, Die Entschädigung des Verletzten nach deutschem Strafrecht, JZ 1958, 591; Klein, Das Adhäsionsverfahren nach der Neuregelung durch das Opferrechtsreformgesetz – Wiederbelebung eines tot geglaubten Verfahrens?, 2006; Köckerbauer, Die Geltendmachung zivilrechtlicher Ansprüche im Strafverfahren – der Adhäsionsprozess, NStZ 1994, 305; Krumm, Das Adhäsionsverfahren in Verkehrsstrafsachen, SVR 2007, 41; Kuhn, Das „neue" Adhäsionsverfahren, JR 2004, 397; Kühne (Hrsg.), Opferrechte im Strafprozeß – Ein europäischer Vergleich, 1988; Loos, Probleme des neuen Adhäsionsverfahrens, GA 2006, 195; Lemor, Haftungsrecht und Schadensregulierung in Frankreich, SVR 2008, 206; Lemor, Haftungsrecht und Schadensregulierung in Spanien, SVR 2008, 53; Lemor, Haftungsrecht und Schadensregulierung in Polen, SVR 2006, 409; Keil/Best, DAR 2013, 628 ff., Praktische Bedeutung und Handhabung des Adhäsionsverfahrens; Krey/Wilhelmi, Ausbau des Adhäsionsverfahrens: Holzweg oder Königsweg? Kritische Analyse mit rechtshistorischen und rechtsvergleichenden Hinweisen, FS Otto 2007, 933; Meyer-Goßner/Schmitt, StPO-Kommentar, 66. Aufl. 2023; Neidhart, Adhäsionsverfahren – ein kurzer Ländervergleich (Schadensersatz im Strafprozess nach Verkehrsstraftaten), DAR 2006, 415; Neidhart, Deutsche Autofahrer in den Niederlanden – Häufige verkehrsrechtliche Probleme im Nachbarland, SVR 2005, 361; Plüür/Herbst, Das Adhäsionsverfahren im Strafprozess, NJ 2005, 153; Poretschkin, Verfassungswidriges Adhäsionsverfahren, ZRP 2020, 123; Rössner/Klaus, Für eine opferbezogene Anwendung des Adhäsionsverfahrens, NJ 1996, 288; Schirmer, Das Adhäsionsverfahren nach neuem Recht – die Stellung der Unfallbeteiligten und deren Versicherer, DAR 1988, 121; Schwarz, Unfallregulierung im Europäischen Ausland, NJW 1991, 2058; Sommerfeld, Die Adhäsionsentscheidung im Strafbefehl bald doch möglich!(?), ZRP 2008, 258; Sommerfeld/Guhra, Zur „Entschädigung des Verletzten" im „Verfahren bei Strafbefehlen", NStZ 2004, 420; Spiess, Das Adhäsionsverfahren in der Rechtswirklichkeit, 2007; Will (Hrsg.), Schadensersatz im Strafverfahren/Rechtsvergleichendes Symposium zum Adhäsionsprozeß, 1990; Stürner/Eidenmüller/Schoppmeyer (Hrsg.), Münchener Kommentar zur Insolvenzordnung, 4. Aufl. 2019; Weigend, Das Opferschutzgesetz – kleine Schritte zu welchem Ziel?, NJW 1987, 1170; Weiner/Ferber, Handbuch des Adhäsionsverfahrens, 2. Aufl., 2016; Wezel, Die Abwicklung eines Verkehrsunfalls im Strafverfahren – Erfahrungen aus dem Ausland, VersR 1988, 218; Zander, Das Adhäsionsverfahren im neuen Gewand, 2011.

Übersicht

		Rn.			Rn.
I.	Normzweck	1	V.	Das Adhäsionsverfahren im ausländischen Recht	13
II.	Historischer Überblick	3	VI.	Tatbestandliche Voraussetzungen	14
III.	Statistische Anwendungshäufigkeit	5		1. Antragsberechtigter	14
IV.	Vor- und Nachteile des Adhäsionsverfahrens	9		a) Verletzte	15
				b) Sonstige Antragsberechtigte	17

	Rn.			Rn.
c) Erbe des Verletzten	20	4.	Vermögensrechtlicher Anspruch	26
2. Prozessfähigkeit	22	5.	Zuständigkeit der ordentlichen Gerichtsbarkeit	29
3. Antragsgegner	23	6.	Geltendmachung im Strafverfahren	32

I. Normzweck

1   Die Vorschriften der §§ 403–406l regeln das **Adhäsionsverfahren** (auch Anhangsverfahren). Berechtigten Personen ermöglicht das Adhäsionsverfahren, ihre zivilrechtlichen (meist Schadensersatz-)Ansprüche gegen den Täter ausnahmsweise im Strafverfahren geltend zu machen. Die stattgebende Entscheidung über den Antrag im Strafurteil hat dieselbe Wirkung wie ein im bürgerlichen Rechtsstreit ergangenes Urteil (§ 406 Abs. 3 S. 1). Wird hingegen von einer Entscheidung abgesehen, so steht dem Anspruchsinhaber gleichwohl der Weg zur ordentlichen Gerichtsbarkeit offen.

2   Die Entscheidung über den Anspruch ist grundsätzlich an die Verurteilung des Angeklagten im Strafverfahren gebunden (auch im Fall der Aufhebung derselben, vgl. § 406a Abs. 3).[1] Im Adhäsionsverfahren können Berechtigte ihre Ansprüche verhältnismäßig einfacher durchsetzen als in einem gesondert geführten Verfahren vor einem Zivilgericht.

II. Historischer Überblick

3   Das Adhäsionsverfahren ist im Verlauf seiner Geschichte[2] mehrfach reformiert worden. Die Möglichkeit, zivilrechtliche Ansprüche bereits im Strafverfahren geltend zu machen, war in Deutschland seit jeher bekannt und als Adhäsionsprozess in den Partikulargesetzbüchern des 19. Jh. in unterschiedlicher Ausprägung enthalten.[3] In die Strafprozessordnung wurde das Adhäsionsverfahren – nach österreichischem Vorbild[4] – erst im Jahre 1943 aufgenommen und durch das Vereinheitlichungsgesetz von 1950 sowie in der Nachkriegsneufassung als geltendes Recht bestätigt.[5] Die praktische Relevanz des Verfahrens blieb jedoch gering, was der Gesetzgeber durch Gesetzesänderungen in den Jahren 1986 und 2004 zu ändern versuchte.[6] Das Erste Gesetz zur Verbesserung der Stellung des Verletzten im Strafverfahren (**Opferschutzgesetz**)[7] ist am 1.4.1987 in Kraft getreten und hatte die Zielsetzung, die Stellung des Verletzten im Strafverfahren zu verbessern. Zu den Veränderungen durch das Opferschutzgesetz zählen:
– Schutz von Zeugen in der Hauptverhandlung vor öffentlicher Bloßstellung;
– Einführung von Informationsrechten für Verletzte im Strafverfahren und die Hinzuziehung anwaltlichen Beistands;
– Regelung der Einzelrechte von Nebenklägern und der Befugnis zum Anschluss als Nebenkläger;
– Neuerungen hinsichtlich der Voraussetzungen für den alsbaldigen Ausgleich materieller und immaterieller Schäden durch den Täter.[8]
Auch das Gesetz zur Verbesserung der Rechte von Verletzten im Strafverfahren (**Opferrechtsreformgesetz – OpferRRG**),[9] in Kraft seit dem 1.9.2004, verfolgte das Ziel, die

---

[1]   Vgl. Wenske in Löwe/Rosenberg Vor § 403 Rn. 7; Pfeiffer Vor § 403 Rn. 1; zum Sonderfall des Anerkenntnisses → § 406 Rn. 8.
[2]   Vgl. ausführlich Klein S. 5 ff. sowie die Hinweise bei Krey/Wilhelmi FS Otto, 2007, 933 (934 ff.) mwN.
[3]   Velten in SK-StPO Vor §§ 403–406c Rn. 1; Wenske in Löwe/Rosenberg Vor § 403 Rn. 1.
[4]   Schmitt in Meyer-Goßner/Schmitt Vor § 403 Rn. 1.
[5]   Rössner/Klaus NJ 1996, 288 (288).
[6]   Wenske in Löwe/Rosenberg Vor § 403 Rn. 13 ff.; Velten in SK-StPO Vor §§ 403–406c Rn. 2 ff.; Kurth in Gercke/Julius/Temming/Zöller Rn. 1; Nepomuck in KMR-StPO Vor § 403 Rn. 3.
[7]   BGBl. 1986 I 2496.
[8]   Weigend NJW 1987, 1170 (1171).
[9]   BGBl. 2004 I 1354.

rechtliche Stellung des Opfers im Strafverfahren zu stärken.[10] Insbesondere sollte die Entscheidung über den zivilrechtlichen Schadensausgleich im Adhäsionsverfahren zum Regelfall werden.[11] Als wesentliche Änderungen sind zu nennen:
- Recht des Verletzten und des Angeklagten, einen Antrag auf Protokollierung eines Vergleichs zu stellen;
- Erschwerung der Möglichkeit des Gerichts, von der Entscheidung abzusehen;
- Zulässigkeit eines Anerkenntnisurteils;
- Erleichterungen im Bereich der Vollstreckbarkeit;
- Erweiterungen bzgl. der Hinweispflichten.[12]

Durch das am 31.12.2015 in Kraft getretene Gesetz zur Stärkung der Opferrechte im Strafverfahren (**3. Opferrechtsreformgesetz,** 3. ORRG)[13] soll nun – so der Bundesminister der Justiz und für Verbraucherschutz in der Pressemitteilung zum Gesetzentwurf – „mit der Neuregelung zur psychosozialen Prozessbegleitung ein Meilenstein im Opferschutz gesetzt werden",[14] wobei letztgenannte Neuregelung erst zum 1.1.2017 in Kraft getreten ist. Zugleich dient das 3. ORRG der Umsetzung der EU-Opferschutzrichtlinie vom 25.10.2012 in nationales Recht.[15]

Um klarzustellen, dass der Kreis der im Adhäsionsverfahren berechtigten Personen sich nicht auf Verletzte im Sinne von § 373b beschränkt, wurde mit Wirkung zum 1.7.2021[16] Satz 2 eingeführt. **4**

III. Statistische Anwendungshäufigkeit

Die amtlichen Erledigungsstatistiken zeigen, dass das Adhäsionsverfahren in deutschen Gerichtssälen noch immer eine Randerscheinung darstellt. Allerdings ist erkennbar, dass zumindest vor den Landgerichten das Adhäsionsverfahren in den letzten Jahren verstärkt in Erscheinung tritt und damit die Bezeichnung des Adhäsionsverfahrens als „totes Recht"[17] nicht länger dem Rechtsalltag entspricht.[18] **5**

Bei den nachstehenden Tabellen handelt es sich um Erledigungsstatistiken, in denen die im Rahmen eines erledigten Strafverfahrens über einen Adhäsionsantrag entschieden wurde,– getrennt nach Amts- und Landgericht – aufgeführt werden.[19] **6**

Vor dem Amtsgericht erledigte Verfahren **7**

		2016	2017	2018	2019	2020	2021	2022
Erledigte Strafverfahren insgesamt		662.412	654.537	648.918	660.816	614.781	582.112	558.208
In den erledigten Strafverfahren wurde über ein Adhäsionsverfahren entschieden:								
durch Urteile		3.297	4.826	3.752	3.119	2.929	2.269	2.166
davon	– Endurteile:	2.924	4.383	3.467	2.922	2.473	2.070	2.009
	– Grundurteile:	373	443	285	197	196	199	157

---

[10] Ausführlich zum Gesetzgebungsverfahren Spiess S. 34 ff.
[11] Haller NJW 2011, 970 (970).
[12] Vgl. hierzu vertiefend Hilger GA 2004, 478; Ferber NJW 2004, 2562; Kuhn JR 2004, 397.
[13] BGBl. 2015 I 2525.
[14] Ferber NJW 2016, 279.
[15] RL 2012/29/EU, ABl. 2012 L 315, 57.
[16] Gesetz zur Fortentwicklung der Strafprozessordnung und zur Änderung weiterer Vorschriften vom 25.6.2021, BGBl. 2021 I 2099.
[17] Jescheck JZ 1958, 591 (593).
[18] Vgl. Weiner in Weiner/Ferber Rn. 2.
[19] Die statistischen Angaben basieren auf Erhebungen des Statistischen Bundesamtes, Fachserie 10, Reihe 2.3 und Statistischer Bericht – Strafgerichte – 2022 (www.destatis.de); vgl. auch die empirische Untersuchung von Zander S. 215 ff.

	2016	2017	2018	2019	2020	2021	2022
durch gerichtlich protokollierten Vergleich	1.083	1.149	1.823	1.422	1.260	1.464	1.341
prozentualer Anteil der Adhäsionsentscheidungen	0,5	0,74	0,58	0,47	0,59	0,48	0,39

8 **Vor dem Landgericht in erster Instanz erledigte Verfahren**

	2016	2017	2018	2019	2020	2021	2022
Erledigte Strafverfahren insgesamt	12.934	12.933	13.327	14.039	13.819	14.186	12.623
In den erledigten Strafverfahren wurde über ein Adhäsionsverfahren entschieden:							
durch Urteile	459	529	471	482	564	478	488
davon – Endurteile: – Grundurteile:	406 53	483 46	434 37	447 35	528 36	441 37	464 24
durch gerichtlich protokollierten Vergleich	130	114	126	108	82	167	97
prozentualer Anteil der Adhäsionsentscheidungen	3,55	4,09	3,04	3,53	4,08	3,37	3,87

IV. Vor- und Nachteile des Adhäsionsverfahrens

9   Dass das Adhäsionsverfahren bisher noch keine stärkere praktische Bedeutung erlangt hat, lässt sich einerseits auf eine in der Strafjustiz noch verbreitete ablehnende Haltung[20] gegenüber dieser Verfahrensart und eine teils unzureichende Schulung der ohnehin einer hohen Arbeitsbelastung ausgesetzten Strafrichter zurückführen.[21] Andererseits ist mitunter auch eine anwaltliche Zurückhaltung erkennbar, die damit erklärt werden kann, dass ein Verlust der Glaubwürdigkeit des Tatopfers befürchtet wird, wenn es im Strafprozess zugleich zivilrechtliche Forderungen geltend macht.[22] Die Geltendmachung von Ansprüchen im Adhäsionsverfahren ist gegenüber derjenigen im Zivilprozess gebührenrechtlich schlechter gestellt.[23]

10 Nach verbreiteter Ansicht ist ein weiterer Hauptgrund für die bisherige eingeschränkte Akzeptanz des Adhäsionsverfahrens, dass weder die Versicherung des Antragstellers noch diejenige des Beschuldigten unmittelbar am Adhäsionsprozess beteiligt sein können.[24] Insbesondere für den praktisch bedeutsamen Bereich der Verkehrsdelikte sei der Adhäsionsprozess daher ungeeignet, weil eine unmittelbare Beteiligung des mithaftenden Haftpflichtversicherers nicht zulässig sei.[25] Der Antragsteller könne nur persönlich gegen den Schädiger vorgehen und dessen Ansprüche gegen die Haftpflichtversicherung aufgrund des vollstreckbaren Adhäsionsurteils pfänden und sich überweisen lassen, wobei die Versicherung dann alle Einwände aus dem Versicherungsverhältnis (zB eine Verletzung der Anzeigepflichten, ein Anerkennungsverbot oder andere Obliegenheitsverletzungen des Versicherten) erheben könne.[26] Die Entscheidung für ein Adhäsionsverfahren bedeutete für den Geschädigten, dass er die ihm mit dem Direktanspruch gegen den Kraftfahrzeughaftpflichtversicherer eingeräumte Verbesserung seiner Rechtsposition (§ 3 S. 1 PflVG) freiwillig aufgebe.[27]

---

[20] Vgl. die Ergebnisse der empirischen Untersuchung von Spiess S. 151 ff.
[21] Poretschkin ZRP 2020, 123 (123); Haller NJW 2011, 970 (971).
[22] Haller NJW 2011, 970 (971).
[23] Vgl. hierzu Spiess S. 280 f.
[24] Köckerbauer NStZ 1994, 305 (306); vgl. ausf. Köckerbauer Adhäsionsverfahren S. 38 ff.; Schirmer DAR 1988, 121; vgl. bzgl. der Verfahrensbeteiligten → Rn. 9–17.
[25] Krumm SVR 2007, 41 (42); Loos GA 2006, 195 (197).
[26] Köckerbauer NStZ 1994, 305 (306).
[27] Schirmer DAR 1988, 121 (128).

Auf der anderen Seite bietet das Adhäsionsverfahren dem Antragsteller auch eine Reihe 11
von Vorteilen. Dazu zählt beispielsweise, dass hierdurch doppelte Vernehmungen vor dem
Straf- und dem Zivilgericht vermieden werden können, was insbesondere bei Sexualstraftaten eine erhebliche Erleichterung für das Opfer darstellen kann.[28] Vor dem Amtsgericht
unterliegt der Antragsteller keiner zivilprozessualen Streitwertgrenze;[29] zudem besteht auch
vor dem Landgericht kein Anwaltszwang. Des Weiteren kommt dem Antragsteller der
strafprozessuale Amtsermittlungsgrundsatz zu Gute, so dass er – anders als vor dem Zivilgericht – nicht der Beweisführungslast unterliegt.[30] Im Hinblick auf die Justiz steht einer
möglichen Mehrbelastung der Strafgerichte eine Entlastung der Zivilgerichte gegenüber.
Insgesamt sprechen gute Gründe für die Geltendmachung von Ansprüchen im Adhäsionsverfahren, so dass dessen Stärkung durch den Gesetzgeber zu begrüßen und eine vermehrte
Umsetzung des legislativen Willens in der Praxis zu erhoffen ist.[31]

Da die Bereitschaft zur Leistung eines materiellen Ausgleichs im Rahmen der **Strafzu-** 12
messung zu berücksichtigen ist (§ 46 Abs. 2 StGB), besteht für den Beschuldigten zudem
ein nicht von der Hand zu weisender Anreiz, Entschädigungsansprüche anzuerkennen
(§ 406 Abs. 1), sich insofern zu vergleichen (§ 405) oder sich um Wiedergutmachung
zumindest zu bemühen.[32] Ferner kann angeregt werden, eine etwaige Strafaussetzung zur
Bewährung nur unter der Bedingung zu gewähren, dass der Verurteilte die Wiedergutmachung binnen einer bestimmten Frist tatsächlich leistet.[33]

V. Das Adhäsionsverfahren im ausländischen Recht

Auch im europäischen Ausland besteht die Möglichkeit zur Geltendmachung zivilrecht- 13
licher Ansprüche im Strafverfahren. Sowohl in den Nachbarstaaten Deutschlands (zB
Schweiz, Österreich, Niederlande, Frankreich, Belgien und Polen) als auch im südeuropäischen Raum (Griechenland, Italien, Portugal und Spanien) ist das Adhäsionsverfahren
gesetzlich geregelt und von zunehmender praktischer Relevanz.[34] Dies dürfte auch daran
liegen, dass Ansprüche im Strafverfahren regelmäßig schneller und kostengünstiger realisiert
werden können als im Zivilverfahren.[35]

VI. Tatbestandliche Voraussetzungen

1. Antragsberechtigter. Für die Geltendmachung eines Anspruchs im Adhäsionsver- 14
fahren[36] ist nach § 404 Abs. 1 die Stellung eines **Antrags** durch eine antragsberechtigte
Person erforderlich. Antragsberechtigt sind **durch die Tat unmittelbar und mittelbar
Verletzte** sowie **die Erben des Verletzten**. Auf die sonstige prozessuale Stellung kommt
es nicht an, so dass etwa auch ein Mitangeklagter antragsberechtigt ist.[37]

a) Verletzte. aa) Grundsatz. Antragsberechtigt ist vornehmlich der Verletzte. Der 15
Begriff des Verletzten ist **legaldefiniert** in § 373b und umfasst sowohl natürliche als
auch juristische Personen.[38]

---

[28] Weiner in HK-GS Rn. 1.
[29] Nepomuck in KMR-StPO Rn. 2.
[30] Kurth in Gercke/Julius/Temming/Zöller Rn. 1.
[31] Kritisch Schmitt in Meyer-Goßner/Schmitt Vor § 403 Rn. 2 f.
[32] Daimagüler Der Verletzte im Strafverfahren Rn. 670; Keil/Best DAR 2013, 633.
[33] Daimagüler Der Verletzte im Strafverfahren Rn. 671.
[34] Lemor SVR 2008, 206 (209); Lemor SVR 2008, 53 (56); Lemor SVR 2006, 409 (410); Neidhart DAR 2006, 415 (417); Neidhart SVR 2005, 361 (365); Schwarz NJW 1991, 2058 (2059); Wezel VersR 1988, 218 ff.; vgl. ausführlich die einzelnen Länderberichte bei Kühne Opferrechte S. 7 ff. und S. 16 ff. und bei Will, Schadensersatz im Strafverfahren, S. 25 ff.; krit. Krey/Wilhelmi FS Otto, 2007, 933 (937 ff.), die aber eine Tendenz hin zum Adhäsionsverfahren konstatieren.
[35] Neidhart DAR 2006, 415 (417).
[36] RiStBV Nr. 173, 174.
[37] Schmitt in Meyer-Goßner/Schmitt Rn. 2.
[38] BT-Drs. 19/27654, 98.

16 bb) **Verletzter bei Schädigung rechtsfähiger Personenmehrheiten.** Maßgebliches Kriterium ist, ob jemand im Falle der Verwirklichung der im Raum stehenden Straftat unmittelbar einen – meist deliktischen – Vermögensanspruch erworben hat. Zur Entscheidung über Bestehen und Umfang eines deliktischen Anspruchs, der sich häufig aus § 823 Abs. 2 BGB iVm der verletzten Strafnorm ergeben wird, ist auf die betroffene Strafnorm abzustellen und deren Eigenschaft und Reichweite als Schutzgesetz zu bestimmen,[39] was in der Regel keine größeren Probleme bereiten dürfte. Dieser Gedanke ist auch hinsichtlich der im Einzelfall mitunter schwierigen Frage zu berücksichtigen, ob etwa bei der Schädigung einer juristischen Person des Wirtschaftslebens **auch die an ihr beteiligten Gesellschafter oder Aktionäre** verletzt sind. In Wirtschaftsstrafsachen[40] kommen als Schutzgesetze iSd § 823 Abs. 2 BGB insbesondere die Tatbestände der Untreue (§ 266 StGB), des Betrugs (§ 263 StGB) und der unrichtigen Darstellung (§ 331 HGB) in Betracht. Hinsichtlich der Norm des § 331 HGB besteht Einigkeit darüber, dass diese den Schutz nicht nur der Kapitalgesellschaft bezweckt, sondern alle Personen schützt, die mit der Gesellschaft in einer wirtschaftlichen bzw. rechtlichen Beziehung stehen oder eine solche Beziehung anbahnen wollen. Dazu gehören insbesondere auch die Gesellschafter.[41] Die Begehung eines Betrugs (§ 263 StGB) oder eines Kapitalanlagebetrugs (§ 264a StGB) zieht ebenfalls einen Direktanspruch des Gesellschafters gegen den Geschäftsführer einer Kapitalgesellschaft nach sich.[42] Diese Schadensersatzansprüche kann daher auch der Gesellschafter als unmittelbar Verletzter grundsätzlich in einem Adhäsionsverfahren geltend machen. Hinsichtlich des Untreuetatbestands wird die Frage uneinheitlich beantwortet, ob die Vermögensbetreuungspflicht eines Geschäftsführers nur gegenüber der Gesellschaft besteht oder aber auch gegenüber den Gesellschaftern, was letzteren etwa im Falle des Untätigbleibens der Gesellschaft ermöglichen würde, den Schaden als unmittelbar Verletzte selbstständig geltend zu machen. Letztgenannte Ansicht, wonach auch zB die Gesellschafter einer GmbH als „Untreueopfer" als Geschädigte anzusehen wären,[43] ist vom BGH in einigen Entscheidungen zwar vertreten worden.[44] Allerdings dürften sich diese Entscheidungen auf Sonderkonstellation beziehen.[45] Die überwiegende Rechtsprechung – einschließlich des BGH – in jüngerer Zeit geht denn auch davon aus, dass der Geschäftsführer einer GmbH eine Vermögensbetreuungspflicht lediglich gegenüber der Gesellschaft hat, nicht aber auch gegenüber den Gesellschaftern.[46] Der Geschäftsführer einer GmbH steht mit den Gesellschaftern in keiner eine strafrechtlich geschützte Treuepflicht begründenden Beziehung. Die organschaftliche Stellung und der Anstellungsvertrag binden ihn nur an die Gesellschaft und verpflichten ihn zu einer Tätigkeit nur in deren Angelegenheiten (§ 43 Abs. 1 GmbHG).[47] Für diese zutreffende Ansicht, wonach als Träger der von § 266 StGB geschützten Vermögensinteressen nur die GmbH selbst in Betracht kommt, spricht zudem, dass das Gesellschaftsvermögen für die Anteilseigner Fremdvermögen darstellt. Der Gedanke einer Teilidentität, wonach sich die Vermögensbetreuungspflichten zu Gunsten des Gesellschaftsvermögens notwendig auch auf die Gesellschaftsanteile erstrecken, ist daher abzulehnen.[48] Nach der schrittweisen Anerkennung der Rechtsfähigkeit von Personengesellschaften durch den BGH[49] verfügen in entsprechender

---

[39] Grau/Blechschmidt/Frick NStZ 2010, 662 (664).
[40] Zur Frage der Eignung des Adhäsionsverfahrens in Wirtschaftsstrafverfahren vgl. → § 406 Rn. 16; Feigen Adhäsionsverfahren.
[41] BGH 21.8.1996 – 4 StR 364/96, wistra 1996, 348; LG Bonn 15.5.2001 – 11 O 181/00, AG 2001, 486; Leplow in MüKoStGB HGB § 331 Rn. 2; vgl. Merkt in Hopt HGB § 331 Rn. 1 zur Eigenschaft als Schutzgesetz iSv § 823 Abs. 2 BGB; Grau/Blechschmidt/Frick NStZ 2010, 662 (664).
[42] LG Bonn 15.5.2001 – 11 O 181/00, AG 2001, 486.
[43] Beukelmann in HK-GS StGB § 266 Rn. 51.
[44] BGH 30.9.2004 – 4 StR 381/04, NStZ-RR 2005, 86; 22.5.2003 – 5 StR 520/02, NJW 2003, 2924.
[45] OLG Frankfurt a. M. 21.4.2010 – 2 Ws 147/08, NJW 2011, 691 (693 f.).
[46] BGH 25.4.2006 – 1 StR 519/05, NJW 2006, 1984 (1985); OLG Celle 15.2.2007 – 1 Ws 33/07, NJW 2007, 1223; OLG Frankfurt a. M. 21.4.2010 – 2 Ws 147/08, NJW 2011, 691 (693 f.).
[47] BGH 25.4.2006 – 1 StR 519/05, NJW 2006, 1984 (1985).
[48] BGH 25.4.2006 – 1 StR 519/05, NJW 2006, 1984 (1985).
[49] Beginnend mit dem Grundsatzurteil des BGH 29.1.2001 – II ZR 331/00, NJW 2001, 1056.

Anwendung der vorgenannten Grundsätze auch Gesellschafter rechtsfähiger Personengesellschaften wegen der Verwirklichung einer Untreue zu Lasten der Gesellschaft nicht über einen unmittelbaren deliktischen Vermögensanspruch.[50] Hier könnten den Gesellschaftern jedoch Schadensersatzansprüche aus § 823 Abs. 2 BGB iVm einem anderen im jeweiligen Fall einschlägigen Schutzgesetz zustehen, etwa in den vorgenannten Fällen der Betrugstatbestände. Diese Ansprüche könnten dann grundsätzlich im Adhäsionsverfahren von den Gesellschaftern geltend gemacht werden. Angesichts der gesetzgeberischen Intention, zivilrechtliche Folgen strafrechtlich relevanten Verhaltens im Sinne des Opferschutzes verstärkt im Adhäsionsverfahren klären zu lassen, erscheint daher die festzustellende Tendenz der Staatsanwaltschaften, ihre Ermittlungen gerade in Wirtschaftsstrafverfahren auf einige ausgewählte Tatbestände zu konzentrieren und von der Strafverfolgung anderer abzusehen, als bedenklich. Die Nichtverfolgung von nach dem Vorgenannten für die Verletztenstellung von Gesellschaftern relevanten Straftaten kann nämlich im Ergebnis dazu führen, dass bestimmte Vermögensansprüche in einem Adhäsionsverfahren nicht geltend gemacht werden können, die grundsätzlich dort hingehörten.[51]

b) Sonstige Antragsberechtigte. Neben dem Verletzten iSv § 373b sind nach Satz 2 ausdrücklich auch **mittelbar Verletzte** und damit alle weiteren Personen, die einen aus einer Straftat erwachsenen vermögensrechtlichen Anspruch geltend machen, antragsberechtigt.

Anerkannt sind nach allgM der Nießbraucher, Mieter oder Pächter einer beschädigten Sache neben deren Eigentümer und nach § 844 Abs. 2 BGB Unterhaltsberechtigte[52] bzw. nach § 845 BGB Dienstberechtigte.[53] Demgegenüber ist der Versicherer des unmittelbar Geschädigten nicht antragsberechtigt iSv § 403. Auch dem Sozialversicherungsträger, auf den die Schadensersatzansprüche kraft Gesetzes übergegangen sind, steht das Adhäsionsverfahren nicht zur Verfügung.[54] Ebenfalls nicht antragsberechtigt sind sonstige Einzelrechtsnachfolger wie zB Zessionare oder Pfändungsgläubiger, die keine eigenen, sondern lediglich derivative Ansprüche gegen den Täter haben können.[55]

Äußerst strittig war lange Zeit, ob der **Insolvenzverwalter** antragsberechtigt iSv § 403 ist. Nach der früheren allgM war dies – wenn überhaupt – nur eingeschränkt der Fall, nämlich nur in den Fällen, in denen der Insolvenzschuldner bzw. die Insolvenzmasse nach der Eröffnung des Insolvenzverfahrens geschädigt worden ist.[56] Der BGH hat die Frage der Antragsberechtigung bislang ausdrücklich offengelassen.[57] Auf den Zeitpunkt des Schadenseintritts dürfte es nach der zutreffenden und nunmehr wohl vorherrschenden allgM indes nicht ankommen.[58] Gem. § 80 Abs. 1 InsO geht das Recht des Schuldners zur Verwaltung und Verfügung über das zur Insolvenzmasse gehörende Vermögen auf den Insolvenzverwalter über, so dass dieser auch alle Ansprüche zugunsten der Masse geltend machen kann. Auch wenn der Schuldner Inhaber seiner Ansprüche bleibt, verliert er dennoch das Recht, über das zur Insolvenzmasse gehörende Vermögen einen Rechtsstreit zu führen (§§ 85 ff. InsO und § 240 ZPO). Daraus folgt, dass der Insolvenzverwalter auch im Rahmen des Adhäsionsverfahrens die Möglichkeit haben muss, zur Insolvenzmasse gehörende vermögensrechtliche Ansprü-

---

[50] Die Verletzteneigenschaft eines Gesellschafters einer KG noch bejahend BGH 6.7.1999 – 4 StR 57/99, BeckRS 1999, 30065695.
[51] Grau/Blechschmidt/Frick NStZ 2010, 662 (665).
[52] LG Gießen 13.5.1949 – 2 KMs 141/48, NJW 1949, 727.
[53] Schmitt in Meyer-Goßner/Schmitt Rn. 2a; Merz in Radtke/Hohmann Rn. 4; Zabeck in KK-StPO Rn. 5a; Pfeiffer Rn. 1; aM bzgl. § 844 Abs. 2, § 845 BGB Wenske in Löwe/Rosenberg Rn. 4.
[54] Zabeck in KK-StPO Rn. 6.
[55] Köckerbauer NStZ 1994, 305 (306).
[56] Schmitt in Meyer-Goßner/Schmitt Rn. 5; die Antragsbefugnis des Insolvenzverwalters gänzlich ablehnend OLG Frankfurt a. M. 15.5.2006 – 3 Ws 466 und 507/06, NStZ 2007, 168; Krekeler in Krekeler/Löffelmann/Sommer Rn. 2; Daimagüler Der Verletzte im Strafverfahren Rn. 689.
[57] BGH 26.10.2021 – 4 StR 145/21, NStZ-RR 2022, 27.
[58] OLG Celle 8.10.2007 – 2 Ws 296/07, NJW 2007, 3795; Wenske in Löwe/Rosenberg Rn. 4; Zabeck in KK-StPO Rn. 7; Weiner in HK-GS Rn. 3.

che geltend zu machen. Anderenfalls wäre die Durchsetzbarkeit dieser Ansprüche allein aufgrund der Insolvenz des Verletzten empfindlich beeinträchtigt.[59] Für die Antragsberechtigung des Insolvenzverwalters spricht zudem dessen Strafantragsrecht gem. § 77 StGB.[60] Dieses kraft Amtes bestehende Antragsrecht bezieht sich auch auf Antragsdelikte, die vor der Bestellung des Insolvenzverwalters begangen worden sind.[61] Wenn dem Insolvenzverwalter aber das Strafantragsrecht zusteht, dann ist es nicht verständlich, warum er einen entsprechenden Masseanspruch nicht im Adhäsionsverfahren geltend machen können soll.[62] Das Argument, die Verletzteneigenschaft iSv § 403 weise eine höchstpersönliche Qualität auf, weswegen der Insolvenzverwalter hier in der Regel keine Antragsberechtigung haben könne, ist daher – auch unter Berücksichtigung der neueren Rspr. zu den der Insolvenzmasse zuzuordnenden Ansprüchen und der Legaldefinition des Verletzten in § 373b – nicht überzeugend.[63] Auch höchstpersönliche Ansprüche fallen in die Insolvenzmasse, solange und soweit sie ohne Veränderung ihres Inhalts übertragen werden können.[64] Die Massezugehörigkeit wird daher auch für Schmerzensgeldansprüche und für das ebenfalls höchstpersönliche Stimmrecht eines GmbH-Gesellschafters bejaht.[65] Die Argumentation, dass der Sinn der Privilegierung des § 403 in der Durchsetzung von Genugtuungsinteressen des persönlich Geschädigten liege und daher der alleine Gläubigerinteressen verpflichtete Insolvenzverwalter nicht antragsberechtigt sein könne, überzeugt nicht. Dies zeigt sich schon darin, dass dann auch im Falle einer Schädigung des Gemeinschuldners nach Insolvenzeröffnung der Insolvenzverwalter im Adhäsionsverfahren nicht handeln könnte, was jedoch allgemein anerkannt ist. Sowohl vor als auch nach Insolvenzeröffnung vertritt der Insolvenzverwalter in erster Linie Gläubigerinteressen, so dass es nur konsequent ist, dem Insolvenzverwalter eine Antragsbefugnis auch dann zuzusprechen, wenn der Gemeinschuldner bereits vor der Insolvenzeröffnung geschädigt wurde.[66] Dass der Gesetzgeber bei Erlass des OpferRRG trotz Kenntnis des geschilderten Streitstandes den Kreis der Antragsberechtigten in den §§ 403 ff. nicht ausdrücklich auf den Insolvenzverwalter erstreckt hat, kann ebenfalls nicht gegen eine Antragsberechtigung ins Feld geführt werden.[67] Jedenfalls kann dem insoweit vorliegenden Schweigen des Gesetzgebers nicht entnommen werden, den Insolvenzverwalter aus dem Kreise der Antragsberechtigten ausschließen zu wollen.[68]

19 Entsprechend den vorgenannten Grundsätzen sind auch der **Zwangsverwalter** (§§ 146 ff. ZVG) und der **Testamentsvollstrecker** (§§ 2197 ff. BGB) im Adhäsionsverfahren antragsberechtigt.[69] Nichts anderes dürfte für einen **Nachlassverwalter** im Sinne von §§ 1981 ff. BGB gelten, da gemäß § 1984 Abs. 1 S. 3 BGB *e contrario* auch die aktive Prozessführungsbefugnis des Erben auf den Nachlassverwalter übergeht.[70]

20 c) **Erbe des Verletzten.** Neben dem Verletzten ist auch sein **Erbe** antragsberechtigt. Über den Wortlaut der Vorschrift hinaus gilt dies auch für dessen Erben (Erbeserbe).[71] Der Wortlaut der Vorschrift erstreckt die Antragsberechtigung nicht auf Erben sonstiger Anspruchsberechtigter, die nicht Verletzte iSv § 373b sind.

---

[59] Wenske in Löwe/Rosenberg Rn. 4; Kuhn JR 2004, 397 (399).
[60] OLG Celle 8.10.2007 – 2 Ws 296/07, NJW 2007, 3795; LG Hildesheim 22.8.2007 – 25 KLs 5413 Js 18030/06 FE, NStZ-RR 2008, 43 (44); Bosch in Schönke/Schröder StGB § 77 Rn. 27; Heger in Lackner/Kühl/Heger StGB § 77 Rn. 11; ablehnend OLG Frankfurt a. M. 9.6.2006 – 3 Ws 508/06, NStZ 2007, 587.
[61] Bosch in Schönke/Schröder StGB § 77 Rn. 27.
[62] Kuhn JR 2004, 397 (399).
[63] Buhlert DZWiR 2011, 443 (445).
[64] Vgl. Peters in MüKoInsO InsO § 35 Rn. 390.
[65] OLG München 24.8.2010 – 31 Wx 154/10, NJW-RR 2010, 1715; Braun/Bäuerle InsO § 35 Rn. 93 (Gesellschaftsrechtliche Beteiligung); Bergmann ZInsO 2004, 225 (228 f.).
[66] OLG Celle 8.10.2007 – 2 Ws 296/07, NJW 2007, 3795 (3796); Bahnson S. 64.
[67] So aber OLG Frankfurt a. M. 15.5.2006 – 3 Ws 466 und 507/66, NStZ 2007, 168 (169).
[68] OLG Celle 8.10.2007 – 2 Ws 296/07, NJW 2007, 3795 (3796).
[69] Wenske in Löwe/Rosenberg Rn. 4.
[70] Weidlich in Palandt, Bügerliches Gesetzbuch: BGB 77. Aufl. 2018, BGB § 1984 Rn. 3.
[71] Zabeck in KK-StPO Rn. 12.

Der Nachweis der Erbfolge im Sinne von § 403 ist regelmäßig durch einen Erbschein **21** zu führen.[72] Im Falle einer **Erbengemeinschaft** ist zwar jeder Erbe antragsberechtigt. Allerdings kann aufgrund § 2039 S. 1 BGB nur Leistung an alle Erben verlangt werden.[73] Soweit die Alleinerbenstellung eines Adhäsionsklägers im Strafurteil offen gelassen wurde, so dass nicht geklärt ist, ob er Leistung an sich allein verlangen kann, so ist schon die Antragsberechtigung des Adhäsionsklägers nicht hinreichend belegt, was die Aufhebung des Adhäsionsausspruchs zur Folge hat.[74] Da in einem solchen Fall die Zurückverweisung der Sache allein wegen des zivilrechtlichen Teils des mit der Revision angefochtenen Urteils nicht in Betracht kommt, sieht der BGH von einer Entscheidung über den Adhäsionsantrag ab. Um eine Verzögerung des Verfahrens zu verhindern, musste nach bisher allgM der antragstellende Erb**e** einen Erbschein vorlegen.[75] Da gem. § 406 Abs. 1 S. 5 nunmehr nur noch *erhebliche* Verzögerungen für eine fehlende Eignung im Adhäsionsverfahren relevant sind, ist fraglich, ob dieses Erfordernis weiterhin ausnahmslos aufrechtzuhalten ist.[76] Gemäß § 406l gelten die Unterrichtungs- und Informationsregelungen der §§ 406i–406k auch für Erben.

2. Prozessfähigkeit. Der Antragsteller muss prozessfähig im Sinne der Zivilprozess- **22** ordnung (§§ 51 ff. ZPO) sein. Fehlt diese Voraussetzung, muss der Adhäsionsantrag von dem gesetzlichen Vertreter des Antragsberechtigten gestellt werden.[77]

3. Antragsgegner. Antragsgegner ist im Adhäsionsverfahren der Beschuldigte, dh die **23** Person, gegen die sich das Strafverfahren richtet. Er muss zwar verhandlungsfähig, aber grundsätzlich nicht prozessfähig sein.[78] Damit jedoch ein wirksamer Vergleich (§ 405 Abs. 1) geschlossen werden kann, ist die Geschäftsfähigkeit beider Parteien oder die Einbeziehung eines gesetzlichen Vertreters erforderlich.

Die Beiordnung eines **Pflichtverteidigers** nach § 140 erstreckt sich auch auf die Ver- **24** tretung des Angeklagten im Adhäsionsverfahren, ohne dass es einer zusätzlichen Bestellung bedürfte.[79] Dies ergibt sich aus der engen tatsächlichen und rechtlichen Verbindung zwischen der Verteidigung gegen den Tatvorwurf einerseits und der Abwehr von aus der Straftat erwachsenen vermögensrechtlichen Ansprüchen andererseits.[80] Auch aus der Regelung der Nr. 4143 VV-RVG, nach der die das Adhäsionsverfahren betreffende Gebühr dem „Pflichtverteidiger" zusteht, geht hervor, dass es nach dem Willen des Gesetzgebers im Strafverfahren kein Nebeneinander von Prozesskostenhilfe und notwendiger Verteidigung geben soll.

Während gegen Jugendliche gem. § 81 JGG kein Adhäsionsverfahren durchgeführt wer- **25** den darf, ist im Verfahren gegen **Heranwachsende** das Adhäsionsverfahren uneingeschränkt zulässig, da § 109 Abs. 1 JGG seit der Änderung durch das 2. JuMoG nicht mehr auf § 81 JGG verweist.[81] Ein Adhäsionsverfahren gegen Heranwachsende ist nur dann nicht möglich, wenn Jugendstrafrecht angewendet wird.[82]

4. Vermögensrechtlicher Anspruch. Im Adhäsionsverfahren können nur vermö- **26** gensrechtliche Ansprüche geltend gemacht werden, die auf die jeweilige Straftat zurückzuführen und noch nicht anderweitig gerichtlich anhängig sind.[83] Der Gesetzgeber betont

---

[72] BGH 17.2.2016 – 2 StR 328/15, NStZ-RR 2016, 183; Schmitt in Meyer-Goßner/Schmitt Rn. 3.
[73] Velten in SK-StPO Rn. 54; Schmitt in Meyer-Goßner/Schmitt Rn. 3; Weiner in HK-GS Rn. 3.
[74] BGH 27.3.2014 – 3 StR 33/14, BeckRS 2014, 09507; Czierniak/Niehaus NStZ-RR 2016, 195.
[75] BGH 5.11.2009 – 3 StR 428/09, NStZ 2010, 714; Wenske in Löwe/Rosenberg Rn. 2; Velten in SK-StPO Rn. 54; Schmitt in Meyer-Goßner/Schmitt Rn. 3.
[76] Zweifelnd Ferber in BeckOK StPO Rn. 1a.
[77] BGH 16.12.2008 – 4 StR 542/08, NStZ 2009, 586 (586); Schmitt in Meyer-Goßner/Schmitt Rn. 6.
[78] Wenske in Löwe/Rosenberg Rn. 10; Nepomuck in KMR-StPO Rn. 8.
[79] BGH 30.6.2022 – 1 StR 277/21, NStZ-RR 2022, 316; 27.7.2021 – 6 StR 307/21, NJW 2021, 2901.
[80] BGH 27.7.2021 – 6 StR 307/21, NJW 2021, 2901; 2001, 2486.
[81] OLG Koblenz 1.2.1988 – 16 Wx 140/87, BeckRS 2010, 01376.
[82] BGH 13.7.2005 – 1 StR 226/05, StV 2008, 120.
[83] BGH 28.11.2002 – 5 StR 381/02, NStZ 2003, 321; Wenske in Löwe/Rosenberg Rn. 11; Velten in SK-StPO Rn. 8; Schmitt in Meyer-Goßner/Schmitt Rn. 10.

unter Verweis auf die Rechtsprechung des BGH,[84] dass es nicht darauf ankommt, ob der geltend gemachte Anspruch dem Schutzbereich der im Strafverfahren zur Aburteilung gelangten Vorschrift unterfällt.[85]

Vermögensrechtlich sind alle Ansprüche, die aus Vermögensrechten abgeleitet oder auf vermögenswerte Leistungen gerichtet sind.[86] Ein solcher Anspruch umfasst nicht nur den Ersatz materieller Schäden, sondern auch die Zahlung von Schmerzensgeld oder die Rückgabe widerrechtlich erlangter Sachen.[87] In Betracht kommen damit insbesondere Schadensersatzansprüche,[88] Herausgabeansprüche, Bereicherungsansprüche, Unterlassungsansprüche und Feststellungsansprüche.[89]

27 Geltend gemachte Herausgabe- und Bereicherungsansprüche sowie Unterlassungsansprüche müssen gemeinsam haben, dass mit ihnen ein wirtschaftliches Interesse verfolgt wird.[90] Demzufolge sind auch Feststellungsansprüche zulässig.[91] Bei fehlender Wahrscheinlichkeit von Dauer- oder Zukunftschäden ist für ein Feststellungsurteil im Adhäsionsverfahren allerdings kein Raum.[92] Im Strafverfahren wegen Straftaten nach den §§ 106 ff. UrhG kann der Verletzte einen Anspruch auf Vernichtung oder ähnliche Maßnahmen nach den §§ 98, 99 UrhG auch im Adhäsionsverfahren geltend machen (§ 110 UrhG).[93]

28 Der vermögensrechtliche Anspruch darf noch nicht anderweitig gerichtlich rechtshängig im Sinne von § 261 Abs. 3 ZPO sein.[94]

29 **5. Zuständigkeit der ordentlichen Gerichtsbarkeit.** Die geltend gemachten Ansprüche müssen der sachlichen Zuständigkeit der ordentlichen Gerichtsbarkeit unterfallen.[95] Die Geltendmachung von Ansprüchen, die ausschließlich der **Arbeitsgerichtsbarkeit** zugewiesen sind, ist daher im Adhäsionsverfahren ausgeschlossen.[96] Zwar wurden im Laufe des Gesetzgebungsverfahrens zum OpferRRG Überlegungen angestellt, auch arbeitsrechtliche Ansprüche etwa aus unerlaubter Handlung dem Adhäsionsverfahren zu unterstellen. *De lege lata* können aber keine Ansprüche geltend gemacht werden, für deren Entscheidung alleine das Arbeitsgericht gem. § 2 ArbGG zuständig ist.[97] Dies lässt sich damit begründen, dass es sich beim Arbeitsrecht um eine stark richterrechtlich geprägte Spezialmaterie handelt, bei der die damit einhergehende fallorientierte Art der Entscheidungsfindung die Verfahrensdauer in allzu starkem Maße erhöhen würde.[98] Gleichwohl entfaltet eine Entscheidung eines seine sachliche Zuständigkeit fehlerhaft annehmenden Strafgerichts Rechtskraftwirkung.[99]

30 Im Adhäsionsverfahren ist die Streitwertgrenze des § 23 Nr. 1 GVG unbeachtlich, da auch ein diese überschreitender Anspruch in amtsgerichtlichen Strafverfahren geltend gemacht werden kann. Lediglich die ausschließliche Zuständigkeit der Landgerichte iSd § 71 Abs. 2 und Abs. 3 GVG ist in diesem Zusammenhang zu berücksichtigen, so dass in diesen Fällen eine Entscheidung durch das Amtsgericht ausscheidet.[100] In der Rechtspre-

---

[84] BGH 5.9.2019 – 4 StR 178/19, NStZ-RR 2019, 353; 14.9.2017 – 4 StR 177/17, 2018, 24.
[85] BT-Drs. 19/27654, 106.
[86] BGH 22.6.1954 – I ZR 225/53, GRUR 1955, 83 (84); Wenske in Löwe/Rosenberg Rn. 11; Velten in SK-StPO Rn. 8; Schmitt in Meyer-Goßner/Schmitt Rn. 10.
[87] Granderath NStZ 1984, 399 (400).
[88] BGH 12.2.2013 – 4 StR 553/12, BeckRS 2013, 4495; 5.11.2009 – 3 StR 428/09, NStZ 2010, 714.
[89] BGH 9.3.2022 – 1 StR 409/21, BeckRS 2022, 8056; BGH 22.10.2019 – 2 StR 397/19, NStZ-RR 2020, 53.
[90] Schmitt in Meyer-Goßner/Schmitt Rn. 10; BGH 16.12.1980 – VI ZR 308/79, NJW 1981, 2062.
[91] BGH 14.12.2011 – 5 StR 471/11, BeckRS 2012, 01453; Wenske in Löwe/Rosenberg Rn. 12; Schmitt in Meyer-Goßner/Schmitt Rn. 10.
[92] BGH 27.2.2013 – 2 StR 206/12, BeckRS 2013, 07841; 29.7.2003 – 4 StR 222/03, BeckRS 2003, 7439; Cierniak/Niehaus NStZ-RR 2016, 193 (195).
[93] Wenske in Löwe/Rosenberg Rn. 13.
[94] Wenske in Löwe/Rosenberg Rn. 20; Merz in Radtke/Hohmann Rn. 16.
[95] Daimagüler Der Verletzte im Strafverfahren Rn. 699.
[96] BGHSt 3, 210; Schmitt in Meyer-Goßner/Schmitt Rn. 11.
[97] BGH 23.5.1952 – 2 StR 20/52, NJW 1952, 1347; vgl. BT-Drs. 15/1976, 15.
[98] Vgl. BT-Drs. 15/2906, 5.
[99] BGHSt 3, 210 (212).
[100] Wenske in Löwe/Rosenberg Rn. 18.

chung hat die Höhe des Streitwerts gleichwohl im Rahmen des Absehens von einer Entscheidung iSd § 406 Abs. 1 S. 4 Relevanz erhalten, da bei außergewöhnlich hohen Ansprüchen eine Erledigung im Strafverfahren für den Beschuldigten nicht zumutbar sei, weil sich eine hierdurch drohende Existenzvernichtung nachteilig auf die Effektivität seiner Verteidigung auswirke. Diese Ansicht ist jedenfalls in dieser Allgemeinheit abzulehnen, zumal eine wirksame Verteidigung gegen den Strafvorwurf zumeist auch zugleich eine wirksame zivilrechtliche Verteidigung bedeuten wird.[101]

Für die Geltendmachung von Ansprüchen im Adhäsionsverfahren besteht **kein** **Anwaltszwang**.[102] Da § 78 ZPO nicht gilt, können somit auch Ansprüche, für deren Beitreibung vor dem Landgericht in Zivilsachen ein Anwalt eingeschaltet werden müsste, kostengünstig durchgesetzt werden.[103] 31

6. Geltendmachung im Strafverfahren. Der Anspruch kann im Strafverfahren geltend gemacht werden. Hiervon umfasst sind sowohl staatliche Strafverfahren als auch Privatklageverfahren.[104] 32

Nach bisher hA ist eine Entscheidung über den Adhäsionsantrag im **Strafbefehlsverfahren** nicht zulässig, solange es nicht zur Hauptverhandlung kommt, u.a. weil dann kein Urteil iSd § 406 Abs. 1 S. 1 vorliegt.[105] Die Vereinbarkeit dieser Ansicht mit der Zielsetzung des Adhäsionsverfahrens ist jedoch zweifelhaft.[106] Zur Verbesserung der Opferposition ist ein Abbau von Anwendungshemmnissen bei der Entschädigung des Verletzten unerlässlich. Im Jahr 2010 waren mehr als die Hälfte aller förmlich erledigten Ermittlungsverfahren solche, die auf Strafbefehlsanträgen beruhten,[107] so dass das Adhäsionsverfahren für einen großen Teil der relevanten Fälle nach der hA gesperrt wäre. Dabei ist das Strafbefehlsverfahren als summarisches Verfahren zur Erledigung einfach gelagerter Fälle von geringer Tat- und Schuldschwere gedacht und damit für Adhäsionsverfahren besonders gut geeignet, zumal ein Absehen von der Entscheidung aufgrund der Schwierigkeit der zu bearbeitenden bürgerlich-rechtlichen Rechtsfragen (→ § 406 Rn. 16) hier ausgeschlossen wäre. Für die Zulässigkeit der Adhäsionsentscheidung im Strafbefehlsverfahren spricht auch, dass das Recht des Beschuldigten auf Gewährung rechtlichen Gehörs nicht verletzt ist, da er im Vorverfahren nach § 163a Abs. 1 und nach Erlass des Strafbefehls durch die Erhebung eines Einspruchs gegen den Strafbefehl diesen beseitigen und sich dadurch rechtliches Gehör verschaffen kann.[108] Auch der Mündlichkeitsgrundsatz des § 128 Abs. 1 ZPO, wonach nur der mündlich vorgetragene und erörterte Prozessstoff dem Urteil zu Grunde gelegt werden darf, stünde dem nicht entgegen.[109] Schließlich ist der Vereinfachungs- und Beschleunigungsgedanke sowohl im Strafbefehls- als auch im Adhäsionsverfahren verankert, so dass auch in letzterem eine mündliche Verhandlung entbehrlich und damit eine Entscheidung durch Strafbefehl möglich erscheint. Die Gesetzesinitiative des Landes Schleswig-Holstein zur Verbesserung der Position der Opfer im Strafverfahren vom 6.11.2007 griff diesen 33

---

[101] Kuhn JR 2004, 397 (400); vgl. eingehend → § 406 Rn. 16.
[102] Wenske in Löwe/Rosenberg Rn. 17; Velten in SK-StPO Rn. 9.
[103] Plüür/Herbst NJ 2005, 153 (153).
[104] Nepomuck in KMR-StPO Rn. 12; Velten in SK-StPO Rn. 10; Schmitt in Meyer-Goßner/Schmitt Rn. 12; Daimagüler Der Verletzte im Strafverfahren Rn. 702.
[105] BGH 25.11.1981 – VIII ZR 318/80, NJW 1982, 1047 (1048); Wenske in Löwe/Rosenberg Rn. 22; Zabeck in KK-StPO Rn. 12; Nepomuck in KMR-StPO Rn. 14; Velten in SK-StPO Rn. 10; Kurth in Gercke/Julius/Temming/Zöller Rn. 15; Schmitt in Meyer-Goßner/Schmitt Rn. 12; Pfeiffer Rn. 5; Granderath NStZ 1984, 399 (400); Weiner/Ferber Rn. 50; Loos GA 2006, 195 (198); Ferber in BeckOK StPO Rn. 13.
[106] Für eine Anwendbarkeit des Adhäsionsverfahrens auch im Strafbefehlsverfahren auch Kuhn JR 2004, 397 (400); Sommerfeld/Guhra NStZ 2004, 420 (424).
[107] Im Jahr 2009 standen 533.247 Anklagen vor den Amts-, Land- und Oberlandesgerichten immerhin 541.988 Anträge auf Erlass eines Strafbefehls gegenüber, vgl. Statistisches Bundesamt, Fachserie 10, Reihe 1, 2010, S. 51 (1.4.3).
[108] Kuhn JR 2004, 397 (400).
[109] Sommerfeld ZRP 2008, 258 (260); Sommerfeld/Guhra NStZ 2004, 420 (422); Kuhn JR 2004, 397 (400).

Gedanken auf, indem nach dem Gesetzentwurf die §§ 403–406c bei Ansprüchen bis zu 1.500,00 Euro im Strafbefehlsverfahren ausdrücklich entsprechende Anwendung finden sollten.[110] Aber auch nach geltendem Recht könnte das Adhäsionsverfahren im Strafbefehlsverfahren zur Anwendung kommen, wenn es zu einer Hauptverhandlung kommt.[111] Wenn der Angeklagte seinen Einspruch gegen den Strafbefehl auf die Rechtsfolgen oder ausschließlich auf die Höhe der verhängten Tagessätze beschränkt hat, ist ein Adhäsionsverfahren aber unzulässig, weil in dem auf diese Hauptverhandlung ergehenden Urteil der Angeklagte nicht „wegen einer Straftat schuldig gesprochen oder gegen ihn eine Maßnahme der Besserung und Sicherung verhängt wird" (§ 406 Abs. 1 S. 1).[112]

34 Im **Sicherungsverfahren** ist ein Adhäsionsantrag – anders als im Strafverfahren – nicht zulässig.[113] Teilweise wird im Schrifttum die Auffassung vertreten, ein Adhäsionsantrag sei auch im Sicherungsverfahren zulässig, insbesondere wenn ein Sicherungsverfahren wegen nicht auszuschließender Schuldunfähigkeit des Beschuldigten durchgeführt wird, so dass kein Grund erkennbar ist, warum ein Adhäsionsverfahren nicht zulässig sein sollte, da für den Ausschluss der Verantwortlichkeit nach § 827 BGB nach allgemeinen zivilprozessualen Regeln der Beschuldigte beweispflichtig ist.[114] Diese Auffassung verkennt, dass die Durchführung eines Adhäsionsverfahrens im Sicherungsverfahren nicht mit den Zwecken des Sicherungsverfahrens in Einklang zu bringen ist.[115]

35 Bei einer **Verfahrenseinstellung** – etwa nach §§ 153, 153a oder 154 – ist für eine stattgebende Adhäsionsentscheidung kein Raum, weil kein Urteil iSd § 406 Abs. 1 S. 1 ergeht, mit welchem dem Antrag stattgegeben werden könnte. Vor der Einstellung des Verfahrens kann ein (isoliertes) Anerkenntnisurteil ergehen, § 406 Abs. 2.[116]

§ 404 Antrag; Prozesskostenhilfe

(1) ¹Der Antrag, durch den der Anspruch geltend gemacht wird, kann schriftlich oder mündlich zu Protokoll des Urkundsbeamten, in der Hauptverhandlung auch mündlich bis zum Beginn der Schlußvorträge gestellt werden. ²Er muß den Gegenstand und Grund des Anspruchs bestimmt bezeichnen und soll die Beweismittel enthalten. ³Ist der Antrag außerhalb der Hauptverhandlung gestellt, so wird er dem Beschuldigten zugestellt.

(2) ¹Die Antragstellung hat dieselben Wirkungen wie die Erhebung der Klage im bürgerlichen Rechtsstreit. ²Sie treten mit Eingang des Antrages bei Gericht ein.

(3) ¹Ist der Antrag vor Beginn der Hauptverhandlung gestellt, so wird der Antragsteller von Ort und Zeit der Hauptverhandlung benachrichtigt. ²Der Antragsteller, sein gesetzlicher Vertreter und der Ehegatte oder Lebenspartner des Antragsberechtigten können an der Hauptverhandlung teilnehmen.

(4) Der Antrag kann bis zur Verkündung des Urteils zurückgenommen werden.

(5) ¹Dem Antragsteller und dem Angeschuldigten ist auf Antrag Prozeßkostenhilfe nach denselben Vorschriften wie in bürgerlichen Rechtsstreitigkeiten zu bewilligen, sobald die Klage erhoben ist. ²§ 121 Abs. 2 der Zivilprozeßordnung gilt mit der Maßgabe, daß dem Angeschuldigten, der einen Verteidiger hat, dieser beigeordnet werden soll; dem Antragsteller, der sich im Hauptverfahren des Beistandes eines Rechtsanwalts bedient, soll dieser beigeordnet werden. ³Zuständig für die

---

[110] Vgl. BR-Drs. 793/07.
[111] AA Loos GA 2006, 195 (198); wohl auch Sommerfeld ZRP 2008, 258 (260).
[112] Ferber in BeckOK StPO Rn. 13.
[113] BGH 12.4.2023 – 4 StR 468/22, NStZ-RR 2023, 383.
[114] Weiner in Radtke/Hohmann Rn. 6; Ferber in BeckOK StPO Rn. 13; aA Gaede in Löwe/Rosenberg § 414 Rn. 9; Maur in KK-StPO § 414 Rn. 4a.
[115] BGH 12.4.2023 – 4 StR 468/22, NStZ-RR 2023, 383.
[116] Ferber in BeckOK StPO § 406 Rn. 4.

Entscheidung ist das mit der Sache befaßte Gericht; die Entscheidung ist nicht anfechtbar.

Schrifttum: Daimagüler, Der Verletzte im Strafverfahren, 1. Aufl. 2016; Köckerbauer, Die Geltendmachung zivilrechtlicher Ansprüche im Strafverfahren – der Adhäsionsprozess, NStZ 1994, 305; Plüür/Herbst, Das Adhäsionsverfahren im Strafprozess, NJ 2005, 153; Schirmer, Das Adhäsionsverfahren nach neuem Recht – die Stellung der Unfallbeteiligten und deren Versicherer, DAR 1988, 121; Schmid, Nebenklage und Adhäsionsantrag in der Berufung, NStZ 2011, 611; Spiess, Das Adhäsionsverfahren in der Rechtswirklichkeit, 2007.

I. Antragsvoraussetzungen

Der Adhäsionsantrag muss den **formalen Anforderungen** des Abs. 1 S. 2 entsprechen. Form und Inhalt müssen praktisch den Erfordernissen einer Zivilklage (§ 253 Abs. 2 Nr. 2 ZPO) genügen.[1] Der schriftlich oder mündlich zur Niederschrift des Urkundsbeamten zu stellende Adhäsionsantrag kann auch noch in der Hauptverhandlung gestellt werden und muss so **bestimmt formuliert** sein, dass allein auf seiner Grundlage die Zwangsvollstreckung betrieben werden kann.[2] Einem nicht nach Abs. 1 S. 3 zugestellten Adhäsionsantrag fehlt eine von Amts wegen zu prüfende Verfahrensvoraussetzung.[3] Ein Verweis auf das zu erwartende Hauptverhandlungsergebnis genügt der nach Abs. 1 S. 2 gebotenen Konkretisierung von Gegenstand und Grund des Anspruchs nicht, wenngleich in einfach gelagerten Sachverhalten dazu aber die Bezugnahme auf die Anklagevorwürfe ausreichen kann.[4] Die Ankündigung eines Entschädigungsantrags „nach bewilligter Prozesskostenhilfe" kann die nach Abs. 1 S. 1 ausdrücklich verlangte Antragstellung auch dann nicht ersetzen, wenn später Prozesskostenhilfe bewilligt wird.[5] Ein zunächst als Entwurf gekennzeichneter, einem Antrag auf Bewilligung von Prozesskostenhilfe beigefügter Adhäsionsantrag kann jedoch aufgrund des konkludenten Verhaltens der Verfahrensbeteiligten als unbedingt gestellter Adhäsionsantrag zu behandeln sein.[6] Die ordnungsgemäße Antragstellung gemäß Abs. 1 ist auf die Sachrüge vom Revisionsgericht vom Amts wegen zu prüfen.[7] Der Antrag ist nicht wirksam gestellt, wenn er außerhalb der Hauptverhandlung gestellt, nicht zugestellt und in der Hauptverhandlung nicht wiederholt wurde.[8] Wird der Adhäsionsantrag vor Beginn der Hauptverhandlung gestellt, erwirbt der Antragsteller damit zugleich ein Teilnahmerecht an der Hauptverhandlung gemäß Abs. 3, der als Ausnahmeregelung zu § 243 Abs. 2 aufzufassen ist.[9] Damit der Leistungsbefehl eindeutig ist, sind Geldforderungen – soweit möglich – zu beziffern und Schadensersatz, Schmerzensgeld und Zinsen gesondert zu beantragen;[10] insbesondere auch deswegen, weil § 308 ZPO auch im Adhäsionsverfahren gilt und dem Antragsteller somit nicht mehr als das Beantragte zugesprochen werden kann. Bei Herausgabeansprüchen ist der herauszugebende Gegenstand so genau zu bezeichnen, dass eine Verwechslung ausgeschlossen ist.[11] Wenn dem Antragsberechtigten – insbesondere bei Schmerzensgeldansprüchen – die Bezifferung des Anspruchs unzumutbar oder unmöglich sein sollte, kann er dies zu einem späteren Zeitpunkt nachholen. Dies lässt sich auch damit begründen, dass der Adhäsionsantrag nach Abs. 1 S. 1 noch bis zum Beginn der Schlussvorträge gestellt werden kann, so dass es dem Antragsteller erst recht gestattet sein muss, vorher auch einen nicht ganz vollständigen Antrag zu stellen. Hinsichtlich des Leistungsantrags muss kein konkreter Betrag geltend gemacht werden, das

---

[1] Weiner in HK-GS Rn. 1; Nepomuck in KMR-StPO Rn. 2.
[2] Velten in SK-StPO Rn. 3; Schmitt in Meyer-Goßner/Schmitt Rn. 2; Ferber in Graf Rn. 1.
[3] BGH 24.6.2014 – 3 StR 185/14, StV 2015, 474.
[4] BGH 15.3.2017 – 4 StR 22/17, BeckRS 2017, 106913.
[5] BGH 11.10.2016 – 4 StR 352/16, BeckRS 2016, 18896.
[6] BGH 18.11.2011 – 1 StR 475/11, BeckRS 2011, 27597; Daimagüler Der Verletzte im Strafverfahren Rn. 705.
[7] BGH 11.10.2007 – 3 StR 426/07, StV 2008, 127; Ferber in BeckOK StPO Rn. 8.
[8] Ferber in BeckOK StPO Rn. 8.
[9] Ferber in BeckOK StPO Rn. 8.
[10] Wenske in Löwe/Rosenberg Rn. 1; Zabeck in KK-StPO Rn. 5; Weiner in HK-GS Rn. 1; Daimagüler Der Verletzte im Strafverfahren Rn. 711.
[11] Plüür/Herbst NJ 2005, 153 (153).

Bestimmtheitsgebot verlangt aber zumindest die Angabe der **Größenordnung** des begehrten Schmerzensgeldes, um das Gericht und den Gegner darüber zu unterrichten, welchen Umfang der Streitgegenstand haben soll.[12]

2   Ein bestimmter **Zeitpunkt** für die Antragstellung ist gesetzlich nicht vorgeschrieben, so dass der Antrag schon vor der gerichtlichen Anhängigkeit im Ermittlungsverfahren gestellt werden kann, wobei die Rechtswirkungen des Antrags freilich erst zu diesem Zeitpunkt eintreten, Abs. 2 S. 2.[13] Spätestmöglicher Zeitpunkt der Antragstellung ist zu Beginn der Schlussvorträge in der Hauptverhandlung.[14] Nach diesem Zeitpunkt ist eine Antragstellung möglich, wenn nach den Schlussausführungen die Beweisaufnahme wieder eröffnet wurde und der Antrag vor den dann erneut vorzunehmenden Schlussausführungen gestellt wird.[15] Auch im Berufungsverfahren ist eine Antragstellung möglich.[16] Vor dem Revisionsgericht ist der Antrag hingegen unzulässig.[17] Das Gericht prüft die Rechtzeitigkeit des Antrags von Amts wegen.[18] Ein zunächst nur angekündigter bzw. bedingt gestellter Antrag gilt dann als unbedingt gestellt, wenn in der Hauptverhandlung alle Verfahrensbeteiligten ihn konkludent als solchen behandeln und hierzu rechtliches Gehör hatten.[19]

3   Im Adhäsionsverfahren sind auch **Feststellungsanträge** statthaft und zulässig, etwa wenn der Anspruchsberechtigte seinen Schaden noch nicht abschließend beziffern kann, es sich um erst in der Zukunft entstehende Schäden handelt, aber Verjährung droht, oder ein anderes rechtliches Interesse iSd § 256 Abs. 1 ZPO an der baldigen Entscheidung besteht.[20] Ein solcher Antrag wird dann bei Erfolg zu einem ausdrücklich für das Adhäsionsverfahren als zulässig erklärten Grundurteil (vgl. § 406 Abs. 1 S. 2) führen. Allerdings fehlt einer Feststellungsklage im Adhäsionsverfahren hinsichtlich bisher entstandener Schäden aus einer Straftat das erforderliche Feststellungsinteresse, wenn der Adhäsionskläger weder geltend macht noch aus seinem sonstigen Vortrag ersichtlich ist, welche Schäden bereits entstanden sein könnten und warum er nicht in der Lage ist, diese bereits jetzt zu beziffern.[21] Bei noch nicht abgeschlossener Schadensentwicklung besteht hingegen kein Vorrang der Leistungsklage, sodass der Kläger in vollem Umfang Feststellung der Ersatzpflicht begehren kann.[22] Bei schweren Verletzungen kann ein Anspruch auf Feststellung der Ersatzpflicht für künftigen Schäden nur dann verneint werden, wenn aus der Sicht des Geschädigten bei verständiger Beurteilung kein Grund bestehen kann, mit Spätfolgen wenigstens zu rechnen.[23] Ein Feststellungsantrag hinsichtlich künftiger materieller Schäden bedarf der Einschränkung für den Fall des Forderungsübergangs auf Sozialversicherungsträger oder sonstige Dritte.[24] Der Adhäsionsausspruch im Urteil darf die Feststellung, dass sich das zuerkannte Schmerzensgeld aus einer vorsätzlichen unerlaubten Handlung ergibt, nur enthalten, wenn dies auch von der Nebenklage beantragt wurde.[25]

4   Wurde der Antrag außerhalb der Hauptverhandlung gestellt, so ist der Antrag nach Abs. 1 S. 3 dem Beschuldigten förmlich zuzustellen.[26] Bei Antragstellung in der Hauptver-

---

[12] BGH 9.3.2022 – 1 StR 409/21, BeckRS 2022, 8056.
[13] Wenske in Löwe/Rosenberg Rn. 8.
[14] Zabeck in KK-StPO Rn. 3; Ferber in Graf Rn. 6; Weiner in HK-GS Rn. 2.
[15] BGH 9.9.2008 – 1 StR 449/08, NStZ 2009, 566.
[16] Velten in SK-StPO Rn. 4; ablehnend bzgl. einer erneuten Antragstellung in der Berufungsinstanz Schmid NStZ 2011, 611 (614).
[17] Velten in SK-StPO Rn. 4; Schmitt in Meyer-Goßner/Schmitt Rn. 4.
[18] BGH 3.6.1988 – 2 StR 244/88, NStZ 1988, 470.
[19] BGH 18.11.2011 – 1 StR 475/11, BeckRS 2011, 27597.
[20] BGH 9.3.2022 – 1 StR 409/21, BeckRS 2022, 8056; 22.10.2019 – 2 StR 397/19, NStZ-RR 2020, 53; Wenske in Löwe/Rosenberg Rn. 1; Nepomuck in KMR-StPO § 403 Rn. 10; Schöch in AK-StPO § 403 Rn. 12; Schmitt in Meyer-Goßner/Schmitt § 403 Rn. 10; Kurth in HK-StPO § 403 Rn. 10; Plüür/Herbst NJ 2005, 153 (153); Schirmer DAR 1988, 121 (122); Daimagüler Der Verletzte im Strafverfahren Rn. 712.
[21] BGH 9.3.2022 – 1 StR 409/21, BeckRS 2022, 8056.
[22] BGH 9.3.2022 – 1 StR 409/21, BeckRS 2022, 8056.
[23] BGH 25.8.2016 – 2 StR 585/15, NStZ-RR 2016, 351.
[24] BGH 25.8.2016 – 2 StR 585/15, NStZ-RR 2016, 351.
[25] BGH 7.12.2016 – 4 StR 473/16, BeckRS 2016, 111340.
[26] BGH 11.10.2007 – 3 StR 426/07, StV 2008, 127; Schmitt in Meyer-Goßner/Schmitt Rn. 5.

handlung ist eine Zustellung entbehrlich, dafür ist der Antrag als wesentliche Förmlichkeit iSd § 273 in das Sitzungsprotokoll aufzunehmen.[27]

II. Wirkungen des Antrags

Die Stellung eines Adhäsionsantrags hat dieselbe Wirkung wie die Erhebung einer **Klage vor dem Zivilgericht** (Abs. 2). Mit Eingang des Antrags bei Gericht, im Falle der Hauptverhandlung also mit der mündlichen Antragstellung – nicht erst ab der ggf. nötigen Zustellung – wird die Sache rechtshängig und begründet gem. § 204 Abs. 1 Nr. 1 BGB die Verjährungshemmung.[28] Ab Rechtshängigkeit verbietet es sich gem. § 261 Abs. 3 Nr. 1 ZPO, die Streitsache anderweitig, insbesondere vor einem Zivilgericht, anhängig zu machen. Eine **Widerklage** (§ 33 ZPO) des Angeklagten gegen den Adhäsionskläger ist unzulässig.[29] Der Angeklagte kann jedoch grundsätzlich gegen den geltend gemachten Anspruch mit einer eigenen Forderung **aufrechnen.** Gerade hier wird allerdings das Aufrechnungsverbot gem. § 393 BGB – keine Aufrechnung gegen Forderungen aus vorsätzlich begangenen Delikten – zu beachten sein. Eine Rügepräklusion gem. §§ 296, 288 ZPO findet nicht statt. § 308 Abs. 1 ZPO ist anwendbar.[30] Bei fehlender Schlüssigkeit des Sachvortrags trifft das Gericht entsprechend § 139 ZPO eine **Hinweispflicht,** die allerdings im Hinblick auf den Eindruck einer möglichen Befangenheit gegenüber dem Angeklagten eher geringeren Umfang haben dürfte als es in einem Zivilprozess der Fall wäre. Zinsen auf den antragsgegenständlichen Zahlungsanspruch schuldet der Angeklagte erst ab dem Zeitpunkt der unbedingten Antragstellung, also nicht bereits ab dem Zeitpunkt der Stellung eines PKH-Antrags, in dem Entschädigungsanträge zwar vollständig begründet, aber lediglich angekündigt wurden.[31] In entsprechender Anwendung des § 187 Abs. 1 BGB stehen dem Adhäsionskläger Prozesszinsen erst ab dem auf die Rechtshängigkeit des Zahlungsanspruchs folgenden Tag zu.[32]

III. Rechtsstellung des Antragstellers im Adhäsionsverfahren

Die Stellung des Antragstellers richtet sich in erster Linie nach § 404 Abs. 3, ergänzend nach den allgemeinen strafverfahrensrechtlichen Vorschriften. Sie ist grundsätzlich schwächer ausgestaltet als die des Nebenklägers, begründet jedoch eigene Verfahrensrechte. Im Einzelnen gelten für den Antragsteller folgende Grundsätze:
– Nach außerhalb der Hauptverhandlung erfolgter Antragstellung ist der Antragsteller gemäß § 406d Abs. 1 S. 1 Nr. 2 auf seinen Antrag von Ort und Zeit der Hauptverhandlung zu **benachrichtigen.** Eine bestimmte Form oder Frist ist diesbezüglich nicht zu berücksichtigen.[33]
– Der Antragsteller kann sich durch einen Rechtsanwalt oder einen anderen Bevollmächtigten **vertreten** lassen (§ 157 ZPO, § 138 Abs. 2), es besteht aber kein Anwaltszwang, auch nicht in Verfahren vor dem LG oder OLG.
– Zur **Teilnahme an der Hauptverhandlung** sind der Antragsteller und die in § 404 Abs. 3 S. 2 genannten Personen berechtigt. Tritt der Antragsteller gleichzeitig als Zeuge auf, gilt § 58 Abs. 1 ihm gegenüber nicht.[34] Das **Anwesenheitsrecht** steht dem Antragsteller und ggf. seinen Vertretern auch schon vor der Entscheidung über den Antrag zu, um eine sachgerechte Interessenvertretung zu gewährleisten.[35]

---

[27] Weiner in HK-GS Rn. 3.
[28] Schmitt in Meyer-Goßner/Schmitt Rn. 6; Daimagüler Der Verletzte im Strafverfahren Rn. 714.
[29] Kritisch: Spiess S. 285.
[30] BGH 27.5.2009 – 2 StR 168/09, NStZ-RR 2009, 319.
[31] BGH 22.12.2016 – 4 StR 530/16, BeckRS 2016, 113928.
[32] BGH 2.12.2015 – 4 StR 411/15, BeckRS 2015, 20717.
[33] Nepomuck in KMR-StPO Rn. 8; Daimagüler Der Verletzte im Strafverfahren Rn. 717.
[34] Schmitt in Meyer-Goßner/Schmitt Rn. 7; Nepomuck in KMR-StPO Rn. 9; Daimagüler Der Verletzte im Strafverfahren Rn. 718.
[35] Vgl. Schmitt in Meyer-Goßner/Schmitt Rn. 7.

- Der Antragsteller kann durch einen Rechtsanwalt nach Maßgabe des § 406e Abs. 1–4 sein **Akteneinsichtsrecht als Verletzter** wahrnehmen, wobei sich das nach § 406e Abs. 1 S. 1 erforderliche berechtigte Interesse an der Akteneinsicht an dem Interesse des Adhäsionsklägers an der Verfolgung seiner zivilrechtlichen Ansprüche ergibt.[36]
- Dem Antragsteller steht als Ausprägung des verfassungsrechtlichen Grundsatzes des rechtlichen Gehörs ein **Anhörungsrecht** zu.[37]
- Außerdem ist der Antragsteller berechtigt, **Beweisanträge** zu stellen und einen eigenen **Schlussvortrag** zu halten.[38]
- Der Antragsteller hat im Adhäsionsverfahren das Recht, einen im Einzelfall nicht die Gewähr der Unparteilichkeit bietenden **Richter abzulehnen**.[39] Im Schrifttum war dieser Grundsatz lange umstritten.[40] Ein Ablehnungsrecht des Antragstellers sei gesetzlich, namentlich durch § 24 Abs. 3, nicht vorgesehen, und dem Adhäsionskläger kämen auch nicht die Befugnisse des Angeklagten und damit auch nicht dessen Ablehnungsrecht zu. Ohnehin könne der Kläger seine Ansprüche vor den Zivilgerichten verfolgen und hätte demzufolge keine rechtlichen Nachteile zu befürchten. Auch dürfe nicht außer Acht gelassen werden, dass die zur Ablehnung eines Richters berechtigte StA ebenfalls die Interessen des Geschädigten wahrnehme. Diese Argumentation verkennt jedoch die Eigenschaft des Adhäsionsklägers als besonderen Verfahrensbeteiligten, der auch im Adhäsionsverfahren nicht schlechter stehen darf als in einem Zivilprozess.[41] Daher ist dem Antragsteller im Adhäsionsverfahren die Möglichkeit zur Richterablehnung einzuräumen, denn schließlich ist auch er Rechtssuchender mit einem durch Art. 101 Abs. 1 S. 2 GG gewährleisteten Recht auf den gesetzlichen Richter.[42] Insbesondere unter Berücksichtigung der Schutzrichtung des OpferRRG kann nicht davon ausgegangen werden, dass der Gesetzgeber die Ablehnungsmöglichkeit generell ausschließen wollte. Die Rechtsfolgenverweisung des § 404 Abs. 2 ist damit mit dem BVerfG in verfassungskonformer Auslegung so zu verstehen, dass sie auch ein Ablehnungsrecht des Adhäsionsklägers beinhaltet. Über ein Ablehnungsgesuch des Adhäsionsklägers ist dann allerdings nach den für den Strafprozess geltenden Vorschriften der §§ 22 ff. zu entscheiden.[43]
- Der Antragsteller kann seinen Antrag gemäß § 404 Abs. 5 S. 1 mit einem Antrag auf Prozesskostenhilfe (PKH) verbinden.

IV. Rücknahme des Antrags

7   Der Adhäsionsantrag kann bis zum Beginn der Urteilsverkündung und auch noch in der Berufungsinstanz durch einseitige Erklärung des Antragstellers zurückgenommen werden. Die **Zustimmung** des Angeklagten zur Zurücknahme ist **nicht erforderlich**.[44] Die Antragsrücknahme schließt nicht aus, dass im selben Verfahren ein erneuter Antrag gestellt wird. Erst recht nicht wird hiervon die Möglichkeit tangiert, eine Klage vor den ordentlichen Gerichten zu erheben.[45]

V. Prozesskostenhilfe und Beiordnung

8   Nach Abs. 5 kann auf Antrag sowohl dem Adhäsionskläger als auch dem Angeschuldigten **Prozesskostenhilfe** gewährt werden, sobald die Anklageschrift eingereicht worden

---

[36] Daimagüler Der Verletzte im Strafverfahren Rn. 722.
[37] BGH 21.9.1956 – 2 StR 68/55, NJW 1956, 1767 (1767); Nepomuck in KMR-StPO Rn. 11.
[38] Ferber in BeckOK StPO Rn. 10.
[39] BVerfG 27.12.2006 – 2 BvR 958/06, NJW 2007, 1670 (1671).
[40] Ein Ablehnungsrecht befürwortend: Köckerbauer NStZ 1994, 305 (307); ablehnend: Velten in SK-StPO Rn. 10.
[41] Köckerbauer NStZ 1994, 305 (307).
[42] BVerfG 27.12.2006 – 2 BvR 958/06, NJW 2007, 1670 (1671); Ferber in BeckOK StPO Rn. 10.
[43] BVerfG 27.12.2006 – 2 BvR 958/06, NJW 2007, 1670 (1672); Daimagüler Der Verletzte im Strafverfahren Rn. 721.
[44] Velten in SK-StPO Rn. 19.
[45] Schmitt in Meyer-Goßner/Schmitt Rn. 13; Weiner in HK-GS Rn. 8; Schirmer DAR 1988, 121 (123); aA Köckerbauer NStZ 1994, 305 (307).

ist.⁴⁶ Die Bewilligung der Prozesskostenhilfe richtet sich nach den §§ 114 ff. ZPO. Zu den in § 114 ZPO genannten Voraussetzungen zählen zum einen die wirtschaftliche Notlage des PKH-Antragstellers und zum anderen hinreichende Erfolgsaussichten der beabsichtigten Rechtsverfolgung/-verteidigung und fehlende Mutwilligkeit. Wird dem PKH-Antragsteller Prozesskostenhilfe bewilligt, kann ihm auch eine Rechtsanwaltssozietät beigeordnet werden.⁴⁷ Zuständig für die Bewilligung der Prozesskostenhilfe ist das jeweils mit der Sache befasste Gericht, dessen Entscheidung nicht anfechtbar ist.⁴⁸ Gem. § 404 Abs. 5 S. 1 iVm § 119 Abs. 1 S. 1 ZPO wirkt die Bewilligung von Prozesskostenhilfe nur für die jeweilige Instanz.⁴⁹ Dabei sind die Erfolgsaussichten des Adhäsionsantrags in der Rechtsmittelinstanz nicht mehr zu klären, wenn der bereits verurteilte Angeklagte das Rechtsmittel eingelegt hat.⁵⁰

Auf Antrag erfolgt gem. Abs. 5 S. 2 die Beiordnung eines Rechtsanwalts, wenn die Erforderlichkeit einer solchen Vertretung gegeben ist (§ 121 Abs. 2 ZPO). Erforderlich ist die Beiordnung etwa dann, wenn die Sach- und Rechtslage schwierig ist oder, aus Gründen der Waffengleichheit, die Gegenpartei bereits anwaltlich vertreten ist. Die Bestellung eines Pflichtverteidigers umfasst auch die Beiordnung im Adhäsionsverfahren.⁵¹ Im Prozesskostenhilfeverfahren kann auch eine Rechtsanwaltssozietät beigeordnet werden.⁵²

§ 405 Vergleich

(1) ¹Auf Antrag der nach § 403 zur Geltendmachung eines Anspruchs Berechtigten und des Angeklagten nimmt das Gericht einen Vergleich über die aus der Straftat erwachsenen Ansprüche in das Protokoll auf. ²Es soll auf übereinstimmenden Antrag der in Satz 1 Genannten einen Vergleichsvorschlag unterbreiten.

(2) Für die Entscheidung über Einwendungen gegen die Rechtswirksamkeit des Vergleichs ist das Gericht der bürgerlichen Rechtspflege zuständig, in dessen Bezirk das Strafgericht des ersten Rechtszuges seinen Sitz hat.

Schrifttum: Daimagüler, Der Verletzte im Strafverfahren, 1. Aufl., 2016; Ferber, Das Opferrechtsreformgesetz, NJW 2004, 2562; Hilger, Über das Opferrechtsreformgesetz, GA 2004, 478; Meier/Dürre, Das Adhäsionsverfahren, JZ 2006, 18; Plüür/Herbst, Das Adhäsionsverfahren im Strafprozess, NJ 2005, 153; Weiner/Ferber, Handbuch des Adhäsionsverfahrens, 2. Aufl. 2016.

I. Normzweck

§ 405 ermöglicht den Abschluss eines Vergleichs im Rahmen des Adhäsionsverfahrens. Durch die Aufnahme dieser Norm in das Gesetz hat sich zum einen die ehemals strittige Frage erledigt, ob ein Vergleich im Adhäsionsverfahren zulässig ist,¹ zum anderen hat der Gesetzgeber deutlich gemacht, dass zivilrechtliche Instrumente im Strafverfahren anwendbar sein können, allerdings nach eindeutiger Entscheidung des Gesetzgebers erst nach Eröffnung des Hauptverfahrens.² Für den Vergleich im Adhäsionsverfahren sprechen auch gute Gründe, insbesondere der Wiedergutmachungsgedanke und die höhere Akzeptanz, die eine von den Vergleichsparteien selbst gefundene Einigung gegenüber einer richterlichen Entscheidung

---
⁴⁶ Schmitt in Meyer-Goßner/Schmitt Rn. 14; Weiner in HK-GS Rn. 9.
⁴⁷ BGH 17.9.2008 – IV ZR 343/07, NJW 2009, 440.
⁴⁸ Velten in SK-StPO Rn. 23; Schmitt in Meyer-Goßner/Schmitt Rn. 17 f.
⁴⁹ BGH 14.5.2013 – 1 StR 171/13, BeckRS 2013, 09512; 13.10.2010 – 5 StR 179/10, BeckRS 2010, 26516.
⁵⁰ BGH 14.5.2013 – 1 StR 171/13, BeckRS 2013, 09512.
⁵¹ BGH 30.6.2022 – 1 StR 277/21, NStZ-RR 2022, 316; 27.7.2021 – 6 StR 307/21, NJW 2021, 2901.
⁵² BGH 17.9.2008 – IV ZR 343/07, NJW 2009, 440.
¹ Zweifel an der Zulässigkeit nach früherer Rechtslage noch bei BGH 18.12.1990 – 4 StR 532/90, NJW 1991, 1244.
² Daimagüler Der Verletzte im Strafverfahren Rn. 753.

§ 406　　　　　　　　　　　　　　　　　　　5. Buch. 4. Abschnitt. Adhäsionsverfahren

genießt.[3] Durch die Vereinbarung eines Vergleichs erhält der Adhäsionskläger zudem kostengünstig einen vollstreckbaren Titel.[4] Auch aus Sicht des Angeklagten ist der Abschluss eines Vergleichs mit dem Ziel der Schadenswiedergutmachung vorteilhaft, da sich der Vergleich gem. §§ 46, 46a StGB strafmildernd auswirken kann.[5] Außerdem eröffnet der Abschluss eines Vergleichs dem Angeklagten die Möglichkeit, für sich einen wirtschaftlichen Spielraum auszuhandeln (zB durch die Vereinbarung von Ratenzahlungen).[6]

2　　Die Wirkung des Vergleichs im Adhäsionsverfahren ist dieselbe wie die des Prozessvergleichs im Zivilverfahren, auch hier trägt der Vergleich sowohl materiell-rechtliche als auch prozessrechtliche Züge. Der Vergleichsschluss bewirkt die Beendigung der Rechtshängigkeit der Klage.[7] Sollte der Vergleich keine Einigung über die Kosten beinhalten, ist das Gericht angehalten, eine endgültige Kostenentscheidung nach § 472a zu treffen.[8]

II. Voraussetzungen

3　　Berechtigt zum Abschluss eines Vergleichs sind die Parteien des Adhäsionsverfahrens. Voraussetzung für die vorgeschriebene Aufnahme eines Vergleichs in das Hauptverhandlungsprotokoll ist eine entsprechende gemeinsame Antragstellung durch den Adhäsionskläger und den Angeklagten. Gegenstand des Vergleichs ist die Straftat iSv § 264, wobei der Vergleich nicht auf vermögensrechtliche Ansprüche beschränkt ist[9] und auch ansonsten über den Anwendungsbereich des § 403 hinausgeht, um eine **Gesamtbefriedung des Streits** zwischen den Parteien zu ermöglichen. Die Wirkung eines gerichtlichen Vergleichs als Vollstreckungstitel iSv § 794 Abs. 1 Nr. 1 ZPO wird nur erzielt, wenn er ins Protokoll aufgenommen und damit im Verlauf der Hauptverhandlung geschlossen wurde.[10] Auf der Grundlage eines gemeinsamen Antrags der Parteien kann ein Vergleichsvorschlag durch das Gericht (§ 405 Abs. 1 S. 2) ergehen, das Gericht ist hierzu aber nicht zwingend verpflichtet. Mit einem Vergleichsvorschlag, der unabhängig vom Antrag der Beteiligten ergeht, setzt sich das Gericht überdies der Gefahr von Befangenheitsanträgen aus.[11] Nach § 405 Abs. 2 sind für die Entscheidung über **Einwendungen gegen die Rechtswirksamkeit** des Vergleichs die Zivilgerichte zuständig, wobei hinsichtlich der sachlichen Zuständigkeit die Streitwertgrenze zu beachten ist.[12] Einwendungen, die lediglich Mängel der Protokollierung zum Gegenstand haben, können hingegen im Wege einer Protokollberichtigung gem. § 271 beim Strafgericht geltend gemacht werden.[13] Der in einer Strafsache protokollierte Vergleich zwischen dem Angeklagten und dem Adhäsionskläger ist nach den kostenrechtlichen Grundsätzen und Regelungen der Zivilprozessordnung auszulegen,[14] Haben der Angeklagte und der Adhäsionskläger vereinbart, dass der Angeklagte die „Kosten" des Adhäsionsverfahrens und des Vergleichs zu tragen hat, so ist damit zugleich eine Regelung über die notwendigen Auslagen des Adhäsionsklägers getroffen.[15]

§ 406 Entscheidung über den Antrag im Strafurteil; Absehen von einer Entscheidung

(1) ¹Das Gericht gibt dem Antrag in dem Urteil statt, mit dem der Angeklagte wegen einer Straftat schuldig gesprochen oder gegen ihn eine Maßregel der Besse-

---

[3] Plüür/Herbst NJ 2005, 153 (156).
[4] Plüür/Herbst NJ 2005, 153 (155).
[5] Havliza/Stang in Weiner/Ferber Rn. 107.
[6] Havliza/Stang in Weiner/Ferber Rn. 119 f.
[7] Kurth in Gercke/Julius/Temming/Zöller Rn. 2; Meier/Dürre JZ 2006, 18 (24); Schmitt in Meyer-Goßner/Schmitt Rn. 4; Daimagüler Der Verletzte im Strafverfahren Rn. 755.
[8] Meier/Dürre JZ 2006, 18 (24); Daimagüler Der Verletzte im Strafverfahren Rn. 755.
[9] Havliza/Stang in Weiner/Ferber Rn. 115.
[10] Ferber NJW 2004, 2562 (2564).
[11] Hilger GA 2004, 478 (485).
[12] Weiner in HK-GS Rn. 6; Havliza/Stang in Weiner/Ferber Rn. 126.
[13] Wenske in Löwe/Rosenberg Rn. 11; Schmitt in Meyer-Goßner/Schmitt Rn. 6.
[14] KG 29.5.2015 – 1 Ws 4/15, BeckRS 2015, 12692.
[15] KG 29.5.2015 – 1 Ws 4/15, BeckRS 2015, 12692.

rung und Sicherung angeordnet wird, soweit der Antrag wegen dieser Straftat begründet ist. ²Die Entscheidung kann sich auf den Grund oder einen Teil des geltend gemachten Anspruchs beschränken; § 318 der Zivilprozessordnung gilt entsprechend. ³Das Gericht sieht von einer Entscheidung ab, wenn der Antrag unzulässig ist oder soweit er unbegründet erscheint. ⁴Im Übrigen kann das Gericht von einer Entscheidung nur absehen, wenn sich der Antrag auch unter Berücksichtigung der berechtigten Belange des Antragstellers zur Erledigung im Strafverfahren nicht eignet. ⁵Der Antrag ist insbesondere dann zur Erledigung im Strafverfahren nicht geeignet, wenn seine weitere Prüfung, auch soweit eine Entscheidung nur über den Grund oder einen Teil des Anspruchs in Betracht kommt, das Verfahren erheblich verzögern würde. ⁶Soweit der Antragsteller den Anspruch auf Zuerkennung eines Schmerzensgeldes (§ 253 Abs. 2 des Bürgerlichen Gesetzbuches) geltend macht, ist das Absehen von einer Entscheidung nur nach Satz 3 zulässig.

(2) Erkennt der Angeklagte den vom Antragsteller gegen ihn geltend gemachten Anspruch ganz oder teilweise an, ist er gemäß dem Anerkenntnis zu verurteilen.

(3) ¹Die Entscheidung über den Antrag steht einem im bürgerlichen Rechtsstreit ergangenen Urteil gleich. ²Das Gericht erklärt die Entscheidung für vorläufig vollstreckbar; die §§ 708 bis 712 sowie die §§ 714 und 716 der Zivilprozessordnung gelten entsprechend. ³Soweit der Anspruch nicht zuerkannt ist, kann er anderweit geltend gemacht werden. ⁴Ist über den Grund des Anspruchs rechtskräftig entschieden, so findet die Verhandlung über den Betrag nach § 304 Abs. 2 der Zivilprozeßordnung vor dem zuständigen Zivilgericht statt.

(4) Der Antragsteller erhält eine Abschrift des Urteils mit Gründen oder einen Auszug daraus.

(5) ¹Erwägt das Gericht, von einer Entscheidung über den Antrag abzusehen, weist es die Verfahrensbeteiligten so früh wie möglich darauf hin. ²Sobald das Gericht nach Anhörung des Antragstellers die Voraussetzungen für eine Entscheidung über den Antrag für nicht gegeben erachtet, sieht es durch Beschluss von einer Entscheidung über den Antrag ab.

Schrifttum: Czierniak/Niehaus, Aus der Rechtsprechung des BGH zum Strafverfahrensrecht, NStZ-RR 2016, 193 ff.; Daimagüler, Der Verletzte im Strafverfahren, 1. Aufl. 2016; H.W. Feigen, Adhäsionsverfahren auch in Wirtschaftsstrafsachen?, FS Otto, 2007, 879; J.P. Feigen, Adhäsionsverfahren in Wirtschaftsstrafsachen – Eine Untersuchung über die Geeignetheit von Adhäsionsverfahren in Wirtschaftsstrafsachen unter besonderer Berücksichtigung der Haftungsproblematik für den beigeordneten Verteidiger, 2011; Ferber, Das Opferrechtsreformgesetz, NJW 2004, 2562; Grau/Blechschmid/Frick, Stärken und Schwächen des reformierten Adhäsionsverfahrens – Zugleich Anmerkungen zu LG Stuttgart – 11 KLs 34 Js 11865/07 (Beschlüsse v. 14.7., 21.7. und Verfügung v. 29.7.2009), NStZ 2010, 662; Greiner, Zivilrechtliche Ansprüche in Strafverfahren – Das nicht anhängig gemachte Adhäsionsverfahren als Sperrwirkung für einen Zivilprozess?, ZRP 2011, 132; Haller, Das „kränkelnde" Adhäsionsverfahren – Indikator struktureller Probleme der Strafjustiz, NJW 2011, 970; Hansen/Wolff-Rojczyk, Schadenswiedergutmachung für geschädigte Unternehmen der Marken- und Produktpiraterie – das Adhäsionsverfahren, GRUR 2009, 644; Jescheck, Die Entschädigung des Verletzten nach deutschem Strafrecht, JZ 1958, 591; Krumm, Das Adhäsionsverfahren in Verkehrsstrafsachen, SVR 2007, 41; Kuhn, Das „neue" Adhäsionsverfahren, JR 2004, 397; Loos, Probleme des neuen Adhäsionsverfahrens, GA 2006, 195; Meier/Dürre, Das Adhäsionsverfahren, JZ 2006, 18; Musielak/Voit (Hrsg.), Kommentar zur Zivilprozessordnung, 20. Aufl., 2023; Plüür/Herbst, Das Adhäsionsverfahren im Strafprozess, NJ 2005, 153; Spiess, Das Adhäsionsverfahren in der Rechtswirklichkeit, 2007; Rieß, Einige Bemerkungen über das sog. Adhäsionsverfahren, FS Dahs, 2005, 425 ff.; Weiner/Ferber, Handbuch des Adhäsionsverfahrens, 2. Aufl. 2016.

Übersicht

	Rn.		Rn.
I. **Normzweck**	1	2. Begründung des Urteils	3
II. **Stattgabe des Antrags**	2	3. Grund- und Teilurteil	4
1. Entscheidung durch Urteil	2	4. Anerkenntnisurteil	8

	Rn.		Rn.
5. Vollstreckbarkeit	9	b) Sonstige Gründe für eine Nichteignung	16
III. Das Absehen von der Entscheidung	10	c) Schmerzensgeldansprüche gem. § 253 Abs. 2 BGB	17
1. Unzulässigkeit des Antrags	11	4. Absehenshinweis	18
2. Unbegründetheit des Antrags	12	5. Absehensbeschluss	19
3. Fehlende Eignung	13	IV. Vollständige oder teilweise Abschrift	20
a) Nichteignung wegen Verfahrensverzögerung	14	V. Kosten und Gebühren	21

I. Normzweck

1 § 406 regelt als zentrale Norm des Adhäsionsverfahrens die **Handlungsoptionen des Gerichts** im Hinblick auf den Adhäsionsantrag. Dem Adhäsionsantrag kann entweder durch Urteil stattgegeben werden oder es kann von einer Entscheidung in der Sache abgesehen werden. Eine Abweisung des Adhäsionsantrags ist nicht vorgesehen. Wird von einer Entscheidung in der Sache abgesehen, so kann der Adhäsionskläger seinen Anspruch auf den Zivilrechtsweg geltend machen.

II. Stattgabe des Antrags

2 **1. Entscheidung durch Urteil.** Die stattgebende Sachentscheidung, also der Zuspruch des begehrten Anspruchs, erfolgt durch **Urteil.** Sie ergeht im Strafurteil, mit dem der Angeklagte schuldig gesprochen oder eine Maßregel der Besserung und Sicherung gegen ihn angeordnet wird (§ 406 Abs. 1 S. 1).[1] Straf- und Zivilurteil ergehen einheitlich und dürfen nicht aufgespalten werden.[2] Zu den Voraussetzungen für die Stattgabe des Antrags zählen neben der allgemeinen Zulässigkeit des Adhäsionsverfahrens und dem Vorliegen der anspruchsbegründenden Voraussetzungen im Regelfall die Verhängung einer Strafe oder einer Sicherungsmaßregel gegen den Angeklagten. Auch ein Anerkenntnisurteil ist möglich, sofern der Angeklagte den geltend gemachten Anspruch ganz oder teilweise anerkennt.

3 **2. Begründung des Urteils.** Die Entscheidung über den Adhäsionsantrag ist zu begründen. Das Gericht ist nicht an die Einhaltung zivilprozessualer Grundsätze gebunden.[3] Die Parteien bzw. ggf. die gesetzlichen Vertreter und die Prozessbevollmächtigten sind jedoch namentlich im Rubrum oder in der Urteilsformel zu nennen (§ 313 Abs. 1 Nr. 1 ZPO), damit das Urteil **zur Vollstreckung geeignet** ist.[4] Einen besonderen förmlichen Tatbestand wie im Zivilurteil (§ 313 Abs. 1 Nr. 5 ZPO) muss das Urteil nicht enthalten. Der im Strafverfahren festgestellte Sachverhalt muss den angewendeten Zivilrechtsnormen subsumiert werden.[5] Richtet sich der Adhäsionsantrag auf die Zahlung von Schmerzensgeld, muss die Begründung konkrete Angaben zur tatsächlichen Beeinträchtigung des Verletzten enthalten. Auch muss hinsichtlich des Verschuldens auf Seiten des Täters eine Kategorisierung bzgl. Vorsatz oder des Schweregrades der Fahrlässigkeit vorgenommen worden sein.[6] Allerdings verlangt die Verurteilung zu Schmerzensgeld nicht in jedem Fall, aber doch in der Regel eine umfassende Offenlegung, Bewertung und Erörterung der wirtschaftlichen Verhältnisse von Schädiger und Geschädigtem.[7] Die Vereinigten Großen Senate des BGH haben auf

---

[1] Hansen/Wolff-Rojczyk GRUR 2009, 644 (647); Meier/Dürre JZ 2006, 18 (22).
[2] Jescheck JZ 1958, 591; Zabeck in KK-StPO Rn. 2; Schmitt in Meyer-Goßner/Schmitt Rn. 1.
[3] Schmitt in Meyer-Goßner/Schmitt Rn. 2; Merz in Radtke/Hohmann Rn. 2; Zabeck in KK-StPO Rn. 2.
[4] Schmitt in Meyer-Goßner/Schmitt Rn. 2; Meier/Dürre JZ 2006, 18 (22); für eine zwingende Nennung im Rubrum Wenske in Löwe/Rosenberg Rn. 4.
[5] Meier/Dürre JZ 2006, 18 (22).
[6] Vgl. Meier/Dürre JZ 2006, 18 (22).
[7] BGH 7.2.1995 – 1 StR 668/94, NJW 1995, 1438; 5.3.2014 – 2 StR 503/13, NStZ 2015, 49; Schmitt in Meyer-Goßner/Schmitt Rn. 2a.

Vorlage des 2. Strafsenats entschieden, dass alle Umstände des Falles zu berücksichtigen seien und dabei die wirtschaftlichen Verhältnisse des Geschädigten und des Schädigers nicht von vornherein ausgeschlossen werden dürfen.[8] Hat der Adhäsionskläger lediglich einen Antrag auf Zahlung von Schmerzensgeld gestellt, ist ein Adhäsionsausspruch rechtsfehlerhaft, soweit er auch eine Ersatzpflicht des Angeklagten hinsichtlich materieller Schäden des Verletzten feststellt, den hierin zu erblickenden Verstoß gegen § 404 Abs. 1 hat das Revisionsgericht von Amts wegen zur berücksichtigen.[9] Die Erforderlichkeit der Benennung der angewendeten Zivilrechtsnormen entsprechend § 267 ist streitig, dürfte aber angesichts der zivilrechtlichen Prägung dieses Teils des Urteils und wegen des Wortlauts des § 267 Abs. 1 S. 1 („das zur Anwendung gebrachte Strafgesetz") nicht gegeben sein.[10] Entgegen der hA sollte eine stattgebende Entscheidung auch durch einen Strafbefehl ergehen können.

3. Grund- und Teilurteil. Nach Abs. 1 S. 2 ist sowohl der Erlass von Grund- als auch 4 von Teilurteilen (§§ 301, 304 ZPO) zulässig. Wenn der Strafrichter demgemäß dem Grunde nach auf die Ersatzpflicht des Angeklagten erkannt hat, obliegt die Festsetzung der Schadenshöhe dem Zivilgericht (§ 406 Abs. 3 S. 4).[11] Entspr. § 318 ZPO ist das Zivilgericht im Betragsverfahren an die Entscheidung des Strafrichters gebunden.[12]

Anders als das ein Zwischenurteil darstellende Grundurteil ist das Teilurteil ein Endurteil. 5 Derjenige abtrennbare Teil des Anspruchs, der nicht Gegenstand des Teilurteils geworden ist, kann vor dem Zivilgericht fortgeführt werden (Abs. 3 S. 3). Auch in diesem Fall ist das Zivilgericht an das Teilurteil des Strafgerichts gebunden (§ 406 Abs. 1 S. 2 iVm § 318 ZPO).

Evtl. vorhandene **Mitverursachungsanteile** des Antragstellers müssen, da sie – ebenso 6 wie anspruchsvernichtende Einwendungen wie zB Aufrechnungen – zum Anspruchsgrund gehören, grundsätzlich durch das Strafgericht festgesetzt werden. § 406 Abs. 1 S. 2 iVm § 318 ZPO untersagt die Festlegung eines Mitverschuldensanteils gem. § 254 BGB durch das Zivilgericht im Betragsverfahren, wenn durch das Strafgericht die Haftung dem Grunde nach festgestellt worden und ein mögliches Mitverschulden unerwähnt geblieben ist.[13] Die diesbezügliche Bindung des Zivilgerichts an die rechtskräftige Entscheidung des Strafgerichts ist aus Gründen der Prozessökonomie auch gerechtfertigt. Die eingehende Untersuchung der Tat durch das Strafgericht gewährleistet eine umfassende Aufklärung des Tathergangs, die auch für die Bewertung der Verantwortlichkeitsanteile heranzuziehen ist.[14] Die Frage des Mitverschuldens sollte daher nicht erst im Betragsverfahren geklärt werden. Ist allerdings der Tatrichter der Ansicht, dass das mitwirkende Verschulden des Geschädigten zu einer noch nicht der Höhe nach bestimmbaren Minderung, jedenfalls aber nicht zu einer vollständigen Beseitigung des Haftungsgrundes führen kann, so kann im Tenor oder zumindest in den Entscheidungsgründen der Mitverschuldenseinwand bzw. die Bestimmung der Mitverschuldenshöhe dem Betragsverfahren ausdrücklich vorbehalten werden.[15] Jedenfalls wird die Berücksichtigung eines Mitverschuldens im Sinne von § 254 BGB durch ein Zivilgericht regelmäßig gemäß § 406 Abs. 3, § 318 ZPO nicht mehr zulässig sein, wenn das Strafgericht im rechtskräftig abgeschlossenen Adhäsionsverfahren die Haftung dem Grund nach bejaht hat und auf die Frage eines mitwirkenden Verschuldens überhaupt nicht eingegangen ist.[16]

Obwohl es im Gesetz nicht ausdrücklich erwähnt wird, ist der Erlass eines **Feststel-** 7 **lungsurteils** zulässig, da dieses einem Grundurteil strukturell sehr nahe kommt.[17]

---

[8] BGH 16.9.2016 – VGS 1/16, NStZ 2017, 108 (Ls.); Schmitt in Meyer-Goßner/Schmitt Rn. 2a.
[9] BGH 3.12.2014 – 4 StR 292/14, BeckRS 2015, 00386.
[10] Für eine Pflicht zur Benennung der angewendeten zivilrechtlichen Vorschriften Merz in Radtke/Hohmann Rn. 2; Nepomuck in KMR-StPO Rn. 3; dagegen Schmitt in Meyer-Goßner/Schmitt Rn. 3.
[11] Ferber in Graf Rn. 1; Merz in Radtke/Hohmann Rn. 3.
[12] Schmitt in Meyer-Goßner/Schmitt Rn. 3a; Daimagüler Der Verletzte im Strafverfahren Rn. 731.
[13] OLG Karlsruhe 26.5.2011 – 7 W 8/11, BeckRS 2011, 14155.
[14] OLG Karlsruhe 26.5.2011 – 7 W 8/11, BeckRS 2011, 14155.
[15] BGH 24.3.1999 – VIII ZR 121-98, NJW 1999, 2440 (2441); 31.1.1996 – VIII ZR 243/94, NJW-RR 1996, 700 (701); OLG Karlsruhe 26.5.2011 – 7 W 8/11, BeckRS 2011, 14155.
[16] OLG Karlsruhe 26.5.2011 – 7 W 8/11, NJOZ 2012, 81.
[17] Wenske in Löwe/Rosenberg Rn. 4–6; Schmitt in Meyer-Goßner/Schmitt Rn. 3; Weiner in HK-GS Rn. 2.

8   **4. Anerkenntnisurteil.** Gegen den Angeklagten kann ein Anerkenntnisurteil ergehen, wenn er den geltend gemachten Anspruch ganz oder teilweise anerkennt. Die frühere Rechtsprechung des BGH lehnte die Zulässigkeit eines Anerkenntnisurteils im Adhäsionsverfahren noch mit der Begründung ab, dass sich der Angeklagte zur Erlangung von Vorteilen in der Strafzumessung dazu gedrängt fühlen könnte, einen vom Antragsteller erhobenen Anspruch anzuerkennen.[18] Durch den im Rahmen des OpferRRG neu eingeführten § 406 Abs. 2 besteht nunmehr jedoch ausdrücklich die Möglichkeit, gegen den Angeklagten ein Anerkenntnisurteil iSv § 307 ZPO zu erlassen.[19] Der Gesetzgeber hat damit prozessökomische Aspekte berücksichtigt und die Dispositionsbefugnis des Adhäsionsklägers und des Beklagten auf der zivilrechtlichen Ebene gestärkt. Die Zulässigkeit des Anerkenntnisses steht zudem im Einklang mit § 405, wonach die Parteien privatautonom einen Vergleich schließen können.[20] Gegen das Anerkenntnisurteil stehen dem Angeklagten die strafprozessualen Rechtsmittel zur Verfügung. Wegen der fehlenden Anfechtbarkeit und Kondizierbarkeit des Anerkenntnisses kommt jedoch lediglich die Geltendmachung der fehlenden Wirksamkeit des Anerkenntnisses oder der Abweichung des Urteils vom erklärten Anerkenntnis des Angeklagten in Betracht. In welchem Verhältnis das Anerkenntnisurteil des Abs. 2 zu den Voraussetzungen des Abs. 1 S. 1 steht, wonach eine stattgebende Entscheidung nur bei strafrechtlicher Verurteilung in Betracht kommt, ist noch ungeklärt.[21] Vorzugswürdig dürfte sein, Abs. 2 aufgrund seiner systematischen Stellung im Gesetz als *lex specialis* anzusehen und ein „isoliertes Anerkenntnisurteil" auch ohne Strafausspruch, etwa im Fall der Verfahrenseinstellung, als zulässig zu erachten.[22] Andernfalls hätte Abs. 2 keinen sinnvollen Anwendungsbereich, da der Zweck des durch diese Vorschrift zugelassenen Anerkenntnisurteils wie im Zivilprozessrecht derjenige ist, eine Prüfung der Begründetheit des anerkannten Anspruchs gerade entbehrlich zu machen.[23] Soweit der Ausspruch über den Adhäsionantrag mit dem Strafurteil ergeht und auf dem in der Hauptverhandlung erklärten Anerkenntnis beruht, ist eine Darstellung der Entscheidungsgründe gemäß § 313b ZPO entbehrlich.[24] Die Aufhebung des Schuldspruchs und die damit verbundene Aufhebung des Strafausspruchs in der Revisionsinstanz lassen die im Adhäsionsverfahren gemäß dem Anerkenntnis des Angeklagten ergangene Verurteilung unberührt.[25]

9   **5. Vollstreckbarkeit.** Das stattgebende Urteil hat die Wirkung einer zivilrechtlichen Verurteilung und ist mit Eintritt der **Rechtskraft** vollstreckbar. Im Adhäsionsprozess ergehen weder Prozessurteile noch negative Sachentscheidungen.[26] Wird dem Antrag nicht vollständig stattgegeben, wird von der Entscheidung ganz oder teilweise abgesehen, so auch in den Fällen eines Grund- oder Teilurteils. Dem Adhäsionskläger steht dann gem. Abs. 3 S. 3 (wieder) der Gang zu den Zivilgerichten offen. Die stattgebende Entscheidung über den Antrag ist gem. § 406 Abs. 3 S. 2 iVm den §§ 708 ff. ZPO (mit Ausnahme des § 713 ZPO) für **vorläufig vollstreckbar** zu erklären. Die Entscheidung über die vorläufige Vollstreckbarkeit ergeht **von Amts wegen** und muss nicht beantragt werden. Wie im Zivilverfahren kann das (Straf-)Gericht die vorläufige Vollstreckbarkeit von einer Sicherheitsleistung abhängig machen oder es dem Angeklagten gestatten, die vorläufige Vollstreckbarkeit durch Sicherheitsleistung abzuwenden.

---

[18] BGH 18.12.1990 – 4 StR 532/90, NJW 1991, 1244 (1244).
[19] BGH 19.7.2005 – 1 StR 176/05, NStZ-RR 2005, 353; Schmitt in Meyer-Goßner/Schmitt Rn. 4; Daimagüler Der Verletzte im Strafverfahren Rn. 732; krit. Loos GA 2006, 195 (202 f.).
[20] Krumm SVR 2007, 41 (44); Meier/Dürre JZ 2006, 18 (23).
[21] Schmitt in Meyer-Goßner/Schmitt Rn. 4; Daimagüler Der Verletzte im Strafverfahren Rn. 732.
[22] BGH 21.1.2014 – 2 StR 434/13, BeckRS 2014, 7956; AG Berlin-Tiergarten 23.3.2011 – (281 Ds) 34 Js 5355/10 (222/10), NStZ-RR 2011, 383; Ferber in BeckOK StPO Rn. 4; Schneckenberger in Weiner/Ferber Rn. 167; aA Wenske in Löwe/Rosenberg Rn. 50; Meier/Dürre JZ 2006, 18 (23); Schmitt in Meyer-Goßner/Schmitt Rn. 4.
[23] AG Berlin-Tiergarten 23.3.2011 – (281 Ds) 34 Js 5355/10 (222/10), NStZ-RR 2011, 383.
[24] LG Wuppertal 5.7.2016 – 9 Gs 104/16 – 25 Ks-45 Js 4/16-8/16, BeckRS 2016, 15656.
[25] BGH 5.6.2013 – 1 StR 457/12, BeckRS 2013, 16308; 28.11.2007 – 2 StR 477/07, BGHSt 52, 96; Czerniak/Niehaus NStZ-RR 2016, 195.
[26] Meier/Dürre JZ 2006, 18 (23).

III. Das Absehen von der Entscheidung

Nach Abs. 1 S. 3 sieht das Gericht von einer Entscheidung ab, wenn der Adhäsionsantrag unzulässig ist oder unbegründet erscheint. Darüber hinaus kann es von einer Entscheidung absehen, wenn der Antrag sich nicht für eine Erledigung im Strafverfahren eignet (Abs. 1 S. 4).[27]   10

1. Unzulässigkeit des Antrags. Der Antrag ist unzulässig, wenn die Voraussetzungen der §§ 403, 404 Abs. 1 nicht gegeben sind, etwa weil dem Antragsteller die gem. § 403 erforderliche Berechtigung fehlt, es zu einer verspäteten Antragstellung gekommen oder die Begründung unzureichend ist (§ 404 Abs. 1).[28] Des Weiteren führt auch das Fehlen zivilverfahrensrechtlicher Voraussetzungen zur Unzulässigkeit des Adhäsionsantrags.[29] Auch wenn das Strafverfahren nach den §§ 153 ff. oder gemäß § 206a eingestellt wird, hat dies die Unzulässigkeit des Adhäsionsantrags zur Folge, wobei ein anhängiger Adhäsionsantrag einer Einstellung des Strafverfahrens nicht entgegensteht.[30]   11

2. Unbegründetheit des Antrags. Fehlt es an einer strafrechtlichen Verurteilung und sind auch keine Sicherungsmaßregeln gegen den Angeklagten angeordnet worden, ist der Antrag unbegründet und das Gericht sieht von einer Entscheidung ab.[31] Eine Klagabweisung kommt im Adhäsionsverfahren nicht in Betracht.[32] Sieht das Gericht jedoch lediglich von Strafe ab (§§ 60, 157, 158, 199, 233 StGB), ist der Antrag nicht alleine deswegen unbegründet, da hier ein Schuldspruch und damit eine Verurteilung iSv Abs. 1 S. 1 vorliegt.[33] Des Weiteren ist der Antrag unbegründet, wenn die zivilrechtlichen Anspruchsvoraussetzungen nicht vorliegen, wenn also der geltend gemachte Anspruch aus rechtlichen oder tatsächlichen Gründen nicht besteht. Hiervon muss das Gericht nach dem Wortlaut („erscheint") nicht vollends überzeugt sein, es genügen Zweifel des Gerichts am Bestehen des Anspruchs, wenn dieser nicht mit der erforderlichen Sicherheit festgestellt werden kann.[34] Die Zweifel des Gerichts an der Begründetheit müssen jedoch sachlich erklärbar sein und den Schluss zulassen, dass zumindest auch kein Grund- oder Teilurteil hätte ergehen können.[35] Im Übrigen muss sich der Anspruch gerade aus derjenigen prozessualen Tat iSv § 264 ergeben, wegen der der Angeklagte verurteilt wird; eine Verurteilung im selben Verfahren wegen einer anderen Straftat genügt nicht.   12

3. Fehlende Eignung. Beim Absehen von der Entscheidung wegen Nichteignung gem. Abs. 1 S. 4 handelt es sich, im Gegensatz zu der gebundenen Entscheidung in den Fällen des Abs. 1 S. 3, um eine gerichtliche **Ermessensentscheidung.**[36] Im Rahmen der Ermessensausübung sind zum einen die Interessen des Geschädigten und zum anderen das Interesse des Staates und des Angeklagten an der Wahrung prozessökonomischer Aspekte iS effektiver Strafverfolgung und an einem beschleunigten Abschluss des Strafverfahrens abzuwägen.[37] Die Interessen des Antragstellers sind in diesem Abwägungsprozess aufgrund der ausdrücklichen Erwähnung im Gesetz besonders, wenn auch nicht zwingend vorrangig, zu berücksichtigen.[38] Jedoch sollte sich das Gericht der gesetzgeberischen Intention der   13

---

[27] Wenske in Löwe/Rosenberg Rn. 13; Kurth in Gercke/Julius/Temming/Zöller Rn. 8; Schmitt in Meyer-Goßner/Schmitt Rn. 9 ff.
[28] Schmitt in Meyer-Goßner/Schmitt Rn. 10.
[29] Schmitt in Meyer-Goßner/Schmitt Rn. 10; Weiner in HK-GS Rn. 7.
[30] Daimagüler Der Verletzte im Strafverfahren Rn. 740; VerfGH Berlin 20.6.2014 – VerfGH 128/12, NJW 2014, 3358.
[31] BGH 28.11.2002 – 5 StR 381/02, NStZ 2003, 321.
[32] BGH 16.9.2009 – 2 StR 311/09, NStZ-RR 2010, 23.
[33] Ferber in Weiner/Ferber Rn. 130.
[34] Schmitt in Meyer-Goßner/Schmitt Rn. 11.
[35] Krumm SVR 2007, 41 (43).
[36] LG Hildesheim 23.1.2007 – 25 Kls 5413 Js 18030/06, BeckRS 2007, 04799; OLG Hamburg 29.7.2005 – 1 Ws 92/05, NStZ-RR 2006, 347 (348); aA (allerdings zu § 405 aF) Velten in SK-StPO § 405 Rn. 11.
[37] Meier/Dürre JZ 2006, 18 (23); vgl. auch Regierungsbegr. in der Vorlage für den Bundesrat, BR-Drs. 829/03, 16.
[38] OLG Hamburg 29.7.2005 – 1 Ws 92/05, NStZ-RR 2006, 347.

Aufwertung des Adhäsionsverfahrens bewusst sein. Grundsätzlich dürfte daher die Eignung der Regelfall und die Nichteignung die begründungsbedürftige Ausnahme sein,[39] so dass insofern von einer gewissen Ermessensbeschränkung bzw. einem „intendierten Ermessen" auszugehen ist. Dass die Absehensentscheidung nur eingeschränkt mit Rechtsmitteln angegriffen werden kann, birgt die Gefahr der übereilten Annahme der Nichteignung (→ § 406a Rn. 1 ff.). Soweit dies auf vermeintlichen oder tatsächlich vorhandenen Defiziten der Strafjustiz im Bereich der Anwendung opferschutzrechtlicher Instrumente und/oder des Zivilrechts beruht, ist daher den Stimmen aus der Praxis zuzustimmen, die hinsichtlich der Durchführung von Adhäsionsverfahren eine verpflichtende berufliche Weiterbildung von Richtern und Staatsanwälten bzw. generell eine Aufwertung dieses Rechtsinstituts in der juristischen Aus- und Weiterbildung fordern.[40]

14 **a) Nichteignung wegen Verfahrensverzögerung.** Würde die weitere Prüfung des geltend gemachten Anspruchs das Strafverfahren erheblich verzögern und somit dem (primären) Zweck der effektiven Strafverfolgung entgegenstehen, kann das Gericht gem. Abs. 1 S. 4 iVm S. 5 von der Entscheidung absehen.[41] Für die Bejahung dieses benannten Nichteignungsgrunds der erheblichen Verfahrensverzögerung müssen besondere Umstände vorliegen, die über übliche und vom Gesetzgeber in Kauf genommene Verfahrensverlängerungen etwa bei der Beweisaufnahme oder der richterlichen Beratung hinausgehen. Dies gilt umso mehr, als dass seit Inkrafttreten des OpferRRG nur noch **erhebliche** Verzögerungen relevant sind.[42] Eine feste zeitliche Grenze besteht nicht, vielmehr ist die Bestimmung der Erheblichkeit nach den Umständen des jeweiligen Einzelfalls vorzunehmen. Hierbei kann auch eine etwaige Untersuchungshaft des Angeklagten relevant sein, bei der aufgrund des hier besonders zu beachtenden Beschleunigungsgrundsatzes schon eine relativ geringe Verfahrensverzögerung für den Inhaftierten unzumutbar und daher erheblich sein kann.[43] Zu den Verzögerungsgründen können zählen:
– Eine größere Anzahl von Adhäsionsklägern bzw. eine Vielzahl von Geschädigten mit unterschiedlichen Ansprüchen oder eine große Zahl Angeklagter aufgrund der damit verbundenen logistischen Probleme.[44]
– Fälle mit Bezügen zu ausländischen Rechtsordnungen und zum internationalen Privatrecht.[45]
– Fälle mit der Notwendigkeit umfangreicher Beweiserhebung bzgl. der Aktivforderung bei einer Aufrechnung des Angeklagten.

15 Gerade bei ohnehin umfangreichen Strafverfahren mit einer **Vielzahl von Verhandlungstagen** wird eine erhebliche Verzögerung hingegen eher selten vorliegen, da hier die Klärung zivilrechtlicher Ansprüche keine wesentliche Verlängerung des Verfahrens mit sich bringen dürfte.[46] Würde allerdings zur Behandlung des Adhäsionsantrags eine Aussetzung des Verfahrens nötig, so dürfte hierin jedenfalls eine Verzögerung im Sinne von Abs. 1 S. 5 zu erblicken sein.[47] Von einer Entscheidung soll nicht schon deshalb abgesehen werden, weil das Strafverfahren durch nur kurzfristige Unterbrechungen geringfügig verzögert würde.[48]

16 **b) Sonstige Gründe für eine Nichteignung.** Neben dem ausdrücklich benannten Gesichtspunkt der Verfahrensverzögerung können auch andere Beeinträchtigungen des

---

[39] So wohl auch Wenske in Löwe/Rosenberg Rn. 19.
[40] Greiner ZRP 2011, 132 (133); Haller NJW 2011, 970 (973); Spiess S. 278 f.
[41] Wenske in Löwe/Rosenberg Rn. 19; Schmitt in Meyer-Goßner/Schmitt Rn. 12; Daimagüler Der Verletzte im Strafverfahren Rn. 746; Nepomuck in KMR-StPO Rn. 21.
[42] Krekeler in Krekeler/Löffelmann/Sommer Rn. 3.
[43] OLG Celle 22.2.2007 – 1 Ws 74/07, BeckRS 2007, 07917; LG Hildesheim 23.1.2007 – 25 Kls 5413 Js 18030/06, BeckRS 2007, 04799.
[44] BGH 15.4.2010 – 5 StR 96/10, wistra 2010, 272; aA Weiner in HK-GS Rn. 10.
[45] Zu einer speziellen Konstellation nach der Reform durch das OpferRRG BGH 14.4.2011 – 1 StR 458/10, StraFo 2011, 308 (312); zur früheren Rechtslage BGH 19.11.2002 – 3 StR 395/02, StV 2004, 61.
[46] Weiner in HK-GS Rn. 9; Daimagüler Der Verletzte im Strafverfahren Rn. 747.
[47] Daimagüler Der Verletzte im Strafverfahren Rn. 747.
[48] Merz in Radtke/Hohmann Rn. 2.

Strafverfahrens die Nichteignung des Adhäsionsverfahrens iSv Abs. 1 S. 4 begründen.[49] Folgende Konstellationen, welche die insbesondere mit einer zu erwartenden Verfahrensverzögerung zu einer Nichteignung führen können,[50] werden diskutiert:

- Der Adhäsionsantrag wirft **schwierige bürgerlich-rechtliche Fragestellungen** auf, die die Fachkenntnisse eines Zivilrichters erfordern und die auch nicht durch den Erlass eines Grund- oder Teilurteils umgangen werden können.[51] In diesem Zusammenhang hat der BGH etwa in Fällen, in denen Forderungsübergänge zu klären waren oder die Anwendung ausländischen Rechts in Betracht kam, eine Nichteignung angenommen.[52] Dies ist durchaus kritisch zu sehen, da auch Strafrichtern als ausgebildeten Volljuristen die Bearbeitung zivilrechtlicher Fragestellungen, auch solche erhöhten Schwierigkeitsgrades, zumutbar sein dürfte.[53] Gerade im Hinblick auf die beabsichtigte Aufwertung des Adhäsionsverfahrens sollte sich die Strafjustiz nicht allzu schnell dem Zivilrecht verschließen. Gegebenenfalls vorhandene Defizite können durch entsprechende Fortbildungen ausgeglichen und somit auch die Bewältigung komplexerer zivilrechtlicher Fragestellungen gewährleistet werden.[54] Jedenfalls darf auch hier nicht schematisch vorgegangen werden, sondern es ist im Einzelfall zu klären, ob die Befassung mit zivilrechtlichen Problemen ein Hindernis für ein geordnetes Strafverfahren darstellt. Insbesondere in Verfahren vor Wirtschaftsstrafkammern, deren Richter schon zum Zwecke der Anwendung der einschlägigen Strafnormen über eine eigene gesteigerte zivil- und wirtschaftsrechtliche Sachkompetenz verfügen, dürfte dieses Argument nur selten verfangen.[55] Dies gilt auch bei Straftaten mit Auslandsbezug, umso mehr, als dass die Bedeutung des internationalen Privatrechts beständig zunimmt und dieses längst nicht mehr als exotisches Randgebiet für Spezialisten anzusehen ist, da Fälle mit Bezügen ins Ausland vor deutschen Gerichten mittlerweile hohe praktische Relevanz haben.[56]
- **Wirtschaftsstrafverfahren** werden hingegen von Teilen des Schrifttums als generell oder idR ungeeignet für das Adhäsionsverfahren angesehen.[57] Allerdings greifen bzgl. des möglichen Arguments der zivilrechtlichen Komplexität, etwa in den häufig auftretenden Fragen des Handels- und Gesellschaftsrechts,[58] die vorangegangenen Überlegungen hier erst recht, so dass eine automatische Nichteignung bei Wirtschaftsstrafkammerverfahren jedenfalls nicht mit dieser Begründung zu vertreten ist. Ein Absehen sollte auch hier nur bei besonders außergewöhnlichen Konstellationen in Betracht gezogen werden. Eine solche wurde zu Recht bejaht im Falle des Aufeinandertreffens einer Teilaufhebung, einer verfahrensübergreifend erfolgten Anordnung von (Teil-) Gesamtschuldnerschaft und einer erst im Revisionsverfahren abgegebenen einseitigen Teilerledigungserklärung.[59] Derartige Sonderfälle sollten jedoch nicht den Blick darauf verschließen, dass sich die überwiegende Anzahl von Wirtschaftsstrafverfahren in zivilrechtlicher Hinsicht auch von den auf diesem Gebiet ohnehin besonders bewanderten Strafrichtern problemlos erledigen lassen.
- Als weiterer Nichteignungsgrund wird der Umstand angesehen, dass der Umfang der eingeklagten Forderungen, etwa bei der Verhandlung über besonders hohe Schadensersatzforderungen, für den Angeklagten **existenzbedrohend** ist.[60] In diesen Fällen könne

---

[49] Vgl. auch Regierungsbegr. in der Vorlage für den Bundesrat, BR-Drs. 829/03, 37.
[50] OLG Hamburg 29.7.2005 – 1 Ws 92/05, NStZ-RR 2006, 347.
[51] Plüür/Herbst NJ 2005, 153 (156); Daimagüler Der Verletzte im Strafverfahren Rn. 478; Schmitt in Meyer-Goßner/Schmitt Rn. 12.
[52] BGH 19.11.2002 – 3 StR 395/02, StV 2004, 61.
[53] Greiner ZRP 2011, 132 (133).
[54] Greiner ZRP 2011, 132 (133).
[55] J.P. Feigen Adhäsionsverfahren S. 136.
[56] Grau/Blechschmidt/Frick NStZ 2010, 662 (666); J.P. Feigen Adhäsionsverfahren S. 133 ff.
[57] Schmitt in Meyer-Goßner/Schmitt Rn. 12; H.W. Feigen FS Otto, 2007, 879 (899); J.P. Feigen Adhäsionsverfahren S. 201 ff.
[58] Weiner in HK-GS Rn. 10.
[59] BGH 29.6.2006 – 5 StR 77/06, BeckRS 2006, 08967.
[60] OLG Hamburg 29.7.2005 – 1 Ws 92/05, NStZ-RR 2006, 347 (348); LG Mainz 25.6.1997 – 301 Js 24.998/96-1 Ks, StV 1997, 627; LG Hildesheim 23.1.2007 – 25 Kls 5413 Js 18030/06, BeckRS 2007,

der auf dem Angeklagten lastende wirtschaftliche Druck dazu führen, dass er es unterlässt, von seinem Recht zu Schweigen Gebrauch zu machen.[61] Vielmehr bestehe die Gefahr, dass sich der Angeklagte stärker auf die Verteidigung gegen die zivilrechtlichen Ansprüche als auf diejenige gegen den Strafvorwurf konzentriere, was die Wirksamkeit der Verteidigung gefährde und den Adhäsionsbeklagten gegenüber anderen Angeklagten benachteilige.[62] Allerdings dürfte vielfach die Verteidigung gegen den Strafvorwurf zugleich auch eine wirksame Verteidigung gegen den Adhäsionsantrag darstellen, so dass ein Interessenwiderstreit häufig nicht auftreten wird.[63] Soweit dies doch einmal der Fall sein sollte, etwa weil sich der Angeklagte nur bezüglich der Höhe des geltend gemachten Anspruchs ausdrücklich verteidigen, im Übrigen aber schweigen will,[64] ist dies dem Wesen des Adhäsionsverfahrens immanent und dem Angeklagten auch zuzumuten. Eine verfassungsrechtlich bedenkliche Ungleichbehandlung dürfte hierin nicht liegen, jedenfalls aber durch den Opferschutzgedanken gerechtfertigt sein. Für den Fall der Schmerzensgeldgeltendmachung sieht dies das Gesetz in Abs. 1 S. 6 auch ausdrücklich vor, wobei dieser Grundgedanke auch in der Abwägungsentscheidung im Falle sonstiger Ansprüche anzuwenden ist.

- Zu weitgehend ist auch die Ansicht, wonach Fälle einer **Haupt- oder Hilfsaufrechnung** zur Erledigung im Strafverfahren generell nicht geeignet seien, da die §§ 403 ff. die Möglichkeit eines Vorbehaltsurteils wie im zivilrechtlichen Verfahren nicht vorsähen.[65] Hiernach wäre es dem Angeklagten nämlich allzu leicht möglich, sich der gesetzgeberisch gewollten Aufarbeitung des Zivilrechtsanspruchs im Strafverfahren durch Geltendmachung eigener Ansprüche zu entziehen.

- Teilweise wird vertreten, dass eine der vollstreckungsrechtlichen Konsequenzen des Adhäsionsantrags (der vollumfänglich die Wirkung einer Zivilklage hat, § 404 Abs. 2 S. 1), nämlich, dass das Strafgericht zum Gericht der Hauptsache iSd § 927 Abs. 2 Hs. 2 ZPO wird, zur Nichteignung führen bzw. zumindest hierzu beitragen kann.[66] In Fällen, in denen es vor der Antragsstellung zu vorläufigen zivilrechtlichen Sicherungsmaßnahmen wie zB Arrestentscheidungen gekommen sei, müsse sich das Strafgericht nämlich ständig mit Anträgen auf Einstellung und Abänderung dieser Entscheidungen befassen, was dem Strafverfahren wesensfremd und abträglich sei.[67] Richtigerweise kann dieser Umstand jedoch kein gesondertes Nichteignungskriterium darstellen, da die beschriebene Wirkung auf dem Willen des Gesetzgebers beruht und höchstens im Rahmen einer im Einzelfall auftretenden Verfahrensverzögerung iSv Abs. 1 S. 5 zu berücksichtigen ist.[68] Zudem verfügen auch Strafgerichte schon aufgrund der entsprechenden genuin strafverfahrensrechtlichen Instrumente etwa im Bereich der Rückgewinnungshilfe (vgl. §§ 111b bzw. 111d) über hinreichende Expertise mit **vorläufigen Vollstreckungsmaßnahmen,** so dass ein zur Nichteignung führendes Hindernis nicht anzunehmen ist.[69]

- Das **Fehlen einer Streitverkündungsmöglichkeit** entsprechend §§ 72 ff. ZPO soll nach Teilen der Literatur einen Nichteignungsgrund darstellen.[70] Hierdurch werde der Angeklagte, der ohnehin schon der Belastung durch das Strafverfahren ausgesetzt sei, zusätzlich belastet und zudem im Vergleich zu im Zivilprozess Beklagten verfassungswid-

---

04799; aA für im Wirtschaftsleben bewanderte Personen LG Wuppertal 19.3.2003 – 26 KLs 211 Js 370/99 – 14/02 VI, NStZ-RR 2003, 179.
[61] LG Hildesheim 23.1.2007 – 25 Kls 5413 Js 18030/06, BeckRS 2007, 04799.
[62] Weiner in HK-GS Rn. 10.
[63] Kuhn JR 2004, 397 (400).
[64] Vgl. H.W. Feigen FS Otto, 2007, 879 (884 ff.).
[65] Weiner in HK-GS Rn. 10.
[66] OLG Hamburg 29.7.2005 – 1 Ws 92/05, NStZ-RR 2006, 347 (349); Schmitt in Meyer-Goßner/Schmitt Rn. 12; H.W. Feigen FS Otto, 2007, 879 (894 f.).
[67] OLG Hamburg 29.7.2005 – 1 Ws 92/05, NStZ-RR 2006, 347 (349).
[68] Grau/Blechschmidt/Frick NStZ 2010, 662 (667).
[69] J.P. Feigen Adhäsionsverfahren S. 137 ff.
[70] Schmitt in Meyer-Goßner/Schmitt Rn. 12; H.W. Feigen FS Otto, 2007, 879 (893 f.); J.P. Feigen Adhäsionsverfahren S. 111 ff.

rig benachteiligt.⁷¹ Eine Rechtfertigung des Verstoßes gegen Art. 3 GG liege auch nicht im höchstpersönlichen Charakter der Kriminalstrafe, da es im Adhäsionsverfahren gerade nicht um den staatlichen Strafanspruch, sondern um vermögensrechtliche Interessen gehe.⁷² Auch werde in diesen Fällen das mit dem Adhäsionsverfahren verfolgte Ziel der Prozessökonomie verfehlt, da hier immer ein weiterer (Zivil-)Prozess, diesmal gegen den Dritten, vonnöten sei bzw. gar provoziert werde.⁷³ Wenn daher formell in einem hypothetischen Zivilprozess die Voraussetzungen einer Streitverkündung gegenüber einem Dritten vorlägen, müsse die fehlende prozessuale Möglichkeit hierzu – die auch nicht durch analoge Anwendung der ZPO-Vorschriften geschaffen werde könne – zwingend zum Absehen wegen Nichteignung führen.⁷⁴ Diese Argumentation wird zu Recht von der Rechtsprechung abgelehnt.⁷⁵ Der Gesetzgeber hat sich bewusst entschieden, zugunsten effektiven Opferschutzes mit dem Adhäsionsverfahren ein Verfahren zur Verfügung zu stellen, in welchem bestimmte zivilprozessuale Instrumente zugunsten der Verfahrensbeschleunigung fehlen.⁷⁶ Dies ist durch den Gesetzeszweck auch gerechtfertigt und erscheint trotz des Wegfalls der möglichen Wirkungen einer Streitverkündung nicht als unverhältnismäßige Belastung des Angeklagten. Dieser ist an der Verfolgung möglicher eigener Rechte gegen Dritte nicht gehindert, die er auch im Falle der zivilprozessualen Streitverkündung in einem weiteren Prozess geltend machen müsste. Der Ausschluss der Bindungswirkung und auch der weiteren Vorteile der Streitverkündung im Adhäsionsverfahren erscheint gegenüber dem Interesse des Geschädigten an rascher Klärung seiner zivilrechtlichen Ansprüche bereits im Strafverfahren als hinnehmbar.⁷⁷ Dies gilt umso mehr, als dass häufig die formellen Voraussetzungen für eine Streitverkündung gegenüber Dritten vorliegen dürften und somit der Anwendungsbereich des Adhäsionsverfahrens erheblich geschmälert wäre.

— In Frage gestellt wird weiterhin unter dem Schlagwort **Rechtswegverkürzung** die Eignung generell von in erster Instanz vor dem Landgericht geführten Verfahren, jedenfalls soweit durch die Höhe der geltend gemachten Ansprüche Fälle von großer wirtschaftlicher Bedeutung in Rede stehen.⁷⁸ Hier sei im Gegensatz zum erstinstanzlichen Verfahren vor einer Zivilkammer, bei dem vor der Revision die Möglichkeit der Berufung bestehe, mit der alleine zur Verfügung stehenden Revision nur ein einziges Rechtsmittel gegeben. Dieses stelle zudem nur eine reine Rechtsanwendungskontrolle dar, so dass die im Zivilverfahren zur Verfügung stehende zweite Tatsacheninstanz – auch wenn diese nach der ZPO-Reform 2001 keine vollwertige mehr sei – wegfalle.⁷⁹ Außerdem könne die strafrechtliche Revision unter leichteren Voraussetzungen ohne mündliche Verhandlung zurückgewiesen werden als es bei einer zivilrechtlichen Berufung der Fall wäre.⁸⁰ Die hierdurch begründete Schlechterstellung des Adhäsionsbeklagten gegenüber im Zivilprozess Beklagten sei nicht gerechtfertigt, zumal die verfahrensrechtlichen Möglichkeiten des Angeklagten ohnehin schon stark eingeschränkt seien.⁸¹ Indes dürfte die vom Gesetzgeber bewusst getroffene Entscheidung,⁸² für landgerichtliche Adhäsionsverfahren nur ein einziges Rechtsmittel zuzulassen, durch den Opferschutzgedanken legitimiert sein. Gerade

---

[71] J.P. Feigen Adhäsionsverfahren S. 114 ff.
[72] J.P. Feigen Adhäsionsverfahren S. 114 f.
[73] H.W. Feigen FS Otto, 2007, 879 (894).
[74] J.P. Feigen Adhäsionsverfahren S. 119 f.
[75] LG Wuppertal 19.3.2003 – 26 KLs 211 Js 370/09 – 14/02-VI, NStZ-RR 2003, 179; zustimmend Weiner in HK-GS Rn. 10.
[76] LG Wuppertal 19.3.2003 – 26 KLs 211 Js 370/09 – 14/02-VI, NStZ-RR 2003, 179.
[77] LG Wuppertal 19.3.2003 – 26 KLs 211 Js 370/09 – 14/02-VI, NStZ-RR 2003, 179; aA J.P. Feigen Adhäsionsverfahren S. 116 f.
[78] J.P. Feigen Adhäsionsverfahren S. 130.
[79] J.P. Feigen Adhäsionsverfahren S. 122 ff.; Bedenken auch bei H.W. Feigen FS Otto, 2007, 879 (894), der de lege ferenda eine Beschränkung des Adhäsionsverfahrens auf amtsgerichtliche Verfahren fordert.
[80] J.P. Feigen Adhäsionsverfahren S. 124 f.
[81] J.P. Feigen Adhäsionsverfahren S. 127 ff.
[82] So auch H.W. Feigen FS Otto, 2007, 879 (896).

hierdurch kann der Verletzte schneller zu seinem Recht kommen und muss nicht noch weitere Instanzen durchlaufen. Ohnehin ist der Unterschied zum Verfahren vor den Zivilgerichten auch nicht allzu groß, da das Berufungsverfahren wie die Revision mittlerweile primär auf Rechtskontrolle ausgelegt und die Tatsachenfeststellung nur noch sehr eingeschränkt Sache des Berufungsgerichts in Zivilsachen ist.[83]

– Soweit eine **automatische Beiordnung auch für das Adhäsionsverfahren** durch die Bestellung eines Pflichtverteidigers bejaht wird,[84] wird hierin von Teilen der Rechtsprechung und der Literatur in Fällen hoher Anspruchssummen ein Nichteignungsgrund gesehen.[85] Dies wird damit begründet, dass den Pflichtverteidiger in diesen Fällen ein unzumutbares und nur begrenzt versicherbares Haftungsrisiko treffe, dass sich wegen der besonderen Rechtsnatur der Verteidigerbestellung praktisch auch nicht durch haftungsbeschränkende Vereinbarungen mit dem Angeklagten begrenzen lasse.[86] Folge sei, quasi als Selbstschutz, die Notwendigkeit einer primär auf die Abwehr des zivilrechtlichen Anspruchs abzielenden Verteidigungsstrategie.[87] Hierdurch werde zwangsläufig die Verteidigung gegen den Strafvorwurf in den Hintergrund gedrängt und damit das Interesse des Angeklagten an einem fairen Verfahren vernachlässigt.[88] Dies überzeugt nicht. Eine Vernachlässigung der strafrechtlichen Verteidigung dürfte kaum auftreten, da diese häufig mit der Verteidigung gegen den zivilrechtlichen Anspruch deckungsgleich sein wird.[89] Einer möglicherweise existenzbedrohenden Haftung könnte sich der Pflichtverteidiger durch Abschluss von Versicherungen mit entsprechend hohen Deckungssummen entziehen. Zudem würde er ohnehin nur bei einer schuldhaften Pflichtverletzung gegenüber seinem Mandanten haften, wobei eine Pflichtverletzung gerade bei der als diffizil angesehenen Abwägung zwischen strafrechtlichem und zivilrechtlichem Verteidigungsinteresse[90] eher selten vorkommen dürfte bzw. nachzuweisen sein wäre. Eine nachteilige Auswirkung auf die Strafverteidigung ist daher nicht zu erwarten.

– Gerade bei **hohen Anspruchssummen** wird weiter problematisiert, dass der im Strafverfahren eigentlich zum Schweigen berechtigte Angeklagte sich im Adhäsionsverfahren veranlasst sehen könnte, hinsichtlich der ansonsten ggf. vom Gericht nach § 287 ZPO zu schätzenden Anspruchshöhe vorzutragen.[91] Dies steigere zudem das Risiko, dass der Angeklagte, der im normalen Strafverfahren als zulässiges Verteidigungsverhalten auch zur Schadenshöhe substantiiert bestreiten und dabei in gewissen Grenzen auch straflos lügen könne, hierbei bezogen auf das Adhäsionsverfahren einen (ggf. nur versuchten) Prozessbetrug begehe.[92] Dies folge daraus, dass wegen der (Bindungs-)Wirkung der hier ergehenden zivilrechtlichen Entscheidung aufgrund wahrheitswidriger Tatsachenbehauptungen ein Schaden des Antragstellers entstehen könne, etwa durch Zusprechung eines materiell-rechtlich zu niedrigen Schadensersatzanspruchs. Da diese Gefahr ansonsten nicht bestehe, werde der im Adhäsionsverfahren stehende Angeklagte gegenüber anderen Angeklagten in seinem Verteidigungsverhalten unzulässig beschränkt und benachteiligt.[93] Tatsächlich mag das Risiko eines Prozessbetruges durch Falschbekundung des Beklagten ansonsten nur in einem Zivilprozess gegeben sein. Die gesetzgeberische Entscheidung, zivilrechtliche Ansprüche auch

---

[83] Ball in Musielak/Voit ZPO Vor § 511 Rn. 8.
[84] So BGH 30.6.2022 – 1 StR 277/21, NStZ-RR 2022, 316; 27.7.2021 – 6 StR 307/21, NJW 2021, 2901.
[85] OLG Hamburg 29.7.2005 – 1 Ws 92/05, NStZ-RR 2006, 347 (349); J.P. Feigen Adhäsionsverfahren S. 97 f.
[86] J.P. Feigen Adhäsionsverfahren S. 91 ff.
[87] J.P. Feigen Adhäsionsverfahren S. 95 ff.
[88] OLG Hamburg 29.7.2005 – 1 Ws 92/05, NStZ-RR 2006, 347 (349).
[89] Grau/Blechschmidt/Frick NStZ 2010, 662 (667); Kuhn JR 2004, 397 (400).
[90] J.P. Feigen Adhäsionsverfahren S. 88 ff., der aber gerade hierin eine Steigerung des Haftungsrisikos sieht.
[91] H.W. Feigen FS Otto, 2007, 879 (884 ff.); J.P. Feigen Adhäsionsverfahren S. 168 ff.
[92] H.W. Feigen FS Otto, 2007, 879 (886 f.); J.P. Feigen Adhäsionsverfahren S. 175 ff.
[93] J.P. Feigen Adhäsionsverfahren S. 184.

im Strafverfahren verhandeln zu lassen, ist jedoch durch die hiermit verfolgten Ziele gerechtfertigt. Eine Abwägung der berechtigten Interessen des Angeklagten im Hinblick auf effektive Verteidigung mit den Opferschutzinteressen und dem Grundsatz der Verfahrensökonomie kann hier nicht dazu führen, die Gefahr des Prozessbetruges als verfassungsrechtlich nicht hinnehmbaren Druck auf den Angeklagten zu qualifizieren.[94] Schließlich würde hierdurch das nicht schützenswerte Bestreben des Angeklagten, sich durch Angabe falscher Tatsachen der tatangemessenen Strafe zu entziehen, belohnt. Dies würde zudem insofern auf Kosten des Opfers gehen, als dass dieses gezwungen wäre, gerade in Fällen höherer Schadenssummen den Zivilrechtsweg mit den durch das Adhäsionsverfahren zu vermeidenden Nachteilen zu beschreiten. Eine Nichteignung wegen Beschneidung eines mehr oder weniger ausgeprägten „Rechtes zur Lüge" des Angeklagten im Strafprozess ist daher abzulehnen.

c) Schmerzensgeldansprüche gem. § 253 Abs. 2 BGB. Nach Abs. 1 S. 6 darf hinsichtlich geltend gemachter Schmerzensgeldansprüche gem. § 253 Abs. 2 BGB von der Entscheidung nur abgesehen werden, wenn der Antrag **unzulässig** ist oder soweit er **unbegründet** erscheint. Der Gesetzgeber unterstellt mit dieser Regelung, dass Schmerzensgeldansprüche gem. § 253 Abs. 2 BGB sich (ausnahmslos) zur Erledigung im Strafverfahren eignen. Ein Absehen wegen Nichteignung kommt hier also selbst dann nicht in Betracht, wenn das Strafverfahren beispielsweise – auch erheblich – verzögert würde. Das Interesse des Antragstellers wird in diesen Fällen damit über entgegenstehende andere Belange gestellt. Allerdings muss in diesen Fällen nicht zwingend abschließend entschieden werden, der Erlass eines Grundurteils nach Abs. 1 S. 1 ist nicht ausgeschlossen und somit bei fehlender Endentscheidungsreife ausreichend.[95]

4. Absehenshinweis. Nach Abs. 5 S. 1 sind – im Interesse des Antragstellers – die Verfahrensbeteiligten so früh wie möglich darauf hinzuweisen, dass das Gericht von einer Entscheidung absehen will. Dieser Hinweis ermöglicht es dem Verletzten, seine Ansprüche frühzeitig auf dem Zivilrechtsweg zu verfolgen.[96] Bevor der Absehenshinweis erlassen wird, ist der Antragsteller **anzuhören**.[97] Wann ein Absehenshinweis rechtzeitig ergeht, hängt vom Grund für die Absehensentscheidung ab. Im Gegensatz zur Feststellung der Unbegründetheit, der eine ausführlichere Sachprüfung vorangehen muss, ist in Fällen der Unzulässigkeit umgehend ein Absehenshinweis auszusprechen.[98] Auch wenn für die Feststellung der Ungeeignetheit eines Antrags mehr Zeit erforderlich ist und daher mangels besonderer gesetzlicher Bestimmung nicht schon eine Entscheidung über die Eignung unmittelbar nach Antragstellung verlangt werden kann,[99] wäre ein generelles Abwarten des Ergebnisses der Hauptverhandlung wohl als verspätet anzusehen.[100] Allerdings braucht das Gericht wegen der Möglichkeit zum Erlass von Grund- und Teilurteilen in diesen Fällen, die gleichzeitig immanent ein Teilabsehen beinhalten, nicht vor Erlass des Urteils hierauf hinzuweisen, so dass die Hinweispflicht nur für das vollständige Absehen gilt.[101]

5. Absehensbeschluss. Die Absehensentscheidung kann das Gericht in jeder Lage des Verfahrens durch Beschluss erlassen. Der Beschluss muss nach § 34 begründet werden und

---

[94] So aber J.P. Feigen Adhäsionsverfahren S. 184.
[95] Schmitt in Meyer-Goßner/Schmitt Rn. 13; Weiner in HK-GS Rn. 11; Ferber NJW 2004, 2562 (2565); Loos GA 2006, 195 (209 f.); tendenziell strenger: Wenske in Löwe/Rosenberg Rn. 23, der dies für ein unzulässiges Teilabsehen hält.
[96] Vgl. auch Regierungsbegr. in der Vorlage für den Bundesrat, BR-Drs. 829/03, 38.
[97] Wenske in Löwe/Rosenberg Rn. 60; Schmitt in Meyer-Goßner/Schmitt Rn. 14.
[98] J.P. Feigen Adhäsionsverfahren S. 188 f.
[99] Schmitt in Meyer-Goßner/Schmitt Rn. 14; aA H.W. Feigen FS Otto, 2007, 879 (888 ff.); für Wirtschaftsstrafverfahren auch: J.P. Feigen Adhäsionsverfahren S. 200.
[100] AA Rieß FS Dahs, 2005, 436, der dies in der Regel für notwendig erachtet und daher der gesetzgeberischen Konzeption kritisch gegenübersteht.
[101] Schmitt in Meyer-Goßner/Schmitt Rn. 14; Meier/Dürre JZ 2006, 18 (24); aA Nepomuck in KMR-StPO Rn. 41; Ferber in Weiner/Ferber Rn. 146; Loos GA 2007, 195 (207), der in diesen Fällen einen gesonderten Beschluss über das Teilabsehen und mithin einen vorherigen Hinweis für erforderlich erhält.

eine Kostenentscheidung nach § 472a Abs. 2 enthalten.[102] Lediglich im Falle des Teilabsehens wegen des Erlasses eines Grund- oder Teilurteils ist ein Absehen (erst) im Urteil zulässig.[103] Wird von der Entscheidung ganz oder teilweise abgesehen, so muss dies auch ausdrücklich und unter dieser Bezeichnung in den Tenor aufgenommen werden, eine Klagabweisung darf nicht tenoriert werden.[104] Dem Antragsteller steht als Rechtsmittel gegen den Beschluss die **sofortige Beschwerde** (§ 406a Abs. 1 S. 1) zu. Da diese jedoch nur zulässig ist, wenn noch keine den Rechtszug abschließende Entscheidung ergangen ist, besteht die Gefahr, dass die Gerichte ihre Entscheidungen zur Vermeidung von Beschwerdeentscheidungen hinauszögern.[105]

IV. Vollständige oder teilweise Abschrift

20   Nach § 406 Abs. 4 ist dem Antragsteller eine Abschrift des Urteils mit Gründen oder zumindest ein Auszug aus dem Urteil zuzustellen. Ob der Antragsteller eine Abschrift des vollständigen Urteils mit Gründen erhält oder ihm lediglich ein Auszug aus dem Urteil zugestellt wird, liegt im Ermessen des erkennenden Gerichts. Sofern dem Antragsteller lediglich ein Auszug zugestellt wird, muss aus dem Auszug für den Antragsteller ersichtlich sein, welcher Anspruch ihm in welcher Höhe zugesprochen worden ist[106]

V. Kosten und Gebühren

21   Der **Verurteilte** trägt bei einem stattgebenden Urteil nach § 472a Abs. 1 die im Adhäsionsverfahren entstandenen besonderen Kosten und die notwendigen Auslagen des Antragstellers im Sinne der §§ 403, 404. Beim Absehen von einer Entscheidung, einer nur teilweisen Stattgabe oder bei Rücknahme des Adhäsionsantrags entscheidet das Gericht gem. § 472a Abs. 2 nach pflichtgemäßem Ermessen, wer die insoweit entstandenen gerichtlichen Auslagen und die insoweit den Beteiligten erwachsenden notwendigen Auslagen trägt. Dies können entweder die Beteiligten oder die **Staatskasse** sein, soweit es unbillig wäre, die Beteiligten mit den Kosten zu belasten.

22   Für den **Vergütungsanspruch** des Rechtsanwalts, der den Adhäsionskläger vertritt, sind im Falle mehrerer Adhäsionsklagen die Gegenstandswerte der Adhäsionsklagen zusammenzurechnen, weil die Adhäsionsverfahren eine gebührenrechtliche Angelegenheit im Sinne von § 22 Abs. 1 RVG bilden.[107]

§ 406a Rechtsmittel

(1) ¹Gegen den Beschluss, mit dem nach § 406 Abs. 5 Satz 2 von einer Entscheidung über den Antrag abgesehen wird, ist sofortige Beschwerde zulässig, wenn der Antrag vor Beginn der Hauptverhandlung gestellt worden und solange keine den Rechtszug abschließende Entscheidung ergangen ist. ²Im Übrigen steht dem Antragsteller ein Rechtsmittel nicht zu.

(2) ¹Soweit das Gericht dem Antrag stattgibt, kann der Angeklagte die Entscheidung auch ohne den strafrechtlichen Teil des Urteils mit dem sonst zulässigen Rechtsmittel anfechten. ²In diesem Falle kann über das Rechtsmittel durch Beschluss in nichtöffentlicher Sitzung entschieden werden. ³Ist das zulässige Rechtsmittel die Berufung, findet auf Antrag des Angeklagten oder des Antragstellers eine mündliche Anhörung der Beteiligten statt.

---

[102] Schmitt in Meyer-Goßner/Schmitt Rn. 15.
[103] Weiner in HK-GS Rn. 12; Schmitt in Meyer-Goßner/Schmitt Rn. 14; aA Loos GA 2007, 195 (207), der auch hier einen Beschluss über das Teilabsehen fordert.
[104] BGH 16.9.2009 – 2 StR 311/09, NStZ-RR 2010, 23; Schmitt in Meyer-Goßner/Schmitt Rn. 13a.
[105] Nepomuck in KMR-StPO Nr. 44; Schmitt in Meyer-Goßner/Schmitt Rn. 15.
[106] Wenske in Löwe/Rosenberg Rn. 57; Merz in Radtke/Hohmann Rn. 10.
[107] OLG Stuttgart 18.12.2014 – 2 Ws 74/14, BeckRS 2015, 02098.

(3) ¹Die dem Antrag stattgebende Entscheidung ist aufzuheben, wenn der Angeklagte unter Aufhebung der Verurteilung wegen der Straftat, auf welche die Entscheidung über den Antrag gestützt worden ist, weder schuldig gesprochen noch gegen ihn eine Maßregel der Besserung und Sicherung angeordnet wird. ²Dies gilt auch, wenn das Urteil insoweit nicht angefochten ist.

Schrifttum: Daimagüler, Der Verletzte im Strafverfahren, 1. Aufl. 2016; Grau/Blechschmidt/Frick, Stärken und Schwächen des reformierten Adhäsionsverfahrens – Zugleich Anmerkungen zu LG Stuttgart – 11 KLs 34 Js 11865/07 (Beschlüsse 14.7., 21.7. und Verfügung 29.7.2009), NStZ 2010, 662; Köckerbauer, Die Geltendmachung zivilrechtlicher Ansprüche im Strafverfahren – der Adhäsionsprozess, NStZ 1994, 305; Krey/Wilhelmi, Ausbau des Adhäsionsverfahrens: Holzweg oder Königsweg? Kritische Analyse mit rechtshistorischen und rechtsvergleichenden Hinweisen, FS Otto, 2007, 933; Schmid, Nebenklage und Adhäsionsantrag in der Berufung, NStZ 2011, 611; Weiner/Ferber, Handbuch des Adhäsionsverfahrens, 2. Aufl. 2016.

Übersicht

		Rn.			Rn.
I.	Rechtsmittel des Antragstellers	1	3.	Anfechtung des zivilrechtlichen Teils des Urteils	14
II.	Rechtsmittel des Angeklagten	9			
1.	Anfechtung des gesamten Urteils	10	III.	Rechtsmittel anderer Verfahrensbeteiligter	16
2.	Anfechtung des strafrechtlichen Teils des Urteils	13	IV.	Aufhebung des Schuldspruchs	17

I. Rechtsmittel des Antragstellers

Mit seiner Neufassung durch das erste OpferRRG ist in Abs. 1 S. 1 ein – eingeschränktes – Rechtsmittel des Antragstellers gegen die Absehensentscheidung eingeführt worden. Hiernach steht dem Antragsteller binnen einer Woche die **sofortige Beschwerde** (§ 311) gegen den Beschluss nach § 406 Abs. 5 S. 2 zu.[1] Gegen eine erst im Urteil ergangene Absehensentscheidung steht dem Antragsteller kein Rechtsmittel zur Verfügung. 1

Für die Zulässigkeit der sofortigen Beschwerde müssen zwei Voraussetzungen gegeben sein: 2
– Der Adhäsionsantrag ist vor Beginn der Hauptverhandlung (§ 243 Abs. 1 S. 1) gestellt worden.
– Eine den Rechtszug abschließende – nicht notwendig rechtskräftige – Entscheidung (Urteil oder Beschluss)[2] ist noch nicht ergangen.

Ein Absehensbeschluss bzgl. eines erst nach Beginn der Hauptverhandlung gestellten Adhäsionsantrags kann somit nicht mit der sofortigen Beschwerde angegriffen werden. Dies wird damit begründet, dass in diesem Fall die Beschwerdeerhebung regelmäßig erst in einem solch späten Zeitpunkt des Verfahrens erfolge, dass sich das Beschwerdegericht zwar mit der Beschwerde befassen, eine zeitnahe Entscheidung aber nicht mehr treffen könne.[3] Der Antragsteller habe es selbst in der Hand, den Adhäsionsantrag vor Beginn der Hauptverhandlung zu stellen, so dass diese Rechtsschutzeinschränkung ihn nicht übermäßig belaste. Zudem sei diese Lösung für alle Beteiligten im Sinne einer frühzeitigen Transparenz im Hinblick auf den Entscheidungsbedarf hilfreich.[4] 3

Der ausnahmslose Ausschluss der sofortigen Beschwerde in jedem Fall der Antragstellung nach Beginn der Hauptverhandlung ist jedoch nicht nachvollziehbar. Schließlich besteht auch in diesen Konstellationen die Möglichkeit, dass die Entscheidung über eine sofortige 4

---

[1] Daimagüler Der Verletzte im Strafverfahren Rn. 758; Schmitt in Meyer-Goßner/Schmitt Rn. 2; Wenske in Löwe/Rosenberg Rn. 1; Kurth in Gercke/Julius/Temming/Zöller Rn. 1; Weiner in HK-GS Rn. 1.
[2] Schmitt in Meyer-Goßner/Schmitt Rn. 3.
[3] Kurth in Gercke/Julius/Temming/Zöller Rn. 1; Schmitt in Meyer-Goßner/Schmitt Rn. 3; Daimagüler Der Verletzte im Strafverfahren Rn. 758.
[4] BT-Drs. 15/2609, 15.

Beschwerde noch rechtzeitig ergehen kann,[5] insbesondere bei länger andauernden Verfahren. Außerdem erscheint es widersprüchlich, wenn einerseits die Antragstellung in einem späteren Verfahrenszeitpunkt ermöglicht und als sinnvoll erachtet wird, andererseits einem solchen Antrag jegliche Rechtsschutzmöglichkeit genommen wird.[6]

5 Auch die Unzulässigkeit der sofortigen Beschwerde bei Vorliegen einer den Rechtszug abschließenden Entscheidung ist bedenklich, zumal diese auch nachträglich eintreten kann. Ergeht nämlich – etwa durch Verzicht auf weitere Zeugen oder ein Geständnis im Rahmen einer Verfahrensabsprache – während des Verfahrens eine plötzliche Entscheidung, kann eine bereits eingelegte und zunächst auch Erfolg versprechende sofortige Beschwerde unerwartet und ohne Einflussmöglichkeit des Antragstellers unzulässig werden (prozessuale Überholung).[7]

6 Vorzugswürdiger wäre *de lege ferenda* die Einführung einer allgemeinen Beschwerdemöglichkeit für sämtliche Beschlüsse, mit denen von einer Entscheidung abgesehen wird. Das Argument gegen ein selbstständiges Beschwerdeverfahren, wonach der Antragsteller durch die Ablehnung nicht beschwert sei und sein Begehren im Zivilrechtsweg weiter verfolgen könne, greift nicht.[8] Der Antragsteller ist aufgrund der Absehensentscheidung schon insoweit beschwert, als ihm die Möglichkeit verwehrt bleibt, bereits im Strafverfahren ohne zeitliche Verzögerung einen Schadensausgleich zu erzielen.[9] Daneben trifft ihn das Kostenrisiko für das Adhäsionsverfahren, was umfassendere Rechtsschutzmöglichkeiten erforderlich macht.[10] Zudem wird *de lege lata* auch die Bedeutung sofortiger Beschwerden für das Rechtsinstitut Adhäsionsverfahren als solches nicht ausreichend gewürdigt. Die sofortige Beschwerde erfüllt neben der Abhilfe der individuellen Beschwer des Antragstellers weitere wichtige Funktionen. So trägt eine effektive Rechtsschutzmöglichkeit zum einen dazu bei, einem vorschnellen Absehen von einer Entscheidung im Adhäsionsverfahren durch den Tatrichter vorzubeugen.[11] Zum anderen eröffnet eine Ausweitung der Beschwerde die Möglichkeit, einheitliche Kriterien für ein Absehen von der Entscheidung durch obergerichtliche Rechtsprechung zu entwickeln.[12] Eine Übervorteilung des Adhäsionsklägers im Vergleich zum Zivilkläger ist nicht erkennbar.[13]

7 Die Absehensentscheidung **in der abschließenden Entscheidung** ist für den Antragsteller grundsätzlich **unanfechtbar** (Abs. 1 S. 2). Dies ist unabhängig davon, ob er gleichzeitig Privat- oder Nebenkläger ist.[14] Eine Rechtsmittelbefugnis kann sich für den Antragsteller aber – sofern zutreffend – aus seiner Stellung als Nebenkläger ergeben.[15] Wenn das Gericht unzulässigerweise auf Klagabweisung entschieden hat, die auch nicht in eine Absehensentscheidung umgedeutet werden kann, sind dem Antragsteller ausnahmsweise die Rechtsmittel der StPO zuzugestehen, um diesen angesichts der negativen Sachentscheidung nicht rechtlos zu stellen.[16] Unberührt bleiben die dem Antragsteller nach der ZPO zustehenden Rechtsmittel im Vollstreckungsverfahren.[17]

8 Die Kostenfolge richtet sich nach § 473 Abs. 1 S. 4, § 472a Abs. 2, wonach die Verteilung der Kosten im Ermessen des Gerichts steht.

---

[5] Grau/Blechschmidt/Frick NStZ 2010, 662 (668).
[6] So aber BT-Drs. 15/2609, 15.
[7] Schmitt in Meyer-Goßner/Schmitt Rn. 3; Grau/Blechschmidt/Frick NStZ 2010, 662 (668).
[8] Ein selbstständiges Beschwerdeverfahren ablehnend: Schmitt in Meyer-Goßner/Schmitt Rn. 4; Krey/Wilhelmi FS Otto, 2007, 933 (953).
[9] So auch die Begründung des ursprünglichen Gesetzentwurfs BT-Drs. 15/1976, 17; vgl. auch: Pfeiffer Rn. 1.
[10] Weiner in HK-GS Rn. 2.
[11] Die vorschnelle Weigerung, über Opferansprüche zu entscheiden, stellt nach wie vor ein Hauptproblem des gesamten Adhäsionsverfahrens dar, vgl.: Loos GA 2006, 195 (195).
[12] Pfeiffer Rn. 1.
[13] AA Schmid NStZ 2011, 611 (614).
[14] Nepomuck in KMR-StPO Rn. 1; Weiner in Gercke/Julius/Temming/Zöller Rn. 2.
[15] Vgl. BGH 1.2.2012 – 2 StR 581/11, BeckRS 2012, 04722; Schmitt in Meyer-Goßner/Schmitt Rn. 6.
[16] Nach Weiner in HK-GS Rn. 2 sollen in diesen Fällen auch andere Rechtsmittel wie die Gehörsrüge gem. § 321a ZPO in Betracht kommen.
[17] Wenske in Löwe/Rosenberg Rn. 4.

II. Rechtsmittel des Angeklagten

Gegen das stattgebende (Adhäsions-)Urteil stehen dem Angeklagten die **Rechtsmit-** 9
tel der StPO zur Verfügung (§ 406a Abs. 2), ohne deren Einlegung die Entscheidung rechtskräftig wird. Wird Revision eingelegt, sind daher die Formvorschriften der StPO zu beachten; die bloße Erklärung, dass gegen die Entscheidung im Adhäsionsverfahren Revision eingelegt werde, reicht nicht aus. Hieraus wäre nämlich nicht erkennbar, ob das Urteil wegen einer Verletzung einer Verfahrensvorschrift oder wegen der Verletzung sachlichen Rechts angefochten wird.[18] Das Urteil kann insgesamt angefochten werden; in Betracht kommt aber auch eine beschränkte Anfechtung nur hinsichtlich des strafrechtlichen oder nur des zivilrechtlichen Teils. Der nicht angefochtene Teil des Urteils erwächst in Rechtskraft.

1. Anfechtung des gesamten Urteils. Dem Angeklagten steht für die Anfechtung 10
des Urteils das Rechtsmittel der Berufung gem. § 312 (gegen Urteile des Amtsgerichts) und/oder der Revision gem. §§ 333, 335 zur Verfügung.[19] Dass gegen landgerichtliche Urteile auch in Bezug auf die Adhäsionsentscheidung nur die Revision statthaft ist, stellt eine zulässige gesetzgeberische Entscheidung im Sinne des Opferschutzes dar.

Möchte der Angeklagte sowohl den strafrechtlichen als auch den zivilrechtlichen Teil 11
des Urteils anfechten, wird im Berufungsverfahren über den strafrechtlichen Vorwurf und den zivilrechtlichen Anspruch aufs Neue verhandelt.[20] Wird der Schuldspruch aufrechterhalten oder eine Maßregel der Besserung und Sicherung verhängt, kann hinsichtlich des zivilrechtlichen Anspruchs wie in erster Instanz entweder von der Entscheidung abgesehen oder aber dem Antrag stattgegeben werden. Im Falle eines Freispruchs muss die zivilrechtliche Verurteilung gem. Abs. 3 S. 1 aufgehoben werden. Dies folgt daraus, dass die Adhäsionsentscheidung mit dem strafrechtlichen Schuldspruch grundsätzlich untrennbar verbunden ist.[21] Eine Ausnahme bildet der Sonderfall des Anerkenntnisurteils.

Wird im Revisionsverfahren die strafrechtliche Verurteilung bestätigt, nicht aber die 12
zivilrechtliche Entscheidung, dann muss das Revisionsgericht Letztere aufheben und von der Entscheidung absehen.[22] Eine Zurückverweisung nur wegen der Adhäsionsentscheidung ist ausgeschlossen.[23] Die Grundsätze des § 406 sind auch im Revisionsverfahren zu beachten, so dass die Entscheidung ggf. dem Grunde nach aufrecht zu erhalten ist.[24] Daher kommt auch eine Zurückverweisung nur wegen der Höhe des Betrages nicht in Betracht, nach § 406 Abs. 3 S. 4 hat hierüber nämlich das zuständige Zivilgericht zu entscheiden.[25] Kann das Revisionsgericht über den strafrechtlichen Teil eines Urteils durch Beschluss nach § 349 Abs. 2 oder Abs. 4 entscheiden, so kann es auf diesem Wege auch ohne staatsanwaltschaftliche Zustimmung zugleich über das Rechtsmittel gegen die Adhäsionsentscheidung mitbefinden.[26]

2. Anfechtung des strafrechtlichen Teils des Urteils. Der Angeklagte kann die 13
Urteilsanfechtung aber auch auf die strafrechtliche Verurteilung beschränken. Umstritten ist, ob in diesem Fall der zivilrechtliche Teil des Urteils in Rechtskraft erwächst.[27] Nach Abs. 3 genügt für die Aufhebung der Adhäsionsentscheidung bereits, dass das Rechtsmittelgericht den strafrechtlichen Schuldspruch beseitigt. Dies folgt daraus, dass der Entschädigungsanspruch grundsätzlich untrennbar mit der Entscheidung über den strafrechtli-

---

[18] BGH 25.1.2000 – 4 StR 569/99, NStZ 2000, 388.
[19] Kurth in Gercke/Julius/Temming/Zöller Rn. 2 ff.; Weiner in HK-GS Rn. 4; Merz in Radtke/Hohmann Rn. 3.
[20] Nepomuck in KMR-StPO Rn. 9.
[21] Köckerbauer NStZ 1994, 305 (310).
[22] BGH 27.3.1987 – 2 StR 106/87, NStZ 1988, 237; 12.4.1983 – 5 StR 169/83, NStZ 1988, 237.
[23] BGH 27.3.1987 – 2 StR 106/87, NStZ 1988, 237; 12.4.1983 – 5 StR 169/83, NStZ 1988, 237.
[24] BGH 14.10.1998 – 2 StR 436-98, NJW 1999, 437.
[25] BGH 14.10.1998 – 2 StR 436-98, NJW 1999, 437.
[26] BGH 3.4.2007 – 3 StR 92/07, NStZ-RR 2007, 211.
[27] Ferber in BeckOK StPO Rn. 2.

chen Schuldspruch verbunden ist.[28] Nach hM zieht daher die Beschränkung des Rechtsmittels auf den strafrechtlichen Teil des Urteils **keine Rechtskraft des zivilrechtlichen Teils** nach sich.[29] Für den Adhäsionskläger hat dies allerdings den Nachteil, dass er während des Rechtsmittelverfahrens nicht ohne Bedenken vollstrecken kann, da er mit einer Aufhebung der strafrechtlichen Verurteilung und nachfolgend der Adhäsionsentscheidung rechnen muss und dann Schadensersatzansprüchen wegen der Vollstreckung eines nur vorläufig vollstreckbaren Urteils gem. § 717 Abs. 2 ZPO ausgesetzt wäre.[30] Die Sicherungsvollstreckung nach § 720a ZPO dürfte allerdings auch vor Rechtskraft des Adhäsionsausspruchs zulässig sein. Ohnehin ist nicht recht einsichtig, die Rechtskraft des zivilrechtlichen Teils zu verneinen, wenn sich das Rechtsmittel des Angeklagten gar nicht gegen diesen Teil richtet. Die materiell-rechtliche Richtigkeit der nicht angefochtenen Adhäsionsentscheidung wird in diesem Falle überhaupt nicht angezweifelt. Insofern wird davon auszugehen sein, dass in diesen Fällen der zivilrechtliche Teil rechtskräftig wird und die Rechtskraft bei endgültiger Aufhebung des Schuldspruchs wieder durchbrochen wird.[31]

14 **3. Anfechtung des zivilrechtlichen Teils des Urteils.** Die ausdrücklich nach Abs. 2 S. 1 zulässige Beschränkung der Anfechtung auf den zivilrechtlichen Teil des Urteils bewirkt demgegenüber zweifellos die Rechtskraft der strafrechtlichen Verurteilung, sofern diese nicht von einem anderen Verfahrensbeteiligten angefochten wird.[32] Die Anfechtung nur des zivilrechtlichen Teils erfolgt ebenfalls mit den zulässigen Rechtsmitteln der StPO. In einem solchen Fall kann gem. Abs. 2 S. 2 über das Rechtsmittel durch Beschluss in nichtöffentlicher Sitzung, also ohne mündliche Verhandlung, entschieden werden. Diese Möglichkeit der Beschlussentscheidung hat unmittelbare Bedeutung nur für die Verwerfung des Rechtsmittels wegen Unbegründetheit, also die Aufrechterhaltung des stattgebenden Urteils. Gem. § 406 Abs. 1 S. 3 ist nämlich die Aufhebung des Urteils durch Absehensentscheidung auch außerhalb einer Hauptverhandlung ohnehin durch Beschluss möglich.[33] Kritik hat die durch das OpferRRG eingeführte Regelung des Abs. 2 S. 3 erfahren, wonach im Berufungsverfahren auf Antrag des Angeklagten oder des Antragstellers eine mündliche Anhörung der Beteiligten stattzufinden hat.[34] Die Schaffung einer weiteren mündlichen Verhandlung neben der Berufungsverhandlung sei überflüssig.[35] Allerdings ist diesbezüglich der Ansicht zuzustimmen, die diese Form der Anhörungsmöglichkeit im Zusammenhang mit Abs. 2 S. 1 und 2 dahingehend interpretiert, dass die Anhörung nur für die dort geregelten Fälle vorgesehen ist, in denen der Angeklagte also lediglich den zivilrechtlichen Teil des Urteils anficht und es daher im Falle des Abs. 2 S. 2 uU zu gar keiner mündlichen Berufungsverhandlung kommen würde.[36]

15 Ist der erstinstanzliche Ausspruch über einen Adhäsionsantrag nicht vollstreckbar, indem zB im Urteilstenor unklar bleibt, wann und in welchem Umfang durch den Verurteilten Zahlungen geleistet und hierdurch Erfüllung der Hauptforderung eingetreten ist, so ist der Ausspruch über den Adhäsionsantrag in der Rechtsmittelinstanz aufzuheben und – weil eine Zurückverweisung der Sache zu neuer Verhandlung allein über den Adhäsionsantrag nicht in Betracht kommt – von einer Entscheidung über den Adhäsionsantrag abzusehen.[37] Aufzuheben ist auch ein Ausspruch über einen Adhäsionsantrag, dessen lediglich formelhafte

---

[28] OLG Neustadt 9.4.1952 – Ws 54/52, NJW 1952, 718.
[29] Wenske in Löwe/Rosenberg Rn. 13; Schmitt in Meyer-Goßner/Schmitt § 406 Rn. 6; zustimmend, wenn auch diese Rechtsfolge kritisierend, Köckerbauer NStZ 1994, 305 (310); aA Nepomuck in KMR-StPO Rn. 10.
[30] Vgl. Köckerbauer NStZ 1994, 305 (310).
[31] Vgl. BGH 28.11.2007 – 2 StR 477/07, NJW 2008, 1239 (1240).
[32] Nepomuck in KMR-StPO Rn. 7.
[33] Nepomuck in KMR-StPO Rn. 7.
[34] Schmitt in Meyer-Goßner/Schmitt Rn. 6; Nepomuck in KMR-StPO Rn. 7.
[35] Schmitt in Meyer-Goßner/Schmitt Rn. 6.
[36] Ferber/Weiner in Weiner/Ferber Rn. 215.
[37] BGH 21.5.2013 – 2 StR 578/12, BeckRS 2013, 11729; Czierniak/Niehaus NStZ-RR 2016, 195.

Begründung keine Prüfung durch die Revisionsinstanz zulässt, ob durch die Strafkammer alle notwendigen Aspekte in die Gesamtschau einbezogen worden sind.[38]

III. Rechtsmittel anderer Verfahrensbeteiligter

Eine Anfechtung alleine des zivilrechtlichen Urteilsteiles durch andere Verfahrensbeteiligte wie die StA, Privat- oder Nebenkläger ist ausgeschlossen.[39] Den übrigen Verfahrensbeteiligten stehen lediglich die gesetzlich vorgesehenen Rechtsmittel (jenseits des Adhäsionsverfahrens) im Hinblick auf den strafrechtlichen Teil der Verurteilung zur Verfügung. Ein Rechtsmittel der übrigen Verfahrensbeteiligten beeinflusst daher den zivilrechtlichen Teil des Urteils – außer bei einem Freispruch – nicht.[40] 16

IV. Aufhebung des Schuldspruchs

Im Falle der Aufhebung des strafrechtlichen Teils des Urteils muss zugleich die dem Adhäsionsantrag stattgebende Entscheidung aufgehoben werden, auch wenn sie nicht angefochten worden ist.[41] Eine bloße Änderung des Schuld- und Strafausspruchs hat hingegen keine Auswirkungen auf den zivilrechtlichen Teil des Urteils.[42] 17

Die Aufhebung muss endgültig sein, im Falle der Aufhebung und Zurückverweisung an das Tatgericht in der Revision erfolgt die Aufhebung des Adhäsionsspruchs also idR erst durch die Entscheidung des Tatgerichts.[43] Etwas anderes gilt zB dann, wenn es das Revisionsgericht für möglich hält, dass Jugendstrafrecht anzuwenden ist, da in diesem Fall das Adhäsionsverfahren schon gar nicht zulässig wäre; hier kann bereits das Revisionsgericht die Adhäsionsentscheidung aufheben.[44] Eine erfolgte Aufhebung wirkt wegen der Revisionserstreckung gem. § 357 auch für Mitangeklagte, die nicht selbst Revision eingelegt haben. 18

§ 406b Vollstreckung

[1]Die Vollstreckung richtet sich nach den Vorschriften, die für die Vollstreckung von Urteilen und Prozessvergleichen in bürgerlichen Rechtsstreitigkeiten gelten. [2]Für das Verfahren nach den §§ 323, 731, 767, 768, 887 bis 890 der Zivilprozeßordnung ist das Gericht der bürgerlichen Rechtspflege zuständig, in dessen Bezirk das Strafgericht des ersten Rechtszuges seinen Sitz hat. [3]Einwendungen, die den im Urteil festgestellten Anspruch selbst betreffen, sind nur insoweit zulässig, als die Gründe, auf denen sie beruhen, nach Schluß der Hauptverhandlung des ersten Rechtszuges und, wenn das Berufungsgericht entschieden hat, nach Schluß der Hauptverhandlung im Berufungsrechtszug entstanden sind.

Die Zwangsvollstreckung von Adhäsionsentscheidungen richtet sich nach den **Vorschriften der ZPO.** Die Vollstreckung kann entweder auf der Grundlage einer vollstreckbaren Ausfertigung des Urteils (§ 724 Abs. 1 ZPO) oder eines nach § 405 Abs. 1 geschlossenen Vergleichs (§ 795 ZPO) erfolgen.[1] Die Titel sind vom UrkB der Geschäftsstelle des Strafgerichts nach § 724 Abs. 2, §§ 725–730, 733, 734 ZPO zu erteilen. 1

---

[38] BGH 21.11.2013 – 2 StR 459/13, BeckRS 2014, 00753; Czierniak/Niehaus NStZ-RR 2016, 195.
[39] BGH 23.5.1952 – 2 StR 20/52, NJW 1952, 1347; Nepomuck in KMR-StPO Rn. 17; Schmitt in Meyer-Goßner/Schmitt Rn. 7.
[40] Schmitt in Meyer-Goßner/Schmitt Rn. 7; Daimagüler Der Verletzte im Strafverfahren Rn. 766.
[41] Schmitt in Meyer-Goßner/Schmitt Rn. 8; Wenske in Löwe/Rosenberg Rn. 21; Kurth in Gercke/Julius/Temming/Zöller Rn. 8.
[42] Merz in Radtke/Hohmann Rn. 6.
[43] BGH 28.11.2007 – 2 StR 477/07, NJW 2008, 1239 (1240); Wenske in Löwe/Rosenberg Rn. 21.
[44] BGH 25.1.1991 – 2 StR 614/90, NStZ 1991, 235; Wenske in Löwe/Rosenberg Rn. 25.
[1] Wenske in Löwe/Rosenberg Rn. 1.

2 Eine stattgebende Entscheidung über den Adhäsionsantrag wird gem. § 406 Abs. 3 S. 2 iVm den §§ 708 ff. ZPO (mit Ausnahme des § 713 ZPO) für **vorläufig vollstreckbar** erklärt. Die vorläufige Vollstreckbarkeit kann von einer Sicherheitsleistung abhängig gemacht oder mit einer Abwendungsbefugnis versehen werden.

3 Die Sicherungsvollstreckung dürfte nach § 720a ZPO zulässig sein, auch in Gestalt einer Vorpfändung im Sinne von § 845 Abs. 1 ZPO, wobei gemäß § 845 Abs. 2 ZPO die Benachrichtigung des Drittschuldners – regelmäßig der kontoführenden Bank – die Wirkung eines Arrestes im Sinne von § 830 ZPO hat, sofern die Pfändung der Forderung innerhalb eines Monats bewirkt wird.

4 Obwohl das Strafgericht das Prozessgericht bleibt, ist nach S. 2 für nachträgliche Entscheidungen grundsätzlich das Zivilgericht zuständig. Neben den in S. 2 genannten Fällen (zB die Abänderungsklage nach § 323 ZPO) ist das Strafgericht auch nicht für Drittwiderspruchsklagen gem. § 771 ZPO zuständig, da sich hier die Zuständigkeit nicht nach dem Prozessgericht, sondern nach den allgemeinen Vorschriften der ZPO richtet.[2] Eine eigene Zuständigkeit des Strafgerichts für nachträgliche Entscheidungen verbleibt somit nur im Rahmen des § 732 ZPO,[3] also bei Rügen bzgl. des Vorgehens seiner eigenen Geschäftsstelle bei Erteilung der Vollstreckungsklausel.[4]

5 Nach S. 3 können Einwendungen gegen die Vollstreckung, die den im Urteil festgestellten Anspruch selbst betreffen, im Wege der Vollstreckungsgegenklage geltend gemacht werden, allerdings gemäß § 767 Abs. 2 ZPO nur auf Gründe gestützt werden, die erst nach der letzten Tatsachenverhandlung des Strafgerichts entstanden sind;[5] dies entspricht der Rechtslage im Zivilprozess. Bei Verwerfung der Berufung gem. § 406a Abs. 2 S. 2 ist maßgeblicher Zeitpunkt die erstinstanzliche Verhandlung, ansonsten je nachdem diese oder die Berufungsverhandlung.

§ 406c Wiederaufnahme des Verfahrens

(1) ¹**Den Antrag auf Wiederaufnahme des Verfahrens kann der Angeklagte darauf beschränken, eine wesentlich andere Entscheidung über den Anspruch herbeizuführen.** ²**Das Gericht entscheidet dann ohne Erneuerung der Hauptverhandlung durch Beschluß.**

(2) **Richtet sich der Antrag auf Wiederaufnahme des Verfahrens nur gegen den strafrechtlichen Teil des Urteils, so gilt § 406a Abs. 3 entsprechend.**

Schrifttum: Daimagüler, Der Verletzte im Strafverfahren, 1. Aufl. 2016.

1 Die Vorschrift unterscheidet zwischen dem Antrag auf Wiederaufnahme betreffend den zivilrechtlichen Teil und dem Antrag auf Wiederaufnahme betreffend den strafrechtlichen Teil des Urteils. Der Antrag auf Wiederaufnahme des Verfahrens nach den §§ 359 ff. kann bzgl. des zivilrechtlichen Teils des Urteils alleine vom Angeklagten gestellt werden.[1] Weder StA noch Adhäsions-, Neben- oder Privatkläger sind antragsberechtigt.[2] Dem Antragsteller ist nach Abschluss des Adhäsionsverfahrens alleine der Zivilrechtsweg eröffnet.[3] Nach Abs. 1 S. 2 bedarf es abweichend von §§ 359 ff. keiner erneuten Hauptverhandlung.

2 Der Wiederaufnahme kann darauf beschränkt werden, eine wesentlich andere Entscheidung über den Anspruch herbeizuführen. **Wesentlich** ist jede Änderung der Entscheidung,

---

[2] Nepomuck in KMR-StPO Rn. 3; Krekeler in Krekeler/Löffelmann/Sommer Rn. 2.
[3] Schmitt in Meyer-Goßner/Schmitt Rn. 1.
[4] Wenske in Löwe/Rosenberg Rn. 2.
[5] Schmitt in Meyer-Goßner/Schmitt Rn. 3.
[1] Daimagüler Der Verletzte im Strafverfahren Rn. 765; Merz in Radtke/Hohmann Rn. 1; Krekeler in Krekeler/Löffelmann/Sommer Rn. 1.
[2] Schmitt in Meyer-Goßner/Schmitt Rn. 1.
[3] Schmitt in Meyer-Goßner/Schmitt Rn. 1.

die von sachlicher Bedeutung ist.[4] Eine wesentlich andere Entscheidung liegt vor, wenn die Verurteilung nach § 406 Abs. 1 S. 1 ganz entfällt oder wenn der zugesprochene Anspruch, etwa unter Berücksichtigung eines Mitverschuldens des Verletzten, erheblich herabgesetzt wird.[5] Eine Änderung der Schmerzensgeldbemessung kann ebenfalls eine wesentlich andere Entscheidung begründen.[6] Keine wesentliche Änderung liegt hingegen vor, wenn alleine die Begründung geändert wird.[7]

Wenn sich die Wiederaufnahme nur auf den strafrechtlichen Teil des Urteils bezieht, gilt § 406a Abs. 3 entsprechend.[8] Wenn also im Wiederaufnahmeverfahren der Schuldspruch entfällt und auch keine Sicherungsmaßregel gegen den Angeklagten angeordnet wird, muss die dem Antrag stattgebende Entscheidung aufgehoben werden.

---

[4] Nepomuck in KMR-StPO Rn. 2.
[5] Schmitt in Meyer-Goßner/Schmitt Rn. 2.
[6] Nepomuck in KMR-StPO Rn. 2.
[7] Merz in Radtke/Hohmann Rn. 2.
[8] Kurth in Gercke/Julius/Temming/Zöller Rn. 3; Schmitt in Meyer-Goßner/Schmitt Rn. 3.

Fünfter Abschnitt. Sonstige Befugnisse des Verletzten

§ 406d Auskunft über den Stand des Verfahrens

(1) ¹Dem Verletzten ist, soweit es ihn betrifft, auf Antrag mitzuteilen:
1. die Einstellung des Verfahrens,
2. der Ort und Zeitpunkt der Hauptverhandlung sowie die gegen den Angeklagten erhobenen Beschuldigungen,
3. der Ausgang des gerichtlichen Verfahrens.

²Ist der Verletzte der deutschen Sprache nicht mächtig, so werden ihm auf Antrag Ort und Zeitpunkt der Hauptverhandlung in einer ihm verständlichen Sprache mitgeteilt.

(2) ¹Dem Verletzten ist auf Antrag mitzuteilen, ob
1. dem Verurteilten die Weisung erteilt worden ist, zu dem Verletzten keinen Kontakt aufzunehmen oder mit ihm nicht zu verkehren;
2. freiheitsentziehende Maßnahmen gegen den Beschuldigten oder den Verurteilten angeordnet oder beendet oder ob erstmalig Vollzugslockerungen oder Urlaub gewährt werden, wenn er ein berechtigtes Interesse darlegt und kein überwiegendes schutzwürdiges Interesse der betroffenen Personen am Ausschluss der Mitteilung vorliegt; in den in § 395 Absatz 1 Nummer 1 bis 5 genannten Fällen sowie in den Fällen des § 395 Absatz 3, in denen der Verletzte zur Nebenklage zugelassen wurde, bedarf es der Darlegung eines berechtigten Interesses nicht;
3. der Beschuldigte oder Verurteilte sich einer freiheitsentziehenden Maßnahme durch Flucht entzogen hat und welche Maßnahmen zum Schutz des Verletzten deswegen gegebenenfalls getroffen worden sind;
4. dem Verurteilten erneut Vollzugslockerung oder Urlaub gewährt wird, wenn dafür ein berechtigtes Interesse dargelegt oder ersichtlich ist und kein überwiegendes schutzwürdiges Interesse des Verurteilten am Ausschluss der Mitteilung vorliegt.

²Die Mitteilung erfolgt durch die Stelle, welche die Entscheidung gegenüber dem Beschuldigten oder Verurteilten getroffen hat; in den Fällen des Satzes 1 Nummer 3 erfolgt die Mitteilung durch die zuständige Staatsanwaltschaft.

(3) ¹Der Verletzte ist über die Informationsrechte aus Absatz 2 Satz 1 nach der Urteilsverkündung oder Einstellung des Verfahrens zu belehren. ²Über die Informationsrechte aus Absatz 2 Satz 1 Nummer 2 und 3 ist der Verletzte zudem bei Anzeigeerstattung zu belehren, wenn die Anordnung von Untersuchungshaft gegen den Beschuldigten zu erwarten ist.

(4) ¹Mitteilungen können unterbleiben, sofern sie nicht unter einer Anschrift möglich sind, die der Verletzte angegeben hat. ²Hat der Verletzte einen Rechtsanwalt als Beistand gewählt, ist ihm ein solcher beigeordnet worden oder wird er durch einen solchen vertreten, so gilt § 145a entsprechend.

Schrifttum: Schroth, Die Rechte des Opfers im Strafprozess, 3. Aufl. 2018; Weigend, Das Opferschutzgesetz – kleine Schritte zu welchem Ziel?, NJW 1987, 1170.

Übersicht

		Rn.			Rn.
I.	Normzweck und Anwendungsbereich	1	IV.	Formale und inhaltliche Ausgestaltung der Mitteilung	10
II.	Unterrichtungspflichten aus Abs. 1	4	V.	Adressat der Mitteilungen gem. Abs. 4	12
III.	Unterrichtungspflichten aus Abs. 2	7	VI.	Unterrichtung des Verletzten	14

I. Normzweck und Anwendungsbereich

§ 406d regelt Informationspflichten der Strafjustiz gegenüber dem Verletzten und dient wie die übrigen Vorschriften des vierten Abschnitts der StPO dem Opferschutz durch eine Stärkung der strafprozessualen Stellung des Verletzten. Hierdurch soll dem Verletzten die Möglichkeit zur sachgerechten Wahrnehmung seiner Interessen eingeräumt und zugleich möglichen Gefährdungen des Verletzten vorgebeugt werden. Eingeführt durch das Opferschutzgesetz vom 18.12.1986 und u.a. erweitert durch Gesetzesreformen im Zuge des OpferRRG, des Gesetzes zur Reform der Führungsaufsicht und zuletzt des zweiten OpferRRG vom 29.7.2009[1] sind neben die traditionellen Verletztenbefugnisse der Privat- und Nebenklage, der Klageerzwingung und des Adhäsionsverfahrens weitere (Verfahrens-)Rechte getreten.[2] Diese ergänzen den hergebrachten Opferschutz – im Falle des § 406d etwa die Bescheidungspflicht gegenüber einem Anzeigeerstatter nach § 171 – und gelten grundsätzlich für jeden Verletzten. Teilweise werden für nebenklagebefugte Verletzte erweiterte Befugnisse statuiert, unabhängig davon, ob tatsächlich Nebenklage erhoben ist oder nicht.

Der Begriff des **Verletzten** ist in § 373b legaldefiniert. Die Vorschrift wurde, nachdem eine einheitliche Begriffsbestimmung bislang fehlte, mit dem „Gesetz zur Fortentwicklung der Strafprozessordnung und zur Änderung weiterer Vorschriften" in die StPO eingefügt und ist seit dem 1.7.2021 in Kraft.

Aufgrund des § 2 JGG sind die Vorschriften des vierten Abschnitts grundsätzlich auch in Verfahren gegen Jugendliche und Heranwachsende anwendbar. Bei Verfahren gegen Jugendliche dürfte allerdings für eine Anwendbarkeit der § 406e Abs. 1 S. 2 und § 406g, die eine Nebenklagebefugnis voraussetzen, das Vorliegen der Voraussetzungen für eine Nebenklage gem. § 80 Abs. 3 JGG zu fordern sein.[3] Eine Anwendbarkeit ist auch im Sicherungsverfahren gem. §§ 413 ff. gegeben.[4]

II. Unterrichtungspflichten aus Abs. 1

Auf formlos möglichen **Antrag** ist dem Verletzten gem. Abs. 1 das **Ergebnis des staatsanwaltlichen Verfahrens oder der Ausgang des gerichtlich anhängigen Verfahrens** mitzuteilen. Dies betrifft jede verfahrensabschließende Entscheidung, etwa die staatsanwaltliche Einstellung des Verfahrens nach § 170 Abs. 2 oder §§ 153 ff., die Nichteröffnung der Hauptverhandlung (§ 204) oder die Einstellung gem. §§ 153 ff. bzw. gem. §§ 206a, 206b durch das Gericht und schließlich das Urteil.[5] Nach dem Willen des Gesetzgebers und der ganz hM besteht die Mitteilungspflicht erst dann, wenn die Entscheidung unanfechtbar geworden ist.[6] Diese Beschränkung der Informationspflicht auf abschließende und unanfechtbare Entscheidungen stößt auf berechtigte Kritik.[7] Es kommt einer Missachtung der Informationsinteressen des Opfers gleich, wenn dieses in dem mitunter sehr langen Zeitraum zwischen Anzeigeerstattung und verfahrensabschließender Entscheidung nicht weiter über den Verfahrensverlauf informiert wird.[8] *De lege ferenda* sollte daher in Betracht gezogen werden, die Mitteilungspflichten auch auf Entscheidungen im Laufe des Verfahrens auszuweiten, um den Verletzten zeitnah über den Verfahrensstand in Kenntnis setzen.

Das Auskunftsrecht des Verletzten bzw. die Mitteilungspflichten der Strafjustiz sind verfassungsgemäß. Der Beschuldigte wird durch eine solche Mitteilung nicht in seinem informationellen Selbstbestimmungsrecht verletzt. Die gesetzlich geregelte Übermittlung

---

[1] BGBl. 2009 I 2280, in Kraft seit 1.10.2009.
[2] Vgl. zu den Neuerungen durch das zweite OpferRRG Schroth S. 15 ff.
[3] Schmitt in Meyer-Goßner/Schmitt Vor § 406d Rn. 3.
[4] Wenske in Löwe/Rosenberg Vor § 406d Rn. 8.
[5] Schmitt in Meyer-Goßner/Schmitt Rn. 1.
[6] BT-Drs. 10/5305, 17; Schmitt in Meyer-Goßner/Schmitt Rn. 1; Zabeck in KK-StPO Rn. 1; aA Nepomuck in KMR-StPO Rn. 2; Wenske in Löwe/Rosenberg Rn. 6.
[7] Weigend NJW 1987, 1170 (1173).
[8] Weigend NJW 1987, 1170 (1173).

der entsprechenden, den Beschuldigten betreffenden Informationen ist grundsätzlich zulässig und wird dem Anspruch des Verletzten auf rechtliches Gehör gem. Art. 103 Abs. 1 GG gerecht.[9]

6 § 406d Abs. 1 stellt keine abschließende Regelung dar. Das Gericht ist grundsätzlich dazu befugt, dem Opfer weitergehende Verfahrensinformationen zukommen zu lassen. Hierbei ist allerdings verstärkt darauf zu achten, dass diese Informationsweitergabe nicht mit dem Persönlichkeitsschutz des Beschuldigten oder etwaiger anderer Beteiligter kollidiert.

III. Unterrichtungspflichten aus Abs. 2

7 Neben dem Erhalt von allgemeinen Informationen über den Verfahrensstand ist es insbesondere für Opfer von Gewaltdelikten wichtig zu wissen, ob die Gefahr besteht, dem Täter unverhofft von Angesicht zu Angesicht gegenüberstehen zu müssen. Zur Vermittlung eines Sicherheitsgefühls ist dem Verletzten daher **auf Antrag** nach Abs. 2 Nr. 1 zwingend und ohne Interessenabwägung mitzuteilen, ob dem Täter ein Kontakt- oder Verkehrsverbot nach den entsprechenden Vorschriften des StGB auferlegt wurde.[10] Außerdem ist dem Verletzten auf Antrag gem. Abs. 2 Nr. 2 mitzuteilen, ob freiheitsentziehende Maßnahmen angeordnet oder beendet bzw. ob erstmalig Vollzugslockerungen (§ 11 StVollzG) oder Urlaub (§ 13, § 43 Abs. 7, § 124 StVollzG) gewährt wurden. Der Begriff der freiheitsentziehenden Maßnahmen stellt klar, dass dieser Informationsanspruch u.a. auch für den Maßregelvollzug gilt.[11]

8 Hinsichtlich der in Abs. 2 Nr. 2 genannten Auskünfte findet allerdings eine Abwägung der **berechtigten Interessen des Verletzten** einerseits und des Täters andererseits statt. In der Regel muss daher der Verletzte ein berechtigtes Interesse an der beantragten Auskunft darlegen, was jedoch dann entbehrlich ist, wenn der Verletzte Opfer eines nebenklagefähigen Sexualdelikts, Körperverletzungsdelikts, Delikts gegen die persönliche Freiheit oder versuchten Tötungsdelikts geworden und daher zur Nebenklage befugt ist oder er gem. § 395 Abs. 3 als Nebenkläger zugelassen wurde, Abs. 2 Nr. 2. Ein berechtigtes Interesse liegt jedenfalls immer dann vor, wenn eine konkrete Gefährdungslage für den Verletzten hinsichtlich weiterer rechtswidriger Angriffe des Täters besteht und dies durch Tatsachendarlegung plausibel gemacht werden kann.

9 Die Auskunftserteilung ist allerdings zu versagen, wenn mit der Informationsweitergabe **schutzwürdige Interessen des Beschuldigten oder Verurteilten** verletzt würden bzw. letztere das Auskunftsinteresse des Verletzten überwiegen. Dies ist regelmäßig dann der Fall, wenn Vergeltungsmaßnahmen durch den Verletzten oder ihm nahestehende Personen zu befürchten sind und auf Grund dessen eine latente Gefährdungslage für den Täter bestehen würde.[12] Die Regelung des Abs. 2 setzt eine Vorgabe des Rahmenbeschlusses der Europäischen Union vom 15.3.2001 über die Stellung des Opfers im Strafverfahren[13] um, der sich zwar nur auf natürliche Personen als Opfer bezieht, worauf sich der deutsche Gesetzgeber mit der Erstreckung auch auf juristische Personen aber nicht beschränkt hat.[14] Durch das 3. ORRG wurde eine weitere für den Verletzten sehr wichtige Mitteilungspflicht in § 406d Abs. 2 Nr. 3 eingeführt, wenn nämlich sich der Beschuldigte oder Verurteilte einer freiheitsentziehenden Maßnahme durch Flucht entzogen hat und welche Maßnahmen zum Schutze des Verletzten deswegen gegebenenfalls getroffen worden sind.[15] Zuständig hierfür ist jeweils die Staatsanwaltschaft.[16] Durch Gesetz vom 14.3.2013 (StORMG) schließlich wurde mit § 406d Abs. 2 Nr. 4 (zunächst Nr. 3) eine Mitteilungspflicht über dem verurteilten erneut

---

[9] BVerfG 27.2.2002 – 2 BvR 261/02, NJW 2002, 2772.
[10] BT-Drs. 16/1993, 24.
[11] Wenske in Löwe/Rosenberg Rn. 18.
[12] Ferber in HK-GS Rn. 6.
[13] 2001/220/JI, ABl. 2001 L 82, 1; vgl. Art. 4 Abs. 3 des Rahmenbeschlusses.
[14] Weiner in BeckOK StPO Rn. 1.
[15] Schmitt in Meyer-Goßner/Schmitt Rn. 7.
[16] Schmitt in Meyer-Goßner/Schmitt Rn. 7.

gewährte Vollzugslockerungen oder Urlaub eingeführt.[17] Die Belehrungspflicht über die Informationsrechte nach Abs. 2 regelt Abs. 3.

IV. Formale und inhaltliche Ausgestaltung der Mitteilung

Die – sinnvollerweise schriftliche – Mitteilung ist in einer für den Laien verständlichen **10** Art und Weise zu verfassen, aus der das Ergebnis des Verfahrens für den Verletzten eindeutig hervorgeht. Daher ist es idR weder ausreichend noch erforderlich, dem Verletzten lediglich eine Abschrift der Entscheidungsformel zuzusenden.[18] Sollte die Unterrichtung – was mangels gesetzlicher Formvorschrift zulässig ist – mündlich erfolgen, ist dieses aktenkundig zu machen.[19]

Zuständig für die Unterrichtung des Verletzten ist die mit der Sache befasste StA oder **11** das Gericht, das die mitzuteilende Entscheidung erlassen hat. Hingegen ist die aktenführende Stelle zuständig, wenn der Auskunftsantrag erst nach Beendigung des gerichtlichen Verfahrens eingegangen ist.[20]

V. Adressat der Mitteilungen gem. Abs. 4

Von dem Auskunft begehrenden Verletzten wird erwartet, dass er unter seiner angege- **12** benen Anschrift zu erreichen ist.[21] Sollte dies nicht der Fall sein, ist die Strafjustiz zur Vermeidung unnötiger Mehrbelastung nicht verpflichtet, die aktuelle Anschrift des Verletzten zu ermitteln, es sei denn, sie hält dies im Einzelfall für geboten, Abs. 4 S. 1.

Nach § 406d Abs. 4 S. 2 iVm § 145a gilt ein als Beistand fungierender Rechtsanwalt **13** des Verletzten als bevollmächtigt für die Entgegennahme der Mitteilungen, so dass die Mitteilung insbesondere dann an den Rechtsanwalt zu richten ist, wenn der Verletzte nicht erreichbar iSv Abs. 4 S. 1 ist.[22]

VI. Unterrichtung des Verletzten

Gem. § 406i st der Verletzte auf seine Informationsrechte nach § 406d hinzuweisen. **14** Die Unterrichtungspflicht besteht zwar, eine unterbliebene, unvollständige oder verspätete Unterrichtung bleibt in strafprozessualer Hinsicht allerdings ohne Folgen.[23]

Verletzten, die nicht entsprechend den gesetzlichen Vorschriften unterrichtet wurden **15** und dadurch einen Schaden erlitten haben, bleibt die beschwerliche Möglichkeit bestehen, den Schaden im Rahmen eines Amtshaftungsanspruchs geltend zu machen.[24]

§ 406e Akteneinsicht

(1) ¹Für den Verletzten kann ein Rechtsanwalt die Akten, die dem Gericht vorliegen oder diesem im Falle der Erhebung der öffentlichen Klage vorzulegen wären, einsehen sowie amtlich verwahrte Beweisstücke besichtigen, soweit er hierfür ein berechtigtes Interesse darlegt. ²In den in § 395 genannten Fällen bedarf es der Darlegung eines berechtigten Interesses nicht.

(2) ¹Die Einsicht in die Akten ist zu versagen, soweit überwiegende schutzwürdige Interessen des Beschuldigten oder anderer Personen entgegenstehen. ²Sie kann versagt werden, soweit der Untersuchungszweck, auch in einem anderen Strafverfahren, gefährdet erscheint. ³Sie kann auch versagt werden, wenn durch sie das

---

[17] Schmitt in Meyer-Goßner/Schmitt Rn. 8.
[18] Schmitt in Meyer-Goßner/Schmitt Rn. 2.
[19] Wenske in Löwe/Rosenberg Rn. 7; Ferber in HK-GS Rn. 7.
[20] Schmitt in Meyer-Goßner/Schmitt Rn. 3.
[21] BT-Drs. 10/5305, 17.
[22] Ferber in HK-GS Rn. 8; Pfeiffer Rn. 4.
[23] Weiner in BeckOK StPO Rn. 20.
[24] Weiner inBeckOK StPO Rn. 20.

Verfahren erheblich verzögert würde, es sei denn, dass die Staatsanwaltschaft in den in § 395 genannten Fällen den Abschluss der Ermittlungen in den Akten vermerkt hat.

(3) ¹Der Verletzte, der nicht durch einen Rechtsanwalt vertreten wird, ist in entsprechender Anwendung der Absätze 1 und 2 befugt, die Akten einzusehen und amtlich verwahrte Beweisstücke unter Aufsicht zu besichtigen. ²Werden die Akten nicht elektronisch geführt, können ihm an Stelle der Einsichtnahme in die Akten Kopien aus den Akten übermittelt werden. ³§ 480 Absatz 1 Satz 3 und 4 gilt entsprechend.

(4) Die Absätze 1 bis 3 gelten auch für die in § 403 Satz 2 Genannten.

(5) ¹Über die Gewährung der Akteneinsicht entscheidet im vorbereitenden Verfahren und nach rechtskräftigem Abschluß des Verfahrens die Staatsanwaltschaft, im übrigen der Vorsitzende des mit der Sache befaßten Gerichts. ²Gegen die Entscheidung der Staatsanwaltschaft nach Satz 1 kann gerichtliche Entscheidung durch das nach § 162 zuständige Gericht beantragt werden. ³Die §§ 297 bis 300, 302, 306 bis 309, 311a und 473a gelten entsprechend. ⁴Die Entscheidung des Gerichts ist unanfechtbar, solange die Ermittlungen noch nicht abgeschlossen sind. ⁵Diese Entscheidungen werden nicht mit Gründen versehen, soweit durch deren Offenlegung der Untersuchungszweck gefährdet werden könnte.

Schrifttum: v. Briel, Die Bedeutung des Steuergeheimnisses für das Akteneinsichtsrecht nach § 406e StPO, wistra 2002, 213; Daimagüler, Der Verletzte im Strafverfahren, 1. Aufl. 2016; J. P. Feigen, Adhäsionsverfahren in Wirtschaftsstrafsachen, 2011; Geißler/Jüngel/Linden, Anm. zu LG Karlsruhe, MMR 2010, 68; Grandel, Die Strafakteneinsicht durch Verletzte und nichtverfahrensbeteiligte Dritte im Lichte des Rechts auf informationelle Selbstbestimmung, 1989; Hilger, Zur Akteneinsicht Dritter in von Strafverfolgungsbehörden sichergestellte Unterlagen (Nr. 185 IV RiStBV), NStZ 1984, 541; Hilger, Über Fragen der Selbstvertretung eines Rechtsanwalts, der Verletzter einer Straftat ist, NStZ 1988, 441; Kempf, Opferschutzgesetz und Strafverfahrensänderungsgesetz 1987 – Gegenreform durch Teilgesetze, StV 1987, 215; Klein, AO, 17. Aufl. 2023; Kondziela, Staatsanwälte als Erfüllungsgehilfen der Musik- und Pornoindustrie? Akteneinsicht in Filesharing-Verfahren, MMR 2009, 295; Kuhn, Opferrechte und Europäisierung des Strafprozessrechts, ZRP 2005, 125; Mansdörfer, Geschäftsgeheimnisse in der staatsanwaltschaftlichen Ermittlungsakte, NZWiSt 2023, 1; Nümann/Mayer, Rechtfertigung und Kritik von Massenabmahnungen gegen Urheberrechtsverletzungen in Filesharing-Netzwerken, ZUM 2010, 321; Otto, Die Verfolgung zivilrechtlicher Ansprüche als „berechtigtes Interesse" des Verletzten auf Akteneinsicht i.S. des § 406e Abs. 1 StPO, GA 1989, 289; Riedel/Wallau, Das Akteneinsichtsrecht des „Verletzten" in Strafsachen – und seine Probleme, NStZ 2003, 393; Röhl/Bosch, Musiktauschbörsen im Internet – Eine Analyse der aktuellen tatsächlichen und rechtlichen Entwicklungen, NJOZ 2008, 1197; Sankol, Kommentar zu LG Darmstadt, Bagatellat, K&R 2009, 212; Sankol, Akteneinsichtsgesuche nach § 406e StPO in Filesharing-Verfahren, K&R 2008, 509; Schaefer, Akteneinsichtsrecht nach der StPO, NJW-Spezial 2007, 327; Schäfer, Die Einsicht in Strafakten durch den Verletzten – Der Konkursverwalter als Verletzter, wistra 1988, 216; Schlothauer, Das Akteneinsichtsrecht des Verletzten nach dem Opferschutzgesetz vom 18.12.1986 und die Rechte des Beschuldigten, StV 1987, 356; Schmidt, Anmerkungen zur Diskussion um die Beschränkung des Akteneinsichtsrechts in den Filesharingverfahren, GRUR 2010, 673; Weiner/Ferber, Handbuch des Adhäsionsverfahrens, 2. Aufl. 2016.

Übersicht

		Rn.			Rn.
I.	Normzweck	1	1.	Zwingende Versagung wegen Überwiegens von schutzwürdigen Drittinteressen	11
II.	Voraussetzungen des Akteneinsichtsrechts	2		a) Das Steuergeheimnis als schutzwürdiges Interesse	13
1.	Berechtigte	2		b) Das Recht auf informationelle Selbstbestimmung sowie das Fernmeldegeheimnis als schutzwürdige Interessen	14
2.	Berechtigtes Interesse	5			
3.	Zeitliche und sachliche Reichweite der Akteneinsicht	8		c) Das Bankgeheimnis als schutzwürdiges Interesse	16
III.	Versagungsgründe	10		d) Geschäftsgeheimnisse als schutzwürdiges Interesse	17

		Rn.			Rn.
	e) Kein hinreichender Tatverdacht hinsichtlich der Verletzteneigenschaft ...	19	IV.	Modalitäten der Einsichtnahme	24
2.	Fakultative Versagung wegen Gefährdung des Untersuchungszwecks	20	V.	Zuständigkeit für die Gewährung der Akteneinsicht	26
			VI.	Rechtsbehelfe	30
3.	Fakultative Versagung wegen erheblicher Verfahrensverzögerung	23	VII.	Akteneinsicht durch Finanzbehörden	31

I. Normzweck

§ 406e regelt das über die Informationsrechte gem. § 406d hinausgehende Recht, sich durch **Akteneinsicht** oder Auskunftsersuchen über den Gang des staatlichen Ermittlungs- und Strafverfahrens, insbesondere die Ermittlungsergebnisse, zu informieren. Mit dieser speziellen Regelung, die den allgemeinen Vorschriften der §§ 474 ff. bzw. den allgemeinen Datenschutzgesetzen vorgeht, sollen der Verletzte und ihm gleichgestellte Personen in die Lage versetzt werden, ihre berechtigten Interessen wahrnehmen zu können.[1] Diese Informationsrechte sind nicht so weitreichend wie die entsprechenden Befugnisse des Beschuldigten gem. § 147 und unterliegen stärkeren Restriktionen. Dies wird damit begründet, dass das Akteneinsichtsrecht für den Verletzten zwar ein wichtiges Informationsmittel sei, es für ihn aber nicht eine ähnlich zentrale Bedeutung habe wie für den Beschuldigten, der ohne die Möglichkeit der Akteneinsichtnahme an einer effektiven Verteidigung gehindert wäre.[2] Gleichwohl werden durch die hier geregelten Rechte des Verletzten schutzwürdige Belange und Interessen Dritter bzw. der Allgemeinheit berührt, namentlich verfassungsrechtlich verbürgte Grundrechte des Beschuldigten und möglicherweise betroffener Dritter im Hinblick auf Datenschutzaspekte und das Recht auf informationelle Selbstbestimmung (Art. 2 Abs. 1 GG iVm Art. 1 Abs. 1 GG) und das staatliche Interesse an Wahrheitsfindung und Verfahrensökonomie. Insofern sucht § 406e einen sachgerechten Interessenausgleich zu gewährleisten, der in jedem Einzelfall durch Abwägung der betroffenen Interessen herzustellen ist.[3] Zudem ist dem Beschuldigten vor der Akteneinsichtsgewährung Gelegenheit zur Stellungnahme zu geben.[4] Bei der Abwägung der widerstreitenden Interessen ist außerdem zu berücksichtigen, dass jedenfalls die Akteneinsicht als umfassendere Informationsquelle nach Abs. 1 nur durch einen Rechtsanwalt erfolgen kann. Dieser ist als Organ der Rechtspflege gehalten, nur solche Informationen an seinen Mandanten weiterzugeben, die unmittelbar mit der Interessenwahrnehmung im Zusammenhang stehen,[5] so dass auch hierdurch ein Schutz des von der Informationsweitergabe Betroffenen gewährleistet wird. Da jedoch auch die Belange des Verletzten eine schützenswerte und in die Abwägung einzustellende Rechtsposition darstellen, ist vor einer ablehnenden Entscheidung in jedem Fall zu prüfen, ob Akteneinsicht nicht zumindest teilweise oder unter Auflagen gewährt werden kann.[6]

II. Voraussetzungen des Akteneinsichtsrechts

1. Berechtigte. Zur Akteneinsicht nach § 406e sind sowohl der **Verletzte** (Abs. 3) bzw. sein Rechtsanwalt (Abs. 1) als auch andere Personen, die einen Anspruch im Adhäsionsverfahren geltend machen (Abs. 4), berechtigt.

Der Begriff des **Verletzten** ist legaldefiniert in § 373b. Das Akteneinsichtsrecht steht sowohl dem Rechtsanwalt des Verletzten (Abs. 1) als auch dem Verletzten selbst (Abs. 3) zu. Ist der Verletzte selbst als Rechtsanwalt tätig, gilt Abs. 3. Ist der Verletzte nicht durch einen Rechtsanwalt vertreten, ist ihm – wie auch dem Rechtsanwalt – Einsicht in die

---

[1] Wenske in Löwe/Rosenberg Rn. 1.
[2] Vgl. BT-Drs. 10/5305, 18.
[3] Wenske in Löwe/Rosenberg Rn. 6.
[4] BVerfG 15.4.2005 – 2 BvR 465/05, NStZ-RR 2005, 242.
[5] BVerfG 5.12.2006 – 2 BvR 2388/06, NJW 2007, 1052 (1053).
[6] Schaefer NJW-Spezial 2007, 327 (328).

Akte zu gewähren. Im Gegensatz zum Rechtsanwalt, der amtlich verwahrte Beweisstücke besichtigen darf, soweit er hierfür ein berechtigtes Interesse darlegt, ist dem Verletzten persönlich eine Besichtigung der Beweisstücke nur unter Aufsicht möglich.

4   Mit Abs. 4 wird der Kreis der Einsichtsberechtigten auf sonstige Personen erstreckt, die vermögensrechtliche Ansprüche gegen den Angeklagten im Adhäsionsverfahren geltend machen. Mit dem Verweis auf § 403 S. 2 wird klargestellt, dass dieser (erweiterte) Personenkreis auch nach Inkrafttreten der Legaldefinition des Verletzten in § 373b – entsprechend der bisherigen Rechtsprechung – zur Akteneinsicht berechtigt ist.

5   **2. Berechtigtes Interesse.** Der Verletzte oder sein Rechtsanwalt hat zunächst ein **berechtigtes Interesse** des Verletzten an der Akteneinsicht darzulegen. Dies gilt zu Gunsten des Verletzten nach Abs. 1 S. 2 jedoch nicht, wenn er iSv § 395 nebenklagebefugt ist; hier geht also das Gesetz ohne Weiteres vom Vorliegen eines berechtigten Interesses aus. Umstritten ist, welche Anforderungen der Begriff „darlegen" an den Vortrag des Verletzten stellt.[7] Die Interpretationsspanne reicht vom schlichten Behaupten eines berechtigten Interesses über das Erfordernis der Schlüssigkeit dieser Behauptungen bis hin zur Glaubhaftmachung bzw. gar dem Nachweis eines solchen Interesses.[8] Während sich einer Ansicht nach[9] diese Problematik eigentlich nicht stellen dürfte, da jeder unmittelbar Verletzte, der einen daraus resultierenden Anspruch geltend machen wolle, stets ein berechtigtes Interesse verfolge, ist das Schrifttum[10] und die obergerichtliche Rechtsprechung[11] der Meinung, dass die Akteneinsicht gerade zur Interessenwahrnehmung erforderlich sein müsse, also nicht ohne weitere Anhaltspunkte automatisch aus der Verletzteneigenschaft auf ein berechtigtes Interesse geschlossen werden kann. Dem ist zuzustimmen, da ansonsten das Merkmal des berechtigten Interesses neben der Verletzteneigenschaft keine eigenständige Bedeutung hätte.[12] Insofern ist zumindest eine qualifizierte und schlüssige Darlegung des berechtigten Interesses zu verlangen.[13] Eine solche qualifizierte Darlegung stellt ein geeignetes Mittel dar, um das mit dem Akteneinsichtsrecht einhergehende Missbrauchsrisiko zB im Bereich der Vermögensstraftaten zu begrenzen. Der Verletzte muss daher den mit der Einsichtnahme verfolgten Zweck erläutern und kundtun, warum er hierfür der Akteneinsicht bedarf; hierdurch wird zudem dem Gericht bzw. der Staatsanwaltschaft erst ermöglicht, die widerstreitenden Interessen von Verletztem und Beschuldigtem gegeneinander abzuwägen.[14] An die Darlegung des berechtigten Interesses dürfen jedoch keine überspannten Anforderungen gestellt werden, um dem berechtigten Personenkreis das Instrument der Akteneinsicht faktisch nicht zu nehmen. Eine Glaubhaftmachung ist nach der zutreffenden hM vom Gesetz nicht gefordert und dürfte den Verletzten auch unnötig beschweren.[15]

6   Inhaltlich wird ein **schutzwürdiges rechtliches, wirtschaftliches oder ideelles Interesse** an der Akteneinsicht gefordert, welches sich darauf richtet, die Voraussetzungen für eine geplante oder bereits in die Wege geleitete Rechtsverfolgung oder Rechtsverteidigung zu schaffen oder diesbezüglich auch nur eine Verbesserung zu erzielen.[16] Folgerichtig soll das berechtigte Interesse beim Adhäsionskläger grundsätzlich zu bejahen sein, weil sich ohne Akteneinsicht die Erfolgsaussichten des Antrags kaum abschätzen lassen.[17] Anerkann-

---

[7]   Zum Streitstand Ferber in HK-GS Rn. 5; für schlüssigen Vortrag, jedoch ohne Glaubhaftmachung: Schmitt in Meyer-Goßner/Schmitt Rn. 3.
[8]   Vgl. Hilger NStZ 1984, 541 (541 f.).
[9]   Kempf StV 1987, 215 (217); Mansdörfer NZWiSt 2023, 1 (5).
[10] Wenske in Löwe/Rosenberg Rn. 11; Velten/Greco/Werkmeister in SK-StPO Rn. 3; Hohmann in Radtke/Hohmann Rn. 8.
[11] OLG Koblenz 30.5.1988 – 2 VAs 3/88, StV 1988, 332 (333).
[12] Ferber in HK-GS Rn. 4.
[13] Weiner in BeckOK StPO Rn. 2; Ferber in HK-GS Rn. 5.
[14] Riedel/Wallau NStZ 2003, 393 (395).
[15] Kurth in HK-GS Rn. 7; Schmitt in Meyer-Goßner/Schmitt Rn. 3; Kuhn ZRP 2005, 125 (128); aA Zabeck in KK-StPO Rn. 4; Riedel/Wallau NStZ 2003, 393 (395).
[16] Hilger NStZ 1984, 541 (541).
[17] J. P. Feigen Adhäsionsverfahren S. 158.

termaßen besteht außerdem jedenfalls in folgenden Fällen ein berechtigtes Interesse an der Akteneinsicht:
- Die Akteneinsicht soll der Abwägung dienen, ob eine Einstellungsbeschwerde nach § 172 Abs. 1 eingelegt oder ein Klageerzwingungsantrag nach § 172 Abs. 2 gestellt werden kann.[18]
- Anhand der Einsichtnahme will der Verletzte oder der Adhäsionskläger überprüfen, ob und in welchem Umfang ihm gegen den Beschuldigten zivilrechtliche Ansprüche zustehen.[19]
- Die Akteneinsicht soll dem Verletzten oder Adhäsionskläger eine Bezifferung oder Substantiierung seiner zivilrechtlichen Ansprüche dienen.[20]
- Zur Überprüfung der Berechtigung der spiegelbildlich gegen den Verletzten erhobenen zivilrechtlichen Ansprüche besteht ebenfalls ein berechtigtes Interesse auf Akteneinsicht.[21]

Ein Vorrang der Geltendmachung zivilrechtlicher Auskunftsansprüche besteht nicht.[22]

7 Umstritten ist, ob das Recht auf Akteneinsichtnahme eingeschränkt ist, wenn nach materiellem Zivilrecht kein Anspruch zB auf Urkundenvorlage besteht und eine Einsichtnahme somit als unredliche Beweisgewinnung bzw. gar „Ausforschung" des Beschuldigten im Hinblick auf eine uU ansonsten unschlüssige Zivilklage aufgefasst werden könnte.[23] Entgegen der von der hM im Schrifttum vertretenen Auffassung, die einen solchen „Ausforschungsbeweis" durch Akteneinsicht grundsätzlich als unzulässig ansieht,[24] ist der Ansicht der überwiegenden Rechtsprechung zu folgen, nach der nach dem Willen des Gesetzgebers im Hinblick auf wirksamen Opferschutz auch eine solche Ausforschung hinzunehmen ist.[25] Andernfalls würde es entgegen der gesetzgeberischen Intention regelmäßig zu einer Verweigerung von Akteneinsicht kommen, da eine Ausforschungsabsicht in den seltensten Fällen ausgeschlossen werden könnte.

3. Zeitliche und sachliche Reichweite der Akteneinsicht. In **zeitlicher Hinsicht** **8** besteht das Akteneinsichtsrecht nach der gesetzlichen Formulierung bereits im staatsanwaltlichen Ermittlungsverfahren, da die Erhebung der öffentlichen Klage nicht vorausgesetzt ist. Hieraus folgt auch, dass in diesem Verfahrensstadium eine Art hinreichender Tatverdacht bzgl. der Verletzteneigenschaft nicht gefordert ist, lediglich Fälle, in denen eine Verletzung der die Akteneinsicht begehrenden Person nach dem Ermittlungsstand von vornherein ausgeschlossen ist, können daher zu einer Verwehrung führen.[26] Zur Gewährung eines effektiven Opferschutzes muss das Einsichtsrecht gleichfalls auch nach rechtskräftigem Verfahrensabschluss bestehen.

Sachlich entspricht der Begriff der „Akten" demjenigen des § 147,[27] es sind also **9** grundsätzlich alle Bestandteile der im Zuge der Ermittlungen gesammelten Dokumente und Unterlagen inkl. Bild- und Tonaufzeichnungen umfasst.[28] Da dies also auch uU sensible Informationen aus der privaten oder geschäftlichen Sphäre des Beschuldigten oder Dritter berühren kann, kommt hier den Versagungsgründen des Abs. 2 besondere Bedeutung zu.

---

[18] Hohmann in Radtke/Hohmann Rn. 7.
[19] LG Saarbrücken 2.7.2009 – 2 Qs 11/09, NStZ 2010, 111 (112); LG Hildesheim 6.2.2009 – 25 Qs 1/09, NJW 2009, 3799 (3800); Weiner/Ferber Rn. 279; Daimagüler Der Verletzte im Strafverfahren Rn. 722.
[20] Mansdörfer NZWiSt 2023, 1 (5).
[21] OLG Hamm 26.11.1984 – 1 VAs 115/84, NJW 1985, 2040 (2041).
[22] LG Berlin 20.5.2008 – 514 AR 1/07, BeckRS 2008, 10186; Mansdörfer NZWiSt 2023, 1 (5).
[23] Ferber in HK-GS Rn. 4; Schmitt in Meyer-Goßner/Schmitt Rn. 3.
[24] Wenske in Löwe/Rosenberg Rn. 15; Otto GA 1989, 289 (305); Schmitt in Meyer-Goßner/Schmitt Rn. 3 mwN; aA Kuhn ZRP 2005, 125 (127 f.); Nepomuck in KMR-StPO Rn. 19.
[25] OLG Koblenz 9.3.1990 – 2 Vas 25/89, NStZ 1990, 604 (604 f.); LG Mühlhausen 26.9.2005 – 9 Qs 21/05, LSK 2006, 130732; LG Bielefeld 7.12.1994 – Qs 621/94, LSK 1995, 330306; so auch Weiner in BeckOK StPO Rn. 2.
[26] Wenske in Löwe/Rosenberg Rn. 4; aA LG Stade 10.7.2000 – 12 AR 1/2000, StV 2001, 159, das einen hinreichenden Tatverdacht fordert.
[27] Schmitt in Meyer-Goßner/Schmitt Rn. 4.
[28] Vgl. Weiler in HK-GS § 147 Rn. 2 ff.

III. Versagungsgründe

10 Die Akteneinsicht ist gem. Abs. 2 S. 1 zu versagen bzw. kann gem. Abs. 2 S. 2 und 3 ganz oder teilweise versagt werden, wenn
– schutzwürdige Interessen des Beschuldigten oder anderer Personen entgegenstehen
– der Untersuchungszweck gefährdet ist
oder
– erhebliche Verfahrensverzögerungen absehbar sind.

11 **1. Zwingende Versagung wegen Überwiegens von schutzwürdigen Drittinteressen.** Zwingend ist die Akteneinsicht zu versagen, wenn **überwiegende schutzwürdige Interessen des Beschuldigten oder anderer Personen** dem entgegenstehen, die somit vorzunehmende Abwägung mit den Interessen des Verletzten[29] also zugunsten des von der Akteneinsicht Betroffenen ausfällt. Dies gilt auch bzgl. des Nebenklägers bzw. Nebenklageberechtigten, der zwar von der Darlegung eines eigenen berechtigten Interesses befreit ist, dem damit jedoch kein schrankenloses Akteneinsichtsrecht zugestanden wird.[30] Auch der Begriff der – von Amts wegen zu beachtenden – schutzwürdigen Interessen des von der Akteneinsicht Betroffenen umfasst einen weiten Bereich, wobei insbesondere dessen Grundrechte, namentlich das Recht auf informationelle Selbstbestimmung, in Betracht kommen.[31] Umfasst hiervon sind aber auch weitere schutzwürdige Belange wie Geschäftsgeheimnisse oder militärische Geheimnisse.[32]

12 Im Rahmen der **Abwägung** ist zu berücksichtigen, dass die einmal gewährte Akteneinsicht unter dem Aspekt des Eingriffs in die Rechte des Betroffenen irreversibel ist, während die zunächst verweigerte Gewährung von Akteneinsicht ggf. auch zu einem späteren Zeitpunkt noch erfolgen kann.[33] Zu berücksichtigen sind auch der Verdachtsgrad des Tatverdachts und das Ausmaß einer Missbrauchsgefahr durch diejenigen, zu deren Gunsten die Akteneinsicht erfolgt. Nach dem Verhältnismäßigkeitsgrundsatz ist jedoch bei einem Überwiegen der schutzwürdigen Drittinteressen – wie auch bei den übrigen Versagungsgründen des Abs. 2 – immer zu prüfen, ob nicht – soweit der Betroffene nicht übermäßig belastet wird – zumindest eine Einschränkung des Akteninhalts auf diejenigen Inhalte vorgenommen werden kann, auf die der Verletzte auf keinen Fall verzichten kann.[34] Als – im Verhältnis zur Gewährung vollständiger Akteneinsicht – mildere Maßnahmen kommen etwa eine stufenweise Gewährung von Akteneinsicht, die Gewährung von Einsicht (zunächst) in ausgewählt Aktenbestandteile oder die Schwärzung von einzelnen Stellen innerhalb der Ermittlungsakte. Aus diesem Grund sollten Akten stets so geführt werden, dass besonders sensible Unterlagen problemlos entheftet werden können, so dass jedenfalls auszugsweise Akteneinsicht gewährt werden kann.[35] Die Akteneinsicht ist zu versagen, wenn das Interesse des Beschuldigten an der Geheimhaltung seiner in den Akten enthaltenen persönlichen Daten größer ist als das berechtigte Interesse des Verletzten, den Akteninhalt kennenzulernen.[36] Halten sich die Interessen die Waage, ist nach dem Gesetzeswortlaut zu Gunsten des Verletzten zu entscheiden und die Einsichtnahme zu gewähren.[37] Ob die Abwägung der widerstreitenden Interessen regelmäßig zugunsten des Rechts auf informationelle Selbstbestimmung des von der Akteneinsicht Betroffenen auszufallen hat, wenn die Akteneinsicht im Rahmen

---

[29] BVerfG 4.12.2008 – 2 BvR 1043/08, ZIP 2009, 1270; VerfG Brandenburg 15.4.2010 – VfGBbg 37/09, LKV 2010, 475.
[30] Kurth in Gercke/Julius/Temming/Zöller Rn. 8.
[31] Vgl. eingehend Grandel Strafakteneinsicht S. 7 ff.; Weiner/Ferber Rn. 279; OLG Braunschweig Nds. Rechtspflege 1992, 269.
[32] BGH 21.2.2011 – 4 BGs 2/11, BeckRS 2011, 26971 Rn. 21 f.
[33] LG Berlin 20.5.2008 – 514 AR 1/07, BeckRS 2008, 10186.
[34] Schmitt in Meyer-Goßner/Schmitt Rn. 7; vgl. auch LG Hildesheim 26.3.2007 – 25 Qs 17/06, NJW 2008, 531 (533).
[35] Ferber in HK-GS Rn. 8.
[36] BVerfG 5.12.2006 – 2 BvR 2388/06, NJW 2007, 1052 (1053); Schmitt in Meyer-Goßner/Schmitt Rn. 6.
[37] Mansdörfer NZWiSt 2023, 1 (5).

der Ahndung von Bagatellverstößen beantragt wird, weil die Akteneinsicht dann unverhältnismäßig und damit unrechtmäßig sei,[38] ist fraglich und dürfte abzulehnen sein. Im Einzelnen sind a. folgende Fallgruppen als relevante Drittinteressen zu nennen:

a) Das Steuergeheimnis als schutzwürdiges Interesse. Die Akteneinsicht kann 13 versagt werden, wenn ein **Verstoß gegen das Steuergeheimnis nach § 30 AO** zu befürchten ist.[39] Insbesondere in Wirtschaftsstrafverfahren beinhaltet der relevante Akteninhalt häufig steuerrechtlich bedeutsame Tatsachen und Aufzeichnungen des Steuerpflichtigen, die dem Steuergeheimnis nach § 30 AO unterliegen.[40] § 30 AO gewährt dem Recht auf informationelle Selbstbestimmung den im wirtschaftlichen Bereich besonders notwendigen Schutz, wobei das Steuergeheimnis hier nicht nur Ausfluss des Persönlichkeitsrechts in Bezug auf natürliche Personen ist, sondern auch für juristische Personen gilt.[41] In diesem Zusammenhang ist zu beachten, dass eine einmal gewährte Akteneinsicht irreversible Folgen hat, während die Ablehnung eines Akteneinsichtnahmegesuchs zu einem späteren Zeitpunkt durch eine Gewährung ersetzt werden kann, womit die Möglichkeit der Akteneinsicht für die Zukunft erhalten bleibt.[42] Auch in Verfahren, in denen sowohl Steuerstraftaten als auch sonstige Straftaten in Rede stehen, unterliegt der gesamte Akteninhalt dem Steuergeheimnis.[43] Je präziser das Akteneinsichtsbegehren formuliert wird und je konkreter der Sachverhalt gefasst wird, aus dem der Verletzte zivilrechtliche Ansprüche herzuleiten gedenkt, desto eher wird jedoch die zuständige Stelle in die Lage versetzt, ggf. teilweise Akteneinsicht durch Zusammenstellung von Aktenauszügen zu gewähren.[44] Die **Abwägung kann** nämlich wie gezeigt für verschiedene Aktenbestandteile **zu unterschiedlichen Ergebnissen führen**.[45] Eine generelle Versagung der Akteneinsicht wegen eines zu befürchtenden Verstoßes gegen das Steuergeheimnis kommt daher jedenfalls dann nicht in Betracht, wenn die Möglichkeit besteht, sensible Teile der Akte zu entheften und Anonymisierungen vorzunehmen,[46] was durch entsprechende Aktenführung zu gewährleisten ist. Bei der Abwägung der widerstreitenden Interessen ist zu berücksichtigen, dass der Öffentlichkeitsgrundsatz des Strafprozesses (§ 169 GVG) dem Geheimhaltungsschutz des Betroffenen idR vorgeht.[47] Wenn ersterer es rechtfertigt, dass in der öffentlichen Hauptverhandlung getätigte Angaben zu steuerrechtlichen Aspekten an Personen außerhalb des Gerichtssaals weitergegeben werden dürfen, dann muss die (zumindest partielle) Akteneinsicht durch den Verletzten erst recht mit dem Schutz des Steuergeheimnisses vereinbar sein. Hierfür spricht auch, dass nach der Regelung des § 172 Nr. 2 GVG in einem Strafverfahren, in welchem auch eine Steuerstraftat verhandelt wird, der Schutz des Steuergeheimnisses jedenfalls nicht grundsätzlich zu einem Ausschluss der Öffentlichkeit führt.[48]

b) Das Recht auf informationelle Selbstbestimmung sowie das Fernmeldegeheimnis als schutzwürdige Interessen. Der Antrag auf Akteneinsicht kann wegen möglicher Verstöße gegen das Fernmeldegeheimnis sowie das Recht auf informationelle Selbstbestimmung abgelehnt werden,[49] wobei letzteres vor allem bei Informationen über interne familiäre Verhältnisse, den Intimbereich, die Gesundheit und die Psyche des Betroffenen einschlägig sein wird.[50]

---

[38] LG Saarbrücken 26.8.2009 – 2 Qs 33/09, NStZ 2010, 656; LG Darmstadt 12.12.2008 – 9 Qs 573/08, MMR 2009, 290.
[39] LG München I 26.1.2006 – 5 AR 25/05, wistra 2006, 240.
[40] v. Briel wistra 2002, 213 (213).
[41] Maetz in Klein AO § 30 Rn. 1.
[42] LG Berlin 20.5.2008 – 514 AR 1/07, WM 2008, 1470 (1473).
[43] v. Briel wistra 2002, 213 (215).
[44] v. Briel wistra 2002, 213 (215).
[45] LG Berlin 20.5.2008 – 514 AR 1/07, WM 2008, 1470 (1473 f.).
[46] Schmitt in Meyer-Goßner/Schmitt § 475 Rn. 4.
[47] LG Berlin 20.5.2008 – 514 AR 1/07, WM 2008, 1470 (1474).
[48] OLG Karlsruhe 20.9.1993 – 2 VAs 8/92, NStZ 1994, 50.
[49] BVerfG 24.9.2002 – 2 BvR 742/02, NJW 2003, 501 (503); LG Hildesheim 6.2.2009 – 25 Qs 1/09, NJW 2009, 3799 (3801); Schmitt in Meyer-Goßner/Schmitt Rn. 6.
[50] Ferber in HK-GS Rn. 6.

15 Im Rahmen strafrechtlicher Ermittlungsverfahren wegen unerlaubter Verwertung urheberrechtlich geschützter Werke in Tauschbörsen (sog. Filesharing in peer-to-peer-Netzwerken[51]) soll den Verletzten grundsätzlich keine Akteneinsicht zu gewähren sein, da hier idR das Recht des Beschuldigten auf informationelle Selbstbestimmung als überwiegendes schutzwürdiges Interesse entgegenstehe.[52] Dies kann jedoch zumindest dann nicht gelten, wenn die Urheberrechtsverletzungen in einem solchen Umfang begangen worden sind, dass ein gewerbliches Ausmaß iSv § 101 UrhG – der dem Verletzten sogar ein materiell-rechtliches Auskunftsrecht zugesteht – erreicht worden ist.[53] Zu berücksichtigen ist ferner die Höhe des wirtschaftlichen Schadens, welcher durch den unbefugten Up- oder Download der Dateien verursacht worden ist.[54] Ob ein gewerbliches Ausmaß iSv § 101 UrhG durch das Einstellen eines urheberrechtlich geschützten Werkes in ein *peer-to-peer*-Netzwerk erreicht worden ist, wird in der Rechtsprechung einzelfallbezogen ermittelt, wobei bestimmte Anforderungen an die Auswertungsphase und die Erträge des Rechteinhabers aus dem jeweils hochgeladenem Werk zum Zeitpunkt der Rechtsverletzung gestellt werden.[55] Während früher alleine der bloße Verdacht, dass ein Album für weitere Downloads bereitgehalten werden sollte, nicht zur Annahme eines gewerblichen Ausmaßes ausreichen sollte,[56] behandelt die neuere Rechtsprechung schon kurze Uploads einzelner Werke als schwere Rechtsverletzungen gewerblichen Ausmaßes iSv § 101 Abs. 1 S. 2 UrhG, weil hierdurch die unkontrollierbare Gefahr einer Weiterverbreitung geschaffen wird.[57] Für diese Interpretation spricht, dass die meisten Leistungsschutzrechte des UrhG für einen Zeitraum von 50 Jahren Schutz gewähren. Dem würde es widersprechen, wenn § 101 UrhG so zu verstehen wäre, dass im Internet veröffentlichte Werke nur einen geringen Zeitraum lang geschützt sind und anschließend einem unbeschränkten Download Tür und Tor offen stehen.[58] Hiervon abgesehen enthält die Gesetzesbegründung keinen Anhaltspunkt für die Annahme, dass das Akteneinsichtsrecht des Verletzten gem. § 406e von einer gewerblichen Urheberrechtsverletzung iSv § 101 UrhG abhängig sein soll. Die Vorschrift des § 101 UrhG soll für den Rechtsinhaber vielmehr ein Instrument zur Verbesserung seiner Position im Kampf gegen Produktpiraterie darstellen und zur Stärkung des geistigen Eigentums beitragen.[59] Um einerseits eine Unterminierung des Urheberrechtsschutzes zu verhindern und um andererseits keinen Wertungswiderspruch zu § 406e zu erzeugen, dürfen die strafprozessualen Ver-

---

[51] Zu den technischen Aspekten von Online-Tauschbörsen Röhl/Bosch NJOZ 2008, 1197 (1199 f.); Alternativen zur Massenabmahnung aufzeigend Nümann/Mayer ZUM 2010, 321 (329 ff.).

[52] LG Darmstadt K&R 2009, 211 (mit zust. Kommentar Sankol); LG Köln 25.9.2008 – 109-1/08, NStZ-RR 2009, 319; LG München I 12.3.2008 – 5 Qs 19/08, NStZ 2010, 110; Kondziela MMR 2009, 295 (300); Schmidt GRUR 2010, 673 (675), nach dessen Ansicht es sich in solch einer partiellen Entkriminalisierung von Urheberrechtsverletzungen vorrangig um eine Entlastung der Strafverfolgungsbehörden handele.

[53] LG Karlsruhe 25.9.2009 – 2 AR 4/09, MMR 2010, 68; LG Darmstadt 9.10.2008 – 9 Qs 490/08, MMR 2009, 52 mzustAnm Bär.

[54] Sankol K&R 2008, 509 (512).

[55] OLG Köln 5.5.2011 – 6 W 91/11, GRUR-RR 2011, 308 (Veröffentlichung des Werkes erfolgte nicht später als sechs Monate nach dessen Erstveröffentlichung, es sei denn, das Werk besitzt von vornherein eine länger währende Attraktivität und damit Verwertungsphase); OLG Köln 13.4.2010 – 6 W 28/10, BeckRS 2011, 02008; 8.1.2010 – 6 W 153/09, BeckRS 2011, 02007; 9.2.2009 – 6 W 182/08, GRUR-RR 2009, 299 (Anbieten eines Musikalbums in dessen aktueller Verkaufsphase; auch drei Jahre nach der Erstveröffentlichung kann sich das Album noch in der aktuellen Verkaufsphase befinden, wenn es noch unverändert zum Ausgangspreis veräußert wird); OLG Frankfurt a. M. 12.5.2009 – 11 W 21/09, GRUR-RR 2009, 296 (drei Monate nach der Erstveröffentlichung im Internet öffentlich zugängliche gemachte Spielfilm-DVD); OLG Karlsruhe 1.9.2009 – 6 W 47/09, GRUR-RR 2009, 379 (stellt auf den Umfang der Datei ab, zB vollständiger Kinofilm, Musikalbum oder Hörbuch); OLG Köln 21.10.2008 – 6 Wx 2/08, GRUR-RR 2009, 9 (Anbieten eines Musikalbums in einer Internettauschbörse für nur kurze Zeit reicht aus, wenn dies innerhalb der aktuellen Verkaufsphase erfolgt).

[56] OLG Oldenburg 1.12.2008 – 1 W 76/08, GRUR-RR 2009, 299, LG Frankenthal 6.3.2009 – 6 O 60/09, GRUR-RR 2009, 382.

[57] LG München I 12.7.2011 – 7 O 1310/11, ZUM 2011, 762 (768).

[58] LG München I 12.7.2011 – 7 O 1310/11, ZUM 2011, 762 (768).

[59] BT-Drs. 16/5048, 25.

letztenrechte nicht durch einen vermeintlichen Gleichlauf zwischen Urheberrecht und Strafprozessrecht[60] eingeschränkt werden.[61] Dass die Verletzung nur für einen bestimmten Zeitpunkt dargelegt ist und es nicht gänzlich ausgeschlossen werden kann, dass das Werk nur für einen kurzen Zeitpunkt in der Internettauschbörse angeboten worden ist, kann daher einem Akteneinsichtsrecht nicht entgegenstehen.[62] Der erforderliche hinreichende Tatverdacht[63] ist zudem nicht allein deshalb zu verneinen, dass die IP-Adresse einer Vielzahl von Anschlussinhabern zuzuordnen ist.[64]

c) Das Bankgeheimnis als schutzwürdiges Interesse. Auch das so genannte Bankgeheimnis, bei dem es sich um eine (Neben-)Pflicht aus dem privatrechtlichen Vertragsverhältnis zwischen Bank und Kunde handelt, kann ein schutzwürdiges Interesse darstellen; es tritt jedoch hinter das Informationsinteresse des Verletzten zurück, wenn für diesen die Kenntnis der ihm gegenüber haftenden Vermögensmasse von größerer Bedeutung ist.[65]

d) Geschäftsgeheimnisse als schutzwürdiges Interesse. Geschäftsgeheimnisse begründen ein schutzwürdiges Interesse, das bei der Abwägung mit den Interessen des Verletzten oder des Adhäsionsklägers zur Versagung oder Akteneinsicht oder der Gewährung einer nur beschränkten Akteneinsicht führen kann. Vom Inhaber ist darzulegen, dass es sich bei der betroffenen Information um ein Geschäftsgeheimnis handelt. Insbesondere sind die Entstehung oder der Erwerb, der Zugang zu dem Geschäftsgeheimnis, dessen Schutz sowie der Wert und die wirtschaftliche Bedeutung darzulegen.[66]

Alleine der Umstand, dass eine Information ein Geschäftsgeheimnis darstellt, kann nicht zur Versagung der Akteneinsicht führen. Im Rahmen der Abwägung sind das Ausmaß der Rechtsverletzung beim Verletzten oder dem Adhäsionskläger und deren Konnexität zu dem betroffenen Geschäftsgeheimnis, die Intensität des Eingriffs in die Grundrechte des Inhabers des Geschäftsgeheimnisses durch die Gewährung der Akteneinsicht, die Stärke des Tatverdachts sowie die Notwendigkeit der Einsicht in das konkrete Geschäftsgeheimnis durch den Verletzten oder Adhäsionskläger zu berücksichtigen.[67]

e) Kein hinreichender Tatverdacht hinsichtlich der Verletzteneigenschaft. Im Rahmen der widerstreitenden Interessen überwiegt nach Abschluss der Ermittlungen das Recht des Beschuldigten auf informationelle Selbstbestimmung, wenn zu diesem Zeitpunkt kein hinreichender Tatverdacht besteht, der eine strafrechtlich relevante Verletzung des die Akteneinsicht Beantragenden begründen könnte.[68] Dies dürfte jedoch nicht gelten, wenn die Strafverfolgungsbehörde weiterführende Aufklärungsmaßnahmen unterlassen hat und das Fehlen des Tatverdachts alleine auf der (teilweisen) Verfahrenseinstellung aus Zweckmäßigkeitsgründen beruht.[69]

2. Fakultative Versagung wegen Gefährdung des Untersuchungszwecks. In Fällen, in denen die Akteneinsicht eine Gefährdung des Untersuchungszwecks nach sich ziehen könnte, kann die Akteneinsicht im Wege einer **Ermessensentscheidung** verwehrt werden, Abs. 2 S. 2. Die Gefährdung des Untersuchungszwecks liegt vor, wenn eine Beeinträchtigung der Sachaufklärung und Wahrheitsfindung in Folge der Akteneinsicht wahrscheinlich ist. Dies dürfte in den Fällen nahe liegen, in der der Verletzte als Zeuge zu hören ist und

---

[60] In diese Richtung aber: LG Karlsruhe mAnm Geißler/Jüngel/Linden MMR 2010, 68 (71).
[61] Vgl. Schmidt GRUR 2010, 673 (677); Sankol K&R 2009, 212 (213).
[62] LG München I 12.7.2011 – 7 O 1310/11, ZUM 2011, 762 (765).
[63] Die Stärke des Tatverdachts berücksichtigend: LG Hamburg 21.4.2009 – 627 Qs 13/09, BeckRS 2009, 22518; LG Darmstadt 9.10.2008 – 9 Qs 490/08, GRUR-RR 2009, 13 (14); LG Saarbrücken 28.1.2008 – 5 (3) Qs 349/07, MMR 2008, 562; Kondziela MMR 2009, 295 (298).
[64] OLG Köln 21.10.2008 – 6 Wx 2/08, ZUM 2008, 978; aM LG Saarbrücken 28.1.2008 – 5 (3) Qs 349/07, MMR 2008, 562.
[65] LG München I 26.1.2006 – 5 AR 25/05, wistra 2006, 240.
[66] Mansdörfer NZWiSt 2023, 1 (7).
[67] Mansdörfer NZWiSt 2023, 1 (5).
[68] LG Köln 29.6.2004 – 106-37/04 116 Js 192/03, StraFo 2006, 78.
[69] LG Darmstadt 12.12.2008 – 9 Qs 573/08, BeckRS 2009, 03268.

vor seiner Aussage Zugang zum Akteninhalt erhält; hier dürfte tendenziell zu befürchten sein, dass darunter die Zuverlässigkeit und Unvoreingenommenheit der Zeugenaussage leidet.[70] Namentlich liegt – auch noch nach Erhebung der öffentlichen Klage – der Versagungsgrund der Gefährdung des Untersuchungszwecks vor, wenn die Kenntnis des Verletzten, Adhäsionsklägers, Nebenklägers oder Nebenklagebefugten vom Akteninhalt die Zuverlässigkeit und der Wahrheitsgehalt einer von ihm noch zu erwartenden Zeugenaussage oder anstehende Durchsuchungen oder Festnahmen beeinträchtigen könnte.[71] Insbesondere bei Aussage-gegen-Aussage-Situationen wird durch die Aktenkenntnis des Verletzten eine Beeinträchtigung der gerichtlichen Sachaufklärung zu besorgen sein, so dass das Ermessen des Gerichts auf Null reduziert sein kann.[72] Dies ergibt sich auch aus der gesetzgeberischen Intention zu § 58 Abs. 1, wonach ein Zeuge grundsätzlich nicht wissen soll, was der Angeklagte und die anderen Zeugen kundgetan haben, um eine Anpassung des Aussageverhaltens zu vermeiden.[73] Jedenfalls erfordert die Gewährung von Akteneinsicht im Strafverfahren regelmäßig die vorherige Anhörung des Beschuldigten, wobei das Gericht zu prüfen hat, ob und inwieweit die Gewährung von Akteneinsicht an einen Nebenklageberechtigten, der alleiniger Tatzeuge ist, eine Gefährdung des Untersuchungszwecks darstellt, die nach Abs. 2 S. 2 die Versagung der begehrten Akteneinsicht rechtfertigen oder gebieten kann.[74] Dieser Grundsatz ist iRd §§ 406d ff. anwendbar, wenn der Verletzte als Zeuge aussagen soll, so dass hier genau zu prüfen ist, ob Akteneinsicht gewährt werden kann. Es wäre jedoch verfehlt, dem Verletzten vor seiner richterlichen Zeugenvernehmung generell die Akteneinsicht zu verweigern.[75] Eine Gefährdung des Untersuchungszwecks kann sich im Übrigen nach dem Gesetzeswortlaut auch in anderen Strafverfahren ergeben als in demjenigen, in welchem Akteneinsicht begehrt wird.[76] Nichtsdestotrotz ist auch in diesen Fällen zu prüfen, ob nicht zumindest eine teilweise Akteneinsicht in Betracht kommt.[77]

21 Dem Verletzten soll zudem nach umstrittener Ansicht keine Einsicht in Aktenbestandteile zu gewähren sein, in die die Verteidigung noch keine Einsicht nehmen konnte.[78] Allerdings darf eine solche Beschränkung im Sinne einer „Waffengleichheit" nicht so weit gehen, dass die Akteneinsicht zwingend und ohne Einzelfallbetrachtung von der Akteneinsichtnahme der Verteidigung abhängig gemacht wird.

22 Auch **nach Abschluss der Ermittlungen** kann die Akteneinsicht wegen Gefährdung des Untersuchungszweckes versagt werden.[79] Anders als § 147 Abs. 2 für den Beschuldigten oder § 406e Abs. 2 S. 3 im Fall der Verfahrensverzögerung sieht Abs. 2 S. 2 nämlich keine zeitliche Beschränkung der Ablehnungsmöglichkeit vor. Der Untersuchungszweck kann durch Akteneinsichtnahme auch dann noch gefährdet werden, wenn nach Abschluss der Ermittlungen durch die StA noch Untersuchungen und Festnahmen vorgesehen sind.[80]

23 **3. Fakultative Versagung wegen erheblicher Verfahrensverzögerung.** Nach Abs. 2 S. 3 kann die Akteneinsicht auch versagt werden, wenn eine **erhebliche Verfahrensverzögerung** droht.[81] Hierbei handelt es sich ebenfalls um eine Ermessensentscheidung, so dass in Einzelfällen die Akteneinsichtsgewährung trotz erheblicher Verfahrensverzögerungen

---

[70] BT-Drs. 10/5305, 18; Wenske in Löwe/Rosenberg Rn. 26; Ferber in HK-GS Rn. 7.
[71] OLG Naumburg 5.2.2010 – 1 Ws 44/10, NStZ 2011, 118; OLG Düsseldorf 24.9.1990 – V 21/88, StV 91, 202; Schmitt in Meyer-Goßner/Schmitt Rn. 11.
[72] OLG Hamburg 24.10.2014 – 1 Ws 110/14, NStZ 2015, 105; Schmitt in Meyer-Goßner/Schmitt Rn. 12.
[73] Riedel/Wallau NStZ 2003, 393 (397).
[74] BVerfG 31.1.2017 – 1 BvR 1259/16, NJW 2017, 1164.
[75] LG Stralsund 10.1.2005 – 22 Qs 475/04, StraFo 2006, 76; Wenske in Löwe/Rosenberg Rn. 26; anders hingegen AG Saalfeld 7.3.2005 – 630 Js 23573/04 – 2 Ds jug., NStZ 2005, 656; Kurth in Gercke/Julius/Temming/Zöller Rn. 11.
[76] BT-Drs. 16/11644, 34.
[77] BT-Drs. 16/11644, 34.
[78] LG München I 26.1.2006 – 5 AR 25/05, wistra 2006, 240.
[79] OLG Naumburg 5.2.2010 – 1 Ws 44/10, NStZ 2011, 118.
[80] BT-Drs. 16/12812, 15.
[81] Schmitt in Meyer-Goßner/Schmitt Rn. 14.

zulässig sein kann.[82] Hinsichtlich der Erheblichkeit ist eine wesentliche Verlängerung des Verfahrens zu verlangen, so dass eine Verzögerung von wenigen Tagen idR nicht ausreicht.[83] Zudem kann eine relevante Verzögerung bei Einsichtsgesuchen von mehreren Verletzten dadurch vermieden werden, dass für diese ein gemeinsamer Rechtsanwalt die Einsichtnahme durchführt.[84] Dem Nebenkläger und dem Nebenklagebefugten gegenüber gilt dieser Versagungsgrund im Übrigen nur, solange die StA den Abschluss der Ermittlungen noch nicht nach § 169a vermerkt hat, Abs. 2 S. 3 aE.

IV. Modalitäten der Einsichtnahme

Grundsätzlich findet die Einsichtnahme **in den Räumlichkeiten der StA oder des Gerichts** statt. Der Rechtsanwalt kann einen Antrag auf Mitgabe der Akten – mit Ausnahme der Beweisstücke – stellen, dessen Bescheidung im Ermessen der für die Einsichtsgewährung zuständigen Stelle steht. Ein Ablehnungsgrund besteht etwa dann, wenn infolge der Aushändigung der Akten an den Rechtsanwalt das Verfahren verzögert würde. Umstritten ist, ob bei Gewährung der Mitgabe der Akten eine Auflage rechtmäßig ist, wonach der Verteidiger diese nicht an den Mandanten weitergeben darf. Hierfür spräche, dass eine Auflage als Minus zur kompletten Verweigerung der Mitnahme ein milderes Mittel und daher ebenso wie diese zulässig sein könnte; auch könnte hierdurch die Sicherheit und Vollständigkeit der Akten gewährt werden.[85] Andererseits begründet eine derartige Auflage einen erheblichen Eingriff in das rechtliche Innenverhältnis zwischen Rechtsanwalt und Mandant.[86] In seiner Funktion als Interessenvertreter ist es einem RA schlechterdings unmöglich, aus den Ermittlungsakten erlangte Informationen im Mandantengespräch geheimzuhalten, selbst wenn er die Unterlagen nicht weitergibt. Die von den Ermittlungsbehörden befürchtete Gefahr der Informationspreisgabe durch den Rechtsanwalt, die primär hinter den vorgenannten Auflagen stehen dürfte, besteht somit ohnehin, spätestens im Zeitpunkt einer Klageerhebung mit der notwendigen Aushändigung der Klageschrift an den Mandanten,[87] so dass eine Auflagenerteilung überflüssig und eher abzulehnen ist. Wie nach § 147 Abs. 4 für die Aktenmitgabe an den Verteidiger ist auch die Entscheidung über die Mitgabe an den Verletztenanwalt unanfechtbar. Durch die am 1.1.2018 in Kraft getretene Neuregelung des Gesetzes zur Einführung der elektronischen Akte in der Justiz und zur weiteren Förderung des elektronischen Rechtsverkehrs vom 5.7.2017, BGBl. I 2208, wird dem Verletzten durch Abs. 3 S. 1 nF erstmals ein eigenes, originäres und grundsätzlich umfassendes Akteneinsichtsrecht gewährt".[88] Auch deshalb dürfte eine Auflage an den Rechtsanwalt des Verletzten, die Akte nicht an seinen Mandanten weiterzugeben, unzulässig sein.

Obwohl ein gesetzlich normierter **Anspruch auf Übersetzung** der Akten in eine dem Verletzten verständliche Sprache nicht besteht, sprechen gute Argumente für ein solches Recht des Verletzten, damit sein Auskunftsanspruch nicht ins Leere läuft.[89]

V. Zuständigkeit für die Gewährung der Akteneinsicht

Für die Entscheidung über die Gewährung der Akteneinsicht ist nach Abs. 4 im Ermittlungsverfahren und nach rechtskräftigem Abschluss des Verfahrens die StA zuständig, während im Stadium zwischen Anklageerhebung und rechtskräftigem Verfahrensabschluss der Vorsitzende des mit der Sache befassten Gerichts die Entscheidung trifft. Das Rechtsmittelgericht ist erst nach Vorlage der Sache nach § 321 S. 2, § 347 Abs. 2 zuständig.[90]

---

[82] BGH 21.7.2005 – 1 StR 78/05, wistra 2006, 25; Wenske in Löwe/Rosenberg Rn. 42.
[83] Schmitt in Meyer-Goßner/Schmitt Rn. 14; Weiner/Ferber Rn. 279.
[84] Weiner in BeckOK StPO Rn. 14.
[85] Wenske in Löwe/Rosenberg Rn. 45.
[86] So auch Riedel/Wallau NStZ 2003, 393 (398).
[87] Riedel/Wallau NStZ 2003, 393 (398).
[88] Weiner in BeckOK StPO Rn. 1.
[89] Kuhn ZRP 2005, 125 (128).
[90] Schmitt in Meyer-Goßner/Schmitt Rn. 18.

27 Da § 478 Abs. 1 S. 3 und S. 4 für anwendbar erklärt wird, kann die **StA** anders als bzgl. der Akteneinsichtsgewährung die **Entscheidungszuständigkeit bzgl. des Auskunftsbegehrens an die Polizei** als ermittelnde Behörde **delegieren**.[91] Gegen die Entscheidung der Polizei kann die StA angerufen werden, § 478 Abs. 1 S. 4.

28 Da durch die Akteneinsicht regelmäßig in die rechtlich geschützten Interessen und häufig sogar Grundrechte des Beschuldigten eingegriffen wird, muss dieser die Möglichkeit haben, Einwendungen hiergegen zu erheben. Vor der Entscheidung über die Akteneinsicht ist dem Beschuldigten daher nach dem Rechtsgedanken des § 33 Abs. 3 rechtliches Gehör zu gewähren.[92] Auch im vorbereitenden Verfahren steht dem Beschuldigten ein entsprechendes Anhörungsrecht zu, da eine fehlende Anhörung auch schon im Ermittlungsverfahren irreversible Folgen nach sich ziehen kann.[93] Sollte die StA dennoch (teilweise) Akteneinsicht gewähren oder Auskünfte an Dritte erteilen, kann der Beschuldigte gerichtliche Entscheidung nach Abs. 4 S. 2 beantragen.[94] Nach zutreffender, aber umstrittener Ansicht ist auch ein von der Akteneinsicht betroffener Dritter, der nicht unmittelbar am Strafverfahren beteiligt ist, vor der Entscheidung hierüber anzuhören, da die Interessenlage vergleichbar ist und eine Grundrechtsbetroffenheit bei dem Dritten ebenfalls vorliegt.[95]

29 Über die Nichtgewährung der Akteneinsicht ist dem Antragsteller ein Bescheid zu erteilen, welcher grundsätzlich zu begründen ist. Eine Begründung entfällt gem. Abs. 4 S. 5 lediglich dann, wenn andernfalls der Untersuchungszweck möglicherweise gefährdet wäre, wobei dieser Annahme konkrete Anhaltspunkte zugrunde liegen müssen.[96]

VI. Rechtsbehelfe

30 Wird die Akteneinsicht durch die StA versagt, kann hiergegen bei dem zuständigen Gericht (§ 162 Abs. 1, Abs. 3 S. 3) **gerichtliche Entscheidung** beantragt werden, Abs. 5 S. 2. Der von einer Akteneinsicht Betroffene kann bei Gewährung durch die StA diese Entscheidung ebenfalls anfechten.[97] Im Falle einer bereits vollzogenen Akteneinsicht kann im Falle einer fehlenden Anhörung nachträglich gerichtliche Entscheidung zur Feststellung der Rechtswidrigkeit der Einsichtsgewährung beantragt werden.[98] Ist die Entscheidung über die Akteneinsicht durch das Gericht getroffen worden, ist diese Entscheidung seit dem 2. OpferRRG gem. Abs. 5 S. 3 nur noch solange unanfechtbar, wie die Ermittlungen noch nicht abgeschlossen sind, was insoweit auch zu einem Ausschluss der Revision nach § 336 S. 2 führt.[99] Nach Abschluss der Ermittlungen ist die Entscheidung des erkennenden Gerichts über die Gewährung von Akteneinsicht anfechtbar, sofern die gerichtliche Entscheidung eine Beschwer enthält.[100] Dies gilt auch nach rechtskräftigem Abschluss des Hauptverfahrens.[101] Beschwerdeberechtigt ist nicht nur der Verletzte, dem die Akteneinsicht verwehrt wird, sondern auch der durch die Bewilligung der Akteneinsicht in seinen Grundrechten betroffene Angeschuldigte.[102] Fehler bei der Gewährung der Akteneinsicht begrün-

---

[91] Ferber in HK-GS Rn. 10.
[92] BVerfG 15.4.2005 – 2 BvR 465/05, NStZ-RR 2005, 242; LG Karlsruhe 25.9.2009 – 2 AR 4/09, MMR 2010, 68 mzustAnm Geißler/Jüngel/Linden; LG Wuppertal 23.12.2008 – 22 AR 2/08, BeckRS 2009, 23520; LG Krefeld 1.8.2008 – 21 AR 2/08, NStZ 2009, 112 = MMR 2008, 838 mAnm Sankol; Wenske in Löwe/Rosenberg Rn. 50; Schäfer NJW-Spezial 2007, 327 (328); Riedel/Wallau NStZ 2003, 393 (398); Otto GA 1989, 289 (305 f.); Schäfer wistra 1988, 216 (219 ff.); Schlothauer StV 1987, 356 (358).
[93] Riedel/Wallau NStZ 2003, 393 (398).
[94] BVerfG 15.4.2005 – 2 BvR 465/05, NStZ-RR 2005, 242.
[95] Schmitt in Meyer-Goßner/Schmitt Rn. 18; Wenske in Löwe/Rosenberg Rn. 50 mwN.
[96] Wenske in Löwe/Rosenberg Rn. 52.
[97] LG Hildesheim 26.3.2007 – 25 Qs 17/06, NJW 2008, 531.
[98] LG Stralsund 10.1.2005 – 22 Qs 475/04, StraFo 2006, 76; Schmitt in Meyer-Goßner/Schmitt Rn. 21.
[99] Ferber in HK-GS Rn. 11.
[100] BGH 2.11.2022 – StB 47, 48/22, NStZ-RR 2023, 26.
[101] Schmitt in Meyer-Goßner/Schmitt Rn. 21.
[102] KG 21.11.2018 – 3 Ws 278/18, NStZ 2019, 110 (111).

den im Übrigen kein Beweisverwertungsverbot,[103] können aber ggf. zu einem Amtshaftungsanspruch führen.

VII. Akteneinsicht durch Finanzbehörden

Im Fall von Steuerstraftaten kann die Finanzbehörde für den Fiskus als Verletzten nach § 406e die Akten einsehen oder die Erteilung von Auskünften und Abschriften verlangen. Dies ist bei Steuerstraftaten der Fall.[104] Nach § 393 Abs. 3 S. 2 AO darf die Finanzbehörde solche Erkenntnisse auch im Besteuerungsverfahren verwenden. Diese Verwendungsbefugnis erstreckt sich auch auf Erkenntnisse, die dem Brief-, Post- und Fernmeldegeheimnis unterliegen, soweit nach den Vorschriften der StPO Auskunft an die Finanzbehörde erteilt werden darf.[105]

31

§ 406f Verletztenbeistand

(1) ¹Verletzte können sich des Beistands eines Rechtsanwalts bedienen oder sich durch einen solchen vertreten lassen. ²Einem zur Vernehmung des Verletzten erschienenen anwaltlichen Beistand ist die Anwesenheit gestattet.

(2) ¹Bei einer Vernehmung von Verletzten ist auf deren Antrag einer zur Vernehmung erschienenen Person ihres Vertrauens die Anwesenheit zu gestatten, es sei denn, dass dies den Untersuchungszweck gefährden könnte. ²Die Entscheidung trifft die die Vernehmung leitende Person; die Entscheidung ist nicht anfechtbar. ³Die Gründe einer Ablehnung sind aktenkundig zu machen.

I. Verletztenbeistand

Nach Abs. 1 S. 1 hat jeder Verletzte das Recht, sich eines anwaltlichen Beistandes zu bedienen. Für den nebenklageberechtigten Verletzten gilt ergänzend die weitergehende Vorschrift des § 406h.[1] Der **Begriff des Verletzten** ist in § 373b legaldefiniert. Der Verletztenbeistand hat während des gesamten Verfahrens einschließlich des Ermittlungsverfahrens ein Anwesenheitsrecht, welches sich auf die gerichtlichen und staatsanwaltschaftlichen und seit dem 2. OpferRRG auch auf die polizeilichen Vernehmungen erstreckt.[2] Anstelle eines Rechtsanwalts können als Beistand nach Maßgabe des § 138 Abs. 3 auch die dort genannten anderen Personen auftreten.[3] Da Abs. 1 keine gerichtliche Beiordnung regelt, müssen weder die Staatskasse noch der Angeklagte, auch nicht im Falle der Verurteilung, für die Kosten des Verletztenbeistands aufkommen.[4] Der Verletzte muss die Kosten also selbst tragen oder auf einen Beistand verzichten, soweit sich nicht aus einer Nebenklagebefugnis und § 406h etwas anderes ergibt.

1

Die Stellung des Verletztenbeistands ist relativ schwach und kann sich, wenn der Verletzte zugleich Zeuge ist, mit der des Zeugenbeistands nach § 68b überschneiden.[5] Es erfolgt von Amts wegen weder eine Benachrichtigung des Verletztenbeistands über eine

2

---

[103] BGH 11.1.2005 – 1 StR 498/04, NJW 2005, 1519.
[104] BT-Drs. 16/6290, 82; Schmitt in Meyer-Goßner/Schmitt Rn. 24.
[105] Wegen Verstoßes gegen Art. 10 Abs. 1 GG ein steuerliches Verwertungsverbot bejahend noch: BFH 26.2.2001 – VII B 265/00, NJW 2001, 2118. Mit dem im Jahr 2007 neu eingeführten § 393 Abs. 3 S. 2 AO hat der Gesetzgeber, ermächtigt durch Art. 10 Abs. 2 S. 1 GG, dieses Grundrecht weiter eingeschränkt.
[1] Ferber in HK-GS Rn. 1.
[2] Weiner in BeckOK StPO Rn. 1.
[3] Schmitt in Meyer-Goßner/Schmitt Rn. 1.
[4] BVerfG 12.4.1983 – 2 BvR 307/83, NStZ 1983, 374; OLG Düsseldorf 19.2.1992 – 17 W 322/91, Rpfleger 1993, 37; Nepomuck in KMR-StPO Rn. 11; Schmitt in Meyer-Goßner/Schmitt Rn. 1; Wenske in Löwe/Rosenberg Rn. 1; aA OLG Stuttgart 13.2.1992 – 2 – 2 StE 1/91, NStZ 1992, 340; OLG Düsseldorf 27.8.1992 – 5 Ws 21/88, wistra 1993, 78; LG Hannover 9.2.1987 – 31 Qs 10/87, StV 1987, 526.
[5] Wenske in Löwe/Rosenberg Rn. 2.

bevorstehende Vernehmung noch wird er zur Hauptverhandlung geladen.[6] Die Verhinderung des Verletztenbeistands berechtigt den Verletzten nicht, einem Vernehmungstermin fernzubleiben oder die Aussage zu verweigern, wie der Umstand, dass der Verletzte erst noch einen Beistand wählen will.[7] Auch kann der Verletztenbeistand nicht anstelle des Verletzten Aussagen machen oder Auskünfte erteilen. Der Beistand ist allerdings zur Beratung des Verletzten befugt und berechtigt, im Namen des Verletzten an diesen gerichtete Fragen nach §§ 238, 242 zu rügen. Ebenso kann der Verletztenbeistand Antragsrechte des Verletzten für diesen ausüben (zB §§ 58a, 168e, 247, 247a, 255a, § 171b GVG).[8] Diese Befugnisse stellen jedoch keine eigenen Rechte des Beistands dar, sondern sind lediglich aus Rechten des Verletzten abgeleitet.[9] Uneinheitlich wird die Frage beantwortet, ob gegen den Verletztenbeistand Ordnungsmaßnahmen verhängt werden können.[10]

II. Hinzuziehung einer Vertrauensperson

3   Um dem Verletzten bei einer Vernehmung als Zeuge einen psychologischen Rückhalt durch die Unterstützung eines nichtanwaltlichen Beistands zu ermöglichen, wurde das Anwesenheitsrecht der sog. **Vertrauensperson** im Sinne von § 406f Abs. 2 S. 1 eingeführt.[11] Die Anwesenheit des Beistands ist in der Regel zu gestatten, es sei denn, dass dies den Untersuchungszweck gefährden könnte. Die Hinzuziehung einer Vertrauensperson, etwa Menschen aus dem privaten Umfeld des Verletzten oder Mitarbeiter von Opferschutzeinrichtungen,[12] kann bestehende Ängste auf Seiten des Verletzten, insbesondere bei Kindern und Opfern von Gewalt- oder Sexualdelikten, reduzieren und die Vernehmung erleichtern, was zudem der Wahrheitsfindung dient.[13] Der Rechtsanspruch auf antragsgemäße Zulassung einer Vertrauensperson besteht daher schon bei der polizeilichen Vernehmung und kann nur in begründeten Ausnahmefällen wegen der Gefährdung des Untersuchungszweckes abgelehnt werden.[14] In Betracht kommt etwa die Gefahr einer Verzögerung des Verfahrens mit zu befürchtendem Beweismittelverlust.[15] Insbesondere ist eine Vertrauensperson zudem abzulehnen, wenn sie durch ihre mögliche Einflussnahme auf den Verletzten in das prozessuale Ziel einer umfassenden Wahrheitsfindung eingreifen würde.[16] Im Falle der – nicht anfechtbaren und somit gem. § 336 auch nicht revisiblen – Nichtzulassung der Vertrauensperson sind die Gründe hierfür in verständlicher Weise aktenkundig zu machen, Abs. 2 S. 3. Ordnungsmaßnahmen gem. § 164, 177 f. GVG bis hin zum Ausschluss können gegen die Vertrauensperson verhängt werden.[17] Wird die Öffentlichkeit von der Verhandlung ausgeschlossen, gilt dies jedoch nicht für die Vertrauensperson.[18]

§ 406g Psychosoziale Prozessbegleitung

(1) [1]**Verletzte können sich des Beistands eines psychosozialen Prozessbegleiters bedienen.** [2]**Dem psychosozialen Prozessbegleiter ist es gestattet, bei Vernehmun-**

---

[6] Schmitt in Meyer-Goßner/Schmitt Rn. 3.
[7] BGH 19.5.1989 – StB 19/89 – 1 BJs 72/87, NStZ 1989, 484; Schmitt in Meyer-Goßner/Schmitt Rn. 3; aA LG Zweibrücken 23.9.1999 – 1 Qs 123-99, NJW 1999, 3792; LG Hildesheim 4.1.1984 – 13 Qs 247/83, StV 1985, 229.
[8] Weiner in BeckOK StPO Rn. 2.
[9] Velten/Greco/Werkmeister in SK-StPO Rn. 6.
[10] Vgl. Wenske in Löwe/Rosenberg Rn. 10.
[11] Wenske in Löwe/Rosenberg Rn. 16.
[12] Weiner in BeckOK StPO Rn. 3.
[13] Schmitt in Meyer-Goßner/Schmitt Rn. 4; Nepomuck in KMR-StPO Rn. 12.
[14] Schmitt in Meyer-Goßner/Schmitt Rn. 5.
[15] Weiner in BeckOK StPO Rn. 3.
[16] Wenske in Löwe/Rosenberg Rn. 16; Schmitt in Meyer-Goßner/Schmitt Rn. 5.
[17] Kurth in Gercke/Julius/Temming/Zöller Rn. 7.
[18] Weiner in BeckOK StPO Rn. 3.

gen des Verletzten und während der Hauptverhandlung gemeinsam mit dem Verletzten anwesend zu sein.

(2) Die Grundsätze der psychosozialen Prozessbegleitung sowie die Anforderungen an die Qualifikation und die Vergütung des psychosozialen Prozessbegleiters richten sich nach dem Gesetz über die psychosoziale Prozessbegleitung im Strafverfahren vom 21. Dezember 2015 (BGBl. I S. 2525, 2529) in der jeweils geltenden Fassung.

(3) ¹Unter den in § 397a Absatz 1 Nummer 4 bis 6 bezeichneten Voraussetzungen ist dem Verletzten auf seinen Antrag ein psychosozialer Prozessbegleiter beizuordnen. ²Unter den in § 397a Absatz 1 Nummer 1 bis 3 bezeichneten Voraussetzungen kann dem Verletzten auf seinen Antrag ein psychosozialer Prozessbegleiter beigeordnet werden, wenn die besondere Schutzbedürftigkeit des Verletzten dies erfordert. ³Die Beiordnung ist für den Verletzten kostenfrei. ⁴Für die Beiordnung gilt § 142 Absatz 5 Satz 1 und 3 entsprechend. ⁵Im Vorverfahren entscheidet das nach § 162 zuständige Gericht.

(4) ¹Einem nicht beigeordneten psychosozialen Prozessbegleiter kann die Anwesenheit bei einer Vernehmung des Verletzten untersagt werden, wenn dies den Untersuchungszweck gefährden könnte. ²Die Entscheidung trifft die die Vernehmung leitende Person; die Entscheidung ist nicht anfechtbar. ³Die Gründe einer Ablehnung sind aktenkundig zu machen.

Schrifttum: Daimagüler, Der Verletzte im Strafverfahren, 1. Aufl. 2016; Ferber, Stärkung der Opferrechte im Strafverfahren, Das 3. Opferrechtsreformgesetz, NJW 2016, 279; Neuhaus, Die psychosoziale Prozessbegleitung nach dem 3. ORRG: Ein verhängnisvoller Irrweg, StV 2017, 55.

I. Normzweck

Mit dem 3. Opferrechtsreformgesetz (3. ORRG) wurde das Recht des Verletzten auf eine psychosoziale Prozessbegleitung neu geschaffen. Die psychosoziale Prozessbegleitung war zuvor nur in § 406 Abs. 1 Nr. 5 aF erwähnt und wurde lediglich in einigen Bundesländern praktiziert.[1] Die Grundsätze der psychosozialen Prozessbegleitung sind in dem zugleich mit dem 3. ORRG erlassenen Gesetz über die psychosoziale Prozessbegleitung im Strafverfahren (PsychPbG, BGBl. I 2529) niedergelegt, wonach die psychosoziale Prozessbegleitung eine **besondere Form der nicht-rechtlichen Begleitung im Strafverfahren für besonders bedürftige Verletzte** vor, während und nach der Hauptverhandlung gewährleisten soll und die Informationsvermittlung sowie die qualifizierte Betreuung und Unterstützung im gesamten Strafverfahren mit dem Ziel umfasst, die individuelle Belastung der Verletzten zu reduzieren und ihre Sekundärviktimisierung zu vermeiden.[2] Ziel der Möglichkeit der psychosozialen Prozessbegleitung ist neben der Stärkung des Opferschutzes und der Schaffung von Rechtssicherheit auch die Verbesserung der Qualität von Zeugenaussagen.[3] Ergänzende Bestimmungen zur psychosozialen Prozessbegleitung finden sich in § 406g, § 456 Abs. 2, § 472 Abs. 1, in den Vorschriften des GKG sowie im Gesetz über die psychosoziale Prozessbegleitung im Strafverfahren (PsychPbG).

II. Psychosozialer Prozessbegleiter

1. Anforderungen. Psychosoziale Prozessbegleiter müssen gem. § 3 Abs. 1 PsychPbG fachlich, persönlich und interdisziplinär **qualifiziert** sein. Die Anforderungen an die Quali-

---

[1] Schmitt in Meyer-Goßner/Schmitt Rn. 1; kritisch: Neuhaus StV 2017, 55.
[2] BT-Drs. 18/4621, 30; Schmitt in Meyer-Goßner/Schmitt Rn. 3; Ferber NJW 2016, 279; Daimagüler Der Verletzte im Strafverfahren Rn. 100.
[3] BT-Drs. 18/4621, 30.

fikation des psychosozialen Prozessbegleiters (Hochschulabschluss im Bereich Sozialpädagogik, Soziale Arbeit, Pädagogik, Psychologie oder abgeschlossene Berufsausbildung in einem dieser Bereiche; zusätzlich: Abschluss eines staatlich anerkannten Aus- oder Weiterbildungsprogramms zum psychosozialen Prozessbegleiter sowie praktische Erfahrung in den genannten Bereichen) lassen sich §§ 3, 4 PsychPbG entnehmen. Welche Personen und Stellen für die psychosoziale Prozessbegleitung anerkannt werden und welche weiteren Anforderungen hierfür an Berufsausbildung, praktische Berufserfahrung, spezialisierte Weiterbildung und regelmäßige Fortbildungen zu stellen sind, richtet sich nach dem jeweiligen Landesrecht.[4]

2. Rechte und Pflichten des psychosozialen Prozessbegleiters. Der beigeordnete psychosoziale Prozessbegleiter hat ein **uneingeschränktes Anwesenheitsrecht** während der Vernehmung des Verletzten und während der Hauptverhandlung. Der nicht beigeordnete psychosoziale Prozessbegleiter hat ebenfalls ein Anwesenheitsrecht, das allerdings eingeschränkt werden kann, wenn seine Anwesenheit den Untersuchungszweck gefährden könnte. Bei dem Ausschluss eines nicht beigeordneten psychosozialen Prozessbegleiters handelt es sich um eine nicht anfechtbare Ermessensentscheidung der die Vernehmung leitenden Person. Der Umstand des Ausschlusses und die Gründe des Ausschlusses sind trotzdem aktenkundig zu machen.

Die psychosoziale Prozessbegleitung folgt nach dem Willen des Gesetzgebers dem Leitbild einer klaren **Trennung von strafverfahrensbezogener Beratung und Begleitung,** um jegliche bewusste und unbewusste Beeinflussung oder Beeinträchtigung der Zeugenaussage durch die Begleitperson auszuschließen und ihre Neutralität im Verfahren zu wahren.[5] Psychosoziale Prozessbegleitung beschränkt sich dabei auf einen emotionalen Beistand und darf keine rechtliche Beratung des Verletzten oder die Aufklärung des Sachverhalts zum Gegenstand haben. Sie darf nicht zu einer Beeinflussung des Zeugen oder einer Beeinträchtigung der Zeugenaussage führen. Der psychosoziale Prozessbegleiter muss den Verletzten nach § 2 Abs. 2 PsychPbG hierüber und auch darüber, dass der Begleiter kein Zeugnisverweigerungsrecht zusteht, zu Beginn der Prozessbegleitung informieren.

Die Vergütung für die psychosoziale Prozessbegleitung ist in §§ 5–10 PsychPbG geregelt.

Das Recht auf psychosoziale Prozessbegleitung gilt gemäß § 2 Abs. 2 JGG auch in Strafsachen gegen Jugendliche.

III. Beiordnung

Die Kosten der psychosozialen Prozessbegleitung werden für den Betroffenen nur im Fall der Beiordnung von der **Staatskasse** übernommen. Ein Anspruch auf kostenlose Beiordnung eines psychosozialen Prozessbegleiters besteht unter den in § 397a Abs. 1 Nr. 4 bis 6 bezeichneten Voraussetzungen, dh insbesondere bei Delikten gegen die sexuelle Selbstbestimmung und die körperliche Unversehrtheit sowie einem entsprechenden Antrag. Der Anspruch auf kostenlose Beiordnung eines psychosozialen Prozessbegleiters hat insbesondere das Wohl kindlicher und jugendlicher Opfer von Sexual- und Gewaltdelikten zum Ziel, wobei eine Nebenklageberechtigung bzw. eine Berechtigung zum Anschluss als Nebenkläger ausdrücklich nicht vorausgesetzt wird.[6] Mit dem am 3.8.2024 in Kraft getretenen **Gesetz zur Fortentwicklung des Völkerstrafrechts**[7] und dem Verweis auf § 397a Abs. 1 Nr. 6 wird der Kreis der Personen, die einen Anspruch auf Beiordnung eines psychosozialen Prozessbegleiters haben, erweitert. Zur Stärkung der Rechte von Opfern von Völkerrechtsverbrechen haben auch Personen einen Beiordnungsanspruch, die durch ein Verbrechen nach dem Völkerstrafgesetzbuch verletzt sind, das sie zur Nebenklage berechtigt.[8]

---

[4] Vgl. die Gesetze zur Ausführung des Gesetzes über die psychosoziale Prozessbegleitung im Strafverfahren der jeweiligen Bundesländer.
[5] BT-Drs. 18/4621, 30.
[6] Schmitt in Meyer-Goßner/Schmitt Rn. 4; Daimagüler Der Verletzte im Strafverfahren Rn. 104.
[7] BGBl. 2024 I Nr. 255.
[8] BT-Drs. 20/9471, 16.

Eine kostenlose Beiordnung kommt auch bei sonstigen besonders schutzbedürftigen 8
Personen in Betracht (Abs. 3 S. 2). Besonders schutzbedürftig in diesem Sinne sind nach dem
Willen des Gesetzgebers beispielsweise Menschen mit einer Behinderung oder psychischen
Beeinträchtigung, Betroffene von Sexualstraftaten, Betroffene von Gewalttaten mit schweren
physischen, psychischen oder wirtschaftlichen Folgen oder längerem Tatzeitraum, Betroffene von vorurteilsmotivierter Gewalt oder sonstiger Hasskriminalität sowie Betroffene von
Menschenhandel.[9]

Der in Abs. 3 S. 4 enthaltene Verweis auf § 142 Abs. 1 stellt klar, dass vor der Beiord- 9
nung die Gelegenheit zu geben ist, einen psychosozialen Prozessbegleiter seiner Wahl zu
benennen. Sofern kein wichtiger Grund für die Ablehnung entgegensteht, ist dem Verletzten
der benannte psychosoziale Prozessbegleiter beizuordnen.[10]

Die **Zuständigkeit** für die Beiordnung bestimmt sich nach § 142 Abs. 1. Im eröffneten 10
Hauptverfahren ist der Vorsitzende zuständig, im Vorverfahren das nach § 162 zuständige
Gericht.

§ 406h Beistand des nebenklageberechtigten Verletzten

(1) ¹Nach § 395 zum Anschluss mit der Nebenklage Befugte können sich auch
vor Erhebung der öffentlichen Klage und ohne Erklärung eines Anschlusses eines
Rechtsanwalts als Beistand bedienen oder sich durch einen solchen vertreten lassen. ²Sie sind zur Anwesenheit in der Hauptverhandlung berechtigt, auch wenn
sie als Zeugen vernommen werden sollen. ³Ist zweifelhaft, ob eine Person nebenklagebefugt ist, entscheidet über das Anwesenheitsrecht das Gericht nach Anhörung der Person und der Staatsanwaltschaft; die Entscheidung ist unanfechtbar.

(2) ¹Der Rechtsanwalt des Nebenklagebefugten ist zur Anwesenheit in der Hauptverhandlung berechtigt; Absatz 1 Satz 3 gilt entsprechend. ²Er ist vom Termin der
Hauptverhandlung zu benachrichtigen, wenn seine Wahl dem Gericht angezeigt
oder er als Beistand bestellt wurde. ³Die Sätze 1 und 2 gelten bei richterlichen
Vernehmungen und der Einnahme richterlichen Augenscheins entsprechend, es
sei denn, dass die Anwesenheit oder die Benachrichtigung des Rechtsanwalts den
Untersuchungszweck gefährden könnte. ⁴Nach richterlichen Vernehmungen ist
dem Rechtsanwalt Gelegenheit zu geben, sich dazu zu erklären oder Fragen an
die vernommene Person zu stellen. ⁵Ungeeignete oder nicht zur Sache gehörende
Fragen oder Erklärungen können zurückgewiesen werden. ⁶§ 241a gilt entsprechend.

(3) ¹Die §§ 397a und 397b gelten entsprechend für
1. die Bestellung eines Rechtsanwalts und
2. die Bewilligung von Prozesskostenhilfe für die Hinzuziehung eines Rechtsanwalts.

²Im vorbereitenden Verfahren entscheidet das nach § 162 zuständige Gericht.

(4) ¹Auf Antrag dessen, der zum Anschluß als Nebenkläger berechtigt ist, kann in
den Fällen des § 397a Abs. 2 einstweilen ein Rechtsanwalt als Beistand bestellt
werden, wenn
1. dies aus besonderen Gründen geboten ist,
2. die Mitwirkung eines Beistands eilbedürftig ist und
3. die Bewilligung von Prozeßkostenhilfe möglich erscheint, eine rechtzeitige
   Entscheidung hierüber aber nicht zu erwarten ist.

²Für die Bestellung gelten § 142 Absatz 5 Satz 1 und 3 und § 162 entsprechend.
³Die Bestellung endet, wenn nicht innerhalb einer vom Richter zu bestimmenden

---
[9] Ferber NJW 2016, 279 (281); Daimagüler Der Verletzte im Strafverfahren Rn. 105.
[10] Hohmann in Radtke/Hohmann Rn. 13.

Frist ein Antrag auf Bewilligung von Prozeßkostenhilfe gestellt oder wenn die Bewilligung von Prozeßkostenhilfe abgelehnt wird.

Schrifttum: Noak, Nebenklage gegen Jugendliche und Heranwachsende, ZRP 2009, 15; Rieß, Strafantrag und Nebenklage, NStZ 1989, 102; Sieg, Zeugnisverweigerung über Inhalt eines Beratungsgesprächs mit Rechtsanwalt?, MDR 1992, 1027; Theurer, Schutz für die Opfer jugendlicher Straftäter, ZRP 2003, 59; Wölfl, Der „nebenklageberechtigte Verletzte" in § 406g StPO, ZfJ 2002, 95.

I. Rechte des nebenklageberechtigten Verletzten

1   Mit dem Gesetz zur Stärkung der Rechte von Verletzten und Zeugen im Strafverfahren (2. ORRG[1]) wurde die Norm neu gefasst. Der iSv § 395 nebenklageberechtigte Verletzte wird vom Gesetzgeber als **besonders schutzbedürftig** angesehen und hat über den Verletztenbeistand nach § 406f hinausgehende Rechte. So kann er an der Hauptverhandlung teilnehmen und sich durch einen Rechtsbeistand vertreten lassen, **ohne die Nebenklage zu erheben.**[2] Darüber hinaus kann dem nebenklageberechtigten Verletzten Prozesskostenhilfe gewährt und ihm kann ein Verletztenbeistand bestellt werden. Ein Anfangsverdacht iSv § 152 wegen einer Straftat, die zum Anschluss als Nebenkläger berechtigt, ist grundsätzlich ausreichend.[3]

2   Nach Erhebung der Nebenklage richten sich die Rechte des Verletzten primär nach §§ 397 ff.[4] § 406h gilt uneingeschränkt auch im Sicherungsverfahren gem. §§ 413 ff., in Strafverfahren gegen Jugendliche allerdings nur unter den Voraussetzungen des § 80 Abs. 3 JGG.[5]

3   **1. Anwesenheitsrecht.** Nebenklagebefugte Verletzte haben nach Abs. 1 S. 2 das **Recht zur Anwesenheit während der gesamten, auch der nicht öffentlichen, Hauptverhandlung.** Dies gilt auch, wenn sie als Zeugen gehört werden sollen, die § 58 Abs. 1 S. 1, § 243 Abs. 2 S. 1 gelten insoweit nicht.[6] Sollte die Nebenklagebefugnis nicht eindeutig feststehen, trifft das Gericht nach Anhörung des Verletzten und der StA – nicht des Beschuldigten – eine unanfechtbare Entscheidung hierüber (Abs. 1 S. 3). Eine Bindungswirkung im Falle einer späteren Nebenklageerhebung entfaltet diese Entscheidung jedoch nicht.[7]

4   **2. Hinzuziehung eines Beistands.** Der Nebenklagebefugte hat in jedem Verfahrensstadium – auch schon vor Anklageerhebung – das Recht auf **Hinzuziehung des Rechtsbeistands** bzw. Vertretung durch einen Rechtsanwalt.[8] Dessen Befugnisse umfassen diejenigen des Verletztenbeistands nach § 406f, gehen aber deutlich darüber hinaus und sollen eine effektive Interessenwahrnehmung für den als besonders schutzwürdig erachteten Nebenklagebefugten ermöglichen.[9]

5   Weitergehende Rechte, etwa Fragerechte, stehen zwar nicht dem nebenklagebefugten Verletzten, allerdings seinem anwaltlichen Beistand nach Maßgabe des Abs. 2 zu.

---

[1] BGBl. I 280.
[2] Schmitt in Meyer-Goßner/Schmitt Rn. 1; Hohmann in Radtke/Hohmann Rn. 1.
[3] BGH 30.5.2000 – 4 StR 24/00, NStZ 2000, 552 (es genüge sogar bereits die geringe Möglichkeit, dass der Angeklagte eine zur Nebenklage berechtigende Straftat begangen habe); OLG Köln 8.6.2009 – 2 Ws 245/09, BeckRS 2009, 15739; LG Baden-Baden 19.5.1999 – 1 Qs 80/99, NStZ-RR 2000, 52; Schmitt in Meyer-Goßner/Schmitt Rn. 3; Nepomuck in KMR-StPO Rn. 4; Wenske in Löwe/Rosenberg Rn. 11; Zabeck in KK-StPO Rn. 2; Weiner in BeckOK StPO Rn. 1; Hohmann in Radtke/Hohmann Rn. 4.
[4] Ferber in HK-GS Rn. 1.
[5] BVerfG 23.10.2001 – 2 BvR 1236/01, NJW 2002, 1487; BGH 20.11.2002 – 1 StR 353/02, NStZ-RR 2003, 95; OLG Düsseldorf 6.1.2003 – 2 Ws 332/02, NStZ 2003, 496; KG 3.5.2006 – 4 Ws 73/06, NStZ 2007, 44; aA OLG Koblenz 2.5.2000 – 2 Ws 198/00, NJW 2000, 2436; kritisch Theurer ZRP 2003, 59, die sich für eine Abkopplung der Bestellung eines Opferanwalts gem. § 406g Abs. 3, § 397a von der Zulässigkeit der Nebenklage einsetzt; Wölfl ZfJ 2002, 95; kritisch zu den Voraussetzungen des § 80 Abs. 3 Noak ZRP 2009, 15.
[6] Schmitt in Meyer-Goßner/Schmitt Rn. 1.
[7] Ferber in HK-GS Rn. 2.
[8] LG Flensburg 24.11.2008 – II Qs 81/08, BeckRS 2008, 25301.
[9] Kurth in Gercke/Julius/Temming/Zöller Rn. 1; Hohmann in Radtke/Hohmann Rn. 1.

II. Befugnisse des Beistands

Nach Abs. 2 S. 1 erstreckt sich das **Anwesenheitsrecht des Beistands auf die gesamte, auch die nicht öffentliche Hauptverhandlung.** Dieses umfassende Anwesenheitsrecht gilt entsprechend bei richterlichen Vernehmungen und der Einnahme richterlichen Augenscheins außerhalb der Hauptverhandlung, es sei denn, dass die Anwesenheit oder die Benachrichtigung des Beistands den Untersuchungszweck gefährden könnte (Abs. 2 S. 3).[10] Zudem kann der Beistand nicht nur wie nach § 406f Fragen an den Verletzten beanstanden, sondern auch solche an Beschuldigte, Zeugen oder Sachverständige.[11] §§ 177, 178 GVG sind auf den Beistand nicht anwendbar.[12] Der Beistand ist vom Termin der Hauptverhandlung zu benachrichtigen, wenn seine Bevollmächtigung angezeigt wurde oder wenn er dem Verletzten beigeordnet worden ist (Abs. 2 S. 2). Dem Beistand stehen keine Mitwirkungsrechte in der Hauptverhandlung zu und auch die Befugnis, für den Verletzten Anträge zu stellen, ist beschränkt. Allerdings kann der Vorsitzende ihm die Stellung einzelner Fragen gestatten.[13] Als Zeuge steht dem Verletzten nach zutreffender hM ein Auskunftsverweigerungsrecht zu, wenn sich der Inhalt seiner Aussage auf Beratungsgespräche mit seinem Beistand bezieht.[14] Zum Schutz des Vertrauensverhältnisses zwischen dem Rechtsanwalt und dem Verletzten steht ersterem grundsätzlich ein umfassendes Zeugnisverweigerungsrecht gem. § 53 Abs. 1 Nr. 3 für alle Mandantschaftsverhältnisse zu; spiegelbildlich muss dem Verletzten dann aber auch ein Auskunftsverweigerungsrecht zustehen, um den durch § 406h gewährten Beistand nicht zu entwerten.[15] Durch Abs. 2 S. 4 wird dem Rechtsanwalt des Nebenklagebefugten ein ausdrückliches Erklärungs- und Fragerecht bei richterlichen Vernehmungen eingeräumt, wobei dies allerdings insoweit eingeschränkt wird, als durch Abs. 2 S. 5 ungeeignete oder nicht zur Sache gehörende Fragen oder Erklärungen der Verfahrensbeteiligten vom Vorsitzenden zurückgewiesen werden können.[16]

III. Kosten für den Verletztenbeistand

Die Kosten für den Beistand des nebenklagebefugten Verletzten sind wie Nebenklagekosten zu behandeln und daher idR von dem verurteilten Angeklagten zu erstatten (§ 472 Abs. 3 S. 1).[17]

IV. Bestellung des Beistands und Prozesskostenhilfe

Nach Abs. 3 S. 1 gelten für die Bestellung eines Rechtsanwalts und die Bewilligung von Prozesskostenhilfe die Regelung der §§ 397a, 397b entsprechend. Dem nebenklagebefugten Verletzten einer in § 397a Abs. 1 genannten Straftat ist auf einen entsprechenden **Antrag** hin zwingend ein Rechtsanwalt als Beistand zu bestellen. Eine Bestellung kann wegen einer in § 397a Abs. 1 genannten Tat jedoch nicht bei einem bloßen Anfangsverdacht erfolgen. Erforderlich ist ein ausreichend ermittlungsfähiger Tatverdacht für eine in § 397a Abs. 1 genannte Tat,[18] dessen Intensität sich dynamisch nach dem jeweiligen Ermittlungsstand richten soll.[19] Die Sorge der letztgenannten Ansicht, dass ansonsten allzu schnell auch „offenkundig völlig haltlose" Strafanzeigen die zwingende sofortige Bestellung eines anwalt-

---

[10] Schmitt in Meyer-Goßner/Schmitt Rn. 4.
[11] Wenske in Löwe/Rosenberg Rn. 19.
[12] Schmitt in Meyer-Goßner/Schmitt Rn. 4.
[13] BGH 11.11.2004 – 1 StR 424/04, NJW 2005, 377.
[14] OLG Düsseldorf 29.1.1991 – V 21/88, NStZ 1991, 504; Schmitt in Meyer-Goßner/Schmitt Rn. 4; Weiner in BeckOK StPO Rn. 1; aA Velten/Greco/Werkmeister in SK-StPO Rn. 6; Sieg MDR 1992, 1027.
[15] OLG Düsseldorf 29.1.1991 – V 21/88, NStZ 1991, 504.
[16] Weiner in BeckOKStPO Rn. 4; BT-Drs. 18/12830, 6 (Beschlußempfehlung).
[17] BGH 8.10.2008 – 1 StR 497/08, NJW 2009, 308; Schmitt in Meyer-Goßner/Schmitt Rn. 5.
[18] OLG Oldenburg 25.2.2009 – 1 Ws 120/09, NStZ 2011, 117 (118).
[19] OLG Hamburg 10.5.2005 – 2 Ws 28/05, NStZ-RR 2007, 280; wohl auch Velten/Greco/Werkmeister in SK-StPO Rn. 4.

lichen Beistandes nach sich zögen,[20] ist im Ergebnis unbegründet, da in derartigen Fällen regelmäßig schon kein Anfangsverdacht einer Straftat iSv § 152 bestehen oder aber das Ermittlungsverfahren zeitnah zur Einstellung gelangen dürfte. Mit dem am 3.8.2024 in Kraft getretenen **Gesetz zur Fortentwicklung des Völkerstrafrechts**[21] wurde in Abs. 3 S. 1 ein Verweis auf den ebenfalls neu geschaffenen § 397b eingefügt. Durch den Verweis ist eine gemeinschaftliche Nebenklagevertretung durch einen beigeordneten Rechtsanwalt schon im Ermittlungsverfahren möglich.[22]

9 Das der Beistandsbestellung – die im Übrigen für das gesamte weitere Verfahren gilt[23] – zugrunde liegende Schutzbedürfnis fällt für den Verletzten weg, sobald die Staatsanwaltschaft die ihn betreffenden Nebenklagedelikte einstellt oder die Strafverfolgung beschränkt oder wenn er nach Erhebung der Nebenklage nicht zugelassen wird.[24]

10 Kommt eine Bestellung nach Abs. 3 S. 1 Nr. 1 iVm § 397a Abs. 1 nicht in Betracht, ist Prozesskostenhilfe nach Abs. 3 S. 1 Nr. 2 iVm § 397a Abs. 2 iVm den Vorschriften der ZPO unter Beiordnung eines Rechtsanwalts für die jeweilige Instanz zu gewähren, wenn die Voraussetzungen hierfür erfüllt sind, insbesondere also, wenn der Nebenklagebefugte seine Interessen nicht selbst in ausreichender Weise wahrnehmen kann und nicht über die Mittel verfügt, die Kosten eines Rechtsanwalts zu tragen.[25] Die Prozesskostenhilfe wird nur für die Beiordnung des Rechtsanwalts gewährt, nicht für sonstige Kosten des nebenklagebefugten Verletzten.[26]

V. Einstweiliger Verletztenbeistand

11 Für diejenigen nebenklageberechtigten Verletzten, die kein Recht auf Beiordnung eines Beistands nach § 397a Abs. 1 iVm Abs. 3 S. 1 Nr. 1 haben, sieht Abs. 4 in einem gegenüber der Prozesskostenhilfegewährung vereinfachten Eilverfahren die Möglichkeit der einstweiligen Bestellung eines Rechtsanwalts als Beistand vor.[27] Nach Abs. 4 S. 1 ist eine Bestellung einstweilen vorzunehmen, wenn die Mitwirkung eines Beistands aus **besonderen Gründen** und aufgrund **Eilbedürftigkeit** notwendig ist – etwa im Ermittlungsverfahren bei zur Beweissicherung notwendigen Vernehmungen oder Inaugenscheinnahmen – und die Bewilligung von Prozesskostenhilfe möglich erscheint, eine rechtzeitige Entscheidung hierüber aber aufgrund des eher schwerfälligen PKH-Verfahrens nicht zu erwarten ist.[28] Demnach sind Anhaltspunkte für ein **wirtschaftliches Unvermögen** des Antragstellers erforderlich.[29] Ein Antrag auf Bewilligung von Prozesskostenhilfe muss noch nicht gestellt worden sein, auch die Stellung eines Strafantrags ist entbehrlich.[30]

12 Dem nebenklagebefugten Antragsteller muss in entsprechender Anwendung von § 142 Abs. 5 S. 1 Gelegenheit gegeben werden, innerhalb einer zu bestimmenden Frist einen Rechtsanwalt als Beistand zu bezeichnen.[31] Sofern kein wichtiger Grund entgegensteht, ist dieser entsprechend § 142 Abs. 5 S. 3 zu bestellen.

13 Den Prozesskostenhilfeantrag hat der Verletzte, sollte er ihn noch nicht gestellt haben, innerhalb einer vom Richter zu bestimmenden Frist nachzuholen, wenn nicht die Bestellung von vornherein befristet ist.[32] Andernfalls endet die einstweilige Bestellung gem. Abs. 4 S. 3. Die Bestellung endet auch, wenn der Antrag auf Prozesskostenhilfe abgelehnt worden

---

[20] OLG Oldenburg 25.2.2009 – 1 Ws 120/09, NStZ 2011, 117 (118).
[21] BGBl. 2024 I Nr. 255.
[22] BT-Drs. 20/9471, 16.
[23] BGH 8.10.2008 – 1 StR 497/08, NJW 2009, 308.
[24] Wenske in Löwe/Rosenberg Rn. 30.
[25] Wenske in Löwe/Rosenberg Rn. 31.
[26] Wenske in Löwe/Rosenberg Rn. 37; Hohmann in Radtke/Hohmann Rn. 12.
[27] Wenske in Löwe/Rosenberg Rn. 40.
[28] Schmitt in Meyer-Goßner/Schmitt Rn. 9.
[29] Hohmann in Radtke/Hohmann Rn. 14.
[30] BGH 7.4.1992 – 1 StR 117/92, NStZ 1992, 452; Rieß NStZ 1989, 102 (105).
[31] Hohmann in Radtke/Hohmann Rn. 15.
[32] Nepomuck in KMR-StPO Rn. 31; Weiner in BeckOK StPO Rn. 6.

ist. Das Ende der Bestellung ist ausdrücklich auszusprechen, zuständig hierfür ist im Falle des Fristablaufs der Ermittlungsrichter.[33]

VI. Zuständigkeit

Zuständig für die Entscheidung, ob die Voraussetzungen für einen Anschluss als Nebenkläger gem. § 395 vorliegen, ist die **Person, die den Termin leitet,** in dem die besonderen Befugnisse des nebenklageberechtigten Verletzten ausgeübt werden sollen.[34] 14

Streitig ist, ob in der Hauptverhandlung der **Vorsitzende** (§ 238)[35] oder das Gericht[36] über das Vorliegen der Voraussetzungen für den Anschluss als Nebenkläger zu entscheiden hat, wobei wegen des Charakters der Entscheidung als prozessleitende Handlung ersteres zutreffen dürfte. Die Voraussetzungen des § 395 Abs. 3 müssen in dem Zeitpunkt vorliegen, in welchem die Entscheidung hierüber getroffen werden soll. Auch über die Nebenklageberechtigung wird erst nach Anhörung der Person und der StA entschieden. Die Entscheidung ist unanfechtbar und nicht revisibel (§ 336 S. 2). Im Falle einer ablehnenden Entscheidung ist eine spätere Zulassung des Verletzten als Nebenkläger dennoch möglich, da die Entscheidung keine Bindungswirkung entfaltet.[37] 15

Die Zuständigkeit für die Bestellung des Verletztenbeistands bestimmt sich nach § 142 Abs. 1, § 162 (Abs. 4 S. 2). Im vorbereitenden Verfahren entscheidet über die Bestellung das nach § 162 zuständige Gericht. Nach Abschluss des Vorverfahrens liegt die Entscheidungsbefugnis bei dem mit der Sache befassten Gericht. Während des Ermittlungsverfahrens ist der Ermittlungsrichter zuständig. Die Entscheidung – auch die über die einstweilige Beistandsbestellung – ist unanfechtbar.[38] 16

VII. Rechtsbehelfe und Revision

Entscheidungen über die Anwesenheit des nebenklageberechtigten Verletzten und des Beistands bei richterlichen Vernehmungen und der Inaugenscheinnahme sind nach Abs. 1 S. 3 **unanfechtbar.** Auch die Entscheidung über die Versagung von Prozesskostenhilfe ist nicht anfechtbar. 17

Die Entscheidung über das Anwesenheitsrecht des nebenklageberechtigten Verletzten ist gem. § 336 S. 2 **nicht revisibel.** Nur im Einzelfall kann die fehlerhafte Anwendung des Abs. 2 die Revision begründen, etwa im Falle einer fehlerhaften Zurückweisung einer Frage in der Hauptverhandlung oder des fehlerhaften Ausschlusses des Beistands aus einer öffentlichen Verhandlung.[39] 18

§ 406i Unterrichtung des Verletzten über seine Befugnisse im Strafverfahren

(1) Verletzte sind möglichst frühzeitig, regelmäßig schriftlich und soweit möglich in einer für sie verständlichen Sprache über ihre aus den §§ 406d bis 406h folgenden Befugnisse im Strafverfahren zu unterrichten und insbesondere auch auf Folgendes hinzuweisen:

1. **sie können nach Maßgabe des § 158 eine Straftat zur Anzeige bringen oder einen Strafantrag stellen;**
2. **sie können sich unter den Voraussetzungen der §§ 395 und 396 oder des § 80 Absatz 3 des Jugendgerichtsgesetzes der erhobenen öffentlichen Klage mit der Nebenklage anschließen und dabei**

---

[33] Schmitt in Meyer-Goßner/Schmitt Rn. 12.
[34] Ferber in HK-GS Rn. 2.
[35] Wenske in Löwe/Rosenberg Rn. 44; Nepomuck in KMR-StPO Rn. 29; Velten/Greco/Werkmeister in SK-StPO Rn. 7; Hohmann in Radtke/Hohmann Rn. 17.
[36] Schmitt in Meyer-Goßner/Schmitt Rn. 3.
[37] Hohmann in Radtke/Hohmann Rn. 5.
[38] Kurth in Gercke/Julius/Temming/Zöller Rn. 17.
[39] Hohmann in Radtke/Hohmann Rn. 20.

a) nach § 397a beantragen, dass ihnen ein anwaltlicher Beistand bestellt oder für dessen Hinzuziehung Prozesskostenhilfe bewilligt wird,
b) nach Maßgabe des § 397 Absatz 3 und der §§ 185 und 187 des Gerichtsverfassungsgesetzes einen Anspruch auf Dolmetschung und Übersetzung im Strafverfahren geltend machen;
3. sie können einen aus der Straftat erwachsenen vermögensrechtlichen Anspruch nach Maßgabe der §§ 403 bis 406c und des § 81 des Jugendgerichtsgesetzes im Strafverfahren geltend machen;
4. sie können, soweit sie als Zeugen von der Staatsanwaltschaft oder dem Gericht vernommen werden, einen Anspruch auf Entschädigung nach Maßgabe des Justizvergütungs- und -entschädigungsgesetzes geltend machen;
5. sie können nach Maßgabe des § 155a eine Wiedergutmachung im Wege eines Täter-Opfer-Ausgleichs erreichen.

(2) Liegen Anhaltspunkte für eine besondere Schutzbedürftigkeit des Verletzten vor, soll der Verletzte im weiteren Verfahren an geeigneter Stelle auf die Vorschriften hingewiesen werden, die seinem Schutze dienen, insbesondere auf § 68a Absatz 1, die §§ 247 und 247a sowie die §§ 171b und 172 Nummer 1a des Gerichtsverfassungsgesetzes.

(3) Minderjährige Verletzte und ihre Vertreter sollten darüber hinaus im weiteren Verfahren an geeigneter Stelle auf die Vorschriften hingewiesen werden, die ihrem Schutze dienen, insbesondere auf die §§ 58a und 255a Absatz 2, wenn die Anwendung dieser Vorschriften in Betracht kommt, sowie auf § 241a.

Schrifttum: Rieß/Hilger, Das neue Strafverfahrensrecht – Opferschutzgesetz und Strafverfahrensänderungsgesetz 1987, NStZ 1987, 145; Walther, Zum Anspruch des Deliktsopfers auf rechtliches Gehör und auf ein faires Verfahren, GA 2007, 615; Wenske, Weiterer Ausbau der Verletztenrechte? Über zweifelhafte verfassungsgerichtliche Begehrlichkeiten, NStZ 2008, 434.

Übersicht

	Rn.			Rn.
I. Normzweck	1	3.	Besondere Hinweise bei Minderjährigen (Abs. 3)	12
II. Unterrichtung des Verletzten	2	IV.	Unterrichtungspflicht gegenüber Angehörigen und Erben	13
III. Unterrichtspflichten im Einzelnen	5	V.	Einschränkungen	14
1. Allgemeine Unterrichtung (Abs. 1)	5	VI.	Folgen bei Verstoß gegen Hinweispflicht	15
2. Besondere Hinweise bei besonderer Schutzbedürftigkeit (Abs. 2)	11			

I. Normzweck

1 Verletzte können ihre Rechte im Strafverfahren nur dann wahrnehmen, wenn sie sich ihrer bewusst sind. Dies gilt insbesondere für Rechte, die einen Antrag voraussetzen. Aus diesem Grund sieht § 406i (früher § 408h) umfassende Unterrichtungspflichten der Strafverfolgungsbehörden vor, die durch seine Neufassung mit dem 2. ORRG und dem 3. ORRG nunmehr wieder zwingend ausgestaltet sind.[1]

II. Unterrichtung des Verletzten

2 Der Begriff des **Verletzten** ist in § 373b legaldefiniert. Nach S. 1 müssen Verletzte möglichst frühzeitig, also idR im Rahmen der ersten Kontaktaufnahme mit den Strafverfol-

---

[1] Ferber in HK-GS Rn. 1; weitreichendere Anhörungs- und Beteiligungsbefugnisse für das Deliktsopfer fordert Walther GA 2007, 615 (622 ff.).

gungsbehörden (ggf. Anzeigeerstattung bei der Polizei, erste Vernehmung als Zeuge),[2] auf ihre Befugnisse nach den §§ 406d–406h hingewiesen und über die in § 406i Abs. 1 Nr. 1– 5 genannten und darüber hinaus in Frage kommenden Möglichkeiten aufgeklärt werden.[3] Sind dem Verletzten seine Befugnisse bereits bekannt oder hat er von ihnen bereits Gebrauch gemacht, sind gesonderte Hinweise jedoch entbehrlich.[4] Die Strafverfolgungsbehörden haben ihrer Unterrichtungspflicht Genüge getan, wenn sie diejenigen Personen aufgeklärt haben, die im Rahmen der Ermittlungen als Verletzte in Erscheinung getreten sind; einer Nachforschungspflicht nach weiteren, bisher unbekannten Verletzten unterliegen die Strafverfolgungsbehörden nicht.[5]

3 Die Unterrichtung ist von der zum relevanten Zeitpunkt mit dem Verfahren befassten Stelle durchzuführen.[6] Im Ermittlungsverfahren ist daher die StA zuständig, die zunächst überprüft, ob die Polizei die Belehrung bereits durchgeführt hat, und ggf. die Unterrichtung des Verletzten nachholt.[7] Nach Erhebung der öffentlichen Klage geht die Zuständigkeit auf das mit der Sache befasste Gericht über.[8]

4 Die Belehrung ist grundsätzlich **schriftlich** zu erteilen und so zu formulieren, dass sie für den Verletzten leicht zu verstehen ist.[9] Das Erfordernis der schriftlichen Unterrichtung folgt aus § 406kk Abs. 2 S. 2, wonach eine schriftliche Hinweispflicht nur dann nicht besteht, wenn der Verletzte keine zustellfähige Anschrift angegeben hat. Zum besseren Verständnis soll nach dem Willen des Gesetzgebers auch eine für den jeweiligen Verletzten geeignete Sprache verwendet werden, so dass die üblicher- und sinnvollerweise verwendeten Formblätter möglichst in den Sprachen vorzuhalten sind, die in Deutschland die häufigste Verbreitung haben.[10] Sollte die Unterrichtung ausnahmsweise nur mündlich erfolgt worden sein, ist dies aktenkundig zu machen.[11]

III. Unterrichtungspflichten im Einzelnen

5 **1. Allgemeine Unterrichtung (Abs. 1).** Die **Unterrichtungspflicht** erstreckt sich auf die **Rechte von Verletzten** auf Auskunft über den Stand des Verfahrens (§ 406d), Akteneinsicht (§ 406e), Verletztenbeistand (§ 406f Abs. 1 oder bei nebenklageberechtigten Verletzten § 406h), Hinzuziehung einer Vertrauensperson (§ 406f Abs. 2), sowie psychosoziale Prozessbegleitung (§ 406g).

6 Nach Nr. 1 ist außerdem auf die **Möglichkeit der Anzeige einer Straftat oder Stellung eines Strafantrags** nach Maßgabe des § 158 hinzuweisen.

7 Nr. 2 verpflichtet zum Hinweis auf die Möglichkeit, sich unter den Voraussetzungen der §§ 395 und 396 oder des § 80 Abs. 3 JGG der erhobenen öffentlichen Klage als **Nebenkläger** anzuschließen und gem. § 397a die Bestellung eines Rechtsanwalts bzw. für dessen Hinzuziehung Prozesskostenhilfe beantragen zu können sowie nach Maßgabe der § 397 Abs. 3 und §§ 185, 187 GVG Übersetzung und Dolmetschung im Strafverfahren zu beanspruchen. Diese Hinweise sind wegen der umfassenden Rechte eines Nebenklägers besonders wichtig.

8 Nr. 3 verpflichtet zum Hinweis auf die Möglichkeit des **Adhäsionsverfahrens.**[12] Die Erteilung weiterer Hinweise ist in RiStBV Nr. 173 vorgeschrieben.[13]

---
[2] RL 2012/29/EU des Europäischen Parlaments und des Rates vom 25.10.2012, ABl. 2012 L 315, 59; Schmitt in Meyer-Goßner/Schmitt Rn. 3.
[3] BT-Drs. 16/12098, 38.
[4] BT-Drs. 10/6124, 16; Wenske in Löwe/Rosenberg Rn. 24; Rieß/Hilger NStZ 1987, 145 (156); aA Nepuomuck in KMR-StPO Rn. 14.
[5] Schmitt in Meyer-Goßner/Schmitt Rn. 6.
[6] Wenske NStZ 2008, 434 (434 f.).
[7] Schmitt in Meyer-Goßner/Schmitt Rn. 3.
[8] Wenske in Löwe/Rosenberg Rn. 5.
[9] BT-Drs. 16/12098, 38.
[10] Weiner in BeckOK StPO Rn. 3.
[11] Weiner in BeckOK StPO Rn. 3.
[12] Schmitt in Meyer-Goßner/Schmitt Rn. 6.
[13] Schmitt in Meyer-Goßner/Schmitt Rn. 12; Hohmann in Radtke/Hohmann Rn. 6.

9 Nach Nr. 4 ist auf die **Entschädigung** nach dem Justizvergütungs- und Entschädigungsgesetz, soweit die Verletzten als Zeugen von der Staatsanwaltschaft oder Gericht vernommen werden, hinzuweisen.

10 Nr. 5 sieht den Hinweis auf die Erreichung einer Widergutmachung im Wege eines **Täter-Opfer-Ausgleichs** nach Maßgabe des § 155a vor.

11 **2. Besondere Hinweise bei besonderer Schutzbedürftigkeit (Abs. 2).** Wenn Anhaltspunkten für eine besondere Schutzbedürftigkeit des Verletzten vorliegen, soll dieser im weiteren Verfahren an geeigneter Stelle zusätzlich auf Vorschriften hingewiesen werden, die seinem Schutze dienen. Insbesondere soll ein Hinweis auf die Beschränkung des Fragerechts nach § 68a Abs. 1, auf die Möglichkeiten der Entfernung des Angeklagten nach § 247 und die audiovisuelle Zeugenvernehmung nach § 247a sowie den Ausschluss der Öffentlichkeit nach §§ 171b, 172 Nr. 1a GVG erfolgen. Die Erteilung der weiteren Hinweise liegt im **Ermessen** der zuständigen Stelle.

12 **3. Besondere Hinweise bei Minderjährigen (Abs. 3).** Minderjährige Verletzte und deren gesetzliche Vertreter sollen nach Abs. 3 im weiteren Verfahren auf Vorschriften hingewiesen werden, die dem Schutz der Minderjährigen dienen. Ein Hinweis soll insbesondere im Hinblick auf die Möglichkeit einer Aufzeichnung und Vorführung einer Vernehmung nach §§ 58a, 255a Abs. 2 sowie die Möglichkeit der Vernehmung durch den Vorsitzenden nach § 241a erfolgen. Die Erteilung der weiteren Hinweise liegt im **Ermessen** der zuständigen Stelle.

IV. Unterrichtungspflicht gegenüber Angehörigen und Erben

13 Nach § 406l bestehen die Unterrichtungspflichten nach Abs. 1 auch gegenüber Angehörigen und/oder Erben des Verletzten, da und soweit diesen Personen einige der Befugnisse, auf die hinzuweisen ist, selbst zustehen können. Hierzu zählen insbesondere die Nebenklagebefugnis für Angehörige getöteter Personen nach § 395 Abs. 2 Nr. 1, die Möglichkeit zur Betreibung eines Adhäsionsverfahrens nach § 403 sowie die Befugnis, Ansprüche nach den Bestimmungen des SGB XIV geltend zu machen.

V. Einschränkungen

14 Die Unterrichtungspflicht entfällt gemäß 406k Abs. 2 S. 1, wenn die Voraussetzungen im Einzelfall offensichtlich nicht vorliegen. Auch kann gemäß § 406k Abs. 2 S. 2 eine schriftliche Mitteilung unterbleiben, wenn der Verletzte keine zustellungsfähige Anschrift angegeben hat; eine Ermittlungspflicht der Strafverfolgungsbehörden besteht auch insoweit nicht.[14]

VI. Folgen bei Verstoß gegen Hinweispflicht

15 Das Unterbleiben eines gebotenen Hinweises ist nach zutreffender hM k**ein Wiedereinsetzungsgrund** iSv §§ 44 f., auch dann nicht, wenn der dadurch Verletzte Nachteile erlitten hat.[15]

16 Auch eine Revision kann auf einen Verstoß gegen § 406i nicht gestützt werden. Dass die Unterlassung der zwingenden Unterrichtung nach § 406i damit praktisch keine Auswirkungen hat, wird zu Recht kritisiert.[16] Die Unterrichtungspflicht besteht zwar, eine unterbliebene Unterrichtung bleibt in strafprozessualer Hinsicht allerdings ohne Folgen.

17 Verletzte, die nicht entsprechend § 406i unterrichtet wurden und dadurch einen Schaden erlitten haben, bleibt die beschwerliche Möglichkeit bestehen, den Schaden im Rahmen eines Amtshaftungsanspruchs geltend zu machen.[17]

---

[14] Ferber in HK-GS Rn. 2.
[15] Schmitt in Meyer-Goßner/Schmitt Rn. 7; Hohmann in Radtke/Hohmann Rn. 15; Wenske NStZ 2008, 434; Rieß/Hilger NStZ 1987, 145 (156).
[16] Weiner in BeckOK StPO Rn. 18, § 406d Rn. 20.
[17] Weiner in BeckOK StPO § 406d Rn. 20.

§ 406j Unterrichtung des Verletzten über seine Befugnisse außerhalb des Strafverfahrens

Verletzte sind möglichst frühzeitig, regelmäßig schriftlich und soweit möglich in einer für sie verständlichen Sprache über folgende Befugnisse zu unterrichten, die sie außerhalb des Strafverfahrens haben:
1. sie können einen aus der Straftat erwachsenen vermögensrechtlichen Anspruch, soweit er nicht nach Maßgabe der §§ 403 bis 406c und des § 81 des Jugendgerichtsgesetzes im Strafverfahren geltend gemacht wird, auf dem Zivilrechtsweg geltend machen und dabei beantragen, dass ihnen für die Hinzuziehung eines anwaltlichen Beistands Prozesskostenhilfe bewilligt wird;
2. sie können nach Maßgabe des Gewaltschutzgesetzes den Erlass von Anordnungen gegen den Beschuldigten beantragen;
3. sie können nach Maßgabe des Vierzehnten Buches Sozialgesetzbuch einen Anspruch auf Soziale Entschädigung geltend machen;
4. sie können nach Maßgabe von Verwaltungsvorschriften des Bundes oder der Länder gegebenenfalls Entschädigungsansprüche geltend machen;
5. sie können Unterstützung und Hilfe durch Opferhilfeeinrichtungen erhalten, etwa
   a) in Form einer Beratung,
   b) durch Bereitstellung oder Vermittlung einer Unterkunft in einer Schutzeinrichtung oder
   c) durch Vermittlung von therapeutischen Angeboten wie medizinischer oder psychologischer Hilfe oder weiteren verfügbaren Unterstützungsangeboten im psychosozialen Bereich.

Übersicht

	Rn.		Rn.
I. Normzweck	1	IV. Unterrichtungspflicht gegenüber Angehörigen und Erben	9
II. Unterrichtung des Verletzten	2	V. Einschränkungen	10
III. Unterrichtungspflichten im Einzelnen	5	VI. Folgen bei Verstoß gegen Hinweispflicht	11

I. Normzweck

Verletzte können ihre Rechte nur dann wahrnehmen, wenn sie sich ihrer bewusst sind. **1** § 406j regelt – spiegelbildlich zu § 406i –, welche Hinweise Verletzten über ihre Rechte außerhalb des Strafverfahrens zu erteilen sind. Die Vorschrift wurde mit dem am 31.12.2015 in Kraft getretenen 3. ORRG[1] neu eingefügt.

II. Unterrichtung des Verletzten

Der Begriff des **Verletzten** ist in § 373b legaldefiniert. Verletzte müssen möglichst **2** frühzeitig, also idR im Rahmen der ersten Kontaktaufnahme mit den Strafverfolgungsbehörden (ggf. Anzeigeerstattung bei der Polizei, erste Vernehmung als Zeuge),[2] auf ihre Rechte außerhalb des Strafverfahrens aufgeklärt werden. Sind dem Verletzten seine Befugnisse bereits bekannt oder hat er von ihnen bereits Gebrauch gemacht, sind gesonderte Hinweise jedoch entbehrlich. Die Strafverfolgungsbehörden haben ihrer Unterrichtungspflicht Genüge getan, wenn sie diejenigen Personen aufgeklärt haben, die im Rahmen der

---
[1] Gesetz zur Stärkung der Opferrechte im Strafverfahren, BGBl. 2015 I 2525.
[2] RL 2012/29/EU des Europäischen Parlaments und des Rates vom 25.10.2012, ABl. 2012 L 315, 59; Schmitt in Meyer-Goßner/Schmitt § 406i Rn. 3.

Ermittlungen als Verletzte in Erscheinung getreten sind; einer Nachforschungspflicht nach weiteren, bisher unbekannten Verletzten unterliegen die Strafverfolgungsbehörden nicht.[3]

3 Die Unterrichtung ist von der zum relevanten Zeitpunkt mit dem Verfahren befassten Stelle durchzuführen.[4] Im Ermittlungsverfahren ist die StA zuständig, die zunächst überprüft, ob die Polizei die Belehrung bereits durchgeführt hat, und ggf. die Unterrichtung des Verletzten nachholt.[5] Nach Erhebung der öffentlichen Klage geht die Zuständigkeit auf das mit der Sache befasste Gericht über.[6]

4 Die Belehrung ist grundsätzlich **schriftlich** zu erteilen und so zu formulieren, dass sie für den Verletzten leicht zu verstehen ist.[7] Das Erfordernis der schriftlichen Unterrichtung folgt aus § 406kk Abs. 2 S. 2, wonach eine schriftliche Hinweispflicht nur dann nicht besteht, wenn der Verletzte keine zustellfähige Anschrift angegeben hat. Zum besseren Verständnis soll nach dem Willen des Gesetzgebers auch eine für den jeweiligen Verletzten geeignete Sprache verwendet werden, so dass die üblicher- und sinnvollerweise verwendeten Formblätter möglichst in den Sprachen vorzuhalten sind, die in Deutschland die häufigste Verbreitung haben.[8] Sollte die Belehrung ausnahmsweise nur mündlich erteilt worden sein, ist die Unterrichtung aktenkundig zu machen.[9]

III. Unterrichtungspflichten im Einzelnen

5 Nach **Nr. 1** ist der Verletzte darüber zu unterrichten, dass er einen aus der Straftat erwachsenen vermögensrechtlichen Anspruch (soweit er nicht im Adhäsionsverfahren geltend gemacht wird) auf dem **Zivilrechtsweg** geltend machen und dabei beantragen kann, dass ihm für die Hinzuziehung eines anwaltlichen Beistands Prozesskostenhilfe bewilligt wird. Diese Hinweispflicht ergänzt die in § 406i Nr. 2 lit. a und Nr. 3 enthaltenen Hinweispflichten.[10]

6 **Nr. 2** enthält eine Verpflichtung zum Hinweis auf die Möglichkeit, nach Maßgabe des **Gewaltschutzgesetzes** den Erlass von Anordnungen gegen den Beschuldigten zu beantragen.

Nr. 3 regelt die Verpflichtung zum Hinweis auf die Möglichkeit, nach Maßgabe der Bestimmungen des SGB XIV einen Anspruch auf Soziale Entschädigung geltend zu machen. Die Entschädigung von Verletzten ist seit der Aufhebung des Opferentschädigungsgesetzes (OEG) im SGB XIV geregelt.[11] Neben den Opfern körperlicher Gewalttaten können auch Opfer psychischer Gewalttaten Entschädigungsleistungen geltend machen, wenn sie eine gesundheitliche Schädigung erlitten haben. Leistungen der Sozialen Entschädigung nach den Bestimmungen des SGB XIV werden als Dienst-, Sach- oder Geldleistungen erbracht. Nach §§ 29 ff. SGB XIV sollen Geschädigten außerdem schnelle Hilfen zuteil werden, konkret die Inanspruchnahme eines Fallmanagements (Hilfe im Antrags- bzw. Verwaltungsverfahren) und die Behandlung in der Traumaambulanz. Für Leistungen nach den Bestimmungen des SGB XIV ist nach § 10 Abs. 1 SGB XIV grundsätzlich ein Antrag erforderlich.

7 Nach **Nr. 4** ist der Verletzte darüber zu unterrichten, dass er nach Maßgabe von Verwaltungsvorschriften des Bundes oder der Länder gegebenenfalls **Entschädigungsansprüche** geltend machen kann. Dies ergänzt die Pflicht nach § 406i Nr. 4 auf die Geltendmachung von Entschädigungsansprüchen nach dem JVEG. Solche Entschädigungsansprüche kommen auf Bundesebene etwa in Form der Auslagen für eine Reise zur Hauptverhandlung nach einer bundeseinheitlichen Verwaltungsvereinbarung von 2006 oder eine Entschädigung für

---

[3] Schmitt in Meyer-Goßner/Schmitt § 406i Rn. 6.
[4] Wenske NStZ 2008, 434 (434 f.).
[5] Schmitt in Meyer-Goßner/Schmitt Rn. 3.
[6] Wenske in Löwe/Rosenberg Rn. 5.
[7] BT-Drs. 16/12098, 38.
[8] Weiner in BeckOK StPO Rn. 2.
[9] Weiner in BeckOK StPO Rn. 2.
[10] Hohmann in Radtke/Hohmann Rn. 2.
[11] BGBl. I 2019, 2652.

Opfer extremistischer Straftaten aus einem Härtefonds aufgrund eines dahingehenden Beschlusses des Deutschen Bundestags nach Maßgabe einer Richtlinie des Bundesamtes für Justiz in Betracht.[12] Auf Länderebene kommen weitere Entschädigungsleistungen in Betracht.[13]

Nach **Nr. 5** muss der Verletzte auf die Möglichkeit zur Unterstützung und Hilfe durch Opferhilfeeinrichtungen hingewiesen werden. Verletzten ist es in den meisten Fällen nicht bekannt, dass sie die Hilfe von **Opferschutzverbänden** wie etwa dem Weißen Ring eV oder Wildwasser beanspruchen können bzw. wie mit diesen in Kontakt getreten werden kann.

IV. Unterrichtungspflicht gegenüber Angehörigen und Erben

Nach § 406l bestehen die Hinweispflichten auch gegenüber Angehörigen und/oder Erben des Verletzten, da und soweit diesen Personen einige der Befugnisse, auf die hinzuweisen ist, selbst zustehen können.

V. Einschränkungen

Die Hinweispflicht entfällt gemäß 406k Abs. 2 S. 1, wenn die Voraussetzungen offensichtlich nicht vorliegen. Auch kann gemäß § 406k Abs. 2 S. 2 eine schriftliche Mitteilung unterbleiben, wenn der Verletzte keine zustellungsfähige Anschrift angegeben hat; eine Ermittlungspflicht der Strafverfolgungsbehörden besteht auch insoweit nicht.[14]

VI. Folgen bei Verstoß gegen Hinweispflicht

Ein Verstoß gegen die Hinweispflicht ist nicht revisibel. Die Unterlassung der zwingenden Unterrichtung nach § 406j hat damit **in strafprozessualer Hinsicht keine Auswirkungen**.

Verletzte, die nicht entsprechend § 406j unterrichtet wurden und dadurch einen Schaden erlitten haben, bleibt die beschwerliche Möglichkeit bestehen, den Schaden im Rahmen eines Amtshaftungsanspruchs geltend zu machen.[15]

§ 406k Weitere Informationen

(1) Die Informationen nach den §§ 406i und 406j sollen jeweils Angaben dazu enthalten,
1. an welche Stellen sich die Verletzten wenden können, um die beschriebenen Möglichkeiten wahrzunehmen, und
2. wer die beschriebenen Angebote gegebenenfalls erbringt.

(2) ¹Liegen die Voraussetzungen einer bestimmten Befugnis im Einzelfall offensichtlich nicht vor, kann die betreffende Unterrichtung unterbleiben. ²Gegenüber Verletzten, die keine zustellungsfähige Anschrift angegeben haben, besteht keine schriftliche Hinweispflicht.

I. Normzweck

§ 406k wurde mit dem am 31.12.2015 in Kraft getretenen 3. ORRG[1] neu eingefügt und ergänzt die Informationspflichten gemäß §§ 406i und 406j im Sinne einer effektiven Rechtewahrnehmung. Gemeinsam mit den Hinweisen nach §§ 406i, 406j müssen die Stel-

---

[12] BT-Drs. 18/4621, 35; Hohmann in Radtke/Hohmann Rn. 5.
[13] Hohmann in Radtke/Hohmann Rn. 5.
[14] Ferber in HK-GS Rn. 2.
[15] Weiner in BeckOK StPO § 406d Rn. 20.
[1] Gesetz zur Stärkung der Opferrechte im Strafverfahren, BGBl. 2015 I 2525.

len bzw. Institutionen benannt werden, die die beschriebenen Hilfestellungen und Angebote erbringen oder vermitteln.

II. Ergänzende Unterrichtungspflicht (Abs. 1)

2   Für den Verletzten (§ 373b) ist es nicht nur von Bedeutung zu wissen, welche Rechte er hat, sondern auch, wie er sie durchsetzen kann und an wen er sich wenden kann. Die Unterrichtspflichten der §§ 406i, 406j werden deshalb durch Abs. 1 insofern ergänzt, als dass dem Verletzten auch mitzuteilen ist, an welche Stellen und Institutionen er sich wenden kann, um seine Rechte wahrnehmen zu können.

III. Ausnahmen von der Unterrichtungspflicht (Abs. 2)

3   Nach Abs. 2 können Hinweise nach §§ 406i, 406j **ausnahmsweise unterbleiben,** wenn die Voraussetzungen des (konkreten) Rechts, auf das hinzuweisen ist, im Einzelfall offensichtlich nicht vorliegen. Außerdem entfällt die Pflicht zur Erteilung von schriftlichen Hinweisen, sofern der Verletzte postalisch nicht erreichbar ist.

4   Die Hinweispflicht besteht nach **Abs. 2 S. 1** nicht, wenn die Voraussetzungen der §§ 406i, 406j im Einzelfall offensichtlich nicht vorliegen. Die Hinweispflicht entfällt dabei nicht pauschal, sondern lediglich bezogen auf das Recht, auf das hinzuweisen wäre, dessen Voraussetzungen aber im Einzelfall nicht vorliegen.

5   Nach **Abs. 2 S. 2** kann ein **schriftlicher** Hinweis an den Verletzten unterbleiben, wenn der Verletzte keine zustellungsfähige Anschrift angegeben hat; eine Ermittlungspflicht der Strafverfolgungsbehörden besteht nicht.[2]

6   Ist der Verletzte anwaltlich vertreten, sind die schriftlichen Hinweise an diesen zu richten, wenn der Verletzte unter seiner Anschrift nicht erreichbar ist.[3] Eine fehlende zustellungsfähige Anschrift **entbindet nicht von der Pflicht zur Erteilung der Hinweise** nach §§ 406i, 406j, sondern bezieht sich ausschließlich auf die Pflicht zur Erteilung der Hinweise in schriftlicher Form. Im Falle der Nichterreichbarkeit des Verletzten unter seiner angegebenen Anschrift ist jedoch regelmäßig zwingend zumindest ein mündlicher Hinweis erforderlich.[4]

§ 406l Befugnisse von Angehörigen und Erben von Verletzten

§ 406i Absatz 1 sowie die §§ 406j und 406k gelten auch für Angehörige und Erben von Verletzten, soweit ihnen die entsprechenden Befugnisse zustehen.

1   Die Vorschrift wurde gemeinsam mit den Hinweispflichten nach §§ 406i, 406j mit dem am 31.12.2015 in Kraft getretenen 3. ORRG[1] eingefügt.

2   Die Norm stellt klar, dass die in §§ 406i, 406j und 406k aufgeführten Befugnisse und Rechte auch den **Angehörigen und Erben** (§ 403) des Verletzten (§ 373b) zustehen.[2] Insbesondere sind auch Angehörige und Erben von Verletzten über die Befugnisse im Strafverfahren (§ 406i) und außerhalb des Strafverfahrens (§ 406j) zu unterrichten, soweit ihnen die entsprechenden Befugnisse zustehen. Hierzu gehören etwa die Befugnis zum Anschluss als Nebenkläger gemäß § 395 Abs. 2 Nr. 1, die Befugnis zur Geltendmachung von Ansprüchen im Adhäsionsverfahren nach § 403 oder der Anspruch von Hinterbliebenen auf Soziale Entschädigung und Leistungen nach den Bestimmungen des SGB XIV.

---

[2] Ferber in HK-GS Rn. 3.
[3] Hohmann in Radtke/Hohmann Rn. 4.
[4] BR-Drs. 56/15, 37; Zabeck in KK-StPO Rn. 2; Hohmann in Radtke/Hohmann Rn. 4.
[1] Gesetz zur Stärkung der Opferrechte im Strafverfahren, BGBl. 2015 I 2525.
[2] Schmitt in Meyer-Goßner/Schmitt Rn. 1.

Sechstes Buch. Besondere Arten des Verfahrens

Erster Abschnitt. Verfahren bei Strafbefehlen

§ 407 Zulässigkeit

(1) ¹Im Verfahren vor dem Strafrichter und im Verfahren, das zur Zuständigkeit des Schöffengerichts gehört, können bei Vergehen auf schriftlichen Antrag der Staatsanwaltschaft die Rechtsfolgen der Tat durch schriftlichen Strafbefehl ohne Hauptverhandlung festgesetzt werden. ²Die Staatsanwaltschaft stellt diesen Antrag, wenn sie nach dem Ergebnis der Ermittlungen eine Hauptverhandlung nicht für erforderlich erachtet. ³Der Antrag ist auf bestimmte Rechtsfolgen zu richten. ⁴Durch ihn wird die öffentliche Klage erhoben.

(2) ¹Durch Strafbefehl dürfen nur die folgenden Rechtsfolgen der Tat, allein oder nebeneinander, festgesetzt werden:
1. Geldstrafe, Verwarnung mit Strafvorbehalt, Fahrverbot, Einziehung, Vernichtung, Unbrauchbarmachung, Bekanntgabe der Verurteilung und Geldbuße gegen eine juristische Person oder Personenvereinigung,
2. Entziehung der Fahrerlaubnis, bei der die Sperre nicht mehr als zwei Jahre beträgt
2a. Verbot des Haltens oder Betreuens von sowie des Handels oder des sonstigen berufsmäßigen Umgangs mit Tieren jeder oder einer bestimmten Art für die Dauer von einem Jahr bis zu drei Jahren sowie
3. Absehen von Strafe.

²Hat der Angeschuldigte einen Verteidiger, so kann auch Freiheitsstrafe bis zu einem Jahr festgesetzt werden, wenn deren Vollstreckung zur Bewährung ausgesetzt wird.

(3) Der vorherigen Anhörung des Angeschuldigten durch das Gericht (§ 33 Abs. 3) bedarf es nicht.

Schrifttum: Arbeitskreis AE, Alternativ-Entwurf Abgekürzte Strafverfahren im Rechtsstaat (AE-ASR). Entwurf eines Arbeitskreises deutscher, österreichischer und schweizerischer Strafrechtslehrer (Arbeitskreis AE), GA 2019, 1; Bartels, Das Strafbefehlsverfahren bei Heranwachsenden in Theorie und Praxis, 2007; Behrendt, Rechtsstaatliche Strafverfahren und Ressourcenschonung – Widerspruch oder lösbares Problem?, NJOZ 2019, 881; Blankenheim, Zustellung des Strafbefehls an Nichtseßhafte, MDR 1992, 926; Bonheur, Der Einspruch als Legitimationsbasis des Strafbefehlsverfahrens?, 2023; Burkhard, Der Strafbefehl im Steuerstrafrecht, 1997; Böttcher, Der Strafbefehl auf dem Vormarsch?, FS Walter Odersky, 1996, 299; Cancio Meliá, Erledigung von Strafverfahren ohne Hauptverhandlung: erste Schritte in Spanien, ZStW 130 (2018), 476; Deiters, Abgekürzte Strafverfahren, ZStW 130 (2018), 491; Ebert, Der Tatverdacht im Strafverfahren unter spezieller Berücksichtigung des Tatnachweises im Strafbefehlsverfahren, 2000; Eckstein, Strafbefehlsverfahren und Beschleunigtes Verfahren, Handbuch des Strafrechts, Band 9, 2023, § 66; Elobied, Die Entwicklung des Strafbefehlsverfahrens von 1846 bis in die Gegenwart, 2010; Elobied, Zur Erweiterung des Strafbefehlsverfahrens, KriPoZ 2023, 33; Enescu/Niang/Momsen, Verteidigung in Strafbefehlsverfahren in Deutschland, Frankreich und der Schweiz, KriPoZ 2022, 20; Eser, Das rechtliche Gehör im Strafbefehls- und Strafverfügungsverfahren, JZ 1966, 660; Fezer, Zur Zukunft des Strafbefehlsverfahrens, FS Jürgen Baumann, 1992, 395; Fezer, Vereinfachte Verfahren im Strafprozess, ZStW 106 (1994), 1; Freund, Der Zweckgedanke im Strafrecht?, GA 1995, 4; Fromm, Über die Auswirkungen der COVID-19-Pandemie auf Straf- und Bußgeldsachen, DAR 2020, 251; Gilliéron, Strafbefehlsverfahren und plea bargaining als Quelle von Fehlurteilen, 2010; Heinz, Der Strafbefehl in der Rechtswirklichkeit, FS Heinz Müller-Dietz, 2001, 271; Hutzler, Ausgleich struktureller Garantiedefizite im Strafbefehlsverfahren, 2010; Ikeda, Zur Erledigung von Strafverfahren ohne Hauptverhandlung im japanischen Recht, ZStW 130 (2018), 438; Kemme/Dunkel, Strafbefehl und Fehlurteil – Erkenntnisse zu einer wenig beachteten Verbindung, StV 2020, 52; Kertai, Falsche Strafbefehle – am besten gleich vermeiden, ZRP 2023, 159; Kertai, Schriftliche Verteidigung im Strafbefehlsverfahren und Wiederaufnahme, JR 2024, 18; Kirch, Das Strafbefehlsverfahren nach dem Strafverfahrensänderungsgesetz 1987 – Kritische Anmerkungen –, Dissertation Köln 1987; Kolsch,

Sozioökonomische Ungleichheit im Strafverfahren, 2020; Kotz, Die Wahl der Verfahrensart durch den Staatsanwalt, 1983; Küper, Kontumazialverfahren, Anordnung des persönlichen Erscheinens und Abwesenheitsverhandlung, NJW 1969, 493; Kudlich/Göken, Ausweitung des Strafbefehlsverfahrens. Win-Win-Situation oder Falle für den Rechtsstaat?, ZRP 2023, 16; Loos, Zur „schadensbegrenzenden" Auslegung strafprozessualer Vorschriften des Justizentlastungsgesetzes, FS Remmers, 1995, 565; Loos/Radtke, Das beschleunigte Verfahren (§§ 417-420 StPO) nach dem Verbrechensbekämpfungsgesetz, NStZ 1995, 569 und NStZ 1996, 7; Loos, Bemerkungen zum Prinzip „in dubio pro reo" im Strafbefehlsverfahren, FS Wilfried Küper, 2007, 313; Lutz, Wie weit reicht die Verteidigerbestellung gem. § 408b StPO?, NStZ 1998, 395; Maleika, Freiheitsstrafe und Strafbefehl: eine unmögliche Kombination?, 2000; Martin, Freiheitsstrafe beim Ausbleiben des Angeklagten? – Prozessuale Probleme des Strafbefehlsverfahrens nach dem Rechtspflegeentlastungsgesetz –, GA 1995, 121; Metz, Nebenklage und Adhäsionsantrag im Strafbefehlsverfahren, JR 2019, 67; Meurer, Der Strafbefehl, JuS 1987, 882; Mitsch, Die Pflicht ausländischer „Verkehrssünder" zur Anwesenheit in der Hauptverhandlung vor einem deutschen Straf- oder Bußgeldgericht, ZIS 2011, 502; Müller, Das Strafbefehlsverfahren (§§ 407 ff. StPO), 1993; Nobis/Krumm, „Falsche Strafbefehle" – Was nun?, ZRP 2023, 79; Nötzel/Klauck, Die Absprache im Ermittlungsverfahren: Ein „kleiner Deal"?, NStZ 2021, 577; Prelle, Opportunität und Konsens: Verfahrensförmige Normsuspendierung als Hilfe für die Überlast im Kriminaljustizsystem?, KritV 2011, 331; Putzke/Putzke, Der richterlich verfügte Strafbefehl im Zwischenverfahren – ein Reformvorschlag, JR 2019, 319; Rettke, Der Vermögensabschöpfungsstrafbefehl, NStZ 2021, 202; Rieß/Hilger, Das neue Strafverfahrensrecht – Opferschutzgesetz und Strafverfahrensänderungsgesetz 1987 – 2. Teil –, NStZ 1987, 204; Schaal, Hinreichender Tatverdacht oder richterliche Überzeugungsbildung für den Strafbefehlserlaß?, GS Meyer, 1990, 427; Schellenberg, Der Strafbefehl nach § 408a StPO in der Praxis, NStZ 1994, 370; Schmidt-Hieber, Verständigung im Strafverfahren, 1986; Schorn, Das Strafbefehls- und Strafverfügungsverfahren, 1962; Sinner, Der Vertragsgedanke im Strafprozeßrecht, 1999; Soester, Zum Verschlechterungsverbot im deutschen Strafprozess nach alleinigem Rechtsbehelf des Angeklagten, 2016; Staudinger, Das (gescheiterte) Strafbefehlsverfahren, JA 2021, 159; Steinke, Vor dem Gesetz sind nicht alle gleich, 2022; Stoll, Beschleunigungsstrategien der Strafjustiz, 2018; Tiemer, Die Verteidigerbestellung im Strafbefehls- und im beschleunigten Verfahren gemäß §§ 408b, 418 Abs. 4 StPO, 1998; Vivell, Das Strafbefehlsverfahren nach Eröffnung des Hauptverfahrens (§ 408a StPO), 2006; Zähres, Erlass eines Strafbefehls gem. § 408a StPO in der gem. § 408 III 2 StPO anberaumten Hauptverhandlung?, NStZ 2002, 296.

Übersicht

		Rn.
I.	**Überblick**	1
1.	Normzweck	1
2.	Struktur, Funktion und Legitimation des Strafbefehlsverfahrens	2
	a) Struktur	2
	b) Funktion	8
	c) Legitimation	11
3.	Zusammentreffen mit besonderen Verfahrensgestaltungen	18
	a) Steuerstraftaten und Ordnungswidrigkeiten	18
	b) Beteiligung des Verletzten	22
	c) Jugendliche, Heranwachsende, Abwesende	24
	d) Verständigung	28
4.	Entstehungsgeschichte	33
5.	Rechtstatsachen	34

		Rn.
6.	Internationalrechtliche Grundlagen und Einflüsse	36
7.	Reformbedarf	38
II.	**Erläuterung**	43
1.	Vergehen in der Zuständigkeit des Amtsgerichts (Abs. 1 Satz 1)	43
2.	Zulässige Rechtsfolgen (Abs. 2)	45
	a) Hauptstrafen	46
	b) Nebenstrafe	52
	c) Nebenfolgen	53
	d) Maßregeln	56
	e) Festsetzung allein oder nebeneinander	58
3.	Entbehrlichkeit der Hauptverhandlung (Abs. 1 Satz 2)	59
4.	Antrag der Staatsanwaltschaft	65
5.	Rechtliches Gehör (Abs. 3)	69

I. Überblick

1. Normzweck. § 407 bestimmt die Voraussetzungen, unter denen das strafprozessuale Erkenntnisverfahren durch **schriftlichen** Strafbefehl ohne Hauptverhandlung abgeschlossen werden darf. Die Voraussetzungen dieser „besonderen Art des Verfahrens", so die Überschrift des Sechsten Buches, kleidet die Vorschrift in Regelungen über den Antrag der **Staatsanwaltschaft** auf Erlass eines Strafbefehls. Die Vorschrift korrespondiert mit § 409, der den Inhalt des **richterlichen** Strafbefehls festlegt. § 407 beschränkt den Anwendungsbereich des Strafbefehlsverfahrens auf Straftaten und Rechtsfolgen der **minder schweren Kriminalität** in Fällen, die ohne Hauptverhandlung **entscheidungsreif** sind.

2. Struktur, Funktion und Legitimation des Strafbefehlsverfahrens. a) Struktur. Das Strafbefehlsverfahren führt, wie das Regelverfahren, zu einer rechtskräftigen Entscheidung über Schuld und Strafrechtsfolgen. Seine Besonderheit, so der Titel des Sechsten Buches, besteht darin, dass diese Entscheidung **ohne vollwertiges Hauptverfahren** getroffen wird. Die Entscheidung fällt normalerweise, anders im Sonderfall des § 408a, in einem Stadium, das im Regelverfahren dem Zwischen- oder Eröffnungsverfahren entspricht.

Die Ausleitung aus dem Regelverfahren wird von der Staatsanwaltschaft initiiert. Anstatt das **Vorverfahren** durch Anklageerhebung nach § 170 abzuschließen – ausnahmsweise auch aus einem scheiternden Hauptverfahren heraus, § 408a –, beantragt die Staatsanwaltschaft den Erlass eines Strafbefehls, vgl. Absatz 1 Satz 4. Als weitere alternative Wege, eine Sanktionierung zu erreichen, stellt die Strafprozessordnung die **Einstellung** des Verfahrens unter Auflagen und Weisungen nach § 153a und den Antrag auf Entscheidung im **beschleunigten Verfahren** nach § 417 zur Verfügung. Der Staatsanwaltschaft ist nach Absatz 1 Satz 2 aber kein Ermessen eingeräumt.

Auf den Antrag der Staatsanwaltschaft hin entscheidet der Richter über den Erlass des Strafbefehls. Die Entscheidungssituation entspricht, vom Ausnahmefall des § 408a abgesehen, dem **Eröffnungsverfahren.** Allerdings entfällt die Gewährung rechtlichen Gehörs nach § 201; siehe Absatz 3.[1] Die Entscheidung steht teilweise der Entscheidung im Eröffnungsverfahren gleich, § 408 Abs. 2 S. 2, § 427 Abs. 1 S. 2. Die Entscheidungsmöglichkeiten gehen aber darüber hinaus und schließen mit dem Erlass des Strafbefehls Kompetenzen des **Hauptverfahrens** ein. Hält der Richter weitere Aufklärung für erforderlich, hat er die Möglichkeit, Hauptverhandlung anzuberaumen und das Verfahren so ins Regelverfahren zurückzuleiten, § 408 Abs. 3 S. 2.

Erlässt der Richter den Strafbefehl und legt der Beschuldigte keinen Einspruch ein, führt das **schriftliche** Strafbefehlsverfahren **ohne Hauptverhandlung,** Absatz 1 Satz 1, zum urteilsgleich **rechtskräftigen** Abschluss des Verfahrens, § 410 Abs. 3. Einen freisprechenden „Strafbefehl" gibt es naturgemäß nicht. Der Einspruchsvorbehalt gibt dem Strafbefehlsverfahren ein **konsensuales** Gepräge. Der Beschuldigte, der keinen Einspruch einlegt, verzichtet damit zugleich auf die Rechtsmittel des Regelverfahrens; § 410 Abs. 3 lässt nur noch Raum für außerordentliche Rechtsbehelfe, also Wiedereinsetzung in den vorigen Stand und Wiederaufnahme, § 373a.

Legt der Beschuldigte Einspruch ein, findet ein Hauptverfahren mit Hauptverhandlung statt; diese folgt allerdings besonderen Regeln, sie lehnt sich an das **beschleunigte Verfahren** an, § 411 Abs. 2 S. 2 iVm § 420, und kann bei unentschuldigtem Ausbleiben des Beschuldigten mit der **Verwerfung des Einspruchs** enden, § 412. Außerdem bleiben Staatsanwaltschaft und Beschuldigter, vom Ausnahmefall des § 408a abgesehen, **dispositionsbefugt**, § 411 Abs. 3.

Summa summarum trägt das Strafbefehlsverfahren damit Züge eines **adversatorischen** Parteiprozesses. Es führt zu latent **konsensual** strukturierter Verfahrenserledigung. Dem Beschuldigten wird ein Teil der Verantwortung für das Fehlverurteilungsrisiko überbürdet.[2] Insofern als ohne Hauptverhandlung nach Aktenlage entschieden wird, handelt es sich um ein **schriftliches** und **summarisches** Verfahren, das der Legitimation bedarf (→ Rn. 11).

b) Funktion. Das Strafbefehlsverfahren vereinfacht und beschleunigt die Erledigung von Strafsachen. Es schont also staatliche Ressourcen und die Ressourcen aller Beteiligten, es entlastet die Strafjustiz, dient der Verfahrensökonomie und trägt dem **Verzögerungsverbot**[3] Rechnung.

---

[1] Weßlau in SK-StPO Vor § 407 Rn. 12.
[2] Näher dazu Deiters ZStW 130 (2018), 491.
[3] Schroeder/Verrel StrafProzR Rn. 360 f.

9 Für die justizielle Bewältigung **massenhaft** begangener Delikte wie Ladendiebstahl, Erschleichen von Leistungen, Straftaten im Verkehr und Verstöße gegen das Betäubungsmittelgesetz gilt das Strafbefehlsverfahren als praktisch unentbehrlich.[4] Kritisch gewendet, leistet das Strafbefehlsverfahren dadurch einer Konjunktur der Konflikterledigung durch Strafrecht Vorschub.[5]

10 Preis dafür ist der Verzicht auf volle **Wahrheitserforschung** in und die präventive Wirkung einer mündlichen, unmittelbaren und öffentlichen Hauptverhandlung.[6] Anders gewendet wird auch daraus ein Vorzug: Das Strafbefehlsverfahren schützt den Beschuldigten vor der **stigmatisierenden** Wirkung einer Hauptverhandlung.[7] Im Übrigen hat auch das Strafbefehlsverfahren teil am Zweck des Strafverfahrens schlechthin, **Rechtsfrieden** wiederherzustellen.[8]

11 c) **Legitimation.** Ein **summarisches Verfahren**[9] ist das Strafbefehlsverfahren nur insofern, als auf volle Wahrheitserforschung in mündlicher, unmittelbarer und öffentlicher Hauptverhandlung verzichtet wird.[10] Rechtsstaatlichkeit der Strafverfolgung, insbesondere das **Schuldprinzip,** nach teilweise vertretener Ansicht auch Rechtsprechungsmonopol und Unabhängigkeit der Gerichte,[11] sowie subjektive Rechte des Beschuldigten, unter anderem **Anspruch auf rechtliches Gehör** (→ Rn. 69), **Rechtsschutzgarantie** und **Unschuldsvermutung,** gebieten Beschränkungen und Sicherungsvorkehrungen. Art. 8 Abs. 6 Richtlinie (EU) 2016/343 vom 9.3.2016 über die Stärkung bestimmter Aspekte der Unschuldsvermutung und des Rechts auf Anwesenheit in der Verhandlung in Strafverfahren[12] verlangt Wahrung der **Fairness des Verfahrens.** Dass der Anspruch auf eine Hauptverhandlung vom Beschuldigten durch fristgebundenen Rechtsbehelf gegen den Strafbefehl durchgesetzt werden muss, erklärt der EGMR für mit Art. 6 EMRK vereinbar.[13]

12 Das Strafbefehlsverfahren darf vor diesem Hintergrund nur in einfach gelagerten Fällen durchgeführt werden, die sich ohne Hauptverhandlung aufklären lassen, Absatz 1 Satz 2 (→ Rn. 59). Außerdem darf im Strafbefehlsverfahren nur minder schwere Kriminalität erledigt werden. Deshalb kommt das Verfahren nur bei **Vergehen** und vor den **Amtsgerichten** in Betracht, Absatz 1 Satz 1, und deshalb ist die **Rechtsfolgenkompetenz** beschränkt, Absatz 2. Bei einfach gelagerten, eindeutigen Sachverhalten hält das BVerfG den Verzicht auf volle Wahrheitserforschung in einer Hauptverhandlung für mit dem Schuldprinzip vereinbar.[14]

13 Als weiteren Ausgleich sieht die StPO **konsensuale** Elemente vor: erstens, im weiteren Sinne konsensual, das Erfordernis voller **Übereinstimmung** von Staatsanwalt und Richter beim Erlass des Strafbefehls, § 408 Abs. 3 S. 2,[15] und zweitens das Unterlassen des Beschuldigten, gegen den Strafbefehl **Einspruch** einzulegen.[16] Dieser konsensuale Legitimationsstrang ist freilich nicht voraussetzungslos. Die Gefahr **schuldunangemessen zu milder** Bestrafung, mit dem Ziel, den Beschuldigen davon abzuhalten, Einspruch einzulegen,[17] lässt sich durch die erforderliche Übereinstimmung von Richter und Staatsanwalt nur verrin-

---

[4] Weßlau in SK-StPO Vor § 407 Rn. 7.
[5] Elobied KriPoZ 2023, 33 (37).
[6] Roxin/Schünemann StrafVerfR § 68 Rn. 2.
[7] Gössel in Löwe/Rosenberg, 26. Aufl., Vor § 407 Rn. 11 f.
[8] Eckstein FS Schroeder, 2006, 777 (795).
[9] BVerfG 18.12.1953 – 1 BvR 230/51, BVerfGE 3, 248 (253); 21.1.1969 – 2 BvR 724/67, BVerfGE 25, 158 (164 f.); 7.12.1983 – 2 BvR 282/80, BVerfGE 65, 377 (383 ff.); BGH 11.7.1978 – 1 StR 232/78, BGHSt 28, 69; Schmitt in Meyer-Goßner/Schmitt Vor § 407 Rn. 1 mwN. AA Fezer ZStW 106 (1994), 1 (20).
[10] Gössel in Löwe/Rosenberg, 26. Aufl., Vor § 407 Rn. 24.
[11] Hutzler S. 128 ff.; Prelle KritV 2011, 331 (355 f.) mwN.
[12] ABl. 2016 L 65, 1.
[13] EGMR 16.12.1992 – 68/1991/320/392, NJW 1993, 717.
[14] BVerfG 19.3.2013 – 2 BvR 2628/10, 2 BvR 2883/10, 2 BvR 2155/11, NJW 2013, 1058 (1068).
[15] Loos in AK-StPO Rn. 19 und Vor § 407 Rn. 8; Kirch S. 87 ff.
[16] Kritisch Weßlau in SK-StPO Vor § 407 Rn. 19; ablehnend Prelle KritV 2011, 331 (359 ff.) mwN.
[17] Gössel in Löwe/Rosenberg, 26. Aufl., Vor § 407 Rn. 26.

gern, nicht ausschließen. Und eine drohende Schlechterstellung im Verfahren auf den Einspruch gegen den Strafbefehl hin kann die Entscheidungsfreiheit des Beschuldigten untergraben.[18] Dieser Gefahr müssen ausgleichende Regeln über die **reformatio in peius** Rechnung tragen, die nach § 411 Abs. 4 an sich zulässig ist (→ § 410 Rn. 27 und → § 411 Rn. 74).

Den Strafbefehl als eine nur **vorläufige, aufschiebend bedingte** Entscheidung zu bezeichnen,[19] verdunkelt die Legitimationsfrage. Denn der Strafbefehl kann urteilsgleich in Rechtskraft erwachsen. Aufschiebende Bedingung ist nach § 410 Abs. 3 das schlichte Unterlassen des Beschuldigten, Einspruch einzulegen. Der Einspruch ist zwar ein hochwirksamer Rechtsbehelf. Wird Einspruch eingelegt, beseitigt das den Strafbefehl eo ipso: Anders als im Falle von Berufung und Revision bedarf es im Verfahren auf den Einspruch hin nicht einmal einer Aufhebung der ergangenen Entscheidung, also des Strafbefehls. Die Legitimationskraft dieses Rechtsbehelfs steht und fällt aber mit den Schutzvorkehrungen zugunsten der **Entscheidungsfreiheit** des Beschuldigten. Der Einspruchsvorbehalt trägt nur dann als Baustein zur Legitimierung des Strafbefehlsverfahrens, wenn der Beschuldigte hinreichend frei entscheiden kann, ob er Einspruch einlegt. Zu den erforderlichen Vorkehrungen gehört der Schutz vor drohender Schlechterstellung im Verfahren auf den Einspruch hin. Darüber hinaus bleibt die Einspruchsmöglichkeit bei Zustellungs- und Übersetzungsproblemen (→ § 409 Rn. 24, 37 ff.), bei nicht voll schuld- oder verhandlungsfähigen Personen und bei Defiziten wie Lese- oder Schreibschwäche schlimmstenfalls wirkungslos. Dann besteht eine erhöhte Gefahr strafrechtlicher Verurteilung ohne Schuld.[20] Insofern bedarf Absatz 3 (keine **Anhörung** des Beschuldigten) der Korrektur (→ Rn. 40, 69 ff.).[21]

Ob die gesetzliche Regelung auf einer tragfähigen Grundlage steht oder ob nur die normative Kraft des Faktischen[22] wirkt, ist umstritten. Wenig Ertrag verspricht die Kontroverse um den Begriff der richterlichen **Überzeugung** verstanden im Sinne von § 261.[23] Der Richter, der den Strafbefehl erlässt, darf sich richtigerweise nicht mit hinreichendem Tatverdacht begnügen.[24] Er muss zu einer Sicherheit gelangen, die vernünftige Zweifel nicht mehr aufkommen lässt.[25] Ob diese Sicherheit Überzeugung genannt wird oder nicht, spielt für ihre Legitimationskraft keine Rolle. Das Etikett Überzeugung hilft für sich genommen nicht darüber hinweg, dass die Entscheidung auf defizitärer Grundlage getroffen wird, nämlich ohne Hauptverhandlung, Absatz 1 Satz 2, und ohne (weitere) Anhörung des Beschuldigten, Absatz 3 (→ Rn. 69).[26] Diese Defizite kompensiert beispielsweise Weßlau, indem sie den Gegenstand der Überzeugung modifiziert und darauf abstellt, dass auch in einer Hauptverhandlung keine **Veränderung der Beweislage** zu erwarten wäre.[27]

Wer den vollen Tatnachweis stattdessen über eine **Geständnisfiktion** zu erreichen sucht,[28] verkennt, dass das Unterlassen des Beschuldigten, Einspruch einzulegen, nicht den Erklärungswert eines Geständnisses hat.[29] Auch konsensuale **Unterwerfung**[30] allein kann den Strafbefehl nicht legitimieren, weil der Beschuldigte nicht positiv zustimmen muss, sondern lediglich darauf verzichtet, sich zu verteidigen.[31] Teilweise wird von einer Widerspruchslösung gesprochen.[32]

---

[18] Vgl. Hutzler S. 201 ff.
[19] Schmitt in Meyer-Goßner/Schmitt Vor § 407 Rn. 2 und § 410 Rn. 8.
[20] Bonheur; Kemme/Dunkel StV 2020, 52 (57 ff.); Steinke S. 106 ff.
[21] Eckstein in Handbuch des Strafrechts § 66 Rn. 18.
[22] Vgl. Roxin/Schünemann StrafVerfR § 68 Rn. 2.
[23] Näher dazu Gössel in Löwe/Rosenberg, 26. Aufl., Vor § 407 Rn. 28 ff. mwN.
[24] Zu dieser Streitfrage → § 408 Rn. 14.
[25] Vgl. dazu Schmitt in Meyer-Goßner/Schmitt § 261 Rn. 2 mwN.
[26] Vgl. dazu Fezer ZStW 106 (1994), 1 (21); Schaal GS Meyer, 1990, 427 (441 f.).
[27] Weßlau in SK-StPO Vor § 407 Rn. 17 f.; vgl. Gaede in Löwe/Rosenberg Vor § 407 Rn. 25.
[28] OLG Stuttgart 30.1.2006 – 1 Ss 5/06, StV 2007, 232 (235).
[29] Esser StV 2007, 235 (238).
[30] Vgl. Schaal GS Meyer, 1990, 427 (435); Sinner S. 164 ff.
[31] Ebert S. 234; Meurer JuS 1987, 882 (884); vgl. Weßlau in SK-StPO Vor § 407 Rn. 14. Zu älteren Vertrags- und Fiktionstheorien Gössel in Löwe/Rosenberg, 26. Aufl., Vor § 407 Rn. 32 f.
[32] Gaede in Löwe/Rosenberg Vor § 407 Rn. 28.

17 Summa summarum **kombiniert** das Strafbefehlsverfahren defizitäre richterliche Überzeugung mit konsensualen Elementen zu einer – bei minder schwerer Kriminalität – rechtsstaatlich tragfähigen Legitimationsbasis.[33]

18 **3. Zusammentreffen mit besonderen Verfahrensgestaltungen. a) Steuerstraftaten und Ordnungswidrigkeiten.** Bei **Steuerstraftaten** kann nach § 386 Abs. 2, § 399 Abs. 1, § 400 AO auch die Finanzbehörde den Erlass eines Strafbefehls beantragen.[34] Nach § 404 AO fungiert die Zoll- und Steuerfahndung **(Steufa)** als Polizei, ihre Beamten sind Ermittlungspersonen der Staatsanwaltschaft. Die Bußgeld- und Strafsachenstelle **(BuStra)** stellt den Antrag auf Erlass eines Strafbefehls nicht bei Steuerhinterziehung im besonders schweren Fall und erst nach Gewährung rechtlichen Gehörs, Nr. 84 AStBV (St). Anklage nach § 170 Abs. 1 kann nur die Staatsanwaltschaft erheben, § 400 Hs. 2 AO. Die Möglichkeit, das Verfahren nach § 170 Abs. 2 oder §§ 153 ff. einzustellen, steht auch der Finanzbehörde zu Gebote. Ihre Zuständigkeit endet, wenn Hauptverhandlung anberaumt oder Einspruch gegen den Strafbefehl eingelegt wird, § 406 Abs. 1 AO.[35]

19 Treffen Straftaten mit **Ordnungswidrigkeiten** zusammen, wird im Falle prozessualer Tateinheit die Ordnungswidrigkeit zwingend Gegenstand des Strafverfahrens, § 40 OWiG. Im Falle prozessualer Tatmehrheit kann die Staatsanwaltschaft die Verfolgung einer Ordnungswidrigkeit übernehmen, die mit der Straftat zusammenhängt, § 42 OWiG. Immer kommen dann **Rechtsfolgen** des Ordnungswidrigkeitenrechts in Betracht, §§ 20, 21 OWiG. Die durch Strafbefehl festsetzbaren Rechtsfolgen bestimmt Absatz 2 zwar grundsätzlich abschließend. Und die Geldbuße gegen eine natürliche Person – nach §§ 20, 21 Abs. 2 OWiG – ist in Absatz 2 nicht genannt. Ihre Festsetzung wird deshalb teilweise für unzulässig gehalten.[36] **§ 63 Abs. 2 OWiG** sieht aber ausdrücklich einen Strafbefehl vor, der eine Ordnungswidrigkeit mitumfasst. Das schließt die entsprechende Rechtsfolge ein, vgl. § 79 Abs. 1 S. 1 Nr. 3, § 80 Abs. 2 Nr. 2 OWiG. Wie auch sonst erweitert das OWiG insofern den Anwendungsbereich von Vorschriften der StPO. Aus §§ 63, 79, 80 OWiG ergibt sich die Zulässigkeit einer **Geldbuße,** nicht aber die Zulässigkeit von Nebenfolgen (§ 21 Abs. 1 S. 2 OWiG) über den Kreis der in Absatz 2 genannten Rechtsfolgen hinaus.[37]

20 Bei prozessualer Tateinheit ebenso wie bei prozessualer Tatmehrheit, also dann, wenn eine Ordnungswidrigkeit verfolgt wird, die mit einer Straftat nur zusammenhängt – immer muss ein **einheitlicher Strafbefehlsantrag** gestellt werden, Nr. 280 Abs. 1, 4 RiStBV. § 64 OWiG („erstreckt") stellt das verfahrensrechtlich sicher.[38] Im weiteren Verfahren gegen mehrere Personen oder wegen mehrerer Taten kann die Einheitlichkeit des Verfahrens aufgebrochen werden – es gelten § 82 Abs. 2, § 83 OWiG.[39] Bei der **Entscheidung** über den Strafbefehlsantrag kann der Richter nach § 408 Abs. 3 S. 2 **Hauptverhandlung** auch isoliert unter dem rechtlichen Gesichtspunkt einer Ordnungswidrigkeit anberaumen, § 82 Abs. 2 OWiG. Steht die Ordnungswidrigkeit nur in Zusammenhang mit einer Straftat, muss aber auch diese mindestens als Ordnungswidrigkeit weiterverfolgt werden. Sonst fehlt dem Gericht nach § 45 OWiG die sachliche Zuständigkeit.[40] Hält der Richter die Ahndung allein als Ordnungswidrigkeit nicht für geboten, **lehnt** er den Antrag auf Erlass eines Strafbefehls **ab** und geht nach **§ 47 Abs. 2 OWiG** vor. Hält auch die Staatsanwaltschaft, auf Anfrage des Richters nach § 408 Abs. 3 S. 2, nur noch Ordnungswidrigkeiten für gegeben, **nimmt** sie den Strafbefehlsantrag **zurück**.[41]

---

[33] Weßlau in SK-StPO Vor § 407 Rn. 19.
[34] Näher dazu Maur in KK-StPO Rn. 31.
[35] Burkhard S. 50, 145 ff.
[36] OLG Koblenz 6.7.1998 – 2 Ss 84/98, NStZ 2000, 41; Maur in KK-StPO Rn. 7.
[37] Mitsch ZIS 2011, 502 (503); Weßlau in SK-StPO Rn. 29. AA Gaede in Löwe/Rosenberg Vor § 407 Rn. 55.
[38] Gössel in Löwe/Rosenberg, 26. Aufl. Vor § 407 Rn. 56 mwN auch zur Gegenansicht.
[39] Näher dazu Maur in KK-StPO Rn. 34; Gössel in Löwe/Rosenberg, 26. Aufl., Vor § 407 Rn. 57.
[40] Schmitt in Meyer-Goßner/Schmitt § 207 Rn. 3.
[41] Bauer in Göhler OWiG § 82 Rn. 6.

Soweit ein Urteil gegen einzelne Personen oder wegen einzelner Taten nur Ordnungs- 21
widrigkeiten betrifft, bricht die Einheitlichkeit des Verfahrens im **Rechtsmittelverfahren**
auf, § 83 OWiG. Dieser Rechtsgedanke wird auf den Fall übertragen, dass schon der gegen
mehrere Personen oder wegen mehrerer Taten ergangene Strafbefehl nur angefochten wird,
soweit er ausschließlich Ordnungswidrigkeiten betrifft: **Einspruch** nach §§ 67 ff. OWiG.[42]

b) Beteiligung des Verletzten. Privatklage scheidet aus, §§ 381, 407 Abs. 1. Den 22
Anschluss als **Nebenkläger** regelt § 396 Abs. 1 S. 3. Wird der Erlass eines Strafbefehls
abgelehnt, gelten für den Nebenkläger § 408 Abs. 2 S. 2 iVm § 210 Abs. 2 und § 400 Abs. 2.
Hinweispflichten, Informations- und Beteiligungsrechte der **Verletzten** und Nebenkläger
richten sich im Übrigen nach den allgemeinen Regeln (§§ 406d ff., 395 ff.).[43]

§ 407 Abs. 1 S. 1 iVm Abs. 2 steht einer Entscheidung nach §§ 403 ff. entgegen. Das 23
Adhäsionsverfahren kommt aber in Betracht, wenn das Strafbefehlsverfahren in eine
Hauptverhandlung mündet, § 408 Abs. 3 S. 2, § 411 Abs. 1 S. 2.[44] Ein bereits eingegangener
Adhäsionsantrag soll dem Beschuldigten möglichst mit dem Strafbefehl zugestellt werden
(§ 404 Abs. 1 S. 3), damit der Beschuldigte den Antrag bei seiner Entscheidung, Einspruch
einzulegen oder nicht, berücksichtigen kann.[45] Ob das Adhäsionsverfahren unbeschränkte
Einspruchseinlegung voraussetzt, ist umstritten.[46] Im Falle des § 408a Abs. 1, 2 S. 1 scheidet
zwar eine Entscheidung nach § 406 aus; während der Hauptverhandlung kann aber ein
Vergleich nach § 405 geschlossen werden.

c) Jugendliche, Heranwachsende, Abwesende. Gegen **Jugendliche,** also Perso- 24
nen, die zur Tatzeit 14 bis 17 Jahre alt waren, § 1 Abs. 2 JGG, darf kein Strafbefehl erlassen
werden, § 79 Abs. 1 JGG. Bei **Heranwachsenden** dagegen, also Personen, die zur Tatzeit
18 bis 20 Jahre alt waren, § 1 Abs. 2 JGG, ist ein Strafbefehl zulässig, es sei denn, der Richter
wendet **Jugendstrafrecht** an, § 109 Abs. 1 S. 1, Abs. 2 S. 1 JGG. Nach § 109 Abs. 3 JGG
bleibt § 407 Abs. 2 S. 2, also die Festsetzung von **Freiheitsstrafe,** ausgeschlossen. Die Entscheidung, ob nach § 105 JGG Jugendstrafrecht anzuwenden ist, wird allerdings im schriftlichen Strafbefehlsverfahren schwer zu treffen sein.[47] Schon die Staatsanwaltschaft stellt entsprechende Ermittlungen an, §§ 109, 43 JGG. Zuständig ist der **Jugendrichter,** § 108 JGG.
Wegen eines **Aufenthaltswechsels** des Angeklagten (§ 157) kann die Abgabe an ein anderes
Gericht (§ 42 Abs. 3 JGG) im Strafbefehlsverfahren erst nach Beginn der gemäß § 411
anberaumten Hauptverhandlung erfolgen.[48] Zu fehlerhaften Strafbefehlen → § 409 Rn. 49.

Das schriftliche Strafbefehlsverfahren scheint dazu prädestiniert zu sein, **Abwesende** 25
abzuurteilen. § 408a Abs. 1 S. 1 nährt diese Vorstellung. Und §§ 276, 285 schließen nur
eine Hauptverhandlung gegen Abwesende definitiv aus. Doch Nr. 175 Abs. 2 S. 2 RiStBV
sieht bei Abwesenheit die vorläufige Einstellung des Verfahrens nach § 154f beziehungsweise
§ 205 vor; und Nr. 175a lit. a RiStBV beschränkt das Vorgehen nach § 408a Abs. 1 S. 1
auf Beschuldigte mit bekanntem Aufenthalt im Ausland. Das schließt Personen aus, deren
Aufenthalt unbekannt ist, § 276 Variante 1, und zwar grundsätzlich zu Recht, weil bei
unbekanntem Aufenthalt keine Zustellung (→ § 409 Rn. 37) möglich ist, die sicherstellt,
dass der Beschuldigte gegen den Strafbefehl Einspruch einlegen kann. Eine effektive Einspruchsmöglichkeit gehört aber, sub specie rechtliches Gehör und Rechtsschutzgarantie, zu
den Legitimationsvoraussetzungen des Strafbefehlsverfahrens (→ Rn. 11, 69). Zulässig
bleibt ein Strafbefehl dementsprechend, wenn ein Zustellungsbevollmächtigter bestellt ist,
§ 132 Abs. 1 S. 1 Nr. 2, §§ 127a, 116a Abs. 3 (→ § 409 Rn. 42). Wird ein Strafbefehl
erlassen, der nicht zugestellt werden kann, läuft die **Einspruchsfrist** nicht, § 410 Abs. 1,
so dass der Strafbefehl nicht in Rechtskraft erwächst.

---

[42] Gössel in Löwe/Rosenberg, 26. Aufl., Vor § 407 Rn. 57.
[43] Zu Kostenentscheidungen Maur in KK-StPO Rn. 29.
[44] Gössel in Löwe/Rosenberg, 26. Aufl., Vor § 407 Rn. 44; Metz JR 2019, 67 (72).
[45] Metz JR 2019, 67 (72).
[46] Differenzierend Metz JR 2019, 67 (73 f.) mwN zum Streitstand.
[47] Meurer JuS 1987, 882 (883); Bartels S. 158, 181; Schorn S. 41 ff.
[48] BGH 5.8.2014 – 2 ARs 215/14, BeckRS 2014, 17820.

26 Bei bekanntem Aufenthalt im **Ausland**, § 276 Variante 2, kann eine Zustellung im Wege der Rechtshilfe bewirkt werden. Das Übereinkommen vom 29.5.2000 über die Rechtshilfe in Strafsachen zwischen den Mitgliedstaaten der **Europäischen Union**[49] sieht diese Möglichkeit in seinem Art. 5 vor – und ersetzt nach Art. 2 Abs. 2 die Regelung in Art. 52 des Schengener Durchführungsübereinkommens. Eine Hauptverhandlung jedoch kann gegen Abwesende nicht stattfinden, §§ 276, 285, so dass ein Strafbefehl nur zur Erledigung führen wird, wenn der Beschuldigte **keinen Einspruch** einlegt oder seine Anwesenheit oder sein Verzicht auf Anwesenheit erreicht werden kann. Die mitunter angeführte Alternative der Vertretung des Beschuldigten nach § 411 Abs. 2 S. 1[50] hilft bei Abwesenden nach zutreffender Ansicht nicht weiter.[51] Sie schließt zwar Zwangsmaßnahmen aus, das **Anwesenheitsrecht** des Angeklagten (§ 230 Abs. 1) besteht neben dem Recht, sich vertreten zu lassen (§ 411 Abs. 2 S. 1), aber unverändert fort. Gesperrt ist durch das Verbot der Abwesenheitsverhandlung (§ 285 Abs. 1 S. 1) richtigerweise auch das Verfahren nach § 412. Dass der iSv § 276 Abwesende dadurch die Rechtsmacht erlangt, durch einen Einspruch das Verfahren zu blockieren, auch wenn er, wie der Einspruch beweist, eigenverantwortlich entscheidet, einer Hauptverhandlung fern zu bleiben, mag ungerecht erscheinen. §§ 276, 285 ordnen das aber eindeutig an. Sie verbieten eine Verhandlung in Abwesenheit. Das Anwesenheitsrecht des Beschuldigten wird insofern der Fürsorgepflicht des Gerichts anvertraut, anstatt es zur Obliegenheit des Abwesenden zu machen. Art. 8 **Richtlinie (EU) 2016/343** vom 9.3.2016 über die Stärkung bestimmter Aspekte der Unschuldsvermutung und des Rechts auf Anwesenheit in der Verhandlung in Strafverfahren[52] weist zwar in die entgegengesetzte Richtung und erlaubt Abwesenheitsverfahren. Es bleibt aber Sache des Gesetzgebers, zu entscheiden, ob er von dieser Möglichkeit Gebrauch machen und §§ 276, 285 entsprechend ändern will. Nr. 175 Abs. 3 S. 2 RiStBV bestimmt allerdings, dass die Erwartung, es werde Einspruch eingelegt, kein Grund ist, von einem Strafbefehlsantrag abzusehen (→ Rn. 63).

27 Festnahme, Haft, **Ausbleiben** oder Sichentfernen des Beschuldigten stehen dem Strafbefehlsverfahren nicht entgegen.[53] Für eine mögliche Hauptverhandlung gelten §§ 230 ff., 411 Abs. 2 S. 1, § 412. Im Falle von Festnahme oder Haft ist nach Nr. 175 Abs. 4 RiStBV zu prüfen, ob das beschleunigte Verfahren nach § 417 raschere Erledigung ermöglicht.

28 **d) Verständigung.** Weil die Erledigung im Strafbefehlsverfahren sowohl für den Beschuldigten als auch für die Strafverfolgungsbehörden von Vorteil sein kann[54] und weil das Strafbefehlsverfahren ohnehin konsensuale Züge trägt, eignet es sich für **Erörterungen des Verfahrensstandes.** Das gilt für Erörterungen seitens der Staatsanwaltschaft – nach § 160b[55] – und Erörterungen seitens des Richters, sei es vor seiner Entscheidung über den Strafbefehlsantrag – nach § 202a –, sei es zur Vorbereitung der Hauptverhandlung (§ 408 Abs. 3 S. 2, § 411 Abs. 1 S. 2) – nach § 212 – oder innerhalb der Hauptverhandlung (§ 408 Abs. 3 S. 2, §§ 408a, 411 Abs. 1 S. 2) – nach § 257b (→ § 408a Rn. 26; → § 411 Rn. 35, 53). Die Bestellung eines Pflichtverteidigers nach § 408b, die auch schon im Vorverfahren erfolgen kann (§ 141), begünstigt Erörterungen und Absprachen.[56]

29 Darüber hinaus kommt eine **Verständigung** nach § 257c in Betracht, und zwar ohne weiteres in der regulären Hauptverhandlung nach § 408 Abs. 3 S. 2 und der nach § 411 Abs. 1 S. 2, Abs. 2 anberaumten beschleunigten Hauptverhandlung, aber unter den dort genannten Umständen auch in der nach § 408a endenden Hauptverhandlung (→ § 408a Rn. 26). Zur Frage der Verständigung über einen Verzicht darauf, **Einspruch** einzulegen, → § 410 Rn. 20.

---

[49] BGBl. 2005 II 650.
[50] Maur in KK-StPO Rn. 35; Weßlau in SK-StPO Rn. 36.
[51] Gössel in Löwe/Rosenberg, 26. Aufl., Vor § 407 Rn. 47 mwN.
[52] ABl. 2016 L 65, 1.
[53] Gössel in Löwe/Rosenberg, 26. Aufl., Vor § 407 Rn. 45, 50; Schmitt in Meyer-Goßner/Schmitt Rn. 2.
[54] Metzger in KMR-StPO Vor § 407 Rn. 28.
[55] Schmitt in Meyer-Goßner/Schmitt § 160b Rn. 6.
[56] Schmitt in Meyer-Goßner/Schmitt § 408b Rn. 2.

Bleibt daneben Raum für **Absprachen** außerhalb der Hauptverhandlung? Das Gesetz 30 zur Regelung der Verständigung im Strafverfahren[57] trifft nach Ansicht des BVerfG eine abschließende Regelung, die Öffentlichkeit und Wahrheitserforschung in der Hauptverhandlung garantiert.[58] Schließt das einen Strafbefehl nach Absprache aus, der per definitionem **nichtöffentlich und außerhalb einer Hauptverhandlung** ergeht? Man könnte sich auf den Standpunkt stellen, nur die Wahrheitserforschung im Regelverfahren müsse durch die Vorschriften über die Verständigung geschützt werden. Der Gesetzgeber wollte mit dem Gesetz zur Regelung der Verständigung informelle Verständigungen im Strafbefehlsverfahren nicht verboten wissen.[59] Soll ein heimlicher „Handel mit der Gerechtigkeit" schlechthin ausgeschlossen sein,[60] überzeugt das aber nicht. Vielmehr wird man verpflichtende Absprachen des Gerichts im nichtöffentlichen Strafbefehlsverfahren erst recht für unzulässig halten müssen. Die Gegenansicht wendet § 257c entsprechend an.[61]

Das ändert aber nichts daran, dass Absprachen, die die **Staatsanwaltschaft** trifft, rechts- 31 staatlichen Schutz zugunsten des Beschuldigten nach sich ziehen.[62] In Betracht kommt also auch eine Absprache des Inhalts, dass die Staatsanwaltschaft einen Strafbefehl beantragt, anstatt nach § 170 Abs. 1 Anklage zu erheben. Als Grenze für Absprachen der Staatsanwaltschaft wird ein Verbot des Ultra-vires-Übergriffs in die Kompetenzen des Gerichts vorgeschlagen.[63] Für die **Dokumentation** gilt § 160b S. 2.[64]

Legt der Beschuldigte gegen den Strafbefehl keinen Einspruch ein, sieht das Gesetz 32 allerdings **keinen ordentlichen Rechtsbehelf** vor, um Verstöße zu korrigieren. Auch die Möglichkeit eines Missbrauchs des Strafbefehlsverfahrens zur einvernehmlichen Beilegung komplexer Fälle mit schwer zu beurteilender Beweislage lässt sich nicht ausschließen.[65]

4. Entstehungsgeschichte. Das Strafbefehlsverfahren war von Anfang an Teil der 33 Strafprozessordnung (§§ 447 ff. aF).[66] Mit dem EGStGB 1974 wurde die **Freiheitsstrafe** als Rechtsfolge ausgeschlossen; im Gegenzug fiel die Beschränkung der festsetzbaren Geldstrafe. Einspruch und Klage **zurückzunehmen,** ermöglichte der Gesetzgeber mit dem 1. StVRG 1974. Zahlreiche Neuregelungen brachte das Strafverfahrensänderungsgesetz 1987. Der Gesetzgeber wollte den Anwendungsbereich des Strafbefehlsverfahrens erweitern, um es als Alternative zur Verfahrenseinstellung nach § 153a zu stärken. Eingeführt wurde **§ 408a,** außerdem wurde, unter anderem, die **Einspruchsfrist** verlängert, die **Beschränkbarkeit** des Einspruchs vorgesehen und die **Rechtskraft** des Strafbefehls klargestellt. Durch das Rechtspflegeentlastungsgesetz 1993 erweiterte der Gesetzgeber den Anwendungsbereich des Strafbefehlsverfahrens, indem er es ermöglichte, **Freiheitsstrafe** bis zu einem Jahr auf Bewährung festzusetzen. Im Verbrechensbekämpfungsgesetz 1994 erstreckte der Gesetzgeber die **vereinfachte Hauptverhandlung,** die gemäß § 420 für das beschleunigte Verfahren vorgesehen war, auf das Verfahren nach Einspruch gegen den Strafbefehl. Mit dem 1. Justizmodernisierungsgesetz wurde 2004 die Beschlussentscheidung über den Einspruch gegen die Tagessatzhöhe zugelassen, § 411 Abs. 1 S. 3.[67]

5. Rechtstatsachen. 2021 wurden von den Staats- und Amtsanwaltschaften 29,9 % 34 aller abgeschlossenen Ermittlungsverfahren nach § 170 Abs. 2 eingestellt. Die Quote der Einstellungen nach §§ 153 ff. belief sich auf rund 26 %. In 7 % der Verfahren wurde regulär Anklage erhoben und in 0,16 % der Verfahren eine Entscheidung im Beschleunigten Verfah-

---

[57] BGBl. 2009 I 2353.
[58] BVerfG 19.3.2013 – 2 BvR 2628/10, 2 BvR 2883/10, 2 BvR 2155/11, NJW 2013, 1058 (1064).
[59] BT-Drs. 16/12310, 16.
[60] BVerfG 19.3.2013 – 2 BvR 2628/10, 2 BvR 2883/10, 2 BvR 2155/11, NJW 2013, 1058 (1063, 1068 f.).
[61] Metzger in KMR-StPO Vor § 407 Rn. 31.
[62] Eckstein NK 2014, 103 (108 f.); Nötzel/Klauck NStZ 2021, 577 (580 f.) mwN.
[63] Nötzel/Klauck NStZ 2021, 577 (579 f.).
[64] Metzger in KMR-StPO Vor § 407 Rn. 30 f.; Ebert S. 232 ff.; Schmidt-Hieber Rn. 74 ff.
[65] Weßlau in SK-StPO Vor § 407 Rn. 8; Hutzler S. 38 ff.
[66] RGBl. 1877, 253. Näher dazu Gaede in Löwe/Rosenberg § 407 Vor Rn. 1.
[67] Elobied S. 33 ff., 165 ff.; Kirch S. 28 ff., 32 ff.; Schorn S. 13 f.; Vivell S. 117 ff.

35 ren beantragt. Der Anteil der Ermittlungsverfahren, in denen die Staatsanwaltschaft beantragte, einen Strafbefehl zu erlassen, lag bei 10,7 %. Von diesen Strafbefehlsanträgen lauteten 0,1 Prozentpunkte auf Freiheitsstrafe zur Bewährung.[68]

35 Der Strafbefehl wird vom Richter in der Regel antragsgemäß erlassen. Nur in ca. 1 % der Fälle beraumt der Richter Hauptverhandlung an.[69] 2021 standen 573.692 Anträgen auf Erlass eines Strafbefehls 4.846 Fälle der Anberaumung einer Hauptverhandlung nach § 408 gegenüber.[70] Daraus wird teilweise geschlossen, die Staatsanwaltschaft handhabe das Strafbefehlsverfahren sachgerecht und beantrage in beweismäßig klaren Fällen Strafbefehl.[71] Teilweise wird vermutet, Richter verzichteten auf eine eingehende Prüfung und überließen es dem Beschuldigten, durch Einspruch eine Überprüfung herbeizuführen.[72] In der Praxis kommen jedenfalls auch die zuletzt genannten Fälle vor. 2021 lag die Zahl der nach Einspruch gegen einen Strafbefehl erledigten Verfahren bei 52.338.[73] Damit wurde gegen gut 25 % der Strafbefehle Einspruch eingelegt. Frühere Studien ergaben eine Quote von rund einem Drittel aller Strafbefehle. Berufung gegen ein Urteil des Amtsgerichts wird dagegen nur in ca. 15 % der Fälle eingelegt. Etwa ein Drittel aller Einsprüche wird zurückgenommen.[74]

36 **6. Internationalrechtliche Grundlagen und Einflüsse.** Am 17.9.1987 hat das Minister-Komitee des Europarats eine Empfehlung an die Mitgliedstaaten zur **Vereinfachung des Strafverfahrens** beschlossen. Nr. II lit. c Recommendation No. R (87) 18 sieht ein schriftliches Strafbefehlsverfahren vor, aber nicht zur Verhängung einer Freiheitsstrafe. Der **EGMR** hält es für mit Art. 6 EMRK vereinbar, dass der Beschuldigte seinen Anspruch auf **Verhandlung vor Gericht** mit einem fristgebundenen Rechtsbehelf – Einspruch nach § 410 – selbst durchsetzen muss.[75] **Richtlinie (EU) 2016/343** vom 9.3.2016 über die Stärkung bestimmter Aspekte der Unschuldsvermutung und des Rechts auf Anwesenheit in der Verhandlung in Strafverfahren[76] stellt es den Mitgliedstaaten frei, **schriftliche Verfahren** vorzusehen. Nach Art. 7 Abs. 6 der Richtlinie darf in diesem Zusammenhang auf eine **Befragung** des Beschuldigten verzichtet werden. Art. 7 Abs. 6 beschränkt diese Vorgehensweise aber auf **geringfügige Zuwiderhandlungen.** Und Erwägungsgrund 30 nennt als Beispiel dafür geringfügige Straßenverkehrsdelikte. Ein auf Freiheitsstrafe zur Bewährung lautender Strafbefehl ohne vorherige Anhörung des Beschuldigten erscheint vor diesem Hintergrund problematisch (→ Rn. 69). Einschränkend verlangen Art. 7 Abs. 6 und Art. 8 Abs. 6 Wahrung der **Fairness des Verfahrens.** Nach Erwägungsgrund 41 soll das für vereinfachte **Gerichtsverfahren** gelten, die ganz oder teilweise schriftlich bzw. ohne mündliche Verhandlung durchgeführt werden. Die Verordnung (EU) 2017/1939 vom 12.10.2017 zur Durchführung einer Verstärkten Zusammenarbeit zur Errichtung der **Europäischen Staatsanwaltschaft** (EUStA)[77] öffnet sich in Art. 40 für vereinfachte Strafverfolgungsverfahren nach nationalem Recht, die zum endgültigen Abschluss des Verfahrens auf der Grundlage von mit dem Verdächtigen vereinbarten Bedingungen führen. Darunter dürfte auch das Strafbefehlsverfahren zu fassen sein.

37 Die Zustellung eines Strafbefehls fällt unter das Recht auf Unterrichtung über den Tatvorwurf gemäß Art. 6 **Richtlinie (EU) 2012/13** vom 22.5.2012 über das Recht auf Belehrung und Unterrichtung in Strafverfahren.[78] Der Strafbefehl ist außerdem wesentliche Unterlage in einem Strafverfahren, also gemäß Art. 3 **Richtlinie (EU) 2010/64** vom

---

[68] Statistisches Bundesamt, Fachserie 10 Reihe 2.6, 2022.
[69] Müller S. 260.
[70] Statistisches Bundesamt, Fachserie 10 Reihe 2.3, 2022.
[71] Metzger in KMR-StPO Vor § 407 Rn. 7.
[72] Kotz S. 36 f.
[73] Statistisches Bundesamt, Fachserie 10 Reihe 2.3, 2022.
[74] Böttcher FS Odersky, 1996, 299 (299 f.); Heinz FS Müller-Dietz, 2001, 271 (291 ff.); Müller S. 261, 265.
[75] EGMR 16.12.1992 – 68/1991/320/392, NJW 1993, 717. Kritisch Esser, Auf dem Weg zu einem europäischen Strafverfahrensrecht, 2002, S. 611 f.
[76] ABl. 2016 L 65, 1.
[77] ABl. 2017 L 283, 1.
[78] ABl. 2012 L 142, 1.

Zulässigkeit 38, 39 § 407

20.10.2010 über das Recht auf Dolmetschleistungen und Übersetzungen in Strafverfahren[79] für den des Deutschen nicht hinreichend mächtigen Beschuldigten binnen angemessener Frist zu übersetzen[80] (→ § 409 Rn. 42, 45). Der Wortlaut der Richtlinien legt nahe, dass all das schon für den Antrag auf Erlass eines Strafbefehls gelten müsste: Art. 3 Richtlinie (EU) 2010/64 „Anklageschrift"; Art. 6 Richtlinie (EU) 2012/13 „spätestens wenn einem Gericht die Anklageschrift vorgelegt wird". Der EuGH hat diese Konsequenz aber bislang nicht gezogen. Stattdessen qualifiziert der EuGH den Strafbefehl als Anklageschrift und Urteil in einem.[81]

7. Reformbedarf. 1980 wurde ein Alternativ-Entwurf „Strafverfahren mit nichtöffentlicher Hauptverhandlung (AE-StPO NÖV)" vorgelegt,[82] 2019 ein Alternativ-Entwurf „Abgekürzte Strafverfahren (AE-ASR)" veröffentlicht.[83] Das Strafbefehlsverfahren firmiert im AE-ASR als Verfahren ohne Hauptverhandlung. Gestärkt werden sollen die Wahrheitserforschung und die Rechtsstellung des Beschuldigten.[84] Diese Ziele verdienen ebenso Zustimmung wie einige der Reformvorschläge im Einzelnen, beispielsweise das **Antragsrecht** des Beschuldigten (→ Rn. 61 f.), die ausdrückliche Zulassung ergänzender **Beweiserhebungen** durch das Gericht (→ § 408 Rn. 9), die Gewährung **rechtlichen Gehörs** (→ Rn. 40) und die **Rechtsbehelfsberechtigung** der Staatsanwaltschaft (→ § 410 Rn. 41 f.).[85] Dennoch erscheint die Grundkonzeption des Verfahrens ohne Hauptverhandlung teilweise problematisch. Der Beschuldigte soll einem Antrag der Staatsanwaltschaft widersprechen können; die Verurteilung zu Freiheitsstrafe oder Geldstrafe von mehr als 90 Tagessätzen soll von der Zustimmung des Beschuldigten abhängen.[86] Insofern erweist sich die Mitverantwortung des Beschuldigten aber als zweischneidiges Schwert: Einem rechtsstaatlich ausgestalteten Verfahren sollte der Beschuldigte sich stellen müssen; ein ungenutztes Widerspruchsrecht zu Beginn eines Verfahrens, das keinen Freispruch vorsieht, birgt die Gefahr von Vorfestlegungen. Und strafrechtliche Verurteilungen sollte der Beschuldigte schlicht passiv hinnehmen dürfen, ohne dadurch Nachteilen ausgesetzt zu sein (Art. 1 Abs. 1 GG; → Rn. 40).[87]

Dass in einem schriftlichen, summarischen Verfahren **Freiheitsstrafe** auf Bewährung 39 verhängt werden darf, verträgt sich nicht mit den komplexen Voraussetzungen in den §§ 56 ff. StGB. Eine zur Warnung dienende Verurteilung, die Freiheitsstrafe erfordert, sollte an die Einwirkungsmöglichkeiten in der Hauptverhandlung gekoppelt bleiben. Ebensowenig überzeugt die Möglichkeit eines Strafbefehls im Verfahren gegen **Heranwachsende,** in dem der Richter über die Anwendung von Jugendstrafrecht entscheiden muss, § 105 JGG. Beide Möglichkeiten sollten beseitigt werden (→ Rn. 42).[88] Nicht umsonst hat der Gesetzgeber schon einmal, 1974, auf die Rechtsfolge Freiheitsstrafe verzichtet.[89] Kurze Freiheitsstrafen sollen nur ausnahmsweise verhängt werden, § 47 StGB. Reformvorschläge, umgekehrt, mit Blick auf Wirtschafts- und Korruptionsstrafsachen, die Rechtsfolgenkompetenz zu erweitern (Freiheitsstrafe bis zu zwei Jahren) oder Verfahren vor Land- und Oberlandesgericht einzubeziehen,[90] überdehnen die Legitimationsgrundlagen des Strafbefehlsverfahrens (→ Rn. 11). Das Strafbefehlsverfahren kann nicht auf den Sonderfall der hochspezialisierten Verteidigung in White-Collar-Crime-Verfahren hin konzipiert werden,

---

[79] ABl. 2010 L 280, 1.
[80] EuGH 12.10.2017 – C-278/16, NZV 2017, 530; Generalanwalt beim EuGH 11.5.2017 – C-278/16, BeckRS 2017, 109865.
[81] EuGH 12.10.2017 – C-278/16, juris Rn. 31 = NZV 2017, 530.
[82] Dazu und zu weiteren Reformvorschlägen Müller S. 292 ff.
[83] Arbeitskreis AE GA 2019, 1.
[84] Arbeitskreis AE GA 2019, 1 (4 ff.).
[85] Arbeitskreis AE GA 2019, 1 (12, 84 f., 87 ff., 91 ff., 104).
[86] Arbeitskreis AE GA 2019, 1 (12, 85 ff.).
[87] Näher dazu und zum AE-ASR Eckstein in Handbuch des Strafrechts § 66 Rn. 38 ff.
[88] Fezer ZStW 106 (1994), 1 (42); Weßlau in SK-StPO Vor § 407 Rn. 27; Bartels S. 226 ff.
[89] BT-Drs. 7/551, 94 f.
[90] Leipold/Wojtech ZRP 2010, 243 mwN; vgl. Arbeitskreis AE GA 2019, 1 (12, 93); Elobied S. 194 ff.; zu aktuellen Initiativen Elobied KriPoZ 2023, 33; Kudlich/Göken ZRP 2023, 16.

sondern muss dem praktischen Regelfall Rechnung tragen, in dem Verfahrensrisiken nicht schlechthin durch notwendige Verteidigung ausgeglichen werden können.[91] Hinzu kommt, dass verkürzte Verfahren im Verdacht stehen, höhere Sanktionen wahrscheinlicher zu machen.[92] **Geldstrafe** sollte auch weiterhin über den Führungszeugnisschwellenwert von 90 Tagessätzen (§ 32 Abs. 2 Nr. 5 BZRG) hinaus verhängt werden dürfen.[93] So bleibt die eigenständige Bedeutung des Strafbefehlsverfahrens zwischen Einstellung nach §§ 153 ff. und beschleunigtem Verfahren nach §§ 417 ff. erhalten. Andererseits sollte nicht der unbeschränkte Geldstrafen-Rahmen zur Verfügung stehen.[94] Der mitunter vorgeschlagene (negative) **Anlasstatenkatalog**[95] verfehlt die im Einzelfall festzustellende **Eignung** zur Erledigung im Strafbefehlsverfahren.

40   Absatz 3 sollte aufgehoben werden, so dass eine **Anhörung** des Angeschuldigten durch das Gericht obligatorisch wird (→ Rn. 69 ff.). Zusätzlich ein Geständnis oder eine ausdrückliche Zustimmung des Beschuldigten zu verlangen, bedeutete dagegen angesichts der bedrängten Entscheidungssituation des Beschuldigten eine Verschlechterung gegenüber dem Einspruchsrecht.[96] Am Erfordernis **voller Übereinstimmung** von Richter und Staatsanwalt sollte trotz anderslautenden Reformvorschlägen[97] festgehalten werden. § 408 Abs. 3 S. 2 sieht eine Abstimmung zwischen Richter und Staatsanwaltschaft vor; Übereinstimmung ist Teil der Legitimationsbasis des Strafbefehlsverfahrens (→ Rn. 13). Deshalb sollte davon Abstand genommen werden, dem Richter im Zwischenverfahren einen eigenmächtigen Wechsel ins Strafbefehlsverfahren zu eröffnen.[98] Der Richter sollte verpflichtet werden, den Strafbefehl zu **begründen.**[99] Dadurch würde der Gefahr missbräuchlicher Gestaltung entgegengewirkt. Die Möglichkeit der **reformatio in peius** im Verfahren auf den Einspruch hin sollte eingeschränkt werden (differenzierendes Erfordernis neuer Tatsachen oder Beweismittel; → § 411 Rn. 76).

41   Fehl am Platz sind die Beschränkungen der Beweisaufnahme durch § 411 Abs. 2 S. 2 iVm **§ 420.** Die Vorschrift bedeutet schon im Beschleunigten Verfahren eine problematische Verkürzung der Verteidigung und der Wahrheitserforschung. Das Strafbefehlsverfahren trägt adversatorische Züge (→ Rn. 7). Der Beschuldigte muss durch Einspruch eine Hauptverhandlung herbeiführen, um sein Verteidigungskonzept zur Geltung zu bringen. Damit verträgt es sich nicht, dass § 420 den numerus clausus der **Beweisantragsablehnungsgründe** in §§ 244 f. suspendiert. Zwar konstatiert Trüg rechtsvergleichend erleichterte Ablehnungsmöglichkeiten im anglo-amerikanischen Verfahren.[100] Hintergrund sind aber Bedürfnisse des Jury-Verfahrens, die vor dem Strafrichter nicht durchschlagen. Das Beweisantragsrecht selbst hat adversatorischen Charakter.[101] Beibehalten werden sollte, anders als im AE-ASR vorgeschlagen,[102] die Möglichkeit des Beschuldigten, sich nach § 411 Abs. 2 S. 1 in der Hauptverhandlung durch einen Verteidiger vertreten zu lassen, damit der Rechtsbehelf Einspruch möglichst nicht mit den belastenden Wirkungen einer öffentlichen Hauptverhandlung kontaminiert wird.[103]

42   Zu Recht hat der Gesetzgeber davon **abgesehen,** einen Strafbefehl in erstinstanzlichen Verfahren vor den Land- oder Oberlandesgerichten und im **Berufungsverfahren** zuzulas-

---

[91] Eckstein in Handbuch des Strafrechts § 66 Rn. 41.
[92] Fassin, Der Wille zum Strafen, 2018, S. 17; Kertai ZRP 2023, 159 (160); Nobis/Krumm ZRP 2023, 79 (80) mwN.
[93] AA Müller S. 319 f.
[94] Fezer ZStW 106 (1994), 1 (42); Gaede in Löwe/Rosenberg § 407 Rn. 17.
[95] Weßlau in SK-StPO Vor § 407 Rn. 27; Hutzler S. 180, 184 f.
[96] Weßlau in SK-StPO Vor § 407 Rn. 27; Gilliéron S. 183 f.; Müller S. 327 ff. (Widerspruchsrecht vor Erlass des Strafbefehls); vgl. Schaal GS Meyer, 1990, 427 (437) mwN.
[97] Weßlau in SK-StPO Vor § 407 Rn. 27; Müller S. 329 ff. mwN.
[98] So aber Putzke/Putzke JR 2019, 319.
[99] Arbeitskreis AE GA 2019, 1 (96); Weßlau in SK-StPO Vor § 407 Rn. 27 mwN.
[100] Trüg, Lösungskonvergenzen trotz Systemdivergenzen im deutschen und US-amerikanischen Strafverfahren, 2003, S. 370 f.
[101] Eckstein in Welche Reform braucht das Strafverfahren?, 2016, S. 107 (113) mwN.
[102] Arbeitskreis AE GA 2019, 1 (90).
[103] Eckstein in Handbuch des Strafrechts § 66 Rn. 42.

sen oder die Berufung zu beschränken.[104] Den Erlass des Strafbefehls in die Hände der **Staatsanwaltschaft** zu legen, verstieße gegen Art. 92, 104 GG.[105] Die Möglichkeit der Klagerücknahme nach § 411 Abs. 3 belastet den Beschuldigten zwar. Sie erscheint aber als sinnvolles Pendant zu § 373a. Die Fehlurteilsforschung deutet darauf hin, dass Defizite bei der Sachverhaltserforschung das Risiko erhöhen, zu Unrecht verurteilt zu werden, insbesondere weil psychische Erkrankungen nicht erkannt werden. Deshalb soll die Wiederaufnahme zugunsten des Verurteilten erleichtert werden.[106] Vorrang gebührt der Anhörung vorab (→ Rn. 40, 69 ff.).

II. Erläuterung

1. Vergehen in der Zuständigkeit des Amtsgerichts (Abs. 1 Satz 1). Absatz 1 Satz 1 Halbsatz 1 beschränkt das Strafbefehlsverfahren auf Strafsachen in der sachlichen Zuständigkeit der **Amtsgerichte,** § 1 iVm § 24 GVG. Die Vorschrift nimmt dazu beide Spruchkörper des Amtsgerichts, Strafrichter und Schöffengericht, in Bezug. Hinter den unterschiedlichen Formulierungen („vor dem Strafrichter" und „Zuständigkeit des Schöffengerichts") steht kein sachlicher Unterschied. Sie sind schlicht der Tatsache geschuldet, dass der Richter beim Amtsgericht immer ohne die Schöffen entscheiden muss, weil Absatz 1 Satz 1 Entscheidung ohne Hauptverhandlung anordnet, § 30 Abs. 2 GVG. 43

Ein Strafbefehl ist nur bei **Vergehen** im Sinne von § 12 Abs. 2 StGB zulässig, Absatz 1 Satz 1 Halbsatz 2. Im Verhältnis zwischen den Spruchkörpern des Amtsgerichts fallen Vergehen in die Zuständigkeit des **Strafrichters,** wenn nicht mehr als zwei Jahre Freiheitsstrafe zu erwarten sind, § 25 Nr. 2 GVG. Diese Voraussetzung ist bei Strafbefehlen immer erfüllt, weil durch Strafbefehl höchstens zur Bewährung ausgesetzte **Freiheitsstrafe bis zu einem Jahr** festgesetzt werden darf, Absatz 2 Satz 2. Damit ist eine Zuständigkeit des Schöffengerichts nach § 28 GVG ausgeschlossen.[107] 44

2. Zulässige Rechtsfolgen (Abs. 2). Absatz 2 beschränkt die Rechtsfolgenkompetenz. Nur die dort abschließend aufgezählten Rechtsfolgen dürfen durch Strafbefehl allein oder nebeneinander festgesetzt werden. Die Staatsanwaltschaft stellt entsprechende Anträge, Absatz 1 Satz 3: 45

a) Hauptstrafen. Das Rechtspflegeentlastungsgesetz 1993 hat in Absatz 2 Satz 2 die Möglichkeit eröffnet, **Freiheitsstrafe bis zu einem Jahr** zu verhängen, wenn die Vollstreckung zur Bewährung ausgesetzt wird und der Angeschuldigte – der kein Heranwachsender ist (§ 109 Abs. 3 JGG, → Rn. 24) – einen Verteidiger hat (zu dessen Bestellung → § 408b Rn. 8). Die Strafobergrenze gilt auch für die Bildung einer Gesamtstrafe nach §§ 53 ff. StGB.[108] Bewährungszeit, Auflagen und Weisungen (§§ 56a ff. StGB) bestimmt das Gericht durch Beschluss ohne Bindung an einen Antrag der Staatsanwaltschaft (Nr. 176 Abs. 1 S. 3 RiStBV), Abs. 1. Zugleich belehrt es den Beschuldigten nach § 268a Abs. 3 iVm § 409 Abs. 1 S. 2. In einem schriftlichen Verfahren Freiheitsstrafe zu verhängen, wird verbreitet kritisiert und teilweise für unzulässig erachtet. Weßlau hält den Richter für verpflichtet, stets Hauptverhandlung anzuberaumen (§ 408 Abs. 3 S. 2), wenn Freiheitsstrafe verhängt werden soll.[109] De lege ferenda sollte der Gesetzgeber diese Möglichkeit wieder beseitigen (→ Rn. 38; → § 408b Rn. 3).[110] 46

Geldstrafe (§ 40 StGB) darf nach Absatz 2 Satz 1 Nr. 1 im vollen gesetzlich zulässigen Umfang verhängt werden, sowohl, wenn das Strafgesetz sie androht, als auch, wenn Vorschriften des Allgemeinen Teils sie zulassen (§§ 41, 47 Abs. 2, § 49 Abs. 2 StGB). Festgesetzt 47

---

[104] Vgl. dazu Maur in KK-StPO Vor § 407 Rn. 2 mwN; Kirch S. 113 ff.
[105] Gössel in Löwe/Rosenberg, 26. Aufl., Vor § 407 Rn. 61.
[106] Kemme/Dunkel StV 2020, 52 (57 ff.).
[107] Näher zur Zuständigkeit → § 408 Rn. 2.
[108] Zur nachträglichen Gesamtstrafenbildung Kudlich/Göken ZRP 2023, 16 (17 f.).
[109] Weßlau in SK-StPO § 408 Rn. 14.
[110] Weßlau in SK-StPO Rn. 21 ff. mwN; Loos FS Remmers, 1995, 565 (572 ff.).

werden Zahl und Höhe der Tagessätze (§ 40 Abs. 4 StGB); im Strafbefehlsmuster ist allerdings die Berechnung der sich daraus ergebenden Summe vorgesehen. Eine uneinbringliche Geldstrafe führt zu **Ersatzfreiheitsstrafe** (§ 43 StGB); darauf sollte im Strafbefehl hingewiesen werden.[111] Weil der Richter nicht vom Strafbefehlsantrag abweichen darf, wenn er den Strafbefehl erlassen will, § 408 Abs. 3, muss die Entscheidung über Zahlungserleichterungen nach § 42 StGB schon vom Staatsanwalt beantragt werden. Das gleiche gilt für die Entscheidung, dass erlittene Untersuchungshaft von der Strafvollstreckungsbehörde nicht soll angerechnet werden dürfen, § 51 Abs. 1 S. 2 StGB.

48   Nach Absatz 2 Satz 1 Nr. 1 kann eine **Verwarnung mit Strafvorbehalt** ergehen, der Beschuldigte also verwarnt und die Verurteilung zu einer Geldstrafe bis zu 180 Tagessätzen vorbehalten werden, §§ 59 ff. StGB. Bewährungszeit, Auflagen und Weisungen (§ 59a StGB) bestimmt das Gericht durch Beschluss ohne Bindung an einen Antrag der Staatsanwaltschaft, § 268a Abs. 1. Zugleich belehrt es den Beschuldigten nach § 268a Abs. 3 iVm § 409 Abs. 1 S. 2.

49   Durch Strafbefehl kann eine **Geldbuße** nach § 30 OWiG gegen juristische Personen oder Personenvereinigungen festgesetzt werden, Absatz 2 Satz 1 Nr. 1. Sie ist zwar keine Strafe im eigentlichen Sinn, aber doch eine Hauptsanktion. Die Festsetzung muss grundsätzlich in dem Verfahren erfolgen, das gegen die Leitungsperson der juristischen Person oder Personenvereinigung geführt wird, § 30 Abs. 1, 4 OWiG.[112] Weil die Rechtsfolge Geldbuße Dritte trifft, muss das Gericht im Strafbefehl deren Beteiligung anordnen, § 444 Abs. 1 S. 1, vgl. auch § 444 Abs. 2 S. 2 iVm § 427 Abs. 1 S. 2.[113] Die Staatsanwaltschaft muss den Strafbefehlsantrag auf die Rechtsfolge Geldbuße gegen eine juristische Person oder Personenvereinigung richten. Sie sollte zugleich die Beteiligung dieser juristischen Person oder Personenvereinigung beantragen, Nr. 177 Abs. 3 RiStBV. Über die Beteiligung entscheidet das Gericht aber auch ohne Antrag der Staatsanwaltschaft. Die selbständige Anordnung nach § 30 Abs. 4 OWiG erfolgt nach § 444 Abs. 3 iVm §§ 435 f. außerhalb des Strafbefehlsverfahrens (in einem objektiven Verfahren im Gegensatz zum subjektiven (Strafbefehls-) Verfahren gegen einen bestimmten Beschuldigten; → Rn. 53).

50   Nach §§ 20, 21 Abs. 2, § 63 Abs. 2, § 79 Abs. 1 S. 1 Nr. 3, § 80 Abs. 2 Nr. 2 OWiG kann über Absatz 2 hinaus auch gegen natürliche Personen eine **Geldbuße** festgesetzt werden. Nebenfolgen des Ordnungswidrigkeitenrechts (§ 21 Abs. 1 S. 2 OWiG) bleiben dagegen auf den Kreis der in Absatz 2 genannten Rechtsfolgen beschränkt (→ Rn. 19).

51   Das **Absehen von Strafe** wurde mit dem Rechtspflegeentlastungsgesetz 1993 als zulässige Rechtsfolge in Absatz 2 Satz 1 Nr. 3 eingefügt. Es muss materiellrechtlich vorgesehen sein, zB nach § 60 StGB. Im Gegensatz zur Verfahrenseinstellung nach § 153b führt das Absehen von Strafe im Strafbefehl zu einem Schuldspruch.[114] Die Verfahrenskosten trägt der Beschuldigte, § 464 Abs. 1, § 465 Abs. 1 S. 2. Siehe dagegen § 467 zu den Kosten bei gerichtlicher Verfahrenseinstellung nach § 153b Abs. 2; § 464 Abs. 1 gilt erst ab Anklageerhebung; zum Sonderfall der Einstellung durch die Staatsanwaltschaft nach Klagerücknahme siehe § 467a.

52   **b) Nebenstrafe.** Absatz 2 Satz 1 Nr. 1 lässt die Anordnung eines **Fahrverbots** zu (§ 44 StGB, § 25 StVG). Seine Dauer muss schon im Strafbefehlsantrag der Staatsanwaltschaft bestimmt sein, weil der Richter nicht von diesem Antrag abweichen darf, wenn er den Strafbefehl erlassen will, § 408 Abs. 3. Das gleiche gilt für die Entscheidung, dass eine vorläufige Entziehung der Fahrerlaubnis von der Strafvollstreckungsbehörde nicht auf das Fahrverbot soll angerechnet werden dürfen, § 51 Abs. 5 iVm Abs. 1 S. 2 StGB. Die Belehrung nach § 268c iVm § 409 Abs. 1 S. 2 obliegt dem Gericht.

53   **c) Nebenfolgen.** Durch Strafbefehl darf nach Absatz 2 Satz 1 Nr. 1 ohne Einschränkung die Rechtsfolge **Einziehung** festgesetzt werden, §§ 73 ff. StGB. Soll diese Rechtsfolge

---

[111] Gaede in Löwe/Rosenberg § 407 Rn. 19; Weßlau in SK-StPO Rn. 13 mwN. AA OLG Bremen 8.4.1975 – Ss 18/75, NJW 1975, 1524.
[112] Thoma in Göhler OWiG § 30 Rn. 31 ff.
[113] Zu den Rechtsfolgen → § 409 Rn. 15, → § 410 Rn. 7, 36 und → § 411 Rn. 20, 32, 72.
[114] Näher dazu Schroeder FS Fezer, 2008, 543 (551 f.).

Dritte treffen, muss das Gericht im Strafbefehl über deren Beteiligung als Einziehungsbeteiligte oder Nebenbetroffene entschieden, §§ 424, 438, vgl. § 427 Abs. 1 S. 2.[115] Die Staatsanwaltschaft muss den Strafbefehlsantrag auf die Rechtsfolge Einziehung gegenüber dem Dritten richten. Sie sollte zugleich die Beteiligung des Dritten beantragen. Über die Beteiligung entscheidet das Gericht aber auch ohne Antrag der Staatsanwaltschaft. Die **selbständige Anordnung** nach § 76a StGB erfolgt nach §§ 435 ff. außerhalb des Strafbefehlsverfahrens (in einem objektiven Verfahren im Gegensatz zum subjektiven (Strafbefehls-) Verfahren gegen einen bestimmten Beschuldigten).[116] Das wird vereinzelt bestritten.[117] Und nach regulärer Hauptverhandlung mag auch manches dafür sprechen, die selbständige Anordnung nach § 76a StGB nicht exklusiv dem selbständigen Verfahren nach §§ 435 ff. vorzubehalten, wenn die Hauptverhandlung ergeben hat, dass eine Einziehung nur noch nach § 76a StGB in Betracht kommt.[118] Im Strafbefehlsverfahren jedoch gilt der Grundsatz voller Übereinstimmung des Richters mit dem Antrag der Staatsanwaltschaft (→ Rn. 13). § 408 Abs. 2 sieht vor, dass der Richter den Erlass eines Strafbefehls ablehnt, wenn kein hinreichender Tatverdacht besteht, Prozessvoraussetzungen eingeschlossen. Die Staatsanwaltschaft ist also im Falle der selbständigen Anordnung nach § 76a StGB regelmäßig von vornherein in der Situation des § 435. Im übrigen erscheint unter diesen Umständen die Prüfung der Bezugstat im summarischen schriftlichen Verfahren in Frage gestellt. Darin liegt ein wesentlicher Unterschied zur selbständigen Anordnung nach § 76a StGB im Verfahren nach § 413. § 435 sieht seinem Wortlaut nach und wohlweislich keinen Antrag auf Erlass eines Strafbefehls vor. Vielmehr verweist § 435 Abs. 3 auf §§ 201 ff., aber nicht auf § 432.[119] Für das Nachverfahren gelten §§ 433 f.

54 Absatz 2 Satz 1 Nr. 1 erlaubt die Anordnung von **Vernichtung** (siehe dazu § 144 Abs. 4 MarkenG) und **Unbrauchbarmachung** (siehe dazu § 74d Abs. 1 S. 2 StGB). Das Verfahren richtet sich nach den für die Einziehung geltenden Regeln, § 439.

55 Absatz 2 Satz 1 Nr. 1 sieht die **Bekanntgabe der Verurteilung** vor. §§ 165, 200 StGB verlangen dafür den Antrag eines zum Strafantrag Berechtigten. Die Vollstreckung richtet sich nach § 463c, die Art der Bekanntmachung ist aber nach § 200 Abs. 2, auch iVm § 165 Abs. 2 StGB, schon im Strafbefehl zu bestimmen. Weil der Richter nicht vom Strafbefehlsantrag abweichen darf, wenn er den Strafbefehl erlassen will, § 408 Abs. 3, nimmt die Staatsanwaltschaft die Art der Bekanntmachung in den Strafbefehlsantrag auf.[120]

56 **d) Maßregeln.** Die **Entziehung der Fahrerlaubnis** (§§ 69 ff. StGB) darf nach Absatz 2 Satz 1 Nr. 2 mit einer Sperrfrist bis zu maximal zwei Jahren festgesetzt werden. Die **Sperre** für die Erteilung einer Fahrerlaubnis muss nach § 69a Abs. 1, 2 StGB im Strafbefehl angeordnet, also von der Staatsanwaltschaft beantragt werden. Für die Anrechnung einer vorläufigen Entziehung der Fahrerlaubnis (§ 111a) nach § 69a Abs. 5 StGB ist dagegen die Vollstreckungsbehörde zuständig, vgl. § 463 Abs. 1 iVm § 450 Abs. 2, § 458; dem Zeitpunkt der Verkündung des Urteils (§ 69a Abs. 5 S. 2 StGB) entspricht der **Erlass** des Strafbefehls,[121] nicht seine Zustellung.[122] Die selbständige Anordnung nach § 71 Abs. 2 StGB erfolgt nach §§ 413 ff. außerhalb des Strafbefehlsverfahrens im Sicherungsverfahren.

57 Angeordnet werden kann außerdem das Verbot, **Tiere** zu halten, zu betreuen oder mit ihnen berufsmäßig umzugehen, für eine Dauer bis zu drei Jahren, für alle Arten oder eine bestimmte Art von Tieren, Absatz 2 Satz 1 Nr. 2a iVm § 20 Tierschutzgesetz.[123]

---

[115] Zu den Rechtsfolgen → § 409 Rn. 15, → § 410 Rn. 7, 36 und → § 411 Rn. 20, 32, 72.
[116] Gaede in Löwe/Rosenberg § 407 Rn. 11. Zum Verhältnis zwischen Strafbefehl und selbständigem Einziehungsverfahren OLG Celle 2.11.2021 – 2 Ss 121/21, BeckRS 2021, 34013.
[117] Rettke NStZ 2021, 202.
[118] BGH 10.8.2021 – 3 StR 474/19, NStZ 2022, 252 (Anfragebeschluss), BGH 12.1.2023 – 3 StR 474/19, NStZ-RR 2023, 121 (Vorlagebeschluss) und BGH 23.5.2023 – GSSt 1/23, HRRS 2023 Nr. 1418; El-Ghazi NStZ 2022, 255. Kritisch mit Blick auf § 435 Abs. 4 Rhein HRRS 2024, 87.
[119] Vgl. dazu OLG Düsseldorf 17.8.2020 – V-6 Kart 10/19 (OWi), juris Rn. 28 = NZKart 2020, 685.
[120] Weßlau in SK-StPO Rn. 17 mwN.
[121] Näher zum Erlass des Strafbefehls → § 409 Rn. 33.
[122] Stree/Kinzig in Schönke/Schröder § 69a Rn. 14 mwN.
[123] Zum Maßregelcharakter Pfohl in MüKoStGB TierSchG § 20 Rn. 1.

58 **e) Festsetzung allein oder nebeneinander.** Die nach Absatz 2 zulässigen Rechtsfolgen können bzw. müssen kumuliert werden, soweit das **materielle Recht** es erlaubt bzw. vorschreibt. Das Fahrverbot als Nebenstrafe setzt nach § 44 StGB eine Hauptstrafe voraus, scheidet also neben der Verwarnung mit Strafvorbehalt aus. Ebensowenig kann die Verwarnung mit Strafvorbehalt neben der Entziehung der Fahrerlaubnis ausgesprochen werden, § 59 Abs. 2 S. 2 StGB. Einziehung und Unbrauchbarmachung sind dagegen auch mit der Verwarnung kombinierbar, § 59 Abs. 2 S. 1 StGB.

59 **3. Entbehrlichkeit der Hauptverhandlung (Abs. 1 Satz 2).** Die Staatsanwaltschaft beantragt einen Strafbefehl, wenn sie eine Hauptverhandlung nicht für erforderlich erachtet, Absatz 1 Satz 2 (→ § 408 Rn. 13). Es muss also eine Entscheidung nach Aktenlage getroffen werden können; die besondere Qualität der mündlichen und unmittelbaren Beweisaufnahme in einer Hauptverhandlung (persönlicher Eindruck, Konfrontationsrecht) muss verzichtbar sein, auch in Sachen Strafzumessung. Ein glaubhaftes Geständnis kann dafür ausschlaggebend sein.[124]

60 Dass durch den Strafbefehlsantrag die **öffentliche Klage** erhoben wird, Absatz 1 Satz 4, spricht dafür, den Entscheidungsmaßstab der §§ 170, 203 anzuwenden.[125] **Hinreichender Tatverdacht,** also Verurteilungswahrscheinlichkeit (→ § 203 Rn. 9 ff.), schließt das Vorliegen der **Verfahrensvoraussetzungen** ein. Richtigerweise und in Übereinstimmung mit der Gesetzesbegründung[126] muss allerdings schon der Staatsanwalt darüber hinaus zu einer **Sicherheit** gelangen, die vernünftige Zweifel nicht mehr aufkommen lässt. Für ihn gilt der gleiche Maßstab wie für den Richter, der den Strafbefehl erlässt (→ § 408 Rn. 13).[127]

61 In diesem Sinne bestimmt Nr. 175 Abs. 3 S. 1 RiStBV, dass vom Strafbefehlsantrag (nur) abgesehen werden soll, wenn eine Hauptverhandlung geboten erscheint, entweder um alle für die **Rechtsfolgenbestimmung** wesentlichen Umstände vollständig aufzuklären oder aus Gründen der **Spezial- oder Generalprävention.** Präventiven Gründen wird allerdings zu Recht entgegengehalten, die Verfahrensgestaltung dürfe nicht zu Strafzwecken missbraucht werden.[128] Das führt zu einer differenzierenden Lösung. Die Bedeutung der Sache und die Möglichkeit, persönlich auf den Beschuldigten einzuwirken, können für eine Hauptverhandlung streiten. Zu berücksichtigen sind alle Gründe, die den Richter veranlassen können, Hauptverhandlung anzuberaumen (→ § 408 Rn. 21). Ein **Ermessen** ist der Staatsanwaltschaft nicht eingeräumt. Dem Begriff der „Erforderlichkeit einer Hauptverhandlung" wohnt zwar die Unschärfe eines unbestimmten Rechtsbegriffs inne, daraus folgt aber kein der gerichtlichen Überprüfung entzogener **Beurteilungsspielraum,** wie sich aus § 408 Abs. 3 S. 2 ergibt. Dennoch soll der Beschuldigte weder ein **subjektives Recht** auf ein Strafbefehlsverfahren haben,[129] noch soll er umgekehrt die Entscheidung für ein Strafbefehlsverfahren anfechten können.

62 Weßlau hält dem entgegen, das Strafbefehlsverfahren führe auch nach Einspruch zu einer reduzierten Hauptverhandlung, § 411 Abs. 2 S. 2 iVm § 420.[130] Freund postuliert ein **subjektives Recht** auf Aburteilung im Strafbefehlsverfahren, insofern als unter den Voraussetzungen des § 407 die Aburteilung in einer Hauptverhandlung ein nicht erforderlicher Eingriff in die davon betroffenen Grundrechte des Beschuldigten wäre.[131] Richtigerweise ist zu **differenzieren:** Der Gesetzgeber muss das Strafbefehlsverfahren von Verfassungs wegen als legitimes Instrument zur Entscheidung in Strafsachen ausgestalten, das die subjektiven Rechte des Beschuldigten wahrt. Unter dieser Voraussetzung (→ Rn. 11) kann der Beschuldigte die Aburteilung im Strafbefehlsverfahren nicht verhindern. Soweit umgekehrt

---

[124] Fezer ZStW 106 (1994), 1 (17).
[125] Vgl. BayObLG 9.2.2001 – 5 St RR 21/01, StV 2002, 356; OLG Oldenburg 15.8.2006 – Ss 247/06 (I 80), StraFo 2006, 412; Schmitt in Meyer-Goßner/Schmitt Rn. 5; Weßlau in SK-StPO Rn. 3.
[126] BT-Drs. 10/1313, 33 ff.
[127] Loos FS Küper, 2007, 313 (318); Gaede in Löwe/Rosenberg Vor § 407 Rn. 25.
[128] Weßlau in SK-StPO Rn. 6 mwN.
[129] BT-Drs. 10/1313, 35; vgl. Metzger in KMR-StPO Rn. 32; Schmitt in Meyer-Goßner/Schmitt Rn. 9.
[130] Weßlau in SK-StPO Rn. 5.
[131] Freund GA 1995, 4 (18).

das Strafbefehlsverfahren die Persönlichkeitsrechte des Beschuldigten schützt, indem es eine öffentliche Hauptverhandlung vermeidet, steht dem Beschuldigten Rechtsschutz zu, Art. 19 Abs. 4 GG. Einen Rechtsbehelf des Beschuldigten dagegen, dass die Staatsanwaltschaft nach § 170 Abs. 1 Anklage erhebt, anstatt einen Strafbefehl zu beantragen, sieht die Strafprozessordnung nicht vor. Zur Abhilfe bei objektiver **Willkür** oder darüber hinaus → § 160 Rn. 54 ff.

Wenn die Staatsanwaltschaft in Erwägung zieht, eine **Freiheitsstrafe** mit Strafaussetzung zur Bewährung zu beantragen (Absatz 2 Satz 2), streitet die Rechtsfolge für die Erforderlichkeit einer Hauptverhandlung. Die Erwartung, es werde **Einspruch** eingelegt, soll dagegen für sich allein nach Nr. 175 Abs. 3 S. 2 RiStBV kein Grund dafür sein, von einem Strafbefehlsantrag abzusehen. Dadurch könnte sich der Staatsanwalt dazu veranlasst sehen, stattdessen im Strafbefehlsverfahren die beantragte Rechtsfolge an der erwarteten Akzeptanz des Beschuldigten auszurichten. Nr. 175 Abs. 3 S. 2 RiStBV ist aber gerade auch als Absage an taktische Überlegungen dieser Art zu lesen. Steht jedoch fest, dass der Beschuldigte einen Strafbefehl nicht akzeptieren wird, ist richtigerweise eine Hauptverhandlung erforderlich.[132]

Die Erwägung, dass im Strafbefehlsantrag anders als in der Anklageschrift (§ 200 Abs. 2) das **wesentliche Ergebnis der Ermittlungen** nicht dargestellt werden muss,[133] rechtfertigt richtigerweise nicht den Verzicht auf eine Hauptverhandlung. Ein Schlaglicht auf Interessen und Spielräume warf die **COVID-19-Pandemie,** in der die Strafverfolgungsbehörden es in der Hand hatten, den Hürden und Risiken einer Hauptverhandlung über das Strafbefehlsverfahren auszuweichen.[134]

4. Antrag der Staatsanwaltschaft. Die Verfahrensbeendigung durch Strafbefehl setzt einen **schriftlichen** Antrag der Staatsanwaltschaft voraus, Absatz 1 Satz 1 Halbsatz 3. Mit diesem Antrag beendet die Staatsanwaltschaft das Vorverfahren. Folgerichtig bestimmt Nr. 175 Abs. 1 RiStBV, dass vorher der **Abschluss der Ermittlungen** in den Akten vermerkt werden muss, vgl. § 169a. Der Antrag ist eine Alternative zur Anklageerhebung nach § 170. Weitere alternative Abschlussverfügungsmöglichkeiten der Staatsanwaltschaft sind, abgesehen von der Einstellung des Verfahrens nach § 170 Abs. 2, die Einstellung nach §§ 153 ff., der Antrag auf Entscheidung im beschleunigten Verfahren, § 417, der Antrag auf Durchführung des Sicherungsverfahrens, § 413, und der Antrag auf selbständige Anordnung der Einziehung etc, §§ 435, 439, 444. Dennoch ist die Antragstellung nach Absatz 1 Satz 2 eine gebundene Entscheidung, der Staatsanwaltschaft steht kein **Ermessen** zu. Die StPO folgt einem nach Verhältnismäßigkeit abgestuften System: 1. § 170 Abs. 2, 2. §§ 153 ff., 3. Strafbefehl, 4. § 417, 5. öffentliche Klage nach § 170. Es greifen die **Mitteilungspflichten** nach §§ 12 ff. EGGVG iVm der Anordnung über die Mitteilungen in Strafsachen, insbesondere Nr. 6, 15, 19, 21, 25–25c, 50 MiStra.

Der Strafbefehlsantrag muss auf **bestimmte Rechtsfolgen** im Sinne von Absatz 2 lauten, Absatz 1 Satz 3. Zu den in diesem Zusammenhang erforderlichen Anträgen → Rn. 45 ff. Der weitere Inhalt des Strafbefehlsantrags richtet sich nach den Vorgaben für den Strafbefehl selbst. Es gilt **§ 409 Abs. 1 S. 1 Nr. 1–5,** der **§ 200 Abs. 1** weitgehend entspricht; der Beschuldigte ist jedoch noch nicht Angeklagter. Der Rückgriff auf § 409 findet seine Rechtfertigung darin, dass der Richter vom Strafbefehlsantrag inhaltlich nicht abweichen darf, wenn er den Strafbefehl erlassen will, § 408 Abs. 3.[135] In der analogen Praxis wird vom Staatsanwalt ein Strafbefehlsentwurf mit der nötigen Anzahl von Ausfertigungen eingereicht und beantragt, einen Strafbefehl dieses Inhalts zu erlassen, Nr. 176 RiStBV, Nr. 87 AStBV (St). Bei elektronischer Aktenführung bestimmt § 32b Abs. 3 S. 2, dass der Antrag außerhalb der Hauptverhandlung als elektronisches Dokument zu übermitteln ist. Soweit der Inhalt des Strafbefehlsantrags dem **Anklagesatz** (§ 200 Abs. 1 S. 1) entspricht, spiegelt sich darin die Funktion, die dem Strafbefehlsantrag in einer Hauptverhandlung

---

[132] Vgl. Maur in KK-StPO Rn. 3. AA Franzheim JR 1991, 389 (390).
[133] Kurth/Brauer in Gercke/Julius/Temming/Zöller Rn. 10.
[134] Fromm DAR 2020, 251 (252 f.).
[135] Weßlau in SK-StPO Rn. 9.

nach Einspruch gegen den Strafbefehl zuwächst, § 411 Abs. 1 S. 2, Abs. 2 iVm § 243 Abs. 3 S. 1 (→ § 411 Rn. 34). Insbesondere muss der Strafbefehlsantrag den **Prozessgegenstand,** also die dem Beschuldigten vorgeworfene Tat im prozessualen Sinn, so bestimmt umschreiben, dass die Umgrenzungsfunktion der Anklage erfüllt ist.[136]

67 Werden Ordnungswidrigkeiten mitverfolgt, muss ein **einheitlicher Strafbefehlsantrag** gestellt werden (→ Rn. 20). Das gilt auch im Verhältnis zwischen **mehreren Beschuldigten,** §§ 42, 64 OWiG, Nr. 280 Abs. 1, 4 RiStBV. Ebenso ist zu verfahren, wenn eine **Geldbuße** nach § 30 OWiG gegen juristische Personen oder Personenvereinigungen festgesetzt werden soll, vgl. Nr. 177 Abs. 3, Nr. 180a RiStBV (→ Rn. 49). Auch im Übrigen können Verfahren gegen mehrere Beschuldigte in einem Antrag zusammengefasst werden. Die Entscheidung nach § 408 trifft der Richter aber immer für jeden Beteiligten gesondert (→ § 408 Rn. 31).[137] Das führt gegebenenfalls zur **Trennung** der Verfahren.

68 Mit dem Antrag auf Erlass eines Strafbefehls erhebt die Staatsanwaltschaft **öffentliche Klage,** Absatz 1 Satz 4 iVm §§ 151, 152. Der Antrag unterbricht die **Verjährung,** § 78c Abs. 1 S. 1 Nr. 6 StGB. Das Verfahren wird bei Gericht **anhängig.** Ob es zugleich rechtshängig wird – so dass das Verbot des ne bis in idem eingreift – ist umstritten.[138] Dafür spricht, dass **Rechtshängigkeit** Gerichtshängigkeit meint und dass das zivilprozessuale Erfordernis der Klagezustellung, § 261 Abs. 1 iVm § 253 Abs. 1 ZPO, im Strafprozess keine Entsprechung hat. Die vorläufige Rücknahmemöglichkeit bis zur Eröffnung des Hauptverfahrens, § 156, steht der Rechtshängigkeit richtigerweise nicht entgegen, vgl. § 269 ZPO. Die Gegenansicht stellt auf den Zeitpunkt ab, in dem die Staatsanwaltschaft nicht mehr über ihren Antrag verfügen kann, **§ 156.**[139] Im Strafbefehlsverfahren wird deshalb überwiegend der **Erlass** des Strafbefehls nach §§ 408, 408a (bzw. seine Ablehnung oder die Anberaumung der Hauptverhandlung bzw. der Beginn der Hauptverhandlung bzw. der Verhandlung zur Sache) für maßgeblich erachtet (→ § 408 Rn. 10, 28; → § 411 Rn. 39 ff.).[140] Teilweise dagegen wird der Eintritt der Rechtshängigkeit bis zum Zeitpunkt des **§ 411 Abs. 3** aufgeschoben.[141]

69 **5. Rechtliches Gehör (Abs. 3).** Absatz 3 statuiert eine Ausnahme von § 33 Abs. 3. Der Strafbefehl darf danach ohne vorherige Anhörung des Angeschuldigten (§ 157 iVm Absatz 1 Satz 4) durch das Gericht von der Staatsanwaltschaft beantragt und vom Gericht erlassen werden. Auch das Gehör nach § 201 entfällt.[142] Zulässig aber bleibt die Anhörung des Angeschuldigten, § 202.[143] Ob Absatz 3 den Anspruch auf rechtliches Gehör (**Art. 103 Abs. 1 GG, Art. 6 EMRK**) verletzt, ist umstritten.[144] Zum europarechtlichen Rahmen → Rn. 36. Kompensierend könnte zweierlei wirken: die obligatorische Beschuldigtenvernehmung im Vorverfahren (§ 163a; vgl. für Nebenbeteiligte § 426 Abs. 1 auch iVm § 438 Abs. 3, § 439 und § 444 Abs. 2 S. 2) und das Einspruchsrecht des Beschuldigten (§ 410).

70 Überwiegend wird das **Recht, Einspruch einzulegen,** für ausreichend gehalten, weil es das Verfahren in eine Hauptverhandlung überleitet, in der der Beschuldigte gehört wird, ohne dass ihm eine Instanz verloren ginge.[145] Die Entscheidung, Einspruch einzulegen,

---

[136] BGH 13.3.2019 – 2 StR 380/18, juris Rn. 9 = NStZ-RR 2019, 187; BayObLG 9.2.2001 – 5 St RR 21/01, StV 2002, 356; OLG Oldenburg 15.8.2006 – Ss 247/06 (I 80), StraFo 2006, 412.
[137] Weßlau in SK-StPO Rn. 10.
[138] Schöch in AK-StPO § 151 Rn. 5 mwN.
[139] Schmitt in Meyer-Goßner/Schmitt § 156 Rn. 1 mwN.
[140] OLG Zweibrücken 25.4.1986 – 1 Ss 69/86, MDR 1987, 164; Schmitt in Meyer-Goßner/Schmitt Vor § 407 Rn. 3.
[141] OLG Karlsruhe 3.5.1991 – 1 Ws 81/91, NStZ 1991, 602 mablAnm Mayer NStZ 1992, 605.
[142] Weßlau in SK-StPO Vor § 407 Rn. 12.
[143] Weßlau in SK-StPO Rn. 33 mwN.
[144] Dafür Weßlau in SK-StPO Vor § 407 Rn. 25; Eser JZ 1966, 660 (666 ff.); Hutzler S. 202; Maleika S. 159 ff.; Müller S. 279 ff.
[145] BVerfG 18.12.1953 – 1 BvR 230/51, BVerfGE 3, 248 (253); 21.1.1969 – 2 BvR 724/67, BVerfGE 25, 158 (164 ff.); 5.10.1996 – 2 BvR 2195/96, NStZ-RR 1997, 70; EGMR 16.12.1992 – 68/1991/320/ 392, NJW 1993, 717; Metzger in KMR-StPO Rn. 37; Gössel in Löwe/Rosenberg, 26. Aufl., Rn. 64; Schmitt in Meyer-Goßner/Schmitt Rn. 24; Momsen in Satzger/Schluckebier/Widmaier StPO Rn. 2, 28 mwN.

muss der Beschuldigte aber in einem doppelten Spannungsfeld treffen. Er entscheidet sich mit einem Einspruch nicht nur dafür, gehört zu werden, sondern zugleich für die Belastungen einer öffentlichen, das Verfahren verlängernden **Hauptverhandlung.** Das beeinträchtigt die Ausübung des Anspruchs auf rechtliches Gehör. Hinzu kommt das Problem der **reformatio in peius** im Verfahren auf den Einspruch hin (→ § 410 Rn. 27; → § 411 Rn. 73).[146] Außerdem verfehlt die Einspruchsmöglichkeit von Fall zu Fall ihre Wirkung, wenn Zustellungs- oder Übersetzungsprobleme auftreten (→ § 409 Rn. 24, 37 ff.), bei nicht voll schuld- oder verhandlungsfähigen Personen und bei Defiziten wie Lese- oder Schreibschwäche.[147] Mitunter wird deshalb aus verfassungsrechtlichen Gründen verlangt, dass der Richter den Beschuldigten (ggf. schriftlich) **anhört,** bevor er einen Strafbefehl erlässt oder Hauptverhandlung anberaumt, § 408 Abs. 3.[148]

Einen Ausgleich könnte aber auch § 163a herstellen. Die **Vernehmung im Vorverfahren** ergibt zwar ihrerseits kein unmittelbares Gehör vor dem zur Entscheidung über den Strafbefehlsantrag berufenen Gericht. Der Inhalt der Vernehmung und Beweisanträge des Beschuldigten (§ 163a Abs. 2) gelangen aber mit den Verfahrensakten zur Kenntnis des Richters. Das sorgt mittelbar und funktional für rechtliches Gehör. Dass eine Verletzung der Pflicht zur Vernehmung nach § 163a Abs. 1 überwiegend für folgenlos erachtet wird,[149] kann deshalb für das Strafbefehlsverfahren nicht gelten. Die Verletzung macht den Strafbefehl zwar nicht unwirksam,[150] der Richter muss aber, wenn § 163a Abs. 1 verletzt wurde, entgegen Absatz 3 den Angeschuldigten **anhören,** bevor er einen Strafbefehl erlässt oder Hauptverhandlung anberaumt. Teilweise wird der Richter stattdessen für verpflichtet gehalten, die Akten an die Staatsanwaltschaft **zurückzugeben,** damit diese die Vernehmung des Beschuldigten nachholt.[151] Dafür spricht, dass dann die Staatsanwaltschaft ihren Strafbefehlsantrag gegebenenfalls zurücknehmen oder an die Ergebnisse der Anhörung anpassen kann. Allerdings lässt § 163a Abs. 1 S. 2 in einfachen Sachen die Gelegenheit zur **schriftlichen Äußerung** genügen. Defizite des Beschuldigten können dann übersehen werden, auch wenn die Sache bei ersichtlichen Defiziten nicht als einfach anzusehen ist.[152] Vorgeschlagen wird die Schulung von Polizeibeamten.[153] Denkbar wäre eine Pflicht zur mündlichen Anhörung im Strafbefehlsverfahren.[154] 71

Soll durch Strafbefehl eine **Freiheitsstrafe** festgesetzt werden (→ Rn. 46), muss Absatz 3 verfassungskonform reduziert werden. Die Entscheidung über Freiheitsentziehungen unterliegt den besonderen verfassungsrechtlichen Anforderungen des Art. 104 GG. Und **Art. 104 Abs. 3 S. 1 GG** sieht eine Vernehmung durch den Richter vor. Das muss auch schon für die Verhängung einer zur Bewährung ausgesetzten Freiheitsstrafe gelten. Teilweise wird stattdessen für ausreichend erachtet, dass ein Fall **notwendiger Verteidigung** vorliegt, § 408b, so dass gegebenenfalls ein Pflichtverteidiger bestellt wird und der Verteidiger Akteneinsicht nehmen kann.[155] Richtigerweise muss das rechtliche Gehör sogar in den Fällen der **Ersatzfreiheitsstrafe** gegebenenfalls nach § 33a StPO nachgeholt werden. Dass das Gesetz zur Überarbeitung des Sanktionenrechts die Gefahren der Ersatzfreiheitsstrafe reduziert (Umrechnungsfaktor 2:1; Pflicht, im Vollstreckungsverfahren auf Alternativen, also Zahlungserleichterungen und freie Arbeit hinzuweisen),[156] ändert daran nichts.[157] 72

---

[146] Dazu und zu weiteren Argumenten Weßlau in SK-StPO Vor § 407 Rn. 21 ff. mwN.
[147] Bonheur; Kemme/Dunkel StV 2020, 52 (57 ff.); Steinke S. 106 ff.
[148] Weßlau in SK-StPO Vor § 407 Rn. 26; Maleika S. 159 ff., 190.
[149] Schmitt in Meyer-Goßner/Schmitt § 163a Rn. 1 mwN auch zu abweichenden Auffassungen.
[150] Gössel in Löwe/Rosenberg, 26. Aufl., Rn. 65 mwN; Oske MDR 1968, 884 (885); kritisch Weßlau in SK-StPO Rn. 31.
[151] Gössel in Löwe/Rosenberg, 26. Aufl., Rn. 65. De lege ferenda Fezer ZStW 106 (1994), 1 (41). Wegen § 211 zu weitgehend AG Frankfurt (Oder) 3.12.2019 – 412 Cs 166/19, BeckRS 2019, 43117 mAnm FD-StrafR 2020, 433668 (Ablehnung des Erlasses eines Strafbefehls nach § 408 Abs. 2).
[152] Griesbaum in KK-StPO § 163a Rn. 11.
[153] Kemme/Dunkel StV 2020, 52 (58).
[154] Eckstein in Handbuch des Strafrechts § 66 Rn. 75.
[155] Weßlau in SK-StPO Vor § 407 Rn. 26.
[156] Zur Abschaffung der Ersatzfreiheitsstrafe Kubiciel jurisPR-StrafR 13/2022 Anm. 1.
[157] Eckstein in Handbuch des Strafrechts § 66 Rn. 75; Nobis/Krumm ZRP 2023, 79 (81).

§ 408 Richterliche Entscheidung über einen Strafbefehlsantrag

(1) ¹Hält der Vorsitzende des Schöffengerichts die Zuständigkeit des Strafrichters für begründet, so gibt er die Sache durch Vermittlung der Staatsanwaltschaft an diesen ab; der Beschluß ist für den Strafrichter bindend, der Staatsanwaltschaft steht sofortige Beschwerde zu. ²Hält der Strafrichter die Zuständigkeit des Schöffengerichts für begründet, so legt er die Akten durch Vermittlung der Staatsanwaltschaft dessen Vorsitzenden zur Entscheidung vor.

(2) ¹Erachtet der Richter den Angeschuldigten nicht für hinreichend verdächtig, so lehnt er den Erlaß eines Strafbefehls ab. ²Die Entscheidung steht dem Beschluß gleich, durch den die Eröffnung des Hauptverfahrens abgelehnt worden ist (§§ 204, 210 Abs. 2, § 211).

(3) ¹Der Richter hat dem Antrag der Staatsanwaltschaft zu entsprechen, wenn dem Erlaß des Strafbefehls keine Bedenken entgegenstehen. ²Er beraumt Hauptverhandlung an, wenn er Bedenken hat, ohne eine solche zu entscheiden, oder wenn er von der rechtlichen Beurteilung im Strafbefehlsantrag abweichen oder eine andere als die beantragte Rechtsfolge festsetzen will und die Staatsanwaltschaft bei ihrem Antrag beharrt. ³Mit der Ladung ist dem Angeklagten eine Abschrift des Strafbefehlsantrags ohne die beantragte Rechtsfolge mitzuteilen.

Übersicht

	Rn.		Rn.
I. Überblick	1	3. Erlass des Strafbefehls (Abs. 3 Satz 1)	13
II. Erläuterung	2		
1. Entscheidung bei Unzuständigkeit (Abs. 1)	2	4. Anberaumung einer Hauptverhandlung (Abs. 3 Satz 2, 3)	21
2. Ablehnung des Erlasses eines Strafbefehls (Abs. 2)	8	5. Teilentscheidungen	31

I. Überblick

1 § 408 bestimmt, wie der Richter den Antrag der Staatsanwaltschaft, einen Strafbefehl zu erlassen, zu verbescheiden hat. Die Vorschrift eröffnet kein Ermessen. Absatz 1 regelt das Vorgehen bei **Unzuständigkeit**, Absatz 2 die **Ablehnung** des Antrags und Absatz 3 Satz 1 den **Erlass des Strafbefehls.** Zwischen Ablehnung und Erlass des Strafbefehls liegt die Entscheidungsmöglichkeit, **Hauptverhandlung anzuberaumen,** Absatz 3 Satz 2 und 3. Zur Frage rechtlichen Gehörs → § 407 Rn. 69; zu vorbereitenden Erörterungen des Verfahrensstandes → § 407 Rn. 28.

II. Erläuterung

2 **1. Entscheidung bei Unzuständigkeit (Abs. 1).** Nach § 407 Abs. 1 S. 1 ist das Strafbefehlsverfahren auf Strafsachen in der sachlichen Zuständigkeit der Amtsgerichte beschränkt. Absatz 1 regelt das Verhältnis zwischen **Strafrichter** und Schöffengericht. Das Schöffengericht ist allerdings seit der Neufassung des § 25 GVG durch das Rechtspflegeentlastungsgesetz richtigerweise immer unzuständig.[1] Denn ein Strafbefehl ist nur bei **Vergehen** zulässig (§ 407 Abs. 1 S. 1) und darf höchstens auf zur Bewährung ausgesetzte **Freiheitsstrafe bis zu einem Jahr** lauten (§ 407 Abs. 2 S. 2). Wenn bei Vergehen nicht mehr als zwei Jahre Freiheitsstrafe zu erwarten sind, entscheidet aber der Strafrichter, § 25 Nr. 2 GVG.

3 Damit ist eine Zuständigkeit des **Schöffengerichts** nach § 28 GVG ausgeschlossen. Bis zur Änderung durch das Gesetz zur Entlastung der Rechtspflege[2] wurde die damals

---
[1] Beulke/Swoboda Rn. 800.
[2] BGBl. 1993 I 50.

„bewegliche" Zuständigkeit des Strafrichters nach § 25 GVG dagegen zusätzlich davon abhängig gemacht, dass die Sache **mindere Bedeutung** hatte. So konnte sich aus der Bedeutung der Sache eine Zuständigkeit des Schöffengerichts nach § 28 GVG ergeben. Die teilweise vertretene Auffassung, die Bedeutung der Sache lebe als ungeschriebene Voraussetzung fort,[3] verstößt gegen Art. 101 Abs. 1 S. 2 GG.[4] Dasselbe gilt für die Annahme, die Zuständigkeit des Schöffengerichts umfasse nach § 28 GVG diejenige des Strafrichters.[5] Absatz 1 ist damit weitgehend obsolet. Nur wenn die Staatsanwaltschaft den Strafbefehl **irrigerweise** beim Schöffengericht beantragt, greift Absatz 1 Satz 1. Wird der Strafbefehlsantrag erst nach Eröffnung des Hauptverfahrens gestellt, gilt § 408a, der das Verfahren vor dem Schöffengericht einschließt.[6]

Im Verfahren gegen **Heranwachsende nach allgemeinem Strafrecht** – wendet der Richter Jugendstrafrecht an, ist ein Strafbefehl ausgeschlossen, § 109 Abs. 2 S. 1, § 79 Abs. 1 JGG – entscheidet dementsprechend der Jugendrichter, § 108 Abs. 2 JGG. 4

Hält der Richter das **Land- oder Oberlandesgericht** für zuständig (oder der Strafrichter den Jugendrichter oder das Schöffengericht) und bleibt seine Anregung, den Strafbefehlsantrag zurückzunehmen, erfolglos, spricht er nach zutreffender Auffassung durch Beschluss seine Unzuständigkeit aus. Der Staatsanwaltschaft steht dagegen die Beschwerde offen, § 304,[7] ebenso dem Beschuldigten.[8] Davon abweichend wird teilweise die Anwendung von § 209 Abs. 2 befürwortet,[9] teilweise die Ablehnung des Erlasses eines Strafbefehls.[10] Müsste der Richter den Erlass eines Strafbefehls ablehnen, könnte das aber nach Absatz 2 Satz 2 iVm § 211 zu beschränkter Rechtskraft führen[11] – eine unangemessene Rechtsfolge (die freilich nach allgemeinen Regeln ausgeschlossen wäre, wenn keine Sachentscheidung getroffen wird). § 209 Abs. 2 trifft zu Recht eine abweichende Regelung. Sie kann allerdings nicht unverändert auf das Strafbefehlsverfahren übertragen werden. Denn Land- und Oberlandesgerichte können keine Strafbefehle erlassen. Der Unzuständigkeitsbeschluss ist auch in umgekehrter Richtung die zutreffende Vorgehensweise, weil § 209 Abs. 1 mangels Kompetenz für Entscheidungen im Strafbefehlsverfahren nicht angewendet werden kann. Es ist Sache der **Staatsanwaltschaft,** gegebenenfalls nach erfolgloser Beschwerde beim zuständigen Gericht Anklage zu erheben. 5

Das Verfahren bei **örtlicher Unzuständigkeit** regelt Absatz 1 nicht. Es gilt § 16. Nach überwiegender Ansicht spricht das Gericht durch Beschluss seine Unzuständigkeit aus.[12] Ein Verweisungsbeschluss würde das Auswahlrecht der Staatsanwaltschaft unterlaufen.[13] Nach anderer Ansicht soll das Gericht die beantragte Entscheidung ablehnen müssen.[14] Die Ablehnung des Erlasses eines Strafbefehls könnte aber nach Absatz 2 Satz 2 iVm § 211 die unangemessene Folge beschränkter Rechtskraft haben (→ Rn. 5). Gegen den die Unzuständigkeit aussprechenden Beschluss ist folgerichtig die Beschwerde statthaft (§ 304), nicht die sofortige Beschwerde nach § 210 Abs. 2.[15] 6

Außerhalb dieser förmlichen Verfahrensweise bei Unzuständigkeit kann der Richter auch die **Zurücknahme** des Strafbefehlsantrags anregen. Das Immutabilitätsprinzip greift erst, wenn der Richter über den Strafbefehlsantrag entschieden hat (Absatz 2 Satz 2 iVm § 156 → Rn. 28). 7

---

[3] Fuhse NStZ 1995, 165 (166) mwN.
[4] Sowada, Der gesetzliche Richter im Strafverfahren, 2002, S. 592 ff.
[5] Kalf NJW 1997, 1489 (1490 f.).
[6] Weßlau in SK-StPO § 407 Rn. 2.
[7] Maur in KK-StPO Rn. 8; Weßlau in SK-StPO Rn. 2; Schlüchter Rn. 788.4.
[8] Schorn S. 37 f.
[9] Metzger in KMR-StPO Rn. 7.
[10] OLG Rostock 10.8.2010 – 1 Ws 193/10, NStZ-RR 2010, 382; Gössel in Löwe/Rosenberg, 26. Aufl., Rn. 14.
[11] Vgl. dazu BVerfG 9.6.1994 – 2 BvR 2096/93, NJW 1995, 124.
[12] Metzger in KMR-StPO Rn. 4 mwN; Schmitt in Meyer-Goßner/Schmitt § 16 Rn. 4; Weßlau in SK-StPO Rn. 4 mwN.
[13] Schmitt in Meyer-Goßner/Schmitt § 16 Rn. 5 mwN.
[14] Gössel in Löwe/Rosenberg, 26. Aufl., Rn. 8; Heghmanns in Heghmanns/Scheffler StrafVerf-HdB Kap. VI Rn. 291 f.
[15] Schmitt in Meyer-Goßner/Schmitt Rn. 2.

8 **2. Ablehnung des Erlasses eines Strafbefehls (Abs. 2).** Nach Absatz 2 Satz 1 muss der Richter den Strafbefehlsantrag ablehnen, wenn er den Angeschuldigten (§ 157 iVm § 407 Abs. 1 S. 4) nicht für **hinreichend verdächtig** hält. Er hat dabei kein Ermessen. Das Gesetz stellt auf den Entscheidungsmaßstab ab, der für Anklageerhebung und Eröffnungsbeschluss gilt. Hinreichend verdächtig im Sinne von §§ 170, 203 ist der Beschuldigte, wenn der vorliegende Verfahrensstoff seine Verurteilung überwiegend wahrscheinlich erscheinen lässt.[16] Zu berücksichtigen sind tatsächliche wie Rechtsgründe: kein hinreichender Tatverdacht, wenn der dem Beschuldigten vorgeworfene Sachverhalt nicht beweisbar oder nicht strafbar ist oder wenn eine **Prozessvoraussetzung** fehlt. Vereinzelt wird darüber hinaus schon bei fehlender **Überzeugung** des Richters (→ Rn. 14) die Ablehnung des Strafbefehlsantrags befürwortet, um dem Beschuldigten die Möglichkeit rechtlichen Gehörs im Zwischenverfahren zu erhalten.[17] Die gegebenenfalls eintretende beschränkte materielle Rechtskraft (→ Rn. 10) wäre in diesem Fall aber eine unangemessene Rechtsfolge. Dasselbe gilt für den Fall fehlender Vernehmung im Ermittlungsverfahren (§ 163a; → § 407 Rn. 71).[18]

9 Ergänzende **Beweiserhebungen** kann der Richter in entsprechender Anwendung des § 202 anordnen.[19] Weil die Staatsanwaltschaft ihren Strafbefehlsantrag bis zur richterlichen Entscheidung zurücknehmen darf (Absatz 2 Satz 2 iVm § 156), kann der Richter auch die Zurücknahme des Strafbefehlsantrags oder die Vornahme ergänzender Beweiserhebungen durch die Staatsanwaltschaft anregen. Ebenso kann der Richter mit den Beteiligten den Verfahrensstand erörtern, § 202a. Möglich ist überdies eine **vorläufige Einstellung** nach § 205, beispielsweise bei Abwesenheit des Beschuldigten (→ § 407 Rn. 25). Den Strafbefehlsantrag abzulehnen, weil keine Zustellung möglich ist, überzeugt deshalb nicht.[20] Hält der Richter hinreichenden Tatverdacht nur hinsichtlich einzelner von **mehreren Straftaten** im materiellrechtlichen Sinn (zur Mehrheit prozessualer Taten → Rn. 31) für nicht gegeben, wird teilweise die einheitliche Ablehnung des Strafbefehlsantrags befürwortet.[21] Meines Erachtens fällt diese Konstellation unter Absatz 3 Satz 2.

10 Die Ablehnung des Strafbefehlsantrags ergeht durch **Beschluss,** der nach Absatz 2 Satz 2 dem ablehnenden Beschluss im Eröffnungsverfahren gleichsteht, also auch das Verbot der Klagerücknahme auslöst, § 156 (**Immutabilitätsprinzip** → Rn. 28; → § 156 Rn. 10). Absatz 2 Satz 2 verweist auf §§ 204, 210 Abs. 2 und § 211. Daraus ergeben sich eine Begründungspflicht (§ 204 Abs. 1, tatsächliche oder Rechtsgründe) und die Pflicht, den Beschluss dem **Angeschuldigten** formlos[22] bekanntzumachen (§ 204 Abs. 2; Nr. 178 Abs. 4 RiStBV). Mit der Entscheidung wird der vorher erklärte Anschluss als **Nebenkläger** wirksam, § 396 Abs. 1 S. 3. Der Richter muss in diesem Fall nach § 396 Abs. 2 über die Anschlussbefugnis entscheiden. Dem Nebenkläger und der **Staatsanwaltschaft** steht nach § 210 Abs. 2 und § 400 Abs. 2 die **sofortige Beschwerde** offen. Deshalb muss ihnen der Beschluss zugestellt werden, § 35 Abs. 2, dem Nebenkläger mit Rechtsmittelbelehrung, § 35a. Erfolgt die Anschlusserklärung später, gilt § 399.

11 Auf die sofortige Beschwerde wird im Erfolgsfall der Ablehnungsbeschluss aufgehoben und die Sache **zurückverwiesen.** Das Beschwerdegericht kann den Strafbefehl nicht selbst erlassen. Denn diese Kompetenz hat nach § 407 nur das Amtsgericht. Richtigerweise muss der Richter erneut und unabhängig von der Beschwerdeentscheidung nach § 408 entschei-

---

[16] Reinhart in Radtke/Hohmann § 203 Rn. 2 f. mwN. Strenger Paeffgen in SK-StPO § 203 Rn. 11: hohe Wahrscheinlichkeit.
[17] AG Meiningen 2.4.2009 – 340 Js 3972/08 – 8 Cs, BeckRS 2010, 22265.
[18] AA AG Frankfurt (Oder) 3.12.2019 – 412 Cs 166/19, BeckRS 2019, 43117 mAnm FD-StrafR 2020, 433668.
[19] Peters S. 563; Schlüchter Rn. 790; Weßlau in SK-StPO Rn. 5.
[20] AA AG Kehl 8.3.2016 – 2 Cs 206 Js 18738/15, BeckRS 2016, 04917.
[21] Schmitt in Meyer-Goßner/Schmitt Rn. 8.
[22] Weßlau in SK-StPO Rn. 8 mwN. AA Schmitt in Meyer-Goßner/Schmitt Rn. 8: Zustellung.

den.[23] Eine Abhilfeentscheidung vor Aufhebung des Ablehnungsbeschlusses ist unzulässig, § 311 Abs. 3.

Wird der Ablehnungsbeschluss nicht mit Erfolg angefochten, erwächst er in **beschränkte** 12 **materielle Rechtskraft,** Absatz 2 Satz 2 iVm § 211. Teilweise vorgeschlagene Einschränkungen der Sperrwirkung bei prozessualer Tatmehrheit[24] sind überflüssig, weil richtigerweise entsprechende **Teilentscheidungen** getroffen werden dürfen (→ Rn. 31).

3. Erlass des Strafbefehls (Abs. 3 Satz 1). Wenn dem Erlass des Strafbefehls **keine** 13 **Bedenken** entgegenstehen, muss der Richter dem Antrag der Staatsanwaltschaft folgen, er hat kein Ermessen, Absatz 3 Satz 1. Umstritten ist, was der Passus keine Bedenken bedeutet.

Aus Absatz 2 Satz 1 ergibt sich, dass mindestens **hinreichender Tatverdacht** bestehen 14 muss (→ Rn. 8). Manche Stimmen halten diesen Verdachtsgrad für ausreichend.[25] Andere fordern, der Gesetzesbegründung[26] und der Einschätzung des BVerfG[27] entsprechend, für den Erlass des Strafbefehls über Absatz 2 Satz 1 hinaus richterliche **Überzeugung,** weil die Unschuldsvermutung (Art. 6 Abs. 2 EMRK, Art. 1 Abs. 1, Art. 2 Abs. 1, Art. 20 Abs. 3 GG) einen solchen Schuldnachweis verlange.[28] In der Tat muss Schuld im gesetzlich vorgesehenen Verfahren festgestellt und kann dieses Verfahren nicht ins Belieben des Gesetzgebers gestellt werden. Von Gesetzes wegen einen **Schuld-Verdacht** für ausreichend zu erklären, verstieße gegen die Unschuldsvermutung. Allerdings hilft darüber auch das Überzeugungserfordernis noch nicht hinweg. Denn eine Überzeugung nach Aktenlage bleibt defizitär.[29] Unter anderem Weßlau ergänzt das Überzeugungserfordernis in Anlehnung an die Gesetzesbegründung. Sie stellt darauf ab, dass auch in einer Hauptverhandlung keine **Veränderung der Beweislage** zu erwarten wäre.[30]

Das wird Absatz 3 Satz 2 Variante 1 und § 407 Abs. 1 S. 2 insbesondere iVm § 408a 15 Abs. 1 S. 1 gerecht. Entsprechende **Bedenken,** die dem Erlass eines Strafbefehls entgegenstehen, räumt der Richter aus, indem er Hauptverhandlung anberaumt. Beide Entscheidungsmöglichkeiten, Erlass des Strafbefehls wie Anberaumung der Hauptverhandlung, setzen hinreichenden Tatverdacht voraus (sonst: Absatz 2 Satz 1); den Strafbefehl erlässt der Richter, wenn auch eine Hauptverhandlung keine weitere, seine Überzeugung in Frage stellende Aufklärung verspricht. Die **Unschuldsvermutung** entkräftet dieser Maßstab allein nicht. Deshalb sieht die StPO für den Strafbefehl zwei zusätzliche prozedurale Sicherungen vor: das Erfordernis voller Übereinstimmung von Richter und Staatsanwalt, vgl. Absatz 3 Satz 2 (→ Rn. 25),[31] und das **konsensuale** Unterlassen des Beschuldigten, Einspruch einzulegen, §§ 410 ff.[32]

Der Begriff der Bedenken gegen den Erlass des Strafbefehls, Absatz 3 Satz 1, reicht 16 weiter als der Begriff der Bedenken, ohne Hauptverhandlung zu entscheiden, Absatz 3 Satz 2 Variante 1 (→ Rn. 22 f.). Eingeschlossen sind die in Absatz 3 Satz 2 gesondert genannten Fälle, in denen der Richter vom Strafbefehlsantrag **abweichen** will, sei es in puncto rechtliche Beurteilung, sei es in puncto Rechtsfolge, beispielsweise auch, wenn der

---

[23] LG Aachen 5.10.2020 – 60 Qs 43/20, juris Rn. 47 = BeckRS 2020, 43289; Schmitt in Meyer-Goßner/Schmitt Rn. 9 mwN. AA Roxin/Schünemann StrafVerfR § 68 Rn. 9: Anweisung, Hauptverhandlung anzuberaumen, bindend.
[24] Weßlau in SK-StPO Rn. 11.
[25] Böttger in Krekeler/Löffelmann/Sommer Vor § 407 Rn. 2; Joecks/Jäger StPO § 407 Rn. 3; Schmitt in Meyer-Goßner/Schmitt Vor § 407 Rn. 1 mwN; Beulke/Swoboda Rn. 801.
[26] BT-Drs. 10/1313, 33 ff.; BT-Drs. 12/1217, 42 f.
[27] BVerfG 19.3.2013 – 2 BvR 2628/10, 2 BvR 2883/10, 2 BvR 2155/11, NJW 2013, 1058 (1068) mwN.
[28] Brauer in Gercke/Temming/Zöller Rn. 16; Metzger in KMR-StPO Vor § 407 Rn. 24; Gössel in Löwe/Rosenberg, 26. Aufl., Vor § 407 Rn. 34; Fezer ZStW 106 (1994), 1 (20); Loos FS Küper, 2007, 313; Rieß JR 1988, 133; Ebert S. 247 f., 259 ff.; Müller S. 76 f.
[29] Vgl. dazu Fezer ZStW 106 (1994), 1 (21); Schaal GS Meyer, 1990, 427 (441 f.).
[30] BT-Drs. 10/1313, 34; Weßlau in SK-StPO Vor § 407 Rn. 17 f.; vgl. Gaede in Löwe/Rosenberg Vor § 407 Rn. 25.
[31] Loos in AK-StPO Rn. 19 und Vor § 407 Rn. 8; Meurer JuS 1987, 882 (883).
[32] Kritisch Weßlau in SK-StPO Vor § 407 Rn. 19. Zur Legitimation des Strafbefehlsverfahrens → § 407 Rn. 11.

Richter einzelne von **mehreren Straftaten** im materiellrechtlichen Sinn für nicht gegeben hält (→ Rn. 9). Einen Strafbefehl erlässt der Richter nur, wenn er dem Strafbefehlsantrag der Staatsanwaltschaft uneingeschränkt folgt. Zweifelt der Richter in tatsächlicher oder rechtlicher Hinsicht am Strafbefehlsantrag, muss er entweder diesen Antrag mangels hinreichenden Tatverdachts ablehnen (Absatz 2, → Rn. 8) oder die Zweifel in einer Hauptverhandlung überprüfen (Absatz 3 Satz 2, → Rn. 21). Dieses Erfordernis **voller Übereinstimmung** von Richter und Staatsanwalt ist eine wichtige prozedurale Sicherung und Teil der Legitimationsgrundlage für einen Strafbefehl. Weil das Konsenserfordernis die Rechtsfolgen einschließt, ist auch der teilweise Erlass eines Strafbefehls in Bezug auf einzelne von mehreren im Strafbefehlsantrag erfassten **prozessualen Taten** ausgeschlossen. Denn §§ 53 ff. StGB sehen eine Gesamtstrafe vor (zu Teilentscheidungen → Rn. 31).

17 **Abweichungen** vom Strafbefehlsantrag führen nicht zur Nichtigkeit des Strafbefehls.[33] Es gelten die allgemeinen Regeln für das Fehlen von Prozessvoraussetzungen.[34] Rein sprachliche Abweichungen sind vollkommen unschädlich. Die Entscheidung über den Erlass eines Strafbefehls ist in Absatz 2 Satz 2 und § 427 Abs. 1 S. 2 der Entscheidung im **Eröffnungsverfahren** gleichgestellt. Zur Frage der **Rechtshängigkeit** → § 407 Rn. 68. Das mit der Eröffnungsentscheidung eintretende Verbot der Klagerücknahme (§ 156, **Immutabilitätsprinzip**) ist im weiteren Verfahren nach Einspruch gegen den Strafbefehl weitgehend außer Kraft gesetzt, § 411 Abs. 3 (→ § 411 Rn. 39 ff.). Die Entscheidung, einen Strafbefehl zu erlassen, macht den Richter zum erkennenden Richter im Sinne von § 28 Abs. 2 S. 2.[35] Zur Verteidigerbestellung → § 408b Rn. 11.

18 Anstatt einen Strafbefehl zu erlassen, kann der Richter in jeder Lage des Verfahrens – unter den dort genannten weiteren Voraussetzungen – eine Einstellung des Verfahrens nach §§ 153 ff. aus **Opportunitätsgründen** beschließen. Mit dem Strafbefehlsantrag der Staatsanwaltschaft ist die öffentliche Klage erhoben (§ 407 Abs. 1 S. 4) und damit die richterliche Entscheidungskompetenz beispielsweise nach § 153 Abs. 2 eröffnet.[36]

19 Zur **vorläufigen Einstellung** bei unbekanntem Aufenthalt (Nr. 175 Abs. 2 S. 2 RiStBV) → § 407 Rn. 25. Fehlen Prozessvoraussetzungen, muss der Richter den Strafbefehlsantrag ablehnen (→ Rn. 8).

20 Gegen den Strafbefehl ist für den Beschuldigten nach § 410 der **Rechtsbehelf** Einspruch statthaft.

21 **4. Anberaumung einer Hauptverhandlung (Abs. 3 Satz 2, 3).** Eine Hauptverhandlung beraumt der Richter an, wenn zwar **hinreichender Tatverdacht** besteht (andernfalls Ablehnung des Strafbefehlsantrags nach Absatz 2), der Erlass eines Strafbefehls aber Bedenken begegnet (andernfalls Erlass des Strafbefehls nach Absatz 3 Satz 1).

22 Für den Sonderfall der **Unzulässigkeit des Strafbefehlsverfahrens,** also dann, wenn die in § 407 aufgestellten Voraussetzungen nicht vorliegen, wird vereinzelt vertreten, der Richter müsse den Strafbefehlsantrag der Staatsanwaltschaft durch nicht in § 408 geregelte Entscheidung ablehnen. Auf diese Weise soll dem Beschuldigten die schützende Wirkung eines regulären Eröffnungsverfahrens erhalten bleiben.[37] Die Eröffnungsvoraussetzungen werden aber nach Absatz 2 auch im Strafbefehlsverfahren geprüft, so dass im Falle der Unzulässigkeit des Strafbefehlsverfahrens nach Absatz 3 Satz 2 Variante 1 Hauptverhandlung anberaumt wird.

23 Bedenken gegen den Erlass eines Strafbefehls (Absatz 3 Satz 1) können im Übrigen erstens Bedenken sein, ohne Hauptverhandlung zu entscheiden (Absatz 3 Satz 2 Variante 1). Idealtypisch ist das der Fall fehlender Überzeugung bzw. weiterer Aufklärungsmöglichkeiten, die zu einer **Veränderung der Beweislage** führen können, beispielsweise Unklar-

---

[33] Schmitt in Meyer-Goßner/Schmitt Rn. 11 mwN.
[34] Zu fehlerhaften Strafbefehlen → § 409 Rn. 49.
[35] LG Zweibrücken 12.7.2005 – Qs 75/05, NStZ 2006, 120.
[36] Zum Verfahren Gössel in Löwe/Rosenberg, 26. Aufl., Rn. 32.
[37] Loos in AK-StPO Rn. 8 ff.

heit in der Frage, ob der Angeschuldigte schuldfähig ist.[38] Nr. 175 Abs. 3 RiStBV nennt exemplarisch den Fall der Aufklärung für die Rechtsfolgenbestimmung wesentlicher Umstände. Dazu kann es nötig sein, sich einen unmittelbaren Eindruck vom Angeschuldigten zu verschaffen.[39] Weßlau hält das bei Freiheitsstrafe immer für erforderlich.[40] Außerdem sollen nach Nr. 175 Abs. 3 RiStBV **spezial- oder generalpräventive Gründe** die Durchführung einer Hauptverhandlung gebieten können. Darin liegt zwar richtigerweise keine Ermächtigung, die Verfahrensgestaltung zu Strafzwecken zu missbrauchen.[41] Die Bedeutung der Sache kann aber zur Anberaumung einer Hauptverhandlung veranlassen.[42] Gleiches gilt, wenn gegebenenfalls persönlich auf den Beschuldigten soll eingewirkt werden können. Ein zu erwartender Einspruch gegen den Strafbefehl soll dagegen keine Rolle spielen (→ § 407 Rn. 63).

Umstritten ist der Fall **drohender schwerer Folgen** der Tat, deren Eintritt durch Anberaumung einer Hauptverhandlung abgewartet werden könnte.[43] Treten diese schweren Folgen ein und ergeben sie ein **Verbrechen,** lässt nach umstrittener Ansicht § 373a die Wiederaufnahme des Verfahrens zu (aA → § 373a Rn. 13 mwN zum Streitstand). Daneben oder darüber hinaus ist kein Raum für die Entscheidung, Hauptverhandlung anzuberaumen, anstatt einen Strafbefehl zu erlassen.[44] 24

Bedenken gegen den Erlass eines Strafbefehls (Absatz 3 Satz 1) können sich außerdem daraus ergeben, dass der Richter vom Strafbefehlsantrag **abweichen** will, sei es in puncto rechtliche Beurteilung, sei es in puncto Rechtsfolge (Absatz 3 Satz 2 Variante 2 und 3). Denn der Erlass eines Strafbefehls setzt **volle Übereinstimmung** des Richters mit dem Antrag der Staatsanwaltschaft voraus (→ Rn. 16). 25

Absatz 3 Satz 2 verlangt kumulativ, dass die Staatsanwaltschaft bei ihrem Antrag **beharrt.** Der Richter muss also zunächst der Staatsanwaltschaft seine Einschätzung mitteilen und sie um Äußerung bitten, Nr. 178 Abs. 1 RiStBV. Nr. 178 Abs. 2 RiStBV sieht vor, dass der Staatsanwalt daraufhin entweder einen **abgeänderten** Strafbefehlsantrag stellt oder erklärt, den bisherigen Antrag aufrechtzuerhalten. Von Gesetzes wegen kann der Staatsanwalt den Strafbefehlsantrag in diesem Stadium des Verfahrens noch **zurücknehmen;** das Immutabilitätsprinzip greift erst, wenn der Richter über den Strafbefehlsantrag entschieden hat (Absatz 2 Satz 2 iVm § 156 → Rn. 28). Anstatt einen abgeänderten Strafbefehlsantrag zu stellen, kann der Staatsanwalt dann auch nach **§§ 170, 153 ff.** das Verfahren einstellen oder Anklage erheben. Sollte die Staatsanwaltschaft sich nicht äußern, wird ihr **Schweigen** nach Ablauf einer angemessenen Zeitspanne als Beharren im Sinne von Absatz 3 Satz 2 anzusehen sein. 26

Das Verfahren der **Abstimmung** zwischen Richter und Staatsanwalt sehen Absatz 3 Satz 2 und Nr. 178 RiStBV nicht nur vor, wenn der Richter vom Strafbefehlsantrag **abweichen** will (Absatz 3 Satz 2 Variante 2 und 3), sondern auch, wenn der Richter **Bedenken** hat, ohne Hauptverhandlung zu entscheiden (Absatz 3 Satz 2 Variante 1). Auch im zuletzt genannten Fall erscheint eine Abstimmung sinnvoll. Sie gibt dem Staatsanwalt Gelegenheit, seinen Antrag zu überdenken. Informell kann der Richter auch dann, wenn er beabsichtigt, den Strafbefehlsantrag **abzulehnen** (Absatz 2 Satz 1), vorab die Zurücknahme des Strafbefehlsantrags oder die Vornahme ergänzender Beweiserhebungen durch die Staatsanwaltschaft anregen (→ Rn. 9). 27

Wenn der Richter Hauptverhandlung anberaumt, also durch Verfügung ihren Termin bestimmt (§ 213), gelten dafür und für die anschließende **Vorbereitung der Hauptver-** 28

---

[38] VerfGH Berlin 19.1.2000 – VerfGH 34/99, NStZ-RR 2000, 143.
[39] Schmitt in Meyer-Goßner/Schmitt Rn. 12.
[40] Weßlau in SK-StPO Rn. 14.
[41] Weßlau in SK-StPO § 407 Rn. 6 mwN.
[42] Weßlau in SK-StPO Rn. 18.
[43] Für Anberaumung der Hauptverhandlung Maur in KK-StPO Rn. 19 mwN; dagegen Schmitt in Meyer-Goßner/Schmitt Rn. 12.
[44] Vgl. Gössel in Löwe/Rosenberg, 26. Aufl., Rn. 46.

handlung grundsätzlich die allgemeinen Vorschriften in den §§ 212 ff.⁴⁵ An die Stelle von § 215 tritt Absatz 3 Satz 3: Dem Angeklagten ist mit der Ladung anstelle des Eröffnungsbeschlusses eine **Abschrift** des Strafbefehlsantrags ohne Rechtsfolgen mitzuteilen. War die Mitteilung unterblieben, kann der Mangel in der Hauptverhandlung geheilt werden.⁴⁶ Dass das Gesetz vom Angeklagten spricht, heißt nach § 157, dass mit Anberaumung der Hauptverhandlung ohne expliziten Eröffnungsbeschluss das Hauptverfahren eröffnet ist.⁴⁷ Das führt nach § 156 dazu, dass die öffentliche Klage (§ 407 Abs. 1 S. 4) nicht mehr zurückgenommen werden kann **(Immutabilitätsprinzip)**.⁴⁸ Zwar wird teilweise vertreten, das Verfahren stehe dem Verfahren nach Strafbefehl, Einspruch und Anberaumung der Hauptverhandlung (§ 411 Abs. 1 S. 2) gleich (→ Rn. 30). Das könnte nach § 411 Abs. 3 S. 1, 2 zur **Durchbrechung** des Immutabilitätsprinzips führen. Diese Ausnahmevorschrift (siehe § 411 Abs. 3 S. 3) ist aber nur anwendbar, wenn auch der Beschuldigte das Verfahren – durch Zurücknahme seines Einspruchs – stoppen kann **(Grundsatz der Waffengleichheit)**. Vermittelnd wird vorgeschlagen, die Zurücknahme der Klage bis zum Beginn der Hauptverhandlung bzw. der Verhandlung zur Sache zuzulassen.⁴⁹ Das verstößt aber gegen § 156. Die Entscheidung, Hauptverhandlung anzuberaumen, macht den Richter zum erkennenden Richter im Sinne von § 28 Abs. 2 S. 2.⁵⁰

29 Mit Anberaumung der Hauptverhandlung wird ein vorher erklärter Anschluss als **Nebenkläger** wirksam, § 396 Abs. 1 S. 3. Der Richter muss in diesem Fall nach § 396 Abs. 2 über die Anschlussbefugnis entscheiden.

30 Für die anzuberaumende **Hauptverhandlung** wird teilweise auf § 411 Abs. 2 auch iVm § 420 verwiesen.⁵¹ Der Gesetzgeber habe bestimmt, dass im Verfahren auf einen Strafbefehlsantrag hin diese besonderen Regeln Anwendung finden sollen. Das müsse erst recht gelten, solange weder der Strafbefehl erlassen noch Einspruch eingelegt wurde. Dieser Erstrecht-Schluss trägt aber nicht. Denn der Erlass eines Strafbefehls setzt unter anderem **volle Übereinstimmung** zwischen Richter und Staatsanwalt voraus (→ Rn. 16). Diese Legitimationsbasis liegt dem Verfahren auf Einspruch nach §§ 410 ff. zugrunde – sie fehlt aber gerade, wenn der Richter nach § 408 Abs. 3 S. 2 Hauptverhandlung anberaumt, anstatt den beantragten Strafbefehl zu erlassen.⁵² Die Anberaumung der Hauptverhandlung kann nicht mit der **Beschwerde** angefochten werden, § 305.

31 **5. Teilentscheidungen.** Die Entscheidung ergeht grundsätzlich einheitlich. Anders als § 207 Abs. 2 sieht Absatz 3 Satz 2 nicht vor, dass ein vom Antrag der Staatsanwaltschaft abweichender **Strafbefehl erlassen** wird. Im Erfordernis **voller Übereinstimmung** zwischen Richter und Staatsanwalt zeigt sich der im weiteren Sinne konsensuale Charakter des Strafbefehlsverfahrens (→ § 407 Rn. 13).

32 Der **Grundsatz voller Übereinstimmung** gilt aber nur für den **Erlass des Strafbefehls**. Er schließt richtigerweise **sonstige Teilentscheidungen** bei einer **Mehrzahl prozessualer Taten** nicht aus.⁵³ Der Richter kann beispielsweise für eine von mehreren prozessualen Taten den Erlass des Strafbefehls nach Absatz 2 ablehnen und im Übrigen Hauptverhandlung anberaumen. Gegen einen Beschuldigten den beantragten Strafbefehl

---

⁴⁵ Schmitt in Meyer-Goßner/Schmitt Rn. 14.
⁴⁶ Weßlau in SK-StPO Rn. 19.
⁴⁷ Vgl. Andrejtschitsch in HK-GS Rn. 8; Weßlau in SK-StPO Rn. 19. AA AG Eggenfelden 12.1.2009 – 2 Cs 54 Js 33229/06, NStZ-RR 2009, 139 (140): trotz Terminsanberaumung Ablehnung des Strafbefehlsantrags. AA Burkhard S. 134; Müller S. 75 (Eröffnungsbeschluss erforderlich).
⁴⁸ Weßlau in SK-StPO Rn. 21.
⁴⁹ OLG Düsseldorf 4.7.1983 – 2 Ws 292/83, MDR 1984, 70; Schmitt in Meyer-Goßner/Schmitt § 156 Rn. 3.
⁵⁰ LG Zweibrücken 12.7.2005 – Qs 75/05, NStZ 2006, 120.
⁵¹ Schmitt in Meyer-Goßner/Schmitt Rn. 14. AA Böttger in Krekeler/Löffelmann/Sommer Rn. 15; Maur in KK-StPO Rn. 25.
⁵² Vgl. BayObLG 24.2.1972 – RReg. 8 St 110/71, GA 1972, 367 (368); Böttger in Krekeler/Löffelmann/Sommer Rn. 15; Maur in KK-StPO Rn. 25.
⁵³ LG München II 16.5.1990 – 1 Qs 140/90, NStZ 1990, 452 (teilweise Ablehnung und Zurückstellung der Entscheidung im Übrigen). AA Metzger in KMR-StPO Rn. 15; Weßlau in SK-StPO Rn. 7 mwN.

nur teilweise wegen einzelner von mehreren prozessualen Taten zu erlassen, ist dagegen ausgeschlossen. Denn das Konsenserfordernis schließt die Rechtsfolgen ein und §§ 53 ff. StGB sehen eine Gesamtstrafe vor. Zum Zusammentreffen von Straftaten mit Ordnungswidrigkeiten → § 407 Rn. 20 f.

Auch bei einer **Mehrzahl von Beschuldigten** kann gegen Einzelne der Erlass des 33 Strafbefehls nach Absatz 2 **abgelehnt** und im Übrigen **Hauptverhandlung anberaumt** werden. Bei einer Mehrzahl von Beschuldigten kann darüber hinaus sogar gegen einzelne Beschuldigte wie beantragt **Strafbefehl erlassen** und im Übrigen der Erlass abgelehnt oder Hauptverhandlung anberaumt werden.[54] Der Grundsatz voller Übereinstimmung steht dem nicht entgegen, weil er für jedes der verbundenen Verfahren gewahrt bleibt. Besonderheiten gelten für das Zusammentreffen von Straftaten mit Ordnungswidrigkeiten (→ § 407 Rn. 20 f.).

§ 408a Strafbefehlsantrag nach Eröffnung des Hauptverfahrens

(1) ¹Ist das Hauptverfahren bereits eröffnet, so kann im Verfahren vor dem Strafrichter und dem Schöffengericht die Staatsanwaltschaft einen Strafbefehlsantrag stellen, wenn die Voraussetzungen des § 407 Abs. 1 Satz 1 und 2 vorliegen und wenn der Durchführung einer Hauptverhandlung das Ausbleiben oder die Abwesenheit des Angeklagten oder ein anderer wichtiger Grund entgegensteht. ²In der Hauptverhandlung kann der Staatsanwalt den Antrag mündlich stellen; der wesentliche Inhalt des Strafbefehlsantrages ist in das Sitzungsprotokoll aufzunehmen. ³§ 407 Abs. 1 Satz 4, § 408 finden keine Anwendung.

(2) ¹Der Richter hat dem Antrag zu entsprechen, wenn die Voraussetzungen des § 408 Abs. 3 Satz 1 vorliegen. ²Andernfalls lehnt er den Antrag durch unanfechtbaren Beschluß ab und setzt das Hauptverfahren fort.

Übersicht

	Rn.			Rn.
I. Überblick	1	3.	Undurchführbarkeit der Hauptverhandlung	10
II. Erläuterung	4	4.	Antrag der Staatsanwaltschaft	15
1. Hauptverfahren vor dem Amtsgericht (Abs. 1 Satz 1)	4	5.	Entscheidung des Gerichts (Abs. 2)	19
2. Voraussetzungen des § 407 Abs. 1 S. 1 und 2	8	6.	Weiteres Verfahren	25
		7.	Verständigung	26

I. Überblick

Die Vorschrift geht zurück auf das Strafverfahrensänderungsgesetz 1987. Sie soll einen 1 Weg eröffnen, ins Stocken geratende Strafverfahren schnell und einfach zu Ende zu führen.[1] Während § 407 den Antrag auf Erlass eines Strafbefehls als **Alternative** zur Anklageerhebung durch Einreichung einer Anklageschrift (§ 170 Abs. 1, § 200) vorsieht, § 407 Abs. 1 S. 4, ermöglicht § 408a den **Wechsel** ins Strafbefehlsverfahren nach Einreichung einer Anklageschrift und nachdem das Gericht die **Eröffnung des Hauptverfahrens** beschlossen hat (§§ 203, 207). Dieser Wechsel setzt voraus, dass der Durchführung einer Hauptverhandlung ein **wichtiger Grund** entgegensteht, insbesondere das Ausbleiben des Angeklagten. Insofern erinnert die Regelung an das zivilprozessuale Versäumnisurteil (§ 331 ZPO), ohne freilich dessen Wirkungen zu entfalten. **Vor Erlass** des Eröffnungsbeschlusses kann die Staatsanwaltschaft ohne Rücksicht auf die Voraussetzungen des § 408a ins Strafbefehlsverfah-

---

[54] Maur in KK-StPO § 407 Rn. 22.
[1] BT-Drs. 10/1313, 13, 35 und 10/6592, 21.

ren wechseln, indem sie die Anklage zurücknimmt – § 156 lässt das zu – und stattdessen den Antrag nach § 407 stellt.

2   Kritische Stimmen wenden sich gegen die **hybride Verfahrensstruktur,** zu der der von der **Staatsanwaltschaft** angestoßene Wechsel ins Strafbefehlsverfahren führt.[2] Der Gesetzgeber hat diesen Wechsel aber nicht ohne weiteres zugelassen. Es genügt nicht, dass im Laufe des Hauptverfahrens die Voraussetzungen für einen Strafbefehl eintreten. Vielmehr muss der Hauptverhandlung ein **wichtiger Grund** entgegenstehen.[3] Teilweise wird angenommen, die Vorschrift beschränke sich auf Fälle, in denen die Voraussetzungen für einen Strafbefehl **nachträglich** durch Änderung der Sach- und Rechtslage eingetreten sind.[4] Der Wortlaut schließt aber Fälle ein, in denen das drohende Scheitern der Hauptverhandlung zu einem Sinneswandel der Beteiligten führt. Dass die Vorschrift zu **Absprachen** ermuntert,[5] wird durch die einhegende Regelung in §§ 212, 257c und die Grenzen zulässiger Absprachen des Gerichts aufgefangen (→ § 407 Rn. 28). Der Alternativ-Entwurf „Abgekürzte Strafverfahren (AE-ASR)" sieht vor, den Wechsel ins Verfahren ohne Hauptverhandlung auf Fälle zu beschränken, in denen die Staatsanwaltschaft dieses Verfahren von vornherein beantragt hatte.[6] Das passt aber nicht recht zu den Gründen für einen Wechsel ins Verfahren ohne Hauptverhandlung.[7]

3   Wird der **Verfahrensgegenstand,** wie ihn der bereits ergangene Eröffnungsbeschluss festlegt, durch den Strafbefehlsantrag nicht vollständig erfasst, ist im Übrigen das eröffnete Hauptverfahren weiterzuführen.[8] Die **praktische Bedeutung** der Vorschrift ist vergleichsweise gering.[9]

II. Erläuterung

4   **1. Hauptverfahren vor dem Amtsgericht (Abs. 1 Satz 1).** Der Wechsel ins Strafbefehlsverfahren ist zulässig, wenn das Hauptverfahren vor Strafrichter oder Schöffengericht eröffnet wurde. Zwar ist das **Schöffengericht** in den Fällen unzuständig, in denen nach § 407 das Strafbefehlsverfahren zulässig ist (→ § 408 Rn. 2). Mit der Eröffnung des Hauptverfahrens tritt aber eine **Zuständigkeitsperpetuierung** ein, § 269.[10] Ergibt sich also im Verfahren vor dem Schöffengericht nach Eröffnung des Hauptverfahrens (sonst gilt § 408 Abs. 1 S. 1), dass nur ein Vergehen vorliegt, das Rechtsfolgen im Sinne von § 407 Abs. 2 nach sich zieht, erlaubt Absatz 1 Satz 1 der Staatsanwaltschaft, beim Schöffengericht einen Strafbefehl zu beantragen. Die teilweise vertretene Einschränkung, das Hauptverfahren dürfe nicht wegen eines **Verbrechens** eröffnet worden sein,[11] findet im Gesetz keine Stütze.[12] Denn die Voraussetzungen des § 407 Abs. 1 S. 1 und 2 müssen wie alle anderen Voraussetzungen, die Absatz 1 Satz 1 aufstellt, erst im **Zeitpunkt der Antragstellung** vorliegen. Ebensowenig steht die Hinzuziehung eines zweiten Richters beim Amtsgericht nach § 29 Abs. 2 GVG **(erweitertes Schöffengericht)** dem Strafbefehlsantrag der Staatsanwaltschaft entgegen, wenn der Umfang der Sache (§ 29 Abs. 2 GVG) ein den §§ 407 ff. entsprechendes Maß angenommen hat.

5   § 408a erlaubt den Wechsel ins Strafbefehlsverfahren, wenn das Hauptverfahren bereits eröffnet ist. Im **beschleunigten Verfahren** ergeht zwar kein Eröffnungsbeschluss, § 418

---

[2] Weßlau in SK-StPO Rn. 3 mwN. Fezer FS Baumann, 1992, 395 (397); Meurer JuS 1987, 882 (887); Meyer-Goßner NJW 1987, 1161 (1166): zwei Eröffnungsbeschlüsse; Vivell S. 182 ff.: Disposition durch die Staatsanwaltschaft. AA Rieß JR 1988, 133 (134 f.).
[3] De lege ferenda ablehnend Vivell S. 244 ff. (Kompetenz des Richters mit Zustimmung des Angeklagten).
[4] Weßlau in SK-StPO Rn. 2 mwN.
[5] Gössel in Löwe/Rosenberg, 26. Aufl., Rn. 7; Weßlau in SK-StPO Rn. 2 mwN; Vivell S. 226 ff.
[6] Arbeitskreis AE GA 2019, 1 (101).
[7] Näher dazu Eckstein in Handbuch des Strafrechts § 66 Rn. 43 ff.
[8] Gössel in Löwe/Rosenberg, 26. Aufl., Rn. 5 mwN.
[9] Gössel in Löwe/Rosenberg, 26. Aufl., Rn. 6.
[10] Zur örtlichen Zuständigkeit Vivell S. 174 f.
[11] Schmitt in Meyer-Goßner/Schmitt Rn. 3.
[12] Metzger in KMR-StPO Rn. 11; Weßlau in SK-StPO Rn. 5 mwN; Rieß JR 1988, 133 (135).

Abs. 1 S. 1. Nach § 418 Abs. 3 S. 3 gilt § 408a aber entsprechend. Im **Sicherungsverfahren** zur selbständigen Anordnung von Maßregeln der Besserung und Sicherung (§§ 413 ff.) ist § 408a unanwendbar, weil Sicherungs- und Strafverfahren einander ausschließen: Sowohl bei Schuld- als auch bei Verhandlungsunfähigkeit des Täters (§ 413) fehlt hinreichender Tatverdacht, den Absatz 1 Satz 1 iVm § 407 Abs. 1 S. 2 voraussetzt (→ § 407 Rn. 60).

Wurde nach **§ 408 Abs. 3 S. 2** auf einen Strafbefehlsantrag hin vom Richter Hauptverhandlung anberaumt, soll der Wechsel zurück ins Strafbefehlsverfahren ausgeschlossen sein.[13] Das überzeugt nicht.[14] Zwar ergeht auf einen Strafbefehlsantrag hin kein Eröffnungsbeschluss. § 408 Abs. 3 S. 3 geht aber davon aus, dass mit Anberaumung der Hauptverhandlung das Hauptverfahren eröffnet ist (→ § 408 Rn. 28). Nur das verlangt Absatz 1 Satz 1. Stattdessen der Staatsanwaltschaft die Zurücknahme der Klage und neuerliche Antragstellung nach § 407 Abs. 1 S. 2, 4 zuzubilligen,[15] verstieße nach zutreffender Ansicht gegen § 156 und den Grundsatz der Waffengleichheit (→ § 408 Rn. 28). Der Konflikt zwischen Absatz 1 Satz 1 iVm § 407 Abs. 1 S. 2 – Hauptverhandlung nicht erforderlich – und § 408 Abs. 3 S. 2 – **Bedenken** des Richters, ohne Hauptverhandlung zu entscheiden – löst sich auf, wenn der Wechsel zurück ins Strafbefehlsverfahren erst beantragt wird, nachdem in der begonnenen Hauptverhandlung die Bedenken des Richters ausgeräumt wurden, ohne – weitere – Hauptverhandlung zu entscheiden. 6

Im **Rechtsmittelverfahren** scheidet ein Antrag nach § 408a vor den Rechtsmittelgerichten aus. Denn sie sind nach Absatz 1 Satz 1 unzuständig. Wird das Verfahren an das Amtsgericht zurückverwiesen, steht der Wechsel ins Strafbefehlsverfahren wieder offen. Legt der Angeklagte gegen einen Strafbefehl **Einspruch** ein, richtet sich das weitere Verfahren nach §§ 411 f. Wenn auf den Einspruch hin nach § 411 Abs. 1 S. 2 Termin zur Hauptverhandlung anberaumt wird, stellt sich die Frage, ob ein erneuter Strafbefehlsantrag nach § 408a in Betracht kommt. Der bereits erlassene Strafbefehl steht der Entscheidung im **Eröffnungsverfahren** gleich, § 408 Abs. 2 S. 2, § 427 Abs. 1 S. 2.[16] Die in § 411 Abs. 2, 4, § 412 aufgestellten Spezialregelungen schließen das Vorgehen nach § 408a nicht aus. Dennoch muss ein Strafbefehlsantrag nach § 408a ausscheiden, weil der Angeklagte durch seinen Einspruch das konsensuale Teilfundament des Strafbefehlsverfahrens (→ § 407 Rn. 11) beseitigt und den Wechsel ins Regelverfahren mit Hauptverhandlung und Urteil erzwingt, vgl. § 411 Abs. 1 S. 2, Abs. 3 S. 1. Der Staatsanwaltschaft bleibt nur die Zurücknahme der Klage, § 411 Abs. 3, und gegebenenfalls erneute Anklageerhebung, zB nach § 407. 7

2. Voraussetzungen des § 407 Abs. 1 S. 1 und 2. Absatz 1 Satz 1 verweist auf § 407 Abs. 1 S. 1 und 2. Der Wechsel ins Strafbefehlsverfahren unterliegt also den allgemeinen Voraussetzungen für das Strafbefehlsverfahren. Die Beschränkung auf Verfahren vor dem **Amtsgericht** wiederholt und modifiziert Absatz 1 Satz 1. Dadurch wird der Zuständigkeitsperpetuierung im Verfahren vor dem Schöffengericht Rechnung getragen (→ Rn. 4). Aus der Verweisung auf § 407 Abs. 1 S. 1 und 2 ergeben sich die folgenden Zulässigkeitsvoraussetzungen: Durch Strafbefehl dürfen nur **Vergehen** geahndet werden. Außerdem muss die Staatsanwaltschaft eine **Hauptverhandlung für nicht erforderlich** erachten. Das heißt nach zutreffender Ansicht, der Staatsanwalt muss über den – im Verfahren nach § 408a schon durch die vorangegangene Anklageerhebung manifestierten – hinreichenden Tatverdacht hinaus zu einer **Sicherheit** gelangt sein, die vernünftige Zweifel nicht mehr aufkommen lässt (→ § 407 Rn. 60). Diese Sicherheit kann der Staatsanwalt auch in der bereits begonnenen Hauptverhandlung gewonnen haben. Dann löst sich das Spannungsverhältnis zur ursprünglichen, in der Anklageerhebung manifestierten Einschätzung auf, eine Hauptverhandlung sei erforderlich. In der Praxis wird das Erfor- 8

---

[13] BT-Drs. 10/1313, 36; Maur in KK-StPO Rn. 7; Schmitt in Meyer-Goßner/Schmitt Rn. 3; Weßlau in SK-StPO Rn. 4 mwN.
[14] Loos in AK-StPO Rn. 4; de lege ferenda Zähres NStZ 2002, 296 (297).
[15] Vivell S. 159 f.
[16] Insofern aA, aber im Ergebnis übereinstimmend Weßlau in SK-StPO Rn. 4 mwN.

dernis der Entbehrlichkeit einer Hauptverhandlung allerdings durch ihre Undurchführbarkeit (→ Rn. 10) überspielt.[17]

9 Die **selektive Verweisung** auf § 407 Abs. 1 S. 1 und 2 wirft die Frage auf, ob für das Verfahren nach § 408a die Regelungen in § 407 Abs. 1 S. 3, Abs. 2 und 3 gelten. Gegen einen Umkehrschluss aus Absatz 1 Satz 1 spricht die explizite Anordnung in Absatz 1 Satz 3, dass § 407 Abs. 1 S. 4 und § 408 keine Anwendung finden. Aus dem Zusammenspiel von selektiver Verweisung und selektivem Anwendungsausschluss ergibt sich: Grundsätzlich folgt das Verfahren nach § 408a den Regelungen in §§ 407 ff. Die selektiven Verweisungen in Absatz 1 Satz 1 und Absatz 2 Satz 1 dienen der textlichen Straffung. Der **selektive Anwendungsausschluss** in Absatz 1 Satz 3 ist abschließend.

10 **3. Undurchführbarkeit der Hauptverhandlung.** Nach Absatz 1 Satz 1 ist Voraussetzung für den Wechsel ins Strafbefehlsverfahren, dass der Durchführung einer Hauptverhandlung ein **wichtiger Grund entgegensteht,** insbesondere die Abwesenheit oder das Ausbleiben des Angeklagten. Die Hauptverhandlung kann bereits begonnen haben. Sie muss nicht unmöglich sein. Teilweise wird dennoch Undurchführbarkeit auf absehbare Zeit gefordert,[18] teilweise vorübergehende Undurchführbarkeit,[19] nach anderer Ansicht soll Unzweckmäßigkeit genügen.[20] Die zuletzt genannte Lesart steht in Widerspruch zur gesetzlichen Regelung. Absatz 1 Satz 1 verlangt über die Ermessensentscheidung der Staatsanwaltschaft hinaus einen wichtigen Grund. Andererseits reicht aus, dass ein wichtiger Grund der Durchführung einer Hauptverhandlung entgegensteht. Das spricht dafür, auf **vorübergehende Undurchführbarkeit** abzustellen und im Einzelfall **abzuwägen.** Damit übereinstimmend zählt Nr. 175a RiStBV beispielhaft 4 Fälle auf, in denen § 408a zur Anwendung kommen soll.[21]

11 Fall 1: Der Angeklagte wohnt mit bekanntem Aufenthalt im Ausland, seine Einlieferung zur Durchführung der Hauptverhandlung wäre aber nicht möglich oder nicht angemessen (Nr. 175a lit. a RiStBV). Das ist der Fall der **Abwesenheit** im Sinne von § 276 Variante 2. Dagegen scheidet bei unbekanntem Aufenthalt im In- oder Ausland, § 276 Variante 1, ein Strafbefehlsverfahren grundsätzlich aus, weil keine Zustellung möglich ist (→ § 407 Rn. 25).

12 Außerdem soll § 408a bei **Ausbleiben** des Angeklagten eingreifen. Nr. 175a RiStBV nennt – als Fall 2 – das entschuldigte Fernbleiben aufgrund längerer Krankheit, ohne dass die Verhandlungsfähigkeit des Angeklagten betroffen wäre (Nr. 175a lit. b RiStBV), und – als Fall 3 – das unentschuldigte Fernbleiben, ohne dass nach § 232 ohne den Angeklagten verhandelt werden könnte (Nr. 175a lit. c RiStBV). Wäre die **Verhandlungsfähigkeit** des Angeklagten betroffen, dürfte kein Strafbefehl erlassen werden, sondern müsste das Verfahren wegen eines Prozesshindernisses vorläufig oder endgültig eingestellt werden, §§ 205, 206a, 260 Abs. 3. Im Übrigen sind die Voraussetzungen, die Nr. 175a RiStBV aufstellt, dem exemplarischen Charakter der Regelung geschuldet und greift § 408a auch bei sonstigem auch nur einmaligem Ausbleiben des Angeklagten ein. Allerdings verlangt § 408a, dass das Ausbleiben der Durchführung einer Hauptverhandlung als **wichtiger Grund entgegensteht.** Daraus folgt bei **unentschuldigtem** Fernbleiben des Angeklagten richtigerweise ein Vorrang der §§ 230 ff., die es ermöglichen, ohne den Angeklagten zu verhandeln.[22] Andernfalls, insbesondere bei **entschuldigtem** Fernbleiben, muss eine Abwägung mit der Bedeutung der Sache und einer Hauptverhandlung sowie dem Anwesenheitsrecht des Angeklagten (§ 230 Abs. 1) stattfinden (zu Einschränkungen → Rn. 13 f.).

---

[17] Martin GA 1995, 121 (123 f.).
[18] Weßlau in SK-StPO Rn. 10 mwN; wohl auch KG 12.5.2020 – (5) 161 Ss 101/19 (19/19), juris Rn. 36 = BeckRS 2020, 33654.
[19] Schmitt in Meyer-Goßner/Schmitt Rn. 4 mwN.
[20] Metzger in KMR-StPO Rn. 13.
[21] Zugrunde liegt BT-Drs. 10/1313, 36.
[22] Weßlau in SK-StPO Rn. 10 mwN; Meyer-Goßner NJW 1987, 1161 (1166). AA Schellenberg NStZ 1994, 370 (372 f.).

Fall 4 betrifft die Verhinderung von Zeugen und Sachverständigen, ohne dass nach 13 §§ 251 ff. eine Verlesung die unmittelbare **Beweisaufnahme** in der Hauptverhandlung ersetzen könnte (vgl. Nr. 175a lit. d RiStBV). Den so formulierten wichtigen Grund machen die Verlesungsmöglichkeiten gemäß § 251 Abs. 1 Nr. 1, Abs. 2 Nr. 3 nicht überflüssig.[23] Dass Nr. 175a lit. d RiStBV erhebliche Hinderungsgründe verlangt, ist Ausfluss der vom Gesetz für ein Entgegenstehen als wichtiger Grund vorausgesetzten **Abwägung.** Dass außerdem der Sachverhalt nach Aktenlage genügend aufgeklärt sein muss (vgl. Nr. 175a lit. d RiStBV), folgt schon aus Absatz 1 Satz 1 iVm § 407 Abs. 1 S. 2: Die Staatsanwaltschaft stellt den Strafbefehlsantrag, wenn sie eine Hauptverhandlung nicht für erforderlich erachtet. Für die Entscheidung nach Aktenlage stehen dann auch Vernehmungsprotokolle und schriftliche Gutachten ohne Einschränkung zur Verfügung.

In allen diesen Fällen wird ein Strafbefehl nur zur Erledigung führen, wenn der Beschul- 14 digte keinen **Einspruch** einlegt. Denn ein Einspruch leitet das Verfahren zurück in die Hauptverhandlung, § 411 Abs. 1 S. 2. Deshalb sollte die Staatsanwaltschaft sich vorab mit dem Beschuldigten und seinem Verteidiger ins Benehmen setzen.[24] Nr. 175 Abs. 3 S. 2 RiStBV bestimmt allerdings, dass die Erwartung, es werde Einspruch eingelegt werden, kein hinreichender Grund dafür ist, von einem Strafbefehlsantrag abzusehen (→ § 407 Rn. 63).

4. Antrag der Staatsanwaltschaft. Während § 407 Abs. 1 S. 1 einen **schriftlichen** 15 Antrag der Staatsanwaltschaft auf Erlass eines Strafbefehls voraussetzt und Absatz 1 Satz 1 darauf Bezug nimmt, erlaubt Absatz 1 Satz 2 in der Hauptverhandlung **mündliche** Antragstellung. Absatz 1 Satz 2 wurde durch das 1. Justizmodernisierungsgesetz 2004 in die StPO eingefügt. Zwingend der Schriftform bedürfen somit Anträge an das erkennende Gericht vor oder außerhalb der Hauptverhandlung. Für den **Inhalt** des Antrags gelten die allgemeinen Regeln, insbesondere gilt § 407 Abs. 1 S. 3, Abs. 2 (→ Rn. 9 und → § 407 Rn. 65). Umstritten ist die Anwendung von § 409 Abs. 1 S. 2.[25]

Nach Absatz 1 Satz 2 Halbsatz 2 muss der **wesentliche** Inhalt eines mündlich gestellten 16 Antrags ins **Sitzungsprotokoll** aufgenommen werden. Ein in der Hauptverhandlung schriftlich gestellter Antrag fällt unter § 273.[26]

Abweichend von § 407 Abs. 1 S. 2 räumt Absatz 1 Satz 1 der Staatsanwaltschaft **Ermes-** 17 **sen** ein.[27] Die Staatsanwaltschaft kann selektiv für einzelne von mehreren **prozessualen Taten** den Erlass eines Strafbefehls beantragen. Dann wird im Übrigen ohne weiteres das eröffnete Hauptverfahren fortgesetzt.[28]

Der Antrag hat nach Absatz 1 Satz 3 abweichend von § 407 Abs. 1 S. 4 nicht die Wir- 18 kung, dass durch ihn die **öffentliche Klage** erhoben wird. Vielmehr setzt § 408a voraus, dass bereits Anklage erhoben und das Hauptverfahren eröffnet ist (→ Rn. 4).

5. Entscheidung des Gerichts (Abs. 2). Für die Entscheidung des Gerichts gilt 19 **nicht** § 408 (Absatz 1 Satz 3), sondern Absatz 2. Diese Abweichung vom Regel-Strafbefehlsverfahren ist der prozessualen Lage nach Eröffnung des Hauptverfahrens (Absatz 1 Satz 1) geschuldet, in der insbesondere § 408 Abs. 2 keine Anwendung finden kann. Der Richter hat nur zwei Entscheidungsmöglichkeiten: Dem Antrag der Staatsanwaltschaft zu **entsprechen** und den Strafbefehl zu erlassen oder den Strafbefehlsantrag **abzulehnen** und das Hauptverfahren fortzusetzen. Außerdem kann der Richter in jeder Lage des Verfahrens eine Einstellung nach §§ 153 ff. aus **Opportunitätsgründen** beschließen.[29] Zur Verteidigerbestellung → § 408b Rn. 11.

---

[23] AA Bartels S. 59 f. mwN.
[24] Vgl. Kirch S. 44.
[25] Dafür Weßlau in SK-StPO Rn. 8 mwN; dagegen Gössel in Löwe/Rosenberg, 26. Aufl., Rn. 18; Schellenberg NStZ 1994, 370 (373): auch § 409 Abs. 1 S. 1 Nr. 7 gilt nicht.
[26] Weßlau in SK-StPO Rn. 8 mwN.
[27] Weßlau in SK-StPO Rn. 6 mwN.
[28] Weßlau in SK-StPO Rn. 16.
[29] Zum Verfahren Loos in AK-StPO Rn. 22; Gössel in Löwe/Rosenberg, 26. Aufl., Rn. 32.

20 Nach Absatz 2 Satz 1 iVm § 408 Abs. 3 S. 1 folgt der Richter dem Antrag der Staatsanwaltschaft unter den gleichen Voraussetzungen wie im Regel-Strafbefehlsverfahren. Er erlässt den Strafbefehl also, wenn **keine Bedenken** entgegenstehen. Das setzt erstens **volle Übereinstimmung** mit dem Antrag der Staatsanwaltschaft in puncto rechtliche Beurteilung und Rechtsfolge voraus. Zweitens muss der Richter nach zutreffender Ansicht über den hinreichenden Tatverdacht hinaus zu einer **Sicherheit** gelangt sein, die vernünftige Zweifel nicht mehr aufkommen lässt (→ § 408 Rn. 13). Und drittens muss im Falle des § 408a auch der Richter zu dem Ergebnis kommen, dass der Durchführung einer Hauptverhandlung ein **wichtiger Grund entgegensteht**.[30] Ein Ermessen ist dem Richter nicht eingeräumt.

21 Nach § 407 Abs. 3 (→ Rn. 9) bedarf es nicht der vorherigen **Anhörung** des Beschuldigten. Das gilt aber richtigerweise nur, wenn im Vorverfahren § 163a Abs. 1 beachtet wurde (→ § 407 Rn. 71), wenn ausnahmsweise das Vorgehen nach § 201 die Defizite schriftlichen Prozessierens behoben hat (→ 407 Rn. 71) oder wenn der Beschuldigte in der bereits begonnenen Hauptverhandlung zur Sache vernommen wurde. Letzteres wird selten vorkommen, weil Abwesenheit und Ausbleiben des Angeklagten Hauptanwendungsfälle des § 408a sind, Absatz 1 Satz 1. Die teilweise zusätzlich aufgestellte Voraussetzung, das Gericht müsse sich vergewissert haben, dass dem Beschuldigten sein Recht, **Einspruch** einzulegen, bekannt ist,[31] erscheint für sich genommen mit Blick auf § 409 Abs. 1 S. 1 Nr. 7 entbehrlich. Der Gefahr, dass der Beschuldigte nicht von dem gegen ihn erlassenen Strafbefehl erfährt, weil die Zustellung nach § 145a an seinen Pflichtverteidiger erfolgt, insbesondere im Fall des § 408b, ist durch Wiedereinsetzung in den vorigen Stand gegen die Versäumung der Einspruchsfrist zu begegnen (→ § 409 Rn. 40). Zu fehlerhaften Strafbefehlen → § 409 Rn. 49.

22 Ein **Nebenkläger** ist gegebenenfalls vor der Entscheidung zu hören, § 397 Abs. 1 S. 4. Wird Strafbefehl erlassen, muss über die **notwendigen Auslagen** des Nebenklägers entschieden werden, § 472. Ein **Rechtsbehelf** gegen den Strafbefehl steht dem Nebenkläger nicht zu, §§ 400 f.[32]

23 Stehen dem Erlass des Strafbefehls **Bedenken** entgegen, lehnt der Richter nach Absatz 2 Satz 2 den Antrag der Staatsanwaltschaft ab und setzt das Hauptverfahren fort. Weil das Hauptverfahren bereits eröffnet ist (Absatz 1 Satz 1), kommt der Ablehnung des Antrags nicht die selbständige Bedeutung und Wirkung des § 408 Abs. 2 zu; auch das Verfahren der **Abstimmung** zwischen Richter und Staatsanwalt nach § 408 Abs. 3 S. 2 scheidet aus (Abs. 1 Satz 3).[33] Nach Absatz 2 Satz 2 erfolgt die **Ablehnung** des Strafbefehlsantrags ausdrücklich und durch **unanfechtbaren** Beschluss, der keiner Begründung bedarf und formlos mitgeteilt wird, §§ 34, 35 Abs. 2 S. 2.[34] Fehler sind auch nicht mit der Revision rügbar, weil ein Beruhen des Urteils auf dem Fehler ausgeschlossen ist und in Anlehnung an § 336 S. 2.[35] Mangels Rechtskraft steht der Beschluss einem neuerlichen **Antrag** der Staatsanwaltschaft nicht entgegen.[36] Wer dafür eine **Änderung** der Sach- oder Rechtslage voraussetzt,[37] beschreibt zwar zutreffend den Normalfall. Zulässig ist ein neuerlicher Strafbefehlsantrag aber auch sonst, beispielsweise, wenn sich die Bewertung durch die Beteiligten ändert.[38]

24 Das Gericht entscheidet **außerhalb der Hauptverhandlung**. Es gilt § 30 Abs. 2 GVG.

25 **6. Weiteres Verfahren.** Für das weitere Verfahren gelten die §§ 409 ff. (→ Rn. 9). Der schriftliche Strafbefehl mit dem Inhalt des § 409 wird dem Beschuldigten zugestellt,

---

[30] Weßlau in SK-StPO Rn. 12 mwN.
[31] Deckers/Kuschnik StraFo 2008, 418 (420).
[32] Weßlau in SK-StPO Rn. 18.
[33] Bartels S. 60 f. mwN.
[34] Bartels S. 65.
[35] Vgl. Rieß JR 1989, 171 (173).
[36] Weßlau in SK-StPO Rn. 19.
[37] Rieß/Hilger NStZ 1987, 204 (205).
[38] Meurer JuS 1987, 882 (886 f.).

seinem gesetzlichen Vertreter und der Staatsanwaltschaft mitgeteilt (→ 409 Rn. 37). Der Beschuldigte kann nach § 410 binnen zwei Wochen **Einspruch** einlegen. Über den Einspruch wird nach §§ 411 f. entschieden. Grundlage des Verfahrens, insbesondere der Hauptverhandlung ist der Strafbefehl (§ 411 Abs. 1 S. 3, Abs. 4). Allerdings war im Falle des § 408a schon vor Erlass des Strafbefehls das Hauptverfahren eröffnet, Absatz 1 Satz 1. In Übereinstimmung mit dem **Immutabilitätsprinzip** (§ 156) kann die Klage deshalb nicht mehr zurückgenommen werden, § 411 Abs. 3 S. 3. Erschöpft der Strafbefehlsantrag den Eröffnungsbeschluss nicht, bleibt insoweit das reguläre **Hauptverfahren anhängig.**

7. Verständigung. Kann in der Hauptverhandlung eine **Verständigung** über das anschließende Strafbefehlsverfahren getroffen werden? Prima vista befremdet die Kombination der beiden Prozessgestaltungen. Doch sein **konsensualer Charakter** prädestiniert das Strafbefehlsverfahren geradezu für eine Verständigung. In Betracht kommt eine Verständigung im Verfahren nach § 408a beispielsweise dann, wenn ein wichtiger Zeuge ausfällt. 26

Dass das Strafbefehlsverfahren nicht mit einem Urteil endet und keine hauptverhandlungsbasierte richterliche Überzeugung von der Schuld des Angeklagten voraussetzt, steht einer Verständigung nicht entgegen. Zwar bleibt die **Aufklärungspflicht** nach § 257c Abs. 1 S. 2 unberührt. Das heißt aber nur, dass die Verständigung selbst die Erforschung des Sachverhalts nicht beeinträchtigen darf. Andere Grenzen der Wahrheitserforschung, also auch der summarische Charakter des Strafbefehlsverfahrens, gehen § 257c Abs. 1 S. 2 vor. Und § 257c Abs. 2 S. 1 handelt zwar von Rechtsfolgen, die **Inhalt eines Urteils** sein könnten, setzt aber kein Urteil voraus. Der Gesetzgeber hat die Verständigung nicht als selbständige Verfahrensart ausgestaltet, sondern als Teil der regulären Hauptverhandlung. Das öffnet das Verständigungsverfahren für alle hauptverhandlungskompatiblen Erledigungsarten. 27

Im Verfahren nach § 408a kann der Strafbefehlsantrag der Staatsanwaltschaft als **Prozessverhalten eines Verfahrensbeteiligten** Gegenstand der Verständigung sein, § 257c Abs. 2 S. 1. Dann muss der Richter allerdings später dem Strafbefehlsantrag entsprechen, wenn keine Bedenken entgegenstehen, Absatz 2 Satz 1. Diese Bindung konfligiert mit der **Verständigungs-Herrschaft** des Gerichts nach § 257c Abs. 3. Außerdem setzt § 257c der Bindung, die das Gericht eingehen darf, **Grenzen** (§ 257c Abs. 2 S. 3, Abs. 3 S. 2, Abs. 4). Dass der Verständigungsvorschlag des Gerichts dem verabredeten Strafbefehlsantrag vorausgeht, löst diesen Konflikt nur teilweise auf. Zusätzlich beanspruchen die Grenzen zulässiger Bindung des Gerichts Beachtung: Auch wenn die Staatsanwaltschaft einen punktgenau formulierten Strafbefehlsantrag versprechen dürfte, darf das Gericht die zu verhängende **Strafe** nur nach **Ober- und Untergrenze** angeben, § 257c Abs. 3 S. 2. Der **Schuldspruch** und **Maßregeln der Besserung und Sicherung** dürfen vom Gericht nicht abgesprochen werden, § 257c Abs. 2 S. 3. Das Gericht kann sich also nicht verpflichten, einem punktgenau ausformulierten Strafbefehlsantrag der Staatsanwaltschaft zu entsprechen. Deshalb muss es dem Gericht richtigerweise verwehrt sein, an einer Verständigung mitzuwirken, die einen punktgenau ausformulierten Strafbefehlsantrag der Staatsanwaltschaft zum Gegenstand hat. Andernfalls entstünde, auch wenn das Gericht de jure frei bliebe, den Strafbefehlsantrag nach Maßgabe von Absatz 2 abzulehnen, de facto eine Bindung, die § 257c zuwiderliefe. 28

Gegenstand der Verständigung kann richtigerweise nicht die Verpflichtung sein, keinen **Einspruch** einzulegen (→ § 410 Rn. 20 ff.). Zu Absprachen der Staatsanwaltschaft → § 407 Rn. 28. 29

§ 408b Bestellung eines Verteidigers bei beantragter Freiheitsstrafe

Erwägt der Richter, dem Antrag der Staatsanwaltschaft auf Erlaß eines Strafbefehls mit der in § 407 Abs. 2 Satz 2 genannten Rechtsfolge zu entsprechen, so bestellt er dem Angeschuldigten, der noch keinen Verteidiger hat, einen Pflichtverteidiger.

Übersicht

	Rn.		Rn.
I. Überblick	1	3. Keine entgegenstehenden Bedenken des Richters	11
II. Erläuterung	2		
1. Drohende Rechtsfolge nach § 407 Abs. 2 S. 2	2	4. Pflichtverteidigerbestellung	14
2. Antrag der Staatsanwaltschaft	8	5. Weiteres Verfahren	19

I. Überblick

1 § 408b regelt einen Spezialfall **notwendiger** Verteidigung. Dem Beschuldigten, der noch keinen Verteidiger hat, wird unter den in der Vorschrift aufgestellten Voraussetzungen ein **Pflichtverteidiger** bestellt. Dazu verpflichtet § 408b, wenn ein Strafbefehl droht, der nach § 407 Abs. 2 S. 2 gegen den Beschuldigten **Freiheitsstrafe** mit Strafaussetzung zur Bewährung verhängt. Die Regelung knüpft an den bereits gestellten Strafbefehlsantrag der Staatsanwaltschaft an und gilt auch im Verfahren nach § 408a (→ § 408a Rn. 9).[1] Satz 2 aF verwies auf § 141 Abs. 3 aF und verlagerte den Zeitpunkt der Verteidigerbestellung vor. Mit der Streichung dieser Vorschrift durch das Gesetz zur Neuregelung des Rechts der notwendigen Verteidigung[2] wollte der Gesetzgeber nicht die Möglichkeit der Verteidigerbestellung im **Vorverfahren** beseitigen. Vielmehr soll an die Stelle der missverständlichen selektiven Verweisung nur auf § 141 Abs. 3 aF die umfassende Anwendung der allgemeinen Regeln in den §§ 141 ff. treten.[3]

II. Erläuterung

2 **1. Drohende Rechtsfolge nach § 407 Abs. 2 S. 2.** § 408b knüpft an § 407 Abs. 2 S. 2 an. Die Vorschrift sieht also nur dann eine Verteidigerbestellung im Strafbefehlsverfahren vor, wenn ein Strafbefehl droht, der gegen den Beschuldigten eine **Freiheitsstrafe** festsetzt, deren Vollstreckung zur Bewährung ausgesetzt wird. § 407 Abs. 2 S. 2 macht die Verteidigerbestellung zur Voraussetzung dieser Rechtsfolgenanordnung. Ein Verstoß gegen § 408b führt aber nicht zur Unwirksamkeit des Strafbefehls (→ Rn. 22).[4]

3 Die Verteidigerbestellung fungiert als Gegengewicht zu **rechtsstaatlichen** Bedenken, die gegen die Verhängung einer Freiheitsstrafe in einem summarischen Verfahren sprechen. Ob die Verteidigerbestellung allein diese Bedenken ausräumen kann, ist umstritten. Richtigerweise ändert die Verteidigerbestellung nichts daran, dass eine Freiheitsstrafe zur Bewährung in einem schriftlichen Verfahren kaum sinnvoll festgesetzt werden kann (→ § 407 Rn. 38, 46).[5] Aus dieser Perspektive betrachtet, verwandelt sich die Verteidigerbestellung, überspitzt, in ein Mittel zur Schwächung der Beschuldigtenposition: ohne (Pflicht-) Verteidiger keine Freiheitsstrafe. Bedenkt man aber, dass aus Beschuldigtensicht die Vermeidung einer Hauptverhandlung unter Inkaufnahme einer Freiheitsstrafe auf defizitärer Grundlage sinnvolle Verteidigungsstrategie sein kann, erscheint die Verteidigerbestellung auch mit Blick auf Art. 3 GG interessengerecht.

4 Das Strafbefehlsverfahren lässt sich zwar richtigerweise nur in Fällen **minder schwerer Kriminalität** auf der Grundlage **konsensualer Elemente** und zumindest defizitärer richterlicher **Überzeugung** legitimieren (→ § 407 Rn. 11). Die Festsetzung von Freiheitsstrafe bis zu einem Jahr, deren Vollstreckung zur Bewährung ausgesetzt wird, sprengt diesen Rahmen aber, noch kritischeren Stimmen zum Trotz, nicht schlechthin. Allerdings sollte die Möglichkeit, in einem schriftlichen Verfahren Freiheitsstrafe zu verhängen, de lege

---

[1] Weßlau in SK-StPO Rn. 4.
[2] Art. 1 Nr. 15 Gesetz zur Neuregelung des Rechts der notwendigen Verteidigung vom 10.12.2019, BGBl. 2019 I 2128.
[3] BT-Drs. 19/13829, 52.
[4] Loos in AK-StPO Rn. 5.
[5] Fezer ZStW 106 (1994), 1 (22); Fezer FS Baumann, 1992, 395 (398 ff.); Tiemer S. 152 f.

ferenda beseitigt werden (→ § 407 Rn. 38, 46). Außerdem muss abweichend von § 407 Abs. 3 und zusätzlich zur Verteidigerbestellung eine richterliche **Anhörung** des Beschuldigten erfolgen. Das ergibt sich aus Art. 104 GG (→ § 407 Rn. 72).

Der Verteidiger hat unter anderem die Aufgabe, den Beschuldigten mit der Gefahr eines **Widerrufs** der Strafaussetzung zur Bewährung (§ 56f StGB) und mit sonstigen Folgen der Verurteilung zu Freiheitsstrafe vertraut zu machen,[6] zB § 24 Beamtenstatusgesetz: **Verlust der Beamtenrechte** bei Verurteilung (nicht im Wege des Strafbefehls)[7] zu Freiheitsstrafe von mindestens einem Jahr wegen einer Vorsatztat oder Verurteilung zu Freiheitsstrafe von mindestens sechs Monaten u.a. wegen Bestechlichkeit. Außerdem können mit dem Verteidiger der Verfahrensstand erörtert und **Absprachen** getroffen werden (→ § 407 Rn. 28).

Allerdings kann eine strafrechtliche Verurteilung auch dann außerstrafrechtliche Folgen haben, wenn keine Freiheitsstrafe festgesetzt wird. Die Verurteilung zu **Geldstrafe** von mehr als neunzig Tagessätzen wird nach § 32 Abs. 2 Nr. 5 BZRG in ein Führungszeugnis aufgenommen, der Verurteilte darf sich nach § 53 BZRG nicht mehr als unbestraft bezeichnen. Verurteilungen ziehen von Fall zu Fall arbeitsrechtliche (Nichteinstellung, Kündigung) oder berufsrechtliche Konsequenzen nach sich (Unwürdigkeit, Unzuverlässigkeit); auch die **Entziehung der Fahrerlaubnis** kann die berufliche Existenz gefährden. Und eine Geldstrafe kann sich in eine **Ersatzfreiheitsstrafe** verwandeln (§ 43 StGB). Insofern hat der Gesetzgeber mit § 408b ebenso wie mit § 140 die Erfordernisse eines rechtsstaatlichen Strafverfahrens wertend konkretisiert und begrenzt.

§ 408b normiert einen **zusätzlichen** Fall notwendiger Verteidigung. Folglich bleibt die Verteidigerbestellung nach den **allgemeinen Vorschriften** in §§ 140 ff., insbesondere nach § 140 Abs. 2, neben § 408b möglich.[8]

2. Antrag der Staatsanwaltschaft. Die Verteidigerbestellung nach § 408b setzt einen **Strafbefehlsantrag** der Staatsanwaltschaft voraus, der auf Freiheitsstrafe lautet. § 407 Abs. 2 S. 2 erlaubt die Festsetzung von **Freiheitsstrafe** bis zu einem Jahr, wenn die Vollstreckung zur Bewährung ausgesetzt wird. Die Staatsanwaltschaft muss das Strafbefehlsverfahren wählen, wenn sie eine Hauptverhandlung nicht für erforderlich erachtet, § 407 Abs. 1 S. 2. Im Rahmen des ihr verbleibenden **Beurteilungsspielraums** streitet die Rechtsfolge Freiheitsstrafe allerdings für die Erforderlichkeit einer Hauptverhandlung (→ § 407 Rn. 46).

Die Bestellung eines Verteidigers nach § 408b bedarf keines darauf gerichteten Antrags der Staatsanwaltschaft oder auch des Beschuldigten, sie erfolgt vielmehr **von Amts wegen.** Dennoch wird die Staatsanwaltschaft ihren auf Freiheitsstrafe lautenden Strafbefehlsantrag sinnvollerweise mit einem **Antrag** auf Verteidigerbestellung verbinden, wenn der Beschuldigte noch keinen Verteidiger hat.[9] Dadurch trägt die Staatsanwaltschaft ihrer Verantwortung für die Rechtmäßigkeit des Strafverfahrens Rechnung. Die Bestellung eines Verteidigers eröffnet die Möglichkeit, den Verfahrensstand zu erörtern und **Absprachen** zu treffen (→ § 407 Rn. 28).

Nach Maßgabe von § 141 wird der Verteidiger schon im **Vorverfahren** bestellt, also bevor die Staatsanwaltschaft den Strafbefehl beantragt hat. Das geschieht grundsätzlich auf **Antrag**, § 141 Abs. 1. Für diesen Antrag klärt § 141 in der Neufassung durch das Gesetz zur Neuregelung des Rechts der notwendigen Verteidigung[10] die frühere Streitfrage, ob nur die Staatsanwaltschaft oder auch der Beschuldigte den Antrag stellen kann (→ § 141 Rn. 21).[11] Für die Bestellung nach § 141 Abs. 1 ist ein Antrag des **Beschuldigten** nötig. Der Vorzug eines eigenen Antragsrechts erweist sich für den Beschuldigten allerdings bei

---

[6] Schmitt in Meyer-Goßner/Schmitt Rn. 1.
[7] Weßlau in SK-StPO Rn. 17 mwN; vgl. BVerwG 30.4.2019 – 2 B 59/18, juris Rn. 1, 16 = BeckRS 2019, 11132.
[8] Weßlau in SK-StPO Rn. 3.
[9] Schmitt in Meyer-Goßner/Schmitt Rn. 3.
[10] Gesetz zur Neuregelung des Rechts der notwendigen Verteidigung v. 10.12.2019, BGBl. 2019 I 2128.
[11] BGH 9.9.2015 – 3 BGs 134/15, NJW 2015, 3383: kein Antragsrecht des Beschuldigten.

näherem Zusehen als Danaergeschenk. So setzt § 141 Abs. 1 die Eröffnung des Tatvorwurfs voraus. Die Bestellung von Amts wegen erfolgt nach § 141 Abs. 2 nur in enumerierten Fällen. Überdies muss schon zum Zeitpunkt der Bestellung ein Fall der **notwendigen Verteidigung** vorliegen. Über § 408b tritt dieser Fall aber erst mit der Erwägung des Richters ein, dem Antrag der Staatsanwaltschaft zu entsprechen. Dem Buchstaben des Gesetzes nach ist die Bestellung im Vorverfahren damit nach § 408b iVm § 141 nicht mehr möglich. Die Regelung in § 141 ist auch sonst unzulänglich.[12] Vor der Neufassung dagegen war die Staatsanwaltschaft verpflichtet, den Antrag zu stellen, wenn und sobald sie davon ausging, dass ein Fall des § 407 Abs. 2 S. 2 vorliegt, Satz 2 aF iVm § 141 Abs. 3 S. 2 aF. Hatte die Staatsanwaltschaft den Abschluss der Ermittlungen in den Akten vermerkt (§ 169a) und beantragte sie, einen Verteidiger zu bestellen, stand dem Richter kein Ermessen mehr zu, Satz 2 aF iVm § 141 Abs. 3 S. 3 aF. Ein Ermessen sieht § 141 von vornherein nicht mehr vor (Ausnahme in Abs. 2 S. 3). Im Übrigen muss die gesetzgeberische Fehlleistung über § 140 Abs. 2 iVm der **gesetzlichen Wertung** in § 408b korrigiert werden. § 408b macht ersichtlich, dass der Beschuldigte sich **nicht selbst verteidigen** kann, sobald die Staatsanwaltschaft ernsthaft erwägt, einen Strafbefehl zu beantragen, der auf Freiheitsstrafe mit Strafaussetzung zur Bewährung lautet (§ 407 Abs. 2 S. 2).[13] Insofern liegt ein Fall der notwendigen Verteidigung vor, der die Verteidigerbestellung nach § 141 Abs. 1 oder Abs. 2 S. 1 Nr. 3 ermöglicht. Für das Verfahren gilt entweder § 142 Abs. 1 oder § 142 Abs. 2.

11   **3. Keine entgegenstehenden Bedenken des Richters.** Die Bestellung des Verteidigers obliegt nach § 408b dem Richter, also dem für den Erlass des Strafbefehls zuständigen Richter (→ § 408 Rn. 2). Er entscheidet auch im Falle der Verteidigerbestellung im Vorverfahren, vgl. § 142 Abs. 3; in besonderen Eilfällen lässt § 142 Abs. 4 eine vorläufige Bestellung durch die Staatsanwaltschaft zu. Entscheidungsmaßstab ist nach § 408b, ob der Richter **erwägt,** dem Antrag der Staatsanwaltschaft zu entsprechen, einen Strafbefehl mit der in § 407 Abs. 2 S. 2 genannten Rechtsfolge zu erlassen. Der Richter muss den **Erlass** eines solchen Strafbefehls ernstlich in Betracht ziehen.[14] Damit knüpft § 408b an die in § 408 Abs. 3 S. 1 bzw. § 408a Abs. 2 S. 1 geregelte Entscheidung des Richters an. Will der Richter stattdessen den Strafbefehlsantrag **ablehnen** oder **Hauptverhandlung** anberaumen (§ 408 Abs. 2, 3 S. 2) bzw. das Hauptverfahren fortsetzen (§ 408a Abs. 2 S. 2), scheidet eine Verteidigerbestellung nach § 408b aus.[15] Für die Verteidigerbestellung im **Vorverfahren,** bevor die Staatsanwaltschaft einen entsprechenden Strafbefehl beantragt hat, wird Wahrscheinlichkeit eines solchen Antrags verlangt.[16] Richtigerweise sollte die von der Staatsanwaltschaft ernsthaft erwogene **Möglichkeit** genügen. Die Erwägungen der Staatsanwaltschaft ergeben sich wahlweise aus dem Antrag der Staatsanwaltschaft nach § 142 Abs. 2 oder aus der Weiterleitung eines Antrags des Beschuldigten nach § 142 Abs. 1.

12   Nach § 408 Abs. 3 S. 1 auch iVm § 408a Abs. 2 S. 1 erlässt der Richter den Strafbefehl, wenn keine **Bedenken** entgegenstehen, also wenn er mit dem Antrag der Staatsanwaltschaft in puncto rechtliche Beurteilung und Rechtsfolge **voll übereinstimmt** und, nach zutreffender Ansicht, wenn er überdies, über den hinreichenden Tatverdacht hinaus, zu einer **Sicherheit** gelangt ist, die vernünftige Zweifel nicht mehr aufkommen lässt (→ § 408 Rn. 13).

13   § 408b räumt dem Richter kein **Ermessen** ein. Der Richter entscheidet **von Amts wegen.** Die Vorschrift ist insofern lex specialis gegenüber dem Antragsprocedere, das die §§ 141, 142 vorsehen. Die Verteidigerbestellung im **Vorverfahren** (→ Rn. 10) bedarf wahlweise eines **Antrags** des Beschuldigten, der von der Staatsanwaltschaft dem Richter vorgelegt wird, oder eines deklaratorischen Antrags der Staatsanwaltschaft, § 141 Abs. 1 iVm § 142 Abs. 1 bzw. § 141 Abs. 2 iVm § 142 Abs. 2. Ein **Ermessen** ist nicht vorgesehen.

---

[12] Krawczyk in BeckOK-StPO § 141 Rn. 5, 18.
[13] Eckstein in Handbuch des Strafrechts § 66 Rn. 79.
[14] Metzger in KMR-StPO Rn. 5; Weßlau in SK-StPO Rn. 6 mwN.
[15] Weßlau in SK-StPO Rn. 6 mwN.
[16] Gössel in Löwe/Rosenberg, 26. Aufl., Rn. 9.

4. Pflichtverteidigerbestellung. Die Bestellung eines Pflichtverteidigers nach § 408b 14
erfolgt grundsätzlich nur dann, wenn der Beschuldigte noch keinen Verteidiger hat, also
nicht neben einem Wahlverteidiger (→ § 141 Rn. 4 ff.).

Weil § 408b bis zur Neufassung durch das Gesetz zur Neuregelung des Rechts der 15
notwendigen Verteidigung[17] nur auf § 141 Abs. 3 aF verwies, wurde teilweise vertreten, die
Auswahl des Verteidigers könne ohne vorherige Befragung des Beschuldigten gemäß § 142
Abs. 1 aF erfolgen.[18] In Rede steht aber das Recht auf freie Wahl eines Verteidigers (→ § 142
Rn. 1, 4). Deshalb muss richtigerweise, den damit verbundenen praktischen Schwierigkeiten
zum Trotz, das Wahlrecht des Beschuldigten gewahrt bleiben.[19] Zeitliche Verzögerungen sind
hinzunehmen. Die rechtsstaatliche Bedeutung notwendiger Verteidigung im Strafbefehlsverfahren in den Fällen des § 408b (→ Rn. 3) macht ein **Vertrauensverhältnis** zwischen
Beschuldigtem und Verteidiger unerlässlich.[20] In der Neufassung durch das Gesetz zur Neuregelung des Rechts der notwendigen Verteidigung[21] gilt § 142 Abs. 5 auch für die Verteidigerbestellung nach § 408b und verpflichtet dazu, dem Beschuldigten Gelegenheit zu geben,
einen Verteidiger zu bezeichnen. Von der Wahl des Beschuldigten darf nur aus wichtigem
Grund abgewichen werden.[22] Der Gesetzgeber wollte mit der Streichung der selektiven
Verweisung auf § 141 Abs. 3 aF erreichen, dass umfassend die **allgemeinen Regeln** in den
§§ 141 ff. Anwendung finden und auf diese Weise auch die Wahl eines Verteidigers des
Vertrauens ermöglicht wird.[23] Dementsprechend gilt auch § 143a.[24]

Die Bestellung wird dem Verteidiger und dem Beschuldigten mitgeteilt. Beschuldigter 16
und Verteidiger erhalten in entsprechender Anwendung des § 201 iVm § 145a mit der
Bestellung eine **Abschrift** des Strafbefehlsantrags der Staatsanwaltschaft. Zugleich wird eine
angemessene **Frist** zur Stellungnahme bestimmt, die 2 Wochen nicht unterschreiten sollte.[25]
Im Vorverfahren erfolgt die Bestellung unter **Hinweis** auf die beabsichtigte bzw. ernsthaft
erwogene Erledigung nach § 407 Abs. 2 S. 2.[26]

Wie weit die Verteidigerbestellung reicht, war bis zur Neuregelung der notwendigen 17
Verteidigung durch Gesetz vom 10.12.2019[27] umstritten. Zu kurz griff es, nur die Phase
der **Beratung** vor Erlass des Strafbefehls unter § 408b zu fassen.[28] Gerade in der Frage,
ob **Einspruch** eingelegt werden soll, bedarf der Beschuldigte der Beratung durch einen
Verteidiger.[29] Dass § 408b die Einlegung des Einspruchs nach § 410 einschließt, war daher
nahezu allgemeine Ansicht.[30] Die Kontroverse entzündete sich am Fall der **Hauptverhandlung** nach einem Einspruch, § 411 Abs. 1 S. 2. Weil § 408b für Konstellationen gedacht
ist, in denen nach den allgemeinen Regeln kein Fall notwendiger Verteidigung vorliegt,
wurde die Verteidigerbestellung teilweise auf das **Strafbefehlsverfahren** im engeren Sinn
beschränkt. Sie sollte also nicht mehr für die auf den Einspruch hin anberaumte Hauptverhandlung gelten;[31] allerdings sollte in der Ladung zur Hauptverhandlung eine, erneute,

---

[17] Art. 1 Nr. 15 Gesetz zur Neuregelung des Rechts der notwendigen Verteidigung v. 10.12.2019, BGBl. 2019 I 2128.
[18] Schmitt in Meyer-Goßner/Schmitt, 61. Aufl. 2018, Rn. 4.
[19] Weßlau in SK-StPO Rn. 8 mwN.
[20] Tiemer S. 123 ff. Vgl. Momsen in Satzger/Schluckebier/Widmaier StPO Rn. 6.
[21] Gesetz zur Neuregelung des Rechts der notwendigen Verteidigung v. 10.12.2019, BGBl. 2019 I 2128.
[22] Vgl. dazu für das Beschleunigte Verfahren LG Dessau-Roßlau 21.8.2020 – 3 Qs 117/20, juris.
[23] BT-Drs. 19/13829, 52.
[24] Schmitt in Meyer-Goßner/Schmitt Rn. 5; Weßlau in SK-StPO Rn. 11 mwN.
[25] Schmitt in Meyer-Goßner/Schmitt Rn. 7.
[26] Schmitt in Meyer-Goßner/Schmitt Rn. 7.
[27] Gesetz zur Neuregelung des Rechts der notwendigen Verteidigung vom 10.12.2019, BGBl. 2019 I 2128.
[28] So aber AG Höxter 26.7.1994 – 4 Cs 486/94, StV 1995, 519.
[29] Lutz NStZ 1998, 395 (396).
[30] Maur in KK-StPO, 8. Aufl. 2019, Rn. 8 mwN; Schmitt in Meyer-Goßner/Schmitt, 61. Aufl. 2018, Rn. 6.
[31] OLG Düsseldorf 21.2.2002 – 2a Ss 265/01, NStZ 2002, 390; KG 29.5.2012 – 1 Ws 30/12, BeckRS 2013, 6728; AG Tostedt 11.2.2018 – 2 Cs 2540 Js 1871/15, NStZ 2018, 680; Hohendorf MDR 1993, 597 (598); Lutz NStZ 1998, 395 (396); Metzger in KMR-StPO Rn. 10; Schmitt in Meyer-Goßner/Schmitt, 61. Aufl. 2018, Rn. 6.

konkludente Pflichtverteidigerbestellung liegen können.³² Nach anderer Ansicht wirkte die Verteidigerbestellung des **Vertrauensgrundsatzes** wegen über die Einspruchseinlegung hinaus fort. Das war überzeugend, weil die auf den Einspruch hin anberaumte Hauptverhandlung von den **Besonderheiten** des Strafbefehlsverfahrens geprägt ist, insbesondere von der Möglichkeit, Klage und Einspruch bis zur Urteilsverkündung zurückzunehmen, § 411 Abs. 3, und den Modifikationen durch § 411 Abs. 2 S. 2 iVm § 420; vgl. dazu auch § 418 Abs. 4.³³ Der Gesetzgeber hat mit der Neuregelung der notwendigen Verteidigung³⁴ § 143 für maßgeblich erklärt und wollte die Streitfrage auf diese Weise klären.³⁵ Das ist insofern geglückt, als nach § 143 Abs. 1 die Pflichtverteidigerbestellung grundsätzlich bis zum **rechtskräftigen Abschluss** des Verfahrens fortbesteht. Sie kann aber nach § 143 Abs. 2 S. 1 durch eine Ermessensentscheidung aufgehoben werden, wenn kein Fall notwendiger Verteidigung mehr vorliegt. Im Rahmen dieser Entscheidung stellen sich dieselben Fragen wie vor der Neuregelung. Dass § 143 Abs. 2 S. 1 Anwendung findet, scheint allerdings zu implizieren, dass kein Fall notwendiger Verteidigung nach § 408b mehr vorliegt.³⁶ Dass in der Folge die Verteidigerbestellung generell beendet werden kann, überzeugt nicht. Vielmehr ist bei der Ermessensentscheidung zurückhaltend zu verfahren, wie folgt.

18 Die Verteidigerbestellung nach § 408b fungiert als Gegengewicht zu **rechtsstaatlichen** Bedenken, die gegen die Verhängung einer Freiheitsstrafe in einem summarischen Verfahren sprechen. Sie sollte daher richtigerweise erst beendet werden, wenn der Weg der Verfahrenserledigung durch Strafbefehl für den Beschuldigten erkennbar verlassen ist. Dazu führt die richterliche Entscheidung, den Erlass eines Strafbefehls **abzulehnen,** § 408 Abs. 2, und zwar auch im Falle des § 408a Abs. 2 S. 2, in dem erkennbar das Regelverfahren fortgeführt wird. Ab diesem Zeitpunkt kann die Verteidigerbestellung nach Maßgabe von § 143 Abs. 2 S. 1 aufgehoben werden. Hätte der Gesetzgeber mit § 408b die Vorstellung einer noch weitergehenden Notwendigkeit der Verteidigerbestellung verbunden, hätte er die Regelung in § 140 Abs. 1 treffen müssen. Besonderer Schutzbedürftigkeit des Beschuldigten kann im Rahmen von § 143 Abs. 2 S. 1 insbesondere über die Notwendigkeit der Verteidigung nach § 140 Abs. 2 Rechnung getragen werden.³⁷ Wird dagegen der Strafbefehl **erlassen** oder nach § 408 Abs. 3 S. 2 **Hauptverhandlung** anberaumt, muss die Verteidigerbestellung nach § 408b umfassend bis zum rechtskräftigen Abschluss des Verfahrens bestehen bleiben,³⁸ also auch für das **Rechtsmittelverfahren.**³⁹

19 **5. Weiteres Verfahren.** Erhebt der verteidigte Beschuldigte **Einwendungen** gegen den beantragten Strafbefehl, die nicht in entsprechender Anwendung des § 202 ausgeräumt werden können, beraumt der Richter Hauptverhandlung an (§ 408 Abs. 3 S. 2) oder lehnt den Erlass des Strafbefehls ab (§ 408 Abs. 2) bzw. lehnt den Strafbefehlsantrag ab und setzt das Hauptverfahren fort (§ 408a Abs. 2 S. 2). Andernfalls erlässt der Richter den **Strafbefehl** in Anwendung von § 408 Abs. 3 S. 1 bzw. § 408a Abs. 2 S. 1. Zur Zustellung nach § 145a an den Pflichtverteidiger → § 408a Rn. 21 und → § 409 Rn. 40.

20 Zu den Möglichkeiten einer **Absprache** zwischen Staatsanwaltschaft und Verteidigung → § 407 Rn. 28.

---

³² OLG Karlsruhe 30.7.2014 – 1 Ws 106/13, juris; OLG Saarbrücken 17.9.2014 – 1 Ws 126/14, BeckRS 2014, 18593.
³³ OLG Köln 11.9.2009 – 2 Ws 386/09, StV 2010, 68; OLG Oldenburg 29.7.2010 – 1 Ws 344/10, NStZ-RR 2010, 391; OLG Celle 22.2.2011 – 2 Ws 415/10, StraFo 2011, 291; OLG Oldenburg 15.6.2017 – 1 Ss 96/17, juris = BeckRS 2017, 119219; AG Villingen-Schwenningen 5.3.2019 – 6 Cs 33 Js 15758/17, BeckRS 2019, 2685; Loos in AK-StPO Rn. 4; Maur in KK-StPO Rn. 8; Weßlau in SK-StPO Rn. 10 mwN; Tiemer S. 103 f., 113 f.
³⁴ Gesetz zur Neuregelung des Rechts der notwendigen Verteidigung v. 10.12.2019, BGBl. 2019 I 2128.
³⁵ BT-Drs. 19/13829, 52.
³⁶ Pschorr jurisPR-StrafR 4/2022 Anm. 4.
³⁷ Vgl. dazu Schmitt in Meyer-Goßner/Schmitt Rn. 4, 10.
³⁸ Nach der drohenden Rechtsfolge differenzierend LG Oldenburg 26.10.2021 – 4 Qs 424/21, BeckRS 2021, 36739 Rn. 11; einschränkend auch Schmitt in Meyer-Goßner/Schmitt Rn. 10.
³⁹ Böttger in Krekeler/Löffelmann/Sommer Rn. 9 mwN. AA Gössel in Löwe/Rosenberg, 26. Aufl., Rn. 13.

Gegen die Bestellung eines Verteidigers wurde dem Beschuldigten vor der Neuregelung 21
der notwendigen Verteidigung durch Gesetz vom 10.12.2019[40] mangels Beschwerdebefugnis überwiegend kein Recht auf **Beschwerde** zugebilligt.[41] Richtigerweise galten und gelten für Rechtsbehelfe im Zusammenhang mit Ablehnung, Auswahl und Bestellung die gleichen Regeln wie in den Fällen der §§ 140 ff. (→ § 141 Rn. 31 ff.).

Die **Missachtung** von § 408b macht den Strafbefehl nicht unwirksam.[42] Gesetzlich 22
vorgesehen ist der Rechtsbehelf des **Einspruchs** nach § 410. Teilweise wird ein Recht auf Wiedereinsetzung in den vorigen Stand postuliert. Weil § 408b als Gegengewicht zu **rechtsstaatlichen** Bedenken fungiert, die gegen die Verhängung einer Freiheitsstrafe in einem summarischen Verfahren sprechen, überzeugt es, die Versäumung der Einspruchsfrist entsprechend § 44 S. 2 als unverschuldet anzusehen, wenn § 408b verletzt wurde.[43] Die Verteidigerbestellung ist nachzuholen.[44] Für die Hauptverhandlung gilt § 338 Nr. 5.[45]

§ 409 Inhalt des Strafbefehls

(1) ¹Der Strafbefehl enthält
1. die Angaben zur Person des Angeklagten und etwaiger Nebenbeteiligter,
2. den Namen des Verteidigers,
3. die Bezeichnung der Tat, die dem Angeklagten zur Last gelegt wird, Zeit und Ort ihrer Begehung und die Bezeichnung der gesetzlichen Merkmale der Straftat,
4. die angewendeten Vorschriften nach Paragraph, Absatz, Nummer, Buchstabe und mit der Bezeichnung des Gesetzes,
5. die Beweismittel,
6. die Festsetzung der Rechtsfolgen,
7. die Belehrung über die Möglichkeit des Einspruchs und die dafür vorgeschriebene Frist und Form sowie den Hinweis, daß der Strafbefehl rechtskräftig und vollstreckbar wird, soweit gegen ihn kein Einspruch nach § 410 eingelegt wird.

²Wird gegen den Angeklagten eine Freiheitsstrafe verhängt, wird er mit Strafvorbehalt verwarnt oder wird gegen ihn ein Fahrverbot angeordnet, so ist er zugleich nach § 268a Abs. 3 oder § 268c Satz 1 zu belehren. ³§ 267 Abs. 6 Satz 2 gilt entsprechend.

(2) Der Strafbefehl wird auch dem gesetzlichen Vertreter des Angeklagten mitgeteilt.

Übersicht

	Rn.		Rn.
I. Überblick	1	d) Hinweise, Belehrungen, Begründung	
II. Erläuterung	2	(Abs. 1 Satz 1 Nr. 7, Satz 2)	21
1. Inhalt des Strafbefehls	2	e) Kostenentscheidung	29
a) Angaben zu den Beteiligten (Abs. 1 Satz 1 Nr. 1 und 2)	3	2. Erlass, Zustellung und Mitteilung (Abs. 2)	33
b) Angaben zu Tat und Tatnachweis (Abs. 1 Satz 1 Nr. 3–5)	6	a) Erlass	33
c) Rechtsfolgenfestsetzung und ergänzende Entscheidungen (Abs. 1 Satz 1 Nr. 6, Satz 2 und 3)	10	b) Zustellung und Mitteilung	37
		3. Fehlerhafte Strafbefehle	49

---

[40] Gesetz zur Neuregelung des Rechts der notwendigen Verteidigung vom 10.12.2019, BGBl. 2019 I 2128.
[41] Schmitt in Meyer-Goßner/Schmitt, 61. Aufl. 2018, Rn. 7.
[42] Loos in AK-StPO Rn. 5; Weßlau in SK-StPO Rn. 12 mwN.
[43] Tiemer S. 138 ff.
[44] Tiemer S. 120.
[45] Tiemer S. 137.

I. Überblick

1 Während § 407 bestimmt, unter welchen Voraussetzungen das strafprozessuale Erkenntnisverfahren durch schriftlichen Strafbefehl ohne Hauptverhandlung abgeschlossen werden darf, legt § 409 den **Inhalt** des Strafbefehls fest. § 407 wendet sich in erster Linie an die Staatsanwaltschaft, die den Erlass eines Strafbefehls beantragt. § 409 ist an den **Richter** adressiert, der den Strafbefehl erlässt, § 408 Abs. 3 S. 1 auch iVm § 408a Abs. 2 S. 1.[1] Weil Staatsanwaltschaft und Gericht zu voller **Übereinstimmung** kommen müssen, § 408 Abs. 3 S. 2, korrespondieren § 407 und § 409 miteinander. In der analogen Praxis reicht der Staatsanwalt bei Gericht einen Strafbefehlsentwurf mit der nötigen Anzahl von Ausfertigungen ein und beantragt, einen Strafbefehl dieses Inhalts zu erlassen, Nr. 176 RiStBV, also zu unterschreiben. Bei elektronischer Aktenführung bestimmt § 32b Abs. 3 S. 2, dass der Antrag außerhalb der Hauptverhandlung als elektronisches Dokument zu übermitteln ist.

II. Erläuterung

2 **1. Inhalt des Strafbefehls.** Absatz 1 Satz 1 Nr. 1–5 entspricht weitgehend § 200 Abs. 1. Die Nummern 1, 3 und 4 verlangen Angaben, die § 200 Abs. 1 S. 1 als **Anklagesatz** bezeichnet. Nummer 2 und Nummer 5 korrespondieren mit § 200 Abs. 1 S. 2–5. Das **wesentliche Ergebnis der Ermittlungen** darzustellen (§ 200 Abs. 2), verlangt § 409 nicht. Absatz 1 Satz 1 Nr. 6 und 7, Satz 2, also insbesondere die Festsetzung der Rechtsfolgen, haben bei Anklageerhebung nach § 170 Abs. 1, § 199 Abs. 2, § 200 keine Entsprechung. Orientierung bietet außerdem Nr. 110 Abs. 2 RiStBV. Summa summarum tragen die erforderlichen Angaben einer **Informationsfunktion** gegenüber dem Beschuldigten ebenso Rechnung wie der **Umgrenzungsfunktion** im Sinne einer Festlegung des Prozessgegenstands, also der dem Beschuldigten vorgeworfenen Tat im prozessualen Sinn.

3 **a) Angaben zu den Beteiligten (Abs. 1 Satz 1 Nr. 1 und 2).** Weil die Entscheidung über den Erlass eines Strafbefehls der Entscheidung im Eröffnungsverfahren gleichgestellt ist (→ § 408 Rn. 10, 17, 28), firmiert der Beschuldigte als **Angeklagter** (Nr. 1). Die Angaben zur Person können sich an Nr. 110 Abs. 2 lit. a RiStBV orientieren. Sie sollen eine möglichst exakte Individualisierung sicherstellen. Das Adressfeld des Strafbefehls wird dabei mitberücksichtigt,[2] wenn der übrige Text die Rolle des Adressaten klarstellt. Solange der personale Aspekt der **Umgrenzungsfunktion** gewahrt ist, machen mangelhafte Angaben den Strafbefehl nicht unwirksam. Maßstab dafür ist, ob die Angaben eine zweifelsfreie Identitätsfeststellung erlauben.[3] Der im Strafbefehl bezeichnete Angeklagte muss auch dann Einspruch einlegen (§ 410), wenn er sich darauf beruft, es liege eine Verwechslung vor.[4]

4 **Nebenbeteiligte** sind ebenso zu bezeichnen (Nr. 1). Das betrifft erstens Einziehungs- (Unbrauchbarmachungs- und Vernichtungs-) -beteiligte und Nebenbetroffene und zweitens juristische Personen oder Personenvereinigungen, gegen die eine Geldbuße nach § 30 OWiG festgesetzt wird. Bei Letzteren werden auch die zur Vertretung berechtigten Organe angegeben.[5] Zur Anordnung ihrer Beteiligung → Rn. 13, 15.

5 Außerdem ist der **Name** des **Verteidigers** anzugeben (Nr. 2). Soweit ihm zugestellt oder formlos Mitteilung gemacht wird (→ Rn. 40), kommt seine Anschrift hinzu.

6 **b) Angaben zu Tat und Tatnachweis (Abs. 1 Satz 1 Nr. 3–5).** Die rechtliche Beurteilung der Tat im Strafbefehl muss mit dem Strafbefehlsantrag **übereinstimmen**. Will der Richter davon abweichen, sehen § 408 Abs. 3 S. 2 und Nr. 178 Abs. 1 RiStBV ein

---

[1] Zur Zuständigkeit → § 407 Rn. 43.
[2] Schmitt in Meyer-Goßner/Schmitt Rn. 2.
[3] KG 9.10.2017 – (4) 121 Ss 121/17 (181/17), juris Rn. 6 = BeckRS 2017, 134237.
[4] LG Berlin 26.2.2003 – 534 AR 1/03, NStZ 2005, 119; vgl. Schmitt in Meyer-Goßner/Schmitt § 230 Rn. 27.
[5] Gössel in Löwe/Rosenberg, 26. Aufl., Rn. 6 mwN.

Inhalt des Strafbefehls 7–13 § 409

Abstimmungsverfahren vor. Wenn es scheitert, beraumt der Richter Hauptverhandlung an, anstatt den Strafbefehl zu erlassen, § 408 Abs. 3 S. 2.

In Übereinstimmung mit § 200 Abs. 1 (→ § 200 Rn. 14 ff.) hat eine komplette Subsumtion zu erfolgen. Der Strafbefehl muss die **Tat** bezeichnen, also den Sachverhalt, der dem Angeklagten zur Last gelegt wird, **Zeit** und **Ort** der Begehung eingeschlossen (Nr. 3).[6] Diese Angaben sind Teil der **Umgrenzungsfunktion.** Ob Mängel in der Bezeichnung der Tat zur Unwirksamkeit des Strafbefehls führen, ist umstritten (→ Rn. 59). 7

Außerdem müssen die **gesetzlichen Merkmale** der Straftat bezeichnet werden (Nr. 3). Das heißt, es sind einerseits die gesetzlichen Merkmale wiederzugeben und andererseits ihre Entsprechungen im Sachverhalt zu bezeichnen, vgl. Nr. 177 Abs. 1 S. 2 RiStBV. Wie im Urteil (§ 260 Abs. 5, 4 S. 1 iVm § 410 Abs. 3[7]) folgt eine Liste der angewendeten **Vorschriften** (Nr. 4; → § 200 Rn. 48 ff.; → § 260 Rn. 330 ff.). Die **Beweismittel** sind so genau anzugeben, wie in § 200 Abs. 1 S. 3–5 vorgesehen (Nr. 5; → § 200 Rn. 64 ff.).[8] Angeklagter und Nebenbeteiligte sollen das Gewicht der Beweise einschätzen können.[9] Eine den Strafbefehl begründende Beweiswürdigung findet aber nicht statt. Die Nichtbeachtung dieser Vorgaben bleibt rechtlich folgenlos.[10] 8

Bei **Antragsdelikten** sollte auf den Strafantrag hingewiesen oder, gegebenenfalls, also bei relativen Antragsdelikten, eine Erklärung zum besonderen öffentlichen Interesse an der Strafverfolgung abgegeben werden, § 158 Abs. 2 StPO, §§ 77 ff. StGB, Nr. 110 Abs. 2 lit. d RiStBV. 9

c) Rechtsfolgenfestsetzung und ergänzende Entscheidungen (Abs. 1 Satz 1 Nr. 6, Satz 2 und 3). Die zulässigen Rechtsfolgen bestimmt § 407 Abs. 2 (→ § 407 Rn. 45). Für den Erlass des Strafbefehls gilt der Grundsatz voller **Übereinstimmung** mit dem Strafbefehlsantrag der Staatsanwaltschaft, § 408 Abs. 3 S. 2. Deshalb setzen die Anordnungen im Strafbefehl grundsätzlich einen entsprechenden **Antrag** der Staatsanwaltschaft voraus. Keines solchen Antrags bedürfen insbesondere die **Belehrungen** nach Absatz 1 Satz 2. 10

Nach § 407 Abs. 2 S. 1 Nr. 1 kann eine **Verwarnung mit Strafvorbehalt** ergehen. Bewährungszeit, Auflagen und Weisungen (§ 59a StGB) bestimmt das Gericht durch ergänzenden **Beschluss** ohne Bindung an einen Antrag der Staatsanwaltschaft, § 268a Abs. 1.[11] Der Beschluss muss zusammen mit dem Strafbefehl erlassen werden; dass er später zugestellt wird, macht ihn richtigerweise nicht rechtswidrig.[12] Zugleich belehrt das Gericht den Beschuldigten nach § 268a Abs. 3, siehe Absatz 1 Satz 2 (→ Rn. 18, 26, 47). 11

Nach § 407 Abs. 2 S. 1 Nr. 1 kann ein **Fahrverbot** angeordnet werden. Das Gericht kann dabei auf Antrag der Staatsanwaltschaft bestimmen, dass eine vorläufige Entziehung der Fahrerlaubnis von der Strafvollstreckungsbehörde nicht auf das Fahrverbot soll angerechnet werden dürfen, § 51 Abs. 5 iVm Abs. 1 S. 2 StGB. Es belehrt den Beschuldigten nach § 268c, siehe Absatz 1 Satz 2. 12

Nach § 407 Abs. 2 S. 1 Nr. 1 kann die Rechtsfolge **Einziehung** festgesetzt werden. Soll diese Rechtsfolge Dritte treffen, muss das Gericht im Strafbefehl über deren **Beteiligung** als Einziehungsbeteiligte oder Nebenbetroffene entscheiden, §§ 424, 438, vgl. § 427 Abs. 1 S. 2. Durch die Beteiligung erlangen die Nebenbeteiligten die Befugnisse, die einem Angeklagten zustehen, § 427 Abs. 1, § 438 Abs. 3. Der Strafbefehl wird ihnen zugestellt (→ Rn. 37) und sie können Einspruch einlegen, §§ 432, 427, 438 Abs. 3 (→ § 410 Rn. 7, 36; → § 411 Rn. 20, 32). Über die Beteiligung entscheidet das Gericht auch ohne Antrag der Staatsanwaltschaft. Der Strafbefehl muss den **Hinweis** enthalten, dass über die Einzie- 13

---

[6] OLG Düsseldorf 26.5.1988 – 3 Ws 85/87, NJW 1989, 2145 = JR 1989, 435 (436) mAnm Rieß.
[7] Schmitt in Meyer-Goßner/Schmitt Rn. 5.
[8] Modifizierend Metzger in KMR-StPO Rn. 14.
[9] Schmitt in Meyer-Goßner/Schmitt Rn. 6.
[10] KG 9.10.2017 – (4) 121 Ss 121/17 (181/17), juris Rn. 7 f. = BeckRS 2017, 134237 mwN.
[11] Weßlau in SK-StPO Rn. 12 mwN.
[12] LG Mönchengladbach 27.11.2013 – 24 Qs 210/13, NStZ-RR 2014, 284 mwN.

hung auch gegenüber dem Nebenbeteiligten entschieden wird, § 432 Abs. 1 S. 2 auch iVm § 438 Abs. 3 verweist fälschlicherweise auf § 429 Abs. 3 Nr. 2 statt, nach neuer Zählung, Nr. 3. All das gilt entsprechend für **Vernichtung** und **Unbrauchbarmachung,** § 439.

14 Im **Vorverfahren** vor Erlass eines Strafbefehls können Einziehung und Unbrauchbarmachung nach §§ 111b ff. vorläufig sichergestellt werden.

15 Nach § 407 Abs. 2 S. 1 Nr. 1 kann eine **Geldbuße** gegen juristische Personen oder Personenvereinigungen festgesetzt werden (§ 30 OWiG). Weil diese Rechtsfolge Dritte trifft, muss das Gericht im Strafbefehl deren **Beteiligung** anordnen, § 444 Abs. 1 S. 1. Durch die Beteiligung erlangt die juristische Person oder Personenvereinigung als Nebenbeteiligte die Befugnisse, die einem Angeklagten zustehen, § 444 Abs. 2 S. 2 iVm § 427 Abs. 1. Der Strafbefehl wird ihr zugestellt (→ Rn. 37) und sie kann Einspruch einlegen, § 444 Abs. 2 S. 2 iVm § 432 Abs. 1, § 427 (→ § 410 Rn. 7, 36; → § 411 Rn. 20, 32). Über die Beteiligung entscheidet das Gericht auch ohne Antrag der Staatsanwaltschaft. Der Strafbefehl muss den **Hinweis** enthalten, dass über eine Geldbuße gegenüber der juristischen Person oder Personenvereinigung entschieden wird, § 444 Abs. 2 S. 2 iVm § 432 Abs. 1 S. 2 verweist fälschlicherweise auf § 429 Abs. 3 Nr. 2 statt, nach neuer Zählung, Nr. 3.

16 Aus § 63 Abs. 2, § 79 Abs. 1 S. 1 Nr. 3 und § 80 Abs. 2 Nr. 2 OWiG ergibt sich richtigerweise außerdem die Zulässigkeit einer **Geldbuße** gegen eine natürliche Person (→ § 407 Rn. 19).

17 Nach § 407 Abs. 2 S. 1 Nr. 2 kann die **Entziehung der Fahrerlaubnis** (§§ 69 ff. StGB) mit einer Sperrfrist bis zu maximal zwei Jahren festgesetzt werden. Die Sperre für die Erteilung einer Fahrerlaubnis muss nach § 69a Abs. 1, 2 StGB auf Antrag der Staatsanwaltschaft im Strafbefehl angeordnet werden. Für die Anrechnung einer vorläufigen Entziehung der Fahrerlaubnis (§ 111a) nach § 69a Abs. 5 StGB ist dagegen die Vollstreckungsbehörde zuständig (→ § 407 Rn. 57). **Unterbleiben** die Entziehung oder die Anordnung einer Sperre, obwohl sie nach der Art der Straftat in Betracht gekommen wären, müssen die Gründe dafür angegeben werden, Absatz 1 Satz 3 iVm § 267 Abs. 6 S. 2, Nr. 177 Abs. 2 RiStBV (→ Rn. 28).

18 Nach § 407 Abs. 2 S. 2 kann **Freiheitsstrafe bis zu einem Jahr** verhängt werden, wenn die Vollstreckung zur Bewährung ausgesetzt wird und der Beschuldigte einen Verteidiger hat (zu dessen Bestellung siehe § 408b). Bewährungszeit, Auflagen und Weisungen (§§ 56a ff. StGB) bestimmt das Gericht durch ergänzenden **Beschluss** ohne Bindung an einen Antrag der Staatsanwaltschaft (Nr. 176 Abs. 1 S. 3 RiStBV), § 268a Abs. 1.[13] Der Beschluss muss zusammen mit dem Strafbefehl erlassen werden; dass er später zugestellt wird, macht ihn richtigerweise nicht rechtswidrig.[14] Zugleich belehrt das Gericht den Beschuldigten nach § 268a Abs. 3, siehe Absatz 1 Satz 2 (→ Rn. 26, 47). Ob der Beschluss **nachträglich** erlassen werden darf, ist umstritten. Teilweise wird nur die Feststellung der gesetzlichen Mindestbewährungszeit für zulässig gehalten,[15] teilweise die unbeschränkte Nachholung mit allen Weisungen und Auflagen.[16] Vermittelnde Auffassungen differenzieren danach, inwieweit schutzwürdiges Vertrauen besteht. Für das Strafbefehlsverfahren wird insbesondere die Festsetzung von Auflagen ihres Sanktionscharakters wegen grundsätzlich ausgeschlossen.[17] Außerdem müsse eine Anhörung des Beschuldigten erfolgen.[18] Auch wenn im Strafbefehlsverfahren nicht nach § 30 Abs. 2 GVG das Recht auf den gesetzlichen Richter (Art. 101 Abs. 1 S. 2 GG) auf dem Spiel steht,[19] kann doch die Entscheidung, ob gegen den Strafbefehl Einspruch eingelegt werden soll, nur in Kenntnis aller Bewährungsbestimmungen getroffen werden. Auch Weisungen im wohlverstandenen Interesse des Beschuldigten sind empfindliche Eingriffe, weil im Falle des Verstoßes Strafvollstreckung

---

[13] Weßlau in SK-StPO Rn. 12 mwN.
[14] LG Mönchengladbach 27.11.2013 – 24 Qs 210/13, NStZ-RR 2014, 284 mwN.
[15] OLG Dresden 29.11.2000 – 3 Ws 37/00, BeckRS 2000, 30146491.
[16] Peglau jurisPR-StrafR 18/2019 Anm. 4 mwN.
[17] LG Nürnberg-Fürth 21.2.2019 – 18 Qs 3/18, juris Rn. 17 ff. = BeckRS 2019, 3566.
[18] LG Nürnberg-Fürth 21.2.2019 – 18 Qs 3/18, juris Rn. 22 ff. = BeckRS 2019, 3566.
[19] Peglau jurisPR-StrafR 18/2019 Anm. 4.

droht. Deshalb darf richtigerweise nur die gesetzliche Mindestbewährungszeit festgestellt werden; im Übrigen gilt § 56e StGB. Stattdessen den Beschuldigten auf die bestehende Möglichkeit der Wiedereinsetzung in den vorigen Stand gegen die Versäumung der Einspruchsfrist zu verweisen, verschiebt die prozessualen Lasten ohne Not.

Weil der Strafbefehl nach den für Strafurteile geltenden Regeln **vollstreckt** werden kann, § 410 Abs. 3, §§ 449 ff., hat die Rechtsfolgenfestsetzung ebenso bestimmt zu erfolgen wie im Strafurteil (→ § 260 Rn. 298 ff.). **Fehlt** die Rechtsfolgenfestsetzung, wird überwiegend vertreten, der Strafbefehl sei unwirksam und nichtig.[20] Im Strafbefehl darf aber auch auf Absehen von Strafe erkannt werden, § 407 Abs. 2 S. 1 Nr. 3. Deshalb ist das Fehlen einer Rechtsfolgenfestsetzung richtigerweise kein schwerer, zur Nichtigkeit führender Mangel.[21] Anders verhält es sich, wenn **unzulässige** Rechtsfolgen festgesetzt werden. Sie müssen nach zutreffender Ansicht unwirksam bleiben.[22] Richtigerweise **beschränkt** sich die Unwirksamkeit allerdings auf die Rechtsfolgenfestsetzung, so dass einerseits Strafklageverbrauch eintreten,[23] andererseits der Strafbefehl im weiteren Verfahren auf einen Einspruch hin als Prozessvoraussetzung dienen kann (→ Rn. 50, 61). Zwar wird auch für den Fall unzulässiger Rechtsfolgen teilweise vertreten, es müsse **Einspruch** eingelegt werden.[24] Das könnte aber allenfalls für Rechtsfolgenfestsetzungen innerhalb der von § 407 Abs. 2 gezogenen Grenzen gelten, beispielsweise für eine nach Tagen bemessene Freiheitsstrafe unter einem Jahr zur Bewährung. Jenseits der Grenzen des § 407 Abs. 2 (zB Freiheitsstrafe ohne Bewährung) verlässt die Rechtsfolgenfestsetzung die rechtsstaatlich tragfähige Legitimationsbasis des Strafbefehlsverfahrens (→ § 407 Rn. 11). Richtigerweise ist jedoch auch Rechtsfolgenfestsetzungen unterhalb des gesetzlichen Mindestmaßes die Wirksamkeit zu versagen. Der Gesetzgeber hat verbindlich entschieden, welches Mindestmaß zur Verfolgung von Straf- und Maßregelzwecken geeignet, erforderlich und angemessen ist. Innerhalb dieser Grenzen muss gegebenenfalls versucht werden, durch **Berichtigung** vollstreckungsfähige, zulässige Festsetzungen herbeizuführen. Für diese strengen Regeln spricht auch: Die Staatsanwaltschaft hat kein Einspruchsrecht (§ 410 Abs. 1) und die Anforderungen an eine Wiederaufnahme wegen Rechtsbeugung sind de facto hoch, § 410 Abs. 3, § 373a, § 359 Nr. 3 iVm § 339 StGB.

Unklare oder unvollständige Rechtsfolgenfestsetzungen sind nicht vollstreckbar.[25] Auch dieses Ergebnis sollte richtigerweise darauf gestützt werden, dass nur die Rechtsfolgenfestsetzung unwirksam ist (**Teilnichtigkeit,** → Rn. 50). Stattdessen wird vielfach **zeitlich** zwischen Unwirksamkeit nach Eintritt formeller Rechtskraft (Vollstreckung des Strafbefehls) und (Un-) Wirksamkeit im Verfahren auf den Einspruch hin (Strafbefehl als Prozessvoraussetzung) unterschieden.[26] Das ist aber mit der Kategorie der Nichtigkeit unvereinbar.

d) Hinweise, Belehrungen, Begründung (Abs. 1 Satz 1 Nr. 7, Satz 2). Über die Möglichkeit des **Einspruchs, Frist** und **Form** ist im Strafbefehl zu belehren. Die Belehrung hat den Hinweis zu enthalten, dass der Einspruch innerhalb der Frist **bei Gericht eingehen** muss.[27] Wer darüber zu belehren ist, lässt Absatz 1 Satz 1 Nr. 7 offen. Folglich sind grundsätzlich alle **Einspruchsberechtigten** zu belehren. Weil von Fall zu Fall erst über das Institut der **Wiedereinsetzung in den vorigen Stand** sichergestellt wird, dass der Beschuldigte nach Unterrichtung über den Tatvorwurf ausreichend Zeit zur Vorbereitung seiner Verteidigung erhält, muss richtigerweise auch über diese Möglichkeit belehrt werden (→ Rn. 42).

---

[20] OLG Düsseldorf 30.3.1984 – 2 Ss 109/84 – 47/84 III, wistra 1984, 200; Maur in KK-StPO Rn. 24; Metzger in KMR-StPO Rn. 20; Weßlau in SK-StPO Rn. 32 mwN.
[21] BayObLG 9.12.1965 – RReg. 4b St 79/65, NJW 1966, 947; Schmitt in Meyer-Goßner/Schmitt Rn. 7.
[22] Maur in KK-StPO Rn. 25; Metzger in KMR-StPO Rn. 18; Weßlau in SK-StPO § 407 Rn. 12 und § 409 Rn. 32 mwN.
[23] AA Metzger in KMR-StPO Rn. 18; Weßlau in SK-StPO § 407 Rn. 12 und § 409 Rn. 32 mwN.
[24] OLG Koblenz 6.7.1998 – 2 Ss 84/98, NStZ 2000, 41; Schmitt in Meyer-Goßner/Schmitt Rn. 7; Vent JR 1980, 400 (401), Grenze: unerträgliche Überschreitung des gesetzlich Zulässigen.
[25] Metzger in KMR-StPO Rn. 20.
[26] Maur in KK-StPO Rn. 23 ff., 26; Metzger in KMR-StPO Rn. 19.
[27] LG Dresden 10.10.2016 – 3 Qs 79/16, BeckRS 2016, 136804 mwN.

22 Nach § 410 Abs. 1 S. 1 kann der **Angeklagte** Einspruch einlegen. Die Befugnisse eines Angeklagten stehen auch den **Nebenbeteiligten** zu, also Einziehungs- (Unbrauchbarmachungs- und Vernichtungs-) -beteiligten und Nebenbetroffenen sowie juristischen Personen oder Personenvereinigungen, gegen die eine Geldbuße nach § 30 OWiG festgesetzt wird, § 427 Abs. 1 auch iVm § 438 Abs. 3 und § 439 bzw. § 444 Abs. 2 S. 2. Sie können folglich ebenfalls Einspruch einlegen, vgl. §§ 432, 438 Abs. 3, § 439 und § 444 Abs. 2 S. 2 (→ § 410 Rn. 7, 36; → § 411 Rn. 20, 32). Außerdem verweist § 410 Abs. 1 S. 2 auf §§ 297, 298. Daraus ergibt sich ein eigenes Einspruchsrecht des **Verteidigers** und des **gesetzlichen Vertreters** des Beschuldigten.

23 Allerdings sollen der Verteidiger und der gesetzliche Vertreter über ihr Einspruchsrecht **nicht belehrt** werden müssen.[28] Diese Beschränkung findet zwar in Absatz 1 Satz 1 Nr. 7 keine Stütze. Sie folgt aber daraus, dass Verteidiger und gesetzlicher Vertreter nur **akzessorisch** berechtigt sind: der Verteidiger nicht gegen den ausdrücklichen Willen des Beschuldigten (§ 297) und der gesetzliche Vertreter nur innerhalb der für den Beschuldigten laufenden Frist (§ 298). Die Verselbständigung zum eigenen Einspruchsrecht ändert also nichts daran, dass Verteidiger und gesetzlicher Vertreter abgeleitete Rechte wahrnehmen, so dass die Belehrung über das zugrundeliegende Recht des Beschuldigten genügt.[29]

24 **Unterbleibt** die erforderliche Belehrung über das Einspruchsrecht, gilt die Fristversäumung analog § 44 S. 2 als **unverschuldet**.[30] Der Streit, ob **Ausländern,** die der deutschen Sprache nicht hinreichend mächtig sind, eine Belehrung in einer ihnen verständlichen Sprache erteilt werden muss,[31] ist für den Strafbefehl überholt. Nach § 187 Abs. 1, 2 S. 1 GVG muss dem Beschuldigten in der Regel eine **schriftliche Übersetzung** des Strafbefehls zur Verfügung gestellt werden. Ausnahmen von der Regel nach § 187 Abs. 2 S. 2, 4, 5 GVG kommen im Strafbefehlsverfahren praktisch nicht in Betracht, vgl. Nr. 181 Abs. 2 RiStBV. Das gleiche Recht auf eine Übersetzung haben die **Nebenbeteiligten,** also Einziehungs- (Unbrauchbarmachungs- und Vernichtungs-) -beteiligte und Nebenbetroffene sowie juristische Personen oder Personenvereinigungen, gegen die eine Geldbuße nach § 30 OWiG festgesetzt wird, § 427 Abs. 1 auch iVm § 438 Abs. 3, § 439 bzw. § 444 Abs. 2 S. 2 und § 187 GVG. Übersetzt werden muss auch die **Belehrung** nach Absatz 1 Satz 1 Nr. 7. Da die Übersetzung gerade dazu dient, die Ausübung strafprozessualer Rechte zu ermöglichen (§ 187 Abs. 1 S. 1 GVG), führt nach neuer Rechtslage das **Fehlen** einer Übersetzung richtigerweise ebenso wie das Fehlen der Belehrung dazu, dass die Fristversäumung analog § 44 S. 2 als **unverschuldet** gilt.[32]

25 Außerdem muss nach Absatz 1 Satz 1 Nr. 7 der **Hinweis** erteilt werden, dass der Strafbefehl **rechtskräftig** und **vollstreckbar** wird, soweit gegen ihn kein Einspruch nach § 410 eingelegt wird.

26 Weitere Hinweis- und Belehrungserfordernisse ergeben sich im Zusammenhang mit der Festsetzung bestimmter Rechtsfolgen (→ Rn. 10) und der Kostenentscheidung (→ Rn. 29). Absatz 1 Satz 2 verlangt folgende **Belehrungen:** (1) bei **Freiheitsstrafe bis zu einem Jahr,** deren Vollstreckung zur Bewährung ausgesetzt wird, Belehrung des Beschuldigten nach § 268a Abs. 3 über die Bedeutung der Aussetzung zur Bewährung, die Bewährungszeit, über Auflagen und Weisungen und die Möglichkeit des Widerrufs der Aussetzung; (2) bei **Verwarnung mit Strafvorbehalt** entsprechende Belehrung des Beschuldigten nach § 268a Abs. 3; (3) bei Anordnung eines **Fahrverbots** Belehrung des Beschuldigten nach § 268c S. 1 über den Beginn der Verbotsfrist. Sind diese Belehrungen

---

[28] Maur in KK-StPO Rn. 11; Schmitt in Meyer-Goßner/Schmitt Rn. 9.
[29] Vgl. BGH 25.9.1962 – 1 StR 368/62, BGHSt 18, 21 (24).
[30] Gössel in Löwe/Rosenberg, 26. Aufl., Rn. 25 mwN.
[31] Schmitt in Meyer-Goßner/Schmitt § 35a Rn. 9 mwN.
[32] Einschränkend BVerfG 7.4.1976 – 2 BvR 728/75, BVerfGE 42, 120 (124 ff.); BVerfG 19.4.1995 – 2 BvR 2295/94, StV 1995, 394; offengelassen von BVerfG 23.1.2017 – 2 BvR 2272/16, BeckRS 2017, 101033 (Vorrang der Unwirksamkeit der Zustellung); zur früher angenommenen Erkundigungspflicht auch → § 44 Rn. 46 mwN.

Inhalt des Strafbefehls 27–32 **§ 409**

unterblieben, werden sie im Vollstreckungsverfahren **nachgeholt,** § 453a bzw. § 59a Abs. 4 S. 1 Strafvollstreckungsordnung.

Wird über **Einziehung, Unbrauchbarmachung oder Vernichtung** gegenüber 27 einem Nebenbeteiligten oder über eine **Geldbuße** gegenüber einer juristischen Person oder Personenvereinigung entschieden, muss der Strafbefehl den **Hinweis** darauf enthalten, § 432 Abs. 1 S. 2 auch iVm § 438 Abs. 3, § 439 bzw. § 444 Abs. 2 S. 2 verweist fälschlicherweise auf § 429 Abs. 3 Nr. 2 statt, nach neuer Zählung, Nr. 3. Außerdem muss im Strafbefehl über die Möglichkeit der **sofortigen Beschwerde** gegen die **Kostenentscheidung** sowie über Form und Frist der Beschwerde **belehrt** werden, § 35a.

Empfohlen wird überdies ein Hinweis auf **Verfolgungsbeschränkungen** nach §§ 154, 28 154a.[33] Eine Pflicht zur **Begründung** könnte sich aus § 34 ergeben. § 34 wird analog auf Entscheidungen angewendet, die nicht mit Rechtsmitteln, sondern mit anderen Rechtsbehelfen angefochten werden können (→ § 34 Rn. 6). Neben der speziellen Regelung in § 409 besteht aber keine Regelungslücke, die durch Analogie geschlossen werden könnte. Nach § 409 ist eine Begründung der **Rechtsfolgenfestsetzung** nicht vorgeschrieben, sie bleibt aber zulässig.[34] Davon abweichend wird teilweise zumindest im Falle der Verhängung von **Freiheitsstrafe** eine Begründung gefordert.[35] Wird die **Fahrerlaubnis** nicht entzogen oder keine Sperre für ihre Erteilung festgesetzt, obwohl das nach der Art der Straftat in Betracht gekommen wäre, müssen die Gründe dafür angegeben werden, Absatz 1 Satz 3 iVm § 267 Abs. 6 S. 2, Nr. 177 Abs. 2 RiStBV.[36]

e) Kostenentscheidung. Nach § 464 Abs. 1 muss im Strafbefehl eine Kostenentschei- 29 dung getroffen werden. Der Grundsatz voller **Übereinstimmung** von Richter und Staatsanwalt gilt insofern nicht, vgl. § 408 Abs. 3 S. 2.[37] Die Kostenentscheidung lautet, der Natur des Strafbefehls gemäß, in aller Regel auf Kostentragung durch den verurteilten Angeklagten, § 465 Abs. 1. **Kosten** sind nach § 464a Abs. 1 S. 1 die Gebühren und Auslagen der Staatskasse. Als Auslage in diesem Sinne wird grundsätzlich auch die **Pflichtverteidigervergütung** erfasst,[38] also insbesondere die Vergütung des nach § 408b bestellten Pflichtverteidigers. Ebenso zählen dazu die Vergütungen anderer beigeordneter oder bestellter Rechtsbeistände.

Nach § 464 Abs. 2 ist im Strafbefehl überdies zu entscheiden, wer die **notwendigen** 30 **Auslagen** der Beteiligten trägt. Das betrifft insbesondere die Gebühren[39] und Auslagen eines gewählten Verteidigers oder des gewählten Beistands eines anderen Beteiligten, § 464a Abs. 2 Nr. 2. Ob nur Rechtsanwälte darunter fallen, ist umstritten.[40] Die Selbstverständlichkeit, dass der verurteilte Angeklagte seine notwendigen Auslagen selbst zu tragen hat, soll allerdings keines gesonderten Ausspruchs bedürfen.[41]

Der Anschluss als **Nebenkläger** zeitigt im Strafbefehlsverfahren, wenn ein Strafbefehl 31 erlassen wird, erst Wirkung, wenn das Gericht auf einen Einspruch hin nach § 411 Abs. 1 Termin zur Hauptverhandlung anberaumt, § 396 Abs. 1 S. 3 (→ § 411 Rn. 24). Im Strafbefehl kann demnach nur über **notwendige Auslagen** des nebenklageberechtigten **Verletzten** entschieden werden, § 472 Abs. 3 iVm § 406h.[42] Etwas anderes gilt gegebenenfalls im Verfahren nach § 408a.

Gegen diese Entscheidungen ist nach § 464 Abs. 3 die **sofortige Beschwerde** statt- 32 haft, soweit nicht die allgemeinen Regeln eine Beschwerde ausschließen, insbesondere

---

[33] Weßlau in SK-StPO Rn. 18.
[34] Weßlau in SK-StPO Rn. 11 mwN.
[35] Weßlau in SK-StPO Rn. 11 mwN.
[36] Nüse JR 1965, 41 (44): formelhafte Wendung genügt. Die Begründungsanforderungen, die der BGH (27.4.2005 – GSSt 2/04, NJW 2005, 1957) an die Entziehung der Fahrerlaubnis stellt, laufen dagegen leer.
[37] AG Kehl 18.7.2023 – 2 Cs 308 Js 17340/22 (2), BeckRS 2023, 17662.
[38] Schmitt in Meyer-Goßner/Schmitt § 464a Rn. 1 mwN.
[39] Näher dazu Schneider NJW-Spezial 2019, 731.
[40] Schmitt in Meyer-Goßner/Schmitt § 464a Rn. 7 mwN.
[41] Schmitt in Meyer-Goßner/Schmitt Rn. 8.
[42] Vgl. dazu OLG Frankfurt a. M. 21.6.2000 – 3 Ws 602/00, NStZ-RR 2001, 63.

§ 304 Abs. 3. Nach § 35a muss über die Möglichkeit der Beschwerde sowie über Form und Frist **belehrt** werden. Die teilweise vertretene Beschränkung der Belehrungspflicht, insbesondere auf Entscheidungen nach § 465 Abs. 2,[43] findet im Gesetz keine Stütze.[44]

33 **2. Erlass, Zustellung und Mitteilung (Abs. 2). a) Erlass.** Wie ein Strafbefehl **erlassen** wird und wann sein Erlass Außenwirkung entfaltet, so dass der Strafbefehl **ergangen** ist, richtet sich nach den im Einzelnen umstrittenen allgemeinen Regeln für Beschlüsse, die sich an § 78c Abs. 2 StGB orientieren (→ § 33 Rn. 18 ff.).

34 Aktenmäßig **erlassen,** also in der Welt, so dass die Staatsanwaltschaft ihren Strafbefehlsantrag richtigerweise (→ § 411 Rn. 39 ff.) nicht mehr zurücknehmen kann (§ 156), und **anfechtbar,** ist der Strafbefehl, sobald er vom Richter vollinhaltlich und abschließend zur Kenntnisnahme durch Personen außerhalb des Gerichts **schriftlich fixiert** wurde (→ § 33 Rn. 20 mwN zum Streitstand). Den **Nachweis** dafür erbringt typischerweise die Entlassung in den internen Geschäftsgang des Gerichts (§ 78c Abs. 2 S. 2 StGB). Dass der Strafbefehl auch vom Richter unterschrieben wurde, ist, anders als allgemein angenommen,[45] keine Erlass-, sondern eine **Wirksamkeitsvoraussetzung.** Obwohl eine § 275 Abs. 2 entsprechende Regelung fehlt, entfaltet ein Strafbefehl ohne **Unterschrift** des Richters keine Wirkung;[46] zu den weiteren prozessualen Folgen der Unwirksamkeit bzw. Nichtigkeit → Rn. 49. Ein den Richter identifizierendes Handzeichen oder Faksimile soll aber genügen.[47] Ebenso soll es ausreichen, wenn andere Umstände den Strafbefehl sicher als Willensäußerung des Richters erweisen.[48] Beides überzeugt, weil das Gesetz eine Unterschrift nicht vorschreibt. Bei **elektronischer** Erstellung gilt § 32b Abs. 1 S. 2.[49] Elektronische Zustellung kommt aber nur nach § 37 iVm § 173 ZPO in Betracht (→ § 32b Rn. 5).

35 Mit **Außenwirkung** erlassen, also **ergangen** ist der Strafbefehl nach überwiegend vertretener, vermittelnder Ansicht, wenn er zur Kenntnisnahme durch Personen außerhalb des Gerichts aus dem **räumlichen Geschäftsbereich** des Gerichts entlassen wurde, sei es auf richterliche Anordnung, sei es eigenmächtig durch die Geschäftsstelle (→ § 33 Rn. 19 mwN zum Streitstand). Wer stattdessen entweder auf den Zeitpunkt der Zustellung oder auf den Zeitpunkt der Entlassung in den internen Geschäftsgang des Gerichts (§ 78c Abs. 2 S. 2 StGB) abstellt,[50] entkoppelt die Außenwirkung ohne Not von der faktischen **Unabänderlichkeit** des Strafbefehls.

36 Das **Datum** der Entscheidung anzugeben, ist empfehlenswert, aber gesetzlich nicht vorgeschrieben. Es ist weder Wirksamkeitsvoraussetzung noch sein Fehlen Anfechtungsgrund.[51]

37 **b) Zustellung und Mitteilung.** Nach § 35 Abs. 2 S. 1 muss der Strafbefehl dem Adressaten, also dem **Angeklagten, förmlich zugestellt** werden. Andernfalls läuft die **Einspruchsfrist** nicht, § 410 Abs. 1. Der Strafbefehl muss auch dem **Einziehungs-** (Unbrauchbarmachungs- und Vernichtungs-) **-beteiligten** und beteiligten **Nebenbetroffenen** zugestellt werden, § 432 Abs. 1 S. 1, § 438 Abs. 3, § 439. Ebenso muss der Strafbefehl der juristischen Person oder Personenvereinigung zugestellt werden, gegen die eine **Geldbuße** nach § 30 OWiG festgesetzt wird, § 444 Abs. 2 S. 2 iVm § 432 Abs. 1 S. 1. Dem **gesetzlichen Vertreter** des Angeklagten wird der Strafbefehl nur **formlos schriftlich**

---

[43] Schmitt in Meyer-Goßner/Schmitt Rn. 8.
[44] Gössel in Löwe/Rosenberg, 26. Aufl., Rn. 34 mwN.
[45] Maur in KK-StPO Rn. 13; Schmitt in Meyer-Goßner/Schmitt Rn. 14. Vgl. → § 33 Rn. 20 f. mwN.
[46] OLG Karlsruhe 21.12.1992 – 2 Ss 155/92, BeckRS 1992, 4025 = Die Justiz 1993, 203.
[47] OLG Saarbrücken 8.5.1973 – Ss (B) 47/73, NJW 1973, 2041 (2042); Gössel in Löwe/Rosenberg, 26. Aufl., Rn. 36; Schmitt in Meyer-Goßner/Schmitt Rn. 13; Weßlau in SK-StPO Rn. 19.
[48] OLG Köln 21.8.1956 – Ss 172/56, GA 1957, 223; OLG Stuttgart 26.6.1969 – 1 Ss 205/69, MDR 1970, 68; Schmitt in Meyer-Goßner/Schmitt Rn. 13. AA LG Arnsberg 16.9.2022 – 3 Ns-110 Js 1471/21-92/22, BeckRS 2022, 24746; Maywald NJW 1962, 549 f.
[49] Vgl. BT-Drs. 18/9416, 48.
[50] Weßlau in SK-StPO Rn. 20 mwN.
[51] Schmitt in Meyer-Goßner/Schmitt Rn. 13.

mitgeteilt, Absatz 2 und Nr. 179 Abs. 3 RiStBV. Das harmoniert mit § 35 Abs. 2 S. 2, weil für den gesetzlichen Vertreter keine eigene Einspruchsfrist in Gang gesetzt wird, § 410 Abs. 1 S. 2 iVm § 298 Abs. 1.

Weil der **Staatsanwaltschaft** gegen den von ihr beantragten Strafbefehl kein Recht **38** auf Einspruch zusteht, auch nicht zugunsten des Angeklagten – § 410 Abs. 1 S. 2 verweist nicht auf § 296 Abs. 2 und § 301 –, zählt die Staatsanwaltschaft nicht zu den Betroffenen im Sinne von § 35 (→ § 35 Rn. 4). Der Strafbefehl wird ihr also **nicht** mitgeteilt. Wird im weiteren Verfahrensverlauf gegen den Strafbefehl Einspruch eingelegt, erhält die Staatsanwaltschaft Mitteilung vom gegebenenfalls anberaumten Termin zur Hauptverhandlung, § 411 Abs. 1 S. 2 und Nr. 117 Abs. 2 S. 2 RiStBV. Wird der Strafbefehl nach § 410 Abs. 3 rechtskräftig, erhält ihn die Staatsanwaltschaft als Vollstreckungsbehörde, § 451 (→ Rn. 44).

Ebensowenig hat der **nebenklageberechtigte Verletzte** ein Einspruchsrecht. Viel- **39** mehr zeitigt der Anschluss als Nebenkläger erst Wirkung, wenn das Gericht auf einen Einspruch hin nach § 411 Abs. 1 Termin zur Hauptverhandlung anberaumt, § 396 Abs. 1 S. 3 (→ § 411 Rn. 24). Der nebenklageberechtigte Verletzte fällt also nicht unter § 35, der Strafbefehl wird ihm **nicht** mitgeteilt. Allerdings erhält der **Verletzte** auf Antrag eine Mitteilung nach § 406d Abs. 1 S. 1 Nr. 3.

Nach § 145a Abs. 1 kann die Zustellung für den Beschuldigten an den **Wahl- oder** **40** **Pflichtverteidiger** als kraft Gesetzes Zustellungsbevollmächtigten erfolgen, insbesondere an den nach § 408b bestellten Verteidiger. Der Beschuldigte erhält davon nach § 145a Abs. 3 S. 1 **formlos schriftlich** Mitteilung. Diese Mitteilung ist keine Voraussetzung wirksamer Zustellung (→ § 145a Rn. 14). Dadurch wird insbesondere die Pflichtverteidigerbestellung nach **§ 408b** zum potentiellen Risiko. Sie ermöglicht rechtskräftige Verurteilung zu Freiheitsstrafe, ohne dass der Beschuldigte davon Kenntnis erlangt. Dieser Gefahr ist mit großzügiger Wiedereinsetzung in den vorigen Stand gegen die Versäumung der Einspruchsfrist zu begegnen.[52]

Die Zustellung an den **Beschuldigten** bleibt zulässig, vgl. § 145a Abs. 3 S. 2. § 145a gilt **41** auch für Zustellungen an den **Einziehungs-** (Unbrauchbarmachungs- und Vernichtungs-) **-beteiligten** und beteiligten **Nebenbetroffenen** sowie an die juristische Person oder Personenvereinigung, gegen die eine **Geldbuße** festgesetzt wird, § 428 Abs. 1 S. 2 auch iVm § 438 Abs. 3, § 439 bzw. § 444 Abs. 2 S. 2. Unterbleibt die **formlose schriftliche** Mitteilung an den Verteidiger nach § 145a Abs. 3 S. 2, ist regelmäßig Wiedereinsetzung in den vorigen Stand gegen die Versäumung der Einspruchsfrist zu gewähren. Das gilt auch, wenn der beschuldigte Rechtsanwalt sich selbst verteidigt und keine Mitteilung an die Kanzleiadresse erhält.[53]

Zugestellt werden kann außerdem an sonstige **Zustellungsbevollmächtigte**.[54] **42** Pflichten, eine andere Person zum Empfang von Zustellungen zu bevollmächtigen, ergeben sich aus § 132 Abs. 1 S. 1 Nr. 2, §§ 127a, 116a Abs. 3 (→ § 407 Rn. 25). Eine solche Verpflichtung darf aber nicht dazu führen, dass die effektiv zur Verfügung stehende **Einspruchsfrist** (§ 410 Abs. 1 S. 1) verkürzt wird. Denn die Zustellung eines Strafbefehls fällt unter das Recht auf Unterrichtung über den Tatvorwurf gemäß Art. 6 **Richtlinie (EU) 2012/13** vom 22.5.2012 über das Recht auf Belehrung und Unterrichtung in Strafverfahren.[55] Dieses Recht soll dem Beschuldigten die Vorbereitung seiner Verteidigung ermöglichen. Deshalb verlangt der EuGH, dass die volle Einspruchsfrist ab **tatsächlicher Kenntnis** des Beschuldigten vom Strafbefehl zur Verfügung steht.[56] Der EuGH lässt es aber zu, dass das nationale Recht auf das Institut der **Wiedereinsetzung in den vorigen Stand** zurückgreift, um das zu gewährleisten. Die Einspruchsfrist darf durch

---

[52] Schmitt in Meyer-Goßner/Schmitt § 408a Rn. 5.
[53] VerfGH Berlin 9.5.2019 – VerfGH 96/18, juris Rn. 22 f. = BeckRS 2019, 8907.
[54] Zur Vollmachterteilung LG Freiburg 6.9.2021 – 16 Qs 27/21, BeckRS 2021, 29664; LG Nürnberg-Fürth 23.8.2021 – 12 Qs 57/21, BeckRS 2021, 24166; Beukelmann/Heim NJW-Spezial 2021, 602; Böhm FD-StrafR 2021, 443189.
[55] ABl. 2012 L 142, 1.
[56] EuGH 15.10.2015 – C-216/14, StV 2016, 205 (209) mAnm Brodowski.

Zustellung an den Zustellungsbevollmächtigten in Gang gesetzt werden. Mit Fristablauf wird der Strafbefehl rechtskräftig. Dem Beschuldigten ist jedoch **von Amts wegen** Wiedereinsetzung in den vorigen Stand zu gewähren, wenn er zwar nach Fristablauf, aber binnen zwei Wochen seit tatsächlicher Kenntnis vom Strafbefehl Einspruch einlegt. Die nationalen Gerichte sind gehalten, das Wiedereinsetzungsverfahren entsprechend zu handhaben.[57] Daraus wird man folgern müssen: **Europarechtskonforme Auslegung** überlagert die Wochenfrist in § 45 Abs. 1 S. 1, Abs. 2 S. 2 (Vornahme der versäumten Handlung innerhalb der Wiedereinsetzungsfrist). Und sie modifiziert den Verschuldensmaßstab des § 44. Denn nach der Rechtsprechung des EuGH[58] darf die Erfüllung einer Pflicht des Beschuldigten, sich beim Zustellungsbevollmächtigten zu erkundigen, ob ein Strafbefehl ergangen ist, nicht zur Voraussetzung der Wiedereinsetzung in den vorigen Stand gemacht werden. Vielmehr nennt der EuGH explizit den Fall, dass der Beschuldigte erst zum Zeitpunkt der Vollstreckung Kenntnis vom Strafbefehl erlangt. Darüber hinaus wird erwogen, längere Postlaufzeiten im Ausland durch Wiedereinsetzung auszugleichen, um eine unionsrechtswidrige Diskriminierung zu verhindern.[59] Weil die Wiedereinsetzung dabei als Teil des Einspruchsverfahrens fungiert, muss richtigerweise auch die **Belehrung** nach Absatz 1 Satz 1 Nr. 7 entsprechend angepasst werden. Außerdem verlangt der EuGH, dass **Rechtskraftwirkungen** gegebenenfalls über § 47 hinaus suspendiert werden (im Strafbefehl angeordnetes Fahrverbot).[60]

43 Vor diesem Hintergrund und weil die Erteilung einer **Zustellungsvollmacht** nicht erzwungen werden kann, sucht die Praxis nach Alternativen. Erwogen wird ein **Haftbefehl** zwecks Zustellung. Das jedoch birgt die doppelte Gefahr, dass erstens unbekannter Aufenthalt als Sichverborgenhalten im Sinne von § 112 Abs. 2 Nr. 1 interpretiert wird und zweitens die Grenzen der Verhältnismäßigkeit gesprengt werden.[61] Ergeht der Strafbefehl in **Anwesenheit** des Angeklagten, sieht Nr. 179 Abs. 1 RiStBV in Übereinstimmung mit § 35 Abs. 1 vor, dass der Strafbefehl nicht zugestellt, sondern durch **Verkündung** seitens des Richters bekannt gemacht wird. Das widerspricht aber der Spezialregelung in § 410 Abs. 1, der zufolge ein Strafbefehl **zugestellt** werden muss, soll die Einspruchsfrist in Gang gesetzt werden.[62] Die effektive Einspruchsmöglichkeit ist eine der Legitimationsgrundlagen des Strafbefehlsverfahrens (→ § 407 Rn. 11). Deshalb kann der Betroffene auf eine Zustellung nicht wirksam **verzichten**.[63]

44 Wie Zustellungen erfolgen, regeln §§ 36 ff. Mit Blick auf § 410 muss der Strafbefehl zunächst nur zugestellt und noch nicht vollstreckt werden. Es gilt also § 36 Abs. 1, nicht Abs. 2. Für das **Verfahren** verweist § 37 Abs. 1 auf die Vorschriften der Zivilprozessordnung, also auf §§ 166 ff. ZPO. Die Zustellung an Anwesende erfolgt durch **Aushändigung**, § 37 Abs. 1 iVm § 174 ZPO; zum Spezialfall der Verhaftung Nr. 179 Abs. 2 RiStBV. Elektronische Zustellung kommt nur nach § 173 ZPO in Betracht (→ § 32b Rn. 5). Eine **öffentliche Zustellung** nach § 40 ist, nach ganz überwiegender Ansicht, schlechthin unzulässig.[64] Sie würde mit der effektiven Einspruchsmöglichkeit eine der Legitimationsgrundlagen des Strafbefehlsverfahrens untergraben (→ § 407 Rn. 11). Deshalb kommt es richtigerweise auch nicht darauf an, ob der Beschuldigte bereits zur Sache

---

[57] EuGH 22.3.2017 – C-124/16, C-213/16, C-188/16, BeckRS 2017, 104323.
[58] EuGH 14.5.2020 – C-615/18, NJW 2020, 1873; BVerfG 8.8.2021 – 2 BvR 171/20, HRRS 2021, Nr. 913 verweist auf diese Rechtsprechung; vgl. demgegenüber noch OLG München 8.4.2016 – 3 Ws 249/16, NStZ-RR 2016, 249 mAnm Kulhanek.
[59] LG Nürnberg-Fürth 23.8.2021 – 12 Qs 57/21, BeckRS 2021, 24166.
[60] EuGH 14.5.2020 – C-615/18, NJW 2020, 1873.
[61] Näher dazu OLG Karlsruhe 30.1.2020 – 1 Ws 255/19, BeckRS 2020, 9982; AG Kehl 7.9.2020 – 2 Cs 208 Js 18485/19, BeckRS 2020, 21692.
[62] Im Ergebnis übereinstimmend Schmitt in Meyer-Goßner/Schmitt Rn. 16; Weßlau in SK-StPO Rn. 23 mwN.
[63] LG Kaiserslautern 16.10.1957 – Qs 191/57, GA 1958, 123.
[64] Gössel in Löwe/Rosenberg, 26. Aufl., Vor § 407 Rn. 48; Schmitt in Meyer-Goßner/Schmitt Rn. 21; Weßlau in SK-StPO Rn. 25 mwN. AA LG München I 21.8.1980 – 14 Qs 99/80, MDR 1981, 71; Schmid MDR 1978, 96 (98).

vernommen war,⁶⁵ was § 163a Abs. 1 ohnehin vorschreibt (→ § 407 Rn. 69). Eine **Ersatzzustellung** nach § 37 Abs. 1 iVm §§ 178 ff. ZPO wird dagegen überwiegend zugelassen.⁶⁶ Eine § 232 Abs. 4 entsprechende Regelung fehlt. Dennoch muss zur Wahrung des Rechts auf Unterrichtung über den Tatvorwurf gemäß Art. 6 **Richtlinie (EU) 2012/13** vom 22.5.2012 über das Recht auf Belehrung und Unterrichtung in Strafverfahren⁶⁷ von Fall zu Fall großzügig **Wiedereinsetzung in den vorigen Stand** gewährt werden (→ Rn. 42). Bei bekanntem **Aufenthalt im Ausland,** § 276 Variante 2, kann eine Zustellung im Wege der Rechtshilfe bewirkt werden (→ 407 Rn. 25 f.).

Ausländer, die der deutschen Sprache nicht hinreichend mächtig sind, erhalten nach 45 § 187 Abs. 1, 2 S. 1 GVG eine **schriftliche Übersetzung** des Strafbefehls (→ Rn. 24). Während § 37 Abs. 3 für Urteile bestimmt, dass die **Zustellung** zusammen mit der Übersetzung erfolgt, damit Fristen erst zu laufen beginnen, wenn auch die Übersetzung vorliegt, fehlt eine solche Regelung für den Strafbefehl. Deshalb wird teilweise auf **§ 44** verwiesen und damit auf die Frage des Verschuldens im Einzelfall.⁶⁸ Richtigerweise muss aber **§ 37 Abs. 3 analog** angewendet werden.⁶⁹ Denn die effektive Einspruchsmöglichkeit ist eine der Legitimationsgrundlagen des Strafbefehlsverfahrens (→ § 407 Rn. 11) und Übersetzungen sollen nach § 187 Abs. 1 S. 1 GVG die Ausübung strafprozessualer Rechte ermöglichen. Während die Bundesregierung diese Auffassung teilt, hat der EuGH den Strafbefehl zwar unter Art. 3 **Richtlinie (EU) 2010/64** vom 20.10.2010 über das Recht auf Dolmetschleistungen und Übersetzungen in Strafverfahren⁷⁰ subsumiert. Es bleibt aber eine Frage des nationalen Rechts, ob Übersetzungen Zustellungsvoraussetzung sind oder ob auf andere Weise (fristenmäßige) Gleichbehandlung hergestellt wird (Entfristung, Wiedereinsetzung).⁷¹

Die Zustellung ist nach allgemeinen Regeln unter anderem **unwirksam,** wenn die 46 zugestellte Ausfertigung vom Original wesentlich abweicht (→ § 37 Rn. 60).⁷² An **Verhandlungsunfähige** kann keine wirksame Zustellung erfolgen.⁷³ Dass das BVerfG die Fachgerichte daran erinnern musste, zeigt, ebenso wie das zugrundeliegende kafkaeske Verfahren,⁷⁴ prototypisch die Gefahren und zusätzlichen Verteidigungslasten des schriftlichen Strafbefehlsverfahrens. Das BVerfG sieht sich immer wieder dazu veranlasst, die Fachgerichte zu ermahnen, keine überspannten Anforderungen an den Einspruchsführer zu stellen und sich besonders sorgfältig von Zustellung und Fristenlauf zu überzeugen, weil die Sicherung **rechtlichen Gehörs** und die **Rechtsschutzgarantie** (Art. 19 Abs. 4 und Art. 103 Abs. 1 GG) davon abhängen.⁷⁵ Für **Heilung bzw. Wiederholung** einer unwirksamen Zustellung – Voraussetzung für den Lauf der Einspruchsfrist, § 410 Abs. 1 S. 1 – gelten die allgemeinen Regeln.

---

⁶⁵ OLG Düsseldorf 19.2.1997 – 1 Ws 127/97, NJW 1997, 2965 (2966); Metzger in KMR-StPO Rn. 39; Schmitt in Meyer-Goßner/Schmitt Rn. 21; Blankenheim MDR 1992, 926 (927 f.). AA LG Heidelberg 20.2.2002 – 2 Qs 71/01, BeckRS 2002, 161749.
⁶⁶ BVerfG 21.1.1969 – 2 BvR 724/67, BVerfGE 25, 158 (165); BVerfG 9.7.1969 – 2 BvR 753/68, BVerfGE 26, 315 (318); BGH 31.1.1968 – 3 StR 19/68, BGHSt 22, 52 (55); OLG Karlsruhe 22.1.1993 – 3 Ss 172/92, StV 1995, 8. Zur Beweiskraft der Zustellungsurkunde (§ 418 ZPO) einschränkend BVerfG 5.10.1996 – 2 BvR 2195/96, NStZ-RR 1997, 70; einer hinreichend substantiierten Darlegung gegen die Richtigkeit sprechender Umstände müssen die Gerichte nachgehen, BVerfG 9.1.2023 – 2 BvR 2697/18, HRRS 2023, Nr. 121. AA Hutzler S. 113.
⁶⁷ ABl. 2012 L 142, 1.
⁶⁸ LG Ravensburg 4.5.2015 – 2 Qs 29/15, NStZ-RR 2015, 219; Schmitt in Meyer-Goßner/Schmitt § 37 Rn. 30.
⁶⁹ LG Gießen 29.4.2015 – 7 Qs 48/15, NStZ-RR 2015, 283; LG Stuttgart 12.5.2014 – 7 Qs 18/14, NStZ-RR 2014, 216; LG Berlin 23.9.2019 – 538 Qs 110/19, 111/19, BeckRS 2019, 47350; Hinderer StraFo 2014, 293. Offengelassen von BVerfG 23.1.2017 – 2 BvR 2272/16, BeckRS 2017, 101033.
⁷⁰ ABl. 2010 L 280, 1.
⁷¹ EuGH 12.10.2017 – C-278/16, BeckRS 2017, 127609 = NJW 2018, 142; Generalanwalt beim EuGH 11.5.2017 – C-278/16, BeckRS 2017, 109865.
⁷² Gössel in Löwe/Rosenberg, 26. Aufl., Rn. 46.
⁷³ LG Dresden 24.2.2021 – 14 Qs 3/21, BeckRS 2021, 38491 mwN.
⁷⁴ BVerfG 5.10.2020 – 2 BvR 554/20, BeckRS 2020, 27761.
⁷⁵ BVerfG 5.10.2020 – 2 BvR 554/20, BeckRS 2020, 27761 mwN; BVerfG 9.1.2023 – 2 BvR 2697/18, HRRS 2023, Nr. 121.

47 Zugestellt werden muss nach § 35 Abs. 2 S. 1 auch der **Beschluss nach § 268a** zu Bewährungszeit, Auflagen und Weisungen im Falle der Verwarnung mit Strafvorbehalt und der Verhängung von Freiheitsstrafe bis zu einem Jahr zur Bewährung. Der Beschluss kann mit der **Beschwerde** angefochten werden. Von seiner Zustellung hängt der Lauf der Einspruchsfrist nicht ab. Wird er nach Ablauf der Einspruchsfrist zugestellt, kann aber Wiedereinsetzung in den vorigen Stand gegen die Versäumung der Einspruchsfrist zu gewähren sein.[76]

48 Nach **Ablauf der Einspruchsfrist** erfolgen die Mitteilungen gemäß §§ 12 ff. EGGVG iVm der Anordnung über die Mitteilungen in Strafsachen, insbesondere Nr. 6, 15, 19, 21, 25–25c, 50 MiStra.

49 **3. Fehlerhafte Strafbefehle.** Verstoßen entweder das Verfahren oder der Strafbefehl gegen Rechtsvorschriften, stellt sich die Frage, was daraus folgt: Macht der Fehler den Strafbefehl **unwirksam** oder muss **Einspruch** eingelegt werden? Der Grundsatz der Rechtssicherheit streitet prinzipiell für die Wirksamkeit, aber Anfechtbarkeit eines Strafbefehls. Meyer-Goßner lehnt die Kategorie der Nichtigkeit zwar in einem Rechtsstaat ab,[77] erkennt sie aber gerade dadurch prinzipiell an.

50 Führt ein Fehler zur **Unwirksamkeit** des Strafbefehls, bedarf es keines Einspruchs. Der Strafbefehl ist eo ipso nichtig. In üblicher Lesart heißt das zugleich, dass statt seiner, mangels materieller Rechtskraft, ohne weiteres ein neuer Strafbefehl erlassen werden kann.[78] Die Nichtigkeit ist also eine zwiespältige Kategorie. Der Paradoxie, dass gerade schwerste Fehler den Vertrauensschutz des Verurteilten vor erneuter Strafverfolgung untergraben, sollte, wenn möglich, durch Anerkennung **teilweiser** Nichtigkeit (insbesondere der Rechtsfolgenfestsetzung) begegnet werden. Ein nur teilweise nichtiger Strafbefehl kann außerdem von Fall zu Fall seine Funktion als Prozessvoraussetzung im Verfahren nach Einspruch weiterhin erfüllen. Die dafür übliche Annahme **zeitlich** gestufter Unwirksamkeit (nach Eintritt formeller Rechtskraft oder schon/nur im Verfahren auf den Einspruch hin)[79] ist mit der Kategorie der Nichtigkeit wegen unerträglich schwerer Mängel unvereinbar.

51 Wird gegen den nichtigen Strafbefehl **Einspruch** eingelegt, sind die Konsequenzen umstritten. Denkbar wäre es, den Einspruch für nicht statthaft zu erklären. Rechtsbehelfe sind aber immer schon dann statthaft, wenn ein Rechtsakt **erlassen** ist oder ein **entsprechender Rechtsschein** besteht (→ § 33 Rn. 20, 22). So setzt auch § 410 Abs. 1 S. 1 nur den Erlass eines Strafbefehls voraus. Weil auch ein nichtiger Strafbefehl erlassen ist, kann gegen ihn Einspruch eingelegt werden. Nichtigkeit bedeutet Fehlen von Rechtswirkungen, nicht Nichtexistenz. Nach überwiegend vertretener Ansicht muss das Verfahren aber **eingestellt** werden, weil mit dem Strafbefehl eine **Prozessvoraussetzung** für das weitere Verfahren fehlt (§§ 206a, 260 Abs. 3).[80] Die Gegenansicht gründet das Verfahren auf einen Einspruch hin allein auf die Klageerhebung, also den **Strafbefehlsantrag** der Staatsanwaltschaft (§ 407 Abs. 1 S. 4), mit der Folge, dass nach **§ 411** zu verfahren ist.[81] Keine der beiden Ansichten überzeugt vollständig.

52 Richtigerweise muss unterschieden werden: (1) Wurde der Strafbefehl im **Verfahren nach § 408a** erlassen, sind ihm Anklageerhebung und Eröffnungsbeschluss vorausgegangen. Der Weg zurück zur Fortsetzung des Hauptverfahrens nach § 408a Abs. 2 S. 2 ist zwar durch den Einspruch prozessual versperrt. Es kann aber auf den Einspruch hin nach **§ 411** verfahren werden. (2) Wurde der Strafbefehl dagegen im **Verfahren nach § 408** erlassen, entfällt mit der Nichtigkeit des Strafbefehls das prozessuale Pendant zum Eröffnungsbeschluss (§ 408 Abs. 2 S. 2, § 411 Abs. 3). Zwar wird für den Eröffnungsbeschluss nach § 203 teil-

---

[76] Vgl. LG Mönchengladbach 27.11.2013 – 24 Qs 210/13, NStZ-RR 2014, 284 (285).
[77] Ebenso Schmitt in Meyer-Goßner/Schmitt Einl. Rn. 104 mwN.
[78] Weßlau in SK-StPO Rn. 32.
[79] Maur in KK-StPO Rn. 23 ff., 26; Metzger in KMR-StPO Rn. 19.
[80] BGH 8.10.1970 – 4 StR 190/70, BGHSt 23, 336 (340 f.); Gössel in Löwe/Rosenberg, 26. Aufl., § 411 Rn. 18; Schmitt in Meyer-Goßner/Schmitt Rn. 13.
[81] BayObLG 30.5.1961 – RReg. 4 St. 147/61, NJW 1961, 1782.

weise vertreten, er könne im weiteren Verfahren nachgeholt oder geheilt werden.[82] Diese Möglichkeit ist aber im Strafbefehlsverfahren nach Einlegung des Einspruchs versperrt. Denn auf den Einspruch hin wird im weiteren Verfahren nach §§ 410 ff. **mittelbar** gerade der Strafbefehl überprüft, vgl. insbesondere § 410 Abs. 2, 3, § 411 Abs. 1, 4. Und in der **Rechtsmittelinstanz** kann auch der Eröffnungsbeschluss nach § 203 nicht mehr nachgeholt werden.[83] Folglich muss das Verfahren **eingestellt** werden, weil mit dem Strafbefehl eine **Prozessvoraussetzung** fehlt (§§ 206a, 260 Abs. 3).

Im Einzelnen werden die Konsequenzen – **Unwirksamkeit oder Anfechtbarkeit** 53 des Strafbefehls – für folgende Fehler diskutiert:

Gegen einen Strafbefehl, der unter Verletzung der **§§ 79, 109 JGG** ergeht (→ § 407 54 Rn. 24), muss nach überwiegender Ansicht Einspruch eingelegt werden.[84] Die auf den Einspruch hin anberaumte Hauptverhandlung heilt den Mangel.[85] Wird der Strafbefehl rechtskräftig, rechtfertigt der reine Rechtsverstoß nach § 359 nicht einmal die Wiederaufnahme des Verfahrens.[86] Richtigerweise ist der Strafbefehl aber, aus Gründen des Jugendschutzes, nichtig.[87]

Abweichungen vom Strafbefehlsantrag führen nicht zur Nichtigkeit des Strafbefehls.[88] 55 Allerdings kann im weiteren Verfahren nach allgemeinen Regeln eine Prozessvoraussetzung fehlen (Strafbefehl urteilt andere prozessuale Tat ab als beantragt).[89] **Fehlt** ein Strafbefehlsantrag der Staatsanwaltschaft oder genügt dieser Antrag nicht der **Umgrenzungsfunktion** der Anklage, führt das auf einen Einspruch hin zur Einstellung des Verfahrens nach §§ 206a, 260 Abs. 3, weil ein wirksamer Strafbefehlsantrag Prozessvoraussetzung ist. Wenn auf den Einspruch hin bereits ein Urteil ergangen ist, hebt das Rechtsmittelgericht dieses Urteil auf und stellt das Verfahren ein.[90] Richtigerweise macht keiner dieser Mängel den Strafbefehl unwirksam.[91] Bemerkt der Richter den Mangel, noch bevor der Strafbefehl **ergangen** ist, ändert er seine Entscheidung nach § 408 ab.

Im Verfahren nach **§ 408a** kann der Strafbefehlsantrag **mündlich** gestellt werden (§ 408a 56 Abs. 1 S. 2). Das **Fehlen** eines Antrags der Staatsanwaltschaft macht auch im Verfahren nach § 408a den Strafbefehl nicht unwirksam. Ob das Fehlen, Mängel des Antrags oder fehlende Übereinstimmung des Strafbefehls mit dem Antrag ein Verfahrenshindernis auslösen, so dass das Verfahren, auf einen Einspruch hin, eingestellt werden muss, ist umstritten, weil im Verfahren nach § 408a Anklage und Eröffnungsbeschluss vorliegen (→ Rn. 52).[92]

Im Verfahren nach **§ 408a** hängt die Wirksamkeit des Strafbefehls nicht von der ord- 57 nungsgemäßen **Ladung** des Beschuldigten ab.[93]

Ein Verstoß gegen **§ 408b** macht den Strafbefehl nicht unwirksam.[94] 58

Solange die **Umgrenzungsfunktion** gewahrt ist, machen mangelhafte Angaben zur 59 **Person** des Angeklagten oder Nebenbeteiligten den **Strafbefehl** nicht unwirksam.[95] Die Angaben müssen eine zweifelsfreie Identitätsfeststellung erlauben.[96] Zur Unwirksamkeit des Strafbefehls führen dagegen nach teilweise vertretener Ansicht auch Mängel in der Bezeich-

---

[82] Ablehnend Schmitt in Meyer-Goßner/Schmitt § 203 Rn. 4 mwN zum Streitstand.
[83] BGH 4.4.1985 – 5 StR 193/85, BGHSt 33, 167.
[84] Weßlau in SK-StPO Vor § 407 Rn. 9 mwN.
[85] BayObLG 15.3.1957 – RReg. 3 St 53/57, NJW 1957, 838.
[86] LG Landau 11.6.2002 – 2 Qs 19/02, NStZ-RR 2003, 28.
[87] Sommerfeld in NK-JGG JGG § 79 Rn. 3.
[88] Schmitt in Meyer-Goßner/Schmitt § 408 Rn. 11 mwN.
[89] Metzger in KMR-StPO Rn. 30; Weßlau in SK-StPO Rn. 29; Rieß JR 1989, 437 (438).
[90] BayObLG 9.2.2001 – 5 St RR 21/01, StV 2002, 356; OLG Oldenburg 15.8.2006 – Ss 247/06 (I 80), StraFo 2006, 412.
[91] AA BGH 13.3.2019 – 2 StR 380/18, juris Rn. 7 = NStZ-RR 2019, 187 bei unwirksamem Strafbefehlsantrag.
[92] Dafür Weßlau in SK-StPO § 408a Rn. 24. Dagegen OLG Hamburg 22.8.1988 – 1 Ss 72/88. NStZ 1988, 522; Rieß JR 1989, 171 (172 f.): Fortsetzung des regulären Hauptverfahrens.
[93] OLG Köln 24.10.2000 – Ss 329/00, juris Rn. 60 = BeckRS 2000, 9393.
[94] Loos in AK-StPO § 408b Rn. 5; Weßlau in SK-StPO § 408b Rn. 12 mwN.
[95] Weßlau in SK-StPO Rn. 30 mwN.
[96] KG 9.10.2017 – (4) 121 Ss 121/17 (181/17), juris Rn. 6 = BeckRS 2017, 134237.

§ 410   6. Buch. 1. Abschnitt. Verfahren bei Strafbefehlen

nung der **Tat,** wenn die Umgrenzungsfunktion nicht mehr gewahrt ist.[97] Eine falsche Datumsangabe kann ausnahmsweise unerheblich sein.[98] Ist der Prozessgegenstand nicht mehr eindeutig festgelegt, soll das Verfahren auf einen Einspruch hin auch nach der Gegenansicht wegen Fehlens einer Prozessvoraussetzung einzustellen sein.[99] Das gilt aber richtigerweise nur, wenn der Strafbefehl im **Verfahren nach § 408** erlassen wurde, nicht im Fall des § 408a[100] (→ Rn. 52). Das Konzept der **Teilnichtigkeit** ermöglicht eine differenzierende Lösung. Erfüllt der Strafbefehl die Umgrenzungsfunktion nicht, ist er insofern unwirksam. Der Strafbefehl trifft aber auch in diesem Fall eine Rechtsfolgenanordnung. Sie bleibt wirksam und muss durch Einspruch angefochten werden, es sei denn, **elementare Mängel** führen dazu, dass dem Strafbefehl insgesamt die Wirkung versagt bleiben muss. Das ist der Fall, wenn der Strafbefehl nicht **gegenüber einer bestimmten Person** ergeht oder wenn der Strafbefehl nicht einmal den **Kern des Tatvorwurfs** als Substrat des Schuldspruchs festlegt.

60 Mangelhafte oder fehlende Angaben zu den **gesetzlichen Merkmalen** der Straftat, zu den angewendeten **Vorschriften** oder den **Beweismitteln** bleiben rechtlich schlechthin folgenlos.[101]

61 Die Überschreitung der **Rechtsfolgenkompetenz,** § 407 Abs. 2, führt richtigerweise zur teilweisen Unwirksamkeit des Strafbefehls, also zur Unwirksamkeit der Rechtsfolgenfestsetzung. Das Fehlen einer Rechtsfolgenfestsetzung lässt die Wirksamkeit des Strafbefehls richtigerweise unberührt (→ Rn. 19 f., 50).

62 Der Strafbefehl muss **ergangen** sein (→ Rn. 33), um Wirksamkeit zu entfalten.[102] Fehlt die **Unterschrift** des Richters, ist der Strafbefehl richtigerweise unwirksam, es sei denn, andere Umstände erweisen ihn sicher als Willensäußerung des Richters.[103] Unwirksamkeit auch im Falle eines **ausgeschlossenen** Richters anzunehmen,[104] überzeugt dagegen nicht.

63 Der Strafbefehl ist auch ohne **Kostenentscheidung** wirksam.[105]

64 Fehler, die weder zur Nichtigkeit des Strafbefehls führen noch sonst ein Verfahrenshindernis begründen, sind mit dem Einspruch gegen den Strafbefehl grundsätzlich prozessual überholt. Das auf den Einspruch hin ergehende Urteil **beruht** nicht auf ihnen (§ 337).[106]

65 Wegen eines Prozesshindernisses, das erst nach **Erlass** des Strafbefehls eingetreten ist,[107] kann der Richter das Verfahren nach vermittelnder Ansicht auch dann gemäß § 206a einstellen, wenn kein Einspruch eingelegt wird (→ § 206a Rn. 12),[108] vorausgesetzt, der Strafbefehl ist noch nicht in Rechtskraft erwachsen.

§ 410 Einspruch; Form und Frist des Einspruchs; Rechtskraft

(1) ¹Der Angeklagte kann gegen den Strafbefehl innerhalb von zwei Wochen nach Zustellung bei dem Gericht, das den Strafbefehl erlassen hat, schriftlich oder zu Protokoll der Geschäftsstelle Einspruch einlegen. ²Die §§ 297 bis 300 und § 302 Abs. 1 Satz 1, Abs. 2 gelten entsprechend.

---

[97] Weßlau in SK-StPO Rn. 30 mwN; vgl. BGH 8.10.1970 – 4 StR 190/70, BGHSt 23, 336 (340 f.); OLG Düsseldorf 30.10.1990 – 5 Ss 203/90 – 31/90 III, NStZ 1991, 99 mAnm Franzheim JR 1991, 389; OLG Karlsruhe 26.4.2004 – 1 Ss 189/04, StV 2005, 598; OLG Brandenburg 8.11.2006 – 1 Ss 37/06, juris. AA Brauer in Gercke/Temming/Zöller Rn. 5; Maur in KK-StPO Rn. 23; Metzger in KMR-StPO Rn. 12; Gössel in Löwe/Rosenberg, 26. Aufl., Rn. 12.
[98] Zu weitgehend KG 9.10.2017 – (4) 121 Ss 121/17 (181/17), juris Rn. 7 f. = BeckRS 2017, 134237.
[99] Maur in KK-StPO Rn. 23.
[100] OLG Düsseldorf 31.7.2012 – III-1 RVs 41/12, VRR 2012, 429; anders noch OLG Düsseldorf 24.5.2012 – III-1 RVs 6/12, BeckRS 2012, 15933.
[101] KG 9.10.2017 – (4) 121 Ss 121/17 (181/17), juris Rn. 7 f. = BeckRS 2017, 134237 mwN.
[102] Vgl. Schorn S. 73.
[103] Weßlau in SK-StPO Rn. 34 mwN.
[104] Schorn S. 71.
[105] Weßlau in SK-StPO Rn. 33.
[106] Weßlau in SK-StPO § 408a Rn. 24.
[107] AA Schorn S. 54, 92.
[108] AA Schmitt in Meyer-Goßner/Schmitt § 206a Rn. 6.

(2) Der Einspruch kann auf bestimmte Beschwerdepunkte beschränkt werden.

(3) Soweit gegen einen Strafbefehl nicht rechtzeitig Einspruch erhoben worden ist, steht er einem rechtskräftigen Urteil gleich.

Übersicht

		Rn.			Rn.
I.	Überblick	1		c) Frist	14
II.	Erläuterung	4	3.	Verzicht und Zurücknahme	17
1.	Zuständiges Gericht	4	4.	Beschränkung des Einspruchs (Abs. 2)	23
2.	Form- und fristgerechte Einlegung des Einspruchs (Abs. 1)	5	5.	Inaussichtstellen von Nachteilen	27
	a) Berechtigte	7	6.	Rechtskraft und Bindungswirkung des Strafbefehls (Abs. 3)	30
	b) Form	11	7.	Rechtsbehelf der Staatsanwaltschaft	41

I. Überblick

Durch form- und fristgerechten Einspruch kann der Angeklagte das schriftliche Strafbe- 1 fehlsverfahren in eine mündliche und öffentliche **Hauptverhandlung** überleiten. Der Einspruch ist ein **förmlicher, ordentlicher** (vor Rechtskraft statthafter) **Rechtsbehelf**, der den Eintritt von Rechtskraft und Vollstreckbarkeit aufschiebt (Abs. 3, § 449; **Suspensiveffekt**). Der Einspruch hat aber **keinen Devolutiveffekt** und zählt deshalb nicht zu den Rechtsmitteln. Über den Einspruch entscheidet das Gericht, das den Strafbefehl erlassen hat.

Das Recht, gegen den Strafbefehl Einspruch einzulegen, sichert den Anspruch auf **recht-** 2 **liches Gehör** und den Anspruch auf effektiven **Rechtsschutz** und stellt dadurch überhaupt erst die Verfassungsmäßigkeit des Strafbefehlsverfahrens (Art. 19 Abs. 4 und Art. 103 Abs. 1 GG) und seine Menschenrechtskonformität (Art. 6 Abs. 1 S. 1 EMRK) her.[1]

Absatz 1 Satz 2 und § 411 Abs. 3 S. 2 verweisen weitgehend auf den Abschnitt über 3 allgemeine Vorschriften für Rechtsmittel. Der **Staatsanwaltschaft** steht gegen den Strafbefehl aber kein entsprechender Rechtsbehelf zur Verfügung – Absatz 1 Satz 2 verweist nicht auf §§ 296, 301. Und das **Verbot der reformatio in peius** (§§ 331, 358 Abs. 2) erklärt § 411 Abs. 4 für unanwendbar.

II. Erläuterung

1. Zuständiges Gericht. Der Einspruch ist bei dem Gericht einzulegen, das den 4 Strafbefehl erlassen hat, Absatz 1 Satz 1. Den Strafbefehl erlässt im Regelfall der **Strafrichter** beim Amtsgericht. In den Fällen des § 408a kann aber auch das **Schöffengericht** einen Strafbefehl erlassen (→ § 408 Rn. 2; → § 408a Rn. 4).

2. Form- und fristgerechte Einlegung des Einspruchs (Abs. 1). Der Einspruch 5 kann schon vor Zustellung des Strafbefehls eingelegt werden, er ist **statthaft,** sobald der Strafbefehl **erlassen** ist (→ § 409 Rn. 33).[2] Der vorher eingelegte Einspruch geht nach überwiegend vertretener Ansicht endgültig ins Leere, wird also nicht mit Erlass des Strafbefehls wirksam.[3] Die Gegenansicht[4] verkennt, dass andernfalls die Frage, wie die Verteidigung auf den Strafbefehl reagieren soll, ins Verfahren auf den Einspruch hin verschoben würde, gegebenenfalls auf die Rücknahme des Einspruchs nach § 411 Abs. 3 oder seine Verwerfung nach § 412. Vermittelnd wird mit Blick auf Art. 6 EMRK vorgeschlagen, eine Ausnahme zuzulassen, wenn der Beschuldigte von vornherein kategorisch seine Unschuld geltend

---

[1] Vgl. VerfGH Berlin 7.6.2011 – VerfGH 78/08, 108/08, BeckRS 2012, 48711; Esser StV 2007, 235.
[2] BGH 16.5.1973 – 2 StR 497/72, BGHSt 25, 187.
[3] Schmitt in Meyer-Goßner/Schmitt Rn. 1; Weßlau in SK-StPO Rn. 3 mwN; siehe auch Gössel in Löwe/Rosenberg, 26. Aufl., Rn. 7 f.
[4] Bonheur S. 28 mwN.

§ 410   6–11   6. Buch. 1. Abschnitt. Verfahren bei Strafbefehlen

macht und eine Hauptverhandlung fordert.⁵ Ausnahmefälle sollten aber über die **Wiedereinsetzung** in den vorigen Stand nach §§ 44 ff. gelöst werden, die von Verfassungs wegen und kraft europarechtlicher Vorgaben großzügig gehandhabt werden muss. Maßgeblicher Zeitpunkt der Einlegung ist nicht die Abgabe der Erklärung, sondern der **Zugang des Einspruchs** bei Gericht.⁶

6   Das weitere Verfahren nach Einlegung des Einspruchs regeln §§ 411 f.

7   **a) Berechtigte.** Nach Absatz 1 Satz 1 kann der **Angeklagte** gegen den Strafbefehl Einspruch einlegen. Die Befugnisse eines Angeklagten stehen auch den **Nebenbeteiligten** zu, also **Einziehungs-** (Unbrauchbarmachungs- und Vernichtungs-) **-beteiligten** und Nebenbetroffenen sowie juristischen Personen oder Personenvereinigungen, gegen die eine **Geldbuße** nach § 30 OWiG festgesetzt wird, § 427 Abs. 1 auch iVm § 438 Abs. 3 und § 439 bzw. § 444 Abs. 2 S. 2. Sie können folglich ebenfalls Einspruch einlegen, vgl. §§ 432, 438 Abs. 3, § 439 und § 444 Abs. 2 S. 2 (→ § 410 Rn. 7, 36; → § 411 Rn. 20, 32), soweit sie beschwert sind.

8   Außerdem verweist Absatz 1 Satz 2 auf §§ 297, 298. Daraus ergibt sich ein eigenes Einspruchsrecht des **Verteidigers** und des **gesetzlichen Vertreters** des Beschuldigten. Der Verteidiger und der gesetzliche Vertreter sind aber nur **akzessorisch** berechtigt: der Verteidiger nicht gegen den ausdrücklichen Willen des Beschuldigten (§ 297) und der gesetzliche Vertreter nur innerhalb der für den Beschuldigten laufenden Frist (§ 298).

9   Der **Staatsanwaltschaft** steht gegen den von ihr beantragten Strafbefehl kein Recht auf Einspruch zu, auch nicht zugunsten des Angeklagten – Absatz 1 Satz 2 verweist nicht auf § 296 Abs. 2 und § 301. Wird gegen den Strafbefehl Einspruch eingelegt, erhält die Staatsanwaltschaft Mitteilung vom gegebenenfalls anberaumten Termin zur Hauptverhandlung, § 411 Abs. 1 S. 2 und Nr. 117 Abs. 2 S. 2 RiStBV. Wird der Strafbefehl nach Absatz 3 rechtskräftig, erhält ihn die Staatsanwaltschaft als Vollstreckungsbehörde, § 451 (→ § 409 Rn. 44).

10   Ebensowenig hat der **nebenklageberechtigte Verletzte** ein Einspruchsrecht. Vielmehr zeitigt der Anschluss als Nebenkläger erst Wirkung, wenn das Gericht auf einen Einspruch hin nach § 411 Abs. 1 Termin zur Hauptverhandlung anberaumt, § 396 Abs. 1 S. 3 (→ § 411 Rn. 24).

11   **b) Form.** Der Einspruch muss bei dem Gericht, das den Strafbefehl erlassen hat, **schriftlich** oder **zu Protokoll** der Geschäftsstelle eingelegt werden, Absatz 1 Satz 1. Zur **Schriftform** gehört, dass der Erklärungsinhalt und individualisierende Angaben zur Person des Erklärenden mit hinreichender Bestimmtheit schriftlich verkörpert sind und dass die Abgabe der Erklärung festgestellt werden kann. Eine Unterschrift ist, abweichend von § 126 BGB, nicht erforderlich. **Telefax,** auch bei Versendung vom Computer oder per SMS, und **Telegramm** genügen. Für **elektronische Dokumente** gilt die Spezialregelung in §§ 32a ff. Das führt dazu, dass eine einfache E-Mail nicht genügt. Vielmehr verlangt § 32a Abs. 3 wahlweise eine qualifizierte elektronische Signatur oder vergleichbar sichere Identifizierung. Erwogen wird aber, einen einfachen E-Mail-Anhang genügen zu lassen, wenn dessen Ausdruck die Schriftform erfüllt.⁷ Mit einem solchen **Ausdruck** liegt freilich nicht mehr nur ein elektronisches Dokument vor, sondern eine telefaxgleiche Kopie, die der Schriftform genügt.⁸ Ohne Ausdruck dagegen bleibt die Unsicherheit, ob ein Verstoß gegen § 32a Abs. 3 angenommen wird,⁹ den die Gerichte nicht über § 32a Abs. 6 auffangen.¹⁰

---

5   Gaede in Löwe/Rosenberg Rn. 8.
6   Vgl. OLG Jena 1.9.2011 – 1 Ws 393/11, NStZ-RR 2012, 180.
7   LG Berlin 6.5.2019 – 513 Qs 8/19, juris Rn. 3 = BeckRS 2019, 16051 mwN; LG Aachen 6.9.2021 – 66 Qs 32/21, BeckRS 2021, 29706; Knierim FD-StrafR 2021, 443192. AA LG Heidelberg 17.7.2023 – 1 Qs 24/23, BeckRS 2023, 17303.
8   Ibold RDi 2021, 416 (417 f.). AA LG Heidelberg 17.7.2023 – 1 Qs 24/23, BeckRS 2023, 17303.
9   Für Formwirksamkeit LG Heidelberg 17.7.2023 – 1 Qs 24/23, BeckRS 2023, 17303.
10   BGH 31.1.2023 – 4 StR 237/22, BeckRS 2023, 3134 für den Fall der Pflicht zur elektronischen Übermittlung nach § 32d.

Die Verteidigung sollte daher auch in der gegenwärtigen Übergangsphase nicht ohne Not darauf setzen, dass sich kein sinnvoller Unterschied zwischen einer Datei und ihrem Ausdruck erkennen lässt und dass die Gerichte deshalb die gebotene Großzügigkeit (zumindest bei der Wiedereinsetzung in den vorigen Stand) walten lassen. Eine telefonische Einlegung ist nach immer noch herrschender Ansicht ausgeschlossen, auch wenn darüber ein Protokoll errichtet wird (→ Einl. Rn. 337).[11]

Zu **Protokoll der Geschäftsstelle** legt Einspruch ein, wer persönlich (Stellvertretung ist zulässig, Anwesenheit erforderlich) in der Geschäftsstelle des Gerichts vorspricht, das den Strafbefehl erlassen hat, und seine Erklärung vom zuständigen Beamten (§ 153 GVG, § 24 Abs. 2 RPflG) niederschreiben lässt. Die Niederschrift muss so erfolgen, dass der Erklärungsinhalt und individualisierende Angaben zur Person des Erklärenden und des Protokollierenden mit hinreichender Bestimmtheit schriftlich verkörpert sind und die Abgabe der Erklärung sowie der Beurkundung festgestellt werden kann. Die unwirksame Protokollierung kann als **schriftliche** Erklärung wirksam sein.[12] 12

Befindet der Beschuldigte sich **nicht auf freiem Fuß,** gestattet ihm Absatz 1 Satz 2 iVm § 299, den Einspruch zu Protokoll der Geschäftsstelle des Amtsgerichts einzulegen, in dessen Bezirk die Verwahranstalt liegt. Einer **Begründung** bedarf der Einspruch nicht. Er muss auch nicht als Einspruch **bezeichnet** werden, falsa demonstratio non nocet (Absatz 1 Satz 2 iVm § 300). Art. 2, 3 **Richtlinie (EU) 2010/64** vom 20.10.2010 über das Recht auf Dolmetschleistungen und Übersetzungen in Strafverfahren[13] verbieten es nicht, den Beschuldigten, der der deutschen Sprache nicht mächtig ist, nach § 184 GVG dazu zu verpflichten, den **schriftlichen** Einspruch in **deutscher Sprache** einzulegen. Die unentgeltliche Hinzuziehung eines **Dolmetschers** gewährleistet Art. 2 Richtlinie (EU) 2010/64 dagegen für den Fall der Einspruchseinlegung zu **Protokoll der Geschäftsstelle** und bei Hinzuziehung eines Rechtsbeistands.[14] 13

c) **Frist.** Die Einspruchsfrist beträgt **2 Wochen** ab Zustellung des Strafbefehls, Absatz 1 Satz 1. Zur Zustellung des Strafbefehls und zur erforderlichen Belehrung über das Einspruchsrecht → § 409 Rn. 21, 37. Die Einspruchsfrist läuft grundsätzlich für jeden **Berechtigten** (→ Rn. 7) gesondert. Sie wird nach § 43 berechnet. 14

Für den **gesetzlichen Vertreter** des Beschuldigten läuft keine eigene Einspruchsfrist, Absatz 1 Satz 2 iVm § 298 Abs. 1. Ihm wird der Strafbefehl nicht zugestellt, sondern nur mitgeteilt (§ 409 Abs. 2) und er muss innerhalb der für den Beschuldigten laufenden Frist Einspruch einlegen. 15

Weil der Einspruch dem Beschuldigten **rechtliches Gehör** und **effektiven Rechtsschutz** verschafft, dürfen die Anforderungen an eine **Wiedereinsetzung** in den vorigen Stand nach §§ 44 ff. von Verfassungs wegen und kraft europarechtlicher Vorgaben nicht überspannt werden. Auch wer weiß, dass ein Ermittlungsverfahren gegen ihn eingeleitet ist, muss bei einer vorübergehenden Abwesenheit bis zu etwa sechs Wochen keine besonderen Vorkehrungen für mögliche Zustellungen treffen (→ § 409 Rn. 40 ff., 45 ff.).[15] 16

3. Verzicht und Zurücknahme. Für Verzicht auf den Einspruch und Zurücknahme des eingelegten Einspruchs verweist Absatz 1 Satz 2 auf § 302 Abs. 1 S. 1, Abs. 2. Danach können Verzicht und Zurücknahme schon vor Ablauf der Einspruchsfrist wirksam erklärt 17

---

[11] OLG Zweibrücken 15.4.1982 – 2 Ss 29/82, StV 1982, 415; Schmitt in Meyer-Goßner/Schmitt Einl. Rn. 128, 140 mwN. AA Lemke in AK-StPO §§ 42, 43 Rn. 14; Graalmann-Scheerer in Löwe/Rosenberg Vor § 42 Rn. 10 f.
[12] Schmitt in Meyer-Goßner/Schmitt Einl. Rn. 131 ff. mwN.
[13] ABl. 2010 L 280, 1.
[14] EuGH 15.10.2015 – C-216/14, StV 2016, 205 (208) mAnm Brodowski.
[15] BVerfG 21.1.1969 – 2 BvR 724/67, BVerfGE 25, 158 (165 f.); 9.7.1969 – 2 BvR 753/68, BVerfGE 26, 315 (319 ff.); 8.8.1990 – 2 BvR 267/90, NJW 1991, 351; 18.10.2012 – 2 BvR 2776/10, HRRS 2012, Nr. 1042 = NJW 2013, 592; VerfGH Berlin 20.3.2007 – VerfGH 130/02, 179/02, BeckRS 2007, 22700; VerfGH Berlin 7.6.2011 – VerfGH 78/08, 108/08, BeckRS 2012, 48711; LG Landshut 20.8.2013 – 6 Qs 86/13, juris Rn. 40 = BeckRS 2013, 15197; Weßlau in SK-StPO Rn. 7 mwN.

werden (§ 302 Abs. 1 S. 1). Der Strafbefehl muss aber bereits **erlassen** sein (→ § 302 Rn. 24; → § 409 Rn. 33). Sonst geht die Erklärung ins Leere. Verzicht und Zurücknahme führen zum Eintritt der Rechtskraft des Strafbefehls, Absatz 3 (→ Rn. 30). Die Zurücknahme lässt § 411 Abs. 3 im Verfahren auf den Einspruch hin bis zur **Urteilsverkündung** zu, allerdings nach Beginn der Hauptverhandlung nur mit Zustimmung der Staatsanwaltschaft, § 411 Abs. 3 S. 2 iVm § 303 (→ § 411 Rn. 39). Auch ein Teilverzicht und eine Teilrücknahme sind möglich (→ § 302 Rn. 5). Sie wirken wie eine **Beschränkung** des Einspruchs nach Absatz 2 (→ Rn. 23). Insbesondere in Betreuungsfällen bedarf die **Prozessfähigkeit** sorgfältiger Überprüfung.[16]

18 Verzichts- und Rücknahmeerklärungen sind nach allgemeiner Ansicht in der **Form** abzugeben, die für die Einlegung des Rechtsbehelfs gilt (→ Rn. 11). Die Aufnahme ins **Protokoll der Hauptverhandlung** ersetzt als Plus die Erklärung zu Protokoll der Geschäftsstelle (→ § 302 Rn. 17, 20). Der Verteidiger bedarf zur Zurücknahme und, über den Wortlaut des Gesetzes hinaus, auch zum Verzicht einer **ausdrücklichen** im Sinne von eindeutig erklärten **Ermächtigung,** Absatz 1 S. 2 iVm § 302 Abs. 2. Sie kann durch konkludentes Verhalten erteilt werden. Eine Bestimmung in der Verteidigervollmacht genügt nur, wenn der Verteidiger erst für das Rechtsbehelfsverfahren mandatiert wurde. Die Vertretungsvollmacht nach § 411 Abs. 2 S. 1 macht eine Ermächtigung entbehrlich (→ § 411 Rn. 29). **Nachgewiesen** werden kann die Ermächtigung auch nachträglich.[17] Das gilt für den Einspruch des Beschuldigten ebenso wie für den Einspruch des Verteidigers aus eigenem Recht (→ § 302 Rn. 40 ff.).[18]

19 Verzichts- und Rücknahmewille müssen jeweils **eindeutig** zum Ausdruck gebracht werden (→ § 302 Rn. 6 f.). Die Zahlung der festgesetzten Geldstrafe genügt schon nicht den Formerfordernissen (→ Rn. 11).[19] Auch ein Ratenzahlungsgesuch impliziert richtigerweise weder Verzicht auf den Einspruch noch Zurücknahme des Einspruchs.[20]

20 Der Strafbefehl kann Gegenstand von Erörterungen nach § 160b sein (→ § 407 Rn. 28). Geht dem Strafbefehl eine Hauptverhandlung voraus, § 408a Abs. 1 S. 2, kann in dieser Hauptverhandlung eine **Verständigung** nach § 257c getroffen werden (→ § 408a Rn. 26). Dann stellt sich die Frage, ob vereinbart werden kann, keinen Einspruch einzulegen. Das wird teilweise für zulässig gehalten.[21] Absatz 1 Satz 2 verweist zwar auf § 302 Abs. 1 S. 1, also auf die Möglichkeit des **Verzichts,** aber nicht auf § 302 Abs. 1 S. 2, der den Verzicht nach einer Verständigung ausschließt. Was folgt daraus?

21 Absatz 1 Satz 2 nimmt selektiv Bezug auf §§ 297 ff., weil der Einspruch nur dem Beschuldigten zusteht und nicht der Staatsanwaltschaft. Dass der **neugefasste § 302 Abs. 1 S. 2** nicht in die Verweisung aufgenommen wurde, könnte eine planwidrige Lücke sein. Dann käme ein Analogieschluss in Betracht. Dafür spricht, dass der Gesetzgeber im Falle einer Verständigung die Möglichkeit obergerichtlicher Überprüfung sicherstellen wollte. Gerade dieser Zweck kann aber durch einen Einspruch nur mittelbar erreicht werden. Denn der Einspruch hat keinen Devolutiveffekt. Außerdem trägt das Strafbefehlsverfahren per se **konsensuale** Züge. Dass der Beschuldigte keinen Einspruch einlegt, ist konstitutiver konsensualer Bestandteil der Erledigungsart Strafbefehl. Weil die Beteiligten sich einig sind, sehen §§ 407 ff. kein Rechtsmittel vor. Das entspricht – anders als die chimärenhafte Verständigungsregelung – dem Wesen konsensualer Verfahrenserledigung, vgl. § 153a Abs. 2 S. 4. Deshalb findet § 302 Abs. 1 S. 2 konsequenterweise im konsensual geprägten (Strafbefehls-)Verfahren keine Anwendung; § 35a gilt unmittelbar ohnehin nur für Rechtsmittel, also nicht für den Einspruch.

---

[16] OLG Dresden 5.2.2014 – 2 OLG 21 Ss 734/14, StV 2017, 570.
[17] OLG Düsseldorf 15.6.2010 – III-1 RVs 71/10, NStZ 2010, 655; Peglau jurisPR-StrafR 3/2017 Anm. 4.
[18] Schmitt in Meyer-Goßner/Schmitt § 302 Rn. 29.
[19] Vgl. OLG Stuttgart 16.10.1997 – 1 Ss 505/97, DAR 1998, 29 (30); OLG Rostock 16.8.2001 – 2 Ss (OWi) 158/01 I 110/01, NZV 2002, 137; aA für die vorbehaltlose Zahlungsankündigung LG Arnsberg 27.6.2008 – 2 Qs 51/08, BeckRS 2008, 17127.
[20] Schmitt in Meyer-Goßner/Schmitt Rn. 3; Weßlau in SK-StPO Rn. 8 mwN zum Streitstand.
[21] Schmidt-Hieber Rn. 78 f. (unverbindliche Absichtserklärung).

Daraus folgt aber nicht, dass die **Verpflichtung,** später keinen Einspruch einzulegen, 22
Gegenstand einer Verständigung sein könnte.[22] Aus gutem Grund kann ein Verzicht vor
Erlass des Strafbefehls **nicht wirksam erklärt** werden (→ Rn. 17).[23] Eine Verpflichtung
zum Verzicht muss folgerichtig vor Erlass des Strafbefehls ebenso ausgeschlossen sein. Gleiches gilt für die **Rücknahme** des Einspruchs. Rücknahme und Verzicht können aber
Verhandlungsmasse in **Absprachen** mit der Staatsanwaltschaft nach Erlass des Strafbefehls
sein, also typischerweise in einem anderen Verfahren. Außerdem kann die – teilweise –
Rücknahme Teil einer Verständigung in der nach § 411 anberaumten Hauptverhandlung
sein. Ist die **Belehrung** nach § 257c Abs. 5 unterblieben, erkennt das KG für den Regelfall
auf Unwirksamkeit der – teilweisen – Zurücknahme.[24]

4. Beschränkung des Einspruchs (Abs. 2). Für die Beschränkung des Einspruchs 23
gelten die gleichen Regeln wie für die Beschränkung von Berufung und Revision nach
§§ 318, 344.[25] Es entscheidet der Maßstab der **Trennbarkeit** der Entscheidungsteile im
Einzelfall. Danach kann der Einspruch nicht nur auf eine von mehreren **prozessualen
Taten,** sondern regelmäßig auch auf eine von mehreren **materiell rechtlich realkonkurrierenden** Straftaten und ausnahmsweise sogar auf eine von mehreren **materiell rechtlich
idealkonkurrierenden** Straftaten beschränkt werden. Praktisch häufig ist die Beschränkung
auf den **Rechtsfolgenausspruch.** Der Einspruch kann auch auf **selbständige Teile** des
Rechtsfolgenausspruchs beschränkt werden (zB Zahl oder Höhe der Tagessätze einer Geldstrafe; die Dauer der Sperrfrist nach § 69a StGB soll dagegen nicht von den Gründen für
die Entziehung der Fahrerlaubnis getrennt werden können;[26] für die Strafaussetzung zur
Bewährung wird differenziert[27] → Rn. 24; → § 318 Rn. 15 ff.). Über den Einspruch nur
gegen die Tagessatzhöhe kann mit Zustimmung des Angeklagten, des Verteidigers und der
Staatsanwaltschaft ohne Hauptverhandlung durch **Beschluss** entschieden werden, § 411
Abs. 1 S. 3.

Kraft Trennbarkeit im Einzelfall zulässige Beschränkungen des Einspruchs sind für 24
das Gericht grundsätzlich bindend. Soweit der Strafbefehl nicht angefochten wird,
erwachsen seine Entscheidungsteile in **relative bzw. Teilrechtskraft,** Absatz 3
(→ Rn. 35). Das Gericht darf sich im Verfahren auf den Einspruch hin nicht einmal zu
fehlerhaften Feststellungen in Widerspruch setzen, die den nicht angefochtenen Entscheidungsteilen zugrundeliegen (**innerprozessuale Bindungswirkung; Widerspruchsfreiheit** zwischen den Entscheidungsteilen). Allerdings soll die Beschränkung des Einspruchs auf den **Rechtsfolgenausspruch** ausnahmsweise **unwirksam** bleiben, wenn die
Feststellungen zum Schuldspruch den für den Rechtsfolgenausspruch maßgeblichen
Unrechts- und Schuldgehalt nicht hinreichend erkennen lassen.[28] Der BGH hat Begründung und Reichweite dieser Ausnahme auf eine Divergenzvorlage hin präzisiert.[29] Das
über den Rechtsbehelf entscheidende Gericht ist insbesondere an Feststellungen durch
die Vorentscheidung gebunden, die zwar für den Schuldspruch nicht erforderlich sind,
aber den Umfang der Schuld bestimmen und zugleich den Rechtsfolgenausspruch tragen
(„umgebende Feststellungen"). Der Grundsatz der **Widerspruchsfreiheit** verbietet es,

---

[22] LG Hamburg 26.10.2005 – 622 Qs 46/05, StV 2006, 181; Schmitt in Meyer-Goßner/Schmitt § 408b Rn. 2.
[23] Schmitt in Meyer-Goßner/Schmitt § 408b Rn. 5.
[24] KG 9.1.2017 – (4) 161 Ss 180/16 (248/16), BeckRS 2017, 106063; vgl. auch für täuschende Erklärungen des Gerichts im Bußgeldverfahren KG 9.8.2019 – 3 Ws (B) 205/19-122 Ss 90/19, NStZ 2020, 428.
[25] BayObLG 6.3.2003 – 1 St RR 13/03, NJW 2003, 2397 (2398); Schmitt in Meyer-Goßner/Schmitt Rn. 4; Weßlau in SK-StPO Rn. 9 mwN. De lege ferenda ablehnend Müller S. 309 f.
[26] LG Aachen 9.12.2020 – 60 Qs 56/20, juris Rn. 19 = BeckRS 2020, 41857; zur (Un-) Trennbarkeit vom Strafausspruch OLG Saarbrücken 14.9.2020 – Ss 40/20, juris Rn. 13 = BeckRS 2020, 23642.
[27] OLG Karlsruhe 6.11.2019 – 1 RV 1 Ss 784/19, NStZ 2020, 374.
[28] OLG Düsseldorf 9.10.1996 – 2 Ss 313/96 – 87/96 II, NStZ-RR 1997, 113; OLG Koblenz 26.2.2003 – 2 Ss 284/02, NStZ 2003, 617; BayObLG 6.3.2003 – 1 St RR 13/03, NJW 2003, 2397 (2398); 18.11.2003 – 2 St RR 163/2003, DAR 2004, 282; Weßlau in SK-StPO Rn. 9 mwN.
[29] BGH 27.4.2017 – 4 StR 547/16, BeckRS 2017, 114623 Rn. 19 ff.; dem folgend OLG Saarbrücken 14.9.2020 – Ss 40/20, juris Rn. 11 = BeckRS 2020, 23642.

die Beschränkung eines Rechtsbehelfs anzuerkennen, wenn die dann bindenden Feststellungen schon für sich genommen unklar oder widersprüchlich sind. Fehlen dagegen entsprechende Feststellungen, kann das über den Rechtsbehelf entscheidende Gericht alle relevanten Feststellungen selbst widerspruchsfrei nachholen. Die Rechtsbehelfsbeschränkung ist daher wirksam. Allerdings müssen die nicht angefochtenen Entscheidungsteile nach Ansicht des BGH darüber hinaus eine **hinreichend tragfähige Grundlage** für die Rechtsbehelfsentscheidung abgeben können. Deshalb sollen lückenhafte, zu dürftige oder die Schuldfrage offenlassende Feststellungen zum Schuldspruch einer Beschränkung des Rechtsbehelfs auf den Rechtsfolgenausspruch entgegenstehen (Wahrung der Umgrenzungsfunktion, Feststellung aller gesetzlichen Tatbestandsmerkmale). Darin liegt eine fürsorgliche Bevormundung des Rechtsbehelfsführers.

25 Der Einspruch kann auch **nachträglich** beschränkt werden. Darin liegt eine **Teilrücknahme** (→ Rn. 17). Die nachträgliche Beschränkung ist im Verfahren auf den Einspruch hin bis zur **Urteilsverkündung** möglich, allerdings nach Beginn der Hauptverhandlung nur mit Zustimmung der Staatsanwaltschaft, § 411 Abs. 3, § 303 (→ § 411 Rn. 39).

26 Die ursprünglich beschränkte Einlegung des Einspruchs impliziert nicht notwendig einen **Verzicht.** Innerhalb der Einspruchsfrist kann der Einspruch dann **nachträglich** erweitert werden.[30] Ob das Gericht zu Unrecht von einer Beschränkung des Einspruchs ausgegangen ist, also nicht über alle angefochtenen Bestandteile des Strafbefehls befunden hat, prüfen die **Rechtsmittelgerichte** wie Prozessvoraussetzungen von Amts wegen.[31]

27 **5. Inaussichtstellen von Nachteilen.** Vom Spezialfall § 411 Abs. 1 S. 3 abgesehen, suspendiert § 411 Abs. 4 das Verbot der Schlechterstellung **(reformatio in peius),** das §§ 331, 358 Abs. 2, § 373 Abs. 2 für das Rechtsmittel- und Wiederaufnahmeverfahren verhängen (→ § 411 Rn. 73). Soweit eine Schlechterstellung zulässig ist, darf sie dem Beschuldigten gegenüber in Aussicht gestellt werden.[32]

28 Umstritten ist, ob die Staatsanwaltschaft nur für den Fall, dass Einspruch eingelegt wird, also **bedingt,** beantragen darf, dem Beschuldigten nach **§ 111a** vorläufig die Fahrerlaubnis zu entziehen. Dass Prozesshandlungen bedingungsfeindlich sind, schließt innerprozessuale Bedingungen nicht schlechthin aus.[33] Allerdings verträgt sich der Sicherungszweck des § 111a schlecht mit dem **Verzögerungseffekt** einer bedingten Antragstellung. Das AG Montabaur hält die Bedingung für eine unzulässige Sanktionierung des Gebrauchs prozessualer Rechte.[34] Das LG Stuttgart dagegen erklärt die bedingte Antragstellung für zulässig.[35]

29 Für Zulässigkeit spricht, dass ein Antrag der Staatsanwaltschaft ohnehin entbehrlich ist. Denn mit dem Strafbefehlsantrag enden das Ermittlungsverfahren, § 407 Abs. 1 S. 4, und damit das Antragserfordernis, das § 162 statuiert; das Gericht kann von Amts wegen über eine Anordnung nach § 111a entscheiden. Bedeutungslos wird der Antrag dadurch allerdings nicht. Vielmehr wird das Gericht zu einer Entscheidung gezwungen, die der **Beschwerde** unterliegt, § 305 S. 2. Zugleich wird Druck auf den Beschuldigten ausgeübt, wenn er bei seiner Anhörung (§ 33 Abs. 3 iVm § 111a), im Verfahren nach § 408a oder informell von einem bedingten Antrag der Staatsanwaltschaft in Kenntnis gesetzt wird, bevor die Einspruchsfrist abgelaufen oder Einspruch eingelegt ist. Dieser Druck ist unfair, wenn der Strafbefehlsantrag seinerseits nicht auf Entziehung der Fahrerlaubnis lautet.[36] In diesem Fall rügt Deutscher zu Recht eine unzulässige **Sanktionsschere.**[37] Liegt kein Regelfall des § 69 Abs. 2 StGB vor, darf das Gericht sich ohne **neue Erkennt-**

---

[30] Weßlau in SK-StPO Rn. 10 mwN.
[31] OLG Dresden 5.2.2015 – 2 OLG 21 Ss 734/14, juris Rn. 10 = BeckRS 2015, 6698.
[32] Zur Abgrenzung von unzulässiger Beeinflussung OLG Stuttgart 30.1.2006 – 1 Ss 5/06, StV 2007, 232.
[33] Roxin/Schünemann StrafVerfR § 22 Rn. 12 f. mwN zum Streitstand.
[34] AG Montabaur 1.9.2010 – 2040 Js 30257/10 42 Cs, NZV 2011, 214.
[35] LG Stuttgart 17.3.2011 – 18 Qs 22/11, DAR 2011, 419.
[36] Vgl. OLG Hamm 7.11.2006 – 4 Ws 556/06, Blutalkohol 2007, 379 (Antrag auf vorläufige Entziehung der Fahrerlaubnis für den Fall der Einlegung eines Rechtsmittels).
[37] Deutscher VRR 2011, 271 (272).

nisse auch von Amts wegen nicht über die Maßregelentscheidung hinwegsetzen, die im Strafbefehl getroffen wurde (→ § 411 Rn. 73).[38]

6. Rechtskraft und Bindungswirkung des Strafbefehls (Abs. 3). Sobald der Straf- 30 befehl **ergangen** ist, also zur Kenntnisnahme durch Personen außerhalb des Gerichts aus dem räumlichen Geschäftsbereich des Gerichts entlassen wurde (→ § 409 Rn. 35), darf das Gericht Fehler grundsätzlich nicht mehr eigenmächtig korrigieren. Die ergangene Entscheidung entfaltet für das Gericht **Bindungswirkung.** Davon ausgenommen ist die Berichtigung **offensichtlicher Unrichtigkeiten** (→ § 260 Rn. 193 ff.). Dazu gehört beispielsweise nicht die nachträgliche Entziehung der Fahrerlaubnis, wenn im Strafbefehl nur eine Sperre für die Wiedererteilung ausgesprochen worden war.[39]

Weil der Strafbefehl in einem **summarischen Verfahren** erlassen wird, ohne volle 31 Wahrheitserforschung in mündlicher, unmittelbarer und öffentlicher Hauptverhandlung, wurde früher um die Reichweite seiner **Rechtskraft** gestritten.[40] Diesen Streit hat der Gesetzgeber mit dem Strafverfahrensänderungsgesetz 1987 durch die ausdrückliche Rechtskraftregelung in Absatz 3 entschieden: Der Strafbefehl erwächst ebenso **wie ein Urteil** in Rechtskraft. Allerdings sieht § 373a vor, dass die Rechtskraft des Strafbefehls im **Wiederaufnahmeverfahren** unter erleichterten Bedingungen durchbrochen werden kann. Ob das mit dem Grundsatz **ne bis in idem** vereinbar ist, wird diskutiert (→ § 373a Rn. 2, 13).[41] Zuungunsten des Verurteilten findet die Wiederaufnahme schon dann statt, wenn neue Tatsachen oder Beweismittel geeignet sind, die Verurteilung wegen eines Verbrechens zu begründen. In § 24 Beamtenstatusgesetz und in § 118 Abs. 3 S. 1 BRAO ist der Strafbefehl dem Urteil **nicht** gleichgestellt.[42]

Mitunter wird der Strafbefehl als **vorläufige, aufschiebend bedingte** Entscheidung 32 bezeichnet.[43] Aufschiebende Bedingung ist in diesem Bild nach Absatz 3 das Unterlassen, Einspruch einzulegen. Tatsächlich unterscheidet sich der Einspruch insofern von den Rechtsmitteln Berufung und Revision: Ein Einspruch beseitigt den Strafbefehl eo ipso. Es bedarf deshalb im Verfahren auf den Einspruch hin **keiner Aufhebung** der ergangenen Entscheidung, also des Strafbefehls. Die Aufhebungswirkung entfaltet nach Absatz 3 schon der **rechtzeitig eingelegte Einspruch.** Ist der Einspruch **unzulässig** eingelegt, lässt die Verwerfungsentscheidung nach **§ 411 Abs. 1 S. 1** den suspendierten Strafbefehl wieder aufleben. Bei verspätet eingelegtem Einspruch gilt das ex tunc ab fruchtlosem **Ablauf der Einspruchsfrist.** Ebenso lebt der Strafbefehl wieder auf, wenn der rechtzeitig eingelegte Einspruch **zurückgenommen** (→ Rn. 17) oder nach **§ 412** verworfen wird.[44]

Der Eintritt **formeller Rechtskraft** (Unanfechtbarkeit, Vollstreckbarkeit: § 409 Abs. 1 33 S. 1 Nr. 7, § 449) folgt den allgemeinen Regeln. Der Strafbefehl wird rechtskräftig, wenn auf das Einspruchsrecht verzichtet wird oder wenn der Strafbefehl nicht, nicht rechtzeitig (Absatz 3), aus sonstigen Gründen nicht zulässig oder zwar zunächst zulässig angefochten, der Einspruch aber zurückgenommen oder nach § 412 verworfen wird. Für den **Zeitpunkt** gilt: Formelle Rechtskraft tritt ein im Zeitpunkt des fruchtlosen **Ablaufs der Einspruchsfrist** oder davor im Zeitpunkt des **Verzichts** auf den Einspruch, im Zeitpunkt der **Zurücknahme** des Einspruchs (→ Rn. 17; umstritten bei Zurücknahme vor Ablauf der Einspruchsfrist → § 302 Rn. 10) oder im Zeitpunkt **rechtskräftiger Verwerfung** des Einspruchs nach § 411 Abs. 1 S. 1 oder § 412.[45]

---

[38] Bergmann DAR 2011, 420 (421).
[39] LG Mannheim 19.9.1994 – 7 Qs 32/94, StV 1995, 460; LG München II 3.11.1999 – 8 Qs 21/99, = DAR 2000, 87.
[40] BVerfG 18.12.1953 – 1 BvR 230/51, BVerfGE 3, 248; 7.12.1983 – 2 BvR 282/80, BVerfGE 65, 377; BGH 11.7.1978 – 1 StR 232/78, BGHSt 28, 69 mwN.
[41] Ablehnend Hutzler S. 111 ff.
[42] Weßlau in SK-StPO Rn. 17 mwN; vgl. BVerwG 30.4.2019 – 2 B 59/18, juris Rn. 1, 16 = BeckRS 2019, 11132.
[43] Schmitt in Meyer-Goßner/Schmitt Rn. 8 und Vor § 407 Rn. 2.
[44] Schmitt in Meyer-Goßner/Schmitt Rn. 8.
[45] Weßlau in SK-StPO Rn. 12 mwN.

34 Im Falle des § 412 ergeht ein Urteil, das seinerseits nach allgemeinen Regeln formell rechtskräftig werden muss, um die Verwerfung des Einspruchs wirksam und den Strafbefehl rechtskräftig werden zu lassen. Nach § 411 Abs. 1 S. 1 wird ein unzulässiger Einspruch durch Beschluss verworfen. War die **Einspruchsfrist** nicht eingehalten, bestimmt aber ihr Ablauf den Zeitpunkt der formellen Rechtskraft. Das ist ein Gebot der Rechtssicherheit. In den **anderen Fällen der Unzulässigkeit** tritt formelle Rechtskraft des Strafbefehls erst mit formeller Rechtskraft des Verwerfungsbeschlusses nach § 411 Abs. 1 S. 1, § 311 ein. Wird der Einspruch **zurückgenommen,** muss über ihn nicht mehr entschieden werden.[46] Wird die Wirksamkeit der Zurücknahme bestritten, stellt das Amtsgericht sie entweder **deklaratorisch** fest, durch Beschluss, der analog § 411 Abs. 1 S. 1 der sofortigen Beschwerde unterliegt, oder es setzt das Verfahren nach Einspruch fort.[47]

35 Wird der Strafbefehl nicht von allen Einspruchsberechtigten (→ Rn. 7) oder von einem Einspruchsberechtigten nur teilweise angefochten (→ Rn. 23), erwachsen seine übrigen Teile in **relative bzw. Teilrechtskraft.** Der Einspruch des **Verteidigers** oder des **gesetzlichen Vertreters** nach Absatz 1 Satz 2 iVm §§ 297, 298 gilt dabei als Einspruch des Beschuldigten. Terminologisch kann die relative Rechtskraft als Oberbegriff in **subjektiv und objektiv relative** Rechtskraft unterschieden werden. Subjektiv relative oder auch Teilrechtskraft tritt ein im Verhältnis zwischen mehreren Einspruchsberechtigten. Objektiv relative oder auch Teilrechtskraft tritt ein im Falle teilweiser Anfechtung durch einen Berechtigten.[48] Diese Teilrechtskraft heißt **vertikal** im Verhältnis zwischen mehreren prozessualen Taten und **horizontal** innerhalb einer prozessualen Tat (→ Rn. 23; → Einl. Rn. 515). Auch zu den Feststellungen, die objektiv teilrechtskräftig entschiedenen Teilen zugrundeliegen, darf sich das Gericht im weiteren Verfahren grundsätzlich nicht in Widerspruch setzen, es besteht **innerprozessuale Bindungswirkung.** Allerdings kann von Fall zu Fall die Beschränkung des Einspruchs unwirksam sein (→ Rn. 23).

36 Legt von mehreren Einspruchsberechtigten nur ein **Nebenbeteiligter,** also der Einziehungs- (Unbrauchbarmachungs- oder Vernichtungs-) -beteiligte oder Nebenbetroffene oder die juristische Person oder Personenvereinigung, gegen die eine Geldbuße nach § 30 OWiG festgesetzt wird, Einspruch ein, gelten verfahrensrechtliche Besonderheiten (§ 432 Abs. 2, § 438 Abs. 3, § 439 bzw. § 444 Abs. 2 S. 2 iVm § 434 Abs. 2, 3 → § 411 Rn. 20, 72). Gegenüber dem **Nebenbetroffenen** entfällt die Überprüfung des **Schuldspruchs,** wenn seine Beteiligung entsprechend hätte beschränkt werden können, § 438 Abs. 3 iVm § 432 Abs. 2.

37 **Ordnungswidrigkeiten** werden bei prozessualer Tateinheit zwingend Gegenstand des Strafverfahrens, § 40 OWiG. Bei prozessualer Tatmehrheit kann die Staatsanwaltschaft die Verfolgung von Ordnungswidrigkeiten übernehmen, die mit der Straftat zusammenhängen, § 42 OWiG (→ § 407 Rn. 19 ff.). Die Verbindung von Verfahren gegen mehrere Personen oder wegen mehrerer Taten kann im weiteren Verfahren insbesondere auf einen Einspruch hin entfallen; dann gelten §§ 45, 82 Abs. 2, § 83 OWiG (→ § 407 Rn. 19 ff.).[49]

38 Formelle Rechtskraft des Strafbefehls als einer Entscheidung in der Sache führt zu **materieller Rechtskraft,** zum Strafklageverbrauch (ne bis in idem, allerdings nicht nach Art. 103 Abs. 3 GG, sondern kraft rechtsstaatlichem Vertrauensschutz),[50] so weit der Prozessgegenstand reicht (→ Einl. Rn. 503 ff.).

39 Den Eintritt der Rechtskraft kann die Staatsanwaltschaft richtigerweise nicht dadurch verhindern, dass sie den Strafbefehlsantrag zurücknimmt. Denn die Entscheidung über den

---
[46] Vgl. dazu → § 302 Rn. 51.
[47] OLG Jena 3.8.2005 – 1 Ws 272/05, NStZ 2007, 56; OLG Stuttgart 25.3.2013 – 2 Ws 21/13, BeckRS 2013, 7116.
[48] Roxin/Schünemann StrafVerfR § 52 Rn. 3 f.
[49] Näher dazu Maur in KK-StPO § 407 Rn. 34; Gössel in Löwe/Rosenberg, 26. Aufl., Vor § 407 Rn. 57.
[50] BVerfG 31.10.2023 – 2 BvR 900/22, NJW 2023, 3698 (3705).

Erlass eines Strafbefehls ist in § 408 Abs. 2 S. 2 und § 427 Abs. 1 S. 2 der Entscheidung im **Eröffnungsverfahren** gleichgestellt. Das mit der Eröffnungsentscheidung eintretende Verbot der Klagerücknahme (§ 156, **Immutabilitätsprinzip**) wird im weiteren Verfahren **erst nach Einspruch** gegen den Strafbefehl wieder weitgehend außer Kraft gesetzt, § 411 Abs. 3 (→ § 411 Rn. 39 ff.).

Durchbrochen werden kann die Rechtskraft durch **Wiederaufnahme** des Verfahrens (→ Rn. 31), durch **Wiedereinsetzung** in den vorigen Stand bei Fristversäumung (§§ 44 ff.) sowie durch **Verfassungsbeschwerde**. 40

7. Rechtsbehelf der Staatsanwaltschaft. Weil für den Erlass des Strafbefehls der Grundsatz **voller Übereinstimmung** von Richter und Staatsanwalt gilt, steht der Staatsanwaltschaft gegen den erlassenen Strafbefehl grundsätzlich **kein** Rechtsbehelf zu.[51] Die Staatsanwaltschaft kann aber, wenn der Strafbefehl **rechtskräftig** geworden ist, nach § 79 BVerfGG und §§ 359 ff., 373a unter den dort genannten engen Voraussetzungen die **Wiederaufnahme** des Verfahrens betreiben, auch zugunsten des Verurteilten, § 373a Abs. 2, §§ 365, 296. 41

Bei **Abweichungen** des Strafbefehls vom Strafbefehlsantrag – sie führen nicht zur Nichtigkeit des Strafbefehls[52] – und angesichts der **Aufgabe der Staatsanwaltschaft**, Gerechtigkeit und Objektivität der Rechtspflege zu wahren (vgl. § 160 Abs. 2, § 296 Abs. 2), erscheint die Rechtslage **vor Rechtskraft** des Strafbefehls unbefriedigend. Zu erwägen wäre, in den Grenzen von Absatz 3 bei Beschwer eine Beschwerde nach § 210 Abs. 2 oder §§ 304 ff. zuzulassen.[53] 42

§ 411 Verwerfung wegen Unzulässigkeit; Termin zur Hauptverhandlung

(1) ¹Ist der Einspruch verspätet eingelegt oder sonst unzulässig, so wird er ohne Hauptverhandlung durch Beschluß verworfen; gegen den Beschluß ist sofortige Beschwerde zulässig. ²Andernfalls wird Termin zur Hauptverhandlung anberaumt. ³Hat der Angeklagte seinen Einspruch auf die Höhe der Tagessätze einer festgesetzten Geldstrafe beschränkt, kann das Gericht mit Zustimmung des Angeklagten, des Verteidigers und der Staatsanwaltschaft ohne Hauptverhandlung durch Beschluss entscheiden; von der Festsetzung im Strafbefehl darf nicht zum Nachteil des Angeklagten abgewichen werden; gegen den Beschluss ist sofortige Beschwerde zulässig.

(2) ¹Der Angeklagte kann sich in der Hauptverhandlung durch einen Verteidiger mit nachgewiesener Vertretungsvollmacht vertreten lassen. ²§ 420 ist anzuwenden.

(3) ¹Die Klage und der Einspruch können bis zur Verkündung des Urteils im ersten Rechtszug zurückgenommen werden. ²§ 303 gilt entsprechend. ³Ist der Strafbefehl im Verfahren nach § 408a erlassen worden, so kann die Klage nicht zurückgenommen werden.

(4) Bei der Urteilsfällung ist das Gericht an den im Strafbefehl enthaltenen Ausspruch nicht gebunden, soweit Einspruch eingelegt ist.

Übersicht

		Rn.			Rn.
I.	Überblick	1	1.	Zuständiges Gericht	3
II.	Erläuterung	3	2.	Entscheidung ohne Hauptverhandlung	5

---

[51] Weßlau in SK-StPO § 408 Rn. 12 mwN.
[52] Schmitt in Meyer-Goßner/Schmitt § 408 Rn. 11 mwN.
[53] Burkhard S. 211 f.; Müller S. 82: Einspruch; vgl. auch Rau/Zschieschack JuS 2005, 802 (805): Antrag auf Widerruf. Ablehnend Maur in KK-StPO § 408 Rn. 18; Gössel in Löwe/Rosenberg, 26. Aufl., § 408 Rn. 40; Schorn S. 54 mwN.

	Rn.			Rn.
a) Verwerfung des Einspruchs als unzulässig (Abs. 1 Satz 1)	5		a) System	39
b) Einstellung des Verfahrens	10		b) Einzelfragen	44
c) Einspruch nur gegen die Tagessatzhöhe (Abs. 1 Satz 3)	14		c) Rechtsfolgen	48
d) Isolierter Einspruch von Nebenbeteiligten	20		d) Faires Verfahren	50
3. Hauptverhandlung (Abs. 1 Satz 2, Abs. 2)	21	5.	Entscheidung nach Hauptverhandlung, Rechtsbehelfe	54
a) Anberaumung und Vorbereitung der Hauptverhandlung	24		a) System	54
b) Vertretung des Angeklagten (Abs. 2 Satz 1)	26		b) Unzulässigkeit, Zurücknahme des Einspruchs und Verzicht auf den Einspruch	60
c) Ablauf der Hauptverhandlung	33		c) Verstoß gegen § 412	66
4. Zurücknahme von Klage und Einspruch (Abs. 3)	39		d) Isolierter Einspruch von Nebenbeteiligten	72
		6.	Kein Verbot der reformatio in peius (Abs. 4)?	73

I. Überblick

1 Die Vorschrift regelt das **Verfahren auf einen Einspruch** hin. Durch den Einspruch kann der Angeklagte das schriftliche Strafbefehlsverfahren in eine mündliche und öffentliche **Hauptverhandlung** überleiten. Das Verfahren wird vor dem Gericht geführt, das den Strafbefehl erlassen hat. Für die Hauptverhandlung gelten **Besonderheiten** (Beweisaufnahme nach den Regeln des beschleunigten Verfahrens, Möglichkeit der Zurücknahme von Klage und Einspruch, Recht des Angeklagten, sich vertreten zu lassen, Verwerfung des Einspruchs nach § 412 bei unentschuldigtem Ausbleiben des Angeklagten). Die Hauptverhandlung schließt grundsätzlich mit einem **Urteil**, gegen das die allgemeinen Rechtsmittel statthaft sind (§§ 312 ff., 333 ff.).

2 Die Überleitung in eine Hauptverhandlung setzt voraus, dass der Einspruch **zulässig** eingelegt ist. Ein unzulässiger Einspruch wird **ohne Hauptverhandlung durch Beschluss** verworfen. Ebenso kann ohne Hauptverhandlung durch Beschluss entschieden werden, wenn nur gegen die Tagessatzhöhe oder nur von einem Nebenbeteiligten Einspruch eingelegt wurde. Gegen den Beschluss ist jeweils **sofortige Beschwerde** zugelassen. Der in jeder Lage des Verfahrens zulässige Beschluss, das Verfahren nach §§ 153 ff. einzustellen, ist dagegen weitgehend **unanfechtbar**.

II. Erläuterung

3 **1. Zuständiges Gericht.** Für das Verfahren auf einen Einspruch hin ist das Gericht zuständig, das den Strafbefehl erlassen hat. Die Zuständigkeit für den Erlass eines Strafbefehls liegt im Regelfall beim Amtsgericht, **Strafrichter.** In den Fällen des § 408a können aber auch das **Schöffengericht** und das **erweiterte Schöffengericht** einen Strafbefehl erlassen (→ § 408 Rn. 2; → § 408a Rn. 4).

4 Die Entscheidung über den Erlass eines Strafbefehls ist der Entscheidung im Eröffnungsverfahren gleichgestellt (→ § 408 Rn. 10, 17, 28); im Verfahren nach § 408a ist ein regulärer Eröffnungsbeschluss ergangen. Weil die Hinzuziehung eines zweiten Richters beim Amtsgericht nach § 29 Abs. 2 GVG (**erweitertes Schöffengericht**) mit dem Eröffnungsbeschluss erfolgen muss, weil im Verfahren auf den Einspruch hin aber kein Eröffnungsbeschluss mehr ergeht, kann in dieser Lage des Verfahrens **nicht** mehr beschlossen werden, das Schöffengericht zu erweitern (→ Rn. 19).

5 **2. Entscheidung ohne Hauptverhandlung. a) Verwerfung des Einspruchs als unzulässig (Abs. 1 Satz 1).** Ist der Einspruch verspätet oder sonst unzulässig eingelegt, fehlen also Statthaftigkeit oder Einspruchsberechtigung, hat der Einspruch nicht die erforderliche Form oder wurde ein Verzicht erklärt (§ 410 Abs. 1), **verwirft** das Gericht den Einspruch ohne Hauptverhandlung durch **Beschluss**. Nach § 33 Abs. 2 muss die Staatsan-

waltschaft vorher **angehört** werden, nach Maßgabe von § 33 Abs. 3 auch der Einspruchsführer und andere Beteiligte; § 407 Abs. 3 gilt in diesem Verfahrensstadium nicht mehr. Nach §§ 34, 35 Abs. 2 S. 1, § 35a bedarf der Beschluss einer **Begründung**, einer **Rechtsmittelbelehrung** und muss **zugestellt** werden. Der Beschluss trifft **keine Kostenentscheidung**, § 473 gilt für den Einspruch nicht; es bleibt bei der Kostenentscheidung im Strafbefehl.

Obwohl der Grundsatz **in dubio pro reo** nach überwiegender Ansicht nur für Tatsachen gilt, die die Schuld- und Straffrage oder einzelne Prozessvoraussetzungen betreffen, aber nicht für sonstige prozesserhebliche Tatsachen (→ § 261 Rn. 358 ff.),[1] wird bei Zweifeln, ob die Einspruchsfrist eingehalten ist, zu Recht zugunsten der Zulässigkeit des Einspruchs entschieden.[2]

Bei unverschuldeter Fristversäumung wird nach §§ 44 ff. auf Antrag **Wiedereinsetzung** in den vorigen Stand gewährt. Das kann auch von Amts wegen geschehen, wenn der Einspruch eingelegt und fehlendes Verschulden offenkundig ist, § 45 Abs. 2 S. 3. Die Anforderungen dürfen von Verfassungs wegen und kraft europarechtlicher Vorgaben nicht überspannt werden. War die nach § 409 Abs. 1 S. 1 Nr. 7 erforderliche Belehrung über das Einspruchsrecht unterblieben, gilt die Fristversäumung **analog § 44 S. 2** als unverschuldet (→ § 409 Rn. 24: → § 410 Rn. 16). Über die Wiedereinsetzung entscheidet das **Gericht, das den Strafbefehl erlassen hat** und deshalb für die Entscheidung über den Einspruch zuständig ist, § 46 Abs. 1. Auch wenn das Gericht den Antrag auf Wiedereinsetzung **übergangen** hat oder wenn der Antrag erst im Rechtsmittelverfahren gestellt wird, wechselt die Zuständigkeit nicht auf das Rechtsmittelgericht.[3] Das Rechtsmittelgericht hat zwischenzeitlich ergangene Entscheidungen aufzuheben und den Einspruch als unzulässig zu verwerfen.[4] Anschließend entscheidet das Amtsgericht nach § 46 Abs. 1 iVm § 411 (→ Rn. 65).

Verwirft das Gericht den Antrag auf Wiedereinsetzung, unterliegt diese Entscheidung der **sofortigen Beschwerde** nach § 46 Abs. 3. Wird der Einspruch nicht in demselben Beschluss als unzulässig verworfen, besteht auch im weiteren Verfahren keine Bindung an die Entscheidung über den Wiedereinsetzungsantrag, beispielsweise in der Frage, ob der Einspruch wirksam zugestellt war.[5] Gegen den Beschluss, durch den der Einspruch als unzulässig **verworfen** wird, ist **sofortige Beschwerde** nach § 311 zulässig, Absatz 1 Satz 1 Halbsatz 2. Verwirft erstmals das Landgericht zusammen mit seiner Entscheidung nach § 46 Abs. 3 den Einspruch als unzulässig, hebt das Beschwerdegericht die Entscheidung insofern auf. Weil das Amtsgericht die Sachentscheidung noch gar nicht getroffen hatte, verweist das Beschwerdegericht die Sache abweichend von § 309 an das Amtsgericht zurück. Das Amtsgericht entscheidet über den Einspruch ohne Bindung an die bereits rechtskräftige Entscheidung über den Wiedereinsetzungsantrag.[6]

Formelle Rechtskraft des Strafbefehls tritt bei Versäumung der Einspruchsfrist mit ihrem Ablauf ein oder grundsätzlich im Zeitpunkt des **Verzichts** auf den Einspruch oder der **Zurücknahme** des Einspruchs. Wird, von Verfristung und Zurücknahme abgesehen, über die Unzulässigkeit des Einspruchs gestritten, tritt formelle Rechtskraft erst mit formeller Rechtskraft des Verwerfungsbeschlusses nach Absatz 1 Satz 1 iVm § 311 ein (→ § 410 Rn. 30 ff.). Übersieht das Gericht zunächst die Unzulässigkeit des Einspruchs und tritt in die Hauptverhandlung ein, muss der Einspruch im **Urteil** als unzulässig verworfen werden (→ Rn. 60).

b) Einstellung des Verfahrens. aa) Einstellung nach § 206a. Fehlt eine **Prozessvoraussetzung**, wird das Verfahren außerhalb der Hauptverhandlung durch **Beschluss**

---

[1] Anderer Ansicht Schwabenbauer NStZ 2014, 495.
[2] BayObLG 9.12.1965 – RReg. 4b St 79/65, NJW 1966, 947; Weßlau in SK-StPO Rn. 1 mwN.
[3] BGH 31.1.1968 – 3 StR 19/68, BGHSt 22, 52; OLG Frankfurt a. M. 28.3.2006 – 3 Ws 321/06, NStZ-RR 2006, 215. AA früher BayObLG 27.2.1963 – RReg. 4 St 371/62, JZ 1964, 385.
[4] Weßlau/Deiters in SK-StPO § 46 Rn. 3 mwN zum Streitstand.
[5] OLG Celle 12.2.2004 – 2 Ss 6/04, NStZ-RR 2004, 300.
[6] OLG Naumburg 3.1.2013 – 2 Ws 233/12, BeckRS 2013, 5466.

nach § 206a eingestellt. Gegen den Beschluss ist sofortige Beschwerde statthaft, § 206a Abs. 2 iVm § 311. Wegen eines Prozesshindernisses, das erst nach **Erlass** des Strafbefehls eingetreten ist,[7] kann der Richter das Verfahren nach vermittelnder Ansicht auch dann gemäß § 206a einstellen, wenn kein Einspruch eingelegt wird (→ § 206a Rn. 12),[8] vorausgesetzt, der Strafbefehl ist noch nicht in Rechtskraft erwachsen.

11   Nach § 407 Abs. 1 S. 4 wird durch den Strafbefehlsantrag die **öffentliche Klage** erhoben. Der Strafbefehl steht nach § 408 Abs. 2 S. 2, § 427 Abs. 1 S. 2 der Entscheidung im **Eröffnungsverfahren** gleich. Strafbefehlsantrag und Strafbefehl übernehmen also die Funktion von **Anklageschrift** und **Eröffnungsbeschluss**.[9] Ihr Vorliegen ist **Prozessvoraussetzung**. Führt ein Fehler zur **Unwirksamkeit des Strafbefehls,** kann Einspruch eingelegt werden. Umstritten ist aber, ob das Verfahren auf den Einspruch hin **eingestellt** werden muss oder ob das weitere Verfahren allein auf die Klageerhebung, also den **Strafbefehlsantrag** der Staatsanwaltschaft gegründet werden kann (→ § 409 Rn. 51).

12   Richtigerweise ergibt sich folgende Unterscheidung: (1) Wurde der Strafbefehl im **Verfahren nach § 408a** erlassen, sind ihm Anklageerhebung und Eröffnungsbeschluss vorausgegangen, so dass auf den Einspruch hin nach § 411 verfahren werden kann. (2) Wurde der Strafbefehl dagegen im **Verfahren nach § 408** erlassen, entfällt mit der Nichtigkeit des Strafbefehls eine Prozessvoraussetzung. Nachholung und Heilung sind nach Einlegung des Einspruchs schon deshalb ausgeschlossen, weil auf den Einspruch hin im weiteren Verfahren mittelbar gerade auch der Strafbefehl überprüft wird, vgl. insbesondere Absatz 1 und 4 sowie § 410 Abs. 2, 3. Konsequenz: Einstellung des Verfahrens nach § 206a (→ § 409 Rn. 52).

13   bb) **Einstellung nach §§ 153 ff.** Mit dem zulässigen Einspruch gegen den Strafbefehl entfällt die **Bindungswirkung,** die der **ergangene** Strafbefehl für das Gericht entfaltet. Genau genommen suspendiert sogar schon der **rechtzeitig eingelegte,** nicht wieder zurückgenommene Einspruch den Strafbefehl, § 410 Abs. 3. Erst die Verwerfungsentscheidung nach Absatz 1 Satz 1 lässt den Strafbefehl gegebenenfalls wieder aufleben (→ § 410 Rn. 30). Folglich ermöglicht richtigerweise schon der rechtzeitig eingelegte Einspruch eine Einstellung aus **Opportunitätsgründen nach §§ 153 ff**. Sie kann grundsätzlich in jeder Lage des Verfahrens durch in der Regel unanfechtbaren Beschluss ergehen. **Teilrechtskraft** steht der Einstellung nicht entgegen.[10]

14   c) **Einspruch nur gegen die Tagessatzhöhe (Abs. 1 Satz 3).** Der Einspruch kann auf bestimmte **Beschwerdepunkte beschränkt** werden, § 410 Abs. 2. Beschränkt der Angeklagte seinen Einspruch wirksam auf die Höhe der Tagessätze einer festgesetzten Geldstrafe, erwächst der Strafbefehl im Übrigen, also die Entscheidung über Schuldspruch, Zahl der Tagessätze und sonstige Sanktionen, in **Rechtskraft**, § 410 Abs. 3 (→ § 410 Rn. 23, 30). Für die Entscheidung über den Einspruch müssen dann nur noch die in § 40 Abs. 2, 3 StGB genannten Verhältnisse des Täters erforscht werden. Die dort genannten **persönlichen und wirtschaftlichen Verhältnisse** sind bei Erlass des Strafbefehls oft nicht ausermittelt; § 40 Abs. 3 StGB erlaubt die gerichtliche **Schätzung.** Kann der Angeklagte abweichende oder geänderte persönliche und wirtschaftliche Verhältnisse schriftlich belegen (zB Einkommensnachweis), bedarf es zur Entscheidung über seinen Einspruch nicht zwingend einer weiteren Anhörung und damit keiner Hauptverhandlung.[11] Es steht dann im **Ermessen** des Gerichts, unter bestimmten weiteren Voraussetzungen **ohne Hauptverhandlung** durch **Beschluss** zu entscheiden, Absatz 1 Satz 3.

15   Dieses Beschlussverfahren wurde durch das 1. Justizmodernisierungsgesetz 2004 eingeführt. Es soll im Erst-recht-Schluss auch dann Anwendung finden, wenn der Einspruch auf die Gewährung von **Zahlungserleichterungen** im Sinne von § 42 StGB beschränkt

---

[7] AA Schorn S. 54, 92.
[8] AA Schmitt in Meyer-Goßner/Schmitt § 206a Rn. 6.
[9] Vgl. BGH 16.6.1970 – 5 StR 111/70, BGHSt 23, 280 (281); OLG Zweibrücken 25.4.1986 – 1 Ss 69/86, MDR 1987, 164. Einschränkend Gössel in Löwe/Rosenberg, 26. Aufl., § 408 Rn. 37.
[10] Beulke in Löwe/Rosenberg § 153 Rn. 59 ff.; Diemer in KK-StPO § 153 Rn. 31.
[11] Vgl. dazu BT-Drs. 15/3482, 22.

wird.¹² Bei der nachträglichen Bildung einer **Gesamtstrafe** kann der Beschluss nach Absatz 1 Satz 3 Entscheidung im Sinne von § 55 Abs. 1 S. 2 StGB sein.¹³

Nach § 33 Abs. 2 muss die Staatsanwaltschaft vor der Entscheidung insbesondere zu **16** den vom Angeklagten neu vorgebrachten Umständen **angehört** werden.¹⁴ Außerdem müssen die Staatsanwaltschaft, der Angeklagte und gegebenenfalls sein Verteidiger dem Beschlussverfahren formlos, aber ausdrücklich¹⁵ **zustimmen;** Absatz 1 Satz 3 normiert – im Umkehrschluss aus § 251 Abs. 1 Nr. 1 – keinen Fall der notwendigen Verteidigung.¹⁶ Praktisch wird dem Beschlussverfahren regelmäßig eine Abstimmung mit den Verfahrensbeteiligten vorausgehen.¹⁷ Die Zustimmung kann auch noch im **Beschwerdeverfahren** erteilt werden.¹⁸ Ob aus einer **Hauptverhandlung** ins Beschlussverfahren gewechselt werden kann, insbesondere wenn der Einspruch in der Hauptverhandlung wirksam auf die Höhe der Tagessätze einer festgesetzten Geldstrafe beschränkt wird, ist umstritten.¹⁹ Richtigerweise kommt das Beschlussverfahren nach Absatz 1 Satz 3 nur bei Entscheidung „ohne Hauptverhandlung" in Betracht, so dass nach einer Hauptverhandlung durch Urteil entschieden werden muss. Wird irrig durch Beschluss entschieden und gegen diese Entscheidung Rechtsmittel eingelegt,²⁰ geht die Falschbezeichnung nach allgemeinen Regeln (§ 300) nicht zu Lasten des Rechtsmittelführers.

Absatz 1 Satz 3 Halbsatz 2 ordnet für das Beschlussverfahren über die Tagessatzhöhe **17** an, dass von der Festsetzung im Strafbefehl nicht zum Nachteil des Angeklagten abgewichen werden darf, Verschlechterungsverbot alias **Verbot der reformatio in peius.** Für den Beschuldigten liegt darin ein Anreiz, dieses Verfahren zu favorisieren.²¹ Die Staatsanwaltschaft wird ihre Zustimmung zum Beschlussverfahren davon abhängig machen, ob sie eine umfassende Überprüfung der Tagessatzhöhe auch zuungunsten des Beschuldigten für erforderlich hält.

Gegen den Beschluss ist **sofortige Beschwerde** statthaft, Absatz 1 Satz 3 Halbsatz 3 **18** iVm § 311. Das Beschwerdegericht entscheidet in der Regel selbst über die Tagessatzhöhe, § 309 Abs. 2. Fehlt jedoch eine erforderliche Zustimmung zum Beschlussverfahren, hebt das Beschwerdegericht den Beschluss auf und verweist die Sache zurück.²² Dasselbe gilt richtigerweise, wenn das erstinstanzliche Gericht eine Beschränkung des Einspruchs im Sinne von Absatz 1 Satz 3 zu Unrecht angenommen hat.²³ Weil das Beschwerdegericht nach den für Prozessvoraussetzungen geltenden Regeln von Amts wegen zu prüfen hat, ob über alle angefochtenen Bestandteile des Strafbefehls befunden wurde (→ § 410 Rn. 26), ist diese Entscheidung auch ohne zulässige Beschwerde möglich (→ Rn. 10). Für die Beschwerde ordnet die Strafprozessordnung grundsätzlich kein Verschlechterungsverbot an (→ Einl. Rn. 255; → § 309 Rn. 24). Dennoch kann die Entscheidungsmacht des Beschwerdegerichts nicht weiter reichen als diejenige des erstinstanzlichen Gerichts. Daraus ergibt sich ein **Verschlechterungsverbot** gegenüber dem Strafbefehl. Außerdem ist auch für die Beschwerdeentscheidung zu Recht ausnahmsweise ein Verschlechterungsverbot anerkannt, wenn Rechtsfolgen endgültig festgesetzt werden (→ § 309 Rn. 24). Daraus ergibt sich ein Verschlechterungsverbot auch gegenüber dem Beschluss nach Absatz 1 Satz 3.

---

12 AG Kehl 17.6.2015 – 3 Cs 208 Js 18057/14, BeckRS 2015, 10864.
13 BGH 3.12.2019 – 1 StR 535/19, juris Rn. 13 ff. = NStZ-RR 2020, 240; 7.1.2020 – 3 StR 561/19, NJW 2020, 1380; OLG Karlsruhe 24.4.2019 – 2 Rv 7 Ss 187/19, BeckRS 2019, 7388.
14 Vgl. Neuhaus StV 2005, 47 (53).
15 Weßlau in SK-StPO Rn. 13 mwN.
16 LG Mosbach 5.12.2008 – 1 Qs 75/08, NStZ 2009, 176.
17 Schmitt in Meyer-Goßner/Schmitt Rn. 2a.
18 Weßlau in SK-StPO Rn. 16 mwN.
19 Dafür Brauer in Gercke/Temming/Zöller Rn. 7; dagegen LG Dresden 15.6.2020 – 16 Qs 31/20, juris Rn. 13 = BeckRS 2020, 45037; Temming in BeckOK-StPO Rn. 3.
20 Vgl. dazu LG Dresden 15.6.2020 – 16 Qs 31/20, BeckRS 2020, 45037.
21 Weßlau in SK-StPO Rn. 15.
22 Weßlau in SK-StPO Rn. 16 mwN.
23 Teilweise abweichend erklärt das LG Regensburg (22.8.2019 – 5 Qs 151/19, BeckRS 2019, 19484) Beschluss und Beschwerde für gegenstandslos und verweist das Verfahren zurück ans Amtsgericht.

Dieses Verbot wird mitunter zusätzlich darauf gestützt, dass das Gericht mit dem Beschluss über die Tagessatzhöhe seinerseits eine „Festsetzung im Strafbefehl" im Sinne von Absatz 1 Satz 3 Halbsatz 2 vornehme.[24]

19 Dass die Ermessensentscheidung für das Beschlussverfahren vor dem Schöffengericht zur Anwendung des § 30 Abs. 2 GVG führt, wird sub specie Recht auf den **gesetzlichen Richter** (Art. 101 Abs. 1 S. 2 GG) kritisiert.[25] Absatz 1 Satz 3 gilt nicht im **Berufungsrechtszug.**[26]

20 **d) Isolierter Einspruch von Nebenbeteiligten.** Nebenbeteiligte sind der **Einziehungs-** (Unbrauchbarmachungs- oder Vernichtungs-) -**beteiligte,** der beteiligte **Nebenbetroffene** und die juristische Person oder Personenvereinigung, gegen die eine **Geldbuße** nach § 30 OWiG festgesetzt wurde. Ist nur über den Einspruch eines Nebenbeteiligten zu entscheiden, gelten verfahrensrechtliche Besonderheiten. Gegenüber dem **Nebenbetroffenen** entfällt die Überprüfung des **Schuldspruchs,** wenn seine Beteiligung entsprechend hätte beschränkt werden können, § 438 Abs. 3 iVm § 432 Abs. 2. Es kann generell im **Beschlussverfahren** entschieden werden. Wird durch Urteil entschieden, ist der **Instanzenzug** beschnitten, § 432 Abs. 2, § 438 Abs. 3, § 439 bzw. § 444 Abs. 2 S. 2 iVm § 434 Abs. 2, 3.

21 **3. Hauptverhandlung (Abs. 1 Satz 2, Abs. 2).** Ist der **Einspruch zulässig** eingelegt, bei Fristversäumung gegebenenfalls kraft Wiedereinsetzung in den vorigen Stand, erfolgt zwischenzeitlich keine Einstellung des Verfahrens insbesondere nach §§ 153 ff. und wird weder nach Absatz 1 Satz 3 noch über den isolierten Einspruch eines Nebenbeteiligten im **Beschlussverfahren** entschieden, so beraumt das Gericht Termin zur Hauptverhandlung an, Absatz 1 Satz 2.

22 Darf die Staatsanwaltschaft in dieser Lage des Verfahrens erneut einen Strafbefehl beantragen (§ 408a)? Richtigerweise muss – auch wenn die formalen Voraussetzungen vorliegen – ein solcher Strafbefehlsantrag ausscheiden. Denn der Angeklagte hat durch seinen Einspruch das **konsensuale Teilfundament des Strafbefehlsverfahrens** (→ § 407 Rn. 11) beseitigt und den Wechsel ins Regelverfahren mit Hauptverhandlung und Urteil erzwungen, vgl. § 411 Abs. 1 S. 2, Abs. 3 S. 1 (→ § 408a Rn. 7).

23 Stellt sich heraus, dass eine **Prozessvoraussetzung** fehlt, beispielsweise der **Strafbefehl unwirksam** ist, kann das Verfahren außerhalb der Hauptverhandlung durch **Beschluss** nach § 206a eingestellt werden (→ Rn. 10). In der Hauptverhandlung ergeht ein **Einstellungsurteil** nach § 260 Abs. 3.

24 **a) Anberaumung und Vorbereitung der Hauptverhandlung.** Für das Hauptverfahren auf einen Einspruch hin gelten die **allgemeinen Vorschriften** in den §§ 212 ff. Mit der Anberaumung der Hauptverhandlung wird ein vorher erklärter Anschluss als **Nebenkläger** wirksam, § 396 Abs. 1 S. 3. Der Richter muss in diesem Fall nach § 396 Abs. 2 über die Anschlussbefugnis entscheiden.

25 Dass in der **Ladung** (§§ 216 ff.), die auch öffentlich zugestellt werden darf, auf die Folgen des Ausbleibens etc nach §§ 412, 329 **hingewiesen** werden müsste, schreibt das Gesetz nicht vor (→ § 40 Rn. 2);[27] eine ausdrückliche Regelung, wie sie § 323 Abs. 1 S. 2 für die Ladung zur **Berufungshauptverhandlung** trifft, fehlt. Dennoch wird der Hinweis zu Recht für erforderlich gehalten, und zwar bei jeder neuen Ladung:[28] Andernfalls scheidet eine Verwerfung des Einspruchs nach § 412 in aller Regel aus (→ § 412 Rn. 11). Ob der Beschuldigte in der Ladung über die Möglichkeit **belehrt** werden muss,

---

[24] Schmitt in Meyer-Goßner/Schmitt Rn. 2b.
[25] Weßlau in SK-StPO Rn. 12.
[26] OLG Dresden 22.1.2014 – 2 Ws 30/14, BeckRS 2014, 128823.
[27] Gössel in Löwe/Rosenberg, 26. Aufl., Rn. 24.
[28] OLG Bremen 5.7.1968 – Ss 71/68, MDR 1968, 1031; OLG Köln 24.9.1968 – Ss 438/68, NJW 1969, 246; OLG Hamburg 30.3.1976 – 1 Ss 158/75, MDR 1976, 1041; Schmitt in Meyer-Goßner/Schmitt § 412 Rn. 2; Weßlau in SK-StPO § 412 Rn. 3 mwN.

sich nach Absatz 2 Satz 1 vertreten zu lassen, ist umstritten,[29] aber konsequenterweise zu bejahen.

b) Vertretung des Angeklagten (Abs. 2 Satz 1). In der Hauptverhandlung auf einen Einspruch hin verwandelt sich die **Anwesenheitspflicht** des Angeklagten (§§ 230, 231 Abs. 1) in eine Art **Obliegenheit**: Der Angeklagte ist nicht verpflichtet, zu erscheinen. Er hat das Recht, sich stattdessen von einem **Verteidiger vertreten** zu lassen, Absatz 2 Satz 1.[30] Dadurch bleiben dem Angeklagten die Vorzüge des Strafbefehlsverfahrens – Schutz vor der **stigmatisierenden** Wirkung einer Hauptverhandlung – teilweise erhalten. Erscheinen ohne genügende Entschuldigung weder der Angeklagte noch ein ihn vertretender Verteidiger, wird der **Einspruch verworfen**, § 412 iVm § 329. Ein Verfahren gegen **Abwesende** (§ 276) ermöglichen diese Vorschriften aber grundsätzlich nicht, § 285 (→ § 407 Rn. 25).[31]

Das **Anwesenheitsrecht** des Angeklagten (§ 230 Abs. 1) besteht neben dem Recht, sich vertreten zu lassen (Absatz 2 Satz 1), unverändert fort. Auch wenn der Angeklagte einen vertretungsberechtigten Verteidiger bestellt hat, darf gegen den Willen des Angeklagten nicht in seiner Abwesenheit verhandelt werden. Allerdings muss der Wille des Angeklagten, trotz Vertretung persönlich an der Hauptverhandlung teilzunehmen, naturgemäß hinreichend deutlich (ausdrücklich oder konkludent) zum Ausdruck gebracht werden. Dann findet gegen den ausgebliebenen Angeklagten grundsätzlich keine Hauptverhandlung statt, § 230 Abs. 1.[32] **Ausnahmen** davon statuieren §§ 230 ff., 412. § 412 verweist aber nicht auf die globale Ausnahme in § 329 Abs. 2. Inwieweit neben § 412 Raum für §§ 230 ff. bleibt, hängt davon ab, ob ein Verteidiger erschienen ist, der den Angeklagten vertritt, oder nicht (→ § 412 Rn. 24 ff.).

Das Recht des Angeklagten, sich in der Hauptverhandlung durch einen Verteidiger vertreten zu lassen, Absatz 2 Satz 1, setzt die allgemeine Anwesenheitspflicht außer Kraft. Macht der Angeklagte von diesem Recht keinen Gebrauch und bleibt ohne genügende Entschuldigung aus, greift § 412 iVm § 329. **Zwangsmaßnahmen** nach **§ 230 Abs. 2** scheiden deshalb für sich genommen aus. Die spezielle **Anordnung persönlichen Erscheinens** nach **§ 236** bleibt dagegen möglich.[33] Sie dient der Wahrheitserforschung (zB Identifizierung) und ist ausdrücklich „stets" zulässig. Für die Anwendung von § 412 ergibt sich aus der Anordnung nach § 236 aber nichts (→ § 412 Rn. 23).[34] Ebenso wenig kann die Anordnung nach § 236, richtig verstanden, die in Absatz 2 Satz 1 anerkannte **Vertretungsmacht** des Verteidigers außer Kraft setzen.[35] Die Anordnung kann nach § 236 iVm § 230 Abs. 2[36] **zwangsweise** durchgesetzt werden,[37] unter strenger Beachtung der Verhältnismäßigkeit.[38] Bei willkürlicher Anordnung wird die Ablehnung des Richters wegen Besorgnis der Befangenheit für möglich gehalten.[39]

Die Vertretung durch einen Verteidiger setzt über die allgemeine Vollmacht für den Verteidiger als Beistand (§ 137 Abs. 1 S. 1) hinaus eine weitergehende **nachgewiesene**

---

[29] Dafür Bonheur S. 40 (fair trial); Maur in KK-StPO Rn. 11; Weßlau in SK-StPO Rn. 17. AA Gössel in Löwe/Rosenberg, 26. Aufl., Rn. 24: zweckmäßig.
[30] De lege ferenda ablehnend Müller S. 287 f.
[31] Gössel in Löwe/Rosenberg, 26. Aufl., Vor § 407 Rn. 47 mwN.
[32] OLG Karlsruhe 26.4.1985 – 3 Ss 61/85, StV 1986, 289; LG Potsdam 25.5.2009 – 27 Ns 3/09, BeckRS 2009, 29367.
[33] BGH 20.9.1956 – 4 StR 287/56, BGHSt 9, 356 (357); Schmitt in Meyer-Goßner/Schmitt § 236 Rn. 1; Weßlau in SK-StPO Rn. 17 mwN.
[34] OLG Düsseldorf 12.12.1983 – 2 Ws 678/83, StV 1985, 52.
[35] OLG Hamburg 22.5.1968 – 1 Ss 58/68, NJW 1968, 1687 (1688); OLG Frankfurt a. M. 1.3.1983 – 5 Ss 58/83, StV 1983, 268 (269); Gmel in KK-StPO § 234 Rn. 2; Schmitt in Meyer-Goßner/Schmitt § 236 Rn. 1; Küper NJW 1969, 493 (493 f.); AA BayObLG 20.11.1969 – RReg. 4b St 84/69, NJW 1970, 1055.
[36] Becker in Löwe/Rosenberg § 236 Rn. 16.
[37] KG 12.9.2014 – 3 Ws 484/14, NStZ-RR 2014, 378; Becker in Löwe/Rosenberg § 236 Rn. 4.
[38] OLG Düsseldorf 2.2.1998 – 1 Ws 61/98, NStZ-RR 1998, 180; KG 1.3.2007 – 1 AR 272/07 – 4 Ws 26/07, NJW 2007, 2345; LG Essen 13.10.2009 – 51 Qs 86/09, StraFo 2010, 28; Schmitt in Meyer-Goßner/Schmitt Rn. 4; Weßlau in SK-StPO Rn. 17.
[39] Schmuck/Leipner SVR 2012, 91.

Vertretungsvollmacht voraus. Auf das frühere Schriftlichkeitserfordernis hat der Gesetzgeber verzichtet, um technikoffene **Medienneutralität** herzustellen. Allerdings ist der Terminus nachgewiesen unscharf. Möglich und vorzugswürdig erscheint die Lesart, dass ein beliebiger Nachweis im **Freibeweisverfahren** zu erfolgen hat. Der Gesetzgeber stellt sich allerdings einen **sicheren Nachweis** vor und nennt als Beispiel ein elektronisches Dokument mit qualifizierter elektronischer Signatur.[40] Das freilich sieht § 32a Abs. 3 nur bei Schriftlichkeitserfordernissen vor. Im übrigen gilt § 32a Abs. 2 iVm § 2 ERVV. Dementsprechend wird richtigerweise sowohl der Nachweis mit Hilfe des Ausdrucks einer einfachen Bilddatei, der die Schriftform erfüllt,[41] als auch zum Beispiel das Vorzeigen der zugrundeliegenden einfachen Datei auf dem Bildschirm zuzulassen sein.[42] Liegt der Nachweis vor, muss eine Unterbevollmächtigung nicht eigens ebenso nachgewiesen werden (→ § 234 Rn. 4 ff.).[43] Ebenso wenig muss der Fall der Vertretung gerade in Abwesenheit des Beschuldigten eigens erwähnt sein.[44] Auch ein **Pflichtverteidiger** bedarf einer nachgewiesenen Vertretungsvollmacht.[45] Die Vertretungsvollmacht erlaubt es dem Verteidiger, als Stellvertreter die Rechte auszuüben, die die Strafprozessordnung in der Hauptverhandlung dem **Angeklagten** einräumt. Dazu gehören **Prozesshandlungen** im Sinne prozessualer Willenserklärungen, ihre Abgabe wie ihre Entgegennahme, nach ganz überwiegender Ansicht aber auch die **Einlassung zur Sache**.[46] Weil der Verteidiger den Angeklagten vertritt, kann er die **Zurücknahme** des Einspruchs erklären, ohne einer weiteren Ermächtigung nach § 410 Abs. 1 S. 2 iVm § 302 Abs. 2 zu bedürfen.[47] Über das **Schweigerecht** wird der Verteidiger als Vertreter belehrt (§ 243 Abs. 5). Um die Rechtsfolgen des § 412 iVm § 329 abzuwenden, muss der Verteidiger den Angeklagten auch tatsächlich **vertreten** (§ 412 iVm § 329 Abs. 1 S. 2 Nr. 1). Dazu muss er sich zwar weder zur Sache einlassen noch aktiv Anträge stellen, er muss aber bereit sein, sich der Verhandlung zu stellen und an ihr teilzunehmen (→ § 412 Rn. 19). Allgemeinen Grundsätzen entsprechend ist die Stellvertretung Vertretung in der Erklärung und im Willen (→ § 234 Rn. 1 ff., 8 ff.).

30 Die Vertretungsvollmacht kann in die allgemeine Verteidigervollmacht integriert werden. Sie muss **vorab** schriftlich, zu Protokoll oder auf andere Weise erteilt und **nachgewiesen** sein, nachträgliche Bestätigung oder Genehmigung des Vertreterhandelns genügt nicht.[48] Der Nachweis der Vertretungsvollmacht kann richtigerweise nicht nur durch Vorlage eines entsprechenden Dokuments, sondern auch auf **jede andere Weise** geführt werden.[49] Das muss in der Hauptverhandlung geschehen. Das Nachweiserfordernis schützt den Beschuldigten. Deshalb ist ihm auch insofern, beispielsweise bei Versäumnissen des Verteidigers, nach §§ 412, 329 Abs. 7 gegebenenfalls Wiedereinsetzung in den vorigen Stand zu gewähren. Außerdem ist die Auffassung abzulehnen, die Vollmacht könne durch einen Vertreter erteilt werden, so dass eine vom (mündlich bevollmächtigten) Verteidiger selbst unterzeichnete Vertretungsvollmacht als Nachweis anzuerkennen sei.[50]

---

[40] BT-Drs. 18/9416, 70.
[41] OLG Karlsruhe 7.4.2021 – 2 Ws 73/21, NStZ-RR 2021, 184.
[42] Ibold RDi 2021, 416 (417 f.). AA OLG Karlsruhe 18.11.2020 – 2 Rv 21 Ss 483/20, NStZ-RR 2021, 56.
[43] OLG Karlsruhe 22.3.1982 – 2 Ss 43/82, NStZ 1983, 43.
[44] BGH 20.9.1956 – 4 StR 287/56, BGHSt 9, 356 (357).
[45] OLG Hamm 16.5.1995 – 2 Ss 427/95, StV 1997, 404.
[46] Weßlau in SK-StPO Rn. 19 mwN.
[47] KG 1.7.2020 – (4) 121 Ss 71/20 (74/20), BeckRS 2020, 17854; Brauer in Gercke/Temming/Zöller Rn. 12.
[48] OLG Saarbrücken 18.1.1999 – Ss 115/98 (169/98), NStZ 1999, 265 mAnm Fahl NStZ 2000, 53 (54).
[49] Vgl. OLG Hamburg 22.5.1968 – 1 Ss 58/68, NJW 1968, 1687 (1688); OLG Düsseldorf 6.7.1984 – 5 Ss 243/84 – 193/84 I, NStZ 1984, 524; offengelassen von OLG Saarbrücken 18.1.1999 – Ss 115/98 (169/98), NStZ 1999, 265; OLG Köln 24.3.2017 – III-1 RVs 15/17, BeckRS 2017, 107145; Fahl NStZ 2000, 53 (54). AA OLG Koblenz 18.5.1972 – 1 Ss 89/72, MDR 1972, 801; wohl auch OLG Karlsruhe 22.3.1982 – 2 Ss 43/82, NStZ 1983, 43.
[50] Zutreffend BT-Drs. 18/3562, 68; Rinklin jurisPR-StrafR 21/2017 Anm. 5 mwN. AA OLG Dresden 21.8.2012 – 3 Ss 336/12, BeckRS 2012, 218022.

Absatz 2 Satz 1 gilt auch für die **Berufungshauptverhandlung.**[51] Das Strafbefehlsverfahren behält insofern seinen Charakter als „Besondere Art des Verfahrens" im Sinne der Überschrift des Sechsten Buches der StPO (→ Rn. 59). Für die **Revisionshauptverhandlung** statuiert schon § 350 Abs. 2 S. 1 das allgemeine Recht des Angeklagten, sich durch einen Verteidiger vertreten zu lassen. Nach der **Zurückverweisung** durch das Revisionsgericht findet Absatz 2 Satz 1 weiterhin Anwendung. 31

Für die Nebenbeteiligten, also den **Einziehungs-** (Unbrauchbarmachungs- oder Vernichtungs-) **-beteiligten,** den beteiligten **Nebenbetroffenen** und die juristische Person oder Personenvereinigung, gegen die eine **Geldbuße** nach § 30 OWiG festgesetzt wurde, regelt § 428 Abs. 1 S. 1 auch iVm § 438 Abs. 3, § 439 bzw. § 444 Abs. 2 S. 2 das Recht, sich vertreten zu lassen. 32

c) Ablauf der Hauptverhandlung. Im Verfahren auf den Einspruch hin übernehmen Strafbefehlsantrag und Strafbefehl die Funktion von **Anklageschrift** und **Eröffnungsbeschluss** (→ Rn. 11). Im übrigen richtet sich der Ablauf der Hauptverhandlung grundsätzlich nach den **allgemeinen Vorschriften** in den §§ 226 ff., insbesondere nach § 243, § 244 Abs. 1. 33

§ 243 Abs. 3 S. 1 bestimmt, dass der **Anklagesatz** verlesen wird. Dabei müssen nach § 243 Abs. 3 S. 2–4 Änderungen durch den Eröffnungsbeschluss berücksichtigt werden. Im Strafbefehlsverfahren gilt ohnehin der Grundsatz **voller Übereinstimmung** zwischen Strafbefehlsantrag und Strafbefehl (→ § 407 Rn. 13; → § 408 Rn. 16). Die in § 409 Abs. 1 S. 1 Nr. 1, 3 und 4 für den Strafbefehl vorgeschriebenen Angaben entsprechen dem Anklagesatz im Sinne von § 200 Abs. 1 S. 1. Umstritten ist, ob darüber hinaus der gesamte Strafbefehl verlesen werden muss, insbesondere die **Rechtsfolgenfestsetzung,** § 409 Abs. 1 S. 1 Nr. 6.[52] Dagegen spricht, dass nach § 408 Abs. 3 S. 3 bei Anberaumung der Hauptverhandlung auf einen Strafbefehlsantrag hin die Rechtsfolge nicht mitgeteilt wird. Außerdem hat im Verfahren auf einen Einspruch hin schon der rechtzeitig eingelegte Einspruch den Strafbefehl suspendiert, § 410 Abs. 3 (→ § 410 Rn. 30). Andererseits wird auf den Einspruch hin im weiteren Verfahren mittelbar gerade auch der **Strafbefehl überprüft,** vgl. insbesondere Absatz 1 und 4 sowie § 410 Abs. 2, 3. Deshalb sollte auch die Rechtsfolgenfestsetzung als wesentlicher Teil des Strafbefehls verlesen werden, damit insbesondere die **Öffentlichkeit** von allen maßgeblichen, die Hauptverhandlung prägenden Umständen Kenntnis erlangt. Man denke nur an einen auf den Rechtsfolgenausspruch beschränkten Einspruch. Für umfassende Verlesung des Strafbefehls spricht überdies die vergleichbare Regelung in **§ 324 Abs. 1.** 34

In Anlehnung an § 324 Abs. 1 wird anschließend festgestellt, dass zulässig Einspruch eingelegt wurde.[53] Für eine Verständigung gelten die allgemeinen Regeln, insbesondere § 257c. 35

Die Beweisaufnahme (§ 244 Abs. 1) richtet sich seit dem Verbrechensbekämpfungsgesetz 1994 abweichend von den allgemeinen Vorschriften in den §§ 244 ff. nach den vereinfachten, für das **beschleunigte Verfahren** geltenden Regeln; Absatz 2 Satz 2 verweist auf **§ 420.** Die einschränkenden Voraussetzungen, die § 417 für diese Verfahrensweise aufstellt, finden dem Regelungszusammenhang nach keine Anwendung.[54] In § 420 erfahren der Grundsatz der **Unmittelbarkeit** und das **Beweisantragsrecht** einschneidende Beschränkungen. § 420 Abs. 1 kehrt das Verlesungsverbot in § 250 S. 2 für die Vernehmung von Zeugen, Sachverständigen und Mitbeschuldigten in eine Verlesungserlaubnis um. § 420 Abs. 2 statuiert zusätzlich eine generelle Verlesungserlaubnis für Erklärungen von Behörden 36

---

[51] OLG Jena 1.10.2019 – 1 OLG 161 Ss 83/19, juris Rn. 12 = BeckRS 2019, 45911; Gössel in Löwe/Rosenberg, 26. Aufl., Rn. 35; Schmitt in Meyer-Goßner/Schmitt § 329 Rn. 14; Weßlau in SK-StPO Rn. 21 mwN; Meyer-Goßner GS Meurer, 2002, 421 (427 ff.).
[52] Dagegen Schmitt in Meyer-Goßner/Schmitt § 243 Rn. 14; Weßlau in SK-StPO Rn. 10 mwN.
[53] Weßlau in Meyer-Goßner/Schmitt Rn. 3.
[54] Weßlau in SK-StPO Rn. 24. AA Brauer in Gercke/Temming/Zöller § 407 Rn. 10 (Voraussetzung für den Strafbefehlsantrag).

und sonstigen Stellen. § 420 Abs. 3 knüpft die Verlesung nach § 420 Abs. 1, 2 aber an eine **einschränkende Voraussetzung.** Die Verlesung nach diesen Vorschriften darf nur erfolgen, wenn Angeklagter, Verteidiger und Staatsanwaltschaft **zustimmen.** Dieser Einschränkung wegen bleiben die ausdifferenzierten Verlesungsregelungen in § 251 Abs. 1 Nr. 3, 4, Abs. 2 Nr. 1, 2, Abs. 3, 4, §§ 252 ff. neben § 420 anwendbar. Gegenüber § 251 Abs. 1 Nr. 1 senkt Absatz 2 Satz 2 iVm § 420 die Anforderungen an eine einverständliche Verlesung ab. Der **Zustimmung des Verteidigers** bedarf es nur dann, wenn ein Verteidiger bestellt bzw. beauftragt ist. Außerdem kann die **Zustimmung des Angeklagten** von dem ihn vertretenden Verteidiger erklärt werden, Absatz 2 Satz 1.

37 Nach Absatz 2 Satz 2 iVm § 420 Abs. 4 bestimmt das Gericht den Umfang der Beweisaufnahme. Maßstab ist allein der **Amtsermittlungsgrundsatz,** § 420 Abs. 4 iVm § 244 Abs. 2. Das ordnet § 420 Abs. 4 für das Verfahren vor dem **Strafrichter** an. Es gilt also nicht, wenn in den Fällen des § 408a ausnahmsweise das **Schöffengericht** den Strafbefehl erlassen hat (→ § 408 Rn. 2; → § 408a Rn. 4) und damit für die Entscheidung über den Einspruch zuständig ist (→ Rn. 3). § 420 Abs. 4 suspendiert im Verfahren vor dem Strafrichter insbesondere den numerus clausus der **Beweisantragsablehnungsgründe** in §§ 244 f. Das Recht, Beweisanträge zu stellen, bleibt also erhalten. Über die Ablehnung von Beweisanträgen entscheidet das Gericht aber ohne Bindung an die §§ 244 f. allein nach Maßgabe des **Amtsermittlungsgrundsatzes,** § 244 Abs. 2. Verspätung ist danach kein sachgerechter Ablehnungsgrund; § 246 bleibt also unberührt.[55] Angesichts des latent **adversatorischen** Charakters des Strafbefehlsverfahrens, das es dem Beschuldigten aufgibt, durch Einspruch das Verfahren voranzutreiben, sind die Beschränkungen durch § 420 fehl am Platz (→ § 407 Rn. 7, 41).

38 Ob die Regelung in Absatz 2 Satz 2 iVm § 420 Abs. 1–3, wie in der Vorauflage (→ 1. Aufl. 2019, Rn. 38) angenommen, auch für die **Berufungshauptverhandlung** und **nach Zurückverweisung** durch das Revisionsgericht gilt, ist umstritten.[56] Dafür spricht der Charakter des Strafbefehlsverfahrens als „Besondere Art des Verfahrens" im Sinne der Überschrift des Sechsten Buches der StPO. Nur § 420 Abs. 4 trifft ausdrücklich eine abweichende Regelung, die seine Geltung auf das Verfahren vor dem **Strafrichter** beschränkt. Dennoch überwiegen die Argumente auch gegen eine Anwendung von § 420 Abs. 1–3 in der **Berufungshauptverhandlung.** Denn für die Berufungshauptverhandlung verweist § 332 ausdrücklich auf die allgemeinen Regeln in den §§ 226 ff. Und § 325 trifft eine Spezialregelung.[57] **Nach Zurückverweisung** durch das Revisionsgericht findet § 420 Abs. 4 seinem klaren Wortlaut nach im Verfahren vor dem Strafrichter wieder Anwendung. Auch wenn im Rechtsmittelverfahren Beschleunigungs- und Entlastungszwecke zurücktreten oder gar nicht mehr erreichbar sind, wird nach Zurückverweisung durch das Revisionsgericht konsequenterweise auch die Regelung in § 420 Abs. 1–3 wieder anzuwenden sein.

39 **4. Zurücknahme von Klage und Einspruch (Abs. 3). a) System.** Absatz 3 knüpft an die Regelung der **Zurücknahme des Einspruchs** in § 410 Abs. 1 S. 2 an (→ § 410 Rn. 17). Außerdem modifiziert Absatz 3 das in § 156 niedergelegte **Verbot der Klagerücknahme** nach Eröffnung des Hauptverfahrens, **Immutabilitätsprinzip.**[58]

40 Ist der Strafbefehl **erlassen,** also in der Welt und anfechtbar (→ § 409 Rn. 33), kann die **Klage,** also der **Strafbefehlsantrag** (§ 407 Abs. 1 S. 4), nach allgemeinen Regeln richtigerweise zunächst nicht mehr zurückgenommen werden. Denn die Entscheidung über den Erlass eines Strafbefehls ist in § 408 Abs. 2 S. 2 und § 427 Abs. 1 S. 2 der Entscheidung im

---

[55] Näher dazu Schmitt in Meyer-Goßner/Schmitt § 420 Rn. 10.
[56] Dafür Maur in KK-StPO Rn. 21; Schmitt in Meyer-Goßner/Schmitt Rn. 7 und § 420 Rn. 12; Meyer-Goßner GS Meurer, 2002, 421 (430); aA Bonheur S. 43 f.; Weßlau in SK-StPO Rn. 25 mwN; differenzierend Brauer in Gercke/Temming/Zöller Rn. 14: keine Geltung für die Berufungshauptverhandlung; zum Beschleunigten Verfahren OLG Stuttgart 11.8.1998 – 1 Ws 123/98, juris Rn. 18 = NJW 1999, 511; OLG Hamburg 23.2.2000 – IIb – 12/98 – 2 Ss 161/98, juris Rn. 23 = NStZ-RR 2001, 206; BayObLG 3.12.2003 – 2 St RR 114/2003, juris Rn. 11 = BayObLGSt 2003, 135.
[57] Loos/Radtke NStZ 1996, 7 (9).
[58] De lege ferenda ablehnend Müller S. 288 ff.

Eröffnungsverfahren gleichgestellt. Und mit der **Eröffnungsentscheidung** tritt das Verbot der Klagerücknahme ein, § 156.[59] Der Wortlaut des § 411 Abs. 3 verfängt demgegenüber nicht, weil § 411 einen Einspruch des Beschuldigten voraussetzt. Das Gesetz überlässt es dem Beschuldigten, zu entscheiden, ob der Strafbefehl in Rechtskraft erwachsen oder angefochten werden soll.

Das Verbot der Klagerücknahme wird aber durch zulässigen **Einspruch** gegen den 41 Strafbefehl für das weitere Verfahren wieder außer Kraft gesetzt. Genau genommen hat diese Wirkung sogar schon der **rechtzeitig eingelegte** Einspruch gegen den Strafbefehl vom Einlegungszeitpunkt an, denn er suspendiert den Strafbefehl, § 410 Abs. 3 (→ § 410 Rn. 30). Nach § 156 müsste mit **Anberaumung der Hauptverhandlung** die Klagerücknahme erneut unzulässig werden (→ § 408 Rn. 28). Doch davon abweichend erlaubt Absatz 3 Satz 1 die Klagerücknahme noch bis zum Beginn (→ § 268 Rn. 6 ff.)[60] der **Verkündung des Urteils** (§ 268 Abs. 2 S. 1) im ersten Rechtszug. Ebenso kann der Einspruch zurückgenommen werden. Staatsanwaltschaft und Beschuldigter sind also insofern **dispositionsbefugt.** Das soll der Prozessökonomie dienen.[61]

Diese Regelung weicht freilich nur partiell von § 156 ab. Absatz 3 Satz 3 hält nämlich 42 am Immutabilitätsprinzip fest: Wenn der Strafbefehl im Verfahren nach **§ 408a** erlassen wurde, kann die Klage **nicht** mehr zurückgenommen werden – der Einspruch dagegen kann auch in diesem Fall noch bis zur Verkündung des Urteils im ersten Rechtszug zurückgenommen werden. Im Verfahren nach § 408a ist ein **regulärer Eröffnungsbeschluss** ergangen, deshalb bleibt es beim Verbot der Klagerücknahme, § 156. Die Entscheidung über den Strafbefehlsantrag steht dieser Eröffnungsentscheidung eben nur partiell gleich, § 408 Abs. 2 S. 2. Für die nach **§ 408 Abs. 3 S. 2** anberaumte Hauptverhandlung gilt Absatz 3 nicht. Ebenso bleibt es im Falle der Ablehnung des Strafbefehlsantrags nach **§ 408 Abs. 2** beim regulären Verbot der Klagerücknahme, § 156 (→ § 408 Rn. 10, 28).

Nach Absatz 3 Satz 1 kann auch der **Einspruch** gegen den Strafbefehl bis zum Beginn 43 (→ § 268 Rn. 6 ff.)[62] der **Verkündung des Urteils** (§ 268 Abs. 2 S. 1) im ersten Rechtszug zurückgenommen werden. Für den Einspruch bedeutet diese Regelung allerdings eine **Einschränkung** gegenüber den für Rechtsmittel geltenden Grundsätzen, auf die § 410 Abs. 1 S. 2 verweist. Denn ein Rechtsmittel darf noch bis zum Eintritt der Rechtskraft bzw. Unabänderlichkeit der Rechtsmittelentscheidung zurückgenommen werden (→ § 302 Rn. 25).

b) Einzelfragen. Für die Zurücknahme des Einspruchs gelten die gleichen Formvor- 44 schriften wie für die Einlegung des Einspruchs (→ § 302 Rn. 17). Die Zurücknahme kann also **schriftlich** oder zu **Protokoll der Geschäftsstelle** erfolgen, § 410 Abs. 1 S. 1. Das **Hauptverhandlungsprotokoll** ersetzt das Protokoll der Geschäftsstelle (→ § 302 Rn. 20). Befindet der Beschuldigte sich **nicht auf freiem Fuß,** kann er die Zurücknahme des Einspruchs zu Protokoll der Geschäftsstelle des Amtsgerichts erklären, in dessen Bezirk die Verwahranstalt liegt, § 410 Abs. 1 S. 2 iVm § 299.

Nach **Beginn der Hauptverhandlung** (§ 243 Abs. 1 S. 1) können Klage und Ein- 45 spruch nur mit **Zustimmung** des jeweiligen Gegners – Einspruchsführer bzw. Staatsanwaltschaft – zurückgenommen werden, Absatz 3 Satz 2 iVm § 303. Diese Beschränkung gilt, einmal ausgelöst, **unumkehrbar,** auch nach Aussetzung der Hauptverhandlung oder Zurückverweisung durch das Revisionsgericht (→ § 303 Rn. 4). Der Zustimmung des

---

[59] AG Villingen-Schwenningen 3.7.2018 – 6 Cs 56 Js 2827/18, juris Rn. 4 ff. = BeckRS 2018, 18355; Metzger in KMR-StPO Rn. 19; Staudinger jurisPR-StrafR 21/2018 Anm. 4; Weßlau in SK-StPO Rn. 26 mwN. AA OLG Karlsruhe 3.5.1991 – 1 Ws 81/91, NStZ 1991, 602 mablAnm Mayer NStZ 1992, 605; Temming in Graf Rn. 8; aufgegeben von OLG Karlsruhe 29.3.2019 – 3 Ws 66/19, juris Rn. 3 ff. = BeckRS 2019, 25045; Temming in BeckOK-StPO Rn. 9.
[60] Schmitt in Meyer-Goßner/Schmitt Rn. 8.
[61] Weßlau in SK-StPO Rn. 28 mwN.
[62] Schmitt in Meyer-Goßner/Schmitt Rn. 8.

Nebenklägers bedarf es nicht. Das folgt für die Klage daraus, dass der Nebenkläger nicht Gegner der Staatsanwaltschaft ist, Absatz 3 Satz 2 iVm § 303 S. 1, für den Einspruch daraus, dass Absatz 3 Satz 2 iVm § 303 S. 2 es ausdrücklich bestimmt. Der Verteidiger bedarf zur Zurücknahme des Einspruchs einer ausdrücklichen **Ermächtigung**, § 410 Abs. 1 S. 2 iVm § 302 Abs. 2 (→ § 410 Rn. 18).

46   Wird das Verfahren auf einen Einspruch hin[63] nach §§ 2 ff. mit einem Verfahren vor dem Landgericht **verbunden**, verliert es nach Ansicht der Rechtsprechung gemäß § 5 den Charakter als Strafbefehlsverfahren, so dass Einspruch und Klage nicht mehr zurückgenommen werden können.[64] Die Rechte des Beschuldigten müssen dann durch die vorherige Anhörung (§ 33) gewahrt werden. Das setzt aus Gründen der Fairness des Verfahrens richtigerweise einen Hinweis auf die drohende Rechtsfolge voraus.[65] Vom Beginn der **Verkündung des Urteils** im ersten Rechtszug an können weder Klage noch Einspruch zurückgenommen werden. Die Rücknahmemöglichkeit lebt aber wieder auf, wenn und soweit die Sache vom Revisionsgericht an das Amtsgericht **zurückverwiesen** wird. Das wird für die Klage anerkannt und muss aus Gründen der Waffengleichheit richtigerweise ebenso für den Einspruch gelten.[66]

47   Die Klage kann für jede **prozessuale Tat** gesondert zurückgenommen werden. Die Zurücknahme ist aber ausgeschlossen, wenn für eine prozessuale Tat der Schuldspruch bereits in **(Teil-) Rechtskraft** erwachsen ist oder die zugrundeliegenden Feststellungen bindend geworden sind, zB weil der Einspruch auf den **Rechtsfolgenausspruch** beschränkt eingelegt wurde oder weil das Revisionsgericht die Feststellungen aufrecht erhalten hat (→ § 302 Rn. 26).[67] Wurde das Verfahren nach § 154 Abs. 2 eingestellt, scheidet die Zurücknahme der Klage insofern aus, es sei denn, das Gericht nimmt das Verfahren nach § 154 Abs. 5 wieder auf.[68] Darüber hinaus grundsätzlich unbeschränkte Einspruchseinlegung zu verlangen,[69] hieße, die in Absatz 3 ausdrücklich eingeräumte Klagerücknahmemöglichkeit ohne sachlichen Grund zu verkürzen.[70] Der Einspruch seinerseits kann bei **Trennbarkeit** der Entscheidungsteile teilweise, also für jeden Entscheidungsteil gesondert, zurückgenommen und dadurch nachträglich nach **§ 410 Abs. 2 beschränkt** werden (→ § 410 Rn. 17, 23).[71] Nach Zurückverweisung durch das Revisionsgericht setzen aber auch der Zurücknahme des Einspruchs (Teil-) Rechtskraft und Bindungswirkung Grenzen (zB Aufhebung nur des Rechtsfolgenausspruchs, aufrechterhaltene Feststellungen).

48   c) **Rechtsfolgen**. Wird die **Klage zurückgenommen**, verliert der Strafbefehl endgültig seine Wirkung. Eine gerichtliche Entscheidung darüber ist nicht veranlasst.[72] Vielmehr muss die Staatsanwaltschaft eine neue Abschlussverfügung treffen. Denn das Verfahren wird durch die Zurücknahme der Klage ins Stadium des **Ermittlungsverfahrens** zurückversetzt (→ § 156 Rn. 5). Dass der Beschuldigte dem zustimmt, insbesondere der neuen Abschlussverfügung der Staatsanwaltschaft,[73] verlangt das Gesetz nicht.[74] Für die **Kostenentscheidung** gilt § 467a.[75]

---

[63] Näher dazu Staudinger DRiZ 2019, 302.
[64] BGH 14.1.2021 – 4 StR 95/20, NJW 2021, 795 (797 f.) mwN; vgl. zu einer Sonderkonstellation BGH 27.4.1989 – 1 StR 632/88, NJW 1989, 2403 (2406).
[65] AA für eine Sonderkonstellation BGH 27.4.1989 – 1 StR 632/88, NJW 1989, 2403 (2407 f.).
[66] Vgl. OLG Hamm 26.3.1979 – 3 Ss OWi 169/79, MDR 1980, 161; OLG Zweibrücken 27.3.2009 – 1 SsBs 9/09, NStZ 2010, 459; Gössel in Löwe/Rosenberg, 26. Aufl., Rn. 51; Weßlau in SK-StPO Rn. 34 mwN. AA LG München II 10.9.1979 – 1 Qs 171/79, NJW 1981, 65; Peters S. 564.
[67] Maur in KK-StPO Rn. 28; vgl. Meyer-Goßner NStZ 2010, 460 (461); darüber hinaus und zu weit gehend OLG Zweibrücken 27.3.2009 – 1 SsBs 9/09, NStZ 2010, 459.
[68] Stuckenberg JR 2019, 656 (659); vgl. BGH 20.2.1990 – 5 StR 48/90, NJW 1990, 1675.
[69] So missverständlich Loos in AK-StPO Rn. 16, vgl. aber Loos in AK-StPO Rn. 20.
[70] Weßlau in SK-StPO Rn. 27 mwN.
[71] Schmitt in Meyer-Goßner/Schmitt Rn. 9.
[72] Gössel in Löwe/Rosenberg, 26. Aufl., Rn. 47 ff.; Maur in KK-StPO Rn. 25 ff.
[73] Dafür Schlüchter Rn. 791.3.
[74] Weßlau in SK-StPO Rn. 31 mwN.
[75] Schmitt in Meyer-Goßner/Schmitt Rn. 8; Schneider NJW-Spezial 2021, 701.

Wird der **Einspruch zurückgenommen,** lebt der Strafbefehl wieder auf und erwächst 49
in **Rechtskraft** (→ § 410 Rn. 30). Die wirksame Zurücknahme beseitigt den Einspruch,
führt also zu seiner Erledigung. Eine gerichtliche Entscheidung darüber ist nicht veranlasst
(→ Rn. 62; → § 302 Rn. 51 ff.). Wird die Wirksamkeit der Zurücknahme **bestritten,**
stellt das Amtsgericht sie entweder deklaratorisch fest, durch Beschluss, der analog Absatz 1
Satz 1 der sofortigen Beschwerde unterliegt, oder es setzt das Verfahren nach Einspruch
fort.[76] Eine **Kostenentscheidung** ergeht grundsätzlich nicht: § 473 gilt für den Einspruch
nicht; es bleibt bei der Kostenentscheidung im Strafbefehl. Anders im Falle des Anschlusses
eines Nebenklägers: § 472 verlangt eine Entscheidung (Beschluss), dass der Angeklagte die
notwendigen Auslagen des Nebenklägers tragen soll.[77] Für einen zwischenzeitlich eröffneten
Antrag auf Entscheidung im **Adhäsionsverfahren** dagegen wird vorgeschlagen: Der Antrag
erledigt sich mit der Zurücknahme des Einspruchs, so dass darüber nicht zu entscheiden
ist, auch nicht über die Kosten nach § 472a; die Rechtsverfolgungskosten können auf dem
Zivilrechtsweg geltend gemacht werden.[78]

d) Faires Verfahren. Die Möglichkeit, den Einspruch zurückzunehmen, stärkt die 50
Entscheidungsfreiheit des Beschuldigten. Er muss sich bei seiner Entscheidung, Einspruch
einzulegen, nicht von der Angst vor einem ungünstigen Urteil leiten lassen. Dieser Sicherung bedarf es im Strafbefehlsverfahren umso mehr, als erst der Einspruch dem Beschuldigten **rechtliches Gehör** verschaffen soll, § 407 Abs. 3 (→ § 407 Rn. 69; → 410 Rn. 27).

Deshalb gebieten der Anspruch auf ein **faires Verfahren** und die Fürsorgepflicht richti- 51
gerweise[79] über § 265 hinaus, den Beschuldigten auf eine drohende wesentliche Verschlechterung der **Rechtsfolgen** gegenüber dem Strafbefehl **hinzuweisen.**[80] § 66 Abs. 2 Nr. 1
lit. b OWiG bestätigt das. Die Wesentlichkeitsgrenze ist nicht erst überschritten, wenn
eine **Freiheitsstrafe ohne Bewährung** festgesetzt[81] oder die Geldbuße verdoppelt werden
soll.[82]

Der flankierende Schutz der Entscheidungsfreiheit, den die Möglichkeit der Zurück- 52
nahme des Einspruchs gewährt, ist allerdings prima vista schwach ausgestaltet. Sobald die
Hauptverhandlung begonnen hat, macht Absatz 3 Satz 2 iVm § 303 die Zurücknahme von
einer **Zustimmung** des jeweiligen Gegners abhängig. Dem Zustimmungserfordernis unterliegt auch die Teilrücknahme, also die nachträgliche **Beschränkung** des Einspruchs, § 410
Abs. 2 (→ § 410 Rn. 23).[83]

De facto wird das Zustimmungserfordernis den Schutz der Entscheidungsfreiheit nicht 53
grundlegend schwächen. Denn auf **Verfahrensökonomie** bedachte, das Strafbefehlsverfahren wählende, Strafverfolgungsbehörden werden ihre Zustimmung nur ausnahmsweise verweigern. Näher liegt die umgekehrte Vorgehensweise: Inaussichtstellen einer Verschlechterung gegenüber dem Strafbefehl, um den Beschuldigten zur Zurücknahme seines Einspruchs
zu bewegen. Dieser Gefahr für die Entscheidungsfreiheit des Beschuldigten müssen die
Regeln über die **reformatio in peius** Rechnung tragen (→ Rn. 73; → § 410 Rn. 32).
In Betracht kommt auch eine **Verständigung** nach § 257c. Ist die **Belehrung** nach § 257c
Abs. 5 unterblieben, erkennt das KG für den Regelfall auf Unwirksamkeit der – teilweisen –
Zurücknahme.[84]

---

[76] OLG Jena 3.8.2005 – 1 Ws 272/05, NStZ 2007, 56; OLG Stuttgart 25.3.2013 – 2 Ws 21/13, BeckRS 2013, 7116.
[77] LG Rottweil 4.3.1988 – Qs 16/88, NStZ 1988, 523; Maur in KK-StPO Rn. 32; Schmitt in Meyer-Goßner/Schmitt § 472 Rn. 10a mwN.
[78] LG Heilbronn 23.11.2020 – 8 Qs 5/20, juris Rn. 14 ff. = BeckRS 2020, 35542. AA Metz JR 2019, 67 (73).
[79] AA OLG Hamm 6.12.1979 – 6 Ss OWi 1576/79, NJW 1980, 1587; KG 10.3.2014 – 3 Ws (B) 78/14 – 122 Ss 31/14, NZV 2015, 355; Maur in KK-StPO Rn. 35; Pfeiffer Rn. 9.
[80] Metzger in KMR-StPO Rn. 33; Esser StV 2007, 235. Zur Abgrenzung von unzulässiger Beeinflussung OLG Stuttgart 30.1.2006 – 1 Ss 5/06, StV 2007, 232.
[81] So aber Gössel in Löwe/Rosenberg, 26. Aufl., Rn. 60; Schmitt in Meyer-Goßner/Schmitt Rn. 11.
[82] Vgl. dazu OLG Hamm 13.11.2009 – 3 Ss OWi 622/09, DAR 2010, 99 mablAnm Sandherr.
[83] Schmitt in Meyer-Goßner/Schmitt Rn. 9.
[84] KG 9.1.2017 – (4) 161 Ss 180/16 (248/16), BeckRS 2017, 106063.

54 **5. Entscheidung nach Hauptverhandlung, Rechtsbehelfe. a) System.** Auch wenn eine Hauptverhandlung stattgefunden hat, kann das Verfahren durch **Beschluss** nach §§ 153 ff. eingestellt werden. Andernfalls endet die Hauptverhandlung mit einem **Urteil**, § 260 Abs. 1.

55 Nach § 410 Abs. 3 suspendiert schon der rechtzeitig eingelegte Einspruch den Strafbefehl. Deshalb bedarf es im Verfahren auf den Einspruch hin **keiner Aufhebung** des Strafbefehls. Der Strafbefehl kann auch **nicht aufrechterhalten** werden, wenn er sich als zutreffend erweist.[85] Vielmehr hat das Gericht, soweit Einspruch eingelegt ist, freizusprechen, zu verurteilen oder das Verfahren nach § 260 Abs. 3 durch Urteil einzustellen. An die Beschränkung der **Rechtsfolgenkompetenz** durch § 407 Abs. 2 ist das Gericht dabei ebensowenig gebunden wie an den Strafbefehl im Übrigen. Es kann insbesondere zu Freiheitsstrafe ohne Bewährung verurteilen (→ Rn. 73).

56 Wird der Strafbefehl nur teilweise angefochten, muss das Urteil der bereits teilweise eingetretenen **Rechtskraft** Rechnung tragen. Ist beispielsweise der Einspruch auf den **Rechtsfolgenausspruch** beschränkt, über den Schuldspruch also mit dem Strafbefehl schon rechtskräftig entschieden, nimmt das Urteil richtigerweise auf den Schuldspruch durch Strafbefehl **Bezug,** anstatt diesen Schuldspruch zu wiederholen.[86] Die Schuld ohne Bezugnahme erneut auszusprechen, hieße den Schuldspruch verdoppeln.

57 Für die **Kostenentscheidung** sollen insbesondere §§ 465, 467 und nicht § 473 gelten.[87] Soweit der (beschränkte) Einspruch zwar nicht zum Freispruch, aber doch zu Verbesserungen gegenüber dem Strafbefehl führt, also in der Sache Erfolg hat, sollen durch Rückgriff auf § 465 Abs. 2 unbillige Ergebnisse vermieden werden können.[88] Der Gesetzgeber hatte eine gesonderte Freistellung des Angeklagten von den Kosten eines Einspruchs, der nicht zum Freispruch führt, allerdings abgelehnt.[89]

58 Gegen das Urteil sind die regulären **Rechtsmittel** (Berufung und Revision) statthaft. Bei Verwerfungsurteilen nach § 412 kommt außerdem ein Antrag auf **Wiedereinsetzung** in den vorigen Stand in Betracht, §§ 412, 329 Abs. 7; besonders zu beachten sind in diesem Fall §§ 315, 342 (→ § 412 Rn. 34 ff.). Über alle diese Möglichkeiten ist nach § 35a bzw. §§ 412, 329 Abs. 7 S. 2 zu **belehren.** Nach § 314 Abs. 2 und § 341 Abs. 2 beginnen die **Rechtsmittelfristen** auch dann mit der Verkündung des Urteils (§ 268 Abs. 2 S. 1) und nicht erst mit seiner Zustellung, wenn nach Absatz 2 Satz 1 bei der Urteilsverkündung zwar nicht der Angeklagte, aber sein mit nachgewiesener Vertretungsvollmacht ausgestatteter Verteidiger anwesend war. Auch im Falle der Vertretung des Angeklagten nach Absatz 2 Satz 1 kann die **Zustellung** des Urteils nach § 145a Abs. 1 an den Verteidiger erfolgen.[90]

59 Die **Berufung** bedarf gegebenenfalls der Annahme nach § 313. Das gilt aber nicht für die Berufung gegen **Verwerfungsurteile** nach § 412. Denn § 313 setzt ein Sachurteil voraus, die Verwerfung des Einspruchs nach § 412 lässt aber den Strafbefehl wiederaufleben.[91] Stellt das Amtsgericht das Verfahren zu Unrecht ohne Verhandlung zur Sache durch Prozessurteil ein, **verweist** das Berufungsgericht das Verfahren, abweichend von § 328, an das Amtsgericht **zurück**.[92] Für die **Berufungshauptverhandlung** gilt nicht § 412, sondern § 329. Teilweise wird vorgeschlagen, auch § 329 Abs. 4 anzuwenden, der ausnahms-

---

[85] Weßlau in SK-StPO Rn. 42 mwN. AA AG Braunschweig 8.12.1988 – 10 Cs 904 Js 31356/88, MDR 1989, 481.
[86] Gössel in Löwe/Rosenberg, 26. Aufl., Rn. 55; Schmitt in Meyer-Goßner/Schmitt Rn. 10. AA AG Braunschweig 8.12.1988 – 10 Cs 904 Js 31356/88, MDR 1989, 481.
[87] Schmitt in Meyer-Goßner/Schmitt § 473 Rn. 1; Weßlau in SK-StPO Rn. 44 mwN. AA OLG München 3.12.1987 – 2 Ws 1132/87 K, NStZ 1988, 241: § 473 Abs. 3 entsprechend.
[88] LG Bremen 4.3.1991 – 23 Qs 417/90, StV 1991, 479; LG Moosbach 7.11.1996 – 1 Qs 74/96, StV 1997, 34; Gössel in Löwe/Rosenberg, 26. Aufl., Rn. 62; Weßlau in SK-StPO Rn. 44.
[89] BT-Drs. 10/1313, 38.
[90] OLG Braunschweig 23.10.1964 – Ss 145/64, NJW 1965, 1194; BayObLG 2.6.1966 – RReg. 1b St 42/66, NJW 1966, 2323; Gössel in Löwe/Rosenberg, 26. Aufl., Rn. 63 mwN.
[91] Schmitt in Meyer-Goßner/Schmitt § 412 Rn. 10.
[92] KG 9.10.2017 – (4) 121 Ss 121/17 (181/17), juris Rn. 9 = BeckRS 2017, 134237 mwN.

weise eine Verwerfung der Berufung trotz Vertretung durch einen Verteidiger gestattet.[93] Doch richtigerweise hat Absatz 2 Satz 1 Vorrang und schließt die Anwendung der, mit Blick auf Art. 6 EMRK einerseits und das Schweigerecht des Beschuldigten andererseits, ohnehin zweifelhaften Regelung in § 329 Abs. 4 aus.

b) Unzulässigkeit, Zurücknahme des Einspruchs und Verzicht auf den Einspruch. 60
Stellt das Gericht erst in der Hauptverhandlung fest, dass der Einspruch verspätet oder sonst **unzulässig eingelegt** war, trifft es grundsätzlich die Entscheidung nach Absatz 1 Satz 1 in der durch die Hauptverhandlung gebotenen Form, das heißt, es **verwirft** den Einspruch durch **Urteil** als unzulässig.[94] Stellt erst das **Rechtsmittelgericht** fest, dass der Einspruch verspätet oder sonst unzulässig eingelegt war, hebt es das ergangene Urteil auf und verwirft den Einspruch als unzulässig.[95] Diese Entscheidung setzt nur voraus, dass das Rechtsmittel zulässig eingelegt ist, einer Begründung der Revision bedarf es nicht.[96] Prüfung und Entscheidung erfolgen von Amts wegen. Denn schon mit der potentiellen Rechtskraft des Strafbefehls liegt ein **Prozesshindernis** vor, das von der Vorinstanz übersehen wurde. Das Rechtsmittelgericht trifft eine **Kostenentscheidung** nach § 473. Sie soll sich danach richten, dass der Einspruch erfolglos geblieben ist.[97]

Umstritten ist dabei, ob für die Entscheidung des Rechtsmittelgerichts das Verbot 61 der Schlechterstellung **(reformatio in peius)** gilt, §§ 331, 358 Abs. 2. Diese Frage erhebt sich, wenn das Urteil der Vorinstanz den Rechtsmittelführer gegenüber dem Strafbefehl besser stellt. Muss das Rechtsmittelgericht in diesem Fall den Strafbefehl mit der Maßgabe aufrechterhalten, dass die Besserstellung durch das Urteil der Vorinstanz Geltung behält? Teilweise wird stattdessen der **Rechtskraft** der Vorzug gegeben,[98] überwiegend jedoch dem Verbot der Schlechterstellung (→ Einl. Rn. 401 f.).[99] Das Verbot der Schlechterstellung befreit den Rechtsmittelberechtigten bei der Entscheidung, ob er Rechtsmittel einlegt, von der Befürchtung, dadurch Nachteile zu erleiden. Diesem **Grundsatz des Rechtsmittelrechts** gebührt der Vorrang. Es wäre widersprüchlich, wenn zwar demjenigen, dessen Rechtsmittel unzulässig eingelegt ist, die Vorteile des rechtskraftwidrig ergangenen Urteils der Vorinstanz erhalten blieben, nicht aber dem sorgfältigen Rechtsmittelführer. Nach zutreffender Ansicht kann das rechtskraftwidrig ergangene Urteil seinerseits in Rechtskraft erwachsen.[100]

Besonderheiten gelten für Zurücknahme des Einspruchs und Verzicht auf den Einspruch: 62
Sie sollen nicht nur zur Unzulässigkeit des Einspruchs führen, sondern den Einspruch aus der Welt schaffen.[101] Wird der Einspruch **zurückgenommen,** tritt dadurch Rechtskraft ein und ist keine gerichtliche Entscheidung mehr veranlasst (→ Rn. 49). Ergeht dennoch ein Urteil, wird es auf Berufung oder Revision hin aufgehoben. Das gilt für Entscheidungen in der Sache ebenso wie beispielsweise für die Verwerfung des Einspruchs als unzulässig. Zugleich stellt das Rechtsmittelgericht richtigerweise **klarstellend** fest, dass der Strafbefehl durch Zurücknahme des Einspruchs rechtskräftig geworden

---

[93] OLG Jena 1.10.2019 – 1 OLG 161 Ss 83/19, juris Rn. 12 ff. = BeckRS 2019, 45911; OLG Jena 8.4.2021 – 1 OLG 351 Ss 16/21, BeckRS 2021, 27401 mwN.
[94] BayObLG 16.8.1961 – RReg. 1 St 282/61, NJW 1962, 118; Schmitt in Meyer-Goßner/Schmitt Rn. 12; Weßlau in SK-StPO Rn. 5 mwN.
[95] BGH 19.11.1959 – 2 StR 357/59, BGHSt 13, 306; vgl. BGH 14.8.1975 – 4 StR 253/75, BGHSt 26, 183; BayObLG 30.8.1988 – RReg. 2 St 183/88, JR 1990, 36; OLG Hamm 20.1.2009 – 3 Ss 561/08, NStZ-RR 2010, 21; Metzger in KMR-StPO § 412 Rn. 31; Weßlau in SK-StPO Rn. 7 mwN.
[96] Vgl. dazu BGH 9.11.1960 – 4 StR 407/60, BGHSt 15, 203.
[97] Weßlau in SK-StPO Rn. 7 mwN.
[98] Schmitt in Meyer-Goßner/Schmitt Rn. 12; Staudinger JA 2021, 159 (161) mwN.
[99] Vgl. BGH 16.11.1962 – 2 StR 316/62, BGHSt 18, 127; OLG München 28.12.2007 – 4 St RR 227/07, NJW 2008, 1331 (1332); OLG Bamberg 30.11.2018 – 110 Ss 89/18, NStZ-RR 2019, 93 mwN; Gössel in Löwe/Rosenberg, 26. Aufl., Rn. 8; Weßlau in SK-StPO Rn. 7 mwN.
[100] Schmitt in Meyer-Goßner/Schmitt Rn. 12 mwN; Roxin/Schünemann StrafVerfR § 52 Rn. 29. Kritisch Staudinger JA 2021, 159 (161).
[101] Gössel in Löwe/Rosenberg, 26. Aufl., Rn. 10.

ist.¹⁰² Kosten und notwendige Auslagen des Beschuldigten seit Zurücknahme des Einspruchs sollen der Staatskasse zur Last fallen.¹⁰³

63   Davon abweichend wird verbreitet vertreten, die übersehene Zurücknahme des Einspruchs führe in der Hauptverhandlung zum Einstellungsurteil nach **§ 260 Abs. 3**.¹⁰⁴ Richtigerweise kann und muss aber nur festgestellt werden, dass der Strafbefehl durch Zurücknahme des Einspruchs rechtskräftig geworden ist. Eine **teilweise Einstellung** nur des weiteren Verfahrens nach Erlass des Strafbefehls sieht § 260 Abs. 3 nicht vor.¹⁰⁵ War der **Verzicht** auf den Einspruch erklärt, soll das Verfahren ebenfalls durch Urteil nach § 260 Abs. 3 eingestellt werden müssen. Dann könnte auf Kosten und notwendige Auslagen seit dem Verzicht § 467 angewendet werden.¹⁰⁶ Richtigerweise ist jedoch ebenso zu verfahren wie im Falle der Zurücknahme des Einspruchs.

64   Verwirft das Amtsgericht den Einspruch **zu Unrecht** als unzulässig, wird das Urteil auf Berufung oder Revision hin aufgehoben und die Sache an das Amtsgericht zurückverwiesen.¹⁰⁷

65   War gegen die Versäumung der Einspruchsfrist die **Wiedereinsetzung** in den vorigen Stand beantragt, hat die Vorinstanz diesen Antrag aber übergangen, oder wird der Antrag auf Wiedereinsetzung gegen die Versäumung der Einspruchsfrist erst im Rechtsmittelverfahren gestellt, ändert das für das Rechtsmittelgericht nichts an der **Unzulässigkeit des Einspruchs.** Denn das Rechtsmittelgericht ist für die Entscheidung über die Wiedereinsetzung unzuständig, § 46 Abs. 1.¹⁰⁸ Das Rechtsmittelgericht hebt also zwischenzeitlich ergangene Entscheidungen auf – die bloße Feststellung ihrer Unwirksamkeit¹⁰⁹ genügt richtigerweise nicht – und verwirft den Einspruch als unzulässig.¹¹⁰ Eine Zurückverweisung an das Amtsgericht scheidet richtigerweise aus.¹¹¹ Das Amtsgericht hat nach § 46 Abs. 1 iVm § 411 erneut zu entscheiden. → Rn. 7.

66   **c) Verstoß gegen § 412.** § 412 bestimmt, dass das Amtsgericht den Einspruch verwerfen muss, wenn ohne genügende Entschuldigung weder der Angeklagte noch ein Verteidiger mit nachgewiesener Vertretungsvollmacht zur Hauptverhandlung erscheinen.

67   Wird gegen ein **Verwerfungsurteil** nach § 412 **Berufung** eingelegt, prüft das Berufungsgericht, ob die Voraussetzungen für die Verwerfung des Einspruchs nach § 412 vorlagen.¹¹² Für das Verfahren gelten die allgemeinen Regeln, insbesondere §§ 323 ff. Neues Tatsachenvorbringen und neue Beweismittel, beispielsweise dazu, dass das Ausbleiben des Angeklagten entschuldigt war, müssen berücksichtigt werden. Anwendung findet das Strengbeweisverfahren, weil die Hauptentscheidung des Gerichts betroffen ist.¹¹³ Hat die Berufung Erfolg, weil das Amtsgericht den Einspruch zu Unrecht nach § 412 verworfen hatte, hebt das Berufungsgericht das Verwerfungsurteil auf und **verweist** die Sache, abweichend von § 328 Abs. 1, an das Amtsgericht **zurück,** weil dort die richtigerweise anstehende

---

¹⁰² OLG Koblenz 28.9.2021 – 4 OLG 32 Ss 147/21, BeckRS 2021, 33658; Schmitt in Meyer-Goßner/Schmitt Rn. 13.
¹⁰³ Gössel in Löwe/Rosenberg, 26. Aufl., Rn. 11 f.; Schmitt in Meyer-Goßner/Schmitt Rn. 13.
¹⁰⁴ Gössel in Löwe/Rosenberg, 26. Aufl., Rn. 11; Weßlau in SK-StPO Rn. 37.
¹⁰⁵ BGH 19.11.1959 – 2 StR 357/59, BGHSt 13, 306 (308); vgl. BGH 14.8.1975 – 4 StR 253/75, BGHSt 26, 183.
¹⁰⁶ Weßlau in SK-StPO Rn. 5 mwN.
¹⁰⁷ Maur in KK-StPO Rn. 4; Weßlau in SK-StPO Rn. 6 mwN.
¹⁰⁸ BGH 31.1.1968 – 3 StR 19/68, BGHSt 22, 52; OLG Frankfurt a. M. 28.3.2006 – 3 Ws 321/06, NStZ-RR 2006, 215. AA früher BayObLG 27.2.1963 – RReg. 4 St 371/62, JZ 1964, 385.
¹⁰⁹ Dafür Ziegler in KMR-StPO § 46 Rn. 4.
¹¹⁰ BayObLG 30.8.1988 – RReg. 2 St 183/88, JR 1990, 36; Weßlau/Deiters in SK-StPO § 46 Rn. 3 mwN.
¹¹¹ Schmitt in Meyer-Goßner/Schmitt § 46 Rn. 2 mwN; BayObLG 30.8.1988 – RReg. 2 St 183/88, JR 1990, 36 (37) mAnm Wendisch JR 1990, 37 (39) hält Ausnahmen für möglich.
¹¹² Weßlau in SK-StPO § 412 Rn. 18 mwN.
¹¹³ OLG Naumburg 10.11.1999 – 2 Ss 367/98, NStZ-RR 2001, 87; BayObLG 12.2.2001 – 2 St RR 17/2001, NJW 2001, 1438; OLG Jena 3.6.2010 – 1 Ss 242/09, juris Rn. 11 = BeckRS 2010, 23529; KG 12.5.2020 – (5) 161 Ss 101/19 (19/19), juris Rn. 11 = BeckRS 2020, 33654 mwN.

Sachentscheidung noch gar nicht getroffen worden war. Andernfalls würde dem Angeklagten unter Durchbrechung des Instanzenzugs eine Tatsacheninstanz vorenthalten (→ § 328 Rn. 43).[114]

Die (Sprung-) **Revision** gegen **Verwerfungsurteile** nach § 412 und sie bestätigende **68** Berufungsurteile folgt grundsätzlich denselben Regeln wie die Revision gegen Berufungsurteile nach § 329 (→ § 329 Rn. 100 ff.). Auf entsprechende **Verfahrensrüge** prüft das Revisionsgericht, ob die Voraussetzungen für die Verwerfung des Einspruchs nach § 412 vorlagen.[115] Die Begründungsanforderungen werden von den Revisionsgerichten teilweise abgesenkt.[116] **Zulässig** begründet eingelegt werden kann die Revision zwar auch mit der Sachrüge.[117] Das Revisionsgericht prüft dann aber nur die Prozessvoraussetzungen. Hat die Revision Erfolg, weil die Voraussetzungen für die Verwerfung des Einspruchs nach § 412 nicht vorlagen, hebt das Revisionsgericht das amtsgerichtliche Urteil, gegebenenfalls zusammen mit dem die Berufung zurückweisenden landgerichtlichen Urteil, auf. Die **Zurückverweisung** nach § 354 erfolgt an das Amtsgericht.[118] Anders ist zu verfahren, wenn das Revisionsgericht **weitere Feststellungen** für nötig erachtet, beispielsweise zu der Frage, ob das Ausbleiben des Angeklagten und seines Verteidigers nicht genügend entschuldigt war. In diesem Fall wird nur das **Berufungsurteil** aufgehoben und die Sache an das Berufungsgericht zurückverwiesen,[119] weil der Fehler auch dort behoben werden kann, indem das Landgericht entweder (1) die entsprechenden Feststellungen trifft und die Berufung als unbegründet verwirft oder (2) seinerseits das amtsgerichtliche Urteil aufhebt und die Sache an das Amtsgericht zurückverweist (→ Rn. 67). Vereinzelt wird stattdessen dem Revisionsgericht aufgegeben, die erforderlichen Feststellungen im Freibeweisverfahren selbst zu treffen.[120]

Erlässt das Amtsgericht zu Unrecht ein **Sachurteil,** anstatt den Einspruch nach § 412 **69** zu verwerfen, ist umstritten, wie die Rechtsmittelgerichte zu entscheiden haben. Ein solcher Fall liegt beispielsweise vor, wenn der anstelle des Angeklagten erschienene Verteidiger nicht wirksam zur Vertretung bevollmächtigt war.[121] Im Ausgangspunkt übereinstimmend müssen Berufungs- wie Revisionsgericht das amtsgerichtliche Urteil aufheben. Für das **Berufungsgericht** wird teilweise vertreten, es müsse selbst nach § 412 den Einspruch verwerfen.[122] Dafür spricht § 328 Abs. 1. Bei der Regel, dass das Berufungsgericht in der Sache selbst entscheidet, kann es aber nicht bleiben, wenn das sachnähere Amtsgericht irrtümlich noch gar keine entsprechende Entscheidung getroffen hatte. Das ist anerkannt für den Fall, dass das Amtsgericht kein Sachurteil, sondern irrtümlich ein Prozessurteil gefällt hat (→ Rn. 67). Es muss aber ebenso für den umgekehrten Fall gelten. Folglich **verweist** das Berufungsgericht die Sache richtigerweise an das Amtsgericht **zurück.**[123]

Das **Revisionsgericht** verfährt nach zutreffender Ansicht auf entsprechende **Verfah- 70 rensrüge** ebenso.[124] Hatte das Amtsgericht den Einspruch nach § 412 verworfen und hat

---

[114] BGH 14.3.1989 – 4 StR 558/88, BGHSt 36, 139; Weßlau in SK-StPO § 412 Rn. 19 mwN.
[115] Weßlau in SK-StPO § 412 Rn. 21 mwN.
[116] Vgl. dazu OLG Jena 3.6.2010 – 1 Ss 242/09, juris Rn. 18 = BeckRS 2010, 23529 mwN.
[117] BGH 6.6.1967 – 5 StR 147/67, BGHSt 21, 242; OLG Brandenburg 3.3.2008 – 1 Ss 14/08, StRR 2008, 162; OLG Celle 31.5.2011 – 32 Ss 187/10, NStZ-RR 2012, 75.
[118] OLG Oldenburg 30.3.1971 – 1 Ss 30/71, MDR 1971, 680; OLG Karlsruhe 22.1.1993 – 3 Ss 172/92, StV 1995, 8; Schmitt in Meyer-Goßner/Schmitt § 412 Rn. 11; Weßlau in SK-StPO § 412 Rn. 23 f. mwN.
[119] OLG Oldenburg 4.11.2019 – 1 Ss 136/19, juris Rn. 12 = BeckRS 2019, 33154; Schmitt in Meyer-Goßner/Schmitt § 412 Rn. 11.
[120] Weßlau in SK-StPO § 412 Rn. 22. Dagegen BGH 11.4.1979 – 2 StR 306/78, BGHSt 28, 384; OLG Jena 3.6.2010 – 1 Ss 242/09, juris Rn. 12 = BeckRS 2010, 23529; KG 12.5.2020 – (5) 161 Ss 101/19 (19/19), juris Rn. 12 = BeckRS 2020, 33654.
[121] Vgl. dazu OLG Saarbrücken 18.1.1999 – Ss 115/98 (169/98), NStZ 1999, 265.
[122] Brauer in Gercke/Temming/Zöller § 412 Rn. 14; Maur in KK-StPO § 412 Rn. 20; Metzger in KMR-StPO § 412 Rn. 30; Weßlau in SK-StPO § 412 Rn. 26; Momsen in Satzger/Schluckebier/Widmaier StPO § 412 Rn. 12 mwN; Gössel JR 1990, 302 (303).
[123] LG München I 4.2.1983 – 26 Ns 251 Js 31844/82, NStZ 1983, 427; Schmitt in Meyer-Goßner/Schmitt § 328 Rn. 4 und § 412 Rn. 10.
[124] AA Weßlau in SK-StPO § 412 Rn. 26.

das Berufungsgericht dieses Urteil aufgehoben und, anstatt die Sache zurückzuverweisen (→ Rn. 67), eine **Sachentscheidung** getroffen, hebt das Revisionsgericht das Berufungsurteil auf. Hält das Revisionsgericht die Verwerfung des Einspruchs nach § 412 für zutreffend, entscheidet es in der Sache selbst, indem es die **Berufung als unbegründet** verwirft.[125] Der Strafbefehl erwächst damit in Rechtskraft (→ § 410 Rn. 30). Hält das Revisionsgericht die Verwerfung des Einspruchs nach § 412 für unzutreffend, hebt es auch das amtsgerichtliche Urteil auf und **verweist** die Sache an das Amtsgericht **zurück.**

71   War schon der Einspruch **unzulässig** eingelegt, hebt das Rechtsmittelgericht das nach § 412 ergangene Verwerfungsurteil auf und verwirft den Einspruch selbst als unzulässig (→ Rn. 60).

72   **d) Isolierter Einspruch von Nebenbeteiligten.** Besonderheiten gelten, wenn nur über den Einspruch eines Nebenbeteiligten zu entscheiden ist, also über den Einspruch des **Einziehungs-** (Unbrauchbarmachungs- oder Vernichtungs-) -**beteiligten,** des beteiligten **Nebenbetroffenen** oder über den Einspruch der juristischen Person oder Personenvereinigung, gegen die eine **Geldbuße** nach § 30 OWiG festgesetzt wurde. § 432 Abs. 2 verweist auf einzelne Vorschriften des Nachverfahrens. Gegenüber dem Nebenbetroffenen entfällt die Überprüfung des **Schuldspruchs,** wenn seine Beteiligung entsprechend hätte beschränkt werden können, § 438 Abs. 3 iVm § 432 Abs. 2. Außerdem kann generell im **Beschlussverfahren** entschieden werden (→ Rn. 20) und ist im Falle der Entscheidung durch Urteil der **Instanzenzug** beschnitten, § 432 Abs. 2, § 438 Abs. 3, § 439 bzw. § 444 Abs. 2 S. 2 iVm § 434 Abs. 2, 3.

73   **6. Kein Verbot der reformatio in peius (Abs. 4)?** Soweit Einspruch eingelegt ist – im Übrigen erwächst der Strafbefehl nach § 410 Abs. 3 in **Rechtskraft** –, bindet der Strafbefehl das Gericht bei seiner Urteilsfällung nicht. Das bestimmt Absatz 4 und davon macht Absatz 1 Satz 3 eine Ausnahme: Im **Beschlussverfahren** darf das Gericht auch von der angegriffenen Tagessatzhöhe nicht zum Nachteil des Angeklagten abweichen. Diese Spezialregelung ersetzt das generelle Verbot der Schlechterstellung **(reformatio in peius),** das §§ 331, 358 Abs. 2, § 373 Abs. 2 für das Rechtsmittel- und Wiederaufnahmeverfahren verhängen. Das Verbot der reformatio in peius normiert eine Ausnahme vom Grundsatz schuldangemessenen Strafens, § 46 StGB.

74   Daraus folgern die Rechtsprechung und ein Teil der Literatur, das Verfahren nach einem Einspruch sei vom Strafbefehl grundsätzlich **unabhängig.**[126] Der angefochtene Strafbefehl sei kein Urteil, sondern nur eine vorläufige, aufschiebend bedingte Entscheidung und der Einspruch sei kein Rechtsmittel.[127] Der Angeklagte dürfe nicht besser stehen als im regulären Verfahren nach § 170 Abs. 1, § 203.[128] Das weitere Argument für eine Schlechterstellung, der Einspruch beseitige eine **Geständnisfiktion** (→ § 407 Rn. 16),[129] geht jedenfalls fehl. Denn zulässiges Verteidigungsverhalten darf dem Beschuldigten nicht per se zum Nachteil gereichen – Wegfall des Geständnisses als Wegfall eines mildernden Umstandes – und sich nicht zu verteidigen, hat nicht den Erklärungswert eines Geständnisses.[130] Umstritten ist, ob ausnahmsweise ein Verbot der reformatio in peius eingreift, wenn nicht der Beschuldigte, sondern sein **gesetzlicher Vertreter** Einspruch einlegt, § 410 Abs. 1 S. 2 iVm § 298.[131]

---

[125] BayObLG 28.2.1975 – RReg 6 St 11/75, MDR 1975, 597; Schmitt in Meyer-Goßner/Schmitt § 412 Rn. 11; Weßlau in SK-StPO § 412 Rn. 25 mwN.
[126] OLG Stuttgart 30.1.2006 – 1 Ss 5/06, StV 2007, 232 (234); Schmitt in Meyer-Goßner/Schmitt Rn. 10; Weßlau in SK-StPO Rn. 39; Degener in SK-StPO Rn. 26 mwN.
[127] OLG Stuttgart 30.1.2006 – 1 Ss 5/06, StV 2007, 232 (233); Gössel in Löwe/Rosenberg, 26. Aufl., Rn. 56, 58 unter Berufung auf die Motive.
[128] OLG Stuttgart 30.1.2006 – 1 Ss 5/06, StV 2007, 232 (233); Gaede in Löwe/Rosenberg Rn. 59; Metzger in KMR-StPO Rn. 31.
[129] OLG Stuttgart 30.1.2006 – 1 Ss 5/06, StV 2007, 232 (234 f.).
[130] Esser StV 2007, 235 (238).
[131] Dafür Gössel in Löwe/Rosenberg, 26. Aufl., § 410 Rn. 4; Weßlau in SK-StPO Rn. 40; Degener in SK-StPO Rn. 29; Momsen in Satzger/Schluckebier/Widmaier StPO § 410 Rn. 5. AA Metzger in KMR-StPO Rn. 32.

Diese Sichtweise unterschätzt die Bedeutung des Einspruchs für die Legitimation des Strafbefehlsverfahrens (→ § 407 Rn. 11).[132] Nur eine freie Entscheidung des Beschuldigten, Einspruch einzulegen, entfaltet **konsensual** legitimierende Wirkung. Und die Entscheidungsfreiheit des Beschuldigten hängt von der Berechenbarkeit des weiteren Verfahrens ab (→ Rn. 50). Deshalb postuliert ein Teil der Literatur, eine Schlechterstellung gegenüber dem Strafbefehl dürfe nur erfolgen, wenn **neue Erkenntnisse** es rechtfertigen.[133] Dafür spricht: Der Strafbefehl ist rechtskraftfähig, § 410 Abs. 3.[134] Nur dem Beschuldigten steht ein Rechtsbehelf zu. Die Strafverfolgungsbehörden sind also mit Erlass des Strafbefehls gebunden. Und Vorschriften wie § 174 Abs. 2, § 211 – noch strenger ab Rechtskraft § 373a – durchbrechen eine solche Bindung erst bei neuen Tatsachen oder Beweismitteln. Nach **§ 408 Abs. 2 S. 2** findet § 211 sogar dann Anwendung, wenn der Richter es ablehnt, einen Strafbefehl zu erlassen. 75

Ein noch weitergehendes, **absolutes Verbot** der Schlechterstellung ergäbe sich, wenn ein Verstoß gegen Art. 1 Abs. 1 GG in Rede stünde.[135] Es ginge aber zu weit, jede Limitierung der Entscheidungsfreiheit als Würdeverstoß einzustufen. Im Ausgangspunkt überzeugt das vermittelnde Erfordernis **neuer Erkenntnisse**. Es ist gut begründbar. Richtigerweise muss aber weiter differenziert werden. Die erlaubte Schlechterstellung generell auf den Fall zu beschränken, dass volle Sachverhaltserforschung in der Hauptverhandlung neue Erkenntnisse zu Tage fördert, verkennt nämlich den **konsensualen** Charakter des Strafbefehlsverfahrens. Daraus ergibt sich folgende Unterscheidung: Konsensualer Modifikation entzogen ist der **Schuldspruch,** vgl. § 257c Abs. 2 S. 3. Insofern kommen auch im Strafbefehlsverfahren ausschließlich §§ 153 ff. zum Zug. Und insofern müssen, über ein die Rechtsfolgen betreffendes Verbot der reformatio in peius hinaus, im Sinne einer Nachwirkung beschränkter Rechtskraft neue Erkenntnisse ein Abweichen vom Strafbefehl rechtfertigen. 76

Dagegen sind die im Strafbefehlsverfahren beantragten **Rechtsfolgen** grundsätzlich konsensualer Modifikation zugänglich. Sie beruhen nicht isoliert darauf, dass das Strafbefehlsverfahren als **summarisches Verfahren** keine vollkommen tragfähige Entscheidungsgrundlage bietet (→ § 408 Rn. 13) und deshalb beim Strafmaß Zurückhaltung verlangt. Vielmehr darf der Strafbefehlsantrag berücksichtigen, dass der Beschuldigte nur eine relativ milde schuldangemessene Strafe akzeptieren wird. Und nur wenn der Beschuldigte mit der verhängten Strafe **einverstanden** ist, wird ein Einspruch sicher vermieden und so das **verfahrensökonomische** Ziel des Strafbefehlsverfahrens erreicht. In den Grenzen des § 46 StGB kann deshalb in diesem Fall auch **ohne neue Erkenntnisse** von den Rechtsfolgen abgewichen werden, die der Strafbefehl vorsieht. Den Beschuldigten schützt insofern die Möglichkeit, seinen Einspruch zurückzunehmen, Absatz 3. Es bleibt also bei der Regelung in Absatz 4, begrenzt durch die Kautelen zur Änderung des Schuldspruchs (→ Rn. 76). 77

Etwas anderes gilt für **Maßregeln der Besserung und Sicherung,** und zwar über die in der Vorauflage (→ 1. Aufl. 2019, Rn. 78) entwickelte Auffassung hinaus unabhängig davon, ob diese Maßregeln im Strafbefehlsverfahren verhängt werden könnten. Soweit Maßregeln im Strafbefehlsverfahren unzulässig sind, liegt nämlich schon in der Entscheidung für das Strafbefehlsverfahren eine Entscheidung gegen diese Rechtsfolgen. Bei Maßregeln verbietet der Sicherungszweck eine konsensual-verfahrensökonomische Sanktionsentscheidung, vgl. § 257c Abs. 2 S. 3. Deshalb darf auf einen Einspruch hin grundsätzlich nicht ohne **neue Erkenntnisse** von der ursprünglichen Maßregelentscheidung abgewichen werden.[136] Der Sicherungszweck erzwingt allerdings eine Ausnahme für den Fall, dass die Ausgangsentscheidung **offenkundig fehlerhaft** war. Für die im Strafbefehlsverfahren zulässige **Entziehung der Fahrerlaubnis** folgt daraus: Ist eine Anordnung im Strafbefehl unter- 78

---

[132] Schorn S. 20.
[133] Ostler NJW 1968, 486; Müller S. 95 f.; für den Fall des § 408a Vivell S. 181; Roxin/Schünemann StrafVerfR § 68 Rn. 12.
[134] Vgl. Esser StV 2007, 235 (236).
[135] Soester, Zum Verschlechterungsverbot im deutschen Strafprozess nach alleinigem Rechtsbehelf des Angeklagten, 2016.
[136] Vgl. dazu LG Berlin 24.7.2006 – 514 Qs 67/06, BeckRS 2011, 9163.

blieben, obwohl der Regelfall des § 69 Abs. 2 StGB vorlag, wird dieser offenkundige Fehler des Sicherungszwecks wegen – Schutz der Allgemeinheit vor gefährlichen Verkehrsteilnehmern – auch ohne neue Erkenntnisse korrigiert.

79   Zur **Hinweispflicht** bei drohender wesentlicher Verschlechterung → Rn. 50. Auch §§ 264, 265 finden Anwendung. Für die **Urteilsgründe** gilt § 267 Abs. 3 S. 5 entsprechend; zu begründungsbedürftigen Abweichungen vom Strafbefehl muss das Gericht nach zutreffender Ansicht Stellung nehmen.[137]

§ 412 Ausbleiben des Angeklagten; Einspruchsverwerfung

¹§ 329 Absatz 1, 3, 6 und 7 ist entsprechend anzuwenden. ²Hat der gesetzliche Vertreter Einspruch eingelegt, so ist auch § 330 entsprechend anzuwenden.

Übersicht

		Rn.			Rn.
I.	Überblick	1		c) Anordnung persönlichen Erscheinens, Vorführung und Verhaftung	23
II.	Erläuterung	4		d) Verwerfungsentscheidung	28
1.	Die Verweisung auf § 329 (Satz 1)	4	2.	Die Verweisung auf § 330 (Satz 2)	31
	a) System	4	3.	Isolierter Einspruch von Nebenbeteiligten	33
	b) Verwerfungsvoraussetzungen	6	4.	Rechtsbehelfe	34

I. Überblick

1   Das Strafbefehlsverfahren trägt **konsensuale** Züge. Die Erledigung durch Strafbefehl setzt erstens, im weiteren Sinne konsensual, voraus, dass Richter und Staatsanwalt zu voller Übereinstimmung gelangen, § 408 Abs. 3 S. 2. Außerdem führt ein Strafbefehl erst zur Erledigung, wenn der Beschuldigte es unterlässt, Einspruch einzulegen. Im Verfahren auf den Einspruch hin können Klage und Einspruch noch bis zur Verkündung des Urteils im ersten Rechtszug zurückgenommen werden, § 411 Abs. 3. Staatsanwaltschaft und Beschuldigter sind insofern **dispositionsbefugt** (→ § 407 Rn. 2, 11; → § 410 Rn. 17; → § 411 Rn. 39). Darin zeigt sich der latent **adversatorische** Charakter des Strafbefehlsverfahrens.

2   § 412 knüpft daran an und verlangt vom Einspruchsführer, das Verfahren auf seinen Einspruch hin tatsächlich zu betreiben. Bleibt der Angeklagte aus, erscheint auch kein Verteidiger mit nachgewiesener Vertretungsvollmacht für ihn (§ 411 Abs. 2 S. 1) und ist beider Ausbleiben nicht genügend entschuldigt, wird der Einspruch verworfen. § 412 verweist auf die entsprechende Regelung in § 329 und erinnert an das zivilprozessuale Versäumnisurteil (§ 330 ZPO). Die Verwerfung des Einspruchs wird dogmatisch teilweise auf einen **Verzicht** des ausbleibenden Einspruchsführers gestützt[1] bzw. in Anlehnung an § 391 Abs. 2 auf eine **Rücknahmevermutung**[2] und teilweise als **Verwirkung** durch Säumnis gedeutet.[3] Überdies wurzelt § 412 im **Beschleunigungsgrundsatz** und in der Konzentrationsmaxime (→ Einl. Rn. 150 ff.). Weil im schriftlichen Strafbefehlsverfahren der erste Zugang zu einem Gericht (Art. 6 EMRK) auf dem Spiel steht, erscheint die Regelung problematisch.[4] De lege ferenda wird vorgeschlagen, dem Gericht die Möglichkeit erneuter Sachprüfung als Alternative zur Verwerfung des Einspruchs zu eröffnen (→ Rn. 22).[5]

---

[137] Vgl. OLG Zweibrücken 24.8.1966 – Ss 90/66, MDR 1967, 236; Esser StV 2007, 235 mwN. AA Schmitt in Meyer-Goßner/Schmitt Rn. 11.
[1] BGH 23.11.1960 – 4 StR 265/60, BGHSt 15, 287 (289); KG 27.9.1968 – 1 Ws 373/68, NJW 1969, 475; OLG Koblenz 19.9.1974 – 1 Ss 196/74, NJW 1975, 322.
[2] Vgl. Böse FS Paeffgen, 2015, 567 (573) mwN.
[3] Degener in SK-StPO Rn. 1; Maur in KK-StPO Rn. 1; Metzger in KMR-StPO Rn. 1 mwN; Gössel in Löwe/Rosenberg, 26. Aufl., Rn. 1; Schroeder NJW 1973, 308 (308 f.).
[4] Gaede in Löwe/Rosenberg Rn. 2 mwN.
[5] Kertai JR 2024, 18 (21 f.).

Außerdem korrespondiert die Vorschrift mit § 411 Abs. 2 S. 1, mit § 408a und mit **3** der Möglichkeit, **abwesende und ausgebliebene** Beschuldigte im Strafbefehlsverfahren abzuurteilen (→ § 407 Rn. 25 ff.; → § 408a Rn. 10; → § 411 Rn. 26). § 412 stärkt diese Möglichkeit, indem er abweichend von § 230 Abs. 1 eine Aburteilung des **ausgebliebenen** Beschuldigten ermöglicht. Gegen **Abwesende** dagegen findet keine Hauptverhandlung statt, §§ 276, 285 Abs. 1 S. 1. Auch § 411 Abs. 2 S. 1 greift für Abwesende grundsätzlich nicht.[6] Ebenso wenig können Abwesende nach § 412 abgeurteilt werden (→ § 407 Rn. 26).

II. Erläuterung

1. Die Verweisung auf § 329 (Satz 1). a) System. § 412 setzt voraus, dass gegen **4** einen **Strafbefehl Einspruch** eingelegt und daraufhin **Hauptverhandlung** anberaumt wurde, §§ 410, 411 Abs. 1 S. 2. Wird die Hauptverhandlung nach § 408 Abs. 3 S. 2 oder § 408a Abs. 2 S. 2 anberaumt oder fortgesetzt, anstatt einen Strafbefehl zu erlassen, oder wird im Wiederaufnahmeverfahren die Erneuerung der Hauptverhandlung angeordnet, findet § 412 keine Anwendung.[7] Ebensowenig gilt § 412 für die Berufungshauptverhandlung (→ § 411 Rn. 59).

Satz 1 verweist auf § 329 Abs. 1, 3, 6, 7. Von der Verweisung **ausgenommen** sind also **5** die Absätze 2, 4 und 5 des § 329. Sie regeln Beschränkungen des Anwesenheitsrechts des Angeklagten (Absatz 2), Konsequenzen aus der Anordnung persönlichen Erscheinens des Angeklagten (Absatz 4) und das Verfahren auf eine Berufung der Staatsanwaltschaft hin (Absatz 5). Gegen den Strafbefehl steht der **Staatsanwaltschaft** aber kein Einspruch zu (→ § 410 Rn. 3, 41). Das **Anwesenheitsrecht** des Angeklagten lässt § 411 Abs. 2 S. 1 wohlweislich unberührt. Und für die Anordnung **persönlichen Erscheinens** bleibt es ebenfalls mit Bedacht bei den allgemeinen Regeln, die Anordnung nach § 236 führt nicht zur Anwendbarkeit des § 412 (→ § 411 Rn. 27 f.). Dass Satz 1 selektiv auf § 329 Abs. 1, 3, 6, 7 verweist, trägt der Bedeutung des Einspruchs für die Legitimation des Strafbefehlsverfahrens Rechnung. Der Einspruch sichert den Anspruch auf **rechtliches Gehör** und **effektiven Rechtsschutz** (→ § 407 Rn. 11, 69; → § 410 Rn. 2, 27).

b) Verwerfungsvoraussetzungen. Unter den in Satz 1 iVm § 329 Abs. 1 aufgestellten **6** Voraussetzungen ist der Einspruch gegen den Strafbefehl grundsätzlich **zwingend** ohne Verhandlung zur Sache zu verwerfen.[8] Auch wenn **irrtümlich** bereits zur Sache verhandelt wurde, ergeht die Verwerfungsentscheidung, sobald die Voraussetzungen dafür festgestellt sind.[9] Satz 1 iVm § 329 Abs. 1 normiert alternativ **fünf Verwerfungsgründe** (siehe unten aa) bis ee) → Rn. 14 ff.).

Allerdings ist die Verwerfung ausgeschlossen, wenn die Sache vom Revisionsgericht **7** **zurückverwiesen** wurde, Satz 1 iVm § 329 Abs. 1 S. 4. Richtigerweise muss dasselbe gelten, wenn die Sache ausnahmsweise vom **Berufungsgericht** zurückverwiesen wurde (→ § 328 Rn. 42 ff.). Andernfalls bestünde die Gefahr, durch die Verwerfung des Einspruchs eine vom Rechtsmittelgericht für fehlerhaft befundene Entscheidung aufrechtzuerhalten (→ § 329 Rn. 61 ff.). Diese Gefahr besteht nicht, wenn schon das vom Rechtsmittelgericht aufgehobene Urteil nach §§ 412, 329 den Einspruch verworfen hatte. Deshalb wird in diesem Fall eine neuerliche Verwerfung des Einspruchs allgemein für zulässig erachtet.[10] Diese korrigierende Lesart verstößt jedoch gegen den Gesetzeswortlaut und ist daher abzulehnen. §§ 412, 329 beschränken den für die Legitimation des Strafbefehlsverfahrens elementaren Anspruch des Beschuldigten auf **rechtliches Gehör** und **effektiven Rechts-**

---

[6] Gössel in Löwe/Rosenberg, 26. Aufl., Vor § 407 Rn. 47 mwN.
[7] Degener in SK-StPO Rn. 2 mwN.
[8] BayObLG 23.12.2003 – 4 St RR 100/2003, wistra 2004, 117; Gössel in Löwe/Rosenberg, 26. Aufl., Rn. 33 f.; einschränkend Maur in KK-StPO Rn. 11 für Fälle offensichtlichen Unrechts.
[9] LG München I 4.2.1983 – 26 Ns 251 Js 31844/82, NStZ 1983, 427 (428); Weßlau in SK-StPO Rn. 13 mwN.
[10] BGH 10.8.1977 – 3 StR 240/77, BGHSt 27, 236; Reichenbach in Gercke/Temming/Zöller § 329 Rn. 8; Schmitt in Meyer-Goßner/Schmitt Rn. 4.

schutz (→ § 407 Rn. 11, 69) und müssen **zurückhaltend interpretiert** werden. Das Verwerfungsverbot nach Zurückverweisung kann auch so verstanden werden, dass nach erfolgreicher Befassung des Rechtsmittelgerichts in der Sache entschieden werden soll. Als Ausnahme verbleiben damit die Fälle, in denen das Amtsgericht mit nicht tragfähiger Begründung den Einspruch nach § 412 verworfen hatte oder zu Unrecht ein **Sachurteil** erlassen hatte, anstatt den Einspruch nach § 412 zu verwerfen. Wird das Urteil deshalb vom Rechtsmittelgericht aufgehoben und die Sache zurückverwiesen, kann das Amtsgericht die Entscheidung nach § 412 wegen Ausbleibens im **früheren** Hauptverhandlungstermin nachholen.[11]

8   Umstritten ist, ob der Einspruch verworfen werden darf, wenn **Prozessvoraussetzungen** fehlen. Das wird von einer teilweise vertretenen, differenzierenden Ansicht befürwortet, wenn das Gericht das Fehlen von Prozessvoraussetzungen **bei Erlass** des Strafbefehls übersehen hatte. Denn diesen Fehler festzustellen, verbiete § 412 iVm § 329 Abs. 1. Sind Prozessvoraussetzungen dagegen **nach Erlass** des Strafbefehls entfallen, zB durch Zurücknahme des Strafantrags nach § 77d StGB, soll das Verfahren nach § 260 Abs. 3 bzw. außerhalb der Hauptverhandlung nach § 206a einzustellen sein, weil Prozessvoraussetzungen auf zulässigen Einspruch hin der Prüfung von Amts wegen unterliegen.[12] Richtigerweise muss Letzteres aber immer gelten, wenn Prozessvoraussetzungen fehlen, also sowohl, wenn sie bereits bei Erlass des Strafbefehls fehlten, als auch, wenn sie nach Erlass des Strafbefehls entfallen sind.[13] Denn der Strafbefehl ist schon mit rechtzeitig eingelegtem **Einspruch** beseitigt, § 410 Abs. 3. Erst die Verwerfungsentscheidung nach § 412 würde den Strafbefehl wiederaufleben lassen (→ § 410 Rn. 32). Eine solche Entscheidung mit **konstitutiver** Wirkung darf aber nur ergehen, wenn alle Prozessvoraussetzungen vorliegen. Andernfalls muss das Verfahren eingestellt werden. Zum Spezialfall des unwirksamen, **nichtigen** Strafbefehls → § 409 Rn. 49 und → Rn. 9.

9   Die Verwerfung des Einspruchs setzt außerdem immer zweierlei voraus: Erstens muss ein **wirksamer Strafbefehl** vorliegen.[14] Der Strafbefehl muss also erlassen und ergangen sein und darf nicht an einem Mangel leiden, der zu seiner Unwirksamkeit führt. Zwar kann auch gegen einen nichtigen Strafbefehl Einspruch eingelegt werden, sobald er erlassen ist (→ § 409 Rn. 33, 49). Die Verwerfungsentscheidung nach § 412 soll aber den durch den Einspruch suspendierten Strafbefehl wiederaufleben lassen. Das scheidet bei einem nichtigen Strafbefehl aus.

10 Zweitens muss **zulässig Einspruch** eingelegt sein.[15] Denn andernfalls ist der Einspruch nach § 411 Abs. 1 S. 1 durch Beschluss als unzulässig zu verwerfen. Stellt das Gericht die Unzulässigkeit des Einspruchs erst in der Hauptverhandlung fest, verwirft es den Einspruch durch Urteil als unzulässig. Eine Entscheidung nach § 412 darf nicht ergehen. Denn mit der potentiellen Rechtskraft des Strafbefehls liegt ein **Prozesshindernis** vor (→ § 411 Rn. 60).

11 Als weitere selbständige Voraussetzung für eine Verwerfung des Einspruchs nach § 412 wird regelmäßig die **ordnungsgemäße Ladung** zur Hauptverhandlung nach §§ 216 ff. genannt.[16] Ladungsmängel wirken sich aber nur aus, wenn sie in einem **möglichen kausalen Zusammenhang** zu einem der fünf Verwerfungsgründe (siehe unten aa) bis ee) → Rn. 14 ff.) stehen. Erst dieser systematische Bezugspunkt, die Verknüpfung insbesondere mit dem unentschuldigten Ausbleiben des Angeklagten, ergibt, welche Anforderungen sub specie Verwerfung des Einspruchs nach § 412 an die Ladung zu stellen sind. Zu Recht für erforderlich gehalten wird, in aller Regel, ein **Hinweis** auf die

---

[11] LG München I 4.2.1983 – 26 Ns 251 Js 31844/82, NStZ 1983, 427 (428).
[12] Loos in AK-StPO Rn. 7; Schmitt in Meyer-Goßner/Schmitt Rn. 2.
[13] OLG Celle 31.5.2011 – 32 Ss 187/10, NStZ-RR 2012, 75; Maur in KK-StPO Rn. 12; Weßlau in SK-StPO Rn. 12 mwN.
[14] Schmitt in Meyer-Goßner/Schmitt Rn. 2 mwN.
[15] Schmitt in Meyer-Goßner/Schmitt Rn. 2.
[16] Brauer in Gercke/Temming/Zöller Rn. 5 f.; Maur in KK-StPO Rn. 5; Schmitt in Meyer-Goßner/Schmitt Rn. 2; Weßlau in SK-StPO Rn. 3 mwN.

Folgen des Ausbleibens etc nach §§ 412, 329, und zwar bei jeder neuen Ladung[17] und gegebenenfalls mit einer Übersetzung (§ 187 Abs. 1 GVG).[18] Eine ausdrückliche Regelung, wie sie § 323 Abs. 1 S. 2 für die Ladung zur Berufungshauptverhandlung trifft, fehlt aber für den Hinweis auf die Folgen des Ausbleibens etc nach §§ 412, 329. Ausnahmsweise entbehrlich ist der Hinweis deshalb, wenn sicher feststeht, dass auch die ordnungsgemäße Ladung ignoriert worden wäre. Umgekehrt wird die Nichteinhaltung der **Ladungsfrist** regelmäßig für irrelevant erklärt; nach § 217 Abs. 2 könne nur die Aussetzung der Verhandlung verlangt werden (→ Rn. 22).[19] Etwas anderes muss aber richtigerweise gelten, wenn die Nichteinhaltung der Ladungsfrist das Ausbleiben **entschuldigt**.[20] Nach Nr. 1 S. 2 VwV Reiseentschädigung soll in der Ladung darauf hingewiesen werden, dass **mittellosen** Beschuldigten Mittel für die Reise zum Verhandlungstermin gewährt werden können. Insofern und im Übrigen gelten für Ladungsmängel die gleichen Regeln wie im Falle des § 329 (→ § 329 Rn. 12 ff.), unter Berücksichtigung der besonderen Situation, dass im Strafbefehlsverfahren der erste Zugang zu einem Gericht (Art. 6 EMRK) auf dem Spiel steht.

Ähnlich verhält es sich mit einer weiteren regelmäßig aufgestellten Voraussetzung für eine Verwerfung des Einspruchs nach § 412. Die **Zustellung** (→ § 409 Rn. 37) des Strafbefehls soll, anders als die Urteilszustellung im Falle der Verwerfung einer Berufung nach § 329,[21] Voraussetzung für die Verwerfung des Einspruchs nach §§ 412, 329 sein.[22] Das überzeugt jedoch in dieser Allgemeinheit nicht.[23] Von der Zustellung des Strafbefehls hängt der Lauf der **Einspruchsfrist** ab, § 410 Abs. 1. Wurde Einspruch eingelegt, beeinträchtigt der Zustellungsmangel die Vorbereitung der Verteidigung. Zum Ausgleich sieht die Strafprozessordnung auch sonst die Unterbrechung oder Aussetzung der Hauptverhandlung vor, § 265 Abs. 4. Etwas anderes gilt nur, wenn der Zustellungsmangel das Ausbleiben **entschuldigt**. Das ist regelmäßig anzunehmen, wenn der Strafbefehl nach § 408 erlassen wurde, nicht aber, wenn der Strafbefehl im Verfahren nach § 408a erlassen wurde.[24] Denn im Verfahren nach § 408 ist der Strafbefehl die erste richterliche Entscheidung in der Sache, mit der der Beschuldigte konfrontiert wird. Hat der Beschuldigte sie nicht in der vorgeschriebenen Form erhalten, fehlt regelmäßig die Signalwirkung richterlicher Befassung, die erforderlich ist, um den Entzug **rechtlichen Gehörs** durch Verwerfung des Einspruchs nach § 412 zu legitimieren.

Unter diesen Voraussetzungen ist der Einspruch gegen den Strafbefehl nach Satz 1 iVm § 329 Abs. 1 zu verwerfen, wenn alternativ einer der folgenden fünf Verwerfungsgründe aa) bis ee) vorliegt. Satz 1 verweist nicht auf den Verwerfungsgrund in § 329 Abs. 4 S. 2.

aa) Unentschuldigtes Ausbleiben (§ 329 Abs. 1 S. 1). Maßgeblicher Zeitpunkt für das Ausbleiben ist der **Beginn** eines Hauptverhandlungstermins, also insbesondere der Aufruf der Sache, § 243 Abs. 1 S. 1, aber auch der Beginn eines Fortsetzungstermins,[25] auch nach Aussetzung oder Wiedereinsetzung in den vorigen Stand etc. Mit dem Begriff des Ausbleibens umschreibt das Gesetz schlicht das **nicht rechtzeitige Erscheinen** vor Ort. Die Fürsorgepflicht gebietet zumutbare Nachforschungen und angemessenes Abwarten, in

---

[17] OLG Bremen 5.7.1968 – Ss 71/68, MDR 1968, 1031; OLG Köln 24.9.1968 – Ss 438/68, NJW 1969, 246; OLG Hamburg 30.3.1976 – 1 Ss 158/75, MDR 1976, 1041; Weßlau in SK-StPO Rn. 3 mwN.
[18] LG Heilbronn 17.6.2010 – 5 Ns 44 Js 7003/09, StV 2011, 406. AA Brauer in Gercke/Temming/Zöller Rn. 6.
[19] BGH 18.5.1971 – 3 StR 10/71, BGHSt 24, 143; Schmitt in Meyer-Goßner/Schmitt Rn. 2; Weßlau in SK-StPO Rn. 3 mwN. AA Gaede in Löwe/Rosenberg Rn. 11; Hilger NStZ 1983, 428.
[20] Vgl. dazu BGH 18.5.1971 – 3 StR 10/71, BGHSt 24, 143 (152) mwN.
[21] Schmitt in Meyer-Goßner/Schmitt § 329 Rn. 5.
[22] LG Bonn 23.4.1974 – 3 Ns 7/74, MDR 1974, 863; OLG Karlsruhe 22.1.1993 – 3 Ss 172/92, StV 1995, 8; BayObLG 12.3.1999 – 1 St RR 51/99, NStZ-RR 1999, 243; Brauer in Gercke/Temming/Zöller Rn. 5; Schmitt in Meyer-Goßner/Schmitt Rn. 2; Weßlau in SK-StPO Rn. 4 mwN.
[23] Generell ablehnend OLG Zweibrücken 27.5.1994 – 1 Ss 40/94, NStZ 1994, 602; Metzger in KMR-StPO Rn. 15.
[24] Vgl. OLG Köln 24.10.2000 – Ss 329/00, BeckRS 2000, 9393; Weßlau in SK-StPO Rn. 4.
[25] Kritisch Frisch NStZ 2015, 69 (74). AA LG Chemnitz 2.6.2017 – 8 Ns 760 Js 13135/16 (2), juris.

der Regel 15 Minuten.²⁶ Erschienen ist nur, wer sich zu erkennen gibt und als präsent dem Verfahren stellt. Einer irgendwie gearteten Mitwirkung bedarf es dagegen nicht. Für den nichterschienenen Angeklagten darf auch kein **Verteidiger mit nachgewiesener Vertretungsvollmacht** erschienen sein (→ Rn. 25), § 411 Abs. 2 S. 1 (→ § 411 Rn. 26). Außerdem muss beider Nichterscheinen **unentschuldigt** sein (→ § 329 Rn. 19 ff.). Dass der Angeklagte insofern auch für Verschulden des Verteidigers einzustehen hat, ist gegebenenfalls durch **Wiedereinsetzung** in den vorigen Stand nach Satz 1 iVm § 329 Abs. 7 auszugleichen (→ Rn. 34).

15 **bb) Unentschuldigtes Sichentfernen des Verteidigers (§ 329 Abs. 1 S. 2 Nr. 1 Variante 1).** Die Vorschrift stellt dem ursprünglichen Ausbleiben des Verteidigers das **spätere unentschuldigte Sichentfernen** des Verteidigers gleich. Dieser Verwerfungsgrund wird, der **Fürsorgepflicht** des Gerichts wegen, zu Recht kritisiert (→ Rn. 17).²⁷ Kumulativ muss wiederum das Ausbleiben des Angeklagten **unentschuldigt** sein (→ § 329 Rn. 55).

16 **cc) Keine Vertretung durch den Verteidiger (§ 329 Abs. 1 S. 2 Nr. 1 Variante 2).** Ist der Angeklagte **unentschuldigt** ausgeblieben, darf der Einspruch auch dann verworfen werden, wenn zwar ein Verteidiger erschienen ist, der Verteidiger den Angeklagten aber **nicht weiter vertritt.** Auf ein Verschulden kommt es insofern nicht an (→ § 329 Rn. 56 f.).

17 Der früher verbreiteten, umstrittenen Ansicht, die das Nichtvertreten als Unterfall des **Nichterscheinens** im Sinne von § 329 Abs. 1 S. 1 ansah,²⁸ hat der Gesetzgeber mit der Einfügung des § 329 Abs. 1 S. 2 Nr. 1 Variante 2 durch Gesetz vom 17.7.2015²⁹ die Grundlage entzogen. Zugleich hat er sich allerdings dafür entschieden, den Fall des Verteidigers, der den Angeklagten nicht weiter vertritt, als Verwerfungsgrund einzuordnen, anstatt dem Gericht aufzuerlegen, sich im Rahmen seiner **Fürsorgepflicht** darum zu bemühen, dass der Angeklagte den unvorhergesehenen Vertretungsmangel behebt.³⁰

18 Systematisch stellt sich vor diesem Hintergrund die Frage, ob § 329 Abs. 1 S. 2 Nr. 1 Variante 2 auch den Fall erfasst, dass der erschienene Verteidiger den Angeklagten **von Anfang an** nicht vertritt. Dagegen scheint zu sprechen, dass erstens § 329 Abs. 1 zwischen dem Beginn eines Hauptverhandlungstermins (Satz 1) und der **Fortführung** der Hauptverhandlung in dem Termin (Satz 2) unterscheidet und dass zweitens § 329 Abs. 1 S. 2 Nr. 1 Variante 2 ein die Fortführung hinderndes **Nicht-weiter-Vertreten** voraussetzt. Der Begriff der Fortführung der Hauptverhandlung (Satz 2) ist aber weniger zeitlich als prozesstechnisch geprägt. Außerdem folgt das Nicht(-weiter-)vertreten dem Erscheinen immer mindestens eine logische Sekunde nach. Denn im Erscheinen liegt umgekehrt ein erster Akt des Vertretens, so dass jedes Nichtvertreten durch den erschienenen Verteidiger notwendig ein Nicht-weiter-Vertreten ist. **Erschienen** ist der Verteidiger schon dann, wenn er sich zu erkennen gibt und als präsent dem Verfahren stellt (→ Rn. 14).

19 Der Verteidiger vertritt den Angeklagten nicht weiter, wenn entweder seine **Vertretungsvollmacht** entfällt, insbesondere vom Angeklagten widerrufen wird, oder das **Mandat** beendet, insbesondere vom Verteidiger niedergelegt wird, oder wenn der Verteidiger den Angeklagten schlicht **tatsächlich** nicht mehr vertritt (→ § 329 Rn. 56 f.). Ein tatsächliches Vertreten setzt zwar weder voraus, dass der Verteidiger sich zur Sache einlässt, noch, dass er aktiv Anträge stellt.³¹ Der Verteidiger muss aber bereit sein, sich der Verhandlung zu stellen und an ihr teilzunehmen. Das soll nach teilweise vertretener Ansicht nicht der

---

26 Weßlau in SK-StPO Rn. 8 mwN.
27 Frisch NStZ 2015, 69 (75 f.).
28 Dagegen BayObLG 21.8.1980 – RReg. 4 St 93/80, NStZ 1981, 112 mablAnm Meyer-Goßner NStZ 1981, 113.
29 BGBl. 2015 I 1332.
30 Frisch NStZ 2015, 69 (75 f.).
31 OLG Köln 31.1.1992 – Ss 22/92, StV 1993, 292; OLG Celle 9.4.2009 – 32 Ss 21/09, NStZ-RR 2009, 352.

Fall sein, wenn der Verteidiger ausschließlich die Aussetzung der Hauptverhandlung verlangt oder erklärt, mangels Information oder Instruktion nichts zur Verhandlung beitragen zu können.[32] Genügen soll es dagegen, wenn der Verteidiger bei Ablehnung des Aussetzungsantrags (nicht ausschließbar) bereit ist, weiter zu verhandeln.[33] Die Fragwürdigkeit dieses Verwerfungsgrundes (→ Rn. 17) spricht jedenfalls für möglichst **zurückhaltende Auslegung**. Da eine Vertretung darin bestehen kann, Erklärungen entgegenzunehmen, vgl. § 164 Abs. 3 BGB, genügt richtigerweise die **offengelegte** Anwesenheit in der Funktion als vertretungsberechtigter Verteidiger des Beschuldigten.[34]

dd) Unentschuldigtes Sichentfernen des Angeklagten (§ 329 Abs. 1 S. 2 Nr. 2). 20
Ist kein Verteidiger mit nachgewiesener Vertretungsvollmacht anwesend und entfernt sich der Angeklagte **unentschuldigt,** darf der Einspruch **ohne Rücksicht** auf ein Verschulden des Verteidigers verworfen werden (→ § 329 Rn. 58).[35]

ee) Herbeiführung der Verhandlungsunfähigkeit durch den Angeklagten 21
(§ 329 Abs. 1 S. 2 Nr. 3). Ist kein Verteidiger mit nachgewiesener Vertretungsvollmacht anwesend, darf der Einspruch schließlich auch dann **ohne Rücksicht** auf ein Verschulden des Verteidigers verworfen werden, wenn der Angeklagte **vorsätzlich schuldhaft** seine Verhandlungsunfähigkeit herbeiführt.[36] Zur Frage der Verhandlungsunfähigkeit ist nach Satz 1 iVm § 329 Abs. 1 S. 3 ein Arzt als Sachverständiger anzuhören (→ § 329 Rn. 59).

Bei **genügender Entschuldigung** (→ § 329 Rn. 29 ff.) des Ausbleibens, Sichentfer- 22
nens, Nichtvertretens oder der Verhandlungsunfähigkeit scheidet eine Verwerfung des Einspruchs immer aus und muss die Hauptverhandlung vertagt werden. Das gilt insbesondere, wenn wegen Nichteinhaltung der **Ladungsfrist** oder **Verhinderung** die Aussetzung der Hauptverhandlung beantragt war,[37] wenn bei notwendiger Verteidigung kein Verteidiger bestellt war,[38] wenn zum Beispiel ein Fall des **§ 233** vorliegt (→ Rn. 26)[39] oder wenn ein Antrag auf Reiseentschädigung für **mittellose** Beschuldigte mit Blick auf deren besondere Schutzbedürftigkeit (Art. 3 GG) fehlerhaft behandelt wurde,[40] nicht aber allein wegen eines Ablehnungsgesuchs (vgl. § 29 Abs. 2 S. 1).[41] Die Umstände des Ausbleibens, Sichentfernens, Nichtvertretens oder der Verhandlungsunfähigkeit sind gegebenenfalls von Amts wegen im **Freibeweisverfahren** zu ermitteln (zur Prüfung durch die Rechtsmittelgerichte → § 411 Rn. 67 f.).[42] Weil der erste Zugang zu einem Gericht (Art. 6 EMRK) auf dem Spiel steht, muss im Fall des § 412 besonders großzügig verfahren werden.[43] Eine Verwerfung des Einspruchs kommt nur in Betracht, wenn zusätzlich zur objektiven und subjektiven Pflichtverletzung – Pflichtverletzungen des Verteidigers sind keine Pflichtverletzungen des Beschuldigten[44] – eine Abwägung insbesondere mit dem Anwesenheitsrecht und der Pflicht zur Wahrheitserforschung ergibt, dass keine genügenden Gründe für eine Terminsverlegung beste-

---

[32] KG 18.4.1985 – (4) 1 Ss 329/84 (5/85), JR 1985, 343 (344). Vgl. einschränkend KG 7.7.2010 – (1) 1 Ss 233/10 (17/10), StraFo 2010, 427 mwN. Blei NJW 1962, 2024 (2024 f.).
[33] OLG Köln 27.8.1991 – Ss 399/91, StV 1992, 567 mwN.
[34] Vgl. OLG Düsseldorf 24.4.1958 – (1) Ss 198/58, MDR 1958, 623; OLG Köln 11.5.1962 – Ss 100/62, NJW 1962, 1735; LG Verden 11.7.1974 – 5 Ns 1/74, NJW 1974, 2194; OLG Köln 31.1.1992 – Ss 22/92, StV 1993, 292; OLG Celle 9.4.2009 – 32 Ss 21/09, NStZ-RR 2009, 352; KG 7.7.2010 – (1) 1 Ss 233/10 (17/10), StraFo 2010, 427; Weßlau in SK-StPO § 411 Rn. 19; Baumhaus NJW 1962, 2337.
[35] Kritisch Frisch NStZ 2015, 69 (74).
[36] Kritisch Frisch NStZ 2015, 69 (74).
[37] BayObLG 24.7.2001 – 1 St RR 97/2001, NStZ-RR 2002, 79.
[38] OLG Stuttgart 7.7.2008 – 2 Ss (29) 209/08, NStZ-RR 2008, 312.
[39] Weßlau in SK-StPO Rn. 5 mwN.
[40] KG 12.5.2020 – (5) 161 Ss 101/19 (19/19), juris Rn. 14 ff. = BeckRS 2020, 33654.
[41] OLG Karlsruhe 24.10.2019 – 1 Rv 21 Ss 716/19, BeckRS 2019, 27681.
[42] BayObLG 20.10.1997 – 3 St RR 54/97, NJW 1998, 172; OLG Bamberg 26.2.2008 – 3 Ss 118/07, DAR 2008, 217; Weßlau in SK-StPO Rn. 10 mwN.
[43] OLG Jena 3.6.2010 – 1 Ss 242/09, juris Rn. 17 = BeckRS 2010, 23529; KG 12.5.2020 – (5) 161 Ss 101/19 (19/19), juris Rn. 8 = BeckRS 2020, 33654.
[44] Vgl. LG Braunschweig 12.2.2020 – 5 Ns 301/19, BeckRS 2020, 4794.

hen.⁴⁵ In den Fällen des § 329 Abs. 1 S. 2 muss durch den Verwerfungsgrund **jede Fortführung** der Hauptverhandlung verhindert werden (→ Rn. 27).

23   c) **Anordnung persönlichen Erscheinens, Vorführung und Verhaftung.** Nach Satz 1 iVm § 329 Abs. 3 kann unter bestimmten Voraussetzungen das **persönliche Erscheinen** des Angeklagten erzwungen werden. Der zuerst genannte Fall der Berufung der **Staatsanwaltschaft** hat im Strafbefehlsverfahren allerdings keine Entsprechung. Denn der Staatsanwaltschaft steht gegen den von ihr beantragten Strafbefehl kein Einspruch zu. Virulent bleibt der zweite Fall, dass eine Verwerfung des Einspruchs nach § 329 Abs. 1 S. 4 ausgeschlossen ist, nachdem das Rechtsmittelgericht die Sache **zurückverwiesen** hat. Damit in diesem Fall das Verfahren zu Ende geführt werden kann, erlaubt § 329 Abs. 3, die **Vorführung** oder **Verhaftung** des Angeklagten anzuordnen, soweit es zur Durchführung der Hauptverhandlung geboten ist (→ § 329 Rn. 114).

24   Ob neben § 412 bei Ausbleiben des Angeklagten Raum für die allgemeinen Regeln in den **§§ 230 ff.** bleibt, hängt zunächst davon ab, ob ein Verteidiger mit nachgewiesener Vertretungsvollmacht erschienen (bzw. entschuldigt nicht erschienen) ist und den Angeklagten vertritt oder nicht.

25   Ist ein **Verteidiger mit nachgewiesener Vertretungsvollmacht** erschienen (bzw. entschuldigt nicht erschienen) und vertritt er den Angeklagten, scheidet ein Vorgehen nach §§ 412, 329 aus. Aber auch die Anwesenheitspflicht ist grundsätzlich suspendiert, § 411 Abs. 2 S. 1. Das **Anwesenheitsrecht** des Angeklagten (§ 230 Abs. 1) besteht dagegen unverändert fort. Auch wenn der Angeklagte sich durch einen Verteidiger vertreten lässt, darf gegen seinen Willen nicht in seiner Abwesenheit verhandelt werden (→ § 411 Rn. 27). Hat der Angeklagte sein Anwesenheitsrecht klar geltend gemacht, darf nur nach Maßgabe der allgemeinen Regeln in den **§§ 230 ff.** ohne ihn verhandelt werden. **Zwangsmaßnahmen** nach § 230 Abs. 2 zur Durchsetzung des bloßen Anwesenheitsrechts, dem keine Anwesenheitspflicht entspricht, scheiden allerdings rechtslogisch aus.

26   Ist der Angeklagte **nicht durch einen Verteidiger** mit nachgewiesener Vertretungsvollmacht vertreten, greifen bei mangelnder Entschuldigung §§ 412, 329 ein. Soweit die Ausnahmen von § 230 Abs. 1 **eigenmächtiges bzw. schuldhaftes** Verhalten des Angeklagten voraussetzen, scheiden sie aus, weil zwingend §§ 412, 329 anzuwenden sind. Nur vereinzelt wird umgekehrt ein Vorrang des § 231 Abs. 2 vor §§ 412, 329 postuliert.⁴⁶ Raum bleibt aber gegebenenfalls für §§ 231b, 231c, 233, die kein eigenmächtiges bzw. schuldhaftes Verhalten des Angeklagten voraussetzen.

27   Die **Anordnung persönlichen Erscheinens** nach § 236 bleibt in jedem Fall möglich.⁴⁷ Sie dient der Wahrheitserforschung und ist ausdrücklich „stets" zulässig. Für die Anwendung der **§§ 412, 329** ergibt sich aus der Anordnung nach § 236 aber nichts. Weder erweitert sie die Verwerfungsmöglichkeiten, wenn der Angeklagte ihr nicht Folge leistet – keine Verwerfung des Einspruchs, wenn der Angeklagte nicht erscheint, aber von einem Verteidiger mit nachgewiesener Vertretungsvollmacht vertreten wird;⁴⁸ Satz 1 verweist nicht einmal auf § 329 Abs. 4 –, noch steht die Anordnung persönlichen Erscheinens einer Verwerfung des Einspruchs entgegen, wenn die → Rn. 6 ff. aufgeführten Voraussetzungen dafür vorliegen. Die Anordnung persönlichen Erscheinens bewirkt nach zutreffender Ansicht **keine Selbstbindung** des Gerichts; das Gericht kann weiterhin ohne den von einem Verteidiger mit nachgewiesener Vertretungsvollmacht vertretenen Angeklagten verhandeln.⁴⁹ Allerdings geht der Gesetzgeber davon aus, dass in der Hauptverhandlung schon

---

⁴⁵ KG 12.5.2020 – (5) 161 Ss 101/19 (19/19), juris Rn. 9 = BeckRS 2020, 33654 mwN.
⁴⁶ LG Chemnitz 2.6.2017 – 8 Ns 760 Js 13135/16 (2), juris.
⁴⁷ BGH 20.9.1956 – 4 StR 287/56, BGHSt 9, 356 (357); Schmitt in Meyer-Goßner/Schmitt § 236 Rn. 1; Weßlau in SK-StPO § 411 Rn. 17 mwN.
⁴⁸ OLG Celle 14.10.1969 – 3 Ss 289/69, NJW 1970, 906; BayObLG 30.12.1969 – 3b St 235/69, MDR 1970, 608; 31.10.1977 – RReg 2 St 359/77, MDR 1978, 510; OLG Düsseldorf 12.12.1983 – 2 Ws 678/83, StV 1985, 52; Brauer in Gercke/Temming/Zöller Rn. 8; Gössel in Löwe/Rosenberg, 26. Aufl., Rn. 30 mwN.
⁴⁹ OLG Hamburg 22.5.1968 – 1 Ss 58/68, NJW 1968, 1687; OLG Celle 14.10.1969 – 3 Ss 289/69, NJW 1970, 906; Küper NJW 1969, 493 (494); Schmitt in Meyer-Goßner/Schmitt Rn. 5 mwN.

die Entscheidung, das persönliche Erscheinen anzuordnen, Fortführung der Hauptverhandlung ist und deshalb einer Verwerfung nach § 329 Abs. 1 S. 2 entgegensteht.[50] Zur Frage, ob die Anordnung persönlichen Erscheinens nach § 236 **zwangsweise** durchgesetzt werden darf oder ob § 329 Abs. 3 eine abschließende Regelung trifft, und zum Verhältnis zur **Vertretungsmacht** des Verteidigers → § 411 Rn. 28.

d) Verwerfungsentscheidung. Das Urteil ergeht als Prozessurteil und lautet auf Verwerfung des Einspruchs. Die **Urteilsgründe** (§ 34) müssen ergeben, dass die Verwerfungsvoraussetzungen vorgelegen haben (→ § 329 Rn. 67 ff.). Eine **Kostenentscheidung** trifft das Urteil grundsätzlich nicht, es bleibt bei der im Strafbefehl getroffenen Entscheidung, § 473 ist auf den Einspruch nicht anwendbar.[51] War allerdings der Anschluss eines Nebenklägers erfolgt, verlangt § 472 eine Entscheidung (Beschluss), dass der Angeklagte die notwendigen Auslagen des Nebenklägers tragen soll. 28

Nach § 35 Abs. 2 S. 1 muss das Urteil dem Adressaten, also dem Angeklagten, förmlich **zugestellt** werden, vgl. auch Satz 1 iVm § 329 Abs. 7 (→ § 329 Rn. 71). Die Zustellung kann nach § 145a Abs. 1 an den Verteidiger erfolgen.[52] 29

Ist – durch in jeder Lage des Verfahrens zulässige Einstellung, §§ 153 ff. – zwischenzeitlich die Verurteilung wegen einzelner von ursprünglich mehreren Taten **weggefallen,** muss das Verwerfungsurteil das klarstellen, Satz 1 iVm § 329 Abs. 6 (→ § 329 Rn. 72 ff.). 30

2. Die Verweisung auf § 330 (Satz 2). Hat der **gesetzliche Vertreter** des Angeklagten Einspruch eingelegt, findet nach Satz 2 die in § 330 getroffene Regelung entsprechende Anwendung. Der Angeklagte ist zu **laden** (§ 330 Abs. 1). Er kann sich aber nach § 411 Abs. 2 S. 1 von einem Verteidiger mit nachgewiesener Vertretungsvollmacht vertreten lassen. Bleibt nur der gesetzliche Vertreter aus, kann ohne ihn verhandelt werden (§ 330 Abs. 2 S. 1). Bleibt auch der Angeklagte aus, ohne dass für ihn oder für den gesetzlichen Vertreter ein Verteidiger mit nachgewiesener Vertretungsvollmacht erschienen wäre, findet **§ 329 Abs. 1 S. 1** entsprechende Anwendung (§ 330 Abs. 2 S. 2 Hs. 1). Der Einspruch wird also verworfen, wenn das Ausbleiben aller **unentschuldigt** ist. Keine Anwendung finden die Verwerfungsgründe in § 329 Abs. 1 S. 2. Entsprechend angewendet werden § 329 Abs. 1 S. 4 und Abs. 6 (→ § 330 Rn. 3). Gleiches muss für § 329 Abs. 7 gelten. 31

Erscheint der gesetzliche Vertreter, bleibt aber der **Angeklagte** aus, kann der Einspruch des gesetzlichen Vertreters auch dann **nicht verworfen** werden, wenn für den Angeklagten kein Verteidiger mit nachgewiesener Vertretungsvollmacht erschienen ist. Vielmehr wird nach § 329 Abs. 2 und 3 ohne den Angeklagten verhandelt oder sein Erscheinen erzwungen (§ 330 Abs. 2 S. 2 Hs. 2; → § 330 Rn. 1 ff.). 32

3. Isolierter Einspruch von Nebenbeteiligten. Ist nur über den Einspruch des **Einziehungs-** (Unbrauchbarmachungs- oder Vernichtungs-) **-beteiligten,** des beteiligten **Nebenbetroffenen** oder über den Einspruch der juristischen Person oder Personenvereinigung zu entscheiden, gegen die eine **Geldbuße** nach § 30 OWiG festgesetzt wurde, kann generell im **Beschlussverfahren** entschieden werden und ist im Falle der Entscheidung durch Urteil der **Instanzenzug** beschnitten, § 432 Abs. 2, § 438 Abs. 3, § 439 bzw. § 444 Abs. 2 S. 2 iVm § 434 Abs. 2, 3. §§ 412, 329 finden **keine** Anwendung, wie sich aus § 430 Abs. 1 auch iVm § 438 Abs. 3, § 439 bzw. § 444 Abs. 2 S. 1 ergibt. 33

4. Rechtsbehelfe. Gegen das Verwerfungsurteil sind die regulären **Rechtsmittel** (Berufung und Revision) statthaft. Die **Berufung** bedarf nicht der Annahme nach § 313. Denn § 313 setzt ein Sachurteil voraus, die Verwerfung des Einspruchs nach § 412 lässt aber den Strafbefehl wiederaufleben. Zu den Einzelheiten → § 411 Rn. 66. 34

Nach Satz 1 iVm § 329 Abs. 7 und §§ 44 f. kann gegen das Verwerfungsurteil außerdem binnen einer Woche ab Zustellung die **Wiedereinsetzung** in den vorigen Stand beantragt 35

---

[50] BT-Drs. 18/3562, 70.
[51] Gössel in Löwe/Rosenberg, 26. Aufl., Rn. 39; Schmitt in Meyer-Goßner/Schmitt Rn. 8.
[52] BayObLG 2.6.1966 – RReg. 1b St 42/66, NJW 1966, 2323; Gössel in Löwe/Rosenberg, 26. Aufl., Rn. 39 und § 411 Rn. 63 mwN.

werden (→ § 329 Rn. 90 ff.). Zuständig ist das Amtsgericht, das den Strafbefehl erlassen hat. Dieser Antrag eröffnet die Möglichkeit, **neue,** das Ausbleiben entschuldigende **Tatsachen** vorzutragen. Er wird auch zugelassen, wenn neue Tatsachen geltend gemacht werden, die andere Verwerfungsvoraussetzungen entfallen lassen (keine Ladung (→ Rn. 11), keine Verhandlungsunfähigkeit).[53] **Rechtsfehler** der Verwerfungsentscheidung sollen dagegen nur auf Rechtsmittel hin überprüft werden können. Zu weit geht es, auch die Vorlage neuer **Beweismittel** für bereits bekannte Tatsachen allein dem Rechtsmittelregime zu unterstellen.[54] Eine Wiedereinsetzung ohne Antrag **von Amts wegen** soll nach wohl überwiegender Ansicht bei Versäumung der Hauptverhandlung gemäß §§ 412, 329 ausscheiden (→ § 45 Rn. 26; → § 329 Rn. 98).[55] Dem Beschuldigten soll nicht ohne seinen Willen eine Hauptverhandlung aufgedrängt werden. Zu Recht werden zumindest die Anforderungen an einen Wiedereinsetzungsantrag abgesenkt. Hat der Antrag auf Wiedereinsetzung Erfolg, **entfällt** das Verwerfungsurteil, ohne dass es aufgehoben werden müsste, und ist mit der Hauptverhandlung fortzufahren.[56]

36 Für das Verhältnis zwischen Berufung, Revision und Wiedereinsetzung treffen §§ 315, 342 folgende Regelung: Die **Rechtsmittelfristen** laufen unabhängig von der Wiedereinsetzungsmöglichkeit schon ab Urteilszustellung (Abs. 1). Zwecks Fristwahrung kann das Rechtsmittel „sofort **für den Fall** der Verwerfung" des Wiedereinsetzungsantrags eingelegt werden (Abs. 2). Wird isoliert Rechtsmittel eingelegt, gilt das als **Verzicht** auf die Wiedereinsetzung (Abs. 3).

37 Nach § 35a und – seit der Neufassung vom 17.12.2018[57] – §§ 412, 329 Abs. 7 S. 2 ist der Angeklagte nicht nur über die statthaften Rechtsmittel zu **belehren,** sondern auch über die Möglichkeit, Wiedereinsetzung in den vorigen Stand zu beantragen.

---

[53] Vgl. OLG Frankfurt a. M. 4.4.2005 – 3 Ws 224/05, NStZ-RR 2005, 174; OLG Köln 14.3.2000 – Ss 10/00, NStZ-RR 2002, 142 mwN. Zu Grenzen OLG Karlsruhe 7.4.2021 – 2 Ws 73/21, NStZ-RR 2021, 184.
[54] So aber Maur in KK-StPO Rn. 17; Schmitt in Meyer-Goßner/Schmitt § 329 Rn. 42 mwN.
[55] Offen gelassen von OLG Köln 14.3.2000 – Ss 10/00, NStZ-RR 2002, 142 (143). AA OLG Düsseldorf 28.3.1979 – 2 Ss (OWi) 89/79 – 13/79 V, NJW 1980, 1704 (1705); Lemke in AK-StPO § 45 Rn. 3.
[56] Weßlau in SK-StPO Rn. 16 mwN.
[57] Gesetz zur Stärkung des Rechts des Angeklagten auf Anwesenheit in der Verhandlung v. 17.12.2018, BGBl. 2018 I 2571. Früher § 35a analog → § 35a Rn. 9.

Zweiter Abschnitt. Sicherungsverfahren

§ 413 Zulässigkeit

Führt die Staatsanwaltschaft das Strafverfahren wegen Schuldunfähigkeit oder Verhandlungsunfähigkeit des Täters nicht durch, so kann sie den Antrag stellen, Maßregeln der Besserung und Sicherung sowie als Nebenfolge die Einziehung selbständig anzuordnen, wenn dies gesetzlich zulässig ist und die Anordnung nach dem Ergebnis der Ermittlungen zu erwarten ist (Sicherungsverfahren).

Schrifttum: Allgayer, Vertikale Teilrechtskraft im Unterbringungsverfahren? – Besprechung der Beschlüsse des BGH vom 9.4.2013 (5 StR 120/13) und vom 24.4.2013 (5 StR 163/13), NStZ 2013, 559; Dörffler, Das Sicherungsverfahren, DJ 1933, 749; Gruhl, Nebenklage und Sicherungsverfahren, NJW 1991, 1874; Henkel, Das Sicherungsverfahren gegen Gemeingefährliche, ZStW 58 (1939), 308; Pfeiffer, Nebenklage und Sicherungsverfahren, FS Meyer-Goßner, 2001, 705; Putzke/Scheinfeld, Zur Vernehmungsfähigkeit des Beschuldigten als Prozessvoraussetzung des Sicherungsverfahrens – Zugleich Anm. zu BGH HRRS 2022 Nr. 717, HRRS 2022, 407; Sëyfi, Das Sicherungsverfahren (§§ 413–416 StPO), 2002.

Übersicht

		Rn.			Rn.
I.	Überblick	1		b) Undurchführbarkeit des Strafverfahrens	10
II.	Erläuterung	4		c) Erwartung der Maßregelanordnung	15
1.	Anwendungsbereich	4		d) Verhältnismäßigkeit	16
2.	Anordnungsvoraussetzungen	8		e) Zulässigkeit und Zeitpunkt der Antragstellung	20
	a) Anlasstat	8	3.	Vollstreckungsfragen	25

I. Überblick

Die §§ 413–416 stellen das **verfahrensrechtliche Gegenstück zu § 71 StGB** dar,[1] **1** der die selbständige Anordnung von Maßnahmen der Besserung und Sicherung regelt und damit zugleich die Zweispurigkeit im materiellen Strafrecht begründet (einerseits Verhängung einer Kriminalstrafe, andererseits daneben oder stattdessen Anordnung von Maßregeln der Besserung und Sicherung).

Auf die Möglichkeit, selbständig Maßnahmen der Besserung und Sicherung anzuord- **2** nen, kommt es an, wenn das Strafverfahren gerade und **allein**[2] **wegen Schuldunfähigkeit oder Verhandlungsunfähigkeit** des Beschuldigten[3] undurchführbar ist,[4] denn ein Schuldspruch in einem Strafverfahren kommt dann nicht in Betracht. Vielmehr ist der schuldunfähige Angeklagte freizusprechen oder ein gegen den Betroffenen geführtes Verfahren im

---

[1] BGH 28.10.1982 – 4 StR 472/82, BGHSt 31, 132 (134) = NJW 1983, 1385.
[2] BGH 28.10.1982 – 4 StR 472/82, NJW 1983, 1385 (mzustAnm Blau HR 1984, 27).
[3] Da ein reguläres Strafverfahren mit einem Schuldspruch bei Schuld- und Verhandlungsunfähigkeit ausscheidet und daher kein Schuldvorwurf erhoben wird, wird der Begriff „Beschuldigter" für das Sicherungsverfahren vielfach abgelehnt (Degener in SK-StPO Rn. 3; Rosenau in Satzger/Schluckebier/Widmaier StPO Rn. 1; Börner in Radtke/Hohmann Rn. 3; Metzger in KMR-StPO Vor § 413 Rn. 30; Kurth/Pollähne in Gercke/Julius/Temming/Zöller Rn. 2); doch verwendet der Gesetzgeber den Begriff (vgl. § 415 Abs. 1) vertretbar in einem weiten Sinn, also dahin, dass „dem Beschuldigten" (dem etwas zur Last gelegt wird, § 414 Abs. 1, § 136 Abs. 1 S. 1), das Begehen von Strafunrecht nachgewiesen werden soll. – Verfehlt ist es hingegen die Bezeichnung des Beschuldigten als „Täter" in § 413, soll doch das Verfahren die Täterschaft erst klären (Degener in SK-StPO Rn. 9; Metzger in KMR-StPO Vor § 413 Rn. 30: „Redaktionsfehler").
[4] Das im Jahr 1933 eingeführte selbständige Sicherungsverfahren, dem von seiner Entstehungsgeschichte zweifellos eine mit der Wertordnung des Grundgesetzes unvereinbare antihumane Gedankenwelt zugrunde lag (zutreffend Metzger in KMR-StPO Vor § 413 Rn. 3), enthielt ursprünglich nur eine Regelung für die Schuldunfähigkeit – im Jahr 1974 hat der Gesetzgeber § 413 auf die Konstellation der Verhandlungsunfähigkeit ausgeweitet.

Ermittlungs- oder Zwischenverfahren einzustellen, was mit Blick auf die Verfahrenseinstellung gleichermaßen für verhandlungsunfähige Beschuldigte gilt. Zweck des selbständigen Sicherungsverfahrens ist die Sicherung der Allgemeinheit vor Gefahren, die vom Umgang mit dem Betroffenen ausgehen;[5] gleichermaßen aber die Ermittlung und Feststellung des Tatgeschehens in einer den strengen Formen des Strafprozesses unterliegenden Hauptverhandlung, also die prozessordnungsgemäße Klärung, ob der Tatbestand eines Strafgesetzes rechtswidrig verwirklicht worden ist.[6] Der Richter übt dabei keine Verwaltungs-, sondern Rechtsprechungstätigkeit aus.[7]

3   Das Sicherungsverfahren besteht aus Ermittlungs-, Zwischen-, Haupt- und Vollstreckungsverfahren, wobei die einzelnen Abschnitte besondere Gestaltungen und Abweichungen vom normalen Strafverfahren gegen einen schuld- und verhandlungsfähigen Beschuldigten aufweisen (können), etwa im Ermittlungsverfahren das gemäß § 416 Abs. 3 gebotene Einholen eines Sachverständigengengutachtens zur Schuld- oder Verhandlungsunfähigkeit. Konstruiert ist das Sicherungsverfahren (vorbehaltlich der Subjektstellung des Betroffenen)[8] ähnlich wie das selbständige Einziehungsverfahren nach §§ 435, 436 (wobei der Gesetzgeber dort allerdings eine dem § 414 Abs. 1 entsprechende Vorschrift nicht geschaffen hat).[9]

II. Erläuterung

4   **1. Anwendungsbereich.** Das Sicherungsverfahren kommt **nur für bestimmte Maßnahmen** der Besserung und Sicherung in Betracht, wobei § 413 selbst insoweit keine Vorgaben enthält, sondern auf das materielle Recht verweist („wenn dies gesetzlich zulässig ist"). Was gesetzlich zulässig ist, regelt § 71 StGB in einem abschließenden Katalog.[10] Danach dürfen selbständig angeordnet werden: die Unterbringung in einem psychiatrischen Krankenhaus nach § 63 StGB oder in einer Entziehungsanstalt nach § 64 StGB, die Entziehung der Fahrerlaubnis nach § 69 StGB und ein Berufsverbot nach § 70 StGB.

5   Da der **Katalog des § 71 StGB abschließend** ist, kommt die Anordnung anderer Maßregeln nicht in Betracht. Unzulässig ist damit auch die selbständige Anordnung einer Sicherungsverwahrung nach § 66 StGB.[11] Das gilt auch für flankierende Maßnahmen nach § 11 Abs. 1 Nr. 8 StGB, etwa der Anordnung einer Einziehung nach § 74 StGB neben einer Unterbringung nach § 63 StGB. Eine Einziehung von Gegenständen war deshalb früher bei einem schuldunfähigen Betroffenen allein im selbständigen Einziehungsverfahren nach § 435 StPO möglich,[12] wenn die Voraussetzungen von § 76a Abs. 1 S. 1 StGB vorlagen.[13] Diesen Umstand hat der Gesetzgeber ändern wollen (es gebe „keinen sachlich gerechtfertigten Grund dafür")[14] und daher die Möglichkeit der Einziehung bereits in § 413 explizit vorgesehen.[15] Eine solche Anordnung soll allerdings nur flankierend neben der Anordnung einer Maßregel der Besserung und Sicherung möglich sein[16] und bleibt im

---

[5] BGH 26.9.1967 – 1 StR 378/67, BGHSt 22, 1 (2) = NJW 1968, 412; BGH 23.3.2001 – 2 StR 498/00, NJW 2001, 3277; Rosenau in Satzger/Schluckebier/Widmaier StPO Rn. 1; aA Seyfi S. 46, 52: vorrangig Spezialprävention.
[6] So auch Metzger in KMR-StPO Vor § 413 Rn. 11.
[7] AA Roxin/Schünemann StrafVerfR § 66 Rn. 3; dagegen zutreffend Metzger in KMR-StPO Vor § 413 Rn. 18; ebenfalls kritisch etwa Maur in KK-StPO Rn. 3; Gaede in Löwe/Rosenberg Vor § 413 Rn. 4.
[8] Vgl. Metzger in KMR-StPO Vor § 413 Rn. 19.
[9] Dazu Köhler/Burkhard NStZ 2017, 665 (672).
[10] Vgl. Temming in BeckOK StPO Rn. 2.1.
[11] Temming in BeckOK StPO Rn. 2.1.
[12] BGH 29.4.2020 – 3 StR 122/20, BeckRS 2020, 10586; 6.8.2019 – 3 StR 46/19, BeckRS 2019, 24653; 20.6.2018 – 2 StR 127/18, BeckRS 2018, 14944; 12.12.2017 – 3 StR 558/17, BeckRS 2017, 139768; 16.3.2016 – 4 StR 39/16, BeckRS 2016, 06301; 12.6.2008 – 4 StR 140/08, NStZ 2008, 563; Schmitt in Meyer-Goßner/Schmitt Rn. 1a; Rosenau in Satzger/Schluckebier/Widmaier StPO Rn. 2.
[13] BGH 20.6.2018 – 2 StR 127/18, BeckRS 2018, 14944; 2.11.2017 – 3 StR 410/17, BeckRS 2017, 133992.
[14] BT-Drs. 19/27654, 108.
[15] Gesetz zur Fortentwicklung der Strafprozessordnung v. 25.6.2021 (BGBl. 2021 I 2099); zum Übergangsrecht s. Bittmann NStZ 2022, 8 (12).
[16] BT-Drs. 19/27654, 108; Gaede in Löwe/Rosenberg Rn. 16.

Zusammenhang mit Tatprodukten, Tatmitteln und Tatobjekten ausgeschlossen, „soweit die Einziehung eine schuldhaft verübte Straftat voraussetzt".[17] Die **Einziehung** soll durch die Gesetzesänderung im gleichen Umfang wie im Strafverfahren möglich sein, diese bedarf weder eines darauf gerichteten ausdrücklichen Antrags der Staatsanwaltschaft in der Antragsschrift, noch einer besonderen Eröffnungsentscheidung des Gerichts.[18]

Unstatthaft ist die selbständige Anordnung des Verbots des Umgangs mit Tieren nach § 20 Abs. 1 TierSchG oder die Entziehung des Jagdscheins nach § 41 BJagdG.[19] **6**

Soweit das Jugendgerichtsgesetz die Anordnung von Maßregeln zulässt (§ 7 Abs. 1 JGG bzw. § 105 Abs. 1 JGG iVm § 2 Abs. 2 JGG), dürfen die in § 71 StGB genannten Maßregeln bei Vorliegen der Voraussetzungen des § 413 auch **bei Jugendlichen und Heranwachsenden** selbständig angeordnet werden.[20] Dazu gehören die Unterbringung in einem psychiatrischen Krankenhaus oder einer Entziehungsanstalt und die Entziehung der Fahrerlaubnis, nicht aber die Anordnung eines Berufsverbots. Zuständig ist in diesem Fall grundsätzlich das Jugendschöffengericht, es sei denn, dass die Jugendkammer die Sache wegen ihres besonderen Umfanges vor Erlass des Eröffnungsbeschlusses übernommen hat oder ein Fall von § 41 Abs. 1 Nr. 5 vorliegt.[21] **7**

2. Anordnungsvoraussetzungen. a) Anlasstat. Die selbständige Anordnung einer Maßregel nach § 71 StGB erfordert die Begehung einer rechtswidrigen Tat iSd **§ 11 Abs. 1 Nr. 5 StGB**, bei der es sich nicht um eine Symptomtat handeln muss,[22] im Erkenntnisverfahren ist die Tat verlässlich aufzuklären.[23] **8**

Die Anordnung des Sicherungsverfahrens kommt nicht in Betracht, wenn Gründe bestehen, die der Annahme einer rechtswidrigen Begehung einer Straftat entgegenstehen. Das Gericht muss prüfen, ob der Betroffene die mit Strafe bedrohte Handlung überhaupt begangen hat, was die Bejahung sämtlicher Strafbarkeitselemente einer Straftat voraussetzt (außer der Schuldfähigkeit). Hinderungsgründe können sich etwa ergeben aus einem Tatbestandsirrtum nach § 16 Abs. 1 S. 1 StGB, dem Vorliegen eines Rechtfertigungs- oder – jenseits der Schuldunfähigkeit – Schuldausschließungsgrundes,[24] dem Fehlen einer objektiven Strafbarkeitsbedingung,[25] aus einem strafbefreienden Rücktritt (§§ 24, 31 StGB),[26] wegen Verjährung (was sich aus § 78 Abs. 1 StGB ergibt: Die Verjährung „schließt [...] die Anordnung von Maßnahmen [...] aus.")[27] oder eines Verfahrenshindernisses (zB der fehlenden Strafmündigkeit nach § 19 StGB). Soweit Irrtümer auf dem die Schuldunfähigkeit bedingenden Zustand beruhen, stehen sie der Durchführung eines Sicherungsverfahrens nicht entgegen.[28] **9**

b) Undurchführbarkeit des Strafverfahrens. Die Undurchführbarkeit des Strafverfahrens muss **gerade auf der Schuldunfähigkeit oder der Verhandlungsunfähigkeit** des Betroffenen beruhen, deren Voraussetzungen in der Hauptverhandlung nachgewiesen werden müssen. **10**

aa) Schuldunfähigkeit. Ist das Vorliegen der Voraussetzungen von § 20 StGB hinreichend wahrscheinlich, ist das Strafverfahren wegen Schuldunfähigkeit undurchführbar. Neben der erwiesenen Schuldunfähigkeit ist das Sicherungsverfahren nach hM auch dann **11**

---

[17] BT-Drs. 19/27654, 108; krit. zur Erforderlichkeit der Neuregelung Temming in BeckOK StPO Rn. 2.1.
[18] So jedenfalls BGH 8.12.2021 – 5 StR 312/21, NJW 2022, 339 (340).
[19] Metzger in KMR-StPO Rn. 8.
[20] Metzger in KMR-StPO Rn. 1; Rosenau in Satzger/Schluckebier/Widmaier StPO Rn. 2; Schmitt in Meyer-Goßner/Schmitt Rn. 1.
[21] OLG Oldenburg 11.2.1958 – Ss 26/58, NJW 1958, 1200; LG Waldshut 2.7.1956 – KLs 18/56, NJW 1956, 1488 mAnm Potrykus.
[22] BGH 1.12.1953 – 5 StR 521/53, BGHSt 5, 140 (143); Metzger in KMR-StPO Rn. 3.
[23] Vgl. Börner in Radtke/Hohmann Rn. 7.
[24] BGH 29.4.1958 – 1 StR 68/58, BGHSt 11, 319 (321) = NJW 1958, 1050.
[25] Metzger in KMR-StPO Vor § 413 Rn. 15.
[26] BGH 28.10.1982 – 4 StR 472/82, BGHSt 31, 132; 10.8.2022 – 1 StR 234/22, StV 2023, 219; Joecks/Jäger StPO zu §§ 413–416 Rn. 2; Schmitt in Meyer-Goßner/Schmitt Rn. 7.
[27] Rosenau in Satzger/Schluckebier/Widmaier StPO Rn. 11; Gaede in Löwe/Rosenberg Rn. 11.
[28] Maur in KK-StPO Rn. 11.

möglich, wenn die Schuldunfähigkeit – bei zumindest hinreichender Wahrscheinlichkeit[29] bezüglich einer erheblich verminderten Schuldfähigkeit – nicht auszuschließen ist,[30] was sich aus einer systematischen Auslegung mit Blick auf die §§ 63, 64, 69, 70 StGB ergibt.[31] Soweit verminderte Schuldfähigkeit gegeben ist, rechtfertigt dies die Durchführung eines Sicherungsverfahrens nicht.[32] Im Zusammenhang mit der Verneinung der strafrechtlichen Verantwortlichkeit mangels sittlicher oder geistiger Reife nach § 3 JGG ist ein Sicherungsverfahren nur dann möglich, wenn die Verneinung der Verantwortlichkeit sich zugleich aus dem Vorliegen der Schuldunfähigkeit ergibt,[33] wobei dies kein Vorrangverhältnis von § 20 StGB, sondern eine Wahlmöglichkeit begründet.[34]

12 Gegen **Kinder** ist trotz deren Schuldunfähigkeit nach § 19 StGB ein Sicherungsverfahren unstatthaft.[35]

13 bb) **Verhandlungsunfähigkeit.** Verhandlungsfähig ist ein Beschuldigter dann, wenn er **unfähig** ist, seine **Rechte wahrzunehmen**,[36] wozu er etwa in der Lage sein muss, die Verteidigung in verständiger und verständlicher Weise zu führen sowie Prozesserklärungen abzugeben oder entgegenzunehmen.[37] Ist dieser Zustand vorübergehender Natur, ist § 205 S. 1 einschlägig.[38] Für die Durchführung des Sicherungsverfahrens muss die Verhandlungsunfähigkeit dauerhaft sein.[39] Führt ein Angeklagter seine Verhandlungsunfähigkeit schuldhaft[40] herbei, greift § 231a als speziellere Norm.[41]

14 cc) **Vernehmungsunfähigkeit.** Die **Vernehmungsfähigkeit** des Beschuldigten **ist Prozessvoraussetzung** (str.). Der Beschuldigte muss begreifen, was ihm vorgeworfen wird, dass er ein Schweigerecht hat und welchen Inhalt ihm gestellte Fragen und seine Antworten haben.[42] Die Vernehmungsfähigkeit ist also nicht deckungsgleich mit der Verhandlungsfähigkeit, sondern verlangt weniger an kognitiven Fähigkeiten.[43] Fehlt diese kommunikative Basisfähigkeit, ist die Durchführung eines Sicherungsverfahrens unzulässig; das Verfahren ist dann nach § 206a einzustellen.[44] Es kommt allein eine Unterbringung nach Landesrecht in Betracht. Der **5. Strafsenat** hält hingegen das Sicherungsverfahren auch bei Fehlen der Vernehmungsfähigkeit für zulässig und begründet dies maßgeblich mit dem Sicherheitsinteresse der Allgemeinheit und mit dem Verweis auf § 415 Abs. 3, der eine Durchführung der Hauptverhandlung sogar ohne den Beschuldigten gestatte.[45] Beide Begründungsstränge sind aber zirkelhaft:

---

[29] Zutreffend Metzger in KMR-StPO Rn. 6 f.; unklar Schmitt in Meyer-Goßner/Schmitt Rn. 4.
[30] BGH 26.9.1967 – 1 StR 378/67, BGHSt 22, 1; Börner in Radtke/Hohmann Rn. 11; Maur in KK-StPO Rn. 8; Metzger in KMR-StPO Rn. 4 und § 414 Rn. 26; Rosenau in Satzger/Schluckebier/Widmaier StPO Rn. 7; Schlüchter Rn. 795.
[31] Überzeugender ist aber (nicht zuletzt mit Blick auf die Gefahr einer Aushöhlung von § 205 S. 1) die Gegenmeinung, etwa Dörffler DJ 1933, 749 (751); Sëyfi S. 104; Degener in SK-StPO Rn. 6 f.; Pollähne in Gercke/Julius/Temming/Zöller Rn. 5 mwN.
[32] BGH 28.10.1982 – 4 StR 472/82, BGHSt 31, 132 (136) = NJW 1983, 1385; Gaede in Löwe/Rosenberg Vor § 413 Rn. 5; Rosenau in Satzger/Schluckebier/Widmaier StPO Rn. 8.
[33] So BGH 29.1.1975 – 2 StR 579/74, NJW 1975, 1469; Schmitt in Meyer-Goßner/Schmitt Rn. 4.
[34] Überzeugend Schlehofer in BeckOK JGG JGG § 3 Rn. 31 ff.
[35] Gaede in Löwe/Rosenberg Rn. 2.
[36] Vgl. Putzke/Scheinfeld StrafProzR/Putzke Rn. 94.
[37] Vgl. BVerfG 24.2.1995 – 2 BvR 345/95, NJW 1995, 1951; BGH 8.2.1995 – 5 StR 434/94, NJW 1995, 1973.
[38] Schlüchter Rn. 796.
[39] Schmitt in Meyer-Goßner/Schmitt Rn. 5.
[40] Zum Maßstab vgl. Putzke ZJS 2012, 383 (386 ff.).
[41] Pollähne in Gercke/Julius/Temming/Zöller Rn. 6.
[42] BGH 2.2.2022 – 5 StR 390/21, BGHSt 67, 12 (Rn. 7, 9) = NJW 2022, 1895.
[43] Putzke/Scheinfeld HRRS 2022, 407 (409).
[44] Ebenso LG Aachen 11.12.2020 – 60 KLs 15/19, BeckRS 2020, 41860; LG Kassel 20.9.2017 – 4710 Js 17180/14 – 10 KLs, BeckRS 2017, 144521; Degener in SK-StPO Rn. 5; Maur in KK-StPO § 415 Rn. 6; Metzger in KMR-StPO § 415 Rn. 5; eingehend Putzke/Scheinfeld HRRS 2022, 407.
[45] BGH 2.2.2022 – 5 StR 390/21, BGHSt 67, 12 (Rn. 7, 9) = NJW 2022, 1895; mablAnm Graeber NStZ 2022, 574; Putzke/Scheinfeld HRRS 2022, 407; wie der 5. Senat zuvor schon OLG Frankfurt a. M. 4.1.2018 – 3 Ws 1007/17, BeckRS 2018, 1170 (u.a. unter Berufung auf Gössel in Löwe/Rosen-

Es ist gerade die Auslegungsfrage, ob bei gegebener Vernehmungsunfähigkeit das Sicherheitsinteresse der Allgemeinheit im strafprozessualen Sicherungsverfahren oder im landesrechtlichen Unterbringungsverfahren verfolgt wird; auch setzt § 415 Abs. 3 für das Verhandeln ohne den Beschuldigten voraus, dass der zuvor „vernommen" worden ist, wofür nach den allgemeinen Grundsätzen die Vernehmungsfähigkeit zu fordern ist.[46] Für die Verzichtbarkeit der Vernehmungsfähigkeit kann auch nicht der Umstand angeführt werden, dass § 413 Abs. 1 das Sicherungsverfahren bei Fehlen der (ähnlichen) Verhandlungsfähigkeit für anwendbar erklärt.[47] Die **Verhandlungs**fähigkeit verlangt nämlich mehr an kognitiven Fähigkeiten als die **Vernehmungs**fähigkeit, mit der gewährleistet wird, dass der Beschuldigte in der Lage ist, den Tatvorwurf (Kriminalunrecht begangen zu haben) sowie den Inhalt ihm gestellter Fragen und seiner Antworten zu verstehen, sich also überhaupt in tatsächlicher Hinsicht zu verteidigen, indem er „zu seinen Gunsten sprechende Tatsachen", insbesondere die nur ihm bekannten, vorbringt (§ 136 Abs. 2); denn dahingehende Defizite kann im Sicherungsverfahren der (notwendige) Verteidiger, der selbst kein unmittelbares Faktenwissen vom Tatgeschehen hat, nicht ausgleichen.[48] Schließlich bietet das Sicherungsverfahren auch keinen weitergehenden Rechtsschutz als das landesrechtliche Verfahren,[49] das im Gegenteil und insbesondere regelmäßige sachverständige Kontrollen der Anordnungsvoraussetzungen vorsieht[50] und das ohne den Eingriff ins Persönlichkeitsrecht des Betroffenen auskommt (spezifische stigmatisierende Wirkung),[51] der in der Feststellung liegt, strafwürdiges Unrecht begangen zu haben.[52]

c) **Erwartung der Maßregelanordnung.** Die Anordnung einer Maßregel muss „nach dem Ergebnis der Ermittlungen zu erwarten" sein. Das setzt das Vorliegen von hinreichenden Gründen voraus, woraus sich die Wahrscheinlichkeit ableiten lässt, dass am Ende eines Sicherungsverfahrens die Anordnung einer Maßregel nach § 71 StGB zu erwarten ist, die **Anordnung** also **wahrscheinlicher** ist als die Nichtanordnung. Der Maßstab ist derjenige, der auch § 170 Abs. 1, § 203 zugrunde liegt.[53] Betreffen muss die von der Staatsanwaltschaft vorzunehmende Prognose die Annahme der Schuld- oder Verhandlungsunfähigkeit, das Vorliegen einer in diesem Zustand begangenen Anlasstat und die Erwartung, dass bei dem Betroffenen die Voraussetzungen zur Maßregelanordnung vorliegen.[54]

d) **Verhältnismäßigkeit.** Die selbständige Anordnung einer Maßregel im Sicherungsverfahren setzt eine (nach *Pollähne:* „besonders"[55]) **sorgfältige Prüfung** der Voraussetzungen des § 62 StGB voraus, wonach eine Anordnung nicht erfolgen darf, „wenn sie zur Bedeutung der vom Täter begangenen und zu erwartenden Taten sowie zu dem Grad der von ihm ausgehenden Gefahr außer Verhältnis steht."

Bei einer **Unterbringung nach § 63 StGB** ist eine Abwägung notwendig zwischen dem Freiheitsinteresse des Täters und der Gefahr für die Allgemeinheit aufgrund der vom Beschuldigten begangenen und zu erwartenden Taten, wobei eine Wahrscheinlichkeit höheren Grades dafür bestehen muss, dass der Täter infolge seines Zustands in Zukunft Straftaten

---

berg, 26. Aufl. 2009, § 415 Rn. 3, woraus sich aber keineswegs ergibt, was das OLG zu belegen versucht); Temming in BeckOK StPO § 415 Rn. 2.

[46] Putzke/Scheinfeld HRRS 2022, 407 (408); zirkelhaft ist es zudem, wenn auf die Subsidiarität des landesrechtlichen Verfahrens verwiesen wird (OLG Frankfurt a. M. 4.1.2018 – 3 Ws 1007/17, BeckRS 2018, 1170), da das Eingreifen des Subsidiaritätsgedankens ebenfalls davon abhängt, ob die Vernehmungsfähigkeit eine Prozessvoraussetzung des vorrangigen Sicherungsverfahrens ist (Maur in KK-StPO § 415 Rn. 6).

[47] So aber BGH 2.2.2022 – 5 StR 390/21, BGHSt 67, 12 (Rn. 11, 14) = NJW 2022, 1895.

[48] Putzke/Scheinfeld HRRS 2022, 407 (409 f.) – dort auch zu weiteren Aspekten.

[49] So aber Müller-Metz NStZ-RR 2018, 149.

[50] Ausführlich LG Aachen 11.12.2020 – 60 KLs 15/19, BeckRS 2020, 41860; zusammenfassend Putzke/Scheinfeld HRRS 2022, 407 (410).

[51] Vgl. dazu BGH 18.7.2007 – 1 StR 248/07, HRRS 2007 Nr. 822; Metzger in KMR-StPO Vor §§ 413–416 Rn. 5.

[52] Putzke/Scheinfeld HRRS 2022, 407 (409 f.).

[53] Börner in Radtke/Hohmann Rn. 18; Pfeiffer Rn. 3.

[54] Maur in KK-StPO Rn. 12.

[55] Pollähne in Gercke/Julius/Temming/Zöller Vor §§ 413 ff. Rn. 4.

von erheblicher Bedeutung begehen wird, also solche, die eine schwere Störung des Rechtsfriedens zur Folge haben, was nur dann der Fall ist, wenn die zu erwartenden Delikte wenigstens in den Bereich der mittleren Kriminalität hineinreichen, den Rechtsfrieden empfindlich stören und geeignet sind, das Gefühl der Rechtssicherheit der Bevölkerung erheblich zu beeinträchtigen.[56]

18 Lässt sich die von dem Betroffenen ausgehende Gefahr durch verwaltungs-, polizei- oder zivilrechtliche Maßnahmen beherrschen, ist dieser Weg in der Regel vorzugswürdig,[57] wobei dies Maßnahmen im Sicherungsverfahren keineswegs automatisch ausschließt.[58]

19 Auch der anlässlich von weiteren selbständigen Taten auf eine nochmalige Anordnung der Unterbringung in einem psychiatrischen Krankenhaus gerichtete Antrag kann aus Gründen der Verhältnismäßigkeit abzulehnen sein. Das **OLG Hamm** sieht einen Nichteröffnungsbeschluss aber nur dann als rechtens an, „wenn die Frage der Verhältnismäßigkeit einer erneuten Verhängung der Maßregel der Unterbringung in einem psychiatrischen Krankenhaus bereits zum Zeitpunkt der Eröffnung des Sicherungsverfahrens auf Grundlage des Akteninhalts so eindeutig negativ beantwortet werden könnte, dass unter keinem rechtlichen Gesichtspunkt die erforderliche Verhältnismäßigkeitsprüfung zu dem Schluss käme, gegen die Beschuldigte könne am Ende einer späteren mündlichen Hauptverhandlung die Unterbringung in einem psychiatrischen Krankenhaus angeordnet werden."[59] Dies folge aus der Pflicht des Gerichts, „den Täter und alle Merkmale seiner Tat insgesamt zu würdigen und zur Schwere des mit der Maßregel verbundenen Eingriffs ins Verhältnis zu setzen".[60] Aber diese Pflicht des Gerichts in der Hauptverhandlung ist keine Besonderheit der Anordnungsvoraussetzung der Verhältnismäßigkeit. Auch das Vorliegen der Übrigen Anordnungsvoraussetzungen (zB das Vorliegen der Anlasstat mit oder ohne Qualifikationstatbestand) muss nach pflichtgemäßer Sachaufklärung und Beweiswürdigung erfolgen, wobei die Beweise mit dem konkreten, in der Hauptverhandlung gewonnenen Beweiswert ins Verhältnis zu setzen sind. Darauf zielt die Prognose im Vorverfahren (§ 413 Abs. 1). **Richtig ist daher:** Auch wenn die Prognose ergibt, dass die (erneute) Anordnung wahrscheinlich wegen Unverhältnismäßigkeit abgelehnt werden wird, ist die Anordnung gerade nicht iSv § 413 Abs. 1 aE „zu erwarten" (§ 62 StGB). Zu ergehen hat dann ein Nichteröffnungsbeschluss.

20 **e) Zulässigkeit und Zeitpunkt der Antragstellung.** Die Durchführung eines selbständigen Sicherungsverfahrens ist abhängig von einem (ausdrücklichen)[61] Antrag der Staatsanwaltschaft (vgl. § 414 Abs. 2 S. 2), der auch als Hilfsantrag mit einer Anklageschrift verbunden werden darf.[62]

21 Liegen die Voraussetzungen zur selbständigen Anordnung von Maßregeln der Besserung oder Sicherung vor, hat die Staatsanwaltschaft **nach pflichtgemäßem Ermessen** und losgelöst vom Legalitätsprinzip zu entscheiden (§ 413: „kann"), ob sie einen entsprechenden Antrag stellt,[63] was freilich nicht zu der irrigen Annahme verleiten sollte, dass Raum für Opportunitätsentscheidungen bestehe, wie dies etwa bei §§ 153, 153a der Fall ist.[64]

22 Der Antrag auf Durchführung eines selbständigen Sicherungsverfahrens durch die Staatsanwaltschaft ist nur dann **zulässig,** wenn ein Strafverfahren vor Eröffnung des Hauptverfahrens wegen Schuld- oder Verhandlungsunfähigkeit nicht durchgeführt werden kann. Eine solche Undurchführbarkeit kann sich im Verlauf des Ermittlungsverfahrens ergeben, ebenso wie

---

[56] BGH 1.9.2020 – 1 StR 371/19, BeckRS 2020, 27260; 21.2.2017 – 1 StR 618/16, BeckRS 2017, 106508 Rn. 9 mwN; dazu auch BGH 9.4.2013 – 5 StR 120/13, NJW 2013, 2043.
[57] Dazu BGH 18.7.2007 – 1 StR 248/07, NStZ-RR 2007, 339.
[58] So auch Schlüchter Rn. 797.
[59] OLG Hamm 4.7.2017 – 3 Ws 256/17, BeckRS 2017, 136571.
[60] Unter Verweis auf BGH 4.8.1998 – 5 StR 223/98, NStZ-RR 1998, 359.
[61] Rosenau in Satzger/Schluckebier/Widmaier StPO Rn. 12; die Antragsschrift ist Prozessvoraussetzung, die nicht durch eine Anklageschrift ersetzt werden kann, dazu auch BGH 18.8.2021 – 5 StR 247/21, BeckRS 2021, 25284; 5.5.2021 – 6 StR 152/21, NStZ-RR 2021, 221.
[62] BGH 6.6.2001 – 2 StR 136/01, BGHSt 47, 52; Gaede in Löwe/Rosenberg § 414 Rn. 18.
[63] BGH 18.7.2007 – 1 StR 248/07, NStZ-RR 2007, 339; Temming in BeckOK StPO Rn. 8.
[64] So auch Pollähne in Gercke/Julius/Temming/Zöller Rn. 2.

nach Rücknahme einer Anklage vor Eröffnung des Hauptverfahrens (§ 156) und nach einem Nichteröffnungsbeschluss. Lehnt das Gericht die Eröffnung des Hauptverfahrens mangels hinreichenden Tatverdachts ab, ist die anschließende Durchführung eines Sicherungsverfahrens in entsprechender Anwendung von § 211 nur zulässig, wenn neue Tatsachen oder Beweismittel zu der Bewertung führen, dass der Betroffene schuld- oder verhandlungsunfähig ist.[65] Bei einer Ablehnung der Eröffnung wegen Schuld- oder Verhandlungsunfähigkeit steht § 211 der Durchführung eines selbständigen Sicherungsverfahrens indes nicht entgegen.[66] Zulässig ist die Antragstellung auch im Beschwerdeverfahren nach § 210 Abs. 2.[67]

§ 386 Abs. 2 AO verwehrt den Finanzbehörden die ihnen grundsätzlich nach § 386 Abs. 1 AO zugedachte selbständige Durchführung des Ermittlungsverfahrens bei einem Haft- oder Unterbringungsbefehl. Auch ohne Unterbringung des Betroffenen nach § 126a sind die Finanzbehörden beim Verdacht einer Steuerstraftat nicht befugt, einen Antrag nach § 413 zu stellen – hierfür ist **allein** die **Staatsanwaltschaft berufen.** Befugt sind die Finanzbehörden allerdings dazu, die Umstände einer Schuld- oder Verhandlungsunfähigkeit zu klären, etwa durch Hinzuziehung eines Sachverständigen nach § 414 Abs. 3, wobei dies unter Rücksprache mit der Staatsanwaltschaft geschehen sollte (und in der Regel auch geschieht). 23

Nach Eröffnung des Hauptverfahrens ist ein Übergang vom Strafverfahren ins Sicherungsverfahren nicht zulässig,[68] erlaubt ist nach § 416 allein der Übergang vom Sicherungsverfahren ins allgemeine Strafverfahren. 24

3. Vollstreckungsfragen. Die Vollstreckung einer Unterbringungsanordnung im strafrechtlichen Sicherungsverfahren hat Vorrang vor einer öffentlich-rechtlichen Unterbringung.[69] Beim Berufsverbot besteht insoweit kein Automatismus (zu berücksichtigen ist allerdings § 35 Abs. 3 GewO). Bei der Entziehung der Fahrerlaubnis gilt § 3 Abs. 3 S. 1 StVG. 25

§ 414 Verfahren; Antragsschrift

(1) Für das Sicherungsverfahren gelten sinngemäß die Vorschriften über das Strafverfahren, soweit nichts anderes bestimmt ist.

(2) ¹**Der Antrag steht der öffentlichen Klage gleich.** ²**An die Stelle der Anklageschrift tritt eine Antragsschrift, die den Erfordernissen der Anklageschrift entsprechen muß.** ³**In der Antragsschrift ist die Maßregel der Besserung und Sicherung zu bezeichnen, deren Anordnung die Staatsanwaltschaft beantragt.** ⁴**Wird im Urteil eine Maßregel der Besserung und Sicherung nicht angeordnet, so ist auf Ablehnung des Antrages zu erkennen.**

(3) Im Vorverfahren soll einem Sachverständigen Gelegenheit zur Vorbereitung des in der Hauptverhandlung zu erstattenden Gutachtens gegeben werden.

Übersicht

	Rn.		Rn.
I. Überblick	1	2. Besonderheiten bei der Anwendung von Strafverfahrensvorschriften (insbes. Abs. 2)	3
II. Erläuterung	2		
1. Abs. 1: Verhältnis der §§ 413 ff. zu allgemeinen Regelungen	2	a) Pflichtverteidigung und Freiheitsentzug	4

---

[65] Anders wohl Maur in KK-StPO Rn. 6, der die Einleitung eines Sicherungsverfahrens generell für unzulässig zu halten scheint, wenn ein Nichteröffnungsbeschluss sich auf die Verneinung des hinreichenden Tatverdachts stützt.
[66] Gaede in Löwe/Rosenberg Rn. 3; Schmitt in Meyer-Goßner/Schmitt Rn. 3.
[67] BGH 6.6.2001 – 2 StR 136/01, BGHSt 47, 52 (53); OLG Brandenburg 17.9.2014 – 1 Ws 146/14, BeckRS 2014, 21217; Rosenau in Satzger/Schluckebier/Widmaier StPO Rn. 6.
[68] BGH 18.8.2021 – 5 StR 247/21, BeckRS 2021, 25284; 5.5.2021 – 6 StR 152/21, NStZ-RR 2021, 221; 23.3.2001 – 2 StR 498/00, BGHSt 46, 345 (346 f.); Gaede in Löwe/Rosenberg Rn. 24; Rosenau in Satzger/Schluckebier/Widmaier StPO Rn. 6.
[69] Metzger in KMR-StPO Vor § 413 Rn. 24.

	Rn.		Rn.
b) Einstellung des Verfahrens nach §§ 153 ff.	7	e) Urteil und seine Wirkungen	21
c) Gerichtliche Zuständigkeit	8	f) Rechte des mutmaßlich Verletzten	29
d) Ermittlungs-, Zwischen- und Hauptverfahren mit Hauptverhandlung	11	3. Einschaltung eines Sachverständigen im Vorverfahren (Abs. 3)	31

I. Überblick

1 § 414 bestimmt, welche Regelungen für ein Sicherungsverfahren gelten. Neben der von § 414 Abs. 1 normierten Regel (es „gelten sinngemäß die Vorschriften über das Strafverfahren"), enthalten § 414 Abs. 2 und 3, § 415 Ausnahmen („soweit nichts anderes bestimmt ist"). Getroffen werden Sonderregeln in den §§ 413 ff., und zwar für die Pflicht zur Antragstellung (§ 413: „kann"), den Antrag und die Antragsschrift (§ 414 Abs. 2 S. 1–3), den Urteilstenor (§ 414 Abs. 2 S. 4), die Anwesenheit des Betroffenen in der Hauptverhandlung (§ 415 Abs. 1–4) und den Übergang vom Sicherungsverfahren in das Strafverfahren (§ 416).

II. Erläuterung

2 **1. Abs. 1: Verhältnis der §§ 413 ff. zu allgemeinen Regelungen.** Die Norm bestimmt die sinngemäße Geltung der Vorschriften über das Strafverfahren – damit handelt es sich um eine gesetzliche Analogie. Angesichts der Formulierung in § 414 Abs. 1 (anders bei § 2 Abs. 2 JGG: „Die allgemeinen Vorschriften gelten nur…") und der in § 414 Abs. 2 und 3, § 415 und § 416 enthaltenen Ausnahmen lässt sich nicht davon sprechen, dass die Regelungen über das Strafverfahren nur hilfsweise gelten (subsidiär sind).[1] Vielmehr sind die § 414 Abs. 2 und 3, § 415 und § 416 spezieller, was deren Vorrangverhältnis begründet. In der Sache ergeben sich indes bei den Sichtweisen keine Unterschiede.

3 **2. Besonderheiten bei der Anwendung von Strafverfahrensvorschriften (insbes. Abs. 2).** Zur Konsequenz hat die Anordnung einer sinngemäßen Geltung, dass die Anwendung und Auslegung strafverfahrensspezifischer Vorschriften nicht dem Sinn und Zweck des Sicherungsverfahrens widersprechen dürfen.[2] Nicht anwendbar ist im Sicherungsverfahren bezogen auf die Verhandlungsunfähigkeit des Beschuldigten naturgemäß § 206a.[3]

4 **a) Pflichtverteidigung und Freiheitsentzug.** Der Umstand, dass „zu erwarten ist, dass ein Sicherungsverfahren durchgeführt wird", macht unabhängig von der angestrebten Maßregel, dh zB auch bei der selbständigen Entziehung der Fahrerlaubnis nach § 140 Abs. 1 Nr. 7 die **Mitwirkung eines Verteidigers notwendig.** Kommt nach § 63 StGB die Unterbringung in einem psychiatrischen Krankenhaus in Betracht, greift schon § 140 Abs. 1 Nr. 1 oder, falls eine Unterbringung nach § 81 erfolgt, § 140 Abs. 1 Nr. 6.

Im **Vorverfahren** ist durch die Staatsanwaltschaft zu prüfen, ob eine Bestellung aufgrund eines Antrags des Beschuldigten (§ 141 Abs. 1) oder von Amts wegen (Abs. 2) bereits zu erfolgen hat; spätestens jedoch wird sie eine Bestellung verfügen (bzw. einen entsprechenden Antrag bei Gericht stellen), wenn sie beabsichtigt, einen Antrag gemäß § 413 zu stellen.[4]

5 Finden prozessuale Schritte ohne Verteidiger statt, obwohl seine Beteiligung notwendig ist, kann dies zur Unverwertbarkeit des Erlangten führen, zB bei einer Einlassung eines schuld- oder verhandlungsunfähigen Betroffenen.[5]

---

[1] So aber etwa Gaede in Löwe/Rosenberg Rn. 1; Degener in SK-StPO Rn. 3; Maur in KK-StPO Rn. 1; Schmitt in Meyer-Goßner/Schmitt Rn. 1.
[2] Zutreffend Degener in SK-StPO Rn. 3.
[3] OLG Frankfurt a. M. 4.1.2018 – 3 Ws 1007/17, BeckRS 2018, 1170 (abzulehnen ist aber die Annahme, das Sicherungsverfahren finde bei dauernder Vernehmungsunfähigkeit des Betroffenen statt); KG 17.9.1997 – 1 AR 737/97 – 5 Ws 371/97, BeckRS 2014, 02246; Börner in Radtke/Hohmann Rn. 1; Temming in BeckOK StPO Rn. 4.
[4] Vgl. L/R/Gaede Rn. 2.
[5] Dahingehend auch Börner in Radtke/Hohmann Rn. 2.

Liegen die Voraussetzungen für ein Sicherungsverfahren vor, sind die §§ 112 ff. nicht **6 anwendbar** (weil es an der für die Annahme eines dringenden Tatverdachts notwendigen Verurteilungswahrscheinlichkeit fehlt);[6] stattdessen greifen die §§ 81, 126a und 132a. Ein bereits bestehender Haftbefehl ist ggf. in einen Unterbringungshaftbefehl nach § 126a umzuwandeln.[7]

b) Einstellung des Verfahrens nach §§ 153 ff. Solange im Ermittlungsverfahren **7** nach dem Stand der Ermittlungen noch nicht hinreichend wahrscheinlich ist, dass bei dem Beschuldigten Schuld- oder Verhandlungsunfähigkeit vorliegt, sind die §§ 153 ff. direkt anwendbar,[8] ebenso wie § 45 JGG. Lässt die Schuldunfähigkeit sich hingegen mit der für eine Antragstellung eines Sicherungsverfahrens notwendigen hinreichenden Wahrscheinlichkeit bejahen, sind die §§ 153, 153a, 153b nicht anwendbar, weil sie schuldhaftes Verhalten voraussetzen.[9] Anwendbar bleiben Einstellungsmöglichkeiten, die nicht an die Schuld knüpfen, zB nach §§ 154, 154a, 153e und 154b.[10] Das zuvor Gesagte gilt auch ab Beginn des Hauptverfahrens, weshalb etwa in der Hauptverhandlung ein Vorgehen nach § 153 Abs. 2, § 153a ausgeschlossen ist.

c) Gerichtliche Zuständigkeit. Bei Erwachsenen richtet sich die **sachliche Zustän- 8 digkeit** nach dem GVG, wobei das Amtsgericht bei einer Unterbringungsanordnung nach § 63 StGB nicht zuständig ist (vgl. § 24 Abs. 2 GVG) – anders als bei Jugendlichen oder Heranwachsenden, bei denen für die sachliche Zuständigkeit die Regelungen des JGG Vorrang haben und für Unterbringungsanordnungen grundsätzlich das Jugendschöffengericht zuständig ist, es sei denn, es liegt ein Fall von § 41 Abs. 1 Nr. 5 vor.[11] Das Amtsgericht (Strafrichter oder Schöffengericht) ist in der Regel zuständig, wenn es um die Unterbringung in einer Entziehungsanstalt, die Anordnung eines Berufsverbots oder die Entziehung der Fahrerlaubnis geht (Ausnahme: § 24 Abs. 1 Nr. 3 GVG).

Ist über § 120 GVG die erstinstanzliche Zuständigkeit des OLG gegeben, ist der Antrag **9** auf Anordnung einer Maßregel dorthin zu richten.[12]

Fehlen spezielle Regelungen im Geschäftsverteilungsplan zum Sicherungsverfahren, ist **10 funktionell** der Spruchkörper zuständig, der es wäre, wenn gegen den Betroffenen ein (normales) Strafverfahren geführt werden würde,[13] so zB bei mehreren allgemeinen Strafkammern. Für den Fall, dass bei Schuld- und Verhandlungsfähigkeit eine Zuständigkeit einer Spezialkammer gegeben wäre, greift diese auch im Sicherungsverfahren, was zB beim LG das Schwurgericht[14] sein kann, aber auch die Staatsschutz- oder Wirtschaftsstrafkammer[15] oder die Jugendschutzkammer.[16]

d) Ermittlungs-, Zwischen- und Hauptverfahren mit Hauptverhandlung. Für **11** das Ermittlungsverfahren sieht Abs. 3 die **Hinzuziehung eines Sachverständigen** vor (→ Rn. 31 ff.), dem Gelegenheit zur Vorbereitung des in der Hauptverhandlung zu erstattenden Gutachtens gegeben werden soll.

Das Zwischenverfahren beginnt mit Eingang des Antrags auf selbständige Anordnung **12** einer Maßregel bei Gericht. Der **Antrag muss ausdrücklich gestellt werden,** die bloße

---

[6] Dazu Putzke/Scheinfeld StrafProzR Rn. 325.
[7] Degener in SK-StPO Rn. 17.
[8] Ebenso Metzger in KMR-StPO Rn. 13; Degener in SK-StPO Rn. 14.
[9] Degener in SK-StPO Rn. 14. Für einen generellen Ausschluss siehe LG Krefeld 10.11.1975 – 11 Qs 478/75, NJW 1976, 815; in diesem Sinne auch Gaede in Löwe/Rosenberg Rn. 26; Pfeiffer Rn. 4; aA Metzger in KMR-StPO Rn. 25.
[10] Gaede in Löwe/Rosenberg Rn. 26; Degener in SK-StPO Rn. 14.
[11] OLG Oldenburg 11.2.1958 – Ss 26/58, NJW 1958, 1200; LG Waldshut 2.7.1956 – KLs 18/56, NJW 1956, 1488 mAnm Potrykus; Börner in Radtke/Hohmann Rn. 4.
[12] Pollähne in Gercke/Julius/Temming/Zöller Rn. 15; ausführlich dazu Gaede in Löwe/Rosenberg Rn. 13.
[13] Pollähne in Gercke/Julius/Temming/Zöller Rn. 15; die Zuständigkeit der Spezialkammern ist dabei „jeder Disposition des Präsidiums entzogen", s. Gaede in Löwe/Rosenberg Rn. 12.
[14] BGH 5.4.2001 – 4 StR 56/01, NStZ-RR 2002, 97 (104 Nr. 56).
[15] Metzger in KMR-StPO Rn. 6.
[16] Gaede in Löwe/Rosenberg Rn. 9 unter Verweis auf OLG Hamm JMBl. NRW 1963, 33 (35).

Zustimmung zum Übergang in ein Sicherungsverfahren genügt nicht, ebenso wenig wie eine konkludente Antragstellung.[17]

13 Abs. 2 S. 1 und 2 bestimmen, dass der Antrag der öffentlichen Klage gleichsteht (S. 1) und er an die Stelle einer Anklageschrift tritt, wobei der Antrag „den Erfordernissen einer Anklageschrift entsprechen muss" (S. 2), was nicht zuletzt geboten ist mit Blick auf die von § 416 implizit vorgesehene Möglichkeit, aus einem Sicherungsverfahren ins Strafverfahren zu wechseln. Durch Abs. 2 S. 1 und 2 sind sowohl die Anforderungen an den Antrag als auch die von einer Antragstellung ausgehenden Wirkungen die gleichen wie bei einer Anklage und deren Erhebung.

14 Genügen muss der Antrag inhaltlich den **Anforderungen von § 200.** Die Antragsschrift muss (entsprechend der (verfehlten) gesetzlichen Terminologie, vgl. § 415) insbesondere den „Beschuldigten" bezeichnen, die ihm zur Last gelegte Straftat mit dem Zusatz „im Zustand der Schuldunfähigkeit", Zeit und Ort ihrer Begehung, die gesetzlichen Merkmale der Straftat und die anzuwendenden Strafvorschriften. Gemäß § 199 Abs. 2 S. 1 muss die Antragsschrift den Antrag enthalten, das Hauptverfahren im Sicherungsverfahren zu eröffnen, und nach § 414 Abs. 2 S. 3 die Maßregel der Besserung und Sicherung angeben, deren Anordnung die Staatsanwaltschaft beantragt. Enthalten muss die Antragsschrift nach § 200 Abs. 2 S. 1 ein wesentliches Ergebnis der Ermittlungen, wozu alle notwendigen Informationen zum Nachweis der Schuld- oder Verhandlungsunfähigkeit des Betroffenen gehören (also auch eine Bewertung der Ergebnisse des schriftlichen Sachverständigengutachtens durch die Staatsanwaltschaft).[18] Ggf. gehört zur Antragsschrift der Antrag auf Anordnung oder Fortdauer einer Unterbringung nach § 126a, was auch beim Eröffnungsbeschluss gemäß § 207 Abs. 4 (iVm § 414 Abs. 1) zu beachten ist.

15 Der Sicherungsverfahrensantrag und die Antragsschrift sind **Prozessvoraussetzungen.**[19] Ihr Fehlen kann im selben Verfahren nicht nachgeholt werden. Zulässig ist es, den Antrag als Hilfsantrag mit einer Anklageschrift zu verbinden.[20] Ist ein Antrag vorhanden, aber unwirksam, etwa mangels hinreichender Konkretisierung des Tatvorwurfes, ist eine Nachbesserung, analog zur unwirksamen Anklage, ausgeschlossen, wenn von dem Mangel die Umgrenzungsfunktion betroffen, nicht aber wenn nur die Informationsfunktion beeinträchtigt ist.[21] Zu den Entscheidungsmöglichkeiten, die dem Gericht im Zusammenhang mit der (fehlenden) Antragstellung zur Verfügung stehen, näher bei → § 416 Rn. 2.

16 Für die Hauptverhandlung ist die mit § 171a GVG eröffnete Möglichkeit des Ausschlusses der Öffentlichkeit zu beachten,[22] wobei der **Ausschluss der Öffentlichkeit** in einem Sicherungsverfahren keineswegs den Regelfall darstellen muss.[23] § 415 enthält eine Sonderregelung zur Anwesenheit des Betroffenen während der Hauptverhandlung.

17 In der Beweisaufnahme gilt das **Strengbeweisverfahren,** auch mit Blick auf die Verhandlungsunfähigkeit.[24]

18 Kommt eine Aussetzung der Maßregeln zur Bewährung in Betracht (§ 67b StGB), ist nach § 268a ein **Bewährungsbeschluss** zu erlassen.[25]

19 Bei fehlender Tatidentität (also mehreren Taten im Sinne von § 264) ist die **Verbindung** eines Sicherungs- mit einem (bereits eröffneten) Strafverfahren gemäß § 4 zulässig.[26]

---

[17] Rosenau in Satzger/Schluckebier/Widmaier StPO § 413 Rn. 12.
[18] Maur in KK-StPO Rn. 6; Formulierungsbeispiel bei Metzger in KMR-StPO Rn. 21; nach Gaede in Löwe/Rosenberg Rn. 16 kann von einem solchen abgesehen werden, wenn der Antrag (Entziehung der Fahrerlaubnis, Berufsverbot) an den Strafrichter gerichtet ist.
[19] AllgM, siehe nur BGH 18.8.2021 – 5 StR 247/21, BeckRS 2021, 25284; 5.5.2021 – 6 StR 152/21, NStZ-RR 2021, 221; 21.6.2016 – 5 StR 266/16, NStZ 2016, 693; 6.6.2001 – 2 StR 136/01, BGHSt 47, 52; Metzger in KMR-StPO Rn. 18.
[20] BGH 6.6.2001 – 2 StR 136/01, BGHSt 47, 52; Gaede in Löwe/Rosenberg § 414 Rn. 18; mit Bedenken Pollähne in Gercke/Julius/Temming/Zöller Rn. 6.
[21] Vgl. Putzke/Scheinfeld StrafProzR Rn. 529.
[22] Metzger in KMR-StPO Rn. 30.
[23] So aber Pollähne in Gercke/Julius/Temming/Zöller Rn. 3.
[24] AA Metzger in KMR-StPO Rn. 31: Freibeweis.
[25] Pfeiffer Rn. 4.
[26] Maur in KK-StPO Rn. 13; Temming in BeckOK StPO Rn. 7.

Erwägt das Gericht, eine andere als die beantragte Maßregel anzuordnen, liegt eine 20
Veränderung des rechtlichen Gesichtspunktes vor, was einen Hinweis nach § 265 Abs. 2
erforderlich macht.[27]

e) Urteil und seine Wirkungen. Am Ende eines Sicherungsverfahrens kommen 21
folgende Entscheidungen in Betracht: Anordnung der beantragten Maßregel, Anordnung
einer vom Antrag abweichenden Maßregel (vgl. § 265 Abs. 2),[28] Ablehnung des Antrags
auf Anordnung einer Maßregel nach § 414 Abs. 2 S. 4 (was einem Freispruch im Strafverfahren entspricht)[29] oder (jenseits von Schuld- oder Verhandlungsunfähigkeit) Einstellung des Verfahrens durch Urteil nach § 260 Abs. 3 bei Vorliegen eines Verfahrenshindernisses.

Für die **Überzeugungsbildung** gilt auch im Sicherungsverfahren § 261, wozu bei der 22
Beweiswürdigung als Entscheidungsregel der Zweifelssatz „in dubio pro reo" gehört.[30]

Im Sicherungsverfahren erfolgt grundsätzlich eine einheitliche Entscheidung durch 23
Urteil, dh Verhängung einer oder mehrerer (vgl. §§ 71, 72 StGB) Sicherungsmaßregeln
oder durch Ablehnung des Sicherungsantrags. § 414 sieht keine Teilablehnung vor, wenn
einzelne von mehreren beantragten Sicherungsmaßregeln von Rechts wegen nicht verhängt
werden dürfen (zur Kostenentscheidung → Rn. 27 f.).[31]

Ein rechtskräftiges **Urteil** (Maßregelanordnung oder Antragsablehnung), das im Siche- 24
rungsverfahren ergeht, **verbraucht die Strafklage** sowohl für den Straf- als auch Sicherungsanspruch.[32] Das kann zB zur Folge haben, dass nach dem Scheitern eines Sicherungsverfahrens keine Anklage mehr erhoben werden kann, selbst wenn die Staatsanwaltschaft
nunmehr von einer Schuld- oder Verhandlungsfähigkeit ausgeht.[33] Selbst wenn sich nach
Rechtskraft neue Anhaltspunkte ergeben, woraus sich die Gefährlichkeit des Betroffenen
ergibt, steht die Rechtskraft einem erneuten Verfahren entgegen.[34]

Einem erneuten Antrag auf selbständige Anordnung einer Maßregel im Sicherungsver- 25
fahren steht auch ein **rechtskräftiger Nichteröffnungsbeschluss** im Normalverfahren
wegen derselben Tat entgegen, wenn der Ablehnungsentscheidung andere Umstände als
Schuld- oder Verhandlungsunfähigkeit zugrunde liegen.[35]

Bezüglich der von der Staatsanwaltschaft in der Antragsschrift aufgeführten Vorfälle, 26
die im Urteil als nicht tatbestandsmäßig angesehen wurden, geht die **Rspr.** davon aus, dass
diese Taten nicht mehr als Anlasstaten für die Unterbringung nach § 63 StGB herangezogen
werden dürfen;[36] zulässig ist es hingegen in einem neuen Sicherungsverfahren, das aufgrund
einer neuen Anlasstat betrieben wird, zuvor abgeurteilte Straftaten bei Würdigung der
Gefährlichkeit zu berücksichtigen, auch wenn sie für sich keine Anordnung begründet
haben oder hätten begründen können.[37]

Für die **Kostenentscheidung** gelten §§ 465, 467. Werden einzelne von mehreren 27
beantragten Sicherungsmaßregeln von Rechts wegen nicht verhängt, muss die Kostenaufteilung, anders als die Entscheidung über den Sicherungsantrag, nicht zwingend „einheitlich"
erfolgen, weil § 465 Abs. 2 eine Kostenaufteilung ausdrücklich zulässt, indem er anordnet,
dass entstandene Kosten teilweise oder auch ganz der Staatskasse aufzuerlegen sind, wenn
es unbillig wäre, den Betroffenen damit zu belasten.[38]

---

[27] Vgl. BT-Drs. 7/550, 307.
[28] Schmitt in Meyer-Goßner/Schmitt Rn. 6.
[29] BGH 19.11.2002 – 1 StR 442/02, NStZ-RR 2004, 65 (68 Nr. 28); Degener in SK-StPO Rn. 27.
[30] Maur in KK-StPO Rn. 19; Metzger in KMR-StPO Rn. 32.
[31] OLG München 26.3.2012 – 4 Ws 2/12 (K), NStZ-RR 2012, 262; Maur in KK-StPO Rn. 17.
[32] Joecks/Jäger StPO zu §§ 413–416 Rn. 3; Metzger in KMR-StPO Rn. 5.
[33] Ebenso Pollähne in Gercke/Julius/Temming/Zöller Rn. 12.
[34] Gaede in Löwe/Rosenberg Rn. 36.
[35] Metzger in KMR-StPO Rn. 4.
[36] So BGH 9.4.2013 – 5 StR 120/13, NJW 2013, 2043; überzeugend eine vertikale Teilrechtskraft insoweit ablehnend Allgayer NStZ 2013, 559; dahingehend auch Metzger in KMR-StPO Rn. 35.
[37] BGH 9.4.2013 – 5 StR 120/13, NJW 2013, 2043; Gaede in Löwe/Rosenberg Rn. 36.
[38] So OLG München 26.3.2012 – 4 Ws 2/12 (K), NStZ-RR 2012, 262; Pollähne in Gercke/Julius/Temming/Zöller Rn. 10; Gaede in Löwe/Rosenberg Rn. 30 mwN.

28   Verstirbt der Betroffene während des Rechtsmittelverfahrens, trägt die Staatskasse nach § 467 Abs. 1 (iVm § 414 Abs. 1) ihre eigenen und die notwendigen Auslagen des Beschuldigten, jedenfalls soweit § 467 Abs. 3 S. 2 Nr. 2 nicht zur Anwendung kommt.[39]

29   **f) Rechte des mutmaßlich Verletzten.** Mit Blick auf den mutmaßlich Verletzten gelten keine Besonderheiten, also etwa auch die §§ 406d–406l. Die Nebenklage ist, anders als bei Jugendlichen,[40] im Verfahren gegen Erwachsene und Heranwachsende[41] zulässig (vgl. § 395 Abs. 1)[42] – sogar rückwirkend nach rechtskräftigem Abschluss, wenn der Antrag während des laufenden Verfahrens gestellt wurde.[43] Unzulässig sind das Privatklageverfahren[44] und das Adhäsionsverfahren.[45]

30   Wird ein Verfahren nach einem Strafantrag eines mutmaßlich Verletzten wegen Schuld- oder Verhandlungsunfähigkeit eingestellt und verzichtet die Staatsanwaltschaft auf eine Antragstellung nach § 413, steht dem mutmaßlich Verletzten der Weg über ein **Klageerzwingungsverfahren** offen,[46] das heißt, nach § 172 Abs. 1 S. 1 steht ihm zunächst die Beschwerde zu und, soweit diese nicht zum Erfolg führt, sodann nach § 172 Abs. 2 S. 1 die Möglichkeit zur Verfügung, einen Antrag auf gerichtliche Entscheidung zu stellen.

31   **3. Einschaltung eines Sachverständigen im Vorverfahren (Abs. 3).** Wenn im Vorverfahren damit zu rechnen ist, dass der Beschuldigte schuld- oder verhandlungsunfähig ist, sieht § 80a die Einschaltung eines Sachverständigen im Vorverfahren nur bei der Unterbringung des Betroffenen in einem psychiatrischen Krankenhaus, einer Entziehungsanstalt oder in der Sicherungsverwahrung vor (§ 413 Abs. 3 hat insoweit allenfalls Klarstellungsfunktion hat);[47] darüber hinaus erweitert § 414 Abs. 3 die Begutachtung auf **sämtliche Maßregeln,** die im Sicherungsverfahren angeordnet werden dürfen, also auch auf die nicht freiheitsentziehenden Maßregeln der Entziehung der Fahrerlaubnis und des Berufsverbots.

32   Der **Gutachtenauftrag** betrifft den „Zustand des Beschuldigten". Dieser von § 415 Abs. 5 S. 1 definierte Umfang der Begutachtung ist identisch mit demjenigen des § 413 Abs. 3 (der eine Ergänzung zu § 415 Abs. 5 darstellt). Zum „Zustand" des Beschuldigten gehören die Schuldunfähigkeit oder Verhandlungsunfähigkeit sowie die Frage, ob die Voraussetzungen der Maßregelanordnung vorliegen. Vor allem, wenn es um die Maßregeln nach §§ 63, 64 StGB geht, ist idR angezeigt, dass es sich bei dem Sachverständigen um einen Arzt handelt, der über die erforderlichen psychiatrischen und ggf. neurologischen Fachkenntnisse verfügt. Abgesehen davon können aber auch (ggf. ergänzend)[48] Psychologen oder Kriminologen für eine Begutachtung in Betracht kommen.[49]

33   Die **Bestellung** eines Sachverständigen **ist** nach Abs. 3 der **Regelfall** („soll"). Die Auswahl des Sachverständigen obliegt im Ermittlungsverfahren nach § 161a Abs. 1 S. 2 (iVm Nr. 70 RiStBV) der Staatsanwaltschaft oder Polizei (§ 163).[50] Weil nach Eröffnung des Hauptverfahrens das erkennende Gericht für die Auswahl zuständig ist (§ 73), steht es diesem frei, auf den von der Staatsanwaltschaft gewählten Sachverständigen zuzugreifen oder einen anderen

---

[39] BGH 19.12.2017 – 3 StR 405/17, BeckRS 2017, 140131.
[40] Maur in KK-StPO Rn. 4.
[41] Noak ZRP 2009, 15 (17).
[42] Siehe nur (unter Aufgabe der bisherigen Rspr. nach Durchführung eines Anfrageverfahrens gem. § 132 Abs. 3 GVG) BGH 18.12.2001 – 1 StR 268/01, BGHSt 47, 202; Maur in KK-StPO § 413 Rn. 4; Gaede in Löwe/Rosenberg Vor § 413 Rn. 10; Metzger in KMR-StPO Rn. 37.
[43] OLG Nürnberg 21.9.1999 – Ws 967-99, NJW 1999, 3647.
[44] AllgM, vgl. nur Metzger in KMR-StPO § 413 Rn. 39.
[45] Maur in KK-StPO § 413 Rn. 4a; Gaede in Löwe/Rosenberg Vor § 413 Rn. 9.
[46] AA Metzger in KMR-StPO Rn. 15.
[47] Degener in SK-StPO Rn. 16.
[48] Metzger in KMR-StPO Rn. 45.
[49] Hierzu Feltes/Putzke in Saimeh (Hrsg.), Was wirkt?, Prävention – Behandlung – Rehabilitation, Bonn 2005, S. 76 ff.
[50] Monka in BeckOK StPO § 73 Rn. 1; Griesbaum in KK-StPO § 161a Rn. 10; Metzger in KMR-StPO Rn. 45: „Die Auswahl des Sachverständigen obliegt im Ermittlungsverfahren der Staatsanwaltschaft, sonst dem Gericht."

zu bestellen.⁵¹ Nicht zuletzt aus Kostengründen (vgl. Nr. 5a RiStBV: „Die Ermittlungen sind so durchzuführen, dass unnötige Kosten vermieden werden.") erscheint es sinnvoll, dass die Staatsanwaltschaft sich vor der Auswahl mit dem künftig zuständigen Richter, soweit die Zuständigkeit bereits feststeht, ins Benehmen setzt.⁵² Das Ergebnis der Begutachtung sollte vor Antragstellung vorliegen (nicht zuletzt, weil die Staatsanwaltschaft ohne sachverständige Beratung idR nicht in der Lage sein dürfte, die in einem Sicherungsverfahren zum Zustand des Betroffenen notwendigen Untersuchungen und Bewertungen vorzunehmen),⁵³ wobei weder § 80a noch § 414 Abs. 3 die Pflicht statuiert, ein schriftliches Gutachten vorzulegen.⁵⁴

§ 415 Hauptverhandlung ohne Beschuldigten

(1) Ist im Sicherungsverfahren das Erscheinen des Beschuldigten vor Gericht wegen seines Zustandes unmöglich oder aus Gründen der öffentlichen Sicherheit oder Ordnung unangebracht, so kann das Gericht die Hauptverhandlung durchführen, ohne daß der Beschuldigte zugegen ist.

(2) ¹In diesem Falle ist der Beschuldigte vor der Hauptverhandlung durch einen beauftragten Richter unter Zuziehung eines Sachverständigen zu vernehmen. ²Von dem Vernehmungstermin sind die Staatsanwaltschaft, der Beschuldigte, der Verteidiger und der gesetzliche Vertreter zu benachrichtigen. ³Der Anwesenheit des Staatsanwalts, des Verteidigers und des gesetzlichen Vertreters bei der Vernehmung bedarf es nicht.

(3) Fordert es die Rücksicht auf den Zustand des Beschuldigten oder ist eine ordnungsgemäße Durchführung der Hauptverhandlung sonst nicht möglich, so kann das Gericht im Sicherungsverfahren nach der Vernehmung des Beschuldigten zur Sache die Hauptverhandlung durchführen, auch wenn der Beschuldigte nicht oder nur zeitweise zugegen ist.

(4) ¹Soweit eine Hauptverhandlung ohne den Beschuldigten stattfindet, können seine früheren Erklärungen, die in einem richterlichen Protokoll enthalten sind, verlesen werden. ²Das Protokoll über die Vorvernehmung nach Absatz 2 Satz 1 ist zu verlesen.

(5) ¹In der Hauptverhandlung ist ein Sachverständiger über den Zustand des Beschuldigten zu vernehmen. ²Hat der Sachverständige den Beschuldigten nicht schon früher untersucht, so soll ihm dazu vor der Hauptverhandlung Gelegenheit gegeben werden.

Übersicht

	Rn.		Rn.
I. Überblick	1	b) Verfahrensfragen	10
II. Erläuterung	2	c) Flankierende Maßnahmen (Abs. 2)	15
1. Hauptverhandlung in (teilweiser) Abwesenheit des Betroffenen	2	d) Erweiterte Verlesungsmöglichkeiten (Abs. 4)	21
a) Voraussetzungen der Abwesenheitsverhandlung (Abs. 1 und 3)	3	e) Rechtsmittel	24
		2. Einsatz eines Sachverständigen (Abs. 5)	26

I. Überblick

Die Abs. 1–4 von § 415 treffen spezielle Regelungen zur Durchführung einer **1** Hauptverhandlung im Sicherungsverfahren ohne den Betroffenen. Absatz 5 regelt die

---
⁵¹ BGH 12.2.1998 – 1 StR 588–97, NJW 1998, 2458 (2460 f.).
⁵² Dahingehend auch BGH 12.2.1998 – 1 StR 588–97, NJW 1998, 2458 (2461).
⁵³ Dahingehend auch Pollähne in Gercke/Julius/Temming/Zöller Rn. 13.
⁵⁴ Metzger in KMR-StPO Rn. 49; siehe auch BGH 14.10.2009 – 2 StR 205/09, NJW 2010, 544.

Notwendigkeit der Hinzuziehung eines Sachverständigen im Stadium des Zwischen- und Hauptverfahrens.

II. Erläuterung

2 **1. Hauptverhandlung in (teilweiser) Abwesenheit des Betroffenen.** Im Sicherungsverfahren gilt der Grundsatz, dass gegen einen ausgebliebenen Betroffenen keine Hauptverhandlung stattfindet (§ 230 Abs. 1), jedoch kommen die im Strafverfahren einschlägigen Ausnahmen in Betracht (zB § 231 Abs. 2, § 231a, § 247 StPO, § 177 S. 1 GVG). Darüber hinaus erlauben § 415 Abs. 1 ein Verhandeln in kompletter und § 415 Abs. 3 in teilweiser Abwesenheit des Betroffenen während der gesamten Hauptverhandlung.

3 **a) Voraussetzungen der Abwesenheitsverhandlung (Abs. 1 und 3). aa) Komplette Abwesenheit des Betroffenen (Abs. 1).** Wegen seines Zustands ist das Erscheinen des Betroffenen **unmöglich,** wenn er entweder transportunfähig ist oder die Gefahr besteht, dass seine Vorführung oder Teilnahme an der Hauptverhandlung bei ihm zu einer Zustandsverschlechterung führt.[1] Das ist auch zu bejahen, wenn die (ernste) Gefahr einer Selbstschädigung oder einer Selbsttötung besteht.[2] Die Verhandlungsunfähigkeit des Betroffenen allein genügt nicht, seine Abwesenheit zu rechtfertigen.[3]

4 Aus Gründen der **öffentlichen Sicherheit oder Ordnung** ist ein Erscheinen unangebracht, wenn aufgrund konkreter Anhaltspunkte zu erwarten ist, dass der Betroffene in erheblicher Weise entweder seine Vorführung erschweren oder die Hauptverhandlung durch prozessordnungswidriges Verhalten stören wird.[4] Das ist in der Regel zu bejahen, wenn Tobsuchtsanfälle, tätliche Angriffe oder Ausbruchsversuche beim Transport zur oder in der Hauptverhandlung drohen.[5] Bloße Lästigkeit oder ein erheblicher Zeitaufwand für die Gewährung rechtlichen Gehörs sind keine Gründe, ein Erscheinen für unangebracht zu halten.[6]

5 Bei der Entscheidung eines Komplettausschlusses ist **Zurückhaltung geboten;** es gilt das Verhältnismäßigkeitsprinzip, wonach zu fragen ist, ob mildere Mittel (zB Hand- oder Fußfesseln) ausreichend sind.[7] Soweit ein partieller Ausschluss nach Abs. 3 genügt, ist davon vorrangig Gebrauch zu machen.

6 Liegen die Voraussetzungen von Abs. 1 nicht vor und erscheint der Betroffene nicht, ist § 230 einschlägig.[8]

7 **bb) Partielle Abwesenheit des Betroffenen (Abs. 3).** Abs. 3 regelt den Fall, dass der Betroffene zur Hauptverhandlung zwar erscheint, eine Durchführung der Hauptverhandlung aber nicht möglich ist, entweder aus Rücksicht auf den Zustand des Betroffenen (was bei einer drohenden Verschlechterung seines Gesundheitszustands gegeben sein kann) oder im Hinblick auf eine nicht gewährleistete ordnungsgemäße Durchführung der Hauptverhandlung (etwa, wenn der Betroffene die Verhandlung in erheblichem Maße stört).

8 Der Ausschluss des Betroffenen und eine Fortsetzung der Hauptverhandlung ohne ihn ist nur zulässig, wenn die **Vernehmung zur Sache** (§ 243 Abs. 5 S. 2) stattgefunden hat. Weil dafür gesetzlich „nichts anderes bestimmt ist" (§ 415 Abs. 1), erfordert diese Vernehmung gemäß den allgemeinen Grundsätzen des Strafverfahrens die Vernehmungsfähigkeit des Beschuldigten; nur so ist gewährleistet, dass der Betroffene, dem die Begehung von Kriminalun-

---

[1] Vgl. Pfeiffer Rn. 1.
[2] Schmitt in Meyer-Goßner/Schmitt Rn. 2; Maur in KK-StPO Rn. 4, 5.
[3] Temming in BeckOK StPO Rn. 1; Gaede in Löwe/Rosenberg Rn. 3.
[4] Ähnlich Temming in BeckOK StPO Rn. 1; wohl enger Metzger in KMR-StPO Rn. 10: „zu erwartende absichtliche und massivste Störungen".
[5] Siehe Maur in KK-StPO Rn. 4, 5; Schmitt in Meyer-Goßner/Schmitt Rn. 3; Gaede in Löwe/Rosenberg Rn. 4.
[6] So Börner in Radtke/Hohmann Rn. 4; Rosenau in Satzger/Schluckebier/Widmaier StPO Rn. 5.
[7] Vgl. Börner in Radtke/Hohmann Rn. 5; Metzger in KMR-StPO Rn. 10; Pollähne in Gercke/Julius/Temming/Zöller Rn. 2; Rosenau in Satzger/Schluckebier/Widmaier StPO Rn. 1 („ultima ratio"); Degener in SK-StPO Rn. 4.
[8] Pfeiffer StPO Rn. 4.

recht zur Last gelegt wird, ihm günstige Tatsachen einem Mitglied des Gerichts vortragen kann (→ § 413 Rn. 14 aE), worum es der Norm mit dem Vernehmungserfordernis geht.[9] Es passt deshalb nicht zur Subjektstellung des Beschuldigten, wenn der BGH wegen der Besonderheiten des Sicherungsverfahrens unter Vernehmung nur die Notwendigkeit verstehen möchte, dass sich „das Gericht wenigstens mittelbar einen Eindruck von der Persönlichkeit des Beschuldigten" verschafft.[10] – Erscheint der Betroffene zur Hauptverhandlung und erweist sich vor seiner Vernehmung zur Person, dass eine Durchführung der Hauptverhandlung wegen seines Zustandes unmöglich oder aus Gründen der öffentlichen Sicherheit oder Ordnung unangebracht ist, kann das Gericht entweder die Hauptverhandlung unterbrechen, wenn die Aussicht besteht, dass die Durchführung der Hauptverhandlung (jedenfalls bis zur Vernehmung zur Sache) später möglich ist, oder es beschließt, analog § 415 Abs. 1 und 2 zu verfahren.

Auch bei Entscheidungen nach Abs. 3 ist das **Verhältnismäßigkeitsprinzip** zu beachten, etwa ist an eine Unterbrechung der Hauptverhandlung zu denken, bevor eine Abwesenheitsverhandlung verfügt wird.

b) Verfahrensfragen. Die Entscheidung, die Hauptverhandlung nach Abs. 1 in Abwesenheit des Betroffenen durchzuführen, ergeht **durch Gerichtsbeschluss.**[11] IdR wird für die Frage, ob eine Zustandsverschlechterung droht, mangels Sachkunde des Gerichts eine ärztliche Stellungnahme notwendig sein.[12]

Für die Anhörung gilt § 33. Ob der Beschluss begründet werden muss, richtet sich nach § 34. Keiner Begründung bedarf es, wenn der Entscheidung zum Ausschluss alle Verfahrensbeteiligten zustimmen. In allen anderen Konstellationen ist der Beschluss zu begründen,[13] weil die Entscheidung über eine Rüge nach § 337 iVm § 338 Nr. 5 der Inzidentprüfung des Revisionsgerichts unterliegt.[14] Dasselbe gilt für eine Entscheidung nach § 415 Abs. 3, die Hauptverhandlung (zeitweise oder komplett) ohne den Betroffenen durchzuführen: Notwendig ist ein Gerichtsbeschluss, worin die Gründe für den Ausschluss dargelegt werden müssen.[15]

Verlässt der Betroffene bei einem Ausschluss nach Abs. 3 nicht freiwillig den Sitzungssaal, ist seine **zwangsweise Entfernung** (per Gerichtsbeschluss) zulässig, soweit der Ausschluss gesundheitliche Gründe hat, auf Basis von § 247 S. 3 (analog), und soweit eine ordnungsgemäße Durchführung der Hauptverhandlung nicht möglich ist, nach § 177 GVG (analog).[16]

Bei temporärer Verhandlung ohne den Betroffenen und seiner späteren erneuten Teilnahme ist das Gericht entsprechend § 231a Abs. 2 verpflichtet, ihn vom wesentlichen Inhalt dessen zu **unterrichten,** was in seiner Abwesenheit verhandelt worden ist.[17]

Unter den Voraussetzungen des § 234 (neben der üblichen Verteidigungsvollmacht ist eine zusätzliche Vertretungsvollmacht erforderlich) kann der ohnehin nach § 140 Abs. 1 Nr. 7 anwesende Pflichtverteidiger des Betroffenen diesen vertreten.[18]

c) Flankierende Maßnahmen (Abs. 2). Will das Gericht gemäß Abs. 1 ohne den Beschuldigten verhandeln, ist nach Abs. 2 S. 1 eine Vernehmung des Beschuldigten vor der Hauptverhandlung („Vorvernehmung") erforderlich, die von einem beauftragten Richter durchzuführen ist. Beauftragter Richter ist ein Mitglied des mit der Sache befass-

---

[9] BGH 13.11.1951 – 1 StR 597/51, NJW 1952, 478 (479); Graeber NStZ 2022, 574 (575); vgl. auch Degener in SK-StPO Rn. 5; Metzger in KMR-StPO Rn. 12.
[10] BGH 2.2.2022 – 5 StR 390/21, BGHSt 67, 12 (Rn. 10) = NJW 2022, 1895; wie hier Degener in SK-StPO Rn. 5; Metzger in KMR-StPO Rn. 12.
[11] Pfeiffer Rn. 3.
[12] Pollähne in Gercke/Julius/Temming/Zöller Rn. 3.
[13] So auch Pollähne in Gercke/Julius/Temming/Zöller Rn. 3.
[14] Vgl. Maul in KK-StPO § 34 Rn. 2.
[15] Schmitt in Meyer-Goßner/Schmitt Rn. 1; Pollähne in Gercke/Julius/Temming/Zöller Rn. 8.
[16] Siehe Pfeiffer Rn. 4.
[17] Ebenso KMR-StPO Rn. 24; Pollähne in Gercke/Julius/Temming/Zöller Rn. 9 (die eine analoge Anwendung von § 247 S. 4 befürworten); Degener in SK-StPO Rn. 10; Gaede in Löwe/Rosenberg Rn. 12; aA Schmitt in Meyer-Goßner/Schmitt § 415 Rn. 9 („nicht unbedingt erforderlich").
[18] Siehe Gaede in Löwe/Rosenberg Rn. 13.

ten (erkennenden)[19] Gerichts, also beim Amtsgericht der Strafrichter, beim Schöffengericht der Vorsitzende und bei einer Strafkammer oder einem Strafsenat ein Mitglied des Kollegialgerichts. Die Vernehmung einem ersuchten Richter zu übertragen, ist unzulässig.[20] An der Hauptverhandlung braucht der beauftragte Richter nicht mitzuwirken.[21]

16   Auch ein Vorgehen nach Abs. 2 setzt die **Vernehmungsfähigkeit des Beschuldigten** voraus (→ Rn. 8); er muss kommunikative Basisfähigkeiten aufweisen und wenigstens ansatzweise mitbekommen, was mit ihm passiert.[22] Andernfalls ist das Verfahren nach § 206a einzustellen (str., → § 413 Rn. 14).

17   Über die Vernehmung ist ein **Protokoll** zu fertigen (§§ 168, 168a), das in der Hauptverhandlung zu verlesen ist (§ 415 Abs. 4 S. 2).

18   Bei der Vernehmung ist nach Abs. 2 S. 1 zwingend[23] ein **Sachverständiger** hinzuziehen, wobei es sich sinnvollerweise um denjenigen Sachverständigen handeln sollte, der den Bericht nach Abs. 5 erstattet.[24] Die Auswahlentscheidung obliegt dem Gericht.[25] Es wird idR ein Arzt hinzuzuziehen sein. Aus dem Umkehrschluss zu Abs. 2 S. 3 ergibt sich, dass die Anwesenheit des Sachverständigen, abgesehen von unwesentlichen Teilen,[26] während der gesamten Vorvernehmung verpflichtend ist.[27]

19   Abs. 2 S. 2 sieht vor, die **Prozessakteure** (Staatsanwaltschaft, den Beschuldigten, den Verteidiger und den gesetzlichen Vertreter) über Ort und Zeit des Vernehmungstermins zu unterrichten. Obwohl dafür keine förmliche Ladung notwendig ist, erscheint sie sinnvoll, weil Benachrichtigungsfehler idR zu einem Verwertungsverbot führen,[28] wobei die Beweislast für den Zugang der Benachrichtigung beim Staat liegt. Eine Pflicht, der Vernehmung beizuwohnen, besteht für diese Prozessakteure nach Abs. 2 S. 3 nicht.

20   Hat der Betroffene einen **Betreuer** (§ 1896 BGB), ist dessen Beteiligung zweckmäßig, aber nicht zwingend.[29]

21   **d) Erweiterte Verlesungsmöglichkeiten (Abs. 4).** Abs. 4 gilt sowohl für Abs. 1 als auch für Abs. 3. Abs. 4 S. 1 erlaubt bei einer Hauptverhandlung, die ohne den Betroffenen stattfindet, seine früheren Erklärungen (über § 254 hinaus) zu verlesen, soweit sie in einem richterlichen Protokoll enthalten sind. Dabei ist es gleichgültig, ob das Protokoll aus einem Straf-, Zivil- Betreuungs- oder Unterbringungsverfahren stammt.[30] Während der Anwesenheit des Betroffenen ist Abs. 4 nicht anwendbar.[31]

22   Nach Abs. 4 S. 2 ist die Verlesung des Protokolls über die nach Abs. 2 S. 1 durchgeführte Vorvernehmung des Betroffenen zwingend. Ergänzend kann der beauftragte Richter, der die Vorvernehmung durchgeführt hat, als Zeuge vernommen werden, etwa wenn es um den persönlichen Eindruck des Betroffenen geht.[32]

23   Die Verlesung nach Abs. 4 ordnet der Vorsitzende an;[33] es bedarf keines Gerichtsbeschlusses, wie das zB bei § 251 Abs. 4 S. 1 der Fall ist. Nach § 273 Abs. 1 ist die Verlesung zu protokollieren.[34]

---

[19] Schmitt in Meyer-Goßner/Schmitt Rn. 5.
[20] Schmitt in Meyer-Goßner/Schmitt Rn. 5; Pollähne in Gercke/Julius/Temming/Zöller Rn. 4.
[21] Vgl. BGH 13.11.1951 – 1 StR 597/51, BGHSt 2, 1; Börner in Radtke/Hohmann Rn. 6; Ritscher in BeckOK StPO § 223 Rn. 11; näher dazu auch Gaede in Löwe/Rosenberg Rn. 6.
[22] Metzger in KMR-StPO Rn. 12.
[23] Pollähne in Gercke/Julius/Temming/Zöller Rn. 5.
[24] Rosenau in Satzger/Schluckebier/Widmaier StPO Rn. 7.
[25] Metzger in KMR-StPO Rn. 17.
[26] Schmitt in Meyer-Goßner/Schmitt Rn. 6.
[27] Siehe etwa Börner in Radtke/Hohmann Rn. 7.
[28] Ebenso Börner in Radtke/Hohmann Rn. 6.
[29] BGH 7.5.1996 – 5 StR 169/96, NStZ 1996, 610; Maur in KK-StPO Rn. 8; s. auch OLG Hamburg 5.2.2021 – 2 Ws 4/21, BeckRS 2021, 2995 zur Beteiligung und Rechtsmittelbefugnis des Betreuers.
[30] Siehe Metzger in KMR-StPO Rn. 27.
[31] Metzger in KMR-StPO Rn. 26.
[32] Vgl. Gaede in Löwe/Rosenberg Rn. 6; Pollähne in Gercke/Julius/Temming/Zöller Rn. 10.
[33] Siehe Maur in KK-StPO Rn. 11; Pfeiffer Rn. 5; Börner in Radtke/Hohmann Rn. 9.
[34] Pollähne in Gercke/Julius/Temming/Zöller Rn. 10.

Übergang in das Strafverfahren § 416

e) Rechtsmittel. Gegen Entscheidungen nach Abs. 1 oder 3 ist eine Beschwerde nicht 24 statthaft (§ 305 S. 1), auch nicht analog § 231a Abs. 3 S. 3.[35] Bei einer Verletzung von § 415 Abs. 1 oder 3 kann das Beruhen des Urteils auf § 338 Nr. 5 gestützt werden.[36]

Soll mit der Revision beanstandet werden, dass der Sachverständige einem wesentlichen 25 Teil der Hauptverhandlung nicht beigewohnt hat, ist dies mittels der Aufklärungsrüge geltend zu machen.[37]

2. Einsatz eines Sachverständigen (Abs. 5). Abs. 5 wird durch § 414 Abs. 3 ergänzt 26 und erweitert § 246a, soweit es um nicht freiheitsentziehende Maßregeln geht. Danach ist die Vernehmung eines Sachverständigen zwingend,[38] nicht aber seine ständige Anwesenheit in der Hauptverhandlung. Hat der Sachverständige den Betroffenen nicht schon früher untersucht, so ist ihm dazu nach § 415 Abs. 5 S. 2 vor der Hauptverhandlung Gelegenheit zu geben.

Die Entscheidung über die Fachrichtung liegt beim Gericht. Geeignete Sachverständige 27 sind idR Fachärzte für Psychiatrie. Abgesehen davon können Kriminologen sowie ergänzend[39] Psychologen für eine Begutachtung in Betracht kommen (→ § 414 Rn. 32).[40]

§ 416 Übergang in das Strafverfahren

(1) ¹Ergibt sich im Sicherungsverfahren nach Eröffnung des Hauptverfahrens die Schuldfähigkeit des Beschuldigten und ist das Gericht für das Strafverfahren nicht zuständig, so spricht es durch Beschluß seine Unzuständigkeit aus und verweist die Sache an das zuständige Gericht. ²§ 270 Abs. 2 und 3 gilt entsprechend.

(2) ¹Ergibt sich im Sicherungsverfahren nach Eröffnung des Hauptverfahrens die Schuldfähigkeit des Beschuldigten und ist das Gericht auch für das Strafverfahren zuständig, so ist der Beschuldigte auf die veränderte Rechtslage hinzuweisen und ihm Gelegenheit zur Verteidigung zu geben. ²Behauptet er, auf die Verteidigung nicht genügend vorbereitet zu sein, so ist auf seinen Antrag die Hauptverhandlung auszusetzen. ³Ist auf Grund des § 415 in Abwesenheit des Beschuldigten verhandelt worden, so sind diejenigen Teile der Hauptverhandlung zu wiederholen, bei denen der Beschuldigte nicht zugegen war.

(3) Die Absätze 1 und 2 gelten entsprechend, wenn sich im Sicherungsverfahren nach Eröffnung des Hauptverfahrens ergibt, daß der Beschuldigte verhandlungsfähig ist und das Sicherungsverfahren wegen seiner Verhandlungsunfähigkeit durchgeführt wird.

Übersicht

	Rn.		Rn.
I. Überblick	1	a) Unzuständigkeit des erkennenden Gerichts für das Strafverfahren (Abs. 1)	9
II. Erläuterung	2		
1. Überleitung des Verfahrens	2	b) Zuständigkeit des erkennenden Gerichts für das Strafverfahren (Abs. 2)	12
a) Fehlende Überleitungsbefugnis	2		
b) Überleitungsvoraussetzungen	4		
2. Zuständigkeitsvarianten	8	3. Verfahrensfragen	16

---

[35] HM, siehe nur Pfeiffer Rn. 7.
[36] Schmitt in Meyer-Goßner/Schmitt Rn. 12.
[37] BGH 8.6.1999 – 4 StR 237/99, StV 1999, 470.
[38] Rosenau in Satzger/Schluckebier/Widmaier StPO Rn. 12.
[39] Metzger in KMR-StPO § 414 Rn. 45.
[40] Hierzu Feltes/Putzke in Saimeh (Hrsg.), Was wirkt?, Prävention – Behandlung – Rehabilitation, 2005, S. 76 ff.

I. Überblick

1 § 416 regelt die Überleitung des Sicherungsverfahrens in das Strafverfahren, nachdem das Gericht dem Antrag der Staatsanwaltschaft nach § 413 entsprochen und das Hauptverfahren eröffnet hat. Es handelt sich dabei um eine Einbahnstraße: Der Wechsel von einem Strafverfahren ins Sicherungsverfahren nach Eröffnung des Hauptverfahrens ist nicht vorgesehen und (selbst mit Zustimmung der Staatsanwaltschaft)[1] unzulässig.[2] Stellt sich im Strafverfahren nach Eröffnung des Hauptverfahrens die Schuldunfähigkeit des Angeklagten heraus, ist er freizusprechen. Bei einem Freispruch kann das Gericht eine isolierte Maßregelanordnung nach § 71 StGB treffen, soweit die Voraussetzungen vorliegen.[3] Wird der Angeklagte dauerhaft verhandlungsunfähig, ist das Verfahren (soweit kein Fall von § 231a vorliegt)[4] einzustellen: vor Beginn der Hauptverhandlung gemäß § 206a durch Beschluss, nach begonnener Hauptverhandlung gemäß § 260 Abs. 3 durch Prozessurteil. In beiden Fällen (ein Prozessurteil nach § 260 Abs. 3 entfaltet grundsätzlich keine Rechtskraft)[5] steht es der Staatsanwaltschaft frei, im Anschluss an die Einstellung des Verfahrens einen Antrag nach § 413 zu stellen.[6]

II. Erläuterung

2 **1. Überleitung des Verfahrens. a) Fehlende Überleitungsbefugnis.** Obwohl die Antragsschrift vollumfänglich den Anforderungen einer Anklageschrift entsprechen muss (→ § 414 Rn. 14), ist es dem Gericht ohne einen entsprechenden (zusätzlichen) **Willensakt der Staatsanwaltschaft** verwehrt, einen Antrag auf Durchführung eines Sicherungsverfahrens umzudeuten in eine Anklage und das Verfahren anders als beantragt als Strafverfahren zu eröffnen.[7] Für die andere Ansicht könnte zwar ein Erst-recht-Schluss mit Blick auf § 416 sprechen, es würde dabei aber vernachlässigt, dass es für ein solches Vorgehen sowohl an einer Rechtsgrundlage fehlt (insbesondere mit Blick auf § 207 Abs. 2) als auch die abweichende Eröffnung einen unzulässigen Eingriff in das Entschließungsermessen der Staatsanwaltschaft darstellen würde (insbesondere mit Blick auf die §§ 153 ff., die der Staatsanwaltschaft bei einem schuldfähigen Beschuldigten zur Verfahrensbeendigung schon im Vorverfahren zur Verfügung stehen würden).

3 Ebenfalls unzulässig ist es, (ohne entsprechenden Hilfsantrag) auf eine die Durchführung des Strafverfahrens bezweckende Anklageschrift das Hauptverfahren im Sicherungsverfahren zu eröffnen, weil das Gericht auch damit in unzulässiger Weise in das Entschließungsermessen der Staatsanwaltschaft eingreifen würde.[8]

4 **b) Überleitungsvoraussetzungen.** Liegen **nach der Eröffnung des Hauptverfahrens** die Überleitungsvoraussetzungen vor, ist das Gericht zur Überleitung des Sicherungs- in ein Strafverfahren verpflichtet.[9] Möglich ist die Überleitung bis zur vollständigen Urteilsverkündung.[10]

---

[1] Schmitt in Meyer-Goßner/Schmitt Rn. 1.
[2] BGH 18.8.2021 – 5 StR 247/21, BeckRS 2021, 25284; 19.8.2009 – 1 StR 338/09, NStZ 2010, 228; Schmitt in Meyer-Goßner/Schmitt Rn. 1.
[3] Vgl. Schlüchter Rn. 803.
[4] Vgl. Metzger in KMR-StPO Rn. 22.
[5] Siehe nur Ott in KK-StPO § 260 Rn. 49.
[6] Vgl. Pollähne in Gercke/Julius/Temming/Zöller Rn. 4.
[7] Pollähne in Gercke/Julius/Temming/Zöller § 414 Rn. 6 und § 416 Rn. 2; Degener in SK-StPO Rn. 2; aA Schmitt in Meyer-Goßner/Schmitt Rn. 4; Maur in KK-StPO Rn. 7; Rosenau in Satzger/Schluckebier/Widmaier StPO Rn. 2, welche damit auch eine Überleitung bereits im Zwischenverfahren befürworten.
[8] BGH 5.5.2021 – 6 StR 152/21, NStZ-RR 2021, 221; 21.6.2016 – 5 StR 266/16, NStZ 2016, 693; 6.6.2001 – 2 StR 136/01, BGHSt 47, 52; Metzger in KMR-StPO Rn. 14.
[9] Siehe Schmitt in Meyer-Goßner/Schmitt Rn. 3.
[10] Börner in Radtke/Hohmann Rn. 1.

Voraussetzung ist, dass die Schuld- oder Verhandlungsfähigkeit **zur Überzeugung des** 5
Gerichts feststehen.[11] Die Überleitungsbefugnis fehlt bei bloßen Zweifeln am Vorliegen der Voraussetzungen für das Sicherungsverfahren (auch erhebliche Zweifel genügen nicht)[12] – oder wenn nicht geklärt werden kann, ob der Betroffene bei der Tat schuldunfähig oder nur vermindert schuldfähig war. In diesem Fall hat das Gericht das Sicherungsverfahren jedenfalls dann fortzusetzen, wenn auch für das Strafverfahren kein höheres Gericht zuständig wäre.[13]

Es genügt als Grundlage für die Feststellung der Schuld- oder Verhandlungsfähigkeit, 6
dass das Gericht vorhandene Tatsachen oder Beweismittel anders bewertet als die StA; die Tatsachen oder Beweismittel müssen nicht neu sein.[14]

§ 416 ist auch anwendbar nach Zurückverweisung der im Sicherungsverfahren ver- 7
handelten Sache durch das Revisionsgericht, wenn die Voraussetzungen für eine Unterbringungsanordnung nach §§ 20, 21 StGB nicht rechtsfehlerfrei festgestellt wurden.[15] Bis zum Jahr 2007 stand das Verbot der Schlechterstellung (§ 358 Abs. 2 S. 1) im Strafverfahren der Verhängung einer Strafe entgegen, nicht aber einem Schuldspruch mit Unterbringungsanordnung, soweit die Voraussetzungen von § 21 StGB sicher festgestellt werden.[16] Mit dem „Gesetz zur Sicherung der Unterbringung in einem psychiatrischen Krankenhaus und in einer Entziehungsanstalt" vom 16.7.2007 hat der Gesetzgeber diese Lücke geschlossen, indem er § 358 Abs. 2 S. 2 eingefügt hat. Danach ist die Verhängung einer Strafe anstelle einer Unterbringung zulässig, wenn die Anordnung der Unterbringung in einem psychiatrischen Krankenhaus in der Rechtsmittelinstanz aufgehoben wird.[17]

2. Zuständigkeitsvarianten. Für den Fall, dass sich nach Eröffnung[18] des Hauptver- 8
fahrens beim Betroffenen die Schuldfähigkeit ergibt, regelt § 416 **zwei Konstellationen** (wobei Abs. 3 bestimmt, dass die Regelungen auch in dem Fall gelten, dass sich beim Betroffenen die Verhandlungsfähigkeit ergibt, soweit gegen ihn deswegen ein Sicherungsverfahren durchgeführt wird): Abs. 1 betrifft den Fall, dass das für Sicherungsverfahren zuständige Gericht nicht zugleich für das Strafverfahren zuständig ist; Abs. 2 regelt die Konstellation der Parallelzuständigkeit.

a) Unzuständigkeit des erkennenden Gerichts für das Strafverfahren (Abs. 1). 9
Gelangt das erkennende Gericht zu der Überzeugung, dass der Betroffene schuld- oder verhandlungsfähig (Abs. 3) ist, erklärt es sich durch Beschluss ggf. für unzuständig und verweist die Sache an das zuständige Gericht (Abs. 1 S. 1). Eine Beteiligung der Staatsanwaltschaft sieht das Gesetz nicht vor.[19] Das nach der Überleitung zuständige Gericht ist an die zum Übergang führenden Feststellungen nicht gebunden.[20]

Bei **Abs. 1 S. 1** handelt es sich gegenüber §§ 225a, 269 um eine Spezialregel, weshalb 10
die Verweisung auch an ein Gericht niederer Ordnung zulässig ist.[21] Zuvor muss das Gericht, soweit es sich bei dem Spruchkörper um eine Strafkammer handelt, bei einem Vergehen aber nach pflichtgemäßem Ermessen darüber befinden, ob das Verfahren wegen der besonderen Bedeutung der Sache weiterhin beim Landgericht oder mangels einer solchen Bedeutung vor dem Schöffengericht durchgeführt werden soll.[22] Bei der Zuständigkeit besonderer Strafkammern (§ 74 Abs. 2, § 74a, § 74c GVG) gilt (soweit nicht der Anwendungsbereich

---

[11] Vgl. Temming in BeckOK StPO Rn. 1.
[12] So Pollähne in Gercke/Julius/Temming/Zöller Rn. 1.
[13] BGH 29.8.1961 – 5 StR 342/61, BGHSt 16, 198.
[14] Metzger in KMR-StPO Rn. 2; Rosenau in Satzger/Schluckebier/Widmaier StPO Rn. 1; Pfeiffer Rn. 2.
[15] BGH 29.4.1958 – 1 StR 68/58, BGHSt 11, 319.
[16] Siehe dazu BGH 29.4.1958 – 1 StR 68/58, BGHSt 11, 319; Schmitt in Meyer-Goßner/Schmitt Rn. 5.
[17] Vgl. dazu Metzger in KMR-StPO Rn. 3; BGH 9.5.2019 – 5 StR 109/19, BeckRS 2019, 10875.
[18] Vor der Eröffnung des Hauptverfahrens gelten die §§ 209, 209a iVm § 414 Abs. 1 (vgl. Börner in Radtke/Hohmann Rn. 3.
[19] Metzger in KMR-StPO Rn. 5.
[20] Gaede in Löwe/Rosenberg Rn. 9.
[21] BGH 10.11.1967 – 4 StR 512/66, BGHSt 21, 334 (357); Schmitt in Meyer-Goßner/Schmitt Rn. 6.
[22] BGH 10.11.1967 – 4 StR 512/66, BGHSt 21, 334 (357).

des JGG eröffnet ist)²³ § 6a S. 2 und 3; ohne rechtzeitigen Einwand nach § 6a ist vor der allgemeinen Strafkammer zu verhandeln.²⁴

11 Der in Abs. 1 S. 2 enthaltene **Verweis auf § 270 Abs. 2 und 3** hat nicht allein eine klarstellende Funktion, sondern macht deutlich, dass jedenfalls § 270 Abs. 1 nicht gilt.²⁵ Nach § 270 Abs. 2 hat das Gericht in seinem Beschluss den Angeklagten und die Tat gemäß § 200 Abs. 1 S. 1 zu bezeichnen. § 270 Abs. 3 bestimmt, dass der Beschluss die Wirkungen eines Eröffnungsbeschlusses hat und sich die Anfechtbarkeit nach § 210 richtet.

12 **b) Zuständigkeit des erkennenden Gerichts für das Strafverfahren (Abs. 2).** Bei einer Parallelzuständigkeit ist der Beschuldigte nach Abs. 2 S. 1 auf die veränderte Rechtslage hinzuweisen (was sich ohnehin schon aus § 265 Abs. 1 ergibt) und es ist ihm Gelegenheit zur Verteidigung zu geben. Das Gericht hat den Hinweis ohne schuldhaftes Zögern zu erteilen. Mit Blick auf den Wechsel ins Strafverfahren handelt es sich, wie bei § 81 Abs. 2 OWiG, um einen konstitutiven Akt. Unterbleibt ein Hinweis nach Abs. 2 S. 1 begründet dies kein Verfahrenshindernis.²⁶

13 Das **Verfahren** ist nach Abs. 2 S. 2 **auszusetzen,** wenn der Beschuldigte oder sein Verteidiger behauptet, auf die Verteidigung nicht genügend vorbereitet zu sein. Dem Gericht steht nicht das Recht zu, die Behauptung zu überprüfen,²⁷ es hat sie hinzunehmen selbst bei erheblichen Zweifeln oder einer Verfahrenssituation, die eine Vorbereitung der Verteidigung aus Sicht des Gerichts nicht notwendig erscheinen lässt.²⁸

14 Nach der Behauptung hat der Beschuldigte einen Anspruch auf Aussetzung,²⁹ der auch nicht erlischt durch einen etwaigen Hinweis bei Eröffnung des Verfahrens, dass eine Überleitung in Betracht komme.³⁰ Verzichtet er darauf und beantragt **stattdessen** eine **Unterbrechung,** hat das Gericht die Unterbrechungszeit entsprechend der beantragten Dauer zu bemessen, weil der Anspruch auf Aussetzung das Recht auf Unterbrechung der Hauptverhandlung als wesensgleiches Minus mitumfasst.³¹ Über den Zeitraum der Aussetzung entscheidet das Gericht nach pflichtgemäßem Ermessen.³² Der Antrag auf Aussetzung oder Unterbrechung ist unverzüglich nach dem rechtlichen Hinweis zu stellen; einer Belehrung darüber seitens des Gerichts bedarf es nicht.³³

15 Abs. 2 S. 3 bestimmt, dass diejenigen **Teile der Hauptverhandlung zu wiederholen** sind, bei denen der Beschuldigte wegen § 415 Abs. 1 oder 3 nicht zugegen war. Die bereits gewonnenen Beweisergebnisse sind unverwertbar, soweit sie dem zu wiederholenden Teil entstammen.³⁴ Es erscheint fraglich, ob angesichts der Spezialregelung von § 416 Abs. 2 S. 3 eine Wiederholung entbehrlich sein kann, soweit die Regeln des Strafverfahrens eingehalten wurden, die das Gesetz bei einer Abwesenheitsverhandlung vorsieht.³⁵

16 **3. Verfahrensfragen.** Sobald der Beschluss nach Abs. 1 S. 1 verkündet oder der Hinweis nach Abs. 2 S. 1 erteilt ist (vgl. § 81 Abs. 2 S. 2 OWiG), wird der Beschuldigte zum Angeklagten. Sowohl der Beschluss nach Abs. 1 S. 1 als auch der Hinweis nach Abs. 2 S. 1 sind als wesentliche Förmlichkeiten nach § 273 Abs. 1 S. 1 zu protokollieren.³⁶

---

23 Siehe BGH 4.11.1981 – 2 StR 242/81, BGHSt 30, 260.
24 BGH 11.8.1981 – 5 StR 309/81, BGHSt 30, 187 (188); Pfeiffer Rn. 3.
25 BGH 10.11.1967 – 4 StR 512/66, BGHSt 21, 334 (357).
26 So BGH 2.9.2020 – 5 StR 520/19, NStZ-RR 2020, 379 (380 f.).
27 Pfeiffer Rn. 5.
28 BGH 5.5.1959 – 5 StR 61/59, BGHSt 13, 121 (123).
29 BGH 5.5.1959 – 5 StR 61/59, BGHSt 13, 121 (122).
30 So Böttger in AK-StPO Rn. 9; Maur in KK-StPO Rn. 5.
31 BGH 5.5.1959 – 5 StR 61/59, BGHSt 13, 121 (123).
32 BGH 5.5.1959 – 5 StR 61/59, BGHSt 13, 121 (122 f.).
33 Pfeiffer Rn. 5.
34 Siehe Schmitt in Meyer-Goßner/Schmitt Rn. 8.
35 So aber Börner in Radtke/Hohmann Rn. 5; Gaede in Löwe/Rosenberg Rn. 14; Maur in KK-StPO Rn. 6; Rosenau in Satzger/Schluckebier/Widmaier StPO Rn. 8; Degener in SK-StPO Rn. 8.
36 Metzger in KMR-StPO Rn. 10.

Abschnitt 2a. Beschleunigtes Verfahren

Vorbemerkung zu § 417

Schrifttum: Ambos, Verfahrensverkürzung zwischen Prozeßökonomie und „fair trial", Eine Untersuchung zum Strafbefehlsverfahren und zum beschleunigten Verfahren, Jura 1998, 281; Asbrock, Hauptsache Haft! – Hauptverhandlungshaft als neuer Haftgrund, StV 1997, 43; Bandisch, Zum Entwurf eines Kriminalitätsbekämpfungsgesetzes der Fraktion der CDU/CSU und FDP vom 4.1.1994, StV 1994, 153; Bielefeld, Das beschleunigte Verfahren – eine Möglichkeit zur Entlastung von Geschäftsstellen und Richtern beim Amtsgericht, DRiZ 1998, 429; Bürgle, Die Neuregelung des beschleunigten Verfahrens durch das Verbrechensbekämpfungsgesetz – ein Erfolg?, Ergebnisse einer empirischen Untersuchung zur Anwendung der Verfahrensart in der staatsanwaltschaftlichen Praxis, StV 1998, 514; Bürgle, Die Neuregelung des beschleunigten Verfahrens nach dem Verbrechensbekämpfungsgesetz, 1997; Dahs, Das Verbrechensbekämpfungsgesetz vom 28.10.1994 – ein Produkt des Superwahljahres, NJW 1995, 553; v. Danwitz, „Die Strafe folgt der Tat auf dem Fuße" – eine kriminalpolitische Analyse, FS Eisenberg, 2009, 3; Dähn, Möglichkeiten einer verstärkten Anwendung des beschleunigten Verfahrens bei Bagatelldelikten, Festschrift Baumann, 1992, S. 349; Dünnebier, Das beschleunigte Verfahren, GA 1959, 272; Dury, Das beschleunigte Strafverfahren – eine Bestandsaufnahme, DRiZ 2001, 207; Ehlers, Zur praktischen Anwendung des Beschleunigten Strafverfahrens, NJ 2000, 468; Ernst, Das beschleunigte Verfahren im Strafprozess und seine Handhabung in Bochum, 2001; Ernst, Die notwendige Verteidigung im beschleunigten Verfahren vor dem Amtsgericht, StV 2001, 367; Eßer, Das „Schnellverfahren" bei Straftat mit politischem Hintergrund, StraFo 1996, 79; Faupel, Das beschleunigte Verfahren, NJ 1999, 182; Feyer, Das Verfahren nach § 212 der Strafprozeßordnung, 1926; Fezer, Vereinfachte Verfahren im Strafprozeß, ZStW 106 (1994), 1; Fülber, Die Hauptverhandlungshaft, 2000; Fülber/Putzke, Ist die Staatsanwaltschaft Herrin des Beschleunigten Verfahrens?, Zur Rücknehmbarkeit des gemäß §§ 417, 418 Abs. 1 StPO gestellten Antrags, Besprechung von BayObLG, Urt. v. 18.12.1997 – 5 St RR 147/96, DRiZ 1999, 196; Fuhse, Ist das Schöffengericht durch § 25 Nr. 2 GVG gehindert, Strafbefehle zu erlassen, Erledigungen im beschleunigten Verfahren vorzunehmen, kann es bei Strafwartung unter 2 Jahren Freiheitsstrafe angerufen werden?, NStZ 1995, 165; Gallrein, Das schleunige Verfahren im Strafprozeß, Schnellgerichtsverfahren und Sondergerichte, 1934; Gerson, Beschleunigung des Verfahrens durch Verkürzung von „Gerechtigkeit"?, GVRZ 2020, 9; Haack, Die Systematik der vereinfachten Strafverfahren, 2009; Hagemann, Das summarische Verfahren (Schnellverfahren) im Strafprozeß, DJZ 1932, 729; Hellmann, Die Hauptverhandlungshaft gem. § 127b StPO, NJW 1997, 2145; Her, Das beschleunigte Verfahren (§§ 417–420 StPO) nach dem Verbrechensbekämpfungsgesetz – unter besonderer Berücksichtigung des Beschleunigungsgebots im Strafprozeß, 1998; Herzler, Das Beschleunigte Strafverfahren – ein notwendiger Schritt auf dem richtigen Weg, NJ 2000, 399; Herzog, Wider den „kurzen Prozeß", Plädoyer für die Abschaffung des beschleunigten Verfahrens nach §§ 212, 212a, 212b StPO, ZRP 1991, 125; Honig, Das summarische Verfahren im neuen deutschen Strafprozeß, MSchrKrimPsych 15 (1924), 138; Hunsicker, Nimmt das „Beschleunigte Verfahren" wieder Fahrt auf?, Kriminalistik 2020, 249; Hunsicker, Das „Beschleunigte Verfahren", Diskrepanz zwischen Anspruch und Wirklichkeit am Beispiel von Osnabrück, Kriminalistik 2000, 803; Jeney, Vereinfachtes Verfahren mit Hauptverhandlung, 2003; Jostes, Veränderungen der Hauptverhandlung durch die Neuregelung des beschleunigten Verfahrens, 2003; Keller, Die Hauptverhandlungshaft, Oder: Kommt das beschleunigte Verfahren jetzt in Schwung?, Kriminalistik 1998, 677; Köckerbauer, Geltung der Rechtsfolgengrenzen bei der Gesamtstrafenbildung im beschleunigten Verfahren, NJW 1990, 170; König/Seitz, Die straf- und strafverfahrensrechtlichen Regelungen des Verbrechensbekämpfungsgesetzes, NStZ 1995, 1; Kohler, Beschleunigte Strafverfahren im deutschen und französischen Recht, 2001; Alireza Khostevan, Zügiges Strafverfahren bei jugendlichen Mehrfach- und Intensivtätern, Das Münsteraner Modellprojekt ‚B-Verfahren', 2008; Lehmann, Zur Aburteilung von Demonstranten im beschleunigten Verfahren, DRiZ 1970, 287; Lemke, Schnelle Strafverfahren. Erfahrungen aus der Praxis eines neuen Bundeslandes, Festschrift Schreiber, 2003, S. 249; Loos/Radtke, Das beschleunigte Verfahren (§§ 417–420 StPO) nach dem Verbrechensbekämpfungsgesetz, NStZ 1995, 569 (1. Teil), 1996, 7 (2. Teil); Lubitz, Das beschleunigte Verfahren der StPO und seine rechtstatsächliche Durchführung in Berlin und Brandenburg, 2010; Meurer, Das beschleunigte Verfahren – ein Akt angewandter Kriminalpolitik, GS Zipf, 1999, 483; Meyer-Goßner, Wesen und Sinn des beschleunigten Verfahrens nach §§ 417 ff StPO, GS Meurer, 2002, 421; Müller, Das beschleunigte Verfahren im französischen Strafprozeßrecht, GA 1995, 169; Priestoph, Beschleunigte Verurteilung festgestellter Fußballrowdies am Beispiel Berlin, Die Polizei 1979, 296; Putzke, Beschleunigtes Verfahren bei Heranwachsenden, 2004; Radtke, Die verfahrensrechtlichen Konsequenzen fehlender Beschleunigung im beschleunigten Verfahren (§§ 417–420 StPO), JR 2001, 133; Ranft, Das beschleunigte Verfahren (§§ 417–420 StPO), Jura 2003, 382; Ranft, Das beschleunigte Verfahren (§§ 417–420 StPO) in der Rechtsmittelinstanz, NStZ 2004, 424; Rieß, Vereinfachte Verfahrensarten für die kleinere Kriminalität, in Schreiber, Strafprozess und Reform (1975), 113; Schauinsland, Das schleunige Verfahren im Strafprozess, 1912; Scheffler, Kurzer Prozess mit rechtsstaatlichen Grundsätzen?, NJW 1994, 2191; Scheffler, Das beschleunigte Verfahren als ein Akt angewandter Kriminalpolitik, GS Meurer, 2002, 437; Scheffler, Das „Beschleunigte Verfahren" in Brandenburg aus rechtsstaatlicher Sicht, NJ 1999, 113; Scheffler, Frist zwischen Antragstellung und Hauptverhandlung im beschleunigten Verfahren, NStZ 1999, 268; Schlothauer, Vereinfachte Beweisaufnahme nach dem Verbrechensbekämpfungsgesetz auch in der Berufungsinstanz?, StV 1995, 46; Schlüchter/Fülber/Putzke, Herausforderung: Beschleunigtes Verfahren (§§ 417 ff. StPO), 1999; Schmitt R.,

Strafverfahren zweiter Klasse, ZStW 89 (1977), 639; Schröer, Das beschleunigte Strafverfahren gem. §§ 417 ff. StPO, 1998; Schünemann, Das beschleunigte Verfahren im Zwiespalt von Gerechtigkeit und Politik, NJW 1968, 975; Schultz, Das beschleunigte Verfahren in Verkehrsstrafsachen, DAR 1957, 93; Schwarz, Zur rechtspolitischen Wertung des schleunigen Verfahrens, 1929; Siegert, Kritische Bemerkungen zum Schnellverfahren, GS 102 (1932), 30; Sprenger, Fördert die Neuregelung des beschleunigten Verfahrens seine breitere Anwendung?, NStZ 1997, 574; Stintzing/Hecker, Abschreckung durch Hauptverhandlungshaft? – Der neue Haftgrund des „vermuteten Ungehorsams", NStZ 1997, 569; Thommen, Kurzer Prozess – fairer Prozess? Strafbefehls- und abgekürzte Verfahren zwischen Effizienz und Gerechtigkeit, 2013; Tiedemann, Das beschleunigte Verfahren – Eine Untersuchung in Bonn, 2008; Tiemer, Die Verteidigerbestellung im Strafbefehls- und im beschleunigten Verfahren gemäß §§ 408b, 418 Abs. 4 StPO, 1998; Wächtler, Der autoritäre Strafprozeß – das beschleunigte Verfahren neuer Art im Entwurf eines sogenannten Kriminalitätsbekämpfungsgesetzes von CDU/CSU und FDP, StV 1994, 159; Weigend, Unverzichtbares im Strafverfahrensrecht, ZStW 113 (2001), 271; Werner, Gelten die Vorschriften der §§ 203 und 204 StPO auch für Anträge auf Aburteilung im beschleunigten Verfahren?, DRZ 1947, 146; Wieneck, Das beschleunigte Verfahren gem. §§ 417 ff. StPO, JuS 2018, 249; Wolf, Der Richter als Aktenbote, NStZ 2001, 46; Zimbehl, Das beschleunigte Verfahren, der kriminalist 1999, 205; Zimmermann, Das beschleunigte Verfahren im Strafprozeß, 1962.

Übersicht

		Rn.			Rn.
I.	Kriminalpolitik	1	III.	Kritik	9
II.	Verfahrensüberblick	3			

I. Kriminalpolitik

1   Seit Inkrafttreten der (Reichs-)Strafprozessordnung überlegt der Gesetzgeber, wie er den Strafprozess vereinfachen, effektivieren, beschleunigen oder praxistauglicher gestalten kann. Oft sind solche politischen Initiativen nicht ernsthaft von dem Bestreben getragen, den Strafprozess rechtsstaatlicher zu gestalten, indem die unterschiedlichen Verfahrensrechte der Interaktionsbeteiligten optimiert und besser aufeinander abgestimmt werden. Vielmehr spielen in der Politik meist allein die Motive eine Rolle, den Strafprozess billiger zu machen oder mit Schlagworten bei der Bevölkerung den Eindruck der Handlungsfähigkeit und Problemlösungskompetenz zu erwecken. Die Ausrichtung der Politik orientiert sich zunehmend am mutmaßlichen Wählerwillen. Und Wähler denken meist nicht verantwortungs-, sondern gesinnungsethisch, das heißt sie bewerten kriminalpolitische Forderungen nicht an ihren tatsächlich prognostizierten Wirkungen, sondern am Wünschenswerten. Jedoch sind Kostensenkungs- und Wahlerfolgsdenken in der Regel durchaus schädlich für ein rechtsstaatliches Verfahren. Hinzu kommt, dass Gesetzgebungsverfahren zwar mit einer Armada politisch passender Sachverständiger flankiert werden, deren Expertise die Politik letztlich aber nur interessiert, wenn dasjenige Bestätigung findet, was dem eigenen Vor(ur)teil entspricht und dem politisch verfolgten Ziel nicht im Weg steht. Je nötiger der Gesetzgeber sachverständige Beratung hat, umso weniger interessiert die Politik erfahrungsgemäß, was Experten zu sagen haben. Faktisch findet Kriminalpolitik derzeit zunehmend ohne Sachverstand statt. Zu beobachten ist eine Popularisierung, Politisierung und Entprofessionalisierung von Kriminalpolitik.[1]

2   Die besondere Verfahrensart des Beschleunigten Verfahrens sah sich im Jahr 1994 einer Reform durch das Verbrechensbekämpfungsgesetz ausgesetzt, womit der Gesetzgeber Staatsanwaltschaften und Gerichte entlasten und dem Verfahren zu mehr praktischer Relevanz verhelfen wollte,[2] was nur bedingt glückte.[3] Schon vor der Neufassung der §§ 417 ff. durch das Verbrechensbekämpfungsgesetz wies das Beschleunigte Verfahren im Vergleich zum Normalverfahren Unterschiede auf.[4] Besonders der Wegfall des Zwischenverfahrens – aufgrund der Entbehrlichkeit des Eröffnungsbeschlusses (§ 212a Abs. 1 aF) – sollte zur

---

[1] Zum Ganzen Putzke FS Schwind, 2006, 111; siehe auch Kubiciel JZ 2018, 171.
[2] Siehe BT-Drs. 12/6853, 19, 34.
[3] Vgl. Böttger in AK-StPO Vor §§ 417 ff. Rn. 4; Graf in KK-StPO Vor § 417 Rn. 2; Schmitt in Meyer-Goßner/Schmitt Rn. 1; bedauernd Kühne Strafprozessrecht Rn. 630: „Zurückhaltung der Justiz ist schwer verständlich".
[4] Näher dazu Schlüchter/Fülber/Putzke S. 12 ff.

Beschleunigung beitragen. Nachdem die praktische Relevanz weit hinter den Erwartungen zurückblieb, erhielt das Beschleunigte Verfahren der §§ 212 ff. aF zum einen – nunmehr zutreffend im sechsten Buch der Strafprozessordnung (§§ 417 ff.) – einen neuen Platz, zum andern einen erheblich modifizierten Regelungsgehalt.

II. Verfahrensüberblick

In Betracht kommt eine Durchführung des Beschleunigten Verfahrens vor dem Straf- 3 richter oder dem Schöffengericht nur dann, wenn keine höhere Freiheitsstrafe als ein Jahr sowie – abgesehen von der Entziehung der Fahrerlaubnis (§ 419 Abs. 1 S. 3) – keine Maßregel der Besserung und Sicherung zu erwarten ist. Kann eine solche Rechtsfolgenprognose abgegeben werden (wobei bei einer erwarteten Freiheitsstrafe von sechs Monaten ein Verteidiger zu bestellen ist, § 418 Abs. 4), muss die Staatsanwaltschaft – unabhängig von der Zustimmung des Beschuldigten – die Durchführung des Beschleunigten Verfahrens beantragen, wenn „die Sache auf Grund des einfachen Sachverhalts oder der klaren Beweislage zur sofortigen Verhandlung geeignet ist" (§ 417). Dabei kann sie sowohl zwischen einer schriftlichen oder mündlichen Stellung des Antrags wählen als auch auf die Einreichung einer Anklageschrift verzichten (§ 418 Abs. 3 S. 1), wobei im letzteren Fall „die Anklage bei Beginn der Hauptverhandlung mündlich erhoben" wird (§ 418 Abs. 3 S. 2).

Entsprochen wird dem Antrag, „wenn sich die Sache zur Verhandlung in diesem Verfah- 4 ren eignet" (§ 419 Abs. 1 S. 1). Nur dann darf der Strafrichter oder das Schöffengericht die Hauptverhandlung „sofort oder in kurzer Frist" (§ 418 Abs. 1) anberaumen. Es müssen weder § 201 Abs. 1 (aufgrund des fehlenden Zwischenverfahrens, § 418 Abs. 1) noch – gemäß § 418 Abs. 2 – die §§ 216, 217 berücksichtigt werden. Geladen wird der Beschuldigte ausschließlich dann, „wenn er sich nicht freiwillig zur Hauptverhandlung stellt oder nicht dem Gericht vorgeführt wird" (§ 418 Abs. 2 S. 1), wobei – in deutlicher Abweichung zur sonst üblichen Wochenfrist – die Ladungsfrist 24 Stunden beträgt (§ 418 Abs. 2 S. 3).

Liegen die Voraussetzungen für die Durchführung eines Beschleunigten Verfahrens 5 hingegen nicht vor, „wird die Entscheidung im beschleunigten Verfahren abgelehnt" und für den Fall, dass hinreichender Tatverdacht nach § 203 vorliegt, das Hauptverfahren eröffnet (§ 419 Abs. 3 Alt. 1). Diese Entscheidungsoption besteht für den Richter auch in der Hauptverhandlung noch bis zur Verkündung des Urteils (§ 419 Abs. 2 S. 1).

Gerade für die Hauptverhandlung standen nach den §§ 212 ff. aF keine „Beschleuni- 6 gungskomponenten" zur Verfügung. Der Ablauf richtete sich vielmehr nach den Vorschriften des Normalverfahrens. Mit der Regelung des § 420 schränkt der Gesetzgeber das Beweisantragsrecht drastisch ein. Zwar dürfen Beweisanträge auch weiterhin uneingeschränkt gestellt werden.[5] Doch kann der Strafrichter diese allein nach Maßgabe seiner Aufklärungspflicht (§ 244 Abs. 2) ablehnend bescheiden (§ 420 Abs. 4), ohne Berücksichtigung der insofern strengeren § 244 Abs. 3–5, § 245. Überdies dürfen sowohl die persönliche Vernehmung einer Beweisperson – abweichend von § 251 Abs. 1, 2 – durch Urkundenbeweis ersetzt (§ 420 Abs. 1) als auch Behördenerklärungen – in Erweiterung der von § 256 vorgesehenen Ausnahmen – verlesen werden (§ 420 Abs. 2). Freilich ist zu beachten, dass die den Unmittelbarkeitsgrundsatz einschränkenden Regelungen der Absätze 1 und 2 nur „mit Zustimmung des Angeklagten, des Verteidigers und der Staatsanwaltschaft, soweit sie in der Hauptverhandlung anwesend sind" (§ 420 Abs. 3) erfolgen dürfen.

Eine die Regelungen der §§ 417 ff. ergänzende[6] Vorschrift ist § 127b. Sie zielt ab auf 7 die Sicherung der Hauptverhandlung im Beschleunigten Verfahren.[7] Ist zu befürchten, „daß

---

[5] Vgl. Schlüchter/Fülber/Putzke S. 112.
[6] Weshalb Fülber (Hauptverhandlungshaft, 2000, S. 70/71, 147) zuzustimmen ist, der u.a. aus gesetzessystematischen Gründen vorschlägt, die Hauptverhandlungshaft als „Haft im Beschleunigten Verfahren" in das Normgefüge der §§ 417 ff. – etwa als § 417a – zu integrieren.
[7] Siehe Gesetzentwurf der Fraktionen der CDU/CSU und F.D.P., BT-Drs. 13/5743, 3; Pfeiffer § 127b Rn. 6. Auch die anderen Haftnormen – etwa § 127 – dienen dazu, die Durchführung eines Strafverfahrens zu sichern; vgl. explizit zu § 127 Borchert JA 1982, 338, Fn. 1. Siehe auch OLG Oldenburg 17.11.2021 – 1 Ws 451/21, BeckRS 2021, 37747: „Zur Sicherung der Durchführung des (…) allein noch möglichen Regelverfahrens darf aber die Haft nach § 127b Abs. 2 StPO nicht angeordnet werden".

der Festgenommene der Hauptverhandlung fernbleiben wird" (§ 127b Abs. 1 Nr. 2), was vor allem bei „reisenden Tätern" nahe liegt, und ist zudem „eine unverzügliche Entscheidung im beschleunigten Verfahren wahrscheinlich" (§ 127b Abs. 1 Nr. 1), darf der Betroffene festgenommen und gegen ihn Hauptverhandlungshaft angeordnet werden.

8 Mit dem Beschleunigten Verfahren lässt sich mithin eine deutliche Beschleunigung erreichen, wofür zusammengefasst folgende Abweichungen vom Normalverfahren relevant sind, die es ermöglichen,
– die Anklage mündlich zu erheben, ohne dass es einer Anklageschrift bedarf (§ 418 Abs. 3 S. 1),
– den Beschuldigten innerhalb von 24 Stunden zu laden, worauf gänzlich verzichtet werden darf, wenn er sich freiwillig zur Hauptverhandlung stellt (§ 418 Abs. 2),
– auf ein Zwischenverfahren zu verzichten, dh auch auf den Erlass eines Eröffnungsbeschlusses (§ 418 Abs. 1),
– die Vernehmung von Beweispersonen durch die Verlesung von Schriftstücken zu ersetzen (§ 420 Abs. 1, 2),
– das Beweisantragsrecht einzuschränken (§ 420 Abs. 4) sowie
– die Anwesenheit des Beschuldigten bei der Hauptverhandlung durch seine vorläufige Festnahme (§ 127b Abs. 1) und Hauptverhandlungshaft (§ 127b Abs. 2) sicherzustellen.

III. Kritik

9 Es ist dem Gesetzgeber nicht versagt, für Fälle einfach gelagerter und eindeutiger Sachverhalte ein vereinfachtes Verfahren zur Gewinnung der richterlichen Überzeugung von Schuld oder Unschuld des Angeschuldigten und der hieraus zu ziehenden Folgen einzurichten.[8] Nichtsdestoweniger steht das Beschleunigte Verfahren seit jeher in der Kritik. Eingewendet wird etwa, dass wohlüberlegte Regelungen des Normalverfahrens in einem „kurzen Prozess" nicht gelten[9] oder in Bagatellverfahren unter Umständen nur eine einzige gerichtliche Instanz (siehe § 313) mit eingeschränktem Beweisantragsrecht (§ 420 Abs. 4) zur Verfügung steht.[10] Von manchen Autoren wird deshalb die Abschaffung dieser Verfahrensart gefordert.[11]

10 Teilweise sind die kritischen Töne berechtigt.[12] Bedenken ergeben sich insbesondere mit Blick auf die Durchführung eines Schnellverfahrens bei unverteidigten Beschuldigten.[13] Diese vermögen die Beschränkungen ihrer Rechte in der Regel nicht zu überblicken und sind Staatsanwaltschaft und Gericht hilflos ausgeliefert (was freilich im Normalverfahren nicht anders ist).[14] Kritikwürdig ist auch die radikale Verkürzung der Verfahrensfristen, wodurch eine adäquate Verteidigung erheblich erschwert wird und kaum gewährleistet ist.[15]

---

[8] So speziell zum Strafbefehlsverfahren nach §§ 407 ff. BVerfG 19.3.2013 – 2 BvR 2628/10, 2 BvR 2883/10, 2 BvR 2155/11, NJW 2013, 1058 (1068).
[9] Siehe Schmitt in Meyer-Goßner/Schmitt Rn. 3 („nicht bedenkenfrei"); Volk/Engländer GK StPO § 33 Rn. 13 („deformiertes" Offizialverfahren mit „zweifelhaftem Gewinn auf der Zeitschiene").
[10] Dazu OLG Frankfurt a. M. 23.1.1997 – 3 Ws 67-68/97, NStZ-RR 1997, 273 („immer noch verfassungsgemäß"); einen deutlich kritischen Grundton anstimmend auch Loos/Radtke NStZ 1996, 11; Schmitt in Meyer-Goßner/Schmitt Rn. 7.
[11] So etwa Herzog ZRP 1991, 125; Scheffler NJW 1994, 2191 (2195).
[12] Siehe dazu Schlüchter/Fülber/Putzke S. 51, die Einzelkorrekturen fordern, um einen rechtsstaatlichen Verfahrensablauf zu gewährleisten; dahingehend etwa auch Zöller in Gercke/Julius/Temming/Zöller Vor §§ 417 ff. Rn. 5.
[13] Darauf zu Recht hinweisend AG Bautzen 14.3.2023 – 46 Ds 720 Js 6766/23, BeckRS 2023, 7368 Rn. 6.
[14] Dazu Gössel in Löwe/Rosenberg, 26. Aufl. 2009, Rn. 6; Paeffgen in SK-StPO Vor §§ 417 ff. Rn. 8.
[15] Weigend ZStW 113 (2001), 271 (295); dahingehend auch Zöller in Gercke/Julius/Temming/Zöller Vor §§ 417 ff. Rn. 5; anders KG 30.4.2007 – 4 Ws 39/07, BeckRS 2007, 09313: Hat ein Beschuldigter sich in einer polizeilichen Vernehmung zu einem einfach gelagerten Tatvorwurf geständig eingelassen, verstößt ein kurz darauf durchgeführtes beschleunigtes Verfahren in der Regel nicht gegen Art. 6 Abs. 3 lit. b EMRK. Siehe dazu aber auch Nr. 146 Abs. 1 RiStBV: „Das beschleunigte Verfahren kommt nicht in Betracht, [...] wenn der Beschuldigte durch die Anwendung dieses Verfahrens in seiner Verteidigung beeinträchtigt werden würde."

Es handelt sich beim Beschleunigten Verfahren „um ein 'Schnellverfahren', bei dem die Verfahrensrechte des Beschuldigten durch die gesetzlichen Möglichkeiten zu einer sofortigen Verhandlung [...] strapaziert werden und daher einer sehr sorgfältigen Beachtung bedürfen".[16]

Besonders kritikwürdig ist die in § 420 Abs. 4 bestimmte Reduzierung des Beweisinitiativrechts auf das Niveau der gerichtlichen Aufklärungspflicht iSd § 244 Abs. 2, denn dies lädt Gerichte geradezu zum Missbrauch ein. Ein Grund dafür ist die strafrichterliche Praxis, gestützt von Teilen der Literatur,[17] sich bei der Begründung auf die Angabe zu beschränken, die Beweiserhebung sei zur Erforschung der Wahrheit nicht erforderlich.[18] Zur Wahrung der Verteidigungsmöglichkeiten und mit Blick auf das Verfahrensziel, am Ende eines Strafprozesses eine materiell richtige Entscheidung zu treffen,[19] ist deshalb zu verlangen, dass in dem Ablehnungsbeschluss die wesentlichen Gesichtspunkte der Entscheidung darzulegen sind,[20] wozu freilich eine kurze Begründung genügt, aus der sich etwa ergibt, auf welche Beweismittel das Gericht seine von der Beweisbehauptung abweichende Überzeugung stützt. **11**

Kritik richtet sich aber auch an die Justiz, wo der Wille zur Flexibilität und also zur Anwendung des Beschleunigten Verfahrens entweder nicht ausgeprägt ist oder die Ressourcen „flankierende organisatorische Maßnahmen" schlechterdings nicht erlauben.[21] Es ist nicht verwunderlich, dass es vor allem bei den Amtsrichtern nach wie vor an der vom Gesetzgeber gewünschten Akzeptanz fehlt, wobei teilweise erhebliche Unterschiede im Vergleich der OLG-Bezirke bestehen.[22] **12**

Abzulehnen sind Organisationsmodelle, die eine Kompetenzverlagerung auf die Polizei beinhalten,[23] weil dadurch staatsanwaltschaftliche und richterliche Prüfpflichten sowie Beschuldigtenrechte unzulässig beeinträchtigt werden. **13**

§ 417 Zulässigkeit

Im Verfahren vor dem Strafrichter und dem Schöffengericht stellt die Staatsanwaltschaft schriftlich oder mündlich den Antrag auf Entscheidung im beschleunigten Verfahren, wenn die Sache auf Grund des einfachen Sachverhalts oder der klaren Beweislage zur sofortigen Verhandlung geeignet ist.

Übersicht

		Rn.			Rn.
I.	Überblick	1	2.	Einfacher Sachverhalt oder klare Beweislage	15
II.	Anwendungsbereich	2	IV.	**Formelle Anwendungsvoraussetzungen**	22
1.	Persönlicher Anwendungsbereich	2	1.	Antrag der Staatsanwaltschaft	23
2.	Sachlicher Anwendungsbereich	6	2.	Form und Inhalt	27
III.	**Materielle Anwendungsvoraussetzungen**	11	3.	Zeitpunkt	31
			4.	Rücknahme	32
1.	Eignung zur sofortigen Verhandlung	12	5.	Zuständigkeit	35

---

[16] AG Bautzen 14.3.2023 – 46 Ds 720 Js 6766/23, BeckRS 2023, 7368 Rn. 6.
[17] So etwa Schmitt in Meyer-Goßner/Schmitt § 420 Rn. 11; Graf in KK-StPO § 420 Rn. 8.
[18] Besondere Relevanz hat der „Sieg der Bequemlichkeit" im Einspruchsverfahren nach § 410, wo § 420 über § 411 Abs. 2 S. 2 anwendbar ist.
[19] Dazu Putzke/Scheinfeld StrafProzR Rn. 14.
[20] So schon Schlüchter/Fülber/Putzke S. 112.
[21] Hierzu BT-Drs. 12/6853, 36.
[22] Siehe Zöller in Gercke/Julius/Temming/Zöller Vor §§ 417 ff. Rn. 1.
[23] Ausführlich und ablehnend dazu Gaede in Löwe/Rosenberg Rn. 48 ff. und 57 ff. mwN; Paeffgen in SK-StPO Vor §§ 417 ff. Rn. 15 ff.

I. Überblick

1 § 417 regelt die formellen und materiellen Voraussetzungen für die Beantragung eines Beschleunigten Verfahrens.

II. Anwendungsbereich

2 **1. Persönlicher Anwendungsbereich.** Durchgeführt werden darf das Beschleunigte Verfahren ohne Weiteres gegen erwachsene Beschuldigte, unabhängig davon, ob es sich um Deutsche oder Ausländer handelt. Das gilt auch für Personen, die dem NATO-Truppenstatut unterfallen.

3 Auch bei Heranwachsenden darf im Beschleunigten Verfahren verhandelt werden,[1] wobei es nicht darauf ankommt, ob sie nach Jugend- oder Erwachsenenstrafrecht zu behandeln sind. Mit Blick auf die gesetzlich vorgeschriebenen Ermittlungen zur Persönlichkeit und zu den Lebens- und Familienverhältnissen, dem Werdegang, zum bisherigen Verhalten des Beschuldigten und allen übrigen Umständen, die zur Beurteilung seiner seelischen, geistigen und charakterlichen Eigenart dienen können (siehe § 38 JGG iVm § 107 JGG und § 43 JGG iVm § 109 Abs. 1 JGG), ist bei Heranwachsenden besonderes Augenmerk darauf zu richten, ob das Verfahren sich zur sofortigen Verhandlung eignet (siehe dazu auch Nr. 146 Abs. 1 RiStBV: „Das beschleunigte Verfahren kommt nicht in Betracht, wenn Anlass besteht, die Person des Beschuldigten und sein Vorleben genau zu erforschen […]").[2]

4 Die Kombination eines Beschleunigten Verfahrens mit einem Privatklageverfahren ist nicht zulässig, weil die Befugnis zur Antragstellung nach § 417 allein der Staatsanwaltschaft und nicht dem Verletzten zusteht (→ Einl. Rn. 552).[3]

5 Der Anschluss als Nebenkläger ist im Beschleunigten Verfahren statthaft, wenngleich sich in einem solchen Fall die Frage der Eignung stellt. Wirksam wird der Anschluss erst mit Erhebung der öffentlichen Klage (§ 396 Abs. 1 S. 2), was nach § 418 Abs. 3 S. 2 spätestens bei Beginn der Hauptverhandlung zu geschehen hat. Der Eignung, die Sache im Beschleunigten Verfahren zu verhandeln, steht auch nicht entgegen, wenn ein Verletzter sich des Beistands eines psychosozialen Prozessbegleiters bedient.

6 **2. Sachlicher Anwendungsbereich.** Der Antrag auf Durchführung eines Beschleunigten Verfahrens darf nur beim Amtsgericht gestellt werden. Dort wird in der Regel der Strafrichter zuständig sein, weil die Zuständigkeit des Schöffengerichts allenfalls dann gegeben ist, wenn im Falle eines abzuurteilenden Verbrechens lediglich die Mindeststrafe von einem Jahr verhängt werden soll (was nach § 419 Abs. 1 S. 2 zugleich die im Beschleunigten Verfahren zulässige Obergrenze markiert), ein minder schwerer Fall in Betracht kommt (zB nach § 249 Abs. 2 StGB) oder eine Strafrahmenmilderung (zB nach § 23 Abs. 2 StGB). Die Zuständigkeit des erweiterten Schöffengerichts scheitert nicht an der Notwendigkeit eines Eröffnungsbeschlusses,[4] weil § 418 Abs. 1 S. 1 das Gericht von einer Eröffnungsentscheidung zwar freistellt, den Erlass eines Eröffnungsbeschlusses aber keineswegs verbietet (genauso wenig wie die Einreichung einer Anklageschrift notwendig ist, was diese einzureichen nicht ausschließt),[5] weshalb sowohl dieser Beschluss ergehen als auch mit einer Entscheidung nach § 29 Abs. 2 S. 1 GVG verknüpft werden darf. Da die Zuziehung eines zweiten Richters jedoch davon abhängt, dass seine Mitwirkung nach dem Umfang der Sache notwendig erscheint, was mit der Zahl der Angeklagten oder der Delikte oder mit dem Beweisaufnah-

---

[1] Böttger in Krekeler/Löffelmann/Sommer Rn. 3; Freuding in BeckOK JGG JGG § 109 Rn. 21; Rosenau in Satzger/Schluckebier/Widmaier StPO Rn. 6; Rössner in NK-JGG JGG § 79 Rn. 2; siehe auch Metzger in KMR-StPO Rn. 1; Paeffgen in SK-StPO Rn. 13; ausführlich dazu Putzke, Beschleunigtes Verfahren bei Heranwachsenden, 2004.
[2] Siehe Metzger in KMR-StPO Rn. 1.
[3] Metzger in KMR-StPO Rn. 3; Allgayer in KK-StPO § 383 Rn. 1.
[4] So aber Gaede in Löwe/Rosenberg Rn. 4; Metzger in KMR-StPO Rn. 4; Schmitt in Meyer-Goßner/Schmitt Rn. 3; zweifelnd Graf in KK-StPO Rn. 1.
[5] Siehe zu dieser Konstellation OLG Stuttgart 19.6.1998 – 1 Ss 331/98, NJW 1998, 3134.

meaufwand zusammenhängen kann,⁶ dürfte die Annahme der Voraussetzungen von § 29 Abs. 2 S. 1 idR zur Verneinung der Voraussetzungen von § 417 (einfacher Sachverhalt oder klare Beweislage, Eignung zur sofortigen Verhandlung) führen.⁷

Soll bei einem Heranwachsenden im Beschleunigten Verfahren verhandelt werden, ist **7** grundsätzlich der Jugendrichter zuständig, soweit keine Zweifel an seiner Sanktionszuständigkeit nach § 39 Abs. 2 JGG bestehen.⁸

Treten Zuständigkeitskonflikte zwischen Strafrichter und Schöffengericht auf, sind **8** die § 209 Abs. 2, § 408 Abs. 1 S. 1 und 2 nicht analog anwendbar.⁹ Hält der Vorsitzende des Schöffengerichts bei angenommener Zuständigkeit des Strafrichters und hinreichendem Tatverdacht die Eignung für eine Verhandlung im Beschleunigten Verfahren nicht für gegeben, eröffnet er gemäß § 419 Abs. 3 Hs. 1 iVm § 209 Abs. 1 das Normalverfahren vor dem Strafrichter.¹⁰ Anfechtbar ist für die Staatsanwaltschaft analog § 210 Abs. 2 nur die Abgabe an den gegenüber dem Schöffengericht rangniedrigeren Spruchkörper, während die Ablehnungsentscheidung nach § 419 Abs. 2 S. 1 nach § 419 Abs. 2 S. 2 unanfechtbar ist.¹¹

Ein Beschleunigtes Verfahren ist beschränkt auf Verfahren beim Amtsgericht. Mit der **9** Verkündung des erstinstanzlichen Urteils endet es, auch wenn ein Rechtsmittel eingelegt wird. Es gibt kein Beschleunigtes Verfahren in der Berufungsinstanz.¹² Ebenso wenig ist es zulässig nach den Regeln der §§ 417 ff. zu verhandeln, wenn das mit der Sprungrevision angerufene OLG das Urteil des Amtsgerichts aufhebt und zur erneuten Verhandlung dorthin zurückverweist.¹³

Zulässig, aber idR nicht zweckmäßig ist die Verbindung eines Beschleunigten Verfahrens mit einem Normalverfahren nach § 237. Bei einer Verbindung nach § 4 richtet sich das Verfahren nach den Regeln des Normalverfahrens, ohne dass die bis dahin zur Anwendung gelangten Sondervorschriften im Normalverfahren zu einem Verfahrensfehler führen.¹⁴ Die Einbeziehung einer Sache zur Entscheidung im Beschleunigten Verfahren ist auch entsprechend § 266 möglich (Nachtragsantrag/Nachtragsanklage).¹⁵

III. Materielle Anwendungsvoraussetzungen

§ 417 knüpft die Verhandlung im Beschleunigten Verfahren materiell an folgende **11** Voraussetzungen: Die Sache muss sich (Voraussetzung im weiteren Sinne) zur sofortigen Verhandlung eignen aufgrund (Voraussetzungen im engeren Sinne) eines einfachen Sachverhalts oder einer klaren Beweislage.

1. Eignung zur sofortigen Verhandlung. Die Eignung zur sofortigen Verhandlung **12** ist umfassend zu verstehen.¹⁶ Dazu gehört die Prüfung und Bejahung des hinreichenden Tatverdachts nebst den allgemeinen Prozessvoraussetzungen (zB das Fehlen von Verfahrens-

---

6   Barthe in KK-StPO GVG § 29 Rn. 11.
7   Eine Eignung dann generell verneinend Paeffgen in SK-StPO Rn. 9; Weiler in HK-GS Rn. 2.
8   Ähnlich Ostendorf, JGG, 2003, § 39 Rn. 4, allerdings ohne Beschränkung auf das Beschleunigte Verfahren.
9   Schlüchter/Fülber/Putzke S. 90; Zöller in Gercke/Julius/Temming/Zöller § 418 Rn. 2; aA Gaede in Löwe/Rosenberg § 418 Rn. 10; Paeffgen in SK-StPO Rn. 9 und § 418 Rn. 8.
10 Siehe Schlüchter/Fülber/Putzke S. 90.
11 Schlüchter/Fülber/Putzke S. 90.
12 Ebenso BayObLG 3.12.2003 – 2 St RR 114/03, NStZ 2005, 403 (404); OLG Stuttgart 11.8.1998 – 1 Ws 123/98, NJW 1999, 511 (512); OLG Hamburg 19.1.1999 – 2 Ss 161-98, NStZ 1999, 266; Graf in KK-StPO Vor §§ 417 ff. Rn. 4; Loos/Radtke NStZ 1996, 1 (7); Otte in Radtke/Hohmann § 417 Rn. 10; Rosenau in Satzger/Schluckebier/Widmaier StPO § 419 Rn. 15; Zöller in Gercke/Julius/Temming/Zöller § 419 Rn. 4; aA Schmitt in Meyer-Goßner/Schmitt § 419 Rn. 12; Ranft NStZ 2004, 424.
13 So auch Graf in KK-StPO Vor §§ 417 Rn. 4.
14 BayObLG 16.1.1997 – 3 St RR 158/96, BayObLGSt 1997, 15; Graf in KK-StPO Vor §§ 417 ff. Rn. 5; Otte in Radtke/Hohmann Rn. 9; anders wohl OLG Düsseldorf 10.4.1997 – 2 Ss 56/97 – 22/97 II, NStZ 1997, 613.
15 Metzger in KMR-StPO Rn. 12.
16 Vgl. Schlüchter/Fülber/Putzke S. 73 ff.

hindernissen),[17] die an § 419 Abs. 1 S. 1 und 2 ausgerichtete Rechtsfolgenerwartung, eine kurze Dauer des Ermittlungsverfahrens (nicht länger als einige Wochen),[18] die Gewährleistung einer ausreichenden Verteidigungsmöglichkeit (vgl. Nr. 146 Abs. 1 RiStBV)[19] sowie die Prognose, dass Sachverhalt und Beweislage eine sofortige Verhandlung zulassen,[20] was u.a. die sofortige Verfügbarkeit[21] der Beweismittel voraussetzt.

13 Geeignet ist eine Sache zur sofortigen Verhandlung jedenfalls dann, wenn die Hauptverhandlung ohne Unterbrechung zum Abschluss gebracht werden kann.[22] Allerdings führt die Unterbrechung oder gar Aussetzung der Hauptverhandlung nicht zwangsläufig zu einem Ablehnungsbeschluss wegen Ungeeignetheit nach § 419 Abs. 2 S. 1 und einem Übergang ins Normalverfahren nach § 419 Abs. 3 Hs. 1.[23] Seitens der Staatsanwaltschaft ist es bei einer Aussetzung zulässig, in der neuen Verhandlung erneut einen Antrag auf Durchführung eines Beschleunigten Verfahrens zu stellen.[24]

14 Die Prognose, ob eine Hauptverhandlung „sofort oder in kurzer Frist" durchgeführt werden kann (§ 418 Abs. 1), muss hingegen – abgesehen von offenkundigen Fällen – nicht von der Staatsanwaltschaft getroffen werden, weil dies von organisatorischen Umständen und der Geschäftslage abhängt, deren Beurteilung allein dem Gericht möglich ist.[25]

15 **2. Einfacher Sachverhalt oder klare Beweislage.** Einfach gelagert ist ein Sachverhalt, wenn er in tatsächlicher Hinsicht mit Blick auf Schuld- und Rechtsfolgenfragen vom Beschuldigten und den zur Urteilsfindung berufenen Personen[26] leicht zu überschauen und leicht aufklärbar[27] ist.[28] Es gibt keinen Automatismus, der bei einer Vielzahl von Straftaten zur Verneinung eines einfachen Sachverhalts führt.[29]

16 Zweifel an einem einfachen Sachverhalt bestehen in der Regel dann, „wenn Anlass besteht, die Person des Beschuldigten und sein Vorleben genau zu erforschen […]" (Nr. 146 RiStBV), die Schuld- oder Verhandlungsfähigkeit zweifelhaft ist, der Tatvorwurf politisch motivierte Taten betrifft[30] oder eine schwierige Bewährungsprognose[31] zu treffen ist. Ob es sich um einen einfachen Sachverhalt handelt, ist aber auch bei politischen oder ausländerfeindlichen Straftaten immer eine Frage des Einzelfalls.[32]

17 (Prozess-)Rechtliche Schwierigkeiten oder sogar materiell-rechtliche Zweifelsfragen sind für die Beurteilung, ob ein Sachverhalt einfach gelagert ist, in der Regel irrelevant,[33]

---

17 HM, siehe nur Metzger in KMR-StPO Rn. 23; Schlüchter/Fülber/Putzke S. 42.
18 Offengelassen von OLG Stuttgart 11.8.1998 – 1 Ws 123/98, NJW 1999, 511; siehe dazu Metzger in KMR-StPO Rn. 24.
19 KG 30.4.2007 – 4 Ws 39/07, BeckRS 2007, 09313.
20 Metzger in KMR-StPO Rn. 25.
21 Schmitt in Meyer-Goßner/Schmitt Rn. 17.
22 Siehe Zöller in Gercke/Julius/Temming/Zöller Rn. 12.
23 OLG Karlsruhe 25.3.1999 – 3 Ss 244/98, NJW 1999, 3061; Metzger in KMR-StPO § 418 Rn. 18.
24 Siehe OLG Hamburg 25.1.1966 – 2 a Ss 57/65 (2), NJW 1966, 1278; Zöller in Gercke/Julius/Temming/Zöller § 419 Rn. 2 aA wohl Schmitt in Meyer-Goßner/Schmitt § 419 Rn. 9.
25 Zutreffend Metzger in KMR-StPO Rn. 25; aA Schmitt in Meyer-Goßner/Schmitt Rn. 17; Zöller in Gercke/Julius/Temming/Zöller Rn. 12; anders als hier wohl auch Schlüchter/Fülber/Putzke S. 73 ff.; Rosenau in Satzger/Schluckebier/Widmaier StPO Rn. 19.
26 Nicht zuletzt mit Blick auf § 398 Abs. 1 besteht keine Notwendigkeit, dass der Sachverhalt auch für den Nebenkläger überschaubar ist (dazu Putzke, Beschleunigtes Verfahren bei Heranwachsenden, S. 114 Fn. 723).
27 Dazu, dass die Aufklärbarkeit trotz des Merkmals der „klaren Beweislage" schon für die Beurteilung des „einfachen Sachverhalts" relevant ist, siehe Schlüchter/Fülber/Putzke S. 78 f.
28 AllgM, vgl. nur Metzger in KMR-StPO Rn. 16; Schlüchter/Fülber/Putzke S. 78 f.
29 So aber Böttger in Krekeler/Löffelmann/Sommer Rn. 10; wie hier Graf in KK-StPO Rn. 8.
30 Siehe Schünemann NJW 1968, 975; Metzger in KMR-StPO § 417 Rn. 17.
31 Vgl. Metzger in KMR-StPO Rn. 17.
32 Ebenso Graf in KK-StPO Rn. 8.
33 HM, vgl. nur Joecks/Jäger StPO Rn. 3; Graf in KK-StPO Rn. 8; Schmitt in Meyer-Goßner/Schmitt Rn. 15; aA Metzger in KMR-StPO Rn. 17; Zöller in Gercke/Julius/Temming/Zöller Rn. 10; Gaede in Löwe/Rosenberg Rn. 27: „Komplizierte Rechtsfragen können so schon eine leichte Überschaubarkeit des Sachverhalts (…) hindern".

können sich aber auf die Frage der Eignung zur sofortigen Verhandlung auswirken,[34] weil die Rechtsfragen insbesondere für den Angeklagten oder seinen Verteidiger eine längere Vorbereitungszeit erfordern.[35] Die Bejahung der Voraussetzungen von § 140 Abs. 2 bedeutet nicht automatisch, dass die Voraussetzungen zur Verhandlung im Beschleunigten Verfahren zu verneinen sind.[36]

Eine Verständigung nach § 257c kann dazu führen, dass ein anfangs schwieriger Sachverhalt einfach oder eine nicht unklare Beweislage klar wird und die Sache sich dadurch zur sofortigen Verhandlung eignet. 18

Ausgeschlossen ist die Annahme eines einfachen Sachverhalts auch nicht, wenn die Verhängung einer Freiheitsstrafe in Betracht kommt und ggf. die Voraussetzungen von § 47 StGB oder § 56 Abs. 1 StGB zu prüfen sind.[37] 19

Bei der klaren Beweislage handelt es sich um eine eigenständige Voraussetzung, die nicht kumulativ vorliegen muss.[38] Es ist auch keineswegs zwingend, dass sich ein einfacher Sachverhalt bei schwieriger Beweislage oder ein schwieriger Sachverhalt bei klarer Beweislage nicht zur sofortigen Verhandlung eignet – das kommt ganz auf den Einzelfall an. 20

Von einer klaren Beweislage ist auszugehen, wenn genügend und zuverlässige Beweismittel zur Verfügung stehen, die nach pflichtgemäßer Überzeugung des Gerichts einen Schuldspruch rechtfertigen.[39] Ein glaubhaftes Geständnis wird idR zur Klarheit der Beweislage entscheidend beitragen, etwa wenn diese komplexer ist. Eine bestreitende oder teilweise Einlassung führt nicht zwingend zur Verneinung einer klaren Beweislage,[40] ebenso wenig wie die Vermittlung der nötigen Sachkunde durch einen Sachverständigen. Muss das Gericht allerdings noch ein psychiatrisches Sachverständigengutachten zur Beurteilung der Schuldfähigkeit einholen, entfällt idR die Eignung zur sofortigen Verhandlung.[41] Angekündigte Beweisanträge führen nicht zur Verneinung einer klaren Beweislage, wenn genügend und zuverlässige Beweismittel zur Verfügung stehen.[42] 21

IV. Formelle Anwendungsvoraussetzungen

In formeller Hinsicht bedarf es eines Antrags, den die Staatsanwaltschaft stellen muss, wenn die (materiellen) Voraussetzungen von §§ 417 ff. vorliegen (Eignung zur sofortigen Verhandlung aufgrund eines einfachen Sachverhalts oder einer klaren Beweislage und Sanktionsprognose iSv § 419 Abs. 1 S. 2, 3). 22

1. Antrag der Staatsanwaltschaft. Abhängig ist die Durchführung eines Beschleunigten Verfahrens von einem darauf gerichteten Antrag. Antragsberechtigt ist allein die Staatsanwaltschaft, der bei Vorliegen der Voraussetzungen kein Ermessensspielraum zusteht,[43] wohingegen der Beschuldigte oder Verletzte weder ein Initiativ- noch ein Widerspruchsrecht haben.[44] Auch dem Amtsrichter steht kein Initiativrecht zu, es bleibt ihm freilich unbenommen, eine Antragstellung nach § 417 anzuregen.[45] 23

---

[34] Siehe Putzke, Beschleunigtes Verfahren bei Heranwachsenden, S. 115.
[35] Schlüchter/Fülber/Putzke S. 80.
[36] Differenzierend zwischen den einzelnen Var. Gaede in Löwe/Rosenberg Rn. 28.
[37] Siehe Gaede in Löwe/Rosenberg Rn. 29; aA Paeffgen in SK-StPO Rn. 23; dahingehend auch Rosenau in Satzger/Schluckebier/Widmaier StPO Rn. 15.
[38] „In der Regel kumulativ": OLG Stuttgart 11.8.1998 – 1 Ws 123/98, NJW 1999, 511; Meurer GS Zipf, 1999, 483 (488); Schmitt in Meyer-Goßner/Schmitt Rn. 16; Ranft JURA 2003, 382 (383); Zöller in Gercke/Julius/Temming/Zöller Rn. 9; wie hier Fülber, Hauptverhandlungshaft, 2000, S. 54; Böttger in Krekeler/Löffelmann/Sommer Rn. 7; Paeffgen in SK-StPO Rn. 24 und Fn. 90.
[39] Siehe Schlüchter/Fülber/Putzke S. 80; Herzler NJ 2000, 399 (400); Schmitt in Meyer-Goßner/Schmitt Rn. 16.
[40] Ebenso Schmitt in Meyer-Goßner/Schmitt Rn. 16.
[41] So OLG München 9.6.2009 – 5 St RR 128/09, BeckRS 2009, 24232, in einem obiter dictum.
[42] Siehe Böttger in Krekeler/Löffelmann/Sommer Rn. 11; Zöller in Gercke/Julius/Temming/Zöller Rn. 11.
[43] Schlüchter/Fülber/Putzke S. 81.
[44] Siehe Metzger in KMR-StPO Rn. 8; Schlüchter/Fülber/Putzke S. 82 mwN.
[45] Siehe dazu OLG Stuttgart 11.8.1998 – 1 Ws 123/98, NJW 1999, 511.

24 Es handelt sich bei dem Antrag um eine (besondere) Prozessvoraussetzung.[46] Ohne einen Antrag ist ein Beschleunigtes Verfahren unzulässig. Tritt sein Fehlen im Hauptverfahren zutage, kann die Staatsanwaltschaft den Antrag bis zur Urteilsverkündung nachholen, es sei denn, dies bezweckt allein, Verfahrensfehler des Normalverfahrens zu heilen; dann gilt der Eröffnungsbeschluss als Ausschlusszeitpunkt.[47]

25 Stellt die Staatsanwaltschaft keinen Antrag, hat das Gericht (analog[48] § 419 Abs. 3 Hs. 1) zu prüfen, ob die Voraussetzungen zur Eröffnung eines Normalverfahrens vorliegen. Bejahendenfalls ist es nach der Rechtsprechung zulässig, einen versäumten Eröffnungsbeschluss nachzuholen.[49]

26 Hat das Gericht nach den Regeln der §§ 417 ff. verhandelt und ein Urteil gefällt, ohne dass bis zum Beginn der Urteilsverkündung ein entsprechender Antrag gestellt und protokolliert wurde, ist das Verfahren nach § 206a einzustellen.[50] Auch das Zurücknehmen des Antrags bewirkt ein Prozesshindernis.[51]

27 **2. Form und Inhalt.** Zu stellen ist der Antrag nach § 417 „schriftlich oder mündlich". Zur Wirksamkeit des schriftlichen Antrags ist keine Unterschrift erforderlich.[52] „Mündlich" beinhaltet auch die telefonische Antragstellung.[53] Wird der Antrag mündlich gestellt, ist dies aktenkundig zu machen und in der Hauptverhandlung als wesentliche Förmlichkeit zu protokollieren.

28 Gerichtet sein muss der Antrag auf eine sofortige Verhandlung im Beschleunigten Verfahren. Ohne Angabe des Spruchkörpers wird die Sache beim Strafrichter anhängig.[54] Dass der Antrag inhaltlich keinen weiteren Anforderungen genügen muss, bedeutet nicht, dass es zweckdienlich ist davon abzusehen. Insbesondere mit Blick darauf, dass bei der Notwendigkeit einer Ladung des Beschuldigten nach § 418 Abs. 2 S. 1 ihm nach S. 2 mitzuteilen ist, was ihm zur Last gelegt wird, sind entsprechende (Zusatz-)Informationen sinnvoll.[55] Auch wird ohne nähere Informationen kaum eine Eignungsprüfung durch das Gericht möglich sein.[56]

29 Zulässig ist auch, dem Gericht eine Anklageschrift zu übermitteln, die ohne Antrag nach § 199 Abs. 2 S. 1 den in § 200 formulierten Anforderungen entspricht, und gleichzeitig zu beantragen, sie nach den Regeln des Beschleunigten Verfahrens zu verhandeln.[57]

30 Soweit ein Fall von § 418 Abs. 4 vorliegt, ist zugleich die Bestellung eines Pflichtverteidigers zu beantragen, soweit der Beschuldigte noch keinen (Wahl-)Verteidiger hat. Liegen zugleich die Voraussetzungen von § 140 vor, haben diese Vorrang.[58]

31 **3. Zeitpunkt.** Sobald die Ermittlungen abgeschlossen sind und die Staatsanwaltschaft das Vorliegen der Voraussetzungen der §§ 417 ff. bejaht, ist die (schriftliche oder mündliche) Antragstellung zulässig. Hat das zuständige Gericht auf einen entsprechenden Antrag hin

---

[46] Temming in BeckOK StPO Rn. 5.
[47] Schlüchter/Fülber/Putzke S. 86.
[48] Eine Entscheidung nach § 419 Abs. 3 setzt das Vorliegen eines Antrags voraus, weshalb § 419 ohne einen Antrag allein analog anwendbar ist.
[49] BGH 2.11.2005 – 4 StR 418/05, BGHSt 50, 267 (269); ablehnend Putzke/Scheinfeld StrafProzR Rn. 570.
[50] BayObLG 18.12.1997 – 5 St RR 147/96, NJW 1998, 2152; Schmitt in Meyer-Goßner/Schmitt § 419 Rn. 12; aA Metzger in KMR-StPO § 419 Rn. 42: Zurückverweisung, um den Übergang ins Normalverfahren zu ermöglichen.
[51] Fülber/Putzke DRiZ 1999, 196 (201).
[52] Vgl. LG Düsseldorf 18.4.2012 – 10 Qs 82/11, BeckRS 2012, 23121; Metzger in KMR-StPO Rn. 9.
[53] Metzger in KMR-StPO Rn. 9; Rosenau in Satzger/Schluckebier/Widmaier StPO Rn. 10; siehe dazu OLG Stuttgart 19.6.1998 – 1 Ss 331/98, NJW 1998, 3134.
[54] So auch Metzger in KMR-StPO Rn. 10.
[55] Vgl. Schlüchter/Fülber/Putzke S. 83.
[56] Weshalb Gaede in Löwe/Rosenberg § 417 Rn. 11 fordert, dass dem Richter bei der Terminsanberaumung bereits eine Anklageschrift und zusätzlich der Antrag nach § 417 vorliegen müssen.
[57] Siehe OLG Stuttgart 19.6.1998 – 1 Ss 331/98, NJW 1998, 3134; Fülber/Putzke DRiZ 1999, 196 (197).
[58] HM, siehe nur OLG Brandenburg 9.8.2004 – 1 Ss 65/04, NJW 2005, 521; Schmitt in Meyer-Goßner/Schmitt § 418 Rn. 13; Schlüchter/Fülber/Putzke S. 84.

(§ 199 Abs. 2 S. 1) das Hauptverfahren nach § 203 eröffnet, ist bei Vorliegen der Voraussetzungen bis zum Beginn der Urteilsverkündung ein Antrag nach § 417 und ein Übergang ins Beschleunigte Verfahren möglich,[59] den das Gericht nach § 419 Abs. 2 S. 1 ablehnen und im Normalverfahren weiterverhandeln kann, was nach § 419 Abs. 2 S. 2 unanfechtbar ist.

4. Rücknahme. Eine Rücknahme des Antrags ist bis zum Beginn der Urteilsverkündung zulässig.[60] Die Gegenmeinung will diese Befugnis nur bis zum Beginn der Vernehmung des Angeklagten zur Sache gewähren.[61] Dabei verkennt sie, dass einer Rücknahme § 156 nicht entgegensteht (weil eine Regelung wie § 407 Abs. 1 S. 4 fehlt) und für die Antragsrücknahme nicht zuletzt verfahrensökonomische Gründe sowie der Schutz des Angeklagten sprechen.[62] Der zurückgenommene Antrag bewirkt ein Prozesshindernis.[63] Die Rücknahme kann schriftlich, mündlich oder konkludent erfolgen.[64]

Nimmt die Staatsanwaltschaft den Antrag zurück, ist nach § 419 Abs. 2 S. 2 und 3 zu verfahren.[65] Da das Beschleunigte Verfahren auf die erste Instanz beschränkt ist,[66] ist eine Rücknahme des Antrags nicht in der Berufungs- oder Revisionsinstanz möglich.[67]

Soweit die Voraussetzungen zur Antragstellung (wieder) vorliegen, steht die vormalige Rücknahme eines Antrags einer erneuten Antragstellung nach § 417 nicht im Wege,[68] wobei in einem solchen Fall die Eignung zur sofortigen Verhandlung zweifelhaft ist.

5. Zuständigkeit. Für die (gerichtliche) Zuständigkeit gelten die allgemeinen Regeln, es sei denn, ein Bundesland hat von einer (örtlichen) Zuständigkeitskonzentration Gebrauch gemacht.[69]

§ 418 Durchführung der Hauptverhandlung

(1) ¹Stellt die Staatsanwaltschaft den Antrag, so wird die Hauptverhandlung sofort oder in kurzer Frist durchgeführt, ohne daß es einer Entscheidung über die Eröffnung des Hauptverfahrens bedarf. ²Zwischen dem Eingang des Antrags bei

---

[59] So Fülber/Putzke DRiZ 1999, 196 (197 f.); Graf in KK-StPO Rn. 5; Paeffgen in SK-StPO Rn. 17; Rosenau in Satzger/Schluckebier/Widmaier StPO Rn. 12; aA (nur bis zum Eröffnungsbeschluss oder bis zur Vernehmung zur Sache) BayObLG 29.5.1987 – RReg. 5 St 61/87, BayObLGSt 1987, 55 (57), allerdings zur alten Rechtslage und mit überholten Argumenten; Böttger in Krekeler/Löffelmann/Sommer Rn. 5; Gaede in Löwe/Rosenberg Rn. 14; Graf in KK-StPO Rn. 5; Metzger in KMR-StPO Rn. 11; Schmitt in Meyer-Goßner/Schmitt Rn. 12; Paeffgen in SK-StPO Rn. 17; Weiler in HK-GS Rn. 4; Zöller in Gercke/Julius/Temming/Zöller Rn. 7.

[60] AG Bautzen 14.3.2023 – 46 Ds 720 Js 6766/23, BeckRS 2023, 7368 Rn. 6; Böttger in Krekeler/Löffelmann/Sommer Rn. 6; Fülber/Putzke DRiZ 1999, 196; ausführlich Gaede in Löwe/Rosenberg Rn. 21 aE; Graf in KK-StPO Rn. 6; Metzger in KMR-StPO Rn. 32; Otte in Radtke/Hohmann Rn. 13; Paeffgen in SK-StPO Rn. 18; Zöller in Gercke/Julius/Temming/Zöller Rn. 8; dahingehend auch BayObLG 18.12.1997 – 5 St RR 147/96, BayObLGSt 1997, 172 = NJW 1998, 2152: „jedenfalls bis zu jenem Zeitpunkt [...], in dem das Gericht die Entscheidung im beschleunigten Verfahren ablehnen darf".

[61] Joecks/Jäger StPO Rn. 2; Schmitt in Meyer-Goßner/Schmitt Rn. 13; Pfeiffer StPO Rn. 2.

[62] Ausführlich dazu Fülber/Putzke DRiZ 1999, 196 (200).

[63] Fülber/Putzke DRiZ 1999, 196 (201).

[64] Gaede in Löwe/Rosenberg Rn. 23.

[65] Fülber/Putzke DRiZ 1999, 196 (201); Metzger in KMR-StPO Rn. 33; Schlüchter/Fülber/Putzke S. 98; aA Gaede in Löwe/Rosenberg Rn. 7: § 260 Abs. 3; ebenso Otte in Radtke/Hohmann Rn. 10.

[66] BayObLG 3.12.2003 – 2 St RR 114/03, NStZ 2005, 403 (404); OLG Stuttgart 11.8.1998 – 1 Ws 123/98, NJW 1999, 511 (512); OLG Hamburg 19.1.1999 – 2 Ss 161–98, NStZ 1999, 266; Graf in KK-StPO Vor §§ 417 ff. Rn. 4; Loos/Radtke NStZ 1996, 1 (7); Otte in Radtke/Hohmann Rn. 10; Rosenau in Satzger/Schluckebier/Widmaier StPO § 419 Rn. 15; Zöller in Gercke/Julius/Temming/Zöller § 419 Rn. 4; aA Schmitt in Meyer-Goßner/Schmitt § 419 Rn. 12; Ranft NStZ 2004, 424.

[67] Metzger in KMR-StPO Rn. 32.

[68] AA OLG Hamburg 4.3.1964 – 2 Ws 70/64, NJW 1964, 2123; Böttger in Krekeler/Löffelmann/Sommer Rn. 6; Schlüchter/Fülber/Putzke S. 92.

[69] Zu einem speziellen Fall siehe OLG Oldenburg 14.2.2022 – 1 Ss 221/21, BeckRS 2022, 3702.

Gericht und dem Beginn der Hauptverhandlung sollen nicht mehr als sechs Wochen liegen.

(2) ¹Der Beschuldigte wird nur dann geladen, wenn er sich nicht freiwillig zur Hauptverhandlung stellt oder nicht dem Gericht vorgeführt wird. ²Mit der Ladung wird ihm mitgeteilt, was ihm zur Last gelegt wird. ³Die Ladungsfrist beträgt vierundzwanzig Stunden.

(3) ¹Der Einreichung einer Anklageschrift bedarf es nicht. ²Wird eine solche nicht eingereicht, so wird die Anklage bei Beginn der Hauptverhandlung mündlich erhoben und ihr wesentlicher Inhalt in das Sitzungsprotokoll aufgenommen. ³§ 408a gilt entsprechend.

(4) Ist eine Freiheitsstrafe von mindestens sechs Monaten zu erwarten, so wird dem Beschuldigten, der noch keinen Verteidiger hat, für das beschleunigte Verfahren vor dem Amtsgericht ein Verteidiger bestellt.

Übersicht

		Rn.			Rn.
I.	Überblick	1	3.	Terminsladung und Frist (Abs. 2)	10
II.	Erläuterungen	2	4.	Anklage (Abs. 3 S. 2)	16
1.	Rudimentäres Zwischenverfahren (Abs. 1 S. 1 Hs. 2)	3	5.	Wechsel ins Strafbefehlsverfahren (Abs. 3 S. 3)	20
2.	Besonders und einfach Beschleunigtes Verfahren (Abs. 1 S. 1 Hs. 1 und Abs. 1 S. 2)	7	6.	Notwendige Verteidigung (Abs. 4)	24
			III.	Anfechtbarkeit von Entscheidungen	30

I. Überblick

1 § 418 regelt die Durchführung der Hauptverhandlung (Abs. 1 S. 1) und bestimmt eine Maximalfrist, die eingehalten werden soll zwischen Antragstellung und dem Beginn der Hauptverhandlung (Abs. 1 S. 2). In Absatz 2 finden sich Regelungen zur Ladungsfrist, die von der im Normalverfahren geltenden Frist abweicht. Abs. 3 entbindet die Staatsanwaltschaft von der Einreichung einer Anklageschrift (Abs. 3 S. 1) und erlaubt für diesen Fall, die Anklage bei Beginn der Hauptverhandlung mündlich zu erheben, wobei ihr wesentlicher Inhalt zu protokollieren ist (Abs. 3 S. 2). Abs. 3 S. 3 verweist auf § 408a, wodurch der Wechsel ins Strafbefehlsverfahren möglich ist. Abs. 4 sieht bei einer Straferwartung von mindestens sechs Monaten einen Spezialfall zur notwendigen Verteidigung vor.

II. Erläuterungen

2 Durch den Antrag nach § 417 wird § 418 aktiviert, der mehrere Abweichungen zum Normalverfahren regelt.

3 **1. Rudimentäres Zwischenverfahren (Abs. 1 S. 1 Hs. 2).** Abs. 1 S. 1 entbindet das Gericht von der Notwendigkeit, nach § 203 einen Eröffnungsbeschluss zu erlassen (nicht aber, was auf der Hand liegt, von der Eröffnung des Verfahrens, die in der Ladung des Angeschuldigten/Angeklagten zu sehen ist). Ein Eröffnungsbeschluss steht der Durchführung des Beschleunigten Verfahrens aber keineswegs entgegen[1] – es kommt (bei der Eröffnung des Hauptverfahrens) allein an auf die eindeutige Willenserklärung des Gerichts, den Antrag nach § 417 (der in dieser Konstellation den Anforderungen von § 200 entsprechen muss), gemäß den Regeln der §§ 417 ff. zu verhandeln. Ohne eine solche Willensbekundung kann in einem Eröffnungsbeschluss nach §§ 203, 207 konkludent auch ein Ablehnungsbeschluss nach § 419 Abs. 3 Hs. 1 zu erblicken sein.[2]

---
[1] So auch Weiler in HK-GS Rn. 3.
[2] Siehe Rosenau in Satzger/Schluckebier/Widmaier StPO § 419 Rn. 9.

Wegen der Regelung des Abs. 1 S. 1 und weil kein Eröffnungsbeschlusses nötig **4**
ist, entfällt zugleich das Zwischenverfahren, weshalb die §§ 201, 202 nicht anwendbar
sind.[3] Der Wegfall der Eröffnungsentscheidung entbindet das Gericht aber nicht, von
Amts wegen zu prüfen, ob hinreichender Tatverdacht und die allgemeinen (zB gerichtliche Zuständigkeit,[4] Strafantrag oder besonderes öffentliches Interesse an der Strafverfolgung, keine Verfolgungsverjährung, kein Strafklageverbrauch oder anderweitige Rechtshängigkeit)[5] und besonderen (zB Antrag nach § 417) Prozessvoraussetzungen vorliegen.[6]
Fehlt das eine oder andere, ist nach § 419 Abs. 2 S. 1 zu verfahren und der Antrag abzulehnen.

Weil § 257c auch im Beschleunigten Verfahren gilt, wäre es sinnwidrig, etwa zwischen **5**
Antragstellung und Beginn der Hauptverhandlung auf eine Erörterung des Verfahrensstands
mit den Verfahrensbeteiligten, wie dies § 202a vorsieht, zu verzichten. Eine Regelung dazu
ist freilich nicht vorhanden, da es sich bei den §§ 202a, 212 um Regelungen handelt, die
zum Zwischenverfahren gehören bzw. einen Eröffnungsbeschluss voraussetzen. Der Gesetzgeber hat diese Konstellation offensichtlich übersehen, weshalb es sich um eine planwidrige
Regelungslücke handelt und die §§ 202a, 212 wegen gleichartiger Interessenlage im
Beschleunigten Verfahren entsprechend anwendbar sind. In der Hauptverhandlung ist der
Vorsitzende sowohl verpflichtet, Erörterungen nach §§ 202a, 212 mitzuteilen (§ 243 Abs. 4),
als auch gehalten, eine „Negativmitteilung" abzugeben (also die Mitteilung, dass Erörterungen
bislang nicht stattgefunden haben).[7]

Stellt der Staatsanwalt einen Antrag nach § 417, der den Anforderungen der §§ 199, **6**
200 entspricht, tritt Rechtshängigkeit ein, wenn der Richter den Termin anberaumt.[8] Mit
der Anberaumung des Termins wird das Gericht zugleich zum erkennenden.[9] Bekundet das
Gericht dann doch auch ohne Eröffnungsbeschluss, die Sache im Beschleunigten Verfahren
verhandeln zu wollen. Wird der Antrag hingegen nicht mit der Anklage verbunden, entspricht er also nicht den Anforderungen der §§ 199, 200, tritt die Rechtshängigkeit erst
mit Anklageerhebung ein (was nach § 418 Abs. 3 S. 2 spätestens mündlich zu Beginn der
Hauptverhandlung zu erfolgen hat).[10] Die Staatsanwaltschaft ist befugt, die Anklage (anders
als den bis zum Beginn der Urteilsverkündung rücknehmbaren Antrag; → § 417 Rn. 32)
bis zum Eintritt der Rechtshängigkeit zurückzuziehen (vgl. § 156). Ähnlich wie bei § 411
Abs. 3 S. 1 ist die Rechtshängigkeit auflösend bedingt und entfällt mit einem Beschluss
nach § 419 Abs. 2, wenn das Gericht nicht zugleich nach § 419 Abs. 3 Hs. 1 die Eröffnung
des Hauptverfahrens beschließt.[11]

2. Besonders und einfach Beschleunigtes Verfahren (Abs. 1 S. 1 Hs. 1 und **7**
Abs. 1 S. 2). Eignet sich die Sache zur sofortigen Verhandlung, hat das Gericht die Hauptverhandlung nach Abs. 1 „sofort oder in kurzer Frist" durchzuführen. Nicht zuletzt aus
Abs. 1 S. 2 wird deutlich, dass die Vorgaben sich nicht auf die Dauer der Hauptverhandlung
beziehen, sondern auf den Zeitraum zwischen Antragstellung und Beginn der Hauptverhandlung.

Eine Hauptverhandlung findet „sofort" statt, wenn sie unmittelbar nach Antragstellung **8**
oder jedenfalls innerhalb der Wochenfrist von § 127b Abs. 2 durchgeführt wird („besonders
Beschleunigtes Verfahren").[12]

---

[3] Graf in KK-StPO Rn. 2.
[4] Bezüglich der örtlichen Zuständigkeit gilt § 16, einschließlich der Präklusionsvorschrift des § 16 S. 3.
[5] Siehe dazu Putzke/Scheinfeld StrafProzR Rn. 90 ff.
[6] HM, siehe nur Graf in KK-StPO Rn. 2, 3; Schmitt in Meyer-Goßner/Schmitt Rn. 3.
[7] Ritscher in BeckOK StPO § 212 Rn. 1.
[8] Fülber/Putzke DRiZ 1999, 195 (199); dahingehend auch Paeffgen in SK-StPO Rn. 12.
[9] Vgl. OLG Hamburg 4.3.1964 – 2 Ws 70/64, NJW 1964, 2123.
[10] Siehe zu diesen unterschiedlichen Zeitpunkten der Rechtshängigkeit Fülber/Putzke DRiZ 1999, 195 (199); aA (Vernehmung des Angeklagten zur Sache) Graf in KK-StPO Rn. 4; Joecks/Jäger StPO Rn. 2; Schmitt in Meyer-Goßner/Schmitt Rn. 4; Weiler in HK-GS Rn. 4; Zöller in Gercke/Julius/Temming/Zöller Rn. 3.
[11] Siehe Graf in KK-StPO Rn. 4.
[12] Siehe dazu Putzke, Beschleunigtes Verfahren bei Heranwachsenden, 2004, S. 15 ff.

9 „In kurzer Frist" bedeutet, dass die Hauptverhandlung nach Antragstellung innerhalb von sechs[13] Wochen stattfinden muss (Abs. 1 S. 2), wobei diese Frist nur ausnahmsweise ausgeschöpft werden sollte,[14] vielmehr zwei Wochen als Zeitspanne als Orientierungsmaßstab gelten („einfach beschleunigtes Verfahren").[15] Die Frist erstreckt sich auch auf die Dauer der Hauptverhandlung – diese muss ab Antragstellung innerhalb der 6-Wochenfrist abgeschlossen werden.[16] Da es sich bei Abs. 1 S. 2 um eine Sollvorschrift handelt, sind geringfügige Überschreitungen vertretbar.[17]

10 **3. Terminsladung und Frist (Abs. 2).** Wird der Angeschuldigte/Angeklagte dem Gericht vorgeführt oder stellt er sich freiwillig, ist es nicht notwendig, ihn zu laden (Abs. 2 S. 1). Das Verfahren kann „sofort" durchgeführt werden, soweit die Rechte des Beschuldigten aus Art. 6 Abs. 3 lit. b EMRK gewahrt sind. In allen übrigen Fällen ist eine förmliche Ladung erforderlich, die den Anforderungen von §§ 214, 216 und 218 genügen muss. Zuständig für die Ladung ist allein der Vorsitzende des zuständigen Gerichts (§§ 213, 214 Abs. 1 S. 1), nicht etwa die Polizei – „Polizeiladungen" sind *de lege lata* rechtswidrig.[18]

11 Mit der Ladung ist der Tatvorwurf mitzuteilen. Das kann durch Übersendung der Anklageschrift geschehen, soweit die Staatsanwaltschaft eine solche eingereicht hat (etwa durch einen Antrag, der den Anforderungen der §§ 199, 200 entspricht).

12 Die Angabe von Beweismitteln gehört nach Abs. 2 S. 2 zwar nicht zum notwendigen Inhalt der Ladung,[19] ist aber gleichwohl nötig, weil der Angeschuldigte/Angeklagte sonst nicht in der Lage ist, seine Verteidigung angemessen vorzubereiten.[20]

13 Abs. 2 S. 3 beziffert die Ladungsfrist auf 24 Stunden, beginnend mit der Stunde der Zustellung.[21] Das ist zwar möglicherweise verfassungsgemäß,[22] entspricht aber kaum den Anforderungen von Art. 6 Abs. 3 lit. b EMRK und Art. 14 Abs. 3 lit. b IPbpR.[23] Eine Ladungsfrist von mindestens drei Tagen ist angemessen und ausreichend,[24] worauf der Beschuldigte selbstverständlich verzichten kann (§ 217 Abs. 3).[25] Der Gesetzgeber hat die Probleme gesehen und geht davon aus, dass die Ladungsfrist ggf. angemessen zu verlängern ist, wenn der Beschuldigte einer längeren Vorbereitungszeit für seine Verteidigung bedarf.[26] Wird selbst die 24-stündige Ladungsfrist nicht eingehalten, gilt § 217 Abs. 2.[27]

---

[13] Dass der Gesetzgeber bei einer sechs Wochen nach Antragstellung stattfindenden Hauptverhandlung noch von einer „sofortigen Verhandlung" ausgeht, ist sowohl ein semantisches Kunststück als auch eine besondere Fehlleistung (siehe dazu auch Paeffgen in SK-StPO Rn. 16).

[14] Nobis in MAH Strafverteidigung § 10 Rn. 153.

[15] Vgl. BT-Drs. 12/6853, 36; so zur alten Rechtslage (also vor Inkrafttreten von Abs. 1 S. 2, der durch das 1. JuMoG (Gesetz vom 24.8.2004, BGBl. I 2198) im Jahr 2004 geschaffen wurde) schon OLG Stuttgart 11.8.1998 – 1 Ws 123/98, NJW 1999, 511 („nicht wesentlich mehr als zwei Wochen"); AG Erfurt 29.10.1999 – 46 Ds 970 Js 33403/99, NStZ-RR 2000, 46 (47); dahingehend etwa auch Schmitt in Meyer-Goßner/Schmitt Rn. 5.

[16] Gaede in Löwe/Rosenberg Rn. 18, 20 (Achtwochenfrist); Metzger in KMR-StPO Rn. 18; Otte in Radtke/Hohmann Rn. 6; dahingehend auch Temming in BeckOK StPO Rn. 1.

[17] Weiler in HK-GS Rn. 2.

[18] Siehe dazu Paeffgen in SK-StPO Rn. 13; Zöller in Gercke/Julius/Temming/Zöller Rn. 6.

[19] AA Graf in KK-StPO Rn. 7; Metzger in KMR-StPO Rn. 23; so auch noch Schlüchter/Fülber/Putzke S. 87 („nicht vorgeschrieben, jedoch empfehlenswert").

[20] Wie hier Pfeiffer Rn. 3.

[21] Schmitt in Meyer-Goßner/Schmitt Rn. 8; Rosenau in Satzger/Schluckebier/Widmaier StPO Rn. 8.

[22] Vgl. BVerfG 19.3.2013 – 2 BvR 2628/10, 2 BvR 2883/10, 2 BvR 2155/11, NJW 2013, 1058 (1068).

[23] Dass unter diesem Gesichtspunkt die Durchführung des Beschleunigten Verfahrens im unmittelbaren zeitlichen Zusammenhang mit einer möglichen Tatbegehung und unverzüglich erfolgender Verhaftung (§ 127b Abs. 1), Vorführung, Verhandlung und Verurteilung größten Bedenken unterliegen, liegt auf der Hand.

[24] Siehe hierzu auch Putzke, Beschleunigtes Verfahren bei Heranwachsenden, 2004, S. 21; ebenso Gaede in Löwe/Rosenberg Rn. 23; Metzger in KMR-StPO Rn. 22; zurückhaltender Graf in KK-StPO Rn. 7 (Frist könne sich „im Einzelfall […] als unzureichend erweisen"); dagegen Otte in Radtke/Hohmann Rn. 8.

[25] Metzger in KMR-StPO Rn. 21.

[26] BT-Drs. 12/6853, 36.

[27] Paeffgen in SK-StPO Rn. 17.

Hinsichtlich der Ladung eines Wahl- oder Pflichtverteidigers (Abs. 4) gelten dieselben **14** Regelungen wie im Normalverfahren: Nach § 218 S. 1 ist ein Pflichtverteidiger stets, ein Wahlverteidiger nur dann zu laden, wenn er seine Wahl dem Gericht angezeigt hat. Auch für den oder die Verteidiger gilt die 24-stündige Ladungsfrist.[28]

Erscheint der Angeschuldigte/Angeklagte unentschuldigt nicht zur Hauptverhandlung, **15** ist seine sofortige Vorführung nach § 230 Abs. 2 zu veranlassen, soweit zu erwarten ist, dass dies zum Erfolg führt und die Verhandlung am selben Tag stattfinden kann. Der Erlass eines Haftbefehls nach § 230 Abs. 2 kommt im Beschleunigten Verfahren idR nicht in Betracht, weil dadurch die Eignung zur Verhandlung im Beschleunigten Verfahren entfallen dürfte.[29] Dem Gericht steht es aber frei, einen Haftbefehl nach § 230 Abs. 2 zu erlassen, gleichzeitig nach § 419 Abs. 3 Hs. 1 ins Normalverfahren überzugehen und die Hauptverhandlung zu unterbrechen oder auszusetzen.[30]

4. Anklage (Abs. 3 S. 2). Ohne Anklage ist die Durchführung eines Beschleunigten **16** Verfahrens nicht möglich.[31] Deren Fehlen oder Unwirksamkeit[32] führt zu einem Verfahrenshindernis, weshalb das Verfahren idR nach § 206a einzustellen ist.[33] Das gilt auch, wenn aus dem Sitzungsprotokoll weder die Erhebung einer mündlichen Anklage noch deren wesentlicher Inhalt ersichtlich ist, wobei genügt, wenn die schriftliche Fassung der mündlich erhobenen Anklage als Anlage zum Protokoll genommen wird und im Protokoll wegen des Inhalts der erhobenen Anklage auf diese Anlage verwiesen wird.[34] Liegt eine schriftliche Anklageschrift vor und unterbleibt lediglich die Verlesung des Anklagesatzes, liegt idR zwar ein Verfahrensfehler vor, auf dem das Urteil aber nicht beruhen dürfte.[35] Auch die Verlesung eines Haftbefehls genügt nicht dem Erfordernis einer mündlichen Anklageerhebung.[36]

Abs. 3 S. 1 befreit aber von der Einreichung einer Anklageschrift. Nichtsdestoweniger **17** enthält Nr. 146 RiStBV die an die Staatsanwaltschaft gerichtete Vorgabe („soll"), die Anklage nach Möglichkeit schriftlich niederzulegen, sie in der Hauptverhandlung zu verlesen (§ 243 Abs. 3 S. 1)[37] und dem Gericht einen Abdruck als Anlage für die Niederschrift zu übergeben.

Ohne schriftliche Anklage ist diese gemäß Abs. 3 S. 2 bei Beginn der Hauptverhandlung **18** mündlich zu erheben, wobei die Angaben den Anforderungen von § 200 Abs. 1 S. 1 entsprechen müssen.[38] Erst dadurch tritt Verjährungsunterbrechung nach § 78c Abs. 1 Nr. 6 StGB ein.[39] Ihr wesentlicher Inhalt ist entweder ins Sitzungsprotokoll aufzunehmen oder eine schriftliche Fassung der mündlich erhobenen Anklage als Anlage zu Protokoll zu nehmen und im Protokoll wegen des Inhalts der erhobenen Anklage auf diese Anlage zu verweisen.[40]

Bei einem der deutschen Sprache nur ungenügend mächtigen Angeklagten genügt es **19** nicht, die mündlich bei Beginn der Hauptverhandlung erhobene Anklage (simultan) zu

---

[28] Schlüchter/Fülber/Putzke S. 96 mwN.
[29] So OLG Hamburg 21.7.1982 – 2 Ws 204/82, NStZ 1983, 40; Nobis in MAH Strafverteidigung § 10 Rn. 171.
[30] Die Entscheidung des OLG Hamburg (21.7.1982 – 2 Ws 204/82, NStZ 1983, 40) steht dem nicht entgegen, weil diese sich auf die alte Rechtslage bezieht, bei der § 212b StPO aF keinen Übergang ins Normalverfahren vorsah, vielmehr nach § 212b Abs. 3 StPO aF die Einreichung einer neuen Anklageschrift erforderlich war.
[31] OLG Köln 17.9.2002 – Ss 398/02, NStZ-RR 2003, 17 (18).
[32] Was etwa der Fall ist, wenn die Anklage den gesetzlichen Mindestanforderungen an die Bestimmung des Verfahrensgegenstandes in so krasser Weise nicht entspricht, dass dieser nicht unverwechselbar feststeht (vgl. OLG Köln 17.9.2002 – Ss 398/02, NStZ-RR 2003, 17 (18)).
[33] OLG Hamburg 18.8.2011 – 3-16/11 (Rev), NJW 2012, 631.
[34] OLG Hamburg 18.8.2011 – 3-16/11 (Rev), NJW 2012, 631 (632).
[35] Siehe OLG Köln 17.9.2002 – Ss 398/02, NStZ-RR 2003, 17 (18).
[36] OLG Frankfurt a. M. 14.1.2000 – 1 Ss 354/99, BeckRS 2000, 10527.
[37] Siehe Schlüchter/Fülber/Putzke S. 87.
[38] Siehe OLG Hamburg 3.11.1999 – 2 Ss 117/99, BeckRS 1999, 17055.
[39] Metzger in KMR-StPO Rn. 24.
[40] OLG Hamburg 18.8.2011 – 3-16/11 (Rev), NJW 2012, 631.

übersetzen. Vielmehr muss die Übersetzung der Anklageschrift dem Beschuldigten in der Regel vor der Hauptverhandlung übermittelt werden.[41]

20   **5. Wechsel ins Strafbefehlsverfahren (Abs. 3 S. 3).** Bei Abs. 3 S. 3, der § 408a für entsprechend anwendbar erklärt, handelt es sich um eine Ergänzung, geschaffen durch das 1. JuMoG[42] und in Kraft getreten zum 1.9.2004. Der Verweis verschafft der Staatsanwaltschaft die Befugnis, einen Strafbefehlsantrag zu stellen, „wenn die Voraussetzungen des § 407 Abs. 1 Satz 1 und 2 vorliegen und wenn der Durchführung einer Hauptverhandlung das Ausbleiben oder die Abwesenheit des Angeklagten oder ein anderer wichtiger Grund entgegensteht" (§ 408a Abs. 1 S. 1).

21   Anwendbar ist § 408a ab Antragstellung, nicht erst nach Beginn der Hauptverhandlung.[43] Das entspricht dem Willen des Gesetzgebers, der die Möglichkeit des § 408a, einen Strafbefehl zu erlassen, auf das Beschleunigte Verfahren erweitern wollte, wobei er explizit darauf hingewiesen hat, dass dies „innerhalb oder außerhalb der Hauptverhandlung" geschehen könne.[44]

22   Der Gesetzgeber beabsichtigte durch die Ergänzung von § 418 Abs. 3 mit dem Verweis auf § 408a allerdings nicht, die Möglichkeit abzuschaffen, dass die Staatsanwaltschaft ihren Antrag auf Entscheidung im Beschleunigten Verfahren zurücknimmt und anschließend – außerhalb der Hauptverhandlung – einen Strafbefehlsantrag stellt, vielmehr dient die Ergänzung um § 408a allein dazu, „der Staatsanwaltschaft und dem Gericht eine zusätzliche Reaktionsmöglichkeit" zu eröffnen.[45]

23   Stellt die Staatsanwaltschaft einen Strafbefehlsantrag nach § 408a Abs. 1 iVm § 418 Abs. 3 S. 3, hat der Richter dem Antrag nach § 408a Abs. 2 S. 1 zu entsprechen, wenn dem Erlass des Strafbefehls nach § 408 Abs. 3 S. 1 keine Bedenken entgegenstehen.

24   **6. Notwendige Verteidigung (Abs. 4).** Abs. 4 regelt einen Spezialfall der notwendigen Verteidigung.[46] § 140 bleibt davon unberührt;[47] Bestellungen nach § 140 haben Vorrang.[48] Im Beschleunigten Verfahren ist die Mitwirkung eines Verteidigers für den von den Rechtsfolgen her stärker belasteten Beschuldigten gerade im Hinblick auf die geminderten Beweisanforderungen zur besseren Sicherung seiner Verteidigungsmöglichkeiten im Verfahren angelegt.[49]

25   Die Bestellung eines Verteidigers ist notwendig, wenn der noch nicht verteidigte Beschuldigte eine Freiheitsstrafe von mindestens sechs Monaten zu erwarten hat. Dabei spielt keine Rolle, ob es sich um eine Einzel- oder Gesamtfreiheitsstrafe handelt und diese unbedingt verhängt oder zur Bewährung ausgesetzt wird.[50] Droht dem Angeklagten bei einem Schuldspruch der Widerruf der in einem anderen Verfahren beschlossenen Strafaussetzung zur Bewährung, ist keine Zusammenrechnung angezeigt.[51]

26   Die Notwendigkeit der Bestellung besteht im Ermittlungsverfahren ab dem Moment, in dem die Staatsanwaltschaft eine Antragstellung im Beschleunigten Verfahren plant und die Strafprognose mindestens 6 Monate beträgt. Stellt sich die Erwartung erst in der Haupt-

---

[41] Zutreffend OLG Hamm 27.11.2003 – 11 Ss 626/03, StV 2004, 346; Paeffgen in SK-StPO Rn. 19; aA OLG Stuttgart 31.1.2005 – 4 Ss 589/04, NStZ 2005, 471.
[42] Gesetz vom 24.8.2004 (BGBl. I 2198).
[43] Vgl. Metzger in KMR-StPO Rn. 12.
[44] Vgl. BT-Drs. 15/1508, 27.
[45] BT-Drs. 15/1508, 28; siehe dazu auch Graf in KK-StPO Rn. 9a.
[46] Willnow in KK-StPO § 140 Rn. 2; Schlüchter/Fülber/Putzke S. 83; Zöller in Gercke/Julius/Temming/Zöller Rn. 9.
[47] KG 14.3.2002 – 1 AR 163/02, BeckRS 2002, 16295; Graf in KK-StPO Rn. 16.
[48] So Böttger in Krekeler/Löffelmann/Sommer Rn. 6; Metzger in KMR-StPO Rn. 38. Dass § 140 Abs. 1 Nr. 4 ausgerechnet Fälle von § 127b ausnimmt, ist unverständlich (siehe dazu auch Paeffgen in SK-StPO Rn. 26).
[49] BayObLG 12.2.1998 – 3St RR 7/98, BayObLGSt 1998, 10 = NStZ 1998, 372; siehe dazu auch AG Bautzen 14.3.2023 – 46 Ds 720 Js 6766/23, BeckRS 2023, 7368.
[50] Siehe Graf in KK-StPO Rn. 11.
[51] KG 14.3.2002 – 1 AR 163/02, BeckRS 2002, 16295.

verhandlung heraus, ist spätestens zu diesem Zeitpunkt, unabhängig von einem Antrag der Staatsanwaltschaft,[52] von Amts wegen nach Abs. 4 zu verfahren oder die Entscheidung im beschleunigten Verfahren abzulehnen.[53]

Zu bestellen ist ein Verteidiger bei einem unverteidigten Angeklagten auch dann noch, wenn sich bei der Urteilsberatung zeigt, dass eine Strafe von mindestens sechs Monaten in Betracht kommt.[54] In diesem Fall sind in Anwesenheit des beigeordneten Pflichtverteidigers alle wesentlichen Teile der Hauptverhandlung zu wiederholen.[55] **27**

Die Beiordnung folgt den Regeln des Normalverfahrens, soweit sie dem Beschleunigungseffekt nicht entgegenstehen. Bei der Auswahl gilt § 142, wobei dem Beschuldigten auch Gelegenheit zur Stellungnahme zu geben ist.[56] **28**

Die Beiordnung endet, wenn ein Beschluss nach § 419 Abs. 2 S. 1 ergangen ist, wobei für das Normalverfahren, zur Vermeidung von Wertungswidersprüchen,[57] eine (erneute) Bestellung nach § 140 Abs. 2 (oder Umwandlung) in Betracht zu ziehen ist.[58] Im Berufungs- oder Revisionsverfahren gilt § 418 Abs. 4 nicht.[59] **29**

III. Anfechtbarkeit von Entscheidungen

Weder die Antragstellung der Staatsanwaltschaft nach § 417 noch die Terminierung durch das Gericht ist mit der Beschwerde anfechtbar.[60] **30**

Überschreitet das Gericht nicht nur unerheblich die in § 418 Abs. 1 S. 2 normierte 6-Wochenfrist, liegt darin eine Gesetzesverletzung, die mit der Verfahrensrüge beanstandet werden kann.[61] Ist allerdings auszuschließen, dass im Normalverfahren ein Urteil anderen Inhalts ergangen wäre, beruht das Urteil nicht auf der Gesetzesverletzung, es sei denn, der Beschwerdeführer kann etwa geltend machen, dass das AG von den Beweiserleichterungen des § 420 Gebrauch gemacht hat, was der Fall wäre, wenn es einen Beweisantrag nach § 420 Abs. 4 abgelehnt hat.[62] **31**

Weder die Bestellung eines Pflichtverteidigers noch die Auswahlentscheidung sind (entsprechend § 305 S. 1 oder mangels Beschwer) mit der Beschwerde anfechtbar.[63] Verhandelt das Gericht unter Verletzung von § 418 Abs. 4 ohne einen Verteidiger (also in seiner Abwesenheit bei einem wesentlichen Teil der Hauptverhandlung),[64] beruht das Urteil nach § 338 Nr. 5 auf dieser Gesetzesverletzung.[65] Bei einer Sprungrevision hat das OLG das Urteil aufzuheben und die Sache nach § 354 Abs. 2 zur erneuten Verhandlung an das AG zurückzuverweisen.[66] Bei einer Berufung verhandelt die Kleine Strafkammer die Sache neu (§ 328 **32**

---

[52] BayObLG 12.2.1998 – 3St RR 7/98, BayObLGSt 1998, 10 = NStZ 1998, 372.
[53] OLG Hamburg 22.8.2003 – 3 Ss 492/03, BeckRS 2003, 30326407.
[54] BayObLG 12.2.1998 – 3St RR 7/98, BayObLGSt 1998, 10 = NStZ 1998, 372; KK-StPO Rn. 11.
[55] Siehe Zöller in Gercke/Julius/Temming/Zöller Rn. 11 mwN.
[56] Zutreffend zur neuen Rechtslage LG Dessau-Roßlau 21.8.2020 – 3 Qs 117/20 Rn. 11StRR 2020, 19.
[57] Siehe Graf in KK-StPO Rn. 14.
[58] Vgl. Loos/Radtke NStZ 1996, 7 (11); Schmitt in Meyer-Goßner/Schmitt Rn. 15.
[59] Metzger in KMR-StPO Rn. 36; Gaede in Löwe/Rosenberg Rn. 53; Weiler in HK-GS Rn. 12; Zöller in Gercke/Julius/Temming/Zöller Rn. 12; aA Schmitt in Meyer-Goßner/Schmitt Rn. 15 (auf Basis der (nicht überzeugenden) Annahme, dass auch das Berufungsverfahren den Regeln des Beschleunigten Verfahrens unterliegt); in diesem Sinne auch Joecks/Jäger StPO Rn. 9.
[60] Rosenau in Satzger/Schluckebier/Widmaier StPO Rn. 19; Temming in BeckOK StPO Rn. 5.
[61] Siehe OLG Stuttgart 11.8.1998 – 1 Ws 123/98, NJW 1999, 511; Otte in Radtke/Hohmann Rn. 6; aA Metzger in KMR-StPO Rn. 17 („Überschreitung begründet kein Rechtsmittel").
[62] OLG Stuttgart 10.7.2002 – 4 Ss 172/02, NStZ-RR 2002, 339 (340); Rosenau in Satzger/Schluckebier/Widmaier StPO § 419 Rn. 20.
[63] Ebenso Graf in KK-StPO Rn. 17; Schmitt in Meyer-Goßner/Schmitt Rn. 16; Pfeiffer StPO Rn. 4; Rosenau in Satzger/Schluckebier/Widmaier StPO Rn. 18; Zöller in Gercke/Julius/Temming/Zöller Rn. 14; aA Ernst StV 2001, 367 (370); Gaede in Löwe/Rosenberg Rn. 54; Metzger in KMR-StPO Rn. 37; Paeffgen in SK-StPO Rn. 31.
[64] Schmitt in Meyer-Goßner/Schmitt Rn. 18.
[65] HM, siehe nur BayObLG 12.2.1998 – 3St RR 7/98, BayObLGSt 1998, 10 = NStZ 1998, 372; OLG Karlsruhe 25.3.1999 – 3 Ss 244/98, NJW 1999, 3061; Graf in KK-StPO Rn. 18 mwN.
[66] Schmitt in Meyer-Goßner/Schmitt Rn. 17.

Abs. 1) – dann allerdings liegt kein Fall einer notwendigen Verteidigung nach § 418 Abs. 4 mehr vor, weil die Regeln des Beschleunigten Verfahrens allein beim Amtsgericht gelten (dazu → Rn. 29).[67]

§ 419 Entscheidung des Gerichts; Strafmaß

(1) ¹Der Strafrichter oder das Schöffengericht hat dem Antrag zu entsprechen, wenn sich die Sache zur Verhandlung in diesem Verfahren eignet. ²Eine höhere Freiheitsstrafe als Freiheitsstrafe von einem Jahr oder eine Maßregel der Besserung und Sicherung darf in diesem Verfahren nicht verhängt werden. ³Die Entziehung der Fahrerlaubnis ist zulässig.

(2) ¹Die Entscheidung im beschleunigten Verfahren kann auch in der Hauptverhandlung bis zur Verkündung des Urteils abgelehnt werden. ²Der Beschluß ist nicht anfechtbar.

(3) Wird die Entscheidung im beschleunigten Verfahren abgelehnt, so beschließt das Gericht die Eröffnung des Hauptverfahrens, wenn der Angeschuldigte einer Straftat hinreichend verdächtig erscheint (§ 203); wird nicht eröffnet und die Entscheidung im beschleunigten Verfahren abgelehnt, so kann von der Einreichung einer neuen Anklageschrift abgesehen werden.

Übersicht

		Rn.			Rn.
I.	Überblick	1	4.	Weiteres Verfahren nach ergangenem Ablehnungsbeschluss (Abs. 3)	14
II.	Erläuterungen	2		a) Eröffnung des Normalverfahren	14
1.	Bejahung der Eignung (Abs. 1 S. 1)	2		b) Nichteröffnung des Normalverfahrens	17
2.	Rechtsfolgenspektrum (Abs. 1 S. 2)	6	III.	Anfechtbarkeit von Entscheidungen	19
3.	Ablehnungsbeschluss (Abs. 2)	10			

I. Überblick

1 § 419 regelt die materielle Prüfungskompetenz in Form der Eignungsprüfung (Abs. 1 S. 1), die zur Verfügung stehenden Rechtsfolgen (Abs. 1 S. 2 und 3) sowie das Spektrum hinsichtlich des Vorgehens bei einer ablehnenden Entscheidung (Abs. 2 und 3).

II. Erläuterungen

2 **1. Bejahung der Eignung (Abs. 1 S. 1).** Eignet sich die Sache zur Verhandlung im Beschleunigten Verfahren, hat das Gericht dem Antrag der Staatsanwaltschaft zu entsprechen. Insoweit besteht kein Ermessensspielraum.[1]

3 Die Eignungsprüfung entspricht derjenigen, die auch schon von der Staatsanwaltschaft im Zusammenhang mit der Antragstellung vorzunehmen ist (insoweit gilt das bei § 417 Gesagte, → § 417 Rn. 11 ff.). Insoweit steht dem Gericht – wie der Staatsanwaltschaft – ein Beurteilungsspielraum zu.[2]

4 Zur Eignungsprüfung gehört die Bejahung des hinreichenden Tatverdachts nebst den allgemeinen Prozessvoraussetzungen (zB das Fehlen von Verfahrenshindernissen),[3] die an Abs. 1 S. 1 und 2 ausgerichtete Rechtsfolgenerwartung, eine kurze Dauer des Ermittlungsverfahrens (nicht länger als einige Wochen),[4] die Gewährleistung einer ausreichenden Vertei-

---

[67] Wie hier Gaede in Löwe/Rosenberg Rn. 59; konsequent aA Schmitt in Meyer-Goßner/Schmitt Rn. 17.
[1] Graf in KK-StPO Rn. 2; Rosenau in Satzger/Schluckebier/Widmaier StPO Rn. 2.
[2] Weiler in HK-GS Rn. 1.
[3] HM, siehe nur Metzger in KMR-StPO § 417 Rn. 23; Schlüchter/Fülber/Putzke S. 42.
[4] Offengelassen von OLG Stuttgart 11.8.1998 – 1 Ws 123/98, NJW 1999, 511; siehe dazu Metzger in KMR-StPO § 417 Rn. 24.

digungsmöglichkeit (vgl. Nr. 146 Abs. 1 RiStBV)[5] sowie die Prognose, dass Sachverhalt und Beweislage eine sofortige Verhandlung zulassen,[6] was u.a. die sofortige Verfügbarkeit[7] der Beweismittel voraussetzt. Zudem ist zu prüfen, ob sich die Sache zur sofortigen Verhandlung aufgrund einfachen Sachverhalts oder klarer Beweislage eignet.

Anders als die Staatsanwaltschaft (→ § 417 Rn. 14) muss das Gericht auch prüfen, ob 5 eine Hauptverhandlung „sofort oder in kurzer Frist" durchgeführt werden kann (§ 418 Abs. 1), was auch von organisatorischen Umständen und der Geschäftslage abhängt.[8]

2. Rechtsfolgenspektrum (Abs. 1 S. 2). Rechtsfolgen, wozu Abs. 1 S. 2 keine 6 Beschränkungen enthält, sind erlaubt. Zu den möglichen Rechtsfolgen zählen: unbedingte oder nach § 56 Abs. 1 StGB zur Bewährung ausgesetzte Freiheitsstrafe von bis zu einem Jahr, Geldstrafe gem. § 40 Abs. 1 StGB (zur Begrenzung → Rn. 9), Verwarnung mit Strafvorbehalt nach § 59 StGB und Absehen von Strafe nach § 60 StGB,[9] Fahrverbot gem. § 44 StGB, Nebenfolgen (zB die Einziehung nach §§ 73 ff. StGB)[10] oder Geldbußen nach dem OWiG. Als Maßregel der Besserung und Sicherung ist allein die Entziehung der Fahrerlaubnis (§ 419 Abs. 1 S. 3) erlaubt, wobei das Beschleunigte Verfahren nicht geeignet ist, eine lebenslange Sperre zu verhängen (wiewohl es keine Beschränkung wie bei § 407 Abs. 2 S. 1 Nr. 2 gibt).[11] Unzulässig ist nach § 419 Abs. 1 S. 2 die Verhängung anderer Maßregeln.

Bei der Freiheitsstrafe begrenzt Abs. 1 S. 2 die Sanktionshöhe auf ein Jahr. Dabei ist es 7 irrelevant, ob die Strafe unbedingt verhängt oder nach § 56 Abs. 1 StGB zur Bewährung ausgesetzt wird. Die Jahresgrenze gilt auch dann, wenn das Gericht in der Hauptverhandlung eine Gesamtfreiheitsstrafe nach § 54 StGB bildet; auf die Höhe der Einzelstrafen kommt es dabei nicht an.[12] Ebenfalls gilt die Jahresgrenze, wenn in der Hauptverhandlung eines Beschleunigten Verfahrens ein gesamtstrafenfähiges Urteil im Wege des Urkundenbeweises eingeführt und aus der dort verhängten mit der im laufenden Verfahren tat- und schuldangemessenen Strafe eine Gesamtfreiheitsstrafe nach § 55 StGB gebildet wird.[13]

Wird eine im Beschleunigten Verfahren verhängte Strafe in einem Normalverfahren 8 nachträglich in eine Gesamtstrafe einbezogen, gilt die Strafbanngrenze von Abs. 1 S. 2 nicht.[14]

Die Höhe der Geldstrafe ist wegen § 43 S. 2 StGB auf 360 Tagessätze zu begrenzen, 9 weil es andernfalls zu Wertungswidersprüchen käme mit Blick auf die Begrenzung der Höhe der Freiheitsstrafe auf ein Jahr.[15] Das gilt auch für § 41 StGB.[16]

3. Ablehnungsbeschluss (Abs. 2). Zweifelt das Gericht an der Eignung, ist nach 10 Abs. 2 S. 2 zu verfahren und ein Ablehnungsbeschluss zu erlassen, wobei die „Kann-Formulierung" als „muss" zu verstehen ist.[17] Insoweit besteht eine permanente Prüfungspflicht.[18]

---

[5] KG 30.4.2007 – 4 Ws 39/07, BeckRS 2007, 09313.
[6] Metzger in KMR-StPO § 417 Rn. 25.
[7] Schmitt in Meyer-Goßner/Schmitt § 417 Rn. 17.
[8] Vgl. Metzger in KMR-StPO Rn. 8.
[9] Siehe Rosenau in Satzger/Schluckebier/Widmaier StPO Rn. 7; Gaede in Löwe/Rosenberg Rn. 5 bezweifelt die Eignung der Sache zur Verhandlung im Beschleunigten Verfahren, wenn die §§ 59, 60 StGB in Betracht kommen; ablehnend Paeffgen in SK-StPO Rn. 6: „Sanktionen verbieten sich".
[10] Im Beschleunigten Verfahren können die Einziehungsbeteiligter die Befugnisse, die einem Angeklagten zustehen, nicht, wie im Normalverfahren, mit Eröffnung des Hauptverfahrens, sondern, mangels eines Eröffnungsbeschlusses (vgl. § 418 Abs. 1 S. 1) erst mit Beginn der Hauptverhandlung (§ 427 Abs. 1 S. 2).
[11] Dahingehend auch Paeffgen in SK-StPO Rn. 7; Metzger in KMR-StPO Rn. 6; Rosenau in Satzger/Schluckebier/Widmaier StPO Rn. 6 (zumindest „häufig").
[12] So OLG Celle 10.11.1982 – 2 Ss 348/82, NStZ 1983, 233.
[13] Joecks/Jäger StPO Rn. 1; Rosenau in Satzger/Schluckebier/Widmaier StPO Rn. 5; dahingehend wohl BGH 29.3.1988 – 5 StR 624/86, BGHSt 35, 251 (254) = NJW 1989, 46 (47).
[14] Siehe BGH 29.3.1988 – 5 StR 624/86, BGHSt 35, 251 (254) = NJW 1989, 46 (47).
[15] Zutreffend Böttger in Krekeler/Löffelmann/Sommer Rn. 4; Gaede in Löwe/Rosenberg Rn. 3; Graf in KK-StPO Rn. 3; Zöller in Gercke/Julius/Temming/Zöller Rn. 3.
[16] Weiler in HK-GS Rn. 2.
[17] Graf in KK-StPO Rn. 7.
[18] Schlüchter/Fülber/Putzke S. 96.

Die Ablehnungsbefugnis steht dem Gericht zu mit Eingang des Antrags bis zur Verkündung des Urteils.

11   Bei Freispruchreife ist ein Vorgehen nach Abs. 2 S. 1 gesperrt, wenn eine weitere Aufklärung im Normalverfahren nicht möglich erscheint – dann ist der Angeklagte ohne Umweg und sofort freizusprechen; das Gleiche gilt, wenn die Voraussetzungen des § 260 Abs. 3 vorliegen.[19]

12   Die Ablehnungsentscheidung ergeht durch einen ausdrücklichen und unanfechtbaren (§ 419 Abs. 2 S. 2) Beschluss, der nach § 34 zu begründen und nach § 35 bekannt zu geben ist. Eine Zustellung ist nur nötig, wenn der Beschluss vor der Hauptverhandlung ergeht.[20] Ergeht er außerhalb der Hauptverhandlung, wirken daran die Schöffen nicht mit (§ 76 Abs. 1 S. 2 GVG).[21] Da es sich nicht um eine verfahrensabschließende Entscheidung handelt, ist der Ablehnungsbeschluss nicht mit einer Kostenentscheidung zu versehen.[22] Bei Antragsrücknahme und Einstellungsentscheidung der Staatsanwaltschaft nach einem Ablehnungsbeschluss gilt § 467a.[23]

13   Allein aus der Terminierung eines Verfahrens auf einen späteren als den in § 418 Abs. 1 S. 2 erlaubten Zeitpunkt lässt sich keine konkludente Ablehnung des Antrags der Staatsanwaltschaft schlussfolgern.[24]

14   **4. Weiteres Verfahren nach ergangenem Ablehnungsbeschluss (Abs. 3). a) Eröffnung des Normalverfahren.** Bejaht das Gericht nach einem Ablehnungsbeschluss den hinreichenden Tatverdacht, erlässt es einen Eröffnungsbeschluss und leitet die Sache damit ins Normalverfahren über. Nicht zuletzt aus Gründen der Beschleunigung hat dem Ablehnungsbeschluss die Entscheidung nach Abs. 3 Hs. 1 unverzüglich zu folgen. Zuvor ist dem Angeklagten rechtliches Gehör zu gewähren.[25] Solange das Gericht weder einen Eröffnungsbeschluss bekanntgegeben noch die Entscheidung vermerkt hat, nicht zu eröffnen, bleibt die Sache rechtshängig.[26]

15   Voraussetzung für einen Eröffnungsbeschluss ist, dass die Anklage wirksam erhoben wurde, sei es durch eine vorliegende schriftliche Anklageschrift oder eine mündlich erhobene und protokollierte Anklage.[27]

16   Zur Eröffnung des Hauptverfahrens genügt die schlüssige und eindeutige Willenserklärung des Gerichts, die Anklage nach Prüfung und Bejahung der Eröffnungsvoraussetzungen zur Hauptverhandlung zuzulassen, was bei einem Vorgehen nach Abs. 3 Hs. 1 bei einem Verbindungsbeschluss und einer gemeinsamen Terminierung angenommen werden kann.[28] Allein eine bloße Terminierung der Hauptverhandlung auf einen späteren Zeitpunkt genügt nicht.[29]

17   **b) Nichteröffnung des Normalverfahrens.** Erlässt das Gericht einen Ablehnungsbeschluss nach Abs. 2 S. 1, ohne gleichzeitig die Eröffnung zu beschließen, ist darin kein Nichteröffnungsbeschluss nach § 204 zu erblicken. Die Ablehnungsentscheidung nach Abs. 2 S. 1 hat deshalb auch nicht die Wirkungen eines Nichteröffnungsbeschlusses.[30] Erst wenn das Gericht einen Ablehnungsbeschluss nach Abs. 2 S. 1 erlässt und beschließt, nicht das Normalverfahren zu eröffnen (was „kurzfristig"[31] zu geschehen hat und in den Akten

---

[19] Vgl. Graf in KK-StPO Rn. 7; Zöller in Gercke/Julius/Temming/Zöller Rn. 8.
[20] AA Paeffgen in SK-StPO Rn. 8.
[21] Gaede in Löwe/Rosenberg Rn. 25 (kann ohne Beteiligung der Schöffen erlassen werden).
[22] Siehe Schlüchter/Fülber/Putzke S. 92.
[23] Sieh Graf in KK-StPO Rn. 11.
[24] OLG Karlsruhe 25.3.1999 – 3 Ss 244/98, NJW 1999, 3061 (3062).
[25] Schlüchter/Fülber/Putzke S. 91.
[26] Siehe Temming in BeckOK StPO Rn. 3.
[27] Graf in KK-StPO Rn. 13.
[28] BGH 17.12.1999 – 2 StR 376/99, NStZ 2000, 442; Weiler in HK-GS Rn. 6.
[29] OLG Karlsruhe 25.3.1999 – 3 Ss 244/98, NJW 1999, 3061; Zöller in Gercke/Julius/Temming/Zöller Rn. 5.
[30] Siehe Schlüchter/Fülber/Putzke S. 91.
[31] Zutreffend Paeffgen in SK-StPO Rn. 12.

zu vermerken ist), entfällt die Rechtshängigkeit (nicht aber die Anhängigkeit[32]).[33] Dadurch erhält die Staatsanwaltschaft ihre volle Entschließungsfreiheit zurück, mit der Folge, dass sie die Anklage zurücknehmen und nach Abs. 3 Hs. 2 von der Einreichung einer neuen Anklageschrift absehen kann.

Ergeben sich neue Umstände, die zu einer (erneuten) Bejahung der Voraussetzungen führen, die eine Durchführung des Beschleunigten Verfahrens erlauben, ist die Staatsanwaltschaft befugt, erneut einen Antrag nach § 417 zu stellen.[34] **18**

III. Anfechtbarkeit von Entscheidungen

Gegen die Bejahung der Eignung und Verhandlung im Beschleunigten Verfahren steht weder der Staatsanwaltschaft (die ohnehin berechtigt ist, den Antrag bis zum Beginn der Urteilsverkündung zurückzunehmen) noch dem Angeschuldigten/Angeklagten das Recht zu, Beschwerde zu erheben. Hält das Gericht eine Sache zur sofortigen Verhandlung für ungeeignet, hat es nach Abs. 2 S. 1 und Abs. 3 zu verfahren; dieser Ablehnungsbeschluss ist nach Abs. 2 S. 2 ebenfalls nicht anfechtbar. **19**

Gegen die in einem Beschleunigten Verfahren ergangene Urteile sind die Rechtsmittel Berufung und (Sprung-)Revision statthaft – insoweit bestehen im Verhältnis zum Normalverfahren keine Besonderheiten. Mit der Einlegung eines Rechtsmittels endet das Beschleunigte Verfahren mit der Konsequenz, dass in der Rechtsmittelinstanz keine Sonderregeln, sondern diejenigen des Regelstrafverfahrens gelten.[35] **20**

Fehlen allgemeine Verfahrensvoraussetzungen (zB Verhandlungsfähigkeit, Anklage) oder besondere (das Beschleunigte Verfahren betreffende), ist das Urteil von Amts wegen aufzuheben und das Verfahren einzustellen.[36] **21**

Die Eignung zur Verhandlung im Beschleunigten Verfahren unterliegt dabei in der Revisionsinstanz einer Vertretbarkeitsprüfung;[37] eine Gesetzesverletzung ist mittels einer Verfahrensrüge geltend zu machen.[38] Überprüfbar ist etwa, ob die Verhandlung „in kurzer Frist" stattgefunden hat und ggf. § 418 Abs. 1 S. 2 verletzt ist.[39] Bei der Prognose, ob eine Sache sich zur sofortigen Verhandlung eignet und eine Hauptverhandlung „sofort oder in kurzer Frist" durchgeführt werden kann, steht dem Gericht ein „weiter Beurteilungsspielraum" zu; „das OLG darf insoweit nur eingreifen, wenn der Rahmen des Vertretbaren überschritten wurde".[40] **22**

---

[32] Vgl. Metzger in KMR-StPO Rn. 19.
[33] Schlüchter/Fülber/Putzke S. 91; aA Böttger in Krekeler/Löffelmann/Sommer Rn. 6; Paeffgen in SK-StPO Rn. 12 (wenn nicht kurzfristig ein Eröffnungsbeschluss erlassen wird).
[34] Wie hier Metzger in KMR-StPO Rn. 34; Zimmermann S. 175; aA OLG Hamburg 4.3.1964 – 2 Ws 70/64, NJW 1964, 2123; Gaede in Löwe/Rosenberg Rn. 30 (der empfiehlt, den Antrag zurückzunehmen, weil die Antragsrücknahme einer Wiederholung des Antrags nicht entgegenstehe); Schmitt in Meyer-Goßner/Schmitt Rn. 9; so wohl auch (generell) OLG Oldenburg 17.11.2021 – 1 Ws 451/21, BeckRS 2021, 37747.
[35] Siehe nur BayObLG 3.12.2003 – 2 St RR 114/03, NStZ 2005, 403 (404); OLG Stuttgart 11.8.1998 – 1 Ws 123/98, NJW 1999, 511 (512); OLG Hamburg 19.1.1999 – 2 Ss 161-98, NStZ 1999, 266; Graf in KK-StPO Vor §§ 417 ff. Rn. 4; Loos/Radtke NStZ 1996, 1 (7); Otte in Radtke/Hohmann § 417 Rn. 10; Rosenau in Satzger/Schluckebier/Widmaier StPO Rn. 15; Zöller in Gercke/Julius/Temming/Zöller Rn. 4; aA Schmitt in Meyer-Goßner/Schmitt Rn. 12; Ranft NStZ 2004, 424.
[36] BayObLG 18.12.1997 – 5 St RR 147/96, NJW 1998, 2152; Gaede in Löwe/Rosenberg Rn. 45; Graf in KK-StPO § 419 Rn. 17.
[37] Wie hier Graf in KK-StPO Rn. 18; Herzler NJ 2000, 399 (404); Radtke JR 2001, 133 (138); Rosenau in Satzger/Schluckebier/Widmaier StPO Rn. 18; Otte in Radtke/Hohmann Rn. 17; Gaede in Löwe/Rosenberg § 417 Rn. 42 f.; Paeffgen in SK-StPO Rn. 15; aA OLG Hamburg 25.1.1966 – 2 a Ss 57/65 (2), NJW 1966, 1278 (1280); Schmitt in Meyer-Goßner/Schmitt Rn. 12; Temming in BeckOK StPO Rn. 5; Zöller in Gercke/Julius/Temming/Zöller Rn. 10; dahingehend auch Schlüchter/Fülber/Putzke S. 113: allenfalls „mit der Aufklärungsrüge oder als unzulässige Beschränkung der Verteidigung".
[38] OLG Hamburg 19.1.1999 – 2 Ss 161/98, NStZ 1999, 266; Graf in KK-StPO Rn. 18a; Metzger in KMR-StPO Rn. 46; Rosenau in Satzger/Schluckebier/Widmaier StPO Rn. 19.
[39] Vgl. OLG Hamburg 19.1.1999 – 2 Ss 161/98, NStZ 1999, 266; OLG Stuttgart 11.8.1998 – 1 Ws 123/98, NJW 1999, 511; Graf in KK-StPO Rn. 18.
[40] OLG Stuttgart 11.8.1998 – 1 Ws 123/98, NJW 1999, 511.

23 Die Nichteinhaltung der kurzen Frist zur Durchführung der Hauptverhandlung nach § 418 Abs. 1 führt in der Berufungsinstanz nicht zur Aufhebung des Urteils und Zurückverweisung. Vielmehr hat das Berufungsgericht selbständig eine Hauptverhandlung durchzuführen, die den Regeln des Normalverfahrens unterliegt, weshalb sich die Fristüberschreitung als Verfahrensfehler nicht auf das Berufungsverfahren auswirkt.[41]

24 Verstößt ein Gericht gegen den erlaubten Strafbann (Abs. 1 S. 2), ist diese Gesetzesverletzung im Revisionsverfahren nach § 335 von Amts wegen zu berücksichtigen,[42] was ggf. (wegen der Überleitungsmöglichkeit ins Normalverfahren nach § 419 Abs. 3 Hs. 1) eine Zurückweisung nach § 354 Abs. 2 an das AG zur Folge hat.[43] Es bedarf im Revisionsverfahren (anders als bei einem Verstoß gegen § 418 Abs. 1)[44] keiner Darlegungen, die ein für den Angeklagten günstigeres Urteil im Normalverfahren möglich erscheinen lassen.[45]

25 Das Berufungsgericht, bei dem Abs. 1 S. 2 nicht gilt, ist nicht gehindert, eine den Strafbann überschreitende (aber sich im Rahmen von § 24 Abs. 2 GVG bewegende) amtsgerichtliche Strafe zu bestätigen oder gar eine höhere Strafe zu verhängen (zu berücksichtigen ist dabei freilich § 331 Abs. 1).[46]

26 Versäumt das erstinstanzliche Gericht, nach Ablehnungsbeschluss und einer Überleitung der Sache in ein Normalverfahren einen Eröffnungsbeschluss zu erlassen, stellt dies einen schwerwiegenden Verfahrensfehler dar, der ein (von Amts wegen zu berücksichtigendes) Verfahrenshindernis begründet, zur Aufhebung des Urteils und einer Einstellung nach § 206a oder § 260 Abs. 3 führt.[47] Zur Eröffnung des Hauptverfahrens genügt allerdings die schlüssige und eindeutige Willenserklärung des Gerichts, die Anklage nach Prüfung und Bejahung der Eröffnungsvoraussetzungen zur Hauptverhandlung zuzulassen, was bei einem Vorgehen nach Abs. 3 Hs. 1 mit einem Verbindungsbeschluss und einer gemeinsamen Terminierung angenommen werden kann.[48]

§ 420 Beweisaufnahme

(1) Die Vernehmung eines Zeugen, Sachverständigen oder Mitbeschuldigten darf durch Verlesung von Protokollen über eine frühere Vernehmung sowie von Urkunden, die eine von ihnen erstellte Äußerung enthalten, ersetzt werden.

(2) Erklärungen von Behörden und sonstigen Stellen über ihre dienstlichen Wahrnehmungen, Untersuchungen und Erkenntnisse sowie über diejenigen ihrer Angehörigen dürfen auch dann verlesen werden, wenn die Voraussetzungen des § 256 nicht vorliegen.

(3) Das Verfahren nach den Absätzen 1 und 2 bedarf der Zustimmung des Angeklagten, des Verteidigers und der Staatsanwaltschaft, soweit sie in der Hauptverhandlung anwesend sind.

---

[41] BayObLG 23.4.2002 – 4 St RR 45/2002, NStZ 2003, 51; Weiler in HK-GS Rn. 8.
[42] So OLG Celle 10.11.1982 – 2 Ss 348/82, NStZ 1983, 233; Joecks/Jäger StPO Rn. 13; Schmitt in Meyer-Goßner/Schmitt Rn. 8; Paeffgen in SK-StPO Rn. 22; Weiler in HK-GS Rn. 9; Zöller in Gercke/Julius/Temming/Zöller Rn. 12; aA (Verfahrensrüge nach § 344 Abs. 2 S. 1 Var. 1) OLG Stuttgart 10.7.2002 – 4 Ss 172/02, NStZ-RR 2002, 339; OLG Hamburg 19.1.1999 – 2 Ss 161/98, NStZ 1999, 266; Graf in KK-StPO Rn. 20; Metzger in KMR-StPO Rn. 48; Treier NStZ 1983, 234; Schlüchter/Fülber/Putzke S. 114.
[43] OLG Stuttgart 19.6.1998 – 1 Ss 331/98, NJW 1998, 3134 (3135); Joecks/Jäger StPO Rn. 13; Metzger in KMR-StPO Rn. 49; Paeffgen in SK-StPO Rn. 22; Zöller in Gercke/Julius/Temming/Zöller Rn. 12.
[44] Dazu OLG Stuttgart 10.7.2002 – 4 Ss 172/02, NStZ-RR 2002, 339.
[45] So auch Otte in Radtke/Hohmann Rn. 18.
[46] Graf in KK-StPO Rn. 19; Otte in Radtke/Hohmann Rn. 18; Temming in BeckOK StPO Rn. 7; aA Zöller in Gercke/Julius/Temming/Zöller Rn. 12.
[47] OLG Köln 21.1.2003 – Ss 456/02, NStZ 2004, 281; Graf in KK-StPO Rn. 13a; Rosenau in Satzger/Schluckebier/Widmaier StPO Rn. 17; Weiler in HK-GS Rn. 6; aA Schmitt in Meyer-Goßner/Schmitt Rn. 14.
[48] BGH 17.12.1999 – 2 StR 376/99, NStZ 2000, 442; Weiler in HK-GS Rn. 6.

(4) Im Verfahren vor dem Strafrichter bestimmt dieser unbeschadet des § 244 Abs. 2 den Umfang der Beweisaufnahme.

Übersicht

	Rn.		Rn.
I. Überblick	1	b) Abs. 2	14
II. Erläuterungen	5	c) Zustimmungserfordernis (Abs. 3)	18
1. Einschränkung des Grundsatzes der materiellen Unmittelbarkeit (Abs. 1–3)	5	2. Einschränkung des Beweisinitiativrechts (Abs. 4)	21
a) Abs. 1	7	III. Anfechtbarkeit von Entscheidungen	26

I. Überblick

Laut der Gesetzesbegründung dient § 420 dazu, den Entscheidungsrahmen des Richters 1 bei der Beurteilung der Notwendigkeit einer weiteren Beweisaufnahme zu vergrößern und ihm die Möglichkeit zu geben, die Hauptverhandlung zu straffen und zu verkürzen.[1] Dafür hat der Gesetzgeber ein vereinfachtes Beweisverfahren geschaffen und sich dabei vom Ordnungswidrigkeitenrecht und dem Privatklageverfahren inspirieren lassen: § 420 Abs. 1–3 entspricht weitgehend § 77a Abs. 1, 2 und 4 S. 1 OWiG und § 420 Abs. 4 der Regelung des § 384 Abs. 3.

Damit enthält § 420 erhebliches Beschleunigungspotential, wovon über § 411 Abs. 2 2 S. 2 auch das Strafbefehlsverfahren nach einem Einspruch des Angeklagten profitiert. Erfasst werden von § 420 Bereiche der Unmittelbarkeit (Ausnahmen zu § 250, insbesondere Lockerung von § 256) und Beweisinitiative (Ausnahmen von § 244 Abs. 3 und 4, § 245).

Der Anwendungsbereich von Abs. 1–3 ist begrenzt auf die erstinstanzliche Hauptver- 3 handlung vor dem Amtsgericht (Strafrichter und Schöffengericht), die Regelung von Abs. 4 gilt allein vor dem Strafrichter. § 420 ist nicht anwendbar in der Berufungshauptverhandlung.[2]

Zurecht sieht § 420 sich rechtsstaatlichen Bedenken ausgesetzt, die vor allem mit der 4 Gefahr einer Beeinträchtigung sachgemäßer Verteidigung zusammenhängen.[3]

II. Erläuterungen

1. Einschränkung des Grundsatzes der materiellen Unmittelbarkeit (Abs. 1– 5 **3).** Abs. 1 und 2 enthalten Einschränkung zum Grundsatz materieller Unmittelbarkeit, die zum Tragen kommen, wenn (soweit in der Hauptverhandlung anwesend) der Angeklagte, sein Verteidiger und die Staatsanwaltschaft zustimmen (Abs. 3). Weil Abs. 1 und 2 der Regelung des § 77a Abs. 1 und 2 OWiG entspricht, können das einschlägige Schrifttum und die Rechtsprechung zu § 77a Abs. 1 und 2 OWiG herangezogen werden.[4]

Will das Gericht nach Abs. 1 oder 2 verfahren, bedarf es (anders als nach § 251 Abs. 4 6 S. 1, auf den, anders als bei § 77a Abs. 4 S. 2, in § 420 nicht verwiesen wird) eines gerichtlichen Willensaktes, wofür eine richterliche Verfügung genügt, es mithin keines Gerichtsbeschlusses bedarf.[5] Er muss nicht begründet, aber ins Sitzungsprotokoll aufgenommen werden.[6]

a) Abs. 1. Abs. 1 erweitert die im Normalverfahren nach § 251 Abs. 1, 2 bestehenden 7 Ausnahmen, in denen die persönliche Vernehmung einer Beweisperson (Zeuge, Sachverständiger) oder von Mitbeschuldigten durch Urkundenbeweis ersetzt werden darf.

---

[1] BT-Drs. 12/6853, 36.
[2] HM, siehe nur Paeffgen in SK-StPO Rn. 31 mwN; aA Schmitt in Meyer-Goßner/Schmitt Rn. 12, der Abs. 1–3 im Berufungsverfahren für anwendbar hält.
[3] Ausführlich dazu Gaede in Löwe/Rosenberg Rn. 8 ff.; siehe auch Paeffgen in SK-StPO Rn. 3, 29.
[4] BT-Drs. 12/6853, 37.
[5] Überzeugend Gaede in Löwe/Rosenberg Rn. 33; aA Paeffgen in SK-StPO Rn. 9; Schlüchter/Fülber/Putzke S. 110.
[6] Siehe Schlüchter/Fülber/Putzke S. 110.

8   Jenseits von Abs. 1 gelten zur Verlesung von Urkunden die allgemeinen Vorschriften.[7] Nicht von Abs. 1 erfasst werden Erklärungen des Angeklagten, deren Verlesbarkeit sich nach den §§ 249, 254 richtet.[8]

9   Anders als bei § 251 Abs. 1 Nr. 1 kann die Verlesung von Niederschriften über eine frühere Vernehmung sowie von Urkunden, die eine von der jeweiligen Beweisperson (oder von einem Mitbeschuldigten) stammende schriftliche Äußerung enthält, nach Abs. 1 auch dann erfolgen, wenn (soweit nicht ein Fall notwendiger Verteidigung nach § 140 oder § 418 Abs. 4 vorliegt) der unverteidigte Angeklagte zustimmt oder dieser gar nicht anwesend ist. Ein weiterer Unterschied besteht darin, dass Abs. 1 nicht zwischen richterlichen und nichtrichterlichen Vernehmungsprotokollen unterscheidet.[9]

10 Voraussetzung für die Verlesbarkeit und Verwertbarkeit ist eine ordnungsgemäße Vernehmung; Verstöße gegen Belehrungspflichten oder Anwesenheitsrechte haben Unverlesbarkeit und Unverwertbarkeit der Protokolle zur Folge.[10]

11 Bei zeugnisverweigerungsberechtigten Zeugen ist wegen § 252 zur Verhinderung von Gesetzesumgehungen ein Beweiserhebungsverbot hinsichtlich des Inhalts der früheren Aussage eines nicht richterlich vernommenen (erreichbaren) Zeugen anzunehmen, solange Unklarheit darüber herrscht, ob dieser von seinem Zeugnisverweigerungsrecht Gebrauch machen will oder nicht.[11] Geklärt werden darf diese Frage im Freibeweisverfahren.[12] Das gilt nicht, wenn eine weitere Erforschung der prozessual bedeutsamen Tatsachen nicht geboten ist. Das wiederum ist der Fall, wenn aufgrund der gesamten Umstände des Einzelfalles ein sicherer Schluss darauf möglich ist, dass der Zeuge von seinem Recht zur Zeugnisverweigerung keinen Gebrauch machen will.[13]

12 Bei ordnungsgemäß richterlich vernommenen Zeugen lässt die hM im Falle eines in der Hauptverhandlung ausgeübten Zeugnisverweigerungsrechts bei § 252 eine Ausnahme zu.[14] Die protokollierte Aussage der richterlichen Vernehmungsperson darf im Beschleunigten Verfahren – anders als im Normalverfahren – verlesen werden.[15] In diesem Fall ist zu klären, ob der Vernommene vereidigt worden ist.[16]

13 Die gerichtliche Aufklärungspflicht (§ 244 Abs. 2) kann es gebieten, bei der Beweiserhebung sich nicht mit der Verlesung zu begnügen, sondern die Beweisperson zu vernehmen.[17]

14 **b) Abs. 2.** Abs. 2 erweitert die im Normalverfahren von § 256 normierten Ausnahmen zur Verlesung von Behördenerklärungen (erfasst werden dort nur Zeugnisse und Gutachten, seit dem 1. JuMoG (vom 24.8.2004, BGBl. I 2198) über § 256 Abs. 1 Nr. 5 aber auch Aktenvermerke) und erlaubt, sämtliche Erklärungen über dienstliche (nicht private)[18] Wahrnehmungen, Untersuchungen und Erkenntnisse zu verlesen, selbst wenn diese von § 256 nicht erfasst werden (seit dem 1. Justizmodernisierungsgesetz ist freilich kein signifikanter Unterschied zwischen § 256 und § 420 Abs. 2 mehr zu erkennen).[19] Verlesbar sind damit auch Aktenvermerke über Ermittlungsvorgänge.[20]

---

[7] Zöller in Gercke/Julius/Temming/Zöller Rn. 2.
[8] Vgl. Gaede in Löwe/Rosenberg Rn. 23.
[9] Siehe Rosenau in Satzger/Schluckebier/Widmaier StPO Rn. 4.
[10] Zutreffend Gaede in Löwe/Rosenberg I Rn. 27.
[11] BGH 19.12.1995 – 1 StR 606/95, NStZ 1996, 295; Graf in KK-StPO Rn. 4.
[12] Gaede in Löwe/Rosenberg Rn. 28; Metzger in KMR-StPO Rn. 5; Weiler in HK-GS Rn. 3.
[13] BGH 19.12.1995 – 1 StR 606/95, NStZ 1996, 295.
[14] Vgl. Rosenau in Satzger/Schluckebier/Widmaier StPO Rn. 5; näher und kritisch zu der Ausnahme, die von der Rspr. bei § 252 zugelassen wird, Putzke/Scheinfeld StrafProzR Rn. 469 ff.
[15] Metzger in KMR-StPO Rn. 5; Schmitt in Meyer-Goßner/Schmitt Rn. 5; aA Gössel in Löwe/Rosenberg, 26. Aufl. 2009, Rn. 33; Schröer S. 162.
[16] Metzger in KMR-StPO Rn. 14.
[17] Graf in KK-StPO Rn. 3.
[18] Joecks/Jäger StPO Rn. 4; Paeffgen in SK-StPO Rn. 8.
[19] Siehe Paeffgen in SK-StPO Rn. 8.
[20] Böttger in Krekeler/Löffelmann/Sommer Rn. 3.

Der Behördenbegriff in Abs. 2 ist (scheinbar) weiter als derjenige in § 256, wo von 15 "öffentlichen Behörden" die Rede ist, was sich aber ohnehin nicht auswirkt, weil in § 420 Abs. 2 auch von "sonstigen Stellen" die Rede ist. Behörden sind (auch ausländische) Stellen, die nach öffentlichem Recht eingerichtet sind und staatliche oder öffentliche Aufgaben wahrnehmen.[21] Dazu gehören etwa staatliche Krankenhäuser, Universitätsinstitute für Rechtsmedizin, staatliche Gesundheitsämter, das BKA sowie die Landeskriminalämter, Straf- bzw. Justizvollzugsanstalten, Gerichtsvollzieher, Institutionen aus dem Kammerbereich oder der Selbstverwaltung, die Physikalisch-Technische Bundesanstalt oder staatliche Veterinäruntersuchungsämter.[22]

Keine Behörden sind die technischen Überwachungsvereine (TÜV und DEKRA), die 16 aber sonstige Stellen sind, also Einrichtungen, die Aufgaben der öffentlichen Verwaltung wahrnehmen, auch wenn es sich bei ihnen nicht um Behörden im organisatorischen Sinn handelt.[23]

Das Gesetz erlaubt allein, "dienstliche" Wahrnehmungen, Untersuchungen und 17 Erkenntnisse zu verlesen, die schriftliche Erklärungen beinhalten. Zufällige, also ohne inneren Zusammenhang mit der Amtsausübung zur Kenntnis genommene Wahrnehmungen fallen nicht darunter; in solchen Fällen ist die Verlesung unstatthaft, vielmehr ist der Zeuge zu vernehmen (→ § 256 Rn. 15).[24]

c) **Zustimmungserfordernis (Abs. 3).** Das Zustimmungserfordernis erstreckt sich 18 auf "das Verfahren nach den Absätzen 1 und 2", weshalb die Zustimmung sich auf (jede einzelne)[25] Verlesung beziehen muss, nicht auch auf die Verwertung der so gewonnenen Beweise.[26] Von den Beweiserleichterungen darf nur dann Gebrauch gemacht werden, wenn Angeklagter, Verteidiger und Staatsanwaltschaft zustimmen, soweit sie in der Hauptverhandlung anwesend sind. Sind Angeklagter und Verteidiger anwesend, ist die Zustimmung von beiden Prozessbeteiligten notwendig.[27] Wird zulässigerweise in Abwesenheit des Angeklagten verhandelt, bedarf es seiner Zustimmung nicht.[28]

Abgegeben werden muss die Zustimmung (jedenfalls bei einem unverteidigten Ange- 19 klagten)[29] ausdrücklich;[30] ein Widerruf nach der Verlesung ändert nichts daran, dass das Verlesene verwertet werden darf.[31] Vor der Verlesung ist ein Widerruf der Zustimmung ohne Angabe von Gründen möglich.[32] Ein unverteidigter Angeklagter ist über die Folgen seiner Zustimmung aufzuklären.[33]

Bei der Zustimmungserklärung handelt es sich um eine wesentliche Förmlichkeit iSd 20 § 273 Abs. 1, die zu protokollieren ist.[34]

2. Einschränkung des Beweisinitiativrechts (Abs. 4). Auch im Beschleunigten 21 Verfahren dürfen Beweisanträge uneingeschränkt gestellt werden.[35] Abs. 4 reduziert aber das Beweisinitiativrecht auf das Niveau der gerichtlichen Aufklärungspflicht (§ 244

---

[21] Siehe dazu Hettenbach in BeckOK OWiG OWiG § 77a Rn. 7.
[22] Siehe zu alledem Hettenbach in BeckOK OWiG OWiG § 77a Rn. 7 und → § 256 Rn. 10, jeweils mwN.
[23] Vgl. BT-Drs. 10/2652, 25.
[24] Siehe auch Gaede in Löwe/Rosenberg Rn. 30.
[25] Metzger in KMR-StPO Rn. 10.
[26] Anders Metzger in KMR-StPO Rn. 8: "sowohl Verlesung als auch die Verwertung".
[27] Zöller in Gercke/Julius/Temming/Zöller Rn. 4.
[28] Zöller in Gercke/Julius/Temming/Zöller Rn. 2.
[29] Vgl. BayObLG 28.2.1978 – 1 Ob OWi 729/77, BayObLGSt 1978, 17 (19 f.).
[30] Weiler in HK-GS Rn. 5.
[31] HM, siehe etwa Böttger in Krekeler/Löffelmann/Sommer Rn. 5; Schmitt in Meyer-Goßner/Schmitt Rn. 8; darstellend Metzger in KMR-StPO Rn. 12 (befürwortet jedoch selbst die Möglichkeit der Rücknahme der Zustimmung unmittelbar nach Verlesung; ähnlich Paeffgen in SK-StPO Rn. 9).
[32] Paeffgen in SK-StPO Rn. 9.
[33] Schmitt in Meyer-Goßner/Schmitt Rn. 8; Zöller in Gercke/Julius/Temming/Zöller Rn. 4.
[34] Schlüchter/Fülber/Putzke S. 110.
[35] Vgl. BT-Drs. 12/6853, 36; Gaede in Löwe/Rosenberg Rn. 34.

Abs. 2), was verfassungsgemäß sein soll.³⁶ Nachzugeben ist einem Beweisantrag, wenn die Erhebung des Beweises sich aufdrängt oder sie zumindest naheliegt.³⁷

22 Der Strafrichter ist nicht gebunden an die von § 244 Abs. 3–5 normierten Ablehnungsgründe. Ablehnen darf der Strafrichter den Beweisantrag schon dann, „wenn er den Sachverhalt für genügend geklärt hält und der Auffassung ist, dass die Vernehmung eines Zeugen an der bereits vorliegenden Überzeugung des Gerichts nichts ändern würde".³⁸ Dadurch wird keineswegs, wie mancherorts zu lesen,³⁹ das im Normalverfahren geltende Verbot der Beweisantizipation deaktiviert, weil einerseits § 244 Abs. 2 eine Antizipation der Entscheidungsbedeutsamkeit geradezu gebietet, andererseits das Verbot einer antizipierten Beweiswürdigung aus § 244 Abs. 2 folgt, der nach § 420 Abs. 4 „unbeschadet" bleiben soll.⁴⁰

23 Zur Ablehnung eines auf Abs. 4 gestützten Beweisantrags bedarf es nach § 244 Abs. 6 eines Gerichtsbeschlusses, der nach § 34 zu begründen und (wie der Beweisantrag) ins Sitzungsprotokoll aufzunehmen ist.⁴¹

24 Mit Blick auf die Begründungstiefe wollen manche Autoren die Angabe genügen lassen, dass die Beweiserhebung zur Erforschung der Wahrheit nicht erforderlich sei.⁴² Das ist abzulehnen,⁴³ weil es sich dabei um eine Floskel handelt, die Strafrichter zum Missbrauch von Abs. 4 einlädt (vor allem im viel häufiger vorkommenden Einspruchsverfahren nach §§ 410, 411). Zu verlangen ist jedenfalls die Angabe derjenigen Tatsachen, weshalb das Gericht davon ausgeht, dass der Sachverhalt eindeutig geklärt ist (weshalb die beantragte Beweiserhebung also entscheidungsunerheblich ist),⁴⁴ und aus denen es seine Überzeugung von der Schuld des Angeklagten gebildet hat.⁴⁵

25 Stützt der Strafrichter die Ablehnung eines Beweisantrags (ohne Not) auf einen der von § 244 Abs. 3–5 aufgeführten Gründe, muss die Begründung den dort geltenden Anforderungen entsprechen;⁴⁶ andernfalls liegt eine Gesetzesverletzung vor.

III. Anfechtbarkeit von Entscheidungen

26 Verletzt das Gericht seine Aufklärungspflicht, lässt sich dies in der Revision mit der Aufklärungsrüge beanstanden.⁴⁷ Dabei handelt es sich freilich wegen § 335 Abs. 3 S. 1 („Sperrberufung") um ein stumpfes Schwert, zumal in der Berufungsinstanz ohnehin nach den Regeln des Normalverfahrens zu verhandeln ist und erstinstanzliche Verstöße gegen § 420 nicht geltend gemacht werden können.⁴⁸

---

36 So OLG Frankfurt a. M. 23.1.1997 – 3 Ws 67-68/97, NStZ-RR 1997, 273.
37 OLG Frankfurt a. M. 23.1.1997 – 3 Ws 67-68/97, NStZ-RR 1997, 273; Paeffgen in SK-StPO Rn. 22 mwN.
38 BT-Drs. 12/6853, 36.
39 Böttger in Krekeler/Löffelmann/Sommer Rn. 7; Joecks/Jäger StPO Rn. 5; Schmitt in Meyer-Goßner/Schmitt Rn. 10, siehe auch KG 19.2.2015 – (2) 161 Ss 174/14 (38/14), NJOZ 2015, 1968 (1969) = BeckRS 2015, 3300: „Die Revision übersieht, dass § 420 Abs. 4 StPO zugleich eine Ausnahme vom Verbot der Beweisantizipation enthält"; ebenso KG 16.10.2017 – (5) 121 Ss 143/17 (65/17), BeckRS 2017, 144250.
40 Wie immer präzise Gössel in Löwe/Rosenberg, 26. Aufl. 2009, Rn. 13 (zusammenfassend Rn. 25); s. dazu auch mit eigener Stellungnahme Gaede in Löwe/Rosenberg, 27. Aufl. 2022, Rn. 10 ff.
41 Siehe nur Paeffgen in SK-StPO Rn. 28.
42 So etwa Schmitt in Meyer-Goßner/Schmitt Rn. 11; Metzger in KMR-StPO Rn. 17; Rosenau in Satzger/Schluckebier/Widmaier StPO Rn. 11; Temming in BeckOK StPO Rn. 5. Siehe in der Rspr. zB KG 16.10.2017 – (5) 121 Ss 143/17 (65/17), BeckRS 2017, 144250.
43 Wie hier Gössel in Löwe/Rosenberg, 26. Aufl. 2009, Rn. 42; Gaede in Löwe/Rosenberg, 27. Aufl. 2022, Rn. 39 f.; Paeffgen in SK-StPO Rn. 28; Schlüchter/Fülber/Putzke S. 112; Schröer S. 184; Weiler in HK-GS Rn. 7; Zöller in Gercke/Julius/Temming/Zöller Rn. 6.
44 Vgl. Gössel in Löwe/Rosenberg, 26. Aufl. 2009, Rn. 41; Paeffgen in SK-StPO Rn. 28.
45 Dahingehend auch Graf in KK-StPO Rn. 8.
46 Böttger in Krekeler/Löffelmann/Sommer Rn. 7.
47 Siehe Joecks/Jäger StPO Rn. 8; Paeffgen in SK-StPO Rn. 32; Rosenau in Satzger/Schluckebier/Widmaier StPO Rn. 13.
48 Vgl. Otte in Radtke/Hohmann Rn. 11.

Fehlt die Zustimmung eines Verfahrensbeteiligten nach Abs. 3 liegt eine mit der Revision angreifbare Gesetzesverletzung vor.[49] Nach Verlesung kann in der laufenden amtsgerichtlichen Hauptverhandlung ein Zustimmungsdefizit geheilt werden.[50]

---

[49] Schmitt in Meyer-Goßner/Schmitt Rn. 13.
[50] Rosenau in Satzger/Schluckebier/Widmaier StPO Rn. 8.

Dritter Abschnitt. Verfahren bei Einziehung und Vermögensbeschlagnahme

§ 421 Absehen von der Einziehung

(1) Das Gericht kann mit Zustimmung der Staatsanwaltschaft von der Einziehung absehen, wenn
1. das Erlangte nur einen geringen Wert hat,
2. die Einziehung nach den §§ 74 und 74c des Strafgesetzbuchs neben der zu erwartenden Strafe oder Maßregel der Besserung und Sicherung nicht ins Gewicht fällt oder
3. das Verfahren, soweit es die Einziehung betrifft, einen unangemessenen Aufwand erfordern oder die Herbeiführung der Entscheidung über die anderen Rechtsfolgen der Tat unangemessen erschweren würde.

(2) ¹Das Gericht kann die Wiedereinbeziehung in jeder Lage des Verfahrens anordnen. ²Einem darauf gerichteten Antrag der Staatsanwaltschaft hat es zu entsprechen. ³§ 265 gilt entsprechend.

(3) ¹Im vorbereitenden Verfahren kann die Staatsanwaltschaft das Verfahren auf die anderen Rechtsfolgen beschränken. ²Die Beschränkung ist aktenkundig zu machen.

Schrifttum: Bach, Beschränkung des Einsatzbereichs der Zurückgewinnungshilfe durch Gesichtspunkte der Strafverfahrensökonomie, JR 2008, 230; Bender, Fragen der Wertersatzeinziehung, NJW 1969, 1056; Beukelmann, Keine Rückwirkung der Einziehung, NJW-Spezial 2018, 56; Bittmann, Vom Annex zur Säule: Vermögensabschöpfung als 3. Spur des Strafrechts, NZWiSt 2016, 131; Bittmann, Die Änderungen im formellen Recht der Vermögensabschöpfung aufgrund des „Gesetzes zur Fortentwicklung der Strafprozessordnung", NStZ 2022, 8; Bittman/Köhler/Seeger/Tschakert, Handbuch der strafrechtlichen Vermögensabschöpfung, 2020; Bode, Das neue Recht der Einziehung im Strafrecht nach dem EGOWiG, NJW 1962, 1052; Bohne/Boxleitner, Eins vor und zwei zurück. Wie das deutsche Recht Straftätern weiterhin die Tatbeute belässt – Anmerkungen zum Gesetz zur Stärkung der Rückgewinnungshilfe und Vermögensabschöpfung bei Straftaten, NStZ 2007, 552; van Cleve, Abwendung drohender Einziehungsentscheidungen durch Einigung mit dem Verletzten – Gestaltungsoptionen der Strafverteidigung, NJW 2023, 1264; Dessecker, Gewinnabschöpfung im Strafrecht und in der Strafrechtspraxis, 1992; Deutscher, Strafrechtliche Vermögensabschöpfung, ZAP 2018, 241; Eser, Die strafrechtlichen Sanktionen gegen das Eigentum, 1969; Göhler, Die neue Regelung zum Verfall im StGB und OWiG, wistra 1992; Greeve, Das neue Recht der strafrechtlichen Vermögensabschöpfung, ZWH 2017, 277; Hiéramente/Schwerdtfeger, Das Unternehmen im Fokus der Vermögensabschöpfung im Wirtschaftsstrafrecht – Risiken und Chancen der Gesetzesreform, BB 2018, 834; Höft, § 76a Abs. 4 StGB – Ein neues verfassungswidriges Instrument im deutschen Vermögensabschöpfungsrecht, HRRS 2018, 196; Knierim/Oehmchen/Beck/Geisler, Gesamtes Strafrecht aktuell, 2018; Köhler, Die Reform der strafrechtlichen Vermögensabschöpfung – Teil 1/2, NStZ 2017, 497; Köhler/Burkhard, Die Reform der strafrechtlichen Vermögensabschöpfung – Teil 2/2, NStZ 2017, 665; Köllner/Muck, Reform der strafrechtlichen Vermögensabschöpfung, NZI 2017, 593; Kremer/Altenburg, Die Einziehung bei abstrakten Vermögensdelikten, NStZ 2020, 174; Korte, Vermögensabschöpfung reloaded, wistra 2018, 1; Mayer, Zur Abgrenzung von Verfall und erweitertem Verfall sowie zur Einziehung sichergestellter Gelder bei der Gerichtskasse, JR 2016, 112; Madauß, Die neue Recht der strafrechtlichen Vermögensabschöpfung und Steuerstrafverfahren Fragen aus der Sicht der Praxis, NZWiSt 2018, 28; Madauß, Aktuelle Rechtsprechung zur Einziehung in Steuerstrafverfahren und deren Bedeutung für die Praxis, ZWH 2020, 93; Meißner/Schütrumpf, Vermögensabschöpfung – Praxisleitfaden zum neuen Recht, 2018; Müller, Zwei Jahre neues Einziehungsrecht – Eine Bilanz der Fachgruppe Strafrecht der Neuen Richtervereinigung, Betrifft Justiz 2019, 124; Nestler, Strafverfahren zwischen Wirtschaftlichkeit und Legalitätsprinzip, JA 2012, 88; Nobis, Einziehung in BTM-Verfahren – und mögliche Verteidigungsansätze gegen eine solche, StraFo 2020, 50; Ordner, Die Verständigungseignung von vermögensabschöpfenden Rechtsfolgen, wistra 2017, 50; Peters/Bröckers, Vermögensabschöpfung im Strafverfahren, 2019; Reh, Praxisprobleme im Umgang mit dem neuen Recht der Vermögensabschöpfung aus staatsanwaltschaftlicher Sicht, NStZ 2018, 20; Reichling, Zur Unvereinbarkeit der rückwirkenden Änderung der Regeln über die Vermögensabschöpfung im Strafverfahren mit Art. 7 Abs. 1 EMRK, wistra 2018, 139; Reitemeier/Koujouno, Das neue Recht der Vermögensabschöpfung – Ein Leitfaden für die Praxis, 2017; Rhode, Die strafrechtliche Opferentschädigung im neuen Gewand (Teil 1), wistra 2018, 65; Rhode, Die strafrechtliche Opferentschädigung im neuen Gewand (Teil 2), wistra 2018, 102; Saliger/Schörner, Neues

Recht für alte Fälle? Die Vermögensabschöpfung im Spannungsfeld zwischen lex mitior-Grundsatz und Verschlechterungsverbot, StV 2018, 388; Schilling/Corsten/Hübner, Das Gesetz zur Reform der strafrechtlichen Vermögensabschöpfung, StraFo 2017, 305; Schmidt, Vermögensabschöpfung – Handbuch für das Straf- und Ordnungswidrigkeitenverfahren, 2. Aufl. 2019; Schubert, Selbstexekutionsbefugnis der Finanzbehörden und Einziehung von Wertersatz, wistra 2021, 349; Rönnau, Vermögensabschöpfung in der Praxis, 2003; Satzger, Die Berücksichtigung von Opferinteressen bei der Verfallsanordnung aus materiellrechtlicher wie prozeßrechtlicher Sicht, wistra 2003, 401; Savini, Handbuch zur Vermögensabschöpfung nach altem und neuem Recht, 2017; Tormöhlen, Das neue Recht der Vermögensabschöpfung im steuerstrafrechtlichen Kontext, AO-StB 2017, 380; Trüg, Reform der strafrechtlichen Vermögensabschöpfung, NJW 2017, 1913. Tschakert, Keine Einziehung ohne rechtliches Gehör – Anmerkung zu EUGH, Urt. v. 21.10.2021 – C-845/19, C-863/19, wistra 2022, 332; Ullenboom, Die „vergessene" Einziehung von Taterträgen und ihre Folgen nach dem Gesetz zur Reform der strafrechtlichen Vermögensabschöpfung, wistra 2018, 291; Wilke, Notwendiger Abstimmungsbedarf zwischen Steuerstraf- und Besteuerungsverfahren bei der strafrechtlichen Vermögenseinziehung, wistra 2019, 81; Wilke, Vermögensabschöpfung und Deal – Ökonomisierungs- und Verteidigungspotential, StraFo 2019, 495; Würfel/Lehmeyer StraFo 2020, 96.

Übersicht

		Rn.			Rn.
I.	**Überblick**	1		b) Verzichtbarkeit (Nr. 2)	22
1.	Historie der §§ 421–439	1		c) Unangemessener Aufwand (Nr. 3)	26
	a) Entwicklung bis 2017	1		d) Unangemessene Erschwerung (Nr. 3)	28
	b) Die Reform von 2017	7		e) Speziell: Sicherungseinziehung	29
	c) Nachsteuerungen (2021)	13		f) Speziell: formlose außergerichtliche Einziehung	30
2.	Allgemeines zu § 421	14		g) Rechtsfolge und Zuständigkeit	31
3.	Normzweck des § 421	17	2.	Wiedereinbeziehung (Abs. 2)	32
II.	**Erläuterungen**	18	3.	Beschränkung und Wiedereinbeziehung im Vorverfahren (Abs. 3)	34
1.	Absehen von der Einziehung (Abs. 1)	18			
	a) Geringwertigkeit (Nr. 1)	20	4.	Rechtsmittel	36

I. Überblick

1. Historie der §§ 421–439. a) Entwicklung bis 2017. Ursprünglich geregelt war 1 das Verfahren zur Einziehung und Vermögensbeschlagnahme in den §§ 430–433 aF, die bei ihrer Einführung noch den vierten Abschnitt des sechsten Buches der StPO bildeten (mittlerweile den dritten Abschnitt).[1] In den §§ 430–432 aF waren damals die verfahrensrechtlichen Vorschriften für die selbständige Einziehung, Vernichtung oder Unbrauchbarmachung vorgesehen. Sie korrespondierten mit den zu diesem Zeitpunkt geltenden materiell-rechtlichen Vorschriften der §§ 40–42 aF StGB, den heutigen §§ 73 ff. StGB. § 433 aF regelte die Beschlagnahme von Vermögen eines Beschuldigten, gegen den öffentliche Klage erhoben oder Haftbefehl erlassen wurde wegen der Begehung einer gegen den Staat gerichteten Tat.[2]

Probleme ergaben sich bei der damals geltenden Rechtslage vor allem mit Blick auf 2 die (zu diesem Zeitpunkt noch nicht vorgesehene) Beteiligung Dritter.[3] Denn die Rechte des Dritten wurden einerseits dann von einer vom Gericht angeordneten Einziehung beeinträchtigt, wenn aufgrund eines Urteils die Einziehung eines Gegenstands erfolgen sollte, von dem das Gericht annahm, er gehöre dem Beschuldigten.[4] Andererseits wurden sie betroffen, wenn die Einziehung eines Gegenstands sogar für den Fall angeordnet werden sollte, dass der Gegenstand im Eigentum eines unbeteiligten Dritten stand. Mit der Rechtskraft des Urteils ging das Eigentum des Gegenstands auf den Staat über, unabhängig davon, ob die Eigentumsfrage insoweit richtig und in ausreichendem Maß geklärt worden war.[5]

---

[1] Paeffgen in SK-StPO Vor §§ 421 ff. Rn. 1; Gaede in Löwe/Rosenberg Vor § 421.
[2] Vgl. dazu bei Gaede in Löwe/Rosenberg Vor §§ 421.
[3] Weßlau in SK-StPO, 4. Aufl., Vor § 430 aF Rn. 1.
[4] Gössel in Löwe/Rosenberg, 26. Aufl., Vor § 430 aF Rn. 5.
[5] Gössel in Löwe/Rosenberg, 26. Aufl., Vor § 430 aF Rn. 5 f.

Auf die Interessen des Dritten wurde keine Rücksicht genommen, was mit Blick auf die Eigentumsgarantie aus Art. 14 GG bedenklich erschien.[6] Deshalb wurden Forderungen nach einer restriktiveren Handhabung laut: Die Einziehung zulasten unbeteiligter Dritter sollte einschränkend nur noch dann zulässig sein, wenn ein besonderer Rechtfertigungsgrund vorlag.[7] Teils wurde dem Dritten auch ein Entschädigungsanspruch zugebilligt.[8] Problematisch war indes die Feststellung, wann ein solcher Rechtfertigungsgrund gegeben bzw. das Zubilligen einer Entschädigung geboten war, denn das allgemeine Prozessrecht sah die Beteiligung des Dritteigentümers am subjektiven Verfahren nicht vor (mit Ausnahme der strafrechtlichen Nebengesetze wie des OWiG 1952 oder des WiStG). Die herrschende Meinung ging stets davon aus, eine Drittbeteiligung sei nicht möglich.[9] Die Rechtsprechung allerdings erkannte das Bedürfnis einer Beteiligung wegen des dem Dritten zustehenden Anspruchs auf rechtliches Gehör (Art. 103 Abs. 1 GG) in begrenztem Maß bereits im Jahr 1963 an.[10]

3 Nachdem mit der Zeit immer wieder auf materieller Ebene eine Einschränkung der Einziehungsvoraussetzungen und in verfahrensrechtlicher Hinsicht erweiterte Rechte für die von der Entscheidung betroffenen Dritten gefordert wurden, erfolgte schließlich die Reform des Einziehungsrechts durch das **EGOWiG vom 24.5.1968** (in Kraft getreten am 1.1.1969).[11] Mit Art. 1 Nr. 2 ff. EGOWiG 1968 wurden die **materiell-rechtlichen** Vorschriften für die Einziehung, die sich in den damaligen §§ 40–42 StGB aF fanden, geändert. Infolge einer weiteren Neufassung richtete sich die Einziehung nunmehr nach den §§ 74 ff. StGB (damals) nF.[12]

4 Gleichzeitig wurden **verfahrensrechtliche** Änderungen durch Art. 2 Nr. 16 EGOWiG 1968 vorgenommen und der vierte Abschnitt gänzlich umgestaltet.[13] Neu eingefügt wurden die §§ 430–439, 441, 442. Der neue § 440 etwa übernahm dadurch den Regelungsgehalt des ursprünglichen § 430 aF.[14] Gleichzeitig wurde mit § 431 Abs. 1 (nunmehr aF zu diesem Zeitpunkt aber nF) eine **allgemeine Verfahrensbeteiligung** eingeführt. Der Gesetzgeber ging insoweit über die zögerlichen Schritte der Rechtsprechung hinaus und etablierte eine Verfahrensbeteiligung für all diejenigen, die durch die Einziehung in ihren Rechten betroffen wurden.[15] Damit wurde ihrem verfassungsrechtlichen Anspruch auf rechtliches Gehör (Art. 103 Abs. 1 GG) entsprochen und ihnen als Ausfluss der Eigentumsgarantie des Art. 14 Abs. 1 S. 1 GG effektiver Rechtsschutz gewährt.[16] Durch die Beteiligung konnten sie nunmehr Prozesssubjekte mit eigenen prozessualen Rechten sein.[17]

5 Im Zuge dieser verfahrensrechtlichen Änderung wurde auch ein fünfter Abschnitt mit **§ 444** eingefügt. Dieser regelte und regelt bis heute das „Verfahren bei Festsetzung von Geldbußen gegen juristische Personen und Personenvereinigungen". Verfahrensrechtlich notwendig wurde diese Regelung, weil § 75 StGB (§ 42 StGB aF) die Möglichkeit der Festsetzung einer Geldbuße gegen eine juristische Person oder Personenvereinigung vorsah.

---

[6] Weßlau in SK-StPO, 4. Aufl., Vor § 430 aF Rn. 1.
[7] BGH 9.10.1951 – 1 StR 139/51, BGHSt 1, 351 = NJW 1951, 971 (972 f.); BGH 25.4.1952 – 2 StR 4/52, BGHSt 2, 311 (354) = NJW 1952, 947 (947 f.); BGH 22.9.1953 – 2 StR 834/52, BGHSt 4, 344 = NJW 1953, 1842; BGH 29.10.1963 – 1 StR 387/63, BGHSt 19, 123 (126) = NJW 1964, 164 (165); BGH 10.5.1966 – 1 StR 592/65, BGHSt 21, 66 (68) = NJW 1966, 1465 (1466 f.).
[8] Gössel in Löwe/Rosenberg, 26. Aufl., Vor § 430 aF Rn. 8.
[9] Weßlau in SK-StPO, 4. Aufl., Vor § 430 aF Rn. 1; Gössel in Löwe/Rosenberg, 26. Aufl., Vor § 430 aF Rn. 11.
[10] BGH 27.5.1963 – GSSt 2/62, BGHSt 19, 7 (19) = NJW 1963, 1988 (1990 f.); im Anschluss auch BGH 10.5.1966 – 1 StR 592/65, BGHSt 21, 66 (68) = NJW 1966, 1465 (1466 f.).
[11] BGBl. I 503; Schmidt/Scheuß in KK-StPO Vor §§ 421 ff. Rn. 2.
[12] Näher dazu Joecks/Meißner in MüKoStGB Vor § 73 Rn. 6 ff.; Gössel in Löwe/Rosenberg, 26. Aufl., Vor § 430 aF Rn. 8.
[13] Schmidt/Scheuß in KK-StPO Vor §§ 421 ff. Rn. 2.
[14] Gaede in Löwe/Rosenberg Vor § 421.
[15] Gössel in Löwe/Rosenberg, 26. Aufl., Vor § 430 aF Rn. 13.
[16] OLG Düsseldorf 29.6.1999 – 5 Ss 52/99 – 39/99 I, wistra 1999, 477 (478); vgl. auch die Gesetzesbegründung zu den §§ 430 ff. aF, BT-Drs. V/1319, 72 f.; Schmidt/Scheuß in KK-StPO Vor §§ 421 ff. Rn. 4.
[17] Schmidt/Scheuß in KK-StPO Vor §§ 421 ff. Rn. 4.

Früher noch war eine solche Geldbuße als bloße Nebenfolge ausgestaltet. Seit dem 2. WiKG ist sie als selbständige Sanktion zu verhängen.[18] Auch die ursprünglich in § 433 aF vorgesehenen Regelungen zur Vermögensbeschlagnahme für Fälle, in denen Klage oder Haftbefehl aufgrund gegen den Staat gerichteter Straftaten erhoben wurde, waren von den Änderungen des 8. StRÄndG betroffen und fanden sich nunmehr in § 443. Durch das OrgKG vom 15.7.1992[19] ist der Deliktskatalog des **§ 443** um typische Tatbestände der Organisierten Kriminalität erweitert worden. Erweiterungen wurden zudem durch das 31. StRÄndG und das 6. StRG vorgenommen.[20]

Der **Verfall** wurde materiell-rechtlich am 1.1.1975 durch die §§ 73–73d StGB in der Fassung des 2. StRG und Art. 18 Nr. 39 EGStGB 1974 eingeführt.[21] Verfahrensrechtliche Ergänzungen erfolgten durch Art. 21 Nr. 109 ff. EGStGB in der Weise, dass der dazu neugefasste § 442 Abs. 1 nunmehr vorschrieb, die Vorschriften über das Verfahren bei Einziehungen auch auf das Verfahren beim Verfall anzuwenden. § 442 Abs. 2 aF normierte dagegen Besonderheiten, die nur für die Verfallsbeteiligten gelten sollten. 6

b) Die Reform von 2017. Mit dem Gesetz zur **Reform der strafrechtlichen Vermögensabschöpfung** hat der Gesetzgeber weitreichende Änderungen im materiellen Recht der Einziehung vorgenommen; dabei hat er die RL 2014/42/EU in der Sache überboten,[22] indem er die zuvor in § 73c Abs. 1 S. 1 StGB aF enthaltene Härteklausel – entgegen eines in der Richtlinie enthaltenen Dispenses[23] – beseitigt hat; ferner hat er – wie im Vorfeld der Gesetzesverabschiedung vom Deutschen Richterbund kritisiert – die Verpflichtung von Staatsanwaltschaft und Gericht statuiert, die Vermögensabschöpfung selbst im Bereich der massenhaft begangen Kleinstkriminalität zu betreiben, indem nach § 73 StGB nunmehr jedwede Straftat[24] als Anlasstat für eine Vermögensabschöpfung in Frage kommt.[25] Strikt umgesetzt werden sollte mit der Reform demnach der Gedanke, den das BVerfG zum alten Recht so ausdrückt: „Der Gesetzgeber hält es nicht für sinnvoll, den Täter zu bestrafen und ihm zugleich das aus der Tat unrechtmäßig Erlangte zu belassen; dies könne geradezu als Anreiz zur Begehung weiterer entgelt- und gewinneinbringender Straftaten wirken".[26] Diese gesetzgeberische Maxime wird zum Teil auf die Kurzformel gebracht: „Straftaten dürfen sich nicht lohnen"![27] Diesem Ziel des materiellen Einziehungsrechts treten die prozessualen Vorschriften zur Seite. 7

Das Gesetz wurde am 22.3.2017 verabschiedet, am 23.4.2017 verkündet, und es trat am **1.7.2017 in Kraft.** Gemäß Art. 316h EGStGB gelten die materiell-rechtlichen Vorschriften **ohne Übergangsregelung** – im Einzelfall als unechte Rückwirkung, siehe zu den Zweifeln an der Verfassungsmäßigkeit bei (→ § 437 Rn. 15 ff.) – schon für alle laufenden Verfahren, wenn in dem jeweiligen Verfahren erstens noch keine instanzgerichtliche Entscheidung gefällt worden ist und wenn zweitens nicht vor dem 1.7.2017 eine Entscheidung über die 8

---

[18] Gössel in Löwe/Rosenberg, 26. Aufl., Vor § 430 aF vor Rn. 1.
[19] BGBl. I 1302.
[20] Gössel in Löwe/Rosenberg, 26. Aufl., Vor § 430 aF vor Rn. 1.
[21] Weßlau in SK-StPO, 4. Aufl., Vor § 430 aF Rn. 2. Siehe dazu auch bei Joecks/Meißner in MüKoStGB Vor § 73 Rn. 9 f.
[22] Vgl. etwa bei Meißner/Schütrumpf, 2018, Rn. 340, 353–355.
[23] Vgl. die Erwägungen zur RL 2014/42/EU Rn. 18: „Bei der Durchführung dieser Richtlinie können die Mitgliedstaaten vorsehen, dass unter außergewöhnlichen Umständen die Einziehung nicht angeordnet wird, wenn sie nach nationalem Recht eine unbillige Härte für die betroffene Person darstellen würde, auf der Grundlage der Umstände des jeweiligen Einzelfalls, der maßgeblich sein sollte. Die Mitgliedstaaten sollten von dieser Möglichkeit nur sehr eingeschränkt Gebrauch machen und lediglich zulassen können, dass die Einziehung in den Fällen nicht angeordnet wird, in denen die betroffene Person in eine Lage versetzt würde, die ihr die weitere Existenz sehr erschweren würde."
[24] BT-Drs. 18/9525, 3.
[25] Stellungnahme des Deutschen Richterbunds Nr. 9/16, S. 2. – Zur Reform des materiellen Rechts der Einziehung s. bei Beck/Knierim in Gesamtes Strafrecht aktuell, Kap. 16; Köhler NStZ 2017, 497; Meißner/Schütrumpf (2018).
[26] BVerfG 14.1.2004 – 2 BvR 564/95, BVerfGE 110, 1 Rn. 103.
[27] Lange, Plenarprotokoll zur 948. Sitzung des Bundesrates, S. 397; etwa noch Köhler NStZ 2017, 497; Meißner/Schütrumpf, 2018, Rn. 1.

Anordnung des Verfalls oder die Anordnung von Wertersatz ergangen ist. Begrifflich wird im neuen Recht nicht mehr unterschieden zwischen „Einziehung" und „Verfall", **terminologisch einheitlich** spricht das Gesetz jetzt von der „**Einziehung** (von Taterträgen)"; neben den Tatprodukten, Tatmitteln und Tatobjekten (§ 74 StGB) unterliegen alle sonstigen Taterträge (§ 73 StGB) der Einziehung – notfalls ist der Wert des Taterträges abzuschöpfen (§ 73c StGB). Daneben tritt die Vernichtung und Unbrauchbarmachung sowie die Beseitigung eines rechtswidrigen Zustandes (etwa § 74d StGB).

9 Ziel der Umgestaltungen des materiellen Rechts ist es, im Dienste einer „nachhaltigen Kriminalitätsbekämpfung" eine **„effektive staatliche Einziehung"** zu gewährleisten.[28] Die bisherigen Regelungen wurden als zu „komplex und unübersichtlich" angesehen und sollten vereinfacht werden, insbesondere um manche Zweifelsfrage sowie die Fehleranfälligkeit der gerichtlichen Entscheidungen zu beseitigen. Von der Neuregelung profitieren sollen nicht zuletzt die Kriminalitätsopfer, denen das bislang geltende Prinzip der „Rückgewinnungshilfe" nicht stets zum Erfolg verhelfen konnte, ja sogar als „zentrales Hindernis" angesehen wurde;[29] an seine Stelle tritt – als **Kernstück** der Reform – das **„Opferentschädigungsmodell"**,[30] das den Opfern von Straftaten „einen einfachen und kostenlosen" Weg zur „Schadenswiedergutmachung" bereiten will. Klar geregelt werden sollten zudem die Fälle des „aus Straftaten herrührenden Vermögens **unklarer Herkunft**". Daneben werden **„Abschöpfungslücken"** geschlossen, indem die Einziehung des Erlangten nunmehr an „jede rechtswidrige Straftat" geknüpft werden kann. Auch damit verfolgt der Gesetzgeber die Maxime: **„Straftaten dürfen sich nicht lohnen"**![31]

10 Diesen Zielen dient ebenso die Neuregelung der prozessualen Vorschriften, die das materielle Recht der Einziehung flankieren. Die besonderen prozessualen Regelungen für das Einziehungsverfahren fanden sich bislang in §§ 430–441 aF. Sie wurden in den §§ 421–439 vollständig neu geregelt. Erfasst sind hierbei Regelungen erstens zum Absehen von der Einziehung, zweitens zur Verfahrensbeteiligung Dritter und drittens zum Verfahren bei der selbständigen Anordnung.[32] Mit Blick auf die Verfahrensbeteiligung anderer als dem Tatverdächtigen sieht der Regierungsentwurf den **Schwerpunkt** der Neufassung in der „systematisch folgerichtigen **Trennung**" zwischen dem **„Einziehungsbeteiligten"** und **„Nebenbetroffenen"**.[33] Während die Normen für den Einziehungsbeteiligten im Wesentlichen unmittelbar gelten, gelten sie für Nebenbetroffene mit Modifikationen entsprechend (§ 438).

11 Eine wesentliche Vereinfachung der Verfahrensvorschriften sieht der Gesetzgeber darin, dass einheitlich die Einziehungsregeln gelten, also gleichermaßen für jedwede Art der Einziehung (§§ 421–438) wie für Vernichtung, Unbrauchbarmachung und Beseitigung eines rechtswidrigen Zustandes (§ 439).

12 Auch die neuen prozessualen Vorschriften gelten dem **Grundsatz** nach **ohne Übergangsregelungen**. Eine Ausnahme gilt für Verfahren, in denen bis zum Inkrafttreten des Reformgesetzes „im Urteil oder Strafbefehl festgestellt wurde, dass deshalb nicht auf Verfall erkannt wird, weil Ansprüche eines Verletzten iS des § 73 Abs. 1 S. 2 des Strafgesetzbuches entgegenstehen" (§ 14 EGStPO).[34] In der Gesamtschau drücken auch die Verfahrensregeln den Willen aus, möglichst umfassend und ausnahmslos Vermögensvorteile abzuschöpfen. Kritische Stimmen aus der Justizpraxis melden Bedenken an. Der Aufwand in den einzelnen Verfahren, vor allem in Wirtschaftsstrafsachen, sei „merklich gestiegen".[35]

---

[28] BT-Drs. 18/9525, 1–3. – dort auch zu den im Text folgenden Zitaten.
[29] BT-Drs. 16/9525, 2, 46.
[30] Köhler NStZ 2017, 497 mit Fn. 7.
[31] Vgl. allgemein bei Lange, Plenarprotokoll zur 948. Sitzung des Bundesrates, 397; Knierim in Gesamtes Strafrecht aktuell, Kap. 21 Rn. 2; Köhler NStZ 2017, 497.
[32] Siehe BT-Drs. 16/9525, 87.
[33] BT-Drs. 16/9525, 87.
[34] Der BGH wendet dies auf Verfahren an, in denen festgestellt wurde, dass deshalb nicht auf Verfall erkannt wird, weil Ansprüche eines Verletzten iSd § 73 Abs. 1 S. 2 aF entgegenstehen (29.11.2017 – 2 StR 271/17, HRRS 2018, Nr. 186).
[35] Reh NZWiSt 2018, 20.

c) Nachsteuerungen (2021). Mit dem „**Gesetz zur Fortentwicklung der Straf-** 13
prozessordnung…", das am 1.7.2021 in Kraft trat, hat der Gesetzgeber nach eigener
Einschätzung die Reformen der Vorjahre **punktuell nachgesteuert.**[36] Von den Verfahrensvorschriften zur Einziehung betrifft das die §§ 413, 421, 430, 435 (459g). Im Sicherungsverfahren gestattet § 413 jetzt die Einziehung, soweit sie als „Nebenfolge" (§§ 73–73e, 74b, 74d StGB) und nicht als „Nebenstrafe" (§§ 74, 74c StGB) erfolgt (→ § 413 Rn. 1 f.).[37] Eine Beschränkung nach § 421 Abs. 1 Nr. 2 (Verzichtbarkeit) ist nunmehr begrenzt auf die Einziehung mit strafähnlichem Charakter der §§ 74, 74c StGB.[38] Um häufiger abgekürzte Entscheidungsgründe zu ermöglichen, beginnt nach § 430 Abs. 4 S. 1 die Rechtsmittelfrist nunmehr schon mit Zustellung bloß der Urteilsformel. Der neu angefügte § 435 Abs. 4 legt fest, dass auch nach Einstellung des subjektiven Ermittlungsverfahrens die für die Einziehung erforderlichen Ermittlungsmaßnahmen zulässig sind (→ § 435 Rn. 44).

2. Allgemeines zu § 421. Die Norm des § 421 entspricht strukturell § 154a – nur 14
mit dem Unterschied der Begrenzung des Absehens auf das Einziehungsverfahren.[39] Sie
tritt also ergänzend neben § 154a.[40] Zwischen den Normen besteht aber, worauf Weßlau
schon für das alte Recht hingewiesen hat, zugleich ein Spannungsverhältnis: Eine Beschränkung nach § 154a kann die Voraussetzungen für ein Absehen beseitigen.[41] Die **Nr. 3** erfasst
im Ansatz jedwedes Einziehungsobjekt, der Wortlaut trifft keine Einschränkung.[42] Eine
historische Auslegung bestätigt dies, denn im Gesetzesentwurf wird ausdrücklich darauf
hingewiesen, dass die Vorschrift „für alle Fälle der Einziehung oder Wertersatzeinziehung"
gilt.[43] Anders liegt dies bei der **Nr. 2,** der Normtext stellt mittlerweile klar, dass sie „nur
in den Fällen der strafähnlichen (Wertersatz-)Einziehung" gilt (§§ 74, 74c StGB).[44] Aus der
Regelung zur Wiedereinbeziehung (Abs. 2) und aus § 435 Abs. 3, der nicht auf § 421
verweist,[45] folgt zudem, dass die Norm nicht auf das selbständige Verfahren anwendbar ist.[46]
Für das selbständige Einziehungsverfahren findet sich eine gesonderte Regelung in § 435
Abs. 1 S. 2.

Die Nr. 1–3 bieten **echte Alternativen** zwischen den Sachgesichtspunkten der 15
Geringwertigkeit des Einziehungsobjektes (Nr. 1), der Verzichtbarkeit der Einziehung
(Nr. 2) und ihrer Unangemessenheit wegen des Aufwandes oder wegen einer Erschwerung
(Nr. 3). Freilich werden die Gesichtspunkte nicht selten kumulieren und in ihrer Gesamtheit
zum Absehen vom Einziehungsverfahren drängen.[47]

Der Gesetzgeber sieht in der gerichtlichen Anordnung der Einziehung von Taterträgen 16
den Regelfall, davon solle nur **ausnahmsweise** und unter den Voraussetzungen des § 421
abgesehen werden.[48] Mit dieser normativen Sicht stimmt die empirische Betrachtung überein, wonach die Praxis kaum Gebrauch von der Absehensmöglichkeit macht.[49] Mit der
Reform war aber gegenüber dem alten § 430 keine Verengung des Anwendungsbereichs
verbunden.[50] Eine restriktivere Interpretation ist daher nicht am Platz. Verfahrensrechtlich

---

[36] BT-Drs. 19/27654, 1 (s. zum Folgenden dort, S. 108 ff.).
[37] Bittmann NStZ 2022, 8 (12).
[38] Kritisch Bittmann NStZ 2022, 8 (12).
[39] Köhler in Meyer-Goßner/Schmitt Rn. 1; Tschakert in Bittmann/Köhler/Seeger/Tschakert Strafrechtl. Vermögensabschöpfung-HdB Rn. 1363.
[40] Weßlau in SK-StPO, 4. Aufl., § 430 aF Rn. 1.
[41] Weßlau in SK-StPO, 4. Aufl., § 430 aF Rn. 1.
[42] Temming in BeckOK StPO Rn. 3.
[43] BT-Drs. 16/9525, 87.
[44] BT-Drs. 19/27654, 39, 109.
[45] Temming in BeckOK StPO Rn. 3.
[46] Gaede in Löwe/Rosenberg § 435 Rn. 39; aA Koch/Bröckers/Meyer in HK-GS Rn. 1.
[47] Weßlau in SK-StPO, 4. Aufl., § 430 aF Rn. 7; ferner Gaede in Löwe/Rosenberg § 421 Rn. 6: Überschneidung möglich; ebenso Lohse in Krekeler/Löffelmann/Sommer § 430 aF Rn. 5. – In BGH 26.4.2017 – 1 StR 91/17, StraFo 2017, 247 lässt der 1. Strafsenat sogar unausgesprochen, welcher Gesichtspunkt konkret eingreift.
[48] BT-Drs. 16/9525, 60.
[49] Bach JR 2008, 230 (232) mit Fn. 32 unter Verweis auf Dessecker, 1992.
[50] BT-Drs. 16/9525, 87: „Die Regelung entspricht weitgehend dem geltenden Recht."

ergibt eine Gesamtschau der Vorschriften die Geltung vom „**Grundsatz des gemeinsamen Verfahrens**": Über die Einziehung soll grundsätzlich in der Hauptverhandlung entschieden werden, und zwar gemeinsam mit der Klärung der Tatfrage; dies drückt sich vor allem in den §§ 421, 424, 427 aus;[51] in dieselbe Richtung weisen die Sollvorschriften der §§ 111b, 111e.[52] Für Beschränkungsentscheidungen der StA im Vorverfahren wird dem § 421 die Funktion und die Kraft zugeschrieben, das staatsanwaltschaftliche Ermessen anzuleiten.[53] Die Rechtsprechung praktiziert auch eine **Teilbeschränkung der Einziehung**, und zwar unabhängig davon, ob es sich um unterschiedliche einzuziehende Gegenstände handelt oder um eine Wertersatzeinziehung. Dem bei der Wertersatzeinziehung auf Unteilbarkeit zielenden Wortlauteinwand („wenn" statt „soweit")[54] hält der BGH entgegen, dass die Teilbeschränkung „als Minus" vom Wortlaut des § 421 erfasst werde und dass der Gesetzgeber mit der neuen Regelung keine Änderungen der Rechtslage beabsichtigt habe.[55] Ob das bei § 421 Nr. 3 selbst in Fällen hoher Werte[56] vereinbar ist mit dem grundsätzlichen Vorrang der Abtrennung nach § 422 (→ Rn. 31), ist durchaus zweifelhaft. – Die (Teil)Beschränkung gemäß § 421 soll auch (konsequent) möglicher Gegenstand einer Verständigung iSd § 257c sein.[57]

17   **3. Normzweck des § 421.** Mit § 421 transferiert der Gesetzgeber die Absehensregelung in puncto Geringwertigkeit des Erlangten vom materiellen Recht (§ 73c Abs. 1 S. 2 StGB aF) ins Prozessrecht und verbindet sie mit den schon zuvor in § 430 aF geregelten Absehensgründen. All diese Regelungen dienen in erster Linie der **Verfahrensökonomie**[58] und damit zugleich dem **Beschleunigungsgebot**.[59] Ausdruck dieser Zwecksetzung ist es, dass die Vorschrift schon im Ermittlungsverfahren ermöglicht, von der Einziehung abzusehen (§ 421 Abs. 3).[60] Mit Blick auf die Nr. 2 (Verzichtbarkeit) ist die Besonderheit zu berücksichtigen, dass das Absehen von der Einziehung im Kern eine Strafzumessungsentscheidung ist (→ Rn. 22);[61] sie entspricht strukturell derjenigen im Rahmen der §§ 154, 154a.[62] Im Übrigen gibt die Vorschrift – in dem von ihr gesetzten Rahmen – dem Gedanken der **Opportunität** einen gewissen Vorrang gegenüber dem Legalitätsprinzip.[63]

II. Erläuterungen

18   **1. Absehen von der Einziehung (Abs. 1).** Die Gerichte (und im Vorverfahren die StA) können von der Einziehung absehen. Damit ist das schon nach altem Recht (§ 430 aF) praktizierte Vorgehen gemeint, das Verfahren **„auf die übrigen Rechtsfolgen zu beschränken"**.[64] Absehen nach neuem Recht und Beschränken nach altem Recht meinen

---

[51] Knierim in Gesamtes Strafrecht aktuell, Kap. 21 Rn. 118; Peters in Peters/Bröckers Rn. 551; Reh NZWiSt 2018, 20 (22).
[52] Reitemeier/Koujouie, 2017, 70 – zitiert nach Reh NZWiSt 2018, 20 (22).
[53] Reitemeier/Koujouie, 2017, 70 – zitiert nach Reh NZWiSt 2018, 20 (22).
[54] So noch Köhler in Meyer-Goßner/Schmitt, 61. Aufl., Rn. 2.
[55] BGH 2.8.2018 – 1 StR 311/18, NStZ 2018, 742 mAnm H. Schneider (unter Verweis auf BT-Drs. 18/9525, 87); BGH 18.2.2020 – 3 StR 349/19, BeckRS 2020, 3737; zust. Gaede in Löwe/Rosenberg Rn. 23; Paeffgen in SK-StPO § 421 Rn. 9; Peters in Peters/Bröckers Rn. 576; ferner Tschakert in Bittmann/Köhler/Seeger/Tschakert Strafrechtl. Vermögensabschöpfung-HdB Rn. 1363.
[56] Beispiel bei H. Schneider NStZ 2018, 743: von einzuziehenden 1,4 Millionen Euro per Teilbeschränkung zur Absenkung auf 800.000 Euro; Würfel/Lehmeyer StraFo 2020, 96 (98).
[57] BGH 6.2.2018 – 5 StR 600/17, NStZ 2018, 366; zur Teilbeschränkung 2.8.2018 – 1 StR 311/18, NStZ 2018, 742; Schneider NStZ 2018, 743; Heine in Satzger/Schluckebier/Widmaier StPO Rn. 15; Tschakert in Bittmann/Köhler/Seeger/Tschakert Strafrechtl. Vermögensabschöpfung-HdB Rn. 1363; Wilke wistra 2019, 81 (88); Wilke StraFo 2019, 495.
[58] BT-Drs. 16/9525, 87; BGH 2.8.2018 – 1 StR 311/18, NStZ 2018, 742; Köhler in Meyer-Goßner/Schmitt Rn. 1; van Cleve NJW 2023, 1264 (1265).
[59] BT-Drs. 16/9525, 55.
[60] BT-Drs. 16/9525, 87.
[61] Nestler JA 2008, 88 (94); Peters in Peters/Bröckers Rn. 575.
[62] Temming in BeckOK StPO Rn. 6.
[63] Paeffgen in SK-StPO Rn. 3.
[64] BT-Drs. 16/9525, 87.

also dasselbe, sodass lediglich ein Wechsel im Ausdruck vorliegt. Ein Grund dafür ist nicht ersichtlich; die Änderung hätte besser unterbleiben sollen. Denn das Absehen assoziiert man mit § 60 StGB und dessen ganz anderen Regelungsgehalt und eben nicht mit der prozessualen Beschränkung: Nicht das Absehen nach erfolgter Durchführung des Verfahrens meint § 421, sondern das Beschränken von vornherein oder im Laufe des Verfahrens.[65]

Das Absehen von der Einziehung darf nur **mit Zustimmung der StA** erfolgen. Für die Nr. 1 (Absehen wegen Geringwertigkeit) hat sich die Rechtslage geändert. War früher nach der materiell-rechtlichen Regelung des § 73c Abs. 1 S. 2 StGB aF das Gericht allein entscheidungsbefugt, so muss auch insoweit nunmehr die StA zustimmen; dies ist in Verbindung zu sehen mit der Regelung zum Wiedereinbeziehen des Einziehungsverfahrens – ein **Antrag** der StA **verpflichtet** das **Gericht** zur Einbeziehung (§ 421 Abs. 2 S. 2). Die StA fungiert folglich als Kontrollinstanz gegenüber dem Gericht. 19

a) Geringwertigkeit (Nr. 1). Die Annahme der Geringwertigkeit des Erlangten liegt nach wie vor im pflichtgemäßen Ermessen des Gerichts.[66] Geringwertigkeit, die zur Beschränkung berechtigt, wird man zunächst annehmen können, wenn der durch die Tat erlangte Vermögenswert – dem Betrag nach und bei abstrakter Bewertung – objektiv geringfügig ist und damit als Tatvorteil und Anreiz für weitere Straftaten **vernachlässigt werden kann.** Auf die Vermögensverhältnisse des Beschuldigten kommt es nicht an.[67] Ebenso ist Geringwertigkeit anzunehmen, wenn die Einziehungskosten den Wert des Erlangten übersteigen. Die Aspekte werden oft zum selben Ergebnis führen. Der Höhe nach anzusetzen sei ein solch zu vernachlässigender Wert bei Beträgen von bis zu 150 Euro.[68] Vorzugswürdig erscheint es, einen Betrag von **1.000 Euro** als Grenze vorzusehen.[69] 20

Damit liegt der Betrag deutlich über dem des Geringwertigkeitsbegriffs in § 248a StGB (50 Euro),[70] und ist doppelt so hoch wie bei Einstellung von Steuerstrafverfahren nach § 398 AO (geringwertige Steuerverkürzung). Dem widerspricht nicht etwa die Entstehungsgeschichte des § 421. Zwar war die Geringwertigkeitsklausel früher in § 73c Abs. 1 S. 2 StGB geregelt und entsprach im Wortlaut dem Merkmal in § 248a StGB, was für einen inhaltlichen Gleichlauf spricht.[71] Doch war die Orientierung an § 248a StGB schon für die alte Rechtslage und also schon für § 73c Abs. 1 S. 2 StGB aF unangebracht. Bei § 248a StGB geht es darum, ab welchem Wert der gestohlenen Sache die Rechtsgemeinschaft (unabhängig vom Strafantrag des Bestohlenen) ein Verfolgungsinteresse hat, also darum, ob das Strafverfahren überhaupt betrieben wird. Bei § 73c Abs. 1 S. 2 StGB aF ging es darum, ob neben dem Verfahren, das auf die Hauptfolge der Bestrafung zielt, das Einziehungsverfahren hinsichtlich dieser Nebenfolge zu betreiben ist; das **Nebenfolgeverfahren** ist aber im Vergleich **eher verzichtbar** als die Verfolgung überhaupt, weil ja im Falle des Absehens von der Einziehung das Hauptfolgeverfahren und damit das grundsätzliche Allgemeininteresse an einer Sanktionierung weiterverfolgt wird. Ebenso liegt es im Verhältnis von § 421 zu § 398 AO, weshalb das bloße Nebenfolgeverfahren (Einziehung) auch eher unterbleiben darf – bis zum Betrag von 1.000 Euro statt 500 Euro – als das Hauptfolgeverfahren (Steuerstrafverfahren). 21

b) Verzichtbarkeit (Nr. 2). Mit der Voraussetzung, dass die Einziehung neben der zu erwartenden Strafe oder Maßregel **nicht ins Gewicht fällt,** haben StA und Gericht 22

---

[65] Heine in Satzger/Schluckebier/Widmaier StPO Rn. 4.
[66] Zu § 73c Abs. 1 S. 2 aF: OLG Düsseldorf 16.3.1987 – 5 Ss 44/87 – 48/87 I, NJW 1987, 1958; Rübenstahl in Leipold/Tsambikakis/Zöller StGB § 73c aF Rn. 10.
[67] Rübenstahl in Leipold/Tsambikakis/Zöller StGB § 73c aF Rn. 10.
[68] Knierim in Gesamtes Strafrecht aktuell, Kap. 21 Rn. 146; so auch noch Putzke/Scheinfeld, StrafProzR, 1. Aufl., Rn. 1.
[69] Vgl. bei Schmidt, 2019, Rn. 1687, der selbst 1.000 Euro als Grenze präferiert und dafür auf die entsprechende Bestimmung von geringwertigen Wirtschaftsgütern im Handelsrecht und Einkommensteuergesetz verweist.
[70] Vgl. nur etwa bei Hohmann in MüKoStGB StGB § 248a Rn. 7.
[71] So denn auch die hM, vgl. etwa Schmidt in LK StGB § 73c Rn. 14; Joecks in MüKoStGB, 3. Aufl., § 73c (aF) Rn. 33.

der Sache nach eine **Strafzumessungsentscheidung** zu treffen.[72] Es geht darum, ob die Nebenfolge der Einziehung deshalb verzichtbar ist, weil der Schutz der Rechtsordnung wegen der übrigen Rechtsfolgen ohne die Einziehung erreicht wird.[73] Das gilt auch im Jugendstrafrecht.[74] Mit der Begrenzung auf Einziehungen nach §§ 74, 74c StGB ist nunmehr klargestellt, dass die Einziehungsgegenstände dem Täter oder Teilnehmer gehören oder zustehen müssen (§ 74 Abs. 3 S. 1 StGB). Anwendbar ist die Nr. 2 nach der jüngsten Änderung, der Begrenzung auf Einziehungen nach §§ 74, 74c StGB, in Abkehr von der früheren Rspr. nur noch auf die strafähnlichen Fälle der (Wertersatz-)Einziehung (§ 74c StGB), nicht hingegen auf Einziehungen mit präventiver oder vermögensordnender Funktion.[75] Der Verfahrensökonomie kann über Anwendung der Nr. 1, 3 genügt werden.[76]

23 Das Gesetz verwendet mit dem Nicht-ins-Gewicht-Fallen der Einziehung einen unbestimmten Rechtsbegriff. Dessen Konkretisierung hat sich auszurichten an dem vom Gesetzgeber mit der Reform verfolgten Zwecken, einerseits also die Nutznießung von Verbrechensgewinnen aus präventiven Gründen effektiv abzuschöpfen, damit Anreize zur Straftatbegehung entfallen; und andererseits ein ökonomisches und beschleunigtes Durchführen des Verfahrens zu ermöglichen. Der zutreffende **Maßstab** drückt sich daher vor allem in der Frage aus: Bliebe trotz der Strafe oder Maßregel ein nicht nur unerheblicher Anreiz zur Straftatbegehung? Zu fragen ist also nach einer „relativen Unerheblichkeit".[77]

24 Man könnte vor diesem Hintergrund geneigt sein, die Einziehung zunächst dann für verzichtbar zu erachten, wenn sie **neben Freiheitsstrafe** treten würde; denn wegen der Stärke der abschreckenden Wirkung, die schon in der Freiheitsstrafe liegt, könnte der Tatertrag daneben seine Anreizqualität stets verlieren. Dies ist aber bei hohen Taterträgen schon empirisch fragwürdig. So oder so kann der Umstand, dass eine Freiheitsstrafe verhängt wird oder zu erwarten ist, für sich genommen nicht die Verzichtbarkeit begründen; denn sonst schiede eine Einziehung neben (zu erwartender) Freiheitsstrafe in der Regel aus,[78] was vom Gesetzgeber gerade nicht intendiert war und dem gewollten Ausnahmecharakter widerspräche. Man wird daher insgesamt nicht um eine **Einzelfallbewertung** umhinkommen. Der Gesetzesentwurf nennt als Anwendungsfall des § 421 den eines Betruges zum Nachteil der Sozialkassen mit vergleichsweise niedrigem Schaden.[79] – Im Vorverfahren kann sich bei Bankrottdelikten das Absehen empfehlen, wenn ungewiss ist, ob sich weitere Gläubiger im Insolvenzverfahren anmelden.[80]

25 **Mittelbar** kann bei der Nr. 2 der im geltenden Recht nicht mehr explizit berücksichtigte Gedanke der **„unbilligen Härte"** (§ 73c Abs. 2 S. 1 StGB aF) bedeutsam werden.[81] Die hinsichtlich des Vorliegens einer unbilligen Härte anzustellenden Verhältnismäßigkeitsüberlegungen können bei der Verzichtbarkeit in extensiver Auslegung des Passus „nicht ins Gewicht fällt" mitberücksichtigt werden. Nicht ins Gewicht fallen kann die Nebenfolge auch deshalb, weil sie aus Gründen der Verhältnismäßigkeit gar nicht verhängt werden darf oder nicht verhängt werden sollte, insbesondere weil sie (dauerhaft) nicht vollstreckt werden dürfte (§ 459g Abs. 5).[82] Zum Teil wird aus § 459g Abs. 5 gerade umgekehrt geschlussfolgert, dass Verhältnismäßigkeitsüberlegungen erst und ausschließlich im Vollstreckungsverfahren zum Tragen kommen.[83] Dies dürfte aber nicht dem Willen des Gesetzgebers entspre-

---

[72] Nestler JA 2008, 88 (94).
[73] Köhler in Meyer-Goßner/Schmitt Rn. 5.
[74] LG Köln 2.4.2019 – 322 Ns 8/19, BeckRS 2019, 5463.
[75] BT-Drs. 19/27654, 39, 109; Gaede in Löwe/Rosenberg Rn. 11; Metzger in KMR-StPO Rn. 10.
[76] BT-Drs. 19/27654, 109; Köhler in Meyer-Goßner/Schmitt Rn. 6.
[77] Gaede in Löwe/Rosenberg Rn. 9.
[78] Heine in Satzger/Schluckebier/Widmaier StPO Rn. 10.
[79] BT-Drs. 16/9525, 87.
[80] Reh NZWiSt 2018, 23.
[81] Peters in Peters/Bröckers Rn. 584; Tschakert in Bittmann/Köhler/Seeger/Tschakert Strafrechtl. Vermögensabschöpfung-HdB Rn. 1384; anders Heine in Satzger/Schluckebier/Widmaier StPO Rn. 9; wohl auch Müller Betrifft Justiz 2019, 124.
[82] Peters in Peters/Bröckers Rn. 584.
[83] BGH 22.3.2018 – 3 StR 577/17, HRRS 2018, Nr. 482; Müller Betrifft Justiz 2019, 124 – für die Fachgruppe Strafrecht der Neuen Richtervereinigung. Wie aber die Existenz des § 153 StPO dafür Raum lässt, Bagatellfälle materiell-strafrechtlich schon tatbestandlich auszugrenzen (etwa bei § 223 StGB

chen: Da das Reformgesetz ohne Übergangsregelung und also für viele Altfälle gilt, ist nicht davon auszugehen, dass der Gesetzgeber mit einer bedenklichen ersatzlosen Streichung der Verhältnismäßigkeitsregelung rückwirkend in die Bestimmung der Nebenfolgen eingreifen wollte; vielmehr ist anzunehmen, dass die Verhältnismäßigkeit des Einziehens nunmehr über § 421 zu realisieren ist.[84] Dies drückt sich in der Entwurfsbegründung schließlich sehr klar darin aus, dass die Vermögenslosigkeit des Einziehungsbetroffenen – ein „Hauptfall der unbilligen Härte" – als ein Anwendungsfall des § 421 genannt wird.[85]

c) Unangemessener Aufwand (Nr. 3). Die Nr. 3 greift auch dann, wenn die Einziehung einen nicht geringen Wert hat und nicht verzichtbar ist, tritt also als echte Alternative neben Nr. 1 und Nr. 2.[86] Zugrunde liegt der Beschränkung nach Nr. 3 der Gedanke der **Ressourcenschonung** im Strafprozess.[87] Unangemessen ist der – im Einziehungsverfahren inklusive dem Vollstreckungsverfahren und Entschädigungsverfahren[88] – nötige Aufwand, wenn im Verhältnis zum Einziehungswert ein **unverhältnismäßiger Aufwand** an Zeit, Geld und Ressourcen erforderlich wäre.[89] Insbesondere wird das der Fall sein können, wenn für das Einziehungsverfahren (kostspielige) Sachverständigengutachten eingeholt oder sonst aufwendig Beweise erhoben werden müssten;[90] daneben treten Fälle „ersichtlich vermögensloser Tatverdächtiger";[91] wenn „der Steueranspruch im Steuerfestsetzungsverfahren bestandskräftig" ist, kann die Vollstreckung unaufwendiger durch die Finanzbehörde erfolgen.[92] Erfasst sind aber auch alle anderen Umstände, die das Verfahren in die Länge ziehen. So wird ein Verfahren im Einzelfall unangemessen aufwendig, wenn ein OLG-Senat, weil er eine abweichende Rechtsauffassung zur Zulässigkeit der Einziehung vertritt, die Sache dem BGH vorlegen müsste.[93] Bei Zweifeln zur Höhe des Erlangten (Kausalität) kann im Einzelfall in Relation zum Wert der Einziehung ein unangemessener Aufwand darin liegen, mit der Beweisaufnahme eine „tragfähige Tatsachengrundlage"[94] für eine Schätzung zu schaffen.[95] – Eine Verfahrensverzögerung ist allerdings keine notwendige Bedingung für das Absehen nach der Nr. 3.[96]

In der **Literatur** wird dieser Beschränkungsgrund für das neue Recht zum Teil **enger gedeutet,** für reine Verfahrensverzögerungen komme nunmehr eine Abtrennung des Einziehungsverfahrens nach § 422 in Betracht, sodass im abgetrennten Verfahren (§ 423) über die Einziehung entschieden werden könne.[97] Der Gesetzgeber habe die fürs alte Recht geltende Prämisse aufgegeben, wonach Entscheidungen über Nebenfolgen nicht in den Vordergrund rücken dürften.[98] Für diese Sicht lässt sich der Wortlaut des § 422 anführen, worin zwischen „erschweren" und „verzögern" unterschieden wird; ergänzend kann auf

---

als nur unerhebliche Beeinträchtigung des körperlichen Wohlbefindens), so lässt § 459 Abs. 5 dafür Raum, über § 421 in Fällen unbilliger Härte dem Gedanken der Verfahrensökonomie und der Angemessenheit staatlichen Einziehens von Vermögenswerten Rechnung zu tragen.

[84] Im Gesetzesentwurf findet sich zwar der Satz: „Eine mit rechtlichen Unsicherheiten behaftete Korrektur möglicher unvertretbarer Ergebnisse über eine Härteklausel ist nicht notwendig"; doch bezieht der sich auf die Umsetzung des Bruttoprinzips und verschiebt die Verhältnismäßigkeitsprüfung in die Bestimmung des Erlangten, s. BT-Drs. 16/9525, 56.
[85] BT-Drs. 16/9525, 87; zutreffender Hinweis bei Nobis StraFo 2020, 50 (56).
[86] Schmidt/Scheuß in KK-StPO Rn. 5.
[87] Gössel in Löwe/Rosenberg, 26. Aufl., § 430 aF Rn. 8.
[88] Tschakert in Bittmann/Köhler/Seeger/Tschakert Strafrechtl. Vermögensabschöpfung-HdB Rn. 1381.
[89] Gössel in Löwe/Rosenberg, 26. Aufl., § 430 aF Rn. 8; vgl. auch Nestler JA 2008, 88 (94).
[90] Schmidt/Scheuß in KK-StPO Rn. 5; Köhler in Meyer-Goßner/Schmitt Rn. 8.
[91] BT-Drs. 16/9525, 87; Madauß NZWiSt 2018, 28 (29).
[92] Madauß NZWiSt 2018, 28 (29).
[93] OLG Dresden 12.3.2003 – 1 Ss 116/03, NStZ-RR 2003, 214: andere Rechtsauffassung zur Zulässigkeit des Verfalls bei Erwerb von Betäubungsmitteln.
[94] Zu diesem Erfordernis BGH 21.5.2019 – 5 StR 188/9, BeckRS 2019, 10874.
[95] Kremer/Altenburg NZWiSt 2020, 174 (177).
[96] Kurth/Pollähne in Gercke/Julius/Temming/Zöller, 5. Aufl., § 430 aF Rn. 4; auch Temming in BeckOK StPO Rn. 7.
[97] Korte wistra 2018, 1; Temming in BeckOK StPO Rn. 7.
[98] Temming in BeckOK StPO Rn. 7.

den nunmehr zugeschriebenen Ausnahmecharakter des § 421 (→ Rn. 16) verwiesen werden. Doch betrifft diese Frage nicht die Normvoraussetzungen des § 421, sondern das **Auswahlermessen** (→ Rn. 31); denn auch § 422 eröffnet dem Gericht einen Ermessensspielraum, sodass die vom Gesetz eröffneten Möglichkeiten des Absehens und des Abtrennens als einheitlicher Gegenstand einer Ermessensentscheidung anzusehen sind. Wenn die StA zustimmt, darf das Gericht also auch im Fall drohender Verfahrensverzögerung und eben zu deren Vermeidung nach § 421 beschränken. Dies entspricht der Zielsetzung des Gesetzgebers, wonach die Herstellung von Verfahrensökonomie ein tragender Regelungszweck aller Nummern des § 421 ist.[99] – Grundsätzlich ist die Nr. 3 auch anwendbar, wenn Beschuldigter und Einziehungsbeteiligter personenverschieden sind,[100] doch wird in diesen Fällen ein Abtrennen nach § 422 naheliegen.

28   **d) Unangemessene Erschwerung (Nr. 3).** Eine unangemessene Erschwerung iSd Nr. 3 muss sich **beziehen** auf die „Herbeiführung der Entscheidung über die **anderen Rechtsfolgen** der Tat". Mit dieser Besonderheit läuft es in der Anwendung auf dieselben Kriterien wie bei der Nr. 2 hinaus, insbesondere der **Zeitaufwand** und der **Kostenaufwand** werden bedeutsam.[101] In der Sache soll damit verhindert werden, dass die Entscheidung über die Nebenfolge (Einziehung) das Verfahren im Übrigen unverhältnismäßig verzögert. Dies entspricht dem Recht des Beschuldigten auf Verhandlung seiner Sache „in angemessener Frist" (Art. 6 EMRK).[102] Um dem **Beschleunigungsprinzip** zu entsprechen, räumt der Gesetzgeber diese Beschränkungsmöglichkeit ein.[103] Freilich steht auch für diesen Beschränkungsfall – im Rahmen des Auswahlermessens – mit der Abtrennung (§ 422) eine Alternative zur Verfügung (→ Rn. 16). Angenommen worden ist eine hinreichende Erschwerung bei beträchtlichem Wert der Einziehung für eine mehrwöchige Verzögerung der Hauptverhandlung.[104] Der Umstand, dass in Steuerverfahren bereits eine Vollstreckung der Finanzbehörden läuft, kann für sich genommen keine unangemessene Erschwerung begründen, weil die Verfahren der Einziehung und Vollstreckung in der Regel parallel laufen.[105] Doch kann dieser Aspekt in die Gesamtwürdigung aller Umstände einfließen.[106] Dasselbe gilt, wenn wirtschaftlich starke Akteure wahrscheinlich die Rückforderung betreiben werden.[107]

29   **e) Speziell: Sicherungseinziehung.** Für Nr. 2 ist die Sicherungseinziehung explizit ausgenommen, da nur auf §§ 74, 74c StGB und nicht auf § 74b StGB verwiesen wird. Für die Nr. 1, 3 dürfte in Fällen der Sicherungseinziehung die Eigenschaft des Einziehungsgegenstandes, **für die Allgemeinheit gefährlich** zu sein, gewisse Modifikationen der allgemeinen Regeln erfordern. Mit dieser Einziehungsart wird nämlich vor allem der Zweck verfolgt, die Allgemeinheit vor der Verwendung des Gegenstandes zu schützen. Die **Geringwertigkeit** der Sache ist deshalb **kein Grund,** von der Einziehung abzusehen. Auch streitet dieser Aspekt dafür, einen gewissen Aufwand und gewisse Erschwerungen hinzunehmen, auf das Absehen von der Einziehung sollte deshalb in der Regel verzichtet werden. Zwar sieht auch § 74b StGB für eine Sicherungseinziehung nur vor, dass solche Gegenstände „eingezogen … werden können", doch dürfte sich das Ermessen auf Seiten der Gerichte und Strafverfolgungsbehörden – wegen der Gefährdung der Allgemeinheit – vielfach auf null reduzieren.[108] Zumeist wird daher, bezogen auf solch gefährliche Einzie-

---

[99] BT-Drs. 16/9525, 87.
[100] Metzger in KMR-StPO Rn. 4; Paeffgen in SK-StPO Rn. 14.
[101] Gaede in Löwe/Rosenberg Rn. 17; Paeffgen in SK-StPO Rn. 14.
[102] Gaede in Löwe/Rosenberg 17.
[103] Paeffgen in SK-StPO Rn. 16.
[104] LG Bonn 18.3.2020 – 62 KLs 1/19, BeckRS 2020, 13619 unter Nennung weiterer Umstände (insbesondere Rückforderungsbescheide der Finanzbehörden).
[105] Madauß ZWH 2020, 93 (96); Schubert wistra 2021, 349 (350).
[106] Vgl. bei LG Bonn 18.3.2020 – 62 KLs 1/19, BeckRS 2020, 13619.
[107] Peters in Peters/Bröckers Rn. 588; Tschakert in Bittmann/Köhler/Seeger/Tschakert Strafrechtl. Vermögensabschöpfung-HdB Rn. 1394 f.
[108] Zum alten Recht ähnlich und zutreffend Gössel in Löwe/Rosenberg, 26. Aufl., § 430 aF Rn. 5; ihm folgend Kurth/Pollähne in Gercke/Julius/Temming/Zöller, 5. Aufl., § 430 aF Rn. 3.

hungsgegenstände, die **Abtrennung** des Einziehungsverfahrens gewählt werden müssen (§ 422).

f) Speziell: formlose außergerichtliche Einziehung. Nicht ausdrücklich geregelt 30 ist die Zulässigkeit einer außergerichtlichen Einziehung nach einer **rechtsgeschäftlichen Willenserklärung des Einziehungsbetroffenen** anstelle der Einziehung durch gerichtliche Anordnung.[109] Das Bedürfnis der Praxis, eine solch entlastende Vorgehensweise zu wählen, ist groß. Metzger hat darauf verwiesen, dass die §§ 55 ff. VwVfG grundsätzlich die Möglichkeit einer Vereinbarung zwischen Bürger und öffentlichen Stellen anerkennen.[110] Eingeräumt ist diese Möglichkeit, „soweit Rechtsnormen nicht entgegenstehen". Aber gerade dies, dass Rechtsnormen entgegenstehen, wird unter Hinweis auf Verstöße gegen Art. 19 Abs. 4 GG und gegen Art. 6 Abs. 2 EMRK behauptet.[111] Indes wird man diese Verfahrensgarantien durch eine entsprechend sichernde Verfahrensgestaltung gewähren können.[112] Zudem wollte der Gesetzgeber die vor der Reform praktizierte „formlose Einziehung" nicht einschränken.[113] Der BGH verlangt eine wirksame rechtsgeschäftliche Erklärung, die von der Staatsanwaltschaft als Vollstreckungsbehörde (konkludent) angenommen werden muss (bei Gegenständen: § 929 S. 2 BGB).[114] Auch bei einem **Verzicht auf Rückgabe** (sichergestellter Betäubungsmittel) ist eine Einziehungsanordnung folglich nicht erforderlich und deshalb unverhältnismäßig.[115]

g) Rechtsfolge und Zuständigkeit. Das Gericht „kann" von der Einziehung absehen. 31 Eröffnet ist vom Gesetz damit ein zweifaches Ermessen: sowohl ein **Anwendungsermessen** darüber, ob das Einziehungsverfahren nicht mit dem übrigen Verfahren betrieben wird, als auch und in Verbindung mit den §§ 422, 423 ein **Auswahlermessen**[116] dahin, ob von der Einziehung abgesehen wird bzw. ob das Einziehungsverfahren abgetrennt wird. Mit der Anwendung des § 421 entscheidet sich das Gericht dann für die – vorläufige (s. Abs. 2) – Beschränkung des Verfahrens durch (vorläufigen) Abschluss des Einziehungsverfahrens. Die Zustimmung des Nebenklägers ist nicht nötig.[117] Die Absehensentscheidung kann bis ins **Rechtsmittelverfahren** hinein getroffen werden.[118] Zum Vorverfahren → Rn. 34 f.

2. Wiedereinbeziehung (Abs. 2). Das Gericht kann für alle drei Fälle des Abs. 1 – 32 **in freiem Ermessen** –[119] anordnen, dass durch Beschränkung zunächst ausgeschiedene Einziehungsverfahren wieder in das übrige Verfahren einzubeziehen. Dies gilt im Erkenntnisverfahren in jeder Lage des Verfahrens. Einem **Antrag der StA** hat das Gericht zu entsprechen (S. 2).

Im Falle der Wiedereinbeziehung gilt **§ 265** entsprechend (S. 3). **Umstritten** ist, was 33 mit dieser Bestimmung konkret gemeint ist. § 154a Abs. 3 S. 3 verweist für ähnliche Fälle nur auf § 265 Abs. 4. Ist daraus für § 421 Abs. 2 S. 3 dem Wortlaut gemäß der nahelie-

---
[109] BGH 10.4.2018 – 5 StR 611/17, NJW 2018, 2278; 11.12.2018 – 5 StR 198/18, NJW 2019, 1692 (dort auch zur Rechtsnatur); generell ablehnend Thode NStZ 2000, 62.
[110] Metzger in KMR-StPO, 3. Aufl., Vor § 430 aF Rn. 15; anders nun Metzger in KMR-StPO Vor § 421 Rn. 13 f.
[111] Thode NStZ 2000, 62.
[112] Metzger in KMR-StPO, 3. Aufl., Vor § 430 aF Rn. 15; anders nun Metzger in KMR-StPO Vor § 421 Rn. 13 f.
[113] BT-Drs. 18/9525, 61.
[114] BGH 11.12.2018 – 5 StR 198/18, wistra 2019, 1692 Rn. 21 ff.; zum Ganzen auch Würfel/Lehmeyer StraFo 2020, 96.
[115] BGH 10.4.2018 – 5 StR 611/17, NStZ 2018, 742.
[116] Peters in Peters/Bröckers Rn. 589; zuvor schon Burghart in Satzger/Schluckebier/Widmaier, StPO, 3. Aufl., Rn. 4; ähnlich Tschakert in Bittmann/Köhler/Seeger/Tschakert Strafrechtl. Vermögensabschöpfung-HdB Rn. 1399; aA jetzt Heine in Satzger/Schluckebier/Widmaier StPO Rn. 13.
[117] Temming in BeckOK StPO Rn. 8.
[118] Lohse in Krekeler/Löffelmann/Sommer § 430 aF Rn. 1; Köhler in Meyer-Goßner/Schmitt Rn. 13; aA Thode NStZ 2000, 62.
[119] Betont von Knierim in Gesamtes Strafrecht aktuell, Kap. 21 Rn. 147.

gende Umkehrschluss zu ziehen, dass Satz 3 den § 265 im Ganzen in Bezug nimmt?[120] Oder muss aus der ähnlichen Struktur der § 421, § 154a und in Ermangelung eines Sachgrundes für eine Differenzierung vielmehr geschlossen werden, dass auch § 421 Abs. 2 S. 3 nur auf § 264 Abs. 4 Bezug nimmt?[121] In der Sache geht es darum, ob der Angeklagte im Falle der Wiedereinbeziehung des Einziehungsverfahrens stets Aussetzung verlangen kann (s. § 265 Abs. 3). Zustimmung verdient die Sicht, die den gesamten § 265 in Bezug nimmt und die dem Angeklagten das genannte Recht gibt. Dies folgt nicht nur aus dem Wortlaut, sondern auch aus dem Umstand, dass allemal auf die Hinweispflicht iSd Abs. 1 und 2 des § 265 verwiesen wird;[122] eine Aufspaltung der Inbezugnahme, die nur den Abs. 3 aussondert, hätte gesetzestechnisch in erkennbarer Weise erfolgen müssen. Zudem ist für das alte Recht, an dem der Reformgesetzgeber sachlich nichts ändern wollte, im Rechtsausschuss bewusst der **gesamte § 265** in Bezug genommen worden; den Grund dafür sah man unter anderem in der zum Teil erheblichen Bedeutung der Einziehung wegen des möglichen bedeutenden Wertes des Einziehungsgegenstandes.[123] Schließlich ist in den Fällen des Absehens aus Gründen des Aufwandes oder der Erschwerung von einem enormen Verteidigungsaufwand auszugehen, sodass die Regelung einleuchtet; und beim Absehen von der Einziehung wegen Geringwertigkeit und Verzichtbarkeit diszipliniert die Regelung des § 265 Abs. 3 dazu, die Ermessensentscheidung sorgfältig zu treffen (→ § 265 Rn. 1).

34 **3. Beschränkung und Wiedereinbeziehung im Vorverfahren (Abs. 3).** Im Vorverfahren kann die StA ohne Zustimmung des Gerichts das Einziehungsverfahren „**durch Verfügung**"[124] beschränken.[125] Die StA hat die Beschränkung aktenkundig zu machen (Abs. 3 S. 2). Im Privatklageverfahren gilt die Pflicht zum Aktenkundigmachen nicht (§ 385 Abs. 4). Auf eine Anhörung in Sachen Einziehungsentscheidung kann die StA bei der Beschuldigtenvernehmung verzichten, da sie dies sogar bei einem nicht beschuldigten Dritten tun kann (§ 426 Abs. 1 S. 2, § 424 Abs. 1).[126]

35 Für die **Wiedereinbeziehung** wird Abs. 2 S. 1 teils eine klare Zuständigkeitsregel auch für das Vorverfahren entnommen: Nur „das Gericht" könne sie – per Beschluss – „in jeder Lage des Verfahrens anordnen".[127] Dafür lässt sich neben dem Wortlaut immerhin noch auf die etwa von § 154a abweichende Normfassung verweisen.[128] Da aber das Gericht nach Abs. 2 S. 2 einem Antrag der StA zu entsprechen hat, käme diese Sicht zu einem unnötigen Formalismus. Auch ist kein Sachgrund für eine Differenzierung ersichtlich, wonach die StA zwar im Rahmen von § 154a ganze Gesetzesverletzungen wieder einbeziehen darf,[129] sie aber bei zuvor von ihr ausgeschiedenen Einziehungsteilen dieses Recht nicht haben soll.[130] Die StA darf daher die Wiedereinbeziehung selbst verfügen.[131] Sie hat eine solche Verfügung aktenkundig zu machen.[132] – Allerdings kann das Gericht die Wiedereinbeziehung auch ohne Antrag und gegen den Willen der StA beschließen.[133]

---

[120] Lohse in Krekeler/Löffelmann/Sommer § 430 aF Rn. 7.
[121] So Temming in BeckOK StPO Rn. 8; Heine in Satzger/Schluckebier/Widmaier StPO Rn. 17.
[122] Vgl. bei Burghart in Satzger/Schluckebier/Widmaier, StPO, 3. Aufl., Rn. 6.
[123] Schriftlicher Bericht des Rechtsausschusses (BT-Drs. V/2601), S. 15; darauf schon hinweisend Gössel in Löwe/Rosenberg, 26. Aufl., § 430 aF Rn. 15.
[124] Temming in BeckOK StPO Rn. 8.
[125] Köhler in Meyer-Goßner/Schmitt Rn. 15.
[126] Reh NZWiSt 2018, 20 (24).
[127] Metzger in KMR-StPO Rn. 20; so auch noch → 1. Aufl. 2019, Rn. 34.
[128] Dort setzt die Befugnis des Gerichts „nach Einreichung der Anklageschrift" ein; zudem steht in § 154a die Befugnis des Gerichts am Ende der Vorschrift, wohingegen sie in § 421 vor der Befugnis der StA steht, worin sich ausdrücken könnte, dass im Vorverfahren insgesamt der StA die Entscheidungsbefugnis zusteht.
[129] Schnabl in KK-StPO § 154a Rn. 13.
[130] Auf die Ähnlichkeit zu § 154a verweist Köhler in Meyer-Goßner/Schmitt Rn. 15.
[131] Heine in Satzger/Schluckebier/Widmaier StPO Rn. 16; Köhler in Meyer-Goßner/Schmitt Rn. 15; Lohse in Krekeler/Löffelmann/Sommer § 430 aF Rn. 6; Peters in Peters/Bröckers Rn. 567.
[132] Gaede in Löwe/Rosenberg Rn. 21.
[133] AG Kehl 7.5.2018 – Cs 505 Js 17762/17, BeckRS 2018, 48485; Metzger in KMR-StPO Rn. 20.

4. Rechtsmittel. Die gerichtlichen Entscheidungen auf Absehen von der Einziehung **36** und auf Wiedereinbeziehung ergehen als **Beschluss**.[134] Die Beteiligten sind anzuhören (§ 33). **§ 305 Abs. 1** schließt eine Beschwerde des Angeklagten, des Privatklägers, des Nebenklägers oder des Einziehungsbeteiligten aus.[135] Auch der StA steht keine Beschwerdemöglichkeit zur Verfügung, selbst wenn das Gericht ohne Zustimmung der StA eine Beschränkung vorgenommen hat oder wenn ihr Antrag auf Wiedereinbeziehung (Abs. 2 S. 1) trotz der Bindungswirkung (Abs. 2 S. 2) vom Gericht abgelehnt wird.[136] Eine **isolierte Anfechtung** des Beschlusses ist insgesamt **unzulässig**.[137]

Die **StA** kann eine **Revision** mit der Verfahrensrüge betreiben, wenn das Gericht die **37** Einziehung unterlassen hat, obwohl die StA einem Absehen von der Einziehung nicht zugestimmt (Abs. 1) oder die Wiedereinbeziehung beantragt (Abs. 2) hatte.[138] Der **Angeklagte** hingegen kann die Revision grundsätzlich nicht darauf stützen, dass das Gericht nicht von der Einziehung abgesehen oder das Einziehungsverfahren wieder einbezogen hat.[139] Die gerichtlichen Ermessensentscheidungen über die Verfahrensweise sind nicht revisibel;[140] und die Wiedereinbeziehungspflicht des Abs. 2 S. 2 schützt nicht den Angeklagten.

Eine Revision des Angeklagten ist aber möglich, wenn das Gericht nicht nach Abs. 1 **38** Nr. 1 vom Einziehungsverfahren abgesehen hat, obwohl die Einziehung eine „unbillige Härte" bedeutet, also unverhältnismäßig ist. Die Härte-Regelung ist zwar umgewandelt worden von zwingendem materiellen Recht in opportunes Verfahrensrecht, doch ist die Ermessensentscheidung des Gerichts insoweit gerade nicht vollständig frei, sie unterliegt vielmehr dem Verhältnismäßigkeitsprinzip und reduziert sich im Einzelfall auf null (→ Rn. 25).[141] Auf einem Verstoß gegen diese Norm in Form der Nichtanwendung kann das Urteil daher beruhen (§ 337 Abs. 1).

§ 422 Abtrennung der Einziehung

¹Würde die Herbeiführung einer Entscheidung über die Einziehung nach den §§ 73 bis 73c des Strafgesetzbuches die Entscheidung über die anderen Rechtsfolgen der Tat unangemessen erschweren oder verzögern, kann das Gericht das Verfahren über die Einziehung abtrennen. ²Das Gericht kann die Verbindung in jeder Lage des Verfahrens wieder anordnen.

Schrifttum: Siehe bei § 421.

Übersicht

		Rn.			Rn.
I.	**Überblick**	1	1.	Abtrennung (S. 1)	6
1.	Allgemeines	1		a) Erschwerung	7
2.	Normzweck	4		b) Verzögerung	8
3.	Kritik	5	2.	Verbindung (S. 2)	9
II.	**Erläuterungen**	6	3.	Verfahren	10
			4.	Rechtsmittel	12

---

[134] Gaede in Löwe/Rosenberg Rn. 21; Schmidt/Scheuß in KK-StPO Rn. 10.
[135] Schmidt/Scheuß in KK-StPO Rn. 10.
[136] Gaede in Löwe/Rosenberg Rn. 28; Heine in Satzger/Schluckebier/Widmaier StPO Rn. 18; Köhler in Meyer-Goßner/Schmitt Rn. 16; Paeffgen in SK-StPO Rn. 24; Retemeyer in Gercke/Julius/Temming/Zöller Rn. 14; Tschakert in Bittmann/Köhler/Seeger/Tschakert Strafrechtl. Vermögensabschöpfung-HdB Rn. 1413.
[137] Meißner/Schütrumpf, 2018, Rn. 205; Paeffgen in SK-StPO Rn. 24; Temming in BeckOK StPO Rn. 9.
[138] Temming in BeckOK StPO Rn. 9.1.
[139] Lohse in Krekeler/Löffelmann/Sommer § 430 aF Rn. 1.
[140] Temming in BeckOK StPO § 421 Rn. 9.1; wohl auch Bittmann NZWiSt 2018, 131 (135).
[141] Zum alten Recht Gössel in Löwe/Rosenberg, 26. Aufl., § 430 aF Rn. 21.

I. Überblick

1. Allgemeines. Die Norm ermöglicht – als echte Neuerung – das Abtrennen des Einziehungsverfahrens von der Hauptsache (Schuld und Rechtsfolge). § 422 steht in einem engen Zusammenhang zunächst mit § 421 und eröffnet bei Erschwerungen und Verzögerungen des Einziehungsverfahrens mit der Möglichkeit des Absehens von der Einziehung ein geleitetes **Auswahlermessen** dahin, ob das Einziehungsverfahren von der Hauptsache (Schuld- und Straffrage) abgetrennt (§ 422) oder ob es gar nicht betrieben wird (alleiniges Absehen nach § 421).[1] Ein Aspekt der Ermessensausübung kann dabei sein, ob die Vermögensabschöpfung nach Europarecht gewollt ist, ob die Einziehung also insbesondere der Richtlinie 2014/42/EU entspräche oder ob die Einziehung darüber hinausginge.[2]

Für die Einziehung von Tatprodukten, Tatmitteln und Tatobjekten bei Tatbeteiligten (§ 74 StGB) gilt § 422 nicht; diese Einziehungen haben Strafcharakter und sind in der Hauptsache zu berücksichtigen.[3] § 422 beschränkt die Möglichkeit der Abtrennung deshalb auf Einziehungen nach **§§ 73–73c StGB**. Notwendige Bedingung für die Abtrennungsentscheidung ist, dass die Hauptsache betrieben wird und nicht etwa nach §§ 154, 154a eingestellt worden ist, denn sonst sind Erschwerung und Verzögerung im unselbständigen Verfahren nicht denkbar.[4]

Daneben ist § 422 im **Verbund mit § 423** zu lesen, der das nach Abtrennung notwendige Verfahren regelt (vgl. bei → § 423 Rn. 1). Die Einziehungsentscheidung kann – etwa bei langen Rechtsmittelverfahren – deutlich später als das Urteil in der Hauptsache ergehen.[5] Dies hat das Gericht bei seiner Ermessensentscheidung unter dem Topos der Zumutbarkeit zu berücksichtigen.

2. Normzweck. In der Vergangenheit haben Gerichte und StA bei Erschwerungen und Verzögerungen des Einziehungsverfahrens zum Teil von der Einziehung abgesehen, damit dem Beschleunigungsgebot entsprochen werden konnte. Vor allem in Haftsachen ist nicht selten so verfahren worden. Darauf wollte der Gesetzgeber reagieren, um vor allem für die Hauptsache dem **Beschleunigungsgebot** Rechnung zu tragen.[6] Mit § 422 bietet sich nun die Möglichkeit, bei Erschwerungen und Verzögerungen das Einziehungsverfahren abzutrennen. Die Einziehungsentscheidung wird dann in einem abgetrennten Verfahren getroffen; eine Erleichterung ergibt sich in diesem Verfahren insoweit, als auch die rechtskräftigen Tatsachenfeststellungen der Hauptsache bindend sind und nicht mehr getroffen werden müssen (§ 423).[7] In der Praxis könnte das Abtrennungsverfahren die Belastung der Justiz erhöhen. Als Reaktion darauf könnten die Gerichte nur verhalten von dieser Möglichkeit Gebrauch machen und stattdessen öfter komplett von der Einziehung absehen (§ 421). Dies widerspräche indes dem normativen Gehalt des § 422: Da das Absehen von der Einziehung – zumindest für die Fälle der Erschwerung und Verzögerung – Ausnahme bleiben soll, ist in der **Abtrennung** normativ die **Regelfolge** solcher Verfahrensschwierigkeiten zu sehen.[8] Die Normen (§§ 421, 422) eröffnen zwar ein Ermessen, dieses ist aber durch das Regel-Ausnahme-Verhältnis durchaus im genannten Sinne angeleitet.

3. Kritik. Wenn dies alles aber so gelten soll, dann passt dazu nicht recht die **Annahme des Gesetzgebers,** der „mit der Stärkung der Vermögensabschöpfung verbundene Mehraufwand für Gerichte, Staatsanwaltschaften und die Polizei" werde dadurch „ausgeglichen werden können", dass die Reform zahlreiche Erleichterungen bringe, allenfalls sei ein

---

[1] Vgl. bei → § 421 Rn. 31 – das Absehen und Gar-nicht-Betreiben des Einziehungsverfahrens kommt vorrangig nur für Fälle der Geringwertigkeit des Erlangten in Betracht.
[2] Meißner/Schütrumpf, 2018, Rn. 353–355.
[3] BT-Drs. 18/9525, 87; Temming in BeckOK StPO Rn. 3.
[4] Knierim in Gesamtes Strafrecht aktuell, Kap. 21 Rn. 154; Tschakert in Bittmann/Köhler/Seeger/Tschakert Strafrechtl. Vermögensabschöpfung-HdB Rn. 1422.
[5] Knierim in Gesamtes Strafrecht aktuell, Kap. 21 Rn. 159.
[6] BT-Drs. 18/9525, 55.
[7] Kritisch Knierim in Gesamtes Strafrecht aktuell, Kap. 21 Rn. 159.
[8] Korte wistra 2018, 1; ebenso Gaede in Löwe/Rosenberg Rn. 1.

„leicht erhöhter Personalbedarf" zu verzeichnen;[9] insbesondere wurde im Gesetzesentwurf darauf verwiesen, dass die Abschaffung der „‚Rückgewinnungshilfe' mit dem äußerst komplizierten und langwierigen Verfahren über den ‚Auffangrechtserwerb' zu einer erheblichen Entlastung für Gerichte und Strafverfolgungsbehörden führen" werde.[10] Es ist nicht klar, ob die Entwurfsverfasser das selber glauben. Es steht zu erwarten, dass die Praxis, solange nicht mehr Personal eingestellt worden ist, sich Luft verschaffen wird, indem sie einen „leicht erhöhten Absehensbedarf" anerkennt und zum Mittel des § 421 greift. Die Gesetzesfassung lässt eine solche – verständige – Praxis durchaus zu. Die Neue Richtervereinigung sieht für die Absehenspraxis schon im Jahr 2019 erhebliche Unterschiede in den einzelnen Bundesländern und regt eine Evaluation an.[11]

II. Erläuterungen

1. Abtrennung (S. 1). Das Gericht kann beschließen, vom Grundsatz des gemeinsamen Verfahrens von Hauptsache und Einziehungsverfahren abzuweichen und das Verfahren mit der Abtrennung in ein gesondertes Verfahren zu schieben (§§ 422, 423). „Hauptsache" meint das Verfahren zur Schuldfrage und zu Nebenentscheidungen mit Ausnahme der Einziehungsentscheidungen; „Abtrennung" meint – in Abweichung vom Trennungsbegriff der §§ 2, 4 – nicht das Trennen unterschiedlicher Prozessgegenstände, sondern das Aufteilen eines einheitlichen Prozessgegenstandes.[12] Voraussetzung für die Abtrennung ist, dass ein Durchführen des Einziehungsverfahrens gerade die **Hauptsache** angemessen **erschweren** oder **verzögern** würde. Die Gesetzesfassung gibt dem Rechtsanwender Rätsel auf. Die Normen unterscheiden den unangemessenen Aufwand (§ 421) von der (unangemessenen) Erschwerung (§§ 421, 422) und beides von der Verzögerung (§ 422). Soll also nun der Erschwerungsbegriff des § 421 die Verzögerung nicht umfassen? Ist der unangemessene Aufwand, obwohl in weiten Teilen deckungsgleich mit der Erschwerung, bei § 422 nicht mitgemeint? Der Wortlaut legt eine Unterscheidung tatsächlich nahe.[13] Und dem Regel-Ausnahme-Verhältnis der §§ 421, 422 entspräche es, für eine schlichte Verzögerung allein die Abtrennung nach § 422 vorzusehen. Doch wollte der Gesetzgeber die frühere Beschränkungsregelung in § 430 aF nur um die Möglichkeit des Absehens bei Geringfügigkeit ergänzen;[14] und diese Norm erfasste unter dem Merkmal Erschwerung auch die schlichte Verzögerung. Die Gesetzeslage ist daher so zu verstehen, dass dem Richter durchgängig ein Auswahlermessen ermöglicht wird, um so im Einzelfall den Aspekten der Beschleunigung und der Verfahrensökonomie den Vorrang einzuräumen.[15] Bei Ausübung des Ermessens ist allerdings das Regel-Ausnahme-Verhältnis von Abtrennung und Absehen zu beachten (→ Rn. 4).

a) Erschwerung. Für die **unangemessene Erschwerung** kann auf die Ausführungen zum identischen Merkmal der Absehensvorschrift verwiesen werden (→ § 421 Rn. 28).

b) Verzögerung. Erfasst sind vom Merkmal der **unangemessenen Verzögerung** zeitliche Verfahrenshemmungen jeglicher Art. Sie können also tatsächlicher wie rechtlicher Natur sein. Eine Abtrennung wegen einer Verfahrensverzögerung kommt etwa in Betracht, wenn sich das Hauptsacheverfahren deshalb verzögern würde, weil das OLG als Revisionsgericht die Sache – wegen einer abweichenden Rechtsauffassung in einer konkreten Einziehungsfrage – vorlegen müsste.[16] Maßstab für eine Verzögerung soll im Strafbefehlsverfahren

---

[9] BT-Drs. 18/9525, 4.
[10] BT-Drs. 18/9525, 60.
[11] Müller Betrifft Justiz 2019, 124 (127).
[12] Emmert NStZ 2020, 587 (588 ff.).
[13] Vgl. auch bei Schmidt, 2019, Rn. 1693.
[14] BT-Drs. 18/9525, 87: „Neu ist lediglich, dass von der Einziehung auch dann abgesehen werden kann, wenn das Erlangte lediglich einen geringen Wert hat".
[15] BT-Drs. 18/9525, 2, 55, 87.
[16] Vgl. zu der parallelen Frage beim Absehen iSd § 421 bei OLG Dresden 12.3.2003 – 1 Ss 116/03, NStZ-RR 2003, 214: andere Rechtsauffassung zur Zulässigkeit des Verfalls bei Erwerb von Betäubungsmitteln.

nicht dieses besondere Verfahren sein, sondern das Normalverfahren, sodass keine „Verzögerung" drohe, wenn ohne Abtrennung lediglich pflichtgemäß ins Normalverfahren gewechselt werden müsse.[17] Für die Bewertung, ob eine unangemessene Verfahrensverzögerung droht, hat das Gericht einen weiten **Beurteilungsspielraum**.

9   **2. Verbindung (S. 2).** Das zuvor abgetrennte Einziehungsverfahren kann das Gericht „**in jeder Lage des Verfahrens**" wieder per Anordnung mit der Hauptsache verbinden. Auch insoweit ist ein weiter Ermessensspielraum eröffnet.

10 **3. Verfahren.** Zuständig sowohl für die Abtrennung als auch für die Verbindung ist das Gericht. Es entscheidet durch **Beschluss**.[18] Das abgetrennte Einziehungsverfahren findet statt als „**Verfahren nach Abtrennung**" innerhalb von sechs Monaten nach Rechtskraft der Hauptsache (§ 423 Abs. 1, 2). – Durfte die Abtrennung nach § 14 EGStPO nicht erfolgen, wendet die Praxis für die Einstellung des Verfahrens § 206a an.[19]

11 Nicht zweifelsfrei bestimmt ist es, zu welchem **Zeitpunkt** die Abtrennungsentscheidung ergehen kann. Für die Verbindung bestimmt S. 2 ausdrücklich, dass der dahingehende Gerichtsbeschluss „in jeder Lage des Verfahrens" ergehen kann. Dies umfasst dem Wortlaut nach also insbesondere das Vorverfahren. Im Gesetzesentwurf war jedoch nur die Rede davon, dass „für die Hauptverhandlung" die Möglichkeit der Abtrennung geschaffen werden sollte.[20] Aber allein folgerichtig ist es nach der Gesetzessystematik und nach den Regelungszwecken, die Abtrennungsentscheidung **schon im Vorverfahren** zu ermöglichen: Da zwischen Abtrennung und Absehen ein Auswahlermessen eröffnet werden soll und da für die Abtrennung im Vorverfahren (anders als fürs Absehen, § 421 Abs. 3) keine Befugnis der StA normiert ist, muss der Gerichtsbeschluss schon im Vorverfahren ergehen können.[21] Für eine Abtrennung schon im Vorverfahren kann es starke Gründe der Praktikabilität, insbesondere der Beschleunigung des subjektiven Verfahrens, geben. Es ist nicht einzusehen, dass die StA, wenn sie eine Abtrennung für zweckmäßig erachtet, gezwungen sein sollte, entweder vorläufig von der Einziehung abzusehen (§ 421 Abs. 3) oder das Einziehungsverfahren trotz drohender Verzögerung und unter Beeinträchtigung des Beschleunigungsgebotes im Rahmen des subjektiven Verfahrens fortzuführen. Die Abtrennung kann das Gericht demnach **im gesamten Erkenntnisverfahren** anordnen.[22] Dies kann auf Antrag oder von Amts wegen geschehen; im Vorverfahren ist das Hauptsachegericht zuständig.[23]

12 **4. Rechtsmittel.** Ausdrücklich ist die Möglichkeit der Anfechtung des Abtrennungsbeschlusses oder des Verbindungsbeschlusses weder eingeräumt noch ausgeschlossen. Es müssten daher an sich die allgemeinen Regeln gelten, das heißt, gegen die Beschlüsse müsste jeweils die einfache Beschwerde zulässig sein (§ 304).[24] Diese Deutung passt aber nicht zur Gesetzessystematik: Die Abtrennung kann das Gericht nach § 422 beschließen, um insbesondere eine Verzögerung der Hauptsache zu vermeiden, um also eine Beschleunigung zu erreichen. Dieser Zweck würde konterkariert, wenn die einfache Beschwerde, die unbefristet erhoben werden kann, zulässig wäre; denn dann drohte bei Begründetheit einer spät im Hauptsacheverfahren eingelegten Beschwerde gerade eine erhebliche weitere Verzöge-

---

[17] LG Offenburg 8.1.2018 – 3 Qs 118/17; BeckRS 2018, 10560, Rn. 29.
[18] Temming in BeckOK StPO Rn. 4.
[19] LG Nürnberg-Fürth 12.7.2018 – 11 Ns 507 Js 1367/12, BeckRS 2018, 25932.
[20] BT-Drs. 18/9525, 55.
[21] Im Ergebnis auch Temming in BeckOK StPO Rn. 4; aA Tschakert in Bittmann/Köhler/Seeger/Tschakert Strafrechtl. Vermögensabschöpfung-HdB Rn. 1433.
[22] Für eine Abtrennungsbefugnis der StA im Ermittlungsverfahren Peters in Peters/Bröckers Rn. 596 mit der Überlegung, dass die StA nach § 421 sogar zum (erheblicheren) Absehen von der Einziehung befugt sei.
[23] Knierim in Gesamtes Strafrecht aktuell, Kap. 21 Rn. 157.
[24] So denn auch OLG Bamberg 1.10.2018 – 1 Ws 479/18 BeckRS 2018, 28946, Rn. 2 ff.; zustimmend Heine in Satzger/Schluckebier/Widmaier StPO Rn. 5; LG Offenburg 8.1.2018 – 3 Qs 118/17, BeckRS 2018, 10560: sofortige Beschwerde der StA; Paeffgen in SK-StPO Rn. 6; Temming in BeckOK StPO Rn. 5.

rung.²⁵ Und da am Ende des Nachverfahrens – aus Gründen der Beschleunigung – lediglich die sofortige Beschwerde zulässig ist, muss man aus dieser Bestimmung des § 423 Abs. 3 S. 2, § 424 Abs. 4 S. 2 den Umkehrschluss ziehen, sodass für die Beschlüsse der Abtrennung und Verbindung **keine Anfechtungsmöglichkeit** besteht.²⁶ Die Verlängerung, die eine Abtrennung den Verfahrensbeteiligten, insbesondere dem Angeklagten aufbürdet, ist hinzunehmen. – Gegen die Entscheidungen des Gerichts steht auch **keine Revision** offen.²⁷

§ 423 Einziehung nach Abtrennung

(1) ¹Trennt das Gericht das Verfahren nach § 422 ab, trifft es die Entscheidung über die Einziehung nach der Rechtskraft des Urteils in der Hauptsache. ²Das Gericht ist an die Entscheidung in der Hauptsache und die tatsächlichen Feststellungen, auf denen diese beruht, gebunden.

(2) Die Entscheidung über die Einziehung soll spätestens sechs Monate nach dem Eintritt der Rechtskraft des Urteils in der Hauptsache getroffen werden.

(3) ¹Das Gericht entscheidet durch Beschluss. ²Die Entscheidung ist mit sofortiger Beschwerde anfechtbar.

(4) ¹Abweichend von Absatz 3 kann das Gericht anordnen, dass die Entscheidung auf Grund mündlicher Verhandlung durch Urteil ergeht. ²Das Gericht muss die Anordnung nach Satz 1 treffen, wenn die Staatsanwaltschaft oder derjenige, gegen den sich die Einziehung richtet, dies beantragt. ³Die §§ 324 und 427 bis 431 gelten entsprechend; ergänzend finden die Vorschriften über die Hauptverhandlung entsprechende Anwendung.

Schrifttum: Bittman/Köhler/Seeger/Tschakert, Handbuch der strafrechtlichen Vermögensabschöpfung, 2020; Emmert, Gerichtliche Bindung an die Hauptsacheentscheidung im abgetrennten und im selbständigen Einziehungsverfahren, NStZ 2020, 587; Knierim/Oehmchen/Beck/Geisler, Gesamtes Strafrecht aktuell, 2018; Köhler/Burkhard, Die Reform der strafrechtlichen Vermögensabschöpfung – Teil 2/2, NStZ 2017, 665; Meißner/Schütrumpf, Vermögensabschöpfung – Praxisleitfaden zum neuen Recht, 2018; Reh, Praxisprobleme im Umgang mit dem neuen Recht der Vermögensabschöpfung aus staatsanwaltschaftlicher Sicht, NStZ 2018, 20; Schmidt, Vermögensabschöpfung – Handbuch für das Straf- und Ordnungswidrigkeitenverfahren, 2. Aufl. 2019; Trüg, Reform der strafrechtlichen Vermögensabschöpfung, NJW 2017, 1913.

Übersicht

		Rn.			Rn.
I.	Überblick	1		b) Bindungswirkung des Hauptsacheurteils (S. 2)	6
1.	Normzweck	1			
2.	Kritik	3	2.	Sechsmonatsfrist ab Rechtskraft der Hauptsache (Abs. 2)	7
II.	Erläuterungen	5	3.	Verfahren (Abs. 3, 4)	8
1.	Einziehung nach Abtrennung (Abs. 1)	5		a) Schriftliches Verfahren (Abs. 3)	9
	a) Entscheidung nach Rechtskraft der Hauptsache (S. 1)	5		b) Hauptverhandlung (Abs. 4)	10
			4.	Rechtsmittel	11

I. Überblick

1. Normzweck. Die Norm steht in einem unmittelbaren Zweckzusammenhang mit 1 § 422. Ist das Einziehungsverfahren gemäß § 422 abgetrennt worden, soll es als **abgetrenntes Verfahren** durchgeführt werden. Als solches darf es erst beginnen, wenn das Urteil der

---

²⁵ Gaede in Löwe/Rosenberg Rn. 9.
²⁶ Im Ergebnis auch Gaede in Löwe/Rosenberg Rn. 9; Temming in BeckOK StPO Rn. 5; Schmidt, 2019, Rn. 1707; Meißner/Schütrumpf, 2018, Rn. 206.
²⁷ Heine in Satzger/Schluckebier/Widmaier StPO Rn. 1 mit § 421 Rn. 5; Metzger in KMR-StPO Rn. 4.

Hauptsache in Rechtskraft erwachsen ist (Abs. 1 S. 1).[1] Von dieser Erstreckung der Rechtskraft verspricht der Gesetzgeber sich eine gewisse Ressourcenschonung, weil zugleich bestimmt wird, dass das Gericht an die Tatsachenfeststellungen der Hauptsacheentscheidung gebunden ist (Abs. 1 S. 2);[2] damit vermieden werden sowohl ein „doppeltes Aufklärungsbemühen" als auch widersprüchliche Sachentscheidungen.[3] Mit Abtrennungsmöglichkeit und Nachverfahren (§§ 422, 423) wird vor allem der Zweck verfolgt, das **Hauptsacheverfahren zu beschleunigen**.[4] Anlass war dem Gesetzgeber die mit dem Einziehungsverfahren einhergehende Praxis, bei starken Erschwerungen oder Verzögerungen zur Beschleunigung der Hauptsache die Einziehung nicht zu betreiben, insbesondere in Haftsachen.[5] – Ist in der Hauptsache die Einziehungsentscheidung ohne Abtrennung schlicht unterblieben, liegt nach dem klaren Gesetzeswortlaut kein Verfahren iSd § 423 vor.[6]

2 Einer gewissen Beschleunigung des Nachverfahrens dient neben der genannten Rechtskrafterstreckung (Abs. 1 S. 2) die „Regelfrist"[7] von sechs Monaten, innerhalb deren das Nachverfahren erfolgen „soll". Was die **Entscheidungsform** angeht, so ist ein Regel-Ausnahme-Verhältnis vorgesehen: In der Regel soll die Entscheidung im Nachverfahren durch Beschluss ergehen (Abs. 3), nur ausnahmsweise nach mündlicher Verhandlung durch Urteil (Abs. 4). Damit werde ein „Gleichklang mit dem Verfahren über die selbständige Einziehung" hergestellt.[8]

3 **2. Kritik.** Das Bestreben des Gesetzgebers, einerseits die Hauptsache zu beschleunigen und andererseits die Einziehung (im Nachverfahren) zu ermöglichen, verdient im Grundsatz Anerkennung. Es fragt sich aber vor allem, ob mit der nunmehr geltenden Regelung die **Interessen des Angeklagten** hinreichend gewahrt werden. Insbesondere fragt sich dies für Fälle langer Rechtsmittelverfahren. Nicht nur, dass schon das Rechtsmittelverfahren sich hinzieht, sondern auch der Umstand, dass die Abtrennung aufgrund einer zu erwartenden Erschwerung oder Verzögerung erfolgte und deshalb ein langes Einziehungsverfahren erwarten lässt, sorgt für eine lange Zeit der Unsicherheit. Da mit dem Einziehungsverfahren erst nach Rechtskraft der Hauptsache begonnen werden darf, kann eine bedeutsame und vielleicht existenzgefährdende Einziehung sehr lange als Möglichkeit über dem Angeklagten schweben.[9] De lege lata kann in dieser Hinsicht nur über die Ermessensentscheidung des Gerichts Abhilfe geschaffen werden. Die genannten und ähnliche Unzumutbarkeiten muss das Gericht daher in seiner Ermessensentscheidung berücksichtigen: Wenn die Beschleunigung der Hauptsacheentscheidung, die weniger bedrohlich sein kann als die Einziehungsentscheidung, damit erkauft wird, dass der Angeklagte wirtschaftlich zum Erliegen kommt, wären Abtrennung und Nachverfahren verfehlt. Insoweit hätte sich eine Normierung des Ermessens in Verbindung mit einem Antragsrecht des Angeklagten empfohlen, um dessen berechtigte Interessen an der Durchführung des gemeinsamen Verfahrens gerecht zu werden.

4 Fraglich ist auch, ob die Rechtskrafterstreckung des Abs. 1 S. 2 für das Einziehungsverfahren eine **messbare beschleunigende Wirkung** haben kann. Darauf hat Knierim hingewiesen: Zumindest im Fall der „Erschwerung" liegt der Grund in der Abtrennung ja darin, dass Hauptsache und Einziehung nicht hinreichend verknüpft sind, sondern

---

[1] Heine in Satzger/Schluckebier/Widmaier StPO Rn. 3.
[2] Zur empirischen Zweifelhaftigkeit dieser Annahme vgl. die Stellungnahme des Deutschen Richterbunds Nr. 9/16, S. 2; Knierim in Gesamtes Strafrecht aktuell, Kap. 21 Rn. 159.
[3] Heine in Satzger/Schluckebier/Widmaier StPO Rn. 3.
[4] BT-Drs. 18/9525, 87 f.
[5] Meißner/Schütrumpf, 2018, Rn. 190 verstehen die Gesetzesbegründung so, dass „insbesondere" in Haftsachen von der Abtrennungsmöglichkeit Gebrauch gemacht werden soll; doch wird man es so sehen dürfen, dass die frühere Beschränkungspraxis in Haftsachen ein „Anlass" für die Regelung war, ihr Anwendungsbereich ist deutlich weiter.
[6] AG Dortmund 22.2.2018 – 767 Ls – 800 Js 380/18, BeckRS 2019, 6843.
[7] BT-Drs. 18/9525, 88.
[8] BT-Drs. 18/9525, 88.
[9] Jetzt ebenso Peters in Peters/Bröckers Rn. 599.

vielmehr neben der Hauptsacheentscheidung für die Einziehungsentscheidung erheblicher Aufwand nötig wird;[10] auch kann es im Hauptsacheverfahren nach Abtrennung zu Änderungen aufgrund rechtlicher Hinweise oder einer Nachtragsanklage kommen (§§ 265, 266), sodass sich rechtliche und tatsächliche Verschiebungen ergeben können (es trifft deshalb nicht vollends zu, dass im Nachverfahren „keine Beweiserhebung mehr zur Erwerbstat" nötig wäre);[11] abgetrennte Verfahren, die auf Einziehung von Wertersatz bei Dritten abzielen, werden ohnehin in der Hauptsache nicht mitverhandelt.[12] Die aufgeführte Kritik ist nicht von der Hand zu weisen. Den Gerichten fordert die Gesetzeslage obendrein eine sorgfältige Einzelprüfung dahingehend ab, ob das im Einziehungsverfahren für relevant Erachtete im Hauptsacheverfahren als rechtliche Vorfrage entschieden oder als Tatsache festgestellt worden ist und Bindungswirkung entfaltet.[13] Es wird sich zeigen müssen, ob Gerichte und StA die plausibel prognostizierten (Kapazitäts-)Probleme[14] zu bewältigen vermögen.

II. Erläuterungen

1. Einziehung nach Abtrennung (Abs. 1). a) Entscheidung nach Rechtskraft der Hauptsache (S. 1). Nach Abtrennung des Einziehungsverfahrens von der Hauptsache entscheidet das Gericht über die Einziehung im Nachverfahren, und zwar **nach Rechtskraft** des Urteils in der Hauptsache. Dem Zweck der Regelung folgend meint Rechtskraft hier „Rechtskraft in Schuld- und Rechtsfolgenausspruch", eine Teilrechtskraft genügt nicht.[15] Das zeitliche Aufschieben des Nachverfahrens kann demnach zur Folge haben, dass die Einziehungsentscheidung – insbesondere bei langen Rechtsmittelverfahren – sehr viel später als das Urteil in der Hauptsache ergeht.[16] Dies hat das Gericht bei seiner Ermessensentscheidung unter dem Aspekt der Verhältnismäßigkeit zu berücksichtigen (auch → Rn. 3).

b) Bindungswirkung des Hauptsacheurteils (S. 2). Das Gericht ist im Nachverfahren an das rechtskräftige Urteil der Hauptsache **zweifach gebunden:** zum einen an den Rechtsfolgenausspruch und zum andern an die tatsächlichen Feststellungen. Die damit angezielte Beschleunigung ist fraglich (→ Rn. 4). Die Bestimmung verlangt dem Gericht ein sorgfältiges Prüfen ab: Für jeden einzelnen Aspekt, den das Gericht im Einziehungsverfahren für erheblich hält (sei nun Rechtliches oder Tatsächliches betroffen), muss es sorgfältig prüfen, ob der betreffende Aspekt als rechtliche Vorgabe oder tatsächliche Feststellung wirklich der Bindungswirkung unterliegt.[17]

2. Sechsmonatsfrist ab Rechtskraft der Hauptsache (Abs. 2). Für die Dauer des Einziehungsverfahrens bestimmt Abs. 2 eine **„Regelfrist"**[18] von sechs Monaten ab Rechtskraft des Urteils in der Hauptsache („soll"). Diese Sollvorschrift statuiert ersichtlich keine Ausschlussfrist.[19] Der Gesetzgeber wollte dem Gericht allerdings „einen zügigen Verfahrensbeginn" durchaus vorschreiben, und auch die StA sollte mit der Regelung zum Mitwirken an einer baldigen Erledigung angehalten werden.[20] Zum Teil wurde die Vorschrift als „zahnlos und überflüssig" erachtet,[21] andere bewerten die Anforderung – wegen der ja prognosti-

---

[10] Dazu auch Heine in Satzger/Schluckebier/Widmaier StPO Rn. 1.
[11] So aber Köhler/Burkhard NStZ 2017, 665 (676).
[12] Zu allem Knierim in Gesamtes Strafrecht aktuell, Kap. 21 Rn. 159.
[13] Heine in Satzger/Schluckebier/Widmaier StPO Rn. 4; Peters in Peters/Bröckers Rn. 600.
[14] Siehe insbesondere die Stellungnahme des Deutschen Richterbunds Nr. 9/16, S. 2.
[15] Temming in BeckOK StPO Rn. 2; Tschakert in Bittman/Köhler/Seeger/Tschakert Rn. 1442.
[16] Knierim in Gesamtes Strafrecht aktuell, Kap. 21 Rn. 159.
[17] Heine in Satzger/Schluckebier/Widmaier StPO Rn. 4; dem folgt OLG Köln 13.2.2024 – III-2 Ws 767/23, 2 Ws 767/23 Rn. 15.
[18] BT-Drs. 18/9525, 88; OLG Köln 2.9.2019 – III-2 Ws 394/19, BeckRS 2019, 48936, Rn. 5.
[19] Temming in BeckOK StPO Rn. 4.
[20] BT-Drs. 18/9525, 88.
[21] Temming in BeckOK StPO, 28. Edit., Rn. 4.

§ 424　　　　6. Buch. 3. Abschnitt. Verfahren bei Einziehung und Vermögensbeschlagnahme

zierten Erschwerung oder Verzögerung der Hauptsache – als „überspannt".[22] Immerhin gibt die Norm dem Gericht Anlass, sich um eine Erledigung des Verfahrens innerhalb der sechs Monate zu bemühen. Folgen hat die Fristüberschreitung nicht.[23]

8　**3. Verfahren (Abs. 3, 4).** Die Regelungstechnik der Abs. 3 und 4 drückt aus, dass die Entscheidung im Einziehungsverfahren **„grundsätzlich"** als **Beschluss** ergeht, das Urteilsverfahren also Ausnahme bleiben soll.[24] Gleichwohl kann das Gericht die Wahl zwischen Beschlussverfahren (Abs. 3) und Urteilsverfahren (Abs. 4) nach eigenem Ermessen treffen.[25] Dies muss nicht ausdrücklich geschehen, sondern kann konkludent erfolgen (etwa durch Ladung zur mündlichen Verhandlung); auch ein Wechsel zwischen den Verfahrensarten ist grundsätzlich zulässig.[26] Ans Urteilsverfahren gebunden ist das Gericht allerdings bei einem dahingehenden Antrag der StA oder des Einziehungsbetroffenen (Abs. 4 S. 2). Zudem reduziert sich das sonst bestehende gerichtliche Auswahlermessen auf null, wenn allein die Durchführung des Urteilsverfahrens die Rechtsstellung des Einziehungsbetroffenen wahrt.[27] Das OLG Köln fordert „eine auf Ermessensfehler überprüfbare Begründung" des Gerichts, wenn der Betroffene mit Blick auf seine Rechtsstellung die Angemessenheit des Beschlussverfahrens bestreitet.[28] – Da § 436 Abs. 2 auf beide Absätze des § 423 verweist, wird ein „Gleichklang" mit dem selbständigen Verfahren nach §§ 435–437 hergestellt.[29]

9　**a) Schriftliches Verfahren (Abs. 3).** In der Regel ergeht die Einziehungsentscheidung des Nachverfahrens als **Beschluss** im schriftlichen Verfahren.[30] Die Entscheidung ist mit der **sofortigen Beschwerde** anfechtbar (Abs. 3 S. 2).

10　**b) Hauptverhandlung (Abs. 4).** S. 1 des Abs. 4 regelt die **Ausnahme,** die Anordnung einer mündlichen Verhandlung, sodass die Einziehungsentscheidung des Nachverfahrens als Urteil ergeht. Das in puncto Wahl der Verfahrensart grundsätzlich bestehende Ermessen des Gerichts schränkt S. 2 ein für den Fall eines Antrags von StA oder Einziehungsbetroffenem (zur weiteren Einschränkung → Rn. 3). Mit S. 3 wird dem Einziehungsbetroffenen „die gleiche Rechtsstellung" zugesprochen, „die er bei einer gemeinsamen Verhandlung und Entscheidung im Hauptsacheverfahren hätte" (vgl. § 427 Abs. 1), so beispielsweise hinsichtlich des Beweisantragsrechts (§ 427 Abs. 1 mit § 430 Abs. 2).[31]

11　**4. Rechtsmittel.** Nach Durchführung des Beschlussverfahrens steht dem Einziehungsbetroffenen die Beschwerde zu; nach einer Hauptverhandlung ist entweder Berufung oder Revision statthaft (arg. § 427 Abs. 1, § 431).[32]

§ 424 Einziehungsbeteiligte am Strafverfahren

(1) Richtet sich die Einziehung gegen eine Person, die nicht Beschuldigter ist, so wird sie auf Anordnung des Gerichts am Strafverfahren beteiligt, soweit dieses die Einziehung betrifft (Einziehungsbeteiligter).

(2) ¹Die Anordnung der Verfahrensbeteiligung unterbleibt, wenn derjenige, der von ihr betroffen wäre, erklärt, dass er gegen die Einziehung des Gegenstandes

---

[22] Knierim in Gesamtes Strafrecht aktuell, Kap. 21 Rn. 159.
[23] Heine in Satzger/Schluckebier/Widmaier StPO Rn. 5.
[24] BT-Drs. 18/9525, 88.
[25] Heine in Satzger/Schluckebier/Widmaier StPO Rn. 7; Knierim in Gesamtes Strafrecht aktuell, Kap. 21 Rn. 161.
[26] Heine in Satzger/Schluckebier/Widmaier StPO Rn. 8.
[27] OLG Köln 2.9.2019 – III-2 Ws 394/19, BeckRS 2019, 48936, Rn. 5; Knierim in Gesamtes Strafrecht aktuell, Kap. 21 Rn. 161; zurückhaltender Burghart in Satzger/Schluckebier/Widmaier, StPO, 3. Aufl., Rn. 2: mit Zweckmäßigkeitserwägungen abzuwägen.
[28] OLG Köln 2.9.2019 – III-2 Ws 394/19, BeckRS 2019, 48936, Rn. 6.
[29] BT-Drs. 18/9525, 88.
[30] Knierim in Gesamtes Strafrecht aktuell, Kap. 21 Rn. 161.
[31] BT-Drs. 18/9525, 88; Temming in BeckOK StPO Rn. 6.
[32] BT-Drs. 18/9525, 88.

keine Einwendungen vorbringen wolle. ²Die Erklärung ist schriftlich abzugeben oder von dem Gericht, der Staatsanwaltschaft oder ihren Ermittlungspersonen in Gegenwart des Betroffenen zu protokollieren oder auf sonstige Weise zu dokumentieren. ³War die Anordnung zum Zeitpunkt der Erklärung bereits ergangen, wird sie aufgehoben.

(3) Die Verfahrensbeteiligung kann bis zum Ausspruch der Einziehung und, wenn eine zulässige Berufung eingelegt ist, bis zur Beendigung der Schlussvorträge im Berufungsverfahren angeordnet werden.

(4) ¹Der Beschluss, durch den die Verfahrensbeteiligung angeordnet wird, kann nicht angefochten werden. ²Wird die Verfahrensbeteiligung abgelehnt, ist sofortige Beschwerde zulässig.

(5) Durch die Verfahrensbeteiligung wird der Fortgang des Verfahrens nicht aufgehalten.

Schrifttum: Bittman/Köhler/Seeger/Tschakert, Handbuch der strafrechtlichen Vermögensabschöpfung, 2020; Deutscher, Strafrechtliche Vermögensabschöpfung, ZAP 2018, 241; Knierim/Oehmchen/Beck/Geisler, Gesamtes Strafrecht aktuell, 2018; Köhler, Die Reform der strafrechtlichen Vermögensabschöpfung – Teil 1/2, NStZ 2017, 497; Köhler/Burkhard, Die Reform der strafrechtlichen Vermögensabschöpfung – Teil 2/2, NStZ 2017, 665; Korte, Vermögensabschöpfung reloaded, wistra 2018, 1; Madauß, Das neue Recht der strafrechtlichen Vermögensabschöpfung und Steuerstrafverfahren Fragen aus der Sicht der Praxis, NZWiSt 2018, 28; Meißner/Schütrumpf, Vermögensabschöpfung – Praxisleitfaden zum neuen Recht, 2018; Reh, Praxisprobleme im Umgang mit dem neuen Recht der Vermögensabschöpfung aus staatsanwaltschaftlicher Sicht, NStZ 2018, 20; Reitemeier/Koujouie, Das neue Recht der Vermögensabschöpfung – Ein Leitfaden für die Praxis, 2017; Rhode, Die strafrechtliche Opferentschädigung im neuen Gewand (Teil 2), wistra 2018, 102; Savini, Handbuch zur Vermögensabschöpfung nach altem und neuem Recht, 2017; Schmidt, Vermögensabschöpfung – Handbuch für das Straf- und Ordnungswidrigkeitenverfahren, 2. Aufl. 2019; Schwerdtfeger/Babucke, Das Strafverteidigerprivileg bei der Dritteinziehug (§ 73b Abs. 1 S. 1 Nr. 2 lit. b] StGB), wistra 2023, 98.

I. Überblick

Allgemeines. § 424 bietet zum einen die **Legaldefinition des Einziehungsbeteiligten,** also der Person, die nicht Beschuldigter ist und gegen die sich die Einziehung richtet. Zum andern schreibt die Norm dem Gericht zunächst **zwingend**[1] vor, die Person des Einziehungsbeteiligten von Amts wegen[2] per Beschluss am Verfahren zu beteiligen („so wird sie … beteiligt"). Verzichtet werden kann auf die Anordnung der Beteiligung nur, wenn der Einziehungsbeteiligte in dokumentierter Form erklärt hat, keine Einwendungen vorbringen zu wollen (Abs. 2). 1

§ 424 ersetzt zum Teil den Regelungsinhalt des § 431 aF.[3] Als Hauptanwendungsfall der Einziehungsbeteiligung sieht der Gesetzesentwurf die Einziehung oder Wertersatzeinziehung beim **Drittbegünstigten** (§ 73b StGB) vor; daneben tritt die Verfahrensbeteiligung von **juristischen Personen und Personenvereinigungen** (§ 74e StGB).[4] Für andere von der Einziehung betroffene Personen, die also weder Beschuldigte oder Einziehungsbeteiligte sind (Nebenbetroffene), gilt nicht § 424, sondern § 438. In der „systematisch folgerichtigen" Trennung „der Neufassung der Vorschriften über die Verfahrensbeteiligung anderer Personen als dem Tatverdächtigen" sieht der Gesetzesentwurf den „Schwerpunkt" der neuen Regelungen.[5] Die verfahrensrechtliche Stellung des Einziehungsbeteiligten insgesamt ist geregelt in den §§ 424–431. 2

---
[1] OLG Düsseldorf 29.6.1999 – 5 Ss 52/99-36/99, wistra 1999, 477; Knierim in Gesamtes Strafrecht aktuell, Kap. 16 Rn. 120.
[2] Gaede in Löwe/Rosenberg Rn. 8; Paeffgen in SK-StPO Rn. 8; Rönnau, 2015, Rn. 356.
[3] Temming in BeckOK StPO Rn. 1.
[4] BT-Drs. 18/9525, 88.
[5] BT-Drs. 18/9525, 87.

II. Erläuterungen

3 **1. Einziehungsbeteiligter (Abs. 1).** Mit der **Legaldefinition** des Abs. 1 wird diejenige Person zum Einziehungsbeteiligten erklärt, die kein Beschuldigter ist und gegen die sich die Einziehung richtet. Die Definition erfasst also zunächst jede Person, die nicht in dem konkreten Strafverfahren Beschuldigter ist; darunter fallen auch Tatbeteiligte, wenn sie nicht oder in einem anderen Verfahren verfolgt werden;[6] ebenso Personen oder Personenvereinigungen gegen die lediglich ein Ordnungswidrigkeitsverfahren läuft.[7] Vor allem erfasst sind aber Drittbeteiligte bei einer Einziehung nach § 73b StGB; ferner gilt die Norm für juristische Personen und Personenvereinigungen (§ 74e StGB) bei einer Wertersatzeinziehung nach § 74c StGB sowie für die Einziehung von Tatmitteln, Tatprodukten und Tatobjekten nach §§ 74a, 74b StGB.[8] Die Weite der Definition des Einziehungsbeteiligten und die damit verbundene weitreichende Pflicht zur Einbeziehung von Nichtbeschuldigten, gegen die sich die Einziehung richtet, folgt aus der von Art. 14 GG zugesprochenen Rechtsposition.[9] Nur wer am Strafverfahren beteiligt worden ist, kann Adressat der Einziehung sein.[10] In Abkehr vom Gesetzestext des § 431 aF verlangt § 424 für die Verfahrensbeteiligung nicht mehr ausdrücklich, dass die nötige Rechtsposition des Betroffenen „glaubhaft erscheint"; diese Voraussetzung wird nunmehr allein für den Nebenbetroffenen erhoben (§ 438). Mit Blick auf den **Strafverteidiger** des Beschuldigten kommt im laufenden subjektiven Verfahren gegen dessen Mandanten theoretisch eine Dritteinziehung des Wahlverteidigerhonorars in Betracht (§ 73b Abs. 1 S. 1 Nr. 2b StGB) und folglich eine Stellung des Verteidigers als Einziehungsbeteiligter iSd § 424 Abs. 1; der Schutz des Mandatsverhältnisses und vor allem der dadurch entstehende Interessenkonflikt (mit der Folge einer Niederlegungspflicht) machen es aber zumindest notwendig, für eine solche Einziehung und Anordnung der Einziehungsbeteiligung entsprechend der einschränkenden Rechtsprechung und Rechtslage bei der Geldwäsche „sicheres Wissen" des Verteidigers davon zu verlangen, dass sein Honorar aus der verfolgten „rechtswidrigen Tat" seines Mandanten stammt.[11]

4 **2. Anordnung der Verfahrensbeteiligung.** Die Anordnung der Verfahrensbeteiligung trifft das Gericht **von Amts wegen durch Beschluss** (Abs. 4). Ein Antrag der StA ist nicht nötig, denn die Einziehungsentscheidung trifft das Gericht unabhängig von der StA stets dann, wenn die materiell-rechtlichen Voraussetzungen der Einziehung vorliegen.[12] Für die Anordnung genügt es etwa, wenn – anstelle eines ausdrücklichen und gesonderten Beschlusses – der Betroffene als Einziehungsbeteiligter ins Rubrum eines Einziehungsbeschlusses aufgenommen wird.[13] Eine Person, gegen die sich die Einziehung richtet, kann lediglich Nebenbetroffener sein und wird auch nicht durch irrtümliche Bezeichnung als „Einziehungsbeteiligter" und Anordnung der Beteiligung (iSd § 438 Abs. 1 S. 1) zu einem solchen.[14]

5 **3. Wirkungen der Anordnung.** Mit der Anordnung ist der Betroffene **Verfahrensbeteiligter** und in der Hauptverhandlung weitgehend mit den Rechten ausgestattet, die dem Angeklagten zustehen (§ 427 Abs. 1). Dies gilt allerdings nur, soweit das Strafverfahren die Einziehung betrifft (Abs. 1). Dies erstreckt sich insbesondere auf die Schuldfrage der Hauptsache mit der Folge, dass er hinsichtlich der Verfahrensteile, welche die Einziehung betreffen, kein Zeuge sein kann.[15] Der Anordnungsbeschluss weist dem Einziehungsbeteiligten lediglich eine bestimmte Verfahrensrolle zu, die materiellen Voraussetzungen der Einziehung müssen selbstverständlich im Verfahren erwiesen werden.[16]

---

[6] Heine in Satzger/Schluckebier/Widmaier StPO Rn. 3 f.; Temming in BeckOK StPO Rn. 5; Tschakert in Bittman/Köhler/Seeger/Tschakert Rn. 1459.
[7] LG Bonn 18.3.2020 – 62 KLs 1/19, BeckRS 2020, 13619, Rn. 1902, 1904.
[8] BT-Drs. 18/9525, 87; OLG Zweibrücken 12.11.2019 – 2 Ss 65/19, medstra 2020, 120 (123).
[9] Burghart in Satzger/Schluckebier/Widmaier, StPO, 3. Aufl., Rn. 3.
[10] Paeffgen in SK-StPO Rn. 3.
[11] Näher Schwerdtfeger/Babucke wistra 2023, 98.
[12] Temming in BeckOK StPO Rn. 7.
[13] OLG Zweibrücken 30.6.1970 – Ws 33/70, NJW 1970, 1758.
[14] BGH 10.10.2018 – 5 StR 389/18, NStZ 2019, 232.
[15] Weßlau in SK-StPO, 4. Aufl., § 431 aF Rn. 14.
[16] Heine in Satzger/Schluckebier/Widmaier StPO Rn. 11.

Die Einbeziehung des Einziehungsbeteiligten, so sagt es der Gesetzestext, **hält „den** 6 **Fortgang des Verfahrens" nicht auf (Abs. 5).** Der Sinn dieser normativen Verfügung über ein empirisches Faktum erschließt sich nicht unmittelbar. Die Regelung entspricht der des § 431 Abs. 7 aF.[17] Sie enthält letztlich nicht mehr als eine „legislative Wunschvorstellung" und soll das Gericht zu einer zügigen Durchführung der Hauptsache anhalten.[18] Aus der Entstehungsgeschichte und im Umkehrschluss aus § 398 Abs. 2 lässt sich ersehen, dass harte Konsequenzen zum Nachteil des Einziehungsberechtigten (etwa ein Verhandeln ohne den Einziehungsbeteiligten aus terminlichen Gründen) nicht gezogen werden dürfen; dies wäre mit seinem Eigentumsrecht und seinem Recht auf rechtliches Gehör nicht zu vereinbaren (Art. 14, 103 Abs. 1 GG).[19] Eine Klarstellung allerdings wird man dem Abs. 5 entnehmen können: Tritt der Einziehungsbeteiligte erst in der laufenden Hauptverhandlung ins Verfahren ein, muss er die bis dahin schon erfolgten Verfahrensabläufe „gegen sich gelten lassen",[20] die Wiederholung bereits erfolgter Verfahrenshandlungen kann er grundsätzlich nicht verlangen.[21] Im Einzelfall hat das Gericht aber zu prüfen, ob das unverzögerte Fortsetzen des Verfahrens mit dem Recht des Einziehungsbeteiligten auf rechtliches Gehör vereinbar ist.[22] Im Einzelfall vermag dieser Grundsatz den Abs. 7 einzuschränken, und es kann dann das erneute Laden bereits gehörter Zeugen geboten sein.[23]

4. Unterbleiben/Aufhebung der Anordnung (Abs. 2). Erklärt der von der Einzie- 7 hung Betroffene, keine Einwendungen gegen die Einziehung des Gegenstandes erheben zu wollen, unterbleibt die Anordnung der Einziehungsbeteiligung. Dies gilt aber nur, wenn die Verzichtserklärung in dokumentierter Form erfolgt: schriftlich oder zu Protokoll bei Gericht, StA oder ihren Ermittlungspersonen oder sonst von einer dieser Stellen in Gegenwart des Betroffenen dokumentiert (Abs. 2 S. 2).[24] Die Verzichtserklärung führt dazu, dass der Dritte kein Verfahrensbeteiligter (mehr) ist und dass er vollumfänglich als Zeuge vernommen werden kann.[25] Ist die Anordnung schon in der Welt, ist sie nach einer solch qualifizierten Erklärung des Einziehungsbetroffenen aufzuheben (Abs. 1 S. 2). Beides ist aus Gründen der Verfahrensökonomie sinnvoll. Das Merkmal „Gegenstand" macht klar, dass die Wertersatzeinziehung (wie im alten Recht) von der Verzichtserklärung des Betroffenen nicht mitgemeint ist.[26] – Entfallen die Voraussetzungen der Anordnung im weiteren Verfahren, so kann sie in analoger Anwendung von § 424 Abs. 2 S. 2, Abs. 4 S. 2 aufgehoben werden.[27] Dagegen kann der Betroffene sofortige Beschwerde einlegen (§ 424 Abs. 4 S. 2 analog).[28]

5. Entscheidungszeitraum (Abs. 3). Ausdrücklich bestimmt das Gesetz nur das 8 Ende des Zeitraums, in dem die Anordnung des Gerichts ergehen kann: bis zum Ausspruch der Einziehung im Urteil oder bis zur Beendigung der Schlussvorträge in der Berufungsver-

---

[17] BT-Drs. 18/9525, 89.
[18] Gössel in Löwe/Rosenberg, 26. Aufl., § 431 aF Rn. 81.
[19] Gössel in Löwe/Rosenberg, 26. Aufl., § 431 aF Rn. 81: So ist eine dem § 398 Abs. 2 vergleichbare Regelung aus dem seinerzeitigen Entwurf zu § 436 Abs. 1 S. 1 aF bewusst gestrichen worden.
[20] Temming in BeckOK StPO Rn. 11.
[21] Metzger in KMR-StPO Rn. 25; Peters in Peters/Bröckers Rn. 643.
[22] Metzger in KMR-StPO Rn. 25 f.; Köhler in Meyer-Goßner/Schmitt Rn. 20.
[23] BGH 10.7.2018 – 1 StR 628/17, HRRS 2018, Nr. 831; Tschakert in Bittman/Köhler/Seeger/Tschakert Rn. 1484.
[24] In BT-Drs. 20/10943, 35 heißt es zu der seit dem 16.7.2024 geltenden Fassung: Für die „verbliebenen Schriftformerfordernisse in der Strafprozessordnung soll künftig gleichermaßen die Möglichkeit geschaffen werden, dass die Dokumentation der Abgabe der Erklärung durch die Strafverfolgungsbehörden eine Unterschrift entbehrlich macht. Durch die zu dokumentierende Anwesenheit der erklärenden Person kann sichergestellt werden, dass die Identität der Person verlässlich festgestellt wird."
[25] Gaede in Löwe/Rosenberg § 424 Rn. 27; Metzger in KMR-StPO Rn. 7, 21, Schmidt, 2019, Rn. 1546.
[26] BT-Drs. 18/9525, 88; Knierim in Gesamtes Strafrecht aktuell, Kap. 16 Rn. 120; Temming in BeckOK StPO Rn. 9.
[27] OLG Bremen 19.6.2018 – 1 Ws 146/17, BeckRS 2018, 16174 Rn. 12; Gaede in Löwe/Rosenberg Rn. 32.
[28] OLG Bremen 19.6.2018 – 1 Ws 146/17, BeckRS 2018, 16174 Rn. 9 f., dort ist zwar § 424 Abs. 2 analog genannt, gemeint ist aber wohl Abs. 4 S. 2.

handlung;²⁹ letzteres gilt auch nach Zurückverweisung der Sache durch das Revisionsgericht.³⁰ Dagegen findet sich keine explizite Regelung dazu, ab welchem Zeitpunkt des Verfahrens die Anordnung erfolgen kann. Für das alte Recht (§ 431 aF) wurde insoweit auf den Zeitpunkt der Erhebung der öffentlichen Klage abgestellt.³¹ Da der Gesetzgeber an dieser Rechtslage nichts ändern wollte³² und da § 426 für das Vorverfahren eine gesonderte Regelung trifft,³³ muss das wohl auch für die neue Regelung in § 424 gelten. Das Gericht kann die Verfahrensbeteiligung danach ab dem Zwischenverfahren anordnen.³⁴ Im Strafbefehlsverfahren ist die Anordnung spätestens mit dem Strafbefehl zu treffen.³⁵

9   **6. Anhörung.** Vor dem Anordnungsbeschluss hat das Gericht im Hauptverfahren die Verfahrensbeteiligten anzuhören (§ 33). Fraglich ist eine Anhörungspflicht für den späteren Einziehungsbeteiligten. Zum Teil wird eine solche Anhörungspflicht aus dem Grundsatz des fairen Verfahrens abgeleitet: Eine „informierte Anhörung" sei nötig, weil die Einziehungsentscheidung eine strafrechtliche Nebenfolge mit sanktionsähnlichem Charakter sei.³⁶ Das überzeugt nicht. Für das Vorverfahren ergibt sich eine Anhörungspflicht der StA aus § 426 Abs. 1, für das Vollstreckungsverfahren aus § 459k. Aus dem Fehlen einer entsprechenden Norm für das Zwischen- und Hauptverfahren (§ 33 Abs. 1 greift nicht, weil der Betroffene eben noch nicht Beteiligter ist) wird man schließen müssen, dass dem Einziehungsbeteiligten mit dem Anordnungsbeschluss, also erst **im weiteren Verfahren** als dann Beteiligtem rechtliches Gehör gewährt wird. Das erscheint ausreichend: Entweder er hat kein Interesse, Einwendungen vorzubringen, dann kann er dies erklären und so die Aufhebung der Beteiligung erreichen (§ 424 Abs. 2 S. 2); oder aber er will Einwendungen vorbringen, dann ist die Einziehungsbeteiligung gerade richtig. Das Gericht muss den Einziehungsbeteiligten vor der Anordnung daher nicht gesondert anhören.³⁷

10   **7. Rechtsmittel (Abs. 4).** Der Beschluss, mit dem das Gericht die Einbeziehung des Betroffenen anordnet, ist der **Anfechtung entzogen** (Abs. 4 S. 1). Zulässig ist es dagegen, mit der sofortigen Beschwerde gegen die Ablehnung der Verfahrensbeteiligung vorzugehen (Abs. 4 S. 2). – Auch für das neue Recht wird man annehmen müssen, dass der Angeklagte mit der **Revision** die zu Unrecht abgelehnte Beteiligung eines Dritten rügen kann; denn dies wird man folgerichtig ableiten dürfen aus der Beschwerdemöglichkeit des Angeklagten (Abs. 4 S. 2).³⁸

§ 425 Absehen von der Verfahrensbeteiligung

(1) In den Fällen der §§ 74a und 74b des Strafgesetzbuches kann das Gericht von der Anordnung der Verfahrensbeteiligung absehen, wenn wegen bestimmter Tatsachen anzunehmen ist, dass sie nicht ausgeführt werden kann.

---

²⁹ Dies wurde bisweilen von Tatgerichten verkannt, vgl. OLG Düsseldorf 29.6.1999 – 5 Ss 52/99 – 36/99 I, wistra 1999, 477.
³⁰ Metzger in KMR-StPO Rn. 5.
³¹ Gaede in Löwe/Rosenberg Rn. 16; dies ergab sich aus dem Begriff des Angeschuldigten (§ 157), der in § 431 aF verwendet wurde, so etwa Rönnau (2018) Rn. 357; fürs geltende Recht auch Tschakert in Bittman/Köhler/Seeger/Tschakert Rn. 1481.
³² BT-Drs. 18/9525, 89: „Absatz 3 entspricht § 431 Absatz 4 StPO im geltenden Recht".
³³ Heine in Satzger/Schluckebier/Widmaier StPO Rn. 8; Gaede in Löwe/Rosenberg Rn. 16.
³⁴ Gaede in Löwe/Rosenberg Rn. 16.
³⁵ Temming in BeckOK StPO Rn. 8; Tschakert in Bittman/Köhler/Seeger/Tschakert Rn. 1471.
³⁶ Knierim in Gesamtes Strafrecht aktuell, Kap. 16 Rn. 122; im Ergebnis auch Schmidt/Scheuß in KK-StPO Rn. 15; Tschakert in Bittman/Köhler/Seeger/Tschakert Rn. 1470.
³⁷ Dies unterstreicht wohl § 431 Abs. 1: Das Rechtsmittel des Einziehungsbeteiligten erstreckt die Norm nur dann auch auf den Schuldspruch, wenn der Einziehungsberechtigte im Hauptsacheverfahren ohne sein Verschulden nicht gehört worden ist.
³⁸ So zum alten Recht OLG Celle 10.9.1985 – 1 Ss 339/85, NJW 1987, 78 (zu § 431 Abs. 5 aF).

(2) ¹Absatz 1 gilt entsprechend, wenn
1. eine Partei, Vereinigung oder Einrichtung außerhalb des räumlichen Geltungsbereichs dieses Gesetzes zu beteiligen wäre, die Bestrebungen gegen den Bestand oder die Sicherheit der Bundesrepublik Deutschland oder gegen einen der in § 92 Absatz 2 des Strafgesetzbuches bezeichneten Verfassungsgrundsätze verfolgt, und
2. den Umständen nach anzunehmen ist, dass diese Partei, Vereinigung oder Einrichtung oder einer ihrer Mittelsmänner den Gegenstand zur Förderung ihrer Bestrebungen zur Verfügung gestellt hat.

²Vor der Entscheidung über die Einziehung des Gegenstandes ist der Besitzer der Sache oder der zur Verfügung über das Recht Befugte zu hören, wenn dies ausführbar ist.

Schrifttum: Siehe bei § 424.

I. Allgemeines

Die Norm ersetzt die Regelungen des § 431 Abs. 1 S. 2, 3 aF[1] und des § 442 Abs. 2 aF;[2] sie eröffnet dem Gericht die Möglichkeit, trotz Vorliegens der Beteiligungsvoraussetzungen von der Verfahrensbeteiligung des Einziehungsbetroffenen abzusehen, und zwar bei Nichtausführbarkeit der Verfahrensbeteiligung sowie aus Gründen des Staatsschutzes. Mit der Nennung der §§ 74a, 74b StGB (Abs. 1 S. 1) sollte klargestellt werden, dass sich diese Absehensmöglichkeit nur erstreckt auf die Einziehung von Tatmitteln, Tatprodukten und Tatobjekten bzw. auf die Sicherungseinziehung.[3] Im Gegensatz dazu ist die Verfahrensbeteiligung bei der Einziehung von Taterträgen und Wertersatz zwingend.[4] Die Vorschrift bezweckt also für eng begrenzte besondere Verfahrenslagen, einen Ausgleich herzustellen zwischen dem Interesse des Einziehungsbeteiligten (einen möglichen Rechtsverlust zu vermeiden) und dem Interesse an der Beschleunigung der Hauptsache.[5] Sie gilt sowohl für das subjektive als auch für das objektive Einziehungsverfahren (§ 435 Abs. 3 S. 2). Dem Gericht ist Ermessen eingeräumt („kann … absehen").

II. Erläuterungen

1. Beschränkung auf die Einziehung nach §§ 74a, 74b StGB. Indem § 425 die Möglichkeit des Absehens von der Verfahrensbeteiligung begrenzt auf die Einziehungsfälle des § 74a StGB (Tatprodukte, Tatmittel, Tatobjekte) und des § 74b StGB (Sicherungseinziehung), schließt er Tatertrags- und Wertersatzeinziehung vom Anwendungsbereich aus.[6] Das gilt auch, wenn eine juristische Person oder eine Personenvereinigung von der Einziehung betroffen ist (§ 74e StGB).[7]

2. Nichtausführbarkeit (Abs. 1). Die Norm entspricht der früheren Regelung in § 431 Abs. 1 S. 3 aF.[8] Sowohl der Ausnahmecharakter des § 425 als auch die Rechtsposition des potentiellen Einziehungsbeteiligten drängen dahin, das Merkmal der Nichtausführbarkeit der Verfahrensbeteiligung **eng auszulegen**.[9] Die Notwendigkeit einer restriktiven Handhabung drückt sich zudem in dem Erfordernis aus, dass **„bestimmte Tatsachen"** die Annahme der Nichtausführbarkeit begründen müssen; bloße Vermutungen genügen

---

[1] BT-Drs. 18/9525, 89.
[2] Knierim in Gesamtes Strafrecht aktuell, Kap. 21 Rn. 125.
[3] BT-Drs. 18/9525, 89.
[4] Knierim in Gesamtes Strafrecht aktuell, Kap. 21 Rn. 125.
[5] Heine in Satzger/Schluckebier/Widmaier StPO Rn. 1.
[6] BT-Drs. 18/9525, 89.
[7] Knierim in Gesamtes Strafrecht aktuell, Kap. 21 Rn. 125.
[8] BT-Drs. 18/9525, 89.
[9] Ähnlich Burghart in Satzger/Schluckebier/Widmaier, StPO, 3. Aufl., Rn. 4.

nicht.[10] Außerdem ist der Wortlaut des Abs. 1 restriktiver gefasst als die Anhörungsregelung für das Vorverfahren (§ 426 Abs. 1): In § 426 hat die Anhörung nur zu erfolgen, wenn ihre Durchführung „ausführbar erscheint"; im Unterschied dazu darf die Verfahrensbeteiligung in § 425 nur unterbleiben, wenn ihre Nichtausführbarkeit „anzunehmen ist".

4 Eine **Nichtausführbarkeit** der Verfahrensbeteiligung liegt nicht schon vor bei einem unangemessenen Aufwand oder bei unangemessener Erschwerung, denn für diese Fälle greift § 421.[11] Die Annahme der Nichtausführbarkeit der Verfahrensbeteiligung ist vielmehr erst dann anzunehmen, wenn auf Basis bestimmter Tatsachen damit zu rechnen ist, dass **übermäßige faktische Barrieren** vor einer Beteiligung eines Einziehungsbetroffenen stehen.[12] Eine solche Annahme setzt aber voraus, dass zunächst dahingehende Ermittlungen durchgeführt worden sind.[13] Nichtausführbarkeit kann danach etwa vorliegen, wenn der Beschluss der Beteiligung des Einziehungsbetroffenen in Ermangelung einer Anschrift nicht zugestellt werden könnte; oder sonst ein Fall unbekannten Aufenthaltsortes gegeben ist;[14] erfasst sind aber faktische Barrieren jeglicher Art. Nicht hinreichend für eine solch faktische Barriere ist ein schlichter Auslandsaufenthalt.[15]

5 **3. Staatsschutz (Abs. 2).** Absehen von der Verfahrensbeteiligung kann das Gericht nach Abs. 2 in bestimmten Fällen staatsgefährdender Organisationen. Auffällig ist hier zunächst die Normstruktur. Für die Fälle des Abs. 2 gilt Abs. 1 entsprechend. Ein Grund für diese Regelungstechnik ist nicht ersichtlich, rechtliche Folgen hat sie keine.[16] Für Abs. 2 gelten demnach sowohl die Einschränkungen des Absatzes in puncto Einziehungsart als auch die Eröffnung von richterlichem Ermessen.

6 Die in Abs. 2 Nr. 1, 2 aufgestellten Voraussetzungen des spezifischen Auslandsbezugs müssen **kumulativ** vorliegen („und").[17] Zunächst muss die betroffene Partei, Vereinigung oder Einrichtung **staatsgefährdende Bestrebungen** verfolgen, und zwar gegen den Bestand (§ 92 Abs. 1 StGB) oder die Sicherheit der Bundesrepublik Deutschland oder einen der in § 92 Abs. 2 StGB genannten Verfassungsgrundsätze. Sodann muss den Umständen nach anzunehmen sein, dass die betreffende staatsfeindliche Organisation den Gegenstand gerade zur Förderung ihrer staatsfeindlichen Bestrebungen – sei es auch nur mittelbar (durch einen Mittelsmann) – **zur Verfügung gestellt** hat. Als dritte Voraussetzung für ein Absehen von der Verfahrensbeteiligung muss der Umstand vorliegen, dass die Organisation „**außerhalb** des räumlichen Geltungsbereichs dieses Gesetzes zu beteiligen wäre".

7 Die Absehensmöglichkeit ist seinerzeit geschaffen worden, weil die Beteiligung dieser staatsfeindlichen im Ausland agierenden Organisationen das Strafverfahren erheblich erschweren könnten und weil man es nicht als Aufgabe von Staat und Verfassung ansah, das „förmliche Recht" an Einziehungsgegenständen solcher Personen und Organisationen zu schützen, die den Gegenstand zu staatsfeindlichen Zwecken zur Verfügung gestellt haben.[18] Zum Teil wird verlangt, dass die Organisation ihren Sitz im Ausland hat.[19] Doch stellt das Gesetz nach seinem Wortlaut nur darauf ab, dass die Organisation **im Ausland zu beteiligen wäre**. Das kann auch bei grenzüberschreitenden Aktivitäten inländischer Organisationen der Fall sein.[20]

---

10 Vgl. schon OLG Karlsruhe 19.10.1973 – 1 Ws 177/73, NJW 1974, 709 (712).
11 Gaede in Löwe/Rosenberg Rn. 4.
12 OLG Düsseldorf 29.6.1999 – 5 Ss 52/99-36/99, wistra 1999, 477; Lohse in Krekeler/Löffelmann/Sommer § 431 aF Rn. 6; Schmidt/Scheuß in KK-StPO Rn. 3; Temming in BeckOK StPO Rn. 3.
13 OLG Düsseldorf 29.6.1999 – 5 Ss 52/99-36/99, wistra 1999, 477; Köhler in Meyer-Goßner/Schmitt Rn. 2.
14 Köhler in Meyer-Goßner/Schmitt Rn. 2.
15 OLG Karlsruhe 19.10.1973 – 1 Ws 177/73, NJW 1974, 709 (712).
16 Burghart in Satzger/Schluckebier/Widmaier, StPO, 3. Aufl., Rn. 2.
17 Burghart in Satzger/Schluckebier/Widmaier, StPO, 3. Aufl., Rn. 2.
18 BT-Drs. V/1319, 75.
19 Retemeyer in Gercke/Julius/Temming/Zöller Rn. 2.
20 Im Ergebnis auch Schmidt/Scheuß in KK-StPO Rn. 4; Köhler in Meyer-Goßner/Schmitt Rn. 3; Temming in BeckOK StPO Rn. 4.

In den Fällen des Abs. 2 ist bei einem Absehen von der Verfahrensbeteiligung eine **Anhörung** des Sachbesitzers oder des Verfügungsbefugten vorgeschrieben, wenn die Anhörung durchzuführen denn „ausführbar" ist. Diese Personen werden dann als „Sachwalter" der nicht beteiligten Organisation tätig.[21] Da der Gesetzgeber mit der Ausführbarkeit der Anhörung begrifflich an die Nichtausführbarkeit des Abs. 1 knüpft, ist darunter in der Sache dasselbe zu verstehen: Eine Anhörung von Sachbesitzer oder Verfügungsbefugten genügt nur, wenn vor einer Anhörung der Organisation übermäßige faktische Barrieren stehen.

§ 426 Anhörung von möglichen Einziehungsbeteiligten im vorbereitenden Verfahren

(1) [1]Ergeben sich im vorbereitenden Verfahren Anhaltspunkte dafür, dass jemand als Einziehungsbeteiligter in Betracht kommt, ist er zu hören. [2]Dies gilt nur, wenn die Anhörung ausführbar erscheint. [3]§ 425 Absatz 2 gilt entsprechend.

(2) Erklärt derjenige, der als Einziehungsbeteiligter in Betracht kommt, dass er gegen die Einziehung Einwendungen vorbringen wolle, gelten im Fall seiner Vernehmung die Vorschriften über die Vernehmung des Beschuldigten insoweit entsprechend, als seine Verfahrensbeteiligung in Betracht kommt.

Schrifttum: Bittman/Köhler/Seeger/Tschakert, Handbuch der strafrechtlichen Vermögensabschöpfung, 2020; Knierim/Oehmchen/Beck/Geisler, Gesamtes Strafrecht aktuell, 2018; Köhler, Die Reform der strafrechtlichen Vermögensabschöpfung – Teil 1/2, NStZ 2017, 497; Madauß, Das neue Recht der strafrechtlichen Vermögensabschöpfung und Steuerstrafverfahren – Fragen aus der Sicht der Praxis, NZWiSt 2018, 28; Meißner/Schütrumpf, Vermögensabschöpfung – Praxisleitfaden zum neuen Recht, 2018; Minoggio Das Schweigerecht der juristischen Person als Nebenbeteiligte im Strafverfahren, wistra 2003, 121; Reh, Praxisprobleme im Umgang mit dem neuen Recht der Vermögensabschöpfung aus staatsanwaltschaftlicher Sicht, NStZ 2018, 20; Savini, Handbuch zur Vermögensabschöpfung nach altem und neuem Recht, 2017; Schmidt, Vermögensabschöpfung – Handbuch für das Straf- und Ordnungswidrigkeitenverfahren, 2. Aufl. 2019.

I. Überblick

Die Norm regelt die **Anhörung potentieller Einziehungsbeteiligter** (§ 423 Abs. 1) im Vorverfahren. Sie übernimmt die Regelung des § 432 aF, soweit diese zum neuen Recht passt.[1] Die Rechtsposition des Einziehungsbeteiligten, die ihm die Möglichkeit stärkeren Einflusses auf das Verfahren verschafft, erlangt der Einziehungsbetroffene erst mit dem dies anordnenden gerichtlichen Beschluss (§ 424 Abs. 1). Der ist erst ab dem Zwischenverfahren vorgesehen (→ § 424 Rn. 8). Vor dem Hintergrund dieser Rechtslage ist der **Zweck** der frühen Anhörung im Vorverfahren ein dreifacher: Erstens soll die Anhörung dem potentiellen Einziehungsbeteiligten durch Gewährung rechtlichen Gehörs[2] schon früh ermöglichen, einen gewissen Einfluss auf die drohende Anordnung der Einziehung zu nehmen oder sie gar ganz abzuwenden;[3] dies entspricht seiner Stellung als (späterem) Verfahrenssubjekt.[4] Damit hängt auch zusammen, dass Abs. 2 dem potentiellen Einziehungsberechtigten, der seine Einwendungsbereitschaft erklärt hat, im Rahmen seiner Vernehmung in gewissem Umfang Beschuldigtenrechte einräumt; es geht insgesamt um den „Schutz von Drittrechten".[5] Zweitens ist die Anhörung Teil der Ermittlungsarbeit der StA und dient der Vorbereitung der Anklage und der Ermittlung der Umstände hinsichtlich einer möglichen Nebenentscheidung der Einziehung (§ 160 Abs. 1); denn zur Ermittlung der Einziehungsvoraussetzungen kann der potentielle Einziehungsbeteiligte

---
[21] Gaede in Löwe/Rosenberg Rn. 7.
[1] BT-Drs. 18/9525, 89.
[2] Gaede in Löwe/Rosenberg Rn. 3.
[3] Gaede in Löwe/Rosenberg Rn. 6; Paeffgen in SK-StPO Rn. 2.
[4] Heine in Satzger/Schluckebier/Widmaier StPO Rn. 1; ähnlich Temming in BeckOK StPO Rn. 2.
[5] Metzger in KMR-StPO Rn. 1.

vielleicht – in die eine oder andere Richtung – etwas beisteuern.⁶ Und drittens kann sich im Zuge der Anhörung verfahrensökonomisch ergeben, dass der Betroffene in qualifizierter Form erklärt, keine Einwendungen vorbringen zu wollen, sodass die Verfahrensbeteiligung unterbleiben kann (§ 424 Abs. 2 S. 1).⁷

II. Erläuterungen

1. Anhörung im vorbereitenden Verfahren (Abs. 1). a) Mögliche Einziehungsbeteiligung (S. 1). Damit die Strafverfolgungsbehörde der Anhörungspflicht des Abs. 1 unterliegt, muss die betroffene Person als Einziehungsbeteiligter (§ 424 Abs. 1) in Betracht kommen. Dazu muss es nur als **möglich** erscheinen, dass sich die Einziehung später gegen diese Person richten wird. Der Gesetzeswortlaut drückt die Geringschwelligkeit zusätzlich aus, indem er für das In-Betracht-Kommen nur „Anhaltspunkte" verlangt. Nicht erforderlich ist, dass bereits mit Blick auf eine spätere Einziehung eine Beschlagnahme erfolgt ist und Hinweise auf Rechte Dritter bestehen.⁸ Es genügt, dass überhaupt in einem gewissen Grade mit einer späteren Einziehung und Drittbeteiligung zu rechnen ist. Um eine Einzelfallbewertung wird man – jenseits der Fälle bereits erfolgter Beschlagnahme – nicht umhinkommen. Liegen hinreichende Anhaltspunkte für eine spätere Verfahrensbeteiligung vor, „ist" der potentielle Einziehungsbeteiligte „zu hören", er muss also Gelegenheit haben, sich gegenüber der Strafverfolgungsbehörde zu äußern.⁹

Eine bestimmte **Form** der Anhörung ist nicht vorgeschrieben,¹⁰ lediglich die Erklärung gemäß § 424 Abs. 2, keine Einwendungen gegen die spätere Einziehung vorbringen zu wollen, unterliegt dem qualifizierten Schriftlichkeitserfordernis dieser Norm.¹¹ – Findet die Anhörung normwidrig nicht statt, sind Entscheidungen, die den Interessenten belasten, unzulässig.¹²

b) Anschein der Ausführbarkeit (S. 2). Wenn die Anhörung nicht ausführbar erscheint, muss sie nicht angestrengt werden. Die Anhörung erscheint ausführbar, wenn ihr voraussichtlich **keine übermäßigen faktischen Barrieren** entgegenstehen; die Kriterien entsprechen denen des § 425 für die Nichtausführbarkeit der Einziehungsbeteiligung (dazu → § 425 Rn. 4). Allerdings ist der Maßstab ein anderer. Dies zeigt der im Vergleich zu § 425 abweichende Wortlaut des § 426: Darf die Verfahrensbeteiligung in § 425 nur unterbleiben, wenn ihre Nichtausführbarkeit „anzunehmen ist", hat gemäß § 426 die Anhörung nur zu erfolgen, wenn ihre Durchführung „ausführbar erscheint". Es dürfen daher im Rahmen des § 426 keine überspannten Anforderungen an den Anschein der Ausführbarkeit der Anhörung gestellt werden. Auch hier gilt, dass die Strafverfolgungsbehörde „zumindest konkrete Schritte" unternommen haben muss, „um eine Anhörung zu ermöglichen".¹³ Die Anhörungspflicht besteht nicht, wenn eine Einstellung nach § 170 Abs. 2 prognostiziert wird. Wohl aber ist anzuhören, wenn bloß die Möglichkeit eines Absehens vom Einziehungsverfahren besteht (§ 421).¹⁴

c) Entsprechende Anwendung von § 425 Abs. 2 (S. 3). Hier präsentiert der Gesetzgeber die entsprechende Anwendung einer entsprechend anwendbaren Norm. Gemeint ist, dass die Anhörung einer staatsfeindlichen Organisation mit Auslandsbezug aus demselben Grund unterbleiben kann, aus denen die Einziehungsbeteiligung (§ 423 Abs. 1) gemäß § 425 Abs. 2 entfallen soll. Diese Regelung wird in § 426 folgerichtig auf

---

⁶ Weßlau in SK-StPO, 4. Aufl., § 432 aF Rn. 1; Gaede in Löwe/Rosenberg Rn. 4.
⁷ Metzger in KMR-StPO Rn. 1; zum Ganzen auch BT-Drs. V/1319, 76; Tschakert in Bittmann/Köhler/Seeger/Tschakert Rn. 1490.
⁸ Temming in BeckOK StPO Rn. 3: „in der Regel spätestens dann der Fall".
⁹ Gaede in Löwe/Rosenberg Rn. 3.
¹⁰ Metzger in KMR-StPO Rn. 6.
¹¹ Temming in BeckOK StPO Rn. 5.
¹² OLG Rostock 18.7.2011 – 2 Ss (OWi) 78/11, BeckRS 2011, 19368.
¹³ Knierim in Gesamtes Strafrecht aktuell, Kap. 21 Rn. 130.
¹⁴ Knierim in Gesamtes Strafrecht aktuell, Kap. 21 Rn. 130.

das Vorverfahren erweitert: Wer aus Gründen des Staatsschutzes im Hauptverfahren nicht einmal beteiligt werden muss, ist auch im Vorverfahren nicht anzuhören. Allerdings erfasst die entsprechende Anwendung des § 425 Abs. 2 die Pflicht, in solchen Fällen staatsfeindlicher Organisationen den Sachbesitzer oder den Verfügungsbefugten zu hören (§ 425 Abs. 2 S. 2).

2. Vernehmung des möglichen Einziehungsbeteiligten (Abs. 2). Erklärt der potentielle Einziehungsbeteiligte, gegen die Einziehung Einwendungen vorbringen zu wollen, so erhält er in gewissem Umfang die Rechte, die ein Beschuldigter bei seiner Vernehmung hat. Diese **Rechtezuweisung** steht aber unter zweifacher Begrenzung: Erstens hat der potentielle Einziehungsbeteiligte diese Rechte erst, wenn es zu einer Vernehmung des Betroffenen kommt („im Fall seiner Vernehmung"); folglich hat er grundsätzlich keinen Anspruch auf Vernehmung, sie ist vielmehr erst dann zwingend durchzuführen, wenn die schlichte Anhörung zur Wahrnehmung seiner Verteidigungsinteressen nicht genügt.[15] Zweitens bezieht sich der Rollenwechsel (vom Zeugen zum Quasi-Beschuldigten) nur auf die Tatsachen, die seine „Verfahrensbeteiligung" betreffen („insoweit [...], als seine Verfahrensbeteiligung in Betracht kommt").[16] Wird er hingegen zu Verfahrenstatsachen vernommen, die mit der Frage der Einziehung in keinem Zusammenhang stehen, gilt er weiter als Zeuge.[17]

6

Als **Rechtsfolge** sieht Abs. 2 vor, dass die Vorschriften über die Vernehmung des Beschuldigten entsprechend gelten. Im Vorverfahren rückt dann in den Fokus, dass **§ 163a entsprechend** anzuwenden ist. Die entsprechende Anwendung des § 163a bedeutet im Einzelnen insbesondere: Der Einziehungsbeteiligte muss belehrt werden über sein (spezifisches) Schweigerecht[18] und über das Recht, bereits vor der Vernehmung einen Vertreter iSd § 428 beizuziehen;[19] sodann hat er schon im Vorverfahren das Recht, die „Aufnahme von Beweisen" zu beantragen, die im Falle ihrer Bedeutsamkeit erhoben werden müssen (§ 163a Abs. 2).[20]

7

Der Gesetzgeber überträgt mit Abs. 2 die Regeln der Beschuldigten – ohne zu differenzieren – **auf jedweden potentiellen Einziehungsbeteiligten,** erfasst sind also auch juristische Personen und Personenvereinigungen. Damit ist der frühere Streit entschieden, ob für diese Einziehungsbeteiligten das Schweigerecht gelten kann: Auch juristische Personen und Personenvereinigungen haben das Schweigerecht.[21] (Dazu → § 444 Rn. 31 f.)

8

§ 427 Befugnisse des Einziehungsbeteiligten im Hauptverfahren

(1) ¹Von der Eröffnung des Hauptverfahrens an hat der Einziehungsbeteiligte, soweit dieses Gesetz nichts anderes bestimmt, die Befugnisse, die einem Angeklagten zustehen. ²Im beschleunigten Verfahren gilt dies vom Beginn der Hauptverhandlung, im Strafbefehlsverfahren vom Erlass des Strafbefehls an.

(2) ¹Das Gericht kann zur Aufklärung des Sachverhalts das persönliche Erscheinen des Einziehungsbeteiligten anordnen. ²Bleibt der Einziehungsbeteiligte, dessen persönliches Erscheinen angeordnet ist, ohne genügende Entschuldigung aus, so kann das Gericht seine Vorführung anordnen, wenn er unter Hinweis auf diese Möglichkeit durch Zustellung geladen worden ist.

Schrifttum: Bittman/Köhler/Seeger/Tschakert, Handbuch der strafrechtlichen Vermögensabschöpfung, 2020; Knierim/Oehmchen/Beck/Geisler, Gesamtes Strafrecht aktuell, 2018; Köhler/Burkhard, Die Reform

---

[15] Paeffgen in SK-StPO Rn. 11.
[16] Weßlau in SK-StPO, 4. Aufl., § 432 aF Rn. 11.
[17] Gaede in Löwe/Rosenberg Rn. 12.
[18] Weßlau in SK-StPO, 4. Aufl., § 432 aF Rn. 11.
[19] Schmidt/Scheuß in KK-StPO Rn. 8.
[20] Weßlau in SK-StPO, 4. Aufl., § 432 aF Rn. 11.
[21] Heine in Satzger/Schluckebier/Widmaier StPO Rn. 4.

der strafrechtlichen Vermögensabschöpfung – Teil 2/2, NStZ 2017, 665; Madauß, Das neue Recht der strafrechtlichen Vermögensabschöpfung und Steuerstrafverfahren – Fragen aus der Sicht der Praxis, NZWiSt 2018, 28; Meißner/Schütrumpf, Vermögensabschöpfung – Praxisleitfaden zum neuen Recht, 2018; Reh, Praxisprobleme im Umgang mit dem neuen Recht der Vermögensabschöpfung aus staatsanwaltschaftlicher Sicht, NStZ 2018, 20; Satzger, Die Berücksichtigung von Opferinteressen bei der Verfallsanordnung aus materiellrechtlicher wie prozeßrechtlicher Sicht, wistra 2003, 401; Savini, Handbuch zur Vermögensabschöpfung nach altem und neuem Recht, 2017; Schmidt, Vermögensabschöpfung – Handbuch für das Straf- und Ordnungswidrigkeitenverfahren, 2. Aufl. 2019.

Übersicht

		Rn.			Rn.
I.	Überblick	1	2.	Anordnung des persönlichen Erscheinens (Abs. 2)	10
II.	Erläuterungen	3			
1.	Stellung des Einziehungsbeteiligten (Abs. 1)	3			

I. Überblick

1 Die Norm des § 427 übernimmt wörtlich und – für den Einziehungsbeteiligten (§ 424 Abs. 1) – voll inhaltlich die Regelung des § 433 aF. Sie ordnet vor allem an, dass der Einziehungsbeteiligte (§ 424 Abs. 1) von der Eröffnung des Hauptverfahrens an weitgehend die entsprechenden Befugnisse des Angeklagten hat. Damit soll gewährleistet sein, dass dem Einziehungsbeteiligten „als **Verfahrenssubjekt** die prozessualen Rechte zustehen, die zur Abwehr der gegen ihn gerichteten Einziehungsanordnung erforderlich sind (zB das Fragerecht oder das Beweisantragsrecht)".[1] Zugleich macht sie den Einziehungsbeteiligten vom Angeklagten unabhängig, indem sie ihn mit eigenen Befugnissen ausstattet, die er neben dem Angeklagten nutzen kann.[2] Mit der **Befugnisanalogie** will das Gesetz dem Einziehungsbeteiligten „in gesetzestechnisch einfacher Weise ein größtmögliches Maß an prozessualen Rechten sichern".[3] Die damit zugewiesene Verfahrensrolle schließt – soweit die Einziehung betroffen ist – eine Zeugenstellung aus.[4] Die Norm des § 427 Abs. 1 differenziert nicht zwischen natürlichen und juristischen Personen, sodass die Einräumung der Befugnisse gleichermaßen für alle Einziehungsbeteiligten gilt.[5]

2 Obwohl der Einziehungsbeteiligte rollenmäßig sehr nahe an die Rolle des Angeklagten rückt, sieht der Gesetzgeber es so, dass die Stellung des Einziehungsbeteiligten insgesamt „eher mit der eines Beklagten im Zivilprozess" vergleichbar sei, denn anders als der Angeklagte müsse er sich „nicht dem Vorwurf einer Straftat" stellen, sondern mit der drohenden Einziehung „einer quasi-bereicherungsrechtlichen Maßnahme" erwehren, „die gerade keinen Strafcharakter" habe.[6] Dem kann nicht beigetreten werden, weil die Einziehung nach geltendem Recht weiterhin ein **hoheitlicher Grundrechtseingriff**[7] ist und zumindest **strafähnlichen Charakter** hat.[8] Insbesondere darf die Sicht der Entwurfsverfasser nicht dazu führen, dass das Schweigen des Einziehungsbeteiligten in der Beweiswürdigung gegen ihn verwendet werden kann (→ Rn. 6).

II. Erläuterungen

3 **1. Stellung des Einziehungsbeteiligten (Abs. 1).** In der Hauptverhandlung hat der Einziehungsbeteiligte die Befugnisse des Angeklagten – freilich mit den nötigen Anpassun-

---

[1] BT-Drs. 18/9525, 89; ähnlich Knierim in Gesamtes Strafrecht aktuell, Kap. 21 Rn. 132.
[2] Metzger in KMR-StPO Rn. 1.
[3] Metzger in KMR-StPO Rn. 1; Schmidt/Scheuß in KK-StPO Rn. 1.
[4] Heine in Satzger/Schluckebier/Widmaier StPO Rn. 2.
[5] Heine in Satzger/Schluckebier/Widmaier StPO Rn. 1.
[6] BT-Drs. 18/9525, 89.
[7] Gaede in Löwe/Rosenberg Rn. 7 – die Sicht des Gesetzgebers sei „völlig verfehlt".
[8] Vgl. bei Beck/Knierim in Gesamtes Strafrecht aktuell, Kap. 16 Rn. 6, 10, 13 und Knierim in Gesamtes Strafrecht aktuell, Kap. 21 Rn. 6; Paeffgen in SK-StPO Rn. 2.

gen wegen der doch abweichenden Beteiligtenrolle. Diese Rechte hat der Einziehungsbeteiligte jedoch erst, wenn er tatsächlich Einziehungsbeteiligter geworden ist, wenn also seine **Verfahrensbeteiligung per Beschluss** vom Gericht gemäß § 424 Abs. 1 angeordnet worden ist.[9] Für das Vorverfahren gilt § 426.

Die **eingeschränkte Befugnisanalogie** des Abs. 1 führt nicht dazu, dass der Einziehungsberechtigte vollumfänglich in die Rolle eines Quasi-Angeklagten gelangt. Vielmehr gilt dies zunächst nur „soweit die Einziehung" betroffen ist (vgl. § 424 Abs. 1). Über Gegenstände der Hauptverhandlung, die sachlich zur Einziehungsfrage zählen, kann der Einziehungsbeteiligte nicht als Zeuge vernommen werden,[10] eine Vereidigung ist unzulässig.[11] Erfasst ist davon insbesondere die Schuldfrage, wie sich im Umkehrschluss aus § 438 Abs. 2 ergibt;[12] das heißt, der Einziehungsbeteiligte kann gegen die Verurteilung weitgehend mit denselben Mitteln wie der Angeklagte kämpfen (zu Einschränkungen sogleich → Rn. 5 f.). Er hat danach insbesondere die **Befugnisse:** anwesend zu sein;[13] rechtliches Gehör zu erhalten;[14] Anträge zu stellen;[15] Zeugen zu laden;[16] in der Hauptverhandlung Fragen zu stellen (§ 240 Abs. 2),[17] insbesondere an „Belastungszeugen" (Art. 6 Abs. 3 lit. EMRK);[18] nach Beweiserhebungen Stellung zu nehmen (§ 257 Abs. 1);[19] das (vor)letzte Wort zu ergreifen (§ 258 Abs. 2);[20] Rechtsbehelfe- und Rechtsmittel einzulegen (§ 431);[21] Einspruch gegen einen Strafbefehl einzulegen.[22] – Ein Verschulden seines Vertreters (§ 428) soll er sich zurechnen lassen müssen.[23]

Die Befugnisse des Angeklagten gelten für den Einziehungsbeteiligten aber nur entsprechend, **soweit** die Strafprozessordnung **„nichts anderes bestimmt"**. Solch andere Bestimmungen finden sich in § 430 Abs. 2, § 431 Abs. 1. Nach der Einschränkung der Befugnisse, die § 430 Abs. 2 vorsieht, wird das Recht zum Stellen von Beweisanträgen beschränkt, wo sachlich die Frage der Schuld des Angeklagten betroffen ist. Insoweit kann er **nur Beweisermittlungsanträge** stellen; das Gericht unterliegt nicht den strengeren Grenzen zulässiger Ablehnung von Beweisanträgen, sondern muss nur im Rahmen der Aufklärungspflicht den Beweisermittlungsanträgen des Einziehungsbeteiligten nachgehen.[24] Im **Umkehrschluss** aus § 430 Abs. 2 ergibt sich, dass er bezogen auf Tatsachen, die anderweitig die Einziehung betreffen, das volle Beweisantragsrecht hat.[25] Gleiches gilt für präsente Beweismittel, die sich auf die Schuldfrage beziehen (→ § 430 Rn. 10).

Fraglich geblieben ist auch nach der Gesetzesreform, ob der Einziehungsbeteiligte bezogen auf die Einziehungsfrage ein vollumfängliches **Schweigerecht** hat, aus dem dann auch – wie beim Angeklagten – keine nachteiligen Schlüsse gezogen werden dürfen. Die Entwurfsverfasser wollen aus ihrem Verständnis der Einziehung als „quasi-bereicherungsrechtliche Maßnahme" ableiten, dass das Verbot, „nachteilige Schlüsse aus dem Schweigen zu ziehen", nicht „im gleichen Umfang wie für einen Angeklagten gelten" könne.[26] Diese Sicht würde letztlich zu einer

---

[9] Temming in BeckOK StPO Rn. 1.
[10] Temming in BeckOK StPO Rn. 1; Paeffgen in SK-StPO Rn. 5.
[11] Heine in Satzger/Schluckebier/Widmaier StPO Rn. 2.
[12] Temming in BeckOK StPO Rn. 1.
[13] Metzger in KMR-StPO Rn. 4.
[14] OLG Düsseldorf 4.2.1988 – 2 Ws 128/87, NStZ 1988, 289.
[15] OLG Karlsruhe 25.5.1973 – 1 Ws 143/73, NJW 1973, 1658; Schmidt/Scheuß in KK-StPO Rn. 4.
[16] OLG Düsseldorf 4.2.1988 – 2 Ws 128/87, NStZ 1988, 289; Metzger in KMR-StPO Rn. 4.
[17] Metzger in KMR-StPO Rn. 4.
[18] Belastungszeugen sind bei der hier gegebenen entsprechenden Anwendung sowohl solche, die den Angeklagten belasten und also die Schuldfrage betreffen, als auch solche, die speziell die Rechtsstellung des Einziehungsberechtigten betreffen.
[19] Jahn/Kudlich § 257 Rn. 4.
[20] BGH 12.12.1961 – 3 StR 35/61, NJW 1962, 501.
[21] Metzger in KMR-StPO Rn. 4; Temming in BeckOK StPO Rn. 1.
[22] Schmidt/Scheuß in KK-StPO Rn. 4.
[23] BGH 4.7.2023 – 5 StR 145/23 Rn. 21, JR 2023, 1 (mablAnm Wohlers); KG 13.9.1982 – (4) Ss 203/82 (75/82), JR 1983, 127.
[24] Temming in BeckOK StPO § 430 Rn. 2.
[25] BGH 10.10.2018 – 5 StR 389/19, NStZ 2019, 232 (233) (für den Nebenbetroffenen).
[26] BT-Drs. 18/9525, 89 – unter Berufung auf Ott in KK-StPO § 261 Rn. 38.

verkappten Darlegungslast führen.²⁷ Das ist abzulehnen.²⁸ Eine solche Darlegungslast ließe sich argumentativ nicht auf den Einziehungsbeteiligten begrenzen, sie müsste hinsichtlich der Einziehungsfrage für den Angeklagten genauso gelten.²⁹

7   Zum maßgebenden **Zeitpunkt** für das Eintreten der Rechtswirkung der Beteiligungsanordnung erklärt Abs. 1 die Eröffnung des normalen Hauptsacheverfahrens (§§ 203, 207), den Beginn der Hauptverhandlung im beschleunigten Verfahren und den Erlass des Strafbefehls im Strafbefehlsverfahren. Eine Ausnahme ist zulässig, wenn die Verfahrensbeteiligung – nicht willkürlich – erst zu einem späteren Zeitpunkt angeordnet wird.

8   Wiewohl der Einziehungsberechtigte in erster Linie vermögensrechtliche Interessen verfolgt,³⁰ muss er nicht geschäftsfähig sein.³¹ Da er aber als Verfahrenssubjekt an einem Strafverfahren teilnimmt, in dem über eine strafrechtliche Maßnahme entschieden wird (§ 11 Abs. 1 Nr. 8 StGB)³² und da die Einziehungsfrage abhängt von der im Hauptsacheverfahren zu klärenden Schuldfrage, muss er diesem Prozess folgen und seine „Verteidigungsrechte" wahrnehmen können.³³ Vorauszusetzen ist für das selbständige Ausüben seiner Rechte daher lediglich die **Verhandlungsfähigkeit** des Einziehungsbeteiligten.³⁴ Für die Ausübung seiner Prozessrechte braucht der geschäftsunfähige, verhandlungsfähige Einziehungsbeteiligte nicht die Einwilligung des gesetzlichen Vertreters;³⁵ dies gilt insbesondere für die Erklärung, auf Einwendungen verzichten zu wollen, mit der die Einziehungsbeteiligung beendet wird (§ 424 Abs. 2 S. 2); sie hat keine unmittelbaren materiellrechtlichen Folgen.³⁶ Anderes gilt bei einer vermögensrechtlichen Verfügung.³⁷

9   Im Falle des **Todes** des Einziehungsbeteiligten treten nach herrschender Meinung seine Erben in das Verfahren ein.³⁸ Hiergegen wird zutreffend eingewendet, dass die Verfahrensrolle des Einziehungsbeteiligten nicht ererbt wird, sie ist kein Vermögensrecht.³⁹ Zudem werden – bei dieser Sicht – Verfahrensverzögerungen vermieden.⁴⁰ Für den Erben muss daher gesondert geprüft werden, ob für seine Person alle Beteiligtenvoraussetzungen erfüllt sind, falls ja, ist die Verfahrensbeteiligung anzuordnen.⁴¹

10   **2. Anordnung des persönlichen Erscheinens (Abs. 2).** Der Einziehungsbeteiligte hat im Grundsatz keine Anwesenheitspflicht (§ 430 Abs. 1 S. 1); durch Verzichtserklärung könnte er sich dem Verfahren auch insgesamt entziehen (§ 424 Abs. 2 S. 2). Im Ermessen des Gerichts steht es nach § 427 Abs. 2 S. 1 aber („kann"), das persönliche Erscheinen des Einziehungsberechtigten anzuordnen. Dazu muss sein Erscheinen zunächst „**zur Aufklärung des Sachverhalts**" dienen (S. 1). Die **Erscheinenspflicht** ist nicht etwa müßig vor dem Hintergrund des Schweigerecht des Einziehungsbeteiligten aus § 427 Abs. 1, § 136 Abs. 1 S. 2, schon gar nicht kollidiert sie mit diesem Recht: Zum einen

---

²⁷ Temming in BeckOK StPO Rn. 4: sekundäre Darlegungslast.
²⁸ Zustimmend Peters in Peters/Bröckers Rn. 648.
²⁹ So zutreffend Temming in BeckOK StPO Rn. 4; dagegen will Heine in Satzger/Schluckebier/Widmaier StPO Rn. 1 in die andere Richtung konsequent sein, sodass – bei rein einziehungsbezogenen Fragen – auch das Schweigen des Angeklagten negative gewichtet werden dürfte.
³⁰ BGH 16.12.1958 – 1 StR 431/58, BGHSt 12, 273 (277).
³¹ Heine in Satzger/Schluckebier/Widmaier StPO Rn. 3; Schmidt/Scheuß in KK-StPO Rn. 5; Köhler in Meyer-Goßner/Schmitt Rn. 7; jetzt auch Gaede in Löwe/Rosenberg Rn. 26 ff.; aA RG 25.7.1896 – 2756/96, RGSt 29, 52 (53); Gössel in Löwe/Rosenberg, 26. Aufl., § 433 aF Rn. 24, 28.
³² Betont von Schmidt/Scheuß in KK-StPO Rn. 5; Köhler in Meyer-Goßner/Schmitt Rn. 7.
³³ Schmidt/Scheuß in KK-StPO Rn. 5.
³⁴ Eingehend Gaede in Löwe/Rosenberg Rn. 24 ff.; ferner etwa Metzger in KMR-StPO Rn. 6; Schmidt/Scheuß in KK-StPO Rn. 5.
³⁵ Schmidt/Scheuß in KK-StPO Rn. 5.
³⁶ Schmidt/Scheuß in KK-StPO Rn. 5.
³⁷ Köhler in Meyer-Goßner/Schmitt Rn. 7.
³⁸ BGH 16.12.1958 – 1 StR 431/58, BGHSt 12, 273 (277); Temming in BeckOK StPO Rn. 1.1.
³⁹ Gaede in Löwe/Rosenberg Rn. 29; Heine in Satzger/Schluckebier/Widmaier StPO Rn. 5; Paeffgen in SK-StPO Rn. 6.
⁴⁰ Metzger in KMR-StPO Rn. 7.
⁴¹ Heine in Satzger/Schluckebier/Widmaier StPO Rn. 5; Tschakert in Bittman/Köhler/Seeger/Tschakert Rn. 1473.

besteht das Schweigerecht des Einziehungsbeteiligten nur, soweit sich die Beweisaufnahme auf das Einziehungsverfahren bezieht (→ Rn. 1, 4); im Übrigen kann er als Auskunftsperson dienen,[42] ja Zeuge sein.[43] Zum andern kann das Erscheinen in der Hauptverhandlung im Wege der Gegenüberstellung mit Angeklagtem oder Zeugen die Sachverhaltsaufklärung fördern.[44] Deshalb kann das persönliche Erscheinen auch im Falle der Vertretung (§ 428) durchaus zulässig sein.[45] Zur Klärung der Frage, ob er einen Beteiligungsverzicht (§ 424 Abs. 2 S. 2) erklären will, ist die Anordnung des persönlichen Erscheinens unverhältnismäßig. Bei der Ausübung des Ermessens hat das Gericht das Aufklärungsinteresse gegen die Interessen des Einziehungsbeteiligten abzuwägen.[46] – Bei juristischen Personen kann das persönliche Erscheinen vertretungsberechtigter Organe oder einzelner Organmitglieder angeordnet werden.[47]

Die **Ungehorsamsfolgen** regelt Abs. 1 S. 2. War der Einziehungsbeteiligte vor seinem unentschuldigten Ausbleiben unter Hinweis auf die Folge der Vorführung durch Zustellung geladen worden, kann er vorgeführt werden. Diese Regelung entspricht – mit Abweichungen im Detail – den Vorschriften der § 230 Abs. 2, § 236, § 329, § 387 Abs. 3.[48] Soll der Einziehungsbeteiligte als Zeuge zu Beweisthemen vernommen werden, die nicht das Einziehungsverfahren betreffen, so ist ein Vorgehen nach dem weiterreichenden § 51 möglich.[49] Auch mit Blick auf die Anordnung der Vorführung hat das Gericht Ermessen. – Bei einem entschuldigten Fehlen des Einziehungsbeteiligten (trotz ordnungsgemäßer Terminsladung) darf ohne ihn verhandelt werden (§ 430 Abs. 1 S. 1). 11

§ 428 Vertretung des Einziehungsbeteiligten

(1) ¹Der Einziehungsbeteiligte kann sich in jeder Lage des Verfahrens durch einen Rechtsanwalt mit nachgewiesener Vertretungsvollmacht vertreten lassen. ²Die für die Verteidigung geltenden Vorschriften der §§ 137 bis 139, 145a bis 149 und 218 sind entsprechend anzuwenden.

(2) ¹Der Vorsitzende bestellt dem Einziehungsbeteiligten auf Antrag oder von Amts wegen einen Rechtsanwalt, wenn wegen der Schwierigkeit der Sach- oder Rechtslage, soweit sie die Einziehung betrifft, die Mitwirkung eines Rechtsanwalts geboten erscheint oder wenn ersichtlich ist, dass der Einziehungsbeteiligte seine Rechte nicht selbst wahrnehmen kann. ²Dem Antrag eines seh-, hör- oder sprachbehinderten Einziehungsbeteiligten ist zu entsprechen.

(3) Für das vorbereitende Verfahren gilt Absatz 1 entsprechend.

Schrifttum: Bittmann/Köhler/Seeger/Tschakert, Handbuch der strafrechtlichen Vermögensabschöpfung, 2020; Dehne-Niemann/Bühler, Bestellung eines Rechtsanwalts für einziehungsbeteiligte Kinder infolge eines Interessenkonflikts angeklagter Eltern, wistra 2022, 5; Knierim/Oehmchen/Beck/Geisler, Gesamtes Strafrecht aktuell, 2018; Meißner/Schütrumpf, Vermögensabschöpfung – Praxisleitfaden zum neuen Recht, 2018; Reh, Praxisprobleme im Umgang mit dem neuen Recht der Vermögensabschöpfung aus staatsanwaltschaftlicher Sicht, NStZ 2018, 20; Reitemeier/Koujouie, Das neue Recht der Vermögensabschöpfung – Ein Leitfaden für die Praxis, 2017; Satzger, Die Berücksichtigung von Opferinteressen bei der Verfallsanordnung aus materiellrechtlicher wie prozeßrechtlicher Sicht, wistra 2003, 401; Savini, Handbuch zur Vermögensabschöpfung nach altem und neuem Recht, 2017; Schmidt, Vermögensabschöpfung – Handbuch für das Straf- und Ordnungswidrigkeitenverfahren, 2. Aufl. 2019.

---

[42] Metzger in KMR-StPO Rn. 8.
[43] Gaede in Löwe/Rosenberg Rn. 34, 41.
[44] BT-Drs. V/1319, 77; Temming in BeckOK StPO Rn. 5; Metzger in KMR-StPO Rn. 8.
[45] Gaede in Löwe/Rosenberg Rn. 39.
[46] Vgl. dazu schon zum Bußgeldverfahren BGH 7.7.1981 – 1 StR 53/81, BGHSt 30, 172 (175); Metzger in KMR-StPO Rn. 8.
[47] Gaede in Löwe/Rosenberg Rn. 42.
[48] Gaede in Löwe/Rosenberg Rn. 35.
[49] Weßlau in SK-StPO, 4. Aufl., § 433 Rn. 8.

I. Überblick

1 Die Vorschrift regelt die **Berechtigung des Einziehungsbeteiligten** und des potentiellen Einziehungsbeteiligten, für das Verfahren einen Vertreter zu wählen. Eine erste Funktion eines solchen Vertreters kann für den Einziehungsberechtigten darin liegen, dass ihm ein Rechtsbeistand zur Seite steht.[1] Ein zweiter Aspekt folgt aus dem Umstand, dass der Einziehungsbeteiligte grundsätzlich keine Pflicht hat, persönlich zu erscheinen (e contrario § 427 Abs. 2 S. 1), die Norm ermöglicht ihm die Vertretung seiner Interessen und Wahrnehmung seiner Rechte bei eigener Abwesenheit in der Hauptverhandlung.[2] In der Praxis wird von dieser Möglichkeit häufig Gebrauch gemacht. – Droht dem Einziehungsberechtigten Vernichtung oder Unbrauchbarmachung des Einziehungsgegenstandes oder Einbußen durch „Beseitigung eines rechtswidrigen Zustands", gilt die Vertreterregelung entsprechend (§ 439).

II. Erläuterungen

2 **1. Bevollmächtigter Vertreter des Einziehungsbeteiligten (Abs. 1). a) Vertretung durch einen Rechtsanwalt (S. 1).** Der Wortlaut des Abs. 1 S. 1 stellt nur auf die Hinzuziehung eines Rechtsanwalts ab. Mit der Verweisung in Satz 2 werden aber alle Personen zu möglichen Vertretern, die auch als Verteidiger tätig werden können.[3] Dies ist richtig, obwohl **§ 138 Abs. 3** für „Zeugen, Privatkläger, Nebenkläger, Nebenklagebefugte und Verletzte" ausdrücklich den Personenkreis der Interessenvertreter erweitert und der Einziehungsbeteiligte in dieser Norm nicht genannt ist; denn das Nichtnennen des Einziehungsbeteiligten ist nicht als bewusste Entscheidung des Gesetzgebers, sondern als unbewusste Auslassung zu betrachten. Es gibt keinen Sachgrund, etwa Nebenklagebefugte in dieser Hinsicht anders zu behandeln als einen Einziehungsberechtigten; die Sach- und Rechtslage kann in beiden Fällen gleich schwierig sein. Kompetenzzweifeln mit Blick auf den vom Einziehungsberechtigten gewählten Vertreter kann das Gericht im Rahmen der nach § 138 Abs. 2 nötigen Genehmigung begegnen. Die Vertretungsvollmacht muss **nachgewiesen** sein, was zwar insoweit „technikoffen"[4] erfolgen kann, als keine bestimmte Form vorgeschrieben ist; nicht ausreichend ist aber eine anwaltliche Versicherung.[5] Das gilt auch für das Einlegen von Rechtsmitteln.[6] Die vom Vertreter vorgenommene Prozesshandlung wird nur wirksam, wenn die Vollmacht tatsächlich nachgewiesen wird,[7] was auch nachträglich möglich ist;[8] ebenso kommt Wiedereinsetzung nach § 44 in Betracht.[9]

3 Der Vertreter ist **kein „Verteidiger"**. Zwar nähert sich die Verfahrensrolle des Einziehungsberechtigten ein Stück weit der des Angeklagten an (vgl. § 427 Abs. 1); doch hat der Gesetzgeber bewusst davon abgesehen, diesen Begriff zu verwenden, weil er nicht den „strafähnlichen Charakter"[10] mancher Einziehungsarten vor Augen hatte, sondern den Einziehungsbetroffenen eher in der Rolle eines Hauptintervenienten (aus dem Zivilprozess) gesehen hat.[11] Dennoch greifen gewisse Aspekte der Verteidigerstellung auch beim Vertreter des Einziehungsbeteiligten. Dies gilt vor allem für das **Verbot der Mehrfachverteidigung** (Abs. 2 S. 2 mit § 146). Der Vertreter des Einziehungsbeteiligten kann nicht zugleich Vertreter des Ange-

---

[1] Darauf abstellend Knierim in Gesamtes Strafrecht aktuell, Kap. 21 Rn. 130.
[2] Temming in BeckOK StPO Rn. 1; Weßlau in SK-StPO, 4. Aufl., § 434 aF Rn. 1.
[3] Weßlau in SK-StPO, 4. Aufl., § 434 aF Rn. 1.
[4] BT-Drs. 18/11640, 88; LG Stuttgart 19.9.2023 – 6 Qs 5/23 Rn. 9; Köhler in Meyer-Goßner/Schmitt Rn. 1.
[5] LG Stuttgart 19.9.2023 – 6 Qs 5/23 Rz. 9.
[6] LG Stuttgart 19.9.2023 – 6 Qs 5/23 Rz. 9; Schmidt/Scheuß in KK-StPO Rn. 4; krit. OLG Hamm 4.1.2018 – 4 Ws 196/17, BeckRS 2018, 759.
[7] OLG Celle 2.4.1997 – 1 Ss 350/96, StraFo 1998, 31 (32).
[8] Köhler in Meyer-Goßner/Schmitt Rn. 1.
[9] OLG Hamburg 8.1.2013 – 1 Ss 143/12, NJW 2013, 626; Köhler in Meyer-Goßner/Schmitt Rn. 1.
[10] Vgl. bei Beck/Knierim in Gesamtes Strafrecht aktuell, Kap. 16 Rn. 6, 10, 13 und Knierim in Gesamtes Strafrecht aktuell, Kap. 21 Rn. 6.
[11] BT-Drs. IV/2476, 36.

klagten sein.¹² Dagegen spricht der von § 146 vermutete und von Abs. 1 S. 2 in Bezug genommene Interessenkonflikt solcher Mehrfachvertretungen.¹³ Das gilt auch bei Vertretung einer Gesellschaft (Einziehungsbeteiligte) und deren alleinigem Geschäftsführer (Beschuldigter).¹⁴ – Die Regelung ist in der Sache überzeugend, da es beispielsweise durchaus vorkommen kann, dass der Angeklagte sich auf Kosten des Einziehungsberechtigten in der Hauptsache entlasten will. Denkbar ist auch, dass sich die Strategien von Angeklagtem und Einziehungsbeteiligtem in puncto Rechtsmitteleinlegung widersprechen.¹⁵ In der Sache dasselbe gilt für die Vertretung mehrerer Einziehungsbeteiligter, sie ist ebenfalls unzulässig.¹⁶ Das muss nach der Wertung des § 146 S. 2 auch so gesehen werden, wenn es sich um unterschiedliche Einziehungsarten handelt (etwa Gegenstandseinziehung einerseits und Verfall nach altem Recht andererseits): Das Gesetz sieht schon das parallele Agieren im selben Strafverfahren als gefahrträchtig für aufkeimende Interessenkonflikte an, wie sich in dem Umstand ausdrückt, dass die Mehrfachverteidigung selbst bei unterschiedlichen prozessualen Taten verboten ist.¹⁷

b) Befugnisse des Vertreters (S. 2). Für den Vertreter gelten die in S. 2 genannten 4 Vorschriften für den Verteidiger entsprechend. Daraus und aus der entsprechenden Anwendung ergeben sich insbesondere die folgenden (modifizierten) Rechte des Vertreters: Er kann – schon im Ermittlungsverfahren – **Akteneinsicht** verlangen, allerdings begrenzt auf die Aktenteile, die das Einziehungsverfahren des Vertretenen (untrennbar) betreffen (§ 147).¹⁸ Der Vertreter hat das **Recht auf ungestörte Kommunikation** (auf schriftlichen und mündlichen Verkehr) mit dem Einziehungsbeteiligten (§ 148).¹⁹ Er hat die **Empfangsberechtigung** für Ladungen und Terminsmitteilungen (§ 218).²⁰

2. Beiordnung eines Rechtsanwalts (Abs. 2). In enger Anlehnung an § 140 Abs. 2 5 Fall 2 normiert Abs. 2 eine Beiordnungspflicht des Gerichts bei „Schwierigkeit der Sach- oder Rechtslage" oder wenn sich im Verfahren die Unfähigkeit des Einziehungsbeteiligten offenbart, seine Verfahrensinteressen selber wahrzunehmen. Die Wendungen entsprechen auch inhaltlich denen des § 140 Abs. 2 Fall 2 und 3.²¹ Zu beachten ist freilich, dass sich die Schwierigkeiten gerade aus dem – den Einziehungsbeteiligten betreffenden – Einziehungsverfahren ergeben müssen.²² Da aber auch die Schuldfrage Einfluss auf die Einziehung hat (e contrario § 438 Abs. 2), kann sich das Einziehungsverfahren mit dem Hauptsacheverfahren in weiten Teilen überschneiden. Den Antrag auf Beiordnung darf auch ein (schon als Wahlvertreter bestellter) Rechtsanwalt stellen, denn zum einen trifft § 428 Abs. 2 keine gegenteilige Einschränkung und zum andern gibt es keinen Sachgrund dafür, dass der Einziehungsbeteiligte den Antrag persönlich zu stellen hat.²³ Eine Beiordnungspflicht besteht gegenüber einziehungsbeteiligten Kindern, deren Eltern angeklagt sind.²⁴ – Auf

---

¹² Gaede in Löwe/Rosenberg Rn. 3; Metzger in KMR-StPO Rn. 5; Thomas/Kämpfer § 146 Rn. 6.
¹³ OLG Düsseldorf 4.2.1988 – 2 Ws 128/87, NStZ 1988, 289; KG 19.4.1999 – 1 AR 292/99, BeckRS 2014, 13817; OLG Stuttgart 7.8.2018 – 4 Ws 175/18, BeckRS 2018, 18589, Rn. 12 ff., OLG Hamm 4.1.2018 – III-4 Ws 196/17, StraFo 2018, 63 (Rn. 21); BGH 10.7.2018 – 1 StR 628/17, HRRS 2018, Nr. 831; Tschakert in Bittmann/Köhler/Seeger/Tschakert Strafrechtl. Vermögensabschöpfung-HdB Rn. 1505.
¹⁴ Anders LG Lübeck 15.6.2018 – 6 Qs 28/18, wistra 2018, 527 (mablAnm Rettke), wonach der Gleichlauf der wirtschaftlichen Interessen den Konflikt nicht entstehen lasse und deshalb die Vertretung beider zulässig sei.
¹⁵ Allgemein dazu BGH 13.5.1997 – 1 StR 142/97, NStZ 1997, 560; Thomas/Kämpfer § 146 Rn. 2.
¹⁶ Gaede in Löwe/Rosenberg Rn. 3; Metzger in KMR-StPO Rn. 5; Paeffgen in SK-StPO Rn. 4.
¹⁷ Im Ergebnis auch Gössel in Löwe/Rosenberg, 26. Aufl., § 434 aF Rn. 3; Köhler in Meyer-Goßner/Schmitt Rn. 5; Metzger in KMR-StPO Rn. 5; Paeffgen in SK-StPO Rn. 4; Schmidt/Scheuß in KK-StPO Rn. 3.
¹⁸ Köhler in Meyer-Goßner/Schmitt Rn. 6; Paeffgen in SK-StPO Rn. 4.
¹⁹ Paeffgen in SK-StPO Rn. 4.
²⁰ Metzger in KMR-StPO Rn. 5.
²¹ Dazu Thomas/Kämpfer § 146 Rn. 35 ff., 47 ff.; Laufhütte/Willnow in KK-StPO § 146 Rn. 22 f., 24.
²² Heine in Satzger/Schluckebier/Widmaier StPO Rn. 3.
²³ OLG Jena 11.4.2023 – 1 Ws 24/23, StraFo 2023, 238 (238 f.).
²⁴ OLG München 19.3.2020 – 3 Ws 205/20, BeckRS 2020, 63887; mit abweichender Begründung Dehne-Niehmann/Bühler wistra 2022, 5.

6 **3. Entsprechende Geltung im vorbereitenden Verfahren (Abs. 3).** Was den **Zeitpunkt** der Berechtigung zur Vertreterwahl betrifft, so ist § 428 Abs. 1 nicht eindeutig gefasst. Einerseits heißt es in der Norm, dass dieses Recht „in jeder Lage des Verfahrens" besteht; andererseits setzt sie voraus, dass er schon Einziehungsbeteiligter ist, was erst mit Anordnung der Verfahrensbeteiligung der Fall ist (§ 424 Abs. 1). Das könnte so interpretiert werden, als habe der bloß potentielle Einziehungsbeteiligte (vgl. insbesondere § 426 Abs. 1 S. 1) noch nicht die Rechte, die § 428 gewährt.[25] Man wird aber die zusätzliche Regelung des Absatzes 3, der die Rechtsposition ausdrücklich für das **Ermittlungsverfahren** zubilligt, so zu interpretieren haben, dass darin nicht eine schlichte Wiederholung des Passus „in jeder Lage des Verfahrens" steckt, sondern gerade auch der Fall des **potentiellen Einziehungsbeteiligten** mitgemeint ist, also der Fall, dass der Betroffene sich mithilfe des Vertreters die Position des Einziehungsbeteiligten erkämpfen möchte.[26] Das muss insbesondere dann gelten, wenn man auf dem Standpunkt steht, dass die Anordnung der Einziehungsbeteiligung erst ab Klageerhebung (oder ab Vollzug eines vergleichbaren Aktes) besteht (→ § 424 Rn. 8);[27] dann kann mit der entsprechenden Geltung fürs Ermittlungsverfahren nur die Position des potentiellen Einziehungsbeteiligten gemeint sein. Eine historische Auslegung dürfte dies bestätigen, denn im Gesetzesentwurf[28] ist auf eine Kommentarstelle verwiesen, die eben dies ausdrückt: „Die Beiordnung ist in entsprechender Anwendung des § 141 Abs. 3, 4 auch schon im Vorverfahren zulässig".[29] Für das geltende Recht dürfte sich der Streit damit erledigt haben. – Hebt das Gericht wegen Wegfalls der Anordnungsvoraussetzungen die Einziehungsbeteiligung auf (→ § 424 Rn. 7), kann der Betroffene die Beiordnung eines Rechtsanwalts für das gegen die Aufhebung anzustrengende Beschwerdeverfahren verlangen.[30]

7 **4. Rechtsmittel.** Wird die Beiordnung abgelehnt, ist **Beschwerde** zulässig. Die Beiordnungsanordnung des Gerichts ist in der Regel nicht anfechtbar.[31] Anfechtbarkeit liegt in dem Fall vor, dass ein Vertreter beigeordnet worden ist, der nicht zum Kreis der Beiordnungsfähigen gehört,[32] oder wenn das Vorschlagsrecht des Einziehungsbeteiligten missachtet worden ist.[33] – Die **Revision** greift nach §§ 336, 338 Nr. 8, wenn das Gericht sein Ermessen nicht oder fehlerhaft ausgeübt hat[34] oder wenn das Vorschlagsrecht des Einziehungsbeteiligten übergangen worden ist.[35]

§ 429 Terminsnachricht an den Einziehungsbeteiligten

(1) Dem Einziehungsbeteiligten wird der Termin zur Hauptverhandlung durch Zustellung bekanntgemacht; § 40 gilt entsprechend.

---

[25] OLG Bremen 19.6.2018 – 1 Ws 146/17, BeckRS 2018, 16174, Rn. 17 ff.
[26] Metzger in KMR-StPO Rn. 4.
[27] Tschakert in Bittmann/Köhler/Seeger/Tschakert Strafrechtl. Vermögensabschöpfung-HdB Rn. 1481.
[28] BT-Drs. 18/9525, 89.
[29] Gaede in Löwe/Rosenberg Rn. 2.
[30] Dagegen OLG Bremen 19.6.2018 – 1 Ws 146/17, BeckRS 2018, 16174, Rn. 19, wo mit Abs. 3 argumentiert wird, der fürs Vorverfahren gerade die schwierige Sach- und Rechtslage als Beiordnungsgrund ausspare; doch lässt sich aus Abs. 3 nichts für die Verfahrenssituation nach Anklageerhebung ableiten, weil das Gesetz ja nach seinem Wortlaut auch gerade zwischen dem Vorverfahren und dem weiteren Verfahrensstadien differenziert.
[31] Metzger in KMR-StPO Rn. 12.
[32] Schmidt/Scheuß in KK-StPO Rn. 9; Metzger in KMR-StPO Rn. 12; Köhler in Meyer-Goßner/Schmitt Rn. 7; Paeffgen in SK-StPO Rn. 8.
[33] Gaede in Löwe/Rosenberg Rn. 15; Paeffgen in SK-StPO Rn. 8.
[34] Günther in AK-StPO § 434 aF Rn. 15; Lohse in Krekeler/Löffelmann/Sommer § 343 aF Rn. 6; Schmidt/Scheuß in KK-StPO Rn. 9; Gaede in Löwe/Rosenberg Rn. 15; Weßlau in SK-StPO, 4. Aufl., § 434 aF Rn. 13.
[35] Weßlau in SK-StPO, 4. Aufl., § 434 aF Rn. 13.

(2) Mit der Terminsnachricht wird dem Einziehungsbeteiligten, soweit er an dem Verfahren beteiligt ist, die Anklageschrift und in den Fällen des § 207 Absatz 2 der Eröffnungsbeschluss mitgeteilt.
(3) Zugleich wird der Einziehungsbeteiligte darauf hingewiesen, dass
1. auch ohne ihn verhandelt werden kann,
2. er sich durch einen Rechtsanwalt mit nachgewiesener Vertretungsvollmacht vertreten lassen kann und
3. über die Einziehung auch ihm gegenüber entschieden wird.

Schrifttum: Siehe bei § 428.

I. Überblick

§ 429 regelt **Form** und **Inhalt** der **Terminsnachricht** in Sachen Hauptverhandlung an den Einziehungsbeteiligten iSd § 424 Abs. 1.[1] Die Vorschrift übernimmt Wortlaut und vollständigen Regelungsgehalt des § 435 aF, also „ohne inhaltliche Änderungen".[2] Sie dient der Gewährung rechtlichen Gehörs.[3] Dem Einziehungsbeteiligten wird der Termin der Hauptverhandlung bloß bekannt gegeben. Anders als der Angeklagte (§ 216) wird er nicht geladen. Er hat nämlich grundsätzlich keine Anwesenheitspflicht (e contrario § 427 Abs. 2 S. 1).[4] Eine „Ladungsfrist" (Mitteilungsfrist) ist nicht einzuhalten, das Mitwirken des Einziehungsbeteiligten soll das Verfahren nicht verzögern (§ 424 Abs. 5).[5] Zur Wahrung rechtlichen Gehörs hat das Gericht aber eine **ausreichende Vorbereitungszeit** zu gewähren.[6] Bei ordnungsgemäßer Terminsnachricht durch Zustellung tritt die Rechtsfolge des § 430 Abs. 1 ein, und es kann ohne den Einziehungsbeteiligten verhandelt werden. Die Vorschrift gilt unmittelbar für alle Arten der Einziehung sowie entsprechend für Vernichtung, Unbrauchbarmachung und Beseitigung eines rechtswidrigen Zustandes (§ 439). Die iSd § 439 zu beteiligenden Personen stehen den Einziehungsbeteiligten gleich.[7]

II. Erläuterungen

1. Bekanntgabe des Termins zur Hauptverhandlung (Abs. 1). Der Einziehungsbeteiligte wird zum Hauptverhandlungstermin nur geladen, wenn das Gericht sein persönliches Erscheinen angeordnet hat (§ 427 Abs. 2). Sonst genügt die Bekanntgabe des Termins. Der Einziehungsbeteiligte ist über den Termin jedes einzelnen Hauptverhandlungstermins per förmlicher Zustellung (§ 37) zu informieren,[8] selbst wenn er zu vorherigen Terminen nicht erschienen ist.[9] Notfalls geschieht dies per öffentlicher Zustellung (§ 40). Hat der Einziehungsbeteiligte einen Vertreter (§ 428), wird auch ihm der Hauptverhandlungstermin bekanntgemacht (§ 218).[10] Zu laden ist auch der Vertreter nicht; mit dem Verweis auf § 218, der von Ladung spricht, ist nur gemeint, dass die Bekanntgabe gegenüber dem Vertreter in gleicher Form wie beim Einziehungsbeteiligten erfolgt.[11] Grundsätzlich haben weder Einziehungsbeteiligter noch sein Vertreter Anspruch auf eine gewisse Bekanntgabefrist.[12] Der Grundsatz des fairen Verfahrens gebietet es jedoch, ihnen eine ausreichende Zeit für die Wahrnehmung der Interessen des Einziehungsbeteiligten einzuräumen und ihm dadurch

---
[1] Schmidt/Scheuß in KK-StPO Rn. 1; Paeffgen in SK-StPO § 435 aF Rn. 1.
[2] BT-Drs. 18/9525, 89.
[3] Heine in Satzger/Schluckebier/Widmaier StPO Rn. 1.
[4] Heine in Satzger/Schluckebier/Widmaier StPO Rn. 1.
[5] Temming in BeckOK StPO Rn. 1.
[6] Paeffgen in SK-StPO Rn. 2.
[7] Weßlau in SK-StPO, 4. Aufl., § 435 aF Rn. 1.
[8] Temming in BeckOK StPO Rn. 1.
[9] Heine in Satzger/Schluckebier/Widmaier StPO Rn. 1; Metzger in KMR-StPO Rn. 3.
[10] Köhler in Meyer-Goßner/Schmitt Rn. 5.
[11] Metzger in KMR-StPO Rn. 4.
[12] Heine in Satzger/Schluckebier/Widmaier StPO Rn. 1; Köhler in Meyer-Goßner/Schmitt Rn. 5.

rechtliches Gehör (Art. 103 Abs. 1 GG) zu ermöglichen.[13] Darauf hat der Vorsitzende im Rahmen seiner Verhandlungsleitung zu achten.[14]

3 **2. Mitteilung von Anklage und Eröffnungsbeschluss (Abs. 2).** Am Zwischenverfahren ist der Einziehungsbeteiligte nicht zu beteiligen, deshalb erhält er mit der Bekanntgabe des (ersten) Termins die Anklageschrift und ggf. einen abweichenden Eröffnungsbeschluss (§ 207 Abs. 2).[15] Nach dem Wortlaut ist dem Einziehungsbeteiligten die Anklage nur mitzuteilen, „soweit er an dem Verfahren beteiligt ist", also soweit Einziehungsfragen betroffen sind. Diese Beschränkung klingt nach zwingendem Recht,[16] eröffnet aber gleichwohl dem Vorsitzenden Ermessen, ob er in der Mitteilung die Teile der Anklage weglässt, die das Einziehungsverfahren nicht betreffen (arg. § 430 Abs. 4).[17]

4 § 429 trifft für das **beschleunigte Verfahren** (§ 417) keine Einschränkungen von der Pflicht, die Anklageschrift mitzuteilen; da im beschleunigten Verfahren aber keine Anklageschrift eingereicht werden muss (§ 418 Abs. 1), scheidet das beschleunigte Verfahren aus, wenn eine Einziehungsbeteiligung in Betracht kommt und der potentielle Einziehungsbeteiligte sich nicht mit einer formlosen Benachrichtigung einverstanden erklärt hat.[18] – Anders liegt es, wenn bei einer öffentlichen Zustellung (§ 40) schon ihrer Natur nach die Anklageschrift nicht mitgeteilt wird.

5 **3. Rechtsbelehrungen (Abs. 3).** Mit der durch Zustellung erfolgten Bekanntgabe des Termins ist der Einziehungsbeteiligte darüber zu belehren, dass bei Nichterscheinen zum Hauptverhandlungstermin ohne ihn verhandelt werden kann. Ferner ist der Einziehungsbeteiligte mit der Terminsnachricht darüber zu belehren, dass er das Recht auf einen Vertreter hat (§ 428), der allerdings seine Vertretungsbefugnis durch Vollmacht nachweisen muss, und darüber, dass über die Einziehung ihm gegenüber entschieden wird. Nur bei Einhaltung dieser Vorgaben ist die Terminsnachricht „ordnungsgemäß" und nur dann darf ohne ihn verhandelt werden (§ 430 Abs. 1). Es hat seinen guten Sinn, alle drei Belehrungen zur Voraussetzung eines Verhandelns ohne den Einziehungsbeteiligten zu machen. Erst die Kenntnis über sein Recht auf Vertretung und über die Folgen der Hauptverhandlung versetzt ihn in die Lage, eine verantwortete Entscheidung in puncto Teilnahme an der Hauptverhandlung zu treffen. Es geht deshalb nicht an, die Nr. 3 von den Umständen einer „ordnungsgemäßen Ladung" auszunehmen.[19] Im Wortlaut findet sich für eine solche Beschränkung keine Stütze, denn § 429 bestimmt insgesamt, was zu einer „ordnungsgemäßen Terminsnachricht" iSd § 430 Abs. 1 zählt.

6 **4. Verzicht.** Einziehungsbeteiligter und Vertreter können auf die Terminsnachricht verzichten, das gilt auch für die Förmlichkeit der Mitteilung.[20]

§ 430 Stellung in der Hauptverhandlung

(1) ¹**Bleibt der Einziehungsbeteiligte in der Hauptverhandlung trotz ordnungsgemäßer Terminsnachricht aus, kann ohne ihn verhandelt werden; § 235 ist nicht anzuwenden.** ²**Gleiches gilt, wenn sich der Einziehungsbeteiligte aus der Hauptverhandlung entfernt oder bei der Fortsetzung einer unterbrochenen Hauptverhandlung ausbleibt.**

---

[13] Gaede in Löwe/Rosenberg Rn. 5; Metzger in KMR-StPO Rn. 5; Schmidt/Scheuß in KK-StPO Rn. 4.
[14] Metzger in KMR-StPO Rn. 5.
[15] Heine in Satzger/Schluckebier/Widmaier StPO Rn. 2.
[16] So wohl Temming in BeckOK StPO Rn. 2.
[17] Gaede in Löwe/Rosenberg Rn. 11: „Kann- bzw. Sollvorschrift"; Köhler in Meyer-Goßner/Schmitt Rn. 3; Schmidt/Scheuß in KK-StPO Rn. 7.
[18] Gaede in Löwe/Rosenberg Rn. 15; aA Günther in AK-StPO § 435 aF Rn. 7; Metzger in KMR-StPO Rn. 11; aA Schmidt/Scheuß in KK-StPO Rn. 6.
[19] Im Ergebnis auch Gaede in Löwe/Rosenberg 14; aA Schmidt/Scheuß in KK-StPO Rn. 9.
[20] Metzger in KMR-StPO Rn. 6.

(2) Auf Beweisanträge des Einziehungsbeteiligten zur Frage der Schuld des Angeklagten ist § 244 Absatz 3 Satz 2, Absatz 4 bis 6 nicht anzuwenden.

(3) ¹Ordnet das Gericht die Einziehung eines Gegenstandes nach § 74b Absatz 1 des Strafgesetzbuches an, ohne dass eine Entschädigung nach § 74b Absatz 2 des Strafgesetzbuches zu gewähren ist, spricht es zugleich aus, dass dem Einziehungsbeteiligten eine Entschädigung nicht zusteht. ²Dies gilt nicht, wenn das Gericht eine Entschädigung des Einziehungsbeteiligten nach § 74b Absatz 3 Satz 2 des Strafgesetzbuches für geboten hält; in diesem Fall entscheidet es zugleich über die Höhe der Entschädigung. ³Das Gericht weist den Einziehungsbeteiligten zuvor auf die Möglichkeit einer solchen Entscheidung hin und gibt ihm Gelegenheit, sich zu äußern.

(4) ¹War der Einziehungsbeteiligte bei der Verkündung des Urteils nicht zugegen und auch nicht vertreten, so beginnt die Frist zur Einlegung eines Rechtsmittels mit der Zustellung der Urteilsformel an ihn. ²Bei der Zustellung des Urteils kann das Gericht anordnen, dass Teile des Urteils, welche die Einziehung nicht betreffen, ausgeschieden werden.

Schrifttum: Siehe bei § 427.

Übersicht

	Rn.		Rn.
I. Überblick	1	2. Beweisanträge des Einziehungsbeteiligten (Abs. 2)	9
II. Erläuterungen	3		
1. Abwesenheitsverhandlung (Abs. 1)	3	3. Entschädigungsentscheidung (Abs. 3)	13
a) Ausbleiben des Einziehungsbeteiligten (S. 1)	5	4. Zustellung des Urteils (Abs. 4)	14
b) Entfernen/Ausbleiben nach Unterbrechung (S. 2)	8	5. Rechtsmittel	15

I. Überblick

Die Vorschrift wurde durch das EGOWiG als § 436 aF in die StPO eingeführt. Mit der jetzigen Verortung in § 430 übernimmt der Gesetzgeber die alte Regelung zur Stellung des Einziehungsbeteiligten in der Hauptverhandlung sowohl im Wortlaut als auch vollinhaltlich.[1] § 430 tritt dem § 427 Abs. 1 zur Seite, der mit seiner Befugnisanalogie dem Einziehungsberechtigten auch für die Hauptverhandlung – mit Abweichungen im Einzelnen – dieselben Prozessrechte wie dem Angeklagten gibt. Mit Abs. 1 S. 2 will der Gesetzgeber klarstellen, „dass auch dann ohne den Einziehungsbeteiligten verhandelt werden kann, wenn er sich aus der Hauptverhandlung entfernt oder bei der Fortsetzung einer unterbrochenen Hauptverhandlung ausbleibt".[2] Schon darin drückt sich aus, dass sich die Stellung des Einziehungsbeteiligten nicht unerheblich von der des Angeklagten unterscheidet. Zwar hatte der seinerzeitige Gesetzesentwurf zu § 436 aF anerkannt, dass sich auch der Einziehungsbeteiligte in einer **„Verteidigungsposition"**[3] befindet, doch gilt aufs Ganze gesehen der in § 424 Abs. 5 bestimmte Grundsatz, dass die Beteiligung des Einziehungsbetroffenen das **Hauptsacheverfahren nicht verzögern** soll.[4] Die §§ 427, 430 schaffen einen Ausgleich zwischen diesem Beschleunigungsgedanken und den Verfahrensrechten des Einziehungsbeteiligten, insbesondere bezogen auf seinen Anspruch auf rechtliches Gehör (Art. 103 Abs. 1 GG). In Umsetzung dieses Bemühens beschränkt das Gesetz „sowohl die Pflichten als

1

---

[1] BT-Drs. 18/9525, 89.
[2] BT-Drs. 18/9525, 89 – unter Verweis auf Schmidt in KK-StPO § 436 aF Rn. 1.
[3] BT-Drs. 5/1319, 73.
[4] Vgl. auch bei Gaede in Löwe/Rosenberg; ebenso Temming in BeckOK StPO Rn. 1; Paeffgen in SK-StPO Rn. 1.

auch die Beteiligungsrechte des Einziehungsbeteiligten im Vergleich zu denjenigen des Angeklagten".[5] Abs. 1 betrifft die Durchführung der Hauptverhandlung ohne den Einziehungsbeteiligten; Abs. 2 nimmt Einschränkungen vor in Bezug auf sein Beweisantragsrecht; Abs. 3 regelt Entschädigungsfragen und Abs. 4 das Zustellen des Urteils als Ersatz der mündlichen Urteilsverkündung.

2   Die Berechtigung zur Beschränkung der Verteidigungsrechte wird darin gesehen, dass für den Einziehungsbeteiligten nur „**vermögensrechtliche Interessen**" in Rede stehen.[6] Unklar bleibt, ob man sich bewusst gemacht hat, dass die Einziehungsentscheidung existenzbedrohende Folgen haben kann und dass diese dann mitunter mehr Gewicht haben als das Interesse an der Abwehr einer Strafe. So kann es im Vergleich kaum einleuchten, dass der Angeklagte zur Abwehr einer Geldstrafe alle Verteidigungsrechte hat, der Einziehungsbeteiligte hingegen, der sich einer gravierenden Vermögenseinbuße ausgesetzt sieht, Beschränkungen hinnehmen muss. Strafe und Einziehung haben gleichermaßen die Straftat des Angeklagten zum Grunde. Nach geltendem Recht kann der Vorsitzende den Aspekt einer besonders gravierenden Einziehungsentscheidung nur, aber immerhin, im Rahmen der Verhandlungsleitung berücksichtigen. Ihm oder dem Gericht eingeräumtes **Ermessen** bei der Zubilligung prozessualer Gestaltungsmöglichkeiten muss im Einzelfall nach dem Grundsatz des fairen Prozessierens zugunsten des Einziehungsbeteiligten ausgeübt werden (Ermessensreduzierung auf null).[7]

II. Erläuterungen

3   **1. Abwesenheitsverhandlung (Abs. 1).** Der Einziehungsbeteiligte (§ 423 Abs. 1) hat grundsätzlich keine Anwesenheitspflicht, es sei denn, das Gericht ordnet nach § 427 Abs. 2 S. 1 sein persönliches Erscheinen an. Insoweit weicht die Stellung des Einziehungsbeteiligten von der des Angeklagten ab, der im Grundsatz einer – ihn nicht selten erheblich belastenden und auch paternalistisch begründeten – Anwesenheitspflicht unterliegt (§ 230). Davon bleibt der Einziehungsbeteiligte, weil es bei ihm nur um Vermögensbelange geht, weitgehend verschont. Als Kehrseite dieser Freiheit bestimmt § 430 Abs. 1, dass unter den in Abs. 1 genannten Voraussetzungen ohne den Einziehungsbeteiligten verhandelt werden kann. Der Einziehungsbeteiligte hat also die **Wahl,** ob er an der Hauptverhandlung teilnimmt oder nicht. Zudem hat er das Recht, sich von einem Rechtsanwalt oder einer anderen qualifizierten Person vertreten zu lassen; das folgt an sich schon aus § 427 Abs. 1 mit § 234 – bestätigt und für alle Verfahrensstadien klargestellt wird dies aber in § 428 Abs. 1. Die Begründung des Gesetzesentwurfs weist in einer Weise auf das Recht zum Sich-Vertreten-Lassen hin, die es nahelegt, gerade diesen Umstand, dass nämlich ein Ausbleiben leicht zu vermeiden ist, als gewichtigen Aspekt für die Abwesenheitsverhandlung einzustufen.[8]

4   Mit der Möglichkeit, in bestimmten Fällen die Hauptverhandlung in Abwesenheit des Einziehungsbeteiligten durchzuführen, stimmt das Gesetz den Anspruch des Einziehungsbeteiligten auf rechtliches Gehör (Art. 103 Abs. 1 GG) plausibel ab auf den Grundsatz, dass die Beteiligung des Einziehungsbetroffenen nicht den **Fortgang des Verfahrens** aufhalten soll (§ 424 Abs. 5).[9] Vor diesem Hintergrund ist es zu interpretieren, dass Abs. 1 lediglich eine Kannvorschrift ist, die das Verhandeln ohne den Ausgebliebenen ins Ermessen des Gerichts stellt. Das Gericht wird sein Ermessen wegen § 424 Abs. 5 zumeist dahin ausüben müssen, die Hauptverhandlung oder den betreffenden Hauptverhandlungstag in Abwesenheit des Einziehungsbeteiligten stattfinden zu lassen. Im Einzelfall wird freilich auch schon einmal umgekehrt auf das Verhandeln in Abwesenheit des Einziehungsbeteiligten verzichtet werden müssen, etwa wenn der sonst stets anwesende Ein-

---

[5] Heine in Satzger/Schluckebier/Widmaier StPO Rn. 1.
[6] BT-Drs. 5/1319, 73.
[7] Ebenso jetzt Paeffgen in SK-StPO Rn. 4.
[8] BT-Drs. 18/9525, 90.
[9] Gaede in Löwe/Rosenberg Rn. 2; Weßlau in SK-StPO, 4. Aufl., § 436 aF Rn. 1.

ziehungsbeteiligte, für den beträchtliche Vermögenswerte auf dem Spiel stehen, unangekündigt zu einer für ihn entscheidenden Beweisaufnahme nicht erscheint.

a) Ausbleiben des Einziehungsbeteiligten (S. 1). Der Einziehungsbeteiligte bleibt 5 aus, wenn weder er selber noch ein Vertreter (mit nachgewiesener Vertretungsvollmacht) an der Hauptverhandlung teilnimmt. Der Begriff „**Ausbleiben**" erfasste schon nach altem Recht (§ 436 aF) neben dem nicht Erscheinen das Sich-Entfernen und das Nicht-Zurückkehren nach Unterbrechung.[10] Der neu eingefügte S. 2 stellt das klar. Zur Voraussetzung dafür, dass ohne den Einziehungsbeteiligten verhandelt werden darf, erklärt S. 1 die **ordnungsgemäße Terminsnachricht.** Was dazu zählt, bestimmt § 429: Die (öffentliche) Zustellung der Terminsnachricht; bei erster Benachrichtigung die Mitteilung über den das Einziehungsverfahren betreffenden Anklagevorwurf (nebst Abweichung im Eröffnungsbeschluss, § 207 Abs. 2); sodann die Hinweise, dass erstens ohne ihn verhandelt werden kann, er sich zweitens von einem Rechtsanwalt vertreten lassen kann und drittens auf die Erstreckung des Urteils auf seine Einziehungssache. Für den letzten dieser Hinweise (§ 429 Abs. 3 Nr. 3) wird bestritten, dass er zu einer ordnungsgemäßen Terminsnachricht zählt.[11] Die Gesetzessystematik spricht aber eindeutig gegen diese Sicht (auch → § 429 Rn. 5). Fehlt es in der Terminsnachricht nur an einer der in § 429 genannten Voraussetzungen, darf nicht ohne den ausbleibenden Einziehungsbeteiligten verhandelt werden. Ohne den Einziehungsbeteiligten darf aber verhandelt werden, wenn er auf die Terminsnachricht **verzichtet** hat[12] oder wenn er trotz **Anordnung des persönlichen Erscheinens** ausgeblieben ist.[13]

Nach dem Ausbleiben des Einziehungsbeteiligten steht diesem **keine Wiedereinset-** 6 **zung** zu (Abs. 1 S. 1). Das gilt selbst dann, wenn das Ausbleiben entschuldigt ist.[14] In solchem Fall stehen ihm aber Rechtsmittel und das Nachverfahren offen.

Bleibt der Einziehungsbeteiligte trotz ordnungsgemäßer Ladung aus, **entpflichtet** dies 7 das Gericht von Prozesshandlungen, die es dem anwesenden Einziehungsbeteiligten gegenüber auszuführen hätte.[15] Beispielsweise muss das Gericht nur in der Hauptverhandlung und nicht dem Abwesenden gegenüber auf die Möglichkeit einer Entschädigungsentscheidung hinweisen.[16] Dieselbe Entpflichtungswirkung tritt ein bei einem Verzicht des Einziehungsbeteiligten auf die Terminsnachricht sowie bei dessen Ungehorsam (Verstoß gegen die Anordnung nach § 427 Abs. 2).

b) Entfernen/Ausbleiben nach Unterbrechung (S. 2). In Satz 2 nennt das Gesetz 8 zwei Unterfälle des Ausbleibens. Dies hat, weil diese beiden Unterfälle immer schon dem Begriff des Ausbleibens subsumiert wurden, **nur klarstellende Bedeutung** (→ Rn. 5).

2. Beweisanträge des Einziehungsbeteiligten (Abs. 2). Mit § 427 Abs. 1 räumt das 9 Gesetz dem Einziehungsbeteiligten ab der Eröffnung des Hauptverfahrens – im Prinzip – die Befugnisse ein, die der Angeklagte hat. Diese Befugnisanalogie nimmt Abs. 2 für die Beweisaufnahme ein gutes Stück zurück. Er ordnet an, dass „**auf Beweisanträge**" des Einziehungsbeteiligten, die sich auf die Schuld des Angeklagten beziehen, folgende Normen **nicht anzuwenden** sind: die Regelungen der beschränkten Ablehnbarkeit (§ 244 Abs. 3 S. 2, Abs. 4) sowie das Erfordernis des Gerichtsbeschlusses im Fall der Ablehnung (§ 244 Abs. 6).

In der **Literatur** wird dies zum Teil so gedeutet, dass die Anträge des Einziehungsbetei- 10 ligten der Sache nach die prozessrechtliche Qualität von Beweisanregungen haben.[17] Ihnen habe das Gericht nur nach pflichtgemäßem Ermessen nachzukommen.[18] Dieser Ablehnungsmaßstab soll sich erstrecken auf die vom Einziehungsbeteiligten herbeigeschafften

---

[10] Gössel in Löwe/Rosenberg, 26. Aufl., § 436 aF Rn. 4.
[11] Schmidt/Scheuß in KK-StPO Rn. 9; Heine in Satzger/Schluckebier/Widmaier StPO § 429 Rn. 3.
[12] Metzger in KMR-StPO Rn. 2.
[13] Temming in BeckOK StPO Rn. 1.
[14] Köhler in Meyer-Goßner/Schmitt Rn. 2.
[15] Gaede in Löwe/Rosenberg Rn. 5.
[16] Gaede in Löwe/Rosenberg Rn. 5.
[17] Günther in AK-StPO § 436 aF Rn. 9; Schmidt/Scheuß in KK-StPO Rn. 4.
[18] Gaede in Löwe/Rosenberg Rn. 8.

präsenten Beweismittel (§ 245). Sie dürfe das Gericht also ebenfalls nach pflichtgemäßem Ermessen behandeln; es sei nicht gebunden an die Enge der Ablehnungsgründe des § 245 Abs. 2.[19] Dem ist bezogen auf präsente Beweismittel nicht zu folgen. Man darf dem Gesetzgeber nicht unterstellen, dass er von Beweisanträgen spricht, wo er Beweisanregungen meint. § 430 Abs. 2 trifft eine spezielle Regelung gerade für Beweisanträge iSd § 244 Abs. 3. Daraus ist gesetzessystematisch zwingend der **Umkehrschluss** zu ziehen: Nicht mitgemeint sind Beweisanträge, die sich auf präsente Beweismittel beziehen **(§ 245 Abs. 2).**[20] Ihnen muss das Gericht nachgehen.[21] Die Regelung ist auch vor dem Telos der Norm nachvollziehbar: Eine relevante Verzögerung der Hauptsache (s. § 424 Abs. 5) steht wegen der Präsenz der Beweismittel nicht zu besorgen. Die Gegenansicht vernachlässigt zudem, dass – wie es im seinerzeitigen Gesetzesentwurf zu § 436 aF heißt – die Straftat „materielle Grundlage der Einziehung"[22] ist. Die Verteidigungsposition des Einziehungsbeteiligten wollte der Gesetzgeber vor dem Hintergrund dieser Bewertung sicher nicht derart stark einschränken.

11 Unberührt von den Beschränkungen des Abs. 2 bleibt die gerichtliche **Aufklärungspflicht** (§ 244 Abs. 2).[23] Nachgehen muss das Gericht daher auch solchen Beweisanträgen des Einziehungsbeteiligten zur Schuldfrage, die sich auf nicht-präsente Beweismittel beziehen und deren Bedeutung für die Sache sich aufdrängt.[24] – Ebenfalls ergibt sich im Umkehrschluss aus § 430 Abs. 2, dass das Beweisantragsrecht des Einziehungsbeteiligten **unbeschränkt** ist, soweit sich der Beweisantrag auf Einziehungsvoraussetzungen bezieht.[25]

12 Zu beachten ist, dass § 430 Abs. 2 seine Beschränkungen des Beweisantragsrechts nur ausspricht für Beweisaufnahmen, die sich auf die Schuldfrage beziehen. Mit Blick auf Beweiserhebungen, die sich jenseits der Schuldfrage auf die **Einziehungsfrage** beziehen, gilt das **Beweisantragsrecht ungeschmälert.** Insoweit hat der Einziehungsbeteiligte dieselben prozessualen Gestaltungsrechte wie der Angeklagte (§ 427 Abs. 1 S. 1).

13 **3. Entschädigungsentscheidung (Abs. 3).** Für Gegenstände, die für die Allgemeinheit gefährlich sind, sieht § 74b Abs. 1 StGB eine **Sicherungseinziehung** vor. Eine solche Einziehung kann mit oder ohne Entschädigung des Eigentümers oder Rechteinhabers erfolgen (§ 74b Abs. 2, 3 StGB). Ordnet das Gericht eine solche Sicherungseinziehung an, hat es darüber zu entscheiden und im Urteil auszusprechen, ob eine **Entschädigung** zu erfolgen hat – und wenn ja, auch über deren **Höhe** (Abs. 1, 2); die umständliche Gesetzesfassung soll das Regel-Ausnahme-Verhältnis zum Ausdruck bringen. Auf die Möglichkeit einer für den Einziehungsbeteiligten günstigen Entscheidung hat das Gericht diesen hinzuweisen und ihm **rechtliches Gehör** zu gewähren. Das Ausbleiben des Einziehungsbeteiligten (Abs. 1) entbindet das Gericht von der Hinweispflicht (→ Rn. 7).[26]

14 **4. Zustellung des Urteils (Abs. 4).** Für den ausgebliebenen Einziehungsbeteiligten bestimmt Abs. 4, dass ihm oder seinem Vertreter (§§ 145a, 428 Abs. 1) das Urteil zuzustellen ist. Die Folgen seines Ausbleibens reichen also nicht so weit, dass er Nachteile in puncto **Rechtsmitteleinlegung** hinnehmen müsste. Vielmehr soll ihm mit der (öffentlichen) Zustellung gerade die Entscheidung über das Einlegen eines Rechtsmittels ermöglicht werden.[27] Die Rechtsmittelfrist beginnt seit 2021 schon mit der Zustellung des Urteilstenors; dies hat den Sinn, abgekürzte Entscheidungsgründe in den Fällen zu ermöglichen, in denen kein Rechts-

---

[19] Günther in AK-StPO § 436 aF Rn. 9; Lohse in Krekeler/Löffelmann/Sommer § 436 Rn. 2; wohl auch Köhler in Meyer-Goßner/Schmitt Rn. 3.
[20] Zustimmend Peters in Peters/Bröckers Rn. 650.
[21] Gaede in Löwe/Rosenberg Rn. 10; Temming in BeckOK StPO Rn. 2.
[22] BT-Drs. 5/1319, 73; Schmidt, 2019, Rn. 1522.
[23] Heine in Satzger/Schluckebier/Widmaier StPO Rn. 3.
[24] Zum Maßstab der Aufklärungspflicht Trüg/Habetha § 244 Rn. 47 ff.
[25] BGH 10.10.2018 – 5 StR 389/19, NStZ 2019, 232 (233) (für den Nebenbetroffenen); Heine in Satzger/Schluckebier/Widmaier StPO Rn. 3.
[26] Gaede in Löwe/Rosenberg Rn. 22; Günther in AK-StPO § 436 aF Rn. 14.
[27] Gaede in Löwe/Rosenberg Rn. 23.

mittel eingelegt wird.[28] Die Verpflichtung zum Zustellen des Urteils besteht aber bei jedwedem Ausgang des Verfahrens, also auch dann, wenn die Einziehung nicht angeordnet worden ist. – S. 2 gibt dem Gericht die Möglichkeit („kann"), diejenigen Teile des Urteils, die sich nicht auf die Einziehung beziehen, von der Zustellung auszunehmen. Dies entspricht der Regelung zum Umfang der Terminsnachricht (§ 429 Abs. 2). Der unterschiedliche Wortlaut in beiden Vorschriften hat für das Ausüben des Ermessens keine Bedeutung.

5. Rechtsmittel. Rechtsmittel stehen dem Einziehungsbeteiligten auch offen, wenn **15** er ohne sein Verschulden gehindert war, an der Hauptverhandlung teilzunehmen; zudem kann er dann seine Interessen im Nachverfahren (§§ 433, 434) verfolgen.[29]

§ 431 Rechtsmittelverfahren

(1) ¹Im Rechtsmittelverfahren erstreckt sich die Prüfung, ob die Einziehung dem Einziehungsbeteiligten gegenüber gerechtfertigt ist, auf den Schuldspruch des angefochtenen Urteils nur, wenn der Einziehungsbeteiligte
1. insoweit Einwendungen vorbringt und
2. im vorausgegangenen Verfahren ohne sein Verschulden zum Schuldspruch nicht gehört worden ist.

²Erstreckt sich hiernach die Prüfung auch auf den Schuldspruch, legt das Gericht die zur Schuld getroffenen Feststellungen zugrunde, soweit nicht das Vorbringen des Einziehungsbeteiligten eine erneute Prüfung erfordert.

(2) Im Berufungsverfahren gilt Absatz 1 nicht, wenn zugleich auf ein Rechtsmittel eines anderen Beteiligten über den Schuldspruch zu entscheiden ist.

(3) Im Revisionsverfahren sind die Einwendungen gegen den Schuldspruch innerhalb der Begründungsfrist vorzubringen.

(4) ¹Wird nur die Entscheidung über die Höhe der Entschädigung angefochten, kann über das Rechtsmittel durch Beschluss entschieden werden, wenn die Beteiligten nicht widersprechen. ²Das Gericht weist sie zuvor auf die Möglichkeit eines solchen Verfahrens und des Widerspruchs hin und gibt ihnen Gelegenheit, sich zu äußern.

Schrifttum: Bittman/Köhler/Seeger/Tschakert, Handbuch der strafrechtlichen Vermögensabschöpfung, 2020; Knierim/Oehmchen/Beck/Geisler, Gesamtes Strafrecht aktuell, 2018; Madauß, Das neue Recht der strafrechtlichen Vermögensabschöpfung und Steuerstrafverfahren – Fragen aus der Sicht der Praxis, NZWiSt 2018, 28; Meißner/Schütrumpf, Vermögensabschöpfung – Praxisleitfaden zum neuen Recht, 2018; Reh, Praxisprobleme im Umgang mit dem neuen Recht der Vermögensabschöpfung aus staatsanwaltschaftlicher Sicht, NZWiSt 2018, 20; Satzger, Die Berücksichtigung von Opferinteressen bei der Verfallsanordnung aus materiellrechtlicher wie prozeßrechtlicher Sicht, wistra 2003, 401; Savini, Handbuch zur Vermögensabschöpfung nach altem und neuem Recht, 2017; Schmidt, Vermögensabschöpfung – Handbuch für das Straf- und Ordnungswidrigkeitenverfahren, 2. Aufl. 2019.

Übersicht

		Rn.			Rn.
I.	Überblick	1	2.	Berufungsverfahren (Abs. 2)	10
II.	Erläuterungen	4	3.	Revisionsverfahren (Abs. 3)	11
1.	Keine Nachprüfung des Schuldspruchs im Rechtsmittelverfahren (Abs. 1 S. 1)	4	4.	Wirkungen erfolgreicher Einwendungen	12
	a) Ausnahmen (S. 1)	5	5.	Anfechtung der Entschädigungshöhe (Abs. 4)	13
	b) Beschränkte Aufklärungspflicht (S. 2)	9			

---
[28] BT-Drs. 19/27654, 109.
[29] Heine in Satzger/Schluckebier/Widmaier StPO Rn. 2; Metzger in KMR-StPO Rn. 4.

I. Überblick

1 § 431 entspricht inhaltlich vollständig und weitgehend auch wörtlich dem § 437 aF. Lediglich in Abs. 1 S. 1 hat der Gesetzgeber eine – den Inhalt nicht verändernde – Umstrukturierung vorgenommen, indem er die dort genannten Voraussetzungen mit Nummern versehen hat. Die neue Rechtslage entspricht in Bezug auf das Rechtsmittelverfahren also der alten.[1] Eine Rechtsmittelbefugnis des Einziehungsbeteiligten als eigenes Recht folgt bereits aus § 427 Abs. 1 S. 1, wonach er, soweit die StPO nichts anderes regelt, die Befugnisse hat, die einem Angeklagten zustehen.[2] Mit § 431 regelt die StPO also weiteres, nämlich lediglich einige **Besonderheiten des Rechtsmittelverfahrens,** die bei einem Urteil bestehen, das gegenüber einem Einziehungsbeteiligten (§ 424) eine Einziehung anordnet:[3] Zum einen bestimmt die Norm den Prüfungsumfang des Rechtsmittelgerichts bezogen auf den Schuldspruch erster Instanz (Abs. 1–3); zum andern regelt sie Fragen des Entschädigungsanspruchs (Abs. 4).[4] Mit Blick auf den Prüfumfang hinsichtlich des Schuldspruchs trifft die Norm einen Ausgleich zwischen den Interessen des Einziehungsbeteiligten und der Verfahrensökonomie;[5] der Schuldspruch wird im Rechtsmittelverfahren auf Einwendungen des Einziehungsbeteiligten hin nur überprüft, wenn sein **Anspruch auf rechtliches Gehör** (Art. 103 Abs. 1 GG) dies gebietet.

2 Das Recht zur Einlegung von Rechtsmitteln steht dem Einziehungsbeteiligten zu (§§ 427, 431). Nötig ist der formale Status des Einziehungsbeteiligten iSd § 424 Abs. 1.[6] Die **Anfechtungsbefugnis** besteht daher nur, wenn der Betroffene schon vor dem Urteil, gegen das ein Rechtsmittel eingelegt wird, vom Gericht per Anordnungsbeschluss zum Einziehungsbeteiligten gemacht worden ist.[7] Die Anordnung bleibt im Rechtsmittelverfahren wirksam.[8] – Grundsätzlich richtet sich der Umfang der Anfechtungsbefugnis zwar nach den Befugnissen, die dem Angeklagten zustehen (§ 427 Abs. 1).[9] Doch darf der Einziehungsbeteiligte im jugendgerichtlichen Verfahren ein Berufungsurteil – trotz der für den jugendlichen Angeklagten geltenden Begrenzung des § 55 Abs. 2 JGG – mit der Revision anfechten.[10]

3 Die **Beschwer** des Einziehungsbeteiligten ergibt sich ggf. aus der materiell-rechtlichen Einziehungswirkung.[11] Rechtsmittelbefugt sind auch (gesetzliche) Vertreter des Einziehungsbeteiligten (§§ 297, 428; 298).[12] Versäumt der Vertreter die Rechtsmittelfrist, wird keine Wiedereinsetzung gewährt.[13]

II. Erläuterungen

4 **1. Keine Nachprüfung des Schuldspruchs im Rechtsmittelverfahren (Abs. 1 S. 1).** Im Rechtsmittelverfahren wird der Einziehungsbeteiligte zumeist nur geltend machen können, dass die Einziehungsvoraussetzungen zu Unrecht angenommen worden sind oder dass sonst besondere Rechtsfolgenvoraussetzungen nicht vorlagen.[14] Dies unterstreichend

---

[1] BT-Drs. 18/9525, 90.
[2] BGH 4.1.1995 – 3 StR 493/94, NStZ 1995, 248 zu § 437 aF; Gaede in Löwe/Rosenberg Rn. 1; Metzger in KMR-StPO Rn. 1; Schmidt, 2019, Rn. 1740; Tschakert in Bittman/Köhler/Seeger/Tschakert Rn. 1519.
[3] Gössel in Löwe/Rosenberg, 26. Aufl., § 437 aF Rn. 2.
[4] Weßlau in SK-StPO, 4. Aufl., § 437 aF Rn. 1.
[5] Heine in Satzger/Schluckebier/Widmaier StPO Rn. 1.
[6] Schmidt/Scheuß in KK-StPO Rn. 1.
[7] BGH 4.1.1995 – 3 StR 493/94, NStZ 1995, 248 zu § 437 aF; Gaede in Löwe/Rosenberg Rn. 1; Lohse in Krekeler/Löffelmann/Sommer § 437 aF Rn. 1; Metzger in KMR-StPO Rn. 2.
[8] Schmidt/Scheuß in KK-StPO Rn. 8.
[9] Metzger in KMR-StPO Rn. 2.
[10] OLG Oldenburg 13.2.1995 – Ss 511/94, VRS 1996, 285; Metzger in KMR-StPO Rn. 2.
[11] BGH 15.2.1991 – 3 StR 284/90 (W), BGHR § 74 Abs. 2 Nr. 2 Beteiligter 1; Schmidt/Scheuß in KK-StPO Rn. 1.
[12] Lohse in Krekeler/Löffelmann/Sommer § 437 aF Rn. 1.
[13] KG 13.9.1982 – (4) Ss 203/82 (75/82), JR 1983, 127.
[14] Gaede in Löwe/Rosenberg Rn. 3.

enthält § 431 Abs. 1 den **Grundsatz,** dass ein Einziehungsbeteiligter den Schuldspruch des angefochtenen Urteils nicht angreifen kann, er vielmehr darauf beschränkt ist, Einwendungen gegen das Vorliegen der Einziehungsvoraussetzungen vorzubringen. Nach alter Rechtslage konnte das Gericht nach § 431 Abs. 2 aF eine Beschränkung der Beteiligung anordnen. Diese Anordnung sperrte die Überprüfung des Schuldspruchs von vornherein.[15] Nunmehr hat der Gesetzgeber sich entschieden, die Beschränkung allein auf Nebenbetroffene zu erstrecken (§ 438). Mit § 431 Abs. 1 beschränkt das geltende Recht den Einziehungsbeteiligten mit seinem Vorbringen im Grundsatz auf eine Tatsacheninstanz.[16] Wurde der Einziehungsbeteiligte (im Ermittlungsverfahren und) in der ersten Instanz ordnungsgemäß beteiligt, kann er sein dortiges Untätigbleiben in der Rechtsmittelinstanz nicht wettmachen.[17] – Im Strafbefehlsverfahren übernimmt die inzident getroffene Feststellung von Tatbestandsmäßigkeit und Rechtswidrigkeit die Funktion des Schuldspruchs; für die Nachprüfung kommt es bei sinngemäßer Anwendung des § 431 dann auf diese Feststellungen an.[18]

a) Ausnahmen (S. 1). Die Prüfung des Rechtsmittelgerichts erstreckt sich nur dann auf den Schuldspruch, wenn vom Einziehungsbeteiligten dahingehende Einwendungen vorgebracht werden und er im vorausgegangenen Verfahren ohne sein Verschulden zum Schuldspruch nicht gehört wurde.

aa) Vorbringen von Einwendungen (Nr. 1). Einwendungen müssen vom Einziehungsbeteiligten **ausdrücklich erhoben** werden.[19] Die Einwendungen begrenzen allerdings nicht den Prüfradius des Gerichts. Über den Umfang der Beweisaufnahme entscheidet es nach pflichtgemäßem Ermessen.[20] Dem Gericht steht es insoweit frei, sich auf einzelne Einwendungen zu beschränken, es sind aber auch Konstellationen denkbar, die es geboten erscheinen lassen, die gesamte erstinstanzliche Beweisaufnahme zu wiederholen.[21]

bb) Unverschuldetes Nichthören zum Schuldspruch (Nr. 2). Der Einziehungsberechtigte kann sich darauf berufen, unverschuldet nicht gehört worden zu sein, wenn er schuldlos der Hauptverhandlung ferngeblieben ist,[22] insbesondere wenn er die Terminsnachricht nicht oder nicht rechtzeitig erhalten hat.[23] Gleiches gilt, wenn auf andere Weise gegen seinen Anspruch auf rechtliches Gehör verstoßen wurde und er dagegen in erster Instanz Abhilfe nicht erlangen konnte.[24] Verschuldensmaßstab ist der des Rechts der Wiedereinsetzung.[25] Ob die Voraussetzungen unverschuldeten Nichtanhörens vorliegen, hat das Rechtsmittelgericht von Amts wegen zu prüfen.[26] Dies geschieht im Wege des Freibeweises.[27] Genügen kann für das Erlangen der nötigen Überzeugung also etwa eine glaubhafte Stellungnahme des Einziehungsbeteiligten.[28]

cc) Wirksamkeit des Rechtsmittels (Art. 13 EMRK). Die Praxis hat darauf zu achten, dass an die Unverschuldetheit des Nichthörens in erster Instanz keine überspannten Anforderungen gestellt werden. Sonst verletzt sie – im betreffenden Einzelfall – das **Recht** des Einziehungsbeteiligten **auf eine wirksame Beschwerde** (Art. 13 EMRK).[29] Der

---

[15] Metzger in KMR-StPO Rn. 3.
[16] Heine in Satzger/Schluckebier/Widmaier StPO Rn. 3; Gaede in Löwe/Rosenberg Rn. 4.
[17] Paeffgen in SK-StPO Rn. 5; ebenso Temming in BeckOK StPO Rn. 3.
[18] BayObLG 24.2.1994 – 3 ObOWi 18/94, NStZ 1994, 442 (zu § 437 aF); Metzger in KMR-StPO Rn. 5.
[19] Gaede in Löwe/Rosenberg Rn. 5; Koch in HK-GS Rn. 1.
[20] Köhler in Meyer-Goßner/Schmitt Rn. 2; Tschakert in Bittman/Köhler/Seeger/Tschakert Rn. 1521.
[21] BT-Drs. V/1319, 80; BGH 23.1.2019 – 1 StR 450/18, wistra 2019, 243; 10.7.2018 – 1 StR 628/17, BeckRS 2018, 19348; Schmidt, 2019, Rn. 1751; Temming in BeckOK StPO Rn. 4; Tschakert in Bittman/Köhler/Seeger/Tschakert Rn. 1521.
[22] Temming in BeckOK StPO Rn. 3.
[23] Schmidt/Scheuß in KK-StPO Rn. 4.
[24] Heine in Satzger/Schluckebier/Widmaier StPO Rn. 4.
[25] Metzger in KMR-StPO Rn. 5.
[26] Schmidt/Scheuß in KK-StPO Rn. 5.
[27] BayObLG 24.2.1994 – 3 ObOWi 18/94, NStZ 1994, 442; Temming in BeckOK StPO Rn. 3.
[28] BT-Drs. 5/1319, 73; Gaede in Löwe/Rosenberg Rn. 9; Schmidt/Scheuß in KK-StPO Rn. 5.
[29] Knierim in Gesamtes Strafrecht aktuell, Kap. 21 Rn. 143.

EGMR hat mehrfach darauf hingewiesen, dass die Konvention nicht dazu bestimmt ist, „theoretische oder illusorische Rechte zu garantieren, sondern Rechte, die konkret sind und Wirksamkeit entfalten".[30] Eine solche praktische Wirksamkeit kann sich aber insbesondere aus dem normativ-prozessualen Zusammenspiel mehrerer Rechtsbehelfe ergeben,[31] also aus der Möglichkeit, Einwendungen in der ersten Instanz und/oder im Rechtsmittelverfahren geltend zu machen. Deshalb dürften die den Einziehungsbeteiligten nach § 431 treffenden Beschränkungen im Rechtsmittelverfahren vor Art. 13 EMRK dann unbedenklich sein, wenn die Normvoraussetzungen im Einzelfall angemessen gedeutet und angewandt werden.

9 **b) Beschränkte Aufklärungspflicht (S. 2).** Liegen die Voraussetzungen des § 431 Abs. 1 S. 1 vor und erstreckt sich folglich die gerichtliche Prüfung auf den Schuldspruch, hat das Rechtsmittelgericht grundsätzlich die in der Tatsacheninstanz zur Schuld getroffenen **Feststellungen zugrunde zu legen.**[32] Davon abweichen muss das Gericht nur, soweit die Einwendungen des Einziehungsbeteiligten die zuvor festgestellten Tatsachen erschüttern.[33] Dies gilt dann, wenn die einzelnen Feststellungen, gegen die sich die Einwendungen des Einziehungsbeteiligten richten, von den übrigen Feststellungen trennbar sind;[34] fehlt die Trennbarkeit, kann durchaus das Wiederholen der gesamten Beweisaufnahme geboten sein.[35]

10 **2. Berufungsverfahren (Abs. 2).** Dass der Einziehungsbeteiligte Rechtsmittel einlegen kann, folgt schon aus § 427 Abs. 1. Mit § 431 Abs. 2 wird bloß eine Selbstverständlichkeit bestätigt: Findet ein **Berufungsverfahren mit Überprüfung der Schuldfrage** statt, weil ein anderer Beteiligter ein unbeschränktes Rechtsmittel eingelegt hat, hat auch der Einziehungsbeteiligte die Möglichkeit, Einwendungen zu machen sowie zu neuen Tatsachen und Beweismitteln Stellung zu nehmen.[36] Dabei ist es irrelevant, ob die Berufung zugunsten oder zuungunsten des Angeklagten eingelegt wurde.[37] Anders als bei der Revision, ist eine bestimmte Frist für das Vorbringen der Einwendungen nicht einzuhalten.[38] Inwieweit Beweisanträgen nachzugehen ist, richtet sich nach § 430 Abs. 2 (→ § 430 Rn. 9–12).[39]

11 **3. Revisionsverfahren (Abs. 3).** § 431 Abs. 3 betrifft lediglich Fragen der Frist, innerhalb deren der Einziehungsbeteiligte Einwendungen vorbringen kann; mit Einwendungen sind bei der Revision **allein zulässige Rechtsrügen** gemeint.[40] Solche Rechtsrügen hat der Einziehungsbeteiligte innerhalb der Frist des § 345 Abs. 1 ordnungsgemäß vorzutragen, dh spätestens binnen eines Monats nach Ablauf der Frist zur Einlegung des Rechtsmittels, soweit das Urteil zu dieser Zeit schon zugestellt worden ist. Gibt es weitere Revisionsführer, so ist deren Begründungsfrist maßgebend, soweit diese später zu laufen beginnt.[41] Entscheidend ist die zuletzt ablaufende Frist.[42] Weil die Revisionsrügen (in der Form des § 345 Abs. 2) vorzubringen sind und sich nur auf Gesetzesverletzungen beziehen, ist die Beschränkung des § 431 Abs. 1 S. 2 gegenstandslos.[43] – § 357 ist auf Einziehungsbetei-

---

[30] EGMR 13.5.1980 – 6694/74, EuGRZ 1980, 662 Rn. 33 – Artico/Italien; dazu auch Wohlers StV 2002, 585 (587); ferner EGMR 3.6.2010 – 42837/06, 3237/07, 3269/07, 35793/07 u. 6099/08, NVwZ 2011, 863 – Dimitras u.a./Griechenland; Valerius in BeckOK StPO Art. 13 Rn. 9.
[31] EGMR 24.7.2014 – 60908/11, 62110/11, 62129/11, 62312/11, 62338/11, NVwZ-RR 2016, 121 (122) – Brincat u.a./Malta.
[32] Paeffgen in SK-StPO Rn. 6.
[33] Metzger in KMR-StPO Rn. 6.
[34] Weßlau in SK-StPO, 4. Aufl., Rn. 6; auch Temming in BeckOK StPO Rn. 4.
[35] BT-Drs. 5/1319, 80.
[36] BT-Drs. 5/1319, 80.
[37] Heine in Satzger/Schluckebier/Widmaier StPO Rn. 6.
[38] Gaede in Löwe/Rosenberg Rn. 6.
[39] Gaede in Löwe/Rosenberg Rn. 7; Paeffgen in SK-StPO Rn. 8.
[40] Metzger in KMR-StPO Rn. 4.
[41] Weßlau in SK-StPO, 4. Aufl., § 437 aF Rn. 8.
[42] Günther in AK-StPO § 437 aF Rn. 16; Schmidt/Scheuß in KK-StPO Rn. 8.
[43] Gaede in Löwe/Rosenberg Rn. 16.

ligte analog anzuwenden, wenn sie Revision eingelegt haben und mit Einwendungen gegen den Schuldspruch ausgeschlossen sind.[44]

4. Wirkungen erfolgreicher Einwendungen. Der Einziehungsbeteiligte kann mit seinen Einwendungen gegen den Schuldspruch Erfolg haben. Damit beseitigt er allerdings lediglich die materielle Grundlage der ihn betreffenden Einziehungsentscheidung. Wenn nur der Einziehungsbetroffene ein Rechtsmittel eingelegt hat, erstreckt sich die Wirkung der Rechtsmittelentscheidung nicht auf den Verurteilten;[45] dies folgt im Umkehrschluss aus § 357. In einem solchen Fall haben die sich widersprechenden Entscheidungen nebeneinander Bestand.[46] Dies gilt zudem für ein erst auf das Rechtsmittel des Einziehungsbeteiligten erkanntes Verfahrenshindernis;[47] denn der Einziehungsbeteiligte kann nicht zugunsten des Verurteilten Rechtsmittel einlegen, sein Begehr richtet sich – wie § 431 Abs. 1 es ausdrückt – nur auf die Feststellung, dass die Einziehung **ihm gegenüber nicht gerechtfertigt** ist.[48] Diese Folge ist unbefriedigend, passt aber immerhin zu dem Umstand, dass auch nach einem erfolgreichen Vorgehen des Einziehungsbeteiligten im Nachverfahren (§ 434) die dem dortigen Ergebnis widersprechende Hauptsachentscheidung unangetastet bleibt.[49] – Umgekehrt wendet die Rechtsprechung § 357 S. 1 auf den Einziehungsbeteiligten analog an, wenn der Verurteilte mit seiner Revision gegen den Schuldspruch Erfolg hat.[50]

5. Anfechtung der Entschädigungshöhe (Abs. 4). § 431 Abs. 4 bezieht sich auf die – dem Einziehungsbeteiligten eine Entschädigung zuerkennende – Entscheidung nach § 430 Abs. 3 S. 2. Die Norm gilt gleichermaßen für Berufung und Revision.[51] Erachtet das Rechtsmittelgericht die Sache für hinreichend geklärt,[52] ist es aus Gründen der **Prozessökonomie**[53] befugt, durch Beschluss zu entscheiden, wenn diesem geplanten Vorgehen keiner der Verfahrensbeteiligten widerspricht. Zuvor ist es nach § 431 Abs. 4 S. 2 erforderlich, den Einziehungsbeteiligten auf die Möglichkeit der Entscheidung im Beschlussverfahren und auf die Zulässigkeit eines dagegen gerichteten Widerspruchs hinzuweisen. Gleichzeitig ist dem Beteiligten die Möglichkeit zu geben, sich zu äußern. Um den Sachverhalt aufzuklären, darf das Gericht analog § 308 Abs. 2 Ermittlungen anordnen oder selbst vornehmen.[54]

Widerspricht ein Beteiligter der Durchführung des Beschlussverfahrens, wird mündlich verhandelt (Urteilsverfahren).[55] Der **Widerspruch** ist an kein Formerfordernis gebunden und mit Eingang bei Gericht wirksam erhoben.[56] Er kann jederzeit zurückgenommen werden.[57] Ein vorheriger Verzicht entfaltet ebenso wenig eine Sperrwirkung wie eine vom Gericht gesetzte Frist zur Widerspruchserklärung – geht der Widerspruch vor dem Beschluss ein, ist er wirksam. Hat das Gericht das Beschlussverfahren vorgesehen und den Einziehungsbeteiligten darauf hingewiesen, kann es gleichwohl noch nach seinem Ermessen ins Urteilsverfahren wechseln.[58]

---

[44] BGH 23.1.2019 – 1 StR 450/18, wistra 2019, 243 (244); 12.2.2020 – 1 StR 518/19, NStZ-RR 2020, 152 (153).
[45] Gaede in Löwe/Rosenberg Rn. 10; Weßlau in SK-StPO, 4. Aufl., § 437 aF Rn. 3.
[46] Gaede in Löwe/Rosenberg Rn. 10; im Ergebnis auch Heine in Satzger/Schluckebier/Widmaier StPO Rn. 5.
[47] Weßlau in SK-StPO, 4. Aufl., § 437 aF Rn. 9; auch Gaede in Löwe/Rosenberg Rn. 11.
[48] BGH 10.7.2018 – 1 StR 628/17, HRRS 2018, Nr. 831; Gaede in Löwe/Rosenberg Rn. 10.
[49] Gaede in Löwe/Rosenberg Rn. 11.
[50] BGH 23.1.2019 – 1 StR 450/18, wistra 2019, 243; 6.3.2019 – 3 StR 286/18, wistra 2019, 420; 26.6.2019 – 1 StR 551/18, wistra 2020, 257; 12.2.2020 – 1 StR 518/19, NStZ-RR 2020, 152; zustimmend Schmidt/Scheuß in KK-StPO Rn. 8.
[51] Pfeiffer § 437 aF Rn. 7.
[52] Pfeiffer § 437 aF Rn. 7.
[53] Metzger in KMR-StPO Rn. 8; Schmidt/Scheuß in KK-StPO Rn. 9.
[54] Pfeiffer § 437 aF Rn. 7.
[55] Paeffgen in SK-StPO Rn. 10.
[56] Metzger in KMR-StPO Rn. 10.
[57] Metzger in KMR-StPO Rn. 10.
[58] Metzger in KMR-StPO Rn. 10.

15   Entscheidet das Berufungsgericht durch Beschluss, ist gegen diese Entscheidung wegen § 333 keine Revision statthaft.[59] Der Beschluss ist unanfechtbar.[60] – Eine Revision darf unabhängig von der Zustimmung des Einziehungsbeteiligten nach § 349 Abs. 2, 4 durch Beschluss beschieden werden.[61]

§ 432 Einziehung durch Strafbefehl

(1) [1]Wird die Einziehung durch Strafbefehl angeordnet, so wird der Strafbefehl auch dem Einziehungsbeteiligten zugestellt, soweit er an dem Verfahren beteiligt ist. [2]§ 429 Absatz 3 Nummer 2 gilt entsprechend.

(2) Ist nur über den Einspruch des Einziehungsbeteiligten zu entscheiden, so gilt § 434 Absatz 2 und 3 entsprechend.

Schrifttum: Bittman/Köhler/Seeger/Tschakert, Handbuch der strafrechtlichen Vermögensabschöpfung, 2020; Knierim/Oehmchen/Beck/Geisler, Gesamtes Strafrecht aktuell, 2018; Madauß, Das neue Recht der strafrechtlichen Vermögensabschöpfung und Steuerstrafverfahren – Fragen aus der Sicht der Praxis, NZWiSt 2018, 28; Meißner/Schrumpf, Vermögensabschöpfung – Praxisleitfaden zum neuen Recht, 2018; Satzger, Die Berücksichtigung von Opferinteressen bei der Verfallsanordnung aus materiellrechtlicher wie prozeßrechtlicher Sicht, wistra 2003, 401; Savini, Handbuch zur Vermögensabschöpfung nach altem und neuem Recht, 2017; Schmidt, Vermögensabschöpfung – Handbuch für das Straf- und Ordnungswidrigkeitenverfahren, 2. Aufl. 2019.

I. Überblick

1   Die Vorschrift ersetzt die Regeln des § 438 aF und übernimmt ohne Änderungen dessen Bestimmungen zur Einziehung durch Strafbefehl.[1] In einem Strafbefehl darf die Einziehung gemäß § 407 Abs. 2 auf Antrag der StA angeordnet werden. Das gilt auch gegenüber einem nicht beschuldigten Dritten, dem Einziehungsbeteiligten (§ 424 Abs. 1), wiewohl das verfahrensrechtlich nicht gesondert bestimmt ist – § 432 unterstellt dies vielmehr bloß.[2] Im Strafbefehl dürfen auch die Abschöpfungsakte der Vernichtung und Unbrauchbarmachung angeordnet werden. Nicht angeordnet werden darf aber die Beseitigung eines gesetzwidrigen Zustandes;[3] sie ist in § 407 Abs. 2 nicht genannt und die Ergänzungsregelung des § 439 gilt nur für die §§ 421–436, sodass die Beseitigung des gesetzeswidrigen Zustandes in § 407 Abs. 2 nicht neben die Einziehung tritt.

2   Im Vorverfahren ist der potentielle Einziehungsbeteiligte nach Maßgabe des § 426 Abs. 1 zu hören. Angeordnet werden kann die Einziehungsbeteiligung im Normalverfahren ab Anklageerhebung (→ § 424 Rn. 8). Dem entspricht im Strafbefehlsverfahren der Zeitpunkt des Eingangs des Strafbefehlsantrags bei Gericht.[4] Wird eine Drittbetroffenheit erst nach Erlass des Strafbefehls erkannt, ist also der Dritte nicht im Strafbefehl zum Einziehungsbeteiligten ernannt worden, hat er nicht das Recht, gegen den Strafbefehl Einspruch einzulegen.[5] Seine Vermögensinteressen muss er dann im Nachverfahren geltend machen (§ 433).[6]

II. Erläuterungen

3   **1. Einziehungsanordnung durch Strafbefehl (Abs. 1).** Auf Antrag der StA kann das Gericht im Strafbefehl die Einziehung anordnen. Spätestens mit der Einziehungsanord-

---

[59] Koch in HK-GS § 437 aF Rn. 4; Temming in BeckOK StPO Rn. 7.
[60] Paeffgen in SK-StPO § 437 aF Rn. 10.
[61] Köhler in Meyer-Goßner/Schmitt Rn. 6.
[1] BT-Drs. 18/9525, 89.
[2] Temming in BeckOK StPO Rn. 1.
[3] Gössel in Löwe/Rosenberg, 26. Aufl., § 438 aF Rn. 1.
[4] Weßlau in SK-StPO, 4. Aufl., § 438 aF Rn. 1.
[5] Köhler in Meyer-Goßner/Schmitt Rn. 1.
[6] Temming in BeckOK StPO Rn. 1.

nung ist dann ggf. die Einziehungsbeteiligung im Strafbefehl anzuordnen (Abs. 1).[7] Das Gericht kann sie schon vorher durch Beschluss anordnen, frühestens ab Eingang des Strafbefehlsantrags.[8] Der Normalfall ist aber die Anordnung nicht per gesondertem Beschluss, sondern im Strafbefehl selbst.[9]

Unterbleibt im Strafbefehl die Anordnung der Einziehungsbeteiligung, ist der Drittbetroffene auf den Einspruch des Angeklagten angewiesen oder muss seine Rechte im Nachverfahren geltend machen (§ 433).[10] 4

a) Zustellung an den Einziehungsbeteiligten (S. 1). Wird mit dem Strafbefehl die Einziehung angeordnet, ist der Strafbefehl auch dem Einziehungsbeteiligten zuzustellen. Wie im Normalverfahren – bezogen auf die Anklage (§ 429 Abs. 2) – kann sich die Zustellung auf die Teile des Strafbefehls beschränken, die das Einziehungsverfahren betreffen („soweit er an dem Verfahren beteiligt ist"). 5

b) Beizufügende Belehrung (S. 2). Die nötige Rechtsbelehrung des Einziehungsbeteiligten entspricht der des § 429 Abs. 3 Nr. 2, auf den vom Gesetz verwiesen wird (Abs. 1 S. 2). Der Einziehungsbeteiligte ist also auf sein Recht hinzuweisen, sich durch einen qualifizierten Dritten vertreten zu lassen, der dann aber seine Bevollmächtigung dem Gericht nachzuweisen hat. 6

2. Einspruch des Einziehungsbeteiligten (Abs. 2). Das Recht auf Einlegung des Einspruchs gegen den Strafbefehl steht (neben dem Angeklagten) dem Einziehungsbeteiligten zu. Das Verwenden des technischen Begriffs des Einziehungsbeteiligten (§ 424 Abs. 1) stellt klar, dass es für das Innehaben des Einspruchsrechts ankommt auf die formale Anordnung der Verfahrensbeteiligung durch Gerichtsbeschluss iSd § 424 Abs. 1, § 432. Fehlt im Strafbefehl diese Anordnung der Einziehungsbeteiligung und ist sie auch nicht zuvor erfolgt, darf nur der Angeklagte Einspruch einlegen. Tut er das, kann das Gericht in dieser Phase des Verfahrens über die Einziehungsbeteiligung entscheiden.[11] 7

Wenn nicht der Angeklagte, sondern allein der Einziehungsbeteiligte Einspruch eingelegt hat, oder wenn sonst nur über den Einspruch des Einziehungsbeteiligten zu entscheiden ist, findet ein **vereinfachtes Verfahren** statt (§ 432 Abs. 2, § 434 Abs. 2, 3): Grundsätzlich wird dann auf Beschlusswege entschieden.[12] Gegen den Beschluss ist sofortige Beschwerde zulässig. Allerdings wird auf Antrag der StA oder des Einziehungsbeteiligten (oder auf Anordnung des Gerichts) mündlich verhandelt und per Urteil entschieden. Da die Schuldfrage – als „materielle Grundlage der Einziehung" –[13] zum Einziehungsverfahren zählt, führt der Einspruch des Einziehungsbeteiligten zu einer vollumfänglichen Überprüfung auch der Schuldfrage.[14] 8

Umstritten ist die Folge des **Ausbleibens des Einziehungsbeteiligten** in der Hauptverhandlung nach Einspruch. Fraglich ist dann, ob gemäß § 430 Abs. 1 ohne ihn zu verhandeln ist[15] oder ob § 412 Anwendung findet und der Einspruch zu verwerfen[16] ist. Zutreffend ist die **Verwerfung des Einspruchs.** Denn wenn für den Angeklagten bei Ausbleiben die Verwerfung vorgeschrieben ist und obendrein der Einspruch des Einziehungsbeteiligten nur noch zu einem vereinfachten Verfahren führt (da es ja im Kern nur noch um vermögens- 9

---

[7] Metzger in KMR-StPO Rn. 1.
[8] Paeffgen in SK-StPO Rn. 2.
[9] Gössel in Löwe/Rosenberg, 26. Aufl., § 438 aF Rn. 3; Tschakert in Bittman/Köhler/Seeger/Tschakert Rn. 1526.
[10] Gaede in Löwe/Rosenberg Rn. 4; Metzger in KMR-StPO Rn. 4.
[11] Weßlau in SK-StPO, 4. Aufl., § 438 aF Rn. 2.
[12] Schmidt, 2019, Rn. 1788.
[13] BT-Drs. V/1319, 73.
[14] Temming in BeckOK StPO Rn. 4.
[15] Gaede in Löwe/Rosenberg Rn. 11 f.; Metzger in KMR-StPO Rn. 7; Schmidt/Scheuß in KK-StPO Rn. 5; Köhler in Meyer-Goßner/Schmitt Rn. 8.
[16] Paeffgen in SK-StPO Rn. 9; so auch noch Temming in BeckOK StPO, 28. Edit., Rn. 5, nunmehr aber bloß noch verweisend auf die entgegengesetzte hM.

rechtliche Belange geht),[17] dann passt dazu allein, auf das Ausbleiben des Einziehungsbeteiligten mit Verwerfung zu reagieren. Sonst stünde der Einziehungsbeteiligte, obwohl es bei ihm „um weniger" geht, besser da als der Angeklagte.[18] Man mag dem noch entgegensetzen, dass nach § 407 Abs. 2 nur eingeschränkt Rechtsfolgen verhängt werden dürfen, was die Strafbefehlssache nicht als sehr gravierend erscheinen lässt, wohingegen die Einziehung erhebliche Vermögenseinbußen zeitigen kann. Wenn man aber bedenkt, dass immerhin auch die Entziehung der Fahrerlaubnis mit zweijähriger Sperre per Strafbefehl festgesetzt werden darf, hat das doch einiges Gewicht. Und auf die Einziehung geblickt ist zu betonen, dass die Verwerfung nur dann zur Sperrung des Nachverfahrens führt, wenn der Einziehungsbeteiligte verschuldet in der Hauptverhandlung ausgeblieben ist (§ 433 Abs. 1). Aufs Ganze gesehen ist es deshalb richtig, in der Hauptverhandlung nach Einspruch bei Ausbleiben des Einziehungsberechtigten die Verwerfung des Einspruchs auszusprechen.

10   Hat der Angeklagte Einspruch eingelegt, wird Hauptverhandlung anberaumt (§ 411 Abs. 1 S. 2). Dann hat der Einziehungsbeteiligte die Rechte aus §§ 427, 429, 430.[19]

§ 433 Nachverfahren

(1) Ist die Einziehung rechtskräftig angeordnet worden und macht jemand glaubhaft, dass er seine Rechte als Einziehungsbeteiligter ohne sein Verschulden weder im Verfahren des ersten Rechtszuges noch im Berufungsverfahren hat wahrnehmen können, so kann er in einem Nachverfahren geltend machen, dass die Einziehung ihm gegenüber nicht gerechtfertigt sei.

(2) ¹Das Nachverfahren ist binnen eines Monats nach Ablauf des Tages zu beantragen, an dem der Antragsteller von der rechtskräftigen Entscheidung Kenntnis erlangt hat. ²Der Antrag ist unzulässig, wenn seit Eintritt der Rechtskraft zwei Jahre verstrichen sind und die Vollstreckung beendet ist.

(3) ¹Durch den Antrag auf Durchführung des Nachverfahrens wird die Vollstreckung der Anordnung der Einziehung nicht gehemmt; das Gericht kann jedoch einen Aufschub sowie eine Unterbrechung der Vollstreckung anordnen. ²Wird in den Fällen des § 73b des Strafgesetzbuches, auch in Verbindung mit § 73c des Strafgesetzbuches, unter den Voraussetzungen des Absatzes 1 ein Nachverfahren beantragt, sollen bis zu dessen Abschluss Vollstreckungsmaßnahmen gegen den Antragsteller unterbleiben.

(4) ¹Für den Umfang der Prüfung gilt § 431 Absatz 1 entsprechend. ²Wird das vom Antragsteller behauptete Recht nicht erwiesen, ist der Antrag unbegründet.

(5) Vor der Entscheidung kann das Gericht unter den Voraussetzungen des § 421 Absatz 1 mit Zustimmung der Staatsanwaltschaft die Anordnung der Einziehung aufheben.

(6) Eine Wiederaufnahme des Verfahrens nach § 359 Nummer 5 zu dem Zweck, die Einwendungen nach Absatz 1 geltend zu machen, ist ausgeschlossen.

Schrifttum: Bittman/Köhler/Seeger/Tschakert, Handbuch der strafrechtlichen Vermögensabschöpfung, 2020; Knierim/Oehmchen/Beck/Geisler, Gesamtes Strafrecht aktuell, 2018; NStZ 2017, 497; Köhler/Burkhard, Die Reform der strafrechtlichen Vermögensabschöpfung – Teil 2/2, NStZ 2017, 665; Madauß, Das neue Recht der strafrechtlichen Vermögensabschöpfung und Steuerstrafverfahren – Fragen aus der Sicht der Praxis, NZWiSt 2018, 28; Meißner/Schütrumpf, Vermögensabschöpfung – Praxisleitfaden zum neuen Recht, 2018; Nestler, Strafverfahren zwischen Wirtschaftlichkeit und Legalitätsprinzip, JA 2012, 88; Reh, Praxisprobleme im Umgang mit dem neuen Recht der Vermögensabschöpfung aus staatsanwaltschaftlicher Sicht, NStZ 2018, 20; Satzger, Die Berücksichtigung von Opferinteressen bei der Verfallsanordnung aus materiellrechtli-

---

[17] Gössel in Löwe/Rosenberg, 26. Aufl., § 438 aF Rn. 12.
[18] Zutreffend noch Temming in BeckOK StPO, 28. Edit., Rn. 5; Paeffgen in SK-StPO Rn. 9.
[19] Temming in BeckOK StPO Rn. 3.

cher wie prozessrechtlicher Sicht, wistra 2003, 401; Savini, Handbuch zur Vermögensabschöpfung nach altem und neuem Recht, 2017; Schmidt, Vermögensabschöpfung – Handbuch für das Straf- und Ordnungswidrigkeitenverfahren, 2. Aufl. 2019; Trüg, Reform der strafrechtlichen Vermögensabschöpfung, NJW 2017, 1913.

Übersicht

		Rn.				Rn.
I.	**Überblick**	1		c) Unverschuldet		8
1.	Allgemeines	1		d) Glaubhaftmachen		9
2.	Normzweck	4	2.	Antragstellung (Abs. 2)		11
II.	**Erläuterungen**	5	3.	Vollstreckbarkeit der Einziehungsanordnung (Abs. 3)		13
1.	Anwendungsbereich (Abs. 1)	5	4.	Prüfungsumfang (Abs. 4)		14
	a) Rechtskräftige Anordnung der Einziehung	6	5.	Eingeschränkte Wiederaufnahmemöglichkeit (Abs. 6)		16
	b) Nicht-Wahrnehmen-Können seiner Rechte	7				

I. Überblick

1. Allgemeines. Die Norm regelt das Nachverfahren für den (potentiellen) Einziehungsbeteiligten (§ 424), der ohne sein Verschulden daran gehindert war, seine Rechte im Erkenntnisverfahren – der Hauptsache oder der Einziehungssache – wahrzunehmen; sie übernimmt die Regelungen des § 439 aF, soweit diese sich auf den Einziehungsbeteiligten bezogen; hinsichtlich der Einziehungen von Taterträgen sind die – das Nachverfahren betreffenden Regelungen – des § 442 aF nunmehr in der einen Norm des § 433 implementiert.[1] Mit Blick auf den Antragsteller des Nachverfahrens ist im Gesetzentwurf missverständlich die Rede vom „Einziehungsadressaten", gemeint ist aber der (potentielle)[2] Einziehungsbeteiligte,[3] wie sich dies im Wortlaut des Abs. 1 ausdrückt, der gerade von der Wahrnehmung der „Rechte als Einziehungsbeteiligter" spricht.[4] Das **Nachverfahren** steht demnach denjenigen Einziehungsbetroffenen offen, die in der Tatsacheninstanz nach § 424 hätten beteiligt werden müssen,[5] sowie grundsätzlich den ins Verfahren einbezogenen Einziehungsbeteiligten, die unverschuldet ihre Rechte nicht wahrnehmen konnten.[6] Dabei hat es nicht die Rolle eines weiteren Rechtsmittels,[7] sondern **heilt** nur die nicht anders heilbaren **Gehörsverstöße** (→ Rn. 7 f.). Das Verfahren des § 433 erfolgt nur auf Antrag des Einziehungsbetroffenen (Abs. 2).[8] Art und Form der Entscheidung im Nachverfahren sind in § 434 geregelt. Für das selbständige Einziehungsverfahren (§ 435) findet § 433 entsprechende Anwendung (§ 435 Abs. 3). – Erfasst sind Einziehungen nach §§ 73b (mit 73c), 74a, 74b StGB.

Das Nachverfahren ist erst zulässig ab Rechtskraft der Einziehungsanordnung (Abs. 1), 2 verfahrensrechtlich zielt das Begehren des Antragstellers daher auf die **Durchbrechung der Rechtskraft** der Entscheidung der Tatsacheninstanz.[9] Das Gesetz verhilft ihm im Fall der Begründetheit seines Antrags zum Erfolg, mit dem er die gerichtliche Feststellung begehrt, die Einziehung sei ihm gegenüber „nicht gerechtfertigt"; diese Feststellung des Gerichts erfüllt dann zugleich das Gestaltungsbegehren, indem die Feststellung die Aufhebung der

---

[1] BT-Drs. 18/9525, 3.
[2] Zutreffender Hinweis bei Weßlau in SK-StPO, 4. Aufl., § 439 aF Rn. 1; jetzt auch Paeffgen in SK-StPO Rn. 1; gesehen und entschieden worden ist das aber auch schon im Gesetzgebungsverfahren zur Vorgängervorschrift des § 439 aF; s. BT-Drs. 5/1319, 81.
[3] Betont auch von Knierim in Gesamtes Strafrecht aktuell, Kap. 21 Rn. 170.
[4] Näher noch Temming in BeckOK StPO vor Rn. 1.
[5] Metzger in KMR-StPO Rn. 1; fürs alte Recht: OLG München 6.11.2003 – 2 Ws 583-592/03 u. 2 Ws 1017/03, NJW 2004, 1119; VerfGH Bayern 13.12.2004 – Vf. 95-VI-03, NZG 2005, 398 (398 f.).
[6] Metzger in KMR-StPO Rn. 9.
[7] Metzger in KMR-StPO Rn. 9.
[8] Schmidt/Scheuß in KK-StPO Rn. 3.
[9] Gaede in Löwe/Rosenberg Rn. 2.

Einziehung bewirkt, womit dann die Rechtskraft durchbrochen und der vor der Einziehungsanordnung bestehende Rechtszustand ex tunc wieder hergestellt ist.[10]

3 Der von der Einziehungsentscheidung nachteilig betroffene Rechteinhaber hat die **Wahl,** ob er das Nachverfahren anstrengt oder ob er einen Entschädigungsanspruch geltend macht.[11]

4 **2. Normzweck.** Die Regelung ist ein **Spezialfall** der nachträglichen Gewährung **rechtlichen Gehörs**[12] (Art. 103 Abs. 1 GG) sowie eine konkrete Umsetzung der **Rechtsweggarantie** bei Betroffenheit von Maßnahmen der öffentlichen Gewalt.[13] Im seinerzeitigen Gesetzesentwurf zu § 439 aF ist das explizit geworden: „Für den Rechteinhaber, der am Verfahren nicht beteiligt worden ist, wirkt sich die Anordnung der Einziehung wie ein Eingriff durch die öffentliche Gewalt aus, gegen die nach Art. 19 Abs. 4 GG die Anrufung der Gerichte möglich sein muss."[14] Genau diese nachträgliche Anrufung der Gerichte ermöglicht dem Einziehungsbetroffenen § 433. Die Regelung entspricht damit für das Einziehungsverfahren den Gehörsvorschriften der §§ 33a, 311a.[15] Verfassungsrechtlich ist diese Verfahrensmöglichkeit geboten.[16] In seinem Anwendungsbereich ersetzt § 433 die Gehörsrüge, die Wiedereinsetzung und die Wiederaufnahme.[17]

II. Erläuterungen

5 **1. Anwendungsbereich (Abs. 1).** Mit dem Nachverfahren erhält der (potentielle) Einziehungsbeteiligte – als nachholende Gewährung rechtlichen Gehörs (Art. 103 Abs. 1 GG) – die Möglichkeit, im Anschluss an das abgeschlossene Erkenntnisverfahren seine Rechte wahrzunehmen. Allerdings erfasst die Norm nicht jedwede Verkürzung des rechtlichen Gehörs.[18] Zu beachten ist der Vorrang und die sperrende Wirkung anderer prozessualer Möglichkeiten. So ist das Nachverfahren nicht zulässig in Fällen, wo der Antragsteller zuvor mit Rechtsmitteln zum Erfolg hätte kommen können.[19] Hat er beispielsweise schon erstinstanzlich als Einziehungsbeteiligter im Verfahren mitgewirkt und Einwendungen vorgebracht, die das Gericht nicht gewürdigt hat, muss er diesen Gehörsverstoß mit den zulässigen Rechtsmitteln bekämpfen und so die Chance der Heilung nutzen.[20] Auch wenn das Gericht die vom Betroffenen beantragte Verfahrensbeteiligung zu Unrecht abgelehnt hat, kommt das Nachverfahren zu spät; in diesem Fall ist sofortige Beschwerde einzulegen (§ 424 Abs. 4).[21] Kein vorrangiges prozessuales Mittel stand dem Betroffenen zur Verfügung, wenn er nur Revision hätte einlegen können; denn die mit ihr allein eingeräumte Möglichkeit von Rechtsrügen ist kein hinreichendes Kompensat der Verletzung rechtlichen Gehörs.[22] Anders ist das bei Nichtnutzen der Möglichkeit, Berufung einzulegen.[23] Der Gesetzeswortlaut bildet das genau ab, indem er verlangt, dass der

---

[10] Erhellend Gaede in Löwe/Rosenberg Rn. 2.
[11] Metzger in KMR-StPO Rn. 4; Schmidt/Scheuß in KK-StPO Rn. 2; Schmidt, 2019, Rn. 1865; Paeffgen in SK-StPO Rn. 2.
[12] Günther in AK-StPO § 439 aF Rn. 5; Gaede in Löwe/Rosenberg Rn. 1; Metzger in KMR-StPO Rn. 1; Schmidt/Scheuß in KK-StPO Rn. 1; Paeffgen in SK-StPO Rn. 2.
[13] Temming in BeckOK StPO vor Rn. 1; Paeffgen in SK-StPO Rn. 2.
[14] BT-Drs. V/1319, 73.
[15] Gaede in Löwe/Rosenberg Rn. 1; Metzger in KMR-StPO Rn. 1; Schmidt/Scheuß in KK-StPO Rn. 1; Temming in BeckOK StPO Rn. 2.
[16] Vgl. BVerfG 30.4.2003 – 1 PBvU 1/02, NJW 2003, 1924; Paeffgen in SK-StPO Rn. 1.
[17] Heine in Satzger/Schluckebier/Widmaier StPO Rn. 1; Peters in Peters/Bröckers Rn. 655; für die Wiedereinsetzung anders Lohse in Krekeler/Löffelmann/Sommer § 439 aF Rn. 1 und Weßlau in SK-StPO, 4. Aufl., § 439 aF Rn. 2; Vorgehen nach § 33a; Paeffgen in SK-StPO Rn. 2: „ähnelt" diesen Regelungen.
[18] Instruktiv Weßlau in SK-StPO, 4. Aufl., § 439 aF Rn. 2.
[19] Heine in Satzger/Schluckebier/Widmaier StPO Rn. 3.
[20] Weßlau in SK-StPO, 4. Aufl., § 439 aF Rn. 2.
[21] Zum alten Recht Weßlau in SK-StPO, 4. Aufl., § 439 aF Rn. 2.
[22] BT-Drs. 5/1319, 81; Gaede in Löwe/Rosenberg Rn. 20; Köhler in Meyer-Goßner/Schmitt Rn. 5; Paeffgen in SK-StPO Rn. 4.
[23] BT-Drs. 5/1319, 81; Weßlau in SK-StPO, 4. Aufl., § 439 aF Rn. 2.

Antragsteller „weder im Verfahren des ersten Rechtszug noch im Berufungsverfahren" seine Rechte wahrnehmen konnte.

a) Rechtskräftige Anordnung der Einziehung. Zulässig ist der Antrag auf Durch- 6 führung des Nachverfahrens erst **ab Rechtskraft.** Die Entscheidung darf also mit Rechtsmitteln nicht mehr anfechtbar sein (arg. §§ 449, 316, 343).[24] Das Nachverfahren hat demnach den Zweck, dem Einziehungsbeteiligten die anderweitig – wegen des Eintritts **formeller Rechtskraft** – nicht mehr zulässige Überprüfung der Entscheidung zu ermöglichen.[25] Ausreichend ist weiter eine **Teilrechtskraft,** wenn sie sich denn auf die Einziehungsfrage erstreckt.[26] Nötig ist, dass sich die Rechtskraft der Einziehungsanordnung auf alle Prozessbeteiligten erstreckt.[27]

b) Nicht-Wahrnehmen-Können seiner Rechte. Der (potentielle) Einziehungsbe- 7 teiligte muss zunächst im Erkenntnisverfahren verhindert gewesen sein, seine Rechte wahrzunehmen. Dies erfasst mehrere Konstellationen: Zunächst kann der Betroffene – ohne ablehnenden Gerichtsbeschluss – in der Tatsacheninstanz nicht beteiligt worden sein, weil beiderseitige Unkenntnis herrschte: Weder das Gericht wusste um den Rechteinhaber noch wusste der vom Verfahren oder von der Betroffenheit seines Vermögens.[28] Sodann betrifft das Nachverfahren aber auch denjenigen, der vor Rechtskraft der Entscheidung vom Gericht formal als Einziehungsbeteiligter einbezogen worden ist (§ 424 Abs. 1). Auch bei ihm kann sich während des Verfahrens eine Verhinderung einstellen, deretwegen er ohne Verschulden selber nicht teilnehmen und nicht einmal einen Vertreter (§ 428) entsenden konnte.[29]

c) Unverschuldet. Rechtliches Gehör muss nachträglich nur gewährt werden, wenn 8 der Einziehungsbetroffene nicht schon zuvor die Möglichkeit hatte, sich bei Gericht rechtliches Gehör zu verschaffen. Das vor Gericht Nicht-Gehört-Worden-Sein muss also **„ohne Verschulden"** erfolgt sein. Der Maßstab des Verschuldens entspricht dem bei der Entscheidung über eine Wiedereinsetzung (§ 44 S. 1),[30] wo es gleichfalls um das Heilen eines Gehörsverstoßes geht. Es versteht sich, dass denjenigen keine Schuld trifft, der vom Verfahren oder Betroffensein keine Kenntnis hatte und keine Kenntnis haben musste. Auch bei einer Einziehungsbeteiligung kann es aber zu einem unverschuldeten Ausbleiben kommen,[31] etwa infolge Krankheit.[32] Verschuldet bleibt hingegen aus, wer bei Anordnung des persönlichen Erscheinens (§ 427 Abs. 2) unentschuldigt nicht erscheint.

d) Glaubhaftmachen. Der Antragsteller hat glaubhaft zu machen, dass er seine Rechte 9 als Einziehungsbeteiligter ohne Verschulden nicht wahrnehmen konnte. Das gilt schon nach dem Wortlaut auch für den bereits am Verfahren beteiligten Einziehungsbetroffenen iSd § 424 Abs. 1 (Einziehungsbeteiligten).[33] Als Mittel der Glaubhaftmachung stehen dem Antragsteller die **Mittel iSd § 26** zur Verfügung.[34] Er kann also insbesondere Urkunden, ärztliche Atteste und schriftliche Erklärungen von Zeugen vorlegen.[35] Im Übrigen steht es im **pflichtgemäßen Ermessen** des Gerichts, dasjenige zu bestimmen, was zur Glaubhaftmachung nötig ist.[36] Ausreichen kann mitunter ein plausibler und detaillierter Vortrag.[37]

---

[24] Putzke/Scheinfeld StrafProzR Rn. 849.
[25] Gaede in Löwe/Rosenberg Rn. 11.
[26] Lohse in Krekeler/Löffelmann/Sommer § 439 aF Rn. 2; Schmidt/Scheuß in KK-StPO Rn. 3; Temming in BeckOK StPO Rn. 3.
[27] Temming in BeckOK StPO Rn. 3; Paeffgen in SK-StPO Rn. 3; Tschakert in Bittman/Köhler/Seeger/Tschakert Rn. 1534.
[28] Knierim in Gesamtes Strafrecht aktuell, Kap. 21 Rn. 170.
[29] Metzger in KMR-StPO Rn. 9.
[30] Metzger in KMR-StPO Rn. 9.
[31] BT-Drs. 5/1319, 81.
[32] Knierim in Gesamtes Strafrecht aktuell, Kap. 21 Rn. 171.
[33] Gaede in Löwe/Rosenberg Rn. 23.
[34] Heine in Satzger/Schluckebier/Widmaier StPO Rn. 7; Weßlau in SK-StPO, 4. Aufl., Rn. 10.
[35] Näher Conen/Tsambikakis § 26 Rn. 16.
[36] Conen/Tsambikakis § 26 Rn. 16.
[37] Metzger in KMR-StPO Rn. 10.

Hält das Gericht hingegen den Vortrag und die Mittel des Antragstellers für unzureichend, muss es den Antragsteller auf diesen Umstand hinweisen, um ihm Nachbesserungen zu ermöglichen **(Fürsorgepflicht).**[38]

10   Fraglich ist, ob auch das übliche Mittel der **eidesstattlichen Versicherung** vom Antragsteller ergriffen werden darf. Zum Teil wird das ohne artikulierte Zweifel bejaht.[39] Doch ist dieses Mittel der Glaubhaftmachung mit der vom Antragsteller angestrebten Prozessrolle nicht vereinbar: Da § 427 Abs. 1 dem Einziehungsbeteiligten (mit Abweichungen) die Befugnisse des Angeklagten zubilligt, anerkennt das Gesetz die verteidigungsähnliche Position.[40] Damit geht es nicht gut zusammen, ihm das Mittel der eidesstattlichen Versicherung an die Hand zu geben.[41]

11   **2. Antragstellung (Abs. 2).** Für den formlosen[42] Antrag auf Feststellung, dass die Einziehung nicht gerechtfertigt ist, gilt eine **Monatsfrist**. Der Fristlauf beginnt nach Ablauf des Tages, an dem der Antragsteller von der rechtskräftigen Einziehungsentscheidung Kenntnis erlangt hat; mit Eintritt der Rechtskraft dann, wenn der Antragsteller das Urteil schon vorher kannte.[43] Bei unverschuldeter Fristversäumung ist Wiedereinsetzung möglich.[44] Eine „absolute Ausschlussfrist"[45] bestimmt S. 2; sind zwei Jahre nach Rechtskraft verstrichen und ist die Vollstreckung beendet (sonst verlängert sich die Frist bis zum Vollstreckungsabschluss), ist der Antrag unzulässig **(absolute Verfristung).** Bei Versäumen dieser Frist ist auch die Wiedereinsetzung ausgeschlossen.[46]

12   Die **Fristwahrung** ist als Prozessvoraussetzung[47] notwendige Bedingung für das Nachverfahren, das Gericht hat die Einhaltung im **Freibeweisverfahren** zu klären.[48] Nach ständiger Rechtsprechung des Bundesgerichtshofs gilt für die meisten Verfahrensvoraussetzungen der Zweifelssatz nicht.[49] Unaufklärbarkeit der Fristwahrung ginge zulasten des Beschuldigten.[50] Die allgemeine Frage der Nichtgeltung des Zweifelsgrundsatzes[51] kann aber für die Antragsfrist des Nachverfahrens iSd Abs. 2 S. 2 dahinstehen. Man wird **Nichtaufklärbarkeit** zugunsten des Antragstellers wirken lassen müssen.[52] Anders als der Beschuldigte, der ja bei Nichterweislichkeit des Vorliegens eines Prozesshindernisses immerhin noch ein vollumfängliches Verfahren hat, hätte sonst der (potentielle) Einziehungsbeteiligte die – auf der materiellen Grundlage der Straftat ruhende – Vermögenseinbuße hinzunehmen, ohne (unverschuldet) je rechtliches Gehör gefunden zu haben. Das dürfte vom Gesetzgeber nicht gewollt sein. Diese Wertung könnte sich in der Gesetzessystematik zum einen darin spiegeln, dass die Frist in Abs. 2 geregelt ist und damit getrennt steht von den Umständen, die glaubhaft zu machen sind.[53] Zudem bringt der Gesetzgeber in Abs. 4 hinsichtlich der Begründetheit des Antrags klar zum Ausdruck, dass nicht behebbare Zweifel zulasten des Antragstellers gehen („Wird das … Recht nicht erwiesen"). Daraus lässt sich für die Umstände der Fristwahrung der Umkehrschluss ziehen.

---

[38] Metzger in KMR-StPO Rn. 10.
[39] Knierim in Gesamtes Strafrecht aktuell, Kap. 21 Rn. 170.
[40] Gaede in Löwe/Rosenberg Rn. 22.
[41] Metzger in KMR-StPO Rn. 10.
[42] Temming in BeckOK StPO Rn. 5.
[43] Heine in Satzger/Schluckebier/Widmaier StPO Rn. 8.
[44] Metzger in KMR-StPO Rn. 10.
[45] Temming in BeckOK StPO Rn. 6.
[46] Schmidt/Scheuß in KK-StPO Rn. 8.
[47] Gaede in Löwe/Rosenberg Rn. 26.
[48] Metzger in KMR-StPO Rn. 12; Temming in BeckOK StPO Rn. 6; Tschakert in Bittman/Köhler/Seeger/Tschakert Rn. 1538.
[49] Siehe aber auch BGH 30.7.2009 – 3 StR 273/09, NStZ 2010, 160; Überblick bei Stuckenberg in Löwe/Rosenberg § 206a Rn. 37 ff.
[50] So auch tatsächlich Temming in BeckOK StPO Rn. 6.
[51] Für eine weite Geltung des Zweifelsgrundsatzes Putzke/Scheinfeld StrafProzR Rn. 36 f.; Streitstand bei Stuckenberg in Löwe/Rosenberg § 206a Rn. 37 ff.
[52] Köhler in Meyer-Goßner/Schmitt Rn. 10 mit Verweis auf § 26a Abs. 1 Nr. 1, § 319, § 346; ferner Günther in AK-StPO § 439 aF Rn. 15; Metzger in KMR-StPO Rn. 12; Paeffgen in SK-StPO Rn. 11.
[53] Burghart in Satzger/Schluckebier/Widmaier, StPO, 3. Aufl., Rn. 5.

3. Vollstreckbarkeit der Einziehungsanordnung (Abs. 3). Der Antrag auf Durch- 13
führung des Nachverfahrens hemmt die Vollstreckung nicht; im Ermessen des Gerichts
steht es aber („kann"), einen Aufschub sowie eine Unterbrechung der Vollstreckung anzuordnen (S. 1). Diese Anordnung kann das Gericht schon treffen, bevor es über die Zulassung
des Antrags entschieden hat.[54] Nach dem Willen des historischen Gesetzgebers sollte denn
auch eine **Vollstreckung nach Antragstellung** nur im seltenen **Ausnahmefall** (zur
Sicherstellung) durchgeführt werden.[55] Mit Vollstreckungsmaßnahmen kann nach dem
Sachzusammenhang nicht die Wirkung der Einziehungsanordnung als Rechtsübergang
gemeint sein, sondern allein die tatsächlichen Vollstreckungshandlungen, etwa die Herstellung staatlichen Gewahrsams.[56] Nach S. 2 haben Vollstreckungsmaßnahmen in der Regel
bis zum Abschluss des Nachverfahrens dann zu unterbleiben („sollen"), wenn es sich um
eine Einziehung nach § 73b handelt. – Neben der Unterbrechungsanordnung hat das
Gericht nach **Abs. 5** bei Zustimmung der StA die Möglichkeit, die Anordnung der Einziehung aufzuheben.

4. Prüfungsumfang (Abs. 4). Ist der Antrag auf Durchführung des Nachverfahrens 14
zulässig, überprüft das Gericht die Voraussetzungen der Einziehung.[57] Grundlage der Einziehung ist der Nachweis der Straftat. Deshalb gehört die Schuldfrage grundsätzlich zum
Einziehungsverfahren. Verfahrensrechtlich zeigt sich das etwa darin, dass sich Antrags- und
Gestaltungsrechte des Einziehungsbeteiligten auch auf die Schuldfrage beziehen; allerdings
gelten Einschränkungen (§ 427 Abs. 1, § 430 Abs. 2). Diesem Prinzip folgt Abs. 4 S. 1 und
begrenzt den **Umfang der Schuldprüfung** auf den Maßstab des Rechtsmittelverfahrens.
Dabei folgt die Einschränkung der Logik des Nachholens von rechtlichem Gehör, indem
sie vom Prüfumfang ausnimmt, was der Antragsteller schon zuvor hätte einwenden können
(§ 431 Abs. 1 S. 1 Nr. 2). Zudem wird all das nicht mehr hinterfragt, was der Antragsteller
im Nachverfahren nicht angreift (§ 431 Abs. 1 S. 1 Nr. 1).

Der **Antrag ist begründet,** wenn die Einziehung dem Antragsteller gegenüber nicht 15
gerechtfertigt ist (§ 433 Abs. 1). Der Gesetzeswortlaut stellt mit der Negativformulierung
klar, dass, soll der Antrag Erfolg haben, eben dies erwiesen sein muss.[58] Verbleiben nach
Ausschöpfung der Aufklärungsmöglichkeiten Zweifel, geht das zulasten des antragstellenden
Einziehungsbeteiligten.[59] Als **Entscheidungsregel** setzt die Norm die Ausschöpfung der
Erkenntnismöglichkeiten voraus.[60]

5. Eingeschränkte Wiederaufnahmemöglichkeit (Abs. 6). In Abs. 6 kommt zum 16
Ausdruck, dass der (potentielle) Einziehungsbeteiligte – nach Rechtskraft der Einziehungsanordnung – seine Interessen im Nachverfahren zu verfolgen hat. Das Wiederaufnahmeverfahren ist dann gesperrt, wenn es mit dem Ziel verfolgt wird, die Einwendungen geltend
zu machen, die im Rahmen des Nachverfahrens zu erheben sind.[61] Zulässig bleibt das
Wiederaufnahmeverfahren aus anderen Gründen (§ 359 Nr. 1–4).[62]

§ 434 Entscheidung im Nachverfahren

(1) Die Entscheidung über die Einziehung im Nachverfahren trifft das Gericht des ersten Rechtszuges.

(2) Das Gericht entscheidet durch Beschluss, gegen den sofortige Beschwerde zulässig ist.

---

[54] Paeffgen in SK-StPO Rn. 20.
[55] BT-Drs. 7/550, 307; Metzger in KMR-StPO Rn. 15.
[56] Weßlau in SK-StPO, 4. Aufl., § 439 aF Rn. 10.
[57] Temming in BeckOK StPO Rn. 9.
[58] Knierim in Gesamtes Strafrecht aktuell, Kap. 21 Rn. 175.
[59] BT-Drs. 18/9525, 91; Tschakert in Bittman/Köhler/Seeger/Tschakert Rn. 1544.
[60] OLG Köln 19.6.2019 – III-1 RVs 97/19, StV 2020, 776 (777).
[61] Paeffgen in SK-StPO Rn. 11.
[62] Köhler in Meyer-Goßner/Schmitt Rn. 14.

(3) ¹Über einen zulässigen Antrag wird auf Grund mündlicher Verhandlung durch Urteil entschieden, wenn die Staatsanwaltschaft oder sonst der Antragsteller es beantragt oder das Gericht dies anordnet; die Vorschriften über die Hauptverhandlung gelten entsprechend. ²Wer gegen das Urteil eine zulässige Berufung eingelegt hat, kann gegen das Berufungsurteil nicht mehr Revision einlegen.

(4) Ist durch Urteil entschieden, so gilt § 431 Absatz 4 entsprechend.

Schrifttum: Siehe bei § 433.

I. Überblick

1   Die Vorschrift bestimmt Zuständigkeit, Entscheidungsform und Rechtsmittel für das Nachverfahren (§ 433). Sie übernimmt wörtlich und weitgehend inhaltlich den bisherigen § 441; die einzige Änderung besteht in der Streichung des Gerichtsstandes der „Sicherstellung" (§ 441 Abs. 1 S. 2 aF).[1]

II. Erläuterungen

2   **1. Zuständigkeit (Abs. 1).** Im Nachverfahren ist zuständig das Gericht des ersten Rechtszuges. Damit ist **der Spruchkörper** gemeint, der zuerst über die Schuldfrage entschieden hat.[2] Dessen Zuständigkeit bleibt selbst dann erhalten, wenn nach einer Revision an ein anderes Gericht oder an einen anderen Spruchkörper desselben Gerichts verwiesen worden ist.[3]

3   **2. Entscheidung durch Beschluss (Abs. 2).** Die Gesetzessystematik bringt zum Ausdruck, dass das Gericht **grundsätzlich durch schriftlichen Beschluss** zu entscheiden hat. Das Beschlussverfahren ist Regelform.[4] Das in Abs. 3 eröffnete Urteilsverfahren ist nachrangig und an weitere Voraussetzungen geknüpft. Ein Beschluss ergeht zwingend, wenn der Antrag unzulässig ist.[5] Dies folgt aus Abs. 3, der das Urteilsverfahren an die Voraussetzung eines zulässigen Antrags knüpft.

4   Das Gericht hat den Sachverhalt aufzuklären. Dies tut es im **Freibeweisverfahren**,[6] wenn es nach pflichtgemäßem Ermessen (weitere) Sachverhaltsaufklärung für nötig hält.[7] Darin unterscheidet sich das Beschlussverfahren vom Urteilsverfahren (§ 434 Abs. 3 S. 1 Hs. 2 mit § 244).[8] Rechtliches Gehör ist zu gewähren, indem aufgefordert wird, Schriftsätze einzureichen.[9] Zeugen und Sachverständige werden nicht persönlich vernommen – im Einzelfall können von ihnen schriftliche Äußerungen eingeholt werden.[10]

5   Das Gericht hat den Beschluss zu begründen (§ 34), eine Rechtsmittelbelehrung hinzuzusetzen und ihn allen Beteiligten zuzustellen (§§ 35, 35a).[11] Gegen den Beschluss ist sofortige Beschwerde zulässig (§ 434 Abs. 2).

6   **3. Entscheidung auf Grund mündlicher Verhandlung durch Urteil (Abs. 3).** Das nach dem Gesetz nur als Ausnahme vorgesehene mündliche Verfahren setzt voraus, dass der **Antrag** des (potentiellen) Einziehungsbeteiligten **zulässig** ist. Wird der Antrag zunächst als zulässig bewertet und stellt sich nach Terminierung der mündlichen Verhand-

---

[1] BT-Drs. 18/9525, 91.
[2] Heine in Satzger/Schluckebier/Widmaier StPO Rn. 2.
[3] OLG Düsseldorf 13.8.1982 – 1 Ws 644/82, MDR 1983, 154; Gaede in Löwe/Rosenberg Rn. 3; Schmidt/Scheuß in KK-StPO Rn. 2; Paeffgen in SK-StPO Rn. 2; Temming in BeckOK StPO Rn. 1.
[4] Gaede in Löwe/Rosenberg Rn. 5; Knierim in Gesamtes Strafrecht aktuell, Kap. 21 Rn. 177.
[5] Retemeyer in Gercke/Julius/Temming/Zöller Rn. 4; Temming in BeckOK StPO Rn. 2.
[6] Metzger in KMR-StPO Rn. 3.
[7] Weßlau in SK-StPO, 4. Aufl., § 441 aF Rn. 5.
[8] Metzger in KMR-StPO Rn. 3, 6.
[9] Heine in Satzger/Schluckebier/Widmaier StPO Rn. 3.
[10] Heine in Satzger/Schluckebier/Widmaier StPO Rn. 3.
[11] Gaede in Löwe/Rosenberg Rn. 8.

lung die Unzulässigkeit heraus, kann der Termin abgesetzt und im Beschlusswege entschieden werden.[12] Ergeht im Falle eines unzulässigen Antrags am Ende der mündlichen Verhandlung ein Urteil, ist nicht etwa wegen der Unzulässigkeit des Antrags die Beschwerde zu erheben, sondern es kann das Urteil gleichwohl mit Berufung oder mit Revision angefochten werden.[13]

Im Urteilsverfahren gelten die Regeln der mündlichen Verhandlung (Abs. 3 S. 1 Hs. 1). **7** Dies bedeutet insbesondere, dass über diese Verweisung § 244 zur Anwendung kommt und das **Strengbeweisverfahren** gilt. Im Übrigen unterscheidet sich das Urteilsverfahren nicht weiter vom Beschlussverfahren.[14]

Das Urteilsverfahren ist zwingend zu wählen, wenn die StA oder sonst der Antragsteller **8** seine Durchführung **beantragt** (Abs. 3 S. 1 Hs. 1). Dasselbe gilt, wenn der Einziehungsbeteiligte gegen einen Strafbefehl Einspruch einlegt (§ 432 Abs. 2).[15] Das **Gericht** kann zudem selber nach pflichtgemäßem Ermessen von vornherein das Urteilsverfahren anordnen[16] oder zu ihm wechseln, wenn sich während des Beschlussverfahrens Gründe dafür ergeben.[17] Ein Zwischenverfahren findet nicht statt.[18]

Abs. 3 S. 2 bestimmt, dass eine **Revision** nach zulässiger Einlegung einer Berufung **9** **ausscheidet**. Dies entspricht der Regelung des § 55 Abs. 2 JGG und zwingt den Betroffenen bei amtsgerichtlichen Entscheidungen dazu, zwischen Einlegung der Berufung und der Revision zu wählen.[19] – Ist hingegen per Beschluss entschieden worden, kann sofortige Beschwerde eingelegt werden (§ 434 Abs. 2). – Der Verweis in Abs. 4 ordnet an, dass ein auf die Höhe beschränktes Rechtsmittel den **Verfahrensvereinfachungen** des § 431 Abs. 4 unterliegt;[20] dies bedeutet, dass nach gerichtlichem Hinweis an die Verfahrensbeteiligten und über das Rechtsmittel per Beschluss entschieden werden kann, sofern dem kein Beteiligter widersprochen hat.

§ 435 Selbständiges Einziehungsverfahren

(1) ¹Die Staatsanwaltschaft und der Privatkläger können den Antrag stellen, die Einziehung selbständig anzuordnen, wenn dies gesetzlich zulässig und die Anordnung nach dem Ergebnis der Ermittlungen zu erwarten ist. ²Die Staatsanwaltschaft kann insbesondere von dem Antrag absehen, wenn das Erlangte nur einen geringen Wert hat oder das Verfahren einen unangemessenen Aufwand erfordern würde.

(2) ¹In dem Antrag ist der Gegenstand oder der Geldbetrag, der dessen Wert entspricht, zu bezeichnen. ²Ferner ist anzugeben, welche Tatsachen die Zulässigkeit der selbständigen Einziehung begründen. ³Im Übrigen gilt § 200 entsprechend.

(3) ¹Für das weitere Verfahren gelten die §§ 201 bis 204, 207, 210 und 211 entsprechend, soweit dies ausführbar ist. ²Im Übrigen finden die §§ 424 bis 430 und 433 entsprechende Anwendung.

(4) ¹Für Ermittlungen, die ausschließlich der Durchführung des selbständigen Einziehungsverfahrens dienen, gelten sinngemäß die Vorschriften über das Strafverfahren. ²Ermittlungsmaßnahmen, die nur gegen einen Beschuldigten zulässig sind, und verdeckte Maßnahmen im Sinne des § 101 Absatz 1 sind nicht zulässig.

---

[12] BGH 5.5.2011 – 3 StR 458/10, wistra 2011, 375 (376); Köhler in Meyer-Goßner/Schmitt Rn. 2.
[13] BGH 5.5.2011 – 3 StR 458/10, wistra 2011, 375 (376).
[14] Gössel in Löwe/Rosenberg, 26. Aufl., § 441 aF Rn. 8.
[15] Temming in BeckOK StPO Rn. 3.
[16] Gaede in Löwe/Rosenberg Rn. 8.
[17] Paeffgen in SK-StPO Rn. 4.
[18] Metzger in KMR-StPO Rn. 6.
[19] Temming in BeckOK StPO Rn. 4.
[20] Heine in Satzger/Schluckebier/Widmaier StPO Rn. 9.

Schrifttum: Beukelmann, Selbstständige Einziehung, NJW-Spezial 2022, 56; Bittmann, Die Änderungen im formellen Recht der Vermögensabschöpfung aufgrund des „Gesetzes zur Fortentwicklung der Strafprozessordnung", NStZ 2022, 8; Bittmann, Vom Annex zur Säule: Vermögensabschöpfung als 3. Spur des Strafrechts, NZWiSt 2016, 131; Bittmann, § 76a Abs. 1 und Abs. 4 StGB, § 459g Abs. 5 StPO – Drei Akte keines Lustspiels, wistra 2021, 257; Bittmann, Strafe und Einziehung: Der Große Senat in Strafsachen zur Verjährungsdifferenz in der Hauptverhandlung, ZWH 2024, 37; Bittmann/Köhler/Seeger/Tschakert, Handbuch der strafrechtlichen Vermögensabschöpfung, 2020; Bode/Peters, Vermögensabschöpfung über den Tod hinaus, ZWH 2018, 45; Börner, Vermögensabschöpfung als Königsweg im System des Strafrechts – Auswirkungen auf Rolle und Aufgabe der Strafverteidigung, StraFo 2020, 89; Deutscher, Strafrechtliche Vermögensabschöpfung, ZAP 2018, 241; Emmert, Gerichtliche Bindung an die Hauptsacheentscheidung in abgetrennten und selbständigen Einziehungsverfahren, NStZ 2020, 587; Greeve, Das neue Recht der strafrechtlichen Vermögensabschöpfung, ZWH 2017, 277; Hanack, Die Rechtsprechung des Bundesgerichtshofs zum Strafverfahrensrecht, JZ 1954, 74; Hiéramente/Pfister, Strafrechtliche Ermittlungen zum Zwecke der Vermögensabschöpfung, jurisPR-StrafR 7/2021 Anm. 2, Hiéramente/Schwerdtfeger, Das Unternehmen im Fokus der Vermögensabschöpfung im Wirtschaftsrecht – Risiken und Chancen der Gesetzesreform, BB 2018, 834; Johann, Möglichkeiten und Grenzen des neuen Vermögensabschöpfungsrechts, 2019; Knierim/Oehmchen/Beck/Geisler, Gesamtes Strafrecht aktuell, 2018; Köhler, Die Reform der strafrechtlichen Vermögensabschöpfung – Teil 1/2, NStZ 2017, 497; Köhler/Burkhard, Die Reform der strafrechtlichen Vermögensabschöpfung – Teil 2/2, NStZ 2017, 665; Köllner/Mück, Reform der strafrechtlichen Vermögensabschöpfung, NZI 2017, 593; Korte, Vermögensabschöpfung reloaded, wistra 2018, 1; Madauß, Das neue Recht der strafrechtlichen Vermögensabschöpfung und Steuerstrafverfahren – Fragen aus Sicht der Praxis, NZWiSt 2018, 28; Mayer, Das objektive Verfahren auf Privatklage, 1910; Meißner/Schütrumpf, Vermögensabschöpfung – Praxisleitfaden zum neuen Recht, 2. Aufl., 2022; Meyer, Die selbständige Einziehung nach § 76a StGB-E, oder: Don't bring a knife to a gunfight, StV 2017, 343; Nöding, § 76a Abs. 4 StGB: non-conviction-based confiscation, StraFo 2020, 139; Ordner, Die Verständigungseignung von vermögensabschöpfenden Rechtsfolgen, wistra 2017, 50; Peters/Bröckers, Vermögensabschöpfung in Strafverfahren, 2019; Reh, Praxisprobleme im Umgang mit dem neuen Recht der Vermögensabschöpfung aus staatsanwaltschaftlicher Sicht, NZWiSt 2018, 20; Reitemeier, Vermögensabschöpfung – Ein Jahr nach der Gesetzesreform, DRiZ 2018, 306; Reitemeier/Koujouie Das neue Recht der Vermögensabschöpfung – Ein Leitfaden für die Praxis, 2017; Rettke, Einziehung und Vermögensarrest im Steuerstrafverfahren, wistra 2017, 417; Rettke, Der Vermögensabschöpfungsstrafbefehl – Selbständige Einziehung im Strafbefehlsverfahren, NStZ 2021, 202; Rettke, Die Bedeutung der Einziehung gemäß § 73 StGB – Die Aufwertung der strafrechtlichen Vermögensabschöpfung – Teil 1, NZWiSt 2019, 281; Saliger/Schörner, Neues Recht für alte Fälle? Die Vermögensabschöpfung im Spannungsfeld zwischen lex mitior-Grundsatz und Verschlechterungsverbot, StV 2018, 388; Schilling/Corsten/Hübner, Das Gesetz zur Reform der strafrechtlichen Vermögensabschöpfung, StraFo 2017, 305; Schmidt, Vermögensabschöpfung – Handbuch für das Straf- und Ordnungswidrigkeitenverfahren, 2. Aufl. 2019; Schubert, Selbstexekutionsbefugnis der Finanzbehörden und Einziehung von Wertersatz, wistra 2021, 349; Schwerdtfeger/Babucke, Das Strafverteidigerprivileg bei der Dritteinziehung (§ 73b Abs. 1 S. 1 Nr. 2 lit. b] StGB), wistra 2023, 98; Tierel, Verfall im Ordnungswidrigkeitenverfahren, jurisPR-StrafR 24/2008, Anm. 2; Tormöhlen, Das neue Recht der Vermögensabschöpfung im steuerstrafrechtlichen Kontext, AO-StB 2017, 380; Trüg, Reform der strafrechtlichen Vermögensabschöpfung, NJW 2017, 1913; Ullenboom, Die „vergessene" Einziehung von Tatertägen und ihre Folgen nach dem Gesetz zur Reform der strafrechtlichen Vermögensabschöpfung, wistra 2019, 291; Ullenboom, Praxisleitfaden Vermögensabschöpfung, 2. Aufl. 2021; Vizcaino Diaz, Anforderungen an die Anordnung der selbständigen Einziehung, jurisPR-StrafR 15/2022 Anm. 3; Wagner, Auswirkungen der Reform der strafrechtlichen Vermögensabschöpfung auf die Reichweite des strafprozessualen Schlechterstellungsverbots, wistra 2020, 367; Weil, Die (selbständige) Einziehung im Kontext der §§ 153 ff. StPO – oder: Drum prüfe, wer sich bindet, NZWiSt 2023, 366.

Übersicht

		Rn.			Rn.
I.	**Überblick**	1		b) Beteiligung des Betroffenen (S. 2)	32
II.	**Erläuterungen**	6		c) Gerichtliche Entscheidung	34
1.	Selbständiges Einziehungsverfahren (Abs. 1)	6		d) Wechsel zwischen den Verfahrensarten	37
	a) Antrag auf selbständige Anordnung der Einziehung (S. 1)	7		e) Nachverfahren	43
	b) Absehen vom Antrag (S. 2)	27	4.	Ermittlungsmaßnahmen (Abs. 4)	44
2.	Inhalt des Antrags (Abs. 2)	28		a) Sinngemäße Anwendung der Vorschriften über das Strafverfahren (S. 1)	45
3.	Weiteres Verfahren (Abs. 3)	29		b) Einschränkung der zulässigen Maßnahmen (S. 2)	50
	a) Ausführbarkeit eines Zwischenverfahrens (S. 1)	30			

I. Überblick

Der mit dem Gesetz zur Reform der strafrechtlichen Vermögensabschöpfung vom 13.4.2017 neu eingeführte und am 1.7.2017 in Kraft getretene § 435 ersetzt und ergänzt den bisherigen § 440.[1] § 435 enthält die verfahrensrechtlichen Regelungen für die selbständige Einziehung gemäß § 76a StGB und ist damit ihr prozessuales Äquivalent.[2] Die Norm betrifft – zusammen mit den §§ 436, 437 – das sog. **objektive Verfahren,**[3] in dem die selbständige Einziehung eines Gegenstands oder des Wertersatzes nach § 76a StGB ohne Durchführung eines gegen eine bestimmte Person geführten (subjektiven) Strafverfahrens erfolgen kann. Die Einziehung wird in diesen Fällen selbständig und losgelöst von einer Entscheidung über die Schuldfrage angeordnet, es ergeht also kein Urteil in puncto Tatschuld.[4] Mangels eines in dem Verfahren oder der Entscheidung zum Ausdruck kommenden strafrechtlichen Vorwurfs verstößt das selbständige Einziehungsverfahren – trotz Fehlens der Tatschuldfeststellung – nicht gegen die Unschuldsvermutung.[5] Das selbständige Einziehungsverfahren iSd § 76a Abs. 1 StGB, § 435 steht als zulässige Inhalts- und Schrankenbestimmung nicht in Konflikt mit der Eigentumsgarantie aus Art. 14 GG.[6]

Die **materiell-rechtliche Zulässigkeit** der selbständigen Einziehung von Taterträgen richtet sich nach § 76a StGB: Sie kommt in Betracht, wenn eine strafrechtliche Verurteilung nicht möglich ist, also wenn keine bestimmte Person verfolgt oder der Verfolgte nicht verurteilt werden kann. 2

Die **verfahrensrechtlichen Vorgaben** sind dagegen in den §§ 435 ff. normiert. § 435 ist eine ausschließliche und selbständige Verfahrensnorm. Dies hat zur Konsequenz, dass sie beispielsweise im Ordnungswidrigkeitenrecht keine Anwendung findet (siehe dort zu den materiellen Voraussetzungen einer selbständigen Anordnung § 27 OWiG sowie zu den verfahrensrechtlichen Vorgaben § 87 Abs. 3, 6 OWiG)[7] und dass eine selbständige Einziehung im Strafbefehlsverfahren ausscheidet.[8] Die ausschließliche Geltung der Norm für die selbständige Einziehung führt auch dazu, dass sich ein nachträgliches Ersetzen der rechtskräftigen Einziehungsanordnung nicht nach den §§ 435 ff. richtet, sondern nur über die § 462 Abs. 1 S. 2, § 462a Abs. 1, 2 S. 1 erfolgen kann.[9] Nachdem die Rechtsprechung eine Einziehung zunächst im Verfahren gemäß § 413 einhellig für unzulässig erachtet hat,[10] ist nach der jüngsten gesetzgeberischen Änderung dieser Vorschrift und der damit verbundenen Erweiterung nunmehr auch eine Anordnung im Sicherungsverfahren möglich[11] – und das sogar ohne den sonst nach § 435 Abs. 1 erforderlichen Antrag.[12] 3

Anders als die bisherige Regelung (§ 440 aF) sieht § 435 in Abs. 3 S. 1 ein **Zwischenverfahren** vor, das eng an das Verfahren bei Anklageerhebung gelehnt ist.[13] Der Antrag der 4

---

[1] BT-Drs. 18/9525, 91.
[2] Paeffgen in SK-StPO Rn. 1.
[3] Temming in BeckOK StPO vor Rn. 1.
[4] Metzger in KMR-StPO Rn. 1.
[5] Brandenburgisches VerfG 17.10.1996 – VfGBbg 19/95, NJW 1997, 451 (451 f.); Paeffgen in SK-StPO Rn. 2; Retemeyer in Gercke/Julius/Temming/Zöller Rn. 1; Metzger in KMR-StPO Rn. 2.
[6] Brandenburgisches VerfG 17.10.1996 – VfGBbg 19/95, NJW 1997, 451 (451 f.).
[7] Schmidt/Scheuß in KK-StPO Rn. 20; Metzger in KMR-StPO Rn. 37 ff.
[8] So die ganz hM: Jacobs in Esser/Rübenstahl/Saliger/Tsambikakis Rn. 3; Koch in HK-GS Rn. 3; Temming in BeckOK StPO Rn. 1; Gaede in Löwe/Rosenberg Rn. 41; Retemeyer in Gercke/Julius/Temming/Zöller Rn. 21; Schmidt/Scheuß in KK-StPO Rn. 11; Köhler in Meyer-Goßner/Schmitt Rn. 10; Ullenboom, 2021, Rn. 290. Anders nur Rettke NStZ 2021, 202 ff.
[9] Heine in Satzger/Schluckebier/Widmaier StPO Rn. 1; Köhler in Meyer-Goßner/Schmitt Rn. 1.
[10] BGH 4.3.2021 – 2 StR 431/20, BeckRS 2021, 11127; 29.4.2020 – 3 StR 122/20, BeckRS 2020, 10586; 3.3.2020 – 3 StR 597/19, BeckRS 2020, 4190; 12.2.2020 – 1 StR 25/20, BeckRS 2020, 6140; 22.8.2019 – 1 StR 352/19, BeckRS 2019, 24799; 30.4.2019 – 2 StR 138/19, BeckRS 2019, 12428; 4.9.2018 – 3 StR 163/18, BeckRS 2018, 28266; 20.6.2018 – 2 StR 127/18, BeckRS 2018, 14944; 8.2.2019 – 3 StR 549/17, BeckRS 2018, 8320.
[11] Gesetz zur Fortentwicklung der Strafprozessordnung und zur Änderung weiterer Vorschriften v. 25.6.2021, BGBl. I 2099; BT-Drs. 19/27654, 39; BT-Drs. 57/21, 37.
[12] BGH 8.12.2012 – 5 StR 312/21, wistra 2022, 163 (164).
[13] BT-Drs. 18/9525, 91 f.; Johann, 2019, S. 223. Kritisch Heine in Satzger/Schluckebier/Widmaier StPO Rn. 2.

Staatsanwaltschaft nach § 435 Abs. 1 kommt damit in seiner Bedeutung einer Anklageschrift gleich.[14] Die Anforderungen an die inhaltlichen Voraussetzungen des Antrags, die in § 440 Abs. 2 aF geregelt waren und nunmehr in § 435 Abs. 2 zu finden sind, wurden inhaltlich nicht geändert.[15] Neben den Besonderheiten, die sich aus dem Einziehungsverfahren ergeben, muss der Antrag einer Anklageschrift entsprechen (§ 435 Abs. 2 mit § 200). Nach neuem Recht weiterhin möglich ist der Übergang vom subjektiven in das objektive (selbständige) Einziehungsverfahren gemäß den §§ 435 ff.[16]

5   § 435 ist im Zusammenhang mit den für das selbständige Einziehungsverfahren gleichermaßen einschlägigen §§ 436, 437 zu sehen. Während § 435 die Voraussetzungen für einen Antrag der Staatsanwaltschaft nennt und inhaltliche Anforderungen an den Antrag stellt, sind in § 436 Regelungen zur Zuständigkeit, Entscheidungsform und Rechtsmittel enthalten. Dabei entspricht § 436 dem § 441 aF, soweit dieser Regelungen über das selbständige Einziehungsverfahren traf.[17] § 437 sieht besondere verfahrensrechtliche Ergänzungen für die selbständige Einziehung nach § 76a Abs. 4 StGB vor.

II. Erläuterungen

6   **1. Selbständiges Einziehungsverfahren (Abs. 1).** Abs. 1 regelt, unter welchen verfahrensrechtlichen Voraussetzungen eine selbständige Einziehung iSd § 76a Abs. 1 StGB möglich sein soll. S. 1 benennt, was für eine Antragstellung erforderlich ist. S. 2 nennt Fälle, in denen die Staatsanwaltschaft von der selbständigen Anordnung absehen kann.

7   **a) Antrag auf selbständige Anordnung der Einziehung (S. 1).** Berechtigt zur Stellung des Antrags auf selbständige Anordnung der Einziehung sind gemäß Abs. 1 S. 1 die Staatsanwaltschaft und der Privatkläger. Da der „Privatkläger" ein feststehender Begriff in der StPO ist, kann dieser das objektive Verfahren nach der Gesetzessystematik nur anstreben, wenn die Erwerbstat ein Privatklagedelikt ist. Zu den Voraussetzungen der §§ 435, 436 müssen demnach die des § 374 hinzutreten.[18] Wird das Verfahren auf ein Antragsdelikt gestützt, ist ein wirksamer Strafantrag Prozessvoraussetzung auch im objektiven Verfahren.[19] Ggf. wird der Privatkläger von seinem gesetzlichen Vertreter (§ 374 Abs. 3) vertreten.[20] Neben der Staatsanwaltschaft und dem Privatkläger sind gemäß § 401 AO auch die Finanzbehörden antragsberechtigt, sofern sie iSd § 386 Abs. 2 AO ein Ermittlungsverfahren selbständig durchführen.[21] Da § 395 eine Nebenklage nur bei Vorliegen einer Anklage im subjektiven Verfahren zulässt, kann sich der Geschädigte dem Antrag nicht als Nebenkläger anschließen.[22] Der Antrag ist grundsätzlich schriftlich beim zuständigen Gericht zu stellen.[23] Der Privatkläger hat daneben die Möglichkeit, ihn zu Protokoll der Geschäftsstelle einzureichen.

8   Ungeklärt ist bisher das Verhältnis der Antragsberechtigungen von Staatsanwaltschaft und **Privatkläger** zueinander. So fragt sich insbesondere, ob der Privatkläger einen Antrag auf Durchführung des selbständigen Einziehungsverfahrens stellen kann, wenn die Staatsanwaltschaft sich bewusst dagegen entschieden hat. Der Wortlaut macht insoweit keine Einschränkungen und spricht deshalb dafür, dass Staatsanwaltschaft und Privatkläger **unabhän-**

---

[14] Temming in BeckOK StPO vor Rn. 1.
[15] BT-Drs. 18/9525, 91; Knierim in Gesamtes Strafrecht aktuell, Kap. 21 Rn. 183.
[16] Knierim in Gesamtes Strafrecht aktuell, Kap. 21 Rn. 182.
[17] Temming in BeckOK StPO Vor § 436 Rn. 1.
[18] So schon Mayer, 1910, S. 5.
[19] Koch in HK-GS Rn. 3. Köhler in Meyer-Goßner/Schmitt Rn. 4 verortet das Fehlen des Strafantrags bei der Unausführbarkeit eines Zwischenverfahrens iSv Abs. 3 S. 1.
[20] Koch in HK-GS Rn. 3.
[21] Gaede in Löwe/Rosenberg Rn. 3, 8, wobei ein Antrag des Privatklägers in der Praxis kaum zu erwarten sei; Heine in Satzger/Schluckebier/Widmaier StPO Rn. 8, 10. Die Finanzbehörden übertragen diese Befugnis in der Praxis oft der Staatsanwaltschaft, so Binnewies/Peters GmbHG 2021, R.64.
[22] Koch in HK-GS Rn. 3; Paeffgen in SK-StPO Rn. 3; Retemeyer in Gercke/Julius/Temming/Zöller Rn. 21; Schmidt, 2019, Rn. 1800. Anders noch Mayer, 1910, S. 37.
[23] Metzger in KMR-StPO Rn. 13 ff.; Knierim in Gesamtes Strafrecht aktuell, Kap. 21 Rn. 185.

gig voneinander und gleichwertig nebeneinander **zur Stellung des Antrags berechtigt** sind. Diese Deutung bestätigt eine systematisch-teleologische Betrachtung: Die Staatsanwaltschaft hat Ermessen, ob sie den Antrag nach § 435 stellt (→ Rn. 10), und bei der Ermessensausübung darf sie sich auch an der Schonung ihrer eigenen Ressourcen orientieren; es spricht aber in solchen Fällen der Schonung speziell der staatsanwaltschaftlichen Ressourcen nichts dagegen, dem Privatkläger die Antragstellung zu gestatten, vielmehr liegt dies auf der Linie des Gesetzgebers, wonach die Einziehung grundsätzlich erfolgen soll (→ § 421 Rn. 16). Erhebt die Staatsanwaltschaft wegen einer der in § 374 genannten Delikte also keine Anklage, obwohl sie zuvor das Ermittlungsverfahren eröffnet hat, und sieht sie zudem von einem Antrag nach § 435 ab, hindert dies den Privatkläger nicht daran, selbst einen Antrag auf Durchführung des selbständigen Einziehungsverfahrens zu stellen. Dies gilt auch für den Fall, dass nur ein Verfahrenshindernis die Staatsanwaltschaft von der Anklageerhebung abhält, sie sonst aber ein besonderes öffentliches Interesse iSd § 376 bejaht hätte.[24]

Folgerichtig ist damit der Sache nach zugleich geklärt, dass der allgemeine Grundsatz aus dem Privatklageverfahren, wonach beim **Zusammentreffen von Offizial- und Privatklagedelikt** in einer prozessualen Tat eine Privatklage unzulässig ist,[25] im selbständigen Einziehungsverfahren nicht gilt. Praxisrelevant dürfte dies vor allem mit Blick auf § 374 Abs. 1 Nr. 5 sein. Denn die Nötigung wird in zahlreichen Fällen, in denen der Täter ein Vermögensdelikt begeht (etwa § 249 oder § 253 StGB), mitverwirklicht. Während eine Privatklage dann ausscheidet, weil nur die Staatsanwaltschaft zur Verfolgung der die Nötigung auf Konkurrenzebene verdrängenden Taten berufen ist,[26] verhält man sich in der Literatur bisher nicht dazu, ob der Privatkläger zumindest im Verfahren nach § 435 antragsberechtigt ist, wenn die Staatsanwaltschaft sowohl das subjektive Verfahren (etwa nach §§ 153 ff.) einstellt als auch von einem Antrag nach § 435 absieht. Richtigerweise muss man den Privatkläger in diesen Fällen ein Antragsrecht zugestehen. Dies folgt wiederum aus dem Wortlaut des § 435 und der Teleologie der Ermessensvorschrift (→ Rn. 10). Ergänzend ist auf den Sinn und Zweck des Privatklageverfahrens abzustellen: Das Verfahren soll dem Verletzten Genugtuung verschaffen.[27] Das dafür notwendige Interesse an Genugtuung hat er auch dann, wenn die Nötigung als Erwerbstat mit einem Offizialdelikt zusammentrifft. Das mag im subjektiven Verfahren anders sein, weil die Staatsanwaltschaft wegen der Geltung des Legalitätsprinzips (§ 152 Abs. 2) ohnehin zur Strafverfolgung verpflichtet ist. Der Privatklage bedarf es dann nicht; dem Interesse des Verletzten wird bereits Genüge getan. Im objektiven Verfahren liegen die Dinge anders.[28] Denn dort steht der Antrag im Ermessen der Staatsanwaltschaft; zum Tätigwerden ist sie nicht verpflichtet. Es liegt demnach immer eine den §§ 374, 376 vergleichbare Situation vor. Im Übrigen besteht in den genannten Fällen im objektiven Verfahren anders als im subjektiven keine Gefahr der Doppelbestrafung. Gerade auch der Vermeidung dieser Gefahr dient der Ausschluss der Privatklage bei einem Zusammentreffen mit Offizialdelikten.[29] Stellt die Staatsanwaltschaft das Verfahren wegen Erpressung (§ 253 StGB) nun beispielsweise nach § 153a Abs. 1 ein, ist die Strafklage nach Erfüllung der Auflagen gemäß § 153a Abs. 1 S. 5 verbraucht.[30] Entsprechend muss der Privatkläger an einer Privatklage nach § 374 Abs. 1 Nr. 5 gehindert sein. Auswirkungen auf das objektive Verfahren darf dies jedoch nicht haben. Das hat der Gesetzgeber mit der Neuregelung des § 76a Abs. 1, 3 StGB klargestellt: die selbständige Einziehung soll nunmehr

---

[24] Anders wohl Mayer, 1910, S. 16, der davon ausgeht, die Bejahung des besonderen öffentlichen Interesses führe dazu, dass die Staatsanwaltschaft das Verfahren als Ganzes an sich reiße.
[25] Valerius in BeckOK StPO § 374 Rn. 9; Allgayer in KK-StPO § 374 Rn. 9.
[26] Weißer in Gercke/Julius/Temming/Zöller § 374 Rn. 15.
[27] Hilger in Löwe/Rosenberg Vor §§ 374 ff. Rn. 5 f.
[28] Auch im objektiven Verfahren dient das Antragsrecht des Privatklägers seinem Genugtuungsinteresse, Mayer, 1910, S. 7.
[29] Hilger in Löwe/Rosenberg § 374 Rn. 26.
[30] Zum (begrenzten) Strafklageverbrauch auch in anderen Fällen der Einstellung bzw. Verfolgungsbeschränkung Hilger in Löwe/Rosenberg § 374 Rn. 25 f.

zB gerade dann zulässig sein, wenn hinsichtlich der Erwerbstat Strafklageverbrauch eingetreten ist (→ § 76a Rn. 5).

10 Für die Antragstellung gilt das **Opportunitätsprinzip** (vgl. den Wortlaut „kann"), dh der Antragsberechtigte ist zur Stellung des Antrags nicht verpflichtet.[31] Die Antragstellung sowie der Umfang des Antrags stehen damit anders als die Anklageerhebung nach § 170 im Ermessen der Staatsanwaltschaft und zwar unabhängig davon, ob die Anordnung der selbständigen Einziehung nach materiellem Recht (§ 76a Abs. 1 StGB) zwingend vorgeschrieben ist.[32] Bei der Ermessensausübung zu berücksichtigen hat die Staatsanwaltschaft die Bedeutung der Anordnung für die von der Straftat gestörte Vermögenszuordnung, die von dem einzuziehenden Gegenstand ausgehende Gefährlichkeit und den Aufwand, den das Verfahren voraussichtlich erfordern wird.[33] Zudem ist von Bedeutung, ob ein Bedürfnis für die Abschöpfungsmaßnahme besteht und ob ihre Wirkung in einem angemessenen Verhältnis zu dem Umfang und dem Gewicht der dabei zu entscheidenden Tat- und Rechtsfragen steht.[34] Ferner hat die Staatsanwaltschaft in ihre Erwägungen einzubeziehen, ob sich ein öffentliches Interesse an der Abschöpfung des deliktisch erlangten Vermögens bei bereits verjährten Straftaten iSd § 76a Abs. 2 StGB aufdrängt.[35] Da erst eine verhältnismäßige Einziehung das Ermessen der Staatsanwaltschaft eröffnet (andernfalls fehlt es bereits an ihrer gesetzlichen Zulässigkeit), ist die Verhältnismäßigkeit der Maßnahme kein in die Ermessensausübung einzubeziehendes Kriterium.[36] Eine ersichtlich unverhältnismäßige Anordnung der Einziehung dürfte also von vornherein nicht beantragt werden. Hinweise und Ratschläge an die Staatsanwaltschaft zur Beantragung eines Verfahrens auf selbständige Anordnung der Einziehung finden sich in Nr. 180 RiStBV.[37] Die Ausübung des Ermessens durch die Staatsanwaltschaft ist gerichtlich nicht überprüfbar.[38]

11 Dem Antrag kommt die **Funktion einer Anklageschrift** zu; er ist konstitutiv dafür, dass ein selbständiges Einziehungsverfahren durchgeführt werden kann.[39] Bei dem Erfordernis einer rechtswirksamen Antragstellung handelt es sich damit um eine von Amts wegen zu beachtende Prozessvoraussetzung.[40] Die Entscheidung des Antragsberechtigten, den Antrag auf selbständige Anordnung der Einziehung zu stellen oder nicht zu stellen, ist unanfechtbar.[41]

12 Der Privatkläger kann den nach Abs. 1 S. 1 gestellten Antrag bis zu einer formell rechtskräftigen Entscheidung **zurücknehmen,** dann aber nicht erneut stellen. Dies ergibt

---

[31] Temming in BeckOK StPO Rn. 7; Madauß NZWiSt 2018, 28 (33); Nöding StraFo 2020, 139 (144).
[32] So schon BGH 14.6.1955 – 3 StR 664/53, BGHSt 7, 356 (357) = NJW 1955, 1160; Heine in Satzger/Schluckebier/Widmaier StPO Rn. 9; Temming in BeckOK StPO Rn. 7; Gaede in Löwe-Rosenberg Rn. 9; Koch in HK-GS Rn. 2; Johann, 2019, S. 222. Vgl. vor allem auch zur Befugnis, den Umfang des Antrags zu beschränken und ihn auf nur einzelne Gesichtspunkte zu stützen bei OLG Celle 17.3.1966 – 4 Ws 44/66, NJW 1966, 1160; Schmidt/Scheuß in KK-StPO Rn. 10. Restriktiver Rettke NZWiSt 2019, 281 (287).
[33] Heine in Satzger/Schluckebier/Widmaier StPO Rn. 9; Koch in HK-GS Rn. 2; Köhler in Meyer-Goßner/Schmitt Rn. 6.
[34] BGH 14.6.1955 – 3 StR 664/53, BGHSt 7, 356 (357) = NJW 1955, 1160; BGH 16.7.1965 – 6 StrE 1/65, BGHSt 20, 253 (257) = JZ 1965, 684 (685); OLG Düsseldorf 15.9.1992 – 2 Ws 405/92, NStZ 1993, 452.
[35] So die Empfehlung des Rechtsausschusses, vgl. BT-Drs. 18/11640, 82; Madauß NZWiSt 2018, 28 (33).
[36] Heine in Satzger/Schluckebier/Widmaier StPO Rn. 9 auch mit Verweis auf den Ausnahmefall; Schmidt/Scheuß in KK-StPO Rn. 10; Schmidt, 2019, Rn. 1803; aA Metzger in KMR-StPO Rn. 12; Paeffgen in SK-StPO Rn. 11; auch Peters/Bröckers, 2019, Rn. 617, die sich darauf stützen, dass eine Verhältnismäßigkeitsprüfung auf materieller Ebene nach neuer Rechtslage gerade nicht mehr stattfinde.
[37] Temming in BeckOK StPO Rn. 7; Nöding StraFo 2020, 139 (144). Siehe auch Wagner wistra 2021, 367 (371) mit Erwägungen zur Ermessensreduktion auf Null in Fällen rechtskräftiger Verurteilung, bei der die Einziehungsentscheidung lediglich vergessen wurde.
[38] Heine in Satzger/Schluckebier/Widmaier StPO Rn. 9; Paeffgen in SK-StPO Rn. 11.
[39] Köhler in Meyer-Goßner/Schmitt Rn. 8.
[40] OLG Karlsruhe 19.19.1973 – 1 Ws 177/73, NJW 1974, 709 (711); Koch in HK-GS Rn. 3.
[41] Zu §§ 9 ff. WiStrafG: OLG Hamm 9.2.2001 – 1 VAs 62/00, NStZ-RR 2002, 51; Metzger in KMR-StPO Rn. 12.

sich aus einer entsprechenden Anwendung des § 391 Abs. 1 S. 1.⁴² Ob auch die Staatsanwaltschaft und die Finanzbehörden ihren Antrag im Falle des Urteilsverfahrens uneingeschränkt zurücknehmen können, ist umstritten. Teils wird vertreten, die Behörden seien zur Rücknahme analog § 156 nur bis zum Beginn des sachlichen Teils der Hauptverhandlung befugt.⁴³ Richtigerweise führt jedoch das den Behörden zustehende Antragsermessen dazu, dass auch sie den gestellten Antrag uneingeschränkt, dh bis zu einer formell rechtskräftigen Entscheidung, zurücknehmen können.⁴⁴

Sobald der Antrag rechtshängig ist, scheidet eine selbständige Einziehung im Rahmen eines Parallelverfahrens aus.⁴⁵ Wird der Antrag auf selbständige Anordnung der Einziehung als unbegründet abgewiesen und diese Entscheidung materiell rechtskräftig, kann die Staatsanwaltschaft einen **neuen Antrag** bezüglich desselben Gegenstands nur stellen, wenn sie diesen auf einen anderen selbständigen Tatvorgang stützt.⁴⁶ Bezogen auf denselben Tatvorgang kann sie einen neuen Antrag nur stellen, sofern es um die Einziehung anderer Gegenstände geht oder im vorigen Verfahren keine Sachentscheidung ergangen ist, der Antrag also lediglich als unzulässig zurückgewiesen wurde und deshalb nur formell rechtskräftig geworden ist.⁴⁷ Grundsätzlich steht die rechtskräftige ablehnende Einziehungsentscheidung im objektiven Verfahren auch der Einleitung eines subjektiven Verfahrens gegen eine bestimmte Person entgegen, es sei denn, dass neue, die Strafverfolgung rechtfertigende Umstände bekannt geworden sind.⁴⁸ 13

Die vorstehenden Erwägungen sind aber nur dann relevant, wenn die in Abs. 1 S. 1 genannten Voraussetzungen für die Anordnung einer selbständigen Einziehung vorliegen: ihre gesetzliche Zulässigkeit sowie die Erwartbarkeit der Anordnung nach dem Stand der Ermittlungen. 14

aa) Gesetzliche Zulässigkeit. Mit gesetzlicher Zulässigkeit meint Abs. 1 S. 1, dass die materiell-rechtlichen Voraussetzungen für eine selbständige Einziehung nach § 76a Abs. 1 StGB vorliegen. Danach ordnet das Gericht die Einziehung selbständig an, wenn wegen der Straftat keine bestimmte Person verfolgt oder verurteilt werden kann. Es müssen also alle Voraussetzungen der Einziehung gegeben sein – mit Ausnahme der Verfolgbarkeit der Tat.⁴⁹ Sobald sich das Verfahren wegen irgendeiner verfolgbaren Straftat gegen einen Beschuldigten oder Angeklagten richtet, ist ein selbständiges Verfahren ausgeschlossen und ein subjektives Verfahren durchzuführen.⁵⁰ § 76a Abs. 1 StGB ist dagegen einschlägig, wenn die Durchführung des subjektiven Strafverfahrens aus tatsächlichen oder aus rechtlichen Gründen unmöglich ist.⁵¹ 15

Tatsächliche Gründe können eine Verurteilung oder die Verfolgung einer bestimmten Person in einem Strafverfahren vor allem dann hindern, wenn der Täter überhaupt nicht 16

---

⁴² Tschakert in Bittmann/Köhler/Seeger/Tschakert Strafrechtl. Vermögensabschöpfung-HdB Rn. 1629; Paeffgen in SK-StPO Rn. 11; Heine in Satzger/Schluckebier/Widmaier StPO Rn. 10; Köhler in Meyer-Goßner/Schmitt Rn. 7; Schmidt/Scheuß in KK-StPO Rn. 13; Gaede in Löwe/Rosenberg Rn. 17; zweifelnd Schmidt, 2019, Rn. 1809.
⁴³ Gaede in Löwe/Rosenberg Rn. 18 wegen des nunmehr geschaffenen Pendants zum Eröffnungsbeschluss; ebenso Metzger in KMR-StPO Rn. 20; Köhler in Meyer-Goßner/Schmitt Rn. 7; Jacobs in Esser/Rübenstahl/Saliger/Tsambikakis Rn. 4; Peters/Bröckers, 2019, Rn. 619; Temming in BeckOK StPO Rn. 9; Heine in Satzger/Schluckebier/Widmaier Rn. 10; Schmidt/Scheuß in KK-StPO Rn. 13; Schmidt, 2019, Rn. 1809; Ullenbrock, 2021, Rn. 294.
⁴⁴ Paeffgen in SK-StPO Rn. 17; Retemeyer in Gercke/Julius/Temming/Zöller Rn. 11; Heine in Satzger/Schluckebier/Widmaier Rn. 10; Lohse in Krekeler/Löffelmann/Sommer § 440 aF Rn. 3.
⁴⁵ Metzger in KMR-StPO Rn. 10.
⁴⁶ RG 4.2.1912 – II 771/12, RGSt 46, 420 (421); Gaede in Löwe/Rosenberg Rn. 24; Schmidt/Scheuß in KK-StPO § 436 Rn. 15.
⁴⁷ Schmidt/Scheuß in KK-StPO § 436 Rn. 15.
⁴⁸ AA Schmidt/Scheuß in KK-StPO § 436 Rn. 15.
⁴⁹ Beck/Knierim in Gesamtes Strafrecht aktuell, Kap. 16 Rn. 100; Schmidt, 2019, Rn. 334.
⁵⁰ Beck/Knierim in Gesamtes Strafrecht aktuell, Kap. 16 Rn. 100; vgl. auch OLG Stuttgart 1.7.2020 – 7 Ws 49/20, ZWH 2021, 150 (152) mAnm Hüls ZWH 2021, 153; Tschakert wistra 2020, 523; OLG Köln 10.12.2018 – III-2 Ws 641/18, 2 Ws 641/18, BeckRS 2018, 47919.
⁵¹ Koch in HK-GS Rn. 4; Köhler in Meyer-Goßner/Schmitt Rn. 12.

oder aus einer Auswahl mehrerer Tatverdächtiger nicht ermittelt werden konnte oder er sich verborgen hält.[52] Auch kann die Verfolgung dadurch gehindert werden, dass der Täter wegen seines ausländischen Wohnsitzes für die inländische Gerichtsbarkeit nicht erreichbar ist.[53] Bislang war es umstritten, ob auch der Tod des Beschuldigten unter ein auf tatsächlichen Gründen beruhendes Verfahrenshindernis fällt.[54] Jedenfalls aber dürfte eine selbständige Einziehung in diesen Fällen mit Blick darauf, dass mit dem Tod des Täters die materielle Strafbarkeit ins Leere geht und eine Einziehung von den Erben wegen des Unmittelbarkeitserfordernisses ausgeschlossen ist, nicht in Betracht kommen.[55]

17 Früher war die selbständige Einziehung nach § 76a Abs. 1 StGB weitestgehend auf tatsächliche Hinderungsgründe im Strafverfahren beschränkt. Insoweit differenzierte § 76a Abs. 1, 2 StGB aF zwischen Maßnahmen mit Sicherheitscharakter und ohne Sicherheitscharakter, was zur Folge hatte, dass die selbständige Einziehung im Falle von rechtlichen Hinderungsgründen an die besonderen Voraussetzungen der § 76a Abs. 2, § 74 Abs. 2 Nr. 2, Abs. 3, § 74d StGB aF gekoppelt war.[56] Mit dem Gesetz zur Reform der strafrechtlichen Vermögensabschöpfung wurden jedoch nicht nur die verfahrensrechtlichen Vorschriften zur selbständigen Einziehung einigen Änderungen unterzogen, sondern auch die materiellrechtliche Regelung des § 76a StGB. In Zuge dessen wurde die Beschränkung der Vorschrift auf tatsächliche Hinderungsgründe aufgehoben und die Anordnung der selbständigen Einziehung von Taterträgen nun auch bei **rechtlichen Hinderungsgründen** zwingend vorgeschrieben.[57] Das Strafverfahren hindern in diesem Sinne kann beispielsweise die dauernde Verhandlungsunfähigkeit des Angeklagten (§ 206a) oder die fehlende deutsche Gerichtsbarkeit nach §§ 18, 19 GVG.[58] Ausgenommen von den möglichen rechtlichen Gründen sind gemäß § 76a Abs. 1 S. 3 StGB fehlende Strafanträge, Ermächtigungen oder Strafverlangen, sofern diese Verfahrensvoraussetzung darstellen. Zudem scheidet eine Einziehung nach § 76a Abs. 1 S. 3 StGB aus, wenn über sie selbst bereits rechtskräftig entschieden worden ist. § 76a Abs. 2 S. 1 StGB nennt des Weiteren für die Fälle der Verjährung der Strafverfolgung besondere Voraussetzungen für die Anordnung einer selbständigen Einziehung. Diese müssen dann gemäß § 76a Abs. 2 S. 2 StGB auch für die selbständige Anordnung der Sicherungseinziehung, der Einziehung von Schriften und der Unbrauchbarmachung vorliegen. Zulässig ist die Anordnung der selbständigen Einziehung von Taterträgen oder des Werts der Taterträge nach § 76a Abs. 1 StGB nun ferner, wenn einer Verfolgung oder Verurteilung des Einziehungsadressaten wegen einer bestimmten Straftat das rechtliche Hindernis des Strafklageverbrauchs entgegensteht.

18 Die Ergänzung von rechtlichen Hinderungsgründen in § 76a Abs. 1 StGB basiert – so der Gesetzgeber – maßgeblich auf europarechtlichen Vorgaben, konkret Art. 4 Abs. 2 der Richtlinie 2014/42/EU.[59] Art. 4 Abs. 2 der Richtlinie gab allerdings nur vor, dass die selbständige Einziehung auf die Fälle zu erstrecken ist, in denen dauernde Verhandlungsunfähigkeit ein Verfahrenshindernis begründet. Mit der Neufassung des § 76a Abs. 1 S. 1 StGB

---

52 OLG Celle 29.10.2008 – 322 SsBs 172/08, wistra 2009, 38; Temming in BeckOK StPO Rn. 3.
53 Gaede in Löwe/Rosenberg Rn. 23.
54 Bejahend OLG Stuttgart 26.4.2000 – 4 Ws 65/2000, NJW 2000, 2598 (2599); Temming in BeckOK StPO Rn. 3; die aA sieht den Tod als rechtlichen Grund an: OLG Frankfurt a. M. 10.10.2005 – 3 Ws 860/05, NStZ-RR 2006, 39 (40 ff.); Metzger in KMR-StPO Rn. 7; Lohse in Krekeler/Löffelmann/ Sommer § 440 aF Rn. 1.
55 Vgl. OLG Frankfurt a. M. 10.10.2005 – 3 Ws 860/05, NStZ-RR 2006, 39 (40 ff.); Hanack JZ 1974, 54 (58); Beck/Knierim in Gesamtes Strafrecht aktuell, Kap. 16 Rn. 100; mit Verweis auf den nunmehr geltenden § 73b Abs. 1 Nr. 3 StGB Schmidt/Scheuß in KK-StPO Rn. 4; Schmidt, 2019, Rn. 338, 1794; aA OLG Stuttgart 26.4.2000 – 4 Ws 65/2000, NJW 2000, 2598 (2599); Köhler in Meyer-Goßner/ Schmitt Rn. 14; Köhler/Burkhard NStZ 2017, 665 (667).
56 Meißner/Schütrumpf, 2022, Rn. 143. Siehe für Beispiele dazu OLG Celle 29.10.1994 – OJs 47/92, NStZ-RR 1996, 209; Schmidt in KK-StPO, 3. Aufl. 2019, Rn. 5.
57 Madauß NZWiSt 2018, 28 (33); Köhler/Burkhard NStZ 2017, 665 (670).
58 Meißner/Schütrumpf, 2022, Rn. 143.
59 Richtlinie 2014/42/EU des Europäischen Parlaments und des Rates vom 3.4.2014 über die Sicherstellung und Einziehung von Tatwerkzeugen und Erträgen aus Straftaten in der Europäischen Union; BT-Drs. 18/9525, 2.

geht der Gesetzgeber über dieses Ziel hinaus. Die Norm schließt ausweislich ihres Wortlauts nunmehr alle rechtlichen Hinderungsgründe ein.[60]

Besonders hervorzuheben ist das rechtliche Hindernis des **Strafklageverbrauchs**. Dass § 76a Abs. 1 S. 1 StGB nunmehr auch diese Fälle erfasst, ermöglicht eine sog. nachträgliche Vermögensabschöpfung.[61] Das rechtliche Hindernis des Strafklageverbrauchs unterscheidet sich von anderen rechtlichen Hindernissen dadurch, dass es zum Zeitpunkt der Anordnung der selbständigen Einziehung bereits ein rechtskräftig abgeschlossenes Strafverfahren gibt, in dem die Möglichkeit bestand, die Einziehung anzuordnen oder hiervon abzusehen.[62] Dem Wesen einer selbständigen Einziehung entsprach es im Unterschied dazu bislang, dass gerade keine rechtskräftige Verurteilung vorlag.[63] 19

Die **Erforderlichkeit** einer solchen vom Gesetzgeber ausdrücklich bezweckten nachträglichen Vermögensabschöpfung ist vor allem mit Blick auf die Neufassung der §§ 421 ff. zu bezweifeln.[64] Denn § 421 regelt nunmehr, in welchen Fällen das Gericht von der Anordnung einer Einziehung im subjektiven Verfahren (mit Zustimmung der Staatsanwaltschaft) absehen kann. Die Absehensmöglichkeit ist darauf beschränkt, dass das Erlangte einen geringen Wert hat oder die Einziehung neben der zu erwartenden Strafe nicht ins Gewicht fällt oder das Verfahren, soweit es die Einziehung betrifft, einen unangemessenen Aufwand erfordert oder die Herbeiführung der Entscheidung über andere Rechtsfolgen der Tat unangemessen erschwert. Hat aufgrund einer gemäß § 421 ergangenen Anordnung eine Einziehung im subjektiven Verfahren nicht stattgefunden, sperrt dies, sofern die Entscheidung in Rechtskraft erwachsen ist, auch die selbständige Einziehung.[65] Insoweit sind die von § 421 ausgehenden Rechtsfolgen an § 154a gelehnt und ein selbständiges Einziehungsverfahren ist nach rechtskräftigem Abschluss des Erkenntnisverfahrens nicht mehr möglich.[66] Möchte das Gericht diese Wirkung verhindern, kann es die Entscheidung über die Einziehung vom übrigen Verfahren gemäß §§ 422, 423 abtrennen. Über die Einziehung wird dann in einem eigenständigen Verfahren entschieden.[67] 20

Im Falle eines **Strafklageverbrauchs** verbleiben damit für die nachträgliche Einziehung im selbständigen Verfahren lediglich Konstellationen, in denen zwar ein rechtskräftiges Urteil ergangen ist, aber keine Entscheidung über die Einziehung getroffen wurde (sog. Altfälle).[68] Ausgenommen sind davon natürlich diejenigen Altfälle, in denen das Gericht noch von dem ihm zustehenden Ermessen Gebrauch gemacht und bewusst von einer Einziehung abgesehen hat, sog. negative Einziehungsentscheidungen. Auch insoweit ist § 76a Abs. 3 StGB einschlägig.[69] Der Anwendungsbereich der nachträglichen Einziehung beschränkt sich damit zunächst auf Altfälle, in denen sich aus den Verfahrensakten keine Hinweise auf eine rechtsfehlerfreie Ermessensausübung mit Blick auf das Absehen von einer Einziehung ergeben.[70] Davon auszu- 21

---

[60] BT-Drs. 18/9525, 72; Meißner/Schütrumpf, 2022, Rn. 143.
[61] BT-Drs. 18/9525, 72. Zur Einstellung ohne Strafklageverbrauch Köhler in Meyer-Goßner/Schmitt Rn. 11a.
[62] So die Strafverteidigungsvereinigungen in seiner Stellungnahme vom 31.5.2016, S. 12; Madauß NZWiSt 2018, 28 (33).
[63] Stellungnahme der Strafverteidigervereinigungen vom 31.5.2016, S. 12; Madauß NZWiSt 2018, 28 (33).
[64] Stellungnahme der Strafverteidigervereinigungen vom 31.5.2016, S. 13.
[65] Meißner/Schütrumpf, 2022, Rn. 144; aA Bode/Peters ZWH 2018, 44 (55) mit Verweis auf BT-Drs. 18/9525, 72.
[66] Meißner/Schütrumpf, 2022, Rn. 144.
[67] Meißner/Schütrumpf, 2022, Rn. 145; Stellungnahme der Strafverteidigervereinigungen vom 31.5.2016, S. 13.
[68] Stellungnahme der Strafverteidigervereinigungen vom 31.5.2016, S. 13; Meißner/Schütrumpf, 2022, Rn. 146; Köhler/Burkhard NStZ 2017, 665 (670 f.); Metzger in KMR-StPO Rn. 6; OLG Hamburg 5.4.2018 – 1 Rev 7/18, ZWH 2018, 228; siehe für ein Beispiel etwa OLG Jena 13.3.2020 – 1 Ws 282/18, BeckRS 2020, 16926.
[69] KG 12.3.2021 – 4 Ws 98/20, 4 Ws 98/20 – 161 AR 231/20, BeckRS 2021, 6705; Börner StraFo 2020, 89 (92).
[70] AG Fürth 16.11.2020 – 441 Ls 951 Js 163194/18 (2), BeckRS 2020, 35081; Meißner/Schütrumpf, 2022, Rn. 146; Stellungnahme der Strafverteidigervereinigungen v. 31.5.2016, S. 13. Offen gelassen hat der BGH, ob eine solche „Nichtentscheidung" eine rechtskräftige „Entscheidung" iSv § 76a Abs. 1 S. 3 StGB ist, vgl. BGH 10.1.2019 – 5 StR 387/18, BGHSt 64, 48 ff. = NJW 2019, 1008 (1009).

nehmen sind wiederum alle Fälle, in denen die materiellen Voraussetzungen der Einziehung zum Zeitpunkt des damaligen Urteils nicht gegeben waren. Denn dann ist eine nachträgliche selbständige Einziehung gemäß dem neuen § 76a Abs. 1 StGB durch das Rückwirkungsverbot aus § 2 Abs. 1, § 5 StGB gesperrt.[71] Übrig bleiben für eine nachträgliche Vermögensabschöpfung im Wege einer selbständigen Einziehung somit Altfälle, bei denen die materiellen Voraussetzungen für eine Abschöpfungsmaßnahme zum Zeitpunkt des Urteils bereits tatsächlich vorlagen.[72] Dann ist eine rückwirkende Vermögensabschöpfung nach dem gesetzgeberischen Willen ohne zeitliche Schranke möglich und den Gerichten insoweit noch nicht einmal einen Ermessensspielraum zugebilligt.[73] Denn der Gesetzgeber hat § 76a Abs. 1 StGB als „Ist-Vorschrift" ausgestaltet. Wie die ohnehin stark ausgelasteten Gerichte neben den aktuell laufenden Strafverfahren mit dem für die Aufarbeitung der Altfälle anfallenden zusätzlichen Personal- und Zeitaufwand zurechtkommen sollen, ist höchst fraglich.[74] Die Praxis meldete bereits nach knapp halbjähriger Geltung des neuen Rechts, dass der Arbeitsaufwand „merklich gestiegen" sei.[75]

22 Die Bundesrechtsanwaltskammer äußert davon abgesehen Bedenken, ob die Änderung des § 76a Abs. 1 StGB – obwohl sie auf der Umsetzung einer europäischen Richtlinie[76] basierte – mit höherrangigem Verfassungsrecht vereinbar ist. Denn mangels Strafcharakters der selbständigen Einziehung lägen erstens in Fällen des Strafklageverbrauchs die Anwendbarkeitsvoraussetzungen des europäischen Grundsatzes des Doppelbestrafungsverbots aus Art. 54 SDÜ nicht vor, so dass bei Verfahren mit Auslandsbezug die Gefahr einer doppelten Inanspruchnahme durch Vermögensbeschlagnahme bestehe.[77] Zweitens sieht es die Bundesrechtsanwaltskammer kritisch, dass sowohl im Falle der Verjährung als auch bei Verhandlungsunfähigkeit des Angeklagten der Sachverhalt im Strafverfahren nicht vollständig aufgeklärt werde, eine Ausnahme für die selbständige Einziehung nach § 76a Abs. 1 StGB aber gemäß Abs. 2 nur für die Verjährung bestehe. Diese Systemwidrigkeit führe dazu, dass in Fällen der Verhandlungsunfähigkeit die Abschöpfungshöhe nicht hinreichend bestimmt werden könne.[78] Diese Bedenken haben Gewicht und sollten dem Gesetzgeber Anlass für eine Nachbesserung sein.

23 **§ 76a Abs. 3 StGB** sieht in Ergänzung zu § 76a Abs. 1 und 2 StGB die Möglichkeit einer selbständigen Anordnung der Einziehung für Fälle vor, in denen eine bestimmte Person zwar strafrechtlich verurteilt werden könnte, von der Strafe jedoch abgesehen oder das Verfahren iSd §§ 45, 47 JGG, §§ 153, 153a, 154, 328 Abs. 2 eingestellt wird.[79]

24 Die von § 435 Abs. 1 S. 1 vorausgesetzte gesetzliche Zulässigkeit der selbständigen Einziehung nach § 76a Abs. 1 hat eine Doppelfunktion: Einerseits ist sie materiell-rechtliche Voraussetzung, andererseits eine von Amts wegen nachzuprüfende Verfahrensvoraussetzung, die in jeder Lage des objektiven Verfahrens gegeben sein muss.[80] Das bedeutet allerdings nicht, dass die Staatsanwaltschaft von vornherein sicher sein muss, dass die Nichtdurchführbarkeit eines subjektiven Verfahrens dauerhafter Natur sein wird. Erforderlich und ausreichend ist vielmehr, dass die Straftat bis zum rechtskräftigen Abschluss des Einziehungsverfahrens – ggf. auch in der Revisionsinstanz – nicht aufgeklärt oder verfolgt werden kann.[81] Maßgeblich ist also nur der **zeitliche Horizont des Verfahrens**.

---

[71] Stellungnahme der Strafverteidigervereinigungen vom 31.5.2016, S. 14.
[72] Stellungnahme der Strafverteidigervereinigungen vom 31.5.2016, S. 14.
[73] Stellungnahme der Strafverteidigervereinigungen vom 31.5.2016, S. 14.
[74] Stellungnahme der Strafverteidigervereinigungen vom 31.5.2016, S. 14.
[75] Reh NZWiSt 2018, 20; Reitemeier DRiZ 2018, 306 (307).
[76] Art. 4 Abs. 2 der Richtlinie 2014/42/EU des Europäischen Parlaments und des Rates vom 3.4.2014 über die Sicherstellung und Einziehung von Tatwerkzeugen und Erträgen aus Straftaten in der Europäischen Union.
[77] BRAK Stellungnahme Nr. 15/2016, S. 6.
[78] BRAK Stellungnahme Nr. 15/2016, S. 6.
[79] Temming in BeckOK StPO Rn. 4; Börner StraFo 2020, 89 (92). Siehe dazu schon AG Gummersbach 6.7.1988 – 8 Gs 563/88, NStZ 1988, 460. Das OLG Celle fasst darunter auch Fälle der Verfahrensbeschränkung nach § 154a Abs. 1, 2, vgl. OLG Celle 18.12.2018 – 3 Ws 222-225/18, wistra 2019, 294.
[80] Gaede in Löwe/Rosenberg Rn. 6; dagegen Köhler in Meyer-Goßner/Schmitt Rn. 11.
[81] LG Nürnberg-Fürth 8.3.2021 – 12 Qs 5/21, BeckRS 2021, 6531.

25 Die Entscheidung darüber, ob die selbständige Anordnung der Einziehung iSd § 76a Abs. 1 StGB gesetzlich zulässig ist, weil ein subjektives Verfahren nicht durchgeführt werden kann, obliegt grundsätzlich den Strafverfolgungsbehörden.[82] Umstritten war bereits im Rahmen des § 440 aF, inwieweit die staatsanwaltschaftlichen Bewertungen, also beispielsweise auch die angestellten Opportunitätserwägungen, durch das Gericht **nachprüfbar** sind. Dies hat die Neufassung der § 76a StGB, § 435 nicht geklärt.[83] Zum Teil wird vertreten, das Gericht könne die Möglichkeit eines subjektiven Verfahrens lediglich im Rahmen einer Plausibilitätskontrolle nachprüfen und nur im Falle eines offensichtlichen Irrtums der Staatsanwaltschaft den Antrag als unzulässig verwerfen.[84] Teils ist jedoch die Auffassung zu finden, das Gericht müsse die Befugnis zu einer freien und umfangreichen Überprüfung haben.[85] Denn im Rahmen der vom Gericht vorzunehmenden Sachentscheidung habe es nun einmal alle Verfahrensvoraussetzungen – und damit auch die gesetzliche Zulässigkeit nach § 76a Abs. 1 StGB – von Amts wegen zu prüfen.[86] Gegen letztere Ansicht lässt sich allerdings anführen, dass eine umfassende Prüfung dem Gericht nicht zugemutet werden kann.[87] Auch würde die gegenteilige Auffassung des Gerichts die Staatsanwaltschaft nicht binden und sogar zur Folge haben, dass weder ein subjektives Verfahren (wegen der Einschätzung der Staatsanwaltschaft) noch ein objektives Verfahren (wegen der abweichenden Einschätzung des Gerichts) durchgeführt würde.[88] Dadurch könnten Strafverfolgungsbehörden faktisch dazu verleitet werden, entgegen ihrer Überzeugung eine Person anzuklagen, deren Schuld sie für nicht erweisbar halten.[89] Hält das Gericht die Tatsachenlage für unzureichend, kann es die Staatsanwaltschaft zu ergänzenden Ermittlungen oder einer Stellungnahme veranlassen.[90]

26 **bb) Erwartbare Anordnung.** Ist die selbständige Anordnung gesetzlich zulässig, kann die Staatsanwaltschaft den Antrag gleichwohl nur dann mit Erfolg stellen, wenn eine Anordnung nach dem Ergebnis der Ermittlungen zu erwarten ist. Dies setzt voraus, dass sie hinreichend wahrscheinlich ist.[91] Diese Voraussetzung entspricht dem hinreichenden Tatverdacht bei Klageerhebung (→ § 170 Rn. 14) und Eröffnungsbeschluss (→ § 203 Rn. 6).[92]

27 **b) Absehen vom Antrag (S. 2).** Der mit dem Gesetz vom 13.4.2017 neu eingeführte S. 2 soll die Entscheidungsfreiheit der Staatsanwaltschaft in Hinblick auf die Stellung eines Antrags zur Einziehung im selbständigen Verfahren stärken.[93] Zwar sieht bereits § 435 Abs. 1 S. 1 Ermessen bezogen auf die Antragstellung durch die Staatsanwaltschaft vor (vgl. den Wortlaut „kann"). S. 2 betont aber nun ausdrücklich, dass insbesondere in Fällen der Geringwertigkeit des Erlangten oder eines unangemessenen Verfahrensaufwands vom Antrag abgesehen werden kann. Damit hat die Staatsanwaltschaft die Möglichkeit, vor allem in Fällen lang zurückliegender Vermögensdelikte von einem selbständigen Einziehungsverfahren abzusehen.[94] Vgl. zu den Anforderungen an die **Geringwertigkeit** des Erlangten und einen **unangemessenen Verfahrensaufwand** die Ausführungen bei → § 421 Rn. 20 f., 26 f.

---

[82] Temming in BeckOK StPO Rn. 5.
[83] Johann, 2019, S. 246; Temming in BeckOK StPO Rn. 5. Offen gelassen in BGH 5.5.2011 – 3 StR 458/10, NStZ 2012, 35. Nunmehr auch in BGH 18.9.2019 – 1 StR 320/18, BGHSt 64, 186 ff. = NJW 2020, 164 mAnm Kraushaar NJW 2020, 167.
[84] OLG Celle 11.7.1958 – 2 Ws 169/58, NJW 1958, 1837; OLG Hamm 11.6.1970 – 2 Ss 51/70, NJW 1970, 1754 (1755); Jacobs in Esser/Rübenstahl/Saliger/Tsambikakis Rn. 6.
[85] OLG Hamm 30.6.1953 – (1) 2 Ss 300/53, NJW 1953, 1683; OLG Düsseldorf 16.3.1967 – (1) Ss 840/66, NJW 1967, 1142 (1143); Gaede in Löwe/Rosenberg Rn. 6; Johann, 2019, S. 247 ff.; Schmidt, 2019, Rn. 1790.
[86] Gaede in Löwe/Rosenberg Rn. 6; Schmidt, 2019, Rn. 1790. Gegen eine Einstufung als Prozessvoraussetzung: Köhler in Meyer-Goßner/Schmitt Rn. 11.
[87] Köhler in Meyer-Goßner/Schmitt Rn. 15.
[88] Köhler in Meyer-Goßner/Schmitt Rn. 15.
[89] Jacobs in Esser/Rübenstahl/Saliger/Tsambikakis Rn. 6.
[90] Retemeyer in Gercke/Julius/Temming/Zöller Rn. 3. So auch schon OLG Hamm 11.6.1970 – 2 Ss 51/70, NJW 1970, 1754 (1755); OLG Celle 11.7.1958 – 2 Ws 169/58, NJW 1958, 1837.
[91] BT-Drs. 18/9525, 91; Johann, 2019, S. 222; Köhler in Meyer-Goßner/Schmitt Rn. 4.
[92] Paeffgen in SK-StPO Rn. 10; Metzger in KMR-StPO Rn. 19; Schmidt, 2019, Rn. 1800.
[93] BT-Drs. 18/11640, 89.
[94] BT-Drs. 18/11640, 89; Koch in HK-GS Rn. 2.

2. Inhalt des Antrags (Abs. 2).

28 Abs. 2 enthält die für den Antrag inhaltlichen Vorgaben. Er entspricht ohne inhaltliche Änderung § 440 Abs. 2 aF. An die Antragsschrift werden ähnliche Anforderungen gestellt wie an eine Anklageschrift.[95] Der Antrag ist wie § 435 Abs. 1 S. 1 vorgibt, auf Anordnung der selbständigen Einziehung zu richten. Eines (weiteren) Antrags auf Eröffnung des Hauptverfahrens bedarf es – obwohl nunmehr wie im Strafverfahren regelmäßig ein Zwischenverfahren durchgeführt wird – mangels Verweises auf § 199 Abs. 2 nicht.[96] § 435 Abs. 2 bestimmt zunächst, dass in dem Antrag der einzuziehende Gegenstand genau bezeichnet werden muss. Er muss zweifelsfrei identifiziert werden können.[97] In den Fällen der selbständigen Einziehung ist der erlangte Gegenstand zu bezeichnen, während in Fällen der Wertersatzeinziehung der Geldbetrag zu nennen ist, der dem Wert des ursprünglich Erlangten entspricht.[98] Zusätzlich sind gemäß Abs. 2 S. 2 die Tatsachen, die die Zulässigkeit des Antrags begründen, sowie das Verfahrensziel anzugeben.[99] Dabei muss explizit zum Ausdruck kommen, dass eine Entscheidung im selbständigen Verfahren begehrt wird und warum nur eine solche in Betracht kommt.[100] In Abs. 2 S. 3 wird auf § 200 verwiesen, so dass der Antrag in formaler und inhaltlicher Hinsicht den an eine Anklageschrift zu stellenden Anforderungen genügen muss.[101] Dies führt dazu, dass die Staatsanwaltschaft im Antrag beispielsweise die anzuwendenden Straf- und Einziehungsvorschriften, den „Betroffenen",[102] weitere mögliche Einziehungsinteressenten und Vertreter sowie das wesentliche Ergebnis der Ermittlungen anzuführen hat.[103] Letzteres wird allerdings bei der Verlesung der Antragsschrift im Rahmen der mündlichen Verhandlung weggelassen.[104] Die inhaltliche Gleichstellung mit der Anklageschrift führt auch dazu, dass die Anlasstat tatsächlich und rechtlich so genau wie möglich bezeichnet werden muss.[105] Kommen mehrere Taten als Grundlage in Betracht, genügt es, wenn eine von ihnen angeführt wird.[106]

3. Weiteres Verfahren (Abs. 3).

29 Abs. 3 enthält die Regelungen für das weitere Verfahren. Dabei schreibt Abs. 3 S. 1 im Gegensatz zur alten Regelung (§ 440 aF) die **Durchführung eines Zwischenverfahrens** vor. Mit diesem Erfordernis soll der Anspruch des Adressaten auf rechtliches Gehör (Art. 103 Abs. 1 GG) hinreichend Berücksichtigung finden.[107]

30 **a) Ausführbarkeit eines Zwischenverfahrens (S. 1).** Das Zwischenverfahren findet gemäß § 435 Abs. 3 S. 1 nur dann statt, wenn es ausführbar ist. Der Wortlaut drückt das etwas schief aus, vom Gesetzgeber war es aber genau so gemeint.[108] Das Merkmal der Ausführbarkeit entspricht dem in § 426 (→ § 426 Rn. 4). Anders als dort spricht das Gesetz

---

[95] Zum Ganzen OLG Jena 13.3.2020 – 1 Ws 282/18, BeckRS 2020, 16926; LG Aachen 13.7.2021– 60 KLs 2/21, BeckRS 2021, 24138; Johann, 2019, S. 223; Schmidt/Scheuß in KK-StPO Rn. 12; Gaede in Löwe/Rosenberg Rn. 13 f.; Nöding StraFo 2020, 139 (144).
[96] Retemeyer in Gercke/Julius/Temming/Zöller Rn. 8.
[97] OLG Jena 13.3.2020 – 1 Ws 282/18, BeckRS 2020, 16926; Johann, 2019, S. 223; Köhler in Meyer-Goßner/Schmitt Rn. 8.
[98] BT-Drs. 18/9525, 91.
[99] BGH 29.4.2020 – 3 StR 122/20, BeckRS 2020, 10586; 22.8.2019 – 1 StR 352/19, BeckRS 2019, 24799; OLG Jena 13.3.2020 – 1 Ws 282/18, BeckRS 2020, 16926; Heine in Satzger/Schluckebier/Widmaier StPO Rn. 11; Gaede in Löwe/Rosenberg Rn. 13; Johann, 2019, S. 223.
[100] BGH 10.8.2021 – 3 StR 474/19, BeckRS 2021, 37780; LG Lübeck 15.2.2022 – 6 Qs 1/22, BeckRS 2022, 4240; Heine in Satzger/Schluckebier/Widmaier StPO Rn. 11; Johann, 2019, S. 223.
[101] Temming in BeckOK StPO Rn. 8; Gaede in Löwe/Rosenberg Rn. 14.
[102] Diese Bezeichnung ist ausreichend, vgl. KG 12.3.2021 – 4 Ws 98/20, 4 Ws 98/20 – 161 AR 231/20, BeckRS 2021, 6705.
[103] OLG Jena 13.3.2020 – 1 Ws 282/18, BeckRS 2020, 16926; Gaede in Löwe/Rosenberg Rn. 14; Schmidt/Scheuß in KK-StPO Rn. 12.
[104] Köhler in Meyer-Goßner/Schmitt Rn. 8.
[105] Gaede in Löwe/Rosenberg Rn. 14.
[106] Koch in HK-GS Rn. 5.
[107] BT-Drs. 18/9525, 92; Temming in BeckOK StPO Rn. 9; ausführlich zu den §§ 201 ff.: Metzger in KMR-StPO Rn. 22 ff.
[108] BT-Drs. 18/9525, 92; kritisch zur Formulierung Gaede in Löwe/Rosenberg Rn. 32.

in § 435 Abs. 3 S. 1 nicht vom Anschein der Ausführbarkeit, sondern davon, dass das objektive Verfahren „ausführbar ist". Diese Abweichung spricht für die Geltung eines strengeren Maßstabs. Ausführbarkeit liegt demnach vor, wenn **keine unüberwindbaren faktischen Barrieren** vor der Durchführung des Verfahrens stehen. Solche tatsächlichen Hindernisse liegen insbesondere vor, wenn der Einziehungsadressat flüchtig oder sein Aufenthaltsort unbekannt ist.[109]

Das **Zwischenverfahren** – soweit ausführbar – entspricht, da insoweit auf §§ 201– 204, 207, 210, 211 verwiesen wird, dem Verfahren, das auf eine Anklageerhebung folgt.[110] Im Wesentlichen entscheidet das Gericht über die Zulassung des Antrags und die Eröffnung des Hauptverfahrens iSd §§ 203, 207.[111] Damit ergeht neuerdings ein Eröffnungsbeschluss, wenn das Gericht nicht die Durchführung eines selbständigen Einziehungsverfahrens ablehnt, weil eine der in § 435 Abs. 1 S. 1, Abs. 2 genannten Voraussetzungen fehlt.[112] Dieser kann zwar auch konkludent erfolgen; in jedem Fall bedarf es aber einer bewussten Entscheidung des Gerichts über die Eröffnung des selbständigen Verfahrens und deren Voraussetzungen. An den Beschluss sind insbesondere dann strenge Anforderungen zu stellen, wenn die Antragsschrift mit einer **Anklageschrift in anderer Sache** verbunden und das Gericht (weil in einem Verfahren zusammengefasst) somit in zweierlei Hinsicht über die Eröffnung des Hauptverfahrens zu entscheiden hat.[113] Ein Eröffnungsbeschluss ist auch dann erforderlich, wenn das Gericht ohnehin im Beschlussweg nach § 436 Abs. 2, § 434 Abs. 2 entscheidet.[114] Eröffnungsbeschluss und **Einziehungsbeschluss** können – sofern es sich um zwei selbständige Entscheidungen handelt – in einem Beschluss zusammen ergehen; es bedarf **keiner zeitlichen Zäsur.** Das bedeutet, das Gericht muss keine gesonderten Beschlüsse erlassen und zustellen lassen, sondern kann dies in einem Beschluss tun.[115] Bei einer solchen Vorgehensweise werden die Rechte des Einziehungsbeteiligten nicht beschnitten. Da der Einziehungsbeteiligte angehört wird, hat er es in der Hand (worüber er vom Gericht auch aufgeklärt wird), die mündliche Verhandlung mit einem Antrag herbeizuführen. Tut er dies nicht, kann er keine Rechte aus den § 435 Abs. 3, §§ 201–204, 207, 210, 211 ableiten, die zu einer anderen Vorgehensweise zwingen. Für die Reihenfolge „erst Eröffnungsbeschluss zustellen" und „dann Einziehung beschließen" könnte sonst nur die Intention sprechen, dem Einziehungsbeteiligten aufzuzeigen, dass es jetzt ernst wird. Das geschieht aber schon hinreichend mit Anhörung, Mitteilung der Verfahrensergebnisse und Belehrung, den Antrag auf mündliche Verhandlung zu stellen. Dieses Ergebnis steht nicht in Widerspruch zu den Anforderungen der Rechtsprechung an einen konkludenten Eröffnungsbeschluss. Erforderlich und hinreichend ist auch in diesen Fällen, dass es sich um zwei bewusste und eigenständige Entscheidungen handelt, nämlich Eröffnung und Sachentscheidung, die aber zeitlich nicht hintereinander zugestellt werden müssen, sondern in einen Beschluss zusammenfallen können.

Ergeht entgegen § 435 Abs. 3 **kein Eröffnungsbeschluss,** ist das Verfahren nach sofortiger Beschwerde vom Beschwerdegericht nicht wegen eines unbehebbaren, endgültigen

---

[109] KG 1.11.2021 – 4 Ws 80/21 – 161 AR 186/21, BeckRS 2021, 36888; Temming in BeckOK StPO Rn. 9; Gaede in Löwe/Rosenberg Rn. 32 f. In diesem Fall kann der Antrag nicht zugestellt werden, Metzger in KMR-StPO Rn. 27; aA Heine in Satzger/Schluckebier/Widmaier StPO Rn. 13 und Köhler in Meyer-Goßner/Schmitt Rn. 9, die in diesem Fall eine öffentliche Zustellung der Antragsschrift verlangen.
[110] BT-Drs. 18/9525, 92; ausführlich zum Verweis auf die einzelnen Vorschriften Nöding StraFo 2020, 139 (144 f.); Schmidt, 2019, Rn. 1811–1820.
[111] Knierim in Gesamtes Strafrecht aktuell, Kap. 21 Rn. 186.
[112] OLG Koblenz 30.11.2021 – 2 Ws 682/21, BeckRS 2021, 42243; LG Göttingen 21.4.2020 – 2 Qs 15/20, StV 2020, 631 (632 f.); Knierim in Gesamtes Strafrecht aktuell, Kap. 21 Rn. 186. Anders noch BGH 12.12.1961 – 3 StR 35/61, BGHSt 17, 28 (30) = NJW 1962, 500 (501); trotz des eindeutigen Verweises auf § 203 auch Retemeyer in Gercke/Julius/Temming/Zöller Rn. 12.
[113] KG 1.11.2021 – 4 Ws 80/21 – 161 AR 186/21, BeckRS 2021, 36888; OLG Oldenburg 10.8.2020 – 1 Ws 265/20, BeckRS 2020, 21398 mAnm Hiéramente jurisPR-StrafR 19/2020 Anm. 3. Dazu auch Bittmann wistra 2021, 257 (258); Klefenz jurisPR-StrafR 2/2022 Anm. 3.
[114] Nöding StraFo 2020, 139 (145); aA Ullenboom, 2021, Rn. 263.
[115] OLG Oldenburg 2.2.2023 – 1 Ws 395/22, BeckRS 2023, 2784.

Verfahrenshindernisses einzustellen.[116] Zwar entspricht es ständiger Rechtsprechung im normalen Strafverfahren, dass das Berufungsgericht den rechtswidrig nicht ergangenen Eröffnungsbeschluss nicht nachholen kann.[117] Grund dafür ist allerdings § 199 Abs. 1, der bestimmt, dass das Rechtsmittelgericht zur Entscheidung über die Eröffnung nicht befugt ist.[118] Die Vorschrift ist indes vom Verweisungskatalog des § 435 Abs. 2 und 3 ausgenommen. Demnach spricht nichts dagegen, es dem Beschwerdegericht zuzubilligen, das selbständige Verfahren vor dem nach § 436 Abs. 1 zuständigen Gericht in seiner Entscheidung zu eröffnen.[119] Eine darüber hinausgehende Sachentscheidung darf es nach § 436 Abs. 1 nicht treffen, auch weil das insoweit vorgesehene Ermessen hinsichtlich der Entscheidungsform nicht übergangen werden darf.[120]

32 b) **Beteiligung des Betroffenen (S. 2).** Abs. 3 S. 2 entspricht § 440 Abs. 3 aF. Er ordnet nunmehr eine entsprechende Anwendung der §§ 424–430 und 433 an. Dies hat zur Folge, dass die von der Maßnahme im Falle ihrer Anordnung betroffenen Personen im weiteren Verfahren zu beteiligen sind.[121] Insoweit werden sie allerdings nur als Nebenbeteiligte einbezogen und sind trotz des Fehlens eines Angeklagten im objektiven Verfahren nicht selbst angeklagt.[122] Die Beteiligung wird gemäß § 435 Abs. 2 S. 1 iVm § 424 Abs. 1 nach Eingang des Antrags beim zuständigen Gericht (→ § 436 Rn. 2 ff.) angeordnet, wenn nicht unter den Voraussetzungen der § 424 Abs. 2, § 425 von der Anordnung abgesehen werden kann. Ab diesem Zeitpunkt stehen dem Beteiligten diejenigen Rechte zu, die ein Nebenbeteiligter im Rahmen eines – gegen einen Angeklagten geführten – Strafverfahrens hat.[123] Der Verweis auf § 427 konkretisiert dies dahingehend, dass ihm (weitgehend) die Befugnisse eines Angeklagten zustehen.[124] Über § 428 Abs. 1 S. 2 findet das Verbot der Mehrfachverteidigung aus § 146 auf mehrere Einziehungsbeteiligte entsprechende Anwendung.[125] Wird iSd § 424 Abs. 2, § 425 von einer Beteiligung abgesehen, ist das objektive Verfahren – anders als das subjektive Verfahren, das sich weiterhin gegen den Angeklagten richtet – nicht fortführbar, da es allein den Einziehungsbeteiligten betrifft.[126] Richtet sich die Einziehung nicht gegen den ursprünglich Beschuldigten, so bedarf die Beteiligung des Betroffenen keines gesonderten Beschlusses iSd § 424 Abs. 1, 3. Eine konkludente Anordnung genügt.[127]

33 Im subjektiven Verfahren ist für die Beteiligung der betroffenen Personen die Anklageschrift maßgeblich. An ihre Stelle tritt im objektiven Verfahren die Antragsschrift der Staatsanwaltschaft (oder der Privatkläger bzw. Finanzbehörde).[128] Sobald diese eingegangen ist, kann eine Beteiligung angeordnet werden. Mit der Beteiligungsanordnung wird dem Betroffenen die Antragsschrift zugestellt.[129] Sofern erstere fehlt und der Betroffene nur die Antragsschrift erhält, hat dies richtigerweise noch keine Beteiligung zur Folge.[130] Daneben soll ein Hinweis beigefügt werden, wonach er entsprechend § 201 innerhalb einer gericht-

---

[116] Vgl. LG Kleve 7.4.2020 – 120 Qs 23/20, 120 Qs 24/20, BeckRS 2020, 39775. So aber OLG Koblenz 30.11.2021 – 2 Ws 682/21, BeckRS 2021, 42243 mAnm Klefenz jurisPR-StrafR 2/2022 Anm. 3; KG 1.11.2021 – 4 Ws 80/21 – 161 AR 186/21, BeckRS 2021, 36888; OLG Bamberg 8.2.2019 – 1 Ws 165/18, BeckRS 2019, 3403; Metzger in KMR-StPO Rn. 25.
[117] BGH 4.4.1985 – 5 StR 193/85, NJW 1985, 1720 mwN.
[118] LG Kleve 7.4.2020 – 120 Qs 23/20, 120 Qs 24/20, BeckRS 2020, 39775.
[119] LG Kleve 7.4.2020 – 120 Qs 23/20, 120 Qs 24/20, BeckRS 2020, 39775.
[120] LG Kleve 7.4.2020 – 120 Qs 23/20, 120 Qs 24/20, BeckRS 2020, 39775; anderes gilt im Berufungsverfahren, vgl. Tschakert wistra 2020, 523 (524).
[121] Paeffgen in SK-StPO Rn. 15.
[122] Köhler in Meyer-Goßner/Schmitt Rn. 18.
[123] Heine in Satzger/Schluckebier/Widmaier StPO Rn. 12.
[124] KG 1.11.2021 – 4 Ws 80/21 – 161 AR 186/21, BeckRS 2021, 36888.
[125] OLG Stuttgart 7.8.2018 – 4 Ws 175/18, BeckRS 2018, 18589 mAnm Hiéramente jurisPR-StrafR 24/2018 Anm. 4.
[126] LG Hildesheim 2.7.2009 – 25 Kls 4131 Js 103693/08, Nds. Rpfl. 2010, 64 (65).
[127] OLG Oldenburg 2.2.2023 – 1 Ws 395/22, BeckRS 2023, 2784.
[128] Schmidt/Scheuß in KK-StPO Rn. 12, 16.
[129] Paeffgen in SK-StPO Rn. 10.
[130] Metzger in KMR-StPO Rn. 30; aA Köhler/Burkhard NStZ 2017, 669 (672 f.).

lich festgesetzten Frist Einwendungen gegen den Antrag erheben und eine mündliche Verhandlung beantragen kann.[131] Sofern das Hauptverfahren in Form einer mündlichen Verhandlung eröffnet wird, erhält der Beteiligte gemäß § 435 Abs. 3 S. 2 iVm § 429 eine Terminsnachricht sowie die in der Norm vorgesehenen Hinweise (mit Ausnahme des Hinweises aus § 429 Abs. 3 Nr. 3, der überflüssig erscheint, weil der Einziehungsbeteiligte im objektiven Verfahren von vornherein Adressat der Entscheidung ist).[132] Ihm ist zudem die Antragsschrift zuzustellen.[133] Unabhängig davon, ob die Entscheidung im Beschluss- oder im Urteilsverfahren ergeht, muss dem Einziehungsbeteiligten jedenfalls in gleichem Maß rechtliches Gehör gewährt werden.

c) Gerichtliche Entscheidung. An das Zwischenverfahren schließt sich das **Haupt-** **34** **verfahren** an, das trotz des Verweises auf die Vorschriften über die Hauptverhandlung grundsätzlich als Beschluss- und nicht als Urteilsverfahren ausgestaltet ist.[134] Entscheidet das Gericht nach Durchführung einer Hauptverhandlung durch Urteil, erhebt es in dieser die Beweise im Strengbeweisverfahren.[135] Seine Entscheidung trifft das Gericht im Abstimmungsverfahren mit einfacher Mehrheit iSd § 196 GVG; § 263 findet keine Anwendung.[136] Zur Entscheidung auch bei → § 436 Rn. 10 ff.

Fehlt es an einer der Voraussetzungen für die selbständige Einziehung insbesondere **35** an der gesetzlichen Zulässigkeit oder hinreichenden Wahrscheinlichkeit einer Anordnung, lehnt das Gericht die Durchführung eines selbständigen Einziehungsverfahrens ab (§ 435 Abs. 3 S. 1, § 204).[137] Fällt eine der Zulässigkeitsvoraussetzungen nachträglich weg, wird das Verfahren § 260 Abs. 3 entsprechend eingestellt.[138] Ebenso ist das Verfahren einzustellen, wenn durch die selbständige Einziehung ein Beweisverwertungsverbot missachtet würde.[139]

Entgegen einiger Stimmen im Schrifttum[140] kann das Gericht im Rahmen der Sachentscheidung nicht unter eigenen Ermessenserwägungen von der selbständigen Einziehung absehen. **§ 421** findet insoweit keine Anwendung, weil die Vorschrift vom Verweiskatalog des § 435 Abs. 3 S. 2 ausgenommen ist.[141] Der Gesetzgeber hat damit zum Ausdruck gebracht, dass entsprechende Erwägungen vom Gericht nicht angestellt werden sollen. Die Antragsrücknahme obliegt dann vielmehr der Staatsanwaltschaft. **36**

d) Wechsel zwischen den Verfahrensarten. Ein Wechsel zwischen den Verfah- **37** rensarten kam schon nach früher geltendem Recht nur in beschränktem Umfang in Betracht: Im objektiven Verfahren (selbständiges Einziehungsverfahren) gibt es keine Anklageschrift und nach früher geltendem Recht fehlte es auch immer an der Durchführung eines Zwischenverfahrens. Da zudem davon auszugehen ist, dass der Beteiligte sich in einem gegen ihn gerichteten Strafverfahren anders verteidigt hätte als gegen die allein drohende selbständige Einziehung, kann und konnte niemals von einem solchen Verfahren in ein subjektives Verfahren übergegangen werden, wenn sich dort ergibt oder

---

[131] OLG Karlsruhe 19.19.1973 – 1 Ws 177/73, NJW 1974, 709 (711); Metzger in KMR-StPO Rn. 22.
[132] Gaede in Löwe/Rosenberg Rn. 37.
[133] Paeffgen in SK-StPO Rn. 15.
[134] LG Düsseldorf 10.5.2010 – 1 Qs 70/09, BeckRS 2011, 10235; Knierim in Gesamtes Strafrecht aktuell, Kap. 21 Rn. 188. Siehe zur Tenorierung bei Gaede in Löwe/Rosenberg Rn. 44.
[135] Nöding StraFo 2020, 139 (145).
[136] Köhler in Meyer-Goßner/Schmitt § 436 Rn. 3; Retemeyer in Gercke/Julius/Temming/Zöller Rn. 16; Paeffgen in SK-StPO Rn. 17. AA Gaede in Löwe/Rosenberg Rn. 43.
[137] So schon Lüttger GA 1957, 193 (210); Tschakert wistra 2020, 523 (524); Paeffgen in SK-StPO Rn. 10.
[138] BGH 24.3.1966 – 3 StR 13/65, BGHSt 21, 55 (57) = NJW 1966, 1276 (1277); für eine Einstellung (analog) § 206a Tschakert wistra 2020, 523 (524).
[139] Gaede in Löwe/Rosenberg Rn. 42.
[140] Gaede in Löwe/Rosenberg Rn. 19, 39; Schmidt/Scheuß in KK-StPO Rn. 15; Jacobs in Esser/Rübenstahl/Saliger/Tsambikakis Rn. 4; Köhler in Meyer-Goßner/Schmitt Rn. 7; Ullenboom, 2021, Rn. 294. Tschakert in Bittmann/Köhler/Seeger/Tschakert Strafrechtl. Vermögensabschöpfung-HdB Rn. 1415 f. will die Vorschrift jedenfalls anwenden, wenn die entscheidenden Umstände erst nach Antrag auf Durchführung eines selbständigen Verfahrens eingetreten sind.
[141] Schmidt, 2019, Rn. 1802; Schubert wistra 2021, 349 (350 f.).

ergab, dass der Beteiligte auch wegen der Anknüpfungstat bestraft werden könnte oder konnte.[142]

38   Dagegen war und ist umgekehrt der **Übergang** von einem subjektiven Verfahren in ein selbständiges Einziehungsverfahren möglich.[143] Ein solcher Übergang beruht(e) zumeist auf prozessökonomischen Gründen (Vermeidung erneuter Beweisaufnahme und Ähnlichem).[144] Keinesfalls aber ist ein Wechsel zwischen den Verfahrensarten zwingend. Wenn also der Angeklagte im Strafverfahren aus tatsächlichen oder rechtlichen Gründen freigesprochen oder das Verfahren gegen ihn wegen eines Verfahrenshindernisses eingestellt werden muss, kann die selbständige Anordnung der Einziehung erstens im weiter anhängigen subjektiven Verfahren ausgesprochen werden.[145] Zweitens besteht die Möglichkeit, in ein objektives Verfahren überzuleiten bzw. es als solches fortzuführen.[146] Dies gilt etwa bei Tod des Angeklagten.[147] Welche der beiden möglichen Wege eingeschlagen wird, hängt von dem Antrag der Staatsanwaltschaft ab, weil es nach § 435 Abs. 1 gerade in ihrem Ermessen steht, ob sie ein vom Schuldspruch unabhängiges Einziehungsverfahren durchführen möchte oder nicht.[148]

39   Dieser Grundsatz ist indes einzuschränken, wenn das subjektive Verfahren aus **Opportunitätsgründen** nach § 154 eingestellt wird. Die Einziehungsmöglichkeit wird in diesen Fällen allein bei „Übergang" in ein objektives Verfahren eröffnet, weil die Erwerbstat dann nicht mehr Verfahrensgegenstand ist.[149] Andernfalls stände ihr das Verfahrenshindernis fehlender Anhängigkeit entgegen.[150] Für einen Wechsel bedarf es eines entsprechenden Antrags der Staatsanwaltschaft, denn die Durchführung eines objektiven Verfahrens steht nach § 435 Abs. 1 in ihrem Ermessen. Gleiches muss im Übrigen für eine **erweiterte Einziehung** nach § 76a Abs. 4 StGB gelten.[151] Dessen Wortlaut steht einer Einziehung im grundsätzlich weiter anhängigen subjektiven Verfahren zwar nicht entgegen. Allerdings ergeben sich Probleme, wenn der Verdacht besteht, der einzuziehende Gegenstand rühre aus einer anderen Tat her. Dann müsste das Gericht nämlich prüfen, ob auch wegen dieser Tat der Täter nicht bestraft werden kann. In diesem Fall würde es eine Entscheidung über einen Lebens-

---

[142] Heine in Satzger/Schluckebier/Widmaier StPO Rn. 20; Temming in BeckOK StPO Rn. 11. Ausführlich zur Entwicklung der Übergangsmöglichkeit: Gaede in Löwe/Rosenberg Rn. 55 ff.
[143] BGH 21.6.1990 – 1 StR 477/89, NJW 1990, 3029; BT-Drs. 18/9525, 91; Knierim in Gesamtes Strafrecht aktuell, Kap. 21 Rn. 182; Temming in BeckOK StPO Rn. 11.
[144] Schmidt/Scheuß in KK-StPO Rn. 18.
[145] BGH 31.3.1954 – 6 StR 5/54, BGHSt 6, 62 = NJW 1954, 1129; BGH 15.11.1967 – 3 StR 26/66, BGHSt 21, 367 = NJW 1968, 900; BGH 22.7.1969 – 1 StR 456/68, NJW 1969, 1818.
[146] Von einer „Fortführung" sprechend BGH 23.7.1969 – 3 StR 326/68, BGHSt 23, 64 (67) = NJW 1969, 1970; Köhler in Meyer-Goßner/Schmitt Rn. 19; von einem „Übergang" ausgehend, BGH 21.6.1990 – 1 StR 477/89, BGHSt 37, 55 (68 f.) = NJW 1990, 3026; OLG Karlsruhe 18.10.1979 – 3 Ws 184/79, MDR 1980, 337; Hanack JZ 1974, 54 (58); Metzger in KMR-StPO § 436 Rn. 8 f.; Schmidt/Scheuß in KK-StPO Rn. 18; Paeffgen in SK-StPO Rn. 16.
[147] Paeffgen in SK-StPO Rn. 16; aA Günther in AK-StPO § 440 aF Rn. 16; OLG Karlsruhe 14.11.1986 – 1 Ss 169/86, Justiz 1987, 231 (233) = NStE Nr. 2 zu § 30 OWiG; Peters/Bröckers, 2019, Rn. 626, die der Auffassung sind, das Verfahren müsse eingestellt und ein neues gegen die Erben eingeleitet werden.
[148] BGH 21.6.1990 – 1 StR 477/89, BGHSt 37, 55 (69) = NJW 1990, 3026 (3029); Heine in Satzger/Schluckebier/Widmaier StPO Rn. 17; Temming in BeckOK StPO Rn. 11; Schmidt, 2019, Rn. 1832 f.
[149] So die ständige Rspr. Zu § 154: BGH 29.7.2021 – 1 StR 83/21, BeckRS 2021, 25602; 14.10.2020 – 1 StR 142/20, BeckRS 2020, 34784; 16.6.2020 – 2 StR 79/20, BeckRS 2020, 16552; 13.11.2019 – 3 StR 249/19, BeckRS 2019, 32575; 25.4.2019 – 1 StR 54/19, BeckRS 2019, 15732; 18.12.2018 – 1 StR 407/18, NStZ-RR 2019, 153 (154); 8.11.2018 – 4 StR 297/18, NStZ 2019, 271 (272); 5.6.2018 – 5 StR 133/18, BeckRS 2018, 13610; KG 30.6.2021 – 1 Ws 16/21, BeckRS 2021, 20744; OLG Nürnberg 11.4.2022 – Ws 250/22, BeckRS 2022, 20842. Dies soll auch für § 154a gelten, obwohl die ausgeschiedenen Gesetzesverletzungen in Fällen der Beschränkung anhängig bleiben: BGH 27.1.2021 – 6 StR 468/20, BeckRS 2021, 1970. Ausführlich dazu auch Heine in Satzger/Schluckebier/Widmaier StPO Rn. 18.
[150] BGH 29.7.2021 – 1 StR 83/21, BeckRS 2021, 25602; 14.10.2020 – 1 StR 142/20, BeckRS 2020, 34784; 25.4.2019 – 1 StR 54/19, BeckRS 2019, 15732; 18.12.2018 – 1 StR 407/18, NStZ-RR 2019, 153 (154).
[151] BGH 6.1.2021 – 5 StR 454/20, BeckRS 2021, 1418; LG Aachen 17.72020 – 60 KLs 4/20, BeckRS 2020, 43671.

sachverhalt treffen, der nicht Gegenstand der angeklagten Tat ist. Das hätte zum einen zur Folge, dass kein Strafklageverbrauch eintreten könnte. Zum anderen fänden dadurch Erwägungen Einklang ins subjektive Verfahren, die dort wegen Verstoßes gegen den Nemo-tenetur-Grundsatz (erst recht) nicht am Platze sind (etwa die damit notwendige Entkräftung von § 437).[152] Zu den verfassungsrechtlichen Bedenken im objektiven Verfahren → § 437 Rn. 15 ff.

Wie der von der Staatsanwaltschaft geforderte Antrag nach § 435 Abs. 1 in den vorge- **40** nannten Fällen beschaffen sein muss, wird uneinheitlich beurteilt. Vor allem die Rechtsprechung stellt an ihn hohe Anforderungen. So soll etwa ein „bloßer" Einziehungsantrag im Schlussplädoyer nicht genügen. Stattdessen habe die Staatsanwaltschaft unter Ausübung des ihr zustehenden Ermessens einen – möglichst schriftlichen – Antrag einzureichen, in dem der Wille, nunmehr ein objektives Verfahren durchführen zu wollen, eindeutig zum Ausdruck kommt.[153] Die vorherige Anklageschrift genügt diesen Anforderungen wohl nicht, weil darin Angaben iSd § 435 Abs. 1 S. 1, Abs. 2 dazu fehlen, warum nur eine Einziehung im selbständigen Verfahren in Betracht kommt (dazu → Rn. 28).[154]

Umstritten ist in der Rechtsprechung, ob der in Einstellungsfällen zu fordende **41** zwingende Antrag für einen Wechsel in ein objektives Verfahren auch auf andere Verfahrenshindernisse zu übertragen ist. So hatten sich Teile der Rechtsprechung anfangs positioniert, wenn die Tat wegen zwischenzeitlich eingetretener **Verjährung** nicht mehr verfolgt werden konnte. Die Gerichte lehnten eine Anordnung der selbständigen Einziehung im ohne Weiteres weitergeführten subjektiven Verfahren ab und forderten auch insoweit einen den Anforderungen von § 435 genügenden Antrag der Staatsanwaltschaft.[155] Der 3. Senat indes hatte beabsichtigt, dieser Rechtsprechung nicht zu folgen und keinen solchen Antrag zu fordern, wenn sich nach Anklageerhebung die Verjährung der Tat herausstellt.[156] Zur Begründung führte er an: Anders als bei der Einstellung des Verfahrens aus Opportunitätsgründen gebe es im Falle der Verjährung weiterhin ein anhängiges Verfahren, das ein Anordnung der selbständigen Einziehung ermögliche. Zwingende Gründe für die Einstellung und Eröffnung eines neuen objektiven Verfahrens gebe es daher dann nicht, wenn das Hauptverfahren wie üblich nach Anklage der Erwerbstat im Beschlusswege eröffnet worden sei und die Einstellung erst im Urteil nach § 260 Abs. 3 ausgesprochen werden solle.[157] Vielmehr liefe ein Wechsel dem Gedanken

---

[152] LG Aachen 17.7.2020 – 60 KLs 4/20, BeckRS 2020, 43671.
[153] BGH 21.6.1990 – 1 StR 477/89, BGHSt 37, 55 (69) = NJW 1990, 3026 (3029); BGH 16.6.2020 – 2 StR 79/20, BeckRS 2020, 16552; 13.11.2019 – 5 StR 249/19, BeckRS 2019, 32575; 8.11.2018 – 4 StR 297/18, NStZ 2019, 271 (272); Gaede in Löwe/Rosenberg Rn. 15. Kulanter ist man in der überwiegenden Literatur, wonach auch ein ggf. stillschweigender Antrag in der mündlichen Verhandlung ausreicht, vgl. Bittmann wistra 2021, 257 mit Verweis auch auf Tschakert in Bittmann/Köhler/Seeger/Tschakert Strafrechtl. Vermögensabschöpfung-HdB Rn. 1663; Koch in HK-GS Rn. 5. So auch noch die alte Rechtsprechung: BGH 26.5.1956 – 2 StR 322/55, BGHSt 9, 250 (253) = NJW 1956, 1448 (1449). Uneindeutig Retemeyer in Gercke/Julius/Temming/Zöller Rn. 10, 20.
[154] BGH 6.1.2021 – 5 StR 454/20, BeckRS 2021, 1418; 21.12.2022 – 3 StR 372/21, NZWiST 2023, 185; Gaede in Löwe/Rosenberg Rn. 60. Anders zumindest für die Beschränkung nach § 154a Abs. 2 oder voraussichtliche Einstellung nach 260 Abs. 3 Köhler in Meyer-Goßner/Schmitt Rn. 19a. Eine Anklageschrift in jedem Fall für genügend erachtend Bittmann NZWiST 2023, 185 (186).
[155] BGH 11.11.2020 – 1 StR 328/19, BeckRS 2020, 36546 mit Verweis auf BGH 5.6.2018 – 5 StR 133/18, BeckRS 2018, 13610; 11.12.2019 – 5 StR 486/19, NStZ 2020, 271 (272) und BGH 22.1.2019 – 1 StR 489/18, BeckRS 2019, 5401; 5.6.2018 – 5 StR 133/18, BeckRS 2018, 13610; 18.12.2018 – 1 StR 407/18, NStZ-RR 2019, 153 (154), wobei diese Entscheidungen jeweils Einstellungen nach § 154 Abs. 2 betrafen, vgl. BGH 10.8.2021 – 3 StR 474/19, BeckRS 2021, 37780. So auch Gehm PStR 2021, 275 (277 f.).
[156] BGH 12.1.2023 – 3 StR 474/19, NStZ-RR 2023, 121 (122) mAnm Zivanic JR 2023, 240 ff.; BGH 10.8.2021 – 3 StR 474/19, BeckRS 2021, 37780. Zustimmend Köhler in Meyer-Goßner/Schmitt Rn. 19a; Lantermann NStZ-RR 2022, 85 (85 f.); mit Einschränkungen El-Ghazi NStZ 2022, 255 (256).
[157] BGH 12.1.2023 – 3 StR 474/19, NStZ-RR 2023, 121 (122); 10.8.2021 – 3 StR 474/19, BeckRS 2021, 37780. Gerade darin soll sich der Fall der Verjährung der Tat von den Fällen der § 76a Abs. 4 StGB, § 154 unterscheiden, bei denen die Erwerbstat schon nicht mehr Verfahrensgegenstand ist. Zur Verjährung und § 260 Abs. 3, § 154a Abs. 2 auch Köhler in Meyer-Goßner/Schmitt Rn. 19a.

der Prozessökonomie zuwider. Auf dieser Grundlage hat der 3. Senat bei den anderen Senaten mehrfach Anfragen iSv § 132 Abs. 3 S. 1, 3 GVG gestellt, ob diese an der gegenteiligen Auffassung festhalten wollen.[158] Der 1. Senat ist der Anfrage indes entgegengetreten und hat mitgeteilt, seine Rechtsprechung aufrechterhalten zu wollen.[159] Es bedürfe auch in solchen Fällen zumindest eines Antrags der Staatsanwaltschaft auf Durchführung des objektiven Verfahrens – selbst wenn eine gesonderte schriftliche Begründung mit Blick auf die bereits zugelassene Anklage entbehrlich sei.[160] Erstens gebiete dies die Verfahrensfairness, weil sich der Einziehungsbeteiligte nur so auf die Rechtsverteidigung einstellen könne. Zweitens entspreche dies dem Willen des Gesetzgebers, der die gesetzliche Grundkonzeption des § 435 mit den zum 1.7.2021 in Kraft getretenen Änderungen in Kenntnis der Rechtsprechung zum Antragserfordernis unverändert gelassen habe.[161] Mittlerweile hat der 3. Senat die Frage dem Großen Senat vorgelegt.[162] Vorzugswürdig erscheint die Sicht des 1. Senats. Für sie spricht in gesetzessystematischer Hinsicht insbesondere, dass der Gesetzgeber offenbar die Anordnung der selbständigen Einziehung nur im objektiven Verfahren zulassen wollte; denn nur so lässt sich erklären, dass § 422 für die selbständige Einziehung nicht die Möglichkeit des Abtrennens des Einziehungsverfahrens vorsieht.[163] Das hat den Großen Senat jedoch nicht überzeugt, der sich mittlerweile der Auffasung des 3. Senats angeschlossen hat und eine Einziehungsentscheidung im Verjährungsfall ohne gesonderten Antrag der Staatsanwaltschaft für zulässig hält.[164]

42 Der Übergang von einem subjektiven ins objektive Verfahren scheidet immer dann aus, wenn der wahrscheinliche Anordnungsadressat bislang **nicht** am Verfahren **beteiligt** war. In diesem Fall ist das bis dahin geführte Verfahren zu beenden und die Staatsanwaltschaft kann lediglich Überlegungen dahingehend anstellen, ob sie die selbständige Anordnung der Einziehung in einem gänzlich neuen Verfahren beantragt.[165]

43 **e) Nachverfahren.** Wegen des ausdrücklichen Verweises von § 435 Abs. 3 S. 2 auf § 433 steht dem von der Maßnahme Betroffenen das Nachverfahren offen, wenn die im selbständigen Verfahren getroffene Anordnung der selbständigen Einziehung rechtskräftig geworden ist.[166] Die Anwendbarkeit des Nachverfahrens rechtfertigt sich u.a. aufgrund des Verweises auf § 425. Im Nachverfahren hat der Betroffene glaubhaft zu machen, er habe bei Entscheidung im schriftlichen Verfahren ohne Verschulden Rechte des Einziehungsbeteiligten wahrnehmen können.[167]

44 **4. Ermittlungsmaßnahmen (Abs. 4).** Im Rahmen von gesetzgeberischen „Nachsteuerungen" ist § 435 mit dem Gesetz zur Fortentwicklung der Strafprozessordnung vom 25.6.2021, in Kraft getreten am 1.7.2021, ein neuer Absatz 4 angefügt worden.[168] Ziel der Regelung ist es, verbindlich festzulegen, dass und in welchem Umfang Behörden Ermittlungsmaßnahmen im selbständigen Einziehungsverfahren vornehmen dürfen.[169]

---

[158] BGH 12.1.2023 – 3 StR 474/19, NStZ-RR 2023, 121 ff.; 10.8.2021 – 3 StR 474/19, BeckRS 2021, 37780. Kritisch Zivanic JR 2022, 193.
[159] BGH 4.5.2022 – 1 Ars 13/21, NStZ-RR 2022, 255.
[160] BGH 4.5.2022 – 1 Ars 13/21, NStZ-RR 2022, 255.
[161] BGH 4.5.2022 – 1 Ars 13/21, NStZ-RR 2022, 255; zustimmend und mit weiteren Argumenten Zivanic JR 2023, 240 (242 ff.).
[162] BGH 12.1.2023 – 3 StR 474/19, NStZ-RR 2023, 121.
[163] Zivanic JR 2023, 240 (243) mit weiteren Argumenten.
[164] BGH 23.5.2023 – GSSt 1/23, NStZ 2024, 161 (162 ff.) mAnm Deutscher StRR 2024, 20; Eberz NZWiSt 2024, 66; Bittmann ZWH 2024, 37; Beuckelmann/Heim NJW-Spezial 2024, 57.
[165] Heine in Satzger/Schluckebier/Widmaier StPO Rn. 19.
[166] Jacobs in Esser/Rübenstahl/Saliger/Tsambikakis Rn. 13; Koch in HK-GS Rn. 9; Köhler in Meyer-Goßner/Schmitt Rn. 20; auch für den Fall des § 76a Abs. 4 StGB, § 437 Nöding StraFo 2020, 139 (144). Für eine direkte Anwendung (also auch ohne Verweis) Gaede in Löwe/Rosenberg Rn. 40. Kritisch Schmidt, 2019, Rn. 1821.
[167] Gaede in Löwe/Rosenberg Rn. 40.
[168] BGBl. 2021 I 2099, beruhend auf BT-Drs. 19/27654, 39; BT-Drs. 21/57, 122.
[169] BT-Drs. 19/27654, 39; BT-Drs. 21/57, 122.

a) Sinngemäße Anwendung der Vorschriften über das Strafverfahren (S. 1). 45
§ 435 Abs. 4 S. 1 bestimmt nunmehr ausdrücklich, dass für Ermittlungen, die ausschließlich der Durchführung des selbständigen Einziehungsverfahrens dienen, die Vorschriften über das Strafverfahren sinngemäß gelten. Dies erfasst sowohl den Fall, dass von einem früheren subjektiven Verfahren (zB wegen Versterbens des Beschuldigten) in ein objektives übergegangen worden ist, als auch für den Fall, dass von vornherein (etwa wegen Verjährung der Tat) nur ein objektives in Betracht kommt.

In der Praxis bereitete die alte Fassung des § 435 Schwierigkeiten. Mangels fehlender 46 gesetzlicher Grundlage war unklar, ob die Staatsanwaltschaft nur die bisher im subjektiven Verfahren gewonnenen Erkenntnisse verwerten oder auch weitergehend ermitteln durfte, wenn feststand, dass allein eine selbständige Einziehung verblieb. Besonders problematisch wurde dies, wenn die Staatsanwaltschaft zum Zeitpunkt, in dem sie von der Unmöglichkeit eines subjektiven Verfahrens Kenntnis erlangte, noch keine hinreichende Grundlage für eine Entscheidung darüber hatte, ob ein Antrag iSv § 435 Abs. 1 gestellt werden sollte.[170] Während die Rechtsprechung in diesen wie in Fällen, in denen von vornherein nur ein objektives Verfahren eröffnet werden konnte, Ermittlungsmaßnahmen für zulässig erachtete,[171] lehnten Teile der Literatur dies mit Blick auf den Verhältnismäßigkeitsgrundsatz ab.[172] Mit § 435 Abs. 4 S. 1 hat sich der Gesetzgeber eindeutig auf Seiten der Rechtsprechung positioniert.[173]

Die gesetzgeberische Entscheidung für eine sinngemäße Anwendung strafrechtlicher 47 Ermittlungsmaßnahmen ist trotz der Einschränkung in S. 2 mit Blick darauf, dass die Vermögensabschöpfung keine Nebenstrafe darstellen, sondern eine Maßnahme eigener Art mit kondiktionsähnlichem Charakter sein soll, **kritisch** zu sehen.[174] Zum einen ermöglicht sie Ermittlungsmaßnahmen nun für einen deutlich längeren Zeitraum.[175] Zum anderen erlaubt sie es Strafverfolgern, für das seiner Art nach nichtstrafrechtliche Ergebnis der Einziehung auf strafrechtlich bewährtes Instrumentarium zurückzugreifen. Solches Vorgehen kann aber nur dann verhältnismäßig sein, wenn es entweder allein auf die Sicherung der Einziehung gerichtet ist[176] oder wenn die Behörden sich dieses Umstands auch bewusst sind und die Maßnahmen demnach im Einzelfall restriktiv(er) anwenden.[177]

Entsprechend müssen die Behörden bei Auslegung und Anwendung der einzelnen 48 Ermittlungsmaßnahmen sicherstellen, dass diese im Einzelfall nicht über das hinausgehen, was im normalen Strafverfahren zulässig wäre. Zu fordern ist deshalb auch ein Verdacht in doppelter Hinsicht: Erstens bedarf es eines zureichenden Anfangsverdachts dahingehend, dass sich die Erwerbstat als eine strafbare und verfolgbare Handlung darstellte, wenn Voraussetzungen von § 76a StGB nicht vorlägen. Zweitens muss der Verdacht einer Einziehungslage bestehen. Die selbständige Einziehung darf auch nicht aus anderen Gründen ausgeschlossen sein.[178] Besondere Restriktionen gelten für Ermittlungsmaßnahmen gegen den Strafverteidiger als möglichen Einziehungsbeteiligten. Soll ein objektives Verfahren zur Dritteinziehung des Wahlverteidigerhonorars (§ 73b Abs. 1 S. 1 Nr. 2b StGB) eingeleitet werden und erwägt die Staatsanwaltschaft entsprechende Ermittlungsmaßnahmen, sind einschränkend besondere tatsächliche Anhaltspunkte dafür zu verlangen, dass der Strafverteidi-

---

[170] Temming in BeckOK StPO Rn. 12; Gaede in Löwe/Rosenberg Rn. 63; Koch in HK-GS Rn. 11; so auch in LG Düsseldorf 7.2.2018 – 8 Qs 2/18, BeckRS 2018, 28146.
[171] LG Düsseldorf 7.2.2018 – 8 Qs 2/18, BeckRS 2018, 28146.
[172] Köhler/Burkhard NStZ 2017, 665 (673); Tschakert in Bittmann/Köhler/Seeger/Tschakert Strafrechtl. Vermögensabschöpfung-HdB Rn. 1656. Zum Ganzen auch Bittmann NStZ 2022, 8 (13); Hiéramente/Pfister jurisPR-StrafR 7/2021 Anm. 2.
[173] Begrüßenswert Temming in BeckOK StPO Rn. 12; Gaede in Löwe/Rosenberg Rn. 68; Heine in Satzger/Schluckebier/Widmaier StPO Rn. 7.
[174] So auch Hiéramente/Pfister jurisPR-StrafR 7/2021 Anm. 2.
[175] Bittmann NStZ 2022, 8 (13).
[176] Vgl. etwa LG Berlin 20.12.2021 – 526 Qs 26/21, wistra 2022, 210.
[177] Hiéramente/Pfister jurisPR-StrafR 7/2021 Anm. 2. Teilweise wird bereits die Einschränkung in S. 2 für eine ausreichende Restriktion angesehen, vgl. Gaede in Löwe/Rosenberg Rn. 68.
[178] So die als angemessen restriktiv anzusehenden Vorgaben von Hiéramente/Pfister jurisPR-StrafR 7/2021 Anm. 2. Als unklar bewertet auch Gaede in Löwe/Rosenberg Rn. 69 die erforderliche Verdachtslage.

ger von der möglicherweise rechtswidrigen Herkunft Kenntnis hatte. Andernfalls würde mit § 435 Abs. 4 zu stark das Vertrauensverhältnis zwischen Strafverteidiger und Mandant belastet (auch bei → § 424 Rn. 3).[179]

49 Nicht beantwortet ist mit dem neuen § 435 Abs. 4 die Frage, ob für die Eröffnung eines Ermittlungsverfahrens, das von vornherein nur als selbständiges Einziehungsverfahren geführt werden kann, das Legalitätsprinzip aus § 152 gilt.[180] Mit Blick darauf, dass der Antrag auf Anordnung der selbständigen Einziehung im Ermessen der Staatsanwaltschaft steht, ist es stimmiger, ihr auch insoweit Ermessen zuzubilligen.[181]

50 **b) Einschränkung der zulässigen Maßnahmen (S. 2).** Die Einschränkung der Ermittlungsmaßnahmen gemäß S. 2 trägt dem Umstand Rechnung, dass mit der selbständigen Einziehung nicht der staatliche Strafanspruch durchgesetzt, sondern nur das mit Einziehung verbundene Abschöpfungsziel erreicht werden soll.[182] Unzulässig sind deshalb Maßnahmen, die eine Beschuldigtenstellung voraussetzen, genauso wie verdeckte Maßnahmen iSv § 101 Abs. 1. Dazu zählen etwa §§ 81a, 112 ff., ebenso wie § 102. Da der Einziehungsadressat als Maßnahmeadressat eher die Stellung eines unbeteiligten Dritten einnimmt, sind nur Maßnahmen gegen Nichtbeschuldigte – wie etwa nach § 103 – möglich.[183]

51 Unklar ist, ob die Beschränkung entgegen der Regelungssystematik auch für Maßnahmen gegen den Einziehungsbeteiligten und den Nebenbetroffenen im subjektiven Verfahren gilt. Teilweise wird dies in der Literatur befürwortet und entsprechend eine Verortung in § 424 gefordert.[184]

52 Zum Verfahren im Übrigen siehe unter § 436.

§ 436 Entscheidung im selbständigen Einziehungsverfahren

(1) ¹Die Entscheidung über die selbständige Einziehung trifft das Gericht, das im Fall der Strafverfolgung einer bestimmten Person zuständig wäre. ²Für die Entscheidung über die selbständige Einziehung ist örtlich zuständig auch das Gericht, in dessen Bezirk der Gegenstand sichergestellt worden ist.

(2) § 423 Absatz 1 Satz 2 und § 434 Absatz 2 bis 4 gelten entsprechend.

Schrifttum: Siehe bei § 435.

Übersicht

		Rn.			Rn.
I.	Überblick	1	2.	Entscheidung des Gerichts und Regelungen des Nachverfahrens (Abs. 2)	8
II.	Erläuterungen	2		a) Bindungswirkung vorangegangener Entscheidungen	9
1.	Zuständiges Gericht (Abs. 1)	2		b) Entscheidung durch Beschluss	10
	a) Zuständigkeit bei Strafverfolgung einer bestimmten Person (S. 1)	3		c) Entscheidung durch Urteil	12
	b) Besondere örtliche Zuständigkeit (S. 2)	6		d) Sachentscheidung	15
				e) Kosten	17
				f) Rechtsmittel	18

---

[179] Näher zum Ganzen bei Schwerdtfeger/Babucke wistra 2023, 98 (99).
[180] Gaede in Löwe/Rosenberg Rn. 69; Hiéramente/Pfister jurisPR-StrafR 7/2021 Anm. 2 mit Hinweis darauf, dass der Gesetzgeber davon als Regelfall ausgegangen zu sein scheint, vgl. BT-Drs. 19/27654, 39.
[181] Anders Köhler in Meyer-Goßner/Schmitt Rn. 13 nur für den Fall, dass die Verjährung zweifelhaft ist. Dies scheint im Hinblick auf die ggf. bestehende Pflicht zur Durchführung des subjektiven Verfahrens richtig.
[182] Gaede in Löwe/Rosenberg Rn. 66: Folge des Verhältnismäßigkeitsgrundsatzes.
[183] BT-Drs. 21/57, 123.
[184] Temming in BeckOK StPO Rn. 13.1.

I. Überblick

Für einen allgemeinen Überblick zu § 436 siehe bereits bei den allgemeinen Ausführungen zu § 435 (→ § 435 Rn. 1 ff., 5). **1**

II. Erläuterungen

1. Zuständiges Gericht (Abs. 1). Sachlich und örtlich zuständig für die Entscheidung über die selbständige Einziehung ist gemäß Abs. 1 S. 1 grundsätzlich das Gericht, das im subjektiven Verfahren zuständig wäre. **2**

a) Zuständigkeit bei Strafverfolgung einer bestimmten Person (S. 1). Sachlich **3** zuständig ist damit das Gericht, das ein Strafverfahren zu führen hätte, wenn über die Erwerbstat verhandelt werden würde.[1] Ist das Verfahren rechtlich nicht durchführbar, ist das Gericht gemeint, das die Verhandlung gegen den Tatverdächtigen leiten würde.[2] Bei der Beurteilung der Zuständigkeit ist der Stand der Erkenntnisse maßgeblich, der zum Absehen von einem Strafverfahren geführt hat.[3] Dabei kann sich die sachliche Zuständigkeit einerseits aus der Art der Tat ergeben (§ 24 Abs. 1 Nr. 3, § 74 Abs. 2, § 74a, § 74b, § 74c, § 120 GVG), andererseits aber auch in Abhängigkeit von der (fiktiven) Straferwartung (§ 24 Abs. 1 Nr. 2, § 25 Nr. 2, § 28, § 74 Abs. 1 S. 2 GVG).[4] Ist die rechtliche Würdigung der Tat und damit gleichermaßen die sachliche Zuständigkeit nicht mit Gewissheit festzustellen, ist das Gericht mit der umfassenden Zuständigkeit als zuständig anzusehen.[5] Kommen mehrere mögliche Erwerbstaten in Betracht, bemisst sich die Zuständigkeit nach den von der Staatsanwaltschaft im Rahmen ihrer Ermessensausübung gemachten Darlegungen in der Antragsschrift.[6] Die **örtliche** Zuständigkeit richtet sich grundsätzlich nach dem Tatortprinzip (§ 9 StGB).[7]

Nicht ausdrücklich löst § 436 Abs. 1 S. 1 das Problem der instanziellen Zuständigkeit bei **4** einem **Verfahrenshindernis im Berufungsverfahren,** das zum Übergang ins objektive Verfahren zwingt. In diesen Fällen stellt sich die Frage, ob das erstinstanzliche oder das Berufungsgericht zuständig ist.[8] Der Wortlaut der Vorschrift ist insoweit unergiebig, bezieht er sich doch nur auf die hypothetische sachliche Zuständigkeit. Die Regelungssystematik spricht indes für eine Zuständigkeit des Berufungsgerichts. Denn auf § 434 Abs. 1, wonach das Gericht des ersten Rechtszugs zuständig wäre, verweist § 436 gerade nicht.[9] Der Einwand, dem Betroffenen würde damit auf Rechtsmittelebene eine (weitere) Tatsacheninstanz verwehrt, trägt insoweit nicht. Dieser hat von seinem Rechtsmittel bereits Gebrauch gemacht. Weil zuvor nicht nur über die Schuldfrage, sondern auch über die Einziehung entschieden worden ist, benötigt er nicht noch eine neue Tatsacheninstanz.[10]

Abs. 1 gilt auch für die selbständige Einziehung von Gegenständen unklarer Herkunft **5** auf Grundlage der § 76a Abs. 4 StGB, § 437. Die Zuständigkeit des Gerichts richtet sich

---

[1] Heine in Satzger/Schluckebier/Widmaier StPO Rn. 1.
[2] Temming in BeckOK StPO Rn. 1.
[3] Heine in Satzger/Schluckebier/Widmaier StPO Rn. 1.
[4] Knierim in Gesamtes Strafrecht aktuell, Kap. 21 Rn. 185; zu ersterem auch bei Gaede in Löwe/Rosenberg Rn. 2; zu letzterem auch Temming in BeckOK StPO Rn. 1.
[5] Kritisch Gaede in Löwe/Rosenberg Rn. 3.
[6] OLG Celle 17.3.1966 – 4 Ws 44/66, NJW 1966, 1135; Koch in HK-GS Rn. 1; Wagner MDR 1961, 93 (98); Paeffgen in SK-StPO Rn. 2; Schmidt/Scheuß in KK-StPO Rn. 2; Heine in Satzger/Schluckebier/Widmaier StPO Rn. 1; kritisch Gaede in Löwe/Rosenberg Rn. 3 und Johann PStR 2019, 167 (169).
[7] Gaede in Löwe/Rosenberg Rn. 4.
[8] OLG Dresden 27.2.2020 – 2 Ws 94/20, NZWiSt 2020, 251 (251 f.) mAnm Lubini NZWiSt 2020, 252.
[9] OLG Dresden 27.2.2020 – 2 Ws 94/20, NZWiSt 2020, 251 (251 f.) mAnm Lubini NZWiSt 2020, 252. Im Ergebnis auch Köhler in Meyer-Goßner/Schmitt § 435 Rn. 19. Anders in Fällen der Aufhebung und Zurückverweisung nach § 354 Abs. 2. Dort soll das erstinstanzliche Gericht zuständig sein, Köhler in Meyer-Goßner/Schmitt Rn. 6.
[10] OLG Dresden 27.2.2020 – 2 Ws 94/20, NZWiSt 2020, 251 (251 f.) mAnm Lubini NZWiSt 2020, 252.

nach derjenigen rechtswidrigen Tat, aus der der Gegenstand herrührt.[11] Insoweit muss der Antrag auf eine bestimmte Art von Tat hindeuten und eine Vermutung dahingehend äußern, welche Erwerbstat begangen wurde.[12]

6   **b) Besondere örtliche Zuständigkeit (S. 2).** In Abs. 1 S. 2 ist zusätzlich eine besondere örtliche Zuständigkeit unabhängig von der gerichtlichen Zuständigkeit im subjektiven Verfahren eröffnet: Aus Zweckmäßigkeitserwägungen ist danach auch das Gericht örtlich zuständig, in dessen Bezirk der einzuziehende Gegenstand sichergestellt worden ist, und zwar selbst dann, wenn die Beschlagnahme nicht in diesem Gerichtsbezirk angeordnet worden ist.[13]

7   Ggf. wird das zuständige Gericht vom Bundesgerichtshof gemäß § 13a bestimmt.[14] Sofern aufgrund einer mündlichen Verhandlung entschieden wird, kann das Gericht seine Unzuständigkeit nur noch beschränkt erklären, nämlich auf Einwand eines Beteiligten bis zum Beginn der Verhandlung zur Sache.[15]

8   **2. Entscheidung des Gerichts und Regelungen des Nachverfahrens (Abs. 2).** Abs. 2 verweist mit Blick auf die Bindung an vorherige Entscheidungen auf § 423, im Übrigen für den weiteren Verfahrensgang auf die für das Nachverfahren geltenden Regelungen:

9   **a) Bindungswirkung vorangegangener Entscheidungen.** Abs. 2 verweist zunächst auf § 423 Abs. 1 S. 2, wonach das Gericht an die **Entscheidung in der Hauptsache** und die insoweit getroffenen tatsächlichen Feststellungen gebunden ist. Es darf davon im Rahmen des selbständigen Einziehungsverfahrens nicht abweichen. Dies gilt insbesondere für Fälle, in denen gemäß § 76a Abs. 1 StGB über die Erwerbstat bereits rechtskräftig entschieden worden ist. Das Gericht ist nach § 436 Abs. 2 mit § 423 Abs. 1 S. 2 im Rahmen des sich anschließenden selbständigen Einziehungsverfahrens an den Schuldspruch sowie an die dem früheren Urteil zugrunde liegenden Feststellungen gebunden.[16] Die Bindungswirkung erstreckt sich nicht nur auf die vom zuständigen Gericht eigens getroffenen Entscheidungen, sondern auch auf die Entscheidungen anderer Gerichte.[17] Praktisch relevant wird dies besonders dann, wenn der Antragsteller vom Wahlgerichtsstand (Abs. 1 S. 2) Gebrauch macht. Würde die Bindungswirkung dann nicht auch für Entscheidungen anderer Gerichte gelten, hätte es der Antragsteller in der Hand, sich an diese zu binden oder sie zu umgehen.[18] Die von § 436 Abs. 2 mit § 423 Abs. 1 S. 2 vorgesehene Bindung an die in der Hauptsache ergangenen Feststellungen läuft allerdings ins Leere, wenn das Verfahren beispielsweise wegen eines Verfahrenshindernisses oder wegen Verjährung eingestellt worden ist; denn insoweit fehlt es an Entscheidungen, die Bindungswirkung entfalten könnten.[19] Um dem Anspruch des Beteiligten auf rechtliches Gehör und seinem Grundrechteschutz (aus Art. 14 Abs. 1 GG) gerecht zu werden, wird sich das Gericht trotz der gesetzlich vorgeschriebenen Bindungswirkung auch immer dann mit den Einwendungen des Einziehungsbeteiligten beschäftigen müssen, wenn die in der Hauptsache getroffenen Feststellungen nachweislich unrichtig waren und für die Entscheidung im selbständigen Einziehungsverfahren relevant sind.[20] Die vorangegangene

---

[11] Paeffgen in SK-StPO Rn. 2. AA nunmehr Heine in Satzger/Schluckebier/Widmaier StPO Rn. 2, der diejenige Katalogtat für maßgeblich hält, wegen der das subjektive Verfahren letztlich nicht durchgeführt werden kann, deren Ermittlung jedoch zur Auffindung des Gegenstands geführt hat. Kritisch auch Nöding StraFo 2020, 139 (144).
[12] Ullenboom, 2021, Rn. 285.
[13] Heine in Satzger/Schluckebier/Widmaier StPO Rn. 3; Gaede in Löwe/Rosenberg Rn. 4.
[14] Gaede in Löwe/Rosenberg Rn. 4; Köhler in Meyer-Goßner/Schmitt Rn. 7.
[15] Schmidt/Scheuß in KK-StPO Rn. 3; Köhler in Meyer-Goßner/Schmitt Rn. 7; Gaede in Löwe/Rosenberg Rn. 5; Günther in AK-StPO § 441 aF Rn. 6.
[16] Temming in BeckOK StPO Rn. 2.
[17] Heine in Satzger/Schluckebier/Widmaier StPO Rn. 5.
[18] Heine in Satzger/Schluckebier/Widmaier StPO Rn. 5.
[19] Knierim in Gesamtes Strafrecht aktuell, Kap. 21 Rn. 189.
[20] Knierim in Gesamtes Strafrecht aktuell, Kap. 21 Rn. 189; Paeffgen in SK-StPO Rn. 3. AA Heine in Satzger/Schluckebier/Widmaier StPO Rn. 5.

rechtskräftige Entscheidung kann zudem dann keine bindenden Feststellungen liefern, wenn der Einziehungsbeteiligte an dem zugrunde liegenden Verfahren – wie etwa im Strafbefehlsverfahren oder im Verfahren gegen Dritte – nicht beteiligt worden ist. Auch insoweit kann keine Bindungswirkung entstehen, weil sonst dem Anspruch auf rechtliches Gehör und dem Grundrechtsschutz nicht Genüge getan würde.[21]

b) Entscheidung durch Beschluss. Aus den § 436 Abs. 2, § 434 Abs. 2 ergibt sich, dass das Gericht im objektiven Verfahren in der Regel durch Beschluss im schriftlichen Verfahren entscheidet. Dies gilt nicht nur für alle Fälle, in denen der Antrag auf Durchführung des selbständigen Verfahrens bereits als unzulässig zu verwerfen ist, sondern grundsätzlich auch für diejenigen Fälle, in denen über den zulässigen Antrag nach der Erhebung von Beweisen entschieden wird.[22] Im Rahmen des Beschlussverfahrens kann das Gericht nach pflichtgemäßem Ermessen formlose Ermittlungen anstellen, für die die Regeln des Freibeweises gelten.[23] Grundsätzlich hört es im Rahmen des Verfahrens die Staatsanwaltschaft bzw. den Privatkläger an (§ 33 Abs. 2, 3).[24] Sofern der Antrag auf selbständige Anordnung der Einziehung von einem Privatkläger gestellt wird, ist es allerdings nicht verpflichtet, die Staatsanwaltschaft anzuhören (vgl. § 377 Abs. 1). Auch der Einziehungsbeteiligte ist vom Gericht anzuhören.[25] Dabei werden ihm gemäß § 33 Abs. 3 Ermittlungsergebnisse, die neue Tatsachen oder Beweise enthalten, bekannt gegeben, sofern er diese nicht bereits im Rahmen einer früheren Anhörung mitgeteilt bekommen hat. Das Fehlen einer Verfahrensvoraussetzung führt entsprechend § 260 Abs. 3 zur Einstellung des Verfahrens.[26]

10

Der vom Gericht begründete Beschluss ist (inklusive einer Rechtsmittelbelehrung) der Staatsanwaltschaft sowie dem Einziehungsbeteiligten zuzustellen, wobei die Zustellung an den Vertreter des Beteiligten genügt.[27]

11

c) Entscheidung durch Urteil. Das Gericht kann nach **freiem Ermessen** über einen zulässigen Antrag gemäß § 436 Abs. 2 mit § 434 Abs. 3 S. 1 statt durch Beschluss auch aufgrund mündlicher Verhandlung entscheiden.[28] Dies wird es in der Regel tun, wenn es eine weitere Sachaufklärung in einer mündlichen Verhandlung für erforderlich hält.[29] Das Gericht ist zur Durchführung einer mündlichen Verhandlung indes **verpflichtet,** wenn einer der Verfahrensbeteiligten, also die Staatsanwaltschaft, der Privatkläger oder der Einziehungsbeteiligte, einen entsprechenden Antrag stellt (§ 436 Abs. 2, § 434 Abs. 3 S. 1).[30] Die vorgenannten Personen, insbesondere die Einziehungsbeteiligten, sind insoweit antragsberechtigt, obwohl sie nicht selbst den das selbständige Verfahren einleitenden Antrag gestellt haben. Der Wortlaut des § 434 („Antragsteller") ist nicht derart eng zu fassen.[31] Einerseits sollte die Vorschrift nach der gesetzgeberischen Konzeption im Verhältnis zu § 441 aF keine Änderungen bewirken.[32] Andererseits gebietet es auch der Sinn und Zweck, dass jeder,

12

---

[21] OLG Celle 2.11.2021 – 2 Ss 121/21, BeckRS 2021, 34013 mAnm Hüls ZWH 2022, 95 und Anm. Deutscher StRR 2022, Nr. 1, 14 ff.; Emmert NStZ 2020, 587 (589 f.); Gaede in Löwe/Rosenberg Rn. 7.
[22] Temming in BeckOK StPO Rn. 3.
[23] OLG Oldenburg 2.2.2023 – 1 Ws 395/22, BeckRS 2023, 2784; Temming in BeckOK StPO Rn. 3.
[24] Paeffgen in SK-StPO Rn. 4.
[25] Gaede in Löwe/Rosenberg Rn. 7.
[26] BGH 24.3.1966 – 3 StR 13/65, BGHSt 21, 55 (57) = NJW 1966, 1276 (1277).
[27] Paeffgen in SK-StPO Rn. 4; Schmidt/Scheuß in KK-StPO Rn. 5.
[28] Dies muss es aber nicht, vgl. KG 30.9.2020 – 4 Ws 46/20, 4 Ws 46/20 – 161 AR 97/20, BeckRS 2020, 25767; Temming in BeckOK StPO Rn. 4.
[29] Paeffgen in SK-StPO Rn. 5.
[30] Dies gilt auch im selbständigen Einziehungsverfahren, vgl. LG Düsseldorf 10.5.2010 – 1 Qs 70/09, BeckRS 2011, 10235; Nöding StraFo 2020, 139 (145).
[31] OLG Dresden 27.9.2019 – 2 Ws 212/19, 2 Ws 213/19, NZWiSt 2019, 436 (437 f.) mAnm Meißner NZWiSt 2019, 438 ff.; LG Amberg 19.1.2022 – 11 Qs 3/22, BeckRS 2022, 12674; Nöding StraFo 2020, 139 (145).
[32] OLG Dresden 27.9.2019 – 2 Ws 212/19, 2 Ws 213/19, NZWiSt 2019, 436 (437 f.); LG Amberg 19.1.2022 – 11 Qs 3/22, BeckRS 2022, 12674; BT-Drs. 18/9525, 91.

gegen den sich die Einziehung richtet, das Recht hat, eine mündliche Verhandlung mittels Antrags zu erzwingen.[33] Ein solcher Antrag bedarf der Schriftform. Dabei erlaubt Nr. 180 Abs. 3 RiStBV eine Antragstellung durch die Staatsanwaltschaft nur, sofern eine mündliche Verhandlung wegen der Bedeutung oder Schwierigkeit der Sache oder im Interesse des Einziehungsbeteiligten geboten erscheint. Das Gericht kann das Recht zur Antragstellung dadurch beschränken, dass es den Parteien eine verbindliche Frist dafür setzt.[34] Ansonsten kann der Antrag auf Durchführung einer mündlichen Verhandlung gestellt werden bis das Gericht über den übrigen Antrag durch Beschluss entschieden und diesen herausgegeben hat.[35] Die Frage, ob der Antrag auf Durchführung einer mündlichen Verhandlung vor Erlass des Beschlusses bei Gericht eingegangen ist, wird im Freibeweisverfahren geklärt.[36] Im Zweifel ist von einem wirksamen Beschluss auszugehen.[37] Sofern der Beteiligte förmlich auf sein Antragsrecht verzichtet, kann er Anträge auf Durchführung einer mündlichen Verhandlung im weiteren Verlauf des Verfahrens nicht mehr wirksam stellen. Allerdings ist ein solcher Verzicht noch nicht darin zu sehen, dass er im Beschlussverfahren erklärt, er werde einer Entscheidung durch Beschluss nicht widersprechen.[38] Bis zum Beginn der mündlichen Verhandlung kann der Beteiligte seinen Antrag zurücknehmen.

13 Das Gericht kann, sofern es noch nicht durch einen wirksam gewordenen Beschluss entschieden hat, vom Beschlussverfahren ins Urteilsverfahren **wechseln,** wenn die Voraussetzungen für eine Entscheidung aufgrund mündlicher Verhandlung vorliegen.[39] Umgekehrt kann es von einem Urteil absehen und ins Beschlussverfahren überleiten, sofern kein zulässiger Antrag eines Beteiligten gestellt wurde, der es zur Durchführung eines Urteilsverfahrens verpflichtet.[40]

14 Gemäß § 436 Abs. 2 mit § 434 Abs. 3 S. 1 Hs. 2 gelten für die mündliche Verhandlung die Vorschriften über die **Hauptverhandlung** entsprechend. Die Vorschriften über die Beteiligung der Öffentlichkeit (§§ 169 ff. GVG) finden damit Anwendung. Auch hat dies zur Konsequenz, dass der Einziehungsbeteiligte **nicht zum persönlichen Erscheinen** verpflichtet ist und sich durch einen gewählten Vertreter zur Ausübung seiner Befugnisse vertreten lassen kann.[41] Dieser Vertreter nimmt die Aufgaben eines Verteidigers wahr.[42] Ähnlich dem § 243 Abs. 3 S. 1 verliest der Staatsanwalt im objektiven Verfahren gemäß der §§ 435 f. statt einer Anklageschrift den ihr entsprechenden Teil der Antragsschrift (etwa unter Auslassung des wesentlichen Ergebnisses der Ermittlungen).[43] Für die Beweisaufnahme gelten grundsätzlich die §§ 244 ff., sie erfolgt also im Wege des **Strengbeweises.**[44] Dabei kann die Person, die im vorangegangenen subjektiven Verfahren Beschuldigte war, auch als bloße Auskunftsperson vernommen werden und somit als Zeuge auftreten. Dasselbe gilt für denjenigen, der im Rahmen eines subjektiven Einziehungsverfahrens Beschuldigter gewesen wäre, sofern er nicht Einziehungsbeteiligter ist.[45] Letzterer kann nicht als Zeuge

---

[33] OLG Dresden 27.9.2019 – 2 Ws 212/19, 2 Ws 213/19, NZWiSt 2019, 436 (437 f.); LG Amberg 19.1.2022 – 11 Qs 3/22, BeckRS 2022, 12674. Sehr weit: Bittmann StraFo 2022, 112 (112 f.), der immer auch den Betroffenen einbeziehen will.
[34] Temming in BeckOK StPO Rn. 4; Metzger in KMR-StPO § 435 Rn. 22, § 436 Rn. 4 („zweckmäßigerweise"); aA Schmidt/Scheuß in KK-StPO Rn. 11.
[35] OLG Koblenz 19.9.1974 – 1 Ws (a) 521/74, VRS 48, 291 zum vergleichbaren § 72 OWiG; Schmidt/Scheuß in KK-StPO Rn. 11.
[36] Metzger in KMR-StPO § 435 Rn. 30.
[37] BayObLG 19.1.1978 – 2 Ob OWi 475/77, VRS 55 (1978), 53; OLG Hamm 1.3.1974 – 3 Ss OWi 143/74, VRS 47 (1974), 369; 7.10.1975 – 3 Ss OWi 461/75, VRS 50 (1976), 305; OLG Karlsruhe 6.2.1974 – 2 Ss (B) 25/74, Justiz 1974, 232.
[38] BayObLG 1. Sen. f. Bußgeldsachen 2.5.1975 – 1 Ob OWi 105/75, Rpfleger 1975, 319.
[39] Schmidt/Scheuß in KK-StPO Rn. 10.
[40] Köhler in Meyer-Goßner/Schmitt Rn. 9; Schmidt/Scheuß in KK-StPO Rn. 10.
[41] Temming in BeckOK StPO Rn. 4; Paeffgen in SK-StPO Rn. 6.
[42] Schmidt/Scheuß in KK-StPO Rn. 12; Nöding StraFo 2020, 139 (145).
[43] Köhler in Meyer-Goßner/Schmitt Rn. 10; Temming in BeckOK StPO Rn. 4.
[44] Temming in BeckOK StPO Rn. 4; Paeffgen in SK-StPO Rn. 6; Metzger in KMR-StPO Rn. 6; Nöding StraFo 2020, 139 (145).
[45] Köhler in Meyer-Goßner/Schmitt Rn. 10; Schmidt/Scheuß in KK-StPO Rn. 12; Temming in BeckOK StPO Rn. 5.1.

vernommen werden. Zwar stehen ihm im Rahmen der Verhandlung nur die Rechte, nicht aber die Rechtsstellung eines Angeklagten zu. Dennoch kämpft er in diesem Rahmen – anders als ein Zeuge – gegen einen Eingriff in seine Rechte. Dem Einziehungsbeteiligten ist das letzte Wort zu erteilen.[46] Form und Inhalt des Urteils richten sich nach §§ 260, 267.[47]

d) Sachentscheidung. Das Gericht hat im Beschluss- oder Urteilsverfahren eine Sachentscheidung zu treffen. Die Möglichkeit, von der Entscheidung aus Opportunitätsgründen abzusehen, sieht das Gesetz bewusst nicht vor, da die Staatsanwaltschaft den Antrag in jeder Lage des Verfahrens zurücknehmen kann (schon → § 435 Rn. 12).[48] Sofern es den Antrag der Staatsanwaltschaft nicht als unzulässig zurückweist, entscheidet das Gericht in der Sache und ordnet die selbständige Einziehung entweder an oder lehnt sie ab.[49] Wegen des in § 436 Abs. 2 vorgesehenen Verweises auf § 434 Abs. 2–4 wird die gerichtliche Entscheidung über die selbständige Einziehung gemäß § 196 GVG mit einfacher Stimmenmehrheit getroffen.[50] Über den vom Antragsberechtigten gestellten Antrag kann das Gericht im Rahmen seiner Entscheidung nicht hinausgehen.[51] Liegen die Anordnungsvoraussetzungen nicht vor, weist das Gericht den Antrag zurück. Wird die Anordnung ausgesprochen, müssen die einzuziehenden Gegenstände so genau benannt werden, dass bei allen Beteiligten und der Vollstreckungsbehörde Klarheit über den Umfang der Einziehung besteht.[52] Daneben ist der Anordnung eine Entscheidung über die Übernahme der entstandenen Kosten beizufügen. Im selbständigen Verfahren kann zur Sicherung der Einziehung ein Beschlagnahmebeschluss erlassen werden.[53] 15

Da im Rahmen eines selbständigen Einziehungsverfahrens weder Schuld noch Strafe eine Rolle spielen, kann durch eine Entscheidung im objektiven Verfahren kein Strafklageverbrauch für das subjektive Verfahren eintreten.[54] 16

e) Kosten. Die Kostenentscheidung richtet sich nach § 472b.[55] Da der Einziehungsbeteiligte weder Angeklagter noch Verurteilter ist, können ihm im Falle der Anordnung einer Einziehung im selbständigen Verfahren nicht die gesamten Kosten des Verfahrens auferlegt werden.[56] Gemäß § 472b Abs. 1 S. 1 muss er lediglich die durch seine Beteiligung entstandenen Kosten übernehmen. 17

f) Rechtsmittel. Sofern das Gericht iSd § 436 Abs. 2 iVm § 434 Abs. 2 durch Beschluss entschieden hat, kann der Beschwerte dagegen mit Hilfe des Rechtsmittels der **sofortigen Beschwerde** vorgehen – so etwa, wenn das Gericht entgegen § 435 Abs. 3 eine Einziehung ohne den erforderlichen Eröffnungsbeschluss angeordnet hat (vgl. zur Ent- 18

---

[46] BGH 12.12.1961 – 3 StR 35/61, BGHSt 17, 28 (32) = NJW 1962, 500 (501); Paeffgen in SK-StPO Rn. 6; Nöding StraFo 2020, 139 (146).
[47] Metzger in KMR-StPO Rn. 12.
[48] Paeffgen in SK-StPO § 435 Rn. 17. Anders: Köhler in Meyer-Goßner/Schmitt Rn. 3; Retemeyer in Gercke/Julius/Temming/Zöller Rn. 3, der jedoch davon ausgehen, dass sich die Frage praktisch nicht stellen wird.
[49] Paeffgen in SK-StPO § 435 Rn. 17.
[50] Temming in BeckOK StPO Rn. 5; Köhler in Meyer-Goßner/Schmitt Rn. 3; Schmidt/Scheuß in KK-StPO Rn. 6; Retemeyer in Gercke/Julius/Temming/Zöller § 435 Rn. 16; Ullenboom, 2021, Rn. 287. AA Gaede in Löwe/Rosenberg § 435 Rn. 43.
[51] Paeffgen in SK-StPO § 435 Rn. 17.
[52] BGH 6.10.1955 – 3 StR 279/55, BGHSt 8, 205 (210 f.) = NJW 1956, 149 (151); BGH 7.3.1956 – 6 StR 92/55, BGHSt 9, 88 (89) = NJW 1956, 799; eingehend mit weiteren Nachweisen aus der Rspr. Schmidt/Scheuß in KK-StPO Rn. 8.
[53] RGSt 44, 279 (280); Gaede in Löwe/Rosenberg § 435 Rn. 52.
[54] Paeffgen in SK-StPO Rn. 4. Die Durchführung desselben objektiven Verfahrens ist jedoch ausgeschlossen, Köhler in Meyer-Goßner/Schmitt Rn. 12.
[55] Temming in BeckOK StPO Rn. 5; Köhler in Meyer-Goßner/Schmitt Rn. 4.
[56] RG 17.10.1940 – 3 D 413/40, RGSt 74, 324 (326); BGH 21.4.1961 – 3 StR 55/60, BGHSt 16, 49 (57) = NJW 1961, 1346 (1366); Köhler in Meyer-Goßner/Schmitt Rn. 4; Gaede in Löwe/Rosenberg § 435 Rn. 52 f.

scheidung in diesen Fällen → § 435 Rn. 31a).[57] Dies gilt gemäß § 304 Abs. 4 S. 2 Nr. 5 auch für die erstinstanzlich getroffenen Beschlüsse der Oberlandesgerichte bzw. des BayObLG.[58] Die sofortige Beschwerde ist nicht nur dann statthaft, wenn das Gericht ein Beschlussverfahren durchgeführt hat. Sie kommt auch in Betracht, wenn eine mündliche Verhandlung stattgefunden hat, der Antrag in diesem Rahmen aber gleichwohl (durch Beschluss) als unzulässig verworfen wurde. Versäumt der Einziehungsbeteiligte – durch seinen Vertreter – verschuldet die Beschwerdefrist, ist ihm dieses Verschulden zuzurechnen.[59]

19 Für Urteile gilt die Besonderheit der § 436 Abs. 2, § 434 Abs. 3 S. 2, wonach das Urteil zwar nach den allgemeinen Bestimmungen über die **Berufung** oder **Revision** angefochten werden kann. Allerdings muss der Anfechtende sich insoweit entscheiden, da er gegen amtsgerichtliche Urteile nur wahlweise Berufung oder Revision einlegen kann.[60] Diese Einschränkung dient einerseits der Angleichung an das Beschlussverfahren, in dem auch nur ein Rechtsmittel zulässig ist, andererseits der Vereinfachung und Beschleunigung des Verfahrens.[61] Die Berufung oder Revision der Staatsanwaltschaft ist auch dann zulässig, wenn das Gericht den Einziehungsantrag der Staatsanwaltschaft nach durchgeführter Hauptverhandlung als unzulässig verworfen hat.[62] Aus § 436 Abs. 2 iVm § 434 Abs. 4, § 431 Abs. 4 ergibt sich, dass sofern nur die Höhe einer im Urteil ausgesprochenen Entschädigung angefochten wird, über das Rechtsmittel durch Beschluss entschieden werden kann. Die daraufhin ergehende Entscheidung des Rechtsmittelgerichts ist ihrerseits unanfechtbar.[63]

20 Die **Kosten** eines erfolglos eingelegten Rechtsmittels sind gemäß § 473 Abs. 1 vom Einziehungsbeteiligten zu tragen.[64]

21 Die Einlegung von Rechtsmitteln im Bußgeldverfahren richtet sich nach § 87 Abs. 5 OWiG und ist auf Entscheidungen über die Einziehung von Gegenständen mit einem Mindestwert von 250 EUR beschränkt.[65] Statthaft ist in diesen Fällen nach der Rechtsprechung wegen des Verweises über § 87 Abs. 3 S. 2, § 46 Abs. 1 OWiG die Beschwerde gemäß § 436 Abs. 2, § 434 Abs. 2.[66]

§ 437 Besondere Regelungen für das selbständige Einziehungsverfahren

¹Bei der Entscheidung über die selbständige Einziehung nach § 76a Absatz 4 des Strafgesetzbuches kann das Gericht seine Überzeugung davon, dass der Gegenstand aus einer rechtswidrigen Tat herrührt, insbesondere auf ein grobes Missverhältnis zwischen dem Wert des Gegenstandes und den rechtmäßigen Einkünften des Betroffenen stützen. ²Darüber hinaus kann es bei seiner Entscheidung insbesondere auch berücksichtigen
1. das Ergebnis der Ermittlungen zu der Tat, die Anlass für das Verfahren war,
2. die Umstände, unter denen der Gegenstand aufgefunden und sichergestellt worden ist, sowie
3. die sonstigen persönlichen und wirtschaftlichen Verhältnisse des Betroffenen.

---

[57] OLG Koblenz 30.11.2021 – 2 Ws 682/21, BeckRS 2021, 42243; KG 1.11.2021 – 4 Ws 80/21 – 161 AR 186/21, BeckRS 2021, 36888.
[58] Schmidt/Scheuß in KK-StPO Rn. 13. Zur fehlenden Beschwer bei formloser Einziehung siehe OLG Düsseldorf 15.9.1992 – 2 Ws 405/92, NStZ 1993, 452.
[59] OLG Düsseldorf 25.5.2000 – 1 Ws 286/00, NStZ-RR 2001, 335; Schmidt/Scheuß in KK-StPO Rn. 13.
[60] Siehe dazu auch § 55 Abs. 2 JGG.
[61] Köhler in Meyer-Goßner/Schmitt Rn. 11.
[62] BGH 5.5.2011 – 3 StR 458/10, NStZ 2012, 35; Köhler in Meyer-Goßner/Schmitt Rn. 11.
[63] Paeffgen in SK-StPO Rn. 9.
[64] Gaede in Löwe/Rosenberg § 435 Rn. 52; Koch in HK-GS Rn. 3.
[65] Schmidt/Scheuß in KK-StPO Rn. 16. Siehe dazu auch die Entscheidungen BGH 19.3.1993 – 2 ARs 43/93, BGHSt 39, 162 (164) = NJW 1993, 1808; OLG Düsseldorf 8.3.1996 – 5 Ss (OWi) 373/95, 5 Ss (OWi) 167/95 I, NVwZ 1996, 934.
[66] BGH 18.6.2020 – 1 StR 95/20, NStZ-RR 2020, 322 (323); OLG Karlsruhe 28.12.2020 – 2 Rb 21 Ss 699/20, BeckRS 2020, 40031. Ebenso BayObLG 11.9.2020 – 201 ObOWi 1065/20, BeckRS 2020, 41273 Anders Schmidt/Scheuß in KK-StPO Rn. 16.

Schrifttum: Barreto da Rosa, Die Reform der Vermögensabschöpfung: Offene Fragen des neuen Sicherstellungsrechts, NZWiSt 2018, 215; Beckemper, Die zweifelhafte Rechtsnatur des § 437 StPO, ZStW 2022, 456; Bittmann/Köhler/Seeger/Tschakert, Handbuch der strafrechtlichen Vermögensabschöpfung, 2020; Börner, Vermögensabschöpfung als Königsweg im System des Strafrechts – Auswirkungen auf Rolle und Aufgabe der Strafverteidigung, StraFo 2020, 89; Busch, Sanktionsdurchsetzungsgesetz I; Sanktionsdurchsetzungsgesetz II; Vorschlag der Europäischen Kommission für eine Richtlinie über die Einziehung und Abschöpfung von Vermögenswerten, wistra 2022, R8; Busch, Verhandlungen über neue EU-Richtlinie zur Abschöpfung und Einziehung von Vermögenswerten abgeschlossen, wistra 2024, 129; Deutscher, Strafrechtliche Vermögensabschöpfung, ZAP 2018, 241; El-Ghazi/Marstaller/Zimmermann, Die erweiterte selbständige Einziehung gem. § 76a Abs. 4 StGB nach der Reform des Geldwäschestrafrechts, NZWiSt 2021, 297; Fischer, Verfassungsbeschwerde bzgl. Einziehung von Vermögenswerten aus „cum-ex"-Geschäften erfolglos, jurisPR-SteuerR 33/2022 Anm. 1; Greeve, Das neue Recht der strafrechtlichen Vermögensabschöpfung, ZWH 2017, 277; Hein, Vermögensbezogene Maßnahmen im Rahmen der Bekämpfung organisierter Kriminalität: ein Ausblick auf das gesetzliche Instrumentariums Italiens, Beiträge zum 60. Geburtstag von Albin Eser, S. 149; Herzog, Gewinnabschöpfung unter der Flagge der positiven Generalprävention, JR 2004, 494; Hiéramente/Schwerdtfeger, Das Unternehmen im Fokus der Vermögensabschöpfung im Wirtschaftsstrafrecht – Risiken und Chancen der Gesetzesreform, BB 2018, 834; Hinderer/Blechschmitt, Die „erweiterte selbständige Einziehung" nach § 76a Abs. 4 StGB i.V.m. § 437 StPO, NZWiSt 2018, 179; Höft, § 76a Abs. 4 StGB – Ein neues verfassungswidriges Instrument im deutschen Vermögensabschöpfungsrecht, HRRS 2018, 196; Hunsicker, Strafrechtliche Vermögensabschöpfung und Präventive Gewinnabschöpfung in Deutschland, Kriminalistik 2018, 670; Johann, Möglichkeiten und Grenzen des neuen Vermögensabschöpfungsrechts, 2019; Johann, Geldwäscheverdacht: Einziehung, ohne Straftat, PStR 2019, 168; Knierim/Oehmchen/Beck/Geisler, Gesamtes Strafrecht aktuell, 2018; Köhler/Burkhard, Die Reform der strafrechtlichen Vermögensabschöpfung – Teil 2/2, NStZ 2017, 665; Köllner/Mück, Reform der strafrechtlichen Vermögensabschöpfung, NZI 2017, 593; Korte, Vermögensabschöpfung reloaded, wistra 2018, 1; Madauß, Das neue Recht der strafrechtlichen Vermögensabschöpfung und Steuerstrafverfahren – Fragen aus Sicht der Praxis, NZWiSt 2018, 28; Marstaller/Zimmermann, Non-conviction-based confiscation in Deutschland? Eine straf- und verfassungsrechtliche Untersuchung zur Legitimität der erweiterten selbständigen Taterragseinziehung nach § 76a IV StGB i.V.m. § 437 StPO, 2018; Mayer, Zur Abgrenzung von Verfall und erweitertem Verfall sowie zur Einziehung sichergestellter Gelder bei der Gerichtskasse, JR 2016, 112; Meyer, Abschöpfung von Vermögen unklarer Herkunft, NZWiSt 2018, 246; Meißner/Schütrumpf, Vermögensabschöpfung – Praxisleitfaden zum neuen Recht, 2. Aufl. 2022; Meyer, Die selbstständige Einziehung nach § 76a StGB-E, oder: Don't bring a knife to a gunfight, StV 2017, 343; Meyer, „Reformiert die Rückgewinnungshilfe!" – Denkanstöße für eine Generalüberholung der Vermögensabschöpfung, ZStW 127 (2015), 241; Nöding, § 76a Abs. 4 StGB: non-conviction-based confiscation, StraFo 2020, 139; Ordner, Die Verständigungseignung von vermögensabschöpfenden Rechtsfolgen, wistra 2017, 50; Pelz, Abschöpfung von Vermögen unklarer Herkunft in Deutschland, NZWiSt 2018, 251; Reichling, Zur Unvereinbarkeit der rückwirkenden Änderung der Regeln über die Vermögensabschöpfung im Strafverfahren mit Art. 7 Abs. 1 EMRK, wistra 2018, 139; Peters/Bröckers, Vermögensabschöpfung im Strafverfahren, 2019; Rönnau, Vermögensabschöpfung bei Unternehmen als Drittbegünstigte – Das reformierte Einziehungsrecht nimmt Fahrt auf!, ZRG 2022, 781; Rübenstahl/Weißbeck, Verfassungsrechtliche Grenzen rückwirkender Gesetze und die nachträgliche Verlängerung der Verjährung, ZWH 2021, 274; Saliger/Schörner, Neues Recht für alte Fälle? Die Vermögensabschöpfung im Spannungsfeld zwischen lex mitior-Grundsatz und Verschlechterungsverbot, StV 2018, 388; Schilling/Hübner, „Non-conviction-based confiscation" – Ein Fremdkörper im neuen Recht der strafrechtlichen Vermögensabschöpfung?, StV 2018, 49; Schmidt, Vermögensabschöpfung – Handbuch für das Straf- und Ordnungswidrigkeitenverfahren, 2. Aufl. 2019; Tormöhlen, Das neue Recht der Vermögensabschöpfung im steuerstrafrechtlichen Kontext, AO-StB 2017, 380; Trüg, Reform der strafrechtlichen Vermögensabschöpfung, NJW 2017, 1913; Ullenboom, Praxisleitfaden Vermögensabschöpfung, 2. Aufl. 2021.

Übersicht

	Rn.		Rn.
I. Allgemeines	1	2. Bedeutung der einzelnen Indizien	10
		a) Grobes Missverhältnis (S. 1)	10
II. Kritische Erläuterungen	3	b) Weitere Entscheidungskriterien. (S. 2)	13
1. Normzweck	3	3. Verfassungsrechtliche Bedenken	15

I. Allgemeines

§ 437 ermöglicht in Verbindung mit § 76a Abs. 4 StGB die selbständige Einziehung **1** von Vermögen „unklarer Herkunft". Dies betrifft Fälle, in denen von der prozessualen Feststellung einer konkreten Tat abgesehen, der Nachweis einer bestimmten rechtswidrigen

Tat, wie er sonst im Falle der selbständigen Einziehung vorliegen muss, also nicht erbracht wird.[1] Insoweit genügt es nach § 76a Abs. 4 StGB, dass der Verdacht des Vorliegens einer Katalogtat iSd § 76a Abs. 4 S. 3 besteht und das Gericht von der illegalen Herkunft des einzuziehenden Vermögens überzeugt ist.[2] § 437 ergänzt diese Vorschrift in verfahrensrechtlicher Hinsicht nun dahingehend, dass er benennt, auf welche Art und Weise das Gericht sich die in § 76a Abs. 4 StGB vorausgesetzte Überzeugung verschaffen kann. Die Vorschrift enthält damit keine tatbestandlichen Voraussetzungen für die Anordnung der Maßnahme, sondern **lediglich verfahrensrechtliche Anwendungshinweise**.[3] Die Besonderheit der mit den § 76a Abs. 4 StGB, § 437 geschaffenen Abschöpfungsmaßnahme liegt darin, dass für diese nicht einmal erforderlich ist, dass der Täter überhaupt wegen einer den Katalogtaten entsprechenden Straftat verurteilt wird oder werden kann.[4] Es bedarf weder einer nachgewiesenen Anlasstat noch einer Erwerbstat. Stattdessen reicht es aus, dass der sichergestellte Gegenstand aus irgendeiner von irgendjemandem begangenen, aber nicht weiter feststellbaren rechtswidrigen Tat „herrührt".[5] Der Begriff des Herrührens entstammt § 261 StGB und wurde bewusst wegen seiner Weite gewählt.[6] Er umfasst Vermögensgegenstände, für die bei wirtschaftlicher Betrachtung ein Kausalzusammenhang mit einer rechtswidrigen Tat besteht.[7] Die Einziehung nach § 76a Abs. 4 StGB wird zwar anders als die selbständige Einziehung nach § 76a Abs. 1 StGB in das Ermessen des Gerichts gestellt.[8] Allerdings „soll" dieses Ermessen nur ausnahmsweise, nämlich bei Unverhältnismäßigkeit im Einzelfall, zur Nichtanordnung der Einziehung führen.[9] Für die Anforderungen an die Prüfung der Verhältnismäßigkeit der Anordnung verweist der Gesetzgeber auf die Rechtsprechung des EGMR, der diese aus Art. 1 des 1. Zusatzprotokolls zur EMRK abgeleitet hat.[10] Dabei sind zur Wahrung des Verhältnismäßigkeitsgrundsatzes im Einzelfall das konkrete Verhalten des Betroffenen sowie das Ausmaß seiner Bösgläubigkeit zu berücksichtigen.[11] Daneben soll – so der Gesetzgeber – insoweit auf die Rechtsprechung des BGH zurückgegriffen werden können, wonach die Vermögensabschöpfung bei einem gutgläubigen Drittbegünstigten ausgeschlossen ist, wenn dieser den betreffenden Gegenstand in Erfüllung einer nicht bemakelten entgeltlichen Forderung erlangt hat, deren Entstehung und Inhalt in keinem Zusammenhang mit der Tat steht.[12]

2 Sobald eine subjektive Einziehung, eine erweiterte Einziehung von Taterträgen iSd §§ 73–73c StGB oder aber eine selbständige Einziehung nach § 76a Abs. 1–3 StGB in Betracht kommen, verdrängen diese § 76a Abs. 4 StGB.[13] Die in § 437 genannten Umstände

---

[1] Johann, 2019, S. 215; Temming in BeckOK StPO vor Rn. 1.
[2] Beck/Knierim in Gesamtes Strafrecht aktuell, Kap. 16 Rn. 103; Meißner/Schütrumpf, 2022, Rn. 151, wobei der Katalog letztlich durch § 261 StGB ausgehöhlt wird.
[3] BT-Drs. 18/9525, 58; Schmidt/Scheuß in KK-StPO Rn. 1.
[4] BT-Drs. 18/9525, 92; Johann, 2019, S. 215.
[5] Temming in BeckOK StPO Rn. 2; Paeffgen in SK-StPO Rn. 1; Nöding StraFo 2020, 139 (140, 142). Zu den Begriffen der „Anlass-" und „Erwerbstat" siehe bei Metzger in KMR-StPO Rn. 5.
[6] KG 30.9.2020 – 4 Ws 46/20 – 161 AR 97/20, NZWiSt 2021, 74 (78, 80) mAnm Schuster StV 2021, 437 ff.; Johann, 2019, S. 220; Veljovic NZWiSt 2021, 82 ff.; Temming in BeckOK StPO Rn. 2.1; Köhler/Burkhard NStZ 2017, 665 (671); Nöding StraFo 2020, 139 (142); Metzger in KMR-StPO Rn. 5.
[7] BGH 18.2.2009 – 1 StR 4/09, BGHSt 53, 205 = NJW 2009, 1617 (1618); Beck/Knierim in Gesamtes Strafrecht aktuell, Kap. 16 Rn. 104. Eine restriktivere Interpretation fordernd Heine in Satzger/Schluckebier/Widmaier StPO Rn. 2. Kritisch mit Blick auf den Bestimmtheitsgrundsatz, Paeffgen in SK-StPO Rn. 14.
[8] KG 30.9.2020 – 4 Ws 46/20 – 161 AR 97/20, NZWiSt 2021, 74 (81); Beck/Knierim in Gesamtes Strafrecht aktuell, Kap. 16 Rn. 107; Köhler in Meyer-Goßner/Schmitt Rn. 6; Retemeyer in Gercke/Julius/Temming/Zöller Rn. 6.
[9] BT-Drs. 18/9525, 73; Meißner/Schütrumpf, 2022, Rn. 154.
[10] BT-Drs. 18/9525, 73 f.; Beck/Knierim in Gesamtes Strafrecht aktuell, Kap. 16 Rn. 107; Meißner/Schütrumpf, 2022, Rn. 155.
[11] EGMR 24.7.2012 – 55167/11, BeckRS 2012, 219979 – Nowakowski/Polen; EGMR 10.4.2012 – 20496/02 – Silickiene/Litauen.
[12] BT-Drs. 18/9525, 73; BGH 19.10.1990 – 5 StR 336/99, BGHSt 45, 235 = NJW 2000, 297; Meißner/Schütrumpf, 2022, Rn. 155.
[13] Beck/Knierim in Gesamtes Strafrecht aktuell, Kap. 16 Rn. 103; Johann, 2019, S. 215.

sollen – so die Gesetzesbegründung – auch bei der Überzeugungsbildung im Rahmen des § 73a StGB zur Anwendung kommen.[14]

II. Kritische Erläuterungen

1. Normzweck. § 437 dient zusammen mit § 76a Abs. 4 StGB der Einführung der sog. 3 „non conviction based confiscation/forfeiture" ins deutsche Recht, also der selbständigen Einziehung von Vermögen unklarer Herkunft, die als wirksames Mittel der Verbrechensbekämpfung gilt.[15] Ähnliche Rechtsinstitute kannte man bislang im anglo-amerikanischen Rechtkreis oder im italienischen Recht.[16] So knüpft Letzteres beispielsweise – dem § 437 S. 1 vergleichbar – an ein grobes Missverhältnis zwischen dem Wert des Erlangten und den rechtmäßigen Einkünften des Betroffenen an.[17] Die Einführung der Normen basiert nicht – so wie die teilweise in § 76a Abs. 1 StGB vorgenommenen Änderungen – auf den zwingenden europarechtlichen Vorgaben aus der Richtlinie 2014/42/EU,[18] sondern erfolgte auf Eigeninitiative des Gesetzgebers.[19] In Erwägungsgrund 21 der Richtlinie wurde den Mitgliedstaaten lediglich die Möglichkeit der Schaffung eines entsprechenden Rechtsinstituts eingeräumt.[20] Im deutschen Recht soll das neue Rechtsinstitut ausweislich des BVerfG – für die Fallgruppe des aus Straftaten herrührenden Vermögens unklarer Herkunft – die bisher insbesondere im Bereich der organisierten Kriminalität und des Terrorismus geschaffene **Abschöpfungslücke schließen**.[21] So sollen die § 76a Abs. 4 StGB, § 437 vor allem dann greifen, wenn eine Verurteilung daran scheitert, dass der erforderliche Vorsatz nicht festgestellt werden kann oder der Betroffene zwar in kriminelle Aktivitäten verstrickt ist, ihm eine konkrete Straftatbeteiligung aber nicht nachgewiesen werden kann.[22] Weil gerade in den in der Praxis wichtigen Geldwäscheverdachtsfällen mit Auslandsbezug die Feststellung einer konkreten Katalogvortat iSd § 261 Abs. 1 S. 2 StGB oftmals scheitert, soll die selbständige Einziehung auch dort eine Lücke schließen.[23]

Dabei soll § 437 **„herausragende" verfahrensrechtliche Bedeutung** dadurch erlangen, dass er den Gerichten eine klare Leitlinie an die Hand gebe, auf welcher tatsächlichen Grundlage sie sich von der deliktischen Herkunft des Gegenstands überzeugen können.[24] Gleichzeitig soll er den Schutz gutgläubiger Dritter gewährleisten.[25] 4

Die von § 76a Abs. 4 StGB, § 437 erfassten Fallkonstellationen sind jedoch von vornherein mit einem **Widerspruch** behaftet: Während eine gesicherte Überzeugungsbildung des 5

---

[14] BT-Drs. 18/9525, 66; BGH 14.10.2020 – 5 StR 165/20, NStZ 2021, 286 mAnm Beckemper NZWiSt 2021, 358; Schmidt, 2018, Rn. 1846. Metzger in KMR-StPO Rn. 9 mit Hinweis auf die allgemeine Geltung der „Hinweise".
[15] Heine in Satzger/Schluckebier/Widmaier StPO Rn. 1; Törmöhlen AO-StB 2017, 380 (383).
[16] BT-Drs. 18/9525, 58; Johann, 2019, S. 215 f.; Törmöhlen AO-StB 2017, 380 (383); vgl. dazu auch Meyer ZStW 127 (2015), 241 (256 ff.); El-Ghazi/Marstaller/Zimmermann NZWiSt 2021, 297; Hinderer/Blechschmitt NZWiSt 2018, 179 (180); zur Rechtslage in der Europäischen Union: Eurojust, Report on non-conviction-based confiscation, 2.4.2013. Kritisch zur Übertragung wegen der systemischen Unterschiede, Paeffgen in SK-StPO Rn. 1.
[17] Hein, Beiträge zum 60. Geburtstag von Albin Eser, 1995, S. 149 (157 f.); Meyer ZStW 127 (2015), 241 (268 f.).
[18] Richtlinie 2014/42/EU des Europäischen Parlaments und des Rates v. 3.4.2014 über die Sicherstellung und Einziehung von Tatwerkzeugen und Erträgen aus Straftaten in der Europäischen Union. Zum Vorschlag der EU-Kommission für eine Richtlinie zur Abschöpfung und Einziehung von Vermögenswerten siehe bei Fischer jurisPR-SteuerR 33/2022 Anm. 1; Busch wistra 2022, R8 (R10).
[19] Stellungnahme der Strafverteidigervereinigungen vom 31.5.2016, S. 15; Beckemper ZStW 2022, 456 (458); Nöding StraFo 2020, 139.
[20] Metzger in KMR-StPO Rn. 2; s. allerdings zur Entsprechung mit den Vorgaben aus RL-Vorschlag aus 2022, Busch wistra 2024, R9 (R10).
[21] BT-Drs. 18/9525, 58; Johann, 2019, S. 216; Nöding StraFo 2020, 139 (140).
[22] BT-Drs. 18/9525, 92 f.; Schmidt/Scheuß in KK-StPO Rn. 5.
[23] BT-Drs. 18/9525, 92 f.; Meyer NZWiSt 2018, 246 (248); Dies hat sich in der Praxis „bewährt", vgl. El-Ghazi/Marstaller/Zimmermann NZWiSt 2021, 297.
[24] BT-Drs. 18/9525, 58; Koch in HK-GS Rn. 2. Dies als „heuchlerisch" bezeichnend Paeffgen in SK-StPO Rn. 1.
[25] BT-Drs. 18/9525, 74; Beck/Knierim in Gesamtes Strafrecht aktuell, Kap. 16 Rn. 103.

Richters im Hinblick auf eine tatgerichtliche Verurteilung wegen der Anlasstat oder der Erwerbstat nicht möglich ist, soll sich das Gericht hinsichtlich der konkreten Herkunft der sichergestellten Gegenstände eine Überzeugung bilden können.[26] Diesen Widerspruch vermögen die § 76a Abs. 4 StGB, § 437 nicht zu überwinden.

6 Zweifelhaft ist zudem der **verfahrensrechtliche Charakter** des § 437: Obwohl der Wortlaut darauf schließen lässt, dass dem Gericht insoweit eine Anleitung gegeben wird, wie es sich von der illegalen Herkunft des Gegenstands überzeugen kann, bleiben hilfreiche Vorgaben aus.[27] Eine klare Beweisregel, Beweismaßregel oder eine andere Anweisung, die eine Abweichung von § 261 anordnen würde, fehlt. Allenfalls in § 437 S. 1 kann ein Regelbeispiel dafür gesehen werden, wann eine gerichtliche Überzeugung vor allem angenommen werden kann, während die Bedeutung der in § 437 S. 2 Nr. 1–3 genannten Beispiele nicht geklärt ist.[28] Ob die Norm daher die Art und Weise, wie das Gericht sich Überzeugung von der deliktischen Herkunft verschaffen kann, anzuleiten vermag, bleibt anzuzweifeln.

7 Die **Zweifel an der Tauglichkeit** der neu eingeführten Regelungen der § 76a Abs. 4 StGB, § 437 zur Schließung von Abschöpfungslücken in der Praxis betont auch der – den Regierungsentwurf ablehnende – Deutsche Richterbund.[29] Praktisch relevant werden in diesem Zusammenhang nämlich vor allem Fälle, in denen erhebliche Bargeldbeträge gefunden werden, deren Herkunft unklar bleibt.[30] Aber selbst wenn diese vom Betroffenen versteckt oder zunächst zurückgehalten wurden, kann eine richterliche Überzeugung dahingehend, dass die Beträge aus einer rechtswidrigen Tat stammen, allein daraus oder aus der sonstigen Vermögenssituation des Betroffenen – auch zukünftig – nicht gebildet werden.[31] Denn Voraussetzung dafür ist nach ständiger Rechtsprechung, dass sich unter Berücksichtigung aller unstreitigen und festgestellten Einzelumstände des Sachverhalts ein für die zu beweisende Tatsache nach der Lebenserfahrung typischer Geschehensablauf ergibt, mit Hilfe dessen von einer festgestellten Ursache auf einen bestimmten Erfolg geschlossen werden kann.[32] In den von § 76a Abs. 4 StGB, § 437 vorgesehenen Fällen kann jedoch weder die Vermögensquelle als Ursache noch ein typischer Geschehensablauf iS eines tragfähigen Erfahrungssatzes festgestellt werden, so dass eine richterliche Überzeugungsbildung iSd § 261 ausscheidet.[33]

8 Zweifelhaft ist deshalb auch, wie der **Grundsatz der freien Beweiswürdigung** (§ 261), der ausweislich des Regierungsentwurfs von den jetzt in S. 1 und S. 2 gemachten Vorgaben unberührt bleiben soll (siehe dazu den aufgrund seiner „deklaratorischen Natur" gestrichenen § 437 Abs. 2 StPO-E),[34] mit Blick auf die in § 437 genannten Indizien oder Regelbeispiele noch uneingeschränkt zur Geltung kommen kann.[35] Ein grobes Missverhält-

---

[26] Stellungnahme der Strafverteidigervereinigungen vom 31.5.2016, S. 18; Johann, 2019, S. 229 f. Zumindest „Schwierigkeiten" ebenfalls sehend Beckemper NZWiSt 2021, 358; Peters/Bröckers, 2019, Rn. 330 ff.

[27] Paeffgen in SK-StPO Rn. 1.

[28] Heine in Satzger/Schluckebier/Widmaier StPO Rn. 1; Paeffgen in SK-StPO Rn. 2. Ähnlich: Stellungnahme der Strafverteidigervereinigungen vom 31.5.2016, S. 19; Diese Vorschriften (§ 437 Nr. 1–3) als einen Eingriff in den Kerngehalt des § 261 ansehend, BRAK Stellungnahme Nr. 15/2016, S. 6 f.

[29] Stellungnahme des Deutschen Richterbunds Nr. 9/16, S. 4 (gemeint ist dort wohl § 76a Abs. 4 StGB); siehe auch bei Johann, 2019, S. 218 f., 225.

[30] So auch der Regierungsentwurf, vgl. BT-Drs. 18/9525, 52.

[31] Stellungnahme des Deutschen Richterbunds Nr. 9/16, S. 4; zustimmend auch BRAK Stellungnahme Nr. 15/2016, S. 7.

[32] BGH 19.3.1996 – VI ZR 380/94, NJW 1996, 1828; 4.12.2000 – II ZR 293/99, NJW 2001, 1140; 5.11.1996 – VI ZR 343/95, NJW 1997, 528.

[33] Beispielhaft AG Bremen 25.3.2020 – 87 Ds 310 Js 53638/14 (29/18), 87 Ds 29/18, BeckRS 2020, 29077. BRAK Stellungnahme Nr. 15/2016, S. 7; aA wohl Metzger in KMR-StPO Rn. 6; Köhler in Meyer-Goßner/Schmitt Rn. 3; El-Ghazi/Marstaller/Zimmermann NZWiSt 2021, 297 (298 f.) mit Verweis auf § 286 Abs. 4 S. 1 ZPO.

[34] Der Absatz wurde auf Anraten des Rechtsausschusses gestrichen. Vgl. noch Abs. 2 im Entwurf BT-Drs. 18/9525, 30 sowie die Hinweise des Rechtsausschusses BT-Drs. 18/11640, 89 so auch Metzger in KMR-StPO Rn. 6.

[35] Keine Probleme scheint die Rechtsprechung zu sehen: BGH 18.9.2019 – 1 StR 320/18, BGHSt 64, 186 ff. = NJW 2020, 164 mAnm Bittmann NStZ 2020, 152; Kraushaar NJW 2020, 167; Greier jurisPR-

nis zwischen dem Wert des Gegenstands und den rechtmäßigen Einkünften des Betroffenen (§ 437 S. 1) sowie die in § 437 S. 2 Nr. 1–3 genannten Aspekte allein können für sich genommen noch nicht die sonst im Rahmen der freien Beweiswürdigung nötige Überzeugung liefern, der Gegenstand stamme aus einer rechtswidrigen Tat. Genau ein solches Hinreichen der genannten Aspekte legt die Formulierung des § 437 aber nahe.[36] Eine Klarstellung, dass die freie Beweiswürdigung nach § 261 unberührt bleibt, wäre also gerade am Platze. Die Parallele zu dem als Lippenbekenntnis gemeinten § 257c Abs. 1 S. 2 drängt sich auf – dort musste das BVerfG für ein enges und erst damit verfassungsgemäßes Verständnis sorgen.[37] § 437 unterliegt derselben Fragwürdigkeit. Die Einführung des § 437 wird allenfalls in eng begrenzten Ausnahmefällen dem Anspruch auf Wahrheitsermittlung dienen können.[38] Denn auch der Gesetzesentwurf sah es offenbar so, dass – in puncto Herrührens des Vermögens aus einer rechtswidrigen Tat – die nötige richterliche Überzeugung nur gebildet werden könne, wenn „kein vernünftiger Zweifel"[39] verbleibe. Dazu müssten Alternativhypothesen ausgeschlossen werden können. Und dies dürfte ausgesprochen selten der Fall sein.

Wenn § 261 also tatsächlich unberührt bleiben soll, hat § 437 nur die Funktion eines gesetzgeberischen Hinweises an die Strafrichter, und zwar dahin, dass es diese in der Beweiswürdigung zu berücksichtigenden Umstände gibt. Diese Belehrung haben, wie alle Beteiligten wissen, Strafrichter nicht nötig. Es droht daher, dass die Gerichte – aus dem sonst gänzlich überflüssigen § 437 – eine unausgesprochene Botschaft herauslesen, nämlich die den gesamten Entwurf überwölbende Botschaft „Straftaten dürfen sich nicht lohnen!" und die daraus wiederum folgende Botschaft, man möge das Vermögen tatsächlich „unklarer Herkunft" möglichst einziehen.[40] Die Praxis wird also darauf zu achten haben, dass sich die im Gesetzgebungsverfahren abgelehnte ausdrückliche Normierung einer Beweislastumkehr (für Vermögen unklarer Herkunft) nicht als faktische Beweislastumkehr in den Strafprozess einschleicht. Gerade darauf hatte es der Gesetzentwurf zwar anscheinend abgesehen.[41] Doch ist eine solche Herabsetzung der Anforderungen an die Überzeugungsbildung des Gerichts nicht angängig, sie kann – jedenfalls weil kein Bezug zu einer rechtskräftig festgestellten bestimmten Straftat hergestellt werden kann – vor dem Recht des Einziehungsbetroffenen aus Art. 14 GG keinen Bestand haben (vgl. noch bei → Rn. 15 f.).[42] Frühere Gesetzesreformen hatten noch die Erkenntnis hochgehalten, dass „die **Straftat**" doch „**die materielle Grundlage der Einziehung**" ist.[43] Dann muss im Strafverfahren aber auch der Nachweis lege artis geführt werden, dass diese Grundlage vorhanden ist.

2. Bedeutung der einzelnen Indizien. a) Grobes Missverhältnis (S. 1). Nach S. 1 soll das Gericht seine Überzeugung, der einzuziehende Gegenstand stamme aus einer rechtswidrigen Tat iSd Straftatenkatalogs des § 76a Abs. 4 StGB, **insbesondere** auf ein grobes Missverhältnis zwischen dem Wert des Gegenstands und den rechtmäßigen Einkünften des Betroffenen stützen können. Der Wortlaut („insbesondere") macht deut-

---

StrafR 2/2020 Anm. 2; KG 30.9.2020 – 4 Ws 46/20 – 161 AR 97/20, NZWiSt 2021, 74 (78, 80); LG Aachen 13.7.2021 – 60 KLs 2/21, BeckRS 2021, 24138; 17.7.2020 – 60 KLs 4/20, BeckRS 2020, 43671; AG Nürtingen 21.6.2019 – 16 DS 211 Js 53509/17, BeckRS 2019, 15406 mAnm Corsten/Hübner wistra 2019, 519. Wohl auch Hunsicker Kriminalistik 2018, 670 (673); Koch in HK-GS Rn. 2; Schmidt/Scheuß in KK-StPO Rn. 2; Ullenboom, 2021, Rn. 247.

[36] So auch Knierim in Gesamtes Strafrecht aktuell, Kap. 21 Rn. 191.
[37] BVerfG 19.3.2013 – 2 BvR 2628/10, BVerfGE 133, 168 = NJW 2013, 1058.
[38] Johann, 2019, S. 228 f.; Knierim in Gesamtes Strafrecht aktuell, Kap. 21 Rn. 181.
[39] BT-Drs. 18/9525, 92 mit 48.
[40] Beckemper ZStW 2022, 456 (470); Gaede in Löwe/Rosenberg Rn. 3, 12; ähnlich Knierim in Gesamtes Strafrecht aktuell, Kap. 21 Rn. 191, der fürchtet, es müsse nunmehr nur noch ein grobes Missverhältnis aufgedeckt, nicht aber die Wahrheit über Herkunft des Gegenstands ermittelt werden.
[41] BT-Drs. 18/9525, 92.
[42] Vgl. BVerfG 14.4.2004 – 2 BvR 564/95, BVerfGE 110, 1 ff. = NJW 2004, 2073 (2076 f.).
[43] BT-Drs. 5/1319, 73.

lich, dass die Aufzählung des groben Missverhältnisses nicht abschließend ist.[44] Ansonsten jedoch ist die genaue Bedeutung des groben Missverhältnisses[45] unklar.[46]

11 Lässt man den gesetzgeberischen Hinweis beiseite, dass § 261 von § 437 nicht angetastet wird, stellen sich die Dinge wie folgt dar: Das in § 76a Abs. 4 StGB, § 437 vorgesehene Verfahren soll nach der gesetzgeberischen Intention ein Verfahren sein, das sich gegen die Sache („ad rem") richtet und eine quasikondiktionsrechtliche Abschöpfung von zu Unrecht erlangtem Vermögen zur Folge hat.[47] Da es dem Verfahren damit an einem Strafcharakter fehle, müssten für das Verfahren – so der Gesetzgeber – nicht strafrechtliche, sondern zivilrechtliche Grundsätze gelten, und dies vor allem in beweisrechtlicher Hinsicht. Deshalb kann davon ausgegangen werden, dass mit der ungewöhnlichen Vorschrift des S. 1 im Rahmen dieses besonderen selbständigen Einziehungsverfahrens eine Anlehnung an die zivilrechtlichen Darlegungs- und Beweislastregeln erfolgen sollte.[48] S. 1 sollte insoweit eine Art **„Anscheinsbeweis"** enthalten, der nun faktisch zu einer Umkehrung der sonst geltenden Darlegungs- und Beweislast führt:[49] Sollte die Staatsanwaltschaft einen auf einen beweisbaren Tatsachenvortrag gestützten Einziehungsantrag stellen, der insbesondere wegen des dargelegten groben Missverhältnisses zwischen dem Wert des Gegenstands und den rechtmäßigen Einkünften des Betroffenen den Schluss auf eine illegale Herkunft zulasse, und sollte sich dieser Vortrag in der Beweisaufnahme bestätigen, wird das Gericht die Einziehung in der Regel anordnen, es sei denn der Betroffene bestreite als Einziehungsbeteiligter die illegale Herkunft und könne dies auch beweisen.[50] Dies hat zur Konsequenz, dass die Betroffenen die Einziehung in der Regel nicht mit bloßem Schweigen oder Bestreiten mit Nichtwissen werden abwenden können.[51] Die Verteidigung des sonst doch als „unschuldig" geltenden Betroffenen wird dadurch erheblich erschwert – und das, obwohl es für ein grobes Missverhältnis auch andere Erklärungen als die illegale Herkunft geben kann.[52] So können erhebliche Vermögenswerte beispielsweise aus Schenkungen, Erbschaften, Zuwendungen unter Familienangehörigen, Privatdarlehen, Spekulations- oder Lotteriegewinnen und auch sonstigen anderen rechtmäßigen Quellen

---

[44] Johann, 2019, S. 224; Koch in HK-GS Rn. 3; Knierim in Gesamtes Strafrecht aktuell, Kap. 21 Rn. 190. Das grobe Missverhältnis soll insoweit aber einen herausgehobenen Stellenwert einnehmen, Schmidt/Scheuß in KK-StPO Rn. 4.

[45] Die Rechtsprechung lässt etwa einen Betrag von über 55.000 Euro genügen, wenn keine nennenswerten Einkünfte bezogen werden, vgl. LG Aachen 13.7.2021 – 60 KLs 2/21, BeckRS 2021, 24138; AG Weiden 7.5.2019 – 3 Ls 22 Js 223/17, BeckRS 2019, 35372. Zum Teil soll aber auch schon deutlich weniger genügen: LG Aachen 17.7.2020 – 60 KLs 4/20, BeckRS 2020, 43671. Beispiele macht im Übrigen Ullenboom, 2021, Rn. 248. Eine restriktive Anwendung bevorzugend Gaede in Löwe/Rosenberg Rn. 8. Eingehend zum Ganzen Johann, 2019, S. 226 ff.

[46] Johann, 2019, S. 226 ff. Zu einer möglichen Interpretation Meyer NZWiSt 2018, 246 (247 ff.).

[47] BT-Drs. 18/9525, 92. So nun auch BVerfG 10.2.2021 – 2 BvL 8/19, NJW 2021, 1222 (1223 ff.); BGH 15.5.2018 – 1 StR 651/17, NStZ-RR 2018, 241. Kritisch zur Begrifflichkeit Börner StraFo 2020, 89 (90).

[48] So deutend auch Knierim in Gesamtes Strafrecht aktuell, Kap. 21 Rn. 191; Börner StraFo 2020, 89 (94). Für eine bloße „Orientierungshilfe" zur Vermeidung „überspannter Anforderungen" Beckemper NZWiSt 2021, 358 (359 f.). Zur Nähe zum Verwaltungsrecht und gegen einen Anscheinsbweis Beckemper ZStW 2022, 456 (461, 465).

[49] AG Nürtingen 21.6.2019 – 16 DS 211 Js 53509/17, BeckRS 2019, 15406; Meißner/Schütrumpf, 2022, Rn. 153; Pelz NZWiSt 2018, 251 (252). Dagegen Johann, 2019, S. 233 ff. Anders Tschakert in Bittmann/Köhler/Seeger/Tschakert Strafrecht. Vermögensabschöpfung-HdB Rn. 1642 f., die dies als „missverständlich" in der Gesetzesbegründung ansieht. Zu den Unstimmigkeiten Nöding StraFo 2020, 139 (142). Kritisch zum Ganzen Paeffgen in SK-StPO Rn. 16 ff.

[50] BT-Drs. 18/9525, 92; Temming in BeckOK StPO Rn. 5; Johann, 2019, S. 232, der aber hervorhebt, dass es dazu der Anwendung zivilprozessualer Grundsätze gar nicht bedürfe, nach der alten Rechtslage hingegen standen der Anordnung noch vernünftige Zweifel an der deliktischen Herkunft entgegen, vgl. BGH 10.1.2018 – 5 StR 465/17, BeckRS 2018, 476, das sich wegen Art. 316h S. 2 EGStGB noch zur alten Rechtslage verhält.

[51] BT-Drs. 18/9525, 92; Meißner/Schütrumpf, 2022, Rn. 153; Schmidt, 2018, Rn. 1849; Temming in BeckOK StPO Rn. 5. So nun tatsächlich BGH 14.10.2020 – 5 StR 165/20, NStZ 2021, 286 (287); AG Nürtingen 21.6.2019 – 16 DS 211 Js 53509/17, BeckRS 2019, 15406: Es müssten realistische Alternativen für einen Legalerwerb aufgezeigt werden.

[52] Knierim in Gesamtes Strafrecht aktuell, Kap. 21 Rn. 191.

stammen.⁵³ Für den Betroffenen gilt nunmehr allerdings, dass er aktiv tätig werden muss, um eine solche Herkunft zu beweisen und damit die ihn nachteilig treffende faktische Beweislastregel zu widerlegen.⁵⁴

Die vom Gesetzgeber intendierte Auslegung des § 437 S. 1 als **Beweislastumkehr** hat im Gesetzwortlaut keinen eindeutigen Anklang gefunden und dürfte die in der Literatur bereits zum erweiterten Verfall existierende kritische Diskussion weiter anregen.⁵⁵ Daneben ist auch in Zweifel zu ziehen, dass die vermögensabschöpfende Maßnahme des § 76a Abs. 4 StGB sich wie vom Gesetzgeber beabsichtigt lediglich gegen die Sache richtet und es insoweit an einem Strafcharakter fehlt.⁵⁶ Denn in dem Regierungsentwurf wird betont, dass die Vermutung vor allem in Geldwäscheverdachtsfällen greife, wenn Feststellungen zur rechtswidrigen Tat nicht getroffen werden könnten.⁵⁷ Anlass der Einziehung ist damit gerade eine Straftat, so dass es sich letztlich doch um einen strafrechtlichen Zugriff handelt.⁵⁸ Vor diesem Hintergrund bedürfte es nach allgemeinen Grundsätzen schon einer Schuldfeststellung in einem ordnungsgemäßen Verfahren, die in dem in §§ 435 ff. geregelten Verfahren jedoch nicht vorgesehen ist. Insoweit ist die vom Gesetzgeber intendierte Umkehrung der Beweislast **rechtlich gesperrt.**⁵⁹ 12

b) Weitere Entscheidungskriterien. (S. 2). Neben dem groben Missverhältnis zwischen dem Wert des Gegenstands und den rechtmäßigen Einkünften des Betroffenen sollen die in § 437 S. 2 genannten Kriterien für die Überzeugungsbildung des Gerichts von Bedeutung sein. Zu nennen sind insoweit das Ergebnis der Ermittlungen zur Anlasstat (Nr. 1), die Umstände, die zur Auffindung und Sicherstellung des Gegenstands geführt haben (Nr. 2) sowie die sonstigen persönlichen und wirtschaftlichen Verhältnisse des Betroffenen (Nr. 3). All diese Aspekte (einschließlich des groben Missverhältnisses) sind nicht neu, sondern konnten im Rahmen der Rechtsprechung zum erweiterten Verfall bereits Indizien für die illegale Herkunft der Gegenstände sein.⁶⁰ Das Ergebnis der Ermittlungen zur Anlasstat sowie die Auffindeumstände stellten danach aber bloße Verdachtsmomente dar.⁶¹ 13

In der Vergangenheit hatten Tatgerichte für die Anordnung des erweiterten Verfalls Abstriche bei der Überzeugungsbildung vorgenommen. Für die Annahme illegaler Herkunft des Vermögens hatte man genügen lassen, dass rechtmäßige Quellen nicht auffindbar waren oder dass sich die Herkunft aus einer rechtswidrigen Tat wegen der Situation des Täters und seines Vorlebens einem objektiven Beobachter geradezu aufdrängte. Diesen tatrichterlichen Maßstab vor § 261 gelten zu lassen, hat der BGH stets abgelehnt. Stattdessen war **erforderlich,** dass der Tatrichter nach erschöpfender Beweiserhebung und Beweiswürdigung die **uneingeschränkte Überzeugung** gewonnen hatte, dass der Angeklagte die Gegenstände aus rechtswidrigen Taten erlangt hat, ohne dass diese im Ergebnis festgestellt werden müss- 14

---

⁵³ Knierim in Gesamtes Strafrecht aktuell, Kap. 21 Rn. 191.
⁵⁴ Johann, 2019, S. 230; Knierim in Gesamtes Strafrecht aktuell, Kap. 21 Rn. 191; Hinderer/Blechschmitt NZWiSt 2018, 179 (182); Nöding StraFo 2020, 139 (143); Pelz NZWiSt 2018, 251 (252); Veljovic NZWiSt 2021, 82 (83); kritisch auch Corsten/Hübner wistra 2019, 519 (520); Johann PStR 2019, 168 (170 f.); wohl auch Bülte medstra 2018, 79 (85); nicht so kritisch: Metzger in KMR-StPO Rn. 6, der hervorhebt, dass der Amtsermittlungsgrundsatz gelte, aber aus dem Schweigen iSd § 261 Schlüsse gezogen werden dürfen. Für eine restriktive Interpretation: AG Bremen 25.3.2020 – 87 Ds 310 Js 53638/14 (29/18), 87 Ds 29/18, BeckRS 2020, 29077; Gaede in Löwe/Rosenberg Rn. 15; Schuster StV 2021, 437 (439); Tschakert in Bittmann/Köhler/Seeger/Tschakert Strafrechtl. Vermögensabschöpfung-HdB Rn. 1645.
⁵⁵ Temming in BeckOK StPO Rn. 5. Zur Kritik: Herzog JR 2004, 494.
⁵⁶ Knierim in Gesamtes Strafrecht aktuell, Kap. 21 Rn. 190.
⁵⁷ BT-Drs. 18/9525, 93.
⁵⁸ Knierim in Gesamtes Strafrecht aktuell, Kap. 21 Rn. 191.
⁵⁹ Knierim in Gesamtes Strafrecht aktuell, Kap. 21 Rn. 191.
⁶⁰ BGH 22.11.1994 – 4 StR 516/94, BGHSt 40, 371 = NJW 1995, 470; Hinderer/Blechschmitt NZWiSt 2018, 179 (182); Temming in BeckOK StPO Rn. 4. Mit Beispielen nun Gaede in Löwe/Rosenberg Rn. 18 ff.; Koch in HK-GS Rn. 4 f.; Ullenboom, 2021, Rn. 249 ff. Kritisch auch dazu Paeffgen in SK-StPO Rn. 7.
⁶¹ BGH 22.11.1994 – 4 StR 516/94, BGHSt 40, 371 = NJW 1995, 470; Temming in BeckOK StPO Rn. 4; Paeffgen in SK-StPO Rn. 22; so auch Nöding StraFo 2020, 139 (143) mit weiteren Anwendungsbeispielen.

ten.⁶² Den Anscheinsbeweis hat der BGH also – mit Recht – nicht zugelassen. Welche Bedeutung die in § 437 genannten Aspekte haben sollen, ist vor dem Hintergrund dieser Rechtsprechung und der weiterhin vom Gesetzgeber vorgesehenen uneingeschränkten Geltung des § 261 unklar. Ein Anscheinsbeweis wurde nicht explizit in die Gesetzesformulierung aufgenommen.⁶³ Ihrer Intention und Tendenz nach handelt es sich bei den in § 437 S. 2 genannten Indizien ebenso wie bei S. 1 um faktisch wirkende Beweislastregeln, die das Gericht in seine Überzeugungsbildung miteinbeziehen soll.⁶⁴ Eine klare Leitlinie für die Bildung der richterlichen Überzeugung von der deliktischen Herkunft – so wie vom Gesetzgeber bezweckt – wird den Gerichten damit aber nicht an die Hand gegeben.⁶⁵ Bezieht das Gericht einen der in S. 2 genannten Aspekte in seine Überlegungen mit ein, so wird zumindest zu fordern sein, dass es dem Einziehungsbeteiligten gegenüber iSd § 265 die Grundlage für die zu berücksichtigenden Umstände offenlegt.⁶⁶

15 **3. Verfassungsrechtliche Bedenken.** Ziel der Einziehung gemäß § 76a Abs. 4 StGB, § 437 soll nach dem Willen des Gesetzgebers nicht die Verhängung einer Sanktion, sondern lediglich die Beseitigung rechtswidriger Vermögenslagen sein, um die „Nutznießung von Verbrechensgewinnen oder deren Reinvestition in kriminelle Aktivitäten zu verhindern".⁶⁷ Das Verfahren ist deshalb nicht als Sanktion gegen den Betroffenen, sondern als Verfahren gegen die Sache selbst („ad rem") gerichtet.⁶⁸ Ihm fehle – so folgert der Gesetzgeber – der Strafcharakter,⁶⁹ was nicht unbedenklich erscheint (dazu schon → Rn. 11 f.).

16 Da die Maßnahme bezweckt, die Störung der Vermögensordnung zu beseitigen und so der materiellen Rechtslage zur Geltung zu verhelfen, handelt es sich bei der selbständigen Einziehung um eine zukunftsgerichtete Maßnahme, für die der Schuldgrundsatz nicht gilt.⁷⁰ Damit stellt die selbständige Einziehung nach der gesetzgeberischen Vorstellung zwar einen Eingriff in **Art. 14 GG** dar, dieser sei jedoch als Inhalts- und Schrankenbestimmung gerechtfertigt, was wegen der Rechtsnatur und dem Zweck der strafrechtlichen Vermögensabschöpfung auch im Einklang mit der Rechtsprechung des BVerfG zum erweiterten Verfall stehe.⁷¹ Außer Acht gelassen wird dabei jedoch, dass es gerade einen Unterschied zwischen dem erweiterten Verfall und einer Einziehung nach § 76a Abs. 4 StGB, § 437 gibt: Der neue Einziehungstatbestand basiert einzig und allein auf einer Verdachtsgrundlage, die von einer vom Gesetzgeber vorgegebenen Überzeugungsbildung ausgefüllt wird.⁷² Die Anord-

---

⁶² BGH 22.11.1994 – 4 StR 516/94, BGHSt 40, 371 = NJW 1995, 470; Temming in BeckOK StPO Rn. 4.
⁶³ Siehe dazu aber noch Stellungnahme der Strafverteidigervereinigungen vom 31.5.2016, S. 16.
⁶⁴ Knierim in Gesamtes Strafrecht aktuell, Kap. 21 Rn. 192; Johann, 2019, S. 243.
⁶⁵ Stattdessen hätte der Gesetzgeber schon Farbe bekennen müssen und den Anscheinsbeweis in die Gesetzesformulierung mitaufnehmen sollen, vgl. Temming in BeckOK StPO Rn. 4.1. Das hätte freilich verstärkt die verfassungsrechtlichen Bedenken auf den Plan gerufen (→ Rn. 15 ff.).
⁶⁶ Knierim in Gesamtes Strafrecht aktuell, Kap. 21 Rn. 192.
⁶⁷ BT-Drs. 18/9525, 58.
⁶⁸ Temming in BeckOK StPO Rn. 3; Schmidt/Scheuß in KK-StPO Rn. 3; kritisch zur Begrifflichkeit Börner StraFo 2020, 89 (90).
⁶⁹ So auch die höchstrichterliche Rechtsprechung: BVerfG 10.2.2021 – 2 BvL 8/19, NJW 2021, 1222 (1223 ff.); BGH 7.3.2019 – 3 StR 192/18, NJW 2019, 1891 (1894); 15.5.2018 – 1 StR 651/17, NStZ-RR 2018, 241; Koch in HK-GS Rn. 1; Schmidt/Scheuß in KK-StPO Rn. 3; Veljovic NZWiSt 2021, 82; wohl auch Börner StraFo 2020, 89 (90). Kritisch Beck/Knierim in Gesamtes Strafrecht aktuell, Kap. 16 Rn. 10 ff., 109, die die Maßnahme zumindest als „sanktionsähnlich" einstufen; ebenso Gaede in Löwe/Rosenberg Rn. 2; El-Ghazi/Marstaller/Zimmermann NZWiSt 2021, 297 (298); Hinderer/Blechschmitt NZWiSt 2018, 179 (183).; Pelz NZWiSt 2018, 251 (254); Rübenstahl/Weißbeck ZWH 2021, 274 (275 f.). In der Rechtsprechung nun auch LG Kaiserslautern 20.9.2017 – 7 KLs 6052 Js 8343/16 (3), NZWiSt 2018, 149 mAnm Rebell-Houben NZWiSt 2018, 153 (155). Differenzierend Schuster StV 2021, 437 (438).
⁷⁰ BT-Drs. 18/9525, 58.
⁷¹ Veljovic NZWiSt 2021, 82; nun auch Heine in Satzger/Schluckebier/Widmaier StPO Rn. 2. Zur Rspr. vgl. BVerfG 14.4.2004 – 2 BvR 564/95, BVerfGE 110, 1 = NJW 2004, 2073 (2076 f.); so die einschlägigen Passagen im Regierungsentwurf, BT-Drs. 18/9525, 58.
⁷² Temming in BeckOK StPO Rn. 3. Kritisch auch und für eine stark einschränkende Auslegung des § 76a Abs. 4 StGB plädierend, Beck/Knierim in Gesamtes Strafrecht aktuell, Kap. 16 Rn. 109.

nung des erweiterten Verfalls hingegen erfordert eine durch strafrechtliche Verurteilung nachgewiesene Anlasstat eines organisiert und konspirativ vorgehenden Straftäters sowie eine andere, nicht konkret festgestellte Erwerbstat desselben Täters.[73] Nur unter diesen Voraussetzungen lässt das BVerfG eine Zuordnung des Gegenstands zu einer deliktischen Herkunft unter einer erleichterten und mittelbaren Beweisführung zu. Weder die Erwerbstat noch die Anlasstat, die in der Regel auf eine weitere Tat, die Erwerbstat, hindeutet, werden jedoch in Fällen des § 76a Abs. 4 StGB nachweislich vorliegen.[74] Insoweit bestehen grundlegende Bedenken,[75] ob die Rechtsprechung des BVerfG zur Rechtfertigung des Eingriffs in Art. 14 GG – so wie es der Gesetzgeber sich vorstellt – herangezogen werden kann. Die ordentlichen Gerichte teilen die Bedenken nicht.[76]

Wenn denn die Sicht des Gesetzgebers zutrifft und also der Einziehung von Vermögen unklarer Herkunft der Strafcharakter fehlt, fragt sich zudem, ob der Bundestag als Bundesgesetzgeber überhaupt die für den Erlass der Normen erforderliche **Gesetzgebungskompetenz** hatte. Denn die intendierte Ausgestaltung dieser Einziehung als sanktionsferne und zukunftsgerichtete Maßnahme ohne Strafcharakter weckt Zweifel, ob insoweit Art. 74 Abs. 1 Nr. 1 GG als konkurrierende Gesetzgebungskompetenz einschlägig ist.[77] Rechtsvergleichend ist zunächst festzustellen, dass die „non conviction based confiscation/forfeiture" im anglo-amerikanischen Rechtskreis dem Zivilrecht zuzuordnen ist, während die osteuropäischen Rechtssysteme sich ihrer im Rahmen des Verwaltungsrechts bedienen.[78] Abgesehen davon handelt es sich um Strafrecht iSd Vorschrift aber dann gerade nicht mehr, wenn einer Maßnahme ein rein präventiver Charakter zukommt und eine Straftat als Anlass dafür nur im ganzen entfernten Sinn in Betracht kommen muss.[79] Im Gegensatz dazu gehören zum Strafrecht iSd Art. 74 Abs. 1 Nr. 1 GG ausweislich der Rechtsprechung des BVerfG nur diejenigen staatlichen Reaktionen, auch nachträgliche, repressive oder präventive, die aufgrund einer Straftat ausschließlich gegen den Straftäter gerichtet werden und damit ihre sachliche Rechtfertigung auch aus der Anlasstat beziehen.[80] Für eine selbständige Einziehung nach § 76a Abs. 4 StGB, § 437 soll jedoch der bloße Verdacht einer Tat genügen. Dem Strafrecht wäre die Maßnahme also nicht zuzuordnen. Obwohl die Diskussion um die Gesetzgebungskompetenz des Bundes in ähnlicher Form bei der Sicherungsverwahrung lief,[81] in deren Folge das BVerfG eine entsprechende Kompetenz bejahte,[82] ist eine solche Gesetzgebungskompetenz bei § 76a Abs. 4 StGB, § 437 nicht ohne weiteres annehmbar.[83] Insoweit spricht vieles auch für eine **formelle Verfassungswidrigkeit** der § 76a Abs. 4 StGB, § 437.

Obwohl der Gesetzgeber in seinem Regierungsentwurf betont, der EGMR habe die Vereinbarkeit des in § 76a Abs. 4 StGB, § 437 vorgesehenen Rechtsinstituts mit der **EMRK** bereits bestätigt,[84] sieht die Bundesrechtsanwaltskammer in § 76a Abs. 4 StGB iVm § 437 – mit

---

[73] BVerfG 14.4.2004 – 2 BvR 564/95, BVerfGE 110, 1 = NJW 2004, 2073 (2076 f.); Paeffgen in SK-StPO Rn. 11.
[74] Pelz meint gleichwohl, dass eine entsprechende Positionierung des BVerfG nicht zu erwarten sei, vgl. Pelz NZWiSt 2018, 251 (254).
[75] Verfassungsrechtliche Bedenken hat auch Madauß NZWiSt 2018, 28 (34); Paeffgen in SK-StPO Rn. 11 ff. Für eine verfassungskonforme Auslegung Metzger in KMR-StPO Rn. 3.
[76] KG 30.9.2020 – 4 Ws 46/20 – 161 AR 97/20, NZWiSt 2021, 74 (77); LG Aachen 13.7.2021 – 60 KLs 2/21, BeckRS 2021, 24138; 17.7.2020 – 60 KLs 4/20, BeckRS 2020, 43671; AG Weiden 7.5.2019 – 3 Ls 22 Js 223/17, BeckRS 2019, 35372. Zustimmend Barreto da Rosa NZWiSt 2018, 215 (217 f.).
[77] Temming in BeckOK StPO Rn. 3.1; Metzger in KMR-StPO Rn. 3.
[78] Temming in BeckOK StPO Rn. 3.1.
[79] Dies nun anders als Burghart in der Vorauflage für § 76a Abs. 4 StGB, § 437 nicht mehr annehmend Heine in Satzger/Schluckebier/Widmaier StPO Rn. 2. Nunmehr zustimmend Paeffgen in SK-StPO Rn. 9.
[80] BVerfG 10.2.2004 – 2 BvR 834/02 und 1588/02, BVerfGE 109, 190 = NJW 2004, 750 (751).
[81] Vgl. dazu Drenkhahn/Morgenstern in MüKoStGB StGB § 66 Rn. 275 mwN.
[82] BVerfG 11.7.2013 – 2 BvR 2302/11 und 2 BvR 1279/12, BVerfGE 134, 33 = NJW 2013, 3151 (3152 ff.).
[83] Temming in BeckOK StPO Rn. 3.1.
[84] Siehe dazu EGMR 12.5.2015 – 36862/05, NVwZ 2016, 1621 (1626) – Gogitidze u.a./Georgien. Mit Verweis auf die bisherige Rspr. des EGMR auch davon ausgehend, dass das Rechtsinstitut vom EGMR als gemeinschaftskonform angesehen werde Temming in BeckOK StPO Rn. 5.1; Paeffgen in SK-StPO

Recht – eine faktische Beweislastumkehr zu Lasten des Betroffenen und damit einen verfassungswidrigen **Verstoß gegen** die in Art. 6 Abs. 2 EMRK geregelte **Unschuldsvermutung**.[85] Auch wird das Recht des Beschuldigten bzw. des Angeklagten zu schweigen (nemo tenetur se ipsum accusare) durch § 76a Abs. 4 StGB, § 437 konterkariert. Denn wenn er in den von § 437 erfassten Fällen schweigt, wird er den Verlust seines Eigentums in der Regel nicht verhindern können. Der Nemo-tenetur-Grundsatz wird damit faktisch ausgehebelt.[86]

19 Daneben ist festzustellen, dass die einzige echte tatbestandliche Eingriffsvoraussetzung das Merkmal des „Herrührens" ist, das nach ständiger Rechtsprechung zu § 261 StGB weit ausgelegt wird. Damit begegnet die Norm mit Blick auf den **Bestimmtheitsgrundsatz** und den **Parlamentsvorbehalt** weiteren verfassungsrechtlichen Bedenken.[87]

20 Ferner ist **Art. 316h S. 1 EGStGB,** der eine ausdrückliche Abweichung vom Meistbegünstigungsprinzip des § 2 Abs. 5 StGB anordnet und der auf § 76a Abs. 4 StGB Bezug nimmt, als verfassungsrechtlich bedenklich einzustufen.[88] Nach dieser Vorschrift kann wegen einer Tat, die vor dem 1.7.2017 begangen wurde, über die aber erst nach diesem Zeitpunkt zu entscheiden ist, insbesondere der mit Gesetz vom 13.4.2017 neu eingeführte und am 1.7.2017 in Kraft getretene § 76a Abs. 4 StGB für eine selbständige Einziehung zur Anwendung gelangen.[89] Dies ist mit Blick auf das in Art. 103 Abs. 2 und 20 GG verankerte Rückwirkungsverbot problematisch. Der Gesetzgeber meint, dass in den betreffenden Fällen lediglich das allgemeine Rückwirkungsverbot greife, weil der selbständigen Einziehung nach § 76 Abs. 4 StGB ein Strafcharakter fehle; und das allgemeine Rückwirkungsverbot stehe Art. 316h S. 1 EGStGB nicht entgegen, weil es kein schutzwürdiges Vertrauen in den Fortbestand einer rechtswidrig geschaffenen Vermögenslage gebe.[90] Dem hat sich das BVerfG nach einer Vorlage des BGH angeschlossen.[91] Ob der Vermögensabschöpfungsmaßnahme gemäß § 76a Abs. 4 StGB aber tatsächlich der für die Anwendbarkeit des strafrechtlichen Rückwirkungsverbots aus Art. 103 Abs. 2 GG erforderliche Strafcharakter fehlt, ist zweifelhaft.[92] Die Verfassungswidrigkeit der Regelung scheint deshalb auch in dieser Hin-

---

[85] Rn. 25; Retemeyer in Gercke/Julius/Temming/Zöller Rn. 5. Siehe aber zu den jüngeren Entscheidungen, in denen er durchaus den Strafcharakter bejaht hat bei Schuster StV 2021, 437 (438) mwN. BRAK Stellungnahme Nr. 15/2016, S. 6; Hinderer/Blechschmitt NZWiSt 2018, 179 (183 ff.); inhaltlich zustimmend aber die Konformität mit der Rspr. des EGMR betonend Metzger in KMR-StPO Rn. 3. Zustimmend nach Reform des Geldwäschestrafrechts El-Ghazi/Marstaller/Zimmermann NZWiSt 2021, 297 (304). AA Pelz NZWiSt 2018, 251 (252).

[86] Stellungnahme der Strafverteidigervereinigungen vom 31.5.2016, S. 20; Gaede in Löwe/Rosenberg Rn. 14; Hinderer/Blechschmitt NZWiSt 2018, 179 (183). Eingehend zu einem möglichen Beweisverwertungsverbot Peters/Bröckers, 2019, Rn. 344; siehe auch Nöding StraFo 2020, 139 (146).

[87] Stellungnahme der Strafverteidigervereinigungen vom 31.5.2016, S. 19.

[88] So auch BGH 7.3.2019 – 3 StR 192/18, NJW 2019, 1891 (1892 ff.); Meißner/Schütrumpf, 2022, Rn. 156. Keine Bedenken hat zum Teil die Rechtsprechung, vgl. KG 30.9.2020 – 4 Ws 46/20 – 161 AR 97/20, NZWiSt 2021, 74 (77 f.); 19.3.2019 – (5) 121 Ss 165/18 (74/18), BeckRS 2019, 14467; OLG Jena 13.3.2020 – 1 Ws 282/18, BeckRS 2020, 16926; AG Weiden 7.5.2019 – 3 Ls 22 Js 223/17, BeckRS 2019, 35372.

[89] Vgl. dazu und zu der in Art. 316h S. 2 EGStGB vorgesehenen Ausnahme BGH 5.9.2017 – 1 StR 677/16, NStZ-RR 2017, 342 (343 f.); 19.12.2017 – 4 StR 589/17, BeckRS 2017, 139232; 10.1.2018 – 5 StR 465/17, BeckRS 2018, 476.

[90] Vgl. bei Meißner/Schütrumpf, 2022, Rn. 156.

[91] BVerfG 10.2.2021 – 2 BvL 8/19, NJW 2021, 1222 (1230 ff.) mAnm Lenk NJW 2021, 1231; Borgel/Reichling NStZ 2021, 417; für eine Vorlage beim EuGH Bülte NZWiSt 2021, 203; Rübenstahl/Weißbeck ZWH 2021, 274 (282); kritisch auch Heim NJW-Spezial 2021, 184. Zuvor auch schon BGH 15.5.2018 – 1 StR 651/17, NStZ-RR 2018, 241; KG 19.3.2019 – (5) 121 Ss 165/18 (74/18), BeckRS 2019, 14467; 30.9.2020 – 4 Ws 46/20 – 161 AR 97/20, NZWiSt 2021, 74 (77 f.); OLG München 19.7.2018 – 5 OLG 15 Ss 539/17, BeckRS 2018, 15980; AG Weiden 7.5.2019 – 3 Ls 22 Js 223/17, BeckRS 2019, 35372.

[92] Meißner/Schütrumpf, 2022, Rn. 156; Paeffgen in SK-StPO Rn. 15; Rübenstahl/Weißbeck ZWH 2021, 274 (277 ff.) auch zum allgemeinen Rückwirkungsverbot; Schwerdtfeger jurisPR-StrafR 9/2021 Rn. 2; den strafähnlichen Charakter bejahen mit überzeugenden Erwägungen: Beck/Knierim in Gesamtes Strafrecht aktuell, Kap. 16 Rn. 6, 10, 13 und Kap. 21 Rn. 6, 191. Für Fälle, in denen der Wert der Einziehung den deliktisch erlangten Vermögenszuwachs übersteigt, auch Rönnau ZGR 2022, 781 (792 f.).

sicht nicht ausgeschlossen. Der BGH hielt die Vorschrift zumindest wegen eines Verstoßes gegen das allgemeine Rückwirkungsverbot für verfassungswidrig.[93]

§ 438 Nebenbetroffene am Strafverfahren

(1) ¹Ist über die Einziehung eines Gegenstandes zu entscheiden, ordnet das Gericht an, dass eine Person, die weder Angeschuldigte ist noch als Einziehungsbeteiligte in Betracht kommt, als Nebenbetroffene an dem Verfahren beteiligt wird, soweit es die Einziehung betrifft, wenn es glaubhaft erscheint, dass
1. dieser Person der Gegenstand gehört oder zusteht oder
2. diese Person an dem Gegenstand ein sonstiges Recht hat, dessen Erlöschen nach § 75 Absatz 2 Satz 2 und 3 des Strafgesetzbuches im Falle der Einziehung angeordnet werden könnte.

²Für die Anordnung der Verfahrensbeteiligung gelten § 424 Absatz 2 bis 5 und § 425 entsprechend.

(2) ¹Das Gericht kann anordnen, dass sich die Beteiligung nicht auf die Frage der Schuld des Angeschuldigten erstreckt, wenn
1. die Einziehung im Fall des Absatzes 1 Nummer 1 nur unter der Voraussetzung in Betracht kommt, dass der Gegenstand demjenigen gehört oder zusteht, gegen den sich die Einziehung richtet, oder
2. der Gegenstand nach den Umständen, welche die Einziehung begründen können, auch auf Grund von Rechtsvorschriften außerhalb des Strafrechts ohne Entschädigung dauerhaft entzogen werden könnte.

²§ 424 Absatz 4 Satz 2 gilt entsprechend.

(3) Im Übrigen gelten die §§ 426 bis 434 entsprechend mit der Maßgabe, dass in den Fällen des § 432 Absatz 2 und des § 433 das Gericht den Schuldspruch nicht nachprüft, wenn nach den Umständen, welche die Einziehung begründet haben, eine Anordnung nach Absatz 2 zulässig wäre.

Schrifttum: Bittmann/Köhler/Seeger/Tschakert, Handbuch der strafrechtlichen Vermögensabschöpfung, 2020; Deutscher, Strafrechtliche Vermögensabschöpfung, ZAP 2018, 241; Frommhold, Strafprozessuale Rückgewinnungshilfe und privatrechtliche Anspruchsdurchsetzung, NJW 2004, 1038; Greeve, Das neue Recht der strafrechtlichen Vermögensabschöpfung, ZWH 2017, 277; Hiéramente/Schwerdtfeger, Das Unternehmen im Fokus der Vermögensabschöpfung im Wirtschaftsstrafrecht – Risiken und Chancen der Gesetzesreform, BB 2018, 834; Knierim/Oehmchen/Beck/Geisler, Gesamtes Strafrecht aktuell, 2018; Köhler/Burkhard, Die Reform der strafrechtlichen Vermögensabschöpfung – Teil 2/2, NStZ 2017, 665; Madauß, Das neue Recht der strafrechtlichen Vermögensabschöpfung und Steuerstrafverfahren – Fragen aus der Sicht der Praxis, NZWiSt 2018, 28; Meißner/Schütrumpf, Vermögensabschöpfung – Praxisleitfaden zum neuen Recht, 2. Aufl. 2022; Reh, Praxisprobleme im Umgang mit dem neuen Recht der Vermögensabschöpfung aus staatsanwaltschaftlicher Sicht, NStZ 2018, 20; Reitemeier/Koujouie, Das neue Recht der Vermögensabschöpfung – Ein Leitfaden für die Praxis, 2017; Rettke, Rechtsschutz nach Vollziehung einer Beschlagnahme oder eines Vermögensarrests – Die gerichtliche Entscheidung im Sinne des § 111k Abs. 3 StPO, NJW 2019, 2898; Schmidt, Vermögensabschöpfung – Handbuch für das Straf- und Ordnungswidrigkeitenverfahren, 2. Aufl. 2019; Trüg, Reform der strafrechtlichen Vermögensabschöpfung, NJW 2017, 1913; Tschakert, Keine Einziehung ohne rechtliches Gehör, wistra 2022, 309.

Übersicht

	Rn.		Rn.
I. Überblick	1	1. Beteiligung als Nebenbetroffener (Abs. 1)	5
II. Erläuterungen	5	a) Gehören oder Zustehen (Nr. 1)	8

---

[93] BGH 7.3.2019 – 3 StR 192/18, NJW 2019, 1891 (1892 ff.) für den Fall der Verjährung mAnm Trüg NJW 2019, 1895; so auch Börner StraFo 2020, 89 (91); wohl auch Rübenstahl/Weißbeck ZWH 2021, 274 (277 ff.); anders der BGH noch in einem anderen Fall: BGH 15.5.2018 – 1 StR 651/17, NStZ-RR 2018, 241.

	Rn.		Rn.
b) Sonstiges Recht (Nr. 2)	13	2. Beschränkung der Beteiligung (Abs. 2)	27
c) Glaubhaft erscheinen (S. 1)	14		
d) Anordnungsverfahren und Absehen von der Anordnung (S. 2)	15	3. Anwendung der übrigen Verfahrensvorschriften (Abs. 3)	33

I. Überblick

1 § 438 übernimmt die Regelung von § 431 Abs. 1, 2 und 4–7 aF. Die Vorschrift wurde als zentrale Norm für die Beteiligung von **"Nebenbetroffenen"** geschaffen und dient dazu, diesen Personen **rechtliches Gehör** zu gewähren.[1] Damit setzt sie auch europarechtliche Vorgaben um.[2] Nebenbetroffene in diesem Sinne sind Personen, die sich vom Einziehungsadressaten unterscheiden, die aber trotzdem von der Anordnung der Einziehung in ihren Rechten betroffen sein können.[3]

2 Den Schwerpunkt bei der Neufassung der Vorschriften über die Verfahrensbeteiligung anderer Personen als dem Tatverdächtigen (§§ 424 ff.) bietet die **systematisch folgerichtige Trennung** zwischen demjenigen, gegen den sich die Einziehungsanordnung richtet („Einziehungsbeteiligter"), und dem Dritten, der sonst in seinen Rechten von der Einziehung betroffen sein kann („Nebenbetroffener").[4] Über die Verweise in § 438 gelten die für den Einziehungsbeteiligten unmittelbar geltenden Vorschriften für den Nebenbetroffenen im Wesentlichen entsprechend.[5]

3 Obwohl die Verfahrensbeteiligung von Nebenbetroffenen nach der Vorstellung des Gesetzgebers keine „notwendige Beteiligung" in einem öffentlich-rechtlichen Verfahren iSd § 13 Abs. 2 S. 2 VwVfG, § 63, § 65 VwGO darstellt, sind die in § 438 enthaltenen Regelungen dennoch vergleichbar ausgestaltet.[6]

4 § 438 gilt seinem Wortlaut gemäß sowohl für das subjektive als auch für das objektive Einziehungsverfahren.[7] Allerdings kommt die Beteiligung eines Nebenbetroffenen nur bei der Einziehung von Gegenständen (§§ 73, 73b, 74–74b StGB) in Betracht, nicht aber im Falle der Wertersatzeinziehung, da nur mit der Einziehung eines bestimmten Gegenstands dingliche Wirkung verbunden ist (vgl. § 75 Abs. 1 und 2 StGB).[8]

II. Erläuterungen

5 **1. Beteiligung als Nebenbetroffener (Abs. 1).** Abs. 1 S. 1 entspricht dem § 431 Abs. 1 S. 1 aF.[9] Ein Dritter wird zum Nebenbetroffenen, wenn er von der Anordnung einer Einziehung oder Wertersatzeinziehung in seinen Rechten **betroffen sein kann**. Ebenso wie beim Einziehungsbeteiligten iSd § 424 Abs. 1 kann Nebenbetroffener nur ein **Dritter** sein, also jemand, der nicht Angeschuldigter oder im selben Verfahren Mitangeschuldigter ist.[10] Ggf. können jedoch Mittäter oder Gehilfen, gegen die getrennte Verfahren geführt werden, Dritte iSd § 438 Abs. 1 S. 1 sein, sofern sie nicht bereits Einziehungsbeteiligte iSd

---

[1] KG 3.8.2018 – 5 Ws 89/18 – 161 AR 124/18, BeckRS 2018, 57601; Knierim in Gesamtes Strafrecht aktuell, Kap. 21 Rn. 194.
[2] Siehe EuGH 21.10.2021 – C-845/19, C-863/19, wistra 2022, 322 (337). Zum Ganzen auch Tschaker wistra 2022, 309.
[3] BT-Drs. 18/9525, 93; Heine in Satzger/Schluckebier/Widmaier StPO Rn. 1; Metzger in KMR-StPO Rn. 2.
[4] BT-Drs. 18/9525, 87; zur Bezeichnung auch BGH 10.10.2018 – 5 StR 389/18, BeckRS 2018, 28628; Rettke NJW 2019, 2898 (2898 f.).
[5] BT-Drs. 18/9525, 87.
[6] Knierim in Gesamtes Strafrecht aktuell, Kap. 21 Rn. 194.
[7] OLG Stuttgart 1.7.2020 – 7 Ws 49/20, BeckRS 2020, 15980; Temming in BeckOK StPO Rn. 1.
[8] Köhler in Meyer-Goßner/Schmitt Rn. 2; Paeffgen in SK-StPO Rn. 1.
[9] Temming in BeckOK StPO Rn. 2.
[10] Vgl. dazu schon OLG Hamm 13.2.1973 – 3 Ss 1476/72, NJW 1973, 1141 (1142); BGH 23.5.1984 – 3 StR 501/83, bei Schmidt MDR 1985, 3; Koch in HK-GS Rn. 2; Gaede in Löwe/Rosenberg Rn. 3. Ausführlicher mit Beispielen Tschakert in Bittmann/Köhler/Seeger/Tschakert Strafrechtl. Vermögensabschöpfung-HdB Rn. 1568 ff.

§ 424 Abs. 1 sind.[11] Dritte können sowohl natürliche als auch juristische Personen sein, je nach dem, wer Inhaber des Rechts an dem Gegenstand ist.[12]

Betroffen sein muss der Dritte von einer Einziehung, über die zu **entscheiden** ist. Über **6** eine Einziehung wird grundsätzlich dann entschieden, wenn sie nach materiellem Recht geboten ist (§§ 73 ff. StGB).[13] Sofern sie lediglich fakultativ vorgesehen ist (§§ 74 ff. StGB), muss die Einziehung erwartbar, also hinreichend wahrscheinlich sein.[14]

Ein Dritter ist von der Einziehung iSd Abs. 1 S. 1 Nr. 1 **betroffen,** wenn es glaubhaft **7** erscheint, dass entweder der Gegenstand dem Nebenbeteiligten gehört oder wenn er ein dingliches Recht oder ein sonstiges Recht an dem Gegenstand hat, dessen Erlöschen im Falle der Einziehung nach § 75 Abs. 2 S. 2 und 3 StGB angeordnet werden könnte.

a) Gehören oder Zustehen (Nr. 1). Ob ein Gegenstand jemandem „gehört" oder **8** „zusteht", ist **sachenrechtlich zu beurteilen.** Gegenstände gehören jemandem, wenn er Eigentümer, Miteigentümer zur gesamten Hand oder nach Bruchteilen ist.[15] Die Rechtsstellung des Vorbehaltskäufers oder des Sicherungsgebers ist nicht geschützt;[16] denn insoweit ist eine formale und keine wirtschaftliche Betrachtungsweise maßgebend.[17] Der Gegenstand „gehört" iSd Abs. 1 S. 1 daher dem nicht besitzenden Vorbehaltseigentümer (Verkäufer) sowie dem nicht besitzenden Sicherungseigentümer (Sicherungsnehmer).[18] Teilweise wird vertreten, das dingliche Anwartschaftsrecht eines Dritten auf Erwerb des Eigentums falle – bei Einziehung des betreffenden Gegenstandes – auch unter Abs. 1 S. 1 Nr. 1.[19]

Liegen grenzüberschreitende Geschäfte vor, richtet sich die Frage des Eigentums- oder **9** Rechtsübergangs nach den Vorschriften des internationalen Privatrechts, insbesondere nach Art. 43 Abs. 1 EGBGB. Danach ist grundsätzlich das Recht desjenigen Staates entscheidend, in dem sich der Gegenstand bei Eigentums- oder Rechtsübertragung befunden hat.[20]

Gemäß § 73 Abs. 1 StGB gehört zum Tatertrag nunmehr auch die Diebesbeute, was **10** grundsätzlich den Schluss zulassen würde, dass der insoweit geschädigte Eigentümer ebenfalls Nebenbetroffener iSd § 438 sein kann.[21] Anders als § 438 Abs. 1 S. 1 Nr. 1 aber auf den ersten Blick nahelegt, wird das Diebstahlsopfer nicht am Verfahren beteiligt, weil der Geschädigte, soweit bekannt, das Diebesgut, soweit vorhanden, zurückerhält (§ 111n Abs. 2), weshalb die Einziehung des Gegenstandes nicht angeordnet wird, der Bestohlene also kein Nebenbetroffener iSv § 438 sein kann.[22] Ist der Geschädigte hingegen unbekannt, unterbleibt seine Verfahrensbeteiligung, weil sie nicht ausführbar ist; insofern verweist § 438 Abs. 1 S. 2 auf § 425 Abs. 1 (dazu noch → Rn. 23).[23]

Nach einer zunächst in der Literatur vertretenen Ansicht soll Abs. 1 S. 1 Nr. 1 keinen **11** Anwendungsbereich haben, da „jede Person, der der einzuziehende Gegenstand ‚gehört', die

---

[11] OLG Karlsruhe 19.10.1973 – 1 Ws 177/73, NJW 1974, 709 (712).
[12] Siehe auch OLG Düsseldorf 29.6.1999 – 5 Ss 52/99 – 36/99 I, wistra 1999, 477 (478).
[13] So auch Gaede in Löwe/Rosenberg Rn. 6, § 424 Rn. 11.
[14] Vgl. dazu KG 3.8.2018 – 5 Ws 89/18 – 161 AR 124/18, BeckRS 2018, 57601; OLG Düsseldorf 29.6.1999 – 5 Ss 52/99 – 36/99 I, wistra 1999, 477 (478); Temming in BeckOK StPO Rn. 2; Günther in AK-StPO § 431 aF Rn. 24; aA Gaede in Löwe/Rosenberg Rn. 6, § 424 Rn. 12 ff., der es als ausreichend erachtete, dass das Gericht in diesen Fällen Anlass hat, sich mit der Einziehungsfrage „zu befassen".
[15] Temming in BeckOK StPO Rn. 2; Gaede in Löwe/Rosenberg Rn. 10.
[16] BGH 28.9.1971 – 1 StR 261/71, BGHSt 24, 222 = NJW 1971, 2235 (2236 f.).
[17] BGH 28.9.1971 – 1 StR 261/71, BGHSt 24, 222 = NJW 1971, 2235 (2236 f.); Temming in BeckOK StPO Rn. 2.
[18] OLG Bremen 19.6.2018 – 1 Ws 146/17, 1 Ws 147/17, BeckRS 2018, 16174; Paeffgen in SK-StPO Rn. 2; Temming in BeckOK StPO Rn. 2; Gaede in Löwe/Rosenberg Rn. 13.
[19] So BGH 24.8.1972 – 4 StR 308/72, BGHSt 25, 10 = NJW 1972, 2053; Schmidt/Scheuß in KK-StPO Rn. 7; Heine in Satzger/Schluckebier/Widmaier StPO Rn. 4; Tschakert in Bittmann/Köhler/Seeger/ Tschakert Strafrechtl. Vermögensabschöpfung-HdB Rn. 1564; Lohse in Krekeler/Löffelmann/Sommer § 431 aF Rn. 3; das Anwartschaftsrecht zumindest unter Nr. 2 fassend: Günther in AK-StPO § 431 aF Rn. 9; OLG Karlsruhe 19.10.1973 – 1 Ws 177/73, NJW 1974, 709 (710).
[20] Metzger in KMR-StPO § 424 Rn. 11. Für Beispiele aus der früheren Rspr. siehe bei OLG Hamm 11.6.1970 – 2 Ss 51/70, NJW 1970, 1754; LG Bayreuth 1.10.1969 – Qs 63/69, NJW 1970, 574.
[21] Temming in BeckOK StPO Rn. 3.
[22] BT-Drs. 18/9525, 93.
[23] BT-Drs. 18/9525, 93.

also Eigentümerin oder Besitzerin ist", bereits Einziehungsbeteiligter iSd § 424 Abs. 1 sei und demnach am Verfahren nicht mehr als Nebenbetroffener beteiligt werden müsse.[24] Diese Sicht vernachlässigt jedoch, dass die Beteiligung als Nebenbetroffener nicht den Nachweis des Rechts voraussetzt, sondern lediglich, dass ein solches **glaubhaft erscheint.** Eine Beteiligung nach Abs. 1 S. 1 Nr. 1 kommt daher immer auch dann in Betracht, wenn sich die Einziehung beispielsweise nach § 73 StGB gegen den Täter oder Teilnehmer richtet, der Dritte sein Recht im Nachhinein geltend macht, es aber nicht beweisen, sondern nur Tatsachen glaubhaft machen kann, die sein Recht begründen.[25] Zudem kommt die Beteiligung als Nebenbetroffener statt als Einziehungsbeteiligter in Betracht, wenn sich das geltend gemachte Recht den Ermittlungsbehörden nicht von vornherein erschließt.[26] Ist aus Sicht der Behörde bei Aufnahme der Ermittlungen beispielsweise die Einziehung eines Tatmittels nach § 74 StGB möglich, ist grundsätzlich der besitzende Beschuldigte Einziehungsadressat. Temming bringt insoweit das Beispiel der Einziehung eines Pkw, mit dem der Drogenkurier eine Fahrt unternommen hat.[27] Erhebt im weiteren Verlauf des Verfahrens nun ein Dritter Anspruch auf den Gegenstand (Pkw) – macht er zB sein Eigentum daran geltend – ist er als Nebenbetroffener gemäß Abs. 1 S. 1 am Verfahren zu beteiligen. Kann er sein geltend gemachtes Recht im weiteren Verlauf des Verfahrens beweisen, scheidet eine Einziehung nach § 74 StGB aus. Es verbleibt jedoch ggf. die Einziehungsmöglichkeit nach § 74a Nr. 1 StGB mit dem Dritten als Einziehungsadressaten.[28] Schafft er es nicht, sein glaubhaft erscheinendes Recht im Verlauf des Verfahrens zu beweisen, kann die Einziehung gemäß § 74 StGB erfolgen. Ähnliches gilt für den Fall, dass Gegenstände beim Beschuldigten sichergestellt werden, die den Schluss darauf zulassen, dass es sich um rechtswidrig erlangte Taterträge handelt, die eine Einziehung nach § 73a Abs. 1 StGB zulassen (als Beispiel wären die bei einem erwerbslosen Drogenhändler „in drogentypischer Stückelung" aufgefundenen Geldbeträge zu nennen).[29] Einziehungsadressat ist in diesen Fällen aus Sicht der Behörden in der Regel der Beschuldigte. Macht nun später wiederum ein Dritter ein Recht an diesen Gegenständen geltend, kann er nur als Nebenbetroffener gemäß Abs. 1 S. 1 am Verfahren beteiligt werden. Kann er sein Recht im weiteren Verlauf des Verfahrens beweisen, scheidet eine Einziehung nach § 73a Abs. 1 StGB aus. Es verbleibt jedoch ggf. die Möglichkeit der Einziehung nach § 73b StGB mit dem Dritten als Einziehungsadressaten. Gelingt es ihm nicht, sein Recht zu beweisen, wird die Einziehung nach § 73a Abs. 1 StGB angeordnet.

12 Dies zeigt allerdings, dass die **Zufälligkeit des Zeitpunkts,** zu dem das Recht eines Dritten geltend gemacht wird, im Einzelfall darüber entscheiden kann, ob der Dritte zum Einziehungsbeteiligten iSd § 424 Abs. 1 oder zum Nebenbetroffenen iSd § 438 Abs. 1 S. 1 wird. Macht der Beschuldigte beispielsweise schon bei der Sicherstellung von möglichen Taterträgen nachweisbar geltend, diese stünden im Eigentum eines Dritten, wird der Dritte als Einziehungsbeteiligter in das Verfahren einbezogen, weil sich die Einziehung dann von vornherein gegen ihn richtet.[30] Macht der Dritte sein Recht jedoch erst nach Sicherstellung geltend und erscheint es glaubhaft, kommt nur eine Beteiligung als Nebenbetroffener in Betracht.[31] Diese Zufälligkeit allerdings ist die Konsequenz daraus, dass der Gesetzgeber die Frage, wer als Einziehungsbeteiligter und wer als Nebenbetroffener anzusehen ist, schlicht von der materiellen Rechtslage abhängig macht, die jedoch zu diesem Zeitpunkt noch gar nicht bewiesen ist, nach der sich zunächst aber trotzdem die Wahl der Ermächtigungsgrundlage für die Einziehung richtet.[32]

---

[24] Burghart in Satzger/Schluckebier/Widmaier, StPO, 3. Aufl. 2018, Rn. 1.
[25] Vgl. dazu auch BGH 10.10.2018 – 5 StR 389/18, BeckRS 2018, 28628; Temming in BeckOK StPO § 424 Rn. 6.
[26] Temming in BeckOK StPO § 424 Rn. 6.
[27] Temming in BeckOK StPO § 424 Rn. 6.
[28] Vgl. bei Temming in BeckOK StPO § 424 Rn. 6.1.
[29] Vgl. Temming in BeckOK StPO § 424 Rn. 6. Zu einem weiteren Bsp. für den Anwendungsbereich des § 438 siehe bei Meißner/Schütrumpf, 2022, Rn. 194.
[30] Temming in BeckOK StPO § 424 Rn. 6.1.
[31] Temming in BeckOK StPO § 424 Rn. 6.1.
[32] Temming in BeckOK StPO § 424 Rn. 6.1.

b) Sonstiges Recht (Nr. 2). Nr. 2 betrifft ausschließlich **Inhaber beschränkt dinglicher Rechte** (Hypothek, Pfandrecht, Nießbrauch, dingliches Vorkaufsrecht, Dauerwohnrecht oder Pfandrecht an Forderungen), wenn mit der Einziehung das Erlöschen dieser Rechte angeordnet werden könnte.[33] Schuldrechtliche Ansprüche sind nicht geschützt, da diese keine Rechtspositionen vermitteln, in die bei Inanspruchnahme des schuldrechtlich Verpflichteten eingegriffen würde.[34] Auch der – von Nr. 1 erfasste – Besitz ist kein beschränkt dingliches Recht iSd § 438 Abs. 1 S. 1 Nr. 2.[35] Umstritten ist, ob Anwartschaftsrechte als vermögenswerte Rechte unter § 438 Abs. 1 S. 1 Nr. 2 fallen. Dies wird teilweise mit Blick darauf bejaht, dass sie als absolute Rechte im Deliktsrecht gelten.[36] Von der herrschenden Meinung wird die Frage verneint mit Verweis darauf, dass Anwartschaftsrechte jedenfalls keine pfandrechtsähnlichen Rechte darstellen, sondern eine eigenständige dingliche Rechtsposition vermitteln.[37]

c) Glaubhaft erscheinen (S. 1). Die Beteiligung als Nebenbetroffener ist abhängig davon, ob die Voraussetzungen für die in Nr. 1 und Nr. 2 genannten Rechte glaubhaft erscheinen. Das Bestehen eines entsprechenden Rechts muss zum Zeitpunkt der Anordnung noch nicht nachgewiesen sein, da ein solcher Nachweis meist erst im weiteren Verlauf des Strafverfahrens geführt werden kann.[38] Glaubhaft sind die Umstände, wenn ein **gewisser Grad der Wahrscheinlichkeit** dafür spricht, dass der betreffenden Person ein Recht an dem Gegenstand zusteht.[39] Dabei gelten für den Nachweis keine allzu strengen Anforderungen, damit der Beteiligte auch tatsächlich die Möglichkeit hat, seine Rechte durch die Verfahrensbeteiligung zu wahren.[40] Denn schon bei ernsthafter Möglichkeit, dass in die Rechte eines Dritten eingegriffen wird, verlangen Art. 14, 103 Abs. 1 GG, dass dem Dritten Gelegenheit gegeben wird, einen solchen Eingriff und die damit drohenden Nachteile frühestmöglich durch Teilnahme am Verfahren abzuwenden.[41] Wenn ungewiss bleibt, wem die Sache tatsächlich gehört, also kein näher bestimmter Anderer als möglicher Rechtsinhaber iSd § 438 Abs. 1 S. 1 in Betracht kommt, erscheint das Recht eines Dritten indes nicht als glaubhaft.[42]

d) Anordnungsverfahren und Absehen von der Anordnung (S. 2). Abs. 1 S. 2 verweist für die Anordnung der Verfahrensbeteiligung auf § 424 Abs. 2–5 sowie auf § 425 und ordnet eine entsprechende Anwendung an. Die Anordnung der Verfahrensbeteiligung hat zur Folge, dass der Nebenbetroffene grundsätzlich **vollumfänglich** an dem Verfahren **beteiligt** wird, soweit es die Einziehung betrifft.[43]

---

[33] Vgl. auch OLG München 6.11.2003 – 2 Ws 583-592/03 u. 2 Ws 1017/03, NJW 2004, 1119; Gaede in Löwe/Rosenberg Rn. 12; Schulte BKR 2004, 33 (35 ff.).

[34] BGH 15.2.1991 – 3 StR 284/90(W), BGHR § 74 Abs. 2 Nr. 2 Beteiligter 1; VerfGH Bayern 13.12.2004 – Vf. 95-VI-03, NZG 2005, 398 (399); KG 3.8.2018 – 5 Ws 89/18 – 161 AR 124/18, BeckRS 2018, 57601; OLG München 6.11.2003 – 2 Ws 583-592/03 und 2 Ws 1017/03, NJW 2004, 1119 (1119 f.); Schulte BKR 2004, 33 (35 ff.); Temming in BeckOK StPO Rn. 2; Paeffgen in SK-StPO Rn. 2; Metzger in KMR-StPO Rn. 3; Gaede in Löwe/Rosenberg Rn. 13 mit Ausnahme bei Rn. 14.

[35] KG 10.11.2002 – 2 AR 18/01 und 4 Ws 147/01, BeckRS 2002, 16315; Paeffgen in SK-StPO Rn. 2; Temming in BeckOK StPO Rn. 2; Schmidt/Scheuß in KK-StPO Rn. 7; Lohse in Krekeler/Löffelmann/Sommer § 431 aF Rn. 4; Gaede in Löwe/Rosenberg Rn. 13; Metzger in KMR-StPO Rn. 3; aA Günther in AK-StPO § 431 aF Rn. 10 f. unter Hinweis auf Art. 14 GG.

[36] Metzger in KMR-StPO § 424 Rn. 10; Günther in AK-StPO § 431 aF Rn. 10 f.; Gaede in Löwe/Rosenberg Rn. 13 ebenso wie für den besitzenden Sicherungsgeber. Wohl auch Schmidt/Scheuß in KK-StPO Rn. 7.

[37] OLG Karlsruhe 19.10.1973 – 1 Ws 177/73, NJW 1974, 709 (710); Schmidt, 2019, Rn. 1539 auch für das Sicherungseigentum.

[38] Paeffgen in SK-StPO Rn. 5; Schmidt/Scheuß in KK-StPO Rn. 4.

[39] Es bedarf insoweit keines Rückgriffs auf die strengeren Grundsätze der Zivilprozessordnung, vgl. Metzger in KMR-StPO Rn. 4; stattdessen kann man sich an den Grundsätzen des § 25 orientieren. Für mildere Anforderungen im Vergleich zu § 294 ZPO auch KG 3.8.2018 – 5 Ws 89/18 – 161 AR 124/18, BeckRS 2018, 57601.

[40] Temming in BeckOK StPO Rn. 4.

[41] KG 3.8.2018 – 5 Ws 89/18 – 161 AR 124/18, BeckRS 2018, 57601; Gaede in Löwe/Rosenberg Rn. 19; Schmidt/Scheuß in KK-StPO Rn. 4.

[42] Gaede in Löwe/Rosenberg Rn. 19; Schmidt/Scheuß in KK-StPO Rn. 4; Schmidt, 2019, Rn. 1534.

[43] Paeffgen in SK-StPO Rn. 15.

16 **aa) Anordnungsverfahren.** Das Gericht kann die Verfahrensbeteiligung **frühestens** nach Anklageerhebung anordnen. Abs. 1 spricht vom „Angeschuldigten" (vgl. § 157).[44] **Spätestens** kann die Verfahrensbeteiligung nach § 424 Abs. 3 bis zum Ausspruch der Einziehung und, wenn eine zulässige Berufung eingelegt ist, bis zur Beendigung der Schlussvorträge im Berufungsverfahren angeordnet werden.[45] Ist der Dritte bis zum Ausspruch der Einziehung nicht beteiligt worden, kann er selbst nicht zulässigerweise Berufung einlegen, weil er zu diesem Zeitpunkt kein Verfahrensbeteiligter ist.[46] Im Revisionsverfahren ist die Anordnung der Beteiligung dann nicht mehr möglich.[47] Hebt das Revisionsgericht das Urteil allerdings auf und verweist es an das zuständige Gericht zurück, ist die Anordnung der Verfahrensbeteiligung in der sich anschließenden wiedereröffneten Tatsacheninstanz zulässig.

17 Das mit der Sache befasste Gericht hat die Beteiligung **von Amts wegen** anzuordnen, sofern das Vorliegen der materiellen Voraussetzungen der Nebenbeteiligung glaubhaft erscheint.[48] Es bedarf dafür also weder eines Antrags der Staatsanwaltschaft noch des Betroffenen.[49] Denn andernfalls könnte durch die Rechtsfolgenentscheidung in die Rechte eines Dritten eingegriffen werden, ohne dass diesem im Verfahren rechtliches Gehör gewährt worden ist.[50] Auf einen Antrag des Betroffenen kann es auch deshalb nicht ankommen, weil es durchaus passieren kann, dass der Dritte gar keine Kenntnis davon erhält, dass im Strafverfahren mit Wirkung gegen ihn entschieden wird. Das Gericht ist nämlich nur dann verpflichtet, ihn zu benachrichtigen, wenn er zu diesem Zeitpunkt bereits am Verfahren beteiligt ist (vgl. § 438 Abs. 3 mit § 429). In der Regel jedoch wird die Staatsanwaltschaft den Dritten in ihrer Anklageschrift aufführen und mit entsprechender Begründung seine Beteiligung beantragen, so dass ein Antrag der Staatsanwaltschaft oftmals vorliegen wird.[51] Auch der Dritte kann die Verfahrensbeteiligung gegenüber dem Gericht beantragen bzw. „anregen".[52] Im **Strafbefehlsverfahren** kommt die Anordnung der Beteiligung eines Dritten gemäß § 438 Abs. 3 mit § 432 nur auf Antrag der Staatsanwaltschaft und bis zur Anordnung des Strafbefehls in Betracht. Danach ist die Anordnung der Verfahrensbeteiligung nicht mehr möglich. Meist trifft das Gericht deshalb sowohl die zu ergreifende Maßnahme als auch die Anordnung der Verfahrensbeteiligung im Strafbefehl.[53] Danach kann die Verfahrensbeteiligung Dritter erst wieder nach dem zulässigen Einspruch des Angeklagten ergehen.[54] Zulässigen Einspruch kann der Dritte selbst nur dann einlegen, wenn er vor Erlass des Strafbefehls bereits Verfahrensbeteiligter war.[55]

18 Vor der Entscheidung über die Anordnung der Verfahrensbeteiligung hat das Gericht die bisherigen Verfahrensbeteiligten gemäß § 33 anzuhören. Der Dritte, dessen Verfahrensbeteiligung erst angeordnet werden soll, muss nicht gehört werden, ihm wird mit der Anordnung rechtliches Gehör gewährt (dazu bei → § 424 Rn. 9). Die Anordnung der Verfahrensbeteiligung erfolgt gemäß § 424 Abs. 4 S. 1 durch **gerichtlichen Beschluss.** Dieser ist dem Betroffenen gemäß § 35 Abs. 2 S. 2 durch eine formlose Mitteilung bekannt zu machen. Die Anordnung der Beteiligung kann auch durch schlüssiges Verhalten des Gerichts ergehen, zB dadurch, dass das Gericht den Dritten anhört und ihn als Verfahrensbeteiligten ins Rubrum aufnimmt.[56] Sofern die Verfahrensbeteiligung vom Dritten angeregt

---

[44] Gaede in Löwe/Rosenberg Rn. 24; Schmidt/Scheuß in KK-StPO Rn. 16.
[45] OLG Düsseldorf 29.6.1999 – 5 Ss 52/99 – 36/99 I, wistra 1999, 477 (478).
[46] BGH 1.4.1995 – 3 StR 493/94, NStZ 1995, 248; Schmidt/Scheuß in KK-StPO Rn. 17; Gaede in Löwe/Rosenberg Rn. 24, § 424 Rn. 16 ff.
[47] Temming in BeckOK StPO Rn. 9; Paeffgen in SK-StPO Rn. 6.
[48] Gaede in Löwe/Rosenberg Rn. 23, 27; Koch in HK-GS Rn. 2.
[49] OLG Düsseldorf 29.6.1999 – 5 Ss 52/99 – 36/99 I, wistra 1999, 477 (478); BT-Drs. V/1319, 73; Temming in BeckOK StPO Rn. 9; Metzger in KMR-StPO Rn. 6 ff., § 424 Rn. 6.
[50] OLG Düsseldorf 29.6.1999 – 5 Ss 52/99 – 36/99 I, wistra 1999, 477 (478).
[51] Temming in BeckOK StPO Rn. 9; Metzger in KMR-StPO § 424 Rn. 6.
[52] Köhler in Meyer-Goßner/Schmitt Rn. 3, § 424 Rn. 1.
[53] Köhler in Meyer-Goßner/Schmitt Rn. 3, § 424 Rn. 15.
[54] Temming in BeckOK StPO Rn. 9.
[55] Gaede in Löwe/Rosenberg § 432 Rn. 4.
[56] OLG Zweibrücken 30.6.1970 – Ws 33/70, NJW 1970, 1758; Gaede in Löwe/Rosenberg Rn. 26; aA Temming in BeckOK StPO Rn. 9; Metzger in KMR-StPO Rn. 10; Paeffgen in SK-StPO Rn. 6.

oder beantragt worden ist, bedarf auch ihre Ablehnung eines gerichtlichen Beschlusses.⁵⁷ Gleiches gilt für die Einschränkung der Verfahrensbeteiligung nach Abs. 2. In beiden Fällen ist die Entscheidung gemäß § 35 Abs. 2 S. 1 durch Zustellung dem Dritten bekannt zu machen. Dabei ist wegen § 424 Abs. 4 S. 2 jeweils eine Rechtsmittelbelehrung iSd § 35a beizufügen. Sofern das Gericht die Verfahrensbeteiligung einmal angeordnet hat, kann es sie nur aufheben, wenn ihre Voraussetzungen nachträglich entfallen (insbesondere bei nachträglicher Verzichtserklärung iSd § 424 Abs. 2 S. 2) oder wenn die verfahrensrechtliche Grundlage fehlt.⁵⁸

Die **Anfechtbarkeit** regelt § 424 Abs. 4: Der Beschluss, durch den die Verfahrensbeteiligung angeordnet wird, kann nicht angefochten werden, weil durch ihn niemand beschwert wird.⁵⁹ Gegen die Ablehnung der Anordnung oder ihre Rücknahme ist sofortige Beschwerde statthaft. Gleiches gilt wegen des Verweises in § 438 Abs. 2 S. 2 für den Beschluss über die (nachträgliche) Einschränkung der Verfahrensbeteiligung. Beschwerde einlegen können allerdings nicht nur die Staatsanwaltschaft und der betroffene Dritte, sondern auch der Angeklagte.⁶⁰ Der Dritte ist auch dann von der Ablehnung der Verfahrensbeteiligung iSd § 304 Abs. 2 betroffen, wenn er selbst zu diesem Zeitpunkt in noch keiner Form am Verfahren beteiligt ist.⁶¹ Eine revisionsgerichtliche Überprüfung der Beschlüsse ist gemäß § 336 S. 2 nicht möglich.⁶² Ist die Ablehnung der Anordnung der Verfahrensbeteiligung einmal rechtskräftig geworden, gilt sie grundsätzlich für die gesamte Dauer des Verfahrens. Eine Ausnahme ist nur dann zu machen, wenn aufgrund nachträglich eintretender oder bekannt werdender Umstände nunmehr die Voraussetzungen des Abs. 1 S. 1 vorliegen.⁶³ 19

Nach § 438 Abs. 1 S. 2 mit § 424 Abs. 5 darf die Beteiligung als Nebenbetroffener den Fortgang des Verfahrens **nicht aufhalten** (bei → § 424 Rn. 6). Die Regelung ist § 398 nachgebildet.⁶⁴ Zwar ist die Hauptverhandlung zu unterbrechen, sofern die Verfahrensbeteiligung während einer bereits begonnenen Hauptverhandlung angeordnet werden soll.⁶⁵ Der Nebenbetroffene kann aber keine Wiederholung bereits abgeschlossener prozessualer Vorgänge verlangen und muss bisherige Vorgänge gegen sich gelten lassen.⁶⁶ Ggf. muss der Nebenbetroffene seine Rechte im Nachverfahren geltend machen. Nur in Ausnahmefällen kann der in den Vorschriften verankerte Grundsatz – wegen des Anspruchs des Dritten auf rechtliches Gehör (Art. 103 Abs. 1) sowie wegen der Eigentumsgarantie (Art. 14 GG) – eingeschränkt werden.⁶⁷ Insoweit muss das Gericht nach den Regeln der praktischen Konkordanz einen Ausgleich suchen zwischen einerseits den Interessen des Angeklagten an einem angemessenen, sich auf die Schuld- und Straffrage konzentrierenden Verfahren und andererseits den Interessen des Dritten, der verhindern will, dass seine Recht verkürzt werden. Im Einzelfall kann deshalb das Beschleunigungsgebot ausnahmsweise hinter dem Anspruch auf rechtliches Gehör zurücktreten, wenn der Nebenbetroffene sich andernfalls nicht sinnvoll am Prozess beteiligen kann.⁶⁸ 20

bb) Verzicht auf und Absehen von Verfahrensbeteiligung. Gemäß Abs. 1 S. 2 mit § 424 Abs. 2, § 425 (sowie mit § 438 Abs. 2) wird die Verfahrensbeteiligung des Betroffenen 21

---

⁵⁷ Gaede in Löwe/Rosenberg Rn. 24.
⁵⁸ So etwa im Fall des OLG Bremen 19.6.2018 – 1 Ws 146/17, 1 Ws 147/17, BeckRS 2018, 16174; Köhler in Meyer-Goßner/Schmitt Rn. 3, § 424 Rn. 11.
⁵⁹ Rettke NJW 2019, 2898 (2901); Schmidt/Scheuß in KK-StPO Rn. 14.
⁶⁰ OLG Celle 10.9.1985 – 1 Ss 339/85, NJW 1987, 78; Lohse in Krekeler/Löffelmann/Sommer § 431 aF Rn. 11. Anders bei Ablehnung der Beteiligung für den Angeklagten, weil dieser nicht beschwert sei, Rettke NJW 2019, 2898 (2901).
⁶¹ Köhler in Meyer-Goßner/Schmitt Rn. 3, § 424 Rn. 19.
⁶² Paeffgen in SK-StPO § 424 Rn. 13.
⁶³ Köhler in Meyer-Goßner/Schmitt Rn. 3, § 424 Rn. 19.
⁶⁴ Paeffgen in SK-StPO § 424 Rn. 12.
⁶⁵ Metzger in KMR-StPO § 424 Rn. 25.
⁶⁶ Heine in Satzger/Schluckebier/Widmaier StPO Rn. 7.
⁶⁷ BT-Drs. V/1319, 76.
⁶⁸ Metzger in KMR-StPO § 424 Rn. 25; Köhler in Meyer-Goßner/Schmitt Rn. 3, § 424 Rn. 20.

eingeschränkt. So kann beispielsweise von ihr gänzlich abgesehen oder ihr Umfang beschränkt werden. Damit will der Gesetzgeber einen gerechten Interessenausgleich schaffen: Denn auf der einen Seite machen die Grundrechte des Dritten eine Verfahrensbeteiligung erforderlich, wenn durch die Einziehung im Verfahren der Verlust des Rechts des Dritten droht. Auf der anderen Seite darf – wie § 421 erkennen lässt – die Einziehungsmöglichkeit nicht in den Mittelpunkt des Strafverfahrens gegen den Angeklagten gestellt werden.[69]

22 Eine Anordnung der Verfahrensbeteiligung unterbleibt, wenn derjenige, der von ihr betroffen wäre, bei Gericht oder bei der Staatsanwaltschaft schriftlich oder zu Protokoll oder bei einer anderen Behörde schriftlich erklärt, dass er gegen die Einziehung des Gegenstands keine Einwendungen vorbringen wolle (§ 424 Abs. 2 S. 1), er also auf eine mögliche Beteiligung **verzichtet** (bei → § 424 Rn. 7).[70] Ist die Beteiligung zum Verzichtszeitpunkt bereits angeordnet, wird sie aufgehoben. Die Anforderungen an die Form der Verzichtserklärung richten sich nach § 158 Abs. 2, der Regelung für die Stellung eines Strafantrags.[71] Demnach muss die Erklärung schriftlich bei der zuständigen oder einer anderen Behörde, insbesondere einer Polizeibehörde, abgegeben werden.[72] Wird sie bei einer Behörde abgegeben, die nicht mit der Strafsache befasst ist, kann sie allerdings nur dann berücksichtigt werden, wenn sie eindeutig für das Strafverfahren bestimmt ist und an die zuständige Stelle weitergegeben wird.[73] Die Verzichtserklärung ist jeweils unwiderruflich und bindend für die gesamte Dauer des Verfahrens.[74] Sie hat zur Konsequenz, dass der Dritte kein Verfahrensbeteiligter (mehr) ist mit der weiteren Folge, dass er vollumfänglich als Zeuge vernommen werden kann.[75] Mit dem Verzicht einher geht aber auch, dass der Dritte über den weiteren Verfahrensgang nicht mehr informiert wird und dass sein persönliches Erscheinen nicht mehr angeordnet werden kann. Erst für die Vorbereitung der eventuell erforderlichen Vollstreckungsmaßnahmen kann der verzichtende Dritte durch die Mitteilung festgesetzter Rechtsfolgen wieder in das Verfahren einbezogen werden. Der Verzicht als reine Prozesshandlung bewirkt nicht, dass der Dritte sein betroffenes Recht verliert, sondern lediglich, dass seinem Anspruch auf rechtliches Gehör genüge getan ist.[76] Die Gerichte werden somit durch den Verzicht nicht von ihrer Verpflichtung frei, bei der Entscheidung über die Einziehung die den einzuziehenden Gegenstand betreffenden Rechtsverhältnisse zu prüfen und zu berücksichtigen.[77]

23 Nach § 425 Abs. 1 kann von der Beteiligung **abgesehen** werden, wenn die Beteiligung **nicht ausführbar** ist (bei → § 425 Rn. 3 f.). Dies dient dazu, unangemessene Verzögerungen des Strafverfahrens vorzubeugen. Voraussetzung für die Unausführbarkeit einer Beteiligung ist, dass bestimmte Tatsachen darauf schließen lassen, das ein als Nebenbetroffener in Betracht kommender Dritter aus tatsächlichen oder faktischen Gründen daran gehindert wird, am Verfahren teilzunehmen.[78] Dies ist anzunehmen, wenn der Aufenthalt des Dritten unbekannt ist oder die Person des Dritten nur mit unverhältnismäßigem Aufwand zu ermitteln wäre, wobei insoweit **übermäßige faktische Barrieren** zu fordern sind (bei → § 425 Rn. 4).[79] In Betracht kommt Unausführbarkeit auch, wenn eine Verschleierung durch fin-

---
[69] Heine in Satzger/Schluckebier/Widmaier StPO Rn. 7.
[70] Knierim in Gesamtes Strafrecht aktuell, Kap. 21 Rn. 196; Koch in HK-GS Rn. 4; Temming in BeckOK StPO Rn. 8.
[71] Gaede in Löwe/Rosenberg § 424 Rn. 28.
[72] Köhler in Meyer-Goßner/Schmitt Rn. 3, § 424 Rn. 12.
[73] Köhler in Meyer-Goßner/Schmitt Rn. 3, § 424 Rn. 12.
[74] Paeffgen in SK-StPO § 424 Rn. 11; Gaede in Löwe/Rosenberg § 424 Rn. 30; Metzger in KMR-StPO Rn. 7, § 424 Rn. 19.
[75] Temming in BeckOK StPO Rn. 8; Gaede in Löwe/Rosenberg § 424 Rn. 27; Metzger in KMR-StPO Rn. 7, § 424 Rn. 21.
[76] Metzger in KMR-StPO Rn. 7, § 424 Rn. 19; Gaede in Löwe/Rosenberg § 424 Rn. 25.
[77] Gaede in Löwe/Rosenberg § 424 Rn. 26.
[78] Vgl. auch OLG Düsseldorf 29.6.1999 – 5 Ss 52/99 – 36/99 I, wistra 1999, 477 (478); Temming in BeckOK StPO Rn. 6; Metzger in KMR-StPO Rn. 8.
[79] BayObLG 12.8.1955 – BReg. 2 St. 346/54, NJW 1955, 1527 (1527 f.); Temming in BeckOK StPO Rn. 6; nicht aber schon bei bloßem Aufenthalt im Ausland, vgl. OLG Karlsruhe 19.10.1973 – 1 Ws 177/73, NJW 1974, 709 (712).

gierte Angaben oder die Verwendung von Strohmännern festgestellt wird.⁸⁰ Mit Unausführbarkeit ist jedoch nicht gemeint, dass das Recht des Dritten nicht glaubhaft erscheint, da es in diesem Fall bereits an den in § 438 Abs. 1 S. 1 normierten Beteiligungsvoraussetzungen fehlt. Unausführbarkeit kann erst angenommen werden, wenn **Ermittlungen** dahingehend angestellt worden sind.⁸¹ Gemäß § 438 Abs. 1 S. 2 mit § 425 Abs. 1 ist die Möglichkeit, von der Beteiligung bei Unausführbarkeit abzusehen, auf die Einziehung nach §§ 74a, 74b StGB beschränkt (bei → § 425 Rn. 2). In den übrigen Fällen muss die Verfahrensbeteiligung zwingend angeordnet werden. Ist sie unausführbar, darf in diesen Fällen keine Einziehungsanordnung im subjektiven Verfahren ergehen.⁸²

Darüber hinaus ist nach § 438 Abs. 1 S. 2 iVm § 425 Abs. 2 S. 1 ein Absehen von der **24** Verfahrensbeteiligung möglich, wenn eine Partei, Vereinigung oder Einrichtung außerhalb des räumlichen Geltungsbereichs dieses Gesetzes zu beteiligen wäre, die Bestrebungen gegen den Bestand oder die Sicherheit der Bundesrepublik Deutschland oder gegen einen der in § 92 Abs. 2 StGB bezeichneten Verfassungsgrundsätze verfolgt, und den Umständen nach anzunehmen ist, dass diese Partei, Vereinigung oder Einrichtung oder einer ihrer Mittelsmänner den Gegenstand zur Förderung ihrer Bestrebungen zur Verfügung gestellt hat (→ § 425 Rn. 6). Die Regelung beruht auf der Überlegung, dass die Beteiligung solcher Parteien und Einrichtungen das Verfahren erheblich erschweren könnte und mit Blick auf ihre **verfassungsfeindlichen Bestrebungen** unangemessen wäre.⁸³ Es kann nicht Aufgabe der Verfassung sein, das förmliche Recht an Gegenständen solcher Personen zu schützen, welche die Gegenstände für derartige Zwecke zur Verfügung gestellt haben, weshalb durch ihre Nichtbeteiligung Art. 103 Abs. 1 GG nicht verletzt wird.⁸⁴ Eine Einrichtung iSv § 438 Abs. 1 S. 2 mit § 425 Abs. 2 S. 1 liegt vor mit jeder irgendwie benennbaren Organisationseinheit, auch wenn ihre Struktur nicht näher bekannt ist.⁸⁵ Solche Einrichtungen liegen außerhalb des räumlichen Geltungsbereichs der StPO, wenn sie im Ausland gelegen sind, wobei es auch ausreicht, dass die Einrichtung einen inländischen Sitz hat, dabei aber international organisiert ist (bei → § 425 Rn. 7).⁸⁶ Für den Fall, dass eine dem § 425 Abs. 2 S. 1 Nr. 2 entsprechende verfassungsfeindliche Bestrebung der Einrichtung angenommen wird, ist gemäß § 425 Abs. 2 S. 2 der tatsächliche Inhaber der Sachherrschaft über den Gegenstand (Besitzer) vor der Entscheidung über die Einziehung des Gegenstands zu vernehmen bzw. zu hören. Selbst beteiligt werden muss er nicht.⁸⁷ Allerdings ist eine Anhörung oder Vernehmung ebenfalls nur dann erforderlich, wenn diese ausführbar ist (dazu schon → Rn. 23).⁸⁸

Stellt das Gericht bereits im Vorhinein fest, dass ein Grund für ein Absehen von der **25** Verfahrensbeteiligung vorliegt, und will es davon auch Gebrauch machen, muss es nicht mehr prüfen, ob Tatsachen ein Recht iSv § 438 Abs. 1 glaubhaft machen.⁸⁹

Die Regelungen zum Absehen von der Verfahrensbeteiligung sind – wie der Wortlaut **26** des § 425 zeigt („kann") – in das **Ermessen** des Gerichts gestellt.

2. Beschränkung der Beteiligung (Abs. 2). § 438 Abs. 2 entspricht § 431 Abs. 2 aF. **27** Danach darf das Gericht, die **Beteiligung des Nebenbetroffenen einschränken,** soweit es um „die Schuld" des Angeschuldigten geht. Der Begriff der Schuld ist hier unglücklich gewählt: Gemeint ist die Schuldfrage, soweit sie die Einziehung betrifft, also in der Regel die Frage nach dem Tatunrecht. Das ergibt sich systematisch im Zusammenspiel mit Abs. 3 (der

---

⁸⁰ BGH 20.10.1956 – 1 StE 16/56, GA 1961, 55; BT-Drs. V/1319, 75; Paeffgen in SK-StPO Rn. 9; Temming in BeckOK StPO Rn. 6; Köhler in Meyer-Goßner/Schmitt Rn. 3, § 425 Rn. 2; Lohse in Krekeler/Löffelmann/Sommer § 431 aF Rn. 6.
⁸¹ Köhler in Meyer-Goßner/Schmitt Rn. 3, § 425 Rn. 2.
⁸² Temming in BeckOK StPO Rn. 5.
⁸³ BT-Drs. V/1319, 75; Metzger in KMR-StPO § 425 Rn. 5; Gaede in Löwe/Rosenberg § 425 Rn. 6.
⁸⁴ Gaede in Löwe/Rosenberg § 425 Rn. 6.
⁸⁵ Metzger in KMR-StPO § 425 Rn. 5.
⁸⁶ Köhler in Meyer-Goßner/Schmitt Rn. 3, § 425 Rn. 3; Temming in BeckOK StPO Rn. 7.
⁸⁷ Temming in BeckOK StPO Rn. 7; Köhler in Meyer-Goßner/Schmitt Rn. 3, § 425 Rn. 3.
⁸⁸ Vgl. auch BGH 20.10.1956 – 1 StE 16/56, GA 1961, 55; Gaede in Löwe/Rosenberg § 425 Rn. 7.
⁸⁹ Paeffgen in SK-StPO Rn. 9; Gaede in Löwe/Rosenberg Rn. 21.

mit Blick auf Abs. 2 auf den „Schuldspruch" abstellt) sowie dem Umstand, dass eine Einziehung in der Regel nicht von der Schuld des Täters oder Teilnehmers iS einer persönlichen Vorwerfbarkeit abhängt. Im Ergebnis kann der Nebenbetroffene von Verfahrenshandlungen, die der Aufklärung des Tatunrechts dienen, ausgeschlossen werden.[90] Ohne eine solche Beschränkung erstreckt sich die Beteiligung auf den Schuldspruch, da das Tatunrecht der materiellen Tat in der Regel die Grundlage für die Einziehung bildet.[91] Die Schuldfrage umfasst dabei aber eben nicht die Frage nach schuldhaftem Handeln im materiellen Sinn, sondern erstreckt sich auf alle anderen Voraussetzungen, die vorliegen müssen, damit eine rechtswidrige Tat vorliegt; abgegrenzt wird also nur hin zu den Rechtsfolgen der Tat.[92]

28 Die Beschränkung der Beteiligung steht gemäß Abs. 2 im **Ermessen** des Gerichts („kann"), da sich die Entscheidung aus dem Verhältnis von Tatbestandsmerkmalen und Rechtsfolge der Vermögensentziehung nicht als zwingend aufdrängt.[93] Verzichtet das Gericht auf eine Beschränkung der Beteiligung, kann es die Verfahrensbeteiligung nachträglich nur dann einschränken, wenn die Voraussetzungen des Abs. 2 erst später eintreten.[94] Hat es die Beschränkung einmal ausgesprochen, kann es sie jederzeit durch einen unanfechtbaren Beschluss zurücknehmen.[95]

29 Eine Beschränkung lässt der Gesetzgeber **erstens** zu, wenn eine Einziehung im Fall von Abs. 1 Nr. 1 nur unter der Voraussetzung in Betracht kommt, dass der Gegenstand demjenigen gehört oder zusteht, gegen den sich die Einziehung richtet. Grund für die Beschränkungsmöglichkeit ist Folgendes: Wenn feststeht, dass die Einziehung auch für den Fall, dass der Angeklagte die Tat tatsächlich begangen hat, nicht angeordnet werden darf oder der Nebenbetroffene dies erfolgreich darlegen kann, dann sollen sich auch seine Verteidigungsmöglichkeiten auf die für seine Interessen entscheidungserhebliche Frage der Vermögenszuordnung oder der Verhältnismäßigkeit des Vermögenszugriffs beschränken.[96] Dies dient der Verfahrensökonomie.[97]

30 Das Gesetz lässt eine beschränkte Verfahrensbeteiligung **zweitens** dann zu, wenn der Gegenstand – anknüpfend an § 74b Abs. 3 S. 1 Nr. 2 StGB – nach den Umständen, welche die Einziehung begründen können, auch auf Grund von Rechtsvorschriften außerhalb des Strafrechts ohne Entschädigung dauerhaft entzogen werden könnte. Denn wenn eine Norm bereits den Vermögenszugriff unabhängig von der Täterschaft des Angeklagten zulässt, dann muss der Nebenbetroffene keinen Einfluss auf die Klärung der Schuldfrage haben.[98] Die Straftat ist in diesen Fällen nicht materielle Grundlage für die Einziehung, sondern nur der Anlass dafür, dass sie im Strafverfahren erfolgen kann.[99] Maßgeblich ist insoweit der hypothetische Ersatzeingriff in das Vermögen des Nebenbetroffenen. Die in Abs. 2 S. 1 Nr. 2 bezeichneten Rechtsvorschriften können beispielsweise Polizeigesetze der jeweiligen Bundesländer sein.

31 Abs. 2 S. 1 **gilt nicht** für die Einziehung von Taterträgen nach § 73 StGB.[100] Da das Erlöschen des Rechts eines Dritten von der schuldhaften Beteiligung an der Tat abhängt, ist von der Erörterung der Schuldfrage auch dann nicht nach § 438 Abs. 2 S. 1 Nr. 1 abzusehen, wenn eine Einziehung iSd § 74a Nr. 1 StGB beabsichtigt wird.[101] Denn in diesen Fällen

---

[90] Heine in Satzger/Schluckebier/Widmaier StPO Rn. 8.
[91] Koch in HK-GS Rn. 5.
[92] Anders wohl Heine in Satzger/Schluckebier/Widmaier StPO Rn. 8.
[93] Näher dazu Heine in Satzger/Schluckebier/Widmaier StPO Rn. 10; Gaede in Löwe/Rosenberg Rn. 39.
[94] Gaede in Löwe/Rosenberg Rn. 41.
[95] Schmidt/Scheuß in KK-StPO Rn. 13; Retemeyer in Gercke/Julius/Temming/Zöller Rn. 7; wohl auch Gaede in Löwe/Rosenberg Rn. 42, der aber Rechtsschutz über Art. 6 Abs. 1 S. 1 EMRK für möglich hält.
[96] Metzger in KMR-StPO Rn. 11; Heine in Satzger/Schluckebier/Widmaier StPO Rn. 4.
[97] Heine in Satzger/Schluckebier/Widmaier StPO Rn. 10; Gaede in Löwe/Rosenberg Rn. 31.
[98] Heine in Satzger/Schluckebier/Widmaier StPO Rn. 8, 10.
[99] Köhler in Meyer-Goßner/Schmitt Rn. 7; Paeffgen in SK-StPO Rn. 13.
[100] Temming in BeckOK StPO Rn. 11; aA Günther in AK-StPO § 431 aF Rn. 17, der zumindest Abs. 2 S. 1 Nr. 2 entsprechend anwenden will.
[101] Gaede in Löwe/Rosenberg Rn. 35; Schmidt, 2019, Rn. 1543; aA Heine in Satzger/Schluckebier/Widmaier StPO Rn. 8.

gilt er als Einziehungsbeteiligter und nicht als Nebenbetroffener.[102] Für die Beteiligung eines Dritten, der ein beschränkt dingliches Recht an dem Gegenstand hat, dürfte § 438 Abs. 2 S. 1 ebenfalls nicht gelten, soweit das Recht gemäß § 75 Abs. 2 S. 2 oder S. 3 Nr. 1 StGB zum Erlöschen gebracht werden kann. Denn in beiden Fällen bildet die Schuld des Angeklagten dort die materielle Grundlage für die Einziehung, weshalb ihm Gelegenheit gegeben werden muss, sich dazu zu äußern.[103]

Nach Abs. 2 S. 2 ist gegen den Beschluss, dass sich die Verfahrensbeteiligung nicht auf 32 die Schuldfrage erstreckt, die **sofortige Beschwerde** statthaft (§ 424 Abs. 4 S. 2).

3. Anwendung der übrigen Verfahrensvorschriften (Abs. 3). Abs. 3 führt die 33 Vorschriften auf, die für Nebenbetroffene entsprechend anwendbar sind. Dies sind §§ 426 (Anhörung im Ermittlungsverfahren), 427–430 (Stellung im Strafverfahren, Vertretung, Terminsnachricht, Rechtsmittel). Eine Abweichung zur alten Rechtslage ist damit nicht verbunden. Die dem Nebenbetroffenen zustehenden Rechte unterscheiden sich insoweit nicht von den dem Einziehungsbeteiligten gewährten Rechten.[104]

Gemäß § 438 Abs. 3 mit § 427 Abs. 1 stehen dem Nebenbetroffenen grundsätzlich 34 die **Rechte und Befugnisse eines Angeklagten** zu. Er kann sich somit aller zulässigen verfahrensrechtlichen Einwirkungsmittel und Gestaltungsmöglichkeiten bedienen, um die Anordnung der Einziehung abzuwenden oder um ein anderes, für ihn günstiges Ergebnis zu erreichen.[105] Die einem Angeklagten ähnliche Verfahrensstellung hat zur Folge, dass der Nebenbetroffene nicht als Zeuge vernommen werden kann. Dieser Ausschluss bezieht sich allerdings nur auf diejenigen Verfahrensteile, auf die sich die Verfahrensbeteiligung erstreckt.[106] Dies führt beispielsweise dazu, dass er zur Schuldfrage als Zeuge vernommen werden kann, sofern eine einschränkende Anordnung nach Abs. 2 S. 1 ergangen ist.

§ 438 Abs. 3 verweist auch auf die Regelungen zum **Nachverfahren** in § 433. Der 35 Nebenbetroffene muss, sofern er ein Nachverfahren anstrebt, zum einen geltend machen, dass die Einziehung ihm gegenüber nicht gerechtfertigt gewesen ist und er an der Geltendmachung ohne Verschulden gehindert war. Zum anderen entbehrt ihn dies nicht davon, erneut **glaubhaft zu machen,** dass ihm der eingezogene Gegenstand gehört oder ihm daran ein sonstiges Recht zusteht.[107] Dies gilt auch, wenn der Antragsteller zuvor bereits beteiligt worden ist. Denn die Entscheidung im Nachverfahren ergeht erst, nachdem das Urteil bereits rechtskräftig geworden ist. Die darin getroffenen Feststellungen können den zum Zeitpunkt der Beteiligungsanordnung bestehenden Anschein der Berechtigung somit ausgeräumt haben.[108]

Sofern dem Nebenbetroffenen im Nachverfahren der **Nachweis** des beanspruchten 36 Rechts nicht gelingt, weist das Gericht den Antrag als unbegründet zurück. Hat er dagegen das Recht bewiesen, muss das Gericht weiter prüfen, ob die Einziehung des Gegenstands gleichwohl gerechtfertigt ist. Tatsächliche Zweifel gehen insoweit – anders als bei der Frage zum Bestehen des behaupteten Rechts – zugunsten des Nebenbetroffenen.[109] Ist der Antrag

---

[102] Temming in BeckOK StPO Rn. 11.
[103] Temming in BeckOK StPO Rn. 11; Schmidt/Scheuß in KK-StPO Rn. 11 unter Hinweis auf die amtliche Begründung der Vorgängerregelung, vgl. BT-Drs. V/1319, 76.
[104] BGH 10.10.2018 – 5 StR 389/18, BeckRS 2018, 28628 zum Recht, Revision einzulegen und Beweisanträge zu stellen; zur Rechtsmittelbefugnis Rettke NJW 2019, 2898 (2901); Temming in BeckOK StPO Rn. 13.
[105] Zum Akteneinsichtsrecht etwa KG 3.8.2018 – 5 Ws 89/18 – 161 AR 124/18, BeckRS 2018, 57601; zum Recht auf Beiordnung eines Vertreters OLG Bremen 19.6.2018 – 1 Ws 146/17, 1 Ws 147/17, BeckRS 2018, 16174; Rettke NJW 2019, 2898 (2901).
[106] Vgl. BGH 10.10.2018 – 5 StR 389/18, BeckRS 2018, 28628; 26.5.1956 – 2 StR 322/55, NJW 1956, 1448 (1449); Schmidt/Scheuß in KK-StPO Rn. 15.
[107] BT-Drs. 18/9525, 93; Rettke NJW 2019, 2898 (2901 f.) mit weiteren Hinweisen, wann ein solches Unverschulden ausscheidet.
[108] Temming in BeckOK StPO Rn. 15; Paeffgen in SK-StPO Rn. 17, bei dem aber unklar bleibt, ob er weiterhin am Erfordernis des Glaubhaftmachens festhält, weil er darauf hinweist, diese Voraussetzung sei mit Blick auf den Wortlaut von § 433 Abs. 1 entfallen.
[109] BT-Drs. V/1319, 81 zur alten Gesetzesfassung. Zur neuen: Temming in BeckOK StPO Rn. 16; Paeffgen in SK-StPO Rn. 18.

begründet, hebt das Gericht die Einziehungsentscheidung auf und beseitigt damit rückwirkend den Eigentums- bzw. Rechtsübergang auf den Staat.[110] Ist der Gegenstand allerdings schon verwertet worden, bleiben dem Nebenbetroffenen nur zivilrechtliche Bereicherungsansprüche gegen den Staat.[111]

37 Gemäß Abs. 3 ist in Fällen des Nachverfahrens und denen des Einspruchsverfahrens nach einem Strafbefehl (§ 432 Abs. 2) der **Schuldspruch** vom Gericht nicht nachzuprüfen, soweit nach den Umständen, die die Einziehung begründet haben, eine Anordnung nach Abs. 2 S. 1 zulässig wäre. Dabei kommt es nicht darauf an, dass eine entsprechende Anordnung tatsächlich ergangen ist, sondern nur darauf, dass sie nach dem Inhalt der Urteilsgründe hätte angeordnet werden können.[112] In diesen Fällen ist das Gericht also an den Schuldspruch gebunden. Konsequent ist es dann aber nur, dass sich die Verfahrensbeteiligung im umgekehrten Fall, wenn also die Beschränkung gemäß Abs. 2 S. 1 tatsächlich nicht hätte angeordnet werden dürfen, ausnahmsweise trotz vorliegender Beschränkungsanordnung auf den Schuldspruch erstreckt.[113]

38 Für die **Kosten** der Verfahrensbeteiligung gilt § 472b. Wegen des Kostenrisikos kann es für den Dritten sinnvoll sein, auf die Verfahrensbeteiligung iSd § 438 Abs. 1 S. 2, § 424 Abs. 2 zu verzichten.

§ 439 Der Einziehung gleichstehende Rechtsfolgen

Vernichtung, Unbrauchbarmachung und Beseitigung eines gesetzwidrigen Zustandes stehen im Sinne der §§ 421 bis 436 der Einziehung gleich.

Schrifttum: Siehe je bei den §§ 421–436.

1 Die Vorschrift übernimmt inhaltlich den Regelungsgehalt des § 442 Abs. 1 aF[1] und stellt drei Akte der Vermögensabschöpfung der Einziehung gleich: Das Vernichten, das Unbrauchbarmachen und das Beseitigen eines gesetzeswidrigen Zustands unterliegt den prozessualen **Regeln der Einziehung** in §§ 421–436, weil diese Maßnahmen ebenso darauf gerichtet sind, dem Betroffenen den Gegenstand endgültig zu entziehen und einen endgültigen Vermögensverlust zu bewirken.[2] Gesetzestechnisch hat § 439 den Regelungsgehalt, dass die drei Abschöpfungsakte in den §§ 421–436 tatbestandlich neben die Einziehung treten, wohl um den Wortlaut der Einziehungsvorschriften zu entschlacken.[3] § 437 ist insoweit nicht anwendbar.[4] Im alten Gesetzestext war ausdrücklich noch der Verfall genannt. Im neuen Recht ist der Verfall bereits als „Einziehung von Taterträgen" (§§ 73 ff. StGB) unmittelbar in den materiell-rechtlichen Einziehungsvorschriften mitgeregelt.[5] Deshalb ist er nunmehr bereits von den prozessualen Vorschriften zur „Einziehung" erfasst. – Die Beteiligungsstellung des Betroffenen richtet sich nach § 424 Abs. 1, § 438.[6] Die Regelungen zum Nebenbetroffenen sind anzuwenden, auch wenn auf § 438 nicht ausdrücklich verwiesen wird.[7]

2 Die drei in der Norm genannten Arten der Vermögensabschöpfung beziehen sich jeweils auf **strafrechtliche Institute,** unterscheiden sich daher von ähnlichen Akten mit öffentlich-rechtlicher Grundlage.[8] Das **Vernichten** nimmt in erster Linie Bezug auf § 37

---
[110] Temming in BeckOK StPO Rn. 16.
[111] Paeffgen in SK-StPO Rn. 18.
[112] Temming in BeckOK StPO Rn. 14; Paeffgen in SK-StPO Rn. 16.
[113] Temming in BeckOK StPO Rn. 14.
[1] BT-Drs. 18/9525, 93; OLG Frankfurt a. M. 10.10.2019 – 2 Ws 48/19, BeckRS 2019, 44499.
[2] OLG Frankfurt a. M. 10.10.2019 – 2 Ws 48/19, BeckRS 2019, 44499; Burhoff RVG prof. 2021, 69.
[3] Heine in Satzger/Schluckebier/Widmaier StPO Rn. 1; Paeffgen in SK-StPO Rn. 1.
[4] Zu den Gründen Gaede in Löwe/Rosenberg Rn. 2.
[5] Heuchemer in BeckOK StGB StGB § 73 Rn. 1.
[6] Schmidt/Scheuß in KK-StPO Rn. 2.
[7] Gaede in Löwe/Rosenberg Rn. 2.
[8] Metzger in KMR-StPO Rn. 1.

KunstUrhG (widerrechtlich hergestellte Exemplare) und auf § 144 Abs. 4, § 145 Abs. 4 MarkenG (nicht beseitigbare widerrechtliche Kennzeichnungen).[9] Ein **Unbrauchbarmachen** ist vorgesehen für Vorrichtungen zur Herstellung illegaler Schriften, Ton- und Bildträger, Datenspeicher, Abbildungen und Darstellungen (§ 74d StGB). Das Markengesetz kennt in § 144 Abs. 4, § 145 Abs. 4 MarkenG das **Beseitigen eines gesetzeswidrigen Zustands** – ist eine Beseitigung nicht möglich, darf vernichtet werden.[10]

Mit der **Revision** kann die Anordnung der Abschöpfungsakte angegriffen werden; eine Beschränkung auf diesen Aspekt ist zulässig.[11] 3

§§ 440–442 (weggefallen)

§ 443 Vermögensbeschlagnahme

(1) ¹Das im Geltungsbereich dieses Gesetzes befindliche Vermögen oder einzelne Vermögensgegenstände eines Beschuldigten, gegen den wegen einer Straftat nach
1. den §§ 81 bis 83 Abs. 1, § 89a oder § 89c Absatz 1 bis 4, den §§ 94 oder 96 Abs. 1, den §§ 97a oder 100, den §§ 129 oder 129a, auch in Verbindung mit § 129b Abs. 1, des Strafgesetzbuches,
2. einer in § 330 Abs. 1 Satz 1 des Strafgesetzbuches in Bezug genommenen Vorschrift unter der Voraussetzung, daß der Beschuldigte verdächtig ist, vorsätzlich Leib oder Leben eines anderen oder fremde Sachen von bedeutendem Wert gefährdet zu haben, oder unter einer der in § 330 Abs. 1 Satz 2 Nr. 1 bis 3 des Strafgesetzbuches genannten Voraussetzungen oder nach § 330 Abs. 2, § 330a Abs. 1, 2 des Strafgesetzbuches,
3. den §§ 51, 52 Abs. 1 Nr. 1, 2 Buchstabe c und d, Abs. 5, 6 des Waffengesetzes, den §§ 17 und 18 des Außenwirtschaftsgesetzes, wenn die Tat vorsätzlich begangen wird, oder nach § 19 Abs. 1 bis 3, § 20 Abs. 1 oder 2, jeweils auch in Verbindung mit § 21, oder § 22a Abs. 1 bis 3 des Gesetzes über die Kontrolle von Kriegswaffen oder
4. einer in § 29 Abs. 3 Satz 2 Nr. 1 des Betäubungsmittelgesetzes in Bezug genommenen Vorschrift unter den dort genannten Voraussetzungen oder einer Straftat nach den §§ 29a, 30 Abs. 1 Nr. 1, 2, 4, § 30a oder § 30b des Betäubungsmittelgesetzes
5. einer in § 34 Absatz 3 Satz 2 Nummer 1, 3 oder Nummer 4 des Konsumcannabisgesetzes in Bezug genommenen Vorschrift unter den dort genannten Voraussetzungen oder einer Straftat nach § 34 Absatz 4 des Konsumcannabisgesetzes oder
6. einer in § 25 Absatz 4 Satz 2 Nummer 1, 3 oder Nummer 4 des Medizinal-Cannabisgesetzes in Bezug genommenen Vorschrift unter den dort genannten Voraussetzungen oder einer Straftat nach § 25 Absatz 5 des Medizinal-Cannabisgesetzes

die öffentliche Klage erhoben oder Haftbefehl erlassen worden ist, können mit Beschlag belegt werden. ²Die Beschlagnahme umfaßt auch das Vermögen, das dem Beschuldigten später zufällt. ³Die Beschlagnahme ist spätestens nach Beendigung der Hauptverhandlung des ersten Rechtszuges aufzuheben.

(2) ¹Die Beschlagnahme wird durch den Richter angeordnet. ²Bei Gefahr im Verzug kann die Staatsanwaltschaft die Beschlagnahme vorläufig anordnen; die vor-

---
[9] Siehe auch bei Paeffgen in SK-StPO Rn. 2.
[10] Eine gesonderte Regelung findet sich für die Abführung des Mehrerlöses nach § 8 WiStG (Gössel in Löwe/Rosenberg § 442 aF Rn. 7; Metzger in KMR-StPO Rn. 2).
[11] Schmidt in KK-StPO, 7. Aufl. 2013, § 442 aF Rn. 1.

läufige Anordnung tritt außer Kraft, wenn sie nicht binnen drei Tagen vom Richter bestätigt wird.

(3) Die Vorschriften der §§ 291 bis 293 gelten entsprechend.

Schrifttum: Eser, Die strafrechtlichen Sanktionen gegen das Eigentum, 1969; Hanack, Die Rechtsprechung des Bundesgerichtshofes zum Strafverfahrensrecht, JZ 1974, 54; Köhler/Beck, Gerechte Geldstrafe statt konfiskatorischer Vermögenssanktionen, JZ 1991, 797; Mertens, Das Gesetz gegen die organisierte Kriminalität, ZRP 1992, 205; Meyer, Gewinnabschöpfung durch Vermögensstrafe?, ZRP 1990, 85; Möhrenschlager, Das OrgKG – eine Übersicht nach amtlichen Materialien – Erster Teil, wistra 1992, 281; Ostendorf, Organisierte Kriminalität – eine Herausforderung für die Justiz, JZ 1991, 62; Rieß, Neue Gesetze zur Bekämpfung der organisierten Kriminalität, NJ 1992, 491; Roggan, Über das Verschwimmen der Grenzen zwischen Polizei- und Strafprozeßrecht, KritV 1998, 336; Schoreit, Bekämpfung der organisierten Kriminalität und anderer neuer Formen von Straftaten aus der Sicht von Polizei und Staatsanwaltschaft, StV 1991, 535; Weßlau, Neue Methoden der Gewinnabschöpfung, StV 1991, 226; Wohlers, Strafverteidigung vor den Schranken der Strafgerichtsbarkeit, StV 2001, 420; Wohlers, Geldwäscherei durch die Annahme von Verteidigerhonoraren – Gefahr für das Institut der Wahlverteidigung, ZStrR 2002, 197.

Übersicht

	Rn.		Rn.
I. Überblick	1	a) Im Geltungsbereich dieses Gesetzes befindlich (S. 1)	13
1. Allgemeines	1	b) Aufhebung nach Beendigung der Hauptverhandlung (S. 3)	23
2. Systematik	4		
3. Normzweck	5	2. Zuständigkeit für die Anordnung (Abs. 2)	24
4. Verfassungsmäßigkeit	9	a) Richtervorbehalt (S. 1)	25
II. Erläuterungen	13	b) Gefahr im Verzug (S. 2)	26
1. Vermögen oder einzelne Vermögensgegenstände des Beschuldigten (Abs. 1) ...	13	3. Bekanntmachung und Aufhebung der Beschlagnahme (Abs. 3)	28

I. Überblick

1 **1. Allgemeines.** § 443 regelt eine **besondere Form der Vermögensbeschlagnahme.** Danach kann das im Geltungsbereich des Gesetzes befindliche Vermögen des Beschuldigten mit Beschlag belegt werden, wenn wegen einer der in Abs. 1 S. 1 Nr. 1–4 genannten Katalogtaten Anklage erhoben oder Haftbefehl erlassen worden ist. Die Vermögensbeschlagnahme hat gemäß § 443 Abs. 3, § 292 grundsätzlich ein absolutes Verfügungsverbot zur Folge (dazu → Rn. 29). Damit kann die in § 443 geregelte Vermögensbeschlagnahme in etwa mit der Eröffnung eines Insolvenzverfahrens verglichen werden.[1]

2 Die Vermögensbeschlagnahme nach § 443 geht **weiter als der dingliche Arrest** in § 111d, der nur einen Vollstreckungstitel darstellt. § 443 enthält im Gegensatz dazu die Maßnahme selbst.[2] Die Vermögensbeschlagnahme ist zugleich in §§ 290 ff. geregelt. Allerdings setzt sie einen dringenden Tatverdacht und nicht bloß die Erhebung der Anklage oder den Erlass eines Haftbefehls voraus.[3]

3 Die in § 443 geregelte Vermögensbeschlagnahme wurde – anders als die übrigen Vorschriften des dritten Abschnitts – durch das Gesetz zur Reform der strafrechtlichen Vermögensabschöpfung keiner Änderung unterzogen. § 443 ist stattdessen durch das OrkG vom 15.7.1992[4] eingefügt worden. Zuvor war eine Vermögensbeschlagnahme bereits in § 433 aF vorgesehen und allein an den Verdacht des Hoch- oder Landesverrats gekoppelt.[5] Im Laufe der Jahre wurde § 443 mit Blick auf die in Abs. 1 S. 1 genannten Katalogtaten vielen

---
[1] Heine in Satzger/Schluckebier/Widmaier StPO Rn. 3.
[2] Temming in BeckOK StPO Rn. 1.
[3] Temming in BeckOK StPO Rn. 1.
[4] BGBl. 1992 I 1302.
[5] Heine in Satzger/Schluckebier/Widmaier StPO Rn. 1; Paeffgen in SK-StPO Rn. 1.

Erweiterungen unterzogen,[6] zuletzt mit Gesetz vom 12.6.2015[7] um den zugleich neu eingeführten Tatbestand der Terrorismusfinanzierung in § 89c StGB.[8] Durch das 34. StRÄndG wurde die Möglichkeit eingefügt, auch nur einzelne Vermögensgegenstände zu beschlagnahmen. Damit soll dem Verhältnismäßigkeitsprinzip Rechnung getragen werden.[9]

2. Systematik. Systematisch angesiedelt ist § 443 im dritten Abschnitt „Verfahren zur 4 Einziehung und Vermögensbeschlagnahme". Im Unterschied zu den in diesem Abschnitt ansonsten geregelten Maßnahmen der Einziehung (mit früherem Verfall), stellt die Vermögensbeschlagnahme nach § 443 keine endgültige Entscheidung dar, die diesen ähneln würde.[10] Sie hat lediglich **vorläufigen Charakter** und soll nur in bestimmten Strafverfahren angeordnet werden, um den Beschuldigten daran zu hindern, sein Vermögen zur Begehung weiterer Straftaten zu verwenden (dazu noch → Rn. 6).[11] Daher ist sie eher vergleichbar mit den Beschlagnahmemaßnahmen der §§ 94, 111b, 290. Im System der §§ 421 ff. ist sie ein **Fremdkörper**.[12] Im Unterschied zu der Vermögensbeschlagnahme nach § 443 können auf Grundlage der §§ 94, 111b nur Gegenstände beschlagnahmt werden, die als Beweismittel relevant werden oder aber Gegenstand der Einziehung (mit früherem Verfall) sind.[13] Ähnlich wie § 290 knüpft § 443 für die Vermögensbeschlagnahme an die Erhebung der öffentlichen Klage sowie an den Erlass eines Haftbefehls an. Abgesehen davon, dass § 290 insoweit strengere Maßstäbe anlegt, ist zu beachten, dass die Beschlagnahme des § 290 auf Verfahren gegen Abwesende beschränkt ist, während § 443 einen Tatverdacht bezogen auf die in § 443 Abs. 1 S. 1 Nr. 1–4 genannten Straftaten genügen lässt. Auch unterscheiden sich die beiden Maßnahmen mit Blick auf ihren Zweck (dazu noch → Rn. 5).[14]

3. Normzweck. Die in § 443 vorgesehene Möglichkeit der Vermögensbeschlagnahme 5 soll den Beschuldigten zunächst dazu bringen, am Strafverfahren teilzunehmen.[15] Das zeigt sich an § 443 Abs. 1 S. 3. Denn danach kann der Beschuldigte durch die Teilnahme am Zwischen- und Hauptverfahren die Freigabe der beschlagnahmten Gegenstände erwirken. Die Beschlagnahme ist – bei diesem Beschlagnahmezweck – also immer dann **aufzuheben,** wenn die Mitwirkung des Beschuldigten nicht mehr erforderlich ist.[16] Trotz dieser Intention ist die Vermögensbeschlagnahme nach § 443 – anders als die in § 290 geregelte Beschlagnahme – nicht darauf gerichtet, später voraussichtlich entstehende staatliche Ansprüche (zB Ansprüche auf Zahlung von Geldstrafen oder Verfahrenskosten) zu sichern.[17] Stattdessen dient sie der Sicherung in eine andere Richtung und soll den Beschuldigten „**unschädlich machen**". Er soll nämlich durch die Beschlagnahme daran gehindert werden, sein Vermögen dafür zu verwenden, während des Strafverfahrens weitere Straftaten zu begehen oder es anderen zu diesem Zweck zu überlassen.[18]

Mithilfe der Rechtsfolge der Vermögensbeschlagnahme, der Entstehung eines absoluten 6 **Veräußerungsverbots** (§ 443 Abs. 3, § 292 Abs. 1), soll außerdem verhindert werden, dass der Beschuldigte seine Vermögensgegenstände vor Abschluss des Verfahrens rechtswidrig

---

[6] Siehe dazu bei Temming in BeckOK StPO vor Rn. 1.
[7] BGBl. I 926.
[8] Heine in Satzger/Schluckebier/Widmaier StPO Rn. 1.
[9] Temming in BeckOK StPO Rn. 1.
[10] Temming in BeckOK StPO vor Rn. 1.
[11] BGH 22.1.1963 – 6 BJs 603/61, BGHSt 19, 1 = NJW 1964, 262.
[12] Heine in Satzger/Schluckebier/Widmaier StPO Rn. 2.
[13] Gaede in Löwe/Rosenberg Rn. 1.
[14] Heine in Satzger/Schluckebier/Widmaier StPO Rn. 5; Gaede in Löwe/Rosenberg Rn. 1.
[15] BT-Drs. 12/2720, 47; Köhler in Meyer-Goßner/Schmitt Vor § 421 Rn. 15; Metzger in KMR-StPO Rn. 5; Meyer ZRP 1990, 85 (89).
[16] Metzger in KMR-StPO Rn. 5.
[17] BGH 22.1.1963 – 6 BJs 603/61, BGHSt 19, 1 (2) = NJW 1964, 262 (262 f.); Heine in Satzger/Schluckebier/Widmaier StPO Rn. 4.
[18] BGH 22.1.1963 – 6 BJs 603/61, BGHSt 19, 1 (2) = NJW 1964, 262 (262 f.); BT-Drs. 16/11735, 18; Gössel in Löwe/Rosenberg § 443 aF Rn. 1; Paeffgen in SK-StPO Rn. 2; Metzger in KMR-StPO Rn. 5; kritisch dazu wegen Abs. 1 S. 3: Heine in Satzger/Schluckebier/Widmaier StPO Rn. 5.

zur Seite schafft.¹⁹ Auch soll er – so der Bundesgerichtshof noch zu § 433 aF – davon abgehalten werden, sein Vermögen missbräuchlich zur Sabotage des Strafverfahrens einzusetzen.²⁰ Letzteres ist aber mit Blick auf das dann unklare Verhältnis zum Anspruch des Beschuldigten auf eine wirksame Verteidigung bedenklich.²¹

7 Die Vermögensbeschlagnahme wirkt sich **zugunsten des Verletzten** aus. Denn diesem wird insoweit die Möglichkeit gegeben, in den Anspruch des Beschuldigten auf die künftige Rückgewähr des durch § 443 beschlagnahmten Gegenstands zu vollstrecken.²²

8 Bislang gibt es zu § 443 keine veröffentlichte Rechtsprechung der deutschen Strafgerichte. Es scheint, als würde die Praxis die Norm unangewendet lassen.²³ **Praktische Bedeutung** erlangen könnte die Möglichkeit der Vermögensbeschlagnahme jedoch vor allem dann, wenn der Aufenthaltsort des Beschuldigten unbekannt ist oder er sich unerreichbar im Ausland befindet, er aber im Inland nennenswertes Vermögen bereithält, das nach Erfahrungssätzen für kriminelle Zwecke verwendet werden soll.²⁴ Auch soll die Vorschrift von Relevanz sein für Drogenhändler und andere Täter der organisierten Kriminalität, die sich ins Ausland absetzen und ihr inländisches Vermögen zu sich holen wollen.²⁵ Zudem ist vor dem Hintergrund aktueller Entwicklungen an Mitglieder krimineller und terroristischer Vereinigungen zu denken, die sich zum Zwecke der Straftatbegehung im Inland Vermögenswerte aufgebaut haben.²⁶

9 **4. Verfassungsmäßigkeit.** Mit der Vermögensbeschlagnahme wird in das Eigentumsrecht des Beschuldigten aus Art. 14 Abs. 1 S. 1 GG eingegriffen. Verfassungsrechtliche Bedenken können aufkommen, wenn der Beschlagnahme nach § 443 ein repressiver bzw. pönaler Charakter zukäme. Denn dies widerspräche, weil schon Haftbefehlserlass oder Anklageerhebung für den Eingriff ausreichen, der im Strafprozessrecht geltenden Unschuldsvermutung. Zudem kommt eng an diesen Gedanken gelehnt ein Verstoß gegen das Verhältnismäßigkeitsprinzip in Betracht.²⁷ Grundsätzlich gilt, dass ein Eingriff in ein grundrechtlich geschütztes Freiheitsrecht nur dann erfolgen darf, wenn er einen legitimen Zweck verfolgt und geeignet, erforderlich und angemessen ist, diesen Zweck zu erreichen. Durch die staatliche Beschlagnahme nach § 443 wird in erheblicher Form auf das Vermögen des Beschuldigten zugegriffen. Würde man der Vermögensbeschlagnahme nach § 443 einen rein oder vordergründig pönalen Charakter zuschreiben, würde man den Beschuldigten damit quasi als schuldig ansehen. Dies wiederum führte zu einem Verstoß gegen die verfassungsrechtlich verankerte **Unschuldsvermutung.** In diesem Zusammenhang wäre auch die Rechtsprechung des BVerfG zur Vermögensstrafe gemäß dem früheren § 43a StGB zu beachten. Das Gericht hat darin eine verfassungswidrige Strafnorm gesehen, weil sie in Art und Maß nicht hinreichend bestimmt iSd Art. 103 Abs. 2 GG war.²⁸ Zudem hat es klargestellt, dass ein pönalisierter Vermögenszugriff von Seiten des Staates nur stattfinden darf, wenn die Schuld des Angeklagten festgestellt worden ist.²⁹ Diese Grundsätze könnten auf § 443 zu übertragen sein mit der Folge, dass die Norm als verfassungswidrig einzustufen wäre.³⁰

10 Für eine Übertragung der Rechtsprechung fehlt es indes am repressiven bzw. pönalen Charakter des § 443. Wie die vorstehenden Erwägungen zum Normzweck zeigen, verfolgt die Ver-

---

[19] Koch in HK-GS Rn. 1; Metzger in KMR-StPO Rn. 5.
[20] BGH 22.1.1963 – 6 BJs 603/61, BGHSt 19, 1 (2) = NJW 1964, 262 (262 f.); kritisch Metzger in KMR-StPO Rn. 5; Paeffgen in SK-StPO Rn. 7.
[21] Metzger in KMR-StPO Rn. 5; Paeffgen in SK-StPO Rn. 7 mit weiteren Kritikpunkten.
[22] Metzger in KMR-StPO Rn. 5.
[23] Lohse in Krekeler/Löffelmann/Sommer Rn. 1; Metzger in KMR-StPO Rn. 3.
[24] Metzger in KMR-StPO Rn. 4.
[25] Meyer ZRP 1990, 85 (89); Metzger in KMR-StPO Rn. 4.
[26] Metzger in KMR-StPO Rn. 4.
[27] Vgl. Gaede in Löwe/Rosenberg Rn. 2.
[28] BVerfG 20.3.2002 – 2 BvR 794/95, BVerfGE 105, 135 = NJW 2002, 1779. Siehe auch bei Schmitt in Meyer-Goßner/Schmitt Rn. 1a; Paeffgen in SK-StPO Rn. 8; Retemeyer in Gercke/Julius/Temming/Zöller Rn. 1.
[29] BVerfG 20.3.2002 – 2 BvR 794/95, BVerfGE 105, 135 = NJW 2002, 1779.
[30] So Paeffgen in SK-StPO Rn. 7 ff.; ebenso Schmitt in Meyer-Goßner/Schmitt Rn. 1a. Dagegen Metzger in KMR-StPO Rn. 6.

mögensbeschlagnahme vordergründig einen **Präventionszweck,** nämlich die Nutzung des Vermögens zur Begehung weiterer Straftaten zu verhindern (schon → Rn. 5). Kritikern mag man zugestehen, dass sich die Frage stellt, wodurch genau der Präventionszweck in der Norm zum Ausdruck kommt. Insoweit sucht vergeblich, wer sich streng an den Wortlaut der Norm hält. Denn Voraussetzung für die Vermögensbeschlagnahme ist bloß die Erhebung einer öffentlichen Klage oder der Erlass eines Haftbefehls, die jeweils nur einen bestimmten Verdacht in Bezug auf eine bereits begangene Katalogtat (sowie einen Haftgrund) fordern. Konkrete Anhaltspunkte dafür, dass eine konkrete Gefahr bestehen muss, dass der Beschuldigte sich der Verfahrensteilnahme entziehen, sein Vermögen beiseiteschaffen oder es zur Begehung weiterer Straftaten verwenden möchte, werden gerade nicht vorausgesetzt. Die in Abs. 1 S. 1 Nr. 1–4 normierten Taten legen nicht immer und auch nicht für jeden Einzelfall nahe, dass das Vermögen zur Begehung weiterer Straftaten eingesetzt wird.[31]

Zwingend ist der daraus zum Teil gezogene Schluss der Verfassungswidrigkeit nicht.[32] Die **11** Norm lässt sich **verfassungskonform auslegen,** und zwar dahingehend, dass zusätzlich die Gefahr der Nutzung des Vermögens zur Begehung weiterer Straftaten erforderlich ist. Insofern ist der von Metzger vorgenommene Vergleich mit § 112 Abs. 3 nicht ganz von der Hand zu weisen: Diese Vorschrift normiert ihrem Wortlaut nach einen Haftgrund. Dieser Haftgrund verlangt – sofern man den Wortlaut ernst nimmt – lediglich einen dringenden Tatverdacht bezogen auf die Begehung einer der dort genannten besonders schweren Taten.[33] Damit jedoch würde sich ein besonders schwerer Grundrechtseingriff (Untersuchungshaft) allein auf die Schwere der verdächtigten Tat stützen, was im Widerspruch zur Unschuldsvermutung stände. Deshalb hat das BVerfG die Norm verfassungskonform dahingehend ausgelegt, dass der erforderliche Präventionsgedanke (die Sicherung des Verfahrens) nur in Zusammenhang mit den in § 112 Abs. 2 genannten Haftgründen der Flucht- und Verdunklungsgefahr zum Ausdruck kommen kann.[34] Mindestens einer von ihnen muss für den Erlass eines Haftbefehls also ebenfalls vorliegen, auch wenn an diese Haftgründe dann geringere Anforderungen zu stellen sind als gewöhnlich. Zumindest in Teilen scheint § 443 mit § 112 Abs. 3 vergleichbar zu sein, denn bei beiden Maßnahmen wird erheblich in die Rechte des Beschuldigten eingegriffen. Zudem knüpfen beide Normen an die Begehung nur bestimmter Straftaten und dies auf Basis eines bloßen Tatverdachts an. Zwar wendet man gegen eine Vergleichbarkeit zu Recht ein, dass sich das einschränkende Präventionsmerkmal bei § 443 nicht unmittelbar aus der Systematik ergebe wie bei § 112 Abs. 2 und 3. Das Erfordernis konkreter Gefahren für die Begehung weiterer Straftaten ist weder in den verschiedenen Absätzen des § 443 noch in den Vorschriften zu finden, auf die er verweist. Gleichwohl erscheint es vor dem Hintergrund des ausgewählten Straftatenkatalogs naheliegend, dass der Beschuldigte sein Vermögen dazu nutzen könnte, weitere Straftaten zu begehen.[35] In Anlehnung an die Rechtsprechung zu § 112 Abs. 3 wäre dementsprechend zusätzlich zur Anklageerhebung oder dem Erlass eines Haftbefehls wegen einer der in § 443 Abs. 1 S. 1 Nr. 1–4 genannten Katalogtaten zu fordern, dass zumindest konkrete Anhaltspunkte dafür vorliegen, dass der Beschuldigte sich der Verfahrensteilnahme entziehen, sein Vermögen beiseiteschaffen oder es zur Begehung weiterer Straftaten verwenden will.[36] Für eine restriktivere Handhabung ließe sich auch der in § 112a zum Ausdruck kommende höhere Gefahrenmaßstab übertragen.

Aus der Tatsache, dass § 443 von den Gerichten in der Praxis nicht angewendet wird, **12** könnte man folgern – so Schmitt –, dass die Gerichte die Norm wie einige Kritiker aus

---

[31] Insoweit kann Paeffgen durchaus Recht gegeben werden, vgl. Paeffgen in SK-StPO Rn. 5.
[32] Den Schluss ziehen etwa Gaede in Löwe/Rosenberg Rn. 2 f.; Heine in Satzger/Schluckebier/Widmaier StPO Rn. 6; Paeffgen in SK-StPO Rn. 5 ff.
[33] Vgl. dazu auch Böhm/Werner § 112 Rn. 87.
[34] BVerfG 15.12.1965 – 1 BvR 513/65, BVerfGE 19, 342 = NJW 1966, 243; näher Böhm/Werner § 112 Rn. 90 ff.
[35] Metzger in KMR-StPO Rn. 6; dagegen Paeffgen in SK-StPO Rn. 7.
[36] Günther in AK-StPO Rn. 7; Metzger in KMR-StPO Rn. 6; Meyer ZRP 1990, 85 (89). Dagegen: Gaede in Löwe/Rosenberg Rn. 2; Heine in Satzger/Schluckebier/Widmaier StPO Rn. 6; Paeffgen in SK-StPO Rn. 7.

der Literatur als verfassungsrechtlich bedenklich ansehen.³⁷ Eine verfassungsrechtliche Prüfung von § 443 im Rahmen einer konkreten Normenkontrolle oder eines sonstigen Verfahrens vor dem BVerfG dürfte, weil die Praxis einen Bogen um § 443 macht, nicht zu erwarten sein.

II. Erläuterungen

13 **1. Vermögen oder einzelne Vermögensgegenstände des Beschuldigten (Abs. 1). a) Im Geltungsbereich dieses Gesetzes befindlich (S. 1).** Die Vermögensbeschlagnahme kann sich nur auf das im Geltungsbereich der StPO, dh auf das in Deutschland befindliche Vermögen erstrecken. Die Frage, ob sich das Vermögen des Beschuldigten in Deutschland befindet, beurteilt sich nach Art. 43 Abs. 1 EGBGB, dem internationalen Sachenrecht.³⁸ Eine Teilvermögensbeschlagnahme ist zulässig.³⁹ Es ist ausweislich des Gesetzeswortlauts auch möglich, die Vermögensbeschlagnahme auf einzelne Vermögensgegenstände zu beschränken. Diese Ergänzung soll dem Verhältnismäßigkeitsgrundsatz Rechnung tragen.⁴⁰ In diesen Fällen ist allerdings der Vermögensgegenstand in der Anordnung so genau zu bezeichnen, dass ohne Zweifel erkennbar ist, welche der womöglich später vom Beschuldigten vorgenommenen Verfügungen unter das mit der Beschlagnahme einhergehende Veräußerungsverbot fallen wird und welche nicht.⁴¹

14 **aa) Straftaten nach Nr. 1–6.** Abs. 1 S. 1 beschränkt die Anordnung einer Vermögensbeschlagnahme auf bestimmte, besonders schwere Katalogtaten. In der ursprünglichen Fassung des Gesetzes (§ 443 aF) war die Vermögensbeschlagnahme auf den Verdacht des Hoch- oder Landesverrats beschränkt.⁴² Im Laufe der Jahre wurden dem Katalog des § 443 Abs. 1 S. 1 viele weitere Delikte hinzugefügt.⁴³ Abs. 1 S. 1 Nr. 1 enthält bestimmte Staatsschutzdelikte, während sich in den Nr. 2–6 überwiegend Delikte zur Verhinderung organisierter Kriminalität finden.

14a Die Katalogtaten in Nr. 5 und Nr. 6 wurden neu eingefügt aufgrund des Gesetzes zum kontrollierten Umgang mit Cannabis und zur Änderung weiterer Vorschriften (Cannabisgesetz) vom 27.3.2024, in Kraft getreten am 1.4.2024 (BGBl. I Nr. 109). Hintergrund dieser Ergänzung ist, dass Straftaten mit Cannabis-Bezug nicht mehr unter das BtMG fallen, sondern nunmehr gesondert im Konsumcannabisgesetz (KCanG) und Medizinal-Cannabisgesetz (MedCanG) geregelt werden.⁴⁴ Damit ist in solchen Fällen der Anwendungsbereich des § 443 Abs. 1 S. 1 Nr. 4 nicht mehr eröffnet. Um gleichwohl eine Vermögensbeschlagnahme bei Straftaten mit Cannabis-Bezug zu ermöglichen, die besonders schwere Fälle darstellen oder Qualifikationstatbestände erfüllen, wurden § 443 die neuen Nrn. 5 und 6 angefügt. Ausweislich der Gesetzesbegründung sollen diese vor allem Fälle der organisierten Kriminalität erfassen, sodass damit § 443 stringent erweitert wird.⁴⁵

15 Für den nach Abs. 1 S. 1 erforderlichen Verdacht genügt der Vorwurf der Teilnahme (§§ 26, 27 StGB) an einer Katalogtat. Denn auch dann wurde „wegen" der dort genannten Delikte die Anklage erhoben bzw. der Haftbefehl erlassen.⁴⁶

16 **bb) Erhebung öffentlicher Klage oder Erlass eines Haftbefehls.** Aufgrund des Verdachts der Begehung einer der in Abs. 1 S. 1 Nr. 1–4 genannten Taten muss öffentlich Klage erhoben oder ein Haftbefehl erlassen worden sein.

---

[37] Schmitt in Meyer-Goßner/Schmitt Rn. 1a. So nun auch Gaede in Löwe/Rosenberg Rn. 3; Paeffgen in SK-StPO Rn. 10; Retemeyer in Gercke/Julius/Temming/Zöller Rn. 1.
[38] Metzger in KMR-StPO Rn. 13.
[39] Schmitt in Meyer-Goßner/Schmitt Rn. 1.
[40] Schmidt/Scheuß in KK-StPO Rn. 1.
[41] Metzger in KMR-StPO Rn. 13.
[42] Heine in Satzger/Schluckebier/Widmaier StPO Rn. 1.
[43] Siehe dazu auch bei Temming in BeckOK StPO vor Rn. 1; Gaede in Löwe/Rosenberg vor Rn. 1.
[44] BT-Drs. 20/10426, 150.
[45] BT-Drs. 20/10426, 150.
[46] Metzger in KMR-StPO Rn. 8.

Die **Erhebung der öffentlichen Klage** richtet sich nach § 170 Abs. 1. Sie erfordert, 17 dass die Anklageschrift bei Gericht eingereicht worden ist. Wegen der Schwere der in § 443 Abs. 1 S. 1 normierten Katalogtaten wird ein Strafbefehl oder ein beschleunigtes Verfahren in der Regel ausscheiden.[47] Da eine Antragsschrift im Sicherungsverfahren der Anklageschrift gemäß §§ 413, 414 Abs. 2 S. 1 nur gleichgestellt ist, kann eine solche für die Anordnung einer Vermögensbeschlagnahme iSd § 443 nicht ausreichen.[48]

Ist noch keine öffentliche Klage erhoben worden, befindet sich das Verfahren also 18 noch im Ermittlungsverfahren, kann gleichwohl eine Vermögensbeschlagnahme angeordnet werden, wenn ein **Haftbefehl** ergangen ist. Erforderlich ist dazu ein erhöhter Verdachtsgrad (dringender Tatverdacht) sowie das Vorliegen eines Haftgrunds. Nur in diesen Fällen besteht ein ausreichendes Indiz, für die vom Beschuldigten ausgehende Gefahr, die eine Vermögensbeschlagnahme im Ermittlungsverfahren rechtfertigt.[49] Erforderlich ist, dass der Haftgrund gerade wegen des Verdachts einer Katalogtat erlassen wird. Es schadet aber nicht, dass zusätzlich die Verwirklichung anderer (Nichtkatalog-)Taten im Raum steht.[50] Zum Erfordernis der verfassungskonformen Einschränkung → Rn. 22.

Ein **Unterbringungsbeschluss** nach § 126a steht dem Erlass eines Haftbefehls wegen 19 der bestehenden verfassungsrechtlichen Bedenken nicht gleich.[51]

Die Erhebung der Anklageschrift sowie der Erlass des Haftbefehls müssen jeweils nur 20 in **formaler Hinsicht** erfolgt sein. Ausführungen dazu, ob und aus welchen Gründen die entsprechende Maßnahme rechtmäßig war oder nicht, sind im Beschluss nicht erforderlich.[52] Dies hat allerdings zur Konsequenz, dass der Beschluss zur Vermögensbeschlagnahme in seinem Bestand von dem Bestand der Anklageerhebung und des Fortbestands des Haftbefehls abhängig ist. Sofern die Maßnahmen zurückgenommen bzw. aufgehoben werden, muss Gleiches für den Beschlagnahmebeschluss gelten.[53] Denn fehlt es an einer Anklage oder einem Haftbefehl, fehlt es an einem Äquivalent, das das Vorliegen eines hinreichenden oder dringenden Tatverdachts ersetzt.[54]

§ 443 enthält mit Blick auf den mit zunehmender Verfahrensdauer vorausgesetzten Ver- 21 dachtsgrad einen **Wertungswiderspruch:** Eine Beschlagnahme im Ermittlungsverfahren ist – da das Vorliegen eines Haftbefehls vorausgesetzt ist – grundsätzlich nur dann möglich, wenn ein dringender Tatverdacht und ein Haftgrund vorliegen, vgl. § 112. Für die Anordnung einer Vermögensbeschlagnahme im Zwischenverfahren soll allerdings der hinreichende Tatverdacht ausreichen, weil insoweit von Abs. 1 S. 1 nur die öffentliche Klageerhebung vorausgesetzt wird. Damit stellt die Anordnung der Vermögensbeschlagnahme im Zwischenverfahren nicht nur geringere Anforderungen an den erforderlichen Verdachtsgrad als im Ermittlungsverfahren. Auch auf das Vorliegen eines Haftgrundes wird verzichtet. Das bedeutet, dass wenn die Vermögensbeschlagnahme einmal wegen eines erlassenen Haftbefehls im Ermittlungsverfahren angeordnet worden ist, sie selbst bei Wegfall des Haftgrundes und Herabstufung des Tatverdachts (hin zu einem hinreichenden Tatverdacht) aufrechterhalten werden kann, sofern zwischenzeitlich Anklage iSd § 170 Abs. 1 erhoben worden ist.[55] Damit ist das Verhältnis von Voraussetzung und Rechtsfolge der in § 443 geregelten Vermögensbeschlagnahme disproportional: Obwohl die mit der Beschlagnahme einhergehende Belastung sich mit der Dauer der Maßnahme verstärkt, sinken die Anforderungen für ihre Aufrechterhaltung.[56]

cc) Verfassungskonforme Auslegung. Einschränkend ist zumindest zu fordern, dass 22 die Norm verfassungskonform dahingehend ausgelegt wird, dass zusätzlich zur Anklageerhe-

---

[47] Metzger in KMR-StPO Rn. 9.
[48] Metzger in KMR-StPO Rn. 9.
[49] Metzger in KMR-StPO Rn. 10.
[50] Metzger in KMR-StPO Rn. 11.
[51] Metzger in KMR-StPO Rn. 12; so auch Gaede in Löwe/Rosenberg Rn. 4 in Abweichung zur Vorauflage.
[52] Heine in Satzger/Schluckebier/Widmaier StPO Rn. 4.
[53] Heine in Satzger/Schluckebier/Widmaier StPO Rn. 4.
[54] Heine in Satzger/Schluckebier/Widmaier StPO Rn. 4.
[55] Heine in Satzger/Schluckebier/Widmaier StPO Rn. 4; siehe auch bei Paeffgen in SK-StPO Rn. 9.
[56] Heine in Satzger/Schluckebier/Widmaier StPO Rn. 4.

bung und dem Erlass eines Haftbefehls die **Gefahr** besteht, dass der Beschuldigte sein Vermögen dazu verwenden wird, sich der Teilnahme am Verfahren zu entziehen oder weitere Straftaten begehen. Ob es dabei genügt, die Anforderungen an die Gefahr an die im Rahmen des § 112 Abs. 3 geltenden Grundsätze anzulehnen,[57] ist nicht ganz geklärt. Stattdessen könnte wegen der Vergleichbarkeit mit der Regelung des § 112a ein strengerer Maßstab zu fordern sein (→ Rn. 9 ff., 11). – Wegen der Schwere des Eingriffs verbietet sich die Vermögensbeschlagnahme von nur ganz geringen Vermögenswerten.[58]

23   **b) Aufhebung nach Beendigung der Hauptverhandlung (S. 3).** Die Anordnung ist bis zur Beendigung der erstinstanzlichen Hauptverhandlung möglich, vgl. Abs. 1 S. 3. Sofern sie einmal angeordnet wurde, ist ihre zeitliche Geltungsdauer auf die Beendigung der erstinstanzlichen Hauptverhandlung beschränkt. Dies ist darauf zurückzuführen, dass die mit der Beendigung des Hauptverfahrens eintretende Zweckerreichung das Aufrechterhalten einer Vermögensbeschlagnahme nicht mehr erforderlich macht.[59] Sobald das Hauptverfahren beendet ist, tritt sie automatisch außer Kraft. Der Zweck der Vermögenssicherung gebietet dann nicht mehr ihr Aufrechterhalten.[60] Die Aufhebung durch das Gericht nach Abs. 1 S. 3 hat damit lediglich deklaratorischen Charakter.[61] Daneben endet eine Vermögensbeschlagnahme bzw. ist sie zu beenden, wenn der Hauptverhandlung oder ihrer Fortführung ein ernstliches Hindernis entgegensteht.[62] Ist vorher abzusehen, dass es wegen eines Verfahrenshindernisses wie der dauernden Verhandlungsunfähigkeit (§ 206a), dem Tod des Beschuldigten oder der Strafverfolgungsübernahme zu einer (Fortsetzung der) Hauptverhandlung gar nicht mehr kommen wird, hat der Aufhebungsbeschluss konstitutiven Charakter.[63] – Der Beschluss zur Vermögensbeschlagnahme kann mittels einer (einfachen) Beschwerde gemäß § 304 Abs. 1, Abs. 4 S. 2 Nr. 5 angefochten werden.[64]

24   **2. Zuständigkeit für die Anordnung (Abs. 2).** Zuständig für die Anordnung der Beschlagnahme ist grundsätzlich das **Gericht.** Allerdings ist vor einer gerichtlichen Entscheidung ein **Antrag der Staatsanwaltschaft** auf Beschlagnahme des Vermögens erforderlich. Obwohl sich dieses Erfordernis nicht ausdrücklich im Wortlaut findet, ergibt es sich aus der Gesamtschau der dem Ermittlungsrichter zustehenden Befugnisse sowie der sich insbesondere auch aus § 125 ergebenden Position der Staatsanwaltschaft als „Herrin des Ermittlungsverfahrens".[65] Die Entscheidung, ob die Staatsanwaltschaft einen solchen Antrag auf Vermögensbeschlagnahme stellt, steht dann, weil sie gemäß § 443 angeordnet werden „kann", in ihrem Ermessen.[66]

25   **a) Richtervorbehalt (S. 1).** Zuständig für die Entscheidung über die Anordnung der Vermögensbeschlagnahme ist nach Abs. 2 S. 1 der Richter. Damit gemeint ist im Vorverfahren gemäß §§ 162, 165, 169 der Ermittlungsrichter beim AG, OLG oder BGH oder das im Hauptverfahren mit der Verhandlung der Anklage betraute Tatgericht.[67] Das Gericht prüft insoweit nur die Rechtmäßigkeit der beantragten Vermögensbeschlagnahme. Liegt sie vor, steht dem Gericht **kein Ermessen** mit Blick auf die Anordnung zu. Es ist dann zur Vermögensbeschlagnahme nach § 443 Abs. 1 S. 1, so wie sie die Staatsanwaltschaft beantragt hat, verpflichtet.[68]

---

[57] Metzger in KMR-StPO Rn. 14. Vgl. zur Rspr. BVerfG 15.12.1965 – 1 BvR 513/65, BVerfGE 19, 342 = NJW 1966, 243; Böhm/Werner § 112 Rn. 91.
[58] Metzger in KMR-StPO Rn. 15.
[59] BT-Drs. 12/2720, 48; Schmidt/Scheuß in KK-StPO Rn. 4.
[60] Koch in HK-GS Rn. 2.
[61] Gaede in Löwe/Rosenberg Rn. 9; Metzger in KMR-StPO Rn. 22.
[62] Metzger in KMR-StPO Rn. 16.
[63] Metzger in KMR-StPO Rn. 22.
[64] Gaede in Löwe/Rosenberg Rn. 7; Schmitt in Meyer-Goßner/Schmitt Rn. 4.
[65] Vgl. dazu Böhm/Werner § 125 Rn. 15; Metzger in KMR-StPO Rn. 17.
[66] Metzger in KMR-StPO Rn. 17.
[67] Gaede in Löwe/Rosenberg Rn. 5; Temming in BeckOK StPO Rn. 3; Schmidt/Scheuß in KK-StPO Rn. 3.
[68] Metzger in KMR-StPO Rn. 18.

b) Gefahr im Verzug (S. 2). Ausnahmsweise kann nach Abs. 2 S. 2 die Staatsanwaltschaft die Vermögensbeschlagnahme anordnen, sofern die Voraussetzungen des Abs. 1 S. 1 gegeben sind. Für diese sog. **Eilentscheidung** ist allerdings Gefahr im Verzug erforderlich. Anders als bei anderen strafprozessualen Eilkompetenzen sind die Ermittlungspersonen der Staatsanwaltschaft (§ 152 GVG) nicht zur Eilentscheidung iSd § 443 Abs. 2 S. 2 befugt.[69] 26

Die Anordnung der Vermögensbeschlagnahme durch die Staatsanwaltschaft hat lediglich **vorläufigen Charakter,** denn sie tritt gemäß Abs. 2 S. 2 Hs. 2 automatisch außer Kraft, sollte sie nicht innerhalb von drei Tagen nach Erlass vom zuständigen Richter bestätigt werden. Dabei ist entsprechend § 100e Abs. 1 der Ablauf von drei Werktagen entscheidend.[70] Eine verspätete Bestätigung gilt als neue richterliche Beschlagnahme.[71] Die Bestätigung der Anordnung durch die Staatsanwaltschaft hat der Richter grundsätzlich dann vorzunehmen, wenn die Voraussetzungen des Abs. 1 erfüllt sind und er auch sonst die Vermögensbeschlagnahme nach seinem pflichtgemäßen Ermessen für erforderlich hält.[72] Keine Rolle spielt es für die Vornahme der Bestätigung, ob die Frage des Vorliegens von Gefahr im Verzug von der Staatsanwaltschaft richtig beurteilt worden ist.[73] 27

3. Bekanntmachung und Aufhebung der Beschlagnahme (Abs. 3). Für den Vollzug der Vermögensbeschlagnahme verweist Abs. 3 auf die §§ 291–293. Daraus folgt zunächst, dass der richterliche Beschluss zur Beschlagnahme des Vermögens **im Bundesanzeiger bekannt** zu machen ist. Gleichermaßen gilt dies für die vorläufige Anordnung durch die Staatsanwaltschaft.[74] Ebenso hat eine Bekanntmachung zu erfolgen, wenn der zuständige Richter die Anordnung bestätigt[75] oder diese mangels fristgerechter richterlicher Bestätigung automatisch außer Kraft tritt.[76] 28

Die Bekanntmachung im Bundesanzeiger hat ein **absolutes Veräußerungsverbot** zur Folge. Der Beschuldigte verliert damit also in jeglicher Hinsicht die Möglichkeit, unter Lebenden über das beschlagnahmte Vermögen zu verfügen. Davon umfasst werden Vermögensgegenstände des Beschuldigten aller Art, die grundsätzlich nicht besonders gekennzeichnet werden müssen.[77] Eine Kennzeichnung ist allerdings erforderlich, wenn lediglich einzelne Vermögensgegenstände beschlagnahmt werden. Verfügt der Beschuldigte dennoch über einen der Vermögensbeschlagnahme unterliegenden Gegenstand, ist seine Verfügung gemäß § 134 BGB nichtig.[78] 29

Zusätzlich ist der begründete Beschluss, soweit dies ausführbar ist und nicht den Zweck der Vermögensbeschlagnahme gefährdet, dem Beschuldigten gegenüber nach § 35 Abs. 2 S. 2 bekannt zu machen.[79] Dies hat aber lediglich ein **relatives Veräußerungsverbot** iSd § 135 BGB zur Folge.[80] 30

---

[69] Schmidt/Scheuß in KK-StPO Rn. 3; Metzger in KMR-StPO Rn. 21; Gaede in Löwe/Rosenberg Rn. 8.
[70] Schmitt in Meyer-Goßner/Schmitt Rn. 2. Siehe zu den Anforderungen an Gefahr im Verzug auch bei Günther § 100b aF Rn. 5 ff.
[71] Gaede in Löwe/Rosenberg Rn. 8.
[72] Günther in AK-StPO Rn. 11; Koch in HK-GS Rn. 3; Schmidt/Scheuß in KK-StPO Rn. 3; Temming in BeckOK StPO Rn. 3.
[73] Schmidt/Scheuß in KK-StPO Rn. 3; Temming in BeckOK StPO Rn. 3.
[74] Temming in BeckOK StPO Rn. 4.
[75] Dazu Lohse in Krekeler/Löffelmann/Sommer § 443 aF Rn. 3; Paeffgen in SK-StPO Rn. 17; so nun auch anders als in der Vorauflage Gaede in Löwe/Rosenberg Rn. 8; aA Metzger in KMR-StPO Rn. 21, der eine Bekanntmachung der Bestätigung wegen der bereits erfolgten Bekanntgabe der vorläufigen Anordnung für nicht erforderlich hält, so wohl auch Schmidt/Scheuß in KK-StPO Rn. 4 anders als in der Vorauflage.
[76] Gaede in Löwe/Rosenberg Rn. 8; dies auf den actus-contrarius-Gedanken stützend Metzger in KMR-StPO Rn. 21.
[77] Heine in Satzger/Schluckebier/Widmaier StPO Rn. 3.
[78] Heine in Satzger/Schluckebier/Widmaier StPO Rn. 3.
[79] Schmidt/Scheuß in KK-StPO Rn. 4; Temming in BeckOK StPO Rn. 4; Gaede in Löwe/Rosenberg Rn. 6.
[80] Koch in HK-GS Rn. 4; Heine in Satzger/Schluckebier/Widmaier StPO Rn. 3; Temming in BeckOK StPO Rn. 4; Schmidt/Scheuß in KK-StPO Rn. 4; Gaede in Löwe/Rosenberg Rn. 6; Metzger in KMR-StPO Rn. 23.

Vierter Abschnitt. Verfahren bei Festsetzung von Geldbußen gegen juristische Personen und Personenvereinigungen

§ 444 Verfahren

(1) ¹Ist im Strafverfahren über die Festsetzung einer Geldbuße gegen eine juristische Person oder eine Personenvereinigung zu entscheiden (§ 30 des Gesetzes über Ordnungswidrigkeiten), so ordnet das Gericht deren Beteiligung an dem Verfahren an, soweit es die Tat betrifft. ²§ 424 Absatz 3 und 4 gilt entsprechend.

(2) ¹Die juristische Person oder die Personenvereinigung wird zur Hauptverhandlung geladen; bleibt ihr Vertreter ohne genügende Entschuldigung aus, so kann ohne sie verhandelt werden. ²Für ihre Verfahrensbeteiligung gelten im übrigen die §§ 426 bis 428, 429 Absatz 2 und 3 Nummer 1, § 430 Absatz 2 und 4, § 431 Absatz 1 bis 3, § 432 Absatz 1 und, soweit nur über ihren Einspruch zu entscheiden ist, § 434 Absatz 2 und 3 sinngemäß.

(3) ¹Für das selbständige Verfahren gelten die §§ 435, 436 Absatz 1 und 2 in Verbindung mit § 434 Absatz 2 oder 3 sinngemäß. ²Örtlich zuständig ist auch das Gericht, in dessen Bezirk die juristische Person oder die Personenvereinigung ihren Sitz oder eine Zweigniederlassung hat.

Schrifttum: Achenbach, Die Sanktion gegen die Unternehmensdelinquenz im Umbruch, JuS 1990, 601; Achenbach, Neue Sanktionen im Finanzmarktrecht – alte und neue Zweifelsfragen, wistra 2018, 13; Dannecker, Der nemo tenetur-Grundsatz – prozessuale Fundierung und Geltung für juristische Personen, ZStW 127 (2015), 370; Dinter, Akteneinsichtsrecht und Interessenkonflikt – zu Regelungsdefiziten bei der Sanktionierung von Unternehmen, NStZ 2023, 7; Drope, Strafprozessuale Probleme bei Einführung einer Verbandsstrafe, 2002; Eidam, Die strafprozessuale Selbstbelastungsfreiheit am Beginn des 21. Jahrhunderts, 2007; Fink, Gilt „nemo tenetur se ipsum accusare" auch für juristische Personen? – Zum Problem der Selbstbelastungsfreiheit anlässlich des Entwurfs eines „Verbandsstrafgesetzbuchs", wistra 2014, 457; v. Freier, Selbstbelastungsfreiheit für Verbandspersonen?, ZStW 122 (2010), 117; Fromm, Persönliches Erscheinen des Einziehungsbeteiligten in OWi-Sachen, DAR 2022, 474; Haus/Bredebach, Entwicklungen im kartellrechtlichen Bußgeldverfahren – Neuere Rechtsprechung und 10. GWB-Novelle, ZWH 2021, 81; Haeusermann, Der Verband als Straftäter und Strafprozeßsubjekt, 2003; Heerspink, Einführung in das Unternehmensstrafrecht (Teil 2). Die Sanktionierung juristischer Personen und Personenvereinigungen (§ 30 OWiG), AO-StB 2011, 283; Ignor, Rechtsstaatliche Standards für interne Erhebungen im Unternehmen. Die „Thesen zum Unternehmensanwalt im Strafrecht" des Strafrechtsausschusses der Bundesrechtsanwaltskammer, CCZ 2011, 143; Minoggio, Das Schweigerecht der juristischen Person als Nebenbeteiligte im Strafverfahren, wistra 2003, 121; Mittelsdorf, Unternehmensstrafrecht im Kontext, 2007; Petzold, Interessenkonflikte bei der anwaltlichen Vertretung in Kartellbußgeldsachen, NZKart 2014, 170; Pieth, Strafverfahren gegen das Unternehmen, FS Eser, 2005, 599; Rübenstahl, Zur Durchsuchung beim Unternehmensanwalt im Kontext von „Internal Investigations" – Besprechung der Beschlüsse des BVerfG vom 27.6.2018 in Sachen VW AG und Jonas Day, ZWH 2018, 273; Schlüter, Die Strafbarkeit von Unternehmen in einer prozessualen Betrachtung – nach dem geltenden Strafprozeßrecht, 2000; Schroth, Der Regelungsgehalt des 2. Gesetzes zur Bekämpfung der Wirtschaftskriminalität im Bereich des Ordnungswidrigkeitenrechts, wistra 1986, 158; Schuler, Zur Diskussion um ein Aussageverweigerungsrecht juristischer Personen, JR 2003, 265; Tiedemann, Die „Bebußung" von Unternehmen nach dem 2. Gesetz zur Bekämpfung der Wirtschaftskriminalität, NJW 1988, 1169; Weiß, Haben juristische Personen ein Aussageverweigerungsrecht?, JZ 1998, 289; Weiß, Der Schutz des Rechts auf Aussageverweigerung durch die EMRK, NJW 1999, 2236; Wimmer, Ermittlungsmaßnahmen gegen Konzerne: Die Regelungen der Strafprozessordnung als adäquate Ermächtigung zum Eingriff in die Grundrechte juristischer Personen?, NZWiSt 2017, 252; Winterfeld, Zur Vernehmung von Zeugen durch das Bundeskartellamt in Kartellordnungswidrigkeitenverfahren, BB 1976, 344.

Übersicht

	Rn.		Rn.
I. Überblick	1	II. Erläuterungen	11
1. Allgemeines	1	1. Festsetzung einer Geldbuße iSd § 30 OWiG (Abs. 1)	11
2. Regelungsinhalt	4	a) Anordnung der Verfahrensbeteiligung (S. 1)	12
3. Normzweck	9		

	Rn.		Rn.
b) Umfang, Zeitpunkt und Rechtsmittel (S. 2)	18	b) Sonstige Rechte und Stellung der Verfahrensbeteiligten (S. 2)	24
		3. Selbständiges Verfahren (Abs. 3)	46
2. Auswirkungen der Verfahrensbeteiligung (Abs. 2)	21	a) Entscheidungsform (S. 1)	48
		b) Besondere örtliche Zuständigkeit	
a) Ladung zur Hauptverhandlung (S. 1)	22	(S. 2)	51

I. Überblick

1. Allgemeines. § 444 stellt eine **prozessuale Ergänzung des § 30 OWiG,** der sog. 1 Verbandsgeldbuße, dar.[1] Nach dieser Vorschrift kann eine Geldbuße gegen eine juristische Person oder Personenvereinigung verhängt werden, sofern ihr vertretungsberechtigtes Organ oder ein sonstiger namentlich genannter Repräsentant eine Straftat oder Ordnungswidrigkeit begangen und der Repräsentant dabei eine die juristische Person oder Personenvereinigung treffende Pflicht verletzt oder sie dadurch bereichert hat oder bereichern sollte. Zweck der Verbandsgeldbuße ist es, dem praktischen Bedürfnis einer strafähnlichen Sanktion nachzukommen, wenn ein Organ oder anderer Repräsentant des Verbands eine betriebsbezogene Pflicht verletzt.[2] Denn gegen juristische Personen oder Personenvereinigungen können wegen des Schuldprinzips keine strafrechtlichen Sanktionen ergehen, ein Strafverfahren ist nur gegen natürliche Personen möglich.[3] Ohne eine Bebußung, wie § 30 OWiG sie vorsieht, würde der Verband gegenüber natürlichen Personen eine dem Gleichbehandlungsgrundsatz (Art. 3 Abs. 1 GG) widersprechende privilegierte Stellung genießen.[4] Die **verfahrensrechtliche Durchführung** der Verhängung einer solchen Geldbuße regelt § 444.[5]

Unmittelbar gilt die Norm nur im Strafverfahren, über § 46 Abs. 1 OWiG ist sie aber 2 auch im Bußgeldverfahren anzuwenden.[6] Für solche Verfahren enthält § 88 OWiG eine abweichende Regelung über die Zuständigkeit.

§ 444 hat durch die Reform vom 13.4.2017 keine wesentlichen Änderungen erfahren. 3 Der Wortlaut des § 444 wurde lediglich an die in Bezug genommenen neuen Vorschriften angepasst.[7]

2. Regelungsinhalt. Nach § 444 kann in dem Strafverfahren, das sich gegen eine 4 natürliche Person (das Organ oder den Repräsentanten) als Beschuldigten richtet, eine Geldbuße nach § 30 OWiG gegen die juristische Person oder Personenvereinigung festgesetzt werden. **Juristische Person** ist dabei die soziale Organisation, der die Rechtsordnung eine eigene Rechtspersönlichkeit zuerkennt (nach hM auch die juristische Person des öffentlichen Rechts), wohingegen vom Begriff der **Personenvereinigung** rechtsfähige Personengesellschaften iSd § 14 Abs. 2 BGB und insbesondere Personenhandelsgesellschaften, Partnerschaftsgesellschaften und BGB-Gesellschaften erfasst werden.[8] Während eine solche Geldbuße früher noch als Nebenfolge ausgestaltet war, stellt sie mittlerweile eine selbständige Sanktion dar, die im Grundsatz lediglich verfahrensrechtlich an die strafrechtliche Verfolgung

---

[1] Schmitt in Meyer-Goßner/Schmitt Rn. 1; Kudlich/Schuhr in Satzger/Schluckebier/Widmaier StPO Rn. 1; zur praktischen Bedeutsamkeit siehe bei Metzger in KMR-StPO Rn. 3 f.
[2] Kudlich/Schuhr in Satzger/Schluckebier/Widmaier StPO Rn. 2.
[3] Kudlich/Schuhr in Satzger/Schluckebier/Widmaier StPO Rn. 2.
[4] Gaede in Löwe/Rosenberg Rn. 4.
[5] Gaede in Löwe/Rosenberg Rn. 1; Koch in HK-GS Rn. 1; siehe dazu auch bei Achenbach JuS 1990, 601 (605); zur Rechtsentwicklung: Metzger in KMR-StPO Rn. 2.
[6] BGH 24.12.2021 – KRB 11/21, DAR 2022, 465 (466) zugleich zum Ausschluss von § 74 Abs. 2 OWiG. Damit widerspricht er explizit der Entscheidung der OLG Düsseldorf 17.8.2020 – V-6 Kart 10/19 (OWi), 6 Kart 10/19 (OWi), BeckRS 2020, 39162; Inhofer in BeckOK StPO Rn. 1; Kudlich/Schuhr in Satzger/Schluckebier/Widmaier StPO Rn. 2; Schmidt/Scheuß in KK-StPO Rn. 19; Metzger in KMR-StPO Rn. 1; Wimmer NZWiSt 2017, 252; anders wohl Achenbach wistra 2018, 13 (21), der von einer „klaren Trennung" spricht.
[7] BT-Drs. 18/9525, 93.
[8] Metzger in KMR-StPO Rn. 7.

der Handlung der natürlichen Person geklammert ist.⁹ Der juristischen Person oder Personenvereinigung wird insoweit die Stellung eines „Nebenbeteiligten"¹⁰ mit den in § 444 Abs. 2 bezeichneten Rechten eingeräumt. Da die Beteiligung nur erfolgt, „soweit es die Tat betrifft", beschränkt sich die Verfahrensbeteiligung bei mehreren Taten des Beschuldigten auf diejenigen Bezugstaten, denen eine betriebsbezogene Handlung zugrunde liegt.¹¹

5   Das Verfahren der Beteiligung ist eng an das Einziehungsverfahren (§§ 73 ff. StGB, §§ 421 ff.) gelehnt.¹² Allerdings wird im Rahmen von § 444 anders als im Einziehungsverfahren eine Sanktion unmittelbar gegen die juristische Person oder Personenvereinigung verhängt, obwohl sie nicht Beschuldigter ist. Bei einer Einziehung richtet sich der Ausspruch der Einziehung gegen den Beschuldigten selbst dann, wenn die Einziehung einen Dritten trifft. Sie beinhaltet damit in der Regel keinen Vorwurf an die juristische Person oder Personenvereinigung, wohingegen die Verfahrensbeteiligung nach § 444 eine der **Beschuldigtenstellung ähnliche Position** vermittelt.¹³ Eine Einziehungsbeteiligung iSd § 424 sperrt das Verfahren nach § 444 solange nicht, wie keine Geldbuße festgesetzt ist, § 30 Abs. 5 OWiG.¹⁴

6   Die Entscheidung über die Verbandsgeldbuße als Sanktion soll einheitlich mit der Entscheidung über die Strafe für die beschuldigte natürliche Person ergehen, soweit nicht ausnahmsweise ein selbständiges Verfahren durchzuführen ist.¹⁵ Dies ermöglicht eine **Gesamtschau bei der Rechtsfolgenentscheidung.**¹⁶ Die Notwendigkeit einer solchen Gesamtschau ergibt sich daraus, dass nach dem legislatorischen Zweck des § 30 OWiG der Grund und die Höhe der Geldbuße davon abhängen, dass die nach den persönlichen und wirtschaftlichen Verhältnissen der natürlichen Person bemessene Strafe allein in keinem angemessenen Verhältnis zur Tragweite der Tat steht.¹⁷ Die Strafe gegen die natürliche Person sowie die gegen die juristische Person oder Personenvereinigung zu verhängende Geldbuße müssen also gerade zusammengenommen eine angemessene Sanktion darstellen, was nur dann möglich ist, wenn beide in demselben Strafzumessungsakt festgelegt werden.¹⁸

7   Sollte die Geldbuße ausnahmsweise nicht einheitlich mit der Entscheidung über die Strafe gegen die beschuldigte natürliche Person, sondern in einem selbständigen Verfahren festzulegen sein (§ 444 Abs. 3 mit § 30 Abs. 4 OWiG), darf dies nicht zu einer Aufspaltung der Verfahren in ein strikt „subjektives", sich gegen die natürliche Person richtendes Verfahren auf der einen und ein klar „objektives", gegen die juristische Person oder Personenvereinigung gerichtetes Verfahren auf der anderen Seite führen.¹⁹ Darüber hinaus ist die Ausnahmeregelung wegen des Normzwecks eng auszulegen.²⁰

8   Obwohl die Geldbuße im Strafverfahren gegen die natürliche Person festgesetzt wird, bleibt es materiell gesehen bei einer Bußgeldentscheidung, so dass die Vollstreckung der

---

9   BGH 5.12.2000 – 1 StR 411/00, BGHSt 46, 207 = NJW 2001, 1436 (1437 f.); OLG Karlsruhe 14.11.1986 – 1 Ss 169/86, NStZ 1987, 79 (80); Gaede in Löwe/Rosenberg Rn. 2; Schmidt/Scheuß in KK-StPO Rn. 1. Zu den umstrittenen Auswirkungen der Änderung des § 30 OWiG siehe bei Schroth wistra 1986, 158 (162 f.); Tiedemann NJW 1988, 1169 (1171 f.); Achenbach JuS 1990, 601 (605).
10 So OLG Düsseldorf 17.8.2020 – V-6 Kart 10/19 (OWi), 6 Kart 10/19 (OWi), BeckRS 2020, 39162; OLG Hamm 27.4.1973 – 5 Ss OWi 19/73, NJW 1973, 1851 (1852); Inhofer in BeckOK StPO Rn. 2; Metzger in KMR-StPO Rn. 1. Zum zwischenzeitlich mal geplanten Verbandssanktionengesetz, Tsambikakis/Gierok medstra 2020, 205 (210).
11 Kudlich/Schuhr in Satzger/Schluckebier/Widmaier StPO Rn. 4; Inhofer in BeckOK StPO Rn. 2.
12 Winterfeld BB 1976, 344 (345); Schmidt/Scheuß in KK-StPO Rn. 1.
13 Haus/Bredebach ZWH 2021, 81 (84); Rübenstahl ZWH 2018, 273 (277); Gaede in Löwe/Rosenberg Rn. 6 f.; Kudlich/Schuhr in Satzger/Schluckebier/Widmaier StPO Rn. 4.
14 LG Bonn 18.3.2020 – 62 KLs 1/19, 62 KLs – 213 Js 41/19 – 1/19, BeckRS 2020, 13619; 19.8.2019 – 62 KLs – 213 Js 41/19 – 1/19, BeckRS 2019, 50703.
15 OLG Düsseldorf 17.8.2020 – V-6 Kart 10/19 (OWi), 6 Kart 10/19 (Owi), BeckRS 2020, 39162; Schmidt/Scheuß in KK-StPO Rn. 1.
16 Paeffgen in SK-StPO Rn. 4.
17 Gaede in Löwe/Rosenberg Rn. 8.
18 Gaede in Löwe/Rosenberg Rn. 8.
19 Paeffgen in SK-StPO Rn. 6.
20 Kudlich/Schuhr in Satzger/Schluckebier/Widmaier StPO Rn. 3.

Geldbuße gegen die juristische Person oder Personenvereinigung über die §§ 89, 91 ff., 99 OWiG erfolgt.[21] Für die Kostenentscheidung gilt § 472b.[22]

3. Normzweck. Die in § 444 vorgesehene verfahrensrechtliche Verklammerung von 9 Strafe gegen eine natürliche Person und Geldbuße gegen eine juristische Person oder Personenvereinigung führt dazu, dass in einem Strafverfahren, in dem letzte selbst nicht Beschuldigte ist (und auch nicht sein kann) eine Sanktion unmittelbar gegen die juristische Person oder Personenvereinigung verhängt wird. Da sie in einer solchen Lage prozessual einem Beschuldigten gleichkommt, ist die Verfahrensbeteiligung sowie die damit einhergehende Einräumung der in Abs. 2 bezeichneten Rechte erforderlich, um einen Verstoß gegen das Recht der juristischen Person oder Personenvereinigung auf **rechtliches Gehör** zu gewährleisten (Art. 103 Abs. 1 GG).[23] Ferner kann es vorkommen, dass der Grundsatz **ne bis in idem** eine Verfahrensbeteiligung erforderlich macht, da im Falle einer Beteiligung des Organs oder sonstigen Repräsentanten am Kapital der juristischen Person (beispielsweise bei einer Ein-Mann-GmbH) die Bestrafung der natürlichen Person in einem getrennten und zeitlich versetzten Bußgeldfestsetzungsverfahren einem Verstoß gegen Art. 103 Abs. 3 GG nahekommt.[24] Auch zwingen **prozessökonomische Gründe** grundsätzlich zu Entscheidungen in einem einheitlichen Verfahren, liegt ihnen doch derselbe Sachverhalt zugrunde. Insoweit lassen sich Doppelarbeit und die Gefahr sich widersprechender Entscheidungen mit § 444 vermeiden.[25]

All diese Erwägungen rechtfertigen eine **verfahrensrechtliche Verklammerung,** die 10 dazu führt, dass eine Geldbuße gegen eine juristische Person oder Personenvereinigung nur dann festgesetzt werden darf, wenn diese an dem gegen das Organ oder den sonstigen Repräsentanten gerichteten Strafverfahren beteiligt werden.[26]

II. Erläuterungen

1. Festsetzung einer Geldbuße iSd § 30 OWiG (Abs. 1). Abs. 1 enthält die verfah- 11 rensrechtlichen Vorschriften über die Anordnung der Beteiligung von juristischen Personen und Personenvereinigungen. Nur bei Beachtung dieser Regelungen darf eine Geldbuße iSd § 30 OWiG verhängt werden.

a) Anordnung der Verfahrensbeteiligung (S. 1). Für die Verhängung der Geldbuße 12 gilt grundsätzlich das Opportunitätsprinzip, das Gericht kann also nach seinem **Ermessen** (vgl. insoweit auch den Wortlaut, „kann", des § 30 OWiG) die Geldbuße festsetzen oder nicht.[27] Entscheidet es sich für die Festsetzung, muss allerdings die Verfahrensbeteiligung nach Abs. 1 S. 1 angeordnet werden. Falls die Festsetzung von vornherein ausscheidet oder unterbleiben soll, kann das Gericht ohne besondere Voraussetzungen von einer Verfahrensbeteiligung iSd Abs. 1 S. 1 absehen, einer entsprechenden Anwendung von §§ 154, 421 bedarf es insoweit nicht.[28]

Im Rahmen der Ermessensausübung hat das Gericht die **grundrechtlich geschützten** 13 **Interessen** – wie den Anspruch der juristischen Person oder Personenvereinigung auf rechtliches Gehör aus Art. 103 Abs. 1 GG sowie die Vermeidung von Rufschäden durch eine letztlich unnötige Nebenbeteiligung – gegeneinander abzuwägen, wobei einem Antrag

---

[21] Paeffgen in SK-StPO Rn. 6; Schmidt/Scheuß in KK-StPO Rn. 18.
[22] Kudlich/Schuhr in Satzger/Schluckebier/Widmaier StPO Rn. 22; Schmitt in Meyer-Goßner/Schmitt Rn. 22.
[23] Inhofer in BeckOK StPO Rn. 2; Schmitt in Meyer-Goßner/Schmitt Rn. 1; Kudlich/Schuhr in Satzger/Schluckebier/Widmaier StPO Rn. 3 f.
[24] Vgl. bei Kudlich/Schuhr in Satzger/Schluckebier/Widmaier StPO Rn. 3. Eingehend Gaede in Löwe/Rosenberg Rn. 9.
[25] Gaede in Löwe/Rosenberg Rn. 9; Kudlich/Schuhr in Satzger/Schluckebier/Widmaier StPO Rn. 3.
[26] Gaede in Löwe/Rosenberg Rn. 9.
[27] Schmidt/Scheuß in KK-StPO Rn. 6; Paeffgen in SK-StPO Rn. 4; Metzger in KMR-StPO Rn. 6; Gaede in Löwe/Rosenberg Rn. 13, 24 f.
[28] Schmidt/Scheuß in KK-StPO Rn. 6; Inhofer in BeckOK StPO Rn. 6.

der Staatsanwaltschaft in der Anklageschrift auf Festsetzung einer Geldbuße und Anordnung der Verfahrensbeteiligung grundsätzlich indizielle Bedeutung zukommt.[29] Kein relevanter Abwägungspunkt ist dagegen der durch die Verfahrensbeteiligung steigende Aufwand für das Gericht und die Staatsanwaltschaft.[30]

14 **Teils** kann das **Gericht** trotz des ihm zustehenden Ermessens dazu **verpflichtet** sein, die Verfahrensbeteiligung nach Abs. 1 S. 1 anzuordnen. Dies ist dann der Fall, wenn die Staatsanwaltschaft einen entsprechenden Antrag stellt und die Voraussetzungen des § 30 OWiG mit hinreichender Wahrscheinlichkeit erfüllt sind.[31] Die Verfahrensbeteiligung ist in diesen Fällen von Amts wegen anzuordnen, und eine Ablehnung kann nicht mit Verweis auf das in § 30 OWiG grundsätzlich gewährte Ermessen erfolgen.[32] **Im Übrigen** ist das Gericht **frei,** die Verfahrensbeteiligung entsprechend dem Antrag der Staatsanwaltschaft anzuordnen oder abzulehnen und damit auf die Festsetzung einer Geldbuße zu verzichten.[33]

15 Wegen des dem Gericht zustehenden Ermessens kann es in jedem Verfahrensabschnitt durch Aufhebung des Anordnungsbeschlusses von der Festsetzung der Geldbuße und entsprechend auch von der Verfahrensbeteiligung (wieder) **absehen.**[34] Hiergegen kann die Staatsanwaltschaft sofortige Beschwerde einlegen. Ist die Aufhebung rechtskräftig, scheidet die juristische Person aus dem Verfahren aus, wodurch auch die Festsetzung einer Geldbuße endgültig ausgeschlossen wird.[35] Im Hauptverfahren ist ein solches Ausscheiden in der Regel an die Zustimmung der Staatsanwaltschaft gekoppelt, die sonst sofortige Beschwerde einlegen kann. Fehlt eine entsprechende Zustimmung, ist über die Festsetzung der Geldbuße im Urteil zu entscheiden.[36]

16 Den **Antrag** auf Festsetzung einer Geldbuße sowie auf Verfahrensbeteiligung der juristischen Person oder Personenvereinigung **stellt die Staatsanwaltschaft** grundsätzlich in der gegen das Organ oder den sonstigen Repräsentanten, also gegen die natürliche Person, gerichtete Anklageschrift, § 200 (im Strafbefehlsverfahren im Strafbefehlsantrag, § 407 Abs. 2 Nr. 1).[37] Dabei gibt sie die tatsächlichen und rechtlichen Grundlagen der begehrten Maßnahme an.[38] Auch der Staatsanwaltschaft steht bei der Überlegung, ob sie eine Festsetzung und die entsprechende Verfahrensbeteiligung beantragen will, **Ermessen** zu; eine gesetzliche Pflicht besteht nach hM nicht.[39] Dies ergibt sich einerseits aus dem Wortlaut der Vorschrift des § 30 OWiG („kann"), der gleichermaßen für die Staatsanwaltschaft wie für das Gericht gilt.[40] Andererseits folgt es aus dem für die Ausgestaltung der Verbandsgeldbuße als Ordnungswidrigkeit geltenden Opportunitätsprinzip (§ 47 OWiG).[41] Die Staatsanwaltschaft kann bei Anklageerhebung insbesondere dann von einem Antrag auf Festsetzung einer Geldbuße absehen, wenn das Gericht diese Sanktion voraussichtlich nicht aussprechen würde.[42] Trotz des Ermessens der Staatsanwaltschaft hat sie **Nr. 180a Abs. 2 RiStBV** zu

---

[29] OLG Celle 26.11.2004 – 1 Ws 388/04, NStZ-RR 2005, 82 (83); Kudlich/Schuhr in Satzger/Schluckebier/Widmaier StPO Rn. 6.
[30] Kudlich/Schuhr in Satzger/Schluckebier/Widmaier StPO Rn. 6.
[31] OLG Celle 26.11.2004 – 1 Ws 388/04, NStZ-RR 2005, 82 (83); Schmidt/Scheuß in KK-StPO Rn. 2; Mitsch in KK-OWiG OWiG § 88 Rn. 4; Schmitt in Meyer-Goßner/Schmitt Rn. 7 verlangt zusätzlich zur Wahrscheinlichkeit, dass die Verhängung einer Geldbuße durch das Gericht zu erwarten ist. Ähnlich: Metzger in KMR-StPO Rn. 11; Gaede in Löwe/Rosenberg Rn. 13: Die gerichtliche Festsetzung darf nicht unwahrscheinlich sein. Ein Überblick über die verschiedenen Maßstäbe findet sich bei Kudlich/Schuhr in Satzger/Schluckebier/Widmaier StPO Rn. 6. Der Streit ist wegen der Ermessensausübungsmöglichkeit des Gerichts nach Weßlau ohne praktische Bedeutung, Paeffgen in SK-StPO Rn. 9.
[32] OLG Celle 26.11.2004 – 1 Ws 388/04, NStZ-RR 2005, 82 (83).
[33] Schmidt/Scheuß in KK-StPO Rn. 6.
[34] Schmidt/Scheuß in KK-StPO Rn. 6; Kudlich/Schuhr in Satzger/Schluckebier/Widmaier StPO Rn. 9; Gaede in Löwe/Rosenberg Rn. 24 f.
[35] Gaede in Löwe/Rosenberg Rn. 24 f.
[36] Gaede in Löwe/Rosenberg Rn. 24 f.
[37] Schmidt/Scheuß in KK-StPO Rn. 9; Paeffgen in SK-StPO Rn. 7.
[38] Schmidt/Scheuß in KK-StPO Rn. 9; Paeffgen in SK-StPO Rn. 7.
[39] Inhofer in BeckOK StPO Rn. 6; Metzger in KMR-StPO Rn. 17.
[40] Inhofer in BeckOK StPO Rn. 6.
[41] Inhofer in BeckOK StPO Rn. 6.
[42] Schmidt in KK-StPO, 8. Aufl. 2019, Rn. 6.

beachten. In den dort aufgeführten Fallgruppen soll die Staatsanwaltschaft eine Geldbuße nach § 30 OWiG gegen eine juristische Person oder Personenvereinigung beantragen, so beispielsweise in Fällen, in denen nach § 30 Abs. 3 mit § 17 Abs. 4 OWiG die durch die Anknüpfungstat begünstigten wirtschaftlichen Verhältnisse der juristischen Person oder Personenvereinigung angemessen berücksichtigt werden können.[43]

Das Gericht kann eine Geldbuße nach § 30 OWiG auch dann verhängen und ist zu einer entsprechenden **Überprüfung von Amts wegen** verpflichtet, wenn dazu keine oder nur unzureichende Ausführungen in der Anklageschrift enthalten sind.[44] Die Anordnung der Beteiligung hat dann ohne einen entsprechenden Antrag der Staatsanwaltschaft zu erfolgen. Die Anordnung der Beteiligung darf auch dann nicht fehlen, wenn die juristische Person oder Personenvereinigung sich mit der Geldbuße einverstanden erklärt.[45] 17

b) Umfang, Zeitpunkt und Rechtsmittel (S. 2). Wegen des Anspruchs auf rechtliches Gehör muss die juristische Person oder Personenvereinigung am Verfahren beteiligt werden, damit eine Geldbuße gegen sie verhängt werden kann. Aus diesem Grund nimmt Abs. 1 S. 2 nur diejenigen Vorschriften aus dem Einziehungsverfahren in Bezug, die die **Beteiligung nicht ein- oder beschränken.**[46] So wird beispielsweise nicht auf § 424 Abs. 5 verwiesen; denn die Beteiligung hemmt das Strafverfahren nur in den seltensten Fällen. So muss es bei einer verspäteten Beteiligung in der Regel unterbrochen und wiederholt werden, weil dann die Frage nach der Geldbuße schwerpunktmäßig zu untersuchen ist.[47] Da die Beteiligung nur erfolgt, „soweit es die Tat betrifft", beschränkt sich die Verfahrensbeteiligung bei mehreren Taten des Beschuldigten auf diejenigen Bezugstaten, denen eine betriebsbezogene Handlung zugrunde liegt.[48] Im Übrigen erfolgt eine uneingeschränkte Beteiligung, denn bei „Unausführbarkeit" entfällt die Möglichkeit zur Festsetzung einer Geldbuße ohnehin.[49] Da die Verhängung einer Geldbuße nach § 30 OWiG eine rechtswidrige und schuldhafte Tat des Organs oder des sonstigen Repräsentanten voraussetzt, erstreckt sich die Verfahrensbeteiligung gemäß § 444 auch auf die Frage nach der Schuld des Angeklagten.[50] 18

Das Gericht kann die förmliche Beteiligung **erst nach Erhebung der öffentlichen Klage** gegen die natürliche Person, also das Organ oder den sonstigen Repräsentanten, beschließen;[51] denn aus § 426, der über § 444 Abs. 2 S. 2 entsprechend gilt, folgt, dass im Vorverfahren eine Verfahrensbeteiligung lediglich „in Betracht kommt". Abs. 1 ist demnach anders als Abs. 2 erst mit Anklageerhebung anwendbar.[52] Die gerichtliche Anordnung der Verfahrensbeteiligung wird in der Regel alsbald nach Erhebung der öffentlichen Klage ergehen. Spätestens aber sollte die Beteiligung mit dem Eröffnungsbeschluss angeordnet werden.[53] Darin kann die Beteiligung auch konkludent angeordnet werden.[54] Eine Nachholung der Anordnung ist bis zur Festsetzung der Geldbuße (oder im Berufungsverfahren bis zur Beendigung der Schlussvorträge) möglich, vgl. § 444 Abs. 1 S. 2 mit § 424 Abs. 3. Damit in diesem Fall jedoch das Recht auf Gehör gewahrt werden kann, ist in Fällen der 19

---

[43] Kudlich/Schuhr in Satzger/Schluckebier/Widmaier StPO Rn. 15; Metzger in KMR-StPO Rn. 17.
[44] Inhofer in BeckOK StPO Rn. 7; Koch in HK-GS Rn. 3; Schmidt/Scheuß in KK-StPO Rn. 9; Kudlich/Schuhr in Satzger/Schluckebier/Widmaier StPO Rn. 6; Metzger in KMR-StPO Rn. 10.
[45] Metzger in KMR-StPO Rn. 12; Schmitt in Meyer-Goßner/Schmitt Rn. 9.
[46] Inhofer in BeckOK StPO Rn. 7; Schmidt/Scheuß in KK-StPO Rn. 5.
[47] Vgl. bei BT-Drs. V/1319, 83; Gaede in Löwe/Rosenberg Rn. 21; Schmidt/Scheuß in KK-StPO Rn. 5. Vertiefend dazu, warum auch auf § 424 Abs. 2 nicht verwiesen wird, Gaede in Löwe/Rosenberg Rn. 22.
[48] Kudlich/Schuhr in Satzger/Schluckebier/Widmaier StPO Rn. 4; Inhofer in BeckOK StPO Rn. 2; Gaede in Löwe/Rosenberg Rn. 14.
[49] Gaede in Löwe/Rosenberg Rn. 20.
[50] BT-Drs. V/1319, 83; Schmidt/Scheuß in KK-StPO Rn. 5.
[51] Dinter NStZ 2023, 7 (8); Inhofer in BeckOK StPO Rn. 3; Schmidt/Scheuß in KK-StPO Rn. 2; dies kritisch beleuchtend Wimmer NZWiSt 2017, 252 (252 f.); Gaede in Löwe/Rosenberg Rn. 11; Metzger in KMR-StPO Rn. 8.
[52] Kudlich/Schuhr in Satzger/Schluckebier/Widmaier StPO Rn. 5; Schmitt in Meyer-Goßner/Schmitt Rn. 6; Minoggio wistra 2003, 121 (123).
[53] Inhofer in BeckOK StPO Rn. 7.
[54] BGH 7.12.2016 – 1 StR 185/16, NZWiSt 2017, 230 (231) mwN.

20 Die Anordnung der Verfahrensbeteiligung erfolgt gemäß § 444 Abs. 1 S. 2 mit § 425 Abs. 4 S. 1 durch einen **unanfechtbaren Beschluss.** Einzig die Staatsanwaltschaft hat die Möglichkeit, gegen die gerichtliche Ablehnung der beantragten Verfahrensbeteiligung mittels sofortiger Beschwerde vorzugehen, § 444 Abs. 1 S. 2 mit § 425 Abs. 4 S. 2.[56] Damit ist nach § 336 S. 2 jedenfalls eine Revision ausgeschlossen.[57] Die vorgesehene Möglichkeit einer sofortigen Beschwerde ist darauf zurückzuführen, dass die Staatsanwaltschaft andernfalls das Urteil mit der Begründung anfechten könnte, das Gericht habe die Möglichkeit der Festsetzung einer Geldbuße nach § 30 OWiG nicht in Betracht gezogen. Dies würde zur Aufhebung des Urteils sowie zu einer neuen Hauptverhandlung führen, obwohl der Schuldspruch der natürlichen Person auch in diesem Fall in Rechtskraft erwächst.[58] Abgesehen davon, dass eine andere Lösung nicht prozessökonomisch wäre, würde sie die Gefahr sich widersprechender Entscheidungen bergen.[59] Solche Nachteile werden mit der Befugnis der Staatsanwaltschaft zur sofortigen Beschwerde ausgeräumt. Die juristische Person oder Personenvereinigung hingegen kann keine sofortige Beschwerde einlegen. Denn ohne Verfahrensbeteiligung darf eine Geldbuße gegen sie wegen des Anspruchs auf rechtliches Gehör nicht verhängt werden, sie ist daher durch die Ablehnung der Verfahrensbeteiligung nicht beschwert.[60]

21 **2. Auswirkungen der Verfahrensbeteiligung (Abs. 2).** In Abs. 2 sind die Wirkungen der Verfahrensbeteiligung und die Rechtsstellung der juristischen Person oder Personenvereinigung als Nebenbeteiligte geregelt.[61] Durch die für die Verhängung der Geldbuße konstitutive Beteiligungsanordnung erlangt die juristische Person oder Personenvereinigung selbst (nicht ihr Organ oder sonstiger Repräsentant als Vertreter) die Stellung eines Verfahrensbeteiligten.[62]

22 **a) Ladung zur Hauptverhandlung (S. 1).** Abs. 2 S. 1 bestimmt ausdrücklich, dass die juristische Person oder Personenvereinigung zur Hauptverhandlung **zu laden ist.** Die bloße Bekanntgabe des Termins genügt insoweit nicht, vielmehr muss es eine tatsächliche Ladung geben (gerichtet an ihre Vertreter).[63] Dieses Erfordernis beruht auf dem Umstand, dass sich die juristische Person oder Personenvereinigung bei der Entscheidung über die Festsetzung der Geldbuße in der einem Angeklagten vergleichbaren prozessualen Lage befindet.[64] Bei mehreren Vertretern sind alle zur Hauptverhandlung zu laden.[65] Dabei ist – anders als bei der bloßen Terminsnachricht – die Frist des § 217 einzuhalten.[66] Es kann gemäß § 444 Abs. 2 S. 1 Hs. 2 ohne den Vertreter verhandelt werden, wenn dieser ohne genügende Entschuldigung der Hauptverhandlung fernbleibt. Ein Fall entschuldigten Ausbleibens liegt allerdings vor, wenn der eine Vertretungsberechtigte unentschuldigt der Hauptverhandlung fernbleibt, während der andere Vertretungsberechtigte sich genügend entschuldigt.[67] Erscheint ein Bevollmächtigter anstelle des Vertreters, liegt kein unentschuldigtes Ausbleiben vor. Bei

---

[55] Inhofer in BeckOK StPO Rn. 7; Kudlich/Schuhr in Satzger/Schluckebier/Widmaier StPO Rn. 6.
[56] Vgl. zum alten Recht OLG Celle 26.11.2004 – 1 Ws 388/04, NStZ-RR 2005, 82; Metzger in KMR-StPO Rn. 13.
[57] Kudlich/Schuhr in Satzger/Schluckebier/Widmaier StPO Rn. 9.
[58] Schmidt in KK-StPO, 8. Aufl. 2019, Rn. 4.
[59] Schmidt in KK-StPO, 8. Aufl. 2019, Rn. 4.
[60] Inhofer in BeckOK StPO Rn. 8; Schmidt/Scheuß in KK-StPO Rn. 4; Kudlich/Schuhr in Satzger/Schluckebier/Widmaier StPO Rn. 9; Schmitt in Meyer-Goßner/Schmitt Rn. 10; anders Gaede in Löwe/Rosenberg Rn. 17.
[61] Schmidt/Scheuß in KK-StPO Rn. 7.
[62] Schmidt/Scheuß in KK-StPO Rn. 10; Gaede in Löwe/Rosenberg Rn. 14.
[63] Kudlich/Schuhr in Satzger/Schluckebier/Widmaier StPO Rn. 16.
[64] Gaede in Löwe/Rosenberg Rn. 38; Winterfeld BB 1976, 344 (345).
[65] OLG Düsseldorf 17.8.2020 – V-6 Kart 10/19 (OWi), 6 Kart 10/19 (Owi), BeckRS 2020, 39162; Inhofer in BeckOK StPO Rn. 10.
[66] Inhofer in BeckOK StPO Rn. 10; Paeffgen in SK-StPO Rn. 17; Gaede in Löwe/Rosenberg Rn. 38.
[67] Offen gelassen von OLG Düsseldorf 17.8.2020 – V-6 Kart 10/19 (OWi), 6 Kart 10/19 (OWi), BeckRS 2020, 39162; Gaede in Löwe/Rosenberg Rn. 39.

Versäumung der Hauptverhandlung durch den Vertreter kann die juristische Person oder Personenvereinigung die Wiedereinsetzung in den vorigen Stand nach § 444 Abs. 2 S. 2 mit § 427 Abs. 1 S. 1, § 235 beantragen.[68]

23 Obwohl der Gesetzeswortlaut in Abs. 2 S. 1 Hs. 2 („ihr Vertreter") bloß auf den einzelnen Vertreter abstellt, hat das Gericht bei der Frage, wen oder welchen Vertreter sie bei mehreren Vertretungsberechtigten zu laden hat, **kein Ermessen.** Es ist in einem solchen Fall gezwungen, alle Vertretungsberechtigten (mit Ausnahme des Angeklagten) zu laden – § 26 Abs. 2 S. 2 BGB gilt insoweit nicht sinngemäß.[69] Sofern gesetzliche Vorschriften wie zB § 27 Abs. 2, § 664 BGB dem nicht entgegenstehen, können sich die Vertreter aber untereinander dahingehend einigen, dass nur einer von ihnen gegenüber dem Gericht auftritt.[70]

b) Sonstige Rechte und Stellung der Verfahrensbeteiligten (S. 2). Abs. 2 S. 2 **24** bestimmt mit 427 Abs. 1 S. 1, dass die juristische Person oder Personenvereinigung durch die Anordnung der Verfahrensbeteiligung die prozessualen **Rechte und Befugnisse eines Beschuldigten** bzw. eines Angeklagten erhält, die sie durch ihren Vertreter ausübt.[71]

aa) Anhörung im vorbereitenden Verfahren. Bereits im Vorverfahren hat die **25** Staatsanwaltschaft die Voraussetzungen für die Festsetzung einer Geldbuße nach § 30 OWiG sowie der Anordnung nach § 444 Abs. 1, 3 zu prüfen, vgl. insoweit auch Nr. 180a Abs. 2 RiStBV. Gemäß § 444 Abs. 2 S. 2 mit § 426 Abs. 1 besteht deshalb bereits im **Ermittlungsverfahren** die **Pflicht zur Anhörung** der juristischen Person oder Personenvereinigung, sofern sie die Verhängung einer Geldbuße iSd § 30 OWiG beabsichtigt.[72] Hinsichtlich des Zeitpunkts kann eine etwaige Gefährdung des Ermittlungserfolgs berücksichtigt werden.[73] Für eine solche Anhörung ist die Vernehmung der Vertreter erforderlich.[74] Bei mehreren Vertretern ist im Einzelfall zu bestimmen, ob es einer Anhörung aller Vertreter bedarf.[75] Ggf. kann die Anordnung des persönlichen Erscheinens des Vertreters nach § 444 Abs. 2 S. 2 mit § 427 Abs. 2 ergehen.[76] Für Vernehmungen der Vertreter gelten gemäß § 444 Abs. 2 S. 2 mit § 426 Abs. 2 die gleichen Regelungen wie zur Beschuldigtenvernehmung. § 444 Abs. 2 S. 2, § 428 Abs. 3 stellen beispielsweise klar, dass das Recht zur Zuziehung eines Verteidigers bereits im Ermittlungsverfahren besteht.[77] Da die vertretungsberechtigten Personen für die nebenbeteiligten juristischen Personen oder Personenvereinigungen vernommen werden und dabei ausschließlich deren Rechte in ihrer Organeigenschaft wahrnehmen,[78] können sie nicht zusätzlich als Zeugen vernommen werden, weshalb die §§ 52 ff. keine Anwendung finden.[79] Andere Mitglieder der juristischen Person oder Personenvereinigung hingegen, wie etwa Prokuristen, werden unter Beachtung des § 55 als Zeugen

---

[68] Schmidt/Scheuß in KK-StPO Rn. 10; Kudlich/Schuhr in Satzger/Schluckebier/Widmaier StPO Rn. 16; Schmitt in Meyer-Goßner/Schmitt Rn. 14; Paeffgen in SK-StPO Rn. 17.
[69] Gaede in Löwe/Rosenberg Rn. 39.
[70] Gaede in Löwe/Rosenberg Rn. 39.
[71] Inhofer in BeckOK StPO Rn. 10; Kudlich/Schuhr in Satzger/Schluckebier/Widmaier StPO Rn. 10; Schmitt in Meyer-Goßner/Schmitt Rn. 11; Paeffgen in SK-StPO Rn. 17; Heerspink AO-StB 2011, 283 (287); Ignor CCZ 2011, 143 (145). Diese Rechtstellung als wenig hilfreich ansehend, Wimmer NZWiSt 2017, 252 (252 f.).
[72] Inhofer in BeckOK StPO Rn. 3; Metzger in KMR-StPO Rn. 15; weitergehend Wimmer NZWiSt 2017, 252 (252 f.).
[73] Schmitt in Meyer-Goßner/Schmitt Rn. 3; Wimmer NZWiSt 2017, 252 (252 f.).
[74] Inhofer in BeckOK StPO Rn. 3; Metzger in KMR-StPO Rn. 15.
[75] Gaede in Löwe/Rosenberg Rn. 35.
[76] OLG Düsseldorf 17.8.2020 – V-6 Kart 10/19 (OWi), 6 Kart 10/19 (OWi), BeckRS 2020, 39162 zugleich zum Verhältnis von § 427 Abs. 2 S. 2 und § 74 Abs. 2 OWiG bei unentschuldigtem Fernbleiben; OLG Zweibrücken 14.12.1994 – 1 Ss 264/94, NStZ 1995, 293; Kudlich/Schuhr in Satzger/Schluckebier/Widmaier StPO Rn. 10; Schmitt in Meyer-Goßner/Schmitt Rn. 11.
[77] Kudlich/Schuhr in Satzger/Schluckebier/Widmaier StPO Rn. 12. Zur Verteidigung von Unternehmen in solchen Fällen Ignor CCZ 2011, 143 (144 f.).
[78] Schmidt/Scheuß in KK-StPO Rn. 7.
[79] OLG Frankfurt a. M. 20.9.1968 – 2 Ws (B) 144/68, GA 1969, 124; Kudlich/Schuhr in Satzger/Schluckebier/Widmaier StPO Rn. 7; aA Rogall in KK-OWiG OWiG § 30 Rn. 208. Differenzierend Paeffgen in SK-StPO Rn. 19.

vernommen, sofern sie nicht selbst Beschuldigte in diesem Verfahren sind.[80] Ggf. ist auch eine Anhörung und Beteiligung des Insolvenzverwalters der juristischen Person oder Personenvereinigung aufgrund der Vorschrift des § 39 Abs. 1 Nr. 3 InsO erforderlich.[81]

26   **bb) Vertretung.** Wer die juristische Person oder Personenvereinigung bei der Ausübung ihrer prozessualen Rechte vertritt, bestimmt sich **nach zivilrechtlichen Vorschriften**.[82] Danach sind Vertreter der juristischen Person oder Personenvereinigung diejenigen (natürlichen) Personen, die nach Gesetz, Satzung und sonstigen Regelungen dazu berufen sind, für sie im Rechtsleben mit Wirkung nach außen zu handeln.[83] Nach hM kann der Beschuldigte selbst die juristische Person oder Personenvereinigung wegen möglicherweise auftretender Interessenskonflikte nicht vertreten.[84] Gestützt wird dies auf den Rechtsgedanken von § 112 AktG, § 52 Abs. 1 GmbHG, § 34 BGB.[85] Sofern er der einzige Vertretungsberechtigte ist und dies während der gesamten Verfahrensdauer auch bleibt, kann die Staatsanwaltschaft nach § 444 Abs. 2 S. 2 mit § 428 Abs. 2 darauf hinwirken, dass ein Pflichtverteidiger bestellt wird, der statt seiner anzuhören ist.[86] Eine solche Bestellung ist bereits im Vorverfahren möglich.[87] Dem Verband ist es allerdings jederzeit gestattet, selbst einen Verteidiger zu wählen (§ 444 Abs. 2 S. 2, § 428 Abs. 1), so dass die Bestellung eines Pflichtverteidigers nicht zwingend erforderlich ist. Nach hM ist es nicht ausgeschlossen, dass der gewählte Verteidiger zugleich den Beschuldigten, also die natürliche Person, verteidigt, da die beiden Verurteilungen voneinander abhängen und § 146 insoweit nicht analog anwendbar ist.[88] Soweit dies nicht zu einem Interessenkonflikt iSd § 356 StGB sowie den berufsrechtlichen Regelungen führt, ist danach eine zweifache Vertretung durch den gewählten Verteidiger erlaubt.[89] Eine gemeinschaftliche Vertretung mehrerer juristischer Personen oder Personenvereinigungen ist dagegen wegen § 146 unzulässig, wenn gegen ihre gesetzlichen Vertreter wegen derselben Straftat ein Strafverfahren durchgeführt wird.[90] Unabhängig davon, ob das Unternehmen einen Verteidiger konsultiert hat, wird man ihm auch ein eigenes Akteneinsichtsrechts (entsprechend) § 428 Abs. 1 S. 2, § 147 gewähren müssen.[91]

27   Die Rechtsfolgen bei **Vertretungsmängeln** sind grundsätzlich an § 112 AktG anzulehnen.[92] Mängel im Rahmen der Vertretung sind von Amts wegen zu beachten und führen

---

[80]   OLG Frankfurt a. M. 20.9.1968 – 2 Ws (B) 144/68, GA 1969, 124; Inhofer in BeckOK StPO Rn. 4; Schmidt/Scheuß in KK-StPO Rn. 7.
[81]   Inhofer in BeckOK StPO Rn. 5.
[82]   Kudlich/Schuhr in Satzger/Schluckebier/Widmaier StPO Rn. 10; im Ansatz zustimmend Pieth FS Eser, 2005, 599 (608 f.).
[83]   Schmidt/Scheuß in KK-StPO Rn. 7; zur Gesamtvertretung siehe bei Rogall in KK-OWiG OWiG § 30 Rn. 199.
[84]   Pieth FS Eser, 2005, 599 (609); Winterfeld BB 1976, 344 (345); Inhofer in BeckOK StPO Rn. 3; Metzger in KMR-StPO Rn. 15.
[85]   Kudlich/Schuhr in Satzger/Schluckebier/Widmaier StPO Rn. 10; Rogall in KK-OWiG OWiG § 30 Rn. 200; andere Herleitung bei Schlüter, 2000, S. 119, 146, 157 f.; Drope, 2002, S. 216 f.: wegen der Auswirkung eines möglichen Schweigerechts.
[86]   Inhofer in BeckOK StPO Rn. 3; von der Bestellung eines Notvertreters iSd § 29 BGB sprechend: Rogall in KK-OWiG OWiG § 30 Rn. 200 f.; Paeffgen in SK-StPO Rn. 19 Gaede in Löwe/Rosenberg Rn. 27; kritisch dazu Metzger in KMR-StPO Rn. 15.
[87]   Inhofer in BeckOK StPO Rn. 3.
[88]   BVerfG 21.6.1977 – 2 BvR 70, 361/75, BVerfGE 45, 272 = NJW 1977, 1629; Inhofer in BeckOK StPO Rn. 3; Kudlich/Schuhr in Satzger/Schluckebier/Widmaier StPO Rn. 11; Schmitt in Meyer-Goßner/Schmitt Rn. 12; dies könne sogar im Interesse des Unternehmens liegen, so Ignor CCZ 2011, 143 (145); aA Retemeyer in Gercke/Julius/Temming/Zöller Rn. 9; Gaede in Löwe/Rosenberg Rn. 27; im Fall einer Einziehungsbeteiligung OLG Düsseldorf 4.2.1988 – 2 Ws 128/87, NStZ 1988, 289 (290); kritisch zur mehrfachen Verteidigung Thoma in Göhler OWiG § 88 Rn. 14; Petzold NZKart 2014, 170 (172).
[89]   Schmidt/Scheuß in KK-StPO Rn. 8.
[90]   Schmidt/Scheuß in KK-StPO Rn. 8; Kudlich/Schuhr in Satzger/Schluckebier/Widmaier StPO Rn. 11; Gaede in Löwe/Rosenberg Rn. 27.
[91]   Dinter NStZ 2023, 7 (8 ff.) ausführlich zur Ungenauigkeit in der Verweisung und mit Anregungen für eine klarere Ausgestaltung in Anlehnung an den Entwurf des Verbandssanktionengesetzes.
[92]   Kudlich/Schuhr in Satzger/Schluckebier/Widmaier StPO Rn. 10; Paeffgen zu SK-StPO Rn. 19.

dazu, dass die insoweit vorgenommenen Prozesshandlungen zwar zunächst unwirksam, aber genehmigungsfähig sind.[93]

cc) Befugnisse im Hauptverfahren. Im Prozess hat die juristische Person oder Personenvereinigung dieselben Mitwirkungsmöglichkeiten wie ein Beschuldigter. So hat sie als „Nebenbeteiligte" zB ein **Anwesenheitsrecht.** Bleibt ihr Vertreter unentschuldigt fern, bestimmt § 444 Abs. 2 S. 1 ausdrücklich, dass ohne sie bzw. den Vertreter verhandelt werden kann.[94] Die im Bußgeldverfahren über § 46 Abs. 1 OWiG anwendbare Vorschrift verdrängt insoweit § 74 Abs. 2 OWiG.[95] Im Falle des Fernbleibens muss das Gericht nicht zwingend weiterverhandeln. Es kann ebenso, wenn dies zur Sachaufklärung geboten ist, die zwangsweise Vorführung des Vertreters anordnen.[96]   28

Die juristische Person oder Personenvereinigung hat zudem die Möglichkeit, **Beweisanträge** zu stellen.[97] Einschränkend ergibt sich aus § 444 Abs. 2 S. 2 mit § 430 Abs. 2, dass das Gericht den Beweisanträgen, die sich auf die Schuld des Angeklagten beziehen, nur insoweit nachzugehen hat, als dies die Aufklärungspflicht gebietet. Ansonsten entscheidet das Gericht nach pflichtgemäßem Ermessen.[98] Der dahinterstehende gesetzgeberische Gedanke entspricht § 77 OWiG: Zwar erstreckt sich die Verfahrensbeteiligung auf die Frage der Schuld des Angeklagten (dazu schon in → Rn. 18). Jedoch soll das Gericht, wenn die Schuldfrage der natürlichen Person die Grundlage für die Festsetzung der Geldbuße gegen die juristische Person oder Personenvereinigung darstellt, in gleichem Umfang, also nach pflichtgemäßem Ermessen und ohne Bindung an § 244 Abs. 3–6, über die Beweisaufnahme entscheiden können, wie wenn die Festsetzung einer Geldbuße gegen eine natürliche Person wegen einer Ordnungswidrigkeit Gegenstand des Verfahrens wäre (§ 77 OWiG).[99]   29

Umstritten ist, ob die juristische Person oder Personenvereinigung im Hauptverfahren nur die Mitwirkungsbefugnisse eines Angeschuldigten oder Angeklagten hat oder ob sie auch eine entsprechende Rechtstellung genießt und deshalb insbesondere **Schweige- und Auskunftsverweigerungsrechte** in Anspruch nehmen kann.[100]   30

Das **BVerfG** hielt das Schweigerecht juristischer Personen früher für grundgesetzlich gegeben,[101] nimmt aber mittlerweile an, dass ein maßgeblicher Unterschied zur natürlichen Person bestehe: Das Schweigerecht der natürlichen Person folge aus der Menschenwürde und dem allgemeinen Persönlichkeitsrecht; diese Rechte seien auf juristische Personen oder Personenvereinigung nicht ohne Weiteres übertragbar, und auch sonst ergebe sich für sie kein unmittelbar aus der Verfassung folgender „Schutz vor einem Zwang zur Selbstbezichtigung".[102] Trotz dessen soll juristischen Personen und Personenvereinigungen nicht per se ein Schweigerecht verwehrt werden.[103] Mit Blick auf Art. 19 Abs. 3 GG könne es jedoch   31

---

[93] BGH 16.10.2006 – II ZR 7/05, NJW-RR 2007, 98; Kudlich/Schuhr in Satzger/Schluckebier/Widmaier StPO Rn. 10.
[94] Dies gilt auch im Revisionsverfahren, siehe BGH 27.4.2022 – 5 StR 278/21, wistra 2022, 344 (346).
[95] BGH 24.12.2021 – KRB 11/21, DAR 2022, 465 (466); zustimmend Fromm DAR 2022, 474. Anders noch OLG Düsseldorf 17.8.2020 – V-6 Kart 10/19 (Owi), 6 Kart 10/19 (Owi), BeckRS 2020, 39162.
[96] BGH 24.12.2021 – KRB 11/21, DAR 2022, 465 (466). Zum Vorgehen auch Fromm DAR 2022, 474 f.
[97] Kudlich/Schuhr in Satzger/Schluckebier/Widmaier StPO Rn. 8, 17; Cordes wistra 2019, 292 (294); zur Beweiswürdigung Haus/Bredebach ZWH 2021, 81 (84).
[98] Inhofer in BeckOK StPO Rn. 11; dies gilt nach hM auch für Anträge, die förmliche Beweismittel betreffen, vgl. Metzger in KMR-StPO Rn. 19; kritisch dazu Rogall in KK-OWiG OWiG § 30 Rn. 213.
[99] Kritisch Gaede in Löwe/Rosenberg Rn. 40.
[100] Zum Streitstand Paeffgen in SK-StPO Rn. 13 f.; Kudlich/Schuhr in Satzger/Schluckebier/Widmaier StPO Rn. 8. Mit Sonderregelungen bzgl. Kartellbußen in § 81b GWB vgl. BGH 23.1.2014 – KRB 48/13, NZKart 2014, 236.
[101] BVerfG 26.2.1975 – 2 BvR 820/74, BB 1975, 1315.
[102] BVerfG 26.2.1997 – 1 BvR 2172/96, BVerfGE 95, 220 (242) = NJW 1997, 1841 (1843 f.); zustimmend Mittelsdorf, Unternehmensstrafrecht, 2007, S. 240; zustimmend in Bezug auf die Menschenwürde Fink wistra 2014, 457 (460); die Entscheidung ablehnend Weiß JZ 1998, 289; Einwände gegen die Entscheidung aufzeigend Dannecker ZStW 127 (2015), 370 (375 ff.).
[103] Vgl. dazu bei Dannecker ZStW 127 (2015), 370 (389 ff.); Drope, 2002, S. 239; Eidam, 2007, S. 5 ff., 50 ff. Ebenso Mittelsdorf, 2007, S. 240, der aber meint, ein Schweigerecht komme nur in Betracht, wenn dem Unternehmen ein Schuldvorwurf gemacht werde, was bei der Festsetzung einer Geldbuße nach § 30 OWiG nicht der Fall sei.

nicht für die juristische Person oder Personenvereinigung als solche, sondern allenfalls für den ihre Rechte wahrnehmenden Vertreter gelten.[104]

32 Der **EuGH** nimmt zumindest im Rahmen eines EG-Kartellverfahrens an, dass juristischen Personen ein (partielles) Schweigerecht zusteht.[105] Der **EGMR** leitet ein Auskunftsverweigerungsrecht aus Art. 6 Abs. 1 EMRK ab, dessen Garantien sich auch auf juristische Personen erstrecken sollen.[106] Die Selbstbelastungspflicht bestehe aber nicht, wenn die Erhebung von Einwendungen gegen eine zu ihren Lasten mögliche Verfalls- oder Einziehungsanordnung beabsichtigt ist. Insoweit komme es nur auf ihre Verfahrensbeteiligungsfähigkeit an, nicht auf ihre Strafrechtsfähigkeit.[107]

33 Auch die **herrschende Lehre** nimmt ein für juristische Personen bestehendes Schweigerecht an.[108] Teils wird es als in Art. 6 Abs. 1 EMRK verbürgt angesehen und auf die erforderliche konventionskonforme Auslegung gestützt.[109] Begründet wird ein solches Recht ferner mit Verweis auf die für die Vernehmung geltenden Vorschriften (§ 444 Abs. 2 S. 2, 426 Abs. 2, 163a Abs. 3 S. 2, 136 Abs. 1 S. 2). Dort sei ein Schweige- und Auskunftsverweigerungsrecht explizit für das vorbereitende Verfahren vorgesehen, welches konsequenterweise im Hauptverfahren (§ 444 Abs. 2 S. 2, § 426 Abs. 2, § 243 Abs. 4 S. 1 und 2)[110] fortbestehen müsse.[111] Mitarbeiter der juristischen Person (und evtl. sogar ehemalige Organmitglieder)[112] haben als Zeugen allerdings kein Schweigerecht und sind damit zur Aussage verpflichtet.[113]

34 Bisher behandelt das Strafprozessrecht solche praktisch bedeutsamen Fragen zur Verfahrensbeteiligung nicht, wenngleich es mit Blick auf §§ 426, 427 naheliegt, ein Schweigerecht zu gewähren. Allerdings stellen sich in diesem Zusammenhang weitergehende Fragen, wie beispielsweise der nach einer Schweigepflicht für Organmitglieder, wenn die juristische Person oder Personenvereinigung ein Schweigen beschlossen hat.[114] Während dies grundsätzlich entsprechende zivilrechtliche Pflichten auslösen würde, könnten §§ 258a, 266 StGB eine individuelle Entscheidung gebieten.[115] Daneben fragt sich, ob bei einem Verstoß sowie bei einem Geständnis ohne Vertretungsmacht ein Beweisverwertungsverbot besteht.[116] All diese Problemfelder sind von § 444 nicht geregelt worden, eine Klärung steht noch aus.

---

[104] Vgl. BVerfG 26.2.1975 – 2 BvR 820/74, BB 1975, 1315 (1315 f.); kritisch dazu Gaede in Löwe/Rosenberg Rn. 32.
[105] EuGH 20.2.2001 – T-112/98, Slg. 2001, II-729 = EuZW 2001, 345 (349).
[106] EGMR 27.10.1993 – 37/1992/382/460, NJW 1995, 1413 (1413 f.), wonach sich auch eine Gesellschaft auf das Recht auf ein faires Verfahren aus Art. 6 Abs. 1 EMRK berufen kann; ausführlich zum Ganzen Minoggio wistra 2003, 121 (125 ff.).
[107] Minoggio wistra 2003, 121 (129).
[108] Schmitt in Meyer-Goßner/Schmitt Rn. 3a; Schlüter, 2000, S. 119, 146, 157 f.; Drope, 2002, S. 150 ff., 239; Haeusermann, 2003, S. 346 ff.; Schuler JR 2003, 265 (268 ff.); Minoggio wistra 2003, 121 (127 ff.); Wimmer NZWiSt 2017, 252 (253); Pieth FS Eser, 2005, 599 (607); Eidam, 2007, S. 5 ff., 58; Dannecker ZStW 127 (2015), 370 (408 ff.); Haus/Bredebach ZWH 2021, 81 (90); Rübenstahl ZWH 2018, 273 (278). Differenzierend v. Freier ZStW 122 (2010), 117 (139 f.).
[109] Weiß NJW 1999, 2236 (2236 f.); Weiß JZ 1998, 289 (290); Schuler JR 2003, 265 (268 ff.); Minoggio wistra 2003, 121 (125 ff.); Paeffgen in SK-StPO Rn. 13; ebenso Gaede in Löwe/Rosenberg Rn. 28 ff.; dagegen Fink wistra 2014, 457 (461 f.), der eine ausdrückliche einfachgesetzliche Regelung (wie in § 81b Abs. 1 GWB) für erforderlich hält.
[110] Dazu Schmitt in Meyer-Goßner/Schmitt Rn. 3a; Winterfeld BB 1976, 344 (345); ebenso Wimmer NZWiSt 2017, 252 (253).
[111] Kudlich/Schuhr in Satzger/Schluckebier/Widmaier StPO Rn. 8; Gaede in Löwe/Rosenberg Rn. 29; Rogall in KK-OWiG OWiG § 30 Rn. 209.
[112] Vgl. BVerfG 26.2.1975 – 2 BvR 820/74, BB 1975, 1315 (1315 f.); Winterfeld BB 1976, 344 (346).
[113] Kudlich/Schuhr in Satzger/Schluckebier/Widmaier StPO Rn. 8; Drope, 2002, S. 239; einschränkend Minoggio wistra 2003, 121 (129); Winterfeld BB 1976, 344 (346); eine Orientierung am Personenkreis des § 75 aF StGB befürwortet Minoggio wistra 2003, 121 (129); eine Differenzierung zwischen Organen und einfachen Mitarbeitern ablehnend Mittelsdorf, 2007, S. 238 f.
[114] Dies bejahend Minoggio wistra 2003, 121 (129).
[115] Kudlich/Schuhr in Satzger/Schluckebier/Widmaier StPO Rn. 8; v. Freier ZStW 122 (2010), 117 (150 ff.).
[116] Zu ähnlichen und weitergehenden Fragen siehe bei Kudlich/Schuhr in Satzger/Schluckebier/Widmaier StPO Rn. 8 mwN.

Dem Vertreter der juristischen Person oder Personenvereinigung ist nach § 444 Abs. 2 **35**
mit § 71 Abs. 1 OWiG, § 258 das **letzte Wort** zu gewähren. Dies gilt allerdings nur, sofern
der Vertreter in der Hauptverhandlung auch anwesend ist. Lässt er sich durch einen Verteidiger vertreten, kann er diesen nicht als Boten einsetzen, weil das Recht des letzten Wortes
ein höchstpersönliches, nicht übertragbares Äußerungsrecht ist.[117]

dd) Mitteilungen und Hinweise. Gemäß § 444 Abs. 2 S. 2 mit § 429 Abs. 2 ist der **36**
juristischen Person oder Personenvereinigung mit der Ladung die **Anklageschrift** sowie
ein ggf. abweichender **Eröffnungsbeschluss** zuzustellen, soweit sie bzw. er die Vereinigung
betrifft. Mit Blick auf das im Falle der Ersatzzustellung geltende Verbot nach § 37 ZPO
mit § 178 Abs. 2 ZPO ist zu beachten, dass der „Gegner" der juristischen Person oder
Personenvereinigung, an den die Zustellung erfolgen soll, die angeklagte natürliche Person
ist, also das Organ oder der sonstige Repräsentant.[118]

Die **Ladung** muss gemäß § 444 Abs. 2 S. 2 mit § 429 Abs. 3 Nr. 1 einen Hinweis **37**
darauf enthalten, dass trotz angeordneter Verfahrensbeteiligung ohne die juristische Person
oder Personenvereinigung verhandelt werden kann, wenn ihr(e) Vertreter der Hauptverhandlung unentschuldigt fernbleibt bzw. fernbleiben.

In dem die Verbandsgeldbuße anordnendem **Urteil** ist die Nebenbeteiligte, also die **38**
juristische Person oder Personenvereinigung, mit Namen, Anschrift und Vertretungsberechtigten so genau zu bezeichnen, dass das Urteil die Grundlage für eine spätere Vollstreckung
sein kann.[119] § 444 Abs. 2 S. 2 bestimmt mit § 430 Abs. 4, dass bei Abwesenheit in der
Hauptverhandlung das Urteil der juristischen Person oder Personenvereinigung zuzustellen
ist.

ee) Geldbuße im Strafbefehlsverfahren. Die Anordnung einer Geldbuße nach **39**
§ 30 OWiG ist gemäß § 407 Abs. 2 Nr. 1 aE auch durch Strafbefehl möglich. Dort steht
der Antrag auf Erlass eines Strafbefehls der Erhebung der öffentlichen Klage gleich.[120]

In diesen Fällen ist spätestens mit Erlass des Strafbefehls eine Beteiligung iSd § 444 **40**
anzuordnen. Der Strafbefehl ist der juristischen Person oder Personenvereinigung zuzustellen (§ 444 Abs. 2 S. 2 mit § 432 Abs. 1). Zudem hat gemäß § 444 Abs. 2 S. 2, § 432
Abs. 1 S. 1 ein **Hinweis** iSd „§ 429 Abs. 3 Nr. 2" zu erfolgen. Nach der aktuellen Gesetzeslage bedeutet dies einen Hinweis auf das Recht auf Verteidigung. Problematisch ist
nun, dass nach dem in der alten Gesetzeslage vorhandenen Verweis ein Hinweis auf die
Wirkung der Entscheidung gegenüber dem Beteiligten zu erfolgen hatte.[121] Dieser Hinweis erscheint überflüssig, da sich aus dem Inhalt des Strafbefehls eindeutig ergibt, dass
sich die Festsetzung der Geldbuße gegen die juristische Person oder Personenvereinigung
richtet. Der Gesetzgeber wollte aber mit der Neufassung des § 444 an dessen Inhalt an
sich nichts ändern, sondern nur die in Bezug genommenen Vorschriften angleichen.[122]
Aufgrund der sich hieraus ergebenden Widersprüchlichkeit ist der Praxis anzuraten, beide
Hinweise zu geben.[123]

Gegen die Festsetzung der Geldbuße im Strafbefehlsverfahren kann die juristische Person oder Personenvereinigung mittels eines **Einspruchs** vorgehen.[124] Da nach der Rechtsprechung in jedem Erlass eines Strafbefehls inklusive der Festsetzung einer Geldbuße nach **41**
§ 30 OWiG konkludent oder stillschweigend die Anordnung der Verfahrensbeteiligung

---

[117] BGH 9.10.2018 – KRB 58/16, BGHR OWiG § 31 Abs. 3 Beendigung 1; Haus/Bredebach ZWH 2021, 81 (85).
[118] Gaede in Löwe/Rosenberg Rn. 38, 41.
[119] Inhofer in BeckOK StPO Rn. 12; Schmidt/Scheuß in KK-StPO Rn. 11; Kudlich/Schuhr in Satzger/Schluckebier/Widmaier StPO Rn. 17; Schmitt in Meyer-Goßner/Schmitt Rn. 15; Metzger in KMR-StPO Rn. 20.
[120] Schmidt/Scheuß in KK-StPO Rn. 2; Gaede in Löwe/Rosenberg Rn. 43.
[121] Kudlich/Schuhr in Satzger/Schluckebier/Widmaier StPO Rn. 19.
[122] BT-Drs. 18/9525, 93; Kudlich/Schuhr in Satzger/Schluckebier/Widmaier StPO Rn. 19.
[123] Kudlich/Schuhr in Satzger/Schluckebier/Widmaier StPO Rn. 19.
[124] Schmidt/Scheuß in KK-StPO Rn. 13.

42 Hat nur die Nebenbeteiligte Einspruch gegen den Strafbefehl eingelegt, entscheidet das Gericht gemäß § 444 Abs. 2 S. 2 aE mit § 434 Abs. 2 bei Einverständnis aller sonstigen Beteiligten hierüber durch Beschluss. Eine mündliche Verhandlung mit nachfolgendem Urteil ist nur unter den Voraussetzungen des § 434 Abs. 3 S. 1 möglich, also bei Beantragung durch die Staatsanwaltschaft oder einen sonstigen Antragsteller oder bei Anordnung durch das Gericht. Bei einer Entscheidung durch Urteil nach Einspruch gegen den Strafbefehl kann gegen dieses (nach Wahl der Nebenbeteiligten) Berufung oder Revision eingelegt werden (vgl. § 444 Abs. 2 S. 2 aE mit § 434 Abs. 3 S. 2).

43 **ff) Rechtsmittel.** Die beteiligte juristische Person oder Personenvereinigung ist gemäß § 444 Abs. 2 S. 2 mit § 427 Abs. 1 S. 1 befugt, Rechtsmittel gegen das Urteil einzulegen. Die Befugnisse des Nebenbeteiligten werden im Rechtsmittelverfahren jedoch von § 444 Abs. 2 S. 2 mit § 431 Abs. 1–3 insoweit eingeschränkt, als dass der **Schuldspruch** gegen den Angeklagten **grundsätzlich nicht überprüft** wird. Eine Ausnahme gilt nur für den Fall, dass sie Einwendungen gegen den Schuldspruch erhebt und ohne ihr Verschulden erstinstanzlich zum Schuldspruch nicht gehört worden ist.[127] Solche Einwendungen können insbesondere dann vorliegen, wenn die juristische Person oder die Personenvereinigung nicht die Festsetzung der Geldbuße an sich, sondern nur deren konkrete Höhe anficht.[128] Zum Tragen kommt insoweit der gesetzgeberische Gedanke, dass die Strafe gegen die natürliche Person und die Geldbuße gegen die juristische Person oder Personenvereinigung zusammen genommen in einem angemessenen Verhältnis zur Tat stehen sollen.[129]

44 Ähnlich wie im Strafbefehlsverfahren kann die juristische Person oder Personenvereinigung auch dann Rechtsmittel einlegen, wenn gegen sie im Urteil **ohne** vorherigen förmlichen **Beschluss über die Verfahrensbeteiligung** eine Geldbuße verhängt wurde.[130] In diesem Fall müsste man konstruktiv im Urteil einen stillschweigenden Ausspruch der Beteiligungsanordnung sehen, womit das Urteil anfechtbar wäre. Problematisch ist an einer solchen Lösung, dass es auch für einen stillschweigenden Ausspruch einen Anordnungswillen braucht.[131] Liegt ein solcher nicht vor, ist der juristischen Person oder Personenvereinigung mit Blick auf Art. 19 Abs. 4 GG das Rechtsmittel der sofortigen Beschwerde zuzugestehen.[132]

45 Die Verfahrensrüge, die vor allem dann in Betracht kommt, wenn die Anordnung der Verfahrensbeteiligung ausblieb, verspätet war oder ohne Wiederholung der einschlägigen Beweisaufnahme erfolgte, ist immer auf diejenigen verletzten Verfahrensvorschriften zu stützen, die zu einer tatsächlichen Beschwer geführt haben.[133] Die Anfechtungsfrist beginnt

---

[125] OLG Karlsruhe 14.11.1986 – 1 Ss 169/86, NStZ 1987, 79; OLG Düsseldorf 22.6.1983 – 5 Ss (OWi) 91/83 III, NStZ 1984, 366; Metzger in KMR-StPO Rn. 8, 12; kritisch dazu Rogall in KK-OWiG OWiG § 30 Rn. 204.

[126] Inhofer in BeckOK StPO Rn. 13.

[127] Inhofer in BeckOK StPO Rn. 15; Schmidt/Scheuß in KK-StPO Rn. 12 mit verfassungsrechtlichen Bedenken und eine einschränkende Auslegung befürwortend; die gesetzliche Konstruktion kritisierend Rogall in KK-OWiG OWiG § 30 Rn. 192. Dagegen wiederum BGH 27.4.2022 – 5 StR 278/21, wistra 2022, 344 (346).

[128] Gaede in Löwe/Rosenberg Rn. 42.

[129] Gaede in Löwe/Rosenberg Rn. 42.

[130] OLG Hamm 27.4.1973 – 5 Ss OWi 19/73, NJW 1973, 1851 (1853); Kudlich/Schuhr in Satzger/Schluckebier/Widmaier StPO Rn. 18; Metzger in KMR-StPO Rn. 21, der sich wegen faktischer Beschwer auch ausspricht für die Anfechtungsbefugnis des Angeklagten, das Organ und das Vermögen der Nebenbeteiligten beteiligt ist. Zur Anfechtungsbefugnis des Konkurs- bzw. Insolvenzverwalters, wenn über das Vermögen der Nebenbeteiligten das Konkurs- bzw. Insolvenzverfahren eröffnet worden ist, vgl. BGH 21.5.1999 – 2 StR 366/98, NStZ 1999, 573.

[131] OLG Hamm 27.4.1973 – 5 Ss OWi 19/73, NJW 1973, 1851 (1853); Gaede in Löwe/Rosenberg Rn. 16.

[132] Gaede in Löwe/Rosenberg Rn. 16.

[133] Die in Betracht kommenden Normen aufzählend Kudlich/Schuhr in Satzger/Schluckebier/Widmaier StPO Rn. 18.

erst mit Zustellung des Urteils.[134] Zuvor kann die Entscheidung gegenüber der juristischen Person oder Personenvereinigung nicht in Rechtskraft erwachsen.[135]

3. Selbständiges Verfahren (Abs. 3). Abs. 3 ist eine Ergänzungsvorschrift zu § 30 Abs. 4 OWiG. Danach ist eine selbständige Verhängung der Geldbuße möglich, sofern die Verfolgung des Organs oder sonstigen Repräsentanten aus Opportunitätsgründen unterbleibt. Dies bedeutet allerdings nicht, dass eine verfolgbare Anknüpfungstat fehlen darf. In solchen Fällen scheidet die Verhängung der Geldbuße im selbständigen Verfahren aus.[136] Ebenso stehen gemäß § 30 Abs. 4 S. 3 OWiG – anders als bei der Einziehung nach § 76a StGB – Prozessvoraussetzungen und -hindernisse wie die Verjährung, Rechtskraft, dauernde Verhandlungsunfähigkeit und Ähnliches einem selbständigen Verfahren entgegen.[137] Bedeutung erlangt das selbständige Verfahren deshalb vor allem dann, wenn das Strafverfahren nach §§ 153 ff. oder aus sonstigen tatsächlichen Gründen eingestellt wird.[138]

Sobald das Organ oder der sonstige Repräsentant strafrechtlich verfolgt wird, scheidet ein selbständiges Verfahren nach § 444 Abs. 3, § 30 Abs. 4 OWiG aus, da das Verfahren immer gemeinsam zu führen ist.[139] Vom Strafverfahren kann in das selbständige Verfahren übergegangen werden, wenn eine Verfahrensbeteiligung der juristischen Person oder Personenvereinigung im Strafverfahren angeordnet und sie auf die Möglichkeit einer selbständigen Anordnung hingewiesen wurde.[140]

a) Entscheidungsform (S. 1). Auch im selbständigen Verfahren setzt die Festsetzung einer Geldbuße einen Antrag der Staatsanwaltschaft voraus, dessen Anforderungen sich gemäß § 444 Abs. 3 S. 1 mit § 435 Abs. 2 S. 3 nach § 200 richten. Er muss sich daher insbesondere auf die Festsetzung einer bestimmten Geldbuße richten.[141] Ob die Staatsanwaltschaft ein selbständiges Verfahren zur Verhängung einer Geldbuße einleiten möchte, steht in ihrem pflichtgemäßen Ermessen (→ § 435 Rn. 10).[142]

Für das Verfahren verweist § 444 Abs. 3 S. 1 auf § 434 Abs. 2 und 3 sowie auf §§ 435, 436 Abs. 1 und 2. Dabei ist zu beachten, dass nach § 435 Abs. 3 S. 1 nunmehr ausdrücklich ein Zwischenverfahren angeordnet wird (→ § 435 Rn. 29 ff.). **In der Regel** ergeht die Festsetzung der Geldbuße im selbständigen Verfahren gemäß § 444 Abs. 3 S. 1 mit § 436 Abs. 2, § 434 Abs. 2 durch **Beschluss.** Auf Antrag kann gemäß § 444 Abs. 3 S. 1 mit § 436 Abs. 2, § 434 Abs. 3 S. 1 nach erfolgter mündlicher Verhandlung auch eine Entscheidung durch Urteil ergehen. In § 444 Abs. 3 S. 1 mit § 436 Abs. 2, § 434 Abs. 3 S. 2 ist für diesen Fall eine Beschränkung der Rechtsmittel vorgesehen (→ § 436 Rn. 18).

Gemäß §§ 401, 406 Abs. 2 AO hat im selbständigen Verfahren neben der Staatanwaltschaft die Finanzbehörde die Befugnis, den Antrag auf Festsetzung einer Geldbuße gegen die juristische Person oder Personenvereinigung zu stellen.

b) Besondere örtliche Zuständigkeit (S. 2). Als sachlich und örtlich zuständig bestimmt § 444 Abs. 3 S. 1 mit § 436 Abs. 1 S. 1 das Gericht, das für das Strafverfahren gegen den Täter zuständig wäre (→ § 436 Rn. 6 f.). § 444 Abs. 3 S. 2 eröffnet ergänzend

---

[134] OLG Hamm 27.4.1973 – 5 Ss OWi 19/73, NJW 1973, 1851 (1853).
[135] Gaede in Löwe/Rosenberg Rn. 16.
[136] Kudlich/Schuhr in Satzger/Schluckebier/Widmaier StPO Rn. 20; Rogall in KK-OWiG OWiG § 30 Rn. 219; Achenbach JuS 1990, 601 (605).
[137] Vgl. OLG Dresden 20.3.1997 – 2 Ss (OWi) 71/97, NStZ 1997, 348 (349); OLG Düsseldorf 22.6.1983 – 5 Ss (OWi) 91/83 III, NStZ 1984, 366 (367); LG Itzehoe 29.6.2021 – 2 KLs 8/18 (2), BeckRS 2021, 44646; Gaede in Löwe/Rosenberg Rn. 48; Metzger in KMR-StPO Rn. 23.
[138] OLG Dresden 20.3.1997 – 2 Ss (OWi) 71/97, NStZ 1997, 348 (349); Inhofer in BeckOK StPO Rn. 17; Kudlich/Schuhr in Satzger/Schluckebier/Widmaier StPO Rn. 20; Gaede in Löwe/Rosenberg Rn. 48; Metzger in KMR-StPO Rn. 25; Heerspink AO-StB 2011, 283 (287).
[139] OLG Jena 1.12.2006 – 1 Ss 199/06, BeckRS 2007, 5393; OLG Koblenz 25.6.2009 – 1 SsBs 31/09, BeckRS 2010, 4228.
[140] Paeffgen in SK-StPO Rn. 24; ausführlich dazu Metzger in KMR-StPO Rn. 27 f.; aA Schmidt/Scheuß in KK-StPO Rn. 16.
[141] Paeffgen in SK-StPO Rn. 25. Siehe aber Metzger in KMR-StPO Rn. 26.
[142] Gaede in Löwe/Rosenberg Rn. 47.

eine zusätzliche örtliche Zuständigkeit für den Bezirk, in dem die juristische Person oder Personenvereinigung ihren Sitz oder eine Zweigniederlassung hat.

§§ 445–448 (weggefallen)

Siebentes Buch Strafvollstreckung und Kosten des Verfahrens

Erster Abschnitt. Strafvollstreckung

§ 449 Vollstreckbarkeit

Strafurteile sind nicht vollstreckbar, bevor sie rechtskräftig geworden sind.

Übersicht

		Rn.			Rn.
A.	Überblick	1	1.	Eintritt der Rechtskraft	26
I.	Strafvollstreckung	1		a) Formelle Rechtskraft	27
1.	Aufgaben der Strafvollstreckung	1		b) Zeitpunkt des Eintritts der Rechtskraft	31
2.	Abgrenzung zum Strafvollzug	8	2.	Teilrechtskraft und Teilvollstreckbarkeit	35
3.	Besonderheiten im Vollstreckungsverfahren	12		a) Vertikale Teilrechtskraft	38
	a) Vollstreckung an Jugendlichen und Heranwachsenden	12		b) Horizontale Teilrechtskraft	42
	b) Vollstreckung an Soldaten der Bundeswehr	13	3.	Ausnahmen	43
	c) Vollstreckung von Bußgeldentscheidungen wegen Ordnungswidrigkeiten	14	C.	Vollstreckungshindernisse	45
	d) Rechtshilfe	15	I.	Vollstreckungsverjährung	48
	e) Entscheidungen von Gerichten der ehemaligen DDR	16	1.	Verjährungsfristen	50
II.	Rechtsbehelfe im Vollstreckungsverfahren	17	2.	Ruhen der Verjährung	55
B.	Vollstreckbarkeit ab Eintritt der Rechtskraft	18	II.	Gnadenerweis	57
I.	Gegenstand der Vollstreckung	18	1.	Grundsätze	58
II.	Allgemeine und besondere Vollstreckungsvoraussetzungen	19	2.	Verfahrensfragen	61
III.	Rechtskraft als Vollstreckungsvoraussetzung	26	III.	Amnestie	66
			IV.	Verstoß gegen das Vertrauensprinzip	67
			V.	Bereits erfolgte Vollstreckung	69
			VI.	Fehlende Identität	70
			VII.	Tod der sanktionierten Person	72

A. Überblick

I. Strafvollstreckung

1. Aufgaben der Strafvollstreckung. Die Strafvollstreckung gehört als eine Aufgabe der Gerichtsverwaltung zur Rechtspflege, § 4 Abs. 2 Nr. 1 DRiG. Sie stellt einen Teil des Strafverfahrens dar.[1] Wurde ein Täter aufgrund einer strafgerichtlichen Entscheidung mit einer kriminalrechtlichen Rechtsfolge (Geld- oder Freiheitsstrafe, Maßregel der Besserung und Sicherung, Nebenstrafen bzw. Nebenfolgen usw) belegt, bedarf es der **Realisierung des Straferkenntnisses.** Es besteht dabei eine **Pflicht zur Vollstreckung,** die zwar nicht ausdrücklich normiert ist, vom Gesetzgeber aber als selbstverständlich vorausgesetzt wurde, vgl. bspw. § 44 Abs. 2 S. 1 StGB, §§ 69 Abs. 3 S. 1, 45, 45a Abs. 1, 70 Abs. 4 S. 1, 73e StGB, § 84 Abs. 1 JGG.[2] Angesichts des Legalitätsprinzips

1

---

[1] Laubenthal/Nestler Strafvollstreckung Rn. 1 ff.; Volk/Engländer GK StPO § 6 Rn. 1.
[2] Coen in BeckOK StPO Rn. 2; Appl in KK-StPO Rn. 1; Graalmann-Scheerer in Löwe/Rosenberg Rn. 6; Schmitt in Meyer-Goßner/Schmitt Rn. 2; zu Ausnahmen von der Vollstreckungpflicht → § 455 Rn. 1, 20 ff.

erschien eine explizite Normierung dieser Vollstreckungspflicht ohnehin als nicht erforderlich.³ Nur bei einer **Teilvollstreckung**⁴ steht trotz grundsätzlicher Pflicht zur Vollstreckung und geltendem Beschleunigungsgrundsatz, § 2 Abs. 1 StVollstrO,⁵ die Vollstreckung im Ermessen der Vollstreckungsbehörde. Maßgeblich bleibt dabei, ob ein echtes und unabweisbares Bedürfnis für die teilweise Vollstreckung besteht, und ob der Verurteilte daraus Nachteile erleidet.⁶ Ermessen räumen des weiteren §§ 455 Abs. 3, 456, 456a, 456c Abs. 2, 459a ein.

2 Die Strafvollstreckung beginnt, sobald die gerichtliche Entscheidung unanfechtbar wird und damit **formelle Rechtskraft** eintritt (→ Rn. 27). Verwirklicht werden müssen diejenigen Sanktionen, die nicht bereits direkt, wie zB Fahr- oder Berufsverbot, kraft Ausspruch im Urteil unmittelbare Wirkung entfalten.⁷ Erforderlich bleibt eine **Umsetzung** strafjustizieller Anordnungen durch vollstreckungsbehördliche Aktivitäten bei Rechtsfolgen, die erst durch ein weiteres Procedere Auswirkungen für den Betroffenen erlangen (etwa Freiheits- oder Geldstrafen).⁸

3 Die **Durchführung der angeordneten Rechtsfolgen** ist Aufgabe der Strafvollstreckung, der damit eine erhebliche Bedeutung für die **Effizienz der Strafrechtspflege** zukommt.⁹ Strafvollstreckung betrifft alle Anordnungen und Maßnahmen zur Strafverwirklichung, dh die hierfür notwendigen Entscheidungen zur Einleitung, Durchführung und generellen Überwachung der Unrechtsreaktionen, bspw. bei Verurteilung zu Freiheitsstrafe die Ladung zum Strafantritt, Berechnung der Strafzeit, Überwachung, dass Art und Dauer der Strafhaft der zu vollstreckenden gerichtlichen Entscheidung entsprechen. Nach § 2 Abs. 1 StVollstrO sind im Interesse einer wirksamen Strafrechtspflege die richterlichen Entscheidungen mit **Nachdruck und Beschleunigung** zu vollstrecken.

4 Die Strafvollstreckung dient im Einzelfall ferner der Berücksichtigung besonderer **Interessen des Sanktionierten,** zB durch Vollstreckungsaufschub oder -unterbrechung bei Vollzugsuntauglichkeit, Absehen von der Vollstreckung bei freiheitsentziehenden Sanktionen in Fällen von Auslieferung, Ausweisung oder Überstellung an einen internationalen Strafgerichtshof, Gewährung von Zahlungserleichterungen bei Geldstrafen. Damit können Vollstreckungsmaßnahmen faktisch auf eine Modifizierung oder sogar Aufhebung der Wirkungen einer strafgerichtlich ergangenen rechtskräftigen Entscheidung gerichtet sein.¹⁰

5 Für die Strafvollstreckung gibt es keine durchgängige formalgesetzliche Rechtsgrundlage. Vorschriften über die Strafverwirklichung finden sich in verschiedenen Gesetzen, sind lückenhaft und werden durch Verwaltungsvorschriften mit nur innerdienstlicher Bindungswirkung ergänzt. Dies entspricht nicht dem verfassungsrechtlichen Gebot, wonach für die Verwirklichung von Grundrechten wesentliche Entscheidungen eines von der Legislative geschaffenen Gesetzes bedürfen; auch dem Prinzip der Normenklarheit wird nicht zureichend Rechnung getragen.¹¹

6 Auf der **gesetzlichen Ebene** enthält Normen für die Strafvollstreckung der erste Abschnitt des Siebenten Buches der Strafprozessordnung in den §§ 449–463d. Modifikationen der Vollstreckung gerichtlich verhängter Freiheitsstrafen zum Zweck der Einwirkung auf den Verurteilten stellen die §§ 56–58 StGB über die Strafaussetzung zur Bewährung sowie die Strafrestaussetzung zur Bewährung dar. Vollstreckungsrelevante Einzelbestimmun-

---

³ Graalmann-Scheerer in Löwe/Rosenberg Rn. 6; zur Hemmung der Vollstreckungspflicht bei Vollstreckungshindernissen → Rn. 4 ff.
⁴ Vgl. → Rn. 24 zur Teilrechtskraft.
⁵ Strafvollstreckungsordnung vom 1.8.2011, BAnz. Nr. 112a, 1.
⁶ KG (5. Strafsenat) 25.6.2019 – 5 Ws 65-66/18 – 21 AR 99/18, StV 2020, 506; Coen in BeckOK StPO Rn. 4.
⁷ Schmitt in Meyer-Goßner/Schmitt Vor § 449 Rn. 6.
⁸ Schmitt in Meyer-Goßner/Schmitt Rn. 6.
⁹ Appl in KK-StPO Rn. 2; Laubenthal/Nestler Strafvollstreckung Rn. 3.
¹⁰ Laubenthal/Nestler Strafvollstreckung Rn. 4.
¹¹ Laubenthal/Nestler Strafvollstreckung Rn. 9; krit. auch Volckart in AK-StPO Vor § 449 Rn. 13; Paeffgen/Greco in SK-StPO Vor § 449 Rn. 8.

gen finden sich hinsichtlich der Maßregeln der Besserung und Sicherung in den §§ 61 ff. StGB. Auch die Vollstreckungsverjährung bei rechtskräftig verhängten Strafen und anderen Maßnahmen beinhaltet das StGB in §§ 79–79b StGB. §§ 35 ff. BtMG enthalten Regelungen über die Zurückstellung der Strafvollstreckung bei betäubungsmittelabhängigen Straftätern. Die Rechtsfolgendurchführung in vollstreckungsrechtlicher Hinsicht ist im Jugendstrafrecht in §§ 82–89c, 110 JGG normiert (→ Rn. 12). Für den Bereich der Rechtshilfe enthalten §§ 48 ff., 80 Abs. 4 IRG Regelungen zur Vollstreckung ausländischer Erkenntnisse in Deutschland, in umgekehrter Richtung bestimmt § 71 IRG Kriterien für die Vollstreckung deutscher Erkenntnisse im Ausland (→ Rn. 15).[12] Auf der Grundlage von §§ 41 f., 47 Abs. 1 IStGHG ist die Vollstreckung von Urteilen des Internationalen Gerichtshofs in Deutschland möglich.

Verwaltungsvorschriften zur Realisierung kriminalrechtlicher Sanktionen enthält die **Strafvollstreckungsordnung (StVollstrO)** als bundeseinheitliche Regelung aufgrund von Vereinbarungen zwischen dem Bundesministerium der Justiz und den Justizverwaltungen der Länder.[13] Die Strafvollstreckungsordnung gilt gem. § 1 Abs. 1 StVollstrO für die Vollstreckung von Urteilen und ihnen gleichstehenden Entscheidungen, die auf eine Strafe, Nebenstrafe, Nebenfolge oder Maßregel der Besserung und Sicherung lauten. Sie sind nach Maßgabe von § 87 StVollstrO für die Vollstreckung gerichtlicher Entscheidungen nach dem OWiG heranzuziehen; der Vorgabe von § 88 StVollstrO gemäß zudem bei der Vollstreckung von Ordnungs- und Zwangshaft in Straf- und Bußgeldsachen, § 1 Abs. 2 StVollstrO. Im Rahmen der Vollstreckung strafgerichtlicher Entscheidungen gegen Jugendliche und Heranwachsende bleibt die Strafvollstreckungsordnung nur subsidiär anwendbar, § 1 Abs. 3 StVollstrO. Sie gilt lediglich, soweit JGG, RLJGG, BWVollzO bzw. OWiG keine spezielle Regelung treffen. Die Strafvollstreckungsordnung findet bei Vollstreckungsmaßnahmen gegen Heranwachsende ohne Einschränkung Anwendung, wenn diese nach allgemeinem Strafrecht sanktioniert wurden. Verwaltungsvorschriften enthalten zudem die vermögenswerte Ansprüche betreffende Justizbeitreibungsordnung (JbeitrO) sowie die Einforderungs- und Beitreibungsanordnung (EBAO). Da diese lediglich innerdienstliche Verwaltungsvorschriften darstellen, sind Gerichte bei der Gesetzesauslegung nicht an sie gebunden.[14]

2. Abgrenzung zum Strafvollzug. In den Fällen einer Sanktionierung mit Geldstrafe oder anderen Rechtsfolgen vermögensentziehender Art erfolgt die Realisierung des Straferkenntnisses allein mittels strafvollstreckungsrechtlicher Maßnahmen. Bei freiheitsentziehenden Unrechtsreaktionen unterteilt sich die Durchsetzung der Sanktionen in die Strafvollstreckung im engeren Sinne und den Strafvollzug. Strafvollstreckungsrechtliche und strafvollzugsrechtliche Maßnahmen beeinflussen während der Dauer des Freiheitsentzugs auf rechtlich getrennten Ebenen dessen Realisierung. Diese **Differenzierung von Strafvollstreckung und Strafvollzug** betrifft insbes. die Verurteilungen zu Freiheitsstrafe, §§ 38 f. StGB, Jugendstrafe, §§ 17 f. JGG, Jugendarrest, § 16 JGG, Unterbringung im psychiatrischen Krankenhaus, § 63 StGB, Unterbringung in der Entziehungsanstalt, § 64 StGB, und militärischem Strafarrest, § 9 WStG.

Anders als die Strafvollstreckung gehört der Strafvollzug nicht mehr zum Strafverfahren,[15] sondern erfasst den Bereich von der Aufnahme der sanktionierten Person in der Vollzugseinrichtung bis hin zu seiner Entlassung. Er betrifft die Art der praktischen Durchführung und Gestaltung der Inhaftierung bzw. Unterbringung unter den organisatorischen Bedingungen der jeweiligen Institution („**Wie**" der Sanktionsverwirklichung).

Die **Strafvollstreckung im engeren Sinne** umfasst das „**Ob**" der Sanktionsverwirklichung. Bei freiheitsentziehenden Unrechtsreaktionen die Herbeiführung des Aufenthalts

---

[12] Vgl. ferner Schmitt in Meyer-Goßner/Schmitt Vor § 449 Rn. 7.
[13] Krit. dazu Leipold NJW-Spezial 2007, 520.
[14] BVerfG 27.10.1970 – 1 BvR 557/68, BVerfGE 29, 312 (315).
[15] Laubenthal/Nestler Strafvollstreckung Rn. 6; Roxin/Schünemann StrafVerfR § 58 Rn. 3; einschr. Coen in BeckOK StPO Rn. 1 („iwS ist auch der [...] Strafvollzug Teil der Strafvollstreckung").

in der Vollzugseinrichtung, also das Vorgehen von der Rechtskraft der sanktionierenden Entscheidung bis zum Antritt der Strafe bzw. Unterbringung, während dieser dann die generelle Überwachung der Durchführung und schließlich zu deren Beendigung erforderlich werdende Statusentscheidungen, welche die Strafvollstreckung bei Freiheitsentzug betreffen.[16]

11 Sind bei freiheitsentziehenden Sanktionen die Strafvollstreckung und der Strafvollzug zwar rechtstechnisch getrennt, kommt es doch in der Vollzugspraxis zu vielfältigen **Verschränkungen der beiden Regelungsbereiche**. So kann sich etwa die Versagung einer Strafrestaussetzung zur Bewährung mangels günstiger Sozialprognose als strafvollstreckungsrechtliche Statusentscheidung negativ auf strafvollzugsrechtliche Entscheidungen über die Gewährung von beantragten Vollzugslockerungen (zB Ausgang, Hafturlaub usw) auswirken. Das Verhalten des Verurteilten in der Hafteinrichtung als strafvollzuglicher Aspekt stellt andererseits gem. § 57 Abs. 1 S. 2 StGB einen zu berücksichtigenden Gesichtspunkt dar, wenn über die strafvollstreckungsrechtliche Frage einer vorzeitigen Entlassung zu befinden ist.

12 **3. Besonderheiten im Vollstreckungsverfahren. a) Vollstreckung an Jugendlichen und Heranwachsenden.** Für die Vollstreckung[17] an Jugendlichen und Heranwachsenden gelten zum Teil Besonderheiten. Das JGG differenziert zwischen *Vollstreckung*, §§ 82–89c JGG, und *Vollzug*, §§ 90–93a JGG. **Vollstreckungsleiter** ist dabei gem. § 82 Abs. 1 JGG der Jugendrichter; **Vollzugsleiter** ist nach § 90 Abs. 2 S. 2 JGG bei Jugendarrest der Jugendrichter am Vollzugsort, bei Jugendstrafe der Leiter der jeweiligen Jugendstrafanstalt. Die Vollstreckung obliegt nur dann der Staatsanwaltschaft und ggf. der Vollstreckungskammer, vgl. § 57 StGB bzw. §§ 109 ff. StVollzG, wenn Jugendstrafe und Freiheitsstrafe gegen denselben Verurteilten zu vollstrecken sind.[18]

13 **b) Vollstreckung an Soldaten der Bundeswehr.** *Strafarrest* an Soldaten der Bundeswehr vollziehen gem. Art. 5 Abs. 1 EGWStG die Behörden der Bundeswehr. Auf Ersuchen der Vollstreckungsbehörde, § 451, vollziehen deren Behörden zudem *Freiheitsstrafen* mit einer Dauer von nicht mehr als sechs Monaten, *Ersatzfreiheitsstrafen* sowie *Jugendarrest* gegen Soldaten der Bundeswehr, Art. 5 Abs. 2 EGWStG.[19] Es gelten die Vorschriften der StVollstrO, soweit nicht § 5 BwVollzO etwas anderes bestimmt.

14 **c) Vollstreckung von Bußgeldentscheidungen wegen Ordnungswidrigkeiten.** Die Vollstreckung von Bußgeldbescheiden und gerichtlichen Bußgeldentscheidungen wegen Ordnungswidrigkeiten richtet sich nach §§ 89 bis 104 OWiG.[20] Vollstreckungsbehörde bei (verwaltungsbehördlichen) Bußgeldbescheiden ist gem. § 92 OWiG diejenige Verwaltungsbehörde, die den Bußgeldbescheid erlassen hat. Für gerichtliche Bußgeldentscheidungen verweist § 91 OWiG auf §§ 451 Abs. 1 und 2, 459 und 459g Abs. 1 und 2 iVm § 459, im Verfahren gegen Jugendliche und Heranwachsende zudem auf §§ 82 Abs. 1, 83 Abs. 2, 84, 85 Abs. 5.

15 **d) Rechtshilfe.** Zur Rechtshilfe bei der Vollstreckung von Freiheitsstrafen *im Inland* enthalten §§ 162, 163 GVG Regelungen. Eine Landesgrenzen überschreitende Ladung zum Strafantritt ist gem. einer Ländervereinbarung vom 8.6.1999 zulässig (→ § 451 Rn. 22 ff.). Nach § 71 Abs. 1 IRG kann ein ausländischer Staat wegen einer Strafe, die ein Gericht im Bundesgebiet gegen einen Ausländer oder gegen einen Deutschen verhängt hat, um Vollstreckung ersucht werden, sofern der Verurteilte in dem ausländischen Staat seinen Wohnsitz oder gewöhnlichen Aufenthalt hat oder sich dort aufhält und nicht ausgeliefert

---

[16] Laubenthal/Nestler Strafvollstreckung Rn. 8.
[17] Zu den Besonderheiten beim Vollzug von Rechtsfolgen an Jugendlichen und Heranwachsenden ausführlich Laubenthal/Baier/Nestler JugendStrafR, Rn. 916 ff.
[18] Vgl. bereits BGH 16.3.1979 – 2 ARs 70/79, BGHSt 28, 351; aA BGH 2.7.1976 – 2 ARs 195/76, BGHSt 26, 375.
[19] Schmitt in Meyer-Goßner/Schmitt Vor § 449 Rn. 4.
[20] Ausführlich dazu Nestler in BeckOK OWiG § 89 Rn. 1 ff.

wird, weil ein Auslieferungsersuchen nicht gestellt oder abgelehnt wird oder die Auslieferung nicht ausführbar ist, Abs. 1 Nr. 1, oder die Vollstreckung in dem ersuchten Staat im Interesse des Verurteilten oder im öffentlichen Interesse liegt, Abs. 1 Nr. 2.[21] Nach § 71 Abs. 2 IRG kann ein ausländischer Staat um Vollstreckung einer nicht freiheitsentziehenden Sanktion ersucht werden, falls es im öffentlichen Interesse liegt. In jedem Fall dürfen dem Verurteilten aus der Gewährung der Rechtshilfe keine Nachteile entstehen.[22] Für die Vollstreckung *ausländischer Urteile* im Inland im Wege der Rechtshilfe gelten die §§ 48 ff. IRG,[23] das Überstellungsübereinkommen vom 21.3.1983[24] sowie das Schengener Durchführungsübereinkommen vom 19.6.1990.[25]

e) Entscheidungen von Gerichten der ehemaligen DDR. Strafurteile von Gerichten der ehemaligen DDR können nach Art. 18 Abs. 1 des Einigungsvertrags[26] grds. vollstreckt werden. Ausgenommen sind lediglich rechtsstaatswidrige Verurteilungen, die im Kassations- oder Rehabilitierungsverfahren aufgehoben wurden.[27] 16

II. Rechtsbehelfe im Vollstreckungsverfahren

Sämtliche Geschäfte der Strafvollstreckungsbehörde in Straf- und Bußgeldsachen sind grds. dem **Rechtspfleger** übertragen, § 31 Abs. 2 RPflG. Etwas anderes gilt nur für Entscheidungen nach § 114 JGG. Maßnahmen des Rechtspflegers sind entweder im Rahmen der §§ 458, 459h, 461 Abs. 2 durch das Gericht überprüfbar bzw. im Übrigen nach Maßgabe des § 21 StVollstrO anfechtbar, vgl. § 31 Abs. 6 S. 1 RPflG (→ § 458 Rn. 35). 17

B. Vollstreckbarkeit ab Eintritt der Rechtskraft

I. Gegenstand der Vollstreckung

Zu den **vollstreckungsfähigen Erkenntnissen** gehören alle strafgerichtlichen Entscheidungen, sofern sie auf eine **kriminalrechtliche Sanktion** lauten.[28] Dies betrifft zum einen die in § 449 ausdrücklich benannten Strafurteile, ferner Urteilen gleichstehende Entscheidungen, die auf eine Strafe, Nebenstrafe, Nebenfolge oder Maßregel der Besserung und Sicherung erkennen.[29] Zudem fallen darunter Beschlüsse wie solche über eine nachträgliche Gesamtstrafenbildung gem. § 460, der Widerruf eines Straferlasses nach §§ 56g Abs. 2, 57 Abs. 5 S. 1, 57a Abs. 3 S. 2 StGB, ein Widerruf der Strafaussetzung zur Bewährung nach §§ 56f, 57 Abs. 5, 57a Abs. 3 S. 2 StGB,[30] der Widerruf der Aussetzung einer Unterbringung nach § 67g Abs. 1–3 StGB, ferner Nebenfolgen betreffende Beschlüsse wie diejenigen nach 18

---

[21] Vgl. Art. 2 des Zusatzprotokolls v. 18.12.1997 zu dem Übereinkommen über die Überstellung verurteilter Personen (ÜberstÜbk.), abgedruckt in BR-Drs. 221/02.
[22] Schmitt in Meyer-Goßner/Schmitt Vor § 449 Rn. 7.
[23] Dazu Schmitt in Meyer-Goßner/Schmitt Rn. 8.
[24] BGBl. 1991 II 1006; BGBl. 1992 II 98; ÜberstellungsausführungsG v. 26.9.1991, BGBl. 1991 I 1954.
[25] BGBl. 1993 II 1013 (1045 ff.); vgl. dazu das von Deutschland gezeichnete, aber noch nicht ratifizierte Zusatzprotokoll v. 18.12.1997 zum ÜberstÜbk.; s. dazu den Entwurf eines Ausführungsgesetzes, BR-Drs. 220/02 sowie das EG-VollstrÜbk. v. 13.11.1991, BGBl. 1997 II 1351; ferner BGH 9.9.1997 – 1 StR 408/97, BGHSt 43, 233; vgl. Schomburg NJW 2005, 3262; Schomburg/Hackner in Schomburg/Lagodny Hauptteil II C und III C; zur Anwendung des Spezialitätsgrundsatzes im Vollstreckungsverfahren vgl. OLG Zweibrücken 25.2.1991 – 1 Ws 641 – 642/90, NStZ 1991, 497.
[26] Vertrag zwischen der Bundesrepublik Deutschland und der Deutschen Demokratischen Republik über die Herstellung der Einheit Deutschlands v. 31.8.1990, BGBl. 1990 II 889.
[27] Vgl. im Einzelnen EV Anl. I Kap. III Sachgebiet A Abschn. III Nr. 14d–f, j; dazu Kemper/Lehner NJW 1991, 329 (330); Graalmann-Scheerer in Löwe/Rosenberg Vor § 449 Rn. 36 ff., 49; Schmitt in Meyer-Goßner/Schmitt Vor § 449 Rn. 11; Paeffgen/Greco in SK-StPO Rn. 16 f.
[28] Coen in BeckOK StPO Rn. 3; Appl in KK-StPO Rn. 2; Paulus/Stöckel in KMR-StPO Rn. 3; Schmitt in Meyer-Goßner/Schmitt Vor § 449 Rn. 5.
[29] Schmitt in Meyer-Goßner/Schmitt Rn. 1.
[30] Vgl. dazu OLG Karlsruhe 17.1.1964 – 1 Ws 4/64, NJW 1964, 1085; LG Mannheim 20.12.1962 – Qs 525/62, NJW 1963, 672 (673).

§§ 437 Abs. 4, 438 Abs. 2, 441 Abs. 2, 442, 444 Abs. 2 und 3 StPO. Einige strafvollstreckungsrechtliche Normen der StPO gelten über § 91 OWiG zudem für die Vollstreckung gerichtlicher Bußgeldentscheidungen.[31]

II. Allgemeine und besondere Vollstreckungsvoraussetzungen

19 Zu differenzieren ist zwischen den die kriminalrechtlichen Sanktionen insgesamt betreffenden allgemeinen und den für die einzelnen Arten der Rechtsfolgendurchführung relevanten besonderen Vollstreckungsvoraussetzungen. Zu den allgemeinen Erfordernissen für die Rechtmäßigkeit von Strafvollstreckungsmaßnahmen gehören der Eintritt der Rechtskraft bei einer vollstreckungsfähigen Entscheidung iSd § 1 StVollstrO, das Vorliegen der erforderlichen urkundlichen Vollstreckungsgrundlagen sowie der Ausschluss von Vollstreckungshindernissen. Nach § 3 Abs. 1 S. 1 StVollstrO ist es Aufgabe der Vollstreckungsbehörde zu prüfen, ob die Vollstreckungsvoraussetzungen gegeben sind und ggf. die Anordnungen zur Durchführung der Entscheidung zu treffen.

20 Weitere Voraussetzung für die Einleitung und Durchführung der Strafvollstreckung ist das Vorliegen der notwendigen **urkundlichen Grundlage.** Die Erteilung einer **schriftlichen Bescheinigung** über die Vollstreckbarkeit als letzten Akt des gerichtlichen Verfahrens[32] ist notwendig, damit die Vollstreckung seitens der Vollstreckungsbehörde eingeleitet werden kann. Mittels der Vollstreckungsbescheinigung soll die Vollstreckungsbehörde von der Nachprüfung des Rechtskrafteintritts der zu vollstreckenden Entscheidung entlastet werden.

21 Bei der Vollstreckung von Strafurteilen verlangt § 451 Abs. 1 eine mit der Bescheinigung der Vollstreckbarkeit versehene **beglaubigte Abschrift** der **Urteilsformel,** § 268 Abs. 2 S. 1. Auf das Vorliegen der Urteilsgründe kommt es gem. § 13 Abs. 3 S. 1 StVollstrO nicht an. Neben der in § 451 Abs. 1 bezeichneten beglaubigten Abschrift der Urteilsformel lässt § 13 Abs. 2 StVollstrO gleichermaßen die Urschrift des Urteils oder eine beglaubigte Abschrift der vollständigen strafgerichtlichen Entscheidung als urkundliche Vollstreckungsgrundlage zu. Die Vollstreckbarkeitsbescheinigung muss erteilt werden, wenn die absolute Rechtskraft eingetreten ist bzw., wenn die Entscheidung ausnahmsweise schon davor vollstreckbar wurde. Die Bescheinigung über die Vollstreckbarkeit stellt damit idR zugleich die **Rechtskraftbescheinigung** dar.

22 Da die Bescheinigungserteilung noch zum gerichtlichen Verfahren zählt, liegt die **Zuständigkeit** hierfür regelmäßig gem. § 13 Abs. 4 S. 1 StVollstrO beim **Urkundsbeamten** der Geschäftsstelle des Gerichts des ersten Rechtszugs; nach § 13 Abs. 4 S. 2 StVollstrO erteilt sie der Urkundsbeamte beim Berufungsgericht, wenn ein Berufungsurteil ergangen ist gegen das keine Revision eingelegt wird. Ist jedoch Revision eingelegt, ergibt sich die Zuständigkeit aus § 13 Abs. 5 StVollstrO.

23 Zur **Überprüfung der Vollstreckbarkeitsbescheinigung** kann der betroffene Verurteilte die Entscheidung desjenigen Gerichts beantragen, dem der Urkundsbeamte angehört. Gleiches gilt für die Vollstreckungsbehörde bei Nichterteilung der Bescheinigung. Die gerichtliche Entscheidung ist dann gem. § 304 Abs. 1 mit der Beschwerde anfechtbar.[33] Eine Nachprüfung der Vollstreckbarkeitsbescheinigung durch die Vollstreckungsbehörde findet nur insoweit statt, als jene gem. § 3 Abs. 1 S. 1 StVollstrO bei Einleitung der Vollstreckung das Vorliegen der Vollstreckungsvoraussetzungen prüfen muss. Die Überprüfung bleibt daher auf Vollständigkeit und formelle Mängel beschränkt.[34] Bestehen jedoch Zweifel am Rechtskrafteintritt, darf die Vollstreckung nicht eingeleitet werden.

24 Eine urkundliche Grundlage für die Vollstreckung ist auch in den Fällen der **Teilrechtskraft** erforderlich. Insoweit ergeht eine eingeschränkte Vollstreckbarkeitsbescheinigung. Die

---

[31] Nestler in BeckOK OWiG § 91 Rn. 1 f.
[32] Appl in KK-StPO § 451 Rn. 17.
[33] Schmitt in Meyer-Goßner/Schmitt § 451 Rn. 17.
[34] Appl in KK-StPO § 451 Rn. 18; dazu auch Seifert JA 2008, 880 (883).

jeweilige Einzelstrafe wird aus den Urteilsgründen entnommen.[35] Eine urkundliche Vollstreckungsgrundlage ist zudem bei einer Verurteilung zu einer vorbehaltenen Strafe iSd § 59b StGB erforderlich, § 14 Abs. 1 Nr. 1 StVollstrO. Wird ein **Gesamtstrafenbeschluss** gem. § 460 rechtskräftig, verlieren bereits in Rechtskraft erwachsene Einzelstrafen ihre selbständige Bedeutung. Deshalb muss auch für dessen Vollstreckung eine entsprechende Bescheinigung vorliegen.[36] Da ein in Rechtskraft erwachsener **Strafbefehl** nach § 410 Abs. 3 einem rechtskräftigen Urteil gleichsteht, ist für dessen Vollstreckung ebenfalls eine Vollstreckungsbescheinigung notwendig.

Eine urkundliche Grundlage als Vollstreckungsvoraussetzung bleibt auch bei sonstigen **urteilsvertretenden Beschlüssen** unabdingbar. Dies betrifft die in § 14 Abs. 1 Nr. 2–8 StVollstrO bezeichneten Nachtragsentscheidungen wie Widerrufsbeschlüsse bzgl. Aussetzung einer Strafe, Strafrest, Unterbringung oder Straferlass, Anordnung über eine vom Urteil abweichende Reihenfolge der Vollstreckung von Freiheitsstrafe und freiheitsentziehender Maßregel.

III. Rechtskraft als Vollstreckungsvoraussetzung

1. Eintritt der Rechtskraft. Die Vollstreckung eines strafgerichtlichen Erkenntnisses wird erst dann zulässig, wenn dieses rechtskräftig geworden ist, § 449, § 13 Abs. 1 StVollstrO. Rechtskraft bedeutet **Endgültigkeit** und **Maßgeblichkeit** der Entscheidung;[37] das Resultat des verfahrensrechtlichen Vorgehens entfaltet verbindliche Geltung. Rechtskräftige Entscheidungen dürfen durch das erkennende Gericht prinzipiell nicht mehr modifiziert werden; selbst ein außerordentlicher Rechtsbehelf zur Korrektur „greifbarer Gesetzeswidrigkeit" bleibt unstatthaft.[38] Nach der herrschenden sog. **prozessrechtlichen Rechtskrafttheorie**[39] sind die Auswirkungen aber auf die prozessrechtliche Ebene beschränkt.

a) Formelle Rechtskraft. Im Strafverfahren existiert grds. **keine vorläufige Vollstreckbarkeit**, § 449.[40] Vollstreckbarkeit setzt die formelle Rechtskraft voraus,[41] der damit im Strafvollstreckungsrecht eine zentrale Bedeutung zukommt. In Rechtskraft erwachsen in strafgerichtlichen Verfahren Urteile, Strafbefehle, Beschlüsse, gegen die nur die sofortige Beschwerde nach § 311 statthaft ist.[42]

Formelle Rechtskraft tritt ein, wenn die Entscheidung in demselben Verfahren **nicht mehr anfechtbar** ist.[43] Die formelle Rechtskraft hat demzufolge eine **Beendigungswirkung** und eine **Vollstreckungswirkung.** Rechtskraft und Vollstreckbarkeit sind aber nicht deckungsgleich, denn trotz Rechtskrafteintritt können im Einzelfall Vollstreckungshindernisse (→ Rn. 45 ff.) die Rechtsfolgendurchführung ausschließen. Die formelle Rechtskraft ist ferner Voraussetzung für den Eintritt der materiellen Rechtskraft, der eine Sperrwirkung zukommt.

Diese sog. Sperrwirkung der **materiellen Rechtskraft** bezieht sich auf den Inhalt der strafgerichtlichen Entscheidung. Eine Straftat im prozessualen Sinne, § 264 Abs. 1, die bereits Gegenstand eines durch ein Sachurteil beendeten Verfahrens war, darf aufgrund der „ne bis in idem"-Garantie, der gem. Art. 103 Abs. 3 GG sogar Verfassungsrang zukommt, nicht ein zweites Mal Gegenstand eines Strafverfahrens sowie eines Sachurteils werden. Die materiell rechtskräftige Entscheidung stellt ein Verfahrenshindernis für spätere Verfahren

---

[35] Schmitt in Meyer-Goßner/Schmitt § 451 Rn. 14.
[36] Appl in KK-StPO § 451 Rn. 20.
[37] Laubenthal/Nestler Strafvollstreckung Rn. 13.
[38] BGH 19.3.1999 – 2 ARs 109/99, 2 ARs 109/99 – 2 AR 26/99, BGHSt 45, 37.
[39] Dazu Roxin/Schünemann StrafVerfR § 52 Rn. 6, 9 ff.
[40] Appl in KK-StPO Rn. 1; Schmitt in Meyer-Goßner/Schmitt Rn. 2; Pfeiffer Rn. 1.
[41] LG Nürnberg 31.3.2020 – 18 Qs 16/19, StV 2021, 24; Coen in BeckOK StPO Rn. 4; Schmitt in Meyer-Goßner/Schmitt Rn. 5, Einl. Rn. 164 ff.
[42] Appl in KK-StPO Rn. 4.
[43] Appl in KK-StPO Rn. 3; Schmitt in Meyer-Goßner/Schmitt Rn. 7; Pfeiffer Rn. 3.

wegen derselben Tat dar. In Rechtskraft erwächst jedoch nur der Tenor der Entscheidung, nicht deren Begründung.[44] Angesichts der prozessualen Verbindlichkeit der im Tenor ausgesprochenen Feststellung darf auch ein in der Sache unzutreffendes Urteil Grundlage der Strafvollstreckung sein. Dem unschuldig Verurteilten steht damit kein Notwehrrecht gegen Vollstreckungsmaßnahmen zu.

30 Rechtskraft bedeutet auch die prinzipielle Endgültigkeit der strafgerichtlichen Entscheidung. Daher bestehen aus rechtsstaatlichen Gründen jedoch in Ausnahmefällen Möglichkeiten der **Rechtskraftbeseitigung,** vor allem bei Urteilen durch Wiederaufnahme des Verfahrens, §§ 359 ff., Wiedereinsetzung in den vorigen Stand, §§ 44 ff., Aufhebung des Urteils zugunsten eines Mitangeklagten durch das Revisionsgericht, § 357 sowie Urteilsaufhebung durch das Bundesverfassungsgericht bei erfolgreicher Verfassungsbeschwerde, § 95 Abs. 2 BVerfGG.

31 **b) Zeitpunkt des Eintritts der Rechtskraft.** Bei den rechtskraftfähigen strafgerichtlichen Entscheidungen existiert kein einheitlicher Zeitpunkt für den Eintritt der Rechtskraft. Dies bestimmt sich nach der Art der Entscheidung und ist zudem von weiteren Faktoren abhängig.[45] Alle Entscheidungen, gegen die **kein Rechtsmittel gegeben** ist, werden im Zeitpunkt ihres Erlasses rechtskräftig. Beim **Urteil** erlangt insoweit der Verkündungszeitpunkt entscheidende Bedeutung.[46]

32 Hinsichtlich der **Beschlüsse,** die nach rechtzeitiger Einlegung eines Rechtsmittels die Rechtskraft unmittelbar herbeiführen (zB Verwerfungsentscheidungen der Berufungsgerichte nach §§ 313 Abs. 2 S. 2, 322a und der Revisionsinstanz gem. § 349 Abs. 1, 2) normiert § 34a aus Gründen der Rechtssicherheit, dass die Rechtskraft als mit Ablauf des Tages der Beschlussfassung eingetreten gilt. Alle durch die Rechtskraft bedingten Wirkungen entfalten sich in diesen Fällen mit Beginn des auf die Beschlussfassung folgenden Tages. Gem. § 34a bleibt der Moment der Bekanntmachung derartiger Beschlüsse für die Frage des Rechtskrafteintritts ohne Relevanz.[47]

33 Ist gegen eine Entscheidung ein Rechtsmittel gegeben und wird ein solches nicht eingelegt, tritt die Rechtskraft mit **Ablauf** der Einlegungsfrist ein, §§ 316 Abs. 1, 343 Abs. 1. Gleiches gilt bei **verspäteter** Einlegung. Ein Verwerfungsbeschluss wegen verspäteter Einlegung von Berufung bzw. Revision nach §§ 319 Abs. 1 bzw. 346 Abs. 1 hat insoweit keine Bedeutung. Bei **Rechtsmittelverzicht** bzw. wirksamer **Rücknahme,** §§ 302 f., eines zunächst eingelegten Rechtsmittels erwächst die Entscheidung mit Eingang der Erklärung bei Gericht oder mit deren Aufnahme zu Protokoll der Geschäftsstelle gem. § 299 in Rechtskraft.

34 Fraglich ist der Zeitpunkt der Rechtskraft in den Fällen, in denen zwar **rechtzeitig,** § 341, gegen ein Urteil Revision eingelegt wurde, jedoch **andere Zulässigkeitsvoraussetzungen fehlen,** weil dies nicht in der gesetzlich vorgeschriebenen Form geschah oder die Revisionsbegründung, § 345 StPO, nicht form- und fristgerecht erfolgte. Der Beschwerdeführer kann gegen den Verwerfungsbeschluss des Gerichts, welches die angefochtene Entscheidung getroffen hatte, § 346 Abs. 1, gem. § 346 Abs. 2 vorgehen und eine Entscheidung des Revisionsgerichts über die Zulässigkeitsfrage herbeiführen. § 346 Abs. 2 S. 2 Hs. 2 regelt, dass die Vollstreckung des Urteils bis zur Entscheidung des Revisionsgerichts nicht gehemmt ist. Diese Regelung stellt – auch im Hinblick auf die Unschuldsvermutung – eine systemwidrige **Abweichung** von dem aus § 449 folgenden Prinzip der **Nichtanerkennung vorläufiger Vollstreckbarkeit** von Strafurteilen dar. Die Unzulässigkeit der eingelegten Revision steht aber endgültig erst fest, wenn entweder der Beschwerdeführer die Frist des § 346 Abs. 2 S. 1 nicht genutzt hat oder der Verwerfungsbeschluss des Revisionsgerichts ergangen ist, so dass erst dann die Rechtskraft eintritt.[48]

---

[44] Volk/Engländer GK StPO § 31 Rn. 13.
[45] S. auch Seifert JA 2008, 880 (881 f.).
[46] Graalmann-Scheerer in Löwe/Rosenberg Rn. 11; Schmitt in Meyer-Goßner/Schmitt Rn. 7.
[47] Laubenthal/Nestler Strafvollstreckung Rn. 16.
[48] Laubenthal/Nestler Strafvollstreckung Rn. 17; dazu auch Appl in KK-StPO Rn. 8 ff.; Schmitt in Meyer-Goßner/Schmitt § 346 Rn. 5; Paeffgen/Greco in SK-StPO Rn. 5.

2. Teilrechtskraft und Teilvollstreckbarkeit. Für die Vollstreckbarkeit strafgerichtli- 35
cher Entscheidungen ist der Eintritt der **absoluten Rechtskraft** notwendig.[49] Es genügt
nicht, wenn ein Urteil für den Angeklagten (zB infolge Rechtsmittelverzicht) unanfechtbar
wurde, andere Prozessbeteiligte aber noch Rechtsmittel einlegen dürfen (relative Rechtskraft). Teilrechtskraft tritt ein, wenn durch nur einen Verurteilten in zulässiger Weise die
Teilanfechtung erfolgt oder bei mehreren Verurteilten eine bzw. mehrere, aber nicht alle
mittels Rechtsbehelfs gegen die Entscheidung vorgehen.

Die prinzipielle **Zulässigkeit der Teilanfechtung**[50] von Urteilen lässt sich den 36
§§ 316 Abs. 1, 318 S. 1, 327, 343 Abs. 1, 344 Abs. 1, 352 Abs. 1 entnehmen. Berufung
und Revision können beschränkt eingelegt werden. Gleiches gilt gem. § 410 Abs. 2 für
den Einspruch gegen den Strafbefehl, der auf bestimmte Beschwerdepunkte begrenzbar
ist. Auch die beschränkte Einlegung des Rechtsmittels der Beschwerde wird allgemein
anerkannt.[51]

Nach der sog. **Trennbarkeitsformel** sind Teilanfechtungen aber nur dann zulässig, 37
wenn der Beschwerdepunkt nach dem inneren Zusammenhang des Urteils losgelöst von
dem nicht angefochtenen Teil rechtlich und tatsächlich selbständig geprüft und beurteilt
werden kann, ohne dass eine Überprüfung der Entscheidung im Übrigen erforderlich ist,
und wenn die nach dem Teilrechtsmittel stufenweise entstehende Gesamtentscheidung frei
von inneren Widersprüchen bleibt.[52] Eine wirksame Teilanfechtung hat dann zur Folge,
dass nicht angefochtene Entscheidungsteile in Teilrechtskraft erwachsen. Bei der **Teilrechtskraft** ist zwischen der vertikalen Teilrechtskraft, bei der die Trennungslinie zwischen verschiedenen Prozessgegenständen verläuft und der horizontalen Teilrechtskraft, bei der es
innerhalb eines Prozessgegenstandes nur um eine bestimmte Verfahrensstufe geht, zu unterscheiden.[53]

a) Vertikale Teilrechtskraft. Die vertikale Teilrechtskraft beschränkt sich auf einen 38
Teil des Verfahrensstoffs, der selbst Gegenstand eines eigenen Strafverfahrens hätte sein
können. Dies betrifft die Frage der Bestrafung eines von mehreren Angeklagten oder bei
einem Angeklagten eine von mehreren Taten iSd § 264 Abs. 1.

Wurden in einem Verfahren mehrere Angeklagte verurteilt, hat jeder der Betroffenen 39
die Möglichkeit, unabhängig von Mitangeklagten Rechtsmittel einzulegen. Die Vollstreckbarkeit tritt gegenüber demjenigen ein, dessen Rechtsfolgenausspruch in absoluter Rechtskraft erwachsen ist.[54] Rechtsmittel anderer Verurteilter verhindern die Vollstreckung nicht,
vgl. §§ 316 Abs. 1, 343 Abs. 1. Es kann aber in Fällen der Revisionseinlegung gem. § 357
S. 1 zu einer Revisionserstreckung auf Mitangeklagte kommen. Hebt das Revisionsgericht
das Urteil zugunsten eines Angeklagten auf, erstreckt sich dies auch auf Mitangeklagte,
wenn der Nichtrevident durch dasselbe Urteil sanktioniert wurde und es um dieselbe Tat
im strafprozessualen Sinne geht. Die Aufhebung muss wegen sachlich-rechtlicher Fehler
oder wegen fehlerhafter Beurteilung einer Verfahrensvoraussetzung erfolgen, die auch für
den nicht revidierenden Mitverurteilten von Bedeutung sein kann. Da Mitverurteilte dann
so behandelt werden, als hätten sie ebenfalls Revision eingelegt, tritt **nachträgliche
Rechtskraftdurchbrechung** ein. Eine bereits eingeleitete Strafvollstreckung gegen den
Nichtrevidenten wird ex nunc unzulässig.[55]

Hat **eine Person** durch mehrere Verletzungen desselben Gesetzes oder durch Verstoß 40
gegen verschiedene Strafrechtsnormen mehrere selbständige Taten im strafprozessualen
Sinne begangen und werden diese gleichzeitig abgeurteilt, so darf der Verurteilte sein

---

[49] Coen in BeckOK StPO Rn. 4; Schmitt in Meyer-Goßner/Schmitt Rn. 5.
[50] Dazu Wankel JA 1998, 65.
[51] Schmitt in Meyer-Goßner/Schmitt § 304 Rn. 4.
[52] BGH 15.5.2001 – 4 StR 306/00, BGHSt 47, 35; OLG Frankfurt a. M. 23.4.1980 – 3 Ws 226/80, NJW 1980, 2535.
[53] Laubenthal/Nestler Strafvollstreckung Rn. 19; Roxin/Schünemann StrafVerfR § 53 Rn. 18.
[54] Appl in KK-StPO Rn. 3, 12; Schmitt in Meyer-Goßner/Schmitt Rn. 10.
[55] Appl in KK-StPO Rn. 12a.

Rechtsmittel auf einzelne Taten beschränken. Er kann bei Bildung einer **Gesamtstrafe** gem. §§ 53 ff. StGB hinsichtlich einzelner darin enthaltener Einzelstrafen auf Rechtsmittel verzichten bzw. ein eingelegtes Rechtsmittel in einem solchen Umfang zurücknehmen. Dann erwächst die strafgerichtliche Entscheidung insoweit in Teilrechtskraft.[56]

41 Teilrechtskraft hat zur Folge, dass es schon zur **Vollstreckung** nicht angefochtener **Einzelstrafen** kommen kann, bevor der Ausspruch über die Gesamtstrafe rechtskräftig ist.[57] Bei den Einzelstrafen handelt es sich um selbständige, der Rechtskraft fähige Entscheidungen.[58] Allerdings besteht bei einer solchen Einzelstrafenvollstreckung im Einzelfall die Gefahr, dass der Verurteilte bereits eine Freiheitsstrafe verbüßen muss, die länger andauert als diejenige der später in Rechtskraft erwachsenen Gesamtstrafenentscheidung. Damit dem Betroffenen keine Nachteile entstehen, soll eine Teilvollstreckung deshalb auf die Höhe der geringst zulässigen Gesamtstrafe beschränkt bleiben[59] und nur in denjenigen Fällen erfolgen, in denen ein echtes Bedürfnis für eine Teilvollstreckung besteht.[60]

42 **b) Horizontale Teilrechtskraft.** Bei einer Verurteilung wegen einer Tat kann der Betroffene sein Rechtsmittel auf den **Rechtsfolgenausspruch** beschränken, ist die dann in Rechtskraft erwachsende Schuldfrage von der Strafzumessung abtrennbar (sog. Strafmaßberufung bzw. -revision). Nicht angefochtene Teile sind ferner vollstreckbar, wenn das Urteil wegen einer Tat im Rechtsfolgenausspruch lediglich hinsichtlich einer oder mehrerer der darin enthaltenen Rechtsfolgen angefochten wird (zB bei Sanktionierung zur Hauptstrafe und Nebenstrafe). Gleiches gilt bei einer Verurteilung zu mehreren gesonderten Strafen gem. § 53 Abs. 2 S. 2 Hs. 1 StGB (Freiheitsstrafe und Geldstrafe). Bei versagter Strafaussetzung zur Bewährung nach § 56 StGB darf das Rechtsmittel auf die Aussetzungsfrage beschränkt bleiben,[61] so dass die Verurteilung zur Freiheitsstrafe bereits vor der Entscheidung des Rechtsmittelgerichts in Rechtskraft erwächst.

43 **3. Ausnahmen.** Prinzipiell sind Strafurteile iSd § 449 erst ab Eintritt der Rechtskraft bzw. bei Eintritt vertikaler Teilrechtskraft und entsprechender Teilbarkeit hinsichtlich des rechtskräftigen Teils vollstreckbar. Von diesem Grundsatz macht § 56 JGG eine Art Ausnahme. Die Vorschrift betrifft die Verhängung einer Einheitsstrafe gem. § 31 JGG und schreibt vor, dass das Rechtsmittelgericht unter bestimmten Voraussetzungen vor der Hauptverhandlung das Urteil für einen Teil der Strafe als vollstreckbar erklären kann, wenn die Schuldfeststellungen bei einer Straftat oder bei mehreren Straftaten nicht beanstandet worden sind.[62] Es handelt sich dabei jedoch nicht um eine vorläufige, sondern um eine prinzipiell endgültige Vollstreckung.[63]

44 Gegen § 56 JGG vorgebrachte Bedenken betreffen vor allem die Beseitigung des Grundsatzes der Unvollstreckbarkeit nicht rechtskräftiger Urteile in Strafsachen.[64] Nach überwiegender Ansicht ist von der Teilvollstreckungsanordnung deswegen nur mit Zurückhaltung Gebrauch zu machen.[65] Eine weitere Ausnahme gilt für Entscheidungen im Adhäsionsverfahren, vgl. § 406 Abs. 2; in diesem Fall übernimmt das Strafurteil die Funktion eines Urteils des Zivilprozessrichters.

---

[56] Laubenthal/Nestler Strafvollstreckung Rn. 22; Graalmann-Scheerer in Löwe/Rosenberg Rn. 25 ff., 27.
[57] Appl in KK-StPO Rn. 13 a ff.; Paulus/Stöckel in KMR-StPO Rn. 16 f.; Schmitt in Meyer-Goßner/Schmitt Rn. 12; Paeffgen/Greco in SK-StPO Rn. 8.
[58] S. bereits BGH 21.5.1951 – 3 StR 224/51, BGHSt 1, 252 (254), sowie KG (5. Strafsenat) 25.6.2019 – 5 Ws 65-66/18-21 AR 99/18, StV 2020, 506.
[59] OLG Hamm 17.1.2012 – III-3 Ws 14/12, 3 Ws 14/12, NStZ-RR 2012, 221; 2.4.2009 – 3 Ws 104/09, NStZ 2009, 655; Schmitt in Meyer-Goßner/Schmitt Rn. 12.
[60] Appl in KK-StPO Rn. 19 f.; Schmitt in Meyer-Goßner/Schmitt Rn. 12; Röttle/Wagner/Theurer Strafvollstreckung Kap. 1 Rn. 101; weitergehend Bringewat Rn. 26.
[61] BGH 15.5.2001 – 4 StR 306/00, BGHSt 47, 32 (35).
[62] Eisenberg/Kölbel JGG § 56 Rn. 7 ff.
[63] Schmitt in Meyer-Goßner/Schmitt Rn. 6.
[64] Graalmann-Scheerer in Löwe/Rosenberg Rn. 3.
[65] Eisenberg/Kölbel JGG § 56 Rn. 4 ff.; Graalmann-Scheerer in Löwe/Rosenberg Rn. 3; Schady in NK-JGG JGG § 56 Rn. 8 f.; vgl. dazu auch Laubenthal/Baier/Nestler JugendStrafR Rn. 425 f.

C. Vollstreckungshindernisse

Ein rechtskräftiges vollstreckbares Erkenntnis wird bei Vorliegen eines Vollstreckungsge- 45
gengrunds unzulässig.[66] Vollstreckungshindernisse sind während der gesamten Vollstreckungsdurchführung **von Amts wegen** zu beachten.[67] Neben der fehlenden Rechtskraft sind sämtliche bzw. fast alle vollstreckbaren Rechtsfolgen betreffende Ausschlussgründe: Vollstreckungsverjährung, Gnadenerweis, Amnestie, Verstoß gegen den Vertrauensgrundsatz, bereits erfolgte Vollstreckung, fehlende Identität mit der sanktionierten Person, Tod der sanktionierten Person.

Daneben gibt es Vollstreckungshindernisse, die nur für bestimmte Rechtsfolgen deren 46
Durchführung unzulässig machen. Im Bereich der freiheitsentziehenden Unrechtsreaktionen sind dies insbesondere die **Immunität** der Mitglieder des Deutschen Bundestags, der gesetzgebenden Organe der Bundesländer sowie des Europäischen Parlaments.[68] Für eine Vollstreckung gegen sie bedarf es nach § 46 Abs. 3 GG einer Genehmigung des Bundestags selbst genügt, wenn für die Strafverfolgung eine solche Zustimmung nicht erforderlich war.[69] Die Vollstreckungsfähigkeit einer Entscheidung entfällt ferner durch die **Aussetzung** einer freiheitsentziehenden Strafe oder Maßregel bzw. eines Berufsverbots **zur Bewährung,** solange kein rechtskräftiger Widerrufsbeschluss vorliegt. Ein Vollstreckungshindernis folgt zudem aus dem Grundsatz der Spezialität bei **Einlieferung aus dem Ausland;** eine Vollstreckung darf nur so weit reichen, wie dies von der Auslieferungsbewilligung des ausliefernden Staates gedeckt bleibt. Unter bestimmten Voraussetzungen kann es bei freiheitsentziehenden Sanktionen auch zu einem **Strafausstand** als vorübergehendem Verfahrenshindernis kommen. Dieser erfolgt vor Beginn des Vollzugs als Strafaufschub, danach als Strafunterbrechung. In Form von Strafaufschub oder -unterbrechung kann bei durch Betäubungsmittelabhängigkeit bedingter Tatbegehung eine **Zurückstellung der Strafvollstreckung** gem. § 35 BtMG erfolgen. Ein Vollstreckungsgegengrund ist gegeben bei **Ausweisung** des Verurteilten aus dem Geltungsbereich der StPO, seiner **Auslieferung** an eine ausländische Regierung oder **Überstellung** an einen internationalen Strafgerichtshof, solange der Betroffene nicht zurückkehrt.

Gegen die Durchführung bzw. den Fortbestand eines Vollstreckungsverfahrens kann 47
mit dem Einwand des Bestehens eines Vollstreckungshindernisses vorgegangen werden. Als gerichtlicher **Rechtsbehelf** gegen die Zulässigkeit der Strafvollstreckung steht dem Betroffenen die Einwendung gem. § 458 Abs. 1 offen.[70]

I. Vollstreckungsverjährung

Unzulässig wird gem. § 79 Abs. 1 StGB die Vollstreckung rechtskräftig verhängter Stra- 48
fen und Maßnahmen iSd § 11 Abs. 1 Nr. 8 StGB, sobald die **Verjährungsfrist abgelaufen** ist. Nicht der Vollstreckungsverjährung unterliegen lebenslange Freiheitsstrafen, § 79 Abs. 2 StGB, Sicherungsverwahrung, § 79 Abs. 4 S. 1 Alt. 1 StGB, Strafen wegen Völkermords oder Verbrechen gegen die Menschlichkeit, § 5 VStGB und die unbefristete Führungsaufsicht iSd § 68c Abs. 2 S. 1, Abs. 3 StGB, § 79 Abs. 4 S. 1 Alt. 2 StGB.

Fristbeginn für die Vollstreckungsverjährung ist nach § 79 Abs. 6 StGB der Eintritt 49
der **Rechtskraft** der Entscheidung im Strafausspruch.[71] Der Tag, an dem das Erkenntnis in Rechtskraft erwächst, stellt zugleich den ersten Verjährungstag dar.[72] Bei einer nachträglichen Gesamtstrafenbildung durch Urteil, § 55 StGB, oder Beschluss, § 460, wird deren Rechtskraft maßgeblich.[73]

---

[66] Schmitt in Meyer-Goßner/Schmitt Rn. 4.
[67] Klein in BeckOK StPO Rn. 8; Röttle/Wagner/Theurer Strafvollstreckung Rn. 659.
[68] S. dazu Graalmann-Scheerer in Löwe/Rosenberg Rn. 9 f.
[69] Graalmann-Scheerer in Löwe/Rosenberg Rn. 9.
[70] Dazu Laubenthal/Nestler Strafvollstreckung Rn. 28, 522 ff.
[71] BGH 26.6.1958 – 4 StR 145/58, BGHSt 11, 393.
[72] Fischer StGB § 79 Rn. 3.
[73] Röttle/Wagner/Theurer Strafvollstreckung Kap. 10 Rn. 18a.

50   **1. Verjährungsfristen.** Während sich die Strafverfolgungsverjährung des § 78 StGB nach der gesetzlich angedrohten Strafe richtet, variiert die **Dauer** der jeweiligen Frist für die Vollstreckungsverjährung von § 79 StGB nach Art und Höhe der im konkreten Fall **erkannten** Strafe bzw. Maßnahme. Bei einer Gesamtstrafe ist deren Höhe entscheidend.[74]

51   Hat das Gericht nach § 51 Abs. 1 StGB Untersuchungshaft auf die zeitige Freiheitsstrafe angerechnet, bleibt dies hinsichtlich der Dauer der Vollstreckungsverjährung ohne Relevanz. Nicht zu berücksichtigen ist auch ein auf dem Gnadenweg erlassener Teil der Sanktion.[75] Letzteres sowie das Außer-Betracht-Bleiben von Untersuchungshaftanrechnung gelten gleichermaßen für die Geldstrafen. Maßgeblich für die Vollstreckungsverjährung bei **Geldstrafen** ist die Zahl der verhängten Tagessätze und nicht deren Höhe.

52   Für die **Maßnahmen** iSd § 11 Nr. 8 StGB (außer der gem. § 79 Abs. 4 S. 1 StGB nicht verjährenden Vollstreckung von Sicherungsverwahrung und unbefristeter Führungsaufsicht) beinhaltet § 79 Abs. 4 S. 2 Nr. 1 und 2 StGB folgende Differenzierung:

53   Ist in einem Verfahren zugleich auf mehrere Unrechtsreaktionen erkannt worden, gilt das Prinzip der **gemeinsamen Verjährung** des § 79 Abs. 5 S. 1 StGB. Dieses betrifft die Konstellationen, in denen in demselben Verfahren Freiheits- und Geldstrafe verhängt wurde oder das Gericht neben Freiheits- oder Geldstrafe eine freiheitsentziehende Maßregel der Besserung und Sicherung, § 61 Nr. 1–3 StGB, Verfall, Einziehung oder Unbrauchbarmachung angeordnet hat.[76] Dann verjährt die Vollstreckung keiner der Strafen oder Maßregeln früher als die andere. Maßgebliche Bedeutung kommt insoweit der längsten Frist der jeweiligen Rechtsfolgen zu. Ausgenommen vom Grundsatz des § 79 Abs. 5 S. 1 StGB hat der Gesetzgeber gem. S. 2 die nicht der Vollstreckungsverjährung unterliegende Sicherungsverwahrung, § 79 Abs. 4 S. 1 Alt. 1 StGB. Sie verhindert nicht die Verjährung von gleichzeitig neben ihr angeordneten Rechtsfolgen.

54   Eine einmalige **Verlängerung der Frist** für die Vollstreckungsverjährung lässt § 79b StGB für jenen Fall zu, in dem ein Verurteilter sich in einem Gebiet außerhalb der Bundesrepublik Deutschland aufhält, aus dem seine Auslieferung oder Überstellung nicht erreicht werden kann. Dann darf das Gericht des ersten Rechtszugs, § 462a Abs. 2 S. 1, auf Antrag der Vollstreckungsbehörde durch Beschluss gem. § 462 eine noch nicht abgelaufene Verjährungsfrist um die Hälfte ihrer gesetzlich normierten Dauer verlängern. Nach § 462 Abs. 3 S. 1 StPO ist ein die Verlängerung betreffender Beschluss mit der sofortigen Beschwerde anfechtbar.

55   **2. Ruhen der Verjährung.** § 79a StGB sieht unter bestimmten Voraussetzungen ein Ruhen der Vollstreckungsverjährung vor. Das Ruhen **hemmt** lediglich den Beginn oder Weiterlauf der jeweiligen **Frist,** dh ein das Ruhen auslösendes Ereignis erlangt für einen schon angelaufenen Teil der Frist keine Relevanz; die Verjährung beginnt nicht von Neuem.

56   Die Hemmung des Ablaufs der Verjährungsfrist beginnt mit Anfang des Tages, an dem das für das Ruhen maßgebende Ereignis eintritt. Der im konkreten Fall nach § 79 StGB relevante Verjährungszeitpunkt wird hinausgeschoben, solange ein Ruhen gegeben ist. Die Frist läuft dann wieder weiter, sobald das Ruhen durch Entfallen der Voraussetzung aufhört.

II. Gnadenerweis

57   Einer Vollstreckung kriminalrechtlicher Sanktionen kann im Einzelfall ein Gnadenakt entgegenstehen. Voraussetzungen[77] für eine Begnadigung durch den zuständigen Gnadenträger als ein von Amts wegen zu beachtendes Vollstreckungshindernis sind eine gnadenfä-

---

[74] BGH 15.10.1981 – 4 StR 432/81, BGHSt 30, 232 (234).
[75] Fischer StGB § 79 Rn. 4.
[76] Bosch in Schönke/Schröder StGB § 79 Rn. 8.
[77] S. Schätzler, Handbuch des Gnadenrechts, 2. Aufl. 1992, S. 64 ff.

hige Entscheidung, die Rechtskraft des Erkenntnisses und das Fortbestehen der durch die Entscheidung eingetretenen Rechtsnachteile.

1. Grundsätze. Der Gnadenerweis stellt eine Milderung oder Aufhebung von Rechtsnachteilen dar, welche durch einen Akt der Exekutive als **Einzelfallentscheidung** mit Ausnahmecharakter erfolgt und sich auf die Vollstreckung bezieht. So kann es zB auf dem Gnadenweg ausnahmsweise zu einer Strafaussetzung zur Bewährung oder zu einer Maßregelerledigung kommen. Bei der Geldstrafe ist etwa aufgrund besonderer Umstände die gnadenweise Bewilligung von Zahlungserleichterungen oder der Erlass einer bereits bezahlten Geldstrafe verbunden mit deren Rückzahlung möglich.[78] **58**

Beim Gnadenrecht handelte es sich ursprünglich um eine seinem Inhaber kraft Herkommens zugehörige Befugnis, die mit den heutigen Vorstellungen von Verrechtlichung der wesentlichen und grundrechtsrelevanten Lebensvorgänge durch parlamentarisch beschlossene Normen nur schwer in Einklang zu bringen ist. Gnade als gewohnheitsrechtlich geltende Gestaltungsmacht besonderer Art[79] hat meist nur dem Grunde nach Eingang in formelle Gesetze gefunden, etwa Art. 60 Abs. 2 und 3 GG, § 452. Eine gesetzliche Einschränkung der Gnadenkompetenz besteht aber prinzipiell nicht: Gnade ergeht vor Recht. Eine mildernde Einwirkung durch einen Gnadenakt wird bei **sämtlichen Sanktionsarten** möglich. **59**

Ist eine gnadenfähige Entscheidung in Rechtskraft erwachsen, setzt ein Begnadigungsakt voraus, dass der davon Betroffene noch **beschwert** ist. Die ihn belastenden Rechtsfolgen dürfen daher im Grundsatz weder bereits verbüßt noch erlassen oder verjährt sein. Allerdings sollen im Rechtsstaat Gnadenerweise nur **subsidiär** gehandhabt werden. Kann der durch das Erkenntnis Beschwerte sein Ziel durch einen ausdrücklich geregelten Rechtsbehelf auf anderem Wege erreichen, zB eine vorzeitige Entlassung aus dem Vollzug der Freiheitsstrafe durch einen Antrag auf Strafrestaussetzung zur Bewährung gem. § 57 StGB, bleibt er zunächst auf diesen verwiesen.[80] **60**

2. Verfahrensfragen. Die **Zuständigkeitsverteilung** in Gnadensachen folgt dem föderalen Charakter der Bundesrepublik Deutschland. Entscheidende Bedeutung erlangt, ob die erstinstanzliche Entscheidung in einer Strafsache in Ausübung von Bundes- oder Landesgerichtsbarkeit erging, § 452. Die Gnadenkompetenz in Strafsachen bildet damit eine Länderangelegenheit, sofern nicht ausnahmsweise ein Oberlandesgericht in einer Staatsschutzsache in Ausübung von Gerichtsbarkeit des Bundes entschieden hat, §§ 120 Abs. 6, 142a GVG, Art. 96 Abs. 5 GG, § 452 S. 1. Träger des Gnadenrechts ist herkömmlicherweise der oberste Repräsentant des jeweiligen Staatswesens. **61**

Je nach Zuständigkeit sind die entsprechenden **Vorschriften** des Bundes- oder Landesrechts heranzuziehen. Dabei handelt es sich in den meisten Fällen nicht um formelle Gesetze, sondern um Verwaltungsvorschriften, in denen die Inhaber der Gnadenkompetenz im Wege der Selbstbindung ihr Vorgehen objektiviert haben.[81] Die Gnadenvorschriften betreffen sowohl materielle Voraussetzungen eines Gnadenakts als auch das einzuhaltende Procedere. **62**

Gnadenträger sind neben dem Bundespräsidenten, Art. 60 Abs. 2 GG, die Ministerpräsidenten der Bundesländer, in den Stadtstaaten die Senate. Vielfach wurde die Ausübung der Berechtigung von den Gnadenträgern im bestimmten Umfang delegiert. Die Inhaber der Gnadenkompetenz haben sich die Erteilung von Gnadenerweisen überwiegend nur für Einzelfälle vorbehalten, zB bei lebenslanger Freiheitsstrafe, und sie im Übrigen auf die Fachministerien bzw. Senatoren für Justiz delegiert. Die Gnadenvorschriften der einzelnen Bundesländer regeln die weitere Delegation auf unterstellte Gnadenbehörden. **63**

---

[78] Röttle/Wagner/Theurer Strafvollstreckung Kap. 10 Rn. 141.
[79] BVerfG 3.7.2001 – 2 BvR 1039/01, NStZ 2001, 669.
[80] Röttle/Wagner/Theurer Strafvollstreckung Kap. 10 Rn. 141; Schätzler, Handbuch des Gnadenrechts, S. 36.
[81] S. Nachw. in Habersack Deutsche Gesetze § 452 StPO Fn. 1.

64 Die Durchführung eines Gnadenverfahrens hat prinzipiell **keine Hemmung der Vollstreckung** zur Folge. Die Gnadenvorschriften enthalten jedoch Bestimmungen, wonach die Gnadenbehörden die Vollstreckung vorläufig einstellen können, wenn nachhaltige Gnadengründe gegeben sind. Ferner darf nicht das öffentliche Interesse die sofortige bzw. weitere Durchführung der gerichtlich verhängten Rechtsfolge notwendig machen.

65 Gnadenerweise bedürfen keiner Begründung und sind infolge des besonderen Wesens von Begnadigungen nicht der **gerichtlichen Kontrolle** unterworfen.[82] Etwas anderes gilt jedoch für den actus contrarius. Gnadenakte dürfen unter bestimmten Umständen widerrufen werden, etwa wenn sich der Begünstigte durch Begehung einer neuen Straftat, Verstöße gegen Auflagen oder Weisungen als nicht würdig erweist. Derartige Widerrufsentscheidungen sind gerichtlich voll überprüfbar.[83] Eröffnet ist insoweit der Rechtsweg zu den Oberlandesgerichten nach §§ 23 ff. EGGVG.[84]

III. Amnestie

66 Während beim Gnadenerweis dieser aus der Kompetenz des Gnadenträgers folgend aufgrund besonderer Umstände für den Einzelfall getroffen wird, kann auch eine Amnestie als eine **generell abstrakte Regelung** zu einem Vollstreckungshindernis führen. Amnestien bedürfen eines förmlichen Gesetzes. Sie betreffen nicht nur den Einzelfall, sondern finden für eine Mehrzahl von Sachverhalten gleichermaßen Anwendung. Mittels Amnestiegesetzen wird Straffreiheit oder Strafermäßigung nach allgemeinen Merkmalen gewährt. Es können noch nicht rechtskräftig abgeschlossene Verfahren niedergeschlagen (Abolition) oder die Einleitung neuer Verfahren unterbunden werden. Eine Amnestie kann Auswirkungen im Vollstreckungsverfahren zeitigen, wenn zB die Vollstreckung von Straferkenntnissen für bestimmte Taten oder Tätergruppen ausgeschlossen wird und es dadurch zu einem Erlass rechtskräftig erkannter strafrechtlicher Rechtsfolgen oder deren Milderung kommt.[85]

IV. Verstoß gegen das Vertrauensprinzip

67 Zu den Vollstreckungshindernissen gehört auch ein Verstoß gegen den Vertrauensgrundsatz, der ein zentrales **Element des Rechtsstaatsprinzips** darstellt, Art. 20 Abs. 3 GG. Seine Beachtung dient der Gerechtigkeit im Einzelfall unter Berücksichtigung besonderer Umstände. Der Gesichtspunkt des Vertrauensschutzes betrifft auch das strafrechtliche Vollstreckungsverfahren.[86]

68 Hat ein von einer Sanktion Betroffener seitens des Gerichts oder der Vollstreckungsbehörde eine ihn begünstigende Rechtsposition erworben, zB Zahlungserleichterung bei Geldstrafe, Aussetzung einer Freiheitsstrafe zur Bewährung, dann hat diese ebenso wenig Bestand, wie sie andererseits nicht jederzeit wieder ohne Weiteres entzogen werden darf. Das Vollstreckungsrecht sieht für Veränderungen der erworbenen Rechtsposition zum Nachteil des Sanktionierten Bestimmungen vor, welche die Voraussetzungen regeln, zB Änderung oder Aufhebung von Zahlungserleichterungen zuungunsten des Verurteilten gem. § 459a Abs. 2 oder Widerruf der Strafaussetzung zur Bewährung nach § 56f StGB. Trotz des Vorliegens der jeweiligen formellen Voraussetzungen kann aber im Einzelfall eine Negativentscheidung unzulässig sein, wenn das Verfahren über eine Veränderung zuungunsten des Betroffenen außergewöhnlich lange verzögert wird, dadurch der Sanktionierte in unzumutbarer Weise im Ungewissen gelassen bleibt und aus seiner Sicht das

---

[82] BVerfG 3.7.2001 – 2 BvR 1039/01, NStZ 2001, 669; 23.4.1969 – 2 BvR 552/63, BVerfGE 25, 352 (358 ff.), VerfGH Bayern 19.7.1996 – Vf 93-VI-92, NStZ-RR 1997, 39 (40); OLG Hamburg 10.11.1995 – 2 VAs 11/95, JR 1997, 255 = MMR 1996, 193.
[83] BVerfGE 30, 103 (108 ff.).
[84] BVerwGE 49, 221; Kissel/Mayer EGGVG § 23 Rn. 130.
[85] Vgl. dazu auch Laubenthal Strafvollzug Rn. 662 ff.
[86] Appl in KK-StPO § 458 Rn. 12; Laubenthal/Nestler Strafvollstreckung Rn. 40.

Vertrauen geschaffen wurde, mit einer Veränderung zu seinen Lasten nicht mehr rechnen zu müssen.[87] Ferner kann aus Vertrauensschutzgründen eine zeitliche Beschränkung für eine Vollstreckungsdurchführung geboten sein. Das ist dann der Fall, wenn der Betroffene aufgrund besonderer Umstände die berechtigte Erwartung hegen durfte, dass er trotz der bereits getroffenen Negativentscheidung von deren Konsequenzen verschont bleiben werde.[88]

V. Bereits erfolgte Vollstreckung

Ebenso wie eine Person nicht wegen derselben Tat mehrmals bestraft werden kann, Art. 103 Abs. 3 GG, darf auch ein rechtskräftiges strafgerichtliches Erkenntnisurteil **nicht mehrfach vollstreckt** werden. Leitet die Vollstreckungsbehörde bezüglich einer bereits vollständig durchgeführten Unrechtsreaktion ein erneutes Vollstreckungsverfahren ein, steht dem das Hindernis der bereits erfolgten Vollstreckung entgegen.[89] **69**

VI. Fehlende Identität

Ein Vollstreckungshindernis stellt es dar, wenn der Vollstreckungsadressat nicht mit der rechtskräftig sanktionierten Person identisch ist.[90] Die Folgen eines strafgerichtlichen Erkenntnisses können nur denjenigen treffen, der auch tatsächlich die in der Entscheidung bezeichnete **richtige Person** darstellt. **70**

Das **Bestreiten der Identität** des Vollstreckungsadressaten mit dem Verurteilten durch Geltendmachung, dass das Urteil in Wahrheit eine andere Person betrifft, bedeutet die Erhebung einer Einwendung gegen die Zulässigkeit der Strafvollstreckung gem. § 458 Abs. 1 Alt. 3.[91] Sie kann von ihm als Drittem erhoben werden, weil er vorträgt, gegen ihn werde ohne Rechtsgrundlage eine Strafvollstreckung betrieben.[92] **71**

VII. Tod der sanktionierten Person

So wie der Tod eines Beschuldigten vor Eintritt der Rechtskraft eine Sachentscheidung ausschließt,[93] **endet** auch das **Vollstreckungsverfahren** mit dem Versterben der sanktionierten Person. Der Tod stellt ein Hindernis für die Fortführung des Strafverfahrens[94] und damit bei bestehender Rechtskraft einen Ausschlussgrund für die Vollstreckung dar. Das gilt für freiheitsentziehende Unrechtsreaktionen sowie bei Geldstrafen, denn ein Erbe vermag nicht für die höchstpersönliche Strafe in Anspruch genommen zu werden. Hinsichtlich der Geldstrafe ist dies in § 459c Abs. 3 ausdrücklich geregelt. **72**

Von **Erben** irrtümlich beglichene Geldstrafen sind an diese zurückzuzahlen, Pfändungen und Sicherungsmaßnahmen aufzuheben. Gegen die Unzulässigkeit von Vollstreckungsmaßnahmen kann der Erbe Einwendungen erheben und die Entscheidung des Gerichts herbeiführen, § 459h. Ist eine Verurteilung noch vor dem Tod des Betroffenen rechtskräftig geworden, haftet der Nachlass jedoch für Verfahrenskosten und es darf eine Vollstreckung in diesen erfolgen.[95] Da § 459g Abs. 2 gerade nicht auf § 459c Abs. 3 verweist, darf der Nachlass zudem für die Vollstreckung von Nebenfolgen herangezogen werden, welche zu einer Geldzahlung verpflichten, zB Verfall des Wertersatzes, § 73a StGB, und Einziehung des Wertersatzes, § 74c StGB.[96] **73**

---

[87] KG 13.3.2003 – 1 AR 224/03 – 5 Ws 90/03, NJW 2003, 2468 (2469); OLG Karlsruhe 27.11.2000 – 2 Ws 257/00, StV 2001, 411.
[88] OLG Karlsruhe 26.11.1996 – 1 Ws 322/96, NStZ-RR 1997, 253.
[89] Schmitt in Meyer-Goßner/Schmitt § 459 Rn. 10.
[90] Schmitt in Meyer-Goßner/Schmitt § 458 Rn. 10; Paeffgen/Greco in SK-StPO § 458 Rn. 9.
[91] KG 23.3.2004 – 5 Ws 100/04, NStZ-RR 2004, 242.
[92] Appl in KK-StPO § 458 Rn. 9.
[93] Dazu BGH 15.9.2009 – 1 StR 356/09, NStZ-RR 2010, 32; 8.6.1999 – 4 StR 595/97, BGHSt 45, 108; Laubenthal/Mitsch NStZ 1988, 108.
[94] Kühl FS Meyer-Goßner, 2001, 717.
[95] Bader in KMR-StPO § 465 Rn. 18.
[96] Appl in KK-StPO § 459c Rn. 10.

§ 450 Anrechnung von Untersuchungshaft und Führerscheinentziehung

(1) Auf die zu vollstreckende Freiheitsstrafe ist unverkürzt die Untersuchungshaft anzurechnen, die der Angeklagte erlitten hat, seit er auf Einlegung eines Rechtsmittels verzichtet oder das eingelegte Rechtsmittel zurückgenommen hat oder seitdem die Einlegungsfrist abgelaufen ist, ohne daß er eine Erklärung abgegeben hat.

(2) Hat nach dem Urteil eine Verwahrung, Sicherstellung oder Beschlagnahme des Führerscheins auf Grund des § 111a Abs. 5 Satz 2 fortgedauert, so ist diese Zeit unverkürzt auf das Fahrverbot (§ 44 des Strafgesetzbuches) anzurechnen.

Übersicht

		Rn.			Rn.
A.	Überblick	1	II.	Voraussetzungen der Anrechnung nach Abs. 1	16
B.	Anrechnung von Untersuchungshaft, Abs. 1	1a	1.	Anrechnungsausspruch im Urteil	16
I.	Anwendungsbereich	1a	2.	Verfahrenseinheit	17
1.	Untersuchungshaft als anrechenbare Freiheitsentziehung	1a	3.	Rechtskraft	20
	a) Nach Rechtskraft erlittene Freiheitsentziehung	4		a) Relative Rechtskraft	20
				b) Bedeutung der absoluten Rechtskraft	23
	b) Sonstige anrechnungsfähige Zeiten des Freiheitsentzugs	10	III.	Wirkung der Anrechnung	28
2.	Nicht ausdrücklich geregelte Anrechnung	13	IV.	Anrechnungsmodus	30
	a) Nicht hinnehmbare Verfahrensverzögerung	13	V.	Anrechnung bei Jugendlichen und Heranwachsenden	34
	b) Art. 36 Abs. 1 Buchst. b S. 3 des Wiener Konsularrechtsübereinkommens	15	C.	Anrechnung von Führerscheinentzug, Abs. 2	36

A. Überblick

1 Abs. 1 der Vorschrift ist im Anwendungsbereich auf Konstellationen beschränkt, in denen das Gericht die Anrechnung der Untersuchungshaft gem. § 51 Abs. 1 S. 2 StGB untersagt (ansonsten § 51 Abs. 1 S. 1 StGB). Abs. 2 regelt Fälle der Anrechnung bei Führerscheinentziehung, § 111a Abs. 5 S. 2 in Ergänzung zu § 51 Abs. 5 StGB.

B. Anrechnung von Untersuchungshaft, Abs. 1

I. Anwendungsbereich

1a **1. Untersuchungshaft als anrechenbare Freiheitsentziehung.** § 51 StGB und § 450 betreffen die Anrechnung von Freiheitsentziehung, die der eigentlichen Strafvollstreckung vorausgeht; die Anrechnung von erlittenem Freiheitsentzug nach Eintritt der absoluten Rechtskraft ist für verschiedene Fallgruppen gesondert normiert (bspw. §§ 450a Abs. 1 S. 1, 453c Abs. 2 S. 1 StPO, § 67 Abs. 1 StGB).

2 Abs. 1 regelt die Anrechnung der Untersuchungshaft im Bereich der sog. **relativen Rechtskraft**,[1] also derjenigen Zeitspanne, in der es am Eintritt der (absoluten) Rechtskraft nicht mehr aufgrund von Umständen mangelt, die im Einflussbereich des Angeklagten liegen.[2] In diesen Fällen kann zumindest eine *Teilvollstreckung* anstelle der bisherigen Untersuchungshaft beginnen.

---
[1] Schmitt in Meyer-Goßner/Schmitt Rn. 4.
[2] Appl in KK-StPO Rn. 5; Pfeiffer Rn. 1.

Wurde eine **Gesamtstrafe** verhängt und verzichtet der Angeklagte nur hinsichtlich 3 einer Einzelstrafe auf die Einlegung eines Rechtsmittels, so tritt Teilrechtskraft im Bezug auf die andere(n) Einzelstrafe(n) ein.[3] In diesem Fall stellt sich die Frage relativer Rechtskraft daher nicht (vgl. → § 449 Rn. 35). Nach hM gilt somit Abs. 1 stets für die Vollstreckung einer Einzelstrafe, gleichgültig, ob deren (relative) Rechtskraft auf einer lediglich beschränkten Anfechtung durch den Angeklagten oder durch einen anderen Rechtsmittelberechtigten beruht.[4] Ebenso greift die Vorschrift ein, sofern bei einer Gesamtstrafe nur eine Einzelstrafe durch revisionsgerichtliche Entscheidung rechtskräftig wird.[5] In diesen Fällen einer Teilvollstreckung erfolgt eine Anrechnung der Untersuchungshaft bis zur vollen Höhe der zu vollstreckenden Einzelstrafen.[6]

a) **Nach Rechtskraft erlittene Freiheitsentziehung.** Nach der **Anrechnungs-** 4 **grundregel** des § 51 Abs. 1 S. 1 StGB wird Untersuchungshaft kraft Gesetzes auf die Strafe angerechnet, ohne dass dies eines besonderen Urteilsausspruchs bedarf. Dasselbe regelt § 450 Abs. 1 für den Zeitraum ab Eintritt der relativen Rechtskraft (→ Rn. 2). Die hM hält daher die Anrechnungsvorschrift des § 450 Abs. 1 wegen des insoweit[7] identischen Regelungsinhalts für überflüssig;[8] der eigentliche Anwendungsbereich des § 450 Abs. 1 beschränkt sich somit auf die Nichtanrechnungsanordnung nach *§ 51 Abs. 1 S. 2 StGB*.[9] Denn gem. § 51 Abs. 1 S. 2 StGB kann auf gerichtliche Anordnung hin die Anrechnung unterbleiben, wenn sie im Hinblick auf das Verhalten des Verurteilten nach der Tat nicht gerechtfertigt ist. Das ist nach der Rspr. des BGH nur dann der Fall, wenn ein nach der Tat gezeigtes Verhalten des Täters im Verfahren eine Anrechnung als ungerecht erscheinen lässt.[10] Eine solche Anordnung schließt § 450 Abs. 1 für die Phase ab Eintritt der relativen Rechtskraft aus.

Nach aA soll § 450 Abs. 1 als lex specialis die Anrechnungsregelung des § 51 Abs. 1 5 S. 1 StGB gänzlich verdrängen.[11] Für diese Auffassung ließe sich anführen, die Bedeutung des § 450 Abs. 1 liege vor allem darin, einem Rechtsmittelgericht die Disposition über die Anrechnung einer nach Eintritt der relativen Rechtskraft des vorinstanzlichen Urteils erlittenen Untersuchungshaft zu entziehen. Allerdings bleibt die Beantwortung der Frage ohne jede praktische Konsequenz.[12]

Eine dritte, vorwiegend früher vertretene Auffassung sieht die Wirkung des § 450 6 Abs. 1 darin, die Anrechnung erlittener Untersuchungshaft nach § 51 Abs. 1 StGB von vornherein auf die Phase vor Eintritt der relativen Rechtskraft zu beschränken.[13] Eine Nichtanrechnungsanordnung könne ausschließlich den Zeitraum bis zur Verkündung des Urteils betreffen, während sich das Schicksal der weiteren Untersuchungshaft nach § 51 Abs. 1 S. 1 StGB richte. Dies widerspricht jedoch dem Sinn und Zweck der Regelung, den Verurteilten bei der Anrechnung der Untersuchungshaft in weitestem Maß zu begünstigen.[14] Dagegen spricht zudem der Wortlaut des § 39 Abs. 2 S. 1 StVollstrO, wonach sich

---

[3] Schmitt in Meyer-Goßner/Schmitt Rn. 8.
[4] BGH 4.8.1955 – 1 StR 730/54, NJW 1955, 1488; Graalmann-Scheerer in Löwe/Rosenberg Rn. 11.
[5] OLG Braunschweig 3.9.1963 – Ws 143/63, NJW 1963, 2239; Graalmann-Scheerer in Löwe/Rosenberg Rn. 13; Schmitt in Meyer-Goßner/Schmitt Rn. 8.
[6] So bereits BGH 20.4.1956 – 1 StR 95/56, MDR 1956, 528; Bringewat Rn. 14 f.; aA Graalmann-Scheerer in Löwe/Rosenberg Rn. 14, die die Grenze der Anrechenbarkeit bei dem Teil der Gesamtstrafe zieht, der auf die rechtskräftig gewordenen Einzelstrafen entfällt.
[7] Zu den Unterschieden beider Regelungen Appl in KK-StPO Rn. 1.
[8] Graalmann-Scheerer in Löwe/Rosenberg Rn. 6; ähnlich Appl in KK-StPO Rn. 1; s. auch Coen in BeckOK StPO Rn. 1; Pfeiffer Rn. 1.
[9] Appl in KK-StPO Rn. 2; Graalmann-Scheerer in Löwe/Rosenberg Rn. 3; Schmitt in Meyer-Goßner/Schmitt Rn. 3; Pfeiffer Rn. 1; vgl. auch § 39 Abs. 2 S. 1 StVollstrO.
[10] BGH 23.7.1970 – 4 StR 241/70, BGHSt 23, 307.
[11] OLG Celle 17.12.1969 – 1 Ws 421/69, NJW 1970, 767 (768); Graalmann-Scheerer in Löwe/Rosenberg Rn. 3; Dreher MDR 1970, 965; aA Bringewat Rn. 4 aE, der nur eine Ergänzung der sachlich-rechtlichen Regelung für einen bestimmten Fall zulassen will.
[12] Graalmann-Scheerer in Löwe/Rosenberg Rn. 3.
[13] Dreher MDR 1970, 965; Baumgärtner MDR 1970, 190; Horn/Wolters in SK-StGB StGB § 51 Rn. 7.
[14] Graalmann-Scheerer in Löwe/Rosenberg Rn. 5.

die Anrechnung vorbehaltlich einer abweichenden gerichtlichen Entscheidung auf die Untersuchungshaft erstreckt, welche die verurteilte Person bis zu dem Tag erlitten hat, an dem die Entscheidung rechtskräftig geworden ist.[15] Daher umfasst die Nichtanrechnungsanordnung nicht nur die Zeit bis zur Verkündung, sondern auch diejenige bis zur Rechtskraft des Urteils.[16]

7 Im Verfahren gegen Jugendliche und Heranwachsende enthält § 52a Abs. 1 S. 1, S. 2 JGG eine § 51 Abs. 1 S. 1, S. 2 StGB vergleichbare Regelung zur Anrechnung der Untersuchungshaft auf die Jugendstrafe. Auch in diesen Fällen normiert § 450 Abs. 1 die Anrechnung der Untersuchungshaft ab Eintritt der relativen Rechtskraft unabhängig von einer jugendrichterlichen Nichtanrechnungsanordnung nach § 52a Abs. 1 S. 2 JGG.

8 Hat der Verurteilte aus Anlass einer Tat, die Gegenstand des Verfahrens ist oder war, Untersuchungshaft oder eine andere Freiheitsentziehung erlitten, so wird sie nach § 51 Abs. 1 S. 1 StGB auf zeitige Freiheitsstrafe und auf Geldstrafe angerechnet. Wurde neben einer Freiheitsstrafe zugleich auf eine Geldstrafe erkannt (§ 41 S. 1 StGB), erfolgt nach § 39 Abs. 1 S. 1 StVollstrO die Anrechnung zunächst auf die Freiheitsstrafe (wenn sich aus der strafgerichtlichen Entscheidung nichts anderes ergibt). Der Wortlaut des § 51 Abs. 1 S. 1 StGB bezieht sich hinsichtlich der Anrechnung auf Freiheitsstrafe nur auf die zeitige, nicht auf die lebenslange. Die Grundregel ist jedoch auch auf die Mindestverbüßungszeit (§ 57a Abs. 1 S. 1 Nr. 1 StGB) der lebenslangen Freiheitsstrafe entsprechend anwendbar.[17]

9 Befindet sich der Verurteilte, bei dem eine freiheitsentziehende Maßregel der Besserung und Sicherung vor der Strafe zu vollziehen ist, bei Eintritt der relativen oder absoluten Rechtskraft in Untersuchungshaft, so ist der Zeitraum zwischen Rechtskraft und Beginn des Maßregelvollzugs in entsprechender Anwendung des Abs. 1 bzw. des § 51 Abs. 1 S. 1 StGB nicht auf die Maßregel, sondern auf die Strafe anzurechnen (→ § 463 Rn. 1). Dagegen erfolgt eine Anrechnung auf die Maßregel, wenn der Verurteilte sich zum Zeitpunkt der Rechtskraft in einstweiliger Unterbringung (§ 126a) befand. Ist teilweise Vorwegvollzug der Freiheitsstrafe angeordnet worden, so wird Untersuchungshaft regelmäßig auf den vorweg zu vollziehenden Teil der Strafe angerechnet.[18] Befindet sich der zur Unterbringung Verurteilte bei Eintritt der Rechtskraft in Untersuchungshaft, so ist er umgehend in den Maßregelvollzug zu verlegen.[19]

10 **b) Sonstige anrechnungsfähige Zeiten des Freiheitsentzugs. aa) Anrechnung gem. § 450 Abs. 1 analog?** Nach hM folgt aus dem Zusammenhang zwischen § 450 Abs. 1 und § 51 Abs. 1 StGB, dass unter den Begriff der Untersuchungshaft iSd § 450 Abs. 1 auch jede „andere Freiheitsentziehung" fällt, die nach § 51 Abs. 1 S. 1 StGB angerechnet wird.[20] Denn auch eine solche Freiheitsentziehung könnte das Rechtsmittelgericht gem. § 51 Abs. 1 S. 2 StGB von der Anrechnung ausschließen.[21]

11 Als „andere Freiheitsenziehung" idS galt nach früher zum Teil vertretener Ansicht im Einzelfall[22] die Inhaftierung aufgrund eines Vollstreckungshaft- und Vorführungsbefehls,

---

[15] So auch Schmitt in Meyer-Goßner/Schmitt Rn. 3; Graalmann-Scheerer in Löwe/Rosenberg Rn. 5.
[16] OLG Düsseldorf 9.8.1989 – 1 Ws 740/89, MDR 1990, 172; OLG Frankfurt a. M. 22.8.1979 – 3 Ws 699/79, NJW 1980, 537; Fischer StGB § 51 Rn. 8; Schneider in LK-StGB StGB § 51 Rn. 40; Dencker MDR 1971, 627; Dreher MDR 1970, 965.
[17] BGH 11.8.2004 – 2 StR 34/04, NJW 2004, 3789.
[18] BGH 23.4.1991 – 4 StR 121/91, NJW 1991, 2431; Paeffgen/Greco in SK-StPO Rn. 4; aA OLG Schleswig 2.4.1990 – 1 Ws 118/90, NStZ 1990, 407; vgl. auch → § 463 Rn. 6.
[19] Ostermann StV 1993, 52; Röttle/Wagner/Theurer Strafvollstreckung Kap. 2 Rn. 229 f.; zur Anrechnung von sog. Organisationshaft → Rn. 26.
[20] Fischer StGB § 51 Rn. 5; Schneider in LK-StGB StGB § 51 Rn. 3 ff.; Schmitt in Meyer-Goßner/Schmitt Rn. 2. Zum Begriff „andere Freiheitsentziehungen" vgl. auch Wolf in Pohlmann/Jabel/Wolf StVollstrO § 39 Rn. 56–85.
[21] Graalmann-Scheerer in Löwe/Rosenberg Rn. 19.
[22] Namentlich bei niedrigeren Strafen und ohne Verschulden des Verurteilten erfolgter Verzögerung des Eintritts in die zuständige Vollzugsanstalt; vgl. dazu noch Schäfer in Löwe/Rosenberg § 450 Rn. 2a unter Verweis auf Kreß BayZ 1906, 410 und Fumian BayZ 1915, 117.

§ 457.[23] Für diesen Fall schreibt nunmehr § 38 Nr. 2 StVollstrO vor, dass der Zeitpunkt der Festnahme maßgeblich für den Beginn der Strafzeit ist. Dasselbe gilt nach § 40 Abs. 2 StVollstrO bei Entweichungen aus dem Strafvollzug und, wenn zum Zweck seiner Wiederergreifung ein Vollstreckungshaft- und Vorführungsbefehl oder sonstige Fahndungsmaßnahmen nach § 457 ergehen.

bb) Grundsätzlich anrechnungsfähige Zeiten. Grundsätzlich anrechnungsfähige 12 Zeiten der Freiheitsentziehung sind:[24]
– Untersuchungshaft (§§ 112 ff. StPO, § 72 JGG, § 51 Abs. 1 S. 1 StGB, § 39 Abs. 1 S. 1 StVollstrO),
– Haft aufgrund Haftbefehls gegen einen ausgebliebenen Angeklagten (§ 230 Abs. 2),
– Haft, welche die verurteilte Person aufgrund vorläufiger Festnahme durch eine Amtsperson erlitten hat (§ 127 Abs. 2 StPO, § 39 Abs. 3 Nr. 1 StVollstrO),
– Freiheitsentziehung infolge der Festnahme durch eine Privatperson (§ 127 Abs. 1),
– strafprozessuale Freiheitsentziehungen nach §§ 81, 126a StPO (§ 39 Abs. 3 Nr. 3 StVollstrO),
– Unterbringung nach §§ 71 Abs. 2, 73 Abs. 1 JGG (§ 39 Abs. 3 Nr. 3 StVollstrO),
– Unterbringung nach § 72 Abs. 4 S. 1 JGG,
– Ungehorsamsarrest nach §§ 15 Abs. 3 S. 2, 11 Abs. 3 JGG,
– Zeiten zur Durchführung der Blutentnahme oder anderer Untersuchungen (§ 81a),
– Zeiten der erkennungsdienstlichen Behandlung und der damit verbundenen Vorführung (§ 81b),
– Ordnungshaft nach § 178 Abs. 3 GVG,
– Unterbringung nach Landesgesetzen,
– Unterbringung nach § 1906 BGB,
– persönlicher Sicherungsarrest (§§ 918, 933 ZPO), wenn dieser die Untersuchungshaft ersetzt,[25]
– vollzogener Disziplinararrest nach §§ 22 Abs. 1 Nr. 5, 26 WDO (§ 39 Abs. 3 Nr. 4 StVollstrO),
– Auslieferungshaft und vorläufige Auslieferungshaft aus Anlass der Tat (§ 39 Abs. 3 Nr. 2 StVollstrO),
– eine im Ausland gegen den Verurteilten wegen derselben Tat verhängte und vollstreckte Strafe (§ 51 Abs. 3 S. 1 StGB),
– eine im Ausland erlittene Freiheitsentziehung, die nicht zu einer Verurteilung geführt hat oder im ausländischen Urteil nicht angerechnet wurde (§ 51 Abs. 3 S. 2 StGB),
– jede weitere wegen der abzuurteilenden Tat im Ausland erlittene Freiheitsentziehung ungeachtet ihrer Bezeichnung.[26]
– Anrechnung von Strafe auf Strafe erfolgt gem. § 51 Abs. 2 StGB, wenn eine rechtskräftig verhängte Strafe bereits ganz oder teilweise vollstreckt bzw. durch Anrechnung erledigt ist und später deshalb wegfällt, weil sie durch eine andere ersetzt wird (zB durch nachträgliche Gesamtstrafenbildung oder Bildung einer Einheitsjugendstrafe).

2. Nicht ausdrücklich geregelte Anrechnung. a) Nicht hinnehmbare Verfah- 13 **rensverzögerung.** § 450 Abs. 1 greift nur für die Anrechnung erlittener Untersuchungshaft ein. Unabhängig davon kann jedoch eine Anrechnung erlittener Nachteile auch in Betracht kommen, wenn ein Strafverfahren von den Strafverfolgungsbehörden in rechtsstaatlich nicht hinnehmbarer Weise verzögert wurde. Nach der früheren Rechtsprechung waren die dadurch für den Angeklagten verursachten besonderen Belastungen durch eine bezifferte Herabsetzung der ohne diese Verzögerung angemessenen Strafe auszugleichen (sog. Strafzumessungslösung).[27] Nach der Entscheidung des Großen Senats für Strafsachen vom

---
[23] Ausführlich dazu Graalmann-Scheerer in Löwe/Rosenberg Rn. 16 f.
[24] Dazu Laubenthal/Nestler Strafvollstreckung Rn. 180.
[25] KG 23.6.2005 – 1 AR 648/05, 5 Ws 296/05, NStZ-RR 2005, 388.
[26] Pollähne/Woynar Rn. 400 ff.
[27] Dazu BGH 23.8.2007 – 3 StR 50/07, NJW 2007, 3294.

17.1.2008[28] hat der Tatrichter nunmehr schuldangemessene, die Verfahrensverzögerung außer Betracht lassende Einzelstrafen festzusetzen, aus ihnen eine Gesamtstrafe zu bilden und die Kompensation dadurch vorzunehmen, dass er in der Urteilsformel ausspricht, dass ein bezifferter Teil der verhängten Strafe als vollstreckt gilt (sog. **Vollstreckungslösung**).[29]

14 Wird eine so gebildete Gesamtstrafe nachträglich aufgelöst, so hat das Gericht, welches unter Einbeziehung der der aufgelösten Gesamtstrafe zugrunde liegenden Einzelstrafen eine neue Gesamtstrafe zu bilden hat, auch festzusetzen, welcher bezifferte Teil dieser neuen Gesamtstrafe aus Kompensationsgründen als vollstreckt anzurechnen ist. Dies gilt entsprechend, wenn die Einzelstrafen des ursprünglichen Urteils in mehrere neu zu bildenden Gesamtstrafen einzubeziehen sind. Das zur Entscheidung berufene Gericht hat dann festzulegen, in welchem Umfang die neu auszusprechenden Gesamtstrafen anteilig als vollstreckt gelten. Dabei hat es sich daran zu orientieren, in welchem Umfang in die jeweilige neue Gesamtstrafe Einzelstrafen einfließen, die ursprünglich nach einem rechtsstaatswidrig verzögerten Verfahren festgesetzt worden waren. In der Summe dürfen die für vollstreckt erklärten Teile der neuen Gesamtstrafen nicht hinter der ursprünglich ausgesprochenen Anrechnung zurückbleiben.[30]

15 **b) Art. 36 Abs. 1 Buchst. b S. 3 des Wiener Konsularrechtsübereinkommens.** Nach einer Entscheidung des 5. Strafsenats des BGH[31] sind in entsprechender Anwendung des § 51 Abs. 1 S. 1 StGB auch Verstöße gegen die Pflicht zur Belehrung über den Anspruch auf Benachrichtigung der konsularischen Vertretung Art. 36 Abs. 1 Buchst. b S. 3 des Wiener Konsularrechtsübereinkommens derart zu kompensieren, dass ein bestimmter Teil der verhängten Freiheitsstrafe als verbüßt anzurechnen ist.[32]

II. Voraussetzungen der Anrechnung nach Abs. 1

16 **1. Anrechnungsausspruch im Urteil.** Da die **Anrechnung** den **Regelfall** bildet, bleibt zwar ein positiver Ausspruch über Anrechnungen nach § 51 Abs. 1 S. 1 StGB im Urteil überflüssig. Das Gericht kann aber ausnahmsweise nach Abs. 1 S. 2 anordnen, dass eine Anrechnung ganz oder zum Teil unterbleibt, wenn sie im Hinblick auf das Verhalten des Verurteilten nach der Tat nicht gerechtfertigt ist. Das setzt ein Verhalten im Verfahren voraus, welches die Anrechnung ungerechtfertigt werden lässt[33] (wenn es zB zu einer Prozessverschleppung kommt, gerade um eine Verlängerung der anrechnungsfähigen Dauer der Untersuchungshaft herbeizuführen). Ist eine Nichtanrechnungsanordnung ergangen, erfolgt unter den Voraussetzungen von § 450 Abs. 1 StPO dennoch eine partielle Anrechnung. Nach dieser Norm muss auf die zu vollstreckende Freiheitsstrafe unverkürzt diejenige Untersuchungshaft angerechnet werden, die der Verurteilte erlitten hat, seit er auf Einlegung eines Rechtsmittels verzichtet oder das eingelegte Rechtsmittel zurückgenommen hat oder seitdem die Einlegungsfrist abgelaufen ist, ohne dass von ihm eine Erklärung abgegeben wurde.[34] Der Begriff der Untersuchungshaft iSv § 450 Abs. 1 umfasst auch jede andere Freiheitsentziehung, welche nach § 51 Abs. 1 S. 1 StGB auf die Strafe angerechnet wird.

17 **2. Verfahrenseinheit.** Für eine Anrechnung nach § 51 Abs. 1 S. 1 StGB gilt der Grundsatz der Verfahrenseinheit. Sie erfolgt nur für Belastungen, die aus Anlass der jetzt abzuurteilenden Tat erlitten wurden. Angerechnet werden kann dabei die tatsächlich erlittene Freiheitsentziehung, dh die auch faktisch vollzogene.

18 Muss die anzurechnende Freiheitsentziehung nach § 51 Abs. 1 S. 1 StGB, § 39 Abs. 1 S. 1 StVollstrO aus Anlass derjenigen Tat erlitten sein, die jetzt abzuurteilen ist, so setzt das

---

[28] BGH 17.1.2008 – GSSt 1/07, BGHSt 52, 124 = NJW 2008, 860.
[29] Vgl. dazu Kett-Straub in NK-StGB StGB § 51 Rn. 48 ff.
[30] BGH 17.1.2008 – GSSt 1/07, BGHSt 52, 124 = NJW 2008, 860.
[31] BGH 25.9.2007 – 5 StR 116/01, 5 StR 475/02, BGHSt 52, 48 = NJW 2008, 307.
[32] Dagegen zu Recht der 3. Strafsenat des BGH 20.12.2007 – 3 StR 318/07, BGHSt 52, 110 = NJW 2008, 1090.
[33] BGH 23.7.1970 – 4 StR 241/70, BGHSt 23, 307.
[34] Schmitt in Meyer-Goßner/Schmitt Rn. 3.

voraus, dass sich das Verfahren auf eine Tat bezogen hat, die zumindest einer der Anlässe der Freiheitsentziehung war. Eine Verfahrenseinheit liegt stets dann vor, wenn es sich um dieselbe Tat handelt (zB ein Angeklagter befindet sich wegen Totschlagverdachts in Untersuchungshaft und wird wegen dieser Tat zu einer Freiheitsstrafe verurteilt). Um den Konnex herzustellen, genügt auch eine kurzzeitige Verbindung von wenigen Tagen, dh das aktuelle Verfahren muss in irgendeiner Phase zugleich die den Freiheitsentzug herbeiführende Tat betroffen haben.

Die Rspr.[35] lässt darüber hinausgehend entsprechend § 51 Abs. 1 S. 1 StGB die Anrechnung verfahrensfremden Freiheitsentzugs zu und erachtet das Bestehen **funktionaler Verfahrenseinheit** für ausreichend. Einer förmlichen Verbindung der Verfahren bedarf es nicht. Es genügt bereits, dass zwischen der Strafverfolgung bezüglich der die Freiheitsentziehung auslösenden Tat und der Strafverfolgung der abgeurteilten Tat ein Zusammenhang iSe irgendwie gearteten sachlichen Bezugs vorhanden ist oder war.[36] 19

3. Rechtskraft. a) Relative Rechtskraft. Bei der relativen Rechtskraft ist das betrffende Urteil lediglich gegenüber einer bestimmten Person (etwa dem Verurteilten) in Rechtskraft erwachsen, so dass er es nicht mehr anzufechten vermag, selbst wenn dies anderen Personen noch möglich ist.[37] Relative Rechtskraft tritt ein bei Verzicht auf Einlegung eines Rechtsmittels (§ 302) ab dem Zeitpunkt der tatsächlichen Erklärung des Rechtsmittelverzichts oder dem Verstreichenlassen der Rechtsmitteleinlegungsfrist von einer Woche (§§ 314, 341). Als verstrichen gilt die Frist auch bei verspäteter Einlegung von Berufung oder Revision ist (§§ 316 Abs. 1, 343 Abs. 1), selbst wenn über das Rechtsmittel noch förmlich entschieden werden muss.[38] 20

Wie ein Rechtsmittel des Angeklagten zählt für die Anwendung des Abs. 1 das des Verteidigers (§ 297), des gesetzlichen Vertreters (§ 298) oder der Erziehungsberechtigten (§ 67 Abs. 3 JGG).[39] Etwas anderes gilt für von der Staatsanwaltschaft zugunsten des Angeklagten eingelegten Rechtsbehelfe (§ 296 Abs. 2). Die Anrechnung entfällt jedoch mit dem Tag der wirksamen Übernahme, sobald der Angeklagte nach Eintritt seiner Volljährigkeit das Rechtsmittel weiterführt.[40] 21

Der Antrag auf Wiedereinsetzung in den vorigen Stand hat nach § 47 Abs. 1 keine aufschiebende Wirkung. Daher entfällt zwar rückwirkend die Rechtskraft des Urteils, wenn Wiedereinsetzung gewährt wird. Bis zu diesem Moment bleibt das Urteil jedoch eine vollstreckbare Entscheidung so dass die Untersuchungshaft als Vollstreckungshaft zu rechnen ist. Bei einer Verwerfung des Rechtsmittels als unbegründet muss die während des Bestehens der Rechtskraft erlittene Haft auf die Strafe angerechnet werden.[41] 22

b) Bedeutung der absoluten Rechtskraft. Umstritten ist die Bedeutung der absoluten Rechtskraft für die Untersuchungshaft. Die Frage ist von erheblicher praktischer Bedeutung,[42] da sie zum einen die Rechtsgrundlage des Freiheitsentzugs sowie den Haftcharakter bestimmt, zum anderen die Zuständigkeit für Haftentscheidungen beeinflusst. 23

Befindet sich der Verurteilte bei Eintritt der absoluten Rechtskraft in Untersuchungshaft, so wandelt sich diese nicht unmittelbar kraft Gesetzes in Strafhaft.[43] Denn Letztere setzt 24

---

[35] BVerfG 25.4.2001 – 2 BvQ 15/01, NStZ 2001, 501; 15.12.1999 – 2 BvR 1447/99, NStZ 2000, 277 (278); 28.9.1998 – 2 BvR 2232/94, NStZ 1999, 24; BGH 26.6.1997 – StB 30/96, 2 StE 4/92 (M) (1 BJs 197/89), StB 30/96, BGHSt 43, 112 (116) = NJW 1997, 2392 (2393).
[36] BVerfG 15.5.1999 – 2 BvR 116–99, NStZ 1999, 477.
[37] Schmitt in Meyer-Goßner/Schmitt Rn. 4.
[38] Schmitt in Meyer-Goßner/Schmitt Rn. 5.
[39] Paulus/Stöckel in KMR-StPO Rn. 9.
[40] LG Bamberg 13.7.1966 – 2 KLs 50/65, NJW 1967, 68; Schmitt in Meyer-Goßner/Schmitt Rn. 6.
[41] Graalmann-Scheerer in Löwe/Rosenberg Rn. 15.
[42] Vgl. Seebode StV 1988, 119.
[43] Laubenthal Strafvollzug Rn. 934; Laubenthal/Nestler Strafvollstreckung Rn. 144; Linke JR 2001, 358 (359); Wolf in Pohlmann/Jabel/Wolf StVollstrO § 38 Rn. 15, StVollstrO § 39 Rn. 37; Paeffgen/Greco in SK-StPO Rn. 5 f.; aA BVerfG 3.2.1959 – 1 BvR 236/54, BverfGE 9, 160; OLG Celle 9.8.1963 – 3 Ws 512/63, NJW 1963, 2240; OLG Düsseldorf 25.7.1986 – 1 Ws 614/86, StV 1988, 110; OLG Ham-

die Einleitung der Strafvollstreckung mittels eines nach außen hin zu dokumentierenden Willensakts voraus.⁴⁴ Für den Zeitraum bis zur formellen Einleitung der Strafvollstreckung nach § 451 (sog. **Zwischenhaft**⁴⁵ bzw. **Vollstreckungshaft**⁴⁶) soll jedenfalls der Haftbefehl als Grundlage der andauernden Freiheitsentziehung fortgelten.⁴⁷ Die Anrechnung von Zwischenhaft auf die Strafhaft folgt dabei argumentum a maiore ad minus aus § 51 Abs. 1 StGB bzw. § 450 Abs. 1; zudem bestimmt § 38 Nr. 3 StVollstrO, dass bei einem Verurteilten, der sich im Zeitpunkt des Eintritts der Rechtskraft in Untersuchungshaft befindet, dieser Zeitpunkt als Beginn der Strafzeit anzusetzen ist. Nach abzulehnender aA⁴⁸ soll ein automatischer Übergang von der Untersuchungshaft zur Strafhaft erfolgen. Dem entspreche die ständige Rspr. zur Begründung der Zuständigkeit der Strafvollstreckungskammer (vgl. → § 462a Rn. 17).

25   Während der Phase der Zwischenhaft ist der Inhaftierte nach Nr. 91 Abs. 1 UVollzO⁴⁹ „als Strafgefangener ... zu behandeln, soweit sich dies schon vor der Aufnahme zum Strafvollzug durchführen läßt". Dies erfordert eine Behandlung gleich demjenigen, der aufgrund eines Vollstreckungshaftbefehls festgenommen, aber noch nicht in die zuständige Justizvollzugsanstalt eingegliedert worden ist.⁵⁰

26   Befindet sich der Verurteilte im Zeitpunkt des Eintritts der Rechtskraft eines den Vorwegvollzug einer freiheitsentziehenden Maßregel vor der Freiheitsstrafe anordnenden Urteils in Untersuchungshaft, so ist der Zeitraum zwischen Rechtskraft und Beginn des Maßregelvollzugs (**Organisationshaft**⁵¹) in analoger Anwendung des Abs. 1 bzw. des § 51 Abs. 1 S. 1 StGB auf die Strafe anzurechnen.⁵² Diese Zeit ist auf denjenigen Teil der Freiheitsstrafe anzurechnen, dessen Vollzug sich nicht durch Anrechnung der Unterbringung gem. § 67 Abs. 4 StGB erledigt hat, also auf das letzte Drittel der Freiheitsstrafe.⁵³

27   Ist der Inhaftierte nach § 126a **einstweilig untergebracht,** erfolgt eine Anrechnung dieses Zeitraums auf die Maßregel.⁵⁴ Wurde ein teilweiser Vorwegvollzug der Freiheitsstrafe nach § 67 Abs. 2 StGB angeordnet, wird Untersuchungshaft idR auf den vorweg zu vollziehenden Teil der Strafe anzurechnen sein.⁵⁵

III. Wirkung der Anrechnung

28   Die Bedeutung des Abs. 1 beschränkt sich praktisch darauf, für die Zeit nach Eintritt der relativen Rechtskraft zugunsten des Angeklagten einer vorangegangenen Nichtanrech-

---

burg 8.4.1976 – 1 Ws 183/76, NJW 1977, 210; OLG Köln 13.7.1966 – Hes 72/66, NJW 1966, 1829; OLG Stuttgart 17.1.1979 – 1 Ws 3/79, NJW 1979, 884; ähnlich Seebode StV 1988, 119 (120); Appl in KK-StPO Rn. 10a. Der BGH hatte in BGH 20.10.1964 – 1 StR 380/64, BGHSt 20, 64 die Frage zunächst offengelassen, dann aber mit BGH 28.8.1991 – 2 Ars 366/91, BGHSt 38, 63 = NStZ 1991, 605 entschieden, dass die Untersuchungshaft mit der Rechtskraft unmittelbar in Strafhaft übergeht.

44 Linke JR 2001, 358 (363); Schlothauer/Weider/Nobis Untersuchungshaft, Rn. 864 f.; siehe zur Zwischenhaft auch Paeffgen, Zwischenhaft, Organisationshaft, S. 36 ff.

45 Laubenthal/Nestler Strafvollstreckung Rn. 144; Seebode StV 1988, 119.

46 OLG Düsseldorf 25.7.1986 – 1 Ws 614/86, StV 1988, 110; Graalmann-Scheerer in Löwe/Rosenberg Rn. 8.

47 Graalmann-Scheerer in Löwe/Rosenberg Rn. 8.

48 Bspw. Coen in BeckOK StPO Rn. 6 sowie BGH 28.8.1991 – 2 ARs 366/91, BGHSt 38, 63 = NStZ 1991, 605; OLG Hamm 6.11.2001 – 2 Ws 271/01, StV 2002, 209; 4.6.2009 – 2 Ws 153/09, BeckRS 2010, 10542.

49 Nr. 91 UVollzO findet in den Untersuchungshaftvollzugsgesetzen der Länder wegen der Zuständigkeit des Bundes zur Regelung der Strafvollstreckung keine absolut identische Vorschrift; vgl. jedoch § 82 JVollzGB II sowie § 76 Nr. 3 UVollzG NRW.

50 OLG Düsseldorf 25.7.1986 – 1 Ws 614/86, StV 1988, 110; vgl. für Rechtsbehelfe und Zuständigkeit → § 457 Rn. 43 ff.

51 Dazu Laubenthal Strafvollzug Rn. 914; Laubenthal/Nestler Strafvollstreckung Rn. 193.

52 OLG Hamm 27.7.1989 – 1 Ws 217/89, NStZ 1989, 549; Appl in KK-StPO Rn. 10 f.

53 BVerfG 26.9.2005 – 2 BvR 1019/01, NJW 2006, 427.

54 OLG Hamm 30.5.1978 – 6 Ws 265/78, Rn. 7.

55 BGH 23.4.1991 – 4 StR 121/91, NJW 1991, 2431; Appl in KK-StPO Rn. 10e; Fischer StGB § 51 Rn. 10; aA OLG Schleswig 2.4.1990 – 1 Ws 118/90, NStZ 1990, 407; LG Hagen 21.1.1991 – 61 StVK 2/91, StV 1991, 218.

nungsanordnung die Wirkung zu entziehen. Das Rechtsmittelgericht hat nicht die Befugnis, gem. § 51 Abs. 1 S. 2 StGB die Nichtanrechnung der Untersuchungshaft anzuordnen, so dass diese vom errechneten Ende der Strafzeit **nach vollen Tagen rückwärts abgerechnet** wird.[56]

Der Tag, an dem die relative Rechtskraft eintritt, wird nach § 39 Abs. 2 S. 2 StVollstrO, 29 § 51 StGB nur angerechnet, wenn er nicht bereits nach § 37 Abs. 2 StVollstrO unverkürzt als Strafhaft zählt. Dies ist der Fall, sofern der Verurteilte noch mehr als eine Woche im Vollzug zuzubringen hat und Verzicht bzw. Zurücknahme daher als zu Beginn des Tages eingetreten gelten, § 37 Abs. 2 S. 2 StVollstrO.[57] Bei kürzerer noch ausstehender Vollzugsdauer gelten Verzicht und Zurücknahme als zu Beginn der Stunde eingetreten, in deren Verlauf sie erklärt wurden, und somit nicht als Strafhaft, vgl. § 37 Abs. 2 S. 1 StVollstrO. Ist dem Verurteilten die vor dem Urteil liegende Untersuchungshaft gem. § 51 StGB anzurechnen und verzichtet er im Anschluss an die Verkündung auf Rechtsmittel, so wird dieser Tag nur als Strafhaft gerechnet, wenn die noch ausstehende Vollzugsdauer mehr als eine Woche beträgt; dieser Tag wird also nicht auch noch als Untersuchungshaft gerechnet, § 39 Abs. 2 S. 2 StVollstrO. Anderenfalls käme es zu einer doppelten Anrechnung.[58] Eine Teilung des Tages, an dem Verzicht bzw. Zurücknahme erklärt wird, ist hinfällig, sofern die Vollzugsdauer nicht mehr als eine Woche beträgt.[59]

IV. Anrechnungsmodus

§ 39 Abs. 4 S. 1 StVollstrO gibt für die **Berechnung bei Anrechnung** von Untersuchungshaft und anderer Freiheitsentziehung vor, dass der erlittene Freiheitsentzug vom errechneten Ende der Strafzeit nach vollen Tagen rückwärts abgerechnet wird.[60] Demzufolge ist zunächst derjenige Kalendertag zu ermitteln, an dem die Strafe ohne eine Anrechnung verbüßt wäre. Von dem fiktiv ermittelten Strafende kommt es dann zum Abzug der anzurechnenden Zeiten rückwärts in vollen Tagen. Befindet sich die verurteilte Person bei Eintritt der Rechtskraft in der Sache in Untersuchungshaft (oder in anderer Freiheitsentziehung), erstreckt sich die Anrechnung der Untersuchungshaft oder der anderen Freiheitsentziehung – vorbehaltlich einer abweichenden gerichtlichen Entscheidung – bis einschließlich des Tages, an dem das Strafrkenntnis rechtskräftig wurde (§ 39 Abs. 2 S. 1 StVollstrO). Der Tag, an dem die Rechtskraft eintrat, wird allerdings nur dann angerechnet, wenn dieser nicht schon unverkürzt nach § 38 Nr. 3 iVm § 37 Abs. 2 S. 2 StVollstrO als erster Tag der Strafhaft zählt. Damit soll eine doppelte Anrechnung vermieden werden; die Anrechnung als Strafhaft hat insoweit Vorrang.

Nach § 37 Abs. 1 S. 2 StVollstrO darf die Strafzeitberechnung nicht zu einer Verlänge- 31 rung der nach § 39 StGB verhängten Strafe führen. Es bedarf deshalb einer Vergleichsberechnung (§ 39 Abs. 4 S. 2 StVollstrO), wobei das Strafende sich dann im Ergebnis nach dem **Günstigkeitsprinzip** bestimmt.

Gem. § 39 Abs. 4 S. 1 StVollstrO ist **Rechnungseinheit der Tag.** Das bedeutet jedoch 32 nicht, dass Tagesbruchteile jeweils mit einem Tag zu berechnen sind.[61] Dies folgt unmittelbar aus § 39 Abs. 4 S. 3 StVollstrO für die Konstellation, dass bei an zwei aufeinanderfolgenden Tagen ununterbrochen vollzogener Freiheitsentziehung nur ein Tag anzurechnen bleibt, wenn sich den Vollstreckungsunterlagen nachvollziehbar entnehmen lässt, dass zusammen nicht mehr als 24 Stunden verbüßt wurden. Aber auch in anderen Fällen von Tagesbruchtei-

---

[56] Vgl. § 39 Abs. 4 StVollstrO; siehe auch OLG Düsseldorf 4.9.1968 – BReg. 1a Z 24/68, NJW 1969, 430; Appl in KK-StPO Rn. 7; Schmitt in Meyer-Goßner/Schmitt Rn. 9.
[57] Die Regelung gilt nicht, wenn die Rechtskraft des Urteils aufgrund eines unter § 34a fallenden Beschlusses, dh mit dem Ende des Tages, an dem der Beschluss erlassen worden ist, als eingetreten gilt; Wolf in Pohlmann/Jabel/Wolf StVollstrO § 37 Rn. 23, StVollstrO § 38 Rn. 12.
[58] Graalmann-Scheerer in Löwe/Rosenberg Rn. 7.
[59] Wolf in Pohlmann/Jabel/Wolf StVollstrO § 37 Rn. 5 ff., Rn. 23; Stöckel in KMR-StPO Vor § 449 Rn. 55.
[60] Schmitt in Meyer-Goßner/Schmitt Rn. 9.
[61] So aber noch OLG München 23.1.1979 – 1 Ws 78/79, Rpfleger 1981, 317; Pollähne/Woynar Rn. 390 ff.

len im Freiheitsentzug (zB ein Verurteilter befand sich wegen der Tat an einem Tag für vier Stunden im polizeilichen Gewahrsam und dann noch einmal für acht Stunden in Untersuchungshaft) darf es zu keiner Doppelanrechnung kommen.[62] Die Tagesbruchteile sind vielmehr zu addieren. Nur wenn die anrechenbare Freiheitsentziehung insgesamt 24 Stunden überschreitet, wird ein neuer Tag gezählt.

33 Hat der Angeklagte aus Anlass der Tat, die Gegenstand des inländischen Verfahrens ist, eine **ausländische Strafe oder Freiheitsentziehung** erlitten, bestimmt gem. § 51 Abs. 4 S. 2 StGB das Gericht den Anrechnungsmaßstab der ausländischen Inhaftierung. Es erfolgt eine Ermessensentscheidung des Tatrichters, bei der er ggf. zu berücksichtigen hat, dass die Auswirkungen einer Inhaftierung für den Betroffenen in einem anderen Staat eine erhöhte Intensität besitzen können und er muss dann die divergierenden Haftbedingungen in ein dem deutschen Haftsystem zu entnehmendem Äquivalent umsetzen.

V. Anrechnung bei Jugendlichen und Heranwachsenden

34 Im Verfahren gegen Jugendliche und Heranwachsende gilt gem. § 2 JGG die Anrechnung der seit Eintritt der relativen Rechtskraft (vgl. → Rn. 8–10) erlittenen Untersuchungshaft auf die erlittene Jugendstrafe (§§ 52a, 109 Abs. 2 JGG) ebenfalls nach Abs. 1.[63] Für die Vollstreckung von *Jugendarrest* vgl. § 87 Abs. 2 JGG. Bei einstweiliger Unterbringung in einem *Erziehungsheim* (§§ 71 Abs. 2, 72 Abs. 3 JGG) gilt Abs. 1 entsprechend.

35 Für die **Jugendstrafe** enthält § 52a Abs. 1 S. 1 JGG eine § 51 Abs. 1 S. 1 StGB vergleichbare Anrechnungsgrundregel[64] für aus Anlass der Tat vollzogene Untersuchungshaft oder andere Freiheitsentziehung. Das Gericht kann nach § 52a Abs. 1 S. 2 JGG nicht nur wegen verfahrensbezogener Gesichtspunkte das Unterbleiben der Anrechnung anordnen, sondern auch aus erzieherischen Gründen. § 52a Abs. 1 S. 3 JGG stellt insoweit klar, dass Letztere grds. nur dann eine Nichtanrechnung rechtfertigen, wenn die Anrechnung der Freiheitsentziehung die noch erforderliche erzieherische Einwirkung auf den Angeklagten nicht gewährleisten würde.[65]

C. Anrechnung von Führerscheinentzug, Abs. 2

36 Ist in einem nicht rechtskräftigen Urteil ein *Fahrverbot* nach § 44 StGB verhängt worden, so kann gem. § 111a Abs. 5 S. 2 die Rückgabe des Führerscheins aufgeschoben werden, wenn der Angeklagte nicht widerspricht. Diese Zeit des freiwilligen Verzichts, der sich praktisch wie ein Fahrverbot auswirkt, ist nach Rechtskraft des Urteils unverkürzt auf die Dauer des Fahrverbots (§ 44 Abs. 1 und 3 StGB) anzurechnen; s. auch § 463b sowie §§ 59a, 87 Abs. 2 Nr. 1 StVollStrO.[66]

§ 450a Anrechnung einer im Ausland erlittenen Freiheitsentziehung

(1) ¹**Auf die zu vollstreckende Freiheitsstrafe ist auch die im Ausland erlittene Freiheitsentziehung anzurechnen, die der Verurteilte in einem Auslieferungsverfahren zum Zwecke der Strafvollstreckung erlitten hat.** ²**Dies gilt auch dann, wenn der Verurteilte zugleich zum Zwecke der Strafverfolgung ausgeliefert worden ist.**

(2) **Bei Auslieferung zum Zwecke der Vollstreckung mehrerer Strafen ist die im Ausland erlittene Freiheitsentziehung auf die höchste Strafe, bei Strafen gleicher**

---

[62] Wolf in Pohlmann/Jabel/Wolf StVollstrO § 39 Rn. 87; Röttle/Wagner/Theurer Strafvollstreckung Kap. 2 Rn. 205.
[63] OLG München 27.7.1971 – 1 Ws 372/71, NJW 1971, 2275; Graalmann-Scheerer in Löwe/Rosenberg Rn. 24; Pfeiffer Rn. 4.
[64] Dazu Kamann, Vollstreckung und Vollzug der Jugendstrafe, Rn. 33.
[65] Dazu BGH 26.7.2005 – 4 StR 22/05, NStZ 2007, 43.
[66] Graalmann-Scheerer in Löwe/Rosenberg Rn. 26; Schmitt in Meyer-Goßner/Schmitt Rn. 10.

Höhe auf die Strafe anzurechnen, die nach der Einlieferung des Verurteilten zuerst vollstreckt wird.

(3) ¹Das Gericht kann auf Antrag der Staatsanwaltschaft anordnen, daß die Anrechnung ganz oder zum Teil unterbleibt, wenn sie im Hinblick auf das Verhalten des Verurteilten nach dem Erlaß des Urteils, in dem die dem Urteil zugrunde liegenden tatsächlichen Feststellungen letztmalig geprüft werden konnten, nicht gerechtfertigt ist. ²Trifft das Gericht eine solche Anordnung, so wird die im Ausland erlittene Freiheitsentziehung, soweit ihre Dauer die Strafe nicht überschreitet, auch in einem anderen Verfahren auf die Strafe nicht angerechnet.

Übersicht

		Rn.			Rn.
A.	Regelungsinhalt	1	2.	Anrechnungsgegenstand	5
B.	Voraussetzungen der Anrechnung	2	II.	Vollstreckung mehrerer Strafen, Abs. 2	9
I.	Auslieferungsverfahren zum Zwecke der Strafvollstreckung, Abs. 1	2			
1.	Auslieferungsverfahren	3	III.	Nichtanrechnung, Abs. 3	10

A. Regelungsinhalt

§ 450a steht in Zusammenhang mit der Regelung des § 51 Abs. 3 S. 2 StGB.¹ Dem im Inland rechtskräftig Verurteilten, der im Ausland ergriffen und zur Strafvollstreckung eingeliefert wird (vgl. → § 449 Rn. 41) soll die Anrechnung der ausländischen Auslieferungszeit bei der Strafzeitberechnung genauso zugutekommen, wie dies für die im Ausland erlittene Freiheitsentziehung eines Angeklagten anlässlich der Einlieferung zum Zwecke der Strafverfolgung nach § 51 Abs. 1 StGB im Urteil erfolgt.² Während § 450a Abs. 1 die regelmäßige Anrechnung vorschreibt, betrifft § 450a Abs. 2 den Sonderfall der Auslieferung zur Vollstreckung mehrerer Strafen (→ Rn. 4); Abs. 3 enthält einen Ausnahmetatbestand insbes. für Fälle schuldhafter Vollstreckungsvereitelung (→ Rn. 5 f.) § 38 Nr. 2 Hs. 2 StVollstrO ergänzt die Anrechnungsregel des § 450a, indem er für den Fall einer Festnahme der verurteilten Person im Ausland normiert, dass die Strafzeit bei Übernahme durch deutsche Beamtinnen oder Beamte beginnt.³ 1

B. Voraussetzungen der Anrechnung

I. Auslieferungsverfahren zum Zwecke der Strafvollstreckung, Abs. 1

Nach § 450a Abs. 1 S. 1 ist auf die zu vollstreckende Freiheitsstrafe die im Ausland erlittene Freiheitsentziehung anzurechnen, welche der Verurteilte in einem **Auslieferungsverfahren zum Zweck der Strafvollstreckung** erlitten hat. Damit wird die im Ausland erlittene Freiheitsentziehung infolge eines auf Strafvollstreckung gerichteten Auslieferungsbegehrens berücksichtigt. 2

1. Auslieferungsverfahren. Der Begriff des **Auslieferungsverfahrens** ist weit zu interpretieren.⁴ Es bedarf weder eines förmlichen Verfahrens zur Prüfung der Auslieferungsvo- 3

---

¹ BVerfG 27.10.1970 – 1 BvR 557/68, BVerfGE 29, 312 = NJW 1970, 2287; siehe auch Bock ZIS 2010, 482.
² § 450a gilt analog nach erfolgter Vollstreckungsübernahme für die in Deutschland vollstreckte Auslieferungshaft hinsichtlich der zu vollstreckenden Strafe des ausländischen Erkenntnisses; vgl. OLG Celle 19.6.2018 – 2 Ws 205/18, BeckRS 2018, 12950.
³ Zur historischen Entwicklung Graalmann-Scheerer in Löwe/Rosenberg Rn. 2 ff.
⁴ Graalmann-Scheerer in Löwe/Rosenberg Rn. 6; Pohlmann Rpfleger 1971, 61.

raussetzungen[5] noch eines Rechtshilfeabkommens zwischen der BRD und dem betreffenden Staat. Auch Fahndungsmaßnahmen nach § 457, §§ 33, 34 StVollstrO oder ein Sicherungshaftbefehl gem. § 453c sind nicht erforderlich. Ausreichend bleibt somit jede Freiheitsentziehung, die ein Verurteilter außerhalb des Geltungsbereichs des Grundgesetzes zum Zweck der Zuführung zu einer inländischen Strafvollstreckung erlitten hat.[6] Entscheidend ist, dass die Durchführung der Freiheitsentziehung im Ausland gerade zu dem Zweck erfolgt, den Verurteilten der deutschen Strafvollstreckung zuzuführen.[7] Dies ergibt sich aus dem Wortlaut der Vorschrift („in einem Auslieferungsverfahren zum Zwecke der Strafvollstreckung").

4   Gleichwohl kommt – allerdings unabhängig von der Regelung des § 450a Abs. 1[8] – eine Anrechnung in Betracht, da anderenfalls eine aus sachlichen Gründen nicht gerechtfertigte Benachteiligung von Verurteilten, die sich nach Rechtskraft des Urteils in Abschiebehaft befanden, gegenüber solchen Verurteilten entstünde, die Auslieferungshaft erlitten haben.[9] Im Fall einer **funktionalen Verfahrenseinheit**[10] gebietet es das Freiheitsgrundrecht, eine Anrechnung in weitem Umfang vorzunehmen. Eine solche funktionale Verfahrenseinheit wird insbesondere vorliegen, wenn die Festnahme des Verurteilten im Ausland aufgrund eines internationalen Haftbefehls erfolgte, der aus Anlass der Verurteilung erging, die nunmehr vollstreckt werden soll.[11]

5   **2. Anrechnungsgegenstand.** Ob und in welchem Umfang eine im Ausland erlittene Freiheitsentziehung anzurechnen ist, steht für das Erkenntnisverfahren nach § 51 Abs. 4 S. 2 StGB im **Ermessen**[12] des Gerichts. Für das Vollstreckungsverfahren existiert im Bezug auf die Anrechnung einer nach Rechtskraft des Urteils im Ausland erlittenen Freiheitsentziehung gem. § 450a keine entsprechende Vorschrift. Insoweit gilt wegen der Vergleichbarkeit der Sachverhalte jedoch ein identischer Maßstab und **§ 51 Abs. 4 S. 2 StGB ist entsprechend** anzuwenden.[13]

6   Anrechnungsgegenstand ist die **im nichtdeutschen Gewahrsam verbrachte Zeit** bis zum Beginn der Strafzeit.[14] Diese beginnt nach § 38 Nr. 2 Hs. 2 StVollstrO bei Überstellung des Inhaftierten an die deutschen Behörden. Da die Anrechnung einen Teil der Strafzeitberechnung darstellt, ist sie **Aufgabe der Vollstreckungsbehörde.** Hierbei sind die Umstände maßgebend, unter denen die Freiheitsentziehung im Ausland stattgefunden hat.[15] In Zweifelsfällen wird nach § 458 Abs. 1 die gerichtliche Entscheidung herbeigeführt.[16] Das gilt auch

---

[5] Paulus/Stöckel in KMR-StPO Rn. 6; Graalmann-Scheerer in Löwe/Rosenberg Rn. 6; Laubenthal/Nestler Strafvollstreckung Rn. 189.
[6] Appl in KK-StPO Rn. 3; Laubenthal/Nestler Strafvollstreckung Rn. 189; Schmitt in Meyer-Goßner/Schmitt Rn. 2.
[7] Appl in KK-StPO Rn. 3; Laubenthal/Nestler Strafvollstreckung Rn. 189; Paulus/Stöckel in KMR-StPO Rn. 5; Schmitt in Meyer-Goßner/Schmitt Rn. 2; Paeffgen/Greco in SK-StPO Rn. 4.
[8] AA wohl Graalmann-Scheerer in Löwe/Rosenberg Rn. 6, die für diese Fälle § 450a Abs. 1 anwenden will.
[9] BVerfG 14.1.2005 – 2 BvR 1825/03, BVerfGK 5, 17; BGH 5.8.2020 – 3 StR 231/20, BeckRS 2020, 23705 Rn. 11.
[10] Vgl. → § 450 Rn. 17 ff.
[11] BVerfG 14.1.2005 – 2 BvR 1825/03 (dort Rn. 24), BVerfGK 5, 17; siehe ferner BGH 5.8.2020 – 3 StR 231/20, BeckRS 2020, 23705 Rn. 11.
[12] Dazu Graalmann-Scheerer in Löwe/Rosenberg Rn. 13.
[13] OLG Koblenz 10.1.1989 – 1 Ws 17/89, GA 1989, 310; OLG Stuttgart 23.1.1986 – 1 Ws 3/86, MDR 1986, 779; Appl in KK-StPO Rn. 8; Schmitt in Meyer-Goßner/Schmitt Rn. 3; Paeffgen/Greco in SK-StPO Rn. 6; vgl. auch Theune in LK-StGB StGB § 51 Rn. 65.
[14] Graalmann-Scheerer in Löwe/Rosenberg Rn. 8; Appl in KK-StPO Rn. 7; Bringewat Rn. 2.
[15] Vgl. BGH 8.12.1981 – 1 StR 648/81, BGHSt 30, 282 (283); 21.1.1986 – 3 StR 475/85, NStZ 1986, 313; Theune in LK-StGB StGB § 51 Rn. 57 ff.; Stree/Kinzig in Schönke/Schröder § 51 Rn. 32; vgl. bspw. auch LG Marburg 9.11.2011 – 7b StVK 136/11, Rpfleger 2012, 348 (für Auslieferungshaft in Serbien Anrechnung im Verhältnis 1:2); LG Zweibrücken 25.1.2011 – 2 AR 41/10, NStZ-RR 2011, 341 (Verhältnis 1:1 für in Slowenien erlittene Auslieferungshaft); ferner OLG Hamm 16.10.2007 – 3 Ws 598/07, NStZ 2009, 101 (Verhältnis 1:1 für in Polen erlittene Auslieferungshaft).
[16] OLG Düsseldorf 28.6.1988 – 1 Ws 562/88, MDR 1989, 90; 4.6.1991 – 1 Ws 487/91, wistra 1991, 320; 9.3.1994 – 1 Ws 144/94, MDR 1994, 936; LG Bochum 2.10.1992 – StVK 1194/92, StV 1993, 33; vgl. auch → § 458 Rn. 2 ff.

für die Bestimmung des Umrechnungsmaßstabs entsprechend § 51 Abs. 4 S. 2 StGB, der von der Vollstreckungsbehörde – und subsidiär von der Strafvollstreckungskammer (§§ 458 Abs. 1, 462 Abs. 1 S. 1, 462a Abs. 1) – nach pflichtgemäßem Ermessen bestimmt wird.

Bei einer **doppelfunktionalen Auslieferungshaft,** dh wenn der Verurteilte sowohl zum Zweck der Strafvollstreckung als auch zur Strafverfolgung ausgeliefert wird und eine Aufspaltung der ausländischen Freiheitsentziehung unmöglich bleibt, bestimmt § 450a Abs. 1 S. 2 den Vorrang der Anrechnung auf die zu vollstreckende Sanktion.[17] Bei Trennbarkeit kann nur der nicht verbrauchte Teil im künftigen Strafverfahren Gegenstand einer Anrechnung nach § 51 Abs. 3 S. 2 StGB sein. 7

Die Anrechnung erfolgt unabhängig davon, ob es tatsächlich zu einer Auslieferung kommt. Erlittene Freiheitsentziehung ist somit auch dann anzurechnen, wenn der Verurteilte von der ausländischen Strafverfolgungsbehörde in Auslieferungshaft genommen, demnächst aber auf freien Fuß gesetzt wurde, weil das zuständige Gericht seine Auslieferung ablehnte.[18] 8

II. Vollstreckung mehrerer Strafen, Abs. 2

Abs. 2 enthält bei Auslieferung zum Zwecke der Vollstreckung mehrerer Strafen eine Anrechnungsregel, nach der es auf die Höhe der erkannten Strafe ankommt. Angerechnet wird die im Ausland verbüßte Haft stets **auf die höchste der verhängten Strafen,** wobei die höchste erkannte Strafe ohne Rücksicht auf die Höhe eines etwa noch zu vollstreckenden Restes ist. Dies gilt selbst dann, wenn der noch zu verbüßende Strafrest geringer als die nächstniedrigere Strafe ist.[19] Ein etwaig verbleibender Rest bei der Anrechnung der ausländischen Freiheitsentziehung wird dann auf die nächstniedrigere erkannte Freiheitsstrafe angerechnet.[20] 9

III. Nichtanrechnung, Abs. 3

Wie bei § 51 Abs. 1 S. 2 StGB unterbleibt gem. § 450a Abs. 3 S. 1 die für den Regelfall normierte Anrechnung auf eine entsprechende gerichtliche Anordnung hin. Die vollständige oder teilweise **Nichtanrechnung** der ausländischen Freiheitsentziehung erfordert ein Verhalten des Verurteilten, das eine Anrechnung als nicht gerechtfertigt erscheinen lässt, wobei das Verhalten nach Urteilserlass (§ 260 Abs. 1) in der letzten Tatsacheninstanz relevant ist. Hierfür genügt eine Flucht ins Ausland allein nicht, denn diese stellt bereits den Regelfall der Anrechnung nach § 450a Abs. 1 dar.[21] Notwendig ist das Hinzutreten erschwerender Umstände (zB bei einem gewaltsamen Ausbruch aus der Anstalt unter Begehung weiterer Straftaten gem. §§ 121, 240, 303 StGB)[22] oder das Verbringen von Tatbeute ins Ausland.[23] 10

Zuständig für die Nichtanrechnungsentscheidung ist idR die **Strafvollstreckungskammer** (§§ 462 Abs. 1 S. 1, 462a Abs. 1). Sie entscheidet auf Antrag der Staatsanwaltschaft hin. Lediglich für die Feststellung der zu vollstreckenden Strafe aufgrund einer Bewilligungsbeschränkung bei der Einlieferung ist das Gericht des ersten Rechtszugs zuständig.[24] Gemäß § 39a Abs. 2 StVollstrO hat die Vollstreckungsbehörde auf eine Prü- 11

---

[17] BGH 11.7.1985 – 4 StR 293/85, NStZ 1985, 497; OLG Braunschweig 26.10.1995 – Ws 163/95, NStZ 1996, 280; LG Bochum 2.10.1992 – StVK 1194/92, StV 1993, 33; Appl in KK-StPO Rn. 5; Paulus/Stöckel in KMR-StPO Rn. 10; Laubenthal/Nestler Strafvollstreckung Rn. 189; Schmitt in Meyer-Goßner/Schmitt Rn. 4; Röttle/Wagner/Theurer Strafvollstreckung Kap. 2 Rn. 285.
[18] BVerfG 27.10.1970 – 1 BvR 557/68, BVerfGE 29, 312 = NJW 1970, 2287; Graalmann-Scheerer in Löwe/Rosenberg Rn. 7; Appl in KK-StPO Rn. 6; Paulus/Stöckel in KMR-StPO Rn. 5; Schmitt in Meyer-Goßner/Schmitt Rn. 2; Wolf in Pohlmann/Jabel/Wolf StVollstrO § 39a Rn. 3.
[19] Graalmann-Scheerer in Löwe/Rosenberg Rn. 11.
[20] Paulus/Stöckel in KMR-StPO Rn. 10.
[21] Graalmann-Scheerer in Löwe/Rosenberg Rn. 18.
[22] Appl in KK-StPO Rn. 10; Schmitt in Meyer-Goßner/Schmitt Rn. 6.
[23] BGH 23.7.1970 – 4 StR 241/70, BGHSt 23, 307.
[24] Schmitt in Meyer-Goßner/Schmitt Rn. 6.

fung hinzuwirken, wenn nach ihrer Auffassung die in § 450a Abs. 3 S. 1 genannten Voraussetzungen für eine Entscheidung über die Nichtanrechnung von Auslieferungshaft vorliegen.

§ 451 Vollstreckungsbehörde

(1) Die Strafvollstreckung erfolgt durch die Staatsanwaltschaft als Vollstreckungsbehörde auf Grund einer von dem Urkundsbeamten der Geschäftsstelle zu erteilenden, mit der Bescheinigung der Vollstreckbarkeit versehenen Abschrift der Urteilsformel.

(2) Den Amtsanwälten steht die Strafvollstreckung nur insoweit zu, als die Landesjustizverwaltung sie ihnen übertragen hat.

(3) ¹Die Staatsanwaltschaft, die Vollstreckungsbehörde ist, nimmt auch gegenüber der Strafvollstreckungskammer bei einem anderen Landgericht die staatsanwaltschaftlichen Aufgaben wahr. ²Sie kann ihre Aufgaben der für dieses Gericht zuständigen Staatsanwaltschaft übertragen, wenn dies im Interesse des Verurteilten geboten erscheint und die Staatsanwaltschaft am Ort der Strafvollstreckungskammer zustimmt.

Übersicht

		Rn.			Rn.
A.	Vollstreckungsbehörden	1	II.	Funktionale Zuständigkeit des Rechtspflegers	12
I.	Staatsanwaltschaft als Vollstreckungsbehörde	1	1.	Umfang der Übertragung	12
II.	Ausnahmen	2	2.	Wahrnehmung der Geschäfte der Strafvollstreckungsbehörde	18
1.	Verfahren gegen Jugendliche und Heranwachsende	2	3.	Begrenzungsverordnung	21
2.	Amtsanwaltschaften, Abs. 2	3	III.	Örtliche Zuständigkeiten	22
3.	Aufschub eines Berufsverbots	4	C.	Vollstreckbarkeitsbescheinigung	27
4.	Überwachung der Lebensführung des Verurteilten	5	I.	Urkundliche Grundlage der Vollstreckung	27
B.	Zuständigkeit	6	II.	Zuständigkeit für die Erteilung	30
I.	Sachliche Zuständigkeit der Vollstreckungsbehörde	6	III.	Sonderfälle	35
1.	Umfang der sachlichen Zuständigkeit	6	IV.	Bedeutung des § 13 Abs. 2 S. 1 StVollstrO	39
2.	Staatsanwaltschaft bei LG und OLG	9			
3.	Notzuständigkeit	10	D.	Strafvollstreckungskammer, Abs. 3	42

A. Vollstreckungsbehörden

I. Staatsanwaltschaft als Vollstreckungsbehörde

1 Vollstreckungsbehörde ist grundsätzlich die Staatsanwaltschaft, § 451 Abs. 1. Den Gerichten obliegen lediglich Nachtragsentscheidungen und Nachverfahren sowie die Klärung von Zweifelsfragen. Dies entspricht der Überlegung, Gerichte grds. nur mit Rechtsprechungsaufgaben zu befassen, zu denen die Durchführung der Strafvollstreckung nicht gehört;[1] vgl. § 36 Abs. 2 S. 1.

---

[1] Graalmann-Scheerer in Löwe/Rosenberg Rn. 2.

II. Ausnahmen

1. Verfahren gegen Jugendliche und Heranwachsende. Vollstreckungsbehörde im Verfahren gegen Jugendliche ist der **Jugendrichter** als Vollstreckungsleiter, § 82 Abs. 1 S. 1 JGG. Dasselbe gilt bei Heranwachsenden, sofern Jugendstrafrecht zur Anwendung gelangt ist, § 110 Abs. 1 JGG. Bei der Vollstreckung von Jugendarrest ist der Jugendrichter zudem der Vollzugsleiter, §§ 85 Abs. 1, 90 Abs. 2 S. 2 JGG, § 2 JAVollzO.[2] Die Zuständigkeitsübertragung auf den Jugendrichter soll dem Erziehungsgedanken des Jugendstrafrechts Rechnung tragen.[3] Der Jugendrichter ist dabei auch zuständig für die Vollstreckung von Entscheidungen, die gegen den Jugendlichen von einem Erwachsenengericht erlassen worden sind. Über Einwendungen gegen eine Entscheidung des Jugendrichters als Vollstreckungsleiter entscheidet die Generalstaatsanwaltschaft als Dienstaufsicht, § 147 Nr. 3 GVG, oder im förmlichen Beschwerdeverfahren, § 21 Abs. 1 Nr. 1 StVollstrO, sofern nicht das Gericht dafür zuständig ist, §§ 458, 459h; § 83 Abs. 1 JGG.[4] Werden gegen denselben Verurteilten sowohl Jugendstrafe als auch Freiheitsstrafe vollstreckt, liegt die Zuständigkeit für die Vollstreckung der Jugendstrafe beim Jugendrichter, die Zuständigkeit für die Vollstreckung der Freiheitsstrafe bei Staatsanwaltschaft und Strafvollstreckungskammer.[5]

2. Amtsanwaltschaften, Abs. 2. Amtsanwaltschaften können nur Vollstreckungsbehörde sein in Sachen, die in den Zuständigkeitsbereich der Amtsgerichte fallen, vgl. § 145 Abs. 2 GVG. Eine Übertragung der Strafvollstreckung auf Amtsanwälte nach Abs. 2 ist allerdings nur von der bayerischen Landesjustizverwaltung vorgenommen worden.[6]

3. Aufschub eines Berufsverbots. Entscheidungen über den Aufschub eines Berufsverbots, § 456c, oder über Zahlungserleichterungen, § 42 StGB, sowie nachträgliche Entscheidungen über die Nichtvollstreckung einer Ersatzfreiheitsstrafe, §§ 459d, 459f, gehören zwar zur Strafvollstreckung, sie obliegen jedoch nicht der Staatsanwaltschaft, sondern das erkennende Gericht trifft sie bereits im Urteil, vgl. § 456c Abs. 1 S. 1, § 42 StGB, bzw. die Strafvollstreckungskammer entscheidet nachträglich durch Beschluss, §§ 462 Abs. 1 S. 1, 462a Abs. 1 S. 1 (→ § 462 Rn. 6).

4. Überwachung der Lebensführung des Verurteilten. Nach Strafaussetzung zur Bewährung, §§ 56–58 StGB, obliegt die Vollstreckung nach §§ 453b, 454 Abs. 4 dem Gericht, soweit sie die Überwachung der Lebensführung des Verurteilten betrifft. Wurde Führungsaufsicht angeordnet, § 68 Abs. 1 StGB, oder ist diese kraft Gesetzes eingetreten, § 68 Abs. 2 iVm §§ 67b, 67c, 67d Abs. 2, 4, 5 und § 68f StGB, ist die entsprechende Aufsichtsstelle für die Überwachung zuständig, § 68a Abs. 3 StGB iVm § 463a.

B. Zuständigkeit[7]

I. Sachliche Zuständigkeit der Vollstreckungsbehörde

1. Umfang der sachlichen Zuständigkeit. § 451 Abs. 1 überträgt die Strafvollstreckung der **Staatsanwaltschaft**, sodass dieser grds. – soweit nichts anderes bestimmt ist, § 4 Nr. 1 StVollstrO – die Vollstreckung aller Entscheidungen iSd § 1 Abs. 1 StVollstrO obliegt, dh Urteile und ihnen gleichstehende Entscheidungen, die auf Strafe, Nebenstrafe, Nebenfolge oder Maßregel der Besserung und Sicherung lauten. Die Staatsanwaltschaft ist ferner zuständig für gerichtliche Entscheidungen in Ordnungswidrigkeitenverfahren, §§ 91, 97

---

[2] Vgl. dazu Laubenthal/Baier/Nestler JugendStrafR Rn. 890, 917; auch → § 449 Rn. 12.
[3] Graalmann-Scheerer in Löwe/Rosenberg Rn. 6.
[4] Laubenthal/Baier/Nestler JugendStrafR Rn. 908 ff.; Wolf in Pohlmann/Jabel/Wolf StVollstrO § 21 Rn. 6.
[5] Graalmann-Scheerer in Löwe/Rosenberg Rn. 6.
[6] Bekanntmachung vom 15.10.1968, BayJMBl. 1968, 103; s. auch Appl in KK-StPO Rn. 5.
[7] S. dazu auch die Kommentierung bei → § 449 Rn. 61 ff.

Abs. 1 OWiG, § 87 StVollstrO, sowie in Fällen der Durchsetzung von Ordnungs- und Zwangsmitteln in Straf- und Bußgeldsachen, §§ 1 Abs. 2, 88 StVollstrO.

7 Ausnahmsweise besteht eine besondere richterliche Zuständigkeit zur Entscheidungsdurchsetzung im Bereich der **Ordnungsmittel** zur Aufrechterhaltung der Ordnung im Gerichtssaal, § 177 GVG, bzw. zur Ahndung in der Verhandlung begangener Ungebühr, § 178 GVG. Die Staatsanwaltschaft wirkt dann bei der Vollstreckung nicht mit, sondern § 179 GVG bestimmt, dass der Vorsitzende Richter die Vollstreckung der Ordnungsmittel selbst veranlasst, § 88 Abs. 2 StVollstrO, oder dies nach § 31 Abs. 3 RpflG dem Rechtspfleger überträgt.

8 Die dem **Jugendrichter als Vollstreckungsleiter** gem. §§ 82 Abs. 1, 110 Abs. 1 JGG zugewiesene Vollstreckung von Entscheidungen gegen Jugendliche sowie gegen Heranwachsende, die nach Jugendstrafrecht abgeurteilt sind,[8] umfasst auch gerichtliche Entscheidungen in Ordnungswidrigkeitenverfahren, §§ 91, 97 Abs. 1 OWiG.[9] Soweit der Jugendrichter Maßnahmen zur Sanktionsdurchsetzung vornimmt, die er nicht gem. § 83 Abs. 1 JGG iVm §§ 86–89a, 89b Abs. 2 JGG, §§ 462a, 463 als Entscheidungen im Rahmen seiner richterlichen Unabhängigkeit trifft, handelt es sich um Justizverwaltungsakte. Sind Heranwachsende jedoch nach allgemeinem Strafrecht sanktioniert worden, obliegt die Strafvollstreckung von vornherein der Staatsanwaltschaft als Vollstreckungsbehörde. Diese wird in Jugendsachen zudem dann zuständig, wenn nach §§ 85 Abs. 6, 89a Abs. 3 JGG eine Vollstreckungsabgabe erfolgt.

9 **2. Staatsanwaltschaft bei LG und OLG.** Welche Staatsanwaltschaft in Strafvollstreckungssachen sachlich zuständig ist, ergibt sich aus §§ 142, 142a GVG, § 4 StVollstrO. Sachlich zuständige Vollstreckungsbehörde ist danach, soweit nichts anderes bestimmt ist, die **Staatsanwaltschaft beim Landgericht**,[10] wenn das Oberlandesgericht im ersten Rechtszug entschieden hat und keine Zuständigkeit des Generalbundesanwalts eröffnet ist, die **Staatsanwaltschaft beim Oberlandesgericht** (Generalstaatsanwaltschaft),[11] in Sachen, in denen im ersten Rechtszug das Oberlandesgericht in Ausübung der Gerichtsbarkeit des Bundes gem. Art. 96 Abs. 5 GG, §§ 120 Abs. 1 und 2, 142a GVG entschieden hat und der **Generalbundesanwalt beim Bundesgerichtshof**.

10 **3. Notzuständigkeit.** Ausnahmsweise kommt es in Strafvollstreckungssachen bei besonderer Dringlichkeit zur Eröffnung von **Notzuständigkeiten**. Eine solche Regel enthält § 6 StVollstrO bei Gefahr im Verzug.[12] Danach kann anstelle der Staatsanwaltschaft beim Landgericht die Generalstaatsanwaltschaft dringende Strafvollstreckungsanordnungen treffen, wenn die sachlich zuständige Strafvollstreckungsbehörde nicht alsbald erreichbar ist. Entsprechend § 143 Abs. 2 GVG darf umgekehrt die Staatsanwaltschaft beim Landgericht auch dringende Vollstreckungsanordnungen anstelle der Generalstaatsanwaltschaft bzw. des Generalbundesanwalts beim Bundesgerichtshof treffen.[13] Vergleichbare Notzuständigkeiten gibt es im Verhältnis zwischen Jugendrichter als Vollstreckungsleiter und der Staatsanwaltschaft als Vollstreckungsbehörde nicht.[14]

11 Die Generalstaatsanwaltschaft beim Oberlandesgericht ist nicht nur Vollstreckungsbehörde für die vom Oberlandesgericht im ersten Rechtszug iSd § 4 Nr. 2 StVollstrO entschiedenen Strafsachen. Der **Generalstaatsanwalt** fungiert auch als **höhere Vollstreckungsbehörde**, § 147 Nr. 3 GVG, § 21 Abs. 1 Nr. 1 StVollstrO. Als solche führt er die Dienstaufsicht über Maßnahmen der Staatsanwaltschaften in Vollstreckungsangelegenheiten. Gleiches gilt hinsichtlich solcher Entscheidungen des Jugendrichters als Vollstreckungsleiter, welche die-

---

[8] Auch → Rn. 3; zur jugendrichterlichen Rechtsfolgendurchführung s. Laubenthal/Baier/Nestler JugendStrafR Rn. 880 ff.; Laubenthal/Nestler Strafvollstreckung Rn. 59 ff.
[9] Ausführlich dazu Nestler in BeckOK OWiG OWiG § 97 Rn. 1 ff.
[10] Pfeiffer Rn. 3.
[11] Pfeiffer Rn. 3.
[12] Dazu Appl in KK-StPO Rn. 10; Seifert JA 2009, 814 (814 f.).
[13] S. die Kommentierung bei → § 459 Rn. 8; Paulus/Stöckel in KMR-StPO Rn. 10.
[14] Appl in KK-StPO Rn. 10; Schmitt in Meyer-Goßner/Schmitt Rn. 5.

ser nicht im Rahmen seiner richterlichen Unabhängigkeit, sondern als Organ der Justizverwaltung trifft.[15] Dem Generalstaatsanwalt als höherer Vollstreckungsbehörde kommen zudem Aufgaben bei Kompetenzkonflikten zwischen Vollstreckungsbehörden über deren sachliche oder örtliche Zuständigkeit zu. Er entscheidet ferner gem. § 21 Abs. 1 Nr. 1 StVollstrO über Einwendungen gegen Entscheidungen bzw. Anordnungen der Staatsanwaltschaften und der Jugendrichter als Vollstreckungsleiter.

II. Funktionale Zuständigkeit des Rechtspflegers

1. Umfang der Übertragung. Die Staatsanwaltschaft kann die ihr als Vollstreckungsbehörde in Straf- und Bußgeldsachen obliegenden **Geschäfte** gem. § 31 Abs. 2 S. 1 RpflG grds. dem Rechtspfleger **übertragen**.[16] Gleiches gilt nach S. 3 der Norm, soweit Ordnungs- und Zwangsmittel von der Staatsanwaltschaft vollstreckt werden. Ausdrücklich ausgenommen sind in § 31 Abs. 2 S. 2 RpflG Entscheidungen nach § 114 JGG über die Herausnahme von nach Erwachsenenstrafrecht verurteilten Jungerwachsenen aus dem Erwachsenenstrafvollzug und deren Hereinnahme in Einrichtungen für den Vollzug von Jugendstrafen.

Der in Strafvollstreckungsangelegenheiten tätige **Rechtspfleger** ist **weisungsgebunden**.[17] Der Staatsanwalt, an dessen Stelle er tätig wird, kann ihm gem. § 31 Abs. 6 S. 3 RpflG Weisungen erteilen. Zudem hat der Gesetzgeber zur Sicherung einer einheitlichen Rechtsanwendung, wegen der Bedeutung der Sache für den Betroffenen oder wegen deren rechtlicher Schwierigkeit[18] nach § 31 Abs. 2a RpflG die Kompetenz des Rechtspflegers hinsichtlich einzelner Geschäfte beschränkt.

Die **Übertragung** der Vollstreckungsgeschäfte in Straf- und Bußgeldsachen nach § 31 Abs. 2 S. 1 RpflG bleibt auf die staatsanwaltschaftlichen Aufgaben als Vollstreckungsbehörde **begrenzt**. Der Rechtspfleger ist damit von den Gerichten zugeordneten Entscheidungen in Strafvollstreckungssachen ausgeschlossen und ihm kommt keinerlei Zuständigkeit bei Prozesshandlungen der Staatsanwaltschaft **gegenüber dem Gericht** in Vollstreckungsangelegenheiten,[19] zB gem. §§ 453 Abs. 1 S. 2, 454 Abs. 1 S. 2, zu. In solchen Fällen wird die Staatsanwaltschaft in ihrer Eigenschaft als Strafverfolgungsbehörde tätig.[20] § 31 Abs. 2 RpflG findet insoweit keine Anwendung.

Bei der Vollstreckung von **Geldstrafen** und **Geldbußen** lässt § 36b Abs. 1 Nr. 5 RpflG eine Übertragung der der Staatsanwaltschaft als Vollstreckungsbehörde in Straf- und Bußgeldsachen obliegenden und vom Rechtspfleger vorzunehmenden Geschäfte auch auf **Urkundsbeamte** der Geschäftsstelle zu. Die Vorschrift ermächtigt die Landesregierungen, dies durch Rechtsverordnung zu regeln. Von der Übertragungsmöglichkeit auf den Urkundsbeamten ausdrücklich ausgenommen bleibt jedoch die Vollstreckung von Ersatzfreiheitsstrafen.

Bei der Vollstreckung von **Jugendstrafsachen** kommt es nicht zu einer prinzipiellen Übertragung der Geschäfte in Vollstreckungssachen auf den Rechtspfleger wie in Erwachsenensachen. Die Sanktionsdurchführung bleibt nach § 31 Abs. 5 S. 1 RpflG dem Jugendrichter vorbehalten. Die Vorschrift lässt eine Übertragung einzelner Geschäfte auf den Rechtspfleger auch in Jugendsachen zu, zB nach RiJGG II.6 zu §§ 82–85 JGG.[21] Die übertragenen Vollstreckungsgeschäfte kann der Jugendrichter jederzeit wieder an sich ziehen.

Gegen die Maßnahmen des Rechtspflegers ist derjenige **Rechtsbehelf** gegeben, der nach den allgemeinen verfahrensrechtlichen Vorschriften zulässig ist, § 31 Abs. 6 S. 1 RpflG.

---

[15] OLG Hamm 17.7.2001 – 3 (s) Sbd. 1–2/01, NStZ-RR 2002, 21; Eisenberg/Kölbel JGG § 83 Rn. 2; Graalmann-Scheerer in Löwe/Rosenberg Rn. 11.
[16] Appl in KK-StPO Rn. 7 (sieht die Übertragung jedoch als Pflicht: „sind grundsätzlich dem Rechtspfleger zu übertragen").
[17] Appl in KK-StPO Rn. 7; Laubenthal/Nestler Strafvollstreckung Rn. 49; dazu → Rn. 17.
[18] Vgl. Röttle/Wagner/Theurer Strafvollstreckung Kap. 1 Rn. 43 f.
[19] Appl in KK-StPO Rn. 8.
[20] Appl in KK-StPO Rn. 8; Paulus/Stöckel in KMR-StPO Rn. 26; Schmitt in Meyer-Goßner/Schmitt Rn. 2.
[21] Dazu Graalmann-Scheerer in Löwe/Rosenberg Rn. 32.

Sofern danach aber kein Rechtsbehelf statthaft ist, entscheidet über Einwendungen gegen die Entscheidung des Rechtspflegers der Staatsanwalt oder Richter, an dessen Stelle der Rechtspfleger tätig geworden ist, durch förmlichen Bescheid bzw. der Richter durch Beschluss.[22] Er kann dem Rechtspfleger **Weisungen** erteilen, § 31 Abs. 6 S. 3 RpflG (vgl. auch → Rn. 13). Nimmt der Staatsanwalt selbst ein übertragenes Geschäft wahr, so ist dieses wirksam. Unberührt bleiben die Befugnisse des Behördenleiters nach den §§ 145, 146 GVG, § 31 Abs. 6 S. 4 RpflG.

18 **2. Wahrnehmung der Geschäfte der Strafvollstreckungsbehörde.** § 10 StVollstrO verweist für die Wahrnehmung der Geschäfte der Strafvollstreckung durch den Rechtspfleger auf § 31 RpflG, der damit zunächst ohne weitere Anleitung die anfallenden Aufgaben wahrnimmt. Will der Rechtspfleger von einer ihm bekannten Stellungnahme des Staatsanwalts abweichen oder existiert zwischen dem übertragenen Geschäft und einem vom Staatsanwalt wahrzunehmenden Geschäft ein so enger Zusammenhang, dass eine getrennte Sachbearbeitung nicht sachdienlich ist, so besteht eine **Vorlagepflicht,** § 31 Abs. 2a Nr. 1, Nr. 2 RpflG. Dies dient dazu, widersprüchliche Entscheidungen von Staatsanwalt und Rechtspfleger zu verhindern und eine Doppelbefassung zu vermeiden.[23] Eine Pflicht zur Vorlage besteht ferner, wenn der Staatsanwalt ein Ordnungs- oder Zwangsmittel verhängt hat und sich die Vorlage ganz oder teilweise vorbehalten hat, § 31 Abs. 2a Nr. 3 RpflG.

19 Der Rechtspfleger kann **fakultativ** die ihm nach § 31 Abs. 2 S. 1 RpflG übertragene Sache dem Staatsanwalt **vorlegen,** wenn sich bei der Bearbeitung Bedenken gegen die Zulässigkeit der Vollstreckung ergeben, § 31 Abs. 2b Nr. 1 RpflG. Zudem besteht die Möglichkeit zur Vorlage, sofern ein Urteil vollstreckt werden soll, das von einem Mitangeklagten mit der Revision angefochten ist, § 31 Abs. 2b Nr. 2 RpflG.[24]

20 Gemäß § 31 Abs. 2c RpflG bearbeitet der Staatsanwalt die ihm vom Rechtspfleger vorgelegten Sachen, solange er es für notwendig erachtet, § 31 Abs. 2c S. 1 RpflG. Er kann die Vollstreckungssache dem Rechtspfleger zurückgeben, § 31 Abs. 2c S. 2 RpflG, wobei dieser an eine mitgeteilte Rechtsauffassung oder an eine erteilte Weisung gebunden bleibt, § 31 Abs. 2c S. 3 RpflG.[25]

21 **3. Begrenzungsverordnung.** Durch Art. 12 des 1. JuMoG[26] wurde die nicht mehr zeitgemäße Verordnung über die Begrenzung der Geschäfte des Rechtspflegers bei der Vollstreckung in Straf- und Bußgeldsachen vom 26.6.1970[27] aufgehoben.[28] Denn die BegrenzungsVO war nach der umfassenden Übertragung der Aufgaben der Vollstreckungsbehörde in Straf- und Bußgeldsachen auf den Rechtspfleger nicht mehr erforderlich. Lediglich den Vorbehalt des früheren § 1 Nr. 4 BegrenzungsVO, der eine Ausnahme von der funktionalen Zuständigkeit des Rechtspflegers für Entscheidungen nach § 114 JGG macht, übernahm der Gesetzgeber in § 31 Abs. 2 S. 2 RpflG.

III. Örtliche Zuständigkeiten

22 Die örtliche Zuständigkeit in Strafvollstreckungssachen bestimmt sich prinzipiell nach dem **Gericht des ersten Rechtszugs,** §§ 141, 143 Abs. 1 GVG, § 7 Abs. 1 StVollstrO. Nach dieser sog. **Sequenzzuständigkeit**[29] besteht eine Identität des Gerichtsbezirks und des Bezirks der Staatsanwaltschaft, für das diese bestellt ist.

23 Die Abhängigkeit der staatsanwaltschaftlichen von der gerichtlichen Zuständigkeit gilt auch bei der Bildung einer ursprünglichen Gesamtstrafe gem. §§ 53, 54 StGB ebenso wie

---

[22] Bringewat Rn. 37; Appl in KK-StPO Rn. 9; Schmitt in Meyer-Goßner/Schmitt Vor § 449 Rn. 9.
[23] Graalmann-Scheerer in Löwe/Rosenberg Rn. 34.
[24] Vgl. dazu BR-Drs. 378/03, 83.
[25] Laubenthal/Nestler Strafvollstreckung Rn. 51.
[26] Erstes Gesetz zur Modernisierung der Justiz vom 24.8.2004, BGBl. 2004 I 2198 (2205).
[27] BGBl. 1982 I 992.
[28] Zur historischen Entwicklung der Aufgaben des Rechtspflegers im Rahmen der Strafvollstreckung ausführlich Graalmann-Scheerer in Löwe/Rosenberg Rn. 28 ff.
[29] Kissel/Mayer GVG § 143 Rn. 1.

bei einer durch Urteil gem. § 55 StGB gebildeten nachträglichen Gesamtstrafe. Kommt es erst zu einer nachträglichen Gesamtstrafenbildung gem. §§ 460, 462 Abs. 1 S. 1, 462a Abs. 3 durch Beschluss, richtet sich die örtliche Zuständigkeit gem. § 7 Abs. 4 StVollstrO nach demjenigen Gericht, welches die Gesamtstrafe gebildet hat. Sind bei mehreren Einzelstrafen diese nicht gesamtheitlich in eine Gesamtstrafe einbezogen worden, bestimmt sich die örtliche Zuständigkeit für die Gesamtstrafenvollstreckung nach § 7 Abs. 4 StVollstrO, diejenige für die verbliebene Einzelstrafe nach § 7 Abs. 1 StVollstrO.

Zu einem **Zuständigkeitswechsel** kommt es, wenn ein Verurteilter erfolgreich Revision eingelegt hat und das Revisionsgericht in den Fällen der §§ 354 Abs. 2, 355 ein neues Gericht bestimmt. Dann wird dieses gem. § 462a Abs. 6 zum Gericht des ersten Rechtszugs. Gleiches gilt für dasjenige Gericht, das in einem Wiederaufnahmeverfahren eine Entscheidung nach § 373 getroffen hat. Gem. § 7 Abs. 2 S. 1 bzw. S. 2 StVollstrO wechselt dementsprechend auch die Zuständigkeit der Staatsanwaltschaft als Vollstreckungsbehörde. Dagegen führt eine Zuständigkeitsbegründung der Strafvollstreckungskammer zu keinem Zuständigkeitswechsel auf vollstreckungsbehördlicher Ebene. Gem. § 451 Abs. 3 S. 1 nimmt die Staatsanwaltschaft auch gegenüber der Strafvollstreckungskammer an einem anderen Landgericht die Vollstreckungsaufgaben wahr, selbst wenn dieses in einem anderen Bundesland liegt. Es besteht allerdings die Möglichkeit der Übertragung auf die für das andere Gericht zuständige Staatsanwaltschaft, § 451 Abs. 3 S. 2. 24

Eine **Notzuständigkeit** in örtlicher Hinsicht eröffnen § 143 Abs. 2 GVG, § 7 Abs. 3 StVollstrO. Dies ergänzt die sachliche Notzuständigkeit des § 6 StVollstrO. Bei Gefahr im Verzug darf danach eine örtlich unzuständige Vollstreckungsbehörde anstelle der nicht erreichbaren zuständigen Vollstreckungsbehörde dringende Vollstreckungsanordnungen treffen. Diese Notzuständigkeit betrifft auch Maßnahmen zugunsten der Staatsanwaltschaften von anderen Bundesländern, ohne dass zuvor ein Vollstreckungshilfeersuchen iSd § 9 StVollstrO erfolgt sein muss.[30] 25

In den Fällen der **Zuständigkeitskonzentration** durch Bildung von Schwerpunktstaatsanwaltschaften (zB in Wirtschaftsstrafsachen) kann gem. § 143 Abs. 4 GVG die Zuständigkeit für die Strafverfolgung sowie für die Strafvollstreckung einer Staatsanwaltschaft für die Bezirke mehrerer LGe oder OLGe zugewiesen werden. Darüber hinaus ermöglicht § 143 Abs. 5 GVG eine besondere Konzentration für die Tätigkeit der Staatsanwaltschaft gegenüber den Strafvollstreckungskammern. Nach dieser Vorschrift werden die Landesregierungen ermächtigt, durch Rechtsverordnung einer Staatsanwaltschaft für die Bezirke mehrerer Land- oder Oberlandesgerichte die Zuständigkeit für Strafvollstreckung und die Vollstreckung von Maßregeln der Besserung und Sicherung ganz oder teilweise zuzuweisen, soweit dies für eine sachdienliche Förderung oder schnellere Erledigung des Vollstreckungsverfahrens zweckmäßig ist. 26

C. Vollstreckbarkeitsbescheinigung

I. Urkundliche Grundlage der Vollstreckung

Neben der Rechtskraft der vollstreckungsfähigen Entscheidung ist Voraussetzung für die Einleitung und Durchführung der Strafvollstreckung das Vorliegen der notwendigen urkundlichen Grundlage.[31] Es bedarf der Erteilung einer **schriftlichen Bescheinigung** über die Vollstreckbarkeit als letztem Akt des gerichtlichen Verfahrens,[32] damit die Vollstreckung seitens der Vollstreckungsbehörde eingeleitet werden kann. Mittels der Vollstreckungsbescheinigung soll die Vollstreckungsbehörde von der Nachprüfung des Rechtskrafteintritts der zu vollstreckenden Entscheidung entlastet werden. 27

---

[30] Appl in KK-StPO Rn. 12; Röttle/Wagner/Theurer Strafvollstreckung Kap. 1 Rn. 38.
[31] Graalmann-Scheerer in Löwe/Rosenberg Rn. 42; Wolf in Pohlmann/Jabel/Wolf StVollstrO § 13 Rn. 33.
[32] Appl in KK-StPO Rn. 18; Paulus/Stöckel in KMR-StPO Rn. 41; Bringewat Rn. 31; Wolf in Pohlmann/Jabel/Wolf StVollstrO § 13 Rn. 37.

§ 451   28–33   7. Buch. 1. Abschnitt. Strafvollstreckung

28   Bei der Vollstreckung von Strafurteilen verlangt § 451 Abs. 1 eine mit der Bescheinigung der Vollstreckbarkeit versehene **Abschrift** der **Urteilsformel**, § 268 Abs. 2 S. 1. Auf das Vorliegen der Urteilsgründe kommt es gem. § 13 Abs. 3 S. 1 StVollstrO nicht an. Neben der in § 451 Abs. 1 bezeichneten Abschrift der Urteilsformel lässt § 13 Abs. 2 StVollstrO gleichermaßen die Urschrift des Urteils oder eine beglaubigte Abschrift der vollständigen strafgerichtlichen Entscheidung als urkundliche Vollstreckungsgrundlage zu. Durch das Gesetz zur weiteren Digitalisierung der Justiz (BGBl. 2024/I, Nr. 234) wurde das Erfordernis einer Beglaubigung der Abschrift gestrichen. Die Änderung, die in den Drucksachen so noch nicht vorgesehen war (vgl. Bt-Drs. 20/10943, BR-Drs. 126/24), fand in letzter Minute Eingang in die Vorschrift. § 13 StVollstrO wurde bisher nicht entsprechend angepasst.

29   Die Vollstreckbarkeitsbescheinigung muss stets dann erteilt werden, wenn die absolute Rechtskraft eingetreten ist bzw. wenn die Entscheidung ausnahmsweise schon davor vollstreckbar wurde, vgl. § 346 Abs. 2 S. 2, §§ 449, 12. Die Bescheinigung über die Vollstreckbarkeit stellt damit regelmäßig zugleich die **Rechtskraftbescheinigung** dar.[33]

II. Zuständigkeit für die Erteilung

30   Da die Bescheinigungserteilung noch zum gerichtlichen Verfahren zählt, liegt die **Zuständigkeit** hierfür idR gem. § 13 Abs. 4 S. 1 StVollstrO beim **Urkundsbeamten** der Geschäftsstelle des Gerichts des ersten Rechtszugs; nach Abs. 4 S. 2 der Verwaltungsvorschrift erteilt sie der Urkundsbeamte beim Berufungsgericht, wenn ein Berufungsurteil ergangen ist, gegen das keine Revision eingelegt wird. Ist Revision eingelegt, ergibt sich die Zuständigkeit aus § 13 Abs. 5 StVollstrO.

31   Das Vorliegen von Vollstreckungshindernissen (→ § 449 Rn. 45 ff.) prüft der Urkundsbeamte nicht.[34] Er darf – bzw. muss, wenn die Akten der Vollstreckungsbehörde nicht zugeleitet werden[35] – lediglich auf bestehende Vollstreckungshindernisse hinweisen, sofern diese aus den Akten ersichtlich sind.[36] Wurde die Vollstreckung der Strafe im Urteil zur Bewährung ausgesetzt, darf nur die Rechtskraft des Urteils, nicht aber dessen Vollstreckbarkeit bescheinigt werden.[37]

32   Die Vollstreckungsbehörde braucht die Rechtskraftbescheinigung des Urkundsbeamten nicht auf ihre sachliche Richtigkeit nachzuprüfen.[38] Etwas anderes gilt nur, wenn Veranlassung dazu besteht, an der Richtigkeit der Rechtskraftbescheinigung zu zweifeln und deswegen eine Überprüfung durch den Urkundsbeamten herbeizuführen ist.[39]

33   Der Urkundsbeamte handelt als Organ des Gerichts; zur **Überprüfung der Vollstreckbarkeitsbescheinigung** kann der Verurteilte daher die Entscheidung desjenigen Gerichts beantragen, dem der Urkundsbeamte angehört. Gleiches gilt für die Vollstreckungsbehörde bei Nichterteilung der Bescheinigung. Die gerichtliche Entscheidung ist dann gem. § 304 Abs. 1 mit der **Beschwerde** anfechtbar.[40] Eine Nachprüfung der Vollstreckbarkeitsbescheinigung durch die Vollstreckungsbehörde findet nur insoweit statt, als jene gem. § 3 Abs. 1 S. 1 StVollstrO bei Einleitung der Vollstreckung das Vorliegen der

---

[33] Laubenthal/Nestler Strafvollstreckung Rn. 24.
[34] Paulus/Stöckel in KMR-StPO Rn. 39; Schmitt in Meyer-Goßner/Schmitt Rn. 18; Wolf in Pohlmann/Jabel/Wolf StVollstrO § 13 Rn. 39; Pfeiffer Rn. 8; Röttle/Wagner/Theurer Strafvollstreckung Kap. 1 Rn. 108.
[35] Bringewat Rn. 28.
[36] Graalmann-Scheerer in Löwe/Rosenberg Rn. 44.
[37] Schmitt in Meyer-Goßner/Schmitt Rn. 13; Wolf in Pohlmann/Jabel/Wolf StVollstrO § 13 Rn. 43, 47 f.
[38] Schmitt in Meyer-Goßner/Schmitt Rn. 18; Wolf in Pohlmann/Jabel/Wolf StVollstrO § 13 Rn. 39; Röttle/Wagner/Theurer Strafvollstreckung Kap. 1 Rn. 108 (keine generelle Verpflichtung); aA Bringewat Rn. 39; Grau Die Strafvollstreckung durch den preußischen Rechtspfleger, 1929, 22.
[39] Appl in KK-StPO Rn. 18; Wolf in Pohlmann/Jabel/Wolf StVollstrO § 13 Rn. 43; Bringewat Rn. 28; Röttle/Wagner/Theurer Strafvollstreckung Kap. 1 Rn. 108.
[40] Appl in KK-StPO Rn. 23; Paulus/Stöckel in KMR-StPO Rn. 45; Graalmann-Scheerer in Löwe/Rosenberg Rn. 43; Schmitt in Meyer-Goßner/Schmitt Rn. 17; Röttle/Wagner/Theurer Strafvollstreckung Kap. 1 Rn. 111.

Vollstreckungsvoraussetzungen prüfen muss. Die Überprüfung bleibt daher auf Vollständigkeit und formelle Mängel beschränkt.[41] Bestehen Zweifel am Rechtskrafteintritt, darf die Vollstreckung nicht eingeleitet werden. Der Urkundsbeamte selbst hat die von ihm erteilte Bescheinigung zu widerrufen, wenn er nachträglich zu der Überzeugung gelangt, dass er sie zu Unrecht erteilt hat.[42]

Eine Beschwerde des Urkundsbeamten gegen eine gerichtliche Entscheidung, die den Urkundsbeamten zur Erteilung der Bescheinigung anweist oder die ihn unter Aufhebung einer erteilten Bescheinigung anweist, sie künftig nur unter bestimmten Voraussetzungen zu erteilen, bleibt ausgeschlossen.[43] Bei Zweifeln über die Voraussetzungen der Erteilung besteht für den Urkundsbeamten auch nicht die Möglichkeit, die Entscheidung des Gerichts herbeizuführen.[44]

III. Sonderfälle

Eine urkundliche Grundlage für die Vollstreckung ist auch in den Fällen der **Teilrechts-** 35 **kraft** notwendig. Insoweit ergeht eine eingeschränkte Vollstreckbarkeitsbescheinigung. Die jeweilige Einzelstrafe wird aus den Urteilsgründen entnommen.[45] Eine urkundliche Vollstreckungsgrundlage ist zudem bei einer Verurteilung zu einer vorbehaltenen Strafe iSd § 59b StGB erforderlich, § 14 Abs. 1 Nr. 1 StVollstrO. Wird ein **Gesamtstrafenbeschluss**, § 460, rechtskräftig, verlieren bereits in Rechtskraft erwachsene Einzelstrafen ihre selbständige Bedeutung. Deshalb muss auch für dessen Vollstreckung eine entsprechende Bescheinigung vorliegen.[46] Da ein in Rechtskraft erwachsener **Strafbefehl** nach § 410 Abs. 3 einem rechtskräftigen Urteil gleichsteht, ist für dessen Vollstreckung ebenfalls eine Vollstreckungsbescheinigung notwendig.

Eine urkundliche Grundlage als Vollstreckungsvoraussetzung ist bei sonstigen **urteils-** 36 **vertretenden Beschlüssen** unabdingbar. Dies betrifft die in § 14 Abs. 1 Nr. 2–8 StVollstrO bezeichneten Nachtragsentscheidungen wie Widerrufsbeschlüsse bzgl. der Aussetzung einer Strafe, eines Strafrestes, einer Unterbringung oder eines Straferlasses, die Anordnung über eine vom Urteil abweichende Reihenfolge der Vollstreckung von Freiheitsstrafe und freiheitsentziehender Maßregel.

Obwohl § 451 nur von der „Urteilsformel" spricht, gilt die Vorschrift auch für 37 rechtskräftige Strafbefehle und für den einem Urteil gleichgestellte Beschlüsse über Nebenfolgen, § 437 Abs. 4, § 438 Abs. 2, § 441 Abs. 2, §§ 442, 444 Abs. 2, 3, sowie für gerichtliche Bußgeldentscheidungen.[47] Zudem gilt § 451 bei Gesamtstrafenbeschlüssen, § 460, da der Gesamtstrafenbeschluss einen selbständigen, einem Urteil entsprechenden Vollstreckungstitel darstellt, der somit gleich einem Urteil mit demselben Inhalt zu behandeln ist.[48]

Wird die **Aussetzung** der Strafe oder eines Strafrestes **zur Bewährung**, §§ 56f, 57 38 Abs. 3 StGB, oder der Straferlass, § 56g Abs. 2 StGB, **widerrufen**, so führt der Widerruf als „actus contrarius"[49] die durch die Aussetzungsentscheidung hinausgeschobene oder beendete Vollstreckbarkeit des Urteils wieder herbei. Urteil und Widerrufsbeschluss bilden

---

[41] Appl in KK-StPO Rn. 18; dazu auch Seifert JA 2008, 880 (883).
[42] Graalmann-Scheerer in Löwe/Rosenberg Rn. 43.
[43] Bringewat Rn. 32; Schmitt in Meyer-Goßner/Schmitt Rn. 16; Wolf in Pohlmann/Jabel/Wolf StVollstrO § 13 Rn. 52 f.; aA Paulus/Stöckel in KMR-StPO Rn. 45.
[44] Appl in KK-StPO Rn. 22; Schmitt in Meyer-Goßner/Schmitt Rn. 16; Wolf in Pohlmann/Jabel/Wolf StVollstrO § 13 Rn. 52; aA Paulus/Stöckel in KMR-StPO Rn. 45.
[45] Schmitt in Meyer-Goßner/Schmitt Rn. 14.
[46] Appl in KK-StPO Rn. 20.
[47] Appl in KK-StPO Rn. 20; Graalmann-Scheerer in Löwe/Rosenberg Rn. 53; Schmitt in Meyer-Goßner/Schmitt Rn. 13; Bringewat Rn. 356.
[48] LG Bochum 8.11.1956 – Qs 7/56, NJW 1957, 194; Appl in KK-StPO Rn. 20; Graalmann-Scheerer in Löwe/Rosenberg Rn. 54; Wolf in Pohlmann/Jabel/Wolf StVollstrO § 13 Rn. 12; Röttle/Wagner/Theurer Strafvollstreckung Kap. 1 Rn. 104; Bringewat Rn. 34; aA Dalcke/Fuhrmann/Schäfer § 460 Rn. 4.
[49] Graalmann-Scheerer in Löwe/Rosenberg Rn. 57.

daher zusammen die Grundlage der Vollstreckbarkeit, die gem. § 451 Abs. 1 einer Vollstreckbarkeitsbescheinigung bedarf, § 14 Abs. 1 Nr. 2, Abs. 2 StVollstrO. Entsprechendes gilt für die übrigen in § 14 Abs. 1 StVollstrO bezeichneten Entscheidungen.[50]

IV. Bedeutung des § 13 Abs. 2 S. 1 StVollstrO

39 § 13 Abs. 2 S. 1 StVollstrO dient dazu, das „**urkundliche Minimum**"[51] vorzugeben, auf das sich die Vollstreckungsbehörde zur Erlangung von zuverlässiger Kenntnis über Inhalt und Rechtskraft der Entscheidung bei Einleitung der Vollstreckung beschränken darf.[52] Gleichwohl kann die Vollstreckungsbehörde vom Urkundsbeamten die Erteilung einer Vollstreckbarkeitsbescheinigung verlangen.[53]

40 Während § 451 Abs. 1 für die Vollstreckung eine mit Vollstreckbarkeitsbescheinigung versehene Abschrift der Urteilsformel verlangt, bedarf es nach § 13 Abs. 2 S. 1 StVollstrO einer **Urschrift oder beglaubigten Abschrift der vollständigen Entscheidung** bzw. ihres erkennenden Teils. § 13 Abs. 2 S. 1 StVollstrO ist dabei zunächst als bloße Verwaltungsvorschrift gegenüber § 451 Abs. 1 nachrangig. Für die Abschrift hat § 13 Abs. 2 S. 1 StVollstrO bisher allerdings nicht auf die Beglaubigung verzichtet. Wird allerdings aufgrund eines mit einer Vollstreckbarkeitsbescheinigung versehenen vollständigen Urteils die Vollstreckung betrieben, so genügt dies argumentum a maiore ad minus gleichwohl den Voraussetzungen des § 451 Abs. 1.[54]

41 § 451 Abs. 1 macht jedoch die mit Vollstreckbarkeitsbescheinigung versehene Urteilsformel nicht zur „urkundlichen Grundlage" der Vollstreckung, wie § 13 Abs. 2 StVollstrO dies vorschreibt. Daraus wird zum Teil gefolgert, § 451 Abs. 1 verlange nicht, dass die mit Vollstreckbarkeitsbescheinigung versehene Urteilsformel auch tatsächlich erteilt wurde; vielmehr verlange die Norm lediglich, dass eine solche überhaupt vorliegt.[55] Der Sinn und Zweck des § 451 Abs. 1 liege darin, der Vollstreckungsbehörde die für die Vollstreckung notwendige, zuverlässige Kenntnis von dem zu vollstreckenden, rechtskräftigen Urteil und dessen Inhalt zu verschaffen.[56] Mit der Vollstreckung bis zur Übersendung des Dokuments zuwarten zu müssen, sei bloßer Formalismus, soweit die Vollstreckungsbehörde bereits auf anderem Weg zuverlässige Kenntnis von Inhalt und Rechtskraft der Entscheidung durch Einsichtnahme in die Urschrift oder eine beglaubigte Abschrift der Entscheidung oder ihres erkennenden Teils erlangt hat, § 13 Abs. 2 S. 1 StVollstrO.[57] Den Zweck des § 451 Abs. 1 derart zu reduzieren erscheint jedoch zweifelhaft. Die Vorschrift dient zumindest auch dazu, dem Verurteilten und dem Vollstreckungsschuldner – zwischen denen keineswegs Personenidentität bestehen muss – eine Gewähr für das Vorliegen der formellen Voraussetzungen der Vollstreckung zu liefern. Die mit Vollstreckbarkeitsbescheinigung versehene Urteilsformel muss daher auch tatsächlich erteilt worden sein, damit die Vollstreckung beginnen kann.

D. Strafvollstreckungskammer, Abs. 3

42 Grds. handelt die Staatsanwaltschaft auch gegenüber der Strafvollstreckungskammer bei einem anderen LG und bundesländerübergreifend als Vollstreckungsbehörde, § 451 Abs. 1 S. 1. Auf Seiten des Gerichts tritt in Strafvollstreckungsangelegenheiten unabhängig von der zuständigen Staatsanwaltschaft eine **Zuständigkeitskonzentration** bei der Strafvoll-

---

[50] Graalmann-Scheerer in Löwe/Rosenberg Rn. 57.
[51] Bringewat Rn. 29; Wolf in Pohlmann/Jabel/Wolf StVollstrO § 13 Rn. 33.
[52] Graalmann-Scheerer in Löwe/Rosenberg Rn. 51.
[53] Vgl. Wolf in Pohlmann/Jabel/Wolf StVollstrO § 13 Rn. 46.
[54] Graalmann-Scheerer in Löwe/Rosenberg Rn. 48; Wolf in Pohlmann/Jabel/Wolf StVollstrO § 13 Rn. 33.
[55] Graalmann-Scheerer in Löwe/Rosenberg Rn. 48 f.
[56] Paulus/Stöckel in KMR-StPO Rn. 41, 44; Graalmann-Scheerer in Löwe/Rosenberg Rn. 50; Bringewat Rn. 29; vgl. auch Appl in KK-StPO Rn. 17 sowie Wolf in Pohlmann/Jabel/Wolf StVollstrO § 13 Rn. 33; Röttle/Wagner/Theurer Strafvollstreckung Kap. 1 Rn. 105.
[57] Graalmann-Scheerer in Löwe/Rosenberg Rn. 50.

streckungskammer für alle Strafen ein, die in dieser Anstalt gegen denselben Verurteilten vollstreckt werden (vgl. → § 462a Rn. 39 ff.). Eine solche Konzentration auf Seiten der Staatsanwaltschaft als Vollstreckungsbehörde besteht nicht, sondern es handelt die jeweils im Einzelfall zuständige Staatsanwaltschaft gegenüber der einheitlich zuständigen Strafvollstreckungskammer, § 451 Abs. 3 S. 1.[58]

Um Kooperationsprobleme und Verwirrungen über die Zuständigkeit zu vermeiden,[59] erlaubt § 451 Abs. 3 S. 2 eine **Übertragung** der Aufgaben durch die jeweils zuständige Staatsanwaltschaft an die Staatsanwaltschaft am Ort der Strafvollstreckungskammer, wenn dies im Interesse des Verurteilten **geboten** erscheint. Ein solches Interesse besteht zB bei der Koordinierung mehrerer hintereinander folgender Freiheitsstrafen zu einer einzigen bedingten Entlassung. Ein Übertragungsgrund mag auch in der unter Umständen besseren Erfahrung der Staatsanwaltschaft am Ort der Strafvollstreckungskammer zu sehen sein.[60] Die Übertragung bzw. Übernahme setzt die **Zustimmung** der ersuchten Staatsanwaltschaft voraus. Die Übernahmezuständigkeit nach Abs. 3 S. 2 wird in der Praxis eher selten begründet.[61] 43

Die **Rechtsmittelberechtigung** geht mit der Zuständigkeit auf die Staatsanwaltschaft am Ort der Strafvollstreckungskammer über. Diese kann ab dem Zeitpunkt der Übernahme die sofortige Beschwerde gegen Entscheidungen der Strafvollstreckungskammer einlegen. § 451 Abs. 3 S. 2 gilt analog, sofern das Gericht des ersten Rechtszuges die nach § 453 zu treffenden Entscheidungen an das AG des Wohnsitzes des Verurteilten gem. § 462a Abs. 2 S. 2 abgibt.[62] Die Dauer der Übernahmezuständigkeit beschränkt sich auf den Zeitraum der Zuständigkeit der Strafvollstreckungskammer.[63] 44

§ 452 Begnadigungsrecht

¹In Sachen, in denen im ersten Rechtszug in Ausübung von Gerichtsbarkeit des Bundes entschieden worden ist, steht das Begnadigungsrecht dem Bund zu. ²In allen anderen Sachen steht es den Ländern zu.

A. Überblick

Der Vollstreckung kriminalrechtlicher Sanktionen kann im Einzelfall ein Gnadenakt entgegenstehen. Die Gnadenmaßnahme findet ihre gesetzliche Grundlage in **Art. 60 Abs. 2 GG**[1] und stellt eine Milderung oder Aufhebung einer Strafe oder einer Maßnahme als Einzelfallentscheidung der Exekutive **nach Eintritt der Rechtskraft** dar;[2] sie bedeutet ein von Amts wegen zu beachtendes **Vollstreckungshindernis**.[3] Voraussetzungen[4] für eine Begnadigung durch den zuständigen Gnadenträger sind eine gnadenfähige Entscheidung, die Rechtskraft des Erkenntnisses und das Fortbestehen der durch die Entscheidung eingetretenen Rechtsnachteile. 1

Der Gnadenerweis stellt eine Milderung oder Aufhebung von Rechtsnachteilen dar, die durch einen Akt der Exekutive als **Einzelfallentscheidung** aus Gründen der individuellen 2

---

[58] Dazu Katholnigg NStZ 1982, 195.
[59] Krit. Bringewat Rn. 42 („sachwidriger Zuständigkeitswirrwarr").
[60] Graalmann-Scheerer in Löwe/Rosenberg Rn. 75.
[61] Vgl. Doller DRiZ 1976, 169 (172).
[62] Katholnigg NStZ 1982, 195; aA LG München I 17.1.1980 – 10 Qs 81/79, NStZ 1981, 453; Engel NStZ 1987, 110.
[63] Vgl. BGH 14.10.1975 – 2 ARs 292/75, BGHSt 26, 212 (214).
[1] Vgl. Nachweise der Fundstellen für die Gnadenordnungen der Länder bei Habersack, Deutsche Gesetze, § 452 Fn. 1 und Übersicht bei Röttle/Wagner/Theurer Strafvollstreckung Kap. 10 Rn. 146.
[2] BVerfG 23.4.1969 – 2 BvR 552/63, BVerfGE 25, 352 (358) = NJW 1969, 1895; Graalmann-Scheerer in Löwe/Rosenberg Rn. 1.
[3] Coen in BeckOK StPO Rn. 1; Appl in KK-StPO Rn. 5.
[4] S. Schätzler S. 64 ff.

Gerechtigkeit[5] erfolgt und sich auf die Vollstreckung bezieht. So kann es zB auf dem Gnadenweg ausnahmsweise zu einer Strafaussetzung zur Bewährung oder zu einer Maßregelerledigung kommen. Bei der Geldstrafe ist etwa aufgrund besonderer Umstände die gnadenweise Bewilligung von Zahlungserleichterungen oder der Erlass einer bereits bezahlten Geldstrafe verbunden mit deren Rückzahlung möglich.[6]

3 Beim Gnadenrecht handelte es sich ursprünglich um eine seinem Inhaber kraft Herkommens zugehörige Befugnis, die mit den heutigen Vorstellungen von Verrechtlichung der wesentlichen und grundrechtsrelevanten Lebensvorgänge durch parlamentarisch beschlossene Normen nur schwer in Einklang zu bringen ist. Gnade als **gewohnheitsrechtlich geltende Gestaltungsmacht besonderer Art**[7] hat meist nur dem Grunde nach Eingang in formelle Gesetze gefunden (etwa Art. 60 Abs. 2 und 3 GG; § 452). Eine gesetzliche Einschränkung der Gnadenkompetenz besteht aber prinzipiell nicht, da „Gnade vor Recht ergeht". So wird eine mildernde Einwirkung durch Gnadenerweise bei **sämtlichen Sanktionsarten** möglich.

4 Ist eine gnadenfähige Entscheidung in Rechtskraft erwachsen, setzt ein Begnadigungsakt voraus, dass der davon Betroffene noch **beschwert** ist. Die ihn belastenden Rechtsfolgen dürfen weder bereits verbüßt noch erlassen oder verjährt sein. Allerdings sollen im Rechtsstaat Gnadenerweise nur **subsidiär** gehandhabt werden. Kann der durch das Erkenntnis Beschwerte sein Ziel durch einen ausdrücklich geregelten Rechtsbehelf auf anderem Wege erreichen (zB eine vorzeitige Entlassung aus dem Vollzug der Freiheitsstrafe durch einen Antrag auf Strafrestaussetzung zur Bewährung gem. § 57 StGB), bleibt er zunächst auf diesen verwiesen.[8]

5 Stellt die Begnadigung eine Milderung bzw. Aufhebung von Rechtsnachteilen im Wege einer Einzelentscheidung dar, dann soll sie dem **Ausgleich von Unbilligkeiten** dienen. Diese können darauf beruhen, dass das erkennende Gericht bei der Festlegung der nachteiligen Rechtsfolgen wesentliche Umstände nicht zu berücksichtigen vermochte, weil ihm diese zum Zeitpunkt der Entscheidungsfindung noch nicht bekannt waren oder erst nach der Sanktionierung eingetreten sind. Zudem können rechtliche Gründe zu einer Modifizierung von Sanktionen im Gnadenwege führen. Deshalb haben Gnadenerweise **Ausnahmecharakter.**

B. Verfahrensfragen

I. Zuständigkeit

6 Die Zuständigkeitsverteilung in Gnadensachen folgt dem **föderalen Charakter** der Bundesrepublik Deutschland. Entscheidende Bedeutung erlangt, ob die erstinstanzliche Entscheidung in einer Strafsache in Ausübung von Bundes- oder Landesgerichtsbarkeit erging (§ 452). Die Gnadenkompetenz in Strafsachen bildet damit eine Länderangelegenheit, sofern nicht ausnahmsweise ein Oberlandesgericht in einer Staatsschutzsache in Ausübung von Gerichtsbarkeit des Bundes entschieden hat (§§ 120 Abs. 6, 142a GVG, Art. 96 Abs. 5 GG, § 452 S. 1). Träger des Gnadenrechts ist herkömmlicherweise der oberste Repräsentant des jeweiligen Staatswesens.[9]

7 Je nach Zuständigkeit sind die entsprechenden **Vorschriften des Bundes- oder Landesrechts** heranzuziehen. Dabei handelt es sich in den meisten Fällen nicht um formelle Gesetze, sondern um Verwaltungsvorschriften, in denen die Inhaber der Gnadenkompetenz im Wege der Selbstbindung ihr Vorgehen objektiviert haben.[10] Die Gnadenvorschriften

---

[5] Baier in Radtke/Hohmann Rn. 1; Schätzler S. 11.
[6] Röttle/Wagner/Theurer Strafvollstreckung Kap. 10 Rn. 141.
[7] BVerfG 3.7.2001 – 2 BvR 1039/01, NStZ 2001, 669; siehe auch Coen in BeckOK StPO Rn. 1.
[8] Röttle/Wagner/Theurer Strafvollstreckung Kap. 10 Rn. 137; Schätzler S. 36.
[9] Laubenthal/Nestler Strafvollstreckung Rn. 36; siehe auch Graalmann-Scheerer in Löwe/Rosenberg Rn. 4 ff.
[10] S. Nachw. in Habersack, Deutsche Gesetze, § 452 StPO Fn. 1.

betreffen sowohl materielle Voraussetzungen eines Gnadenakts als auch das einzuhaltende Procedere.

Gnadenträger sind neben dem Bundespräsidenten (Art. 60 Abs. 2 GG) die Ministerpräsidenten der Bundesländer, in den Stadtstaaten die Senate. Vielfach wurde die Ausübung der Berechtigung von den Gnadenträgern im bestimmten Umfang delegiert. Die Inhaber der Gnadenkompetenz haben sich die Erteilung von Gnadenerweisen überwiegend nur für Einzelfälle vorbehalten (zB bei lebenslanger Freiheitsstrafe) und sie im Übrigen auf die Fachministerien bzw. Senatoren für Justiz delegiert. Die Gnadenvorschriften der einzelnen Bundesländer regeln die weitere Delegation auf unterstellte Gnadenbehörden. Bei Gesamtstrafen, in die Einzelstrafen der Gerichtsbarkeit des Bundes und (ggf. verschiedener) Länder einbezogen sind, steht das Gnadenrecht demjenigen Gnadenrechtsträger zu, dessen Gerichtsbarkeit das Gericht bei der Entscheidung über die Gesamtstrafe ausgeübt hat.[11] 8

II. Durchführung des Verfahrens

Das Gnadenverfahren wird auf Antrag des Verurteilten, eines Dritten oder von Amts wegen eingeleitet.[12] Die Durchführung des Gnadenverfahrens scheidet wegen dessen Subsidiarität aus, wenn die im Gnadenwege angestrebte Maßnahme auch durch eine Entscheidung des Gerichts, der Vollstreckungsbehörde oder der Vollzugsbehörde zu erreichen ist.[13] 9

Das Gnadenverfahren hat prinzipiell **keine Hemmung der Vollstreckung** zur Folge.[14] Die Gnadenvorschriften enthalten jedoch Bestimmungen, wonach die Gnadenbehörden die Vollstreckung vorläufig einstellen können, wenn nachhaltige Gnadengründe gegeben sind. Ferner darf nicht das öffentliche Interesse die sofortige bzw. weitere Durchführung der gerichtlich verhängten Rechtsfolge notwendig machen. 10

C. Rechtsweg

Gnadenerweise bedürfen keiner Begründung und sind infolge des besonderen Wesens von Begnadigungen der **gerichtlichen Kontrolle** nicht unterworfen.[15] Dies gilt zumindest für ablehnende und gewährende Gnadenentscheidungen, die als rechtswegfreie Regierungsakte nicht der Rechtsweggarantie des Art. 19 Abs. 4 GG unterfallen.[16] 11

Hingegen unterfällt der Widerruf einer positiven Gnadenentscheidung als actus contrarius sehr wohl der Rechtsweggarantie des Art. 19 Abs. 4 GG.[17] Die dem Verurteilten durch die positive Gnadenentscheidung eingeräumte Rechtsstellung unterliegt nicht mehr der Disposition der Exekutive, sondern kann nur nach Maßgabe der Gnadenentscheidung selbst widerrufen werden.[18] Der Widerruf des Gnadenerweises ist damit insoweit der gerichtlichen Kontrolle zugänglich.[19] 12

Die Widerrufsentscheidung ist zu begründen, wobei der Gnadenbehörde ein **Ermessen** zusteht.[20] Bei dem Widerruf einer positiven Gnadenentscheidung handelt es sich um eine Maßnahme auf dem Gebiet der Strafrechtspflege nach § 23 Abs. 1 S. 1 EGGVG. Zum 13

---

[11] Coen in BeckOK StPO Rn. 3.
[12] Graalmann-Scheerer in Löwe/Rosenberg Rn. 8.
[13] Laubenthal/Nestler Strafvollstreckung Rn. 35.
[14] Laubenthal/Nestler Strafvollstreckung Rn. 37.
[15] BVerfG 3.7.2001 – 2 BvR 1039/01, NStZ 2001, 669; 23.4.1969 – 2 BvR 552/63, BVerfGE 25, 352 (358 ff.) = NJW 1969, 1895; VerfGH Bayern 19.7.1996 – Vf 93-VI-92, VerfGHE Bay. 49, 103 ff. = NStZ-RR 1997, 39 (40); OLG Hamburg 10.11.1995 – 2 VAs 11/95, JR 1997, 255.
[16] BVerfG 23.4.1969 – 2 BvR 552/63, BVerfGE 25, 352 (357 ff.) = NJW 1969, 1895; vgl. auch Paeffgen/Greco in SK-StPO Rn. 8; Schrott in KMR-StPO Rn. 8; Appl in KK-StPO Rn. 6.
[17] Laubenthal/Nestler Strafvollstreckung Rn. 38.
[18] Graalmann-Scheerer in Löwe/Rosenberg Rn. 16.
[19] BVerfG 12.1.1971 – 2 BvR 520/70, BVerfGE 30, 108 ff. = NJW 1971, 795; Baier in Radtke/Hohmann Rn. 4; vgl. auch Rinio NStZ 2006, 438.
[20] KG 20.11.1990 – 4 VAs 10/90, NStZ 1993, 54; Coen in BeckOK StPO Rn. 1.

Teil sehen allerdings die Gnadenordnungen der Länder eine sachliche Dienstaufsichtsbeschwerde an die vorgesetzte Gnadenbehörde gegen die Widerrufsentscheidung vor, die dem Antrag auf gerichtliche Entscheidung nach § 23 EGGVG vorausgehen muss (§ 24 Abs. 2 EGGVG). Das Gericht überprüft die Entscheidung der Gnadenbehörde lediglich auf Ermessensfehler und übt nicht selbst an deren Stelle Ermessen aus.[21]

§ 453 Nachträgliche Entscheidung über Strafaussetzung zur Bewährung oder Verwarnung mit Strafvorbehalt

(1) ¹Die nachträglichen Entscheidungen, die sich auf eine Strafaussetzung zur Bewährung oder eine Verwarnung mit Strafvorbehalt beziehen (§§ 56a bis 56g, 58, 59a, 59b des Strafgesetzbuches), trifft das Gericht ohne mündliche Verhandlung durch Beschluß. ²Die Staatsanwaltschaft und der Angeklagte sind zu hören. ³§ 246a Absatz 2 und § 454 Absatz 2 Satz 4 gelten entsprechend. ⁴Hat das Gericht über einen Widerruf der Strafaussetzung wegen Verstoßes gegen Auflagen oder Weisungen zu entscheiden, so soll es dem Verurteilten Gelegenheit zur mündlichen Anhörung geben. ⁵Ist ein Bewährungshelfer bestellt, so unterrichtet ihn das Gericht, wenn eine Entscheidung über den Widerruf der Strafaussetzung oder den Straferlaß in Betracht kommt; über Erkenntnisse, die dem Gericht aus anderen Strafverfahren bekannt geworden sind, soll es ihn unterrichten, wenn der Zweck der Bewährungsaufsicht dies angezeigt erscheinen läßt.

(2) ¹Gegen die Entscheidungen nach Absatz 1 ist Beschwerde zulässig. ²Sie kann nur darauf gestützt werden, daß eine getroffene Anordnung gesetzwidrig ist oder daß die Bewährungszeit nachträglich verlängert worden ist. ³Der Widerruf der Aussetzung, der Erlaß der Strafe, der Widerruf des Erlasses, die Verurteilung zu der vorbehaltenen Strafe und die Feststellung, daß es bei der Verwarnung sein Bewenden hat (§§ 56f, 56g, 59b des Strafgesetzbuches), können mit sofortiger Beschwerde angefochten werden.

Übersicht

		Rn.			Rn.
A.	Anwendungsbereich	1	IV.	Entscheidung	20
B.	Verfahrensfragen	5	C.	Rechtsmittel, Abs. 2	22
I.	Zuständigkeit	5	I.	Einfache Beschwerde	22
II.	Aufklärungspflicht	7	1.	Umfang der Überprüfung	22
III.	Rechtliches Gehör	9	2.	Gesetzwidrigkeit	23
1.	Zwingende Anhörung, Abs. 1 S. 2	10		a) Abs. 2 S. 2 Alt. 1	23
2.	Anhörung nach Abs. 1 S. 4	11		b) Abs. 2 S. 2 Alt. 2	26
	a) Mündliche Anhörung	11	II.	Sofortige Beschwerde, Abs. 2 S. 3	27
	b) Ausnahmen	13	1.	In Abs. 2 S. 3 genannte Entscheidungen	27
	c) Nachträgliche Anhörung	14	2.	Analoge Anwendung des Abs. 2 S. 3	29
3.	Anhörung des Bewährungshelfers, Abs. 1 S. 5	17	3.	Sonstiges	30

A. Anwendungsbereich

1   Entscheidungen im Anwendungsbereich von § 453 können erst **nach Rechtskraft** des Urteils getroffen werden, das den Lauf der Bewährungszeit in Gang setzt, vgl. § 56a Abs. 2

---

[21] BVerwG 10.10.1975 – VII C 26.73, BVerwGE 49, 221 = NJW 1976, 305; Kissel/Mayer EGGVG § 23 Rn. 130.

S. 1 StGB. Die Vorschrift greift somit ein, wenn die durch Beschluss nach § 268a getroffenen Entscheidungen aufgrund **nachträglich hervorgetretener Umstände**[1] einer Veränderung bedürfen, vgl. §§ 56a Abs. 2 S. 2,[2] 56e StGB, sofern über den Widerruf der Strafaussetzung, § 56f StGB, den Straferlass oder dessen Widerruf, § 56g StGB, zu entscheiden ist. Ebenso greift § 453 Abs. 1 bei der Verwarnung mit Strafvorbehalt in Bezug auf die Änderung von Auflagen, § 59a Abs. 2 StGB, der Verurteilung zu der vorbehaltenen Strafe, der Verlängerung der Bewährungszeit, §§ 59b Abs. 1, 56f Abs. 2 Nr. 2 StGB, oder für den Ausspruch, dass es bei der Verwarnung sein Bewenden habe, ein, § 59b Abs. 2 StGB. Demgegenüber sind Entscheidungen über die Strafaussetzung zur Bewährung, § 56 StGB, und die Verwarnung mit Strafvorbehalt, § 59 StGB, früher zu treffen und werden daher im Urteil angeordnet, § 260 Abs. 4 S. 4. Ihre nähere Ausgestaltung, dh die Festlegung von Bewährungszeit, § 56a StGB, Bewährungsauflagen, § 56b StGB, Bewährungsweisungen, § 56c StGB, und Anordnungen von Bewährungshilfe, § 56d StGB, geschieht durch einen mit dem Urteil zu verkündenden und mit der Beschwerde nach § 305a anfechtbaren Beschluss, vgl. §§ 56a ff., 59a StGB, § 268a.[3]

§ 453 gilt analog bei Nachtragsentscheidungen zu freiheitsentziehenden Maßregeln 2 sowie für nachträgliche Entscheidungen im Rahmen der Führungsaufsicht, §§ 68a–68d StGB.[4] § 59 Abs. 3 JGG sperrt als Sonderregelung iSd § 2 Abs. 2 JGG die Anwendbarkeit von § 453 Abs. 2 bzw. § 304, so dass die Staatsanwaltschaft die Ablehnung ihres Antrags, die Aussetzung der Jugendstrafe zu widerrufen, nicht anfechten kann. Für dieses Ergebnis spricht auch eine Analogie zu den nicht angreifbaren Entscheidungen über den Straferlass gem. § 26a JGG, § 59 Abs. 3 JGG (eher Abs. 4), sowie im Zusammenhang mit § 27 JGG, § 63 Abs. 1 JGG.[5]

Umstritten ist die Anwendbarkeit von § 453 analog, wenn das Tatgericht einen **Bewäh-** 3 **rungsbeschluss** nach § 268a hätte erlassen müssen, dies jedoch versehentlich **nicht geschehen** ist. Überwiegend wird vertreten, der Beschluss könne grundsätzlich nachgeholt werden.[6] Zuständig sei dafür bis zum Eintritt der Rechtskraft das Tatgericht,[7] danach das in § 462a bezeichnete Gericht.[8] Keine Einigkeit besteht darüber, ob dieser nachgeholte Beschluss selbstständig Auflagen und Weisungen festsetzen kann.[9] Zum Teil wird dabei vertreten, nur sofern das Urteil keine hinreichenden Anhaltspunkte für derartige Entschei-

---

[1] Vgl. OLG Düsseldorf 11.7.1990 – 1 Ws 479/90, NStZ 1991, 53; OLG Stuttgart 10.2.1969 – 2 Ws 29/69, NJW 1969, 1220; s. auch Appl in KK-StPO Rn. 1.
[2] Dafür Appl in KK-StPO Rn. 1; Kinzig in Schönke/Schröder § 56a Rn. 5.
[3] Graalmann-Scheerer in Löwe/Rosenberg Rn. 1.
[4] Vgl. § 463 Abs. 1, Abs. 2; Appl in KK-StPO Rn. 4; Graalmann-Scheerer in Löwe/Rosenberg Rn. 5.
[5] KG 29.6.1998 – 1 AR 362/98, 3 Ws 227/98, JR 1998, 389; LG Potsdam 22.5.1996 – 22 Qs 17/96, NStZ-RR 1996, 285; Brunner/Dölling JGG § 59 Rn. 5; Diemer/Schatz/Sonnen JGG § 59 Rn. 25; Appl in KK-StPO Rn. 5; Laubenthal/Baier/Nestler JugendStrafR Rn. 831; Graalmann-Scheerer in Löwe/Rosenberg Rn. 7; Ostendorf/Drenkhahn in NK-JGG § 59 Rn. 15; Beulke/Swoboda, Jugendstrafrecht, 16. Aufl. 2020, § 41; Sieveking/Eisenberg NStZ 1996, 251 f.; Streng, Jugendstrafrecht, § 12 Rn. 498; Zieger, Verteidigung in Jugendstrafsachen, S. 76; differenzierend Eisenberg/Kölbel JGG § 59 Rn. 27a; aA LG Bückeburg 22.1.2003 – Qs 5/03, NStZ 2005, 169 f.; LG Hamburg 4.1.1995 – 634 Qs 46/94, NStZ 1996, 250; LG Osnabrück 12.6.1991 – 20 Qs III 30/91, NStZ 1991, 533; s. auch Heinrich NStZ 2006, 418 ff.
[6] KG 27.9.1956 – (2) 1 Ss 276/56 (162/56), NJW 1957, 275; OLG Celle 21.6.2007 – 32 Ss 86/07, Nds. Rpfl. 2007, 332; OLG Düsseldorf 21.6.1982 – 5 Ss 232/82 – 200/82 I, MDR 1982, 1042; OLG Köln 30.4.1991 – 2 Ws 166/91, NStZ 1991, 453; LG Osnabrück 7.1.1985 – 12 Qs VII 117/84, NStZ 1985, 378; einschr. OLG Köln 28.9.1999 – 2 Ws 502/99, NStZ-RR 2000, 338; s. auch Bringewat Rn. 6 f.; Pollähne in Gercke/Julius/Temming/Zöller Rn. 2 (vertritt eher aA); Appl in KK-StPO Rn. 3 (vertritt eher aA); Stöckel in KMR-StPO Rn. 6 f.; Schmitt in Meyer-Goßner/Schmitt Rn. 2; Paeffgen/Greco in SK-StPO Rn. 3 (vertritt aA); Pfeiffer Rn. 1; aA OLG Düsseldorf 3.5.1999 – 4 Ws 75/99, StV 2001, 225; OLG Hamm 24.4.1992 – 2 Ws 122/92 u.a., StV 1993, 121; 2.12.1999 – 3 Ws 710/99, NStZ-RR 2000, 126; OLG Dresden 29.11.2000 – 3 Ws 37/00, NJ 2001, 323; einschr. Graalmann-Scheerer in Löwe/Rosenberg Rn. 4.
[7] Str., vgl. dazu Appl in KK-StPO Rn. 3.
[8] Vgl. OLG Köln 30.4.1991 – 2 Ws 166/91, NStZ 1991, 453.
[9] S. Schmitt in Meyer-Goßner/Schmitt § 268a Rn. 8.

dungen enthalte, bleibe der mögliche Inhalt des Beschlusses auf die Festsetzung der Bewährungsfrist beschränkt.[10] Nach aA bleibt eine analoge Anwendung des § 453 ausgeschlossen, da der Wortlaut des § 268a ausdrücklich eine Einheit von Urteil und Bewährungsbeschluss und somit die Verkündung des Beschlusses mit dem Urteil und daher eine Beschlussfassung durch das Tatgericht in der Besetzung der Hauptverhandlung anordnet;[11] zudem werden Aspekte des Vertrauensschutzes angeführt.[12] Dafür spricht auch, dass die Entscheidung über die verhängte Freiheitsstrafe oder die Verwarnung des Angeklagten mit Strafvorbehalt nach § 260 Abs. 4 S. 4 prinzipiell in der Urteilsformel zum Ausdruck zu bringen ist und die Urteilsgründe die der Bewährungsentscheidung zugrunde liegenden Erwägungen erkennen lassen müssen.[13] Dieser Auffassung scheint auch die jüngere Rspr. zuzuneigen und hält nachträgliche Bewährungsbeschlüsse jedenfalls mit belastendem Charakter für unzulässig.[14]

4   Ist der Beschluss versehentlich unterblieben, gilt somit die gesetzliche **Mindestfrist** der Bewährungszeit, die Inhalt eines Beschlusses mit lediglich klarstellendem Charakter sein kann.[15] Nicht in Betracht kommt jedoch die Auferlegung von Auflagen oder Weisungen. Lediglich unter den Voraussetzungen der §§ 56b–56d StGB bleiben nach § 56e StGB nachträgliche Anordnungen möglich, was jedoch eine Veränderung objektiver Umstände erfordert. Auf Umstände, die sich bereits aus den Urteilsgründen ergeben, dürfen derartige Entscheidungen somit nicht gestützt werden.[16]

B. Verfahrensfragen

I. Zuständigkeit

5   Die Zuständigkeit richtet sich nach § 462a. Demnach ist die **Vollstreckungskammer** zuständig, wenn sich der Verurteilte in Strafhaft befindet; anderenfalls entscheidet das **Gericht des ersten Rechtszugs,** § 462a Abs. 2.[17] Sofern mehrere Verurteilungen im Raum stehen, liegt die Zuständigkeit aufgrund des Konzentrationsprinzips bei dem in § 462a Abs. 4 bestimmten Gericht (→ § 462a Rn. 39 ff). Gelangt Jugendstrafrecht zur Anwendung, entscheidet der Jugendrichter.

6   Im Bereich seiner primären Zuständigkeit kann das Gericht des ersten Rechtszugs Nachtragsentscheidungen iSd § 453 gem. § 462a Abs. 2 S. 2 **an das Amtsgericht abgeben,** in dessen Bezirk der Verurteilte seinen Wohnsitz hat, ersatzweise an das Amtsgericht des gewöhnlichen Aufenthalts. Der Abgabe kommt für das Amtsgericht bindende Wirkung zu, wenn sie durch das zuständige Gericht des ersten Rechtszuges erfolgte.[18] Sie kann alle nachträglichen Entscheidungen iSd § 453 umfassen oder das abgebende Gericht behält sich bestimmte Entscheidungen vor, zB über den Widerruf einer Strafaussetzung zur Bewährung. Da die Aussetzungsentscheidungen nach §§ 57, 57a StGB selbst in § 453 nicht benannt sind, scheidet deren Abgabe allerdings aus.[19] Eine Übertragung der erforderlichen Anhörung (→ Rn. 10 ff.) auf den beauftragten oder ersuchten Richter ist grds. möglich.[20]

---

[10]   Bringewat Rn. 8; Stöckel in KMR-StPO Rn. 7; vgl. auch Paeffgen/Greco in SK-StPO Rn. 3.
[11]   Appl in KK-StPO Rn. 3.
[12]   Vgl. LG Freiburg 27.4.1992 – II Qs 41/92, StV 1993, 122.
[13]   Graalmann-Scheerer in Löwe/Rosenberg Rn. 4.
[14]   OLG Düsseldorf 3.5.1999 – 4 Ws 75/99, StV 2001, 225; OLG Dresden 29.11.2000 – 3 Ws 37/00, NJ 2001, 323; OLG Hamm 24.4.1992 – 2 Ws 122/92 u.a., StV 1993, 121; 2.12.1999 – 3 Ws 710/99, NStZ-RR 2000, 126; OLG Köln 28.9.1999 – 2 Ws 502/99, NStZ-RR 2000, 338; ebenso Julius/Beckemper in Gercke/Julius/Temming/Zöller § 268a Rn. 4; Pfeiffer § 268a Rn. 1.
[15]   OLG Dresden 29.11.2000 – 3 Ws 37/00, NJ 2001, 323.
[16]   Groß/Kett-Straub in MüKoStGB StGB § 56e Rn. 8.
[17]   Vgl. zur sog. Fortwirkungszuständigkeit der Strafvollstreckungskammer → § 462a Rn. 28 ff.
[18]   BGH 19.1.2005 – 2 ARs 433/04, NStZ-RR 2006, 262; Laubenthal/Nestler Strafvollstreckung Rn. 72.
[19]   Schmitt in Meyer-Goßner/Schmitt § 462a Rn. 20; Laubenthal/Nestler Strafvollstreckung Rn. 72.
[20]   Zweifelnd Paeffgen/Greco in SK-StPO Rn. 14 Fn. 59, § 454 Rn. 45, der die Übertragung auf Ausnahmefälle beschränken will (ggü. diesem Ausnahmekonstrukt mittlerweile wohl eher kritisch eingestellt).

II. Aufklärungspflicht

Das Gericht leitet das Verfahren idR auf durch entsprechenden Tatsachenvortrag 7
begründeten[21] Antrag der Staatsanwaltschaft ein, die Strafaussetzung zur Bewährung zu widerrufen, § 56f StGB, die Bewährungszeit zu verlängern, § 56f Abs. 2 StGB, Anordnungen über Auflagen oder Weisungen nachträglich zu treffen, ändern oder aufzuheben, §§ 56b, 56c, 56e StGB oder eine Entscheidung über die Unterstellung des Verurteilten unter die Aufsicht und Leitung eines Bewährungshelfers zu treffen.[22] Das Gericht prüft von Amts wegen die Einleitung des Verfahrens, sofern ihm Umstände wie etwa Verstöße gegen Auflagen oder Weisungen durch Dritte (zB den Verletzten oder den Bewährungshelfer) bekannt werden, die eine nachträgliche Entscheidung gebieten können.

Das Gericht hat alle für die zu treffende nachträgliche Entscheidung erforderlichen 8
Tatsachen aufzuklären.[23] Durchsuchungs- und Beschlagnahmeanordnungen, §§ 94, 102, zum Zweck der Aufklärung sind allerdings nicht zulässig.[24] Strafprozessuale Zwangsmaßnahmen sind im Vollstreckungsverfahren nur nach Maßgabe von § 457 Abs. 3 zum Zweck der Festnahme des Verurteilten zulässig.[25] Die Aufklärungspflicht trifft dasjenige Gericht, das die Bewährungsaufsicht führt. Eine (wenn auch nur faktische) Übertragung der Bewährungsaufsicht auf die Staatsanwaltschaft kommt nicht in Betracht.[26]

III. Rechtliches Gehör

Die Entscheidung ergeht ohne mündliche Verhandlung in Form eines Beschlusses, der 9
mit Gründen zu versehen ist. Eine Entscheidung über die Kosten erfolgt nicht.[27] Zwar bedarf es keiner Verhandlung, jedoch kann vor Erlass des Beschlusses eine mündliche Erörterung des Sachverhalts mit den Beteiligten sinnvoll sein.[28]

1. Zwingende Anhörung, Abs. 1 S. 2. § 453 Abs. 1 S. 2 schreibt vor, dass Staatsan- 10
waltschaft und Angeklagter zwingend zu hören sind. Gelegenheit zur Äußerung wird der Staatsanwaltschaft dabei als Strafverfolgungsbehörde, nicht in ihrer Eigenschaft als Strafvollstreckungsbehörde, gewährt.[29] Angeklagter iSd § 453 Abs. 1 ist dabei nicht der Beschuldigte oder Angeschuldigte, gegen den die Eröffnung des Hauptverfahrens beschlossen ist, § 157. Der Begriff erfasst vielmehr neben dem Verurteilten auch den Verwarnten, § 59b Abs. 2 StGB, solange er nicht zu der vorbehaltenen Strafe rechtskräftig verurteilt ist.[30] Die Anhörung kann schriftlich oder mündlich erfolgen; bei einer schriftlichen Anhörung muss das Gericht den Verurteilten allerdings über den Antrag der Staatsanwaltschaft, vom Gericht in Betracht gezogene Entscheidungen sowie über alle dem Verurteilten nachteiligen von dritter seite mitgeteilten Tatsachen in Kenntnis setzen.[31] Stellt der Verurteilte aber einen Antrag auf Anhörung, muss darüber entschieden werden.[32] Die unterbliebene Anhörung steht der Wirksamkeit einer öffentlichen Zustellung nicht entgegen.[33]

2. Anhörung nach Abs. 1 S. 4. a) Mündliche Anhörung. Steht ein Widerruf der 11
Strafaussetzung wegen Verstoßes gegen Auflagen und Weisung im Raum, § 56f Abs. 1 Nr. 2

---

[21] Graalmann-Scheerer in Löwe/Rosenberg Rn. 11.
[22] Graalmann-Scheerer in Löwe/Rosenberg Rn. 11.
[23] So auch Paeffgen/Greco in SK-StPO Rn. 7.
[24] KG 5.5.1999 – 2 AR 26/99, 3 Ws 116/99, NJW 1999, 2979; Graalmann-Scheerer in Löwe/Rosenberg Rn. 11.
[25] Graalmann-Scheerer in Löwe/Rosenberg § 457 Rn. 24, 27 ff.
[26] Vgl. auch zur Unterstützung durch die Gerichtshilfe → § 463d Rn. 1 ff.
[27] S. OLG Braunschweig 25.1.2001 – Ws 9/01, NStZ-RR 2001, 185 f.; OLG Köln 10.6.1999 – 2 Ws 272/99, NStZ 1999, 534.
[28] Appl in KK-StPO Rn. 6.
[29] Appl in KK-StPO Rn. 6a; Graalmann-Scheerer in Löwe/Rosenberg Rn. 14; Schmitt in Meyer-Goßner/Schmitt Rn. 5; Engel NStZ 1987, 110; Katholnigg NStZ 1982, 195.
[30] Graalmann-Scheerer in Löwe/Rosenberg Rn. 14.
[31] Bringewat Rn. 11.
[32] LG Bremen 22.10.1991 – 42 Qs 36/91, StV 1992, 327; Paeffgen/Greco in SK-StPO Rn. 9.
[33] KG 18.9.2020 – 5 Ws 151-152/20 – 161 AR 159-160/20, BeckRS 2020, 59004.

und 3 StGB, so soll nach Abs. 1 S. 4 die Anhörung des Verurteilten **mündlich** erfolgen. Eine Anhörung in schriftlicher Form genügt in diesem Fall nicht.[34] Die Ausgestaltung als Soll-Vorschrift macht die mündliche Anhörung zwingend, sofern dadurch eine weitere Aufklärung des Sachverhalts möglich erscheint[35] und dem keine schwerwiegenden Gründe entgegenstehen.[36] Dies gilt selbst dann, wenn das Gericht einen Widerrufsantrag der Staatsanwaltschaft abzulehnen gedenkt, da auch in einem solchen Fall eine mündliche Anhörung zur weiteren Aufklärung des Sachverhalts beitragen kann.[37] Dem Wortlaut der Vorschrift nach muss der Widerruf der Strafaussetzung gerade wegen des Verstoßes gegen Auflagen oder Weisungen erfolgen; fällt dieser Verstoß neben anderen Gründen für den Widerruf nicht ins Gewicht, so kann die mündliche Anhörung unterbleiben.[38] Die Anhörung hat dabei zeitnah zu einem beantragten Bewährungswiderruf zu erfolgen.[39] Die Regelung trägt der Tatsache Rechnung, dass bei Verstößen gegen Auflagen und Weisung nach der am 31.12.2006 in Kraft getretenen Neufassung des § 56f StGB[40] häufiger von einem Widerruf der Strafaussetzung zur Bewährung abgesehen werden kann.[41] Zudem ist davon auszugehen, dass sich ein Großteil der Verurteilten eher mündlich als schriftlich zu äußern in der Lage sein dürfte.[42]

12 Der Gehörsberechtigte ist von dem der Entscheidung zugrunde liegenden Sachverhalt zu unterrichten und erhält die Gelegenheit, sich dazu zu äußern.[43] Eine Pflicht zur (mündlichen oder schriftlichen) Äußerung besteht allerdings ebensowenig, wie eine Möglichkeit, den Verurteilten zu einer Wahrnehmung seines Anhörungsrechts zu zwingen.[44] Das Gericht kann den Verurteilten also weder durch Vorführung noch durch Erlass eines Sicherungshaftbefehls zu einer Äußerung zwingen.[45] Insbesondere folgt eine solche Befugnis nicht aus § 453c, der bis zum Eintritt der Rechtskraft des Widerrufsbeschlusses Sicherungsmaßnahmen gegen den Verurteilten ermöglicht.[46] Die Gewährung rechtlichen Gehörs erfolgt vor der (erneuten) Inhaftierung; es kann deshalb nicht angehen, dass der Verurteilte verhaftet wird, gerade um ihn zur Wahrnehmung dieses Rechts zu zwingen. Selbst wenn sich der Verurteilte die Möglichkeit der Anhörung dadurch nimmt, dass er untertaucht, um der Festnahme zu entgehen, bleibt er auf die Nachholung des rechtlichen Gehörs gem. § 33a zu verweisen.[47]

13 b) Ausnahmen. Von dem Grundsatz einer mündlichen Anhörung nach Abs. 1 S. 4 sind Ausnahmen denkbar. Eine Anhörung des Verurteilten kann unterbleiben, wenn er untergetaucht oder sein Aufenthaltsort wegen eines entgegen einer Auflage nicht mitgeteilten Wohnungswechsels nicht feststellbar ist.[48] Dabei sind zuvor jedoch zumutbare Nachforschungen über den aktuellen Aufenthaltsort anzustellen und ggf. die Staatsanwaltschaft als

---

[34] LG Zweibrücken 25.6.1998 – 1 Qs 68/98, StV 2000, 213.
[35] Vgl. KG 21.9.1987 – 4 Ws 254/87, JR 1988, 39; Schmitt in Meyer-Goßner/Schmitt Rn. 7.
[36] OLG Düsseldorf 3.2.1987 – 2 Wf 37/87, StV 1987, 257; OLG Stuttgart 23.9.1986 – 3 ARs 119/86, NStZ 1987, 43; OLG Düsseldorf 10.11.1987 – 1 Ws 928/87, NStZ 1988, 243; OLG Hamm 26.9.1986 – 4 Ws 509/86, NStZ 1987, 247; OLG Frankfurt a. M. 21.9.1995 – 3 Ws 611/95, NStZ-RR 1996, 91 (92); OLG Frankfurt a. M. 7.5.2003 – 3 Ws 528/03, NStZ-RR 2003, 199 = BeckRS 2003, 30317628; vgl. auch Graalmann-Scheerer in Löwe/Rosenberg Rn. 16; Schmitt in Meyer-Goßner/Schmitt Rn. 7.
[37] OLG Jena 15.7.1997 – 1 Ws 150/97, NStZ 1998, 216.
[38] OLG Stuttgart 22.10.1986 – 4 Ws 273/86, MDR 1987, 164; 23.9.1986 – 3 ARs 119/86, NStZ 1987, 43.
[39] OLG Hamm 1.3.2001 – 2 Ws 51, 52/01, StV 2001, 413.
[40] 2. Justizmodernisierungsgesetz, BGBl. 2006 I 3416.
[41] BT-Drs. 10/2720, 14.
[42] Vgl. BT-Drs. 10/2720, 14; Appl in KK-StPO Rn. 7.
[43] BVerfG 19.7.1972 – 2 BvR 872/71, BVerfGE 34, 7; Wendisch JR 1989, 168 (169).
[44] Appl in KK-StPO Rn. 7; aA OLG Celle 5.11.1985 – 3 Ws 540/85, StV 1987, 30; OLG Frankfurt a. M. 11.11.1981 – 3 Ws 702/81, StV 1983, 113.
[45] Stöckel in KMR-StPO Rn. 27; Schmitt in Meyer-Goßner/Schmitt Rn. 6; Pfeiffer § 453c Rn. 5.
[46] Appl in KK-StPO Rn. 11.
[47] OLG Celle 21.5.1976 – 2 Ws 91/76, MDR 1976, 948; OLG Karlsruhe 25.6.1980 – 3 Ws 127/80, MDR 1981, 159; Appl in KK-StPO Rn. 11; Schmitt in Meyer-Goßner/Schmitt Rn. 6; Fischer StGB § 56f Rn. 21b.
[48] Appl in KK-StPO Rn. 8; Graalmann-Scheerer in Löwe/Rosenberg Rn. 17; Schmitt in Meyer-Goßner/Schmitt Rn. 6.

Strafverfolgungsbehörde um Auskunft nach einer ladungsfähigen Anschrift des Verurteilten zu ersuchen.[49] Es reicht jedoch nicht, wenn der Verurteilte bloß einen Anhörungstermin nicht wahrnimmt.[50] Scheitern die Bemühungen, den Verurteilten aufzufinden, kann nach hM gestützt auf das Argument der **Verwirkung des Anhörungsrechts** ein Widerrufsbeschluss ohne vorherige Anhörung erlassen und öffentlich zugestellt werden, um die Beschwerdefrist in Lauf zu setzen.[51] Der Verurteilte könnte sonst durch Vereitelung der vorherigen Anhörung den Erlass des Widerrufsbeschlusses unmöglich machen. Auch ein Verzicht des Verurteilten auf die mündliche Anhörung ist denkbar.[52] Von der mündlichen Anhörung kann ferner abgesehen werden, wenn der Verstoß gegen Auflagen oder Weisungen als Widerrufsgrund, § 56f Abs. 1 Nr. 2 und 3 StGB, neben der Begehung einer neuen Straftat des Verurteilten in der Bewährungszeit, § 56f Abs. 1 Nr. 1 StGB, oder in dem Zeitraum nach § 56f Abs. 1 S. 2 StGB nicht ins Gewicht fällt.[53] Unmöglich ist die mündliche Anhörung ggf. wenn der Verurteilte ausgewiesen wurde.[54] In solchen Fällen kann der Widerrufsbeschluss nach § 40 **öffentlich zugestellt**[55] und das rechtliche Gehör nach § 33a nachgeholt[56] werden. Von der mündlichen Anhörung darf aber nicht deshalb abgesehen werden, weil bereits einmal eine Anhörung vorgenommen wurde und seitdem ein längerer Zeitraum verstrichen ist.[57]

c) Nachträgliche Anhörung. Wird der Verurteilte nach Eintritt der Rechtskraft des 14 Widerrufsbeschlusses ergriffen, kann er nachträglich Einwendungen vorbringen. Hierüber ist er nach § 29 Abs. 3 StVollstrO spätestens bei Aufnahme in die Vollzugsanstalt zu belehren.[58] Zuständig für ein solches **„Nachverfahren"**[59] ist dasjenige Gericht, das die fragliche Widerrufsentscheidung erlassen hat; sie darf nicht auf andere Stellen, insbesondere nicht auf die Justizvollzugsanstalt übertragen werden.[60] Dies trägt der Tatsache Rechnung, dass das rechtliche Gehör in derselben Weise nachgeholt werden muss, wie es vor dem Widerruf der Bewährung hätte erfolgen müssen.[61] Die sofortige Beschwerde bleibt jedoch ausgeschlossen, sofern die Rechtsmittelfrist dafür bereits abgelaufen ist;[62] in Betracht kommt lediglich eine Wiedereinsetzung in den vorigen Stand.[63] Nach aA soll dem Ergriffenen das Recht zuste-

---

[49] Ausführlich dazu Graalmann-Scheerer in Löwe/Rosenberg Rn. 17.
[50] Schmitt in Meyer-Goßner/Schmitt Rn. 7; Kropp NStZ 1998, 536.
[51] Appl in KK-StPO Rn. 8; Schmitt in Meyer-Goßner/Schmitt Rn. 6; Bringewat Rn. 24; vgl. auch Paeffgen/Greco in SK-StPO Rn. 14 (zur Gegenauffassung).
[52] OLG Düsseldorf 10.11.1987 – 1 Ws 928/87, NStZ 1988, 243; OLG Frankfurt a. M. 21.9.1995 – 3 Ws 611/95, NStZ-RR 1996, 91 f.; OLG Karlsruhe 14.8.2001 – 3 Ws 139/01, StV 2003, 344; Schmitt in Meyer-Goßner/Schmitt Rn. 7.
[53] OLG Hamm 26.9.1986 – 4 Ws 509/86, NStZ 1987, 247; OLG Stuttgart 23.9.1986 – 3 ARs 119/86, NStZ 1987, 43; OLG Düsseldorf 10.11.1987 – 1 Ws 928/87, NStZ 1988, 243; OLG Koblenz 9.3.1988 – 1 Ws 153/88, MDR 1988, 992; LG Bonn 7.8.1986 – 31 Qs 109/86, NStZ 1986, 574; LG Berlin 19.12.1988 – 528 Qs 14/88, NStZ 1989, 245.
[54] Vgl. OLG Düsseldorf 31.1.2000 – 1 Ws 72/00, StV 2000, 382.
[55] OLG Karlsruhe 25.6.1980 – 3 Ws 127/80, MDR 1981, 159; OLG Zweibrücken 20.1.1988 – 1 Ws 22 – 27/88 u.a., MDR 1988, 1077; Schmitt in Meyer-Goßner/Schmitt Rn. 6; vgl. Fischer StGB § 56f Rn. 21b.
[56] BGH 6.5.1975 – 7 StB 8/75, BGHSt 26, 127 = NJW 1975, 2211; OLG Karlsruhe 20.1.2003 – 1 Ws 391/02, NStZ-RR 2003, 190, sofern auch die mündliche Anhörung zu Unrecht unterblieben ist; ferner Schmitt in Meyer-Goßner/Schmitt Rn. 6.
[57] Graalmann-Scheerer in Löwe/Rosenberg Rn. 20.
[58] Appl in KK-StPO Rn. 8; Wolf in Pohlmann/Jabel/Wolf StVollstrO § 29 Rn. 2 f.
[59] Ausführlich dazu Graalmann-Scheerer in Löwe/Rosenberg Rn. 58 ff.; siehe auch Appl in KK-StPO Rn. 8; vgl. zudem → § 453c Rn. 4.
[60] Vgl. Appl in KK-StPO Rn. 9, § 454 Rn. 14 ff.; siehe auch OLG Düsseldorf 19.6.1975 – 2 Ws 204/75, MDR 1975, 597.
[61] Appl in KK-StPO Rn. 8.
[62] BGH 6.5.1975 – 7 StB 8/75, BGHSt 26, 127 = NJW 1975, 2211; Graalmann-Scheerer in Löwe/Rosenberg Rn. 64 f.; vgl. aber LG Saarbrücken 21.2.2000 – 4 Qs 77/99 I, NStZ-RR 2000, 245 sowie LG Saarbrücken 19.5.2000 – 4 Qs 52/00 I, StV 2000, 564, falls die Anhörung fehlerhaft unterblieben und deshalb die Sache auf die sofortige Beschwerde zurückzuverweisen ist.
[63] OLG Zweibrücken 20.1.1988 – 1 Ws 22 – 27/88, MDR 1988, 1077; nach einer früher in der Rspr. verbreiteten Ansicht soll es einem Wiedereinsetzungsgrund iSd § 44 gleichstehen, wenn der Widerrufsbe-

hen, mit der sofortigen Beschwerde eine Überprüfung des Widerrufsbeschlusses herbeizuführen.[64]

15   Da das rechtliche Gehör in derselben Weise nachgeholt werden muss, wie es vor dem Widerruf der Bewährung hätte erfolgen müssen, erfolgt idR die Anhörung durch den **vollbesetzten Spruchkörper**.[65] Etwas anderes gilt nur, sofern es im Einzelfall nicht auf den persönlichen Eindruck von dem Verurteilten ankommt; dann genügt die Durchführung durch einen beauftragten Richter.[66] Ausnahmsweise soll sogar die Durchführung der Anhörung durch einen ersuchten Richter zulässig sein.[67] Weil jedoch das rechtliche Gehör in derselben Weise nachgeholt werden muss, wie es vor dem Widerruf der Bewährung hätte erfolgen müssen, ist sicherzustellen, dass der ersuchte Richter nur in Ausnahmefällen und nicht allein aus arbeitsökonomischen Gründen oder aus Bequemlichkeit mit der Anhörung befasst wird.[68] Auch der beauftragte Richter muss zumindest an der Entscheidung über den Widerruf der Bewährung mitwirken. So ist gewährleistet, dass der von ihm gewonnene persönliche Eindruck von dem Verurteilten in die Entscheidungsfindung einfließen kann.[69]

16   Der Verurteilte ist zur Anhörung zu **laden**.[70] Zwar existiert keine entsprechende Formvorschrift, gleichwohl hat die Ladung schriftlich zu erfolgen und eine Zustellung empfiehlt sich.[71] Die Anhörung bzw. die Bestimmung eines Termins dafür kann nicht von einem entsprechenden Antrag des Verurteilten abhängig gemacht werden.[72] Die im schriftlichen Verfahren durch förmlichen Beschluss getroffene Entscheidung darf nicht in einem Anhörungstermin verkündet werden.[73] Zur Teilnahme an der Anhörung berechtigt sind neben dem Verurteilten dessen Wahl- oder Pflichtverteidiger sowie ein Vertreter der Staatsanwaltschaft, denen der Termin der Anhörung ebenfalls mitzuteilen ist.[74]

17   **3. Anhörung des Bewährungshelfers, Abs. 1 S. 5.** Nach § 453 Abs. 1 S. 5 ist darüber hinaus ein bestellter Bewährungshelfer zu unterrichten und ggf. zu hören. Diese Regelung dient dazu, die Entscheidungsgrundlage des Gerichts zu verbreitern, indem der Bewährungshelfer zusätzliche Erkenntnisse zur Persönlichkeit des Verurteilten liefert.[75] Der Bewährungshelfer wird somit nicht nur dann informiert und gehört, wenn eine Entscheidung über den Widerruf der Strafaussetzung oder den Straferlass in Betracht kommt, sondern auch, sofern seine Unterrichtung aus anderen Gründen, bspw. im Rahmen der Bewährungsaufsicht angezeigt ist.[76] Die Unterrichtung erfolgt formlos.[77] Das Gericht teilt dem Bewährungshelfer deswegen mit, wenn eine Entscheidung über den Widerruf der Strafaus-

---

schluss ohne vorheriges Gehör erlassen und öffentlich zugestellt sei, weil der verfassungsmäßige Grundsatz des rechtlichen Gehörs mit der Berücksichtigung des Beschwerdevorbringens in der Sache dies fordere; vgl. OLG Frankfurt a. M. 10.1.1972 – 3 Ws 478/71, NJW 1972, 1095; OLG Koblenz 22.6.1972 – 1 Ws 210/72, MDR 1972, 965; OLG Celle 4.8.1972 – 1 Ws 166/72, NJW 1972, 2097.

[64] OLG Braunschweig 11.5.1971 – Ws 53/71, NJW 1971, 1710 mit Verweis auf die Notwendigkeit einer Eröffnung des Rechtsmittelwegs in der Weise, dass der Verurteilte binnen einer Woche nach seiner Ergreifung noch sofortige Beschwerde gegen den rechtskräftigen Widerrufsbeschluss einlegen kann.

[65] OLG Karlsruhe 24.1.1983 – 1 Ws 299/82, MDR 1983, 863; vgl. auch BGH 13.9.1978 – 7 BJs 282/74, BGHSt 28, 138 = NJW 1979, 116.

[66] BVerfG 3.6.1992 – 2 BvR 1041/88 u.a., BVerfGE 86, 339 = NJW 1992, 2947 (2954) = NStZ 1992, 484; OLG Düsseldorf 25.7.2001 – 4 Ws 322/01, NStZ-RR 2002, 191 = BeckRS 2001, 30196145.

[67] AA OLG Rostock 10.7.2001 – 1 Ws 246/01, NStZ 2002, 109 f., das die Anhörung durch einen ersuchten Richter für „schlechterdings unzulässig" hält; vgl. auch Appl in KK-StPO Rn. 9.

[68] Appl in KK-StPO § 454 Rn. 16.

[69] OLG Hamburg 8.11.2002 – 2 Ws 186/02, NStZ 2003, 389; OLG Nürnberg 1.12.2003 – Ws 1030/03, NStZ-RR 2004, 318; Schmitt in Meyer-Goßner/Schmitt Rn. 22.

[70] OLG Frankfurt a. M. 21.9.1995 – 3 Ws 611/95, NStZ-RR 1996, 91; OLG Karlsruhe 14.8.2001 – 3 Ws 139/01, StV 2003, 344.

[71] Graalmann-Scheerer in Löwe/Rosenberg Rn. 21.

[72] LG Berlin 19.12.1988 – 528 Qs 14/88, NStZ 1989, 245.

[73] Vgl. → § 454 Rn. 31; Schmitt in Meyer-Goßner/Schmitt § 454 Rn. 40.

[74] Graalmann-Scheerer in Löwe/Rosenberg Rn. 22.

[75] Appl in KK-StPO Rn. 10.

[76] Graalmann-Scheerer in Löwe/Rosenberg Rn. 33.

[77] Graalmann-Scheerer in Löwe/Rosenberg Rn. 37.

setzung oder den Straferlaß in Betracht kommt, § 453 Abs. 1 S. 5 Hs. 1. Im Übrigen soll er über aus anderen Strafverfahren bekannt gewordene Erkenntnisse unterrichtet werden, wenn der Zweck der Bewährungsaufsicht dies angezeigt erscheinen lässt, § 453 Abs. 1 S. 5 Hs. 2. Zwingend ist die Anhörung des Bewährungshelfers allerdings nicht.[78]

Darüber hinaus mag es sinnvoll sein, den Bewährungshelfer auch zu einer Anhörung **18** nach § 453 Abs. 1 S. 4 hinzuzuziehen. Dies kann eine bessere Überprüfung der Einlassungen des Verurteilten ermöglichen und zudem der Erörterung von Möglichkeiten förderlich sein, die einen Widerruf der Strafaussetzung entbehrlich machen. Zumindest hat das Gericht den vom Bewährungshelfer über den Verurteilten angefertigten Bericht anzufordern und die darin enthaltenen Erkenntnisse in die Entscheidung einzubeziehen.[79]

Ist kein Bewährungshelfer bestellt, soll sich das Gericht der *Gerichtshilfe* bedienen, wenn **19** dies den Gewinn von Erkenntnisse verspricht, die ein Absehen vom Bewährungswiderruf ermöglichen, vgl. auch § 463d Hs. 2.[80] Die **Pflicht zur Unterrichtung** betrifft alle für den Zweck der Bewährungsaufsicht bedeutsamen Vorgänge und somit auch Erkenntnisse aus jeder Lage eines anderen Strafverfahrens einschließlich der Strafvollstreckung.[81] Auch Änderungen der persönlichen oder wirtschaftlichen Verhältnisse des Verurteilten soll das Gericht dem Bewährungshelfer zur Kenntnis bringen. Eine unterlassene Unterrichtung des Bewährungshelfers über Erkenntnisse aus anderen Verfahren hat keine verfahrensrechtlichen Auswirkungen. Sofern eine Entscheidung über den Widerruf der Strafaussetzung in Betracht kommt, ist eine Unterrichtung des Bewährungshelfers obligatorisch.[82]

IV. Entscheidung

Es gilt das **Beschleunigungsgebot**.[83] Zwischen der Anhörung des Verurteilten und **20** der Entscheidung des Gerichts dürfen daher nach der Rspr. nicht mehr als vier Monate liegen, da sich innerhalb dieses Zeitraums neue relevante Umstände ergeben können.[84] Eine Verletzung des Beschleunigungsgebots kann, sofern die daraufhin ergehende Entscheidung angefochten wird, zu einer Aufhebung und zur Zurückverweisung an das Erstgericht führen.

Die nachträglichen Entscheidungen ergehen durch **Beschluss,** der zu begründen ist, **21** § 34.[85] Eine fehlende oder mangelhafte Begründung führt jedoch nur ausnahmsweise zu einer Aufhebung des Beschlusses, soweit der Sachverhalt nicht hinreichend aufgeklärt wurde.

C. Rechtsmittel, Abs. 2

I. Einfache Beschwerde

1. Umfang der Überprüfung. Die Entscheidung über nachträgliche Auflagen und **22** Weisungen oder die nachträgliche Beiordnung eines Bewährungshelfers während der Bewährungszeit ist mit einer eingeschränkten einfachen Beschwerde angreifbar, Abs. 2 S. 1. Das Beschwerdegericht überprüft jedoch nur die Gesetzmäßigkeit der getroffenen Entscheidung, Abs. 2 S. 2. Der Sinn des § 453 Abs. 2 S. 2 geht also dahin, die nachträglichen Änderungen des Auflagenbeschlusses hinsichtlich der Anfechtbarkeit in gleicher Weise zu behandeln wie die ursprünglich im Auflagenbeschluss getroffenen Einzelanordnungen, vgl. § 305a Abs. 1 S. 2; § 268a; §§ 56a–56d, 59a StGB.[86] Die Einschränkung hat keinen Begründungs-

---

[78] OLG Düsseldorf 2.3.2000 – 1 Ws 143-144/00, StV 2000, 563.
[79] OLG Düsseldorf 4.4.1996 – 1 Ws 292/96, NStZ 1996, 616; Stöckel in KMR-StPO Rn. 13.
[80] BT-Drs. 10/2720, 17; Graalmann-Scheerer in Löwe/Rosenberg § 463d Rn. 5.
[81] Graalmann-Scheerer in Löwe/Rosenberg Rn. 34; s. auch BT-Drs. 10/2720, 30.
[82] Graalmann-Scheerer in Löwe/Rosenberg Rn. 38.
[83] Graalmann-Scheerer in Löwe/Rosenberg Rn. 39.
[84] OLG Hamm 1.3.2001 – 2 Ws 51, 52/01, StV 2001, 413.
[85] S. auch Schmitt in Meyer-Goßner/Schmitt Rn. 3; ferner OLG Hamm 19.3.2009 – 2 Ws 40/09, NStZ-RR 2009, 260 = BeckRS 2009, 10474.
[86] OLG Düsseldorf 20.3.1985 – 1 Ws 217/85, MDR 1985, 784; vgl. auch Schmitt in Meyer-Goßner/Schmitt Rn. 11.

zwang für den Beschwerdeführer zur Folge.⁸⁷ Es findet daher keine Nachprüfung des gem. § 462a zur Entscheidung berufenen Gerichts ausgeübten Ermessens statt; das Beschwerdegericht übt auch selbst nicht anstelle des vorinstanzlichen Gerichts eigenes Ermessen aus.⁸⁸ Das gilt auch für die Entscheidung, keine Auflage oder Weisung zu erteilen. Gegen die Ablehnung von Anordnungen ist die Beschwerde unter denselben Anfechtungsvoraussetzungen wie die Anordnung und unter den Beschränkungen des Abs. 2 S. 2 zulässig.⁸⁹

23 **2. Gesetzwidrigkeit. a) Abs. 2 S. 2 Alt. 1.** Gesetzwidrig ist die gerichtliche Entscheidung, wenn sie in der ergangenen Form gesetzlich nicht vorgesehen, unverhältnismäßig oder unzumutbar ist oder sonst die (äußeren) Grenzen des eingeräumten Ermessens überschreitet.⁹⁰ Enthält die Entscheidung nachträgliche Auflagen, deren Anordnung nicht auf einer Veränderung der Situation beruht, so ist sie unzulässig,⁹¹ ebenso, wenn der bestellte Bewährungshelfer örtlich unzuständig ist.⁹² Materiell gesetzwidrig ist die nachträgliche Erstanordnung oder die Erweiterung von Bewährungsmaßnahmen, sofern die betreffende Auflage oder Weisung unzumutbar ist, §§ 56b Abs. 1 S. 2, 56c Abs. 1 S. 2 StGB, der Begriff des Schadens, dessen Wiedergutmachung dem Verurteilten obliegt, verkannt wurde, § 56b Abs. 1 Nr. 1 StGB, es an der nach § 56c Abs. 3 StGB zur Erteilung der Weisung erforderlichen Einwilligung des Verurteilten mangelt oder die getroffene Entscheidung zB wegen einer Verletzung des Art. 12 GG grundgesetzwidrig ist, § 56c Abs. 2 Nr. 1 StGB.⁹³ Auch die Missachtung wesentlicher Verfahrensvorschriften macht die Anordnung gesetzwidrig.⁹⁴

24 Das Gericht prüft die Gesetzmäßigkeit von Bewährungsauflagen im Beschwerdeverfahren über einen Widerruf wegen Verstoßes gegen Auflagen **von Amts wegen,** gleichgültig, ob der Verurteilte den Bewährungsbeschluss, durch den die Auflagen festgesetzt wurden, angefochten hat.⁹⁵ Wird die nachträgliche Verkürzung der Bewährungszeit abgelehnt, so ist diese Entscheidung auf ihre Gesetzmäßigkeit hin überprüfbar.⁹⁶ Dasselbe gilt für die Art und Weise der Anrechnung von Leistungen auf die Strafe im Falle des § 56f Abs. 3 S. 2 StGB.⁹⁷ Sofern nicht Verfahrensverstöße geltend gemacht werden ist die Aufhebung oder Einschränkung von Auflagen, Weisungen und Bewährungshilfe damit nur unter dem Gesichtspunkt der Ermessensüberschreitung sowie auf Wahrung des Verhältnismäßigkeitsgrundsatzes überprüfbar.⁹⁸

25 § 453 Abs. 2 S. 2 verlangt nicht, dass der Beschwerdeführer eine Gesetzwidrigkeit der angefochtenen Entscheidung vortragen und die Beschwerde begründen muss.⁹⁹ Die Anforderungen an den Vortrag einer Ermessensüberschreitung sind daher nicht hoch anzusetzen. Reine Zweckmäßigkeitsrügen sind aber nach Abs. 2 S. 2 unzulässig.

26 **b) Abs. 2 S. 2 Alt. 2.** Eine Ausnahme gilt nach Abs. 2 S. 2 Alt. 2 für die nachträgliche Verlängerung der Bewährungszeit; sie unterliegt der uneingeschränkten einfachen Be-

---

⁸⁷ Schmitt in Meyer-Goßner/Schmitt Rn. 11.
⁸⁸ OLG Frankfurt a. M. 10.12.1997 – 3 Ws 973/97, NStZ-RR 1998, 126.
⁸⁹ OLG Celle 3.9.1982 – 2 Ws 115/82, NStZ 1983, 430; OLG München 25.3.1988 – 2 Ws 227/88, NStZ 1988, 524; Appl in KK-StPO Rn. 12; Schmitt in Meyer-Goßner/Schmitt Rn. 11; aA noch OLG Braunschweig 14.12.1953 – Ws 178/53, NJW 1954, 364; OLG Hamburg 8.2.1963 – 1 Ws 436/62, NJW 1963, 1166; OLG Hamm 4.2.1963 – 2 Ws 8/63, NJW 1963, 1165.
⁹⁰ Vgl. OLG Stuttgart 26.8.2003 – 1 Ws 231/03, NStZ-RR 2004, 89; OLG Jena 5.1.2005 – 1 Ws 392/04, NStZ 2006, 39; OLG Dresden 25.7.2007 – 2 BvR 1092/07, NStZ-RR 2008, 27; Appl in KK-StPO Rn. 13; Graalmann-Scheerer in Löwe/Rosenberg Rn. 43.
⁹¹ OLG Zweibrücken 19.11.1990 – 1 Ws 582/90, StV 1991, 567.
⁹² OLG Hamm 3.5.1984 – 4 Ws 218/84.
⁹³ Vgl. OLG Hamburg 16.11.1971 – 1 Ws 315/71, NJW 1972, 168 mwN.
⁹⁴ Graalmann-Scheerer in Löwe/Rosenberg Rn. 45.
⁹⁵ OLG Zweibrücken 19.11.1990 – 1 Ws 582/90, StV 1991, 567; vgl. Schmitt in Meyer-Goßner/Schmitt Rn. 11.
⁹⁶ OLG Celle 3.9.1982 – 2 Ws 115/82, NStZ 1983, 430.
⁹⁷ OLG Stuttgart 8.7.1980 – 1 Ws 209/80, MDR 1980, 1037.
⁹⁸ Graalmann-Scheerer in Löwe/Rosenberg Rn. 44; Bringewat Rn. 31.
⁹⁹ OLG Frankfurt a. M. 22.2.2005 – 3 Ws 151/05, NStZ-RR 2006, 327; Schmitt in Meyer-Goßner/Schmitt Rn. 11; Stöckel in KMR-StPO Rn. 34; aA OLG München 25.3.1988 – 2 Ws 227/88, NStZ 1988, 524.

schwerde und kann sowohl auf Gesetzesverstöße als auch darauf gestützt werden, dass ein die Verlängerung rechtfertigender Grund überhaupt nicht vorliege.[100] Bei Ermessensentscheidungen nach § 56g Abs. 2 StGB lässt sich die Beschwerde zudem auf eine fehlerhafte Ermessensausübung stützen. Hier entscheidet das Beschwerdegericht an Stelle des Erstrichters. Der durch die Straftat Geschädigte hat gegen nachträgliche Anordnungen kein Beschwerderecht.[101]

II. Sofortige Beschwerde, Abs. 2 S. 3

1. In Abs. 2 S. 3 genannte Entscheidungen. Die in Abs. 2 S. 3 genannten Entscheidungen sind mit der sofortigen Beschwerde anfechtbar. Dies betrifft den Widerruf der Aussetzung, § 56f StGB, den Erlass der Strafe, § 56g Abs. 1 StGB, den Widerruf des Erlasses, § 56g Abs. 2 StGB, die Verurteilung zu der vorbehaltenen Strafe, § 59b Abs. 1 StGB, und die Feststellung, dass es bei der Verwarnung sein Bewenden hat, § 59b Abs. 2 StGB. 27

Es muss in den genannten Fällen eine rechtskräftige Entscheidung darüber herbeigeführt werden, ob gegen den Verurteilten noch eine Freiheitsstrafe zu vollstrecken ist. Das Beschwerdegericht überprüft die angefochtene Entscheidung in vollem Umfang.[102] Es kann einen Widerruf auch auf andere Gründe stützen, sofern dem Verurteilten rechtliches Gehör gewährt worden ist.[103] Das Verbot der reformatio in peius gilt ausnahmsweise, wenn eine Rechtsfolge durch Beschluss endgültig angeordnet ist.[104] Die Vollstreckung darf erst mit Rechtskraft des Widerrufsbeschlusses beginnen, vgl. §§ 14, 13 Abs. 2, 3 S. 1 StVollstrO. Bis dahin kann ein Sicherungshaftbefehl nach § 453c Abs. 1 erlassen werden. 28

2. Analoge Anwendung des Abs. 2 S. 3. Nur die in Abs. 2 S. 3 ausdrücklich genannten, nicht etwa alle auf §§ 56f, 56g oder 59b StGB gestützten Entscheidungen unterliegen der sofortigen Beschwerde. Eine Ausnahme gilt nach inzwischen überwiegender Rspr. und hM in der Literatur für den Beschluss, mit dem ein Antrag der Staatsanwaltschaft auf Widerruf der Strafaussetzung abgelehnt wird; dieser ist nach hM aus Gründen der Rechtssicherheit entsprechend Abs. 2 S. 3 nur mit sofortiger Beschwerde anfechtbar.[105] Das gilt selbst für den Fall, dass sich das Gericht nach Abwägung zwischen dem beantragten Widerruf der Strafaussetzung und einer noch zulässigen Verlängerung der Bewährungszeit für die letztere Maßnahme entscheidet.[106] Die Statthaftigkeit der sofortigen Beschwerde in jenen Konstellationen ist nicht unzweifelhaft.[107] Zwar legt das Rechtssicherheitsinteresse des Verurteilten eine alsbaldige Entscheidung in diesen Fällen nahe. Dennoch wird gegen die Annahme einer Anwendung des Abs. 2 S. 3 eingewandt, es fehle angesichts des fortdauernden Schweigens des Gesetzgebers zu der Streitfrage an einer die Analogie rechtfertigenden planwidrigen Regelungslücke. 29

3. Sonstiges. Greift Abs. 2 S. 3 nicht ein, bleibt es bei der einfachen Beschwerde nach Abs. 2 S. 1; so etwa gegen die Ablehnung einer von der Staatsanwaltschaft beantragten Verlängerung der Bewährungszeit.[108] Streitig ist, ob die Anrechnungsentscheidung nach § 56f Abs. 3 S. 2 StGB, die im Widerrufsbeschluss zu treffen und nicht durch ein später 30

---

[100] Bringewat Rn. 30.
[101] OLG Düsseldorf 9.11.1999 – 1 Ws 858, 859/99, StV 2001, 228.
[102] Schmitt in Meyer-Goßner/Schmitt Rn. 14.
[103] OLG Düsseldorf 20.7.1982 – 1 Ws 532/82, MDR 1983, 68.
[104] OLG Hamm 13.12.1995 – 2 Ws 195/95, NStZ 1996, 303.
[105] OLG Hamm 10.12.1987 – 4 Ws 602/87, NStZ 1988, 291; OLG Düsseldorf 22.7.1988 – 3 Ws 452/88, MDR 1989, 666; OLG Hamburg 20.2.1990 – 2 Ws 30/90, StV 1990, 270; OLG Stuttgart 12.9.1994 – 4 Ws 182/94, NStZ 1995, 53; OLG Zweibrücken 27.11.1997 – 1 Ws 605/97, NStZ-RR 1998, 93; OLG Düsseldorf 2.10.2001 – 3 Ws 409/01, NStZ-RR 2002, 28; OLG Hamburg 11.2.2005 – 2 Ws 24/05, NStZ-RR 2005, 221; Pollähne in Gercke/Julius/Temming/Zöller Rn. 7; Graalmann-Scheerer in Löwe/Rosenberg Rn. 49; Schmitt in Meyer-Goßner/Schmitt Rn. 13.
[106] Graalmann-Scheerer in Löwe/Rosenberg Rn. 49; OLG Saarbrücken 14.10.1991 – 1 Ws 374/91, MDR 1992, 505.
[107] AA OLG Köln 20.9.1994 – 2 Ws 365/94, 2 Ws 429/94, NStZ 1995, 151; Stöckel in KMR-StPO Rn. 33, 40; Graalmann-Scheerer in Löwe/Rosenberg Rn. 50; Volckart Verteidigung Rn. 203.
[108] OLG Stuttgart 2.12.1999 – 3 Ws 252/99, NStZ 2000, 500 = BeckRS 1999, 30085336.

§ 453a 1   7. Buch. 1. Abschnitt. Strafvollstreckung

zuständiges Gericht nachholbar ist, mit der **sofortigen Beschwerde**[109] oder mit der einfachen Beschwerde[110] anfechtbar ist. Für die erste Ansicht spricht die enge Verknüpfung mit der Widerrufsentscheidung. Die Dauer der zu vollstreckenden Strafe muss vor Vollstreckungsbeginn feststehen. Das Beschwerdegericht unterliegt aber den Einschränkungen seiner Überprüfungsbefugnis nach Abs. 2 S. 2, da der Grund für die Erstreckung des Abs. 2 S. 3 auf Entscheidungen nach § 56f Abs. 3 S. 2 StGB keine Änderung des Prüfungsmaßstabes rechtfertigt.[111] Eine **Wiederaufnahme** des rechtskräftig abgeschlossenen Widerrufsverfahrens ist nicht statthaft.[112] Über § 310 Abs. 1 hinaus kommt eine weitere (sofortige) Beschwerde in Betracht, wenn der Widerruf der Strafaussetzung statt von der zuständigen StVK vom Gericht des ersten Rechtszugs und vom gleichfalls unzuständigen Beschwerdegericht angeordnet wurde.

31   Zur Einlegung der sofortigen Beschwerde berechtigt sind nur Verurteilter[113] und Staatsanwaltschaft, nicht jedoch der Privat- oder Nebenkläger. Das ergibt sich daraus, dass nach Abs. 1 S. 2 außer dem Angeklagten nur die Staatsanwaltschaft zu hören ist.

§ 453a Belehrung bei Strafaussetzung oder Verwarnung mit Strafvorbehalt

(1) ¹Ist der Angeklagte nicht nach § 268a Abs. 3 belehrt worden, so wird die Belehrung durch das für die Entscheidungen nach § 453 zuständige Gericht erteilt. ²Der Vorsitzende kann mit der Belehrung einen beauftragten oder ersuchten Richter betrauen.

(2) Die Belehrung soll außer in Fällen von geringer Bedeutung mündlich erteilt werden.

(3) ¹Der Angeklagte soll auch über die nachträglichen Entscheidungen belehrt werden. ²Absatz 1 gilt entsprechend.

A. Nachträgliche Belehrung, Abs. 1

1   Der Verurteilte ist vom Vorsitzenden zu belehren im Anschluss an die Verkündung eines Beschlusses, der Anordnungen enthält, die sich auf die Aussetzung von Strafe (§§ 56, 57, 57a StGB) oder Maßregel (§ 67b StGB) zur Bewährung und die Verwarnung mit Strafvorbehalt (§ 59 StGB) beziehen, § 268a.[1] § 453 Abs. 1 sieht bei einer versehentlich, aus Zweckmäßigkeitsgründen, wegen Abwesenheit des Verurteilten[2] oder aus welchem Grund auch immer unterbliebenen Belehrung vor, dass diese durch das für die Entscheidungen nach § 453 zuständige Gericht nachgeholt wird. Zuständig ist dafür das in § 462a bezeichnete Gericht.[3] § 462a Abs. 2 S. 2 Hs. 1 verweist für die gerichtliche Zuständigkeit

---
[109] So OLG Hamburg 21.7.1983 – 2 Ws 319/83, 2 Ws 361/83, MDR 1983, 953; OLG Düsseldorf 6.12.2000 – 2 Ws 340/00, NStZ 2001, 278.
[110] So OLG Stuttgart 8.7.1980 – 1 Ws 209/80, MDR 1980, 1037; OLG Celle 3.9.1982 – 2 Ws 115/82, NStZ 1983, 430; Graalmann-Scheerer in Löwe/Rosenberg Rn. 42; Paeffgen/Greco in SK-StPO Rn. 24.
[111] Vgl. auch Stöckel in KMR-StPO Rn. 40.
[112] OLG Hamburg 6.5.1999 – 2 Ws 1/99, StV 2000, 568; OLG Stuttgart 26.1.2001 – 2 Ws 16/01, wistra 2001, 239; OLG Düsseldorf 1.12.2003 – III-3 Ws 454/03, 3 Ws 454/03, StraFo 2004, 146; Schmitt in Meyer-Goßner/Schmitt Vor § 359 Rn. 5; nach aA soll ausnahmsweise die Zurücknahme des rechtskräftigen Widerrufsbeschlusses in entsprechender Anwendung des § 359 Nr. 5 in Betracht kommen, falls nachträglich Tatsachen bekannt werden, die diesem jegliche Grundlage entziehen, OLG Düsseldorf 2.7.1992 – 4 Ws 214/92, StV 1993, 87; Stöckel in KMR-StPO Rn. 42.
[113] Beschwer durch die angegriffene Entscheidung vorausgesetzt, vgl. OLG Jena 12.10.2020 – 1 Ws 300/20, BeckRS 2020, 43481 (fehlende Beschwer bei vom Verurteilten gestelltem, vom Gericht abgelehntem Antrag auf Widerruf einer Strafaussetzung).
[1] Siehe zum Inhalt der Belehrung § 268a Abs. 3, vgl. die Kommentierung zu § 268a; zur Bedeutung der Belehrung OLG Dresden 4.2.2019 – 2 Ws 39/19, BeckRS 2019, 1474.
[2] Schmitt in Meyer-Goßner/Schmitt Rn. 1.
[3] Graalmann-Scheerer in Löwe/Rosenberg Rn. 1.

auf § 453. Erfolgt eine Abgabe der nach § 453 zu treffenden Entscheidungen an das Amtsgericht des Wohnsitzes oder Aufenthaltsortes des Verurteilten nach § 462a Abs. 2 S. 2, so obliegt diesem daher auch die Vornahme der nach § 453a Abs. 1 und Abs. 3 notwendigen Belehrungen.[4]

Gem. § 453a Abs. 2 erfolgt die Belehrung mündlich,[5] sofern es sich nicht um einen Fall von geringer Bedeutung handelt. Dabei ist eine für den Angeklagten verständliche Sprache zu wählen.[6] Der Verurteilte ist vorzuladen, sein Erscheinen kann jedoch nicht erzwungen werden, sondern die Belehrung wird dann schriftlich erteilt.[7] Sie wird nach Abs. 1 S. 2 durch den Vorsitzenden vorgenommen, sofern dieser nicht einen beauftragten oder ersuchten Richter damit betraut. Demgegenüber scheidet eine Übertragung auf die Staatsanwaltschaft oder eine andere Behörde aus, denn ihrem Sinn und Zweck nach muss die Belehrung stets von einem Richter vorgenommen werden.[8] Die Belehrung ist durch einen Vermerk aktenkundig zu machen.[9]

Abs. 2 gestattet, in Fällen von geringer Bedeutung die Belehrung **schriftlich** auszusprechen.[10] Ein solcher Fall kann bei einer durch Strafbefehl ausgesprochenen Verwarnung mit Strafvorbehalt vorliegen. Sofern kein Fall des Abs. 2 gegeben ist, muss die Belehrung mündlich durchgeführt werden. Eine Vorführung des Verurteilten (§ 457 Abs. 1) zu diesem Zweck kommt jedoch nicht in Betracht.[11] Erscheint er nicht zum Termin, so kann er deswegen schriftlich belehrt werden, wobei die Belehrung zuzustellen und aktenkundig zu machen ist.[12]

Grds. bleibt das Fehlen der Belehrung ebenso wie ihre Fehlerhaftigkeit ohne Rechtsfolgen.[13] Lediglich soweit es um einen Widerruf nach § 56f StGB geht, kann es darauf ankommen, ob der Verurteilte aufgrund der fehlenden Belehrung den Verstoß nicht erkennen konnte.[14]

B. Belehrung über nachträgliche Entscheidungen, Abs. 3

Nach Abs. 3 soll der Angeklagte auch über die nachträglichen Entscheidungen nach §§ 56e, 59a Abs. 2 StGB belehrt werden. Augrund der Ausgestaltung als **Soll-Vorschrift** bleibt eine Belehrung zwar grds. obligatorisch.[15] Insbesondere auf eine Verlängerung der Bewährungsfrist muss der Verurteilte nachdrücklich hingewiesen werden.[16] Die Belehrung nimmt gem. Abs. 3 S. 2 der Richter in schriftlicher oder mündlicher Form[17] vor. Allerdings erscheint, wenn der Vorsitzende den Verurteilten über die Bedeutung der Strafaussetzung bereits belehrt hat, eine (nochmalige) Belehrung nur sinnvoll, wenn sie notwendig ist, um dem Verurteilten die Tragweite der neuen Anordnungen vor Augen zu führen. Soweit es im Einzelfall also lediglich um die Aufhebung von Auflagen oder die Verkürzung der Bewährungsfrist geht, ist eine Belehrung entbehrlich.[18]

---

[4] Vgl. Stöckel in KMR-StPO Rn. 5; Schmitt in Meyer-Goßner/Schmitt Rn. 1; Bringewat Rn. 4.
[5] Schmitt in Meyer-Goßner/Schmitt Rn. 2.
[6] Graalmann-Scheerer in Löwe/Rosenberg Rn. 2.
[7] Coen in BeckOK StPO Rn. 2; auch → Rn. 3.
[8] Bringewat Rn. 4; Stöckel in KMR-StPO Rn. 5; Graalmann-Scheerer in Löwe/Rosenberg Rn. 2.
[9] Stöckel in KMR-StPO Rn. 3; Pfeiffer Rn. 1; Paeffgen/Greco in SK-StPO Rn. 4.
[10] Appl in KK-StPO Rn. 2; Stöckel in KMR-StPO Rn. 4; so bereits Pentz NJW 1954, 141 (142).
[11] Appl in KK-StPO Rn. 3; Schmitt in Meyer-Goßner/Schmitt Rn. 2.
[12] Graalmann-Scheerer in Löwe/Rosenberg Rn. 2.
[13] Graalmann-Scheerer in Löwe/Rosenberg Rn. 2.
[14] Appl in KK-StPO Rn. 1; Graalmann-Scheerer in Löwe/Rosenberg Rn. 2; Schmitt in Meyer-Goßner/Schmitt Rn. 1.
[15] Weitergehende aA für eine Erforderlichkeit der Belehrung nur im Einzelfall bzw. für ein umgekehrtes Regel-Ausnahme-Verhältnis Graalmann-Scheerer in Löwe/Rosenberg Rn. 5; Schmitt in Meyer-Goßner/Schmitt Rn. 3; so wohl auch Coen in BeckOK StPO Rn. 4; Appl in KK-StPO Rn. 4.
[16] Bringewat Rn. 5; Appl in KK-StPO Rn. 4; Schmitt in Meyer-Goßner/Schmitt Rn. 3.
[17] Appl in KK-StPO Rn. 4; Graalmann-Scheerer in Löwe/Rosenberg Rn. 5.
[18] Graalmann-Scheerer in Löwe/Rosenberg Rn. 5; Schmitt in Meyer-Goßner/Schmitt Rn. 3.

6 Die Begründung des Nachtragsbeschlusses (§§ 34, 453 Abs. 2 S. 1) kann die Belehrung ersetzen. Dazu muss diese jedoch nicht nur Angaben über die Gründe für die Änderung, sondern darüber hinaus auch über die Konsequenzen der Nichtbefolgung enthalten.[19]

7 Eine Belehrung **entfällt** bei einem Widerruf der Aussetzung, einem Straferlass bzw. dem Widerruf des Erlasses, einer Verurteilung zu der vorbehaltenen Strafe sowie der Feststellung, dass es bei der Verwarnung bleibt. Diese Entscheidungen beziehen sich lediglich auf das Verhalten des Verurteilten während seiner Bewährungszeit.[20]

§ 453b Bewährungsüberwachung

(1) Das Gericht überwacht während der Bewährungszeit die Lebensführung des Verurteilten, namentlich die Erfüllung von Auflagen und Weisungen sowie von Anerbieten und Zusagen.

(2) Die Überwachung obliegt dem für die Entscheidungen nach § 453 zuständigen Gericht.

A. Überwachung der Lebensführung

I. Umfang der Überwachung

1 Nach § 453b überwacht das Gericht die **Lebensführung des Verurteilten** während der Bewährungszeit. Dies betrifft grds. sein gesamtes Verhalten während der Bewährungszeit.[1] Allerdings beschränkt sich die Überwachung auf Verhaltensweisen, die geeignet sind, den Widerruf der Bewährung nach § 56f Abs. 1 StGB, die Verurteilung zu der vorbehaltenen Strafe nach § 59b StGB oder nachträgliche Maßnahmen nach § 56e StGB zu rechtfertigen.[2] Beginn und Ende der Überwachungspflicht entsprechen Beginn und Ende der Bewährungszeit.[3] Die Pflicht zur Überwachung lebt wieder auf, wenn die Bewährungszeit erst nach ihrem Ablauf verlängert wird.[4]

2 Zur **Bewährungszeit** iSd Vorschrift rechnet die mit der Aussetzung der ganzen Strafe oder eines Strafrestes zur Bewährung beginnende Bewährungszeit sowie die bei der Aussetzung der Vollstreckung freiheitsentziehender Maßregeln der Besserung und Sicherung zur Bewährung (§§ 67b, 67c, 67d Abs. 2, 67e StGB) und der Aussetzung des Berufsverbots zur Bewährung (§ 70a StGB) geltenden Bewährungszeiten.[5] Sofern der Verurteilte dabei allerdings unter Führungsaufsicht steht, gelten gem. § 68g Abs. 1 StGB für Aufsicht und Erteilung von Weisungen nur §§ 68a und 68b StGB. § 453b findet in diesem Fall keine Anwendung.[6]

II. Mitwirkende Stellen

3 An der Überwachung wirken ggf. noch weitere Stellen mit, vgl. § 68a StGB. Die Staatsanwaltschaft ist an der Überwachung allerdings nicht beteiligt.[7] Sie muss jedoch dem Gericht Umstände mitteilen, die den Widerruf der Aussetzung zur Bewährung (§ 56f StGB), die Verurteilung zu der vorbehaltenen Strafe (§ 59b StGB) oder nachträgliche Entscheidun-

---

[19] Appl in KK-StPO Rn. 4; Graalmann-Scheerer in Löwe/Rosenberg Rn. 5.
[20] Bringewat Rn. 5.
[1] Coen in BeckOK StPO Rn. 2; Pfeiffer Rn. 2.
[2] Graalmann-Scheerer in Löwe/Rosenberg Rn. 2; Schmitt in Meyer-Goßner/Schmitt Rn. 3; Bringewat Rn. 1, 2.
[3] Vgl. dazu Groß/Kett-Straub in MüKoStGB StGB § 56a Rn. 6 ff.; Paeffgen/Greco in SK-StPO Rn. 3.
[4] OLG Hamm 21.10.1970 – 2 Ws 387/70, NJW 1971, 719; Bringewat Rn. 3.
[5] Graalmann-Scheerer in Löwe/Rosenberg Rn. 2; Schmitt in Meyer-Goßner/Schmitt Rn. 2; Pfeiffer Rn. 1.
[6] Coen in BeckOK StPO Rn. 1; Paeffgen/Greco in SK-StPO Rn. 3; Pfeiffer Rn. 1.
[7] Coen in BeckOK StPO Rn. 3; Schmitt in Meyer-Goßner/Schmitt Rn. 4; Engel NStZ 1987, 110 (111).

gen nach § 56e StGB begründen können, sofern sie davon Kenntnis erlangt. Dies ergibt sich konsequenterweise daraus, dass die Staatsanwaltschaft im Fall des Widerrufs selbst für die Vollstreckung zuständig wäre.[8] § 463d regelt die Mitwirkung der Gerichtshilfe; für die Mitwirkung des Bewährungshelfers enthalten § 56d Abs. 3 S. 2–3, Abs. 4 S. 2 StGB Regelungen.

Mit der Überwachungspflicht korrespondieren bestimmte Rechte der überwachenden Stellen. Diese beschränken sich jedoch auf diejenigen Eingriffe, die zur Durchführung der Überwachung notwendig sind. Darüber hinausgehend sind zB die gerichtliche Anordnung einer Durchsuchung und Beschlagnahme (§§ 94, 102) zur Überprüfung der Lebensführung des Verurteilten in der Bewährungszeit nicht zulässig.[9] 4

B. Zuständigkeit

Vor Inkrafttreten der Vorschrift war umstritten, welcher Stelle die Überwachung der Lebensführung während der Bewährungszeit obliegt.[10] Da es sich dabei um eine richterliche und nicht um eine vollstreckungsrechtliche Aufgabe handelt, verortet § 453b die Zuständigkeit für die Überwachung beim Gericht.[11] 5

Die Zuständigkeit richtet sich nach § 462a Abs. 2. Demnach ist bei Aussetzung der verhängten Freiheitsstrafe (§ 56 StGB) und bei Verwarnung mit Strafvorbehalt für die Überwachung der Lebensführung während der Bewährungszeit das **Gericht des ersten Rechtszugs** zuständig.[12] Wird eine Bewährungsentscheidung durch eine örtlich unzuständige Strafvollstreckungskammer getroffen, ist gem. Abs. 2 die Strafvollstreckungskammer zuständig, die die Entscheidung hätte treffen müssen.[13] Hat die Strafvollstreckungskammer den Strafrest zur Bewährung ausgesetzt, so überwacht sie nach § 462a Abs. 1 S. 2 auch die Lebensführung.[14] Sofern aus der Strafe, deren Rest zur Bewährung ausgesetzt wurde, und einer anderen Freiheitsstrafe eine Gesamtstrafe gebildet wird, ist für die Überwachung dasjenige Gericht zuständig, das die Gesamtstrafe ausgesprochen hat.[15] 6

Im **Jugendstrafverfahren** ist für die Überwachung das Gericht zuständig, das die bedingte Aussetzung der Vollstreckung für die Strafe oder die Maßregel bewilligt hat. Dies ist das Gericht des ersten Rechtszuges oder der Jugendrichter als Vollstreckungsleiter (§ 66 Abs. 2 S. 4 JGG).[16] 7

§ 453c Vorläufige Maßnahmen vor Widerruf der Aussetzung

(1) Sind hinreichende Gründe für die Annahme vorhanden, daß die Aussetzung widerrufen wird, so kann das Gericht bis zur Rechtskraft des Widerrufsbeschlus-

---

[8] Graalmann-Scheerer in Löwe/Rosenberg Rn. 4; Bringewat Rn. 6; Paeffgen/Greco in SK-StPO Rn. 4; Röttle/Wagner/Theurer Strafvollstreckung Kap. 2 Rn. 9a; Engel NStZ 1987, 110; vgl. auch Nr. 4, 13 MiStra.

[9] Vgl. KG 5.5.1999 – 2 AR 26/99 – 3 Ws 116/99, NJW 1999, 2979; vgl. Wolf in Pohlmann/Jabel/Wolf StVollstrO § 36 Rn. 11.

[10] Siehe bei Graalmann-Scheerer in Löwe/Rosenberg Rn. 1.

[11] So schon die frühere hM, vgl. BGH 6.6.1957 – 2 ARs 109/57, BGHSt 10, 288; Bringewat Rn. 5; Engel NStZ 1987, 110; aA OLG Düsseldorf 18.4.1958 – 1 Ws 352/57, NJW 1958, 1007.

[12] OLG Hamburg 28.5.1975 – 2 Ws 300/75, MDR 1975, 774; Appl in KK-StPO Rn. 1b; Schmitt in Meyer-Goßner/Schmitt Rn. 5; Bringewat Rn. 8; Paeffgen/Greco in SK-StPO Rn. 4; Coen in BeckOK StPO Rn. 3.

[13] OLG Köln 14.4.2010 – 2 Ws 221/10, NStZ 2011, 119; Appl in KK-StPO Rn. 1c; Paeffgen/Greco in SK-StPO Rn. 4.

[14] Paeffgen/Greco in SK-StPO Rn. 4; Wolf in Pohlmann/Jabel/Wolf StVollstrO § 36 Rn. 11.

[15] OLG Hamm 11.8.1975 – 3 Ws 477/75, NJW 1976, 258; OLG Schleswig 23.12.1982 – 1 Str. AR 46/82, NStZ 1983, 480; OLG Zweibrücken 22.3.1985 – 1 Ws 554/84, NStZ 1985, 525; Appl in KK-StPO Rn. 1c; Graalmann-Scheerer in Löwe/Rosenberg Rn. 5; Schmitt in Meyer-Goßner/Schmitt Rn. 5; Doller MDR 1977, 272.

[16] BGH 12.6.1996 – 2 ARs 130/96, NStZ 1997, 100.

ses, um sich der Person des Verurteilten zu versichern, vorläufige Maßnahmen treffen, notfalls unter den Voraussetzungen des § 112 Abs. 2 Nr. 1 oder 2, oder, wenn bestimmte Tatsachen die Gefahr begründen, daß der Verurteilte erhebliche Straftaten begehen werde, einen Haftbefehl erlassen.

(2) Die auf Grund eines Haftbefehls nach Absatz 1 erlittene Haft wird auf die zu vollstreckende Freiheitsstrafe angerechnet. § 33 Abs. 4 Satz 1 sowie die §§ 114 bis 115a, 119 und 119a gelten entsprechend.

Übersicht

		Rn.			Rn.
A.	Anwendungsbereich	1	III.	Erlass eines Sicherungshaftbefehls	10
B.	Maßnahmen nach Abs. 1	5	1.	Voraussetzungen	10
I.	Hinreichende Gründe für die Annahme des Widerrufs	5	2.	Zuständigkeit und Verfahren	14
			3.	Rechtsfolgen	17
II.	Sicherungsmaßnahmen	9	IV.	Rechtsbehelfe	19

A. Anwendungsbereich

1   Vor Einführung von § 453c existierte in der StPO keine Möglichkeit, Maßnahmen zum Zweck der Fluchtverhinderung zu treffen, wenn der Widerruf der Strafaussetzung zur Bewährung oder der Aussetzung eines Strafrestes zu erwarten war. Selbst bei einem bereits erlassenen Widerrufsbeschluss kamen Sicherungsmaßnahmen nicht in Betracht, solange der betreffende Beschluss nicht in Rechtskraft erwachsen war.[1] Ein Untersuchungshaftbefehl zum Zweck der Sicherung schied ebenfalls aus, da ein solcher nur bis zum Eintritt der Rechtskraft des Urteils erlassen werden kann. Im Fall einer Flucht musste der Widerrufsbeschluss öffentlich zugestellt werden und es wurden Fahndungsmaßnahmen notwendig, die das Vollstreckungsverfahren erheblich verzögern konnten.

2   § 453c erfordert das Vorliegen hinreichender Gründe dafür, dass die durch ein **rechtskräftiges Urteil**[2] verhängte Freiheitsstrafe oder ein Strafarrest zur Bewährung ausgesetzt wird (§§ 56 ff.; §§ 21 ff. JGG; § 14a Abs. 1 WStG; §§ 57, 57a StGB, § 454 Abs. 1). Dasselbe gilt wenn zu erwarten ist, dass die Aussetzung einer freiheitsentziehenden Maßregel der Besserung und Sicherung zur Bewährung widerrufen wird (§ 463 Abs. 1 StPO; §§ 67b, 67c StGB).[3] Zwar spricht der Wortlaut der Vorschrift lediglich von einer „Aussetzung", aus dem Gesamtkontext der Norm ergibt sich jedoch, dass damit allein die Aussetzung rechtskräftig verhängter Rechtsfolgen gemeint sein kann, die an dem Verurteilten selbst vollzogen werden müssen.[4]

3   § 453c ist **nicht anwendbar,** wenn die Aussetzung eines Berufsverbots zur Bewährung im Raum steht (§§ 70a, 70b StGB)[5] oder die Voraussetzungen für eine befristete Wiederinvollzugsetzung der Unterbringung (§ 67h StGB) gegeben sind;[6] Gleiches gilt für die Verwarnung mit Strafvorbehalt (§ 59a StGB) sowie zur Sicherung der Änderung der Vollstreckungs-

---

[1]   Graalmann-Scheerer in Löwe/Rosenberg Rn. 1; Schmitt in Meyer-Goßner/Schmitt Rn. 11; Rieß NJW 1975, 90; s. auch Bringewat Rn. 1.
[2]   Schmitt in Meyer-Goßner/Schmitt Rn. 4.
[3]   Appl in KK-StPO Rn. 1; Schmitt in Meyer-Goßner/Schmitt Rn. 2; Paeffgen/Greco in SK-StPO Rn. 2; Wolf in Pohlmann/Jabel/Wolf StVollstrO § 38 Rn. 9.
[4]   Graalmann-Scheerer in Löwe/Rosenberg Rn. 2.
[5]   Klein in BeckOK StPO Rn. 1; Appl in KK-StPO Rn. 1; Paeffgen/Greco in SK-StPO Rn. 2.
[6]   OLG Nürnberg 8.10.2008 – 2 Ws 443/08, BeckRS 2008, 23592; OLG Braunschweig 11.9.2013 – 1 Ws 258/13, BeckRS 2013, 19637; vgl. Appl in KK-StPO Rn. 1; Paeffgen/Greco in SK-StPO Rn. 2.

reihenfolge (§ 67 Abs. 2, 3 StGB).[7] Ebenfalls nicht in den Anwendungsbereich der Vorschrift fällt die im Gnadenweg erfolgte Aussetzung zur Bewährung.[8] In diesem Fall liegt die Zuständigkeit nicht beim Gericht, sondern im Ermessensbereich der Gnadenbehörde.[9] Eine unmittelbare Anwendung der Vorschrift scheidet aus, weil sich § 453c nur auf Fälle gerichtlicher Aussetzung von Freiheitsstrafen bzw. freiheitsentziehenden Maßregeln der Besserung und Sicherung bezieht. Auch eine analoge Anwendung der Norm dahingehend, dass die Entscheidung der Gnadenbehörde dem gerichtlichen Widerrufsbeschluss entspricht, kommt nicht in Betracht.[10] Die Befugnis zum Erlass vorläufiger Sicherungsmaßnahmen nach § 453c folgt der Kompetenz des Gerichts nach § 453b zur Überwachung der Lebensführung des Verurteilten während der Bewährungszeit. Das Gericht soll aber eine Prognoseentscheidung nicht in einem Bereich treffen müssen, in dem die an die gesetzlichen Voraussetzungen einer Aussetzung freiheitsentziehender Sanktionen zur Bewährung nicht gebundene Gnadenbehörde über den Widerruf der Aussetzung entscheidet.[11]

Maßnahmen nach § 453c kommen nur bis zum Eintritt der **Rechtskraft des Widerrufsbeschlusses** in Betracht.[12] Ab diesem Zeitpunkt können Maßnahmen nur noch auf der Grundlage von § 457 Abs. 1 iVm § 161 ergriffen werden bzw. es ist der Erlass eines Vorführungs- oder Haftbefehls nach § 457 Abs. 2 möglich (→ § 457 Rn. 5 ff.).[13] Umgekehrt verlangt § 453c Abs. 1 jedoch nicht, dass bereits ein Widerrufsbeschluss erlassen worden (und lediglich noch nicht in Rechtskraft erwachsen) ist.[14] Maßnahmen nach § 453c Abs. 1 sind selbst dann zulässig, wenn später überhaupt kein Widerrufsbeschluss erlassen wird. 4

B. Maßnahmen nach Abs. 1

I. Hinreichende Gründe für die Annahme des Widerrufs

Vorläufige Maßnahmen sowie der Erlass eines Sicherungshaftbefehls erfordern hinreichende Gründe für die Annahme, dass die Aussetzung der Sanktion zur Bewährung widerrufen wird. Wann ein solcher Widerruf in Betracht kommt, richtet sich nach den entsprechenden Vorschriften des StGB (vgl. §§ 56f Abs. 1, 57 Abs. 5, 57a Abs. 3 S. 2, 67g StGB). 5

Trotz der nunmehr durch § 453c Abs. 1 eingeräumten Möglichkeit von Sicherungsmaßnahmen bleiben die öffentliche Zustellung des Widerrufsbeschlusses und der Erlass eines Vollstreckungshaftbefehls nach § 457 möglich.[15] Das Gericht beurteilt nach **Zweckmäßigkeit**sgesichtspunkten, welches Vorgehen sinnvoller erscheint. 6

Grund für die Annahme, es werde zu einem Widerruf der Bewährungsaussetzung kommen, besteht, wenn der Eintritt von Umständen, die nach den entsprechenden Vorschriften des StGB einen solchen Widerruf begründen, wahrscheinlich ist. **Hinreichend** iSd § 453c Abs. 1 S. 1 sind diese Gründe, wenn bereits ein hoher Grad an Wahrscheinlichkeit für den Eintritt entsprechender Umstände und somit für den Erlass eines Widerrufsbeschlusses gegeben ist (vgl. § 203 „hinreichend verdächtig", dazu → § 203 Rn.[16]). 7

---

[7] Vgl. OLG Stuttgart 25.2.1982 – 3 Ws 47/82, Die Justiz 1982, 166; Appl in KK-StPO Rn. 1; Schmitt in Meyer-Goßner/Schmitt Rn. 2; Paeffgen/Greco in SK-StPO Rn. 2.
[8] Schmitt in Meyer-Goßner/Schmitt Rn. 2; Pfeiffer Rn. 1.
[9] Graalmann-Scheerer in Löwe/Rosenberg Rn. 3; Appl in KK-StPO Rn. 1.
[10] Appl in KK-StPO Rn. 1; Graalmann-Scheerer in Löwe/Rosenberg Rn. 3; ferner Bringewat Rn. 3, 11.
[11] Graalmann-Scheerer in Löwe/Rosenberg Rn. 3.
[12] Graalmann-Scheerer in Löwe/Rosenberg Rn. 8; Schmitt in Meyer-Goßner/Schmitt Rn. 14; Paeffgen/Greco in SK-StPO Rn. 2.
[13] S. auch Laubenthal/Nestler Strafvollstreckung Rn. 118; Schmitt in Meyer-Goßner/Schmitt Rn. 14.
[14] Vgl. LG München II 30.7.1975 – I Qs 160/75, NJW 1975, 2307; Schmitt in Meyer-Goßner/Schmitt Rn. 14.
[15] Pollähne in Gercke/Julius/Temming/Zöller Rn. 5; Schmitt in Meyer-Goßner/Schmitt Rn. 11; aA OLG Celle 5.11.1985 – 3 Ws 540/85, StV 1987, 30.
[16] Graalmann-Scheerer in Löwe/Rosenberg Rn. 5; Appl in KK-StPO Rn. 3; Schmitt in Meyer-Goßner/Schmitt Rn. 3; Pfeiffer Rn. 2; vgl. BT-Drs. 7/551, 97.

Das Gericht[17] prüft daher, ob und mit welcher Wahrscheinlichkeit die gesetzlichen Voraussetzungen eines Widerrufs gegeben sind.[18]

8   Der **Verhältnismäßigkeitsgrundsatz** erlaubt nur bei Vorliegen hinreichender Gründe vorläufige Maßnahmen, um sich der Person des Verurteilten zu versichern. Hierzu zählen die Ausschreibung zur Aufenthaltsermittlung sowie sonstige Fahndungsmaßnahmen, die der Ermittlung des Aufenthalts dienen (siehe Nr. 39 ff. RiStBV), ebenso die Auferlegung einer Meldepflicht (vgl. § 56c Abs. 2 Nr. 2 StGB). Erst sofern solche Maßnahmen ausscheiden oder sich als unzureichend erweisen, darf ein Sicherungshaftbefehl erlassen werden (vgl. § 453c Abs. 1 S. 1 „notfalls").[19]

II. Sicherungsmaßnahmen

9   Das Gesetz nennt die möglichen vorläufigen Maßnahmen nicht explizit. In Betracht kommt grds. alles was geeignet ist, „sich der Person des Verurteilten zu versichern". Bevor ein Haftbefehl in Betracht gezogen wird (→ Rn. 10 ff.), sind als mildere Maßnahmen zB die Auferlegung einer Meldepflicht (§ 56c Abs. 2 Nr. 2 StGB) oder solche Fahndungsmaßnahmen denkbar, die lediglich der Ermittlung des Aufenthalts dienen.[20]

III. Erlass eines Sicherungshaftbefehls

10   **1. Voraussetzungen.** Der Sicherungshaftbefehl unterscheidet sich vom Untersuchungshaftbefehl unter anderem insofern, als er erst nach rechtskräftigem Abschluss des Strafverfahrens ergeht. § 453c Abs. 1 S. 1 verweist jedoch für den Erlass eines Sicherungshaftbefehls zunächst auf § 112 Abs. 2 Nr. 1 und 2. Voraussetzung ist somit, dass der Verurteilte flüchtig ist oder jedenfalls **Fluchtgefahr** besteht. Allein die drohende Vollstreckung einer Restfreiheitsstrafe aus einem anderen Urteil begründet Fluchtgefahr im Widerrufsverfahren aber noch nicht. Notwendig ist vielmehr, dass sich die Fluchtgefahr gerade aus der Straferwartung wegen der den Gegenstand des Sicherungshaftbefehls bildenden Tat ergibt.[21] Darüber hinaus kommt nach § 453c Abs. 1 S. 1 ein Sicherungshaftbefehl in Betracht, wenn bestimmte Tatsachen die Gefahr begründen, dass der Verurteilte erhebliche Straftaten begehen wird.[22] Das ist vor allem denkbar, wenn die Aussetzung einer Unterbringung nach § 67g Abs. 2 StGB oder einer Freiheitsstrafe nach § 56f Abs. 1 Nr. 2 StGB widerrufen werden soll.[23] Zwar setzen § 56f Abs. 1 Nr. 2, § 57 Abs. 5 S. 1 sowie § 67g Abs. 2 StGB für den Widerruf der Bewährung lediglich die Erwartung weiterer Straftaten voraus. Für den Erlass eines Sicherungshaftbefehls wird diese Voraussetzung aber insofern weiter präzisiert, als diese Straftaten **erhebliche** sein müssen.[24] Dadurch wird die Schwelle für den Eingriff durch den Sicherungshaftbefehl nach § 453c Abs. 1 dem § 112a Abs. 1 angeglichen.

11   Ein Haftbefehl bleibt stets die „**ultima ratio**" und setzt daher nach dem Verhältnismäßigkeitsgrundsatz voraus, dass andere weniger eingriffsintensive Maßnahmen nicht bestehen oder nicht ausreichen, um die Vollstreckung im Fall des mit Wahrscheinlichkeit zu erwarten-

---

[17] Zur Hinzuziehung der Gerichtshilfe → § 463d Rn. 3 ff.
[18] Vgl. dazu Bringewat Rn. 10; Schmitt in Meyer-Goßner/Schmitt Rn. 3; Paeffgen/Greco in SK-StPO Rn. 5.
[19] Klein in BeckOK StPO Rn. 5; Appl in KK-StPO Rn. 4; Schmitt in Meyer-Goßner/Schmitt Rn. 9; Paeffgen/Greco in SK-StPO Rn. 4.
[20] OLG Celle 24.9.2003 – 2 Ws 328/03, NStZ 2004, 627; Bringewat Rn. 4; Appl in KK-StPO Rn. 4; Schmitt in Meyer-Goßner/Schmitt Rn. 6.
[21] OLG Oldenburg 28.1.1987 – 1 Ws 11/87, StV 1987, 110; Graalmann-Scheerer in Löwe/Rosenberg Rn. 9.
[22] Stöckel in KMR-StPO Rn. 18; Schmitt in Meyer-Goßner/Schmitt Rn. 10; krit. Pollähne in Gercke/Julius/Temming/Zöller Rn. 5; Paeffgen/Greco in SK-StPO Rn. 10; zum Ganzen Burmann, Die Sicherungshaft gemäß § 453c StPO, 1984 (passim).
[23] Klein in BeckOK StPO Rn. 6; Appl in KK-StPO Rn. 5; Rieß NJW 1978, 2272.
[24] Bringewat Rn. 13; Appl in KK-StPO Rn. 5; Graalmann-Scheerer in Löwe/Rosenberg Rn. 11; Schmitt in Meyer-Goßner/Schmitt Rn. 8 ff.; Paeffgen/Greco in SK-StPO Rn. 10.

den rechtskräftigen Widerrufs zu sichern.²⁵ Dies hat das Gericht sorgfältig unter Einbeziehung sämtlicher Umstände des Einzelfalls zu prüfen.²⁶

Nach § 56f Abs. 1 S. 1 Nr. 1 StGB widerruft das Gericht die Strafaussetzung, wenn **12** die verurteilte Person in der Bewährungszeit eine Straftat begeht und dadurch zeigt, dass die der Strafaussetzung zugrunde liegende Erwartung sich nicht erfüllt hat. Solange in einem solchen Fall kein Widerrufsbeschluss ergangen ist, kann sowohl ein Untersuchungshaftbefehl wegen der neuen Tat nach §§ 112 ff. als auch ein Sicherungshaftbefehl wegen des zu erwartenden Widerrufs nach § 453c Abs. 1 erlassen werden.²⁷

Nach dem Spezialitätsgrundsatz ist die Verfügungsgewalt des ersuchenden Staates auf **13** die von der Auslieferungsbewilligung erfasste Tat beschränkt, vgl. Art. 10 Abs. 1 EuAlÜbk. Wegen anderer, vor seiner Überstellung gegen ihn rechtskräftig verhängter Strafen kann der ersuchende Staat unter den Voraussetzungen des Art. 10 Abs. 1 lit. c EuAlÜbk den Betreffenden auch ohne Zustimmung des ersuchten Staates der Strafvollstreckung unterziehen. Insoweit ist auch der Erlass eines Sicherungshaftbefehls möglich.²⁸

2. Zuständigkeit und Verfahren. *Zuständig* für den Erlass des Sicherungshaftbefehls **14** ist das Gericht, das über den Widerruf der Strafaussetzung entscheidet (§ 462a Abs. 2, 4; § 56f StGB).²⁹ Die Zuständigkeit des Rechtspflegers für Vollstreckungsmaßnahmen beginnt erst mit der Rechtskraft des Widerrufsbeschlusses. Die Sicherungsmaßnahmen nach § 453c ergehen jedoch stets vor der Rechtskraft der Widerrufsentscheidung, so dass der Rechtspfleger nicht zuständig ist (vgl. §§ 449, 451; § 31 Abs. 2 RpflG).³⁰ Mit der Rechtskraft des Widerrufsbeschlusses endet die Kompetenz des Gerichts nach § 453c und es beginnt die Zuständigkeit der Vollstreckungsbehörde nach § 451.³¹

Anders als bei Maßnahmen nach § 457 (dazu → § 457 Rn. 20 ff.) gehört die Vollstre- **15** ckung des Sicherungshaftbefehls nach § 453c Abs. 2 noch nicht zur Vollstreckung des strafgerichtlichen Erkenntnisses gem. § 451. Es handelt sich somit um eine Entscheidung iSd § 36 Abs. 2, welche – in einem weiteren Sinn – die Ordnung in Sitzungen betrifft.³² Der aufgrund des Sicherungshaftbefehls Inhaftierte wird in der Justizvollzugsanstalt untergebracht. Hierzu bedarf es eines schriftlichen Aufnahmeersuchens des Richters.³³ Bei mehreren Haftbefehlen in getrennten Verfahren richtet sich die Reihenfolge des Vollzugs nach dem Eingang der Aufnahmeersuchen der Einweisungsbehörde bei der JVA.³⁴

Steht der Widerruf einer Strafaussetzung zur Bewährung bei einer Jugendstrafe (§§ 5 **16** Abs. 2, 17 JGG) oder der Unterbringung in einem psychiatrischen Krankenhaus oder einer Erziehungsanstalt (§ 7 JGG) im Raum, so sind zwar ebenfalls Sicherungsmaßnahmen nach § 453c Abs. 1 möglich. Allerdings liegt die Zuständigkeit für den Erlass des Sicherungshaftbefehls gegenüber nach Jugendstrafrecht verurteilten Personen bei demjenigen Gericht, das in der Sache im ersten Rechtszug erkannt hat, §§ 58 Abs. 2, 57 Abs. 1 S. 2 Hs. 1 JGG.³⁵ Lediglich sofern nach allgemeinem Verfahrensrecht gem. § 462a Abs. 3 S. 3 die Strafvollstreckungskammer zuständig wäre, entscheidet in Jugendstrafsachen der Jugendrichter als Voll-

---

²⁵ Bringewat Rn. 4, 7; Appl in KK-StPO Rn. 4; Schmitt in Meyer-Goßner/Schmitt Rn. 9; Pfeiffer Rn. 3, 5.
²⁶ Vgl. Graalmann-Scheerer in Löwe/Rosenberg Rn. 4.
²⁷ Schmitt in Meyer-Goßner/Schmitt Rn. 9; Paeffgen/Greco in SK-StPO Rn. 9; Burmann StV 1986, 80; ferner Bringewat Rn. 15.
²⁸ Vgl. aber OLG Karlsruhe 8.1.1992 – 1 Ws 236/91, NJW 1992, 3115 zu Art. 14 Abs. 2 EuAlÜbk aF.
²⁹ Graalmann-Scheerer in Löwe/Rosenberg Rn. 16; Schmitt in Meyer-Goßner/Schmitt Rn. 12; Paeffgen/Greco in SK-StPO Rn. 8; Pfeiffer Rn. 6; vgl. auch → § 453b Rn. 6.
³⁰ Röttle/Wagner/Theurer Strafvollstreckung Kap. 2 Rn. 392a; Appl in KK-StPO Rn. 7; vgl. auch Paeffgen/Greco in SK-StPO Rn. 12.
³¹ Röttle/Wagner/Theurer Strafvollstreckung Kap. 2 Rn. 397; Appl in KK-StPO Rn. 7; Pfeiffer Rn. 8.
³² Graalmann-Scheerer in Löwe/Rosenberg Rn. 12.
³³ Appl in KK-StPO Rn. 7; Schmitt in Meyer-Goßner/Schmitt Rn. 13; Paeffgen/Greco in SK-StPO Rn. 12.
³⁴ OLG München 13.1.1983 – 1 Ws 1162/82, NStZ 1983, 236; Appl in KK-StPO Rn. 7.
³⁵ Appl in KK-StPO Rn. 8; Schmitt in Meyer-Goßner/Schmitt Rn. 12; Wolf in Pohlmann/Jabel/Wolf StVollstrO § 38 Rn. 10.

streckungsleiter, § 82 Abs. 1 JGG, der dann auch die Vollstreckung von Maßnahmen gem. § 58 Abs. 2 JGG leitet.[36]

17   **3. Rechtsfolgen.** Die Sicherungshaft dauert bis zur Rechtskraft des Widerrufsbeschlusses. Mit dessen Rechtskraft geht die Sicherungshaft in die in dem rechtskräftigen Urteil angeordnete Freiheitsentziehung über.[37] Der aufgrund eines Sicherungshaftbefehls Inhaftierte ist **wie ein Untersuchungsgefangener** zu behandeln.[38] § 453c Abs. 2 S. 2 verweist dazu auf §§ 119, 119a. Der Vollzug der Sicherungshaft richtet sich somit nach den Regeln über den Vollzug der Untersuchungshaft.[39] §§ 171 ff. StVollzG gelten nicht.[40] Da die Vorschrift jedoch keinen Verweis auf §§ 117, 118 enthält, kommt eine Haftprüfung nicht in Betracht.[41] § 453c Abs. 2 S. 2 nennt zwar u.a. § 115 und somit auch dessen Abs. 4; dies bezieht sich jedoch allein auf die Beschwerdemöglichkeit.[42] Auch eine Haftprüfung durch das OLG nach §§ 121, 122 kommt nicht in Betracht.[43] Weil auf §§ 116, 116a ebenfalls nicht verwiesen wird, scheidet auch eine Außervollzugsetzung in Fällen aus, in denen ein Absehen vom Widerruf der Bewährungsaussetzung nach § 56f Abs. 2 StGB in Frage steht.[44]

18   Nach § 453c Abs. 2 S. 1 wird die aufgrund eines Sicherungshaftbefehls nach Abs. 1 erlittene Freiheitsentziehung auf die zu vollstreckende Freiheitsstrafe **angerechnet**.[45] Die Dauer dieser Inhaftierung wird daher von dem noch nicht verbüßten Teil der erkannten Strafe abgezogen. Dabei bleiben hypothetische frühere Entlassungszeitpunkte nach § 57 für die Berechnung außer Betracht.[46] Für freiheitsentziehende Maßregeln der Besserung und Sicherung erfolgt über § 463 Abs. 1 eine Anrechnung auf die Höchstfrist des § 67d StGB. § 38 Nr. 2 Hs. 1 StVollstrO bestimmt dazu, dass bei Erlass eines Sicherungshaftbefehls, der Zeitpunkt der Festnahme als Beginn der Strafzeit anzusehen ist.[47] Die Haft wird dabei vom errechneten Ende der Strafzeit nach vollen Tagen rückwärts abgerechnet (§ 39 Abs. 4 StVollstrO). Ein möglicher früherer Entlassungszeitpunkt ist nicht zu berücksichtigen.[48]

IV. Rechtsbehelfe

19   Statthaft gegen die vom Gericht angeordneten vorläufigen Maßnahmen sowie gegen den Erlass des Sicherungshaftbefehls ist die **einfache Beschwerde** nach § 304. Sofern der Betreffende allerdings einen Antrag nach § 115a Abs. 3 S. 1 auf Vorführung vor den zuständigen Richter gestellt hat, ist daneben die Beschwerde unzulässig (vgl. § 117 Abs. 2).[49]

---

[36] Appl in KK-StPO Rn. 8, 9; Schmitt in Meyer-Goßner/Schmitt Rn. 12; Paeffgen/Greco in SK-StPO Rn. 11.
[37] Appl in KK-StPO Rn. 6; Schmitt in Meyer-Goßner/Schmitt Rn. 14.
[38] Laubenthal/Nestler Strafvollstreckung Rn. 192; Appl in KK-StPO Rn. 6; Schmitt in Meyer-Goßner/Schmitt Rn. 13.
[39] Schmitt in Meyer-Goßner/Schmitt Rn. 16; Bringewat Rn. 20; Appl in KK-StPO Rn. 7; aA Röttle/Wagner/Theurer Strafvollstreckung Kap. 2 Rn. 397.
[40] Callies/Müller-Dietz StVollzG § 171 Rn. 1; aA Pfeiffer Rn. 8.
[41] LG Freiburg 10.1.1989 – VI Qs 64/88, NStZ 1989, 387; R. Fischer NStZ 1990, 52; Appl in KK-StPO Rn. 6, 10; Schmitt in Meyer-Goßner/Schmitt Rn. 16.
[42] Appl in KK-StPO Rn. 6; s. aber OLG Hamburg 13.2.2002 – 2 Ws 38/02, wistra 2002, 199.
[43] Schmitt in Meyer-Goßner/Schmitt Rn. 16; Wolf in Pohlmann/Jabel/Wolf StVollstrO § 38 Rn. 8.
[44] Für die Anwendung von § 116 in diesem Fall bereits LG Flensburg 3.1.1984 – I Qs 358/83, Rpfleger 1984, 112; Appl in KK-StPO Rn. 6; Schmitt in Meyer-Goßner/Schmitt Rn. 16; Pollähne in Gercke/Julius/Temming/Zöller Rn. 6; aA Paeffgen/Greco in SK-StPO Rn. 13.
[45] Laubenthal/Nestler Strafvollstreckung Rn. 192; Appl in KK-StPO Rn. 7a; Wolf in Pohlmann/Jabel/Wolf StVollstrO § 38 Rn. 8.
[46] BGH 31.3.1987 – 5 AR (VS) 13/87, BGHSt 34, 318 = NStZ 1987, 292; Appl in KK-StPO Rn. 7a, 10; aA OLG Koblenz 29.10.1984 – 2 VAs 41/84, NStZ 1985, 177.
[47] Appl in KK-StPO Rn. 11; Paeffgen/Greco in SK-StPO Rn. 14; aA Wolf in Pohlmann/Jabel/Wolf StVollstrO § 38 Rn. 7.
[48] BGH 31.3.1987 – 5 AR (VS) 13/87, BGHSt 34, 318 = NStZ 1987, 292; Appl in KK-StPO Rn. 11; aA OLG Koblenz 29.10.1984 – 2 VAs 41/84, NStZ 1985, 177.
[49] OLG Hamburg 13.2.2002 – 2 Ws 38/02, wistra 2002, 199; Appl in KK-StPO Rn. 10.

Die weitere Beschwerde nach § 310 Abs. 1 bleibt jedoch ausgeschlossen,[50] da der 20
Begriff der Verhaftung iSd § 310 Abs. 1 eng auszulegen ist. Die weitere Beschwerde dient
dazu, den Schutz des Angeklagten vor einer falschen Würdigung der Verdachtsmomente in
einem summarischen Verfahren zu erweitern.[51] Erfasst werden daher lediglich die in einem
Strafverfahren vor rechtskräftiger Schuldfeststellung ergangenen Haftbefehle (§§ 112 ff., 230
Abs. 2, §§ 236, 329 Abs. 4 S. 1).[52]

Eine Haftprüfung gem. §§ 117 ff. kommt bei einem Sicherungshaftbefehl nach § 453c 21
Abs. 1 nicht in Betracht (→ Rn. 17).

Die aufgrund eines Haftbefehls nach § 453c Abs. 1 erlittene Haft ist keine entschädi- 22
gungsfähige Strafverfolgungsmaßnahme iSd § 2 StrEG.[53] Dies gilt selbst dann, wenn später ein Widerrufsbeschluss nicht erlassen wird.[54] Eine Entschädigung ist nicht erforderlich, da nach § 453c Abs. 2 stets und zwingend eine Anrechnung auf die zu vollstreckende Freiheitsstrafe erfolgt.[55] Angerechnet wird die Haft selbst, sofern die Strafaussetzung zur Bewährung erst zu einem späteren Zeitpunkt aufgrund eines anderen Anlasses widerrufen wird.

§ 454 Aussetzung des Restes einer Freiheitsstrafe zur Bewährung

(1) ¹Die Entscheidung, ob die Vollstreckung des Restes einer Freiheitsstrafe zur Bewährung ausgesetzt werden soll (§§ 57 bis 58 des Strafgesetzbuches) sowie die Entscheidung, daß vor Ablauf einer bestimmten Frist ein solcher Antrag des Verurteilten unzulässig ist, trifft das Gericht ohne mündliche Verhandlung durch Beschluß. ²Die Staatsanwaltschaft, der Verurteilte und die Vollzugsanstalt sind zu hören. ³Der Verurteilte ist mündlich zu hören. ⁴Von der mündlichen Anhörung des Verurteilten kann abgesehen werden, wenn

1. die Staatsanwaltschaft und die Vollzugsanstalt die Aussetzung einer zeitigen Freiheitsstrafe befürworten und das Gericht die Aussetzung beabsichtigt,
2. der Verurteilte die Aussetzung beantragt hat, zur Zeit der Antragstellung
   a) bei zeitiger Freiheitsstrafe noch nicht die Hälfte oder weniger als zwei Monate,
   b) bei lebenslanger Freiheitsstrafe weniger als dreizehn Jahre
   der Strafe verbüßt hat und das Gericht den Antrag wegen verfrühter Antragstellung ablehnt oder
3. der Antrag des Verurteilten unzulässig ist (§ 57 Abs. 7, § 57a Abs. 4 des Strafgesetzbuches).

---

[50] OLG Bamberg 21.2.1975 – Bs 79/75, NJW 1975, 1526; OLG Düsseldorf 12.1.1990 – 1 Ws 11/90, NStZ 1990, 251; OLG Frankfurt a. M. 12.7.2001 – 3 Ws 672/01, NStZ-RR 2002, 15; OLG Köln 23.12.2010 – 2 Ws 845/10; Schmitt in Meyer-Goßner/Schmitt Rn. 17; Stöckel in KMR-StPO Rn. 27; Pfeiffer Rn. 9; aA OLG Braunschweig 28.6.1993 – Ws 92/93, NStZ 1993, 604; Bringewat Rn. 20; aA auch OLG Karlsruhe 1.3.2001 – 3 Ws 38/01, Die Justiz 2002, 23 wonach für den Fall der Unzuständigkeit von Widerrufs- und Beschwerdegericht die weitere Beschwerde gegen den Widerruf statthaft sein soll; vgl. auch Paeffgen/Greco in SK-StPO Rn. 16 mwN.

[51] OLG Bamberg 21.2.1975 – Bs 79/75, NJW 1975, 1526; OLG Düsseldorf 17.9.1976 – 1 Ws 725/76, NJW 1977, 968; 12.1.1990 – 1 Ws 11/90, NStZ 1990, 251; OLG Karlsruhe 14.10.1982 – 3 Ws 250/82, NStZ 1983, 92; Stöckel in KMR-StPO Rn. 27; Schmitt in Meyer-Goßner/Schmitt § 310 Rn. 4, 5.

[52] OLG Hamm 3.12.1973 – 5 Ws 238/73, NJW 1974, 511; OLG Bamberg 21.2.1975 – Bs 79/75, NJW 1975, 1526; ferner Appl in KK-StPO Rn. 10; Engelhardt in KK-StPO § 310 Rn. 10; Stöckel in KMR-StPO Rn. 27; Schmitt in Meyer-Goßner/Schmitt Rn. 17; Röttle/Wagner/Theurer Strafvollstreckung Kap. 2 Rn. 398; aA OLG Braunschweig 28.6.1993 – Ws 92/93, NStZ 1993, 604; ähnlich noch Blösch NJW 1963, 1296; Theuerkauf MDR 1965, 179.

[53] Appl in KK-StPO Rn. 11; Paeffgen/Greco in SK-StPO Rn. 15; Pfeiffer Rn. 8.

[54] KG 21.5.1980 – 4 Ws 109/80, JR 1981, 87; Stöckel in KMR-StPO Rn. 26; Graalmann-Scheerer in Löwe/Rosenberg Rn. 19; Schmitt in Meyer-Goßner/Schmitt Rn. 15; Katzenstein StV 2003, 359; Burmann StV 1986, 80 (81).

[55] Schmitt in Meyer-Goßner/Schmitt Rn. 15; Wolf in Pohlmann/Jabel/Wolf StVollstrO § 38 Rn. 10.

⁵Das Gericht entscheidet zugleich, ob eine Anrechnung nach § 43 Abs. 10 Nr. 3 des Strafvollzugsgesetzes ausgeschlossen wird.

(2) ¹Das Gericht holt das Gutachten eines Sachverständigen über den Verurteilten ein, wenn es erwägt, die Vollstreckung des Restes
1. der lebenslangen Freiheitsstrafe auszusetzen oder
2. einer zeitigen Freiheitsstrafe von mehr als zwei Jahren wegen einer Straftat der in § 66 Abs. 3 Satz 1 des Strafgesetzbuches bezeichneten Art auszusetzen und nicht auszuschließen ist, daß Gründe der öffentlichen Sicherheit einer vorzeitigen Entlassung des Verurteilten entgegenstehen.
²Das Gutachten hat sich namentlich zu der Frage zu äußern, ob bei dem Verurteilten keine Gefahr mehr besteht, daß dessen durch die Tat zutage getretene Gefährlichkeit fortbesteht. ³Der Sachverständige ist mündlich zu hören, wobei der Staatsanwaltschaft, dem Verurteilten, seinem Verteidiger und der Vollzugsanstalt Gelegenheit zur Mitwirkung zu geben ist. ⁴Das Gericht kann von der mündlichen Anhörung des Sachverständigen absehen, wenn der Verurteilte, sein Verteidiger und die Staatsanwaltschaft darauf verzichten.

(3) ¹Gegen die Entscheidungen nach Absatz 1 ist sofortige Beschwerde zulässig. ²Die Beschwerde der Staatsanwaltschaft gegen den Beschluß, der die Aussetzung des Strafrestes anordnet, hat aufschiebende Wirkung.

(4) ¹Im Übrigen sind § 246a Absatz 2, § 268a Absatz 3, die §§ 268d, 453, 453a Absatz 1 und 3 sowie die §§ 453b und 453c entsprechend anzuwenden. ²Die Belehrung über die Aussetzung des Strafrestes wird mündlich erteilt; die Belehrung kann auch der Vollzugsanstalt übertragen werden. ³Die Belehrung soll unmittelbar vor der Entlassung erteilt werden.

Übersicht

		Rn.			Rn.
A.	Anwendungsbereich	1	1.	Beabsichtigte Aussetzung	47
B.	Verfahren	2	2.	Dauer der Freiheitsstrafe	49
I.	Zuständigkeit	2		a) Lebenslange Freiheitsstrafe, Nr. 1	49
II.	Entscheidung auf Antrag oder von Amts wegen	3		b) Zeitige Freiheitsstrafe, Nr. 1	50
			III.	Verfahren	53
1.	Antragserfordernis bei Entscheidungen nach § 57 Abs. 1 StGB	4	1.	Zeitpunkt der Einholung	53
			2.	Auswahl des Sachverständigen	55
2.	Antragserfordernis bei Entscheidungen nach § 57 Abs. 2 StGB	8	3.	Anhörung des Sachverständigen, Abs. 2 S. 3	58
3.	Entscheidungszeitpunkt	10	4.	Durchführung der Sachverständigenanhörung	59
III.	Anhörungen, Abs. 1 S. 2, S. 3	12		a) Mitwirkung von Verfahrensbeteiligten	59
1.	Staatsanwaltschaft	12		b) Pflichtverteidigerbestellung	64
2.	Anhörung des Verurteilten, Abs. 1 S. 2, S. 3	14	5.	Rechtsbehelfe	71
	a) Zweck der Regelung	14	IV.	Inhaltliche Anforderungen	75
	b) Form	15	D.	Gerichtlichen Entscheidung	78
	c) Zuständigkeit	29	I.	Formalia der gerichtlichen Entscheidung	78
	d) Verfahren	36			
	e) Gegenstand der Anhörung	40	II.	Inhalt der gerichtlichen Entscheidung	79
3.	Justizvollzugsanstalt	42			
4.	Verteidiger	44	1.	Besonderheiten bei lebenslanger Freiheitsstrafe	80
C.	Sachverständigengutachten, Abs. 2	46		a) Prüfungsumfang von Schwurgericht und Strafvollstreckungskammer	80
I.	Anwendungsbereich und Zweck	46			
II.	Voraussetzungen	47		b) Sog. Altfälle	82

Aussetzung des Restes einer Freiheitsstrafe zur Bewährung 1–3 § 454

		Rn.			Rn.
2.	Wirksamkeit des Aussetzungsbeschlusses	83	1.	Allgemeines	96
3.	Reichweite der Rechtskraft	84	2.	Beschwerdegegenstand	98
4.	Nachtragsentscheidungen gem. Abs. 4 S. 1	88	II.	Wirkung	102
5.	Anrechnung der Freistellung nach Absatz 1 Satz 5, § 43 Abs. 10 Nr. 3 StVollzG	92	III.	Anhörung im Beschwerdeverfahren	104
			F.	Sonderfälle	106
E.	Rechtsbehelfe	96	I.	Strafrestaussetzung bei Jugendstrafe	106
I.	Sofortige Beschwerde, Abs. 3	96	II.	Aussetzung durch die Gnadenbehörde	108

A. Anwendungsbereich

§ 454 Abs. 1 enthält eine Regelung für das Verfahren bei Entscheidungen über die Aussetzung der Vollstreckung des Restes einer Freiheitsstrafe zur Bewährung. Zudem regelt die Vorschrift das Verfahren über die Entscheidung, dass vor Ablauf einer bestimmten Frist (**Sperrfrist**) ein Antrag des Verurteilten auf Aussetzung zur Bewährung unzulässig ist. Dies dient der Festsetzung von Fristen nach § 57 Abs. 7 StGB oder nach § 57a Abs. 4 StGB (→ Rn. 85).[1] Gem. § 463 Abs. 3 greift § 454 auch für die nach §§ 67c Abs. 1, 67d Abs. 2 und 3, 67e Abs. 3, 68e, 68f Abs. 2, 72 Abs. 3 StGB zu treffenden Entscheidungen (→ § 463 Rn. 6).[2]

B. Verfahren

I. Zuständigkeit

Entscheidungen iSd § 454 Abs. 1 S. 1, dh die Entscheidung, ob die Vollstreckung des Restes einer Freiheitsstrafe zur Bewährung ausgesetzt werden soll sowie die Entscheidung, dass vor Ablauf einer bestimmten Frist ein solcher Antrag des Verurteilten unzulässig ist, trifft das nach § 462a zuständige Gericht (→ § 462a Rn. 6). Demnach liegt die Zuständigkeit idR bei der **Strafvollstreckungskammer**, in deren Bezirk der Verurteilte die Strafe verbüßt bzw. verbüßen soll. Demgegenüber entscheidet das erkennende Gericht, sofern der für die Aussetzung nach § 57 Abs. 1 und 2 StGB maßgebliche Zeitpunkt während der Untersuchungshaft eingetreten ist und sich der Betreffende bei Eintritt der Rechtskraft des Urteils nicht mehr in Haft befindet.[3]

II. Entscheidung auf Antrag oder von Amts wegen

Bei der Entscheidung über die Aussetzung des Strafrestes zur Bewährung nach § 57 Abs. 1 StGB steht dem Gericht kein Ermessen zu.[4] Die Aussetzung erfolgt vielmehr zwingend, wenn der nach § 57 Abs. 1 StGB maßgebliche Zeitpunkt erreicht ist (und die sonstigen Voraussetzungen dafür vorliegen).[5] Die Aussetzung nach § 57 Abs. 2 StGB schon nach Verbüßung der Hälfte der Strafe steht jedoch im Ermessen des Gerichts. Dasselbe gilt für die Aussetzung nach § 67 Abs. 5 StGB. **Antragsberechtigt** sind der Verurteilte, sein Verteidiger, sein gesetzlicher Vertreter und die Staatsanwaltschaft.[6]

---
[1] Vgl. auch Bringewat Rn. 3.
[2] Vgl. auch Appl in KK-StPO Rn. 1; Schmitt in Meyer-Goßner/Schmitt Rn. 1.
[3] Coen in BeckOK StPO Rn. 1; Baier in Radtke/Hohmann Rn. 5.
[4] Laubenthal/Nestler Strafvollstreckung Rn. 168; zur Aussetzung nach § 26 StGB aF Graalmann-Scheerer in Löwe/Rosenberg Rn. 6.
[5] Appl in KK-StPO Rn. 5 f.; Schmitt in Meyer-Goßner/Schmitt Rn. 5.
[6] Appl in KK-StPO Rn. 4; Schmitt in Meyer-Goßner/Schmitt Rn. 4.

4   **1. Antragserfordernis bei Entscheidungen nach § 57 Abs. 1 StGB.** Die Frage, ob es für die Entscheidung nach § 57 Abs. 1 eines Antrags des Verurteilten oder eines anderen Verfahrensbeteiligten (zB des Privat- oder Nebenklägers[7]) bedarf, ist umstritten. Der Streit beruht auf dem Umstand, dass unter Geltung von § 26 StGB aF,[8] der Vorgängerregelung des § 57 StGB, die Aussetzung in allen denkbaren Konstellationen im Ermessen des Gerichts lag. Zum Teil wurde früher vertreten, für Entscheidungen nach § 57 Abs. 1 StGB, § 454 sei ein Antrag des Verurteilten oder eines sonstigen Verfahrensbeteiligten nötig, da die Aussetzung des Strafrestes zur Bewährung auch insoweit von der Einwilligung des Verurteilten abhängt. Demnach soll ohne einen solchen Antrag das Gericht nicht verpflichtet (sehr wohl aber berechtigt) sein, eine Entscheidung nach Abs. 1 zu treffen.[9] Stellt der Verurteilte keinen förmlichen Antrag auf Aussetzung des Strafrestes zur Bewährung, so erheben Vertreter dieser Auffassung Zweifel, ob eine nach § 57 Abs. 1 S. 1 Nr. 3 StGB erforderliche eindeutige Einwilligungserklärung des Betreffenden überhaupt vorliegt. Fehlt die Einwilligung, müsse vor der Entscheidung über die Aussetzung der Verurteilte befragt werden, was er aber ggf. mit der Hoffnung auf Freilassung verbinden wird. Eine ablehnende Entscheidung belaste dann den Verurteilten und sei der Resozialisierung abträglich. Im Übrigen bestehe kein Bedürfnis, von Amts wegen die Einwilligungsfrage zu klären, da ein Verurteilter, der eine Aussetzung des Strafrestes wünscht, idR ohnehin selbst einen Antrag stellen werde.[10]

5   Nach hM[11] soll jedoch angesichts der Bedeutung der Aussetzung des Strafrestes für die Resozialisierung des Verurteilten das Gericht rechtzeitig vor Verbüßung von zwei Dritteln der Freiheitsstrafe **von Amts wegen** zu entscheiden haben, ob die materiellrechtlichen Aussetzungsvoraussetzungen des § 57 Abs. 1 S. 1 Nr. 2 StGB vorliegen. Deshalb bedarf es in diesem Fall keines Antrags des Verurteilten.[12] Dem entspricht auch die Regelung des § 36 Abs. 2 StVollstrO.[13] Danach hat die Vollstreckungsbehörde, wenn sie von Amts wegen die Aussetzung des Restes einer oder mehrerer Strafen gem. § 57 Abs. 1, 2 Nr. 1, § 57a Abs. 1 StGB, § 454b Abs. 3 prüfen muss, zugleich darüber zu wachen, dass sich die Vollzugsanstalt rechtzeitig vor Ablauf der Mindestverbüßungszeit zur Aussetzung des Strafrestes äußert.[14]

6   Davon zu unterscheiden ist die Frage, wie mit dem **Einwilligung**serfordernis in § 57 Abs. 1 StGB umzugehen ist. Die deswegen vorgetragenen Bedenken sollen nach vereinzelt vertretener Auffassung dadurch beseitigt werden, dass nur im Fall der Ablehnung eines ausdrücklich gestellten Antrags auf Aussetzung des Strafrestes ein förmlicher, begründungs- und zustellungsbedürftiger Beschluss erforderlich sei, der eine mündliche Anhörung des Verurteilten notwendig macht. Fehle es aber an einem solchen Antrag, so genüge die formlose Bekanntgabe der gerichtlichen Entscheidung sowie ein Aktenvermerk.[15] Dagegen wird eingewendet, § 454 verlange jedoch stets die Beschlussform, sodass auch bei fehlendem

---

[7]   Bringewat Rn. 5; Appl in KK-StPO Rn. 4; Schrott in KMR-StPO Rn. 12.
[8]   S. zur Gesetzesänderung Art. 1 Nr. 9 des 1. StrRG, BGBl. 1969 I 645.
[9]   KG 1.3.1973 – (2) Ss 286/72 (105/72), GRUR 1973, 601; Bringewat Rn. 5.
[10] S. die Nachweise bei Graalmann-Scheerer in Löwe/Rosenberg Rn. 5.
[11] BVerfG 11.5.1993 – 2 BvR 2174/92, NStZ 1993, 431; BGH 2.12.1977 – 2 Ars 366/77, BGHSt 27, 304 = NJW 1978, 551; OLG Celle 29.6.1972 – 2 Ws 127/72, NJW 1972, 2054; OLG Hamm 4.10.1972 – 4 Ws 228/72, NJW 1973, 337; OLG Rostock 6.12.2000 – I Ws 462/00, NStZ 2001, 278; OLG Zweibrücken 29.11.1973 – Ws 337/73, MDR 1974, 329; Coen in BeckOK StPO Rn. 5; Bringewat Rn. 6; Appl in KK-StPO Rn. 5; Schrott in KMR-StPO Rn. 9; Graalmann-Scheerer in Löwe/Rosenberg Rn. 6; Schmitt in Meyer-Goßner/Schmitt Rn. 5; Nöldeke MDR 1972, 479; Peters JR 1973, 119; Pfeiffer Rn. 2; Wolf in Pohlmann/Jabel/Wolf StVollstrO § 36 Rn. 12ff.; aA Laubenthal in Laubenthal/Nestler, Strafvollstreckung, Rn. 75.
[12] Appl in KK-StPO Rn. 5; vgl. Auch OLG Rostock 6.12.2000 – I Ws 462/00, NStZ 2001, 278.
[13] Vgl. dazu Graalmann-Scheerer in Löwe/Rosenberg Rn. 9.
[14] Laubenthal/Nestler Strafvollstreckung Rn. 171; s. auch Schmitt in Meyer-Goßner/Schmitt Rn. 5.
[15] OLG Düsseldorf 7.2.1994 – 3 Ws 27/94, NStZ 1994, 454; OLG Zweibrücken 2.4.2001 – 1 Ws 170-172/01, NStZ-RR 2001, 311; Appl in KK-StPO Rn. 7; Schmitt in Meyer-Großner/Schmitt Rn. 39; Pfeiffer Rn. 2; ebenso Arnoldi NStZ 2001, 503; aA OLG Celle 7.2.1973 – 3 Ws 22/73, MDR 1973, 695; OLG Hamm 4.10.1972 – 4 Ws 228/72, NJW 1973, 337. Mitteilung an den Verurteilten mit dem Hinweis auf die jederzeit mögliche Nachholung der Einwilligung, OLG Zweibrücken 2.4.2001 – 1 Ws 170-172/01, NStZ-RR 2001, 311; aA Schmitt in Meyer-Goßner/Schmitt Rn. 39.

Antrag eine formlose Entscheidung iVm einem Aktenvermerk nicht in Betracht kommt.[16] Nach zum Teil vertretener aA soll die Entscheidung (offenbar gänzlich) entbehrlich bleiben, wenn der Verurteilte zweifelsfrei erklärt, dass er mit einer vorzeitigen (bedingten) Entlassung nicht einverstanden ist.[17]

Im Übrigen muss die nach § 57 Abs. 1 S. 1 Nr. 3, § 57a Abs. 1 S. 1 Nr. 3 StGB erforderliche Einwilligung des Verurteilten zu einer Anordnung der Aussetzung des Strafrestes noch im Zeitpunkt der Rechtskraft des Aussetzungsbeschlusses vorliegen.[18] Bis zu diesem Zeitpunkt kann der Verurteilte eine bislang verweigerte Einwilligung im Wege einer sofortigen Beschwerde nachholen[19] oder aber seine Einwilligung **widerrufen**.[20] 7

2. Antragserfordernis bei Entscheidungen nach § 57 Abs. 2 StGB. Entscheidungen nach § 57 Abs. 2 Nr. 1 StGB trifft das Gericht grds. bloß auf Antrag.[21] Von Amts wegen erfolgt dies nur, wenn mehrere Freiheitsstrafen (bzw. Ersatzfreiheitsstrafen) nacheinander zu vollstrecken sind. Dann unterbricht gem. § 454b Abs. 2 die Vollstreckungsbehörde die Vollstreckung der zuerst zu vollstreckenden Freiheitsstrafe unter den Voraussetzungen des § 57 Abs. 2 Nr. 1 StGB von Amts wegen nach Verbüßung der Hälfte der Strafen, um eine einheitliche Entscheidung über die Aussetzung der Vollstreckung der Reste aller Strafen nach § 454b Abs. 3 zu gewährleisten (→ § 454b Rn. 20 ff.).[22] Daraus ergibt sich, dass nur dann keine Prüfung von Amts wegen stattfindet, wenn es sich um einen Fall des § 57 Abs. 2 Nr. 2 StGB handelt oder der Verurteilte die nach § 57 Abs. 1 S. 1 Nr. 3, § 57a Abs. 1 S. 1 Nr. 3 StGB erforderliche Einwilligung verweigert.[23] 8

Auch wenn das Gericht die Aussetzungsvoraussetzungen nach § 57 Abs. 2 Nr. 1 StGB von Amts wegen geprüft hat, muss zu dem in § 57 Abs. 1 StGB bezeichneten Zeitpunkt eine **weitere Prüfung** von Amts wegen erfolgen.[24] 9

3. Entscheidungszeitpunkt. Entscheidungen nach § 454 können ergehen, sobald das **Strafberkenntnis rechtskräftig** ist und die **Voraussetzungen des Abs. 1** vorliegen. Weder muss der Zwei-Drittel-Zeitpunkt des § 57 Abs. 1 StGB noch die Hälfte der Strafvollbüßung nach § 57 Abs. 2 StGB erreicht sein. Auch eine Verbüßung von 15 Jahren im Fall des § 57a Abs. 1 Nr. 1 StGB ist nicht erforderlich.[25] Ob sich der Verurteilte zum Zeitpunkt der Entscheidung auf freiem Fuß oder im Freiheitsentzug, befindet ist dabei belanglos.[26] Wird von Amts wegen über eine Halbstrafenaussetzung bei Erstverbüßern nach § 57 Abs. 2 Nr. 1 StGB entschieden, so ist eine weitere Prüfung von Amts wegen zum Zwei-Drittel-Zeitpunkt entbehrlich.[27] 10

Im Verfahren über die Aussetzung des Restes einer Freiheitsstrafe zur Bewährung gilt das **Beschleunigungsgebot**.[28] Dessen Verletzung kommt jedoch nur dann in Betracht, wenn 11

---

[16] OLG Hamm 4.10.1972 – 4 Ws 228/72, NJW 1973, 337; OLG Zweibrücken 29.11.1973 – Ws 337/73, MDR 1974, 329; aA OLG Rostock 6.12.2000 – I Ws 462/00, NStZ 2001, 278; Graalmann-Scheerer in Löwe/Rosenberg Rn. 12; Hubrach in LK-StPO StGB § 57 Rn. 22; s. auch Bringewat Rn. 12; Laubenthal JZ 1988, 951 (955).
[17] OLG Celle 29.6.1972 – 2 Ws 127/72, NJW 1972, 2054; OLG Zweibrücken 2.4.2001 – 1 Ws 170-172/01, NStZ-RR 2001, 311; in diese Richtung auch Coen in BeckOK StPO Rn. 3; Pfeiffer Rn. 3.
[18] Graalmann-Scheerer in Löwe/Rosenberg Rn. 15.
[19] OLG Karlsruhe, MDR 1977, 333; Bringewat Rn. 11; Appl in KK-StPO Rn. 9; Schmitt in Meyer-Goßner/Schmitt Rn. 6.
[20] OLG Celle 16.7.1956 – 1 Ws 269/56, NJW 1956, 1608; OLG Koblenz 25.11.1980 – 1 Ws 679/80, MDR 1981, 425; Schmitt in Meyer-Goßner/Schmitt Rn. 6; Fischer StGB § 57 Rn. 19a; Appl in KK-StPO Rn. 8.
[21] Schmitt in Meyer-Goßner/Schmitt Rn. 6; Pfeiffer Rn. 2.
[22] Bringewat Rn. 7; Appl in KK-StPO Rn. 6; Graalmann-Scheerer in Löwe/Rosenberg Rn. 7; Maatz StV 1987, 71 (73); Schmitt in Meyer-Goßner/Schmitt Rn. 5.
[23] Graalmann-Scheerer in Löwe/Rosenberg Rn. 7; Schmitt in Meyer-Goßner/Schmitt Rn. 6.
[24] Bringewat Rn. 9; aA OLG Oldenburg 2.10.1986 – 2 Ws 447/86, StV 1987, 70.
[25] OLG Braunschweig 19.2.1954 – Ws 227/53, Nds. Rpfl. 1954, 110.
[26] OLG Düsseldorf 18.1.1954 – Ws 17/54 (20), NJW 1954, 485.
[27] Coen in BeckOK StPO Rn. 3; Schmitt in Meyer-Goßner/Schmitt Rn. 5; aA Appl in KK-StPO Rn. 6; Schrott in KMR-StPO Rn. 10; Bringewat Rn. 9.
[28] Graalmann-Scheerer in Löwe/Rosenberg Rn. 14 f.

das Freiheitsrecht des Verurteilten nach den Umständen des Einzelfalls[29] gerade durch eine sachwidrige Verzögerung der Entscheidung unangemessen weiter beschränkt wird.[30]

III. Anhörungen, Abs. 1 S. 2, S. 3

12 **1. Staatsanwaltschaft.** Aus Abs. 1 S. 2 sowie aus § 33 Abs. 2 ergibt sich die **Pflicht** des Gerichts, die Staatsanwaltschaft zu hören.[31] Dies erfolgt nicht in ihrer Eigenschaft als Vollstreckungsbehörde, sondern als Strafverfolgungsbehörde, da es sich um eine Entscheidung handelt, die das Erkenntnisverfahren ergänzt. Auch eine Übertragung des Äußerungsrechts auf den Rechtspfleger ist aus diesem Grund ausgeschlossen.[32]

13 Die Staatsanwaltschaft kann eine Entscheidung über die Aussetzung der Vollstreckung des Restes einer Freiheitsstrafe zur Bewährung beantragen. Dies dürfte allerdings erst sinnvoll und mit hinreichender Bestimmtheit möglich sein, nachdem die sonstigen Beteiligten angehört wurden.[33] Selbst eigene Ermittlungen sind zur Schaffung einer Tatsachengrundlage für den Antrag zulässig.

14 **2. Anhörung des Verurteilten, Abs. 1 S. 2, S. 3. a) Zweck der Regelung.** Gem. § 454 Abs. 1 S. 2 ist zu der Entscheidung nach Abs. 1 S. 1 der Verurteilte zu hören. Die Vorschrift trägt dem Anspruch des **Art. 103 Abs. 1 GG** Rechnung. Allerdings wurde vor Einführung dieses Grundsatzes aus einer Verletzung lediglich geschlossen, dass eine Ablehnung der Strafaussetzung zur Bewährung nach einer ungünstigen Stellungnahme der Justizvollzugsanstalt nicht ohne vorherige Anhörung des Verurteilten in Betracht kam.[34] Seit Einführung des § 454 Abs. 1 S. 2 erfolgt die Gewährung rechtlichen Gehörs zwingend.[35]

15 **b) Form. aa) Mündliche Anhörung, Abs. 2 S. 3.** Nach § 454 Abs. 1 S. 3 hat die Anhörung stets **mündlich** zu erfolgen. Dies soll gewährleisten, dass die Strafvollstreckungskammer den **unmittelbaren Kontakt** mit dem Verurteilten in der Anstalt aufnimmt; denn zu deren wesentlichen kriminalpolitischen Zielsetzungen gehört gerade der direkte Kontakt zu dem Verurteilten, was sich am besten verwirklichen lässt, wenn der vollbesetzte Spruchkörper den Verurteilten selbst anhört.[36] Aus diesem Grund reicht es auch nicht, wenn der Verurteilte von der Justizvollzugsanstalt mündlich gehört und eine Niederschrift über die mündliche Anhörung an das Gericht weitergeleitet wird. Notwendig ist vielmehr stets eine **richterliche Anhörung.**[37]

16 **bb) Ausnahmen von der mündlichen Anhörung, Abs. 1 S. 4. (1) Allgemeines.** § 454 Abs. 1 S. 4 nennt in seinen Nr. 1–4 die Gründe, aus denen auf die mündliche Anhörung verzichtet werden kann. In diesen Fällen hat die Gewährung rechtlichen Gehörs jedoch **in anderer Form** zu erfolgen; lediglich auf das Erfordernis der Mündlichkeit darf verzichtet werden.[38] Der Verzicht auf die mündliche Anhörung steht im Ermessen des Gerichts, das

---

[29] Vgl. BVerfG 6.6.2001 – 2 BvR 828/01, NStZ 2002, 53.
[30] Graalmann-Scheerer in Löwe/Rosenberg Rn. 14.
[31] Bringewat Rn. 17; Schrott in KMR-StPO Rn. 19; Schmitt in Meyer-Goßner/Schmitt Rn. 9.
[32] Bringewat Rn. 17; Appl in KK-StPO Rn. 12; Schmitt in Meyer-Goßner/Schmitt Rn. 9.
[33] Bringewat Rn. 19; Graalmann-Scheerer in Löwe/Rosenberg Rn. 16; Baier in Radtke/Hohmann Rn. 13.
[34] BVerfG 16.11.1965 – 2 BvR 337/65, BVerfGE 19, 198.
[35] Schmitt in Meyer-Goßner/Schmitt Rn. 17.
[36] BGH 13.9.1978 – 7 BJs 282/74 – StB 187/78, BGHSt 28, 138 (141) = NJW 1979, 116 f.; OLG Celle 14.12.1987 – 3 Ws 563/87, StV 1988, 259; OLG Düsseldorf 3.2.1983 – 1 Ws 13/83, StV 1983, 511; OLG Hamm 24.4.1980 – 3 Ws 207/80, MDR 1980, 870; OLG Schleswig 21.2.1975 – 1 Ws 48/75, NJW 1975, 1131; KG (2. Strafsenat) 29.12.2021 – 2 Ws 147/21, BeckRS 2021, 43955; Bringewat Rn. 27; Schmitt in Meyer-Goßner/Schmitt Rn. 16; Rieß JR 1976, 118; Wegener MDR 1981, 617 (620).
[37] OLG Düsseldorf 26.3.1975 – 1 Ws 193/75, MDR 1975, 597; zu den Auswirkungen der COVID-19-Pandemie auf die Verpflichtung zu einer mündlichen Anhörung s. ferner OLG Stuttgart 15.12.2020 – 4 Ws 267/20, NStZ-RR 2021, 126; Bringewat Rn. 27; Schmitt in Meyer-Goßner/Schmitt Rn. 16, 20.
[38] Graalmann-Scheerer in Löwe/Rosenberg Rn. 41.

bei seiner Entscheidung auch einen etwaigen späteren Nutzen der Kontaktaufnahme zu dem Verurteilten zu berücksichtigen hat.[39]

Der Katalog der Ablehnungsgründe des Abs. 1 S. 4 ist **abschließend** und damit einer 17 erweiterten Auslegung auf unvertypte Ablehnungsgründe grds. nicht zugänglich. Dagegen wird eingewandt, der Gesetzgeber habe durch die Nennung von Ablehnungsgründen lediglich gewährleisten wollen, dass eine mündliche Anhörung nicht stattfindet, sofern sie im Verfahren über die Aussetzung des Strafrestes zur Bewährung eine bloße Formalie darstellt. Aus diesem Grund müsse eine mündliche Anhörung auch in allen anderen Konstellationen entfallen dürfen, in denen sie offensichtlich für die Entscheidung ohne jede Bedeutung ist.[40]

Absolute Grenze einer für den Verurteilten nachteiligen Interpretation bleibt jedoch 18 der **Wortlaut der Vorschrift.** Lässt man Ausnahmen zu, so dürfen diese folglich, um eine Aushöhlung der Regelung über die mündliche Anhörung des Verurteilten zu verhindern, nur mit **äußerster Zurückhaltung** angenommen werden (→ Rn. 22 ff.).

(2) Ablehnungsgründe, Abs. 1 S. 4. (a) Beabsichtigte Aussetzung, Nr. 1. Nach 19 § 454 Abs. 1 S. 4 Nr. 1 kann auf eine mündliche Anhörung des Verurteilten verzichtet werden, wenn die Staatsanwaltschaft und die Vollzugsanstalt die Aussetzung einer zeitigen Freiheitsstrafe befürworten und das Gericht die Aussetzung beabsichtigt. Bei einer Lebenszeitstrafe kommt ein Absehen von der mündlichen Anhörung des Verurteilten indes nicht in Betracht.[41] Es müssen also die Auffassungen von Staatsanwaltschaft, Vollzugsanstalt und Gericht betreffend eine Aussetzung des Strafrestes zur Bewährung zugunsten des Verurteilten **inhaltlich übereinstimmen.** Dies ist bspw. nicht der Fall, wenn das Gericht einer gleich lautenden Befürwortung der Aussetzung des Strafrestes durch Staatsanwaltschaft und Vollzugsbehörde nur in Verbindung mit Geldbuße entsprechen will.[42] Bedarf der Verurteilte nach dem Dafürhalten des Gerichts der Aufsicht eines Bewährungshelfers, erscheint es selbst dann zweckmäßig den Verurteilten mündlich zu hören, wenn Staatsanwaltschaft, Vollzugsbehörde und Gericht insoweit übereinstimmen.[43]

(b) Verfrühte Antragstellung, Nr. 2. Gem. § 454 Abs. 1 S. 4 Nr. 2 kann die mündli- 20 che Anhörung unterbleiben, wenn der Verurteilte zum Zeitpunkt der beantragten Aussetzung nicht die Hälfte bzw. mindestens zwei Monate der zeitigen (lit. a) oder bei lebenslanger Freiheitsstrafe weniger als dreizehn Jahre (lit. b) der Strafe verbüßt hat und das Gericht den Antrag wegen verfrühter Stellung ablehnt, also aus einem rein formalen Grund, an dem der persönliche Eindruck nichs zu ändern vermag. Maßgeblicher Termin der Teilverbüßung ist derjenige **Zeitpunkt, zu dem die Aussetzung des Strafrestes beginnen soll;** der Zeitpunkt der Antragstellung ist nicht entscheidend.[44] Dies entspricht § 57 Abs. 2 Nr. 1 StGB und § 57a Abs. 1 S. 1 Nr. 1 StGB, wonach vor Verbüßung der Hälfte einer zeitigen Freiheitsstrafe eine gerichtliche Aussetzung des Strafrestes zur Bewährung nicht zulässig ist. Entbehrlich sein soll eine mündliche Anhörung darüber hinaus, wenn der Verurteilte im

---

[39] Vgl. Graalmann-Scheerer in Löwe/Rosenberg Rn. 41 f.
[40] BGH 5.5.1995 – 2 StE 1/94, NStZ 1995, 610; 28.1.2000 – 2 StE 9/91, NJW 2000, 1663; OLG Düsseldorf 22.6.1982 – 1 Ws 412/82, NStZ 1982, 437; OLG Karlsruhe 13.12.1990 – 1 Ws 283/90, MDR 1991, 661; OLG Frankfurt a. M. 8.10.1996 – 3 Ws 826, 827/96, NStZ-RR 1997, 28; Appl in KK-StPO Rn. 21 ff. (abstellend jedoch eher auf das Verhalten des Betroffenen, der die Mündlichkeit zur Störung nutzt); Schmitt in Meyer-Goßner/Schmitt Rn. 24, 29; Graalmann-Scheerer in Löwe/Rosenberg Rn. 41, 42; aA Bringewat Rn. 44.
[41] Appl in KK-StPO Rn. 44.
[42] OLG Düsseldorf 15.5.1985 – 2 Ws 218/85, MDR 1985, 868; Bringewat Rn. 52; Appl in KK-StPO Rn. 22; Schmitt in Meyer-Goßner/Schmitt Rn. 26.
[43] Krahforst DRiZ 1976, 132 (134); ebenso Bringewat Rn. 52; s. auch Graalmann-Scheerer in Löwe/Rosenberg Rn. 42.
[44] OLG Stuttgart 24.6.1976 – 3 Ws 182/76, Justiz 1976, 396; Appl in KK-StPO Rn. 23. Zur Frage des angemessenen Zeitpunkts der Entscheidung s. OLG Karlsruhe 23.9.1993 – 1 Ws 61/93, MDR 1994, 390 und OLG Hamburg 17.2.1994 – 2 Ws 602/93, JR 1995, 299.

Zeitpunkt der beantragten Entlassung zwar die Hälfte der Strafe, aber noch nicht die nach § 57 Abs. 2 Nr. 1 StGB erforderlichen sechs Monate verbüßt hat.[45]

21 Zum Teil wird vertreten, über den Wortlaut des § 454 Abs. 1 S. 4 Nr. 2 hinaus gebiete der Sinn und Zweck dieser Vorschrift auch dann ein Absehen von der mündlichen Anhörung, wenn der Verurteilte zwar bereits mehr als die Hälfte, im Zeitpunkt der beantragten Aussetzung aber noch nicht zwei Drittel der Strafe (§ 57 Abs. 1 S. 1 Nr. 1 StGB) verbüßt hat, die Voraussetzungen des § 57 Abs. 2 Nr. 2 StGB jedoch nach den Feststellungen des zugrunde liegenden Strafurteils zweifelsfrei nicht gegeben sind.[46] Erlauben indes die Darlegungen in dem Urteil keine abschließende Gesamtwürdigung der Tat sowie der Persönlichkeit der verurteilten Person, so kann auf eine mündliche Anhörung nicht verzichtet werden.[47]

22 **(c) Unzulässiger Antrag, Nr. 3.** Gem. § 454 Abs. 1 S. 4 Nr. 3 kann auf die mündliche Anhörung verzichtet werden, wenn der Antrag des Verurteilten unzulässig ist. Ein solcher Fall liegt vor, sofern vom Gericht anlässlich eines **früheren Antrags** des Verurteilten auf Aussetzung des Strafrestes zur Bewährung eine ablehnende Entscheidung getroffen wurde und es für einen neuerlichen Antrag eine Frist von sechs Monaten (§ 57 Abs. 7 StGB) bzw. bei einer lebenslangen Freiheitsstrafe eine Frist von zwei Jahren (§ 57a Abs. 4 StGB) festgesetzt und bestimmt hat, dass vor Ablauf dieser Frist ein erneuter Antrag unzulässig ist.[48] Stellt der Verurteilte einen entsprechenden Antrag auf Reststrafenaussetzung bereits nach Verbüßung der Hälfte einer Freiheitsstrafe von nicht mehr als einem Jahr und mithin vor Ablauf von sechs Monaten, so kann eine mündliche Anhörung entbehrlich sein.[49] Nach zum Teil vertretener Ansicht soll die Notwendigkeit einer mündlichen Anhörung sogar dann entfallen, wenn ein geistig erkrankter Verurteilter zwar einen Aussetzungsantrag stellt, ein Absehen von der Anhörung jedoch „im wohlverstandenen eigenen Interesse des Verurteilten liegt und von dessen Anhörung von vornherein keine Beeinflussung der zu treffenden Entscheidung zu erwarten ist".[50] Dies erscheint jedoch äußerst zweifelhaft angesichts der Tatsache, dass sich eine gewisse Relevanz der Aussage auch eines geistig Erkrankten für die Aussetzungsentscheidung kaum jemals mit hinreichender Sicherheit ausschließen lassen wird.

23 Stellt der Verurteilte den Aussetzungsantrag bereits vor Erreichen des nach §§ 57, 57a StGB maßgeblichen Zeitpunkts, so ist er zunächst unzulässig. Er wird jedoch nachträglich zulässig, wenn die Frist während des gerichtlichen Verfahrens abläuft.[51]

24 **(d) Sonstige Ausnahmen.** Eine mündliche Anhörung soll über den Wortlaut des Abs. 1 S. 4 hinaus in Fällen entbehrlich sein, in denen die Strafvollstreckungskammer erst kurz zuvor nach mündlicher Anhörung einen entsprechenden Antrag des Verurteilten abgelehnt hat. Ohne jede Bedeutung für die Entscheidung können persönlicher Eindruck und Kontakt zu dem Verurteilten dabei aber allein dann sein, wenn das entscheidende Gericht bereits kurz zuvor in nahem zeitlichem Zusammenhang die Gelegenheit hatte, sich einen persönlichen Eindruck vom Verurteilten zu verschaffen, dieser Eindruck bis zur Entschei-

---

[45] OLG Stuttgart 24.6.1976 – 3 Ws 182/76, MDR 1976, 1041; Graalmann-Scheerer in Löwe/Rosenberg Rn. 44; Treptow NJW 1976, 222; aA OLG Frankfurt a. M. 2.2.1981 – V 5/78, NStZ 1981, 454.
[46] OLG Hamburg 22.11.1977 – 1 Ws 480/77, MDR 1978, 331; OLG Hamm 28.1.1980 – 3 Ws 39/80, NJW 1980, 2090; OLG Karlsruhe 16.9.1975 – 1 Ws 250/75, NJW 1976, 302; aA, mwN; Appl in KK-StPO Rn. 23; Graalmann-Scheerer in Löwe/Rosenberg Rn. 44.
[47] OLG Düsseldorf 3.2.1981 – 5 Ws 4/81, NStZ 1981, 454; OLG Frankfurt a. M. 15.12.1980 – 3 Ws 999/80, NStZ 1981, 454; OLG Hamburg 30.3.1981 – 1 Ws 99/81, MDR 1981, 599; OLG Hamm 1.3.1976 – 1 Ws 25/76, NJW 1976, 1907; Appl in KK-StPO Rn. 23; Schrott in KMR-StPO Rn. 38; aA OLG Karlsruhe 16.9.1975 – 1 Ws 250/75, NJW 1976, 302 und wohl auch Graalmann-Scheerer in Löwe/Rosenberg Rn. 44.
[48] Graalmann-Scheerer in Löwe/Rosenberg Rn. 45.
[49] OLG Düsseldorf 27.9.1976 – Ws 329/76, GA 1977, 120.
[50] OLG Düsseldorf 30.8.1984 – 1 Ws 354/84, NStZ 1985, 94; Schmitt in Meyer-Goßner/Schmitt Rn. 32.
[51] KG 29.5.1985 – 5 Ws 177/85, NStZ 1985, 523; Appl in KK-StPO Rn. 24; Graalmann-Scheerer in Löwe/Rosenberg Rn. 45.

dung über die Aussetzung der Restfreiheitsstrafe fortwirkt und keine Umstände gegeben sind, die seine Ergänzung oder Auffrischung notwendig machen.[52] Sogar wenn in der Entscheidung keine Frist nach § 57 Abs. 7 oder § 57a Abs. 4 StGB bestimmt wurde, bedarf es einer mündlichen Anhörung des Verurteilten nach wohl hM nicht, falls der anlässlich der vorangegangenen Entscheidung gewonnene Eindruck fortwirkt.[53] Des Weiteren darf keine Notwendigkeit für eine Erneuerung oder Auffrischung des anlässlich der vorangegangenen Anhörung gewonnenen Eindrucks bestehen und der Verurteilte darf nichts Neues zur Sache vortragen.[54] Auch eine erneute Stellungnahme der Justizvollzugsanstalt soll in diesen Fällen nicht erforderlich sein.[55]

Mangelt es an einer **Einwilligung** des Verurteilten nach § 57 Abs. 1 S. 1 Nr. 3 und § 57a Abs. 1 S. 1 Nr. 3 StGB, kann das Gericht die Aussetzung des Strafrestes nicht beschließen. Nach hM soll eine mündliche Anhörung daher unterbleiben dürfen, wenn der Verurteilte kurz vor Erreichen des Zwei-Drittel-Zeitpunkts zu Protokoll der Justizvollzugsanstalt erklärt, er sei mit einer Aussetzung des Strafrestes nicht einverstanden.[56] Dies gilt erst recht, falls der Verurteilte eine bereits terminierte mündliche Anhörung ausdrücklich abgelehnt hat.[57] Denn der Betreffende hat lediglich das Recht auf eine mündliche Anhörung, jedoch keine Pflicht, sich zu äußern. Daher reicht es aus, den Verurteilten auf die Möglichkeit der mündlichen Anhörung **hinzuweisen**.[58] Selbst, wenn der Verurteilte aber zunächst auf die mündliche Anhörung ausdrücklich und eindeutig verzichtet, besteht die Anhörungspflicht für die Strafvollstreckungskammer grds. fort, sogar falls der Verurteilte den Anhörungstermin zunächst versäumt hat.[59] Der Verteidiger benötigt für die Verzichtserklärung die ausdrückliche Ermächtigung des Verurteilten.[60] 25

Eine weitere Ausnahme wird ferner diskutiert für Fälle, in denen der Verurteilte die mündliche Anhörung **missbraucht**. Die Anhörung soll deshalb unterbleiben dürfen, wenn nach dem vorangegangenen eindeutigen Verhalten des Verurteilten, bspw. anlässlich von früheren Anhörungen, offensichtlich zu erwarten ist, dass der Verurteilte seinen Anhörungstermin für Schimpfkanonaden, Hetzreden oder andere unsachliche Unmutsäußerungen nutzt.[61] Argumentiert wird hier, selbst im Erkenntnisverfahren unterliege das Recht auf eine mündliche Anhörung unter derartigen Umständen einer Beschränkung, weshalb für das Vollstreckungsverfahren bei § 454 nichts Anderes gelten könne.[62] 26

Auf eine mündliche Anhörung soll verzichtet werden können, wenn der Verurteilte sein Anhörungsrecht aus sonstigen ihm zuzurechnenden Gründen **verwirkt** hat.[63] Dies 27

---

[52] BGH 5.5.1995 – 2 StE 1/94 – StB 15/95, NStZ 1995, 610.
[53] OLG Düsseldorf 19.12.1995 – 1 Ws 1000/95, NStZ-RR 1996, 153.
[54] Schmitt in Meyer-Goßner/Schmitt Rn. 31; OLG Stuttgart 17.7.1986 – 1 Ws 209/86, NStZ 1986, 574; OLG Düsseldorf 22.6.1982 – 1 Ws 412/82, NStZ 1982, 437; 19.10.1987 – 1 Ws 838/87, NStZ 1988, 95; einschr. auf bis zu 4 1/2 Monate OLG Düsseldorf 18.8.1982 – 1 Ws 505 – 506/82, 1 Ws 505/82, 1 Ws 506/82, StV 1983, 115; einschr. auf allenfalls bis zu 6 Monate OLG Zweibrücken 24.8.1989 – 1 Ws 439/89, StV 1990, 412; vgl. auch Appl in KK-StPO Rn. 25.
[55] OLG Düsseldorf 19.10.1987 – 1 Ws 838/87, NStZ 1988, 95; Schmitt in Meyer-Goßner/Schmitt Rn. 14.
[56] Appl in KK-StPO Rn. 26; Schmitt in Meyer-Goßner/Schmitt Rn. 39; Fischer StGB § 57 Rn. 19a; Doller DRiZ 1977, 80; Treptow NJW 1976, 222; aA Schmidt NJW 1975, 1485; Laubenthal JZ 1988, 951 (955); Bringewat Rn. 45.
[57] BGH 5.5.1995 – 2 StE 1/94 – StB 15/95, NStZ 1995, 610; 28.1.2000 – 2 StE 9/91, NJW 2000, 1663; OLG Hamburg 20.4.1999 – 2a Ws 89/99, NJW 2000, 2758; OLG Hamm 24.4.1980 – 3 Ws 207/80, MDR 1980, 870; 1982, 692; OLG Düsseldorf 28.7.1987 – 1 Ws 428/87, NStZ 1987, 524; 10.11.1987 – 1 Ws 928/87, NStZ 1988, 243; OLG Celle 18.11.1993 – 1 Ws 260/93, NStZ 1994, 205; Appl in KK-StPO Rn. 27; Schmitt in Meyer-Goßner/Schmitt Rn. 30.
[58] Graalmann-Scheerer in Löwe/Rosenberg Rn. 46, 47.
[59] OLG Hamm 24.4.1980 – 3 Ws 207/80, MDR 1980, 870; OLG Düsseldorf 8.4.1994 – 1 Ws 244/94, StV 1995, 538; Appl in KK-StPO Rn. 27; Graalmann-Scheerer in Löwe/Rosenberg Rn. 46; Bringewat Rn. 48; Wegener MDR 1981, 617; enger OLG Düsseldorf 3.2.1983 – 1 Ws 13/83, StV 1983, 511.
[60] Schmitt in Meyer-Goßner/Schmitt Rn. 30.
[61] OLG Düsseldorf 28.7.1987 – 1 Ws 428/87, NStZ 1987, 524; 10.11.1987 – 1 Ws 928/87, NStZ 1988, 243; Appl in KK-StPO Rn. 27 f.; Schmitt in Meyer-Goßner/Schmitt Rn. 32.
[62] Schmitt in Meyer-Goßner/Schmitt Rn. 32.
[63] OLG Hamm 11.8.1987 – 2 Ws 353/87, 2 Ws 354/87, MDR 1988, 75; Graalmann-Scheerer in Löwe/Rosenberg Rn. 48.

wird zum Teil bereits angenommen, sofern ein Verurteilter die erforderliche Fesselung ablehnt,[64] oder es entgegen einer rechtmäßigen Anordnung des Anstaltsleiters ablehnt, Anstaltskleidung zu tragen.[65]

28 Ein Absehen von der mündlichen Anhörung des Verurteilten soll ferner in Betracht kommen, wenn diese **aus tatsächlichen Gründen nicht durchgeführt** werden kann. Dies kann bspw. infolge einer Ausweisung des Verurteilten aus Deutschland der Fall sein, falls ihm die Wiedereinreise wegen der drohenden weiteren Vollstreckung (vgl. § 456a) nicht zuzumuten ist.[66]

29 c) **Zuständigkeit.** Zuständig für die Durchführung der Anhörung ist die **Strafvollstreckungskammer.** Problematisch ist allerdings, in welcher Zusammensetzung dieser Spruchkörper auftreten muss. Nach § 78b Abs. 1 GVG ist die Strafvollstreckungskammer entweder mit drei Richtern (große Kammer, Nr. 1) oder nur mit einem Richter (kleine Kammer, Nr. 2) besetzt.

30 **Zum Teil wird vertreten,** das Verfahren nach Abs. 1 S. 3 sei der Hauptverhandlung ähnlich oder jedenfalls angeglichen. Dem Zweck des Abs. 1 S. 3, den mit der Entscheidung befassten Richtern jeweils einen eigenen persönlichen Eindruck von dem Verurteilten zu verschaffen, entspreche es, wenn die Anhörung in derselben Besetzung durchgeführt wird, in der der Spruchkörper auch die spätere Entscheidung trifft.[67] Sofern also § 78b Abs. 1 GVG eine Entscheidung durch die Kammer in einer bestimmten Besetzung vorsieht, müsse auch die Durchführung der mündlichen Anhörung des Verurteilten in eben dieser Besetzung erfolgen. In Fällen, in denen § 78b Abs. 1 Nr. 1 GVG eine Entscheidung durch die große Kammer normiert (dh in Verfahren über die Aussetzung der Vollstreckung des Restes einer lebenslangen Freiheitsstrafe oder die Aussetzung der Vollstreckung der Unterbringung in einem psychiatrischen Krankenhaus oder in der Sicherungsverwahrung), hat nach dieser Ansicht die mündliche Anhörung vor dem Spruchkörper in voller Besetzung stattzufinden.[68] Die spätere Entscheidung kann demnach nur von den an der Anhörung beteiligten Richtern getroffen werden. Wirkt dabei ein ausgeschlossener Richter mit, ist eine Wiederholung notwendig.[69] Teilweise geben aber selbst Vertreter dieser strengen Auffassung zu, dass die praktischen Konsequenzen dieser Meinung kaum tragbar sind.[70] Ein Ausweg soll darin liegen, die vorherige schriftliche Zustimmung des Verurteilten zu einer Anhörung vor dem beauftragten oder ersuchten Richter einzuholen.[71]

31 **Nach anderer Ansicht** genügt die mündliche Anhörung durch einen beauftragten Richter, ein vom Vorsitzenden zum Berichterstatter bestelltes Mitglied der Kammer, das das Ergebnis der Anhörung in das Beschlussverfahren einbringt.[72] Einschränkend wird dabei teilweise vertreten, der mit der Anhörung befasste Richter müsse dann auch an der

---

[64] OLG Hamm 4.4.1978 – 6 Ws 109/78, MDR 1978, 692.
[65] OLG Hamm 9.2.1990 – 4 Ws 504/89, 4 Ws 516/89, MDR 1990, 653; OLG Düsseldorf 31.1.2000 – 1 Ws 72/00, NStZ 2000, 333 aE; Schmitt in Meyer-Goßner/Schmitt Rn. 30; krit. Graalmann-Scheerer in Löwe/Rosenberg Rn. 48.
[66] OLG Düsseldorf 31.1.2000 – 1 Ws 72/00, NStZ 2000, 333.
[67] Vgl. OLG Celle 23.6.1975 – 1 Ws 121/75, NJW 1975, 2254.
[68] So zB OLG Schleswig 21.2.1975 – 1 Ws 48/75, NJW 1975, 1131; OLG Stuttgart 29.7.1975 – 3 Ws 169/75, NJW 1975, 2355; OLG Köln 18.4.1975 – 2 Ws 223/75, NJW 1975, 1527; OLG Celle 23.6.1975 – 1 Ws 121/75, NJW 1975, 2254; OLG Nürnberg 21.3.1975 – Ws 74/75, MDR 1975, 684; OLG Hamm 22.8.1977 – 4 Ws 337/77, NJW 1978, 284; OLG Koblenz 13.1.1977 – 1 Ws 9/77, NJW 1977, 1071; 19.5.1980 – 1 Ws 253/80, MDR 1980, 956.
[69] OLG Köln 18.4.1975 – 2 Ws 223/75, NJW 1975, 1527.
[70] Wegener MDR 1981, 617.
[71] Wegener MDR 1981, 617 (619).
[72] OLG Düsseldorf 19.6.1975 – 2 Ws 204/75, NJW 1976, 158; OLG Karlsruhe 18.11.1975 – 1 ARs 45/75, MDR 1976, 513; OLG München 31.7.1975 – 1 Ws 396/75, NJW 1976, 254; OLG Koblenz 23.9.1976 – 2 Ws 310/76, MDR 1977, 160; Schmitt in Meyer-Goßner/Schmitt Rn. 22; Appl in KK-StPO Rn. 15 f.; Graalmann-Scheerer in Löwe/Rosenberg Rn. 24; Peters JR 1977, 397 (399); Wegener MDR 1981, 617.

späteren Beratung teilnehmen.[73] Diese Auffassung stützt sich auf die mangelnde Vergleichbarkeit der mündlichen Anhörung des Verurteilten mit der mündlichen Vernehmung des Angeklagten in der Hauptverhandlung vor dem erkennenden Gericht nach § 243 Abs. 1. Die Aussetzungsentscheidung werde nach Abs. 1 grds. in einem schriftlichen Beschlussverfahren getroffen; eingeräumt werden müsse dem Verurteilten lediglich die Möglichkeit einer unbefangenen, mündlichen Äußerung. Hierzu genüge jedoch die Durchführung der Anhörung durch ein einzelnes Mitglied der entscheidenden Kammer.[74] Die Anhörung durch einen beauftragten Richter soll insbesondere dann zulässig sein, wenn es sich um eine Regelüberprüfung im Rahmen von § 67e StGB handelt und ein externer Sachverständiger nicht mit der Sache befasst ist.[75]

Nach einer dritten Meinung genügt in Fällen, in denen die (große oder kleine) **32** Strafvollstreckungskammer bereits mit der Sache befasst ist und deshalb auch zuständig bleibt, wenn der Verurteilte nach Eingang der Sache aber vor Durchführung der mündlichen Anhörung in eine Justizvollzugsanstalt in einem anderen Landgerichtsbezirk verlegt wird, sogar die Anhörung durch den ersuchten Richter iSd § 156 GVG. Es handle sich um eine Form der Rechtshilfe, die wegen des erheblichen Zeitaufwands und der damit verbundenen Verzögerung der Entscheidung aus zwingenden praktischen Gründen (Rückverlegung des Gefangenen „in der Praxis fast undurchführbar") geboten ist.[76] Dass dadurch die mit der Entscheidung befassten Richter keinen persönlichen Eindruck von dem Verurteilten erlangen, soll nach dieser Ansicht hinzunehmen sein.[77]

Nach einer vierten, vom BGH vertretenen Auffassung soll es auf die konkreten **33** Umstände des jeweiligen Einzelfalls ankommen, so dass je nach Sach- und Verfahrenslage die mündliche Anhörung des Verurteilten vor der Entscheidung über die Aussetzung des Strafrestes auch vor dem beauftragten oder ersuchten Richter stattfinden kann.[78] Prinzipiell geboten sei zwar der kriminalpolitischen Zielsetzung des § 454 Abs. 1 S. 3 entsprechend eine mündliche Anhörung des Verurteilten durch die mit der Entscheidung befassten Richter.[79] Jedoch seien Sachverhalte denkbar, bei denen eine Anhörung durch einen beauftragten Richter dennoch ausreiche, weil dem persönlichen Eindruck des Gerichts nach Lage des Falls nur geringe Bedeutung zukomme.[80] Entscheidend seien dabei bspw. die Entfernung und die Verkehrsverbindung zwischen Gericht und Vollzugsanstalt, die Bedeutung der Sache und die Schwierigkeit der Entscheidung.[81]

---

[73] OLG München 31.7.1975 – 1 Ws 396/75, NJW 1976, 254; ebenso Schmitt in Meyer-Goßner/Schmitt Rn. 22; Bringewat Rn. 43.
[74] OLG München 31.7.1975 – 1 Ws 396/75, NJW 1976, 254.
[75] Schmitt in Meyer-Goßner/Schmitt Rn. 22.
[76] BGH 13.9.1978 – 7 BJs 282/74, BGHSt 28, 138 (142) = NJW 1979, 116; OLG Düsseldorf 6.10.1975 – 2 Ws 458/75, NJW 1976, 256; 3.2.1981 – 5 Ws 4/81, NStZ 1981, 454; 30.8.1984 – 1 Ws 354/84, NStZ 1985, 94; OLG Hamm 28.1.1980 – 3 Ws 39/80, NJW 1980, 2090; Schmitt in Meyer-Goßner/Schmitt Rn. 23 („ausnahmsweise"); Bedenken äußert dagegen OLG München 31.7.1975 – 1 Ws 396/75, NJW 1976, 254; OLG Karlsruhe 18.11.1975 – 1 ARs 45/75, MDR 1976, 513; Bringewat Rn. 42; dazu ferner Doller DRiZ 1976, 169.
[77] BGH 13.9.1978 – 7 BJs 282/74, BGHSt 28, 138 (142) = NJW 1979, 116; OLG Düsseldorf 6.10.1975 – 2 Ws 458/75, NJW 1976, 256; 3.2.1981 – 5 Ws 4/81, NStZ 1981, 454; 30.8.1984 – 1 Ws 354/84, NStZ 1985, 94; OLG Hamm 28.1.1980 – 3 Ws 39/80, NJW 1980, 2090; Schmitt in Meyer-Goßner/Schmitt Rn. 23 („ausnahmsweise"); Bedenken äußert dagegen OLG München 31.7.1975 – 1 Ws 396/75, NJW 1976, 254; OLG Karlsruhe 18.11.1975 – 1 ARs 45/75, MDR 1976, 513; Bringewat Rn. 42; dazu ferner Doller DRiZ 1976, 169.
[78] So der Leitsatz BGH 13.9.1978 – 7 BJs 282/74, BGHSt 28, 138 = NJW 1979, 116.
[79] BGH 13.9.1978 – 7 BJs 282/74, BGHSt 28, 138 (141) = NJW 1979, 116.
[80] BGH 13.9.1978 – 7 BJs 282/74, BGHSt 28, 138 (141) = NJW 1979, 116. Als Beispiele führt der Senat an, dass die Strafvollstreckungskammer den Verurteilten schon einmal in voller Besetzung gehört habe und er alsbald danach mangels Bestimmung einer Sperrfrist einen neuen Antrag auf Aussetzung des Strafrestes gestellt habe; dass es um die Anhörung eines in einem psychiatrischen Krankenhaus Untergebrachten gehe, mit dem eine Verständigung nicht möglich sei, oder dass es sich um Fälle aus dem Bereich des § 57 Abs. 2 StGB handele, bei denen nach dem Urteil keine besonderen Umstände in der Tat oder in der Persönlichkeit des Täters vorlägen.
[81] BGH 13.9.1978 – 7 BJs 282/74, BGHSt 28, 138 (141) = NJW 1979, 116.

34 Zuzustimmen ist zunächst derjenigen Ansicht, nach der die mündliche Anhörung durch einen **beauftragten Richter,** ein vom Vorsitzenden zum Berichterstatter bestelltes Mitglied der Kammer erfolgt, das das **Ergebnis der Anhörung in das Beschlussverfahren einbringt.** Dafür spricht, dass diese Lösung zu einem angemessenen Ausgleich der widerstreitenden Belange führt. Denn die Durchführung der mündlichen Anhörung ermöglicht sowohl dem Beschleunigungsgebot sowie dem Kosten- und Zeitaufwand Rechnung zu tragen als auch dem Recht des Verurteilten, sich unmittelbar und persönlich vor dem mit der Entscheidung befassten Spruchkörper zu erklären. Den notwendigen persönlichen Eindruck von dem Verurteilten und seinem Vortrag gewinnt der mit der Sache befasste Spruchkörper nur, wenn der beauftragte Richter als **Repräsentant der Strafkammer** von seinem Eindruck Bericht erstatten kann. Auch der vom Zweck des Abs. 1 geforderten Möglichkeit des Verurteilten, sich unbefangen zu äußern und eine eigene Schilderung zu liefern, wird eine mündliche Anhörung vor dem beauftragten Richter nur dann gerecht, wenn dieser an der späteren Beratung und Entscheidungsfindung mitwirkt.[82] Eine Protokollierung der Inhalte reicht hierfür nicht aus.

35 Im Bezug auf die Anhörung durch einen **ersuchten Richter** erscheint eine restriktivere Handhabung angezeigt. Sie kommt allenfalls **bei extremen praktischen Hindernissen** in Betracht, wenn etwa sehr große Entfernungen zwischen dem Sitz des Gerichts und der Justizvollzugsanstalt liegen und der anderenfalls erforderliche Transportaufwand zu der Sache in keinem angemessenen Verhältnis stünde.

36 **d) Verfahren.** Für die Ausgestaltung des Anhörungsverfahrens existiert keine ausdrückliche gesetzliche Regelung. Das Verfahren liegt daher im Hinblick auf **Ort, Zeit und Form**[83] im **pflichtgemäßen richterlichen Ermessen.**[84] IdR soll unter Beachtung der Grundsätze von persönlicher Kontaktaufnahme und Entscheidungsnähe eine Anhörung in der Justizvollzugsanstalt stattfinden.[85] Die **organisatorische Leitung** der Anhörung obliegt dem Vorsitzenden der Strafvollstreckungskammer.[86]

37 Die Anhörung kann mit (schriftlicher und zu den Akten zu nehmender) Einwilligung des Verurteilten auch im Wege einer **Videoübertragung** erfolgen.[87] Einem eventuell bestellten Verteidiger sowie der Staatsanwaltschaft muss zuvor die Gelegenheit zu einer Stellungnahme gegeben werden. Die notwendigen Maßnahmen zur Durchführung der sog. **audiovisuellen Anhörung** trifft der Vorsitzende. Ob die mündliche Anhörung in Form einer Videokonferenz erfolgen soll, entscheidet jedoch nicht der Vorsitzende allein, sondern das Gericht nach pflichtgemäßem Ermessen.[88] Maßgeblich sind dafür zB die Persönlichkeit des Verurteilten, sein Verhalten im Vollzug, die Vollzugsdauer sowie die Art der abgeurteilten Taten, Sicherheitsinteressen der Allgemeinheit sowie die Entfernung der Justizvollzugsanstalt vom Ort des Gerichts.[89] Wegen des Gebots einer umfassenden Sachverhaltsaufklärung dürfen der Durchführung einer Vernehmung im Wege der Videokonferenz allerdings keine sachfremden Erwägungen zugrunde liegen. Die maßgeblichen Abwägungskriterien können dabei im Einzelnen sowohl für als auch gegen eine Videoübertragung sprechen. So können bspw. die Sicherheitsinteressen der Allgemeinheit

---

[82] So auch Graalmann-Scheerer in Löwe/Rosenberg Rn. 32.
[83] ZB mit Einwilligung des Verurteilten in Form der audiovisuellen Anhörung OLG Karlsruhe 28.7.2005 – 3 Ws 218/05, NJW 2005, 3013; OLG Frankfurt a. M. 31.8.2006 – 3 Ws 811/06, NStZ-RR 2006, 357; Schmitt in Meyer-Goßner/Schmitt Rn. 34; Esser NStZ 2003, 464.
[84] Appl in KK-StPO Rn. 17 nur bzgl. Ort; Graalmann-Scheerer in Löwe/Rosenberg Rn. 35; Schmitt in Meyer-Goßner/Schmitt Rn. 34; Bringewat Rn. 28.
[85] Appl in KK-StPO Rn. 17; Schmitt in Meyer-Goßner/Schmitt Rn. 33; Bringewat Rn. 29; Schmidt NJW 1975, 1485 (1486) plädiert für eine Anhörung in der Vollzugsanstalt.
[86] Graalmann-Scheerer in Löwe/Rosenberg Rn. 36.
[87] OLG Karlsruhe 28.7.2005 – 3 Ws 218/05, NJW 2005, 3013; OLG Frankfurt a. M. 31.8.2006 – 3 Ws 811/06, NStZ-RR 2006, 357; Esser NStZ 2003, 464. Zur Unzulässigkeit einer Anhörung im Wege der Bild- und Tonübertragung nach § 463e Abs. 1 S. 3 bei Unterbringung in einem psychiatrischen Krankenhaus vgl. OLG Bremen 26.4.2022 – 1 Ws 32/22, BeckRS 2022, 11553.
[88] Graalmann-Scheerer in Löwe/Rosenberg Rn. 36.
[89] OLG Stuttgart 3.5.2012 – 4 Ws 66/12, NStZ-RR 2012, 323.

erhöhte Anforderungen an die Sachaufklärung stellen und damit einer audiovisuellen Anhörung entgegenstehen; sie können aber auch gerade dafürsprechen, den inhaftierten Verurteilten in der Vollzugsanstalt zu belassen und nicht an den Sitz des Gerichts zu verbringen. Ausscheiden wird eine Videoübertragung idR in Fällen des Abs. 2, bzw. besteht hier ein gesteigerter Begründungsbedarf.[90]

Es liegt im pflichtgemäßen Ermessen des Gerichts einen **Termin für die Durchfüh-** 38 **rung** der mündlichen Anhörung festzusetzen; einer förmlichen Ladung bedarf es jedoch nicht.[91] Ebenso entscheidet es nach seinem Ermessen unter Berücksichtigung der eigenen Terminplanung, seiner Gesamtbelastung, des **Beschleunigungsgebot**s sowie des Interesses des Verurteilten auf eine effektive Verteidigung über dessen Verlegung, wenn der Verurteilte oder sein Verteidiger dies beantragen (zur Anhörung des Verteidigers → Rn. 44 ff.).[92] Kann der Verteidiger den Termin aus tatsächlichen oder rechtlichen Gründen nicht wahrnehmen, so scheidet eine Ablehnung des Verlegungsantrags aus, wenn nicht gewichtige Interessen eine sofortige Anhörung gebieten.[93] Eine Heilung des Verstoßes durch Übersendung des Protokolls der Anhörung ggf. auch iVm der Gewährung von Gelegenheit zu einer schriftlichen Stellungnahme ist nicht möglich.[94]

Das Ergebnis der Anhörung sollte in den Akten **dokumentiert** werden. Es handelt 39 sich nicht um eine Vernehmung iSd § 168, so dass weder ein Urkundsbeamter hinzugezogen noch ein förmliches Protokoll erstellt werden muss.[95] Deswegen reicht es aus, wenn der die Anhörung durchführende Richter einen möglichst ausführlichen Vermerk über die Anhörung an Ort und Stelle anfertigt, vorliest und unterschreiben lässt.[96] Dies ermöglicht zudem dem Beschwerdegericht die Überprüfung, ob das Gericht seiner Entscheidung zutreffende Tatsachen und Erwägungen zugrunde gelegt hat.[97]

e) Gegenstand der Anhörung. Was zum Gegenstand der mündlichen Anhörung 40 gemacht wird, ergibt sich aus den allgemeinen Grundsätzen über die Gewährung des **rechtlichen Gehörs** sowie dem Gebot der **umfassenden Aufklärung** der Sachlage. Maßgeblich ist dabei zunächst, was der Verurteilte selbst als für die Aussetzungsentscheidung relevant erachtet, einschließlich seiner Zukunftserwartungen oder Pläne und deren Verwirklichung.[98]

Die Anhörung beinhaltet das aus entsprechender Anwendung von § 163a Abs. 2 fol- 41 gende Recht des Verurteilten, Beweisanträge zu stellen.[99] Es handelt sich nicht um ein förmliches Beweisantragsrecht iSd § 244 Abs. 3–6;[100] vielmehr erfolgt die Erhebung der Beweise nach den Regeln des Freibeweises.[101]

3. Justizvollzugsanstalt. Die mit dem Vollzug der verhängten Freiheitsstrafe befasste 42 Justizvollzugsanstalt ist ohne Rücksicht auf die mutmaßlichen Chancen auf eine Aussetzung

---

[90] Graalmann-Scheerer in Löwe/Rosenberg Rn. 36.
[91] Schmitt in Meyer-Goßner/Schmitt Rn. 34.
[92] OLG Frankfurt a. M. 29.1.2004 – 3 Ws 111-112/04, NJW 2004, 1680; OLG Oldenburg 4.12.2006 – 1 Ws 555/06, NStZ-RR 2007, 156; Appl in KK-StPO Rn. 19.
[93] OLG Frankfurt a. M. 29.1.2004 – 3 Ws 111 – 112/04, NJW 2004, 1680.
[94] OLG Oldenburg 4.12.2006 – 1 Ws 555/06, NStZ-RR 2007, 156; OLG Köln 16.1.2006 – 2 Ws 23/06, StV 2006, 430.
[95] Vgl. dazu OLG Nürnberg 21.3.1975 – Ws 74/75, MDR 1975, 684; OLG Düsseldorf 19.6.1975 – 2 Ws 204/75, NJW 1976, 158; Appl in KK-StPO Rn. 20; Schmitt in Meyer-Goßner/Schmitt Rn. 35; Baier in Radtke/Hohmann Rn. 22; Bringewat Rn. 34; für eine Protokollierungspflicht de lege ferenda Graalmann-Scheerer in Löwe/Rosenberg Rn. 39.
[96] Appl in KK-StPO Rn. 20; Graalmann-Scheerer in Löwe/Rosenberg Rn. 39.
[97] KG 14.10.2005 – 5 Ws 498/05, NStZ 2007, 119; OLG Stuttgart 20.10.2004 – 4 Ws 284/2004, 4 Ws 284/04, StraFo 2005, 127; OLG Hamm 29.7.2004 – Ws 196-197/04, NStZ-RR 2004, 383.
[98] OLG Jena 6.4.2006 – 1 Ws 103/06, NJW 2006, 3794; vgl. dazu Doller DRiZ 1976, 169 (170) mit Angaben über die durchschnittliche Dauer der Anhörungen.
[99] Graalmann-Scheerer in Löwe/Rosenberg Rn. 21; anders noch Bringewat Rn. 37 für den dies eine Folge der „Erörterungsfunktion" der mündlichen Anhörung ist.
[100] Graalmann-Scheerer in Löwe/Rosenberg Rn. 21; Schmitt in Meyer-Goßner/Schmitt Rn. 34.
[101] OLG Brandenburg 17.4.1996 – 2 Ws 50/96, NStZ 1997, 150.

ebenfalls zu hören.[102] Gehört wird diejenige Justizvollzugsanstalt, in welcher der Verurteilte zum Zeitpunkt, in dem das Gericht mit der Sache befasst wird, inhaftiert ist. Befindet sich der Verurteilte (zB aufgrund einer Unterbrechung des Vollzugs) auf freiem Fuß äußert sich diejenige Anstalt, in der er zuletzt inhaftiert war.[103] Bei einem Anstaltswechsel sind ggf. beide mit dem Vollzug befassten Anstalten zu hören.[104] Zu äußern hat sich diejenige Anstalt, in der der Verurteilte den wesentlichen oder zumindest einen längeren Teil der Strafe verbüßt hat, da das dortige Vollzugspersonal eine fundierte Stellungnahme über sein Verhalten im Vollzug sowie über die für die Prognose nach § 57 Abs. 1 S. 1 Nr. 2, S. 2 StGB relevanten Tatsachen abgeben kann.[105] Die Stellungnahme gibt der Leiter der Justizvollzugsanstalt bzw. sein Stellvertreter oder der zuständige Vollzugsabteilungsleiter ab.[106] Die Stellungnahme der Justizvollzugsanstalt ist kein Verwaltungsakt und kann daher nicht nach § 23 EGGVG angefochten werden.[107]

43 Eine Anhörung der Justizvollzugsanstalt erfolgt selbst dann, wenn der Strafrest nur aus angerechneter Freiheitsentziehung (§ 57 Abs. 4 StGB) besteht.[108] Dies ist nur dann entbehrlich, wenn der Verurteilte bereits längere Zeit nicht mehr inhaftiert war, da bei der Anstalt in diesem Fall keine Tatsachen bekannt sein dürften, die für die Entscheidung von Relevanz sein könnten.[109]

44 **4. Verteidiger.** Anzuhören ist nach Abs. 1 S. 2 iVm § 33 Abs. 3 auch der Verteidiger des Verurteilten (→ § 33 Rn. 30). Nach früher zum Teil vertretener Ansicht sollte dem Verteidiger bei der Anhörung des Verurteilten kein Anwesenheitsrecht zustehen, da es sich nicht um eine Vernehmung iSd §§ 133 ff. handelt. Daher sollte auch keine Benachrichtigung von der Anhörung des Verurteilten erfolgen.[110] Dem Verteidiger konnte nach dieser Auffassung bloß aus „fürsorglichen Gründen"[111] die Anwesenheit gestattet werden.[112] Für erforderlich gehalten wurde lediglich, dass der Verteidiger die Gelegenheit zu einer schriftlichen Stellungnahme erhielt.[113]

45 Gegen diese Ansicht ließ jedoch eine **Entscheidung des BVerfG** aus dem Jahr 1985[114] Bedenken erkennen. Nach der sich daran anschließenden Rspr. sollte die Anwesenheit eines Verteidigers jedenfalls dann geboten sein, wenn dieser von sich aus zum mündlichen Anhörungstermin des Beschuldigten erschienen sei, insbesondere, wenn dabei ein Fall der Pflichtverteidigung vorliege.[115] Der im Rechtsstaatsprinzip wurzelnde **Grundsatz des fairen Verfahrens** verlangt, dass der Verurteilte auch zu seiner mündli-

---

[102] OLG Hamm 14.6.1974 – 4 Ws 129/74, MDR 1974, 1038; enger OLG Hamm 28.1.1980 – 3 Ws 39/80, NJW 1980, 2090; s. auch Appl in KK-StPO Rn. 11; Schrott in KMR-StPO Rn. 20 f.; Schmitt in Meyer-Goßner/Schmitt Rn. 11, Bringewat Rn. 23.
[103] Appl in KK-StPO Rn. 11; Schrott in KMR-StPO Rn. 22; Schmitt in Meyer-Goßner/Schmitt Rn. 11; Bringewat Rn. 22.
[104] Schmitt in Meyer-Goßner/Schmitt Rn. 11.
[105] Appl in KK-StPO Rn. 11; Graalmann-Scheerer in Löwe/Rosenberg Rn. 17; Schmitt in Meyer-Goßner/Schmitt Rn. 11; Bringewat Rn. 22.
[106] Schmitt in Meyer-Goßner/Schmitt Rn. 12 hält es für ausreichend, die Stellungnahme durch einen dafür besonders beauftragten Beamten abgeben zu lassen.
[107] Schmitt in Meyer-Goßner/Schmitt Rn. 14; Baier in Radtke/Hohmann Rn. 14.
[108] Schrott in KMR-StPO Rn. 21; Schmitt in Meyer-Goßner/Schmitt Rn. 11; aA Appl in KK-StPO Rn. 11.
[109] Vgl. OLG Düsseldorf 23.8.1987 – Ws 279/76, GA 1977, 151; Schmitt in Meyer-Goßner/Schmitt Rn. 11.
[110] Appl in KK-StPO Rn. 19; Schrott in KMR-StPO Rn. 25; Schmitt in Meyer-Goßner/Schmitt Rn. 36; Bringewat Rn. 25, 31; aA Schmidt NJW 1975, 1485 (1486); Homann StV 1990, 413.
[111] So Graalmann-Scheerer in Löwe/Rosenberg Rn. 18.
[112] OLG Düsseldorf 25.1.1989 – 1 Ws 97/89, NStZ 1989, 291; Appl in KK-StPO Rn. 19 (mit dem Hinweis, dass der Verurteilte noch als Glied in einer Informationskette fungieren kann); Schmitt in Meyer-Goßner/Schmitt Rn. 36; Bringewat Rn. 32 f.
[113] OLG Karlsruhe 18.11.1975 – 1 ARs 45/75, MDR 1976, 512; OLG Düsseldorf 19.6.1975 – 2 Ws 204/75, NJW 1976, 158; Treptow NJW 1976, 222.
[114] BVerfG 8.10.1985 – 2 BvR 1150/80, BVerfGE 70, 297.
[115] OLG Düsseldorf 25.1.1989 – 1 Ws 97/89, StV 1989, 355.

chen Anhörung im Verfahren zur Aussetzung eines Strafrestes einen Rechtsbeistand hinzuziehen kann.[116] Eine Pflicht, den Verteidiger von Amts wegen zu diesem Termin zu laden, soll daraus jedoch nicht resultieren.[117] Nach weitergehender Ansicht gebietet der Grundsatz des fairen Verfahrens sogar in Fällen der Wahlverteidigung die Ladung des Verteidigers zum Anhörungstermin.[118]

C. Sachverständigengutachten, Abs. 2

I. Anwendungsbereich und Zweck

Das Gericht holt für seine Entscheidung nach Abs. 2 S. 1 in bestimmten Fällen das Gutachten eines Sachverständigen ein. Dies erfolgt nach Abs. 2 S. 1 Nr. 1 stets, wenn die Aussetzung der Vollstreckung lebenslanger Freiheitsstrafe erwogen wird. Bei der Vollstreckung zeitiger Freiheitsstrafe von mehr als zwei Jahren bestimmt Abs. 2 S. 1 Nr. 2, dass ein Sachverständigengutachten einzuholen ist, wenn die Verurteilung wegen einer in § 66 Abs. 3 S. 1 StGB genannten Straftat erfolgte und nicht auszuschließen ist, dass Gründe der öffentlichen Sicherheit einer vorzeitigen Entlassung des Verurteilten entgegenstehen. Erfasst sind somit Verurteilungen wegen Taten nach §§ 174–174c, 176, 179 Abs. 1–4, §§ 180, 182, 224, 225 Abs. 1 oder 2 StGB sowie wegen einer vorsätzlichen Straftat nach § 323a, sofern die Rauschtat unter den vorgenannten Katalog fällt. Abs. 2 S. 1 soll dem erhöhten Sicherungsbedürfnis bei den betroffenen Tätergruppen Rechnung tragen.[119] Auch im Aussetzungsverfahren hat das Gericht grds. alle erreichbaren Erkenntnisquellen auszuschöpfen, aus denen sich für die Entscheidung relevante Informationen ergeben können. Das Sicherheitsrisiko lässt sich jedoch auf Grundlage eines psychiatrischen, psychologischen, kriminologischen oder soziologischen Sachverständigengutachtens zuverlässiger abschätzen als allein aus dem persönlichen Eindruck von dem Inhaftierten.[120] Empirische Belege für den Zugewinn an Prognosesicherheit fehlen allerdings.[121]

II. Voraussetzungen

1. Beabsichtigte Aussetzung. Ein Sachverständigengutachten einzuholen, erscheint nur dann sinnvoll, wenn das Gericht tatsächlich eine Aussetzung des Strafrestes zur Bewährung in Erwägung zieht.[122] Dies ergibt sich aus dem Sinn und Zweck der Regelung, das bestehende Sicherheitsrisiko im Fall einer Aussetzung möglichst gering und überschaubar zu halten.

---

[116] So ausdrücklich das BVerfG 11.2.1993 – 2 BvR 710/91, NStZ 1993, 355; s. auch OLG Zweibrücken 31.3.1993 – 1 Ws 162/93, StV 1993, 315.
[117] BVerfG 11.2.1993 – 2 BvR 710/91, NStZ 1993, 355; aA Graalmann-Scheerer in Löwe/Rosenberg Rn. 18 krit. auch Homann NStZ 1993, 556.
[118] Graalmann-Scheerer in Löwe/Rosenberg Rn. 19.
[119] Vgl. zu Nr. 2 die Beschlussempfehlung des Rechtsausschusses des Deutschen Bundestages BT-Drs. 13/8989, 8 und Bericht des Rechtsausschusses BT-Drs. 13/9062, 14 die eine Kompromisslösung darstellen zwischen dem Gesetzentwurf der Bundesregierung BT-Drs. 13/8586, 5, 10, in dem bewusst davon abgesehen wurde, die Verpflichtung zur Einholung eines Sachverständigengutachtens auf eine bestimmte Strafhöhe und bestimmte Straftatbestände zu beschränken, und dem Gesetzentwurf des Bundesrates, BT-Drs. 13/7559, 3, 6, 13 f., der die obligatorische Einholung eines Sachverständigengutachtens bei Aussetzung der Vollstreckung des Restes von Freiheitsstrafen von mehr als zwei Jahren wegen Sexualstraftaten sowie in Fällen der Sicherungsverwahrung vorsah.
[120] BT-Drs. 13/9062, 14.
[121] Krit. Appl in KK-StPO Rn. 2b.
[122] So auch Neubacher NStZ 2001, 449 (453); ferner BGH 28.1.2000 – 2 StE 9/91, NStZ 2000, 279; OLG Frankfurt a. M. 10.7.1998 – 3 Ws 491/98, NStZ 1998, 639 (aA hierbei Cramer NStZ 1998, 640, der dem Gericht eine Vorprüfungspflicht auferlegen will); OLG Hamm 11.2.1999 – 2 Ws 42/99, NJW 1999, 2453; OLG Zweibrücken 31.8.1998 – 1 Ws 431/98, NJW 1999, 1124; OLG Karlsruhe 18.9.2003 – 1 WS 105/03, NStZ-RR 2004, 61; OLG Dresden 6.4.2022 – 2 Ws 93/22, NStZ 2023, 189; BGH 15.12.2020 – StB 45/20, BeckRS 2020, 36456; Graalmann-Scheerer in Löwe/Rosenberg Rn. 43.

Kommt eine Strafrestaussetzung jedoch nicht in Betracht, so besteht ein solches Risiko gerade nicht.[123] Eine Ablehnung der Strafrestaussetzung ist demnach auch möglich, wenn es bereits an den Voraussetzungen des § 57 Abs. 1 S. 1 (Nr. 1 und/oder 3) StGB mangelt.[124]

48 Ist nach der Aktenlage bspw. durch die Stellungnahmen der Staatsanwaltschaft und der Justizvollzugsanstalt ersichtlich, dass von dem Verurteilten bei einer Strafrestaussetzung nicht unerhebliche Straftaten zu befürchten sind, so kann auf die Erstellung eines Gutachtens ebenfalls verzichtet werden.[125] Nach zum Teil vertretener Ansicht ist die Einholung eines Gutachtens auch dann entbehrlich, wenn sich der Verurteilte von vorne herein weigert, an dessen Erstellung mitzuwirken,[126] und deswegen die Aussetzungsentscheidung mutmaßlich negativ ausfallen wird. Dem lässt sich jedoch entgegenhalten, dass die Mitwirkung des Verurteilten zwar bei der Erstellung hilfreich sein dürfte. Weil aber auch ohne seine Mitwirkung für einen Sachverständigen eine Gutachtenerstattung, zB durch Auswertung der Straf- und Gefangenenpersonalakten, wenn auch eingeschränkt, möglich ist, kann auf eine Weigerung allein aber idR noch nicht die Versagung der Aussetzung gestützt werden.[127]

49 **2. Dauer der Freiheitsstrafe. a) Lebenslange Freiheitsstrafe, Nr. 1.** Dem Wortlaut des § 454 Abs. 2 S. 1 Nr. 1 nach ist die Einholung eines Sachverständigengutachtens nur dann erforderlich, wenn das Gericht beabsichtigt, den Strafrest zur Bewährung auszusetzen. Entbehrlich ist das Sachverständigengutachten demnach, wenn das Gericht unabhängig vom etwaigen Ergebnis des Gutachtens (zB weil die besondere Schwere der Schuld die weitere Vollstreckung gebietet) gedenkt, die Aussetzung abzulehnen.[128] Diese Auslegung stützt zudem der Sinn und Zweck der Vorschrift, wonach das Gutachten dazu dient, die von dem Verurteilten im Fall der Strafrestaussetzung ausgehenden Gefahren abzuschätzen.[129]

50 **b) Zeitige Freiheitsstrafe, Nr. 1.** Abs. 2 S. 1 Nr. 2 setzt nicht nur voraus, dass das Gericht die Aussetzung der Vollstreckung des Restes einer zeitigen Freiheitsstrafe erwägt, sondern verlangt darüber hinaus, dass die Dauer der zeitigen Freiheitsstrafe mehr als zwei Jahre beträgt, die Sanktion wegen einer in § 66 Abs. 3 S. 1 StGB bezeichneten Straftat (→ Rn. 52) verhängt wurde und nicht auszuschließen ist, dass Gründe der öffentlichen Sicherheit einer vorzeitigen Entlassung des Verurteilten entgegenstehen. Bei den in § 66 Abs. 3 S. 1 StGB genannten Straftaten ist das Gericht verpflichtet, das Gutachten eines Sachverständigen einzuholen, wenn es die Aussetzung der Vollstreckung des Strafrestes erwägt und nicht auszuschließen ist, dass Gründe der öffentlichen Sicherheit einer vorzeitigen Entlassung entgegenstehen. Der Gesetzgeber ging davon aus, bereits durch die dort genannten Straftaten sei die Gefährlichkeit des Verurteilten indiziert.[130]

51 Die Dauer der zeitigen Freiheitsstrafe muss über zwei Jahre betragen. Wurde eine Gesamtstrafe gebildet, so kommt es allein auf die Höhe derjenigen Einzelstrafe an, die wegen der in § 66 Abs. 3 S. 1 StGB genannte Tat verhängt wurde.[131] Liegt die maßgebliche Einzelstrafe über zwei Jahren, so besteht nach Abs. 2 S. 1 Nr. 2 eine Pflicht für das Gericht, ein Sachverständigengutachten über den Verurteilten einzuholen, wenn der Strafrest zur Bewährung ausgesetzt werden soll.[132]

---

[123] Vgl. BVerfG 2.5.2002 – 2 BvR 613/02, NJW 2002, 2773; 3.2.2003 – 2 BvR 1512/02, NStZ-RR 2003, 251; BGH 28.1.2000 – 2 StE 9/91, NStZ 2000, 279; OLG Celle 29.7.1998 – 2 Ws/201-98, NStZ-RR 1999, 179; OLG Köln 8.6.2000 – 2 Ws/281 – 282/00, StV 2001, 31; OLG Jena 3.12.1999 – 1 Ws 366/99, StV 2001, 26; aA OLG Celle 13.10.1998 – 2 Ws 257/98, NStZ 1999, 159; OLG Koblenz 8.7.1999 – 1 Ws 422/99, StV 1999, 496.
[124] Neubacher NStZ 2001, 449 (453).
[125] Neubacher NStZ 2001, 449 (453).
[126] Neubacher NStZ 2001, 449 (453).
[127] Graalmann-Scheerer in Löwe/Rosenberg Rn. 53.
[128] BT-Drs. 13/9062, 14; BGH 28.1.2000 – 2 StE 9/91, NJW 2000, 1663; OLG Hamburg 20.4.1999 – 2a Ws 89/99, NJW 2000, 2758; OLG Celle 29.7.1998 – 2 Ws 201/98, NStZ-RR 1999, 179.
[129] Vgl. OLG Celle 29.7.1998 – 2 Ws 201/98, NStZ-RR 1999, 179.
[130] BT-Drs. 13/9062, 14.
[131] Graalmann-Scheerer in Löwe/Rosenberg Rn. 57.
[132] OLG Stuttgart 30.3.1999 – 4 Ws 55/99, NStZ-RR 2000, 86; OLG Zweibrücken 11.2.1999 – 1 Ws 51/99, StV 1999, 218; Immel JR 2007, 183.

Ein Sachverständigengutachten ist nach Abs. 2 S. 1 Nr. 2 aber entbehrlich, wenn **52** ausgeschlossen ist, dass Gründe der öffentlichen Sicherheit der Strafrestaussetzung entgegenstehen.[133] Die Voraussetzungen, unter denen das Gericht von der Einholung eines Gutachtens absehen kann, sind enger als diejenigen, unter denen § 57 StGB eine Aussetzung der Vollstreckung des Strafrestes erlaubt.[134] Das Nichtvorliegen solcher Gründe der öffentlichen Sicherheit hat das Gericht in einer verfahrensrechtlichen Prüfung festzustellen. Es handelt sich hierbei nicht um eine antizipierte Prognoseentscheidung nach § 57 Abs. 1 und 2 StGB, sondern lediglich um eine **Ausschlussprüfung** im Rahmen des Aussetzungsverfahrens. Das Gesetz wertet die in § 66 Abs. 3 S. 1 StGB bezeichneten Straftaten bereits als Indiz für bestehende Risiken für die öffentliche Sicherheit. Diese Indizwirkung entfällt für das Aussetzungsverfahren und den durch § 454 Abs. 2 vorgegebenen Prüfungsumfang aber nur dann, wenn mit Sicherheit auszuschließen ist, dass Gründe der öffentlichen Sicherheit einer vorzeitigen Entlassung des Verurteilten entgegenstehen. Lässt sich dies nicht ausschließen – auf eben diesen Ausschluss bezieht sich die Prüfung im Rahmen des Abs. 2 Nr. 2 – muss ein Sachverständigengutachten eingeholt werden. In der Praxis wird somit im Regelfall die Einholung eines Gutachtens nicht entbehrlich sein.[135]

III. Verfahren

1. Zeitpunkt der Einholung. Das Gesetz bestimmt keinen Zeitpunkt für die Einho- **53** lung des Gutachtens. Das **Beschleunigungsgebot**[136] verlangt, den Sachverständigen so rechtzeitig zu beauftragen, dass diesem ein hinreichender, voraussichtlich für die Erstellung des Gutachtens benötigter Zeitraum verbleibt. Ausgeschlossen ist daher, das Gutachten erst unmittelbar vor dem möglichen Entlassungszeitpunkt in Auftrag zu geben, da dies idR mit einer sachwidrigen Verfahrensverzögerung verbunden sein dürfte.[137] Verurteilter, Verteidiger, Staatsanwaltschaft und Justizvollzugsanstalt haben zwar ein Recht auf Teilnahme an der Anhörung des Gutachters, es besteht jedoch kein Anspruch auf eine Verlegung des Anhörungstermins (→ Rn. 59).

Welche Zeitspanne das Gericht dem Sachverständigen einzuräumen hat, um dem **54** Beschleunigungsgebot zu entsprechen, hängt von den Umständen des konkreten Einzelfalls ab. Maßgeblich sind **Umfang und Schwierigkeit** der auszuwertenden Akten sowie die **Persönlichkeitsstruktur** des Verurteilten. Einbezogen werden kann ebenso die aktuelle Arbeitsbelastung des Sachverständigen.[138] Steht etwa wegen der im Einzelfall erforderlichen besonderen Sachkunde kein anderer Sachverständiger zur Verfügung, so kann auch eine Zeitspanne von mehr als vier bis fünf Monaten für die Erstellung des Gutachtens ausnahmsweise vertretbar sein. Nach § 73 Abs. 1 S. 2 soll mit dem Sachverständigen eine entsprechende Absprache getroffen werden (→ § 73 Rn. 24).

2. Auswahl des Sachverständigen. Den Sachverständigen wählt das Gericht nach **55** Maßgabe von § 73 aus (→ § 73 Rn. 5 ff.).[139] Da die Prognosesicherheit wesentlich von der Qualität des zu erstellenden Gutachtens abhängt, sieht das Gesetz im Rahmen des

---

[133] Ein Prognosegutachtens für entbehrlich halten OLG Karlsruhe 10.1.2000 – 2 Ws 313/99, StV 2000, 156; OLG Zweibrücken 20.7.2005 – 1 Ws 205/05, NJW 2005, 3439; OLG Köln 20.7.1999 – 2 Ws 384, 385/99, StV 2000, 155; Rotthaus NStZ 1998, 597 (599); demgegenüber halten ein Prognosegutachten für erforderlich OLG Frankfurt a. M. 10.7.1998 – 3 Ws 491/98, NStZ 1998, 639 (640); OLG Zweibrücken 31.8.1998 – 1 Ws 431/98, NJW 1999, 1124; KG 11.12.1998 – 5 Ws 672/98, NStZ 1999, 319 (allerdings in seltenen Fällen wohl wieder entbehrlich); OLG Hamm 11.2.1999 – 2 Ws 42/99, NJW 1999, 2453; OLG Koblenz 8.7.1999 – 1 Ws 422/99, StV 1999, 496.
[134] Graalmann-Scheerer in Löwe/Rosenberg Rn. 58.
[135] KG 11.12.1998 – 5 Ws 672/98, NStZ 1999, 319.
[136] Vgl. BVerfG 6.6.2001 – 2 BvR 828/01, NStZ 2001, 502.
[137] Graalmann-Scheerer in Löwe/Rosenberg Rn. 61.
[138] Graalmann-Scheerer in Löwe/Rosenberg Rn. 61.
[139] Laubenthal/Nestler Strafvollstreckung Rn. 175.

Aussetzungsverfahrens keine Pflicht vor, einen externen Gutachter einzuschalten.[140] Der gerichtlich bestellte Gutachter darf zur Erfüllung seines Gutachtenauftrags nur in begrenztem Umfang **Dritte** (Hilfskräfte oder Mitarbeiter) hinzuziehen; nicht zulässig ist es jedenfalls, wenn der Gutachter nur das durch seine Mitarbeiter erstellte Gutachten konsentiert und gegenzeichnet.[141]

56 Das Gutachten darf auch von einem internen Sachverständigen erstellt werden, der zB im Vollzug tätig ist.[142] Gem. § 74 Abs. 1 S. 1 kann ein Sachverständiger jedoch aus denselben Gründen (Besorgnis der Befangenheit, § 24 Abs. 1) abgelehnt werden, die auch die **Ablehnung** eines Richters erlauben (→ § 74 Rn. 5). Maßgeblich ist dabei, ob aus der Perspektive des Ablehnenden bzw. hier des Verurteilten verständigerweise ein Misstrauen gegen die Unparteilichkeit des Sachverständigen gerechtfertigt erscheint.[143] Hierfür genügt es jedoch nicht, dass der betreffende Sachverständige bereits während des Vollzugs mit der Behandlung des Verurteilten befasst war. Entscheidend sind die konkreten Umstände des Einzelfalls, dh die Art der Behandlung oder Therapie, deren Dauer und Verlauf.[144]

57 Im Einzelfall, bspw. bei besonders langer Vollzugsdauer, kann es angezeigt erscheinen, dass das Gericht zur ihm obliegenden umfassenden Sachaufklärungspflicht einen externen Gutachter hinzuzieht.[145] Ein interner Sachverständiger, der zugleich mit der Behandlung des Verurteilten befasst war, mag in dieser Konstellation entsprechend vorgeprägt und daher zu einer neutralen Gutachtenerstellung nicht mehr in der Lage sein.[146] Es wird bemängelt in der Praxis gebe es zu wenige hinreichend qualifizierte externe Gutachter.[147] Bedarf es aber der Gutachtenerstellung durch einen solchen, so muss das Gericht die notwendigen Anstrengungen unternehmen, rechtzeitig einen geeigneten Sachverständigen zu finden.

58 **3. Anhörung des Sachverständigen, Abs. 2 S. 3.** Nach Abs. 2 S. 3 erfolgt die Anhörung des Sachverständigen stets mündlich. Lediglich ausnahmsweise kann das Gericht (muss aber nicht) nach Abs. 2 S. 4 davon absehen, sofern ausdrücklich[148] und eindeutig[149] ein Verzicht von Seiten des Verurteilten, seines Verteidigers sowie der Staatsanwaltschaft vorliegt.[150] Selbst wenn der Verurteilte einen Verteidiger hat, so ersetzt dessen Verzichtserklärung nicht diejenige des Verurteilten selbst.[151] Die fakultative **Ausnahmeregelung** des Abs. 2 S. 4 dient der Verfahrensbeschleunigung.[152] Zweifel über die Erklärung, ihre Wirksamkeit oder ihren Inhalt sind vom Gericht im Wege des **Freibeweises** zu beseitigen; ist dies nicht möglich, so muss der Sachverständige stets mündlich gehört werden. Selbst wenn ein wirksamer Verzicht aller Verfahrensbeteiligter vorliegt, kann eine mündliche Anhörung des Sachverständigen zur Sachaufklärung geboten sein, bspw. sofern das Gericht in Erwägung zieht, die Vollstreckung

---

[140] Begründung RegE BT-Drs. 13/8586, 5 f.; Beschlussempfehlung des Rechtsausschusses BT-Drs. 13/8989, 8; Bericht des Rechtsausschusses BT-Drs. 13/9062, 14; demgegenüber der Gesetzentwurf des Bundesrates BT-Drs. 13/7559, 3, 6, 14.
[141] OLG Nürnberg 18.6.2007 – 2 Ws 301/07, StV 2007, 596.
[142] OLG Celle 13.10.1998 – 2 Ws 257/98, NStZ 1999, 159 (160); OLG Hamm 11.2.1999 – 2 Ws 42/99, NJW 1999, 2453; KG 11.12.1998 – 5 Ws 672/98, NJW 1999, 1797; OLG Karlsruhe 11.6.1999 – 3 Ws 123/99, StV 1999, 495; OLG Zweibrücken 31.8.1998 – 1 Ws 431/98, NJW 1999, 1124 (1125); Graalmann-Scheerer in Löwe/Rosenberg Rn. 60.
[143] Graalmann-Scheerer in Löwe/Rosenberg Rn. 60.
[144] Krit. Graalmann-Scheerer in Löwe/Rosenberg Rn. 60, nach der die Behandlung durch einen Anstaltspsychiater oder Anstaltspsychologen jedoch in aller Regel deren Befangenheit aufgrund des sich aus der Patientenbeziehung ergebenden besonderen Vertrauensverhältnisses begründen dürfte. Ähnlich Tondorf StV 2000, 171 (173); Neubacher NStZ 2001, 449 (454); Endres ZfStrVo 2000, 67 (81).
[145] Vgl. OLG Koblenz 8.7.1999 – 1 Ws 422/99, StV 1999, 497.
[146] Neubacher NStZ 2001, 449 (454).
[147] BT-Drs. 13/9062, 14; Eisenberg/Hackethal ZfStrVo 1998, 196 (201); Rotthaus NStZ 1998, 597 (600).
[148] S. OLG Hamm 12.11.2007 – 3 Ws 647/07, NStZ-RR 2008, 189, das bloßes Schweigen auf die Zuschrift des Gerichts für nicht ausreichend erachtet.
[149] KG 11.12.1998 – 5 Ws 672/98, NStZ 1999, 319.
[150] OLG Jena 23.3.2006 – 1 Ws 105/06, NStZ 2007, 421; OLG Hamm 12.11.2007 – 3 Ws 647/07, NStZ-RR 2008, 189.
[151] OLG Jena 23.3.2006 – 1 Ws 105/06, NStZ 2007, 421.
[152] BT-Drs. 13/906, 14.

eines Strafrestes zur Bewährung auszusetzen, selbst wenn das schriftliche Gutachten gegenteiliges empfiehlt.[153] Auf die mündliche Anhörung kann nicht allein deswegen verzichtet werden, weil das Gericht den Sachverständigen nur kurze Zeit zuvor in einem Aussetzungsverfahren bspw. nach § 57 Abs. 2 Nr. 2 StGB mündlich angehört hatte.[154]

4. Durchführung der Sachverständigenanhörung. a) Mitwirkung von Verfahrensbeteiligten. Für die Durchführung der mündlichen Anhörung des Sachverständigen enthält Abs. 2 abgesehen von der Vorgabe, dass dies mündlich zu erfolgen hat (→ Rn. 15), nur eine weitere Vorgabe: Der Staatsanwaltschaft, dem Verurteilten, seinem Verteidiger und der Vollzugsanstalt ist Gelegenheit zur Mitwirkung zu geben (→ § 255a Rn. 26 ff.).[155] Sie haben somit ein **Teilnahmerecht,** jedoch keine Teilnahmepflicht.[156] Auch ein Anspruch auf eine Verlegung des anberaumten Termins besteht nicht; lediglich nach pflichtgemäßem Ermessens kann das Gericht von Amts wegen den Anhörungstermin verlegen, sofern ein Verfahrensbeteiligter verhindert ist und es aus Gründen der Sachaufklärungspflicht oder wegen des Gebots eines fairen Verfahrens dessen Teilnahme an der Anhörung des Sachverständigen für geboten hält.[157] 59

Um der Staatsanwaltschaft, dem Verurteilten, seinem Verteidiger und der Vollzugsanstalt die Teilnahme an der Anhörung zu ermöglichen, sind sie von dem anberaumten Termin form- und fristlos zu **benachrichtigen.** Da an das Fernbleiben eines Verfahrensbeteiligten keine Folgen geknüpft sind, ist die Einhaltung einer besonderen (Schrift-)Form zwar nicht erforderlich und die Mitteilung kann vielmehr auch telefonisch oder per E-Mail vorgenommen werden. Der Regelfall in der Praxis dürfte jedoch die schriftliche Unterrichtung sein, sofern nicht das Beschleunigungsgebot eine andere Form verlangt. 60

Das Gutachten des Sachverständigen wird in Anwesenheit der Verfahrensbeteiligten **erörtert.** Ihnen soll dadurch die Möglichkeit eingeräumt werden, die Ausführungen des Gutachters eingehend zu diskutieren und in Frage zu stellen sowie sich dazu zu äußern.[158] Deswegen muss an dem Erörterungstermin auch derjenige Sachverständige teilnehmen, der das Gutachten selbst erstellt hat. 61

Ergeben sich aufgrund der Ausführungen des Sachverständigen oder nach den diesbezüglichen Äußerungen der Verfahrensbeteiligten **Zweifel an der Tragfähigkeit** des Prognosegutachtens, so kann ein **weiterer Gutachter** hinzugezogen werden; in diesem Fall sind beide mündlich anzuhören.[159] 62

Ein Urkundsbeamter der Geschäftsstelle muss weder an der Anhörung mitwirken noch ein förmliches Protokoll erstellen.[160] Um den Nachweis über die Inhalte der Erörterung zu führen und der Besorgnis von einer Befangenheit des Sachverständigen zu begegnen, scheint jedoch ein möglichst umfassender **Aktenvermerk** über die Anhörung sinnvoll. Der Vermerk kann von den Verfahrensbeteiligten gegengelesen und abgezeichnet werden. Dies ermöglicht einem Beschwerdegericht im Fall einer sofortigen Beschwerde eine Überprüfung der Entscheidungsgründe.[161] 63

b) Pflichtverteidigerbestellung. Die Frage des Pflichtverteidigers im Vollstreckungs- bzw. Aussetzungsverfahren ist umstritten. Das Recht auf Verteidigung hat der Verurteilte ohne Zweifel auch im Vollstreckungsverfahren.[162] Der Streit bezieht sich nur auf die Frage, ob eine bereits im Erkenntnisverfahren erfolgte Pflichtverteidigerbestellung in die Phase der 64

---

[153] OLG Celle 15.5.2003 – 1 Ws 167/03, Nds. Rpfl. 2003, 324. Graalmann-Scheerer in Löwe/Rosenberg Rn. 67.
[154] OLG Bremen 15.6.2009 – Ws 55/09 (Ws 40/09), NStZ 2010, 106.
[155] Vgl. die ähnliche Formulierung in § 255a Abs. 2 S. 1.
[156] Graalmann-Scheerer in Löwe/Rosenberg Rn. 64.
[157] Graalmann-Scheerer in Löwe/Rosenberg Rn. 64.
[158] Vgl. BT-Drs. 13/9062, 14.
[159] OLG Frankfurt a. M. 24.4.2003 – 3 Ws 410/03, NStZ-RR 2003, 315.
[160] Graalmann-Scheerer in Löwe/Rosenberg Rn. 67.
[161] KG 14.10.2005 – 5 Ws 498/05, NStZ 2007, 119; OLG Hamm 14.3.2003 – 2 Ws 71/03, StV 2004, 273.
[162] Volk/Engländer GK StPO § 9 Rn. 31.

Vollstreckung fortwirkt, oder ob eine erneute Beiordnung eines Pflichtverteidigers unter analoger Anwendung von § 140 Abs. 2 erforderlich ist.[163]

65 Bevor die Frage nach dem „Wie" der Pflichtverteidigung im Vollstreckungsverfahren aber beantwortet werden kann, bedarf es zunächst der Klarstellung, dass auch dem bereits Verurteilten im Bezug auf ihn massiv betreffende Fragen wie diejenige der Aussetzung des Strafrestes zur Bewährung ein Pflichtverteidiger zur Seite zu stellen ist, wenn die Sach- oder Rechtslage dies erfordert bzw. wenn sich der Verurteilte nicht selbst verteidigen kann („Ob"). Dies folgt u.a. aus Art. 6 Abs. 3 lit. c EMRK[164] und wird von der ganz hM auch nicht ernsthaft in Abrede gestellt.

66 Da das Recht auf einen Pflichtverteidiger, mithin die Regelung des § 140 Abs. 2, das gesamte Strafverfahren betrifft, erfasst sie auch das Vollstreckungsverfahren als dessen letzten Teil.[165] Der umfassende Anwendungsbereich ergibt sich argumentum e contrario daraus, dass Abs. 2 im Gegensatz zu Abs. 1 der Vorschrift keine explizite Beschränkung auf bestimmte Verfahrensteile normiert (→ § 140 Rn. 11 ff.). Dafür spricht zudem die Systematik, da § 140 in den für das gesamte Strafverfahren geltenden „Allgemeinen Vorschriften" des ersten Buchs der StPO verortet ist und nicht etwa bei den Normen über das „Verfahren im ersten Rechtszug" (zweites Buch).

67 Für die Frage des „Wie" der Pflichtverteidigung ist zu differenzieren zwischen Sachverhalten, in denen bereits im Erkenntnisverfahren ein Pflichtverteidiger bestellt wurde, und solchen Fällen, in denen es bislang nicht zu einer Pflichtverteidigerbestellung gekommen ist. In den letztgenannten Konstellationen gilt **§ 140 Abs. 2 direkt**.[166] In den erstgenannten Sachverhalten bedarf es demgegenüber der Klärung, wie lange eine bereits erfolgte Pflichtverteidigerbeiordnung andauert. Ihrem Sinn und Zweck nach, die Rechte des Beschuldigten in dem jeweils aktuellen Verfahrensabschnitt zu sichern, bleibt der Beigeordnete Pflichtverteidiger, bis der (zu diesem Zeitpunkt) Beschuldige bzw. Angeklagte seiner Unterstützung nicht mehr bedarf. Dies ist grds. mit Eintritt der Rechtskraft des Urteils respektive einer das Verfahren endgültig beendenden Einstellungsentscheidung der Fall.[167] Benötigt der Verurteilte später im Vollstreckungsverfahren erneut die Unterstützung eines Verteidigers, so ist ihm wiederum ein Pflichtverteidiger zur Seite zu stellen, wenn die Voraussetzung des § 140 Abs. 2 (erneut) erfüllt ist.

68 Selbst außerhalb des Aussetzungsverfahrens nach Abs. 2 ist die Bestellung eines Verteidigers nach § 140 Abs. 2 im Vollstreckungsverfahren bei Entscheidung über die Aussetzung des Strafrestes nach § 57 StGB denkbar.[168] Steht die Aussetzung des Strafrestes einer lebenslangen Freiheitsstrafe nach § 57a StGB im Raum, so wird die Notwendigkeit einer Pflichtverteidigerbeiordnung sogar den Regelfall bilden.[169]

69 Gem. § 140 Abs. 2 kann die Beiordnung eines Pflichtverteidigers im Verfahren nach Abs. 2 nur dann geboten sein, wenn der Verurteilte nicht bereits einen Wahlverteidiger hat.[170] Im Übrigen behandelt das einer Aussetzungsentscheidung vorausgehende Prüfungsverfahren komplexe Sach- und Rechtsfragen, so dass die Verteidigung des Verurteilten idR nur dann hinreichend sichergestellt ist, wenn dieser einen Verteidiger hat, § 140 Abs. 2 Var. 2.[171] Dies zeigt sich unter anderem daran, dass der Verteidiger im Rahmen der Anhörung des Sachverständigen dasselbe Anwesenheitsrecht hat, wie der Verurteilte selbst.

---

[163] Für eine direkte Anwendung: Jahn in Löwe/Rosenberg § 140 Rn. 118; Laubenstein Verteidigung im Strafvollzug, 1984, 183; Hartmann-Hilter StV 1988, 312; Litwinski/Bublies Strafverteidigung im Strafvollzug, 1989, 146 ff.; für eine analoge Anwendung: Schmitt in Meyer-Goßner/Schmitt § 140 Rn. 33. Dagegen wohl Willnow in KK-StPO § 141 Rn. 11.
[164] S. die Kommentierung zu Art. 6 EMRK.
[165] Jahn in Löwe/Rosenberg § 141 Rn. 1; Rieß StV 1981, 460 (462) sieht „eine Vielzahl von Aspekten der Sanktionsverwirklichung und Sanktionsdifferenzierung in das Vollstreckungsverfahren verlagert".
[166] Jahn in Löwe/Rosenberg § 140 Rn. 118.
[167] Schmitt in Meyer-Goßner/Schmitt § 140 Rn. 33; aA für ein Fortwirken der Pflichtverteidigerbeiordnung Jahn in Löwe/Rosenberg § 140 Rn. 118.
[168] OLG Hamm 27.4.1999 – 1 Ws 111/99, NStZ-RR 1999, 319; KG 10.2.2006 – 5 Ws 61/06, StV 2007, 94; Rotthaus NStZ 2000, 350.
[169] BVerfG 3.6.1992 – 2 BvR 1041/88, 2 BvR 78/89, NJW 1992, 2947 (2954).
[170] Graalmann-Scheerer in Löwe/Rosenberg Rn. 69.
[171] Graalmann-Scheerer in Löwe/Rosenberg Rn. 69.

Der Pflichtverteidiger ist dabei wie im Erkenntnisverfahren so **rechtzeitig** hinzuzuziehen, dass er seiner Funktion, die Verfahrensfairness zu sichern, gerecht werden kann. Deswegen muss er bereits vor Einleitung des Überprüfungsverfahrens beigeordnet werden.[172] Dies gewährleistet, dass dem Verteidiger eine hinreichende Zeitspanne verbleibt, um sich in den oftmals umfangreichen Aktenbestand einzuarbeiten und sich qualifiziert, vor allem zu der Auswahl des Sachverständigen gegenüber dem Gericht, zu erklären.[173] 70

5. Rechtsbehelfe. Treten im Anhörungsverfahren Mängel auf, so können diese vom Verurteilten oder der Staatsanwaltschaft mit der **sofortigen Beschwerde** geltend gemacht werden, Abs. 3. Der Rechtsbehelf bewirkt ggf. eine Aufhebung des angefochtenen Beschlusses sowie eine Zurückverweisung an die Strafvollstreckungskammer.[174] 71

Ein solcher zu einer sofortigen Beschwerde berechtigender Mangel liegt etwa vor, wenn das Gericht auf die Einholung eines Sachverständigengutachtens verzichtet, obwohl es hierzu nach Abs. 2 S. 1 Nr. 1 oder Abs. 2 S. 1 Nr. 2 verpflichtet gewesen wäre.[175] Auch die versehentlich unterlassene Beiordnung eines Pflichtverteidigers ist ein Verfahrensmangel, der die sofortige Beschwerde begründen kann.[176] 72

Die Frage, ob ein solcher Mangel im Verfahren der sofortigen Beschwerde noch **geheilt** werden kann hängt davon ab, inwiefern sich zu einem späteren Zeitpunkt eine dem Anhörungsverfahren äquivalente Situation herstellen lässt. § 308 Abs. 2 sieht vor, dass das Beschwerdegericht selbst Ermittlungen anordnen oder vornehmen kann. Insofern liegt grds. nahe eine Heilung anzunehmen, wenn der fehlerhafte Verfahrensteil durch das Beschwerdegericht nachgeholt wird (→ § 308 Rn. 8). Wurde versehentlich von der Einholung eines Sachverständigengutachtens abgesehen, obwohl dies nach Abs. 2 S. 1 Nr. 1 oder Nr. 2 verpflichtend gewesen wäre, so scheidet eine Nachholung durch das Beschwerdegericht mit heilender Wirkung nach überwiegender Ansicht allerdings aus.[177] Denn hierzu müsste das Beschwerdegericht auch die mündliche Anhörung nachholen, bei der es sich aber gerade nicht um eine Ermittlung iSd § 308 Abs. 2 handelt (→ § 308 Rn. 8). 73

Versäumt es das Gericht dem Verurteilten einen Pflichtverteidiger beizuordnen oder lehnt es ohne gewichtige Gründe eine Verlegung des Termins der mündlichen Anhörung des Verurteilten oder des Sachverständigen trotz einer Verhinderungsanzeige durch den Verteidiger ab und nimmt dieser deswegen nicht daran teil, so kann dies die sofortige Beschwerde begründen.[178] 74

IV. Inhaltliche Anforderungen

Die inhaltlichen Anforderungen an das Gutachten des Sachverständigen richten sich nach der allgemeinen Aufklärungspflicht des Gerichts, in deren Rahmen sämtliche verfügbaren Erkenntnisquellen zur Feststellung einer fortbestehenden Gefährlichkeit des Verurteilten auszuschöpfen sind.[179] Die einzige diesbezügliche Vorgabe findet sich in Abs. 2 S. 2, wonach sich das Gutachten zu der Frage äußern muss, ob bei dem Verurteilten keine Gefahr mehr besteht, dass dessen durch die Tat zutage getretene Gefährlichkeit fortbesteht. Notwendig ist hierzu eine umfassende und nachvollziehbare Darstellung des Erkenntnis- und Wertungsprozesses,[180] was Ausführungen zu den herangezogenen und ausgewerteten Erkenntnisquel- 75

---

[172] Graalmann-Scheerer in Löwe/Rosenberg Rn. 70.
[173] OLG Braunschweig 12.8.2008 – Ws 258/08, StV 2008, 590.
[174] LG Zweibrücken 8.11.2001 – Qs 95/01, StV 2002, 434.
[175] OLG Köln 8.6.2000 – 2 Ws 281-282/00, NStZ-RR 2000, 317.
[176] OLG Bremen 29.1.2008 – 1 Ws 1/08, StV 2008, 531.
[177] Graalmann-Scheerer in Löwe/Rosenberg Rn. 72; einschr. OLG Köln 8.6.2020 – 002 Ws 281-282/00, NStZ-RR 2000, 317.
[178] OLG Köln 16.1.2006 – Ws 23/06, StV 2006, 430; OLG Frankfurt a. M. 29.1.2004 – 3 Ws 111-112/04, NJW 2004, 1680 (für den Antrag auf Verlegung des Anhörungstermins nach § 454 Abs. 1 S. 3); OLG Oldenburg 4.12.2006 – 1 Ws 555/06, NStZ-RR 2007, 156.
[179] Vgl. BT-Drs. 13/9062, 14; s. auch BVerfG 8.10.1985 – 2 BvR 1150/80, BVerfGE 70, 297 (309).
[180] OLG Koblenz 8.7.1999 – 1 Ws 422/99, NStZ-RR 1999, 345; KG 11.12.1998 – 5 Ws 672/98, NJW 1999, 1797; Graalmann-Scheerer in Löwe/Rosenberg Rn. 58.

len und Anknüpfungstatsachen einschließt. Datenbasis bilden dabei zB auch etwaige Vorstrafen, die Umstände der Tat, die Ergebnisse früherer Begutachtungen sowie Auffälligkeiten während des Vollzugs.[181]

76 Der Sachverständige ist bei der Erstellung des Gutachtens grds. **an die Feststellungen** des der Vollstreckung zugrunde liegenden tatrichterlichen Urteils **gebunden.** In das Gutachten können und müssen aber darüber hinaus sämtliche Erkenntnisse einfließen, die sich aus dem Urteil nicht ergeben, gleichwohl aber für die Prognose relevant sind.[182]

77 Der Sachverständige führt mit dem Verurteilten (ein) Explorationsgespräch(e) durch, (dessen) deren Verlauf und Ergebnis in das Gutachten Eingang finden müssen. Sinnvoll wird dabei idR eine Strukturierung vom Verlauf der Gespräche und Befund sein. Die Bewertung durch den Sachverständigen muss aus der aufgeführten Datenbasis für das Gericht nachvollziehbar und schlüssig sein, um eine umfassende Überprüfung des mit einer Aussetzung des Strafrestes zur Bewährung verbundenen Risikos weiterer Straftaten zu ermöglichen.[183]

D. Gerichtlichen Entscheidung

I. Formalia der gerichtlichen Entscheidung

78 Das Gericht hat das Verfahren nach § 454 rechtzeitig einzuleiten und dem **Beschleunigungsgebot** entsprechend zu entscheiden. Maßgeblich sind dabei die Umstände des Einzelfalls.[184] Die Entscheidung ergeht in **Beschluss**form im schriftlichen Verfahren.[185] § 35 Abs. 1 S. 1 ist nicht anwendbar, so dass eine Verkündung unmittelbar im Anhörungstermin nicht in Betracht kommt.[186] Dies stellt zugleich sicher, dass die mit dem Vollzug befasste Anstalt über dessen Fortsetzung informiert ist. Der Vorsitzende hat die **Zustellung** des Beschlusses an den Verurteilten anzuordnen;[187] § 36 Abs. 2 S. 1 gilt nicht.[188]

II. Inhalt der gerichtlichen Entscheidung

79 Der Beschluss lässt entweder eine Aussetzung des Strafrestes zur Bewährung zu oder lehnt diese ab. Er muss eine Begründung enthalten, § 34. Diese hat auf die wesentlichen Erwägungen einzugehen, die der Verurteilte bei seiner Anhörung für eine Strafrestaussetzung vorgebracht hat.[189] Die bloße Wiedergabe von Floskeln genügt nicht[190] und auch der Gebrauch vorgedruckter Formulare entbindet nicht von der Begründungspflicht.[191] Eine die Aussetzung des Strafrestes ablehnende Entscheidung kann mit einer Antragssperre verbunden werden.[192]

80 **1. Besonderheiten bei lebenslanger Freiheitsstrafe. a) Prüfungsumfang von Schwurgericht und Strafvollstreckungskammer.** Die Strafrestaussetzung bei einer lebenslangen Freiheitsstrafe hängt nicht allein von der Strafvollstreckungskammer ab, sondern auch von der Entscheidung des Schwurgerichts in der Hauptverhandlung.[193] Das Schwurge-

---

[181] Vgl. auch OLG Koblenz 20.10.2021 – 4 Ws 608/21, BeckRS 2021, 37054.
[182] KG 16.2.2009 – 2 Ws 29/09, NStZ-RR 2009, 323; Graalmann-Scheerer in Löwe/Rosenberg Rn. 58.
[183] KG 11.12.1998 – 5 Ws 672/98, NJW 1999, 1797; OLG Hamm 14.3.2003 – 2 Ws 71/03, StV 2004, 273; vgl. auch BGH 26.4.1955 – 5 StR 86/55, BGHSt 8, 113; BVerfG 8.10.1985 – 2 BvR 1150/80, BVerfGE 70, 297 (309).
[184] Graalmann-Scheerer in Löwe/Rosenberg Rn. 79.
[185] Appl in KK-StPO Rn. 31; Schmitt in Meyer-Goßner/Schmitt Rn. 38.
[186] Schmitt in Meyer-Goßner/Schmitt Rn. 40; Schrott in KMR-StPO Rn. 69; Paeffgen/Greco in SK-StPO Rn. 46; OLG München 31.7.1975 – 1 Ws 396/75, NJW 1976, 254; Treptow NJW 1975, 1105.
[187] OLG Celle 22.8.1977 – 1 Ws 234/77, MDR 1978, 71; Appl in KK-StPO Rn. 31.
[188] Schmitt in Meyer-Goßner/Schmitt Rn. 40.
[189] OLG Düsseldorf 16.6.1975 – 2 Ws 284/75, NJW 1975, 1526; Bringewat Rn. 59.
[190] OLG Düsseldorf 8.4.1994 – 1 Ws 244/94, StV 1995, 538; OLG Hamburg 4.5.2009 – 2 Ws 80/09, NStZ-RR 2010, 13 = StV 2010, 83.
[191] Bringewat Rn. 59.
[192] Schmitt in Meyer-Goßner/Schmitt Rn. 41; Bringewat Rn. 59.
[193] BVerfG 3.6.1992 – 2 BvR 1041/88, 2 BvR 78/89, BVerfGE 86, 288.

richt befasst sich demnach mit der Gewichtung der individuell verwirklichten Schuld, während das Vollstreckungsgericht später eine vollstreckungsrechtliche Gesamtbewertung abgibt. Dies gebieten schon das Prozessgrundrecht auf ein faires Verfahren und das bei einer lebenslangen Freiheitsstrafe erhöhte Bedürfnis, mit einiger Sicherheit zu einem möglichst frühen Zeitpunkt über die Strafrestaussetzung Gewissheit zu haben.[194] Das Schwurgericht würdigt für das Vollstreckungsgericht verbindlich die für die Bewertung der Schuld erheblichen Tatsachen nach § 57a Abs. 1 S. 1 Nr. 2 StGB bereits im Erkenntnisverfahren.[195] Demgegenüber prüft die Strafvollstreckungskammer nur, ob die vom Schwurgericht festgestellte besondere Schuldschwere mit Rücksicht auf den Schutzzweck des Strafrechts die weitere Vollstreckung der Strafe noch gebietet.[196] Die Kammer entscheidet dabei unter Berücksichtigung sämtlicher für seine Entscheidung relevanter Umstände, sogar wenn diese für die Tat selbst nicht von Relevanz waren oder in der Person des Verurteilten liegen.[197]

81 Die Strafvollstreckungskammer entscheidet im Fall einer Ablehnung des Aussetzungsantrags, bis zu welchem Zeitpunkt die Vollstreckung fortzusetzen ist. Dies entspricht der vom BVerfG geforderten verfassungskonformen Auslegung des § 454, wonach der Entlassungszeitpunkt so rechtzeitig bestimmt sein muss, dass die bedingte Entlassung durch die Vollzugsbehörde nicht verzögert wird.[198]

82 **b) Sog. Altfälle.** Für Aussetzungsanträge im Bezug auf lebenslange Freiheitsstrafen, die vor dem 3.6.1992 verhängt wurden und in denen das Tatgericht die Schuld des Angeklagten noch nicht in der nunmehr geforderten Weise gewichtet hatte (sog. Altfälle), hat das BVerfG eine **Übergangsregelung** getroffen. Danach darf das Vollstreckungsgericht zu Lasten des Verurteilten – zu seinen Gunsten aber sehr wohl darüber hinaus gehend[199] – nur das dem Urteil zugrunde liegende Tatgeschehen und nur solche Umstände berücksichtigen, die im Rahmen einer Revision überprüfbar sind.[200] Sonstige Erkenntnisse über Motive oder außertatbestandliche Ziele des Verurteilten oder über seine Gesinnung finden keine Berücksichtigung.

83 **2. Wirksamkeit des Aussetzungsbeschlusses.** Umstritten ist, zu welchem Zeitpunkt der Aussetzungsbeschluss wirksam wird. Zum Teil wird vertreten, Wirksamkeit trete bereits mit dessen Erlass ein. Dies hätte zur Folge, dass der Verurteilte unmittelbar im Anschluss an den Beschlusserlass bzw. jedenfalls zeitnah entlassen werden muss.[201] Nach vorzugswürdiger Ansicht wird der Aussetzungsbeschluss jedoch erst mit **Eintritt der Rechtskraft** wirksam, wenn also kein Verfahrensbeteiligter binnen der Frist des § 310 Abs. 2 sofortige Beschwerde einlegt.[202] Vor diesem Zeitpunkt tritt Rechtskraft nur ein, sofern die Beschwerdeberechtigten ausdrücklich oder konkludent erklären, von dem Rechtsbehelf keinen Gebrauch machen zu wollen.[203] Da der sofortigen Beschwerde nach Abs. 3 S. 2 ausnahmsweise aufschiebende Wirkung zukommt (→ Rn. 102), müsste der Verurteilte anderenfalls zunächst entlassen werden, sodann aber infolge des fristgerecht durch die Staatsanwaltschaft eingelegten Rechtsbehelfs wieder inhaftiert werden.[204]

84 **3. Reichweite der Rechtskraft.** Früher wurde überwiegend die Auffassung vertreten, ein die Strafrestaussetzung aus tatsächlichen Ermessensgründen versagender Beschluss ver-

---

[194] Graalmann-Scheerer in Löwe/Rosenberg Rn. 82.
[195] BVerfG 3.6.1992 – 2 BvR 1041/88, 2 BvR 78/89, BVerfGE 86, 288; Appl in KK-StPO Rn. 45; Schmitt in Meyer-Goßner/Schmitt Rn. 41a; Fischer StGB § 57a Rn. 14 ff.
[196] BVerfG 3.6.1992 – 2 BvR 1041/88, 2 BvR 78/89, BVerfGE 86, 288 (323); Stree NStZ 1992, 464 (466 f.); Bringewat Rn. 59; Fischer StGB § 57a Rn. 14 ff.; krit. zum Prüfungsumfang bei lebenslanger Freiheitsstrafe Walter NStZ 2014, 368 (372).
[197] BVerfG 24.4.1986 – 2 BvR 1146/85, BVerfGE 72, 116.
[198] BVerfG 3.6.1992 – 2 BvR 1041/88, 2 BvR 78/89, BVerfGE 86, 288 (331 ff.).
[199] OLG Frankfurt a. M. 19.7.1993 – 3 Ws 260/93, NStZ 1994, 54; Stree NStZ 1992, 464 (467).
[200] BVerfG 2.7.1992 – 2 BvR 579/90, NJW 1993, 1124; s. auch Appl in KK-StPO Rn. 47; Graalmann-Scheerer in Löwe/Rosenberg Rn. 82; Schmitt in Meyer-Goßner/Schmitt Rn. 41a; Fischer StGB § 57a Rn. 9.
[201] Vgl. Wolf in Pohlmann/Jabel/Wolf StVollstrO § 37 Rn. 34.
[202] Appl in KK-StPO Rn. 33.
[203] So OLG Karlsruhe 10.11.1975 – 1 Ws 344/75, NJW 1976, 814; Doller NJW 1977, 2153; Bringewat Rn. 60.
[204] So früher oft die Argumentation, vgl. zB OLG München 19.1.1956 – Ws 13/56, NJW 1956, 1210.

wehre eine zeitnahe erneute Prüfung der Aussetzung nicht. Dies folgerte die damals hM daraus, dass der in Rechtskraft erwachsende Tenor des Beschlusses lediglich auf die Nichtgewährung der Aussetzung im Zeitpunkt der Entscheidung lautet, während die Entscheidungsgründe selbst dann nicht an der Rechtskraft partizipieren, wenn sich aus ihnen ergibt, dass eine Entlassung erst erheblich später in Betracht kommt oder überhaupt nicht gerechtfertigt und volle Verbüßung der Strafe erforderlich ist.[205] Ein erneuter Aussetzungsantrag hatte deshalb selbst dann keine Aussicht auf Erfolg, wenn der Verurteilte darin neue Umstände geltend machte.

85 Nunmehr enthalten § 57 Abs. 7 und § 57a Abs. 4 StGB eine Regelung, nach der die Strafvollstreckungskammer in dem die Strafrestaussetzung versagenden Beschluss **Sperrfristen von höchstens sechs Monaten bzw. zwei Jahren** festsetzen kann, vor deren Ablauf ein erneuter Aussetzungsantrag des Verurteilten unzulässig ist. Abs. 1 S. 1 nimmt auf diese Vorschriften Bezug. Der Fristlauf beginnt mit dem Erlass des Beschlusses, nicht erst mit dem Eintritt der Rechtskraft.[206] Eine Abkürzung der Sperrfrist oder ihre Aufhebung kommt bei wesentlich veränderten Umständen im konkreten Einzelfall in Betracht.[207]

86 Bei einer lebenslangen Freiheitsstrafe verlangt das BVerfG nach Maßgabe einer verfassungskonformen Auslegung des § 454 unter Berücksichtigung des Gebots der Rechtssicherheit und der Resozialisierungsaufgabe zudem, dass das Vollstreckungsgericht im Fall einer Ablehnung des Strafrestaussetzungsantrags zugleich eine Entscheidung darüber trifft, wie lang die Vollstreckung fortgesetzt wird.[208]

87 Stellt der Verurteilte oder ein Dritter während der noch laufenden Frist einen Antrag auf Strafrestaussetzung, muss über diesen zwar **förmlich entschieden** werden; er ist jedoch als unzulässig zu verwerfen.[209] Nicht an die Frist gebunden ist aber eine andere Strafvollstreckungskammer, die mit der Sache befasst wird, weil es im Anschluss an die Fristbestimmung zu einer Verlegung des Verurteilten in einen anderen Gerichtsbezirk kommt.[210]

88 **4. Nachtragsentscheidungen gem. Abs. 4 S. 1.** Nach Abs. 4 S. 1 sind § 268a Abs. 3, §§ 268d, 453, 453a Abs. 1 und 3 sowie §§ 453b und 453c entsprechend anzuwenden. Das Vollstreckungsgericht (zur Zuständigkeit → § 463a Rn. 32 ff.) kann demnach bestimmte Entscheidungen im Zusammenhang mit der Strafrestaussetzung zur Bewährung treffen, entweder in der Entscheidung über den Aussetzungsantrag selbst oder im Wege eines gesonderten Beschlusses. Ein solcher separater Beschluss ist vom Verurteilten nach Maßgabe von § 453 Abs. 2 S. 2 mit der (einfachen) Beschwerde angreifbar (→ Rn. 98).

89 Das Gericht entscheidet zunächst über die Dauer der Bewährungszeit. Diese darf bei zeitiger Freiheitsstrafe die Dauer des Strafrestes keinesfalls unterschreiten (§ 57 Abs. 3 StGB), bei lebenslanger Freiheitsstrafe muss sie fünf Jahre betragen (§ 57a Abs. 3 S. 1 StGB). Zudem kann das Vollstreckungsgericht Weisungen und Auflagen erteilen.

90 Gem. Abs. 4 S. 2 ist der Verurteilte in Abweichung von § 453a Abs. 2 mündlich über die Aussetzung des Strafrestes zu belehren. Die Belehrung kann durch den Vorsitzenden bzw. ein anderes Mitglied des Spruchkörpers geschehen, nach entsprechendem Ersuchen gem. § 157 GVG durch das Amtsgericht erfolgen oder sogar von der Justizvollzugsanstalt vorgenommen werden, Abs. 4 S. 2 Hs. 2. Die Belehrung wird nach Möglichkeit unmittelbar vor der Entlassung erteilt, Abs. 4 S. 3.

---

[205] Nachweise zur alten hM bei Schäfer in Löwe/Rosenberg, Rn. 4.
[206] OLG Hamm 4.3.1971 – 3 Ws 65/71, NJW 1971, 949; Appl in KK-StPO Rn. 24; Fischer StGB § 57 Rn. 35; Bringewat Rn. 55; Wittschier NStZ 1986, 112 (113).
[207] OLG München 30.4.1987 – 2 Ws 419/87, MDR 1987, 783; Wittschier NStZ 1986, 112; Appl in KK-StPO Rn. 24; Bringewat Rn. 56.
[208] BVerfG 3.6.1992 – 2 BvR 1041/88, 2 BvR 78/89, BVerfGE 86, 288 (332).
[209] Schmitt in Meyer-Goßner/Schmitt Rn. 3; Bringewat Rn. 10, 57; aA Graalmann-Scheerer in Löwe/Rosenberg Rn. 96, die eine förmliche Verwerfung bei unzulässigen Anträgen für entbehrlich hält.
[210] BGH 13.2.1976 – 2 ARs 395/75, BGHSt 26, 278; Neumann NJW 1985, 1889; Wittschier NStZ 1986, 112 (113); Appl in KK-StPO Rn. 24; Bringewat Rn. 57; Fischer StGB § 57 Rn. 35; aA OLG Zweibrücken 26.9.1975 – Ws 415/75, NJW 1976, 258.

Ein Widerruf der Strafrestaussetzung zur Bewährung nach § 56f Abs. 1, § 57 Abs. 5 **91**
S. 1, § 57a Abs. 3 S. 2 StGB schließt ihre **erneute Anordnung** nicht aus. Selbst die Rechtskraft des Widerrufsbeschlusses steht dem nicht entgegen.[211]

5. Anrechnung der Freistellung nach Absatz 1 Satz 5, § 43 Abs. 10 Nr. 3 **92**
StVollzG. Die Strafvollstreckungskammer entscheidet nach § 454 Abs. 1 S. 5 über den Ausschluss einer Anrechnung nach § 43 Abs. 10 Nr. 3 StVollzG. Als Teil der nichtmonetären Komponente der Arbeitsentlohnung im Strafvollzug erhalten Gefangene auf Antrag unter den im jeweiligen Strafvollzugsgesetz normiertem Voraussetzungen (vgl. zB § 43 Abs. 1, Abs. 6–9 StVollzG, § 49 Abs. 1, Abs. 6, 7 u. 9 JVollzGB III; Art. 46 Abs. 1, Abs. 6–9 BayStVollzG; § 40 Abs. 1, Abs. 3–5 HmbStVollzG; § 39 Abs. 2 HStVollzG; § 55 Abs. 7–9 MVStVollzG; § 40 Abs. 5–8 NJVollzG) eine Freistellung von der Arbeit. Die Freistellung wird entweder als sog. Zellenurlaub in der Anstalt verbracht oder in Form von Urlaub aus der Haft (Arbeitsurlaub) gewährt.[212] Stellt der Gefangene jedoch keinen Antrag auf Freistellung von der Arbeit oder auf Gewährung von Arbeitsurlaub bzw. Arbeitsfreistellung oder wird Arbeitsurlaub bzw. Arbeitsfreistellung aus einem anderen Grund nicht erteilt, so ist die Freistellung von der Arbeit auf den Entlassungszeitpunkt des Betroffenen anzurechnen (vgl. bspw. § 43 Abs. 9 StVollzG, § 49 Abs. 9 JVollzGB III, Art. 46 Abs. 9 BayStVollzG, § 40 Abs. 5 S. 1 HmbStVollzG, § 39 Abs. 2 S. 3 HStVollzG, § 40 Abs. 8 NJVollzG). Diese Anrechnung angefallener Freistellungstage erfolgt automatisch, wenn der Inhaftierte keine Freistellung beantragt hat, keinen Antrag auf Gewährung von Arbeitsurlaub bzw. Freistellung aus der Haft gestellt hat oder wenn ein beantragter Arbeitsurlaub wegen Nichtvorliegens der Voraussetzungen für die Gewährung der Vollzugslockerung abgelehnt wurde.[213]

Für einige Gruppen arbeitender Strafgefangener scheidet eine Anrechnung angefallener **93**
Freistellungstage aus und sie erhalten stattdessen eine Ausgleichsentschädigung (s. etwa § 43 Abs. 11 StVollzG, § 49 Abs. 11 JVollzGB III, Art. 46 Abs. 11 BayStVollzG, § 40 Abs. 6 und 7 HmbStVollzG, § 39 Abs. 4 HStVollzG, § 40 Abs. 10 NJVollzG). Nach den Strafvollzugsgesetzen (zB § 43 Abs. 10 Nr. 3 StVollzG, § 49 Abs. 10 Nr. 3 JVollzGB III, Art. 46 Abs. 10 Nr. 3 BayStVollzG, § 40 Abs. 5 S. 2 Nr. 1 HmbStVollzG, § 39 Abs. 3 Nr. 2 HStVollzG, § 40 Abs. 9 Nr. 3 NJVollzG) bleibt eine Anrechnung zwingend ausgeschlossen in Fällen, in denen das Vollstreckungsgericht wegen der Lebensverhältnisse des Gefangenen oder der Wirkungen, die von der Aussetzung für ihn zu erwarten sind, eine sog. punktgenaue Entlassung für erforderlich erachtet.

Gem. Abs. 1 S. 5 muss jeder Beschluss über eine Aussetzung des Strafrests zur Bewäh- **94**
rung auch die Entscheidung enthalten, ob eine Anrechnung angefallener Freistellungstage ausgeschlossen wird. Fehlt diese vollstreckungsgerichtliche Entscheidung, bleibt es bei der Anrechnungsmöglichkeit, weil die Anwendung des Ausnahmetatbestands ausdrücklich angeordnet sein muss.[214] Da es sich bei dem Beschluss um eine einheitliche Entscheidung handelt, ist auch nur eine einheitliche sofortige Beschwerde dagegen zulässig, die beide Teile des Beschlusses erfasst.

Ordnet das Gericht an, dass eine Anrechnung unterbleibt, muss die Strafzeit unter Aus- **95**
schluss der Anrechnung der Freistellung neu berechnet werden.[215] Bleibt dem Verurteilten die Anrechnung der Freistellung verwehrt, so dürfte meist auch eine Strafrestaussetzung ausscheiden. Da die Voraussetzungen der Anrechnung nach den strafvollzugsrechtlichen Vorschriften und der Aussetzung des Strafrestes nach §§ 57 ff. StGB jedoch nicht identisch sind, ist dies keineswegs zwingend, wenngleich in der Praxis auch der Regelfall.

---

[211] OLG Frankfurt a. M. 10.8.1983 – 3 Ws 464/83, StV 1985, 25; Wendisch NStZ 1989, 293; Appl in KK-StPO Rn. 40; Schmitt in Meyer-Goßner/Schmitt Rn. 52; Bringewat Rn. 71.
[212] Laubenthal Rn. 445.
[213] Laubenthal Rn. 449.
[214] Arloth StVollzG § 43 Rn. 27.
[215] Graalmann-Scheerer in Löwe/Rosenberg Rn. 76.

E. Rechtsbehelfe

I. Sofortige Beschwerde, Abs. 3

96 **1. Allgemeines.** Statthaft gegen den Beschluss ist nach Abs. 2 S. 1 die sofortige Beschwerde. Die Beschwerde steht nur gegen den Beschluss selbst, nach § 305 S. 1 jedoch nicht gegen vorbereitende Entscheidungen des Gerichts zur Verfügung; diese können nur im Zusammenhang mit dem Beschluss selbst beanstandet werden.[216] Die sofortige Beschwerde ist auch gegen die Ablehnung eines Befangenheitsgesuchs statthaft, das auf die an der Entscheidung über die Reststrafenaussetzung mitwirkenden Richter abzielt.[217] Berechtigt, den Rechtsbehelf einzulegen, sind der Verurteilte selbst sowie die Staatsanwaltschaft; eine Beschwerdeberechtigung Dritter besteht nicht.[218]

97 Die Beschränkungen des § 453 Abs. 2 S. 2 gelten für die sofortige Beschwerde nicht. Sie kann bspw. darauf gestützt werden, dass die mündliche Anhörung des Verurteilten unterblieben oder zu Unrecht als nicht erforderlich angesehen worden ist. Ebenso kann geltend gemacht werden, die Anhörung sei unzureichend, wenn sie nur durch einen beauftragten oder ersuchten Richter erfolgt (→ Rn. 71 ff.).

98 **2. Beschwerdegegenstand.** Abs. 4 schreibt vor, dass § 453 und somit auch dessen **Abs. 2 S. 2 analog** anzuwenden ist. Demnach kann die sofortige Beschwerde nur darauf gestützt werden, dass eine getroffene Anordnung gesetzwidrig ist. Auch eine unzureichende Begründung kann mit der sofortigen Beschwerde angegriffen werden. Werden dem Verurteilten jedoch Bewährungsauflagen gemacht, so ist eine Anfechtung mit der sofortigen Beschwerde gleichwohl zulässig. Die Festsetzung der Bewährungszeit sowie die Anordnung von Auflagen und Weisungen im Aussetzungsbeschluss (§ 57 Abs. 3, § 57a Abs. 3 StGB) ist insoweit wegen des Verweises auf § 453 Abs. 2 S. 2 nur mit einfacher Beschwerde anfechtbar.

99 Will die Staatsanwaltschaft monieren, dass das Gericht eine zu kurze Bewährungszeit festgesetzt oder die Auferlegung von Weisungen bzw. Auflagen unterlassen hat, so kann sie den Aussetzungsbeschluss insgesamt mit der sofortigen Beschwerde angreifen; die Beschränkung des § 453 Abs. 2 S. 2 greift in diesem Fall nicht ein. Sie kann einen Rechtsbehelf aber auch auf die Rüge einer gesetzwidrigen Unterlassung von Bewährungsauflagen beschränken.[219]

100 Wendet sich der Verurteilte gegen die nach § 57 Abs. 7, § 57a Abs. 4 StGB festgesetzte Frist ohne die Ablehnung der Strafrestaussetzung angreifen zu wollen, so ist die sofortige Beschwerde ebenfalls statthaft. Bei der Fristsetzung handelt es sich um eine Entscheidung iSd § 454 Abs. 1, vgl. Abs. 3 S. 1.

101 **Unzulässig** ist die Beschwerde gegen einen die Strafrestaussetzung ablehnenden Beschluss, sofern sie sich nicht gegen die Ablehnung, sondern nur gegen die Gründe der Ablehnung richtet[220] oder wenn sich der Verurteilte nicht gegen die Versagung der Aussetzung als solche wehrt, sondern lediglich deren verfrühte Prüfung angreift.[221] Kann der die Entscheidung rechtswidrig machende Mangel aus tatsächlichen oder rechtlichen Gründen nicht mehr beseitigt werden, so fehlt es am Rechtsschutzbedürfnis.[222] Dasselbe gilt, wenn der Verurteilte während des Beschwerdeverfahrens wegen vollständiger Verbüßung der Strafe aus der Haft entlassen wird.[223]

---

[216] OLG Hamm 16.10.1986 – 3 Ws 425/86, NStZ 1987, 93; Schmitt in Meyer-Goßner/Schmitt Rn. 43; Bringewat Rn. 64.
[217] OLG Hamm 8.11.2007 – 2 Ws 331/07, NStZ 2009, 53 = StV 2008, 530.
[218] Appl in KK-StPO Rn. 34; Schmitt in Meyer-Goßner/Schmitt Rn. 44.
[219] OLG Braunschweig 14.12.1953 – Ws 178/53, NJW 1954, 364; Appl in KK-StPO Rn. 38; Bringewat Rn. 64.
[220] OLG Stuttgart 13.11.1970 – 1 Ws 388/70, Justiz 1971, 146; LG Mainz 13.5.1974 – 1 Qs 65/74, MDR 1974, 857.
[221] Appl in KK-StPO Rn. 36.
[222] Graalmann-Scheerer in Löwe/Rosenberg Rn. 90.
[223] Appl in KK-StPO Rn. 36; Graalmann-Scheerer in Löwe/Rosenberg Rn. 90; Schmitt in Meyer-Goßner/Schmitt Rn. 45; Bringewat Rn. 69.

II. Wirkung

Der gegen einen auf Gewährung der Strafrestaussetzung lautende Beschluss durch die **102** Staatsanwaltschaft eingelegte sofortige Beschwerde hat **aufschiebende Wirkung,** Abs. 3 S. 2. Der Suspensiveffekt betrifft jedoch nur die jeweils von der Beschwerde erfasste Strafe, selbst wenn der angegriffene Beschluss die Strafrestaussetzung mehrerer Freiheitsstrafen zum Gegenstand hatte.[224]

Dieselbe aufschiebende Wirkung tritt in dem (äußerst seltenen) Fall ein, dass der Verur- **103** teilte gegen eine auf Aussetzung lautende Entscheidung sofortige Beschwerde einlegt. Konkludent mit der Beschwerde erklärt der Verurteilte in einem solchen Fall den Widerruf seiner Einwilligung in die Strafrestaussetzung, so dass diese nicht mehr in Betracht kommt.[225]

III. Anhörung im Beschwerdeverfahren

Eine mündliche Anhörung des Verurteilten ist im Verfahren der sofortigen Beschwerde **104** nicht vorgesehen; Abs. 1 S. 3 gilt weder direkt noch analog.[226] Dabei ist gleichgültig, ob der Verurteilte selbst zu seinen Gunsten die sofortige Beschwerde eingelegt hat, oder ob der Rechtsbehelf von Seiten der Staatsanwaltschaft zu Lasten des Verurteilten eingelegt wurde. Die von der Strafvollstreckungskammer dargelegten Entscheidungsgründe liefern idR eine hinreichende Entscheidungsgrundlage.[227]

Allerdings können die Umstände des Einzelfalls eine Anhörung gebieten, wenn sie **105** neue wesentliche entscheidungserhebliche Gesichtspunkte erwarten lässt.[228] Hat die Strafvollstreckungskammer die erforderliche mündliche Anhörung nicht durchgeführt, kann das Beschwerdegericht dies nicht selbst nachholen, sondern muss den Beschluss aufheben und die Sache zurückverweisen (→ Rn. 71 ff.).

F. Sonderfälle

I. Strafrestaussetzung bei Jugendstrafe

Über die Strafrestaussetzung zur Bewährung bei einer Jugendstrafe entscheidet der **106** **Jugendrichter als Vollstreckungsleiter.**[229] § 82 Abs. 1, § 83 Abs. 1, § 84 Abs. 1, § 88, § 110 JGG enthalten diesbezüglich eine gegenüber § 57 StGB, §§ 454, 462a, 463 vorrangige **Sonderregelung.** Dies gilt selbst dann, wenn unter den Voraussetzungen der §§ 102, 103 oder 112 JGG ausnahmsweise ein allgemeines Strafgericht die Sanktion verhängt hat oder sich der Verurteilte bei Stellung des Widerrufsantrags bzw. zum Zeitpunkt der Entscheidung in anderer Sache in Strafhaft befindet.[230]

In Fällen, in denen sowohl eine Jugendstrafe als auch eine Freiheitsstrafe vollstreckt **107** werden müssen, liegt die Aussetzungsentscheidung im Hinblick auf die erstgenannte Sanktion in Händen des Jugendrichters, während im Bezug auf die letztgenannte Strafe die Vollstreckungskammer mit der Strafrestaussetzung zu befassen ist.[231]

---

[224] OLG Stuttgart 22.4.1983 – 3 Ws 100/83, NStZ 1984, 363; OLG Koblenz 20.10.2021 – 4 Ws 608/21, BeckRS 2021, 37054.
[225] Appl in KK-StPO Rn. 34.
[226] BVerfG 14.8.1987 – 2 BvR 235/87, NJW 1988, 1715; OLG Düsseldorf 15.2.1989 – 3 Ws 31/89, NJW 1989, 2339; Appl in KK-StPO Rn. 37; Schmitt in Meyer-Goßner/Schmitt Rn. 46.
[227] Appl in KK-StPO Rn. 37; Schmitt in Meyer-Goßner/Schmitt Rn. 46; aA Rieß JR 1976, 118, der bei abändernder Sachentscheidung eine mündliche Verhandlung für notwendig hält.
[228] OLG Düsseldorf 6.1.1993 – 3 Ws 713/92, 3 Ws 714/92, NStZ 1993, 406 (407); Appl in KK-StPO Rn. 37.
[229] Appl in KK-StPO Rn. 5.
[230] Graalmann-Scheerer in Löwe/Rosenberg Rn. 105.
[231] BGH 16.3.1979 – 2 ARs 70/79, BGHSt 28, 351; aA BGH 2.7.1976 – 2 ARs 195/76, BGHSt 26, 375.

II. Aussetzung durch die Gnadenbehörde

108 Selbst wenn die Strafvollstreckungskammer die Strafrestaussetzung zur Bewährung ablehnt, kann dies immer noch im Gnadenwege geschehen.[232] Das Gnadenrecht dient jedoch nicht dazu, korrigierend in die richterliche Entscheidungsgewalt einzugreifen.[233] Lediglich im Einzelfall und ganz ausnahmsweise kann daher eine solche Gnadenentscheidung aus Gründen geboten sein, die sich im Rahmen der §§ 57, 57a StGB nicht berücksichtigen lassen, oder wenn neue, eine Aussetzung des Strafrestes im Gnadenwege rechtfertigende besondere Umstände vorliegen.

§ 454a Beginn der Bewährungszeit; Aufhebung der Aussetzung des Strafrestes

(1) Beschließt das Gericht die Aussetzung der Vollstreckung des Restes einer Freiheitsstrafe mindestens drei Monate vor dem Zeitpunkt der Entlassung, so verlängert sich die Bewährungszeit um die Zeit von der Rechtskraft der Aussetzungsentscheidung bis zur Entlassung.

(2) ¹Das Gericht kann die Aussetzung der Vollstreckung des Restes einer Freiheitsstrafe bis zur Entlassung des Verurteilten wieder aufheben, wenn die Aussetzung aufgrund neu eingetretener oder bekanntgewordener Tatsachen unter Berücksichtigung des Sicherheitsinteresses der Allgemeinheit nicht mehr verantwortet werden kann; § 454 Abs. 1 Satz 1 und 2 sowie Abs. 3 Satz 1 gilt entsprechend. ²§ 57 Abs. 5 des Strafgesetzbuches bleibt unberührt.

Übersicht

		Rn.			Rn.
A.	Zweck der Vorschrift	1	II.	Voraussetzungen der Aufhebung	8
B.	Verlängerung der Bewährungszeit nach Abs. 1	2	1.	Rechtskräftige Aussetzungsentscheidung	8
I.	Aussetzungsbeschluss	2	2.	Neue Tatsachen	9
1.	Zeitpunkt der Entscheidung	2		a) Neu eingetretene Tatsachen	10
2.	Beginn der Bewährungszeit	5		b) Neu bekannt gewordene Tatsachen	13
C.	Aufhebung der Aussetzungsentscheidung nach Abs. 2	7	3.	Nichtverantwortbarkeit der Aussetzung	15
			III.	Verfahren, Abs. 2 Hs. 2	18
I.	Anwendungsbereich	7	IV.	Inhalt der Entscheidung	20
			V.	Rechtsbehelfe	22

A. Zweck der Vorschrift

1 Je früher der Aussetzungszeitpunkt bekannt ist, desto besser und sinnvoller sind der sozialen Wiedereingliederung dienende Entlassungsvorbereitungen möglich.[1] Der Vollzugsanstalt muss die Zeit zur Verfügung stehen, bspw. Vollzugslockerungen zu gewähren und durchzuführen.[2] § 454a soll daher die rechtzeitige **Vorbereitung der Entlassung fördern**,[3] damit die Vollzugsbehörde die erforderlichen Entlassungsvorbereitungen treffen kann.[4] Zu diesem

---

[232] Appl in KK-StPO Rn. 41.
[233] Graalmann-Scheerer in Löwe/Rosenberg Rn. 102.
[1] Vgl. OLG Düsseldorf 6.3.1987 – 3 Ws 37/87, MDR 1987, 1046; Schmitt in Meyer-Goßner/Schmitt Rn. 1; Paeffgen/Greco in SK-StPO Rn. 2; Pfeiffer Rn. 1; siehe auch BT-Drs. 10/2720, 6.
[2] OLG Celle 25.3.1994 – 2 Ws 8/94, StV 1995, 90; Graalmann-Scheerer in Löwe/Rosenberg Rn. 1.
[3] BVerfG 20.2.2001 – 2 BvR 1261/00, NJW 2001, 2247.
[4] Allerdings sind die Vollstreckungskammern mangels rechtlicher Grundlage nicht berechtigt, den Justizvollzugsbehörden im Rahmen des Aussetzungsverfahrens nach §§ 454 ff. bindende Weisungen hinsichtlich der Gewährung vollzugsöffnender Maßnahmen zu erteilen; OLG Frankfurt a. M. 6.6.2013 – 3 Ws 343/13, BeckRS 2014, 503.

Zweck schreibt Abs. 1 vor, dass sich bei einer gerichtlichen Aussetzungsentscheidung, die mindestens drei Monate vor dem Zeitpunkt der Entlassung getroffen wird, die Bewährungszeit um die Zeit von der Rechtskraft der Aussetzungsentscheidung bis zur Entlassung verlängert.

B. Verlängerung der Bewährungszeit nach Abs. 1

I. Aussetzungsbeschluss

1. Zeitpunkt der Entscheidung. Abs. 1 setzt voraus, dass das Gericht einen Beschluss 2 über die Aussetzung des Strafrestes zur Bewährung trifft. Die Norm legt für diese Entscheidung keinen genauen Zeitpunkt fest.[5] Trifft das Gericht die Aussetzungsentscheidung erst kurz vor der darauf folgenden Entlassung, so hat dies den Vorteil, dass sich prognoserelevantes Verhalten des Verurteilten bis zuletzt berücksichtigen lässt. Je früher die Entscheidung getroffen wird desto länger ist der Zeitraum, der für die Prognose nicht verwertet werden kann, obwohl gerade das Verhalten während dieser Phase bei fortschreitender Vollzugsdauer und in den letzten Monaten vor dem Entlassungszeitpunkt häufig einen besonders guten Aufschluss über den Erfolg der Strafverbüßung geben kann.[6]

Die StPO legt den Zeitpunkt, zu dem das Vollstreckungsgericht die Aussetzungsent- 3 scheidung zu treffen hat, nicht fest. Vielmehr hielt der Gesetzgeber eine flexible Regelung für erforderlich, so dass maßgeblich stets die Umstände des jeweiligen Einzelfalls sind.[7] Dem Grundgedanken des Abs. 1 entspricht es aber grds. auch, einen vor der drei-Monats-Grenze liegenden Zeitpunkt für die Entscheidung zuzulassen, sofern dies im Einzelfall sinnvoll erscheint.[8] Ein langer Freiheitsentzug kann für einen frühen Entscheidungszeitpunkt sprechen, da mit zunehmender Vollzugsdauer zugleich die Wiedereingliederung des Inhaftierten schwieriger und somit die Entlassungsvorbereitung aufwändiger wird.[9] Eine möglichst frühzeitige Entscheidung über die Strafrestaussetzung kann insbesondere dann sinnvoll sein, wenn noch keine entlassungsvorbereitenden Vollzugslockerungen gewährt wurden.[10] Steht der Entlassungszeitpunkt aber fest, so ist die Vollzugsanstalt gehalten, den Verurteilten durch entsprechende Vollzugslockerungen darauf vorzubereiten.

Die Aussetzungsentscheidung lässt sich erst treffen, wenn die im Rahmen von § 454 4 Abs. 1 erforderlichen **Stellungnahmen** vorliegen (→ § 454 Rn. 12 ff.). Dem Grundgedanken des Abs. 1 entspricht es deswegen, wenn sich insbesondere die Justizvollzugsanstalt, die zum prognoserelevanten Verhalten des Inhaftierten im Vollzug am besten Stellung nehmen kann, **möglichst frühzeitig äußert.** Dies lässt sich über entsprechende Richtlinien sicherstellen.[11] Dabei wird man bei kurzen Freiheitsstrafen für die Dauer der Entlassungsvorbereitung drei Monate, bei längerer Freiheitsstrafe bis zu sechs Monate einzukalkulieren haben.[12]

---

[5] BVerfG 30.4.2009 – 2 BvR 2009/08, NJW 2009, 1941 (1945); KG 18.5.2006 – 1 AR 468 – 469/06 – 5 Ws 249 – 250/06, 1 AR 468 – 469/06, 1 AR 468/06, 1 AR 469/06, 5 Ws 249 – 250/06, 5 Ws 249/06, 5 Ws 250/06, NStZ-RR 2006, 354; OLG Frankfurt a. M. 24.1.2000 – 3 Ws 1123-1124/99, 3 Ws 1123/99, 3 Ws 1124/99, NStZ-RR 2001, 311; Bringewat Rn. 1.
[6] Näher dazu Maatz StV 1989, 39 (42); siehe auch Schmitt in Meyer-Goßner/Schmitt Rn. 1; Bringewat Rn. 3 („kontrollierte Vorbewährung").
[7] BVerfG 30.4.2009 – 2 BvR 2009/08, NJW 2009, 1941 (1945).
[8] OLG Düsseldorf 6.3.1987 – 3 Ws 37/87, MDR 1987, 1046; OLG Zweibrücken 15.10.1990 – 1 Ws 429/90, NStZ 1991, 207 geht von bis zu 9 Monaten vor dem Zweidrittelzeitpunkt aus; Bringewat Rn. 2.
[9] OLG Zweibrücken 11.9.1991 – 1 Ws 297/91, StV 1992, 26; Graalmann-Scheerer in Löwe/Rosenberg Rn. 2.
[10] OLG Celle 25.3.1994 – 2 Ws 8/94, StV 1995, 90.
[11] Vgl. Graalmann-Scheerer in Löwe/Rosenberg Rn. 3.
[12] OLG Düsseldorf 6.1.1993 – 3 Ws 713 – 714/92, 3 Ws 713/92, 3 Ws 714/92, NStZ 1993, 406; LG Traunstein 25.9.1995 – 1 StVK 1181/95, NStZ-RR 1996, 94 geht in einfachen Fällen von bis zu drei Monaten, in schwierigen Fällen von bis zu sechs Monaten vor der Entlassung aus dem Justizvollzug aus.

§ 454a 5–7

5   **2. Beginn der Bewährungszeit.** Grds. beginnt die Bewährungszeit mit dem Eintritt der **Rechtskraft des Aussetzungsbeschlusses,** §§ 57 Abs. 3 S. 1, 57a Abs. 3 S. 2 iVm § 56a Abs. 2 S. 1 StGB.[13] Trifft das Gericht die Aussetzungsentscheidung und wird der Verurteilte nicht sogleich im Anschluss aus der Haft entlassen, so liefe gleichwohl die Bewährungszeit ab dem Rechtskräftigwerden der gerichtlichen Entscheidung; der Beginn der Bewährungsfrist fiele mithin auf einen Zeitpunkt, zu dem der Verurteilte sich noch in Haft befindet. Abs. 1 modifiziert deswegen die Regelung der §§ 57 Abs. 3 S. 1, 57a Abs. 3 S. 2 iVm § 56a Abs. 2 S. 1 StGB, wenn die Aussetzungsentscheidung mindestens drei Monate (dh drei Monate oder noch früher[14]) vor dem Zeitpunkt der Entlassung getroffen wird. In diesem Fall wird die Zeit zwischen der Entscheidung und der Entlassung **auf die Bewährungszeit angerechnet,** so dass sich diese im Ergebnis um eben jenen Zeitraum zwischen Entscheidung und Entlassung verlängert. Maßgeblich für die drei-Monats-Grenze ist – trotz des Wortlauts („beschließt") – der **Eintritt der Rechtskraft des Beschlusses,** nicht der Zeitpunkt der Beschlussfassung.[15]

6   Abs. 1 modifiziert jedoch nicht den Zeitpunkt, zu dem die Bewährungsfrist beginnt.[16] Dies ist sachgerecht, weil auch Fehlverhalten während der Phase der Entlassungsvorbereitung bspw. anlässlich von Vollzugslockerungen einen Widerruf der Strafrestaussetzung erforderlich machen kann, § 56f Abs. 1 Nr. 1 StGB.[17] Zudem kann es sinnvoll sein, den Verurteilten im Rahmen einer entlassungsvorbereitenden Vollzugslockerung einem Bewährungshelfer zur Seite zu stellen. Dies ist jedoch nur möglich, sofern bereits die Bewährungsfrist läuft.[18]

C. Aufhebung der Aussetzungsentscheidung nach Abs. 2

I. Anwendungsbereich

7   Nach Abs. 2 Hs. 1 kann das Gericht die Aussetzung der Vollstreckung des Restes einer Freiheitsstrafe bis zur Entlassung des Verurteilten wieder aufheben, wenn die Aussetzung aufgrund neu eingetretener oder bekanntgewordener Tatsachen unter Berücksichtigung des Sicherheitsinteresses der Allgemeinheit nicht mehr zu verantworten ist.[19] Dem Wortlaut nach kommt eine Aufhebung sowohl in Fällen in Betracht, in denen entsprechende Tatsachen erst nachträglich eintreten, als auch in Konstellationen, in denen solche Tatsachen zwar bereits zum Zeitpunkt der Entscheidung vorlagen, jedoch erst später zur Kenntnis des Gerichts gelangt sind.[20]

---

[13] BVerfG 30.4.2009 – 2 BvR 2009/08, NJW 2009, 1941 (1945); Fischer StGB § 56a Rn. 2; Hubrach in LK-StGB StGB § 56a Rn. 3; Schmitt in Meyer-Goßner/Schmitt Rn. 2; Pfeiffer Rn. 2; aA Appl in KK-StPO Rn. 4 (ab dem im Beschluss genannten Tag). Zum Aussetzungsbeschluss allgemein siehe Röttle/Wagner/Theurer Strafvollstreckung Kap. 13 Rn. 122a.
[14] OLG Koblenz 6.1.1994 – 2 Ws 761/93, Rpfleger 1994, 381.
[15] OLG Frankfurt a. M. 25.7.2013 – 3 Ws 683/13, NStZ-RR 2013, 293; Schmitt in Meyer-Goßner/Schmitt Rn. 2; aA Paeffgen/Greco in SK-StPO Rn. 5; ähnlich Appl in KK-StPO Rn. 4 sowie Kirchhof in Krekeler/Löffelmann/Sommer Rn. 2 die den im Rubrum des Beschlusses genannten Tag für maßgeblich erachten.
[16] Graalmann-Scheerer in Löwe/Rosenberg Rn. 5; aA Appl in KK-StPO Rn. 4 hält den Tag der Beschlussfassung für maßgeblich, legt für die Frist der Verlängerung aber die Zeit zwischen Eintritt der Rechtskraft und dem Entlassungstag zugrunde. Nach OLG Karlsruhe 17.3.2021 – L 1 Ws 198/20, NStZ-RR 2021, 191 kann das Gericht wegen des bestehenden Prognosedefizits entsprechend der Vorschrift des § 454a Abs. 1 StPO die Aussetzung des Strafrestes zur Bewährung unter Bestimmung eines künftigen Entlasszeitpunktes anordnen, wenn eine ausreichend günstige Legalprognose allein wegen zu Unrecht versagter vollzugsöffnender Maßnahmen nicht getroffen werden kann. Ähnlich OLG Dresden 27.1.2020 – 4 St 1/16, BeckRS 2020, 2469.
[17] Bringewat Rn. 5; Appl in KK-StPO Rn. 3; Schmitt in Meyer-Goßner/Schmitt Rn. 2; Pfeiffer Rn. 2.
[18] BT-Drs. 10/2720, 15; Graalmann-Scheerer in Löwe/Rosenberg Rn. 5.
[19] Die Aufhebungsentscheidung stellt eine Entscheidng iSv § 13 Abs. 1 StVollStrO dar; Wolf in Pohlmann/Jabel/Wolf StVollstrO § 13 Rn. 2.
[20] Vgl. zu Abs. 2 idF vor dem 1.1.2000 Graalmann-Scheerer in Löwe/Rosenberg Rn. 7; s. zur Problematik mit der aF auch OLG Schleswig 15.2.1988 – 2 Ws 63/88, NStZ 1988, 243; OLG Karlsruhe 3.10.1989 – 2 Ws 199/89, Justiz 1989, 31; OLG Stuttgart 22.6.1989 – 3 Ws 150/89, MDR 1989, 1016; aA LG Köln

II. Voraussetzungen der Aufhebung

1. Rechtskräftige Aussetzungsentscheidung. Eine Aufhebung nach Abs. 2 S. 1 **8** erfordert eine rechtskräftige Aussetzungsentscheidung.[21] Darüber hinaus bedarf es weder eines Antrags durch die Staatsanwaltschaft noch einer besonderen Anzeige des Fehlverhaltens, das Anlass für die Aufhebung ist. Die Staatsanwaltschaft kann jedoch die Aufhebung anregen bzw. beantragen, wenn sie die Voraussetzungen für gegeben hält.[22]

2. Neue Tatsachen. Abs. 2 Hs. 1 unterscheidet – ähnlich wie § 88 Abs. 3 S. 2 JGG – **9** zwischen neu eingetretenen und neu bekannt gewordenen Tatsachen.

a) Neu eingetretene Tatsachen. Neu eingetreten sind Tatsachen, die erst **nach der** **10** **Aussetzungsentscheidung**, aber vor der Entlassung des Verurteilten, **entstanden** sind. Ihr Vorliegen zum Zeitpunkt der Entscheidung hätte eine Versagung der Strafrestaussetzung zur Folge gehabt.[23] Der **Tatsachenbegriff** ist identisch mit dem aus anderen Bereichen des Strafrechts bekannten Terminus. Als Tatsachen gelten mithin Zustände oder Ereignisse der Vergangenheit oder Gegenwart, die dem Beweis zugänglich sind.[24] Damit fallen bloße Vermutungen oder Deduktionen ebenso aus der Definition heraus, wie Werturteile oder Vorhersagen.

Neue Tatsachen können bspw. im Zusammenhang mit dem Missbrauch von aus Anlass **11** der Entlassungsvorbereitung gewährten Vollzugslockerungen auftreten, etwa wenn der Verurteilte nach einem Ausgang nicht in die Anstalt zurückkehrt oder entgegen einer entsprechenden Weisung Alkohol oder Betäubungsmittel konsumiert. Problematisch ist, inwieweit der Verurteilte die neu eingetretenen Tatsachen zu vertreten haben muss. Hieran kann es fehlen etwa bei einem betriebsbedingten Arbeitsplatzverlust oder familiären Schwierigkeiten.[25] Da aber Abs. 2 Hs. 1 nicht auf ein Verschulden oder auch nur die Zurechenbarkeit der neuen Tatsachen abstellt, sondern lediglich das Sicherheitsinteresse der Allgemeinheit fokussiert, kommen grds. auch solche Tatsachen in Betracht, die der Verurteilte **nicht zu vertreten** hat.[26] **Unbillige Härten** werden sich hier im Rahmen der Ermessensausübung durch das Gericht vermeiden lassen.

In Fällen neu eingetretener Tatsachen kann **vorrangig der Widerruf der Strafrest-** **12** **aussetzung** nach §§ 57 Abs. 5, 56f Abs. 1 S. 1 Nr. 1, S. 2 StGB zu prüfen sein, vgl. Abs. 2 S. 2.[27] Zwar kann grds. jede Art von Fehlverhalten als neu eingetretene Tatsache nach Erlass der Aussetzungsentscheidung deren Aufhebung nach Abs. 2 rechtfertigen, sofern unter Berücksichtigung des Sicherheitsinteresses der Allgemeinheit die Strafrestaussetzung nicht mehr verantwortet werden kann. Handelt es sich bei der neu eingetretenen Tatsache aber um eine Straftat, die auch den Widerruf der Bewährung nach §§ 57 Abs. 5, 56f Abs. 1 S. 1 Nr. 1, S. 2 StGB rechtfertigt, so hat dieser Widerruf Vorrang vor der Aufhebung der Strafrestaussetzung nach Abs. 2 S. 1, da es sich bei den Widerrufsvorschriften um die ihren Voraussetzungen nach enger gefasste Regelung handelt.[28] Denn für die Aufhebung des

---

4.9.1986 – 104 Qs 191/86, StV 1986, 542; Appl in KK-StPO Rn. 5; Schmitt in Meyer-Goßner/Schmitt Rn. 4; Greger JR 1986, 353 (357); Maatz StV 1989, 39.

[21] OLG Saarbrücken 19.11.1990 – 1 Ws 372/90, 1 Ws 373/90, NStE Nr. 4 zu § 454a. Siehe auch OLG Bamberg 20.1.2021 – 1 WS 32/21, BeckRS 2021, 1054 (Aufhebungsverfahren nach § 454a Abs. 2 StPO ist bis zur Rechtskraft der Entscheidung nach § 57 StGB über die Aussetzung der Vollstreckung des Strafrests zur Bewährung gegenüber der Möglichkeit der sofortigen Beschwerde nach § 454 Abs. 3 S. 1 StPO subsidiär).

[22] Graalmann-Scheerer in Löwe/Rosenberg Rn. 15.

[23] Graalmann-Scheerer in Löwe/Rosenberg Rn. 8; Schmitt in Meyer-Goßner/Schmitt Rn. 4; Appl in KK-StPO Rn. 5.

[24] Graalmann-Scheerer in Löwe/Rosenberg Rn. 9; Paeffgen/Greco in SK-StPO Rn. 7.

[25] Graalmann-Scheerer in Löwe/Rosenberg Rn. 9.

[26] AA Paeffgen/Greco in SK-StPO Rn. 7.

[27] Zum Widerruf der Strafaussetzung siehe Röttle/Wagner/Theurer Strafvollstreckung Rn. 976 ff.

[28] LG Kleve 12.2.2014 – 181 StVK 31/12, BeckRS 2014, 08600; Appl in KK-StPO Rn. 7; Graalmann-Scheerer in Löwe/Rosenberg Rn. 10; Schmitt in Meyer-Goßner/Schmitt Rn. 4; Paeffgen/Greco in SK-StPO Rn. 6; Pfeiffer Rn. 3.

Aussetzungsbeschlusses genügt es, wenn Tatsachen Anlass zu der Befürchtung geben, dass der Verurteilte erneut eine Straftat begeht.²⁹ Demgegenüber verlangen §§ 57 Abs. 5, 56f Abs. 1 S. 1 Nr. 1, S. 2 StGB jedenfalls einen höheren Nachweis- bzw. Verdachtsgrad im Hinblick auf die vom Verurteilten begangene Straftat.³⁰ Zudem erfolgt der Widerruf der Strafrestaussetzung zwingend, während die Aufhebungsvorschrift des Abs. 2 dem Gericht ein **Ermessen** einräumt.

13   **b) Neu bekannt gewordene Tatsachen.** Als neu bekannt geworden gelten Tatsachen, die schon zum Zeitpunkt der Entscheidung vorlagen, dem Gericht aber erst **nachträglich zur Kenntnis** gelangt sind.³¹ Es kann sich um bislang nicht aufgedeckte Straftaten handeln.

14   Ein vorrangiger Widerruf nach §§ 57 Abs. 5, 56f Abs. 1 S. 1 Nr. 1, S. 2 StGB kommt bei neu bekannt gewordenen Tatsachen nicht in Betracht. Selbst wenn der Verurteilte eine Straftat begangen hat, die grds. den Widerruf rechtfertigen könnte, wurde sie vom Verurteilten nicht in der für den Widerruf maßgeblichen Bewährungszeit bzw. dem in § 56f Abs. 1 S. 2 StGB benannten Zeitraum zwischen der Entscheidung über die Strafaussetzung und deren Rechtskraft begangen.

15   **3. Nichtverantwortbarkeit der Aussetzung.** Aufgrund der neu eingetretenen oder bekannt gewordenen Tatsachen darf unter Berücksichtigung des **Sicherheitsinteresses der Allgemeinheit** die Aussetzung nicht mehr verantwortbar sein. Zwar bleibt bei jeder auf Basis einer Prognose getroffenen Aussetzungsentscheidung ein **Restrisiko.** Die neuen Tatsachen müssen aber derart gewichtig sein, dass das noch verbleibende Risiko nicht mehr verantwortet werden kann.³² Ein Fehlverhalten das lediglich Bagatellcharakter hat, rechtfertigt daher nicht ohne Weiteres eine Aufhebung.³³

16   Auch ein Widerruf der Bewährung setzt gem. § 57 Abs. 1 Nr. 2 StGB voraus, dass die Aussetzung der Freiheitsstrafe zur Bewährung unter Berücksichtigung des Sicherheitsinteresses der Allgemeinheit nicht verantwortet werden kann. Somit verlangt auch der Bewährungswiderruf eine **Abwägung** zwischen dem Resozialisierungsinteresse des Verurteilten und dem Sicherheitsinteresse der Allgemeinheit. Die im Rahmen dieser Abwägung geltenden Grundsätze können auch für die Ermessensausübung bei der Entscheidung nach Abs. 2 S. 1 herangezogen werden.³⁴

17   Dem Gericht steht bei seiner Entscheidung zwar grds. ein **Ermessensspielraum** zu. Dieser kann sich jedoch **auf Null reduzieren,** wenn dem Fehlverhalten ein entsprechendes Gewicht zukommt. Gesteigerte Anforderungen sind jedenfalls an die Begründung der Aufhebungsentscheidung zu stellen, wenn das Gericht von seinem Ermessen in der Weise Gebrauch macht, dass es entgegen einem Antrag der Staatsanwaltschaft trotz Vor-

---

²⁹ OLG Jena 13.2.2006 – 1 Ws 44/06, NStZ-RR 2007, 283; s. auch BVerfG 21.4.1993 – 2 BvR 1706/92, NJW 1994, 377, das hier mit der hM keinen Verstoß gegen die Unschuldsvermutung durch eine ungünstige Sozialprognose wegen Verdachts einer strafbaren Handlung während der Strafvollstreckung erkennt; aA Paeffgen/Greco in SK-StPO Rn. 6. Die Unschuldsvermutung gilt bei Prognoseentscheidungen demnach nicht, vgl. OLG Hamm 13.12.2004 – 3 Ws 314/04, NStZ-RR 2005, 154; OLG Frankfurt a. M. 20.5.2005 – 3 Ws 343/05, NStZ-RR 2005, 248; Appl in KK-StPO Rn. 5; Schmitt in Meyer-Goßner/Schmitt Rn. 4; dazu auch EGMR 3.10.2002 – 37568/97, NJW 2004, 43; BVerfG 9.12.2004 – 2 BvR 2314/04, NJW 2005, 817.
³⁰ OLG Bamberg 18.12.1990 – Ws 600/90, StV 1991, 174 bejaht die str. Frage, ob die rechtskräftige Aburteilung der neuen Tat erforderlich ist; s. auch OLG Celle 1.8.1990 – 1 Ws 203/90, StV 1990, 504; OLG Jena 23.7.2003 – 1 Ws 250/03, StV 2003, 575; OLG Koblenz 9.1.1991 – 1 Ws 609/90, StV 1991, 172; OLG Schleswig 22.1.1991 – 1 Ws 2/91, StV 1991, 173; LG Potsdam 13.2.2009 – 24 Qs 248/08, StV 2009, 369; aA Fischer StGB § 56f Rn. 4.
³¹ BT-Drs. 13/9062, 15; Graalmann-Scheerer in Löwe/Rosenberg Rn. 10; Schmitt in Meyer-Goßner/Schmitt Rn. 4.
³² Vgl. BVerfG 22.3.1998 – 2 BvR 77/97, NJW 1998, 2202; KG 11.12.1998 – 1 AR 1426/98 – 5 Ws 672/98, 1 AR 1426/98, 5 Ws 672/98, NJW 1999, 1797.
³³ Graalmann-Scheerer in Löwe/Rosenberg Rn. 12.
³⁴ Vgl. dazu Fischer StGB § 57 Rn. 12 ff.

liegens der formellen Voraussetzungen eine Aufhebung der Aussetzungsentscheidung ablehnt.[35]

III. Verfahren, Abs. 2 Hs. 2

Die Aufhebungsentscheidung trifft das nach § 462a zuständige Gericht (→ § 462a Rn. 6). Es entscheidet über die Aufhebung der Strafrestaussetzung **ohne mündliche Verhandlung durch Beschluss.**[36]

Eine Regelung über das Verfahren enthält Abs. 2 Hs. 2, der die entsprechende Geltung von § 454 Abs. 1 S. 1 und 2 sowie Abs. 3 S. 1 anordnet. Gem. Abs. 2 S. 1 Hs. 2, § 454 Abs. 1 S. 2 hat das Gericht **Staatsanwaltschaft, Verurteilten und Vollzugsanstalt anzuhören,** was idR **schriftlich** geschieht. Da Abs. 2 S. 1 Hs. 2 nicht auf § 454 Abs. 1 S. 3 verweist, ist hierbei nicht obligatorisch, dass die Anhörung des Verurteilten mündlich erfolgt. Gleichwohl kann im Einzelfall eine mündliche Anhörung sowohl des Verurteilten als auch der Vollzugsanstalt sinnvoll sein.[37] Dies ist zulässig, wobei dann entsprechend dem Grundsatz der Aktenvollständigkeit und zur besseren Überprüfbarkeit der darauf folgenden Entscheidung (→ Rn. 8) Protokolle anzufertigen und die Beteiligten über die wesentlichen Inhalte der Anhörung zu informieren sind.[38] Die Staatsanwaltschaft sollte im Rahmen der schriftlichen Anhörung zu der von dem Gericht erwogenen Aufhebung der Aussetzungsentscheidung Stellung nehmen und detailliert begründen, ob sie die Aufhebungsvoraussetzungen für gegeben hält. Dies gilt insbesondere, wenn sie eine Aufhebung beantragt hat (→ Rn. 8).

IV. Inhalt der Entscheidung

Die gerichtliche Entscheidung beinhaltet die **Aufhebung der Strafrestaussetzung.**[39] Die Vollstreckung der Freiheitsstrafe ist dann fortzusetzen, ohne dass es einer weiteren diesbezüglichen Anordnung bedarf. Erlässt das Gericht eine Aufhebungsentscheidung nach Abs. 2 S. 1, muss es erneut über die Strafrestaussetzung entscheiden, wenn deren Voraussetzungen wieder vorliegen.[40] Das Gericht darf eine Sperrfrist nach § 57 Abs. 7 StGB nicht bereits im Aufhebungsbeschluss festsetzen, da sich die Wirkung der Aufhebung auf die Wiederherstellung des Zustands vor der Aussetzungsentscheidung beschränkt.[41]

Möglich ist die Aufhebung der Aussetzungsentscheidung nach Abs. 2 S. 1 allerdings nur bis zur Entlassung des Verurteilten aus der Haft.[42] Deswegen kann ein **Aufschub der Entlassung** angeordnet werden, wenn das Gericht erst kurz vor diesem Zeitpunkt von neuen Tatsachen Kenntnis erlangt bzw. solche eintreten und eine Klärung der Sachlage nicht rechtzeitig herbeigeführt werden kann (vgl. § 307 Abs. 2). Hierzu reicht es auch aus, wenn lediglich unklar ist, ob nicht ein gegenüber der Aufhebung vorrangiger Widerruf der Bewährung (dazu → Rn. 12 ff.) in Betracht kommt.[43]

---

[35] Graalmann-Scheerer in Löwe/Rosenberg Rn. 13.
[36] Schmitt in Meyer-Goßner/Schmitt Rn. 5; Paeffgen/Greco in SK-StPO Rn. 9.
[37] So auch Appl in KK-StPO Rn. 6; Graalmann-Scheerer in Löwe/Rosenberg Rn. 14; Schmitt in Meyer-Goßner/Schmitt Rn. 5 (Anhörung des Verurteilten zwar nicht vorgeschrieben, aber auch nicht unzulässig); Paeffgen/Greco in SK-StPO Rn. 9; aA Pfeiffer Rn. 4, der eine mündliche Anhörung des Verurteilten (allerdings mit Verweis auf Schmitt in Meyer-Goßner/Schmitt Rn. 5) für unzulässig hält.
[38] Graalmann-Scheerer in Löwe/Rosenberg Rn. 14.
[39] So die hM: Appl in KK-StPO Rn. 8; Stöckel in KMR-StPO Rn. 17; Pfeiffer Rn. 4; Paeffgen/Greco in SK-StPO Rn. 10. Eine (konstitutive) weitere Entscheidung in Bezug auf die Aussetzung ist daher nicht geboten.
[40] Graalmann-Scheerer in Löwe/Rosenberg Rn. 15; Paeffgen/Greco in SK-StPO Rn. 10.
[41] Ebenso Appl in KK-StPO Rn. 8; Schmitt in Meyer-Goßner/Schmitt Rn. 5.
[42] Zum Begriff der Entlassung BVerfG 20.2.2001 – 2 BvR 1261/00, NJW 2001, 2247; demgegenüber OLG Dresden 28.6.2000 – 2 Ws 344/00, NStZ 2000, 614; OLG Hamm 11.9.1995 – 2 Ws 442/95, 2 Ws 443/95, NStZ-RR 1996, 30.
[43] OLG Hamburg 28.8.1998 – 2 Ws 222/98, NStZ 1999, 55.

V. Rechtsbehelfe

22   Abs. 2 S. 1 Hs. 2 schreibt die analoge Geltung von § 454 Abs. 3 S. 1 vor. Der Verurteilte kann demnach den Aufhebungsbeschluss mit der **sofortigen Beschwerde** angreifen; die Staatsanwaltschaft kann gegen die Ablehnung einer beantragten Aufhebungsentscheidung ebenfalls sofortige Beschwerde einlegen.[44]

23   Die sofortige Beschwerde hat **keine aufschiebende Wirkung.** Dies ergibt sich auch daraus, dass die Verweisung in Abs. 2 S. 1 Hs. 2 lediglich § 454 Abs. 3 S. 1 erfasst, nicht aber dessen S. 2, der zumindest für einen von der Staatsanwaltschaft eingelegten Rechtsbehelf aufschiebende Wirkung vorschreibt.[45] Es gelten demnach § 311 Abs. 1 sowie §§ 307, 308 Abs. 2 und § 309 Abs. 2 entsprechend. Die Vollziehbarkeit der angefochtenen Entscheidung wird somit nach § 307 Abs. 1 nicht gehemmt. Legt der Verurteilte gegen die Aufhebung des Strafrestaussetzungsbeschlusses sofortige Beschwerde ein, muss er somit dennoch zunächst in Haft verbleiben. Legt umgekehrt die Staatsanwaltschaft sofortige Beschwerde gegen die Zurückweisung eines Antrags auf Aufhebung des Aussetzungsbeschlusses ein, müsste der Verurteilte gleichwohl entlassen werden. Es wird sich daher anbieten, zugleich mit Einlegung der sofortigen Beschwerde einen Antrag nach § 307 Abs. 2 auf **Aussetzung der Vollziehung** der angefochtenen Entscheidung bei Gericht zu stellen.[46]

§ 454b Vollstreckungsreihenfolge bei Freiheits- und Ersatzfreiheitsstrafen; Unterbrechung

(1) Freiheitsstrafen und Ersatzfreiheitsstrafen sollen unmittelbar nacheinander vollstreckt werden.

(2) ¹Sind mehrere Freiheitsstrafen oder Freiheitsstrafen und Ersatzfreiheitsstrafen nacheinander zu vollstrecken, so unterbricht die Vollstreckungsbehörde die Vollstreckung der zunächst zu vollstreckenden Freiheitsstrafe, wenn
1. unter den Voraussetzungen des § 57 Abs. 2 Nr. 1 des Strafgesetzbuches die Hälfte, mindestens jedoch sechs Monate,
2. im übrigen bei zeitiger Freiheitsstrafe zwei Drittel, mindestens jedoch zwei Monate, oder
3. bei lebenslanger Freiheitsstrafe fünfzehn Jahre

der Strafe verbüßt sind. ²Dies gilt nicht für Strafreste, die auf Grund Widerrufs ihrer Aussetzung vollstreckt werden. ³Treten die Voraussetzungen für eine Unterbrechung der zunächst zu vollstreckenden Freiheitsstrafe bereits vor Vollstreckbarkeit der später zu vollstreckenden Freiheitsstrafe ein, erfolgt die Unterbrechung rückwirkend auf den Zeitpunkt des Eintritts der Vollstreckbarkeit.

(3) Auf Antrag des Verurteilten kann die Vollstreckungsbehörde von der Unterbrechung der Vollstreckung von Freiheitsstrafen in den Fällen des Absatzes 2 Satz 1 Nummer 1 oder Nummer 2 absehen, wenn zu erwarten ist, dass nach deren vollständiger Verbüßung die Voraussetzungen einer Zurückstellung der Strafvollstreckung nach § 35 des Betäubungsmittelgesetzes für eine weitere zu vollstreckende Freiheitsstrafe erfüllt sein werden.

(4) Hat die Vollstreckungsbehörde die Vollstreckung nach Absatz 2 unterbrochen, so trifft das Gericht die Entscheidungen nach den §§ 57 und 57a des Strafgesetzbuches erst, wenn über die Aussetzung der Vollstreckung der Reste aller Strafen gleichzeitig entschieden werden kann.

---

[44] Schmitt in Meyer-Goßner/Schmitt Rn. 6.
[45] Graalmann-Scheerer in Löwe/Rosenberg Rn. 18; Paeffgen in SK-StPO Rn. 9.
[46] Graalmann-Scheerer in Löwe/Rosenberg Rn. 18.

Übersicht

		Rn.			Rn.
A.	**Vollstreckung mehrerer Freiheitsstrafen, Abs. 1**	1		c) Halbstrafenentscheidung	18
I.	Vollstreckungsreihenfolge	3	**II.**	**Vollstreckungsunterbrechung gem. Abs. 2**	20
1.	Zusammentreffen mehrerer Freiheitsstrafen, Abs. 1, § 43 Abs. 2 StVollstrO	3	1.	Anwendungsbereich	20
2.	Zusammentreffen von Freiheitsstrafe und Ersatzfreiheitsstrafe	7	2.	Termingerechte Unterbrechung	23
				a) Erstverbüßerregelung	26
3.	Zusammentreffen von Freiheitsstrafe und Jugendstrafe, § 89a Abs. 1 S. 1 JGG	8		b) Sonstige Unterbrechungen	29
			B.	**Absehen von der Unterbrechung, Abs. 3**	31
4.	Zusammentreffen von Freiheitsstrafe und freiheitsentziehenden Maßregeln der Besserung und Sicherung, §§ 44, 44a StVollstrO	11	**C.**	**Zeitpunkt der Aussetzungsentscheidung, Abs. 4**	32
	a) Vorwegvollzug der Maßregel	11	**I.**	Zuständigkeit	32
	b) Vorwegvollzug der Strafe bei Sicherungsverwahrung	16	**II.**	Inhalt der Entscheidung	34
			D.	**Rechtsbehelfe**	37

A. Vollstreckung mehrerer Freiheitsstrafen, Abs. 1

Freiheitsstrafen (aus denen keine Gesamtstrafe gebildet werden kann[1]) und Ersatzfreiheitsstrafen sollen gem. Abs. 1 StPO, § 43 Abs. 1 StVollstrO unmittelbar nacheinander vollstreckt werden.[2] Dem den Vorschriften zugrunde liegenden **Prinzip der nachhaltigen Vollstreckung** gemäß sind die Sanktionen regelmäßig in direktem zeitlichem Zusammenhang durchzuführen. Da Abs. 1 nur eingreift, wenn keine Gesamtstrafe gebildet werden kann, muss die Vollstreckungsbehörde eine nachträgliche Gesamtstrafenbildung vorrangig prüfen.[3] Dies erspart dem Verurteilten Nachteile, die bereits durch die Bildung einer Gesamtstrafe ausgeglichen worden wäre.

Hat die Vollstreckungsbehörde bei Verurteilungen in verschiedenen Verfahren die vorrangig zu beachtende Möglichkeit der Bildung einer nachträglichen Gesamtstrafe geprüft und verneint, kommt es zur **Anschlussvollstreckung.** Hierfür ist in § 43 Abs. 2–4 StVollstrO die Reihenfolge festgelegt. Den materiell-rechtlichen Bestimmungen über die Strafrestaussetzung zur Bewährung gem. §§ 57, 57a StGB wird durch Abs. 2 StPO und dem darin enthaltenen **Unterbrechungsgrundsatz** bei der Vollstreckung mehrerer Freiheitsstrafen Geltung verschafft (→ Rn. 20 ff.). Danach erfolgt nicht eine Vollverbüßung der jeweils zu vollstreckenden Strafe, sondern deren Unterbrechung. Das Gericht entscheidet dann einheitlich über die Frage einer Strafrestaussetzung zur Bewährung.

I. Vollstreckungsreihenfolge

1. Zusammentreffen mehrerer Freiheitsstrafen, Abs. 1, § 43 Abs. 2 StVollstrO. Abs. 1 bestimmt explizit nur die Reihenfolge der Vollstreckung bei Zusammentreffen von Freiheitsstrafe und Ersatzfreiheitsstrafe. Sie gilt nicht für das Zusammentreffen von Freiheitsstrafe und Untersuchungshaft, wobei hier die Vollstreckung der Freiheitsstrafe Vorrang hat.[4] Bei Zusammentreffen mehrerer Freiheitsstrafen sowie prinzipiell im Bezug auf den gesamten Vollstreckungsablauf gibt lediglich § 43 Abs. 2 StVollstrO als Reihenfolge vor, dass zuerst Freiheitsstrafen von nicht mehr als zwei Monaten, danach Strafreste nach Widerruf der

---

[1] Graalmann-Scheerer in Löwe/Rosenberg Rn. 6.
[2] Zur Rechtslage vor Inkrafttreten des § 454b eingehend Graalmann-Scheerer in Löwe/Rosenberg Rn. 1 ff.; Paeffgen/Greco in SK-StPO Rn. 2 ff.
[3] Vgl. Appl in KK-StPO Rn. 2; Bringewat Rn. 4; Wolf in Pohlmann/Jabel/Wolf/StVollstrO § 43 Rn. 2 ff.
[4] KG 1.11.2010 – 2 Ws 551/10, 2 Ws 551/10 – 1 AR 1432/10, NStZ-RR 2011, 189.

Aussetzung, kürzere vor längeren Freiheitsstrafen, gleich lange Freiheitsstrafen in der Reihenfolge des Eintritts der Rechtskraft, danach die lebenslange Freiheitsstrafe und schließlich die Ersatzfreiheitsstrafe vollstreckt werden.

4 Da die Mindestverbüßungszeit für eine Strafrestaussetzung zur Bewährung nach § 57 Abs. 1 S. 1 Nr. 1 StGB zwei Monate beträgt und **Kurzstrafen** bis zu zwei Monaten damit nicht aussetzungsfähig und auch nicht nach Abs. 2 StPO zu unterbrechen sind, genießen sie Priorität. Gemäß Abs. 2 S. 2 StPO gelten die Unterbrechungsregelungen dieser Norm nicht für **Strafreste,** die aufgrund eines Widerrufs ihrer Aussetzung vollstreckt werden. Da eine Unterbrechung bei den nach einem Aussetzungswiderruf nach § 57 Abs. 5, § 57a Abs. 3 S. 2 iVm § 56f StGB oder nach vorausgegangenem Gnadenerweis zu verbüßenden Strafresten ausscheidet,[5] kommt diesem Vorrang vor den die Dauer von zwei Monaten übersteigenden Freiheitsstrafen zu. **Ersatzfreiheitsstrafen** werden zuletzt vollstreckt, um dem Verurteilten weitere Zeit zu lassen, diese durch Zahlung der Geldstrafe abzuwenden (→ Rn. 7 ff.).[6]

5 Zwar ist die Reihenfolge des § 43 Abs. 2 StVollstrO während des Vollstreckungsablaufs stets zu beachten. Abweichend von Abs. 2 wird jedoch gem. Abs. 3 die einmal **begonnene Vollstreckung** einer Freiheitsstrafe bis zu der gem. § 454b gezogenen Unterbrechungsgrenze **fortgesetzt.** Kommt zB zu einer aktuell vollzogenen längeren Freiheitsstrafe eine kürzere hinzu, bleibt es zunächst bei der Vollstreckung der längeren. Eine Unterbrechung zur Herstellung der Reihenfolge gem. § 43 Abs. 2 StVollstrO (kürzere vor längerer Freiheitsstrafe) erfolgt zur Vermeidung von Beeinträchtigungen des vollzuglichen Behandlungsverlaufs nicht. Erst für zukünftig noch zu vollstreckende Sanktionen wird dann wieder die Reihenfolge von Abs. 2 maßgeblich. Die abweichende Regelung von Abs. 3 bezieht sich aber nicht auf die lebenslange Freiheitsstrafe. Hier wird zum Zweck einer möglichst tatnahen Vollstreckung[7] die Lebenszeitstrafe zugunsten der zeitigen unterbrochen.

6 Ein **Abweichen** von der sich aus § 43 Abs. 2 und 3 StVollstrO ergebenden Reihenfolge lässt Abs. 4 der Norm **aus wichtigen Gründen** zu. Die Vollstreckungsbehörde kann dadurch spezifischen Interessen des Verurteilten Rechnung tragen. So ist zB ein Abweichen zu erwägen, wenn in dem Verfahren mit der kürzeren Freiheitsstrafe ein aussichtsreicher Antrag auf Wiederaufnahme des Verfahrens gestellt wurde.[8]

7 **2. Zusammentreffen von Freiheitsstrafe und Ersatzfreiheitsstrafe.** Treffen Freiheitsstrafe und Ersatzfreiheitsstrafe zusammen, so gelten gem. § 50 Abs. 1 StVollstrO für die Vollstreckung §§ 22–47 StVollstrO einschließlich § 43 StVollstrO. Nach § 43 Abs. 2 Nr. 2 StVollstrO sind Ersatzfreiheitsstrafen nach Freiheitsstrafen zu vollstrecken (→ Rn. 3).[9]

7a Für den Fall, dass mehrere Ersatzfreiheitsstrafen auf einander treffen verweist § 43 Abs. 2 Nr. 2 Hs. 2 StVollstrO auf eine entsprechende Anwendung von Abs. 2 Nr. 1 S. 1 der Vorschrift. Demnach werden kürzere Ersatzfreiheitsstrafen vor den längeren vollstreckt, gleich lange Ersatzfreiheitsstrafen in der Reihenfolge, in der die Rechtskraft eingetreten ist.

8 **3. Zusammentreffen von Freiheitsstrafe und Jugendstrafe, § 89a Abs. 1 S. 1 JGG.** Treffen bei der Vollstreckung Jugendstrafe und Freiheitsstrafe zusammen,[10] gilt gem. § 89a Abs. 1 S. 1 JGG als Regelreihenfolge **Jugendstrafe vor Freiheitsstrafe.** Die Jugendstrafe ist somit keine Freiheitsstrafe iSd Abs. 1.[11] Für die Vollstreckung der Jugendstrafe bleibt der Jugendrichter als Vollstreckungsleiter zuständig, auch wenn im Anschluss eine

---

[5] Dazu Baier FS Paulus, 2009, 3 (10).
[6] Paeffgen/Greco in SK-StPO Rn. 10; Pfeiffer Rn. 3.
[7] Paeffgen/Greco in SK-StPO Rn. 10.
[8] Wolf in Pohlmann/Jabel/Wolf StVollstrO § 43 Rn. 26.
[9] Zur Rechtslage vor Inkrafttreten des § 43 Abs. 2 Nr. 2 StVollstrO zum 1.8.2011 Graalmann-Scheerer in Löwe/Rosenberg Rn. 10 ff.
[10] Dazu Kamann ZRP 2009, 13 (16 f.).
[11] OLG Düsseldorf 6.1.1987 – 3 Ws 686/86, GA 1987, 511; 20.2.1990 – 3 Ws 115/90, MDR 1990, 744; OLG Stuttgart 30.7.1987 – 4 Ws 170/87, NStZ 1987, 575; Appl in KK-StPO Rn. 3; Schmitt in Meyer-Goßner/Schmitt Rn. 1; Paeffgen/Greco in SK-StPO Rn. 6; Pfeiffer Rn. 1; Bringewat Rn. 5.

Freiheitsstrafe zu vollstrecken ist, §§ 84, 85, 89a JGG. In diesem Fall sind für die Vollstreckung der Strafen zunächst verschiedene Stellen zuständig: die Strafvollstreckungskammer für die Freiheitsstrafe und der Jugendrichter für die Jugendstrafe.[12] Bereits wegen dieser unterschiedlichen Zuständigkeitszuweisung kommt die Einordnung der Jugendstrafe als Freiheitsstrafe iSd Abs. 1 nicht in Betracht.[13]

9 Der Vollstreckungsleiter unterbricht die Vollstreckung der Jugendstrafe, wenn die Hälfte, mindestens aber sechs Monate verbüßt sind, § 89a Abs. 1 S. 2 JGG. Er kann jedoch die Vollstreckung schon zu einem früheren Zeitpunkt unterbrechen, wenn die Strafrestaussetzung in Betracht kommt (§ 89a Abs. 1 S. 3).[14] Bei der Jugendstrafe darf auch die Vollstreckung eines Strafrestes der aufgrund des Aussetzungswiderrufs vollstreckt wird, unterbrochen werden, wenn die Hälfte, mindestens aber sechs Monate des Strafrestes bereits verbüßt sind und eine erneute Strafaussetzung zur Bewährung denkbar ist (Abs. 1 S. 4).

10 Zu einem Abweichen von der Regelreihenfolge des § 89a Abs. 1 S. 1 JGG kann es beim Zusammentreffen einer sehr kurzen Freiheitsstrafe mit einer längeren Jugendstrafe kommen. Dann erscheint der Vorwegvollzug der kurzen Freiheitsstrafe sinnvoll, weil der im längeren Jugendstrafvollzug angestrebte Sozialisationseffekt durch eine anschließende Freiheitsstrafenverbüßung im Erwachsenenvollzug wieder beeinträchtigt werden könnte.[15] § 89a Abs. 2 S. 1 JGG normiert, dass unter den dort genannten Voraussetzungen bei einem Zusammentreffen von Jugendstrafe mit lebenslanger Freiheitsstrafe lediglich die Lebenszeitstrafe vollstreckt wird. Sinn dieser Regelung ist, dass angesichts der Mindestverbüßungszeit der lebenslangen Freiheitsstrafe von 15 Jahren (§ 57a Abs. 1 S. 1 Nr. 1 StGB) eine kaum noch erzieherisch wirkende Jugendstrafe vorweg durchgeführt werden sollte. Dagegen bleibt es bei der Regelreihenfolge von § 89a Abs. 1 S. 1 JGG, wenn beim Zusammentreffen von Lebenszeitstrafe und Jugendstrafe die besonderen Kriterien von Abs. 2 S. 1 nicht gegeben sind.

11 **4. Zusammentreffen von Freiheitsstrafe und freiheitsentziehenden Maßregeln der Besserung und Sicherung, §§ 44, 44a StVollstrO. a) Vorwegvollzug der Maßregel.** § 67 Abs. 1 StGB, § 44a Abs. 1 S. 1 StVollstrO ordnen für die Unterbringung in einem psychiatrischen Krankenhaus (§ 63 StGB) oder einer Entziehungsanstalt (§ 64 StGB) als Grundsatz den Vorwegvollzug der Maßregel vor der Freiheitsstrafe an, sofern beide Sanktionen **auf demselben Urteil** beruhen. Folgen sie aus verschiedenen Gerichtsentscheidungen, bestimmt allein § 44b StVollstrO die Vollstreckungsreihenfolge.

12 **Zweck** des Vorwegvollzugs der Maßregel ist es, den Verurteilten schon frühzeitig von seiner psychischen Störung oder seiner Abhängigkeit zu befreien, um so die Resozialisierung durch den anschließenden Vollzug der Freiheitsstrafe zu erleichtern.[16] Etwas anderes gilt nur, falls eine abweichende Reihenfolge die Erreichung des Maßregelzwecks fördert, § 67 Abs. 2 S. 1 StGB. Diese Anordnung steht nicht im Ermessen des Gerichts und erfolgt zwingend bei Vorliegen der Voraussetzungen – dh wenn die (teilweise) Umkehr der Vollstreckungsreihenfolge die Zweckerreichung begünstigt. Der Vorwegvollzug der Strafe bildet für den Verurteilten ein zusätzliches Strafübel. Daher ist ein Abweichen von dem gesetzlichen Grundsatz nur solange zulässig wie zwingend erforderlich, um bspw. genügend Druck zur Herstellung von Therapiebereitschaft auszuüben.[17]

13 Die Strafvollstreckungskammer kann die vom Tatgericht angeordnete **Vollstreckungsreihenfolge nachträglich ändern.** Dies kommt (unter zusätzlicher Beachtung der Voraussetzungen des § 67d Abs. 1 StGB) in Betracht, wenn neue Tatsachen bekannt werden, die eine abweichende Bewertung rechtfertigen.[18]

---

[12] Laubenthal/Baier/Nestler JugendStrafR Rn. 892.
[13] Graalmann-Scheerer in Löwe/Rosenberg Rn. 7.
[14] Vgl. dazu OLG Dresden 14.10.1999 – 2 Ws 596/99, NStZ-RR 2000, 381.
[15] Wolf in Pohlmann/Jabel/Wolf StVollstrO § 43 Rn. 21.
[16] BGH 30.5.2001 – 1 StR 176/01, NStZ-RR 2002, 26; 23.8.1990 – 4 StR 306/90, BGHSt 37, 160 (161).
[17] BGH 3.8.2006 – 3 StR 271/06, NStZ 2007, 30.
[18] Stree/Kinzig in Schönke/Schröder StGB § 67 Rn. 9 f.

14 **Ausnahmen vom Vorwegvollzug** sehen ferner Abs. 2 S. 2 und S. 4 der Norm vor: Bei Freiheitsstrafen von über drei Jahren soll gem. § 67 Abs. 2 S. 2 StGB zumindest ein Teil dieser Strafe vollstreckt werden, bevor die Unterbringung in einer Entziehungsanstalt folgt. Die Regelung ist als Soll-Vorschrift ausgestaltet, die Abweichungen zB bei akuter und dringender Therapiebedürftigkeit des Täters erlaubt.[19] Abs. 2 S. 2 der Norm gilt allerdings nur für die Unterbringung in einer Entziehungsanstalt, jedoch nicht für Täter, die in einem psychiatrischen Krankenhaus untergebracht sind. Eine weitere Ausnahme vom Vorwegvollzug der Maßregel normiert § 67 Abs. 2 S. 4 StGB, sofern die verurteilte Person zur Ausreise verpflichtet ist und dieser Pflicht mit großer Wahrscheinlichkeit noch während oder unmittelbar nach Verbüßung der Strafe (gezwungenermaßen) nachkommt (vgl. § 456a Abs. 1).

15 Wird in **verschiedenen Urteilen** auf Maßregel und Freiheitsstrafe erkannt, ist § 44b StVollstrO anzuwenden. Dabei gilt gem. § 44a StVollstrO grds. dieselbe Abfolge wie bei § 67 StGB. Das Gericht kehrt die Reihenfolge um, sofern dadurch der Zweck der Maßregel besser erreicht wird. Jedoch wird die Unterbringung im Maßregelvollzug dabei nicht auf eine Strafe aus dem anderen Verfahren angerechnet.

16 **b) Vorwegvollzug der Strafe bei Sicherungsverwahrung.** Für die Sicherungsverwahrung trifft § 44 Abs. 1 S. 1, Abs. 2 StVollstrO eine abweichende Bestimmung. Diese Maßregel ist in jedem Fall erst nach der verhängten Freiheitsstrafe zu vollstrecken, gleichgültig ob die Sanktionen aus demselben oder aus verschiedenen Strafverfahren stammen.[20] Vor der Sicherungsverwahrung sind daher alle Freiheitsstrafen aus sämtlichen Verfahren gegen den Betreffenden zu vollstrecken. Hinsichtlich der Reihenfolge der Vollstreckung dieser Strafen gelten die allgemeinen Grundsätze der § 454b StPO, § 43 StVollstrO.

17 § 44 Abs. 3 S. 1 StVollstrO regelt den Fall, dass sich der Betreffende bereits im Vollzug der Sicherungsverwahrung befindet und (etwa durch eine weitere spätere Verurteilung) eine Freiheitsstrafe hinzukommt. Ist diese Strafe nur kurz bemessen, kann ihre Vollstreckung zurückgestellt werden, wenn die Interessen der Strafrechtspflege nicht entgegenstehen und die Unterbrechung den Zweck der Sicherungsverwahrung gefährdet.[21]

18 **c) Halbstrafenentscheidung.** Nach § 67 Abs. 5 S. 1, § 57 Abs. 1 S. 1 Nr. 2 und Nr. 3 StGB kann das Gericht die Vollstreckung des Strafrestes zur Bewährung aussetzen, wenn die Hälfte der Strafe erledigt ist – also bereits vor dem in § 57 Abs. 1 S. 1 Nr. 1 StGB genannten zwei-Drittel-Zeitpunkt. Bei teilweisem Vorwegvollzug der Strafe vor der Maßregel muss nun gem. § 67 Abs. 2 S. 3 StGB der zuerst zu vollstreckende Teil der Freiheitsstrafe so bemessen werden, dass nach seiner Vollstreckung und nach Beendigung der Therapie eine Entscheidung nach Abs. 5 S. 1 der Norm möglich ist.[22] Denn spätestens sobald die Unterbringung im Maßregelvollzug endet, soll eine Aussetzung der Strafe zur Bewährung möglich sein, damit nicht der erreichte Therapieerfolg durch einen sich anschließenden (erneuten) Strafvollzug gefährdet oder gar zunichte gemacht wird.[23] Das rechtfertigt es auch, den Verurteilten in diesem Fall besser zu stellen als einen Täter, gegen den lediglich eine Freiheitsstrafe (ohne freiheitsentziehende Maßregel) verhängt wurde und für den der zwei-Drittel-Zeitpunkt gilt.

19 Es kommt dabei nicht darauf an, ob eine bedingte Entlassung zu diesem Zeitpunkt tatsächlich zu erwarten ist;[24] insofern hat der Tatrichter bei Bestimmung der Dauer des

---

[19] Fischer StGB § 67 Rn. 12.
[20] Wolf in Pohlmann/Jabel/Wolf StVollstrO § 44 Rn. 1 f.
[21] Vgl. zur Zulässigkeit, wenn der Verurteilte zudem noch eine Restfreiheitsstrafe zu verbüßen hat, Peglau NJW 2009, 957 ff.
[22] Vgl. dazu BGH 24.7.2007 – 3 StR 231/07, NStZ 2008, 28; 30.10.2007 – 4 StR 499/07, NStZ-RR 2008, 74; 31.10.2007 – 2 StR 354/07, NStZ 2008, 212; 18.12.2007 – 3 StR 516/07, NStZ-RR 2009, 48 (49); 8.1.2008 – 1 StR 644/07, NStZ-RR 2008, 142; 24.9.2008 – 1 StR 478/08, NStZ 2009, 87 (88).
[23] Ziegler in BeckOK StGB StGB § 67 Rn. 14 f.
[24] BGH 24.9.2008 – 1 StR 478/08, NStZ 2009, 87 (88).

Vorwegvollzugs keinen Beurteilungsspielraum.[25] Zu berücksichtigen ist schließlich auch, dass der Maßregelvollzug teilweise auf die Strafe angerechnet werden muss.

II. Vollstreckungsunterbrechung gem. Abs. 2

1. Anwendungsbereich. Gemäß § 57 Abs. 1 und 2 StGB kann die Vollstreckung 20 des Restes einer zeitigen Freiheitsstrafe unter den dort genannten Voraussetzungen nach Verbüßung von zwei Dritteln, unter bestimmen Bedingungen schon nach Verbüßung der Hälfte der **Freiheitsstrafe** zur Bewährung ausgesetzt werden. § 57a Abs. 1 S. 1 Nr. 1 StGB lässt die Aussetzung des Restes einer lebenslangen Freiheitsstrafe zu, wenn mindestens 15 Jahre der Strafe verbüßt sind.[26] Treffen mehrere zeitige Freiheitsstrafen oder zeitige mit lebenslanger Freiheitsstrafe zusammen, soll das Gericht am Ende der letzten Anschlussvollstreckung **einheitlich über die Strafrestaussetzung entscheiden.**[27] Deshalb schreibt Abs. 2 S. 1[28] vor: Die Vollstreckung der zunächst durchzuführenden Freiheitsstrafe wird unterbrochen, wenn die Mindestverbüßungszeiten von § 57 Abs. 1 bzw. § 57a Abs. 1 StGB erfüllt sind oder im Fall von § 57 Abs. 2 Nr. 1 StGB der Sanktionierte als Erstverbüßer die Hälfte – aber mindestens sechs Monate – seiner zwei Jahre nicht übersteigenden Strafe verbüßt hat.

Abs. 2 greift auch ein, wenn mehrere Freiheitsstrafen und zusätzlich eine **stationäre** 21 **Maßregel** der Besserung und Sicherung bzw. mehrere solcher Maßregeln zu vollstrecken sind.[29] Gleiches gilt bei der Zurückstellung von der Strafvollstreckung gem. § 35 BtMG.[30] Dagegen findet Abs. 2 S. 1 keine Anwendung bei der Vollstreckung von Ersatzfreiheitsstrafen.[31] Insoweit gelten die spezielleren Regelungen von §§ 459e und 459f.[32] Abs. 2 bleibt ferner unanwendbar bei einer Strafrestaussetzung gem. § 57 Abs. 2 Nr. 2 StGB.[33] Keine Freiheitsstrafe im Sinne der Norm stellt auch die Jugendstrafe dar.[34]

Eine Ausnahme von dem in Abs. 2 S. 1 normierten Grundsatz der Vollstreckungsunter- 22 brechung enthält Abs. 2 S. 2, der bestimmt, dass die Unterbrechungsregelungen nicht für **Strafreste** gelten, die aufgrund Widerrufs ihrer Aussetzung vollstreckt werden.[35] Allerdings darf insoweit die Vollstreckungsbehörde gem. § 43 Abs. 4 StVollstrO bei Vorliegen einer günstigen Sozialprognose Ausnahmen von der Vollstreckungsreihenfolge zulassen, einen derartigen Strafrest im Sinne der Vorschrift als letzte Strafe vollstrecken und dann auch die Vollstreckung unterbrechen.[36]

---

[25] BGH 12.2.2009 – 3 StR 569/08, NStZ-RR 2009, 172; 8.1.2008 – 1 StR 644/07, NStZ-RR 2008, 142.
[26] Paeffgen/Greco in SK-StPO Rn. 17; Appl in KK-StPO Rn. 16.
[27] OLG Frankfurt a. M. 30.1.2012 – 3 Ws 25/12, NStZ-RR 2012, 189. Dies gilt auch, wenn eine Strafe oder ein Strafrest widerrufen worden ist; OLG Celle 13.8.2013 – 1 Ws 304/13, BeckRS 2013, 15470.
[28] Zum Gesetzgebungsverfahren Graalmann-Scheerer in Löwe/Rosenberg Rn. 14 ff.
[29] OLG Celle 15.8.1989 – 1 Ws 105 – 107/89, 1 Ws 105/89, 1 Ws 106/89, 1 Ws 107/89, NStZ 1990, 252; OLG Hamm 4.4.1996 – 1 Ws 84/96, NStZ-RR 1997, 124.
[30] OLG Stuttgart 22.10.2008 – 4 Ws 202/08, StraFo 2008, 525. Auch eine nach Abs. 2 unterbrochene nicht gemäß § 35 BtMG zurückstellungsfähige Strafe stellt eine „zu vollstreckende" Strafe iSd § 35 Abs. 6 Nr. 2 BtMG dar; OLG Bamberg 17.3.2014 – Vas 1/14, BeckRS 2014, 9278.
[31] OLG Bamberg 29.6.1998 – Ws 415/98, NStZ-RR 1998, 380; OLG Oldenburg 24.4.2006 – 1 Ws 234/06, NStZ-RR 2007, 253; Fischer StGB § 57 Rn. 3; Heger in Lackner/Kühl/Heger StGB § 57 Rn. 1.
[32] Baier FS Paulus, 2009, 3 (4).
[33] OLG Hamm 15.10.1992 – 1 VAs 43/92, NStZ 1993, 302; OLG Oldenburg 9.10.1986 – 2 Ws 429/86, MDR 1987, 75; aA OLG Stuttgart 20.3.2003 – 2 Ws 36/2003, 2 Ws 36/03, NStZ-RR 2003, 253.
[34] Baier FS Paulus, 2009, 3 (4).
[35] Siehe hierzu auch OLG Jena 23.1.2014 – Ws 1/14, BeckRS 2014, 09315. Strafen, die nach Widerruf der Strafaussetzung vollständig zu verbüßen sind, stellen keine Strafreste dar; BGH 9.2.2012 – 5 Ar (VS) 40/11, NStZ 2012, 467 mAnm Laubenthal/Nestler; OLG Braunschweig 17.1.2014 – 1 Ws 400/13, BeckRS 2014, 09877.
[36] OLG Frankfurt a. M. 7.4.2000 – VAs 11/00, NStZ-RR 2000, 284; OLG Karlsruhe 15.5.2001 – 2 VAs 3/01, StV 2003, 349; Baier FS Paulus, 2009, 3 (11); Schmitt in Meyer-Goßner/Schmitt Rn. 7.

23   **2. Termingerechte Unterbrechung.** Das Unterbrechungsgebot von Abs. 2 S. 1 ist von Verfassung wegen strikt einzuhalten, es besteht insofern **Unterbrechungszwang.**[37] Die Unterbrechung ist jeweils rechtzeitig vor dem gem. Abs. 2 S. 1 bestimmten Zeitpunkt vorzunehmen. Kommt es zu behördlichen Versäumnissen, dürfen diese nicht zu Nachteilen für den Verurteilten führen. Deshalb normiert Abs. 2 S. 3 für den Fall, dass zu dem nach S. 1 vorgegebenen Unterbrechungszeitpunkt eine weitere Strafe noch nicht vollstreckbar ist. Die Unterbrechung erfolgt rückwirkend auf den Zeitpunkt des Eintritts der Vollstreckbarkeit. Abs. 2 S. 3 ist entsprechend anzuwenden bei einem sonstigen fehlerhaften Unterlassen durch die Vollstreckungsbehörde (zB die Verurteilung zu der Folgestrafe hatte zwar bereits Rechtskraft erlangt und war damit grds. vollstreckbar, die Erteilung der Vollstreckbarkeitsbescheinigung wurde aber versäumt).[38]

24   Die **Unterbrechungstermine** folgen aus § 57 Abs. 1 und 2 StGB sowie § 57a Abs. 1 S. 1 Nr. 1 StGB. Beim Halbstrafentermin hat der Inhaftierte mindestens sechs Monate verbüßt, die Strafe beträgt nicht mehr als zwei Jahre und der Verurteilte befindet sich erstmals im Strafvollzug. Der zwei-Drittel-Termin greift ein für Verurteilte, die mindestens zwei Monate ihrer Freiheitsstrafe verbüßt haben. Bei lebenslanger Freiheitsstrafe muss der Inhaftierte mindestens 15 Jahre der Strafe verbüßt haben.

25   § 37 Abs. 1 S. 3 StVollstrO bestimmt, dass bei Freiheitsstrafen von mehr als zwei Monaten sowie bei der lebenslangen Freiheitsstrafe auch die Ermittlung des jeweiligen Zeitpunkts, zu dem eine Strafrestaussetzung erfolgen kann, zur Strafzeitberechnung zählt. Zu beachten ist dabei, dass die Festlegung der Vollstreckungsreihenfolge und die sich daraus ergebenden Unterbrechungshandlungen nach Abs. 2 nicht dazu führen dürfen, dass dadurch die Gesamtdauer des Freiheitsentzugs länger wird, als wenn die Strafen ohne Unterbrechung nacheinander vollstreckt worden wären. Die Vollstreckungsdurchführung darf im Ergebnis faktisch keine Verlängerung der nach § 39 StGB ausgesprochenen Strafen zur Folge haben.[39]

26   **a) Erstverbüßerregelung.** Befindet sich der Sanktionierte erstmals im Vollzug einer Freiheitsstrafe und übersteigt diese nicht zwei Jahre, wird nach § 57 Abs. 2 Nr. 1 StGB die Strafrestaussetzung bereits nach Verbüßung der Hälfte der Strafe, mindestens jedoch nach sechs Monaten zulässig. Gemäß Abs. 2 S. 1 Nr. 1 muss bereits zu diesem Zeitpunkt die Vollstreckung unterbrochen werden.

27   § 57 Abs. 2 Nr. 1 StGB verlangt, dass die verurteilte Person **erstmals eine Freiheitsstrafe verbüßt.** Die Erstverbüßerregelung greift somit nur ein, wenn sich der Sanktionierte zum ersten Mal im Strafvollzug befindet. Die Halbstrafenaussetzung – und damit die Halbstrafenunterbrechung nach Abs. 2 S. 1 Nr. 1 – findet auch bei mehreren unmittelbar hintereinander zu vollstreckenden Freiheitsstrafen statt, und zwar für jede einzelne dieser Sanktionen.[40] Das gilt sogar dann, wenn die zu vollstreckenden Strafen der sich erstmals im Strafvollzug befindenden Person in ihrer Summe eine Strafdauer von insgesamt mehr als zwei Jahren ergeben.[41] Grund hierfür ist, dass es sich bei § 57 Abs. 2 Nr. 1

---

[37] BVerfG 2.5.1988 – 2 BvR 321/88, NStZ 1988, 474 (475).
[38] Baier FS Paulus, 2009, 3 (7). Zu den Voraussetzungen einer etwaigen analogen Anwendung von § 453 Abs. 2 S. 3 siehe auch OLG Rostock 2.8.2012 – I Ws 219/12, BeckRS 2012, 17323.
[39] BVerfG 16.5.1994 – 2 BvR 394/93, NStZ 1994, 452.
[40] OLG Celle 12.12.1989 – 1 Ws 389-391/89, StV 1990, 271; OLG Düsseldorf 17.11.1998 – 1 Ws 782-783/98, Rpfleger 1999, 147; OLG Köln 16.3.2007 – 2 Ws 101-103/07, StraFo 2007, 479 = NStZ-RR 2007, 251 (Ls.); OLG Oldenburg 2.10.1986 – 2 Ws 447/86, NStZ 1987, 175; Baier FS Paulus, 2009, 3 (8); Appl in KK-StPO Rn. 11; vgl. Bieber in KMR-StPO Rn. 4; Schmitt in Meyer-Goßner/Schmitt Rn. 3; Paeffgen/Greco in SK-StPO Rn. 19, 21; aA OLG Hamm 18.8.2009 – 2 Ws 209-210/09, NStZ-RR 2010, 60 sowie OLG Hamm 5.2.1987 – 4 Ws 22/87, 4 Ws 62/87, 4 Ws 63/87, MDR 1987, 512, wonach der Betreffende als Erstverbüßer nur bezüglich der in der Reihenfolge der Vollstreckung an erster Stelle stehenden Strafe anzusehen ist; ähnlich Lackner/Kühl/Heger StGB § 57 Rn. 16.
[41] OLG Jena 18.7.2006 – 1 Ws 240/06, StV 2008, 35; OLG Karlsruhe 16.2.2006 – 1 Ws 15/06, StV 2006, 255; 16.3.2007 – 2 Ws 101-103/07, StraFo 2007, 479 = NStZ-RR 2007, 251 (Ls.); Baier FS Paulus, 2009, 3 (8); Bieber in KMR-StPO Rn. 29 f.; Paeffgen/Greco in SK-StPO Rn. 18.

StGB um eine spezialpräventiv orientierte Regelung handelt, bei der es nicht um die nur formelle Frage geht, ob lediglich eine oder mehrere Freiheitsstrafen hintereinander zu vollstrecken sind. Vielmehr ist zentral die prognostische Erwägung, ob ein erstmaliger Aufenthalt in der Vollzugseinrichtung den Betroffenen so nachhaltig beeindruckt hat, dass dies eine Strafrestaussetzung zur Bewährung zum Halbstrafenzeitpunkt rechtfertigt.[42]

Keine Erstverbüßung iSd § 57 Abs. 2 Nr. 1 StGB liegt vor, wenn bereits früher eine **28** Jugendstrafe vollstreckt wurde, denn bei § 17 JGG handelt es sich um eine echte Kriminalstrafe. Das gilt jedoch nicht für den Jugendarrest, der lediglich ein Zuchtmittel darstellt.[43] Der Erstverbüßereigenschaft steht auch nicht der Vollzug von Untersuchungshaft sowie von Auslieferungshaft entgegen, weil hier der Haftzweck der Verfahrenssicherung im Vordergrund steht.[44] Im Ausland erlittene Strafhaft in derselben Sache (§ 51 Abs. 3 S. 1 StGB) hindert das Eingreifen der Erstverbüßerregelung ebenfalls nicht.[45]

b) Sonstige Unterbrechungen. Nach Abs. 2 S. 1 Nr. 2 unterbricht die Vollstre- **29** ckungsbehörde die Vollstreckung der zunächst zu vollstreckenden zeitigen Freiheitsstrafe in den Fällen des **Nichteingreifens der Erstverbüßerregelung** bei Verbüßung von zwei Dritteln, mindestens jedoch zwei Monaten. Auch hier gilt der Unterbrechungszwang. Hat ein Verurteilter eine Freiheitsstrafe von zwischen zwei und drei Monaten Dauer zu verbüßen, kommt es zur Unterbrechung nach genau zwei Monaten.[46] Nach Abs. 1 S. 1 Nr. 3 erfolgt die Vollstreckungsunterbrechung bei der lebenslangen Freiheitsstrafe nach 15 Jahren.

Zwar legt Abs. 4 fest, dass – sofern die Vollstreckungsbehörde die Vollstreckung nach **30** Abs. 2 unterbrochen hat – das Gericht die Entscheidungen nach §§ 57 und 57a StGB erst trifft, wenn über die Aussetzung der Vollstreckung der Reste aller Strafen gleichzeitig entschieden werden kann. Die Aussetzungsvoraussetzungen werden jedoch für jede Strafe gesondert geprüft, auch wenn die Sozialprognose auf einer einheitlichen Basis abzugeben ist. Dies kann im Einzelfall dazu führen, dass die Strafvollstreckungskammer die Vollstreckung des Restes einer zeitigen Freiheitsstrafe gem. § 57 StGB zur Bewährung aussetzt, aber eine lebenslange Freiheitsstrafe wegen Vorliegens der besonderen Schwere der Schuld (§ 57a Abs. 1 S. 1 Nr. 2 StGB) weiter zu vollstrecken bleibt.[47]

B. Absehen von der Unterbrechung, Abs. 3

Abs. 3 sieht vor, dass die Vollstreckungsbehörde auf Antrag des Verurteilten von der **31** Unterbrechung der Vollstreckung von Freiheitsstrafen in bestimmten Fällen absehen kann, wenn zu erwarten ist, dass nach deren vollständiger Verbüßung die Voraussetzungen einer Zurückstellung der Strafvollstreckung nach § 35 BtMG des Betäubungsmittelgesetzes für eine weitere zu vollstreckende Freiheitsstrafe erfüllt sein werden. Die Regelung wurde durch das Gesetz zur effektiveren und praxistauglicheren Ausgestaltung des Strafverfahrens[48] eingeführt und soll Verurteilten den Weg zu einer *Zurückstellung der Strafverfolgung und Therapie nach § 35 BtMG* erleichtern. Zuvor galt § 454b auch im Verhältnis zu § 35 BtMG.

Die Regelung ermächtigt die Vollstreckungsbehörde von der Unterbrechung nach **31a** Abs. 2 S. 1 Nr. 1 und 2 abzusehen, die entsprechende Freiheitsstrafe also *bis zum Endstrafenzeitpunkt* zu vollstrecken. Liegen bis zum Entstrafenzeitpunkt nämlich die Voraussetzungen des § 35 BtMG vor, kann sich unmittelbar an diesen Zeitpunkt eine Therapie anschließen. Das *Antragserfordernis soll die Motivation des Verurteilten für die Therapie sicher*stellen.[49] Im Rah-

---

[42] Appl in KK-StPO Rn. 12.
[43] Baier FS Paulus, 2009, 3 (9).
[44] Appl in KK-StPO Rn. 14; Schmitt in Meyer-Goßner/Schmitt Rn. 3.
[45] Baier FS Paulus, 2009, 3 (9); Appl in KK-StPO Rn. 14; Lackner/Kühl/Heger StGB § 57 Rn. 15; Stree/Kinzig in Schönke/Schröder StGB § 57 Rn. 23a.
[46] Baier FS Paulus, 2009, 3 (10).
[47] Schmitt in Meyer-Goßner/Schmitt Rn. 11; Pfeiffer Rn. 7.
[48] Gesetz v. 17.8.2017, BGBl. 2017 I 3202 (Berichtigung in BGBl. 2017 I 3630).
[49] BT-Drs. 18/11272, 34.

men des Verfahrens ist dem Verurteilten nach Auffassung des Gesetzgebers ein notwendiger Verteidiger zur Seite zu stellen.[50] Erforderlich ist eine Prognose durch die Vollstreckungsbehörde hinsichtlich des späteren Vorliegens der Voraussetzungen des § 35 BtMG. Bei positiver Prognose liegt die Entscheidung im *Ermessen* der Vollstreckungsbehörde. Ermessenskriterien können die Erfolgsaussichten einer Therapie sowie ein zu befürchtender Missbrauch sein. Die Entscheidung kann dann später nicht mit dem Argument „umgekehrt" werden, die Prognose habe sich nicht erfüllt.[51]

31b Die Vollstreckungsreihenfolge ist für die Entscheidung nach Abs. 3 ggf. anzupassen. Vollständig zu verbüßende Freiheitsstrafen müssen vor den zurückstellungsfähigen Strafen vollstreckt werden, § 43 Abs. 4 StVollstrO.[52] Neben Entscheidugen nach § 454b bleibt auch die *Entscheidung über die Strafaussetzung nach § 57 StGB als gesonderter Beschluss*[53] *zu treffen,*[54] *sofern nicht der Verurteilte seine dafür* erforderliche Einwilligung ausdrücklich verweigert.

C. Zeitpunkt der Aussetzungsentscheidung, Abs. 4

I. Zuständigkeit

32 Nach Abs. 4 trifft im Fall einer Unterbrechung gem. Abs. 2 das Gericht die Entscheidungen nach §§ 57 und 57a StGB erst, wenn über die Aussetzung der Vollstreckung der Reste aller Strafen gleichzeitig entschieden werden kann. Dazu müssen bei sämtlichen zu vollstreckenden Sanktionen jeweils bestehende Sperrfristen abgelaufen sein.[55]

33 Abs. 4 wird durch § 78a Abs. 1 S. 3 und § 78b Abs. 1 Nr. 1 GVG ergänzt. Demnach ist für gleichzeitig zu treffende Entscheidungen nach Abs. 4 über die Aussetzung der Vollstreckung mehrerer Freiheitsstrafen nur eine Strafvollstreckungskammer für die Aussetzung der Vollstreckung aller Strafen zuständig. Dies verringert den Verfahrensaufwand und macht eine Übertragung der Zuständigkeit nach § 451 Abs. 3 S. 2 entbehrlich.[56] Die alleinig zuständige Strafvollstreckungskammer muss dann auch sämtliche vorbereitenden Maßnahmen treffen (→ § 454a Rn. 18 ff.).

II. Inhalt der Entscheidung

34 Die gerichtliche Entscheidung ergeht in **Beschluss**form und beinhaltet für sämtliche (teilweise) verbüßten Sanktionen einen separaten Ausspruch der Strafrestaussetzung.[57] Das Gericht muss also stets zu allen Sanktionen Stellung nehmen.[58]

---

[50] BT-Drs. 18/11272, 35.
[51] OLG Koblenz 20.5.2019 – 1 Ws 317/19, 1 Ws 318/19, BeckRS 2019, 42715.
[52] BT-Drs. 18/11272, 35.
[53] OLG Hamm 7.11.2019 – 5 Ws 453/19, 5 Ws 454/19, BeckRS 2019, 38845.
[54] S. aber Coen in BeckOK StPO Rn. 11 mit dem Hinweis, dass für den Untherapierten Rückfallgefahr der Strafaussetzung zur Bewährung oftmals entgegenstehen wird.
[55] OLG München 2.12.1999 – 2 Ws 1168-1170/99, StV 2000, 264; OLG Hamburg 27.9.2002 – 2 Ws 192/02, NStZ-RR 2004, 134; s. auch OLG Stuttgart 20.3.2003 – 2 Ws 36/2003, 2 Ws 36/03, NStZ-RR 2003, 253 mit dem Hinweis, dass der Grundsatz der Entscheidungskonzentration nach Abs. 3 auch für Halbstrafenentscheidungen gilt; OLG Düsseldorf 6.9.1990 – 3 Ws 755/90, NStZ 1991, 103; Schmitt in Meyer-Goßner/Schmitt Rn. 18.
[56] So die Begründung zu Art. 2 Nr. 3 BT-Drs. 10/2720, 15; vgl. auch OLG Düsseldorf 24.11.1989 – 1 Ws 1045/89, StV 1990, 122; 4.1.1993 – 1 Ws 1209-1210/92, StV 1993, 257; OLG Rostock 25.11.1993 – I Ws 139/93, StV 1994, 194.
[57] OLG Hamm 5.2.1987 – 4 Ws 22/87, 4 Ws 62/87, 4 Ws 63/87, MDR 1987, 512; OLG Düsseldorf 4.1.1993 – 1 Ws 1209-1210/92, StV 1993, 257; Appl in KK-StPO Rn. 24; Schmitt in Meyer-Goßner/Schmitt Rn. 15; Bringewat Rn. 3, 24; Fischer StGB § 57 Rn. 10; Graalmann-Scheerer in Löwe/Rosenberg Rn. 41 f.; Maatz NStZ 1990, 214 (216); Greger JR 1986, 353 (356).
[58] OLG Düsseldorf 7.1.1983 – 5 Ws 334/82, NStZ 1983, 286; 24.11.1989 – 1 Ws 1045/89, StV 1990, 122; 4.1.1993 – 1 Ws 1209-1210/92, StV 1993, 257; OLG Hamm 2.4.1984 – 3 Ws 117/84, 3 Ws 118/84, MDR 1985, 248; Bringewat Rn. 24; Bringewat JR 1994, 349.

Beschränkt das Gericht die Strafrestaussetzung auf eine oder mehrere der verfahrensge- 35
genständlichen Sanktionen und lehnt im Bezug auf eine andere freiheitsentziehende Sanktion die Aussetzung zur Bewährung ab, so ist die letztgenannte Sanktion nicht weiter zu
vollstrecken.[59]

Das Gericht kann auch im Bezug auf alle verfahrensgegenständlichen Sanktionen eine 36
ablehnende Entscheidung treffen und eine Sperrfrist nach § 57 Abs. 7, § 57a Abs. 4 StGB
festsetzen, wenn es eine Strafrestaussetzung insgesamt für (noch) nicht verantwortbar hält.
In diesem Fall ist ein neuer Antrag des Verurteilten auf Strafrestaussetzung während der
Sperrfrist ausgeschlossen.[60]

D. Rechtsbehelfe

Dem Verurteilten stehen gegen die Vollstreckungsunterbrechung mangels Beschwer 37
keine Rechtsbehelfe zur Verfügung.[61] Zwar bedarf eine Strafrestaussetzung nach § 57 Abs. 1
S. 1 Nr. 3, § 57a Abs. 1 S. 2 StGB einer Einwilligung des Verurteilten; lehnt er die Aussetzung aber ab, so hat dies spätestens zum Entscheidungszeitpunkt zu erfolgen (→ § 454
Rn. 10). Später kann der Verurteilte Einwendungen lediglich noch gegen die Reihenfolge
der Vollstreckung, die Ablehnung der Unterbrechung oder die Berechnung des Unterbre-
chungszeitpunkts geltend machen, § 458 Abs. 2 iVm Abs. 1 und 2.[62]

Auch die Staatsanwaltschaft kann Einwendungen gegen die gerichtliche Entscheidung 38
erheben.[63] Sofern allerdings mehrere verschiedene Staatsanwaltschaften für die Vollstreckung
der zur Bewährung ausgesetzten verfahrensgegenständlichen Sanktionen zuständig sind
(→ Rn. 31 f.), kann jede Staatsanwaltschaft, nur für die jeweils in ihre Zuständigkeit fallende
Sanktion, Rechtsbehelfe einlegen.[64]

§ 455 Strafausstand wegen Vollzugsuntauglichkeit

(1) Die Vollstreckung einer Freiheitsstrafe ist aufzuschieben, wenn der Verurteilte in Geisteskrankheit verfällt.

(2) Dasselbe gilt bei anderen Krankheiten, wenn von der Vollstreckung eine nahe Lebensgefahr für den Verurteilten zu besorgen ist.

(3) Die Strafvollstreckung kann auch dann aufgeschoben werden, wenn sich der Verurteilte in einem körperlichen Zustand befindet, bei dem eine sofortige Vollstreckung mit der Einrichtung der Strafanstalt unverträglich ist.

(4) Die Vollstreckungsbehörde kann die Vollstreckung einer Freiheitsstrafe unterbrechen, wenn
1. der Verurteilte in Geisteskrankheit verfällt,
2. wegen einer Krankheit von der Vollstreckung eine nahe Lebensgefahr für den Verurteilten zu besorgen ist oder
3. der Verurteilte sonst schwer erkrankt und die Krankheit in einer Vollzugsanstalt oder einem Anstaltskrankenhaus nicht erkannt oder behandelt werden kann

---

[59] Appl in KK-StPO Rn. 24; Bringewat Rn. 24; aA Greger JR 1986, 353 (357), der nur eine einheitliche Entscheidung für möglich hält, weil die Prognose stets dieselbe sei; ebenso OLG Düsseldorf 4.1.1993 – 1 Ws 1209-1210/92, StV 1993, 257; aA Graalmann-Scheerer in Löwe/Rosenberg Rn. 49.
[60] Vgl. Appl in KK-StPO Rn. 25; Bringewat Rn. 26.
[61] Appl in KK-StPO Rn. 26; Paeffgen/Greco in SK-StPO Rn. 35; Bringewat Rn. 11, 28; Neuhaus/Putzke ZAP 2008, 389 (391).
[62] Appl in KK-StPO Rn. 26; Paeffgen/Greco in SK-StPO Rn. 35; Bringewat Rn. 28.
[63] Auch mit Ziel der Begünstigung des Verurteilten, § 301; OLG Frankfurt a. M. 6.2.1996 – 3 Ws 95/96, NStZ-RR 1996, 221; Paeffgen/Greco in SK-StPO Rn. 35; Pfeiffer Rn. 1.
[64] OLG Düsseldorf 18.7.1994 – 3 Ws 310-311/94, MDR 1995, 194; Graalmann-Scheerer in Löwe/Rosenberg Rn. 46; Pfeiffer Rn. 8.

und zu erwarten ist, daß die Krankheit voraussichtlich für eine erhebliche Zeit fortbestehen wird. Die Vollstreckung darf nicht unterbrochen werden, wenn überwiegende Gründe, namentlich der öffentlichen Sicherheit, entgegenstehen.

Übersicht

		Rn.			Rn.
A.	Anwendungsbereich	1	1.	Unterbrechungsgründe nach Nr. 1 und 2	26
B.	Vollstreckungsaufschub nach Abs. 1–3	4	2.	Unterbrechungsgründe nach Nr. 3	27
I.	Terminologische Grundlagen	4	III.	Ermessensentscheidung der Vollstreckungsbehörde	30
II.	Gründe für einen Strafaufschub	7	D.	Verfahrensrechtliches	34
1.	Zwingender Strafaufschub nach Abs. 1 und 2	10	I.	Zuständigkeit	34
			II.	Rechtsbehelfe	35
2.	Fakultativer Strafaufschub gem. Abs. 3	14	III.	Sonstiges	38
III.	Sonstiges	18	1.	Aufschub und Unterbrechung durch Gnadenakt	38
C.	Vollstreckungsunterbrechung nach Abs. 4	20	2.	Anwendung des § 455 auf Geldstrafen und sonstige Rechtsfolgen?	39
I.	Allgemeines	20	3.	Sonderfall: Aufschub und Unterbrechung nach § 19 StVollstrO	40
II.	Unterbrechungsgründe	23			

A. Anwendungsbereich

1   § 455 regelt Vollstreckungsaufschub und -unterbrechung wegen **Vollzugsuntauglichkeit** und trägt dem Interesse des Verurteilten an der Wahrung seiner Gesundheit Rechnung.[1] Die Norm betrifft zwar grds. lediglich den Strafaufschub bzw. die Strafunterbrechung,[2] gilt jedoch aufgrund der Verweisung in § 463 Abs. 1 vorbehaltlich von dessen Abs. 5 S. 1 auch für die Vollstreckung freiheitsentziehender Maßregeln der Besserung und Sicherung (→ § 463 Rn. 21).[3] § 463 Abs. 5 S. 1 bestimmt, dass der Aufschub ausgeschlossen bleibt, wenn der Verurteilte in einem psychiatrischen Krankenhaus untergebracht ist. Abs. 5 S. 2 normiert, dass der nachträgliche Verfall in Geisteskrankheit bei Maßregeln der Besserung und Sicherung kein zwingender Aufschubgrund ist und stellt den Aufschub in das Ermessen der Vollstreckungsbehörde.

2   Mit der erst seit 1986 geregelten Vollstreckungsunterbrechung wegen Vollzugsuntauglichkeit korrespondieren §§ 45, 46 StVollstrO.[4] Deren Neufassung ist mittlerweile auf § 455 abgestimmt, da sich die Vorschriften jetzt auf technische Regelungen in Bezug auf die Voraussetzungen (§ 45 StVollstrO) und das Verfahren (§ 46 StVollstrO) beschränken.[5]

3   Für den Vollzug der Untersuchungshaft gilt § 455 nicht.[6] Bei dem Vollzug der Abschiebehaft gelten die Grundsätze zu § 455 analog.[7]

---

[1] Schmitt in Meyer-Goßner/Schmitt Rn. 1; Zeitler Rpfleger 2009, 2051; s. auch BVerfG 6.6.2011 – 2 BvR 1083/11, BeckRS 2011, 52466 Rn. 11; vgl. ferner Heischel § 455 StPO, Die Haftverschonung aus Gesundheitsgründen, 1998, passim.
[2] Vgl. KG 7.9.2020 – 5 Ws 97 – 112 AR 119/20, 5 Ws 105/20 – 121 AR 119/20, BeckRS 2020, 40661.
[3] Wolf in Pohlmann/Jabel/Wolf StVollstrO § 45 Rn. 4.
[4] Demgegenüber hat die Unterbrechung aus Gründen der Vollzugsorganisation ihre gesetzliche Grundlage in § 455a; die Unterbrechung bei Vollstreckung mehrerer Freiheitsstrafen ist in § 454b geregelt.
[5] Graalmann-Scheerer in Löwe/Rosenberg Rn. 2; Wolf in Pohlmann/Jabel/Wolf StVollstrO § 45 Rn. 1.
[6] Coen in BeckOK StPO Rn. 1; Appl in KK-StPO Rn. 1; vgl. Paeffgen/Greco in SK-StPO Rn. 3.
[7] OLG Zweibrücken 2.7.2008 – 3 W 97/08, OLGR Zweibrücken 2008, 853; vgl. Paeffgen/Greco in SK-StPO Rn. 3.

B. Vollstreckungsaufschub nach Abs. 1–3

I. Terminologische Grundlagen

Den Oberbegriff für vorübergehende Vollstreckungshindernisse bildet der **Strafaus- 4 stand.** Hierbei handelt es sich um eine nur vorübergehende Vollstreckungsaussetzung. Diese erfolgt vor Beginn des Vollzugs als **Strafaufschub,** danach als **Strafunterbrechung.**[8] Während eines Strafausstands ruht die Vollstreckungsverjährung, § 79a Nr. 2a StGB. Über einen Strafausstand entscheidet die Vollstreckungsbehörde von Amts wegen oder auf Antrag hin.[9] Ein Strafaufschub kann erfolgen wegen Vollzugsuntauglichkeit des Verurteilten (§ 455 Abs. 1–3), bei persönlichen Härtefällen (§ 456) oder aus Gründen der Vollzugsorganisation (§ 455a). Eine Unterbrechung der Freiheitsstrafe kommt in Betracht bei Vollzugsuntauglichkeit des Untergebrachten (§ 455 Abs. 4) oder aus Gründen der Vollzugsorganisation (§ 455a). Die Vorschriften über den Strafaufschub finden auch Anwendung, wenn bereits ein Teil der Strafe vollstreckt war und nach einer Unterbrechung die Fortsetzung der Vollstreckung des Strafrestes in Frage steht.[10]

§ 47 Abs. 2 lässt ferner die Anordnung des Vollstreckungsaufschubs (bei eingeleiteter 5 Strafvollstreckung deren Unterbrechung) durch das über einen Wiedereinsetzungsantrag entscheidende Gericht zu, wenn der Antrag auf Wiedereinsetzung in den vorigen Stand frist- und formgerecht gestellt wurde und Erfolg verspricht.[11] Ein Strafausstand kann zudem auf dem Gnadenweg erfolgen (→ Rn. 38).[12]

Keinen Strafausstand stellt die Durchführung von **Vollzugslockerungen** (Hafturlaub 6 bzw. Freistellung von der Haft, Sonderurlaub, Außenbeschäftigung, Freigang, Ausführung, Ausgang usw) dar. Hierbei handelt es sich um Behandlungsmaßnahmen zur Erreichung des Vollzugsziels als Bestandteil der Vollzugsgestaltung. Vollzugslockerungen bedeuten **keine Unterbrechung der Strafvollstreckung,** da die Vollstreckungsbehörde die Verfügungsgewalt über den Verurteilten behält.[13] Der Inhaftierte unterliegt weiterhin den besonderen, in der Freiheitsstrafe begründeten Begrenzungen.[14] Die Zeiten, in denen sich die verurteilte Person zur Durchführung von Vollzugslockerungen in Freiheit befindet, gelten als verbüßte Strafe.[15]

II. Gründe für einen Strafaufschub

§ 455 verlangt, dass ein entsprechender Grund für den Strafaufschub vorliegt. Bei einer 7 verurteilten Person etwa können **gesundheitliche Gründe** bestehen, die ihren Aufenthalt in einer Justizvollzugseinrichtung als unangebracht erscheinen lassen **(Vollzugsuntauglichkeit).** Gemäß § 455 muss bzw. kann es deshalb zu einem Strafausstand kommen, wobei die Dauer des Vollstreckungsaufschubs oder der Vollstreckungsunterbrechung wegen Vollzugsuntauglichkeit im Gesetz nicht bestimmt ist. Maßgeblich ist insoweit der Wiedereintritt der Vollzugstauglichkeit im Einzelfall. Ein Strafausstand darf auch lediglich für eine bestimmte Zeit bewilligt und notwendigenfalls verlängert werden (→ Rn. 19).

---

[8] Laubenthal/Nestler Strafvollstreckung Rn. 217; Appl in KK-StPO Rn. 2; Pfeiffer Rn. 1; Paeffgen/Greco in SK-StPO Rn. 2, 3.
[9] Appl in KK-StPO Rn. 4; Paeffgen/Greco in SK-StPO Rn. 6.
[10] OLG Hamm 19.6.1973 – 5 Ws 102/73, NJW 1973, 2075; OLG Schleswig 30.5.1983 – 1 Ws 293/83, MDR 1983, 865; Appl in KK-StPO Rn. 4; Schmitt in Meyer-Goßner/Schmitt Rn. 1 sowie § 456 Rn. 3; aA OLG Oldenburg 11.11.1982 – 2 Ws 490/82, MDR 1983, 430; OLG München 24.11.1987 – 2 Ws 1205/87, NStZ 1988, 294 (295); Schrott in KMR-StPO Rn. 2; Bringewat Rn. 2.
[11] Fischer StGB § 47 Rn. 2.
[12] Laubenthal/Nestler Strafvollstreckung Rn. 217; Paeffgen/Greco in SK-StPO Rn. 3; vgl. Röttle/Wagner/Theurer Strafvollstreckung Kap. 10 Rn. 151a.
[13] Appl in KK-StPO Rn. 3, 11; Paeffgen/Greco in SK-StPO Rn. 3, 5; Schmitt in Meyer-Goßner/Schmitt Rn. 10; Wolf in Pohlmann/Jabel/Wolf StVollstrO § 45 Rn. 6; Röttle/Wagner/Theurer Strafvollstreckung Kap. 10 Rn. 51; Coen in BeckOK StPO Rn. 8.
[14] Laubenthal Rn. 417.
[15] Pfeiffer Rn. 1; Schmitt in Meyer-Goßner/Schmitt Rn. 10.

8 Abs. 1–3 regeln den Strafaufschub und normieren damit insoweit den Zeitpunkt, zu dem die Vollstreckung einer zeitigen oder lebenslangen Freiheitsstrafe beginnt bzw. inwieweit er wegen Erkrankung[16] aufgeschoben werden muss. Dies setzt ganz prinzipiell voraus, dass eine adäquate Behandlung des Verurteilten in einer vollzuglichen Einrichtung nicht möglich ist.[17]

9 Die Absätze 1–3 (sowie § 456) enthalten **keine abschließende Regelung** des Strafaufschubs, sondern bestimmen lediglich, wann aus in der Person des Verurteilten liegenden Gründen, ein solcher Aufschub notwendig oder zulässig ist. Darüber hinaus kann es im öffentlichen Interesse liegen, einen Strafaufschub zu gewähren, vgl. §§ 455a, 456a, § 46a StVollstrO, §§ 47 Abs. 2, 307 Abs. 2, 360 Abs. 2. Zudem besteht für die Vollstreckungsbehörde aufgrund ihrer aus dem Vollstreckungsauftrag folgenden Befugnisse die Möglichkeit, aus Gründen des öffentlichen Interesses den **Beginn der Strafvollstreckung hinauszuschieben**.[18] Dies mag in Betracht kommen, wenn etwa bei Soldaten der Bundeswehr zwingende dienstliche Gründe wie die Teilnahme an einer größeren Truppenübung der alsbaldigen Vollstreckung entgegenstehen. Ähnliches kann gelten, sofern der Verurteilte unmittelbar vor dem Abschluss eines Universitätsexamens oder einer sonstigen Ausbildung steht.[19] Schließlich erscheint ein solcher Aufschub denkbar, falls nach Ansicht der Vollstreckungsbehörde ein eingereichtes Gnadengesuch mit hoher Wahrscheinlichkeit zum Erfolg führt[20] oder die Verkündung einer vom Parlament beschlossenen Amnestie in Kürze bevorsteht. Auch wenn zu erwarten ist, dass sich die Aufhebung des Urteils auf Revision hin auf den bereits rechtskräftig abgeurteilten Mitangeklagten erstrecken wird, erscheint ein solcher Aufschub möglich.[21]

10 **1. Zwingender Strafaufschub nach Abs. 1 und 2.** Bei einem Strafaufschub wegen Vollzugsuntauglichkeit ist zwischen zwingenden und fakultativen Gründen zu differenzieren. **Zwingende Aufschubgründe** sind in Abs. 1 und 2 geregelt. Liegen sie vor, so begründet dies einen **Anspruch** des Verurteilten auf Gewährung des Aufschubs.[22]

11 Danach ist die Vollstreckung einer Freiheitsstrafe aufzuschieben, wenn der Verurteilte in **Geisteskrankheit** verfällt, **Abs. 1**. Der Begriff der Geisteskrankheit entspricht nicht dem engen Krankheitsbegriff von § 20 StGB; eine psychische Erkrankung muss jedoch einen solchen Schweregrad erreicht haben, dass der Sanktionierte für einen Behandlungsvollzug nicht mehr empfänglich ist.[23] Bei geringeren Graden kann die Einweisung in eine Justizvollzugsanstalt mit entsprechenden Behandlungsmöglichkeiten in Betracht kommen (§§ 7 Abs. 2 Nr. 6, 65 StVollzG).[24] Anwendbar ist Abs. 1 auch bei fortgeschrittener Demenz, sofern der Gefangene aufgrund dessen für die Strafzwecke nicht mehr ansprechbar ist.[25] Tritt die Geisteskrankheit in Schüben auf, so kommt ein Aufschub nur für die Dauer eines Schubs in Betracht.[26]

12 Unabdingbar bleibt nach **Abs. 2** ein Strafaufschub auch, wenn von der Vollstreckung eine **nahe Lebensgefahr** für den Verurteilten zu besorgen ist. Daran sind allerdings strenge Anforderungen zu stellen.[27] Es muss sich um einen Krankheitszustand handeln, bei dem

---

[16] Wegen der Zulässigkeit des Strafaufschubs aufgrund von, dem Verurteilten oder seiner Familie bei einer sofortigen Vollstreckung drohenden, außerhalb des Strafzwecks liegenden Nachteile vgl. § 456.
[17] OLG München 8.1.1981 – 1 VAs 19/80, MDR 1981, 426; Graalmann-Scheerer in Löwe/Rosenberg Rn. 5; Bringewat Rn. 5; Paeffgen/Greco in SK-StPO Rn. 7.
[18] Bringewat Rn. 7; zweifelnd und eher ablehnend Appl in KK-StPO Rn. 5; Graalmann-Scheerer in Löwe/Rosenberg Rn. 7.
[19] Graalmann-Scheerer in Löwe/Rosenberg Rn. 7.
[20] Allerdings ist die Entscheidung über die Einstellung der Vollstreckung aus Anlass eines Gnadengesuchs in erster Linie Sache der Gnadenbehörde.
[21] Graalmann-Scheerer in Löwe/Rosenberg Rn. 7.
[22] Graalmann-Scheerer in Löwe/Rosenberg Rn. 6.
[23] OLG München 8.1.1981 – 1 VAs 19/80, NStZ 1981, 240; Appl in KK-StPO Rn. 6a; Schrott in KMR-StPO Rn. 12; Graalmann-Scheerer in Löwe/Rosenberg Rn. 9; Schmitt in Meyer-Goßner/Schmitt Rn. 4; Pfeiffer Rn. 2; Paeffgen/Greco in SK-StPO Rn. 8; Bringewat Rn. 8.
[24] Graalmann-Scheerer in Löwe/Rosenberg Rn. 9; Appl in KK-StPO Rn. 6a.
[25] OLG München 18.6.2012 – 2 Ws 522/12, NStZ 2013, 127; Coen in BeckOK StPO Rn. 2.
[26] Appl in KK-StPO Rn. 6a; Graalmann-Scheerer in Löwe/Rosenberg Rn. 9; Schmitt in Meyer-Goßner/Schmitt Rn. 4; Pfeiffer Rn. 2; krit. Paeffgen/Greco in SK-StPO Rn. 8; Coen in BeckOK StPO Rn. 2.
[27] Graalmann-Scheerer in Löwe/Rosenberg Rn. 10; Schmitt in Meyer-Goßner/Schmitt Rn. 5.

mehr als nur eine bloße Möglichkeit der lebensbedrohlichen Verschlechterung besteht.[28] Erforderlich ist vielmehr ein **erhöhter Wahrscheinlichkeitsgrad** („nahe Lebensgefahr").[29] Die nahe Lebensgefahr ist „von der Vollstreckung" zu besorgen. Nach dem Wortlaut der Norm muss daher gerade die Vollstreckung Ursache der Gefahr sein; Abs. 2 gelangt deshalb nicht zur Anwendung, wenn die Gefahr außerhalb des Strafvollzugs gleichermaßen bestünde.[30] Der Verurteilte ist demnach nicht krankheitsbedingt vollzugsuntauglich, wenn sich die aus der Erkrankung resultierende Lebensgefahr durch den Vollzug nicht erhöht, sondern außerhalb des Vollzugs in gleicher Weise bestünde.[31] Nur im Einzelfall kann bei einem todkranken Strafgefangenen eine Unterbrechung der Strafvollstreckung angezeigt sein, auch wenn von der Vollstreckung selbst keine Gesundheitsgefahr droht, sofern die Lebensqualität über das im Rahmen des Vollzugs übliche Maß hinaus aufgrund der Krankheit in nahezu unerträglicher Weise eingeschränkt wird.[32] Wesentliche Bedeutung kommt daher für die Frage eines Aufschubs gem. Abs. 2 den Behandlungsmöglichkeiten in den vollzuglichen Krankeneinrichtungen und deren Qualität zu. Vor einem Aufschub sind deshalb vollzugsinterne medizinische Maßnahmen vorrangig auszuschöpfen.[33] Inwieweit dies möglich ist, lässt sich spätestens über die alsbald nach Vollzugsbeginn erfolgende ärztliche Untersuchung feststellen. Suizidalität jedenfalls bildet per se noch keinen Grund für einen Aufschub, da dem insoweit durch entsprechende Maßnahmen im Strafvollzug entgegengewirkt werden kann.[34] Gleiches gilt für eine HIV-Infektion.[35]

Bei **sonstigen Krankheiten,** die nicht unter Abs. 1 oder Abs. 2 fallen, kann ein Strafaufschub aufgrund von Vollzugsuntauglichkeit in Betracht kommen, wenn die notwendige ärztliche Behandlung in der Justizvollzugsanstalt nicht möglich ist.[36] Eine Querschnittslähmung alleine genügt dafür jedoch nicht.[37] Alternativ dazu mag eine Unterbringung in einer geeigneten Justizvollzugsanstalt in Abweichung vom Vollstreckungsplan, § 26 StVollStrO, möglich sein.[38]

2. Fakultativer Strafaufschub gem. Abs. 3. Einen fakultativen Aufschubgrund wegen Vollzugsuntauglichkeit enthält § 455 Abs. 3. Danach kann die Strafvollstreckung aufgeschoben werden, wenn sich der Verurteilte in einem körperlichen Zustand befindet, bei dem eine sofortige Vollstreckung mit der Einrichtung der Strafanstalt **unverträglich** ist. Der Aufschub aus den Gründen des Abs. 3 steht im **Ermessen** der Vollstreckungsbehörde.[39]

Die Norm soll Situationen für die Justizvollzugsanstalten verhindern, in denen eine geordnete Durchführung des Vollzugs unmöglich ist.[40] Sie dient darüber hinaus dem Inte-

---

[28] BVerfG 19.6.1979 – 2 BvR 1060/78, BVerfGE 51, 324 (348); Pfeiffer Rn. 3.
[29] Schmitt in Meyer-Goßner/Schmitt Rn. 5; Appl in KK-StPO Rn. 7.
[30] KG 5.2.2013 – 2 Ws 41/13, 2 Ws 41/13 – 141 AR 17/13, BeckRS 2013, 7664; OLG Hamburg 2.5.2006 – 1 Ws 59/06, NStZ-RR 2006, 285; Graalmann-Scheerer in Löwe/Rosenberg Rn. 10; vgl. Appl in KK-StPO Rn. 7; Paeffgen/Greco in SK-StPO Rn. 9; Wolf in Pohlmann/Jabel/Wolf StVollstrO § 45 Rn. 8.
[31] OLG Düsseldorf 16.10.1990 – 1 Ws 866/90, NStZ 1991, 151; s. auch LG Ellwangen 24.2.1988 – StVK 21/88, NStZ 1988, 331 zur Frage der Vollstreckung bei einem Aids-Kranken; ferner Appl in KK-StPO Rn. 7, 13; Schmitt in Meyer-Goßner/Schmitt Rn. 10; Bringewat Rn. 9.
[32] OLG Köln 2.8.2012 – III-2 Ws 523/12, BeckRS 2012, 17784.
[33] Appl in KK-StPO Rn. 7; Paeffgen/Greco in SK-StPO Rn. 7.
[34] KG 5.1.1994 – 5 Ws 4/94, NStZ 1994, 255; Appl in KK-StPO Rn. 7; Schmitt in Meyer-Goßner/ Schmitt Rn. 5; Bringewat Rn. 8; s. auch OLG Köln 26.2.1985 – 2 Ws 64/85, MDR 1985, 695, wonach die Drohung eines nahen Angehörigen, sich im Fall der Verweigerung eines Aufschubs zu töten, als Aufschubgrund ausscheidet.
[35] KG 5.2.2013 – 2 Ws 41/13, 2 Ws 41/13 – 141 AR 17/13, BeckRS 2013, 7664; LG Ellwangen 24.2.1988 – StVK 21/88, NStZ 1988, 330; Graalmann-Scheerer in Löwe/Rosenberg Rn. 10; Appl in KK-StPO Rn. 7; Pfeiffer Rn. 3; Paeffgen/Greco in SK-StPO Rn. 9, 13.
[36] BGH 19.11.1963 – 5 AR (Vs) 84/63, BGHSt 19, 148; OLG Hamm 19.6.1973 – 5 Ws 102/73, NJW 1973, 2076; Appl in KK-StPO Rn. 8; Schmitt in Meyer-Goßner/Schmitt Rn. 6.
[37] OLG Köln 7.8.2012 – III-2 Ws 575 – 576/12 u.a., BeckRS 2012, 17786.
[38] Graalmann-Scheerer in Löwe/Rosenberg Rn. 13; Bringewat Rn. 12.
[39] OLG Koblenz 17.2.2014 – 2 Ws 22/14, BeckRS 2016, 6739 Rn. 9; Bringewat Rn. 5; Schmitt in Meyer-Goßner/Schmitt Rn. 6; Paeffgen/Greco in SK-StPO Rn. 10; Coen in BeckOK StPO Rn. 4.
[40] Graalmann-Scheerer in Löwe/Rosenberg Rn. 11; Schmitt in Meyer-Goßner/Schmitt Rn. 6.

resse des Verurteilten, der im Vollzug keine umfassende Rücksichtnahme auf seinen Zustand erwarten kann, weil der Anstalt die nötigen Mittel nicht zur Verfügung stehen.[41] Der Verurteilte kann deshalb in seinem Interesse den Aufschub beantragen[42] und ggf. bei Versagung die Entscheidung nach § 458 (vgl. → Rn. 35, → § 458 Rn. 15 f.[43] herbeiführen.

16 Ein mit der Einrichtung der Strafanstalt unverträglicher **körperlicher Zustand** liegt vor, wenn die Konstitution des Verurteilten mit den Behandlungs- oder Pflegemöglichkeiten im Vollzug nicht kompatibel ist.[44] Schwangere, Frauen die kurz nach einer Entbindung stehen und stillende Mütter werden von Abs. 3 idR nicht erfasst,[45] da die zuständigen Justizvollzugsanstalten den Anforderungen derartiger Fälle zumeist durch entsprechende Einrichtungen genügen werden.

17 Generell sind bei der Frage der Vollzugstauglichkeit die **individuelle Zumutbarkeit** des Vollzugs (→ Rn. 31) und das **öffentliche Interesse** an beschleunigter Vollstreckung[46] zu berücksichtigen.[47]

III. Sonstiges

18 Abs. 1–3 verlangen keinen Antrag des Verurteilten, vielmehr wird der Strafaufschub **von Amts wegen** ausgesprochen. Dies gilt sogar dann, wenn der Verurteilte selbst einen Aufschub – aus welchem Grund auch immer – ablehnt.[48] Der Verurteilte kann aber einen Strafaufschub nach Abs. 3 beantragen (vgl. → Rn. 14 ff.).

19 Der Aufschub dauert maximal so lange der Grund dafür besteht. Hierdurch unterscheidet sich die Regelung von § 456 Abs. 2, der eine starre Höchstdauer von vier Monaten normiert (→ § 456 Rn. 12).[49] Sobald die Vollzugstauglichkeit wieder eintritt, hat die Vollstreckung zu beginnen.[50] Ein erneuter bzw. mehrmaliger Aufschub kann in Betracht kommen, sofern erneut Vollzugsuntauglichkeit vorliegt.[51] Dauert jedoch das Hindernis permanent fort und lässt sich dauerhaft nicht beseitigen, kann die Strafvollstreckung tatsächlich unmöglich werden.[52] Während des Strafaufschubs ruht die Vollstreckungsverjährung (§ 79a Nr. 2a StGB).

C. Vollstreckungsunterbrechung nach Abs. 4

I. Allgemeines

20 Abs. 4[53] regelt die Unterbrechung einer bereits begonnenen[54] Strafvollstreckung in Ausnahme von dem Grundsatz, dass eine einmal begonnene Vollstreckung zu Ende geführt

---

[41] BVerfG 19.6.1979 – 2 BvR 1060/78, BVerfGE 51, 324; Appl in KK-StPO Rn. 8; Schmitt in Meyer-Goßner/Schmitt Rn. 6; Bringewat Rn. 10.
[42] Graalmann-Scheerer in Löwe/Rosenberg Rn. 11.
[43] S. auch Bringewat Rn. 5.
[44] Laubenthal/Nestler Strafvollstreckung Rn. 222; Schmitt in Meyer-Goßner/Schmitt Rn. 6; Coen in BeckOK StPO Rn. 4; Pfeiffer Rn. 4.
[45] Schmitt in Meyer-Goßner/Schmitt Rn. 6; Bringewat Rn. 12; Appl in KK-StPO Rn. 8; Paeffgen/Greco in SK-StPO Rn. 10.
[46] S. auch BGH 29.4.1993 – III ZR 3/92, NJW 1993, 2927; Schmitt in Meyer-Goßner/Schmitt Rn. 6; Appl in KK-StPO Rn. 8.
[47] KG 5.12.2013 – 2 Ws 555/13, 2 Ws 555/13 – 141 AR 603/13, BeckRS 2014, 5698; OLG Koblenz 17.2.2014 – 2 Ws 22/14, BeckRS 2016, 6739.
[48] Schmitt in Meyer-Goßner/Schmitt Rn. 15; Bringewat Rn. 6; Coen in BeckOK StPO Rn. 3; krit. Paeffgen/Greco in SK-StPO Rn. 6.
[49] Appl in KK-StPO § 456 Rn. 6; vgl. auch Schmitt in Meyer-Goßner/Schmitt Rn. 2; Röttle/Wagner/Theurer Strafvollstreckung Kap. 10 Rn. 65.
[50] OLG München 24.10.2013 – 1 Ws 915/13, NStZ-RR 2014, 158; Appl in KK-StPO Rn. 9; Schmitt in Meyer-Goßner/Schmitt Rn. 2; Bringewat Rn. 6; Coen in BeckOK StPO Rn. 5.
[51] Paeffgen/Greco in SK-StPO Rn. 2; Schmitt in Meyer-Goßner/Schmitt Rn. 2; Appl in KK-StPO Rn. 9.
[52] Graalmann-Scheerer in Löwe/Rosenberg Rn. 14.
[53] Eingehend zum Gesetzgebungsverfahren Graalmann-Scheerer in Löwe/Rosenberg Rn. 16.
[54] KG 7.9.2020 – 5 Ws 97 – 112 AR 119/20, 5 Ws 105/20 – 121 AR 119/20, BeckRS 2020, 40661.

werden soll. Dies dient sowohl dem öffentlichen Interesse an einer nachdrücklichen Sanktionsdurchführung bzw. einer zügigen Beendigung der Rechtsfolgendurchführung als auch dem Interesse des Inhaftierten, das Ende der Strafzeit nicht unnötig hinauszuschieben.[55]

21 Anders als der Aufschub macht die Strafunterbrechung eine besondere Gestaltung erforderlich. Eine analoge Anwendung der Vorschriften über den Strafaufschub scheidet aus.[56] Abs. 4 legt deswegen zugrunde, dass eine einmal begonnene Strafvollstreckung zu Ende geführt und im Allgemeinen nicht unterbrochen wird.[57]

22 Neben Abs. 4 existieren weitere Regelungen betreffend die Unterbrechung der Vollstreckung, etwa in § 455a, der die Unterbrechung der Vollstreckung von Freiheitsstrafen und freiheitsentziehenden Maßregeln der Besserung und Sicherung aus Gründen der Vollzugsorganisation normiert (→ § 455a Rn. 2). Ähnlich erlaubt § 456a, dass die Vollstreckungsbehörde sich auch mit der Vollstreckung eines Teils der Strafe begnügen und zu diesem Zweck die Strafvollstreckung unterbrechen kann, wenn der Verurteilte wegen einer anderen Tat einer ausländischen Regierung ausgeliefert, an einen internationalen Strafgerichtshof überstellt oder wenn er aus dem Geltungsbereich dieses Bundesgesetzes ausgewiesen wird (→ § 456a Rn. 1). Die Aussetzung eines Berufsverbots gestattet § 456c Abs. 2. Sofern ein Aufschub des Beginns der Vollstreckung beantragt war und vor der endgültigen Erledigung dieses Antrags der Strafvollzug bereits begonnen hatte, enthält § 458 Abs. 3 neben dem Aufschub auch eine Regelung zur Unterbrechung (→ § 458 Rn. 20 f.).

II. Unterbrechungsgründe

23 Eine Unterbrechung erfolgt nach Abs. 4 S. 1, wenn der Verurteilte in **Geisteskrankheit** verfällt (Nr. 1) oder wegen einer Krankheit von der Vollstreckung eine **nahe Lebensgefahr** für den Verurteilten zu besorgen ist (Nr. 2). Abs. 4 S. 1 Nr. 1 und 2 entsprechen damit den Strafaufschubgründen von Abs. 1 und 2.[58] Als Unterbrechungsgrund benennt Abs. 4 Nr. 3 weiter den Fall, dass der **Verurteilte** sonst **schwer erkrankt** und die Krankheit in einer Vollzugsanstalt oder einem Anstaltskrankenhaus nicht erkannt oder behandelt werden kann. Vorrangig sind zunächst die strafvollzugsinternen Behandlungsmöglichkeiten zu prüfen und auszuschöpfen.[59] Eine Unterbrechung nach dieser Vorschrift soll nur in schwer wiegenden Fällen erfolgen.[60]

24 Eine Unterbrechung gem. Abs. 4 S. 1 kommt nur in Betracht, wenn zu erwarten ist, dass die **Krankheit** voraussichtlich für eine **erhebliche Zeit andauert**.[61] Eine gesetzliche Vorgabe im Bezug auf die maßgebliche Zeitspanne existiert nicht, was eine Bewertung nach dem jeweiligen Einzelfall, insbesondere eine Berücksichtigung der Dauer der noch zu verbüßenden Strafe, möglich macht.[62] Zulässig ist für Fälle absehbarer Genesungszeit eine Unterbrechung, falls die

---

[55] OLG Koblenz 17.2.2014 – 2 Ws 22/14, BeckRs 2016, 6739 Rn. 14; Appl in KK-StPO Rn. 10; Laubenthal/Nestler Strafvollstreckung Rn. 227; Paeffgen/Greco in SK-StPO Rn. 11.
[56] Graalmann-Scheerer in Löwe/Rosenberg Rn. 17 mit dem Verweis darauf, dass anderenfalls die Vollstreckung bei Vollzugsuntauglichkeit in jedem Fall unterbrochen werden müsste.
[57] OLG München 24.11.1987 – 2 Ws 1205/87, NStZ 1988, 294; OLG Karlsruhe 17.9.1990 – 1 Ws 216/90, NStZ 1991, 53 (54); Appl in KK-StPO Rn. 10; Bringewat Rn. 14; zur Frage der Zulässigkeit einer Überweisung eines Lebenslänglichen wegen paranoid-halluzinatorischer Schizophrenie in den Maßregelvollzug s. OLG Karlsruhe 21.12.1990 – 1 Ws 275/90L, NStZ 1991, 302.
[58] Appl in KK-StPO Rn. 12; Paeffgen/Greco in SK-StPO Rn. 11.
[59] BVerfG 27.6.2003 – 2 BvR 1007/03, NStZ-RR 2003, 345; Appl in KK-StPO Rn. 10, 13.
[60] Appl in KK-StPO Rn. 13. Siehe dazu OLG Karlsruhe 21.2.2022 – 1 Ws 59/22, BeckRS 2022, 4187 (Unterbrechung wegen schwerwiegender Risiken, während der Strafvollstreckung eher an Covid-19 zu erkranken, als in häuslicher Isolation); einschr. OLG Hamm 16.7.2020 – 3 Ws 243/20, BeckRS 2020, 57282 (entscheidend ist, ob das Infektionsrisiko „durch den Vollzug der Strafhaft erhöht ist, mithin eine beachtliche Wahrscheinlichkeit dafür besteht, dass die Verurteilte aufgrund des weiteren Vollzugs der Strafhaft irreversible und schwerwiegende Schäden an ihrer Gesundheit erleidet oder mit dem Tode rechnen muss").
[61] Graalmann-Scheerer in Löwe/Rosenberg Rn. 20; Schmitt in Meyer-Goßner/Schmitt Rn. 11.
[62] BT-Drs. 10/2720; zu den Unterbrechungsgründen s. auch Dölling NJW 1987, 1041 (1048); Appl in KK-StPO Rn. 14; Schmitt in Meyer-Goßner/Schmitt Rn. 11; Laubenthal/Nestler Strafvollstreckung Kap. 10 Rn. 71; Bringewat Rn. 15.

verurteilte Person anderenfalls einen unverhältnismäßig großen Teil der Strafe außerhalb der Justizvollzugsanstalt verbringen würde.[63] Denn gem. § 461 ist die Dauer des Aufenthalts in einem vollzugsexternen Krankenhaus in die Strafzeit einzurechnen (vgl. → § 461 Rn. 1).[64]

25 Zur Überprüfung der Haftfähigkeit kann ein **medizinisches Sachverständigengutachten** eingeholt werden, wobei die dafür anfallenden Kosten nicht zu den Verfahrenskosten gehören.[65] Deshalb könnten sie allenfalls nach der **Justizverwaltungskostenordnung** festgesetzt werden, die jedoch eine Gebührenerhebung für Amtshandlungen, die durch Anträge in Angelegenheiten der Strafvollstreckung veranlasst werden, nicht vorsieht, § 9 Nr. 1 JVKostO.

26 **1. Unterbrechungsgründe nach Nr. 1 und 2.** Abs. 4 Nr. 1 nennt als Grund für eine Unterbrechung der Strafvollstreckung den Verfall in Geisteskrankheit; Abs. 4 Nr. 2 stellt auf die Besorgnis naher Lebensgefahr ab. Die in Nr. 1 und 2 genannten Umstände entsprechen damit den Gründen der Abs. 1 und 2 (→ Rn. 11 ff.).[66]

27 **2. Unterbrechungsgründe nach Nr. 3.** Abs. 4 Nr. 3 korrespondiert mit der für die Verlegung in ein Krankenhaus außerhalb des Vollzugs geltenden Vorschrift des § 65 Abs. 2 StVollzG bzw. der entsprechenden landesrechtlichen Vorschriften.[67] Dies hat zur Folge, dass selbst schwere Krankheitsfälle eine Unterbrechung nur dann rechtfertigen, wenn sie nicht in einem Anstaltskrankenhaus oder in einer Justizvollzugsanstalt mit entsprechender Krankenabteilung behandelt oder erkannt werden können.[68] Das Grundrecht aus Art. 2 Abs. 2 S. 1 iVm Art. 1 Abs. 2 GG selbst kann jedoch eine Strafunterbrechung gebieten.[69]

28 Nur sofern die klinische Versorgung innerhalb des Vollzugs nicht gewährleistet werden kann, hat diese in einem externen Krankenhaus stattzufinden. Voraussetzung hierfür ist, dass entweder eine Verlegung des Gefangenen in ein Anstaltskrankenhaus oder eine andere geeignete Vollzugseinrichtung nicht rechtzeitig möglich ist, oder dass vollzugliche Einrichtungen die notwendige Behandlung überhaupt nicht erbringen können. Externe Krankenhäuser idS sind sämtliche Kliniken, insbesondere Fachkliniken oder solche mit speziellen Abteilungen für die jeweils vorliegende Krankheit.[70]

29 Umgekehrt kann aber auch die Verlegung eines Gefangenen in ein Krankenhaus nach § 65 Abs. 2 StVollzG bzw. der entsprechenden landesrechtlichen Vorschriften ausscheiden, weil ein Patient mit Gefangenenstatus und entsprechender vollzuglicher Begleitung das therapeutische Klima empfindlich stören würde.[71] In einem solchen Fall kann vorbehaltlich der übrigen Voraussetzungen statt der Verlegung eine Unterbrechung der Strafvollstreckung zum Zweck der Behandlung in Betracht kommen. Prinzipiell gilt jedoch, dass die Unterbrechung der Strafvollstreckung nach Abs. 4 Nr. 3 **subsidiär** hinter den zunächst zu prüfenden Verlegungsmöglichkeiten nach § 65 Abs. 1 und Abs. 2 StVollzG bleibt (aber sogleich → Rn. 32).[72]

III. Ermessensentscheidung der Vollstreckungsbehörde

30 Eine Unterbrechung wegen Vollzugsuntauglichkeit liegt im **Ermessen** der Strafvollstreckungsbehörde. Auch nach der korrespondierenden Regelung des § 45 Abs. 1 StVollstrO

---

[63] Schmitt in Meyer-Goßner/Schmitt Rn. 11; Appl in KK-StPO Rn. 14; Röttle/Wagner/Theurer Strafvollstreckung Kap. 10 Rn. 71.
[64] Röttle/Wagner/Theurer Strafvollstreckung Kap. 10 Rn. 71.
[65] OLG Koblenz 8.1.1997 – 2 Ws 766/96, NStZ 1997, 256.
[66] Vgl. auch BT-Drs. 10/2720.
[67] Vgl. Nestler in Schwind/Böhm/Jehle/Laubenthal StVollzG § 65 Rn. 20 ff.; S. auch BT-Drs. 10/2720; BVerfG 27.6.2003 – 2 BvR 1007/03, NStZ-RR 2003, 345; OLG München 27.1.1997 – 2 Ws 43/97, StV 1997, 262.
[68] OLG Karlsruhe 17.9.1990 – 1 Ws 216/90, NStZ 1991, 53 (54); LG Ellwangen 24.2.1988 – StVK 21/88, NStZ 1988, 330 (331); Appl in KK-StPO Rn. 13; Schmitt in Meyer-Goßner/Schmitt Rn. 10; Bringewat Rn. 19.
[69] BVerfG 9.3.2010 – 2 BvR 3012/09, BVerfGK 17, 133; vgl. KG 5.12.2013 – 2 Ws 555/13 – 141 AR 603/13, BeckRS 2014, 5698; Schmitt in Meyer-Goßner/Schmitt Rn. 10; Coen in BeckOK StPO Rn. 8.
[70] Nestler in Schwind/Böhm/Jehle/Laubenthal StVollzG § 65 Rn. 14.
[71] OLG Stuttgart 27.2.1991 – 3 Ws 41/91, StV 1991, 478.
[72] Schmitt in Meyer-Goßner/Schmitt Rn. 10; Paeffgen/Greco in SK-StPO Rn. 11; Röttle/Wagner/Theurer Strafvollstreckung Kap. 10 Rn. 69.

steht der Vollstreckungsbehörde für die Unterbrechungsentscheidung ein Ermessensspielraum zu. Dem Verurteilten kommt ein **Anspruch auf fehlerfreien Ermessensgebrauch** zu.[73] In der Entscheidung müssen dem Verurteilten die für die Annahme des (Nicht-)Vorliegens der Voraussetzungen einer Vollstreckungsunterbrechung maßgeblichen Umstände mitgeteilt werden.[74]

Die (**Verhältnismäßigkeitsprüfung** im Rahmen der) Ermessensentscheidung ergeht 31 auf der Grundlage sämtlicher ihr im Entscheidungszeitpunkt vorliegenden Erkenntnisse und ergibt sich aus einer Gesamtabwägung, die sowohl die öffentlichen Belange einer Durchsetzung des staatlichen Strafanspruchs als auch das Interesse des Verurteilten an der Wahrung seiner verfassungsmäßig verbürgten Rechte, insbesondere seiner durch Art. 2 Abs. 2 S. 1 GG geschützten Gesundheit sowie die Achtung seiner Menschenwürde einbezieht.[75] Es kann dabei um Gesichtspunkte wie die Schwere der Erkrankung des Verurteilten, die Dauer sowie der Art und Weise der erforderlichen Behandlung oder die Erwartung der Fortdauer der Erkrankung für eine erhebliche Zeit gehen.[76]

Des Weiteren stellt sich bei der Ermessensausübung die Frage, ob Maßnahmen nach 32 § 65 Abs. 1 oder 2 StVollzG bzw. der entsprechenden landesrechtlichen Vorschriften ausreichen respektive aus Sicherheitserwägungen heraus notwendig sind, oder ob im Interesse des Verurteilten von einer Unterbrechung abgesehen werden soll.[77] Denn die Zeit der Unterbrechung wird nicht auf die Strafzeit angerechnet, während für die ohne Unterbrechung in einem Krankenhaus außerhalb des Vollzugs nach § 65 Abs. 2 StVollzG verbrachte Zeit grundsätzlich nach § 461 eine Einrechnung in die Strafzeit erfolgt.[78]

Abs. 4 S. 2 gibt (ähnlich wie § 455a Abs. 1 letzter Hs. bei der Unterbrechung aus 33 Gründen der Vollzugsorganisation) für die Abwägung im Rahmen der Ermessensausübung vor, dass eine **Unterbrechung** zwingend **ausgeschlossen** ist, wenn ihr überwiegende Gründe – namentlich der öffentlichen Sicherheit – entgegenstehen (zB Fluchtgefahr oder drohende neue Straftaten).[79] Der Verurteilte muss trotz oder gerade wegen seiner Krankheit derart gefährlich bleiben, dass es im Interesse der Allgemeinheit geboten erscheint, den Vollzug der Freiheitsstrafe fortzusetzen. Er wird dann in einem Anstaltskrankenhaus behandelt bzw. – soweit dies nicht möglich ist – unter Fortdauer des Strafvollzugs in eine geeignete Einrichtung verlegt.[80] Die Formulierung („namentlich") legt nahe, dass die Vorschrift insoweit keinen abschließenden Charakter besitzt und daher auch andere Gründe für einen Ausschluss in Betracht kommen.[81]

D. Verfahrensrechtliches

I. Zuständigkeit

Zuständig für die Entscheidung über einen Strafaufschub oder eine Strafunterbre- 34 chung ist bereits aufgrund ihrer aus § 451 folgenden Befugnisse die **Vollstreckungsbe-**

---

[73] KG 7.9.2020 – 5 Ws 97 – 112 AR 119/20, 5 Ws 105/20 – 121 AR 119/20, BeckRS 2020, 40661; 15.2.2006 – 5 Ws 607/05, StV 2008, 87; OLG Hamm 10.2.2009 – 2 Ws 25/09, NStZ-RR 2009, 189; Appl in KK-StPO Rn. 10; Schmitt in Meyer-Goßner/Schmitt Rn. 1, 7; vgl. Paeffgen/Greco in SK-StPO Rn. 6.
[74] OLG Jena 11.11.2010 – 1 Ws 406/10, StV 2011, 680.
[75] OLG Hamburg 2.5.2006 – 1 Ws 59/06, NStZ-RR 2006, 285; s. auch BVerfG 9.3.2010 – 2 BvR 3012/09, BVerfGK 17, 133; Paeffgen/Greco in SK-StPO Rn. 10.
[76] Vgl. zB OLG Jena 21.8.2003 – 1 Ws 264/03, StV 2004, 84; OLG Koblenz 17.2.2014 – 2 Ws 22/14, BeckRS 2016, 6739.
[77] BT-Drs. 10/2720.
[78] Laubenthal/Nestler Strafvollstreckung Rn. 226; Pfeiffer Rn. 7; Klein in BeckOK StPO Rn. 7; vgl. auch Appl in KK-StPO Rn. 3; Röttle/Wagner/Theurer Strafvollstreckung Kap. 10 Rn. 61.
[79] Appl in KK-StPO Rn. 15; Schmitt in Meyer-Goßner/Schmitt Rn. 12; Paeffgen/Greco in SK-StPO Rn. 12; Coen in BeckOK StPO Rn. 9.
[80] Schmitt in Meyer-Goßner/Schmitt Rn. 12; Klein in BeckOK StPO Rn. 7.
[81] Graalmann-Scheerer in Löwe/Rosenberg Rn. 22.

hörde.⁸² Die funktionale Zuständigkeit liegt gem. § 31 Abs. 2 S. 1 RPflG beim **Rechtspfleger**.⁸³ Das Gericht kann den Aufschub oder die Unterbrechung einer Vollstreckung aber nur anordnen, wenn dies in gesetzlichen Vorschriften ausdrücklich vorgesehen ist.⁸⁴

II. Rechtsbehelfe

35   Lehnt die Vollstreckungsbehörde einen beantragten Aufschub oder eine beantragte Unterbrechung ab, so handelt es sich dabei nicht um eine Entscheidung nach § 458 Abs. 2, Abs. 3. Wendet sich der zu einer Freiheitsstrafe Verurteilte gegen die Sanktionsdurchführung wegen Vorliegens des Vollstreckungshindernisses des Strafausstands, steht ihm als Rechtsmittel die **Einwendung gegen die Zulässigkeit der Strafvollstreckung** gem. § 458 Abs. 1 offen. Erhebt der Verurteilte bzw. der beschwerte Antragsteller also gegen die Ablehnung Einwendungen und werden diese von der Vollstreckungsbehörde zurückgewiesen, so muss sie daraufhin die **Entscheidung des Gerichts** herbeiführen, § 458 Abs. 2 (auch → § 463 Rn. 3).⁸⁵ Gegen die Gerichtsentscheidung ist sofortige Beschwerde zulässig (§ 462 Abs. 3).⁸⁶

36   Während Entscheidungen nach Abs. 1 und Abs. 2 in vollem Umfang der Überprüfung unterliegen, **beschränkt** sich der **Prüfungsumfang** bei Entscheidungen nach Abs. 3 und Abs. 4 auf die Frage, ob die Vollstreckungsbehörde ermessensfehlerfrei entschieden,⁸⁷ insbesondere, ob die Staatsanwaltschaft die Grenzen des Ermessens eingehalten und alle hierfür maßgeblichen Gesichtspunkte berücksichtigt hat.⁸⁸ Bei Einwendungen in Bezug auf einen Strafaufschub, entscheidet das nach §§ 462, 462a zuständige Gericht auch dann, wenn zwischenzeitlich die Vollstreckung bereits begonnen hat.⁸⁹

37   Dem Verurteilten steht zudem der Weg einer **Dienstaufsichtsbeschwerde** offen.⁹⁰ Darüber hinaus kann er, wenn Gericht oder Dienstaufsichtsbehörde das Vorliegen eines gesetzlichen Aufschubgrundes verneinen, die Gnadenbehörde anrufen (vgl. → Rn. 5, → Rn. 38).⁹¹

III. Sonstiges

38   **1. Aufschub und Unterbrechung durch Gnadenakt.** Aufschub und Unterbrechung können auch durch Gnadenakt erfolgen. Bei Maßregeln der Besserung und Sicherung kommt ein Gnadenakt nur in seltenen Ausnahmefällen und jedenfalls dann nicht in Betracht, wenn die Gefahr, die durch die Maßregel abgewendet werden soll, noch besteht. Gnadenentscheidungen können weder nach § 458 Abs. 2 noch nach § 23 EGGVG angefochten werden.⁹²

---

⁸² Schmitt in Meyer-Goßner/Schmitt Rn. 15; Paeffgen/Greco in SK-StPO Rn. 5.
⁸³ Vgl. Art. 12 des 1. JuMoG vom 24.8.2004; Appl in KK-StPO Rn. 4; aA Paeffgen/Greco in SK-StPO Rn. 5, allerdings noch mit Bezugnahme auf § 1 Nr. 2 BegrVO.
⁸⁴ Wie zB in § 47 Abs. 2: Aufschub der Vollstreckung; § 307 Abs. 2: Aussetzung der Vollziehung; § 360 Abs. 2, § 348 Abs. 3 S. 1 letzter Hs.: Aufschub oder Unterbrechung der Vollstreckung.
⁸⁵ OLG Karlsruhe 30.6.1988 – 2 VAs 7/88, NStZ 1988, 525; Appl in KK-StPO Rn. 17; Bringewat Rn. 5; 20; Paeffgen/Greco in SK-StPO Rn. 14; Röttle/Wagner/Theurer Strafvollstreckung Kap. 10 Rn. 76.
⁸⁶ Coen in BeckOK StPO Rn. 12; Appl in KK-StPO Rn. 17; Schmitt in Meyer-Goßner/Schmitt Rn. 16; Pfeiffer Rn. 8; Paeffgen/Greco in SK-StPO Rn. 14.
⁸⁷ KG 5.1.1994 – 5 Ws 4/94, NStZ 1994, 255; OLG Jena 21.8.2003 – 1 Ws 264/03, StV 2004, 84; Zur Ermessensreduzierung bei todkranken Strafgefangenen OLG Hamburg 2.5.2006 – 1 Ws 59/06, NStZ-RR 2006, 285.
⁸⁸ KG 5.1.1994 – 5 Ws 4/94, NStZ 1994, 255; OLG Jena 21.8.2003 – 1 Ws 264/03, StV 2004, 84; OLG Hamm 10.2.2009 – 2 Ws 25/09, NStZ-RR 2009, 189.
⁸⁹ OLG Schleswig 30.5.1983 – 1 Ws 293/83, MDR 1983, 865; Appl in KK-StPO Rn. 17; Schmitt in Meyer-Goßner/Schmitt Rn. 16; Bringewat Rn. 20.
⁹⁰ Schmitt in Meyer-Goßner/Schmitt Rn. 16.
⁹¹ BGH 19.11.1963 – 5 AR (Vs) 84/63, NJW 1964, 166 (167).
⁹² OLG Stuttgart 11.2.1985 – 4 VAs 47/84 u. 4 VAs 4/85, NStZ 1985, 331; Appl in KK-StPO Rn. 18; Bringewat Rn. 21.

2. Anwendung des § 455 auf Geldstrafen und sonstige Rechtsfolgen? § 455 gilt 39
nicht für die Vollstreckung von Geldstrafen, Nebenfolgen wie Verfall und Einziehung sowie
Nebenfolgen, die zu einer Geldzahlung verpflichten (§ 459g Abs. 2).[93]

3. Sonderfall: Aufschub und Unterbrechung nach § 19 StVollstrO. § 19 StVoll- 40
strO regelt einen Sonderfall der Strafunterbrechung. Die Vorschrift schreibt einen Aufschub
oder eine Unterbrechung der Strafvollstreckung vor, wenn **von mehreren Verurteilten**
nur **Einzelne Revision** eingelegt haben, während das Urteil gegen die Übrigen rechtskräftig geworden ist und erwartet wird, dass das Revisionsgericht die Aufhebung auf einen der
Letzteren, der sich schon im Vollzug befindet, erstrecken wird (§ 357). Da die Unterbrechung beim Zusammentreffen mehrerer Freiheitsstrafen mittlerweile in § 454b selbständig
und abschließend geregelt ist, kann § 19 StVollstrO für diese Fälle weder direkt noch analog[94]
herangezogen werden. Lehnt die Vollstreckungsbehörde eine Unterbrechung nach § 19
StVollstrO ab, so kann der Verurteilte Rechtsschutz nach den §§ 23 ff. EGGVG erlangen.[95]

§ 455a Strafausstand aus Gründen der Vollzugsorganisation

(1) Die Vollstreckungsbehörde kann die Vollstreckung einer Freiheitsstrafe oder
einer freiheitsentziehenden Maßregel der Besserung und Sicherung aufschieben
oder ohne Einwilligung des Gefangenen unterbrechen, wenn dies aus Gründen der
Vollzugsorganisation erforderlich ist und überwiegende Gründe der öffentlichen
Sicherheit nicht entgegenstehen.

(2) Kann die Entscheidung der Vollstreckungsbehörde nicht rechtzeitig eingeholt
werden, so kann der Anstaltsleiter die Vollstreckung unter den Voraussetzungen
des Absatzes 1 ohne Einwilligung des Gefangenen vorläufig unterbrechen.

A. Überblick

Die Vorschrift regelt den bereits vor ihrer Einführung in der Rechtspraxis anerkannten[1] 1
Fall, dass ein Aufschub oder eine Unterbrechung der Vollstreckung von Freiheitsstrafen
auch aus vollzugstechnischen Gründen bzw. aus Bedürfnissen der Strafrechtspflege oder des
öffentlichen Interesses erforderlich wird. § 455a schließt indes Gründe, die in der Person
des Verurteilten liegen, aus seinem Anwendungsbereich aus.[2]

B. Voraussetzungen

I. Gründe der Vollzugsorganisation

Ein Aufschub oder eine Unterbrechung der Vollstreckung einer Freiheitsstrafe oder 2
einer freiheitsentziehenden Maßregel der Besserung und Sicherung nach Abs. 1 erfordert
das Vorliegen von vollzugsorganisatorischen Gründen. Damit muss es sich um Umstände
handeln, die sich aus den **Bedürfnissen und Anforderungen eines geordneten,** den
gesetzlichen Vorschriften entsprechenden **Vollzugs in der Anstalt** ergeben,[3] wie z.B. die

---
[93] Zu Besonderheiten bei Vollzug durch Bundeswehrbehörde, Art. 6 EGWStG s. Graalmann-Scheerer in Löwe/Rosenberg Rn. 23 ff.
[94] Graalmann-Scheerer in Löwe/Rosenberg Rn. 27.
[95] Appl in KK-StPO Rn. 18; Graalmann-Scheerer in Löwe/Rosenberg Rn. 33.
[1] Graalmann-Scheerer in Löwe/Rosenberg Rn. 1.
[2] BT-Drs. 7/918, Begründung zu § 167 StVollzG, 103; Appl in KK-StPO Rn. 2; Graalmann-Scheerer in Löwe/Rosenberg Rn. 2; Schmitt in Meyer-Goßner/Schmitt Rn. 1; Bringewat Rn. 1; OLG Karlsruhe 3.11.2004 – 2 VAs 34/04, Rpfleger 2005, 162.
[3] LG Oldenburg 25.3.2004 – 15 StVK 1080/04, StV 2004, 610 (Vollstreckungsaufschub bei Mangel an Einzelhaftplätzen).

Vermeidung einer Überbelegung.⁴ In diesen Zusammenhang gehört auch ein Aufschub bzw. eine Unterbrechung, um bei einer Überbelegung der Anstalten für Gefangene schwerer Kriminalität Haftplätze zu schaffen oder bei Katastrophenfällen Abhilfe zu schaffen.⁵ Nicht ausreichend sind indes Personalschwierigkeiten.⁶ Liegen solche Gründe der Vollzugsorganisation vor, so erfolgen Aufschub bzw. Unterbrechung der Vollstreckung **von Amts wegen** und ohne Einwilligung des Verurteilten.⁷

II. Entgegenstehendes öffentliches Interesse

3   Erfordernisse der Vollzugsorganisation rechtfertigen Aufschub oder Unterbrechung der Vollstreckung von Freiheitsstrafen oder freiheitsentziehenden Maßregeln der Besserung und Sicherung nicht, sofern überwiegende Gründe der öffentlichen Sicherheit im Rahmen einer Abwägung der kollidierenden Interessen entgegenstehen.⁸ So kann zB eine Überbelegung im Verhältnis zu den mit einer weitgehenden Unterbrechung der Vollstreckung verbundenen Auswirkungen als das kleinere Übel anzusehen sein.⁹ Gründe der öffentlichen Sicherheit stehen insbesondere dann entgegen, wenn die Gefahr der Begehung von neuen Straftaten gegeben ist oder Fluchtgefahr besteht.¹⁰ Ein Strafausstand wird aber erst dann aufgrund vollzugsorganisatorischer Umstände **erforderlich,** wenn keine Abhilfe auf der vollzuglichen Ebene selbst möglich bleibt. So sehen die Strafvollzugsgesetze Möglichkeiten der Verlegung aus vollzugsorganisatorischen Gründen vor.¹¹ Erst wenn bei Überbelegungen oder unvorhersehbaren Ereignissen keine Abhilfe durch Verlegung in andere Justizvollzugseinrichtungen geschaffen werden kann, kommt deshalb ein Strafausstand in Betracht.

III. Zuständigkeit/Entscheidungen des Anstaltsleiters nach Abs. 2

4   Entscheidungen nach § 455a trifft die Staatsanwaltschaft als Vollstreckungsbehörde.¹² Diese hat zuvor die Zustimmung der obersten Justizbehörde einzuholen.¹³ Lediglich falls ein Eilfall vorliegt, darf ohne diese Zustimmung eine Entscheidung ergehen, wobei jedoch unverzüglich Bericht zu erstatten ist.¹⁴

5   Nach Abs. 2 entscheidet in Eilfällen und subsidiär¹⁵ der Anstaltsleiter, sofern also die Entscheidung der Vollstreckungsbehörde nicht rechtzeitig eingeholt werden kann. In diesen Konstellationen entfällt naturgemäß zugleich die Zustimmung der obersten Justizbe-

---

⁴ Laubenthal/Nestler Strafvollstreckung Rn. 232; vgl. auch § 146 StVollzG; s. auch KG 9.2.1983 – 1 AR 60/83 – 5 Ws 15/83, NStZ 1983, 334 unter Hinweis auf die für eine menschenwürdige Unterbringung und eine den Vorschriften des Entwurfs entsprechende Behandlung der Gefangenen wichtige Bedeutung; ferner Appl in KK-StPO Rn. 2; Bringewat Rn. 2.
⁵ Appl in KK-StPO Rn. 2; Paeffgen/Greco in SK-StPO Rn. 3; Schmitt in Meyer-Goßner/Schmitt Rn. 1; Bringewat Rn. 3; Laubenthal/Nestler Strafvollstreckung Rn. 232.
⁶ Bringewat Rn. 3; aA Schrott in KMR-StPO Rn. 4; Graalmann-Scheerer in Löwe/Rosenberg Rn. 2.
⁷ Graalmann-Scheerer in Löwe/Rosenberg Rn. 2.
⁸ Graalmann-Scheerer in Löwe/Rosenberg Rn. 3 unter Verweis auf Appl in KK-StPO Rn. 3; Schmitt in Meyer-Goßner/Schmitt Rn. 2; Bringewat Rn. 4 mit dem Bsp., bei einem Großbrand, der die Vollzugsanstalt weitgehend bedroht oder vernichtet, die Gefangenen einfach auf freien Fuß zu setzen, wenn von ihnen Ausschreitungen, Plünderungen usw zu befürchten sind.
⁹ Appl in KK-StPO Rn. 3; Schmitt in Meyer-Goßner/Schmitt Rn. 2; Bringewat Rn. 4.
¹⁰ Laubenthal/Nestler Strafvollstreckung Rn. 233.
¹¹ Laubenthal/Nestler Strafvollstreckung Rn. 233.
¹² So im Ergebnis auch Bringewat Rn. 5; aA Jabel/Wolf in Pohlmann/Jabel/Wolf StVollstrO § 46a Rn. 2 und Röttle/Wagner/Theurer Strafvollstreckung Kap. 10 Rn. 81, die eine Entscheidung des Behördenleiters verlangen; siehe auch Appl in KK-StPO Rn. 4, der den Rechtspfleger nach Zustimmung der obersten Justizbehörde für zuständig hält; des weiteren Schmitt in Meyer-Goßner/Schmitt Rn. 4, der ebenfalls den Rechtspfleger für zuständig hält, der aber die Zustimmung der obersten Justizbehörde einzuholen hat.
¹³ S. § 46a Abs. 1 StVollstrO.
¹⁴ Graalmann-Scheerer in Löwe/Rosenberg Rn. 4.
¹⁵ Baier in Radtke/Hohmann Rn. 6.

hörde.[16] Der Anstaltsleiter setzt die Vollstreckungsbehörde unverzüglich (mindestens telefonisch[17]) in Kenntnis über die von ihm getroffenen Maßnahmen.[18] Die Vollstreckungsbehörde bestimmt dann idR eine Frist über die Dauer der Unterbrechung.[19]

C. Rechtsbehelfe des Verurteilten

Der Verurteilte hat keine Möglichkeit, das Gericht anzurufen, sofern die Staatsanwaltschaft die Vollstreckung ohne seine Einwilligung unterbrochen hat. Bei Ablehnung seines Antrags auf Aufschub oder Unterbrechung aus Gründen der Vollzugsorganisation gelten für den Betroffenen somit weder § 458 Abs. 2 StPO noch §§ 109 ff. StVollzG.[20] Denn der Strafausstand gem. § 455a StPO erfolgt nicht im persönlichen Interesse des Sanktionierten. Wird jedoch der Strafausstand gem. § 455a StPO gegen seinen Willen angeordnet, kommt bei ermessensfehlerhafter Nichtberücksichtigung seiner Lebensplanung für den Verurteilten ein Vorgehen nach §§ 23 ff. EGGVG in Betracht.[21] 6

Gegen die Entscheidung der Vollstreckungsbehörde über einen Vollstreckungsaufschub bzw. eine Vollstreckungsunterbrechung selbst kann der Verurteilte in den Fällen von § 455 und § 456 StPO jedoch Einwendungen nach § 458 Abs. 2 StPO erheben. 7

§ 456 Vorübergehender Aufschub

(1) Auf Antrag des Verurteilten kann die Vollstreckung aufgeschoben werden, sofern durch die sofortige Vollstreckung dem Verurteilten oder seiner Familie erhebliche, außerhalb des Strafzwecks liegende Nachteile erwachsen.

(2) Der Strafaufschub darf den Zeitraum von vier Monaten nicht übersteigen.

(3) Die Bewilligung kann an eine Sicherheitsleistung oder andere Bedingungen geknüpft werden.

Übersicht

		Rn.			Rn.
A.	Anwendungsbereich	1	2.	Antrag des Verurteilten	7
B.	Aufschub der Vollstreckung	4	II.	Zuständigkeit	10
I.	Voraussetzungen des Aufschubs nach Abs. 1	4	III.	Höchstdauer, Abs. 2	12
1.	Außerhalb des Strafzwecks liegende Nachteile	4	IV.	Sicherheitsleistung, Abs. 3	14
			C.	Rechtsbehelfe	15

---

[16] Will die Vollstreckungsbehörde die vorläufige Unterbrechung fortsetzen, muss sie zuvor wiederum die Zustimmung der obersten Justizbehörde einholen. Vgl. Appl in KK-StPO Rn. 5; Schmitt in Meyer-Goßner/Schmitt Rn. 5; Röttle/Wagner/Theurer Strafvollstreckung Kap. 10 Rn. 81; Bringewat Rn. 7; Jabel/Wolf in Pohlmann/Jabel/Wolf StVollstrO § 46a Rn. 4.

[17] Die insoweit in § 46a Abs. 2 StVollstrO noch vorgesehene fernschriftliche Unterrichtung hat durch neue Kommunikationsformen inzwischen keine praktische Bedeutung mehr; vgl. nur Jabel/Wolf in Pohlmann/Jabel/Wolf StVollstrO § 46a Rn. 4; Appl in KK-StPO Rn. 5; Schmitt in Meyer-Goßner/Schmitt Rn. 5.

[18] Jabel/Wolf in Pohlmann/Jabel/Wolf StVollstrO § 46a Rn. 4; Appl in KK-StPO Rn. 5; Schmitt in Meyer-Goßner/Schmitt Rn. 5.

[19] Röttle/Wagner/Theurer Strafvollstreckung Kap. 10 Rn. 81; Appl in KK-StPO Rn. 5; Jabel/Wolf in Pohlmann/Jabel/Wolf StVollstrO § 46a Rn. 5.

[20] Vgl. Appl in KK-StPO Rn. 6; Schmitt in Meyer-Goßner/Schmitt Rn. 6; Bringewat Rn. 9; KG 9.2.1983 – 1 AR 60/83 – 5 Ws 15/83, NStZ 1983, 334.

[21] Appl in KK-StPO Rn. 6; Stöckel in KMR-StPO Rn. 10; Baier in Radtke/Hohmann Rn. 7; Paeffgen/Greco in SK-StPO § 456a Rn. 8; aA Schmitt in Meyer-Goßner/Schmitt Rn. 6; aA auch noch Wendisch in Löwe/Rosenberg, 25. Aufl. Rn. 7.

A. Anwendungsbereich

1 § 456 erfasst den Aufschub sowohl von **Freiheitsstrafen** als auch von **Nebenstrafen** und **Nebenfolgen**.[1] Grds. Eingeschlossen sind nach dem Wortlaut der Norm auch **Geldstrafen**, für die § 456 allerdings in der Praxis wegen der weitergehenden Möglichkeiten des § 459a keinerlei Bedeutung erlangt.[2] Ähnliches gilt aufgrund von § 459f für die Vollstreckung von **Ersatzfreiheitsstrafen** (→ § 459f Rn. 2).[3] Zudem greift die Vorschrift gem. §§ 463 Abs. 1, Abs. 5 S. 3 für **Maßregeln der Besserung und Sicherung** ein,[4] abgesehen vom Berufsverbot, für das mit § 456c Abs. 2, Abs. 3 eine Sonderregelung existiert (→ § 456c Rn. 1).[5]

2 Soweit Nebenstrafen und Nebenfolgen kraft Gesetzes mit der Rechtskraft wirksam werden und damit keiner Vollstreckung bedürfen, greift § 456 nicht ein. Dies gilt bspw. Für das Fahrverbot nach § 44 StGB,[6] den Verlust der Amtsfähigkeit, der Wählbarkeit und des Stimmrechts gem. §§ 45–45b StGB oder die Einziehung und den Verfall im Hinblick auf §§ 73d, 74e StGB.[7]

3 Bei der gerichtlich verhängten **Ordnungs- oder Zwangshaft** in Straf- oder Bußgeldsachen (→ § 449 Rn. 7) greift – anders als § 455, der darauf analog anwendbar ist[8] – § 456 nicht ein. Der Sinn und Zweck dieser Haftarten, Ungehorsam zu brechen, begrenzt hier die Möglichkeiten eines Aufschubs, zumal der Betreffende es selbst in der Hand hat durch Erfüllung seiner Pflicht den Nachteilen eines sofortigen Vollzugs zu entgehen.[9]

B. Aufschub der Vollstreckung

I. Voraussetzungen des Aufschubs nach Abs. 1

4 **1. Außerhalb des Strafzwecks liegende Nachteile.** §§ 2, 3 StVollstrO schreiben vor, dass die Vollstreckungsbehörden die Vollstreckung mit **Nachdruck und Beschleunigung** betreiben. Deswegen ist ein Aufschub nur zur Vermeidung außerhalb des Strafzwecks liegender erheblicher Nachteile denkbar, die durch sofortige Vollstreckung entstehen. Unter den Begriff des Strafzwecks fallen dabei unabhängig von den in §§ 46, 47 StGB angesprochenen Strafzwecke sämtliche mit der Verwirklichung der im rechtskräftigen Urteil festgesetzten Rechtsfolgen der Tat üblicherweise verbundenen Konsequenzen.[10] Ein Aufschub der Strafvollstreckung nach Abs. 1 setzt somit voraus, dass dem Verurteilten durch die Vollstreckung außerhalb dieses Strafzwecks liegende Belastungen entstünden. Es muss sich dabei um **Nebenwirkungen der Vollstreckung** handeln, die nicht begrifflich zum Wesen des Straf-

---

[1] Appl in KK-StPO Rn. 2; Schrott in KMR-StPO Rn. 4; Graalmann-Scheerer in Löwe/Rosenberg Rn. 1; Schmitt in Meyer-Goßner/Schmitt Rn. 2; ebenso Bringewat Rn. 4.
[2] Graalmann-Scheerer in Löwe/Rosenberg Rn. 1.
[3] Graalmann-Scheerer in Löwe/Rosenberg Rn. 1 mit dem Verweis darauf, dass auch bei Ersatzfreiheitsstrafen § 456 gegenüber dem § 459f keine Bedeutung hat, da sich die Voraussetzungen des § 459f („unbillige Härte") mit denen des § 456 Abs. 1 decken.
[4] Appl in KK-StPO Rn. 2; Graalmann-Scheerer in Löwe/Rosenberg Rn. 1; Bringewat Rn. 4; Röttle/Wagner/Theurer Strafvollstreckung Kap. 4. Rn. 13 f.
[5] Appl in KK-StPO Rn. 3; Schrott in KMR-StPO Rn. 4; Schmitt in Meyer-Goßner/Schmitt Rn. 2; Paeffgen/Greco in SK-StPO Rn. 3; Bringewat Rn. 5; Röttle/Wagner/Theurer Strafvollstreckung Kap. 4. Rn. 13.
[6] Appl in KK-StPO Rn. 3; Schrott in KMR-StPO Rn. 5; Bringewat Rn. 5; AG Mainz 1.2.1967 – 17 Cs 326/66, MDR 1967, 683; aA Stree in Schönke/Schröder StGB § 44 Rn. 20, der für eine Zulässigkeit des Aufschubs in Härtefällen unter entsprechender Anwendung von § 456c plädiert.
[7] Appl in KK-StPO Rn. 3; Schmitt in Meyer-Goßner/Schmitt Rn. 2; Bringewat Rn. 5; Pohlmann Rpfleger 1967, 380; AG Mainz 1.2.1967 – 17 Cs 326/66, MDR 1967, 683.
[8] Analog anwendbar ist die Vorschrift auch, soweit es um die Unterbrechung der Vollstreckung geht, vgl. § 88 iVm §§ 45, 46 StVollstrO; s. dazu Graalmann-Scheerer in Löwe/Rosenberg Rn. 15.
[9] Graalmann-Scheerer in Löwe/Rosenberg Rn. 15.
[10] Graalmann-Scheerer in Löwe/Rosenberg Rn. 5; aA Bringewat Rn. 7.

übels gehören. Nachteile, die regelmäßig mit einer Vollstreckung verbunden sind, rechtfertigen daher keinen Vollstreckungsaufschub.[11]

Die entstehenden Nachteile müssen **vermeidbar** sein, wenn der Vollzug nicht sofort, 5 sondern erst später stattfindet.[12] Bestehen die Nachteile auch bei Ablauf der zulässigen Höchstdauer fort (→ Rn. 12)[13] oder hat der Verurteilte sie selbst erst nach Eintritt der Rechtskraft des letzten tatrichterlichen Urteils verursacht,[14] so kann auf sie ein Aufschub nach Abs. 1 nicht gestützt werden.[15]

Ob die drohenden Nachteile **wirtschaftlicher, persönlicher oder ideeller Natur** 6 sind, ist gleichgültig.[16] Auch familiäre Belange kommen in Betracht, so bspw., wenn ein Familienmitglied akut schwer erkrankt,[17] oder falls bei Kindern psychische Schäden wegen der bevorstehenden Trennung von der Mutter aufgrund ihrer Inhaftierung drohen, die sich durch psychotherapeutische Maßnahmen nicht verhindern lassen. In wirtschaftlicher oder gar existenzieller Hinsicht kann ein Nachteil iSd § 456 bei einem Selbstständigen gegeben sein, wenn ihm durch den sofortigen Antritt der Strafe ein erheblicher wirtschaftlicher Schaden entstünde, zB weil er adhoc keinen fähigen Vertreter findet. Gleiches gilt, sofern eine durch die Bundesagentur für Arbeit geförderte und bereits weit fortgeschrittene Umschulungsmaßnahme nicht beenden werden könnte[18] oder der Verurteilte mit seinem Studium ein Semester zurückgeworfen würde.[19] Die bloße Vermutung eines solchen Nachteils genügt in allen Konstellationen indes nicht.[20]

2. Antrag des Verurteilten. § 456 setzt einen Antrag des Verurteilten voraus. Den 7 Antrag kann der Verurteilte selbst oder sein (ggf. durch konkludente Erklärung bevollmächtigter[21]) Vertreter stellen, bzw. kann der Verurteilte sich die Erklärung eines nicht Bevollmächtigten später zu eigen machen.[22]

Der Antrag muss **vor Vollzugsbeginn** vorliegen;[23] er hat jedoch **keinen Suspensiv-** 8 **effekt**.[24] Beginnt der Vollzug nach Stellung des Antrags, jedoch bevor darüber entschieden

---

[11] Coen in BeckOK StPO Rn. 4; Appl in KK-StPO Rn. 5.
[12] Appl in KK-StPO Rn. 5; Schmitt in Meyer-Goßner/Schmitt Rn. 3; Bringewat Rn. 7; BVerfG 19.4.1985 – 2 BvR 1269/84, NStZ 1985, 357; OLG Zweibrücken 17.9.1973 – Ws 240/73, NJW 1974, 70; OLG Schleswig 11.6.1992 – 1 Ws 212/92, NStZ 1992, 558; OLG Düsseldorf 15.11.1991 – 1 Ws 1029/91, NStZ 1992, 149. Beispiele bilden: Bevorstehende Niederkunft oder Operation der Ehefrau des Verurteilten, die deshalb nicht in der Lage ist, bereits vorhandene Kinder allein zu versorgen (OLG Zweibrücken 17.9.1973 – Ws 240/73, NJW 1974, 70); kurz bevorstehender Abschluss in der Berufsausbildung; Einbringung der Ernte (Volckart NStZ 1982, 496); Fehlen eines eingearbeiteten Vertreters für den verurteilten Betriebsleiter (OLG Hamm 15.6.1966 – 1 Ws 285/66, NJW 1966, 1767); Suche nach einem geeigneten Geschäftsführer für den Gewerbebetrieb oder - als Alternative - einem Kaufinteressenten (OLG Frankfurt a. M. 17.11.1988 – 3 Ws 1106/88, NStZ 1989, 93).
[13] S. Abs. 2.
[14] Graalmann-Scheerer in Löwe/Rosenberg Rn. 5; OLG Schleswig 11.6.1992 – 1 Ws 212/92, NStZ 1992, 558.
[15] Appl in KK-StPO Rn. 5; Schmitt in Meyer-Goßner/Schmitt Rn. 3; Bringewat Rn. 8, 9; Köln 26.2.1985 – 2 Ws 64/85, NStZ 1985, 381; OLG Frankfurt a. M. 17.11.1988 – 3 Ws 1106/88, NStZ 1989, 93; OLG Schleswig 11.6.1992 – 1 Ws 212/92, NStZ 1992, 558; OLG Düsseldorf 15.11.1991 – 1 Ws 1029/91, NStZ 1992, 149.
[16] Vgl. Appl in KK-StPO Rn. 5.
[17] OLG Düsseldorf 15.11.1991 – 1 Ws 1029/91, NStZ 1992, 149.
[18] LG Regensburg 13.3.2000 – 132 VRs 95823/99, StV 2000, 383.
[19] LG Bochum 1.6.2007 – 8 KLs 600 Js 439/06, StV 2008, 88.
[20] OLG Frankfurt a. M. 17.11.1988 – 3 Ws 1106/88, NStZ 1989, 93; OLG Düsseldorf 15.11.1991 – 1 Ws 1029/91, NStZ 1992, 149; OLG Karlsruhe 27.9.1999 – 2 WS 227/99, StV 2000, 213; LG Itzehoe 23.11.1992 – Qs 179/92 VII, StV 1993, 206.
[21] Vgl. Schrott in KMR-StPO Rn. 11; Bringewat Rn. 6; aA Paeffgen/Greco in SK-StPO Rn. 5; OLG Stuttgart 11.2.1985 – 4 VAs 47/84 u. 4 VAs 4/85, NStZ 1985, 331.
[22] Graalmann-Scheerer in Löwe/Rosenberg Rn. 7 mit dem Hinweis darauf, dass ein Hinausschieben der Vollstreckung sich auch zum Nachteil des Verurteilten auswirken kann, weshalb es wenigstens seiner Einwilligung bedürfe.
[23] Schmitt in Meyer-Goßner/Schmitt Rn. 4; OLG Zweibrücken 17.9.1973 – Ws 240/73, NJW 1974, 70; OLG Schleswig 13.4.1999 – 2 Ws 178/99, SchlHA 2000, 149.
[24] Graalmann-Scheerer in Löwe/Rosenberg Rn. 8.

ist, so ändert sich dadurch am Inhalt des Antrags nichts; er wird insbesondere nicht gegenstandslos und wandelt sich auch nicht in einen Antrag auf Strafunterbrechung.[25] Sofern dem Antrag dann durch die Vollstreckungsbehörde entsprochen und der Vollzug zunächst nicht weitergeführt wird (zu Rechtsbehelfen → Rn. 15), liegt gleichwohl eine **Maßnahme in Ausübung der Aufschubermächtigung** vor.[26]

Um einen Strafaufschub iSd § 456 handelt es sich jedoch nicht, wenn die Vollstreckungsbehörde aufgrund von ihr bekannten Härtegründen von Amts wegen schlicht im Rahmen ihres Ermessensspielraums den Beginn der Vollstreckung verzögert.

II. Zuständigkeit

Über den Antrag entscheidet die **Vollstreckungsbehörde**; die funktionale Zuständigkeit liegt beim **Rechtspfleger**, § 31 Abs. 2 S. 1 RPflG.[27] Dem Verurteilten steht dabei kein Anspruch auf einen Aufschub zu. Vielmehr entscheidet die Vollstreckungsbehörde nach pflichtgemäßem **Ermessen** („kann"), so dass lediglich ein Anspruch auf ermessensfehlerfreie Entscheidung besteht.[28] Es kann jedoch – im Anwendungsbereich des § 456 nicht selten – bei Vorliegen der Voraussetzungen des Abs. 1 zu einer **Ermessensreduzierung auf Null** kommen.

Die Entscheidung über einen Antrag auf Vollstreckungsaufschub einer **Jugendstrafe oder jugendrichterlichen Maßnahme** trifft der **Jugendrichter als Vollstreckungsleiter** nach § 82 Abs. 1 S. 1 JGG. Er entscheidet insoweit als Organ der Justizverwaltung.

III. Höchstdauer, Abs. 2

Nach Abs. 2 darf der Aufschub **höchstens vier Monate** andauern. Dabei ist umstritten, ab welchem Zeitpunkt diese Höchstdauer zu berechnen ist. Eine explizite Regelung zu dieser Frage findet sich weder in der StPO noch in der StVollstrO. Teilweise wurde früher der Eintritt der formellen Rechtskraft derjenigen Entscheidung für maßgeblich gehalten, die Grundlage der Vollstreckung ist.[29] Nach aA sollte der Ausspruch des Aufschubs durch die Vollstreckungsbehörde maßgebend sein.[30] Schließlich wird vertreten, der **in der Ladung vorgesehenen Tag des Strafantritts** sei für die Berechnung maßgeblich.[31] Diese Ansicht verweist überzeugend darauf, dass der Strafaufschub dazu dienen soll, die besonderen Nachteile aus dem Weg zu räumen, die die sofortige Vollstreckung zur Folge hätte, und Vorsorge für die durch die Strafvollstreckung entstehende Lage zu treffen.

Bei **mehrfacher Gewährung** von Strafaufschub darf die Dauer des Aufschubs insgesamt vier Monate nicht überschreiten.[32] Die Höchstfrist nach Abs. 2 endet selbst dann nach vier Monaten, wenn bis zu diesem Zeitpunkt über den beantragten Strafaufschub noch

---

[25] Appl in KK-StPO Rn. 7; Schmitt in Meyer-Goßner/Schmitt Rn. 4; Bringewat Rn. 6; OLG Hamm 19.6.1973 – 5 Ws 102/73, NJW 1973, 2075; OLG Zweibrücken 17.9.1973 – Ws 240/73, NJW 1974, 70; OLG Stuttgart 11.2.1985 – 4 VAs 47/84 u. 4 VAs 4/85, NStZ 1985, 331; aA OLG München 24.11.1987 – 2 Ws 1205/87, NStZ 1988, 294.
[26] Graalmann-Scheerer in Löwe/Rosenberg Rn. 8.
[27] Appl in KK-StPO Rn. 7; Bringewat Rn. 12; aA Röttle/Wagner/Theurer Strafvollstreckung, Kap. 1 Rn. 40 f., wonach dies nur durch die Staatsanwaltschaft erfolgen kann.
[28] Bringewat Rn. 11; Lemberg DRiZ 1965, 265.
[29] Schweichel DRiZ 1964, 367; Herbst MDR 1969, 277.
[30] Schmidt NJW 1958, 210; auch diese Ansicht hat in früheren Entwürfen Anerkennung gefunden (Entw. 1908 und 1909 § 473; Entw. 1920 § 475: „Die Aussetzung soll in der Regel nicht über sechs Monate dauern").
[31] Appl in KK-StPO Rn. 6; Graalmann-Scheerer in Löwe/Rosenberg Rn. 11; Schmitt in Meyer-Goßner/Schmitt Rn. 6; Bringewat Rn. 10; OLG Frankfurt a. M. 14.8.1954 – 2 Ws 450/54, NJW 1954, 1580; OLG Zweibrücken 17.9.1973 – Ws 240/73, NJW 1974, 70; OLG Stuttgart 18.2.1982 – 1 Ws 43/82, MDR 1982, 601; OLG Düsseldorf 15.11.1991 – 1 Ws 1029/91, JR 1992, 435.
[32] Graalmann-Scheerer in Löwe/Rosenberg Rn. 11; vgl. auch AG Niebüll 16.4.1980 – 8 Js 522/78 – 6 Ls 54/80, MDR 1981, 340, wonach die Zeit des wegen einer Strafe gewährten Strafaufschubs nach ihrer Einbeziehung in eine Gesamtstrafe nicht anrechenbar sein soll, sofern die Gewährung eines Strafaufschubs wegen der Gesamtstrafe im Raum steht.

nicht entschieden ist,³³ oder wenn der Verurteilte diese Frist durch bloßen Nichtantritt der Strafe ohne förmliche Gewährung von Strafaufschub ausgeschöpft hat.

IV. Sicherheitsleistung, Abs. 3

Für die Sicherheitsleistung gem. Abs. 3 gelten **§ 116 Abs. 1 Nr. 4, § 116a, § 123,** 14 **§ 124 analog.**³⁴ Daher liegt die Zuständigkeit für eine den Verfall aussprechende Entscheidung beim Gericht, §§ 124, 462a Abs. 2.³⁵

C. Rechtsbehelfe

Gegen **Entscheidungen des Rechtspflegers** ist der Rechtsbehelf gegeben, der nach 15 den allgemeinen verfahrensrechtlichen Vorschriften zulässig ist. Stellt der Verurteilte einen Antrag auf Vollstreckungaufschub und lehnt die Vollstreckungsbehörde den Aufschubantrag ab, besteht daher die Möglichkeit, **nach § 458 Abs. 2 das Gericht anzurufen.** Die gerichtliche Entscheidung ist mit **sofortiger Beschwerde** anfechtbar, § 462 Abs. 3 S. 1. Das Gericht – bzw. das Beschwerdegericht, falls das angerufene Gericht den Antrag ebenfalls ablehnt – kann dem Aufschubantrag mit der Maßgabe stattgeben, dass die schon verbüßte Zeit nicht auf die zulässige Aufschubdauer (→ Rn. 12) angerechnet wird.³⁶

Über Einwendungen gegen die ablehnende Entscheidung des **Jugendrichters** als Voll- 16 streckungsleiter entscheidet das **Gericht des ersten Rechtszuges;** etwas anderes gilt nur, sofern ein Ausnahmefall gem. § 83 Abs. 2 Nr. 1 JGG vorliegt.³⁷ Gegen die Ablehnung von Strafausstand im Gnadenweg findet nur Beschwerde an die nächst höhere Gnadeninstanz nach Maßgabe der Gnadenordnung statt. Eine Entscheidung des Gerichts ist ausgeschlossen.³⁸ Das Beschwerdegericht darf die Entscheidung lediglich auf Ermessensfehler überprüfen, aber weder selbst eine die Vorinstanz ersetzende Entscheidung treffen, noch die Vollstreckungsbehörde unmittelbar dazu verpflichten vom Vollstreckungsplan abzuweichen oder eine bestimmte Art der Unterbringung des Verurteilten zu ermöglichen.³⁹

§ 456a Absehen von Vollstreckung bei Auslieferung, Überstellung oder Ausweisung

(1) Die Vollstreckungsbehörde kann von der Vollstreckung einer Freiheitsstrafe, einer Ersatzfreiheitsstrafe oder einer Maßregel der Besserung und Sicherung absehen, wenn der Verurteilte wegen einer anderen Tat einer ausländischen Regierung ausgeliefert, an einen internationalen Strafgerichtshof überstellt oder wenn er aus dem Geltungsbereich dieses Bundesgesetzes abgeschoben, zurückgeschoben oder zurückgewiesen wird.

(2) ¹Kehrt der Verurteilte zurück, so kann die Vollstreckung nachgeholt werden. ²Für die Nachholung einer Maßregel der Besserung und Sicherung gilt § 67c Abs. 2 des Strafgesetzbuches entsprechend. ³Die Vollstreckungsbehörde kann zugleich

---
³³ Appl in KK-StPO Rn. 6; Schmitt in Meyer-Goßner/Schmitt Rn. 6; Bringewat Rn. 10; OLG Stuttgart 18.2.1982 – 1 Ws 43/82, MDR 1982, 601.
³⁴ Graalmann-Scheerer in Löwe/Rosenberg Rn. 12.
³⁵ Appl in KK-StPO Rn. 8; Schmitt in Meyer-Goßner/Schmitt Rn. 7; Bringewat Rn. 13.
³⁶ Schmitt in Meyer-Goßner/Schmitt Rn. 6; Bringewat Rn. 6, nach dem „auf keinen Fall angerechnet" werden darf; vgl. auch OLG Zweibrücken 17.9.1973 – Ws 240/73, NJW 1974, 70.
³⁷ Graalmann-Scheerer in Löwe/Rosenberg Rn. 14.
³⁸ Appl in KK-StPO Rn. 10; Graalmann-Scheerer in Löwe/Rosenberg Rn. 14; Bringewat Rn. 15; BVerfG 23.4.1969 – BvR 552/63, BVerfGE 25, 352 = NJW 1969, 1895; OLG Stuttgart 14.12.1984 – 3 Ws 416/84, NStZ 1985, 332; aA für den Widerruf eines Gnadenerweises BVerfG 12.1.1971 – 2 BvR 520/70, BVerfGE 30, 108 (111) = NJW 1971, 795.
³⁹ Graalmann-Scheerer in Löwe/Rosenberg Rn. 14.

mit dem Absehen von der Vollstreckung die Nachholung für den Fall anordnen, dass der Verurteilte zurückkehrt, und hierzu einen Haftbefehl oder einen Unterbringungsbefehl erlassen sowie die erforderlichen Fahndungsmaßnahmen, insbesondere die Ausschreibung zur Festnahme, veranlassen; § 131 Abs. 4 sowie § 131a Abs. 3 gelten entsprechend. [4]Der Verurteilte ist zu belehren.

Übersicht

		Rn.				Rn.
A.	Normzweck, Regelungsinhalt und Anwendungsbereich	1	C.	Nachholen der Vollstreckung u.a. nach Abs. 2		19
B.	Absehen von der Vollstreckung nach Abs. 1	4	I.	Nachholung der Vollstreckung bei Freiheits- und Ersatzfreiheitsstrafe, Abs. 2 S. 1		19
I.	Voraussetzungen	4				
1.	Erfasste Rechtsfolgen	4	II.	Nachholung der Vollstreckung bei Maßregeln der Besserung und Sicherung, Abs. 2 S. 2		22
2.	Bevorstehende Auslieferung u.a.	5				
II.	Entscheidung	10	III.	Fahndungsmaßnahmen gem. Abs. 2 S. 3		23
1.	Antrag des Verurteilten/Entscheidung von Amts wegen	10	IV.	Belehrungspflicht, Abs. 2 S. 4		26
2.	Ermessensspielraum	12	D.	Verfahren		29
3.	Begründung der Entscheidung	15	I.	Zuständigkeit		29
4.	Zwischenhaft	17	II.	Rechtsbehelfe		30

A. Normzweck, Regelungsinhalt und Anwendungsbereich

1   Die Vorschrift betrifft Sachverhalte, in denen der Verurteilte wegen einer anderen Tat einer ausländischen Regierung ausgeliefert, an einen internationalen Strafgerichtshof überstellt oder aus dem Geltungsbereich der StPO ausgewiesen wird. Die Entscheidung nach § 456a, ein Ersuchen um Vollstreckung durch einen ausländischen Staat nach § 71 IRG und eine Überstellung nach dem Übereinkommen vom 21.3.1983[1] sind dabei voneinander unabhängig.[2]

2   Im Anwendungsbereich der Norm liegen lediglich Freiheits-, Ersatzfreiheitsstrafen und freiheitsentziehenden Maßregeln der Besserung und Sicherung.[3] § 456a dient damit dem Zweck, den **Justizvollzug** sowie den Maßregelvollzug um solche Verurteilte zu **entlasten**, die demnächst ausgeliefert, überstellt oder ausgewiesen werden.[4] Aus diesem Grund gilt § 456a für andere Strafen, Nebenstrafen und Nebenfolgen nicht.[5] Auch von einer anderweitig veranlassten Unterbringung kann nicht auf der Grundlage von § 456a im Hinblick auf eine alsbald bevorstehende Auslieferung oder Ausweisung des Verurteilten abgesehen werden.[6]

---

[1] BGBl. 1991 II 1006; 1992 II 98.
[2] Coen in BeckOK StPO Rn. 2; Appl in KK-StPO Rn. 1; Baier in Radtke/Hohmann Rn. 2; Paeffgen/Greco in SK-StPO Rn. 3; aA Schmitt in Meyer-Goßner/Schmitt Rn. 1, der § 456a daneben für unanwendbar erachtet.
[3] Schmitt in Meyer-Goßner/Schmitt Rn. 1.
[4] OLG Hamm 13.1.1983 – 7 VAs 70/82, NStZ 1983, 524; Coen in BeckOK StPO Rn. 1; Schmitt in Meyer-Goßner/Schmitt Rn. 1; Bringewat Rn. 1; Dölling NJW 1987, 1041 (1048); Groß StV 1987, 36; einschr. Appl in KK-StPO Rn. 1; nach OLG Hamm 6.11.2012 – III-1 VAs 104/12, NStZ-RR 2013, 227 soll der alleinige Zweck in der fiskalischen Entlastung liegen; ausdrücklich dagegen Schmitt in Meyer-Goßner/Schmitt Rn. 1.
[5] Graalmann-Scheerer in Löwe/Rosenberg Rn. 1; aA Groß StV 1987, 36 (37), der die analoge Anwendung bei der Durchsetzung der Herausgabe des Führerscheins wegen Fahrverbots zulassen wollte; noch weiter Paeffgen/Greco in SK-StPO Rn. 3, der § 456a StPO für „Maßregeln (§§ 61 ff. StGB) aller Art" für anwendbar hält.
[6] Wegen der Möglichkeit zum Absehen von der weiteren Vollstreckung in den Fällen der §§ 57, 57a StGB, § 71 Abs. 1 IRG und des Gnadenrechts s. Groß StV 1987, 36 (37) mwN.

In § 17 Abs. 1 StVollstrO ergänzt die Strafvollstreckungsordnung die Vorschrift des 3
§ 456a um die Klarstellung, dass die Vollstreckungsbehörde bei der von ihr nach § 456a
Abs. 1 zu treffenden Ermessensentscheidung (→ Rn. 12 ff.) die hierzu erlassenen landesrechtlichen Vorschriften zu beachten hat. Das **Landesrecht enthält Richtlinien,** die von den Landesjustizverwaltungen und/oder den Generalstaatsanwältinnen und Generalstaatsanwälten als allgemeine Verfügungen erlassen werden und den Verfahrensablauf und Berichtspflichten sowie den frühestens möglichen Zeitpunkt für ein Absehen von der Vollstreckung regeln. § 17 Abs. 1 S. 2 StVollstrO normiert die Verflichtung der Vollstreckungsbehörde, bei einem Absehen von der Vollstreckung dies der Ausländerbehörde mitzuteilen und einen **Suchvermerk** im Bundeszentralregister niederzulegen. Abs. 2 S. 3 der Norm enthält darüber hinaus die als **Soll-Vorschrift** ausgestaltete Bestimmung, mit dem Absehen von der Vollstreckung die **Nachholung** für den Fall **anzuordnen,** dass die ausgelieferte oder ausgewiesene Person zurückkehrt, und hierzu einen Haftbefehl oder einen Unterbringungsbefehl zu erlassen sowie die erforderlichen Fahndungsmaßnahmen, insbesondere die Ausschreibung zur Festnahme, zu veranlassen.

B. Absehen von der Vollstreckung nach Abs. 1

I. Voraussetzungen

1. Erfasste Rechtsfolgen. Im Anwendungsbereich der Norm liegen lediglich Frei- 4
heits-, Ersatzfreiheitsstrafen und freiheitsentziehenden Maßregeln der Besserung und Sicherung (→ Rn. 2). Abs. 1 ist seinem Wortlaut nach zwar zunächst offen dahingehend, ob auch nicht freiheitsentziehende Maßregeln der Besserung und Sicherung (§ 61 Nr. 4–6 StGB) erfasst sein sollen.[7] Aus der Systematik der Vorschrift folgt jedoch, dass Abs. 1 auf freiheitsentziehende Rechtsfolgen beschränkt bleibt. Denn die in Abs. 2 vorgesehenen Maßnahmen sind durchweg ausschließlich auf freiheitsentziehende Rechtsfolgen ausgerichtet.[8] Dafür sprechen auch historische Argumente, da die Maßregeln der Besserung und Sicherung bereits im Jahr 1934 in Abs. 1 der Norm aufgenommen wurden,[9] die nichtfreiheitsentziehende Maßregel der Entziehung der Fahrerlaubnis nach § 69 StGB demgegenüber erst im Jahr 1952 geregelt wurde.[10]

2. Bevorstehende Auslieferung u.a. Abs. 1 verlangt, dass der Verurteilte alsbald aus- 5
geliefert, an einen internationalen Strafgerichtshof überstellt oder aus dem Geltungsbereich der StPO ausgewiesen wird. Die Norm bildet somit das Gegenstück zu § 154b[11] und erfasst sowohl Ausländer als auch auf Deutsche (vgl. Art. 16 Abs. 2 S. 2 GG).[12]

Die bevorstehende Rechtsfolge muss – anders als im Rahmen von § 154b – „wegen 6
einer anderen Tat" drohen.[13] Diese Tat wird aber, wenn sie eine Überstellung an einen internationalen Strafgerichtshof oder die Ausweisung aus dem Geltungsbereich der StPO begründet, idR von größerem Gewicht sein, als es die dem hiesigen Strafverfahren zu Grunde liegende Tat ist.[14]

Ein Absehen von der Vollstreckung der in Abs. 1 genannten Rechtsfolgen ist möglich, 7
wenn die **Auslieferung** des Verurteilten wegen einer anderen Tat an eine ausländische Regierung gem. §§ 2 ff. IRG bevorsteht. Sinn und Zweck der Auslieferung ist es, eine verurteilte

---

[7] So Schrott in KMR-StPO Rn. 3; Paeffgen/Greco in SK-StPO Rn. 3; Schmitt in Meyer-Goßner/Schmitt Rn. 4; Groß StV 1987, 36; aA Appl in KK-StPO Rn. 1.
[8] Graalmann-Scheerer in Löwe/Rosenberg Rn. 11.
[9] Vgl. Graalmann-Scheerer in Löwe/Rosenberg Rn. 11 zur Entstehungsgeschichte des § 456a.
[10] 1. StraßenVSichG vom 19.12.1952, BGBl. 1952 I 832.
[11] Graalmann-Scheerer in Löwe/Rosenberg Rn. 7; Groß StV 1987, 36; Schmitt in Meyer-Goßner/Schmitt Rn. 1; Bringewat Rn. 2.
[12] BVerfG 9.10.2003 – 2 BvR 1497/03, NJW 2004, 356.
[13] Coen in BeckOK StPO Rn. 3 mit Verweis auf den ne bis in idem Grundsatz; Appl in KK-StPO Rn. 3.
[14] Graalmann-Scheerer in Löwe/Rosenberg Rn. 12; Paeffgen/Greco in SK-StPO Rn. 2.

Person (Ausländer oder Deutscher) zur Strafverfolgung oder Strafvollstreckung aus dem Aufenthaltsstaat in den ersuchenden Staat zu verbringen.[15] Die Durchführung der Auslieferung obliegt der Generalstaatsanwaltschaft. Bevor der Betreffende ausgeliefert werden darf, muss jedoch eine Entscheidung nach Abs. 1 über ein Absehen von der Strafvollstreckung ergehen.

8   Des Weiteren kann von der Vollstreckung nach Abs. 1 abgesehen werden, sofern die **Überstellung** des Verurteilten **an einen Internationalen Strafgerichtshof** erfolgt. Die Bundesrepublik Deutschland ist ein Vertragsstaat nach Art. 86 IStGH-Statut. Bei einem Ersuchen um Überstellung[16] ist der ersuchte Vertragsstaat dazu angehalten, den betreffenden Verurteilten an den IStGH zu überstellen, Art. 59 IStGH-Statut. Die Überstellung selbst ist Obliegenheit derjenigen Generalstaatsanwaltschaft, in deren Bezirk die Justizvollzugsanstalt oder Maßregelvollzugseinrichtung liegt, in der sich der Verurteilte zum Zeitpunkt des Eingangs des Überstellungsersuchens zur Vollstreckung befindet, §§ 7 f. IStGH-Statut.[17] Die Generalstaatsanwaltschaft muss dazu die zuständige Vollstreckungsbehörde kontaktieren, die wiederum ihrerseits über ein Absehen von der Vollstreckung nach Abs. 1 entscheidet.[18]

9   Droht die **Ausweisung** des Verurteilten **aus dem Geltungsbereich der StPO,** §§ 53 ff. AufenthG, so kann gleichfalls von der Vollstreckung der in Abs. 1 genannten Rechtsfolgen abgesehen werden. Einer Ausweisung gleichgestellt sind Abschiebung (§ 58 AufenthG), Zurückschiebung (§ 57 AufenthG) sowie Ausreisepflicht (§ 50 AufenthG).[19] Es besteht Streit über die Frage, welcher Grad der Gewissheit über die Ausweisung erreicht sein muss. Nach überwiegender Auffassung[20] ist für ein Absehen von der Vollstreckung nach Abs. 1 die Bestandskraft der Ausweisungsentscheidung erforderlich. Nach aA[21] soll ein auch dann von der Vollstreckung abgesehen werden können, wenn eine vollziehbare Ausreisepflicht des Ausländers besteht und diese demnächst verwirklicht werden wird. Dies soll jedoch bereits bei einer (noch) nicht bestandskräftigen Ausweisungsentscheidung gegeben sein.

II. Entscheidung

10 **1. Antrag des Verurteilten/Entscheidung von Amts wegen.** Entscheidungen nach Abs. 1 trifft die Vollstreckungsbehörde entweder auf Antrag des Verurteilten bzw. Dritter wie zB Angehöriger oder von Amts wegen.[22] Stellt ein Dritter den Antrag, sollte der Verurteilte angehört werden, ob und inwieweit er sich diesen Antrag zu Eigen machen will respektive, ob er einem Absehen von der Strafvollstreckung zustimmt.[23] Liegen die Voraussetzungen des Abs. 1 vor, so wird idR aber ohnehin eine Überprüfung von Amts wegen angezeigt sein.

11 Weil ein völliges oder teilweises Absehen von der Vollstreckung nach Abs. 1 keinen Verzicht auf den staatlichen Vollstreckungsanspruch bedeutet, kann ein Verurteilter auch dann, wenn die Staatsanwaltschaft von der weiteren Vollstreckung der Strafe abgesehen hat, einen Antrag auf Aussetzung der Vollstreckung der Reststrafe zur Bewährung stellen.[24] Ebenso bleibt der Staatsanwaltschaft die Möglichkeit einer sofortigen Beschwerde gegen eine Strafrestaussetzung erhalten, ohne dass dabei durch das Absehen von der Vollstreckung prozessuale Überholung eingetreten wäre.[25]

---

15 Graalmann-Scheerer in Löwe/Rosenberg Rn. 8.
16 Kirsch, Die Überstellung an den Internationalen Strafgerichtshof, FS Strauda, 2006, 271.
17 Zum Verfahrensablauf vgl. Ahlbrecht/Böhm/Esser/Hugger/Kirsch/Rosenthal Rn. 1392 ff.
18 Graalmann-Scheerer in Löwe/Rosenberg Rn. 9.
19 Graalmann-Scheerer in Löwe/Rosenberg Rn. 10; s. auch Schmitt in Meyer-Goßner/Schmitt Rn. 3.
20 OLG Frankfurt a. M. 8.12.1998 – 3 VAs 38/98, NStZ-RR 1999, 126; Appl in KK-StPO Rn. 3; Schrott in KMR-StPO Rn. 5; Graalmann-Scheerer in Löwe/Rosenberg Rn. 10; Schmitt in Meyer-Goßner/Schmitt Rn. 3; Paeffgen in SK-StPO Rn. 5.
21 Coen in BeckOK StPO Rn. 4.
22 Schmitt in Meyer-Goßner/Schmitt Rn. 5; Paeffgen/Greco in SK-StPO Rn. 6.
23 Graalmann-Scheerer in Löwe/Rosenberg Rn. 13. Siehe aber OLG Karlsruhe 17.2.2022 – 2 VAs 1/22, BeckRS 2022, 2278 (Anhörung mangels Beschwer nicht erforderlich).
24 OLG Oldenburg 16.10.1992 – 2 Ws 263/92, StV 1993, 205; OLG Köln 9.1.2009 – 2 Ws 644-645/08, StV 2009, 261; Paeffgen/Greco in SK-StPO Rn. 7, 9.
25 Graalmann-Scheerer in Löwe/Rosenberg Rn. 22.

2. Ermessensspielraum. Dem Wortlaut des Abs. 1 nach steht der Vollstreckungsbehörde im Bezug auf das Absehen von der Vollstreckung ein Ermessensspielraum zu.[26] Die Vollstreckungsbehörde trifft die Entscheidung nach pflichtgemäßem Ermessen auf Grundlage einer **Gesamtabwägung**[27] der jeweiligen Umstände des Einzelfalls,[28] namentlich der Interessen des Verurteilten einerseits und andererseits derjenigen Gründe, die gegen ein Absehen von der Vollstreckung sprechen.[29] Wesentliche **relevante Faktoren** bilden dabei u.a. die Schwere der Schuld,[30] die bisherige Vollstreckungsdauer,[31] die zu erwartende Vollstreckungspraxis im Heimatland des Verurteilten,[32] die persönliche und familiäre Situation des Verurteilten,[33] aber auch das Interesse an einer nachhaltigen Strafvollstreckung.[34] Lediglich ausnahmsweise kann damit das Ermessen auf Null reduziert sein.[35]

Für die Ausübung dieses Ermessens liefern die von den Landesjustizverwaltungen bzw. den Generalstaatsanwältinnen und Generalstaatsanwälten erlassenen **Allgemeinen Verfügungen oder Runderlasse**.[36] Üblicherweise ist demnach grds. jedenfalls die Hälfte der verhängten Strafe zu vollstrecken. Die Erlasse haben ermessensleitende und faktisch auch *ermessensbegrenzende Wirkung*.[37]

Lehnt die Vollstreckungsbehörde ein Absehen von der Vollstreckung nach Abs. 1 ab, so kann sie einen Zeitpunkt bestimmen, bis zu dem die Vollstreckung fortgesetzt wird; zwingend ist eine solche Bestimmung jedoch insbesondere auch im Hinblick auf ein faires und rechtsstaatliches Verfahren nicht.[38]

3. Begründung der Entscheidung. Die Entscheidung muss, zumal wenn durch sie ein Absehen von der Vollstreckung abgelehnt wird, die wesentlichen Ermessensgesichtspunkte umfassend erkennen lassen.[39] Welche tragenden Aspekte berücksichtigt wurden, hat sich dabei aus der Begründung ebenso zu ergeben, wie die Abwägung, in die diese Umstände Eingang gefunden haben.[40] Auf generalpräventive Gesichtspunkte darf die Ermessensentscheidung jedoch nicht gestützt werden.[41]

---

[26] OLG Koblenz 29.4.2020 – 2 VAs 3/20, BeckRS 2020, 10858; Coen in BeckOK StPO Rn. 4; Paeffgen/Greco in SK-StPO Rn. 6; Schmitt in Meyer-Goßner/Schmitt Rn. 5; Pfeiffer Rn. 3.
[27] KG 8.8.1988 – 4 VAs 15/88, StV 1989, 26; OLG Bremen 2.3.1988 – VAs 2/87, StV 1989, 27.
[28] OLG Celle 3.4.1981 – 3 VAs 5/81, NStZ 1981, 405.
[29] Schmitt in Meyer-Goßner/Schmitt Rn. 5.
[30] OLG Frankfurt a. M. 28.7.1992 – 3 VAs 39/92, NStE Nr. 2 zu § 456a.
[31] KG 8.4.1992 – Zs 223/92 – 4 VAs 5/92, StV 1992, 428.
[32] OLG Celle 8.9.1998 – 3 ARs 8/98, StV 2000, 380.
[33] OLG Hamburg 16.1.1996 – 3 VAs 8/95, NStZ-RR 1996, 222; OLG Karlsruhe 16.6.2000 – 3 Ws 42/00, StV 2002, 322; 11.11.2008 – 2 VAs 18/08, StraFo 2009, 83 (84).
[34] OLG Hamm 13.1.1983 – 7 Vas 70/82, NStZ 1983, 524; OLG Karlsruhe 16.6.2000 – 3 Ws 42/00, StV 2002, 322; 11.11.2008 – 2 VAs 18/08, StraFo 2009, 83 (84).
[35] OLG Hamm 8.3.2021 – 1 VAs 3/21, BeckRS 2021, 35250 (bei mehrfacher Aufhebung einer nicht fehlerfreien Ermessensentscheidung der Vollstreckungsbehörde, wenn neue entscheidungsrelevante Tatsachen, die eine andere Entscheidung rechtfertigen könnten, nicht mehr zu erwarten sind).
[36] Baden-Württemberg: VwV des JM v. 29.6.2011, Justiz 2011, 197; Bayern: Weisung des Bayerischen Staatsministeriums des Innern v. 16.5.2002 – IA2-2084.21-8 – unveröffentlicht; Brandenburg: AV des Ministers der Justiz und für Bundes- und Europaangelegenheiten v. 20.3.1997, JMBl. 1997, 38; Hamburg: Schreiben der Justizbehörde v. 27.1.1992 – unveröffentlicht; Hessen: Runderlass des JM v. 15.9.2010, JMBl. 2010, 290; Mecklenburg-Vorpommern: Dienstanweisung 2/92 (2) des GenStA v. 9.12.1997 – unveröffentlicht; Niedersachsen: AV des JM v. 16.12.2009, NdsRPfl 2010, 77; Nordrhein Westfalen: RV des JM v. 20.8.1985 (9174-III A.2) – unveröffentlicht; Rheinland Pfalz: Rundschreiben des JM v. 23.4.2001, Justizbl. RhPf. 2001, 212; Schleswig-Holstein: Rundverfügung des GenStA v. 25.2.1994 StPO (472-45), SchlHA 1994, 85; Thüringen: VwV des JM v. 4.5.1995 idF v. 23.9.2008, JMBl. 1995, 31; 2008, 57. S. auch die Übersicht bei Schmidt, Verteidigung von Ausländern, 3. Aufl. 2012, Rn. 421 ff.
[37] OLG Karlsruhe 25.3.2013 – 2 VAs 5/13, BeckRS 2013, 06179; Coen in BeckOK StPO Rn. 4.
[38] OLG Frankfurt a. M. 1.12.1992 – 3 VAs 55/92, NStZ 1993, 303.
[39] Graalmann-Scheerer in Löwe/Rosenberg Rn. 17; Paeffgen/Greco in SK-StPO Rn. 7 fordert eine Begründung lediglich für ablehnende Beschlüsse.
[40] KG 8.8.1988 – 4 VAs 15/88, StV 1989, 26; OLG Hamburg 16.1.1996 – 3 VAs 8/95, NStZ-RR 1996, 222; OLG Bremen 2.3.1988 – VAs 2/87, StV 1989, 27.
[41] Graalmann-Scheerer in Löwe/Rosenberg Rn. 17. Vgl. auch OLG Hamm 23.9.2020 – 1 VAs 54/20, BeckRS 2020, 43354 wonach eine ungünstige Kriminalprognose nur insoweit von Bedeutung für die

16   Die Ermessensentscheidung unterliegt der gerichtlichen Nachprüfung nur im Hinblick auf Ermessensfehler.[42] So reicht es nicht aus, wenn sich die Vollstreckungsbehörde bei ihrer negativen Entscheidung auf formelhafte Wendungen ohne konkreten Fallbezug beschränkt.[43] Auch bedeutet es bspw. einen Ermessensfehler in Gestalt einer Ermessensunterschreitung, wenn die Vollstreckungsbehörde wichtige Milderungsgründe unberücksichtigt lässt, weil diese bereits im Rahmen der Strafzumessung berücksichtigt worden sind.[44]

17   **4. Zwischenhaft.** Die Entscheidung der Vollstreckungsbehörde beinhaltet ggf. weitere Maßnahmen, sofern zB erst nach Beginn des Straf- oder Maßregelungsvollzugs von der weiteren Vollstreckung abgesehen werden soll. In diesem Fall macht die Aufrechterhaltung der Freiheitsentziehung ab der Zeit von der Übergabe des Verurteilten an die abschiebende Polizeibehörde eines Abschiebungshaftbefehls des AG als organisatorische Maßnahmen während dieser Phase (sog. Zwischenhaft[45]), die Festsetzung eines **Zeitpunkts,** zu dem das Absehen von der Vollstreckung der Strafe (Maßregel) wirksam werden soll, notwendig. Hierzu bietet sich die Übergabe an die Abschiebungsbehörde an, wobei ein konkreter kalendermäßig bestimmter Termin nicht angegeben zu werden braucht.[46] Dadurch reduziert sich die Phase der Zwischenhaft auf ein Minimum.

18   Zwischenhaft darf nicht dazu dienen, die Phase zwischen einer Strafrestaussetzung und einer Abschiebung zu überbrücken. Liegen die Voraussetzungen der Strafrestaussetzung vor, so darf daher nicht die Entlassung auf Bewährung auf einen Zeitpunkt terminiert werden, der erst nach dem Zweidrittelzeitpunkt liegt.[47]

C. Nachholen der Vollstreckung u.a. nach Abs. 2

I. Nachholung der Vollstreckung bei Freiheits- und Ersatzfreiheitsstrafe, Abs. 2 S. 1

19   Abs. 2 S. 1 schreibt vor, dass die Vollstreckung nachgeholt werden kann, wenn der Verurteilte bzw. Ausgelieferte oder Ausgewiesene **freiwillig in die Bundesrepublik Deutschland zurückkehrt,** solange die Vollstreckung noch nicht verjährt ist.[48] Die Nachholung der Vollstreckung ist möglich, weil es sich beim Absehen davon nach Abs. 1 um eine **vorläufige Maßnahme** handelt, die keinen Verzicht auf den Vollstreckungsanspruch beinhaltet.[49] Eine **Rückkehr** nach Abs. 2 S. 1 liegt somit nur bei einer freiwilligen Einreise in den Geltungsbereich der StPO vor;[50] auf ein Verschulden kommt es nicht an.[51] Ebensowenig ist es für die Zulässigkeit der Vollstreckungsanordnung von Belang, dass der Verurteilte behauptet, sich im Zustand der Unzurechnungsfähigkeit zur Wiedereinreise entschlossen zu haben.[52] Erfolgt eine Abschiebung[53] oder eine Auslieferung

---

Ermessensentscheidung ist, als sie konkrete Rückschlüsse darauf zulässt, der (abgeschobene) Betroffene werde alsbald wieder ins Inland zurückkehren und hier neue Straftaten begehen.

[42] OLG Koblenz 29.4.2020 – 2 VAs 3/20, BeckRS 2020, 10858.
[43] KG 27.1.2009 – 1 VAs 2/09, StV 2009, 594.
[44] OLG Karlsruhe 11.11.2008 – 2 VAs 18/08, StraFo 2009, 83.
[45] Dazu Laubenthal/Nestler Strafvollstreckung Rn. 145.
[46] Graalmann-Scheerer in Löwe/Rosenberg Rn. 18; Jabel/Wolf in Pohlmann/Jabel/Wolf StVollstrO § 17 Rn. 9.
[47] OLG Koblenz 8.12.1998 – 1 Ws 813/98, StV 1999, 219.
[48] Vgl. dazu § 79a StGB; s. auch Appl in KK-StPO Rn. 4; Schmitt in Meyer-Goßner/Schmitt Rn. 6; Pfeiffer Rn. 4; Bringewat Rn. 6.
[49] OLG Stuttgart 26.8.1987 – 3 Ws 166/87, Justiz 1988, 104; LG Berlin 8.1.1987 – (508) 1 OpKls 39/76, StV 1987, 258; Paeffgen in SK-StPO Rn. 2, 9; Bringewat Rn. 6.
[50] OLG Celle 1.8.2002 – 2 Ws 204/02, StV 2003, 90; KG 4.6.2004 – 5 Ws 263/04, NStZ-RR 2004, 312; Paeffgen/Greco in SK-StPO Rn. 10.
[51] OLG Hamburg 19.10.1998 – 2 Ws 267/98, StV 1999, 273.
[52] OLG Karlsruhe 10.1.1994 – 3 Ws 253/93, NStZ 1994, 254.
[53] OLG Celle 1.8.2002 – 2 Ws 204/02, StV 2003, 90.

durch einen fremden Staat,[54] so stellt dies keine freiwillige Rückkehr dar.[55] Im Fall einer vorangegangenen Ausweisung kommt es dabei nicht darauf an, ob ausländerrechtliche Regelungen eine Rückkehr in die BRD überhaupt gestatten.[56]

Die früher in der Praxis relevanten Konstellationen, in denen sich ein abgeschobener Ausländer am Tag der Wiedervereinigung in berechtigter Weise im Gebiet der damaligen DDR aufgehalten hat und von dort in die alte Bundesrepublik Deutschland eingereist ist,[57] dürften mittlerweile wohl jegliche Bedeutung verloren haben.[58] 20

Abs. 2 S. 1 räumt der Vollstreckungsbehörde hinsichtlich der Nachholung der Vollstreckung einen **Ermessens**spielraum ein („kann").[59] Allerdings wird nach diesem pflichtgemäß auszuübenden Ermessen eine Nachholung der Vollstreckung lediglich dann unterbleiben dürfen, wenn sie aus gewichtigen Gründen unangebracht erscheint; anderenfalls besteht eine **Vollstreckungspflicht**.[60] 21

II. Nachholung der Vollstreckung bei Maßregeln der Besserung und Sicherung, Abs. 2 S. 2

Abs. 2 S. 2 schreibt bei der Vollstreckung einer freiheitsentziehenden Maßregel der Besserung und Sicherung vor § 67c Abs. 2 StGB zu beachten. Gemäß dieser Norm darf, wenn seit der Rechtskraft des Urteils drei Jahre verstrichen sind, ohne dass mit dem Vollzug der Unterbringung begonnen worden ist und ohne, dass ein Fall des § 67c Abs. 1 StGB oder des § 67b StGB vorliegt, die Maßregel nur noch vollzogen werden, wenn das Gericht es anordnet, weil der **Zweck der Maßregel die Unterbringung** noch **erfordert.** In die Dreijahresfrist wird diejenige Zeit nicht eingerechnet, während der der Ausgelieferte auf behördliche Anordnung verwahrt wurde. Dem Wortlaut der Verweisung in Abs. 2 S. 2 nach gilt § 67c Abs. 2 StGB stets analog, und zwar unabhängig davon, ob in vollem Umfang von der Vollstreckung der Maßregel abgesehen wurde oder bereits ein Teilvollzug stattgefunden hat.[61] 22

III. Fahndungsmaßnahmen gem. Abs. 2 S. 3

Gem. Abs. 2 S. 3 Hs. 1 „kann", gem. § 17 Abs. 2 S. 1 StVollstrO „soll", die Vollstreckungsbehörde zugleich mit dem Absehen von der Vollstreckung die Nachholung für den Fall anordnen, dass der Ausgelieferte, der Überstellte oder Ausgewiesene zurückkehrt. Sie kann zu diesem Zweck sogleich einen **Haftbefehl** oder einen **Unterbringungsbefehl** erlassen sowie die erforderlichen **Fahndungsmaßnahmen**, insbesondere die Ausschreibung zur Festnahme, veranlassen. Die Vollstreckungsbehörde überprüft daher im Rahmen ihres pflichtgemäß auszuübenden **Ermessen**s, ob und ggf. welche Fahndungsmaßnahmen im konkreten Einzelfall als erforderlich erscheinen.[62] Maßgeblich für das „Ob" der Ermittlung können Höhe des Strafrests, Schwere der Tat, Gefährlichkeit des Verurteilten oder Wahrscheinlichkeit seiner Rückkehr sein.[63] Nach Abs. 2 S. 3 Hs. 2 gelten § 131 Abs. 4 23

---

[54] LG Berlin 8.1.1987 – (508) 1 OpKLs 39/76, StV 1987, 258.
[55] Zum Begriff der Rückkehr vgl. OLG Düsseldorf 16.2.2004 – 3 Ws 28/04, NStZ-RR 2004, 343.
[56] Graalmann-Scheerer in Löwe/Rosenberg Rn. 22.
[57] OLG Düsseldorf 4.2.1991 – 3 Ws 48/91, 3 Ws 56/91, MDR 1991, 889; Appl in KK-StPO Rn. 4; Bringewat Rn. 6.
[58] Wegen der mangelnden praktischen Relevanz werden diese Konstellationen hier nicht weiter behandelt; s. dazu aber Graalmann-Scheerer in Löwe/Rosenberg Rn. 22.
[59] OLG Karlsruhe 10.1.1994 – 3 Ws 253/93, NStZ 1994, 254; Schmitt in Meyer-Goßner/Schmitt Rn. 7; Bringewat Rn. 11.
[60] Graalmann-Scheerer in Löwe/Rosenberg Rn. 22; Schmitt in Meyer-Goßner/Schmitt Rn. 6; OLG Hamm 14.2.2008 – 5 Ws 45/08, StRR 2008, 277; OLG Oldenburg 28.4.2009 – 1 Ws 260/09, NStZ 2009, 528.
[61] AA Graalmann-Scheerer in Löwe/Rosenberg Rn. 23, die im erstgenannten Fall § 67c Abs. 2 StGB direkt anwenden will.
[62] KG 20.9.1994 – 5 Ws 296/94, JR 1995, 78; OLG Karlsruhe 10.1.1994 – 3 Ws 253/93, NStZ 1994, 254; Graalmann-Scheerer in Löwe/Rosenberg Rn. 19.
[63] Schmitt in Meyer-Goßner/Schmitt Rn. 7.

sowie § 131a Abs. 3 für die Ausschreibung zur Festnahme oder zur Aufenthaltsermittlung entsprechend.[64]

24 Die Ausschreibung zur Fahndung erfordert, um Verwechslungen auszuschließen, eine möglichst **genaue Bezeichnung** des Verurteilten, jedoch grds. keine über dessen Bezeichnung hinausgehende Personenbeschreibung. Eine solche darf nur erfolgen, wenn nicht bereits die Personenangaben Verwechslungsgefahren ausschließen und soweit dies zu dem Zweck geboten ist.[65] Als **Abbildungen,** die beigefügt werden dürfen,[66] gelten alle für eine Öffentlichkeitsfahndung geeigneten Bildmaterialien unter Einschluss sog. Phantombilder, falls sich das Aussehen des Verurteilten seit einer erkennungsdienstlichen Behandlung erheblich verändert hat. Des Weiteren können die Tat sowie Ort und Zeit ihrer Begehung angegeben werden; ebenso Umstände, welche für die Ergreifung von Bedeutung sein können.[67]

25 Dem Wortlaut des Abs. 2 S. 3 nach, obliegt die nach pflichtgemäßem Ermessen[68] zu treffende Anordnung der erforderlichen Fahndungsmaßnahmen der Vollstreckungsbehörde und nicht dem Gericht. Dies folgt auch aus dem Umfang der Verweisung in Abs. 2 S. 3 Hs. 2, der § 131c gerade nicht einschließt sowie aus den diesbezüglichen Motiven des Gesetzgebers.[69]

IV. Belehrungspflicht, Abs. 2 S. 4

26 Abs. 2 S. 4 schreibt vor, dass der Verurteilte über die ihm im Fall einer Rückkehr drohenden Maßnahmen in einer für ihn verständlichen Sprache[70] sowie ggf. unter Hinzuziehung eines Dolmetschers,[71] Art. 6 Abs. 3 EMRK,[72] zu **belehren** ist.[73] Dies ist für das Nachholen der Vollstreckung **Zulässigkeitsvoraussetzung.**[74] Unterbleibt die Belehrung (oder lässt sie sich nicht nachweisen, zB weil sie nicht aktenkundig gemacht wurde) so darf die Vollstreckung im Fall der Rückkehr des Verurteilten nicht nachgeholt werden.[75] Dasselbe gilt, wenn die Belehrung missverständlich erfolgt.[76]

27 Inhalt der Belehrung sind die von Abs. 2 S. 1 und S. 2 vorgeschriebenen Folgen einer Rückkehr in die BRD. Deswegen muss der Verurteilte auch nicht über den Zeitpunkt belehrt werden, zu dem die Vollstreckung verjährt.[77]

28 Eine unterbliebene, unrichtig oder missverständlich durchgeführte Belehrung kann **nachgeholt** werden. Die Vollstreckung kann dann nach der Rückkehr des Verurteilten fortgesetzt werden, wenn dieser vor dem weiteren Vollzug der Strafe Gelegenheit hatte, die mit einem weiteren Verbleiben in der BRD verbundenen Risiken abzuwägen und sein Verhalten danach auszurichten.[78]

---

[64] Vgl. dazu BT-Drs. 14/1484, 25; Soiné JR 2002, 137 (141).
[65] Graalmann-Scheerer in Löwe/Rosenberg Rn. 19.
[66] Vgl. § 131 Abs. 4 S. 1 Hs. 2.
[67] Graalmann-Scheerer in Löwe/Rosenberg Rn. 19.
[68] Schmitt in Meyer-Goßner/Schmitt Rn. 7.
[69] BT-Drs. 14/1484, 25.
[70] Vgl. Schmitt in Meyer-Goßner/Schmitt Rn. 8; Paeffgen/Greco in SK-StPO Rn. 7.
[71] OLG Stuttgart 16.12.1980 – 3 Ws 311/80, Rpfleger 1981, 120.
[72] Graalmann-Scheerer in Löwe/Rosenberg Rn. 21.
[73] Eine solche Belehrung hatte bisher schon das OLG Stuttgart als Zulässigkeitsvoraussetzung für das Nachholen der Vollstreckung gefordert (16.12.1980 – 3 Ws 311/80, Rpfleger 1981, 120); ebenso OLG Karlsruhe 10.1.1994 – 3 Ws 253/93, NStZ 1994, 254; LG Berlin 8.1.1987 – (508) 1 OpKLs 39/76, StV 1987, 258; Schmitt in Meyer-Goßner/Schmitt Rn. 8; Bringewat Rn. 12.
[74] OLG Stuttgart 16.12.1980 – 3 Ws 311/80, Rpfleger 1981, 120.
[75] OLG Düsseldorf 7.7.1994 – 3 Ws 340 – 341/94, StV 1994, 554; Paeffgen/Greco in SK-StPO Rn. 7.
[76] OLG Karlsruhe 3.2.1999 – 2 Ws 188/98, NStZ-RR 1999, 222.
[77] OLG Stuttgart 15.9.2008 – 2 Ws 252/08, OLGSt StPO § 456a Nr. 4.
[78] OLG Karlsruhe 10.1.1994 – 3 Ws 253/93, NStZ 1994, 254 in Abgrenzung zu OLG Stuttgart 16.12.1980 – 3 Ws 311/80, Rpfleger 1981, 120; Jabel/Wolf in Pohlmann/Jabel/Wolf StVollstrO § 17 Rn. 5.

D. Verfahren

I. Zuständigkeit

Zuständig für Entscheidungen nach § 456a ist die **Vollstreckungsbehörde,** funktional der Rechtspfleger.[79]   29

II. Rechtsbehelfe

Hat die Vollstreckungsbehörde einen Antrag auf Absehen von der Vollstreckung abgelehnt, so sind die ablehnenden Bescheide nach §§ 23 ff. EGGVG anfechtbar, vgl. § 458 Abs. 2.[80] Gegen die Nachholungsanordnung gem. Abs. 2 kann der Verurteilte nach § 458 Abs. 2 Einwendungen mit dem Ziel einer gerichtlichen Entscheidung erheben (vgl. → § 458 Rn. 1 ff. und → § 462 Rn. 1 ff.).[81] Bei der Vollstreckung von Maßregeln der Besserung und Sicherung ist von Amts wegen über die Vollziehbarkeit zu entscheiden, wenn drei Jahre seit Rechtskraft des Urteils verstrichen sind. Der Rechtsbehelf hat insofern keine Relevanz mehr. Sieht die Vollstreckungsbehörde gem. Abs. 1 von der Vollstreckung ab, so ist der Verurteilte nicht beschwert und kann keinen Rechtsbehelf einlegen.[82]   30

§ 456b (weggefallen)

§ 456c Aufschub und Aussetzung des Berufsverbotes

(1) ¹Das Gericht kann bei Erlaß des Urteils auf Antrag oder mit Einwilligung des Verurteilten das Wirksamwerden des Berufsverbots durch Beschluß aufschieben, wenn das sofortige Wirksamwerden des Verbots für den Verurteilten oder seine Angehörigen eine erhebliche, außerhalb seines Zweckes liegende, durch späteres Wirksamwerden vermeidbare Härte bedeuten würde. ²Hat der Verurteilte einen gesetzlichen Vertreter, so ist dessen Einwilligung erforderlich. ³§ 462 Abs. 3 gilt entsprechend.

(2) Die Vollstreckungsbehörde kann unter denselben Voraussetzungen das Berufsverbot aussetzen.

(3) ¹Der Aufschub und die Aussetzung können an die Leistung einer Sicherheit oder an andere Bedingungen geknüpft werden. ²Aufschub und Aussetzung dürfen den Zeitraum von sechs Monaten nicht übersteigen.

(4) Die Zeit des Aufschubs und der Aussetzung wird auf die für das Berufsverbot festgesetzte Frist nicht angerechnet.

Übersicht

		Rn.			Rn.
A.	Regelungsinhalt und Anwendungsbereich	1	I.	Zuständigkeit	5
			II.	Voraussetzungen	6
B.	Aufschub des Berufsverbots, Abs. 1 und Abs. 2	5	1.	Antrag des Verurteilten	6
			2.	Vermeidbare Härte, Abs. 1 S. 1	7

---

[79] OLG Düsseldorf 9.10.2006 – III – 3 Ws 427/06, Az.: III-3 Ws 427/06; s. auch Jabel/Wolf in Pohlmann/Jabel/Wolf StVollstrO § 17 Rn. 12.
[80] OLG Hamburg 11.2.1975 – V As 64/74, NJW 1975, 1132; KG 8.4.1992 – Zs 223/92 – 4 VAs 5/92, StV 1992, 428; OLG Stuttgart 27.1.1993 – 4 VAs 5/92, StV 1993, 258; OLG Koblenz 19.12.1995 – 2 VAs 24/95, NStZ 1996, 255; Appl in KK-StPO Rn. 5; Schmitt in Meyer-Goßner/Schmitt Rn. 9; Paeffgen/Greco in SK-StPO Rn. 11; Bringewat Rn. 14.
[81] Schmitt in Meyer-Goßner/Schmitt Rn. 9.
[82] Coen in BeckOK StPO Rn. 12; Appl in KK-StPO Rn. 5; Graalmann-Scheerer in Löwe/Rosenberg Rn. 25; Schmitt in Meyer-Goßner/Schmitt Rn. 9; Pfeiffer Rn. 5; Paeffgen/Greco in SK-StPO Rn. 11.

		Rn.			Rn.
III.	Entscheidungen	8	3.	Rechtsfolgen	16
1.	Gerichtliche Entscheidung nach Abs. 1	8	C.	**Verfahren und Rechtsschutz**	17
2.	Entscheidung durch die Vollstreckungs-		I.	Fristen	17
	behörde nach Abs. 2	9	1.	Dauer des Aufschubs, Abs. 3 S. 2	17
IV.	**Inhalt der Entscheidung**	12	2.	Fristberechnung, Abs. 4	18
1.	Ermessensspielraum	12	II.	Rechtsbehelfe	19
2.	Sicherheitsleistung, Abs. 3 S. 1	15			

A. Regelungsinhalt und Anwendungsbereich

1   Da das Berufsverbot gem. § 70 Abs. 4 S. 1 StGB grds. mit den aus § 145c StGB folgenden Konsequenzen[1] wirksam wird, sobald das zugrunde liegende Urteil in Rechtskraft erwächst,[2] erfordert seine Umsetzung keine vorherige Vollstreckungshandlung. Hat das Gericht nach § 132a ein vorläufiges Berufsverbot angeordnet, so wird dieses ohne Vollstreckungshandlung sogar bereits zu einem früheren Zeitpunkt wirksam. Selbst eine Überwachung der Einhaltung des Berufsverbots durch die Vollstreckungsbehörde ist zunächst nicht erforderlich.[3]

2   § 456c räumt deswegen dem Gericht bzw. der Vollstreckungsbehörde die Möglichkeit ein, den **Beginn der Wirksamkeit** eines Berufsverbots für die Dauer von höchstens sechs Monaten ab Rechtskraft des Urteils **hinauszuschieben** oder zu einem späteren Zeitpunkt nach Eintritt der Wirksamkeit des Berufsverbots dieses auszusetzen. Zusätzlich kann nach § 70a StGB das Berufsverbot unter bestimmten Voraussetzungen vom Gericht nach mindestens einjähriger Dauer zur Bewährung ausgesetzt und bei positivem Verlauf der Bewährungszeit gem. § 70b Abs. 5 StGB für erledigt erklärt werden (vgl. → § 462 Rn. 1 ff.; → § 462 Rn. 1 ff.).[4]

3   § 456c ergänzt **§ 55 StVollstrO,** der die Berechnung der Dauer des Berufsverbots regelt. § 55 Abs. 2 StVollstrO verpflichtet die Vollstreckungsbehörde, den für die Berufs- und Gewerbeausübung zuständigen Behörden über die Zeit des Berufsverbots und die Erklärung über dessen Erledigung durch das Gericht nach § 70b Abs. 5 StGB jeweils Mitteilung zu machen.[5]

4   Eine entsprechende Anwendung von § 456c Abs. 1 und Abs. 2 auf das Fahrverbot des § 44 StGB kommt nicht in Betracht.[6]

---

[1] Appl in KK-StPO Rn. 2; Schmitt in Meyer-Goßner/Schmitt Rn. 1; Bringewat Rn. 2.
[2] Coen in BeckOK StPO Rn. 1; Paeffgen/Greco in SK-StPO Rn. 1.
[3] Vgl. aber die Mitteilungspflichten nach Nr. 13, 40 Abs. 1 MiStra sowie Graalmann-Scheerer in Löwe/Rosenberg Rn. 1; Wolf in Pohlmann/Jabel/Wolf StVollstrO § 55 Rn. 4.
[4] S. auch Röttle/Wagner/Theurer Strafvollstreckung Kap. 4 Rn. 258.
[5] Rechtsgrundlage für die Ermittlungen der Daten können § 14 Abs. 1 Nr. 4 und 5 EGGVG sowie bereichsspezifische Regelungen in den Beamtengesetzen und dem Deutschen Richtergesetz sowie sonstigen Gesetzen sein, zB § 62 Abs. 1 und 3 SG für Soldaten; § 45a ZDG für Zivildienstleistende; § 64a Abs. 3 BNotO für Notare; § 36a Abs. 3 BRAO für Rechtsanwälte; § 32a Abs. 3 PatAnwO für Patentanwälte; §§ 61a, 130 Abs. 1 WPO und § 10 Abs. 2 StBerG für Wirtschaftsprüfer und Steuerberater; § 60a KWG für Inhaber und Geschäftsleiter von Kreditinstituten; § 40a WertpapierhandelsG für Inhaber und Geschäftsleiter von Wertpapierdienstleistungsunternehmen; § 145b Abs. 1 VAG für Geschäftsleiter von Versicherungsunternehmen; § 35 GewO; vgl. die Zusammenstellung bei Graalmann-Scheerer in Löwe/Rosenberg Rn. 2. § 55 Abs. 3 StVollstrO verpflichtet die Vollstreckungsbehörde, vor einer Entscheidung über die Aussetzung des Berufsverbots (§ 55 Abs. 2 StVollstrO) die zuständigen Verwaltungsbehörden und berufsständischen Organisationen zu hören.
[6] OLG Köln 25.2.1986 – Ss 2/86 (41), NJW 1987, 80; AG Mainz 1.2.1967 – 17 Cs 326/66, MDR 1967, 683; Coen in BeckOK StPO Rn. 1; Appl in KK-StPO Rn. 1; Schmitt in Meyer-Goßner/Schmitt Rn. 1; Pfeiffer Rn. 1; Fehl NZV 1998, 439; Mürbe DAR 1983, 45; ferner Wolf in Pohlmann/Jabel/Wolf StVollstrO § 59 Rn. 26; aA Kinzig in Schönke/Schröder StGB § 44 Rn. 20.

B. Aufschub des Berufsverbots, Abs. 1 und Abs. 2

I. Zuständigkeit

Zuständig für den Aufschub ist zunächst das **erkennende Gericht,** das die Entscheidung 5 „bei Erlass des Urteils" in der Hauptverhandlung in der dafür vorgesehenen Besetzung unter Einschluss der Schöffen trifft. Der Beschluss kann anstelle der Verkündung aber auch später schriftlich bekannt gemacht werden.[7]

II. Voraussetzungen

1. Antrag des Verurteilten. Ein Aufschub nach Abs. 1 bzw. eine Aussetzung nach 6 Abs. 2 erfordern einen Antrag des Verurteilten.[8] Dies beruht auf dem Umstand, dass wegen der mangelnden Anrechnung der Zeit des Aufschubs auf die Dauer des Berufsverbots gem. Abs. 4 dieses für den Verurteilten eine nachteilige Wirkung hat oder haben kann. Erwägt das Gericht von Amts wegen die Aussetzung des Berufsverbots, so bedarf es einer Einwilligung des Verurteilten, Abs. 1 S. 1.[9] Hat der Verurteilte einen gesetzlichen Vertreter, so ist (auch) dessen Einwilligung notwendig, Abs. 1 S. 2.

2. Vermeidbare Härte, Abs. 1 S. 1. Ein Aufschub nach Abs. 1 verlangt, dass mit 7 dem sofortigen Wirksamwerden des Berufsverbots für den Verurteilten oder seine Angehörigen eine erhebliche, **außerhalb des Zwecks** der Maßregel liegende Härte verbunden wäre, die durch späteres Inkrafttreten vermeidbar ist. Früher wurde dabei zT die Auffassung vertreten, dass auch Härten, die Dritten durch die sofortige Wirksamkeit des Berufsverbots entstehen, einen Aufschub rechtfertigen können.[10] Dies sollte bspw. in Betracht kommen für Arbeitnehmer, die bei einer Berufsuntersagung gegen den Unternehmer durch Stilllegung eines Betriebs arbeitslos werden würden, oder für die Allgemeinheit, wenn diese an der Aufrechterhaltung des Betriebs ein Interesse hat. Dieser Ansicht steht jedoch der Wortlaut des Abs. 1 S. 1 entgegen.[11] Für eine Analogie mangelt es sowohl an einer Vergleichbarkeit der Konstellationen als auch an einem praktischen Bedürfnis für eine entsprechende Anwendung des Abs. 1 S. 1.[12]

III. Entscheidungen

1. Gerichtliche Entscheidung nach Abs. 1. Der Aufschub wird durch **Beschluss** 8 gleichzeitig mit dem Erlass des Urteils angeordnet, vgl. § 268a Abs. 1.[13] Zu einem späteren Zeitpunkt darf das Gericht nicht mehr über den Aufschub entscheiden;[14] ab diesem Moment liegt die Zuständigkeit dafür nach Abs. 2 bei der Strafvollstreckungsbehörde. Der Verurteilte wiederum kann bei der Vollstreckungsbehörde um eine Aussetzung des Berufsverbots ersu-

---

[7] Coen in BeckOK StPO Rn. 3.
[8] Richtig müsste es in Abs. 1 „Angeklagter" heißen, da der Antrag vor der Urteilsverkündung gestellt werden wird, die Bezeichnung „Verurteilter" mithin erst für die Fälle des Abs. 2 zutrifft; so Graalmann-Scheerer in Löwe/Rosenberg Rn. 3 (dort Fn. 3).
[9] Graalmann-Scheerer in Löwe/Rosenberg Rn. 3; Appl in KK-StPO Rn. 3; Schrott in KMR-StPO Rn. 4; Schmitt in Meyer-Goßner/Schmitt Rn. 2.
[10] Appl in KK-StPO Rn. 4.
[11] Graalmann-Scheerer in Löwe/Rosenberg Rn. 4; Paeffgen/Greco in SK-StPO Rn. 4.
[12] Appl in KK-StPO Rn. 4; Schmitt in Meyer-Goßner/Schmitt Rn. 4; Pfeiffer Rn. 2; differenzierend Coen in BeckOK StPO Rn. 2, der zwar nicht private Nachteile Dritter, unter Verweis auf § 55 StVollstrO sehr wohl aber das öffentliche Interesse als solches ausreichen lässt. Allerdings dürften Fälle, in denen ein solches öffentliches Interesse besteht, oftmals zugleich auch für den Verurteilten selbst eine außerhalb des Maßregelzwecks liegende Härte bedeuten. Vgl. ferner AGH Schleswig-Holstein 2.1.1999 – 2 AGH 25/98, NJW-RR 2000, 874.
[13] Graalmann-Scheerer in Löwe/Rosenberg Rn. 5; Schmitt in Meyer-Goßner/Schmitt Rn. 3; Paeffgen/Greco in SK-StPO Rn. 6.
[14] Etwa während der Abfassung der Urteilsgründe, s. Coen in BeckOK StPO Rn. 3; Appl in KK-StPO Rn. 2; Schrott in KMR-StPO Rn. 8; Schmitt in Meyer-Goßner/Schmitt Rn. 3; Bringewat Rn. 7; Paeffgen/Greco in SK-StPO Rn. 7.

chen.¹⁵ Der Beschluss wird zwar idR mündlich mit dem Urteil verkündet, es genügt jedoch eine schriftliche Zustellung.¹⁶

9   **2. Entscheidung durch die Vollstreckungsbehörde nach Abs. 2.** Die Vollstreckungsbehörde kann nach Abs. 2 ein bereits wirksam gewordenes Berufsverbot „unter denselben Voraussetzungen" **aussetzen,** unter denen das Gericht nach Abs. 1 den Aufschub des Wirksamwerdens anordnen kann. Erforderlich ist somit ein Antrag des Verurteilten bzw. seines gesetzlichen Vertreters oder jedenfalls dessen Einwilligung (→ Rn. 6).¹⁷ Zudem ist notwendig, dass dem Verurteilten durch das Berufsverbot eine außerhalb des Zwecks der Maßregel liegende Härte entstünde. Dem Sinn und Zweck sowie dem Wortlaut („aussetzen") des Abs. 2 nach muss die Verweisung auf Abs. 1 S. 1 jedoch dessen analoge Anwendbarkeit dahingehend bedeuten, dass die Härte jeweils nicht auf der sofortigen Wirksamkeit des Berufsverbots beruht, sondern lediglich zu demjenigen Zeitpunkt besteht, zu dem die Aussetzung erfolgen soll.¹⁸ Dafür spricht auch die Regelung des § 55 StVollstrO.¹⁹

10 Voraussetzung ist ferner die **Abwendbarkeit** der erheblichen, außerhalb des Zwecks der Maßregel liegenden Härte durch die vorübergehende Aussetzung des Berufsverbots. Dies kann zB der Fall sein, wenn ein Arzt, der die Praxis des mit Berufsverbot Belegten für die Dauer der Untersagung übernommen hat, erkrankt und ein anderer Vertreter als der Verurteilte nicht zu finden ist, so dass die Praxis sich aufzulösen droht, wenn das Berufsverbot nicht zeitweise ausgesetzt wird.²⁰

11 Die Vollstreckungsbehörde darf eine Aussetzung auch dann anordnen, wenn das Gericht zuvor einen **Aufschubantrag abgelehnt** hat.²¹ Dies kann in Betracht kommen, wenn entweder neue Gesichtspunkte vorliegen, die eine Aussetzung begründen, oder weil die Vollstreckungsbehörde – anders als das Gericht – auch Aspekte des öffentlichen Interesses zu berücksichtigen vermag, vgl. § 55 StVollstrO.²²

IV. Inhalt der Entscheidung

12 **1. Ermessensspielraum.** Die Entscheidung des Gerichts bzw. der Vollstreckungsbehörde beinhaltet den Ausspruch, dass die Wirksamkeit des Berufsverbots aufgeschoben respektive dieses ausgesetzt wird. Zugleich ist die Dauer der Aussetzung oder des Aufschubs anzugeben, wobei Abs. 3 S. 2 als maximalen Zeitraum sechs Monate vorschreibt. Da das Gericht nur bei Erlass des Urteils über den Aufschub zu entscheiden vermag, kann es einen gewährten Aufschub auch nicht nachträglich verlängern.²³

13 Ob und für welchen **Zeitraum** Aufschub oder Aussetzung erfolgt liegt im pflichtgemäß auszuübenden Ermessen des Gerichts bzw. der Vollstreckungsbehörde.²⁴ Risiken und Gefahren, die bei weiterer Ausübung des Berufs während des Aufschubs drohen, können gem. Abs. 3 S. 1 durch geeignete Auflagen (→ Rn. 15)²⁵ abgewendet werden. Dies ist bei der Ermessensausübung zu berücksichtigen.

14 Gibt das Gericht einem wirksam gestellten Aufschubantrag des Verurteilten nicht statt, so muss es ihn nach allgemeinen Grundsätzen **ablehnend bescheiden,** vgl. § 34. Die Nichtbescheidung soll nach wohl hM²⁶ einer Ablehnung gleichstehen.

---

15 Vgl. Schrott in KMR-StPO Rn. 2; Schmitt in Meyer-Goßner/Schmitt Rn. 3.
16 Appl in KK-StPO Rn. 2; Schmitt in Meyer-Goßner/Schmitt Rn. 3; Bringewat Rn. 8.
17 Röttle/Wagner/Theurer Strafvollstreckung Kap. 4 Rn. 260.
18 Graalmann-Scheerer in Löwe/Rosenberg Rn. 9; s. auch Appl in KK-StPO Rn. 5; Schmitt in Meyer-Goßner/Schmitt Rn. 4.
19 Vgl. dazu Appl in KK-StPO Rn. 5.
20 Graalmann-Scheerer in Löwe/Rosenberg Rn. 9; Bringewat Rn. 6.
21 Graalmann-Scheerer in Löwe/Rosenberg Rn. 11; Röttle/Wagner/Theurer Strafvollstreckung Kap. 4 Rn. 260; Wolf in Pohlmann/Jabel/Wolf StVollstrO § 55 Rn. 5.
22 Appl in KK-StPO Rn. 5; Schmitt in Meyer-Goßner/Schmitt Rn. 5; Paeffgen/Greco in SK-StPO Rn. 9.
23 Graalmann-Scheerer in Löwe/Rosenberg Rn. 8; Paeffgen/Greco in SK-StPO Rn. 5.
24 Coen in BeckOK StPO Rn. 4.
25 Vgl. Paeffgen/Greco in SK-StPO Rn. 11.
26 Schrott in KMR-StPO Rn. 14; Graalmann-Scheerer in Löwe/Rosenberg Rn. 6.

2. Sicherheitsleistung, Abs. 3 S. 1. Nach Abs. 3 S. 1 können Aufschub und Ausset- 15
zung an die Leistung einer Sicherheit oder an andere Bedingungen gekoppelt werden.
Denkbar ist zB, dem Verurteilten lediglich einen Teil der prinzipiell von dem Verbot
umfassten Handlungen zu gestatten.[27] Die gesetzten Bedingungen müssen aber jedenfalls
geeignet sein, die durch die Berufsausübung drohenden Gefahren abzuwenden.[28] Aus
diesem Grund genügt die Auferlegung einer Geldbuße nicht den Anforderungen; zudem
scheidet eine analoge Anwendung von § 56b Abs. 2 Nr. 2 StGB aus, weil das Berufsverbot lediglich vorübergehend aufgeschoben und nicht substituiert oder zur Bewährung
ausgesetzt wird.[29] Beachtet der Verurteilte die gesetzen Bedingungen nicht, so greift
§ 145c StGB ein.

3. Rechtsfolgen. Die Anordnung macht das Berufsverbot **vorübergehend unwirk-** 16
sam, so dass der Verurteilte der betreffenden Tätigkeit während dieses Zeitraums weiter
nachgehen darf.[30]

C. Verfahren und Rechtsschutz

I. Fristen

1. Dauer des Aufschubs, Abs. 3 S. 2. Die Dauer des Aufschubs darf gem. Abs. 2 17
S. 2 **sechs Monate** nicht übersteigen. Das gilt selbst dann, wenn die Vollstreckungsbehörde
einen Aufschub mehrmals gewährt; in diesem Fall darf die Gesamtdauer der Zeiträume, in
denen ein Aufschub angeordnet wurde, sechs Monate nicht überschreiten.[31] Die Strafvollstreckungsbehörde muss mithin eine schon vom Gericht bewilligte Zeitspanne bei ihrer
Bewilligung einrechnen.[32] Ein darüber hinaus gewährter Aufschub ist allerdings dennoch
wirksam.[33] Nachträgliche Verlängerungen durch das Gericht sind ausgeschlossen.[34] Über
die Dauer von sechs Monaten hinaus ist ein Aufschub grds. nur ganz ausnahmsweise im
Gnadenwege möglich.[35]

2. Fristberechnung, Abs. 4. Abs. 4 bestimmt, dass die Zeit des Aufschubs und der 18
Aussetzung auf die für das Berufsverbot festgesetzte Frist nicht angerechnet wird. Dies hat
für den Verurteilten die (nachteilige) Konsequenz, dass nach dem Ende des Aufschubs bzw.
der Aussetzung die verbleibende Restdauer des Berufsverbots noch vollständig ablaufen
muss.

II. Rechtsbehelfe

Gegen den Beschluss, mit dem das Gericht einen Aufschub ausspricht oder ablehnt, 19
ist für Staatsanwaltschaft bzw. Verurteilten die **sofortige Beschwerde** statthaft, Abs. 1

---

[27] Appl in KK-StPO Rn. 6; Schmitt in Meyer-Goßner/Schmitt Rn. 6; Bringewat Rn. 11.
[28] Graalmann-Scheerer in Löwe/Rosenberg Rn. 13.
[29] Vgl. auch LG Frankfurt a. M. 19.10.1953 – 5/5 Qs 198/53, NJW 1954, 287; ferner Appl in KK-StPO Rn. 6; Schmitt in Meyer-Goßner/Schmitt Rn. 6; s. auch § 70a Abs. 3 StGB, den § 56b StGB nicht für entsprechend anwendbar erklärt.
[30] Auf ein rechtskräftiges und damit nach § 204 Nr. 5 BRAO wirksam gewordenes Vertretungsverbot nach § 114 Abs. 1 Nr. 4 BRAO finden die Vorschriften der Strafprozessordnung, insbes. § 456c, entsprechende Anwendung; vgl. AGH Schleswig-Holstein 22.1.1999 – 2 AGH 25/98, NJW-RR 2000, 874.
[31] Appl in KK-StPO Rn. 7; Schmitt in Meyer-Goßner/Schmitt Rn. 6; Bringewat Rn. 11; Paeffgen/Greco in SK-StPO Rn. 5; Wolf in Pohlmann/Jabel/Wolf StVollstrO § 55 Rn. 5.
[32] Appl in KK-StPO Rn. 7; Graalmann-Scheerer in Löwe/Rosenberg Rn. 14; Schmitt in Meyer-Goßner/Schmitt Rn. 7.
[33] Graalmann-Scheerer in Löwe/Rosenberg Rn. 14; Schmitt in Meyer-Goßner/Schmitt Rn. 7; Bringewat Rn. 12.
[34] Schmitt in Meyer-Goßner/Schmitt Rn. 7.
[35] Vgl. Bringewat Rn. 13.

§ 457   1   7. Buch. 1. Abschnitt. Strafvollstreckung

S. 3.[36] Für die Beschwerdefrist maßgeblich ist die Beendigung der Hauptverhandlung.[37] Beschwerdeberechtigt sind der Verurteilte und die Staatsanwaltschaft.[38]

20   Gegen Entscheidungen der Vollstreckungsbehörde nach Abs. 2 sind Dienstaufsichtsbeschwerde und Gegenvorstellung möglich, ferner Einwendungen nach § 458 Abs. 2.[39]

§ 457 Ermittlungshandlungen; Vorführungsbefehl, Vollstreckungshaftbefehl

(1) § 161 gilt sinngemäß für die in diesem Abschnitt bezeichneten Zwecke.

(2) [1]Die Vollstreckungsbehörde ist befugt, zur Vollstreckung einer Freiheitsstrafe einen Vorführungs- oder Haftbefehl zu erlassen, wenn der Verurteilte auf die an ihn ergangene Ladung zum Antritt der Strafe sich nicht gestellt hat oder der Flucht verdächtig ist. [2]Sie kann einen Vorführungs- oder Haftbefehl auch erlassen, wenn ein Strafgefangener entweicht oder sich sonst dem Vollzug entzieht.

(3) [1]Im übrigen hat in den Fällen des Absatzes 2 die Vollstreckungsbehörde die gleichen Befugnisse wie die Strafverfolgungsbehörde, soweit die Maßnahmen bestimmt und geeignet sind, den Verurteilten festzunehmen. [2]Bei der Prüfung der Verhältnismäßigkeit ist auf die Dauer der noch zu vollstreckenden Freiheitsstrafe besonders Bedacht zu nehmen. [3]Die notwendig werdenden gerichtlichen Entscheidungen trifft das Gericht des ersten Rechtszuges.

Übersicht

		Rn.			Rn.
A.	Anwendungsbereich und Regelungsinhalt	1	1.	Vorführungs- und Haftbefehl	21
B.	Ermittlungsbefugnisse der Vollstreckungsbehörde gem. Abs. 1 iVm § 161	4	2.	Anordnungsvoraussetzungen a) Nichtbeachtung der Ladung zum Strafantritt b) Fluchtgefahr	25 26 29
C.	Vorführungs- oder Haftbefehl, Abs. 2	5		c) Beschleunigung der Strafvollstreckung d) Zurückführung in den Strafvollzug	32 34
I.	Ladung zum Strafantritt, Abs. 2 S. 1	5	III.	Sonstige Ermittlungsbefugnisse, Abs. 3	36
1.	Verurteilter auf freiem Fuß a) Fristsetzung b) Sofortiger Strafantritt	5 9 13	1.	Ermittlungsbefugnisse in den Fällen des Abs. 2	36
2.	Verurteilter in behördlicher Verwahrung	15	2.	Fahndungsmaßnahmen	38
II.	Zwangsmaßnahmen	20	IV.	Grundsatz der Verhältnismäßigkeit	39
			D.	Rechtsschutz	43

A. Anwendungsbereich und Regelungsinhalt

1   § 457 betrifft die Frage, wie bei der Herbeiführung des Vollzugs von Freiheits- und Ersatzfreiheitsstrafen[1] nach deren Anordnung gemäß § 459e sowie bei freiheitsentziehenden Maßregeln (vgl. § 463 Abs. 1) zu verfahren ist, und findet Anwendung auf die Voll-

---

[36] Coen in BeckOK StPO Rn. 6; Appl in KK-StPO Rn. 8; Schrott in KMR-StPO Rn. 14; Schmitt in Meyer-Goßner/Schmitt Rn. 9; Bringewat Rn. 14; Paeffgen/Greco in SK-StPO Rn. 12.
[37] Graalmann-Scheerer in Löwe/Rosenberg Rn. 7.
[38] Coen in BeckOK StPO Rn. 7; Schmitt in Meyer-Goßner/Schmitt Rn. 9; Paeffgen/Greco in SK-StPO Rn. 12.
[39] Schmitt in Meyer-Goßner/Schmitt Rn. 9; Paeffgen/Greco in SK-StPO Rn. 12.
[1] OLG Frankfurt a. M. 3.3.2005 – 3 VAs 1/05, NStZ-RR 2005, 282.

streckung von Freiheitsstrafen, analog auf die Vollstreckung von Erzwingungshaft und von gerichtlich verhängter Ordnungs- und Zwangshaft, § 87 Abs. 2 Nr. 3 StVollstrO, § 88 Abs. 1 StVollstrO, jeweils iVm § 33 StVollstrO, sowie sinngemäß auch für die Vollstreckung freiheitsentziehender Maßnahmen.[2]

Die Vorschrift ergänzt Regelungen der Landesjustizverwaltungen,[3] wobei § 33 StVollstrO eine herausragende Bedeutung zukommt. § 34 StVollstrO betrifft Maßnahmen zur Sicherstellung der Strafvollstreckung, insbesondere die Ausschreibung zur Festnahme sowie Art und Umfang der Fahndungsmaßnahmen und erlangt im Kontext des § 457 somit ebenfalls Relevanz. § 33 StVollstrO normiert, wann die Vollstreckungsbehörde einen Vorführungs- oder Haftbefehl erlässt und welche Informationen dieser zu enthalten hat; § 34 StVollstrO schreibt weitere Maßnahmen zur Sicherstellung der Strafvollstreckung vor.

§ 457 tangiert auch die Vollstreckung von Verfall und Einziehung gem. § 459g.[4] Die Norm greift zudem für die Vollstreckung der gem. § 96 OWiG angeordneten Erzwingungshaft (analog);[5] Gleiches gilt für die Vollstreckung gerichtlich erkannter Ordnungs- oder Zwangshaft in Straf- und Bußgeldsachen, die von der Staatsanwaltschaft als Vollstreckungsbehörde oder als ersuchte Behörde vollstreckt werden, § 88 StVollstrO.[6] Demgegenüber obliegt es dem Vorsitzenden zu entscheiden, ob im Fall einer von ihm veranlassten Ordnungshaft die Regelungen der StVollstrO Anwendung finden und welche Zwangsmaßnahmen zu ergreifen sind.[7]

B. Ermittlungsbefugnisse der Vollstreckungsbehörde gem. Abs. 1 iVm § 161

Abs. 1 verweist für die Durchführung von Ermittlungsmaßnahmen auf § 161 und räumt damit der Vollstreckungsbehörde dieselben Befugnisse ein, wie sie der Staatsanwalt im Ermittlungsverfahren zustehen.[8] Soweit die Zwecke der Strafvollstreckung es erfordern, kann die Vollstreckungsbehörde somit Auskunft von allen Behörden verlangen und Ermittlungen jeder Art entweder selbst vornehmen oder durch die Behörden und Beamten des Polizeidienstes vornehmen lassen, soweit nicht andere gesetzliche Vorschriften ihre Befugnisse besonders regeln, Abs. 1 iVm § 161 Abs. 1 S. 1.[9] Darüber hinaus besteht die Möglichkeit, Zeugen und Tatbeteiligte vernehmen zu lassen[10] oder Sachverständige mit der Erstattung eines Gutachtens zu beauftragen.[11] Solange die Voraussetzungen eines Vollstreckungshaftbefehls noch nicht vorliegen, kommt eine Ausschreibung zur Aufenthaltsermittlung iSd § 131a in Betracht (§ 34 Abs. 2 S. 3 StVollstrO). Im Bundeszentralregister kann nach § 27 BZRG ein Suchvermerk veranlasst werden.

---

[2] Coen in BeckOK StPO Rn. 1; Schmitt in Meyer-Goßner/Schmitt Rn. 2; Paeffgen/Greco in SK-StPO Rn. 3.

[3] Vgl. hierzu Wolf in Pohlmann/Jabel/Wolf StVollstrO § 33 Rn. 1, 3 ff.; Graalmann-Scheerer in Löwe/Rosenberg Rn. 2.

[4] Bieber in KMR-StPO Rn. 2; Paeffgen/Greco in SK-StPO Rn. 3; Wolf Rpfleger 1996, 96 (98).

[5] Nestler in BeckOK OWiG OWiG § 97 Rn. 11, 11.1; Appl in KK-StPO Rn. 1; Graalmann-Scheerer in Löwe/Rosenberg Rn. 3.

[6] Appl in KK-StPO Rn. 1; Graalmann-Scheerer in Löwe/Rosenberg Rn. 3.

[7] Appl in KK-StPO Rn. 1; Bieber in KMR-StPO Rn. 2; Graalmann-Scheerer in Löwe/Rosenberg Rn. 3; Bringewat Rn. 2.

[8] Schmitt in Meyer-Goßner/Schmitt Rn. 1; Paeffgen/Greco in SK-StPO Rn. 5; Wolf in Pohlmann/Jabel/Wolf StVollstrO § 33 Rn. 6.

[9] Vgl. Erb in Löwe/Rosenberg § 161 Rn. 35; Griesbaum in KK-StPO § 161 Rn. 2 f. Zu Grenzen und Ausschluss des Auskunftsanspruchs → § 161 Rn. 1 ff.; Erb in Löwe/Rosenberg § 161 Rn. 14 ff.; Griesbaum in KK-StPO § 161 Rn. 4 ff.; Paeffgen/Greco in SK-StPO Rn. 5.

[10] OLG Karlsruhe 29.8.2005 – 1 Ws 159/05, NStZ-RR 2005, 369; Schmitt in Meyer-Goßner/Schmitt Rn. 1; Paeffgen/Greco in SK-StPO Rn. 5.

[11] Graalmann-Scheerer in Löwe/Rosenberg Rn. 5; Wolf in Pohlmann/Jabel/Wolf StVollstrO § 33 Rn. 6.

C. Vorführungs- oder Haftbefehl, Abs. 2

I. Ladung zum Strafantritt, Abs. 2 S. 1

5 **1. Verurteilter auf freiem Fuß.** Befindet sich der Verurteilte auf freiem Fuß, so ist er zum Strafantritt zu laden. Dies ergibt sich argumentum e contrario aus Abs. 2 S. 1, der einen Vorführungs- oder Haftbefehl nur für den Fall vorsieht, dass sich der Verurteilte auf die an ihn ergangene Ladung zum Antritt der Strafe nicht gestellt hat oder der Flucht verdächtig ist.[12] Falls sich der Verurteilte bei Eintritt der Rechtskraft des Urteils in Untersuchungshaft befindet, ist eine Ladung zum Strafantritt nicht erforderlich, sondern es erfolgt lediglich die Einweisung und Überführung in die zuständige Justizvollzugsanstalt, § 28 StVollstrO.

6 Innerhalb Deutschlands erfolgt gem. § 27 Abs. 1 StVollstrO die Aufforderung zum Strafantritt prinzipiell **unmittelbar**[13] in die zuständige Justizvollzugsanstalt. Einer Ladung zum Strafantritt bedarf es nicht, wenn der Betroffene sich schon wegen einer anderen Sache in Haft befindet. Inhalt und Form der Ladung differieren danach, ob es sich um eine Aufforderung mit Fristsetzung oder um eine solche zum sofortigen Strafantritt handelt.[14]

7 Über die **Form** der Ladung und die Art ihrer Bekanntgabe existieren in der StPO keine Vorschriften; insbesondere ist keine förmliche Zustellung der Ladung normiert.[15] Es genügt zum Erlass des Haftbefehls deswegen, wenn die Vollstreckungsbehörde Kenntnis hat, dass die Ladung dem Verurteilten zugegangen ist.[16] Gem. § 27 Abs. 3 StVollstrO kann die Strafantrittsladung durch einfachen Brief, durch förmliche Zustellung oder durch mündliche Eröffnung gegenüber dem an der Amtsstelle anwesenden Verurteilten erfolgen, wenn er zum sofortigen Strafantritt geladen wird.[17] Nach § 33 Abs. 1 StVollstrO erlässt die Vollstreckungsbehörde nur dann einen Haftbefehl, wenn der Verurteilte sich trotz förmlicher Zustellung der Ladung nicht binnen der gesetzten Frist, bei Aufforderung zum sofortigen Antritt nicht spätestens am Tag nach der Zustellung gestellt hat.[18]

8 Stellt sich der Verurteilte auf eine formlose Ladung nicht, so muss er grds. nochmals mit förmlicher Zustellung geladen werden, um den **Nachweis des Zugangs** der Ladung zum Strafantritt führen zu können und dem Verurteilten nicht vorschnell die Möglichkeit zur Selbstgestellung zu nehmen, § 37 (→ § 37 Rn. 1 ff.).[19]

9 **a) Fristsetzung.** Damit dem Verurteilten Gelegenheit zum Ordnen seiner Angelegenheiten bleibt, setzt die Vollstreckungsbehörde ihm gem. § 27 Abs. 2 S. 1 StVollstrO prinzipiell eine Frist, binnen derer er sich in der in der Ladung angegebenen Justizvollzugsanstalt zum Strafantritt einzufinden hat. Die **Gestellungsfrist** soll idR **mindestens eine Woche** betragen.[20] Sie darf unter Berücksichtigung der Umstände des Einzelfalls sowohl abgekürzt als auch verlängert werden. Bei einer Verlängerung bleibt jedoch zu beachten, dass diese nicht einem vorübergehenden Strafaufschub aus wichtigen persönlichen Gründen iSd § 456[21] gleichkommt.

---

[12] Graalmann-Scheerer in Löwe/Rosenberg Rn. 6; Schmitt in Meyer-Goßner/Schmitt Rn. 4.
[13] Zu Ausnahmen in bestimmten Fällen der Ladung in die zuständige Anstalt eines anderen Bundeslandes bzw. der Ladung bei Auslandswohnsitz siehe Röttle/Wagner/Theurer Strafvollstreckung Kap. 2 Rn. 58/59, 76.
[14] Vgl. § 27 StVollstrO; ferner Schmitt in Meyer-Goßner/Schmitt Rn. 4.
[15] Graalmann-Scheerer in Löwe/Rosenberg Rn. 9; Wolf in Pohlmann/Jabel/Wolf StVollstrO § 33 Rn. 10.
[16] Bieber in KMR-StPO Rn. 10; Schmitt in Meyer-Goßner/Schmitt Rn. 4; einschränkend Wolf in Pohlmann/Jabel/Wolf StVollstrO § 33 Rn. 10.
[17] Schmitt in Meyer-Goßner/Schmitt Rn. 4; Bringewat Rn. 14, 16.
[18] Appl in KK-StPO Rn. 5; Bieber in KMR-StPO Rn. 10; Schmitt in Meyer-Goßner/Schmitt Rn. 4; Röttle/Wagner/Theurer Strafvollstreckung Kap. 2 Rn. 110 ff.; OLG Koblenz 24.10.2005 – 2 VAs 10/05, StraFo 2006, 86; OLG Karlsruhe 21.3.2005 – 2 VAs 32/04, NStZ-RR 2005, 249.
[19] S. ferner OLG Koblenz 24.10.2005 – 2 VAs 10/05, StraFo 2006, 86; vgl. Wolf in Pohlmann/Jabel/Wolf StVollstrO § 33 Rn. 15, 29.
[20] Paeffgen/Greco in SK-StPO Rn. 9; Wolf in Pohlmann/Jabel/Wolf StVollstrO § 27 Rn. 6.
[21] Dazu Laubenthal/Nestler Strafvollstreckung Rn. 228 ff.

Notwendiger **Ladungsinhalt** sind die Bezeichnung der zuständigen Hafteinrichtung 10 sowie die Benennung des Strafantrittstermins.[22] Um der Ladung besonderen Nachdruck zu verleihen, wird die verurteilte Person zudem darauf hingewiesen, dass sie bei nicht fristgemäßer Befolgung mit Zwangsmaßnahmen zu rechnen hat (§ 27 Abs. 2 S. 3 StVollstrO).

Eine Ladung mit Fristsetzung erfolgt stets **schriftlich**.[23] Sie ergeht grds. in Form eines 11 einfachen Briefes (§ 27 Abs. 3 S. 1 StVollstrO). Das betrifft vor allem diejenigen Sanktionierten, bei denen die Vollstreckungsbehörde davon ausgehen kann, dass sie der Aufforderung zum Strafantritt fristgemäß folgen werden. Die Ladung wird aber dann nach § 27 Abs. 3 S. 2 StVollstrO förmlich zugestellt, wenn ihr dadurch im Interesse einer beschleunigten Vollstreckung besonderer Nachdruck gegeben werden soll, eine formlose Aufforderung nach den Umständen des Einzelfalls keinen Erfolg verspricht oder eine vorherige Ladung bereits vergeblich war.

Für das **Zustellungsverfahren** sind über § 37 Abs. 1 die Vorschriften der §§ 166 ff. 12 ZPO entsprechend heranzuziehen, soweit sie sich für die Anwendung im Strafvollstreckungsverfahren eignen. Prinzipiell erfolgt die Zustellung durch Übergabe des zuzustellenden Schriftstücks mittels der Post, § 168 Abs. 1, § 176 ff. ZPO, an den Ort, an dem die verurteilte Person angetroffen wird, § 177 ZPO. Die Zustellung kann aber zB auch durch die Polizei durchgeführt werden, wenn eine Zustellung nach § 168 Abs. 1 ZPO keinen Erfolg verspricht, § 168 Abs. 2 ZPO. Zulässig ist zudem eine Ersatzzustellung etwa durch Niederlegung bei der Post, § 181 Abs. 1 ZPO.

b) Sofortiger Strafantritt. Ist eine sofortige Strafvollstreckung geboten, ermöglicht 13 § 27 Abs. 2 S. 2 StVollstrO eine Ladung zum sofortigen Strafantritt. Der Vollstreckungsbehörde ist insoweit ein Beurteilungsspielraum eingeräumt. Dabei müssen bestimmte Tatsachen im Einzelfall ein öffentliches Interesse begründen, dass mit dem Strafantritt nicht noch eine Woche zugewartet werden kann.[24] Dann muss die verurteilte Person sich spätestens am Tag nach Zustellung der Ladung zum Strafantritt gestellt haben (§ 33 Abs. 1 Nr. 2 StVollstrO). Notwendiger **Ladungsinhalt** sind die Bezeichnung der zuständigen Justizvollzugsanstalt sowie nach § 27 Abs. 2 S. 3 StVollstrO der Hinweis auf zu erwartende Zwangsmaßnahmen im Fall der nicht rechtzeitigen Folgeleistung.[25]

Wird zum sofortigen Strafantritt geladen, bedarf es einer **förmlichen Zustellung** der 14 schriftlichen Aufforderung, § 27 Abs. 3 S. 2 StVollstrO. Im Gegensatz zur Ladung mit Fristsetzung genügt ein einfacher Brief nicht. Allerdings lässt § 27 Abs. 3 S. 3 StVollstrO ausnahmsweise sogar eine mündliche Eröffnung der Ladung zu, insbesondere wenn der Betroffene auf der Amtsstelle anwesend ist. Ein solches Vorgehen kommt etwa dann in Betracht, wenn im Fall förmlicher Zustellung der Ladung bei dem Verurteilten Suizidgefahr oder eine Gefahr für Leib oder Leben Dritter (insbesondere von Familienangehörigen) besteht.[26] Da nach § 33 Abs. 2 Nr. 2 StVollstrO die mündliche Ladung Grundlage für den Erlass eines Vorführungs- oder Haftbefehls iSd Abs. 2 S. 1 sein kann, wenn der Geladene sich nicht zum sofortigen Strafantritt bereit zeigt, sollte jene auch schriftlich vermerkt werden (zB im Vollstreckungsheft).[27]

2. Verurteilter in behördlicher Verwahrung. Befindet sich der rechtskräftig Verur- 15 teilte **nicht auf freiem Fuß,** sondern bereits in behördlicher Verwahrung, veranlasst die Strafvollstreckungsbehörde gem. § 28 Abs. 1 S. 1 StVollstrO prinzipiell seine **Überführung** in die zuständige Justizvollzugsanstalt. Einer an den Betroffenen gerichteten Ladung bedarf es nicht.

---

[22] Graalmann-Scheerer in Löwe/Rosenberg Rn. 8; Paeffgen/Greco in SK-StPO Rn. 14.
[23] S. aber § 27 Abs. 3 S. 3 StVollstrO, der eine mündliche Ladung gegenüber einem in der Amtsstelle anwesenden Verurteilten zulässt; vgl. Schmitt in Meyer-Goßner/Schmitt Rn. 4.
[24] OLG Karlsruhe 21.3.2005 – 2 VAs 32/04, NStZ-RR 2005, 249 (250).
[25] Paeffgen/Greco in SK-StPO Rn. 9; Wolf in Pohlmann/Jabel/Wolf StVollstrO § 27 Rn. 11.
[26] Röttle/Wagner/Theurer Strafvollstreckung Kap. 2 Rn. 71.
[27] Wolf in Pohlmann/Jabel/Wolf StVollstrO § 27 Rn. 14.

16 Stellt sich die behördliche Verwahrung als Vollzug von **Untersuchungshaft** dar und erfolgt dieser **in derselben Sache,** befindet sich die verurteilte Person ab dem Zeitpunkt des Rechtskrafteintritts in **Zwischenhaft;**[28] allerdings wird sie als ein Strafgefangener behandelt.[29] Sind Untersuchungshaftanstalt und die nach dem Vollstreckungsplan zuständige Strafvollzugseinrichtung identisch, verbleibt der Sanktionierte in dieser Anstalt. Die die Rechtskraft bescheinigende Stelle hat die vorhandene Grundlage der Vollstreckung der Freiheitsstrafe binnen drei Tagen nach Rechtskrafteintritt an die Vollstreckungsbehörde zu übermitteln (§ 13 Abs. 3 S. 2 StVollstrO). Dem **Beschleunigungsprinzip** des § 2 Abs. 1 StVollstrO gemäß übersendet diese dann umgehend die Unterlagen an die Anstalt. Es ergeht nur ein Aufnahmeersuchen an die Vollzugseinrichtung, in der sich der Verurteilte befindet. Sind Untersuchungshaft- und Strafvollzugseinrichtung nicht identisch, ergehen ein Überführungsersuchen an die Untersuchungshaftanstalt und ein Aufnahmeersuchen an die zuständige Strafanstalt. Möglich ist auch, dass statt eines besonderen Überführungsersuchens das Aufnahmeersuchen über die Untersuchungshaftvollzugseinrichtung der zuständigen Strafanstalt zugeleitet wird.[30]

17 Befindet sich der rechtskräftig zu einer Freiheitsstrafe Verurteilte wegen einer **anderen Strafsache** in **Untersuchungshaft,** verbietet der Grundsatz materieller Gerechtigkeit eine Vollstreckung mehrerer Haftarten zur selben Zeit. Es gilt das **Prinzip des Nachrangs der Untersuchungshaft** gegenüber dem Vollzug von Freiheitsstrafe (ebenso wie grds. auch der Jugendstrafe, freiheitsentziehenden Maßregeln der Besserung und Sicherung oder Ordnungshaft Vorrang zukommt[31]). Das Verhältnis der Vollstreckung von Untersuchungshaft zur Vollstreckung anderer stationärer Maßnahmen hat der Bundesgesetzgeber in dem am 1.1.2010 in Kraft getretenen „Gesetz zur Änderung des Untersuchungshaftrechts"[32] geregelt. Gem. § 116b S. 2 geht Freiheitsstrafenvollstreckung vor, es sei denn, das Gericht trifft – weil der Zweck der Untersuchungshaft dies erfordert – eine abweichende Entscheidung. Die Strafe ist danach mit Rechtskrafteintritt grds. in Unterbrechung der Untersuchungshaft zu vollstrecken. Jedoch erhält nach § 119 Abs. 6 der für die Untersuchungshaft zuständige Haftrichter des Verfahrens, für welches die sog. **Überhaft** notiert ist, die Bestimmungen der Strafvollzugsgesetze ergänzende Eingriffsmöglichkeiten zur Sicherung des laufenden Ermittlungsverfahrens. Seitens der für die Vollstreckung der Freiheitsstrafe zuständigen Behörde ergeht – wenn die Anstalten nicht identisch sind – ein Überführungsersuchen an die Untersuchungshafteinrichtung und ein Aufnahmeersuchen an die zuständige Strafanstalt, in die der Verurteilte dann zu überführen ist.[33] Allerdings lässt es § 28 Abs. 1 S. 2 Hs. 2 StVollstrO zu, bei Unterbrechung der Untersuchungshaft vom Vollstreckungsplan abzuweichen und den Betroffenen in der für den Untersuchungshaftvollzug zuständigen Einrichtung zu belassen. Voraussetzung hierfür ist, dass auf diese Weise die Untersuchung in der noch schwebenden Strafsache erleichtert oder beschleunigt wird. In einem solchen Fall ergeht hinsichtlich der Freiheitsstrafe nur ein Aufnahmeersuchen an die Untersuchungshaftanstalt.

18 Verbüßt der Verurteilte bereits eine **andere Freiheitsstrafe,** wird deren Vollstreckung prinzipiell fortgesetzt, § 43 Abs. 3 StVollstrO. Es kommt zur **Anschlussvollstreckung** der nachfolgend rechtskräftig gewordenen Sanktion und es ergeht lediglich ein Aufnahmeersuchen an die bisherige Strafanstalt. Bleibt diese nicht für die Anschlussstrafe zuständig, ergeht

---

[28] Schmitt in Meyer-Goßner/Schmitt § 120 Rn. 15. Zur umstr. Rechtslage während der Phase der Zwischenhaft Linke JR 2001, 358.
[29] Laubenthal/Nestler Strafvollstreckung Rn. 145 ff.; Appl in KK-StPO § 450 Rn. 10a f.; Paeffgen/Greco in SK-StPO § 450 Rn. 2.
[30] Röttle/Wagner/Theurer Strafvollstreckung Kap. 2 Rn. 78.
[31] Graf in KK-StPO § 116b Rn. 9; Schmitt in Meyer-Goßner/Schmitt § 116b Rn. 1; BT-Drs. 16/11644, 22.
[32] Krauß in BeckOK StPO § 116b Rn. 1; Graf in KK-StPO § 116b Rn. 1; Schmitt in Meyer-Goßner/Schmitt § 116b Rn. 1; BGBl. 2009 I 2274 ff.; dazu Bittmann NStZ 2010, 13 ff.; Wieder StV 2010, 102 ff.
[33] Röttle/Wagner/Theurer Strafvollstreckung Kap. 2 Rn. 78.

an sie ein Überführungsersuchen sowie ein Aufnahmeersuchen an die dann zuständige Vollzugseinrichtung.

Anstaltswechsel sind regelmäßig verbunden mit Gefangenentransporten (sog. **Verschu-** 19 **bung**). Dieser erfolgt nach den Gefangenentransportvorschriften der Länder, wobei die Betroffenen regelmäßig im Sammeltransport befördert werden. Zuständige Behörden sind die Justizvollzugsanstalten bzw. bei Unterbringung die Maßregelvollzugseinrichtungen, an die ein entsprechendes Verschubungsersuchen zu richten ist.[34]

II. Zwangsmaßnahmen

Die Vollstreckungsbehörde darf unter bestimmten Voraussetzungen Zwangsmaßnah- 20 men gegen den sich **auf freiem Fuß** befindlichen Verurteilten einleiten. Rechtsgrundlage hierfür ist Abs. 2, ergänzt durch die Verwaltungsvorschriften der §§ 33, 34 StVollstrO. Zulässige Zwangsmaßnahmen sind der Vorführungs- und der Vollstreckungshaftbefehl. Nach Abs. 1 können weitere Ermittlungsmaßnahmen erfolgen; gem. Abs. 3 S. 1 sind ggf. zur Festnahme bestimmte und geeignete zusätzliche Maßnahmen zu ergreifen. Bei allen Zwangsmaßnahmen zur Durchsetzung des Strafantritts hat die Vollstreckungsbehörde den **Grundsatz der Verhältnismäßigkeit** zu beachten (→ Rn. 38 ff.). Versprechen weniger einschneidende Vorgehensweisen im Einzelfall Erfolg, sind diese anzuwenden (zB Wohnungsanfrage). Der Erlass eines Haftbefehls ist nicht zulässig, wenn der Verurteilte die Nichtgestellung ausreichend entschuldigt hat. Er muss dann erneut geladen werden.[35]

1. Vorführungs- und Haftbefehl. Zum Erlass eines Vorführungsbefehls ebenso wie 21 eines Haftbefehls zur Durchsetzung der gerichtlich angeordneten Freiheitsentziehung ist die Vollstreckungsbehörde bei Nichtbefolgung der Ladung zum Strafantritt durch den Verurteilten und bei Fluchtverdacht bzw. bereits erfolgter Flucht befugt. Zudem kann ein solcher Haftbefehl vorsorglich zur Beschleunigung der Strafvollstreckung ergehen.

Ein **Vollstreckungsvorführungsbefehl** kommt zur Vollstreckungseinleitung dann 22 in Betracht, wenn die sanktionierte Person am Ort oder in der näheren Umgebung der zuständigen Justizvollzugsanstalt wohnt. Es muss zudem anzunehmen sein, dass der Verurteilte dort anzutreffen ist.[36] Anderenfalls stellt sich der **Vollstreckungshaftbefehl** als das geeignetere Mittel dar. Auf diesen finden weder die Bestimmungen der §§ 112 ff. über die Anordnung von Untersuchungshaft Anwendung,[37] noch handelt es sich um eine Verhaftung iSd § 310 Abs. 1 Nr. 1.[38] Dass der Erlass des Vollstreckungshaftbefehls – ebenso wie derjenige des Vorführungsbefehls – durch den Rechtspfleger erfolgt (§ 31 Abs. 2 S. 1 RpflG),[39] verletzt nicht Art. 104 Abs. 2 S. 1 GG, weil es bei der Realisierung des Strafantritts nur um die Durchführung einer schon richterlich angeordneten Freiheitsentziehung geht.[40]

Als notwendigen **Inhalt** des Vorführungs- und des Vollstreckungshaftbefehls gibt § 33 23 Abs. 4 StVollstrO vor: Die genaue Bezeichnung der verurteilten Person, die Angabe der zu vollstreckenden Entscheidung, die Art und Dauer der zu vollstreckenden Strafe, den Grund der Vorführung oder Verhaftung, das Ersuchen um Vorführung oder Verhaftung, die Angabe der Vollzugsanstalt, in welche die verurteilte Person eingeliefert werden soll,

---

[34] Krit. zur Durchführung der teilweise lang andauernden Verschubungen in engen Omnibuskabinen mit bloßen „Sehschlitzen" als Kabinenfenster sowie der Frage einer Verletzung von Art. 1 Abs. 1 GG Bemmann FS Lüderssen, 2002, 803 ff.; Kropp ZRP 2005, 96 (98).
[35] Graalmann-Scheerer in Löwe/Rosenberg Rn. 9.
[36] Appl in KK-StPO Rn. 4; Schmitt in Meyer-Goßner/Schmitt Rn. 10; Wolf in Pohlmann/Jabel/Wolf StVollstrO § 33 Rn. 20; Röttle/Wagner/Theurer Strafvollstreckung Kap. 2 Rn. 111.
[37] Coen in BeckOK StPO Rn. 3; Appl in KK-StPO Rn. 2; Schmitt in Meyer-Goßner/Schmitt Rn. 10; Pfeiffer Rn. 4.
[38] Zabeck in KK-StPO § 310 Rn. 10; Schmitt in Meyer-Goßner/Schmitt § 310 Rn. 5 und § 457 Rn. 10.
[39] Schmitt in Meyer-Goßner/Schmitt Rn. 2; Paeffgen/Greco in SK-StPO Rn. 4.
[40] BGH 4.11.1970 – 4 ARs 43/70, BGHSt 23, 380 (386) = NJW 1971, 333; Coen in BeckOK StPO Rn. 6; Appl in KK-StPO Rn. 1; Paeffgen/Greco in SK-StPO Rn. 4; Wolf in Pohlmann/Jabel/Wolf StVollstrO § 33 Rn. 8.

bei Ersatzfreiheitsstrafe die Angabe des Geldbetrags, bei dessen nachgewiesener Zahlung die Vorführung oder Verhaftung unterbleibt.

24   Die **Vollziehung** von Vorführungs- und Haftbefehlen erfolgt gem. § 33 Abs. 5 S. 1 StVollstrO durch die Polizei (bei Soldaten durch die Feldjägereinheiten). Nach § 33 Abs. 6 StVollstrO ist der Vorführungs- oder Vollstreckungshaftbefehl dem Verurteilten möglichst bei dessen Ergreifung bekannt zu geben. Damit dieser sachgemäß die Voraussetzungen, insbesondere die Anordnungsgründe prüfen kann, reicht hierfür eine mündliche Bekanntgabe regelmäßig nicht aus.[41] Mit der Überführung des Verurteilten in den Strafvollzug wird der Vollstreckungshaftbefehl gegenstandslos.[42]

25   **2. Anordnungsvoraussetzungen.** Der Erlass eines Vorführungs- oder Vollstreckungshaftbefehls ist zulässig bei Nichtbeachtung der Ladung zum Strafantritt, bei Fluchtverdacht oder zur Beschleunigung der Strafvollstreckung. Während der Strafverbüßung kann zudem ein Vorführungs- oder Haftbefehl erlassen werden, wenn der Sanktionierte aus der Vollzugseinrichtung entweicht oder sich sonst dem Vollzug entzieht.

26   **a) Nichtbeachtung der Ladung zum Strafantritt.** Der Vorführungs- oder Vollstreckungshaftbefehl kommt in Betracht, wenn die rechtskräftig verurteilte Person der Aufforderung zum Strafantritt keine Folge geleistet hat. Abs. 2 S. 1, § 33 Abs. 1 StVollstrO verlangen insoweit, dass der Betroffene sich **auf die an ihn ergangene Ladung** hin **nicht fristgemäß** (bei Ladung mit Fristsetzung) oder **nicht rechtzeitig** (bei Ladung zum sofortigen Strafantritt) stellt.[43] Notwendig für die Zwangsmaßnahmen ist damit eine vorausgegangene Aufforderung, sich in der Justizvollzugsanstalt einzufinden, die nicht notwendigerweise förmlich zugestellt sein muss,[44] es sei denn, eine förmliche Zustellung ist erforderlich, wie zB bei § 33 Abs. 1 Nr. 2 StVollstrO.

27   Nicht ausreichend ist jedenfalls, dass ein Rechtspfleger die Ladung eines rechtskräftig zu einer Freiheitsstrafe Verurteilten zum sofortigen Strafantritt verfügt und diese nur mit einfachem Brief ausgefertigt wird. Stellt sich der Betroffene dann nicht in der Justizvollzugsanstalt und erfolgt daraufhin noch am gleichen Tag des Bekanntwerdens der Nichtgestellung bei der Strafvollstreckungsbehörde der Erlass eines Vorführungsbefehls, so sind dessen Erlass und Vollzug rechtswidrig,[45] da die Voraussetzungen des Abs. 2 nicht erfüllt sind. Denn werden weder vor Erlass des Vorführungsbefehls noch nach dem diesbezüglichen Hinweis des Antragstellers gegenüber der Polizei und dem Rechtspfleger nach seiner Festnahme Umstände ermittelt, aus denen sich die Kenntnis des Antragstellers von der Ladung hätte entnehmen lassen, so steht der Zugang der Ladung nicht fest.[46]

28   Für eine zwangsweise Herbeiführung des Strafantritts setzt § 33 Abs. 1 StVollstrO voraus, dass der Betroffene sich **ohne ausreichende Entschuldigung** nicht gestellt hat. Eine derartige Entschuldigung ist bis zum Erlass des Vorführungs- oder Haftbefehls möglich. Der Verurteilte ist dann zu einem späteren Zeitpunkt erneut zu laden. Geht die Entschuldigung erst nach Erlass der Zwangsmaßnahme ein, kann sie deren Vollzug vorläufig hemmen. Erweist sie sich als ausreichend, ist der Haftgrund nachträglich weggefallen und es muss eine Aufhebung des Vorführungs- oder Haftbefehls erfolgen.[47]

29   **b) Fluchtgefahr.** Schon **vor einer Ladung** zum Strafantritt wird die Strafvollstreckungsbehörde nach Abs. 2 S. 1 zum Erlass eines Vorführungs- oder Vollstreckungshaftbefehls berechtigt, wenn der Verurteilte der Flucht verdächtig ist. Gem. § 33 Abs. 2 Nr. 1

---

[41] Wolf in Pohlmann/Jabel/Wolf, 2001, StVollstrO § 33 Rn. 38.
[42] OLG Frankfurt a. M. 3.3.2005 – 3 VAs 1/05, NStZ-RR 2005, 282; Coen in BeckOK StPO Rn. 4; Pfeiffer Rn. 6.
[43] Schmitt in Meyer-Goßner/Schmitt Rn. 4; Paeffgen/Greco in SK-StPO Rn. 9; Wolf in Pohlmann/Jabel/Wolf StVollstrO § 33 Rn. 29.
[44] Appl in KK-StPO Rn. 5; Bieber in KMR-StPO § 457 Rn. 10; Paeffgen/Greco in SK-StPO Rn. 9; Schmitt in Meyer-Goßner/Schmitt Rn. 4; aA Wagner Rn. 291 f.
[45] OLG Karlsruhe 21.3.2005 – 2 VAs 32/04, NStZ-RR 2005, 249 ff.
[46] OLG Karlsruhe 21.3.2005 – 2 VAs 32/04, NStZ-RR 2005, 249 (250).
[47] Wolf in Pohlmann/Jabel/Wolf StVollstrO § 33 Rn. 16.

StVollstrO bedarf es hierfür des begründeten Verdachts, die sanktionierte Person werde sich der Strafvollstreckung zu entziehen suchen.

Ein begründeter **Fluchtverdacht** besteht, sobald aufgrund bestimmter Tatsachen nachvollziehbar naheliegt, dass es nicht zum Strafantritt kommen wird, zB Äußerungen über eine beabsichtigte Flucht gegenüber Dritten, Beantragung eines Reisepasses, Geschäftsaufgabe, Veräußerung der Wohnungseinrichtung oÄ.[48] Es reichen aber auch andere Möglichkeiten aus, sich der Vollstreckung zu entziehen, die einer Flucht sehr nahe kommen, bspw. irreführende Angaben über den Aufenthaltsort.[49] Die Höhe der zu verbüßenden Strafe allein oder ein bestehendes Suizidrisiko genügen nicht für die Annahme von Fluchtgefahr.[50] Der Fluchtgefahr steht es gleich, wenn der Verurteilte schon flüchtig ist oder sich verborgen hält.[51] 30

Gem. § 33 Abs. 2 Nr. 2 StVollstrO steht es faktisch einem Nichtantreten der Strafe gleich, sobald einem auf der Amtsstelle anwesenden Sanktionierten nach § 27 Abs. 3 S. 3 StVollstrO eine Ladung zum sofortigen Strafantritt mündlich eröffnet wird und dieser sich nicht zum sofortigen Strafantritt bereit zeigt. Dann braucht die Vollstreckungsbehörde nicht abzuwarten, ob der Ladung entgegen der geäußerten Weigerung doch noch Folge geleistet wird.[52] 31

c) Beschleunigung der Strafvollstreckung. Zur Beschleunigung der Strafvollstreckung lässt § 33 Abs. 3 StVollStrO den Erlass eines Vorführungs- oder Vollstreckungshaftbefehls schon **bei der Ladung** zum Strafantritt zu. Ein solcher ergeht unter der Bedingung, dass der Verurteilte sich nicht fristgemäß oder nicht rechtzeitig stellt. Die **bedingt erlassene Zwangsmaßnahme** zur Durchsetzung des Strafantritts darf jedoch erst vollzogen werden, wenn ihre Vollstreckbarkeit eingetreten ist. Deshalb verlangt § 33 Abs. 3 S. 2 Nr. 1 StVollstrO den Nachweis des Zugangs der Ladung. Die Vollstreckungsbehörde selbst muss zudem durch Anfrage bei der Vollzugsanstalt feststellen, dass sich der Betroffene nicht bis zu dem in der Ladung bezeichneten Termin gestellt hat.[53] 32

Vollstreckbar wird ein bedingt erlassener Vorführungs- oder Vollstreckungshaftbefehl gem. § 33 Abs. 3 S. 2 Nr. 2 StVollstrO auch, wenn nach Anordnung der Ladung[54] diese undurchführbar wird und der begründete Verdacht entsteht, die verurteilte Person werde versuchen, sich der Strafvollstreckung zu entziehen. 33

d) Zurückführung in den Strafvollzug. Nach Abs. 2 S. 2, § 33 Abs. 2 Nr. 3 StVollstrO kann die Vollstreckungsbehörde einen Vorführungs- und Vollstreckungshaftbefehl auch erlassen, wenn der Verurteilte nach Strafantritt im Verlauf der Strafverbüßung **entweicht** oder sich sonst **dem Vollzug entzieht**. 34

Ein Entweichen liegt vor, sobald sich der Strafgefangene unerlaubt aus der Vollzugseinrichtung entfernt. Überschreitet er durch Nichtrückkehr die ihm von der Vollzugsbehörde, zB durch Gewährung von Vollzugslockerungen, eingeräumte Befugnis, sich außerhalb des Gewahrsams der Justizvollzugsanstalt aufhalten zu dürfen, ist ein sonstiges Sich-Entziehen gegeben.[55] Für beide Konstellationen verpflichten die (Landes-)Strafvollzugsgesetze die Vollzugsbehörden zur Wiederergreifung. Notwendig bleibt insoweit jedoch das Fortbestehen eines unmittelbaren Bezugs zum Strafvollzug iS sofortigen Nacheile,[56] zB wenn der vom Hafturlaub nicht pünktlich zurückgekehrte Gefangene sich in einer Gaststätte nahe der Justizvollzugsanstalt aufhält. Zur Wiederergreifung kann sich die Vollzugsbehörde **poli-** 35

---

[48] Appl in KK-StPO Rn. 6; Schmitt in Meyer-Goßner/Schmitt Rn. 5; Paeffgen/Greco in SK-StPO Rn. 10; Wolf in Pohlmann/Jabel/Wolf StVollstrO § 33 Rn. 23.
[49] Schmitt in Meyer-Goßner/Schmitt Rn. 5; Wolf in Pohlmann/Jabel/Wolf StVollstrO § 33 Rn. 22.
[50] Appl in KK-StPO Rn. 6; Paeffgen/Greco in SK-StPO Rn. 10.
[51] Appl in KK-StPO Rn. 6; Schmitt in Meyer-Goßner/Schmitt Rn. 5.
[52] Wolf in Pohlmann/Jabel/Wolf StVollstrO § 33 Rn. 24.
[53] Wolf in Pohlmann/Jabel/Wolf StVollstrO § 33 Rn. 28, 29.
[54] Wolf in Pohlmann/Jabel/Wolf StVollstrO § 33 Rn. 28, 31.
[55] Schmitt in Meyer-Goßner/Schmitt Rn. 6; Paeffgen/Greco in SK-StPO Rn. 11.
[56] Laubenthal/Nestler/Neubacher/Verrel/Baier StVollzG § 87 Rn. 2; Laubenthal, 2008, S. 415; Paeffgen/Greco in SK-StPO Rn. 11.

zeilicher Hilfe bedienen. Das vollzugliche Festnahmerecht erlischt durch Zeitablauf, wenn die unmittelbare Verfolgung nicht alsbald, dh innerhalb von zwei Wochen zum Erfolg führt[57] oder aufgrund räumlicher Entfernung eine Nacheile ausscheidet. Dann sind die weiteren Maßnahmen zur Zurückführung in den Strafvollzug der Vollstreckungsbehörde zu überlassen, die einen Vollstreckungshaftbefehl erlässt und Fahndungsmaßnahmen einleitet. Sie kann auch schon gleichzeitig mit den Wiederergreifungsbemühungen der Vollzugsbehörde aktiv werden, denn die Befugnis der Vollstreckungsbehörde aus Abs. 2 S. 2 wird durch das Festnahmerecht auf der Grundlage der Strafvollzugsgesetze nicht berührt.[58]

III. Sonstige Ermittlungsbefugnisse, Abs. 3

36   **1. Ermittlungsbefugnisse in den Fällen des Abs. 2.** Abs. 3 räumt als gegenüber der Regelung des Abs. 1 **speziellere Vorschrift**[59] der Vollstreckungsbehörde weitere Ermittlungsbefugnisse ein. Gem. Abs. 3 S. 1 stehen der Vollstreckungsbehörde dieselben Ermittlungsbefugnisse zu wie der Strafverfolgungsbehörde im Ermittlungsverfahren, soweit die Maßnahmen dazu bestimmt und geeignet sind, den Verurteilten festzunehmen.[60] Eingesetzt werden können die Fahndungshilfsmittel von Nr. 40 Abs. 1 RiStBV. Statthaft wird im Rahmen der **Ergreifungsfahndung** eine Ausschreibung zur Festnahme nach § 131 ggf. bis hin zur Öffentlichkeitsfahndung (u.a. durch Erlass eines Steckbriefs). Die Vollstreckungsbehörde kann aufgrund der Ausschreibung zur Festnahme zugleich die Niederlegung einer Steckbriefnachricht im Bundeszentralregister veranlassen (Nr. 41 Abs. 1 S. 1 RiStBV, § 27 BZRG).[61]

37   Dabei stehen der Vollstreckungsbehörde die in Abs. 3 normierten Befugnisse nur im Rahmen einer engen **Zweckbindung** zur Verfügung. Inwiefern die betreffenden Maßnahmen dazu bestimmt und geeignet sind den Verurteilten festzunehmen, prüft die Vollstreckungsbehörde nach dem jeweiligen Vollstreckungsstand und den konkreten Umständen des Einzelfalls aufgrund aller zur Verfügung stehenden Tatsachen.[62] Sobald die Haftgründe des Abs. 2 erfüllt sind, bleiben Ausschreibungen nur noch zum Zweck der **Festnahme** zulässig (§ 34 Abs. 2 S. 2 StVollstrO).

38   **2. Fahndungsmaßnahmen.** Fahndungsmaßnahmen nach Abs. 3 umfassen insbesondere die körperliche Untersuchung des Verurteilten (§ 81a), die Fertigung von Lichtbildern und Fingerabdrücken (§ 81b), die körperliche Untersuchung anderer Personen (§ 81c), die molekulargenetische Untersuchung (§ 81e), die Beschlagnahme (§ 94), die Postbeschlagnahme (§ 99), den maschinellen Abgleich und die Übermittlung personenbezogener Daten (§ 98a), die Durchsuchung (§§ 102, 103), die Überwachung der Telekommunikation (§ 100a), die akustische Wohnraumüberwachung (§ 100c), die akustische Überwachung außerhalb von Wohnungen (§ 100f), die Erhebung von Verkehrsdaten (§ 96 TKG zu den dort genannten Zwecken), weitere Maßnahmen außerhalb von Wohnungen (§ 100h), Maßnahmen bei Mobilfunkendgeräten (§ 100i), den Einsatz verdeckter Ermittler (§ 110a), die Einrichtung von Kontrollstellen auf Straßen und Plätzen (§ 111), die Ausschreibung zur Festnahme (§ 131), die Ausschreibung zur Aufenthaltsermittlung (§ 131a), die Veröffentlichung von Abbildungen (§ 131b), Feststellung der Identität (§ 163b), Schleppnetzfahndung (§ 163d) sowie die Ausschreibung zur polizeilichen Beobachtung (§ 163e) und die längerfristige Observation (§ 163 Abs. 1 S. 3).[63]

---

[57] Ullenbruch in Schwind/Böhm/Jehle, Strafvollzugsgesetz, 4. Aufl. 2011, StVollzG § 87 Rn. 3.
[58] Graalmann-Scheerer in Löwe/Rosenberg Rn. 19; Wolf in Pohlmann/Jabel/Wolf StVollstrO § 33 Rn. 27; vgl. Paeffgen/Greco in SK-StPO Rn. 11.
[59] Graalmann-Scheerer in Löwe/Rosenberg Rn. 30.
[60] KG 20.2.2014 – 2 Ws 50, 70/14, BeckRS 2014, 10371; BT-Drs. 12/989, 44; Hilger NStZ 1992, 523 (526); Rieß NJ 1992, 491 (497).
[61] Paeffgen/Greco in SK-StPO Rn. 16; Röttle/Wagner/Theurer Strafvollstreckung Kap. 2 Rn. 119f.; Zu Fahndungsmaßnahmen im Ausland siehe Röttle/Wagner/Theurer Strafvollstreckung Rn. Kap. 2 Rn. 137 ff.
[62] Graalmann-Scheerer in Löwe/Rosenberg Rn. 29.
[63] Vgl. auch die Aufzählung bei Schmitt in Meyer-Goßner/Schmitt Rn. 13; Paeffgen/Greco in SK-StPO Rn. 7; Rieß NJ 1992, 491 (497).

IV. Grundsatz der Verhältnismäßigkeit

Wie beim Erlass eines Vorführungs- oder Vollstreckungshaftbefehls hat die Vollstreckungsbehörde auch bei den sonstigen Maßnahmen zur Herbeiführung des Strafantritts stets den **Verhältnismäßigkeitsgrundsatz** zu beachten. Das gilt insbes. bei heimlichen und daher besonders eingriffsintensiven Maßnahmen (→ Rn. 40).[64] Nach § 34 Abs. 2 S. 1 StVollstrO sollen Art und Umfang der Fahndungsmaßnahmen in einer angemessenen Relation zur Höhe der verhängten Strafe stehen.[65] Abs. 3 S. 2 stellt dies für das vollstreckungsbehördliche Vorgehen nach § 457 Abs. 2 und Abs. 3 S. 1 ausdrücklich gesetzlich klar. Bei nachhaltig in die Rechte des Einzelnen eingreifenden Anordnungen muss deshalb regelmäßig eine Strafe von erheblicher Dauer zu vollstrecken sein.[66] Bei Ersatzfreiheitsstrafen und bei einem Strafrest bis zu zwei Wochen unterbleiben danach Fahndungsmaßnahmen regelmäßig.[67] Zusätzlich können zB Subsidiaritätsklauseln weitere Einschränkungen erfordern. 39

Der Verhältnismäßigkeitsgrundsatz gewährleistet, dass die Vollstreckungsbehörde von der erheblichen Erweiterung der Eingriffsmöglichkeiten dann keinen Gebrauch macht, wenn das im Einzelfall namentlich wegen eines nur noch geringen zu verbüßenden Strafrestes unverhältnismäßig wäre.[68] 40

Im Vollstreckungsverfahren reicht es für die Anordnung der Überwachung der Telekommunikation (§ 100a) nicht aus, dass die zu vollstreckende Freiheitsstrafe wegen einer Katalogtat verhängt worden ist. Der Grundsatz der Verhältnismäßigkeit verlangt, dass die noch zu vollstreckende Strafe nicht wesentlich unter der für die Katalogtat angedrohten Mindeststrafe liegt.[69] Die früher[70] nach § 100g Abs. 1 zulässige Anordnung einer Erhebung von Verkehrsdaten war im Vollstreckungsverfahren unverhältnismäßig, wenn bspw. nur noch eine Reststrafe von 145 Tagen zu vollstrecken ist.[71] Dieser Maßstab muss auch für die nach wie vor gem. § 96 TKG zulässige Erhebung und Verwendung von Verkehrsdaten zu den dort genannten Zwecken gelten.[72] Heimliche bzw. eingriffsintensive Maßnahmen wie Rasterfahndung, Einsatz verdeckter Ermittler, Überwachung der Telekommunikation kommen außerdem für die Vollstreckung von Sicherungshaftbefehlen nicht in Betracht.[73] 41

Soweit bei der Anordnung sonstiger Maßnahmen gerichtliche Entscheidungen erforderlich sind, ist hierfür nach Abs. 3 S. 3 die Zuständigkeit des Gerichts des ersten Rechtszugs eröffnet. Um den Verurteilten festnehmen zu können, darf dessen Wohnung allerdings ohne Durchsuchungsbefehl iSd § 105 Abs. 1 durchsucht werden.[74] Dieser gilt durch das rechtskräftig auf Freiheitsstrafe lautende Urteil bereits als erteilt.[75] Dagegen bedürfen Durchsuchungen bei Dritten einer gesonderten richterlichen Anordnung.[76] 42

---

[64] Schmitt in Meyer-Goßner/Schmitt Rn. 13 f.; vgl. Paeffgen/Greco in SK-StPO Rn. 6.
[65] Appl in KK-StPO Rn. 9; Schmitt in Meyer-Goßner/Schmitt Rn. 14; Paeffgen/Greco in SK-StPO Rn. 6; Röttle/Wagner/Theurer Srafvollstreckung Kp. 2 Rn. 123a.
[66] OLG Zweibrücken 21.11.2000 – 1 Ws 570/00, StV 2001, 305.
[67] Appl in KK-StPO Rn. 9.
[68] BT-Drs. 12/989, 59; so auch Graalmann-Scheerer in Löwe/Rosenberg Rn. 30.
[69] OLG Zweibrücken 21.11.2000 – 1 Ws 570/00, StV 2001, 305; ähnlich restriktiv auch Schmitt in Meyer-Goßner/Schmitt Rn. 14.
[70] Vgl. BVerfG 2.3.2010 – 1 BvR 256/08, NJW 2010, 833, wonach § 100g Abs. 1, §§ 113a, 113b TKG nichtig sind, soweit Verkehrsdaten gemäß § 113a TKG erhoben werden.
[71] KG 30.4.2008 – 2 Ws 181/08, StV 2008, 345.
[72] Graalmann-Scheerer in Löwe/Rosenberg Rn. 30.
[73] OLG Celle 12.5.2009 – 2 Ws 103/09, NStZ 2010, 107; Schmitt in Meyer-Goßner/Schmitt Rn. 13.
[74] Zur str. Rechtslage vor Einfügung der Abs. 1 und 3 durch das OrgKG v. 15.7.1992, BGBl. 1992 I 1302 s. Appl in KK-StPO Rn. 11 sowie Röttle/Wagner/Theurerr HRP Strafvollstreckung Kap. 2 Rn. 125; Paeffgen/Greco in SK-StPO Rn. 15.
[75] Coen in BeckOK StPO Rn. 7; Schmitt in Meyer-Goßner/Schmitt Rn. 11; Laubenthal/Nestler Strafvollstreckung Rn. 130; in diese Richtung auch Appl in KK-StPO Rn. 11; aA Graalmann-Scheerer in Löwe/Rosenberg Rn. 22 ff.; eher ablehnend auch Pfeiffer Rn. 5.
[76] S. auch VerfGH Berlin 13.11.2013 – 24/11, BeckRS 2013, 59486; LG Marburg 2.8.2012 – 3 KLs –1 Js 2877/11, BeckRS 2012, 17040; Appl in KK-StPO Rn. 11; vgl. Paeffgen/Greco in SK-StPO Rn. 15; Wolf in Pohlmann/Jabel/Wolf StVollstrO § 33 Rn. 39 ff.

§ 458

D. Rechtsschutz

43 Bei den von der Vollstreckungsbehörde zur Durchsetzung des Strafantritts veranlassten Maßnahmen ist hinsichtlich der **Rechtsbehelfe** zu differenzieren zwischen Erlass des Vorführungs- oder Vollstreckungshaftbefehls und sonstigen Maßnahmen.

44 Die Strafprozessordnung sieht gegen das Vorgehen der Strafvollstreckungsbehörde nach Abs. 2 keinen eigenen Rechtsbehelf vor. Die § 458 Abs. 2, § 459h und § 462 StPO verweisen nicht auf die Vorschrift über den Erlass eines Vorführungs- oder Vollstreckungshaftbefehls. Solange dieser noch nicht vollzogen ist, muss der Rechtsschutz Suchende zunächst mit der Beschwerde nach § 21 StVollstrO im Vorschaltverfahren eine **Einwendung** gegen die vollstreckungsbehördliche Entscheidung erheben.[77] Führt diese nicht zum Erfolg, ist der **Rechtsweg gem. §§ 23 ff. EGGVG** eröffnet.[78]

45 Wurde die Zwangsmaßnahme iSd Abs. 2 bereits **vollzogen**, beruht der Vollzug der Freiheitsstrafe nicht auf dem Vorführungs- oder Vollstreckungshaftbefehl, sondern auf der zu vollstreckenden strafgerichtlichen Entscheidung. In diesem Fall kommt nur noch ein Antrag auf Feststellung der Rechtswidrigkeit der Maßnahme gem. § 28 Abs. 1 S. 4 EGGVG in Betracht.[79] Dabei ist ein Rechtsschutzinteresse so lange gegeben, wie eine gegenwärtige Beschwer ausgeräumt, einer Wiederholungsgefahr begegnet oder eine fortwirkende Beeinträchtigung beseitigt werden kann. Darüber hinaus vermögen auch schwerwiegende Grundrechtseingriffe gerichtlich geklärt zu werden, sofern deren direkte Belastung sich auf eine Zeitspanne beschränkt, in der der Betroffene die gerichtliche Entscheidung in dem von der Prozessordnung vorgesehenen Verfahren kaum erlangen kann.[80]

46 Wendet sich der Verurteilte gegen eine **sonstige Maßnahme** zur Herbeiführung des Strafantritts und ist hierfür kein spezieller Rechtsbehelf vorgesehen, muss er auch insoweit den Rechtsweg nach § 21 StVollstrO, §§ 23 ff. EGGVG beschreiten. Handelt es sich bei der sonstigen Maßnahme dagegen um eine solche des Abs. 3 S. 3, richtet sich der Rechtsschutz gegen die gerichtliche Entscheidung nach der jeweils einschlägigen Regelung (zB bei Einsatz eines verdeckten Ermittlers gem. § 110b Abs. 2 für die in § 101 Abs. 4 S. 1 Nr. 9 genannten Personen der Rechtsbehelf nach § 101 Abs. 7 S. 2–4).

§ 458 Gerichtliche Entscheidungen bei Strafvollstreckung

(1) Wenn über die Auslegung eines Strafurteils oder über die Berechnung der erkannten Strafe Zweifel entstehen oder wenn Einwendungen gegen die Zulässigkeit der Strafvollstreckung erhoben werden, so ist die Entscheidung des Gerichts herbeizuführen.

(2) Das Gericht entscheidet ferner, wenn in den Fällen des § 454b Absatz 1 bis 3 sowie der §§ 455, 456 und 456c Abs. 2 Einwendungen gegen die Entscheidung der Vollstreckungsbehörde erhoben werden oder wenn die Vollstreckungsbehörde anordnet, daß an einem Ausgelieferten, Abgeschobenen, Zurückgeschobenen oder Zurückgewiesenen die Vollstreckung einer Strafe oder einer Maßregel der Besserung und Sicherung nachgeholt werden soll, und Einwendungen gegen diese Anordnung erhoben werden.

---

[77] Appl in KK-StPO Rn. 14; Wolf in Pohlmann/Jabel/Wolf StVollstrO § 21 Rn. 12; Paeffgen/Greco in SK-StPO Rn. 17.

[78] OLG Düsseldorf 11.2.2014 – III – 3 Ausl 22/14, 3 Ausl 22/14, BeckRS 2014, 08966; Kissel/Mayer EGGVG § 23 Rn. 168; Schmitt in Meyer-Goßner/Schmitt Rn. 16; Wolf in Pohlmann/Jabel/Wolf StVollstrO § 33 Rn. 8.

[79] OLG Hamm 14.6.2005 – 1 VAS 17/05, BeckRS 2005, 30357995; 14.6.2005 – 1 Vas 17/05, StV 2005, 676; OLG Koblenz 24.10.2005 – 2 VAs 10/05, StraFo 2006, 86; KG 16.7.2012 – 4 VAs 34/12, 4 VAs 34/12 – 121 Zs 768/12, BeckRS 2013, 00929; Appl in KK-StPO Rn. 14; Paeffgen/Greco in SK-StPO Rn. 17.

[80] BVerfG 8.4.2004 – 2 BvR 1811/03, NStZ-RR 2004, 252.

(3) ¹Der Fortgang der Vollstreckung wird hierdurch nicht gehemmt; das Gericht kann jedoch einen Aufschub oder eine Unterbrechung der Vollstreckung anordnen. ²In den Fällen des § 456c Abs. 2 kann das Gericht eine einstweilige Anordnung treffen.

Übersicht

		Rn.			Rn.
A.	Allgemeines	1	I.	Rechtsbehelfe	22
B.	Anwendungsbereich	2	1.	Rechtsbehelfe gegen die Entscheidung des Gerichts	23
I.	Abs. 1	2			
1.	Zweifel über die Auslegung eines Strafurteils, Var. 1	2	2.	Erneute Einwendungen	25
			3.	Einwendungen gegen Entscheidungen des Rechtspflegers	26
2.	Zweifel über die Berechnung der erkannten Strafe, Var. 2	5			
			4.	Einwendungen gegen Entscheidungen von Strafgerichten der früheren DDR	30
3.	Einwendungen gegen die Zulässigkeit der Vollstreckung, Var. 3	9			
			II.	Sonstige Verfahrensaspekte	31
4.	Ausnahmefälle	13	1.	Zuständigkeit und Antragsberechtigung	31
II.	Ausnahmen nach § 458 Abs. 2	15			
C.	Einwendungsberechtigte	18	2.	Überprüfung von Justizverwaltungsakten	34
D.	Aufschub oder Unterbrechung der Vollstreckung nach Abs. 3	20		a) Vollstreckungsbeschwerde, § 21 StVollstrO	35
				b) Gerichtliche Überprüfung nach §§ 23 ff. EGGVG	36
E.	Verfahrensfragen	22			

A. Allgemeines

§ 458 regelt, wann und in welchen Fällen das Gericht (§§ 462, 462a) über Streitfragen **1** bei Zweifeln über die Auslegung eines Strafurteils bzw. über die Berechnung der erkannten Strafe zu entscheiden hat. Die Vorschrift normiert damit Ausnahmen vom prinzipiellen **Selbstentscheidungsrecht der Vollstreckungsbehörde.**[1] § 458 gilt gem. § 463 Abs. 1 analog für die Vollstreckung von Maßregeln der Besserung und Sicherung.

B. Anwendungsbereich

I. Abs. 1

1. Zweifel über die Auslegung eines Strafurteils, Var. 1. Gem. Abs. 1 Var. 1 ent- **2** scheidet bei Zweifeln über die Auslegung eines Strafurteils das Gericht. Die Entscheidung erfolgt nicht von Amts wegen, sondern nur **auf Antrag** einer einwendungsberechtigten Person respektive wenn die Vollstreckungsbehörde[2] die Entscheidung des Gerichts herbeizuführen hat. Die gerichtliche Zuständigkeit besteht zudem erst dann, wenn die Vollstreckungsbehörde selbst über die Frage entschieden hat.[3]

Abs. 1 normiert für die Vollstreckungsbehörde eine **Anrufungspflicht** bei Zweifeln **3** über die Auslegung des Strafurteils oder über die Berechnung der erkannten Strafe. Bestehen Zweifel über die Auslegung eines erstinstanzlichen Urteils oder eines Berufungsurteils[4] hat

---

[1] Graalmann-Scheerer in Löwe/Rosenberg Rn. 1; Appl in KK-StPO Rn. 3; Paeffgen/Greco in SK-StPO Rn. 12.
[2] Coen in BeckOK StPO Rn. 2.
[3] OLG Stuttgart 21.3.1984 – 1 Ws 78/84, Justiz 1984, 288; Appl in KK-StPO Rn. 3; Schmitt in Meyer-Goßner/Schmitt Rn. 1; Bringewat Rn. 1, 7.
[4] OLG Düsseldorf 29.7.1998 – 1 Ws 332–98, NStZ-RR 1999, 307.

daher die Vollstreckungsbehörde von Amts wegen die Entscheidung des Gerichts herbeizuführen.⁵ **Zweifel** idS liegen vor, wenn begründete Unklarheiten darüber vorhanden sind, welche genauen Konsequenzen sich aus dem Strafurteil ergeben. Die Zweifel können sich dabei auf jeden Teil des Strafausspruchs, dh auf die Hauptstrafe oder lediglich auf Nebenstrafen und Nebenfolgen oder auf die Kosten beziehen.⁶ Auslöser für die Zweifel mögen etwa Widersprüche zwischen Urteilsformel und Urteilsgründen sein;⁷ ferner kann ein Verlust der Akten Zweifel über den Inhalt des Urteils begründen.⁸

4   Ein **Strafurteil** stellt jede eine Rechtsfolge anordnende Entscheidung (Strafbefehl, Gesamtstrafenbeschluss nach § 460) als Gegenstand des Vollstreckungsverfahrens dar.⁹ Diese betreffenden Zweifel sind auf eigene Initiative der Vollstreckungsbehörde von Amts wegen gerichtlich beheben zu lassen. Es kann sich um eine unklare Fassung des Rechtsfolgenausspruchs handeln oder um Widersprüche zwischen dem Tenor und den Entscheidungsgründen. Insbesondere darf im Hinblick auf Art. 2 Abs. 2 S. 2, 104 GG eine Freiheitsentziehung nicht von einem gerichtlichen Formulierungsversehen abhängen (zB Unklarheit über eine Aussetzung der erkannten Freiheitsstrafe zur Bewährung).¹⁰ Zu inhaltlichen Änderungen ist das angerufene Gericht aber nicht befugt. Abs. 1 Alt. 1 gilt unmittelbar auch bei Auslegungszweifeln bezüglich eines der Geldstrafenvollstreckung zugrunde liegenden Urteils.¹¹

5   **2. Zweifel über die Berechnung der erkannten Strafe, Var. 2.** Hat die für die **Strafberechnung**¹² zuständige und gem. § 36 Abs. 1 S. 2 Hs. 1 StVollstrO an erster Stelle verantwortliche Vollstreckungsbehörde Zweifel über die Berechnung der erkannten Strafe, muss sie von Amts wegen die Strafzeit vom Gericht verbindlich berechnen lassen.¹³ Zweifel über die Berechnung der erkannten Strafe können sich bspw. auf die Strafzeitberechnung (§ 36 Abs. 1 S. 2 StVollstrO) beziehen. In diesem Fall muss das Gericht sowohl die Grundsätze darlegen, nach denen gem. §§ 37 ff. StVollstrO die Strafzeitberechnung zu erfolgen hat, als auch die Berechnung auf dieser Grundlage aufstellen; die Berechnung darf nicht der Vollstreckungsbehörde überlassen bleiben.¹⁴

6   Hat das Gericht Freiheits- und Geldstrafen nebeneinander verhängt oder auf letztgenannte neben einer unter Einbeziehung einer früheren Verurteilung gebildeten Gesamtfreiheitsstrafe erkannt aber nicht entschieden, auf welche der Strafen eine etwaige Untersuchungshaft anzurechnen ist, kann dies Zweifel über die Art der Anrechnung begründen.¹⁵ Die Frage der Anrechnung kann sich auch dahingehend stellen, ob die in einem nach § 154 Abs. 2 eingestellten Verfahren erlittene Untersuchungshaft auf eine später in einem anderen Verfahren erkannte Freiheitsstrafe nach § 51 Abs. 1 S. 1 StGB auch dann angerechnet werden kann, wenn diese Verfahren nie miteinander verbunden waren, also zu keinem Zeitpunkt eine Verfahrenseinheit bestanden hat. Dies hängt nach hM davon ab, ob eine sog. funktionale Verfahrenseinheit vorliegt.¹⁶

---

⁵   OLG Stuttgart 21.3.1984 – 1 Ws 78/84, Justiz 1984, 288; Appl in KK-StPO Rn. 5; Schmitt in Meyer-Goßner/Schmitt Rn. 1, 3; Pfeiffer Rn. 2; Bringewat Rn. 1.
⁶   So bereits BGH 13.7.1955 – StE 68/52, BGHSt 8, 66 = NJW 1956, 270; OLG Karlsruhe 28.6.1994 – 3 Ws 107/94, BeckRS 1994, 04218 = MDR 1994, 1032; Coen in BeckOK StPO Rn. 3; Appl in KK-StPO Rn. 5a; Schmitt in Meyer-Goßner/Schmitt Rn. 2.
⁷   Bieber in KMR-StPO Rn. 4; Schmitt in Meyer-Goßner/Schmitt Rn. 2; Bringewat Rn. 11.
⁸   Graalmann-Scheerer in Löwe/Rosenberg Rn. 2; Paeffgen/Greco in SK-StPO Rn. 6.
⁹   Bieber in KMR-StPO Rn. 4.
¹⁰ Appl in KK-StPO Rn. 5a.
¹¹ Vgl. Appl in KK-StPO § 458 Rn. 5a.
¹² Dazu Laubenthal/Nestler Strafvollstreckung Rn. 138.
¹³ BVerfG 29.7.2003 – 2 BvR 1720/01, NStZ-RR 2003, 379.
¹⁴ BVerfG 29.7.2003 – 2 BvR 1720/01, NStZ-RR 2003, 379; Appl in KK-StPO Rn. 6 f.; Bieber in KMR-StPO Rn. 5; Schmitt in Meyer-Goßner/Schmitt Rn. 3; Bringewat Rn. 12.
¹⁵ Graalmann-Scheerer in Löwe/Rosenberg Rn. 3.
¹⁶ So Fischer StGB § 51 Rn. 6a; Theune in LK-StGB StGB § 51 Rn. 10 ff., 13; Graalmann-Scheerer in Löwe/Rosenberg Rn. 3 mwN; ferner die Rspr., u.a. BVerfG 28.9.1998 – 2 BvR 2232/94, NStZ 1999, 24; BGH 26.6.1997 – StB 30/96, BGHSt 43, 112 (120) = NStZ 1998, 134. Eine „funktionale Verfahrenseinheit" soll vorliegen, wenn eine Einstellung des einen Verfahrens nach § 154 Abs. 2, in der Untersuchungshaft vollzogen worden ist, im Hinblick auf das mit der Verurteilung endende selbständige

Generell können im Zusammenhang mit Anrechnungsfragen sonstige Zweifel bestehen, 7
zB über die Anrechnung einer anderen Freiheitsentziehung.[17] Ebenso kann fraglich sein,
ob die Anrechnungsvoraussetzungen der § 450a, § 39a StVollstrO gegeben sind.[18] Die notwendigen Entscheidungen müssen dann im Beschlussverfahren nach §§ 458, 462 nachgeholt werden.[19] Darüber hinaus wendet die Rspr. Abs. 1 Var. 2 zum Teil auch in Fällen an, die den vorgenannten lediglich rechtsähnlich sind, so bspw. wenn nach Auffassung der Vollstreckungsbehörde die ununterbrochene Vollstreckung mehrerer zeitiger Freiheitsstrafen, bei denen die Voraussetzungen der Gesamtstrafenbildung nicht gegeben sind, unzulässig ist, weil die Summe der Strafen 15 Jahre überschreitet.[20] Dasselbe gilt bei Zweifeln über die Berechnung der Abschiebungshaft nach dem früheren § 16 AuslG,[21] den Umfang einer Auslieferungsbewilligung[22] oder die Anrechnung von Freiheitsentziehung im Ausland (§ 450a).

Der Vermerk der Vollstreckungsbehörde über den Zweidrittelzeitpunkt ist keine Frage 8
der Strafzeitberechnung. Stellt der Verurteilte rechtzeitig einen Antrag auf Aussetzung des Strafrestes, kann er eine gerichtliche Überprüfung des von ihm angenommenen Zeitpunkts erreichen.[23] Bei mehreren nacheinander zu vollstreckenden Freiheitsstrafen kann der Verurteilte gegen den von der Vollstreckungsbehörde errechneten Zeitpunkt Einwendungen erheben,[24] über die dann das Gericht nach Abs. 2 entscheidet.

3. Einwendungen gegen die Zulässigkeit der Vollstreckung, Var. 3. Einwendun- 9
gen gegen die **Zulässigkeit der Strafvollstreckung** können gem. Abs. 1 Var. 3 erhoben werden. Dabei handelt es sich aber nicht um ein Vorgehen gegen Bestand und Rechtmäßigkeit des Vollstreckungstitels als solchem, denn Abs. 1 bezweckt keine Rechtskraftdurchbrechung.[25]

Einwendungen nach Abs. 1 Var. 3 sind solche, die die Voraussetzungen der Vollstre- 10
ckung[26] oder das Vorliegen von Vollstreckungshindernissen (→ § 449 Rn. 1 ff.) betreffen.[27] Sie richten sich gegen den Bestand des staatlichen Vollstreckungsanspruchs in der von der Vollstreckungsbehörde für die jeweilige Sanktionsdurchführung zugrunde gelegten Gestalt.[28]

Nach Abs. 1 Var. 3 können auch Einwendungen gegen die Zulässigkeit der Strafvollstre- 11
ckung eine Anrufung des Gerichts begründen. Hierunter fallen Einwendungen desjenigen

---

andere Verfahren erfolgt war, ebenso, wenn im Verfahren eines inhaftierten Angeklagten, das zur Verurteilung führte, zwar ein Haftbefehl bestand, aber nicht vollzogen, sondern Überhaft notiert war.
[17] OLG Hamm 28.5.1971 – 3 Ws 161/71, NJW 1971, 1373; Appl in KK-StPO Rn. 6; Schmitt in Meyer-Goßner/Schmitt Rn. 3; zur Frage der Anrechnung der Behandlung in einer Drogentherapie s. LG München 28.1.1985 – 17 AR 5/85, NStZ 1985, 273.
[18] Appl in KK-StPO Rn. 6; Schmitt in Meyer-Goßner/Schmitt Rn. 3; Paeffgen/Greco in SK-StPO Rn. 7.
[19] BGH 19.11.1970 – 2 StR 510/70, BGHSt 24, 29 = NJW 1971, 290; OLG Zweibrücken 15.10.1974 – Ws 341/74, NJW 1975, 509; OLG Frankfurt a. M. 6.3.1989 – 3 Ws 109/89 u. 3 Ws 110/89, NStZ 1990, 147; Appl in KK-StPO Rn. 6; Schmitt in Meyer-Goßner/Schmitt Rn. 3; Bringewat Rn. 12; Wolf in Pohlmann/Jabel/Wolf StVollstrO § 39 Rn. 47 f.
[20] OLG Hamm 28.5.1971 – 3 Ws 161/71, NJW 1971, 1373; Schmitt in Meyer-Goßner/Schmitt Rn. 3.
[21] OLG Hamm 8.9.1976 – 2 Ws 245/76, NJW 1977, 1019; OLG Frankfurt a. M. 22.8.1979 – 3 Ws 699/79, NJW 1980, 537.
[22] Appl in KK-StPO Rn. 7 f.; Bieber in KMR-StPO Rn. 10; Schmitt in Meyer-Goßner/Schmitt Rn. 3; Bringewat Rn. 14; Hermes/Schulze NJW 1980, 2622; aA und für entsprechende Anwendung von § 460 OLG Stuttgart 29.1.1980 – 3 Ws 14/80, NJW 1980, 1240; ähnlich für den Fall der Tateinheit OLG Hamm 24.11.1978 – 1 Ws 264/78, NJW 1979, 2484; wieder aA OLG Celle 5.11.1986 – 3 Ws 509/86, Nds. Rpfl. 1987, 110, das weder von einer entsprechenden Anwendung des § 458 Abs. 1 noch des § 460 ausgeht und vielmehr die Festsetzung des vollstreckbaren Teils durch die Vollstreckungsbehörde verlangt, die dann aufgrund von Einwendungen des Verurteilten eine Entscheidung nach § 458 Abs. 1 Alt. 3 herbeiführen muss; gegen diese Rspr. mit eingehender Begründung Appl in KK-StPO Rn. 8.
[23] OLG Celle 29.8.1980 – 2 Ws 141/80, NdsRpflege 1981, 124; Appl in KK-StPO Rn. 7.
[24] OLG Hamm 9.2.1987 – 3 Ws 502/86, NStZ 1987, 342; Appl in KK-StPO Rn. 7.
[25] Paeffgen/Greco in SK-StPO Rn. 8; Schmitt in Meyer-Goßner/Schmitt Rn. 9.
[26] Dazu Laubenthal/Nestler Strafvollstreckung Rn. 12 ff.
[27] Schmitt in Meyer-Goßner/Schmitt Rn. 8; Paeffgen/Greco in SK-StPO Rn. 9; Pfeiffer Rn. 4.
[28] Appl in KK-StPO Rn. 12.

oder zugunsten desjenigen, gegen den vollstreckt wird oder vollstreckt werden soll. Solche Einwendungen richten sich gegen das „**Ob**" der Vollstreckung, betreffen also den **Fortbestand des Vollstreckungsverfahrens** selbst.[29] Das ist dann der Fall, wenn der Verurteilte oder ein einwendungsberechtigter Dritter vorbringt, dass es an den allgemeinen Vollstreckungsvoraussetzungen[30] mangelt oder der Vollstreckung ein Vollstreckungshindernis entgegensteht.[31] Auch Zweifel an der Rechtskraft eines als Vollstreckungsgrundlage dienenden Gesamtstrafenbeschlusses fallen unter Abs. 1 Var. 3.[32]

12   Einwendungen gegen das „**Wie**" der Vollstreckung unterfallen nicht Abs. 1 Var. 3. In Ausnahmefällen kann jedoch auch die Art des Strafvollzugs nach § 458 beanstandet werden. Dies kommt zB in Betracht, wenn sich der Verurteilte gegen die Zulässigkeit der gegen ihn angewandten Vollzugsart im Allgemeinen wendet.[33] Nicht gem. Abs. 1 Var. 3 angegriffen werden können die Ladung zum Antritt der Jugendstrafe in einer Erwachsenenvollzugsanstalt,[34] die Entscheidung der Vollstreckungsbehörde über die Tilgung uneinbringlicher Geldstrafen durch freie Arbeit nach den jeweiligen landesrechtlichen Vorschriften,[35] die Anordnung des gemeinsamen Vollzugs von zu Freiheitsstrafe Verurteilten mit Sicherungsverwahrten[36] oder der Vollzug der Sicherungsverwahrung in weitgehender Anpassung an den der Freiheitsstrafe.[37] Entscheidungen die lediglich die Durchführung der Strafvollstreckung betreffen, fallen – sofern nicht Rechtsbehelfe der §§ 109 ff. StVollzG bzw. die Beschwerderechte der (Landes-)Strafvollzugsgesetze eingreifen – unter §§ 23 ff. EGGVG.[38]

13   **4. Ausnahmefälle.** Es gibt Konstellationen, in denen über die Fälle der Var. 1–3 hinaus Einwendungen geltend gemacht werden können. Dies betrifft etwa Sachverhalte, in denen wegen **gröbster Verstöße gegen fundamentale Vorschriften** die Aufrechterhaltung des Urteils schlechthin unerträglich wäre, ohne dass Abhilfemöglichkeiten anderer Art bestehen.[39]

14   Nicht dazu zählen allerdings Fälle, in denen der Verurteilte Verstöße gegen das Verbot der Doppelbestrafung nach Art. 103 Abs. 3 GG rügt, da ein solcher Einwand den sachlichen Inhalt der zu vollstreckenden Entscheidung betrifft und darf deshalb im Vollstreckungsverfahren nicht mehr geprüft werden.[40] Fehler dieser Art lassen sich durch ein Wiederaufnahmeverfahren oder im Wege einer Verfassungsbeschwerde beheben.[41] Eine aA[42] subsumiert diese Fälle unter Abs. 1 Var. 3, was damit begründet wird, das Verbot der Doppelbestrafung sei nicht auf das Erkenntnisverfahren beschränkt, sondern bewirke auch die Unzulässigkeit der Strafvollstreckung, sei mithin auch ein verfahrensrechtliches Vollstreckungshindernis.[43]

---

[29] OLG Düsseldorf 9.6.1976 – 2 Ws 363/76, NJW 1977, 117; OLG Koblenz 6.11.1981 – 1 Ws 617/81, NStZ 1982, 219; OLG Schleswig 9.11.1983 – 1 Ws 864/83, GA 1984, 96; Appl in KK-StPO Rn. 10; Bieber in KMR-StPO Rn. 13; Schmitt in Meyer-Goßner/Schmitt Rn. 8; Pfeiffer Rn. 5; Bringewat Rn. 17.
[30] Coen in BeckOK StPO Rn. 5.
[31] OLG Hamburg 30.6.2009 – 2 Ws 118/09, VRS 117 (2009), 201; Coen in BeckOK StPO Rn. 5.
[32] OLG Hamburg 30.6.2009 – 2 Ws 118/09, VRS 117 (2009), 201.
[33] Graalmann-Scheerer in Löwe/Rosenberg Rn. 10; OLG Hamburg 11.2.1975 – V As 64/74, NJW 1975, 1132; OLG Düsseldorf 9.6.1976 – 2 Ws 363/76, NJW 1977, 117; Appl in KK-StPO Rn. 10; Schmitt in Meyer-Goßner/Schmitt Rn. 11; Bringewat Rn. 20.
[34] KG 21.3.1977 – 2 V As 3/77, NJW 1978, 284; aA Bringewat Rn. 20.
[35] OLG Jena 12.2.2008 – 1 VAs 1/08, NJ 2008, 376.
[36] BGH 21.2.1964 – 5 AR (Vs) 9/64, BGHSt 19, 240.
[37] Graalmann-Scheerer in Löwe/Rosenberg Rn. 10; aA OLG Hamm 23.5.1959 – 1 Ws 57/59, NJW 1959, 1889 = JZ 1959, 714.
[38] BGH 21.2.1964 – 5 AR (Vs) 9/64, BGHSt 19, 240; Coen in BeckOK StPO Rn. 1; Appl in KK-StPO Rn. 10; Schmitt in Meyer-Goßner/Schmitt Rn. 11.
[39] Graalmann-Scheerer in Löwe/Rosenberg Rn. 11.
[40] Graalmann-Scheerer in Löwe/Rosenberg Rn. 11.
[41] OLG Düsseldorf 11.3.1988 – 1 Ws 158/88, NStZ 1989, 44; Appl in KK-StPO Rn. 13, 15; Graalmann-Scheerer in Löwe/Rosenberg Rn. 11; Rieß JR 1981, 522.
[42] OLG Koblenz 13.1.1981 – 1 Ws 761/80, NStZ 1981, 195 = JR 1981, 520; Schmitt in Meyer-Goßner/Schmitt Rn. 9; Bringewat Rn. 22.
[43] OLG Koblenz 13.1.1981 – 1 Ws 761/80, NStZ 1981, 195 = JR 1981, 520; Schmitt in Meyer-Goßner/Schmitt Rn. 9; Bringewat Rn. 22.

Für den Verurteilten bedeutete dies jedoch den Nachteil, mit seiner Einwendung zwar die Vollstreckung verhindern zu können, die Feststellung der Nichtigkeit des Straferkenntnisses jedoch nicht zu erreichen.[44]

II. Ausnahmen nach § 458 Abs. 2

Abs. 2 enthält für bestimmte **enumerativ**[45] **aufgeführte Anordnungen** der Vollstreckungsbehörde die Möglichkeit, diese zu rügen und ebenfalls das Gericht anzurufen. Das betrifft die Vollstreckungsreihenfolge, § 454b Abs. 1, oder deren Änderung nach § 43 Abs. 4 StVollstrO,[46] eine Vollstreckungsunterbrechung, § 454b Abs. 2, das Absehen von der Unterbrechung der Vollstreckung auf Antrag des Verurteilten, § 454b Abs. 3, die Ablehnung von Strafaufschub oder Strafunterbrechung in den Fällen von §§ 455, 456, 456c Abs. 2 sowie die Nachholung der Vollstreckung gem. § 456a Abs. 2.[47] Soweit sich eine gerichtliche Entscheidungskompetenz aus Abs. 2 ergibt, scheidet ein Vorgehen gem. Abs. 1 dieser Norm aus.[48]

Die Abs. 2 unterfallenden Anordnungen der Vollstreckungsbehörde schließen dabei die Ablehnung von Anträgen des Verurteilten auf Aufschub oder Unterbrechung der Vollstreckung einer Freiheitsstrafe wegen Geisteskrankheit oder anderer Krankheiten nach § 455 ein.[49] Dasselbe gilt, wenn die Vollstreckungsbehörde die Aussetzung trotz eines drohenden erheblichen, außerhalb des Strafzwecks liegenden Nachteils iSd § 456 abgelehnt hat. Dabei ist es unbeachtlich, falls der Verurteilte die Haftstrafe mittlerweile angetreten hat. Ebenso kommt Abs. 2 in Betracht, sofern im Fall eines Berufsverbots trotz einer im Fall der sofortigen Vollstreckung drohenden Härte nach § 456c Abs. 2 die beantragte Aussetzung abgelehnt wurde. Abs. 2 gilt auch für die Fälle des Art. 6 WStG.[50]

Nach § 456a Abs. 2 kann die Vollstreckungsbehörde die Vollstreckung einer Freiheitsstrafe oder einer Maßregel der Besserung und Sicherung bei Rückkehr des Verurteilten in die BRD nachholen, nachdem sie von der Vollstreckung wegen der Auslieferung oder Ausweisung des Verurteilten zunächst abgesehen hatte (→ § 456a Rn. 19 ff., 22). In diesen Fällen hat der Verurteilte die Möglichkeit, nach Abs. 2 Einwendungen zu erheben.

C. Einwendungsberechtigte

Einwendungsberechtigte sind die verurteilte Person, der Verteidiger,[51] gesetzliche Vertreter, vgl. § 298, § 67 Abs. 3 JGG,[52] und sonstige Bevollmächtigte oder (stillschweigend) Ermächtigte.[53] Einwendungen können auch Verfalls- und Einziehungsbeteiligte (§§ 431, 442, 444 Abs. 1 S. 1) erheben. Eine gerichtliche Entscheidung herbeizuführen vermögen

---

[44] Rieß JR 1981, 522; ferner Graalmann-Scheerer in Löwe/Rosenberg Rn. 11, die jedoch einräumt, ein Beschluss nach § 458 Abs. 1 Alt. 3, mit dem die Strafvollstreckungskammer oder gar das Amtsgericht zur Vermeidung einer Doppelbestrafung eine Vollstreckungsbeschränkung angeordnet hat, sei nicht nichtig, weil er nicht als grober Verstoß gegen fundamentale prozessuale Vorschriften bewertet werden könne; vgl. auch OLG Düsseldorf 11.3.1988 – 1 Ws 158/88, NStZ 1989, 44.
[45] Coen in BeckOK StPO Rn. 8; Paeffgen/Greco in SK-StPO Rn. 12.
[46] Graalmann-Scheerer in Löwe/Rosenberg Rn. 16; LG Heilbronn 9.9.1988 – StVK 83/88, NStZ 1989, 291.
[47] Laubenthal/Nestler Strafvollstreckung Rn. 525.
[48] Graalmann-Scheerer in Löwe/Rosenberg Rn. 18.
[49] Graalmann-Scheerer in Löwe/Rosenberg Rn. 16; offen gelassen von OLG Karlsruhe 3.12.1998 – 1 Ws 306/98, NStZ 2000, 279.
[50] Graalmann-Scheerer in Löwe/Rosenberg Rn. 16.
[51] BGH 11.2.1998 – 2 ARs 359–97, BGHSt 44, 19 (22) = NJW 1998, 2066.
[52] Appl in KK-StPO Rn. 9; Schmitt in Meyer-Goßner/Schmitt Rn. 5; Pfeiffer Rn. 5.
[53] Bspw. nahe Angehörige des durch Reisen abwesenden Verurteilten die geltend machen, eine gegen diesen verhängte Geldstrafe dürfe nach der inzwischen ergangenen Entscheidung gemäß § 459d nicht vollstreckt werden und die bevorstehende Versteigerung der im Zuge der Beitreibung vorher gepfändeten Gegenstände sei unberechtigt; vgl. auch Graalmann-Scheerer in Löwe/Rosenberg Rn. 27.

zudem durch die Sanktionsdurchführung unmittelbar in ihren Rechten betroffene Dritte (vgl. § 431 Abs. 1 S. 1, § 442, § 444 Abs. 1 S. 1).[54] Ebenfalls einwendungsberechtigt ist daher der Erbe, der gegenüber der Vollstreckung in den Nachlass geltend macht, dass der zu Geldstrafe rechtskräftig verurteilte Erblasser inzwischen verstorben sei (vgl. § 459c Abs. 3, § 459h), ebenso der Eigentümer einer Sache, der bestreitet, dass sie mit der im Urteil eingezogenen identisch ist.[55]

19   Nicht zu den Einwendungsberechtigten zählt dagegen die Staatsanwaltschaft als Vollstreckungs- oder als Verfolgungsbehörde;[56] sie muss vielmehr zunächst selbst entscheiden. Die Staatsanwaltschaft wird deswegen erst im gerichtlichen Verfahren nach §§ 462, 462a angehört.[57] Allerdings kann sich bereits zuvor aus der prozessualen Fürsorgepflicht die Pflicht der Vollstreckungsbehörde ergeben, den Betroffenen auf die Möglichkeit von Einwendungen hinzuweisen.[58] Auch der Einziehungsinteressent (§ 432), dessen Beteiligung am Verfahren nicht angeordnet worden ist, gehört nicht zu den Einwendungsberechtigten; er bleibt vielmehr auf eine Geltendmachung seiner Einwendungen im Nachverfahren gem. § 439 verwiesen.[59]

D. Aufschub oder Unterbrechung der Vollstreckung nach Abs. 3

20   Die Erhebung von Einwendungen hemmt die Vollstreckung grundsätzlich nicht. Deswegen räumt Abs. 3 die Möglichkeit vorläufiger Anordnungen ein. Nach Abs. 3 S. 1 Hs. 2 kann das Gericht auf Antrag oder von Amts wegen den Aufschub oder die Unterbrechung der Vollstreckung anordnen.[60] Vorläufige Anordnungen erlangen allerdings nur Bedeutung, wenn die Vollstreckungsbehörde nicht selbst aufgrund von Zweifeln an der Zulässigkeit der Vollstreckung diese einstweilen bis zur Entscheidung über die Einwendungen unterlässt.[61] Dies gilt zB, wenn das Gericht nach zehnmonatiger Vollzugsdauer noch nicht in die Prüfung der weiteren Gefährlichkeit als Voraussetzung für die Fortführung des Maßregelvollzugs gem. § 67 Abs. 1 S. 1 StGB eingetreten ist.[62]

21   Anordnungen nach Abs. 3 werden allerdings nur dann ernsthaft in Betracht zu ziehen sein, wenn der **Hauptantrag Aussicht auf Erfolg** bietet.[63] Zudem kommt es auf den Umfang der vorgebrachten Einwendungen an, so dass bspw. ein Aufschub oder eine Unterbrechung auch bei begründeten Zweifeln ausscheidet, wenn diese bei einer langjährigen Freiheitsstrafe nur die Frage betreffen, in welchem Umfang Untersuchungshaft anzurechnen ist, und sich die Zweifel nur auf die Anrechnung weniger Wochen oder gar Tage beziehen. Vorläufige Anordnungen nach Abs. 3 sind auch nicht bereits deswegen angezeigt, weil der Verurteilte ein Individualbeschwerdeverfahren vor der Europäischen Kommission für Menschenrechte gem. Art. 25 Abs. 1 S. 1 EMRK angestrengt hat.[64] Die Möglichkeit einstweiliger Anordnungen besteht nach Abs. 2 S. 3 auch in den Fällen des § 456c Abs. 2.

---

[54] Appl in KK-StPO Rn. 9; Bieber in KMR-StPO Rn. 19; Schmitt in Meyer-Goßner/Schmitt Rn. 5; Paeffgen/Greco in SK-StPO Rn. 17; Bringewat Rn. 16.
[55] Graalmann-Scheerer in Löwe/Rosenberg Rn. 28; Pfeiffer Rn. 5.
[56] Coen in BeckOK StPO Rn. 6; Laubenthal/Nestler Strafvollstreckung Rn. 528.
[57] Appl in KK-StPO Rn. 4; Köhler in Meyer-Goßner/Schmitt § 459h Rn. 3; Bringewat Rn. 16.
[58] OLG Stuttgart 21.3.1984 – 1 Ws 78/84, Justiz 1984, 288; Coen in BeckOK StPO Rn. 6; s. ferner mit jeweils ähnlicher Begründung Appl in KK-StPO Rn. 4; Bieber in KMR-StPO Rn. 18; Schmitt in Meyer-Goßner/Schmitt Rn. 7; Bringewat Rn. 15; Wolf in Pohlmann/Jabel/Wolf StVollstrO § 42 Rn. 8.
[59] Appl in KK-StPO Rn. 9; Schmitt in Meyer-Goßner/Schmitt Rn. 5.
[60] OLG Stuttgart 30.4.1991 – 5 Ws 67/91, 5 Ws 68/91, MDR 1992, 289; s. auch LG Bochum 1.6.2007 – 8 KLs 600 Js 439/06, StraFo 2007, 346 zur Frage eines vorläufigen Vollstreckungsaufschubs nach von der Staatsanwaltschaft nicht eingehaltener Absprache des Strafantritts.
[61] Appl in KK-StPO Rn. 20; Schmitt in Meyer-Goßner/Schmitt Rn. 13; Paeffgen/Greco in SK-StPO Rn. 19; Bringewat Rn. 26.
[62] OLG Düsseldorf 28.7.1992 – 2 Ws 303/92, NJW 1993, 1087.
[63] Graalmann-Scheerer in Löwe/Rosenberg Rn. 20.
[64] Graalmann-Scheerer in Löwe/Rosenberg Rn. 20.

E. Verfahrensfragen

I. Rechtsbehelfe

Der Rechtsbehelf der Anrufung des Gerichts nach §§ 458, 459h umfasst **unterschied-** 22 **liche Vorgehensweisen:** Die Herbeiführung einer gerichtlichen Entscheidung durch die Vollstreckungsbehörde bei Auslegungs- und Berechnungszweifeln (Abs. 1 Alt. 1 und 2), die Erhebung von Einwendungen gegen die Zulässigkeit der Strafvollstreckung (Abs. 1 Alt. 3) sowie gegen bestimmte einzelne Anordnungen der Vollstreckungsbehörde (Abs. 2).[65]

1. Rechtsbehelfe gegen die Entscheidung des Gerichts. Gegen die Entscheidung 23 des Gerichts können der Verurteilten bzw. ein sonstiger Einwendungsberechtigter sowie die Staatsanwaltschaft selbst als Strafverfolgungsbehörde[66] nach § 462 Abs. 1, Abs. 3 S. 1 **sofortige Beschwerde** einlegen. Dies gilt auch dann, wenn die Vollstreckungsbehörde die Vollstreckung bereits eingeleitet hat.[67] Das Rechtsschutzbedürfnis für eine gerichtliche Feststellung entfällt jedoch, sofern die Vollstreckung der Strafe im Zeitpunkt der Entscheidung bereits abgeschlossen ist[68] oder der Verurteilte aus dem Justizvollzug entlassen wurde.[69] Nicht statthaft ist zudem die weitere Beschwerde gem. § 310.[70]

Gegen vorläufige Maßnahmen des Gerichts gem. Abs. 3 steht der Staatsanwaltschaft 24 die sofortige Beschwerde zu. Sofern sie sich damit gegen eine Unterbrechung der Strafvollstreckung wendet, kommt dem Rechtsbehelf nach § 462 Abs. 3 S. 2 **aufschiebende Wirkung** zu.[71] Nicht gesondert anfechtbar ist jedoch die Ablehnung einer vorläufigen Maßnahme.[72]

2. Erneute Einwendungen. Wurden früher erhobene Einwendungen rechtskräftig 25 verworfen, so kann der Verurteilte erneut Einwendungen erheben, wenn sie sich auf **neue Tatsachen oder Beweismittel** gründen.[73] Über diese erneuten Einwendungen entscheidet wiederum die Vollstreckungsbehörde; im Fall einer negativen Entscheidung befindet das Gericht. Nach Beendigung der Vollstreckung können Einwendungen iSd § 458 mangels Fortbestehen einer Rechtsschutzbedürfnisses nicht mehr erhoben werden.[74]

3. Einwendungen gegen Entscheidungen des Rechtspflegers. Über Einwendun- 26 gen gegen Maßnahmen des Rechtspflegers entscheidet nach § 31 Abs. 6 RPflG unmittelbar das Gericht. Zur Antragstellung gegenüber dem Gericht sowie zu Stellungnahmen im Verfahren ist ausschließlich der Staatsanwalt berufen, § 142 Abs. 1 GVG.[75]

Gegen Entscheidungen des Rechtspflegers ist zunächst gem. § 31 Abs. 6 S. 1 RPflG 27 derjenige Rechtsbehelf statthaft, der **nach den allgemeinen verfahrensrechtlichen Vorschriften zulässig** ist. Die Regelung hat insbesondere Entscheidungen des Gerichts gem. § 459h oder eine mögliche sofortige Beschwerde nach § 311 im Blick. Sofern ein anderer Rechtsbehelf gesetzlich jedoch nicht vorgesehen ist, entscheidet über Einwendungen gegen Entscheidungen des Rechtspflegers gem. § 31 Abs. 6 S. 2 RPflG der zuständige Staatsanwalt.

---

[65] Laubenthal/Nestler Strafvollstreckung Rn. 523.
[66] Appl in KK-StPO Rn. 22; Schmitt in Meyer-Goßner/Schmitt Rn. 16; Bringewat Rn. 27.
[67] OLG Schleswig 30.5.1983 – 1 Ws 293/83, SchlHA 1983, 160.
[68] OLG Stuttgart 20.8.2002 – Ws 199/02, NStZ-RR 2003, 60.
[69] OLG Celle 6.1.2009 – 1 Ws 623/08, NStZ 2010, 108.
[70] Appl in KK-StPO Rn. 22; Graalmann-Scheerer in Löwe/Rosenberg Rn. 30; Schmitt in Meyer-Goßner/Schmitt Rn. 16; Bringewat Rn. 27.
[71] Graalmann-Scheerer in Löwe/Rosenberg Rn. 31; wegen der Voraussetzungen, unter denen gegen die Entscheidung nach § 458 Verfassungsbeschwerde nach § 90 BVerfGG zulässig ist, s. BVerfG 7.3.1963 – 2 BvR 56/63, NJW 1963, 756.
[72] OLG Nürnberg 19.12.2001 – Ws 1418/01, NStZ 2003, 390; Neuhaus/Putzke ZAP 2008, 389 (393).
[73] OLG Düsseldorf 2.7.1992 – 4 Ws 214/92, MDR 1993, 67; Appl in KK-StPO Rn. 22; Schmitt in Meyer-Goßner/Schmitt Rn. 14; Pfeiffer Rn. 8; Bringewat Rn. 28. Dies gilt wohl auch, wenn über die Anwendbarkeit eines Straffreiheitsgesetzes verneinend entschieden ist, so Graalmann-Scheerer in Löwe/Rosenberg Rn. 32.
[74] Bringewat Rn. 28.
[75] Graalmann-Scheerer in Löwe/Rosenberg Rn. 34.

28   Im Einzelfall mögen sich dabei Probleme bei der **Abgrenzung** zwischen der vorrangigen Überprüfung von Entscheidungen nach den §§ 458, 459h, § 83 Abs. 1 JGG und dem subsidiären Instanzenzug der § 31 Abs. 6 S. 1 RPflG, § 21 StVollstrO, §§ 23 ff. EGGVG ergeben. Dabei ist stets auf den **materiellen Inhalt** der angegriffenen Entscheidung abzustellen. Betrifft diese Fragen der §§ 459a, 459c, 459e oder 459g, also etwa Entscheidungen über die Gewährung von Zahlungserleichterungen bei der Vollstreckung von Geldstrafen oder die Anordnung einer Ersatzfreiheitsstrafe,[76] so bestimmt das Gericht nach § 459h. Entscheidend ist demnach, ob sich das Begehren des Antragstellers auf die Herbeiführung einer entsprechenden Entscheidung richtet.

29   Der Rechtspfleger hat zunächst die Möglichkeit, den Einwendungen abzuhelfen. Geschieht dies nicht, muss nach § 31 Abs. 6 S. 2 RPflG der Staatsanwalt eine **förmliche Entscheidung** treffen. Sofern mit der Vollstreckung von Geldstrafen oder Geldbußen der Urkundsbeamte der Geschäftsstelle befasst war (§ 36b Abs. 1 Nr. 5 RPflG) sieht § 36b Abs. 4 S. 1 RPflG vor, dass zunächst der Rechtspfleger über die Einwendungen zu befinden hat. § 31 Abs. 6 S. 2 RPflG findet in diesem Fall keine Anwendung.

30   **4. Einwendungen gegen Entscheidungen von Strafgerichten der früheren DDR.** Die Vollstreckung von Entscheidungen eines Strafgerichts der früheren DDR richtete sich bis zur staatlichen Vereinigung beider Teile Deutschlands nach dem Gesetz über die innerdeutsche Rechts- und Amtshilfe in Strafsachen (RHG). Trotz seiner Aufhebung durch den Einigungsvertrag[99] wirkt § 15 RHG insofern noch fort als dadurch klargestellt wird, dass die Feststellung, die Vollstreckung aus einem Urteil der früheren DDR unzulässig ist, nunmehr auch für die neuen Bundesländer gilt. Sie bildet ein Vollstreckungshindernis,[101] dessen Reichweite nunmehr die gesamte Bundesrepublik umfasst.[102] In der Vollstreckungspraxis spielen Einwendungen gegen Entscheidungen von Strafgerichten der früheren DDR infolge historischer Überholung inzwischen keine Rolle mehr.

II. Sonstige Verfahrensaspekte

31   **1. Zuständigkeit und Antragsberechtigung.** Die gerichtliche Zuständigkeit für Entscheidungen nach §§ 458, 459h folgt aus § 462 Abs. 1 S. 1, § 462a.[77] Gegen die ergangene Entscheidung des Gerichts steht der Staatsanwaltschaft sowie den Einwendungsberechtigten zwar gem. § 462 Abs. 3 S. 1 das Rechtsmittel der sofortigen Beschwerde zu. Durch das Verfahren gem. Abs. 1 und 2 wird allerdings der Fortgang der Vollstreckung nicht gehemmt. Nach Abs. 3 S. 1 kann das Gericht jedoch von Amts wegen oder auf Antrag hin einen Vollstreckungsaufschub oder eine -unterbrechung bewilligen, wenn ein Verfahren nach § 458 Abs. 1 oder 2 anhängig ist.[78] Lehnt das Gericht es ab, eine Entscheidung gem. Abs. 3 zu treffen, bleibt das aber unanfechtbar.[79]

32   Hinsichtlich der **Antragsberechtigung** ist zwischen der Herbeiführung einer gerichtlichen Entscheidung durch die Vollstreckungsbehörde und der Erhebung von Einwendungen durch Einwendungsberechtigte zu differenzieren. In den Fällen von Abs. 1 Alt. 1 und 2 führt die Staatsanwaltschaft als Vollstreckungsbehörde die Gerichtsentscheidung unter Darlegung ihrer eigenen Auslegungs- bzw. Berechnungszweifel herbei. Dies geschieht unabhängig davon, ob der Verurteilte selbst eine entsprechende Rüge erhebt. Zweifel eines Einwendungsberechtigten an der Auslegung des Strafurteils oder an der Strafberechnung, die von der Vollstreckungsbehörde nicht geteilt werden, sind als Einwendungen gegen die Zulässigkeit der Strafvollstreckung (Abs. 1 Alt. 3) zu behandeln.[80] Hat die Vollstreckungsbehörde selbst eigene Zweifel an der Zulässigkeit der Strafvollstreckung, kann sie diese nicht durch das Gericht klären lassen, sondern muss die rechtlichen Zweifelsfragen **in eigener Verantwortung** klären. Es bleibt den Einwendungsberechtigten überlassen, ob sie eine Gerichts-

---

[76] Dazu Laubenthal/Nestler Strafvollstreckung Rn. 298 ff.
[77] Zur gerichtlichen Zuständigkeit Laubenthal/Nestler Strafvollstreckung Rn. 58 ff.
[78] KG 15.6.2007 – 2 Ws 360, 373–377, 381/07, StV 2008, 203.
[79] OLG Nürnberg 19.12.2001 – Ws 1418/01, NStZ 2003, 390.
[80] Bieber in KMR-StPO Rn. 17.

entscheidung herbeiführen wollen.[81] Die Fürsorgepflicht der Staatsanwaltschaft kann es jedoch gebieten, dass sie die Betroffenen auf ihre Bedenken gegen die Zulässigkeit der Strafvollstreckung und die Möglichkeit der Erhebung von Einwendungen hinweist.[82]

Das Gesetz sieht **keine Förmlichkeiten** für die Erhebung von Einwendungen vor. 33 Diese sind form- und fristlos zulässig. Die Erhebung bedarf, falls schriftlich erhoben, keiner handschriftlichen Unterzeichnung, wenn aus dem Inhalt der Einwendung die Person dessen der sie erhebt, zuverlässig entnommen werden kann.[83] Einwendungen können nach § 31 Abs. 6 S. 1 RPflG unmittelbar beim Gericht geltend gemacht werden, auch wenn der Rechtspfleger entschieden hat. Das Gericht hat der Vollstreckungsbehörde Gelegenheit zu geben, auf die Rüge eines Einwendungsberechtigten hin ihre Entscheidung abzuändern. Bei Nichtabhilfe ist das Gericht zur Entscheidung berufen. Eine sofortige Entscheidung des Gerichts vor derjenigen der Vollstreckungsbehörde über eine Abhilfe bleibt unzulässig.[84]

2. Überprüfung von Justizverwaltungsakten. Einen Weg zur Anfechtung von Jus- 34 tizverwaltungsakten eröffnen ferner § 31 Abs. 6 S. 2 RPflG, § 21 StVollstrO, §§ 23 ff. EGGVG. Diese sehen einen subsidiären Instanzenzug vor.

a) Vollstreckungsbeschwerde, § 21 StVollstrO. Die weder an eine Form noch an 35 eine Frist gebundene Vollstreckungsbeschwerde nach § 21 StVollstrO kommt in Betracht, wenn die Vollstreckungsbehörde für die Überprüfung der angegriffenen Maßnahme **nicht (mehr) zuständig** ist. Auch darf eine Zuständigkeit des Gerichts gem. §§ 458, 459h, § 83 Abs. 1 JGG nicht gegeben sein. Der Rechtsbehelf schließt sich damit an § 31 Abs. 6 S. 2 RPflG an; über die Beschwerde entscheidet die Generalstaatsanwaltschaft, § 21 Abs. 1 Nr. 1 StVollstrO.

b) Gerichtliche Überprüfung nach §§ 23 ff. EGGVG. Das Verfahren nach §§ 23 ff. 36 EGGVG eröffnet zur **Überprüfung von Justizverwaltungsakten** den Rechtsweg zu den Oberlandesgerichten. Dieser Antrag auf gerichtliche Entscheidung bleibt jedoch gegenüber anderen Rechtsbehelfen – insbesondere der Anrufung des Gerichts nach §§ 458, 459h und § 103 OWiG – **subsidiär**,[85] § 24 Abs. 2 EGGVG.

§ 23 Abs. 1 S. 1 EGGVG ermöglicht, von Justizbehörden erlassene Verwaltungsakte 37 gerichtlich überprüfen zu lassen. Der Begriff der Justizbehörde ist nach hM funktionell zu verstehen und erfasst neben den ordentlichen Gerichten in ihrer besonderen Eigenschaft als Organe der (Justiz-)Verwaltung, Justizminister oder Landesjustizverwaltungen auch die Staatsanwaltschaft sowohl in ihrer Eigenschaft als Strafverfolgungsbehörde also auch in ihrer Funktion als Strafvollstreckungsbehörde.[86]

Als Justizverwaltungsakt gilt jedes **hoheitliche Verwaltungshandeln einer Justizbe-** 38 **hörde mit unmittelbarer Außenwirkung** zur Regelung einer der in § 23 Abs. 1 S. 1 EGGVG genannten Angelegenheiten.[87] Die Definition schließt insbesondere auch die Entscheidungen der Generalstaatsanwaltschaft über Beschwerden nach § 21 StVollstrO ein.

Dem Antrag auf gerichtliche Entscheidung geht gem. § 24 Abs. 2 EGGVG ein 39 Beschwerdeverfahren voraus. Dies betrifft das Verfahren nach § 21 StVollstrO;[88] die Beschwerde nach § 35 Abs. 2 BtMG reicht ebenfalls aus.[89] Über den Antrag entscheidet gem. § 25 Abs. 1, § 28 Abs. 1 S. 1 EGGVG das zuständige OLG, indem es den angegriffenen Justizverwaltungsakt aufhebt, soweit dieser rechtswidrig ist. Die Entscheidung des OLG ist endgültig.

---

[81] Schmitt in Meyer-Goßner/Schmitt Rn. 7.
[82] Appl in KK-StPO Rn. 4; Wolf in Pohlmann/Jabel/Wolf StVollstrO § 42 Rn. 8.
[83] Graalmann-Scheerer in Löwe/Rosenberg Rn. 3.
[84] KG 15.7.2007 – 2 Ws 360, 373-377, 381/07, StraFo 2007, 432.
[85] Coen in BeckOK StPO Rn. 1.
[86] Mayer in KK-StPO EGGVG § 23 Rn. 10, 13.
[87] Meyer-Goßner/Schmitt EGGVG § 23 Rn. 6.
[88] Mayer in KK-StPO EGGVG § 24 Rn. 5 f.; Graalmann-Scheerer in Löwe/Rosenberg Vor § 449 Rn. 22 mwN.
[89] OLG Oldenburg 14.10.1999 – 1 VAs 15/99, StraFo 2000, 67; Mayer in KK-StPO EGGVG § 24 Rn. 6.

§ 459 Vollstreckung der Geldstrafe; Anwendung des Justizbeitreibungsgesetzes

Für die Vollstreckung der Geldstrafe gelten die Vorschriften des Justizbeitreibungsgesetzes, soweit dieses Gesetz nichts anderes bestimmt.

Übersicht

		Rn.				Rn.
A.	Allgemeines zur Vollstreckung von Geldstrafen	1		3.	Zuständigkeit	8
I.	Allgemeine Hinweise und Zuständigkeit	1		II.	Umfang und Gang der Vollstreckung	9
				1.	Einforderung	9
1.	Begriff der Geldstrafe	1		2.	Mahnung und Beitreibung	17
2.	Tagessatzsystem	5	B.		Rechtsbehelfe	20

A. Allgemeines zur Vollstreckung von Geldstrafen

I. Allgemeine Hinweise und Zuständigkeit

1 **1. Begriff der Geldstrafe.** Die Vorschrift regelt unter der (nicht amtlichen) Überschrift „Vollstreckung der Geldstrafe" die Anwendung der JBeitrG. EBAO sowie StVollstrO gelten ergänzend, bleiben gegenüber der JBeitrG aber subsidiär.[1]

2 Die Geldstrafe iSd §§ 40 ff. StGB bildet die zweite dem deutschen Recht bekannte Hauptstrafe neben der Freiheitsstrafe.[2] Sie kann durch ein Urteil oder einen Strafbefehl angeordnet werden. Dadurch unterscheidet sie sich von Bußgeldern, Ordnungsgeldern, Zwangsgeldern, anderen Ordnungsmitteln sowie der Geldauflage bei einer Verfahrenseinstellung.

3 Keine Geldstrafe war die Vermögensstrafe, die früher § 43a StGB vorsah. Nach der Entscheidung des BVerfG vom 20.3.2002[3] war diese Norm jedoch mit Art. 103 Abs. 2 GG unvereinbar und wurde damit für nichtig erklärt; der Entscheidungsformel kommt nach § 31 Abs. 2 BVerfGG Gesetzeskraft zu. Obsolet ist aus diesem Grund auch § 459i, der die Vollstreckung der Vermögensstrafe betraf.

4 Ebenfalls keine Geldstrafe im engeren Sinne stellt der Verfall nach § 73 StGB dar, der nach hM eine Maßregel der Besserung und Sicherung bildet.

5 **2. Tagessatzsystem.** § 40 StGB regelt die Bemessung der Geldstrafe nach dem sog. Tagessatzsystem; der Strafzumessungsvorgang gliedert sich in **drei Phasen**:[4] Die Bestimmung der Zahl der Tagessätze je nach Tatschwere, die Festsetzung der Höhe der Tagessätze, die sich an den persönlichen und wirtschaftlichen Verhältnissen des Täters orientiert, sowie als dritter fakultativer Schritt die Gewährung von Zahlungserleichterungen gem. § 42 StGB.[5] Die Dreiaktigkeit des Vorgangs soll eine sachgerechte wirtschaftliche Bemessungsgrundlage schaffen und dient damit der Herstellung einer Gleichwertigkeit der Sanktion bei wirtschaftlich unterschiedlich situierten Tätern, deren Taten einander im Unrechts- und Schuldgehalt entsprechen.[6] Die mit der Geldstrafe verbundene finanzielle Belastung wird damit für Verurteilte, die komparable Delikte begangen haben, gleichermaßen fühlbar.

---

[1] Coen in BeckOK StPO Rn. 1; Schmitt in Meyer-Goßner/Schmitt Rn. 1; Pfeiffer Rn. 1.
[2] Dazu König JA 2009, 809 ff.; Mitsch JA 1993, 304 ff.; zur kriminalpolitischen Bedeutung siehe Paeffgen/Greco in SK-StPO Rn. 3.
[3] BVerfG 20.3.2002 – 2 BvR 794/1995, BGBl. 1995 I 1340.
[4] Ausführlich Mosbacher in Satzger/Schluckebier/Widmaier StGB StGB § 40 Rn. 4 ff.; ähnlich Kinzig in Schönke/Schröder StGB § 40 Rn. 1.
[5] Dazu Laubenthal/Nestler Strafvollstreckung Rn. 262 ff.
[6] Fischer StGB § 40 Rn. 2; Meier Strafrechtliche Sanktionen, 2009, S. 56; Kinzig in Schönke/Schröder StGB § 40 Rn. 1.

Die **Anzahl der Tagessätze** liegt gem. § 40 Abs. 1 S. 2 StGB zwischen 5 und 360; **6** sofern das Gericht auf eine Gesamtstrafe erkennt, kann auch eine Strafe von bis zu 720 Tagessätzen verhängt werden, § 54 Abs. 2 S. 2 StGB. Die Tagessatzhöhe richtet sich nach dem verfügbaren Nettoeinkommen des Täters und orientiert sich außerdem an dessen persönlichen und wirtschaftlichen Verhältnissen, § 40 Abs. 2, Abs. 3 StGB.[7]

Gem. § 40 Abs. 4 StGB sind in der Entscheidung **Zahl und Höhe** der Tagessätze **7** anzugeben. Dies macht zugleich die jeweilige Tatschwere nach außen hin sichtbar und führt somit zu einer größeren Transparenz und einer erhöhten Vergleichbarkeit der Geldstrafe mit der Freiheitsstrafe.[8]

3. Zuständigkeit. Sachlich **zuständig** für die Vollstreckung einer Geldstrafe ist gem. **8** § 451 Abs. 1, § 4 Nr. 1 StVollstrO die **Staatsanwaltschaft** als Vollstreckungsbehörde. Die örtliche Zuständigkeit richtet sich nach § 143 Abs. 1 GVG, § 7 Abs. 1 StVollstrO; sie hängt folglich von der örtlichen Zuständigkeit desjenigen Gerichts ab, für das die Beamten der Staatsanwaltschaft bestellt sind. Werden bestimmte Strafsachen – wie bspw. Wirtschaftsstrafsachen – bei einem speziellen Gericht lokal konzentriert, so liegt auch die örtliche Zuständigkeit für die Vollstreckung der verhängten (Geld-)Strafen bei den Beamten derjenigen Staatsanwaltschaft, in deren Bezirk das betreffende Gericht liegt. Die funktionelle Zuständigkeit für die Strafvollstreckung steht nach § 31 Abs. 2 RPflG den der Vollstreckungsbehörde zugeordneten **Rechtspflegern** zu. Die Vorschrift normiert somit eine grundsätzliche Zuständigkeit des Rechtspflegers, soweit es nicht um Aufgaben des Staatsanwalts im Rahmen der Strafverfolgung geht.[9] Eine Übertragung auf den Urkundsbeamten der Geschäftsstelle ist nach § 36b Abs. 1 S. 1 Nr. 5 RPflG möglich (→ § 451 Rn. 15).[10]

II. Umfang und Gang der Vollstreckung

1. Einforderung. Die Vollstreckung der Geldstrafe setzt **Rechtskraft** der zugrunde **9** liegenden Entscheidung (Urteil oder Strafbefehl, § 407 Abs. 2 S. 1 Nr. 1 Var. 1) voraus. Vor diesem Zeitpunkt kann lediglich eine Sicherheitsleistung nach § 132 Abs. 1 S. 1 Nr. 1 verlangt oder ein dinglicher Arrest gem. § 111d Abs. 1 S. 2 angeordnet werden.[11]

Sobald Rechtskraft eingetreten ist, beginnt die Vollstreckung mit der Prüfung der **10** gemeinsamen bzw. allgemeinen Vollstreckungsvoraussetzungen durch den zuständigen Rechtspfleger, § 31 Abs. 2 S. 1 RPflG.[12] Das Procedere richtet sich insbes. nach **§§ 456, 459–459f, §§ 48–51 StVollstrO,** der **Einforderungs- und Beitreibungsanordnung (EBAO)** sowie der **Justizbeitreibungsordnung (JBeitrG).** Gleiches gilt gem. § 459g Abs. 2 für die Vollstreckung von Nebenfolgen, die zu einer Geldzahlung verpflichten.[13]

Werden Geldstrafe und **Kosten** gleichzeitig eingefordert und beigetrieben,[14] so sind sie **11** gem. § 1 EBAO, § 1 JBeitrG zusammen von der verurteilten Person durch Kostenrechnung anzufordern. Dabei entspricht die parallele Einforderung von Geldstrafe und Kosten dem Grundsatz des § 1 Abs. 2 EBAO und erfolgt, sofern nicht deren Verbindung nach § 15 EBAO gelöst wird. Eine solche Lösung nach § 15 EBAO kommt in Betracht, wenn sich die Beitreibung des Geldbetrags erledigt, für die Kostenforderung aber Beitreibungsmaßnahmen erforderlich werden, § 15 Abs. 1 Nr. 1 EBAO;[15] ebenso im Fall nachträglicher Gesamtstrafenbildung, § 15 Abs. 1 Nr. 2 EBAO iVm § 55 StGB, § 460 oder sofern die Vollstreckungs-

---

[7] Ausführlich zur Strafzumessung Meier Strafrechtliche Sanktionen, 2009, S. 60 ff.
[8] Lackner/Kühl/Heger StGB § 40 Rn. 18.
[9] Vgl. zur Aufhebung der früheren Begrenzungsverordnung durch das 1. Justizmodernisierungsgesetz v. 24.8.2004, BGBl. 2004 I 2198, in Kraft getreten am 1.9.2004; zum Ganzen Appl in KK-StPO § 451 Rn. 7.
[10] Coen in BeckOK StPO Rn. 2; Appl in KK-StPO Rn. 3; Paeffgen/Greco in SK-StPO Rn. 4.
[11] Meier, Strafrechtliche Sanktionen, 2009, S. 70.
[12] Schmitt in Meyer-Goßner/Schmitt Rn. 2.
[13] S. dazu auch Laubenthal/Nestler Strafvollstreckung Rn. 466 ff.
[14] Regelfall, § 1 Abs. 2 EBAO: Coen in BeckOK StPO Rn. 1; Appl in KK-StPO Rn. 4; Paeffgen/Greco in SK-StPO Rn. 4; Pfeiffer Rn. 1.
[15] Dazu Röttle/Wagner/Theurer Strafvollstreckung Kap. 3 Rn. 26.

behörde die getrennte Verfolgung beider Ansprüche aus Zweckmäßigkeitsgründen anordnet, § 15 Abs. 1 Nr. 3 EBAO.

12 Leistet der Verurteilte lediglich Teilzahlungen, ohne eine Tilgungsbestimmung zu treffen, gelten § 459b, § 6 EBAO (→ § 459b Rn. 1 ff.).[16] Bei isolierter Einforderung und Beitreibung von Geldstrafen – dh soweit ein Ausnahmetatbestand des § 15 Abs. 1 EBAO eingreift oder die Kosten von dritter Seite wie etwa der Rechtsschutzversicherung bezahlt wurden – greift grds. gleichfalls der Anwendungsbereich des § 1 EBAO. Hinsichtlich der Kosten richtet sich die Vollstreckung lediglich so lange und so weit nach der Einforderungs- und Beitreibungsanordnung, wie diese gemeinsam mit dem Geldbetrag beigetrieben werden, § 1 Abs. 3 EBAO. Wird jene Verbindung gelöst und bleiben die Kosten damit separat zu vollstrecken (etwa wenn die Geldstrafe bereits bezahlt ist[17]), erfolgt dies durch die Gerichtskasse gem. § 1 Abs. 5, § 15 EBAO. Insoweit gilt die Kostenverfügung der jeweils zuständigen Kasse; die Vollstreckungsbehörde ist in diesem Fall nicht mehr zur Beitreibung der Kosten berechtigt.[18]

13 Des Weiteren bleiben die **Nebengeschäfte** der Strafvollstreckung zu erledigen. Hierunter fallen insbesondere die Anlegung eines Vollstreckungshefts nach §§ 15, 16 StVollstrO sowie die notwendigen Mitteilungen an das Bundeszentralregister gem. §§ 4, 60 BZRG.[19]

14 Bei Eintritt der Fälligkeit ordnet die Vollstreckungsbehörde – hier der Rechtspfleger – die **Einforderung** der Geldstrafe an.[20] Der Kostenbeamte der Vollstreckungsbehörde erstellt eine Kostenrechnung und sendet die Zahlungsaufforderung an den Verurteilten, §§ 4, 5 EBAO.[21] Gem. § 459c Abs. 1, § 3 Abs. 2 EBAO beträgt die **Zahlungsfrist zwei Wochen,** wobei diese mit dem Eintritt der Fälligkeit zu laufen beginnt (→ § 459c Rn. 1 ff.). Geldstrafen werden grds. **mit Rechtskraft** des Strafrkenntnisses **fällig,** vgl. § 449;[22] für die Kosten folgt Gleiches aus § 6 Abs. 2 GKG. Werden jedoch Zahlungserleichterungen gewährt, richtet sich dieser Zeitpunkt nach den festgesetzten Zahlungsterminen.[23]

15 Aus der Rechnung müssen sich die Höhe der Geldstrafe oder -buße sowie die Kosten, aufgeschlüsselt nach Gerichtsgebühren und Auslagen wie bspw. Zeugenentschädigung, Zustellungsgebühren, Sachverständigenentschädigung oder Auslagen der Polizei, einwandfrei ergeben. Entbehrlich ist diese Mitteilung jedoch bei Strafbefehlen, da diese bereits eine entsprechende Zahlungsaufforderung enthalten, § 5 Abs. 3 EBAO.

16 Hieraus folgt, dass eine Geldstrafe nur dann vollstreckbar ist, wenn im zu vollstreckenden Urteil oder Strafbefehl Anzahl und Höhe der **Tagessätze exakt angegeben** sind (vgl. § 40 Abs. 4 StGB). Anderenfalls mangelt es an einem notwendigen Bestandteil des Strafrkenntnisses, so dass es diesbzgl. nicht in Rechtskraft erwachsen kann; nachträgliche Ergänzungen scheiden insoweit aus.[24] Nicht zwingend genannt werden muss hingegen die Summe der Geldstrafe, weshalb hier Berechnungsfehler in der Entscheidung unerheblich bleiben.

17 **2. Mahnung und Beitreibung.** Gemäß § 7 Abs. 1 EBAO soll der Zahlungspflichtige nach vergeblichem Ablauf der zweiwöchigen Zahlungsfrist zunächst gemahnt werden (vgl. § 5 Abs. 2 JBeitrG). Die **Mahnung** kann durch ein formloses Schreiben erfolgen; eine Zustellung ist nicht notwendig. Vollstreckungsmaßnahmen werden dann eingeleitet, sofern binnen einer angemessenen **Frist** nach ihrer Absendung keine Zahlungsanzeige eingeht.[25] Als adäquat gelten hierbei unter Berücksichtigung des Post- und Überweisungswegs ca. **zehn Tage.** Ein Rechtsanspruch auf die Mahnung steht dem Zahlungspflichtigen indes nicht zu. Zudem sind unter Missachtung der Frist des § 8 Abs. 1 EBAO vorgenommene

---

[16] Coen in BeckOK StPO § 459b Rn. 5; vgl. Appl in KK-StPO § 459b Rn. 7.
[17] Zur Zahlung einer Geldstrafe durch Dritte Scholl NStZ 1999, 599 ff.
[18] Wagner Rn. 473.
[19] S. dazu Laubenthal/Nestler Strafvollstreckung Rn. 502 ff.
[20] Schmitt in Meyer-Goßner/Schmitt Rn. 3; Paeffgen/Greco in SK-StPO Rn. 4.
[21] Appl in KK-StPO Rn. 4 f.
[22] Claus in Satzger/Schluckebier/Werner StGB § 42 Rn. 1.
[23] Laubenthal/Nestler Strafvollstreckung Rn. 270.
[24] BGH 14.5.1981 – 4 StR 599/80, BGHSt 30, 93 = NJW 1981, 2071.
[25] Coen in BeckOK StPO Rn. 3; Paeffgen/Greco in SK-StPO Rn. 5.

Beitreibungsmaßnahmen nicht bereits deshalb unzulässig. Die Zulässigkeit von Vollstreckungsmaßnahmen richtet sich insoweit ausschließlich nach § 459c Abs. 1.[26] Gänzlich entbehrlich bleibt eine Mahnung gem. § 7 Abs. 2 EBAO, wenn aufgrund konkreter Tatsachen zu erwarten ist, dass sich die verurteilte Person der Zahlung entziehen will. Beispiele hierfür stellen etwa das Wegschaffen von Vermögenswerten oder der vermehrte Wechsel von Wohnung und Arbeitsstätte zum Zweck der Vereitelung von Pfändungen dar.[27]

Jedoch sind Vollstreckungsmaßnahmen unter Missachtung der zweiwöchigen Schonfrist des § 459c Abs. 1 bzw. § 3 Abs. 2 EBAO aufgrund dieses gravierenden Rechtsfehlers unwirksam, sofern nicht nach Fristablauf eine **Heilung** erfolgt.[28] Etwas anderes gilt nur, wenn Grund zu der Annahme besteht, der Verurteilte werde sich der Vollstreckung entziehen.[29] Einwendungen gegen die Anordnung sofortiger Vollstreckung können vom Zahlungspflichtigen nach § 31 Abs. 6 S. 1 RPflG iVm § 459h erhoben werden. Bevor das zu vollstreckende Strafekenntnis in Rechtskraft erwächst, ist ein Zugriff auf das Vermögen des Zahlungspflichtigen nur nach § 111e im Wege des dinglichen Arrests möglich.[30] **18**

Geht nach erfolgter Mahnung bzw. ohne Mahnung nach Ablauf einer entsprechenden Frist (vgl. § 8 Abs. 1 EBAO) keine Zahlung ein, so kann die **zwangsweise Beitreibung** der Forderung erfolgen. Vollstreckungsmaßnahmen finden jedoch nicht statt, sofern sich diesbzgl. eine mangelnde Erfolgsaussicht prognostizieren lässt, § 459c Abs. 2. Beispiele hierfür bilden die Abgabe der Versicherung nach § 807 ZPO oder amtliche Kenntnis vom Fehlen vollstreckungsfähiger Vermögensgüter einschließlich unpfändbaren (§§ 850 ff. ZPO) Arbeitseinkommens.[31] Wenn eine zwangsweise Beitreibung wegen mangelnder Erfolgsaussicht unterbleibt, darf nach § 459e Abs. 2 eine **Ersatzfreiheitsstrafe** angeordnet und vollstreckt werden (→ § 459c Rn. 1 ff.). **19**

B. Rechtsbehelfe

Einwendungen gegen die Zulässigkeit der Vollstreckung der Geldstrafe kann der Verurteilte nach **§ 458 Abs. 1** erheben.[32] Die Norm erfasst lediglich das „Ob" der Strafvollstreckung, so dass sich der Betroffene gegen den staatlichen Vollstreckungsanspruch als solchen bzw. gegen dessen Umfang wenden muss.[33] Betreffen die Einwände allein die Art und Weise der Strafvollstreckung, fallen sie grds. nicht unter § 458 Abs. 1.[34] Mögliche Vorbringen sind dabei etwa die Verjährung der Strafvollstreckung oder ihr Erlass, mangelnde Rechtskraft des Vollstreckungstitels oder – vor allem im Zusammenhang mit der Vollstreckung von Geldstrafen, aber auch hinsichtlich der Kosten – das Erlöschen des staatlichen Anspruchs durch Aufrechnung bspw. mit einem Kostenerstattungsanspruch (→ § 458 Rn. 1 ff.). **20**

Gegen Entscheidungen nach den §§ 459a, 459c, 459e und 459g kann der Verurteilte Einwendungen gem. **§ 459h** erheben. Die Norm bewirkt eine Konzentration der Zuständigkeiten im Zusammenhang mit der Geldstrafenvollstreckung (→ § 459h Rn. 1), weshalb sich das Gericht auch unmittelbar mit Entscheidungen des Rechtspflegers (§ 31 Abs. 2 Nr. 1 RPflG) befasst. Von der Vorschrift eingeschlossen werden ausschließlich Anordnungen über die Gewährung von Zahlungserleichterungen, die Beitreibung der Geldstrafe – wie etwa **21**

---

[26] Röttle/Wagner/Theurer Strafvollstreckung Kap. 3 Rn. 27/28.
[27] Vgl. Coen in BeckOK StPO § 459c Rn. 2; Pfeiffer § 459c Rn. 1.
[28] Bieber in KMR-StPO § 459c Rn. 3; Paeffgen/Greco in SK-StPO § 459c Rn. 3; aA Graalmann-Scheerer in Löwe/Rosenberg § 459c Rn. 6; Schmitt in Meyer-Goßner/Schmitt § 459c Rn. 2.
[29] Röttle/Wagner/Theurer Strafvollstreckung Kap. 3 Rn. 27/28.
[30] Appl in KK-StPO Rn. 5.
[31] Appl in KK-StPO § 459c Rn. 8.
[32] Schmitt in Meyer-Goßner/Schmitt Rn. 7; Paeffgen/Greco in SK-StPO Rn. 13.
[33] OLG Düsseldorf 9.6.1976 – 2 Ws 363/76, NJW 1977, 117.
[34] Vgl. § 6 Abs. 1 Nr. 1 JBeitrG; ferner Appl in KK-StPO Rn. 7; Schmitt in Meyer-Goßner/Schmitt Rn. 7; Pfeiffer Rn. 3.

diejenige vor Ablauf der zweiwöchigen Schonfrist des § 459c Abs. 1 – sowie die Vollstreckung von Ersatzfreiheitsstrafe und Nebenfolgen.

22 Einwendungen gegen die Verrechnungsentscheidungen der Vollstreckungsbehörde nach § 459b unterfallen nicht § 459h. Daher kommt eine gerichtliche Entscheidung nur nach § 21 StVollstrO, §§ 23 ff. EGGVG in Betracht.[35]

23 **Zuständig** ist gem. § 462a Abs. 2 jeweils das Gericht des ersten Rechtszugs, sofern nicht der Verurteilte eine (Ersatz-)Freiheitsstrafe verbüßt.[36] In diesem Fall entscheidet gem. §§ 462a Abs. 1 S. 1, 462 die Strafvollstreckungskammer. Der Beschluss ergeht dabei ohne mündliche Verhandlung, § 462 Abs. 1 S. 1; der Verurteilte wie auch die Staatsanwaltschaft können hingegen nach § 462 Abs. 3 mit der sofortigen Beschwerde vorgehen.

24 Auch wegen eines Beschlusses, der einen Antrag nach §§ 459d oder 459f ablehnt, steht dem Verurteilten gem. § 462 Abs. 3 S. 1, § 311 die sofortige Beschwerde zu, ebenso der Staatsanwaltschaft gegen Anordnungen nach § 459d Abs. 1 oder Abs. 2.

25 Greift der Verurteilte die Art und Weise der Vollstreckung an, so verweist **§ 6 Abs. 1 Nr. 1 JBeitrG** u.a. auf **§§ 765a, 766, 771–776, 793, 805, 813a, 813b und 825 ZPO**. Über diese Rechtsbehelfe entscheiden die sachnäheren Zivilgerichte.[37]

§ 459a Bewilligung von Zahlungserleichterungen

(1) Nach Rechtskraft des Urteils entscheidet über die Bewilligung von Zahlungserleichterungen bei Geldstrafen (§ 42 des Strafgesetzbuches) die Vollstreckungsbehörde.

(2) ¹Die Vollstreckungsbehörde kann eine Entscheidung über Zahlungserleichterungen nach Absatz 1 oder nach § 42 des Strafgesetzbuches nachträglich ändern oder aufheben. ²Dabei darf sie von einer vorausgegangenen Entscheidung zum Nachteil des Verurteilten nur auf Grund neuer Tatsachen oder Beweismittel abweichen.

(3) ¹Entfällt die Vergünstigung nach § 42 Satz 2 des Strafgesetzbuches, die Geldstrafe in bestimmten Teilbeträgen zu zahlen, so wird dies in den Akten vermerkt. ²Die Vollstreckungsbehörde kann erneut eine Zahlungserleichterung bewilligen.

(4) ¹Die Entscheidung über Zahlungserleichterungen erstreckt sich auch auf die Kosten des Verfahrens. ²Sie kann auch allein hinsichtlich der Kosten getroffen werden.

Übersicht

		Rn.			Rn.
A.	Allgemeine Hinweise	1	I.	Zahlungserleichterungen gem. Abs. 1 iVm § 42 StGB	6
I.	Anwendungsbereich	1			
II.	Zuständigkeit	4	II.	Verfallklausel	11
B.	Voraussetzungen	6	C.	Wirkung	14

A. Allgemeine Hinweise

I. Anwendungsbereich

1 Die Vorschrift trägt dem allgemeinen rechtsstaatlichen Grundsatz, dass einem Bürger keine subjektiv unerfüllbaren Pflichten auferlegt werden dürfen, sowie der einer Geldstrafe

---

[35] Bieber in KMR-StPO § 459b Rn. 6; aA Graalmann-Scheerer in Löwe/Rosenberg § 459h Rn. 7.
[36] Schmitt in Meyer-Goßner/Schmitt § 462a Rn. 4.
[37] Laubenthal/Nestler Strafvollstreckung Rn. 301; Pfeiffer Rn. 3.

immanenten Gefahr der Drittwirkung Rechnung, indem sie den Ausweg eröffnet, dem Verurteilten Zahlungserleichterungen zu bewilligen. Fällig wird eine Geldstrafe – in voller Höhe – sobald die sie aussprechende Entscheidung in **Rechtskraft** erwächst, § 449. Die sofortige Zahlung des gesamten Betrags kann dem Verurteilten aber aufgrund seiner persönlichen oder wirtschaftlichen Verhältnisse unmöglich bzw. unzumutbar sein. Aus diesem Grund sieht § 42 S. 1 StGB die Anordnung einer **Zahlungsfrist** oder die Gewährung von **Ratenzahlung** als Zahlungserleichterungen vor.[1] Daneben bleibt die Möglichkeit der Gewährung eines Vollstreckungsaufschubs gem. § 456 bestehen.[2]

Abs. 1 S. 1 bestimmt den Anwendungsbereich der Vorschrift und legt ihn dabei zeitlich 2 auf die Phase nach Eintritt der Rechtskraft des Urteils und der damit eintretenden Vollstreckbarkeit (§ 449) fest. Ab diesem Zeitpunkt endet die Zuständigkeit des Gerichts zur Gewährung von Zahlungserleichterungen nach § 42 StGB und geht auf die Vollstreckungsbehörde über (→ Rn. 4).[3]

Zahlungserleichterungen lassen sich ausnahmsweise[4] auch auf dem **Gnadenweg** ein- 3 räumen. Die Zuständigkeit richtet sich in diesem Fall nach § 452. Damit ist gem. Art. 60 Abs. 2 GG der Bundespräsident zuständig (zur Zuständigkeit → Rn. 4), wenn die Strafsache im ersten Rechtszug in Ausübung der Strafgerichtsbarkeit des Bundes entschieden worden ist, § 452 S. 1. In anderen Fällen steht das Begnadigungsrecht nach § 452 S. 2 den Ländern zu, wo es die Verfassung des jeweiligen Landes meist dem Ministerpräsidenten zuspricht.[5]

II. Zuständigkeit

Die **Zuständigkeit** für die Bewilligung einer Stundung oder Ratenzahlung hängt von 4 dem Zeitpunkt ab, in dem ihr Ausspruch erfolgt. Sie liegt nach § 42 S. 1 StGB bei dem erkennenden Gericht, wenn dieses die Zahlungserleichterung im Rahmen der Strafzumessung gewährt. Die Anordnung der Zahlungserleichterung stellt dann einen Akt vorweggenommener Strafvollstreckung dar.[6] Mit der Rechtskraft des Urteils geht die Zuständigkeit für die Gewährung auf die Vollstreckungsbehörde über, Abs. 1; die funktionelle Zuständigkeit liegt beim Rechtspfleger, § 41 Abs. 2 S. 1 RPflG, wobei die Aufgabe dem Urkundsbeamten der Geschäftsstelle übertragen werden kann, § 36b Abs. 1 Nr. 5 RPflG.[7] Zwischen Erlass des (letzten) Urteils und Eintritt der Rechtskraft besteht weder für das Gericht noch für die Vollstreckungsbehörde die Möglichkeit, über Zahlungserleichterungen zu befinden.[8]

Vom Gericht zuvor ausgesprochene Zahlungserleichterungen werden durch den Über- 5 gang der Zuständigkeit auf die Vollstreckungsbehörde nicht berührt.[9] Abs. 2 schließt aber die Befugnis ein, im Urteil ausgesprochene Erleichterungen **abzuändern** oder zu **widerrufen**.[10] Zum Nachteil des Verurteilten sind solche Änderungen gem. Abs. 2 S. 2 der Norm jedoch nur aufgrund neuer Tatsachen oder Beweismittel unter den Voraussetzungen des § 42 StGB möglich, vgl. § 42 Abs. 2 S. 2 StGB. Als neu gelten in diesem Zusammenhang Umstände, die zum Zeitpunkt der Urteilsverkündung noch nicht vorlagen.[11] Ferner zählen hierzu Tatsachen oder Beweismittel, wenn sie zu diesem Zeitpunkt zwar bereits vorhanden,

---

[1] von Heintschel-Heinegg in BeckOK StGB StGB § 42 Rn. 3; Kinzig in Schönke/Schröder StGB § 42 Rn. 1.
[2] Fischer StGB § 42 Rn. 3.
[3] Schmitt in Meyer-Goßner/Schmitt Rn. 1; Pfeiffer Rn. 1; Paeffgen/Greco in SK-StPO Rn. 2.
[4] Da Entscheidungen aufgrund gesetzlicher Grundlage Vorrang genießen erst nach Ablehnung der Möglichkeiten des § 459a; Röttle/Wagner/Theurer Strafvollstreckung Kap. 5 Rn. 43; Paeffgen/Greco in SK-StPO Rn. 2.
[5] S. bspw. Art. 47 Abs. 4 BayVerf; Art. 2 Abs. 1 S. 1 VerfBW; Art. 59 Abs. 1 S. 1 VerfNRW.
[6] Schmitt in Meyer-Goßner/Schmitt Rn. 1; Meier Strafrechtliche Sanktionen, 2009, S. 66; Claus in Satzger/Schluckebier/Werner StGB § 42 Rn. 3.
[7] Coen in BeckOK StPO Rn. 1.
[8] Laubenthal/Nestler Strafvollstreckung Rn. 263.
[9] Fischer StGB § 42 Rn. 13; Appl in KK-StPO Rn. 2; Häger in LK-StGB StGB § 42 Rn. 24; Röttle/Wagner/Theurer Strafvollstreckung Kap. 3 Rn. 32.
[10] Appl in KK-StPO Rn. 5 f.; Schmitt in Meyer-Goßner/Schmitt Rn. 4; Pfeiffer Rn. 2.
[11] Graalmann-Scheerer in Löwe/Rosenberg Rn. 11; Paeffgen/Greco in SK-StPO Rn. 7; Pfeiffer Rn. 4.

dem Gericht jedoch nicht zur Kenntnis gelangt waren oder übersehen wurden.[12] Dem Verurteilten muss vor der Entscheidung über die Änderung bzw. den Widerruf **rechtliches Gehör** gewährt werden.[13]

B. Voraussetzungen

I. Zahlungserleichterungen gem. Abs. 1 iVm § 42 StGB

6 Die Gewährung von Zahlungserleichterungen setzt voraus, dass die sofortige Zahlung der Geldstrafe dem Verurteilten nach seinen persönlichen oder wirtschaftlichen Verhältnissen **nicht zuzumuten** ist, § 42 S. 1 StGB.[14] Zwar bleibt eine klare Trennung zwischen beiden Faktoren oftmals nicht möglich; dies ist jedoch nicht erforderlich, da die Kriterien sowohl kumulativ als auch alternativ vorliegen können.

7 Für **persönliche Unzumutbarkeit** können insbesondere familiäre Verhältnisse, aber ebenso eigene Belange des Zahlungspflichtigen wie zB durch Krankheit oder Alter bedingte Belastungen eine Rolle spielen.[15] Wirtschaftliche Unzumutbarkeit liegt demgegenüber regelmäßig vor, wenn der Verurteilte aus seinen laufenden Einkünften heraus die Geldstrafe nicht auf einmal erbringen kann, ohne in finanzielle Bedrängnis zu geraten.[16] Inwieweit eine Vermögensverwertung erwartet werden darf, ist von den Umständen des Einzelfalls abhängig und jeweils individuell zu ermitteln.[17] Dabei reicht es aus, dass die Befriedigung der Ersatzansprüche wesentlich verzögert würde; ein dauerhafter Ausfall braucht nicht zu drohen.[18]

8 Die Prüfung dieser Voraussetzungen hat sowohl durch das erkennende Gericht im Rahmen der Strafzumessung als auch durch die Vollstreckungsbehörde nach Rechtskraft des Urteils **von Amts wegen** zu erfolgen.[19] § 42 S. 3 StGB gebietet es, Erleichterungen auch dann zuzubilligen, wenn ohne sie die Wiedergutmachung des durch die Tat entstandenen Schadens erheblich gefährdet wäre. Dies mag etwa der Fall sein, weil dem Verurteilten die Mittel fehlen, Ansprüche des Staates sowie des Geschädigten parallel zu erfüllen.[20]

9 Liegen die Voraussetzungen des § 42 S. 1 StGB für Zahlungserleichterungen vor, so muss das Gericht bzw. die Vollstreckungsbehörde diese bewilligen; ein Entschließungsermessen räumt insoweit das Gesetz weder dem Gericht noch der Vollstreckungsbehörde ein.[21] Zu unterbleiben hat die Anordnung nur, wenn weder Stundung noch Gewährung von Ratenzahlung erwarten lassen, dass der Verurteilte die Geldstrafe innerhalb angemessener Frist oder in adäquaten Teilbeträgen zahlt.[22] Hinsichtlich der Dauer der Zahlungsfrist sowie der Höhe der einzelnen Raten steht dem Gericht respektive der Vollstreckungsbehörde jedoch ein entsprechendes **Auswahlermessen** zu (→ Rn. 14).[23]

---

[12] Coen in BeckOK StPO Rn. 5; Appl in KK-StPO Rn. 6; Bieber in KMR-StPO § 459a Rn. 20; Graalmann-Scheerer in Löwe/Rosenberg Rn. 11; Schmitt in Meyer-Goßner/Schmitt Rn. 5; aA Volckart Verteidigung Rn. 219.
[13] Röttle/Wagner/Theurer Strafvollstreckung Kap. 3 C. III. Rn. 37.
[14] LG Berlin 20.2.2001 – 537 Qs 12/01, StV 2002, 33; Schmitt in Meyer-Goßner/Schmitt Rn. 2; Detter NStZ 1990, 578.
[15] Kinzig in Schönke/Schröder StGB § 42 Rn. 2.
[16] Paeffgen/Greco in SK-StPO Rn. 4.
[17] von Heintschel-Heinegg in BeckOK StGB StGB § 42 Rn. 2 mwN; Kinzig in Schönke/Schröder StGB § 42 Rn. 2.
[18] Schmitt in Meyer-Goßner/Schmitt Rn. 3; Paeffgen/Greco in SK-StPO Rn. 6.
[19] OLG Hamburg 8.11.1976 – 1a Ws 10/76, Rpfleger 1977, 65; LG Berlin 10.1.2006 – 505 Qs 210/05, NStZ-RR 2006, 373.
[20] Claus in Satzger/Schluckebier/Werner StGB § 42 Rn. 11.
[21] OLG Stuttgart 21.7.2008 – 2 SS 346/08, StV 2009, 131; Coen in BeckOK StPO Rn. 2; Pfeiffer Rn. 2.
[22] BGH 2.12.1959 – 2 StR 497/59, NJW 1960, 251; Röttle/Wagner/Theurer Strafvollstreckung Kap. 3 Rn. 32; Paeffgen/Greco in SK-StPO Rn. 4; Pfeiffer Rn. 2.
[23] OLG Hamburg 11.8.2011 – 2 Ws 75/11, BeckRS 2012, 02844. Die Sanktionsfunktion der Geldstrafe darf hierbei allerdings nicht ausgehöhlt werden Röttle/Wagner/Theurer Strafvollstreckung Kap. 3 Rn. 32; Graalmann-Scheerer in Löwe/Rosenberg Rn. 9; Paeffgen/Greco in SK-StPO Rn. 7. Als Richtgröße hinsichtlich der Dauer wird in Literatur und Praxis oftmals eine Höchstgrenze von 2 Jahren erwo-

Zahlungserleichterungen *sollen* nach § 42 S. 3 StGB gewährt werden, wenn durch die **10** vorrangige Pflicht zur Leistung von Geldstrafe die **Schadenswiedergutmachung erheblich gefährdet** würde. Dies kann der Fall sein, wenn der Verurteilte nach seinen wirtschaftlichen Verhältnissen nicht in der Lage ist, beide Ansprüche zugleich zu befriedigen.[24] Eine Gefährdung der Wiedergutmachung ist schon dann gegeben, wenn die Erfüllung des Schadensersatzanspruchs zeitlich nicht unerheblich verzögert wird; ein endgültiger Zahlungsausfall muss nicht eintreten oder drohen.[25]

II. Verfallklausel

Im Ermessen des Gerichts steht es, eine sog. **Verfallklausel** in das Urteil aufzunehmen, **11** § 42 S. 1 StGB. Wird als Zahlungserleichterung die Ratenzahlung bewilligt, erreicht ein solcher Zusatz, dass eben diese Vergünstigung verschuldensunabhängig[26] entfällt, sofern der Verurteilte den Teilbetrag nicht rechtzeitig zahlt. Gerät er mit den Zahlungen in Rückstand, bedarf es diesbezüglich keines Widerrufs; die gesamte Reststrafe wird automatisch fällig. Lediglich ein (nicht gesondert anfechtbarer und lediglich klarstellender[27]) **Aktenvermerk** über den Wegfall der Vergünstigung ist vorzunehmen, Abs. 3 S. 1.[28]

Gem. Abs. 3 S. 2 kann die Vollstreckungsbehörde trotz des Entfallens der Vergünstigung **12** nach § 42 S. 2 StGB später eine erneute Zahlungserleichterung bewilligen.[29] Ist im Urteil der Ausspruch einer Verfallklausel unterblieben und gerät der Verurteilte mit den Zahlungen in Verzug, steht es damit im Ermessen der Vollstreckungsbehörde nach § 459a Abs. 2 S. 1, die Entscheidung des Gerichts über Zahlungserleichterungen aufzuheben.

Auch im Einzelfall nur kurzfristig eintretende Zahlungsverzögerungen führen, selbst **13** wenn der Schuldner im Übrigen fristgerecht die Raten bezahlt, zum Entfallen der Vergünstigung, wenn eine Verfallklausel iSd § 42 S. 2 StGB existiert.[30] Darüber ist ein nicht anfechtbarer[31] Aktenvermerk anzufertigen, Abs. 3 S. 1. Die Vollstreckungsbehörde kann in diesem Fall erneut – im Wege einer (schriftlichen) Verfügung – eine Ratenzahlung bewilligen, Abs. 3 S. 2. Konkludent beibehalten werden darf die Zahlungserleichterung wegen des Formerfordernisses jedoch nicht.[32] Existiert keine Verfallklausel, steht es im Ermessen der Vollstreckungsbehörde, die Zahlungserleichterung aufzuheben, wenn der Verurteilte seine Zahlungspflichten verletzt.[33] Hierbei erlangen die Schwere des Verstoßes sowie der Grad des Verschuldens Relevanz.

C. Wirkung

Der **Umfang** der Zahlungserleichterungen hängt von den persönlichen und wirtschaft- **14** lichen Verhältnissen des Verurteilten ab, wobei jedoch die Geldstrafe ihren Zweck nicht verfehlen darf.[34] Der Ausspruch von Stundung bzw. die Gewährung von Ratenzahlung **verzögern** den Eintritt der **Fälligkeit** einer Geldstrafe ganz oder zum Teil. Die **Kosten**

---

gen; Röttle/Wagner/Theurer Strafvollstreckung Kap. 3 Rn. 32; Paeffgen/Greco in SK-StPO Rn. 4 jeweils mwN.
[24] Appl in KK-StPO Rn. 4; Schmitt in Meyer-Goßner/Schmitt Rn. 3.
[25] Appl in KK-StPO Rn. 4; Graalmann-Scheerer in Löwe/Rosenberg Rn. 8; Schmitt in Meyer-Goßner/Schmitt Rn. 3; Pfeiffer Rn. 3.
[26] Schmitt in Meyer-Goßner/Schmitt Rn. 6.
[27] Pfeiffer Rn. 5.
[28] Appl in KK-StPO Rn. 7; Röttle/Wagner/Theurer Strafvollstreckung Kap. 3 Rn. 34.
[29] Fischer StGB § 42 Rn. 11.
[30] Vgl. Appl in KK-StPO Rn. 7; Schmitt in Meyer-Goßner/Schmitt Rn. 6; Paeffgen/Greco in SK-StPO Rn. 8; Pfeiffer Rn. 5.
[31] Appl in KK-StPO Rn. 7; Graalmann-Scheerer in Löwe/Rosenberg Rn. 14; Pfeiffer Rn. 5.
[32] Röttle/Wagner/Theurer Strafvollstreckung Kap. 3 Rn. 34.
[33] OLG Hamburg 11.8.2011 – 2 Ws 75/11, BeckRS 2012, 2844; Schmitt in Meyer-Goßner/Schmitt Rn. 6; Pfeiffer Rn. 5.
[34] Graalmann-Scheerer in Löwe/Rosenberg Rn. 7; Paeffgen/Greco in SK-StPO Rn. 2.

des Verfahrens erfasst eine solche Anordnung nur, soweit sie nachträglich die Strafvollstreckungsbehörde trifft, Abs. 4 S. 1; Zahlungserleichterungen dürfen insoweit gem. Abs. 4 S. 2 sogar ausschließlich hinsichtlich der Kosten gewährt werden. Durch das Gericht nach § 42 S. 1 StGB gewährte Vergünstigungen erstrecken sich indessen nie auf die Verfahrenskosten.[35]

15 Die **Vollstreckungsverjährung ruht** nach § 79a Nr. 2c StGB für die Dauer der Stundung oder teilweise bis zur Fälligkeit der einzelnen Raten. Geht allerdings die Zahlungserleichterung aufgrund einer Verfallklausel verloren, so läuft die Vollstreckungsverjährung automatisch mit dem Wegfall weiter; wann die Akten tatsächlich dem zuständigen Rechtspfleger vorgelegt werden, der den Aktenvermerk darüber einträgt, ist unerheblich.[36]

16 Ist von dem Gericht oder der Vollstreckungsbehörde eine Verfallklausel angeordnet worden, so entfällt die Vergünstigung automatisch, sobald der Verurteilte mit den Zahlungen in Rückstand kommt. Einer formellen Aufhebung der Zahlungserleichterung bedarf es hierzu nicht. Ihr Entfallen erfolgt zudem verschuldensunabhängig; selbst eine Mitteilung an den Betreffenden muss nicht zwingend ergehen,[37] erscheint aber sinnvoll.[38] Ist die Anordnung einer Verfallklausel unterblieben, so steht der Widerruf der Vergünstigung im Ermessen der Vollstreckungsbehörde. Diese kann durch eine anfechtbare Verfügung die Zahlungserleichterung aufheben, nachdem die verurteilte Person diesbezüglich angehört wurde. Rechtsbehelfe gegen Entscheidungen nach § 459a richten sich nach § 459h (→ § 459h Rn. 1 ff.).

§ 459b Anrechnung von Teilbeträgen

Teilbeträge werden, wenn der Verurteilte bei der Zahlung keine Bestimmung trifft, zunächst auf die Geldstrafe, dann auf die etwa angeordneten Nebenfolgen, die zu einer Geldzahlung verpflichten, und zuletzt auf die Kosten des Verfahrens angerechnet.

A. Überblick

1 Die Vorschrift regelt die Reihenfolge der Anrechnung geleisteter Teilzahlungen auf die gesamte der Staatskasse als Folge einer Verurteilung geschuldete, aus Geldstrafe und Verfahrenskosten bestehende Geldsumme. § 459b ist damit der Regelung des § 94 OWiG nachempfunden.[1] Sinn und Zweck der Norm ist es, in Fällen, in denen der Verurteilte keine Bestimmung darüber trifft, auf welchen der offenen Posten ein Teilbetrag angerechnet werden soll, die Anrechnungsreihenfolge so festzulegen, dass dem Schuldner möglichst keine nachteiligen Folgen daraus entstehen, dass er nicht sogleich den gesamten fälligen Betrag leistet.[2]

2 Wurden keine Zahlungserleichterungen bewilligt und hat die Vollstreckungsbehörde nach § 3 EBAO die Einforderung angeordnet, so erhält der Verurteilte eine Zahlungsaufforderung, §§ 4, 5 EBAO. Wird in einem solchen Fall ein im Hinblick auf die Gesamtforderung unzureichender Betrag gezahlt, greift § 459b ein, vgl. § 6 EBAO. § 459b ist aber auch dann anwendbar, wenn dem Verurteilten Zahlungserleichterungen, zB in Form der Zahlung in bestimmten Teilbeträgen bewilligt worden sind. Leistet der Verurteilte lediglich Teilzahlungen, ohne eine Tilgungsbestimmung zu treffen, normiert § 459b die **Anrechnungsreihenfolge.** Die Norm sieht vor, dass Teilzahlungen des Verurteilten erst auf die Geldstrafe, dann auf zu einer Geldzahlung verpflichtende Nebenfolge und zuletzt auf die Kosten des Verfah-

---

[35] Coen in BeckOK StPO Rn. 7; Appl in KK-StPO Rn. 8; Schmitt in Meyer-Goßner/Schmitt Rn. 8.
[36] Röttle/Wagner/Theurer Strafvollstreckung Kap. 3 Rn. 34.
[37] Röttle/Wagner/Theurer Strafvollstreckung Kap. 3 Rn. 34; Schmitt in Meyer-Goßner/Schmitt Rn. 6.
[38] Paeffgen/Greco in SK-StPO Rn. 8.
[1] Nestler in BeckOK OWiG OWiG § 94 vor Rn. 1.
[2] Graalmann-Scheerer in Löwe/Rosenberg Rn. 4.

rens angerechnet werden. Zahlungen Dritter wie zB der Rechtschutzversicherung werden jedoch ausschließlich auf die Kosten des Verfahrens angerechnet.[3]

§ 459b greift analog ein, sofern Geldstrafen und Kosten aus verschiedenen Verfahren zugleich bei derselben Vollstreckungsbehörde zu leisten sind und der Zahlungspflichtige keine Tilgungsbestimmung trifft (→ Rn. 6).[4] Dabei erfolgen Zahlungen zunächst auf sämtliche Geldstrafen, anschließend auf Nebenfolgen und zuletzt auf die Kosten. Für die Frage, auf welche von mehreren Geldstrafen eine Leistung zuerst anzurechnen ist, bestimmt das Gesetz indes nichts; hier findet § 366 Abs. 2 BGB entsprechende Anwendung.[5] Umstritten ist, ob § 459b auch bei zwangsweiser Beitreibung des Betrags zur Anwendung gelangen soll. Der Verurteilte hat jedoch in diesem Fall ebenso ein Mitbestimmungsrecht; anderenfalls stünde ein Zahlungsunfähiger schlechter als der solvente Schuldner. Infolgedessen wendet die hM § 459b richtigerweise auch in dieser Konstellation an.[6] 3

B. Voraussetzungen

I. Keine Bestimmung durch den Verurteilen

Grundvoraussetzung für die Anwendung des § 459b ist stets, dass der Verurteilte weder ausdrücklich noch konkludent, persönlich oder durch einen dazu Bevollmächtigten[7] eine Bestimmung über die Anrechnungsreihenfolge getroffen hat. Trifft er eine solche Bestimmung, so kommt dieser der Vorrang zu, da er uU an einer abweichenden Reihenfolge ein individuelles Interesse haben kann.[8] Dies mag bspw. der Fall sein, wenn er zuerst eine zur Geldzahlung verpflichtende Nebenfolge erledigt, um dadurch einer Sicherstellung nach §§ 111b ff. zu entgehen.[9] Die Bestimmung durch den Verurteilten muss spätestens zum Zeitpunkt des Zahlungseingangs vorliegen. 4

II. Anrechnungsreihenfolge

Entsprechend dem Sinn und Zweck der Vorschrift, dem Verurteilten negative Folgen nicht ausreichender Zahlungsleistungen zu ersparen, wird eine Teilzahlung zunächst auf die Geldstrafe angerechnet, weil die Ersatzfreiheitsstrafe als besonders einschneidende Konsequenz einer Nichtleistung nicht vollstreckt wird, soweit die Geldstrafe entrichtet wird, § 459e Abs. 4.[10] Dabei darf auch wegen eines Teilbetrages, der keinem vollen Tagessatz entspricht, gem. § 459e Abs. 3, Abs. 4 S. 2 die Vollstreckung der Ersatzfreiheitsstrafe nicht angeordnet werden.[11] 5

C. Mehrheit von Schuldtiteln

§ 459b greift auch dann – mindestens analog[12] – ein, wenn die Zahlungsverpflichtung aus mehreren verschiedenen Rechtsfolgenaussprüchen resultiert, ohne dass die Vorausset- 6

---

[3] Laubenthal/Nestler Strafvollstreckung Rn. 255.
[4] Appl in KK-StPO Rn. 4.
[5] Graalmann-Scheerer in Löwe/Rosenberg Rn. 6.
[6] Appl in KK-StPO Rn. 3; Graalmann-Scheerer in Löwe/Rosenberg Rn. 3; Schmitt in Meyer-Goßner/Schmitt Rn. 4; aA Appl in KK-StPO Rn. 1 ff.; Paeffgen/Greco in SK-StPO Rn. 3.
[7] Schmitt in Meyer-Goßner/Schmitt Rn. 1; Bringewat Rn. 2.
[8] Coen in BeckOK StPO Rn. 2; Appl in KK-StPO Rn. 2.
[9] Graalmann-Scheerer in Löwe/Rosenberg Rn. 5; Appl in KK-StPO Rn. 2; Schmitt in Meyer-Goßner/Schmitt Rn. 1; Bringewat Rn. 2.
[10] Appl in KK-StPO Rn. 1; Graalmann-Scheerer in Löwe/Rosenberg Rn. 4.
[11] Appl in KK-StPO Rn. 1.
[12] Graalmann-Scheerer in Löwe/Rosenberg Rn. 6; Baier in Radtke/Hohmann Rn. 4.

zungen zur Bildung einer Gesamtstrafe vorliegen.[13] Leistet der Verurteilte in einem solchen Fall eine Teilzahlung, so ist sie entsprechend dem Grundgedanken des § 366 Abs. 2 BGB auf diejenige Zahlungspflicht anzurechnen, die am ehesten verjährt.[14] Dies korrespondiert mit § 50 Abs. 1 StVollstrO, der für die Vollstreckung von Ersatzfreiheitsstrafen die Anwendbarkeit von § 459e Abs. 3 normiert.

7   Ersatzfreiheitsstrafen werden nach nach den für die Vollstreckung primärer Freiheitsstrafen geltenden Vorschriften vollstreckt, dh gem. § 43 Abs. 2 StVollstrO die kürzeren vor den längeren; gleich lange Ersatzfreiheitsstrafen in der Reihenfolge ihres Rechtskräftigwerdens.

D. Rechtsbehelfe

8   Der Verurteilte kann gegen Anordnungen der Vollstreckungsbehörde über die Verrechnung von Teilbeträgen den Antrag nach § 21 StVollstrO, §§ 23 ff. EGGVG stellen; Einwendungen nach § 459h (analog) sind nicht zulässig.[15]

§ 459c Beitreibung der Geldstrafe

(1) Die Geldstrafe oder der Teilbetrag der Geldstrafe wird vor Ablauf von zwei Wochen nach Eintritt der Fälligkeit nur beigetrieben, wenn auf Grund bestimmter Tatsachen erkennbar ist, daß sich der Verurteilte der Zahlung entziehen will.

(2) Die Vollstreckung kann unterbleiben, wenn zu erwarten ist, daß sie in absehbarer Zeit zu keinem Erfolg führen wird.

(3) In den Nachlaß des Verurteilten darf die Geldstrafe nicht vollstreckt werden.

Übersicht

		Rn.			Rn.
A.	Überblick	1	I.	Normzweck und Anwendungsbereich	11
B.	Zweiwöchige Schonfrist, Abs. 1	2			
I.	Allgemeines	2	II.	Erfolglosigkeit von Beitreibungsmaßnahmen	13
II.	Beginn der Schonfrist	4			
III.	Konsequenzen verfrühter Vollstreckungsmaßnahmen	7	III.	Wirkung der Unterbleibensanordnung	16
1.	Bedeutung der Schonfrist	7			
2.	Entfallen der Schonfrist	10	D.	Vollstreckung in den Nachlass, Abs. 3	17
C.	Unterbleiben der Vollstreckung nach Abs. 2	11	E.	Rechtsbehelfe	19

A. Überblick

1   Die Vorschrift gilt für die Vollstreckung von Geldstrafen, Teilbeträgen aus diesen sowie für zu einer Geldzahlung verpflichtende Nebenfolgen, vgl. § 459g Abs. 2. § 459c findet seine Entsprechung für das Ordnungswidrigkeitenrecht in § 95 Abs. 1 OWiG.

---

[13] Appl in KK-StPO Rn. 4; Schmitt in Meyer-Goßner/Schmitt Rn. 4; Baier in Radtke/Hohmann Rn. 4; Bringewat Rn. 4.

[14] Schmitt in Meyer-Goßner/Schmitt Rn. 3; Baier in Radtke/Hohmann Rn. 4; Bringewat Rn. 4; Laubenthal/Nestler Strafvollstreckung Rn. 255; aA Paeffgen/Greco in SK-StPO Rn. 3.

[15] Coen in BeckOK StPO Rn. 4; Appl in KK-StPO Rn. 5; Bieber in KMR-StPO Rn. 6; Schmitt in Meyer-Goßner/Schmitt Rn. 5; Graalmann-Scheerer in Löwe/Rosenberg Rn. 7; Baier in Radtke/Hohmann Rn. 5.

B. Zweiwöchige Schonfrist, Abs. 1

I. Allgemeines

Bei Eintritt der Fälligkeit einer Geldstrafe, eines Teilbetrags daraus oder bei Fälligkeit von zu einer Geldzahlung verpflichtenden Nebenfolgen ordnet die Vollstreckungsbehörde – dort funktional der Rechtspfleger – die **Einforderung** der Geldstrafe an. Der Kostenbeamte der Vollstreckungsbehörde erstellt dann eine Kostenrechnung und sendet die **Zahlungsaufforderung** an den Verurteilten, §§ 4, 5 EBAO. Abs. 1 räumt dem Verurteilten jedoch eine zweiwöchige Schonfrist ein; gem. Abs. 1, § 3 Abs. 2 EBAO beträgt somit die **Zahlungsfrist zwei Wochen,** wobei diese mit dem Eintritt der Fälligkeit zu laufen beginnt.[1] Geldstrafen werden grds. **mit Rechtskraft** des Strafkenntnisses **fällig,** vgl. § 449 iVm § 63 Abs. 2 S. 1 GKG[2] für die Kosten folgt Gleiches aus § 6 Abs. 2 GKG. Werden jedoch Zahlungserleichterungen gewährt, richtet sich dieser Zeitpunkt nach den festgesetzten Zahlungsterminen. 2

Mit der sofortigen Beitreibung können für den Verurteilten erhebliche Nachteile verbunden sein, während die Belange der Strafvollstreckung durch einen Aufschub der Beitreibung um zwei Wochen in der Regel nicht wesentlich berührt werden.[3] Der Verurteilte wird dadurch in die Lage versetzt, sich innerhalb dieser Frist um die Beschaffung des zur Zahlung erforderlichen Geldbetrages zu bemühen oder auch bei der Vollstreckungsbehörde um Zahlungserleichterungen nach § 459a zu ersuchen (zu deren Voraussetzungen → § 459a Rn. 6 ff.). 3

II. Beginn der Schonfrist

Die Schonfrist beginnt mit dem Eintritt der Fälligkeit; wann die Entscheidung in Rechtskraft erwächst ist nicht entscheidend.[4] Rechtskraft und Fälligkeit treten dabei nicht zeitgleich ein, wenn zB bereits das erkennende Gericht gemäß § 42 StGB Zahlungserleichterungen bewilligt hat.[5] Ist Fälligkeit bereits zuvor mit Rechtskraft eingetreten und bewilligt die Vollstreckungsbehörde später Zahlungserleichterungen nach § 459a, § 42 StGB, so hebt dies die Fälligkeit rückwirkend auf.[6] Fällig wird die Geldstrafe bzw. die zu einer Geldzahlung verpflichtende Nebenfolge erst, wenn bewilligte Zahlungsfristen abgelaufen, bei Ratenzahlungsanordnung die Voraussetzungen einer Verfallklausel gem. § 42 S. 2 StGB, § 459a Abs. 1 eingetreten sind oder die Vollstreckungsbehörde unter den Voraussetzungen des § 459a Abs. 2 S. 2 durch Änderung bzw. Aufhebung früher bewilligter Vergünstigungen den rascheren Eintritt der Fälligkeit zum Nachteil des Verurteilten herbeigeführt hat.[7] 4

§ 459c hat keine Bedeutung, wenn eine Unterbleibensanordnung gem. § 459d ergeht, die die Vollstreckung der Geldstrafe hindert. Betrifft die Anordnung nach § 459d jedoch lediglich die Vollstreckung der Ersatzfreiheitsstrafe iSd § 459f, so ändert sie nichts an der Fälligkeit der Geldstrafe und § 459c behält insoweit seine Relevanz (→ § 459f Rn. 1). 5

Ist Ratenzahlung ohne Verfallklausel nach § 42 S. 2 StGB bewilligt worden, so gilt die Schonfrist auch bei der Vollstreckung wegen einer nicht fristgemäß gezahlten Rate.[8] In der Regel ist die Ratenzahlung jedoch mit einer Verfallklausel verbunden, so dass mit der nicht fristgemäßen Zahlung einer Rate die gesamte Restschuld fällig wird (→ § 459a Rn. 11). 6

---

[1] Laubenthal/Nestler Strafvollstreckung Rn. 258.
[2] Laubenthal/Nestler Strafvollstreckung Rn. 258; Mosbacher/Claus in Satzger/Schluckebier/Widmaier StGB StGB § 42 Rn. 1.
[3] Graalmann-Scheerer in Löwe/Rosenberg Rn. 1; s. auch BT-Drs. 7/550, 310, Begr. zu Art. 19 Nr. 120.
[4] Graalmann-Scheerer in Löwe/Rosenberg Rn. 2.
[5] Schmitt in Meyer-Goßner/Schmitt Rn. 2.
[6] Graalmann-Scheerer in Löwe/Rosenberg Rn. 2.
[7] Appl in KK-StPO Rn. 2; Bringewat Rn. 2.
[8] Graalmann-Scheerer in Löwe/Rosenberg Rn. 5.

III. Konsequenzen verfrühter Vollstreckungsmaßnahmen

7   **1. Bedeutung der Schonfrist.** Vollstreckungsmaßnahmen unter Missachtung der zweiwöchigen Schonfrist des Abs. 1 bzw. § 3 Abs. 2 EBAO aufgrund dieses gravierenden Rechtsfehlers unwirksam, sofern nicht nach Fristablauf eine Heilung erfolgt.[9] Etwas anderes gilt nur, wenn Grund zu der Annahme besteht, der Verurteilte werde sich der Vollstreckung entziehen.[10] Einwendungen gegen die Anordnung sofortiger Vollstreckung können vom Zahlungspflichtigen nach § 31 Abs. 6 S. 1 RPflG iVm § 459h StPO erhoben werden.[11] Bevor das zu vollstreckende Straferkenntnis in Rechtskraft erwächst, ist ein Zugriff auf das Vermögen des Zahlungspflichtigen nur nach § 111d im Wege des dinglichen Arrests möglich.

8   Geht nach erfolgter Mahnung bzw. ohne Mahnung nach Ablauf einer entsprechenden Frist (vgl. § 8 Abs. 1 EBAO) keine Zahlung ein, so kann die **zwangsweise Beitreibung** der Forderung erfolgen. Vollstreckungsmaßnahmen finden jedoch nicht statt, sofern sich diesbezüglich eine mangelnde Erfolgsaussicht prognostizieren lässt, § 459c Abs. 2. Beispiele hierfür bilden die Abgabe der Versicherung nach § 807 ZPO (bzw. einer Vermögensauskunft nach § 802c ZPO nF[12]) oder amtliche Kenntnis vom Fehlen vollstreckungsfähiger Vermögensgüter einschließlich unpfändbaren (§§ 850 ff. ZPO) Arbeitseinkommens.[13] Wenn eine zwangsweise Beitreibung wegen mangelnder Erfolgsaussicht unterbleibt, darf nach § 459e Abs. 2 eine Ersatzfreiheitsstrafe angeordnet und vollstreckt werden.

9   Der Verurteilte kann wegen einer verfrühten Vollstreckung **Einwendungen nach § 459h** erheben (→ § 459h Rn. 7). Dabei ist streitig, wie sich eine unzulässigerweise **vor Ablauf der Schonfrist erfolgte Beitreibung** auf die Vollstreckungsmaßnahme auswirkt. Nach wohl hM wird bei einer Verletzung der Wartefrist des § 798 ZPO angenommen, dass die vorzeitige Vollstreckungsmaßnahme zwar mangelhaft bzw. unwirksam ist,[14] der Ablauf der Schonfrist jedoch den Mangel ex nunc heilt.[15] Eine Wiederholung der Beitreibungsmaßnahme nach Ablauf der Frist würde eine unnötige Formalität bedeuten. Rechte Dritter bleiben jedoch unberührt.

10   **2. Entfallen der Schonfrist.** Abs. 1 erlaubt indes die Beitreibung, wenn auf Grund bestimmter Tatsachen erkennbar ist, dass sich der Verurteilte **der Zahlung entziehen** will. Die dahingehende **innere Absicht** des Verurteilten muss sich dabei aus **konkreten Tatsachen** ergeben; bloße Vermutungen oder auch ein hoher, aber nicht auf bestimmte konkrete Tatsachen sich gründender Verdacht reichen hierfür nicht aus.[16] Es genügt nicht, wenn der Verurteilte lediglich nicht leistet.[17] Solche Tatsachen können etwa in der Verbringung des pfändbaren Vermögens ins Ausland oder dem häufigen Aufenthalts- oder Wohnungswechsel, um Pfändungen zu entgehen usw, sein.

C. Unterbleiben der Vollstreckung nach Abs. 2

I. Normzweck und Anwendungsbereich

11   Grundsätzlich besteht **Vollstreckungspflicht** für die Vollstreckungsbehörde (→ § 449 Rn. 1). Daher ist eine verhängte Geldstrafe prinzipiell beizutreiben bzw. muss ihre Beitrei-

---

[9] Bieber in KMR-StPO Rn. 5; Paeffgen/Greco in SK-StPO Rn. 4; aA Graalmann-Scheerer in Löwe/Rosenberg Rn. 6; Schmitt in Meyer-Goßner/Schmitt Rn. 2.
[10] Röttle/Wagner/Theurer Strafvollstreckung Kap. 3 Rn. 43a.
[11] Laubenthal/Nestler Strafvollstreckung Rn. 298 ff.
[12] § 802c ZPO, eingefügt mWv 1.1.2013 durch Gesetz v. 29.7.2009, BGBl. I 2258.
[13] Appl in KK-StPO Rn. 8.
[14] So Bieber in KMR-StPO Rn. 5; Paeffgen/Greco in SK-StPO Rn. 4; aA Schmitt in Meyer-Goßner/Schmitt Rn. 2; Pfeiffer Rn. 1.
[15] Graalmann-Scheerer in Löwe/Rosenberg Rn. 6; krit. Baier in Radtke/Hohmann Rn. 2.
[16] Appl in KK-StPO Rn. 7; Schmitt in Meyer-Goßner/Schmitt Rn. 3; Bringewat Rn. 4.
[17] Appl in KK-StPO Rn. 7; Schmitt in Meyer-Goßner/Schmitt Rn. 3; Bringewat Rn. 4.

bung wenigstens versucht werden. Ist die Geldstrafe aber uneinbringlich gem. § 43 StGB, so versprechen auch fortwährende Beitreibungsversuche keine Aussicht auf Erfolg und können deswegen unterbleiben. Abs. 2 ist dabei allerdings **restriktiv** auszulegen;[18] der Verurteilte kann gem. §§ 459h, 459f eine gerichtliche Nachprüfung erreichen.[19]

Abs. 2 erlangt Relevanz, wenn zu erwarten ist, dass Beitreibungsmaßnahmen in absehbarer Zeit zu keinem Erfolg führen. Die Vorschrift schafft damit einen „kriminalpolitisch vernünftigen und praktikablen Rahmen"[20] für Beitreibung bzw. Beitreibungsversuche, dient der **Vermeidung unnützen Verwaltungsaufwands** und gibt vor, ob und wann zur Vollstreckung der Ersatzfreiheitsstrafe überzugehen ist. Denn ohne die Norm müsste die Vollstreckungsbehörde alle theoretisch denkbaren Beitreibungsmöglichkeiten wahrnehmen, bis diese zum Erfolg führen.[21] Voraussichtlich aussichtslose Vollstreckungsmaßnahmen stehen vergeblich unternommenen gleich, vgl. auch § 459e Abs. 2, § 49 Abs. 1 StVollstrO.

II. Erfolglosigkeit von Beitreibungsmaßnahmen

Abs. 2 verlangt, dass eine Beitreibung in absehbarer Zeit zu keinem Erfolg führen wird. Diese in die Zukunft gerichtete Voraussetzung erfordert eine Prognose über die künftige Entwicklung der Vermögensverhältnisse eines aktuell nicht leistungsfähigen Schuldners. Mit einer Besserung der Vermögensverhältnisse darf also nicht zu rechnen sein.[22] Zur Feststellung dieser Aussichtslosigkeit muss sich die Vollstreckungsbehörde ggf. durch Mitteilungen der Gerichtshilfe[23] oder der Gerichtskasse im Wege von Auskünften über die Vermögens- und Einkommensverhältnisse des Verurteilten und über die Beitreibungsmöglichkeiten, § 8 Abs. 2 EBAO, informieren.

Anzeichen für die Aussichtslosigkeit künftiger Beitreibungsversuche sind zB eine erst vor kurzem abgegebene eidesstattliche Versicherung nach § 807 ZPO, ein gerade eröffnetes oder bereits laufendes (Verbraucher-)Insolvenzverfahren[24] oder wenn das Arbeitseinkommen des Verurteilten die Pfändungsgrenze nach § 459, § 6 JBeitrO, § 850c ZPO nicht übersteigt.[25] Aussichtslos sind künftige Beitreibungsversuche allerdings nur dann, wenn bis auf weiteres mit einer Änderung der Verhältnisse, die zum Zeitpunkt der Beitreibungsversuche aussichtslos erscheinen lassen, nicht zu rechnen ist. Ist ein Insolvenzverfahren bereits eröffnet, so folgt dies bereits aus dem damit verbundenen Entfallen der Verwaltungs- und Verfügungsbefugnis über sein Vermögen, § 80 Abs. 1 InsO und der Unzulässigkeit einer Zwangsvollstreckung in das Vermögen des Schuldners, § 89 Abs. 1 InsO, zumal es sich bei Geldstrafen um nachrangige Insolvenzforderungen handelt, § 39 Abs. 1 Nr. 3 InsO.[26] Über die Tatsachengrundlage ist ein Aktenvermerk zu fertigen.[27]

---

[18] Appl in KK-StPO Rn. 8; Graalmann-Scheerer in Löwe/Rosenberg Rn. 8.
[19] Vgl. BT-Drs. 7/550, 310, Begr. zu Art. 19 Nr. 120.
[20] Graalmann-Scheerer in Löwe/Rosenberg Rn. 9.
[21] KG 7.9.2020 – 5 Ws 105/19 – 161 AR 146/19, wistra 2021, 163 ff.; s. auch Baier in Radtke/Hohmann Rn. 1 (Vorschrift dient der „Arbeitsökonomie" der Vollstreckungsbehörde).
[22] Graalmann-Scheerer in Löwe/Rosenberg Rn. 10.
[23] Appl in KK-StPO Rn. 8; Bieber in KMR-StPO Rn. 8; Schmitt in Meyer-Goßner/Schmitt Rn. 4; Bringewat Rn. 8 f.
[24] BVerfG 24.8.2006 – 2 BvR 1552/06, NJW 2006, 3626; Appl in KK-StPO Rn. 6; Bieber in KMR-StPO Rn. 9; Schmitt in Meyer-Goßner/Schmitt Rn. 5; Klaproth wistra 2008, 174 ff.; Baier in Radtke/Hohmann Rn. 7; aA Heinze ZVI 2006, 14.
[25] Schmitt in Meyer-Goßner/Schmitt Rn. 5.
[26] Vgl. BVerfG 24.8.2006 – 2 BvR 1552/06, NJW 2006, 3626; LG Leipzig 22.6.2001 – 1 Qs 30/01, ZIP 2002, 142; LG Osnabrück 22.6.2006 – 1 Qs 37/06, Nds. Rpfl. 2006, 351; Vallender/Elschenbroich NZI 2002, 130 (131); Grube in LK-StGB StGB § 43 Rn. 10; Appl in KK-StPO Rn. 5 f.; krit. Franke NStZ 1999, 548 zur Anordnung der Ersatzfreiheitsstrafe im Restschuldbefreiungsverfahren; ferner Graalmann-Scheerer in Löwe/Rosenberg Rn. 10 unter Verweis auf das Gebot einer nachdrücklichen und beschleunigten Strafvollstreckung (§ 2 Abs. 1 StVollstrO), das nicht zu vereinbaren sei, mit der Vollstreckung der Geldstrafe bis zum Abschluss des Insolvenzverfahrens abzuwarten; aA Franke NStZ 1999, 548 (549).
[27] Schmitt in Meyer-Goßner/Schmitt Rn. 5; Bringewat Rn. 11.

15 Der Verurteilte ist auch dann gem. § 5 Abs. 1 EBAO zur Zahlung der Geldstrafe aufzufordern, wenn die Voraussetzungen für ein Unterbleiben der Vollstreckung vorliegen.[28] Dies dient dazu, den Verurteilten vorzuwarnen, damit er nicht in unzumutbarer Weise von der Anordnung der Vollstreckung der Ersatzfreiheitsstrafe überrascht wird.[29]

III. Wirkung der Unterbleibensanordnung

16 Ergeht eine Unterbleibensanordnung nach Abs. 2 hat dies zur Folge, dass die Vollstreckungsbehörde die **Vollstreckung einer Ersatzfreiheitsstrafe** anordnen kann, § 459e Abs. 1, Abs. 2. Am Fortbestand der Geldstrafe ändert sich dadurch indes nichts, so dass die Vollstreckung fortgeführt bzw. erneut betrieben werden kann, soweit nicht die Ersatzfreiheitsstrafe vollstreckt wird oder Vollstreckungsverjährung eintritt, § 79 Abs. 3 Nr. 4, 5 StGB.[30] Die Unterbleibensanordnung führt dabei nicht zu einem Ruhen der Vollstreckungsverjährung.

D. Vollstreckung in den Nachlass, Abs. 3

17 Abs. 3 normiert, dass eine zu Lebzeiten des Verurteilten begonnene und bei seinem Tod noch nicht beendete Vollstreckung der Geldstrafe abzubrechen ist.[31] Die Vorschrift hat damit nach hM[32] zur Folge, dass eine zu Lebzeiten des Verurteilten nicht durch Zahlung, Beitreibung oder Vollstreckung der Ersatzfreiheitsstrafe erledigte Geldstrafenschuld mit dem Tod des Verurteilten kraft Gesetzes erlischt. Mobiliar und Sicherungsmaßnahmen, die wegen der Geldstrafe erfolgt sind, müssen in daher aufgehoben werden.[33] Zu Unrecht vereinnahmte Beträge sind zurückzuzahlen, § 13 Abs. 1 EBAO.

18 Das Vollstreckungsverbot des Abs. 3 gilt jedoch nicht für Nebenfolgen, die zu einer Geldzahlung verpflichten, sondern lediglich für die Geldstrafe selbst.[34] Dies ergibt sich aus § 459g Abs. 2, der nur Abs. 1 und Abs. 2 für anwendbar erklärt. Auch für die Verfahrenskosten gilt Abs. 3 nicht, wenn die Verurteilung vor dem Tod rechtskräftig geworden ist. Wegen der Kosten kann daher in den Nachlass vollstreckt werden.[35]

E. Rechtsbehelfe

19 Über Einwendungen gegen Anordnungen des Rechtspflegers nach Abs. 1 und Abs. 3 entscheidet das Gericht, § 31 Abs. 6 S. 1 RpflG, § 459h. Gegen die Unterbleibensanordnung nach Abs. 2 sowie gegen die Unterlassung ist mangels Beschwer kein Rechtsbehelf gegeben. Der Verurteilte kann sich aber gegen die Anordnung nach § 459e wenden.[36]

§ 459d Unterbleiben der Vollstreckung einer Geldstrafe

(1) Das Gericht kann anordnen, daß die Vollstreckung der Geldstrafe ganz oder zum Teil unterbleibt, wenn

---

[28] Graalmann-Scheerer in Löwe/Rosenberg Rn. 10.
[29] Pohlmann Rpfleger 1979, 249; Appl in KK-StPO Rn. 8; Bringewat Rn. 11.
[30] BGH 21.1.2020 – 3 StR 567/19, NStZ-RR 2020, 206 (207); Graalmann-Scheerer in Löwe/Rosenberg Rn. 11; Schmitt in Meyer-Goßner/Schmitt Rn. 6; Bringewat Rn. 12.
[31] Zur Entstehung der Vorschrift Graalmann-Scheerer in Löwe/Rosenberg Rn. 12.
[32] Bieber in KMR-StPO Rn. 14; Schmitt in Meyer-Goßner/Schmitt Rn. 7; Bringewat Rn. 13; Graalmann-Scheerer in Löwe/Rosenberg Rn. 13.
[33] Graalmann-Scheerer in Löwe/Rosenberg Rn. 13, 14 f.
[34] Appl in KK-StPO Rn. 10; Schmitt in Meyer-Goßner/Schmitt Rn. 7; Bringewat Rn. 14.
[35] Appl in KK-StPO Rn. 10; aA Bieber in KMR-StPO Rn. 15.
[36] Appl in KK-StPO Rn. 12; Schmitt in Meyer-Goßner/Schmitt Rn. 8; Bringewat Rn. 15.

1. in demselben Verfahren Freiheitsstrafe vollstreckt oder zur Bewährung ausgesetzt worden ist oder
2. in einem anderen Verfahren Freiheitsstrafe verhängt ist und die Voraussetzungen des § 55 des Strafgesetzbuches nicht vorliegen

und die Vollstreckung der Geldstrafe die Wiedereingliederung des Verurteilten erschweren kann.

(2) Das Gericht kann eine Entscheidung nach Absatz 1 auch hinsichtlich der Kosten des Verfahrens treffen.

Übersicht

		Rn.			Rn.
A.	Überblick	1	II.	Unterbleibensanordnung nach Abs. 1 Nr. 2	10
B.	Absehen von der Vollstreckung nach Abs. 1	3	1.	Anwendungsbereich	10
I.	Unterbleibensanordnung nach Abs. 1 Nr. 1	3	2.	Voraussetzungen	13
			III.	Wirkung der Unterbleibensanordnung	14
1.	Zweck der Vorschrift	3	C.	Absehen von der Beitreibung der Verfahrenskosten nach Abs. 2	16
2.	Anwendungsfälle, Voraussetzungen und Ermessen	5	D.	Zuständigkeit und Rechtsbehelfe	20

A. Überblick

§ 459d dient dem Resozialisierungsinteresse des Verurteilten sowie der Allgemeinheit[1] und schreibt vor, dass in den dort normierten Fällen die Vollstreckung der Geldstrafe ganz oder zum Teil unterbleibt. Dies betrifft Kostellationen der Vollstreckung von Freiheitsstrafe neben Geldstrafe in demselben Verfahren, § 459d Abs. 1 Nr. 1, oder in einem anderen Verfahren gem. § 459d Abs. 1 Nr. 2 StPO, wenn die Vollstreckung die Wiedereingliederung des Verurteilten erschweren kann. Darüber hinaus existieren in der StPO weitere Ausnahmefälle, in denen eine Geld- respektive Ersatzfreiheitsstrafe nicht vollstreckt wird: die Unterbleibensanordnung gem. § 459c Abs. 2; der Tod der verurteilten Person, § 459c Abs. 3; die unbillige Härte, § 459f, § 49 Abs. 2 StVollstrO; die Abwendung von Ersatzfreiheitsstrafe durch freie Arbeit, Art. 293 EGStGB.

§ 459d gilt gem. § 459g Abs. 2 für die zu einer Geldzahlung verpflichtenden Nebenfolgen entsprechend. 2

B. Absehen von der Vollstreckung nach Abs. 1

I. Unterbleibensanordnung nach Abs. 1 Nr. 1

1. Zweck der Vorschrift. Das Gericht kann nach § 459d Abs. 1 Nr. 1 StPO anordnen, dass die Vollstreckung der Geldstrafe ganz oder zum Teil unterbleibt, wenn **Freiheitsstrafe neben Geldstrafe** in demselben Verfahren zu vollstrecken wäre.[2] Die Regelung ergänzt § 41 StGB für die Zeit nach Eintritt der Rechtskraft;[3] sie ist als Ausnahmevorschrift eng auszulegen. Die Unterbleibensanordnung setzt voraus, dass nach § 41 S. 1 StGB neben der Freiheitsstrafe eine Geldstrafe verhängt wurde und die Freiheitsstrafe vollständig voll- 3

---

[1] Baier in Radtke/Hohmann Rn. 1.
[2] Fischer StGB § 41 Rn. 5; Grube in LK-StGB StGB § 41 Rn. 1, 2, 27.
[3] Graalmann-Scheerer in Löwe/Rosenberg Rn. 2.

§ 459d 4–9   7. Buch. 1. Abschnitt. Strafvollstreckung

streckt oder zur Bewährung ausgesetzt ist.⁴ Der Sinn und Zweck dieser Norm liegt darin, das Gericht zu einer Prüfung zu verpflichten, ob eine zusätzliche Geldstrafe eine Wiedereingliederung des Täters gefährden kann.⁵ Dies verhindert, dass der mittellose Straftäter nach der Strafhaftentlassung einer hohen Geldforderung ausgesetzt ist.

4   Abs. 1 Nr. 1 hat **verfahrensrechtliche Bedeutung,** denn die Vorschrift ermöglicht Korrekturen, sofern sich in Konstellationen in denen gem. § 41 StGB Freiheits- und Geldstrafe verhängt wurde, die Verhältnisse gegenüber denjenigen zur Zeit der Verurteilung nachträglich geändert haben oder maßgebliche Gesichtspunkte erst später offenbar geworden sind.⁶ Eine solche Korrektur bleibt jedoch ausgeschlossen, soweit bei unveränderten Umständen das Vollstreckungsgericht diese nur anders bewerten will.⁷

5   **2. Anwendungsfälle, Voraussetzungen und Ermessen.** In erster Linie betrifft Abs. 1 Nr. 1 den Fall einer **kumulativen Geldstrafe,** wenn also in demselben Verfahren in Anwendung des § 41 StGB auf Freiheitsstrafe sowie auf eine sonst nicht zulässige Geldstrafe erkannt wurde.⁸ Zum Teil wird sogar vertreten, diese Konstellation bilde den einzigen Anwendungsfall des Abs. 1 Nr. 1.⁹

6   Darüber hinaus gelangt Abs. 1 Nr. 1 – entgegen der sich aus seiner Entstehungsgeschichte ergebenden Auslegung¹⁰ – auch dann zur Anwendung, wenn Freiheits- und Geldstrafe in demselben Verfahren, jedoch ohne Anwendung von § 41 StGB zusammentreffen. Dies folgt bereits aus dem Wortlaut der Norm. Eine an der Entstehungsgeschichte orientierte, einschränkende Auslegung ließe die Möglichkeit einer nachträglichen Korrektur entfallen, was dem Sinn und Zweck der Vorschrift zuwiderliefe.¹¹

7   Sowohl Abs. 1 Nr. 1 als auch Abs. 1 Nr. 2¹² erfordern weiter, dass bei Vollstreckung der Geldstrafe ernste **Wiedereingliederungsschwierigkeiten** für den Verurteilten auftreten. Die tatsächlichen Umstände, die solche Schwierigkeiten erwarten lassen, müssen dabei nach Rechtskraft des Strafkenntnisses aufgetreten oder bekannt geworden sein. Denn Abs. 1 soll nicht ermöglichen, richterliche (Fehl-)Entscheidungen zu korrigieren, nachdem sie in Rechtskraft erwachsen sind.¹³

8   Voraussetzung für eine Anordnung nach Abs. 1 Nr. 1 ist, dass entweder die Vollstreckung der Freiheitsstrafe **vollständig abgeschlossen** ist (Verbüßung der Strafe, Erlass im Gnadenweg, Erlass nach Aussetzung zur Bewährung),¹⁴ oder wenigstens die Vollstreckung der ganzen Strafe oder eines Strafrestes zur Bewährung ausgesetzt ist.¹⁵ Anderenfalls besteht noch kein Grund, Belastungen entgegenzuwirken, die erst nach Beendigung der Freiheitsstrafenvollstreckung relevant werden. Ein späterer Widerruf der Aussetzung hat jedoch keine Auswirkungen auf eine bereits erfolgte Unterbleibensanordnung.¹⁶

9   Die Unterbleibensanordnung steht im *Ermessen* des nach §§ 462, 462a zuständigen Gerichts, das bei seinen Erwägungen deren Tragweite berücksichtigt. Es hat dabei den Ausnahmecharakter der Anordnung zu beachten, da es sich letztlich um einen Eingriff in die Entscheidung des erkennenden Gerichts handelt. In die Ermessensausübung einzubezie-

---

⁴ Bringewat Rn. 6; Appl in KK-StPO Rn. 4; Schmitt in Meyer-Goßner/Schmitt Rn. 5.
⁵ BT-Drs. 7/550, 212, Begr. zu Art. 17 Nr. 7 Entw. EGStGB; Bringewat Rn. 1, 6; Schmitt in Meyer-Goßner/Schmitt Rn. 4; OLG Koblenz 15.5.1981 – 1 Ws 242/81, MDR 1981, 870.
⁶ BT-Drs. 7/550, 310, Begr. zu Art. 19 Nr. 120; Grube in LK-StGB StGB § 41 Rn. 27; Bieber in KMR-StPO Rn. 3, 5; Paeffgen/Greco in SK-StPO Rn. 2.
⁷ Bringewat Rn. 4; Appl in KK-StPO Rn. 3; Schmitt in Meyer-Goßner/Schmitt Rn. 4.
⁸ Graalmann-Scheerer in Löwe/Rosenberg Rn. 5.
⁹ Fischer StGB § 41 Rn. 5; Grube in LK-StGB StGB § 41 Rn. 2.
¹⁰ Dazu eingehend Graalmann-Scheerer in Löwe/Rosenberg Rn. 5f.
¹¹ Graalmann-Scheerer in Löwe/Rosenberg Rn. 6.
¹² → Rn. 10 ff.
¹³ LG Stralsund 15.9.2017 – 23 StVK 350/13, BeckRS 2017, 137927; Coen in BeckOK StPO Rn. 1.
¹⁴ Vgl. Volckart NStZ 1982, 496 (499).
¹⁵ OLG Koblenz 15.5.1981 – 1 Ws 242/81, MDR 1981, 870; Appl in KK-StPO Rn. 4; Bieber in KMR-StPO Rn. 8; Schmitt in Meyer-Goßner/Schmitt Rn. 5; aA Volckart NStZ 1982, 496 (499) und Bringewat Rn. 8 (erst am Ende der Bewährungszeit).
¹⁶ BGHSt 30, 263; Appl in KK-StPO Rn. 8; Schmitt in Meyer-Goßner/Schmitt Rn. 2, 6.

hen sind ferner sämtliche resozialisierungsbedeutsamen Gesichtspunkte.[17] Da die Anordnung in ihren Auswirkungen einem Straferlass gleichkommt, ist eine restriktive Handhabung der Vorschrift geboten.[18]

II. Unterbleibensanordnung nach Abs. 1 Nr. 2

1. Anwendungsbereich. Abs. 1 Nr. 2 betrifft diejenigen Fälle, in denen Freiheitsstrafe und Geldstrafe **verschiedenen Verfahren** entstammen, eine nachträgliche Gesamtstrafenbildung nach § 55 StGB jedoch ausscheidet. 10

Zwar genügt es dem Wortlaut des Abs. 1 Nr. 2 nach, dass die Freiheitsstrafe lediglich verhängt wurde; ihre Vollstreckung scheint demnach nicht erforderlich zu sein. Nach hM kommt eine Unterbleibensanordnung aufgrund des in Abs. 1 Nr. 1 der Norm enthaltenen Grundgedankens gleichwohl erst in Betracht, sobald die Freiheitsstrafe vollständig vollstreckt oder zur Bewährung ausgesetzt ist.[19] 11

Sinn und Zweck des Abs. 1 Nr. 2 entspricht demjenigen des Abs. 1 Nr. 1 (→ Rn. 3 f.). Demnach kann, auch wenn die Strafen in verschiedenen Verfahren ausgesprochen wurden und die Voraussetzungen einer Gesamtstrafenbildung nicht vorliegen, eine Unterbleibensanordnung ergehen, um die Wiedereingliederung des Verurteilten nicht unangemessen zu erschweren. 12

2. Voraussetzungen. Voraussetzung für die Anordnung nach Abs. 1 Nr. 2 ist, dass in verschiedenen Verfahren wegen verschiedener Taten teils auf Freiheitsstrafe, teils auf Geldstrafe erkannt ist und ein Ausgleich wie bei der Gesamtstrafenbildung durch zusammenfassende Würdigung der Person des Täters und der einzelnen Straftaten nach §§ 54 Abs. 1 S. 2, 55 StGB nicht möglich ist, weil die Voraussetzungen für die nachträgliche Bildung einer Gesamtstrafe nicht vorliegen.[20] Aufgrund der **Zweckidentität** zwischen beiden Alternativen des Abs. 1 sind die Voraussetzungen der Nr. 2 an denen der Nr. 1 zu orientieren. Daher kann eine Anordnung nach Nr. 2 erst getroffen werden, wenn entweder die Vollstreckung der Freiheitsstrafe beendet oder diese zur Bewährung ausgesetzt ist.[21] Während laufender Bewährungsfrist ist jedoch ein restriktiver Umgang der Vorschrift angezeigt.[22] 13

III. Wirkung der Unterbleibensanordnung

Trotz des grundsätzlichen öffentlichen Interesses an der Strafvollstreckung findet diese in den Konstellationen des Abs. 1 Nr. 1 und 2 nicht statt. Daran wird der Ausnahmecharakter einer Unterbleibensanordnung nach Abs. 1 besonders deutlich.[23] 14

Sobald die Unterbleibensanordnung in Rechtskraft erwächst, kommt dies einem Erlass der Geldstrafe gleich.[24] Die Anordnung bewirkt damit mehr als einen bloßen Aufschub der Geldstrafenvollstreckung auf unbestimmte Zeit. Die Möglichkeit eines Widerrufs wegen veränderter Verhältnisse kennt das Gesetz nicht und auch die Vollstreckung einer Ersatzfreiheitsstrafe ist nicht mehr zulässig. 15

---

[17] Appl in KK-StPO Rn. 4; Schmitt in Meyer-Goßner/Schmitt Rn. 6; Wolf in Pohlmann/Jabel/Wolf StVollstrO §§ 48, 45 f.; aA noch Volckart NStZ 1982, 496 (499) sowie Bringewat Rn. 2.
[18] Laubenthal/Nestler Strafvollstreckung Rn. 295; Baier in Radtke/Hohmann Rn. 3.
[19] Coen in BeckOK StPO Rn. 3; Appl in KK-StPO Rn. 6; Graalmann-Scheerer in Löwe/Rosenberg Rn. 8; Schmitt in Meyer-Goßner/Schmitt Rn. 7; OLG Jena 15.12.2005 – 1 Ws 441/05, NStZ-RR 2006, 286; 13.4.2004 – 1 Ws 112/04, NStZ-RR 2004, 383.
[20] Bringewat Rn. 9; Appl in KK-StPO Rn. 6; Graalmann-Scheerer in Löwe/Rosenberg Rn. 9 („Surrogat der Gesamtstrafe").
[21] OLG Koblenz 15.5.1981 – 1 Ws 242/81, MDR 1981, 870; Appl in KK-StPO Rn. 6; Schmitt in Meyer-Goßner/Schmitt Rn. 7; aA noch Volckart NStZ 1982, 496 (499) sowie Bringewat Rn. 10 („sofern nicht besondere Umstände für eine frühere Anordnung sprechen").
[22] Graalmann-Scheerer in Löwe/Rosenberg Rn. 9.
[23] Appl in KK-StPO Rn. 4; Schmitt in Meyer-Goßner/Schmitt Rn. 6; OLG Koblenz 14.9.1977 – 1 Ws 462/77, MDR 1978, 248; LG Mainz 24.3.1981 – 36 Rs 16830/78, NStZ 1982, 47.
[24] Graalmann-Scheerer in Löwe/Rosenberg Rn. 11.

C. Absehen von der Beitreibung der Verfahrenskosten nach Abs. 2

16   Nach Abs. 2 kann das Gericht eine entsprechende Anordnung auch für zu einer Geldzahlung verpflichtende Nebenfolge treffen oder diese zusätzlich auf die Kosten des Verfahrens erstrecken. Die Regelung ist erforderlich, weil sich – anders als bspw. gewährte Zahlungserleichterungen nach § 459a Abs. 4 S. 1 – Anordnungen nach Abs. 1 nicht auf die Verfahrenskosten erstrecken. Es gelten dabei dieselben **Voraussetzungen** wie im Rahmen des Abs. 1 der Vorschrift. Der Betreffende muss also (auch) zu einer Geldstrafe verurteilt worden sein.[25] Etwaige **Wiedereingliederungsschwierigkeiten** müssen daher zumindest auch aus der Belastung mit den Verfahrenskosten resultieren. Liegen die Voraussetzungen des Abs. 1 nicht vor, kann eine Kostenniederschlagung nur aufgrund entsprechender kostenrechtlicher Vorschriften erfolgen.[26]

17   Ob eine Unterbleibensanordnung im Bezug auf die Verfahrenskosten ergeht, steht dabei im pflichtgemäß auszuübenden **Ermessen** des zuständigen Gerichts. Eine zwingende Verbindung von Geldstrafen- und Kostenvollstreckung wie sie § 459a Abs. 4 vorsieht, wird hierbei zum Teil zwar für nicht sachgemäß gehalten.[27] Allerdings dürfte, wenn die Vollstreckung der Geldstrafe nachteiligen Einfluss auf die Resozialisierung hätte, dies für die Vollstreckung wegen der Kosten in gleicher Weise gelten.[28]

18   Wegen der Verfahrenskosten allein darf eine Anordnung nach Abs. 2 indes nicht ergehen, denn der Norm fehlt insoweit eine § 459a Abs. 4 S. 2 entsprechende Bestimmung.[29] Ohnehin erscheint kein Fall denkbar, in dem die Belastung des Verurteilten mit den Verfahrenskosten eine Gefahr für dessen Wiedereingliederung birgt, ohne dass mit der Geldstrafe als solcher nicht dieselben Schwierigkeiten einhergingen.

19   Bei der Ermessensausübung ist zwischen dem öffentlichen Interesse an der Vollstreckung des Strafurteils mit seinem Kostenausspruch und dem Wiedereingliederungsinteresse des Verurteilten abzuwägen, wobei der **Ausnahmecharakter** der Vorschrift zu berücksichtigen bleibt. Daher kommt im Fall einer hohen Verschuldung des Verurteilten und einer vergleichsweise geringen Kostenforderung der Staatskasse ein Absehen von der Beitreibung der Verfahrenskosten nur unter ganz besonderen Umständen in Betracht.[30] Das Gericht kann dabei die Unterbleibensanordnung hinsichtlich der Geldstrafe in vollem Umfang auf die Verfahrenskosten erstrecken oder die Kosten von der Erstreckung gänzlich ausschließen, aber auch die Erstreckung nur auf einen Teil der Kosten beschränken.[31] Abs. 2 greift jedoch nicht ein für Auslagen, deren Erstattung der Verurteilte einem Dritten schuldet.

D. Zuständigkeit und Rechtsbehelfe

20   Anordnungen nach § 459d trifft – von Amts wegen oder auf Antrag des Betroffenen – entweder das Gericht des ersten Rechtszugs oder die **Strafvollstreckungskammer** (§§ 462 Abs. 1 S. 1, 462a Abs. 1 S. 1, Abs. 2) ohne mündliche Verhandlung durch mit Begründung versehenen Beschluss. Die Vollstreckungsbehörde kann sie nur anregen.[32] Gegen einen diese Anordnung ablehnenden Beschluss kann der Verurteilte **sofortige Beschwerde** einlegen,

---

[25] Baier in Radtke/Hohmann Rn. 6; BGH 4.2.1983 – 2 Ars 328/82, BGHSt 31, 244 (246).
[26] Appl in KK-StPO Rn. 7.
[27] Graalmann-Scheerer in Löwe/Rosenberg Rn. 12.
[28] Dies räumt auch Graalmann-Scheerer in Löwe/Rosenberg Rn. 12 ein; siehe ferner BT-Drs. 7/550, 311, Begr. zu Art. 19 Nr. 120 Entw. EGStGB 1974.
[29] Vgl. BGH 4.2.1983 – 2 ARs 328/82, BGHSt 31, 244.
[30] LG Mainz 24.3.1981 – 36 Rs 16830/78, NStZ 1982, 47; OLG Koblenz 15.5.1981 – 1 Ws 242/81, MDR 1981, 870; BVerfG 28.12.2020 – 2 BvR 211/19, StV Spezial 2021, 81.
[31] BGH 4.2.1983 – 2 ARs 328/82, BGHSt 31, 244 (246); OLG Karlsruhe 7.4.1982 – 1 Ws 70/82, Justiz 1982, 275; Bringewat Rn. 11; Appl in KK-StPO Rn. 7; Graalmann-Scheerer in Löwe/Rosenberg Rn. 12; Schmitt in Meyer-Goßner/Schmitt Rn. 8.
[32] Bringewat Rn. 14; Graalmann-Scheerer in Löwe/Rosenberg Rn. 13.

ebenso die Staatsanwaltschaft als Strafvollstreckungsbehörde gegen Anordnungen nach § 459d Abs. 1 oder Abs. 2 (vgl. § 462 Abs. 3 S. 1).

Die Strafvollstreckungskammer bleibt auch nach Erledigung der Vollstreckung von Freiheitsstrafe für die Anordnung des Unterbleibens der Vollstreckung von Geldstrafe oder Verfahrenskosten zuständig.[33]   21

§ 459e Vollstreckung der Ersatzfreiheitsstrafe

(1) Die Ersatzfreiheitsstrafe wird auf Anordnung der Vollstreckungsbehörde vollstreckt.

(2) ¹Die Anordnung setzt voraus, daß die Geldstrafe nicht eingebracht werden kann oder die Vollstreckung nach § 459c Abs. 2 unterbleibt. ²Vor der Anordnung ist der Verurteilte darauf hinzuweisen, dass ihm gemäß § 459a Zahlungserleichterungen bewilligt werden können und ihm gemäß Rechtsverordnung nach Artikel 293 des Einführungsgesetzes zum Strafgesetzbuch oder sonst landesrechtlich gestattet werden kann, die Vollstreckung der Ersatzfreiheitsstrafe durch freie Arbeit abzuwenden; besteht Anlass zu der Annahme, dass der Verurteilte der deutschen Sprache nicht hinreichend mächtig ist, hat der Hinweis in einer ihm verständlichen Sprache zu erfolgen.

(2a) ¹Die Vollstreckungsbehörde und die gemäß § 463d Satz 2 Nummer 2 eingebundene Gerichtshilfe können zu dem Zweck, dem Verurteilten Möglichkeiten aufzuzeigen, die Geldstrafe mittels Zahlungserleichterungen zu tilgen oder die Vollstreckung einer Ersatzfreiheitsstrafe durch freie Arbeit abzuwenden, einer von der Vollstreckungsbehörde beauftragten nichtöffentlichen Stelle die hierfür erforderlichen personenbezogenen Daten übermitteln. ²Die beauftragte Stelle ist darauf hinzuweisen, dass sie die übermittelten Daten nur für die in Satz 1 genannten Zwecke verwenden und verarbeiten darf. ³Sie darf personenbezogene Daten nur erheben sowie die erhobenen Daten verarbeiten und nutzen, soweit der Verurteilte eingewilligt hat und dies für die in Satz 1 genannten Zwecke erforderlich ist. ⁴Die Vorschriften der Verordnung (EU) 2016/679 und des Bundesdatenschutzgesetzes finden auch dann Anwendung, wenn die Seite 2 von 4 Bundesgesetzblatt Jahrgang 2023 Teil I Nr. 203, ausgegeben zu Bonn am 2. August 2023 personenbezogenen Daten nicht automatisiert verarbeitet werden und nicht in einem Dateisystem gespeichert sind oder gespeichert werden. ⁵Die personenbezogenen Daten sind von der beauftragten Stelle nach Ablauf eines Jahres nach Beendigung der beauftragten Tätigkeit zu vernichten.

(3) Wegen eines Teilbetrages, der keinem vollen Tage Freiheitsstrafe entspricht, darf die Vollstreckung der Ersatzfreiheitsstrafe nicht angeordnet werden.

(4) ¹Die Ersatzfreiheitsstrafe wird nicht vollstreckt, soweit die Geldstrafe entrichtet oder beigetrieben wird oder die Vollstreckung nach § 459d unterbleibt. ²Absatz 3 gilt entsprechend.

Übersicht

		Rn.			Rn.
A.	Zweck und Regelungsinhalt	1	III.	Berechnung der Dauer	7
B.	Voraussetzungen der Anordnung	2	IV.	Besonderheiten bei Vollstreckung nachträglicher Gesamtgeldstrafen	12
C.	Vollstreckung	4			
I.	Voraussetzungen	4	D.	Abwendung der Ersatzfreiheitsstrafe durch freie Arbeit	15
II.	Durchführung	5			

---

[33] BGH 4.11.1981 – 2 ARs 297/81, BGHSt 30, 263.

A. Zweck und Regelungsinhalt

1 Scheitert die Beitreibung einer Geldstrafe ganz oder teilweise in Höhe von mindestens einem Tagessatz (vgl. Abs. 3[1]), tritt an ihre Stelle die Ersatzfreiheitsstrafe, § 43 S. 1 StGB. Sie ist – anders als die Erzwingungshaft – kein Beugemittel, um die Zahlung des Verurteilten durchzusetzen, sondern eine **echte Strafe** gegenüber Zahlungsunfähigen.[2] Gem. Abs. 1 der Norm ist die Vollstreckungsbehörde hierfür zuständig. Die funktionelle Zuständigkeit liegt beim Rechtspfleger, § 31 Abs. 2 S. 1 RPflG.[3] Die Ersetzung der uneinbringlichen Geldstrafe durch die Ersatzfreiheitsstrafe bedarf einer ausdrücklichen **Anordnung** der Vollstreckungsbehörde, die in diesem Zusammenhang die gesetzlichen Voraussetzungen von Amts wegen zu prüfen hat.[4]

B. Voraussetzungen der Anordnung

2 Gem. Abs. 2 setzt die Anordnung der Ersatzfreiheitsstrafe voraus, dass die Geldstrafe nicht eingebracht werden kann oder die Vollstreckung nach § 459c Abs. 2 unterbleibt. **Fehlende Beitreibbarkeit** liegt vor, wenn sämtliche erforderlichen Pfändungsversuche erfolglos verlaufen sind. Wie oft und auf welche Weise die Vollstreckungsbehörde versuchen muss, den Betrag beizutreiben, hängt dabei von den Umständen des Einzelfalls ab.[5] Sofern die zwangsweise Beitreibung gem. § 459c Abs. 2 nicht stattfindet, bedarf die Feststellung mangelnder Erfolgsaussicht einer hinreichenden Tatsachengrundlage.[6] Zudem sind vor Anordnung der Ersatzfreiheitsstrafe etwaige Vollstreckungshindernisse[7] zu prüfen; bestehen solche Hindernisse oder unterbleibt die Vollstreckung der Geldstrafe nicht nach § 459c Abs. 2, darf auch eine Ersatzfreiheitsstrafe nicht angeordnet werden.[8]

3 Liegen die Voraussetzungen vor, so ergeht die **Anordnung** der Ersatzfreiheitsstrafe **schriftlich und aktenkundig**[9] durch den zuständigen Rechtspfleger, Abs. 1. Der Verurteilte muss weder besonders angehört noch erneut gemahnt werden.[10] Hierauf folgt eine Ladung zum Strafantritt, versehen mit dem Hinweis, dass durch Zahlung des entsprechenden Betrags die Vollstreckung der Ersatzfreiheitsstrafe abgewendet werden kann, § 51 Abs. 1 StVollstrO.

C. Vollstreckung

I. Voraussetzungen

4 Die Ersatzfreiheitsstrafe wird gem. Abs. 4 nur vollstreckt, sofern der Verurteilte dies nicht durch Zahlung der Geldstrafe – auch während der Haft[11] – abwendet (vgl. § 51 Abs. 1

---

[1] Unterhalb dieser Schwelle darf eine Ersatzfreiheitsstrafe zwar nicht vollstreckt werden; dies bleibt jedoch ohne Auswirkungen auf den Fortbestand der Vollstreckbarkeit der Strafe an sich, vgl. BGH 21.1.2020 – 3 StR 567/19, NStZ-RR 2020, 206.
[2] Laubenthal/Nestler Strafvollstreckung Rn. 282; vgl. Wolf in Pohlmann/Jabel/Wolf StVollstrO § 49 Rn. 7; Röttle/Wagner/Theurer Strafvollstreckung Kap. 3 Rn. 100 ff.
[3] Vgl. Mitsch NStZ 2020, 250.
[4] Vgl. Köhne JR 2004, 453; Wolf in Pohlmann/Jabel/Wolf StVollstrO § 49 Rn. 2.
[5] Röttle/Wagner/Theurer Strafvollstreckung Kap. 3 Rn. 107a.
[6] Appl in KK-StPO Rn. 2.
[7] S. dazu die Kommentierung zu → § 449 Rn. 45 ff.
[8] Bieber in KMR-StPO § 459c Rn. 5, 12; Röttle/Wagner/Theurer Strafvollstreckung Kap. 3 Rn. 111.
[9] OLG Frankfurt a. M. 16.7.2013 – 3 Ws 557/13, BeckRS 2013, 14284 = NStZ-RR 2013, 292; Coen in BeckOK StPO Rn. 1.
[10] OLG Nürnberg 3.8.2007 – 1 Ws 472/07, NStZ 2008, 224 f.; Coen in BeckOK StPO Rn. 1; Appl in KK-StPO Rn. 4; Schmitt in Meyer-Goßner/Schmitt Rn. 2; in diese Richtung auch Graalmann-Scheerer in Löwe/Rosenberg Rn. 7; Wolf in Pohlmann/Jabel/Wolf StVollstrO § 49 Rn. 3; aA OLG Celle Nds. Rpfl. 1977, 128; Schrott in KMR-StPO Rn. 4; Volckart Verteidigung Rn. 248; wohl ebenfalls aA Paeffgen/Greco in SK-StPO Rn. 4.
[11] Coen in BeckOK StPO Rn. 3; Appl in KK-StPO Rn. 6.

StVollstrO). Ferner findet eine Vollstreckung nicht statt, soweit das Gericht Anordnungen nach § 459d trifft (dazu → § 459d Rn. 3 ff.).[12] Die Vollstreckungsbehörde stellt daher fest, inwieweit eine gerichtliche Entscheidung nach § 459d anzuregen ist oder Erleichterungen nach § 459a in Betracht kommen.[13] Die Ersatzfreiheitsstrafe entfällt zudem, sofern der Verurteilte gemeinnützige Arbeit iSd Art. 293 EGStGB leistet.[14] Darüber hinaus räumt § 459f dem Gericht die Möglichkeit ein, das Entfallen der Vollstreckung einer Ersatzfreiheitsstrafe anzuordnen, wenn dies für den Verurteilten eine **unbillige Härte** bedeutete.

II. Durchführung

Wie bei der Freiheitsstrafe folgt, wenn die Voraussetzungen erfüllt sind, ein **Aufnahmeersuchen** an die Vollzugsanstalt, § 51 Abs. 2 StVollstrO. Für die Vollstreckung der Ersatzfreiheitsstrafe gelten gem. § 50 Abs. 1 StVollstrO grds. dieselben Bestimmungen wie für die Vollstreckung von Freiheitsstrafen, §§ 22 ff. StVollstrO. Der Betrag, durch dessen Zahlung der Verurteilte die Vollstreckung abwenden kann, ist in der Ladung, § 51 Abs. 1 StVollstrO, ebenso im Vorführungs- und Haftbefehl wie auch im Steckbrief, §§ 33 Abs. 4 Nr. 7, 34 Abs. 3 Nr. 8 StVollstrO anzugeben.[15] Ausschreibungen zur Festnahme werden lediglich in Betracht kommen, wenn die Geldstrafe eine gewisse Höhe aufweist und andere Maßnahmen erfolglos bleiben.

Der Strafantritt macht jede weitere Beitreibungshandlung durch die Strafvollstreckungsbehörde unzulässig; bestehende Pfändungen müssen aufgehoben werden. Leistet der Zahlungspflichtige die vollständige Zahlung nach Strafantritt, so erfordert dies seine sofortige Entlassung gem. § 51 Abs. 4 StVollstrO.[16]

III. Berechnung der Dauer

Für die Berechnung der Strafzeit normiert § 43 S. 2 StGB zunächst, dass ein Tagessatz der Geldstrafe einem Tag Freiheitsstrafe entspricht.[17] Der Maßstab des § 43 S. 2 StGB gilt dabei auch, soweit bereits erlittene Untersuchungshaft auf die Geldstrafe angerechnet wird, § 51 Abs. 4 S. 1 StGB. Das Mindestmaß der Ersatzfreiheitsstrafe liegt bei einem Tag, § 43 S. 3 StGB; bei der Strafzeitberechnung bleiben Beträge, die keinem vollen Tagessatz entsprechen, außer Betracht.[18]

Mit Zahlung eines Teilbetrags vermindert sich die noch zu vollstreckende Ersatzfreiheitsstrafe anteilig.[19] Sind mehr als sieben Tage der Ersatzfreiheitsstrafe noch zu vollstrecken und wird nach Strafantritt vom Verurteilten ein Betrag in einer Größenordnung bezahlt, dass die Ersatzfreiheitsstrafe sieben Tage nicht mehr übersteigt, so muss eine erneute Berechnung der Ersatzfreiheitsstrafe nach Stunden erfolgen, §§ 37 Abs. 2, 50 Abs. 1 StVollstrO.

Eine Strafaussetzung zur Bewährung nach § 57 StGB kommt bei der Ersatzfreiheitsstrafe nicht in Betracht.[20] Nach vollständig vollstreckter Strafe zeigt die Vollzugsanstalt der Vollstreckungsbehörde die Entlassung an, § 35 Abs. 1 Nr. 10 StVollstrO.

IV. Besonderheiten bei Vollstreckung nachträglicher Gesamtgeldstrafen

Bei der Vollstreckung einer nachträglich gebildeten Gesamtgeldstrafe bestehen keine Schwierigkeiten, wenn der Verurteilte zum Zeitpunkt der Gesamtstrafenbildung

---

[12] Wolf in Pohlmann/Jabel/Wolf StVollstrO § 49 Rn. 9.
[13] Paeffgen/Greco in SK-StPO Rn. 3.
[14] → Rn. 15 ff.; ferner Laubenthal/Nestler Strafvollstreckung Rn. 292.
[15] Paeffgen/Greco in SK-StPO Rn. 5; Wolf in Pohlmann/Jabel/Wolf StVollstrO § 51 Rn. 1.
[16] Paeffgen/Greco in SK-StPO Rn. 6; Wolf in Pohlmann/Jabel/Wolf StVollstrO § 51 Rn. 1, 5.
[17] Zu Reformüberlegungen vgl. Claus in Satzger/Schluckebier/Werner StGB § 43 Rn. 1 mwN.
[18] Coen in BeckOK StPO Rn. 2; Wolf in Pohlmann/Jabel/Wolf StVollstrO § 50 Rn. 4; Röttle/Wagner/Theurer Strafvollstreckung Kap. 3 Rn. 109 eingehend dazu Laubenthal/Nestler Strafvollstreckung Rn. 288 f. mit Berechnungsbeispielen.
[19] Schmitt in Meyer-Goßner/Schmitt Rn. 5; vgl. Paeffgen/Greco in SK-StPO Rn. 6.
[20] Wolf in Pohlmann/Jabel/Wolf StVollstrO § 37 Rn. 15.

§ 459f

noch keinerlei Zahlungen geleistet hat. Sind bereits Teilbeträge beglichen, so müssen diese von der gesamten geschuldeten Summe abgezogen werden, § 51 Abs. 2 StGB.

13 Soweit die Gesamtgeldstrafe (teilweise) uneinbringlich bleibt, kann auch in diesem Fall eine Ersatzfreiheitsstrafe vollstreckt werden. Unterscheidet sich dabei die Tagessatzhöhe der Gesamtstrafe nicht von denen der Einzelstrafen, errechnet sich die Strafzeit ohne Besonderheiten.

14 **Variiert** die **Tagessatzhöhe,** bleibt fraglich, inwiefern frühere Zahlungen eine tilgende Wirkung hinsichtlich der Gesamtgeldstrafe entfalten.[21] Dabei ergeben sich mehrere, im Einzelnen äußerst umstrittene Möglichkeiten der Berechnung.[22]

D. Abwendung der Ersatzfreiheitsstrafe durch freie Arbeit

15 Art. 293 EGStGB ermächtigt die Länder, durch Rechtsverordnungen dem Verurteilten die Möglichkeit einzuräumen, die drohende Ersatzfreiheitsstrafe durch freie Arbeit abzuwenden. Solche Regelungen existieren bundesweit, in Bayern bspw. jedoch nur als Gnadenlösung.[23] Zweck der Regelungen ist, die Zahl der vollstreckten Ersatzfreiheitsstrafen zur Entlastung der Justizvollzugsanstalten einzudämmen.[24]

16 Da die freie Arbeit eine Alternative zur Ersatzfreiheitsstrafe darstellt, kommt sie nur in Betracht, sofern die Voraussetzungen für Anordnung und Vollstreckung einer Ersatzfreiheitsstrafe vorliegen. Die freie Arbeit stellt insoweit keine Option dar, um eine Geldstrafe als solche zu tilgen.[25] Ein Tag Ersatzfreiheitsstrafe entspricht zumeist fünf oder sechs Stunden Arbeit. Die Arbeit muss unentgeltlich erbracht werden und gemeinnützig sein.[26]

17 Ein Vorgehen nach Art. 293 EGStGB setzt eine Anordnung der Vollstreckung nach Abs. 1 sowie einen Antrag des Verurteilten voraus.[27] IdR enthält bereits die Ladung zum Antritt der Ersatzfreiheitsstrafe einen Hinweis darauf, dass der Verurteilte den landesrechtlichen Vorschriften gemäß einen entsprechenden **Antrag** stellen kann.[28] Dafür räumt ihm die Vollstreckungsbehörde eine angemessene Frist ein. Die widerruflich erteilte Gestattungsverfügung benennt Beschäftigungsstelle, Tätigkeit, tägliche Arbeitszeit, Umrechnungsmaßstab (idR 5–6 Std. pro Tagessatz; im Einzelfall ggf. weniger) sowie eine Belehrung über die Widerrufsmöglichkeit bei schuldhafter Nicht- oder Schlechterfüllung.[29] Die Ablehnung der Abwendung der Vollstreckung einer Ersatzfreiheitsstrafe durch freie Arbeit ist im Verfahren nach §§ 459h, 462 Abs. 1 anfechtbar.[30]

§ 459f Unterbleiben der Vollstreckung einer Ersatzfreiheitsstrafe

Das Gericht ordnet an, daß die Vollstreckung der Ersatzfreiheitsstrafe unterbleibt, wenn die Vollstreckung für den Verurteilten eine unbillige Härte wäre.

---

[21] Allg. dazu Siggelkow Rpfleger 2005, 644.
[22] Vgl. dazu ausführlich Wolf in Pohlmann/Jabel/Wolf StVollstrO § 50 Rn. 8 ff.
[23] S. die Fundstellennachweise in Habersack Deutsche Gesetze Nr. 85a Anm. zu Art. 293 EGStGB; ein Überblick über die verschiedenen Regelungen der Länder findet sich bei Häger in LK-StGB StGB § 43 Rn. 12; Paeffgen/Greco in SK-StPO Rn. 7, 8.
[24] Appl in KK-StPO Rn. 9.
[25] Röttle/Wagner/Theurer Strafvollstreckung Kap. 3 Rn. 125 ff.
[26] Schmitt in Meyer-Goßner/Schmitt Rn. 7; Paeffgen/Greco in SK-StPO Rn. 8; Röttle/Wagner/Theurer Strafvollstreckung Rn. 280; Coen in BeckOK StPO Rn. 4.
[27] Appl in KK-StPO Rn. 10; Paeffgen/Greco in SK-StPO Rn. 8.
[28] Paeffgen/Greco in SK-StPO Rn. 8; Schrott in KMR-StPO Rn. 14.
[29] Appl in KK-StPO Rn. 10.
[30] OLG Frankfurt a. M. 16.7.2013 – 3 Ws 557/13, BeckRS 2013, 14284 = NStZ-RR 2013, 292; OLG Jena 28.11.2013 – 1 Ws 463/13, 1 VAs 3/13, BeckRS 2014, 9285; s. auch OLG Hamm 9.7.2013 – III-3 Ws 181/13, BeckRS 2014, 1053.

Übersicht

		Rn.			Rn.
A.	Überblick	1	I.	Zuständigkeit	6
B.	Unbillige Härte	3	II.	Wirkung	8
C.	Unterbleibensanordnung	6			

A. Überblick

§ 459f[1] räumt dem Gericht die Möglichkeit ein, das Entfallen der Vollstreckung einer Ersatzfreiheitsstrafe anzuordnen, wenn dies für den Verurteilten eine **unbillige Härte** bedeutete. Dabei muss mit der Vollstreckung eine außerhalb des Strafzwecks liegende Belastung für den Betreffenden einhergehen. Hieraus folgt, dass Anordnungen nach § 459f StPO nicht in Betracht kommen, *soweit* der Strafzweck nicht auch durch die bloße Verhängung der Geldstrafe – dh ohne deren erfolgreiche Beitreibung – erreicht werden kann.[2] Folge der Anordnung nach § 459f StPO ist lediglich ein **Aufschub der Vollstreckung** einer Ersatzfreiheitsstrafe; die verhängte Geldstrafe wird dadurch nicht erlassen. 1

Das Gesetz stellt eine Reihe von Mechanismen zur Verfügung, um Härten für den Verurteilten auszugleichen. So besteht schon im Erkenntnisverfahren bei der Bemessung der Tagessätze die Pflicht, auf die persönlichen und wirtschaftlichen Verhältnisse des Betreffenden einzugehen, § 40 Abs. 2 StGB. Zudem existieren Möglichkeiten für Zahlungsfristen oder Teilzahlungsbewilligung im Erkenntnisverfahren, § 42 StGB und im Vollstreckungsverfahren, vgl. § 459a.[3] Ferner kann der Verurteilte die Vollstreckung der drohenden Ersatzfreiheitsstrafe durch freie Arbeit abwenden, § 459e. Von der Vollstreckung der Geldstrafe aber in bestimmten Fällen ohne Weiteres vollständig abzusehen, wäre ohne die Regelung des § 459f nicht zulässig. Der Grund für die Existenz des § 459f liegt somit darin, dem als Folge von § 47 Abs. 1 StGB erweiterten Anwendungsbereich der Geldstrafe Rechnung zu tragen.[4] 2

B. Unbillige Härte

Das Gesetz verwendet den Terminus der unbilligen Härte an mehreren Stellen, so bspw. in §§ 73c Abs. 1, 74f Abs. 3 StGB. Die Anforderungen sind dabei in Ansehung des staatlichen Interesses an der Durchführung der Vollstreckung nicht zu niedrig anzusetzen. Eine unbillige Härte iSd § 459f liegt daher nicht bereits dann vor, wenn der Verurteilte bei Zahlung der Geldstrafe nicht über ausreichende Mittel verfügt, die zu seinem Unterhalt bzw. dem seiner Familie erforderlich sind,[5] zB während eines laufenden Insolvenzverfahrens.[6] Ähnlich wie im Rahmen von § 456 muss es sich vielmehr um Härten handeln, die 3

---

[1] Eingehend zur Entstehungsgeschichte Graalmann-Scheerer in Löwe/Rosenberg Rn. 1 f.
[2] Vgl. etwa Wessing EWiR 2002, 167 (168).
[3] Siehe Graalmann-Scheerer in Löwe/Rosenberg Rn. 2.
[4] Graalmann-Scheerer in Löwe/Rosenberg Rn. 3.
[5] BVerfG 24.8.2006 – 2 BvR 1552/06, NJW 2006, 3626; BGH 22.12.1976 – 3 StR 393/76, BGHSt 27, 90 (93) = NJW 1977, 815; OLG Düsseldorf 22.10.1982 – 1 Ws 808/82, MDR 1983, 341; 9.5.1984 – 1 Ws 428/84, MDR 1985, 76; Schädler ZRP 1983, 5 (7); Grube in LK-StGB § 40 Rn. 54 ff.; Fischer StGB § 40 Rn. 14; Pfeiffer Rn. 2; Appl in KK-StPO Rn. 2; Bringewat Rn. 3 f.; krit. Volckart Verteidigung Rn. 250 ff. Gegen die Berücksichtigung solcher finanzieller Schieflagen spricht insbesondere, dass die Tat ohne Sanktion bliebe, wenn zwar das Gericht ohne Rücksicht auf die Frage ihrer Einbringlichkeit eine Geldstrafe verhängen muss, im Vollstreckungsstadium jedoch allein die Uneinbringlichkeit zu einem Absehen von der Vollstreckung der Ersatzfreiheitsstrafe führen würde; aA von Selle NStZ 1990, 118 (119); s. dazu auch Köhler GA 1987, 145 (161); Schrott in KMR-StPO Rn. 3, 5.
[6] Baier in Radtke/Hohmann Rn. 2.

außerhalb des Strafzwecks liegen.⁷ Hinzutreten müssen weitere Umstände, die nicht nur die Zahlung der Geldstrafe, sondern auch die Vollstreckung einer Ersatzfreiheitsstrafe ganz ausnahmsweise unbillig erscheinen lassen.⁸

4 Dem Verurteilten darf es nicht möglich und/oder zumutbar sein, äußerste Anstrengungen wie strikte Sparsamkeit, Nebenverdienste oder eine drastische Reduzierung des Lebensstandards hinzunehmen, um zumindest ratenweise die für die Zahlung der Geldstrafe notwendigen Mittel aufzubringen. Erforderlich ist zudem die Prognose, dass schon die bloße Verhängung der Geldstrafe Strafwirkung erzielt hat.⁹ Dies erfasst etwa Fälle, in denen wegen längerer Krankheit seiner Ehefrau des Verurteilten die kleinen Kinder unversorgt bleiben müssten, wenn der Verurteilte die Ersatzfreiheitsstrafe anträte und auch staatliche Hilfen nicht in dem erforderlichen Umfang zur Verfügung stehen.¹⁰ Aus welchem Grund der Verurteilte mittellos ist spielt keine Rolle.¹¹

5 Die Vollstreckung einer Ersatzfreiheitsstrafe stellt auch dann eine unbillige Härte dar, wenn die Zurückstellung der Vollstreckung nach § 35 BtMG allein an der mangelnden Zurückstellungsfähigkeit der gem. § 43 Abs. 2 Nr. 2 StVollstrO anschließend zu vollstreckenden Ersatzfreiheitsstrafe scheitern würde.¹² Auch falls eine ungünstige Täterprognose die nachhaltige Einwirkung auf den Verurteilten erfordert, um den Strafzweck zu erreichen,¹³ oder wenn dem Verurteilten jede Unrechtseinsicht fehlt,¹⁴ kommt die Annahme einer unbilligen Härte nicht in Betracht.

C. Unterbleibensanordnung

I. Zuständigkeit

6 Berechtigt zur Stellung des Antrags sind die verurteilte Person sowie die Vollstreckungsbehörde, wobei eine Stellungnahme des Staatsanwalts einzuholen ist.¹⁵ Die Entscheidung obliegt der Strafvollstreckungskammer, §§ 462, 462a StPO. § 459f ist gegenüber § 456 lex specialis; die Vollstreckungsbehörde kann daher lediglich gem. § 49 Abs. 2 StVollstrO eine Entscheidung anregen.¹⁶ Dies mag auch vom mit der Sache befassten Rechtspfleger ausgehen, der in einem solchen Fall die Unterlagen dem sachbearbeitenden Staatsanwalt bei der nach § 462 Abs. 2 als Strafverfolgungsbehörde zu hörenden Staatsanwaltschaft zuleitet. Weichen die Ansichten des Rechtspflegers und des sachbearbeitenden Staatsanwalts voneinander ab, entscheidet der gemeinsame Vorgesetzte oder der von diesem durch die Geschäftsverteilung dafür bestimmte Staatsanwalt, ob und mit welcher Begründung die Anregung an das Gericht weitergeleitet werden soll.¹⁷

---

⁷ BVerfG 24.8.2006 – 2 BvR 1552/06, NJW 2006, 3626; BGH 22.12.1976 – 3 StR 393/76, BGHSt 27, 90 (93) = NJW 1977, 815 unter ausdrücklicher Verweisung auf Tröndle ZStW 86 (1974), 570; OLG Düsseldorf 22.10.1982 – 1 Ws 808/82, MDR 1983, 341; 9.5.1984 – 1 Ws 428/84, MDR 1985, 76; LG Frankfurt a. M. 7.1.1983 – 5/9 Qs 598/82, StV 1983, 292; OLG Oldenburg 15.12.2005 – 15 StVK 2380/05, StraFo 2006, 124; Dölling NStZ 1981, 86 (89); Appl in KK-StPO Rn. 2; Schmitt in Meyer-Goßner/Schmitt Rn. 2; Baier in Radtke/Hohmann Rn. 2; Bringewat Rn. 4; Frank MDR 1976, 626 (628); Frank NJW 1978, 141 (143); von Selle NStZ 1990, 118 (119).
⁸ Schmitt in Meyer-Goßner/Schmitt Rn. 2; Bringewat Rn. 4; Tröndle ZStW 86 (1974), 570.
⁹ Tröndle ZStW 86 (1974), 570; Bringewat Rn. 4.
¹⁰ LG Saarbrücken 15.7.2010 – 2 Qs 19/10, BeckRS 2010, 20218; Graalmann-Scheerer in Löwe/Rosenberg Rn. 6; vgl. auch AG Tiergarten 3.5.2011 – (237/230 Cs) B16 63 Js 6896/06 (53/07), FS 2011, 195.
¹¹ Graalmann-Scheerer in Löwe/Rosenberg Rn. 6.
¹² OLG Karlsruhe 6.5.2006 – 2 VAs 37/05, NStZ-RR 2006, 287; LG Dortmund 15.12.1995 – 14 (4) StVK 503/94, StV 1996, 218; Graalmann-Scheerer in Löwe/Rosenberg Rn. 6.
¹³ BGH 22.12.1976 – 3 StR 393/76, BGHSt 27, 90 (93) = NJW 1977, 815; Schmitt in Meyer-Goßner/Schmitt Rn. 2.
¹⁴ LG Zweibrücken 2.12.1997 – Qs 132/97, VRS 95 (1998), 35.
¹⁵ Schmitt in Meyer-Goßner/Schmitt Rn. 1.
¹⁶ Baier in Radtke/Hohmann Rn. 1; vgl. auch Laubenthal/Nestler Strafvollstreckung Rn. 228, 292.
¹⁷ Graalmann-Scheerer in Löwe/Rosenberg Rn. 7.

Lehnt das Gericht eine Anordnung nach § 459f ab, so ist eine Aussetzung der Vollstre- 7
ckung der Geldstrafe im Gnadenweg dennoch möglich.

II. Wirkung

Die Unterbleibensanordnung hat zur Folge, dass die Vollstreckung der Ersatzfreiheits- 8
strafe aufgeschoben wird.[18] Dies gilt selbst dann, wenn die Anordnung der Ersatzfreiheitsstrafe bereits rechtskräftig geworden ist, vgl. § 462 Abs. 3. Der Fortbestand von Geldstrafe und Ersatzfreiheitsstrafe bleibt aber unberührt, so dass bei einer Veränderung der Situation und dem Fortfall der unbilligen Härte das Gericht seine Anordnung widerrufen kann und Geldstrafe oder Ersatzfreiheitsstrafe vollstreckt werden können.[19]

Auch Teil-Anordnungen im Bezug auf die Ersatzfreiheitsstrafe sind möglich, wenn 9
mit ihrer Vollstreckung bereits begonnen wurde, die Fortführung der Vollstreckung der Ersatzfreiheitsstrafe aufgrund neuer Umstände für den Verurteilten aber eine unbillige Härte darstellen würde.[20] In diesem Fall wird die Vollstreckung des verbleibenden Restes der Ersatzfreiheitsstrafe aufgeschoben.

Bis zum Ablauf der Verjährungsfrist kann die Vollstreckungsbehörde erneut versuchen, 10
die Geldstrafe zu vollstrecken, ohne dass ein Widerruf der Anordnung nach § 459f erforderlich ist, sofern nach deren Erlass neue Gesichtspunkte hervortreten, welche die Fortsetzung der Vollstreckung der Geldstrafe angezeigt erscheinen lassen, insbesondere wenn sich die wirtschaftlichen Verhältnisse des Verurteilten gebessert haben, vgl. § 49 Abs. 2 S. 2 StVollstrO.[21] Dies gilt allerdings nicht, sofern das Gericht eine Unterbleibensanordnung nach § 459d getroffen hat. Anlass, die Vollstreckung erneut zu betreiben besteht idR dann, wenn die Vollstreckungsbehörde aufgrund bestimmter Tatsachen Kenntnis von einer Besserung der wirtschaftlichen Verhältnisse des Verurteilten erlangt. Dann allerdings gebietet es auch die Vollstreckungspflicht, bis zum Ablauf der Verjährungsfrist, vgl. §§ 79, 79a StGB, die erforderlichen Vollstreckungsmaßnahmen zu ergreifen, auch wenn bis dahin ein längerer Zeitraum seit den letzten Vollstreckungsversuchen verstrichen ist. Ein Vertrauensschutz für den Verurteilten greift insoweit nicht ein.[22]

Die Vollstreckungsbehörde kann gegen die Unterbleibensanordnung sofortige 11
Beschwerde einlegen, § 462 Abs. 3 S. 1.[23]

§ 459g Vollstreckung von Nebenfolgen

(1) Die Anordnung der Einziehung oder der Unbrauchbarmachung einer Sache wird dadurch vollstreckt, dass die Sache demjenigen, gegen den sich die Anordnung richtet, weggenommen wird. Für die Vollstreckung gelten die Vorschriften des Justizbeitreibungsgesetzes.

(2) Für die Vollstreckung der Nebenfolgen, die zu einer Geldzahlung verpflichten, gelten die §§ 459, 459a sowie 459c Absatz 1 und 2 entsprechend.

(3) ¹Für die Vollstreckung nach den Absätzen 1 und 2 gelten außerdem die §§ 94 bis 98 entsprechend mit Ausnahme von § 98 Absatz 2 Satz 3, die §§ 102 bis 110, § 111c Absatz 1 und 2, § 111f Absatz 1, § 111k Absatz 1 und 2 sowie § 131 Absatz 1. ²§ 457 Absatz 1 bleibt unberührt. ³Vor gerichtlichen Entscheidungen unterbleibt

---

[18] OLG Schleswig 24.10.1975 – 2 Ws 348/75, SchlHA 1976, 13; Appl in KK-StPO Rn. 3; Schmitt in Meyer-Goßner/Schmitt Rn. 3; Bringewat Rn. 6.
[19] Vgl. dazu Appl in KK-StPO Rn. 3; Schmitt in Meyer-Goßner/Schmitt Rn. 3; Bringewat Rn. 7.
[20] Graalmann-Scheerer in Löwe/Rosenberg Rn. 8; BGH 22.12.1981 – 5 AR (Vs) 32/81, BGHSt 30, 320 (323) = NStZ 1982, 173 mAnm Volckart; Frank NJW 1978, 141 (143); Appl in KK-StPO Rn. 4; Schmitt in Meyer-Goßner/Schmitt Rn. 1; Bringewat Rn. 10.
[21] Graalmann-Scheerer in Löwe/Rosenberg Rn. 9; Baier in Radtke/Hohmann Rn. 4.
[22] Graalmann-Scheerer in Löwe/Rosenberg Rn. 9.
[23] Coen in BeckOK StPO Rn. 3; Baier in Radtke/Hohmann Rn. 5.

die Anhörung des Betroffenen, wenn sie den Zweck der Anordnung gefährden würde.

(4) ¹Das Gericht ordnet den Ausschluss der Vollstreckung der Einziehung nach den §§ 73 bis 73c des Strafgesetzbuchs an, soweit der aus der Tat erwachsene Anspruch auf Rückgewähr des Erlangten oder auf Ersatz des Wertes des Erlangten erloschen ist. ²Dies gilt nicht für Ansprüche, die durch Verjährung erloschen sind.

(5) ¹In den Fällen des Absatzes 2 unterbleibt auf Anordnung des Gerichts die Vollstreckung, soweit sie unverhältnismäßig wäre. ²Die Vollstreckung wird auf Anordnung des Gerichts wieder aufgenommen, wenn nachträglich Umstände bekannt werden oder eintreten, die einer Anordnung nach Satz 1 entgegenstehen. ³Vor der Anordnung nach Satz 2 unterbleibt die Anhörung des Betroffenen, wenn sie den Zweck der Anordnung gefährden würde. ⁴Die Anordnung nach Satz 1 steht Ermittlungen dazu, ob die Voraussetzungen für eine Wiederaufnahme der Vollstreckung vorliegen, nicht entgegen.

Übersicht

		Rn.			Rn.
A.	Rechtsfolgen der Anordnung von Verfall oder Einziehung	1	B.	Zu einer Geldzahlung verpflichtende Nebenfolgen, Abs. 2	20
I.	Anordnungen nach Abs. 1	1	C.	Eingriffsmaßnahmen zur Sicherung der Vollstreckung, Abs. 3	22
II.	Behandlung des Führerscheins	4	D.	Schutz des Einziehungsadressaten vor doppelter Inanspruchnahme, Abs. 4	23
III.	Nachträgliche und selbstständige Anordnung der Einziehung	8			
IV.	Vollstreckungsrechtliche Verfahrensaspekte	11	E.	Unverhältnismäßigkeit der Vermögensabschöpfung, Abs. 5	24

A. Rechtsfolgen der Anordnung von Verfall oder Einziehung

I. Anordnungen nach Abs. 1

1   Mit Eintritt der Rechtskraft der die Einziehung anordnenden Entscheidung (zur Zuständigkeit → § 462 Rn. 1 ff.).[1] geht das Eigentum an dem betreffenden Gegenstand gem. § 75 Abs. 1 S. 1 StGB auf den Staat über. Rechtsinhaber wird dasjenige Land, dessen Gericht über die Sache im ersten Rechtszug entschieden hat, § 60 S. 1 StVollstrO. Angeordnet werden können auch die Einziehung zugunsten des Bundes. In diesem Fall erwirbt der Bund das Eigentum an der Sache bzw. das Recht, § 60 S. 3 StVollstrO. Der **Eigentumsübergang** tritt automatisch und unabhängig von zivilrechtlichen Formvorschriften mit Rechtskraft ein; der gerichtlichen Entscheidung kommt damit eine konstitutive Wirkung zu – selbst sofern das Gericht die Eigentumsverhältnisse unzutreffend bewertet.[2] Wird ein Kraftfahrzeug eingezogen, so geht auch der Kfz-Brief in das Eigentum des Fiskus über.[3] Bei der Einziehung von Rechten ist weder im Bezug auf den Verurteilten noch auf einen Dritten eine Pfändung und Überweisung notwendig, § 61 Abs. 5 S. 1 StVollstrO.[4]

---
[1] Vgl. auch OLG Brandenburg 17.8.2020 – 1 (StR) Sa 1/20, BeckRS 2020, 20874.
[2] Röttle/Wagner/Theurer Strafvollstreckung Kap. 5 Rn. 79.
[3] Graalmann-Scheerer in Löwe/Rosenberg Rn. 5; Wolf in Pohlmann/Jabel/Wolf StVollstrO § 61 Rn. 9.
[4] Graalmann-Scheerer in Löwe/Rosenberg Rn. 10; Wolf in Pohlmann/Jabel/Wolf StVollstrO § 61 Rn. 26; s. auch Paeffgen/Greco in SK-StPO Rn. 2.

Abs. 1 greift gleichermaßen für bewegliche (Kfz-Brief eines eingezogenen Kfz[5]) wie 2
unbewegliche Sachen (Grundstücke) ein.[6] Die Vollstreckung richtet sich nach den Vorschriften der JBeitrG und geschieht damit durch **Wegnahme** der betreffenden Sache beim Verurteilten, Abs. 1 S. 1, sofern er sie nicht freiwillig herausgibt.[7] Gegenüber dem Verurteilten gilt die Anordnung der Nebenfolge zugleich als Vollstreckungstitel.[8] Befindet sich die Sache bei einem Dritten und verweigert dieser die Herausgabe, muss Klage erhoben werden, § 985 BGB, vgl. § 61 Abs. 4 StVollstrO.[9] § 6 Abs. 1 Nr. 1 JBeitrG verweist auf die entsprechenden Normen der ZPO. Vgl. zur Ausführung § 6 Abs. 3 JBeitrG. Hat der Verurteilte gegen den Dritten einen Herausgabeanspruch, genügt eine Pfändung und Überweisung dieses Anspruchs.[10]

Nach § 75 Abs. 2 S. 1 StGB lässt der Rechtswechsel bestehende Rechte Dritter, insbesondere beschränkte dingliche Rechte wie etwa Pfandrechte oder Sicherungsrechte an unbeweglichen Sachen, grds. unberührt. Das Gericht ordnet bei der Einziehung allerdings nach § 75 Abs. 2 S. 2 StGB deren Wegfall an bzw. kann diesen nach § 75 Abs. 2 S. 3 StGB anordnen.[11] 3

II. Behandlung des Führerscheins

Mit Entziehung der Fahrerlaubnis wird zugleich gem. § 69 Abs. 3 S. 2 StGB ein inländischer Führerschein **eingezogen;** die Vollstreckung geschieht hierbei durch die Wegnahme der Urkunde, Abs. 1 iVm § 463 Abs. 1. Dies gilt für sämtliche von deutschen Behörden ausgestellten Führerscheine des Täters, erfasst somit auch Sonderführerscheine wie bspw. für Einsatzfahrzeuge oder selbstfahrende Arbeitsmaschinen. 4

Auf dem Führerschein vermerkt die Vollstreckungsbehörde dessen Einziehung und 5
macht das Dokument zudem durch Einschneiden unbrauchbar, § 56 Abs. 1 StVollstrO. Ferner muss sie das Ende der verhängten **Sperrfrist** verzeichnen, bevor sie den Führerschein an die für seine erneute Erteilung zuständige Behörde versendet, vgl. § 2 Abs. 1 S. 1 StVG, § 68 StVZO.

Sofern der Verurteilte noch im Besitz des Führerscheins ist und diesen nicht freiwillig 6
an die Vollstreckungsbehörde herausgibt, beauftragt diese den Gerichtsvollzieher mit der **Wegnahme,** § 61 StVollstrO. Lässt sich das Dokument bei dem Verurteilten nicht auffinden, hat dieser eine eidesstattliche Versicherung über dessen Verbleib abzugeben, § 56 Abs. 5, § 62 Abs. 1 S. 1 StVollstrO; das Verfahren richtet sich dabei nach Abs. 1 S. 2 iVm §§ 6 Abs. 1 Nr. 1, 7 JBeitrG.[12]

Eine Sonderregelung enthält § 69b Abs. 2 S. 1 StGB für Führerscheine, die von der 7
Behörde eines **EU-Mitgliedstaats** bzw. eines Staats des Europäischen Wirtschaftsraums ausgestellt wurden. Diese unterliegen derselben Behandlung wie deutsche Führerscheine und daher der Einziehung. Führerscheine, die eine Behörde eines nicht der EU bzw. dem Europäischen Wirtschaftsraum angehörenden Staates ausgestellt hat, können nicht eingezogen werden. Sie erhalten stattdessen nach § 69b Abs. 2 S. 2 StGB einen entsprechenden **Vermerk,** sofern der Inhaber über keinen ordentlichen Wohnsitz in Deutschland verfügt.[13] Damit die Vollstreckungsbehörde den Vermerk anbringen kann, muss der Verurteilte den Führerschein bei dieser **vorlegen.** Weigert er sich, kann sie das Doku-

---

[5] BGH 29.4.1964 – VIII ZR 34/63, NJW 1964, 1413; Graalmann-Scheerer in Löwe/Rosenberg Rn. 5; Coen in BeckOK StPO Rn. 1.
[6] Coen in BeckOK StPO Rn. 1; Appl in KK-StPO Rn. 3; Graalmann-Scheerer in Löwe/Rosenberg Rn. 5; Köhler in Meyer-Goßner/Schmitt Rn. 2.
[7] Graalmann-Scheerer in Löwe/Rosenberg Rn. 3, 6; Wolf in Pohlmann/Jabel/Wolf StVollstrO § 61 Rn. 8.
[8] Coen in BeckOK StPO Rn. 3; Pohlmann/Jabel/Wolf StVollstrO § 61 Rn. 9.
[9] Appl in KK-StPO Rn. 4; Graalmann-Scheerer in Löwe/Rosenberg Rn. 8; Köhler in Meyer-Goßner/Schmitt Rn. 4; Wolf in Pohlmann/Jabel/Wolf StVollstrO § 61 Rn. 23.
[10] Appl in KK-StPO Rn. 6; Wolf in Pohlmann/Jabel/Wolf StVollstrO § 61 Rn. 24.
[11] Wolf in Pohlmann/Jabel/Wolf StVollstrO § 60 Rn. 25; S. auch Pfeiffer Rn. 2.
[12] Wolf in Pohlmann/Jabel/Wolf StVollstrO § 62 Rn. 1.
[13] Röttle/Wagner/Theurer Strafvollstreckung Kap. 4 Rn. 241; Fischer StGB § 69b Rn. 10.

ment gem. § 463b Abs. 2 beschlagnahmen. Eine entsprechende Anordnung trifft der Rechtspfleger. Ebenso wie bei inländischen Führerscheinen bleibt es bei Unauffindbarkeit des Dokuments möglich, den Betreffenden eine eidesstattliche Versicherung hierüber abgeben zu lassen.[14]

III. Nachträgliche und selbstständige Anordnung der Einziehung

8   Das Gericht kann die Anordnung der Einziehung gem. §§ 76 f. StGB nachträglich treffen oder eine bereits ausgesprochene Anordnung abändern. § 76 StGB erlaubt dabei eine Durchbrechung der Rechtskraft, um auf später eingetretene Änderungen der tatsächlichen Umstände zu reagieren.[15] § 76 Alt. 1 StGB setzt voraus, dass eine frühere Anordnung undurchführbar ist. Dies mag der Fall sein, wenn das Objekt der Einziehung bei Durchführung der Vollstreckungsmaßnahme vernichtet, verwertet oder an einen gutgläubigen Dritten übertragen wurde (→ Rn. 2 f.). Ebenso kommt der nachträgliche Ausspruch gem. § 76 Alt. 2 StGB in Betracht, soweit sich die zuvor getroffene Entscheidung nach der neuen Sachlage als unzureichend darstellt.

9   Die Entscheidung steht im pflichtgemäßen **Ermessen** des Gerichts, selbst wenn dies für die ursprüngliche Einziehung nicht gilt. § 462 Abs. 1 S. 1, Abs. 2 sieht vor, dass das Gericht des ersten Rechtszuges die Anordnung durch **Beschluss** ohne mündliche Verhandlung trifft. Zuvor sind dem Verurteilten wie auch der Staatsanwaltschaft **rechtliches Gehör** zu gewähren.[16]

10 Nach § 76a StGB kann die Einziehung auch selbstständig angeordnet werden, ohne dass es zu einer Verurteilung kommt. Diese häufig als „**objektives Verfahren**"[17] bezeichnete Anordnung erlaubt, bestimmte Gegenstände unabhängig von der Verhängung einer Strafe aus dem Verkehr zu ziehen. Vorliegen müssen sämtliche Voraussetzungen der Einziehung – abgesehen von der Verurteilung des Täters, die an tatsächlichen Hindernissen scheitert. Für eine bestimmte Fälle der Einziehung normiert § 76a Abs. 2 StGB erleichterte Voraussetzungen; hier genügt es bereits, wenn Verfolgungsverjährung eingetreten ist, Abs. 2 S. 1.[18]

IV. Vollstreckungsrechtliche Verfahrensaspekte

11 Die von einer Einziehungsanordnung erfassten Gegenständen nimmt die Vollstreckungsbehörde nach Rechtskraft der Entscheidung in Besitz, soweit sie sich zu diesem Zeitpunkt noch nicht in amtlichem Gewahrsam befinden, § 61 Abs. 1 S. 1 StVollstrO. Zum Zweck der **Wegnahme** kann sie auch einen Gerichtsvollzieher beauftragen, wenn der betroffene Einziehungsbeteiligte, vgl. § 431 Abs. 1 S. 1, § 424 Abs. 1, die Sache nicht freiwillig herausgibt.

12 Als **Einziehungsbeteiligten** bezeichnet § 424 Abs. 1 nur Personen, die nicht Beschuldigte in dem Strafverfahren sind.[19] Für **Einziehungsbeteiligte** gilt gem. § 442 Abs. 1 dasselbe. Der Auftrag an den Gerichtsvollzieher wird schriftlich mit dem in § 61 Abs. 2 S. 1 und 2 StVollstrO bestimmten Inhalt (verurteilte Person, Einziehungsbeteiligte, wegzunehmende Sache) erteilt.[20] Im Einzelfall kann eine Durchsuchungsanordnung notwendig werden, wenn der Gerichtsvollzieher gegen oder ohne den Willen des Betroffenen eine Wohnung betreten muss, vgl. § 107 GVGA. Denn nach Abs. 1 iVm § 6 Abs. 1 Nr. 1 JBeitrG

---

[14] Röttle/Wagner/Theurer Strafvollstreckung Kap. 4 Rn. 241.
[15] Heuchemer in BeckOK StGB StGB § 76 Rn. 1 f.; Heine in Satzger/Schluckebier/Widmaier StGB StGB § 76 Rn. 2 (vertritt eher aA); Salinger in NK-StGB StGB § 76 Rn. 1.
[16] Vgl. zur Bedeutung des rechtlichen Gehörs bei der Einziehungsanordnung Tschakert wistra 2022, 309 ff.
[17] Heuchemer in BeckOK StGB StGB § 76a Rn. 1; Eser/Schuster in Schönke/Schröder StGB § 76a Rn. 1 (Ausdruck „objektives Verfahren" in Fundstelle nicht gefunden); Fischer StGB § 76a Rn. 3 (Ausdruck „objektives Verfahren" in Fundstelle nicht gefunden); Salinger in NK-StGB StGB § 76a Rn. 2.
[18] Fischer StGB § 76a Rn. 8; Salinger in NK-StGB StGB § 76a Rn. 11.
[19] Temming in BeckOK StPO § 424 Rn. 2; Köhler in Meyer-Goßner/Schmitt § 424 Rn. 1.
[20] Paeffgen/Greco in SK-StPO Rn. 3.

findet in diesem Zusammenhang § 758a Abs. 1 S. 1 ZPO Anwendung, der die Notwendigkeit einer entsprechenden Anordnung normiert.

Verweigert ein Einziehungsbeteiligter die Herausgabe und trägt vor, Eigentümer der 13
Sache zu sein, kann der Betreffende gem. § 442 Abs. 2 S. 2 im Nachverfahren der §§ 430 ff. seine Einwendungen geltend machen. Macht der Beteiligte geltend, ihm stehe ein beschränktes dingliches Recht zu, darf nur vollstreckt werden, soweit vom Gericht dessen Erlöschen angeordnet wurde, § 61 Abs. 3 S. 1 StVollstrO.

Lässt sich die einzuziehende Sache nicht vorfinden, muss die Vollstreckungsbehörde 14
eine **eidesstattliche Versicherung** über deren Verbleib herbeiführen, § 62 Abs. 1 S. 2 iVm § 6 Abs. 1 Nr. 1, § 7 JBeitrG.[21] Der entsprechende Antrag wird vom Rechtspfleger gestellt. Für das weitere Verfahren gilt dann § 883 Abs. 2 ZPO.[22]

Die Einziehung hat für den betreffenden Gegenstand idR die **Verwertung** zur Folge, 15
§ 63 Abs. 1 S. 1 StVollstrO. Sofern sie allerdings wertlos, unverwertbar oder gemeingefährlich sind bzw. sich in gesetzeswidrigem Zustand befinden, schreibt Abs. 1 S. 2 der Norm deren Vernichtung vor. Zum Zweck der Verwertung sehen § 63 Abs. 2 S. 1 und S. 2 StVollstrO die öffentliche Versteigerung des Gegenstands oder dessen freihändigen Verkauf vor. Die Vollstreckungsbehörde beauftragt damit gem. § 64 Abs. 1 S. 1 StVollstrO den Gerichtsvollzieher.[23]

§ 64 Abs. 5 StVollstrO schließt **Täter und Teilnehmer** grds. vom Erwerb der Sache – 16
gleichgültig ob die Veräußerung durch öffentliche Versteigerung oder im Weg des freihändigen Verkaufs erfolgt – aus und erlaubt ihnen dies „nur ausnahmsweise sowie nur mit Einwilligung der obersten Justizbehörde". Für Angehörige der Justiz normiert § 64 Abs. 6 StVollstrO bei freihändigem Verkauf (dem Wortlaut nach jedoch nicht bei öffentlicher Versteigerung) ebenfalls einen Ausschluss.

Nach § 66 Abs. 1 S. 1 und 2 StVollstrO müssen Gegenstände, die eine bestimmte **Eig-** 17
nung für justitielle Zwecke aufweisen, zunächst in ein Verzeichnis aufgenommen und verwahrt werden. Sind sie für kriminalwissenschaftliche Forschungs- oder Lehrzwecke von Relevanz, so werden sie leihweise[24] gem. § 67 StVollstrO dem Landes- oder Bundeskriminalamt angeboten. §§ 69 ff. StVollstrO sehen für bestimmte Gegenstände besondere Verwendungen vor. Dies betrifft bspw. Jagd- und sonstige Waffen, Funkanlagen, Arznei- und Betäubungsmittel oder auch Wertpapiere und Zahlungsmittel.[25]

Soweit das Gericht die **Unbrauchbarmachung oder Vernichtung** eines Gegenstands 18
angeordnet hat, verfährt die Vollstreckungsbehörde nach § 63 Abs. 3 und 4 StVollstrO. Dabei steht es im pflichtgemäßen Ermessen der Behörde, die tauglichste Methode zu wählen.[26] Das Eigentum des Verurteilten bleibt unberührt,[27] sodass die unschädliche Sache dem Verurteilten nach der Unbrauchbarmachung zurückzugeben ist.[28] Ist das nicht möglich, werden sie vernichtet, § 63 Abs. 3 S. 2 StVollstrO.

Die Behandlung **amtlich verwahrter Gegenstände** richtet sich nach **Nr. 74 ff.** 19
RiStBV. Dabei normiert Nr. 74 RiStBV zunächst allgemein, dass diese sorgfältig zu behandeln und vor Verlust, Entwertung oder Beschädigung zu schützen sind. Wie die Verwahrung im Detail ausgestaltet ist, richtet sich nach den sog. **Gewahrsamssachenanweisungen** der

---

21 Graalmann-Scheerer in Löwe/Rosenberg Rn. 7; Köhler in Meyer-Goßner/Schmitt Rn. 5; Röttle/Wagner/Theurer Strafvollstreckung Kap. 5 Rn. 89.
22 Coen in BeckOK StPO Rn. 4; Appl in KK-StPO Rn. 7.
23 Wolf in Pohlmann/Jabel/Wolf StVollstrO § 64 Rn. 1.
24 Röttle/Wagner/Theurer Strafvollstreckung Kap. 5 Rn. 111; Wolf in Pohlmann/Jabel/Wolf StVollstrO § 67 Rn. 5.
25 Vgl. die Übersicht bei Röttle/Wagner/Theurer Strafvollstreckung Kap. 5 Rn. 113 f.
26 Wolf in Pohlmann/Jabel/Wolf StVollstrO § 63 Rn. 13.
27 Coen in BeckOK StPO Rn. 2; Graalmann-Scheerer in Löwe/Rosenberg Rn. 11; Köhler in Meyer-Goßner/Schmitt Rn. 3; Wolf in Pohlmann/Jabel/Wolf StVollstrO § 63 Rn. 11.
28 Appl in KK-StPO Rn. 5; Graalmann-Scheerer in Löwe/Rosenberg Rn. 11; Köhler in Meyer-Goßner/Schmitt Rn. 3; Paeffgen/Greco in SK-StPO Rn. 5; Wolf in Pohlmann/Jabel/Wolf StVollstrO § 63 Rn. 11.

Länder.²⁹ Die Abwicklung bzw. Herausgabe der Gegenstände richtet sich schließlich nach Nr. 75 RiStBV.

B. Zu einer Geldzahlung verpflichtende Nebenfolgen, Abs. 2

20 Für die Vollstreckung von Nebenfolgen, die zu einer Geldzahlung verpflichten, ordnet Abs. 2 die Geltung von §§ 459, 459a, 459c Abs. 1 und 2 und § 459d an. Zu den von dieser Verweisung erfassten Nebenfolgen gehören die Einziehung des Wertersatzes, §§ 74c, 75 StGB, auch bei nachträglicher oder selbständiger Anordnung, §§ 76, 76a StGB, sowie die Abführung des Mehrerlöses, § 8 WiStG.³⁰

21 Nicht hierher gehören die Geldbuße gegen eine juristische Person oder Personenvereinigung als Nebenfolge der Straftat ihres Organs oder Vertretungsberechtigten, § 30 OWiG, § 444 sowie § 91 OWiG, § 1 Abs. 1 Nr. 2 JBeitrG. Das Gleiche gilt für die Geldauflage bei Strafaussetzung zur Bewährung oder bedingter Entlassung, § 56b Abs. 2 Nr. 2, § 57 Abs. 3 StGB, oder bei vorläufiger Einstellung des Verfahrens nach § 153a, denn sie ist nicht beitreibbar, und schuldhafte Nichterfüllung führt gegebenenfalls zum Widerruf der Aussetzung oder Entlassung oder zum Fortgang des Verfahrens. Auch die Geldauflage als Zuchtmittel nach § 15 Abs. 2 JGG oder bei Aussetzung einer Jugendstrafe oder Entlassung zur Bewährung, §§ 23, 88 Abs. 6 JGG, ist nicht vollstreckbar. Schuldhafte Nichterfüllung führt, wenn es sich um ein Zuchtmittel handelt, zur Verhängung von Jugendarrest, § 15 Abs. 3 JGG, oder zum Widerruf der Aussetzung und Entlassung, wenn sie als Bewährungsauflage angeordnet ist, § 26 Abs. 1 Nr. 3, § 88 Abs. 6 JGG.

C. Eingriffsmaßnahmen zur Sicherung der Vollstreckung, Abs. 3

22 Abs. 3 erweitert die rechtlichen Möglichkeiten der Staatsanwaltschaft im Rahmen der Vollstreckung rechtskräftiger Einziehungsanordnung, Abs. 1, und Wertersatzeinziehungsanordnungen, Abs. 2. Bislang richtet sich die Vollstreckung nach den zivilprozessualen Regelungen. Es gelten deshalb die auf zivilrechtliche Gläubiger zugeschnittenen Anhörungsvorschriften. Dies wird der strafrechtlichen Vermögensabschöpfung nicht gerecht. Bei Hinweisen auf bislang nicht entdecktes Vermögen des von der Einziehungsanordnung betroffenen Straftäters ermöglicht die empfohlene Neufassung des § 459g Abs. 3 der Staatsanwaltschaft deshalb künftig zum einen Sicherstellungen und Beschlagnahmen, §§ 94 ff. sowie Durchsuchungen, §§ 102–110, zum Auffinden des Einziehungsgegenstandes oder bislang unentdeckter Vermögenswerte. Zum anderen ermöglicht der Verweis auf § 131 Abs. 1, die Anordnung zur Vollstreckung auszuschreiben (zB im EDV-Fahndungssystem der Polizei). Soweit gerichtliche Entscheidungen notwendig sind, trifft diese das Gericht erster Instanz, § 462a Abs. 2 S. 1. Für bewegliches („flüchtiges") Vermögen verweist Abs. 3 zudem auf die Vorschriften über die Vollziehung der Beschlagnahme und des Vermögensarrestes. Die Regelung sichert dadurch die Vollstreckung rechtskräftiger (Wertersatz-)Einziehungsanordnungen und trägt damit der strafrechtlichen Grundlage der Vermögensabschöpfung Rechnung. Die Vorschrift stärkt die Vermögensabschöpfung als Instrument einer wirksamen Kriminalitäts- und Terrorismusbekämpfung.³¹ In diese Richtung wirkt auch Abs. 3 S. 3, der vorsieht, dass die Anhörung des Betroffenen vor gerichtlichen Entscheidungen unterbleibt, wenn sie den Zweck der Anordnung gefährden würde. Besteht also die Wahrschein-

---

²⁹ Vgl. bspw. für Baden-Württemberg, Anweisung v. 18.10.2000, Die Justiz 2000, 440; Berlin, Anweisung v. 19.12.2006, ABl. Nr. 1 v. 5.1.2007.
³⁰ Appl in KK-StPO Rn. 12; Graalmann-Scheerer in Löwe/Rosenberg Rn. 17; Köhler in Meyer-Goßner/Schmitt Rn. 7; Bringewat Rn. 9; Paeffgen/Greco in SK-StPO Rn. 6; Wolf in Pohlmann/Jabel/Wolf StVollstrO § 57 Rn. 1, 2.
³¹ So BT-Drs. 18/11640, 89.

lichkeit, dass der Verurteilte die fraglichen Vermögenswerte beiseite schafft, so unterbleibt seine vorherige Anhörung, was iE einer heimlichen Sicherstellung und Beschlagnahme gleichkommt.

D. Schutz des Einziehungsadressaten vor doppelter Inanspruchnahme, Abs. 4

Die Vorschrift schützt den Einziehungsadressaten vor einer doppelten Inanspruchnahme. Soweit der Anspruch des durch die Tat Verletzten nach der Anordnung der Einziehung oder der Wertersatzeinziehung befriedigt wird, ist die Vollstreckung der Einziehung oder Wertersatzeinziehung nicht gerechtfertigt. Sie hat in diesen Fällen zu unterbleiben. § 459g Abs. 3 ergänzt damit § 73e StGB, der den Ausschluss bis zur Einziehungsentscheidung im Erkenntnisverfahren regelt.[32] 23

E. Unverhältnismäßigkeit der Vermögensabschöpfung, Abs. 5

Abs. 5 wurde zum 1.7.2021[33] den Regelungen der §§ 73 ff. StGB angepasst und trägt dem Umstand Rechung, dass im Erkenntnisverfahren der Wegfall der Bereicherung nicht mehr zu einem Ausschluss der Vermögensabschöpfung, sondern allenfalls zum Einwand der Unverhältnismäßigkeit führt, § 74f StGB.[34] Der Regelung kommt daher eine gewisse Korrektivfunktion zu, wobei grds. derselbe Maßstab gilt wie im Rahmen des § 74f StGB. Auch die Prüfung, ob eine durch das Abzugsverbot des § 73d Abs. 1 S. 2 StGB später eintretende Härte iSd § 73c StGB aF vorliegt, hat nach Abs. 5 S. 1 im Vollstreckungsverfahren zu erfolgen.[35] Die bloße Möglichkeit des Verletzten, auf Grundlage eines eigenen Titels seine Ansprüche vollstrecken zu können, ist idR nicht geeignet, eine Unverhältnismäßigkeit iSd Abs. 5 zu begründen.[36] S. 2 regelt die Wiederaufnahme der Vollstreckung, wenn nachträglich bekannt gewordene oder eingetretene Umstände der Absehensentscheidung den Boden entziehen. Dafür genügt es nicht, wenn die Vollstreckungsbehörde die Verhältnismäßigkeit der Vollstreckung lediglich anders bewertet als das Tatgericht auf der Grundlage aktenkundig zu machender Tatsachen. Der Verurteilte kann jederzeit das erneute Unterbleiben der Vollstreckung beantragen. 24

§ 459h Entschädigung

(1) ¹Ein nach den §§ 73 bis 73b des Strafgesetzbuches eingezogener Gegenstand wird demjenigen, dem ein Anspruch auf Rückgewähr des Erlangten aus der Tat erwachsen ist, oder dessen Rechtsnachfolger zurückübertragen. ²Gleiches gilt, wenn der Gegenstand nach § 76a Absatz 1 des Strafgesetzbuches, auch in Verbindung mit § 76a Absatz 3 des Strafgesetzbuches, eingezogen worden ist. ³In den Fällen des § 75 Absatz 1 Satz 2 des Strafgesetzbuches wird der eingezogene Gegenstand demjenigen, dem der Gegenstand gehört oder zusteht, herausgegeben, wenn dieser sein Recht fristgerecht bei der Vollstreckungsbehörde angemeldet hat.

---

[32] BT-Drs. 18/9525, 94.
[33] Gesetz v. 25.6.2021, BGBl. 2021 I 2099. Zur Anwendung der Vorschrift vor dem 1.7.2021 liegende Einziehungsfälle siehe OLG Schleswig 7.7.2022 – 2 Ws 63/22, BeckRS 2022, 16351 sowie OLG Karlsruhe 25.5.2022 – 1 Ws 122/22, BeckRS 2022, 11716.
[34] Vgl. zu der Vorschrift im Ganzen Blanke-Roeser StV 2019, 776 ff.; Savini Rpfleger 2022, 165 ff. sowie Bittmann wistra 2021, 257 (258 f.) und Lubini NZWiSt 2019, 419 (421 f.).
[35] BGH 22.4.2020 – 1 StR 261/19, BeckRS 2020, 8564.
[36] OLG Hamm 29.7.2021 – 3 Ws 265/21, 282/21, BeckRS 2021, 26957.

(2) ¹Hat das Gericht die Einziehung des Wertersatzes nach den §§ 73c und 76a Absatz 1 Satz 1 des Strafgesetzbuches, auch in Verbindung mit § 76a Absatz 3 des Strafgesetzbuches, angeordnet, wird der Erlös aus der Verwertung der auf Grund des Vermögensarrestes oder der Einziehungsanordnung gepfändeten Gegenstände demjenigen, dem ein Anspruch auf Ersatz des Wertes des Erlangten aus der Tat erwachsen ist, oder an dessen Rechtsnachfolger ausgekehrt. ²§ 111i gilt entsprechend.

1 Die Vorschrift bildet das Fundament der Opferentschädigung im Vollstreckungsverfahren aufgrund des Gesetzes zur Reform der strafrechtlichen Vermögensabschöpfung.[1] Sie verfolgt das Ziel, dem Verletzten leichter zu einem vermögensrechtlichen Ausgleich zu verhelfen. § 459h enthält insgesamt drei verschiedene Anspruchsgrundlagen: einerseits regelt die Vorschrift Ansprüche von Verletzten sowie ihren Rechtsnachfolgern auf Rückübereignung einer bestimmten Sache oder Rückübertragung eines bestimmten Rechts, die durch den Staat eingezogen worden sind (Abs. 1 S. 1 und 2), andererseits normiert sie einen Anspruch auf Herausgabe eingezogener Sachen oder Rechte, die noch dem Verletzten gehören (Abs. 1 S. 3). Darüber hinaus statuiert § 459h einen Anspruch auf Auskehr von Erlösen aus der Verwertung eingezogener Gegenstände, soweit das Erlangte stoffgleich mit dem entsprechenden Schaden des Verletzten ist.

2 Nach Auffassung des Gesetzgebers soll die Regelung den Geschädigten „einfach und unbürokratisch" zu ihren Ansprüchen verhelfen.[2] Die Opferentschädigung wurde zu diesem Zweck generell in das Vollstreckungsverfahren verlagert, wobei zuständig die Staatsanwaltschaft als Vollstreckungsbehörde ist; die funktionelle Zuständigkeit liegt beim Rechtspfleger. Das bisher geltende Modell der Rückgewinnungshilfe wurde als zu kompliziert aufgefasst, die Vorschrift über den staatlichen Auffangrechtserwerb als unnötig gekünstelt. Die Regelung galt insgesamt als „zentrales Hindernis für eine wirksame Vermögensabschöpfung".[3] Eine wesentliche Verbesserung für den Geschädigten ergibt sich jedenfalls daraus, dass dieser zur Durchsetzung seiner Ansprüche nicht mehr auf einen zivilrechtlichen Titel angewiesen ist.[4] Gegen die Regelung wird allerdings vorgebracht, dass dadurch dem Geschädigten zunächst die in der Herrschaft des Beschuldigten befindliche Haftungsmasse entzogen wird und er stattdessen auf ein „aus Praktikersicht völlig ungeeignetes Erstattungsund Verteilungsverfahren in der Strafvollstreckung" vertröstet bleibt.[5]

3 § 459h bildet die Grundlage des reformierten Opferentschädigungsrechts. Abs. 1 normiert einen Rückübertragungsanspruch des Verletzten, während Abs. 2 Fälle der Einziehung des Wertersatzes betrifft. Die Entschädigung des Verletzten erfolgt somit durch Rückgewähr des Erlangten, Abs. 1, oder durch Wertersatz, Abs. 2.

4 Der Rückgewähranspruch muss dem Verletzten aus einer im Urteil (rechtskräftig) festgestellten Tat erwachsen sein. Damit ergibt sich der Inhalt des Anspruchs unmittelbar aus dem Strafurteil. Für die Prüfung, ob dem Verletzten ein Anspruch, einschließlich von Schadensersatz- und Bereicherungsrecht, „aus der Tat" erwachsen ist sind auch die Feststellungen der Einziehungsanordnung und ggf. ein zivilrechtlicher Titel heranzuziehen.[6] Der Adressat der Einziehung, dh der Täter, Teilnehmer oder Drittbegünstigte, kann seine Einwendungen gegen den Anspruch geltend machen; ihm stehen gegen die Entscheidung der Vollstreckungsbehörde Rechtsmittel zu, mit denen er eine gerichtliche Überprüfung der Entscheidung der Vollstreckungsbehörde erreichen kann, § 459o. Mit etwaigen Ansprüchen

---

[1] S. zur Einordnung in das Vollstreckungsverfahren BGH 8.12.2021 – 3 StR 308/21, BeckRS 2021, 43634.
[2] Vgl. die amtl. Begründung BT-Drs. 18/9525, 3.
[3] So Coen in BeckOK StPO Rn. 2 unter Verweis auf die amtl. Begründung BT-Drs. 18/9525, 2, 46.
[4] Coen in BeckOK StPO Rn. 2.
[5] So Coen in BeckOK StPO Rn. 3 unter Verweis auf Köllner/Muck NZI 2017, 597.
[6] Vgl. OLG Braunschweig 22.6.2021 – 1 Ws 88/21, NStZ-RR 2021, 348 ff.

gegen den Verletzten bleibt der Einziehungsadressat nach dem Willen des Gesetzgebers auf den Zivilrechtsweg vertröstet.[7] Sofern der Verletzte die Frist des § 459j Abs. 1, 459k Abs. 1 verpasst, muss er sich einen zivilrechtlichen Titel erstreiten.

Anspruchsberechtigt iSd § 459h sind der Verletzte sowie dessen Rechtsnachfolger. Der Grund der Rechtsnachfolge, dh ob gesetzlich oder rechtsgeschäftlich, ist irrelevant. Zu den verfahrensrechtlichen Unterschieden zwischen Verletztem und Rechtsnachfolger vgl. §§ 459j, 459k.[8]

Abs. 1 S. 1 und S. 2 regeln die Fälle, in denen gem. § 75 Abs. 1 S. 1 StGB das Eigentum an der Sache oder das eingezogene Recht mit Rechtskraft der Einziehungsanordnung auf den Staat übergeht. Abs. 2 erfasst Konstellationen, in denen eine Einziehung des Wertersatzes stattgefunden hat. Eine Entschädigung des Verletzten erfolgt dann, indem der betreffende Betrag bzw. die entsprechenden Gegenstände ausgekehrt wird/werden.

§ 459i Mitteilungen

(1) ¹Der Eintritt der Rechtskraft der Einziehungsanordnung nach den §§ 73 bis 73c und 76a Absatz 1 Satz 1 des Strafgesetzbuches, auch in Verbindung mit § 76a Absatz 3 des Strafgesetzbuches, wird demjenigen, dem ein Anspruch auf Rückgewähr des Erlangten oder auf Ersatz des Wertes des Erlangten aus der Tat erwachsen ist, unverzüglich mitgeteilt. ²Die Mitteilung ist zuzustellen; § 111l Absatz 4 gilt entsprechend.

(2) ¹Die Mitteilung ist im Fall der Einziehung des Gegenstandes mit dem Hinweis auf den Anspruch nach § 459h Absatz 1 und auf das Verfahren nach § 459j zu verbinden. ²Im Fall der Einziehung des Wertersatzes ist sie mit dem Hinweis auf den Anspruch nach § 459h Absatz 2 und das Verfahren nach den §§ 459k bis 459m zu verbinden.

Die Vorschrift, die durch das Gesetz zur Reform der strafrechtlichen Vermögensabschöpfung eingeführt wurde, verpflichtet die Vollstreckungsbehörde dazu, dem Verletzten den Eintritt der Rechtskraft einer Einziehungsanordnung unverzüglich mitzuteilen, soweit sich daraus Ansprüche nach § 459h ergeben können, Abs. 1 S. 1. Nach Abs. 1 S. 2 erfolgt die Mitteilung durch förmliche Zustellung an den Verletzten, in Ausnahmefällen durch Veröffentlichung im Bundesanzeiger. Der Verletzte ist ferner über die Art des in Betracht kommenden Anspruchs und über das weitere Verfahren zu unterrichten, Abs. 2.[1]

§ 459i regelt die Mitteilungspflichten der Staatsanwaltschaft als Vollstreckungsbehörde gegenüber den Verletzten. Die Mitteilung soll den Hinweis an den Verletzten enthalten, dass sich sein Entschädigungsanspruch im Strafverfahren auf Rückgewähr des durch die Straftat Erlangten oder auf Ersatz des Wertes des Erlangten beschränkt. Der Gesetzgeber hielt es für sinnvoll, hier die Richtlinien für das Strafverfahren und das Bußgeldverfahren (RiStBV) zu ergänzen.[2] Nach Abs. 1 S. 1 ist den Verletzten der Eintritt der Rechtskraft der Anordnung der Einziehung und der Wertersatzeinziehung unverzüglich mitzuteilen.[3]

Abs. 1 S. 2 sieht die förmliche Zustellung vor. Dieses Erfordernis resultiert daraus, dass mit der Mitteilung die Frist für die Anmeldung der Ansprüche der Verletzten beginnt, § 459j Abs. 1 S. 1, 459k Abs. 1 S. 1. Nach Satz 2 Halbsatz 2 kann die Mitteilung unter den Voraussetzungen des § 111l Abs. 4 StPO-E durch eine einmalige Veröffentlichung im Bundesanzeiger erfolgen; die Frist beginnt in diesem Fall mit der Veröffentlichung.[4]

---

[7] BT-Drs. 18/9525, 94 f.
[8] BT-Drs. 18/11640, 90.
[1] Coen in Graf Rn. 18.
[2] BT-Drs. 18/9525, 95.
[3] BT-Drs. 18/9525, 95.
[4] BT-Drs. 18/9525, 95.

4 Abs. 2 verpflichtet die Vollstreckungsbehörde (Staatsanwaltschaft), die Verletzten mit der Mitteilung nach Absatz 1 auf das einschlägige Entschädigungsverfahren hinzuweisen. Die Vorschrift soll dadurch dem Opferschutzgedanken Rechnung tragen. (so BT-Drs. 18/9525, 95).

§ 459j Verfahren bei Rückübertragung und Herausgabe

(1) Der Anspruchsinhaber hat seinen Anspruch auf Rückübertragung oder Herausgabe nach § 459h Absatz 1 binnen sechs Monaten nach der Mitteilung der Rechtskraft der Einziehungsanordnung bei der Vollstreckungsbehörde anzumelden.

(2) ¹Ergibt sich die Anspruchsberechtigung des Antragstellers ohne weiteres aus der Einziehungsanordnung und den ihr zugrundeliegenden Feststellungen, so wird der eingezogene Gegenstand an den Antragsteller zurückübertragen oder herausgegeben. ²Andernfalls bedarf es der Zulassung durch das Gericht. ³Das Gericht lässt die Rückübertragung oder Herausgabe nach Maßgabe des § 459h Absatz 1 zu. ⁴Die Zulassung ist zu versagen, wenn der Antragsteller seine Anspruchsberechtigung nicht glaubhaft macht; § 294 der Zivilprozessordnung ist anzuwenden.

(3) ¹Vor der Entscheidung über die Rückübertragung oder Herausgabe ist derjenige, gegen den sich die Anordnung der Einziehung richtet, zu hören. ²Dies gilt nur, wenn die Anhörung ausführbar erscheint.

(4) Bei Versäumung der in Absatz 1 Satz 1 genannten Frist ist unter den in den §§ 44 und 45 bezeichneten Voraussetzungen die Wiedereinsetzung in den vorigen Stand zu gewähren.

(5) Unbeschadet des Verfahrens nach Absatz 1 kann der Anspruchsinhaber seinen Anspruch auf Rückübertragung oder Herausgabe nach § 459h Absatz 1 geltend machen, indem er ein vollstreckbares Endurteil im Sinne des § 704 der Zivilprozessordnung oder einen anderen Vollstreckungstitel im Sinne des § 794 der Zivilprozessordnung vorlegt, aus dem sich der geltend gemachte Anspruch ergibt.

1 Die Vorschrift regelt die Mitwirkungsobliegenheiten des Verletzten bei der Geltendmachung des Rückübertragungs- und Herausgabeanspruchs nach § 459h Abs. 1 von eingezogenen Gegenständen. § 459j dient dem Opferschutz und soll zudem die Rechtsanwendung für die Rechtspfleger der Staatsanwaltschaft erleichtern.[1]

I. Geltendmachung des Anspruchs mit Urkundenkopie

2 **1. Geltendmachung des Anspruchs.** Der Verletzte muss seinen Anspruch innerhalb von sechs Monaten nach Zustellung (oder Bekanntmachung) der Mitteilung der Rechtskraft der Einziehung (§ 459i) bei der Staatsanwaltschaft[2] als zuständiger Vollstreckungsbehörde (§ 451) anmelden (Abs. 1 S. 1). Erst nach wirksamer Zustellung oder Bekanntmachung beginnt die Frist zu laufen.[3] Die funktionelle Zuständigkeit liegt beim Rechtspfleger (§ 3 Nr. 4c, § 31 Abs. 2 S. 1 RPflG).[4] Bestimmte Inhalts- oder Formerfordernisse sind bei der Anmeldung jedoch nicht zu beachten. Es muss dabei lediglich erkennbar sein, dass der Anspruch geltend gemacht werden soll. Die Anmeldung erfolgt gebührenfrei.[5]

---

[1] BT-Drs. 18/11640, 90.
[2] BT-Drs. 18/9525, 50.
[3] Coen in BeckOK StPO Rn. 2.
[4] BT-Drs. 18/9525, 94. Im Rahmen des Gesetzgebungsverfahrens wurde von Seiten der Bundesrechtsanwaltskammer kritisiert, dass diese Aufgabe einer materiell-rechtlichen Prüfung den Rechtspfleger überfordert; vgl. Stellungnahme Nr. 15/2016, S. 12 f.
[5] Coen in BeckOK StPO Rn. 4.

2. Anspruchsberechtigung und Verfahren. Hat der Anspruchsberechtigte seinen 3
Anspruch auf Rückübertragung oder Herausgabe fristgemäß bei der Vollstreckungsbehörde angemeldet (Abs. 1), so muss diese zunächst prüfen, ob sich die Anspruchsberechtigung des Antragstellers ohne weiteres aus der Einziehungsanordnung und den ihr zugrundeliegenden Feststellungen ergibt (Abs. 2 S. 1). Dabei müssen der Anstragsteller und der von ihm beanspruchte Gegenstand ausdrücklich in der Entscheidung genannt sein. Inwieweit sich aus diesem Kriterium, dass die Anspruchsberechtigung der Einziehungsentscheidung „ohne weiteres" zu entnehmen sein muss, zusätzliche Anforderungen ergeben, ist streitig. Denn um überhaupt einen vollstreckungsrechtlichen Anspruch nach § 459h Abs. 1 zum Entstehen zu bringen, müssen sich ohnehin alle zur Begründung der Anspruchsvoraussetzungen erforderlichen Tatsachen aus der Einziehungsentscheidung selbst ergeben. Damit scheidet der Anspruch bereits aus, wenn zusätzliche Tatsachen festgestellt werden müssten; eine Ausnahme gilt lediglich für die in § 459h ausdrücklich erwähnten Rechtsnachfolger, deren Anspruch daher idR nicht von der Vollstreckungsbehörde erfüllt werden kann.

Andernfalls bedarf nach Abs. 2 S. 2 die Rückübertragung oder die Herausgabe des 4
Gegenstandes der Zulassung durch das Gericht erster Instanz (§ 462a Abs. 2 S. 1). Die Vollstreckungsbehörde hat die Anmeldung des Anspruchs also dem Gericht vorlegen, um die beabsichtigte Zulassungsentscheidung herbeizuführen. Eine Zulassung iSd Abs. 2 S. 2 erfolgt auch, wenn das Gericht zu dem Ergebnis gelangt, dass sich die Anspruchsberechtigung entgegen der Auffassung der Vollstreckungsbehörde doch ohne weiteres aus der Einziehungsentscheidung ergibt.[6]

Das Gericht lässt die Rückübertragung oder Herausgabe nach Maßgabe des § 459h 5
Abs. 1 zu (Abs. 2 S. 3). § 459h Abs. 1 ist demnach als Maßstab für die Zulassungsentscheidung heranzuziehen. Damit muss sich die Anspruchsberechtigung dem Grunde nach aus der Einziehungsentscheidung ergeben. Das Zulassungsverfahren dient ebenfalls dazu, die Rechtsnachfolge und darüber hinaus mit Bezug auf § 459h Abs. 1, das Eigentum an Gegenständen geltend zu machen, deren Eigentümer bis zur Einziehungsentscheidung nicht ermittelt werden konnte.

Abs. 2 S. 4 verlangt lediglich eine Glaubhaftmachung der Anspruchsberechtigung, wor- 6
aus sich eine Erleichterung ergibt. Daraus folgt, dass sich das Gericht keine volle Überzeugung von den entscheidungserheblichen Tatsachen verschaffen muss, sondern eine überwiegende Wahrscheinlichkeit ausreicht.[7] Diese Erleichterung des Beweismaßes ist jedoch nur auf die Geltendmachung der Rechtsnachfolge und des Eigentums an Einziehungsgegenständen anzuwenden. Zusätzlich ist § 294 ZPO anwendbar (Abs. 2 S. 4 Hs. 2). Damit kann sich der Anspruchsberechtigte zur Glaubhaftmachung der tatsächlichen Voraussetzungen seines Anspruchs der eidesstattlichen Versicherung bedienen.

3. Anhörung des Adressaten der Einziehungsanordnung. Vor der Entscheidung 7
der Vollstreckungsbehörde muss der Adressat (Tatbeteiligte oder Drittbegünstigte)[8] der Einziehungsanordnung nach Abs. 3 S. 1 angehört werden. Dies gilt nur, wenn die Durchführung der Anhörung möglich erscheint. Der Adressat hat somit die Möglichkeit (zivilrechtliche) Einwendungen gegen den Rückübertragungs- und Herausgabeanspruch des Verletzten zu erheben.[9]

4. Wiedereinsetzung in den vorigen Stand. Versäumt der Verletzte unverschuldet 8
die Anmelde- und Darlegungsfrist nach Abs. 1 S. 1, kann er nach Abs. 4 Wiedereinsetzung in den vorigen Stand unter den in §§ 44–45 genannten Voraussetzungen beantragen. Das Verschulden des Verteidigers wird dem Anspruchsberechtigten grds. nicht zugerechnet (→ § 44 Rn. 56).[10] Die Anforderungen an den Wiedereinsetzungantrag sind § 45 zu ent-

---

[6] Coen in BeckOK StPO Rn. 10.
[7] So auch das Gesetz korrigierend auslegend Coen in BeckOK StPO Rn. 13.
[8] BT-Drs. 18/9525, 95.
[9] BT-Drs. 18/9525, 95.
[10] AA Coen in BeckOK StPO Rn. 18.

nehmen. Mangels Bezugnahme auf § 46 Abs. 1 entscheidet die Vollstreckungsbehörde und nicht das Gericht über den Wiedereinsetzungantrag.[11] Zudem besteht die Möglichkeit nach § 459o eine Überprüfung durch das Gericht herbeizuführen.

II. Geltendmachung des Anspruchs mit zivilrechtlichen Titel

9   Zusätzlich zu dem Verfahren nach Abs. 1 kann der Verletzte gem. Abs. 5 seinen Anspruch auf Rückübertragung oder Herausgabe nach § 459h Abs. 1 durch Vorlage eines vollstreckbaren Endurteils iSd § 704 ZPO oder eines anderen Vollstreckungstitel iSd § 794 ZPO bei der Vollstreckungsbehörde[12] geltend machen. Darunter fallen zB Vergleiche, Vollstreckungsbescheide oder Entscheidungen, § 794 Abs. 1 Nr. 1, 4, 4a ZPO. In diesem Titel muss der geltend gemachte Anspruch festgestellt worden sein. Der Anspruch muss anders als derjenige nach Abs. 1 nicht innerhalb einer bestimmten Frist vorgebracht werden. Die weiteren Regelungen der Vorschrift bleiben dennoch anwendbar.[13] Daher ist dem Verletzten der Rückübertragungs- oder Herausgabeanspruch nach Abs. 2 S. 2 zu versagen, soweit er nicht (entsprechend § 294 ZPO) glaubhaft machen kann, dass ihm dieser aus der Straftat erwachsen ist. Gem. Abs. 2 S. 1 ist der Anspruch zu erfüllen, wenn sich aus der Tatsachengrundlage der Einziehungsanordnung, aus dem zivilrechtlichen Titel oder aus der Zusammenschau beider, die Anspruchsberechtigung ergibt; vgl. aber § 459l Abs. 1 S. 2 für Fälle, in denen beides selbst in der Zusammenschau nicht ausreicht.

III. Rechtsmittel

10   Das Gericht des ersten Rechtszugs (§ 462a Abs. 2 S. 1) ist für die Entscheidung über die Zulassung zuständig. Gegen die Entscheidung der Zulassung kann nach § 462 Abs. 3 die sofortige Beschwerde erhoben werden, soweit nicht das OLG als Gericht des ersten Rechtszugs entschieden hat. Eine Beschwer des Einziehungsadressaten liegt dabei nicht nur durch eine positive, sondern auch durch eine negative Zulassungsentscheidung vor, da er ein rechtliches Interesse an der Zulassung haben kann.[14]

§ 459k Verfahren bei Auskehrung des Verwertungserlöses

(1) ¹Der Anspruchsinhaber hat seinen Anspruch auf Auskehrung des Verwertungserlöses nach § 459h Absatz 2 binnen sechs Monaten nach der Mitteilung der Rechtskraft der Einziehungsanordnung bei der Vollstreckungsbehörde anzumelden. ²Bei der Anmeldung ist die Höhe des Anspruchs zu bezeichnen.

(2) ¹Ergeben sich die Anspruchsberechtigung des Antragstellers und die Anspruchshöhe ohne weiteres aus der Einziehungsanordnung und den ihr zugrunde liegenden Feststellungen, so wird der Verwertungserlös in diesem Umfang an den Antragsteller ausgekehrt. ²Andernfalls bedarf es der Zulassung durch das Gericht. ³Das Gericht lässt die Auskehrung des Verwertungserlöses nach Maßgabe des § 459h Absatz 2 zu. ⁴Die Zulassung ist zu versagen, wenn der Antragsteller seine Anspruchsberechtigung nicht glaubhaft macht; § 294 der Zivilprozessordnung ist anzuwenden.

(3) ¹Vor der Entscheidung über die Auskehrung ist derjenige, gegen den sich die Anordnung der Einziehung richtet, zu hören. ²Dies gilt nur, wenn die Anhörung ausführbar erscheint.

(4) Bei Versäumung der in Absatz 1 Satz 1 genannten Frist ist unter den in den §§ 44 und 45 bezeichneten Voraussetzungen die Wiedereinsetzung in den vorigen Stand zu gewähren.

---

[11] In diese Richtung auch Coen in BeckOK StPO Rn. 19.
[12] BT-Drs. 18/9525, 50.
[13] BT-Drs. 18/11640, 90; OLG Braunschweig 22.6.2021 – Ws 88/21, NStZ-RR 2021, 348 (350).
[14] Coen in BeckOK StPO Rn. 17.

(5) ¹Unbeschadet des Verfahrens nach Absatz 1 kann der Anspruchsinhaber seinen Anspruch auf Auskehrung des Verwertungserlöses nach § 459h Absatz 2 geltend machen, indem er ein vollstreckbares Endurteil im Sinne des § 704 der Zivilprozessordnung oder einen anderen Vollstreckungstitel im Sinne des § 794 der Zivilprozessordnung vorlegt, aus dem sich der geltend gemachte Anspruch ergibt. ²Einem vollstreckbaren Endurteil im Sinne des § 704 der Zivilprozessordnung stehen bestandskräftige öffentlich-rechtliche Vollstreckungstitel über Geldforderungen gleich.

§ 459k regelt das Verfahren bei Geltendmachung des Auskehrungsanspruchs des Verletzten nach § 459h Abs. 2 S. 1. Die verfahrensrechtliche Ausgestaltung in § 459j und § 459k läuft parallel, so dass auf die Grundsätze zu § 459j (auch → § 459j Rn. 1 ff.) zurückgegriffen werden kann, soweit sich keine Besonderheiten ergeben.

Der Verletzte muss nach Abs. 1 S. 2 bei der Anmeldung seines Anspruchs auf Auskehrung des Verwertungserlöses zusätzlich zu den bereits bei → § 459j Rn. 2 genannten Angaben, auch Grund und Höhe des Anspruchs angeben.

Bei der Möglichkeit der Geltendmachung des Anspruchs nach Abs. 5 ergibt sich entgegen § 459j die Besonderheit, dass der Verletzte das Risiko für seine Untätigkeit trägt, da die Ansprüche der Geschädigten auf den im konkreten Einzelfall erzielten Verwertungserlös beschränkt sind.[1] Macht der Verletzte seinen Anspruch auf Auskehrung des Verwertungserlöses erst zu einem Zeitpunkt geltend, in dem der Verwertungserlös bereits vollständig an die übrigen Geschädigten ausgekehrt ist, geht er leer aus.[2] Ihm bleibt aber weiterhin die Möglichkeit sich an seinen deliktischen Schuldner (Tatbeteiligter oder Drittbegünstigter) zu halten.[3] Abs. 5 S. 2 stellt bestandskräftige öffentlich-rechtliche Vollstreckungstitel über Geldforderungen den relevanten zivilrechtlichen Vollstreckungstiteln gleich.

§ 459l Ansprüche des Betroffenen

(1) ¹Legt derjenige, gegen den sich die Anordnung der Einziehung richtet, ein vollstreckbares Endurteil im Sinne des § 704 der Zivilprozessordnung oder einen anderen Vollstreckungstitel im Sinne des § 794 der Zivilprozessordnung vor, aus dem sich ergibt, dass der Anspruch auf Rückgewähr des Erlangten aus der Tat erwachsen ist, kann er verlangen, dass der eingezogene Gegenstand nach Maßgabe des § 459h Absatz 1 an den Anspruchsinhaber zurückübertragen oder herausgegeben wird. ²§ 459j Absatz 2 gilt entsprechend.

(2) ¹Befriedigt derjenige, gegen den sich die Anordnung der Einziehung des Wertersatzes richtet, den Anspruch, der dem Anspruchsinhaber aus der Tat auf Rückgewähr des Erlangten oder auf Ersatz des Wertes des Erlangten erwachsen ist, kann er im Umfang der Befriedigung Ausgleich aus dem Verwertungserlös verlangen, soweit unter den Voraussetzungen des § 459k Absatz 2 Satz 1 der Verwertungserlös an den Anspruchsinhaber nach § 459h Absatz 2 auszukehren gewesen wäre. ²§ 459k Absatz 2 Satz 2 bis 4 gilt entsprechend. ³Die Befriedigung des Anspruchs muss in allen Fällen durch eine Quittung des Anspruchsinhabers glaubhaft gemacht werden. ⁴Der Anspruchsinhaber ist vor der Entscheidung über den Ausgleichsanspruch zu hören, wenn dies ausführbar erscheint.

§ 459l regelt die Handlungs- und Ausgleichsansprüche des Einziehungsadressaten gegen den Staat in denjenigen Fällen, in denen der Verletzte seine Befriedigung seiner Schadenser-

---

[1] BT-Drs. 18/9525, 96.
[2] BT-Drs. 18/9525, 96; OLG München 27.10.2021 – 20 U 301/21, IBR 2022 Heft 3, 159.
[3] BT-Drs. 18/9525, 96.

satzansprüche nicht im Strafvollstreckungsverfahren, sondern direkt bei seinem Schuldner (Tatbeteiligten oder Drittbegünstigen) sucht.[1]

I. Anspruch des Einziehungsadressaten auf Rückübertragung

2 Nach Abs. 1 S. 1 kann der Einziehungsadressat (Tatbeteiligter oder Drittbegünstiger) von der Staatsanwaltschaft als zuständiger Vollstreckungsbehörde verlangen, dass eingezogene Gegenstände nach § 459h Abs. 1 an den Verletzten oder an dessen Rechtsnachfolger zurückübertragen oder herausgegeben werden, wenn der Verletzte ein vollstreckbares Endurteil iSd § 704 ZPO oder einen anderen Vollstreckungstitel iSd § 794 ZPO gegen ihn erlangt hat.[2] Abs. 1 S. 2 erklärt § 459j Abs. 2 für entsprechend anwendbar. Die bloße Vorlage des Titels genügt somit nicht.[3] Die Sechs-Monats-Frist des § 459j Abs. 1 sowie die vorgeschriebene Anhörung nach § 459j Abs. 3 sind mangels Verweises nicht zu beachten.[4]

3 Der Einziehungsadressat muss zudem glaubhaft machen, dass der Anspruch des Verletzten aus der Straftat erwachsen ist.[5] Die Vorschrift soll gewährleisten, dass Gegenstände ausschließlich an den tatsächlich Verletzten der Straftat zurückübertragen oder herausgegeben werden.[6] Dementsprechend ist die Vollstreckungsbehörde nur dann zur Rückgewähr befugt, wenn sich der Anspruchsinhaber und sein Anspruch aus der Einziehungsentscheidung selbst ergeben; Ansonsten bedarf es einer gerichtlichen Entscheidung.[7]

II. Ausgleichsanspruch des Einziehungsadressaten

4 Abs. 2 regelt den Ausgleichsanspruch des Einziehungsadressaten, wenn dieser den Schadensersatzanspruch des Verletzten erfüllt hat.[8] Die Vorschrift dient dem Schutz des Tatbeteiligten oder Drittbegünstigten vor einer doppelten Inanspruchnahme.[9]

5 **1. Voraussetzungen.** Anspruchsberechtigt sind sämtliche Adressaten einer Anordnung über die Einziehung von Wertersatz. Der Rückgriffsanspruch setzt voraus, dass der Einziehungsadressat entweder einen Anspruch des Verletzten auf Rückgewähr des Erlangten oder auf Ersatz des Wertes das dem Erlangten erwachsen ist erfüllt. Die Erfüllung des Anspruchs auf Rückgewähr verlangt, dass der Verletzte einen konkreten Gegenstand zurückerhält, was bei Einziehung eines Surrogats oder eines anderen Ersatzgegenstands gerade nicht der Fall ist.[10] Wertersatz – und damit jede Form von Geldleistung – kommt nur dann in Betracht, wenn der konkret durch die Tat erlangte Gegenstand nicht mehr zu Verfügung steht.

6 Nach Abs. 2 S. 1 rückt der Einziehungsadressat hinsichtlich § 459h Abs. 2 in die Stellung des Verletzten, soweit er eine zur Anspruchserfüllung geeignete Leistung erbringt. Kommt es lediglich zu einer teilweisen Befriedigung des Verletzten, findet auch nur ein anteiliger Anspruchsübergang auf den Einziehungsadressaten statt.[11] Abs. 2 S. 2 erklärt darüber hinaus § 459k Abs. 4 S. 2–4 für entsprechend anwendbar, dh der Einziehungsadressat muss außerdem glaubhaft machen, dass der Anspruch aus der Straftat erwachsen ist. Die Vorschrift gewährleistet, dass der Einziehungsadressat nur einen Ausgleich verlangen kann, wenn er den tatsächlich Verletzten befriedigt hat.[12] Zudem muss der Einziehungsadressat

---

[1] BT-Drs. 18/9525, 96; OLG München 27.10.2021 – 20 U 301/21, IBR 2022 Heft 3, 159.
[2] Hanft in Satzger/Schluckebier/Widmaier StPO § 459l Rn. 2 konkretisiert die relevanten „anderen Vollstreckungstitel" unter Bezugnahme auf §§ 794, Nr. 1, 4, 5 ZPO.
[3] BT-Drs. 18/9525, 96.
[4] Coen in BeckOK StPO Rn. 4 (Personenidentität von Anspruchsteller und Einziehungsadressaten).
[5] So Hanft in Satzger/Schluckebier/Widmaier StPO Rn. 2; vgl. auch BT-Drs. 18/9525, 97; an dieser Intention dürften auch die Modifikationen im Gesetzgebungsverfahren, vgl. BT-Drs. 18/11640, 91, nichts ändern; so auch Hanft in Satzger/Schluckebier/Widmaier StPO Rn. 2.
[6] BT-Drs. 18/9525, 96.
[7] BT-Drs. 18/11640, 91.
[8] BT-Drs. 18/9525, 96.
[9] BT-Drs. 18/9525, 96.
[10] Coen in BeckOK StPO Rn. 8.
[11] Coen in BeckOK StPO Rn. 11.
[12] BT-Drs. 18/9525, 96.

die Befriedigung des Verletzten durch Vorlage einer Quittung glaubhaft machen (Abs. 2 S. 3).[13] Der Verletzte muss die Quittung auf Verlangen des Einziehungsadressaten gem. § 368 BGB erteilen.[14] Dementsprechend ist der Begriff der Quittung wie der iSd § 368 BGB als schriftliches Empfangsbekenntnis anzusehen. Ausreichend ist dabei, dass das Schuldverhältnis sowie die konkrete Leistung des Einziehungsadressaten hinreichend individualisiert sind.[15]

Der Verletzte oder dessen Rechtsnachfolger (soweit bekannt) muss nach Abs. 2 S. 4 angehört werden, sofern dies ausführbar erscheint. Die Anhörung bezieht sich dabei nur darauf, in welchem Umfang der Verletzte oder sein Rechtsnachfoger befriedigt ist; die Leistung als solche ist bereits durch die Quittung nachweisbar.[16] 7

2. Umfang des Anspruchs. Der Einziehungsadressat hat lediglich in derjenigen Höhe einen Anspruch auf Ausgleich aus dem Verwertungserlös, in dem der Staat zur Auskehrung an den Verletzten nach § 459h Abs. 2 verpflichtet gewesen wäre (S. 1). Die Haftung des Staates ist auf den vorhandenen Verwertungserlös begrenzt. Die Vorschrift schützt den Staat somit vor einer Überkompensation.[17] 8

Verlangt der Einziehungsadressat nach der Befriedigung eines von mehreren Verletzten Ausgleich aus dem Verwertungserlös, obwohl der Wertersatzeinziehungsanspruch noch nicht vollständig befriedigt (vollstreckt) ist, kann die Vollstreckungsbehörde mit dem staatlichen Anspruch auf Wertersatzeinziehung aufrechnen.[18] Eine Missbrauchsgefahr besteht daher nicht.[19] 9

§ 459m Entschädigung in sonstigen Fällen

(1) ¹**In den Fällen des § 111i Absatz 3 wird der Überschuss an den Anspruchsinhaber ausgekehrt, der ein vollstreckbares Endurteil im Sinne des § 704 der Zivilprozessordnung oder einen anderen Vollstreckungstitel im Sinne des § 794 der Zivilprozessordnung vorlegt, aus dem sich der geltend gemachte Anspruch ergibt.** ²**§ 459k Absatz 2 und 5 Satz 2 gilt entsprechend.** ³**Die Auskehrung ist ausgeschlossen, wenn zwei Jahre seit der Aufhebung des Insolvenzverfahrens verstrichen sind.** ⁴**In den Fällen des § 111i Absatz 2 gelten die Sätze 1 bis 3 entsprechend, wenn ein Insolvenzverfahren nicht durchgeführt wird.**

(2) Absatz 1 Satz 1 und 2 gilt entsprechend, wenn nach Aufhebung des Insolvenzverfahrens oder nach Abschluss der Auskehrung des Verwertungserlöses bei der Vollstreckung der Wertersatzeinziehung nach den §§ 73c und 76a Absatz 1 Satz 1 des Strafgesetzbuches, auch in Verbindung mit § 76a Absatz 3 des Strafgesetzbuches, ein Gegenstand gepfändet wird.

Die Vorschrift regelt die Opferentschädigung nach der Durchführung eines Insolvenz- oder Auskehrungsverfahrens und befasst sich mit den „Mängelfällen" des § 111i Abs. 2, in denen das an sich für diese Fälle vorgesehene Insolvenzverfahren nicht stattfindet.[1] 1

---

[13] Die Sätze 3 und 4 dienen dementsprechend dem Schutz vor Missbrauch seitens des Einziehungsbetroffenen, so Hanft in Satzger/Schluckebier/Widmaier StPO Rn. 3; vgl. auch BT-Drs. 18/9525, 97.
[14] BT-Drs. 18/9525, 96.
[15] Coen in BeckOK StPO § 459l Rn. 14. Nach Hanft in Satzger/Schluckebier/Widmaier StPO Rn. 3 ist die Beschränkung der Glaubhaftmachung allein auf eine Quittung nicht überzeugend. Dem Opferschutz sei zwar insoweit Rechnung zu tragen, als die Befriedigung des Verletzten entsprechend nachgewiesen werden muss; warum jedoch ein anderweitiger sicherer Nachweis nicht ausreichen soll (selbst, wenn die Zahlung in einer öffentlichen Urkunde festgestellt würde oder der Inhalt des Tenors eines Feststellungsurteils wäre, genügte dies nach dem Gesetzeswortlaut für die erforderliche Glaubhaftmachung nicht), erschließt sich nicht.
[16] Coen in BeckOK StPO Rn. 15.
[17] BT-Drs. 18/9525, 96.
[18] BT-Drs. 18/9525, 96.
[19] BT-Drs. 18/9525, 96.
[1] BT-Drs. 18/9525, 97.

I. Entschädigung nach Durchführung eines Insolvenz- und Auskehrungsverfahrens

2 Verbleibt nach der Schlussverteilung im Insolvenzverfahren ein Überschuss (§ 111i Abs. 3), wird dieser nach Abs. 1 S. 1 an den Verletzten oder dessen Rechtsnachfolger ausgekehrt. Dies ist dann der Fall, wenn die Insolvenzmasse ausreicht, um sämtliche Forderungen aller beteiligten Gläubiger zu befriedigen.[2] Sobald sich der Anspruch aus der Einziehungsentscheidung und dem vorgelegten Tiel ergibt, ist für die Auskehrung die Vollstreckungsbehörde zuständig.[3] Andernfalls bedarf es einer Zulassung duch das Gericht des ersten Rechtszugs.[4] Die Auskehrung des Überschusses kommt dann in Betracht, wenn der Verletzte seinen Schadensersatzanspruch nicht in den für ihn einfachen und kostengünstigen Insolvenzverfahren geltend gemacht hat.[5] Nach Satz 2 sind bestandskräftige öffentlichrechtliche Titel über Geldforderungen den angegebnen zivilrechtlichen Vollstreckungstiteln gleichgestellt. Bei mehreren Verletzten erfolgt die Verteilung des Überschusses (Abs. 1 S. 1) nach dem in der Einzelvollstreckung geltenden Grundsatz des Prioritätsprinzips.[6] Dabei werden diejenigen Gläubiger der aus der Tat erwachsenen Ansprüchen befriedigt, die einen vollstreckungsfähigen und vollstreckbaren Titel vorweisen können. Die Ausschlussfrist beträgt nach S. 3 zwei Jahre ab Aufhebung des Insolvenzverfahrens. Ist die Frist ohne Anmeldung abgelaufen, verbleibt der Überschuss endgültig beim Staat.[7]

II. Entschädigung in den sogenannten „Mängelfällen" des § 111i Abs. 2

3 Nach Abs. 1 S. 4 sind in denjenigen Fällen, in denen der Antrag der Staatsanwaltschaft auf Eröffnung des Insolvenzverfahrens als „Mängelfall" des § 111i Abs. 2 abgelehnt worden ist, Abs. 1 S. 1–3 entsprechend anwendbar. Die Vorschriften finden auch entsprechende Anwendung, wenn die Staatsanwaltschaft keinen Antrag auf Eröffnung eines Insolvenzverfahrens stellt (zB wenn trotz eines Mangelfalls ersichtlich keine Zahlungsunfähigkeit vorliegt).[8]

III. Entschädigung bei Verwertung eines Gegenstandes

4 Abs. 2 ordnet die entsprechende Anwendung des Abs. 1 S. 1 für den Erlös aus der Verwertung eines Gegenstands an, der im Rahmen der Vollstreckung der Wertersatzeinziehung nach Abschluss des Insolvenz- (§ 200 InsO) oder Auskehrungsverfahrens nach §§ 73c und 76a Abs. 1 S. 1 (§ 459h Abs. 2, § 459k) gepfändet worden ist.[9] Die Vorschrift kann nur eingreifen, solange nicht das Insolvenzgericht eine Nachtragsverteilung anordnet (§ 203 InsO), da die insolvenzrechtliche Befriedigung der Verletzten Vorrang hat.[10]

§ 459n Zahlungen auf Wertersatzeinziehung

Leistet derjenige, gegen den sich die Anordnung richtet, Zahlungen auf die Anordnung der Einziehung des Wertersatzes nach den §§ 73c und 76a Absatz 1 Satz 1 des Strafgesetzbuches, auch in Verbindung mit § 76a Absatz 3 des Strafgesetzbuches, so gelten § 459h Absatz 2 sowie die §§ 459k und 459m entsprechend.

1 Die Norm erklärt bei freiwilligen Zahlungen des Adressaten der Wertersatzeinziehungsanordnung (§§ 73c und 76a Abs. 1 S. 1, 3 StGB) die Vorschriften über die Auskehrung des

---

[2] BT-Drs. 18/9525, 97.
[3] Coen in BeckOK StPO Rn. 4.
[4] Coen in BeckOK StPO Rn. 4.
[5] BT-Drs. 18/9525, 97.
[6] BT-Drs. 18/9525, 97.
[7] Coen in BeckOK StPO Rn. 6.
[8] BT-Drs. 18/9525, 97.
[9] BT-Drs. 18/9525, 97.
[10] Coen in BeckOK StPO Rn. 10 (mit Verweis auf Vereinfachung).

Verwertungserlöses § 459h Abs. 2, § 459k sowie über die Entschädigung des Verletzten nach Durchführung des Insolvenz- und Auskehrungsverfahrens (§ 459m) für entsprechend anwendbar.

§ 459o Einwendungen gegen vollstreckungsrechtliche Entscheidungen

Über Einwendungen gegen die Entscheidung der Vollstreckungsbehörde nach den §§ 459a, 459c, 459e sowie 459g bis 459m entscheidet das Gericht.

Übersicht

		Rn.			Rn.
A.	Überblick	1	1.	Entscheidungen nach §§ 459a, 459c, 459e, 459g	6
B.	Erfasste Einwendungen	2			
I.	Einwendungen im Vollstreckungsverfahren	3	2.	Einwendungen gegen andere Entscheidungen	9
II.	Entscheidungen der Vollstreckungsbehörde	5	C.	Zuständiges Gericht	10

A. Überblick

§ 459o normiert als lex specialis gegenüber § 458[1] zusammenfassend die richterliche Zuständigkeit bei Einwendungen gegen Entscheidungen der Vollstreckungsbehörde im Rahmen der Geldstrafenvollstreckung.[2] Der Rechtsweg über die §§ 23 ff. EGGVG scheidet insoweit aufgrund seiner Subsidiarität gem. § 23 Abs. 3 EGGVG aus.[3] Entscheidungen nach §§ 459d, 459f obliegen ohnehin dem Gericht. Vorbringen, die sich dagegen richten, kann der Verurteilte durch unmittelbar bei dem Gericht gestellte oder durch die Vollstreckungsbehörde dorthin weitergeleitete[4] Anträge geltend machen. 1

B. Erfasste Einwendungen

§ 459o erfasst nur einen Teil aller denkbaren Einwendungen.[5] Der Anwendungsbereich der Vorschrift beschränkt sich auf diejenigen Entscheidungen der Vollstreckungsbehörde, die auf Grundlage der in § 459o genannten §§ 459a, 459c, 459e und 459g–459m ergehen.[6] 2

I. Einwendungen im Vollstreckungsverfahren

Als Einwendung gilt alles Vorbringen des Verurteilten, eines anderen Beteiligten oder eines Dritten, das sich gegen die in der Vorschrift genannten Entscheidungen richtet (→ § 458 Rn. 2 ff.). Die Vollstreckungsbehörde selbst kann Einwendungen nicht erheben, sehr wohl aber den Betroffenen auf diese Möglichkeit hinweisen. 3

---

[1] Appl in KK-StPO Rn. 1; Köhler in Meyer-Goßner/Schmitt Rn. 1; Bringewat Rn. 1 OLG Koblenz 3.11.2020 – 4 AR 58/20, BeckRS 2020, 46584; OLG Hamburg 15.6.2020 – 2 Ws 152/19, BeckRS 2020, 13250.
[2] Begr. zu Art. 19 Nr. 120 Entw. EGStGB 1974 – BT-Drs. 7/550, 311.
[3] Appl in KK-StPO Rn. 1; Bieber in KMR-StPO Rn. 6; Baier in Radtke/Hohmann Rn. 1; Bringewat Rn. 1.
[4] Graalmann-Scheerer in Löwe/Rosenberg Rn. 3.
[5] OLG Koblenz 3.11.2020 – 4 AR 58/20, BeckRS 2020, 46584; ablehnend OLG Hamm 2.3.2021 – 3 Ws 16/21, 3 Ws 17/21, BeckRS 2021, 52284 welches aufgrund des allgemeinen Wortlauts des § 459o StPO „über Einwendungen" alle Arten von Einwendungen als erfasst ansieht.
[6] OLG Hamburg 15.6.2020 – 2 Ws 152/19, BeckRS 2020, 13250 mwN.

4 Der Verurteilte sowie ggf. andere Beteiligte (Verfalls-, Einziehungs- und sonstige Nebenbeteiligte sowie der in anderer Weise von einer Vollstreckungsmaßnahme Betroffene[7]) können sich gegen die Vollstreckung als solche oder gegen einzelne Vollstreckungsmaßnahmen wenden. Angegriffen werden mag im erstgenannten Fall der Fortbestand des Vollstreckungsanspruchs selbst, der bspw. durch Zahlung der Geldstrafe, deren erfolgreiche Beitreibung oder auch einen Gnadenakt entfallen sein kann. Auch die Person des in Anspruch Genommenen ist möglicher Gegenstand einer Einwendung gegen die Vollstreckung als solche, wenn es zB an Personenidentität zu dem in der zu vollstreckenden Entscheidung Bezeichneten fehlt oder sich die Entscheidung gegen eine Person richtet, die nicht der deutschen Gerichtsbarkeit unterliegt. Der Vollstreckungsbehörde selbst stehen solche Einwendungen nicht zu.[8]

4a Im zweitgenannten Fall von Einwendungen gegen die Art und Weise der Vollstreckung ist als Vorbringen denkbar, dass bspw. bei der Pfändung des beweglichen Vermögens die Pfändungsbeschränkungen nach § 6 Abs. 1 Nr. 1 JBeitrG, § 811 ZPO oder bei der Pfändung von Arbeitseinkommen die Schutzvorschriften und Pfändungsgrenzen gem. § 6 Abs. 1 Nr. 1 JBeitrG, §§ 850 ff. ZPO unberücksichtigt geblieben sind. Dritte können einwenden, ein bei der Vollstreckung in das Vermögen des Verurteilten gepfändeter Gegenstand stehe in seinem Eigentum, vgl. § 771 ZPO.

II. Entscheidungen der Vollstreckungsbehörde

5 Als Entscheidungen der Vollstreckungsbehörde iSd § 459o gelten nur solche Anordnungen, die im Rahmen einer gewissen durch die genannten Vorschriften eröffneten Beurteilungs- und Entschließungsfreiheit getroffen werden, die sich also nicht nur im Vollzug solcher Regelungen erschöpfen und keinen Entscheidungsspielraum lassen.[9] Solche Anordnungen der letztgenannten Art stellen lediglich dann Entscheidungen iSd § 459o dar, wenn sie objektiv oder nach Auffassung des Verurteilten dem Gesetz nicht entsprechen.[10] Ausgenommen bleiben rein innerdienstliche Maßnahmen sowie solche mit lediglich klarstellender Bedeutung.[11]

6 **1. Entscheidungen nach §§ 459a, 459c, 459e, 459g.** Entscheidungen der Vollstreckungsbehörde über **Zahlungserleichterungen nach § 459a** fallen in den Anwendungsbereich von § 459o. Dies gilt selbst dann, wenn sich die Entscheidung ausschließlich auf die Verfahrenskosten bezieht, § 459a Abs. 4.[12] Keine Entscheidung ist in diesem Zusammenhang jedoch der Aktenvermerk über den Eintritt der Voraussetzungen einer Verfallklausel, § 459a Abs. 3 S. 1.[13] Die für die Geltendmachung der Einwendungen erforderliche Beschwer kann sich daraus ergeben, dass eine beantragte Zahlungserleichterung nicht oder nur in geringerem Umfang als beantragt gewährt wird oder eine erneute Zahlungserleichterung unterbleibt.[14]

7 In den Anwendungsbereich von § 459o fallen zudem Maßnahmen zur **Beitreibung** der Geldstrafe, die vor Ablauf der **Schonfrist nach § 459c Abs. 1** durchgeführt werden.

---

[7] Graalmann-Scheerer in Löwe/Rosenberg Rn. 1; Baier in Radtke/Hohmann Rn. 3.
[8] Graalmann-Scheerer in Löwe/Rosenberg Rn. 1.
[9] Graalmann-Scheerer in Löwe/Rosenberg Rn. 5; aA OLG Zweibrücken 2.2.2011 – 1 VAs 1/11, BeckRS 2011, 6402 („Der Begriff der „Entscheidungen", die unter die Regelung des § 459h StPO fallen, ist weit zu fassen und umfasst alle Maßnahmen und Anordnungen, unabhängig davon, ob ein Ermessensspielraum besteht oder nicht."); s. auch OLG Karlsruhe 28.1.2009 – 2 VAs 20/08, NStZ-RR 2009, 220 (Vorlagebeschluss zu der Frage, ob „die Entscheidungen der Vollstreckungsbehörde über die Abwendung der Vollstreckung von Ersatzfreiheitsstrafen durch gemeinnützige Arbeit Anordnungen über die Vollstreckung einer Ersatzfreiheitsstrafe im Sinne von § 459e StPO [sind], deren Anfechtung sich nach der Bestimmung des § 459h StPO richtet?").
[10] Appl in KK-StPO Rn. 2; Bringewat Rn. 4.
[11] Bspw. der Aktenvermerk nach § 459a Abs. 3 S. 1.
[12] Graalmann-Scheerer in Löwe/Rosenberg Rn. 6.
[13] Bringewat Rn. 5; Graalmann-Scheerer in Löwe/Rosenberg Rn. 6.
[14] Graalmann-Scheerer in Löwe/Rosenberg Rn. 6.

Auch im Fall der Vollstreckung einer Geldstrafe in den **Nachlass** entgegen § 459c Abs. 3 können dagegen Einwendungen nach § 459o erhoben werden. § 459o ist insoweit lex specialis gegenüber § 458. Nach § 459o wird auch entschieden, ob eine zu Lebzeiten des Verurteilten begonnene Vollstreckung im Zeitpunkt des Todes bereits beendet war oder zu Unrecht fortgesetzt worden ist.[15]

Einwendungen können gegen die Anordnung der **Ersatzfreiheitsstrafe, § 459e** 8 **Abs. 1** oder im Bezug auf die Frage der Entrichtung der Geldstrafe, § 459e Abs. 4 erhoben werden.[16]

Schließlich fallen Einwendungen gegen die Vollstreckung von Nebenfolgen nach § 459g in den Anwendungsbereich des § 459o, so bspw. wenn wenn die Wegnahme gegen eine Person angeordnet wird, die zwar Gewahrsam an der Sache besitzt, aber nicht im Urteil als Herausgabepflichtiger (Verurteilter, Verfalls- oder Einziehungsbeteiligter) bezeichnet ist oder wenn der im Gewahrsam befindliche Verfalls- oder Einziehungsbeteiligte die Herausgabe unter Berufung auf ein bestehen gebliebenes Recht an der Sache verweigert.[17]

2. Einwendungen gegen andere Entscheidungen. Nicht in den Anwendungsbe- 9 reich des § 459o fallen Einwendungen gegen Anrechnungsbestimmungen der Vollstreckungsbehörde über die Verrechnung von Teilbeträgen nach § 459b. Hierbei handelt es sich nicht um Entscheidungen idS, sondern lediglich um die bloße Feststellung der durch das Gesetz festgelegten Anrechnungsreihenfolge. Selbst wenn die Vollstreckungsbehörde eine vom Verurteilten selbst getroffene Anrechnungsbestimmung missachtet, übergeht oder unrichtig ausführt, kommt die (analoge) Anwendung von § 459o nicht in Betracht. Vielmehr steht der Rechtsweg nach § 21 StVollstrO, §§ 23 ff. EGGVG offen.

C. Zuständiges Gericht

Zuständig ist grds. das Gericht des ersten Rechtszugs, § 462a Abs. 2. Nur sofern der 10 Vollzug der Ersatzfreiheitsstrafe bereits begonnen hat, entscheidet die Strafvollstreckungskammer.[18] Dasselbe gilt, wenn der in dieser oder einer anderen Sache Freiheitsstrafe verbüßende Verurteilte Einwendungen gegen die Vollstreckung der Ersatzfreiheitsstrafe erhebt. Einwendungen nach § 459e Abs. 4 S. 1 betreffen die Zulässigkeit der Vollstreckung der Ersatzfreiheitsstrafe iSd § 458 Abs. 1, der jedoch durch § 459o als lex specialis verdrängt wird (→ Rn. 1).[19]

§ 460[1] Nachträgliche Gesamtstrafenbildung

Ist jemand durch verschiedene rechtskräftige Urteile zu Strafen verurteilt worden und sind dabei die Vorschriften über die Zuerkennung einer Gesamtstrafe (§ 55 des Strafgesetzbuches) außer Betracht geblieben, so sind die erkannten Strafen durch eine nachträgliche gerichtliche Entscheidung auf eine Gesamtstrafe zurückzuführen.

---

[15] Graalmann-Scheerer in Löwe/Rosenberg Rn. 8.
[16] Appl in KK-StPO § 459e Rn. 13; Bringewat Rn. 15; OLG Karlsruhe 6.8.2009 – 2 VAs 20/08, Justiz 2011, 50; s. auch OLG Karlsruhe 28.1.2009 – 2 VAs 20/08, NStZ-RR 2009, 220; aA Meyer-Goßner/Schmitt EGGVG § 23 Rn. 16 (Einwendung gegen Ablehnung der Abwendung der Ersatzfreiheitsstrafe nach §§ 23 ff. EGGVG); OLG Dresden 26.11.1998 – 2 Ws 540/98, NStZ 1999, 160; OLG Jena 12.2.2008 – 1 VAs 1/08, NJ 2008, 376.
[17] Graalmann-Scheerer in Löwe/Rosenberg Rn. 10.
[18] BGH 9.10.1981 – 2 ARs 293/81, BGHSt 30, 223 = NJW 1982, 248; OLG Hamburg 12.12.1975 – 1 Ws 508/758, NJW 1976, 257; OLG München 3.2.1984 – 1 AK 34/83 Ausl. 88/83, OLGSt § 462a StPO, 5; OLG Hamm 2.3.2021 – 3 Ws 16/21, 3 Ws 17/21, BeckRS 2021, 52284; OLG Celle 18.9.2020 – 3 Ws 192/20, BeckRS 2020, 25416; Appl in KK-StPO Rn. 5; Köhler in Meyer-Goßner/Schmitt Rn. 5; Bringewat Rn. 11.
[19] Graalmann-Scheerer in Löwe/Rosenberg Rn. 3.
[1] § 460 S. 2 wurde eingefügt durch Gesetz v. 15.7.1992, BGBl. 1992 I 1302.

§ 460 1, 2 7. Buch. 1. Abschnitt. Strafvollstreckung

Übersicht

		Rn.			Rn.
A.	Bedeutung der Vorschrift	1	2.	Keine Erledigung	27
B.	Allgemeines zur Gesamtstrafenbildung	7	3.	Begehung „vor der früheren Verurteilung"	31
I.	Verfahren	7	III.	Aussetzung zur Bewährung	39
II.	Sonderfälle	15	D.	Gesamtstrafenbildung nach § 460 StPO	44
C.	Nachträgliche Gesamtstrafenbildung nach § 55 StGB	20	I.	Verfahren	44
I.	Allgemeines	20	II.	Zuständigkeit	46
II.	Voraussetzungen	22	III.	Wirkung und Rechtsbehelfe	50
1.	Frühere rechtskräftige Verurteilung durch ein deutsches Gericht	23	IV.	Strafzeitberechnung	53

A. Bedeutung der Vorschrift

1 Das nachträgliche Beschlussverfahren gem. § 460 dient dazu, die von dem Tatgericht unterlassene (nachträgliche) **Bildung einer Gesamtstrafe** nach § 55 StGB **nachzuholen.**[2] Sein Zweck ist die **Nivellierung von Vor- oder Nachteilen,** welche der Täter durch die getrennte Aburteilung erlangt bzw. erleidet.[3] Liegen die Voraussetzungen der §§ 54, 55 StGB vor, muss das Tatgericht eine Gesamtstrafe bilden. Eine Verweisung auf das Beschlussverfahren nach § 460 darf nicht erfolgen.[4] „*Außer Betracht geblieben*" iSd S. 1 ist die Regelung des § 55 StGB, wenn der Tatrichter eine Gesamtstrafe, gleichgültig aus welchen Gründen, ohne nähere Prüfung nicht gebildet hat.[5] Ob dies auf Rechtsunkenntnis oder auf tatsächlicher Unkenntnis von der früheren Verurteilung geschehen ist, bleibt unerheblich.[6] Die Nichtanwendung des § 55 StGB muss dabei versehentlich **rechtsfehlerhaft** gewesen sein.[7] Das nachträgliche Beschlussverfahren nach § 460 kommt jedoch nicht in Betracht, sofern der Tatrichter die Bildung einer Gesamtstrafe, wenn auch rechtsfehlerhaft, ausdrücklich abgelehnt[8] oder bewusst auf eine gesonderte Geldstrafe gem. § 53 Abs. 2 S. 2 StGB erkannt hat.[9]

2 **Rechtmäßig** kann die Gesamtstrafenbildung außer Betracht bleiben, weil die frühere Verurteilung noch nicht rechtskräftig war,[10] der Verurteilte einen aussichtsreichen Wieder-

---

[2] Appl in KK-StPO Rn. 1; Graalmann-Scheerer in Löwe/Rosenberg Rn. 1; Paeffgen/Greco in SK-StPO Rn. 2.
[3] Appl in KK-StPO Rn. 1; Graalmann-Scheerer in Löwe/Rosenberg Rn. 30; Schmitt in Meyer-Goßner/Schmitt Rn. 1; Nestler JA 2011, 248 (252); eingehend zum strafprozessualen Verschlechterungsverbot Bringewat NStZ 2009, 542 ff.
[4] Coen in BeckOK StPO Rn. 1; Fischer StGB § 55 Rn. 34; Graalmann-Scheerer in Löwe/Rosenberg Rn. 2; Paeffgen/Greco in SK-StPO Rn. 5; Röttle/Wagner/Theurer Strafvollstreckung Kap. 2 Rn. 434; Sternberg-Lieben/Bosch in Schönke/Schröder StGB § 55 Rn. 72.
[5] Appl in KK-StPO Rn. 4; Pfeiffer Rn. 1; vgl. Röttle/Wagner/Theurer Strafvollstreckung Kap. 2 Rn. 435/436.
[6] BGH 11.2.1988 – 4 StR 516/87, BGHSt 35, 208 (214) = NStZ 1988, 284 (285); Coen in BeckOK StPO Rn. 1.
[7] Vgl. Appl in KK-StPO Rn. 6 (nur „in Ausnahmefällen" darf die Gesamtstrafenbildung dem Beschlussverfahren überlassen bleiben); dazu BGH 11.2.1988 – 4 StR 516/87, BGHSt 35, 214 = NStZ 1988, 284; Coen in BeckOK StPO Rn. 2; Schmitt in Meyer-Goßner/Schmitt Rn. 2 f.
[8] OLG Hamburg 27.2.1992 – 2 Ws 24/92, NStZ 1992, 607; OLG Hamm 18.3.2013 – III-3 RVs 7/13, 3 RVs 7/13, BeckRS 2013, 11473; Appl in KK-StPO Rn. 5; Schmitt in Meyer-Goßner/Schmitt Rn. 3a; Paeffgen in SK-StPO Rn. 8; Röttle/Wagner/Theurer Strafvollstreckung Kap. 2 Rn. 435/436.
[9] Paeffgen/Greco in SK-StPO Rn. 8.
[10] Graalmann-Scheerer in Löwe/Rosenberg Rn. 3, 23; Schmitt in Meyer-Goßner/Schmitt Rn. 2; Paeffgen/Greco in SK-StPO Rn. 7; Pfeiffer Rn. 1.

einsetzungsantrag gestellt hat,[11] die Strafgewalt des Tatgerichts (etwa gegenüber der Rechtskraft des Urteils eines ausländischen Gerichts) nicht ausgereicht hätte[12] oder die Vorstrafenakten trotz gewissenhafter Vorbereitung des Tatrichters nicht zum Termin zur Verfügung standen.[13]

Hat sich die frühere Verurteilung zur Zeit des Urteils erledigt und lagen damit die Voraussetzungen für die Bildung einer Gesamtstrafe bereits nach § 55 StGB nicht vor, bleibt § 460 ebenso unanwendbar. Trat die Erledigung hingegen erst nach dem Urteil ein, so hätte das Tatgericht nach § 55 StGB verfahren und eine Gesamtstrafe nachträglich bilden müssen; § 460 gelangt daher zur Anwendung (→ Rn. 27 ff.). 3

Über § 460 lässt sich lediglich die unterbliebene Bildung einer Gesamtstrafe korrigieren, sonstige mögliche Fehler des vorangegangenen Urteils jedoch nicht.[14] Daher dürfen in dem Beschlussverfahren weder die fehlenden Einzelstrafen durch fiktive Einzelstrafen ersetzt noch kann die Gesamtstrafe als Einzelstrafe behandelt werden, wenn die Festsetzung von Einzelstrafen in dem Urteil rechtsfehlerhaft unterblieben ist.[15] Die Strafe muss in diesem Fall vielmehr bei der Gesamtstrafenbildung außer Betracht bleiben; für den Verurteilten besteht die Möglichkeit, den Nachteil im Wege des **Härteausgleich**s zu kompensieren.[16] 4

S. 2 hat seit der Entscheidung des BVerfG v. 20.3.2002 (vgl. auch → § 459i Rn. 1 ff.)[17] keine Relevanz mehr (→ Rn. 17). 5

Das Jugendstrafrecht kennt nur eine **Einheitsstrafe**, § 31 Abs. 2 JGG. Im *Jugendstrafrecht* wird keine Gesamtstrafe gebildet; für die Nachholung einer einheitlichen Sanktionsentscheidung gilt § 66 JGG.[18] Auch aus Erwachsenen- und Jugendstrafe darf eine nachträgliche Gesamtstrafe nicht gebildet werden.[19] Stattdessen kann in eine Einheitsjugendstrafe ein auf Freiheitsstrafe lautendes Urteil wegen einer Tat eines (inzwischen) Erwachsenen einbezogen werden. Das allgemeine Strafrecht bleibt in einem solchen Fall hingegen anzuwenden, wenn das Schwergewicht des strafrechtlichen Vorwurfs nicht bei der nach Jugendstrafrecht zu beurteilenden Tat liegt.[20] 6

B. Allgemeines zur Gesamtstrafenbildung

I. Verfahren

Verwirklicht der Täter mehrere Gesetzesverletzungen, die zueinander im Verhältnis der Tatmehrheit stehen, muss das Gericht nach § 53 Abs. 1 StGB eine Gesamtstrafe bilden, wenn die Taten gleichzeitig abgeurteilt werden oder gleichzeitig hätten abgeurteilt werden können.[21] Grundgedanke dieser Regelung ist es, Mehrfachtäter vor einem **unverhältnis-** 7

---

[11] Graalmann-Scheerer in Löwe/Rosenberg Rn. 3; von Heintschel-Heinegg in MüKoStGB StGB § 55 Rn. 50; Pfeiffer Rn. 1; Eschelbach in Satzger/Schluckebier/Widmaier StGB § 55 Rn. 15.
[12] Coen in BeckOK StPO Rn. 1; Appl in KK-StPO Rn. 6; Schmitt in Meyer-Goßner/Schmitt Rn. 2; Pfeiffer Rn. 1; aA Paeffgen in SK-StPO Rn. 7.
[13] BGH 17.2.2004 – 1 StR 369/03, NStZ 2005, 32; Appl in KK-StPO Rn. 6; Graalmann-Scheerer in Löwe/Rosenberg Rn. 3; Pfeiffer Rn. 1; aA Paeffgen/Greco in SK-StPO Rn. 7.
[14] Graalmann-Scheerer in Löwe/Rosenberg Rn. 12, 34 ff.
[15] BGH 6.12.1995 – 3 StR 550/95, NStZ 1996, 228; 26.3.1997 – 2 StR 107/97, NStZ 1997, 486; aA BGH 7.12.1998 – 5 StR 275/98, NStZ 1999, 185; Wolf in Pohlmann/Jabel/Wolf StVollstrO § 43 Rn. 18.
[16] Vgl. BGH 6.12.1995 – 3 StR 550/95, NStZ 1996, 228; 26.3.1997 – 2 StR 107/97, NStZ 1997, 486; Appl in KK-StPO Rn. 10.
[17] 2 BVR 794/95, BVerfGE 105, 135 = NJW 2002, 1779.
[18] Pfeiffer Rn. 1; Paeffgen/Greco in SK-StPO Rn. 11; Graalmann-Scheerer in Löwe/Rosenberg Rn. 60; vgl. hierzu Wolf in Pohlmann/Jabel/Wolf StVollstrO § 43 Rn. 5.
[19] BGH 12.10.1989 – 4 StR 445/89, BGHSt 36, 270; Appl in KK-StPO Rn. 1; Bringewat JuS 1991, 24; aA Paeffgen/Greco in SK-StPO Rn. 11.
[20] Fischer StGB § 55 Rn. 2.
[21] von Heintschel-Heinegg in BeckOK StGB StGB § 53 Rn. 1; Sternberg-Lieben/Bosch in Schönke/Schröder StGB § 53 Rn. 1.

mäßig schweren Strafübel zu bewahren, das sich bei einer Addition der Einzelstrafen wegen der progressiven Wirkung höherer Strafen ergeben würde.[22] Zu einer Urteilskorrektur darf die Bemessung der Gesamtstrafe aber in keinem Fall führen.[23]

8 Die Bildung der Gesamtstrafe erfolgt gem. § 54 StGB nach dem sog. **Asperationsprinzip**.[24] Sie erfordert als gesonderter Strafzumessungsvorgang eine zusammenfassende Würdigung der Person des Täters, wobei in einem ersten Schritt zunächst für jede begangene Tat eine Einzelstrafe festgesetzt werden muss.[25] Hierfür gelten die allgemeinen Regeln und die vom Gesetzgeber bei den jeweiligen Tatbeständen normierten Strafrahmen.[26] Es sind dabei bereits Strafrahmenänderungsgründe – wie etwa eine Milderung nach § 21 StGB – zu berücksichtigen.[27] In einem zweiten Schritt ist der Gesamtkomplex der abgeurteilten Taten zu würdigen. Das Gericht darf hierfür nicht die jeweiligen Einzelstrafen zusammenrechnen; vielmehr führt es einen eigenständigen Strafzumessungsvorgang durch, für den Sonderregeln gelten.[28] Aus den Einzelstrafen wird die schwerste verwirkte Strafe als sog. **Einsatzstrafe** bestimmt, was sich nach der Strafart sowie der Strafhöhe richtet.[29] Treffen Freiheits- und Geldstrafe zusammen, erkennt das Gericht in aller Regel auf eine Gesamtfreiheitsstrafe, vgl. § 53 Abs. 2 S. 1 StGB. Dies folgt aus dem Umstand, dass Freiheitsstrafen stets schwerer wiegen als Geldstrafen, selbst wenn die Zahl der Tagessätze im Vergleich zu der Dauer der Freiheitsstrafe größer erscheint.[30] Jedoch besteht die Möglichkeit, Freiheits- und Geldstrafe getrennt zu verhängen, § 53 Abs. 2 S. 2 Hs. 1 StGB. Eine Freiheitsstrafe stellt auch gegenüber einem Strafarrest nach § 9 WStG die schwerere Sanktion dar; die Geldstrafe wiederum ist im Verhältnis zum Strafarrest milder.[31]

9 Im Übrigen entscheidet bei Freiheitsstrafen deren Dauer, bei Geldstrafen die Anzahl der Tagessätze über die Frage, welche Strafe die Einsatzstrafe darstellen soll. Ist eine Gesamtstrafe aus Freiheits- und Geldstrafe zu bilden, entspricht bei der Bestimmung der Summe der Einzelstrafen ein Tagessatz einem Tag Freiheitsstrafe, § 54 Abs. 3 StGB. Freiheitsstrafe und Strafarrest sind, was die Länge der Freiheitsentziehung betrifft, als gleichwertig zu behandeln, vgl. § 13 WStG, sodass eine „Umrechnung" insoweit nicht notwendig ist.

10 Durch **Erhöhung der Einsatzstrafe** um mindestens eine Einheit der jeweiligen Strafart iSv §§ 39, 40 Abs. 1 StGB wird schließlich die Gesamtstrafe nach dem sog. Asperationsprinzip gebildet.[32] Die Erhöhung der Einsatzstrafe muss in diesem Fall nach den allgemeinen Strafzumessungsaspekten erfolgen;[33] dabei sollen sich diese Erwägungen jedoch auf den Gesamtkomplex und nicht auf die Einzeltaten beziehen.[34] Auch verbietet sich eine rechnerische oder sonst schematische Gesamtstrafenbildung.[35]

---

[22] Schäfer/Sander/van Gemmeren Rn. 655; vgl. von Heintschel-Heinegg in MüKoStGB StGB § 53 Rn. 6.
[23] Schmitt in Meyer-Goßner/Schmitt Rn. 15.
[24] Lackner/Kühl/Heger StGB § 53 Rn. 3; von Heintschel-Heinegg in MüKoStGB StGB § 54 Rn. 3; Sternberg-Lieben/Bosch in Schönke/Schröder StGB § 53 Rn. 1.
[25] Nestler JA 2011, 248; Eschelbach in Satzger/Schluckebier/Widmaier StGB § 54 Rn. 2; Sternberg-Lieben/Bosch in Schönke/Schröder StGB § 53 Rn. 10.
[26] Rissing-van Saan in LK-StGB § 54 Rn. 11; vgl. Eschelbach in Satzger/Schluckebier/Widmaier StGB StGB § 54 Rn. 3.
[27] Eschelbach in Satzger/Schluckebier/Widmaier StGB § 54 Rn. 4.
[28] BGH 22.3.1995 – 3 StR 625/94, NJW 1995, 2234 f.; Detter NStZ 2009, 491.
[29] Fischer StGB § 54 Rn. 4; von Heintschel-Heinegg in MüKoStGB StGB § 54 Rn. 9 ff.; Sternberg-Lieben/Bosch in Schönke/Schröder StGB § 54 Rn. 3; Nestler JA 2011, 248.
[30] von Heintschel-Heinegg in MüKoStGB StGB § 54 Rn. 11; Sternberg-Lieben/Bosch in Schönke/Schröder StGB § 54 Rn. 5; Eschelbach in Satzger/Schluckebier/Widmaier StGB § 54 Rn. 5.
[31] von Heintschel-Heinegg in MüKoStGB StGB § 54 Rn. 11; Sternberg-Lieben/Bosch in Schönke/Schröder StGB § 54 Rn. 5.
[32] Sternberg-Lieben/Bosch in Schönke/Schröder StGB § 54 Rn. 5; Eschelbach in Satzger/Schluckebier/Widmaier StGB StGB § 54 Rn. 1, 6.
[33] von Heintschel-Heinegg in MüKoStGB StGB § 54 Rn. 19; Eschelbach in Satzger/Schluckebier/Widmaier StGB StGB § 54 Rn. 6.
[34] Lackner/Kühl/Heger StGB § 54 Rn. 6; Sternberg-Lieben/Bosch in Schönke/Schröder StGB § 53 Rn. 10; Eschelbach in Satzger/Schluckebier/Widmaier StGB StGB § 54 Rn. 6.
[35] von Heintschel-Heinegg in MüKoStGB StGB § 54 Rn. 19; Eschelbach in Satzger/Schluckebier/Widmaier StGB StGB § 54 Rn. 6, 7; Detter NStZ 2009, 491.

Gem. § 54 Abs. 1 S. 3 StGB erfordert die Strafzumessung eine zusammenfassende Wür- **11** digung der Person des Täters und der einzelnen Straftaten. Dabei indiziert die Schwere der einzelnen Taten die Höhe der Einzelstrafen.[36] Bedeutung kommt zugleich deren persönlichem, sachlichem, zeitlichem und situativem Kontext zu.[37] Auch die Häufigkeit der Begehung und die Art der verletzten Rechtsgüter sowie die Begehungsweisen spielen hierfür eine Rolle.[38]

Umstritten bei der Bemessung der Gesamtstrafe ist, ob auch solche **Strafzumessungs- 12 erwägungen erneut verwendet** werden dürfen, die bereits bei der Bemessung der Einzelstrafen Berücksichtigung gefunden haben. EA sieht eine zweifache Verwertung als unzulässig an.[39] Der BGH sowie die hL vertreten hingegen die Ansicht, es liege kein Verstoß gegen das Doppelverwertungsverbot[40] aus § 46 Abs. 3 StGB vor, wenn derselbe Umstand zunächst isoliert für die Einzeltat und zum anderen in seiner Auswirkung auf die Gesamtheit der Taten zusammenfassend berücksichtigt werde.[41] Die völlige Trennung der jeweils maßgeblichen Argumente lässt sich vor allem bei täterbezogenen Strafzumessungsgründen ohnehin nicht durchführen,[42] sodass sich eine mehrfache Verwertung faktisch nicht vermeiden lässt.[43]

Für die Erhöhung der Einsatzstrafe gilt ein **Sonderstrafrahmen,** dessen Mindestmaß **13** die um wenigstens eine Strafeinheit erhöhte Einsatzstrafe beträgt. Bei Freiheitsstrafen unter einem Jahr wird die Einsatzstrafe also um mindestens eine Woche erhöht, bei höheren Freiheitsstrafen um einen Monat, § 39 StGB.[44] Bei Geldstrafen hat eine Erhöhung jedenfalls um einen Tagessatz stattzufinden.

Die Gesamtstrafe darf gem. § 54 Abs. 2 S. 1 StGB nach oben hin weder die Summe **14** der Einzelstrafen noch die abstrakt normierten Strafrahmenobergrenzen, wie bspw. 15 Jahre Freiheitsstrafe oder 720 Tagessätze, § 54 Abs. 2 S. 2 StGB, überschreiten. Die kleinste Einheit, um welche die Gesamtstrafe hinter der Summe der Einzelstrafen zurückbleiben muss, richtet sich ebenfalls nach § 39 StGB. Sie beträgt also – je nachdem ob die Gesamtstrafe unter einem Jahr liegt oder eine längere Dauer hat – eine Woche oder einen Monat. Eine Ausnahme lässt die Rechtsprechung allerdings zu, wenn anderenfalls die Summe der Einzelstrafen erreicht oder gar überschritten würde. Bei Gesamtstrafen von einem Jahr und mehr darf also entgegen § 39 StGB im Einzelfall eine nicht nur nach Jahren und Monaten, sondern auch nach Wochen bemessene Gesamtfreiheitsstrafe verhängt werden.[45] Ferner schließt § 54 Abs. 2 S. 2 Hs. 1 StGB bei zeitigen Freiheitsstrafen eine Strafdauer von über 15 Jahren und bei Geldstrafe von mehr als siebenhundertzwanzig Tagessätzen aus.

II. Sonderfälle

Stellt eine lebenslange Freiheitsstrafe die Einsatzstrafe dar, ist diese grds. nicht steige- **15** rungsfähig. Sie bildet stets Einsatz- und Gesamtstrafe zugleich, § 54 Abs. 1 S. 1 StGB.[46]

---

[36] Frister in NK-StGB StGB § 54 Rn. 18; Sternberg-Lieben/Bosch in Schönke/Schröder StGB § 54 Rn. 14; Eschelbach in Satzger/Schluckebier/Widmaier StGB StGB § 54 Rn. 6.

[37] BGH 11.8.1999 – 5 StR 378/99, wistra 1999, 463 f.; Fischer StGB § 54 Rn. 7a; Sternberg-Lieben/Bosch in Schönke/Schröder StGB § 54 Rn. 15; zur Bewertung von Serienstraftaten vgl. Eschelbach in Satzger/Schluckebier/Widmaier StGB StGB § 54 Rn. 6.

[38] Meier Strafrechtliche Sanktionen, 2009, 162.

[39] Fischer StGB § 54 Rn. 8; Sternberg-Lieben/Bosch in Schönke/Schröder StGB § 54 Rn. 15; Röttle/Wagner/Theurer Strafvollstreckung Kap. 2 Rn. 413.

[40] Vgl. zum Doppelverwertungsverbot etwa Fischer StGB § 46 Rn. 76 ff.

[41] Grundlegend zur Bemessung der Gesamtstrafe BGH 30.11.1971 – 1 StR 485/71, BGHSt 24, 268 ff. = NJW 1972, 454; BGH 28.5.1997 – 2 StR 149/97, NStZ-RR 1998, 237; Heger in Lackner/Kühl/Heger StGB § 54 Rn. 6; Rissing-van Saan in LK-StGB StGB § 54 Rn. 12.

[42] Frister in NK-StGB StGB § 54 Rn. 22; s. auch von Heintschel-Heinegg in MüKoStGB StGB § 54 Rn. 20.

[43] Nestler JA 2011, 248.

[44] von Heintschel-Heinegg in BeckOK StGB StGB § 54 Rn. 14; von Heintschel-Heinegg in MüKoStGB StGB § 54 Rn. 12 ff.

[45] BGH 16.1.2004 – 2 StR 515/03, NStZ-RR 2004, 137; von Heintschel-Heinegg in BeckOK StGB StGB § 54 Rn. 15; Kinzig in Schönke/Schröder StGB § 39 Rn. 4.

[46] Fischer StGB § 54 Rn. 3; von Heintschel-Heinegg in MüKoStGB StGB § 54 Rn. 9; Sternberg-Lieben/Bosch in Schönke/Schröder StGB § 54 Rn. 2.

Trotzdem muss für andere begangene Straftaten immer zusätzlich eine Einzelstrafe gesondert festgesetzt werden.

16 Eine **Gesamtfreiheitsstrafe** darf nach § 54 Abs. 2 S. 1 StGB die Summe der Einzelstrafen nicht erreichen, muss also mindestens eine Einheit darunter bleiben.[47] Auf der anderen Seite kann die Strafdauer eine Höhe von 15 Jahren nicht überschreiten. Diese Obergrenze lässt sich auch nicht dadurch umgehen, dass eine selbstständige Geldstrafe neben der Freiheitsstrafe nach §§ 41, 53 Abs. 2 S. 2 StGB verhängt wird.[48] Wenn schon die Einsatzstrafe diese Höhe erreicht, hat eine Erhöhung ebenfalls zu unterbleiben.[49] Die Summe mehrerer zusammentreffender Gesamtstrafen darf jedoch die abstrakte Höchstgrenze des § 54 Abs. 2 S. 2 Hs. 1 StGB sehr wohl überschreiten.[50]

17 § 54 Abs. 2 S. 2 Hs. 1 StGB enthält zudem eine Regelung zur Höchstgrenze der Gesamtstrafe bei Verhängung einer Vermögensstrafe. Diese ist indes aufgrund der Entscheidung des BVerfG vom 20.3.2002[51] obsolet. Denn nach diesem Urteil bleibt § 43a StGB, der früher die Vermögensstrafe regelte, mit Art. 103 Abs. 2 GG unvereinbar und damit nichtig; der Entscheidungsformel kommt gem. § 31 Abs. 2 BVerfGG Gesetzeskraft zu.

18 Auch bei einer **Gesamtgeldstrafe** ist zunächst eine Einsatzgeldstrafe zu bilden, die dann um mindestens einen Tagessatz erhöht wird. Eine Umwandlung in eine Gesamtfreiheitsstrafe ist nicht möglich.[52] Die Gesamtgeldstrafe muss aber unterhalb der Summe der Einzelstrafen bleiben; ihr abstraktes Höchstmaß beträgt 720 Tagessätze, § 54 Abs. 2 StGB, und gilt auch für Gesamtgeldstrafen, die neben einer Freiheitsstrafe verhängt werden. Die Gesamtgeldstrafe muss die Einsatzstrafe hinsichtlich des Produkts aus Zahl und Höhe aller Tagessätze übersteigen. Sie darf jedoch nicht die Summe erreichen, die sich aus Addition der Produkte von Zahl und Höhe der Tagessätze der Einzelstrafen ergibt.[53] Für die Bemessung der Tagessatzhöhe maßgeblich sind die wirtschaftlichen Verhältnisse beim letzten Tatrichter.[54]

19 Sind bei den Einzelstrafen jeweils verschiedene Tagessätze festgesetzt worden, kommt uU auch eine Reduzierung der Tagessatzhöhe in Betracht. Bei Bildung einer Gesamtgeldstrafe aus Einzelstrafen mit verschiedenen Tagessatzhöhen muss die Höhe der Tagessätze unter Beachtung des Gesamtstrafübels neu bestimmt werden.[55]

C. Nachträgliche Gesamtstrafenbildung nach § 55 StGB

I. Allgemeines

20 Einem Täter erwächst, wenn mehrere selbstständige von ihm begangene Taten gleichzeitig abgeurteilt werden, durch die Gesamtstrafenbildung nach dem Asperationsprinzip ein

---

[47] von Heintschel-Heinegg in MüKoStGB StGB § 54 Rn. 14; Sternberg-Lieben/Bosch in Schönke/Schröder StGB § 54 Rn. 7; Eschelbach in Satzger/Schluckebier/Widmaier StGB § 54 Rn. 13.

[48] Frister in NK-StGB StGB § 54 Rn. 13; Sternberg-Lieben/Bosch in Schönke/Schröder StGB § 54 Rn. 11.

[49] Sternberg-Lieben/Bosch in Schönke/Schröder StGB § 54 Rn. 11; Eschelbach in Satzger/Schluckebier/Widmaier StGB StGB § 54 Rn. 13.

[50] BGH 21.10.1999 – 4 StR 278/99, NStZ 2000, 84 f.; vgl. zudem etwa BGH 12.8.1998 – 3 StR 537/97, BGHSt 44, 185 = NStZ 1999, 182; BGH 9.9.1997 – 1 StR 279/97, BGHSt 43, 218 = NStZ 1997, 593; BGH 22.1.1985 – 2 StR 64/85, BGHSt 33, 386 f. = NStZ 1986, 271.

[51] BVerfG 20.3.2002 – 2 BvR 794/95, BVerfGE 105, 135 ff. = NJW 2002, 1779 (BGBl. 1995 I 1340).

[52] Nestler JA 2011, 248 (249); von Heintschel-Heinegg in MüKoStGB StGB § 54 Rn. 12; Eschelbach in Satzger/Schluckebier/Widmaier StGB StGB § 54 Rn. 15; Sternberg-Lieben/Bosch in Schönke/Schröder StGB § 53 Rn. 15.

[53] OLG Frankfurt a. M. 14.5.1997 – 3 Ss 110/97, NStZ-RR 1997, 264 f.; Coen in BeckOK StPO Rn. 8; Röttle/Wagner/Theurer Strafvollstreckung Kap. 2 Rn. 441.

[54] LG Freiburg 3.4.1990 – II Qs 15/90, NStZ 1991, 135; LG Gießen 20.2.2012 – 7 Qs 28/12, BeckRS 2012, 06997; Coen in BeckOK StPO Rn. 8; Schmitt in Meyer-Goßner/Schmitt Rn. 15; Graalmann-Scheerer in Löwe/Rosenberg Rn. 9; Pfeiffer Rn. 11; aA LG Berlin 10.1.2006 – 505 Qs 210/05, NStZ-RR 2006, 373, das den Zeitpunkt der Gesamtstrafenentscheidung für maßgeblich hält.

[55] Fischer StGB § 55 Rn. 25; Röttle/Wagner/Theurer Strafvollstreckung Kap. 2 Rn. 443; Eschelbach in Satzger/Schluckebier/Widmaier StGB StGB § 54 Rn. 16; Metz StraFo 2010, 403.

rechnerischer Vorteil. Denn anders als bei jeweils isolierter Aburteilung erreicht die festgesetzte Strafe die Summe der Einzelstrafen nicht. War eine gleichzeitige Aburteilung der Taten jedoch nicht möglich, so bleibt dem Betroffenen dieser Vorteil versagt. Das kann der Fall sein, wenn der Täter vor einer rechtskräftigen Verurteilung eine weitere Straftat begangen hat, diese jedoch zum Zeitpunkt des Urteils noch nicht hinreichend aufgeklärt werden konnte.[56] In einem solchen Fall ermöglicht die nachträgliche Bildung einer Gesamtstrafe gem. § 55 Abs. 1 StGB die Nachteile auszugleichen, welche durch eine getrennte Aburteilung entstehen.[57] Die Anwendung des § 55 StGB ist dabei **obligatorisch** und steht nicht zur Disposition des Gerichts.[58]

Die nachträgliche Bildung einer Gesamtstrafe gewährleistet, dass sich die mit der Bestrafung verbundene Belastung nicht auf Grund von Umständen vergrößert, die dem Täter nicht zuzurechnen sind.[59] § 55 StGB erlaubt somit einen **beschränkten Eingriff in die Rechtskraft** der früheren Entscheidung.[60] Taten, die der Verurteilte zeitlich nach dieser Entscheidung begangen hat, werden jedoch nicht erfasst.[61] Zudem beschränkt die Norm eine nachträgliche Gesamtstrafenbildung auf Fälle, in denen die rechtskräftig verhängten Strafen noch nicht erledigt sind.[62] Wird die Gesamtstrafenbildung in einem Urteilsverfahren versäumt, so kann sie im Beschlussverfahren nach § 460 nachgeholt werden.[63] 21

II. Voraussetzungen

Eine nachträgliche Gesamtstrafenbildung nach § 55 StGB hat *zur Voraussetzung, dass* eine **frühere rechtskräftige Verurteilung** durch ein deutsches Gericht vorliegt, die frühere Strafe sich noch **nicht** vollständig **erledigt** hat und die abzuurteilende Tat **vor der früheren Verurteilung begangen** worden ist. 22

1. Frühere rechtskräftige Verurteilung durch ein deutsches Gericht. § 55 Abs. 1 S. 1 StGB setzt für eine nachträgliche Gesamtstrafenbildung zunächst eine frühere Verurteilung zu einer Freiheits- oder Geldstrafe voraus. Zum Zeitpunkt der Verkündung des (zweiten) Urteils muss bereits eine (frühere) Entscheidung vorliegen.[64] 23

Einzubeziehen sind auch in Strafbefehlen verhängte Strafen.[65] Im Verfahren nach Einspruch gegen einen Strafbefehl kommt es damit auf den Zeitpunkt der Hauptverhandlung mit Urteilsverkündung an, selbst wenn der Einspruch auf die Rechtsfolgen beschränkt wurde. Gleichfalls ist das Urteil im Wiederaufnahmeverfahren – nicht die ursprüngliche Entscheidung – maßgeblich; das gilt selbst dann, wenn dieses die vorangegangene Entscheidung lediglich aufrecht erhält.[66] Berücksichtigt werden auch vorbehaltene Strafen.[67] Jugend- 24

---

[56] Eschelbach in Satzger/Schluckebier/Widmaier StGB StGB § 55 Rn. 1.
[57] BGH 21.10.1983 – 2 StR 289/83, BGHSt 31, 132 = NStZ 1984, 165; Graalmann-Scheerer in Löwe/Rosenberg Rn. 30; Fischer StGB § 55 Rn. 2.
[58] von Heintschel-Heinegg in MüKoStGB StGB § 55 Rn. 34; Sternberg-Lieben/Bosch in Schönke/Schröder StGB § 55 Rn. 72.
[59] Nestler JA 2011, 248 (250).
[60] von Heintschel-Heinegg in MüKoStGB StGB § 55 Rn. 2; vgl. Sternberg-Lieben/Bosch in Schönke/Schröder StGB § 55 Rn. 38; Eschelbach in Satzger/Schluckebier/Widmaier StGB StGB § 55 Rn. 2.
[61] Rissing-van Saan in LK-StGB StGB § 55 Rn. 2; von Heintschel-Heinegg in MüKoStGB StGB § 55 Rn. 3.
[62] Eschelbach in Satzger/Schluckebier/Widmaier StGB StGB § 55 Rn. 3; Wilhelm NStZ 2008, 425 ff.
[63] Schmitt in Meyer-Goßner/Schmitt Rn. 1 ff.; Sternberg-Lieben/Bosch in Schönke/Schröder StGB § 55 Rn. 75; von Heintschel-Heinegg in MüKoStGB StGB § 55 Rn. 50.
[64] Schmitt in Meyer-Goßner/Schmitt Rn. 7; Sternberg-Lieben/Bosch in Schönke/Schröder StGB § 55 Rn. 6; Nestler JA 2011, 248 (250).
[65] Schmitt in Meyer-Goßner/Schmitt Rn. 8; von Heintschel-Heinegg in MüKoStGB StGB § 55 Rn. 10; Sternberg-Lieben/Bosch in Schönke/Schröder StGB § 55 Rn. 8.
[66] Fischer StGB § 55 Rn. 5; Sternberg-Lieben/Bosch in Schönke/Schröder StGB § 55 Rn. 11.
[67] OLG Frankfurt a. M. 21.11.2007 – 2 Ss 311/07, BeckRS 2007, 19935 = NStZ 2009, 268; LG Darmstadt 24.9.2007 – 9 Qs 430/07, NStZ-RR 2008, 199; Coen in BeckOK StPO Rn. 5; Appl in KK-StPO Rn. 3; Schmitt in Meyer-Goßner/Schmitt Rn. 8; s. auch BVerfG 22.5.2002 – 2 BvR 290/02, NStZ-RR 2002, 330; LG Darmstadt 24.9.2007 – 9 Qs 430/07, NStZ-RR 2008, 199; Deckenbrock/Dötsch NStZ 2003, 346; aA AG Dieburg 24.6.1995 – 18 Js 13592 7/93, NStZ 1996, 613.

strafen (vgl. § 66 JGG), Ersatzfreiheitsstrafen, ausländische Strafen und Geldbußen sind nicht einzubeziehen.

25 Das frühere Urteil muss zudem **rechtskräftig** sein, bevor das zweite Urteil in Rechtskraft erwächst; dieses Erfordernis soll Doppelbestrafungen vermeiden.[68] Daher darf auch eine (frühere) Gesamtstrafe nach § 55 StGB nur einbezogen werden, wenn sie ihrerseits bereits rechtskräftig ist.[69] Für § 460 ist dann später aber irrelevant, ob die Entscheidungen beim Erlass des letzten tatrichterlichen Urteils bereits rechtskräftig waren.[70]

26 Gegenstand des Eingriffs in die Rechtskraft ist allein eine Verurteilung durch ein deutsches Gericht. In die Rechtskraft ausländischer Urteile kann nicht eingegriffen werden, da sonst wegen der mit der Gesamtstrafenbildung verbundenen Beseitigung der Vollstreckbarkeit der Entscheidung die Souveränität des rechtsprechenden Staates beeinträchtigt würde.[71]

27 **2. Keine Erledigung.** Ferner darf zum Zeitpunkt des letzten tatrichterlichen Urteils Erledigung nicht eingetreten, die verhängte Strafe also weder **vollstreckt, verjährt** noch **erlassen** worden sein.[72] Der Ausschluss der nachträglichen Gesamtstrafenbildung bei Erledigung der früheren Verurteilung durchbricht den gesetzlichen Grundgedanken, den Täter so zu stellen, als seien von Anfang an bei jeder früheren Verurteilung sämtliche Taten, die gleichzeitig hätten abgeurteilt werden können, auch tatsächlich abgeurteilt worden. Diese Durchbrechung beruht darauf, dass es widersprüchlich erscheint, eine erledigte Strafe gleichwohl förmlich in eine Gesamtstrafe einzubeziehen.[73] Bei teilweiser Erledigung wird die Strafe zwar in die nachträgliche Gesamtstrafenbildung einbezogen, der erledigte Teil wird jedoch wieder von ihr abgezogen.[74] Ist die Erledigung jedoch erst nach Erlass des letzten tatrichterlichen Urteils eingetreten, so hätte der Tatrichter § 55 StGB anwenden müssen; § 460 greift deshalb grds. ein.[75] Selbst im Gnadenweg erlassene oder in Geldstrafe umgewandelte Freiheitsstrafen sind einzubeziehen, wenn der Gnadenakt nach dem gem. § 55 StGB maßgeblichen Zeitpunkt erfolgt ist.[76]

28 Eine nachträgliche Gesamtstrafenbildung scheidet daher insbesondere aus, wenn eine Freiheitsstrafe bei Erlass des letzten tatrichterlichen Urteils bereits verbüßt ist. Als *vollstreckt* gilt eine Geldstrafe, sofern der Verurteilte sie bezahlt hat oder eine Ersatzfreiheitsstrafe verbüßt wurde;[77] auch durch Aufrechnung erledigt sich eine (Geld-)Strafe.[78] Liegt eine frühere Gesamtstrafe vor, so stellt sich diese hinsichtlich der Erledigung als Einheit dar.[79] Ist die Erledigung einer Einzelstrafe jedoch erst nach dem Urteil eingetreten, so hätte der Tatrichter § 55 StGB anwenden müssen und § 460 greift ein,[80] sofern nicht mittlerweile bereits sämtliche Einzelstrafen erledigt sind.[81]

---

[68] Fischer StGB § 55 Rn. 5; von Heintschel-Heinegg in MüKoStGB StGB § 55 Rn. 21; Sternberg-Lieben/Bosch in Schönke/Schröder StGB § 55 Rn. 32 f.
[69] Sternberg-Lieben/Bosch in Schönke/Schröder StGB § 55 Rn. 33; Wolf in Pohlmann/Jabel/Wolf StVollstrO § 43 Rn. 11.
[70] Schmitt in Meyer-Goßner/Schmitt Rn. 7.
[71] BGH 15.12.1999 – 5 StR 608/99, NStZ-RR 2000, 105; Fischer StGB § 55 Rn. 5; von Heintschel-Heinegg in MüKoStGB StGB § 55 Rn. 11; Sternberg-Lieben/Bosch in Schönke/Schröder StGB § 55 Rn. 4.
[72] Paeffgen/Greco in SK-StPO Rn. 15; bzgl. bereits nach § 56g Abs. 1 S. 1 StGB erlassener Strafen Coen in BeckOK StPO Rn. 6; Appl in KK-StPO Rn. 14; Schmitt in Meyer-Goßner/Schmitt Rn. 13; aA Graalmann-Scheerer in Löwe/Rosenberg Rn. 12.
[73] von Heintschel-Heinegg in BeckOK StGB StGB § 55 Rn. 20; Nestler JA 2011, 248 (250).
[74] Schmitt in Meyer-Goßner/Schmitt Rn. 12; Graalmann-Scheerer in Löwe/Rosenberg Rn. 13.
[75] BGH 17.6.2009 – 2 StR 180/09, NStZ-RR 2009, 382; Schmitt in Meyer-Goßner/Schmitt Rn. 13.
[76] Graalmann-Scheerer in Löwe/Rosenberg Rn. 17; Appl in KK-StPO Rn. 13; Pfeiffer Rn. 3; Sternberg-Lieben/Bosch in Schönke/Schröder StGB § 55 Rn. 24.
[77] von Heintschel-Heinegg in MüKoStGB StGB § 55 Rn. 23; Sternberg-Lieben/Bosch in Schönke/Schröder StGB § 55 Rn. 22; Eschelbach in Satzger/Schluckebier/Widmaier StGB § 55 Rn. 17.
[78] von Heintschel-Heinegg in MüKoStGB StGB § 55 Rn. 23; Sternberg-Lieben/Bosch in Schönke/Schröder StGB § 55 Rn. 22.
[79] von Heintschel-Heinegg in BeckOK StGB § 55 Rn. 19; von Heintschel-Heinegg in MüKoStGB StGB § 55 Rn. 23; Sternberg-Lieben/Bosch in Schönke/Schröder StGB § 55 Rn. 21.
[80] BGH 17.6.2009 – 2 StR 180/09, NStZ-RR 2009, 382; Coen in BeckOK StPO Rn. 6; Schmitt in Meyer-Goßner/Schmitt Rn. 15; Graalmann-Scheerer in Löwe/Rosenberg Rn. 16.
[81] Schmitt in Meyer-Goßner/Schmitt Rn. 15.

Ob eine noch nicht erlassene Freiheitsstrafe auf Bewährung trotz Ablaufs der Bewährungszeit einzubeziehen ist, richtet sich nach Ansicht der Rspr. (zum Härteausgleich → Rn. 38)[82] nach dem jeweiligen Einzelfall, wobei die Entscheidung unter Beachtung des Verhältnismäßigkeitsprinzips zu treffen ist. Dabei soll es u.a. auf den Zeitraum seit Ablauf der Bewährungszeit sowie darauf ankommen, ob der Verurteilte bereits während des Laufs der Bewährungsfrist mit der nachträglichen Einbeziehung rechnen musste.[83] Dies erscheint jedoch im Hinblick auf den Wortlaut des § 55 StGB („erlassen") nicht unproblematisch, da eben erst der Erlass der Strafe nach § 56g Abs. 1 S. 1 StGB, nicht bereits der Ablauf der Bewährungszeit an sich, zur Erledigung führt (zum Härteausgleich in diesem Fall → Rn. 38).[84] Dieses Vorgehen führt außerdem zu argumentativen Widersprüchen, soweit die Einbeziehung der noch nicht erlassenen Bewährungsstrafe bei abgelaufener Bewährungszeit selbst dann für zulässig gehalten wird, wenn dies zur Bildung einer noch nicht aussetzungsfähigen Gesamtfreiheitsstrafe führt (→ R. 41; zur Aussetzung der Gesamtstrafe zur Bewährung → Rn. 39).[85]

Die **Vollstreckungsverjährung** nach § 79 StGB steht der nachträglichen Bildung einer Gesamtstrafe grds. entgegen. Sie wird aber in die Gesamtstrafenbildung einbezogen, wenn die Verjährung erst nach Erlass des letzten tatrichterlichen Urteils eingetreten ist.[86] Die Gesamtstrafe ist dann ggf. anteilsmäßig um die Höhe der bereits verjährten (oder erlassenen Strafe) zu verringern.[87]

3. Begehung „vor der früheren Verurteilung". Die jetzt abzuurteilende Straftat muss vom Täter zudem „vor der früheren Verurteilung" begangen worden sein. Die Rechtsprechung sowie ein Teil der Lehre erachten hierbei die materielle Beendigung im Zeitpunkt der Verurteilung für entscheidend.[88] Ein anderer Teil der Literatur hält hingegen richtigerweise die Vollendung der Haupttat für maßgeblich.[89] Denn da ein Delikt bereits ab dem Zeitpunkt seiner Vollendung in das frühere Verfahren hätte einbezogen werden können, erscheint es vorzugswürdig, auch für die nachträgliche Bildung einer Gesamtstrafe hierauf abzustellen.[90] Für die Gesamtstrafenfähigkeit kommt es zudem nicht auf den Eintritt einer Strafbarkeitsbedingung an, sondern auf den Zeitpunkt der Tatbegehung.[91]

Maßgeblicher Termin dafür, ob und wann eine Gesamtstrafenbildung möglich gewesen wäre, ist der desjenigen Urteils, bei dem die zugrunde liegenden **tatsächlichen Feststellungen** letztmals geprüft werden konnten, § 55 Abs. 1 S. 2 StGB. Tatrichterliche Entscheidungen sind das erstinstanzliche Urteil oder eine ihm gleichstehende Entscheidung wie bspw. ein Strafbefehl sowie das eine **Sachentscheidung** enthaltende Beru-

---

[82] BVerfG 23.2.1990 – 2 BvR 51/90, NJW 1991, 558; BGH 27.3.1991 – 3 StR 358/90, NStZ 1991, 330; ebenso Coen in BeckOK StPO Rn. 6; Appl in KK-StPO Rn. 14; aA für einen Vorrang der Einbeziehung, ggf. unter Härteausgleich BGH 27.3.2012 – 3 StR 447/11, BeckRS 2012, 10160; ähnlich Laubenthal/Nestler Strafvollstreckung Rn. 316; Nestler JA 2011, 248 (250).
[83] Appl in KK-StPO Rn. 14.
[84] Laubenthal/Nestler Strafvollstreckung Rn. 316; Nestler JA 2011, 248 (250).
[85] So BGH 27.3.1991 – 3 StR 358/90, NStZ 1991, 330; ebenso Appl in KK-StPO Rn. 14.
[86] Schmitt in Meyer-Goßner Rn. 13; Graalmann-Scheerer in Löwe/Rosenberg Rn. 16, 22; Wolf in Pohlmann/Jabel/Wolf StVollstrO § 43 Rn. 13.
[87] Graalmann-Scheerer in Löwe/Rosenberg Rn. 22; Schmitt in Meyer-Goßner/Schmitt Rn. 13; vgl. Wolf in Pohlmann/Jabel/Wolf StVollstrO § 43 Rn. 13.
[88] BGH 6.11.1996 – 5 AR Vollz 43/95, NJW 1997, 751; 2.11.1995 – 1 StR 449/95, NStZ 1996, 543; Fischer StGB § 55 Rn. 7; Lackner/Kühl/Heger StGB § 55 Rn. 4; Rissing-van Saan in LK-StGB StGB § 55 Rn. 9; Paeffgen in SK-StPO Rn. 14.
[89] von Heintschel-Heinegg in BeckOK StGB StGB § 55 Rn. 6; Bringewat Rn. 219; Frister in NK-StGB StGB § 55 Rn. 5; von Heintschel-Heinegg in MüKoStGB StGB § 55 Rn. 7; Röttle/Wagner/Theurer Strafvollstreckung Kap. 2 K. II. 1. b) Rn. 402; Eschelbach in Satzger/Schluckebier/Widmaier StGB StGB § 55 Rn. 9; Sternberg-Lieben/Bosch in Schönke/Schröder StGB § 55 Rn. 12.
[90] von Heintschel-Heinegg in BeckOK StGB StGB § 55 Rn. 6; von Heintschel-Heinegg in MüKoStGB StGB § 55 Rn. 7; Sternberg-Lieben/Bosch in Schönke/Schröder StGB § 55 Rn. 12.
[91] Rissing-van Saan in LK-StGB StGB § 55 Rn. 9; aA Sternberg-Lieben/Bosch in Schönke/Schröder StGB § 55 Rn. 12.

fungsurteil.⁹² Ein Urteil, das eine Berufung lediglich als unzulässig zurückweist, genügt hingegen nicht.⁹³

33 Dem gesetzlichen Grundgedanken nach soll der Täter bei der nachträglichen Gesamtstrafenbildung stets so gestellt werden, als seien von Anfang an bei der früheren Verurteilung sämtliche Taten, die gleichzeitig hätten abgeurteilt werden können, auch tatsächlich zugleich abgeurteilt worden. Den Ausschlag gibt demnach nicht die zufällige äußere Verfahrensgestaltung, sondern die **materielle Rechtslage**.⁹⁴

34 Wurde in dem früheren Urteil bereits eine Gesamtstrafe gebildet – hat der Täter also mehr als zwei selbstständige Taten begangen –, so muss diese ursprünglich verhängte Gesamtstrafe ggf. im Rahmen der nachträglichen Gesamtstrafenbildung aufgelöst werden. In diesem Fall erkennt das Gericht auf eine neue Gesamtstrafe, gebildet aus sämtlichen Einzelstrafen.⁹⁵ Eine Ausnahme ergibt sich lediglich, wenn das frühere Tatgericht gem. § 53 Abs. 2 S. 2 StGB von der Gesamtstrafenbildung ausdrücklich abgesehen hat; dieser Vorteil darf dem Angeklagten nicht mehr genommen werden.⁹⁶

35 Ein früheres Urteil entfaltet eine **Zäsurwirkung** im Hinblick auf danach begangene Straftaten. Dies gilt jedoch nur für diejenigen Taten, die auch von dem früheren Urteil betroffen waren.⁹⁷ Wenn die neu abzuurteilende Tat vor zwei rechtskräftigen, unerledigten Vorverurteilungen begangen wurde, dann wird zur nachträglichen Bildung einer Gesamtstrafe nur die Strafe aus der ersten Verurteilung herangezogen. Diese bildet eine Zäsur mit der Folge, dass die zweite Verurteilung selbständig bestehen bleibt.⁹⁸

36 Probleme ergeben sich, wenn Taten **zum Teil vor und zum Teil nach** mehreren unerledigten Vorverurteilungen begangen wurden. Dann ist für die Gesamtstrafenfähigkeit die früheste unerledigte Vorverurteilung maßgeblich. Sie stellt eine erste Zäsur dar, sodass eine (nachträgliche) Gesamtstrafenbildung nur mit den Strafen für die vor diesem Zeitpunkt begangenen Taten in Betracht kommt.⁹⁹ Die zweite Vorverurteilung bildet dann eine weitere Zäsur; damit lassen sich alle Einzelstrafen für diejenigen Taten zusammenfassen, die zwar nach dem ersten, jedoch vor dem zweiten Urteil begangen wurden.¹⁰⁰ Eine Zäsurwirkung tritt auch ein, wenn die nun abzuurteilende Tat zwischen zwei Vorverurteilungen begangen wurde und aus den beiden Vorstrafen eine Gesamtstrafe gebildet wurde.¹⁰¹

37 Bei der nachträglichen Bildung einer Gesamtstrafe bleiben in der Vorverurteilung verhängte **Nebenstrafen, Nebenfolgen und Maßnahmen** nach § 55 Abs. 2 StGB aufrechtzuerhalten, soweit sie nicht erledigt sind oder durch eine neue Entscheidung gegenstandslos werden.¹⁰²

38 Wenn die (nachträgliche) Gesamtstrafenbildung nur deshalb ausscheidet, weil die einzubeziehende Strafe bereits vollstreckt, verjährt oder erlassen und damit erledigt ist, muss bei Vorliegen aller sonstigen Voraussetzungen nach § 55 Abs. 1 StGB ein **Härteausgleich**

---

⁹² von Heintschel-Heinegg in MüKoStGB StGB § 55 Rn. 10; ausführlich dazu Sternberg-Lieben/Bosch in Schönke/Schröder StGB § 55 Rn. 8 ff.
⁹³ von Heintschel-Heinegg in MüKoStGB StGB § 55 Rn. 10; Sternberg-Lieben/Bosch in Schönke/Schröder StGB § 55 Rn. 9.
⁹⁴ Fischer StGB § 55 Rn. 2; Sternberg-Lieben/Bosch in Schönke/Schröder StGB § 55 Rn. 17a.
⁹⁵ Graalmann-Scheerer in Löwe/Rosenberg Rn. 27; Paeffgen/Greco in SK-StPO Rn. 13.
⁹⁶ Graalmann-Scheerer in Löwe/Rosenberg Rn. 32.
⁹⁷ Dazu von Heintschel-Heinegg in BeckOK StGB StGB § 55 Rn. 15; Wilhelm NStZ 2008, 425 ff.; Sternberg-Lieben/Bosch in Schönke/Schröder StGB § 55 Rn. 14 ff.
⁹⁸ Fischer StGB § 55 Rn. 9; Nestler JA 2011, 248 (251); vgl. Sternberg-Lieben/Bosch in Schönke/Schröder StGB § 55 Rn. 17a.
⁹⁹ Vgl. BGH 24.10.2002 – 4 StR 332/02, NStZ 2003, 200 f.; Fischer StGB § 55 Rn. 12; dazu ferner Bringewat NStZ 2009, 544.
¹⁰⁰ Fischer StGB § 55 Rn. 12; vgl. auch von Heintschel-Heinegg in MüKoStGB StGB § 55 Rn. 19.
¹⁰¹ BGH 18.3.1982 – 4 StR 636/81, NJW 1982, 2080; Fischer StGB § 55 Rn. 12; Sternberg-Lieben/Bosch in Schönke/Schröder StGB § 55 Rn. 14; Wilhelm NStZ 2008, 425.
¹⁰² Fischer StGB § 55 Rn. 29 f.; Graalmann-Scheerer in Löwe/Rosenberg Rn. 37; von Heintschel-Heinegg in MüKoStGB StGB § 55 Rn. 45; s. auch Sternberg-Lieben/Bosch in Schönke/Schröder StGB § 55 Rn. 59.

erfolgen.¹⁰³ Dies kann durch Bildung einer fiktiven Gesamtstrafe geschehen. Von dieser ist dann die bereits vollstreckte Strafe abzuziehen. Der Nachteil kann jedoch auch unmittelbar bei der Festsetzung der neuen Strafe berücksichtigt werden.¹⁰⁴

III. Aussetzung zur Bewährung

Im Fall der Gesamtstrafenbildung nach § 55 StGB sowie in dem Verfahren nach § 460 **39** muss das zuständige Gericht über die Aussetzung der Strafe zur Bewährung **neu entscheiden,** da die Bildung einer Gesamtstrafe diese **Aussetzung gegenstandslos** macht. Eine zuvor ausgesprochene Bewährung entfällt und es muss nach § 58 StGB wegen der Aussetzung der Gesamtstrafe zur Bewährung eine selbstständige Prüfung erfolgen.¹⁰⁵ Dabei kommt es für die zeitlichen Schranken des § 56 StGB auf die Höhe der Gesamtstrafe an, nicht auf die der Einzelstrafen.¹⁰⁶ Maßgeblich für die Beurteilung der für die Bewährungsentscheidung Ausschlag gebenden Sachlage ist der **Zeitpunkt der Beschlussfassung.**¹⁰⁷ Selbst wenn sämtliche Einzelstrafen zur Bewährung ausgesetzt waren, kann es dennoch eine Bewertung der Taten in ihrer Gesamtheit rechtfertigen, von einer Aussetzung zur Bewährung abzusehen.¹⁰⁸ Umgekehrt kann eine Gesamtstrafe selbst dann zur Bewährung ausgesetzt werden, wenn die Einzelstrafen, aus denen sie gebildet wurde, ohne Bewährung verhängt worden sind.¹⁰⁹

Wird die neue Gesamtfreiheitsstrafe zur Bewährung ausgesetzt, sind die Bewährungszeit **40** sowie die **Auflagen und Weisungen** erneut festzusetzen. Frühere Auflagen und Weisungen fallen weg, sofern sie nicht ausdrücklich aufrechterhalten werden.

Der Widerruf einer im Gesamtstrafenbeschluss gewährten Strafaussetzung zur Bewäh- **41** rung gem. § 56f Abs. 1 S. 1 Nr. 1 StGB ist nur aufgrund weiterer, nach Erlass des Beschlusses begangener Straftaten zulässig.¹¹⁰

Nach § 58 Abs. 2 S. 1 StGB verkürzt sich das **Mindestmaß** der neuen Bewährungszeit **42** um einen bereits abgelaufenen Bewährungszeitraum. Voraussetzung hierfür ist, dass nach § 55 StGB nachträglich eine Gesamtstrafe gebildet wurde und mindestens eine der dabei einbezogenen Strafen (vollständig oder bezüglich eines Strafrests) zur Bewährung ausgesetzt war.

§ 58 Abs. 2 S. 2 StGB regelt den Fall, dass die Gesamtstrafe nicht zur Bewährung **43** ausgesetzt wird, obwohl zumindest eine der einbezogenen Einzelstrafen mit Bewährung verhängt wurde. In dieser Konstellation muss das zuständige Gericht bei der Bildung der Gesamtstrafe zugunsten des Verurteilten bereits erbrachte Bewährungsleistungen nach § 56f Abs. 3 S. 2 StGB analog auf die Strafe anrechnen. Die Entscheidung steht dabei – anders als bei direkter Anwendung von § 56f Abs. 3 StGB – nicht im Ermessen des Gerichts; eine Anrechnung bereits auflagengemäß erbrachter Leistungen ist somit **zwingend.**¹¹¹

---

¹⁰³ BGH 8.12.2009 – 5 StR 433/09, NStZ 2010, 385; Sternberg-Lieben/Bosch in Schönke/Schröder StGB § 55 Rn. 28; ausführlich Eschelbach in Satzger/Schluckebier/Widmaier StGB § 55 Rn. 19 ff.; von Heintschel-Heinegg in MüKoStGB StGB § 55 Rn. 25 ff.
¹⁰⁴ Wolf in Pohlmann/Jabel/Wolf StVollstrO § 41 Rn. 2; Hinweise zur Bearbeitung besonders komplizierter Sachverhalte finden sich bei von Heintschel-Heinegg in BeckOK StGB StGB § 55 Rn. 17.
¹⁰⁵ OLG Stuttgart 23.8.2012 – 4b Ws 26/12, BeckRS 2012, 22202; Schmitt in Meyer-Goßner/Schmitt Rn. 17; Graalmann-Scheerer in Löwe/Rosenberg Rn. 38.
¹⁰⁶ von Heintschel-Heinegg in BeckOK StGB StGB § 58 Rn. 1.
¹⁰⁷ BGH 3.7.1981 – 6 BJs 175/76 – StB 31/81, BGHSt 30, 168 = NJW 1981, 2311; OLG Stuttgart 23.8.2012 – 4b Ws 26/12, BeckRS 2012, 22202; Coen in BeckOK StPO Rn. 9; Nestler JA 2011, 248 (252); Pfeiffer Rn. 2; von Heintschel-Heinegg in MüKoStGB StGB § 55 Rn. 42; Paeffgen/Greco in SK-StPO Rn. 22; aA von Heintschel-Heinegg in BeckOK StGB StGB § 58 Rn. 3.
¹⁰⁸ Graalmann-Scheerer in Löwe/Rosenberg Rn. 39.
¹⁰⁹ Appl in KK-StPO Rn. 25a; Pfeiffer Rn. 10; vgl. Graalmann-Scheerer in Löwe/Rosenberg Rn. 39; aA Schmitt in Meyer-Goßner/Schmitt Rn. 17; Paeffgen/Greco in SK-StPO Rn. 22.
¹¹⁰ vgl. OLG Celle 8.8.2011 – 2 Ws 191/11, 2 Ws 192/11, BeckRS 2011, 23534; Graalmann-Scheerer in Löwe/Rosenberg Rn. 53 f.
¹¹¹ BGH 29.10.2008 – 2 StR 349/08, BGHSt 53, 31 (31–33) = NStZ 2009, 201; von Heintschel-Heinegg in BeckOK StGB StGB § 58 Rn. 6; Kinzig in Schönke/Schröder StGB § 58 Rn. 13.

D. Gesamtstrafenbildung nach § 460 StPO

I. Verfahren

44 Das Verfahren nach § 460 kann **auf Antrag** der verurteilten Person oder **von Amts wegen** eingeleitet werden.[112] Stellt der Verurteilte einen Antrag, ist die Staatsanwaltschaft als Vollstreckungsbehörde nach § 462 Abs. 2 zu hören; anschließend hat eine **Anhörung** des Antragstellers – auch zu der Höhe der von der Staatsanwaltschaft beantragten Strafe – zu erfolgen. Hat der Verurteilte den Antrag nicht selbst gestellt, so ist er zu hören.[113]

45 Stellt die Staatsanwaltschaft fest, dass § 55 StGB im Urteil außer Betracht geblieben ist, hat sie einen Antrag auf Durchführung des Verfahrens nach § 460 **von Amts wegen** zu stellen.[114] Lediglich als Anregung zur Durchführung des Verfahrens nach § 460 lässt sich hingegen der Hinweis auf die mögliche Gesamtstrafenbildung nach § 23 BZRG auffassen. Denn das Vorliegen der Voraussetzungen einer nachträglichen Gesamtstrafenbildung vermag das Bundeszentralregister nicht zu erfassen, weil ihm hierfür wesentliche Informationen nicht zugehen.[115] Auch das Gericht kann von Amts wegen das Verfahren einleiten, wenn es dessen Voraussetzungen feststellt. Hierbei ist der Staatsanwaltschaft und dem Verurteilten rechtliches Gehör zu gewähren.

II. Zuständigkeit

46 Die Zuständigkeit für die nachträgliche Bildung einer Gesamtstrafe im Beschlussverfahren liegt grds. bei dem **Gericht der ersten Instanz**, §§ 462, 462a Abs. 3 S. 1. Dies folgt aus dem Umstand, dass die Strafzumessung einen Teil des Erkenntnisverfahrens bildet.[116] Die Zuständigkeit der Staatsanwaltschaft zur Antragstellung richtet sich nach derjenigen des örtlich und sachlich zuständigen Gerichts.

47 Waren die Urteile von **verschiedenen Gerichten** erlassen, so steht die Entscheidung demjenigen Gericht zu, das auf die schwerste Strafart erkannt hat, § 462a Abs. 3 S. 2. Bei Strafen gleicher Art entscheidet die höchste Strafe, wobei dafür im Fall der Freiheitsstrafe die Strafdauer, bei der Geldstrafe die Anzahl (nicht die Höhe) der Tagessätze maßgeblich ist.[117] Fallen die Strafen exakt gleich aus, kommt es auf die zeitliche Reihenfolge ihrer Verhängung an. Zuständig ist somit dasjenige Gericht, dessen Straferkenntnis zuletzt ausgesprochen wurde, also den späteren Verkündungstermin hatte; nicht entscheidend ist hingegen die Rechtskraft.

48 Ausnahmsweise liegt die Zuständigkeit beim OLG, § 462a Abs. 3 S. 3 Hs. 2. Hat dieses in erster Instanz entschieden, so ist es vorrangig auch für die nachträgliche Bildung einer Gesamtstrafe zuständig.[118] Ist ein Amtsgericht zur Gesamtstrafenbildung berufen, reicht seine Strafgewalt jedoch hierfür nicht aus, so entscheidet gem. § 462a Abs. 3 S. 4 die Strafkammer des ihm übergeordneten Landgerichts.

49 Die **Reichweite der Strafgewalt** des Amtsgerichts bestimmt § 24 Abs. 2 GVG.[119] Bedeutung erlangt dabei vor allem der Ausschluss der Zuständigkeit nach § 24 Abs. 1 Nr. 2 GVG, wenn also insbesondere eine über vier Jahren liegende Freiheitsstrafe zu erwarten ist. Nach § 24 Abs. 2 GVG darf das Amtsgericht eine höhere Freiheitsstrafe als vier Jahre nicht verhängen. Für diesen limitierten amtsgerichtlichen Strafbann bleibt es unerheblich, ob es sich in dem konkreten Fall um eine Einzelstrafe, eine Gesamtstrafe nach §§ 53, 54 StGB

---

[112] Coen in BeckOK StPO Rn. 13; Schmitt in Meyer-Goßner/Schmitt Rn. 22.
[113] Schmitt in Meyer-Goßner/Schmitt Rn. 22.
[114] Nestler JA 2011, 248 (253); Wagner Rn. 455.
[115] Wagner Rn. 456.
[116] Wagner Rn. 457; vgl. auch Redeker/Busse in Schäfer/Sander/van Gemmeren Rn. 700.
[117] Graalmann-Scheerer in Löwe/Rosenberg § 462a Rn. 66; Eschelbach in Satzger/Schluckebier/Widmaier StGB StGB § 55 Rn. 37.
[118] Graalmann-Scheerer in Löwe/Rosenberg § 462a Rn. 65.
[119] Eschelbach in BeckOK StPO GVG § 24 Rn. 18; Meyer-Goßner/Schmitt GVG § 24 Rn. 11.

III. Wirkung und Rechtsbehelfe

Die Entscheidung im Verfahren nach § 460 ergeht als **Beschluss** ohne mündliche 50 Verhandlung, § 462 Abs. 1 S. 1. Dieser ist zu *begründen*, § 34, wobei die einbezogenen Einzelstrafen unter Angabe von Tatzeit sowie Urteilsdatum zu nennen sind. Zugleich muss die Persönlichkeit des Täters und die Gesamtheit der einzelnen Taten gewürdigt werden, vgl. § 267 Abs. 3, § 54 Abs. 1 S. 3 StGB. § 13 Abs. 2 StVollstrO verlangt eine **Rechtskraftbescheinigung,** denn der Beschluss über die nachträgliche Gesamtstrafe bildet die Grundlage der Urteilsvollstreckung.[121] Der Beschluss ist zu begründen, sowohl wenn eine Gesamtstrafe gebildet wird, als auch wenn ihre nachträgliche Bildung darin abgelehnt wird.[122] Gegen den Beschluss besteht gem. § 462 Abs. 3 S. 1 das Rechtsmittel der **sofortigen Beschwerde** nach § 311. Diese kann auch beschränkt – etwa auf die Frage einer Aussetzung der Strafe zur Bewährung – eingelegt werden.[123] Das Beschwerdegericht entscheidet nach § 309 Abs. 2 in der Sache selbst.

Sobald eine Gesamtstrafe nachträglich gebildet wurde, kann aus den Einzelerkenntnissen 51 nicht mehr vollstreckt werden. Grundlage der Vollstreckung ist nun allein der Gesamtstrafenbeschluss gem. § 460.[124] Lediglich bis zum Eintritt der Rechtskraft dieses Beschlusses nach § 460 bleibt die Vollstreckung aus den früheren Urteilen möglich.[125] Ab diesem Zeitpunkt beginnt zudem die Vollstreckungsverjährung.[126] Die Vollstreckung der nachträglich gebildeten Gesamtstrafe erfolgt, sobald der Beschluss in Rechtskraft erwächst.[127] Erforderlich ist dazu als **urkundliche Grundlage** der Vollstreckung eine mit Rechtskraftbescheinigung versehene Urschrift des Beschlusses oder eine beglaubigte Abschrift.[128]

Eine zuvor ausgesprochene Bewährung entfällt; es muss nach § 58 StGB wegen der 52 Aussetzung der Gesamtstrafe zur Bewährung eine selbstständige Prüfung erfolgen. Nebenstrafen, Nebenfolgen sowie Maßnahmen iSd § 11 Abs. 1 Nr. 8 StGB müssen hingegen zwingend aufrecht erhalten bleiben (→ Rn. 37);[129] sie dürfen in dem Beschluss nach § 460 auch nicht erstmalig angeordnet werden.[130]

IV. Strafzeitberechnung

Die Strafzeitberechnung[131] richtet sich nach § 41 StVollstrO. Hat die Strafvollstre- 53 ckung der Einzelstrafe(n) bereits begonnen, bestimmt § 41 Abs. 1 S. 1 StVollstrO, dass die Strafzeit für die nachträglich gebildete Gesamtstrafe so zu berechnen ist, als ob von vornherein die Gesamtstrafe zu vollstrecken gewesen wäre. Eine bereits verbüßte Strafzeit, Untersuchungshaft bzw. andere anrechenbare Freiheitsentziehung oder ein schon bezahlter Geldbetrag werden **in vollem Umfang berücksichtigt.**[132] Hat der Vollzug einer Einzelstrafe bereits begonnen, so wird die Strafvollstreckung für die Gesamtstrafe fortgesetzt; als Beginn der Strafvollstreckung gilt dabei der Beginn der Vollstreckung der Einzelstrafe.[133]

---

[120] Hannich in KK-StPO GVG § 24 Rn. 14.
[121] Coen in BeckOK StPO Rn. 12; Graalmann-Scheerer in Löwe/Rosenberg Rn. 52; Wagner Rn. 457.
[122] Schmitt in Meyer-Goßner/Schmitt Rn. 23.
[123] Graalmann-Scheerer in Löwe/Rosenberg Rn. 40.
[124] Nestler JA 2011, 248 (253); Coen in BeckOK StPO Rn. 12; Graalmann-Scheerer in Löwe/Rosenberg Rn. 51.
[125] Coen in BeckOK StPO Rn. 12; Graalmann-Scheerer in Löwe/Rosenberg Rn. 51.
[126] Graalmann-Scheerer in Löwe/Rosenberg Rn. 50.
[127] Schmitt in Meyer-Goßner/Schmitt Rn. 27.
[128] Schmitt in Meyer-Goßner/Schmitt Rn. 27.
[129] Redeker/Busse in Schäfer/Sander/van Gemmeren Rn. 696; Paeffgen in SK-StPO Rn. 3.
[130] Coen in BeckOK StPO Rn. 11; Nestler JA 2011, 248 (253).
[131] Ausführlich dazu Laubenthal/Nestler Strafvollstreckung Rn. 138 ff.
[132] Wolf in Pohlmann/Jabel/Wolf StVollstrO § 41 Rn. 17.
[133] Graalmann-Scheerer in Löwe/Rosenberg Rn. 55.

54 Ist hingegen der Vollzug einer einbezogenen Einzelstrafe bereits abgeschlossen, so gilt als Beginn der Vollstreckung der Gesamtstrafe der Beginn der Vollstreckung der Einzelstrafe, während ihr Ende als Strafzeitunterbrechung behandelt wird.[134]

§ 461 Anrechnung des Aufenthalts in einem Krankenhaus

(1) Ist der Verurteilte nach Beginn der Strafvollstreckung wegen Krankheit in eine von der Strafanstalt getrennte Krankenanstalt gebracht worden, so ist die Dauer des Aufenthalts in der Krankenanstalt in die Strafzeit einzurechnen, wenn nicht der Verurteilte mit der Absicht, die Strafvollstreckung zu unterbrechen, die Krankheit herbeigeführt hat.

(2) Die Staatsanwaltschaft hat im letzteren Falle eine Entscheidung des Gerichts herbeizuführen.

A. Anwendungsbereich und Regelungsinhalt

1 § 461 regelt die Berechnung der Strafzeit, wenn der Verurteilte während des Vollzugs der Freiheitsstrafe in eine von der Justizvollzugsanstalt getrennte Krankeneinrichtung verbracht werden muss. Hier schreibt § 461 vor, dass – obwohl sich der Verurteilte dann nicht in einer dem öffentlichem Gewahrsam dienenden Anstalt befindet – die dort verbrachte Zeit in die Strafzeit einzurechnen ist. Die Regelung steht in Zusammenhang mit § 65 Abs. 2 StVollzG, der normiert, dass ein Gefangener in ein Krankenhaus außerhalb des Vollzuges zu bringen ist, wenn seine Krankheit in einer Vollzugsanstalt oder einem Anstaltskrankenhaus nicht erkannt oder behandelt werden kann. Die Bedeutung der Vorschrift besteht damit in der Klarstellung, dass trotz faktischer Beendigung oder mindestens weitgehender Lockerung der Freiheitsentziehung, die in dem Krankenhaus verbrachte Zeit als Strafzeit anzurechnen ist, solange nicht das rechtliche Gewahrsamsverhältnis über den Gefangenen beendet und er damit in Freiheit gesetzt ist.[1] Diese Konstellationen sind von den Fällen einer Vollstreckungsunterbrechung nach § 455 Abs. 4 zu unterscheiden (→ § 455 Rn. 20 ff.).

2 § 461 gilt nach § 463 analog für freiheitsentziehende Maßregeln der Besserung und Sicherung.[2]

B. Anrechnung von Krankenhausaufenthalt nach Abs. 1

I. Krankenhausaufenthalt

3 **1. Krankenanstalten nach Abs. 1.** Bei der von der Justizvollzugsanstalt getrennten Krankenanstalt handelt es sich um ein Krankenhaus, das nicht dem Vollzug (von Freiheitsstrafen oder freiheitsentziehenden Maßregeln der Besserung und Sicherung) dient, also um ein „Krankenhaus außerhalb des Vollzugs" iSd § 65 Abs. 2 S. 1 StVollzG.[3] Genügt die Unterbringung in einem anstaltseigenen Krankenhaus, so rechnet die dort verbrachte Zeit ohne Weiteres zu der Dauer der Freiheitsstrafe, ohne dass es einer besonderen Anrechnungsregel wie § 461 bedürfte.[4]

---

[134] Graalmann-Scheerer in Löwe/Rosenberg Rn. 55.
[1] Bringewat Rn. 2; Baier in Radtke/Hohmann Rn. 1; OLG Hamburg 27.5.1999 – 2 Ws 14/99, OLGSt StPO § 461 Nr. 1, NStZ 1999, 589.
[2] Eingehend zum Verfahren bei psychischen Krankheiten Graalmann-Scheerer in Löwe/Rosenberg Rn. 3 f.
[3] Graalmann-Scheerer in Löwe/Rosenberg Rn. 1; Schmitt in Meyer-Goßner/Schmitt Rn. 1, 3; Baier in Radtke/Hohmann Rn. 2.
[4] Graalmann-Scheerer in Löwe/Rosenberg Rn. 1 f.

2. Unterbringung wegen Krankheit. Als Krankheit iSd § 461 gilt jeder regelwidrige 4 körperliche oder psychische Zustand, der aus Sicht des behandelnden Arztes eine Verlegung erforderlich macht.[5] § 461 greift immer dann ein, wenn der Verurteilte auf Grund einer in den Anwendungsbereich der Norm fallenden Erkrankung nach Beginn der Strafvollstreckung in einem Krankenhaus außerhalb des Vollzugs gelangt.[6] Dies gilt zum einen, sofern er im Rahmen einer Krankenbehandlung aus dem Vollzug dorthin verlegt wird, zum anderen – da nach § 13 Abs. 5 StVollzG ein erteilter Urlaub die Vollstreckung nicht unterbricht[7] – falls sich der Gefangene während eines Urlaubs in ein Krankenhaus außerhalb des Vollzugs begibt und die Vollstreckungsbehörde die Strafvollstreckung nicht ausdrücklich unterbricht.[8] Dies folgt aus dem Umstand, dass es während dieser Zeit der Justizvollzugsanstalt obliegt, die Fortdauer der Freiheitsentziehung durch geeignete Maßnahmen wie zB die Abordnung von Vollzugsbeamten oder die Inanspruchnahme der Amtshilfe der Polizei sichtbar zu machen, aufrecht zu erhalten und eine eventuelle Flucht zu verhindern.[9]

II. Ausschluss der Anrechnung

Eine Einrechnung der Dauer des Krankenhausaufenthalts in die Strafzeit scheidet nach 5 Abs. 1 Hs. 2 aus, wenn der Verurteilte die Krankheit in der Absicht, die Strafvollstreckung zu unterbrechen, herbeigeführt hat. Gemeint ist damit nicht eine Unterbrechung der Vollstreckung iSd § 455. Der Verurteilte muss lediglich mit der Intention handeln, zumindest vorübergehend den normalen Vollzugsalltag zu durchbrechen.[10] Erforderlich ist dabei eine finale Verknüpfung zwischen der Krankheit und der Unterbrechung des Haftalltags dergestalt, dass die Herbeiführung des Krankheitszustands gerade zu diesem Zweck erfolgt. Die dahinter stehende Motivlage, die bspw. in der Schaffung von Fluchtmöglichkeiten, der Vermeidung des Arbeitszwangs oder der Erlangung einer besseren Verköstigung liegen mag, ist unbeachtlich.[11]

Abs. 1 Hs. 2 hat vor allem physische Defekte im Blick, während die gezielte Herbeiführ- 6 rung einer psychischen Erkrankung kaum denkbar erscheint.[12] Lediglich bei akuten Intoxikationspsychosen mag dies im Einzelfall möglich sein, und der Verurteilte ist in ein psychiatrisches Krankenhaus zu überweisen, ohne dass die Dauer seines dortigen Aufenthalts in die Freiheitsstrafe eingerechnet wird. Die Ausnahmeklausel des Abs. 1 Hs. 2 greift auch dann ein, wenn durch Simulierung einer körperlichen Krankheit der Gefangene sein Ziel erreicht, dass der getäuschte Arzt der Justizvollzugsanstalt seine Überführung in ein Krankenhaus außerhalb des Vollzugs für erforderlich hält.[13]

Die Nichtanrechnung erfolgt nach Abs. 2 aufgrund gerichtlicher Entscheidung, die 7 von der Staatsanwaltschaft als Strafverfolgungsbehörde[14] herbeigeführt wird, sofern sie die Voraussetzungen der Nichtanrechnung für gegeben hält.[15] Die Entscheidung obliegt dem nach §§ 462, 462a Abs. 1 S. 1 zuständigen Gericht und ergeht als Beschluss, der nach § 34 zu begründen ist. Einwendungen des Verurteilten gegen das Verhalten der Staatsanwaltschaft sind nach § 458 Abs. 1 möglich.[16] Gegen die Entscheidung des Gerichts nach Abs. 2, § 462a Abs. 1 ist die sofortige Beschwerde statthaft, § 462 Abs. 3 S. 1.

---

[5] Baier in Radtke/Hohmann Rn. 2.
[6] Baier in Radtke/Hohmann Rn. 3.
[7] OLG Hamm 9.12.1982 – 3 Ws 603/82, NStZ 1983, 287; Appl in KK-StPO Rn. 7; Bringewat Rn. 2.
[8] OLG Hamm 9.12.1982 – 3 Ws 603/82, NStZ 1983, 287; OLG Stuttgart 12.6.1989 – 3 Ws 131/89, NStZ 1989, 552; Appl in KK-StPO Rn. 2, 7; Schmitt in Meyer-Goßner/Schmitt Rn. 3; Bringewat Rn. 3; s. auch OLG Hamm 26.2.2008 – 3 Ws 65/08, BeckRS 2008, 7726.
[9] Vgl. Appl in KK-StPO Rn. 1; Bringewat Rn. 2, Graalmann-Scheerer in Löwe/Rosenberg Rn. 2.
[10] Appl in KK-StPO Rn. 11.
[11] Coen in BeckOK StPO Rn. 7; Appl in KK-StPO Rn. 10 f.; Schmitt in Meyer-Goßner/Schmitt Rn. 5; Bringewat Rn. 1, 7; Graalmann-Scheerer in Löwe/Rosenberg Rn. 5; s. aber Baier in Radtke/Hohmann Rn. 2.
[12] Hahn Mat. 1, 1141.
[13] Schmitt in Meyer-Goßner/Schmitt Rn. 5; Bringewat Rn. 5.
[14] Katholnigg NStZ 1982, 195; Schmitt in Meyer-Goßner/Schmitt Rn. 6; Bringewat Rn. 8.
[15] Graalmann-Scheerer in Löwe/Rosenberg Rn. 6; Bringewat Rn. 8.
[16] Graalmann-Scheerer in Löwe/Rosenberg Rn. 6.

§ 462 Verfahren bei gerichtlichen Entscheidungen; sofortige Beschwerde

(1) ¹Die nach § 450a Abs. 3 Satz 1 und den §§ 458 bis 461 notwendig werdenden gerichtlichen Entscheidungen trifft das Gericht ohne mündliche Verhandlung durch Beschluß. ²Dies gilt auch für die Wiederverleihung verlorener Fähigkeiten und Rechte (§ 45b des Strafgesetzbuches), die Aufhebung des Vorbehalts der Einziehung und die nachträgliche Anordnung der Einziehung eines Gegenstandes (§ 74f Absatz 1 Satz 4 des Strafgesetzbuches), die nachträgliche Anordnung der Einziehung des Wertersatzes (§ 76 des Strafgesetzbuches) sowie für die Verlängerung der Verjährungsfrist (§ 79b des Strafgesetzbuches).

(2) ¹Vor der Entscheidung sind die Staatsanwaltschaft und der Verurteilte zu hören. ²Das Gericht kann von der Anhörung des Verurteilten in den Fällen einer Entscheidung nach § 79b des Strafgesetzbuches absehen, wenn infolge bestimmter Tatsachen anzunehmen ist, daß die Anhörung nicht ausführbar ist.

(3) ¹Der Beschluß ist mit sofortiger Beschwerde anfechtbar. ²Die sofortige Beschwerde der Staatsanwaltschaft gegen den Beschluß, der die Unterbrechung der Vollstreckung anordnet, hat aufschiebende Wirkung.

A. Allgemeines

1   Die Vorschrift regelt das Verfahren bei gerichtlichen Entscheidungen und die sofortige Beschwerde. Abs. 1 enthält Vorgaben zur Zuständigkeit des Gerichts, Abs. 2 betrifft das Verfahren, insbesondere die Gewährung rechtlichen Gehörs und Abs. 3 den Anwendungsbereich der diesbezüglichen sofortigen Beschwerde.

B. Anwendungsbereich, Abs. 1

2   Abs. 1 verweist zur Bestimmung des Anwendungsbereichs der Vorschrift auf § 450a Abs. 3 S. 1, §§ 458–461 sowie § 45b, § 74b Abs. 2 S. 3, § 76, § 79b StGB; die Aufzählung in § 462 Abs. 1 ist abschließend.[1] Ausgenommen bleiben diejenigen Nachtragsentscheidungen, die sich auf eine Strafaussetzung zur Bewährung oder eine Verwarnung mit Strafvorbehalt beziehen, da insoweit das Verfahren in §§ 453–454 geregelt ist.

C. Verfahren, Abs. 2

3   Für das Beschlussverfahren in den in Abs. 1 genannten Fällen enthält Abs. 2 Vorgaben verfahrensrechtlicher Art.[2] Dazu bestimmt zunächst Abs. 2 S. 1, dass Staatsanwaltschaft und Verurteilter vor der Entscheidung **Gelegenheit zur Stellungnahme** zu geben ist. Dies muss – auch beim Verurteilten – nicht zwingend mündlich geschehen, möglich und je nach konkretem Einzelfall nach eigenem **pflichtgemäßem Ermessen** des Gerichts sinnvoll ist eine mündliche Anhörung aber gleichwohl.[3] Selbst eidliche Vernehmungen sind denkbar.[4]

---

[1] So auch Appl in KK-StPO Rn. 1; Bieber in KMR-StPO Rn. 1; Graalmann-Scheerer in Löwe/Rosenberg Rn. 2; Paeffgen/Greco in SK-StPO Rn. 2; Bringewat Rn. 2.
[2] Vgl. aber auch § 463d; s. dazu Appl in KK-StPO Rn. 2.
[3] Appl in KK-StPO Rn. 3 f.; Bieber in KMR-StPO Rn. 4; Paeffgen/Greco in SK-StPO Rn. 4; ähnlich Schmitt in Meyer-Goßner/Schmitt Rn. 3; enger Bringewat Rn. 5, der die mündliche Anhörung für „häufig geboten" hält; ähnlich Coen in BeckOK StPO Rn. 2 („im Einzelfall geboten"); so auch Pfeiffer Rn. 3; vgl. auch OLG Frankfurt a. M. 1.4.2001 – 3 Ws 243/01, NStZ-RR 2001, 348; OLG Jena 27.1.2011 – 1 Ws 10/11, BeckRS 2011, 15201; s. aber Graalmann-Scheerer in Löwe/Rosenberg Rn. 4.
[4] Schmitt in Meyer-Goßner/Schmitt Rn. 1, 3; Paeffgen/Greco in SK-StPO Rn. 3; Bringewat Rn. 3.

Durch das Gesetz zur Intensivierung des Einsatzes von Videokonferenztechnik in gerichtlichen und staatsanwaltlichen Verfahren vom 25.4.2013[5] wurde Abs. 2 S. 2 aF eingefügt, mit dem die zusätzliche fakultative Möglichkeit einer Anhörung mittels Videotechnik geschaffen wurde.[6] Die Vorschrift diente dazu, Anreise oder Vorführung des Verurteilten zum Zweck der persönlichen Anhörung zu vermeiden.[7] Sonstige notwendige Nachweise konnten im Freibeweisverfahren erbracht werden.[8] Da zum 1.7.2021 § 463e in Kraft getreten ist, der den Einsatz von Videokonferenztechnik im Vollstreckungsverfahren grds. gestattet, war Abs. 2 S. 2 aF obsolet. Für den Anwendungsbereich des § 462 gelten damit die Einschränkungen des § 463e Abs. 1 S. 3.

Im Rahmen der Anhörung haben die Staatsanwaltschaft als Vollstreckungsbehörde und der Verurteilte die Möglichkeit, **Anträge** zu stellen, indem unter Bestimmung einer angemessenen Frist zur Abgabe einer schriftlichen oder – soweit es den Verurteilten betrifft[9] – zu Protokoll der Geschäftsstelle abgegebenen Erklärung aufgefordert wird. Die **Anhörung** vor allem des Verurteilten darf dabei nicht als praktisch bedeutungslose Formalie erscheinen, sondern muss einen ernsthaften Beitrag für die zu treffende Entscheidung darstellen.[10] Die Staatsanwaltschaft selbst ist in ihrer Eigenschaft als Strafverfolgungsbehörde, nicht als Vollstreckungsbehörde, anzuhören.[11]

Ausnahmsweise kann das Gericht gem. Abs. 2 S. 3 von einer Anhörung des Verurteilten absehen, wenn es beabsichtigt, nach § 79b StGB die Verjährungsfrist auf Antrag der Vollstreckungsbehörde um die Hälfte der gesetzlichen Verjährungsfrist zu verlängern, und infolge bestimmter Tatsachen anzunehmen ist, dass die Anhörung nicht ausgeführt werden kann. Undurchführbarkeit muss sich dann aber aufgrund bestimmter Tatsachen, nicht bloß aufgrund von Vermutungen ergeben.[12] Diese Ausnahmeregelung verstößt nicht gegen Art. 103 Abs. 1 GG.[13]

Die gerichtliche Entscheidung ergeht in Form eines mit Gründen versehenen förmlichen **Beschlusses**, § 34. § 35 Abs. 1 S. 1 gilt nicht,[14] sodass eine Verkündung der Entscheidung in einem Erörterungs- oder Anhörungstermin unzulässig ist.[15] Die Zustellung erfolgt auf Anordnung des Vorsitzenden, § 35 Abs. 2 S. 1, § 36 Abs. 1 S. 1; die Zustellung an die Staatsanwaltschaft richtet sich nach § 41.[16]

D. Sofortige Beschwerde, Abs. 3

Abs. 3 S. 1 normiert, dass gegen den Beschluss die sofortige Beschwerde statthaft ist, wobei **beschwerdeberechtigt** die Staatsanwaltschaft und der Verurteilte sind.[17] Daneben steht ein Beschwerderecht nur den unmittelbar von der Vollstreckung in ihren Rechten Betroffenen zu;[18] zu ihnen gehört jedoch nicht der Nebenkläger.[19] Soweit die Staatsanwalt-

---

[5] BGBl. 2013 I 935; Inkraftgetreten 1.11.2013.
[6] Vgl. BT-Drs. 17/12418.
[7] BT-Drs. 17/1224, 14; Coen in BeckOK StPO Rn. 2 f. mit Verweis auf § 463e.
[8] Coen in BeckOK StPO Rn. 1.
[9] Graalmann-Scheerer in Löwe/Rosenberg Rn. 5, 6.
[10] Eingehend dazu Graalmann-Scheerer in Löwe/Rosenberg Rn. 5; s. auch OLG Frankfurt a. M. 10.4.2012 – 3 Ws 284/12, BeckRS 2012, 15702; ferner Coen in BeckOK StPO Rn. 2.
[11] Coen in BeckOK StPO Rn. 2; Schmitt in Meyer-Goßner/Schmitt Rn. 2; Katholnigg NStZ 1982, 195.
[12] Schmitt in Meyer-Goßner/Schmitt Rn. 4; Pfeiffer Rn. 3; Paeffgen/Greco in SK-StPO Rn. 5.
[13] Pfeiffer Rn. 3.
[14] Appl in KK-StPO Rn. 2; Pfeiffer Rn. 2; Bringewat Rn. 7; Treptow NJW 1975, 1105.
[15] Appl in KK-StPO Rn. 2; Graalmann-Scheerer in Löwe/Rosenberg Rn. 8; Bringewat Rn. 7.
[16] Paeffgen/Greco in SK-StPO Rn. 6. Vgl. zur Rechtsmittelfrist mit Blick auf Art. 103 Abs. 1 GG Graalmann-Scheerer in Löwe/Rosenberg Rn. 8.
[17] OLG Celle 16.2.1997 – 2 Ws 18/97, NStZ-RR 1997, 240; OLG Nürnberg 4.2.1998 – Ws 90/98, NStZ-RR 1998, 242; 19.12.2001 – Ws 1418/01, NStZ 2003, 390; Paeffgen/Greco in SK-StPO Rn. 7, 4.
[18] Appl in KK-StPO Rn. 4; Bringewat Rn. 9.
[19] Appl in KK-StPO Rn. 4; Paeffgen/Greco in SK-StPO Rn. 7; Bringewat Rn. 9; aA noch Krauß NJW 1958, 49.

schaft ein Beschwerderecht innehat, folgt dies aus ihrer Funktion als Strafverfolgungsbehörde, nicht als Vollstreckungsbehörde;[20] auch der Jugendrichter ist nicht beschwerdeberechtigt, soweit er nach §§ 82 ff. JGG der Vollstreckungsleiter ist.[21]

8   **Statthaft** ist die sofortige Beschwerde nur gegen solche Beschlüsse, die in der Sache selbst ergangen sind, nicht gegen Entscheidungen, die nur die Verfahrensvoraussetzungen zum Gegenstand haben und deswegen mit der einfachen Beschwerde angreifbar sind.[22]

9   Nach Abs. 3 S. 2 hat die sofortige Beschwerde der Staatsanwaltschaft gegen einen Beschluss, der die Unterbrechung der Vollstreckung anordnet, **aufschiebende Wirkung.** In solchen Konstellationen hat der Verurteilte zuvor Einwendungen nach § 458 Abs. 2 gegen eine Entscheidung der Vollstreckungsbehörde erhoben und die Strafvollstreckungskammer hat über diese aus Sicht des Verurteilten positiv entschieden. Legt die Staatsanwaltschaft gegen eine solche Entscheidung der Strafvollstreckungskammer sofortige Beschwerde ein, so hat diese nach Abs. 3 S. 2 ausnahmsweise aufschiebende Wirkung, um zu verhindern, dass ein Verurteilter aufgrund des vorangegangenen Beschlusses alsbald entlassen werden müsste.[23] Eine sofortige Beschwerde des Verurteilten etwa gegen die Ablehnung einer Vollstreckungsunterbrechung hat demgegenüber nach § 307 Abs. 1 keinen Suspensiveffekt.[24]

10 Die Entscheidung über die sofortige Beschwerde trifft das Beschwerdegericht selbst, § 309, selbst sofern das erstinstanzliche Gericht entgegen Abs. 2 S. 1 die Anhörung unterlassen hat.[25] In einem solchen Fall holt das Beschwerdegericht die Anhörung nach.[26]

§ 462a[1] Zuständigkeit der Strafvollstreckungskammer und des erstinstanzlichen Gerichts

(1) ¹Wird gegen den Verurteilten eine Freiheitsstrafe vollstreckt, so ist für die nach den §§ 453, 454, 454a und 462 zu treffenden Entscheidungen die Strafvollstreckungskammer zuständig, in deren Bezirk die Strafanstalt liegt, in die der Verurteilte zu dem Zeitpunkt, in dem das Gericht mit der Sache befaßt wird, aufgenommen ist. ²Diese Strafvollstreckungskammer bleibt auch zuständig für Entscheidungen, die zu treffen sind, nachdem die Vollstreckung einer Freiheitsstrafe unterbrochen oder die Vollstreckung des Restes der Freiheitsstrafe zur Bewährung ausgesetzt wurde. ³Die Strafvollstreckungskammer kann einzelne Entscheidungen nach § 462 in Verbindung mit § 458 Abs. 1 an das Gericht des ersten Rechtszuges abgeben; die Abgabe ist bindend.

(2) ¹In anderen als den in Absatz 1 bezeichneten Fällen ist das Gericht des ersten Rechtszuges zuständig. ²Das Gericht kann die nach § 453 zu treffenden Entscheidungen ganz oder zum Teil an das Amtsgericht abgeben, in dessen Bezirk der Verurteilte seinen Wohnsitz oder in Ermangelung eines Wohnsitzes seinen gewöhnlichen Aufenthaltsort hat; die Abgabe ist bindend. ³Abweichend von Absatz 1 ist in den dort bezeichneten Fällen das Gericht des ersten Rechtszuges zuständig, wenn es die Anordnung der Sicherungsverwahrung vorbehalten hat und eine Entscheidung darüber gemäß § 66a Absatz 3 Satz 1 des Strafgesetzbuches noch möglich ist.

---

[20] Appl in KK-StPO Rn. 3; Schmitt in Meyer-Goßner/Schmitt Rn. 5.
[21] Graalmann-Scheerer in Löwe/Rosenberg Rn. 9.
[22] Coen in BeckOK StPO Rn. 4; Graalmann-Scheerer in Löwe/Rosenberg Rn. 10; Pfeiffer Rn. 4; s. bereits RG 19.6.1899, RGSt 32, 234; ferner OLG Düsseldorf 22.5.1981 – 1 Ws 237/81, NStZ 1981, 366; Appl in KK-StPO Rn. 4; Bieber in KMR-StPO Rn. 8; Bringewat Rn. 8; Neuhaus/Putzke ZAP 2008, 389 (403).
[23] Dies ist eine Konsequenz aus § 307 Abs. 1, der grundsätzlich auch für die sofortige Beschwerde gilt. Danach hindert die Einlegung der Beschwerde den Vollzug der angefochtenen Entscheidung nicht.
[24] Graalmann-Scheerer in Löwe/Rosenberg Rn. 12; Paeffgen/Greco in SK-StPO Rn. 8.
[25] Appl in KK-StPO Rn. 4; Schmitt in Meyer-Goßner/Schmitt Rn. 5; Paeffgen/Greco in SK-StPO Rn. 9; Bringewat Rn. 10.
[26] Graalmann-Scheerer in Löwe/Rosenberg Rn. 13; aA OLG Hamburg 9.4.1991 – 2b Ws 102/91, NStZ 1991, 356; 9.4.1991 – 2b Ws 102/91, StV 1992, 587.

[1] § 462a Abs. 2 S. 3 eingefügt mWv 1.1.2011 durch Gesetz v. 22.12.2010, BGBl. 2010 I 2300.

(3) ¹In den Fällen des § 460 entscheidet das Gericht des ersten Rechtszuges. ²Waren die verschiedenen Urteile von verschiedenen Gerichten erlassen, so steht die Entscheidung dem Gericht zu, das auf die schwerste Strafart oder bei Strafen gleicher Art auf die höchste Strafe erkannt hat, und falls hiernach mehrere Gerichte zuständig sein würden, dem Gericht, dessen Urteil zuletzt ergangen ist. ³War das hiernach maßgebende Urteil von einem Gericht eines höheren Rechtszuges erlassen, so setzt das Gericht des ersten Rechtszuges die Gesamtstrafe fest; war eines der Urteile von einem Oberlandesgericht im ersten Rechtszuge erlassen, so setzt das Oberlandesgericht die Gesamtstrafe fest. ⁴Wäre ein Amtsgericht zur Bildung der Gesamtstrafe zuständig und reicht seine Strafgewalt nicht aus, so entscheidet die Strafkammer des ihm übergeordneten Landgerichts.

(4) ¹Haben verschiedene Gerichte den Verurteilten in anderen als den in § 460 bezeichneten Fällen rechtskräftig zu Strafe verurteilt oder unter Strafvorbehalt verwarnt, so ist nur eines von ihnen für die nach den §§ 453, 454, 454a und 462 zu treffenden Entscheidungen zuständig. ²Absatz 3 Satz 2 und 3 gilt entsprechend. ³In den Fällen des Absatzes 1 entscheidet die Strafvollstreckungskammer; Absatz 1 Satz 3 bleibt unberührt.

(5) ¹An Stelle der Strafvollstreckungskammer entscheidet das Gericht des ersten Rechtszuges, wenn das Urteil von einem Oberlandesgericht im ersten Rechtszuge erlassen ist. ²Das Oberlandesgericht kann die nach den Absätzen 1 und 3 zu treffenden Entscheidungen ganz oder zum Teil an die Strafvollstreckungskammer abgeben. ³Die Abgabe ist bindend; sie kann jedoch vom Oberlandesgericht widerrufen werden.

(6) Gericht des ersten Rechtszuges ist in den Fällen des § 354 Abs. 2 und des § 355 das Gericht, an das die Sache zurückverwiesen worden ist, und in den Fällen, in denen im Wiederaufnahmeverfahren eine Entscheidung nach § 373 ergangen ist, das Gericht, das diese Entscheidung getroffen hat.

Übersicht

		Rn.			Rn.
A.	Grundlagen	1	3.	Abweichende landesrechtliche Regelungen, § 78a Abs. 2 S. 1 GVG	21
B.	Zuständigkeit der Strafvollstreckungskammer	4	4.	Dauer und Ende der örtlichen Zuständigkeit	24
I.	Allgemeines	4			
II.	Sachliche Zuständigkeit	6	IV.	Fortwirkungszuständigkeit	28
1.	Freiheitsstrafe	6	C.	Gericht des ersten Rechtszugs	31
	a) Freiheitsstrafe iSd § 38 StGB	6	I.	Primäre Zuständigkeit	33
	b) Jugendstrafe	8	II.	Nachträgliche Gesamtstrafenbildung gem. § 460	36
	c) Sonstiger Freiheitsentzug	9			
2.	Vollstreckung der Freiheitsstrafe	12			
III.	Örtliche Zuständigkeit	14	III.	Abgabe durch Strafvollstreckungskammer	38
1.	Aufnahme in die Justizvollzugsanstalt	15			
2.	Maßgeblicher Zeitpunkt	18	D.	Zuständigkeitskonzentration	39

A. Grundlagen

Vollstreckungsgerichte sind das Gericht des ersten Rechtszugs sowie die Strafvollstreckungskammer. Ihre Einrichtung war erforderlich, denn bestimmte Entscheidungen bei der Durchführung der Strafvollstreckung bedürfen richterlicher Entscheidungsfindung und

§ 462a 2–5

sollten daher nicht in die Kompetenz der Strafvollstreckungsbehörden fallen. § 462a regelt die sachliche und die örtliche Zuständigkeit der **Strafvollstreckungskammer** in Strafvollstreckungsangelegenheiten (Abs. 1 S. 1 und 2, Abs. 4, Abs. 5 S. 2) und grenzt diese von derjenigen der **Gerichts des ersten Rechtszugs** ab (Abs. 1 S. 3, Abs. 2 und 3, Abs. 5 S. 1). Die Bildung der Strafvollstreckungskammern beruht zum einen auf dem Grundgedanken, in solchen Fällen, in denen die Freiheitsstrafe Maßregel vollzogen wird oder zum Teil vollzogen war, die Vollstreckung aber noch nicht endgültig erledigt ist, die besonderen Erfahrungen und die **Entscheidungsnähe** der Strafvollstreckungskammern für die ihnen obliegenden Entscheidungen zu nutzen.[2] Zum anderen liegt der Regelung des § 462a der Gedanke einer **Zuständigkeitskonzentration** (→ Rn. 39) zu Grunde, die eine zusammenfassende Würdigung von Tat und Täter (vgl. § 54 Abs. 1 S. 3 StGB) ermöglichen soll.[3]

2   Die Zuständigkeitsverteilung des § 462a gilt für die Vollstreckung von Freiheitsstrafen, gem. § 463 Abs. 1 entsprechend auch für die Vollstreckung freiheitsentziehender Maßregeln der Besserung und Sicherung (Unterbringung im psychiatrischen Krankenhaus, in der Entziehungsanstalt bzw. in der Sicherungsverwahrung). Nach § 463 Abs. 7 findet Abs. 1 zudem bei bestimmten Entscheidungen im Zusammenhang mit der Führungsaufsicht Anwendung (→ § 463 Rn. 25 ff.).

3   Gem. den in § 462a enthaltenen Bestimmungen **entscheidet** stets nur **ein Gericht**.[4] Sobald die Strafvollstreckungskammer zuständig wird, verdrängt dies die Zuständigkeit des Gerichts des ersten Rechtszugs. Ansonsten bleibt das Gericht des ersten Rechtszuges zuständig. Die in § 462a enthaltene Zuständigkeitsabgrenzung bezieht sich auch auf die in der Strafprozessordnung normierten gerichtlichen Entscheidungen im Rahmen des Rechtsschutzes gegen Maßnahmen oder Anordnungen der Strafvollstreckungsbehörde.

B. Zuständigkeit der Strafvollstreckungskammer

I. Allgemeines

4   Bei den LGen, in deren Bezirk sich Einrichtungen für den Vollzug der Freiheitsstrafe bzw. freiheitsentziehender Maßregeln der Besserung und Sicherung an Erwachsenen befinden, werden gem. § 78a Abs. 1 S. 1 GVG Strafvollstreckungskammern als **spezielle Spruchkörper** bei den LGen gebildet, in deren Bezirk Anstalten (für Erwachsene) unterhalten werden, in denen Freiheitsstrafen oder freiheitsentziehende Maßregeln der Besserung und Sicherung vollzogen werden oder andere Vollzugsbehörden ihren Sitz haben. Diese sind nach § 78a Abs. 1 S. 2 Nr. 1 GVG zuständig für Entscheidungen nach §§ 462a, 463, soweit sich nicht aus der StPO etwas anderes ergibt. Die StPO bestimmt somit den durch die Verweisung auf §§ 462a, 463 allgemein umschriebenen Aufgabenbereich der Strafvollstreckungskammern näher bzw. schränkt ihn ein. Bei § 78a GVG handelt es sich um eine **funktionelle Zuständigkeitsbestimmung**.[5] § 78b GVG normiert, in welcher Besetzung die Strafvollstreckungskammer tätig wird.

5   Positive Erfahrungen mit dem **Jugendrichter** als besonderem **Vollstreckungsleiter**, der im Jugendstrafrecht einen möglichst engen Kontakt zwischen Gericht und Anstalt bewirkt, haben ab dem 1.1.1975 auch im Erwachsenenstrafrecht zur Einrichtung von Strafvollstreckungskammern bei den anstaltsnäheren LGen geführt. Diese fungierten zunächst als reine Vollstreckungsgerichte – Spruchkörper, bei denen es zu einer Konzentration vor allem der Entscheidungen nach §§ 462a, 463 über vorzeitige Entlassungen auf Bewährung aus dem Straf- und dem Maßregelvollzug kam. Die Aspekte der **größeren Orts- und Vollzugsnähe** sowie einer möglichst einheitlichen Rechtsprechung veranlassten dann den

---
[2] Graalmann-Scheerer in Löwe/Rosenberg Rn. 2; Bringewat Rn. 2; ähnlich Coen in BeckOK StPO Rn. 1.
[3] Graalmann-Scheerer in Löwe/Rosenberg Rn. 3.
[4] Appl in KK-StPO Rn. 3.
[5] Appl in KK-StPO Rn. 2; Meyer-Goßner/Schmitt Vor § 1 Rn. 8; Pfeiffer Rn. 1.

Gesetzgeber zu einer Kompetenzerweiterung. Mit Inkrafttreten des Bundes-Strafvollzugsgesetzes am 1.1.1977 wurden die Strafvollstreckungskammern auch als Vollzugsgerichte für Entscheidungen nach §§ 109 ff. StVollzG zuständig (§ 78a Abs. 1 S. 2 Nr. 2 GVG). Der Bildung von Strafvollstreckungskammern durch den Gesetzgeber lag vor allem der Gedanke zugrunde, dass richterliche Vollstreckungstätigkeit und richterliche Vollzugsentscheidungen ein Vertrautsein des jeweils zuständigen Richters mit den faktischen Gegebenheiten in einer Justizvollzugsanstalt ebenso wie mit den individuellen Problemen der Inhaftierten erforderten.[6] Ausgegangen wurde vom **Idealbild eines Vollstreckungs- und Vollzugsrichters,**[7] der durch spezifische Fortbildungsmaßnahmen und zunehmende praktische Erfahrung eine Spezialisierung etwa in kriminalprognostischen Fragestellungen erfährt, der als eine Art unabhängiges Hausgericht eng mit der Leitung der Vollzugseinrichtung zusammenarbeitet, der die Anstalt regelmäßig aufsucht, ggf. sogar an Anstaltskonferenzen teilnimmt – ein Richter, der als Folge seiner kriminologischen Spezialisierung auch sozialkonstruktiv gestaltend auf das Geschehen in der Einrichtung Einfluss nimmt.[8] Zwar sind die Strafvollstreckungskammern als Institution seit Mitte der Siebzigerjahre des 20. Jahrhunderts etabliert; von Ausnahmen abgesehen haben sich die ursprünglichen Erwartungen an diese Kammer als ein vollzugsnahes Gericht mit den damit verbundenen Möglichkeiten einer besonderen Sachkunde aber kaum erfüllt.[9] Die Strafvollstreckungsrichter haben kein eigenständiges Profil entwickeln können, vergleichbar dem eines Jugendrichters als besonderem Vollstreckungsleiter.

II. Sachliche Zuständigkeit

1. Freiheitsstrafe. a) Freiheitsstrafe iSd § 38 StGB. Die Strafvollstreckungskammer ist in Vollstreckungsangelegenheiten nach Abs. 1 S. 1 für Entscheidungen gem. § 453, § 454, § 454a, § 450a Abs. 3 S. 1, §§ 458–459h, 461 sachlich zuständig, wenn der zur **Freiheitsstrafe** Verurteilte zu dem Zeitpunkt, zu dem das Gericht mit der Sache befasst wird, zur Sanktionsdurchführung in die Vollzugsanstalt aufgenommen ist.[10]

Die **Aufnahme in die Vollzugseinrichtung** muss zum Zweck der Vollstreckung bereits erfolgt sein. Eine bloße Vollstreckungseinleitung (zB durch Ladung zum Strafantritt) reicht noch nicht aus.[11] Erforderlich ist zudem der Beginn des Strafvollzugs durch Aufnahme des Sanktionierten in diejenige Institution, die in der Ladung zum Strafantritt als zuständige Einrichtung zur Vollzugsdurchführung bezeichnet wurde. Aufgenommen iSd § 462a Abs. 1 S. 1 ist nicht nur derjenige, der seine Strafe neu angetreten hat. Neben der Erstaufnahme fällt hierunter zudem die Aufnahme nach einer erfolgten Strafunterbrechung (§§ 455, 455a), nach dem Widerruf einer Strafrestaussetzung zur Bewährung bzw. nach einer Verlegung in eine andere Justizvollzugsanstalt.[12] Die Aufnahme setzt voraus, dass sich der Verurteilte dauerhaft für die Vollstreckung der Strafe und nicht nur vorübergehend zB für eine kurzfristige Verschubung in der JVA aufhält.[13]

Abs. 1 S. 1 findet keine Anwendung, soweit die Entscheidungen andere Personen als den Verurteilten, Mitangeklagte, Nebenkläger, aber auch Verleger oder Redakteure iSv § 463c Abs. 3, betreffen.[14]

b) Jugendstrafe. Da Freiheitsstrafe iSd § 462a Abs. 1 nur diejenige nach § 38 StGB ist, zählt hierzu nicht die **Jugendstrafe.** Die Aufgaben, die nach den Bestimmungen der

---

[6] Vgl. Northoff Strafvollstreckungskammer, 1985, S. 24 f.
[7] Laubenthal/Nestler Strafvollstreckung Rn. 59; s. auch Appl in KK-StPO Rn. 2.
[8] Dazu Müller-Dietz JURA 1981, 113 (123 ff.).
[9] Laubenthal/Nestler Strafvollstreckung Rn. 59; ebenso Appl in KK-StPO Rn. 2.
[10] Pfeiffer Rn. 1.
[11] OLG Düsseldorf 10.9.1998 – 2 Ws 492/98, StraFo 1998, 430.
[12] Schmitt in Meyer-Goßner/Schmitt Rn. 5.
[13] BGH 26.10.2021 – 2 ARs 335/21, BeckRS 2021, 32781.
[14] BGH 16.4.1987 – 2 ARs 16/87, NStZ 1987, 428; Appl in KK-StPO Rn. 4; Graalmann-Scheerer in Löwe/Rosenberg Rn. 4; Schmitt in Meyer-Goßner/Schmitt Rn. 3.

Strafprozessordnung der Strafvollstreckungskammer zugewiesen sind, werden vom **Jugendrichter** als Vollstreckungsleiter wahrgenommen, § 82 Abs. 1, § 110 Abs. 1 JGG. Das betrifft auch die Vollstreckung stationärer Maßregeln (§ 7 JGG). An der jugendrichterlichen Zuständigkeit ändert sich grds. auch nichts bei einer auf Anordnung des Vollstreckungsleiters nach § 89b JGG erfolgten Herausnahme des zu Jugendstrafe Verurteilten aus dem Jugendstrafvollzug und der weiteren Verbüßung der Jugendstrafe in einer Einrichtung für Erwachsene. Auch dann bleibt der Jugendrichter für alle die Vollstreckung betreffenden Maßnahmen und Entscheidungen zuständig.[15] Selbst wenn gegen den mit Jugendstrafe Sanktionierten daneben noch eine Freiheitsstrafe in einer anderen Sache verhängt ist, verbleibt die Zuständigkeit für die Vollstreckung der Jugendstrafe bis zu deren Abschluss beim Jugendrichter.[16] Das führt zu getrennten Vollstreckungszuständigkeiten.[17] Hat der zu einer Jugendstrafe Verurteilte das 24. Lebensjahr vollendet, kann der Vollstreckungsleiter gem. § 85 Abs. 6 S. 1, § 89b Abs. 3 JGG die Vollstreckung einer nach § 89b Abs. 1 JGG nach den Vorschriften des Strafvollzugs für Erwachsene vollzogenen Jugendstrafe bzw. einer Maßregel der Besserung und Sicherung – mit bindender Wirkung – an die nach Erwachsenenstrafrecht zuständige Vollstreckungsbehörde abgeben. Erst mit der **Vollstreckungsabgabe** sind dann nach § 85 Abs. 6 S. 2 JGG die Vollstreckungsnormen von Strafprozessordnung und Gerichtsverfassungsgesetz anzuwenden. Begründet wird damit auch die Zuständigkeit der Strafvollstreckungskammer, die jedoch (zB bei der Entscheidung über die Aussetzung des Restes der Jugendstrafe) insoweit nach den speziellen Regelungen des Jugendgerichtsgesetzes zu verfahren hat.[18]

9   c) **Sonstiger Freiheitsentzug.** Abs. 1 S. 1 begründet die Zuständigkeit der Strafvollstreckungskammer auch mit Beginn des Vollzugs einer **Ersatzfreiheitsstrafe** gem. § 43 StGB.[19] Gleiches gilt bei einem Strafarrest nach § 9 WStG, unabhängig davon, ob dieser in einer Justizvollzugsanstalt oder in einer Vollzugseinrichtung der Bundeswehr durchgeführt wird.[20] Dagegen begründet der Vollzug von Untersuchungshaft noch keine Zuständigkeit der Strafvollstreckungskammer; diese entsteht erst, sobald die Untersuchungshaft in Strafhaft übergeht.[21] Wird also ein auf Freiheitsstrafe erkennendes Urteil gegen einen in dieser Sache in Untersuchungshaft befindlichen Angeklagten durch unmittelbar nach der Urteilsverkündung erklärten allseitigen Rechtsmittelverzicht rechtskräftig, so ist für die Entscheidung über die Aussetzung des nach Anrechnung der Untersuchungshaft verbleibenden Strafrestes zur Bewährung und darauf bezogene Folgeentscheidungen nicht das erkennende Gericht, sondern die Strafvollstreckungskammer sachlich zuständig. Dies gilt auch dann, wenn das Tatgericht eine Strafrestaussetzung unzulässigerweise im Rahmen einer Absprache zugesagt hatte.[22]

10   Da die Zuständigkeitsregelungen von § 462a gem. § 463 Abs. 1 auch bei der Vollstreckung von **Maßregeln der Besserung und Sicherung** sinngemäß gelten, tritt bei Anwendung von Abs. 1 an die Stelle der Aufnahme in die Strafanstalt die Aufnahme in die Justizvollzugsanstalt als Maßregelvollzugseinrichtung, in das psychiatrische Krankenhaus (§ 63 StGB) bzw. in die Entziehungsanstalt (§ 64 StGB). Wurde die Sicherungsverwahrung vorbe-

---

[15] BGH 23.12.1977 – 2 Ars 415/77, BGHSt 27, 332 = NJW 1978, 835; Appl in KK-StPO Rn. 5; Pfeiffer Rn. 19; Paeffgen/Greco in SK-StPO Rn. 4.
[16] BGH 26.1.2007 – 2 ARs 2/07, NStZ-RR 2007, 190; Appl in KK-StPO Rn. 5.
[17] Appl in KK-StPO Rn. 5; Pfeiffer Rn. 19; dazu Maaß NStZ 2008, 129.
[18] OLG Hamm 2.2.1996 – 3 Ws 40/96 u.a., StV 1996, 277; Coen in BeckOK StPO Rn. 20; Eisenberg/Kölbel JGG § 85 Rn. 22; krit. Heinrich NStZ 2002, 187.
[19] BGH 9.10.1981 – 2 ARs 293/81, BGHSt 30, 223 = NJW 1982, 248; BGH 21.7.2006 – 2 ARs 302/06, 2 AR 89/06, NStZ-RR 2007, 94; OLG Hamburg 12.12.1975 – 1 Ws 508/758, NJW 1976, 257; OLG München 21.12.1983 – 2 Ws 1518/83, NStZ 1984, 238; Coen in BeckOK StPO Rn. 2; Appl in KK-StPO Rn. 7; Graalmann-Scheerer in Löwe/Rosenberg Rn. 4; Schmitt in Meyer-Goßner/Schmitt Rn. 4; Paeffgen/Greco in SK-StPO Rn. 3; Bringewat Rn. 7; s. auch BT-Drs. 7/550, 314.
[20] Appl in KK-StPO Rn. 8.
[21] BGH 28.8.1991 – 2 Ars 366/91, BGHSt 38, 63; Appl in KK-StPO Rn. 9; Paeffgen/Greco in SK-StPO Rn. 3.
[22] OLG Oldenburg 21.4.2009 – 1 Ws 187/09, NStZ 2009, 656.

halten, bestimmt sich die Zuständigkeit des Gerichts abweichend von Abs. 1 nach Abs. 2 S. 3,[23] wonach das Gericht des ersten Rechtszugs für die Nachtragsentscheidungen zuständig ist, wenn es die Anordnung der Sicherungsverwahrung vorbehalten hat und diese noch möglich ist, also bis die Freiheitsstrafe vollständig vollstreckt ist. Der Gesetzgeber ging davon aus, das Verfahren über die Ausübung des Vorbehalts gehöre zum zweiaktigen Erkenntnisverfahren, für das wegen der unmittelbaren Auswirkungen der Vollstreckungsentscheidungen auf eine etwaige Ausübung des Vorbehalts das Gericht des ersten Rechtszugs zuständig ist.[24]

Nicht in den Anwendungsbereich von § 462a fallen Erzwingungshaft bei Uneinbring- **11** lichkeit von Geldbußen nach § 96 OWiG sowie in Strafverfahren festgesetzte Haft als Ordnungs- und Zwangsmittel (Art. 6 EGStGB 1974).[25] Ebenfalls nicht erfasst sind die Untersuchungshaft sowie die Sicherungshaft nach § 453c.[26]

2. Vollstreckung der Freiheitsstrafe. Abs. 1 S. 1 setzt voraus, dass die Freiheitsstrafe **12** gegen den Verurteilten bereits vollstreckt wird. Gemeint ist hiermit der tatsächliche Beginn des Vollzugs;[27] nicht ausreichend sind demgegenüber auf Herbeiführung des Vollzugs gerichtete Maßnahmen der Vollstreckungsbehörde wie die Ladung des auf freiem Fuß befindlichen Verurteilten zum Strafantritt, § 27 StVollstrO, oder das Aufnahmeersuchen an die Vollzugsanstalt, § 29 StVollstrO.[28] Auch ergriffene Zwangsmaßnahmen zur Gestellung genügen nicht.

Vor dem Zeitpunkt des tatsächlichen Vollzugsbeginns ist für die Nachtragsentscheidun- **13** gen gemäß Abs. 2 das Gericht des ersten Rechtszuges zuständig.[29] Sind unter Anrechnung der Untersuchungshaft bereits zwei Drittel der erkannten Strafe verbüßt und wird der Verurteilte aus der Untersuchungshaft entlassen, bevor das Gericht darüber entschieden hat, ob die Vollstreckung des Strafrestes zur Bewährung auszusetzen ist, liegt die Zuständigkeit bei dem entscheidungsnäheren erkennenden Gericht.[30] Die Strafvollstreckungskammer wird erst dann sachlich zuständig, wenn die Untersuchungshaft unmittelbar in Strafhaft übergeht. Das gilt selbst dann, wenn bei Strafbeginn nach Eintritt der Rechtskraft des Urteils[31] eine Verlegung in die nach dem Vollstreckungsplan zuständige Anstalt zu erwarten ist[32] oder bereits zwei Drittel der erkannten Strafe nach § 57 Abs. 4 StGB als verbüßt gelten.[33]

III. Örtliche Zuständigkeit

Gem. Abs. 1 S. 1 ist örtlich zuständig die Strafvollstreckungskammer bei demjenigen **14** Landgericht, in dessen Bezirk die Vollzugseinrichtung liegt, in der – zum Zweck der Sanktionsdurchführung – der Verurteilte zu dem Zeitpunkt aufgenommen wurde, in dem das Gericht mit der Sache befasst wird.[34] Damit bestimmt zum einen der **tatsächliche Aufenthalt** des Inhaftierten in der Anstalt die örtliche Zuständigkeit. Maßgebliche Bedeutung kommt insoweit dem **öffentlich-rechtlichen Sitz der Vollzugsanstalt** zu. Die Zuständigkeit der Strafvollstreckungskammer wird dabei bereits mit der Aufnahme des Verurteilten

---

[23] Vgl. BT-Drs. 17/3403, 43; Appl in KK-StPO Rn. 31a; Paeffgen/Greco in SK-StPO Rn. 31.
[24] BT-Drs. 17/3403, 43.
[25] Graalmann-Scheerer in Löwe/Rosenberg Rn. 7; Paeffgen/Greco in SK-StPO Rn. 3.
[26] Coen in BeckOK StPO Rn. 2; Paeffgen/Greco in SK-StPO Rn. 3.
[27] BGH 8.10.1999 – 2 ARs 408/99 – 2 AR 171/99, NStZ 2000, 111; OLG Nürnberg 20.9.2002 – Ws 1167/02, OLGSt StPO § 462 Nr. 20.
[28] Bringewat Rn. 11; Graalmann-Scheerer in Löwe/Rosenberg Rn. 8.
[29] BGH 8.7.1975 – 2 ARs 181/75, BGHSt 26, 165 = NJW 1975, 1847; Appl in KK-StPO Rn. 10.
[30] OLG Düsseldorf 9.12.1988 – 1 Ws 1107/88 – 1108/88, 1 Ws 1107/88, 1 Ws 1108/88, StV 1989, 216; Appl in KK-StPO Rn. 9; Schmitt in Meyer-Goßner/Schmitt Rn. 6; Valentin NStZ 1981, 128 (129).
[31] OLG Düsseldorf 22.5.1981 – 1 Ws 237/81, NStZ 1981, 366; OLG Celle 18.9.1984 – 3 Ws 330/84, NStZ 1985, 188; Schmitt in Meyer-Goßner/Schmitt Rn. 6.
[32] BGH 28.8.1991 – 2 ARs 366/91, BGHSt 38, 63; Appl in KK-StPO Rn. 9; Schmitt in Meyer-Goßner/Schmitt Rn. 6.
[33] Appl in KK-StPO Rn. 9; Schmitt in Meyer-Goßner/Schmitt Rn. 5; Bringewat Rn. 12; Paeffgen/Greco in SK-StPO Rn. 5.
[34] Vgl. BGH 23.11.2021 – 2 ARs 268/21, BeckRS 2021, 45776; 3.11.2000 – 2 ARs 285/00, NStZ-RR 2001, 267; Paeffgen/Greco in SK-StPO Rn. 6.

in eine Justizvollzugsanstalt ihres Bezirks begründet und nicht erst dann, wenn sie mit einer bestimmten Entscheidung befasst ist.[35]

15   **1. Aufnahme in die Justizvollzugsanstalt.** Abs. 1 S. 1 stellt für die örtliche Zuständigkeit auf diejenige Justizvollzugsanstalt ab, in die der Verurteilte zum maßgeblichen Zeitpunkt aufgenommen ist. Demnach hängt von diesem Umstand der **gesetzliche Richter** des Verurteilten iSd **Art. 101 Abs. 1 S. 2 GG** ab. Aufgenommen ist der Verurteilte in diejenige Justizvollzugsanstalt, bzw. in die mit ihr zu einer organisatorischen Einheit verbundene Außenstelle,[36] die nach ihrem Vollstreckungsplan für den Vollzug der Strafe an dem Betreffenden zuständig ist.[37]

16   Der Begriff der Aufnahme umfasst dabei sowohl die für eine gewisse Dauer erfolgende[38] Erstaufnahme als auch die Aufnahme nach einer (dauerhaften[39]) Verlegung im Strafvollzug.[40] Die bloße Ladung zum Strafantritt reicht nicht aus; erforderlich ist vielmehr der **tatsächliche Vollzugsbeginn,** wenn sich also der Verurteilte infolge Strafantrittsladung und Aufnahmeersuchen entweder freiwillig stellt oder in die JVA verbracht wird.[41] Entscheidend kommt es darauf an, dass der Verurteilte tatsächlich in die für den Vollzug der gegen ihn verhängten Strafe zuständige Anstalt gelangt, sei es auch, nachdem er sich zunächst in einer anderen Justizvollzugsanstalt gestellt und dorthin überführt worden ist;[42] in diesem Fall gilt als Zeitpunkt der Aufnahme erst derjenige Moment, in dem der Verurteilte in den behördlichen Gewahrsam in der zuständigen Anstalt gelangt. Wird ein mittelloser Verurteilter zur Aufnahme in eine näher gelegene JVA geladen, um von dort aus in die für ihn zuständige Anstalt überführt zu werden, so erfolgt eine Aufnahme iSd Abs. 1 S. 1 erst, sobald der Betreffende dorthin gelangt, vgl. § 27 Abs. 5 StVollstrO.[43] An der einmal begründeten Zuständigkeit ändert eine spätere Verlegung des Verurteilten in eine andere Justizvollzugsanstalt nichts.[44]

17   Befindet sich der Verurteilte bei Eintritt der absoluten Rechtskraft in Untersuchungshaft, so wandelt sich diese nicht unmittelbar kraft Gesetzes in Strafhaft.[45] Denn Letztere setzt

---

35   Vgl. dazu BGH 8.10.1999 – 2 ARs 408/99, NStZ 2000, 111; Appl in KK-StPO Rn. 15.
36   BGH 8.9.1978 – 2 ARs 289/78, BGHSt 28, 135 = NJW 1978, 2561; Appl in KK-StPO Rn. 14; Schmitt in Meyer-Goßner/Schmitt Rn. 8; Bringewat Rn. 14. Das gilt selbst dann, wenn die Außenstelle in einem anderen Landgerichtsbezirk liegt als die Hauptanstalt, vgl. nochmals BGH 8.9.1978 – 2 ARs 289/78, BGHSt 28, 135 = NJW 1978, 2561; Appl in KK-StPO Rn. 15.
37   Schmitt in Meyer-Goßner/Schmitt Rn. 5; Bringewat Rn. 15.
38   OLG Düsseldorf 7.2.1985 – 4 Ws 287-288/84, NStZ 1985, 333 (334); Appl in KK-StPO Rn. 8; Schmitt in Meyer-Goßner/Schmitt Rn. 5.
39   Vgl. Graalmann-Scheerer in Löwe/Rosenberg Rn. 12; OLG Stuttgart 11.8.1975 – 1 Ws 244/75, NJW 1976, 258; Bringewat Rn. 18; s. dazu auch BT-Drs. 7/550, 313; BGH 8.7.1975 – 2 Ars 181/75, BGHSt 26, 165 (166) = NJW 1975, 1847; Schmitt in Meyer-Goßner/Schmitt Rn. 13, 5; die gilt aber nicht für die Aufnahme des Verurteilten in eine Vollzugsanstalt zur Beurteilung durch die Einweisungskommission, so OLG Stuttgart 4.2.1977 – 1 Ws 20/77, NJW 1977, 1074; Appl in KK-StPO Rn. 14. Nur kurzfristige und zeitlich nicht von vornherein einigermaßen genau abgrenzbaren Verlegungen beeinträchtigen die Zuständigkeit der für die „Stammanstalt" zuständigen Strafvollstreckungskammer nicht, so BGH 11.3.2009 – 2 ARs 83/09, NStZ-RR 2009, 187; OLG Stuttgart 11.8.1975 – 1 Ws 244/75, NJW 1976, 258.
40   BGH 8.7.1975 – 2 Ars 181/75, BGHSt 26, 165 = NJW 1975, 1847; OLG Zweibrücken 15.6.2009 – 1 Ws 139/09, NStZ 2010, 109; Appl in KK-StPO Rn. 15.
41   BGH 8.3.1984 – 2 Ars 71/84, StV 1984, 382; OLG Düsseldorf 10.9.1998 – 2 Ws 492/98, StraFo 1998, 430; Paeffgen/Greco in SK-StPO Rn. 8.
42   OLG Zweibrücken 2.5.2002 – 1 Ws 196/02, NStZ 2003, 54; Appl in KK-StPO Rn. 15.
43   Schmitt in Meyer-Goßner/Schmitt Rn. 5; Bringewat Rn. 15.
44   BGH 15.3.2000 – 2 Ars 41/00 – 2 AR 21/00, NStZ 2000, 391; 19.6.2013 – 2 Ars 227/13, BeckRS 2013, 11590.
45   Laubenthal/Nestler Strafvollstreckung Rn. 144; Wolf in Pohlmann/Jabel/Wolf StVollstrO § 38 Rn. 15, § 39 Rn. 37; Paeffgen/Greco in SK-StPO Rn. 3; Linke JR 2001, 358 (359); aA BVerfG 3.2.1959 – 1 BvR 236/54, BVerfGE 9, 160; OLG Celle 9.8.1963 – 3 Ws 512/63, NJW 1963, 2240; OLG Düsseldorf 25.7.1986 – 1 Ws 614/86, StV 1988, 110; OLG Hamburg 8.4.1976 – 1 Ws 183/76, NJW 1977, 210; OLG Köln 13.7.1966 – HEs 72/66, NJW 1966, 1829; OLG Stuttgart 17.1.1979 – 1 Ws 379/78, NJW 1979, 884; ähnlich Seebode StV 1988, 119 (120). Der BGH hatte in BGH 20.10.1964 – 1 StR 380/64, BGHSt 20, 64 die Frage zunächst offen gelassen, dann aber mit BGH 28.8.1991 – 2 ARs 366/91,

die Einleitung der Strafvollstreckung mittels eines nach außen hin zu dokumentierenden Willensakts voraus.[46] Für den Zeitraum bis zur formellen Einleitung der Strafvollstreckung nach § 451 (sog. **Zwischenhaft**[47] bzw. **Vollstreckungshaft**[48]) hat damit die Strafvollstreckung formal noch nicht begonnen. Dem entsprechend ist zu diesem Zeitpunkt die Zuständigkeit der Strafvollstreckungskammern auch noch nicht begründet.[49] Nach abzulehnender aA soll ein automatischer Übergang von der Untersuchungshaft zur Strafhaft erfolgen. Dem entspreche die ständige Rspr. zur Begründung der Zuständigkeit der Strafvollstreckungskammer (→ § 450 Rn. 24). Geht Untersuchungshaft (nach förmlicher Einleitung der Vollstreckung später) in Strafhaft über und befindet sich der Verurteilte zu diesem Zeitpunkt auf dem Transport in eine Justizvollzugsanstalt, die im Bezirk einer anderen Strafvollstreckungskammer liegt, so ist die örtliche Zuständigkeit so zu beurteilen, als ob der Verurteilte sein Transportziel bereits erreicht hätte.[50]

2. Maßgeblicher Zeitpunkt. Maßgeblicher Zeitpunkt für die Bestimmung der Zuständigkeit ist nach Abs. 1 S. 1 derjenige, zu dem das **Gericht** (ggf. auch das des ersten Rechtszuges[51]) **mit der Sache befasst** wird. Dies ist erst dann der Fall, wenn überhaupt – etwa durch das Eingehen der dazu erforderlichen Unterlagen bei Gericht[52] – Anlass dazu besteht, eine gerichtliche Entscheidung zu treffen, falls also bspw. Tatsachen aktenkundig werden, die den Widerruf der Strafaussetzung rechtfertigen können[53] oder der von Amts wegen zu beachtende maßgebliche Zeitpunkt nach § 57 StGB naherückt.[54]

Befasst iSd Abs. 1 S. 1 wird das Gericht mit der Sache mit Eingang eines Antrags bei ihm, der eine Entscheidung erfordert.[55] Bei der Auslegung des Begriffs des **Befasstseins** ist danach zu differenzieren, ob das Gericht von Amts wegen eine Entscheidung zu treffen hat oder ob die gerichtliche Tätigkeit durch den Antrag eines Verfahrensbeteiligten veranlasst ist.[56] Soll das Gericht **von Amts wegen** tätig werden, so genügt es, wenn der dafür maßgebliche Zeitpunkt heranmaht[57] oder erreicht ist, ohne dass es darauf ankommt, ob es tatsächlich rechtzeitig wie gesetzlich vorgeschrieben entscheidet.[58] Befasst mit der Sache ist es dann

---

[46] BGHSt 38, 63 = NStZ 1991, 605 entschieden, dass die Untersuchungshaft mit der Rechtskraft unmittelbar in Strafhaft übergeht.
[47] Linke JR 2001, 358 (363); Schlothauer/Weider/Nobis, Untersuchungshaft, Rn. 864 f.; siehe zur Zwischenhaft auch Paeffgen, Zwischenhaft, Organisationshaft, S. 36 ff.
[48] Laubenthal/Nestler Strafvollstreckung Rn. 144; Seebode StV 1988, 119.
[49] OLG Düsseldorf 25.7.1986 – 1 Ws 614/86, StV 1988, 110; Graalmann-Scheerer in Löwe/Rosenberg Rn. 8.
[50] Pfeiffer Rn. 2; aA Coen in BeckOK StPO § 450 Rn. 6; Appl in KK-StPO Rn. 10a, § 450 Rn. 10a.
[51] BGH 13.2.1976 – 2 ARs 395/75, BGHSt 26, 278 (279) = NJW 1976, 860; BGH 11.3.2009 – 2 ARs 83/09, NStZ-RR 2009, 187.
[52] BGH 12.3.2003 – 2 ARs 57/03, 2 ARs 57/03 – 2 AR 34/03, StraFo 2003, 277; 14.10.1975 – 2 ARs 292/75, BGHSt 26, 214 (216) = NJW 1976, 153; 16.4.1997 – 2 ARs 112/97, NStZ 1997, 406; KG 26.9.2005 – 5 Ws 430/05, NStZ 2007, 422; Appl in KK-StPO Rn. 17.
[53] BGH 3.12.2004 – 2 ARs 377/04, 2 ARs 377/04 – 2 AR 237/04, StraFo 2005, 171; OLG Zweibrücken 15.6.2009 – 1 Ws 139/09, NStZ 2010, 109.
[54] BGH 27.8.1975 – 2 ARs 203/75, BGHSt 26, 187 (188); 15.3.2000 – 2 ARs 41/00 – 2 AR 21/00, NStZ 2000, 391; 16.12.2009 – 2 ARs 424/09, NJW 2010, 951; OLG Düsseldorf 5.4.1984 – 1 Ws 341/84, NStZ 1984, 428; BGH 27.8.2013 – 2 ARs 267/13, NStZ-RR 2013, 389; LG Bochum 25.2.2003 – 10 Qs 8/03, NStZ 2003, 567; OLG Zweibrücken 15.6.2009 – 1 Ws 139/09, NStZ 2010, 109; Röttle/Wagner/Theurer Strafvollstreckung Kap. 13 Rn. 1.
[55] OLG Frankfurt a. M. 16.5.2007 – 3 Ws 476/07, NStZ-RR 2008, 29.
[56] Schmitt in Meyer-Goßner/Schmitt Rn. 10; Appl in KK-StPO Rn. 18; Paeffgen/Greco in SK-StPO Rn. 12.
[57] So auch Graalmann-Scheerer in Löwe/Rosenberg Rn. 15.
[58] So BGH 13.10.2021 – 2 Ars 322/21, NStZ-RR 2021, 390 („Eine StVK ist schon dann mit der Entscheidung über die Reststrafenaussetzung i.S. des § 462a I 1 StPO konkret befasst, wenn der von Amts wegen zu beachtende maßgebliche Zeitpunkt nach § 57 I StGB heranmaht").
[59] Vgl. BGH 27.8.1975 – 2 ARs 203/75, BGHSt 26, 187 (188); 27.2.1991 – 2 ARs 29/91, BGHSt 37, 338 = NStZ 1991, 355; OLG Düsseldorf 7.9.1987 – 1 Ws 710/87, NStZ 1988, 46; OLG Nürnberg 31.1.2000 – Ws 36/00, StraFo 2000, 280; Appl in KK-StPO Rn. 18; Bringewat Rn. 24; krit. Paeffgen/Greco in SK-StPO Rn. 13.

zu dem Zeitpunkt, zu dem es tätig werden musste. Eine Veranlassung zum Handeln besteht zB dann, wenn eine im Gesetz bestimmte oder vom Gericht gesetzte Frist verstrichen ist,[59] vgl. §§ 56a, 67e StGB, oder wenn eine solche Entscheidung aus anderen Gründen gesetzlich vorgeschrieben ist, wie bspw. in § 67c StGB. Sind bei einer Entscheidung nach § 57 Abs. 1 StGB zwei Drittel der Strafzeit wegen Anrechnung der Untersuchungshaft schon vor Eintritt der Rechtskraft verbüßt, so entscheidet folglich das Datum der Rechtskraft des Urteils über den Zeitpunkt des Befasstseins.[60] Eine Veranlassung zu vollstreckungsgerichtlicher Tätigkeit und damit ein Befasstsein ist auch zu bejahen, wenn Tatsachen aktenkundig werden, die zu einer Prüfung des Widerrufs einer Strafaussetzung zur Bewährung gem. § 56f StGB Anlass geben.[61] Gleiches gilt umso mehr, wenn eine Mitteilung über einen Haftbefehl erfolgt bzw. eine Anklageschrift in einer neuen Strafsache eingeht;[62] erst recht bei Kenntnis von einer neuen Verurteilung.[63] Dagegen genügt für ein Befasstsein noch nicht das bloße Anfordern von Akten im Hinblick auf die Hauptverhandlung in einer neuen Sache, wenn sich daraus keine konkreten Hinweise für die Prüfung eines Bewährungswiderrufs durch die Strafvollstreckungskammer ergeben.[64] Keine Rolle spielt es nach dem Gesetzeswortlaut, ob das Gericht tatsächlich tätig wurde.[65] Muss das Gericht erst **auf Antrag** eines Verfahrensbeteiligten tätig werden, so gilt es mit Eingang dieses Antrags bei Gericht als mit der Sache befasst; der Eingang bei einer Staatsanwaltschaft oder einer sonst für Strafvollstreckung oder Strafvollzug zuständigen Behörde genügt nicht.[66]

20 Die Frage des für die Begründung der Zuständigkeit maßgeblichen Zeitpunkts wird vor allem dann relevant, wenn es zu einer **mehrfachen Verlegung** oder Rückverlegung des Gefangenen innerhalb kurzer Zeit kommt. Befasst wird ein Gericht mit der Sache nach Auffassung des BGH dann, wenn der Antrag bei dem zuständigen Gericht oder zumindest bei einem Gericht eingeht, das für die Entscheidung zuständig sein könnte,[67] ebenso wenn von Amts wegen die Entscheidung erforderlich wird, selbst wenn das Gericht bislang untätig geblieben ist, zB weil die Akten noch nicht vollständig vorlagen.[68] Es genügt somit nicht, dass der Antrag bei irgendeinem beliebigen Gericht ankommt.[69] Ein anderes Verständnis hätte wegen eventuell erforderlicher Rückfragen oder Aktenversendungen in zahlreichen Fällen eine dem Sinn des Gesetzes zuwiderlaufenden Verzögerung des Verfahrens zur Folge. Erfolgt die erstmalige Befassung mit einer Sache fehlerhaft durch ein unzuständiges Gericht, begründet dies die weitere Zuständigkeit des Gerichts, das eigentlich zuständig gewesen wäre und führt nicht dazu, dass nunmehr auch alle weiteren Entscheidungen von einem gesetzlich nicht

---

[59] Laubenthal/Nestler Strafvollstreckung Rn. 65; Appl in KK-StPO Rn. 18; s. auch Paeffgen/Greco in SK-StPO Rn. 13.
[60] BGH 2.12.1977 – 2 Ars 366/77, BGHSt 27, 302 = NJW 1978, 1443; Appl in KK-StPO Rn. 9; vgl. ferner OLG Frankfurt a. M. 16.5.2007 – 3 Ws 476/07, NStZ-RR 2008, 29.
[61] BGH 14.8.1981 – 2 Ars 174/81, BGHSt 30, 191; OLG Zweibrücken 15.6.2009 – 1 Ws 139/09, NStZ 2010, 109; Appl in KK-StPO Rn. 18.
[62] BGH 12.3.2003 – 2 Ars 57/03, 2 Ars 57/03 – 2 AR 34/03, StraFo 2003, 277; 15.3.2000 – 2 Ars 41/00, 2 Ars 41/00 – 2 AR 21/00, NStZ 2000, 391.
[63] BGH 14.10.2005 – 2 Ars 396/05, 2 Ars 396/05 – 2 AR 195/05, StraFo 2006, 78.
[64] BGH 14.2.2007 – 2 Ars 63/07, StraFo 2007, 257.
[65] BGH 2.12.1977 – 2 Ars 366/77, BGHSt 27, 304.
[66] BGH 3.12.2004 – 2 Ars 377/04, 2 Ars 377/04 – 2 AR 237/04, StraFo 2005, 171; Paeffgen/Greco in SK-StPO Rn. 13; Graalmann-Scheerer in Löwe/Rosenberg Rn. 16.
[67] BGH 14.8.1981 – 2 ARs 174/81, BGHSt 30, 191 = NStZ 1981, 494; OLG Düsseldorf 7.2.1985 – 4 Ws 287-288/84, NStZ 1985, 333; Appl in KK-StPO Rn. 19; Schmitt in Meyer-Goßner/Schmitt Rn. 10; Bringewat Rn. 22; Valentin NStZ 1981, 128 (129).
[68] Coen in BeckOK StPO Rn. 5.
[69] So aber noch OLG Hamm 20.5.1975 – 3 Ws 219/75, NJW 1975, 1527 mit dem Argument, es lasse sich nur bei einer solchen Auslegung der für die Bestimmung der zuständigen Strafvollstreckungskammer maßgebliche Zeitpunkt genau und allgemein sicherstellen und es komme nicht auf den Zufall an, ob sich der Verurteilte bei Eingang des Antrags noch in der bestimmten Strafanstalt befinde oder zwischenzeitlich verlegt sei. Anders indes bereits OLG Hamm 12.12.1975 – 4 Ws 518/75, NJW 1976, 683, wonach die örtliche Zuständigkeit einer Strafvollstreckungskammer erst begründet sei, wenn sie selbst mit der Sache zu einem Zeitpunkt befasst wird, zu dem der Verurteilte (, wenn auch in anderer Sache,) in einer in ihrem Bezirk liegenden Vollzugsanstalt einsitzt.

vorgesehenen Gericht zu treffen wären.[70] Bei **Zweifeln** über den Zeitpunkt des Eingangs ist von dem ersten sicher den Akten zu entnehmenden Zeitpunkt des Befasstwerdens auszugehen, um jede Unklarheit über den zuständigen gesetzlichen Richter nach Art. 101 Abs. 1 S. 2 GG auszuschließen.[71] Die Zuständigkeit durch Befasstsein mit einer bestimmten Frage wirkt bei einer Verlegung des Verurteilten in eine Justizvollzugsanstalt in einem anderen LG-Bezirk fort, solange über jene Frage nicht abschließend entschieden ist.[72]

3. Abweichende landesrechtliche Regelungen, § 78a Abs. 2 S. 1 GVG. Nach 21 § 78a Abs. 2 S. 1 Hs. 1 GVG werden die Landesregierungen ermächtigt, im Bereich der örtlichen Zuständigkeit durch Rechtsverordnung eine **gerichtliche Konzentration** vorzunehmen. Sie dürfen danach einem Landgericht, in dessen Bezirk iSd § 78a Abs. 1 GVG eine Vollzugseinrichtung für den Freiheitsentzug unterhalten wird, die in die Zuständigkeit der Strafvollstreckungskammer fallenden Sachen für die Bezirke mehrerer Landgerichte zuweisen. Hierdurch vermögen spezifische örtliche Gegebenheiten berücksichtigt oder besondere richterliche Kenntnisse und Erfahrungen genutzt werden.[73]

§ 78a Abs. 2 S. 1 Hs. 2 GVG ermächtigt die Landesregierungen zudem im Hinblick 22 auf das Treffen möglichst ortsnaher Entscheidungen durch Rechtsverordnung zu bestimmen, dass Strafvollstreckungskammern innerhalb des Bezirks ihres LGs ihren Sitz auch oder ausschließlich an Orten haben, an denen sich nicht der Sitz des LGs selbst befindet, sofern dies für eine sachdienliche Förderung oder schnellere Erledigung der Verfahren zweckmäßig erscheint. Damit können **auswärtige Strafvollstreckungskammern** am Sitz der Vollzugseinrichtung eingerichtet werden. Diese bleiben zum jeweiligen LG gehörig, auch wenn sie am Sitz von AGen bestehen und Richter am AG an den Strafvollstreckungsentscheidungen beteiligt sind.

Sowohl die Konzentrationsermächtigung als auch die Ermächtigung zur Bestimmung 23 des Sitzes einer auswärtigen Strafvollstreckungskammer darf nach § 78a Abs. 2 S. 3 GVG auf die **Landesjustizverwaltungen** übertragen werden. Eine weitere Möglichkeit zur abweichenden Regelung der örtlichen Zuständigkeit der Strafvollstreckungskammern enthält § 78a Abs. 3 GVG. Danach können bei **länderübergreifenden Vollzugsgemeinschaften** (zB gem. § 150 StVollzG) die beteiligten Länder Zuständigkeitsvereinbarungen für die Strafvollstreckungskammern treffen.[74]

4. Dauer und Ende der örtlichen Zuständigkeit. Die einmal begründete örtliche 24 Zuständigkeit bleibt – auch im Fall einer etwaigen zwischenzeitlichen Verlegung – aus Gründen der Praktikabilität und der Verfahrensbeschleunigung[75] mindestens solange bestehen bis die zu treffende Entscheidung rechtskräftig geworden ist.[76] Sinnvoll erscheint dies vor allem auch deshalb, weil die Strafvollstreckungskammer dadurch bei ihrer Entscheidung alle Erkenntnisse verwerten kann, die sie über über Entwicklung des Verurteilten während dessen Aufenthalt in ihrem Bezirk gewonnen hat.[77] Das gilt auch dann, wenn der Verurteilte wegen einer neuen Straftat in einer anderen Justizvollzugsanstalt aufgenommen wird, die zum Bezirk einer anderen Strafvollstreckungskammer gehört.[78]

---

[70] BGH 11.7.2012 – 2 ARs 164/12 – 2 AR 96/12, BeckRS 2012, 18854; 21.12.2010 – 2 ARs 441/10, BeckRS 2011, 01991; 2.4.1985 – 2 ARs 115/85, NStZ 1985, 428; OLG Köln 14.4.2010 – 2 Ws 221/10, BeckRS 2010, 16671; Coen in BeckOK StPO Rn. 5.1; Paeffgen/Greco in SK-StPO Rn. 17.
[71] BGH 15.10.1975 – 2 ARs 296/75, BGHSt 26, 214; Appl in KK-StPO Rn. 19; Schmitt in Meyer-Goßner/Schmitt Rn. 10.
[72] BGH (BGH, 2. Strafsenat) 23.9.2020 – 2 ARs 254/20, 2 AR 172/20, BeckRS 2020, 28076.
[73] Kissel/Mayer GVG § 78a Rn. 21.
[74] Zu Nachweisen über Verordnungen nach § 78a Abs. 2 GVG und Zuständigkeitsvereinbarungen bei Anstalten außerhalb des Landesgebietes (Abs. 3) s. Meyer-Goßner/Schmitt GVG § 78a Rn. 5 f.
[75] Vgl. Graalmann-Scheerer in Löwe/Rosenberg Rn. 20.
[76] BGH 8.7.1975 – 2 ARs 181/75, BGHSt 26, 165 (166); 16.7.2003 – 2 ARs 218/03, 2 ARs 218/03 – 2 AR 135/03, StraFo 2003, 431; 14.2.2007 – 2 ARs 63/07, StraFo 2007, 257; OLG Zweibrücken 15.6.2009 – 1 Ws 139/09, NStZ 2010, 109; Bringewat Rn. 20.
[77] Graalmann-Scheerer in Löwe/Rosenberg Rn. 21.
[78] BGH 14.8.1981 – 2 ARs 174/81, BGHSt 30, 189 = NStZ 1981, 494; Appl in KK-StPO Rn. 21; Schmitt in Meyer-Goßner/Schmitt Rn. 13.

25 Hat die Strafvollstreckungskammer den Strafrest ausgesetzt und sitzt der Verurteilte wegen einer während der Bewährungszeit begangenen Straftat in einer Justizvollzugsanstalt im Bezirk einer anderen Strafvollstreckungskammer ein, liegt die Zuständigkeit für die Entscheidung über den Antrag auf Widerruf der Aussetzung bei dem letztgenannten Gericht. Das **Befasstsein endet,** sobald die Vollstreckungsangelegenheit abschließend entschieden ist (zB durch Ablehnung eines Antrags auf vorzeitige Entlassung gem. §§ 57, 57a StGB) oder sie sich auf sonstige Weise erledigt hat.[79]

26 **Beendigung** der örtlichen Zuständigkeit tritt ein, sobald abschließend in der Sache entschieden ist.[80] Das gilt auch bei Rücknahme des Antrags[81] sowie in Fällen, in denen der Verurteilte einen (verfrühten) Antrag zwar nicht formell zurücknimmt, sich aber mit einer späteren Entscheidung einverstanden erklärt.[82]

27 Befindet sich der Verurteilte in dem Zeitpunkt, in dem die für Bewährungsüberwachung zuständige Strafvollstreckungskammer mit einem Widerrufsantrag der Staatsanwaltschaft befasst wird, auf freiem Fuß, bleibt diese für die Entscheidung über den Widerrufsantrag auch zuständig, wenn der Verurteilte danach im Bezirk einer anderen Strafvollstreckungskammer in Strafhaft genommen wird.[83] Dies gilt auch für Haftentweichungen, wenn der Verurteilte nach seiner Wiederergreifung in eine Justizvollzugsanstalt im Bezirk einer anderen Strafvollstreckungskammer eingeliefert wird.[84]

IV. Fortwirkungszuständigkeit

28 Abs. 1 S. 1 enthält den Grundsatz, dass die Strafvollstreckungskammer zuständig ist, wenn gegen den Sanktionierten zum Zeitpunkt der gerichtlichen Befassung mit der Vollstreckungssache eine Freiheitsstrafe (bzw. über § 463 Abs. 1 eine Maßregel der Besserung und Sicherung) in einer Vollzugseinrichtung vollstreckt wird. Als Ausnahme hiervon bleibt nach Abs. 1 S. 2 die Strafvollstreckungskammer auch zuständig für bestimmte zu treffende vollstreckungsrechtliche **Nachtragsentscheidungen,** obwohl der Verurteilte sich im Zeitpunkt des Befasstseins mit einer bestimmten Vollstreckungssache nicht in der Vollzugseinrichtung befindet. Dies gilt in den Fällen einer Vollstreckungsunterbrechung oder einer Strafrestaussetzung zur Bewährung gem. §§ 57, 57a StGB. Dabei setzt die Fortwirkungszuständigkeit der Strafvollstreckungskammer nicht notwendigerweise voraus, dass diese bereits zuvor mit einer den Verurteilten betreffenden Sache befasst war.[85] Sie muss jedoch infolge der Aufnahme in die Vollzugseinrichtung sachlich und örtlich zuständig gewesen sein.

29 Da es sich bei Abs. 1 S. 2 um eine **Ausnahmevorschrift** von Abs. 1 S. 1 handelt,[86] bleibt sie eng auszulegen.[87] Dies gilt gerade im Hinblick auf die Unterbrechung der Vollstreckung einer Freiheitsstrafe (bzw. einer Unterbringung).[88] Hierunter fallen krankheitsbedingte Unterbrechungen nach § 455 Abs. 4, solche aus Gründen der Vollzugsorganisation gem. § 455a Abs. 1 oder Unterbrechungen im Gnadenwege sowie diejenigen bei Wieder-

---

[79] BGH 14.11.2007 – 2 ARs 446/07, StraFo 2008, 87; Coen in BeckOK StPO Rn. 5.

[80] Vgl. BGH 13.2.1976 – 2 Ars 395/75, BGHSt 26, 278 = NJW 1976, 860; 14.2.2007 – 2 Ars 63/07, StraFo 2007, 257; OLG Karlsruhe 23.5.2002 – 3 Ws 113/02, StraFo 2002, 339; OLG Celle 23.9.2013 – 2 Ws 211/13, BeckRS 2013, 18731; BGH 11.1.2022 – 2 ARs 289/21, NStZ-RR 2022, 159; Appl in KK-StPO Rn. 23; Schmitt in Meyer-Goßner/Schmitt Rn. 12; Valentin NStZ 1981, 128 (130).

[81] BGH 13.2.1976 – 2 Ars 395/75, BGHSt 26, 278 = NJW 1976, 860; Appl in KK-StPO Rn. 23; Schmitt in Meyer-Goßner/Schmitt Rn. 12; Paeffgen/Greco in SK-StPO Rn. 16.

[82] Appl in KK-StPO Rn. 23; Schmitt in Meyer-Goßner/Schmitt Rn. 12; Bringewat Rn. 30; Valentin NStZ 1981, 128 (130).

[83] BGH 14.8.1981 – 2 ARs 174/81, BGHSt 30, 189 = NStZ 1981, 494; Appl in KK-StPO Rn. 23; Bringewat Rn. 21, 34.

[84] Appl in KK-StPO Rn. 24; Graalmann-Scheerer in Löwe/Rosenberg Rn. 22; Schmitt in Meyer-Goßner/Schmitt Rn. 12; Bringewat Rn. 30.

[85] BGH 14.11.2007 – 2 Ars 446/07, NStZ-RR 2008, 125; aA Paeffgen/Greco in SK-StPO Rn. 19.

[86] Appl in KK-StPO Rn. 12; Schmitt in Meyer-Goßner/Schmitt Rn. 15; Paeffgen/Greco in SK-StPO Rn. 18.

[87] Coen in BeckOK StPO Rn. 3; Appl in KK-StPO Rn. 12; Paeffgen/Greco in SK-StPO Rn. 18.

[88] Dazu Laubenthal/Nestler Strafvollstreckung Rn. 223 ff.

aufnahmeanträgen mit Erfolgsaussicht, § 360 Abs. 2. Angesichts des Ausnahmecharakters des Abs. 1 S. 2 kann der Vollstreckungsunterbrechung iSd Norm das Absehen von der Vollstreckung gem. § 456a Abs. 1 bei Auslieferung, Überstellung an einen internationalen Strafgerichtshof oder Ausweisung nicht gleichgestellt werden,[89] sehr wohl aber die Flucht aus einer Vollzugseinrichtung oder der Nichtrückkehr nach einer gewährten Vollzugslockerung.[90] Einer Strafrestaussetzung gem. §§ 57, 57a StGB steht im Hinblick auf Abs. 1 S. 2 auch eine solche nach §§ 35, 36 BtMG gleich.[91] Abs. 1 S. 2 kommt auch zur Anwendung, wenn die Vollstreckung einer Freiheitsstrafe in der Justizvollzugsanstalt nach Gewährung von Wiedereinsetzung in den vorigen Stand wegen Versäumnis der Revisionsbegründungsfrist beendet wurde und der Betroffene nach rechtskräftiger Verurteilung nicht erneut in Strafhaft gelangt. Dann entscheidet die Strafvollstreckungskammer (und nicht das Gericht des ersten Rechtszugs) über die Aussetzung eines Strafrestes zur Bewährung. Eine einmal erlittene Strafhaft ist nicht mehr rückgängig zu machen und kann ihren Wesensgehalt nicht mit Wirkung für die Vergangenheit verlieren. Die über einen bestimmten Zeitraum durchgeführte Freiheitsstrafe wandelt sich durch Gewährung der Wiedereinsetzung in den vorigen Stand nicht nachträglich in Untersuchungshaft um, sondern behält ihr Wesen als Strafvollstreckung bei.[92]

Für das Bestehen der Fortwirkungszuständigkeit ist es ohne Belang, ob der Verurteilte **30** sich nach der Unterbrechung oder der Bewährungsaussetzung in Freiheit oder – in einer anderen Sache – in behördlicher Verwahrung (zB in Untersuchungshaft wegen des Verdachts einer neuen Straftat) befindet. Wird aber gegen den Verurteilten eine weitere Freiheitsstrafe im Bezirk eines anderen LGs vollzogen, **endet** damit die Fortwirkungszuständigkeit der bisherigen Strafvollstreckungskammer, wenn diese nicht (mehr) mit einer bestimmten Angelegenheit befasst ist. Der neue Vollzugsaufenthalt begründet die Zuständigkeit der Strafvollstreckungskammer bei demjenigen LG, in dessen Bezirk sich die neue Anstalt befindet. Gemäß dem Konzentrationsprinzip von Abs. 4 S. 1 und 3 wird das Letztgenannte dann für noch erforderliche Nachtragsentscheidungen ebenfalls zuständig.[93]

C. Gericht des ersten Rechtszugs

Das Gericht des ersten Rechtszugs ist prinzipiell derjenige Spruchkörper, der in erster **31** Instanz entschieden hat – auch dann, wenn die Verurteilung durch das Berufungsgericht erfolgt. Zwar besitzt vom Wortlaut des Abs. 2 S. 1 das Gericht des ersten Rechtszugs die **Regelzuständigkeit,** während die Zuständigkeit der Strafvollstreckungskammer von gesetzlich bestimmten Voraussetzungen abhängt. Abgesehen von den Fällen des Abs. 3 (nachträgliche Gesamtstrafenbildung gem. § 460) und Abs. 5 S. 1 (vollstreckt wird ein Urteil des OLGs im ersten Rechtszug) verdrängt das Bestehen der Zuständigkeit der Strafvollstreckungskammer stets diejenige des Gerichts des ersten Rechtszugs, dem faktisch nur eine subsidiäre Zuständigkeit zukommt.[94] Hinsichtlich der Zuständigkeit des Gerichts des ersten Rechtszugs gibt es keine Zuständigkeitsfixierung durch Befasstsein mit der Sache bis zu deren Abschluss, ebenso keine Fortwirkungszuständigkeit entsprechend der in Abs. 1 S. 2 enthaltenen Regelung für die Strafvollstreckungskammer.[95] Mit dem Zuständigkeitswechsel

---

[89] Bringewat Rn. 32; aA hinsichtlich Ausweisung BGH 8.10.1999 – 2 ARs 408/99 – 2 AR 171/99, NStZ 2000, 111; Appl in KK-StPO Rn. 12.
[90] BGH 8.10.1999 – 2 ARs 408/99 – 2 AR 171/99, NStZ 2000, 111; OLG Hamm 29.4.2013 – 5 Ws 153/13, BeckRS 2013, 08989; Coen in BeckOK StPO Rn. 3; Appl in KK-StPO Rn. 12; Schmitt in Meyer-Goßner/Schmitt Rn. 15; aA Paeffgen/Greco in SK-StPO Rn. 20.
[91] Coen in BeckOK StPO Rn. 3; Pfeiffer Rn. 1. Vgl. auch BGH 23.2.2022 – 2 ARs 394/21, 2 AR 258/21, BeckRS 2022, 5352.
[92] BGH 7.9.1962 – 4 StR 264/62, BGHSt 18, 36; Maul in KK-StPO § 46 Rn. 4.
[93] BGH 21.7.2006 – 2 Ars 302/06 2 AR 89/06, NStZ-RR 2007, 94; OLG Zweibrücken 15.6.2009 – 1 Ws 139/09, NStZ 2010, 109.
[94] Coen in BeckOK StPO Rn. 7 („originäre Auffangzuständigkeit"); Paeffgen/Greco in SK-StPO Rn. 26.
[95] Appl in KK-StPO Rn. 30.

auf die Strafvollstreckungskammer endet diejenige des Gerichts des ersten Rechtszugs selbst dann, wenn es zu diesem Zeitpunkt bereits mit einer konkreten Entscheidung befasst und das Verfahren noch nicht durch Beschluss beendet war.

32 Ausnahmsweise wird für die besonderen Fälle einer **erneuten erstinstanzlichen Befassung** in Abs. 6 gesondert geregelt, welches Gericht als das des ersten Rechtszugs fungiert. Abs. 6 greift auch, wenn das Gericht das neue Urteil als Berufungsgericht erlassen hat.[96] Wurde von einem Verurteilten erfolgreich Revision eingelegt und bestimmt das Revisionsgericht in den Fällen der § 354 Abs. 2, § 355 ein neues Gericht, so wird dieses zum Gericht des ersten Rechtszugs. Gleiches gilt für dasjenige Gericht, das in einem Wiederaufnahmeverfahren eine Entscheidung nach § 373 getroffen hat.

I. Primäre Zuständigkeit

33 Eine primäre Zuständigkeit des Gerichts des ersten Rechtszugs ist gegeben, wenn allein **Geldstrafe** vollstreckt wird, ferner bei Überwachung einer gem. § 56 StGB zur Bewährung ausgesetzten Freiheitsstrafe. Sind Freiheitsstrafe bzw. eine freiheitsentziehende Maßregel der Besserung und Sicherung zu vollstrecken, tritt die Zuständigkeit der Strafvollstreckungskammer **vor** deren tatsächlichem **Vollzugsbeginn** nicht ein. Für Nachtragsentscheidungen bleibt noch das Gericht des ersten Rechtszugs zuständig. Das ist auch der Fall, wenn zum Urteilszeitpunkt schon zwei Drittel der Freiheitsstrafe durch Untersuchungshaftvollzug als verbüßt gelten und ein Strafantritt zum Vollzug der Freiheitsstrafe nicht mehr erfolgt.[97] Eine Fortwirkungszuständigkeit des Gerichts des ersten Rechtszugs kraft Befasstseins analog Abs. 1 S. 2 im Verhältnis zur Strafvollstreckungskammer wird jedoch nicht begründet, vgl. Abs. 4 S. 3.[98] Bei der Sicherungsverwahrung greift Abs. 2 S. 3 (→ Rn. 10).

34 Im Bereich seiner primären Zuständigkeit kann das Gericht des ersten Rechtszugs Nachtragsentscheidungen gem. Abs. 2 S. 2 **an das AG abgeben**, in dessen Bezirk der Verurteilte seinen Wohnsitz hat, ersatzweise an das AG des gewöhnlichen Aufenthalts. Der Abgabe kommt für das AG bindende Wirkung zu, wenn sie durch das zuständige Gericht des ersten Rechtszugs erfolgt ist.[99] Sie kann alle nachträglichen Entscheidungen iSd § 453 umfassen oder das abgebende Gericht behält sich bestimmte Entscheidungen vor (zB über den Widerruf einer Strafaussetzung zur Bewährung). Da die Aussetzungsentscheidungen nach §§ 57, 57a StGB in § 453 nicht benannt sind, scheidet deren Abgabe allerdings aus.[100]

35 Eine weitere primäre Zuständigkeit des Gerichts des ersten Rechtszugs existiert auf der Ebene der Oberlandesgerichte. Hat das **OLG** als Gericht des ersten Rechtszugs entschieden, trifft es gem. **Abs. 5 S. 1** auch bei Verbüßung der Strafe bzw. Maßregel in der Vollzugseinrichtung die Nachtragsentscheidungen. Nach Abs. 5 S. 2 können diese aber ganz oder teilweise an die Strafvollstreckungskammer abgegeben werden. Die Abgabe ist für die Strafvollstreckungskammer bindend; jedoch ist das OLG befugt, sie zu widerrufen (S. 3).[101]

II. Nachträgliche Gesamtstrafenbildung gem. § 460

36 Den Gerichten des ersten Rechtszugs hat der Gesetzgeber mit Abs. 3 die Zuständigkeit für die **nachträgliche Gesamtstrafenbildung** gem. § 460 übertragen. Abs. 3 S. 1 geht insoweit der Abgrenzungsregel des Abs. 1 S. 1 vor, als die Entscheidungskompetenz auch beim Gericht des ersten Rechtszugs verbleibt, wenn der Sanktionierte sich zur Strafvollstreckung in der Vollzugseinrichtung befindet. Die einzige Ausnahme hiervon lässt Abs. 5 S. 2 zu. Hat das OLG als Gericht des ersten Rechtszugs das Urteil erlassen, kann es auch die gem. Abs. 3 zu treffenden Entscheidungen an die Strafvollstreckungskammer abgeben.

---

[96] Coen in BeckOK StPO Rn. 17; Schmitt in Meyer-Goßner/Schmitt Rn. 38.
[97] OLG Düsseldorf 9.12.1988 – 1 Ws 1107/88, StV 1989, 216.
[98] OLG Bamberg 12.3.2013 – 2 Ws 19/13, BeckRS 2013, 05394; Coen in BeckOK StPO Rn. 7.
[99] BGH 19.1.2005 – 2 ARs 433/04, NStZ-RR 2006, 262; Coen in BeckOK StPO Rn. 9; Appl in KK-StPO Rn. 27; Paeffgen/Greco in SK-StPO Rn. 29.
[100] Appl in KK-StPO Rn. 27; Schmitt in Meyer-Goßner/Schmitt Rn. 20.
[101] Pfeiffer Rn. 16; Appl in KK-StPO Rn. 28.

Liegen mehrere Urteile von verschiedenen Gerichten vor und befindet sich unter diesen **37** ein OLG, kommt diesem die Zuständigkeit für die nachträgliche Gesamtstrafenbildung zu, Abs. 3 S. 3 Hs. 2.[102] Ist ein OLG nicht beteiligt, richtet sich gem. Abs. 3 S. 2 die **Zuständigkeitspriorität** zunächst nach der Strafart, dh eine Verurteilung zu Freiheitsstrafe wiegt schwerer als eine solche zu Geldstrafe. Bei gleicher Strafart erlangt die Strafhöhe Relevanz, wobei es allein auf die Hauptstrafen ankommt, Nebenstrafen und Nebenfolgen sowie Maßnahmen iSd § 11 Abs. 1 Nr. 8 StGB bleiben unberücksichtigt. Bei gleicher Strafhöhe wird der Zeitpunkt des Urteilserlasses entschieden.[103] Wäre als Ergebnis dieser Prioritätsermittlung ein AG zur Gesamtstrafenbildung zuständig, würde aber dessen Strafgewalt (§ 24 Abs. 2 GVG) nicht ausreichen, tritt – an dessen Stelle die Strafkammer des übergeordneten LGs, § 462 Abs. 3 S. 4.

III. Abgabe durch Strafvollstreckungskammer

Abs. 1 S. 3 sieht bezüglich einzelner Entscheidungen eine Abgabe **an das Gericht des** **38** **ersten Rechtszugs** durch die Strafvollstreckungskammer vor. Dies betrifft Entscheidungen nach § 462 iVm § 458 Abs. 1, also Urteilsauslegung, Strafzeitberechnung und Einwendungen gegen die Zulässigkeit der Strafvollstreckung. Hierbei handelt es sich um Entscheidungen, die keiner besonderen Vollzugsnähe des Gerichts bedürfen. Die Abgabe wird ohne vorherige Beteiligung von der Strafvollstreckungskammer nach deren Ermessen[104] beschlossen und ist für das Gericht des ersten Rechtszugs bindend.[105]

D. Zuständigkeitskonzentration

Liegen bei durch verschiedene Strafgerichte erfolgten rechtskräftigen Verurteilungen **39** zu Strafen die gesetzlichen Voraussetzungen von § 55 StGB, § 460 für eine nachträgliche Gesamtstrafenbildung nicht vor und sind die Sanktionen noch nicht erledigt, wären für Nachtragsentscheidungen mehrere Gerichte zuständig. Es käme zu einer Entscheidungszersplitterung und es bestünde die Gefahr, dass unterschiedliche Gerichte bei den jeweiligen Strafaussetzungsentscheidungen zu divergierenden Beurteilungen bei der Frage der Sozialprognose kämen.[106] Der Möglichkeit des Erlasses widersprüchlicher Nachtragsentscheidungen ist der Gesetzgeber mit Abs. 4 entgegengetreten. Danach wird die **Kompetenz** für Entscheidungen gem. §§ 453, 454, 454a und 462 auf **ein Gericht** übertragen.

Befindet der Sanktionierte sich im Vollzug einer Freiheitsstrafe oder einer freiheitsent- **40** ziehenden Maßregel der Besserung und Sicherung (Abs. 1), verdrängt die Zuständigkeit der **Strafvollstreckungskammer** diejenige des Gerichts des ersten Rechtszugs, Abs. 4 S. 3 Hs. 1. Örtlich zuständig wird diejenige Strafvollstreckungskammer, in deren Bezirk der Verurteilte nach Eintritt der Zuständigkeitskonzentration zur Vollstreckung der freiheitsentziehenden Unrechtsreaktionen in einer Vollzugseinrichtung aufgenommen ist. Nicht erforderlich wird die tatsächliche Befassung mit einer konkreten Nachtragsentscheidung.[107] Eine ggf. noch bei einer anderen Strafvollstreckungskammer bestehende Fortwirkungszuständigkeit iSd Abs. 1 S. 2 tritt zurück.[108] Die einmal gem. Abs. 1 und 4 begründete Zuständigkeit der Strafvollstreckungskammer wirkt fort und endet erst dann, wenn die Vollstreckung bezüglich aller Verurteilungen – für die die Strafvollstreckungskammer infolge des Konzentrationsprinzips zuständig wurde – vollständig erledigt ist oder eine anderweitige Vollstreckung im Bezirk eines anderen LGs stattfindet.[109]

---

[102] BGH 23.2.2022 – 2 ARs 376/21, NStZ-RR 2022, 255; Paeffgen/Greco in SK-StPO Rn. 33.
[103] Appl in KK-StPO Rn. 32; Paeffgen/Greco in SK-StPO Rn. 34.
[104] Coen in BeckOK StPO Rn. 6; Paeffgen/Greco in SK-StPO Rn. 24.
[105] Pfeiffer Rn. 8; Paeffgen/Greco in SK-StPO Rn. 24.
[106] Coen in BeckOK StPO Rn. 13 f.; Paeffgen/Greco in SK-StPO Rn. 7.
[107] BGH 8.3.1984 – 2 ARs 71/84, NStZ 1984, 380; Schmitt in Meyer-Goßner/Schmitt Rn. 34.
[108] Appl in KK-StPO Rn. 33.
[109] OLG Zweibrücken 15.6.2009 – 1 Ws 139/09, NStZ 2010, 109.

§ 463

41 Die Konzentrationsnorm des Abs. 4 begründet eine Zuständigkeit auch in solchen Verfahren, hinsichtlich derer eine Zuständigkeit im konkret zu entscheidenden Einzelverfahren an sich nicht gegeben wäre.[110] Zudem bleibt die Zuständigkeit der Strafvollstreckungskammer über Abs. 1 S. 2 und die Vollstreckung der zuständigkeitsbegründenden Freiheitsstrafe hinaus bis zur Erledigung aller Verurteilungen bestehen, für dieses Gericht wegen des Konzentrationsprinzips zuständig geworden ist.[111]

42 Ein **Gericht des ersten Rechtszugs** wird bei einer Zuständigkeitskonzentration gem. Abs. 4 S. 1 für die in der Norm bezeichneten Nachtragsentscheidungen zuständig, wenn der mehrfach Verurteilte sich nicht in Strafhaft oder im Maßregelvollzug befindet. Treffen mehrere Gerichte des ersten Rechtszugs zusammen ist der Vorrang nach Abs. 4 S. 2 entsprechend den Regeln über die Prioritätsbestimmung bei der nachträglichen Gesamtstrafenbildung von Abs. 3 S. 2 und 3 zu ermitteln, sodass Vorrang zunächst dem OLG zukommt, sonst sind die Strafart, dann die Strafhöhe und letztlich die zeitliche Reihenfolge der Verurteilung von Bedeutung. Die Priorität beurteilt sich allerdings im Rahmen der Zuständigkeitskonzentration abstrakt, dh ohne Rücksicht darauf, ob das Vorranggericht auch in dem Einzelverfahren, in dem eine Nachtragsentscheidung konkret zu treffen ist, eine Zuständigkeit hätte.[112]

§ 463[1] Vollstreckung von Maßregeln der Besserung und Sicherung

(1) Die Vorschriften über die Strafvollstreckung gelten für die Vollstreckung von Maßregeln der Besserung und Sicherung sinngemäß, soweit nichts anderes bestimmt ist.

(2) § 453 gilt auch für die nach den §§ 68a bis 68d des Strafgesetzbuches zu treffenden Entscheidungen.

(3) [1]§ 454 Abs. 1, 3 und 4 gilt auch für die nach § 67c Abs. 1, § 67d Abs. 2 und 3, § 67e Abs. 3, den §§ 68e, 68f Abs. 2 und § 72 Abs. 3 des Strafgesetzbuches zu treffenden Entscheidungen. [2]In den Fällen des § 68e des Strafgesetzbuches bedarf es einer mündlichen Anhörung des Verurteilten nicht. [3]§ 454 Abs. 2 findet in den Fällen des § 67d Absatz 2 und 3 und des § 72 Absatz 3 des Strafgesetzbuches unabhängig von den dort genannten Straftaten sowie bei Prüfung der Voraussetzungen des § 67c Absatz 1 Satz 1 Nummer 1 des Strafgesetzbuches auch unabhängig davon, ob das Gericht eine Aussetzung erwägt, entsprechende Anwendung, soweit das Gericht über die Vollstreckung der Sicherungsverwahrung zu entscheiden hat; im Übrigen findet § 454 Abs. 2 bei den dort genannten Straftaten Anwendung. [4]Zur Vorbereitung der Entscheidung nach § 67d Abs. 3 des Strafgesetzbuches sowie der nachfolgenden Entscheidungen nach § 67d Abs. 2 des Strafgesetzbuches hat das Gericht das Gutachten eines Sachverständigen namentlich zu der Frage

---

[110] BGH 21.7.2006 – 2 ARs 302/06 2 AR 89/06, NStZ-RR 2007, 94; vgl. auch BGH 5.4.2000 – 2 ARs 83/00 – 2 AR 32/00, NStZ 2000, 446; Appl in KK-StPO Rn. 34.
[111] BGH 12.7.2012 – 2 ARs 183/12 – 2 AR 129/12, BeckRS 2012, 19211; 9.3.2011 – 2 ARs 498/10, BeckRS 2011, 06193; 14.11.2007 – 2 ARs 446/07, NStZ-RR 2008, 124; Coen in BeckOK StPO Rn. 15.
[112] BGH 27.9.2000 – 2 AR 174/00, NStZ 2001, 222; Appl in KK-StPO Rn. 34.
[1] § 463 Abs. 3 Satz 1 geänd., Sätze 3–5 angef. durch G v. 26.1.1998 (BGBl. I S. 160); Abs. 5 geänd. mWv 29.7.2004 durch G v. 23.7.2004 (BGBl. I S. 1838); Abs. 5 Satz 2 geänd., Satz 2 angef. mWv 18.4.2007 durch G v. 13.4.2007 (BGBl. I S. 513); Abs. 3 Satz 3 neu gef., Abs. 4 eingef., bish. Abs. 4 und 5 werden Abs. 5 und 6, bish. Abs. 6 wird Abs. 7 und geänd. mWv 20.7.2007 durch G v. 16.7.2007 (BGBl. I S. 1327); Abs. 3 Satz 4 geänd. mWv 1.1.2011 durch G v. 22.12.2010 (BGBl. I S. 2300); Abs. 3 Satz 3 geänd., Satz 5 neu gef., Abs. 8 angef. mWv 1.6.2013 durch G v. 5.12.2012 (BGBl. I S. 2425); Abs. 4 Satz 1 eingef., bish. Sätze 1 und 2 werden Sätze 2 und 3 und geänd., Abs. 4 und 5 eingef., bish. Sätze 3–5 werden Sätze 6–8, neuer Satz 2 geänd., Abs. 6 Satz 1 geänd., Satz 2 eingef., bish. Satz 2 wird Satz 3 mWv 1.8.2016 durch G v. 8.7.2016 (BGBl. I S. 1610); Abs. 6 Satz 3 geänd. mWv 1.10.2023 durch G v. 26.7.2023 (BGBl. 2023 I Nr. 203).

einzuholen, ob von dem Verurteilten weiterhin erhebliche rechtswidrige Taten zu erwarten sind. ⁵Ist die Unterbringung in der Sicherungsverwahrung angeordnet worden, bestellt das Gericht dem Verurteilten, der keinen Verteidiger hat, rechtzeitig vor einer Entscheidung nach § 67c Absatz 1 des Strafgesetzbuches einen Verteidiger.

(4) ¹Im Rahmen der Überprüfung der Unterbringung in einem psychiatrischen Krankenhaus (§ 63 des Strafgesetzbuches) nach § 67e des Strafgesetzbuches ist eine gutachterliche Stellungnahme der Maßregelvollzugseinrichtung einzuholen, in der der Verurteilte untergebracht ist. ²Das Gericht soll nach jeweils drei Jahren, ab einer Dauer der Unterbringung von sechs Jahren nach jeweils zwei Jahren vollzogener Unterbringung in einem psychiatrischen Krankenhaus das Gutachten eines Sachverständigen einholen. ³Der Sachverständige darf weder im Rahmen des Vollzugs der Unterbringung mit der Behandlung der untergebrachten Person befasst gewesen sein noch in dem psychiatrischen Krankenhaus arbeiten, in dem sich die untergebrachte Person befindet, noch soll er das letzte Gutachten bei einer vorangegangenen Überprüfung erstellt haben. ⁴Der Sachverständige, der für das erste Gutachten im Rahmen einer Überprüfung der Unterbringung herangezogen wird, soll auch nicht das Gutachten in dem Verfahren erstellt haben, in dem die Unterbringung oder deren späterer Vollzug angeordnet worden ist. ⁵Mit der Begutachtung sollen nur ärztliche oder psychologische Sachverständige beauftragt werden, die über forensisch-psychiatrische Sachkunde und Erfahrung verfügen. ⁶Dem Sachverständigen ist Einsicht in die Patientendaten des Krankenhauses über die untergebrachte Person zu gewähren. ⁷§ 454 Abs. 2 gilt entsprechend. ⁸Der untergebrachten Person, die keinen Verteidiger hat, bestellt das Gericht für die Überprüfung der Unterbringung, bei der nach Satz 2 das Gutachten eines Sachverständigen eingeholt werden soll, einen Verteidiger.

(5) ¹§ 455 Abs. 1 ist nicht anzuwenden, wenn die Unterbringung in einem psychiatrischen Krankenhaus angeordnet ist. ²Ist die Unterbringung in einer Entziehungsanstalt oder in der Sicherungsverwahrung angeordnet worden und verfällt der Verurteilte in Geisteskrankheit, so kann die Vollstreckung der Maßregel aufgeschoben werden. ³§ 456 ist nicht anzuwenden, wenn die Unterbringung des Verurteilten in der Sicherungsverwahrung angeordnet ist.

(6) ¹§ 462 gilt auch für die nach § 67 Absatz 3, 5 Satz 2 und Absatz 6, den §§ 67a und 67c Abs. 2, § 67d Abs. 5 und 6, den §§ 67g, 67h und 69a Abs. 7 sowie den §§ 70a und 70b des Strafgesetzbuches zu treffenden Entscheidungen. ²In den Fällen des § 67d Absatz 6 des Strafgesetzbuches ist der Verurteilte mündlich zu hören. ³Das Gericht erklärt die Anordnung von Maßnahmen nach § 67h Abs. 1 Satz 1 und 2 des Strafgesetzbuchs für sofort vollziehbar, wenn erhebliche rechtswidrige Taten des Verurteilten drohen; für Entscheidungen nach § 67d Absatz 5 Satz 1 des Strafgesetzbuches bleibt es bei der sofortigen Vollziehbarkeit (§§ 307 und 462 Absatz 3 Satz 2)

(7) Für die Anwendung des § 462a Abs. 1 steht die Führungsaufsicht in den Fällen des § 67c Abs. 1, des § 67d Abs. 2 bis 6 und des § 68f des Strafgesetzbuches der Aussetzung eines Strafrestes gleich.

(8) ¹Wird die Unterbringung in der Sicherungsverwahrung vollstreckt, bestellt das Gericht dem Verurteilten, der keinen Verteidiger hat, für die Verfahren über die auf dem Gebiet der Vollstreckung zu treffenden gerichtlichen Entscheidungen einen Verteidiger. ²Die Bestellung hat rechtzeitig vor der ersten gerichtlichen Entscheidung zu erfolgen und gilt auch für jedes weitere Verfahren, solange die Bestellung nicht aufgehoben wird.

Übersicht

		Rn.			Rn.
A.	Anwendungsbereich und Regelungsinhalt	1		b) Zeitpunkt für die Einholung des Sachverständigengutachtens	14
B.	Analoge Anwendung der Vorschriften über die Strafvollstreckung, Abs. 1	2		c) Bestellung eines Verteidigers d) Durchführung der Anhörung des Sachverständigen e) Verfahrensmängel	15 16 18
C.	Nachtragsentscheidungen	5	D.	Externe Begutachtung, Abs. 4	19
I.	Nachtragsentscheidungen während der Führungsaufsicht, Abs. 2	5	E.	Aufschub und Unterbrechung, Abs. 5	21
II.	Nachtragsentscheidungen nach Abs. 3	6	F.	Analoge Anwendung von § 462 gem. Abs. 6	22
1.	Regelungsinhalt und Anwendungsbereich	6	I.	Anwendungsbereich	22
2.	Einholung von Sachverständigengutachten	9	II.	Anordnung der sofortigen Vollziehbarkeit, Abs. 6 S. 3	23
3.	Verfahren bei Einholung von Sachverständigengutachten a) Auswahl des Sachverständigen	13 13	G. I. II.	Zuständigkeit bei Nachtragsentscheidungen, Abs. 7 Regelungsinhalt Fortsetzungszuständigkeiten	25 25 26

A. Anwendungsbereich und Regelungsinhalt

1   Zu den **vollstreckungsfähigen Erkenntnissen** gehören alle strafgerichtlichen Entscheidungen, sofern sie auf eine **kriminalrechtliche Sanktion** lauten.[2] Dies betrifft zum einen die in § 449 ausdrücklich benannten Strafurteile, ferner Urteilen gleichstehende Entscheidungen, die auf eine Strafe, Nebenstrafe, Nebenfolge oder Maßregel der Besserung und Sicherung erkennen. Abs. 1 schreibt vor, dass die Vorschriften über die Strafvollstreckung für die Vollstreckung von Maßregeln der Besserung und Sicherung sinngemäß gelten, soweit nichts anderes bestimmt ist. Abs. 2–8 enthalten Regelungen, die den Umfang der sinngemäßen Anwendung verdeutlichen oder Abweichungen davon vorschreiben.

B. Analoge Anwendung der Vorschriften über die Strafvollstreckung, Abs. 1

2   Abs. 1 schreibt vor, dass die Vorschriften über die Strafvollstreckung für die Vollstreckung von Maßregeln der Besserung und Sicherung sinngemäß gelten, soweit nichts anderes bestimmt ist. Besondere Regelungen enthalten dabei §§ 453c, 456a, 456c, 458 Abs. 2, 3 iVm § 456c Abs. 2, die sich unmittelbar auf die Vollstreckung von Maßregeln der Besserung und Sicherung iSd § 61 StGB beziehen.[3] Abweichende Bestimmungen ergeben sich auch aus dem materiellen Recht, vgl. bspw. §§ 57 Abs. 7, 57a Abs. 4, 67e Abs. 2, 3 S. 2, StGB. Im Übrigen gelten nach Abs. 1 die Vorschriften über die Strafvollstreckung sinngemäß.

3   **Analog anwendbar** nach Abs. 1 sind insbesondere § 449 (Vollstreckbarkeit nicht vor Eintritt der Rechtskraft), §§ 450, 450a (Anrechnung von Untersuchungs- oder Auslieferungshaft auf die Zeit der Freiheitsentziehung im Maßregelvollzug), § 451 (Erfordernis einer urkundlichen Grundlage), § 454a (Beschluss über die Aussetzung der Vollstreckung mindestens drei Monate vor dem Entlassungszeitpunkt), § 455 (Aufschub und Unterbre-

---

[2] Schrott in KMR-StPO § 449 Rn. 2.
[3] Appl in KK-StPO Rn. 1; Schmitt in Meyer-Goßner/Schmitt Rn. 1; ausführlich auch Pollähne StraFo 2007, 404 ff., 486 ff.

chung, soweit nicht Abs. 5 S. 1 eingreift), § 456 (vorübergehender Aufschub, soweit nicht § 456c Abs. 2 gilt[4]), § 457 (Erzwingbarkeit des Antritts einer freiheitsentziehenden Maßregel) sowie § 458 (Entscheidung bei Zweifeln und Einwendungen), § 461 (Anrechnung von Krankenhausaufenthalt auf zeitlich begrenzte freiheitsentziehende Maßregeln), § 462a (Zuständigkeit der Strafvollstreckungskammer, vgl. Abs. 7).[5]

Anwendung findet auch die **StVollstrO**, die u.a. in §§ 44, 44a, 44b, 53 und 54 entsprechende Vorschriften enthält. Aus der analogen Anwendbarkeit von § 451 folgt, dass die Staatsanwaltschaft als Vollstreckungsbehörde für die Vollstreckung zuständig ist und bspw. über die Reihenfolge der Vollstreckung von Freiheitsstrafe und freiheitsentziehenden Maßregeln der Besserung aus verschiedenen Strafurteilen entscheidet, § 44b Abs. 2 S. 1 StVollstrO.[6]   4

C. Nachtragsentscheidungen

I. Nachtragsentscheidungen während der Führungsaufsicht, Abs. 2

Abs. 2 schreibt im Wege einer **Rechtsfolgenverweisung**[7] vor, dass § 453 auch für die   5 nach den §§ 68a–68d StGB zu treffenden nachträglichen Entscheidungen gilt, wenn also das Gericht Führungsaufsicht angeordnet hat oder diese kraft Gesetzes eingetreten ist, vgl. § 68 StGB. Die zu § 453 geltenden Erwägungen (→ § 453 Rn. 2) lassen sich auf diese Maßregel übertragen, sodass die Verweisung sachgerecht erscheint.[8] Demnach können unter den in § 453 Abs. 2 S. 2 bezeichneten einschränkenden Voraussetzungen für den zu der Maßregel Verurteilten Bewährungshelfer nach § 68a StGB bestellt und Weisungen gem. § 68b StGB erteilt werden.

II. Nachtragsentscheidungen nach Abs. 3

1. Regelungsinhalt und Anwendungsbereich. Abs. 3 regelt die Geltung von § 454   6 Abs. 1, 3 und 4 für Maßregeln der Besserung und Sicherung und legt dabei fest, in welchem Umfang, von welchem Spruchkörper und in welchem Verfahren die dort genannten Nachtragsentscheidungen getroffen werden.[9] Abs. 3 S. 1 betrifft die Entscheidung über die fortbestehende Erforderlichkeit der Unterbringung nach einem Vorwegvollzug der Freiheitsstrafe (§ 67c Abs. 1), die Entscheidung über die spätere Aussetzung der Vollstreckung einer freiheitsentziehenden Maßregel (§ 67d Abs. 2), die Fürerledigterklärung der Sicherungsverwahrung (§ 67d Abs. 3), die Entscheidung über die Kürzung von Prüfungsfristen (§ 67e Abs. 3), Beendigung, Ruhen und Entfallen der Führungsaufsicht (§§ 68e, 68f Abs. 2) sowie die Reihenfolge der Vollstreckung mehrerer freiheitsentziehender Maßregeln (§ 72 Abs. 3).

In diesen Fällen gilt grds. § 454 Abs. 1, 3 und 4, sodass das Gericht die in Abs. 3 S. 1   7 genannten Entscheidungen ohne mündliche Verhandlung durch **Beschluss** trifft, § 454 Abs. 1 S. 1 analog. Die Staatsanwaltschaft, der Verurteilte und die Vollzugsanstalt sind dabei anzuhören, § 454 Abs. 1 S. 2, wobei der Verurteilte mündlich und nicht etwa nur schriftlich angehört werden muss, § 454 Abs. 1 S. 3 (dazu auch → § 454 Rn. 6).[10] Eine Ausnahme greift lediglich für § 68e StGB (Beendigung und Ruhe der Führungsaufsicht) ein, da es

---

[4] Siehe zudem für die Sicherungsverwahrung noch Abs. 5 S. 3. Für diese Regelung ist allerdings eine baldige Änderung zu erwarten.
[5] Vgl. Schmitt in Meyer-Goßner/Schmitt Rn. 2 f.; Appl in KK-StPO Rn. 1; Paeffgen/Greco in SK-StPO Rn. 2; zu weiteren Einzelfällen siehe Graalmann-Scheerer in Löwe/Rosenberg Rn. 2.
[6] Schmitt in Meyer-Goßner/Schmitt Rn. 4, 13; vgl. auch OLG Düsseldorf 17.1.1983 – 5 Ws 379/82, NStZ 1983, 383; 16.1.1991 – 2 Ws 663/90, MDR 1991, 1193; OLG Schleswig 9.9.2003 – 1 Ws 344/03 (121/03), SchlHA 2004, 272; Appl in KK-StPO Rn. 6; Bringewat Rn. 3; Müller-Dietz NJW 1980, 2789; aA OLG Köln 31.10.1979 – 2 Ws 667/79, MDR 1980, 511.
[7] Appl in KK-StPO Rn. 3; Schmitt in Meyer-Goßner/Schmitt Rn. 5; Graalmann-Scheerer in Löwe/Rosenberg Rn. 5; Pfeiffer Rn. 2.
[8] So auch Graalmann-Scheerer in Löwe/Rosenberg Rn. 5; vgl. zudem BT-Drs. 7/550, 314.
[9] Zu den Besonderheiten bei der Sicherungsverfahren Graalmann-Scheerer in Löwe/Rosenberg Rn. 6.
[10] Pfeiffer Rn. 3.

hier nach Abs. 3 S. 2 der mündlichen Anhörung des Verurteilten nicht bedarf und insoweit eine schriftliche Anhörung ausreichend ist. Angehört wird neben dem Verurteilten die Staatsanwaltschaft als Strafverfolgungsbehörde, nicht aber die Aufsichtsstelle iSd § 68a StGB.[11] Im Übrigen macht Abs. 3 in seinen S. 3–5 Vorgaben hinsichtlich der Einholung von **Sachverständigengutachten** (→ Rn. 9 ff.), wobei die Vorschrift in weiten Teilen auf die in § 454 Abs. 2 enthaltenen Regelungen rekurriert.

8   Abs. 3 S. 1 normiert die Geltung von § 454 Abs. 3 und 4, sodass nach § 454 Abs. 3 S. 1 gegen die genannten Entscheidungen die sofortige Beschwerde zulässig ist. § 454 Abs. 3 S. 2 wird ebenfalls von der Verweisung umfasst, weshalb der Beschwerde der Staatsanwaltschaft gegen den Beschluss, der die Aussetzung der Vollstreckung einer freiheitsentziehenden Maßregel zur Bewährung anordnet, **aufschiebende Wirkung** zukommt. Auch die weitere Verweisung in § 454 Abs. 4 gilt für die in Abs. 3 genannten Maßregeln der Besserung und Sicherung.

9   **2. Einholung von Sachverständigengutachten.** Für die Einholung von Sachverständigengutachten enthalten Abs. 3 S. 3–5 Vorgaben. Abs. 3 S. 3 verweist dazu auf § 454 Abs. 2, der vorschreibt, in welchen Fällen das Gericht das Gutachten eines Sachverständigen über den Verurteilten einzuholen hat. § 454 Abs. 2 S. 1 beschränkt den Anwendungsbereich der Vorschrift auf Konstellationen, in denen es erwägt, die Vollstreckung des Restes der **lebenslangen Freiheitsstrafe** auszusetzen (Nr. 1) oder einer zeitigen Freiheitsstrafe von mehr als zwei Jahren wegen einer in § 66 Abs. 3 S. 1 StGB genannten Straftat auszusetzen und nicht auszuschließen ist, dass Gründe der öffentlichen Sicherheit einer vorzeitigen Entlassung des Verurteilten entgegenstehen (Nr. 2). Dies normiert auch Abs. 3 S. 3 Hs. 2. Abs. 3 S. 3 Hs. 1 sieht indes vor, dass § 454 Abs. 2 darüber hinaus unabhängig von den dort genannten Straftaten in den Fällen des § 67d Abs. 2 und 3, des § 67c Abs. 1 und des § 72 Abs. 3 StGB entsprechende Anwendung findet, soweit das Gericht über die Vollstreckung der Sicherungsverwahrung zu entscheiden hat.

10   Abs. 3 S. 3 gewährt dem Gericht keinen Ermessensspielraum, sondern schreibt die Einholung eines Sachverständigengutachtens **zwingend** vor, sofern eine der genannten Konstellationen vorliegt und auch über die Vollstreckung der Sicherungsverwahrung zu entscheiden ist. Dies sind über die in § 454 Abs. 2 genannten Fälle hinaus solche des **§ 67c Abs. 1 StGB,** wenn eine Freiheitsstrafe vor einer zugleich angeordneten Unterbringung vollzogen wird, und zwar unabhängig davon, ob das Gericht eine Aussetzung erwägt, sowie des **§ 67d Abs. 2 und Abs. 3 StGB,** wenn keine Höchstfrist für eine freiheitsentziehende Maßregel vorgesehen oder diese Frist noch nicht abgelaufen ist. In diesen Fällen ist die Einholung des Gutachtens durch das Gericht zum Zweck der **Klärung der Prognose**[12] obligatorisch.

11   Auch in den Fällen des **§ 72 Abs. 3 StGB** (jedoch unabhängig von den dort genannten Straftaten) ist zwingend das Gutachten eines Sachverständigen einzuholen, wenn also mehrere freiheitsentziehende Maßregeln angeordnet wurden und das Gericht die Reihenfolge der Vollstreckung bestimmen muss, § 72 Abs. 3 S. 1 StGB. Ferner holt das Gericht ein Gutachten vor dem Ende des Vollzugs einer Maßregel zur Vorbereitung der Entscheidung ein, ob der Zweck der Unterbringung den Vollzug der nächsten Maßregel noch erfordert, § 72 Abs. 3 S. 2 StGB. § 72 Abs. 3 S. 3 StGB verweist zudem auf § 67c Abs. 2 S. 4 und 5, sodass auch in diesen Fällen die Einholung eines Gutachtens obligatorisch ist.

12   Bei Entscheidungen über die Unterbringung in einem psychiatrischen Krankenhaus gem. § 63 StGB und in einer Entziehungsanstalt nach § 64 StGB stellt Abs. 3 S. 3 Hs. 2 hingegen klar, dass die Einholung eines Sachverständigengutachtens nur bei Vorliegen einer der in § 66 Abs. 3 S. 1 StGB genannten Straftaten verpflichtend ist, nicht aber bei sonstigen Straftaten. Das Gericht kann in diesen Konstellationen jedoch fakultativ zur Absicherung der Kriminalprognose gleichwohl ein Gutachten einholen, sofern es dies für geboten hält.[13]

---

[11] Schmitt in Meyer-Goßner/Schmitt Rn. 8. Nach Appl in KK-StPO Rn. 4; Paeffgen in SK-StPO Rn. 7 ist die Herbeiführung einer Stellungnahme der Aufsichtsstelle und des Bewährungshelfers jedoch sachgerecht.
[12] Graalmann-Scheerer in Löwe/Rosenberg Rn. 18; Appl in KK-StPO Rn. 4a.
[13] Appl in KK-StPO Rn. 4a; Graalmann-Scheerer in Löwe/Rosenberg Rn. 20.

3. Verfahren bei Einholung von Sachverständigengutachten. a) Auswahl des 13
Sachverständigen. Die Auswahl des Sachverständigen obliegt dem Gericht, vgl. § 73
Abs. 1. Anders als im Rahmen von Abs. 4 muss es sich dabei **nicht zwingend** um einen
externen Sachverständigen handeln,[14] da dies – anders als bei Entscheidungen nach § 67d
Abs. 3 StGB und § 67d Abs. 2 StGB[15] – zur Herstellung von Prognosesicherheit nicht in
jedem Fall erforderlich sei. Ob die Beauftragung eines externen Sachverständigen angezeigt
erscheint, hat das Gericht im Rahmen seines pflichtgemäßen Ermessens und in Ausfüllung
der ihm obliegenden umfassenden Sachaufklärungspflicht unter Berücksichtigung der
Umstände des Einzelfalls zu prüfen. Vorgabe ist stets, dass der Gutachter in der Lage ist,
inhaltlich die Anforderungen von Abs. 3 S. 4 zu erfüllen. Er muss also zu der Frage Stellung
nehmen, ob von dem Verurteilten weiterhin erhebliche rechtswidrige Taten zu erwarten
sind. Eine ergebnisoffene Begutachtung ist sicherzustellen.[16]

b) Zeitpunkt für die Einholung des Sachverständigengutachtens. Das Gesetz 14
schreibt keinen genauen Zeitpunkt vor zu dem das Sachverständigengutachten eingeholt
werden muss. Vielmehr kommt es darauf an, welchen Zeitraum der Sachverständige für die
Erstattung seines Gutachtens voraussichtlich benötigen wird. Dabei gilt das **Beschleunigungsgebot**. Das Gericht muss deswegen das Gutachten so **rechtzeitig in Auftrag** geben,
dass es gerade zu dem Zeitpunkt vorliegt, zu dem die entsprechende Entscheidung zu treffen
ist. Der konkrete zeitliche Vorlauf, mit dem das Gericht den Sachverständigen beauftragen
sollte, hängt von den jeweiligen Umständen des Einzelfalls ab.[17] Dabei kommt es auf Art,
Umfang und Schwierigkeit der von dem Sachverständigen auszuwertenden Akten, die
Persönlichkeit des zu untersuchenden Verurteilten sowie auf die dem Gericht bekannte
Belastungssituation des Sachverständigen an, vgl. auch Nr. 72 Abs. 1 RiStBV. Ein Gutachten
ist nicht deshalb entbehrlich, weil sich dadurch das Verfahren verzögert.[18]

c) Bestellung eines Verteidigers. Nach Abs. 3 S. 5, Abs. 8 ist demjenigen Verurteil- 15
ten, der keinen Verteidiger hat, für die Verfahren über die Vollstreckung dieser Maßregel
einschließlich nachfolgender Entscheidungen nach § 67d Abs. 2 StGB ein Verteidiger zu
bestellen. Dies hat zu geschehen, sobald das Gericht mit der Überprüfung der Fortdauer
der Sicherungsverwahrung nach § 67d Abs. 3 StGB oder der nachfolgenden Entscheidung
nach § 67d Abs. 2 StGB beginnt. Sinnvoll erscheint es indes, den Verteidiger vor der Beauftragung des Sachverständigen zu bestellen, um ihm Gelegenheit zu geben, sich zu der Person
des Gutachters zu äußern.[19] Die Regelungen des Abs. 3 S. 5, Abs. 8 betreffen lediglich die
Vollstreckung der Maßregel, nicht aber deren Vollzug.[20]

d) Durchführung der Anhörung des Sachverständigen. In den Fällen von § 67d 16
Abs. 2 und 3, § 67c Abs. 1 und § 72 Abs. 3 StGB schreibt Abs. 3 S. 3 iVm § 454 Abs. 2
eine **obligatorische mündliche Anhörung** des Sachverständigen vor. Nach § 454 Abs. 2
S. 4 kann das Gericht jedoch von der mündlichen Anhörung des Sachverständigen absehen,
wenn der Verurteilte, sein Verteidiger und die Staatsanwaltschaft darauf verzichten. Abs. 3
S. 2 enthält eine über § 454 Abs. 1 S. 4 hinausgehende Einschränkung der Pflicht zur mündlichen Anhörung.[21] Das Gericht ist verpflichtet, der Staatsanwaltschaft, dem Verurteilten,
seinem Verteidiger und der Vollzugsanstalt bei der mündlichen Anhörung des Sachverständigen Gelegenheit zur Mitwirkung zu geben, § 454 Abs. 2 S. 3; eine Pflicht zu Teilnahme und

---

[14] BT-Drs. 13/9062, 14.
[15] Bei langer Vollzugsdauer, die den Entscheidungen nach § 67d Abs. 3 StGB und den nachfolgenden Entscheidungen nach § 67d Abs. 2 StGB stets vorausgeht, wird sich ein persönlicher Behandlungs- oder Betreuungskontakt von in der Vollzugsanstalt tätigen Psychiatern und Psychologen und dem Verurteilten nicht vermeiden lassen; so auch Graalmann-Scheerer in Löwe/Rosenberg Rn. 25.
[16] Schmitt in Meyer-Goßner/Schmitt Rn. 6b.
[17] Vgl. Graalmann-Scheerer in Löwe/Rosenberg Rn. 22.
[18] BVerfG 26.3.2009 – 2 BvR 2543/08, NStZ-RR 2010, 122; Schmitt in Meyer-Goßner/Schmitt Rn. 10.
[19] Graalmann-Scheerer in Löwe/Rosenberg Rn. 28; Schmitt in Meyer-Goßner/Schmitt Rn. 10 f.
[20] Coen in BeckOK StPO Rn. 15; aA OLG Dresden 23.7.2014 – 2 Ws 312/14, BeckRS 2014, 18693.
[21] Appl in KK-StPO Rn. 4a; Pfeiffer Rn. 3.

§ 463   17–19   7. Buch. 1. Abschnitt. Strafvollstreckung

Mitwirkung besteht jedoch nicht. Insbesondere haben sie auf die Verlegung des anberaumten Anhörungstermins keinen Anspruch.[22] Das Gericht kann den Termin aber verlegen, wenn es dies für sachdienlich erachtet. Zur eigentlichen Durchführung der mündlichen Anhörung des Sachverständigen existiert indes keine ausdrückliche Regelung.

17   Verweigert es der Verurteilte, sich der Begutachtung durch den Sachverständigen zu unterziehen, so stellt dies noch keinen Grund dar, von der Anhörung gänzlich abzusehen (aber auch → Rn. 20).[23] Denn der Sachverständige kann auch ohne Untersuchung des Untergebrachten durch Auswertung der Strafakten, sämtlicher Vorstrafakten sowie der Gefangenenpersonalakten und der im Maßregelvollzug geführten Akten sein Gutachten erstatten.

18   **e) Verfahrensmängel.** Bei Verfahrensmängeln im Rahmen der Einholung eines Sachverständigengutachtens steht dem Verurteilten die **sofortige Beschwerde** Abs. 3 S. 3 iVm § 454 Abs. 3 zur Verfügung, um die Aufhebung der angefochtenen Entscheidung sowie die Zurückverweisung an die Strafvollstreckungskammer zu erreichen. Ein Verfahrensmangel liegt vor, wenn das Gericht entgegen Abs. 3 S. 3 iVm § 454 Abs. 2 auf die Einholung eines Sachverständigengutachtens verzichtet hat, ebenso, wenn das Gericht nach § 67d Abs. 3 StGB sowie im Fall der nachfolgenden Entscheidungen nach § 67d Abs. 2 StGB dem Sachverständigen einen Gutachtenauftrag erteilt hat, der nicht den Anforderungen des von Abs. 3 S. 4 genügt. Auch falls die Beiordnung eines Pflichtverteidigers entgegen Abs. 3 S. 5 (→ Rn. 15) unterbleibt liegt ein Verfahrensmangel vor, sofern es nach den konkreten Umständen des Einzelfalls wegen der Besonderheiten und Schwierigkeiten im Diagnose- und Prognosebereich offensichtlich erscheint, dass der Untergebrachte sich infolge seiner Erkrankung nicht selbst verteidigen kann.[24] Allerdings benötigt nicht jeder Verurteilte für das Verfahren der Begutachtung und Anhörung des Gutachters einen Verteidiger.[25]

D. Externe Begutachtung, Abs. 4

19   Abs. 4 schreibt vor, dass das Gericht im Rahmen der Überprüfungen nach § 67e StGB nach idR jeweils **drei Jahren** vollzogener Unterbringung in einem psychiatrischen Krankenhaus gem. § 63 das Gutachten eines Sachverständigen einholen soll. § 67e regelt in seinem Abs. 1 S. 1, dass das Gericht jederzeit prüfen kann, ob die weitere Vollstreckung der Unterbringung zur Bewährung auszusetzen oder für erledigt zu erklären ist. Verpflichtend findet eine solche Überprüfung innerhalb der durch § 67e Abs. 1 S. 2, Abs. 2 normierten Fristen statt. Gem. § 67e Abs. 2 Nr. 2 beträgt die Frist für die von Abs. 4 genannte Unterbringung in einem psychiatrischen Krankenhaus jedoch nur ein Jahr, während die **Soll-Vorschrift** des Abs. 4 für die Hinzuziehung eines Sachverständigen auf einen Zeitraum von drei bzw. (ab einer Dauer der Unterbringung von sechs Jahren) von zwei Jahren abstellt. Die Regelung trägt damit den Bedenken Rechnung, wonach es aufgrund des „Gebots bestmöglicher Sachaufklärung" angezeigt ist, von Zeit zu Zeit anstaltsfremde Sachverständige hinzuzuziehen, wenn sich die untergebrachte Person seit langer Zeit in ein und demselben psychiatrischen Krankenhaus befindet.[26] Dies folgt auch aus **Abs. 4 S. 3,** wonach der Sachverständige weder im Rahmen des Vollzugs der Unterbringung mit der Behandlung

---

[22] BT-Drs. 14/8586, 14; Graalmann-Scheerer in Löwe/Rosenberg Rn. 33.
[23] Graalmann-Scheerer in Löwe/Rosenberg Rn. 19; einschränkend „Anhörung kann entfallen" Appl in KK-StPO Rn. 4 mit Verweis auf OLG Hamburg 6.10.2011 – 2 Ws 83/11, NStZ 2012, 325.
[24] BVerfG 5.2.2004 – 2 BvR 2029/01, BVerfGE 109, 133 ff. = NJW 2004, 739; OLG Frankfurt a. M. 2.4.2009 – 3 Ws 281/09, NStZ-RR 2009, 221; Graalmann-Scheerer in Löwe/Rosenberg Rn. 35.
[25] BVerfG 6.7.2009 – 2 BvR 703/09, NJW 2009, 3153; Graalmann-Scheerer in Löwe/Rosenberg Rn. 35.
[26] BVerfG 8.10.1985 – 2 BvR 1150/80 u.a., BVerfGE 70, 297 (309, 311); 14.1.2005 – 2 BvR 983/04, BeckRS 2005, 22561; OLG Dresden 9.6.2005 – 2 Ws 317/05, StraFo 2005, 391; OLG Karlsruhe 25.11.2005 – 2 – Ws 67/05, NStZ-RR 2006, 93; OLG Oldenburg 7.9.2007 – 1 Ws 481/07, NStZ 2008, 225; Appl in KK-StPO Rn. 4a. Allgemein konkretisiert Abs. 4 das Gebot bestmöglicher Sachaufklärung im Strafvollstreckungsverfahren; Paeffgen/Greco in SK-StPO Rn. 13.

der untergebrachten Person befasst gewesen sein noch in dem psychiatrischen Krankenhaus arbeiten darf, in dem sich die untergebrachte Person befindet. S. 4 untermauert dies zusätzlich; so soll der Sachverständige, der für das erste Gutachten im Rahmen einer Überprüfung der Unterbringung herangezogen wird, auch nicht das Gutachten in dem Verfahren erstellt haben, in dem die Unterbringung oder deren späterer Vollzug angeordnet worden ist. S. 5 trifft schließlich eine Regelung zum Sachkunde- und Erfahrungserfordernis.

Bei Abs. 4 (S. 2, S. 4 und S. 5) handelt es sich um eine **Soll-Vorschrift,** von der **20** prinzipiell **Ausnahmen** denkbar sind.[27] So kann das Gericht die Einholung eines Gutachtens etwa ablehnen, wenn es die Maßregel zwar weder für erledigt erklärt noch deren Vollstreckung zur Bewährung aussetzt, dem Verurteilten aber ersichtlich nur eine ungünstige Prognose gestellt werden kann.[28] Das ist etwa dann der Fall, wenn er jegliche Mitwirkung an der Behandlung verweigert und keine Einsicht in seine Behandlungsbedürftigkeit zeigt. Ob schon im Fall einer Weigerung des Untergebrachten von der Einholung des Gutachtens abgesehen werden darf, weil die Prognose ohnehin ungünstig erscheint, ist letztlich eine Frage des Einzelfalls (aber → Rn. 17).[29]

E. Aufschub und Unterbrechung, Abs. 5

Der Aufschub oder die Unterbrechung der Vollstreckung ist nach Abs. 1 auch bei **21** freiheitsentziehenden Maßregeln der Besserung und Sicherung grds. zulässig, soweit nicht Abs. 5 etwas anderes regelt. Ein nachträglicher Verfall in Geisteskrankheit stellt keinen Grund dar, eine wegen erheblich verminderter Schuldfähigkeit, § 21 StGB, angeordnete Unterbringung in einem psychiatrischen Krankenhaus aufzuschieben (so aber für § 455 Abs. 1). Auch gegen den bereits im Zeitpunkt der Tat Schuldunfähigen („Geisteskranken") kann die Unterbringung in einem psychiatrischen Krankenhaus vom erkennenden Gericht oder im Sicherungsverfahren angeordnet werden, §§ 63, 71 StGB, § 413. Soweit es sich um die Anordnung der Unterbringung in einer Entziehungsanstalt oder in der Sicherungsverwahrung handelt, ist nach Abs. 5 S. 2 ein nachträglicher Verfall in Geisteskrankheit kein zwingender Aufschubgrund, vielmehr ist der Aufschub der Maßregel in das Ermessen der Vollstreckungsbehörde gestellt. Damit soll erreicht werden, dass auch außergewöhnlichen Einzelfällen Rechnung getragen werden kann. Bei der Sicherungsverwahrung ist ein Aufschub nach § 456 nicht zulässig, Abs. 5 S. 3.

F. Analoge Anwendung von § 462 gem. Abs. 6

I. Anwendungsbereich

Abs. 6 schreibt vor, dass § 462 auch für die nach § 67 Abs. 3, Abs. 5 S. 2, Abs. 6 StGB, **22** den §§ 67a und 67c Abs. 2, § 67d Abs. 5 und 6 StGB, den §§ 67g, 67h und 69a Abs. 7 StGB sowie den §§ 70a und 70b StGB zu treffenden Entscheidungen gilt. Es handelt sich dabei um Entscheidungen über die Reihenfolge der Vollstreckung beim Zusammentreffen von Freiheitsstrafe und freiheitsentziehenden Maßregeln der Besserung und Sicherung, § 67 Abs. 3 StGB, die Anordnung des Freiheitsstrafenvollzugs, falls der Strafrest nicht zur Bewährung ausgesetzt wird, § 67 Abs. 5 S. 2 Hs. 2 StGB, die Anrechnung auf eine verfahrensfremde

---

[27] Paeffgen/Greco in SK-StPO Rn. 13; Pfeiffer Rn. 3.
[28] BVerfG 3.2.2003 – 2 BvR 1512/02, NStZ-RR 2003, 251; BGH 28.1.2000 – 2 StE 9/91, NJW 2000, 1663; OLG Jena 3.12.1999 – 1 Ws 366/99, StV 2001, 26; OLG Rostock 20.8.2002 – 1 Ws 336/02, NJW 2003, 1334; KG 10.1.2006 – 5 Ws 7/06, NStZ-RR 2006, 252; Immel JR 2007, 183; aA OLG Celle 13.10.1998 2 – Ws 257/98, NStZ 1999, 159; OLG Koblenz 8.7.1999 – 1 Ws 422/99, NStZ-RR 1999, 345; OLG Hamm 14.3.2003 – 2 Ws 71/03, StV 2004, 273 = BeckRS 2003, 30311622; Graalmann-Scheerer in Löwe/Rosenberg Rn. 19.
[29] Graalmann-Scheerer in Löwe/Rosenberg Rn. 19.

Strafe, § 67 Abs. 6 StGB die Überweisung in den Vollzug einer anderen Maßregel, § 67a StGB, die Anordnung des Vollzugs der Unterbringung, wenn auch drei Jahre nach Rechtskraft der Entscheidung die Maßregel noch nicht einmal teilweise vollzogen worden ist, § 67a StGB, § 67c Abs. 2 StGB, die Aussetzung des Vollzugs der Unterbringung zur Bewährung, wenn zwar der Zweck der Unterbringung noch nicht erreicht ist, aber besondere Umstände die Erwartung rechtfertigen, dass er auch durch die Aussetzung erreicht werden kann, § 67c Abs. 2 S. 4 StGB, den Widerruf der Aussetzung einer Unterbringung zur Bewährung, § 67g StGB, die Anordnung, dass die Unterbringung in einer Entziehungsanstalt, § 64 Abs. 1 StGB, erledigt ist, § 67d Abs. 5 S. 1 StGB, die Anordnung, dass die Vollstreckung der Maßregel erledigt ist, wenn das Gericht nach Beginn der Vollstreckung der Unterbringung in einem psychiatrischen Krankenhaus festgestellt hat, dass die Voraussetzungen der Maßregel nicht mehr vorliegen oder die weitere Vollstreckung der Maßregel unverhältnismäßig wäre, § 67d Abs. 6 S. 1 StGB, die Wiederinvollzugsetzung der ausgesetzten Unterbringung während der Dauer der Führungsaufsicht sowie die erneute Anordnung der Maßnahme, § 67h StGB, die vorzeitige Aufhebung der Sperre bei Entziehung der Fahrerlaubnis, § 69a Abs. 7 StGB und schließlich beim Berufsverbot die Entscheidungen über seine Aussetzung zur Bewährung, § 70a StGB sowie den Widerruf der Aussetzung und die Erledigung des Verbots nach Ablauf der Bewährungsfrist, § 70b StGB. Im Fall einer Entscheidung nach § 67 Abs. 6 StGB findet nach Abs. 6 S. 2 eine mündliche Anhörung des Gefangenen statt. Abs. 6 S. 2 schreibt in den Fällen des § 67d Abs. 6 vor, dass der Verurteilte mündlich zu hören ist.

II. Anordnung der sofortigen Vollziehbarkeit, Abs. 6 S. 3

23   Abs. 6 S. 3 sieht vor, dass das Gericht angeordnete Maßnahmen nach § 67h Abs. 1 S. 1 und 2 StGB für sofort vollziehbar erklärt, wenn erhebliche rechtswidrige Taten des Verurteilten drohen. Bei diesen Maßnahmen handelt es sich um solche während der Dauer der Führungsaufsicht im Rahmen der Krisenintervention. Möglich ist die Anordnung der sofortigen Vollziehbarkeit jedoch nur, wenn **erhebliche rechtswidrige Taten** drohen. Es muss danach eine Risikosituation eingetreten sein, die bei ungehinderter Weiterentwicklung ohne Krisenmaßnahmen voraussichtlich einen Widerruf der Aussetzung zur Bewährung zur Verhinderung neuer, erheblicher rechtswidriger Taten notwendig machen würde.[30]

24   Ein **Antrag** ist dabei nicht notwendig, gleichwohl aber möglich; das Gericht wird jedoch idR **von Amts wegen** tätig, sobald es Kenntnis von der negativen Entwicklung erlangt. Die entsprechenden Informationen liefern zumeist Bewährungshelfer, forensische Ambulanz, Aufsichtsstellen oder Angehörige. Der Beschluss, der die Sofortvollziehung anordnet, muss die betreffende Krisenmaßnahme genau bezeichnen und die Dauer der Involzugsetzung konkret bestimmen.[31] Aufgrund der Eilbedürftigkeit der von der Regelung erfassten Maßnahmen, der hohen Sicherheitsrelevanz und der damit überwiegenden öffentlichen Interessen[32] hat dabei die nach Abs. 6 S. 1 iVm § 462 Abs. 3 S. 1 statthafte **sofortige Beschwerde keine aufschiebende Wirkung.**[33]

G. Zuständigkeit bei Nachtragsentscheidungen, Abs. 7

I. Regelungsinhalt

25   Die Verweisung in Abs. 1 für die Vollstreckung von Maßregeln der Besserung und Sicherung schließt § 462a mit ein.[34] Der Terminus der Strafanstalt in Abs. 1 S. 1 ist dabei

---

[30] BT-Drs. 16/1993, 49.
[31] Fischer StGB § 67h Rn. 6; Graalmann-Scheerer in Löwe/Rosenberg Rn. 54.
[32] Vgl. BT-Drs. 16/1993, 49.
[33] Peglau in LK-StGB § 67h Rn. 27; Graalmann-Scheerer in Löwe/Rosenberg Rn. 53. Einschränkend Paeffgen/Greco in SK-StPO Rn. 16 für Fälle, in denen die Vollstreckbarkeit, weitere Vollstreckung oder eine abschließende Beschlussentscheidung von dem Ergebnis der sofortigen Beschwerde abhängen.
[34] Appl in KK-StPO Rn. 7; Graalmann-Scheerer in Löwe/Rosenberg Rn. 55; Schmitt in Meyer-Goßner/Schmitt Rn. 3.

durch das psychiatrische Krankenhaus oder die Entziehungsanstalt zu ersetzen, in die der Verurteilte aufgenommen ist, § 78a Abs. 1 GVG.[35] Damit liegt die **Zuständigkeit** für diesbezügliche Nachtragsentscheidungen bei der Strafvollstreckungskammer die die Aussetzung angeordnet hat. Nachtragsentscheidungen im Jugendstrafrecht trifft der Jugendrichter als Vollstreckungsleiter, selbst wenn der Verurteilte mittlerweile nicht mehr dem Jugendstrafrecht unterfällt.[36] Im Fall der Krisenintervention nach § 67h StGB greift Abs. 7 analog ein.[37]

II. Fortsetzungszuständigkeiten

Für die Prüfung nach **§ 67c Abs. 1 StGB,** ob bei Vorwegnahme des Vollzugs einer Freiheitsstrafe der Zweck einer zugleich angeordneten Unterbringung deren Vollstreckung noch erfordert, ist die Strafvollstreckungskammer zuständig. Erfordert der Zweck der Unterbringung deren Vollstreckung nicht mehr, so setzt sie die Vollstreckung der Unterbringung zur Bewährung aus und es tritt kraft Gesetzes Führungsaufsicht ein. Für (Nachtrags-)Entscheidungen, welche die Aussetzung der Unterbringung (§ 67g StGB) oder die Führungsaufsicht (§§ 68a ff. StGB) betreffen, bleibt nach Abs. 1, Abs. 7 iVm § 462a Abs. 1 S. 2 ebenfalls die Strafvollstreckungskammer zuständig.[38] 26

Sofern die Strafvollstreckungskammer die Vollstreckung einer schon begonnenen Unterbringung gem. **§ 67d Abs. 2 StGB** zur Bewährung aussetzt, so tritt kraft Gesetzes Führungsaufsicht ein. Die Strafvollstreckungskammer bleibt dann sowohl für Entscheidungen hinsichtlich der Aussetzung der Unterbringung als auch betreffend die Führungsaufsicht zuständig. 27

Nach **§ 67d Abs. 4 StGB** tritt Führungsaufsicht ein, sobald der Untergebrachte aus der Sicherungsverwahrung entlassen ist. Zwar ist die Maßregelvollstreckung in diesen Fällen beendet, nach Abs. 7 bleibt jedoch die Strafvollstreckungskammer immer noch für die die Führungsaufsicht betreffenden Nachtragsentscheidungen zuständig. Dasselbe gilt im Fall der Erledigungserklärung wegen Nichterreichens des Unterbringungszwecks nach **§ 67d Abs. 5 und 6 StGB.**[39] 28

Tritt Führungsaufsicht bei Nichtaussetzung des Strafrestes gem. **§ 68f StGB** ein, so wird die Strafvollstreckungskammer schon während des Vollzugs mit der Entscheidung befasst, ob es bei dem Eintritt der Führungsaufsicht verbleiben oder diese wegfallen soll, § 54a Abs. 2 StVollstrO; Abs. 3 S. 1 iVm § 454, § 68f Abs. 2 StGB. Wenn nicht angeordnet wird, dass die Führungsaufsicht entfällt, besteht wegen der Verweisung in Abs. 7 die Zuständigkeit der Strafvollstreckungskammer für die Nachtragsentscheidungen nach §§ 68a ff. StGB fort. Diese Zuständigkeit schließt Nachtragsentscheidungen aus anderen Verfahren gegen den Verurteilten ein.[40] 29

§ 463a[1] Zuständigkeit und Befugnisse der Aufsichtsstellen

(1) ¹**Die Aufsichtsstellen (§ 68a des Strafgesetzbuches) können zur Überwachung des Verhaltens des Verurteilten und der Erfüllung von Weisungen von allen öffentlichen Behörden Auskunft verlangen und Ermittlungen jeder Art, mit Ausschluß**

---

[35] OLG Hamm 1.9.1989 – 4 Ws 311/89, NStZ 1990, 103; Appl in KK-StPO Rn. 2; Schmitt in Meyer-Goßner/Schmitt Rn. 13.
[36] Paeffgen in SK-StPO Rn. 21; Schmitt in Meyer-Goßner/Schmitt Rn. 15; Pfeiffer Rn. 7.
[37] Schmitt in Meyer-Goßner/Schmitt Rn. 13; Appl in KK-StPO Rn. 7; Paeffgen/Greco in SK-StPO Rn. 20.
[38] Appl in KK-StPO Rn. 2; differenzierend Schmitt in Meyer-Goßner/Schmitt Rn. 3.
[39] Vgl. dazu noch Wendisch in Löwe/Rosenberg, 25. Aufl., Rn. 17; BR-Drs. 400/05, 34.
[40] BGH 16.12.2009 – 2 ARs 424/09, NJW 2010, 951.
[1] § 463a Abs. 2 eingefügt, bisheriger Abs. 2 wird Abs. 3 durch Gesetz v. 15.7.1992, BGBl. 1992 I 1302; Abs. 1 S. 2 angefügt, Abs. 3 eingefügt, bisheriger Abs. 3 wird Abs. 4 mWv 18.4.2007 durch Gesetz v. 13.4.2007, BGBl. 2007 I 513; Abs. 4 eingefügt, bisheriger Abs. 4 wird Abs. 5 mWv 1.1.2011 durch Gesetz v. 22.12.2010, BGBl. 2010 I 2300.

eidlicher Vernehmungen, entweder selbst vornehmen oder durch andere Behörden im Rahmen ihrer Zuständigkeit vornehmen lassen. ²Ist der Aufenthalt des Verurteilten nicht bekannt, kann der Leiter der Führungsaufsichtsstelle seine Ausschreibung zur Aufenthaltsermittlung (§ 131a Abs. 1) anordnen.

(2) ¹Die Aufsichtsstelle kann für die Dauer der Führungsaufsicht oder für eine kürzere Zeit anordnen, daß der Verurteilte zur Beobachtung anläßlich von polizeilichen Kontrollen, die die Feststellung der Personalien zulassen, ausgeschrieben wird. ²§ 163e Abs. 2 gilt entsprechend. ³Die Anordnung trifft der Leiter der Führungsaufsichtsstelle. ⁴Die Erforderlichkeit der Fortdauer der Maßnahme ist mindestens jährlich zu überprüfen.

(3) ¹Auf Antrag der Aufsichtsstelle kann das Gericht einen Vorführungsbefehl erlassen, wenn der Verurteilte einer Weisung nach § 68b Abs. 1 Satz 1 Nr. 7 oder Nr. 11 des Strafgesetzbuchs ohne genügende Entschuldigung nicht nachgekommen ist und er in der Ladung darauf hingewiesen wurde, dass in diesem Fall seine Vorführung zulässig ist. ²Soweit das Gericht des ersten Rechtszuges zuständig ist, entscheidet der Vorsitzende.

(4) ¹Die Aufsichtsstelle erhebt und speichert bei einer Weisung nach § 68b Absatz 1 Satz 1 Nummer 12 des Strafgesetzbuches mit Hilfe der von der verurteilten Person mitgeführten technischen Mittel automatisiert Daten über deren Aufenthaltsort sowie über etwaige Beeinträchtigungen der Datenerhebung; soweit es technisch möglich ist, ist sicherzustellen, dass innerhalb der Wohnung der verurteilten Person keine über den Umstand ihrer Anwesenheit hinausgehenden Aufenthaltsdaten erhoben werden. ²Die Daten dürfen ohne Einwilligung der betroffenen Person nur verwendet werden, soweit dies erforderlich ist für die folgenden Zwecke:
1. zur Feststellung des Verstoßes gegen eine Weisung nach § 68b Absatz 1 Satz 1 Nummer 1, 2 oder 12 des Strafgesetzbuches,
2. zur Ergreifung von Maßnahmen der Führungsaufsicht, die sich an einen Verstoß gegen eine Weisung nach § 68b Absatz 1 Satz 1 Nummer 1, 2 oder 12 des Strafgesetzbuches anschließen können,
3. zur Ahndung eines Verstoßes gegen eine Weisung nach § 68b Absatz 1 Satz 1 Nummer 1, 2 oder 12 des Strafgesetzbuches,
4. zur Abwehr einer erheblichen gegenwärtigen Gefahr für das Leben, die körperliche Unversehrtheit, die persönliche Freiheit oder die sexuelle Selbstbestimmung Dritter oder
5. zur Verfolgung einer Straftat der in § 66 Absatz 3 Satz 1 des Strafgesetzbuches genannten Art oder einer Straftat nach § 129a Absatz 5 Satz 2, auch in Verbindung mit § 129b Absatz 1 des Strafgesetzbuches.

³Zur Einhaltung der Zweckbindung nach Satz 2 hat die Verarbeitung der Daten zur Feststellung von Verstößen nach Satz 2 Nummer 1 in Verbindung mit § 68b Absatz 1 Satz 1 Nummer 1 oder 2 des Strafgesetzbuches automatisiert zu erfolgen und sind die Daten gegen unbefugte Kenntnisnahme besonders zu sichern. ⁴Die Aufsichtsstelle kann die Erhebung und Verarbeitung der Daten durch die Behörden und Beamten des Polizeidienstes vornehmen lassen; diese sind verpflichtet, dem Ersuchen der Aufsichtsstelle zu genügen. ⁵Die in Satz 1 genannten Daten sind spätestens zwei Monate nach ihrer Erhebung zu löschen, soweit sie nicht für die in Satz 2 genannten Zwecke verwendet werden. ⁶Bei jedem Abruf der Daten sind zumindest der Zeitpunkt, die abgerufenen Daten und der Bearbeiter zu protokollieren; § 488 Absatz 3 Satz 5 gilt entsprechend. ⁷Werden innerhalb der Wohnung der verurteilten Person über den Umstand ihrer Anwesenheit hinausgehende Aufenthaltsdaten erhoben, dürfen diese nicht verwertet

werden und sind unverzüglich nach Kenntnisnahme zu löschen. ⁸Die Tatsache ihrer Kenntnisnahme und Löschung ist zu dokumentieren.

(5) ¹Örtlich zuständig ist die Aufsichtsstelle, in deren Bezirk der Verurteilte seinen Wohnsitz hat. ²Hat der Verurteilte keinen Wohnsitz im Geltungsbereich dieses Gesetzes, so ist die Aufsichtsstelle örtlich zuständig, in deren Bezirk er seinen gewöhnlichen Aufenthaltsort hat und, wenn ein solcher nicht bekannt ist, seinen letzten Wohnsitz oder gewöhnlichen Aufenthaltsort hatte.

Übersicht

		Rn.			Rn.
A.	Regelungsinhalt	1	I.	Zweck und Inhalt der Anordnung polizeilicher Beobachtung	16
I.	Regelungsgegenstände	1	II.	Anordnungskompetenz	17
II.	Aufsichtsstellen als Regelungsadressaten	3	D.	Vorführungsbefehl, Abs. 3	18
1.	Besetzung und Aufgaben der Aufsichtsstellen	3	I.	Zweck der Vorschrift	19
			II.	Voraussetzungen	20
2.	Organisation der Aufsichtsstellen	5	1.	Antrag	20
B.	Zuständigkeit und Befugnisse der Aufsichtsstellen, Abs. 1	6	2.	Ladung zu einer der in § 68b Abs. 1 S. 1 Nr. 7 oder 11 StGB bezeichneten Stelle	21
I.	Zweck der Regelung, Zusammenhang zwischen Aufgabenbereich und Befugnissen der Aufsichtsstellen	7	3.	Missachtung einer Weisung nach § 68b Abs. 1 S. 1 Nr. 7 oder Nr. 11 StGB	22
II.	Umfang der Befugnisse	9	4.	Keine genügende Entschuldigung	23
1.	Auskunft	9	III.	Entscheidungsbefugnis	24
2.	Ermittlungen	10	E.	Datenerhebung, -speicherung und -verwendung, Abs. 4	25
3.	Beteiligte Stellen	12			
	a) Adressat des Auskunftsverlangens	12	I.	Speicherungsermächtigung und Delegationsbefugnis	26
	b) Vornahme durch dritte Behörden	13	II.	Zweckbindung	27
III.	Ausschreibung zur Aufenthaltsermittlung, Abs. 1 S. 2	15	III.	Ergänzende Schutzbestimmungen	30
C.	Polizeiliche Beobachtung, Abs. 2	16	F.	Örtliche Zuständigkeit, Abs. 5	32

A. Regelungsinhalt

I. Regelungsgegenstände

Die Vorschrift regelt Zuständigkeit und Befugnisse der Aufsichtsstellen. Abs. 1 normiert **1** Auskunftspflichten, Abs. 2 enthält Vorschriften zur Anordnung von polizeilicher Beobachtung und in Abs. 3 finden sich Vorgaben zum Erlass eines Vorführungsbefehls. Die komplexe Regelung in Abs. 4 betrifft die Datenerhebung, -speicherung und -verwendung. Abs. 5 schließlich regelt die örtliche Zuständigkeit der Aufsichtsstellen. Eine § 463a ergänzende Bestimmung findet sich in § 54a StVollstrO, der die zu treffenden Vorbereitungshandlungen sowie die Mitteilungspflichten normiert, die der Vollstreckungsbehörde im Zusammenhang mit der Führungsaufsicht oblagen.

Die Vorschrift wurde zuletzt geändert durch Art. 2 des Gesetzes zur Neuordnung des **2** Rechts der Sicherungsverwahrung und zu begleitenden Regelungen (SiVerwNOG) vom 22.12.2010[2] mit Wirkung zum 1.1.2011. Neu eingefügt wurde dabei die nun in Abs. 4 enthaltene Regelung zu Datenerhebung, -speicherung und -verwendung.

---

[2] BGBl. 2012 I 2300.

II. Aufsichtsstellen als Regelungsadressaten

1. Besetzung und Aufgaben der Aufsichtsstellen. Adressaten der Regelung sind die Aufsichtsstellen iSd § 68a StGB. Hierbei handelt es sich um eine bei der Strafvollstreckung eingeschaltete Justizverwaltungsbehörde, die weder Strafvollstreckungs- noch Strafverfolgungsbehörde ist.[3] Die personelle Ausstattung der Aufsichtsstellen regelt **Art. 295 Abs. 2 EGStGB** nur fragmentarisch. Demnach werden die Aufgaben der Aufsichtsstelle von Beamten des höheren Dienstes, von staatlich anerkannten Sozialarbeitern oder Sozialpädagogen oder von Beamten des gehobenen Dienstes wahrgenommen, Art. 295 Abs. 2 S. 1 EGStGB. Der Leiter der Aufsichtsstelle muss nach Art. 295 Abs. 2 S. 2 EGStGB die Befähigung zum Richteramt besitzen oder ein Beamter des höheren Dienstes sein; dabei kann gem. Art. 295 Abs. 2 S. 3 EGStGB die Leitung der Aufsichtsstelle auch einem Richter übertragen werden.

Sofern das Gericht Führungsaufsicht anordnet oder diese kraft Gesetzes eintritt, untersteht der Verurteilte einer Aufsichtsstelle, § 68a StGB, deren Aufgaben darin besteht, einerseits nachsorgende Betreuung zu leisten, andererseits die Einhaltung von Weisungen zu überwachen und bei Verstößen ggf. eine Bestrafung nach § 145a StGB zu initiieren. Die unmittelbare Betreuung des Verurteilten obliegt jedoch idR dem Bewährungshelfer.[4] Abs. 1–3 regeln die Befugnisse, die den Aufsichtsstellen zur Erfüllung der Überwachungsaufgabe zustehen.

2. Organisation der Aufsichtsstellen. Die bei den LGen eingerichteten und diesen angegliederten Führungsaufsichtsstellen gehören zum Geschäftsbereich der Landesjustizverwaltungen, Art. 295 Abs. 1 EGStGB, welche die nötigen Vorschriften über die Organisation, Besetzung, Geschäftsbetrieb erlassen. Sie unterstehen der Dienstaufsicht des Landgerichtspräsidenten, der auch den Leiter der Aufsichtsstelle und dessen Vertreter sowie die übrigen Beamten und Angestellten ernennt.[5]

B. Zuständigkeit und Befugnisse der Aufsichtsstellen, Abs. 1

Die Aufsichtsstellen iSd § 68a StGB können gem. Abs. 1 S. 1 von allen öffentlichen Behörden Auskunft verlangen und die erforderlichen Ermittlungen vornehmen (lassen). Die Befugnisse orientieren sich im Grundsatz an denjenigen der Staatsanwaltschaft gem. § 161 Abs. 1.[6]

I. Zweck der Regelung, Zusammenhang zwischen Aufgabenbereich und Befugnissen der Aufsichtsstellen

Der Aufsichtsstelle obliegen **Betreuungs- und Überwachungsaufgaben.** Gem. § 68a Abs. 2 StGB steht die Aufsichtsstelle dem Verurteilten zunächst „helfend und betreuend zur Seite". Dies beinhaltet das Angebot von Hilfe bei sämtlichen Verrichtungen des familiären, gesellschaftlichen oder beruflichen Alltags, zB beim Gang zu Behörden. Auch braucht sich die Tätigkeit nicht auf Bereiche zu beschränken, die unmittelbar mit einer kriminellen Gefährdung des Verurteilten verbunden sind oder zusammenhängen. Die Aufsichtsstelle ist ferner nach § 68 Abs. 3 StGB allein verantwortliches Überwachungsorgan; ein Bewährungshelfer unterstützt die Aufsichtsstelle nur.[7] Gegenstand der Überwachung ist gem. § 68 Abs. 3 StGB die Erfüllung von Weisungen.

---

[3] Heuchemer in BeckOK StGB StGB § 68a Rn. 2; Schmitt in Meyer-Goßner/Schmitt Rn. 1.
[4] Appl in KK-StPO Rn. 1.
[5] Graalmann-Scheerer in Löwe/Rosenberg Rn. 2; Appl in KK-StPO Rn. 1; Bringewat Rn. 1.
[6] Paeffgen/Greco in SK-StPO Rn. 4; Schmitt in Meyer-Goßner/Schmitt Rn. 2.
[7] Heuchemer in BeckOK StGB StGB § 68a Rn. 6; Groß/Ruderich in MüKoStGB StGB § 68a Rn. 11; Fischer StGB § 68a Rn. 6.

Die Umschreibung der Befugnisse der Aufsichtsstelle in Abs. 1 ähnelt – mit einigen 8
Abweichungen[8] – der Formulierung des § 161 S. 1. Mit Blick auf den von § 68a StGB
vorgegebenen Aufgabenbereich ist Abs. 1 S. 1 dabei so auszulegen, dass der Aufsichtsstelle
gerade diejenigen Befugnisse zustehen müssen, die sie zur Erfüllung dieser Aufgaben benötigt. Auskunftsverlangen und Ermittlungsmaßnahmen dienen also stets dazu, bestmögliche
Betreuung und Überwachung des Verurteilten sicherzustellen.

II. Umfang der Befugnisse

1. Auskunft. Zur Überwachung des Verhaltens des Verurteilten und der Erfüllung von 9
Weisungen können die Aufsichtsstellen Auskunft von allen öffentlichen Behörden verlangen.
Dies inkludiert das (gegenüber der einfachen Auskunft subsidiäre[9]) Recht, Akteneinsicht
und die Übersendung von Schriftstücken, ggf. unter den Beschränkungen von § 477, zu
verlangen.[10] Auch ist die Mitteilung der Aktenzeichen im Zusammenhang mit neuen, gegen
den Verurteilten anhängigen Ermittlungsverfahren durch die Staatsanwaltschaft zulässig,
wenn sie die Aufsichtsstelle als andere Justizbehörde iSd § 474 Abs. 1 darum ersucht.

2. Ermittlungen. Die Ermittlungsbefugnisse erstrecken sich auf sämtliche auch straf- 10
prozessual zulässigen Maßnahmen, die der Feststellung von in diesem Zusammenhang relevanten Tatsachen dienen, wie zB das Befragen von Zeugen oder das Einholen von Sachverständigengutachten.[11] Ausdrücklich ausgeschlossen sind gem. Abs. 1 S. 1 lediglich eidliche
Vernehmungen, wie sie die Staatsanwaltschaft nach § 162 iVm § 65 im vorbereitenden
Verfahren herbeiführen kann.

Nimmt die Aufsichtsstelle selbst die Ermittlungen vor, so hat sie keine Zwangsbefug- 11
nisse. Bleibt etwa ein „geladener" Zeuge der Befragung fern, so hat die Aufsichtsstelle nicht
die Möglichkeit, ihn selbst zwangsweise herbeizuschaffen, sondern muss das Gericht um
entsprechende Maßnahmen ersuchen, § 68a StGB.[12] Nach Abs. 1 S. 2 kann jedoch der
Leiter der Führungsaufsichtsstelle zumindest bei unbekanntem Aufenthalt des Verurteilten
dessen Ausschreibung zur Aufenthaltsermittlung anordnen (→ Rn. 15).

3. Beteiligte Stellen. a) Adressat des Auskunftsverlangens. Das Auskunftsverlan- 12
gen kann die Aufsichtsstelle direkt an diejenige Behörde richten, von der sie Auskunft
begehrt. Diese ist im Rahmen ihrer Zuständigkeit zur Erteilung der Auskunft berechtigt
und verpflichtet, die begehrte Auskunft zu erteilen, soweit sich nicht Begrenzungen aus
besonderen bereichsspezifischen Geheimhaltungsvorschriften ergeben (→ § 161
Rn. 1 ff.).[13]

b) Vornahme durch dritte Behörden. Nach Abs. 1 S. 1 kann die Aufsichtsstelle die 13
Ermittlungen auch durch andere Behörden im Rahmen ihrer Zuständigkeit vornehmen
lassen.[14] Nach hM darf die Aufsichtsstelle dabei ohne Einhaltung des formalen Dienstwegs[15]
um Amtshilfe (iwS) ersuchen. Grds. sind andere Behörden dabei auch die Polizeibehörden.
Da allerdings Abs. 1 S. 1 anders als die Regelung des § 161 nicht auf Ermittlungen durch
Behörden des Polizeidienstes Bezug nimmt, bleibt fraglich, ob eine Inanspruchnahme der
Polizei dennoch möglich ist. Dagegen oder jedenfalls einschränkend wird dabei angeführt,
nach der Regierungsbegründung zum EGStGB[16] solle die Polizei nur ausnahmsweise in

---

[8] Siehe dazu Graalmann-Scheerer in Löwe/Rosenberg Rn. 4.
[9] Graalmann-Scheerer in Löwe/Rosenberg Rn. 6.
[10] Appl in KK-StPO Rn. 3; Paeffgen/Greco in SK-StPO Rn. 5; Schmitt in Meyer-Goßner/Schmitt Rn. 3; Pfeiffer Rn. 2.
[11] Schmitt in Meyer-Goßner/Schmitt Rn. 4.
[12] Graalmann-Scheerer in Löwe/Rosenberg Rn. 9; Paeffgen/Greco in SK-StPO Rn. 7; Pfeiffer Rn. 2; ferner Bringewat Rn. 8.
[13] Vgl. dazu im Einzelnen Erb in Löwe/Rosenberg § 161 Rn. 17, 22 ff.
[14] Schmitt in Meyer-Goßner/Schmitt Rn. 4; Pfeiffer Rn. 2.
[15] Paeffgen/Greco in SK-StPO Rn. 5; Appl in KK-StPO Rn. 3; Schmitt in Meyer-Goßner/Schmitt Rn. 3; Graalmann-Scheerer in Löwe/Rosenberg Rn. 5.
[16] BT-Drs. 7/550, 314.

Anspruch genommen werden dürfen, um den Eindruck zu vermeiden, die Führungsaufsicht werde in erster Linie mit polizeilichen Mitteln und zu polizeilichen Zwecken durchgeführt.[17] Eine Amtshilfe durch die Polizei soll daher im Rahmen des Abs. 1 S. 1 der Ausnahmefall bleiben.

14 Alle übrigen Behörden, insbesondere die Justizvollzugsanstalten,[18] dürfen jedenfalls im Rahmen ihrer Zuständigkeit um Ermittlungen ersucht werden; umgekehrt sind, unabhängig von Art. 35 GG, die betreffenden Behörden zur Amtshilfe verpflichtet. Der Aufsichtsstelle stehen **keine Zwangsmittel** zur Durchführung ihrer Ermittlungen zu; als Rechtsbehelf gegen die die Mitwirkung verweigernde Behörde steht nur die Dienstaufsichtsbeschwerde zur Verfügung.[19]

III. Ausschreibung zur Aufenthaltsermittlung, Abs. 1 S. 2

15 Erscheint der der Führungsaufsicht Unterstellte oder ein Dritter, bspw. ein Angehöriger oder Zeuge, nicht zu einem persönlichen Gespräch bzw. einer Befragung, so kann die Aufsichtsstelle die betreffende Person nicht vorführen lassen (→ Rn. 11). Ist der Aufenthaltsort des Verurteilten unbekannt, so wäre es, da auch ein Rückgriff auf die weitergehenden Befugnisse der Staatsanwaltschaft als Vollstreckungsbehörde nicht in Betracht kommt,[20] allenfalls möglich, durch eigene Ermittlungen zu versuchen, diesen herauszufinden. Abs. 1 S. 2 räumt daher dem Leiter der Aufsichtsstelle die Befugnis ein, die Ausschreibung des Verurteilten zur Aufenthaltsermittlung anzuordnen, vgl. § 131a Abs. 1. Dabei ist der **Verhältnismäßigkeitsgrundsatz** zu beachten,[21] so dass eine Anordnung der Ausschreibung unterbleiben muss, wenn mildere Maßnahmen (zB Anfrage bei der Meldebehörde, sonstige Erkundigungen) ausreichen, um den Aufenthaltsort des Verurteilten zu ermitteln.[22]

C. Polizeiliche Beobachtung, Abs. 2

I. Zweck und Inhalt der Anordnung polizeilicher Beobachtung

16 Abs. 2 S. 1 räumt die Möglichkeit ein, den Verurteilten für die Dauer der Führungsaufsicht oder für eine kürzere Zeit polizeilich beobachten zu lassen. Die Beobachtung dient dabei lediglich der Erfüllung der **Überwachungsaufgabe** der Aufsichtsstelle und hat keine darüber hinaus reichende Kontrollfunktion im Bezug auf den unter Führungsaufsicht gestellten. § 163e Abs. 2 gilt gem. Abs. 2 S. 2 entsprechend, sodass Kennzeichen von Kraftfahrzeugen, Identifizierungsnummern oder äußere Kennzeichnungen von Wasserfahrzeugen, Luftfahrzeugen bzw. von Containern unter bestimmten Bedingungen ausgeschrieben werden können. Ausgenommen bleibt jedoch die Beobachtung, Registrierung oder Meldung von Kontakt- oder Begleitpersonen.[23] Nach Abs. 2 S. 4 muss mindestens ein Mal jährlich die fortbestehende Erforderlichkeit der Maßnahme geprüft werden. Der Grundsatz der Verhältnismäßigkeit ist – insbesondere im Hinblick auf die Heimlichkeit der Maßnahme – zu beachten.[24]

---

[17] Graalmann-Scheerer in Löwe/Rosenberg Rn. 5; Appl in KK-StPO Rn. 4; Schmitt in Meyer-Goßner/Schmitt Rn. 4; Bringewat Rn. 6.
[18] Schmitt in Meyer-Goßner/Schmitt Rn. 4.
[19] Paeffgen/Greco in SK-StPO Rn. 5; Coen in BeckOK StPO Rn. 3; Appl in KK-StPO Rn. 5; Schmitt in Meyer-Goßner/Schmitt Rn. 5; Bringewat Rn. 9.
[20] Graalmann-Scheerer in Löwe/Rosenberg Rn. 9.
[21] Schmitt in Meyer-Goßner/Schmitt Rn. 4a; Paeffgen/Greco in SK-StPO Rn. 8.
[22] Für die Zulässigkeit der Ausschreibung in allen Fahndungshilfsmitteln der Strafverfolgungsbehörden gelten dann die zu § 131a bestehenden Grundsätze, Coen in BeckOK StPO Rn. 4; zum Inhalt der Ausschreibung → § 131a Rn. 1 ff.
[23] Appl in KK-StPO Rn. 5a; Paeffgen/Greco in SK-StPO Rn. 8; Schmitt in Meyer-Goßner/Schmitt Rn. 6; Pfeiffer Rn. 3; Bringewat Rn. 13.
[24] Coen in BeckOK StPO Rn. 4 f.

II. Anordnungskompetenz

Die *Anordnung* trifft – ohne Richtervorbehalt[25] – der Leiter der Aufsichtsstelle (→ Rn. 3),[26] Abs. 2 S. 3, idR im Einvernehmen mit dem Gericht, § 68a Abs. 3 StGB, unter Beteiligung des Bewährungshelfers.[27] Er prüft dabei, ob dem Verurteilten, um einen Vertrauensverlust zu vermeiden,[28] die Anordnung der polizeilichen Beobachtung **vorab bekannt gegeben** oder ob wegen der besonderen Gefährlichkeit oder Wiederholungsanfälligkeit des Verurteilten[29] verdeckt beobachtet werden sollte. 17

D. Vorführungsbefehl, Abs. 3

Auf Antrag der Aufsichtsstelle kann das Gericht nach Abs. 3 S. 1 einen Vorführungsbefehl erlassen, wenn der Verurteilte einer Weisung nach § 68b Abs. 1 S. 1 Nr. 7 oder Nr. 11 StGB ohne genügende Entschuldigung nicht nachgekommen ist. Gem. Abs. 3 S. 2 entscheidet darüber der Vorsitzende, soweit das Gericht des ersten Rechtszuges zuständig ist. 18

I. Zweck der Vorschrift

Abs. 3 S. 1 dient dazu, die Befolgung der im Rahmen der Führungsaufsicht erteilten Weisungen sicherzustellen. Zwar besteht mit § 145a StGB partiell eine Strafdrohung für den Fall einer Nichterfüllung solcher Weisungen, im Übrigen existieren jedoch wenige effektive Mittel, um auf die verurteilte Person einzuwirken, die ihr erteilten Weisungen auch zu erfüllen. Abs. 3 S. 1 räumt deshalb die Möglichkeit ein, bei Gericht einen Antrag auf Erlass eines Vorführungsbefehls zu stellen, wenn der Verurteilte einer Weisung nach § 68b Abs. 1 S. 1 Nr. 7 StGB, sich zu bestimmten Zeiten bei der Aufsichtsstelle, einer bestimmten Dienststelle oder dem Bewährungshelfer zu melden oder einer Weisung nach § 68b Abs. 1 S. 1 Nr. 11 StGB, sich zu bestimmten Zeiten oder in bestimmten Abständen bei einem Arzt, Psychotherapeuten oder in einer forensischen Ambulanz vorzustellen, ohne genügende Entschuldigung nicht nachgekommen ist und er in der Ladung schon darauf hingewiesen wurde, dass in diesem Fall seine Vorführung zulässig ist. 19

II. Voraussetzungen

1. Antrag. Der Erlass eines Vorführungsbefehls erfordert einen entsprechenden Antrag der Aufsichtsstelle bei Gericht. Eine spezielle Form ist hierfür von Abs. 3 S. 1 nicht vorgeschrieben, jedoch ist der Antrag nach hM schriftlich oder in sonstiger Weise im Führungsaufsichtsheft zu **dokumentieren.** Nur in Ausnahmefällen bei besonderer Eilbedürftigkeit darf ein telefonisch gestellter Antrag im Wege eines schriftlichen Aktenvermerks oder auch durch den Ausdruck einer dem Gericht mit dem Antrag übermittelten E-Mail dokumentiert werden. 20

2. Ladung zu einer der in § 68b Abs. 1 S. 1 Nr. 7 oder 11 StGB bezeichneten Stelle. Der Erlass eines Vorführungsbefehls setzt voraus, dass der Verurteilte zuvor zur Meldung bei einer in § 68b Abs. 1 S. 1 Nr. 7 StGB (Aufsichtsstelle, bestimmte Dienststelle, Bewährungshelfer) oder § 68b Abs. 1 S. 1 Nr. 11 StGB (Arzt, Psychotherapeut, forensische Ambulanz) genannten Stelle geladen war, diese Meldung jedoch unterlassen hat. Notwendig ist zudem eine entsprechende **Belehrung** über die Folgen seines unentschuldigten Nichterscheinens.[30] Bei Weisungen nach § 68b Abs. 1 S. 1 Nr. 7 und 11 StGB haben die Ladung 21

---

[25] Paeffgen/Greco in SK-StPO Rn. 8; Bringewat Rn. 14; Graalmann-Scheerer in Löwe/Rosenberg Rn. 11.
[26] Gem. Art. 295 Abs. 2 S. 2 EGStGB muss dieser die Befähigung zum Richteramt besitzen oder ein Beamter des höheren Dienstes sein.
[27] Graalmann-Scheerer in Löwe/Rosenberg Rn. 11; Schmitt in Meyer-Goßner/Schmitt Rn. 6; Bringewat Rn. 12.
[28] Graalmann-Scheerer in Löwe/Rosenberg Rn. 11; Paeffgen/Greco in SK-StPO Rn. 8.
[29] Vgl. Rieß NJW 1992, 497; Schmitt in Meyer-Goßner/Schmitt Rn. 6; Bringewat Rn. 12.
[30] Paeffgen/Greco in SK-StPO Rn. 10; Graalmann-Scheerer in Löwe/Rosenberg Rn. 13.

sowie der Hinweis auf die Folgen unentschuldigten Fernbleibens stets in einer für den Verurteilten verständlichen Sprache zu erfolgen.³¹

22 **3. Missachtung einer Weisung nach § 68b Abs. 1 S. 1 Nr. 7 oder Nr. 11 StGB.** Der Verurteilte ist einer Weisung nach § 68b Abs. 1 S. 1 Nr. 7 oder Nr. 11 StGB nicht nachgekommen, wenn er der betreffenden Stelle ferngeblieben und zu dem vorgesehenen Termin nicht erschienen ist. Überprüfen lässt sich dies, indem diejenigen Stellen, bei denen er zu bestimmten Zeiten oder in vorgegebenen Zeitabständen zu erscheinen gehabt hätte, sein Fernbleiben sowie eine Abschrift der an den Verurteilten abgesandten Ladung nebst dem Nachweis über die Zustellung der Ladung unverzüglich der Aufsichtsstelle mitteilen und die zur Begründung eines unentschuldigten Fernbleibens erforderlichen Unterlagen (Ladung mit Belehrung über die Folgen des unentschuldigten Fernbleibens, Nachweis über die Zustellung der Ladung) übersenden.³²

23 **4. Keine genügende Entschuldigung.** Ein Vorführungsbefehl kommt nach Abs. 3 nur in Betracht, wenn der Verurteilte ohne genügende Entschuldigung der betreffenden Stelle ferngeblieben ist. Dafür sind die zu § 230 Abs. 2 und § 329 Abs. 2 entwickelten Rechtsgrundsätze maßgeblich (auch → § 230 Rn. 1 ff. und → § 329 Rn. 1 ff.).³³

III. Entscheidungsbefugnis

24 Der Vorführungsbefehl ist schriftlich auszufertigen und dem Verurteilten nach § 35 Abs. 2 S. 2 formlos in einer für diesen verständlichen Sprache bekannt zu machen. Zulässig und insbesondere zweckmäßig ist es, die Bekanntmachung erst mit dem Vollzug des Vorführungsbefehls vorzunehmen, um sicherzustellen, dass sich der Verurteilte der Vorführung nicht entzieht. Zur Vollstreckung der Vorführung des Verurteilten, nämlich seiner Verbringung zur Aufsichtsstelle, einer anderen Dienststelle, zum Bewährungshelfer, Psychotherapeuten oder in die forensische Ambulanz, darf sich die Aufsichtsstelle der Polizei bedienen, Abs. 1. Sie darf den Vorführungsbefehl nicht nach § 36 Abs. 2 der Staatsanwaltschaft zur Vollstreckung übersenden, weil es sich bei der Aufsichtsstelle nicht um ein Gericht handelt.³⁴ Denn § 457 umfasst lediglich einen von der Staatsanwaltschaft selbst als Vollstreckungsbehörde erlassenen Vorführungsbefehl, nicht aber einen solchen zur Durchsetzung von Weisungen im Rahmen der Führungsaufsicht.

E. Datenerhebung, -speicherung und -verwendung, Abs. 4

25 Abs. 4 regelt Datenerhebung, -speicherung und -verwendung und ergänzt damit § 68a Abs. 1 S. 1 Nr. 12 StGB. Die Vorschrift dient dazu, die **Verhältnismäßigkeit** der damit verbundenen Datenerhebung vor allem durch die enge **Zweckbindung**, die relativ kurze Speicherfrist und die Bestimmung der Wohnung des Betroffenen als erhebungsfreien Raum³⁵ sicherzustellen.³⁶

I. Speicherungsermächtigung und Delegationsbefugnis

26 Nach Abs. 4 S. 1 Hs. 1 haben die Aufsichtsstellen die Befugnis zur Erhebung und Speicherung der im Rahmen der elektronischen Aufenthaltsüberwachung erhobenen Daten. Die Regelung steht in Zusammenhang mit **§ 68a Abs. 3 StGB** und ergänzt diesen insoweit.³⁷ Da die **Polizei** für diese Aufgabe technisch und personell besser ausgestattet ist,

---

31 Graalmann-Scheerer in Löwe/Rosenberg Rn. 15.
32 Graalmann-Scheerer in Löwe/Rosenberg Rn. 14.
33 BT-Drs. 16/1993, 25; Paeffgen/Greco in SK-StPO Rn. 10.
34 Graalmann-Scheerer in Löwe/Rosenberg Rn. 17.
35 Vgl. Schmitt in Meyer-Goßner/Schmitt Rn. 9.
36 BT-Drs. 17/3403, 18; Coen in BeckOK StPO Rn. 7.
37 BT-Drs. 17/3403, 43.

kann sich die Aufsichtsstelle gem. Abs. 4 S. 5 dabei ihrer Hilfe bedienen; die Polizei ist verpflichtet, dem Ersuchen zu entsprechen.[38]

II. Zweckbindung

Abs. 4 S. 2 Hs. 1 normiert eine strenge Zweckbindung für die im Rahmen der elektronischen Aufenthaltsermittlung erhobenen Daten. Lediglich, sofern der Verurteilte sein Einverständnis erklärt, ist eine andere Verwendung zulässig.[39] Die Polizei darf mit den erhobenen Daten nicht beliebig verfahren, sondern ist für deren eigene Verwendung im Bereich der Gefahrenabwehr an die Voraussetzungen des Abs. 4 gebunden.[40] Abs. 4 S. 2 Hs. 1 erlaubt die Verwendung der Daten zur Durchsetzung einer aufenthaltsbezogenen Weisung nach § 68b Abs. 1 Nr. 1, Nr. 2, Nr. 12 StGB durch Feststellung eines Verstoßes (Nr. 1), zur Ergreifung verschärfter Maßnahmen der Führungsaufsicht (Nr. 2) und zur strafrechtlichen Ahndung eines Verstoßes gem. § 145a StGB (Nr. 3).[41]

Für den Bereich der **Gefahrenabwehr** sieht Abs. 4 S. 2 Nr. 4 als einschränkende Voraussetzungen vor, dass zeitlich und inhaltlich ein erhöhter Gefahrengrad bezogen auf abschließend bestimmte hochrangige Schutzgüter vorliegen muss. Diese Zweckbindung stellt zugleich eine Verwendungsbeschränkung iSd § 477 Abs. 2 S. 1 dar, die auch nach Datenübermittlung an die Polizei fortbesteht.[42] Die elektronische Aufenthaltsüberwachung kann unabhängig von aufenthaltsbezogenen Vorgaben angeordnet werden, weil allein die Möglichkeit der Datenverwendung den Betroffenen von der erneuten Begehung schwerer Straftaten abhalten kann.[43]

Abs. 4 S. 2 Nr. 5 erlaubt eine Verwendung der erhobenen Daten zum Zweck der Strafverfolgung im Bereich schwerer Kriminalität. Auch diese Regelung wirkt als **Verwendungsbeschränkung** iSd § 477 Abs. 2 S. 1.[44] Stellt sich innerhalb derselben prozessualen Tat die Straftat ex post als unterschwellig heraus, richtete sich der Tatverdacht bei Datenabruf ex ante jedoch auf eine Tat iSd § 66 Abs. 3 S. 1 StGB, bleiben die Daten auch für die Ahndung der unterschwelligen Tat verwertbar.[45]

III. Ergänzende Schutzbestimmungen

Zur Absicherung der Zweckbindung[46] gewähren § 463 Abs. 2, § 453 Abs. 2 S. 1 die Möglichkeit einer **Anfechtung** von Maßnahmen im Zusammenhang mit Datenerhebung, -speicherung und -verwendung. Die Zweckbindung flankieren und ergänzen darüber hinaus diesbezügliche Anweisungen zur Gewährleistung der Datensicherheit in Abs. 4 S. 3–8.[47] Nach Abs. 4 S. 3 sind zur Einhaltung der Zweckbindung die Daten automatisiert zu erheben und die Daten gegen unbefugte Kenntnisnahme besonders zu sichern. Verstöße gegen (insbesondere Aufenthalts-)Weisungen müssen somit auf technischem Weg festgestellt werden.[48] Daher ist es auch unzulässig, retrograde oder fortlaufend den Aufenthaltsort des Betroffenen durch Personen der Aufsichtsstelle kontrollieren zu lassen.[49] Um eine unbefugte Kenntnisnahme zu verhindern, müssen die Daten durch Zutritts-, Zugangs- und Zugriffskontrolle einschließlich von **Verschlüsselung**sverfahren und Zugriffsbegrenzung geschützt

---

[38] BT-Drs. 17/3403, 47.
[39] Vgl. BT-Drs. 17/3403, 44 f.; Coen in BeckOK StPO Rn. 9 f.
[40] BT-Drs. 17/3403, 47.
[41] Coen in BeckOK StPO Rn. 10–12 teilt in drei Kategorien ein: Durchsetzen einer aufenthaltsbezogenen Weisung, Gefahrenabwehr, Strafverfolgung.
[42] BT-Drs. 17/3403, 45; Paeffgen/Greco in SK-StPO Rn. 18; Coen in BeckOK StPO Rn. 11.
[43] OLG Bamberg 15.3.2012 – 1 Ws 138/12, StV 2012, 737; OLG Rostock 28.3.2011 – I Ws 62/11, NStZ 2011, 521; Appl in KK-StPO Rn. 5b.
[44] Coen in BeckOK StPO Rn. 12.
[45] Vgl. Allgayer/Klein wistra 2010, 130 (131 f.).
[46] Coen in BeckOK StPO Rn. 13.
[47] BT-Drs. 17/3403, 18.
[48] BT-Drs. 17/3403, 46.
[49] Coen in BeckOK StPO Rn. 14.

werden.⁵⁰ Der Abruf der Daten ist gem. Abs. 4 S. 6 zu **protokollieren,** wobei die Protokolldaten nach § 488 Abs. 3 S. 5 spätestens 12 Monate danach zu **löschen** sind. Aufenthaltsdaten müssen sogar bereits nach Ablauf von zwei Monaten gelöscht werden, sofern sie nicht zwischenzeitlich zulässig nach Abs. 4 S. 2 verwendet werden, Abs. 4 S. 5.

31   Abs. 4 S. 1 ordnet einen **Kernbereichsschutz** an, wonach innerhalb der *Wohnung* des Betroffenen keine Daten erhoben werden dürfen. Falls sich dies aus technischen Gründen nicht vermeiden lässt, müssen diese Daten unmittelbar nach Kenntnisnahme gelöscht und dürfen einer Verwertung nicht zugeführt werden, Abs. 4 S. 7; dies ist zu dokumentieren, Abs. 4 S. 8.

F. Örtliche Zuständigkeit, Abs. 5

32   Abs. 5 enthält Regelungen zur örtlichen Zuständigkeit. Demnach richtet sich die örtliche Zuständigkeit der Aufsichtsstelle grds. nach dem Wohnsitz, Abs. 5 S. 1, ausnahmsweise gem. Abs. 5 S. 2 nach dem gewöhnlichen Aufenthalt des Verurteilten, wenn dieser keinen Wohnsitz im Geltungsbereich der StPO hat. Ist ein solcher gewöhnlicher Aufenthaltsort nicht bekannt, so ist örtlich zuständig diejenige Aufsichtsstelle, in deren Zuständigkeitsbereich der Verurteilte seinen letzten Wohnsitz oder gewöhnlichen Aufenthaltsort hatte.⁵¹

33   Probleme kann diese Zuständigkeitsregelung aufwerfen, wenn der Verurteilte nach seiner Entlassung seinen Wohnsitz wechselt, während der Entlassungsvorbereitungen aber den alten Wohnsitz angegeben hatte.⁵² Um insoweit Schwierigkeiten zu vermeiden und, um eine von der Aufsichtsstelle koordinierte wirkungsvolle Zusammenarbeit zwischen Gericht, Vollstreckungs-, Vollzugs- und Strafverfolgungsbehörde, aber auch anderen Behörden sowie mit dem Bewährungshelfer zu gewährleisten, ist das Gericht deshalb berechtigt, den Verurteilten zu verpflichten, unmittelbar nach seiner Entlassung zu der Aufsichtsstelle Kontakt aufzunehmen, die für den von ihm angegebenen Wohnort zuständig ist.⁵³

34   Für die gerichtliche Zuständigkeit gilt, dass die Aufsichtsstelle nach § 68a StGB mit der Strafvollstreckungskammer zusammenzuwirken hat, wenn Führungsaufsicht nach Entlassung aus dem Vollzug einer Freiheitsstrafe oder freiheitsentziehenden Maßregel nach § 67c Abs. 1 S. 2, § 67d Abs. 2 S. 2, Abs. 4, Abs. 5 S. 2 oder nach § 68f Abs. 1 S. 1 StGB kraft Gesetzes eintritt, vgl. § 463 Abs. 7, § 462a Abs. 1.⁵⁴ Diese trifft die während der Führungsaufsicht notwendigen Entscheidungen nach §§ 68b–68g StGB. Dagegen ist das Gericht des ersten Rechtszugs zuständig, wenn der Verurteilte sich vor dem Eintritt der Führungsaufsicht nicht im Vollzug befunden hat, vgl. § 67b Abs. 2, § 67c Abs. 2 S. 4 letzter Hs. StGB.⁵⁵

§ 463b¹ Beschlagnahme von Führerscheinen

(1) Ist ein Führerschein nach § 44 Abs. 2 Satz 2 und 3 des Strafgesetzbuches amtlich zu verwahren und wird er nicht freiwillig herausgegeben, so ist er zu beschlagnahmen.

---

⁵⁰ BT-Drs. 17/3403, 46.
⁵¹ Wolf in Pohlmann/Jabel/Wolf StVollstrO § 54a Rn. 6.
⁵² Appl in KK-StPO Rn. 6; Wolf in Pohlmann/Jabel/Wolf StVollstrO § 54a Rn. 6; Bringewat Rn. 15; Glasenapp ZRP 1979, 33.
⁵³ Paeffgen/Greco in SK-StPO Rn. 27; Appl in KK-StPO Rn. 6; Graalmann-Scheerer in Löwe/Rosenberg Rn. 59; Schmitt in Meyer-Goßner/Schmitt Rn. 10; Pfeiffer Rn. 4.
⁵⁴ Appl in KK-StPO Rn. 8; aA OLG Düsseldorf 23.5.1980 – 5 Ws 63/80, MDR 1981, 70; OLG München 26.1.1984 – 1 Ws 585/83, NStZ 1984, 314.
⁵⁵ S. dazu Appl in KK-StPO Rn. 9; Paeffgen/Greco in SK-StPO Rn. 27; Pfeiffer Rn. 5; Schmitt in Meyer-Goßner/Schmitt Rn. 1; Bringewat § 463 Rn. 11 ff.
¹ § 463b Abs. 2 S. 3 geändert durch Gesetz v. 17.12.1997, BGBl. 1997 I 3039; Abs. 1, 2 und 3 geändert durch Gesetz v. 24.4.1998, BGBl. 1998 I 747.

(2) Ausländische Führerscheine können zur Eintragung eines Vermerks über das Fahrverbot oder über die Entziehung der Fahrerlaubnis und die Sperre (§ 44 Abs. 2 Satz 4, § 69b Abs. 2 des Strafgesetzbuches) beschlagnahmt werden.

(3) ¹Der Verurteilte hat, wenn der Führerschein bei ihm nicht vorgefunden wird, auf Antrag der Vollstreckungsbehörde bei dem Amtsgericht eine eidesstattliche Versicherung über den Verbleib abzugeben. ²§ 883 Abs. 2 und 3 der Zivilprozeßordnung gilt entsprechend.

Übersicht

		Rn.			Rn.
A.	Normzweck und Regelungsinhalt	1	III.	Berechnung der Dauer der Verwahrung/des Fahrverbots	9
B.	Beschlagnahme des Führerscheins	3	C.	Vermerk über das Fahrverbot, Abs. 2	19
I.	Fahrverbot und Herausgabe des Führerscheins	3	D.	Eidesstattliche Versicherung	22
II.	Keine freiwillige Herausgabe	6	E.	Entziehung der Fahrerlaubnis	23

A. Normzweck und Regelungsinhalt

Die Vorschrift regelt die Vorgehensweise, wenn ein Führerschein nach § 44 Abs. 2 S. 2 und 3 StGB in amtliche Verwahrung zu nehmen ist. In Abs. 1 ist dabei die Beschlagnahme des Führerscheins normiert, Abs. 2 betrifft das Verfahren bei ausländischen Führerscheinen und Abs. 3 die Abgabe einer eidesstattlichen Versicherung über den Verbleib des Führerscheins. Die Vorschrift des § 463b StGB ist erforderlich, weil bei der Anordnung eines Fahrverbots nach § 44 StGB (sowie auch bei der Entziehung einer ausländischen Fahrerlaubnis, § 69b StGB) der Führerschein nicht eingezogen wird,² sondern im Eigentum des Verurteilten bleibt. Die *Gewahrsamnahme* ist daher erforderlich, um die **Frist** des gem. § 44 Abs. 2 S. 1 StGB bereits mit Rechtskraft wirksamen Fahrverbots in Gang zu setzen, § 44 Abs. 3 S. 1 StGB.³

1

Die Vorschrift gilt nicht für das Fahrverbot gem. § 25 StVG. Dieses entspricht der Sache nach zwar dem Fahrverbot nach § 44 StGB; es stellt allerdings keine Nebenstrafe dar, sondern kommt nur als eine **Nebenfolge** in Betracht.⁴ Die Voraussetzungen seiner Verhängung sind enger als die des § 44 StGB, so dass dessen Grundsätze grds. nicht übertragen werden dürfen.⁵

2

B. Beschlagnahme des Führerscheins

I. Fahrverbot und Herausgabe des Führerscheins

Wurde ein Fahrverbot nach § 44 StGB verhängt, so erlangt dieses **mit Eintritt der Rechtskraft** des Urteils oder Strafbefehls **Wirksamkeit**, § 44 Abs. 2 S. 1 StGB. Es lässt eine bestehende Fahrerlaubnis zwar unberührt, untersagt dem Verurteilten jedoch, hiervon für die Dauer des Verbots Gebrauch zu machen.⁶ Bei einem Rechtsmittelverzicht in der

3

---

² Bei Einziehung gilt § 459g.
³ Coen in BeckOK StPO Rn. 1.
⁴ Bieber in KMR-StPO Rn. 4, wonach ein nach § 25 StVG angeordnetes Fahrverbot nach gleichen Grundsätzen, aber auf Grundlage des § 87 Abs. 2 lit. a StVollStrO durchgesetzt wird; v. Heintschel-Heinegg/Huber in MüKoStGB StGB § 44 Rn. 2, 13.
⁵ Vgl. zu Strafzumessungsgrundsätzen bei § 44 StGB OLG Köln 16.1.1996 – Ss 686/95 – 252, NZV 1996, 286.
⁶ Fischer StGB § 44 Rn. 26; Meier, Strafrechtliche Sanktionen, 2019, S. 153 f.; Röttle/Wagner/Theurer Strafvollstreckung Kap. 5 Rn. 2a.

Hauptverhandlung gilt diese Untersagung sofort, so dass der Betroffene insbesondere nicht mehr selbst mit seinem Pkw von der Hauptverhandlung nach Hause fahren darf.[7] Mit Wirksamwerden des Fahrverbots muss der Verurteilte seinen Führerschein für die Dauer der Nebenstrafe **in amtliche Verwahrung** geben.[8]

4   Erfasst sind davon sämtliche **nationale Führerscheine,** die von einer deutschen Behörde ausgestellt wurden sowie **internationale Führerscheine,** § 44 Abs. 2 S. 2 StGB. Ebenfalls von der Regelung eingeschlossen sind Führerscheine, die von einer Behörde eines Mitgliedstaates der **Europäischen Union** oder eines anderen Vertragsstaates des Abkommens über den Europäischen Wirtschaftsraum ausgestellt worden sind, sofern der Inhaber seinen ordentlichen Wohnsitz im Inland hat, § 44 Abs. 2 S. 3 StGB.

5   Falls sich der Führerschein bei Eintritt der Rechtskraft bereits in amtlicher Verwahrung befindet, sind idR keine weiteren Veranlassungen zu treffen. Befindet sich der Führerschein noch nicht in amtlicher Verwahrung, so wird der Verurteilte zunächst zur **freiwilligen Herausgabe** von der Vollstreckungsbehörde, hierbei durch den Rechtspfleger, § 31 Abs. 2 S. 1 RPflG, **aufgefordert.** Mit dieser Aufforderung ist er über den Beginn des Fahrverbots zu **belehren,** wenn sich aus den Akten ergibt, dass die vorgeschriebene Belehrung bislang unterblieben ist, § 59a Abs. 4 S. 1 StVollstrO.[9]

II. Keine freiwillige Herausgabe

6   Verweigert der Verurteilte die freiwillige Herausgabe des Führerscheins, ist dieser nach Abs. 1 zu beschlagnahmen. Die Vollstreckungsbehörde nimmt dann das Dokument nach § 44 Abs. 2 S. 2 StGB selbst in amtliche Verwahrung. Sie kann sich zur Ausführung der **Amtshilfe durch die Polizei** bedienen.[10] Eine richterliche Bestätigung ist für die Beschlagnahme nicht erforderlich, da es sich lediglich um den Vollzug einer bereits rechtskräftig verhängten Maßnahme handelt.[11]

7   Umstritten ist, ob die Beschlagnahmeanordnung zugleich die Anordnung der Durchsuchung der Wohnung des Führerscheininhabers umfasst. Für die Vollstreckung im Rahmen eines Strafverfahrens wird dies überwiegend verneint. Zwar richtet sich die Zulässigkeit der Maßnahme nach §§ 102 ff., wobei § 105 Abs. 1 hier eine Durchsuchungsanordnung durch den Richter vorsieht; für Räumlichkeiten des Verurteilten enthält nach nicht ganz unkritisch zu sehender,[12] wohl aber herrschender Meinung jedoch die Anordnung der Beschlagnahme zugleich (konkludent) die Durchsuchungsanordnung.[13] Eine **Wohnungsdurchsuchung** zur Beschlagnahme des Führerscheins bedarf nach dieser Ansicht somit **keiner gesonderten richterlichen Anordnung.** Zu bedenken ist jedoch, dass der Betroffene den Führerschein oftmals schon freiwillig herausgibt, um die Verbotsfrist des § 25 Abs. 5 S. 1 StVG in Gang zu setzen, weshalb die Durchführung der Beschlagnahme entbehrlich wird.[14] Zudem

---

[7]   Laubenthal/Nestler Strafvollstreckung Rn. 435; vgl. Fischer StGB § 44 Rn. 30.
[8]   Vgl. Kinzig in Schönke/Schröder StGB § 44 Rn. 20.
[9]   Vgl. Coen in BeckOK StPO Rn. 2; Fischer StGB § 44 Rn. 35; Graalmann-Scheerer in Löwe/Rosenberg Rn. 1; Wolf in Pohlmann/Jabel/Wolf StVollstrO § 59a Rn. 13; Röttle/Wagner/Theurer Strafvollstreckung Kap. 5 Rn. 8/9.
[10] Appl in KK-StPO Rn. 2; Schmitt in Meyer-Goßner/Schmitt Rn. 1; Paeffgen/Greco in SK-StPO Rn. 5; Wolf in Pohlmann/Jabel/Wolf StVollstrO § 59a Rn. 13.
[11] Schäpe in MAH Strafverteidigung § 15 Rn. 91.
[12] Ablehnend Paeffgen/Greco in SK-StPO Rn. 5; Graalmann-Scheerer in Löwe/Rosenberg Rn. 1; zweifelnd auch Pfeiffer Rn. 1.
[13] So Coen in BeckOK StPO Rn. 2; Appl in KK-StPO Rn. 1; Laubenthal/Nestler Strafvollstreckung Rn. 441; Schäpe in MAH Strafverteidigung § 15 Rn. 91; Schmitt in Meyer-Goßner/Schmitt Rn. 1, § 105 Rn. 6; Röttle/Wagner/Theurer Strafvollstreckung Kap. 5 Rn. 8/9; für das Ordnungswidrigkeitenrecht Bauer in Göhler OWiG § 91 Rn. 7. Anders jedoch für das Ordnungswidrigkeitenrecht, wo wegen des Verhältnismäßigkeitsgrundsatzes diese Argumentation nicht überzeugen kann: Nestler in BeckOK OWiG § 91 Rn. 33 und 33.1; Krenberger/Krumm OWiG § 91 Rn. 13; Misch in KK-OWiG § 91 Rn. 31. Sehr str. auch, wenn die Bußgeldbehörde das Fahrverbot nach § 25 StVG ausgesprochen hat; eine gesonderte Durchsuchungsanordnung ist dabei nach vorzugswürdiger hM erforderlich Coen in BeckOK StPO Rn. 2; Appl in KK-StPO Rn. 1.
[14] Vgl. Mitsch in KK-OWiG § 91 Rn. 31; Wolf in Pohlmann/Jabel/Wolf StVollstrO § 59a Rn. 15.

umfasst der **Prüfungsumfang** bei der Anordnung des Fahrverbots durch das Gericht nicht die Frage, ob Eingriff in das Recht auf Unverletzlichkeit der Wohnung nach Art. 13 Abs. 1 GG erforderlich und insbesondere verhältnismäßig ieS ist oder der Richtervorbehalt nach Art. 13 Abs. 2 GG umgangen würde. Sofern es sich um die Wohnung eines Dritten handelt, ist eine gesonderte Durchsuchungsanordnung nach wohl einhelliger Ansicht jedenfalls erforderlich.[15]

Der beschlagnahmte Führerschein wird für die Dauer des Fahrverbots zu den Strafakten oder, falls ein Vollstreckungsheft angelegt ist, zu diesem genommen, § 59a Abs. 1 S. 1 StVollstrO, sofern nicht eine andere Art der Aufbewahrung angeordnet worden ist, § 59a Abs. 1 S. 2 StVollstrO.[16] Vor Ablauf des Fahrverbots wird der Führerschein dem Verurteilten **zurückgegeben.** Dazu muss der Betreffende das Dokument entweder abholen oder sich zusenden lassen, wobei die Zusendung am letzten Tag der Nebenstrafe erfolgt sein soll, § 59a Abs. 2 S. 1 StVollstrO.[17]

III. Berechnung der Dauer der Verwahrung/des Fahrverbots

Die **Zuständigkeit** für die Berechnung der Dauer des Fahrverbots liegt bei der Vollstreckungsbehörde, funktional beim Rechtspfleger, § 31 Abs. 2 RPflG, und richtet sich nach § 44 Abs. 3, § 51 Abs. 5 StGB, § 59a Abs. 5 StVollstrO. Demnach **beginnt** die Verbotsfrist zwar grds. mit der Rechtskraft des Urteils, frühestens jedoch an demjenigen Tag, an dem der Führerschein in amtliche Verwahrung genommen wird, § 59a Abs. 5 StVollstrO, § 44 Abs. 3 S. 1 StGB.[18] Der **Tag des Eingangs bei der Behörde** wird bei der Berechnung der Dauer des Verbots mitgezählt.[19]

Selbst wenn sich bei Eintritt der Rechtskraft des Strafausspruchs der Führerschein noch nicht in behördlichem Gewahrsam befindet, wird das Verbot dennoch zu diesem Termin wirksam.[20] Die Zeitpunkte der Wirksamkeit und des Fristbeginns können somit **auseinanderfallen,** um zu verhindern, dass ein Täter, indem er die Herausgabe des Dokuments verweigert, das Fahrverbot unterläuft oder umgeht.[21]

Übersendet der Verurteilte seinen Führerschein nicht an die Strafvollstreckungsbehörde, sondern etwa an das Gericht oder die Polizei, so beginnt gleichwohl die Frist für das Fahrverbot.[22] Denn aus § 44 Abs. 3 S. 1 StGB geht nicht hervor, dass ausschließlich der Eingang des Dokuments bei der Staatsanwaltschaft die Verbotsfrist zum Laufen bringt (vgl. § 59a Abs. 5 S. 3 StVollstrO). Auch eine Beschlagnahme nach § 463b Abs. 1 und 2 reicht hierfür aus, da diese ebenfalls den erforderlichen amtlichen Gewahrsam begründet.[23] Bei **postalischer Versendung** des Dokuments startet der Fristlauf erst mit dem Eingang bei Vollstreckungsbehörde oder Gericht.[24] Maßgeblich bei **ausländischen Führerscheinen,** die nicht von einer deutschen Behörde in amtliche Verwahrung genommen werden können,

---

[15] Coen in BeckOK StPO Rn. 2; Appl in KK-StPO Rn. 1; Schmitt in Meyer-Goßner/Schmitt Rn. 1; Paeffgen/Greco in SK-StPO Rn. 5; Röttle/Wagner/Theurer Strafvollstreckung Kap. 5 B. I. 2. Rn. 8/9.

[16] Graalmann-Scheerer in Löwe/Rosenberg Rn. 1; Wolf in Pohlmann/Jabel/Wolf StVollstrO § 59a Rn. 2; Röttle/Wagner/Theurer Strafvollstreckung Kap. 5 Rn. 8 f.

[17] Laubenthal/Nestler Strafvollstreckung Rn. 443; Paeffgen in SK-StPO Rn. 6; Wolf in Pohlmann/Jabel/Wolf StVollstrO § 59a Rn. 7; Röttle/Wagner/Theurer Strafvollstreckung Kap. 5 Rn. 8 f.

[18] von Heintschel-Heinegg in BeckOK StGB StGB § 44 Rn. 26; Fischer StGB § 44 Rn. 30; Röttle/Wagner/Theurer Strafvollstreckung Kap. 5 Rn. 4–7; Claus in Satzger/Schluckebier/Widmaier StGB StGB § 44 Rn. 23; Kinzig in Schönke/Schröder StGB § 44 Rn. 21; s. auch v. Heintschel-Heinegg/Huber in MüKoStGB StGB § 44 Rn. 22.

[19] Vgl. Röttle/Wagner/Theurer Strafvollstreckung Kap. 5 Rn. 15a.

[20] Wolf in Pohlmann/Jabel/Wolf StVollstrO § 59a Rn. 13.

[21] Kinzig in Schönke/Schröder StGB § 44 Rn. 21; Wolf in Pohlmann/Jabel/Wolf StVollstrO § 59a Rn. 13.

[22] Appl in KK-StPO Rn. 2; Kinzig in Schönke/Schröder StGB § 44 Rn. 21; Röttle/Wagner/Theurer Strafvollstreckung Kap. 5 Rn. 15a; aA Baum Rpfleger 1992, 237.

[23] Röttle/Wagner Strafvollstreckung, 8. Aufl. 2009, Rn. 412.

[24] Röttle/Wagner/Theurer Strafvollstreckung Kap. 5 Rn. 15a; vgl. auch Kinzig in Schönke/Schröder StGB § 44 Rn. 21.

ist das **Datum der Eintragung des Vermerks** über das Fahrverbot auf dem Dokument, § 44 Abs. 3 S. 3 StGB. Ein Verurteilter, der neben dem allgemeinen noch einen oder mehrere **Sonderführerscheine** besitzt, muss diese ebenfalls in behördliche Verwahrung geben, damit der Fristablauf beginnt.[25]

12 Der Fristbeginn liegt grds. nicht vor dem Eintritt der Rechtskraft des Urteils oder Strafbefehls.[26] Selbst wenn der Verurteilte seinen Führerschein freiwillig bereits vor diesem Termin in die amtliche Verwahrung gibt, fängt die Frist erst an zu laufen, sobald der Strafausspruch rechtskräftig wird, weil es zuvor an der Wirksamkeit des Verbots fehlt, vgl. § 59a Abs. 5 S. 2 StVollstrO. Dies ergibt sich argumentum e contrario aus § 51 Abs. 5 S. 1 StGB; danach ist die Zeit, in der sich der Führerschein des Verurteilten bereits vor Rechtskraft des Urteils in amtlicher Verwahrung befand, auf die Frist des Fahrverbots **anzurechnen**.[27] Das gilt jedoch nur, wenn die Verwahrung auf einer vorläufigen Entziehung der Fahrerlaubnis (§ 111a) oder einer Sicherstellung und Beschlagnahme (§ 94), also auf staatlichem Zwang beruht.[28] Durch eine solche Anrechnung kann die Mindestverbotsfrist von einem Monat im Einzelfall faktisch unterschritten werden.

13 Das Fahrverbot als Nebenstrafe soll vor allem einen in Freiheit befindlichen Verurteilten treffen, indem es ihn bei der Teilnahme am Straßenverkehr einschränkt. Daher **unterbricht** § 44 Abs. 3 S. 2 StGB die **Verbotsfrist,** solange sich der Täter in behördlicher Verwahrung, wie zB im Vollzug einer Freiheitsstrafe in derselben oder einer anderen Sache befindet; Zeiten in Haft werden somit nicht in die Fahrverbotsfrist eingerechnet.[29] Neben der Freiheitsstrafe kann die Verwahrung des Verurteilten auch auf einer Jugendstrafe oder einem Jugendarrest beruhen. Ebenso genügen Untersuchungshaft oder freiheitsentziehende Maßregeln. Gleichgültig ist zudem, ob dem Betroffenen Vollzugslockerungen wie Ausgang oder Urlaub aus der Haft gewährt werden;[30] auch während dieser Zeiten befindet sich der Verurteilte in amtlicher Verwahrung, so dass diese nicht in die Verbotsfrist einzurechnen sind.[31]

14 Die Unterbrechung berechnet sich hierbei nach § 59a Abs. 5, § 40 Abs. 1 S. 1 und 2 StVollstrO, so dass der Strafrest idR nach Tagen festgelegt wird.[32] Lediglich bei einer verbleibenden Dauer von insgesamt nicht mehr als einer Woche berechnet es sich nach Stunden. Der **Wiederbeginn der Verbotsfrist** fällt dabei zwar grds. auf denjenigen Tag, an dem der Freiheitsentzug endet; da dieser jedoch bereits als Tag in Haft gilt, darf er in die Berechnung der Fahrverbotsfrist nicht mehr einfließen.[33] Dies gilt zudem gem. § 51 Abs. 5 StGB analog, sofern sich der Verurteilte während der Zeit einer vorläufigen Entziehung der Fahrerlaubnis in Haft befunden hat.[34]

15 Trifft das Fahrverbot mit einer Entziehung der Fahrerlaubnis zusammen, erfolgt eine **gleichzeitige Vollstreckung von Nebenstrafe und Maßregel**.[35] Sperrfrist und Verbotsdauer werden dann (jeweils isoliert) ab Rechtskraft der Entscheidung berechnet.[36] War die

---

[25] Wolf in Pohlmann/Jabel/Wolf StVollstrO § 59a Rn. 15.
[26] S. zur Problematik Röttle/Wagner/Theurer Strafvollstreckung Kap. 5 Rn. 15 ff.
[27] Kinzig in Schönke/Schröder StGB § 44 Rn. 21; Röttle/Wagner/Theurer Strafvollstreckung Kap. 5 Rn. 27.
[28] von Heintschel-Heinegg in BeckOK StGB StGB § 44 Rn. 26; Röttle/Wagner/Theurer Strafvollstreckung Kap. 5 Rn. 27; ferner Maatz StV 1988, 84.
[29] Claus in Satzger/Schluckebier/Widmaier StGB StGB § 44 Rn. 21; Böse in NK-StGB StGB § 44 Rn. 37; Röttle/Wagner/Theurer Strafvollstreckung Kap. 5 Rn. 24; Kinzig in Schönke/Schröder StGB § 44 Rn. 22.
[30] Fischer StGB § 44 Rn. 33; Kinzig in Schönke/Schröder StGB § 44 Rn. 22; krit. Böse in NK-StGB StGB § 44 Rn. 37.
[31] OLG Stuttgart 27.4.1983 – 3 Ws 121/83, NStZ 1983, 429; von Heintschel-Heinegg in BeckOK StGB StGB § 44 Rn. 26; Niehaus in Burmann/Heß/Hühnermann/Jahnke StGB § 44 Rn. 11.
[32] Wolf in Pohlmann/Jabel/Wolf StVollstrO § 59a Rn. 19; Röttle/Wagner/Theurer Strafvollstreckung Kap. 5 Rn. 24.
[33] a.A. Röttle/Wagner/Theurer Strafvollstreckung Kap. 5 Rn. 24.
[34] OLG Koblenz 10.1.2006 – 1 Ws 18/06, NStZ 2007, 720; vgl. dazu auch Kinzig in Schönke/Schröder StGB § 44 Rn. 23.
[35] Wolf in Pohlmann/Jabel/Wolf StVollstrO § 59a Rn. 23; Röttle/Wagner/Theurer Strafvollstreckung Kap. 5 Rn. 23.
[36] Röttle/Wagner/Theurer Strafvollstreckung Kap. 5 Rn. 33.

Fahrerlaubnis vorläufig entzogen bzw. der Führerschein sichergestellt und beschlagnahmt, folgt die Anrechnung dieser Zeit auf die Dauer von Sperre respektive Verbot den jeweils eigenen Regeln.[37] Für die Entziehung der Fahrerlaubnis richtet sich dies nach § 69a Abs. 4–6 StGB, während für das Fahrverbot § 51 Abs. 5 StGB gilt.

Die Anwendbarkeit von § 51 Abs. 5 StGB ist umstritten, wenn beide Sanktionen auf **16** derselben Entscheidung beruhen. Dem Wortlaut der Norm lässt sich jedoch eine Beschränkung auf den Fall, dass ausschließlich ein Fahrverbot verhängt wurde, nicht entnehmen.[38] Entstammen Fahrverbot und Entziehung der Fahrerlaubnis verschiedenen Verfahren, so werden sie gleichfalls nebeneinander vollstreckt; hier gelangt § 51 Abs. 5 StGB nach ganz hM zur Anwendung.[39]

Sofern mehrere Fahrverbote zusammentreffen bleibt fraglich wie sich dies auf den **17** Fristablauf auswirkt. Zum Teil findet sich hier die Auffassung, die verhängten Nebenstrafen seien gem. § 43 Abs. 1 StVollstrO analog nacheinander zu vollstrecken.[40] Dagegen spricht allerdings, dass die explizite Verweisung des § 59a Abs. 5 S. 1 StVollstrO die Norm des § 43 Abs. 1 StVollstrO gerade nicht erfasst. Nach richtiger hM laufen die Verbote daher grds. nebeneinander (gleichzeitig) ab,[41] soweit keine Gesamtstrafe gem. § 55 StGB oder § 460 nachträglich gebildet werden muss.[42]

Selbst wenn die Fahrverbote parallel zueinander ablaufen, können die Nebenstrafen **18** dennoch in ihrer Gesamtheit aufgrund von verschiedenen Anfangsterminen der Verbotsfristen rechnerisch die **Höchstdauer von 3 Monaten übersteigen**.[43] Über die Frage, wie in diesem Fall zu verfahren ist, herrscht ebenfalls Streit. Gegen eine Überschreitung der dreimonatigen Höchstgrenze wird eingewandt, das Verbot habe eine spezialpräventive Warnfunktion und die mit seiner Verhängung beabsichtigte Wirkung ließe sich bereits mit einer kurzen Dauer der Nebenstrafe verwirklichen.[44] Für den Betroffenen (bzw. dessen Verteidiger) erscheint es daher sinnvoll, die ein Fahrverbot aussprechenden Entscheidungen durch Verzicht auf Rechtsmittel oder deren Rücknahme gleichzeitig rechtskräftig werden zu lassen, damit die Nebenstrafen parallel vollstreckt werden.[45]

C. Vermerk über das Fahrverbot, Abs. 2

In Verwahrung zu nehmen sind zudem **ausländische Führerscheine,** die eine **19** Behörde eines **Mitgliedsstaats der Europäischen Union** oder eines anderen Vertragsstaats des Abkommens über den Europäischen Wirtschaftsraum[46] (Island, Liechtenstein, Norwegen) ausgestellt hat, wenn der Täter über einen ordentlichen Wohnsitz in der Bundesrepublik Deutschland verfügt, § 44 Abs. 2 S. 3 StGB, § 59a Abs. 3 S. 1 StVollstrO.[47]

Im Übrigen muss gem. Abs. 2 in ausländischen, dh von einer **sonstigen ausländischen** **20** Behörde ausgestellten **Fahrausweisen** das Fahrverbot jedenfalls vermerkt werden, § 44

---

[37] S. hierzu auch Röttle/Wagner/Theurer Strafvollstreckung Kap. 5 Rn. 28.
[38] Himmelreich/Janker/Hillmann, 2005, Rn. 298; aA aber ohne Begründung Röttle/Wagner/Theurer Strafvollstreckung Kap. 5 Rn. 33.
[39] Bieber in KMR-StPO Rn. 11; Röttle/Wagner/Theurer Strafvollstreckung Kap. 5 Rn. 33.
[40] LG Flensburg 6.9.1965 – 7 Qs 93/65, NJW 1965, 2309; Wolf in Pohlmann/Jabel/Wolf StVollstrO § 59a Rn. 22; Röttle/Wagner/Theurer Strafvollstreckung Kap. 5 Rn. 22.
[41] LG Münster 5.2.1980 – 6 Ns 26 Js 965/79, NJW 1980, 2481; Kinzig in Schönke/Schröder StGB § 44 Rn. 26 f.; vgl. Böse in NK-StGB StGB § 44 Rn. 39.
[42] König in Hentschel/König/Dauer § 44 StGB § 44 Rn. 13 mwN; ferner Krumm SVR 2009, 136 (140); aA Röttle/Wagner/Theurer Strafvollstreckung Kap. 5 Rn. 22.
[43] Kinzig in Schönke/Schröder StGB § 44 Rn. 27.
[44] BayObLG 25.2.1999 – 2 ObOWi 47/99, DAR 1999, 221; vgl. auch OLG Celle 13.10.1992 – 1 Ss 266/92, NZV 1993, 157.
[45] vgl. Röttle/Wagner/Theurer Strafvollstreckung Kap. 5 Rn. 23.
[46] ABl. 1994 L 1, 3 ff.
[47] König in Hentschel/König/Dauer StGB § 44 Rn. 18; Fischer StGB § 44 Rn. 36; Graalmann-Scheerer in Löwe/Rosenberg Rn. 3; Röttle/Wagner/Theurer Strafvollstreckung Kap. 5 Rn. 10f.

Abs. 2 S. 4 StGB, § 59a Abs. 3 S. 2 StVollstrO. Sofern sich ein solcher Vermerk aufgrund der Beschaffenheit des Dokuments (bspw. Scheckkartenform) nicht anbringen lässt, locht die Vollstreckungsbehörde den Führerschein und verbindet untrennbar mit diesem eine gesonderte Anmerkung mittels gesiegelter Schnur.[48]

21 Um den Vermerk über das Fahrverbot oder über die Entziehung der Fahrerlaubnis und die Sperre anzubringen, können die (sonstigen) ausländischen Führerscheine nach denselben Grundsätzen wie unter die Regelung des Abs. 1 fallende Führerscheine beschlagnahmt werden, Abs. 2. Es handelt sich bei der Regelung des Abs. 2 um ein **beschränktes Beschlagnahmeverbot**,[49] wonach die Beschlagnahme lediglich zu dem dort normierten Zweck und nur für eine entsprechend kurze Zeitspanne stattfinden darf.[50]

D. Eidesstattliche Versicherung

22 Eine eidesstattliche Versicherung über den Verbleib des Führerscheins muss der Betroffene abgeben, wenn das Dokument unauffindbar ist und daher nicht beschlagnahmt werden kann, Abs. 3 S. 1. Ebenso verfährt die Vollstreckungsbehörde bei ausländischen Führerscheinen, sofern bei diesen eine Beschlagnahme nicht möglich ist.[51]

E. Entziehung der Fahrerlaubnis

23 Auch bei Entziehung der Fahrerlaubnis kann zugleich gem. § 69 Abs. 3 S. 2 StGB ein inländischer Führerschein **eingezogen** werden, um einen entsprechenden Vermerk über die Entziehung der Fahrerlaubnis anzubringen;[52] die Vollstreckung geschieht hierbei durch die **Wegnahme der Urkunde,** § 463 Abs. 1, § 459g Abs. 1. Dies gilt für sämtliche von deutschen Behörden ausgestellten Führerscheine des Täters, somit auch Sonderführerscheine wie bspw. für Einsatzfahrzeuge oder selbstfahrende Arbeitsmaschinen.[53] Auf dem Führerschein **vermerkt** die Vollstreckungsbehörde dessen Einziehung und macht das Dokument zudem durch Einschneiden unbrauchbar, § 56 Abs. 1 StVollstrO. Ferner muss sie das Ende der verhängten Sperrfrist verzeichnen, bevor sie den Führerschein an die für seine erneute Erteilung zuständige Behörde versendet, vgl. § 2 StVG, § 68 StVZO.

24 Sofern der Verurteilte noch im Besitz des Führerscheins ist und diesen nicht freiwillig an die Vollstreckungsbehörde herausgibt, beauftragt diese den **Gerichtsvollzieher** mit der Wegnahme, § 61 StVollstrO. Lässt sich das Dokument bei dem Verurteilten nicht auffinden, hat dieser eine eidesstattliche Versicherung über dessen Verbleib abzugeben, § 56 Abs. 5, § 62 Abs. 1 S. 1 StVollstrO; das Verfahren richtet sich dabei nach § 459g Abs. 1 S. 2 iVm § 6 Abs. 1 Nr. 1, § 7 JBeitrO.

25 Eine **Sonderregelung** enthält § 69b Abs. 2 S. 1 StGB wiederum für Führerscheine, die von der Behörde eines EU-Mitgliedstaats bzw. eines Staats des Europäischen Wirtschaftsraums ausgestellt wurden. Diese unterliegen derselben Behandlung wie deutsche Führerscheine und daher der Einziehung.[54] Führerscheine, die eine Behörde eines nicht der EU bzw. dem Europäischen Wirtschaftsraum angehörenden Staates ausgestellt hat, können nicht eingezogen werden. Sie erhalten stattdessen nach § 69b Abs. 2 S. 2 StGB einen entsprechen-

---

[48] Anders Röttle/Wagner/Theurer Strafvollstreckung Kap. 5 Rn. 11, die nur davon sprechen, dass dem Verurteilten der Inhalt des Vermerks schriftlich mitgeteilt wird.
[49] Coen in BeckOK StPO Rn. 4; Schmitt in Meyer-Goßner/Schmitt Rn. 2 f.; Graalmann-Scheerer in Löwe/Rosenberg Rn. 3.
[50] S. auch Appl in KK-StPO Rn. 3.
[51] Röttle/Wagner/Theurer Strafvollstreckung Kap. 4 Rn. 241.
[52] Röttle/Wagner/Theurer Strafvollstreckung Kap. 4 Rn. 239.
[53] Fischer StGB § 69 Rn. 53; v. Heintschel-Heinegg/Huber in MüKoStGB § 69 Rn. 94.
[54] Fischer StGB § 69b Rn. 9; v. Heintschel-Heinegg/Huber in MüKoStGB § 69b Rn. 16.

den Vermerk, sofern der Inhaber über einen ordentlichen Wohnsitz in Deutschland verfügt.[55]

Damit die Vollstreckungsbehörde den Vermerk über die Entziehung anbringen kann, muss der Verurteilte den Führerschein bei dieser **vorlegen.** Weigert er sich, kann sie das Dokument gem. Abs. 2 **beschlagnahmen** (→ Rn. 6 ff.). Eine entsprechende Anordnung trifft sodann der Rechtspfleger. Ebenso wie bei inländischen Führerscheinen bleibt es bei Unauffindbarkeit des Dokuments möglich, den Betreffenden eine eidesstattliche Versicherung hierüber abgeben zu lassen.[56] 26

§ 463c[1] Öffentliche Bekanntmachung der Verurteilung

(1) Ist die öffentliche Bekanntmachung der Verurteilung angeordnet worden, so wird die Entscheidung dem Berechtigten zugestellt.

(2) Die Anordnung nach Absatz 1 wird nur vollzogen, wenn der Antragsteller oder ein an seiner Stelle Antragsberechtigter es innerhalb eines Monats nach Zustellung der rechtskräftigen Entscheidung verlangt.

(3) [1]Kommt der Verleger oder der verantwortliche Redakteur einer periodischen Druckschrift seiner Verpflichtung nicht nach, eine solche Bekanntmachung in das Druckwerk aufzunehmen, so hält ihn das Gericht auf Antrag der Vollstreckungsbehörde durch Festsetzung eines Zwangsgeldes bis zu fünfundzwanzigtausend Euro oder von Zwangshaft bis zu sechs Wochen dazu an. [2]Zwangsgeld kann wiederholt festgesetzt werden. [3]§ 462 gilt entsprechend.

(4) Für die Bekanntmachung im Rundfunk gilt Absatz 3 entsprechend, wenn der für die Programmgestaltung Verantwortliche seiner Verpflichtung nicht nachkommt.

A. Vollziehung der öffentlichen Bekanntmachung

I. Anwendungsbereich

Die Vorschrift betrifft Fälle, in denen die öffentliche Bekanntmachung der Verurteilung angeordnet worden ist und regelt das Procedere, in dem eine solche Anordnung realisiert wird. Eine öffentliche Bekanntmachung der Verurteilung ist vorgesehen im Kernstrafrecht in § 103 Abs. 2, §§ 165, 200 StGB sowie im Nebenstrafrecht zB in § 12 UWG, § 143 Abs. 6 MarkenG, § 111 UrhG, § 142 Abs. 6 PatentG. Sie kann angeordnet werden durch **Urteil** oder **Strafbefehl**, vgl. § 407 Abs. 2 Nr. 1. Die Norm konkretisiert die Aufgabe des Vollstreckungsverfahrens, in Konstellationen, in denen durch die Tat Geschädigte oder ggf. auch Dritte ein Interesse an der Umsetzung der öffentlichen Bekanntmachung haben, dafür zu sorgen, dass jenem Personenkreis diese Genugtuung zuteil wird.[2] Die praktische Umsetzung der öffentlichen Bekanntmachung der Verurteilung regelt § 59 StVollstrO, der § 463c insoweit ergänzt. 1

II. Zustellung der Entscheidung, Abs. 1

Wurde die öffentliche Bekanntmachung der Verurteilung angeordnet, so erfolgt eine Zustellung der Entscheidung an den Berechtigten. Die Zustellung wird von der Vollstre- 2

---

[55] Röttle/Wagner/Theurer Strafvollstreckung Kap. 4 Rn. 243 weisen darauf hin, dass dies trotz des eigentlich klaren Wortlauts gegen ein Urteil des EuGh vom 29.4.2021, Az.: C-56/20, verstößt und ein Sperrvermerk auf dem Führerschein unzulässig ist.
[56] Röttle/Wagner/Theurer Strafvollstreckung Kap. 4 Rn. 241.
[1] § 463c Abs. 3 S. 1 geändert mWv 1.1.2002 durch Gesetz v. 13.12.2001, BGBl. 2001 I 3574.
[2] Graalmann-Scheerer in Löwe/Rosenberg Rn. 4.

ckungsbehörde vorgenommen³ und erfolgt nach § 37 förmlich;⁴ dadurch wird die Frist des Abs. 2 in Gang gesetzt (→ Rn. 3).⁵ Für den Fristlauf gilt § 43. Die Zustellung erfolgt auf Verlangen (bei Offizialdelikten) oder Antrag (bei Antragsdelikten) des Verletzten. **Berechtigter** iSd Abs. 1 ist derjenige, auf dessen Verlangen oder Antrag die öffentliche Bekanntmachung angeordnet wurde.⁶ Ausnahmsweise kann Berechtigter auch ein Dritter sein. Dies ergibt sich aus dem Wortlaut des Abs. 2 („ein an seiner Stelle Antragsberechtigter") und betrifft zB Fälle inzwischen volljährig gewordener zur Zeit des Strafverfahrens aber noch minderjähriger Verletzter, für die der Sorgeberechtigte den Antrag auf Anordnung der Urteilsbekanntmachung gestellt hatte (vgl. § 77 Abs. 3 StGB) oder Verletzte, die die Anordnung der Veröffentlichung beantragt hatten, nach Rechtskraft des Urteils aber verstorben sind.⁷ Antragsberechtigter kann auch der Angehörige eines verstorbenen Verletzten sein, auf den dessen Antragsrecht nach § 165 Abs. 1 S. 2 und 3 StGB übergegangen ist.⁸

3   Nach Abs. 2 wird die öffentliche Bekanntmachung nur **binnen Monatsfrist** auf **Verlangen** des Berechtigten vollzogen. Die Regelung basiert auf der Überlegung, dass der Berechtigte erst dann abschließend beurteilen kann, ob die öffentliche Bekanntmachung seinen Interessen entspricht, wenn er den genauen Inhalt der rechtskräftigen Entscheidung kennt und ihre Folgen abzuschätzen vermag.⁹ Bleibt er untätig, wird die Bekanntmachungsanordnung nach Ablauf der Frist nicht mehr vollzogen.¹⁰ Die Urteilsformel muss so genau gefasst sein, dass sie auch für die Vollstreckungsbehörde vollziehbar ist.¹¹ Namen mitverurteilter Personen, auf die sich die Veröffentlichungsverpflichtung nicht bezieht, werden in der Ausfertigung ausgelassen, § 59 Abs. 1 S. 2 StVollstrO.¹² Gegen den Willen des Berechtigten erfolgt die Bekanntmachung nicht.¹³ Wiedereinsetzung in den vorigen Stand ist bei unverschuldeter Fristversäumung grds. möglich.¹⁴ Bei Zweifeln über Art und Umfang der Bekanntmachungsanordnung entscheidet gem. § 458 Abs. 1, § 462, § 462a Abs. 1 S. 1 das Gericht des ersten Rechtszugs (→ § 462a Rn. 38).

B. Zwangsgeld, Abs. 3 und 4

I. Veröffentlichung in Druckschriften

4   Ist die Veröffentlichung in einer periodischen Druckschrift iSd Abs. 3 angeordnet, so betrifft dies die Veröffentlichung in einer bestimmten Zeitung oder Zeitschrift. Die Vollstreckungsbehörde übersendet dabei den zur Veröffentlichung bestimmten Teil¹⁵ der

---

3   Graalmann-Scheerer in Löwe/Rosenberg Rn. 7; Wolf in Pohlmann/Jabel/Wolf StVollstrO § 59 Rn. 2.
4   Paeffgen/Greco in SK-StPO Rn. 3; Appl in KK-StPO Rn. 2.
5   Appl in KK-StPO Rn. 2; Wolf in Pohlmann/Jabel/Wolf StVollstrO § 59 Rn. 4; Schmitt in Meyer-Goßner/Schmitt Rn. 1; Paeffgen/Greco in SK-StPO Rn. 1; Pfeiffer Rn. 1.
6   Appl in KK-StPO Rn. 2; Graalmann-Scheerer in Löwe/Rosenberg Rn. 7; Paeffgen/Greco in SK-StPO Rn. 3; Schmitt in Meyer-Goßner/Schmitt Rn. 2; Pfeiffer Rn. 1; Bringewat Rn. 2.
7   Graalmann-Scheerer in Löwe/Rosenberg Rn. 5; vgl. Wolf in Pohlmann/Jabel/Wolf StVollstrO § 59 Rn. 3; Schmitt in Meyer-Goßner/Schmitt Rn. 2.
8   Paeffgen/Greco in SK-StPO Rn. 3; Appl in KK-StPO Rn. 2; Schmitt in Meyer-Goßner/Schmitt Rn. 2; Bringewat Rn. 2.
9   Graalmann-Scheerer in Löwe/Rosenberg Rn. 8.
10 Appl in KK-StPO Rn. 3.
11 Paeffgen/Greco in SK-StPO Rn. 2; Appl in KK-StPO Rn. 4. Zweckmäßigerweise sind daher die „Art der Bekanntmachung (Zeitung, Zeitschrift oder sonstiger Ort und Häufigkeit)" in die Urteilsformel aufzunehmen; Wolf in Pohlmann/Jabel/Wolf StVollstrO § 59 Rn. 1.
12 Schmitt in Meyer-Goßner/Schmitt Rn. 1; Wolf in Pohlmann/Jabel/Wolf StVollstrO § 59 Rn. 2.
13 Appl in KK-StPO Rn. 3.
14 Paeffgen/Greco in SK-StPO Rn. 4; Appl in KK-StPO Rn. 3; Wolf in Pohlmann/Jabel/Wolf StVollstrO § 59 Rn. 4.
15 Je nach Anordnung die Entscheidungsformel und ggf. ganz oder zum Teil die Urteilsgründe; Wolf in Pohlmann/Jabel/Wolf StVollstrO § 59 Rn. 1.

Entscheidung der Zeitung oder Zeitschrift mit dem Ersuchen um Veröffentlichung in der in der Entscheidung näher bestimmten Art und Weise.[16]

Der Begriff der **periodischen Druckschrift** umfasst Zeitungen, Zeitschriften und 5 andere in ständiger, wenn auch unregelmäßiger Folge und im Abstand von nicht mehr als sechs Monaten erscheinende Druckwerke.[17] Noch nicht in § 463c geregelt ist die Veröffentlichung im **Internet.** Eine entsprechende Anwendung der Vorschrift erscheint zwar grds. sinnvoll, bleibt aber zweifelhaft. Der Gesetzgeber hat hier eine Veröffentlichungspflicht für Anbieter von Telemedien(-diensten) zunächst zu prüfen.[18]

II. Ablehnung der Veröffentlichung/Erzwingungsmaßnahmen

Erfüllt der Herausgeber der Zeitung oder Zeitschrift seine Veröffentlichungspflicht 6 nicht oder genügt die Art und Weise der Veröffentlichung nicht den Anforderungen, so sieht Abs. 3 Erzwingungsmaßnahmen vor. Dies hat jedoch nicht Fälle zivilrechtlicher Wiedergutmachungen oder Restitutionsansprüche im Blick, sondern betrifft allein Konstellationen, in denen Verleger oder Redakteur es unterlassen, eine Bekanntmachung in ihre Zeitung oder Zeitschrift aufzunehmen, in der sie nach dem Urteil veröffentlicht werden soll.[19] Der zur Bekanntmachung Verpflichtete ist zuvor **anzuhören.**[20] Eine Rechtspflicht zur Veröffentlichung ergibt sich dabei jedenfalls nicht aus dem Urteil selbst, das lediglich auf Aufnahme der Bekanntmachung in eine Zeitung oder Zeitschrift lautet. Denn das Urteil richtet seine Anordnungen allein gegen den Verurteilten, die öffentliche Bekanntmachung zu erdulden und iE die dadurch entstandenen Kosten als Verfahrenskosten zu tragen, § 464a, § 465 Abs. 1, § 59 Abs. 2 S. 2 StVollstrO.[21] Dennoch ist der Gesetzgeber von einer eigenen Verpflichtung der Verleger und verantwortlichen Redakteure ausgegangen, derartige Bekanntmachungen zu veröffentlichen.[22] Abs. 3 S. 2 sieht als Zwangsmittel gegen den Verleger deswegen **Zwangsgeld und Zwangshaft** vor. Dagegen kann dieser einwenden, die Veröffentlichung sei ihm unzumutbar.[23]

Verpflichteter ist der Verleger, dh derjenige Unternehmer, der das Erscheinen und 7 Verbreiten der Druckschrift bewirkt.[24] Verantwortlicher Redakteur ist, wer mit Willen des Unternehmers diese Stellung tatsächlich bekleidet und kraft dieser Stellung darüber verfügen kann, ob ein Beitrag (hier: die Bekanntmachung) veröffentlicht wird.[25] Das können auch Verleger und Redakteur nebeneinander sein.[26]

Die Festsetzung der Erzwingungsmaßnahmen obliegt dem **Gericht des ersten** 8 **Rechtszugs,** Abs. 3 S. 3 iVm § 462 analog. Entscheidungen nach § 462 trifft nach § 462a Abs. 1 S. 1 die Strafvollstreckungskammer, wenn gegen den Verurteilten Freiheitsstrafe zu vollstrecken ist und die Entscheidung auch gerade diejenige Person betrifft, gegen die diese Freiheitsstrafe vollstreckt wird. Dies gilt somit nicht für Entscheidungen gegen andere Personen, wie zB mitangeklagte Nebenbeteiligte, Verleger oder Redakteure. Für diese bleibt es bei der Zuständigkeit des Gerichts des ersten Rechtszugs, § 462a Abs. 2 S. 1.[27]

---

[16] Appl in KK-StPO Rn. 4; Graalmann-Scheerer in Löwe/Rosenberg Rn. 10; vgl. Schmitt in Meyer-Goßner/Schmitt Rn. 4.
[17] Schmitt in Meyer-Goßner/Schmitt Rn. 7.
[18] Graalmann-Scheerer in Löwe/Rosenberg Rn. 13.
[19] Vgl. Schmitt in Meyer-Goßner/Schmitt Rn. 7.
[20] Coen in BeckOK StPO Rn. 8.
[21] Coen in BeckOK StPO Rn. 6; Appl in KK-StPO Rn. 3; s. auch Schmitt in Meyer-Goßner/Schmitt Rn. 6.
[22] BT-Drs. 7/550, 315; Coen in BeckOK StPO Rn. 5 („eigenständige öffentlich-rechtliche Inpflichtnahme"); Appl in KK-StPO Rn. 1 (mit Hinweis auf den Wortlaut „seiner Verpflichtung"); Paeffgen in SK-StPO Rn. 2 („selbstständige, erzwingbare Veröffentlichungspflicht").
[23] Appl in KK-StPO Rn. 6; Pfeiffer Rn. 3.
[24] Schmitt in Meyer-Goßner/Schmitt Rn. 7; Wolf in Pohlmann/Jabel/Wolf StVollstrO § 59 Rn. 8.
[25] Wolf in Pohlmann/Jabel/Wolf StVollstrO § 59 Rn. 8; Graalmann-Scheerer in Löwe/Rosenberg Rn. 15.
[26] Schmitt in Meyer-Goßner/Schmitt Rn. 7; Bringewat Rn. 6.
[27] BGH 16.4.1987 – 2 Ars 16/87, NStZ 1987, 428; Paeffgen/Greco in SK-StPO Rn. 7.

§ 463d Gerichtshilfe

¹Zur Vorbereitung der nach den §§ 453 bis 461 zu treffenden Entscheidungen kann sich das Gericht oder die Vollstreckungsbehörde der Gerichtshilfe bedienen. ²Die Gerichtshilfe soll einbezogen werden vor einer Entscheidung
1. über den Widerruf der Strafaussetzung oder der Aussetzung eines Strafrestes, sofern nicht ein Bewährungshelfer bestellt ist,
2. über die Anordnung der Vollstreckung der Ersatzfreiheitsstrafe, um die Abwendung der Anordnung oder Vollstreckung durch Zahlungserleichterungen oder durch freie Arbeit zu fördern.

A. Überblick

1   Die Staatsanwaltschaft kann gem. § 160 Abs. 3 bei der Ermittlung von Umständen, die für die Bestimmung der Rechtsfolgen der Tat von Bedeutung sind, im vorbereitenden Verfahren die Gerichtshilfe heranziehen (→ § 160 Rn. 1 ff.). § 463d enthält eine dementsprechende gesetzliche **Grundlage für die Inanspruchnahme der Gerichtshilfe** auch zur Vorbereitung von Entscheidungen im Rahmen der Strafvollstreckung. Die Vorschrift soll den Einsatz der Gerichtshilfe der bereits vor ihrer Schaffung üblichen Praxis entsprechend ermöglichen. Eine Regelung vergleichbar mit derjenigen für die Jugendgerichtshilfe in § 38 JGG existiert in der StPO jedoch nicht.[1]

B. Aufgaben der Gerichtshilfe

2   Die Gerichtshilfe kann bei allen Nachtragsentscheidungen eingesetzt werden, indem die Staatsanwaltschaft als Vollstreckungsbehörde einen entsprechenden **Ermittlungsauftrag** erteilt. Hierzu gehören bspw. die Strafaussetzung zur Bewährung (§§ 56a–56g StGB, §§ 453 ff.), die Verwarnung mit Strafvorbehalt (§ 59a Abs. 2, § 59b StGB, §§ 453 ff.), die Aussetzung eines Strafrestes zur Bewährung (§ 57 StGB, § 454), der Strafaufschub (§ 455 Abs. 1–3, § 456), die Strafunterbrechung (§ 455 Abs. 4), Zahlungserleichterungen sowie das Absehen von der Vollstreckung der Geldstrafe (§ 42 StGB, §§ 459a, 459c, 459d), das Absehen von der Vollstreckung bzw. der Aufschub der Vollstreckung einer Nebenfolge (§ 459g), das Absehen von der Vollstreckung einer Ersatzfreiheitsstrafe bei Verurteilung zu Geldstrafe (§ 43 StGB, § 459f), Maßregeln der Besserung und Sicherung (§§ 67c, 67d Abs. 2, §§ 67e, 67g, 68b, 68d–68f, 70a, 70b StGB, § 463), das Gnadenverfahren und Vergünstigungen nach §§ 23, 37, 47, 58 BZRG. Auch bei der Überwachung des Verurteilten durch die Führungsaufsichtsstelle (§ 68a Abs. 3 StGB, § 463a) kommen Ermittlungen durch die Gerichtshilfe in Betracht.

C. Erteilung des Ermittlungsauftrags

3   Ermittlungsaufträge können Staatsanwaltschaften, Gerichte, Stellen, die mit Gnadensachen oder Vergünstigungen nach dem BZRG befasst sind, sowie die Führungsaufsichtsstellen erteilen. Die Gerichtshilfe führt den Ermittlungsaftrag aus, indem sie auf Grundlage methoden-orientierter Sozialarbeit **sämtliche verfügbaren Erkenntnisquellen** heranzieht. Hierzu gehören der Verurteilte als sekundäre Quelle, aber auch dritte Personen, sofern der Betreffende sein Einverständnis für deren Befragung erteilt. Über die Ermittlungen

---

[1] Vgl. zur Organisation der Gerichtshilfe Art. 294 EGStGB; ausführlich dazu Graalmann-Scheerer in Löwe/Rosenberg Rn. 2.

fertigt der damit befasste Gerichtshelfer einen neutral und frei von Wertungen[2] abzufassenden, **schriftlichen Bericht,** der dem Gericht bzw. der Staatsanwaltschaft zuzuleiten und ferner zu einem Bestandteil der Akten zu machen ist.[3] Der Bericht enthält die gewonnenen Erkenntnisse, die herangezogenen Erkenntnisquellen sowie ggf. eine psycho-soziale Anamnese, Diagnose und Prognose.[4]

Eine Verwertung des Berichts bei der Entscheidung setzt voraus, dass dem Betroffenen 4 zuvor nach Maßgabe des § 33 Abs. 3 **rechtliches Gehör** gewährt wird.[5]

Der letzte Halbsatz enthält einen besonderen Hinweis an die Strafvollstreckungsbehörde 5 und das Gericht, sich namentlich vor einer Entscheidung über den Widerruf der Strafaussetzung oder der Aussetzung eines Strafrestes der Gerichtshilfe zu bedienen, wenn dies nur irgend möglich ist und nach Lage der Dinge dadurch zusätzliche Erkenntnisse gewonnen werden, die es erlauben, von dem Widerruf oder der Versagung der Strafaussetzung abzusehen.[6] In der Praxis lässt sich dies jedoch aufgrund fehlender personeller Ausstattung der Gerichtshilfe oftmals nicht in dem an sich gebotenen und wünschenswerten Maße realisieren.

§ 463e Mündliche Anhörung im Wege der Bild- und Tonübertragung

(1) ¹Wird der Verurteilte vor einer nach diesem Abschnitt zu treffenden gerichtlichen Entscheidung mündlich gehört, kann das Gericht bestimmen, dass er sich bei der mündlichen Anhörung an einem anderen Ort als das Gericht aufhält und die Anhörung zeitgleich in Bild und Ton an den Ort, an dem sich der Verurteilte aufhält, und in das Sitzungszimmer übertragen wird. ²Das Gericht soll die Bild- und Tonübertragung nur mit der Maßgabe anordnen, dass sich der Verurteilte bei der mündlichen Anhörung in einem Dienstraum oder in einem Geschäftsraum eines Verteidigers oder Rechtsanwalts aufhält. ³Satz 1 gilt nicht, wenn der Verurteilte zu einer lebenslangen Freiheitsstrafe verurteilt oder die Unterbringung des Verurteilten in einem psychiatrischen Krankenhaus oder in der Sicherungsverwahrung angeordnet worden ist.

(2) Wird der vom Gericht ernannte Sachverständige vor einer nach diesem Abschnitt zu treffenden gerichtlichen Entscheidung mündlich gehört, gilt Absatz 1 Satz 1 und 3 entsprechend.

Übersicht

		Rn.			Rn.
A.	Überblick	1	II.	Sachverständige, Abs. 2	7
B.	Anhörung mittels Videokonferenz	3			
I.	Verurteilte, Abs. 1	3	C.	Verfahrensfragen	9

A. Überblick

§ 463e trat zum 1.7.2021 in Kraft und bestimmt, dass sich der Verurteilte, sofern er im 1 Vollstreckungsverfahren wegen einer nach §§ 449 ff. zu treffenden gerichtlichen Entscheidung mündlich gehört wird, bei der mündlichen Anhörung an einem anderen Ort als das Gericht

---

[2] Graalmann-Scheerer in Löwe/Rosenberg Rn. 4; Bringewat Rn. 9.
[3] Schmitt in Meyer-Goßner/Schmitt Rn. 3; Bringewat Rn. 11.
[4] Bringewat Rn. 10.
[5] BT-Drs. 10/2720, 17; KG 21.9.1987 – 4 Ws 254/87, JR 1988, 39; Graalmann-Scheerer in Löwe/ Rosenberg Rn. 4; aA LG Bonn 7.8.1986 – 31 Qs 109/86, NStZ 1986, 574; Dölling NJW 1987, 1041 (1048).
[6] BT-Drs. 10/2720, 17.

aufhalten und in diesem Fall in Bild und Ton übertragen werden kann. Die Entscheidung über die Videoübertragung trifft das Gericht. Der Einsatz von Videokonferenztechnik hat sich zwischenzeitlich nicht nur im Alltag durchgesetzt[1] sondern nahm vor allem während der SARS-CoV-2 Pandemie eine zentrale Rolle bei der Aufrechterhaltung der sog. kritischen Infrastruktur ein.[2] Die Anhörung per Videokonferenz darf indes nicht zu Lasten der **Gewährung rechtlichen Gehörs** oder der **Sachaufklärung** gehen. Um dies sicherzustellen enthält die Norm in ihrem Abs. 1 Satz 2 die Soll-Vorgabe, dass sich der Verurteilte in den Diensträumen einer Behörde oder bei einem Verteidiger oder Rechtsanwalt aufzuhalten hat.

2   Bemerkenswert an der Regelung erscheint, dass sie den Einsatz der Videotechnik auch ohne Einwilligung des Verurteilten zulässt. Dies mag im Rahmen der CoViD-19-Pandemie nachvollziehbar erscheinen, wenn Verfahren unter Verweis auf den Infektionsschutz verschleppt zu werden drohen. Angesichts der herausragenden Bedeutung der Gewährung rechtlichen Gehörs und des Umstands, dass Videoübertragungen durchaus die Wahrnehmung des Adressaten im Vergleich zur Wahrnehmung bei einem persönlichen Treffen beeinträchtigen können, handelt es sich dabei doch um ein einigermaßen weitreichendes Instrument. Umso gewichtiger erscheint daher die in Abs. 1 Satz 3 enthaltene Einschränkung, dass im Fall einer lebenslangen Freiheitsstrafe, einer Unterbringung des Verurteilten in einem psychiatrischen Krankenhaus oder einer angeordneten Sicherungsverwahrung die Bild- und Tonübertragung ausgeschlossen bleibt. Doch kann auch Fall einer zeitigen Freiheitsstrafe, über deren Aussetzung zur Bewährung entschieden werden soll oder in Bezug auf die ein Widerruf der Bewährung in Betracht gezogen wird, ein legitimes Interesse an einer persönlichen Vorsprache bestehen.[3] Die Berücksichtigung solcher Belange legt § 463e in die Hände des Gerichts, genauer: des **gerichtlichen pflichtgemäßen Ermessens**. Dass dabei der Anspruch des Verurteilten auf rechtliches Gehör und die Erfordernisse der Sachaufklärung nicht hinter Praktikabilitätserwägungen das Nachsehen haben, wird die Praxis unter Beweis stellen müssen.

B. Anhörung mittels Videokonferenz

I. Verurteilte, Abs. 1

3   § 463e wird immer dann relevant, wenn im Vollstreckungsverfahren eine **mündliche Anhörung** vorgeschrieben ist. Dies ist der Fall gem. § 454 Abs. 1 S. 3 bei der Entscheidung über die Aussetzung eines Strafrests zur Bewährung, gem. § 463 Abs. 3 S. 1 für bestimmte Entscheidungen im Zusammenhang mit der Vollstreckung von Maßregeln der Besserung und Sicherung, gem. § 463 Abs. 6 S. 2 bei Entscheidungen nach § 67d Abs. 6 StGB sowie gem. § 453 Abs. 1 S. 4 vor der Entscheidung über einen Widerruf der Strafaussetzung wegen Verstoßes gegen Auflagen oder Weisungen.

4   Die Entscheidung über den Einsatz von Videotechnik steht im **pflichtgemäßen Ermessen** des Gerichts. **Ermessensgesichtspunkte** können dabei einerseits Praktikabilitätserwägungen sein, andererseits aber auch die Bedeutung des Anspruchs auf rechtliches Gehör und die Erfordernisse einer umfassenden Sachaufklärung.[4] So kann bspw. die körperliche Verfassung des Verurteilten und das Bedürfnis nach Barrierefreiheit dem Einsatz von Videotechnik entgegenstehen.[5] Nicht tragend für die Entscheidung – weder für noch gegen den Einsatz der Videotechnik – sind jedenfalls fiskalische Gründe, unzureichende Personal-

---

[1] Zur Reduzierung von Sicherheitsrisiken für den allgemeinen Vollzugsdienst Graalmann-Scheerer in Löwe/Rosenberg Rn. 2.
[2] Vgl. auch Coen in BeckOK StPO Rn. 2.
[3] Zu möglichen negativen Auswirkungen des Einsatzes von Videokonferenztechnik Sommerer ZStW 133 (2021), 418 ff.
[4] Coen in BeckOK StPO Rn. 4; Graalmann-Scheerer in Löwe/Rosenberg Rn. 3; Meyer-Goßner/Schmitt vor Rn. 2.
[5] BT-Drs. 19/27654, 114 f.

ressourcen, Bequemlichkeit oder (fehlendes) Interesse an der Technik.[6] Stellt sich während der Videokonferenz heraus, dass sich die Zwecke der Anhörung auf diesem Weg nicht erreichen lassen, so hat das Gericht nach pflichtgemäßem Ermessen zu entscheiden, ob es entweder die Konferenz unter anderen technischen Bedingungen wiederholt oder eine persönliche Anhörung anordnet.

Abs. 1 S. 3 schließt Anhörungen im Wege von Videokonferenzen aus, wenn eine lebenslange Freiheitsstrafe, die Unterbringung in einem psychiatrischen Krankenhaus oder die Unterbringung in der Sicherungsverwahrung zu vollstrecken ist. Dies gilt nach dem ausdrücklichen Gesetzeswortlaut auch dann, wenn der Verurteilte mit der Videokonferenz einverstanden ist. Zwar wollte der Gesetzgeber dem Gericht eine umfassendere Nutzung der Videokonferenztechnik ermöglichen.[7] Zum Schutz des Verurteilten vor einer Verkürzung seines Rechts auf rechtliches Gehör, das in diesen besonders sensiblen Fällen nicht durch faktische Zwänge unterlaufen werden darf, ist dies im Grundsatz sicher richtig.[8] Lediglich dort, wo das Gericht über die gesetzlichen Erfordernisse hinaus eine Anhörung für sinnvoll hält,[9] die die einschlägigen Regelungen aber nicht als zwingend vorschreiben, könnte der Einsatz von Videotechnik denkbar sein.[10]

Der Verurteilte soll sich während der Anhörung im Regelfall in einem **Geschäftsraum** eines Verteidigers oder Rechtsanwalts oder in einem **Dienstraum** aufhalten, Abs. 1 S. 2. Dies stellt sicher, dass für die Anhörung **Rahmenbedingungen** herrschen, die ihrem Zweck und ihrer Bedeutung insbesondere im Hinblick auf das Recht auf rechtliches Gehör gerecht werden, und für deren Herstellung die Justiz verantwortlich ist.[11] Zugleich beugt dies (bewusst verursachten oder aus sonstigen Gründen auftretenden) technischen Problemen bei der Durchführung der Anhörung vor.[12] Als Diensträume kommen Räume einer JVA, einer Entziehungsanstalt, der Bewährungshilfe, eines anderen Gerichts, einer Staatsanwaltschaft oder einer Polizeidienststelle in Betracht. Da es sich um eine **Soll-Vorschrift** handelt, sind im Einzelfall Ausnahmen denkbar. Der Gesetzgeber ging davon aus, dies sei zum einen der Fall, wenn aufgrund besonderer Umstände des Einzelfalls eine mündliche Anhörung sonst überhaupt nicht durchgeführt werden könnte, etwa bei einem Auslandsaufenthalt des Verurteilten, zum anderen, wenn die anstehende gerichtliche Entscheidung von relativ geringem Gewicht ist, was voraussetze, dass die mündliche Anhörung gesetzlich nicht vorgeschrieben ist.[13]

II. Sachverständige, Abs. 2

Nach Abs. 2 kann unabhängig vom Verurteilten[14] auch der Sachverständige mittels Videokonferenz angehört werden, soweit das Gesetz seine mündliche Anhörung im Rahmen des Vollstreckungsverfahrens vorsieht. Dies ist der Fall nach § 454 Abs. 2 S. 3 sowie § 463 Abs. 3 S. 3. Die Anordnung steht im pflichtgemäßen Ermessen des Gerichts. Dabei gelten die Einschränkungen des Abs. 1 S. 3.

Einschränkungen hinsichtlich des Aufenthaltsorts wie in Abs. 1 S. 2 sieht Abs. 2 nicht vor. Der Gesetzgeber ging davon aus, dass Sachverständige aufgrund ihrer Professionalität und Sachkunde selbst angemessene Rahmenbedingungen herstellen können.[15]

---

[6] Frommeyer StraFo 2022, 96 (97); Graalmann-Scheerer in Löwe/Rosenberg Rn. 3; Coen in BeckOK StPO Rn. 4.
[7] BT-Drs. 19/27654, 114.
[8] In diese Richtung auch OLG Bremen 26.4.2022 – 1 Ws 32/22, BeckRS 2022, 11553; aA Coen in BeckOK StPO Rn. 13.
[9] Vgl. den Fällen einer nicht vorgeschriebenen aber gleichwohl gebotenen Anhörung Graalmann-Scheerer in Löwe/Rosenberg Rn. 1.
[10] Insoweit auch Coen in BeckOK StPO Rn. 7.
[11] Graalmann-Scheerer in Löwe/Rosenberg Rn. 6 (mit dem Hinweis, dass die Zustimmung des Verteidigers oder Rechtsanwalts erforderlich wird, wenn das Gericht beabsichtigt, den Verurteilten während der Anhörung aus deren Geschäftsräumen zuzuschalten).
[12] Coen in BeckOK StPO Rn. 9.
[13] BT-Drs. 19/27654, 115. Siehe auch Meyer-Goßner/Schmitt vor Rn. 4.
[14] Nach Auffassung des Gesetzgebers sind die Entscheidungen bzgl. Verurteiltem und Sachverständigem voneinander vollkommen unabhängig. BT-Drs. 19/27654, 116.
[15] BT-Drs. 19/27654, 116.

C. Verfahrensfragen

9 Ausdrückliche Regelungen für **andere Verfahrensbeteiligte** existieren nicht, da diese idR nicht mündlich gehört werden. Teilweise wird ihre Anhörung im Wege einer Videokonferenz auch ohne rechtliche Grundlage für zulässig gehalten.[16] Soweit dem Verteidiger, der Staatsanwaltschaft oder der Vollzugsanstalt Gelegenheit zur Mitwirkung bei der Anhörung des Verurteilten oder des Sachverständigen zu geben ist, könne dies dadurch geschehen, dass ihnen entweder persönlicher Zugang zum Sitzungszimmer des Gerichts[17] gewährt oder ein technischer Zugang zur Videokonferenz von ihrem jeweiligen Aufenthaltsort aus ermöglicht wird.[18] Kritisch erscheint dies allerdings, soweit der **Verteidiger** dadurch räumlich vom Verurteilten getrennt würde.[19] Der Verurteilte und der Verteidiger sollten sich daher idR am selben Ort aufhalten; dafür spricht auch die Regelung des Abs. 1 S. 2, die den Aufenthalt des Verurteilten im Geschäftsraum eines Verteidigers für zulässig und ausreichend hält.

10 Die Videokonferenz ordnet der **Vorsitzende** desjenigen Gerichts, das auch für die zu treffende Entscheidung zuständig ist, durch **Verfügung** an. Ggf. kann dies einem beauftragten Richter überantwortet sein, der dann auch die Entscheidung über die Durchführung der Videokonferenz trifft.

11 Technische Details regelt § 463e nicht. Es können somit sämtliche Videokonferenzsysteme genutzt werden, die auf legalem Weg verfügbar sind, ein Mindestmaß an Professionalität gewährleisten und datenschutzrechtliche Standards einhalten. Verbindungsprobleme dürfen sich nicht zu Lasten des Verurteilten auswirken. Dies sicherzustellen obliegt grds. dem Gericht, sofern der Verurteilte die Verbindung nicht eigenmächtig beendet. Der Gesetzgeber hat indes keine Regelung dazu getroffen, wie mit etwaigem Ton- und Bildmaterial verfahren werden soll. Während teilweise mit Blick auf etwaige Entscheidungen des Beschwerdegerichts eine **Dokumentation** für erforderlich gehalten wird,[20] verweisen andere darauf, dass eine Bild- oder Ton-Aufzeichnung der Anhörung ohne Zustimmung der Beteiligten unzulässig und uU gem. § 201 Abs. 1 Nr. 1 StGB sogar strafbar ist.[21] Idealerweise wird daher, jedenfalls bei komplexeren Sachverhalten, zuerst die Zustimmung der Verfahrensbeteiligten erwirkt und dann die Anhörung aufgezeichnet.

12 Dem Verurteilten stehen gegen die Anordnung als solche **keine Rechtsmittel** zu. Lediglich soweit sich Mängel im Videokonferenz-Verfahren auf die Entscheidung auswirken, können die entsprechenden Rechtsmittel gegen diese Entscheidung erhoben werden.

---

[16] Coen in BeckOK StPO Rn. 15.
[17] Zu hybriden Formaten Schmitt in Meyer-Goßner/Schmitt Rn. 7.
[18] Siehe aber Schmitt in Meyer-Goßner/Schmitt Rn. 3, der dazu keine gesetzliche Verpflichtung des Gerichts sieht. Anders wohl Graalmann-Scheerer in Löwe/Rosenberg Rn. 5 (Grundsatz des fairen Verfahrens gebietet Beiladung sowohl des notwendigen als auch des Wahlverteidigers).
[19] Graalmann-Scheerer in Löwe/Rosenberg Rn. 5; siehe auch Sommerer ZStW 133 (2021), 403 (445).
[20] Graalmann-Scheerer in Löwe/Rosenberg Rn. 8.
[21] Coen in BeckOK StPO Rn. 20.

Zweiter Abschnitt. Kosten des Verfahrens

§ 464 Kosten- und Auslagenentscheidung; sofortige Beschwerde

(1) Jedes Urteil, jeder Strafbefehl und jede eine Untersuchung einstellende Entscheidung muß darüber Bestimmung treffen, von wem die Kosten des Verfahrens zu tragen sind.

(2) Die Entscheidung darüber, wer die notwendigen Auslagen trägt, trifft das Gericht in dem Urteil oder in dem Beschluß, der das Verfahren abschließt.

(3) ¹Gegen die Entscheidung über die Kosten und die notwendigen Auslagen ist die sofortige Beschwerde zulässig; sie ist unzulässig, wenn eine Anfechtung der in Absatz 1 genannten Hauptentscheidung durch den Beschwerdeführer nicht statthaft ist. ²Das Beschwerdegericht ist an die tatsächlichen Feststellungen, auf denen die Entscheidung beruht, gebunden. ³Wird gegen das Urteil, soweit es die Entscheidung über die Kosten und die notwendigen Auslagen betrifft, sofortige Beschwerde und im übrigen Berufung oder Revision eingelegt, so ist das Berufungs- oder Revisionsgericht, solange es mit der Berufung oder Revision befaßt ist, auch für die Entscheidung über die sofortige Beschwerde zuständig.

Schrifttum: Friedenreich, Die Lehre von den Kosten im Strafprozess, Strafrechtl. Abhandlungen Heft 35 (1901); Göhler, Zur Auslegung der neuen Kostenvorschriften der Strafprozeßordnung, NJW 1970, 454; Göhler, Zur Anfechtung der Kostenentscheidung nach § 464 Abs. 3 Satz 1 StPO, MDR 1971, 621; Göller, Reform der Kostenregelung im Straf- und Ordnungswidrigkeitenrecht?, ZRP 1981, 56; Hassemer, Dogmatische, kriminalpolitische und verfassungsrechtliche Bedenken gegen die Kostentragungspflicht des verurteilten Angeklagten, ZStW 85 (1973), 651; Magold, Die Kostentragungspflicht des Verurteilten im Hinblick auf das Schuldprinzip, Resozialisierungsprinzip und Selbstbelastungsfreiheit (2009); Meier, Die Kostenlast des Verurteilten (1991); Metten, Die Kostenentscheidung bei der vorläufigen Einstellung des Verfahrens gemäß § 154 Abs. 2 StPO, NJW 1969, 687; Meyer, Bedarf die Kosten- und Auslagenbelastung des verurteilten Angeklagten einer grundlegenden Neuregelung?, JurR 1981, 1621; Meyer, Kann eine „vergessene" sofortige Beschwerde gegen eine Auslagenentscheidung in der Hauptsache durch einen bloßen Kostenfestsetzungsantrag ersetzt werden?, JurBüro 1989, 9; Meyer, Kann ein Kostenansatz auf eine freiwillige Übernahmeerklärung des Angeklagten im Rahmen einer Einstellung des Verfahrens nach §§ 153, 153a StPO auf § 54 Nr. 2 GKG gestützt werden?, JurBüro 1992, 3; Meyer, Erstreckung eines strafrechtlichen Rechtsmittelverzicht auf verkündete Annexentscheidungen, JurBüro 1993, 706; Michaelowa, Die Notwendigkeit von Kostenentscheidungen in sogenannten Zwischen- oder Nebenverfahren, ZStW 94 (1982), 969; Pawlowski, Zur Funktion der Prozeßkosten, JZ 1975, 197; Reinisch, Zur Rechtsnatur des Auslagenerstattungsanspruchs im Strafprozeß, MDR 1966, 105; Rieß, Kostenfolgen des Klageerzwingungsverfahrens, NStZ 1990, 6; Schmid, Zur Kostenbelastung des verurteilten Angeklagten, ZRP 1981, 209; Seier, Bilanz und Analyse der neueren Rechtsprechung zum strafprozessualen formellen Kostenrecht, NStZ 1982, 270; Wangemann, Das Risiko der Staatskasse im Strafverfahren, 1971.

Übersicht

		Rn.				Rn.
I.	**Überblick**	1		b) Folgen einer unterbliebenen Kostenentscheidung		31
1.	Normzweck	1		c) Kein Abhängigmachen der Einstellung von der Kostenübernahme		32
	a) Terminologie	1				
	b) Prinzipien der Kostentragungspflichten	2	3.	Auslagenentscheidung		33
	c) Materielles und formelles Kostenrecht	6	4.	Selbständige Kosten- und Auslagenentscheidungen		35
2.	Anwendungsbereich	12				
II.	**Erläuterung**	16	**III.**	**Rechtsbehelfe**		36
1.	Allgemeines	16	1.	Selbständige Anfechtbarkeit		36
2.	Kostenentscheidung	19	2.	Einschränkungen der Zulässigkeit		38
	a) Urteile, Strafbefehle und jede eine Untersuchung einstellende Entscheidung	20		a) Aufgrund allgemeiner beschwerderechtlicher Zulässigkeitsregeln		38

	Rn.		Rn.
b) Spezielle Einschränkungen der Anfechtung der Kostenentscheidung	40	c) Fristen	51
3. Zulässigkeitsvoraussetzungen	47	4. Zuständigkeit des Beschwerdegerichts	53
a) Beschwerdeberechtigung	47	5. Bindung des Beschwerdegerichts gem.	
b) Formerfordernisse	50	Abs. 3 S. 2	55

I. Überblick

1 **1. Normzweck. a) Terminologie.** Anders als das Zivilprozessrecht, das Gerichtskosten und Auslagen der Verfahrensbeteiligten unter dem Begriff der „Kosten" zusammenfasst (§§ 91 ff. ZPO), unterscheidet das Strafprozessrecht ausdrücklich zwischen den „**Kosten des Verfahrens**" (§ 465 Abs. 1) in Form von Gebühren und Auslagen der Staatskasse und den „**Notwendigen Auslagen**" (§ 465 Abs. 2).

2 **b) Prinzipien der Kostentragungspflichten. aa) Veranlassungsprinzip.** Vom Grundsatz, dass die Staatskasse die Kosten für die Aufklärung und Verfolgung von Straftaten zu tragen hat, enthält das Gesetz diverse Ausnahmen, bei denen einem anderen am Strafverfahren Beteiligten die Kosten auferlegt werden. Dies gilt vor allem für den Verurteilten gemäß § 465 Abs. 1. Früher begründete man diese Ausnahmen mit dem sog. Verschuldensprinzip,[1] dessen Gedanke sich in § 464c, § 467 Abs. 2, § 469 wiederfindet, während heute die hM dem Veranlassungsprinzip als Leitprinzip folgt.[2] Danach beruht die Kostentragungspflicht des verurteilten Betroffenen auf der Erwägung, dass der Betroffene durch sein mindestens objektiv rechtswidriges Zuwiderhandeln gegen einen Straftatbestand die Strafverfolgung gegen sich ausgelöst und dadurch Verfahrenskosten verursacht hat. Anders als das Verschuldensprinzip kann das Veranlassungsprinzip damit auch die Auferlegung der Kosten bei Verurteilung im Sicherungsverfahren erklären.

3 **bb) Grundsatz der Billigkeit.** Ergänzt wird das Veranlassungsprinzip durch den Grundsatz der Billigkeit, der zB in den § 465 Abs. 2, § 470, § 472 Abs. 1 S. 2, Abs. 2 S. 1, § 472a Abs. 2, § 473 Abs. 4 und 6 Ausdruck findet. Diese Ausnahmeregelungen sind als Korrektiv der gesetzlichen Kostentragungspflichten zu verstehen.[3] Billigkeitserwägungen können auch bei der Kostenentscheidung eines nur durch einen Fehler des Gerichts ausgelösten Beschwerdeverfahrens eine Rolle spielen.[4]

4 **cc) Prinzip der prozessualen Zurechnung.** Nicht überzeugen kann der Ansatz der prozessualen Zurechnung, der kritisiert, dass die bisherigen Lösungsversuche sich an ontologischen und materiell-rechtlichen Denkmethoden orientieren, obwohl es sich beim Kostenrecht um Verfahrensrecht handle, das nach prozessrechtlichen Kategorien zu interpretieren sei. Anzuknüpfen sei daher stets an dem dem „Täter" objektiv zurechenbaren „Negativ-Verhalten", dh an vorwerfbarem prozesswidrigem Verhalten oder an erfolgloser Inanspruchnahme einer Rechtsmittelinstanz. Gegen diesen Begründungsansatz spricht jedoch, dass der weite Begriff der „prozessualen Zurechnung" letztlich nur eine Paraphrasierung der Rechtsfolge „Kostentragung" darstellt und eine Aufschlüsselung der

---

[1] Wangemann, Das Risiko der Staatskasse im Strafverfahren, S. 12 ff.; Michaelowa ZStW 94 (1982), 969 (976); für ein „schuldbezogenes Veranlassungsprinzip": Magold, Die Kostentragungspflicht des Verurteilten im Hinblick auf das Schuldprinzip, Resozialisierungsprinzip und Selbstbelastungsfreiheit, S. 145 ff.

[2] BVerfG 19.1.1965 – 2 BvL 8/62, NJW 1965, 387; BGH 24.1.1973 – 3 StR 21/72, NJW 1973, 665; Schmitt in Meyer-Goßner/Schmitt Vor § 464 Rn. 3; Schmidt/Zimmermann in Gercke/Temming/Zöller Vor § 464 Rn. 4; Friedenreich, Die Lehre von den Kosten im Strafprozess, S. 15; aA noch BGH 25.7.1960 – 3 StR 25/60, BGHSt 14, 391 (394) = NJW 1960, 1867 (1868); Meyer JurBüro 1981, 1621; kein einheitliches System sehen Gieg in KK-StPO Vor § 464 Rn. 2, und Degener in SK-StPO Vor § 464 Rn. 9 bzw. kritisch zum Veranlassungsprinzip Degener in SK-StPO Vor § 464 Rn. 13 ff.

[3] Degener in SK-StPO Vor § 464 Rn. 24.

[4] BGH 7.11.2002 – 2 BJs 27/02 – 5 – StB 16/2, NStZ 2003, 273 (274).

vielgestaltigen Kostentragungsanlässe nicht erübrigt. Die Kostenpflicht knüpft auch nicht durchweg an Prozessverhalten an, sondern zB in § 465 an der Widerlegung der Unschuldsvermutung. So ist es dem Ansatz der prozessualen Zurechnung gerade nicht gelungen, durch ein einheitliches System die Kostentragungspflicht zu begründen.[5]

dd) Generelle Kritik an der Kostentragungspflicht. Ebenso wenig aussichtsreich erscheinen Überlegungen, die **Kostentragungspflicht ganz aufzuheben** (sog. „Nulltarif").[6] Zum Teil wird dies fiskalpolitisch damit begründet, dass bei Berücksichtigung des Aufwands zur Einziehung der Verfahrenskosten die tatsächlich von den Verurteilten erlangten Beteiligungsbeiträge vernachlässigbar seien.[7] Da empirische Untersuchungen zum faktischen Nutzen der Kostenlast des Verurteilten jedoch immerhin eine Gesamtdeckungsquote von 13,6 % ergaben,[8] kann eine Abschaffung der Kostentragungspflicht auf fiskalpolitische Gründe nicht gestützt werden. Auch die rechtstheoretischen, kriminalpolitischen und verfassungsrechtlichen Bedenken, von denen wohl vor allem dem Resozialisierungsgedanken Gewicht beigemessen werden muss, konnten den Gesetzgeber bislang nicht von der Notwendigkeit einer entsprechenden Gesetzesänderung überzeugen.[9]

c) Materielles und formelles Kostenrecht. aa) Materielles Kostenrecht. Das materielle Kostenrecht (§§ 464c, 465–473) regelt, wer die Kosten der Staatskasse und die notwendigen Auslagen der Beteiligten zu tragen hat. Es wird durch zahlreiche Regelungen außerhalb des Siebten Buches der StPO ergänzt (zB § 51 Abs. 1 S. 1, § 70 Abs. 1 S. 1, § 77 Abs. 1 S. 1, § 81c Abs. 6 S. 1, § 145 Abs. 4, § 161a Abs. 2 S. 1, § 177 StPO; § 56 Abs. 1 S. 2 GVG). Die **materiellen Kostentragungspflichten** legen jedoch nur die Kostentragungspflicht an sich fest, nicht deren Höhe. Letztere bemisst sich vielmehr nach den Regelungen des GKG und der KVGKG. Dabei soll die Gebührenauferlegung in pauschalierter Form dazu beitragen, die Generalunkosten des Verfahrens auf den Verurteilten abzuwälzen, jedoch immer nur verknüpft mit der konkreten Inanspruchnahme der Strafjustiz. Im Übrigen gehören Generalunkosten nicht zu den Kosten des Verfahrens.[10]

Der **Auslagenerstattungsanspruch** eines Angeschuldigten gegen die Staatskasse stellt einen **öffentlich-rechtlichen Aufopferungsanspruch** dar. Bei nicht widerlegter Unschuldsvermutung sind die Aufwendungen eines Angeschuldigten, die er zur Verteidigung tätigte, ein **Sonderopfer,** das auszugleichen ist.[11] Grundsätzlich wird der Erstattungsanspruch jedoch nur einem Angeschuldigten iSd § 157 zugestanden, also wenn das Verfahren gegen ihn bereits anhängig ist. Wird ein Ermittlungsverfahren hingegen ohne Erhebung der öffentlichen Anklage eingestellt, so steht dem Beschuldigten – mit Ausnahme des Falls, dass die öffentliche Klage bereits einmal erhoben war, nach § 467a Abs. 1 – kein Auslagenerstattungsanspruch gegen den Staat zu. Zwar entstehen auch in diesem Fall dem Beschuldigten zur Verteidigung notwendige Aufwendungen, doch würde eine entsprechende Auslagenerstattungspflicht in Anbetracht der Vielzahl eingestellter Ermittlungsverfahren zu einer untragbaren Belastung der Staatskasse und einer gewissen Lähmung der Initiative der Strafverfolgungsorgane führen.[12]

---

[5] So Degener in SK-StPO Vor § 464 Rn. 23.
[6] Vgl. u.a. Hassemer ZStW 85 (1973), 651; Pawlowski JZ 1975, 197; Göller ZRP 1981, 56; Schmid ZRP 1981, 209.
[7] So Hassemer ZStW 85 (1973), 651 (670); Schmid ZRP 1981, 209 (210).
[8] Vgl. Meier, Die Kostenlast des Verurteilten, S. 345 f.
[9] Gercke/Temming/Zöller Überzeugt von der Unumgänglichkeit einer tiefgreifenden Reform des Kostenrechts, die bisher keine Regelung „aus einem Guss" vorliege: Hilger in Löwe/Rosenberg Vor § 464 Rn. 26 f. Vgl. zu den Bedenken gegen die Kostentragungspflicht ausführlich Degener in SK-StPO Vor § 464 Rn. 32 ff.
[10] Hilger in Löwe/Rosenberg Vor § 464 Rn. 2 ff.; Degener in SK-StPO Vor § 464 Rn. 1; Schmidt/Zimmermann in Gercke/Temming/Zöller Vor § 464 Rn. 2.
[11] Schmitt in Meyer-Goßner/Schmitt Vor § 464 Rn. 4; Hilger in Löwe/Rosenberg Vor § 464 Rn. 20; Schmidt/Zimmermann in Gercke/Temming/Zöller Vor § 464 Rn. 4; Reinisch MDR 1966, 105.
[12] Hilger in Löwe/Rosenberg Vor § 464 Rn. 21.

8 Da das materielle Kostenrecht jedoch nicht nur der Auslegung und Ergänzung zugänglich,[13] sondern auch **nicht abschließend** ist, kommt unter bestimmten Bedingungen auch ein Anspruch nach dem StrEG für durch Strafverfolgungsmaßnahmen adäquat verursachte Vermögensschäden wie zB notwendige Verteidigerkosten des Beschuldigten oder ein Schadensersatzanspruch aus Amtshaftung in Betracht.[14]

9 Gebühren und Auslagen können **niedergeschlagen, erlassen** oder **ermäßigt** (§ 21 GKG bei offensichtlichen Gesetzesverletzungen bzw. im Gnadenwege nach den Ländergnadenordnungen) werden. Zur Absicherung der Staatskasse gegen Ausfall ist ein **Vermögensarrest** (§ 111e Abs. 2) oder die Anordnung einer **Sicherheitsleistung** (§§ 127a, 132, 176) möglich.[15]

10 Die Festsetzung der notwendigen Auslagen, die ein Beteiligter einem anderen Beteiligten zu erstatten hat, richtet sich nach § 464b. Der **Kostenfestsetzungsbeschluss** nach § 464b ist der formellen und materiellen Rechtskraft fähig und stellt einen Vollstreckungstitel iSd § 794 Abs. 1 Nr. 2 ZPO dar.

11 bb) **Formelles Kostenrecht.** Das formelle Kostenrecht bestimmt, unter welchen Bedingungen und wie über die Verteilung der finanziellen Aufwendungen entschieden wird und welche Rechtsmittel es gegen entsprechende Entscheidungen gibt.

12 2. **Anwendungsbereich.** Die §§ 464 ff. finden gemäß § 2 JGG auch im **jugendgerichtlichen Verfahren** Anwendung. Allerdings kann das Gericht im Verfahren gegen einen Jugendlichen oder Heranwachsenden nach §§ 74, 109 Abs. 2 JGG bei Anwendung von Jugendstrafrecht von der Auferlegung der Kosten und/oder Auslagen absehen, wenn dies den Zielen des Jugendstrafrechts zuwiderlaufen würde.

13 Im **Steuerstrafverfahren** finden die §§ 464 ff. gemäß § 385 Abs. 1 AO uneingeschränkt Anwendung, so dass auch die Auslagen des Finanzamts neben den der Staatsanwaltschaft entstandenen Auslagen zu den Kosten des Verfahrens gehören, und nicht etwa nach § 464b als zu erstattende Auslagen festgesetzt werden.

14 Nach § 46 Abs. 1, §§ 105 ff. OWiG gelten die §§ 464 ff. auch im **Bußgeldverfahren** sinngemäß. Ausgenommen hiervon sind nur die nicht in das Regelungssystem des Ordnungswidrigkeitenverfahrens passenden Regelungen (zB § 468, §§ 471–472a, § 473 Abs. 1 S. 2, 3 und Abs. 5). § 106 OWiG regelt das Kostenfestsetzungsverfahren eigenständig[16] und § 108a OWiG legt die Zuständigkeit bei Einstellung durch die Staatsanwaltschaft vor Aktenvorlage ans Gericht fest.[17] Daneben sollen vor allem die Sonderregelungen in § 109a OWiG und § 25a StVG Missbrauch entgegenwirken.[18]

15 Ferner finden die §§ 464 ff. über § 121 Abs. 4 StVollzG auch Anwendung bei den Kosten der gerichtlichen Entscheidungen im **Strafvollzugsverfahren**. Im **Auslieferungsverfahren** gelten die §§ 464 ff. über die Verweisung des § 77 IRG.[19]

II. Erläuterung

16 1. **Allgemeines.** § 464 ist eine verfahrensrechtliche Vorschrift des Kostenrechts, die die Kosten- und Auslagenentscheidung (Abs. 1 und 2) sowie den Rechtsschutz hiergegen

---

[13] Gieg in KK-StPO Vor § 464 Rn. 2; Schmidt/Zimmermann in Gercke/Temming/Zöller Vor § 464 Rn. 6.
[14] Vgl. BGH 9.6.1981 – 4 ARs 4/81, BGHSt 30, 152 = NJW 1981, 2651; 18.9.1975 – III ZR 139/73, BGHZ 65, 170 = NJW 1975, 2341; 11.11.1976 – III ZR 17/76, BGHZ 68, 86 = NJW 1977, 957; OLG Nürnberg 27.11.1974 – 4 U 43/74, MDR 1975, 414; Gieg in KK-StPO Vor § 464 Rn. 2; Hilger in Löwe/Rosenberg § 467a Rn. 27; aA OLG München 31.7.1975 – 1 U 1353/75, MDR 1976, 56.
[15] Gieg in KK-StPO Vor § 464 Rn. 5; Steinberger-Fraunhofer in Satzger/Schluckebier/Widmaier StPO Vor § 464 Rn. 2; Schmitt in Meyer-Goßner/Schmitt Vor § 464 Rn. 5.
[16] Ausführlicher dazu Grommes in BeckOK OWiG OWiG § 106 Rn. 1 ff.
[17] Näher dazu Grommes in BeckOK OWiG OWiG § 108a Rn. 1 ff.
[18] Vgl. Hilger in Löwe/Rosenberg Vor § 464 Rn. 10; Grommes in BeckOK OWiG OWiG § 109a Rn. 1 ff.
[19] Vgl. OLG Köln 8.6.2015 – 6 AuslA 29/15, BeckRS 2015, 11159; OLG Celle 21.2.2022 – 2 AR (Ausl) 67/21, BeckRS 2022, 3596.

(Abs. 3) regelt. § 464 erfasst hierbei nur Maßnahmen **im Rahmen eines gerichtlichen Verfahrens,** wie sich im Umkehrschluss aus den Sonderregelungen der § 467a Abs. 2, § 469 Abs. 2 ergibt. Die Kosten- und Auslagenentscheidung ist **Nebenfolge** des Verfahrens und setzt grundsätzlich eine verfahrensabschließende Hauptentscheidung voraus, deren Entscheidungsform sie teilt.[20] Es bedarf eines **ausdrücklichen Ausspruchs,** selbst dann wenn sich die Kostenfolge zwingend aus dem Gesetz ergibt, denn erst der gerichtliche Ausspruch bildet die Grundlage für die Kostenfestsetzung nach § 464b.[21]

Rechtliches Gehör wird dem Betroffenen grundsätzlich mit der Anhörung zur Sache gewährt. Vor Kostenentscheidungen, die an besondere Voraussetzungen geknüpft sind (zB an die schuldhafte Säumnis bei §§ 464c, 467 Abs. 2), müssen die entscheidungserheblichen Tatsachen nach § 33 Abs. 1 ebenfalls zum Gegenstand des rechtlichen Gehörs gemacht werden.[22] 17

Ob eine **Begründung** der Entscheidung erforderlich ist, richtet sich nach § 34. Danach ist eine Begründung dann nötig, wenn die Kostenentscheidung anfechtbar ist, oder wenn sie unanfechtbar ist, aber ausnahmsweise nicht von Amts wegen ergeht und ein Antrag abgelehnt wird.[23] 18

2. Kostenentscheidung. Nach Abs. 1 muss jedes Urteil, jeder Strafbefehl und jede eine Untersuchung einstellende Entscheidung eine Bestimmung darüber treffen, von wem die Kosten des Verfahrens zu tragen sind. Dabei regelt § 464 Abs. 1 nur die Frage der **Kostenpflicht,** nicht die der Höhe der Kosten. 19

a) Urteile, Strafbefehle und jede eine Untersuchung einstellende Entscheidung. aa) Urteile. Jedes Urteil muss nach Abs. 1 bestimmen, wer die Kosten des Verfahrens zu tragen hat. Damit sind alle **verfahrensabschließenden Urteile** gemeint, auch solche ohne Sachentscheidung nach § 260 Abs. 3.[24] Hebt ein Berufungs- oder Revisionsurteil dagegen das angefochtene Urteil auf und verweist die Sache zur erneuten Verhandlung und Entscheidung zurück (vgl. zB § 328 Abs. 2, § 354 Abs. 2, § 355), trifft das Berufungs- bzw. Revisionsgericht keine Kostenentscheidung, sondern muss diese dem neuen Tatrichter überlassen, an den die Sache zurückverwiesen wird. Wenn dagegen auf ein zu Ungunsten des Angeklagten eingelegtes Rechtsmittel das Urteil zugunsten des Angeklagten abgeändert wird (§ 301), entscheidet das Rechtsmittelgericht selbst über die Kosten des erfolglosen Rechtsmittels und legt sie dem Rechtsmittelführer auf.[25] Das Revisionsgericht trifft ferner eine eigene Kostenentscheidung, wenn es gemäß § 354 Abs. 1a selbst in der Sache entscheidet. Außerdem kann das Revisionsgericht im Verfahren nach § 354 Abs. 1b eine Kostenentscheidung nach § 473 Abs. 4 treffen, wenn dem Senat eine solche Entscheidung über die Kosten des Rechtsmittels – zB wegen der eindeutigen Sachlage – möglich ist.[26] 20

bb) Strafbefehle. Die Kostenentscheidung im Strafbefehl erfasst **alle bis zur Zurücknahme des Einspruchs entstehenden Kosten,** so dass bei Zurücknahme oder Verwerfung des Einspruchs keine gesonderte Kostenentscheidung ergeht.[27] Die in der Praxis gängige Festsetzung der Höhe der Kosten und Auslagen bereits im Strafbefehl stellt keine Ausnahme von der Trennung der Kostengrundentscheidung und dem Kostenansatzverfahren dar, sondern ist nur eine äußerliche Verbindung der beiden selbständigen Entscheidungen.[28] Die Rechts- 21

---

[20] OLG Düsseldorf 18.1.1989 – 2 Ws 609/88, JurBüro 1989, 996; Hilger in Löwe/Rosenberg Rn. 3; Benthin in Radtke/Hohmann Rn. 2.
[21] Vgl. Benthin in Radtke/Hohmann Rn. 2; Schmidt/Zimmermann in Gercke/Temming/Zöller Rn. 7.
[22] Hilger in Löwe/Rosenberg Rn. 3; Schmitt in Meyer-Goßner/Schmitt Rn. 2.
[23] Hilger in Löwe/Rosenberg Rn. 3.
[24] LG Koblenz 8.11.1996 – 1 AR 21/96, StV 1997, 35; Schmitt in Meyer-Goßner/Schmitt Rn. 3.
[25] BGH 10.2.1987 – 1 StR 731/86, BeckRS 1987, 31087690; Hilger in Löwe/Rosenberg Rn. 4; Benthin in Radtke/Hohmann Rn. 3.
[26] BGH 28.10.2004 – 5 StR 430/04, NJW 2004, 3788; 9.11.2004 – 4 StR 426/04, NJW 2005, 1205.
[27] Hilger in Löwe/Rosenberg Rn. 5; Benthin in Radtke/Hohmann Rn. 5; Schmitt in Meyer-Goßner/Schmitt Rn. 5.
[28] Degener in SK-StPO Rn. 4.

kraft des Strafbefehls steht daher auch einem Angriff gegen den Kostenansatz mit der Erinnerung nach § 66 Abs. 1 GKG nicht entgegen.

22 **cc) Eine Untersuchung einstellende Entscheidungen.** Urteilen und Strafbefehlen stehen nach § 464 Abs. 1 Beschlüsse gleich, die ein Urteil ersetzen, also ein gerichtlich anhängiges Verfahren beenden. Darunter fallen zB Beschlüsse, die eine Berufung oder Revision als unzulässig (§ 319 Abs. 1, § 322 Abs. 1, § 346 Abs. 1, § 349 Abs. 1) oder als offensichtlich unbegründet (§ 349 Abs. 2) verwerfen. Auch eine Einstellung nach § 206a erfordert eine Kostenentscheidung, wobei es nicht nötig ist, dass der Angeschuldigte durch die Einstellung endgültig dem staatlichen Strafanspruch entzogen wird. Eine Einstellung iSd § 464 Abs. 1 liegt daher auch vor, wenn das Verfahren wegen örtlicher Unzuständigkeit eingestellt wird, obwohl die Verfolgung vor dem örtlich zuständigen Gericht anschließend noch möglich ist.[29] **Verfahrensabschließend** sind ferner Einstellungen nach § 153 Abs. 2, § 153b Abs. 2, § 206b, § 383 Abs. 2, § 390 Abs. 5 sowie die endgültige Einstellung nach § 153a Abs. 2. Dass auch der Nichteröffnungsbeschluss nach § 204 in diesem Sinne abschließend ist, ergibt sich aus § 467 Abs. 1 S. 2.[30]

23 Im **Klageerzwingungsverfahren** sind nach § 177 Beschlüsse, mit denen der Antrag gemäß § 174 als unbegründet zurückverwiesen oder nach § 176 Abs. 2 für zurückgenommen erklärt wird, mit einer Kostenentscheidung zu versehen. Bei Verwerfung des Antrags als unzulässig, ergeht dagegen keine Kostenentscheidung, da §§ 174, 177 nur den unbegründeten Antrag betreffen. Es hat dann jeder seine Kosten selbst zu tragen.[31] Nimmt der Antragsteller seinen Antrag tatsächlich zurück, erscheint eine analoge Anwendung von § 177 zu den sachgerechtesten Ergebnissen zu führen.[32] Bei einem begründeten Antrag gehören die Kosten des Klageerzwingungsverfahrens zu den Kosten des Verfahrens iSd § 464a Abs. 1 S. 1.

24 Nicht unter § 464 Abs. 1 fallen dagegen mangels Verfahrensabschlusses die **vorläufigen Einstellungen nach § 153a Abs. 2 und § 205.** Auch die Verfahrensbeschränkung nach **§ 154a** bedarf grundsätzlich keiner Kostenentscheidung, es sei denn es liegt bereits Teil-Rechtskraft bzgl. der übrigen Tatteile vor, weil dann der Beschluss nach § 154a das Verfahren insgesamt beendet.[33]

25 Umstritten ist, ob **Einstellungen nach § 154 Abs. 2** einer Kostenentscheidung bedürfen. Dagegen spricht der **Gesetzeswortlaut „vorläufig",** an dem der Gesetzgeber auch nach redaktioneller Änderung des § 154 durch Art. 21 Nr. 48 EGStGB 1974 festhielt. Auch die vom Gesetzgeber durch § 154 Abs. 2 erstrebte Entlastung der Strafverfolgungsorgane würde evtl. zunichte gemacht, wenn sich das Gericht im Rahmen einer Kostenentscheidung doch noch mit den betreffenden Taten beschäftigen müsste.[34]

26 Zum Teil wird danach **differenziert,** ob bereits eine rechtskräftige Verurteilung wegen einer anderen Tat vorliegt. In diesem Fall stelle § 154 Abs. 2 eine endgültige Einstellung iSd § 464 dar. Da es bei der Kostenentscheidung um prozessuale Gleichwertigkeit gehe, greife

---

[29] Benthin in Radtke/Hohmann Rn. 7; Bader in KMR-StPO Rn. 10; Steinberger-Fraunhofer in Satzger/Schluckebier/Widmaier StPO Rn. 7; aA LG Nürnberg-Fürth 4.2.1971 – 7 Qs 40/71, NJW 1971, 1281.

[30] Zur teilweisen Nichteröffnung OLG München 29.8.1996 – 2 Ws 711/96, 2 Ws 711/96 K, StraFo 1997, 191.

[31] Benthin in Radtke/Hohmann Rn. 6; dogmatisch zweifelnd, aber im Ergebnis zustimmend Rieß NStZ 1990, 6 (8).

[32] So auch OLG Düsseldorf 1.9.1982 – 5 Ws 217/82, JurBüro 1983, 399; OLG Koblenz 9.5.1984 – 1 Ws 298/84, OLGSt § 172 Nr. 9; OLG Stuttgart 3.12.1999 – 4 Ws 164/99, OLGSt 2000, StPO § 172 Nr. 33; Benthin in Radtke/Hohmann Rn. 8; Rieß NStZ 1990, 6 (9); aA OLG München 25.1.1982 – 2 Ws 1139/81, JurBüro 1983, 1209; OLG Zweibrücken 19.12.1983 – 1 Ws 222/83, JurBüro 1985, 564; OLG Celle 23.8.1988 – 3 Ws 530/86, OLGSt StPO § 177 Nr. 3; differenzierend und nur für den Fall, dass der Senat bereits eigene Beweiserhebungen bzw. Ermittlungen durchgeführt hat, eine Kostenentscheidung für notwendig erachtend Gieg in KK-StPO Rn. 2.

[33] BGH 15.6.1993 – 4 StR 287/93, NStZ 1994, 23; OLG Frankfurt a. M. 19.3.1982 – 2 Ws 75/82, MDR 1982, 1042; Degener in SK-StPO Rn. 7; Hilger in Löwe/Rosenberg Rn. 14; Benthin in Radtke/Hohmann Rn. 9; Bader in KMR-StPO Rn. 12.

[34] So BayObLG 15.4.1969 – RReg. 3b St 55/69, NJW 1969, 1448; OLG München 17.7.1974 – 2 Ws 361/74, NJW 1975, 68; 4.12.1980 – 2 Ws 1199, 1200/80 K, NStZ 1981, 234.

auch die Kritik nicht, dass diese Ansicht gegen das Gebot verstoße, materiell gleichwertige Sachverhaltskonstellationen rechtlich gleich zu behandeln, und nur der Zufall, in welchem Stadium sich das Verfahren der konkurrierenden Tat befindet, entscheide.[35] Für den Fall, dass das Bezugsverfahren zunächst noch nicht rechtskräftig abgeschlossen ist, wird dann konsequenterweise eine isolierte nachträgliche Kostenentscheidung für notwendig erachtet.[36]

Richtigerweise bedarf jede Einstellung nach § 154 Abs. 2 einer Kostenentscheidung, 27 weil sich das Wort „vorläufig" in § 154 Abs. 2 nur auf die in § 154 Abs. 3–5 geregelten Wiederaufnahmemöglichkeiten bezieht, und die Einstellung nach § 154 Abs. 2 eine **abschließende Entscheidung** darstellt, die sich inhaltlich nach § 467 richtet.[37] Da die Kosten- und Auslagenentscheidung unanfechtbar ist (vgl. → Rn. 40), widerspricht diese Ansicht auch nicht der prozessökonomischen Entlastungsfunktion des § 154 Abs. 2.[38]

Für **§ 154b Abs. 4** gilt entsprechendes. Auch hier bedarf es generell einer Kostent- 28 scheidung. Das Wort „vorläufig" in § 154b Abs. 4 S. 1 bezieht sich ebenfalls nur auf die in § 154 Abs. 3–5 geregelten Wiederaufnahmemöglichkeiten, auf die in § 154b Abs. 4 S. 2 Bezug genommen wird.[39]

Strittig ist, ob es beim Abschluss besonderer **Zwischen-, Neben- und Nachtragsver-** 29 **fahren** wie zB im Beschwerdeverfahren,[40] bei Nichtaufrechterhaltung eines Haftbefehls (§ 115 Abs. 4) oder bei im Arrestverfahren beteiligten Dritten[41] einer Kostenentscheidung bedarf. Problematisch erscheint dies vor allem, wenn das Verfahren als Ganzes letztlich nach § 170 Abs. 2 ohne entsprechende Auslagenentscheidung eingestellt wird. Um die Gefahr der übermäßigen Aufsplittung der Kostenentscheidung zu vermeiden, aber dennoch ein „billiges" Ergebnis in der Kostenfrage zu erzielen, wird zum Teil vertreten, zumindest die erstinstanzlichen Entscheidungen im Verfahren gegen Nicht-Beschuldigte und nach Rechtskraft der Hauptsache gegen den Beschuldigten mit einer Kosten- und Auslagenentscheidung zu versehen.[42] Da jedoch das Strafurteil eine auch im Vollstreckungsverfahren fortwirkende Kostengrundentscheidung enthält, spricht mehr dafür, Nachtragsentscheidungen im Vollstreckungsverfahren gegen den Verurteilten nicht mit einem Kostenausspruch zu versehen.[43] Gleiches gilt für Beschwerdesachen innerhalb des laufenden Strafverfahrens, denn die im Beschwerdeverfahren anfallenden Kosten und Auslagen sind Teil der Gesamtkosten des Verfahrens, deren Verteilung in der abschließenden Verfahrensentscheidung geregelt wird.[44]

Entscheidungen über **Anträge nach §§ 33a, 311a, 356a** müssen mit einer Kostent- 30 scheidung versehen werden, da sie einen selbständigen Rechtsbehelf abschließen, der von der Hauptsache unabhängig ist. Umstritten ist hier nur, nach welcher Vorschrift sich die Entscheidung richtet. Für eine Behandlung nach § 473 analog spricht die systematische Einordnung der Anträge. Jedoch passt § 473 Abs. 7 aufgrund der mangelnden Differenzierung, aus wessen Lager der Fehler stammt, nicht. Vorzugswürdig erscheint daher eine Behandlung nach § 465 analog.[45]

---

[35] So Degener in SK-StPO Rn. 9.
[36] OLG Karlsruhe 28.2.1975 – 3 Ws 126/74, NJW 1975, 1425; Degener in SK-StPO Rn. 8 f.
[37] So auch Hilger in Löwe/Rosenberg Rn. 13; Gieg in KK-StPO Rn. 2; Bader in KMR-StPO Rn. 12; Metten NJW 1969, 687.
[38] Vgl. Bader in KMR-StPO Rn. 12.
[39] Statt vieler Hilger in Löwe/Rosenberg Rn. 15.
[40] BGH 4.10.2007 – KRB 59/07, NJW 2007, 3652 (3655).
[41] OLG Stuttgart 4.6.2003 – 1 Ws 135/03, wistra 2003, 358.
[42] So Hilger in Löwe/Rosenberg Rn. 8; vgl. auch OLG Hamm 28.11.1983 – 4 Ws 243/83, NStZ 1984, 288; 20.12.2022 – 5 Ws 299/22, BeckRS 2022, 41046.
[43] KG 23.1.1989 – 5 Ws 502/88, NStZ 1989, 490; OLG Karlsruhe 9.10.1997 – 2 Ws 116/97, NStZ 1998, 272; OLG Braunschweig 25.1.2001 – Ws 9/01, NStZ-RR 2001, 185; OLG Frankfurt a. M. 31.5.2005 – 2 Ws 45/05, NStZ-RR 2005, 253; Schmitt in Meyer-Goßner/Schmitt Rn. 11; Bader in KMR-StPO Rn. 15.
[44] Vgl. Schmidt/Zimmermann in Gercke/Temming/Zöller Rn. 6.
[45] So auch BGH 9.5.2007 – 2 StR 530/06, wistra 2007, 319; 31.7.2006 – 1 StR 240/06, BeckRS 2006, 9867; 15.9.2015 – 1 StR 368/14, BeckRS 2015, 16387; 8.7.2016 – 1 StR 47/16, BeckRS 2016, 13676; 10.11.2016 – 2 StR 12/16, BeckRS 2016, 20886; 21.12.2016 – 1 StR 426/15, BeckRS 2016, 110127; aA Degener in SK-StPO Rn. 6.

31   **b) Folgen einer unterbliebenen Kostenentscheidung.** Erging keine Kostenentscheidung, trägt die Staatskasse die Kosten des Verfahrens.[46] Die Kostenentscheidung ist ausnahmsweise entbehrlich, wenn für das Gericht zweifelsfrei ohne erheblichen Prüfungsaufwand feststeht, dass weder Gebühren noch gerichtliche Auslagen angefallen sind.[47] Dennoch getroffene Kostenentscheidungen entfalten keine Wirkung.[48] Außer bei **offensichtlichen Unrichtigkeiten** wie zB eindeutigen Formulierungsfehlern, wo eine Korrektur analog § 319 ZPO möglich ist,[49] findet keine Berichtigung der Kostenentscheidung statt.[50] Sie kann auch nicht nachgeholt werden, wie zT früher vertreten wurde.[51] Spätestens mit Neufassung des § 464 Abs. 3 S. 1 durch Art. 1 Nr. 35 StVÄG 1987, der ausdrücklich rechtskraftbestimmende Regelungen über die Anfechtbarkeit enthält, erscheint diese Ansicht nicht mehr vertretbar.[52] Die Kostenentscheidung muss daher ggf. mit der sofortigen Beschwerde angegriffen werden. Jedoch müsste die Ansicht, die bei vorläufiger Einstellung zB nach § 154 Abs. 2 eine Kostenentscheidung erst nach Abschluss des Bezugsverfahrens für nötig hält (vgl. → Rn. 26), konsequenterweise eine Nachholung zulassen.[53]

32   **c) Kein Abhängigmachen der Einstellung von der Kostenübernahme.** Im Falle einer **Einstellung nach § 153 Abs. 2 oder nach § 153b Abs. 2** werden die Verfahrenskosten dem Angeschuldigten mangels Verurteilung iSd § 465 nicht auferlegt. Es darf auch nicht faktisch eine Kostenübernahme dadurch erreicht werden, dass eine Verfahrenseinstellung für den Fall, dass der Angeschuldigte sich zur Übernahme der Kosten nach § 29 Nr. 2 GKG bereit erklärt, zugesagt wird. Ein derartiges Vorgehen war der Staatsanwaltschaft früher nach Nr. 83 Abs. 4 aF RiStBV sogar ausdrücklich verboten, wenn die Entscheidung über die Einstellung wegen Geringfügigkeit ihr zustand.[54]

33   **3. Auslagenentscheidung.** Abs. 2 bestimmt, dass die Auslagenentscheidung im verfahrensabschließenden Urteil oder Beschluss ergehen muss.[55] Anders als die Kostenentscheidung nach Abs. 1 ist die Auslagenentscheidung jedoch nur erforderlich, wenn eine entsprechende Erstattung in Betracht kommt und nicht jeder seine Auslagen selbst trägt. Dies wird in der Praxis oft verkannt und (deklaratorisch) festgestellt, dass die Auslagen von demjenigen zu tragen sind, dem sie entstanden sind.[56] Die Auslagenentscheidung muss wie die Kostenentscheidung **ausdrücklich** ergehen. Die Auslegung eines Ausspruchs „auf Kosten der Staatskasse" dahingehend, dass dieser auch die notwendigen Auslagen des Angeklagten auferlegt werden, ist ebenso wie ein Nachtragsbeschluss oder eine Abänderung im Festsetzungsverfahren nach § 464b ausgeschlossen. Außer bei eindeutigen Schreibversehen kommt auch bei der Auslagenentscheidung eine Korrektur nur im Wege der Anfechtung in Betracht (vgl. dazu → Rn. 36 ff.).[57] Auch die Entscheidung nach Abs. 2 ergeht nur dem Grunde nach; die Höhe wird im Festsetzungsverfahren nach § 464b bestimmt.

---

[46] BayObLG 11.3.1959 – RReg. 1 St 842/5, NJW 1959, 1236; 12.12.1962 – RReg. 1 St 629/62, NJW 1963, 601; OLG Celle 5.11.1984 – 1 Ws 374/84, AnwBl. 1985, 320; Hilger in Löwe/Rosenberg Rn. 2; Seier NStZ 1982, 270 (272).
[47] OLG Zweibrücken 11.10.1990 – 1 Ws 534/90, MDR 1991, 558.
[48] OLG Koblenz 1.9.1989 – 2 Ws 494/89, JurBüro 1990, 382.
[49] Gieg in KK-StPO Rn. 4; Hilger in Löwe/Rosenberg Rn. 17; Schmitt in Meyer-Goßner/Schmitt Rn. 8.
[50] BGH 24.7.1996 – 2 StR 150/96, NStZ-RR 1996, 352; OLG Düsseldorf 17.7.1985 – 2 Ws 262/85, MDR 1986, 76; OLG Karlsruhe 17.12.1996 – 2 Ws 214/96, NStZ-RR 1997, 157; OLG Hamm 25.2.1998 – 2 Ws 13–98, NStZ-RR 1999, 54.
[51] OLG Düsseldorf 27.3.1969 – 2 Ws 112/69, NJW 1969, 2059; OLG Hamburg 19.12.1984 – 2 Ws 611/84, MDR 1985, 604 mAnm Weber MDR 1986, 74.
[52] Hilger in Löwe/Rosenberg Rn. 28; Bader in KMR-StPO Rn. 6.
[53] Vgl. Hilger in Löwe/Rosenberg Rn. 17.
[54] Vgl. Hilger in Löwe/Rosenberg Rn. 16; aA Meyer JurBüro 1992, 3.
[55] Zu den Hintergründen dieser Bestimmung nach Abschaffung des Freispruchs „erster und zweiter Klasse" vgl. Hilger in Löwe/Rosenberg Rn. 18.
[56] BGH 15.11.1988 – 4 StR 528/88, BGHSt 36, 27 = NJW 1989, 464; Schmitt in Meyer-Goßner/Schmitt Rn. 10; Hilger in Löwe/Rosenberg Rn. 19; Degener in SK-StPO Rn. 11.
[57] Degener in SK-StPO Rn. 14; Benthin in Radtke/Hohmann Rn. 17; Hilger in Löwe/Rosenberg Rn. 25 ff.; Steinberger-Fraunhofer in Satzger/Schluckebier/Widmaier StPO Rn. 16; aA zur Auslegung des Ausspruchs „auf Kosten der Staatskasse": OLG Karlsruhe 29.10.1984 – 4 Ws 182/84, AnwBl. 1985,

Wenn der Angeklagte vor dem rechtskräftigen Abschluss des Verfahrens verstirbt, ist **34** es strittig, ob eine Auslagenentscheidung getroffen werden kann, durch die die Erben von den zu Lebzeiten des Angeklagten entstandenen Verteidigerkosten befreit werden. Eine ausdrückliche gesetzliche Regelung existiert nicht. § 465 Abs. 3 regelt nur, dass **bei Tod des Angeklagten** vor rechtskräftigem Verfahrensabschluss der Nachlass nicht für die Verfahrenskosten haftet. Nur wenn man dem Beschluss nach § 206a Abs. 1 bei Tod des Angeklagten richtigerweise konstitutive Wirkung zuspricht,[58] kann auch eine entsprechende Auslagenentscheidung ergehen, während bei einem rein deklaratorischen Beschluss keine Umverteilung der Auslagen in Betracht käme (vgl. → § 467 Rn. 21).[59]

4. Selbständige Kosten- und Auslagenentscheidungen. Zum Teil sind Kosten- **35** und Auslagenentscheidungen auch ohne Sachentscheidungen erforderlich. Im Gesetz vorgesehen ist dies zB in den Fällen der §§ 467a, 469, 470. Ferner ist eine **selbständige Kosten- und Auslagenentscheidung** immer dann geboten, wenn ein Verfahren ohne Sachentscheidung endet, so zB auch bei Zurücknahme eines Rechtsmittels im Fall des § 473 Abs. 2 S. 1 von Amts wegen, sonst auf Antrag.[60]

III. Rechtsbehelfe

1. Selbständige Anfechtbarkeit. Die Entscheidung über die Kosten und Auslagen **36** ist, obwohl sie zur Hauptsacheentscheidung gehört,[61] selbständig mit der **sofortigen Beschwerde** nach § 311 anfechtbar. § 464 Abs. 3 S. 1 erklärt damit eine unselbständige Entscheidung für mit der sofortigen Beschwerde, die normalerweise einen dem Beschluss vorbehaltenen Rechtsbehelf darstellt, für angreifbar. So kann mit der sofortigen Beschwerde vor allem das Unterbleiben einer Kostenentscheidung[62] und die Unzulässigkeit eines Nachtragsbeschlusses geltend gemacht werden.

Die sofortige Beschwerde gegen die Kosten- und Auslagenentscheidung kann isoliert **37** oder neben dem Rechtsmittel in der Hauptsache eingelegt werden (vgl. Abs. 3 S. 3). Kaum **eigenständige Bedeutung** hat die sofortige Beschwerde in den Fällen, in denen auch die Hauptsacheentscheidung mit der sofortigen Beschwerde anfechtbar ist wie zB bei der Verfahrenseinstellung nach § 206a oder bei der Ablehnung der Eröffnung des Hauptverfahrens nach § 210 Abs. 2. Allerdings erfasst auch hier die sofortige Beschwerde gegen die Hauptsacheentscheidung nur dann den Kostenpunkt, wenn dies zum Ausdruck gebracht wird.[63] Im Übrigen ist eine sofortige Beschwerde gegen die Kostenentscheidung neben einem Rechtsmittel in der Hauptsache nur dann sinnvoll, wenn die Kostenentscheidung unabhängig vom Ausgang der Hauptsache angefochten werden soll. Berufung und Revision in der Hauptsache führen nämlich nicht zur Überprüfung der Kostenentscheidung.[64]

---

[58] 158; OLG Köln 21.12.1984 – 2 Ws 656/84, JurBüro 1985, 1206; OLG Düsseldorf 12.1.1984 – 2 Ws 593/93, StV 1994, 493; OLG Naumburg 17.1.2001 – 1 Ws 13/01, NStZ-RR 2001, 189; OLG Hamm 17.11.2022 – 5 Ws 282/22, BeckRS 2022, 36145.
So auch BGH 8.6.1999 – 4 StR 595/97, BGHSt 45, 108 = NJW 1999, 3644; aA noch BGH 3.10.1986 – 2 StR 193/86, BGHSt 34, 184 = NJW 1987, 661.
[59] Benthin in Radtke/Hohmann Rn. 18; so auch OLG München 5.11.2002 – 2 Ws 672/02, NStZ 2003, 501 mAnm Rau, der den Vorteil erblickt, dass bei einer nichtrechtskräftigen Verurteilung keine Anreize gesetzt werden, die Erben durch Suizid finanziell zu entlasten.
[60] Bader in KMR-StPO Rn. 17; Hilger in Löwe/Rosenberg Rn. 30; Schmitt in Meyer-Goßner/Schmitt Rn. 13.
[61] Zur historischen Entwicklung vor allem in Bezug auf die Auslagenentscheidung vgl. Hilger in Löwe/Rosenberg Rn. 33.
[62] OLG Hamm 23.5.2017 – 4 Ws 78/17, BeckRS 114354; Schmitt in Meyer-Goßner/Schmitt Rn. 16.
[63] So auch Hilger in Löwe/Rosenberg Rn. 35.
[64] BGH 8.12.1972 – 2 StR 29/72, BGHSt 25, 77 = NJW 1973, 336; 26.9.2007 – 2 StR 326/07, BeckRS 2007, 16433; Hilger in Löwe/Rosenberg Rn. 42; Benthin in Radtke/Hohmann Rn. 21; Schmitt in Meyer-Goßner/Schmitt Rn. 20; Göhler NJW 1970, 454; Göhler MDR 1971, 621; Seier NStZ 1982, 270 (274 f.). Dazu, dass auch der Einspruch gegen einen Strafbefehl nicht automatisch eine sofortige Beschwerde gegen die Kostenentscheidung enthalte Hilger in Löwe/Rosenberg Rn. 48.

38 2. **Einschränkungen der Zulässigkeit. a) Aufgrund allgemeiner beschwerderechtlicher Zulässigkeitsregeln.** Einer Zulässigkeit der sofortigen Beschwerde kann die **Wertgrenze** von 200 Euro des § 304 Abs. 3 entgegenstehen. Ferner ist eine Kostenbeschwerde gegen **Beschlüsse des BGH und des OLG** sowie von deren Ermittlungsrichtern nach § 304 Abs. 4 und 5 ausgeschlossen. Dies soll der Entlastung der Gerichte dienen. Der Bundesgerichtshof soll nicht mit Nebenentscheidungen von regelmäßig randständiger Bedeutung überlastet und damit in der Wahrnehmung seiner wesentlichen Rechtsprechungsaufgabe behindert werden.[65]

39 Eine **weitere Beschwerde** gegen die Kosten- und Auslagenentscheidung scheidet aus, § 310 Abs. 2. Dies gilt auch dann, wenn die Kosten- und Auslagenentscheidung Bestandteil einer Beschwerdeentscheidung ist, die allein auf eine Beschwerde gegen die Sachentscheidung erging.[66]

40 b) **Spezielle Einschränkungen der Anfechtung der Kostenentscheidung.** Die Anfechtung der Kostenentscheidung ist ferner nach § 464 Abs. 3 S. 1 Hs. 2 nicht zulässig, wenn die **Anfechtung der Hauptsache nicht statthaft** ist. Gemeint ist damit eine generelle, nicht einzelfallabhängige Unanfechtbarkeit für den konkreten Beschwerdeführer. Entsprechende explizite Regelungen, die die Hauptsache für unanfechtbar erklären, sind zB § 46 Abs. 2, § 153 Abs. 2 S. 4, § 153a Abs. 2 S. 4, § 161a Abs. 3 S. 4, § 163a Abs. 3 S. 5, § 304 Abs. 4 S. 1, § 310 Abs. 2, § 390 Abs. 5 S. 2, § 400 Abs. 2 S. 2, § 406a Abs. 1 S. 2, § 406e Abs. 5 S. 4 StPO, § 47 Abs. 2 S. 3 OWiG, § 47 Abs. 2 S. 3, § 55 Abs. 2 JGG, § 37 Abs. 2 S. 2 BtMG. Auch bei § 154 Abs. 3–5, § 154a Abs. 3, § 154b Abs. 4 iVm § 154 Abs. 3–5 ist die Anfechtung der Kostenentscheidung ausgeschlossen, da der Angeklagte generell nicht beschwert ist, er insbesondere keinen Anspruch darauf hat, dass man das Verfahren fortsetzt, um ihn vom Verdacht der Straftat freizusprechen.[67] Die verfassungsrechtlich unbedenkliche Vorschrift[68] wurde aus prozessökonomischen Gründen mit StVÄG 1987 eingeführt, nachdem in den achtziger Jahren immer mehr reine Kostenbeschwerden nach Einstellungen gemäß §§ 153 ff. eingelegt wurden.[69]

41 In den Fällen des Abs. 3 S. 1 Hs. 2 ist die Anfechtung **auch bei gesetzeswidriger Kostenentscheidung** ausgeschlossen, insbesondere ist im Interesse der Rechtssicherheit keine „außerordentliche Beschwerde" möglich.[70] In Betracht kommt jedoch ggf. eine **Gehörsrüge** nach §§ 33a, 311a, wenn dem Angeklagten vor der Verfahrenseinstellung kein rechtliches Gehör gewährt wurde, und die Kostenentscheidung ihn belastet.[71]

42 Die Anfechtung der Hauptsache muss für einen Ausschluss nach Abs. 3 S. 1 **für den betroffenen Beschwerdeführer** unstatthaft sein. Dies ist zB bei § 400 Abs. 2 S. 2, § 410 Abs. 1 StPO und bei § 55 Abs. 2 JGG der Fall.[72] Zum Teil ist die Kostenbeschwerde auch trotz Unanfechtbarkeit der Hauptsache explizit zugelassen wie zB in § 8 Abs. 3 S. 1 StrEG.

43 Eine generelle Unanfechtbarkeit der Hauptsache ergibt sich nicht aus einem **Rechtsmittelverzicht** in der Hauptsache nach § 302. Allerdings wird dieser, wenn er unbe-

---

[65] Vgl. BGH 9.12.1975 – StB 28/75, BGHSt 26, 250 = NJW 1976, 523; 5.11.1999 – StB 1/99, NStZ 2000, 330.
[66] OLG Hamm 22.4.1970 – 5 Ws 139/70, NJW 1970, 2127; OLG Oldenburg 3.6.1982 – 1 Ws 76/82, MDR 1982, 1042; Hilger in Löwe/Rosenberg Rn. 36; Degener in SK-StPO Rn. 17.
[67] Degener in SK-StPO Rn. 23. Zur Statthaftigkeit der sofortigen Beschwerde für den Nebenkläger vgl. OLG Köln 23.5.2017 – ZWS 249/17, BeckRS 2017, 113455; OLG München 24.9.2021 – 4 Ws 31/21, BeckRS 2021, 45978.
[68] BVerfG 20.7.1984 – 2 BvR 790/84, NStZ 1985, 181.
[69] Degener in SK-StPO Rn. 22. Näher zu der historischen Entwicklung: Hilger in Löwe/Rosenberg Rn. 49 ff.
[70] OLG Düsseldorf 19.11.1992 – 2 Ws 515/92, MDR 1993, 376; Hilger in Löwe/Rosenberg Rn. 39, 54; Schmitt in Meyer-Goßner/Schmitt Rn. 18.
[71] Benthin in Radtke/Hohmann Rn. 25; Gieg in KK-StPO Rn. 8; Hilger in Löwe/Rosenberg Rn. 39; Schmidt/Zimmermann in Gercke/Temming/Zöller Rn. 18.
[72] Vgl. OLG Koblenz 2.11.2015 – 2 Ws 610/15, BeckRS 2016, 03112.

schränkt erklärt wird, in der Regel auch die Kostenentscheidung mitumfassen.[73] Für die **Rücknahme** des Rechtsmittels nach § 302 gilt entsprechendes.[74]

44 Einer Anfechtung der Kostenentscheidung steht auch nicht entgegen, dass der Betroffene mangels **Beschwer** die Hauptsacheentscheidung nicht anfechten kann, wie zB beim Freispruch oder bei Entscheidungen nach §§ 204, 206a, 206b, 260 Abs. 3, § 383 Abs. 2, § 405. Dies ändert nämlich nichts an der grundsätzlichen Statthaftigkeit des Rechtsmittels in der Hauptsache. Es ist nur aufgrund des Umstands unzulässig, dass der Angeklagte durch die Entscheidung nicht benachteiligt wurde, und ihm daher das Rechtsschutzbedürfnis fehlt. Dennoch kann ihn die Kosten- und Auslagenentscheidung belasten, so dass deren Anfechtung zulässig ist.[75]

45 Auch ein **Nebenklagebefugter** nach § 395 kann bei für ihn nachteiliger Kostenentscheidung (§ 472 Abs. 3) beschwerdeberechtigt sein, obwohl er in der Hauptsache nicht anfechtungsberechtigt wäre. Es kann nämlich nicht sein, dass der Nebenklagebefugte, nur um beschwerdeberechtigt zu sein, seinen Anschluss als Nebenkläger erklären muss. Der Gesetzgeber wollte den Nebenklagebefugten dem Nebenkläger kostentechnisch gleichstellen.[76]

46 Bei den **isolierten Kostenentscheidungen** ist zum Teil eine Anfechtung wie zB in § 467a Abs. 3, § 469 Abs. 3 ausdrücklich ausgeschlossen. Es liegt dann kein Fall des § 464 Abs. 3 S. 1 vor. Wird ein Rechtsmittel zurückgenommen (§§ 302, 473), ist die dann ergehende isolierte Kosten- und Auslagenentscheidung nach § 464 Abs. 3 S. 1 unanfechtbar, wenn gegen die Entscheidung, die ohne Rücknahme in der Hauptsache hätte ergehen müssen, kein Rechtsmittel statthaft wäre (§ 304 Abs. 4, 310 Abs. 2 StPO und § 55 Abs. 2 JGG).[77]

47 **3. Zulässigkeitsvoraussetzungen. a) Beschwerdeberechtigung.** Beschwerdeberechtigt ist, wer als Verfahrensbeteiligter oder Dritter durch eine Kosten- und Auslagenentscheidung oder durch deren Unterbleiben **beschwert** ist, dies können nach § 67 Abs. 1 und 3 JGG auch die Erziehungsberechtigten und gesetzlichen Vertreter sein. Nach dem Tod des Angeklagten sind dessen Erben beschwerdeberechtigt, da sie, wenn die notwendigen Auslagen nicht der Staatskasse auferlegt werden, unmittelbar betroffen sind.[78] Daneben ist im Falle des **Todes des Angeklagten** auch der Verteidiger (sowohl Wahl- als auch Pflichtverteidiger) beschwerdeberechtigt. Dies ist hochumstritten. Für eine Fortwirkung sowohl der Vollmacht als auch der Pflichtverteidigerbestellung bis zum rechtskräftigen Abschluss des Verfahrens, der richtigerweise im Beschlusswege nach § 206a erfolgt, spricht jedoch, dass der Angeklagte bis zu diesem Zeitpunkt formell eine Verfahrensstellung als Angeklagter innehat.[79]

---

[73] Vgl. OLG Köln 14.12.2012 – 2 Ws 853/12, BeckRS 2013, 1523.
[74] Hilger in Löwe/Rosenberg Rn. 56; Bader in KMR-StPO Rn. 27; Meyer JurBüro 1993, 706.
[75] OLG Celle 1.7.1994 – 2 Ws 130/94, StV 1994, 494; OLG Düsseldorf 28.1.1988 – 1 Ws 70 – 71/88, 1 Ws 70/88, 1 Ws 71/88, MDR 1988, 798; OLG Hamm 16.11.2021 – 3 Ws 433/21, BeckRS 2021, 36729; LG Zweibrücken 9.7.2008 – Qs 79/08, NStZ-RR 2008, 359; Hilger in Löwe/Rosenberg Rn. 57.
[76] BT-Drs. 10/5305, 16.
[77] OLG Jena 21.1.1997 – 1 Ws 8/97, NStZ-RR 1997, 287; OLG Düsseldorf 23.1.1985 – 1 Ws 64/85, NStZ 1985, 522 mkritAnm Eisenberg/v. Wedel; Hilger in Löwe/Rosenberg Rn. 58; aA KG 3.1.2008 – 1 Ws 243/07, 1 AR 1562/07 – 1 Ws 243/07, StraFo 2008, 264; Schmidt/Zimmermann in Gercke/Temming/Zöller Rn. 19.
[78] OLG Bamberg 20.7.2010 – 1 Ws 218/10, StraFo 2010, 475; Hilger in Löwe/Rosenberg Rn. 41; aA BGH 3.10.1986 – 2 StR 193/86, NStZ 1987, 336 mkritAnm Kühl; BGH 9.11.1982 – 1 StR 687/81, NJW 1983, 463; KG 9.5.1973 – 3 Ws 91/73, JR 1973, 508; Schmidt/Zimmermann in Gercke/Temming/Zöller Rn. 22.
[79] Vgl. zum Wahlverteidiger: OLG Nürnberg 30.3.2010 – 1 Ws 113/10, BeckRS 2010, 10169; OLG Stuttgart 19.11.2014 – 2 Ss 142/14, BeckRS 2015, 00337; Schmidt/Zimmermann in Gercke/Temming/Zöller Rn. 22; aA Benthin in Radtke/Hohmann Rn. 34; zum Pflichtverteidiger: OLG Karlsruhe 3.2.2003 – 3 Ws 248/02, NStZ-RR 2003, 286; OLG Köln 26.4.2012 – 2 Ws 284/12, BeckRS 2012, 17778; aA Gieg in KK-StPO Rn. 10; explizit für Wahl- und Pflichtverteidiger die Beschwerdeberechtigung bejahend: Schmitt in Meyer-Goßner/Schmitt Rn. 22.

48 Für die Staatskasse ist die **Staatsanwaltschaft** beschwerdeberechtigt, nicht der Bezirksrevisor.[80] Die Staatsanwaltschaft kann gemäß § 296 Abs. 2 auch zugunsten des Angeklagten sofortige Beschwerde einlegen. Umstritten ist, ob sie auch eine sofortige Beschwerde zugunsten des Nebenklägers einlegen darf. Mit Blick auf den klaren Wortlaut des § 296 Abs. 2 ist dies zu verneinen.[81]

49 Auch einer **Miterstreckung** des Kostenbeschwerdeerfolgs eines von mehreren **Nebenklägern** auf einen anderen steht die Wortlautgrenze entgegen. § 357 spricht ausdrücklich nur von anderen „Angeklagten". Außerdem fehlt es in Anbetracht der Disponibilität der Privatklage an einer vergleichbaren Prozesssituation.[82]

50 **b) Formerfordernisse.** Eine Bezeichnung der Anfechtung als „sofortige Beschwerde" ist nicht erforderlich. Auch eine falsche Bezeichnung schadet nach § 300 nicht. Vielmehr genügt es, wenn **ausdrücklich** und eindeutig nach einer gerichtlichen Überprüfung der Nebenentscheidung verlangt wird. Die Einlegung von Berufung oder Revision genügen hierfür nicht.[83] Im Interesse juristischer Laien ist jedoch kein zu enger Maßstab anzulegen. So ist zB eine deutliche Abschichtung von der Berufungs- oder Revisionsschrift nicht erforderlich, solange nur deutlich wird, dass der Beschwerdeführer auch die Nebenentscheidung anfechten will. Wendet sich der Angeklagte nur gegen die Kostenentscheidung, ist eine Berufung oder Revision ggf. in eine Beschwerde umzudeuten.[84] Zum Teil ging die Rechtsprechung sogar so weit, bei Fehlen einer Kostengrundentscheidung den Kostenfestsetzungsantrag als sofortige Beschwerde auszulegen.[85]

51 **c) Fristen.** Die sofortige Beschwerde ist gemäß § 311 Abs. 2 **binnen einer Woche** einzulegen, wobei die Frist mit der Bekanntmachung der Entscheidung (§ 35) zu laufen beginnt, und sich nach § 43 berechnet. Daher ist eine erst in der Rechtsmittelbegründungsschrift der Hauptsache erklärte Anfechtung einer unselbständigen Kosten- und Auslagenentscheidung in der Regel verspätet.

52 Es besteht die Möglichkeit der **Wiedereinsetzung in den vorigen Stand** nach § 44, wenn die Nichteinlegung bzw. Verspätung unverschuldet war. Das Verschulden eines Verteidigers ist hier – anders als sonst im Strafprozess – zuzurechnen. Dies erklärt sich mit dem geringeren Schutzbedürfnis bei bloßen Nebenentscheidungen im Vergleich zu Schuld- und Rechtsfolgenausspruch sowie aus der Vergleichbarkeit mit Schuldtiteln über Geldforderungen und der dort erfolgenden Zurechnung nach § 85 Abs. 2 ZPO.[86] Entsprechendes gilt für das Versäumnis des Nebenklagevertreters.[87]

53 **4. Zuständigkeit des Beschwerdegerichts.** Grundsätzlich ist für die sofortige Beschwerde das jeweils übergeordnete Beschwerdegericht zuständig, § 73 Abs. 1, § 121 Abs. 1 Nr. 2, § 135 Abs. 2 GVG. Für den Fall, dass das Urteil nicht nur mit der Kostenbe-

---

[80] Hilger in Löwe/Rosenberg Rn. 40; Gieg in KK-StPO Rn. 10; Schmitt in Meyer-Goßner/Schmitt Rn. 22.
[81] So auch Hilger in Löwe/Rosenberg Rn. 40; Degener in SK-StPO Rn. 18; aA OLG Dresden 2.8.1999 – 1 Ws 206/99, NStZ-RR 2000, 115.
[82] So Degener in SK-StPO Rn. 18; Schmitt in Meyer-Goßner/Schmitt Rn. 22.
[83] Vgl. BGH 8.12.1972 – 2 StR 29/72, BGHSt 25, 77 = NJW 1973, 336; 6.5.1975 – 5 StR 139/75, BGHSt 26, 126 = NJW 1975, 1332.
[84] OLG Düsseldorf 4.3.1999 – 5 Ss 28–99 – 13–99 I, NStZ-RR 1999, 252; Degener in SK-StPO Rn. 19.
[85] OLG Stuttgart 28.4.1993 – 1 Ws 110/93, StV 1993, 651; LG Karlsruhe 24.9.1999 – Qs 113/99, StV 2000, 435; LG Zweibrücken 9.7.2008 – Qs 79/08, NStZ-RR 2008, 359; wohl zu Recht restriktiver: KG 26.2.2004 – 5 Ws 696/03, NStZ-RR 2004, 190; Benthin in Radtke/Hohmann Rn. 22; krit. Auch Meyer JurBüro 1989, 9.
[86] BGH 6.5.1975 – 5 StR 139/75, BGHSt 26, 126 = NJW 1975, 1332; 11.3.1976 – III ZR 113/74, NJW 1976, 1219; aA (scheinbar) OLG München 29.8.1996 – 2 Ws 711/96/K; Degener in SK-StPO Rn. 21.
[87] BGH 11.12.1981 – 2 StR 221/81, BGHSt 20, 309 = NJW 1982, 1544; OLG Karlsruhe 17.12.1996 – 2 Ws 214/96, NStZ-RR 1997, 157; OLG Düsseldorf 20.7.1995 – 4 Ws 171 – 172/95, 4 Ws 171/95, 4 Ws 172/95, MDR 1996, 102; 10.1.1991 – 1 Ws 1153/90, JurBüro 1991, 982; Hilger in Löwe/Rosenberg Rn. 45.

schwerde, sondern zusätzlich mit der Berufung oder Revision angefochten wird, regelt § 464 Abs. 3 S. 3 eine **vereinheitlichte Zuständigkeit** beim Hauptsachegericht.[88] Dies erscheint sinnvoll, da auch im Rechtsmittelverfahren der Ausgang der Hauptsache regelmäßig die Nebenentscheidung präjudiziert. So erübrigt sich eine Entscheidung über die Kostenbeschwerde, wenn dem Rechtsmittel in der Hauptsache Erfolg beschieden ist. Bei erfolgloser Anfechtung der Hauptentscheidung sprechen dagegen prozessökonomische Gründe dafür, das Hauptsachegericht auch mit der Anfechtung der Nebenentscheidung zu betrauen.[89]

Voraussetzung für die Anwendbarkeit des Abs. 3 S. 3 ist jedoch, dass das Revisions- oder Berufungsgericht mit dem Rechtsmittel der Hauptsache desselben Beschwerdeführers[90] befasst ist. Dies ist grundsätzlich von der Vorlage der Akten zur Prüfung bis zur Entscheidung über das Rechtsmittel oder dessen Rücknahme der Fall.[91] Das Rechtsmittelgericht muss jedoch nach hM auch **„mit der Sache befasst"** sein, so dass eine Anwendbarkeit des Abs. 3 S. 3 ausscheidet, wenn schon der iudex a quo das Rechtsmittel als unzulässig, da verspätet, verworfen hat (§ 319 Abs. 1, § 346 Abs. 1) und das Rechtsmittelgericht nur noch über den Verwerfungsbeschluss des iudex a quo (§ 319 Abs. 2, § 346 Abs. 2) oder die Verwerfung des Rechtsmittels nach §§ 322, 349 Abs. 1 entscheidet.[92] Es verbleibt dagegen bei der Zuständigkeit des Rechtsmittelgerichts, wenn dieses die sofortige Beschwerde bei der Entscheidung über die Hauptsache nur übersehen hat.[93] Ein Beschluss eines unzuständigen Gerichts, durch den ein eingelegtes Rechtsmittel erledigt wird, ist jedoch nicht unwirksam.[94] 54

5. Bindung des Beschwerdegerichts gem. Abs. 3 S. 2. Nach Abs. 3 S. 2 ist das Beschwerdegericht an die tatsächlichen Feststellungen, auf denen die Entscheidung beruht, gebunden. Diese Vorschrift soll im Interesse der **Verfahrensbeschleunigung** verhindern, dass aufgrund der Kostenbeschwerde die Entscheidung erneut in vollem Umfang in Frage gestellt wird.[95] 55

Unter den **„tatsächlichen Feststellungen"** versteht man die Feststellungen des Gerichts zu dem der Entscheidung zugrundeliegenden Sachverhalt, also keine bloßen Vermutungen, Wahrscheinlichkeits- oder Ermessensurteile. Das Beschwerdegericht ist ferner nicht an die der Kosten- und Auslagenentscheidung zugrundeliegende Rechtsauffassung des ursprünglich entscheidenden Richters gebunden,[96] jedoch sehr wohl an die **Rechtsauffassung** in der Hauptsache. Diese soll gerade nicht erneut in Frage gestellt werden. So kann das Beschwerdegericht eine Kosten- und Auslagenentscheidung zB nicht mit der Begründung abändern, dass der verurteilte Angeklagte eigentlich hätte freigesprochen werden müssen.[97] Auch das Vorliegen eines **Verfahrenshindernisses** ist daher hinzunehmen; hinterfragt werden kann hier nur die durch das Gericht deshalb erfolgte Ermessensentschei- 56

---

[88] Vgl. zB BGH 2.2.2021 – 2 StR 351/20, BeckRS 2021, 2251.
[89] Hilger in Löwe/Rosenberg Rn. 66; Bader in KMR-StPO Rn. 32; Degener in SK-StPO Rn. 31.
[90] BGH 9.3.1990 – 3 StR 73/90, BGHR StPO § 464 Abs. 3 Zuständigkeit 3; 25.11.2008 – 4 StR 414/08, NStZ-RR 2009, 96; 21.2.2017 – 2 StR 431/16, BeckRS 2017, 103572; 4.7.2018 – 2 StR 485/17, BeckRS 2018, 22943; 25.6.2019 – 2 StR 101/19, NStZ 2021, 122; 31.3.2020 – 5 StR 116/20, NStZ-RR 2020, 192; 23.9.2020 – 4 StR 270/20, BeckRS 2020, 26480; 20.12.2022 – 3 StR 417/22, NStZ-RR 2023, 128; aA für den Fall der Diversität der Beschwerdeführer bei nur einem Angeklagten: Degener in SK-StPO Rn. 33.
[91] Vgl. BGH 10.3.2021 – StB 32/20, BeckRS 2021, 5492, der offen lässt, ob etwas anderes bei Rücknahme nach Vorlage bei dem Revisionsgericht gilt; 11.9.2018 – 4 StR 406/18, BeckRS 2018, 23787.
[92] Vgl. Hilger in Löwe/Rosenberg Rn. 67; aA, da keine Anhaltspunkte für derartige Einschränkungen im Wortlaut des § 464 Abs. 3 S. 3 erblickend: Degener in SK-StPO Rn. 32.
[93] BGH 7.5.1986 – 3 StR 209/85, GA 1987, 27; Hilger in Löwe/Rosenberg Rn. 67; aA BGH 25.10.1977 – 5 StR 620/74, MDR 1978, 282; Schmidt/Zimmermann in Gercke/Temming/Zöller Rn. 25; Gieg in KK-StPO Rn. 13.
[94] BGH 17.5.2017 – 2 StR 516/16, BeckRS 2017, 1138997.
[95] Hilger in Löwe/Rosenberg Rn. 60.
[96] Vgl. KG 20.10.2015 – 1 Ws 42 + 54/15, NStZ-RR 2016, 62.
[97] Vgl. OLG Frankfurt a. M. 8.5.1996 – 3 Ws 272/96, NStZ-RR 1996, 286; Hilger in Löwe/Rosenberg Rn. 62.

§ 464a 7. Buch. 2. Abschnitt. Kosten des Verfahrens

dung nach § 467 Abs. 3 S. 2 Nr. 2.[98] Auch die erneute Überprüfung der örtlichen Zuständigkeit ist ausgeschlossen.[99]

57 **Wenn tatsächliche Feststellungen fehlen** oder **widersprüchlich** sind, darf das Beschwerdegericht grundsätzlich keine eigenen Feststellungen treffen, sondern muss die Sache unter Aufhebung der Kostenentscheidung zurückverweisen. Eine Ausnahme lässt die Rechtsprechung bei einfach gelagerten Fällen zu, bei denen sich die maßgebenden Tatsachen aus den Akten ergeben. In solch einem Fall darf das Beschwerdegericht ausnahmsweise auch selbst entscheiden.[100]

58 Das **Verschlechterungsverbot** (§ 331, § 358 Abs. 2, § 373 Abs. 2) gilt bei der Kostenbeschwerde nicht, denn dieses erfasst nur die Rechtsfolgen der Tat, zu denen die Verfahrenskosten nicht gehören. Schließlich fehlt im Beschwerdeverfahren eine den § 331 Abs. 1, § 358 Abs. 2 S. 1 entsprechende Regelung.[101]

§ 464a Kosten des Verfahrens; notwendige Auslagen

(1) ¹Kosten des Verfahrens sind die Gebühren und Auslagen der Staatskasse. ²Zu den Kosten gehören auch die durch die Vorbereitung der öffentlichen Klage entstandenen sowie die Kosten der Vollstreckung einer Rechtsfolge der Tat. ³Zu den Kosten eines Antrags auf Wiederaufnahme des durch ein rechtskräftiges Urteil abgeschlossenen Verfahrens gehören auch die zur Vorbereitung eines Wiederaufnahmeverfahrens (§§ 364a und 364b) entstandenen Kosten, soweit sie durch einen Antrag des Verurteilten verursacht sind.

(2) Zu den notwendigen Auslagen eines Beteiligten gehören auch
1. die Entschädigung für eine notwendige Zeitversäumnis nach den Vorschriften, die für die Entschädigung von Zeugen gelten, und
2. die Gebühren und Auslagen eines Rechtsanwalts, soweit sie nach § 91 Abs. 2 der Zivilprozeßordnung zu erstatten sind.

Schrifttum: Bittmann, Rechtsfragen um den Einsatz des Wirtschaftsreferenten, wistra 2011, 47; Eggert, Kostenerstattungsprobleme bei kumulativer Wahl- und Pflichtverteidigung, MDR 1984, 110; Eisenberg, Gutachterkosten in Verfahren zur Prüfung der Voraussetzungen der (vorzeitigen) Entlassung aus dem Vollzug freiheitsentziehender Rechtsfolgen, JR 2006, 57; Hilger, Über Fragen der Selbstvertretung eines Rechtsanwalts, der Verletzter einer Straftat ist, NStZ 1988, 441; Holly, Zur Erstattbarkeit der vereinbarten Verteidigervergütung, AnwBl. 1972, 72; Jakubetz, Die Rechtsprechung zur Erstattungsfähigkeit von Kosten für ein Privatgutachten im Strafprozeß, JurBüro 1999, 564; Krägeloh, Verbesserungen im Wiederaufnahmerecht durch das Erste Gesetz zur Reform des Strafverfahrensrechts (1. StVRG), NJW 1975, 137; Landgraf, Reisekosten eines auswärtigen Verteidigers, AnwBl. 1988, 282; Matzen, Erstattung von Reisekosten auswärtiger Verteidiger, AnwBl. 1972, 74; Meyer, Verteidigerhonorar als notwendige Auslage des Angeklagten bei „vorsorglicher" Einlegung eines Rechtsmittels durch die Staatsanwaltschaft, JurBüro 1975, 1537; Meyer, Gedanken zur Erstattungsfähigkeit von Kosten für private Sachverständigengutachten im Strafverfahren, JurBüro 1989, 737; Meyer, Keine Erstattung von Kosten des Verteidigers für Privatgutachten, durch das er sich sachkundig macht, nach § 464a StPO, JurBüro 1990, 1385; Meyer, Auslagenerstattung für eigene Ermittlungen des (Pflicht-) Verteidigers, JurBüro 1993, 8; Mümmler, Erstattungsfähigkeit von Rechtsanwaltskosten in Strafsachen, JurBüro 1984, 1281; Neumann, Die Kostentragungspflicht des verurteilten Angeklagten hinsichtlich der Gebühren und Auslagen des „Zwangsverteidigers", NJW 1991, 264; Peglau, Prüfung des Strafaufschubs und Sachverständigenkosten, NJW 2003, 870; Römer, Anspruch auf Urteilsübersetzung im Strafverfahren, NStZ 1981, 474; Sannwald, Entschädigungsansprüche von Kreditinstituten gegenüber auskunftsersuchenden Ermittlungsbehörden, NJW 1984, 2495; Schmidt, Das Anwaltsgebührenrecht seit der Gebührenreform 1975, NJW 1977, 2244;

---

[98] OLG Stuttgart 26.1.1983 – 3 Ws 14/83, MDR 1984, 512; Hilger in Löwe/Rosenberg Rn. 62; aA OLG Hamm 18.3.1977 – 4 Ws 82/77, NJW 1978, 654.
[99] LG Stuttgart 14.2.1986 – 14 Qs 16/86, NStZ 1987, 244; Hilger in Löwe/Rosenberg Rn. 62; Schmitt in Meyer-Goßner/Schmitt Rn. 23.
[100] BGH 4.12.1974 – 3 StR 298/74, BGHSt 26, 29 = NJW 1975, 699; Schmitt in Meyer-Goßner/Schmitt Rn. 24; Hilger in Löwe/Rosenberg Rn. 63.
[101] BGH 13.10.1953 – 1 StR 710/52, BGHSt 5, 52 = NJW 1954, 122; OLG Düsseldorf 18.11.1982 – 1 Ws 560/82, JurBüro 1983, 728; Degener in SK-StPO Rn. 30; Gieg in KK-StPO Rn. 12; Schmitt in Meyer-Goßner/Schmitt Rn. 26; Hilger in Löwe/Rosenberg Rn. 65.

Schmidt, Die Entwicklung des Anwaltsgebührenrechts im Jahre 1980, NJW 1981, 665; Schmidt, Streitfragen im Recht der „Kosten des Verfahrens" §§ 464 ff. StPO, FS Schäfer, 1980, S. 231 ff.; Sieg, Urteilsübersetzung für sprachunkundige Ausländer, MDR 1981, 281; Sieg, Anspruch auf Übersetzung eines angefochtenen Urteils im Strafverfahren – zugleich eine Erwiderung, MDR 1983, 636; Sommermeyer, Die Erstattbarkeit von Reisekosten des auswärtigen Verteidigers, NStZ 1990, 269; Wasmuth, Honoraranspruch des Verteidigers im Fall der Mehrfachverteidigung?, NStZ 1989, 348.

Übersicht

		Rn.			Rn.
I.	Übersicht	1	c) Kosten im Strafverfahren (Abs. 1 S. 2)		8
1.	Normzweck	1	d) Kosten der Vollstreckung (Abs. 1 S. 2)		15
2.	Anwendungsbereich	2	e) Kosten zur Vorbereitung eines Wiederaufnahmeantrags (Abs. 1 S. 3, § 473 Abs. 6 Nr. 1)		16
II.	Erläuterung	3			
1.	Kosten des Verfahrens	3			
	a) Allgemeines	3	2. Notwendige Auslagen		17
	b) Kosten durch Vorbereitung der öffentlichen Klage (Abs. 1 S. 2)	4	a) Verfahrensbeteiligte		18
			b) Notwendige Auslagen		19

I. Übersicht

1. Normzweck. Der durch Art. 2 Nr. 21 EGOWiG eingefügte § 464a bestimmt, was **1** zu den **Kosten des Verfahrens** bzw. den **notwendigen Auslagen** eines Beteiligten gehört. Er entspricht in seinem Absatz 1 Satz 1 inhaltlich § 1 GKG.

2. Anwendungsbereich. Die Vorschrift gilt neben dem Strafverfahren auch im Siche- **2** rungsverfahren (§§ 413 ff.) sowie im selbständigen Einziehungsverfahren (§§ 435 ff.). Kosten und Auslagen können dabei **in allen Verfahrensabschnitten** von Beginn der Ermittlungen bis zum Ende der Vollstreckung entstehen.[1] Auch die Kosten eines Wiederaufnahmeantrags gehören nach Abs. 1 S. 3 zu den Kosten des Verfahrens.

II. Erläuterung

1. Kosten des Verfahrens. a) Allgemeines. Unter den Kosten des Verfahrens ver- **3** steht man gemäß Abs. 1 S. 1 die **Gebühren und Auslagen der Staatskasse.** Gebühren sind die für die einzelnen Rechtszüge festgesetzten Pauschbeträge, die erhoben werden, wenn eine Kostengrundentscheidung nach § 464 Abs. 1 über die Kostentragungspflicht rechtskräftig vorliegt.[2] Eine Regelung der Gebühren findet sich in §§ 34 ff. GKG, KV 3110 ff. GKG, eine solche der Auslagen in KV 9000 ff. GKG. Können Aufwendungen von Behörden nicht unter die KV 9000 ff. GKG subsumiert werden, stellen sie keine Verfahrenskosten iSd § 464a Abs. 1 dar.[3] Gerichtskosten werden nicht nach § 464b festgesetzt, sondern nach § 19 Abs. 2 GKG iVm 4 ff. KostVfg im Kostenansatzverfahren bestimmt. Gegen den Kostenansatz ist die Erinnerung nach § 66 GKG möglich.

b) Kosten durch Vorbereitung der öffentlichen Klage (Abs. 1 S. 2). Zu den Kos- **4** ten des Verfahrens gehören unter anderem die **Kosten der Strafverfolgung** durch Staatsanwaltschaft, Polizei, Finanz- und Verwaltungsbehörden. Es spielt hierbei keine Rolle, ob auch tatsächlich eine Zahlung an die betreffende Behörde erfolgt oder diese aus Gründen der Gegenseitigkeit unterbleibt. Die entstandenen Beträge sind in jedem Fall gegenüber dem Kostenschuldner zu veranschlagen.[4] Von § 464a Abs. 1 S. 2 sind auch Auslagen erfasst, die

---

[1] Hilger in Löwe/Rosenberg Rn. 1; Benthin in Radtke/Hohmann Rn. 1.
[2] Benthin in Radtke/Hohmann Rn. 1.
[3] Vgl. OLG Celle 18.7.1984 – 1 Ws 7/84, OLGSt StPO 464a Nr. 4; OLG Koblenz 20.9.1994 – 1 Ws 625/94, NStZ-RR 1996, 64; Gieg in KK-StPO Rn. 2; Schmidt/Zimmermann in Gercke/Temming/Zöller Rn. 3; Benthin in Radtke/Hohmann Rn. 1.
[4] Vgl. OLG Zweibrücken 24.6.1997 – 1 Ws 313/97, NJW 1997, 2692; OLG Düsseldorf 12.5.1989 – 2 Ws 535/88, NStZ 1989, 581; Degener in SK-StPO Rn. 7.

durch Ermittlungen in einer sich nicht bestätigenden Verdachtsrichtung entstanden sind. Die Aufwendungen müssen nur im sachlichen Zusammenhang mit der Tat iSd § 264 Abs. 1 stehen.[5]

5   Typische **Kosten des Ermittlungsverfahrens** sind zB Kosten der Sicherstellung von Beweismitteln,[6] der Blutalkoholbestimmung, der Untersuchung von Lebensmittelproben,[7] der Zwangsernährung[8] sowie der einstweiligen Unterbringung und Untersuchungshaft, es sei denn, der Beschuldigte hat gearbeitet oder sich zumindest ernsthaft um Arbeit bemüht.[9] Auch die Kosten für eine Telefonüberwachung (§ 23 JVEG iVm KV 9005 GKG) nebst den ggf. anfallenden Dolmetscherkosten zählen hierunter. Dies verstößt nicht gegen Art. 3 Abs. 3 S. 1 GG. Eine analoge Anwendung von Art. 6 Abs. 3 lit. e EMRK ist verfassungsrechtlich nicht geboten.[10]

6   **Keine Kosten des Ermittlungsverfahrens** stellen dagegen Belohnungen oder Entschädigungen für Dritte[11] dar oder die Aufwendungen, die ein Kreditinstitut zur Abwendung der Beschlagnahme von Unterlagen aufbringen muss,[12] oder die bei einer Krankenkasse zur Ermittlung der Schadenshöhe entstehen.[13]

7   Wird gegen **mehrere Täter** ermittelt, werden die Ermittlungskosten diesen nach dem Rechtsgedanken des § 466 S. 2 gegenseitig zugerechnet. Soweit sie wegen derselben Tat verurteilt werden, haften die Täter gesamtschuldnerisch, unabhängig davon, ob sie im Zeitpunkt der konkreten Untersuchungshandlung bereits Tatverdächtige waren. Keine gesamtschuldnerische Haftung tritt dagegen bei weiteren selbständigen Taten ein, für die nur einer der Täter verurteilt wird.[14]

8   **c) Kosten im Strafverfahren (Abs. 1 S. 2).** Auch die im Zwischen- und Hauptverfahren anfallenden Kosten sind solche iSd Abs. 1 S. 2. Hierzu zählen zB die **Entschädigung von Zeugen und Sachverständigen.** Ferner fallen die Kosten für den Einzeltransport eines inhaftierten Zeugen hierunter.[15]

9   Beim **Zeugenbeistand** ist zu differenzieren, ob es sich um einen gewählten oder einen gerichtlich beigeordneten Zeugenbeistand handelt. Letzterer erhält für die Dauer der Vernehmung iSd § 68b Abs. 2 S. 1 nur eine Gebühr nach VV 4301 Ziff. 4 RVG.[16]

---

[5] Benthin in Radtke/Hohmann Rn. 2.
[6] LG Berlin 19.8.2005 – 505 Qs 140/05, NStZ 2006, 56.
[7] Schmitt in Meyer-Goßner/Schmitt Rn. 2.
[8] LG Frankfurt a. M. 21.7.1977 – 2/24 S 46/77, NJW 1977, 1924.
[9] BVerfG 17.3.1999 – 2 BvR 2248/98, NStZ-RR 1999, 255; OLG Nürnberg 5.1.1999 – Ws 1549/98, NStZ-RR 1999, 190; Benthin in Radtke/Hohmann Rn. 3.
[10] BVerfG 7.10.2003 – 2 BvR 2118/01, NJW 2004, 1095; OLG Koblenz 3.8.2000 – 2 Ws 486/00, Rpfleger 2000, 565; OLG Karlsruhe 31.8.2005 – 1 Ws 135/05, StV 2006, 34; OLG Düsseldorf 12.12.2012 – 1 Ws 286/12, BeckRS 2013, 11935; LG Koblenz 4.5.2000 – 2101 Js 19937/97 – 12 KLs, NStZ 2001, 221; ausführlicher dazu Gieg in KK-StPO Rn. 3.
[11] Hilger in Löwe/Rosenberg Rn. 15; Benthin in Radtke/Hohmann Rn. 4; Gieg in KK-StPO Rn. 3; Schmitt in Meyer-Goßner/Schmitt Rn. 2.
[12] BGH 8.9.1981 – 4 BJs 165/80, NStZ 1982, 118; Gieg in KK-StPO Rn. 4d; aA OLG Düsseldorf 10.4.1984 – 3 Ws 448/83, wistra 1985, 123; LG Hildesheim 1.2.1982 – 15 Qs 5/82, NStZ 1982, 336; Sannwald NJW 1984, 2495 mwN.
[13] OLG Koblenz 29.1.1992 – 1 Ws 37/92, NStZ 1992, 300; Gieg in KK-StPO Rn. 4d; Benthin in Radtke/Hohmann Rn. 4.
[14] OLG Karlsruhe 31.8.2005 – 1 Ws 135/05, StV 2006, 34; Hilger in Löwe/Rosenberg Rn. 13; Gieg in KK-StPO Rn. 3; Benthin in Radtke/Hohmann Rn. 2.
[15] OLG Hamm 27.6.2000 – 2 Ws 90/2000, NStZ-RR 2000, 320; Benthin in Radtke/Hohmann Rn. 5.
[16] KG 26.9.2011 – Ws 52/10, BeckRS 2012, 12352; KG 18.1.2007 – 1 Ws 2/07, BeckRS 2009, 89220; OLG Hamm 23.10.2007 – 1 Ws 711/07, NStZ-RR 2008, 96; OLG Bamberg 14.4.2008 – 1 Ws 157/08, DAR 2008, 493; OLG Karlsruhe 28.10.2008 – 1 Ws 176/08, StraFo 2009, 262; OLG Düsseldorf 5.2.2009 – III-3 Ws 451/08, 3 Ws 451/08, Rpfleger 2009, 528; OLG Jena 9.2.2009 – 1 Ws 370/08, BeckRS 2009, 11629; OLG Hamm 14.7.2009 – 2 Ws 159/09, StraFo 2009, 474; OLG Braunschweig 6.7.2010 – Ws 163/10, Nds. Rpfl. 2010, 339; OLG Hamburg 1.2.2011 – 2 Ws 95/10, wistra 2011, 120; OLG Brandenburg 21.2.2011 – 1 Ws 123/10, BeckRS 2011, 7494; aA OLG Köln 6.1.2006 – 2 Ws 9/06, NStZ 2006, 410; OLG Koblenz 11.4.2006 – 1 Ws 201/06, NStZ-RR 2006, 254; KG

Für den gewählten Zeugenbeistand trägt der Zeuge dagegen – verfassungsrechtlich unbedenklich – die Kosten selbst.[17]

Sachverständigengutachten werden von § 464a Abs. 1 S. 2 erfasst. Dies gilt auch für 10 von Wirtschaftsreferenten der Staatsanwaltschaft verfasste Gutachten. Die Kosten hierfür sind als fiktive Kosten des Verfahrens gegen den Verurteilten anzusetzen.[18] Für die Abgrenzung zwischen einem Sachverständigengutachten und bloßen technischen Unterstützungsleistungen ist maßgebend, ob es zur Durchführung des Auftrags besonderer Sachkunde bedarf. Ein externer Dienstleister, der von der Staatsanwaltschaft beauftragt wurde, Durchsuchungen durch Lokalisierung von Serverstandorten vorzubereiten, während der Durchsuchungen Verschleierungsmaßnahmen entgegenzuwirken und im Anschluss beschlagnahmte Datenträger nach vorgegebenen Kriterien auf ihre strafrechtliche Bedeutung auszuwerten, wird als Sachverständiger tätig.[19]

Zu den erstattungsfähigen Kosten des Verfahrens gehört auch die **Vergütung für** 11 **einen Pflichtverteidiger** (KV 9007 GKG).[20] Die Beiordnung eines Pflichtverteidigers soll faire Verteidigungsmöglichkeiten gewährleisten, nicht jedoch den Beschuldigten dauerhaft von den Kosten entlasten.[21] Art. 6 Abs. 2 lit. c EMRK hindert den Rückgriff auf den Verurteilten zumindest dann nicht, wenn dieser im Zeitraum einer möglichen Erstattung leistungsfähig ist.[22] Ein Kostenansatz erfolgt jedoch in jedem Fall.[23] Zu den erstattungsfähigen Auslagen des Pflichtverteidigers gehören zB Dolmetscher-, Kopier-, Reise- und Übernachtungskosten. Ob die Pflichtverteidigervergütung auch dann anzusetzen ist, wenn der Pflichtverteidiger zur Verfahrenssicherung neben einem Wahlverteidiger (oder einem weiteren Pflichtverteidiger) bestellt wurde, ist umstritten.[24] Dies erscheint vor allem problematisch, wenn die Bestellung allein im öffentlichen Interesse erfolgte (näher dazu → Rn. 22).

Art. 103 GG, Art. 6 Abs. 3 Buchst. e EMRK gebieten es, dass die Verteidigung der 12 Gerichtssprache (§ 184 GVG) Unkundiger nicht durch erhöhte Kostenrisiken beeinträchtigt wird. Der Angeklagte ist daher endgültig von den **Kosten für Dolmetscher,** die im Strafverfahren herangezogen wurden, um für einen der deutschen Sprache nicht ausreichend mächtigen oder hör- bzw. sprachbehinderten Beschuldigten verteidigungsbedeutsame Erklärungen oder Schriftstücke zu übersetzen, freizustellen, nicht nur im Falle eines Freispruchs, sondern auch bei Verurteilung.[25]

Auch im Rahmen der **Briefkontrolle** erforderliche Übersetzungen dürfen grund- 13 sätzlich nicht angesetzt werden. Der in Untersuchungshaft Befindliche hat jedoch keinen Anspruch auf unbeschränkte Korrespondenz in fremder Sprache, wenn hierdurch im

---

18.7.2005 – 3 Ws 323/05, NStZ-RR 2005, 358; OLG Dresden 6.11.2008 – 2 Ws 103/08, NJW 2009, 455; OLG Stuttgart 14.11.2006 – 1 Ws 331/06, NStZ 2007, 343; OLG Brandenburg 26.2.2007 – 1 Ws 23/07, NStZ-RR 2007, 287.

17 BVerfG 12.4.1983 – 2 BvR 307/83, NStZ 1983, 374; Gieg in KK-StPO Rn. 4c.
18 OLG Koblenz 4.12.1997 – 1 Ws 719/97, NStZ-RR 1998, 127; KG 16.3.2015 – 1 Ws 8/15, BeckRS 2015, 11308; Bittmann wistra 2011, 47 (54).
19 OLG Frankfurt a. M. 26.5.2020 – 2 Ws 89/19, 2 Ws 90/19, 2 Ws 91/19, BeckRS 2020, 14095.
20 Zur Verteidigung durch einen Rechtsreferendar, § 142 Abs. 2, vgl. Nr. 107 Abs. 2 RiStBV; zum Vergütungsanspruch eines Hochschullehrers vgl. OLG Düsseldorf 27.9.1994 – 1 Ws 637/94, NStZ 1996, 99; zum Vergütungsanspruch eines Angehörigen steuerberatender Berufe vgl. §§ 392, 408 AO.
21 Bader in KMR-StPO Rn. 9.
22 EKMR 6.5.1982 – 9365/81, StV 1985, 89; OLG München 12.11.1980 – 2 Ws 1205/80, NJW 1981, 534; aA OLG Düsseldorf 21.3.1985 – 5 Ws 2/84, NStZ 1985, 370.
23 Vgl. BGH 6.6.1994 – 5 StR 180/94, BGHR StPO § 464a Abs. 1 S. 1 Auslagen 1; OLG Köln 5.2.1991 – 2 Ws 580/90, MDR 1992, 72.
24 Einen Kostenansatz bejahend EGMR 25.9.1992 – 62/1991/314/385, EuGRZ 1992, 542; OLG Zweibrücken 13.10.1989 – 1 Ws 417/89, NJW 1991, 309 mablAnm Beulke; mzustAnm dagegen Mümmler JurBüro 1990, 238; OLG Bamberg 19.11.1987 – Ws 500/87, JurBüro 1988, 199. Gegen einen Kostenansatz in diesem Fall, da dies dem Prinzip der freien Verteidigerwahl zuwiderlaufe: Benthin in Radtke/Hohmann Rn. 6; Hilger in Löwe/Rosenberg Rn. 3; Neumann NJW 1991, 264 (267 f.); vgl. auch BVerfG 28.3.1984 – 2 BvR 275/83, NJW 1984, 2403.
25 Benthin in Radtke/Hohmann Rn. 4.

§ 464a 14–16   7. Buch. 2. Abschnitt. Kosten des Verfahrens

Rahmen der Briefkontrolle unverhältnismäßig hohe Kosten zulasten der Staatskasse entstehen.[26]

14 Keine anzusetzenden Kosten des Strafverfahrens stellen Auslagen für die **Übersetzung von Haftbefehlen und Anklageschriften** dar.[27] Ansatzfähig sind dagegen die Kosten für die **Übersetzung von Aktenteilen**[28] und **Haftentscheidungen**.[29] Der Verurteilte hat keinen Anspruch auf die **Übersetzung des schriftlichen Urteils,** wenn ihm die Urteilsgründe bei der Verkündung übersetzt worden sind, und er einen Verteidiger hatte.[30]

15 **d) Kosten der Vollstreckung (Abs. 1 S. 2).** Unter Kosten der Vollstreckung versteht man diejenigen Kosten, die nach Rechtskraft des Urteils (§ 449) bei Um- und Durchsetzung der darin enthaltenen Rechtsfolgen (§§ 38–76b StGB) anfallen.[31] Dazu zählen zB die von den Vollzugsanstalten erhobenen **Haftkostenbeiträge** für Unterkunft und Verpflegung (§ 50 Abs. 1 S. 1, § 130 StVollzG) und nach hM auch die Aufwendungen für kriminalprognostische Sachverständigen-**Gutachten** nach § 454 Abs. 2, § 463 Abs. 3 zu der Frage, ob Strafen oder Maßregeln zur Bewährung ausgesetzt werden.[32] Die Kosten für ein Gutachten zur Haftfähigkeit iSd § 455[33] fallen dagegen ebenso wenig unter § 464a Abs. 1 S. 2 wie die Aufwendungen für Drogenscreenings[34] oder andere durch die Erfüllung von führungsaufsichtlichen Weisungen entstandene Kosten.[35]

16 **e) Kosten zur Vorbereitung eines Wiederaufnahmeantrags (Abs. 1 S. 3, § 473 Abs. 6 Nr. 1).** § 464a Abs. 1 S. 3 bestimmt, dass auch die Kosten zur **Vorbereitung eines Wiederaufnahmeantrags** (§§ 364a und 364b) zu den Kosten eines Antrags auf Wiederaufnahme des durch ein rechtskräftiges Urteil abgeschlossenen Verfahrens gehören. Durch diese Regelung wollte der Gesetzgeber die Stellung völlig aussichtsloser Anträge verhindern und dem Verurteilten dessen Wiederaufnahmevorhaben sich nach der Vorprüfung als aussichtslos erweist, das Absehen von einem entsprechenden Antrag erleichtern. Bei Stellung eines erfolglosen Antrags wird er nämlich mit den Kosten belastet, während er bei Verzicht auf einen Antrag mangels ablehnender gerichtlicher Entscheidung keine Kosten tragen muss.[36] Der Satzteil „soweit sie durch einen Antrag des Verurteilten verursacht worden sind" hat keine eigenständige Bedeutung.[37]

---

[26] BVerfG 7.10.2003 – 2 BvR 2118/01, NJW 2004, 1095; OLG München 16.3.1984 – 1 Ws 87/84, NStZ 1984, 332; Bader in KMR-StPO Rn. 6; Benthin in Radtke/Hohmann Rn. 4.
[27] Benthin in Radtke/Hohmann Rn. 7.
[28] OLG Düsseldorf 19.3.1986 – 1 Ws 182/86, MDR 1986, 958; Benthin in Radtke/Hohmann Rn. 7.
[29] OLG Köln 7.5.1982 – 1 Ss 263/82 – 152, VRS 63 (1982), 457; OLG Stuttgart 23.4.1986 – 1 Ws 93/86, Justiz 1986, 307; Benthin in Radtke/Hohmann Rn. 7.
[30] BVerfG 17.5.1983 – 2 BvR 731/80, NJW 1983, 2762; BGH 16.9.1980 – 1 StR 468/80, BeckRS 1980, 151; OLG Köln 30.9.2011 – 2 Ws 589/11, NStZ 2012, 471; Gieg in KK-StPO Rn. 4b mwN; aA Sieg MDR 1981, 281; Sieg MDR 1983, 636; Römer NStZ 1981, 474.
[31] Benthin in Radtke/Hohmann Rn. 8; Bader in KMR-StPO Rn. 4.
[32] BVerfG 27.6.2006 – 2 BvR 1392/02, JR 2006, 480; BGH 10.11.1999 – 2 Ars 418/99, NJW 2000, 1128 f.; OLG Karlsruhe 17.4.2003 – 1 Ws 229/02, NStZ-RR 2003, 350; OLG Koblenz 4.5.2005 – 2 Ws 274/05, StraFo 2005, 348; OLG Düsseldorf 14.9.2006 – 4 Ws 446/06, JR 2007, 129; OLG Frankfurt a. M. 17.6.2010 – 2 Ws 134/09, NStZ 2010, 719; Schmitt in Meyer-Goßner/Schmitt Rn. 3; aA unter Berufung darauf, dass es sich um keine unmittelbare Folge des Urteils handle, dies resozialisierungshemmend und daher mit dem StVollzG nicht vereinbar sei und man aus § 121 StVollzG vielmehr schließen könne, dass derartige Kosten nicht erfasst seien: OLG Hamm 4.9.2000 – 2 Ds 189/00, NStZ 2001, 167; Eisenberg JR 2006, 57 ff.; eine eigene Kostengrundentscheidung favorisierend: Hilger in Löwe/Rosenberg Rn. 18a.
[33] OLG Koblenz 8.1.1997 – 2 Ws 766/96, NStZ 1997, 256; Gieg in KK-StPO Rn. 5; Degener in SK-StPO Rn. 9; aA OLG Karlsruhe 17.10.2019 – 1 Ws 178/19, BeckRS 2019, 29115; danach differenzierend, wer den Sachverständigen bestellt hat: Peglau NJW 2003, 870.
[34] OLG München 19.7.2012 – 1 Ws 509 + 511/12, NStZ-RR 2012, 324; Schmitt in Meyer-Goßner/Schmitt Rn. 3; vgl. aber LG Bamberg 4.10.2012 – I StVK 62/12, NStZ-RR 2013, 125.
[35] OLG Dresden 27.5.2008 – 2 Ws 256/08, NStZ 2009, 268; OLG Jena 16.5.2011 – 1 Ws 74/11, NStZ-RR 2011, 296.
[36] Degener in SK-StPO Rn. 10; Hilger in Löwe/Rosenberg Rn. 20; Schmidt/Zimmermann in Gercke/Temming/Zöller Rn. 7; Krägeloh NJW 1975, 137 (139).
[37] Vgl. Hilger in Löwe/Rosenberg Rn. 20; Schmitt in Meyer-Goßner/Schmitt Rn. 4; Bader in KMR-StPO Rn. 5; Krägeloh NJW 1975, 137 (139).

2. Notwendige Auslagen. Notwendige Auslagen sind die **in Geld messbaren Auf-** 17
wendungen eines Verfahrensbeteiligten, die zur zweckentsprechenden Rechtsverfolgung
oder zur Geltendmachung prozessualer Rechte erforderlich waren.[38] Abs. 2 nennt zwei
Beispiele für notwendige Auslagen. Die Aufzählung ist jedoch, wie sich aus dem Wortlaut
(„gehören auch") ergibt, nicht abschließend.[39]

a) Verfahrensbeteiligte. Verfahrensbeteiligt sind zB Beschuldigte, Privat- und Neben- 18
kläger, Verletzte nach § 373b, Anschlussberechtigte, Antragsteller im Adhäsionsverfahren,
Nebenbeteiligte und von strafprozessualen Maßnahmen betroffene Dritte (zB Zeugen im
Verfahren nach § 51 oder Verteidiger im Verfahren nach § 138a ff., § 145 Abs. 4).[40] Auch
die Auslagen des gesetzlichen Vertreters sind erstattungsfähig, wenn dieser kraft eigenen
Rechts auf Seiten des Angeschuldigten steht (§ 298, § 67 JGG).[41] Die **Auslagen Dritter**
sind grundsätzlich nicht erstattungsfähig. Der Verfahrensbeteiligte kann aber Auslagen Dritter als eigene geltend machen, wenn er gegenüber dem Dritten zur Rückerstattung verpflichtet ist (zB bei Vorleistung der Kosten für die Strafverteidigung eines Angestellten durch
den Arbeitgeber, wenn der Tatvorwurf im Zusammenhang mit der Berufsausübung steht
und eine – zumindest konkludente – Rückerstattungsvereinbarung zwischen dem Arbeitgeber und dem Arbeitnehmer vorliegt).[42] Die Auslagenerstattung des Verfahrensbeteiligten ist
auch nicht dadurch gehindert, dass dieser wegen der Auslagen auch einen Dritten, zB eine
Rechtsschutzversicherung, in Anspruch nehmen kann. Es kann dem Erstattungspflichtigen
nicht zugute kommen, wenn der Erstattungsberechtigte entsprechend durch eigene Aufwendungen vorgesorgt hat. Die Beiträge zur Rechtsschutzversicherung als solche stellen
jedoch keine erstattungsfähigen Auslagen dar.[43]

b) Notwendige Auslagen. aa) Allgemeines. Die Notwendigkeit von Auslagen ist 19
bei Wahrnehmung prozessualer Rechte regelmäßig indiziert und nur ausnahmsweise abzulehnen.[44] **Maßgeblicher Zeitpunkt** für die Beurteilung, ob eine Auslage „notwendig"
ist, ist der Zeitpunkt der Vornahme der kostenverursachenden Handlung.[45]

bb) Entschädigung für notwendige Zeitversäumnis (Abs. 2 Nr. 1). Abs. 2 Nr. 1 20
verweist bzgl. der Entschädigung für notwendige Zeitversäumnis auf die Vorschriften des
JVEG. Es handelt sich hierbei um eine **Rechtsfolgenverweisung.** Es ist daher nicht nur
die Zeitversäumnis, die durch gerichtliche oder staatsanwaltschaftliche Termine entstanden ist, zu entschädigen, sondern auch die für Verteidigerbesuche, polizeiliche Vernehmungen und sonstigen verfahrensbedingten Zeitverlust.[46] Ein Verdienstausfall kann erstattet werden, wenn bei vernünftiger Einschätzung der Lage der Zeitaufwand notwendig
erscheint, um eine sachgerechte Verteidigung gegen den speziellen Tatvorwurf vorzubereiten.[47] Eine Entschädigung für Verdienstausfall nach § 22 S. 1 JVEG steht nur demjeni-

---

[38] KG 20.2.2012 – 1 Ws 72/09, StraFo 2012, 380; Gieg in KK-StPO Rn. 6; Hilger in Löwe/Rosenberg Rn. 21.
[39] Vgl. auch Hilger in Löwe/Rosenberg Rn. 21.
[40] Statt vieler Bader in KMR-StPO Rn. 13.
[41] Benthin in Radtke/Hohmann Rn. 11; Schmitt in Meyer-Goßner/Schmitt Rn. 17.
[42] Vgl. OLG Zweibrücken 12.3.1992 – 1 Ws 561/91, 1 Ws 562/91, StV 1993, 136 f.; Gieg in KK-StPO Rn. 6; Hilger in Löwe/Rosenberg Rn. 23.
[43] Vgl. OLG Frankfurt a. M. 19.2.1970 – 2 Ws 11/70, NJW 1970, 1695; Hilger in Löwe/Rosenberg Rn. 24; Gieg in KK-StPO Rn. 6 f.; Bader in KMR-StPO Rn. 12; aA LG Hamburg 5.3.1962 – (33) Qs 55/62, MDR 1962, 757.
[44] Benthin in Radtke/Hohmann Rn. 12.
[45] OLG Düsseldorf 21.4.1997 – 2 Ws 108/97, NStZ 1997, 511; LG Verden 23.5.1969 – 2 Qs 48/69, VersR 1970, 558; Gieg in KK-StPO Rn. 6; Hilger in Löwe/Rosenberg Rn. 21; Degener in SK-StPO Rn. 12; Benthin in Radtke/Hohmann Rn. 12.
[46] Vgl. OLG Düsseldorf 2.3.2000 – 1 Ws 1041/99, StV 2000, 434; OLG Hamm 20.3.1996 – 2 Ws 624/95, NStZ 1996, 356; anders noch OLG Hamm 10.11.1972 – 3 Ws 61/72, NJW 1973, 259; ausführlicher zur Auslegung der Vorschrift Hilger in Löwe/Rosenberg Rn. 25 f.; weitere Beispiele für erstattungsfähigen Zeitverlust bei Bader in KMR-StPO Rn. 15.
[47] LG Marburg 23.11.1984 – 4 Qs 258/84, Rpfleger 1985, 211; LG Bayreuth 20.5.1987 – Qs 44/87, JurBüro 1987, 1355; Hilger in Löwe/Rosenberg Rn. 29.

gen zu, der tatsächlich einen Verdienstausfall erleidet. Daran fehlt es bei der Inanspruchnahme bezahlten Urlaubs.[48]

21   cc) **Gebühren und Auslagen eines Rechtsanwalts (Abs. 2 Nr. 2).** Der Beschuldigte darf sich gemäß § 137 Abs. 1 S. 1 in jeder Lage des Verfahrens eines Verteidigers bedienen. Im Kostenfestsetzungsverfahren darf daher nicht geprüft werden, ob die Zuziehung eines Rechtsanwalts überhaupt notwendig war oder der Beschuldigte sich hätte selbst verteidigen können.[49] Die **Notwendigkeit der Auslagen** ist auch bei der Teilnahme des Verteidigers an der Revisionsverhandlung oder bei der Reise zur Akteneinsicht, wenn die Akten nicht übersandt werden, zu bejahen.[50] Zu den notwendigen Auslagen eines Rechtsanwalts gehören ferner zB Reisekosten zu auswärtigen Terminen (VV 7003–7006 RVG),[51] Kopierkosten bzw. Kosten für die Vervielfältigung durch Einscannen der Gerichtsakte und Abspeichern als Datei auf einem Datenträger (VV 7000 RVG)[52] und Postgebühren (VV 7001 RVG).[53] Umstritten ist dagegen, ob das Tätigwerden eines Rechtsanwalts nach Einlegung eines Rechtsmittels zu Ungunsten des Angeklagten durch die Staatsanwaltschaft und vor Begründung des Rechtsmittels zu den notwendigen Auslagen zählt, wenn die Staatsanwaltschaft ihr Rechtsmittel später, noch vor dessen Begründung, zurücknimmt. Dies wird teilweise verneint, da dem Angeklagten zumutbar sei, abzuwarten, ob und wie die Staatsanwaltschaft ihr Rechtsmittel begründe. Vorher stelle die Tätigkeit eines Rechtsanwalts, insbesondere der formularmäßige Verwerfungsantrag eine nicht verfahrensfördernde und damit überflüssige Maßnahme dar.[54] Eine andere Ansicht unterscheidet zwischen einer vorsorglich eingelegten Revision und einer vorsorglich eingelegten Berufung, da nur bei ersterer eine Begründung nach § 344 zwingend sei.[55] Vorzugswürdig erscheint jedoch, die Vergütung des Rechtsanwalts auch in dieser Konstellation stets zu bejahen, da ein Angeklagter eben gerade nicht bis zur Rechtsmittelbegründung abwarten muss, um Verteidigungsmaßnahmen zu ergreifen.[56] Dies gebietet bereits der aus Art. 20 GG ableitbare Anspruch des Angeklagten, seine Verteidigung optimal vorbereiten und durchführen zu können. Die Gegenansicht ist mit

---

[48] OLG Karlsruhe 29.10.2020 – 2 Ws 252/20, BeckRS 2020, 34823.
[49] OLG Düsseldorf 2.10.1989 – 2 Ws 475/89, NStZ 1990, 204; OLG Saarbrücken 18.6.1999 – 1 Ws 65/99, JurBüro 1999, 592; Hilger in Löwe/Rosenberg Rn. 31; Gieg in KK-StPO Rn. 10; Degener in SK-StPO Rn. 21. Zur Erstattbarkeit von Gebühren und Auslagen bei nach § 137 Abs. 1 S. 2, § 146 unzulässiger Verteidigung vgl. Hilger in Löwe/Rosenberg Rn. 33; Wasmuth NStZ 1989, 348.
[50] Zur Teilnahme an der Revisionsverhandlung vgl. EGMR 25.4.1983 – 2/1982/48/77, NStZ 1983, 373; BVerfG 18.10.1983 – 2 BvR 462/82, NJW 1984, 113 f.; OLG Hamm 10.11.1972 – 3 Ws 61/71, NJW 1973, 259; Benthin in Radtke/Hohmann Rn. 13; Gieg in KK-StPO Rn. 10; Hilger in Löwe/Rosenberg Rn. 31; zur Anreise zur Akteneinsicht: OLG Celle 22.1.1985 – 1 Ws 25/85, StV 1986, 208; Benthin in Radtke/Hohmann Rn. 13.
[51] Vgl. LG Coburg 27.4.1976 – 3 Qs 54/76, MDR 1976, 779; Schmitt in Meyer-Goßner/Schmitt Rn. 11.
[52] OLG Karlsruhe 12.4.1972 – 1 Ws 57/72, NJW 1972, 1480; OLG Bamberg 26.6.2006 – 1 Ws 261/06, StraFo 2006, 389; Gieg in KK-StPO Rn. 11.
[53] Bader in KMR-StPO Rn. 27.
[54] OLG Karlsruhe 8.5.1981 – 3 Ws 114/81, NStZ 1981, 404; OLG Celle 30.3.1995 – 5 Ws 33/95, NStZ-RR 1996, 63; OLG Frankfurt a. M. 17.3.1999 – 2 Ws 33/99, NStZ-RR 1999, 351; OLG Koblenz 3.7.2006 – 2 Ws 424/06, NStZ 2007, 423; KG 27.4.2010 – 1 Ws 61/10, JurBüro 2010, 599; OLG Bremen 14.6.2011 – Ws 61/11, NStZ-RR 2011, 391; OLG Koblenz 21.8.2014 – 2 Ws 376/14, BeckRS 2014, 17570; OLG Köln 3.7.2015 – 2 Ws 300/14, NStZ-RR 2015, 294; OLG Koblenz 16.6.2018 – 1 Ws 550/16, BeckRS 2018, 39779; OLG Brandenburg 27.1.2020 – 1 Ws 214/19, BeckRS 2020, 1085; OLG Hamm 13.4.2021 – 4 Ws 22/21, BeckRS 2021, 16545; OLG Brandenburg 21.2.2022 – 2 Ws 169/21, BeckRS 2022, 3970; LG Hannover 15.10.1975 – 33 Qs 188/75, NJW 1976, 1111 mkrit-Anm Beulke.
[55] Vgl. OLG Düsseldorf 25.9.1978 – 1 Ws 726/78, JurBüro 1979, 231; LG Hannover 19.5.1976 – 33 Qs 57/76, NJW 1976, 2031; LG Bayreuth 9.1.1986 – Qs 377/85, JurBüro 1986, 737.
[56] OLG Celle 3.11.1982 – 3 Ws 300/82, NStZ 1983, 129; OLG Stuttgart 28.4.1993 – 1 Ws 110/93, StV 1993, 651; 2.4.1998 – 3 Ws 102/95, 3 Ws 103/95, StV 1998, 615; vgl. auch Hilger in Löwe/Rosenberg Rn. 37 mwN; Gieg in KK-StPO Rn. 10; Schmidt/Zimmermann in Gercke/Temming/Zöller Rn. 11; Degener in SK-StPO Rn. 23 f.; Steinberger-Fraunhofer in Satzger/Schluckebier/Widmaier StPO Rn. 17; Meyer JurBüro 1975, 1537; Schmidt NJW 1981, 665 (667).

dem Prinzip der „Chancengleichheit" im Strafverfahren schwer vereinbar. Ferner übersieht die Gegenmeinung, dass in der Praxis häufig erst ein Verwerfungsantrag zu einem Gespräch zwischen Staatsanwaltschaft und Verteidiger über eine mögliche Rücknahme oder Beschränkung des Rechtsmittels führt.[57] Nach § 464a Abs. 2 Nr. 2 iVm § 91 Abs. 2 S. 1 ZPO sind die gesetzlichen Gebühren und Auslagen zu erstatten. Eine die gesetzliche Vergütung übersteigende Honorarvereinbarung ist unbeachtlich.[58]

Erstattet werden grundsätzlich die gesetzlichen Gebühren eines Rechtsanwalts, die **mehrerer Rechtsanwälte** nur insoweit, als sie die Kosten eines Rechtsanwalts nicht übersteigen oder falls ein Anwaltswechsel aus nicht vom Angeklagten zu vertretenden Gründen notwendig war, § 464a Abs. 2 Nr. 2 iVm § 91 Abs. 2 S. 2 ZPO. Diese Beschränkung ist auch mit dem Grundsatz des fairen, rechtsstaatlichen Verfahrens vereinbar. Der Beschuldigte hat zwar das Recht, sich von bis zu drei Rechtsanwälten seines Vertrauens vertreten zu lassen (§ 137 Abs. 1 S. 2). Daraus folgt jedoch nicht, dass er auch sämtliche Kosten hierfür erstattet bekommen muss. Zur Gewährleistung eines fairen Verfahrens reicht es nämlich in der Regel aus, wenn ein Rechtsanwalt tätig wird. Dies gilt auch für umfangreiche und schwierige Verfahren.[59] Dem Freigesprochenen sind die Kosten und Auslagen von zwei Wahlverteidigern nur dann zu erstatten, wenn seine Verteidigung im Hinblick auf Umfang, Schwierigkeit und Komplexität durch nur einen Wahlverteidiger nicht möglich war.[60] Daher sind die Gebühren eines Wahlverteidigers, wenn zuvor bereits ein Pflichtverteidiger bestellt war, auch um die an den Pflichtverteidiger gezahlten Gebühren zu kürzen.[61] Eine Kürzung findet jedoch dann nicht statt, wenn das Gericht die Bestellung des Pflichtverteidigers entgegen § 143 nicht zurückgenommen hat.[62] Erfolgte die Pflichtverteidigerbestellung erst nach Tätigwerden eines Wahlverteidigers, sind die Gebühren und Auslagen des Wahlverteidigers in voller Höhe erstattungsfähig, es sei denn der Angeklagte oder sein Wahlverteidiger haben die Bestellung des Pflichtverteidigers zu vertreten.[63] Wurde ein zweiter Pflichtverteidiger jedoch allein zur Verfahrenssicherung unter Fürsorgegesichtspunkten bestellt, sind die Auslagen beider Pflichtverteidiger als notwendig iSd § 464a anzusehen.[64] Grundsätzlich hat auch der Terminsvertreter, der lediglich wegen Verhinderung des eigentlichen Pflichtverteidigers für einen bestimmten Abschnitt der Hauptverhandlung bestellt wurde, einen umfassenden Erstattungsanspruch.[65] Im Steuerstrafverfahren können die Kosten für die Mitwirkung eines Steuerberaters neben dem Rechtsanwalt erstattungsfähig sein.[66]

---

[57] So auch Hilger in Löwe/Rosenberg Rn. 37.
[58] BVerfG 6.11.1984 – 2 BvL 16/83, NJW 1985, 727; OLG Düsseldorf 25.7.1985 – 1 Ws 374/85, MDR 1986, 167; OLG Koblenz 30.4.1985 – 1 Ws 215/85, MDR 1985, 868; Hilger in Löwe/Rosenberg Rn. 40 mwN; krit. Degener in SK-StPO Rn. 41; Holly AnwBl. 1972, 72; zum Vergütungsanspruch bei Tätigwerden eines Rechtsreferendars vgl. KG 14.2.1972 – 1 Ws 336/71, NJW 1972, 1872.
[59] Vgl. BVerfG 6.11.1984 – 2 BvL 16/83, NJW 1985, 727; 30.7.2004 – 2 BvR 1436/04, NJW 2004, 3319; OLG Düsseldorf 8.8.2002 – 3 Ws 256/02, StraFo 2003, 30; Gieg in KK-StPO Rn. 13.
[60] Vgl. OLG Braunschweig 20.6.2019 – 1 Ws 292/18, BeckRS 2019, 12722.
[61] OLG Jena 16.9.2011 – 1 Ws 417/11, BeckRS 2011, 28905; OLG Nürnberg 14.12.1982 – Ws 868/82, MDR 1983, 780; Gieg in KK-StPO Rn. 13; Schmidt/Zimmermann in Gercke/Temming/Zöller Rn. 16; krit. Eggert MDR 1984, 110.
[62] OLG Oldenburg 22.10.2009 – 1 Ws 576/09, NStZ-RR 2010, 63; OLG Frankfurt a. M. 11.3.1998 – 2 Ws 24/98, NStZ-RR 1998, 287; OLG München 9.2.1981 – 2 Ws 86/81 K, MDR 1981, 517; Gieg in KK-StPO Rn. 13.
[63] BVerfG 28.3.1984 – 2 BvR 275/83, NJW 1984, 2403; OLG Düsseldorf 8.8.2002 – 3 Ws 256/02, StraFo 2003, 30; Benthin in Radtke/Hohmann Rn. 20.
[64] OLG Köln 13.12.2002 – 2 Ws 634/02, NJW 2003, 2038; OLG Düsseldorf 4.5.2005 – III-3 Ws 62/05, 3 Ws 62/05, StV 2006, 32; OLG Dresden 19.10.2006 – 1 Ws 206/06, StraFo 2007, 126; OLG Jena 16.9.2011 – 1 Ws 417/11, StraFo 2012, 163; OLG Brandenburg 25.10.2012 – 2 Ws 176/12, NStZ-RR 2013, 95; OLG Celle 4.9.2018 – 1 Ws 71/18, BeckRS 2018, 23411; OLG Brandenburg 14.4.2022 – 2 Ws 19/22, BeckRS 2022, 8777; Schmitt in Meyer-Goßner/Schmitt Rn. 13.
[65] OLG München 23.10.2008 – 4 Ws 140/08, NStZ-RR 2009, 32; OLG Bamberg 21.12.2010 – 1 Ws 700/10, NStZ-RR 2011, 223; Gieg in KK-StPO Rn. 13; aA (regelmäßig nur Terminsgebühr) KG 18.2.2011 – 1 Ws 38/09, NStZ-RR 2011, 295.
[66] Vgl. KG 16.10.1981 – 1 Ws 43/81, NStZ 1982, 207; Benthin in Radtke/Hohmann Rn. 20; Schmitt in Meyer-Goßner/Schmitt Rn. 13.

23   Nach § 464a Abs. 2 Nr. 2 iVm § 91 Abs. 2 S. 1 ZPO sind die Mehrkosten eines **auswärtigen Rechtsanwalts**[67] (VV 7003–7006 RVG) nur zu erstatten, wenn dessen Zuziehung notwendig war. Wann dies der Fall ist, ist umstritten. Die Erstattungsfähigkeit ist zu bejahen, wenn bei einer schwierigen oder abgelegenen Rechtsmaterie ein Rechtsanwalt mit besonderen Fachkenntnissen, die kein Rechtsanwalt vor Ort hat, erforderlich erscheint.[68] Auch wenn der Angeklagte selbst weit vom Gerichtsort entfernt wohnt und er ansonsten zur Rücksprache mit seinem Verteidiger große Strecken fahren müsste,[69] oder wenn der Angeklagte bei Beauftragung des Anwalts davon ausgehen konnte, dass das Verfahren am Kanzleiort des Rechtsanwalts geführt wird,[70] sind die Auslagen wohl als notwendige anzusehen. Allein das besondere Vertrauen des Angeklagten und der allgemein gute Ruf des Rechtsanwalts genügen dagegen idR nicht.[71] Anders kann dies jedoch bei schwerwiegenden Tatvorwürfen zu beurteilen sein.[72] Es handelt sich um eine Einzelfallentscheidung. Ist die Zuziehung eines auswärtigen Rechtsanwalts nicht notwendig, so sind die Reisekosten des Rechtsanwalts eines auswärtigen Angeklagten dennoch bis zu der Höhe der fiktiven Reisekosten des Angeklagten zu Besprechungen mit einem am Gerichtsort ansässigen Rechtsanwalt erstattungsfähig.[73] Eine Partei, die einen außerhalb des Gerichtsbezirks ansässigen Rechtsanwalt beauftragt, ohne dass die in § 91 Abs. 2 S. 1 Hs. 2 ZPO vorausgesetzte Notwendigkeit bestanden hat, kann vom unterlegenen Prozessgegner – bis zur Grenze der tatsächlich angefallenen Kosten – diejenigen fiktiven Reisekosten erstattet verlangen, die angefallen wären, wenn sie einen am entferntesten Ort des Gerichtsbezirks ansässigen Rechtsanwalt beauftragt hätte.[74] Wenn das Gericht einen auswärtigen Rechtsanwalt zum Pflichtverteidiger bestellt hat, sind die entsprechenden Mehrkosten in der Regel zu ersetzen.[75] Ein Verteidiger muss auch nicht zur Nachtzeit anreisen. Ein Aufstehen vor 6 Uhr am Morgen (vgl. § 758a Abs. 4 S. 2 ZPO) wird in der Regel unzumutbar sein, so dass eine Anreise am Vortag und die Auslagen für die Übernachtung erstattungsfähig sind.[76] Die in der Praxis gängige Absprache, dass ein auswärtiger Verteidiger zu den Bedingungen eines am Gerichtsort ansässigen Anwalts zum Pflichtverteidiger bestellt wird, ist nur mit dessen Einverständnis möglich.[77]

---

[67] Ein Rechtsanwalt ist auswärtig, wenn er weder seinen Wohn- noch seinen Kanzleisitz am Ort des Gerichts hat: Degener in SK-StPO Rn. 31.

[68] OLG Düsseldorf 6.10.1970 – 2 Ws 443/70, NJW 1971, 1146; 6.4.1981 – 1 Ws 210-211/81, NStZ 1981, 451; OLG Bamberg 20.3.1986 – Ws 147/86, JurBüro 1987, 558; für den Fall, dass vor Ort kein Fachanwalt für Strafrecht vorhanden ist: AG Staufen 13.10.2000 – 1 Ds 16225/99 AK 329/99, NStZ 2001, 109; für den Fall, dass vor Ort kein Fachanwalt für Steuerrecht vorhanden ist: OLG Jena 18.12.2001 – 1 Ws 283/00, StraFo 2001, 387; Schmitt in Meyer-Goßner/Schmitt Rn. 12; Hilger in Löwe/Rosenberg Rn. 46; Mümmler JurBüro 1984, 1281 (1296); Landgraf AnwBl. 1988, 282.

[69] LG Flensburg 30.5.1984 – 1 Qs 126/84, JurBüro 1984, 1537; Schmitt in Meyer-Goßner/Schmitt Rn. 12.

[70] OLG Celle 22.1.1985 – 1 Ws 25/85, StV 1986, 208; Schmitt in Meyer-Goßner/Schmitt Rn. 12; Sommermeyer NStZ 1990, 269.

[71] OLG Düsseldorf 6.10.1970 – 2 Ws 443/70, NJW 1971, 1146; 25.6.1986 – 2 Ws 444/86, MDR 1986, 958; OLG Bamberg 20.3.1986 – Ws 147/86, JurBüro 1987, 558; Hilger in Löwe/Rosenberg Rn. 46; Steinberger-Fraunhofer in Satzger/Schluckebier/Widmaier StPO Rn. 21; Mümmler JurBüro 1984, 1296; aA OLG Koblenz 20.11.1970 – 1 Ws 496/70, NJW 1971, 1147; Degener in SK-StPO Rn. 34.

[72] OLG Celle 28.10.1991 – 3 Ws 226/91, StV 1993, 135; OLG Köln 16.11.1991 – 2 Ws 452/91, NJW 1992, 586; OLG Naumburg 17.10.2008 – 1 Ws 307/08, StraFo 2009, 128; OLG Stuttgart 12.10.2017 – 1 Ws 140/17, BeckRS 2017, 129463; OLG Karlsruhe 29.10.2020 – 2 Ws 133/20, BeckRS 2020, 34649; Hilger in Löwe/Rosenberg Rn. 46; Bader in KMR-StPO Rn. 23.

[73] OLG Düsseldorf 1.2.1972 – 1 Ws 13/72, AnwBl. 1972, 200; Hilger in Löwe/Rosenberg Rn. 46; Matzen AnwBl. 1972, 74.

[74] BGH 4.12.2018 – VIII ZB 37/18, NJW 2019, 681.

[75] BVerfG 24.11.2000 – 2 BvR 813/99, NJW 2001, 1269; OLG Naumburg 9.1.2014 – Ws 770/13, StraFo 2014, 174; Schmitt in Meyer-Goßner/Schmitt Rn. 12.

[76] Vgl. auch OLG Nürnberg 13.12.2012 – 12 W 2180/12, JurBüro 2013, 199.

[77] OLG Celle 2.1.1981 – 12 WF 232/80, AnwBl. 1981, 196; OLG Hamm 2.1.1982 – 4 Ws 456/81, AnwBl. 1982, 214; OLG Düsseldorf 15.10.1984 – 1 Ws 953/84, JZ 1985, 147; Gieg in KK-StPO Rn. 11.

Wenn ein Beschuldigter im Ausland in Auslieferungshaft genommen wird, sind die **24** Kosten eines **ausländischen Rechtsanwalts** grundsätzlich – neben denen des inländischen Verteidigers – als notwendige Auslagen iSd Abs. 2 Nr. 2 anzusehen.[78]

Umstritten ist, ob einem beschuldigten Rechtsanwalt, der keinen Verteidiger beauftragt **25** hat, im Falle eines Freispruchs die Gebühren und Auslagen zu erstatten sind, die bei Hinzuziehung eines Rechtsanwalts angefallen wären. Die Verweisung in § 464a Abs. 2 Nr. 2 iVm § 91 Abs. 2 S. 3 ZPO erfasst auch diesen Fall dem Wortlaut nach. Ferner erscheint nicht ersichtlich, warum es der Staatskasse zugute kommen soll, wenn ein Rechtsanwalt die Kosten für die Beauftragung eines Kollegen sparen will.[79] Jedoch spricht die Unvereinbarkeit von Beschuldigtenstellung und der Stellung eines Verteidigers als unabhängigem Organ der Rechtspflege im Strafprozess klar gegen eine entsprechende Erstattung. § 91 Abs. 2 S. 3 ZPO setzt voraus, dass die **Eigenvertretung** zulässig ist. Dies ist jedoch im Strafprozess nicht der Fall. Ein Rechtsanwalt kann sich nicht selbst verteidigen, hat als beschuldigter Rechtsanwalt nicht die gleichen Rechte wie ein Verteidiger und kann daher auch – verfassungsrechtlich unbedenklich – nicht entsprechende Gebühren abrechnen.[80] Als Privat- und Nebenkläger kann ein Rechtsanwalt dagegen Gebühren und Auslagen nach § 464a Abs. 2 Nr. 2 iVm § 91 Abs. 2 S. 3 ZPO erstattet verlangen.[81]

dd) Weitere Beispiele für notwendige Auslagen. Notwendige Auslagen iSd Abs. 2 **26** stellen auch die **Reisekosten des Angeklagten** dar, die dieser für die Teilnahme an der Hauptverhandlung (auch vor dem Revisionsgericht, wenn die Teilnahme für den Angeklagten tunlich und zweckmäßig war)[82] oder an einem auswärtigen Beweistermin aufwenden muss. Dies gilt selbst dann, wenn der Angeklagte vom Erscheinen entbunden ist.[83]

Ebenfalls erstattungsfähig sind vom Angeklagten vorgeschossene Kosten der **Zeugen-** **27** **entschädigung,** falls deren Vernehmung tatsächlich sachdienlich war.[84] Hat der Angeklagte für die Aufbringung der notwendigen Auslagen einen Kredit aufgenommen, gehören auch die Kreditzinsen zu den notwendigen Auslagen.[85]

Auslagen für **private Ermittlungen** wie zB die Beauftragung eines Detektivs zählen **28** grundsätzlich nicht zu den notwendigen Auslagen. Nach § 244 Abs. 2 gilt der Amtsermittlungsgrundsatz. Ausnahmsweise können derartige Kosten erstattet werden, wenn der Angeklagte vergeblich versucht hat, die Ermittlungsbehörden von der Notwendigkeit zu überzeugen, er ohne diese Ermittlungen eine erhebliche Beeinträchtigung seiner Lage besorgen musste[86] oder die Einholung eines Privatgutachtens im Interesse einer sachgerechten Verteidigung erforderlich erschien.[87]

---

[78] OLG Hamburg 18.2.1983 – 1 Ws 32/83, NStZ 1983, 284; 18.4.1988 – 1 Ws 44/88, NStZ 1988, 370; OLG Düsseldorf 8.9.2011 – III 4 Ws 495/11, NStZ 2012, 55; Gieg in KK-StPO Rn. 11; Schmitt in Meyer-Goßner/Schmitt Rn. 13; Degener in SK-StPO Rn. 32; Hilger in Löwe/Rosenberg Rn. 32; aA OLG Zweibrücken 17.10.1988 – 1 Ws 417/88, NStZ 1989, 289; OLG Köln 28.1.2003 – 2 Ws 17/03, NStZ-RR 2003, 319; Bader in KMR-StPO Rn. 14.

[79] So im Ergebnis auch OLG Frankfurt a. M. 8.8.1973 – 2 Ws 200/72, NJW 1973, 1991; Degener in SK-StPO Rn. 36; Schmidt/Zimmermann in Gercke/Temming/Zöller Rn. 12; Schmidt NJW 1977, 2244 (2247); Schmidt FS Schäfer, 1980, 238.

[80] BVerfG 26.2.1980 – 2 BvR 752/78, NJW 1980, 1677; 26.2.1988 – 2 BvR 287/87, NStZ 1988, 282; 1.4.1993 – 2 BvR 253/93, NJW 1994, 242; LG Bonn 2.9.1977 – 13 Qs 163/77, MDR 1978, 511; LG Berlin 27.4.2006 – 536 Qs 108/06, NJW 2007, 1477; Gieg in KK-StPO Rn. 14; Hilger in Löwe/Rosenberg Rn. 48 mwN; Schmitt in Meyer-Goßner/Schmitt Rn. 14; Bader in KMR-StPO Rn. 17; Hilger NStZ 1988, 441.

[81] Gieg in KK-StPO Rn. 14; Schmitt in Meyer-Goßner/Schmitt Rn. 14; Hilger NStZ 1988, 441.

[82] OLG Koblenz 5.3.1965 – 1 Ws 45/65, NJW 1965, 1289; OLG Hamm 10.11.1972 – 3 Ws 61/72, NJW 1973, 259 (261); enger OLG Celle 12.6.1995 – 1 Ws 153/95, JurBüro 1996, 200.

[83] LG Augsburg 8.2.1979 – AR 5/79, AnwBl. 1979, 162; Gieg in KK-StPO Rn. 7; Benthin in Radtke/Hohmann Rn. 14.

[84] KG 10.5.1999 – 4 Ws 80/99, NStZ 1999, 476.

[85] Hilger in Löwe/Rosenberg Rn. 7.

[86] OLG Hamburg 18.2.1983 – 1 Ws 32/83, NStZ 1983, 284; OLG Hamm 12.9.1989 – 2 Ws 394/89, NStZ 1989, 588; KG 20.2.2012 – 1 Ws 72/09, BeckRS 2012, 12353; Meyer JurBüro 1993, 8.

[87] BVerfG 12.9.2005 – 2 BvR 277/05, NJW 2006, 136; OLG Düsseldorf 8.1.1990 – 2 Ws 608/89, NStZ 1991, 353; 21.4.1997 – 2 Ws 108/97, NStZ 1997, 511; OLG Koblenz 23.6.1999 – 1 Ws 209/99,

29 Keine notwendigen Auslagen stellen die Reisekosten und der Verdienstausfall einer ihren inhaftierten Ehemann in der Untersuchungshaft **besuchenden Ehefrau** sowie Kosten, die für die Beschaffung einer **Sicherheitsleistung** zur Abwendung der Untersuchungshaft angefallen sind, dar.[88] Hierbei handelt es sich nämlich bereits um keinen Akt der Verteidigung.

§ 464b Kostenfestsetzung

¹Die Höhe der Kosten und Auslagen, die ein Beteiligter einem anderen Beteiligten zu erstatten hat, wird auf Antrag eines Beteiligten durch das Gericht des ersten Rechtszuges festgesetzt. ²Auf Antrag ist auszusprechen, dass die festgesetzten Kosten und Auslagen von der Anbringung des Festsetzungsantrags an zu verzinsen sind. ³Auf die Höhe des Zinssatzes, das Verfahren und auf die Vollstreckung der Entscheidung sind die Vorschriften der Zivilprozessordnung entsprechend anzuwenden. ⁴Abweichend von § 311 Absatz 2 beträgt die Frist zur Einlegung der sofortigen Beschwerde zwei Wochen. ⁵Zur Bezeichnung des Nebenklägers kann im Kostenfestsetzungsbeschluss die Angabe der vollständigen Anschrift unterbleiben.

Schrifttum: Hägele, Amtsermittlung im Kostenfestsetzungsverfahren?, AnwBl. 1977, 138; Jung, Rechtsmittelbelehrung im strafprozessualen Kostenfestsetzungsverfahren?, NJW 1973, 985; Meyer, Zur Kostenhaftung eines Zeugen nach § 51 StPO, JurBüro 1989, 1633; Meyer, Bindung des Rechtspflegers an eine Stellungnahme des Bezirksrevisors im Kostenfestsetzungsverfahren nach § 464b StPO?, JurBüro 1992, 664; Molsberger, Die Frist für die sofortige Beschwerde im Kostenfestsetzungsverfahren in Strafsachen, NJW 1956, 1347; Popp, Zuständigkeit der Strafsenate des BGH für Rechtsbeschwerden in Kostensachen?, NStZ 2004, 367; Rieß, Der Hauptinhalt des Ersten Gesetzes zur Reform des Strafverfahrensrechts (1. StVRG), NJW 1975, 81; Schmidt, Ist ein einem Privatklageverfahren geschlossener gerichtlicher Vergleich über die notwendigen Auslagen der Parteien ein zur Kostenfestsetzung geeigneter Titel?, AnwBl. 1977, 501; Schmidt, Streitfragen im Recht der „Kosten des Verfahrens" §§ 464ff. StPO, FS Schäfer, 1980, S. 231ff.; Schmidt, Verbot der reformatio in peius im Kostenfestsetzungsverfahren der StPO, NJW 1980, 682; Schütt, Veränderungen im Kostenfestsetzungsverfahren, MDR 1999, 84; Seier, Bilanz und Analyse der neueren Rechtsprechung zum strafprozessualen formellen Kostenrecht, NStZ 1982, 270.

Übersicht

		Rn.			Rn.
I.	Überblick	1		b) Inhalt des Antrags	10
1.	Normzweck	1		c) Verzinsung	11
2.	Anwendungsbereich	2	3.	Kostenfestsetzungsbeschluss	13
II.	Erläuterung	6		a) Zuständigkeit	13
1.	Bindende Auslagengrundentscheidung	6		b) Bestimmung der erstattungsfähigen Auslagen	14
2.	Antragserfordernis	8		c) Entscheidung durch Beschluss	17
	a) Antragsberechtigung	8	4.	Anfechtung der Entscheidung	19

I. Überblick

1 **1. Normzweck.** Die gerichtliche Kosten- und Auslagentscheidung gemäß § 464 ergeht nur dem Grunde nach. Um dem Erstattungsberechtigten einen **Vollstreckungstitel** (§ 794 Abs. 1 Nr. 2 ZPO) an die Hand zu geben, muss die Höhe gesondert festgelegt werden. Dies geschieht im Kostenfestsetzungsverfahren nach § 464b.

---

[1] NStZ-RR 2000, 64; OLG Stuttgart 10.1.2003 – 4 Ws 274/02, NStZ-RR 2003, 127; Gieg in KK-StPO Rn. 7; Benthin in Radtke/Hohmann Rn. 16; restriktiver: Meyer JurBüro 1989, 737; Meyer JurBüro 1990, 1385; vgl. auch Jakubetz JurBüro 1999, 564; ablehnend für private Rechtsgutachten OLG Celle 20.4.2015 – 1 Ws 135/15, BeckRS 2015, 11588.

[88] BGH 12.2.1992 – StB 1/92, BGHR StPO § 464a notwendig 1; Gieg in KK-StPO Rn. 7; Benthin in Radtke/Hohmann Rn. 17.

2. Anwendungsbereich. Gegenstand des Kostenfestsetzungsverfahrens nach § 464b 2
sind vor allem die **notwendigen Auslagen eines Beteiligten** gemäß § 464a Abs. 2. Der
Anspruch kann sich gegen die Staatskasse, aber auch gegen Zeugen, Sachverständige, Verteidiger, Schöffen oder andere Personen richten, soweit diese – zB wegen Säumnis, Weigerung
oder anderweitigen Verschuldens – zur Auslagenerstattung verurteilt wurden (§ 51, § 70,
§ 77, § 81c Abs. 6, § 138c Abs. 6, § 145 Abs. 4, § 161a Abs. 2, § 177, § 469, § 470, § 472a,
§ 472b StPO, § 56 GVG).[1]

Nicht Gegenstand des Kostenfestsetzungsverfahrens nach § 464b sind dagegen die **der** 3
Staatskasse geschuldeten Gebühren und Auslagen. Diese werden im Kostenansatzverfahren nach § 19 Abs. 2 GKG festgesetzt.

§ 55 RVG regelt die Festsetzung von **Gebühren und Auslagen von Pflichtverteidi-** 4
gern. Der **Wahlverteidiger** dagegen kann seine die gesetzliche Gebühr (§ 11 RVG) übersteigenden Ansprüche im Strafverfahren gegen den Mandanten nicht festsetzen lassen, sondern muss gegebenenfalls vor dem Zivilgericht klagen.[2]

§ 464b findet ferner keine Anwendung im behördlichen und staatsanwaltschaftlichen 5
Bußgeldverfahren, da hier in den §§ 105 ff. OWiG vorrangige Sonderregelungen bestehen. So regelt § 106 OWiG die Kostenfestsetzung durch die Verwaltungsbehörde und § 108a
Abs. 3 OWiG die Kostenfestsetzung durch die Staatsanwaltschaft.[3]

II. Erläuterung

1. Bindende Auslagengrundentscheidung. Grundlage der Kostenfestsetzung ist 6
stets der **Auslagenerstattungsanspruch,** der entweder Teil einer rechtskräftigen Sachentscheidung des Gerichts nach § 464 Abs. 2 ist oder durch isolierten Beschluss die Kostenpflicht für bestimmte Verfahrensabschnitte Dritten zuweist. Ein im Privatklageverfahren
geschlossener gerichtlicher Vergleich kann dagegen nicht als Grundlage der Kostenfestsetzung nach § 464b dienen;[4] ebenso wenig die Auflage in einem Einstellungsbeschluss nach
§ 153a Abs. 2, dass die Auslagen des Nebenklägers zu erstatten seien.[5]

Die Auslagengrundentscheidung ist für das Festsetzungsverfahren grundsätzlich **bin-** 7
dend. Dies gilt selbst dann, wenn die Auslagengrundentscheidung grob fehler- oder lückenhaft ist.[6] Fragen, die den Auslagengrund an sich betreffen – wie zB ob die Nebenklage zu
Recht zugelassen wurde – werden im Festsetzungsverfahren nicht mehr überprüft. Die
Auslagengrundentscheidung ist jedoch **auslegungsfähig.**[7]

2. Antragserfordernis. a) Antragsberechtigung. Antragsberechtigt ist neben dem 8
Erstattungsberechtigten auch der Erstattungspflichtige, da auch dieser ein Interesse an der
Klärung der Höhe seiner Erstattungspflicht hat.[8] Der Antragsteller muss prozessfähig sein.[9]

---

[1] Vgl. Hilger in Löwe/Rosenberg Rn. 2. Zum Regress der Staatskasse beim Zeugen: Meyer JurBüro 1989, 1633.
[2] Degener in SK-StPO Rn. 3; Hilger in Löwe/Rosenberg Rn. 2.
[3] Vgl. hierzu ausführlicher Grommes in BeckOK OWiG OWiG § 106 Rn. 1 ff. und Grommes in BeckOK OWiG OWiG § 108a Rn. 6.
[4] LG Marburg 14.9.1980 – Qs 289/80, JurBüro 1981, 239; Degener in SK-StPO Rn. 2; Hilger in Löwe/Rosenberg Rn. 3; Bader in KMR-StPO Rn. 1; Gieg in KK-StPO Rn. 2; aA LG Wuppertal 16.3.1957 – 12 Qs 287/56, MDR 1957, 502; Schmidt AnwBl. 1977, 501.
[5] OLG Frankfurt a. M. 27.9.1979 – 3 Ws 740/79, MDR 1980, 515; Degener in SK-StPO Rn. 2; Hilger in Löwe/Rosenberg Rn. 3; Schmidt/Zimmermann in Gercke/Temming/Zöller Rn. 2; bereits die Zulässigkeit einer derartigen Auflage verneinend: Gieg in KK-StPO Rn. 2.
[6] LG Dortmund 24.3.1981 – 14 Qs 33/81, Rpfleger 1981, 319; Degener in SK-StPO Rn. 2; für eine Ausnahme von der Bindungswirkung bei bewusst gesetzwidrigen Entscheidungen: Schmitt in Meyer-Goßner/Schmitt Rn. 1; aA OLG Oldenburg 11.7.2013 – 1 Ws 411/13, StraFo 2013, 440.
[7] OLG Düsseldorf 19.10.1999 – 4 Ws 229/99, JurBüro 2000, 144; Hilger in Löwe/Rosenberg Rn. 3; Gieg in KK-StPO Rn. 2; Schmitt in Meyer-Goßner/Schmitt Rn. 1.
[8] Hilger in Löwe/Rosenberg Rn. 4; Schmitt in Meyer-Goßner/Schmitt Rn. 2; Bader in KMR-StPO Rn. 4.
[9] Hilger in Löwe/Rosenberg Rn. 4; Bader in KMR-StPO Rn. 4.

Der in der Kostengrundentscheidung festgelegte Erstattungsanspruch kann abgetreten und vererbt werden.[10]

9 Da das Kostenfestsetzungsverfahren nach § 21 Nr. 1 RPflG dem Rechtspfleger übertragen ist, gilt nach § 13 RPflG **kein Anwaltszwang**. Ob eine im Strafverfahren erteilte Verteidigervollmacht auch für das Festsetzungsverfahren Geltung haben soll, ist durch Auslegung zu ermitteln. Im Zweifel dürfte dies jedoch nicht der Fall sein, da das Feststellungsverfahren nicht mehr Teil des Strafverfahrens ist.[11] Hat der Angeklagte jedoch zunächst bewusst für beide Verfahren eine Vollmacht erteilt, entfällt die Vollmacht für das Feststellungsverfahren nicht automatisch mit der Bestellung des Rechtsanwalts zum Pflichtverteidiger.[12] Eine nach Mandatsbeendigung vorgenommene Handlung kann von dem Berechtigten nachträglich genehmigt werden.[13] Da auch bei Vertretung durch seinen Verteidiger der Angeklagte der Antragsberechtigte bleibt, kann die Staatskasse dem Angeklagten gegenüber keine Ansprüche geltend machen, die ihr gegen den Verteidiger zustehen.[14] Auch nach Abtretung des Anspruchs an den Verteidiger sind die Aufrechnungsmöglichkeiten der Staatskasse mit ihren Forderungen gegen den Angeklagten nach § 43 RVG beschränkt.

10 **b) Inhalt des Antrags.** Der (nicht fristgebundene)[15] Antrag bedarf einer Begründung, in der die einzelnen Ansätze **glaubhaft zu machen** sind, § 464b S. 3 StPO, §§ 103, 104 ZPO. Bei mehreren Erstattungspflichtigen kann der Antragsteller bestimmen, gegen wen er den Festsetzungsantrag richtet, § 421 BGB.[16] Hatte die vorgeworfene Straftat Bezug zu einer beruflichen Tätigkeit des Angeklagten (zB ein Verkehrsdelikt bei einem Taxifahrer), so muss sich der freigesprochene Angeklagte in dem Antrag auch dazu erklären, ob er die an den Verteidiger gezahlte Umsatzsteuer als Vorsteuer geltend machen kann, § 464b S. 3 StPO, § 104 Abs. 2 S. 3 ZPO.[17]

11 **c) Verzinsung.** Gemäß S. 2 sind die festgesetzten Kosten und Auslagen ab dem Zeitpunkt des Festsetzungsantrags **auf Antrag** zu verzinsen. Frühestens beginnt die Verzinsung jedoch mit Rechtskraft oder Teilrechtskraft der Auslagenentscheidung. Dies widerspricht auch nicht – wie eingewandt wird – dem Wortlaut oder dem Sinn der Vorschrift, denn letzterer besteht darin, zumindest teilweise einen billigen Ausgleich für den Zinsverlust des Kostenerstattungsberechtigten während des Kostenfestsetzungsverfahrens, auf dessen Dauer der Berechtigte keinen Einfluss hat, zu gewähren.[18]

12 Bezüglich der Höhe der Zinsen verweist § 464b S. 3 auf § 104 Abs. 1 S. 2 ZPO, so dass die Verzinsung **5 %-Punkte über dem Basiszinssatz** gemäß § 247 BGB beträgt. Durch diesen Verweis ist gewährleistet, dass die Zinsen im Straf- und Zivilprozess nicht voneinander abweichen.[19]

13 **3. Kostenfestsetzungsbeschluss. a) Zuständigkeit.** Zuständig für den Kostenfestsetzungsbeschluss ist der **Rechtspfleger** des Gerichts des ersten Rechtszugs, § 464b S. 3 StPO, § 103, 104 ZPO, § 21 Nr. 1 RPflG. Dies gilt auch, wenn die Kosten bei staatsanwalt-

---

[10] OLG Hamm 28.11.1978 – 1 Ws 176/78, AnwBl. 1979, 237; Degener in SK-StPO Rn. 5; Hilger in Löwe/Rosenberg Rn. 5.
[11] LG Krefeld 23.10.1979 – 9 Qs 234/79, MDR 1980, 248; Degener in SK-StPO Rn. 5; Bader in KMR-StPO Rn. 4; aA LG Berlin 12.11.1990 – 502 Qs 189/90, NStZ 1994, 119.
[12] OLG Hamm 12.4.2007 – 3 Ws 209/07, NStZ-RR 2008, 96; Benthin in Radtke/Hohmann Rn. 3.
[13] LG Flensburg 9.11.1984 – I Qs 264/84, JurBüro 1985, 1049; Hilger in Löwe/Rosenberg Rn. 5.
[14] KG 26.4.1971 – 2 Ws 86/71, NJW 1971, 2000.
[15] LG Nürnberg-Fürth 13.9.1972 – 5 Qs 131/72, AnwBl. 1973, 28; Hilger in Löwe/Rosenberg Rn. 6; Gieg in KK-StPO Rn. 3.
[16] LG Aachen 8.12.1970 – 17 Qs 680/70, NJW 1971, 576; LG Münster 29.4.1974 – 6 Qs 34/74, NJW 1974, 1342; Degener in SK-StPO Rn. 5.
[17] OLG Saarbrücken 19.8.1998 – 6 W 232/98 – 42, 6 W 232/98, MDR 1999, 60; LG Berlin 8.6.1996 – 519 Qs 463/95, JurBüro 1996, 260; Hilger in Löwe/Rosenberg Rn. 6.
[18] LG Frankenthal 18.1.1984 – I Qs 15/84, JurBüro 1984, 723; Hilger in Löwe/Rosenberg Rn. 7; Gieg in KK-StPO Rn. 3; Schmitt in Meyer-Goßner/Schmitt Rn. 2; Rieß NJW 1975, 81 (91); aA LG Bamberg 21.5.1975 – Qs 164/75, JurBüro 1976, 55.
[19] BT-Drs. 107/02, 21.

schaftlicher Verfahrenseinstellung nach § 170 Abs. 2 aufgrund einer gerichtlichen Kostengrundentscheidung nach § 469 festgesetzt werden. Eine analoge Anwendung von § 108a Abs. 3 OWiG kommt nicht in Betracht.[20] Da § 462a Abs. 6 nicht im Kostenfestsetzungsverfahren nach § 464b gilt, ist auch bei Zurückverweisung einer Sache an ein anderes Gericht (§ 354 Abs. 2 S. 1) der Rechtspfleger des Gerichts zuständig, das zuerst entschieden hat.[21] Das Gleiche gilt bei Wiederaufnahme des Verfahrens.[22]

b) Bestimmung der erstattungsfähigen Auslagen. Der Rechtspfleger prüft die **14** Angaben im Festsetzungsantrag und die Notwendigkeit der Auslagen iSd § 464a Abs. 2. Ein Amtsermittlungsverfahren darf er jedoch nicht durchführen.[23] Die Höhe der **Wahlverteidigergebühren** kann er nur beanstanden, wenn diese unbillig ist.[24] Hält der Rechtspfleger danach nur eine niedrigere Gebühr für erstattungsfähig, wird dadurch jedoch nicht der Gebührenanspruch des Rechtsanwalts gegen seinen Mandanten berührt.[25] Die Gebührenbestimmung darf auch nicht erhöht werden, ebenso wenig der geforderte Gesamtbetrag, § 308 Abs. 1 ZPO. Das Gericht ist an den Antrag gebunden. Ein Ausgleich zwischen einzelnen Rechnungsposten ist jedoch möglich.[26]

Dem Antragsgegner – und bei beabsichtigtem Zurückbleiben hinter dem Antrag auch **15** dem Antragsteller – ist **rechtliches Gehör** zu gewähren.[27] Im Falle der Staatskasse geschieht dies, indem dem Bezirksrevisor Gelegenheit zur Stellungnahme gegeben wird (Nr. 145 Abs. 1 RiStBV), wobei die Auffassung des Bezirksrevisors (auch bei Zustimmung) nicht bindend ist.[28]

Auch im Festsetzungsverfahren kann entweder eine **Quotelung** vorgenommen oder **16** nach der Differenzmethode verfahren werden. Die Wahl zwischen diesen beiden Verfahrensweisen liegt im pflichtgemäßen Ermessen des Rechtspflegers.[29]

c) Entscheidung durch Beschluss. Der Kostenfestsetzungsbeschluss bedarf nach § 34 **17** der **Begründung.**[30] Eine analoge Anwendung von § 105 ZPO in Form eines vereinfachten Kostenfestsetzungsbeschlusses erscheint zumindest im Privatklageverfahren möglich.[31] Der Beschluss ist dem Antragsgegner förmlich zuzustellen, dem Antragsteller nur bei (teilweiser) Zurückweisung seines Antrags, § 464b S. 3 StPO, § 104 Abs. 1 S. 4 ZPO, und mit einer **Rechtsmittelbelehrung** zu versehen, § 35a.[32]

Der Kostenfestsetzungsbeschluss erwächst in formelle und materielle Rechtskraft und **18** stellt einen **Vollstreckungstitel** nach § 794 Abs. 1 Nr. 2 ZPO dar. Die Vollstreckung richtet

---

[20] OLG Stuttgart 1.8.2002 – 2 Ws 120/02, Rpfleger 2003, 20; Gieg in KK-StPO Rn. 3.
[21] BGH 30.10.1990 – 2 ARs 422/90, NStZ 1991, 145; OLG Stuttgart 10.1.2003 – 4 Ws 274/02, NStZ-RR 2003, 127; KG 29.1.2014 – 2 ARs 5/14, NStZ-RR 2014, 160; aA OLG München 25.2.1987 – 2 Ws 184/87 K, JurBüro 1987, 1196.
[22] OLG Hamm 19.9.2002 – 3 (s) Sbd.1 – 6/02, NStZ-RR 2008, 128; Hilger in Löwe/Rosenberg Rn. 8; Benthin in Radtke/Hohmann Rn. 4; aA LG Karlsruhe 31.3.2008 – 3 Qs 25/08, StraFo 2008, 265.
[23] Hilger in Löwe/Rosenberg Rn. 8; Hägele AnwBl. 1977, 138.
[24] OLG Düsseldorf 19.1.1990 – 2 Ws 617/89, NStZ 1990, 287; 10.12.2001 – 4 Ws 523/01, Rpfleger 2002, 330; Hilger in Löwe/Rosenberg Rn. 8.
[25] BGH 14.2.1972 – VII ZR 41/71, MDR 1973, 308.
[26] OLG Oldenburg 11.8.1978 – 2 W 62/78, JurBüro 1978, 1811; OLG Karlsruhe 14.8.2003 – 5 WF 134/03, FamRZ 2004, 966; LG Detmold 12.10.1973 – 4 Qs 219/73, NJW 1974, 511; Gieg in KK-StPO Rn. 3; Hilger in Löwe/Rosenberg Rn. 8.
[27] BVerfG 29.11.1989 – 1 BvR 1011/88, NJW 1990, 1104; OLG Frankfurt a. M. 21.12.1998 – 6 W 186/98, JurBüro 1999, 255; OLG Nürnberg 25.5.1999 – 1 W 1316/99, Rpfleger 1999, 483; Hilger in Löwe/Rosenberg Rn. 8; Gieg in KK-StPO Rn. 3; Schütt MDR 1999, 84.
[28] Hilger in Löwe/Rosenberg Rn. 8; Meyer JurBüro 1992, 664; aA LG Essen 25.2.1992 – 28 Qs 7/92, Rpfleger 1992, 363.
[29] OLG Karlsruhe 2.3.1998 – 3 Ws 299/97, StV 1998, 609; OLG Köln 2.2.2004 – Ws 29/04, NStZ-RR 2004, 384; Hilger in Löwe/Rosenberg Rn. 8.
[30] Vgl. OLG Bremen 29.10.2020 – 1 Ws 71/20, BeckRS 2020, 38313.
[31] Hilger in Löwe/Rosenberg Rn. 8.
[32] OLG München 15.11.2000 – 2 Ws 1281/00, BeckRS 2000, 14211; Hilger in Löwe/Rosenberg Rn. 8; Schmitt in Meyer-Goßner/Schmitt Rn. 3; Jung NJW 1973, 985.

sich nach den Grundsätzen der ZPO, § 464b S. 3 StPO, § 795 ZPO.[33] Zum Schutz des Nebenklägers kann im Kostenfestsetzungsbeschluss auf die Angabe seiner vollständigen Anschrift verzichtet werden, § 464b S. 5.

19 **4. Anfechtung der Entscheidung.** Gegen die Entscheidung des Rechtspflegers ist grundsätzlich die **sofortige Beschwerde** zulässig, § 11 Abs. 1, § 21 Nr. 1 RPflG, § 104 Abs. 3 ZPO. Dies ist nur dann nicht der Fall, wenn entweder der Beschwerdewert nicht erreicht wird (§ 304 Abs. 3) oder das OLG oder der Bundesgerichtshof erstinstanzlich entschieden hat (§ 304 Abs. 4 und 5).[34]

20 Die sofortige Beschwerde ist **schriftlich oder zu Protokoll der Geschäftsstelle** einzureichen, § 306 Abs. 1. Eine falsche Bezeichnung schadet nicht, § 300. Da das Kostenfestsetzungsverfahren nach § 21 Nr. 1 RPflG dem Rechtspfleger übertragen ist, besteht **kein Rechtsanwaltszwang** nach § 13 RPflG.[35]

21 Die Länge der **Beschwerdefrist** war lange Zeit hochumstritten. Zum Teil wurde vertreten, dass die 2-Wochen-Frist des § 569 Abs. 1 S. 1 ZPO Anwendung finden müsse, da das Beschwerdeverfahren Teil des Kostenfestsetzungsverfahrens sei, für das nach § 464b S. 3 die Vorschriften der ZPO gelten.[36] Zum Teil wurde die 1-Wochen-Frist des § 311 Abs. 2 für anwendbar erklärt. Die Vorschriften der ZPO sollten nach dieser Ansicht nur entsprechende Anwendung finden, dh nur wenn in der StPO keine eigene Regelung vorhanden sei. Dies sei jedoch bei der Frist für die sofortige Beschwerde mit § 311 Abs. 2 der Fall.[37] Mit dem Gesetz zur effektiveren und praxistauglicheren Ausgestaltung des Strafverfahrens entschied der Gesetzgeber den Streit durch Einfügen eines neuen § 464b S. 4 zugunsten der 2-Wochen-Frist.[38] Wurde über die Beschwerdefrist falsch belehrt, kommt in der Regel eine Wiedereinsetzung von Amts wegen in Betracht. Im Rahmen eines Wiedereinsetzungsantrags ist Anwaltsverschulden zuzurechnen.[39]

22 Eine **Abhilfemöglichkeit** durch das Gericht erster Instanz besteht – mit Ausnahme des in § 311 Abs. 3 S. 2 ausdrücklich bezeichneten Sonderfalles der Abhilfe wegen eines Gehörsverstoßes – nicht. Nach der strafprozessualen Lösung gilt hier das Verbot des § 311 Abs. 3 S. 1 und nicht § 572 ZPO.[40]

---

[33] Hilger in Löwe/Rosenberg Rn. 8; Degener in SK-StPO Rn. 14; aA BGH 11.2.1998 – 2 ARs 359/97, BGHSt 44, 21 = NJW 1998, 2066.

[34] Hilger und Degener halten in diesen Fällen eine Erinnerung nach § 11 Abs. 2 RPflG für zulässig: Hilger in Löwe/Rosenberg Rn. 10; Degener in SK-StPO Rn. 12; aA Schmidt/Zimmermann in Gercke/Temming/Zöller Rn. 5.

[35] So auch BGH 26.1.2006 – III ZB 63/05, BGHZ 166, 117 = NJW 2006, 2260; OLG München 5.7.1999 – 11 W 1889/99, NJW-RR 2000, 213; KG 10.8.1999 – 1 Ws 6406/99, NJW-RR 2000, 213; OLG Düsseldorf 21.10.2002 – 3 Ws 336/02, NStZ 2003, 324; Benthin in Radtke/Hohmann Rn. 7; Schmitt in Meyer-Goßner/Schmitt Rn. 7; Bader in KMR-StPO Rn. 13; aA OLG Frankfurt a. M. 24.2.1999 – 6 W 10/99, NJW-RR 1999, 1082; OLG Hamburg 16.7.1999 – 8 W 231/99, NJW-RR 2001, 59.

[36] OLG Düsseldorf 24.10.2000 – 1 Ws 372 – 373/00, 1 Ws 372/00, 1 Ws 373/00, StV 2001, 634; OLG München 15.11.2000 – 2 Ws 1281/00, StV 2001, 633; Hilger in Löwe/Rosenberg Rn. 9; Degener in SK-StPO Rn. 10; Popp NStZ 2004, 367.

[37] Vgl. BayObLG 16.10.1953 – BeschwReg. 3 St. 13/53, NJW 1954, 568; KG 23.3.1981 – 3 Ws 377-381/80, 3 Ws 377/80, 3 Ws 378/80, 3 Ws 379/80, 3 Ws 380/80, 3 Ws 381/80, 3 Ws 384/80, MDR 1982, 251; OLG Celle 10.7.2000 – 3 Ws 122/00, StV 2001; OLG Hamm 29.6.2004 – 3 Ws 138/04, Rpfleger 2004, 732; OLG Koblenz 15.9.2004 – 1 Ws 562/04 u. 1 Ws 563/04, NJW 2005, 917; OLG Düsseldorf 29.9.2003 – 2 Ws 213/03, III-2 Ws 213/03, Rpfleger 2004, 120; Gieg in KK-StPO Rn. 4a; Schmitt in Meyer-Goßner/Schmitt Rn. 7; Bader in KMR-StPO Rn. 13; Gercke/Temming/Zöller Jung NJW 1973, 985 (986); zur praktischen Relevanz dieses Streits: Molsberger NJW 1956, 1347.

[38] BT-Drs. 18/11277.

[39] Schmitt in Meyer-Goßner/Schmitt Rn. 7; Seier NStZ 1982, 270 (275).

[40] KG 8.6.2011 – 1 Ws 9/11, Rpfleger 2012, 45; OLG Nürnberg 6.12.2010 – 2 Ws 567/10, OLG Rostock 18.1.2017 – 20 Ws 21/17, NStZ-RR 2017, 126; Gieg in KK-StPO Rn. 4; Schmidt/Zimmermann in Gercke/Temming/Zöller Rn. 5; iE so auch Degener in SK-StPO Rn. 11; aA OLG Stuttgart 20.10.1998 – 8 W 572-98, NJW 1999, 368; OLG Schleswig 20.1.2011 – 2 Ws 20/11, BeckRS 2011, 17853; Hilger in Löwe/Rosenberg Rn. 9; Popp NStZ 2004, 367.

Zuständig für die sofortige Beschwerde gegen den Kostenfestsetzungsbeschluss ist das 23 Beschwerdegericht in der für das Strafverfahren üblichen Besetzung mit dem gesamten Spruchkörper.[41]

Es können im Wege der sofortigen Beschwerde keine Forderungen nachgeschoben 24 werden, die nicht bereits zuvor Gegenstand der Kostenfestsetzung waren.[42] Nachforderungen, die bisher im Festsetzungsverfahren nicht geltend gemacht wurden, sind möglich.[43] Erfolgte die Ablehnung eines Festsetzungsantrags nur, weil bisher keine Grundentscheidung vorlag, kann der Erstattungsberechtigte nach Einholen einer Grundentscheidung erneut einen Festsetzungsantrag stellen.[44] Das Verbot der **reformatio in peius** gilt nach der hier vertretenen strafprozessualen Lösung nicht (str.).[45] Der Beschwerdegegner ist gemäß § 308 Abs. 1 S. 1 anzuhören.

Das Beschwerdegericht entscheidet auch über die **Kosten und Auslagen des Rechts-** 25 **mittels,** § 473. Wenn die Beschwerde nur aus dem Grunde erfolgreich war, dass der Rechtspfleger die notwendigen Auslagen des Nebenklägers zu gering festgesetzt hat, können die Kosten und Auslagen des Beschwerdeverfahrens nicht der Staatskasse auferlegt werden.[46]

Eine unselbständige **Anschlussbeschwerde** ist nicht zulässig.[47] Ferner kann weder 26 eine **weitere Beschwerde** (§ 310)[48] noch eine **Rechtsbeschwerde** (§§ 574 ff. ZPO)[49] erhoben werden.

§ 464c Kosten bei Bestellung eines Dolmetschers oder Übersetzers für den Angeschuldigten

Ist für einen Angeschuldigten, der der deutschen Sprache nicht mächtig, hör- oder sprachbehindert ist, ein Dolmetscher oder Übersetzer herangezogen worden, so werden die dadurch entstandenen Auslagen dem Angeschuldigten auferlegt, soweit er diese durch schuldhafte Säumnis oder in sonstiger Weise schuldhaft unnötig verursacht hat; dies ist außer im Falle des § 467 Abs. 2 ausdrücklich auszusprechen.

---

[41] OLG Koblenz 15.9.2004 – 1 Ws 562/04 u. 1 Ws 563/04, NJW 2005, 917; OLG Nürnberg 6.12.2010 – 2 Ws 567/10, NStZ-RR 2011, 127; OLG Düsseldorf 13.2.2012 – III-3 Ws 41/12, NStZ-RR 2012, 160; OLG Köln 3.9.2013 – 2 Ws 462/13, BeckRS 2013, 17038; OLG Celle 21.9.2015 – 2 Ws 148/15, BeckRS 2016, 07692; OLG Karlsruhe 3.11.2015 – 2 Ws 277/15, BeckRS 2015, 19968; OLG Celle 21.4.2016 – 1 Ws 187/16, BeckRS 2016, 13505; OLG Karlsruhe 7.8.2017 – 2 Ws 176/17, BeckRS 2017, 120182; OLG Rostock 18.1.2017 – 20 Ws 217/17, NStZ-RR 2017, 126; Gieg in KK-StPO Rn. 4b; Benthin in Radtke/Hohmann Rn. 7; Schmitt in Meyer-Goßner/Schmitt Rn. 7; Bader in KMR-StPO Rn. 15; aA noch OLG Düsseldorf 21.10.2002 – 3 Ws 336/02, NStZ 2003, 324; OLG Rostock 13.7.2009 – I Ws 192/09 RVG, 1 Ws 192/09, JurBüro 2009, 541; OLG Celle 14.9.2012 – 1 Ws 360/12, StraFo 2013, 41; Hilger in Löwe/Rosenberg Rn. 9.

[42] OLG München 23.4.1982 – 2 Ws 419/82 K, JurBüro 1982, 1699; OLG Celle 14.11.2019 – 3 Ws 323/19, BeckRS 2019, 30039; Hilger in Löwe/Rosenberg Rn. 11; Bader in KMR-StPO Rn. 14.

[43] OLG München 29.1.1987 – 11 W 3185/86, Rpfleger 1987, 262; Hilger in Löwe/Rosenberg Rn. 12; Schmitt in Meyer-Goßner/Schmitt Rn. 9.

[44] Hilger in Löwe/Rosenberg Rn. 12.

[45] So auch KG 4.5.1977 – 3 Ws 93/77, AnwBl. 1981, 118; 27.1.2022 – 6 StR 1/22, BeckRS 2022, 2972; OLG Karlsruhe 26.2.1986 – 3 Ws 240/85, Rpfleger 1986, 317; OLG Düsseldorf 23.5.1990 – 1 Ws 300/90, JurBüro 1990, 1662; OLG Hamburg 5.5.2010 – 2 Ws 34/10, NStZ-RR 2010, 327; Schmitt in Meyer-Goßner/Schmitt Rn. 8; Degener in SK-StPO Rn. 13; Gieg in KK-StPO Rn. 4d; Bader in KMR-StPO Rn. 16; Schmidt/Zimmermann in Gercke/Temming/Zöller Rn. 5; aA OLG Hamm 5.4.1972 – 3 Ws 227/71, Rpfleger 1972, 266; Hilger in Löwe/Rosenberg Rn. 11; Schmidt NJW 1980, 682; Schmidt FS Schäfer, 1980, 231 (231 f.).

[46] LG Hamburg 24.10.1972 – 33 Qs 779/72, AnwBl. 1973, 28; Hilger in Löwe/Rosenberg Rn. 11; Schmitt in Meyer-Goßner/Schmitt Rn. 10; aA LG Hanau 10.6.1982 – 3 Qs 125/82, JurBüro 1983, 735.

[47] LG Nürnberg-Fürth 7.2.1983 – 3 Qs 10/83, JurBüro 1983, 1347; Benthin in Radtke/Hohmann Rn. 9; Schmitt in Meyer-Goßner/Schmitt Rn. 7; aA OLG Hamm 12.1.1983 – 6 Ws 181/82, JurBüro 1983, 1216; Hilger in Löwe/Rosenberg Rn. 9.

[48] OLG Koblenz 18.3.1988 – 2 Ws 102/88, Rpfleger 1989, 78; Hilger in Löwe/Rosenberg Rn. 9.

[49] BGH 27.11.2002 – 2 ARs 239/02, BGHSt 48, 106 = NJW 2003, 763; aA Popp NStZ 2004, 367 (368).

Schrifttum: Otto/Schnigula, Am 1.7.1989 in Kraft getretene Änderungen des Kostenrechts, JurBüro 1989, 989.

I. Überblick

1. Normzweck. Art. 6 Abs. 3 lit. e EMRK und § 187 GVG gewährleisten, dass ein der deutschen Sprache nicht Mächtiger für das Strafverfahren einen Dolmetscher oder Übersetzer hinzuziehen kann. Dies gilt richtigerweise auch für Gespräche mit dem Rechtsanwalt, ohne dass hierzu die Einholung einer gerichtlichen Bewilligung im Vorfeld erforderlich wäre.[1] § 464c normiert, dass der Angeklagte ausnahmsweise dann für die Dolmetscher- und Übersetzerkosten aufzukommen hat, wenn er diese durch schuldhafte Säumnis oder in sonstiger Weise schuldhaft verursacht hat. Dies ist mit Art. 6 Abs. 3 lit. e EMRK vereinbar und auch verfassungsrechtlich unbedenklich. Art. 6 Abs. 3 lit. e EMRK fordert ebenso wie das Diskriminierungsverbot und das Recht auf ein faires Verfahren nur die Übernahme notwendiger Auslagen für Dolmetscher und Übersetzer durch den Staat. Bei durch Säumnis oder in sonstiger Weise schuldhaft verursachten Dolmetscher- und Übersetzerkosten handelt es sich jedoch nicht um notwendige Auslagen. § 464c stellt eine Ausformung des Verschuldensprinzips dar (vgl. → § 464 Rn. 2). Als **Ausnahmeregelung** ist § 464c eng auszulegen.[2]

2. Anwendungsbereich. Der am 15.6.1989[3] in die StPO eingefügte § 464c erfasst nur schuldhaft verursachte Auslagen für Dolmetscher und Übersetzer **nach Anklageerhebung.** Dies ergibt sich bereits aus dem Gesetzeswortlaut „Angeschuldigter", § 157. Stellt die Staatsanwaltschaft ein Verfahren vor Anklageerhebung ein, findet § 464c folglich keine Anwendung. § 464c gilt auch im gerichtlichen Ordnungswidrigkeitenverfahren, im behördlichen Verfahren nach § 105 Abs. 1 OWiG nur insoweit, als Kosten für Gebärdendolmetscher betroffen sind.[4] Durch Art. 16 Nr. 5 des OLG VertrÄndG wurden die Begriffe „taub oder stumm" durch die Begriffe „hör- oder sprachbehindert" ersetzt. Auf diese Weise fallen nicht nur vollständig gehör- und sprachlose Personen in den Anwendungsbereich, sondern auch solche, die lediglich behinderungsbedingt beeinträchtigt sind.[5]

II. Erläuterung

1. Schuldhafte Säumnis. Die erste Alternative des § 464c erfasst Fälle, bei denen Dolmetscher- und Übersetzerkosten durch **schuldhafte Säumnis** des Angeklagten verursacht worden sind. Dies ist vor allem bei vorwerfbarer Versäumung eines Termins oder einer Frist der Fall, wenn es daher zu einer Unterbrechung oder Aussetzung der Hauptverhandlung kam. Es genügt hierfür auch, dass der Angeklagte seine anerkennenswerten Gründe für die Säumnis nicht rechtzeitig dem Gericht mitteilt (vgl. hierzu auch die Erläuterungen zu § 467 Abs. 2, → § 467 Rn. 8).[6]

Im Falle eines **Freispruchs** bestimmt bereits § 467 Abs. 2, dass der Angeklagte die Kosten zu tragen hat, die er durch schuldhafte Säumnis verursacht hat. In diesem Fall erfasst die Tenorierung nach § 467 Abs. 2 bereits die Kosten für Dolmetscher und Übersetzer und kommt § 464c keine eigenständige Bedeutung zu. Dass unnötige Dolmetscher- und Übersetzerkosten auch zu den Säumniskosten iSd § 467 Abs. 2 gehören, zeigt nämlich bereits KV 9005 Abs. 4 GKG. Hs. 2 ist dabei nicht dahingehend misszuverstehen, dass es in dieser Konstellation keiner ausdrücklichen Auferlegung der Kosten auf den Angeklagten bräuchte, sondern soll nur klarstellen, dass es keines zusätzlichen Ausspruchs des speziellen Kostenfaktors nach § 464c bedarf.[7]

---

[1] Statt vieler Gieg in KK-StPO Rn. 2.
[2] Vgl. Hilger in Löwe/Rosenberg Rn. 2; Gieg in KK-StPO Rn. 2.
[3] BGBl. I 1082.
[4] Vgl. hierzu ausführlicher Grommes in BeckOK OWiG OWiG § 105 Rn. 48 f.
[5] BT-Drs. 14/9266, 35.
[6] Vgl. Hilger in Löwe/Rosenberg Rn. 4.
[7] Degener in SK-StPO Rn. 3; Benthin in Radtke/Hohmann Rn. 3.

Im Falle einer **Verurteilung** des Angeklagten findet bei durch schuldhafte Säumnis 5
verursachten Dolmetscher- oder Übersetzerkosten hingegen § 464c Anwendung. Hier ist
ein ausdrücklicher Ausspruch nach Hs. 2 erforderlich.

2. In sonstiger Weise schuldhaft verursacht. Die zweite Alternative erstreckt die 6
Kostentragung des Angeklagten auch auf solche Fälle, in denen er die Dolmetscher- oder
Übersetzerkosten **in sonstiger Weise schuldhaft** verursacht. Hierunter fällt zB die Konstellation, dass der Angeklagte bewusst wahrheitswidrig vorgab, über keine deutschen
Sprachkenntnisse zu verfügen, oder über sein Herkunftsland oder die von ihm beherrschte
Sprache täuschte. Nicht von § 464c erfasst ist dagegen grundsätzlich, wenn der Angeklagte
es bloß unterließ, das Gericht darauf hinzuweisen, dass ein Dolmetscher nicht erforderlich
sei. Etwas anderes gilt jedoch, wenn der Angeklagte auf die ausdrückliche Nachfrage des
Gerichts mit dem Hinweis, dass ein Dolmetscher bestellt werde, falls keine gegenteilige
Mitteilung eingeht, schweigt.[8]

3. Unnötige Auslagen. Die Auslagen müssen in beiden Alternativen **unnötig** verur- 7
sacht worden sein. Das heißt, dass nur die Dolmetscher- und Übersetzerkosten dem Angeklagten auferlegt werden dürfen, die nicht angefallen wären, wenn der Angeklagte sich
ordnungsgemäß verhalten hätte. Daran fehlt es zB, wenn der Dolmetscher zwar aufgrund
Ausbleibens des Angeklagten nicht mehr benötigt wird, das Gericht die Hauptverhandlung
aber ohne den Angeklagten fortsetzt (§ 231 Abs. 2, §§ 231a, 231b, 232, 329 Abs. 2, § 411
Abs. 2). Auch bei ordnungsgemäßer Teilnahme des Angeklagten an der Hauptverhandlung
wären die Dolmetscherkosten in diesem Fall nämlich angefallen. So entstehen auch keine
unnötigen Dolmetscherkosten iSd § 464c, wenn der Angeklagte im Einspruchs- oder Berufungstermin nicht erscheint, der Einspruch/die Berufung jedoch direkt verworfen werden
können.[9] Weder § 467 Abs. 2 noch § 464c sind einschlägig, wenn der nicht der deutschen
Sprache mächtige Angeklagte verschuldet hat, dass kein Dolmetscher hinzugezogen wurde,
und die Hauptverhandlung deshalb unterbrochen oder ausgesetzt werden muss. Eine Kostentragung nach § 467 Abs. 2 scheidet in diesem Fall mangels Säumnis aus, eine solche nach
§ 464c mangels entstandener Dolmetscher- oder Übersetzerkosten.[10]

4. Verfahren. Die für die Entscheidung nach § 464c erforderlichen Tatsachen werden 8
im **Freibeweisverfahren** erhoben.[11] Für die Anhörung des Angeklagten gelten die §§ 33,
33a, für die Begründung der Entscheidung § 34. Die Entscheidung ist nach § 464 Abs. 3
anfechtbar.

§ 464d Verteilung der Auslagen nach Bruchteilen

Die Auslagen der Staatskasse und die notwendigen Auslagen der Beteiligten können nach Bruchteilen verteilt werden.

Schrifttum: Chemnitz, Differenztheorie und Quotelungstheorie nach Teilfreispruch, AnwBl. 1987, 135;
Reinisch, Der Teilfreispruch unter dem Gesichtspunkt des Kostenrechts, JR 1967, 329; Sommermeyer, Die
Bestimmung der erstattungsfähigen Verteidigergebühren beim fiktiven und echten Teilfreispruch, MDR 1991,
931.

I. Überblick

1. Normzweck. Vor der Einführung des § 464d war eine Quotelung in der Kosten- 1
grundentscheidung nur bei § 465 Abs. 2 und § 473 Abs. 4 möglich, bei einem Teilfreispruch

---

[8] So auch Hilger in Löwe/Rosenberg Rn. 5; Bader in KMR-StPO Rn. 3.
[9] BT-Drs. 11/4394; vgl. auch Benthin in Radtke/Hohmann Rn. 4; Bader in KMR-StPO Rn. 3; Otto/
     Schnigula JurBüro 1989, 898.
[10] So auch Bader in KMR-StPO Rn. 4.
[11] Gieg in KK-StPO Rn. 3; Hilger in Löwe/Rosenberg Rn. 7; Benthin in Radtke/Hohmann Rn. 5.

jedoch ausgeschlossen.[1] Im Kostenfestsetzungsverfahren war eine **Quotelung** dagegen stets zulässig. Dieser Unterschied sollte mit dem durch das Kostenrechtsänderungsgesetz vom 24.6.1994 (BGBl. I 1325) in die StPO eingefügten § 464d, der eine Verteilung nach Bruchteilen bereits in der Kostengrundentscheidung erlaubt, beseitigt werden. Dadurch soll in einfachen und leicht überschaubaren Fällen eine schnelle, angemessene Kostenentscheidung ermöglicht werden.[2] Das Gericht entscheidet nach pflichtgemäßem Ermessen („können"), ob es bereits in der Kostengrundentscheidung eine Quotelung vornimmt. Andernfalls ist der Rechtspfleger jedoch auch nicht gehindert, im Kostenfestsetzungsverfahren erstmals zu quoteln, sofern er nicht durch eine unangemessene Schätzung der auf den Teilfreispruch entfallenden Quote de facto eine nachträgliche Änderung der gerichtlichen Kostengrundentscheidung bewirkt.[3]

2. Anwendungsbereich. § 464d regelt die Verteilung der Auslagen der Staatskasse und der notwendigen Auslagen der Beteiligten. Nach § 464d findet **keine Gebührenquotelung** statt (vgl. § 471 Abs. 3). Eine Verteilung der Auslagen nach Bruchteilen in der Kostengrundentscheidung ist grundsätzlich bei § 465 Abs. 2, § 467, § 467a Abs. 2, § 468, § 469 Abs. 1, § 470 S. 2, § 471 Abs. 3, § 472 Abs. 1 S. 3, Abs. 2, Abs. 3, § 472a Abs. 2, § 472b Abs. 1 S. 2, Abs. 3, § 473 Abs. 4 möglich. § 464d soll vor allem in einfach gelagerten Fällen dazu beitragen, das Verfahren zu beschleunigen. Eine Anwendung dieser Vorschrift wäre also verfehlt, wenn das Gericht hierfür komplizierte Berechnungen anstellen müsste.[4] Eine Quotelung nach § 464d kann auch im **Kostenansatzverfahren** nach § 19 GKG und im **Kostenfestsetzungsverfahren** erfolgen.[5] Nicht anwendbar ist § 464d dagegen bei isolierten Kostenentscheidungen gegen Dritte nach § 51 Abs. 1 S. 1, § 70 Abs. 1 S. 1, § 77 Abs. 1 S. 1, § 81c Abs. 6 S. 1, § 138c Abs. 6, § 145 Abs. 4, § 161a Abs. 2 S. 1 StPO, § 56 GVG.[6]

II. Erläuterung

1. Verhältnis von Quotelung und Differenzmethode. Bei der **Differenzmethode** hat der Angeklagte seine Auslagen bei einem Teilfreispruch grundsätzlich selbst zu tragen. Nur die ausscheidbaren Auslagen, die allein auf den freisprechenden Teil des Urteils entfallen, sind ihm zu ersetzen.[7]

Zum Teil wird die Ansicht vertreten, dass die Differenzmethode mit Einführung des § 464d keine Anwendung mehr finden darf, da diese in den Gesetzesmaterialien zum Kostenrechtsänderungsgesetz 1994 nicht einmal erwähnt und somit nicht mehr gewollt sei.[8] Richtigerweise zeigt aber bereits der Gesetzeswortlaut „können", dass der Gesetzgeber dem Gericht nur die **Möglichkeit** zur Quotelung der Kosten neben der Differenzmethode geben wollte. Die Wahl der Methode steht im Ermessen des Gerichts bzw. des Rechtspflegers.[9] Möglich sind nach der aktuellen Gesetzeslage auch „gemischte" Entscheidungen, die

---

[1] BGH 24.1.1973 – 3 StR 21/72, NJW 1973, 665; vgl. auch Reinisch JR 1967, 329; Chemnitz AnwBl. 1987, 135; Sommermeyer MDR 1991, 931.
[2] BT-Drs. 12/6962; vgl. auch BGH 24.5.2000 – 1 StR 80/00, NStZ 2000, 499; OLG Köln 2.2.2004 – Ws 29/04, NStZ-RR 2004, 384; KG 25.11.2015 – 1 Ws 84/15, BeckRS 2016, 00031; Schmitt in Meyer-Goßner/Schmitt Rn. 1; Gieg in KK-StPO Rn. 3; Hilger in Löwe/Rosenberg Rn. 2.
[3] OLG Düsseldorf 24.10.2000 – 1 Ws 372 – 373/00, 1 Ws 372/00, 1 Ws 373/00, JurBüro 2001, 147; OLG Köln 2.2.2004 – Ws 29/04, NStZ-RR 2004, 384; KG 5.12.2008 – 1 Ws 283/08, StraFo 2009, 260; Hilger in Löwe/Rosenberg Rn. 7; Gieg in KK-StPO Rn. 3.
[4] BGH 24.5.2000 – 1 StR 80/00, NStZ 2000, 499; Hilger in Löwe/Rosenberg Rn. 3.
[5] OLG Dresden 9.1.2002 – 1 Ws 249/01, NStZ-RR 2003, 224; OLG Koblenz 7.8.2008 – 2 Ws 297/08, BeckRS 2011, 06452; KG 5.12.2008 – 1 Ws 283/08, StraFo 2009, 260; Hilger in Löwe/Rosenberg Rn. 3; Schmitt in Meyer-Goßner/Schmitt Rn. 3; Degener in SK-StPO Rn. 2.
[6] Vgl. Degener in SK-StPO Rn. 2; Hilger in Löwe/Rosenberg Rn. 4.
[7] OLG Karlsruhe 2.3.1998 – 3 Ws 299/97, NStZ 1998, 317; OLG München 30.1.2017 – 4c Ws 5/17, BeckRS 2017, 100876.
[8] LG Frankfurt a. M. 13.2.1997 – 5/15 Qs 76/96, 5-15 Qs 76/96, StV 1998, 85; LG Leipzig 31.3.1999 – 1 Qs 170/98, StV 2000, 435.
[9] BGH 27.7.2022 – 1 StR 145/22, NStZ-RR 2022, 391; OLG Karlsruhe 2.3.1998 – 3 Ws 299/97, StV 1998, 609; OLG Koblenz 6.7.1998 – 1 Ws 419/98, StraFo 1999, 105; OLG Saarbrücken 25.7.2000 –

einen Teil der Auslagen mit der Differenzmethode nach abstrakten Kriterien verteilen und einen Teil nach Bruchteilen.[10]

2. Festlegung der Bruchteile. Die Höhe der Bruchteile ist im Einzelfall nach dem **Prinzip der Kostengerechtigkeit** festzulegen.[11] Entscheidende Faktoren können hierbei neben dem Verhältnis Verurteilung zu Nichtverurteilung zB auch die Schwere der Tatvorwürfe, die Schadenshöhe oder die Schwierigkeit der Beweisaufnahme darstellen.[12] Eine **Schätzung** ist zulässig.[13] Gegebenenfalls ist die Differenzmethode als Korrektiv heranzuziehen.[14] 4

§ 465 Kostentragungspflicht des Verurteilten

(1) ¹Die Kosten des Verfahrens hat der Angeklagte insoweit zu tragen, als sie durch das Verfahren wegen einer Tat entstanden sind, wegen derer er verurteilt oder eine Maßregel der Besserung und Sicherung gegen ihn angeordnet wird. ²Eine Verurteilung im Sinne dieser Vorschrift liegt auch dann vor, wenn der Angeklagte mit Strafvorbehalt verwarnt wird oder das Gericht von Strafe absieht.

(2) ¹Sind durch Untersuchungen zur Aufklärung bestimmter belastender oder entlastender Umstände besondere Auslagen entstanden und sind diese Untersuchungen zugunsten des Angeklagten ausgegangen, so hat das Gericht die entstandenen Auslagen teilweise oder auch ganz der Staatskasse aufzuerlegen, wenn es unbillig wäre, den Angeklagten damit zu belasten. ²Dies gilt namentlich dann, wenn der Angeklagte wegen einzelner abtrennbarer Teile einer Tat oder wegen einzelner von mehreren Gesetzesverletzungen nicht verurteilt wird. ³Die Sätze 1 und 2 gelten entsprechend für die notwendigen Auslagen des Angeklagten. ⁴Das Gericht kann anordnen, dass die Erhöhung der Gerichtsgebühren im Falle der Beiordnung eines psychosozialen Prozessbegleiters ganz oder teilweise unterbleibt, wenn es unbillig wäre, den Angeklagten damit zu belasten.

(3) Stirbt ein Verurteilter vor eingetretener Rechtskraft des Urteils, so haftet sein Nachlaß nicht für die Kosten.

Schrifttum: Gode, Verurteilung in die Verfahrenskosten, wenn ein Teil einem Dritten auferlegt worden ist, NStZ 1989, 255; Maiwald, Das Absehen von Strafe nach § 16 StGB, ZStW 83 (1971), 663; Meyer, Zum Auslagenerstattungsanspruch des Verurteilten im Falle eines unechten Teilfreispruchs, JurBüro 1994, 518; v. Weber, Das Absehen von Strafe, MDR 1956, 705.

Übersicht

		Rn.			Rn.
I.	Überblick	1	1.	Kostentragungspflicht bei Verurteilung, Abs. 1	5
1.	Normzweck	1		a) Verurteilung	5
2.	Anwendungsbereich	2		b) Umfang der Kostenpflicht	6
II.	Erläuterung	5	2.	Auslagenauferlegung, Abs. 2	9
				a) Besondere Auslagen	9

---

[1] Ws 57/00, Rpfleger 2000, 564; KG 5.12.2008 – 1 Ws 283/08, StraFo 2009, 260; 24.11.2011 – 1 Ws 113-114/10, BeckRS 2012, 11963; OLG Karlsruhe 16.2.2017 – 2 Ws 34/17, BeckRS 2017, 102377; Degener in SK-StPO Rn. 3; Hilger in Löwe/Rosenberg Rn. 5.
[10] KG 5.12.2008 – 1 Ws 283/08, StraFo 2009, 260; Hilger in Löwe/Rosenberg Rn. 6.
[11] Vgl. als Beispiel für eine unbillige Quotelung BGH 10.8.1995 – 4 StR 440/95, StV 1996, 164.
[12] Vgl. BGH 10.8.1995 – 4 StR 440/95, StV 1996, 164; LG Hamburg 20.3.2000 – 631 Qs 79/99, NStZ-RR 2000, 288; Degener in SK-StPO Rn. 4; Hilger in Löwe/Rosenberg Rn. 8.
[13] LG Hamburg 20.3.2000 – 631 Qs 79/99, NStZ-RR 2000, 288; Benthin in Radtke/Hohmann Rn. 4; Hilger in Löwe/Rosenberg Rn. 5.
[14] OLG Köln 2.2.2004 – Ws 29/04, NStZ-RR 2004, 384; Gieg in KK-StPO Rn. 3.

	Rn.		Rn.
b) Untersuchung zur Aufklärung bestimmter Umstände, die zugunsten des Angeklagten ausging	10	3. Gerichtsgebühren im Falle der Beiordnung eines psychosozialen Prozessbegleiters	13a
c) Billigkeit	12		
d) Tenorierung und Urteilsgründe	13	4. Tod des Verurteilten	14

I. Überblick

1 1. **Normzweck.** Die Regelung des Abs. 1 beruht auf dem im Kostenrecht vorherrschenden **Veranlassungsprinzip** (vgl. dazu → § 464 Rn. 2) und ist verfassungsrechtlich unbedenklich.¹ Der mit dem EGOWiG 1968 eingeführte Abs. 2 stellt eine Korrekturmöglichkeit zu der starren Kostenregel des Abs. 1 nach dem Prinzip der Billigkeit dar.²

2 2. **Anwendungsbereich.** Abs. 1 regelt die Kostentragungspflicht bei Verurteilung. Abs. 2 ermöglicht es dem Gericht, besondere Auslagen, die bei der Untersuchung zur Aufklärung bestimmter belastender oder entlastender Umstände entstanden sind, wenn die Untersuchung zugunsten des Angeklagten ausgegangen ist, ganz oder teilweise der Staatskasse aufzuerlegen, wenn es unbillig wäre, den Angeklagten hiermit zu belasten. § 465 Abs. 2 erfasst nicht den (sog. „echten") **Teil-Freispruch,** bei dem die Kostenentscheidung für den verurteilenden Part nach § 465 und für den Teil-Freispruch/-Einstellung/-Nichteröffnung nach § 467 zu bestimmen ist.³

3 Neben dieser Möglichkeit nach Abs. 2 steht sowohl in der Kostengrundentscheidung als auch im Kostenansatzverfahren **§ 21 Abs. 1 S. 1 GKG,** laut dem von der Überbürdung von Verfahrenskosten abgesehen wird, soweit diese bei richtiger Sachbehandlung nicht entstanden wären. In der Praxis wird von dieser Regelung jedoch nur in Ausnahmefällen, bei unvertretbarer Rechtsansicht oder schweren Verfahrensfehlern Gebrauch gemacht.⁴

4 § 465 gilt auch im **Jugendstrafverfahren.** Dort besteht jedoch nach §§ 74, 109 Abs. 2 JGG die Möglichkeit, davon abzusehen, dem Angeklagten die Kosten aufzuerlegen.⁵ Für Nebenbeteiligte gilt die Sondervorschrift des § 472b.

II. Erläuterung

5 1. **Kostentragungspflicht bei Verurteilung, Abs. 1. a) Verurteilung.** Eine **Verurteilung** im Sinne des Abs. 1 liegt vor, wenn das Urteil eine Schuldfeststellung trifft und deswegen Unrechtsfolgen festsetzt.⁶ Dies ist auch bei jugendstrafrechtlichen Entscheidungen, bei denen Erziehungsmaßregeln (§§ 9 ff. JGG) oder Zuchtmittel (§§ 13 ff. JGG) verhängt werden, sowie bei § 27 JGG, bei dem die Schuld festgestellt wird, aber die Entscheidung über die Verhängung der Jugendstrafe zur Bewährung ausgesetzt wird, der Fall.⁷ Eine Verurteilung liegt nach § 465 Abs. 1 S. 2 auch bei einer Verwarnung mit Strafvorbehalt (§ 59 StGB) oder bei Absehen von Strafe (zB § 83a, 87 Abs. 3, § 98 Abs. 2, § 113 Abs. 4, § 129 Abs. 6, § 139 Abs. 1, § 157, § 158, § 174 Abs. 5, § 182 Abs. 6 StGB, § 29 Abs. 5, § 31, § 31a BtMG) vor, denn auch hierbei handelt es sich letztlich um einen Akt der

---

¹ BVerfG 19.1.1965 – 2 BvL 8/62, BVerfGE 18, 302 = NJW 1965, 387; 8.6.1971 – 2 BvL 17/70, BVerfGE 31, 137.
² BT-Drs. V/1319, 84.
³ Statt vieler Bader in KMR-StPO Rn. 8.
⁴ Bzgl. unvertretbarer Rechtsansicht: LG Osnabrück 22.9.1995 – 20 Ks 12 Js 2650/93 VI 9/94, NStZ-RR 1996, 192; bzgl. schwerer Verfahrensfehler: BGH 1.12.1988 – 4 StR 569/88, NStZ 1989, 191; 22.3.2000 – 2 StR 490/99, NStZ-RR 2001, 135; 15.8.2001 – 3 StR 263/01, BeckRS 2001, 30199363; OLG Köln 18.5.1979 – 2 W 25/79, NJW 1979, 1834.
⁵ BGH 11.10.2016 – 4 StR 145/16, BeckRS 2016, 19421; ausführlich dazu Degener in SK-StPO Rn. 7 ff.; Gieg in KK-StPO Rn. 5.
⁶ Statt vieler: BGH 25.7.1960 – 3 StR 25/60, BGHSt 14, 391 = NJW 1960, 1867.
⁷ KG 12.2.1962 – 2 Ws 8/62, JR 1962, 271; Degener in SK-StPO Rn. 3; Schmitt in Meyer-Goßner/Schmitt Rn. 2; Hilger in Löwe/Rosenberg Rn. 2.

Strafzumessung.⁸ Es entspricht einem Absehen von Strafe, wenn wegen der Sperrwirkung des Verbots der reformatio in peius (§ 331, § 358 Abs. 2, § 373 Abs. 2) keine Verurteilung erfolgt.⁹ Für die Straffreierklärung nach § 199 StGB wegen wechselseitiger Beleidigungen ist die Sonderregelung des § 468 zu beachten. Keine Verurteilung iSd § 465 Abs. 1 liegt dagegen vor, wenn neben einem Freispruch eine Nebenfolge angeordnet oder das Einziehungsverfahren nach § 435 betrieben wird. Es handelt sich in diesen Fällen auch nicht um eine **Maßregel der Besserung und Sicherung,** auf die sich § 465 Abs. 1 S. 1 ebenfalls bezieht, da hierunter nur die in § 61 StGB abschließend aufgezählten Maßregeln zu verstehen sind.¹⁰ Es spielt keine Rolle, ob eine Maßregel der Besserung und Sicherung neben einem Freispruch angeordnet oder im Sicherungsverfahren nach §§ 413 ff. verhängt wird.¹¹

b) Umfang der Kostenpflicht. Während der Angeklagte mit seinen eigenen Auslagen 6 ohnehin bereits nach dem Grundsatz, dass jeder Verfahrensbeteiligte seine notwendigen Auslagen trägt, belastet ist, bedarf es zur Auferlegung der Kosten des Verfahrens im Falle der Verurteilung der ausdrücklichen Regelung des Abs. 1. Danach hat der Angeklagte die Kosten des Verfahrens zu tragen, die wegen der Tat, wegen der er verurteilt oder wegen der eine Maßregel der Besserung und Sicherung gegen ihn angeordnet worden ist, entstanden sind. „Tat" meint hierbei die **Tat iSd § 264 Abs. 1.**¹²

Der Angeklagte hat die Kosten **des gesamten Verfahrens** zu tragen. Der Grundsatz 7 der kostenrechtlichen Einheit gebietet damit, dass der Angeklagte auch dann die Kosten des gesamten Verfahrens auferlegt bekommt, wenn er zunächst in erster Instanz freigesprochen wurde und erst in der Rechtsmittelinstanz oder aufgrund einer Zurückverweisung durch das Revisionsgericht (§ 354 Abs. 2, § 357) verurteilt wurde.¹³ Der Grundsatz der kostenrechtlichen Einheit gilt auch bei Verweisung der Sache an ein höheres Gericht und im Vollstreckungsverfahren.¹⁴ Der Angeklagte trägt dabei grundsätzlich auch die Kosten für eine unrichtige Sachbehandlung seitens des Gerichts (zu Ausnahmen hiervon vgl. → Rn. 3, 9).¹⁵

Erfolgt eine **Kostenauferlegung an Dritte** durch Beschluss für bestimmte Verfahrens- 8 teile, so erstreckt sich die Kostentragungspflicht des Angeklagten auch dann nicht auf diesen Teil, wenn dies nicht ausdrücklich im Urteil zum Ausdruck gebracht wird.¹⁶ Wenn die Kostenauferlegung an den Dritten nachträglich durch Beschluss aufgehoben wird, erstreckt sich die Kostentragungspflicht des Angeklagten automatisch auch auf diesen Part.¹⁷ Daher

---

[8] BGH 27.10.1961 – 2 StR 193/61, NJW 1962, 646; Hilger in Löwe/Rosenberg Rn. 3; v. Weber MDR 1956, 705; Maiwald ZStW 83 (1971), 663.

[9] OLG Düsseldorf 26.11.1984 – 5 Ss 349/84 – 312/84 I, JR 1986, 121; Benthin in Radtke/Hohmann Rn. 2.

[10] BGH 25.7.1960 – 3 StR 25/60, BGHSt 14, 391 = NJW 1960, 1867.

[11] Hilger in Löwe/Rosenberg Rn. 5; Schmitt in Meyer-Goßner/Schmitt Rn. 2; Gieg in KK-StPO Rn. 2; Bader in KMR-StPO Rn. 5.

[12] OLG Zweibrücken 29.9.1965 – Ss 93/65, MDR 1966, 351; OLG Koblenz 21.11.2001 – 1 Ws 1449/01, NStZ-RR 2002, 160; OLG Hamm 17.4.2007 – 4 Ws 97/07, BeckRS 2007, 16598; Degener in SK-StPO Rn. 13; Hilger in Löwe/Rosenberg Rn. 6; Benthin in Radtke/Hohmann Rn. 3.

[13] BGH 29.1.1963 – 1 StR 516/62, BGHSt 18, 231 = NJW 1963, 724; 21.10.1986 – 4 StR 553/86, NStZ 1987, 86; 7.10.1998 – 3 StR 387/98, NStZ-RR 1999, 63; 13.10.2005 – 4 StR 143/05, NStZ-RR 2006, 32.

[14] OLG Oldenburg 13.3.1996 – 1 Ws 11/96, NStZ 1996, 405; OLG Karlsruhe 9.10.1997 – 2 Ws 116/97, NStZ 1998, 272; Gieg in KK-StPO Rn. 3; Degener in SK-StPO Rn. 13.

[15] BGH 19.11.1959 – 2 StR 357/59, BGHSt 13, 311 = NJW 1960, 109; 7.10.1998 – 3 StR 387/98, NStZ-RR 1999, 63; OLG Düsseldorf 6.12.1991 – 1 Ws 939/91, 1 Ws 1171 – 1172/91, 1 Ws 1171/91, 1 Ws 1172/91, JurBüro 1992, 255; Schmitt in Meyer-Goßner/Schmitt Rn. 3; Benthin in Radtke/Hohmann Rn. 3; Schmidt/Zimmermann in Gercke/Temming/Zöller Rn. 3.

[16] BGH 16.7.1997 – 2 StR 545/96, NJW 1997, 2963; OLG Düsseldorf 19.2.1998 – 5 Ss 26/98 – 11/98 I und 1 Ws 75/98, NStZ-RR 1998, 253; OLG Dresden 25.8.1999 – 2 Ws 422/99, NStZ-RR 2000, 30; KG 15.2.2006 – 3 Ws 552/05, NStZ-RR 2006, 288; Gieg in KK-StPO Rn. 3; Bader in KMR-StPO Rn. 3; krit. Hilger in Löwe/Rosenberg Rn. 12; Gode NStZ 1989, 255.

[17] Gieg in KK-StPO Rn. 3; Benthin in Radtke/Hohmann Rn. 4; Schmitt in Meyer-Goßner/Schmitt Rn. 4; Schmidt/Zimmermann in Gercke/Temming/Zöller Rn. 4.

9   **2. Auslagenauferlegung, Abs. 2. a) Besondere Auslagen.** Vom Grundsatz des Abs. 1, dass der Verurteilte die gesamten Kosten und Auslagen zu tragen hat, die für die Tat, für die er verurteilt wurde, entstanden sind, können aus Gründen der **Billigkeit** Ausnahmen geboten sein. Dies ist zB der Fall, wenn sich der im Eröffnungsbeschluss genannte Tatvorwurf nur zum Teil bestätigte, ein Teil-Freispruch jedoch aufgrund tateinheitlicher Verwirklichung ausscheidet (sog. „unechter Teil-Freispruch"), oder sich der Tatvorwurf auf ein minder schweres Delikt reduziert (Abs. 2 S. 2).[19] Erscheint eine Auslagentragung des Angeklagten in derartigen Konstellationen unbillig, so hat das Gericht nach der Ausnahmeregelung des Abs. 2 die „besonderen Auslagen" iSd Abs. 2 insoweit der Staatskasse aufzuerlegen. Dabei ist nicht nur streng auf ausscheidbare Mehrkosten abzustellen.[20] Nach Abs. 2 S. 3 sind auch die notwendigen Auslagen des Angeklagten erfasst.

10   **b) Untersuchung zur Aufklärung bestimmter Umstände, die zugunsten des Angeklagten ausging.** Die Untersuchungen zur Aufklärung bestimmter belastender oder entlastender Umstände, für die Abs. 2 eine Entlastung des Angeklagten vorsieht, können sowohl **Aufklärungsmaßnahmen** im Wege des Strengbeweises (zB Zeugenvernehmungen) als auch solche, die unter Inanspruchnahme des Beschuldigten (zB körperliche Untersuchungen) entstanden sind, sein.[21] Es fällt hierunter zB auch die Beauftragung eines Sachverständigen mit der Erstattung eines Gutachtens zu den Voraussetzungen einer Sicherungsverwahrung oder zu für die Rechtsfolgen relevanten Umständen. Es reicht grundsätzlich aus, dass die Untersuchung sich auf für die Strafzumessung maßgebliche Umstände bezieht.[22] Die Rechtsprechung verneint die Anwendung von Abs. 2 (analog) jedoch bei Prognose-Gutachten im Zusammenhang mit der Frage, ob eine Freiheitsstrafe zur Bewährung ausgesetzt werden kann.[23]

11   Die entsprechenden Untersuchungen müssen **zugunsten des Angeklagten ausgegangen** sein. Dabei ist nicht auf den Ausgang jeder einzelnen Untersuchungshandlung zu blicken, sondern auf das Ergebnis der Untersuchungen insgesamt, so dass stets darauf abzustellen ist, ob das Gericht bzgl. eines bestimmten Punkts bei Berücksichtigung aller Erkenntnisse zu einem Ergebnis gelangt ist, das zugunsten des Angeklagten ist.[24]

12   **c) Billigkeit.** Abs. 2 verlangt weiterhin, dass die Auslagenauferlegung unbillig wäre. Es besteht grundsätzlich bei Verurteilung wegen eines weniger schwerwiegenden als des angeklagten Delikts kein Anlass, den Angeklagten von Auslagen zu entlasten, die auch bei von vorneherein zutreffend beschränktem Schuldvorwurf entstanden wären, denn in diesem Fall hat der Angeklagte sämtliche Kosten verursacht und daher auch grundsätzlich zu tragen.[25] Abs. 2 stellt eine bloße **Billigkeitskorrektur in Ausnahmefällen** zur Verfügung. Bei dem Wort „unbillig" handelt es sich um einen unbestimmten Rechtsbegriff, der dem Gericht einen gewissen Beurteilungsspielraum lässt.[26] So kann es zB der Billigkeit entspre-

---

[18] OLG Düsseldorf 9.6.1994 – 1 Ws 395 – 396/94, 1 Ws 395/94, 1 Ws 396/94, VRS 87 (1994), 437; Gieg in KK-StPO Rn. 3.

[19] RG 4.6.1916 – II 208/18, RGSt 52, 190; BGH 11.6.1991 – 1 StR 267/91, BGHR § 465 Abs. 2 Billigkeit 3; OLG Düsseldorf 18.7.1988 – 1 Ws 420/88, JurBüro 1989, 126; Gieg in KK-StPO Rn. 5; Benthin in Radtke/Hohmann Rn. 5; Bader in KMR-StPO Rn. 9.

[20] BGH 24.1.1973 – 3 StR 21/72, BGHSt 25, 109 = NJW 1973, 665; Hilger in Löwe/Rosenberg Rn. 27 ff.; Benthin in Radtke/Hohmann Rn. 5; Bader in KMR-StPO Rn. 11.

[21] Degener in SK-StPO Rn. 20.

[22] LG Freiburg 10.2.1998 – 11 Qs 3/98, StV 1998, 611; Degener in SK-StPO Rn. 20; Benthin in Radtke/Hohmann Rn. 6.

[23] OLG Frankfurt a. M. 17.6.2010 – 2 Ws 134/09, NStZ 2010, 719.

[24] BT-Drs. V/1319, 84 f.

[25] BGH 23.9.1981 – 3 StR 341/81, NStZ 1982, 80; 8.10.2014 – 4 StR 473/13, NStZ-RR 2014, 390; OLG Oldenburg 24.9.2007 – 1 Ws 389/07, NStZ-RR 2008, 64; Gieg in KK-StPO Rn. 5; Schmitt in Meyer-Goßner/Schmitt Rn. 7; Benthin in Radtke/Hohmann Rn. 7.

[26] Hilger in Löwe/Rosenberg Rn. 24.

chen, die gesamten Auslagen eines Verurteilten nach Abs. 2 der Staatskasse aufzuerlegen, wenn der Angeklagte sich zwar gegen den Tatvorwurf einer Straftat verteidigte, einen Bußgeldbescheid wegen einer Ordnungswidrigkeit, wegen der allein er letztlich verurteilt wurde, aber widerspruchslos hingenommen hätte.[27] Weitere Fälle, in denen eine Entlastung des Angeklagten nach Abs. 2 in Betracht kommt, sind zB, wenn die Staatsanwaltschaft wegen eines Verbrechens zum Landgericht angeklagt hat, richtigerweise aber nur eine Anklage wegen eines Vergehens vor dem Amtsgericht hätte erhoben werden dürfen,[28] oder wenn ein Pflichtverteidiger neben dem Wahlverteidiger bestellt wurde, obwohl die Taten, derenwegen der Angeklagte letztlich verurteilt wurde, dies nicht rechtfertigen.[29] Ebenso verhält es sich, wenn die Staatsanwaltschaft einen Strafbefehlsantrag nach Erlass zurücknimmt, wegen eines Teils des Anklagevorwurfs nach § 154a Abs. 1 verfährt und der Angeklagte den sodann erlassenen reduzierten Strafbefehl von vorneherein akzeptiert hätte.[30] Kontrovers diskutiert wird, ob ein Angeklagter von den Mehrkosten gerichtlich angeordneter Nachermittlungen zu seinen persönlichen Verhältnissen nach Abs. 2 zu entlasten ist, die im Strafbefehlsverfahren auf den auf die Höhe des Tagessatzes beschränkten Einspruch hin zu einer Reduzierung der Tagessatzhöhe geführt haben.[31] Richtigerweise dürfte es sich zumindest dann nicht um eine unbillige Auslagenlast für den Angeklagten handeln, wenn dieser im Ermittlungsverfahren zu seinen wirtschaftlichen Verhältnissen keine Angaben gemacht hat.[32]

d) Tenorierung und Urteilsgründe. Eine den Angeklagten entlastende Entscheidung nach Abs. 2 muss **ausdrücklich** in den Tenor aufgenommen werden.[33] Andernfalls verbleibt es bei dem Grundsatz der umfänglichen Kosten- und Auslagentragungspflicht des Verurteilten nach Abs. 1.[34] Das Gericht kann die Kostengrundentscheidung entweder gemäß § 464d nach Bruchteilen bestimmen oder die von der Staatskasse zu tragenden Auslagen abstrakt bezeichnen (vgl. → § 464d Rn. 3). Die Ausnahmeentscheidung des Abs. 2 ist ferner in den Urteilsgründen zu begründen.[35] Im Übrigen muss zumindest bei erheblicher Diskrepanz zwischen den in der Anklage vorgeworfenen Taten und den verurteilten Taten aus dem Urteil ersichtlich sein, dass sich das Gericht der Möglichkeit einer Entscheidung nach Abs. 2 bewusst war.[36]

3. Gerichtsgebühren im Falle der Beiordnung eines psychosozialen Prozessbegleiters. Nach Abs. 2 S. 4 kann das Gericht von einer Erhöhung der Gerichtsgebühren ganz oder teilweise absehen, soweit ein **psychosozialer Prozessbegleiter** iSd § 406g beigeordnet war. Diese durch das Gesetz zur Stärkung der Opferrechte im Strafverfahren vom 21.12.2015[37] eingeführte Regelung soll vor allem in den Fällen angemessene Kostenentscheidungen ermöglichen, in denen sich die rechtliche Bewertung der angeklagten Tat ändert und es aufgrund dieser abweichenden Bewertung unbillig wäre, dem Angeklagten die Kosten des aufgrund einer anderen rechtlichen Bewertung beigeordneten Prozessbegleiters aufzuerlegen.[38]

---

[27] Vgl. BGH 24.1.1973 – 3 StR 21/72, BGHSt 25, 109 = NJW 1973, 665; OLG Celle 31.10.1974 – 2 Ws 203/74, MDR 1975, 165; OLG Karlsruhe 13.2.1981 – 3 Ws 50/81, Justiz 1981, 245; OLG Stuttgart 23.1.1987 – 1 Ws 422/86, Justiz 1987, 160; Gieg in KK-StPO Rn. 5; Hilger in Löwe/Rosenberg Rn. 22; Benthin in Radtke/Hohmann Rn. 5.
[28] Vgl. BGH 4.12.1974 – 3 StR 158/74, BGHSt 26, 29 = NJW 1975, 699.
[29] OLG Düsseldorf 31.10.1984 – Ws 1058/84, NStZ 1986, 379.
[30] LG München I 2.9.1999 – 22 Qs 63/99, NStZ-RR 1999, 384.
[31] Gegen eine Entlastung: OLG Stuttgart 4.8.1989 – 6 Ss 444/89, NStZ 1989, 589; LG München I 13.6.1988 – 21 Ns 497 Js 119504/86, NStZ 1988, 473; für eine Entlastung: LG Mosbach 7.11.1996 – I Qs 74/96, MDR 1997, 511.
[32] So auch Gieg in KK-StPO Rn. 5.
[33] Tenorierungsbeispiele bei Benthin in Radtke/Hohmann Rn. 8.
[34] Bader in KMR-StPO Rn. 15.
[35] Hilger in Löwe/Rosenberg Rn. 31; Meyer JurBüro 1994, 518 (520).
[36] BGH 12.2.1998 – 1 StR 777/97, StV 1998, 610; Schmidt/Zimmermann in Gercke/Temming/Zöller Rn. 7.
[37] BGBl. I 2525.
[38] BT-Drs. 56/15, 37.

§ 466 1, 2   7. Buch. 2. Abschnitt. Kosten des Verfahrens

14   **4. Tod des Verurteilten.** Die Fälligkeit der Kostenschuld ist durch den Eintritt der **Rechtskraft der Entscheidung** bedingt, § 8 S. 1 GKG. Bis zum Bedingungseintritt verbleibt es bei dem Grundsatz, dass jeder Verfahrensbeteiligte seine Kosten selbst trägt, die Staatskasse also die Verfahrenskosten. Daher haftet der Nachlass des Verurteilten nicht für die Verfahrenskosten, wenn der Verurteilte vor Rechtskraft der Entscheidung verstirbt, § 465 Abs. 3. Vielmehr sind diese im Rahmen einer förmlichen Einstellung des Verfahrens nach § 206a der Staatskasse aufzuerlegen, § 467 Abs. 1.[39] Dies gilt auch dann, wenn das Urteil im Schuldspruch rechtskräftig und nur noch in einem Nebenpunkt anhängig war.[40] Im Umkehrschluss hierzu haftet der Nachlass für die Verfahrenskosten, wenn der Angeklagte nach Rechtskraft des Urteils verstirbt.[41] § 465 Abs. 3 betrifft nur die Verfahrenskosten, nicht die notwendigen Auslagen des Angeklagten.[42]

§ 466 Haftung Mitverurteilter für Auslagen als Gesamtschuldner

¹**Mitangeklagte, gegen die in bezug auf dieselbe Tat auf Strafe erkannt oder eine Maßregel der Besserung und Sicherung angeordnet wird, haften für die Auslagen als Gesamtschuldner.** ²**Dies gilt nicht für die durch die Tätigkeit eines bestellten Verteidigers oder eines Dolmetschers und die durch die Vollstreckung, die einstweilige Unterbringung oder die Untersuchungshaft entstandenen Kosten sowie für Auslagen, die durch Untersuchungshandlungen, die ausschließlich gegen einen Mitangeklagten gerichtet waren, entstanden sind.**

Schrifttum: Bode, Auswirkungen des Einführungsgesetzes zum OWiG auf StGB und StPO, NJW 1969, 211.

I. Überblick

1   **1. Normzweck.** Bei einem gegen mehrere Angeklagte geführten Verfahren ist es oftmals schwierig festzustellen, welche Auslagen der Staatskasse auf welchen Angeklagten entfallen. S. 1 vereinfacht daher die Kostentragungspflicht mehrerer Mitangeklagter, indem S. 1 bestimmt, dass Mitangeklagte, gegen die in Bezug auf dieselbe Tat auf Strafe erkannt oder eine Maßregel der Besserung und Sicherung angeordnet ist, **gesamtschuldnerisch** für die Auslagen der Staatskasse haften. Für Fälle, bei denen die Auslagen typischerweise leicht zu trennen sind oder eine gesamtschuldnerische Haftung unbillig wäre, enthält S. 2 Ausnahmen von diesem Grundsatz.

2   **2. Anwendungsbereich.** S. 1 gilt nur für Auslagen der Staatskasse in erster Instanz, auch im Privatklageverfahren. Für die Rechtsmittelinstanzen findet § 473 Anwendung.[1] S. 1 ist nicht auf die Auslagen anderer Verfahrensbeteiligter, wie zB Privatkläger und auch nicht auf die **Gebühren** anwendbar, da letztere sich nach Art und Höhe der verhängten Strafe oder der angeordneten Maßregel richten und daher für jeden Angeklagten gesondert bestimmt werden müssen.[2] Bei einer gemeinsamen Anklage gegen einen Erwachsenen und einen Jugendlichen, dem die Privilegierung des **§ 74 JGG** zugute kommt, haftet

---

[39] Vgl. BGH 8.6.1999 – 4 StR 595/97, BGHSt 45, 108 = NJW 1999, 3644; 30.7.2004 – 2 StR 248/14, BeckRS 2014, 16658; Hilger in Löwe/Rosenberg Rn. 43; Degener in SK-StPO Rn. 28.
[40] BayObLG 29.5.1957 – RReg. 1 St 748a, b/54, NJW 1957, 1448; OLG Köln 11.8.1960 – 2 Ws 293/60, JMBl. NRW 1960, 248; Schmitt in Meyer-Goßner/Schmitt Rn. 12; Hilger in Löwe/Rosenberg Rn. 43.
[41] Schmitt in Meyer-Goßner/Schmitt Rn. 12; Benthin in Radtke/Hohmann Rn. 10; Bader in KMR-StPO Rn. 18.
[42] Benthin in Radtke/Hohmann Rn. 10.
[1] BVerwG 17.8.1972 – II WD 3/72, 4/72, NJW 1973, 71; Benthin in Radtke/Hohmann Rn. 1.
[2] Degener in SK-StPO Rn. 1; Benthin in Radtke/Hohmann Rn. 1; Schmidt/Zimmermann in Gercke/Temming/Zöller Rn. 2; Steinberger-Fraunhofer in Satzger/Schluckebier/Widmaier StPO Rn. 1.

der erwachsene Mitangeklagte nur für den auf ihn entfallenden Anteil nach Kopfteilen. Die Staatskasse trägt die auf den Jugendlichen entfallenden Auslagen.[3]

S. 2 normiert eine Ausnahme vom Grundsatz des S. 1 für Fälle, bei denen die Auslagen 3 leicht voneinander getrennt und daher unproblematisch für jeden Angeklagten einzeln bestimmt werden können.[4]

II. Erläuterung

1. Verurteilung in Bezug auf dieselbe Tat. Für eine gesamtschuldnerische Haftung nach § 466 S. 1 ist erforderlich, dass alle Mitangeklagten für dieselbe Tat verurteilt worden sind oder eine Maßregel der Besserung und Sicherung gegen sie verhängt wurde. Der Begriff der „Verurteilung" deckt sich mit dem des § 465 Abs. 1.[5] Es gilt der **Tatbegriff des § 264**.[6] Die Mitangeklagten müssen nicht als Mittäter (§ 25 Abs. 2 StGB) oder Teilnehmer (§§ 26, 27, 30 StGB) verurteilt worden sein, vielmehr genügen auch Anschlussstraftaten in die gleiche Richtung wie zB §§ 257, 259, 331/333 und §§ 332/334 StGB.[7] Ebenfalls „dieselbe Tat" iSd § 466 S. 1 liegt bei fahrlässiger Nebentäterschaft vor.[8] Dies wird zwar zum Teil mit der Argumentation abgelehnt, dass der Mitangeklagte in dem Fall für die Tat des anderen nicht „verantwortlich" sei.[9] Das Prinzip der „gegenseitigen Verantwortlichkeit" passt jedoch bereits nicht zum prozessualen Tatbegriff des S. 1, denn auch der Hehler ist nicht für die Vortat des Mitangeklagten verantwortlich.[10] Wechselseitig begangene Straftaten, wie zB wechselseitige Beleidigungen oder Körperverletzungen,[11] stellen mangels Wirkens in die gleiche Richtung ebenso wenig dieselbe Tat iSd S. 1 dar wie Prozessbetrug und Meineid[12] oder Körperverletzung und unterlassene Hilfeleistung.[13]

Zur Begründung einer gesamtschuldnerischen Haftung muss der Mitangeklagte zum 5 Zeitpunkt der Kostenentstehung nicht bereits Verdächtiger oder Beschuldigter gewesen sein. Vielmehr sind auch Auslagen zur Identifizierung des Täters ansetzungsfähig.[14] Ferner ist nicht erforderlich, dass die Mitangeklagten in derselben Entscheidung verurteilt wurden. Es genügt vielmehr, wenn das gerichtliche Hauptverfahren („Mitangeklagte") teilweise gemeinsam geführt wurde. S. 1 findet daher auch dann Anwendung, wenn der Mitangeklagte **in einer anderen Hauptverhandlung** oder auch erst in einem anderen Rechtszug verurteilt wurde.[15] Für nach der Abtrennung angefallene Auslagen in dem anderen Prozess haftet der Mitangeklagte nicht;[16] ebenso wenig für Auslagen, die nach seiner rechtskräftigen Verurteilung im weitergeführten Prozess angefallen sind.[17]

---

[3] OLG Koblenz 22.9.1998 – 1 WS 630–98, NStZ-RR 1999, 160; Hilger in Löwe/Rosenberg Rn. 9; Schmitt in Meyer-Goßner/Schmitt Rn. 3.
[4] Vgl. statt vieler Degener in SK-StPO Rn. 1.
[5] Vgl. Hilger in Löwe/Rosenberg Rn. 2.
[6] BGH 7.2.2023 – 3 StR 483/21, NStZ-RR 2023, 187; OLG Karlsruhe 31.8.2005 – 1 Ws 135/05, StV 2006, 34; Degener in SK-StPO Rn. 3; Benthin in Radtke/Hohmann Rn. 3.
[7] Vgl. RG 18.11.1890 – 2605/90, RGSt 12, 226; OLG Hamm 19.6.1961 – 3 Ws 208/61, NJW 1961, 1833; Degener in SK-StPO Rn. 3; Benthin in Radtke/Hohmann Rn. 3; Schmidt/Zimmermann in Gercke/Temming/Zöller Rn. 1; aA bei Begünstigung OLG Celle 10.6.1960 – 3 Ws 269/60, NJW 1960, 2305.
[8] OLG Celle 10.6.1960 – 3 Ws 269/60, NJW 1960, 2305; BayObLG 19.1.1960 – RReg. 2 St 812/59, Rpfleger 1960, 306; Hilger in Löwe/Rosenberg Rn. 8; Degener in SK-StPO Rn. 3; Schmitt in Meyer-Goßner/Schmitt Rn. 1; Gieg in KK-StPO Rn. 2; Bader in KMR-StPO Rn. 5.
[9] OLG Hamm 19.6.1961 – 3 Ws 208/61, NJW 1961, 1833; Pfeiffer Rn. 1.
[10] So auch Degener in SK-StPO Rn. 3.
[11] RG 18.11.1890 – 2605/90, RGSt 12, 226; Degener in SK-StPO Rn. 4.
[12] Gieg in KK-StPO Rn. 2; Bader in KMR-StPO Rn. 6.
[13] OLG Hamm 19.6.1961 – 3 Ws 208/61, NJW 1961, 1833; Benthin in Radtke/Hohmann Rn. 4.
[14] OLG Koblenz 21.11.2001 – 1 Ws 1449/01, NStZ-RR 2002, 160; OLG Karlsruhe 31.8.2005 – 1 Ws 135/05, BeckRS 2005, 11106.
[15] OLG Koblenz 21.11.2001 – 1 Ws 1449/01, NStZ-RR 2002, 160; LG Amberg 9.7.1951 – Ps 4/51, NJW 1952, 398; Degener in SK-StPO Rn. 4.
[16] OLG Koblenz 30.1.2006 – 1 Ws 21/06, JurBüro 2006, 323.
[17] Benthin in Radtke/Hohmann Rn. 2; Bader in KMR-StPO Rn. 3.

§ 467　　　　　　　　　　　　　　　　　　　7. Buch. 2. Abschnitt. Kosten des Verfahrens

6　**2. Gesamtschuldnerische Haftung, § 421 BGB.** Unabhängig davon, in welchem Maß die Mitangeklagten an dem gemeinsamen Delikt beteiligt waren, haften sie nach § 466 S. 1 jeder für sich für **die gesamten Auslagen** der Staatskasse. Nur wenn einer der Mitangeklagten an einer bestimmten Tat nicht beteiligt war, ist er diesbezüglich von der gesamtschuldnerischen Haftung ausgenommen.[18]

7　Die gesamtschuldnerische Haftung tritt **kraft Gesetzes** ein. Es bedarf keines gesonderten Ausspruchs, der jedoch deklaratorisch erfolgen kann.[19] Der Kostenbeamte kann anschließend im Kostenansatzverfahren gemäß § 8 Abs. 4 KostVfg nach pflichtgemäßem Ermessen entscheiden, welchen Mitangeklagten er in Anspruch nimmt.[20] Diese müssen gegebenenfalls eine Ausgleichspflicht untereinander in einem Zivilprozess klären.[21]

8　**3. Ausnahmen nach S. 2.** S. 2 normiert Ausnahmen von der gesamtschuldnerischen Haftung für Fälle, bei denen die **Abschichtung der Auslagen typischerweise leicht möglich** ist. Dazu zählen neben den Pflichtverteidigergebühren, die einem konkreten Mitangeklagten aufgrund seines Verteidigungsbedürfnisses zugewiesen werden können, weshalb eine Mithaftung der anderen Angeklagten unbillig wäre, auch die ebenfalls individualisierbaren Dolmetscherkosten im Falle des § 464c. Ebenso unbillig erschiene die Auferlegung der ausscheidbaren Kosten für Vollstreckung, einstweilige Unterbringung und Untersuchungshaft auf die Mitangeklagten. Ferner soll nach § 466 S. 2 keine gesamtschuldnerische Haftung eintreten, wenn Untersuchungshandlungen sich ausschließlich gegen einen Mitangeklagten gerichtet haben. Dies ist zB der Fall, wenn Beweiserhebungen nur aufgrund der Einlassung eines Angeklagten erforderlich waren,[22] bei einem Angeklagten ein Gutachten zur Schuldfähigkeit eingeholt[23] oder eine körperliche Untersuchung durchgeführt werden musste oder wenn die Unterbringung eines Mitangeklagten in einer psychiatrischen Klinik erforderlich war.[24] Die kraft Gesetzes geltenden Ausnahmen nach S. 2 werden im Urteil nicht erörtert, sondern finden erst im Kostenansatzverfahren Berücksichtigung.[25]

9　**4. Anfechtbarkeit.** Wenn das Gericht (unnötigerweise) im Kostenausspruch eine ausdrückliche Entscheidung nach § 466 fällt, so ist diese (ausnahmsweise) unter den Voraussetzungen des § 464 Abs. 3 anfechtbar. Im Regelfall sind Fehler bei der Anwendung des § 466 im Kostenansatzverfahren mit der **Erinnerung** nach §§ 66, 19 GKG geltend zu machen.[26] Ein Angeklagter kann die Kostenentscheidung eines Mitangeklagten trotz § 466 S. 1 nicht anfechten.[27]

§ 467 Kosten und notwendige Auslagen bei Freispruch, Nichteröffnung und Einstellung

(1) Soweit der Angeschuldigte freigesprochen, die Eröffnung des Hauptverfahrens gegen ihn abgelehnt oder das Verfahren gegen ihn eingestellt wird, fallen die Auslagen der Staatskasse und die notwendigen Auslagen des Angeschuldigten der Staatskasse zur Last.

---

[18] Statt vieler Degener in SK-StPO Rn. 5.
[19] RG 22.5.1917 – V 238/17, RGSt 51, 83; BayObLG 19.1.1960 – RReg. 2 St 812/59, Rpfleger 1960, 306; Hilger in Löwe/Rosenberg Rn. 11; Gieg in KK-StPO Rn. 3; Degener in SK-StPO Rn. 6; Benthin in Radtke/Hohmann Rn. 5; Schmitt in Meyer-Goßner/Schmitt Rn. 2.
[20] Vgl. OLG Frankfurt a. M. 5.9.2000 – 2 Ws 100/00, NStZ-RR 2001, 63.
[21] OLG Koblenz 26.10.1989 – 1 Ws 572/89, JurBüro 1990, 386; OLG Hamm 1.9.2016 – 4 Ws 253/16, BeckRS 2016, 17411; Hilger in Löwe/Rosenberg Rn. 12; Gieg in KK-StPO Rn. 3; Degener in SK-StPO Rn. 6.
[22] Bode NJW 1969, 211 (214); Bader in KMR-StPO Rn. 11; Schmitt in Meyer-Goßner/Schmitt Rn. 3.
[23] OLG Koblenz 21.11.2001 – 1 Ws 1449/01, NStZ-RR 2002, 160.
[24] Vgl. Schmitt in Meyer-Goßner/Schmitt Rn. 3; Degener in SK-StPO Rn. 8; Benthin in Radtke/Hohmann Rn. 6.
[25] BGH 8.11.1985 – 2 StR 556/85, NStZ 1986, 210; OLG Karlsruhe 24.1.1990 – 3 Ws 227/89, JurBüro 1990, 643.
[26] Bader in KMR-StPO Rn. 12; Benthin in Radtke/Hohmann Rn. 7.
[27] Hilger in Löwe/Rosenberg Rn. 11; Benthin in Radtke/Hohmann Rn. 7; Bader in KMR-StPO Rn. 12.

(2) ¹Die Kosten des Verfahrens, die der Angeschuldigte durch eine schuldhafte Säumnis verursacht hat, werden ihm auferlegt. ²Die ihm insoweit entstandenen Auslagen werden der Staatskasse nicht auferlegt.

(3) ¹Die notwendigen Auslagen des Angeschuldigten werden der Staatskasse nicht auferlegt, wenn der Angeschuldigte die Erhebung der öffentlichen Klage dadurch veranlaßt hat, daß er in einer Selbstanzeige vorgetäuscht hat, die ihm zur Last gelegte Tat begangen zu haben. ²Das Gericht kann davon absehen, die notwendigen Auslagen des Angeschuldigten der Staatskasse aufzuerlegen, wenn er
1. die Erhebung der öffentlichen Klage dadurch veranlaßt hat, daß er sich selbst in wesentlichen Punkten wahrheitswidrig oder im Widerspruch zu seinen späteren Erklärungen belastet oder wesentliche entlastende Umstände verschwiegen hat, obwohl er sich zur Beschuldigung geäußert hat, oder
2. wegen einer Straftat nur deshalb nicht verurteilt wird, weil ein Verfahrenshindernis besteht.

(4) Stellt das Gericht das Verfahren nach einer Vorschrift ein, die dies nach seinem Ermessen zuläßt, so kann es davon absehen, die notwendigen Auslagen des Angeschuldigten der Staatskasse aufzuerlegen.

(5) Die notwendigen Auslagen des Angeschuldigten werden der Staatskasse nicht auferlegt, wenn das Verfahren nach vorangegangener vorläufiger Einstellung (§ 153a) endgültig eingestellt wird.

Schrifttum: Beitlich, Anmerkungen zu dem Thema „Rechtsfolgen nach dem Tod des Angeklagten im Strafverfahren", NStZ 1988, 490; Foth, Kostenentscheidung im Strafurteil bei Ausbleiben eines Zeugen (§ 51 StPO), NJW 1973, 887; Geppert, Grundlegendes und Aktuelles zur Unschuldsvermutung des Art. 6 Abs. 2 der Europ. Menschenrechtskonvention, Jura 1993, 160; Haberstroh, Unschuldsvermutung und Rechtsfolgenausspruch, NStZ 1984, 289; Kempf, Das neue Ordnungswidrigkeitenverfahren, StV 1986, 364; Kühl, Zur Beurteilung der Unschuldsvermutung bei Einstellungen und Kostenentscheidungen, JR 1978, 94; Kühl, Der Tod des Beschuldigten oder Angeklagten während des Strafverfahrens, NJW 1978, 977; Kühl, Haftentschädigung und Unschuldsvermutung, NJW 1980, 806; Kühl, Unschuldsvermutung und Einstellung des Strafverfahrens, NJW 1984, 1267; Kühl, Rückschlag für die Unschuldsvermutung aus Straßburg, NJW 1988, 3233; Kühl, Der Tod des Beschuldigten oder Angeklagten im laufenden Strafverfahren, FS Meyer-Goßner, 2001, 715; Lampe, Auslagenerstattung beim Tod des Angeklagten, NJW 1974, 1856; Liemersdorf/Miebach, Strafprozessuale Kostenentscheidungen im Widerspruch zur Unschuldsvermutung, NJW 1980, 371; Maatz, Anfechtbarkeit von Einstellungsbeschlüssen nach § 154 Abs. 2 StPO bei Vorliegen eines Verfahrenshindernisses?, MDR 1986, 884; Meyer, Zum Problem der Nichterstattung notwendiger Auslagen des freigesprochenen Angeklagten – § 467 III 2 Nr. 1 StPO –, MDR 1973, 468; Meyer, Zur Kostenhaftung eines Zeugen nach § 51 StPO, JurBüro 1989, 1633; Naucke, Aufteilung der notwendigen Auslagen des Angeschuldigten gemäß § 467 StPO, NJW 1970, 84; Oske, Die Verpflichtung der Staatskasse zur Tragung der notwendigen Auslagen des Beschuldigten (§§ 467, 467a StPO), MDR 1969, 712; Sandherr, Die Versagung der Auslagenerstattung nach § 109a II OWiG, NZV 2009, 327; Schmid, Zur Auslegung des § 467 Abs. 4 StPO, JR 1979, 222; Stuckenberg, Die normative Aussage der Unschuldsvermutung, ZStW 111 (1999), 422.

Übersicht

	Rn.		Rn.
I. Überblick	1	a) Schuldhafte Säumnis, Abs. 2	8
1. Normzweck	1	b) Unwahre Selbstanzeige, Abs. 3 S. 1	10
2. Anwendungsbereich	3	c) Unwahre und widersprüchliche Einlassungen sowie Verschweigen entlastender Umstände, Abs. 3 S. 2 Nr. 1	12
II. Erläuterung	6	d) Verfahrenshindernis, Abs. 3 S. 2 Nr. 2	19
1. Grundsatz, Abs. 1	6	e) Ermessenseinstellung, Abs. 4	26
2. Ausnahmen, Abs. 2–5	8	f) Endgültige Einstellung nach § 153a, Abs. 5	30

I. Überblick

1. Normzweck. Abs. 1 normiert als **Ausfluss der Unschuldsvermutung,** Art. 2 Abs. 2 EMRK, dass der Angeschuldigte die Kosten des Verfahrens und seine notwendigen Auslagen nicht tragen muss, wenn er freigesprochen, das Verfahren gegen ihn eingestellt oder die Eröffnung des Hauptverfahrens (§ 204) abgelehnt wurde. Als Ausnahme von der Regel, dass jeder Beteiligte für seine Auslagen selbst aufkommen muss, bedarf die Kostenentscheidung nach Abs. 1 des ausdrücklichen Ausspruchs.[1] Der Auslagenerstattungsanspruch gegen die Staatskasse wird anschließend im Verfahren nach § 464b durchgesetzt.

Abs. 2–5 normieren **Ausnahmen** von diesem Grundsatz für Fälle, bei denen die Kostentragungspflicht des Staates typischerweise nicht billig wäre, wobei es sich bei Abs. 2, Abs. 3 S. 1 und Abs. 5 um zwingende, bei Abs. 3 S. 2 und Abs. 4 um Ermessensvorschriften handelt. Da kein Grundsatz existiert, dass einem Nichtverurteilten stets alle Auslagen zu erstatten sind, sind diese Ausnahmeregelungen verfassungsrechtlich unbedenklich.[2]

2. Anwendungsbereich. § 467 erfasst Fälle der Beendigung des Verfahrens ohne Verurteilung ab Anhängigkeit („der Angeschuldigte", § 157). Die Hauptanwendungsfälle des **Freispruchs, der Einstellung und der Nichteröffnung des Hauptverfahrens** sind in § 467 Abs. 1 ausdrücklich aufgeführt. Ferner findet § 467 auch noch Anwendung bei der Ablehnung eines Strafbefehlsantrags (§ 408 Abs. 2). Die Nichteröffnung im Sicherungsverfahren (§ 414) steht der Ablehnung der Eröffnung des Hauptverfahrens und die Ablehnung des Antrags der Staatsanwaltschaft im Sicherungsverfahren (§ 414 Abs. 2 S. 4) dem Freispruch gleich.[3] Wenn neben einem Freispruch wegen Schuldunfähigkeit jedoch eine Maßregel der Besserung und Sicherung verhängt wird, liegt ein Fall von § 465 Abs. 1 S. 1 vor. Auch im Rechtsmittelverfahren und bei einem (echten)[4] Teil-Freispruch/Teil-Einstellung/teilweiser Nicht-Eröffnung des Hauptverfahrens ist § 467 in dem Umfang anwendbar, in dem der Angeschuldigte freigesprochen/das Verfahren eingestellt/das Hauptverfahren nicht eröffnet wurde („Soweit...").[5] Im Falle der Einstellung des Verfahrens muss es sich um eine endgültige Einstellung handeln, wobei die Möglichkeit, die Strafverfolgung nach Behebung des Hindernisses erneut aufzunehmen, diese Qualifikation nicht hindert.[6]

Im **Ordnungswidrigkeitenverfahren** gilt § 467 über § 46 Abs. 1 OWiG mit zwei Einschränkungen: Zum einen modifiziert § 109a Abs. 2 OWiG die Regelung des § 467 Abs. 3 S. 2 Nr. 1 dahingehend, dass Gerichte und Behörden von einer Erstattung der Auslagen absehen können, soweit diese durch rechtzeitiges Vorbringen entlastender Umstände hätten vermieden werden können.[7] Zum anderen trifft § 25a StVG eine Sonderregel in Form der Halterhaftung bei Halt- und Parkverstößen.[8]

Die **Kostenpflicht** nach § 467 Abs. 1 trifft die Staatskasse des Landes, dem das Gericht des ersten Rechtszugs angehört. Dies gilt auch im Fall des § 120 Abs. 6 GVG.[9] Eine nähere Bezeichnung der Staatskasse in der Kostenentscheidung ist nicht erforderlich.[10]

---

[1] Statt vieler Gieg in KK-StPO Rn. 1.
[2] Vgl. BVerfG 15.4.1969 – 1 BvL 20/68, BVerfGE 25, 327 = NJW 1969, 1163; 6.11.1984 – 2 BvL 16/83, NJW 1985, 727.
[3] BGH 28.4.1970 – 1 StR 82/70, NJW 1970, 1242; Gieg in KK-StPO Rn. 2; Schmitt in Meyer-Goßner/Schmitt Rn. 1. Gegen eine Anwendung von § 467 Abs. 3 S. 2 Nr. 2 im Sicherungsverfahren bei dauerhafter Schuldunfähigkeit: BGH 5.4.2016 – 5 StR 525/15, NStZ-RR 2016, 263.
[4] Zum „unechten" Freispruch vgl. → § 465 Rn. 9.
[5] LG Frankfurt a. M. 13.2.2009 – 5/15 Qs 76/79, NStZ-RR 1997, 191. Tenorbeispiel für den Teilfreispruch bei Benthin in Radtke/Hohmann Rn. 3.
[6] Gieg in KK-StPO Rn. 2.
[7] Vgl. dazu Grommes in BeckOK OWiG OWiG § 109a Rn. 5 ff.; Kempf StV 1986, 364 (366); Sandherr NZV 2009, 327.
[8] Ausführlicher hierzu Hilger in Löwe/Rosenberg Rn. 2.
[9] Benthin in Radtke/Hohmann Rn. 1; Bader in KMR-StPO Rn. 2; Steinberger-Fraunhofer in Satzger/Schluckebier/Widmaier StPO Rn. 1; Schmitt in Meyer-Goßner/Schmitt Rn. 1.
[10] BGH 9.8.1960 – 1 StR 675/59, NJW 1960, 2110.

II. Erläuterung

1. Grundsatz, Abs. 1. Für den **Freispruch, die Nichteröffnung des Hauptver-** 6
fahrens und die Einstellung des Verfahrens bestimmt § 467 Abs. 1, dass insoweit die
Auslagen der Staatskasse und die notwendigen Auslagen des Angeschuldigten grundsätzlich der Staatskasse zur Last fallen. Dies erfasst nur Auslagen, die bis zum Zeitpunkt der
Entscheidung angefallen sind. Durch ein unbegründetes Rechtsmittel der Staatsanwaltschaft darüber hinaus entstehende Auslagen sind Gegenstand der Kostenentscheidung des
Rechtsmittelgerichts nach § 473 Abs. 2 S. 1. Da es sich um eine Ausnahme von der
Regel, dass jeder Beteiligte seine Auslagen zu tragen hat, handelt, bedarf es eines ausdrücklichen Ausspruchs. Werden der Staatskasse nur die Verfahrenskosten auferlegt, darf
dies nicht dahingehend ausgelegt werden, dass auch die notwendigen Auslagen des Angeschuldigten gemeint sind. Der Ausspruch „auf Kosten der Staatskasse" stellt keine ausreichende Grundlage für die Überbürdung der notwendigen Auslagen des Angeschuldigten
auf die Staatskasse dar.[11]

Die **Kostentragungspflicht eines Dritten** ist beim Ausspruch nach Abs. 1 nicht zu 7
berücksichtigen.[12] Soweit einem Dritten Auslagen auferlegt werden (zB nach § 51 Abs. 1
S. 1, § 77 Abs. 1 S. 1, § 81c Abs. 6 S. 1, § 138c Abs. 6, § 145 Abs. 4, § 161a Abs. 2 S. 1),
haften der Dritte und die Staatskasse dem Erstattungsberechtigten als Gesamtschuldner,
§ 421 BGB. Der Erstattungsberechtigte muss sich daher auch nicht darauf verweisen lassen,
zunächst den Dritten in Anspruch zu nehmen.[13] Die Staatskasse kann ggf. im Verfahren
nach § 464b Regress nehmen.[14]

2. Ausnahmen, Abs. 2–5. a) Schuldhafte Säumnis, Abs. 2. Als Ausnahme von 8
Abs. 1 bestimmt Abs. 2, dass der Angeschuldigte die Kosten des Verfahrens und seine notwendigen Auslagen tragen muss, soweit er sie durch schuldhafte Säumnis verursacht hat.
Die Säumnis muss eine **Frist** oder einen **Termin** betreffen.[15] Das späte Stellen von Beweisanträgen oder allgemein prozessverschleppendes Verhalten genügen nicht.[16] Es reicht jedoch
aus, wenn die Säumnis selbst zwar unverschuldet ist, aber der Angeschuldigte dem Gericht
dies schuldhaft nicht rechtzeitig mitteilte.[17]

Es ist ein **ausdrücklicher Ausspruch** in der Kostengrundentscheidung erforderlich. 9
Eine Nachholung im Kostenfestsetzungsverfahren dergestalt, dass man die Kosten als nicht
notwendig qualifiziert, ist nicht möglich.[18] Die Anordnung muss begründet werden, § 34.
Über die Höhe der Verfahrenskosten wird anschließend im Kostenansatzverfahren nach
§ 19 GKG, über die Höhe der von der Erstattung ausgenommenen Auslagen im Kostenfestsetzungsverfahren nach § 464b entschieden.

---

[11] OLG Hamm 3.9.1973 – 4 Ws 170/73, NJW 1974, 71; OLG Karlsruhe 17.2.1976 – Ws 5/76, MDR 1976, 513; KG 26.2.2004 – 5 Ws 696/03, NStZ-RR 2004, 190; OLG Naumburg 17.1.2001 – 1 Ws 13/01, NStZ-RR 2001, 189; Schmitt in Meyer-Goßner/Schmitt Rn. 20; Benthin in Radtke/Hohmann Rn. 3; aA OLG Naumburg 17.1.2001 – 1 Ws 13/01, NStZ-RR 2001, 189; OLG Oldenburg 28.3.2011 – 1 Ws 159/11, BeckRS 2011, 08131; LG Krefeld 17.3.1976 – 9 Qs 109/76, NJW 1976, 1548.

[12] Schmitt in Meyer-Goßner/Schmitt Rn. 2; Foth NJW 1973, 887.

[13] LG Aachen 8.12.1970 – 17 Qs 680/70, NJW 1971, 576; LG Münster 29.4.1974 – 6 Qs 34/74, NJW 1974, 1342.

[14] Benthin in Radtke/Hohmann Rn. 4; Bader in KMR-StPO Rn. 3; Schmidt/Zimmermann in Gercke/Temming/Zöller Rn. 1; Meyer JurBüro 1989, 1633 (1636).

[15] Auch bei Rücknahme eines Einspruchs so kurz vor der Hauptverhandlung, dass der Richter hiervon keine rechtzeitige Kenntnis mehr erlangt hat, § 467 Abs. 2 anwendbar: OLG Bremen 22.4.2020 – 1 SsBs 65/19, BeckRS 2020, 10920.

[16] BVerfG 14.9.1992 – 2 BvR 1941/89, NStZ 1993, 195; OLG Karlsruhe 19.1.1961 – 1 Ss 263/60, NJW 1961, 1128; Hilger in Löwe/Rosenberg Rn. 24; Gieg in KK-StPO Rn. 4; Degener in SK-StPO Rn. 10; Benthin in Radtke/Hohmann Rn. 6.

[17] OLG Stuttgart 5.12.1973 – 3 Ws 326/73, NJW 1974, 513; Schmitt in Meyer-Goßner/Schmitt Rn. 4; Benthin in Radtke/Hohmann Rn. 6.

[18] LG Wuppertal 27.1.1984 – 23 Qs 39/84, JurBüro 1984, 1059; LG Mühlhausen 11.12.2002 – 3 Qs 366/02, StraFo 2003, 435; Gieg in KK-StPO Rn. 4.

10   b) **Unwahre Selbstanzeige, Abs. 3 S. 1.** Wenn der Angeschuldigte die Erhebung der öffentlichen Klage dadurch veranlasst hat, dass er in einer Selbstanzeige vorgetäuscht hat, die ihm zur Last gelegte Tat begangen zu haben, werden seine notwendigen Auslagen der Staatskasse gemäß Abs. 3 S. 1 nicht auferlegt. Die Selbstanzeige muss dabei **condicio sine qua non für die Anklageerhebung** sein; führte sie nicht zur Anklageerhebung, ist § 469 einschlägig. Es kommt nicht darauf an, ob der Angeschuldigte seine Selbstanzeige später widerrufen hat, wenn hierdurch der Verdacht nicht mehr ausgeräumt werden konnte.[19] Das Motiv des Angeschuldigten für seine unwahre Selbstanzeige ist gleichgültig.[20] Die Voraussetzungen des § 145d müssen nicht erfüllt sein,[21] und eine förmliche Anzeige iSd § 158 ist nicht erforderlich.[22] Vielmehr genügt es, wenn der Angeschuldigte sich zu einem Zeitpunkt, als das Ermittlungsverfahren gegen ihn noch nicht eingeleitet war (sonst ist § 467 Abs. 3 S. 2 Nr. 1 einschlägig), gegenüber einer Strafverfolgungsbehörde oder einer zu Anzeigen verpflichteten Behörde (§ 152 GVG, § 4 BKAG, § 404 AO, § 37 MOG, § 25 BJagdG, § 63 OWiG) als Täter oder Teilnehmer einer Straftat oder Ordnungswidrigkeit ausgab.[23] Äußerungen gegenüber Dritten, die anschließend Strafanzeige erstatteten, genügen nicht.[24]

11   Abs. 3 S. 1 schreibt als **Rechtsfolge zwingend** vor, dass der Angeschuldigte seine notwendigen Auslagen selbst zu tragen hat. Bei Anklage mehrerer prozessualer Taten, von denen nur eine durch die falsche Selbstanzeige bedingt war, findet Abs. 3 S. 1 auch nur insoweit Anwendung.[25] Es bedarf eines ausdrücklichen Ausspruchs in der Kostenentscheidung, der nach § 34 zu begründen ist.[26]

12   c) **Unwahre und widersprüchliche Einlassungen sowie Verschweigen entlastender Umstände, Abs. 3 S. 2 Nr. 1.** Gemäß Abs. 3 S. 2 Nr. 1 kann das Gericht davon absehen, die notwendigen Auslagen des Angeschuldigten der Staatskasse aufzuerlegen, wenn er die Erhebung der öffentlichen Klage durch **unwahre oder im Widerspruch zu späteren Erklärungen stehende Aussagen oder durch Verschweigen entlastender Umstände** veranlasst hat. Eine Ausdehnung der Regelung auf allgemein „unlauteres" Verhalten verbietet die Wortlautgrenze.[27]

13   aa) **Wahrheitswidrige Selbstbelastung.** Die wahrheitswidrige Selbstbelastung iSd Abs. 3 S. 2 Nr. 1 Var. 1 erfordert eine objektiv unrichtige Erklärung von Tatsachen, die direkt oder indirekt als Indizien auf die Tatbegehung schließen lassen und damit eine bereits bestehende Beschuldigtenstellung untermauern.[28] Die belastende Erklärung muss im Rahmen einer **förmlichen Vernehmung** (§§ 163a, 136) getätigt worden sein,[29] und **wesentliche Punkte** betreffen, also solche, die geeignet sind, die Staatsanwaltschaft in ihrer Entscheidung zu beeinflussen. Darunter fallen zB ein Alibi oder notwehrbegründende Tatsachen oder bei

---

[19] Bader in KMR-StPO Rn. 15; Benthin in Radtke/Hohmann Rn. 7.
[20] LG Flensburg 4.2.1976 – II Qs 38/76, JurBüro 1976, 482; Gieg in KK-StPO Rn. 5; Hilger in Löwe/Rosenberg Rn. 30.
[21] Degener in SK-StPO Rn. 14; Gieg in KK-StPO Rn. 5; Benthin in Radtke/Hohmann Rn. 7; Schmidt/Zimmermann in Gercke/Temming/Zöller Rn. 4.
[22] OLG Jena 11.10.2010 – 1 Ws 397/10, NStZ-RR 2011, 327; Steinberger-Fraunhofer in Satzger/Schluckebier/Widmaier StPO Rn. 7.
[23] Benthin in Radtke/Hohmann Rn. 7.
[24] Hilger in Löwe/Rosenberg Rn. 29.
[25] Vgl. Bader in KMR-StPO Rn. 15.
[26] OLG Stuttgart 7.8.2002 – 2 Ws 166/02, NStZ-RR 2003, 60.
[27] OLG Nürnberg 30.7.1969 – Ws 381/69, MDR 1970, 69; OLG Frankfurt a. M. 16.4.1980 – 2 Ws 82/80, JurBüro 1981, 885; OLG Koblenz 22.10.1981 – 2 Ws 603/81, MDR 1982, 252; OLG Brandenburg 27.4.2009 – 1 Ws 28/09, wistra 2009, 366; Gieg in KK-StPO Rn. 6; Benthin in Radtke/Hohmann Rn. 9; Hilger in Löwe/Rosenberg Rn. 44 ff.; aA OLG Koblenz 8.5.1979 – 106 Js 23944/78, JurBüro 1979, 1538; OLG Hamm 18.11.1980 – 1 Ws 215/80, MDR 1981, 423; OLG Düsseldorf 17.2.1992 – 1 Ws 51/92, NStZ 1992, 557.
[28] Degener in SK-StPO Rn. 21.
[29] So auch Degener in SK-StPO Rn. 21; Benthin in Radtke/Hohmann Rn. 9; aA Hilger in Löwe/Rosenberg Rn. 38; Gieg in KK-StPO Rn. 7; Schmitt in Meyer-Goßner/Schmitt Rn. 8; offen gelassen bei BGH 23.5.2002 – 3 StR 53/02, NStZ-RR 2003, 103.

Straftaten nach §§ 315c, 316 StGB ein Nachtrunk.[30] Wesentlich ist vor allem auch die Tatsache, dass ein anderer die Tat begangen hat. Dessen Name stellt jedoch keinen Umstand dar.[31] Auch das Verschweigen bloßer Vermutungen und Möglichkeiten genügt nicht.[32]

Die selbstbelastende Erklärung muss ferner für die Staatsanwaltschaft **ursächlich** gewesen sein, die öffentliche Klage zu erheben, sie muss sie also zumindest mitverursacht haben.[33] Es fehlt an der Ursächlichkeit der Erklärung für die Anklageerhebung, wenn den Strafverfolgungsbehörden die Wahrheit anderweitig bekannt war.[34] 14

Der Angeschuldigte muss die Eignung seiner Erklärung, belastend zu wirken, erkannt und zumindest **billigend in Kauf genommen** haben. Eine fahrlässige Begehungsweise reicht nicht aus. Zwar wird zum Teil unter Verweis auf die Parallele zu § 6 Abs. 1 Nr. 1, § 5 Abs. 2 S. 1 StrEG das Ausreichen von Fahrlässigkeit vertreten.[35] Richtigerweise spricht jedoch bereits der Wortlaut „wahrheitswidrig belastet" (bzw. in der Variante 2 „im Widerspruch") für ein voluntatives Element. Ferner sind § 467 Abs. 3 S. 2 Nr. 1 Var. 1 und 2 gesetzessystematisch eingebettet zwischen Vorschriften, die ein qualifiziertes Verschulden erfordern, wie Abs. 3 S. 1 und Abs. 3 S. 2 Nr. 1 Var. 3. Dieser Kontext wiegt schwerer als mögliche Divergenzen zu Vorschriften in anderen Gesetzen. Eine unterschiedliche Behandlung auf subjektiver Ebene der Var. 1 und 2 auf der einen und der Var. 3 auf der anderen Seite erscheint nicht begründbar. Schließlich ist auch nicht ersichtlich, warum die wahrheitswidrige Initiierung eines Strafverfahrens nach Abs. 3 S. 1 einen höheren Verschuldensgrad erfordern soll als ein prozessuales Fehlverhalten in einem bereits laufenden Strafverfahren, noch dazu da die Rechtsfolge in Satz 1 zwingend, bei Satz 2 nur fakultativ ist.[36] 15

bb) Selbstbelastung im Widerspruch zu späteren Erklärungen. Ein Fall von Abs. 3 S. 2 Nr. 1 Var. 2 liegt vor, wenn der Angeschuldigte nach einer selbstbelastenden Erklärung später eine hierzu im **Widerspruch** stehende tätigt, die jedoch nicht geeignet ist, den ausgelösten Tatverdacht soweit zu entkräften, dass es nicht mehr zur Anklageerhebung kommt. Beide Erklärungen müssen der Anklageerhebung vorausgehen, denn nur dann wurde das widersprüchliche Verhalten des Angeschuldigten ursächlich für die Anklageerhebung. Bei einem Widerruf der Selbstbelastung nach Anklageerhebung ist Var. 1 einschlägig.[37] 16

cc) Verschweigen wesentlicher entlastender Umstände. Auch bei Verschweigen wesentlicher entlastender Umstände kann das Gericht davon absehen, die notwendigen Auslagen des Angeschuldigten der Staatskasse aufzuerlegen. Erforderlich ist hierzu jedoch, dass der Angeschuldigte sich überhaupt zur Sache eingelassen hat. Wenn der Angeschuldigte im Ermittlungsverfahren geschwiegen und entlastende Umstände erst in der Hauptverhandlung vorgetragen hat, findet Abs. 3 S. 2 Nr. 1 Var. 3 keine Anwendung. Andernfalls entstünde ein mit dem Schweigerecht nicht vereinbarer Zwang zur Einlassung.[38] Unter wesent- 17

---

[30] KG 17.11.1972 – 3 Ws 144/72, VRS 44, 122 (zu § 6 Abs. 1 Nr. 1 StrEG); OLG Frankfurt a. M. 26.9.1977 – 4 Ws 118/77, NJW 1978, 1017.
[31] Götz MDR 1977, 1042; aA LG Aachen 17.7.1991 – 63 Qs 146, 149/91, MDR 1992, 288.
[32] LG Dortmund 7.10.1971 – 14 (6) Qs 792/71, AnwBl. 1972, 94.
[33] OLG Nürnberg 30.7.1969 – Ws 381/69, MDR 1970, 69; OLG Braunschweig 28.8.1972 – Ws 97/72, NJW 1973, 158; Schmitt in Meyer-Goßner/Schmitt Rn. 8.
[34] LG Duisburg 4.4.1974 – IV Qs 82/74, AnwBl. 1974, 228; Hilger in Löwe/Rosenberg Rn. 37; Benthin in Radtke/Hohmann Rn. 9; Schmitt in Meyer-Goßner/Schmitt Rn. 8.
[35] Vgl. Hilger in Löwe/Rosenberg Rn. 35; Bader in KMR-StPO Rn. 21; Schmidt/Zimmermann in Gercke/Temming/Zöller Rn. 6.
[36] So auch OLG Braunschweig 28.8.1972 – Ws 97/72, NJW 1973, 158; (zu § 6 Abs. 1 Nr. 1 StrEG) OLG Stuttgart 25.10.1983 – 1 Ws 289/83, MDR 1984, 427; Degener in SK-StPO Rn. 19; Benthin in Radtke/Hohmann Rn. 9; Gieg in KK-StPO Rn. 7; Oske MDR 1969, 712.
[37] Vgl. OLG Jena 11.10.2010 – 1 Ws 397/10, NStZ-RR 2011, 327; Degener in SK-StPO Rn. 22; aA Schmitt in Meyer-Goßner/Schmitt Rn. 12; Hilger in Löwe/Rosenberg Rn. 40.
[38] OLG Koblenz 22.10.1981 – 2 Ws 603/81, MDR 1982, 252; OLG Düsseldorf 4.3.1983 – 1 Ws 157/83, StV 1984, 108; OLG Brandenburg 27.4.2009 – 1 Ws 28/09, wistra 2009, 366; Schmitt in Meyer-Goßner/Schmitt Rn. 13; Degener in SK-StPO Rn. 23; Benthin in Radtke/Hohmann Rn. 11; Oske MDR 1969, 712 (714); Meyer MDR 1973, 468; aA OLG München 4.10.1984 – 2 Ws 1142/83 K, NStZ 1984, 185.

lichen Umständen versteht man solche, mit deren Kenntnis die Anklage nicht erhoben worden wäre (vgl. → Rn. 13). Die Ursächlichkeit des Verschweigens entfällt, wenn die Strafverfolgungsbehörden auf anderem Wege von dem Umstand erfahren haben.[39]

18 dd) **Ermessensentscheidung.** Da Abs. 3 S. 2 Nr. 1 richtigerweise eine vorsätzliche Begehungsweise voraussetzt (vgl. → Rn. 15), ist das **Absehen von der Auslagenerstattung als Regelfall** anzusehen.[40] Nur bei besonderen Umständen sollte davon abgewichen werden, zB wenn der Angeschuldigte sich selbst belastet oder Umstände verschweigt, um enge Angehörige oder dem Angeschuldigten sonst sehr nahe stehende Personen vor Strafverfolgung zu schützen.[41] Auch bei Zurückhalten intimer Daten, die die Gefahr beruflicher Einbußen oder gesellschaftlicher Diskriminierung beinhalten und Dritten bisher unbekannt waren, kann eine Auslagenerstattung trotz des prozessualen Fehlverhaltens billig erscheinen.[42] Das Gericht kann im Rahmen seiner Ermessensentscheidung auch eine nur teilweise Freistellung von den notwendigen Auslagen bestimmen.[43] Die tatsächlichen Grundlagen für die Ermessensentscheidung können im Freibeweisverfahren festgestellt werden.[44] Es ist ein ausdrücklicher Ausspruch in der Kostenentscheidung erforderlich, der auch zu begründen ist, § 34.

19 **d) Verfahrenshindernis, Abs. 3 S. 2 Nr. 2.** Das Gericht kann ferner nach Abs. 3 S. 2 Nr. 2 davon absehen, die notwendigen Auslagen des Angeschuldigten der Staatskasse aufzuerlegen, wenn dieser nur deshalb nicht wegen einer Straftat verurteilt wurde, weil ein Verfahrenshindernis besteht. Abs. 3 S. 2 Nr. 2 knüpft anders als Abs. 2, Abs. 3 S. 1 und Abs. 3 S. 2 Nr. 1 nicht an vorwerfbares Verhalten des Angeschuldigten an, sondern an die **Prognose,** dass er ohne das Verfahrenshindernis wegen einer Straftat verurteilt worden wäre.[45] Die Vorschrift ist vor allem durch die Erfahrungen mit den NS-Gewaltprozessen geprägt, bei denen teilweise der Mordvorwurf nicht bewiesen werden konnte, der Totschlagsvorwurf jedoch bereits verjährt war. In derartigen Konstellationen erschien es unerträglich, dass die Staatskasse auch noch für die notwendigen Auslagen des Angeschuldigten aufkommt.[46]

20 Die eng auszulegende Ausnahmevorschrift trifft keine strafähnlich wirkende Schuldfeststellung und stellt daher keinen Verstoß gegen die in Art. 6 Abs. 2 EMRK verankerte **Unschuldsvermutung** dar.[47] Insofern ist im Rahmen der Begründung stets darauf zu achten, dass die Erörterung der Verdachtsgründe und die darauf gestützte Prognose über den mutmaßlichen Verfahrensausgang noch keine Schuldfeststellung beinhaltet. Jeder Anschein einer unzulässigen Schuldzuweisung ist zu vermeiden.[48]

21 Als **Verfahrenshindernisse,** die zu einer endgültigen Verfahrenseinstellung führen, kommen grundsätzlich neben dem Fehlen eines Strafantrags,[49] der Verfolgungsverjäh-

---

[39] LG Duisburg 4.4.1974 – IV Qs 82/74, AnwBl. 1974, 228; Gieg in KK-StPO Rn. 8.
[40] OLG Frankfurt a. M. 5.10.1971 – 3 Ws 316/71, NJW 1972, 784; Hilger in Löwe/Rosenberg Rn. 48; Degener in SK-StPO Rn. 26.
[41] OLG Hamm 4.2.1977 – 3 Ws 375/76, MDR 1977, 1042; OLG Düsseldorf 19.8.1983 – 2 Ws 401/83, JurBüro 1983, 1849; LG Aachen 17.1.1979 – 17 Qs 21/79, AnwBl. 1980, 122; Degener in SK-StPO Rn. 26; Bader in KMR-StPO Rn. 22; enger: LG Münster 28.2.1974 – 7 Qs – Owi – 160/74 VII, AnwBl. 1974, 227; Schmitt in Meyer-Goßner/Schmitt Rn. 15; Benthin in Radtke/Hohmann Rn. 11; Hilger in Löwe/Rosenberg Rn. 48.
[42] Degener in SK-StPO Rn. 26; Schmitt in Meyer-Goßner/Schmitt Rn. 15.
[43] Gieg in KK-StPO Rn. 9; Hilger in Löwe/Rosenberg Rn. 49.
[44] Vgl. Schmitt in Meyer-Goßner/Schmitt Rn. 9.
[45] OLG Frankfurt a. M. 4.8.2015 – 2 Ws 46/15, NStZ-RR 2015, 294.
[46] Vgl. Hilger in Löwe/Rosenberg Rn. 50; Degener in SK-StPO Rn. 28; BGH 3.5.2023 – 6 StR 42/23, NStZ-RR 2023, 231.
[47] Vgl. EGMR 24.1.2019 – 24247/15, NJW 2020, 1275 – Demjanjuk/Deutschland.
[48] Vgl. EGMR 25.8.1987 – 9/1986/107/155, NJW 1988, 3257; BVerfG 29.5.1990 – 2 BvR 254/88, 2 BvR 1343/88, NJW 1990, 2741; 14.9.1992 – 2 BvR 1941/89, NJW 1993, 997; OLG Celle 17.7.2014 – 1 Ws 283/14, OLGSt § 467 StPO Nr. 17; Geppert JURA 1993, 160; Beitlich NStZ 1988, 490; kritisch zur Berücksichtigung der Verurteilungsprognose: Kühl NJW 1978, 977; Kühl NJW 1984, 1267; Kühl NJW 1988, 3233; Kühl FS Meyer-Goßner, 2001, 715 (731); Stuckenberg ZStW 111 (1999), 422 (460).
[49] KG 5.3.1991 – 4 Ws 41/91, StV 1991, 479.

rung,[50] der fehlenden deutschen Gerichtsbarkeit,[51] der rechtsstaatswidrigen Verfahrensverzögerung[52] und dem Strafklageverbrauch[53] vor allem auch die dauerhafte Verhandlungsunfähigkeit[54] und der Tod des Angeschuldigten[55] in Betracht. Bei dauerhafter Verhandlungsunfähigkeit sind die notwendigen Auslagen in der Regel nur dann vom Angeschuldigten zu tragen, wenn dieser die Verhandlungsunfähigkeit schuldhaft herbeigeführt hat.[56] Bei einer Verfahrenseinstellung wegen des Todes des Angeschuldigten ist Abs. 3 S. 2 Nr. 2 zwar grundsätzlich anwendbar, in diesen Konstellationen wird aber zumindest in den Tatsacheninstanzen selten die erforderliche Schuldspruchreife vorliegen.[57] Bei Verfahrenseinstellungen wegen Gesetzesänderungen nach § 206b ist § 467 Abs. 3 S. 2 Nr. 2 nicht entsprechend anwendbar, da dies materiell einem Freispruch gleichzustellen ist.[58]

Das Verfahrenshindernis muss die alleinige Ursache für die Einstellung sein. Bei Hinwegdenken des Verfahrenshindernisses muss also von einer Verurteilung auszugehen sein. Ist diese zweifelhaft, findet Abs. 1 Anwendung.[59] Die hRspr, die einen hinreichenden Tatverdacht ausreichen lässt,[60] ist mit dem Wortlaut von Nr. 2 nicht vereinbar, der ein Absehen von der Auslagenauferlegung zulasten der Staatskasse nur dann ermöglichen will, wenn feststeht, dass der Angeschuldigte ohne das Verfahrenshindernis verurteilt worden wäre. Diese Gewissheit liegt jedoch erst bei **Schuldspruchreife** vor.[61] Diese ist nicht bereits aus einem gegen einen anderen Angeklagten ergangenen Urteil zu schließen.[62] Die Prognose ist vielmehr anhand der bisherigen Beweisaufnahme und nach Aktenlage zu treffen. Eine Beweisaufnahme nur zur Klärung von Kostenfragen ist unzulässig.[63]

---

[50] BGH 1.3.1995 – 2 StR 331/94, NJW 1995, 1297 (1301); OLG Düsseldorf 5.2.1997 – 2 Ws 25/97, StV 1998, 87; vgl. auch BVerfG 14.9.1992 – 2 BvR 1941/89, NStZ 1993, 195.

[51] OLG Celle 5.6.2007 – 1 Ws 191 – 193/07, 1 Ws 191/07, 1 Ws 192/07, 1 Ws 193/07, BeckRS 2007, 10172.

[52] OLG Zweibrücken 21.9.1988 – 1 Ws 402/88, NStZ 1989, 134; OLG Saarbrücken 18.1.2007 – 1 Ws 263/06, StV 2007, 178.

[53] OLG Hamm 18.11.1960 – 3 Ss 1012/60, NJW 1961, 791; OLG München 16.4.1985 – 2 Ws 319/85 K, JurBüro 1985, 1509; OLG Düsseldorf 10.1.1990 – 5 Ss 436/89 – 58/89 IV, JMBl. NW 1990, 154; LG Hagen 18.3.2010 – 46 Qs 10/10, BeckRS 2010, 24770.

[54] OLG Köln 30.10.1990 – 2 Ws 528/90, NJW 1991, 506; LG Darmstadt 29.2.1988 – 26 Js 17878/82 – 3 KLs, MDR 1988, 885.

[55] BGH 28.5.2020 – 1 StR 464/19, BeckRS 2020, 13811; 17.9.2020 – 1 StR 576/18, BeckRS 2020, 33344; 17.2.2021 – 2 StR 278/20, BeckRS 2021, 7020; 28.4.2021 – 4 StR 500/20, BeckRS 2021, 11346; 29.6.2021 – 1 StR 153/21, BeckRS 2021, 19569; 8.12.2022 – 4 StR 75/22, BeckRS 2022, 37992; 31.5.2023 – 3 StR 465/22, BeckRS 2023, 16939.

[56] Vgl. OLG Köln 30.10.1990 – 2 Ws 528/90, NJW 1991, 506; 3.9.1996 – 2 Ws 435/96, StraFo 1997, 18. Eine Anwendung von § 467 Abs. 3 S. 2 Nr. 2 im Sicherungsverfahren bei dauerhafter Schuldunfähigkeit komplett ablehnend: BGH 5.4.2016 – 5 StR 525/15, NStZ-RR 2016, 263.

[57] Vgl. → Rn. 22; OLG Celle 28.5.2002 – 1 Ws 132/02, NJW 2002, 3720.

[58] OLG München 11.3.1974 – 2 Ws 119/74, NJW 1974, 873; OLG Hamburg 18.3.1975 – 2 Ws 159/75, MDR 1975, 511; LG Koblenz 24.9.2007 – 1 Qs 219/07, NStZ-RR 2008, 128; Hilger in Löwe/Rosenberg Rn. 52; Schmitt in Meyer-Goßner/Schmitt Rn. 17; Gieg in KK-StPO Rn. 10; Steinberger-Fraunhofer in Satzger/Schluckebier/Widmaier StPO Rn. 25.

[59] Vgl. BayObLG 29.9.1969 – RReg. 3b St 88/69, NJW 1970, 875; OLG München 1.8.1988 – 2 Ws 237/88 K, NStZ 1989, 134; OLG Düsseldorf 5.2.1997 – 2 Ws 25/97, NStZ-RR 1997, 288; OLG Celle 28.5.2002 – 1 Ws 132/02, NJW 2002, 3720.

[60] BVerfG 9.11.2016 – VerfGH 7/15, BeckRS 2016, 55810; BGH 5.11.1999 – StB 1/99, NStZ 2000, 330; OLG Frankfurt a. M. 17.4.2002 – 2 Ws 16/02, NStZ-RR 2002, 246; OLG Köln 6.12.2002 – 2 Ws 604/02, StraFo 2003, 105; OLG Karlsruhe 3.2.2003 – 3 Ws 248/02, NStZ-RR 2003, 286; OLG Jena 11.1.2007 – 1 Ws 195/05, NStZ-RR 2007, 254; OLG Hamm 7.4.2010 – 2 Ws 60/10, NStZ-RR 2010, 224; KG 2.12.2011 – 1 Ws 82/11 – 2 AR 117/01, BeckRS 2012, 12355; OLG Rostock 15.1.2013 – I Ws 342/12, BeckRS 2013, 03272.

[61] Vgl. auch BVerfG 26.3.1987 – 2 BvR 589/79, BVerfGE 74, 358 = NJW 1987, 2427; 29.5.1990 – 2 BvR 254/88, 2 BvR 1343/88, BVerfGE 82, 106 = NJW 1990, 2741; 6.2.1995 – 2 BvR 2588/93, NStZ-RR 1996, 45; Liemersdorf/Miebach NJW 1980, 371.

[62] BVerfG 16.12.1991 – 2 BvR 1542/90, NJW 1992, 1612; OLG Jena 11.1.2007 – 1 Ws 195/05, NStZ-RR 2007, 254.

[63] BVerfG 26.3.1987 – 2 BvR 589/79, NJW 1987, 2427; 1.10.1990 – 2 BvR 340/89, NJW 1991, 829; OLG Hamburg 25.11.1968 – 2 Ss 160/68, NJW 1969, 945; Benthin in Radtke/Hohmann Rn. 14; Bader in KMR-StPO Rn. 10.

23 Entsprechendes gilt auch bei Ablehnung der Eröffnung des Hauptverfahrens wegen eines Verfahrenshindernisses.[64] Im **Strafbefehlsverfahren** kann Abs. 3 S. 2 Nr. 2 dagegen keine Anwendung finden, da dieses summarische Verfahren keine ausreichende Bewertung der Verdachtslage zulässt.[65] Bei tateinheitlich verwirklichten Delikten, von denen die schwerere Tat nicht erwiesen ist, der Verfolgung der leichteren Tat aber ein Verfahrenshindernis entgegensteht, ist Abs. 3 S. 2 Nr. 2 auf die durch die leichtere Tat verursachten besonderen Auslagen anwendbar.[66]

24 Sind die Voraussetzungen des Abs. 3 S. 2 Nr. 2 gegeben, liegt es im **Ermessen** des Gerichts zu entscheiden, ob die Belastung der Staatskasse mit den Auslagen des Angeschuldigten unbillig wäre. Dies ist zB der Fall, wenn der Angeschuldigte das Verfahrenshindernis selbst herbeigeführt[67] oder es (trotz Einlassung) vorsätzlich verschwiegen hat.[68] Besondere Bedeutung kommt auch dem Zeitpunkt zu, zu dem das Verfahrenshindernis eingetreten ist. Wenn das Verfahrenshindernis von vorneherein erkennbar entgegenstand, oder das Übersehen auf einen Fehler des Gerichts ohne vorwerfbares Zutun des Angeschuldigten zurückzuführen ist, verbleibt es bei Abs. 1.[69] Bei einem erst während des Verfahrens auf- oder in Erscheinung tretenden Verfahrenshindernis kann zwischen dem Verfahrensabschnitt vor und nach dem Verfahrenshindernis bzw. dessen Bekanntwerden differenziert werden.[70] Eine schematische Anwendung der Vorschrift verbietet sich. Vielmehr muss der Ermessensgebrauch im Einzelfall erkennbar sein. Ein Ermessensnichtgebrauch verletzt das Willkürverbot.[71]

25 Als Ausnahmevorschrift ist Abs. 3 S. 2 Nr. 2 stets begründungsbedürftig, § 34. Ein bloßer Verweis auf Nr. 2 oder die Wiedergabe des Gesetzeswortlauts reichen nicht aus.[72] Es muss in der **Begründung** deutlich werden, dass das Gericht keine Schuldzuweisung vornimmt, sondern nur die Verdachtslage beschreibt.[73] Fehlt es an einer entsprechenden Begründung, kann diese nicht (etwa im Vorlageschreiben an das Beschwerdegericht) nachgeholt werden, sondern führt die Anfechtung zur Aufhebung der Entscheidung und Zurückverweisung.[74]

26 **e) Ermessenseinstellung, Abs. 4.** Das Gericht kann ferner gemäß Abs. 4 von der Auferlegung der notwendigen Auslagen des Angeschuldigten zulasten der Staatskasse absehen, wenn es das Verfahren endgültig nach einer Ermessensvorschrift eingestellt hat. Hierunter fallen zB Einstellungen nach § 153 Abs. 2, § 153b Abs. 2, § 154b Abs. 4 StPO, § 47 JGG, § 47 OWiG. Entscheidend ist, dass es sich um eine **endgültige Verfahrenseinstellung** handelt.[75]

---

[64] BVerfG 16.12.1991 – 2 BvR 1542/90, NJW 1992, 1611; OLG Hamm 21.3.2006 – 3 Ws 102/06, wistra 2006, 359.
[65] Vgl. OLG Zweibrücken 21.9.1988 – 1 Ws 402/88, NStZ 1989, 134; OLG Stuttgart 7.8.2002 – 2 Ws 166/02, NStZ-RR 2003, 60.
[66] OLG Köln 18.11.1969 – 1 Ws 153/69, MDR 1970, 610; OLG Karlsruhe 16.1.1981 – 3 Ws 298/80, MDR 1981, 430; Hilger in Löwe/Rosenberg Rn. 55; Schmitt in Meyer-Goßner/Schmitt Rn. 17; aA LG Frankfurt a. M. 8.2.1971 – 5/9 Qs 7/71, NJW 1971, 952; Naucke NJW 1970, 84.
[67] Vgl. LG Frankfurt a. M. 8.2.1971 – 5/9 Qs 7/71, NJW 1971, 952; LG Koblenz 11.11.1982 – 9 Qs 197/82, NStZ 1983, 235; LG Schwerin 22.3.2004 – 31 Qs 19/04, StraFo 2004, 219; Degener in SK-StPO Rn. 33; Liemersdorf/Miebach NJW 1980, 371 (375); Lampe NJW 1974, 1856.
[68] Benthin in Radtke/Hohmann Rn. 31; Naucke NJW 1970, 84.
[69] BGH 20.12.1983 – 5 StR 763/82, wistra 1984, 63; OLG Hamm 18.12.1968 – 3 Ss 1831/68, NJW 1969, 707; OLG München 26.2.1987 – 2 Ws 176/87 K, StV 1988, 71; OLG Celle 12.8.1986 – 1 Ss 270/86, NJW 1988, 1225; KG 5.3.1991 – 4 Ws 41/91, StV 1991, 479; Maatz MDR 1986, 884 (886).
[70] Vgl. OLG Celle 18.7.1963 – 1 Ss 91/63, NJW 1963, 2285; OLG Saarbrücken 31.8.1971 – Ss B 56/71, MDR 1972, 442; OLG Hamburg 12.9.1974 – 2 Ss 167/74, MDR 1975, 165.
[71] BVerfG 29.10.2015 – 2 BvR 388/13, NStZ-RR 2016, 159.
[72] OLG Stuttgart 7.8.2002 – 2 Ws 166/02, NStZ-RR 2003, 60; KG 14.11.2007 – 1 Ws 235/07, BeckRS 2008, 00761; LG Heilbronn 15.3.2012 – 3 Qs 25/12, StraFo 2012, 208; Gieg in KK-StPO Rn. 10b.
[73] Vgl. BVerfG 29.5.1990 – 2 BvR 254/88, 2 BvR 1343/88, NJW 1990, 2741; Benthin in Radtke/Hohmann Rn. 17; Geppert JURA 1993, 160; kritisch zur Berücksichtigung der Verdachtslage Hilger in Löwe/Rosenberg Rn. 60.
[74] OLG Stuttgart 7.8.2002 – 2 Ws 166/02, NStZ-RR 2003, 60; Benthin in Radtke/Hohmann Rn. 17.
[75] Statt vieler Bader in KMR-StPO Rn. 28.

Da die Auslagentragung für den Angeschuldigten weder eine Strafe noch eine strafähnli- 27
che Sanktion darstellt, die nur zulässig wären, wenn die strafrechtliche Schuld positiv festgestellt worden wäre, verstößt Abs. 4 nicht gegen die Unschuldsvermutung. Das Gericht darf im Rahmen seiner **Ermessensentscheidung** die Verdachtsgründe berücksichtigen.[76] Formulierungen, die als versteckte Schuldzuweisung missverstanden werden könnten, sind zu vermeiden. Vielmehr muss deutlich werden, dass das Gericht im Rahmen seiner Ermessensentscheidung nur eine Beschreibung und Bewertung der Verdachtslage vorgenommen hat.[77] Weiterhin darf das Gericht auch tatverdachtsunabhängige Kriterien in seiner Ermessensentscheidung berücksichtigen wie zB das Prozessverhalten des Angeschuldigten. Hat dieser seine Verteidigungsrechte missbräuchlich ausgeübt[78] oder einen unverhältnismäßigen Verteidigungsaufwand betrieben,[79] spricht viel dafür, der Staatskasse nicht die notwendigen Auslagen des Angeschuldigten aufzuerlegen. Andersherum spricht es für eine Entlastung des Angeschuldigten von seinen notwendigen Auslagen, wenn eine unrichtige Sachbehandlung des Gerichts die Aufwendungen des Angeschuldigten verursacht hat,[80] die Einstellung schon zu einem früheren Zeitpunkt hätte erfolgen sollen,[81] wenn wegen eines Wandels der höchstrichterlichen Rechtsprechung nicht mehr mit einer Verurteilung der angeklagten Tat zu rechnen ist[82] oder von einem schweren angeklagten Tatvorwurf nur noch ein geringer übrig bleibt.[83] Hat der Angeschuldigte auf Erstattungsansprüche verzichtet, besteht in der Regel kein Anlass, die Staatskasse mit seinen Auslagen zu belasten.[84]

Bei Einstellungen in der **Berufungsinstanz** ist Abs. 4 grundsätzlich anwendbar. Es 28
sind hier jedoch die Besonderheiten des § 473 im Blick zu behalten. Insbesondere sieht § 473 Abs. 3 eine Erstattung der notwendigen Auslagen durch die Staatskasse vor, wenn der Angeschuldigte mit einem auf einen bestimmten Beschwerdepunkt beschränkten Rechtsmittel Erfolg hat. Dies muss erst recht gelten, wenn das Rechtsmittel nicht nur zu einer Aufhebung des Urteils, sondern sogar zu einer Einstellung des Verfahrens führt.[85]

Die Auslagen können auch **aufgeteilt** werden, zB nach Instanzen, wenn das auf den 29
Strafausspruch beschränkte Rechtsmittel des Angeschuldigten ohne die Einstellung Erfolg gehabt hätte, § 473 Abs. 3 (vgl. → Rn. 28).[86] Die Ermessensentscheidung ist zu begründen, wenn sie einem Rechtsmittel unterliegt, §§ 34, 464 Abs. 3.

f) Endgültige Einstellung nach § 153a, Abs. 5. Bei endgültiger Einstellung des Ver- 30
fahrens nach Erfüllung der entsprechenden Auflagen und Weisungen nach § 153a werden die notwendigen Auslagen des Angeschuldigten gemäß § 467 Abs. 5 nicht der Staatskasse auferlegt. Der Angeschuldigte hat sich mit seiner nach § 153a Abs. 1 erforderlichen Zustimmung den Sanktionen für die Tat unterworfen und wird dementsprechend auch bzgl. seiner

---

[76] Vgl. EGMR 25.8.1987 – 9/1986/107/155, NJW 1988, 3257; BVerfG 29.5.1990 – 2 BvR 254/88, 2 BvR 1343/88, BVerfGE 82, 106 = NJW 1990, 2741; 12.11.1991 – 2 BvR 281/91, NStZ 1992, 238; BGH 5.11.1999 – StB 1/99, NStZ 2000, 330; aA Hilger in Löwe/Rosenberg Rn. 65; Kühl NJW 1980, 806; Kühl JR 1978, 94; Liemersdorf/Miebach NJW 1980, 371 (374).
[77] OLG Köln 30.10.1990 – 2 Ws 528/90, NJW 1991, 506.
[78] Degener in SK-StPO Rn. 38; Liemersdorf/Miebach NJW 1980, 371 (374); Haberstroh NStZ 1984, 289 (294).
[79] AG Heidelberg 18.5.1982 – 14 OWi 1328/82, JurBüro 1983, 251; Hilger in Löwe/Rosenberg Rn. 65; Degener in SK-StPO Rn. 38.
[80] OLG Hamm 23.6.1975 – 4 Ss OWi 386/75, MDR 1976, 424.
[81] LG Passau 25.11.1985 – 1 Qs 137/85, JurBüro 1986, 575.
[82] BGH 19.3.1996 – 5 StR 386/94, NStZ 1997, 74.
[83] OLG Frankfurt a. M. 23.4.1980 – 2 Ws 90/80, NJW 1980, 2031; AG Backnang 16.10.2012 – 2 Ds 93 Js 111535/11, NStZ-RR 2013, 127.
[84] OLG Frankfurt a. M. 15.1.1973 – 2 Ws 173/72, Rpfleger 1973, 143; OLG Köln 5.1.1976 – 1 Ws 1/76, Rpfleger 1976, 218; Schmitt in Meyer-Goßner/Schmitt Rn. 19; kritisch Schmid JR 1979, 222.
[85] OLG Hamburg 10.4.1969 – 2 Ws 150/69, NJW 1969, 1450; Hilger in Löwe/Rosenberg Rn. 69; Degener in SK-StPO Rn. 40.
[86] Vgl. BGH 24.9.1990 – 4 StR 384/90, NStZ 1991, 47; OLG Hamm 12.5.1970 – 1 Ws 137/70, NJW 1970, 2128; OLG Hamburg 18.12.1970 – 2 Ws 551/70 BSch, NJW 1971, 292; Schmitt in Meyer-Goßner/Schmitt Rn. 21; Hilger in Löwe/Rosenberg Rn. 63; Naucke NJW 1970, 84; Schmid JR 1979, 222 (224).

§ 467a 1

Auslagen wie ein Verurteilter behandelt. Es würde dem Motiv der Regelung des § 153a zuwiderlaufen, dem Angeschuldigten in einer derartigen Konstellation seine notwendigen Auslagen zu erstatten.[87]

31   Mangels Anfechtbarkeit der Kostenentscheidung (§ 464 Abs. 3 S. 1 Hs. 2, § 153a Abs. 2 S. 4) besteht kein Begründungszwang, § 34. Bei endgültiger Verfahrenseinstellung nach § 37 BtMG ist § 467 Abs. 5 entsprechend anwendbar, § 37 Abs. 3 BtMG.

§ 467a Auslagen der Staatskasse bei Einstellung nach Anklagerücknahme

(1) ¹Nimmt die Staatsanwaltschaft die öffentliche Klage zurück und stellt sie das Verfahren ein, so hat das Gericht, bei dem die öffentliche Klage erhoben war, auf Antrag der Staatsanwaltschaft oder des Angeschuldigten die diesem erwachsenen notwendigen Auslagen der Staatskasse aufzuerlegen. ²§ 467 Abs. 2 bis 5 gilt sinngemäß.

(2) Die einem Nebenbeteiligten (§ 424 Absatz 1, § 438 Absatz 1, §§ 439, 444 Abs. 1 Satz 1) erwachsenen notwendigen Auslagen kann das Gericht in den Fällen des Absatzes 1 Satz 1 auf Antrag der Staatsanwaltschaft oder des Nebenbeteiligten der Staatskasse oder einem anderen Beteiligten auferlegen.

(3) Die Entscheidung nach den Absätzen 1 und 2 ist unanfechtbar.

Schrifttum: Bohlander, Vorschläge zur Reform einer verfassungswidrigen Kostenerstattungsregelung im Ermittlungsverfahren, AnwBl. 1992, 161; Finzel, Die Erstattung notwendiger Auslagen bei Einstellung eines staatsanwaltschaftlichen Ermittlungsverfahrens, MDR 1970, 281; Ganske, Erstattung der notwendigen Auslagen bei Einstellung des Ermittlungsverfahrens?, NJW 1969, 1098; Kohlhaas, Übernahme der notwendigen Auslagen nach Klagezurücknahme (§ 156 StPO) oder Fallenlassen der Anklage (§ 411 StPO), NJW 1966, 1112; Meyer, Erstattung von Verteidigergebühren auf dem „Umweg" über das Gesetz über die Entschädigung für Strafverfolgungsmaßnahmen (StrEG), JurBüro 1978, 625; Rieß/Hilger, Das neue Strafverfahrensrecht – Opferschutzgesetz und Strafverfahrensänderungsgesetz 1987 -, NStZ 1987, 204; Schulte, Umfang der Entschädigungsansprüche nach dem Strafverfolgungs-Entschädigungsgesetz, AnwBl. 1974, 135.

Übersicht

	Rn.		Rn.
I. Überblick	1	a) Wirksame Anklagerücknahme	6
1. Normzweck	1	b) Einstellung des Verfahrens durch die Staatsanwaltschaft	7
2. Anwendungsbereich	2	c) Antragserfordernis	9
II. Erläuterung	6	d) Entscheidung im Beschlusswege	10
1. Staatsanwaltschaftliche Verfahrenseinstellung nach Klagerücknahme, Abs. 1	6	2. Auslagen des Nebenbeteiligten, Abs. 2	11
		3. Unanfechtbarkeit der Entscheidung, Abs. 3	14

I. Überblick

1   **1. Normzweck.** § 467a wurde 1964 im Rahmen des StPÄG in die StPO eingefügt, um eine isolierte **Kostenentscheidung bei staatsanwaltschaftlichen Einstellungen nach Klagerücknahme** zu ermöglichen. Die Vorschrift soll die Verfahrenseinstellung durch die Staatsanwaltschaft nach Klagerücknahme der gerichtlichen Verfahrensbeendigung durch Freispruch, Ablehnung der Eröffnung des Hauptverfahrens oder Einstellung kostenrechtlich gleichstellen.[1] Die Vorschrift stellt damit eine bewusste Entscheidung des Gesetzgebers gegen eine grundsätzliche Auslagenerstattung auch im staatsanwaltschaftlichen Verfahren dar. Diese Differenzierung wird zum Teil heftig kritisiert, da der angeblich größere Verteidigungsbedarf in späteren Verfahrensabschnitten[2] gerade kein tragfähiges Argument sei. Viel-

---
[87] Vgl. Gieg in KK-StPO Rn. 12; aA Degener in SK-StPO Rn. 41.
[1] Vgl. Degener in SK-StPO Rn. 1.
[2] So LG Duisburg 27.9.1983 – XVIII Qs 25/83, JurBüro 1984, 244.

mehr würden die entscheidenden Weichen in der Regel im Ermittlungsverfahren gestellt. Die Ablehnung der Auslagenerstattung auch bei anderen staatsanwaltschaftlichen Einstellungen beruhe rein auf fiskalpolitischen Gründen.[3]

2. Anwendungsbereich. Die Regelung des § 467a ist abschließend. Die Vorschrift findet **keine analoge Anwendung** auf staatsanwaltschaftliche Einstellungen ohne vorherige Anklageerhebung oder auf Rücknahmen sonstiger Anträge der Staatsanwaltschaft wie zB bei § 56f StGB.[4] Das Differenzierungskriterium der vorherigen Anklageerhebung stellt auch keinen Verstoß gegen das Willkürverbot des Art. 3 Abs. 1 GG dar.[5] Eine Auslagenerstattung kommt hier höchstens über §§ 2, 9 StrEG in Betracht.[6]

§ 467a ist auch im **Bußgeldverfahren** anwendbar. Für den Fall, dass die Verwaltungsbehörde den Bußgeldbescheid auf einen Einspruch des Betroffenen hin zurücknimmt, gilt § 467a Abs. 1 und 2 über den Verweis in § 105 Abs. 1 OWiG. Erfolgt die Verfahrenseinstellung erst nach Übersendung der Akten (§ 69 Abs. 3 OWiG) durch die Staatsanwaltschaft, findet § 467a über den allgemeinen Verweis in § 46 Abs. 1 OWiG Anwendung.[7]

Im **Privatklageverfahren** findet § 467a keine Anwendung („öffentliche Klage"). Dort beurteilen sich die kostenrechtlichen Folgen einer Verfahrenseinstellung allein nach § 471 Abs. 2.[8]

Im **Auslieferungsverfahren** gilt § 467a gemäß § 77 Abs. 1 IRG entsprechend, selbst dann, wenn der Verfolgte weiterhin hinreichend tatverdächtig ist. Ausreichend sind vielmehr auch andere Auslieferungshindernisse, die bewirken, dass das Auslieferungsverfahren im Ergebnis zu Unrecht betrieben wurde.[9]

II. Erläuterung

1. Staatsanwaltschaftliche Verfahrenseinstellung nach Klagerücknahme, Abs. 1. a) Wirksame Anklagerücknahme. § 467a setzt voraus, dass eine öffentliche Klage wirksam erhoben und zurückgenommen worden ist. Grundsätzlich ist die **Anklagerücknahme** bis zur Eröffnung des Hauptverfahrens möglich, § 156. Nur in den Konstellationen der § 153c Abs. 4, § 153d Abs. 2, § 153f Abs. 3 ist die Rücknahme in jedem Verfahrensstadium möglich.[10] Der Zurücknahme der Anklage stehen die Zurücknahme des Antrags auf Entscheidung im beschleunigten Verfahren nach § 417 sowie die Ablehnung dieses Antrags gleich.[11] Im Strafbefehlsverfahren kann die Anklage grundsätzlich bis zur Verkündung des Urteils erster Instanz zurückgenommen werden, § 411 Abs. 3 S. 1 StPO,

---

[3] Vgl. Degener in SK-StPO Rn. 2 f. Ebenfalls kritisch Benthin, die die mangelnde Auslagenerstattung im Ermittlungsverfahren als „missliches Sonderopfer" bezeichnet: Benthin in Radtke/Hohmann Rn. 1; Ganske NJW 1969, 1098.

[4] BGH 9.6.1981 – 4 ARs 4/81, BGHSt 30, 157 = NJW 1981, 2651; OLG Frankfurt a. M. 13.6.1969 – 2 Ws 99/69, NJW 1969, 1821; OLG München 14.5.1969 – Ws 484/69, NJW 1969, 1449; OLG Celle 12.11.1987 – 1 Ws 340/87, NStZ 1988, 196; Hilger in Löwe/Rosenberg Rn. 2; Degener in SK-StPO Rn. 2; Schmidt/Zimmermann in Gercke/Temming/Zöller Rn. 1; Gieg in KK-StPO Rn. 1; Versuche einer Ausdehnung der Auslagenerstattung: LG Lübeck 4.12.1968 – III Qs 448/68, NJW 1969, 521; LG Münster 5.12.1968 – 7 AR 4/68, MDR 1970, 349; LG Mannheim 28.5.1973 – Qs 338/73, AnwBl. 1973, 319; Ganske NJW 1969, 1098 (1099); Finzel MDR 1970, 281; Bohlander AnwBl. 1992, 161.

[5] BVerfG 11.6.2004 – 2 BvR 473/04, NJOZ 2005, 2553; 6.2.1995 – 2 BvR 2588/93, NStZ-RR 1996, 45; Gieg in KK-StPO Rn. 1; aA Bohlander AnwBl. 1992, 161.

[6] Hilger in Löwe/Rosenberg Rn. 27; Degener in SK-StPO Rn. 2; Schulte AnwBl. 1974, 135 (137); Meyer JurBüro 1978, 625.

[7] Vgl. LG Kassel 22.8.1985 – 6 Qs OWi 153/85, 6 Qs OWi 154/85, NStZ 1988, 177; Hilger in Löwe/Rosenberg Rn. 8.

[8] Degener in SK-StPO Rn. 4; Schmitt in Meyer-Goßner/Schmitt Rn. 2; Bader in KMR-StPO Rn. 5; Schmidt/Zimmermann in Gercke/Temming/Zöller Rn. 5; aA bzgl. § 467a Abs. 2: Hilger in Löwe/Rosenberg Rn. 2, 30.

[9] BGH 17.1.1984 – 4 ARs 19/83, BGHSt 32, 221 = NJW 1984, 1309; OLG Karlsruhe 29.3.2005 – 1 AK 3/04, NStZ-RR 2005, 252; 22.11.2006 – 1 AK 38/06, StV 2007, 151; KG 29.11.2010 – (4) Ausl. A. 915-06 (183/06), BeckRS 2011, 05645.

[10] Vgl. Benthin in Radtke/Hohmann Rn. 3; Bader in KMR-StPO Rn. 8.

[11] BayObLG 18.12.1997 – 5 St RR 147/96, NStZ 1999, 213.

§§ 400, 406 AO. Im Falle des § 408 Abs. 3 S. 2 ist die Rücknahme der Anklage nur bis zur Anberaumung der Hauptverhandlung möglich.

7 **b) Einstellung des Verfahrens durch die Staatsanwaltschaft.** Nach Rücknahme der Anklage muss die Staatsanwaltschaft das Verfahren **endgültig eingestellt** haben (zB nach § 170 Abs. 2 S. 1, § 153 Abs. 1, § 153b Abs. 1, § 153c Abs. 4, § 153d Abs. 2, § 153e Abs. 1, § 154 Abs. 1, § 154b StPO, § 45 JGG). Eine vorläufige Einstellung (zB nach § 153a Abs. 1, § 154d S. 1 und 3, § 205 analog) reicht nicht aus.[12] Die bloße Untätigkeit der Staatsanwaltschaft steht einer endgültigen Einstellung des Verfahrens nicht gleich.[13]

8 Eine **weitergehende Stabilisierung der Verfahrensbeendigung** dahingehend, dass der Ablauf der Frist nach § 172 Abs. 2 S. 1 bzw. der Ausgang eines noch laufenden Klageerzwingungsverfahrens abgewartet werden muss, wie es zT in Anlehnung an § 9 Abs. 3 StrEG gefordert wird,[14] ist nicht erforderlich.[15] Wenn ein Klageerzwingungsverfahren oder die Wiederaufnahme staatsanwaltschaftlicher Ermittlungen zu erneuter Anklageerhebung führen, entfällt die Grundlage des Auslagenerstattungsanspruchs nachträglich und dieser ist aufzuheben. Bereits geleistete Beträge können nach § 14 StrEG analog zurückgefordert werden.[16]

9 **c) Antragserfordernis.** Voraussetzung für eine Auslagenauferlegung nach § 467a Abs. 1 ist ferner ein **Antrag** der Staatsanwaltschaft, des Angeschuldigten oder des gesetzlichen Vertreters oder Erziehungsberechtigten (§ 67 Abs. 1 JGG).[17] Der Antrag ist weder form- noch fristgebunden.[18] Der Antragsgegner ist gemäß § 33 Abs. 2 und 3 anzuhören. Der Antrag kann bis zur Rechtskraft der Auslagenentscheidung zurückgenommen werden.[19]

10 **d) Entscheidung im Beschlusswege. Zuständig** für die Entscheidung nach § 467a Abs. 1 ist das Gericht, an das die zurückgenommene Anklage gerichtet war, auch wenn es für das Hauptverfahren nicht zuständig gewesen wäre.[20] Die materiellen Einstellungsvoraussetzungen dürfen durch das Gericht nicht mehr kontrolliert werden. Vielmehr überprüft das Gericht **nur kostenrechtliche Fragen** wie zB, ob die Voraussetzungen der § 467a Abs. 1 S. 2, § 467 Abs. 2–5 vorliegen.[21] Sind die Voraussetzungen des § 467a Abs. 1 S. 1 gegeben und greift keine der Ausnahmeregelungen nach § 467a Abs. 1 S. 2, § 467 Abs. 2–5 ein, hat das Gericht zwingend die Pflicht der Staatskasse festzustellen, dem Angeschuldigten seine notwendigen Auslagen zu erstatten. Eine stattgebende Entscheidung bedarf mangels Anfechtbarkeit keiner **Begründung**, §§ 34, 467a Abs. 3.[22] Die Ablehnung des Antrags ist dagegen gemäß § 34 zu begründen.

11 **2. Auslagen des Nebenbeteiligten, Abs. 2.** Abs. 2 weitet die Regelung des § 472b Abs. 3, wonach die **notwendigen Auslagen eines Nebenbeteiligten** der Staatskasse oder einem anderen Beteiligten auferlegt werden können, wenn in einem gerichtlichen Verfahren von den Maßnahmen des § 472b Abs. 1 und 2 abgesehen wird, auf die Fälle aus, in denen

---

[12] Schmitt in Meyer-Goßner/Schmitt Rn. 4; Degener in SK-StPO Rn. 7.
[13] Hilger in Löwe/Rosenberg Rn. 11; Schmitt in Meyer-Goßner/Schmitt Rn. 4; aA Kohlhaas NJW 1966, 1112.
[14] Hilger in Löwe/Rosenberg Rn. 13; Schmitt in Meyer-Goßner/Schmitt Rn. 14; Steinberger-Fraunhofer in Satzger/Schluckebier/Widmaier StPO Rn. 3; Niesler in BeckOK SPO Rn. 3.
[15] Gieg in KK-StPO Rn. 2; Bader in KMR-StPO Rn. 16; Degener in SK-StPO Rn. 8.
[16] Vgl. Gieg in KK-StPO Rn. 2; Hilger in Löwe/Rosenberg Rn. 20.
[17] Benthin in Radtke/Hohmann Rn. 6; Schmitt in Meyer-Goßner/Schmitt Rn. 11; Gieg in KK-StPO Rn. 2.
[18] Gieg in KK-StPO Rn. 2; Benthin in Radtke/Hohmann Rn. 6; Bader in KMR-StPO Rn. 13.
[19] Hilger in Löwe/Rosenberg Rn. 15; Gieg in KK-StPO Rn. 2; Bader in KMR-StPO Rn. 13; Schmidt/Zimmermann in Gercke/Temming/Zöller Rn. 4.
[20] OLG Düsseldorf 4.12.1995 – IV – 18 – 20/95, NStZ 1996, 245; Gieg in KK-StPO Rn. 2; Schmitt in Meyer-Goßner/Schmitt Rn. 12; Benthin in Radtke/Hohmann Rn. 6; aA Bader in KMR-StPO Rn. 14.
[21] Degener in SK-StPO Rn. 9; Gieg in KK-StPO Rn. 2.
[22] Hilger in Löwe/Rosenberg Rn. 19; Rieß/Hilger NStZ 1987, 204 (206).

die besagten Maßnahmen bereits aufgrund einer staatsanwaltschaftlichen Anklagerücknahme und Verfahrenseinstellung ausscheiden.[23]

Nebenbeteiligte iSd Abs. 2 sind Einziehungsbeteiligte (§ 424 Abs. 1, § 438 Abs. 1, § 439) sowie juristische Personen und Personenvereinigungen, gegen die die Festsetzung einer Geldbuße zulässig ist (§ 444) oder gegen die die Einziehung von Wertersatz in Betracht kommt. Eine gerichtliche Beteiligungsanordnung ist nicht erforderlich, sondern es genügt, wenn die Voraussetzungen für die Beteiligung gegeben sind.[24]

Auch die Entscheidung nach Abs. 2 ergeht nur auf Antrag, wobei auch der Nebenbeteiligte antragsberechtigt ist.[25] Die Entscheidung steht – anders als bei Abs. 1 – aufgrund der Vielfalt an denkbaren Konstellationen im **Ermessen** des Gerichts („kann").[26] Das Gericht kann die Auslagen zB dann dem Beschuldigten, dem Privatkläger oder einem weiteren Nebenbeteiligten auferlegen, wenn diese durch ihr Verhalten die Beteiligung des Nebenbeteiligten verursacht haben.[27] Auch eine Aufteilung der Auslagen ist möglich.[28]

3. Unanfechtbarkeit der Entscheidung, Abs. 3. Die Kostenentscheidungen nach Abs. 1 und 2 sind **unanfechtbar,** Abs. 3. Die Regelung des Abs. 3 hat klarstellenden Charakter. Bei einer gerichtlichen Verfahrenseinstellung, zB nach § 153 Abs. 2, wäre die Kostenentscheidung nach § 464 Abs. 3 S. 1 Hs. 2 unanfechtbar. Im Falle einer staatsanwaltschaftlichen Einstellung darf der Rechtsschutz nicht weiter gehen.[29]

§ 468 Kosten bei Straffreierklärung

Bei wechselseitigen Beleidigungen wird die Verurteilung eines oder beider Teile in die Kosten dadurch nicht ausgeschlossen, daß einer oder beide für straffrei erklärt werden.

I. Überblick

1. Normzweck. § 468 stellt eine spezielle Kostenregelung für den Fall der wechselseitig begangenen Beleidigungen nach § 199 StGB dar. Nach § 465 Abs. 1 S. 2 steht eine Straffrei-Erklärung einer Verurteilung gleich, weshalb auch der für straffrei Erklärte nach § 465 Abs. 1 S. 1 stets die Kosten des Verfahrens zu tragen hätte. § 468 ermöglicht es dem Gericht, im Fall wechselseitig begangener Beleidigungen von dieser starren Kostenfolge des § 465 Abs. 1 S. 1 abzusehen. Vielmehr soll es in diesen Fällen im **Ermessen des Gerichts** stehen, ob dem für straffrei Erklärten die Kosten des Verfahrens auferlegt werden.[1]

2. Anwendungsbereich. Der bis zum 6. StrRG auch wechselseitige Körperverletzungen erfassende § 468 findet heute nur noch Anwendung bei **wechselseitigen Beleidigungen** iSd § 199 StGB. Die Vorschrift betrifft nur die Kostentragungspflicht des Angeklagten, nicht die des als Zeugen auftretenden Beleidigten. Wird dieser dennoch nach § 468 in die Kosten verurteilt und damit wie ein Angeklagter behandelt, steht ihm gegen die Entscheidung auch die sofortige Beschwerde nach § 464 Abs. 3 S. 1 zu.[2]

§ 468 gilt auch im **Privatklageverfahren** und ergänzt dort § 471. Wenn dem für straffrei Erklärten die Verfahrenskosten nicht oder nur teilweise auferlegt werden, so sind sie (im Übrigen) dem Privatkläger aufzuerlegen, da dessen Antrag nur teilweise entsprochen

---

[23] Vgl. Degener in SK-StPO Rn. 11.
[24] Gieg in KK-StPO Rn. 3; Hilger in Löwe/Rosenberg Rn. 31; Bader in KMR-StPO Rn. 22; Schmidt/Zimmermann in Gercke/Temming/Zöller Rn. 5.
[25] Degener in SK-StPO Rn. 14; Gieg in KK-StPO Rn. 3.
[26] BT-Drs. V/2600/2601, 22.
[27] Degener in SK-StPO Rn. 14; Bader in KMR-StPO Rn. 25.
[28] Statt vieler: Gieg in KK-StPO Rn. 3.
[29] Vgl. BT-Drs. 10/1313, 41.
[1] Vgl. OLG Hamm 27.2.1959 – 3 Ss 1620/58, NJW 1959, 1289; Hilger in Löwe/Rosenberg Rn. 1.
[2] RG 19.3.1886 – 4 StR 536/86, RGSt 13, 421; Hilger in Löwe/Rosenberg Rn. 4; Schmitt in Meyer-Goßner/Schmitt Rn. 3; Benthin in Radtke/Hohmann Rn. 1.

wurde, § 471 Abs. 3 Nr. 1.³ Wenn der für straffrei Erklärte von den Kosten entbunden wird, aber das Gericht es versäumt, diese dem Privatkläger aufzuerlegen, trifft die Staatskasse die Kostenlast.

4 Im Fall der **Nebenklage** ist nach § 472 zu entscheiden, wer die notwendigen Auslagen des Nebenklägers trägt. Da § 468 nur von den „Kosten" spricht, sind die notwendigen Auslagen des Nebenklägers von dieser Vorschrift nicht erfasst. Eine Aufteilung ist höchstens nach § 472 Abs. 1 S. 2 möglich, da die Straffrei-Erklärung dem Antrag des Nebenklägers auf Bestrafung nur zum Teil entspricht.⁴

II. Erläuterung

5 Kosten iSd § 468 sind nur die **Auslagen der Staatskasse** nach § 464a Abs. 1. Eine Gerichtsgebühr entsteht nicht, §§ 1, 3 Abs. 2 GKG iVm KV Teil 3, 3110 ff. GKG. Die Auslagen der Angeschuldigten werden von § 468 nicht erfasst. Diesbezüglich gilt wegen der Verurteilung § 465.

6 Der Wortlaut „nicht ausgeschlossen" heißt nicht – wie zT früher vertreten wurde⁵ – dass der für straffrei Erklärte in der Regel von den Verfahrenskosten zu entlasten ist. Es handelt sich bei § 468 vielmehr um eine **Ausnahmeregelung** zu dem Grundsatz des § 465 Abs. 1.⁶

7 Die Ermessensentscheidung des Gerichts beinhaltet auch die Möglichkeit der **Kostenteilung**.⁷ Es ist eine Aufteilung nach Bruchteilen,⁸ ausscheidbaren Teilmassen⁹ oder auch nach konkreten Beträgen zulässig. Das Gericht muss sich dessen bewusst sein, dass es im Fall von § 468 eine Ermessensentscheidung trifft und dies auch in den Urteilsgründen kenntlich machen.¹⁰

8 Es bedarf stets einer expliziten Kostenentscheidung. Fehlt eine solche, fallen die Kosten des Verfahrens der Staatskasse zur Last.¹¹ Die Entscheidung nach § 468 oder deren Unterlassen sind unter den Voraussetzungen des § 464 Abs. 3 mit der sofortigen Beschwerde anfechtbar.

§ 469 Kostentragungspflicht des Anzeigenden bei leichtfertiger oder vorsätzlicher Erstattung einer unwahren Anzeige

(1) ¹Ist ein, wenn auch nur außergerichtliches Verfahren durch eine vorsätzlich oder leichtfertig erstattete unwahre Anzeige veranlaßt worden, so hat das Gericht dem Anzeigenden, nachdem er gehört worden ist, die Kosten des Verfahrens und die dem Beschuldigten erwachsenen notwendigen Auslagen aufzuerlegen. ²Die einem Nebenbeteiligten (§ 424 Absatz 1, § 438 Absatz 1, §§ 439, 444 Abs. 1 Satz 1) erwachsenen notwendigen Auslagen kann das Gericht dem Anzeigenden auferlegen.

(2) War noch kein Gericht mit der Sache befaßt, so ergeht die Entscheidung auf Antrag der Staatsanwaltschaft durch das Gericht, das für die Eröffnung des Hauptverfahrens zuständig gewesen wäre.

(3) Die Entscheidung nach den Absätzen 1 und 2 ist unanfechtbar.

---

[3] RG 28.2.1911 – II 112/11, RGSt 44, 334; Hilger in Löwe/Rosenberg Rn. 5; Bader in KMR-StPO Rn. 4; Gieg in KK-StPO Rn. 2.
[4] Hilger in Löwe/Rosenberg Rn. 6; Bader in KMR-StPO Rn. 5.
[5] BayObLG 21.10.1927 – I A 289/27, DRiZ 1928 Nr. 314.
[6] Hilger in Löwe/Rosenberg Rn. 1; Gieg in KK-StPO Rn. 1; Degener in SK-StPO Rn. 4.
[7] OLG Hamm 27.2.1959 – 3 Ss 1620/58, NJW 1959, 1289; Hilger in Löwe/Rosenberg Rn. 3; Degener in SK-StPO Rn. 5.
[8] OLG Nürnberg 14.10.1971 – Ws 286/71, NJW 1972, 69.
[9] BayObLG 20.10.1925 – I A 405/25, DRiZ 1926 Nr. 237.
[10] Hilger in Löwe/Rosenberg Rn. 3.
[11] Degener in SK-StPO Rn. 6.

Schrifttum: Meyer, Fragen der Auslagenerstattung zugelassener Nebenkläger bei Einstellung des Verfahrens nach § 153a Abs. 2 StPO, JurBüro 1985; Meyer, Nebenklagekosten als zivilrechtlicher Schadensersatzanspruch gegen den Schädiger?, JurBüro 1985, 1455; Meyer, § 469 StPO – Eine fast in Vergessenheit geratene Möglichkeit zur Erlangung von Schadensersatz bei ungerechtfertigter Strafanzeige, JurBüro 1992, 298; Müller, Aus der Rechtsprechung des Oberlandesgerichts Karlsruhe, ZStW 40 (1919), 202; Schömbs, Keine Kostenentscheidung bei Klagezurücknahme gem. § 411 Abs. 1 StPO?, NJW 1963, 333.

Übersicht

		Rn.			Rn.
I.	**Überblick**	1	3.	Beschluss	10
1.	Normzweck	1		a) Bei bereits anhängigen Verfahren	10
2.	Anwendungsbereich	2		b) Besonderheiten bei noch nicht anhängigen Verfahren, Abs. 2	14
II.	**Erläuterung**	5		c) Notwendige Auslagen des Nebenbeteiligten, Abs. 1 S. 2	15
1.	Kostenpflicht bei unwahrer Anzeige, Abs. 1	5	4.	Unanfechtbarkeit der Entscheidung, Abs. 3	16
2.	Zuständiges Gericht, Abs. 2	9			

I. Überblick

1. Normzweck. Nach Abs. 1 S. 1 sind dem Anzeigeerstatter die Kosten des Verfahrens 1 und die dem Beschuldigten erwachsenen notwendigen Auslagen aufzuerlegen, wenn er das Verfahren durch eine unwahre Anzeige vorsätzlich oder leichtfertig veranlasst hat. Die Vorschrift beruht auf dem **Verschuldensprinzip.** Wer Strafverfolgungsorgane durch eine falsche Anzeige missbräuchlich zu Untersuchungen veranlasst, soll hierfür auch kostenrechtlich aufkommen. Eine rechtsstaatlich gebotene Begrenzung des Verschuldensprinzips ist in der Beschränkung auf die vorsätzliche und leichtfertige Begehungsweise zu sehen.[1]

2. Anwendungsbereich. Der Ausspruch nach Abs. 1 erfolgt **neben dem Ausspruch** 2 **nach § 467** (§ 467a), so dass der Anzeigeerstatter und die Staatskasse ggf. als Gesamtschuldner haften. Die Entscheidung gemäß § 467 regelt ausschließlich das Verhältnis zwischen dem Angeschuldigten und dem Staat und muss bereits im Urteil getroffen werden. Der Angeschuldigte darf hierbei nicht auf einen möglicherweise zahlungsunfähigen Dritten verwiesen werden.[2]

Zivilrechtliche Schadensersatzansprüche gegen den Anzeigenden bleiben von 3 § 469 unberührt.[3] Oftmals wird es jedoch an der Kausalität zwischen Falschanzeige und Auslagen fehlen.[4]

Bei Veranlassung eines **Bußgeldverfahrens** durch die unwahre Anzeige gilt § 469 über 4 § 105 OWiG entsprechend.

II. Erläuterung

1. Kostenpflicht bei unwahrer Anzeige, Abs. 1. Das Gericht hat dem Anzeigeer- 5 statter nach Abs. 1 S. 1 die Kosten des Verfahrens und die notwendigen Auslagen des Angeschuldigten aufzuerlegen, wenn er das Verfahren vorsätzlich oder leichtfertig durch eine

---

[1] Vgl. Gieg in KK-StPO Rn. 1; Degener in SK-StPO Rn. 2.
[2] OLG Celle 21.6.2016 – 1 Ws 287/16, BeckRS 2016, 15155; BayObLG 3.10.1957 – RReg. 4 St 39/57, NJW 1958, 1933; LG Frankfurt a. M. 9.6.1982 – 5/9 Qs 559/82, StV 1982, 516; LG Mainz 7.12.1998 – 303 Js 24694/97 jug – 58 Ds – 3 Qs 41/98, 3 Qs 41/98, StraFo 1999, 135; Gieg in KK-StPO Rn. 3; Schmitt in Meyer-Goßner/Schmitt Rn. 7; Degener in SK-StPO Rn. 11. Das OLG Koblenz hat eine Anwendung des § 7 StrEG neben § 469 jedoch abgelehnt, da es sich bei den Kostenvorschriften der StPO um leges speciales zu den StrEG-Vorschriften handele: OLG Koblenz 20.12.2018 – 1 U 1117/18, NJOZ 2020, 253.
[3] Vgl. LG Bremen 28.3.1974 – 2 S 84/74, AnwBl. 1975, 101; Benthin in Radtke/Hohmann Rn. 5; Meyer JurBüro 1992, 298.
[4] Vgl. BGH 24.3.1959 – VI ZR 82/58, VersR 1959, 519; Bader in KMR-StPO Rn. 3; Meyer JurBüro 1985, 664; Meyer JurBüro 1985, 1455; Meyer JurBüro 1992, 298.

unwahre Anzeige veranlasst hat. Unter einer **Anzeige** versteht man eine aufgestellte Tatsachenbehauptung, die geeignet ist, ein Ermittlungsverfahren herbeizuführen oder andauern zu lassen.[5] Eine förmliche Anzeige iSd § 158 ist nicht erforderlich.[6] Es ist jedoch umstritten, ob auch öffentlich aufgestellte Behauptungen hierunter fallen. Dafür spricht, dass eine Kenntniserlangung über die Medien oÄ ebenso zu einer unnötigen Beschäftigung der Strafverfolgungsbehörden führen kann wie eine förmliche Anzeige.[7] Jedoch gebietet der Wortlaut „Anzeige" eine restriktive Auslegung dahingehend, dass zumindest eine Äußerung gegenüber einer Strafverfolgungsbehörde erforderlich ist.[8] Der Begriff „Anzeige" iSd § 469 umfasst auch die Selbstbezichtigung,[9] bei der sich die Kostenfolge bei Anklageerhebung jedoch nach § 467 Abs. 3 S. 1 richtet. Anders als bei § 164 StGB ist es nicht erforderlich, dass die Anzeige gegen einen bestimmten Dritten gerichtet ist, denn § 469 soll nicht nur den Dritten vor ungerechtfertigter Strafverfolgung schützen, sondern auch der Staatskasse die Möglichkeit geben, Ersatz für nutzlose Aufwendungen zu erlangen.

6 **Anzeigeerstatter** iSd § 469 kann auch ein Rechtsanwalt sein, der für seinen Mandanten vorsätzlich oder leichtfertig eine unwahre Anzeige erstattet.[10] Auch Amtsträger, die zur Anzeigenerstattung verpflichtet sind, unterfallen dem Anwendungsbereich des § 469, jedoch nur im Fall einer strafrechtlich (§ 344 StGB) oder disziplinarrechtlich zu ahndenden Pflichtwidrigkeit.[11] Kein Anzeigeerstatter iSd § 469 ist der Privatkläger. Dies ergibt sich aus der Sonderregelung des § 471 Abs. 2, die dem Privatkläger ein größeres Kostenrisiko aufbürdet als § 469 dem Anzeigeerstatter, der zumindest leichtfertig gehandelt haben muss.[12]

7 Es muss objektiv feststehen, dass die Anzeige **unwahr** war. Dies ist bei einem Freispruch aus Mangel an Beweisen nicht der Fall.[13] Eine falsche rechtliche Würdigung des Anzeigeerstatters genügt ebenfalls nicht, wenn er die Tatsachen korrekt wiedergab.[14]

8 Ferner muss die unwahre Anzeige **ursächlich** für das Verfahren oder dessen Fortsetzung gewesen sein.[15] Subjektiv ist **Vorsatz oder Leichtfertigkeit** erforderlich. Der Vorwurf der Leichtfertigkeit kann entfallen, wenn der Anzeigende auf die Zweifel an der Richtigkeit seiner Angaben hingewiesen hat.[16]

9 **2. Zuständiges Gericht, Abs. 2.** Nach Abs. 2 erlässt für den Fall, dass noch kein Gericht mit der Sache befasst war, das Gericht den Beschluss nach § 469, das für die Eröffnung des Hauptverfahrens zuständig gewesen wäre. Es ist umstritten, ab wann ein Gericht „**mit der Sache befasst**" ist. Zum Teil wird vertreten, dass dies erst mit der Eröffnung des Hauptverfahrens der Fall ist, da erst ab diesem Zeitpunkt die Anklage nicht mehr zurückgenommen werden kann (§ 156). Konsequenterweise ist nach dieser Ansicht bei Ablehnung der Eröffnung des Hauptverfahrens keine Entscheidung von Amts wegen nach Abs. 1 möglich, sondern nur eine auf Antrag der Staatsanwaltschaft nach

---

[5] Vgl. Schmidt/Zimmermann in Gercke/Temming/Zöller Rn. 2.
[6] OLG Hamm 1.6.1973 – 5 Ws 99/73, NJW 1973, 1850; Hilger in Löwe/Rosenberg Rn. 5; Benthin in Radtke/Hohmann Rn. 1; Degener in SK-StPO Rn. 3.
[7] Hilger in Löwe/Rosenberg Rn. 5; Gieg in KK-StPO Rn. 2; Schmitt in Meyer-Goßner/Schmitt Rn. 2.
[8] So auch Degener in SK-StPO Rn. 3.
[9] OLG Düsseldorf 27.4.1932 – B.S. 210/32, GA 77 (1933), 67; Hilger in Löwe/Rosenberg Rn. 8; Gieg in KK-StPO Rn. 2.
[10] Benthin in Radtke/Hohmann Rn. 1; Hilger in Löwe/Rosenberg Rn. 10; Müller ZStW 40 (1919), 202 (207).
[11] Vgl. BGH 31.5.1951 – 3 StR 36/51, BGHSt 1, 255; Benthin in Radtke/Hohmann Rn. 1; Hilger in Löwe/Rosenberg Rn. 9; Gieg in KK-StPO Rn. 2; Degener in SK-StPO Rn. 7; Schmitt in Meyer-Goßner/Schmitt Rn. 1.
[12] Gieg in KK-StPO Rn. 2; Degener in SK-StPO Rn. 3; Hilger in Löwe/Rosenberg Rn. 5.
[13] OLG Neustadt 9.4.1952 – Ws 50/52, NJW 1952, 718; OLG Hamm 1.6.1973 – 5 Ws 99/73, NJW 1973, 1850; Hilger in Löwe/Rosenberg Rn. 6; Degener in SK-StPO Rn. 5; Schmitt in Meyer-Goßner/Schmitt Rn. 3; Niesler in BeckOK StPO Rn. 1; Gieg in KK-StPO Rn. 2.
[14] Hilger in Löwe/Rosenberg Rn. 6; Schmitt in Meyer-Goßner/Schmitt Rn. 3.
[15] OLG Hamm 1.6.1973 – 5 Ws 99/73, NJW 1973, 1850; Hilger in Löwe/Rosenberg Rn. 4; Schmitt in Meyer-Goßner/Schmitt Rn. 5; Benthin in Radtke/Hohmann Rn. 1.
[16] Hilger in Löwe/Rosenberg Rn. 7; Schmidt/Zimmermann in Gercke/Temming/Zöller Rn. 2; Bader in KMR-StPO Rn. 11.

Abs. 2.[17] Richtigerweise ist das Gericht aber bereits ab Erhebung der Anklage mit der Sache befasst.[18] Gründe für eine einschränkende Auslegung des Begriffs „Befassen", der nicht nur Fälle der Rechtshängigkeit, sondern auch schon solche der Anhängigkeit umfasst, sind nicht ersichtlich. Der Anklage steht auch hier der Antrag auf Erlass eines Strafbefehls gleich.[19] Nicht „mit der Sache befasst" iSd Abs. 2 ist dagegen das OLG als bloße Kontrollinstanz im Klageerzwingungsverfahren.[20]

3. Beschluss. a) Bei bereits anhängigen Verfahren. Der Beschluss nach Abs. 1 S. 1 10 ergeht **von Amts wegen oder auf Antrag** der Staatsanwaltschaft, des Angeschuldigten oder eines Nebenbeteiligten. Dies gilt auch, wenn die Staatsanwaltschaft eine erhobene Anklage wieder zurücknimmt und das Verfahren einstellt.[21] Der Anzeigende ist anzuhören, Abs. 1 S. 1, und das Gericht muss auf dessen Vorbringen gegebenenfalls den für die Kostenentscheidung relevanten Sachverhalt aufklären. Ein förmliches Antragsrecht wie bei § 244 steht dem Anzeigenden jedoch nicht zu.[22] Der Anzeigeerstatter muss prozessfähig sein, da seine Vermögensinteressen betroffen sind.[23]

Liegen die Voraussetzungen von Abs. 1 S. 1 vor, ergeht **zwingend** eine entsprechende 11 Entscheidung. Die Kostentragungspflicht des Anzeigenden erstreckt sich dabei jedoch nur auf die durch seine unwahre Anzeige verursachten Kosten. Daher hat ein Anzeigeerstatter, der nur für die Fortsetzung eines bereits laufenden Verfahrens verantwortlich war, auch nur die Kosten für die Fortsetzung zu tragen.[24]

Das mit der Hauptsache befasste Gericht kann den Beschluss entweder zusammen mit 12 dem freisprechenden Urteil oder gesondert erlassen.[25] Aufgrund der **Möglichkeit eines nachträglichen Beschlusses,** für den auch kein Vorbehalt im Urteil erforderlich ist,[26] kann die Kostenentscheidung im Urteil nicht mit der sofortigen Beschwerde nach § 464 Abs. 3 mit der Begründung angefochten werden, dass dort kein Ausspruch nach § 469 erfolgte.[27] Die (stattgebende) Entscheidung muss mangels Anfechtbarkeit nicht begründet werden, §§ 34, 469 Abs. 3.

§§ 74, 109 Abs. 2 S. 1 JGG finden aufgrund des eindeutigen Wortlauts des § 74 JGG 13 („dem Angeklagten") keine entsprechende Anwendung, so dass von der Auferlegung der Kosten und der notwendigen Auslagen des Beschuldigten zulasten des Anzeigenden nicht abgesehen werden kann. Zwar erscheint es zweifelhaft, den jugendlichen Anzeigeerstatter schlechter zu stellen als den jugendlichen Verurteilten,[28] doch steht der Gesetzeswortlaut einem Gleichlauf derzeit klar entgegen.[29]

b) Besonderheiten bei noch nicht anhängigen Verfahren, Abs. 2. Für den Fall, 14 dass noch kein Gericht mit der Sache befasst war (zum Begriff des „Befasstseins" vgl. → Rn. 9), ergeht eine Entscheidung nur **auf Antrag der Staatsanwaltschaft.** Die Staatsanwaltschaft muss daher nach Nr. 92, 139 Abs. 2 RiStBV prüfen, ob ein entspre-

---

[17] Vgl. OLG Bremen 6.8.1952 – Ws 86/52, JZ 1953, 471.
[18] Hilger in Löwe/Rosenberg Rn. 17; Gieg in KK-StPO Rn. 3; Degener in SK-StPO Rn. 12; Bader in KMR-StPO Rn. 14.
[19] Hilger in Löwe/Rosenberg Rn. 17; Schömbs NJW 1963, 333 (334).
[20] OLG Frankfurt a. M. 3.2.1972 – 2 Ws 269/71, NJW 1972, 1724; Benthin in Radtke/Hohmann Rn. 2; Gieg in KK-StPO Rn. 3.
[21] Schmitt in Meyer-Goßner/Schmitt Rn. 9; Bader in KMR-StPO Rn. 14; aA OLG Bremen 6.8.1952 – Ws 86/52, JZ 1953, 471.
[22] Vgl. Benthin in Radtke/Hohmann Rn. 3.
[23] Hilger in Löwe/Rosenberg Rn. 19; Gieg in KK-StPO Rn. 2; Bader in KMR-StPO Rn. 16.
[24] Hilger in Löwe/Rosenberg Rn. 12.
[25] BayObLG 3.10.1957 – RReg. 4 St 39/57, NJW 1958, 1933.
[26] BayObLG 3.10.1957 – RReg. 4 St 39/57, NJW 1958, 1933; Hilger in Löwe/Rosenberg Rn. 20.
[27] BGH 19.4.1988 – 1 StR 76/88, BGHR StPO § 469 Entscheidung 1; Gieg in KK-StPO Rn. 3; Benthin in Radtke/Hohmann Rn. 3.
[28] Vgl. Hilger in Löwe/Rosenberg Rn. 12; Degener in SK-StPO Rn. 9.
[29] OLG Stuttgart 25.11.1981 – 1 Ws 232/81, MDR 1982, 518; Schmitt in Meyer-Goßner/Schmitt Rn. 6; Gieg in KK-StPO Rn. 3; Bader in KMR-StPO Rn. 4; Schmidt/Zimmermann in Gercke/Temming/Zöller Rn. 4.

§ 470

chender Antrag angebracht ist und diesen gegebenenfalls auch stellen. Das Unterbleiben ist mit der Dienstaufsichtsbeschwerde rügbar.[30] Ein Antrag des Beschuldigten reicht bei Abs. 2 nicht aus.[31] Den Kostenfestsetzungsbeschluss erlässt anschließend auch in der Konstellation des Abs. 2 der Rechtspfleger des Gerichts, nicht der Rechtspfleger der Staatsanwaltschaft.[32]

15   **c) Notwendige Auslagen des Nebenbeteiligten, Abs. 1 S. 2.** Während die Kostenfolge von Abs. 1 S. 1 zwingend ist, steht es nach Abs. 1 S. 2 im **Ermessen** des Gerichts, ob die einem Nebenbeteiligten (§ 424 Abs. 1, § 438 Abs. 1, § 439, § 444 Abs. 1 S. 1) entstandenen notwendigen Auslagen dem Anzeigenden aufzuerlegen sind. Damit soll dem Umstand Rechnung getragen werden, dass es Konstellationen gibt, in denen der Nebenbeteiligte weniger schutzwürdig ist als der Beschuldigte im Fall des Abs. 1 S. 1, zB wenn sich herausstellt, dass der Nebenbeteiligte gar nicht Inhaber des behaupteten Rechts ist.[33] Eine Auslagenaufteilung ist möglich.[34]

16   **4. Unanfechtbarkeit der Entscheidung, Abs. 3.** Die Entscheidungen nach Abs. 1 und 2 sind gemäß Abs. 3 nicht anfechtbar. Der Gesetzgeber stellt hier einen **Gleichlauf mit § 467a Abs. 3** her, wonach die Auslagenentscheidung bei staatsanwaltschaftlicher Verfahrenseinstellung nach vorheriger Klagerücknahme unanfechtbar ist. Das Anfechtungsrecht des deliktisch handelnden Anzeigenden soll nicht weiter reichen als das des unverurteilt bleibenden Angeschuldigten.[35] Die richterliche Entscheidung, dem Anzeigenden, der ein Ermittlungsverfahren durch eine vorsätzlich oder leichtfertig erstattete unwahre Anzeige veranlasst hat, die Kosten des Verfahrens und die dem Beschuldigten erwachsenen notwendigen Auslagen nach § 469 aufzuerlegen, stellt ein sogenanntes urteilsersetzendes Erkenntnis iSd § 839 Abs. 2 S. 1 BGB dar.[36]

§ 470 Kosten bei Zurücknahme des Strafantrags

¹Wird das Verfahren wegen Zurücknahme des Antrags, durch den es bedingt war, eingestellt, so hat der Antragsteller die Kosten sowie die dem Beschuldigten und einem Nebenbeteiligten (§ 424 Absatz 1, § 438 Absatz 1, §§ 439, 444 Abs. 1 Satz 1) erwachsenen notwendigen Auslagen zu tragen. ²Sie können dem Angeklagten oder einem Nebenbeteiligten auferlegt werden, soweit er sich zur Übernahme bereit erklärt, der Staatskasse, soweit es unbillig wäre, die Beteiligten damit zu belasten.

Schrifttum: Lackner, Die Strafaussetzung zur Bewährung und die bedingte Entlassung, JZ 1953, 428; Meyer, Keine Belastung des Beschuldigten mit den notwendigen Auslagen des Antragstellers bei Rücknahme des Strafantrags im Ermittlungsverfahren, JurBüro 1984, 1627.

Übersicht

		Rn.			Rn.
I.	Überblick	1		a) Antragsdelikt iSd § 77 StGB	6
1.	Normzweck	1		b) Bedingtheit des Verfahrens durch den Strafantrag	7
2.	Anwendungsbereich	2		c) Wirksame Antragstellung und Antragsrücknahme	8
II.	Erläuterung	5			
1.	Regelung des S. 1	5	2.	Billigkeitsregelungen des S. 2	9

[30] OLG Bremen 6.8.1952 – Ws 86/52, JZ 1953, 471; Hilger in Löwe/Rosenberg Rn. 17; Meyer JurBüro 1992, 298 (299).
[31] AG Lüdinghausen 11.9.2003 – 8 Gs 194/03, NStZ-RR 2003, 382; Niesler in BeckOK StPO Rn. 2.
[32] OLG Stuttgart 1.8.2002 – 2 Ws 120/02, Rpfleger 2003, 20; Schmitt in Meyer-Goßner/Schmitt Rn. 10.
[33] Vgl. Rechtsausschussbericht zu BT-Drs. V 2600 und 2601, 22.
[34] Degener in SK-StPO Rn. 10; Benthin in Radtke/Hohmann Rn. 3.
[35] Hilger in Löwe/Rosenberg Rn. 21; Degener in SK-StPO Rn. 14.
[36] OLG Saarbrücken 20.2.2020 – 4 U 52/18, NJW-RR 2020, 531.

Kosten bei Zurücknahme des Strafantrags 1–7 § 470

	Rn.		Rn.
a) Übernahmebereitschaft des Angeklagten oder eines Nebenbeteiligten	9	b) Übernahme durch die Staatskasse	13
		3. Kosten- und Auslagenentscheidung	14

I. Überblick

1. Normzweck. Nach S. 1 soll grundsätzlich der Antragsteller, der Ermittlungen **ver-** 1 **ursacht** oder bei einem späteren Antrag zumindest aufrecht erhalten hat, wenn er den Antrag anschließend wieder zurücknimmt, die Kosten sowie die dem Beschuldigten und einem Nebenbeteiligten erwachsenen notwendigen Auslagen tragen. Im Gegensatz zu § 469 Abs. 1 knüpft § 470 S. 1 nicht an deliktischem Verhalten, sondern an der (legitimen) Rücknahme des Strafantrags an. Aufgrund dieses strengeren Haftungsmaßstabs hat der Gesetzgeber mit dem 3. StRÄG 1953 die Billigkeitsklausel des S. 2 eingefügt, die verfahrensbeendigende Vergleiche erleichtern soll.[1]

2. Anwendungsbereich. S. 1 gilt **in allen Verfahrensabschnitten,** also auch dann, 2 wenn der Antragsteller den Antrag bereits im Ermittlungsverfahren zurücknimmt, und das Verfahren anschließend nach § 170 Abs. 2 eingestellt wird (vgl. Wortlaut „Beschuldigter").

S. 2 findet dagegen **erst nach Eröffnung des Hauptverfahrens** Anwendung. Diese 3 Differenzierung zwischen S. 1 und S. 2 ist kaum begründbar. Versuche, den Anwendungsbereich von S. 2 auszuweiten,[2] scheitern jedoch an dem klaren Wortlaut von S. 2, der – anders als S. 1 – vom „Angeklagten" spricht.[3]

§ 470 findet auch bei einem Zusammentreffen von Strafantrag und **Privatklage,** deren 4 Rücknahme regelmäßig auch den Strafantrag erfasst, Anwendung, weshalb § 470 neben § 471 Abs. 2 eingreift.[4] Gemäß § 46 Abs. 1, § 105 OWiG gilt § 470 auch im **Bußgeldverfahren** sinngemäß.

II. Erläuterung

1. Regelung des S. 1. Nach S. 1 trägt der Antragsteller bei **Zurücknahme des Straf-** 5 **antrags,** durch den das Verfahren bedingt war, die Kosten des Verfahrens sowie die dem Beschuldigten und einem Nebenbeteiligten erwachsenen notwendigen Auslagen.

a) Antragsdelikt iSd § 77 StGB. S. 1 setzt ein **Antragsdelikt iSd § 77 StGB** voraus. 6 Taten, die nur mit Ermächtigung oder auf Strafverlangen nach § 77e StGB verfolgt werden (zB § 90 Abs. 4, § 90b Abs. 2, § 97 Abs. 3, § 104a, § 194 Abs. 4, § 353a Abs. 2, § 353b Abs. 4 StGB) fallen nicht hierunter. Zwar sind auch die Rechtsinstitute der Ermächtigung und des Strafverlangens Prozessvoraussetzungen und können zurückgenommen werden. Jedoch handelt es sich hierbei um eine Beschränkung des Legalitätsprinzips im öffentlichen Interesse wegen des besonderen Charakters der Delikte, während beim Strafantrag private Belange und die Beschränkung des Offizialprinzips wegen Bagatellcharakters dominieren. So zeigt der Antragsteller bei Rücknahme seines Strafantrags, dass er – entgegen seinem ersten Impuls – doch kein Interesse an der Strafverfolgung hat, was es billig erscheinen lässt, ihm die durch sein bisheriges Verhalten verursachten Kosten aufzuerlegen.[5]

b) Bedingtheit des Verfahrens durch den Strafantrag. Das Verfahren muss nach 7 S. 1 ferner durch den Strafantrag bedingt gewesen sein. Hieran fehlt es, wenn neben dem Antragsdelikt tateinheitlich ein Offizialdelikt verwirklicht und verfolgt wurde.[6] Auch wenn

---

[1] Degener in SK-StPO Rn. 1, 9; Hilger in Löwe/Rosenberg Rn. 1; Lackner JZ 1953, 428 (429).
[2] AG Schwetzingen 16.12.1974 – Gs 317/74, NJW 1975, 946; Gieg in KK-StPO Rn. 3; Benthin in Radtke/Hohmann Rn. 3.
[3] So auch Degener in SK-StPO Rn. 9; Hilger in Löwe/Rosenberg Rn. 8; Bader in KMR-StPO Rn. 1; Schmitt in Meyer-Goßner/Schmitt Rn. 5; Meyer JurBüro 1984, 1627.
[4] Vgl. Hilger in Löwe/Rosenberg Rn. 3; Degener in SK-StPO Rn. 1.
[5] Vgl. Hilger in Löwe/Rosenberg Rn. 1; Degener in SK-StPO Rn. 2.
[6] Vgl. OLG Oldenburg 14.4.1964 – 1 Ss 66/64, GA 1964, 250; Hilger in Löwe/Rosenberg Rn. 2; Degener in SK-StPO Rn. 4.

die Staatsanwaltschaft nach Antragsrücknahme zunächst das besondere öffentliche Interesse bejaht (zB bei § 230 Abs. 1 S. 1, § 248a, § 259 Abs. 2, § 263 Abs. 4, § 265a Abs. 3, § 266 Abs. 2, § 303c StGB), bevor das Verfahren eingestellt wird,[7] oder neben dem Antragsdelikt eine Ordnungswidrigkeit auch nach Antragsrücknahme in einem Bußgeldverfahren weiterverfolgt wird, §§ 21, 82 OWiG,[8] war das Verfahren nicht **durch den Strafantrag bedingt.** Umstritten ist die Konstellation, in der zunächst wegen eines Offizialdelikts ermittelt wurde, das Verfahren aber vor seiner Einstellung nur wegen eines Antragsdelikts fortgeführt wurde. Zum Teil wird vertreten, dass das Verfahren nicht durch den Antrag bedingt war, wenn dieser bereits zu einem Zeitpunkt gestellt war, als das Verfahren noch als Offizialdelikt betrieben wurde.[9] Richtigerweise wird hier jedoch bei Antragsrücknahme § 470 S. 1 auf die Kosten und Auslagen anwendbar sein, die nach Beschränkung auf das Antragsdelikt entstanden sind.[10]

8 c) **Wirksame Antragstellung und Antragsrücknahme.** Sowohl die Antragstellung nach §§ 77–77b StGB als auch die Antragsrücknahme nach § 77d StGB müssen schließlich wirksam gewesen sein. Unbeachtlich ist zB eine mittels Drohung erzwungene Antragsrücknahme.[11] Grundsätzlich ist die Antragsrücknahme als prozessuale Willenserklärung auch bedingungsfeindlich.[12] Etwas anderes gilt jedoch nach der Rspr. bei Rücknahme unter der Bedingung, dass eine Kostenentlastung nach S. 2 stattfindet, da der für den Antragsteller oft wichtige Kostenfaktor nicht Vergleichen zwischen dem Antragsteller und dem Angeklagten und einer entsprechenden Erledigung des Verfahrens im Wege stehen soll.[13]

9 2. **Billigkeitsregelungen des S. 2. a) Übernahmebereitschaft des Angeklagten oder eines Nebenbeteiligten.** S. 2 Alt. 1 setzt voraus, dass sich der Angeklagte oder ein Nebenbeteiligter **bereit erklären,** die Verfahrenskosten und notwendigen Auslagen zu tragen. Zum Teil wird hierfür eine konkludente Erklärung für ausreichend erachtet,[14] so dass eine Entschuldigung[15] oder das Schweigen des Angeklagten auf eine gerichtliche Mitteilung, falls er nicht binnen einer bestimmten Frist widerspreche, werde angenommen, dass er seine Auslagen selbst trage, als stillschweigende Kostenübernahmeerklärung ausgelegt wurde.[16] Eine derartig weite Auslegung dürfte aber wohl nur im Ausnahmefall angemessen sein. Letztlich handelt es sich um eine Frage des Einzelfalls.

10 Die Bereiterklärung iSd S. 2 ist nicht identisch mit der **Übernahmeerklärung nach § 29 Nr. 2 GKG.** Wird sie unter der Bedingung abgegeben, dass der Strafantrag zurückgenommen wird, entfaltet sie nämlich erst mit Bedingungseintritt die Wirkung einer Übernahmeerklärung nach § 29 Nr. 2 GKG.[17] Die Erklärung ist zu **protokollieren.**[18] In der Regel geht ihr ein – das Gericht nicht bindender – Vergleich voraus.

11 Dem Wortlaut nach umfasst S. 2 nur Gerichtskosten und die notwendigen Auslagen des Angeklagten und der Nebenbeteiligten, nicht jedoch **die notwendigen Auslagen des Antragstellers,** für die dieser demnach selbst aufkommen müsste. Dies widerspricht

---

[7] Vgl. OLG Nürnberg 30.6.2009 – 2 Ws 240/09, BeckRS 2009, 20312; Hilger in Löwe/Rosenberg Rn. 2.
[8] Hilger in Löwe/Rosenberg Rn. 4; Degener in SK-StPO Rn. 4; Bader in KMR-StPO Rn. 3.
[9] Degener in SK-StPO Rn. 5.
[10] Vgl. OLG Oldenburg 14.4.1964 – 1 Ss 66/64, GA 1964, 250; Hilger in Löwe/Rosenberg Rn. 3; Bader in KMR-StPO Rn. 3.
[11] Degener in SK-StPO Rn. 3.
[12] RG 6.3.1914 – V 1001/13, RGSt 48, 196.
[13] BGH 28.3.1956 – 5 StR 630/55, BGHSt 9, 155 = JZ 1956, 764; Gieg in KK-StPO Rn. 1.
[14] Gieg in KK-StPO Rn. 3; aA OLG Zweibrücken 27.4.1988 – 1 Ss 245/87, JurBüro 1988, 1547; Hilger in Löwe/Rosenberg Rn. 9; Degener in SK-StPO Rn. 10; Bader in KMR-StPO Rn. 8.
[15] So aber LG Potsdam 2.3.2006 – 21 Qs 27/06, NStZ 2006, 655.
[16] Vgl. LG Berlin 14.5.1985 – 507 Qs 16/85, StV 1985, 500.
[17] Vgl. LG Zweibrücken 7.3.1983 – 1 Qs 29/83, Rpfleger 1983, 369; Degener in SK-StPO Rn. 11; Hilger in Löwe/Rosenberg Rn. 14.
[18] Hilger in Löwe/Rosenberg Rn. 10; Degener in SK-StPO Rn. 10; Bader in KMR-StPO Rn. 8.

jedoch dem Sinn und Zweck der Regelung, denn S. 2 soll ja gerade dem das Kostenrisiko scheuenden Antragsteller die Antragsrücknahme und damit die Verfahrensbeendigung erleichtern. Richtigerweise können sich der Angeklagte oder ein Nebenbeteiligter daher auch zur Übernahme der notwendigen Auslagen des Antragstellers bereit erklären.[19]

Der Angeklagte kann sich ferner zur Übernahme der **notwendigen Auslagen der** 12 **Mitangeklagten** bereit erklären.[20] Auch eine Bereiterklärung nur bezüglich eines Teils der Kosten und Auslagen ist möglich („soweit"). Mehrere Übernahmebereite können die Kosten und notwendigen Auslagen statt einer gesamtschuldnerischen Haftung auch **selbstbestimmt aufteilen**.[21]

b) **Übernahme durch die Staatskasse.** Nach S. 2 Alt. 2 sollen die Kosten des Verfah- 13 rens und die notwendigen Auslagen nur ganz **ausnahmsweise** der Staatskasse auferlegt werden, wenn es unbillig wäre, die Beteiligten zu belasten. Dies ist der Fall, wenn das Strafverfahren auf die Strafverfolgungsbehörden oder einen außenstehenden Dritten zurückzuführen ist, der zB leichtfertig eine Zeugenaussage machte, durch die sich der Antragsteller beeindrucken ließ.[22] Wenn die Rücknahme des Strafantrags vom Gericht übersehen wurde, sind zumindest die danach entstandenen Kosten und notwendigen Auslagen der Staatskasse aufzuerlegen.[23] Nach zutreffender Ansicht ist es für die Übernahme der Kosten und notwendigen Auslagen durch die Staatskasse nicht zwingend erforderlich, dass sich zuvor ein Beteiligter prinzipiell zur Übernahme bereit erklärt hatte.[24]

3. Kosten- und Auslagenentscheidung. Grundsätzlich erlässt das mit der Hauptsa- 14 che befasste Gericht einen Kosten- und Auslagenbeschluss nach § 470. Die Entscheidung nach § 470 S. 1 kann auch im Einstellungsurteil (§ 260 Abs. 3) oder -beschluss (§ 206a) erfolgen.[25] Wenn das Ermittlungsverfahren bereits vor Anklageerhebung **nach § 170 Abs. 2 eingestellt** wurde, ist die Situation vergleichbar mit der des § 469 Abs. 2, so dass diese Vorschrift hier analoge Anwendung findet. Es bedarf demnach eines Antrags der Staatsanwaltschaft bei dem Gericht, das für die Eröffnung des Hauptverfahrens zuständig gewesen wäre.[26] Ein Antrag des Beschuldigten bei Gericht reicht nicht aus.[27]

Der Antragsteller und die Staatsanwaltschaft sind gemäß § 33 Abs. 1 und 2 anzuhören. 15 Im Falle einer Übernahmeerklärung wird dem Betreffenden automatisch **rechtliches Gehör** gewährt. Der Beschluss ist gemäß § 34 zu begründen und nach Bekanntmachung (§ 35) mit einer Rechtsmittelbelehrung zu versehen (§ 35a).

Wenn kein Fall des S. 2 vorliegt, trägt der Antragsteller nach **S. 1 zwingend** die 16 Verfahrenskosten und die notwendigen Auslagen des Beschuldigten und der Nebenbeteiligten.

Eine **analoge Anwendung der §§ 74, 109 Abs. 2 S. 1 JGG** ist – wie bei § 469 – 17 aufgrund der Wortlautgrenze abzulehnen (vgl. → § 469 Rn. 13). Auch bei § 470 verbietet sich eine entsprechende Kürzung des Anspruchs gegen die Staatskasse nach §§ 467, 467a. Diese muss ggf. beim Anzeigeerstatter Regress nehmen.[28]

---

[19] BayObLG 28.11.1973 – 6 St 121/73, DAR 1974, 184; Gieg in KK-StPO Rn. 3; Bader in KMR-StPO Rn. 9; Degener in SK-StPO Rn. 12; Schmitt in Meyer-Goßner/Schmitt Rn. 5.
[20] Hilger in Löwe/Rosenberg Rn. 11; Henkel JZ 1956, 766 (768); aA BGH 28.3.1956 – 5 StR 630/55, BGHSt 9, 154 = JZ 1956, 764.
[21] OLG Nürnberg 14.10.1971 – Ws 286/71, NJW 1972, 67; Degener in SK-StPO Rn. 12; Schmidt/Zimmermann in Gercke/Temming/Zöller Rn. 4; Schmitt in Meyer-Goßner/Schmitt Rn. 5; Benthin in Radtke/Hohmann Rn. 4; aA BGH 28.3.1956 – 5 StR 630/55, BGHSt 9, 155 = JZ 1956, 764.
[22] Degener in SK-StPO Rn. 14; Schmidt/Zimmermann in Gercke/Temming/Zöller Rn. 4.
[23] Vgl. OLG Koblenz 22.12.2004 – 2 Ss 312/04, StraFo 2005, 129; Benthin in Radtke/Hohmann Rn. 5.
[24] So auch Hilger in Löwe/Rosenberg Rn. 14; Bader in KMR-StPO Rn. 10; Degener in SK-StPO Rn. 14; aA Meyer JurBüro 1984, 1627 (1630).
[25] Benthin in Radtke/Hohmann Rn. 6; Schmidt/Zimmermann in Gercke/Temming/Zöller Rn. 3.
[26] Hilger in Löwe/Rosenberg Rn. 3; Degener in SK-StPO Rn. 15; Schmitt in Meyer-Goßner/Schmitt Rn. 3.
[27] OLG Bremen 6.8.1952 – Ws 86/52, JZ 1953, 471; Hilger in Löwe/Rosenberg Rn. 3.
[28] LG Wiesbaden 22.9.2004 – 16 Qs 93/04, JurBüro 2005, 262.

§ 471

18 **Mehrere Antragsteller** haften gesamtschuldnerisch nach §§ 466, 471 Abs. 4 analog.[29] **Juristische Personen** haften für den Strafantrag bzw. die Antragsrücknahme ihrer vertretungsberechtigten Organe.[30] Entsprechendes gilt für **öffentliche Körperschaften,** in deren Interesse der Dienstvorgesetzte oder Behördenleiter Strafantrag erstattete.[31] Wird der Strafantrag von einer anderen Person als dem Antragsteller wirksam zurückgenommen (zB bei Versterben des Antragstellers, § 77d Abs. 2 StGB), haftet der Veranlasser der Antragsrücknahme.[32]

19 Die Entscheidung nach **S. 2** steht im **Ermessen** des Gerichts („können"). In der Regel wird es den Willen der Beteiligten respektieren.[33] Es wird jedoch von der Auferlegung der Kosten und notwendigen Auslagen auf den sich bereit Erklärenden absehen, wenn sich dies als Manipulation zum Nachteil der Staatskasse darstellt, da der Übernahmewillige zahlungsunfähig ist und die Staatskasse daher nach Freiwerden des Antragstellers erfolglos vollstrecken würde.[34] Übergeht das Gericht die Übernahmeerklärung des Angeklagten oder Nebenbeteiligten, bleibt die Haftung nach § 29 Nr. 2 GKG davon unberührt.[35]

20 Die Entscheidung ist grundsätzlich mit der **sofortigen Beschwerde** nach § 464 Abs. 3 S. 1 anfechtbar. Etwas anderes gilt nur bei Verfahrenseinstellung im Ermittlungsverfahren. Dort ist die Kostenentscheidung gemäß § 467a Abs. 3, § 469 Abs. 3 analog unanfechtbar.[36]

§ 471 Kosten bei Privatklage

(1) In einem Verfahren auf erhobene Privatklage hat der Verurteilte auch die dem Privatkläger erwachsenen notwendigen Auslagen zu erstatten.

(2) Wird die Klage gegen den Beschuldigten zurückgewiesen oder wird dieser freigesprochen oder wird das Verfahren eingestellt, so fallen dem Privatkläger die Kosten des Verfahrens sowie die dem Beschuldigten erwachsenen notwendigen Auslagen zur Last.

(3) Das Gericht kann die Kosten des Verfahrens und die notwendigen Auslagen der Beteiligten angemessen verteilen oder nach pflichtgemäßem Ermessen einem der Beteiligten auferlegen, wenn
1. es den Anträgen des Privatklägers nur zum Teil entsprochen hat;
2. es das Verfahren nach § 383 Abs. 2 (§ 390 Abs. 5) wegen Geringfügigkeit eingestellt hat;
3. Widerklage erhoben worden ist.

(4) ¹Mehrere Privatkläger haften als Gesamtschuldner. ²Das gleiche gilt hinsichtlich der Haftung mehrerer Beschuldigter für die dem Privatkläger erwachsenen notwendigen Auslagen.

Schrifttum: Bartsch, Tillmann, Bericht über einen Moribunden: Das Privatklageverfahrens – Rechtliches, Rechtstatsächliches, Reform- und Zukunftsperspektiven – Teil 1, ZJS 2017, 40.

---

[29] Degener in SK-StPO Rn. 8; Hilger in Löwe/Rosenberg Rn. 5; Benthin in Radtke/Hohmann Rn. 2; Steinberger-Fraunhofer in Satzger/Schluckebier/Widmaier StPO Rn. 3; Bader in KMR-StPO Rn. 6.
[30] Vgl. Degener in SK-StPO Rn. 8.
[31] Degener in SK-StPO Rn. 8; Hilger in Löwe/Rosenberg Rn. 5; Bader in KMR-StPO Rn. 6.
[32] OLG Zweibrücken 27.4.1988 – 1 Ss 245/87, JurBüro 1988, 1547; Degener in SK-StPO Rn. 8; Hilger in Löwe/Rosenberg Rn. 5.
[33] BayObLG 28.11.1973 – 6 St 121/73, DAR 1974, 184; Hilger in Löwe/Rosenberg Rn. 10.
[34] BGH 28.3.1956 – 5 StR 630/55, NJW 1956, 1162; Gieg in KK-StPO Rn. 3.
[35] Vgl. LG Zweibrücken 7.3.1983 – 1 Qs 29/83, Rpfleger 1983, 369.
[36] OLG Düsseldorf 18.11.2013 – III-2 Ws 545/13, NStZ 2014, 424; Degener in SK-StPO Rn. 16; Bader in KMR-StPO Rn. 13; eine Beschwerdeberechtigung des Antragstellers generell verneinend: OLG Hamburg 23.2.2012 – 2 Ws 80/11, BeckRS 2012, 9698.

Übersicht

		Rn.			Rn.
I.	Überblick	1	1.	Kosten bei Teilerfolg des Klägers (Abs. 3 Nr. 1)	8
II.	Kosten bei antragsgemäßer Verurteilung des Beschuldigten (Abs. 1)	2	2.	Kosten bei Einstellung wegen Geringfügigkeit (Abs. 3 Nr. 2)	12
III.	Kosten bei Freispruch, Klagezurückweisung oder Verfahrenseinstellung (Abs. 2)	3	3.	Kosten bei Widerklage (Abs. 3 Nr. 3)	13
IV.	Ermessensentscheidung des Gerichts (Abs. 3)	7	V.	Gesamtschuldnerische Haftung mehrerer Privatkläger bzw. Beschuldigter (Abs. 4)	14

I. Überblick

Grundsätzlich gelten auch im Privatklageverfahren die allgemeinen Vorschriften der §§ 464–470, soweit sie nicht durch die in § 471 enthaltenen Sondervorschriften verdrängt werden.[1] Damit richtet sich die Kostentragungspflicht im Privatklageverfahren im Wesentlichen nach dem Erfolgsprinzip, dh nach dem „Obsiegen" bzw. „Unterliegen" des Privatklägers bzw. des Beschuldigten, was für den Privatkläger ein erhebliches Kostenrisiko mit sich bringt. 1

II. Kosten bei antragsgemäßer Verurteilung des Beschuldigten (Abs. 1)

Im Falle einer antragsgemäßen Verurteilung muss der Verurteilte dem Privatkläger nach Maßgabe von § 471 Abs. 1 die ihm entstandenen notwendigen Auslagen erstatten. Dies gilt auch dann, wenn der Verurteilte in früherer Instanz freigesprochen und erst in einer späteren Instanz verurteilt wird.[2] Die Kostentragungspflicht des Verurteilten umfasst auch die durch den Sühneversuch entstandenen Kosten und Auslagen.[3] Hierbei ist insbesondere zu beachten, dass der Privatkläger bei Nichtverurteilung gem. Abs. 2 neben den Auslagen des Beschuldigten auch die Kosten des Verfahrens zu tragen hat, welche im Offizialverfahren der Staatskasse zufallen würden. Eine Belastung der Staatskasse mit Kosten und Auslagen ist im Privatklageverfahren nicht vorgesehen. 2

III. Kosten bei Freispruch, Klagezurückweisung oder Verfahrenseinstellung (Abs. 2)

Wenn der Beschuldigte nicht verurteilt wird, richtet sich die Kostenfolge im Grundsatz – also wenn kein Spezialfall des Abs. 3 vorliegt – nach Abs. 2. Demnach hat der Privatkläger bei Nichtverurteilung die Kosten des Verfahrens, seine eigenen Auslagen sowie die dem Beschuldigten erwachsenen notwendigen Auslagen zu tragen. Der § 74 JGG, demzufolge jugendliche Angeklagte von Kosten und Auslagen freigestellt werden können, findet keine entsprechende Anwendung auf jugendliche Privatkläger.[4] 3

Neben Fällen der Nichteröffnung des Hauptverfahrens (§ 383 Abs. 1), des Freispruchs oder der (endgültigen) Einstellung ist § 471 Abs. 2 auch anwendbar
– bei Verfahrenseinstellungen nach § 389 Abs. 1 (Verdacht eines Offizialdelikts);[5]
– bei Klagerücknahmen gem. § 391 Abs. 1 oder Abs. 2;[6] 4

---

[1] Bartsch ZJS 2017, 40 (50) mwN.
[2] Bader in KMR-StPO Rn. 2; Hilger in Löwe/Rosenberg Rn. 5.
[3] Gieg in KK-StPO Rn. 2.
[4] Gieg in KK-StPO Rn. 3; Temming-Schmidt in Gercke/Julius/Temming/Zöller Rn. 4.
[5] BayObLG 11.8.1959 – RReg. 2 St 286/59, NJW 1959, 2274; Temming-Schmidt in Gercke/Julius/Temming/Zöller Rn. 4; Bader in KMR-StPO Rn. 7; kritisch Hilger in Löwe/Rosenberg Rn. 12; dagegen auch Traub NJW 1968, 710.
[6] LG Hagen 25.6.1955 – 9 Qs 225/55, NJW 1955, 1646; Weiner in BeckOK StPO Rn. 3.

– im Falle des Todes des Privatklägers, wenn das Verfahren nicht von den in § 393 Abs. 2 genannten Berechtigten weitergeführt wird;[7]
– wohl bei Einstellungen nach § 379a Abs. 3 S. 1 (ausstehender Gebührenvorschuss), wobei diese Frage bisher noch kaum erörtert wurde.[8]

5 **Nicht anwendbar** ist der Abs. 2,
– wenn das Verfahren lediglich nach § 205 vorläufig eingestellt worden ist,[9]
– wenn die Staatsanwaltschaft die Verfolgung gem. § 377 Abs. 2 S. 1 übernimmt[10] oder
– wenn der Privatkläger sich als Nebenkläger anschließt (dann gilt § 472 Abs. 3 S. 2).[11]

6 Wenn eine Klagerücknahme Teil eines **Vergleichs** ist, hat die Kostenentscheidung ausnahmsweise nicht nach § 471 Abs. 2, sondern nach § 470 S. 2 zu erfolgen.[12] Das Gericht erhält dadurch die Möglichkeit, die Kosten entsprechend der Vergleichsvereinbarung zu verteilen und muss sie nicht – wie es bei Anwendung des Abs. 2 der Fall wäre – zwingend dem Privatkläger auferlegen.

IV. Ermessensentscheidung des Gerichts (Abs. 3)

7 Im Falle einer teilweisen Verurteilung (→ Rn. 8 ff.), einer Einstellung wegen geringfügiger Schuld (→ Rn. 12) oder einer Widerklage (→ Rn. 13) steht die Kostenverteilung gem. Abs. 3 Nr. 1–3 im Ermessen des Gerichts. Die Vorschrift gilt für alle Rechtszüge. Auf andere als die dort abschließend genannten Fälle ist Abs. 3 nach hM nicht anwendbar.[13]

8 **1. Kosten bei Teilerfolg des Klägers (Abs. 3 Nr. 1).** Abweichend von Abs. 2 kann das Gericht die Kosten und Auslagen des Verfahrens im Rahmen einer Ermessensentscheidung zwischen den Beteiligten verteilen oder dem Beschuldigten auferlegen, wenn es den Anträgen des Privatklägers zum Teil entsprochen hat (Abs. 3 Nr. 1). Zu bemessen ist die Frage, ob den Anträgen des Klägers nur bzw. zumindest teilweise entsprochen wurde, anhand eines Vergleichs des Eröffnungsbeschlusses mit dem Urteil.[14] Möglich ist sowohl eine Verteilung nach Bruchteilen als auch eine Verteilung nach Einzelposten; ebenfalls denkbar ist die gegenseitige Aufhebung der Auslagenerstattungsansprüche unter gleichteiliger Gerichtskostenbelastung.[15]

9 Kein Fall des Abs. 3 Nr. 1 liegt vor, wenn das Gericht lediglich auf eine weniger schwerwiegende Art der Strafe oder ein geringeres Strafmaß als vom Privatkläger beantragt erkennt.[16]

10 Erfüllt ist der Abs. 3 Nr. 1 hingegen im Falle einer Teilrücknahme der Privatklage mit Verurteilung im Übrigen, wenn der Beschuldigte nicht wegen aller angeklagten prozessualen Taten oder nicht wegen aller in Tateinheit angeklagten Delikte verurteilt wird.[17] Gleiches gilt bei mehreren Beschuldigten, wenn nur ein Teil der Beschuldigten verurteilt wird, wobei aber zu beachten ist, dass den Verurteilten keine Kosten und Auslagen auferlegt werden dürfen, die allein im Verfahren gegen Freigesprochene entstanden sind.[18]

---

[7] Weiner in BeckOK StPO Rn. 3.
[8] Temming-Schmidt in Gercke/Julius/Temming/Zöller Rn. 4; ausführlich hierzu: Hilger in Löwe/Rosenberg Rn. 16; aA Schmitt in Meyer-Goßner/Schmitt Rn. 3.
[9] Bader in KMR-StPO Rn. 8.
[10] Bader in KMR-StPO Rn. 8.
[11] Bader in KMR-StPO Rn. 8.
[12] Weiner in BeckOK StPO Rn. 4.
[13] BayObLG 23.11.1955 – RReg. 1 St 600/55, NJW 1956, 602; Bader in KMR-StPO Rn. 11.
[14] Hilger in Löwe/Rosenberg Rn. 27; abweichend Temming-Schmidt in Gercke/Julius/Temming/Zöller Rn. 6.
[15] Bader in KMR-StPO Rn. 14; Temming-Schmidt in Gercke/Julius/Temming/Zöller Rn. 5; Gieg in KK-StPO Rn. 4.
[16] Hilger in Löwe/Rosenberg Rn. 27; Temming-Schmidt in Gercke/Julius/Temming/Zöller Rn. 6.
[17] BayObLGSt 1962, 139; Bader in KMR-StPO Rn. 13; Temming-Schmidt in Gercke/Julius/Temming/Zöller Rn. 6.
[18] BayObLGSt 1957, 190; Bader in KMR-StPO Rn. 13; Temming-Schmidt in Gercke/Julius/Temming/Zöller Rn. 6.

Ob auch eine lediglich rechtlich abweichende Würdigung (bspw. Verurteilung nach 11
§ 185 StGB statt nach § 186 StGB) den Tatbestand des Abs. 3 Nr. 1 erfüllt, ist strittig.[19]
Wenn der Angeklagte nach § 199 StGB für straffrei erklärt wird, ist § 471 Abs. 3 Nr. 1
zusammen mit § 468 anwendbar, wobei die Kosten in der Regel dem Privatkläger aufzuerlegen sein werden.[20]

2. Kosten bei Einstellung wegen Geringfügigkeit (Abs. 3 Nr. 2). Wenn die 12
Hauptverhandlung nicht bis zum Ende durchgeführt wurde, darf das Gericht angesichts der
Unschuldsvermutung von der ermessensgemäßen Kostenverteilung nach Abs. 3 Nr. 2 zu
Lasten des Angeklagten nur aufgrund schuldunabhängiger Erwägungen Gebrauch
machen.[21] Entscheidend ist hier insbesondere die Frage, ob der Beschuldigte dem Privatkläger einen nachvollziehbaren Anlass zur Klageerhebung geboten hat.[22] Berücksichtigt werden
dürfen aber in jedem Fall nur Tatsachen, die keiner weiteren Aufklärung mehr bedürfen.
Ein selbstständiges Nachverfahren, das die Möglichkeit förmlicher Beweiserhebung vorsieht
und ausschließlich der Herbeiführung einer sachgerechten Nebenentscheidung über Verfahrenskosten und Auslagen dient, ist nicht mit der StPO vereinbar.[23]

3. Kosten bei Widerklage (Abs. 3 Nr. 3). Ist wirksam Widerklage erhoben worden, 13
so sind die Privatkläger jeweils auch Beschuldigte und umgekehrt die Beschuldigten jeweils
auch Privatkläger. Die jeweiligen Gerichtskosten und Auslagen beider Klagen können in
diesem Fall meistens nicht sauber voneinander getrennt werden. Deshalb eröffnet Abs. 3
Nr. 3 dem Gericht bei der Kostenverteilung einen Ermessensspielraum. Der Ausgang der
jeweiligen Klagen ist für die Anwendbarkeit der Ermessensregelung grundsätzlich ohne
Bedeutung.[24] Führt jedoch nur eine Privatklage zur Verurteilung, die andere hingegen zu
einem Freispruch, so besteht wenig Anlass, die Kosten nach Abs. 3 Nr. 3 zu verteilen.[25]
Ansonsten können bspw. die jeweilige Schuld, die Höhe der durch die jeweilige Privatklage
verursachten Kosten und Auslagen sowie die Frage berücksichtigt werden, inwiefern die
Beteiligten jeweils Anlass zur Klageerhebung gegeben haben.[26]

V. Gesamtschuldnerische Haftung mehrerer Privatkläger bzw. Beschuldigter (Abs. 4)

Werden **mehrere Privatkläger** zur Kostentragung verurteilt, so haften sie nach Abs. 4 14
S. 1 – ohne dass es diesbezüglich eines besonderen Ausspruchs in der Kostengrundentscheidung bedürfte[27] – gesamtschuldnerisch (§ 421 BGB), soweit die ihnen nach Abs. 2 und
Abs. 3 zur Last fallenden Kosten und notwendigen Auslagen des Beschuldigten identisch
sind.[28] Eine gesamtschuldnerische Haftung mehrerer Privatkläger für eigene Auslagen folgt
aus dem Abs. 4 S. 1 nicht.[29]

---

[19] Bejahend OLG Braunschweig Nds. Rpfl. 1955, 218; Hilger in Löwe/Rosenberg Rn. 28; abl. Bader in KMR-StPO Rn. 13; Meier in AK-StPO Rn. 5.
[20] Weiner in BeckOK StPO Rn. 2.
[21] BVerfGE 74, 358; BVerfG 1.10.1990 – 2 BvR 340/89, NJW 1991, 829 f.; BVerfG 1.12.1991 – 2 BvR 260/91, NJW 1992, 1611; Temming-Schmidt in Gercke/Julius/Temming/Zöller Rn. 7; Hilger in Löwe/Rosenberg Rn. 32; Gieg in KK-StPO Rn. 5.
[22] BVerfGE 74, 358; BVerfG 1.10.1990 – 2 BvR 340/89, NJW 1991, 829; 1992, 1611; Bader in KMR-StPO Rn. 15; Temming-Schmidt in Gercke/Julius/Temming/Zöller Rn. 7; für Beispielsfäll s. LG Koblenz 2.10.2014 – 1 Qs 238/14, BeckRS 2015, 04265 und LG Köln 29.2.2016 – 105 Qs 5/16, BeckRS 2016, 138190.
[23] BVerfG 1.10.1990 – 2 BvR 340/89, NJW 1991, 829; OLG Nürnberg 22.1.2009 – 1 Vs 1/09, BeckRS 2010, 17535 Rn. 27; Gieg in KK-StPO Rn. 5.
[24] BGHSt 17, 376; Bader in KMR-StPO Rn. 16; Temming-Schmidt in Gercke/Julius/Temming/Zöller Rn. 8; Gieg in KK-StPO Rn. 5.
[25] Temming-Schmidt in Gercke/Julius/Temming/Zöller Rn. 8; Hilger in Löwe/Rosenberg Rn. 34.
[26] LG Koblenz 2.10.2014 – 1 Qs 238/14, BeckRS 2015, 04265; Temming-Schmidt in Gercke/Julius/Temming/Zöller Rn. 8; Hilger in Löwe/Rosenberg Rn. 35.
[27] Gieg in KK-StPO Rn. 7.
[28] Bader in KMR-StPO Rn. 18 f.; Temming-Schmidt in Gercke/Julius/Temming/Zöller Rn. 9; Weiner in BeckOK StPO Rn. 5.
[29] Bader in KMR-StPO Rn. 18 f.; Temming-Schmidt in Gercke/Julius/Temming/Zöller Rn. 9.

15 **Mehrere Beschuldigte** haften nach Abs. 4 S. 2 als Gesamtschuldner, soweit sie in demselben Verfahren wegen derselben Tat rechtskräftig verurteilt worden sind oder – im Falle des § 471 Abs. 3 – wenn ihnen die Kosten und Auslagen ohne nähere Aufteilung auf die einzelnen Beschuldigten auferlegt worden sind.[30] Für die Auslagen der Staatskasse haften die Beschuldigten nach Maßgabe des § 466.[31]

§ 472 Notwendige Auslagen des Nebenklägers

(1) ¹Die dem Nebenkläger erwachsenen notwendigen Auslagen sind dem Angeklagten aufzuerlegen, wenn er wegen einer Tat verurteilt wird, die den Nebenkläger betrifft. ²Die notwendigen Auslagen für einen psychosozialen Prozessbegleiter des Nebenklägers können dem Angeklagten nur bis zu der Höhe auferlegt werden, in der sich im Falle der Beiordnung des psychosozialen Prozessbegleiters die Gerichtsgebühren erhöhen würden. ³Von der Auferlegung der notwendigen Auslagen kann ganz oder teilweise abgesehen werden, soweit es unbillig wäre, den Angeklagten damit zu belasten.

(2) ¹Stellt das Gericht das Verfahren nach einer Vorschrift, die dies nach seinem Ermessen zuläßt, ein, so kann es die in Absatz 1 genannten notwendigen Auslagen ganz oder teilweise dem Angeschuldigten auferlegen, soweit dies aus besonderen Gründen der Billigkeit entspricht. ²Stellt das Gericht das Verfahren nach vorangegangener vorläufiger Einstellung (§ 153a) endgültig ein, gilt Absatz 1 entsprechend.

(3) ¹Die Absätze 1 und 2 gelten entsprechend für die notwendigen Auslagen, die einem zum Anschluß als Nebenkläger Berechtigten in Wahrnehmung seiner Befugnisse nach § 406h erwachsen sind. ²Gleiches gilt für die notwendigen Auslagen eines Privatklägers, wenn die Staatsanwaltschaft nach § 377 Abs. 2 die Verfolgung übernommen hat.

(4) § 471 Abs. 4 Satz 2 gilt entsprechend.

Schrifttum: Beulke, Die Neuregelung der Nebenklage, DAR 1988, 114; Metz, Nebenklage und Adhäsionsantrag im Strafbefehlsverfahren, JR 2019, 67; Meyer, Ist der Rechtsschutzversicherer zur Deckung freiwillig übernommener Nebenklägerkosten bei einer Einstellung des Strafverfahrens nach § 153a Abs. 2 StPO verpflichtet?, JurBüro 1984, 5; Schaal/Eisenberg, Rechte und Befugnisse von Verletzten im Strafverfahren gegen Jugendliche, NStZ 1989, 49; Weigend, Das Opferschutzgesetz – kleine Schritte zu welchem Ziel?, NJW 1987, 1170.

Übersicht

	Rn.		Rn.
I. Normzweck, Norminhalt	1	c) Nebenklagetat	17
II. Anwendungsbereiche	4	d) Abweichungen vom Anklagevorwurf, Einzelfälle	20
1. Nebenklageauslagen	4	e) Unanwendbarkeit des Abs. 1	25
2. Jugendstrafverfahren	7	3. Rechtsfolgen des Abs. 1	26
3. Privatklage, Strafbefehls- und Bußgeldverfahren	11	a) Ausdrückliche Entscheidung	26
		b) Erstattung notwendiger Auslagen	28
III. Auslagenentscheidung beim verurteilten Angeklagten (Abs. 1)	12	c) Auslagen für Prozessbegleiter	33
		d) Billigkeitsentscheidung (Abs. 1 S. 3)	34
1. Grundsatz und Ermessensausnahme	12	e) Auslagen- und Billigkeitsentscheidung im Rechtsmittelverfahren	41
2. Voraussetzungen des Abs. 1	13	f) Keine Haftung der Staatskasse	43
a) Wirksame Anschlusserklärung	13	IV. Auslagenentscheidung bei Freispruch und Verfahrenshindernissen	44
b) Verurteilung	15		

---

[30] Temming-Schmidt in Gercke/Julius/Temming/Zöller Rn. 9; Schmitt in Meyer-Goßner/Schmitt Rn. 8.
[31] Weiner in BeckOK StPO Rn. 7.

		Rn.			Rn.
1.	Freispruch	44	b) Notwendige Auslagen		56
2.	Verfahrenshindernisse	47	c) Entscheidung		57
V.	**Auslagenentscheidung bei Ermessenseinstellung (Abs. 2)**	48	2. Frühere Privatkläger		58
1.	Anwendungsbereich des Abs. 2 S. 1	48	VII. **Gesamtschuldnerische Haftung (Abs. 4)**		59
2.	Anwendungsbereich des Abs. 2 S. 2	49	VIII. **Prozessuales**		60
3.	Ermessen	50	1. Sofortige Beschwerde des Nebenklägers		60
	a) Abs. 2 S. 1	50	a) Gegen nachteilige Auslagenentscheidung		60
	b) Abs. 2 S. 2	52	b) Gegen unterbliebene Auslagenentscheidung		61
VI.	**Auslagenentscheidung bei Nebenklagebefugten und Privatklägern (Abs. 3)**	54	2. Todesfälle		65
1.	Nebenklagebefugte	54	3. Einreden gegen anwaltliche Honorarforderungen		68
	a) Gleichstellung mit Nebenkläger	54			

I. Normzweck, Norminhalt

Die Vorschrift stellt – vom jeweiligen Verfahrensausgang abhängige – Regeln dazu auf, 1
wer die **notwendigen Auslagen des Nebenklägers** nach §§ 395 ff., des **Nebenklagebefugten** nach § 406g und des **Privatklägers** im Fall des § 377 Abs. 2 zu tragen hat.

Nach **Abs. 1 S. 1** hat der Angeklagte, der wegen des die Nebenklage betreffenden 2
Delikts verurteilt wird, grundsätzlich die notwendigen Nebenklageauslagen zu tragen. Nach dem zum 1.1.2017 in Kraft getretenen **Abs. 1 S. 2** kommen die Kosten für einen psychosozialen Prozessbegleiter hinzu. Ausnahmen von den Regelungen des Abs. 1 S. 1 und 2 sind nach Abs. 1 S. 3 möglich. **Abs. 2** eröffnet dem Gericht bei der Verteilung der Nebenklageauslagen im Fall einer – nicht zwingenden – Einstellung des Verfahrens Ermessen. **Abs. 3 S. 1** stellt den nebenklageberechtigten Verletzten dem Nebenkläger gleich und ergänzt § 406g. Nach **Abs. 3 S. 2** gilt diese Gleichstellung auch für den Privatkläger, falls die StA die Verfolgung iSd § 377 Abs. 2 übernommen hat; damit sollen kostenrechtliche Nachteile des Privatklägers infolge einer solchen Übernahme vermieden werden. **Abs. 4** normiert die gesamtschuldnerische Haftung mehrerer für die Nebenklageauslagen haftender Angeklagter.

Die Regelungen des § 472 erfassen nicht alle Konstellationen. Bei der **Ausfüllung von** 3
Lücken und der Frage der analogen Anwendung einzelner Bestimmungen kommt es neben – am Einzelfall zu orientierenden – Billigkeitserwägungen auch auf die Absicht des Gesetzgebers an, die Stellung des Nebenklägers und Verletzten im Strafverfahren durch die fortschreitende Opferschutzgesetzgebung (→ Vor § 48 Rn. 57 ff.)[1] und die Erweiterung der Nebenklagemöglichkeiten wesentlich zu verbessern. Allerdings beseitigt der Umstand, dass eine gerichtliche Beistandsbestellung nach § 397a besteht und diese sich auch auf das Revisionsverfahren erstreckt, das Risiko des Nebenklägers, im Fall eines erfolglosen Rechtsmittels die Gerichtskosten nach § 473 Abs. 1 tragen zu müssen, nicht.[2]

II. Anwendungsbereiche

1. Nebenklageauslagen. Die Regelungen des § 472 erfassen nur die **notwendigen** 4
Auslagen des Neben- bzw. Privatklägers; die notwendigen Auslagen des Angeklagten treffen, auch wenn dieser freigesprochen wurde, den Nebenkläger nicht, soweit das Gericht ihn nicht nach Sonderbestimmungen (§§ 469, 470, 472a) haften lässt.[3] Zu den notwendigen Nebenklageauslagen zählen die Gebühren und Auslagen des anwaltlichen Nebenklagevertreters sowie – nach Abs. 1 S. 2 – die Kosten für den Einsatz eines psychosozialen Prozessbe-

---

[1] Weigend NJW 1987, 1170 (1171).
[2] BGH 30.1.2020 – 4 StR 291/19, BeckRS 2020, 888.
[3] Hilger in Löwe/Rosenberg Rn. 4.

gleiters und für ein ggf. vorausgegangenes Klageerzwingungsverfahren.[4] Zum Umfang der Erstattungspflicht → Rn. 28 ff.

5 § 472 ist auf die **erste Instanz** zugeschnitten; die Haftung für notwendige Nebenklageauslagen bei unbeschränkten Rechtsmitteln des Angeklagten, der StA und des Nebenklägers bestimmt sich nach § 473 (→ § 473 Rn. 93 ff., 127 ff.). Fehlt es für die Rechtsmittelinstanz an einer Regelung, wer die Kosten und notwendigen Auslagen des Nebenklägers trägt, ist diese Lücke durch entsprechende Anwendung des Abs. 1 zu schließen.[5]

6 Bestellt ein Gericht dem zum Anschluss als Nebenkläger Berechtigten einen Rechtsanwalt als Beistand gemäß § 406g iVm § 397a Abs. 1, so gilt dies für das gesamte weitere Verfahren. Demnach hat der verurteilte Angeklagte nach Abs. 1 S. 1 iVm § 473 Abs. 1 auch die notwendigen Auslagen der zum Anschluss als Nebenkläger Berechtigten zu tragen, die für die **Heranziehung des Verletztenbeistands im Revisionsverfahren** entstanden sind.[6]

7 **2. Jugendstrafverfahren.** § 472 ist auch im Jugendstrafverfahren anwendbar.[7] Gegen den Heranwachsenden kann uneingeschränkt, gegen den Jugendlichen unter den Voraussetzungen des § 80 Abs. 3 JGG Nebenklage erhoben werden (§ 109 Abs. 1 JGG). Bei Jugendlichen kommt jedoch nach § 74 JGG, bei Heranwachsenden nach § 109 Abs. 2 JGG iVm § 74 JGG ein von § 472 abweichender Kostenausspruch in Betracht. Es handelt sich um eine zukunftsorientierte **Ermessensentscheidung,** die lediglich auf Ermessensfehler überprüfbar ist; fiskalische Gesichtspunkte sind auszublenden.[8]

8 Das Gericht kann also die dem Nebenkläger entstandenen notwendigen Auslagen in seine Kostenentscheidung nach **§ 74 JGG** mit aufnehmen. Nebenklageauslagen können dem verurteilten jugendlichen oder heranwachsenden Angeklagten dann auferlegt werden, wenn dies aus **erzieherischen Gründen** angebracht erscheint; ferner sollte der Angeklagte zumindest über einen Teil der erforderlichen Geldmittel verfügen. Die Belastung des verurteilten Jugendlichen sowie des nach Jugendrecht verurteilten Heranwachsenden mit notwendigen Auslagen des Nebenklägers aus erzieherischen Gründen kommt auch in Frage, um dem Verurteilten die Opferposition des Nebenklägers zu verdeutlichen und eine Abschwächung der Verurteilung durch eine Kostenfreistellung zu vermeiden. Liegt keine massive Gewalttat vor, bedarf eine solche Kosten- und Auslagenentscheidung einer **Begründung.**[9]

9 Entscheidend sind also die **Einzelfallumstände** und die Einkommens- und **Finanzsituation** des verurteilten Angeklagten. Demgegenüber erscheint es nicht überzeugend, allgemein davon auszugehen, eine auferlegte Auslagenerstattung habe erzieherisch abträgliche Wirkung und komme der Verhängung einer Geldstrafe gleich.[10] Nur dort, wo dem Verletzten **Prozesskostenhilfe** bewilligt wurde, mag es regelmäßig angezeigt sein, von einer Überbürdung der Nebenklägerauslagen auf den Angeklagten abzusehen.

10 Die Frage, ob die **Staatskasse** ausnahmsweise dann für die notwendigen Auslagen des Nebenklägers haften muss, wenn das Gericht nach § 74 JGG davon absieht, diese dem Angeklagten aufzuerlegen, wird in der Rspr. nicht einheitlich beantwortet. Teilweise wird die Erstattungspflicht der Staatskasse verneint.[11] Dem ist zuzustimmen. Es leuchtet nicht

---

[4] Daimagüler Der Verletzte im Strafverfahren Rn. 341 mwN.
[5] KG 22.12.2014 – 4 Ws 120/14, JurBüro 2015, 534: Der Angeklagte, der mit seinem nachträglich beschränkten Rechtsmittel vollen Erfolg hat, hat entspr. Abs. 1 S. 1 grundsätzlich die Nebenklageauslagen zu tragen; erscheint dies unbillig, kann hiervon ganz oder teilweise abgesehen werden (Abs. 1 S. 2); ebenso OLG Köln 22.8.2008 – 2 Ws 406/08, NStZ-RR 2009, 126.
[6] BGH 8.10.2008 – 1 Str. 497/08, NStZ 2009, 287.
[7] Vgl. BGH 14.1.2010 – 5 StR 435/09, BeckRS 2010, 3527 Rn. 27; 20.12.2012 – 3 StR 117/12, BeckRS 2013, 02880 Rn. 51 ff.; OLG Düsseldorf 14.2.2011 – III-4 Ws 59/11, NStZ-RR 2011, 293.
[8] OLG Jena 29.1.1998 – 1 Ws 8/98, NStZ-RR 1998, 153.
[9] BGH 20.12.2012 – 3 StR 117/12, BeckRS 2013, 02880 Rn. 51 ff. Auch → Rn. 9.
[10] So Schaal/Eisenberg NStZ 1988, 49 (53).
[11] OLG Hamm 9.11.1962 – 1 Ss 1362/62, NJW 1963, 1168; aA LG Darmstadt 23.3.1972 – 2 Qs 247/72, NJW 1972, 1209 (1211).

ein, weshalb durch § 74 JGG eine Kostenerstattungspflicht der Staatskasse begründet werden sollte. Nach § 2 JGG gelten §§ 464 ff., die gerade **keine Belastung der Staatskasse mit Nebenklageauslagen** vorsehen. Ferner überzeugt die Argumentation mit § 471 aF heute nicht mehr, da heute selbst der verurteilte Angeklagte nicht zwingend alle oder einen Teil der Nebenklageauslagen trägt (Abs. 1 S. 3). Gegen eine Erstattungspflicht der Staatskasse ist auch anzuführen, dass dem Nebenkläger angesichts des § 74 JGG und der bei Anwendung dieser Vorschrift schwer vorhersehbaren Kosten- und Auslagenentscheidung klar sein muss, dass ihn – nicht nur im Falle des Freispruchs des Angeklagten – ein **Kostenrisiko** trifft, sowie zudem, dass er sein Kostenrisiko reduzieren kann, wenn er rechtzeitig Beiordnungsanträge nach §§ 397a, 406g stellt.

3. Privatklage, Strafbefehls- und Bußgeldverfahren. Für die Privatklage gilt § 471, 11 im Falle einer Verfolgungsübernahme durch die StA Abs. 3 S. 2. § 472 ist auch im Strafbefehlsverfahren anwendbar, jedoch sind Besonderheiten zu beachten (→ Rn. 15, 27). Im Bußgeldverfahren ist § 472 unanwendbar, da die Vorschriften über die Beteiligung des Verletzten nicht anzuwenden sind (§ 46 Abs. 3 S. 4 OWiG).

III. Auslagenentscheidung beim verurteilten Angeklagten (Abs. 1)

1. Grundsatz und Ermessensausnahme. Verurteilt das Gericht (zum Verurteilungs- 12 begriff → Rn. 15, 16) den Angeklagten wegen eines die Nebenklage betreffenden Delikts (dazu → Rn. 17 ff.), muss es ihm grundsätzlich nach Abs. 1 S. 1 die notwendigen Auslagen des Nebenklägers auferlegen. Davon kann es – ausnahmsweise aus Billigkeitsgründen – nach Abs. 1 S. 3 absehen.

2. Voraussetzungen des Abs. 1. a) Wirksame Anschlusserklärung. Die Kosten- 13 tragungspflicht des Abs. 1 setzt zwar nicht voraus, dass das Gericht einen Zulassungsbeschluss iSv § 396 Abs. 2 gefasst hat, wohl aber eine wirksame Anschlusserklärung des Nebenklägers.[12] Soweit in der Lit.[13] auch eine Zulassung der Nebenklage gem. § 396 Abs. 2 gefordert wird, wird nicht berücksichtigt, dass die Nebenklägerstellung bereits durch die Anschlusserklärung begründet wird und dem Zulassungsbeschluss, der sogar noch nach dem Verfahrensabschluss erlassen werden kann, keine konstitutive, sondern nur deklaratorische Wirkung zukommt.

Ohne wirksame Anschlusserklärung besteht kein Auslagenerstattungsanspruch des 14 Nebenklägers.[14] Deshalb führt der **Widerruf der Anschlusserklärung** (§ 402) grundsätzlich zum Verlust des Erstattungsanspruchs.[15] Anders liegt es aber dann, wenn der Widerruf ausnahmsweise nicht als **Verzicht** auf den bis dahin entstandenen Erstattungsanspruch auszulegen ist, so etwa, wenn der Nebenkläger den Widerruf als Reaktion auf die Beschränkung des Rechtsmittels durch den Angeklagten erklärt und mit dem Antrag verbindet, ihm entstandene Auslagen dem Angeklagten aufzuerlegen.[16]

b) Verurteilung. Abs. 1 setzt die Verurteilung oder eine teilweise Verurteilung des 15 Angeklagten voraus. Darunter fällt nicht nur der **Urteilsspruch** am Ende der Hauptverhandlung, sondern im **Strafbefehlsverfahren** auch die Einspruchsrücknahme nach der Bestimmung eines Hauptverhandlungstermins (§ 411 Abs. 3) sowie die Verwerfung des Einspruchs wegen unentschuldigten Nichterscheinens des Angeklagten (§ 412).[17] Dies gilt ebenso für Abs. 3. **Abs. 2 S. 2** stellt den Angeklagten im Falle der Einstellung des Verfahrens nach § 153a Abs. 2 einem Verurteilten gleich.

---

[12] BGH 3.5.2011 – 5 StR 141/11, BeckRS 2011, 11237; LG Koblenz 24.6.2009 – 3 Qs 36/09, NStZ-RR 2011, 39.
[13] Steinberger-Fraunhofer in Satzger/Schluckebier/Widmaier StPO Rn. 2; Weiner in Graf Rn. 2; Hilger in Löwe/Rosenberg Rn. 13.
[14] OLG Koblenz 7.5.2014 – 2 Ws 228/14, NStZ-RR 2014, 391 mwN; Degener in SK-StPO Rn. 8.
[15] Steinberger-Fraunhofer in Satzger/Schluckebier/Widmaier StPO Rn. 3; Degener in SK-StPO Rn. 8.
[16] OLG Nürnberg 9.1.1959 – Ws 563/58, NJW 1959, 1052.
[17] Degener in SK-StPO Rn. 4.

16 Das von der Regelung des Abs. 1 intendierte Ergebnis gilt auch dann, wenn das Gericht neben dem Freispruch des Angeklagten gegen ihn eine **Maßregel nach §§ 63, 64 oder 69 StGB** anordnet, die auf einer den Nebenkläger betreffenden Tat basiert. Dies hat die Rspr. schon früh anerkannt.[18] Zwar erfasst Abs. 1 nach seinem Wortlaut – wie auch der Vergleich mit § 465 Abs. 1 zeigt – die Maßregelanordnung nicht. Da eine Regelungslücke besteht, erweist sich jedoch entweder die entsprechende Anwendung des Abs. 1 oder die analoge Heranziehung des § 465 Abs. 1[19] als geboten; in beiden Fällen ergibt sich dasselbe und dem Ziel des Gesetzgebers entsprechende Ergebnis, der mit den **Opferschutz- und Nebenklagebestimmungen** die Möglichkeiten für den Verletzten, sich der öffentlichen Klage anzuschließen, ausbauen und dem Genugtuungs- und Restitutionsinteresse des Geschädigten möglichst weitgehend Rechnung tragen wollte. Danach liefe es der gesetzgeberischen Intention zuwider, wenn der Nebenkläger trotz der gegen ihn gerichteten Anlasstat und der deshalb angeordneten Maßregel seine notwendigen Auslagen selbst zu tragen hätte. Zudem bieten die Motive keinen Anhalt dafür, dass der Gesetzgeber die Kostenposition des Nebenklägers hätte verschlechtern bzw. eine Fortsetzung der Rspr. zur Erstattungspflicht des Angeklagten hätte verhindern wollen.[20]

17 c) **Nebenklagetat. aa) Schuldspruch.** Ob der Schuldspruch ein Nebenklagedelikt enthält, ist nicht entscheidend. Wie der weite, für einen **breiten Anwendungsbereich** sprechende Wortlaut des Abs. 1 S. 1 („Tat, die den Nebenkläger betrifft") und der dort – im Gegensatz zu § 400 Abs. 2 – fehlende Verweis auf die Anschlussberechtigung bzw. auf einen Deliktskatalog verdeutlichen, ist es weder erforderlich, dass der Angeklagte wegen eines Nebenklagedelikts verurteilt wird noch dass der Schuldspruch eine Tat aus dem Katalog des § 395 Abs. 1 enthält. Deshalb kommt es auch nicht darauf an, ob das Nebenklagekatalogdelikt aus Konkurrenzgründen oder aufgrund eines Versehens nicht im Tenor erscheint.[21]

18 **bb) Tatbegriff.** Die abgeurteilte Tat betrifft den Nebenkläger – unabhängig vom Schuldspruch wegen eines nebenklagefähigen Delikts – auch dann, wenn ihn der Sachverhalt der prozessualen Tat iSv § 264 zum Anschluss berechtigte und die Tat gegen den Nebenkläger als Träger eines strafrechtlich geschützten Rechtsguts gerichtet war.[22] Danach kommt es darauf an, ob die abgeurteilte Tathandlung einen oder mehrere Tatbestände erfüllt, die – zumindest auch – den **Schutz eines Individualrechtsguts** bezwecken bzw. die Norm jedenfalls auch ein dem Nebenkläger zustehendes Recht unmittelbar schützt. Dies wird bei allen Strafnormen, die zugleich Schutzgesetze iSv § 823 Abs. 2 BGB sind, anzunehmen sein. Auch **Gefährdungsdelikte** kommen in Frage, wenn sie unmittelbar ein individuelles Interesse schützen.[23] Ohne Bedeutung ist, ob dem Nebenkläger ein Rechtsanwalt nach § 397a bestellt wurde.[24]

19 Auf die Fälle des § 395 Abs. 2 Nr. 1 übertragen bedeutet dies, dass der Angeklagte die notwendigen Nebenklageauslagen – im Grundsatz (Abs. 1 S. 1) – auch dann zu tragen hat, wenn das Gericht eine Straftat feststellt, die gegen den Getöteten als Träger eines strafrecht-

---

[18] BayObLG 4.5.1954 – RevReg. 2 St 877/52, NJW 1954, 1090.
[19] So im Ergebnis OLG Hamm 19.1.1988 – 5 Ws 343-344/87, NStZ 1988, 379; Schmitt in Meyer-Goßner/Schmitt Rn. 5; Benthin in Radtke/Hohmann Rn. 2; Hilger in Löwe/Rosenberg Rn. 10; Degener in SK-StPO Rn. 7; Stöckel in KMR-StPO Rn. 6.
[20] Dazu OLG Hamm 19.1.1988 – 5 Ws 343-344/87, NStZ 1988, 379.
[21] BGH 16.2.2022 – 2 StR 361/21, NStZ-RR 2023, 128; Degener in SK-StPO Rn. 12.
[22] AllgM, zB BGH 22.12.2005 – 4 StR 347/05, NStZ-RR 2006, 127 zu § 315b Abs. 1 Nr. 3 StGB; BGH 22.1.2002 – 4 StR 392/01, NJW 2002, 1356 zu § 323c StGB; BGH 24.10.1991 – 1 StR 381/91, NJW 1992, 1182 mwN zu § 180a StGB; OLG Koblenz 7.5.2014 – 2 Ws 228/14, NStZ-RR 2014, 391 mwN zur Verurteilung wegen § 142 StGB, nachdem die tateinheitlich zum Nachteil des Nebenklägers begangene fahrlässige Körperverletzung nach § 154 Abs. 2 eingestellt wurde; Joecks/Jäger StPO Rn. 3; Steinberger-Fraunhofer in Satzger/Schluckebier/Widmaier StPO Rn. 3.
[23] BGH 22.12.2005 – 4 StR 347/05, NStZ-RR 2006, 127 zu § 315b Abs. 1 Nr. 3 StGB.
[24] OLG Celle 23.1.2015 – 2 Ws 1/15, BeckRS 2015, 07594.

lich geschützten Rechtsguts gerichtet war, auch wenn wegen dieser Tat keine Nebenklage hätte erhoben werden können.[25]

d) Abweichungen vom Anklagevorwurf, Einzelfälle. Abs. 1 ist auch dann 20 anwendbar, wenn es nur zu einer Verurteilung nach **§ 323a StGB** kommt, sofern die Rauschtat ein Nebenklagedelikt ist; angesichts des vom Gesetzgeber verfolgten Ziel des Opferschutzes und des Abhebens von § 395 auf eine rechtswidrige Tat kommt es nicht darauf an, dass diese Norm § 323a StGB nicht aufführt.[26]

Weiter genügt es für die Anwendbarkeit des Abs. 1, wenn anstelle eines angeklagten 21 Erfolgsdelikts nur eine Verurteilung nach **§ 323c StGB** wegen dem Nebenkläger nicht geleisteter Hilfe ergeht[27] oder wenn eine Verurteilung nach **§ 142 StGB** erfolgt.[28] Dass dies die Rspr. teilweise verneint hat,[29] überzeugt angesichts der Funktion dieser Vorschrift, das private Interesse an der Unfallaufklärung und der Sicherung von Schadensersatzansprüchen zu schützen, nicht.

Dem weiten Anwendungsbereich und der gesetzgeberischen Intention Rechnung tra- 22 gend, wurde die Anwendbarkeit des Abs. 1 zurecht und schon vor der Erweiterung des Katalogs der in § 395 Abs. 1 und 3 auch bejaht, wenn der Angeklagte allein wegen einer Tat nach **§§ 180a, 235, 239, 249, 250, 316a StGB**[30] verurteilt wird.

Auch eine Verurteilung des Angeklagten nur wegen einer **Ordnungswidrigkeit** kann 23 ausreichen. Notwendig ist, dass sich die Tat gegen Individualrechte des Nebenklägers gerichtet hat und der Norm unmittelbarer Schutzcharakter gegenüber dem Nebenkläger zukommt.[31] Auch hier bietet sich eine Orientierung daran an, ob die Vorschrift als **Schutzgesetz** iSv § 823 Abs. 2 BGB einzuordnen ist.

Soweit in diesen Fällen die Anwendbarkeit des Abs. 1 verneint wird,[32] überzeugt dies 24 aus den im Zusammenhang mit der Erfassung einer Maßregelanordnung angeführten Gründen (→ Rn. 16) nicht und führte im Ergebnis zu einer zu starken Beschneidung der Position des Verletzten, dessen Stellung der Gesetzgeber gerade stärken wollte und die er durch die **Erweiterung der Katalogtaten des § 395** weiter ausgebaut hat. Zudem war dem Gesetzgeber die Rspr., nach der es keines Schuldspruchs wegen eines nebenklagefähigen Delikts bedarf, bekannt; dass er mit der Neufassung des § 472 die kostenrechtliche Stellung des Nebenklägers verschlechtern wollte, ist nicht anzunehmen.[33]

e) Unanwendbarkeit des Abs. 1. Abs. 1 ist nicht anwendbar, wenn Gegenstand der 25 Verurteilung allein eine nur das **öffentliche Interesse**, besonders das allgemeine Verkehrssicherheitsinteresse schützende Straftat ist. So genügt die für Individualrechte nur mittelbare Schutzwirkung des **§ 316 StGB** nicht.[34] Am notwendigen Schutzcharakter fehlt es auch bei im Interesse der allgemeinen Verkehrssicherheit erlassenen Straf- und Bußgeldvorschriften.[35]

3. Rechtsfolgen des Abs. 1. a) Ausdrückliche Entscheidung. Das Gericht muss 26 im Urteilstenor eine ausdrückliche Entscheidung über die notwendigen Auslagen des Nebenklägers bzw. eine Auslagenverteilung nach Abs. 1 treffen. Ist dies unterblieben, trägt

---

[25] BGH 26.4.1960 – 1 StR 105/60, NJW 1960, 1311 (1312).
[26] BGH 5.2.1998 – 4 StR 10/98, NStZ-RR 1998, 305.
[27] BGH 22.1.2002 – 4 StR 392/01, NJW 2002, 1356 = NStZ 2002, 385.
[28] OLG Düsseldorf 6.7.1981 – 2 Ws 370/81, MDR 1981, 958 zu einer Verurteilung wegen § 142 StGB bei gleichzeitigem Freispruch vom Vorwurf der fahrlässigen Körperverletzung; OLG Koblenz 7.5.2014 – 2 Ws 228/14, NStZ-RR 2014, 391.
[29] So BGH 5.8.1959 – 4 StR 189/59, VRS 17 (1959), 424.
[30] Zu § 235 BGH 19.2.1997 – 5 StR 643/96, bei Kusch NStZ 1998, 28; zu §§ 239, 249, 250, 316a BGH 22.2.21996 – 1 StR 721/95, bei Kusch NStZ 1997, 74.
[31] BGH 15.1.1958 – 4 StR 627/57, NJW 1958, 511; BayObLG 23.4.1968 – Rreg. 2b St 125/68, NJW 1968, 1732.
[32] Degener in SK-StPO Rn. 13; restriktiv auch Hilger in Löwe/Rosenberg Rn. 12.
[33] Hierzu BGH 24.10.1991 – 1 StR 381/91, NJW 1992, 1182 mit weiteren überzeugenden Argumenten.
[34] BGH 15.1.1958 – 4 StR 627/57, NJW 1958, 511; BayObLG 23.4.1968 – Rreg. 2b St 125/68, NJW 1968, 1732.
[35] BGH 15.1.1958 – 4 StR 627/57, NJW 1958, 511.

der Nebenkläger seine Auslagen selbst. Das Gericht darf seine Entscheidung nicht nachträglich ergänzen; die Korrektur ist nur im Wege der sofortigen Kostenbeschwerde nach § 464 Abs. 3 möglich.[36]

27 Im **Strafbefehlsverfahren** gelten die Ausführungen → Rn. 12 ff. ebenso. Sind möglicherweise vor Erlass eines Strafbefehls Auslagen gem. § 406 entstanden, ist im Strafbefehl eine vorsorgliche Entscheidung nach Abs. 1 zu treffen.[37] Eine ausdrückliche gerichtliche Entscheidung nach Abs. 1 S. 1, ggf. nach Abs. 1 S. 3 ist, ggf. auch noch nachträglich, auch dann zu treffen, wenn der Einspruch vor Durchführung der Hauptverhandlung zurückgenommen[38] oder er gem. § 412 verworfen wird.[39] Denn ein Kostenausspruch, wonach den Angeklagten die Verfahrenskosten treffen, stellt keine Entscheidung iSv Abs. 1 dar. Entscheidet das Gericht im Fall des § 411 Abs. 1 S. 3 durch Beschluss, bedarf es dazu keiner Zustimmung des Nebenklägers; da der Beschluss nach § 411 Abs. 1 S. 3 ohne Kostenentscheidung ergeht, gilt die Kostenentscheidung im Strafbefehl fort. Erfolgte die Einspruchsbeschränkung nach der Terminsbestimmung, ist eine zusätzliche Auslagenentscheidung erforderlich.[40] Schließlich ist über die Nebenklageauslagen zu entscheiden, wenn der Nebenkläger schon vor Erlass des Strafbefehls Befugnisse nach § 406h ausgeübt hat oder Hinweise hierfür bestehen sowie dann, wenn das Verfahren nach § 408a in das Strafbefehlsverfahren übergeht.[41] Lag die Anschlusserklärung des Nebenklägers schon im Vorverfahren vor, darf die StA in ihrem **Strafbefehlsantrag** keinen Ausspruch über notwendige Nebenklägerauslagen aufnehmen, da die **Anschlusserklärung ohne Terminsbestimmung gegenstandslos** (vgl. § 396 Abs. 1 S. 3) wird, sodass das Verfahren ohne Nebenklägerbeteiligung abgeschlossen wird und der Nebenkläger seine Auslagen selbst tragen muss. Anderes gilt nur für die dem Nebenklageberechtigten nach § 472 Abs. 3 S. 1, § 406h entstandenen Auslagen, die unabhängig von einem Anschluss als Nebenkläger oder einem Einspruch zu erstatten und damit in den Strafbefehlsantrag aufzunehmen sind.[42]

28 **b) Erstattung notwendiger Auslagen. aa) Allgemeines.** Hat der Verurteilte dem Nebenkläger notwendige Auslagen zu erstatten, zählen zu diesen nicht nur nach der Anschlusserklärung entstandene Auslagen, besonders die Kosten der Terminswahrnehmung, sondern auch Aufwendungen, die im **Vorverfahren** verursacht wurden.[43]

29 Der **Umfang** der erstattungsfähigen Auslagen ergibt sich aus § 464a. Im Festsetzungsverfahren (§ 464b) darf der Rechtspfleger weder Einwendungen gegen den Grund des Erstattungsanspruchs berücksichtigen noch die Berechtigung der Zulassung als Nebenkläger nachprüfen.[44]

30 Nimmt der Nebenklägervertreter in einem Verfahren, in dem **mehrere selbstständige prozessuale Taten** verhandelt werden, die nicht alle zum Anschluss als Nebenkläger berechtigen, an sämtlichen Hauptverhandlungstagen teil, so sind entstandene Terminsgebühren auch hinsichtlich derjenigen Verhandlungstage, an denen das **Nebenklagedelikt nicht Verhandlungsgegenstand** war, als notwendige Auslagen erstattungsfähig, wenn die Taten einen inneren Zusammenhang aufweisen, der es nicht ausgeschlossen erscheinen lässt, dass Nebenklägerinteressen auch in den ihn nicht unmittelbar betreffenden Verhandlungsabschnitten tangiert werden.[45]

---

[36] AllgM, zB OLG Karlsruhe 17.12.1996 – 2 Ws 214/96, NStZ-RR 1997, 157; Degener in SK-StPO Rn. 18; Steinberger-Fraunhofer in Satzger/Schluckebier/Widmaier StPO Rn. 1.
[37] Stöckel in KMR-StPO Rn. 11.
[38] LG Gießen 25.9.2013 – 7 Qs 149/13, NStZ-RR 2013, 391; LG Rottweil 4.3.1988 – Qs 16/88, NStE Nr. 2 zu § 472 StPO.
[39] Schmitt in Meyer-Goßner/Schmitt Rn. 10a; Metz JR 2019, 71.
[40] Metz JR 2019, 71.
[41] Hilger in Löwe/Rosenberg Rn. 14.
[42] Metz JR 2019, 69 f.
[43] OLG Stuttgart 25.4.1978 – 4 Ws 99/78, MDR 1978, 866; Degener in SK-StPO Rn. 14; Stöckel in KMR-StPO Rn. 8; Steinberger-Fraunhofer in Satzger/Schluckebier/Widmaier StPO Rn. 4.
[44] Hilger in Löwe/Rosenberg Rn. 26.
[45] OLG Düsseldorf 23.4.2012 – III-2 Ws 67/12, BeckRS 2012, 09692 = JurBüro 2012, 358.

Auch Auslagen, die in einer **erneuten Hauptverhandlung** anfallen, nachdem das 31
Urteil auf Revision des Angeklagten im Strafausspruch aufgehoben wurde, sind im Grundsatz erstattungsfähig; dies gilt aber nur dann, wenn auch nach bzw. trotz der Revisionsentscheidung ein berechtigtes Interesse des Nebenklägers an der weiteren Teilnahme am Verfahren fortbesteht.[46] Ein solches Interesse kann etwa bejaht werden, wenn es nachvollziehbar erscheint, dass der Nebenkläger in der neuen Hauptverhandlung durch seine Anträge Einfluss auf das Strafmaß oder den ihn betreffenden Teil der Kostenentscheidung nehmen will und diese Interessen am wirksamsten durch Teilnahme an der erneuten Tatsacheninstanz vertreten kann. Bleibt ein zuungunsten des freigesprochenen Angeklagten eingelegtes **Rechtsmittel der StA erfolglos,** muss der Nebenkläger seine Auslagen selbst tragen.[47] Zur Entscheidung im Rechtsmittelverfahren auch → Rn. 41 ff. und → § 473 Rn. 99 ff.

bb) Nebenklage gegen Mitangeklagten. Hat ein Angeklagter Nebenklage gegen 32
einen Mitangeklagten erhoben, hat der verurteilte Mitangeklagte dem angeklagten Nebenkläger nach Abs. 1 S. 1 nur den Betrag zu erstatten, der über die Verteidigungskosten hinaus durch die Nebenklage entstanden ist;[48] in Frage kommt auch eine Billigkeitsentscheidung nach Abs. 1 S. 3.[49] Andere Auffassungen, die über Abs. 1 S. 1 auf die hypothetisch bei Nebenklagevertretung durch einen Rechtsanwalt anfallenden Auslagen[50] oder auf das Verhältnis der Gebühren bei Beauftragung je eines Anwalts für die Verteidigung und die Nebenklage abstellen,[51] überzeugen nicht. Sie orientieren sich nicht an den tatsächlich entstandenen Auslagen und führen zudem zu einer vermeidbaren Vermengung oder Überschneidung der Nebenklageauslagen mit Verteidigerkosten.

c) Auslagen für Prozessbegleiter. Für den psychosozialen Prozessbegleiter (§ 406g) 33
des Nebenklägers entstandene notwendige Auslagen können dem Angeklagten nach Abs. 1 S. 2, in Kraft seit 1.1.2017, auferlegt werden. Die Erstattung ist aber nach S. 2 **begrenzt,** damit der Angeklagte nicht dadurch schlechter gestellt wird, dass beim Verletzten zwar die Voraussetzungen für die Nebenklagezulassung, nicht aber diejenigen für die Beiordnung eines psychosozialen Prozessbegleiters vorliegen.[52] Mit Blick auf den Gesetzeszweck des Abs. 3 S. 1 wird man die Erstattungspflicht der Kosten für den psychosozialen Prozessbegleiter auch dann bejahen müssen, wenn sich der Nebenklagebefugte dem Verfahren nicht als Nebenkläger angeschlossen hat.[53]

d) Billigkeitsentscheidung (Abs. 1 S. 3). Als Ausnahme vom Grundsatz des Abs. 1 34
S. 1 kann das Gericht – ganz oder teilweise – davon absehen, dem Angeklagten die Nebenklageauslagen sowie Auslagen für den psychosozialen Prozessbegleiter aufzuerlegen; dann trägt diese der Nebenkläger selbst. Abs. 1 S. 3 lässt auch eine Teilung der Haftung für die Nebenklageauslagen zu.

aa) Einzelfallumstände. Die Entscheidung nach Abs. 1 S. 3 verlangt eine umfassende 35
Abwägung der Umstände und Besonderheiten des Einzelfalls.[54] Berücksichtigungsfähig sind nicht nur **Umstände des Tatsachverhalts** wie zB Mitverschuldensanteile oder Provokationen des Verletzten, sondern auch das **Verhalten des Beschuldigten und des Verletzten** im Ermittlungs- und Hauptverfahren. Da der Nebenkläger nicht zur Objektivität ver-

---

[46] OLG Brandenburg 6.4.1998 – 2 Ws 73/98, NStZ-RR 1998, 255.
[47] BGH 29.9.2004 – 2 StR 178/04, BeckRS 2004, 10089; 20.9.2011 – 1 StR 71/11, BeckRS 2011, 23758 Rn. 24.
[48] BayObLG VRS 18, 298 (300); LG Bonn 26.3.1971 – 13 Qs 37/71, MDR 1971, 776; ebenso Hilger in Löwe/Rosenberg Rn. 16.
[49] Stöckel in KMR-StPO Rn. 8.
[50] LG Köln 7.11.1980 – 34 Qs 205/80, JurBüro 1981, 731 mablAnm Mümmler.
[51] LG Arnsberg 20.11.1984 – 3 Qs 244/84, JurBüro 1985, 1511.
[52] Schmitt in Meyer-Goßner/Schmitt Rn. 8a unter Hinweis auf BT-Drs. 18/4621, 37.
[53] Daimagüler Der Verletzte im Strafverfahren Rn. 345.
[54] BGH 24.10.1991 – 1 StR 381/91, NJW 1992, 1182; 15.12.1998 – 4 StR 629/98, NStZ 1999, 261 mwN.

pflichtet ist, rechtfertigt allein der Umstand, dass er sein persönliches Genugtuungsinteresse nachdrücklich verfolgt, kein Abweichen von Abs. 1 S. 1.

36 **bb) Beispielsfälle.** Eine Kostenquotelung **kann** etwa angezeigt sein, wenn der Schuldspruch oder das Strafmaß des Urteils erheblich vom Antrag des Nebenklägers nach unten abweichen, so etwa, wenn der Angeklagte nur wegen Beleidigung verurteilt wird, weil die tateinheitlich angeklagte Körperverletzung wegen Notwehr gegen den Angriff des Nebenklägers entfällt,[55] wenn der Nebenkläger nicht die erstrebte Verurteilung aller Mitangeklagter erreicht[56] oder wenn den Nebenkläger ein erhebliches **Mitverschulden** trifft.[57]

37 Eine Billigkeitsentscheidung iSv Abs. 1 S. 3 **kann** sich auch dann als angemessen erweisen, wenn der Angeklagte – etwa aufgrund eines frühen Geständnisses, bereits geleisteter umfassender Schadenswiedergutmachung und/oder erbrachter Schmerzensgeld- oder sonstiger Zahlungen an das Opfer – dem Verletzten **keinen Anlass** zum Anschluss als Nebenkläger gegeben hat. Zwar ist zutreffend darauf hingewiesen worden, dass die Kostenentscheidung nicht auf die Neubewertung der Zulassungsvoraussetzungen hinauslaufen dürfe.[58] Die Frage, ob der Angeklagte Anlass für einen Nebenklageanschluss gegeben hat, sollte dennoch bei der Kostenentscheidung nicht ausgeblendet werden. Denn Abs. 1 S. 3 zeigt gerade, dass den Angeklagten trotz zugelassener Nebenklage die Nebenklägerauslagen nicht stets und nicht automatisch treffen sollen.

38 Die volle Überbürdung der Nebenklageauslagen auf den Angeklagten kann auch dort **unbillig** erscheinen, wo der Nebenkläger durch sein Prozessverhalten **vermeidbare Auslagen** verursacht hat,[59] etwa Beweisanträge gestellt hat, die das **Verfahren verzögert** haben und/oder keine Bezug zum Schutzzweck der Nebenklage erkennen lassen.[60] Die Entlastung des Angeklagten kommt weiter dann in Frage, wenn der Nebenkläger **falsche Angaben** zu dem für die Zulassung der Nebenklage maßgeblichen Delikt gemacht hat und diese Falschangaben für die Zulassung der Nebenklage ursächlich waren[61] oder wenn er unzutreffende Tatsachen vorgetragen hat, die im weiteren Verfahrensverlauf widerlegt werden.[62]

39 Allein ein **Teilfreispruch** des Angeklagten rechtfertigt noch nicht die Anwendung des Abs. 1 S. 3;[63] es wird auf dessen Umfang sowie darauf abzustellen sein, ob und ggf. wie viele der angeklagten Nebenklagetaten der Teilfreispruch erfasst. In die Entscheidung darf auch einfließen, dass gegen den Angeklagten – entgegen dem Antrag des Nebenklägers – keine Strafe, sondern eine Maßregel verhängt wurde.[64]

40 Das Gericht darf auch die **finanzielle Lage** der Beteiligten mitberücksichtigen. Regelmäßig von einer Billigkeitsentscheidung allein deshalb abzusehen, weil der Angeklagte **rechtsschutzversichert** ist,[65] überzeugt hingegen wenig, da sich die Auslagenentscheidung damit im Ergebnis nicht mehr an dem im Einzelfall angemessenen Ergebnis, sondern an einer Zufälligkeit orientierte.

41 **e) Auslagen- und Billigkeitsentscheidung im Rechtsmittelverfahren.** Abs. 1 gilt für die im Rechtsmittelverfahren zu treffende Entscheidung über die notwendigen Nebenklageauslagen entsprechend. Auch in der Rechtsmittelinstanz kann das Gericht bei der Entscheidung über die notwendigen Auslagen dem **Verfahrensverlauf** und dem **Prozessverhalten** des Nebenklägers Rechnung tragen. Berücksichtigungsfähig ist etwa, dass der

---

[55] LG Nürnberg-Fürth 30.6.2014 – I Qs 39/14jug. bei Kotz NStZ-RR 2015, 193.
[56] Hilger in Löwe/Rosenberg Rn. 15.
[57] BGH 15.12.1998 – 4 StR 629/98, NStZ 1999, 261 mwN; BT-Drs. 10/5305, 21; Beulke DAR 1988, 109 (114).
[58] Beulke DAR 1988, 114 (119).
[59] Vgl. OLG München 7.8.2003 – 2 Ws 758/03, NJW 2003, 3072.
[60] KG 26.2.1999 – 4 Ws 257-258/98, NStZ-RR 1999, 223.
[61] Vgl. BGH 24.10.1991 – 1 StR 381/91, NJW 1992, 1182; 15.12.1998 – 4 StR 629/98, NStZ 1999, 261 mwN.
[62] Beulke DAR 1988, 114 (119).
[63] OLG Celle 23.1.2015 – 2 Ws 1/15, BeckRS 2015, 07594.
[64] BayObLG 4.5.1954 – RevReg. 2 St 877/52, NJW 1954, 1090.
[65] So Stöckel in KMR-StPO Rn. 13.

Nebenkläger weder selbst Rechtsmittel eingelegt noch vermeidbare Auslagen verursacht hat. Abs. 2 gilt auch für das Rechtsmittelgericht. Beruht der Rechtsmittelteilerfolg des Angeklagten nicht auf einem Freispruch, sondern auf einer Einstellung des fehlerfrei festgestellten Nebenklagedelikts nach § 154 Abs. 2, entspricht es regelmäßig der Billigkeit iSv Abs. 2 S. 1, dass der Angeklagte die dem Nebenkläger im Revisionsverfahren entstandenen notwendigen Auslagen trägt.[66]

Hat das **auf das Strafmaß beschränkte Rechtsmittel** des Angeklagten vollen Erfolg, beurteilt sich die Frage, wer die Nebenklageauslagen zu tragen hat, ebenfalls nach Abs. 1, sodass es maßgeblich darauf ankommt, ob – trotz der Rechtsmittelbeschränkung und ihres Zeitpunkts – ein billigenswertes Interesse des Nebenklägers an der weiteren Beteiligung am Verfahren besteht.[67] Auf diese Weise lässt sich ein im Einzelfall sachgerechtes Ergebnis erzielen und den mit dem OpferschutzG verfolgten gesetzgeberischen Anliegen Rechnung tragen. Näher → § 473 Rn. 158 ff. Bei **erfolglosem Rechtsmittel der StA** zuungunsten des Angeklagten hat der Nebenkläger ihm im Revisionsverfahren erwachsenen Auslagen selbst zu tragen.[68]

f) Keine Haftung der Staatskasse. Ohne besonderen Ausspruch zu den notwendigen Nebenklageauslagen trägt diese der Nebenkläger selbst; die Staatskasse haftet nicht. Das Gericht kann die Auslagen des Nebenklägers auch nicht der Staatskasse auferlegen. Dies gilt auch in den Fällen, in denen es nach § 74 JGG ganz oder zum Teil davon absieht, dem verurteilten Angeklagten Kosten und/oder Auslagen aufzuerlegen.[69] Damit trifft den Verletzten ein nahezu unkalkulierbares Kostenrisiko.[70] Dazu auch → Rn. 10.

IV. Auslagenentscheidung bei Freispruch und Verfahrenshindernissen

1. Freispruch. Hierzu enthält § 472 keine Regelung, sodass die allgemeinen Grundsätze heranzuziehen sind; danach gilt: Wird der Angeklagte freigesprochen, trägt der Nebenkläger seine notwendigen Auslagen selbst. Eine Haftung der Staatskasse scheidet aus. Dass einem nach § 397a Abs. 1 beigeordneten Nebenklagevertreter ein Gebührenanspruch (§ 53 RVG) gegen die Staatskasse zusteht und der Nebenkläger von dem Beistand nicht auf die Gebührenforderung in Anspruch genommen werden kann, ändert daran nichts.[71] Ebenso liegt es, wenn die StA den Freispruch des Angeklagten ohne Erfolg angefochten hat.[72]

Ein besonderer Ausspruch dahin, dass der Nebenkläger seine Auslagen zu tragen hat, ist nicht erforderlich.[73] Der Nebenkläger kann seine Auslagen auch nicht auf dem Zivilrechtsweg gegen den freigesprochenen Angeklagten geltend machen.[74] Zudem haftet auch der im Strafverfahren verurteilte Schädiger für die Nebenklagekosten nicht nach § 823 BGB.[75]

Nur in dem Ausnahmefall, in dem dem Nebenkläger Mehrauslagen infolge der **Säumnis des Angeklagten** entstanden sind, kommt nach der Rspr. eine Überbürdung dieser Mehrauslagen auf den Angeklagten in Frage.[76] Die Gegenauffassung[77] beruft sich darauf,

---

[66] BGH 11.9.2003 – 4 StR 252/03, BeckRS 2003, 08924; s. auch OLG München 7.8.2003 – 2 Ws 758/03, NJW 2003, 3072.
[67] OLG Hamm 10.2.1998 – 3 Ws 575/97, NStZ-RR 1998, 221.
[68] BGH 24.5.2018 – 4 StR 642/17, BeckRS 2018, 13397 mwN; 20.6.2018 – 5 StR 136/18, BeckRS 2018, 16002.
[69] OLG Celle 26.11.1974 – 2 Ws 205/74, MDR 1975, 338; Hilger in Löwe/Rosenberg Rn. 7; Brunner/Dölling JGG § 74 Rn. 8 mwN; Schmitt in Meyer-Goßner/Schmitt Rn. 3.
[70] Weigend NJW 1987, 1170 (1175).
[71] BGH 5.11.2014 – 1 StR 394/14, NStZ-RR 2015, 44.
[72] BGH 20.9.2011 – 1 StR 71/11, BeckRS 2011, 23758.
[73] Schmitt in Meyer-Goßner/Schmitt Rn. 2; Stöckel in KMR-StPO Rn. 2 mwN.
[74] BGH 17.5.1957 – VI ZR 63/56, NJW 1957, 1593.
[75] OLG Schleswig 30.6.1993 – 9 U 11/92, RuS 1993, 419.
[76] OLG Stuttgart 5.12.1973 – 3 Ws 326/73, NJW 1974, 512 (513); OLG Saarbrücken 4.11.1996 – 1 Ws 187/96, NStZ-RR 1997, 158 zur erfolglosen Nebenklägerberufung gegen das den Angeklagten freisprechende Urteil.
[77] Schmitt in Meyer-Goßner/Schmitt Rn. 2.

dass § 467 Abs. 2 eine abschließende Sonderregelung darstelle. Indes belegt diese Vorschrift, dass auch der freigesprochene Angeklagte nicht zwingend und vollständig von jeder Kostenhaftung freigestellt ist. Sie stellt zudem einen allgemeinen – am Verschuldensprinzip und damit nicht am Freispruch ausgerichteten – Grundsatz dar, der anzuwenden ist, wenn eine ausdrückliche Regelung für die Nebenklage fehlt.

47 **2. Verfahrenshindernisse.** Kommt es zu einer Einstellung des Verfahrens nach **§§ 206a, 206b** durch Beschluss oder nach **§ 260 Abs. 3** durch Urteil, etwa, weil der Angeklagte während des Revisionsverfahrens verstirbt, gilt dasselbe wie im Fall des Freispruchs des Angeklagten. Auch in diesen Fällen scheidet die Erstattung der dem Nebenkläger entstandenen notwendigen Auslagen aus. Weder der Angeklagte noch die Staatskasse haften; der Nebenkläger trägt seine notwendigen Auslagen selbst. Auch in der Revisionsinstanz bedarf es hierüber keines gesonderten Ausspruchs in der Entscheidungsformel[78]

V. Auslagenentscheidung bei Ermessenseinstellung (Abs. 2)

48 **1. Anwendungsbereich des Abs. 2 S. 1.** Zu unterscheiden ist danach, welche Norm der Einstellung des Verfahrens zugrunde liegt. Bei endgültigen Ermessenseinstellungen nach **§ 153 Abs. 2, §§ 153b ff., § 154 Abs. 2** gilt Abs. 2 S. 1. Die Billigkeitshaftung des Angeklagten nach Abs. 2 S. 1 beginnt mit der Anhängigkeit des Verfahrens durch Anklageerhebung. Dabei sind die in § 396 Abs. 1 genannten Zeitpunkte für das Wirksamwerden der Anschlusserklärung zu beachten. Abs. 2 S. 1 gilt auch, wenn es zu den genannten Einstellungen im Rechtsmittelverfahren oder nach Zurückverweisung der Sache kommt;[79] dazu auch → Rn. 41.

49 **2. Anwendungsbereich des Abs. 2 S. 2.** Bei endgültigen Einstellungen des Verfahrens nach **§ 153a Abs. 2** gilt aufgrund der Verweisung des Abs. 2 S. 2 die Regelung des Abs. 1; damit wird der Angeschuldigte bzw. Angeklagte wie ein Verurteilter nach Abs. 1 S. 1 und 2 behandelt und hat regelmäßig die Nebenklageauslagen zu tragen.

50 **3. Ermessen. a) Abs. 2 S. 1.** In den Fällen des Abs. 2 S. 1 darf das Gericht die notwendigen Nebenklageauslagen dem Angeschuldigten bzw. Angeklagten nicht grundsätzlich, sondern nur im **Ausnahmefall** auferlegen. Dies folgt aus der engen Gesetzesformulierung, die – anders als Abs. 1 S. 3 – **besondere Gründe** der Billigkeit fordert. Diese können bei einer Bereitschaftserklärung des Angeklagten zur Übernahme der Auslagen, bei krass unterschiedlichen Vermögensverhältnissen der Beteiligten oder bei verständlichem Anlass zur Nebenklageerhebung angesichts der Tat und/oder des Prozessverhaltens des Angeklagten gegeben sein.[80] Möglich ist auch eine Auslagenverteilung.

51 Das Gericht muss bei seiner Auslagenentscheidung und ihrer Begründung darauf achten, nicht gegen die **Unschuldsvermutung** (Art. 6 Abs. 2 EMRK) zu verstoßen.[81] Ist die Hauptverhandlung noch nicht bis zur Schuldspruchreife durchgeführt, darf das Gericht Aspekte wie ein besonders gewichtiges Schuldausmaß oder ein gravierender Tatverdacht nicht zur Begründung seiner Auslagenentscheidung heranziehen; eine summarische Prüfung der Aktenlage und eine daraus prognostizierte Verurteilung genügen als Grundlage der Kostenentscheidung nicht.[82]

52 **b) Abs. 2 S. 2.** Auch bei endgültiger Verfahrenseinstellung nach § 153a Abs. 2 ist eine Kostenentscheidung zu treffen. Dabei sind die notwendigen Auslagen des Nebenklägers aufgrund der Verweisung des Abs. 2 S. 2 auf Abs. 1 S. 1 regelmäßig dem Angeschuldigten

---

[78] BGH 24.9.2019 – 5 StR 461/19, BeckRS 2019, 24798; 8.11.2018 – 4 StR 61/18, BeckRS 2018, 40371; 30.7.2014 – 2 StR 248/14, BeckRS 2014, 16658.
[79] BGH 11.9.2003 – 4 StR 252/03, BeckRS 2003, 08924; Hilger in Löwe/Rosenberg Rn. 18; Beulke DAR 1988, 109 (114).
[80] Stöckel in KMR-StPO Rn. 12 mwN.
[81] Hilger in Löwe/Rosenberg Rn. 17.
[82] BVerfG 19.8.1987 – 2 BvR 815/84, NStZ 1988, 84; Hilger in Löwe/Rosenberg Rn. 19.

bzw. Angeklagten aufzuerlegen. Wie im Fall einer Verurteilung ist auch der Ermessen eröffnende **Abs. 1 S. 3 anwendbar,** sodass das Gericht davon – ganz oder teilweise – aus Gründen der Billigkeit absehen kann mit der Folge, dass der Nebenkläger seine Auslagen insoweit selbst zu tragen hat. Dies setzt die vorherige Anhörung des Nebenklägers voraus (zum Verfahren nach → § 33a Rn. 63).[83]

Das Gericht kann bei der Ausgestaltung und der **Höhe der Auflagen** des Einstellungs- 53 beschlusses die den Angeklagten treffende **Kostenlast mitberücksichtigen,** ebenso kann der Angeklagte dies mitbedenken, bevor er seine notwendige Zustimmung zur Einstellung erteilt.[84] Die Klärung der Frage, ob der **Rechtsschutzversicherer** des Angeklagten diesen auch von freiwillig übernommenen Nebenklagekosten freizustellen hat, hängt nicht nur von den Versicherungsbedingungen ab; regelmäßig scheidet eine Deckungspflicht aus, da der Angeklagte im Außenverhältnis zum Nebenkläger auf eigenes Risiko handelt. Daher empfiehlt sich die vorherige Abstimmung des Angeklagten mit seinem Versicherer.[85]

VI. Auslagenentscheidung bei Nebenklagebefugten und Privatklägern (Abs. 3)

1. Nebenklagebefugte. a) Gleichstellung mit Nebenkläger. Abs. 3 S. 1 behandelt 54 die notwendigen Auslagen desjenigen Nebenklageberechtigten, der von einer Anschlusserklärung absieht und sich nur eines Rechtsanwalts als Beistand nach § 406g bedient. Aufgrund der Verweisung des Abs. 3 S. 1 gilt die Regelungssystematik der Abs. 1 und 2 für die notwendigen Auslagen des Nebenklagebefugten ebenso, dh dass das Gesetz die **Kosten des Beistands wie Nebenklagekosten** behandelt.

Danach hat die notwendigen Auslagen des Beistands grundsätzlich der Angeklagte zu 55 tragen, wenn er verurteilt oder das Verfahren nach § 153a Abs. 2 eingestellt wird, in Fällen der Einstellung nach §§ 153, 153b ff., 154 grundsätzlich der Nebenklagebefugte. Von diesen Grundsätzen kann das Gericht aus Billigkeitsgründen (→ Rn. 50 ff.) abweichen. All dies gilt auch im Strafbefehlsverfahren.

b) Notwendige Auslagen. Erfasst werden auch notwendige Auslagen, die durch Hin- 56 zuziehung des Beistands im **Vorverfahren** entstanden sind, sofern es zur Verurteilung des Angeklagten – ausreichend ist auch ein Strafbefehl – kommt.[86] Die Bestellung eines Beistands durch das Gericht gem. § 397a Abs. 1 iVm § 406g Abs. 3 gilt für das gesamte Verfahren, sodass der verurteilte Angeklagte auch für die Heranziehung des Beistands im **Revisionsverfahren** entstandene notwendige Auslagen des Verletztenbeistands zu tragen hat.[87] Zu den notwendigen Auslagen der Nebenklage zählen auch solche, die in Ausübung der Rechte nach § 406h entstanden sind.[88]

c) Entscheidung. Das Gericht muss vor Erlass einer Entscheidung zugunsten des 57 Nebenklageberechtigten prüfen, ob die Voraussetzungen der Nebenklageberechtigung vorliegen. Stets setzen endgültige und vorsorgliche Auslagenentscheidung voraus, dass die Ausübung der Befugnisse nach § 406g ersichtlich geworden ist.[89]

2. Frühere Privatkläger. Abs. 3 S. 2 stellt durch die Verweisung auf die Abs. 1 und 58 2 sicher, dass dem Privatkläger dann, wenn die StA das Verfahren nach § 377 Abs. 2 übernimmt, keine Kostennachteile entstehen. Denn der Privatkläger nimmt nach Verfahrensübernahme nicht mehr automatisch die Stellung eines Nebenklägers ein. Da es entscheidend

---

[83] OLG Stuttgart 29.3.2004 – 4 Ws 65/04, NStZ-RR 2004, 320; OLG Celle 14.1.2014 – 2 Ws 368/13, BeckRS 2014, 05703.
[84] Schmitt in Meyer-Goßner/Schmitt Rn. 13.
[85] Ausführlich Meyer JurBüro 1984, 5 (8 f.); zur Deckungspflicht der Rechtsschutzversicherung bei Übernahme von Nebenklagekosten im Rahmen der Einstellung auch BGH 20.2.1985 – IVa ZR 137/83, NJW 1985, 1466.
[86] Weiner in Graf Rn. 7 mwN.
[87] BGH 8.10.2008 – 1 StR 497/08, NStZ 2009, 287.
[88] BGH 28.3.2023 – 2 StR 33/23, BeckRS 2023, 10597.
[89] BGH 3.5.2011 – 5 StR 141/11, BeckRS 2011, 11237.

VII. Gesamtschuldnerische Haftung (Abs. 4)

59 Abs. 4 stellt durch seine Verweisung auf § 471 Abs. 4 S. 2 klar, dass mehrere Angeschuldigte bzw. Angeklagte, denen notwendige Auslagen des Nebenklägers auferlegt wurden, als Gesamtschuldner haften. Gem. § 466 S. 1 gilt dies aber nur, wenn sie wegen derselben Tat verurteilt werden. Die gesamtschuldnerische Haftung tritt – auch ohne besonderen Ausspruch im Tenor – kraft Gesetzes ein.

VIII. Prozessuales

60 **1. Sofortige Beschwerde des Nebenklägers. a) Gegen nachteilige Auslagenentscheidung.** Ein Großteil der Rspr.[91] und der Lit.[92] erachtet eine sofortige Beschwerde des Nebenklägers gegen eine ihm nachteilige Auslagenentscheidung auch dann für zulässig, wenn er die Hauptentscheidung nicht nach § 400 Abs. 1 anfechten kann. Das gilt auch bei einer beschränkten Berufung des Angeklagten. Zur Begründung wird zutreffend angeführt, dass § 400 Abs. 1 lediglich generell die Beschwer des Nebenklägers ausschließe, dies aber nichts über die grundsätzliche Statthaftigkeit des Rechtsmittels der Kostenbeschwerde aussage, da § 464 Abs. 3 auf das grundsätzlich statthafte Rechtsmittel und nicht auf das im Einzelfall mangels Beschwer unzulässige abstelle. Zudem muss eine fehlende Beschwer in der Hauptentscheidung nicht mit einer solchen der verbundenen Kosten- und Auslagenentscheidung einhergehen.

61 **b) Gegen unterbliebene Auslagenentscheidung.** § 464 Abs. 3 lässt auch die sofortige Beschwerde gegen eine unterlassene Entscheidung nach § 464 Abs. 1 und 2 zu. Deshalb steht dem Nebenkläger die sofortige Beschwerde zu, wenn eine Entscheidung über die ihm entstandenen notwendigen Auslagen unterblieb.[93] Als zulässig erachtet wird auch, dass die **StA** zugunsten des Nebenklägers sofortige Beschwerde einlegt.[94] Soweit die Möglichkeit einer Kostenbeschwerde für den Fall eines beschränkten Rechtsmittels des Angeklagten und unterlassener Kostenentscheidung verneint wird,[95] überzeugt dies aus den oben genannten Gründen nicht.

62 Eine **Nachholung** der gesetzwidrig unterbliebenen Kosten- und Auslagenentscheidung ist unzulässig;[96] nur im Strafbefehlsverfahren kann das Gericht – wenn der Nebenkläger seinen Anschluss erst nach der Einspruchseinlegung erklärt und der Angeklagte den Einspruch hierauf zurückgenommen hat – in einem nachträglichen separaten Beschluss dem Angeklagten die notwendigen Nebenklageauslagen überbürden; des Verfahrens nach § 464 Abs. 3 bedarf es nicht.[97]

63 Teilweise wird eine sofortige Beschwerde auch für zulässig erachtet, wenn das Gericht – entgegen seinem vorläufigen Einstellungsbeschluss – in der **endgültigen Einstellungsentscheidung** keinen Ausspruch zu den Nebenklageauslagen trifft und dies mit einem gravierenden Verfahrensmangel zum Nachteil des Nebenklägers, namentlich der Nichtgewährung rechtlichen Gehörs einherging.[98] Diese Auffassung berücksichtigt

---

[90] Hilger in Löwe/Rosenberg Rn. 24; Degener in SK-StPO Rn. 24.
[91] KG 22.12.2014 – 4 Ws 120/14, JurBüro 2015, 534 mwN; OLG Hamm 27.5.2014 – 1 RVs 31/14, BeckRS 2014, 12543; 19.7.2004 – 2 Ws 143/04, NStZ-RR 2006, 95; OLG Köln 22.8.2008 – 2 Ws 406/08, NStZ-RR 2009, 126.
[92] Weiner in Graf Rn. 2a mwN; Steinberger-Fraunhofer in Satzger/Schluckebier/Widmaier StPO Rn. 1.
[93] StRspr, zB OLG Düsseldorf 14.7.1988 – 2 Ws 278/88, NStE Nr. 4; OLG Koblenz 13.3.1989 – 1 Ws 113/89, NStE Nr. 5 zu § 472 StPO.
[94] OLG Dresden 2.8.1999 – 1 Ws 206/99, NStZ-RR 2000, 115 mwN.
[95] OLG Frankfurt a. M. 2.11.1995 – 3 Ss 284/95, NStZ-RR 1996, 128.
[96] BGH 24.7.1996 – 2 StR 150/96, NStZ-RR 1996, 352.
[97] LG Rottweil 4.3.1988 – Qs 16/88, NStZ 1988, 523; AG Eggenfelden 10.6.2005 – 2 Cs 38 Js 5939/05, NStZ-RR 2005, 287.
[98] OLG Frankfurt a. M. 29.9.1999 – 2 Ws 115/99, NStZ-RR 2000, 256.

aber die gem. § 153a Abs. 2 S. 4 angeordnete Unanfechtbarkeit des Einstellungsbeschlusses nicht. Die Heilung des Fehlers und die Wahrung der Belange des Nebenklägers kann aber über das Verfahren gem. dem im Beschlussverfahren anwendbaren § 33a ebenso erreicht werden.[99]

Im Kostenfestsetzungsantrag des Nebenklägers ist nach dem Rechtsgedanken des § 300 die fristgerechte sofortige Beschwerde gegen eine unvollständige Kosten- und Auslagenentscheidung zu sehen.[100] **64**

2. Todesfälle. Stirbt der **Angeklagte** vor dem rechtskräftigen Abschluss des Verfahrens, scheidet ein Ausspruch über die Erstattung der Nebenklägerauslagen aus.[101] **65**

Trotz des Todes des **Nebenklägers** während des erstinstanzlichen oder eines vom Angeklagten oder der StA in Gang gesetzten Rechtsmittelverfahrens, muss das Gericht über die ihm bis zu seinem Tode erwachsenen notwendigen Auslagen entscheiden.[102] Ein – durch die Rechtskraft der Verurteilung des Angeklagten bedingter – Auslagenerstattungsanspruch gegen den Verurteilten wird dann zum Bestand des Nachlasses.[103] **66**

Ebenso wenig lässt der Tod des Nebenklägers einen im **noch nicht rechtskräftigen Urteil** enthaltenen Erstattungsanspruch entfallen. Die Gegenmeinung[104] kann sich zwar auf § 402 berufen, der Widerruf und Tod gleich behandelt, berücksichtigt aber nicht, dass § 402 nichts über den Verlust des Erstattungsanspruchs aussagt und dass in bestimmten Fällen Angehörige des verstorbenen Nebenklägers sogar berechtigt sind, in das Verfahren einzutreten. Zudem behalten die vom verstorbenen Nebenkläger abgegebenen Prozesserklärungen und von ihm gesetzte verfahrensrelevante Tatsachen ihre Wirkung. **67**

3. Einreden gegen anwaltliche Honorarforderungen. Einreden des Nebenklägers gegen Honorarforderungen seines Rechtsanwalts haben auf die Erstattungsfähigkeit im Verhältnis zum Verurteilten keine Auswirkungen. Der Angeklagte kann sich also nicht darauf berufen, dass dem Nebenkläger, etwa wegen Verjährung einer Honorarforderung, keine Auslagen entstanden seien.[105] **68**

§ 472a Kosten und notwendige Auslagen bei Adhäsionsverfahren

(1) Soweit dem Antrag auf Zuerkennung eines aus der Straftat erwachsenen Anspruchs stattgegeben wird, hat der Angeklagte auch die dadurch entstandenen besonderen Kosten und die notwendigen Auslagen des Antragstellers zu tragen.

(2) ¹Sieht das Gericht von der Entscheidung über den Adhäsionsantrag ab, wird ein Teil des Anspruchs dem Antragsteller nicht zuerkannt oder nimmt dieser den Antrag zurück, so entscheidet das Gericht nach pflichtgemäßem Ermessen, wer die insoweit entstandenen gerichtlichen Auslagen und die insoweit den Beteiligten erwachsenden notwendigen Auslagen trägt. ²Die gerichtlichen Auslagen können der Staatskasse auferlegt werden, soweit es unbillig wäre, die Beteiligten damit zu belasten.

Schrifttum: Grau/Blechschmidt/Frick, Stärken und Schwächen des reformierten Adhäsionsverfahrens, NStZ 2010, 662; Köckerbauer, Die Geltendmachung zivilrechtlicher Ansprüche im Strafverfahren, NStZ 1994, 305; Metz, Nebenklage und Adhäsionsantrag im Strafbefehlsverfahren, JR 2019, 67.

---

[99] OLG Stuttgart 29.3.2004 – 4 Ws 65/04, NStZ-RR 2004, 320; ebenso Hilger in Löwe/Rosenberg Rn. 22.
[100] OLG Düsseldorf 20.6.1989 – 3 Ws 453/89, NStE Nr. 6 zu § 472 StPO.
[101] BGH 15.9.2009 – 1 StR 356/09, NStZ-RR 2010, 32.
[102] BGH 24.8.2016 – 2 Str. 504/15, BeckRS 2016, 20062 Rn. 34; OLG Karlsruhe 30.9.1983 – 3 Ws 180/83, MDR 1984, 250.
[103] OLG Stuttgart 16.10.1959 – 2 Ss 486/59, NJW 1960, 115; Degener in SK-StPO Rn. 9; Joecks/Jäger StPO § 402 Rn. 4.
[104] Benthin in Radtke/Hohmann Rn. 1.
[105] LG Düsseldorf 26.4.1990 – XXb Qs 82/90, NStE Nr. 7 zu § 472.

Übersicht

	Rn.		Rn.
I. Normzweck	1	2. Rücknahme	13
II. Ausdrückliche gesonderte Kostenentscheidung	3	3. Teilerfolg	14
		4. Ermessensausübung	15
1. Allgemeines	3	a) Allgemeines	15
		b) Abs. 2 S. 2	18
2. Strafbefehlsverfahren	4	c) Ermessen in der Rechtsmittelinstanz	20
III. Erfolg des Antragstellers (Abs. 1)	5	**V. Rechtsmittel**	22
1. Bezifferte Anträge	6	1. Angeklagter	22
2. Schmerzensgeldanträge	7	2. Adhäsionskläger	23
IV. Erfolglosigkeit, Zurücknahme, Teilerfolg (Abs. 2)	9	**VI. Verfahrensrechtliches**	25
1. Erfolglosigkeit	10	1. Unterbliebene Kostenentscheidung	25
a) Absehen von Entscheidung	10	2. Unvollständige Kostenentscheidung	26
b) Freispruch	11	3. Verfahrenseinstellung	27
c) Verfahrenseinstellung	12	4. Streitwertfestsetzung	28

I. Normzweck

1 Die Vorschrift regelt die Kostenentscheidung für das Adhäsionsverfahren (§§ 403–406c). Diese Regelung ist abschließend.[1] Hat sich der Verletzte zur Durchsetzung seiner zivilrechtlichen Ansprüche am Strafverfahren als Adhäsionskläger beteiligt, so behandelt § 472a die dadurch entstandenen besonderen Kosten und notwendigen Auslagen als Bestandteil der Gesamtkosten des Strafverfahrens. Wie die Regelung des Abs. 2 belegt, gelten zivilprozessuale Grundsätze nicht.[2]

2 **Abs. 1** gilt für den Fall, dass der Adhäsionskläger Erfolg hatte. In den Fällen des **Abs. 2** steht die Verteilung der gerichtlichen Auslagen im Ermessen des Gerichts. Der Verletzte kann zwar keine Rechtsverluste erleiden, ihm verbleibt aber immer ein Kostenrisiko.[3]

II. Ausdrückliche gesonderte Kostenentscheidung

3 **1. Allgemeines.** Das Gericht muss die Frage, wer die Kosten und Auslagen des Adhäsionsverfahrens trägt, ausdrücklich entscheiden. Hierzu bedarf es eines Kostenausspruchs im Tenor. Dies gilt unabhängig davon, ob es sich bei der Entscheidung um ein Urteil (vgl. § 406 Abs. 1–4) oder einen Beschluss (vgl. § 406 Abs. 5) handelt. Auch im Fall des § 404 Abs. 4 ist eine Kostenentscheidung erforderlich.[4] Die Kostenentscheidung nach § 472a ergeht unabhängig von der Entscheidung, wer Kosten und notwendige Auslagen einer etwaigen gleichzeitig geführten Nebenklage zu tragen hat. Sie erfasst stets nur die „besonderen", dh die ausscheidbaren Kosten und Auslagen des Adhäsionsverfahrens.

4 **2. Strafbefehlsverfahren.** Da ohne Einlegung eines Einspruchs keine Entscheidung über einen Adhäsionsantrag ergehen kann, darf die Kostenentscheidung nach § 472a nicht bereits in den Strafbefehlsantrag aufgenommen werden. Ohne Einspruch bedarf es einer Absehensentscheidung mit Kostenentscheidung nach § 472a Abs. 2; regelmäßig trägt der Antragsteller seine Auslagen, ausnahmsweise können aus Billigkeitsgründen nach Abs. 2 S. 2 der Staatskasse die Gerichtskosten auferlegt werden.[5] Auch bei Rücknahme des Einspruchs

---

[1] AllgM, zB Benthin in Radtke/Hohmann Rn. 1 mwN.
[2] AllgM, zB Benthin in Radtke/Hohmann Rn. 1; Steinberger-Fraunhofer in Satzger/Schluckebier/Widmaier StPO Rn. 1; Hilger in Löwe/Rosenberg Rn. 2; Köckerbauer NStZ 1994, 310; aA ohne Begründung Degener in SK-StPO Rn. 1.
[3] Grau/Blechschmidt/Frick NStZ 2010, 662 (668).
[4] Stöckel in KMR-StPO Rn. 2.
[5] Metz JR 2019, 73 mwN.

ergeht keine Entscheidung über den Adhäsionsantrag, da die Einspruchsrücknahme das Strafverfahren beendet.[6]

III. Erfolg des Antragstellers (Abs. 1)

Gibt das Gericht dem Antrag des Adhäsionsklägers in vollem Umfang statt, so trägt nach Abs. 1 zwingend der verurteilte Angeklagte die Kosten des Adhäsionsverfahrens sowie die notwendigen Auslagen des Adhäsionsklägers. Unter die Kosten des Adhäsionsverfahrens fallen die durch den Adhäsionsantrag anfallenden ausscheidbaren Kosten besonderen gerichtlichen Kosten dieses Verfahrens (KV 3700 GKG); eine Quotelung scheidet aus.[7] § 93 ZPO gilt nicht, sodass den Angeklagten die Kostenlast auch bei einem Anerkenntnis trifft.[8]

1. Bezifferte Anträge. Bei bezifferten Anträgen ist der Erfolg durch einen Vergleich des Antrags mit dem zugesprochenen Betrag zu ermitteln. Dabei ist eine starr am Verhältnis des Obsiegens bzw. Unterliegens ausgerichtete Quotelung nicht geboten.

2. Schmerzensgeldanträge. Hat der Adhäsionskläger das begehrte Schmerzensgeld beziffert, gelten keine Besonderheiten gegenüber anderen bezifferten Zahlungsanträgen. Wurde beantragt, ein **angemessenes Schmerzensgeld** zuzuerkennen, wird ein Erfolg iSv Abs. 1 schon dann bejaht, wenn der Angeklagte zur Zahlung eines Schmerzensgelds verurteilt wird.[9] Das erscheint in den Fällen billig, in denen zwischen Antrag und zuerkanntem Betrag keine massive Differenz besteht, in denen der höhere Antrag keine besonderen Kosten verursacht hat oder in denen der Verletzte einen eher bescheidenen Schmerzensgeldbetrag zugesprochen erhält, der nicht noch durch die Verpflichtung, Rechtsanwaltskosten tragen zu müssen, geschmälert werden sollte.[10] Ein Klagantrag auf Zahlung eines unbezifferten Schmerzensgeldbetrags ist nur zulässig, wenn er durch Angabe einer **Größenordnung** eingegrenzt wird.

Hingegen kann die Auffassung, bei Verurteilung zu Schmerzensgeld automatisch einen Erfolg anzunehmen, in Konstellationen nicht durchgesetzter besonders hoher Schmerzensgeldforderungen zu nicht mehr billigen Ergebnissen führen. Insoweit erscheint es sachgerechter, sich auch an der Größenordnung des geltend gemachten Schmerzensgeldbetrags zu orientieren, der sich aus einer vom Antragsteller benannten Betragsspanne oder aus dem in der Antragsschrift angegebenen Streitwert ergeben kann; fehlen solche Hinweise, wird das Gericht regelmäßig – schon um Anhaltspunkte für die Streitwertfestsetzung zu gewinnen – den Adhäsionskläger auffordern, eine Größenordnung zu benennen. Unterschreitet das Gericht mit dem zugesprochenen Betrag diese Größenordnung wesentlich, kann es angemessen sein, nur einen – das Ermessen iSv Abs. 2 eröffnenden – Teilerfolg zu bejahen und den Angeklagten nur mit einem Teil der notwendigen Auslagen des Adhäsionsklägers zu belasten. Anderenfalls haftete der Angeklagte für diese Auslagen auch bei maßlosen oder deutlich überzogenen Vorstellungen des Verletzten. Zum Teilerfolg außerdem → Rn. 14.

IV. Erfolglosigkeit, Zurücknahme, Teilerfolg (Abs. 2)

Abs. 2 regelt die Fallgruppen, in denen das Verfahrensergebnis hinter dem Antrag des Verletzten zurückbleibt. In diesen entscheidet das Gericht nach pflichtgemäßem **Ermessen,** wer die durch das Adhäsionsverfahren entstandenen gerichtlichen Auslagen und notwendigen Auslagen der Beteiligten trägt. Der Staatskasse können nach Abs. 2 S. 2 nur **gerichtliche Auslagen** – ganz oder teilweise – auferlegt werden (zur Ermessensausübung → Rn. 15 ff.). Niemals trägt die Staatskasse Auslagen des Adhäsionsklägers. Zu den Konstellationen des Abs. 2 gehören:

---

[6] LG Dortmund 16.4.2018 – 32 Qs – 269 Js 1213/16, BeckRS 2018, 5615.
[7] Steinberger-Fraunhofer in Satzger/Schluckebier/Widmaier StPO Rn. 2.
[8] Weiner in Graf Rn. 1; Grau/Blechschmidt/Frick NStZ 2010, 662 (668).
[9] BGH 3.7.2003 – 2 StR 173/03, bei Becker NStZ-RR 2004, 324; Benthin in Radtke/Hohmann Rn. 2.
[10] Dazu BGH 19.4.1966 – 5 StR 125/66, MDR 1966, 560.

10 **1. Erfolglosigkeit. a) Absehen von Entscheidung.** Der Adhäsionsantrag bleibt immer dann erfolglos, wenn das Gericht von einer Entscheidung absieht. Hierzu ist das Gericht in den in § 406 Abs. 1 S. 3–6 aufgeführten Fällen verpflichtet bzw. berechtigt. Dazu zählen die **Unzulässigkeit** des Antrags,[11] das Erscheinen seiner **Unbegründetheit** (§ 406 Abs. 1 S. 3) und die **Ungeeignetheit** zur Erledigung im Strafverfahren (§ 406 Abs. 1 S. 4, 5). In all diesen Fällen – und ebenso beim Freispruch – lautet der **Tenor:** Von einer Entscheidung über den Adhäsionsantrag wird abgesehen. Eine Ab- oder Zurückweisung des Adhäsionsantrags erfolgt nicht.

11 **b) Freispruch.** Kommt es zum Freispruch des Angeklagten und ordnet das Gericht auch keine Sicherungsmaßregeln an, scheidet eine Haftung für Verletztenansprüche aus, sodass ein Fall der Unbegründetheit vorliegt. Gleiches gilt, wenn die geltend gemachte Adhäsionsforderung nicht aus der abgeurteilten **Tat iSv § 264,** sondern aus einer anderen Tat erwächst, da der Strafrichter nicht gezwungen werden soll, zivilrechtliche Ansprüche zu prüfen, die sich nicht unmittelbar aus der strafrechtlichen Verurteilung ergeben.[12]

12 **c) Verfahrenseinstellung.** Abs. 2 gilt auch dann, wenn das Gericht nach der Einstellung des Verfahrens gemäß §§ 153 ff. von der Entscheidung über den Adhäsionsantrag absieht. Eine Überbürdung von Kosten und Auslagen auf den Angeklagten kommt dann nur in Betracht, wenn das Verfahren bis zur schuldspruchreife durchgeführt wurde. Allein das Abheben auf eine hohe Verurteilungswahrscheinlichkeit genügt nicht; dem steht die Unschuldsvermutung entgegen.[13]

13 **2. Rücknahme.** Die Rücknahme des Adhäsionsantrags ist nach § 404 Abs. 4 bis zur Verkündung des Urteils, auch noch in der Berufungsinstanz, möglich. Bei einer Antragsrücknahme wird eine Belastung des Angeklagten mit Auslagen regelmäßig nicht angemessen sein.[14]

14 **3. Teilerfolg.** Abs. 2 gilt auch dann, wenn der Adhäsionskläger einen Teilerfolg erzielt. Das ist etwa der Fall, wenn das Gericht nur einen Bruchteil des geltend gemachten Betrags zuspricht oder entgegen dem gestellten Leistungsantrag nur ein Grund- oder Teilurteil (§ 406 Abs. 1 S. 2) erlässt[15] und im Übrigen von der Entscheidung über den Adhäsionsantrag absieht. Zum Teilerfolg bei beantragtem Schmerzensgeld → Rn. 7, 8.

15 **4. Ermessensausübung. a) Allgemeines.** Zulässig ist es sowohl, die gerichtlichen Auslagen und die dem Adhäsionskläger entstandenen notwendigen Auslagen einem Beteiligten aufzuerlegen als auch die Auslagen zu verteilen. Dabei kommt – wie bei anderen Kostenentscheidungen – auch eine Quotelung der Kosten und Auslagen in Frage, namentlich dann, wenn nicht oder schwer zu trennende bzw. zu übersehende Auslagenmassen keine Ausscheidbarkeit zulassen.[16] Zur zu beachtenden Unschuldsvermutung bei Einstellungen → § 472 Rn. 51.

16 Da der Gesetzgeber dem Gericht ein **weites Ermessen** eingeräumt hat, muss sich die Kosten- und Auslagenentscheidung nicht nur am Ausmaß des Obsiegens des Antragstellers ausrichten. So ist es zulässig, Aspekte der **Verfahrensbeschleunigung** und der **Prozessökonomie** und deren mögliche Einflüsse auf das Verfahrensergebnis und das Verhalten des Antragstellers mit zu berücksichtigen.[17] Zudem ist im Rahmen der Billigkeit auch das Verursacherprinzip bzw. dass der Täter den Verletzten durch die Straftat zur Antragstellung veranlasst hat, berücksichtigungsfähig.

---

[11] Etwa im Fall eines unbezifferten Antrags auf Schmerzensgeldzahlung, der auch keine eingrenzende Angabe einer Größenordnung enthält; dazu BGH 8.1.2019 – 2 StR 569/18, BeckRS 2019, 1263.
[12] BGH 28.11.2002 – 5 StR 381/02, NStZ 2003, 321.
[13] VerfGH Berlin 20.6.2014 – VerfGH 128/12, NJW 2014, 3358.
[14] Weiner in Graf Rn. 2.
[15] BGH 4.1.2022 – 5 StR 438/21, BeckRS 2022, 757.
[16] Vgl. OLG Nürnberg 14.10.1971 – Ws 286/71, NJW 1972, 67 (69).
[17] BVerfG 20.3.2007 – 2 BvR 1730/06, BeckRS 2007, 22769.

17 Bei der Ermessensausübung darf auch berücksichtigt werden, dass der vom Antragsteller gewählte Weg günstiger als ein gesonderter Zivilprozess ist. Danach ist es vertretbar, dem Angeklagten Kosten und Auslagen aufzuerlegen, wenn der Adhäsionskläger mit wenigstens zwei Dritteln seines Antrags Erfolg hat.[18] Zum Fall der Antragsrücknahme → Rn. 13.

18 **b) Abs. 2 S. 2.** Nach dieser Bestimmung kann das Gericht die **Gerichtsauslagen** der Staatskasse ganz oder teilweise auferlegen, falls und soweit es unbillig wäre, den Angeklagten und/oder den Adhäsionskläger damit zu belasten. Sieht das Gericht vollständig von einer Entscheidung ab, wird es idR angemessen sein, dem Adhäsionskläger seine notwendigen Auslagen aufzuerlegen und – besonders bei einem Absehen von einer Entscheidung nach § 406 Abs. 1 S. 3 – unbillig erscheinen, die Beteiligten mit gerichtlichen Auslagen zu belasten.[19] Die Belastung der Staatskasse mit gerichtlichen Auslagen kommt ebenso dann in Frage, wenn das Gericht Verfahrenskosten, zB durch eine Beweiserhebung zum Adhäsionsantrag, verursacht hat, dann aber von einer Entscheidung über den Antrag absieht.

19 Eine Entscheidung nach Abs. 2 S. 2 kann auch in den Fällen des § 405 Abs. 1 S. 2 und ferner dann angemessen sein, wenn der Vergleich nach § 405 S. 1 alsbald nach Hauptverhandlungsbeginn zustande kommt oder der Angeklagte die Forderungen des Adhäsionsklägers während des laufenden Verfahrens voll erfüllt. Die Staatskasse trägt niemals notwendige Auslagen des Adhäsionsklägers.

20 **c) Ermessen in der Rechtsmittelinstanz.** Zu unterscheiden sind die vollständige mit einem Absehen verbundene Aufhebung und die teilweise Aufhebung des Adhäsionsausspruchs. Hebt die Rechtsmittelinstanz den Adhäsionsausspruch der Vorinstanz auf und sieht von einer Entscheidung im Adhäsionsverfahren ab, muss der Adhäsionskläger die dem Angeklagten im Rechtsmittelverfahren entstandenen notwendigen Auslagen tragen; insoweit entstandene **gerichtliche Auslagen können nach Abs. 2 S. 2 der Staatskasse** auferlegt werden.[20]

20a Waren das Rechtsmittel des Angeklagten zum Schuld- und Strafausspruch und das der Nebenklage insgesamt erfolglos und hebt das Revisionsgericht den **Adhäsionsausspruch lediglich teilweise auf** und sieht insoweit von einer Entscheidung ab, findet keine Überbürdung der durch die Revision des Angeklagten dem Nebenkläger und durch die Revision des Nebenklägers dem Angeklagten entstandenen notwendigen Auslagen statt. Jeder Beschwerdeführer hat die Kosten seines Rechtsmittels und die im Revisionsverfahren durch das Adhäsionsverfahren entstandenen besonderen Kosten zu tragen; die durch das Adhäsionsverfahren entstandenen gerichtlichen Auslagen werden der Staatskasse auferlegt, die hierdurch den Beteiligten erwachsenen notwendigen Auslagen trägt jeder Beteiligte selbst.[21]

21 Ändert das Revisionsgericht eine Adhäsionsentscheidung, mit der das Tatgericht einen Geldbetrag zugesprochen hatte, in eine Verurteilung dem Grunde nach ab, hat der verurteilte Angeklagte die im erstinstanzlichen Adhäsionsverfahren entstandenen gerichtlichen Auslagen zu tragen, die Gerichtsauslagen des Adhäsionsverfahrens in der Revisionsinstanz trägt die Staatskasse.[22]

---

[18] Weiner in Graf Rn. 2a.
[19] Schmitt in Meyer-Goßner/Schmitt Rn. 2; Grau/Blechschmidt/Frick NStZ 2010, 662 (669); BGH 20.6.2018 – 5 StR 113/18, BeckRS 2018, 16012.
[20] BGH 15.9.2021 – 4 StR 269/21, BeckRS 2021, 29011 zur Aufhebung des Adhäsionsausspruchs wegen fehlender Begründung der Höhe des zuerkannten Schmerzensgelds; 22.7.2021 – 4 StR 200/20, BeckRS 2021, 23959 zur Aufhebung des Adhäsionsausspruchs wegen fehlender Begründung für die Verurteilung des Angeklagten; 26.5.2021 – 4 StR 476/20, BeckRS 2021, 14112 zur Aufhebung des Adhäsionsausspruchs wegen fehlender Begründung des Leistungsantrags; 11.10.2016 – 4 StR 352/16, BeckRS 2016, 18896 zur Aufhebung des Adhäsionsausspruchs mangels Antragstellung; 17.2.2016 – 2 StR 328/15, BeckRS 2016, 05825 zur Aufhebung des Adhäsionsausspruchs wegen nicht nachgewiesener Erbenstellung des Adhäsionsklägers.
[21] BGH 9.5.2017 – 4 StR 111/17, BeckRS 2017, 111589.
[22] BGH 28.4.2015 – 3 StR 52/15, BeckRS 2015, 12154.

V. Rechtsmittel

22 **1. Angeklagter.** Der verurteilte Angeklagte kann die nach Abs. 1 ergangene Kostenentscheidung mit der sofortigen Beschwerde anfechten, die auf Abs. 2 beruhende Kostenentscheidung dann, wenn er danach Kosten und Auslagen zu tragen hat (§ 464 Abs. 3 S. 1 iVm § 406a Abs. 2).

23 **2. Adhäsionskläger.** Hat das Gericht die **Kostenentscheidung im Urteil** ausgesprochen, steht dem Antragsteller nach § 406a Abs. 1 S. 2 iVm § 464 Abs. 3 S. 1 Hs. 2, unabhängig davon, welche Kostenentscheidung das Gericht getroffen hat, gegen diese kein Rechtsmittel zu.[23] Gleiches gilt im Fall der Antragsrücknahme.[24] Denn die Kostenentscheidung soll nicht in weiterem Umfang als die Hauptentscheidung anfechtbar sein.

24 Dem Adhäsionskläger steht nur in dem Ausnahmefall, in dem das Gericht **im Beschlusswege** nach § 406 Abs. 5 S. 2 von einer Entscheidung abgesehen hat, die sofortige Beschwerde zu. Soweit für den Fall, dass das Gericht von der Entscheidung über den Adhäsionsantrag abgesehen hat, eine Anfechtungsmöglichkeit allgemein bejaht wird,[25] entspricht dies nicht der gesetzlichen Regelung der § 406a Abs. 1 S. 2, § 464 Abs. 3 S. 1 Hs. 2 und liefe darauf hinaus, die materiellrechtliche Begründetheitsprüfung des Adhäsionsantrags in die Kostenbeschwerde zu verlagern.

VI. Verfahrensrechtliches

25 **1. Unterbliebene Kostenentscheidung.** Hat das Gericht seine Entscheidungspflicht (→ Rn. 3) übersehen, darf es die Kostenentscheidung nach abgeschlossener Urteilsverkündung nicht mehr ergänzen; auch ein Berichtigungsbeschluss scheidet aus.[26]

26 **2. Unvollständige Kostenentscheidung.** Hat das Tatgericht entgegen Abs. 1 dem Angeklagten nur die notwendigen Auslagen des Adhäsionsklägers, nicht aber die gesamten durch den Adhäsionsantrag entstandenen gerichtlichen Kosten auferlegt, kann das Revisionsgericht letzteres auf sofortige Beschwerde des Angeklagten nachholen; das Verschlechterungsverbot steht dem nicht entgegen.[27]

27 **3. Verfahrenseinstellung.** Läuft ein begründeter Adhäsionsantrag deswegen ins Leere, weil das Verfahren gegen den Angeklagten nach § 153a Abs. 2 endgültig eingestellt wird, trägt der Angeklagte die Kosten und Auslagen des Adhäsionsverfahrens.[28] Die Einstellung des Verfahrens selbst ist für den Adhäsionskläger in den Fällen der §§ 153, 153a, 154, 205 unanfechtbar (vgl. § 400 Abs. 2, 406a Abs. 1 S. 2).

28 **4. Streitwertfestsetzung.** Das Gericht muss den Streitwert für die Adhäsionsanträge in einem gesonderten – anfechtbaren – Beschluss festsetzen. Der Streitwert richtet sich, auch bei Geltendmachung von Schmerzensgeld, nach den Beträgen der Anträge, nicht nach der getroffenen Entscheidung.[29] Maßgeblich sind **§ 3 ZPO iVm §§ 12 ff. GKG**. Als zweckmäßig hat sich erwiesen, den Streitwert noch während der **laufenden Hauptverhandlung** festzusetzen, zuvor alle Verfahrensbeteiligten zu hören und mit ihnen die maßgeblichen Festsetzungsgesichtspunkte zu erörtern, um eine von allseitigem Einverständnis getragene Entscheidung treffen zu können.

---

[23] BGH 18.12.2007 – 5 StR 578/07, StraFo 2008, 164; ebenso Hilger in Löwe/Rosenberg Rn. 4; Schmitt in Meyer-Goßner/Schmitt Rn. 4; Degener in SK-StPO Rn. 4; Stöckel in KMR-StPO Rn. 5.
[24] OLG Düsseldorf 29.8.1988 – 1 Ws 820/88, MDR 1989, 567 = NStE Nr. 1 zu § 472a.
[25] Köckerbauer NStZ 1994, 311; Benthin in Radtke/Hohmann Rn. 4.
[26] Vgl. OLG Karlsruhe 17.12.1996 – 2 Ws 214/96, NStZ-RR 1997, 157 zur nach § 472 unterbliebenen Entscheidung im Urteilstenor.
[27] BGH 15.3.2016 – 5 StR 52/16, BeckRS 2016, 06515 mwN.
[28] Weiner in Graf Rn. 2b.
[29] BGH 7.11.2022 – 6 StR 124/22, NStZ-RR 2023, 31; Weiner in Graf Rn. 3b.

§ 472b Kosten und notwendige Auslagen bei Nebenbeteiligung

(1) ¹Wird die Einziehung, der Vorbehalt der Einziehung, die Vernichtung, Unbrauchbarmachung oder Beseitigung eines gesetzwidrigen Zustandes angeordnet, so können dem Nebenbeteiligten die durch seine Beteiligung erwachsenen besonderen Kosten auferlegt werden. ²Die dem Nebenbeteiligten erwachsenen notwendigen Auslagen können, soweit es der Billigkeit entspricht, dem Angeklagten, im selbständigen Verfahren auch einem anderen Nebenbeteiligten auferlegt werden.

(2) Wird eine Geldbuße gegen eine juristische Person oder eine Personenvereinigung festgesetzt, so hat diese die Kosten des Verfahrens entsprechend den §§ 465, 466 zu tragen.

(3) Wird von der Anordnung einer der in Absatz 1 Satz 1 bezeichneten Nebenfolgen oder der Festsetzung einer Geldbuße gegen eine juristische Person oder eine Personenvereinigung abgesehen, so können die dem Nebenbeteiligten erwachsenen notwendigen Auslagen der Staatskasse oder einem anderen Beteiligten auferlegt werden.

Übersicht

		Rn.			Rn.
I.	Normzweck, Überblick	1		a) Verurteilung	10
II.	Kosten und Auslagen bei Nebenbeteiligung und Nebenfolgeanordnung (Abs. 1)	4		b) Freispruch, Einstellung	12
				c) Objektives Verfahren	13
				d) Unterbliebene Entscheidung	14
1.	Anwendungsbereiche	4	III.	Geldbuße gegen juristische Person und Personenvereinigung (Abs. 2)	15
	a) Nebenfolgen	4			
	b) Nebenbeteiligung	5	IV.	Ausbleiben der Nebenfolgeanordnung und der Geldbuße (Abs. 3)	16
	c) Verfahrensarten	6			
2.	Besondere Kosten (Abs. 1 S. 1)	7	1.	Anwendungsbereich	16
3.	Notwendige Auslagen des Nebenbeteiligten (Abs. 1 S. 2)	8	2.	Verfahrenskosten	17
4.	Entscheidung, Ermessen	9	3.	Notwendige Auslagen des Nebenbeteiligten	18

I. Normzweck, Überblick

Die Vorschrift **ergänzt § 465**. Sie behandelt die besonderen Gerichtskosten und die notwendigen Auslagen des Nebenbeteiligten für den Fall der Anordnung (Abs. 1) und des Absehens von der Anordnung einer Nebenfolge (Abs. 3) sowie kostenrechtliche Folgen bei der Entscheidung über die Festsetzung einer Geldbuße gegen eine juristische Person oder Personenvereinigung nach § 444 (Abs. 2). 1

Abs. 1 erfasst die durch die **Beteiligung eines Nebenbeteiligten** am Verfahren entstandenen besonderen gerichtlichen Kosten (Abs. 1 S. 1) sowie notwendige Auslagen des Nebenbeteiligten (Abs. 1 S. 2). **Abs. 2** stellt juristische Personen und Personenvereinigungen einem verurteilten Angeklagten gleich. **Abs. 3** bietet eine Ermessensregelung, nach der notwendige Auslagen des Nebenbeteiligten dann der Staatskasse oder einem anderen Beteiligten auferlegt werden können, wenn das Gericht von Anordnungen nach Abs. 1 und 2 absieht. 2

Ist **kein Nebenbeteiligter** am Verfahren beteiligt, trägt der Angeklagte nach § 465 Abs. 1 die Kosten der Nebenfolgeanordnung. Für die notwendigen Auslagen des Nebenbeteiligten im Fall der **Anklagerücknahme** und Verfahrenseinstellung gilt § 467a Abs. 2. Zur Kostenentscheidung bei Nebenbeteiligung im **Rechtsmittelverfahren** → § 473 Rn. 90 ff., 127 ff., 158 ff. 3

II. Kosten und Auslagen bei Nebenbeteiligung und Nebenfolgeanordnung (Abs. 1)

4 **1. Anwendungsbereiche. a) Nebenfolgen.** Abs. 1 gilt bei folgenden – durch das Gericht im Urteilstenor auszusprechenden – Nebenfolgen: Einziehung von Taterträgen (§§ 73–73d StGB), Einziehung von Tatprodukten, Tatmitteln und Tatobjekten (§§ 74 ff. StGB), Vorbehalt der Einziehung (§ 75 Abs. 3 StGB), Unbrauchbarmachung (§ 74d Abs. 1 S. 2 StGB) und Beseitigung eines gesetzwidrigen Zustands (zB § 30 WZG, § 144 Abs. 4 MarkenG), ebenso bei der Einziehung des Wertersatzes nach § 74c StGB, den das Gesetz wegen eines Redaktionsversehens nicht aufführt.[1]

5 **b) Nebenbeteiligung.** Die Nebenbeteiligung am Verfahren entsteht durch einen von Amts wegen zu erlassenden **Gerichtsbeschluss** (§ 424 Abs. 1 iVm Abs. 4). Zu den Nebenbeteiligten iSd § 472b gehören nach § 467a Abs. 2 der Einziehungsbeteiligte, die ihm gemäß § 439 bei den dort genannten Nebenfolgen gleichgestellten sonstigen Beteiligten sowie – im Falle des § 444 – juristische Personen und Personenvereinigungen, außerdem der Arrestbeteiligte, der eine Arrestanordnung der StA angreift.[2]

6 **c) Verfahrensarten.** § 472b ist im **subjektiven Verfahren** sowie im **objektiven selbständigen Einziehungsverfahren** (§§ 435 ff.) anzuwenden. Auch im objektiven Verfahren können dem Nebenbeteiligten nur die durch seine Beteiligung entstandenen besonderen Kosten auferlegt werden; im Grundsatz haftet die Staatskasse.[3] Ergeht im objektiven Verfahren keine Anordnung einer Nebenfolge, trägt, da kein Angeklagter beteiligt ist, die Staatskasse alle Kosten und Auslagen.[4]

7 **2. Besondere Kosten (Abs. 1 S. 1).** Hierbei handelt es sich um die ausscheidbaren Auslagen der Staatskasse, die wegen der Anordnung der Nebenfolge entstanden sind, etwa um Kosten für eine notwendig gewordene Beweisaufnahme aufgrund der Einwendungen des Nebenbeteiligten. Im **subjektiven Verfahren** trägt die wegen der Anordnung der Nebenfolge entstandenen besonderen Gerichtskosten – wie aus der sich in Abs. 1 S. 2 anschließenden Regelung folgt – grundsätzlich der Nebenbeteiligte selbst. Eine Gebühr für die Anordnung der Nebenfolge entsteht nicht.[5] Zum objektiven Verfahren und Ermessen → Rn. 13.

8 **3. Notwendige Auslagen des Nebenbeteiligten (Abs. 1 S. 2).** Ergeht zu den notwendigen Auslagen keine Entscheidung, so trägt diese der Nebenbeteiligte selbst. Um zu billigen Ergebnissen zu gelangen, eröffnet Abs. 1 S. 2 dem Gericht Ermessen, wonach es die dem Nebenbeteiligten entstandenen notwendigen Auslagen – ganz oder teilweise – dem Angeklagten auferlegen darf.

9 **4. Entscheidung, Ermessen.** Das Gericht hat – sowohl bei Anordnung (Abs. 1 S. 1) als auch beim Absehen von der Anordnung einer Nebenfolge (Abs. 3) – über die Auferlegung der besonderen Kosten und Auslagen im **Urteil, Strafbefehl oder Beschluss** (vgl. auch §§ 434 Abs. 2 und 3) zu entscheiden. Erforderlich ist eine ausdrückliche Tenorierung. Eine Auslagenentscheidung ist auch in einer **Beschwerdeentscheidung** zu treffen, etwa dann, wenn ein Arrestbeteiligter als Nichtbeschuldigter eine Arrestanordnung der StA angreift.[6] Abs. 1 S. 1 und S. 2 eröffnen dem Gericht Ermessen, um mit der Kostenverteilung im Einzelfall gerechte Ergebnisse erzielen zu können. Wesentliches Kriterium ist zunächst der Ausgang des Verfahrens.

---

[1] AllgM, zB Degener in SK-StPO Rn. 3; Hilger in Löwe/Rosenberg Rn. 2; Stöckel in KMR-StPO Rn. 1.
[2] OLG Stuttgart 4.6.2003 – 1 Ws 135/03, wistra 2003, 358; Benthin in Radtke/Hohmann Rn. 1.
[3] RG 29.10.1940 – 4 D 422/40, RGSt 74, 326 (334); Schmitt in Meyer-Goßner/Schmitt Rn. 4; Stöckel in KMR-StPO Rn. 2.
[4] Degener in SK-StPO Rn. 5.
[5] Schmitt in Meyer-Goßner/Schmitt Rn. 2.
[6] OLG Stuttgart 4.6.2003 – 1 Ws 135/03, wistra 2003, 358.

a) Verurteilung. Das Gericht kann von den Kosten, die der verurteilte Angeklagte 10
nach § 465 Abs. 1 zu tragen hat, die durch Beteiligung eines Nebenbeteiligten verursachten
Kosten – also sowohl die besonderen Kosten der Staatskasse als auch die notwendigen
Auslagen des Nebenbeteiligten – ausnehmen. Zulässig ist es auch, Kosten und notwendige
Auslagen aufzuteilen oder nach Bruchteilen zu quoteln (§ 464d).[7] Ordnet das Gericht **keine
Nebenfolge** an, verbleibt es bei der Anwendung des § 465 Abs. 1.[8]

Die **Ermessensausübung** dahin, die dem Nebenbeteiligten entstandenen notwen- 11
digen Auslagen dem Angeklagten aufzuerlegen, ist regelmäßig dann angezeigt, wenn sich
der Nebenbeteiligte aufgrund einer **Straftat** des Angeklagten zu seinem Nachteil am
Verfahren beteiligt, etwa wenn er die Einziehung einer vermeintlich gutgläubig vom
Angeklagten angekauften Diebesbeute verhindern will, aber wegen § 935 BGB gutgläubiger Erwerb ausscheidet.[9] Hingegen wird es zB angemessen sein, durch **unbegründete
Einwendungen** des Nebenbeteiligten verursachte Kosten und Auslagen diesem aufzuerlegen.[10]

b) Freispruch, Einstellung. Wird der Angeklagte freigesprochen oder das Verfahren 12
wegen eines Verfahrenshindernisses eingestellt, ist die Staatskasse mit den gesamten Kosten
des Verfahrens gemäß § 467 Abs. 1 zu belasten. Denn die Staatskasse hätte die durch die
Einziehung erwachsenen Kosten des Verfahrens auch im selbständigen objektiven Verfahren
zu tragen.[11]

c) Objektives Verfahren. Ergeht im objektiven Verfahren (§§ 435–437) keine Anord- 13
nung einer Nebenfolge, trägt, da kein Angeklagter beteiligt ist, die Staatskasse alle Kosten
und Auslagen; § 465 ist unanwendbar. Ist der Einziehungsbeteiligte jedoch der Täter, hat
er seine Auslagen zu tragen.[12] Die **2. Alt. des Abs. 1 S. 2** sieht für das ohne Beteiligung
eines Angeklagten stattfindende objektive Verfahren die Möglichkeit vor, die notwendigen
Auslagen eines Nebenbeteiligten auch einem anderen Nebenbeteiligten aufzuerlegen. Aufgrund des Wortlauts des § 472b – Abs. 1 spricht nur vom Nebenbeteiligten, Abs. 3 auch
vom Beteiligten – und der Definition in § 467a Abs. 2 zählt der Privatkläger nicht zu den
anderen Nebenbeteiligten.[13]

d) Unterbliebene Entscheidung. Hat das Gericht die notwendige Kostenentschei- 14
dung versäumt, trägt im objektiven Verfahren die Staatskasse die Verfahrenskosten, die notwendigen Auslagen trägt derjenige, dem sie entstanden sind. Im subjektiven Verfahren
treffen diese Kosten und Auslagen den Verurteilten nach § 465 Abs. 1.[14]

III. Geldbuße gegen juristische Person und Personenvereinigung (Abs. 2)

Juristische Personen und Personenvereinigungen, gegen die gemäß § 30 OWiG ein 15
Bußgeld verhängt wird, werden durch den 1994 eingeführten Abs. 2 – eine zwingende
Regelung[15] – kostenrechtlich wie der Verurteilte nach § 465 Abs. 1 behandelt. Treffen
Verurteilung einer natürlichen Person und Festsetzung einer Geldbuße nach § 30 OWiG
zusammen, haften beide nach § 466 als Gesamtschuldner.[16] Die juristische Person hat ihre

---

[7] Schmitt in Meyer-Goßner/Schmitt Rn. 3; Benthin in Radtke/Hohmann Rn. 2.
[8] BGH 20.8.2019 – 2 StR 101/18, BeckRS 2019, 22364 mwN.
[9] Degener in SK-StPO Rn. 6 mwN; Hilger in Löwe/Rosenberg Rn. 4.
[10] Degener in SK-StPO Rn. 5 mwN; Hilger in Löwe/Rosenberg Rn. 3; Schmitt in Meyer-Goßner/ Schmitt Rn. 2.
[11] BGH 15.11.1967 – 3 StR 26/66, NJW 1968, 900 (901).
[12] BGH 21.4.1961 – 3 StR 55/60, BGHSt 16, 49 (57).
[13] Degener in SK-StPO Rn. 7 mwN; Hilger in Löwe/Rosenberg Rn. 5; Benthin in Radtke/Hohmann Rn. 2; aA Schmitt in Meyer-Goßner/Schmitt Rn. 4.
[14] Benthin in Radtke/Hohmann Rn. 5 mwN.
[15] Steinberger-Fraunhofer in Satzger/Schluckebier/Widmaier StPO Rn. 4; Hilger in Löwe/Rosenberg Rn. 7.
[16] Degener in SK-StPO Rn. 8; Schmitt in Meyer-Goßner/Schmitt Rn. 5.

§ 473

eigenen notwendigen Auslagen selbst zu tragen, kann diese aber ggf. vom Angeklagten zivilrechtlich rückfordern; Abs. 1 S. 2 ist unanwendbar.[17]

IV. Ausbleiben der Nebenfolgeanordnung und der Geldbuße (Abs. 3)

16   **1. Anwendungsbereich.** Abs. 3 gilt sowohl im subjektiven als auch im objektiven bzw. selbständigen Verfahren. Die Vorschrift setzt voraus, dass das Gericht **keine Nebenfolge** iSd Abs. 1 anordnet bzw. **keine Geldbuße** nach Abs. 2 festsetzt. Ob diese Entscheidungen rechtlich zwingend sind oder nach Ermessen gefällt werden, ist unerheblich.[18]

17   **2. Verfahrenskosten.** Die Entscheidung über die Verfahrenskosten richtet sich bei ausgebliebener Nebenfolge danach, ob es zur Verurteilung oder zum Freispruch kommt. Bei Verurteilung tragen der Angeklagte (§ 465 Abs. 1, Abs. 2 S. 1) oder die verurteilte juristische Person bzw. Personenvereinigung (Abs. 2) diese Kosten, bei Freispruch die Staatskasse (§ 467 Abs. 1).[19]

18   **3. Notwendige Auslagen des Nebenbeteiligten.** Hier eröffnet Abs. 3 **Ermessen**. Unterbleibt die Anordnung einer Nebenfolge oder die Festsetzung einer Geldbuße, trägt der Nebenbeteiligte im Grundsatz seine Auslagen selbst. Das Gericht kann aber **notwendige Auslagen des Nebenbeteiligten** der Staatskasse oder einem anderen Beteiligten – in Frage kommen der Angeklagte, der Neben- und Privatkläger oder ein anderer Beteiligter[20] – auferlegen. Dies erscheint dann angemessen, wenn ein Verfahrensbeteiligter durch sein Verhalten dem Nebenbeteiligten nachvollziehbaren Anlass für die Beteiligung geboten hat.[21] Der Staatskasse können notwendige Auslagen etwa dann auferlegt werden, wenn Feststellungen, die eine Anordnung gegen den Nebenbeteiligten ermöglicht hätten, fehlen bzw. nicht getroffen werden können.[22] Möglich ist auch eine Verteilung nach § 464d.

§ 473 Kosten bei zurückgenommenem oder erfolglosem Rechtsmittel; Kosten der Wiedereinsetzung

(1) ¹Die Kosten eines zurückgenommenen oder erfolglos eingelegten Rechtsmittels treffen den, der es eingelegt hat. ²Hat der Beschuldigte das Rechtsmittel erfolglos eingelegt oder zurückgenommen, so sind ihm die dadurch dem Nebenkläger oder dem zum Anschluß als Nebenkläger Berechtigten in Wahrnehmung seiner Befugnisse nach § 406h erwachsenen notwendigen Auslagen aufzuerlegen. ³Hat im Falle des Satzes 1 allein der Nebenkläger ein Rechtsmittel eingelegt oder durchgeführt, so sind ihm die dadurch erwachsenen notwendigen Auslagen des Beschuldigten aufzuerlegen. ⁴Für die Kosten des Rechtsmittels und die notwendigen Auslagen der Beteiligten gilt § 472a Abs. 2 entsprechend, wenn eine zulässig erhobene sofortige Beschwerde nach § 406a Abs. 1 Satz 1 durch eine den Rechtszug abschließende Entscheidung unzulässig geworden ist.

(2) ¹Hat im Falle des Absatzes 1 die Staatsanwaltschaft das Rechtsmittel zuungunsten des Beschuldigten oder eines Nebenbeteiligten (§ 424 Absatz 1, §§ 439, 444 Abs. 1 Satz 1) eingelegt, so sind die ihm erwachsenen notwendigen Auslagen der Staatskasse aufzuerlegen. ²Dasselbe gilt, wenn das von der Staatsanwaltschaft zugunsten des Beschuldigten oder eines Nebenbeteiligten eingelegte Rechtsmittel Erfolg hat.

---

[17] Hilger in Löwe/Rosenberg Rn. 7.
[18] Degener in SK-StPO Rn. 9; Hilger in Löwe/Rosenberg Rn. 8; BGH 10.8.2023 – 3 StR 36/23, BeckRS 2024, 4221.
[19] Schmitt in Meyer-Goßner/Schmitt Rn. 6.
[20] Steinberger-Fraunhofer in Satzger/Schluckebier/Widmaier StPO Rn. 5; Benthin in Radtke/Hohmann Rn. 4.
[21] Degener in SK-StPO Rn. 10.
[22] BGH 20.8.2019 – 2 StR 101/18, BeckRS 2019, 22364; zur Ausübung des Ermessens vgl. auch BGH 22.9.2022 – 3 StR 175/23, BeckRS 2022, 30911.

(3) Hat der Beschuldigte oder ein anderer Beteiligter das Rechtsmittel auf bestimmte Beschwerdepunkte beschränkt und hat ein solches Rechtsmittel Erfolg, so sind die notwendigen Auslagen des Beteiligten der Staatskasse aufzuerlegen.

(4) ¹Hat das Rechtsmittel teilweise Erfolg, so hat das Gericht die Gebühr zu ermäßigen und die entstandenen Auslagen teilweise oder auch ganz der Staatskasse aufzuerlegen, soweit es unbillig wäre, die Beteiligten damit zu belasten. ²Dies gilt entsprechend für die notwendigen Auslagen der Beteiligten.

(5) Ein Rechtsmittel gilt als erfolglos, soweit eine Anordnung nach § 69 Abs. 1 oder § 69b Abs. 1 des Strafgesetzbuches nur deshalb nicht aufrechterhalten wird, weil ihre Voraussetzungen wegen der Dauer einer vorläufigen Entziehung der Fahrerlaubnis (§ 111a Abs. 1) oder einer Verwahrung, Sicherstellung oder Beschlagnahme des Führerscheins (§ 69a Abs. 6 des Strafgesetzbuches) nicht mehr vorliegen.

(6) Die Absätze 1 bis 4 gelten entsprechend für die Kosten und die notwendigen Auslagen, die durch einen Antrag
1. auf Wiederaufnahme des durch ein rechtskräftiges Urteil abgeschlossenen Verfahrens oder
2. auf ein Nachverfahren (§ 433)
verursacht worden sind.

(7) Die Kosten der Wiedereinsetzung in den vorigen Stand fallen dem Antragsteller zur Last, soweit sie nicht durch einen unbegründeten Widerspruch des Gegners entstanden sind.

Schrifttum: Kotz, Aus der Rechtsprechung zu den Verfahrenskosten und notwendigen Auslagen in Straf- und Bußgeldsachen, NStZ-RR 2010, 36; 2011, 36; 2012, 265; 2014, 335; 2015, 193, 265; Meyer, Gedanken zur Kosten- und Auslagenentscheidung bei einem beschränkten Einspruch gegen einen Strafbefehl, JurBüro 1989, 1329; Perels, Zum Verhältnis von Wiederaufnahmeantrag und Urteilsberichtigung und seinen kostenrechtlichen Folgen, NStZ 1985, 538.

Übersicht

		Rn.			Rn.
A.	Allgemeines	1	I.	Überblick zu Abs. 1	25
I.	Normzweck, Norminhalte	1	II.	Zurücknahme des Rechtsmittels (Abs. 1 S. 1)	27
1.	Normzweck	1	1.	Wirksame vollständige Rücknahme	27
2.	Norminhalte und Regelungslücken	3	2.	Motiv der Rücknahme	30
3.	Erfordernis einer Kostenentscheidung	5	3.	Nachträgliche Rechtsmittelbeschränkung	31
II.	Anwendungsbereiche	6	4.	Gerichtliche Entscheidung	32
1.	Rechtsmittel	6		a) Beschluss über Kosten und Auslagen	32
	a) Erwachsenenstrafrecht	6		b) Klarstellung des Schuld- und Rechtsfolgenausspruchs	33
	b) Jugendstrafrecht	7		c) Zuständigkeit	34
2.	Mehrere Rechtsmittel	8	5.	Kostentragungspflichtiger	36
3.	Entsprechende Anwendbarkeit	10		a) Grundsatz	36
4.	Abgrenzung zu §§ 465, 467	11		b) Staatskasse	37
	a) Verurteilung	12		c) Mehrere Rechtsmittelführer	40
	b) Freispruch, Einstellung	16		d) Vertreter	43
	c) Berichtigung	18		e) Gesetzliche Vertreter, Erziehungsberechtigte	48
5.	Einspruch gegen den Strafbefehl	19		f) Nichtrevident	50
6.	Anhörungsrüge	23		g) Todesfälle	51
7.	Antrag nach § 346 Abs. 2	24	6.	Ausnahmen von der Rücknahmeregelung des Abs. 1	53
B.	Erläuterung	25			

		Rn.			Rn.
	a) Allgemeines	53	V.	Erfolglose und zurückgenommene Rechtsmittel des Nebenklägers (Abs. 1 S. 3)	99
	b) Zurücknahme wegen Erledigung, Erledigterklärung	54
	c) Unvollständige Ausfertigung	55	1.	Alleiniges Rechtsmittel des Nebenklägers	99
	d) Beseitigung gesetzwidriger Entscheidung	56
	e) Mehrere Rücknahmen	57	2.	Fälle erfolgloser Nebenklägerrechtsmittel	101
III.	Erfolglosigkeit des Rechtsmittels (Abs. 1 S. 1)	58		a) erkennbare Unzulässigkeit	101
				b) Unterliegen am Ende des Instanzenzugs	102
1.	Kostentragungspflicht	58		c) Anwendung des § 301	105
2.	Erfolglosigkeit	60		d) Tod des Nebenklägers	106
	a) Feststellung	60	3.	Rechtsmittel des Nebenklägers und des Angeklagten	107
	b) Fälle voller Erfolglosigkeit im Überblick	61
3.	Verwerfung des Rechtsmittels als unzulässig	62	4.	Rechtsmittel des Nebenklägers und der StA	109
	a) Verfristete Rechtsmittel	62	VI.	Unzulässig gewordene sofortige Beschwerde nach § 406a Abs. 1 S. 1 (Abs. 1 S. 4)	110
	b) Unstatthafte Rechtsmittel	64
	c) Rechtsmittel gegen erledigte Entscheidungen	65
4.	Verwerfung des Rechtsmittels als unbegründet	66	VII.	Voller Erfolg eines unbeschränkten Rechtsmittels	111
5.	Erzielung eines unwesentlichen Teilerfolgs	68	1.	Fehlende Regelung	111
			2.	Begriff des Erfolgs	112
	a) Gleichstellung mit Erfolglosigkeit	68	3.	Grund des Erfolgs	115
	b) Entscheidungsvergleich	69		a) Grundsatz	115
6.	Fälle des unwesentlichen Teilerfolgs	72		b) Nachträgliche Schaffung der Erfolgsgründe	117
	a) Schuldspruchänderungen	73
	b) Änderungen des Rechtsfolgenausspruchs	77	4.	Rechtsmittelerfolge des Beschuldigten	122
				a) Freispruch, Verfahrenseinstellungen	122
	c) Änderungen des Maßregelausspruchs	81a		b) Abmilderungen des Rechtsfolgenausspruchs	125
	d) Änderungen des Einziehungsausspruchs	82		c) Erfolge im Beschwerdeverfahren	126
	e) Änderungen des Adhäsionsausspruchs	83		d) Rechtsmittelerfolge des Angeklagten bei Nebenklage	127
	f) Änderungen des Bewährungsbeschlusses	84		e) Schuldspruchänderungen	132
	g) Verfahrensfehler	85	5.	Rechtsmittelerfolge der StA	134
7.	Rechtsmittel der StA	86		a) Zuungunsten des Angeklagten oder Nebenbeteiligten	134
8.	Rechtsmittel der StA und des Angeklagten	89
				b) Zugunsten des Angeklagten oder Nebenbeteiligten	135
IV.	Erfolglose oder zurückgenommene Rechtsmittel bei Nebenklägerbeteiligung (Abs. 1 S. 2)	90		c) Rechtsmittel ohne Angriffsrichtung	136
			6.	Rechtsmittelerfolg des Nebenklägers	137
1.	Allgemeines	90	7.	Mehrere Rechtsmittelerfolge	138
2.	Rechtsmittel des Angeklagten	93	8.	Beschwerdeerfolg im Zwischen-, Neben- und Nachtragsverfahren	139
	a) Nebenklagedelikt	93
	b) Zugelassener und anschlussberechtigter Nebenkläger	94	VIII.	Voller Erfolg eines beschränkten Rechtsmittels (Abs. 3)	144
	c) Grund der Erfolglosigkeit	95	1.	Erfolg	144
	d) Zusammentreffen mit Rechtsmittel des Nebenklägers	95a	2.	Kostenentscheidung	146
				a) Beschränkungszeitpunkt	146
3.	Rechtsmittel der StA	96		b) Sofortige Beschränkung	147
4.	Rechtsmittel der StA und des Angeklagten	97		c) Spätere Beschränkung	149
			3.	Fälle erfolgreicher beschränkter Rechtsmittel	153
5.	Rechtsmittel der StA und des Nebenklägers	98		a) Angeklagter	153
				b) StA	154

		Rn.			Rn.
4.	Wirksame Beschränkung	155	3.	Weitere Fallgruppen der Erfolglosigkeit aufgrund Zeitablaufs	189
5.	Nebenklägerbeteiligung	158		a) Rechtsgedanke des Abs. 5	189
	a) Entsprechende Anwendung des § 472 Abs. 1	158		b) Wegfall berücksichtigungsfähiger Vorstrafen	193
	b) Interesse des Nebenklägers an weiterer Verfahrensbeteiligung	160		c) Wegfall berücksichtigungsfähigen Einkommens	194
IX.	Teilerfolg eines unbeschränkten Rechtsmittels (Abs. 4)	163		d) Verhalten des Angeklagten zwischen den Instanzen	195
1.	Anwendungsbereich	163	XII.	Kosten des Wiederaufnahme- und Nachverfahrens (Abs. 6)	197
2.	Voraussetzungen	164	1.	Wiederaufnahme (Abs. 6 Nr. 1)	197
	a) Erfolg hinsichtlich Tat	164		a) Zur Anwendbarkeit des Abs. 1	198
	b) Wesentlicher Teilerfolg	165		b) Erfolg und Teilerfolg des Wiederaufnahmeantrags	201
	c) Kriterien des wesentlichen Teilerfolgs	167	2.	Nachverfahren (Abs. 6 Nr. 2)	204
3.	Beispiele eines wesentlichen Teilerfolgs	168	XIII.	Kosten der Wiedereinsetzung (Abs. 7)	205
4.	Gebotene Billigkeitsentscheidung	172	1.	Separate Kostenentscheidung	205
	a) Kein Automatismus	172	2.	Gewährung der Wiedereinsetzung	206
	b) Kriterien	173	3.	Ablehnung der Wiedereinsetzung	207
	c) Auslagenverteilung	176	XIV.	Rechtsmittel im Privatklageverfahren	209
5.	Teilerfolg bei Nebenklägerbeteiligung	177	1.	Rechtsmittel des Privatklägers	209
X.	Teilerfolg eines beschränkten Rechtsmittels	178	2.	Rechtsmittel des Angeklagten	211
XI.	Erfolglosigkeit des Rechtsmittels wegen Zeitablaufs (Abs. 5)	181	3.	Mehrere Rechtsmittel, Einstellung, Widerklage	213
1.	Überblick	181			
2.	Regelung des Abs. 5	183			
	a) Allgemeines	183			
	b) Anwendungsbereich	184			
	c) Voraussetzungen des Abs. 5	187			

A. Allgemeines

I. Normzweck, Norminhalte

1. Normzweck. Die Vorschrift enthält hauptsächlich Regelungen für die **Kostentscheidung in der Rechtsmittelinstanz,** die bestimmen, welcher Verfahrensbeteiligte bzw. Rechtsmittelführer **Verfahrenskosten** und **notwendige Auslagen** zu tragen hat oder ob Kosten und Auslagen der Staatskasse zur Last fallen. 1

Die in § 473 enthaltenen Bestimmungen ändern die Regelungen der §§ 464 ff. nicht, sondern ergänzen diese (zur Abgrenzung → Rn. 11 ff.). Wesentliches Kriterium für ihre Anwendung ist das Ergebnis des **endgültigen Verfahrensabschluss.** Unerheblich ist hingegen, welcher Verfahrensbeteiligte das Rechtsmittel eingelegt hat. Mit der Ermittlung der Höhe tatsächlich angefallener Kosten und Auslagen ist das erkennende Gericht nicht befasst. Diese erfolgt für Kosten und Auslagen eines Beteiligten im Festsetzungsverfahren (§ 464b), für die Gerichtskosten im Kostenansatzverfahren (§ 19 Abs. 2 GKG); ein Kostenansatz setzt eine rechtskräftige Kostengrundentscheidung voraus. 2

2. Norminhalte und Regelungslücken. Die Bestimmungen der **Absätze 1–5** enthalten Regelungen für die Kostenentscheidung in **Rechtsmittelverfahren.** Abs. 1 regelt die Zurücknahme und die Erfolglosigkeit eines Rechtsmittels, Abs. 2 die kostenrechtliche Behandlung derjenigen Rechtsmittel der StA, die nicht unter Abs. 1 fallen, Abs. 3 die beschränkten Rechtsmittel, Abs. 4 den Teilerfolg eines Rechtsmittels und Abs. 5 den Sonderfall eines Rechtsmittelerfolgs allein wegen Zeitablaufs. **Abs. 6** erklärt für das **Wiederauf-** 3 nahme- und das **Nachverfahren** die Abs. 1–4 für entsprechend anwendbar. **Abs. 7** regelt die Kostenverteilung bei der **Wiedereinsetzung** in den vorigen Stand.

4 Die Bestimmungen des § 473 sind **unvollständig.** So erfasst die Vorschrift etwa die Grundfälle unbeschränkt erfolgreicher Rechtsmittel des Angeklagten und der StA nicht; hier gelten die Grundregeln der § 465 Abs. 1, § 467 Abs. 1.[1] Auch für andere nicht seltene Konstellationen wie zB die Aufhebung einer Entscheidung mit Zurückverweisung oder die Korrektur von Rechtsfehlern in der Rechtsmittelinstanz trifft das Gesetz keine ausdrücklichen Regelungen und kann unter dem Aspekt der Billigkeit zu wenig überzeugenden Ergebnissen führen.[2]

5 **3. Erfordernis einer Kostenentscheidung.** Rechtsmittelentscheidungen müssen grundsätzlich eine Kostenentscheidung enthalten; nicht entscheidend ist, ob die Entscheidung das Verfahren, die Instanz, oder ein Zwischenverfahren abschließt (→ Rn. 139). Eine Ausnahme gilt nur für Aufhebungs- und Zurückverweisungsentscheidungen, da diese noch nichts über das für die Kostenverteilung maßgebliche Endergebnis des Rechtsmittelverfahrens besagen können. Bestimmt das Gericht im Kostenausspruch seiner Rechtsmittelentscheidung nichts anderes, so erfasst die Kostenentscheidung nur die im Rechtsmittelverfahren entstandenen Kosten und Auslagen und bleibt die in der angefochtenen Entscheidung getroffene Kostenregelung unberührt.[3]

II. Anwendungsbereiche

6 **1. Rechtsmittel. a) Erwachsenenstrafrecht.** Zu den Rechtsmitteln iSv § 473 gehören neben der Berufung (§ 311 ff.) und der Revision (§ 331 ff.) alle Arten der Beschwerde, dh die einfache (§ 304), die sofortige (§ 311) und die weitere Beschwerde (§ 310). Auch bei Entscheidungen über eine Rechtsbeschwerde richtet sich die Kostenentscheidung nach § 473.[4] Zum Strafbefehl → Rn. 19 ff., zur Anhörungsrüge → Rn. 23, zur Entscheidung nach § 346 Abs. 2 → Rn. 24.

7 **b) Jugendstrafrecht.** Wendet das Gericht Jugendstrafrecht an, gilt für die Rechtsmittel der Jugendlichen die Sonderregelung des **§ 74 JGG.** Diese Vorschrift eröffnet dem Gericht bei der Kosten- und Auslagenverteilung ein Ermessen, das es erkennbar ausüben muss. Dabei sind neben den wirtschaftlichen Verhältnissen des Angeklagten auch die Auswirkungen der Kostenbelastung für diesen zu bedenken; die Kostenentscheidung dient nicht der Unterstützung von Strafzwecken.[5] § 74 JGG gilt auch für Rechtsmittel der **Heranwachsenden,** auf die das Gericht das Jugendstrafrecht anwendet (§ 109 Abs. 2 JGG). Werden heranwachsende Rechtsmittelführer nach Erwachsenenstrafrecht behandelt, gilt § 473.

8 **2. Mehrere Rechtsmittel.** Haben mehrere Verfahrensbeteiligte eine Entscheidung angefochten, muss das Rechtsmittelgericht ihre Rechtsmittel **kostenrechtlich getrennt** behandeln.[6] Das gilt auch, wenn mehrere Rechtsmittelverfahren des Angeklagten in entsprechender Anwendung des § 4 zur gemeinsamen Verhandlung und Entscheidung verbunden worden sind.[7] Das Gericht muss über jedes einzelne Rechtsmittel eine eigene Entscheidung – sowohl in der Hauptsache als auch im Kostenpunkt – treffen.

9 Das Rechtsmittelgericht braucht über die Rechtsmittelkosten nicht zwingend in mehreren Entscheidungen befinden. Hat etwa die StA ihre Berufung zurückgenommen, der

---

[1] Degener in SK-StPO Rn. 1; Gieg in KK-StPO Rn. 5.
[2] Hilger in Löwe/Rosenberg Rn. 1.
[3] Gieg in KK-StPO Rn. 3.
[4] BGH 19.7.2016 – 5 AR (Vs) 45/16, BeckRS 2016, 14777; 7.2.2017 – 5 AR (Vs) 4/17, BeckRS 2017, 102394.
[5] BGH 11.10.2016 – 4 StR 145/16, BeckRS 2016, 19421 mAnm Rathgeber FD-StrafR 2016, 384170; OLG Düsseldorf 14.2.2011 – III-4 Ws 59/11, NStZ-RR 2011, 293 (294).
[6] BGH 28.1.1964 – 3 StR 55/63, NJW 1964, 875; 7.2.2013 – 1 StR 408/12, NStZ-RR 2013, 191 (192) mwN; 6.8.2019 – 1 ARs 4/19, BeckRS 2019, 19937; OLG Braunschweig 20.5.2015 – 1 Ws 94/15, BeckRS 2015, 12182 mwN.
[7] OLG Braunschweig 20.5.2015 – 1 Ws 94/15, BeckRS 2015, 12182 mwN.

Angeklagte hingegen aufrechterhalten, kann die Berufungskammer entweder über die Berufung der StA in einem separaten Kostenbeschluss oder über die Kosten beider Rechtsmittel im Berufungsurteil entscheiden.

3. Entsprechende Anwendbarkeit. Für die Kostenentscheidung gerichtlicher Entscheidungen, die gemäß § 161a Abs. 3 S. 1 und 2 ergangen sind, bestimmt § 161a Abs. 3 S. 3 die entsprechende Anwendbarkeit des § 473a. Wird eine solche Entscheidung angefochten, ist § 473 entsprechend anzuwenden.[8] 10

4. Abgrenzung zu §§ 465, 467. § 473 gilt nicht bzw. nicht allein für jede auf ein 11 Rechtsmittel zu treffende Entscheidung, wie folgende Konstellationen zeigen:

a) Verurteilung. Kommt es erst in der Rechtsmittelinstanz zu einer Verurteilung 12 des Angeklagten, so gilt § 465. Nach dem Grundsatz der **kostenrechtlichen Einheit** des Verfahrens trägt der Angeklagte sämtliche Verfahrenskosten. Dabei kommt es nicht darauf an, ob die Verurteilung sogleich in der Rechtsmittelinstanz oder durch ein neues Tatgericht nach – vorläufig – erfolgreicher Revision und Zurückverweisung an die Vorinstanz oder ein anderes Gericht ergangen ist; denn der Angeklagte trägt das Kostenrisiko der Mehrbelastung wegen einer fehlerhaften erstinstanzlichen Entscheidung.[9] Für die Kosten des Rechtsmittelverfahrens gilt § 473, wenn der Angeklagte bereits in erster Instanz verurteilt wurde und es nach erfolgreicher Revision zur erneuten Verurteilung kommt.

Die volle Kostenpflicht der gesamten Kosten erster Instanz trifft den verurteilten Ange- 13 klagten nach § 465 auch dann, wenn das Berufungsgericht das Verfahren – sachgerecht – an das Schwurgericht verwiesen hat, dieses aber die Entscheidung des AG bestätigt; für die Kosten des Rechtsmittelverfahrens gilt § 473.[10]

Im Fall der Aufhebung der erstinstanzlichen Entscheidung und Zurückverweisung der 14 Sache durch das Revisionsgericht kommt eine **Quotelung der Kosten des Revisionsverfahrens** dann in Betracht, wenn die Entscheidung des neuen Tatrichters im Rechtsfolgenausspruch günstiger ausfällt.[11]

Wurde der **Rechtsfolgenausspruch abgemildert,** ist auch die Anwendung des § 473 15 Abs. 4 zu prüfen. Danach kommt eine Ermäßigung der Gerichtsgebühr und eine teilweise Belastung der Staatskasse mit den notwendigen Auslagen nur insoweit in Betracht, als es unbillig wäre, den Angeklagten damit zu belasten. Die Annahme der Unbilligkeit hängt davon ab, ob der Rechtsmittelführer die angefochtene Entscheidung hingenommen hätte, wenn sie so gelautet hätte, wie die auf das Rechtsmittel hin ergangene; davon ist bei einer Anfechtung der Verurteilung in vollem Umfang nicht auszugehen.[12] Zur teilweisen Aufrechterhaltung der Verurteilung iVm einem Teilfreispruch → Rn. 17.

b) Freispruch, Einstellung. Spricht das Gericht den Angeklagten in der Rechts- 16 mittelinstanz ganz frei oder stellt das Verfahren ein, ist § 467 anzuwenden. Auch dies gilt unabhängig davon, ob diese Entscheidungen sogleich in der Rechtsmittelinstanz oder erst nach Zurückverweisung ergehen. Die auf §§ 465, 467 beruhende Kostenentscheidung erfasst in den Fallgruppen a) und b) die Kosten und Auslagen aller Rechtszüge.[13]

Führt die Berufung des Angeklagten zum Wegfall der Verurteilung wegen einer oder 17 mehrerer rechtlicher selbständiger Taten, insbesondere aufgrund eines **Teilfreispruchs,** hat die Staatskasse gem. § 467 Abs. 1 die Verfahrenskosten beider Rechtszüge und die notwendi-

---

[8] LG Hildesheim 26.3.2007 – 25 Qs 17/06, NJW 2008, 531 (534) zur Kostenentscheidung bei Anträgen auf gerichtliche Entscheidung über Akteneinsichtsgewährung durch die StA.
[9] BGH 13.10.2005 – 4 StR 143/05, NStZ-RR 2006, 32.
[10] Dazu OLG Oldenburg 13.3.1996 – 1 Ws 11/96, NStZ 1996, 405.
[11] BGH 13.10.2005 – 4 StR 143/05, NStZ-RR 2006, 32 zu einer Strafmaßermäßigung; BGH 21.10.1986 – 4 StR 553/86, NStZ 1987, 86 zum Wegfall der Unterbringung gem. § 63 StGB.
[12] OLG Düsseldorf 5.2.1996 – 1 Ws 70/96, Rechtspfleger 1996, 303; s. auch OLG Düsseldorf 9.8.1994 – 1 Ws 587/94, MDR 1995, 209 = NStE Nr. 22 zu § 473 StPO.
[13] Benthin in Radtke/Hohmann Rn. 1 mwN.

gen Auslagen des Angeklagten zu tragen; soweit die Verurteilung aufrechterhalten wurde, trägt der Rechtsmittelführer die Kosten gem. § 473 Abs. 1.[14] Verbleibt es hingegen beim erstinstanzlichen Freispruch des Angeklagten, weil das Rechtsmittel der StA erfolglos war, gelten § 473 Abs. 1 S. 1 und Abs. 2 S. 1.

18   c) **Berichtigung.** Liegt der Grund der Zurücknahme eines Rechtsmittels oder Wiederaufnahmeantrags in einer Berichtigung der angefochtenen Entscheidung, die den Beschwerdepunkt beseitigt hat, ist § 467 Abs. 1 entsprechend anzuwenden; der Rechtsmittelführer ist so zu behandeln, als habe er vollen Erfolg gehabt.[15]

19   **5. Einspruch gegen den Strafbefehl.** Bei diesem Einspruch handelt es sich nach zutr. Auffassung[16] nicht um ein Rechtsmittel, da der Devolutiveffekt fehlt. Kommt es nach der Einlegung des Einspruchs zur Hauptverhandlung vor dem Amtsgericht, richtet sich die Kostenentscheidung in dessen Urteil nach §§ 465 ff. Eine entsprechende Anwendung des § 473 scheidet aus.[17]

20   Auch bei einem ganz oder zum Teil erfolgreichen **beschränkten Einspruch** gegen den Strafbefehl kommt keine analoge Anwendung des § 473 Abs. 3, 4 in Frage.[18] Für diese Fälle gilt im Grundsatz § 465 Abs. 1, sodass der Angeklagte etwa auch dann, wenn er mit seinem beschränkten Einspruch antragsgemäß eine deutliche Reduzierung der Tagessatzhöhe erreicht hat, die durch die Hauptverhandlung entstandenen Kosten und Auslagen trägt.[19] Dies erscheint regelmäßig nicht unbillig, weil der Angeklagte kostenmäßig nicht schlechter gestellt wird, wie wenn er abgeurteilt wäre und er keinen Anspruch darauf hat, dass das Verfahren mit einem Strafbefehl abgeschlossen wird.

21   In **Ausnahmefällen,** in denen der beschränkte Einspruch allein der Korrektur rechtsfehlerhafter Entscheidungen dient, etwa wenn der erlassene Strafbefehl gegen §§ 53, 54 Abs. 2 StGB verstößt, lassen sich unbillige Ergebnisse durch eine Heranziehung des § 465 Abs. 2 oder eine entspr. Anwendung des § 473 Abs. 3 vermeiden.[20] Eine Ausnahme, in der das Argument, der Angeklagte werde kostenmäßig nicht schlechter gestellt wird, wie wenn er abgeurteilt wäre, versagt, liegt auch dann vor, wenn dem Angeklagten vor Erlass des Strafbefehls kein rechtliches Gehör gewährt wurde und er mit seinem auf die Rechtsfolge beschränkten Einspruch Erfolg hatte.[21] Hat der Angeklagte seinen Einspruch auf die Frage von Zahlungserleichterungen beschränkt und wird eine Hauptverhandlung nur deshalb nötig, weil die StA ihre Zustimmung zur Entscheidung im Beschlussweg versagt, sind die dadurch entstandenen Verfahrenskosten und notwendigen Auslagen des Angeklagten der Staatskasse aufzuerlegen.[22]

22   Wird der **Einspruch zurückgenommen** oder durch Beschluss des AG als **unzulässig verworfen,** verbleibt es bei der – das Verfahren bis dahin mit umfassenden – Kostenentscheidung im Strafbefehl;[23] § 473 ist erst anwendbar, wenn das LG über die sofortige Beschwerde iSv § 411 Abs. 1, die der Angeklagte gegen den Verwerfungsbeschluss eingelegt hat, entscheiden muss.

---

14 OLG Düsseldorf 5.2.1996 – 1 Ws 70/96, Rpfleger 1996, 303.
15 Schmitt in Meyer-Goßner/Schmitt Rn. 5, 37 mwN; Hilger in Löwe/Rosenberg Rn. 4.
16 OLG Stuttgart 4.8.1989 – 6 Ss 444/89, NStZ 1989, 589; Schmitt in Meyer-Goßner/Schmitt Rn. 1 mwN; Degener in SK-StPO Rn. 3; Hilger in Löwe/Rosenberg Rn. 3 mwN.
17 Degener in SK-StPO Rn. 3.
18 OLG Stuttgart 4.8.1989 – 6 Ss 444/89, NStZ 1989, 589 mwN und mit zutr. Hinweis auf BT-Drs. 10/1313, 78; LG Ingolstadt 27.3.2014 – 2 Qs 32/14, bei Kotz NStZ-RR 2015, 193; LG München 13.6.1988 – 21 Ns 497 Js 119504/86, NStE Nr. 5 zu § 473 StPO; LG Kassel 15.2.1988 – 3 Qs 33/88, NStE Nr. 6 zu § 473 StPO; aA LG Mosbach 7.11.1996 – 1 Qs 74/96, StV 1997, 34 = MDR 1997, 511.
19 OLG Stuttgart 4.8.1989 – 6 Ss 444/89, NStZ 1989, 589; LG Ingolstadt 27.3.2014 – 2 Qs 32/14, bei Kotz NStZ-RR 2015, 193; Hilger in Löwe/Rosenberg Rn. 3 mwN.
20 Vgl. dazu LG Bremen 4.3.1991 – 23 Qs 417/90, MDR 1991, 666.
21 LG Flensburg 20.12.2004 – 1 Qs 138/04, NStZ-RR 2005, 96: ausnahmsweise Anwendung des § 473 Abs. 3.
22 AG Kehl 11.12.2015 – 2 Cs 206 Js 12132/15, BeckRS 2016, 00235.
23 Hilger in Löwe/Rosenberg Rn. 3.

6. Anhörungsrüge. Anhörungsrügen, mit denen die Verletzung rechtlichen Gehörs 23 geltend gemacht wird, stellen kein Rechtsmittel, sondern einen Rechtsbehelf dar. Weist das Revisionsgericht die nach § 356 erhobene Anhörungsrüge als unzulässig oder unbegründet zurück, trägt der Verurteilte die Kosten. Diese Kostenentscheidung ist erforderlich, weil die Zurückweisung einen Gebührentatbestand auslöst.[24] Sie beruht nicht auf § 473 Abs. 1, sondern nach stRspr auf einer entsprechenden Anwendung des § 465 Abs. 1.[25] Ebenso liegt es bei Zurückweisung einer Rüge iSd § 33a. Gegen die eine Rüge nach § 33a behandelnde Entscheidung ist jedoch die Einlegung einer Beschwerde möglich; bei der Entscheidung über diese gilt § 473.

7. Antrag nach § 346 Abs. 2. Der Antrag auf Entscheidung des Revisionsgerichts 24 nach § 346 Abs. 2 stellt einen Rechtsbehelf eigener Art dar; § 473 gilt nicht. Die Entscheidung des Revisionsgerichts enthält keine Kostenentscheidung,[26] da das KV des GKG keine Gebühr vorsieht und Auslagen nicht entstehen.[27]

B. Erläuterung

I. Überblick zu Abs. 1

Abs. 1 regelt die Kostentragungspflicht für **zurückgenommene und erfolglose** 25 **Rechtsmittel** nach dem Veranlasserprinzip. Abs. 1 S. 1 gilt für alle Verfahrensbeteiligten, Abs. 1 S. 2 für den Umfang der Pflicht zur Tragung der Auslagen bei Nebenklägerbeteiligung und Abs. 1 S. 3 für die entsprechende Pflicht des Nebenklägers, wenn er sein Rechtsmittel zurückgenommen hat oder es erfolglos war. Bei erfolglosen Rechtsmitteln der StA folgt in Ergänzung des Abs. 1 aus Abs. 2 S. 1 die Pflicht der Staatskasse, die notwendigen Auslagen des Angeklagten oder eines Nebenbeteiligten zu tragen. Gänzlich erfolglose Rechtsmittel und Rechtsmittel, die nur einen unwesentlichen Teilerfolg erzielen, werden einheitlich als erfolglos behandelt.

Abs. 1 S. 4 regelt durch die Verweisung auf § 472a Abs. 2 den Sonderfall der unzulässig 26 gewordenen sofortigen Beschwerde nach § 406a Abs. 1. Nach Abs. 6 gilt Abs. 1 auch für den zurückgenommenen und den erfolglosen Wiederaufnahmeantrag. Zur Abgrenzung der Anwendung des Abs. 1 von → § 465 Rn. 11 ff.

II. Zurücknahme des Rechtsmittels (Abs. 1 S. 1)

1. Wirksame vollständige Rücknahme. Abs. 1 setzt eine wirksame und vollständige 27 Rücknahme des eingelegten Rechtsmittels voraus. Ob eine wirksame Rechtsmittelrücknahme vorliegt, regelt § 302. Ist dies der Fall und hatte nur ein Verfahrensbeteiligter Rechtsmittel eingelegt, beendet die Rücknahme die Rechtsmittelinstanz und muss das Gericht eine Kostenentscheidung treffen (→ Rn. 32 ff.).

Eine wirksame Rücknahmeerklärung des Wahlverteidigers setzt eine **ausdrückliche** 28 **Ermächtigung** (§ 302 Abs. 2) voraus, die sich aus der Vollmachtsurkunde oder einer Erklärung des Angeklagten ergeben kann. Zu beachten ist, dass die Rspr. teilweise eine allgemeine Ermächtigung nicht genügen lässt und verlangt, dass sich diese entweder auf ein konkretes Rechtsmittel bezieht oder sich aus den Umständen ergibt, dass lediglich ein konkretes Rechtsmittel gemeint sein kann.[28]

Die **Rücknahmeerklärung** ist als Prozesserklärung nach allgemeinen Regeln der **Aus-** 29 **legung** zugänglich; dabei kommt es vor allem auf den erkennbar gemeinten Sinn an. So

---

[24] BGH 8.3.2006 – 2 StR 387/91, BeckRS 2006, 04295.
[25] BGH 8.6.2016 – 4 StR 33/16, BeckRS 2016, 11933; 8.7.2016 – 1 StR 47/16, BeckRS 2016, 13676; 4.8.2016 – 4 StR 225/16, BeckRS 2016, 14687 jew. mwN.
[26] BGH 31.8.2016 – 2 StR 27/16, BeckRS 2016, 20609.
[27] Schmitt in Meyer-Goßner/Schmitt § 346 Rn. 12; aA Wiedner in Graf § 346 Rn. 28.
[28] Ausführlich Radtke in Radtke/Hohmann § 302 Rn. 51 ff.

liegt trotz der als „Beschränkung" bezeichneten Erklärung eine vollständige Rechtsmittelrücknahme vor, wenn der Angeklagte bzgl. des nicht angefochtenen Entscheidungsteils nicht beschwert ist.[29] Die Rücknahmeerklärung ist unwiderruflich und führt zum Rechtsmittelverlust; anders liegt es nur, wenn die Ermächtigung vor Eingang der Rücknahmeerklärung bei Gericht widerrufen wurde.[30]

30 **2. Motiv der Rücknahme.** Es ist grundsätzlich unerheblich. Nimmt der Beschwerdeführer sein Rechtsmittel aber ausschließlich deshalb zurück, weil er sein **Ziel erreicht** und sich für ihn damit die Hauptsache erledigt hat, etwa weil die angegriffene Entscheidung in seinem Sinne berichtigt wurde oder er nach Anfechtung eines Beschlagnahmebeschlusses den von der Beschlagnahme nicht umfassten Gegenstand nach der Beschwerdeeinlegung zurückerhalten hat, liegt **keine Rücknahme iSv Abs. 1** vor. Vielmehr ist in entsprechender Anwendung des § 467 Abs. 1 von einem vollen Erfolg des Rechtsmittels auszugehen.[31] Zu ähnlich gelagerten Fällen → Rn. 53 ff.

31 **3. Nachträgliche Rechtsmittelbeschränkung.** Für den Fall, dass ein zunächst unbeschränkt eingelegtes Rechtsmittel nachträglich beschränkt wird, gilt Abs. 1 S. 1 entsprechend. Denn in der nachträglichen Beschränkung ist nach stRspr[32] eine **Teilrücknahme** zu sehen. Auch bei einem vollen Erfolg des wirksam nachträglich beschränkten Rechtsmittels kommt es also nicht nur zur isolierten Anwendung des Abs. 3; dem Rechtsmittelführer sind in entspr. Anwendung des Abs. 1 S. 1 diejenigen Mehrkosten aufzuerlegen, die durch die nicht rechtzeitige Teilrücknahme bzw. dadurch entstanden sind, dass er sein Rechtsmittel nicht alsbald nach Urteilszustellung beschränkt hat.[33] Die Rechtzeitigkeit richtet sich danach, ob die Rechtsmittelbeschränkung noch innerhalb der Berufungsbegründungsfrist des § 317 bzw. der Revisionsbegründungsfrist des § 345 erfolgt (näher → Rn. 147 ff.).

32 **4. Gerichtliche Entscheidung. a) Beschluss über Kosten und Auslagen.** Die Entscheidung darüber, wer die durch das zurückgenommene Rechtsmittel entstandenen Verfahrenskosten und notwendigen Auslagen zu tragen hat, trifft das Gericht **von Amts wegen im Beschlusswege.** Dies gilt unabhängig davon, ob und in welcher Höhe solche Kosten und Auslagen angefallen sind[34] und ob eine Hauptverhandlung bereits begonnen hat oder nicht. Beendet die Rücknahme das Verfahren wegen eines weiteren Rechtsmittels nicht, kann das Gericht über alle Kosten im abschließenden **Urteil** entscheiden.[35]

33 **b) Klarstellung des Schuld- und Rechtsfolgenausspruchs.** Erfolgt die **Rechtsmittelrücknahme erst im Laufe des Hauptverfahrens** und kam es dort zuvor zu Einstellungen von Verfahrensteilen nach §§ 153 ff., darf sich der zu erlassende Gerichtsbeschluss nicht auf eine Kostenentscheidung beschränken, sondern muss zusätzlich klarstellen, wegen welcher Tat der Angeklagte zu welcher Strafe verurteilt ist.[36]

34 **c) Zuständigkeit.** Für die Kostenentscheidung ist das Rechtsmittelgericht dann zuständig, wenn ihm die Akte zum Zeitpunkt der Zurücknahme des Rechtsmittels bereits

---

[29] OLG Celle 27.1.2015 – 1 Ws 510/14, NStZ-RR 2016, 21 zu einer Beschränkung der Berufung des Angeklagten „auf die Nichtanordnung eines Wertersatzverfalls". Dh, dass das Berufungsziel in der Bestätigung einer in erster Instanz nicht getroffenen und damit nicht beschwerenden Entscheidung liegt.
[30] BGH 31.8.2016 – 2 StR 267/16, BeckRS 2016, 17912.
[31] Hilger in Löwe/Rosenberg Rn. 4.
[32] OLG München 4.12.1996 – 2 Ws 1197/96, NStZ-RR 1997, 192; OLG Hamm 10.2.1998 – 3 Ws 575/97, NStZ-RR 1998, 221; OLG Celle 27.1.2015 – 1 Ws 510/14, NStZ-RR 2016, 21; OLG Braunschweig 20.5.2015 – 1 Ws 94/15, BeckRS 2015, 12182 mwN.
[33] OLG Braunschweig 20.5.2015 – 1 Ws 94/15, BeckRS 2015, 12182; OLG Brandenburg 31.1.2014 – (1) 53 Ss 15/14, BeckRS 2014, 11102.
[34] Hilger in Löwe/Rosenberg Rn. 5 mwN.
[35] Hilger in Löwe/Rosenberg Rn. 6.
[36] Schmitt in Meyer-Goßner/Schmitt § 302 Rn. 11.

vorliegt, ansonsten das erstinstanzliche Gericht.[37] Bei Aufhebung und Zurückverweisung eines Urteils oder Beschlusses entscheidet die Vorinstanz;[38] eine Ausnahme gilt nur dann, wenn wegen der Anwendung des § 301 die Erfolglosigkeit des Rechtsmittels bereits feststeht.[39] Hat das Revisionsgericht das Berufungsurteil aufgehoben und wird danach die Berufung zurückgenommen, entscheidet das Berufungsgericht über die Kosten von Berufung und Revision.[40]

Bleibt das Verfahren wegen eines anderen Rechtsmittels anhängig, kann das Gericht entweder im Urteil eine umfassende Kostenentscheidung treffen oder separat in einem Beschluss nur über das zurückgenommene Rechtsmittel entscheiden.[41] Hat das nicht mehr zuständige erstinstanzliche Gericht eine in Rechtskraft erwachsene Kostenentscheidung getroffen, das an sich zuständige Rechtsmittelgericht danach einen Kostenbeschluss erlassen, bleibt die erstinstanzliche Entscheidung wirksam und hebt das Rechtsmittelgericht auf Gegenvorstellung des Angeklagten seine Kostenentscheidung auf.[42]

5. Kostentragungspflichtiger. a) Grundsatz. Kommt Abs. 1 zur Anwendung, trägt im Grundsatz derjenige die Kosten und Auslagen, der das Rechtsmittel eingelegt hat; auf seine Stellung im Verfahren (Angeklagter, Beschuldigter, Zeuge, Nebenkläger usw) kommt es nicht an. Rechtsmittel, die der Verteidiger gemäß § 297 eingelegt hat, sind kostenrechtlich dem Beschuldigten bzw. Angeklagten zuzurechnen.[43]

b) Staatskasse. Nimmt die **StA** ihr eingelegtes Rechtsmittel zurück oder bleibt es erfolglos, ist die Staatskasse kostenpflichtig; dh, dass dieser die Kosten des Rechtsmittelverfahrens aufzuerlegen sind (Abs. 1 S. 1). **Abs. 2 S. 1** bestimmt darüber hinaus, dass die Staatskasse bei einem zuungunsten des Beschuldigten eingelegten Rechtsmittel dessen notwendige Auslagen zu tragen hat; dies gilt für notwendige Auslagen, die ausscheidbar dem Rechtsmittel der StA zuzurechnen sind.[44] Gleiches gilt dann, wenn das zuungunsten des verurteilten Angeklagten angefochtene Urteil zwar aufgehoben, aber **nach erneuter Hauptverhandlung bestätigt** wird, da das Rechtsmittel der StA im Endergebnis erfolglos war. Hingegen hat der verurteilte Angeklagte die Kosten der erstinstanzlichen Hauptverhandlungen nach § 465 Abs. 1 zu tragen, ist jedoch nach § 21 GKG von Kosten, die bei zutreffender Sachbehandlung nicht entstanden wären, freizustellen.[45]

War ein **Nebenkläger beteiligt,** sieht das Gesetz bei einem zurückgenommenen oder erfolglosen Rechtsmittel der StA nicht vor, dass durch ein solches Rechtsmittel entstandene Nebenklägerauslagen der Staatskasse überbürdet werden können; vielmehr trägt der Nebenkläger in diesen Konstellationen seine notwendigen Auslagen selbst.[46] Zu den Fällen der Nebenklägerbeteiligung → Rn. 90 ff.

Der überwiegende Teil der Rspr.[47] verneint in den Fällen, in denen die **StA** Berufung oder Revision eingelegt, ihr Rechtsmittel aber noch **vor der Begründung zurückgenommen** hat, trotz Tätigkeit des Verteidigers eine erstattungsfähige **Verfahrensgebühr,** da vor der Rechtsmittelbegründung keine Notwendigkeit einer einen Gebührenanspruch begründenden Rechtsberatung bestehe. Dies vermag allgemein nicht und allenfalls dort zu überzeugen, wo der Angeklagte ebenfalls Rechtsmittel eingelegt hat und durch das zurückgenommene Rechtsmittel der StA keine Mehrauslagen entstanden sind.[48] Die

---

[37] BGH 13.10.2015 – 3 StR 256/15, BeckRS 2015, 17758.
[38] Degener in SK-StPO Rn. 7.
[39] BGH 10.2.1987 – 1 StR 731/86, BeckRS 1987, 31087690.
[40] OLG Hamm 5.10.1972 – 4 ARs 46/72, NJW 1973, 772.
[41] Hilger in Löwe/Rosenberg Rn. 6 mwN.
[42] BGH 13.10.2015 – 3 StR 256/15, BeckRS 2015, 17758.
[43] Degener in SK-StPO Rn. 12.
[44] OLG Braunschweig 20.5.2015 – 1 Ws 94/15, BeckRS 2015, 12182 mwN.
[45] BGH 28.1.1964 – 3 StR 55/63, NJW 1964, 875.
[46] BGH 5.10.2016 – 3 StR 232/16, BeckRS 2016, 20063 mwN.
[47] OLG Koblenz 21.8.2014 – 2 Ws 376/14, NStZ-RR 2014, 327 mwN; dazu Kotz NStZ-RR 2014, 5; 2015, 193.
[48] Vgl. OLG Düsseldorf 13.3.1989 – 3 Ws 905/88, NStE Nr. 8 zu § 473.

Gegenauffassung⁴⁹ beruft sich zu Recht auf die Sinnhaftigkeit einer Beratung und das Verursacherprinzip; dies gilt ebenso bei einem von der StA „vorsorglich" eingelegten Rechtsmittel.⁵⁰

40   **c) Mehrere Rechtsmittelführer.** Die Rechtsmittel mehrerer Beschwerdeführer sind **kostenrechtlich voneinander zu trennen.**⁵¹ Werden mehrere Rechtsmittel zurückgenommen oder bleiben sie erfolglos, trägt jeder Rechtsmittelführer die Kosten seines Rechtsmittels. Aus der Gesamtschau der Abs. 1 und 2 folgt, dass die Staatskasse nicht alle notwendigen Auslagen des Angeklagten, sondern nur diejenigen trägt, die durch das zurückgenommene Rechtsmittel der StA entstanden sind.⁵²

41   In dem **Ausnahmefall**, in dem das Rechtsmittel der StA keine zusätzlichen Kosten und Auslagen verursacht haben kann, weil es nur gegen den Rechtsfolgenausspruch gerichtet, das Rechtsmittel des Angeklagten hingegen uneingeschränkt eingelegt war, kann das Gericht auf einen zusätzlichen Kostenausspruch dahin, dass die Staatskasse die notwendigen Auslagen des Angeklagten trägt, verzichten.⁵³

42   Unzulässig ist es, den Rechtsmittelerfolg des Angeklagten, der etwa einen Schuldspruchwegfall und dadurch eine Strafreduzierung erreicht hat, gegen einen Erfolg der StA, die zB mit ihrem Rechtsmittel den Wegfall der Strafaussetzung zur Bewährung erzielt, aufzurechnen.⁵⁴

43   **d) Vertreter.** Kostenpflichtig ist grundsätzlich, wer ein **Rechtsmittel ohne Vollmacht** bzw. ohne Vertretungsmacht eingelegt hat. Dies gilt zunächst für den vollmachtlosen Verteidiger⁵⁵ sowie den Verteidiger, der das Rechtsmittel **gegen den Willen** des Angeklagten eingelegt oder weiterverfolgt hat.⁵⁶ Nur dann, wenn der vollmachtlos handelnde Vertreter, etwa wegen einer gerichtlichen Entscheidung, darauf vertrauen durfte, zur Rechtsmitteleinlegung befugt zu sein, treffen ihn keine Kosten.⁵⁷

44   Auch dann, wenn der Angeklagte eine Vollmacht zur Einlegung eines Rechtsmittels erteilt hat, muss der Verteidiger einen später eintretenden entgegenstehenden Willen des Angeklagten, zB dessen Willen zur Rechtsmittelrücknahme oder dessen Rechtsmittelverzicht oder die eingetretene Urteilsrechtskraft beachten, weil die Rechtsmittelbefugnis der Verteidigung voraussetzt, dass dem Angeklagten noch ein Rechtsmittel zusteht.⁵⁸

45   Da das Verbot der Mehrfachverteidigung gem. **§ 146** zugleich ein gesetzliches Verbot iSv § 134 BGB darstellt, trägt ein Rechtsanwalt die Kosten eines Rechtsmittels und die dadurch dem Angeklagten entstandenen notwendigen Auslagen auch dann, wenn er dieses unbefugt, dh **ohne wirksamen Verteidigungsauftrag** eingelegt hat. Dies entspricht dem Veranlassungsprinzip.⁵⁹

46   Umstr. ist, ob die Pflicht zur Kostentragung auch dann besteht, wenn zwar eine Voll- oder **Vertretungsmacht** vorliegt, diese aber **überschritten** wird. Dies ist zu bejahen. Im Ergebnis besteht rechtlich und tatsächlich kein nennenswerter Unterschied zum Vertreter ohne jede Vollmacht, da die Befugnis, ein Rechtsmittel einzulegen, fehlt. Damit leuchtet

---

⁴⁹ OLG Stuttgart 2.4.1998 – 3 Ws 102/95, StV 1998, 615; Kotz NStZ-RR 2014, 5; 2015, 193; LG Köln 14.3.2014 – 111 Qs 64/14, BeckRS 2014, 20167 stellt im Ergebnis auf den Umfang der Tätigkeit des Verteidigers ab.
⁵⁰ Gieg in KK-StPO Rn. 2.
⁵¹ BGH 7.2.2013 – 1 StR 408/12, NStZ-RR 2013, 191 mwN; OLG Braunschweig 20.5.2015 – 1 Ws 94/15, BeckRS 2015, 12182 mwN.
⁵² OLG Zweibrücken 5.12.1973 – Ws 335/73, NJW 1974, 659; Benthin in Radtke/Hohmann Rn. 4.
⁵³ BayObLG 12.12.1962 – RReg 1 St 629/62, NJW 1963, 601.
⁵⁴ BGH 28.1.1964 – 3 StR 55/63, BGHSt 19, 226 = NJW 1964, 875.
⁵⁵ OLG Düsseldorf 30.4.2001 – 2 Ws 71/01, NStZ-RR 2001, 303 (304); KG 12.3.2012 – 4 Ws 17/12, NJW 2012, 2293 zur nicht genehmigten Vollmachterteilung durch einen Minderjährigen.
⁵⁶ OLG Hamm 14.8.2008 – 3 Ws 309/08, NJW 2008, 3799.
⁵⁷ BGH 18.11.2008 – 4 StR 301/08, BeckRS 2008, 25004 Rn. 10.
⁵⁸ OLG Frankfurt a. M. 11.6.1991 – 2 Ws 79/91, NJW 1991, 3164 mwN; OLG Düsseldorf 17.7.2015 – III-2 Ws 300/15, BeckRS 2015, 12982 mwN.
⁵⁹ OLG München 29.4.1983 – 2 Ws 440/83, NJW 1983, 1688.

nicht ein, weshalb sich die Haftung des Unbefugten auf das zivilrechtliche Innenverhältnis zum Beschuldigten beschränken sollte.⁶⁰ Dementsprechend haftet etwa ein **Betreuer,** der für bestimmte Aufgabenkreise bestellt wurde, die sich nicht auf das Straf- oder Strafvollstreckungsverfahren erstrecken, für die Kosten einer deshalb unzulässigen und damit erfolglos gebliebenen Beschwerde gegen eine Maßregelerledigung.⁶¹

Den Rechtsanwalt, der als bestellter **Beistand** eines zu Unrecht zugelassenen Nebenklägers Rechtsmittel eingelegt hat, treffen keine Kosten, wenn er darauf vertrauen durfte, zur Einlegung des Rechtsmittels befugt zu sein.⁶² Das gilt auch für den nach **§ 146a** zurückgewiesenen Verteidiger, dessen Handlungen bzw. Rechtsmitteleinlegungen vor Zurückweisung wirksam sind (§ 146a Abs. 2).⁶³ **47**

e) Gesetzliche Vertreter, Erziehungsberechtigte. Haben die gesetzlichen Vertreter (§ 298) und Erziehungsberechtigten (§ 67 Abs. 3 JGG) ein Rechtsmittel eingelegt, so haben sie die Kosten im Fall der Rechtsmittelrücknahme und der Erfolglosigkeit zu tragen. Sie haften aber nur mit dem ihrer Verwaltung unterliegenden Vermögen des Angeklagten; diese Haftung entfällt ab dem Zeitpunkt, in dem der Angeklagte volljährig wird.⁶⁴ Dies ist im Tenor auszusprechen.⁶⁵ **48**

§ 74 JGG gilt nach wohl hM, die sich auf den Wortlaut beruft, für die erfolglosen Rechtsmittel des gesetzlichen Vertreters und des Erziehungsberechtigten nicht.⁶⁶ Hiergegen wird überzeugend eingewandt,⁶⁷ dass danach im Ergebnis doch der Jugendliche oder Heranwachsende gleichsam automatisch mit Kosten belastet und Sinn und Zweck des § 74 JGG unterlaufen werde. Der Wortlaut spricht nicht zwingend gegen die Heranziehung des § 74 JGG, da das Rechtsmittel nur vertretungsweise für den Angeklagten eingelegt wird. Weshalb in diesen Fällen keine erzieherischen Überlegungen in die Kostenentscheidung mehr einfließen können bzw. eine volle oder teilweise Kostenbefreiung bei hierfür gegebenen erzieherischen Gründen in der Person des Jugendlichen nicht möglich sein sollten, leuchtet nicht ein. **49**

f) Nichtrevident. Erstreckt das Revisionsgericht die Urteilsaufhebung gem. § 357 auf den Nichtrevidenten, trägt dieser zwar keine Rechtsmittelkosten, wenn er vom neuen Tatgericht wiederum verurteilt wird; die neu ergehende, auf § 465 Abs. 1 basierende Kostenentscheidung umfasst aber auch die Kosten der zweiten Hauptverhandlung.⁶⁸ **50**

g) Todesfälle. Mit dem Tod des **Beschuldigten** oder Angeklagten wird das angefochtene noch nicht rechtskräftige Urteil gegenstandslos. Eine Sachentscheidung ergeht nicht mehr; das Gericht muss das Verfahren einstellen (§ 206a Abs. 1) und eine Kostenentscheidung treffen. Für die Verfahrenskosten gilt § 467 Abs. 1, für die notwendigen Auslagen des Angeklagten § 467 Abs. 3 S. 2 Nr. 2.⁶⁹ Bei der Auslagenentscheidung dürfen die Erfolgsaussichten des Rechtsmittels berücksichtigt werden. Fehlen diese, ist es nicht unbillig, davon abzusehen, der Staatskasse notwendige Auslagen des Angeklagten aufzuerlegen.⁷⁰ Für Rechtsmittelkosten haftet der Nachlass entsprechend § 465 Abs. 3 nicht.⁷¹ **51**

---

⁶⁰ So aber Degener in SK-StPO Rn. 12.
⁶¹ OLG Hamm 3.5.2007 – 4 Ws 209/07, NStZ 2008, 119.
⁶² BGH 18.11.2008 – 4 StR 301/08, BeckRS 2008, 25004 Rn. 10.
⁶³ Näher → § 146a Rn. 12, 13.
⁶⁴ BGH 24.1.1964 – 1 StR 297/60, NJW 1964, 674 (675) mwN.
⁶⁵ BGH 11.11.1955 – 1 StR 309/55, BeckRS 1955, 31192259.
⁶⁶ Schmitt in Meyer-Goßner/Schmitt Rn. 8; BGH 11.11.1955 – 1 StR 309/55, BeckRS 1955, 31192259; Schäfer NStZ 1998, 330 (333).
⁶⁷ OLG Hamburg 30.8.1968 – 2 Ws 442/68, MDR 1969, 73; OLG Düsseldorf 22.6.1984 – 5 Ss 246/84, MDR 1985, 77 (78); Schatz in Diemer/Schatz/Sonnen JGG § 74 Rn. 34.
⁶⁸ BGH 12.5.1976 – 2 StR 793/75, BeckRS 1976, 107955; Gieg in KK-StPO Rn. 3.
⁶⁹ BGH 22.1.2008 – 5 StR 470/07, NStZ-RR 2008, 146; vgl. auch 21.3.2018 – 4 StR 566/17, BeckRS 2018, 4222; 19.12.2017 – 3 StR 405/17, BeckRS 2017, 140131.
⁷⁰ BGH 15.9.2009 – 1 StR 358/09, NStZ-RR 2010, 32; 2.10.2008 – 1 StR 388/08, NStZ-RR 2009, 21.
⁷¹ OLG Hamm 16.9.1977 – 4 Ws 126/77, NJW 1978, 177 f.

52 Zudem scheidet die Erstattung der dem **Nebenkläger** entstandenen notwendigen Auslagen aus; in der Beschlussformel ist dies nicht gesondert auszusprechen.[72] Der Nachlass haftet für Kosten nicht, wenn der Angeklagte vor Urteilsrechtskraft verstirbt (§ 465 Abs. 3). Hat sich das Rechtsmittel des Nebenklägers durch dessen Tod erledigt, gilt Abs. 1 S. 1; die Kosten trägt der Nachlass (→ Rn. 106). Beim Tod des **Privatklägers** gilt § 393; ergeht ein Einstellungsbeschluss, richtet sich die Kostenentscheidung nach § 471 Abs. 2.

53   **6. Ausnahmen von der Rücknahmeregelung des Abs. 1. a) Allgemeines.** Mit Rücksicht auf das Gebot der sachlichen Gerechtigkeit und den das Kostenrecht beherrschenden Gesichtspunkt der Billigkeit können in Ausnahmefällen die Kosten eines zurückgenommenen Rechtsmittels und die notwendigen Auslagen des Rechtsmittelführers **abweichend von Abs. 1 der Staatskasse** auferlegt werden. Dies kommt aber bei der Einlegung nicht statthafter oder von vornherein unzulässiger Rechtsmittel nicht in Betracht.[73] Als Ausnahmefälle, in denen trotz Rechtsmittelrücknahme die Staatskasse Kosten und Auslagen trägt, sind anerkannt:

54   **b) Zurücknahme wegen Erledigung, Erledigterklärung.** Die Anwendung des Abs. 1 kann dort ungerecht sein, wo der Rechtsmittelführer sein eingelegtes Rechtsmittel – das zunächst zulässig und begründet war – deshalb zurücknimmt, weil es durch ein Ereignis außerhalb seiner Sphäre erfolglos geworden ist. So liegt es etwa in Fällen der **Berichtigung**. Kommt es zur **Rücknahme** des Rechtsmittels, weil diesem durch eine Berichtigung des angefochtenen Urteils oder Beschlusses die Grundlage entzogen wurde, ist zu prüfen, ob das Rechtsmittel zulässig und begründet gewesen wäre. Ist dies der Fall, muss der Rechtsmittelführer so behandelt werden, wie wenn er Erfolg gehabt hätte; danach hat die Staatskasse die Kosten und notwendigen Auslagen zu tragen.[74] Das Gerechtigkeitsgebot kommt auch im umgekehrten Fall zum Tragen, wenn das Gericht ein **eingelegtes Rechtsmittel für erledigt erklärt,** etwa weil der angefochtene Beschluss nicht mehr vollzogen werden soll. Hätte ein solches Rechtsmittel in der Sache keine Erfolgsaussicht gehabt oder wäre es unzulässig gewesen, trägt die Staatskasse die notwendigen Auslagen des Beschwerdeführers nicht.[75]

55   **c) Unvollständige Ausfertigung.** Der Berichtigungskonstellation vergleichbar sind Fälle, in denen zwar die Originalentscheidung rechtmäßig, aber die zugestellte Ausfertigung unvollständig und deshalb rechtsfehlerhaft ist. Stimmt die dem Beschwerdeführer bekannt gemachte Ausfertigung der Entscheidung nicht mit dem Original überein, enthält sie etwa trotz vorgeschriebener Begründung anders als die Originalentscheidung keine Gründe, trägt die Staatskasse die Kosten des Rechtsmittels und die dadurch entstandenen notwendigen Auslagen des Rechtsmittelführers, wenn dieser sein Rechtsmittel zurücknimmt, nachdem ihm die vollständige Entscheidung zugegangen ist. In diesen Fällen darf nicht darauf abgestellt werden, dass das Rechtsmittel gegen die Originalentscheidung unbegründet gewesen wäre.[76]

56   **d) Beseitigung gesetzwidriger Entscheidung.** Hat die StA mit ihrem Rechtsmittel erfolgreich die Beseitigung einer gesetzwidrigen Entscheidung erreicht, trägt gleichwohl in entspr. Anwendung des Abs. 1, Abs. 2 S. 1 die Staatskasse die Kosten des Rechtsmittels und die dem Angeklagten entstandenen notwendigen Auslagen.[77] Es widerspricht der sachlichen Gerechtigkeit, den Verurteilten in einem solchen Fall mit Kosten zu belasten.

---

[72] BGH 2.10.2008 – 1 StR 388/08, NStZ-RR 2009, 21; 24.5.2018 – 4 StR 51/17, NStZ-RR 2018, 294.
[73] BGH 29.8.2016 – StB 24/16, NJW 2016, 3192 Rn. 4 mwN.
[74] Benthin in Radtke/Hohmann Rn. 4; Degener in SK-StPO Rn. 6; Hilger in Löwe/Rosenberg Rn. 4.
[75] BGH 5.10.2018 – StB 9/18, BeckRS 37619.
[76] BGH 7.11.2002 – StB 16/02, NStZ 2003, 273; LG Mannheim 29.11.2012 – 6 Qs 41/12, BeckRS 2012, 25362 bei Kotz NStZ-RR 2014, 5.
[77] BGH 9.10.2019 – 5 StR 352/19, BeckRS 2019, 26779 zur Aufhebung einer gesetzlich nicht vorgesehenen Anrechnungsentscheidung; OLG Düsseldorf 4.9.1997 – 1 Ws 694/97, NStZ-RR 1998, 159 mwN zur Wiederherstellung der noch nicht abgelaufenen Bewährungszeit nach Anfechtung des Straferlassbeschlusses; OLG Düsseldorf 23.9.1999 – 1 Ws 701/99, NStZ-RR 2000, 223 zur Korrektur der erstinstanzlich unterschrittenen Mindeststrafe.

e) Mehrere Rücknahmen. Haben der Angeklagte und die StA Berufung eingelegt 57 und beide ihr Rechtsmittel zurückgenommen, sind die Rechtsmittel kostenrechtlich zu trennen. Danach verbleibt es nicht bei der Anwendung von Abs. 1, sondern der Staatskasse sind diejenigen ausscheidbaren notwendigen Auslagen des Angeklagten aufzuerlegen, die durch das Rechtsmittel der StA verursacht wurden (Abs. 2 S. 1). Ob solche Mehrauslagen entstanden sind, wird im Festsetzungsverfahren geprüft.[78]

III. Erfolglosigkeit des Rechtsmittels (Abs. 1 S. 1)

1. Kostentragungspflicht. Bleibt das eingelegte Rechtsmittel erfolglos, treffen die 58 Kosten des Rechtsmittelverfahrens den, der es eingelegt hat (Abs. 1 S. 1). Darauf, ob es sich um ein unbeschränktes, sogleich oder später beschränktes Rechtsmittel handelte, kommt es nicht an. Die Ausführungen zur Kostentragungspflicht bei Zurücknahme des Rechtsmittels (→ Rn. 36 ff.) gelten hier ebenso. Bei erfolglosem Rechtsmittel des Angeklagten trägt dieser die Kosten aller Hauptverhandlungen, auch wenn sie aus Gründen wiederholt werden mussten, auf die das Gericht und der Rechtsmittelführer keinen Einfluss haben.[79]

War das Rechtsmittel der **StA** erfolglos, ist die Staatskasse kostenpflichtig; sie trägt 59 zudem nach Abs. 2 S. 1 bei einem zuungunsten des Beschuldigten eingelegten Rechtsmittel dessen notwendige Auslagen (→ Rn. 86 ff.). Bleiben **mehrere Rechtsmittel** ohne Erfolg, trägt jeder Rechtsmittelführer die Kosten seines Rechtsmittels (→ Rn. 40).[80]

2. Erfolglosigkeit. a) Feststellung. Die Frage, ob ein Rechtsmittel Erfolg hat oder 60 nicht, entscheidet sich anhand einer Gegenüberstellung der angefochtenen Entscheidung mit dem **Endergebnis** des Rechtsmittelverfahrens (zum gebotenen Entscheidungsvergleich ausführlich → Rn. 69 ff.). Maßgebliches Beurteilungskriterium des Enderfolgs sind regelmäßig die den Rechtsmittelführer treffenden **Entscheidungsfolgen** und damit der Rechtsfolgenausspruch, nicht der Schuldspruch (zu Ausnahmen → Rn. 76, 132). Daraus folgt: Dass der Rechtsmittelführer eine Aufhebung der angegriffenen Entscheidung und die Zurückverweisung der Sache erreicht, besagt für die Frage des Enderfolgs nichts; die entspr. Revisionsentscheidung enthält demnach keine Kostenentscheidung. Da das Gesetz das vollständig erfolglose demjenigen Rechtsmittel, das im wesentlichen erfolglos bleibt, gleichstellt (→ Rn. 68), wirken sich marginale Abmilderungen des Strafmaßes sowie geringfügige Änderungen im Rechtsfolgenausspruch bei der Kostenentscheidung nicht zugunsten des Rechtsmittelführers aus.

b) Fälle voller Erfolglosigkeit im Überblick. Abs. 1 erfasst, wie aus dem den Teiler- 61 folg regelnden Abs. 4 folgt, alle Rechtsmittel, bei denen im Ergebnis die volle Erfolglosigkeit anzunehmen ist. Dies gilt in **vier Fallgruppen**: bei Unzulässigkeit des Rechtsmittels (→ Rn. 62 ff.), bei Unbegründetheit des Rechtsmittels (→ Rn. 66 ff.), bei unwesentlichem Teilerfolg des Rechtsmittels (→ Rn. 68 ff.) sowie bei Rechtsmitteln der StA zuungunsten des Beschuldigten oder Nebenbeteiligten, die zur Anwendung des § 301 führen (→ Rn. 88 f.). Zum Sonderfall fingierter Erfolglosigkeit nach Abs. 5 → Rn. 183 ff., zur Erfolglosigkeit bei Änderungen allein aufgrund Zeitablaufs → Rn. 189 ff.

3. Verwerfung des Rechtsmittels als unzulässig. a) Verfristete Rechtsmittel. 62 Hierunter fallen zunächst die verfristeten Rechtsmittel, die das Rechtsmittelgericht als unzulässig verwerfen muss (Fälle der § 319 Abs. 1, § 349 Abs. 1 und § 346 Abs. 1). Gleiches gilt, wenn das Ausgangsgericht die Verwerfung als unzulässig ausspricht. Die Entscheidung, die den Antrag auf Entscheidung des Rechtsmittelgerichts (§ 319 Abs. 2, § 346 Abs. 2) zurückweist, enthält keine Kostenentscheidung.[81]

---

[78] Schmitt in Meyer-Goßner/Schmitt Rn. 18 mwN.
[79] OLG Hamm 1.4.1977 – 2 Ws 69/77, MDR 1977, 805 zur Erkrankung eines Schöffen.
[80] BGH 7.2.2013 – 1 StR 408/12, NStZ-RR 2013, 191 (192); OLG Braunschweig 20.5.2015 – 1 Ws 94/15, BeckRS 2015, 12182.
[81] BGH 31.8.2016 – 2 StR 27/16, BeckRS 2016, 20609; Gieg in KK-StPO Rn. 3.

63 Trotz der **Aufhebung** des angefochtenen Urteils kann das Rechtsmittel erfolglos iSv Abs. 1 sein. Dies ist etwa der Fall, wenn das Revisionsgericht ein Berufungsurteil wegen eines Verfahrenshindernisses aufhebt, die eingelegte Berufung aber wegen der Nichteinhaltung der Einlegungsfrist als unzulässig verwirft und es daher bei der erstinstanzlich festgesetzten Sanktion verbleibt oder wenn es aufgrund eines Versehens des erstinstanzlichen Gerichts noch nach Rechtskraft des Strafbefehls zu einer Berufungsentscheidung kommt, in der die Sperrfristdauer abgesenkt wird.[82]

64 **b) Unstatthafte Rechtsmittel.** Die Verwerfung des Rechtsmittels als unzulässig erweist sich auch in den Fällen als zwingend, in denen das Rechtsmittel **nicht möglich oder nicht statthaft**[83] ist (Fälle der § 304 Abs. 4, 310 Abs. 2, 313 Abs. 2 S. 2) bzw. nicht mehr – wegen eines wirksamen Rechtsmittelverzichts – eingelegt werden kann sowie des weiteren dann, wenn der Revisionsführer die Anforderungen, die das Gesetz für die **Begründungsfrist und -form** aufstellt, **nicht gewahrt** hat (§ 346 Abs. 1, § 349 Abs. 1). Auch bei einem nach § 400 Abs. 1 **unzulässigen Rechtsmittel der Nebenklage** ergeht die Kostenentscheidung nach § 473 Abs. 1.[84]

65 **c) Rechtsmittel gegen erledigte Entscheidungen.** Rechtsmittel gegen bereits erledigte bzw. vollstreckte Entscheidungen sind nicht automatisch unzulässig. Vielmehr ist das Rechtsmittel zulässig, wenn im Entscheidungszeitpunkt noch belastende Wirkungen vorhanden sind oder ein besonderes Feststellungsinteresse wegen Wiederholungsgefahr oder eines Grundrechtseingriffs besteht (→ § 296 Rn. 49 ff.).

66 **4. Verwerfung des Rechtsmittels als unbegründet.** Erfolglos iSv Abs. 1 sind auch diejenigen Rechtsmittel, die das Gericht als unbegründet verwirft. Dabei kommt es nicht darauf an, ob das Rechtsmittel umfassend eingelegt oder von vornherein auf einen oder mehrere Punkte beschränkt war (zur Beschränkung im Lauf des Rechtsmittelverfahrens → Rn. 149 ff.). Entscheidend ist, ob das Rechtsmittelgericht den angegriffenen Urteilstenor oder die angefochtene Beschlussformel bzw. die angegriffenen Entscheidungsteile unverändert aufrechterhält oder ob es nach Aufhebung des Urteils und Zurückverweisung der Sache erneut zu derselben Verurteilung kommt – in beiden Fällen ist das Rechtsmittel erfolglos.

67 In Fällen, in denen das Revisionsverfahren und die zweite Hauptverhandlung allein wegen **unrichtiger Sachbehandlung** der ersten Instanz notwendig wurden, gilt, wenn der Angeklagte erneut verurteilt wird, zwar Abs. 1; bei schweren Verfahrensfehlern ist jedoch von der Erhebung der insoweit entstandenen Kosten und Gerichtsauslagen gem. § 21 Abs. 1 GKG abzusehen.[85]

68 **5. Erzielung eines unwesentlichen Teilerfolgs. a) Gleichstellung mit Erfolglosigkeit.** Wie aus Abs. 4 folgt, unterscheidet das Gesetz nicht zwischen der kompletten Erfolglosigkeit und dem unwesentlichen Teilerfolg des Rechtsmittels; es stellt damit den unwesentlichen Teilerfolg der gänzlichen Erfolglosigkeit gleich. Zur gegen diesen Erfolgsbegriff vorgebrachten Kritik ist zurecht darauf hingewiesen worden, dass nur der Gesetzgeber Abhilfe schaffen könne.[86]

69 **b) Entscheidungsvergleich.** Ob das Rechtsmittel nur einen unwesentlichen Teilerfolg erzielt hat und deshalb der Erfolglosigkeit iSv Abs. 1 S. 1 gleichzustellen ist, entscheidet sich anhand eines Vergleichs zwischen der angefochtenen und derjenigen Entscheidung, die die Rechtsmittelinstanz endgültig abschließt.[87]

---

[82] OLG Düsseldorf 8.11.1985 – 1 Ws 984/85, MDR 1986, 428; Hilger in Löwe/Rosenberg Rn. 24.
[83] BGH 29.8.2016 – StB 24/16, NJW 2016, 3192.
[84] BGH 13.6.2017 – 3 StR 555/16, BeckRS 2017, 117486; 12.5.2021 – 2 StR 381/20, BeckRS 2021, 13964.
[85] Vgl. BGH 1.12.1988 – 4 StR 569/88, NStZ 1989, 191.
[86] Hierzu Degener in SK-StPO Rn. 10.
[87] OLG Braunschweig 20.5.2015 – 1 Ws 94/15, BeckRS 2015, 12182 mwN; OLG Stuttgart 12.5.2014 – 4 Ws 96/14, BeckRS 2014, 10422; OLG München 4.12.1996 – 2 Ws 1197/96, NStZ-RR 1997, 192; OLG Zweibrücken 23.1.1991 – 1 Ws 596/90, NStZ 1991, 602 (603).

Nicht maßgeblich ist der Vergleich der Schlussanträge mit der Rechtsmittelentscheidung.[88] Zwar wird die Frage, ob auch das erkennbare **Anfechtungsziel** des Rechtsmittelführers, das sich zB aus seiner Rechtsmittelbegründung oder namentlich aus dem Schlussvortrag ergeben kann, bei der Erfolgsbestimmung zu berücksichtigen ist, nicht einheitlich beantwortet. Dafür, sich auf einen **Entscheidungsvergleich** zu beschränken, spricht schon die Klarheit, mit der das Rechtsmittelergebnis ablesbar ist. Zudem wären der Rechtsmittelführer bzw. die Staatskasse ungerechtfertigt benachteiligt, stellte man auf unrealistische oder überzogene Verteidigeranträge bzw. solche Ziele der StA ab. Soweit auf den Antrag des Rechtsmittelführers, das Hauptverhandlungsprotokoll und dort oder im Urteil ablesbare Inhalte des Verfahrens abgestellt wird,[89] führt dies zwar oft zum gleichen Ergebnis, setzt aber voraus, dass – freilich erst anhand des Einzelfalls vorab mühsam zu bestimmende und sodann auszuklammernde – unrealistische Vorstellungen des Rechtsmittelführers – unberücksichtigt bleiben. Ferner erscheint es dem Rechtsmittelführer nicht zumutbar, wegen eines drohenden Kostenrisikos nur gemäßigte Anträge zu stellen. Schließlich sind im Strafprozess keine konkreten Anträge vorgeschrieben. Sowohl vor diesem Gesamthintergrund als auch mit Blick auf die Regelung des Abs. 4 erscheint es bedenklich und nicht überzeugend, trotz einer deutlichen Reduzierung des Strafmaßes einen kostenrechtlich relevanten Erfolg bzw. Teilerfolg mit dem Hinweis auf das Anfechtungsziel des Angeklagten zu verneinen.[90]

Beim Entscheidungsvergleich der ersten und der Rechtsmittelinstanz ist zu beachten: **71** Ein Teilerfolg allein führt **nicht automatisch** zu einer Kostenteilung bzw. zur teilweisen Entlastung des Rechtsmittelführers von Kosten und Auslagen. Vielmehr normiert **Abs. 4** einen Billigkeitsmaßstab; danach setzt eine Kostenteilung voraus, dass es unbillig wäre, den Rechtsmittelführer trotz des Teilerfolgs mit den gesamten Kosten des Verfahrens und allen notwendigen Auslagen seiner Verteidigung und etwaiger Nebenbeteiligter zu belasten (näher → Rn. 172 ff.).

6. Fälle des unwesentlichen Teilerfolgs. Regelmäßig wird ein unwesentlicher Teil- **72** erfolg in folgenden Konstellationen anzunehmen sein:

a) Schuldspruchänderungen. Es stellt grundsätzlich keinen wesentlichen Teilerfolg **73** dar, wenn das Rechtsmittelgericht zu einer Verschlechterung, Reduzierung oder sonstigen Abänderung des Schuldspruchs kommt, aber den **Rechtsfolgenausspruch nicht ändert**.[91] So liegt es etwa, wenn das Rechtsmittelgericht – bei unverändertem Strafmaß – die **Schuldform ändert** und anstelle einer in der Vorinstanz bejahten Vorsatztat eine Fahrlässigkeitstat annimmt[92] oder eine **tateinheitliche Verurteilung entfallen** lässt.[93] Auch die Nachholung eines unterbliebenen Teilfreispruchs oder das Entfallen eines Teilfreispruchs auf Revision der StA begründet in Fällen, in denen eine rein formelle Urteilskorrektur vorliegt, keinen Erfolg des Rechtsmittels.[94]

Ebenso wenig liegt ein wesentlicher Teilerfolg vor, wenn in der Rechtsmittelinstanz **74** ein Teil der Tatvorwürfe nach **§ 154 Abs. 2 eingestellt** wird. Dies führt zwar zu einem

---

[88] OLG Frankfurt a. M. 20.10.1978 – 2 Ws 237/78, NJW 1979, 1515; OLG Jena 9.4.1997 – 1 Ws 62/97, NStZ-RR 1997, 384; OLG Braunschweig 20.5.2015 – 1 Ws 94/15, BeckRS 2015, 12182.
[89] OLG Brandenburg 31.3.2014 – (1) 53 Ss 15/14, BeckRS 2014, 11102.
[90] So KG 22.12.2014 – 4 Ws 120/14, JurBüro 2015, 534 trotz Reduzierung der Strafhöhe um mehr als ein Viertel.
[91] BGH 12.12.2023 – 4 StR 62/23, BeckRS 2023, 39073; 28.6.2016 – 3 StR 154/16, BeckRS 2016, 13111; OLG Hamm 8.12.1992 – 3 Ws 570/92, MDR 1993, 376; OLG Zweibrücken 23.1.1991 – 1 Ws 596/90, NStZ 1991, 602 (603) mAnm Hilger.
[92] OLG Hamm 8.12.1992 – 3 Ws 570/92, MDR 1993, 376.
[93] BGH 21.11.2016 – 1 StR 491/16, BeckRS 2016, 109918, zum Wegfall eines mit dem schweren Raub tateinheitlich abgeurteilten Diebstahls; BGH 30.11.2016 – 3 StR 386/16, BeckRS 2016, 21446, zum Wegfall eines mit dem sexuellen Missbrauchs eines Schutzbefohlenen tateinheitlich abgeurteilten sexuellen Missbrauchs eines Jugendlichen; OLG Zweibrücken 23.1.1991 – 1 Ws 596/90, NStZ 1991, 602 (603).
[94] BGH 17.11.1999 – 2 StR 362/99, BeckRS 1999, 30082516.

weniger gewichtigen Schuldspruch und dadurch möglicherweise auch zu einer niedrigeren Sanktion; jedoch ist der ausgeschiedene Verfahrensteil nicht mehr Gegenstand der vom Rechtsmittelgericht zu treffenden Kostenentscheidung.[95]

75 Bei einer erstinstanzlich abgeurteilten **Tatserie** gilt: Stellt das Rechtsmittelgericht einen oder einige Fälle aus einer umfangreichen Tatserie ein und passt den Schuldspruch entsprechend an, ohne den Rechtsfolgenausspruch zu ändern, liegt nur ein unwesentlicher Teilerfolg vor.[96] Ebenso liegt es, wenn es bei einer abgeurteilten Tatserie zwar die fehlerhaft festgesetzte Höhe einiger verhängter Einzelstrafen nach unten korrigiert, indem es analog § 354 Abs. 1 selbst Einzelstrafen festsetzt, die Gesamtstrafe aber bestehen lässt.[97]

76 Der Grundsatz, wonach eine Schuldspruchänderung keinen wesentlichen Rechtsmittelerfolg darstellt, erfährt jedoch **Ausnahmen:** So kann eine Schuldspruchänderung im Einzelfall dann einen wesentlichen Teilerfolg begründen, wenn die angestrebte Änderung **für den Angeklagten von besonderer Bedeutung** war. Diese Bedeutung lässt sich etwa aus beruflichen oder haftungsrechtlichen Konsequenzen oder der Verbesserung der Einstellungschancen des Angeklagten ableiten.[98] Ein wesentlicher Teilerfolg kann auch vorliegen, wenn die Schuldspruchänderung mit einer deutlichen Strafmaßreduzierung einhergeht[99] oder wenn sie die Beschwer des Angeklagten völlig beseitigt; letzteres gilt erst recht, wenn sie in einem solchen Fall zu einer Reduzierung der Strafhöhe geführt hat (→ Rn. 132 f.).[100]

77 **b) Änderungen des Rechtsfolgenausspruchs.** Die Rspr. bejaht einen unwesentlichen Teilerfolg auch bei nur **geringfügigen Änderungen** des Rechtsfolgenausspruchs. Hierzu zählen etwa marginale Abmilderungen des Strafausspruchs, die Aufhebung einer gebildeten Gesamtstrafe, die zur Wiederherstellung einer früheren Gesamtstrafe führt,[101] Änderungen an der Dauer des angeordneten Vorwegvollzugs,[102] die Aufhebung einer Einziehungsentscheidung[103] und die Festlegung eines Anrechnungsmaßstabs für erlittene Untersuchungs- oder Auslieferungshaft, weil das Tatgericht die nach § 51 StGB notwendige Entscheidung nicht getroffen hat.[104] Zur beträchtlichen Reduzierung des Einziehungsausspruchs → Rn. 69. Hebt das Revisionsgericht ein Urteil wegen unterbliebener Gesamtstrafenbildung auf mit der Maßgabe, dass hierüber eine nachträgliche Entscheidung zu treffen ist (§§ 460, 462), kann eine Kostenentscheidung nach Abs. 1 S. 1 mit dieser Revisionsentscheidung ergehen, wenn feststeht, dass das Rechtsmittel nur einen geringen Teilerfolg haben kann.[105]

78 Ob **Ermäßigungen des Strafmaßes** in der verfahrensabschließenden Entscheidung noch als unwesentlicher Teilerfolg einzuordnen sind oder bereits einen Teilerfolg mit der möglichen Folge einer Kostenquotelung darstellen, lässt sich nicht pauschal, sondern nur anhand des **Einzelfalls** beurteilen;[106] Maßstab ist die **Billigkeit** bzw. der **Umfang des erreichten Teilerfolgs** (→ Rn. 166 ff.). Die häufig anzutreffende Formulierung, ein wesentlicher zur Kostenquotelung führender Teilerfolg setze eine „fühlbare" Ermäßigung

---

[95] OLG Düsseldorf 14.3.1995 – 5 Ss 34/95, MDR 1995, 856.
[96] BGH 7.12.2016 – 1 StR 487/16, BeckRS 2016, 112574.
[97] BGH 18.7.2016 – 1 StR 315/15, BeckRS 2016, 17190.
[98] OLG Zweibrücken 23.1.1991 – 1 Ws 596/90, NStZ 1991, 602 (603); OLG München 13.12.1972 – 2 Ws 620/72, NJW 1973, 864 zum Wegfall eines idealkonkurrierenden Delikts bei einem Rechtsreferendar.
[99] ZB OLG Düsseldorf 14.2.2011 – III-4 Ws 59/11, NStZ-RR 2011, 293.
[100] BGH 28.1.1964 – 3 StR 53/63, NJW 1964, 875 (876).
[101] BGH 1.9.2016 – 4 StR 341/16, BeckRS 2016, 17120.
[102] BGH 23.2.2016 – 3 StR 503/15, BeckRS 2016, 05737.
[103] BGH 5.7.2016 – 4 StR 202/16, BeckRS 2016, 13680; 16.8.2016 – 5 StR 309/16, BeckRS 2016, 15576, zur fehlerhaften Einziehung im Sicherungsverfahren mit dem Hinweis, dass die selbständige Einziehung nur im Einziehungsverfahren gemäß § 440 Abs. 1 und dem danach erforderlichen gesonderten Antrag möglich ist.
[104] BGH 20.10.2016 – 3 StR 245/16, BeckRS 2016, 19917.
[105] BGH 25.9.2018 – 2 StR 321/18, BeckRS 2018, 24915.
[106] Vgl. zB zur Annahme eines unwesentlichen Teilerfolgs BGH 20.12.1989 – 3 StR 369/88, NStE Nr. 9 zu § 473 StPO zur Reduzierung einer Gesamtstrafe von zwei Jahren zehn Monaten um zwei Monate; BGH 5.9.1996 – 4 StR 411/96, BeckRS 1996, 31084236 bei Kusch NStZ 1997, 380 zur Absenkung der fünfjährigen Gesamtfreiheitsstrafe um acht Monate wegen eines Härteausgleichs.

der Strafe voraus, erscheint wenig hilfreich. Jedenfalls ist es nicht sachgerecht, sich an starren Prozentsätzen oder Bruchteilen zu orientieren, ohne Gewicht, Art und Ausmaß der Sanktion mit zu berücksichtigen. So kann die Ermäßigung einer Freiheitsstrafe von 10 Jahren um 10 % schon einen wesentlichen Teilerfolg begründen, die Absenkung einer Geldstrafe von 30 Tagessätzen um 10 % hingegen kaum.

Entsprechendes gilt für die **Anfechtung von Bußgeldbescheiden;** auch insoweit sind 79 die Einzelfallumstände maßgeblich. So kann etwa die Herabsetzung der Geldbuße um 20 % selbst dann einen unwesentlichen Teilerfolg darstellen, wenn der Einspruch gleichzeitig dazu führt, dass das Gericht anstelle Vorsatzes nur noch einen Fahrlässigkeitsverstoß zugrunde legt.[107]

Zur Abmilderung des Strafausspruchs zählt auch die **Gewährung einer Kompensa-** 80 **tion.** Sie erfolgt in den Fällen, in denen es nach Erlass des angefochtenen Urteils zu einer rechtsstaatswidrigen Verfahrensverzögerung bzw. einem Verstoß gegen Art. 6 Abs. 1 S. 1 EMRK kommt, sodass das Berufungsgericht eine Kompensation nach der Vollstreckungslösung vornimmt oder das Revisionsgericht zur Kompensation selbst einen **Bruchteil der Strafe als vollstreckt** erklären kann. Ob ein wesentlicher Teilerfolg anzunehmen ist, hängt vom **Ausmaß der gewährten Kompensation** ab; die Rspr. zeigt insoweit eine eher restriktive Tendenz.[108]

Diese vorstehenden Ausführungen und Beispiele gelten umgekehrt ebenso für die 81 **Rechtsmittel der StA.** Will diese etwa erreichen, dass das Berufungsgericht anstelle der verhängten Geldstrafe eine Freiheitsstrafe ausspricht, liegt nur ein unwesentlicher Erfolg vor, wenn die erstinstanzlich festgesetzte Geldstrafe lediglich verschärft wird.[109] Auch eine nur geringfügige Erhöhung erstinstanzlich verhängter Strafen begründet keinen wesentlichen Teilerfolg.[110]

c) Änderungen des Maßregelausspruchs. Änderungen innerhalb des Maßregelaus- 81a spruchs, etwa die Reduzierung der vom Tatgericht festgesetzten Sperre für die Neuerteilung der Fahrerlaubnis,[111] [112] stellen Fälle eines unwesentlichen Teilerfolgs dar. Fällt aufgrund der Rechtsmittelentscheidung eine Anordnung nach §§ 69, 69b StGB weg, ist die Erfolglosigkeit des Rechtsmittels zu bejahen, wenn die Aufhebung allein auf dem Zeitablauf beruht (Abs. 5). Zu Maßregelanordnungen nach §§ 63, 66 StGB → Rn. 169.

d) Änderungen des Einziehungsausspruchs. Führt das Rechtsmittel zu einer 82 Reduzierung des Einziehungsbetrags, kann dies einen kostenrechtlich zu berücksichtigenden Teilerfolg darstellen. Im Grundsatz gilt, dass auch bei einem die Einziehungsentscheidung betreffenden Teilerfolg des Rechtsmittels eine **einheitliche Kostenentscheidung** zu treffen ist;[113] einer gesonderten Entscheidung über die lediglich die Einziehungsentscheidung betreffenden Kosten und notwendigen Auslagen bedarf es nicht. Der 1. Strafsenat des BGH trifft – **bei unbeschränkt eingelegten Revisionen** – jedoch im Falle eines den Einziehungsausspruch betreffenden Teilerfolgs unter Hinweis auf die Trennbarkeit insoweit entstandener und übriger Rechtsmittelkosten eine gesonderte Entscheidung über die lediglich die Einziehung betreffenden Kosten und notwendigen Auslagen des Angeklagten in entsprechender Anwendung des § 465 Abs. 2.[114] Diese Auffassung hat beim 3. und 5.

---

[107] OLG Schleswig 6.3.1996 – 1 Ws 28/96, bei Kotz NStZ-RR 1998, 133.
[108] BGH 19.7.2016 – 4 StR 24/15, BeckRS 2016, 15760: kein Teilerfolg bei Vollstreckungsabschlag von drei Monaten bei vom Tatgericht verhängter Gesamtstrafe von 33 Monaten Freiheitsstrafe; BGH 2.3.2022 – 2 StR 494/21, BeckRS 2022, 9028: kein Teilerfolg bei Vollstreckungsabschlag von zwei Monaten.
[109] KG 17.12.1997 – 3 Ws 729/97, BeckRS 1997, 14892, bei Kotz NStZ-RR 1999, 168.
[110] BayObLG 16.10.1959 – RReg. 3 St 39/59, NJW 1960, 255.
[111] BGH 5.7.2016 – 4 StR 188/16, BeckRS 2016, 13679.
[112] BGH 6.9.2016 – 3 StR 530/15, BeckRS 2016, 17380 zur Absenkung des angeordneten Verfallbetrags um ca. 8 %; 14.2.2018 – 4 StR 648/17, BeckRS 2018, 2603 zur Absenkung der Einziehung von Wertersatz um ca. 50 %.
[113] BGH 26.5.2021 – 5 StR 458/20, NStZ-RR 2021, 229 mwN.
[114] BGH 25.2.2021 – 1 StR 423/20, NJW 2021, 1829 mzustAnm Habetha NJW 2021, 1830; 24.3.2021 – 1 StR 13/21, BeckRS 2021, 12625; 6.10.2021 – 1 StR 311/20, BeckRS 2021, 55293.

Strafsenat des BGH keine Zustimmung gefunden.[115] Es erscheint überzeugender, anzunehmen, dass für die sachgerechte Ausübung des bestehenden Ermessens und ein gerechtes Ergebnis nur eine **Einzelfallbetrachtung** entscheidend sein kann. Dabei ist es stets erforderlich, den Teilerfolg des Rechtsmittels hinsichtlich der Einziehungsentscheidung ins Verhältnis zum Rechtsmittelbegehren insgesamt zu setzen, um Maß, Gewicht und Umfang des Teilerfolgs bestimmen zu können.[116]

82a Davon ausgehend lassen sich folgende Konstellationen unterscheiden: Bei unbeschränkt eingelegtem Rechtsmittel stellen **geringfügige Reduzierungen** des Einziehungsbetrags nur einen unwesentlichen Teilerfolg dar[117] und es verbleibt bei der Anwendung der Abs. 1 und 4. Gleiches – der Angeklagte trägt die gesamten Kosten und Auslagen seines Rechtsmittels – gilt dort, wo der Einziehungsausspruch aus tatsächlichen Gründen zwar vollständig entfällt, ihm aber innerhalb des Rechtsfolgenausspruchs nur ein **unbedeutender Stellenwert** zukam.[118] Hingegen kann eine **deutliche Reduzierung** des Einziehungsbetrags neben einer Bewährungsstrafe einen Teilerfolg des Rechtsmittels begründen,[119] ebenso der Umstand, dass die Einziehungsentscheidung bereits aus Rechtsgründen aufzuheben ist;[120] in solchen Fällen kann es der Billigkeit entsprechen, einen wesentlichen Teilerfolg anzunehmen und den Angeklagten nur mit einem Teil der im Rechtsmittelverfahren entstandenen notwendigen Auslagen zu belasten und die im Rechtsmittelverfahren angefallene Gebühr entsprechend zu ermäßigen; die dabei vom 1. Strafsenat des BGH vertretene Aufspaltung zwischen den die Einziehungsentscheidung betreffenden Kosten und Auslagen und weiteren Kosten und Auslagen[121] ist zwar möglich, jedoch nicht zwingend.

82b Wird in der Rechtsmittelinstanz von einer Einziehung **nach § 421 ganz oder teilweise abgesehen,** bleibt es ebenfalls bei der Einheitlichkeit der Kostenentscheidung, die sich an Abs. 1 und 4 orientiert.[122] Gleiches gilt schließlich in den Fällen, in denen das **Rechtsmittel allein gegen die Einziehung** gerichtet war.[123]

83 **e) Änderungen des Adhäsionsausspruchs.** Als unwesentlicher Teilerfolg sind auch (mit dem Absehen von einer Entscheidung über den Adhäsionsantrag verbundene) Aufhebungen,[124] Abänderungen[125] oder Ergänzungen des **Adhäsionsausspruchs**[126] einzuordnen. Führt das Rechtsmittel bzgl. der Adhäsionsentscheidung nur zu einem unwesentlichen Teilerfolg, hat der Angeklagte nicht nur die Kosten seines Rechtsmittels, sondern auch die

---

[115] BGH 21.12.2021 – 3 StR 381/22, BeckRS 2021, 46093; 26.5.2021 – 5 StR 458/20, NStZ-RR 2021, 229.
[116] BGH 26.5.2021 – 5 StR 458/20, NStZ-RR 2021, 229; vgl. etwa auch BGH 31.5.2022 – 3 StR 453/21, BeckRS 2022, 20961: der zu fünf Jahren sechs Monaten Freiheitsstrafe verurteilte Angeklagte trägt die gesamten Kosten des Rechtsmittels trotz Reduzierung des Einziehungsausspruchs um rund 80%.
[117] ZB BGH 12.7.2023 – 1 StR 457/22, BeckRS 2023, 19487; 6.9.2022 – 3 StR 451/21, BeckRS 2022, 27800; 7.2.2023 – 3 StR 459/22, BeckRS 2023, 3607.
[118] BGH 14.4.2021 – 5 StR 523/20, BeckRS 2021, 9108: Wegfall der Einziehung des Wertes von Taterträgen von rund 2000.- Euro bei bestätigter Gesamtfreiheitsstrafe von zwei Jahren und neun Monaten; BGH 29.9.2022 – 4 StR 206/22, BeckRS 2022, 28540: Reduzierung des Einziehungsbetrags von 67.000 Euro auf 34.560 Euro bei bestätigter Freiheitsstrafe von drei Jahren; BGH 12.12.2023 – 4 StR 206/23, BeckRS 2023, 38507.
[119] BGH 25.3.2021 – 1 StR 242/20, BeckRS 2021, 9415.
[120] BGH 9.3.2021 – 1 StR 487/20, BeckRS 2021, 11902; 30.6.2022 – 1 StR 156/22, BeckRS 2022, 23374.
[121] BGH 25.2.2021 – 1 StR 423/20, NJW 2021, 1829 mzustAnm Habetha NJW 2021, 1830; 5.4.2023 – 1 StR 49/23, BeckRS 2023, 8589 mwN; 2.5.2023 – 1 StR 77/23, BeckRS 2023, 12426.
[122] BGH 8.12.2021 – 5 StR 296/21, NStZ-RR 2022, 160; 12.8.2022 – 5 StR 54/22, BeckRS 2022, 21191.
[123] BGH 16.11.2021 – 6 StR 483/21, BeckRS 2021, 39671; 21.12.2021 – 3 StR 381/21, BeckRS 2021, 46093; 29.6.2022 – 3 StR 130/22, BeckRS 2022, 22045; 31.8.2022 – 4 StR 153/22, BeckRS 2022, 24665.
[124] BGH 17.2.2016 – 2 StR 328/15, BeckRS 2016, 05825; 15.9.2021 – 4 StR 269/21, BeckRS 2021, 29011.
[125] BGH 9.6.2016 – 2 StR 555/15, BeckRS 2016, 14543; 15.9.2016 – 4 StR 330/16, BeckRS 2016, 18120; 15.12.2016 – 2 StR 380/16, BeckRS 2016, 113213.
[126] BGH 19.7.2016 – 4 StR 154/16, BeckRS 2016, 14150.

dem Neben- und Adhäsionskläger dadurch entstandenen notwendigen Auslagen sowie die im Adhäsionsverfahren entstandenen besonderen Kosten zu tragen.[127]

f) Änderungen des Bewährungsbeschlusses. Da das Berufungsgericht über Bewährungsanordnungen neu entscheiden muss und nicht diejenigen der Vorinstanz überprüft, bleiben Änderungen im Bewährungsbeschluss, etwa die Reduzierung der Höhe oder der Wegfall einer Geldauflage, kostenrechtlich unberücksichtigt.[128] 84

g) Verfahrensfehler. Die Urteilsaufhebung wegen eines Verfahrensfehlers stellt schon deshalb keinen Rechtsmittelerfolg dar, weil es nicht auf die Aufhebung und Zurückverweisung, sondern auf das Endergebnis des Rechtsmittelverfahrens ankommt.[129] 85

7. Rechtsmittel der StA. Für erfolglose, **zuungunsten des Beschuldigten** eingelegte Rechtsmittel der StA bestimmt Abs. 2 S. 1, dass die dadurch dem Beschuldigten im Rechtsmittelverfahren entstandenen notwendigen Auslagen die Staatskasse zu tragen hat. Gleiches gilt bei einem **zuungunsten eines Nebenbeteiligten** (§§ 424, 431, 438) eingelegten Rechtsmittel der StA. Unerheblich ist, warum das Rechtsmittel der StA erfolglos war.[130] 86

Bleibt es nach Zurückverweisung durch das Revisionsgericht und nach neuer Verhandlung bei der früheren Verurteilung, war also die **Revision der StA im Endergebnis erfolglos,** trägt der Angeklagte die Verfahrenskosten der als Einheit anzusehenden ersten und zweiten Tatsachenverhandlung; nur die Kosten der Revision und die ihm in der Revisionsinstanz entstandenen notwendigen Auslagen sind der Staatskasse aufzuerlegen.[131] auch → Rn. 37 ff. 87

Das zuungunsten eingelegte Rechtsmittel der StA war auch erfolglos, wenn das Gericht in Anwendung des **§ 301** das angefochtene Urteil zugunsten des Angeklagten oder Nebenbeteiligten abändert oder das Urteil nach § 301 zugunsten des Angeklagten aufhebt.[132] In diesen Fällen trägt die Staatskasse die Kosten des Rechtsmittelverfahrens und die dem Angeklagten dort entstandenen notwendigen Auslagen. Ebenso liegt es, wenn das Rechtsmittel der StA der **Beseitigung einer gesetzwidrigen Entscheidung** diente (→ Rn. 56). Hat das erfolglose Rechtsmittel der StA nach § 301 zum Freispruch des Angeklagten geführt, tragen Staatskasse und Nebenklage die notwendigen Auslagen des Angeklagten als Gesamtschuldner.[133] Zu weiteren Fällen des Rechtsmittels der StA bei Nebenklägerbeteiligung → Rn. 96 ff.; zu Rechtsmitteln des Nebenklägers → Rn. 98 ff. 88

8. Rechtsmittel der StA und des Angeklagten. Treffen die Rechtsmittel der StA und des Angeklagten zusammen und bleiben beide erfolglos, trägt jeder die Kosten seines Rechtsmittels. Gem. Abs. 1 S. 2 sind dem Angeklagten nur diejenigen Mehrauslagen zu erstatten, die das Rechtsmittel der StA verursacht hat.[134] Bei erfolglos gebliebenen unbeschränkten Berufungen der StA und des Angeklagten trägt der Angeklagte die Gerichtsauslagen auch dann in vollem Umfang, wenn sie zugleich ganz oder zum Teil der Berufung der StA gedient haben. Der Anspruch des Angeklagten beschränkt sich auf den Mehraufwand an notwendigen Auslagen, die ihm durch die Verteidigung gegen das Rechtsmittel der StA entstanden sind.[135] Zum Ausnahmefall, in dem solche Auslagen des Angeklagten offensichtlich nicht entstanden sein können → Rn. 41. 89

---

[127] BGH 15.12.2016 – 2 StR 380/16, BeckRS 2016, 113213.
[128] OLG Celle 27.6.2008 – 1 Ws 322/08, NStZ-RR 2008, 359.
[129] BGH 1.12.1988 – 4 StR 569/88, NStZ 1989, 191.
[130] Degener in SK-StPO Rn. 19.
[131] BGH 29.1.1963 – 1 StR 516/62, NJW 1963, 724; 28.1.1964 – 3 StR 55/63, NJW 1964, 875.
[132] BGH 10.2.1987 – 1 StR 731/86, BeckRS; 1987, 31087690; Gieg in KK-StPO Rn. 3.
[133] BayObLG 11.3.1959 – RReg. 1 St 842/58, NJW 1959, 1236.
[134] OLG Zweibrücken 5.12.1973 – Ws 335/73, NJW 1974, 659; Gieg in KK-StPO Rn. 3; Benthin in Radtke/Hohmann Rn. 14.
[135] OLG Köln 8.5.2009 – 2 Ws 221/09, BeckRS 2009, 15710 zur Ladung eines Opferzeugen aufgrund der Rechtsmittelbegründung der StA.

IV. Erfolglose oder zurückgenommene Rechtsmittel bei Nebenklägerbeteiligung (Abs. 1 S. 2)

90 **1. Allgemeines.** Abs. 1 S. 2 setzt den allgemeinen für die Rechtsmittelkosten geltenden Grundsatz um, dass der erfolglos gebliebene Rechtsmittelführer dem Gegner dessen Auslagen zu erstatten hat. Vor einer Kostenentscheidung im Rechtsmittelverfahren muss das Gericht erneut die Berechtigung des Nebenklägers zum Anschluss prüfen.[136] Das Gericht darf niemals notwendige Auslagen eines Nebenklägers der Staatskasse auferlegen.[137]

91 Bleibt das Rechtsmittel des Angeklagten erfolglos oder nimmt er es zurück, sind ihm nach Abs. 1 S. 2 die dadurch entstandenen notwendigen Auslagen, die beim Nebenkläger oder dem Nebenklageberechtigten durch Wahrnehmung seiner Befugnisse nach § 406g verursacht wurden, aufzuerlegen.[138] Unterbleibt dieser Ausspruch in der Kostenentscheidung, steht dem Nebenkläger die sofortige Beschwerde zu.[139]

92 Abs. 1 S. 2 gilt auch in den Fällen, in denen der Nebenkläger selbst kein Rechtsmittel eingelegt und sich auf die Abwehr des Rechtsmittels des Angeklagten beschränkt hat sowie bei einer erfolglosen Strafmaßberufung des Angeklagten dann, wenn der Schuldspruch ein Nebenklagedelikt enthält oder den Nebenkläger iSd § 472 Abs. 1 betrifft (→ Rn. 158 ff.).[140] Zum Zusammentreffen von Rechtsmitteln des Angeklagten und des Nebenklägers → Rn. 107, zum erfolgreichen beschränkten Rechtsmittel bei Nebenklägerbeteiligung → Rn. 158 ff.

93 **2. Rechtsmittel des Angeklagten. a) Nebenklagedelikt.** Die Regelung des Abs. 1 S. 2 knüpft daran an, dass das Rechtsmittel die Verurteilung wegen eines Nebenklagedelikts angreift. Auch die Voraussetzungen der Rechtsmittelrücknahme und der Erfolglosigkeit des Rechtsmittels sind in Bezug auf das Nebenklagedelikt zu beurteilen.[141] Ist der Nebenkläger aufgrund einer wirksamen Rechtsmittelbeschränkung vom nicht rechtskräftigen Entscheidungsteil nicht betroffen, ist Abs. 1 S. 2 unanwendbar.[142]

94 **b) Zugelassener und anschlussberechtigter Nebenkläger.** Abs. 1 S. 2 bestimmt eine Pflicht des Angeklagten zur Auslagenerstattung: notwendige Auslagen, die dem Nebenkläger durch das erfolglose oder zurückgenommene Rechtsmittel entstanden, sind dem Angeklagten aufzuerlegen. Dabei differenziert das Gesetz nicht zwischen dem bereits ordnungsgemäß zugelassenen und dem anschlussberechtigten Nebenkläger. Ist ein Kostenausspruch nach Abs. 1 S. 2 unterblieben, kann er in den Fällen, in denen die Kostenentscheidung nicht mehr anfechtbar ist (§ 463 Abs. 3 S. 1 Hs. 2), auf Gegenvorstellung bzw. Gehörsrüge nachgeholt werden.[143]

95 **c) Grund der Erfolglosigkeit.** Er ist unerheblich. So hat der Angeklagte auch dann die Auslagen der Nebenklage zu tragen, wenn seine Berufung gemäß § 313 S. 1 verworfen wird.[144] Die entsprechende Anwendung des § 472 Abs. 1 S. 2 bzw. eine Entscheidung nach Billigkeitsgesichtspunkten scheidet aus.[145]

95a **d) Zusammentreffen mit Rechtsmittel des Nebenklägers.** Sind die Rechtsmittel des Angeklagten und des Nebenklägers erfolglos geblieben, gilt für jeden Abs. 1 S. 1; eine Auslagenerstattung zwischen dem Angeklagten und dem Nebenkläger findet nicht statt.[146]

---

[136] BGH 18.12.2001 – 1 StR 268/01, NJW 2002, 692 mwN; 22.2.1996 – 1 StR 721/95, bei Kusch NStZ 1997, 74.
[137] Gieg in KK-StPO Rn. 9.
[138] Vgl. zB BGH 8.10.2008 – 1 StR 497/08, NJW 2009, 308; KG 22.12.2014 – (4) 161 Ss 228/14, BeckRS 2015, 11738 Rn. 8.
[139] OLG Hamm 25.2.1998 – 2 Ws 13/98, NStZ-RR 1999, 54.
[140] OLG Hamm 25.2.1998 – 2 Ws 13/98, NStZ-RR 1999, 54; OLG Celle 25.4.1990 – 1 Ws 75/90, NZV 1991, 42.
[141] Degener in SK-StPO Rn. 14.
[142] OLG Düsseldorf 6.2.1991 – 3 Ws 65/91, NStE Nr. 10 zu § 473; Gieg in KK-StPO Rn. 10.
[143] BGH 10.12.2019 – 5 StR 427/19, BeckRS 2019, 34821.
[144] LG Stuttgart 21.4.1994 – 38 Ns 371/94, Die Justiz 1994, 345; Gieg in KK-StPO Rn. 10.
[145] OLG Düsseldorf 6.2.1991 – 3 Ws 65/91, NStE Nr. 10 zu § 473.
[146] BGH 12.5.2021 – 2 StR 381/20, BeckRS 2021, 13964.

3. Rechtsmittel der StA. Zunächst gilt auch hier, dass bei Erfolglosigkeit des Rechts- 96
mittels die Staatskasse die dem Angeklagten im Rechtsmittelverfahren entstandenen notwendigen Auslagen zu tragen hat. Hat die StA ihre Revision zurückgenommen oder blieb
diese erfolglos, trägt der Nebenkläger die ihm im Revisionsverfahren entstandenen notwendigen Auslagen selbst.[147]

4. Rechtsmittel der StA und des Angeklagten. Bleiben das Rechtsmittel des Ange- 97
klagten und das zu seinen Ungunsten durch die StA eingelegte Rechtsmittel erfolglos, gilt
ebenfalls Abs. 1 S. 2. Danach hat der Beschuldigte die Auslagen der Nebenklage zu tragen.
Die Staatskasse haftet nicht für notwendige Nebenklägerauslagen, wenn das Rechtsmittel
der StA erfolglos bleibt.[148]

5. Rechtsmittel der StA und des Nebenklägers. Haben die StA und der Nebenklä- 98
ger ihre mit dem gleichen Ziel eingelegten Revisionen zurückgenommen, trägt die Staatskasse die Kosten der Revision der StA und die dem Angeklagten dadurch entstandenen
notwendigen Auslagen; der Nebenkläger trägt nur die Kosten seiner zurückgenommenen
Revision, wenn es – wie regelmäßig – insoweit an gesonderten erstattungsbedürftigen Auslagen des Angeklagten fehlt (näher → Rn. 109).

V. Erfolglose und zurückgenommene Rechtsmittel des Nebenklägers (Abs. 1 S. 3)

1. Alleiniges Rechtsmittel des Nebenklägers. Abs. 1 S. 3 behandelt nur die Fall- 99
gruppe, in der allein der Nebenkläger das Rechtsmittel eingelegt oder durchgeführt hat.
Ist dies der Fall und liegt eine der in Abs. 1 S. 1 geregelten Konstellationen (Zurücknahme,
Erfolglosigkeit) vor, muss der Nebenkläger nach Abs. 1 S. 3 dem Angeklagten dessen notwendige **Auslagen erstatten**.[149] Ein Fall der Erfolglosigkeit des Rechtsmittels des Nebenklägers liegt auch in den Fällen vor, in denen das Urteil nach § 301 zugunsten des Angeklagten abgeändert wurde. Seine eigenen Auslagen trägt der Nebenkläger selbst; die Staatskasse
haftet nicht. Auch hier ist zu unterscheiden zwischen Kosten und Auslagen, die dem Rechtsmittelverfahren und solchen, die dem als Einheit zu betrachtenden Verfahren erster Instanz
zuzuordnen sind. Haben Nebenkläger und StA Rechtsmittel eingelegt und bleibt dasjenige
der Nebenklage erfolglos, das der StA hingegen nicht, hat der Nebenkläger gemäß Abs. 1
S. 1 die Kosten seines Rechtsmittels und die dem Angeklagten hierdurch entstandenen
notwendigen zu tragen.[150]

Die Pflicht, dem Angeklagten seine Auslagen zu erstatten, trifft den Nebenkläger nach 100
Abs. 1 S. 3 auch dann, wenn er sein Rechtsmittel ohne Erfolg durchführt, nachdem es ein
anderer Verfahrensbeteiligter zurückgenommen hat.[151] Nur solche Kosten und Auslagen,
die der Angeklagte durch seine eigene Säumnis verursacht hat, trägt er in entspr. Anwendung
des § 467 Abs. 2 selbst.[152] Zum Zusammentreffen des Nebenklägerrechtsmittels mit weiteren Rechtsmitteln → Rn. 107 ff.

2. Fälle erfolgloser Nebenklägerrechtsmittel. a) erkennbare Unzulässigkeit. In 101
Fällen eines erkennbar unzulässigen Rechtsmittels des Nebenklägers wird vertreten, dieses
habe keine notwendigen Auslagen des Angeklagten verursachen können.[153] In dieser Pauschalität vermag dies nicht zu überzeugen; bei schwer zu überschauenden Konstellationen

---

[147] BGH 28.4.2021 – 2 StR 484/20, BeckRS 2021, 16090; 12.8.2020 – 2 StR 574/19, BeckRS 2020, 46139; 20.9.2011 – 1 StR 71/11, BeckRS 2011, 23758; 29.9.2004 – 2 StR 149/04, bei Becker NStZ-RR 2006, 67.
[148] Hilger in Löwe/Rosenberg Rn. 92; BGH 22.8.2017 – 1 StR 216/17 Rn. 52, NJW 2017, 3397.
[149] BGH 12.12.2017 – 2 StR 34/17, BeckRS 2017, 138159; 30.11.2005 – 2 StR 402/05, NStZ-RR 2006, 128; 12.3.1997 – 3 StR 627/96, NJW 1997, 2123 (2124).
[150] BGH 1.12.2022 – 3 StR 471/21, BeckRS 2022, 41572.
[151] OLG Karlsruhe 13.3.1974 – 1 Ss 353/73, Die Justiz 1974, 270; OLG Düsseldorf 31.5.2013 – 1 Ws 100/13, StraFo 2014, 87.
[152] OLG Saarbrücken 4.11.1996 – 1 Ws 187/96, NStZ-RR 1997, 158.
[153] OLG Schleswig 17.6.1992 – 1 Ws 216/92, SchlHA 1993, 71.

oder strittigen Fragen erscheint es unangemessen, dem Angeklagten dadurch entstandene Auslagen aufzubürden.[154]

102 **b) Unterliegen am Ende des Instanzenzugs.** Eine Revision des Nebenklägers ist auch dann erfolglos, wenn das Urteil aufgehoben wird, der Angeklagte nach Zurückverweisung jedoch nicht anders als in der ersten Hauptverhandlung verurteilt wird; die Kosten des erstinstanzlichen Verfahrens und die Nebenklageauslagen treffen den Angeklagten gemäß § 465 Abs. 1, § 472 Abs. 1, da der Angeklagte das kostenrechtliche Risiko der Mehrbelastung wegen der fehlerhaften ersten tatrichterlichen Entscheidung trägt.[155]

103 Hat der Nebenkläger mit seiner Berufung zunächst erfolgreich den Freispruch des Angeklagten angefochten, unterliegt er aber – infolge der erfolgreichen Revision des Angeklagten, die zwar zur Neuverhandlung, dort aber zur Verwerfung der Nebenklägerberufung führt – im Ergebnis, trägt der Nebenkläger nur die in der Berufungsinstanz angefallenen Kosten und Auslagen; in der Revision entstandene Kosten und Auslagen des Angeklagten trägt gemäß § 467 Abs. 1 die Staatskasse, da der Nebenkläger in der Revisionsinstanz eine die StA unterstützende Rolle einnimmt.[156]

104 War die Revision des Nebenklägers erfolgreich, wird der Angeklagte aber in der neuen Berufungshauptverhandlung freigesprochen, trägt der Nebenkläger die Kosten der Revision und die dadurch entstandenen notwendigen Auslagen des Angeklagten.[157]

105 **c) Anwendung des § 301.** War das Rechtsmittel des Nebenklägers erfolglos und hat zum Freispruch des Angeklagten durch das Revisionsgericht geführt, trägt der Nebenkläger die in der Revisionsinstanz angefallenen Kosten und seine Auslagen; die Staatskasse und der Nebenkläger tragen zudem die dem Angeklagten durch das Rechtsmittel entstandenen notwendigen Auslagen als Gesamtschuldner.[158] War das Rechtsmittel der Nebenklage wegen § 301 erfolglos und hat zugunsten des Angeklagten zur Aufhebung im Strafausspruch geführt, trägt der Nebenkläger die Kosten des Rechtsmittels und dem Angeklagten im Rechtsmittelverfahren entstandene notwendige Auslagen.[159]

106 **d) Tod des Nebenklägers.** Hat sich das Rechtsmittel durch den Tod des Nebenklägers erledigt, so gilt es – aufgrund der entfallenen Anschlusswirkung (§ 402) – als zurückgenommen und wird nach Abs. 1 S. 1 behandelt, sodass der Nachlass des Nebenklägers belastet wird.[160]

107 **3. Rechtsmittel des Nebenklägers und des Angeklagten.** Haben der Angeklagte und der Nebenkläger – jeweils erfolglos – Rechtsmittel eingelegt oder beide ihr Rechtsmittel zurückgenommen, trägt jeder die durch sein Rechtsmittel entstandenen Verfahrenskosten sowie seine notwendigen Auslagen nach Abs. 1 S. 1 selbst. Eine gegenseitige Erstattung der notwendigen Auslagen des Angeklagten und des Nebenklägers findet nicht statt; eine Entscheidung nach Abs. 1 S. 2 unterbleibt.[161] Gleiches gilt etwa, wenn die unzulässige Nebenklägerrevision mit der Revisionsrücknahme des Angeklagten zusammentrifft.[162] Es kommt ferner nicht darauf an, ob ein Rechtsmittel unzulässig oder unbegründet war.

108 Anders liegt es bei einem **unterschiedlichen Anfechtungsumfang** beider Rechtsmittel. Hat der Angeklagte sein erfolglos gebliebenes Rechtsmittel auf den Strafausspruch

---
[154] Kotz NStZ-RR 2015, 195 mwN zum Streitstand.
[155] BGH 7.10.1998 – 3 StR 387/98, NStZ-RR 1999, 63; OLG Düsseldorf 31.5.2013 – 1 Ws 100/13, StraFo 2014, 87.
[156] OLG Hamm 6.7.1962 – 1 Ss 753/62, NJW 1962, 2023; BayObLG 29.4.1980 – RReg 1 St 100/80, NStZ 1981, 312.
[157] OLG Stuttgart 16.9.1994 – 1 Ws 178/94, NStE Nr. 21 zu § 473 StPO.
[158] BayObLG 11.3.1959 – RReg. 1 St 842/58, NJW 1959, 1236.
[159] BGH 10.2.1987 – 1 StR 731/86, BeckRS 1987, 31087690.
[160] OLG Celle 5.5.1953 – Ws 65/53, NJW 1953, 1726; Schmitt in Meyer-Goßner/Schmitt Rn. 11.
[161] BGH 8.2.2016 – 1 StR 344/16, BeckRS 2016, 110125 Rn. 34; 13.5.2015 – 3 StR 460/14, NStZ-RR 2015, 308 Rn. 18.
[162] BGH 6.12.2016 – 2 StR 425/16, BeckRS 2016, 110508.

beschränkt, sind die dem Angeklagten durch das unbeschränkte Rechtsmittel des Nebenklägers entstandenen notwendigen Auslagen dem Nebenkläger aufzuerlegen.[163]

4. Rechtsmittel des Nebenklägers und der StA. Treffen diese Rechtsmittel zusammen und bleiben sie erfolglos oder werden zurückgenommen, tragen die Staatskasse und der Nebenkläger die Kosten des Rechtsmittelverfahrens je zur Hälfte. Die Staatskasse trägt zudem gem. Abs. 2 S. 1 die notwendigen Auslagen des Angeklagten, die diesem durch die Rechtsmittel der StA und der Nebenklage entstanden sind.[164] Abs. 1 S. 3 gilt in Fällen der von StA und Nebenkläger eingelegten Revision nicht; die Auferlegung notwendiger Auslagen des Angeklagten auf den Nebenkläger erfolgt nur dann, wenn dieser allein erfolglos Revision eingelegt hat.[165] Haben StA und Nebenklage dasselbe Anfechtungsziel, trägt der Nebenkläger keine notwendigen Auslagen des Angeklagten, da es an gesonderten erstattungsbedürftigen Auslagen angesichts der mit gleichem Ziel geführten Revision der StA fehlt.[166] 109

VI. Unzulässig gewordene sofortige Beschwerde nach § 406a Abs. 1 S. 1 (Abs. 1 S. 4)

Die Regelung des Abs. 1 S. 4 trifft für einen Sonderfall des Adhäsionsverfahrens eine **Ausnahme von Abs. 1 S. 1.** Hat das Gericht durch Beschluss nach § 406 Abs. 5 S. 2 von einer Entscheidung über den vor Hauptverhandlungsbeginn gestellten Adhäsionsantrag abgesehen, steht dem Adhäsionskläger dagegen die sofortige Beschwerde zu (§ 406a Abs. 1). War diese bei Einlegung zulässig, wurde sie aber durch eine den Rechtszug abschließende Entscheidung prozessual überholt und damit unzulässig, bestimmt Abs. 1 S. 4 zur **Vermeidung unbilliger Ergebnisse** die entsprechende Anwendbarkeit des § 472a Abs. 2. Dies ermöglicht es dem Gericht, nach pflichtgemäßem Ermessen zu entscheiden, wer die durch die Adhäsion entstandenen Gerichtskosten und den Beteiligten insoweit erwachsenen Auslagen trägt – dies können die Staatskasse und/oder die Beteiligten sein – sowie ggf. eine Unbilligkeitsentscheidung nach § 472a Abs. 2 S. 2 zu treffen. Eine automatische Kostentragungspflicht des Verletzten nach Abs. 1 S. 1 (Erfolglosigkeit wegen Unzulässigkeit) wird so vermieden. 110

VII. Voller Erfolg eines unbeschränkten Rechtsmittels

1. Fehlende Regelung. Da § 473 keine allgemeinen Regelungen für den vollen Erfolg eines unbeschränkten Rechtsmittels enthält, sind die **Grundsätze der §§ 465 ff.** heranzuziehen.[167] Dies bedeutet, dass das Rechtsmittelgericht über die Kosten und notwendigen Auslagen des gesamten Verfahrens entscheidet. Lediglich Abs. 2 S. 2 trifft eine Regelung für den Sonderfall, in dem das zugunsten des Beschuldigten eingelegte Rechtsmittel der StA erfolgreich war. Zum Erfolg des Beschuldigten → Rn. 122 ff., zum Erfolg der StA → Rn. 134 ff., zum Erfolg des Nebenklägers → Rn. 137. 111

2. Begriff des Erfolgs. Der Rechtsmittelführer hat vollen Erfolg, wenn die angefochtene Entscheidung seinem **Ziel gemäß geändert bzw. aufgehoben** wird. Ein voller Erfolg im kostenrechtlichen Sinn liegt auch dann vor, wenn der Rechtsmittelführer sein **Ziel im Wesentlichen erreicht** hat. Zur Ermittlung des Erfolgs durch Vergleich der 112

---

[163] BGH 2.9.1998 – 3 StR 391/98, bei Kotz NStZ-RR 1999, 167; BGH 3.5.2018 – 3 StR 98/18, BeckRS 2018, 9230.
[164] BGH 8.4.2020 – 3 StR 606/19, BeckRS 2020, 9420; 6.7.2015 – 4 StR 253/16, BeckRS 2016, 13779; 6.12.2007 – 3 StR 342/07, NStZ-RR 2008, 146; 30.11.2005 – 2 StR 402/05, NStZ-RR 2006, 128 (red. Ls.), Vollabdruck BeckRS 2006, 01061 mwN.
[165] BGH 30.11.2005 – 2 StR 402/05, NStZ-RR 2006, 128; 8.9.2022 – 3 StR 25/22, BeckRS 2022, 28702.
[166] BGH 13.8.2003 – 5 StR 286/03, BeckRS 2003, 07588.
[167] BGH 28.1.1964 – 3 StR 55/63, NJW 1964, 875 (876); OLG Düsseldorf 17.2.1992 – 1 Ws 51/92, NStZ 1992, 557; Degener in SK-StPO Rn. 21.

angefochtenen Entscheidung mit dem schließlich erreichten Ergebnis am Verfahrensabschluss → Rn. 69 ff.

113 Entscheidender Bezugspunkt für die Beurteilung der Frage, ob und in welchem Umfang ein Rechtsmittel Erfolg hat, ist der **endgültige Ausgang des Verfahrens** (zum Erfolg im Zwischenverfahren → Rn. 139 ff.). Ein Angeklagter, der mit seiner Revision eine teilweise oder volle Urteilsazufhebung und Zurückverweisung des Verfahrens an die Tatrichterinstanz erreicht hat, hat also mit seinem Rechtsmittel noch keinen Erfolg erzielt; dies entscheidet sich erst nach dem Inhalt des Urteils, das das Verfahren rechtskräftig abschließt.

114 Deshalb trifft das Rechtsmittelgericht in Fällen der **Aufhebung und Teilaufhebung** eines Urteils und **Zurückverweisung** der Sache zu neuer Verhandlung keine Kostenentscheidung, sondern bestimmt, dass das neu entscheidende Gericht auch über die Rechtsmittelkosten zu befinden hat.[168] Auch in den Fällen des § 354 Abs. 1b, in denen das Revisionsgericht die neue Entscheidung dem Beschlussverfahren nach §§ 460, 462 überlässt, trifft es regelmäßig selbst keine Kostenentscheidung, sondern überträgt diese dem Beschlussverfahren, da der Umfang des Rechtsmittelerfolgs oft noch nicht klar absehbar ist.[169] Steht hingegen bereits ein nur unwesentlicher Teilerfolg selbst, entscheidet das Revisionsgericht nach Abs. 4 selbst über die Kosten.[170]

115 **3. Grund des Erfolgs. a) Grundsatz.** Regelmäßig spielt der Grund, der zu einem Erfolg oder Teilerfolg des Rechtsmittels führt, keine Rolle. Entscheidend ist, zu welchem **Ergebnis** das Rechtsmittel geführt hat.[171] Ein Rechtsmittelerfolg kann auch dann vorliegen, wenn die angefochtene Entscheidung zutreffend war und von der höheren Instanz zugunsten des Rechtsmittelführers deshalb abgeändert wird, weil sich die für die Rechtsfolgen maßgeblichen Umstände verändert haben. In solchen Fällen ist die Ursache der Veränderung bedeutsam. Liegt sie ausschließlich im **Zeitablauf** seit der erstinstanzlichen Entscheidung – so können zB eine eingetretene Einkommenseinbuße oder eine neu entstandene Unterhaltspflicht zu einer niedrigeren Tagessatzhöhe, die eingetretene Tilgungsreife einer Vorstrafe zu einem Verwertungsverbot und damit zu einem geringeren Strafmaß führen – ist zu prüfen, ob der in Abs. 5 enthaltene Rechtsgedanke die Annahme eines kostenrechtlichen Erfolgs ausschließt (→ Rn. 189 f.). Auch eine Gesetzesänderung kann einen Rechtsmittelerfolg begründen;[172] die Regelung des Abs. 5 steht dem nicht entgegen.

116 Trifft das **Beschwerdegericht** nach § 309 Abs. 2 eine eigene Sachentscheidung und verhilft damit dem Rechtsmittel zum Erfolg, kommt es nicht darauf an, ob seine Entscheidung auf anderen tatsächlichen Feststellungen, einer anderen Rechtsauffassung oder einer anderen Ermessensausübung beruht. Die Auffassung, bei abweichender Ermessensausübung sei § 467 Abs. 4 anzuwenden,[173] überzeugt schon vor dem Hintergrund des erzielten vollen Rechtsmittelerfolgs nicht.

117 **b) Nachträgliche Schaffung der Erfolgsgründe.** Da das Gesetz keine allgemeine Kosten- und Auslagenregelungen für das unbeschränkte erfolgreiche Rechtsmittel enthält, ist diese Lücke durch entspr. Anwendung der §§ 465, 467 zu schließen; danach ist auch ein Anwendungsbereich für den in **§ 467 Abs. 3 S. 2 Nr. 1** zum Ausdruck kommenden Rechtsgedanken eröffnet. Wendet das Gericht diese Bestimmung entspr. an, so kann es von der Anordnung, dass die Staatskasse die notwendigen Auslagen des erfolgreichen Beschwerdeführers bzw. des freigesprochenen Angeklagten zu tragen hat, ganz oder teilweise absehen.

---

[168] Benthin in Radtke/Hohmann Rn. 3.
[169] Vgl. zB BGH 24.1.2017 – 5 StR 601/16, BeckRS 2017, 102395.
[170] BGH 9.11.2004 – 4 StR 426/04, NJW 2004, 1205 (1206); 7.6.2005 – 2 StR 122/05, NJW 2005, 2566 (2567); 26.7.2017 – 5 StR 301/17, BeckRS 2017, 121862.
[171] Hilger in Löwe/Rosenberg Rn. 23.
[172] OLG München 25.11.1976 – 3 Ws 59/76, MDR 1977, 249: Teilerfolg eines unbeschränkten Rechtsmittels, das zur Halbierung der Geldstrafe führt.
[173] OLG Hamburg 5.11.1973 – 2 Ws 461/73, NJW 1974, 325; OLG Hamm 15.3.1974 – 5 Ws 221/74, MDR 1974, 689.

Dabei ist aber, besonders in Berufungsverfahren, aus den unten dargestellten Gründen (→ Rn. 119 ff.) Zurückhaltung geboten.

aa) Beschwerdeverfahren. Hat der Beschwerdeführer die **zum Rechtsmittelerfolg** 118 **führenden Umstände** erst nach dem Erlass der angefochtenen Entscheidung **geschaffen,** etwa die als Bewährungsauflage festgesetzte Geldzahlung erst nach der ergangenen Widerrufsentscheidung beglichen, **oder** die zum Rechtsmittelerfolg führenden Tatsachen erst in der Beschwerdeinstanz **vorgetragen,** etwa den Zahlungsbeleg über eine erfüllte Bewährungsauflage erstmals dem Rechtsmittelgericht vorgelegt, trägt er seine notwendigen Auslagen regelmäßig selbst. Dieses – in Beschwerdeverfahren – als angemessen und billig erscheinende Ergebnis leiten Rspr.[174] und Lit.[175] zu Recht aus einer entspr. Anwendung des **Ermessen eröffnenden § 467 Abs. 3 Nr. 1** ab. Nicht ersichtlich ist, weshalb dies eine Beeinträchtigung der Einlassungsfreiheit mit sich bringen könnte;[176] der Beschuldigte kann sich frei entscheiden, wie er sich nach Erlass der erstinstanzlichen Entscheidung verhält. Das Gericht muss das ihm eröffnete Ermessen so ausüben, dass im Ergebnis eine der Billigkeit entsprechende Kostenentscheidung vorliegt. Hat der Proband etwa die vom bewährungsüberwachenden Gericht angeforderten Unterlagen übersandt, sind diese aber auf dem Postweg oder bei Gericht verloren gegangen, erschiene es unbillig, den Probanden, der durch eine erneute Vorlage bei der Beschwerdekammer die Aufhebung des angefochtenen Bewährungswiderrufs erreicht, mit den gesamten Rechtsmittelkosten zu belasten.

bb) Berufungsverfahren. Richtet sich das Rechtsmittel hingegen gegen ein Urteil, 119 erscheint die die Anwendung des § 467 Abs. 3 Nr. 1 rechtfertigende Überlegung nicht mehr allgemein tragfähig. Zunächst ist zu beachten, dass das **Schweigerecht des Angeklagten unangetastet** bleiben muss und zulässiges Einlassungsverhalten nicht über die Kostenentscheidung sanktioniert werden darf. Zudem kann der Angeklagte den **Zeitraum zwischen den Instanzen nutzen,** um günstige Voraussetzungen für den Ausgang des Rechtsmittelverfahrens, zu schaffen, etwa indem er einen Täter-Opfer-Ausgleich durchführt, an den Verletzten Schadensersatz bezahlt oder indem er seine persönlichen Verhältnisse ordnet. In solchen Fällen kommt die Heranziehung des § 467 Abs. 3 Nr. 1 nicht in Betracht und sind die neuen, dem Angeklagten günstigen Umstände auch nicht durch bloßen Zeitablauf entstanden, sodass auch Abs. 5 nicht anwendbar ist (dazu näher → Rn. 192 ff.).

Soweit in diesen Fällen teilweise angenommen wird, es liege ein komplett erfolgloses 120 Rechtsmittel vor, weil der Erstinstanz kein Fehler unterlaufen sei,[177] überzeugt dies nicht. Denn es muss nicht stets in der Sphäre des Rechtsmittelführers liegen oder auf dessen Verschulden zurückzuführen sein, dass der zum Erfolg führende Umstand erst in der Rechtsmittelinstanz vorliegt oder bekannt wird.

Im Ergebnis verbleiben für eine **entspr. Anwendung des § 467 Abs. 3 S. 2 Nr. 1** 121 nur diejenigen Fälle, in denen ein klares Mitverschulden des Angeklagten an seiner Verurteilung oder sein missbräuchliches Verhalten im erstinstanzlichen Verfahren feststeht.[178] Zur Klärung, ob dies der Fall ist, kann als Kontrollüberlegung auch darauf abgestellt werden, ob es gerechtfertigt erscheint, den Rechtsmittelführer besser zu stellen als denjenigen Angeklagten, der bereits in erster Instanz unter Anwendung des § 467 Abs. 3 Nr. 1 freigesprochen wurde. Zudem können die unter § 6 Abs. 1 Nr. 1 StrEG fallenden Konstellationen Orientierung bieten. Allein die Tatsache, dass der Angeklagte in der ersten Instanz schweigt und in

---

[174] OLG Hamburg 27.6.1996 – 1 Ws 155/96, NStZ-RR 1997, 31; OLG Hamm 18.11.1980 – 1 Ws 215/80, MDR 1981, 423; OLG Frankfurt a. M. 5.10.1971 – 3 Ws 316/71, NJW 72, 784.
[175] Meyer/Goßner/Schmitt Rn. 2; Gieg in KK-StPO Rn. 5; Steinberger-Fraunhofer in Satzger/Schluckebier/Widmaier StPO Rn. 2.
[176] So aber Degener in SK-StPO Rn. 27.
[177] Benthin in Radtke/Hohmann Rn. 3.
[178] OLG München 4.10.1983 – 2 Ws 1142/83, NStZ 1984, 185 mzustAnm Schikora zur bewusst falschen Bezichtigung eines Dritten bei Verschweigen des wahren Täters; OLG Düsseldorf 17.2.1992 – 1 Ws 51/92, NStZ 1992, 557.

der Rechtsmittelinstanz aussagt oder umgekehrt, genügt für die Versagung der Erstattung der im Rechtsmittelverfahren entstandenen notwendigen Auslagen nicht.

122 **4. Rechtsmittelerfolge des Beschuldigten. a) Freispruch, Verfahrenseinstellungen.** Führt das Rechtsmittel zur Aufhebung des angegriffenen Beschlusses oder zum Freispruch des Angeklagten, gilt § 467 Abs. 1; danach trägt die Staatskasse die Kosten des Verfahrens und die notwendigen Auslagen des Angeklagten aller Instanzen. Nur ausnahmsweise dann, wenn der Angeklagte durch sein **Aussageverhalten** die Verurteilung erster Instanz veranlasst und dadurch dazu beigetragen hat, dass es für den Freispruch einer weiteren Instanz und der damit verbundenen Kosten bedurfte, ist nach der Rspr. der **Rechtsgedanke des § 467 Abs. 3 S. 2 Nr. 1** heranzuziehen.[179] Näher dazu → Rn. 121.

123 Stellt das Rechtsmittelgericht das Verfahren wegen eines Verfahrenshindernisses (§§ 206a, 260 Abs. 3) oder nach § 206b ein, trägt die Staatskasse die Kosten des Verfahrens und die notwendigen Auslagen des Angeklagten aller Instanzen. Zur nachträglichen Schaffung des Erfolgsgrundes → Rn. 117 ff.

124 Kommt es in der Rechtsmittelinstanz zur Einstellung des Verfahrens nach **§§ 153, 153a oder § 154,** gelten die Regelungen des § 467. Mit einer **Zurückverweisung** der Sache verbundene Entscheidungsaufhebungen stellen keinen Rechtsmittelerfolg dar und enthalten keine Kostenentscheidung (→ Rn. 5, 113). Zur teilweisen Einstellung des Verfahrens nach § 154 Abs. 2 → Rn. 171.

125 **b) Abmilderungen des Rechtsfolgenausspruchs.** Da der Angeklagte mit einem unbeschränkten Rechtsmittel die Verurteilung insgesamt angreift, kann ein Rechtsmittelergebnis, das die Verurteilung bestätigt und „nur" zu einer milderen Strafe führt, keinen vollen Erfolg im kostenrechtlichen Sinn begründen. Geht es dem Angeklagten hingegen mit seinem sogleich beschränkten Rechtsmittel allein um die Anfechtung der Strafhöhe, kann die erneute Verurteilung zu einer milderen Strafe bereits einen vollen Rechtsmittelerfolg darstellen.

126 **c) Erfolge im Beschwerdeverfahren.** Auch hier liegt ein Erfolg dann vor, wenn der Beschwerdeführer sein Ziel vollständig oder im Wesentlichen erreicht. So stellt die Aufhebung eines Bewährungswiderrufs auch dann einen Erfolg dar, wenn das Beschwerdegericht eine Verlängerung der Bewährungszeit anordnet. Nach den Grundgedanken des § 473 und der §§ 465, 467 hat die Staatskasse die Kosten des Beschwerdeverfahrens und die dem Rechtsmittelführer dort entstandenen notwendigen Auslagen zu tragen.[180] Zur grundsätzlichen Unerheblichkeit der Ursache des Rechtsmittelerfolgs → Rn. 115.

127 **d) Rechtsmittelerfolge des Angeklagten bei Nebenklage.** War das unbeschränkte Rechtsmittel des Angeklagten voll erfolgreich, trägt die Staatskasse seine notwendigen Auslagen. Der Beschuldigte braucht dem Nebenkläger keine Auslagen erstatten; vielmehr tragen der Nebenkläger bzw. der zum Nebenklageanschluss Berechtigte ihre notwendigen Auslagen selbst.[181]

128 Anders liegt es in den Fällen einer **Rechtsmittelbeschränkung:** Hatte der Beschuldigte sein Rechtsmittel auf den Strafausspruch beschränkt, sodass der **Schuldspruch wegen des Nebenklagedelikts aufrechterhalten** bleibt, folgt bei einem vollen Erfolg aus der kombinierten Anwendung der § 472 Abs. 1, § 473 Abs. 3, bei einem Teilerfolg des Angeklagten aus den § 472 Abs. 1, § 473 Abs. 4 jeweils im Grundsatz, dass der Beschuldigte die notwendigen Auslagen der Nebenklage, die Staatskasse diejenigen des Beschuldigten trägt.[182] Sowohl

---

[179] OLG Frankfurt a. M. 21.2.2007 – 2 Ws 10/07, NStZ-RR 2007, 158; OLG Hamburg 27.6.1996 – 1 Ws 155/96, NStZ-RR 1997, 31; OLG Düsseldorf 17.2.1992 – 1 Ws 51/92, NStZ 1992, 557.

[180] OLG Hamm 15.10.2013 – 5 RVs 96/13 – 5 Ws 380/91, BeckRS 2014, 00894; 20.6.1975 – 4 Ws 245/74, NJW 1975, 2112 leitet dieses Ergebnis aus der entspr. Anwendung des § 473 Abs. 3 ab.

[181] AllgM, zB BGH 22.3.2017 – 5 StR 68/17, BeckRS 2017, 107450; Schmitt in Meyer-Goßner/Schmitt Rn. 3 mwN.

[182] OLG Köln 22.8.2008 – 2 Ws 406/08, NStZ-RR 2009, 126; OLG Hamm 10.2.1998 – 3 Ws 575/97, NStZ-RR 1998, 221; Degener in SK-StPO Rn. 28.

bei einem **vollen Erfolg** als auch bei einem **Teilerfolg** iSd Abs. 4 kann das Gericht aber in entspr. Anwendung des § 472 Abs. 1 S. 3 die Nebenklageauslagen zwischen dem Angeklagten und dem Nebenkläger nach Billigkeitsgesichtspunkten verteilen.[183] Dabei ist regelmäßig zu berücksichtigen, ob sich der Teilerfolg auf ein Nebenklagedelikt erstreckt; ist dies nicht der Fall, weil der Schuldspruch unverändert bleibt und das Rechtsmittel des Angeklagten nur zu einer die Nebenklageinteressen nicht berührenden Strafmilderung führt, wird der Angeklagte trotz seines Teilerfolgs dem Nebenkläger dessen notwendige Auslagen zu erstatten haben.[184] Hingegen kann eine Verteilung der Nebenklageauslagen in entspr. Anwendung des § 472 Abs. 1 S. 3 angezeigt sein, wenn der Erfolg oder Teilerfolg des Angeklagten iS einer erzielten Strafermäßigung auf einem erstinstanzlich noch unberücksichtigt gebliebenen Mitverschulden des Nebenklägers beruht.[185]

Die Gegenmeinung[186] hält in Fällen, in denen das auf das Strafmaß beschränkte Rechtsmittel des Angeklagten voll erfolgreich war, die Überbürdung von Nebenklageauslagen auf diesen für ausgeschlossen. Dagegen spricht aber, dass in dieser Konstellation die Verurteilung wegen des Nebenklagedelikts unverändert bestehen bleibt und Fälle, in denen die Nebenklage ein nachvollziehbares Interesse an der weiteren Verfahrensteilnahme hat, nicht mehr angemessen berücksichtigt werden könnten. Zudem lässt sich das Ergebnis der Abgrenzung von Erfolg und Teilerfolg beim beschränkten Rechtsmittel nur schwer vorhersehen und von der Nebenklage regelmäßig nicht beeinflussen. 129

Haben der **Angeklagte und der Nebenkläger Rechtsmittel** eingelegt und hatte nur der Beschuldigte Erfolg, folgt ebenfalls aus der Anwendung der § 472 Abs. 1, § 473 Abs. 3, dass der Beschuldigte grundsätzlich die notwendigen Auslagen der Nebenklage, die Staatskasse diejenigen des Beschuldigten trägt. 130

Spricht – nach erfolgreicher Nebenklägerrevision – der neue Tatrichter den Angeklagten frei, trägt der Nebenkläger die Kosten des Revisionsverfahrens und die dort entstandenen notwendigen Auslagen des Angeklagten, die übrigen Kosten und Auslagen trägt gem. § 467 Abs. 1 die Staatskasse.[187] 131

e) **Schuldspruchänderungen.** Grundsätzlich stellt es keinen Rechtsmittelerfolg dar, wenn das Rechtsmittelgericht die abgeurteilte Tat rechtlich anders einordnet und den Schuldspruch ändert, aber die **Strafhöhe unverändert** lässt. Anders liegt es aber dann, wenn die Schuldspruchänderung dazu führt, dass – entsprechend dem Anfechtungsziel des Angeklagten – ein gravierendes, in erster Instanz **tateinheitlich abgeurteiltes Delikt wegfällt** und das Gericht die Strafhöhe ermäßigt; denn es kommt nicht auf die Abtrennbarkeit iS einer möglichen Rechtsmittelbeschränkung, sondern auf die Beseitigung der Beschwer des Rechtsmittelführers an.[188] 132

Entfallen in der Rechtsmittelinstanz vom Erstgericht tatmehrheitlich abgeurteilte Taten, liegt ein Teilerfolg vor. Die Beantwortung der Frage, ob dieser Teilerfolg als wesentlich – mit der Folge einer Quotelung – anzusehen ist, richtet sich nach dem Gewicht, um das sich der Schuldspruch entlastet hat. 133

5. Rechtsmittelerfolge der StA. a) Zuungunsten des Angeklagten oder Nebenbeteiligten. Hat die StA ihr erfolgreiches Rechtsmittel zuungunsten des freigesprochenen Angeklagten eingelegt, gilt § 465, sodass regelmäßig der Beschuldigte die Verfahrenskosten und seine notwendigen Auslagen beider Instanzen zu tragen hat (allgM). Dies gilt nicht nur bei Verurteilungen zu einer Sanktion und Verurteilungen iSv § 465 Abs. 1 S. 2, sondern auch bei einem Freispruch iVm der Anordnung einer Maßregel gem. §§ 61 ff. StGB. Zur Ausnahmemöglichkeit gem. § 465 Abs. 2 s. dortige Kommentierung. Ein voller Erfolg der StA liegt auch dann vor, wenn der erstinstanzlich freigesprochene Ange- 134

---

[183] OLG Düsseldorf 4.10.1991 – 4a Ws 184/91, NStZ 1992, 250.
[184] Benthien in Radtke/Hohmann Rn. 24 mwN.
[185] OLG Düsseldorf 4.10.1991 – 4a Ws 184/91, NStZ 1992, 250.
[186] Gieg in KK-StPO Rn. 10.
[187] Degener in SK-StPO Rn. 29.
[188] BGH 28.1.1964 – 3 StR 55/63, NJW 1964, 875.

klagte in zweiter Instanz zu einer niedrigeren Strafe als von der StA beantragt, verurteilt wird.[189]

135   **b) Zugunsten des Angeklagten oder Nebenbeteiligten.** War das zugunsten eingelegte Rechtsmittel der StA erfolgreich, fallen die Kosten des Rechtsmittelverfahrens der Staatskasse zur Last. Nach **Abs. 2 S. 2** sind die notwendigen Auslagen des Angeklagten ebenfalls der Staatskasse aufzuerlegen.

136   **c) Rechtsmittel ohne Angriffsrichtung.** Hat die StA mit ihrem Rechtsmittel, das weder zugunsten noch zuungunsten des Angeklagten eingelegt war, erreicht, dass eine **gesetzwidrige Entscheidung** – unabhängig davon, ob sich dies zuungunsten oder zugunsten des Angeklagten auswirkt – beseitigt bzw. korrigiert wird, ist es ein Gebot sachlicher Gerechtigkeit, dass die Staatskasse die Verfahrenskosten des Rechtsmittels und dort entstandene notwendigen Auslagen des Angeklagten trägt.[190] Zu diesen Fallgruppen → Rn. 53 ff.

137   **6. Rechtsmittelerfolg des Nebenklägers.** Beim vollen Erfolg eines Nebenklägerrechtsmittels gelten die Grundsätze der §§ 465 ff.; der verurteilte Angeklagte hat nach § 472 Abs. 1 S. 1 die Nebenklageauslagen zu tragen, falls davon nach § 472 Abs. 1 S. 3 keine abweichende Entscheidung zu treffen ist. Zum Zusammentreffen des Nebenklägerrechtsmittels mit anderen Rechtsmitteln → Rn. 107 ff.

138   **7. Mehrere Rechtsmittelerfolge.** Mehrere Rechtsmittel sind **kostenrechtlich getrennt** zu behandeln. Haben das Urteil der Angeklagte und die StA erfolgreich angefochten, ändert der Erfolg des einen nichts am Erfolg des anderen Rechtsmittels. Daher ist es unzulässig, dem Angeklagten wegen des Erfolgs der StA nur einen Teilerfolg zuzubilligen. Soweit das Rechtsmittel der StA zuungunsten des Angeklagten Erfolg hatte, gehören die dadurch entstandenen Gerichtskosten zu den Verfahrenskosten, die der Angeklagte nach § 465 tragen muss; von Kosten, die bei richtiger Sachbehandlung nicht entstanden wären, ist er freizustellen (§ 21 GKG).[191]

139   **8. Beschwerdeerfolg im Zwischen-, Neben- und Nachtragsverfahren.** Eine Kostenentscheidung ist nach zutreffender Auffassung auch bei Rechtsmittelentscheidungen in sog. Zwischen-, Neben- und Nachtragsverfahren zu treffen.[192] Hierzu zählen etwa Rechtsmittelentscheidungen, die im **Ermittlungsverfahren** auf Beschwerde der StA oder des Beschuldigten auf Erlass oder gegen angeordnete Zwangsmaßnahmen ergehen[193] oder die den vorläufigen Fahrerlaubnisentzug anordnen oder aufheben, sowie die Rechtsmittelentscheidungen in den Fällen der § 138d Abs. 6, § 146a und die Entscheidungen im **Zwischenverfahren** auf sofortige Beschwerde gegen eine vom Erstgericht beschlossene Ablehnung der Eröffnung des Hauptverfahrens.

140   Die **zu treffende Kostenentscheidung** hat sich in diesen Fällen am Umfang des **Beschwerdeerfolgs** auszurichten; auf den Ausgang des Ermittlungs- oder Hauptverfahrens kommt es nicht an.[194] Unter Heranziehung der Grundsätze des § 465 Abs. 1 trägt der

---

[189] OLG Köln 26.1.2012 – 2 Ws 55/12, BeckRS 2012, 07648 bei Kotz NStZ-RR 2014, 5.
[190] BGH 20.2.1963 – 4 StR 497/62, NJW 1963, 820 (821) zu einer Verurteilung, die sich auf für verfassungswidrig erklärte Bestimmungen stützt; OLG Düsseldorf 23.9.1999 – 1 Ws 701/99, NStZ-RR 2000, 223 zum Unterschreiten der gesetzlichen Mindeststrafe.
[191] BGH 28.1.1964 – 3 StR 55/63, NJW 1964, 875.
[192] Vgl. zB zur Haftbeschwerde BGH 11.8.2016 – StB 25/16, BeckRS 2016, 15393; zur erfolgreichen Beschwerde der StA gegen die von der Vorinstanz abgelehnte Eröffnung des Hauptverfahrens OLG Stuttgart 29.9.2014 – 1 Ws 124/14, Die Justiz 2015, 298; 18.8.2014 – 1 Ws 68/14, Die Justiz 2015, 11 Rn. 39; zu Beschwerdeentscheidungen im Rahmen einer Pflichtverteidigerbestellung BayObLG 23.9.2004 – 6 St ObWs 3/04, StV 2006, 6 mwN; Schmitt in Meyer-Goßner/Schmitt § 464 Rn. 7a; Hilger in Löwe/Rosenberg Rn. 14 hält zumindest eine Entscheidung über die notwendigen Auslagen für geboten.
[193] Zur Erstattung der Verteidigerkosten bei Überprüfung einer erledigten Durchsuchung BVerfG 16.11.2009 – 1 BvR 3229/06, NJW 2010, 360.
[194] Vgl. BVerfG 16.11.2009 – 1 BvR 3229/06, NJW 2010, 360; OLG Stuttgart 12.4.2011 – 5 Ws 6/11, Die Justiz 2011, 218; Gieg in KK-StPO § 464 Rn. 3; Hilger in Löwe/Rosenberg Rn. 14; Huber NStZ 1985, 19.

Angeschuldigte die Kosten des Beschwerdeverfahrens, wenn die StA mit ihrem Rechtsmittel Erfolg hatte, etwa wenn das Rechtsmittelgericht auf Beschwerde der StA das Hauptverfahren eröffnet.[195] Bleibt ihr Rechtsmittel erfolglos, gilt Abs. 1. Ferner führt die Pflicht, eine Kostenentscheidung zu treffen, dazu, dass das Erstgericht, wenn es der angefochtenen Entscheidung in vollem Umfang abhilft, auch über Kosten und notwendige Auslagen des Rechtsmittels entscheiden muss.[196]

Die **Gegenmeinung** sieht von einer Kostenentscheidung ab und macht diese von der endgültigen Entscheidung in der Hauptsache abhängig.[197] Diese Auffassung **vermag nicht zu überzeugen.** Zunächst ist zu bedenken, dass auch im Zwischenverfahren Kosten und Auslagen entstehen können. Zudem zeigen etwa § 473 Abs. 7 und § 473a, dass der Gesetzgeber eine Kostenentscheidung auch bei nicht hauptverfahrensabschließenden Entscheidungen vorsieht und damit von der Möglichkeit einer Aufsplitterung der Kostenentscheidung ausgeht. Auch wird übersehen, dass das Gericht in den genannten Zwischenverfahren – anders als bei einer mit der Zurückverweisung der Sache verbundenen Aufhebungsentscheidung – eine Sachentscheidung trifft.

Der teilweise erhobene Einwand, dies widerspreche der Billigkeit, trifft – wie eine nähere Betrachtung praxisrelevanter Fälle zeigt – nicht zu. Die sich am Ausgang des Zwischenverfahrens orientierende Kostenentscheidung entspricht vielmehr dem Gebot der sachlichen Gerechtigkeit und dem Grundsatz, dass die Kosten- und Auslagenentscheidung im Beschwerdeverfahren nicht vom Ausgang der Hauptsache abhängt.[198] Deshalb kann der später Freigesprochene, im Beschwerdeverfahren aber Unterlegene nicht von sämtlichen Kosten und Auslagen freigestellt werden; im umgekehrten Fall wäre es unbillig, den später Verurteilten auch mit Kosten und Auslagen eines Beschwerdeverfahrens zu belasten, wenn er dort erfolgreich war.

So erscheint es etwa angezeigt, dem Beschuldigten, bei dem das AG einen vorläufigen Fahrerlaubnisentzug abgelehnt hat, die Kosten des Beschwerdeverfahrens aufzuerlegen, wenn das LG auf Beschwerde der StA die **Maßnahme nach § 111a** anordnet; daran ändert sich auch dann nichts, wenn das Gericht im Hauptverfahren nur ein Fahrverbot verhängt, da es im Beschwerdeverfahren um die von der StA erfolgreich verlangte Sicherungsmaßnahme zur Sicherheit der Verkehrsteilnehmer ging. Ebenso erscheint es zB angemessen, dem Angeklagten die Kosten des Beschwerdeverfahrens und dort entstandene notwendige Nebenklägerauslagen aufzuerlegen, wenn die sofortige Beschwerde des Nebenklägers gegen den **Nichteröffnungsbeschluss** erfolgreich war[199] oder wenn das AG den Erlass eines **Haftbefehls** abgelehnt, das LG diesen aber auf Beschwerde der StA erlässt. Auch ein Rechtsstreit um **Akteneinsicht** kann Kosten und Auslagen verursacht haben und verlangt eine Kostenentscheidung.[200] Diese Beispiele zeigen ferner, dass der Prüfungsmaßstab in Zwischenverfahren oft ein anderer als derjenige im Hauptverfahren ist, sodass es auch unter diesem Aspekt keinen Widerspruch zu einem billigen gerechten Ergebnis darstellt, wenn das Gericht im Zwischenverfahren eine Kostenentscheidung erlässt und wenn nach dieser – anders als möglicherweise nach der Kostenentscheidung des Hauptverfahrens – den Beschuldigten Kosten und Auslagen treffen.

VIII. Voller Erfolg eines beschränkten Rechtsmittels (Abs. 3)

1. Erfolg. Auch bei beschränkten Rechtsmitteln gelten die oben dargelegten Maßstäbe und Kriterien für die Klärung, ob das Rechtsmittel erfolgreich war (→ Rn. 112 ff.). Danach hat das beschränkte Rechtsmittel vollen Erfolg, wenn der Rechtsmittelführer sein **Ziel**

---

[195] OLG Stuttgart 18.8.2014 – 1 Ws 68/14, Die Justiz 2015, 11 Rn. 39.
[196] Hilger in Löwe/Rosenberg Rn. 14.
[197] OLG München 23.10.2013 – 2 Ws 794-801/13, NJW 2013, 3799 (3801); durch neuere Entscheidungen überholt OLG Stuttgart 7.6.2001 – 5 Ws 4/01, BeckRS 2001, 30185314.
[198] Zutreffend Huber NStZ 1985, 18 (20).
[199] OLG Stuttgart 12.4.2011 – 5 Ws 6/11, Die Justiz 2011, 218; 29.9.2014 – 1 Ws 124/14, Die Justiz 2015, 298.
[200] Vgl. BGH 4.10.2007 – KRB 59/07, NJW 2007, 3652 (3655).

ganz oder im Wesentlichen erreicht. Maßstab ist der Vergleich zwischen dem Strafmaß der Vorinstanz und der in der Rechtsmittelinstanz erreichten Milderung.[201] Zu unterscheiden ist zwischen den schon bei der Einlegung oder spätestens innerhalb der Begründungsfristen der §§ 317, 345 Abs. 1 beschränkten und den Rechtsmitteln, bei denen erst später eine Beschränkung erklärt wird.

145 **Starre Prozentgrenzen** zur Bestimmung des Erfolgs gibt es nicht; es bedarf einer Einzelfallbetrachtung (dazu → Rn. 112 ff.). Als grobe Orientierung wird man annehmen müssen, dass sich eine Strafreduzierung um ein Zehntel kostenrechtlich regelmäßig nicht auswirkt.[202] Bei gewichtigeren Sanktionen wird sich – unabhängig von den Anträgen oder Zielvorstellungen des Rechtsmittelführers – ein Erfolg kaum verneinen lassen, wenn die neue Strafe um ein Fünftel niedriger als die erstinstanzliche ausfällt. Die Rspr. hat einen vollen Erfolg des auf das Strafmaß beschränkten Rechtsmittels bei Ermäßigung der Strafe um ein Viertel bejaht.[203] Weitere Orientierung bieten auch die Überlegungen, die bei der Bestimmung eines unwesentlichen Teilerfolgs heranzuziehen sind (→ Rn. 68 ff.).

146 **2. Kostenentscheidung. a) Beschränkungszeitpunkt.** Ob sich die Kostenentscheidung (nur) nach Abs. 3 richtet oder Abs. 3 iVm Abs. 1 S. 1 zur Anwendung kommt, richtet sich nach dem Beschränkungszeitpunkt. Abs. 4 gilt beim vollen Erfolg eines beschränkten Rechtsmittels nicht.

147 **b) Sofortige Beschränkung.** Hat der Rechtsmittelführer sein Rechtsmittel **von vornherein** schon bei der Einlegung oder noch innerhalb der Begründungsfrist (§§ 317, 345 Abs. 1) auf bestimmte Teile der angefochtenen Entscheidung wirksam beschränkt und sein Ziel in der Rechtsmittelinstanz voll oder nahezu vollständig erreicht, gilt **Abs. 3**. Danach sind die in der Vorschrift nicht erwähnten Verfahrenskosten und die notwendigen Auslagen des Angeklagten bzw. Beschuldigten der Staatskasse aufzuerlegen.[204] Auch Nebenklägerauslagen dürfen dem Angeklagten in diesen Fällen nicht auferlegt werden. Zur Nebenklägerbeteiligung → Rn. 158 ff.

148 Enthält das Gesetz keine Frist für die Rechtsmittelbegründung, kommt es auf die vom Gericht **gesetzte Begründungsfrist** an. Der Zeitpunkt der Fristsetzung ist nicht entscheidend, da der Rechtsmittelführer darauf vertrauen darf, innerhalb einer gewährten Begründungsfrist den Anfechtungsumfang noch einschränken zu können.[205]

149 **c) Spätere Beschränkung.** Hat der Rechtsmittelführer dagegen die Entscheidung zunächst umfassend angefochten, sich zB mit seiner Berufung gegen den Schuld- und Rechtsfolgenausspruch gewendet und beschränkt er sein Rechtsmittel erst nach Verstreichen der Begründungsfrist im weiteren Verfahrensverlauf, etwa zu Beginn der Hauptverhandlung oder nach der Beweisaufnahme des Berufungsgerichts, stellt diese spätere Beschränkung eine **teilweise Rechtsmittelrücknahme** dar.

150 Bei vollem Erfolg des so nachträglich beschränkten Rechtsmittels gilt nach Rspr. (→ Rn. 155 ff.)[206] und Lit.[207] eine **Kombination aus Abs. 3 und Abs. 1 S. 1.**

---

[201] OLG Düsseldorf 29.5.2015 – III-4 Ws 66/15; 22.1.1985 – 1 Ws 27/85, NStZ 1985, 380; OLG Hamm 10.2.1998 – 3 Ws 575/97, NStZ-RR 1998, 221; OLG Jena 9.4.1997 – 1 Ws 62/97, BeckRS 1998, 81867; OLG Stuttgart 12.5.2014 – 4 Ws 96/14, StraFo 2014, 351.

[202] OLG Celle 27.6.2008 – 1 Ws 322/08, NStZ-RR 2008, 359.

[203] OLG Hamm 18.4.2013 – 1 Ws 121/13, NStZ-RR 2013, 392; OLG Celle 27.6.2008 – 1 Ws 322/08, NStZ-RR 2008, 359; OLG Frankfurt a. M. 20.10.1978 – 2 Ws 237/78, NJW 1979, 1515.

[204] OLG Stuttgart 12.5.2016 – 4 Ws 96/14, BeckRS 2014, 10422 = StraFo 2014, 351; OLG München 4.12.1996 – 2 Ws 1197/96, NStZ-RR 1997, 192.

[205] Gieg in KK-StPO Rn. 6; OLG Bamberg 21.3.2012 – 1 Ws 147/12, BeckRS 2012, 26008.

[206] OLG Stuttgart 12.5.2014 – 4 Ws 96/14, BeckRS 2014, 10422 = StraFo 2014, 351; OLG Braunschweig 20.5.2015 – 1 Ws 94/15, BeckRS 2015, 12182; OLG Hamburg 19.11.2013 – 2 Ws 56/12, VRS 125, 225; OLG Koblenz 11.8.2010 – 2 Ws 355/10, NStZ-RR 2011, 64; OLG München 4.12.1996 – 2 Ws 1197/96, NStZ-RR 1997, 192; OLG Düsseldorf 8.12.1998 – 1 Ws 464/98, NZV 1999, 219; 29.5.2015 – III-4 Ws 66/15.

[207] Hilger in Löwe/Rosenberg Rn. 41; Schmitt in Meyer-Goßner/Schmitt Rn. 20; Benthin in Radtke/Hohmann § 473 Rn. 19 mwN.

Zunächst ist **Abs. 3 entsprechend anzuwenden.** Um jedoch zu angemessenen und den Kostenrechtsgrundsätzen entsprechenden Ergebnissen zu gelangen, ist auch **Abs. 1 S. 1 sinngemäß heranzuziehen.** Es besteht kein Grund, den das Rechtsmittel ganz zurücknehmenden Rechtsmittelführer anders zu behandeln als denjenigen, der sich für die Teilrücknahme entscheidet, zumal im Rücknahmezeitpunkt bereits erhebliche Kosten, zB durch eine Beweisaufnahme, entstanden sein können und dem Rechtsmittelführer zuzumuten ist, alsbald nach Urteilszustellung zu erklären, in welchem Umfang er das Urteil anfechten will.

Diese Kombination führt bei vollem oder nahezu vollem Erfolg eines nachträglich beschränkten Rechtsmittels des Angeklagten dazu, dass die Staatskasse die Verfahrenskosten und notwendigen Auslagen des Angeklagten trägt mit Ausnahme der Kosten und notwendigen Auslagen, die durch die Teilrücknahme verursacht wurden; diese sind dem Angeklagten aufzuerlegen. Dh, dass der Angeklagte diejenigen Kosten und Auslagen zu tragen hat, die bei rechtzeitiger Beschränkung nicht angefallen wären.[208] Diese ausgenommenen Kosten und Auslagen werden im Kostenansatzverfahren nach § 19 GKG und im Festsetzungsverfahren nach § 464b berechnet.[209]

Da die Anwendung des Abs. 1 S. 1 dazu führt, dass Kosten und Auslagen, die bei alsbaldiger Berufungsbeschränkung vermieden worden wären, bereits zulasten des Rechtsmittelführers berücksichtigt sind, ist hinsichtlich des mit dem verbliebenen Rechtsmittel erstrebten **Ziels** nicht mehr auf den Zeitpunkt der Rechtsmitteleinlegung, sondern auf den **Zeitpunkt der Beschränkung** abzustellen.[210]

3. Fälle erfolgreicher beschränkter Rechtsmittel. a) Angeklagter. Ist der Angeklagte Rechtsmittelführer, liegen erfolgreich beschränkte Rechtsmittel etwa vor, wenn das Gericht auf eine Strafmaßberufung des in erster Instanz zu einer Freiheitsstrafe verurteilten und nunmehr die Verhängung einer Geldstrafe anstrebenden Angeklagten auf Geldstrafe erkennt oder wenn das Gericht gegen den eine Strafmaßreduzierung erstrebenden Angeklagten eine **deutlich niedrigere Strafhöhe**[211] als die Vorinstanz festsetzt; in einem solchen Fall steht der Annahme eines Erfolgs nicht entgegen, dass die verhängte Strafe noch über dem Antrag der Verteidigung liegt.[212] Eine erfolgreiche Strafmaßberufung kann auch vorliegen, wenn das Gericht statt der erstinstanzlich festgesetzten Geldstrafe eine Verwarnung mit Strafvorbehalt ausspricht[213] oder wenn es die Tagessatzhöhe deutlich absenkt, falls dies nicht allein auf dem Zeitablauf und der währenddessen eingetretenen Verschlechterung der finanziellen Verhältnisse des Angeklagten beruht. Ebenso wie beim unbeschränkten Rechtsmittel wirken sich geringfügige Abmilderungen der Strafhöhe kostenrechtlich nicht aus. Dazu auch → Rn. ff.

b) StA. Die vorstehenden Ausführungen gelten entsprechend umgekehrt, wenn die StA ihr auf die Rechtsfolgen beschränktes Rechtsmittel zuungunsten des Angeklagten eingelegt hat. Die gegen einen Teilfreispruch gerichtete und hierauf beschränkte Berufung der StA hat vollen Erfolg, wenn sie den erstrebten Schuldspruch erreicht, auch wenn der Strafausspruch hinter ihrem Antrag zurückbleibt.[214]

4. Wirksame Beschränkung. Die Möglichkeit, Rechtsmittel gegen Urteile zu beschränken, ergibt sich aus §§ 318, 344 Abs. 1. Eine Beschränkungsmöglichkeit besteht

---

[208] OLG Hamm 10.2.1998 – 3 Ws 575/97, NStZ-RR 1998, 221; OLG München 4.12.1996 – 2 Ws 1197/96, NStZ-RR 1997, 192; OLG Brandenburg 31.3.2014 – (1) 53 Ss 15/14, BeckRS 2014, 11102; OLG Düsseldorf 29.5.2015 – III-4 Ws 66/15.
[209] OLG Stuttgart 12.5.2016 – 4 Ws 96/14, BeckRS 2014, 10422 = StraFo 2014, 351.
[210] OLG Hamburg 19.11.2013 – 2 Ws 56/12, VRS 125, 225.
[211] Dazu OLG Hamm 18.4.2013 – 1 Ws 121/13, NStZ-RR 2013, 392; OLG Nürnberg 31.1.2012 – 1 Ws 595/11, StraFo 2012, 117: statt fünf Monaten Freiheitsstrafe 90 Tagessätze; OLG Celle 27.6.2008 – 1 Ws 322/08, NStZ-RR 2008, 359; OLG Frankfurt a. M. 20.10.1978 – 2 Ws 237/78, NJW 1979, 1515.
[212] OLG Nürnberg 31.1.2012 – 1 Ws 595/11, StraFo 2012, 117.
[213] OLG Bremen 3.5.1994 – Ws 63/94, StV 1994, 495.
[214] OLG Zweibrücken 20.5.1988 – 1 Ws 237/88, NStE Nr. 4 zu § 473 StPO.

ebenso bei der Beschwerde.[215] Die Wirksamkeit der Beschränkung ist **von Amts wegen** zu überprüfen; sie liegt nur dann vor, wenn das Rechtsmittelgericht den angefochtenen Entscheidungsteil selbständig überprüfen und beurteilen kann.

156 Eine **unwirksame Beschränkung** ist für das Rechtsmittelgericht unbeachtlich. Sie führt dazu, dass die angefochtene Entscheidung in vollem Umfang überprüft wird. Will der Rechtsmittelführer die Entscheidung nur teilweise anfechten, kann sein Rechtsmittel aber nicht wirksam beschränken, weil eine **Beschränkung aus Rechtsgründen nicht möglich** ist, darf sich dies kostenrechtlich für ihn nicht nachteilig auswirken; der Rechtsmittelführer ist so zu behandeln, wie wenn er vollen Erfolg hat; entscheidend kommt es aus Gründen der Gerechtigkeit darauf an, ob der Rechtsmittelführer sein Ziel erreicht hat und danach ein Erfolg im kostenrechtlichen Sinne vorliegt.[216]

157 Deshalb kann der Rechtsmittelführer sein **Kostenrisiko eingrenzen,** indem er das Ziel seines Rechtsmittels klar benennt, auch wenn eine Beschränkung aus Rechtsgründen nicht möglich oder unwirksam ist.[217] Denn in einem solchen Fall entstehen durch die unbeschränkte Rechtsmitteleinlegung keine vermeidbaren Kosten. Ob die Beschränkung daran scheitert, dass das Erstgericht keine dafür ausreichenden Feststellungen getroffen hat oder dass Teile des Rechtsfolgenausspruchs nicht isoliert beurteilbar sind – wie etwa wegen der Wechselwirkung zwischen Geldstrafe bzw. Geldbuße und Fahrverbot[218] – sind, spielt keine Rolle. Eine Berufungsbeschränkung auf den Rechtsfolgenausspruch nach Erlass der Revisionsentscheidung ist wirkungslos, da der Schuldspruch dadurch bereits rechtskräftig wurde.[219]

158 **5. Nebenklägerbeteiligung. a) Entsprechende Anwendung des § 472 Abs. 1.** Die Frage, ob ein im zweiten Rechtszug beteiligter Nebenkläger bei einem voll erfolgreichen auf das Strafmaß beschränkten Rechtsmittel des Angeklagten seine notwendigen Auslagen selbst tragen muss, wird nicht einheitlich beantwortet. Unter Hinweis darauf, dass der Angeklagte bei vollem Erfolg seines Rechtsmittels wie ein Freigesprochener behandelt werden müsse, wird eine Auferlegung der Nebenklageauslagen auf den Angeklagten abgelehnt.[220] Mit dieser Behandlung wird jedoch, auch in Fällen des auf den Rechtsfolgenausspruch beschränkten Rechtsmittels eines Angeklagten, nicht berücksichtigt, dass dieser wegen eines Nebenklagedelikts verurteilt ist und bleibt; auch ein wegen einer erheblichen Strafmaßreduzierung zu bejahender Erfolg oder wesentlicher Teilerfolg des Angeklagten ändert am Schuldspruch nichts. Zudem entstünde mit einer gleichsam automatischen Kostentragungspflicht des Nebenklägers beim Erfolg des beschränkten Rechtsmittels des Angeklagten ein Widerspruch zu den vom Gesetzgeber gewollten Beteiligungsrechten der Nebenklage im Instanzenzug.[221]

159 Die Gegenauffassung wendet in dieser Konstellation daher zu Recht die **§ 472 Abs. 1, § 473 Abs. 4 S. 2** an, sodass der Angeklagte mit den notwendigen Auslagen des Nebenklägers zu belasten ist, falls dem nicht Billigkeitserwägungen entgegenstehen.[222] Diese Sicht-

---

[215] Schmitt in Meyer-Goßner/Schmitt § 304 Rn. 4.
[216] OLG Hamm 15.10.2013 – 5 RVs 96/13 – 5 Ws 380/13, NStZ-RR 2014, 96; KG 8.6.1998 – 4 Ws 112/98, bei Kotz NStZ-RR 1999, 168; OLG Bamberg 4.10.2007 – 3 Ss Owi 1364/07, NJW 2007, 3655 (3656); BayObLG 24.10.1962 – RReg 1 St 493/62, NJW 1963, 262.
[217] BGH 28.1.1964 – 3 StR 55/63, NJW 1964, 875 (876) zum Wegfall einer tateinheitlichen Verurteilung; OLG Hamm 15.10.2013 – 5 RVs 96/13 – 5 Ws 380/13, NStZ-RR 2014, 96; OLG Zweibrücken 23.1.1991 – 1 Ws 596/90, NStZ 1991, 602; BayObLG 24.10.1962 – RReg. 1 St 493/62, NJW 1963, 262.
[218] OLG Bamberg 23.11.2012 – 3 Ss Owi 1576/12, BeckRS 2013, 01083 bei Kotz NStZ-RR 2014, 5.
[219] KG 17.12.1997 – 3 Ws 729/97, bei Kotz NStZ-RR 1999, 167.
[220] Schmitt in Meyer-Goßner/Schmitt Rn. 23; ebenso Gieg in KK-StPO Rn. 10.
[221] OLG Koblenz 19.8.2010 – 2 Ws 355/10, NStZ-RR 2011, 64 (Ls.); OLG Hamm 10.2.1998 – 3 Ws 575/97, NStZ-RR 1998, 221 (222).
[222] OLG Köln 22.8.2008 – 2 Ws 406/08, NStZ-RR 2009, 126; OLG München 7.8.2003 – 2 Ws 758/03, NJW 2003, 3072; ebenso – nach entsprechender Anwendung des § 472 Abs. 1 – KG 22.12.2014 – (4) 161 Ss 228/14, BeckRS 2015, 11738 mwN; OLG Hamm 10.2.1998 – 3 Ws 575/97, NStZ-RR 1998, 221; 27.5.2014 – III-1 RVs 31/14, BeckRS 2014, 12543.

weise überzeugt. Sie ermöglicht eine dem konkreten Einzelfall angemessene Kostenentscheidung, die sich an der jeweiligen **Verfahrenssituation** – die sich bei einem Rechtsmittel des Angeklagten für die Nebenklage sehr unterschiedlich darstellen kann – und damit danach ausrichten lässt, ob für die Nebenklage noch ein **berechtigtes, nachvollziehbares Interesse** bestand, sich am Verfahren in der Rechtsmittelinstanz zu beteiligen. Gleichzeitig kann auch Aspekten des **Opferschutzes** Rechnung getragen werden.

b) Interesse des Nebenklägers an weiterer Verfahrensbeteiligung. Ein solches Interesse ist etwa dann zu bejahen mit der Folge, dass dem Angeklagten die Auslagen der Nebenklage aufzuerlegen sind, wenn das Gericht den Nebenkläger und seinen Vertreter zur Berufungsverhandlung **geladen** hat, wenn der Angeklagte, der den **Tatvorwurf bestritten** hat, unbeschränkt Berufung einlegt, wenn er erst während laufender Berufungshauptverhandlung die **Beschränkung seines Rechtsmittels** auf den Rechtsfolgenausspruch erklärt[223] oder wenn der Angeklagte sein Bestreiten oder teilweises Bestreiten mit Vorwürfen oder einem Mitverschuldensvorwurf gegenüber dem Nebenkläger verbunden hat. Ferner kann bedeutsam sein, dass der Nebenkläger die Wirksamkeit einer in der Berufungsverhandlung erklärten Rechtsmittelbeschränkung nicht absehen kann und/oder er durch seine weitere Teilnahme an der Hauptverhandlung keine zusätzlichen Auslagen verursacht.[224]

160

Auch bei einem von vornherein auf den Rechtsfolgenausspruch beschränkten Rechtsmittel des Angeklagten kann beim Nebenkläger noch ein nachvollziehbares Interesse bestehen, weiterhin am Verfahren teilzunehmen, so etwa, wenn in der zweiten Instanz der **Adhäsionsausspruch** oder zugunsten des Nebenklägers angeordnete **Bewährungsauflagen** in Rede stehen.

161

Hingegen wird das genannte **Nebenklägerinteresse regelmäßig nicht mehr festzustellen** sein, wenn der Angeklagte schon in erster Instanz voll geständig war und etwaige Forderungen der Nebenklage oder ein angemessenes Schmerzensgeld bereits anerkannt und bezahlt hat und/oder es bereits in erster Instanz zu einem erfolgreichen Täter-Opfer-Ausgleich iSv § 46a StGB mit dem Nebenkläger gekommen ist. Gleiches kann gelten, wenn der Schuldspruch infolge einer zulässigen Berufungsbeschränkung rechtskräftig kein Katalogdelikt iSv § 395 umfasst.[225] In solchen Fällen kann nach § 472 Abs. 1 S. 3 eine Billigkeitsentscheidung dahin geboten sein, von der grundsätzlichen Kostentragungspflicht des Angeklagten nach § 472 Abs. 1 S. 1 ganz oder teilweise abzusehen.

162

IX. Teilerfolg eines unbeschränkten Rechtsmittels (Abs. 4)

1. Anwendungsbereich. Abs. 4 betrifft nur die Rechtsmittelkosten, nicht die der ersten Instanz. Abs. 4 gestattet es dem Gericht, bei einem Teilerfolg die Verfahrensgebühr für die Rechtsmittelinstanz zu ermäßigen und durch das Rechtsmittel entstandene Auslagen ganz oder teilweise der Staatskasse aufzuerlegen. Die Vorschrift gilt für alle unbeschränkten und beschränkten Rechtsmittel. Sie setzt neben einem **wesentlichen Teilerfolg** des Rechtsmittelführers voraus, dass es **unbillig** wäre, diesen mit der vollen Gerichtsgebühr und allen ihm entstandenen notwendigen Auslagen zu belasten.

163

2. Voraussetzungen. a) Erfolg hinsichtlich Tat. Abs. 4 ist nur bei einem wesentlichen Rechtsmittelerfolg hinsichtlich **einer und derselben Tat** anwendbar. Führt das Rechtsmittel zu einem **Teilfreispruch** des Angeklagten, ist dieser nach § 467 Abs. 1 zu behandeln;[226] im Übrigen gilt Abs. 1, sodass es grundsätzlich zur Quotelung der Kosten

164

---

[223] OLG Köln 22.8.2008 – 2 Ws 406/08, NStZ-RR 2009, 126; KG 22.12.2014 – 4 Ws 120/14, JurBüro 2015, 534.
[224] KG 22.12.2014 – 4 Ws 120/14, JurBüro 2015, 534.
[225] Vgl. OLG Koblenz 7.5.2014 – 2 Ws 228/14, NStZ-RR 2014, 391.
[226] BayObLG 15.4.1969 – RReg. 3b St 55/69, NJW 1969, 1448 (1449); OLG Düsseldorf 9.8.1994 – 1 Ws 587/94, StV 1995, 308.

und notwendigen Auslagen kommt. Abs. 4 ist trotz eines erreichten Teilfreispruchs nicht anzuwenden.

165 **b) Wesentlicher Teilerfolg.** Führt das unbeschränkte Rechtsmittel zu einem Teilerfolg, dh wird dem Rechtsmittel nur zum Teil entsprochen, hat das Gericht zunächst zu entscheiden, ob dieser Teilerfolg als unwesentlich oder wesentlich einzuordnen ist. Nur für den wesentlichen Teilerfolg gilt Abs. 4. Hat der Rechtsmittelführer hingegen nur einen unwesentlichen Teilerfolg erzielt, steht dies kostenrechtlich der Erfolglosigkeit des Rechtsmittels iSv Abs. 1 gleich (dazu → Rn. 68).

166 Der wesentliche Teilerfolg allein führt noch nicht zwingend zur Anwendung des Abs. 4; liegt er vor, ist eine **Billigkeitsentscheidung** zu treffen, die ihrerseits regelmäßig nicht losgelöst vom **Ausmaß des Teilerfolgs** und dem Rechtsmittelziel sowie dem Verhalten des Rechtsmittelführers erfolgen kann (näher → Rn. 172 ff.).

167 **c) Kriterien des wesentlichen Teilerfolgs.** Für die Klärung der Frage, ob ein wesentlicher Teilerfolg vorliegt, der dazu führt, die Rechtsmittelkosten zum Teil der Staatskasse aufzuerlegen, kommt es entscheidend auf das **Maß des erreichten Teilerfolges** an, der sich anhand des Unterschiedes zwischen dem Verfahrensergebnis der ersten und zweiten Instanz bemessen lässt.[227] Es kommt danach entscheidend darauf an, ob sich aufgrund des Rechtsmittels das **Gewicht des Rechtsfolgenausspruchs deutlich vermindert** hat.

168 **3. Beispiele eines wesentlichen Teilerfolgs.** Die Rspr. bejaht – bei unbeschränkten Rechtsmitteln – einen wesentlichen Teilerfolg bei **deutlichen Strafermäßigungen**,[228] beim Wegfall der besonderen Schuldschwere, bei der Gewährung von Strafaussetzung zur Bewährung,[229] bei der Verhängung einer Geldstrafe anstelle der in erster Instanz festgesetzten Bewährungsstrafe,[230] bei der Änderung des Strafausspruchs dahin, dass statt der erstinstanzlich verhängten Geldstrafe eine Verwarnung und der Vorbehalt der Verurteilung zu einer Geldstrafe ausgesprochen wird[231] sowie bei massiver Reduzierung der Sperrfrist anstelle des erstrebten Wegfalls der Fahrerlaubnisentziehung. Auch der Wegfall oder die erhebliche Reduzierung eines **Einziehungsausspruchs** können einen Teilerfolg begründen → Rn. 82.

169 Ein Teilerfolg ist auch dann zu bejahen, wenn zwar die Höhe des **Strafmaßes unverändert** blieb, das Rechtsmittel aber zum **Wegfall einer Anordnung nach § 63 StGB oder § 66 StGB** führte. In diesen Fällen wird das Gewicht des Rechtsfolgenausspruch so stark gemindert, dass es unbillig wäre, dem Angeklagten die gesamten Rechtsmittelkosten aufzubürden.[232]

170 Eine **Schuldspruchänderung** stellt regelmäßig keinen wesentlichen Teilerfolg dar. Nur ausnahmsweise kann es anders liegen, wenn der angestrebten Schuldspruchänderung für den Angeklagten eine besondere Bedeutung zukam (→ Rn. 76 ff.).[233]

171 **Kein wesentlicher Teilerfolg** liegt vor, wenn es in der Rechtsmittelinstanz zur teilweisen Einstellung des Verfahrens nach § 154 Abs. 2 kommt[234] oder wenn die StA statt der erstrebten Freiheitsstrafe nur eine Erhöhung der erstinstanzlich festgesetzten Geldstrafe

---

[227] BGH 6.3.1990 – 1 StR 666/89, BGHR StPO § 473 Abs. 4 Quotelung 6; 26.5.2021 – 5 StR 458/20, NStZ-RR 2021, 229.
[228] BGH 13.10.2005 – 4 StR 143/05, NStZ-RR 2006, 32.
[229] Dazu BGH 12.2.1987 – 4 StR 724/86, NStE Nr. 3 zu § 473 StPO; OLG Brandenburg 31.3.2014 – (1) Ss 15/14, BeckRS 2014, 11102; OLG Braunschweig 20.5.2015 – 1 Ws 94/15, BeckRS 2015, 12182.
[230] OLG Köln 8.5.2009 – 2 Ws 221/09, BeckRS 2009, 15710 und bei Kotz NStZ-RR 2011, 40.
[231] BGH 6.12.2016 – 5 StR 418/16, BeckRS 2016, 109920.
[232] BGH 21.10.1986 – 4 StR 553/86, NStZ 1987, 86 sah es als angemessen an, die Hälfte der Rechtsmittelkosten der Staatskasse aufzuerlegen; BGH 4.9.2002 – 5 StR 376/02, BeckRS 2002, 07861 legte aufgrund des Wegfalls der Anordnung nach § 66 ein Drittel der Rechtsmittelkosten der Staatskasse auf.
[233] OLG Zweibrücken 23.1.1991 – 1 Ws 596/90, NStZ 1991, 602; OLG Celle 2.8.1976 – 2 Ws 145/76, MDR 1976, 1042 zu besseren Einstellungschancen des Angeklagten bei Verurteilung nur wegen einer Fahrlässigkeitstat.
[234] BGH 5.9.1996 – 4 StR 411/96, bei Kusch NStZ 1997, 380; OLG Stuttgart 17.10.2017 – 4 Ws 355/17, Die Justiz 2018, 412; Schmitt in Meyer-Goßner/Schmitt Rn. 25a.

erreicht.²³⁵ Bei Teileinstellung nach § 154 Abs. 2 ist eine Kosten- und Auslagenentscheidung im Einstellungsbeschluss zu treffen; ist diese unterblieben, trägt die Staatskasse die diesbezüglichen Kosten des Verfahrens, die notwendigen Auslagen verbleiben bei demjenigen, dem sie entstanden sind; die im Einstellungsbeschluss unterbliebene Kosten- und Auslagenentscheidung kann im später erlassenen Urteil nicht nachgeholt werden.²³⁶ Die bei der Annahme eines wesentlichen Teilerfolgs eher restriktive Rspr. hat einen solchen auch verneint, wenn der Angeklagte statt wegen eines Vergehens wegen einer Ordnungswidrigkeit verurteilt wird²³⁷ oder wenn das erstinstanzlich angeordnete Fahrverbot entfällt,²³⁸ ebenso, wenn der Angeklagte mit seinem Rechtsmittel nicht den angestrebten Freispruch, sondern nur eine Herabsetzung der Geldstrafe und die Ermäßigung des Tagessatzes erreicht.²³⁹ Weitere Beispiele finden sich bei den **Fällen des unwesentlichen Teilerfolgs** (→ Rn. 72 ff.).

4. Gebotene Billigkeitsentscheidung. a) Kein Automatismus. Hat das Gericht 172 einen wesentlichen Teilerfolg bejaht, wirkt sich dies kostenrechtlich nicht automatisch zugunsten des Rechtsmittelführers aus. Vielmehr muss es am Maßstab der Billigkeit zu entscheiden, ob es die Gerichtsgebühr ermäßigt und die Staatskasse teilweise mit den notwendigen Auslagen des Angeklagten belastet. Dies erfolgt nur insoweit, als es unbillig wäre, diesen damit zu belasten. Die Gebührenermäßigung ist also nicht zwingend, sondern kommt nur aus Billigkeitsgründen in Betracht.²⁴⁰ Im Ausnahmefall kann das Gericht die Gebühr vollständig entfallen lassen.²⁴¹ Verneint das Gericht die Unbilligkeit, gelten die Regeln für erfolglose Rechtsmittel.

b) Kriterien. Bei der zu treffenden Billigkeitsentscheidung kommt es regelmäßig maß- 173 geblich darauf an, ob der Rechtsmittelführer die **angefochtene Entscheidung hingenommen hätte,** wenn sie so gelautet hätte, wie die auf das Rechtsmittel hin ergangene.²⁴² Das ist etwa zu verneinen, wenn der Angeklagte das neu ergangene Urteil wiederum unbeschränkt angreift. Daneben ist – als ebenso wesentliches Kriterium – der **Umfang des Teilerfolgs** zu berücksichtigen. Ist dieser erheblich, kann die Erwägung, ob der Rechtsmittelführer darüber hinaus einen Freispruch oder die Einstellung des Verfahrens erstrebt hat, ganz zurücktreten.²⁴³

Soweit bei der Bemessung des Ausmaßes des erreichten Teilerfolgs auch der Vergleich 174 des **Antrags des Rechtsmittelführers** mit der Endentscheidung maßgeblich sein soll,²⁴⁴ ist auf die hiergegen bestehenden bereits dargelegten Bedenken (→ Rn. 70) zu verweisen. Anders kann es bei einem beschränkten Rechtsmittel liegen. Dort, wo die Zielrichtung des Rechtmittels aufgrund der Beschränkung, namentlich bei einer von vornherein erklärten Teilanfechtung, deutlich wird, kann dem Antrag des Rechtsmittelführers Bedeutung zukommen.

Vereinzelt wird in die Billigkeitsentscheidung auch das **Einlassungsverhalten** des 175 Angeklagten einbezogen und zu seinem Nachteil berücksichtigt, dass er in den Instanzen

---

²³⁵ KG 17.12.1997 – 3 Ws 729/97, bei Kotz NStZ-RR 1999, 168.
²³⁶ OLG Stuttgart 17.10.2017 – 4 Ws 355/17, Die Justiz 2018, 412.
²³⁷ OLG München 2.8.1982 – 2 Ws 859/82, JurBüro 1983, 403.
²³⁸ OLG Düsseldorf 30.3.1990 – 4 Ws 44/90, JurBüro 1990, 1324.
²³⁹ KG 9.5.1997 – 4 Ws 107/97, bei Kotz NStZ-RR 1998, 133.
²⁴⁰ OLG Karlsruhe 17.9.1984 – 4 Ws 132/84, Die Justiz 1984, 432; Schmitt in Meyer-Goßner/Schmitt Rn. 27 mwN.
²⁴¹ OLG Hamm 4.12.1980 – 2 Ws 271/80, MDR 1981, 427.
²⁴² BGH 13.10.2005 – 4 StR 143/05, NStZ-RR 2006, 32; 28.10.1997 – 1 StR 612/97, NStZ-RR 1998, 70; OLG Braunschweig 20.5.2015 – 1 Ws 94/15, BeckRS 2015, 12182; KG 18.11.1997 – 5 Ws 711/97, bei Kotz NStZ-RR 1999, 168; vgl. auch BGH 21.10.1986 – 4 StR 553/86, NStZ 1987, 86 zum Wegfall der Unterbringung gem. § 63 StGB.
²⁴³ BGH 21.9.1988 – 3 StR 349/88, bei Miebach NStZ 1989, 221 mwN; OLG Düsseldorf 15.3.1996 – 1 Ws 208/96, StV 1996, 613; 14.2.2011 – III-4 Ws 59/11, NStZ-RR 2011, 293 (295); KG 20.7.1998 – 3 Ws 387/98, bei Kotz NStZ-RR 1999, 168; OLG Stuttgart 17.10.2017 – 4 Ws 355/17, Die Justiz 2018, 412.
²⁴⁴ OLG Celle 28.2.1995 – 1 Ws 26/95, StV 1995, 310.

unterschiedliche Angaben zur Sache gemacht hat.[245] Dies ist nur in eng umgrenzten Ausnahefällen zulässig; die Erläuterungen → Rn. 119 ff. gelten hier ebenso. Dass ein Angeklagter in der ersten Instanz von seinem Schweigerecht Gebrauch gemacht und entlastende Umstände erst in der Rechtsmittelinstanz vorgetragen hat, darf nicht zu seinem Nachteil verwertet werden.

176   c) **Auslagenverteilung.** Möglich ist die Aufteilung der Verfahrenskosten und Auslagen nach Bruchteilen oder nach Massen oder Einzelposten.[246] Hat der **Nebenkläger** in der Rechtsmittelinstanz einen Teilerfolg erzielt, sind die dem Nebenkläger in der Rechtsmittelinstanz erwachsenen Kosten in entsprechender Anwendung des Abs. 4 S. 2 zu ersetzen.[247]

177   **5. Teilerfolg bei Nebenklägerbeteiligung.** Zur entspr. Anwendbarkeit des § 472 Abs. 1 S. 3 und zur zu treffenden Billigkeitsentscheidung gelten → § 472 Rn. 41 ff. ebenso.

X. Teilerfolg eines beschränkten Rechtsmittels

178   Abs. 4 ist auch dann anzuwenden, wenn der Rechtsmittelführer mit seinem beschränkten Rechtsmittel einen **wesentlichen Teilerfolg** erzielt. Die Erläuterungen zum wesentlichen Teilerfolg (→ Rn. 165 ff.), zur gebotenen **Billigkeitsentscheidung** (→ Rn. 172 ff.) und zur Beteiligung eines Nebenklägers (→ Rn. 127 ff.) gelten hier entsprechend.

179   Anders als beim unbeschränkten Rechtsmittel, bei dem es entscheidend auf den **Unterschied zwischen erster und zweiter Instanz** ankommt, kann bei der Bestimmung des Teilerfolgs eines beschränkten Rechtsmittels – weil es sich gezielt gegen bestimmte Schuldspruchteile oder den gesamten oder teilweisen Rechtsfolgenausspruch richtet – neben dem Vergleich der in den Instanzen ergangenen Entscheidungen auch dem erklärten **Ziel** bzw. dem **Antrag** des Rechtsmittelführers Bedeutung zukommen.

180   Danach ist bei beschränkten Rechtsmitteln der StA, mit denen sie eine Erhöhung des erstinstanzlich verhängten Strafmaßes anstrebt, ein Teilerfolg anzunehmen, wenn das Urteil zwar nicht antragsgemäß ausfällt, die Strafe aber deutlich erhöht wird.[248] Entscheidend sind letztlich die Bewertung der **Einzelfallumstände** und das **Ausmaß der Änderung** der angegriffenen Entscheidung. Danach kann es ebenso vertretbar sein, mit Blick auf den dem Tatgericht zustehenden Spielraum bei der Bemessung der Strafhöhe dem Antrag kein wesentliches Gewicht beizumessen und bereits eine Erhöhung der Sanktion als vollen Erfolg des Rechtsmittels zu bewerten.[249] Dies gilt umgekehrt für beschränkte Rechtsmittel des Angeklagten ebenso.

XI. Erfolglosigkeit des Rechtsmittels wegen Zeitablaufs (Abs. 5)

181   **1. Überblick.** Die Frage, wie ein allein auf Zeitablauf beruhender oder auch nur dadurch mitbedingter Rechtsmittelerfolg kostenrechtlich zu behandeln ist, wird nicht einheitlich beantwortet. Eine allgemeine Regelung hierzu fehlt. **Abs. 5** fingiert die Erfolglosigkeit des Rechtsmittels nur für den Sonderfall des **Wegfalls einer Fahrerlaubnisentziehung** aufgrund Zeitablaufs (→ Rn. 183). Sein Wortlaut und die Motive[250] belegen, dass er ausschließlich den Sonderfall der Nichtaufrechterhaltung einer Fahrerlaubnisentziehung regelt.

182   Die kostenrechtliche Behandlung **anderer Konstellationen,** in denen die Änderung der erstinstanzlichen Entscheidung allein auf dem Zeitablauf beruht, muss sich daher am

---

[245] OLG Frankfurt a. M. 21.2.2007 – 2 Ws 10/07, NStZ-RR 2007, 158.
[246] Vgl. BGH 25.2.2021 – 1 StR 423/20, NJW 2021, 1829 mzustAnm Habetha NJW 2021, 1830.
[247] KG 9.5.1997 – 4 Ws 107/97, bei Kotz NStZ-RR 1998, 132.
[248] OLG Düsseldorf 14.12.1984 – 2 Ws 582/84, JurBüro 1985, 1051: Erhöhung der erstinstanzlichen Strafe von einem Jahr um sechs Monate statt auf – wie beantragt – zwei Jahre.
[249] OLG Hamburg 19.11.2013 – 2 Ws 56/12, VRS 125, 225 zur Erhöhung der sechsmonatigen Strafe um zwei Monate bei einem Antrag der StA, zehn Monate zu verhängen.
[250] BT-Drs. 10/1313, 15, 41 ff.

Sinn und Zweck der Regelungen des § 473 und den Grundgedanken des Kostenrechts ausrichten. Da hiernach Abs. 3 und dem aus Abs. 5 zu entnehmenden Rechtsgedanken besondere Bedeutung zukommt (→ Rn. 190 ff.), begründet ein **allein auf Zeitablauf beruhender Rechtsmittelerfolg keinen kostenrechtlichen Erfolg** (→ Rn. 189 ff.). Die Gegenauffassung[251] bejaht zwar einen Erfolg, wendet jedoch § 467 Abs. 3 Nr. 2 entsprechend an und kann dadurch vermeiden, dass die Staatskasse die notwendigen Auslagen des Angeklagten tragen muss.

2. Regelung des Abs. 5. a) Allgemeines. Die Vorschrift fingiert die Erfolglosigkeit 183 des Rechtsmittels für folgende Konstellation: Fällt die von der ersten Instanz auf § 69 StGB oder § 69b StGB gestützte Fahrerlaubnisentziehung deshalb weg, weil das Rechtsmittelgericht infolge des Zeitablaufs zwischen den Instanzen die – von der Erstinstanz noch rechtsfehlerfrei bejahte – Ungeeignetheit des Angeklagten zum Führen von Kraftfahrzeugen nicht mehr feststellen kann, stellt dies nach Abs. 5 keinen kostenrechtlich zu beachtenden Rechtsmittelerfolg dar. Das entspricht der Billigkeit, denn das Rechtsmittelgericht korrigiert keine fehlerhafte Entscheidung der Vorinstanz, sondern trifft eine andere Entscheidung **allein wegen bloßen Zeitablaufs**.

b) Anwendungsbereich. Für die Anwendbarkeit des Abs. 5[252] ist es unerheblich, 184 ob das Berufungsgericht die Fahrerlaubnisentziehung schon in seinem ersten Urteil nicht aufrechterhält oder zu diesem Ergebnis erst nach Aufhebung und Zurückverweisung der Sache durch das Revisionsgericht gelangt. Auch auf das Ziel des Rechtsmittels oder darauf, wer es eingelegt hat, kommt es für Abs. 5 nicht an.[253]

Abs. 5 gilt auch dann, wenn die Berufung des Angeklagten das Urteil umfassend oder 185 in mehreren Teilen angreift, sein Rechtsmittel aber nur zum Wegfall der Maßregelanordnung nach § 69 StGB führt.[254] Bei einer allein durch Zeitablauf bedingten **Verkürzung der Sperrfrist** ist Abs. 5 entsprechend anwendbar.[255]

Unanwendbar ist Abs. 5 hingegen in folgenden Fällen: Entfällt der angeordnete Fahr- 186 erlaubnisentzug in der Rechtsmittelinstanz aus anderen als den in Abs. 5 genannten Gründen oder fehlt es bislang an einem vorläufigen Fahrerlaubnisentzug, sodass er auch nicht aufrechterhalten kann, so ist Abs. 5 unanwendbar. Ebenso liegt es, wenn der Angeklagte nach der Tat längere Zeit ein Kfz im Straßenverkehr geführt und dadurch seine Eignung bewiesen hat, etwa weil der vorläufige Fahrerlaubnisentzug wegen massiver Verfahrensverzögerungen aufgehoben werden musste.[256] Verwirft das Berufungsgericht die Berufung der StA, die eine längere Sperrfrist erstrebt hatte, gilt Abs. 1.[257]

c) Voraussetzungen des Abs. 5. Abs. 5 setzt zum einen voraus, dass dem Angeklagten 187 die Fahrerlaubnis vorläufig nach § 111a entzogen wurde oder – dem nach § 69a Abs. 6 StGB gleichgestellt – sein Führerschein verwahrt, sichergestellt oder beschlagnahmt war und das erstinstanzliche Gericht – gleichzeitig oder danach – den endgültigen Fahrerlaubnisentzug angeordnet hat.[258] Zum anderen müssen die Voraussetzungen für die Entziehung der Fahrerlaubnis allein wegen der bisherigen **Dauer der vorläufigen Entziehung** entfallen sein und das Berufungsgericht von der Maßregelanordnung absehen.

Danach erfasst Abs. 5 auch die Fälle, in denen während und **allein aufgrund der** 188 **Dauer** der vorläufigen Maßnahme eine charakterliche **Nachreifung** des Angeklagten solchen Umfangs stattgefunden hat, dass das Rechtsmittelgericht die Ungeeignetheit nicht mehr feststellen kann; anders liegt es, wenn diese Nachreifung auf den Angeklagten

---

[251] OLG Celle 2.7.1974 – 2 Ws 115/74, NJW 1974, 400 (401).
[252] Zur Entstehungsgeschichte des Abs. 5 Hilger in Löwe/Rosenberg Rn. 53.
[253] Hilger in Löwe/Rosenberg Rn. 54.
[254] Schmitt in Meyer-Goßner/Schmitt Rn. 30; Benthin in Radtke/Hohmann Rn. 26.
[255] Hilger in Löwe/Rosenberg Rn. 55.
[256] Schmitt in Meyer-Goßner/Schmitt Rn. 30.
[257] OLG Düsseldorf 8.6.1993 – 1 Ws 815/93, JurBüro 1994, 293.
[258] Hilger in Löwe/Rosenberg Rn. 54.

beeindruckenden oder prägenden Ereignissen, etwa dem Versterben des Unfallopfers, beruht.[259] Zur entspr. Anwendbarkeit bei **Sperrfristabkürzungen** → Rn. 185.

189   **3. Weitere Fallgruppen der Erfolglosigkeit aufgrund Zeitablaufs. a) Rechtsgedanke des Abs. 5.** Abs. 5 betrifft seinem **Wortlaut** nach nur den zeitbedingten Wegfall einer schuldunabhängigen Maßregel der Besserung und Sicherung. Der Gesetzgeber wollte mit dieser Vorschrift klarstellen, dass der Angeklagte die Kosten des von ihm eingelegten Rechtsmittels dann zu tragen hat, wenn die ausgesprochene Fahrerlaubnisentziehung allein wegen des Zeitablaufs durch das Rechtsmittelverfahren entfällt und dadurch den Anreiz zu solchen Rechtsmitteln verringern, eine Definition der Begriffe des Erfolges bzw. der Erfolglosigkeit im strafprozessualen Kostenrecht aber vermeiden.[260]

190   Dennoch lässt sich der Regelung des Abs. 5 ein **allgemeiner Rechtsgedanke** zur Bestimmung des Erfolgsbegriffs entnehmen.[261] Sie bringt zum Ausdruck, dass als Erfolg nicht bereits allein eine Änderung des angefochtenen Urteils gilt, die ausschließlich auf eine Veränderung der Umstände durch Zeitablauf zurückzuführen ist.[262]

191   Dementsprechend geht ein Großteil der Rspr. – mit überzeugenden Argumenten – davon aus, dass ein allein auf dem Zeitablauf zwischen erst- und zweitinstanzlicher Entscheidung beruhender Erfolg eines Rechtsmittels **keinen Erfolg** im kostenrechtlichen Sinne darstellt.[263] So verweist die Rspr. darauf, dass andernfalls der Sinn und Zweck der Regelungen in den Abs. 3 und 4 verfehlt würde, nach denen derjenige von Kostenfolgen freizustellen ist, der sich gegen ein sachlich unrichtiges Urteil zu Recht wehrt. Anderes folge auch nicht aus Gründen der Billigkeit. Das Spekulieren auf einen Rechtsmittelerfolg durch Zeitablauf soll nicht belohnt werden, auch um der missbräuchlichen Inanspruchnahme von Rechtsmitteln vorzubeugen. Schließlich gelte es, eine Benachteiligung solcher Angeklagter, die sich mit einem richtigen Urteil abfinden, zu vermeiden. All dies erscheint auch deshalb zutreffend, weil anderenfalls der bloße Zufall des Zeitpunkts der Terminierung durch das Rechtsmittelgericht bzw. der Entscheidungstag über einen Rechtsmittelerfolg entschiede.

192   Entscheidend sind danach zwei Faktoren: Zum einen ist darauf abzustellen, ob die **erstinstanzliche Entscheidung rechtsfehlerfrei** ergangen ist. Zum anderen muss ihre **Änderung allein auf dem Zeitablauf beruhen.** Dies bedeutet für die nachfolgenden Fallgruppen:

193   **b) Wegfall berücksichtigungsfähiger Vorstrafen.** Infolge Zeitablaufs zwischen den Instanzen können vom Erstgericht noch zutreffend und rechtsfehlerfrei strafschärfend verwertete Voreintragungen weggefallen sein, sodass das Rechtsmittelgericht die Tilgungsreife und das Verwertungsverbot des § 51 BZRG berücksichtigen muss. Beruht die in der Rechtsmittelinstanz verhängte mildere Sanktion allein hierauf, liegt kein Erfolg im kostenrechtlichen Sinne vor.[264]

194   **c) Wegfall berücksichtigungsfähigen Einkommens.** Ein kostenrechtlicher Erfolg fehlt auch dann, wenn die Berufungsinstanz allein wegen einer nach der erstinstanzlichen Verurteilung eingetretenen Verschlechterung der wirtschaftlichen oder finanziellen Verhältnisse des Angeklagten unter Aufrechterhaltung der Tagessatzanzahl eine niedrigere Tagessatzhöhe festsetzt.[265] Diese Auffassung entspricht zum einen der Billigkeit sowie dem Sinn

---

[259] Degener in SK-StPO Rn. 50; Hilger in Löwe/Rosenberg Rn. 55.
[260] Vgl. BT-Drs. 10/1313, 15 und 42.
[261] AA Degener in SK-StPO Rn. 11; Hilger in Löwe/Rosenberg § 473 Rn. 23; krit. auch Hilger NStZ 1991, 604 zum Fall nachträglich eintretender Arbeitslosigkeit.
[262] IErg ebenso OLG Jena 9.4.1997 – 1 Ws 62/97, BeckRS 1998, 81867; OLG Zweibrücken 23.1.1991 – 1 Ws 596/90, NStZ 1991, 602 (603); Schmitt in Meyer-Goßner/Schmitt Rn. 31.
[263] OLG Düsseldorf 22.1.1985 – 1 Ws 27/85, NStZ 1985, 380 mwN; OLG Zweibrücken 23.1.1991 – 1 Ws 596/90, NStZ 1991, 602 (603); vgl. auch OLG Karlsruhe 17.9.1984 – 4 Ws 132/84, JurBüro 1985, 252; BayObLG 11.12.1981 – 2 St 344/81, DAR 1982, 256.
[264] OLG Düsseldorf 22.1.1985 – 1 Ws 27/85, NStZ 1985, 380; BayObLG 29.7.1982 – 2 St 203/82, MDR 1983, 155; Schmitt in Meyer-Goßner/Schmitt Rn. 31; aA Degener in SK-StPO Rn. 11.
[265] OLG Zweibrücken 23.1.1991 – 1 Ws 596/90, NStZ 1991, 602 (603); OLG Jena 9.4.1997 – 1 Ws 62/97, BeckRS 1998, 81867 = NStZ-RR 1997, 384 (Ls.).

und Zweck der Regelungen der Abs. 3 und 4, zum anderen konsequenterweise dagegen, bei einem allein durch Zeitablauf bedingten Erfolg die Berufungsgebühr zu ermäßigen.[266]

d) Verhalten des Angeklagten zwischen den Instanzen. Zu weitgehend erscheint 195 es, nur darauf abzustellen, ob die Änderung des Rechtsfolgenausspruchs durch die zweite Instanz auf der Änderung von Tatsachen beruht, die erst nach der erstinstanzlichen Entscheidung eingetreten sind, sodass sie die Vorinstanz nicht berücksichtigen konnte.[267] Denn verändert der Angeklagte nach der erstinstanzlichen Entscheidung sein Verhalten und/oder **nutzt die Zeit** zwischen den Instanzen, um die tatsächliche Grundlage für ihm **günstigere Strafzumessungsumstände** oder für eine Anwendung des § 56 StGB zu schaffen, so geht dies über die bloße Änderung von Zumessungsfaktoren allein durch Zeitablauf deutlich hinaus.[268] So kann der Angeklagte etwa bis zur Berufungsverhandlung eine erfolgreiche Rauschgiftentwöhnungsbehandlung absolviert, durch Erklärungen und Zahlungen an den Verletzten die Grundlage für eine Strafrahmenverschiebung nach §§ 46a, 49 Abs. 1 StGB gelegt haben und gleichzeitig die für die Feststellung der Voraussetzungen des § 56 StGB entscheidenden Faktoren zu seinen Gunsten beeinflusst haben. Solche Veränderungen können nicht mehr als allein auf dem Zeitablauf beruhend eingeordnet werden.

Anders liegt es dann, wenn der Rechtsmittelführer zwischen den Instanzen ihm günstige 196 Umstände nur vorbringt, hierzu aber **bereits im Vorfeld der erstinstanzlichen Entscheidung verpflichtet** war. So ist etwa der Betroffene für den Fall der Zahlungsunfähigkeit verpflichtet, der Vollstreckungsbehörde darzulegen, warum ihm die fristgemäße Zahlung nach seinen wirtschaftlichen Verhältnissen nicht zuzumuten ist. Schafft er – pflichtwidrig erst nach der Anordnung von Erzwingungshaft – und erst durch seine detaillierten Angaben im Beschwerdeverfahren die Voraussetzung dafür, ihm Zahlungserleichterungen zu gewähren, stellt dies keinen Rechtsmittelerfolg dar, da die Erzwingungshaft den Betroffenen gerade dazu anhalten soll, entweder die Geldbuße zu bezahlen oder der Vollstreckungsbehörde seine Zahlungsunfähigkeit darzutun (§ 66 Abs. 2 Nr. 2b OWiG).[269]

XII. Kosten des Wiederaufnahme- und Nachverfahrens (Abs. 6)

1. Wiederaufnahme (Abs. 6 Nr. 1). Nach Abs. 6 Nr. 1 gelten die Regelungen der 197 Abs. 1–4 auch für die Kosten und notwendigen Auslagen, die durch den Rechtsbehelf des Wiederaufnahmeantrags (§ 365) verursacht wurden. Danach wird der **Wiederaufnahmeantrag wie ein Rechtsmittel** behandelt. Der Wortlaut des Abs. 6 Nr. 1 ist missverständlich; denn zu den Kosten gehören gem. § 464a Abs. 1 auch diejenigen, die im Rahmen der **Vorbereitung** des Wiederaufnahmeverfahrens nach §§ 364a, 364b entstanden sind.[270]

a) Zur Anwendbarkeit des Abs. 1. Wird der Wiederaufnahmeantrag verworfen oder 198 zurückgenommen, ist Abs. 1 anzuwenden, sodass der Antragsteller die Kosten zu tragen hat; gleiches gilt, wenn das frühere Urteil aufrechterhalten wird.

Abs. 1 ist in den Fällen, in denen der Wiederaufnahmeantrag nur wegen eines Versehens 199 des Gerichts gestellt wurde und aufgrund des Antrags eine Berichtigung erfolgt, ausnahmsweise **unanwendbar.** Wenn der Erfolg des Antrags nur davon abhängt, ob eine **Urteilsberichtigung** erfolgt oder nicht, darf der Antragsteller nicht schlechter gestellt werden, als wenn keine Berichtigung vorgenommen worden wäre. Beruht die Rücknahme also darauf, dass dem Antrag durch Berichtigung des Urteils der Boden entzogen wurde, gilt nicht Abs. 1, sondern § 467.[271] Danach hat die Staatskasse die Kosten zu tragen, wenn der Antrag zulässig und begründet gewesen wäre. Dazu auch → Rn. 203.

---

[266] OLG Zweibrücken 23.1.1991 – 1 Ws 596/90, NStZ 1991, 602 (603).
[267] So Benthin in Radtke/Hohmann § 473 Rn. 3.
[268] KG 22.3.2011 – 1 Ws 13/11, BeckRS 20212, 12347 mwN.
[269] LG Berlin 29.10.2009 – 533 Qs 73/09, NZV 2010, 312 = BeckRS 2010, 02071.
[270] Gieg in KK-StPO Rn. 14.
[271] Perels NStZ 1985, 538 (540); Benthin in Radtke/Hohmann Rn. 27.

200   War der **Angeklagte der Antragsgegner,** trägt in den Fällen des Abs. 1 die Staatskasse seine notwendigen Auslagen (Abs. 2 S. 1). War der Nebenkläger der Antragsteller, hat er bei Rücknahme und Erfolglosigkeit seines Antrags die notwendigen Auslagen des Angeklagten zu tragen (Abs. 1 S. 3)

201   **b) Erfolg und Teilerfolg des Wiederaufnahmeantrags.** Die Frage, ob der Wiederaufnahmeantrag **Erfolg** hatte, kann erst anhand des Ergebnisses einer neuen Hauptverhandlung (vgl. § 373) beantwortet werden; die **Wiederaufnahmeanordnung** iSv § 370 Abs. 2 stellt daher noch keinen Erfolg dar und enthält keine Kostenentscheidung.[272] Ein Erfolg liegt vor, wenn nach erneuter Verhandlung das frühere Urteil aufgehoben und anderweit gemäß dem Antrag entschieden wird.

202   Führt die neue Hauptverhandlung zu einem **Teilerfolg** des Antragstellers, gilt Abs. 4. Abs. 3 ist anzuwenden, wenn der Wiederaufnahmeantrag auf einen Teil der Verurteilung beschränkt war.

203   Die Kosten- und Auslagenentscheidung des gesamten **früheren und neuen Hauptverfahrens** richtet sich einheitlich nach §§ 465, 467.[273]

204   **2. Nachverfahren (Abs. 6 Nr. 2).** Nach Abs. 6 Nr. 2 gelten Abs. 1–4 auch für das Nachverfahren gemäß § 433 entsprechend. Die Erläuterungen zu Abs. 6 Nr. 1 gelten sinngemäß. War der Antrag erfolglos, dh unzulässig oder unbegründet, gilt Abs. 1, ebenso im Fall der Antragsrücknahme. Wird die Einziehungsanordnung aufgehoben, trägt die Staatskasse die Kosten des Nachverfahrens sowie die dem Antragsteller dort entstandenen notwendigen Auslagen.

XIII. Kosten der Wiedereinsetzung (Abs. 7)

205   **1. Separate Kostenentscheidung.** Abs. 7 trifft für die Kosten der gewährten Wiedereinsetzung in den vorigen Stand eine Sonderregelung, die diese Kosten aus den sonstigen Kosten des Verfahrens herausnimmt. Die Kostenentscheidung ist im Wiedereinsetzungsbeschluss oder in der das Hauptverfahren abschließenden Entscheidung zu treffen. Als separate selbständige Entscheidung wird sie vom Ausgang des nach der Wiedereinsetzung fortgesetzten Verfahrens nicht berührt.[274]

206   **2. Gewährung der Wiedereinsetzung.** Abs. 7 gilt nur für den Fall, dass die Wiedereinsetzung gewährt wird. Unerheblich ist, ob dies auf Antrag (§ 45 Abs. 1) oder von Amts wegen (§ 45 Abs. 2 S. 3) geschieht. Ist der Wiedereinsetzungsantrag erfolgreich, muss der **Antragsteller** die gerichtlichen Auslagen und seine notwendigen Auslagen tragen; auch dann, wenn er freigesprochen wird. Gleiches gilt bei Gewährung der Wiedereinsetzung von Amts wegen. Auszunehmen und dem **Antragsgegner** aufzuerlegen sind die Auslagen, die durch unbegründeten Widerspruch des Antragsgegners entstanden sind.

207   **3. Ablehnung der Wiedereinsetzung.** Lehnt das Gericht die beantragte Wiedereinsetzung ab, trägt der Antragsteller die Kosten des Wiedereinsetzungsverfahrens. Einer entsprechenden Kostenentscheidung bedarf es nicht, wenn der Antragsteller bereits nach der Kostenentscheidung im vorausgegangenen Hauptverfahren die Kosten des Verfahrens tragen muss.[275]

208   Bei einer **sofortigen Beschwerde** gegen die Zurückweisung des Wiedereinsetzungsantrags gelten Abs. 1 und die allgemeinen Regeln. Hat eine solche Beschwerde nur deshalb Erfolg, weil der Antragsteller die Mittel zur Glaubhaftmachung erst in der Rechtsmittelinstanz vorlegt, trägt er in entspr. Anwendung des § 467 Abs. 3 S. 2 Nr. 1 seine notwendigen Auslagen selbst.[276]

---

[272] AllgM, zB Degener in SK-StPO Rn. 51 mwN; Gieg in KK-StPO Rn. 14.
[273] Degener in SK-StPO Rn. 51.
[274] BGH 5.4.2000 – 1 StR 79/00, StV 2001, 108.
[275] Gieg in KK-StPO Rn. 16; Benthin in Radtke/Hohmann Rn. 28 mwN.
[276] LG Mainz 6.11.1980 – 3 Qs 75/80, MDR 1981, 781; Gieg in KK-StPO Rn. 16 mwN.

XIV. Rechtsmittel im Privatklageverfahren

1. Rechtsmittel des Privatklägers. § 473 gilt grundsätzlich auch im Privatklageverfahren, ergänzend ist § 471 anzuwenden. Für **erfolglose und zurückgenommene Rechtsmittel** des Privatklägers gelten Abs. 1 und § 471 Abs. 2 analog, sodass der Privatkläger die Gerichtskosten und die notwendigen Auslagen des Angeklagten zu tragen hat. Das gilt auch beim Tod des Privatklägers vor einer Entscheidung über sein Rechtsmittel. 209

War das Rechtsmittel des Privatklägers uneingeschränkt **erfolgreich,** trägt seine Auslagen und die Gerichtskosten der Rechtsmittelgegner, dh regelmäßig der Angeklagte. Rechtsmittelgegner kann in einem Nebenverfahren auch der Staat sein.[277] Der Ermessen eröffnende § 471 Abs. 3 Nr. 1 ist bei einem unbeschränkten, teilweise erfolgreichen Rechtsmittel des Privatklägers anzuwenden.[278] 210

2. Rechtsmittel des Angeklagten. In den Fällen des Abs. 1 trägt der Angeklagte die Gerichtskosten und notwendigen Auslagen des Privatklägers. Hat der Angeklagte mit seinem Rechtsmittel vollen Erfolg, gilt § 471 Abs. 2. 211

Bei einem Teilerfolg eines unbeschränkten Rechtsmittels sowie bei einem vollen Erfolg eines beschränkten Rechtsmittels des Angeklagten gilt nicht Abs. 3, sondern § 471 Abs. 3 Nr. 1 entsprechend.[279] Daher kann das Rechtsmittelgericht die Kosten des Verfahrens und die notwendigen Auslagen der Beteiligten angemessen verteilen oder nach pflichtgemäßem Ermessen einem der Beteiligten auferlegen. 212

3. Mehrere Rechtsmittel, Einstellung, Widerklage. Treffen Rechtsmittel des Angeklagten und des Privatklägers zusammen und bleiben beide erfolglos, ist § 471 Abs. 3 Nr. 1 anzuwenden. Gleiches gilt beim Erzielen von Teilerfolgen. Kommt es im Rechtsmittelverfahren zur Einstellung, gilt § 471 Abs. 3 Nr. 2, bei Widerklage § 471 Abs. 3 Nr. 3.[280] 213

§ 473a Kosten und notwendige Auslagen bei gesonderter Entscheidung über die Rechtmäßigkeit einer Ermittlungsmaßnahme

¹Hat das Gericht auf Antrag des Betroffenen in einer gesonderten Entscheidung über die Rechtmäßigkeit einer Ermittlungsmaßnahme oder ihres Vollzuges zu befinden, bestimmt es zugleich, von wem die Kosten und die notwendigen Auslagen der Beteiligten zu tragen sind. ²Diese sind, soweit die Maßnahme oder ihr Vollzug für rechtswidrig erklärt wird, der Staatskasse, im Übrigen dem Antragsteller aufzuerlegen. ³§ 304 Absatz 3 und § 464 Absatz 3 Satz 1 gelten entsprechend.

Übersicht

		Rn.			Rn.
I.	Normzweck	1	3.	Ermittlungsmaßnahmen	4
II.	Anwendungsbereiche (S. 1)	2	III.	Kostenentscheidung (S. 2)	7
1.	Gesonderte Entscheidung erster Instanz	2			
2.	Antrag des Betroffenen	3	IV.	Rechtsmittel (S. 3)	11

I. Normzweck

Die mit dem 2. ORRG[1] am 1.9.2009 in Kraft getretene Vorschrift stellt klar, dass gesonderte Entscheidungen, in denen das Gericht über die Rechtmäßigkeit angeordneter Ermittlungsmaßnahmen oder die Rechtmäßigkeit der Art und Weise ihres Vollzugs befindet, 1

---

[277] Gieg in KK-StPO Rn. 8.
[278] Schmitt in Meyer-Goßner/Schmitt Rn. 33 mwN.
[279] OLG Hamm 4.12.1980 – 2 Ws 271/80, MDR 1981, 427; Hilger in Löwe/Rosenberg Rn. 64 ff.
[280] BGH 27.7.1962 – 1 StR 44/62, NJW 1962, 1926; Hilger in Löwe/Rosenberg Rn. 69, 70; Gieg in KK-StPO Rn. 8.
[1] BGBl. I 2284.

von Amts wegen mit einer **Kostenentscheidung** zu versehen sind. Die Bestimmung will so verhindern, dass der von der Ermittlungsmaßnahme Betroffene, obwohl das Gericht die Rechtswidrigkeit der Maßnahme oder ihres Vollzugs feststellt, Kosten und notwendige Auslagen dieser Feststellung zu tragen hat.[2] § 473a belegt ferner, dass der Gesetzgeber von der Notwendigkeit einer Kostenentscheidung in den sog. Zwischenverfahren (→ § 473 Rn. 5 ff.) ausgeht.

II. Anwendungsbereiche (S. 1)

2 **1. Gesonderte Entscheidung erster Instanz.** § 473a betrifft nur die in erster Instanz ergehende gesonderte Entscheidung. Lehnt das Gericht – regelmäßig ist das AG zuständig – die beantragte Feststellung der Rechtswidrigkeit ab und greift der Betroffene diese Ablehnung an, gilt für die Beschwerdeentscheidung § 473. Befasst sich das Gericht in einem Urteil mit der Rechtmäßigkeit einer Ermittlungsmaßnahme, richtet sich die Kostenentscheidung allein nach §§ 465 ff.[3] Schließlich ist § 473a unanwendbar, wenn das Gericht über die beantragte Überprüfung der Rechtmäßigkeit wie im Fall des § 101 Abs. 7 S. 4 erst in der das Verfahren abschließenden Entscheidung befindet.[4]

3 **2. Antrag des Betroffenen.** Neben einer gesonderten Entscheidung setzt § 473a voraus, dass der von der Maßnahme Betroffene – er kann Beschuldigter, Zeuge oder in sonstiger Weise betroffen sein[5] – einen Antrag auf deren Prüfung gestellt hat.

4 **3. Ermittlungsmaßnahmen.** Eine gerichtliche Prüfung von Ermittlungsmaßnahmen, bei denen gesondert eine Entscheidung über die Rechtmäßigkeit der Anordnung oder ihres Vollzugs ergehen kann, kommt in vier Bereichen in Frage: die Entscheidung über die Rechtmäßigkeit der Anordnung und ihres noch laufenden Vollzugs sowie über die Rechtmäßigkeit der Anordnung und des Vollzugs bereits erledigter Maßnahmen. Eine gesetzlich ausdrücklich geregelte Antragsbefugnis ist nicht erforderlich.[6]

5 Zu den **Ermittlungsmaßnahmen,** bei denen eine solche gesonderte Entscheidung über die Rechtmäßigkeit ergehen kann und § 473a anzuwenden ist, zählen: Untersuchungen nach §§ 81a, 81b, 81c, die Speicherung der DNA-Identitätsfeststellung (§ 81g Abs. 5 S. 4), Beschlagnahmen (§ 98 Abs. 2 S. 2) und alle richterlichen und nichtrichterlichen **Anordnungen, bei denen § 98 Abs. 2 S. 2 entspr. anzuwenden ist** (→ § 98 Rn. 27). Hinzu kommen die in § 101 Abs. 1 genannten verdeckten Ermittlungsmaßnahmen, Notveräußerungsentscheidungen (§ 111l Abs. 6 S. 2), Akteneinsichtsentscheidungen (§ 147 Abs. 5 S. 3), Entscheidungen der StA nach § 161a Abs. 2 S. 1 (§ 161a Abs. 3), Ladungs- und Vorführungsentscheidungen der StA (§ 163a Abs. 3 S. 2, 4) sowie Entscheidungen der StA zur **Akteneinsicht** des Verletzten (§ 406e Abs. 4) und von Privatpersonen und sonstigen Stellen (§ 478 Abs. 3 iVm § 475).

6 Dass die Eingriffsmaßnahmen bereits **durch Vollzug erledigt** sind, steht der nachträglichen gerichtlichen Überprüfung der Rechtmäßigkeit von Anordnung und Vollzug nicht entgegen, wenn ein entsprechendes Feststellungsinteresse vorliegt; dies ist besonders dann zu bejahen, wenn die Maßnahme oder ihr Vollzug mit einem Grundrechtseingriff verbunden war (Einzelheiten → § 98 Rn. 28).

III. Kostenentscheidung (S. 2)

7 Sie ergeht von Amts wegen und folgt den allgemeinen Regeln. Erklärt das Gericht entsprechend dem Antrag des Betroffenen die Ermittlungsmaßnahme oder deren Vollzug

---

[2] BT-Drs. 16/1298, 40.
[3] Benthin in Radtke/Hohmann Rn. 3; Schmitt in Meyer-Goßner/Schmitt Rn. 1; zur Unanwendbarkeit des § 473a bei einem von der StA gestellten Antrag während laufender Hauptverhandlung OLG Rostock 21.1.2013 – 1 Ws 26/13, BeckRS 2013, 04483.
[4] Hilger in Löwe/Rosenberg Rn. 5.
[5] Hilger in Löwe/Rosenberg Rn. 4.
[6] AA wohl Stöckel in KMR-StPO Rn. 1.

für rechtswidrig, hat es nach S. 2 die Kosten und notwendigen Auslagen der Staatskasse aufzuerlegen. Zu erstatten sind dann eine – nicht mit der allgemeinen Verfahrensgebühr im vorbereitenden Verfahren abgegoltene – Verfahrensgebühr nach VV 4302 RVG und die Postentgeltpauschale.[7] Bleibt der Antrag erfolglos, treffen den Antragsteller die Kosten und seine Auslagen.

Stellt das Gericht die Rechtswidrigkeit nur eines Teils der Anordnung fest, sind Kosten **8** und notwendige Auslagen des Antragstellers, zwischen diesem und der Staatskasse angemessen zu verteilen. Diese Möglichkeit folgt schon aus dem Gesetzeswortlaut („soweit") und war in den Motiven vorgesehen.[8]

Die Kostenentscheidung ist **unabhängig vom Ausgang des Ermittlungs- und** **9** **Strafverfahrens** zu treffen. Eine spätere Einstellung des Ermittlungsverfahrens nach § 170 Abs. 2 ändert nichts daran, dass die Staatskasse Kosten und notwendige Auslagen des Antragstellers tragen muss, wenn der Antrag, die Rechtswidrigkeit der Maßnahme festzustellen, erfolgreich war. Denn das Feststellungsverfahren stellt ein selbstständiges, vom Ausgang des Ermittlungsverfahrens unabhängiges **Nebenverfahren** dar, das allein dazu dient, in Fällen tiefgreifender, tatsächlich jedoch nicht mehr fortwirkender Grundrechtseingriffe durch eine Ermittlungsmaßnahme dem fortbestehenden Rechtsschutz- und Feststellungsinteresse des Betroffenen zu genügen.

Der aus der Kostenentscheidung im Feststellungsverfahren folgende **Auslagener-** **10** **stattungsanspruch** bleibt für den Beschuldigten auch dann durchsetzbar, wenn das Ermittlungsverfahren gegen ihn eingestellt wird oder er nach Anklageerhebung – mit der Kostenfolge des § 465 – verurteilt wird. Darauf, ob der Rechtsanwalt nur für das Feststellungsverfahren beauftragt wurde oder ob er zudem noch eine Verteidigungsanzeige für das Ermittlungs- bzw. Strafverfahren zu den Akten gereicht hat, kommt es nicht an.[9]

IV. Rechtsmittel (S. 3)

Gegen die Kostenentscheidung ist nach S. 3 die sofortige Beschwerde statthaft; nach **11** den Verweisungen auf § 464 Abs. 3 S. 1 und § 304 Abs. 3 jedoch nur, wenn auch die Hauptentscheidung anfechtbar ist und der Wert des Beschwerdegegenstands 200 Euro übersteigt.

---

[7] LG Potsdam 27.2.2014 – 24 Qs 141/13, NStZ-RR 2014, 126.
[8] Schmitt in Meyer-Goßner/Schmitt Rn. 2; Gieg in KK-StPO Rn. 3.
[9] Zum Ganzen LG Potsdam 27.2.2014 – 24 Qs 141/13, NStZ-RR 2014, 126.

Achtes Buch. Schutz und Verwendung von Daten

Erster Abschnitt. Erteilung von Auskünften und Akteneinsicht, sonstige Verwendung von Daten für verfahrensübergreifende Zwecke

Vorbemerkung zu § 474

Schrifttum: Ahlf, Rechtsprobleme der polizeilichen Kriminalaktenführung, KritV 1988, 136; Albers, Die Determination polizeilicher Tätigkeit in den Bereichen der Straftatenverhütung und der Verfolgungsvorsorge, 2001; Albers, Informationelle Selbstbestimmung, 2005; Amelung, Informationsbeherrschungsrechte im Strafprozeß, 1990; Amelung, Zum Streit über die Grundlagen der Lehre von den Beweisverwertungsverboten, FS Roxin, 2001, 1259; Amelung, Prinzipien strafprozessualer Beweisverwertungsverbote, 2011; Arzt/Müller/Schwabenbauer, Informationsverarbeitung im Polizei- und Strafverfahrensrecht, in: Lisken/Denninger, Handbuch des Polizeirechts, 7. Aufl. 2021, G; Bäcker, Kriminalpräventionsrecht, 2015; Bäcker, Die Polizei im Verfassungsgefüge, in: Lisken/Denninger, Handbuch des Polizeirechts, 7. Aufl. 2021, B; Baldus, Der Kernbereich privater Lebensgestaltung – absolut geschützt, aber abwägungsoffen, JZ 2008, 218; Benning, Die Nutzung zu Beweiszwecken nicht verwendbarer Zufallserkenntnisse im strafprozessualen Ermittlungsverfahren, 2018; Bertram, Die Verwendung präventiv-polizeilicher Erkenntnisse im Strafverfahren, 2009; Bodenbenner, Präventive und repressive Datenverarbeitung unter besonderer Berücksichtigung des Zweckbindungsgedankens, 2017; Brodersen, Das Strafverfahrensänderungsgesetz 1999, NJW 2000, 2536; Dallmeyer, Beweisführung im Strengbeweisverfahren, 2. Aufl. 2008; Dencker, Verwertungsverbote und Verwendungsverbote im Strafprozess, FS Meyer-Goßner, 2001, 237; Derin/Singelnstein, Verwendung und Verwertung von Daten aus massenhaften Eingriffen in informationstechnische Systeme aus dem Ausland (Encrochat), NStZ 2021, 449; Derin/Singelnstein, „Encrochat" – Verwendung durch verdachtsunabhängige Massenüberwachung im Ausland erlangter Daten in deutschen Strafverfahren, StV 2022, 130; Dose, Übermittlung und verfahrensübergreifende Verwendung von Zufallserkenntnissen, 2013; Eisenberg/Puschke/Singelnstein, Ubiquitäres Computing = ubiquitäre Kontrolle?, KrimJ 2005, 93; Eisenberg/Singelnstein, Zur Unzulässigkeit der heimlichen Ortung per „stiller SMS", NStZ 2005, 62; Ernst, Verarbeitung und Zweckbindung von Informationen im Strafprozess, 1993; Gercke, Straftaten und Strafverfolgung im Internet, GA 2012, 474; Graalmann-Scheerer, Die Übermittlung personenbezogener Informationen zu Forschungszwecken, NStZ 2005, 434; Groß/Fünfsinn, Datenweitergabe im strafrechtlichen Ermittlungsverfahren, NStZ 1992, 105; Gusy, Verfassungsverwirklichung durch Verwendung und Nichtverwendung von Informationen im Strafprozess, zugl. Anm. zu BGH 3 StR 552/08, HRRS 2009, 489; Gusy, Die „Schwere" des Informationseingriffs, FS Schenke, 2011, 395; Gusy, Polizeiliche Datenverarbeitung zur Gefahrenabwehr, ZJS 2012, 155; Haertlein, Die Erteilung von Abschriften gerichtlicher Entscheidungen an wissenschaftlich Interessierte und die Erhebung von Kosten, ZZP 2001, 441; Hassemer, Strafverfahren ohne Datenschutz?, in: Institut für Kriminalwissenschaften Frankfurt a.M. (Hrsg.), Vom unmöglichen Zustand des Strafrechts, 1995, 101; Hefendehl, Die neue Ermittlungsgeneralklausel der §§ 161, 163 StPO – Segen oder Fluch?, StV 2001, 700; Hefendehl, Die Entfesselung des Strafverfahrens über Methoden der Nachrichtendienste, GA 2011, 209; Heinson, IT-Forensik. Zur Erhebung und Verwertung von Beweisen aus informationstechnischen Systemen, 2015; Hilger, Zum Strafrechtsänderungsgesetz 1999 (StVÄG 1999) – 1. Teil, NStZ 2000, 561; Hilger, Zum Strafrechtsänderungsgesetz 1999 (StVÄG 1999) – 2. Teil, NStZ 2001, 15; Hoffmann-Riem, Der grundrechtliche Schutz der Vertraulichkeit und Integrität eigengenutzter informationstechnischer Systeme, JZ 2008, 1009; Hohmann-Dennhardt, Informationeller Selbstschutz als Bestandteil des Persönlichkeitsrechts, RDV 2008, 1; Jahn, Beweiserhebungs- und Beweisverwertungsverbote im Spannungsfeld zwischen den Garantien des Rechtsstaates und der effektiven Bekämpfung von Kriminalität und Terrorismus, Gutachten C zum 67. DJT, 2008; Johannes/Weinhold, Das neue Datenschutzrecht bei Polizei und Justiz, 2018; Kesten, Datenschutz im staatsanwaltschaftlichen Ermittlungsverfahren, in: Abel (Hrsg.), Datenschutz in Anwaltschaft, Notariat und Justiz, 2003, S. 185; Kipker/Bruns, EncroChat und die „Chain of Custody" – Digitale Ermittlungen als Bewährungsprobe für ein Recht auf faires Verfahren?, MMR 2022, 363; Kleszewski, Straftataufklärung im Internet – Technische Möglichkeiten und rechtliche Grenzen von strafprozessualen Ermittlungseingriffen im Internet, ZStW 123 (2011), 737; Koch, Zum Akteneinsichtsrecht Privater nach § 475 StPO, FS Hamm, 2008, 289; Kretschmer, Die Verwertung sogenannter Zufallsfunde bei der strafprozessualen Telefonüberwachung, StV 1999, 221; Kutscha, Datenschutz durch Zweckbindung – ein Auslaufmodell?, ZRP 1999, 156; Labusga, Praxiskommentar zu LG Berlin, Beschl. v. 1.7.2021 – (525 KLs) 254 Js 592/20 (10/21), NStZ 2021, 696; Löffelmann, Die normativen Grenzen der Wahrheitserforschung im Strafverfahren, 2008; Löffelmann, Die Umsetzung des Grundsatzes der hypothetischen Datenneuerhebung – Schema oder Struktur?, GSZ 2019, 16; Matheis, Strafverfahrensänderungsgesetz 1999, 2006; Meinicke, Big Data und Data-Mining: Automatisierte Strafverfolgung als neue Wunderwaffe der Verbrechensbekämpfung?, K&R 2015, 377; Meyer-Lohkamp/Block, Akteneinsichtsrecht für Zeugenbeistände – zugleich Besprechung von BGH StraFO 2010, 253 = NStZ-RR 2010, 246, StraFo 2011, 86; Mitsch, Postmortales Persönlichkeitsrecht verstorbener Straftäter, NJW 2010, 3479; Müllmann, Zweckkonforme und zweckändernde Weiternutzung – Die Konsolidierung der Rechtsprechung des BVerfG zur Weiterverwendung zweckgebunden erhobener Daten im Urteil zum BKA-Gesetz vom 20.4.2016, NVwZ 2016, 1692; Nadeborn/Albrecht, Ermittlungen nach dem Baukastenprinzip – Können neue, technisch mögliche Ermittlungsmaßnahmen durch Kombination bestehender Ermächtigungsgrundlagen legitimiert werden?, NZWiSt 2021, 420; Paal/Pauly, Datenschutz-Grundverordnung, Bundesdatenschutzgesetz, Kommentar, 3. Aufl. 2021; Paeffgen, Kompetenzen zur (präventiven und repressiven) Datenübermittlung, FG Hilger, 2003, 153; Puschke, Die kumulative Anordnung von Informationsbeschaffungsmaßnahmen im Rahmen der Strafverfolgung, 2006; Puschke/Singelnstein, Verfassungsrechtliche Vorgaben für heimliche Informationsbeschaffungsmaßnahmen, NJW 2005, 3534; Reinbacher/Werkmeister, Zufallsfunde im Strafverfahren – Zugleich ein Beitrag zur Lehre von den Verwendungs- und Verwertungsverboten, ZStW 130 (2018), 1104; Riegel, Befugnisse zur Informationsverarbeitung für Zwecke der Strafverfolgung, FS Meyer, 1990, 345; Riepl, Informationelle Selbstbestimmung im Strafverfahren, 1998; Rogall, Das Verwendungsverbot des § 393 II AO, FS Kohlmann, 2003, 465; Rückert, Digitale Daten als Beweismittel im Strafverfahren, 2023; Ruppert, Erheben ist Silber, Verwerten ist Gold? Verwendbarkeit und Verwertbarkeit von Daten ausländischer Ermittlungsbehörden im Lichte des Grundrechtsschutzes – EncroChat, NZWiSt 2022, 221; Schantz/Wolff, Das neue Datenschutzrecht, 2017; W.-R. Schenke, Probleme der Übermittlung und Verwendung strafprozessual erhobener Daten für präventivpolizeiliche Zwecke, FG Hilger, 2003, 225; Schneider, Die Hypothetische Datenneuerhebung – Begriff ohne Konzept, GSZ 2022, 1; Schoch, Das Recht auf informationelle Selbstbestimmung, JURA 2008, 352; Schünemann, Prolegomena zu einer jeden künftigen Verteidigung, die in einem geheimdienstähnlichen Strafverfahren wird auftreten können, GA 2008, 314; Schünemann, Risse im Fundament, Flammen im Gebälk: Die Strafprozessordnung nach 130 Jahren, ZIS 2009, 484; Schwabenbauer, Verwertung von Zufallsfunden einer rechtswidrigen Durchsuchung, NJW 2009, 3207; Schwabenbauer, Heimliche Grundrechtseingriffe, 2013; Senge, Anmerkung zu BVerfG 14.12.2000 – 2 BvR 1741/99, NStZ 2001, 331; Schwichtenberg, Die „kleine Schwester" der DSGVO: Die Richtlinie zur Datenverarbeitung bei Polizei und Justiz, DuD 2016, 605; Schwichtenberg, Das neue BDSG und die StPO: zwei, die bislang noch nicht zusammengefunden haben, NK 2020, 91; Sieber, Straftaten und Strafverfolgung im Internet, Gutachten C zum 69. DJT, 2012; Singelnstein, Strafprozessuale Verwendungsregelungen zwischen Zweckbindungsgrundsatz und Verwertungsverboten, ZStW 120 (2008), 854; Singelnstein, Unselbständige Verwertungsverbote und informationelle Selbstbestimmung, FS Eisenberg, 2009, 643; Singelnstein, Möglichkeiten und Grenzen neuerer strafprozessualer Ermittlungsmaßnahmen – Telekommunikation, Web 2.0, Datenschlagnahme, polizeiliche Datenverarbeitung & Co, NStZ 2012, 593; Singelnstein, Verhältnismäßigkeitsanforderungen für strafprozessuale Ermittlungsmaßnahmen – am Beispiel der neueren Praxis der Funkzellenabfrage, JZ 2012, 601; Singelnstein/Putzer, Rechtliche Grenzen strafprozessualer Ermittlungsmaßnahmen, GA 2015, 564; Sommer, EncroChat – ein Kapitel in der Geschichte des zerbröselnden europäischen Strafprozesses, StV Spezial 2 2021, 67; Strate, EncroChat – einige ergänzende Gedanken, HRRS 2022, 15; Wahl, Verwertung von im Ausland überwachter Chatnachrichten im Strafverfahren, ZIS 2021, 452; Warg, Anmerkungen zum Kernbereich privater Lebensgestaltung, NStZ 2012, 237; Weichert, Informationelle Selbstbestimmung und strafrechtliche Ermittlung, 1990; Weichert, Kennzeichnungspflicht von polizeilichen Datensätzen, NVwZ 2022, 844; Welp, Erkenntnisse aus präventiv-polizeilichem Lausch-Eingriff, NStZ 1995, 602; Weßlau, Regelungsdefizite und Regelungspannen im Achten Buch der Strafprozessordnung, FS Hamm, 2008, 841; Wohlers, Verwendungs-, Verwendungs- und/oder Belastungsverbote – die Rechtsfolgenseite der Lehre von den Beweisverwertungsverboten, GS Weßlau, 2016, 427; Wolff/Brink/Ungern-Sternberg, BeckOK Datenschutzrecht, Kommentar, 48. Aufl. 2024; Wolter, 35 Jahre Verfahrensrechtskultur und Strafprozeßverfassungsrecht in Ansehung von Freiheitsentziehung, (DNA-)Identifizierung und Überwachung, GA 1999, 158; Wolter, Kriminalpolitik und Strafprozessrechtssystem, FS Roxin, 2001, 1141; Wolter, Polizeiliche und justitielle Datenübermittlungen in Deutschland und der Europäischen Union – Polizei und Europol, Staatsanwaltschaft und Eurojust, FG Hilger, 2003, 275; Wolter, Potenzial für eine Totalüberwachung im Strafprozess- und Polizeirecht, FS Rudolphi, 2004, 733; Wolter, Wider das systemlose Abwägungs-Strafprozessrecht, FS Roxin, 2011, 1245; Würtenberger, Übermittlung und Verwendung strafprozessualer Daten für präventivpolizeiliche Zwecke, FG Hilger, 2003, 63; Zaremba, Die Entwicklung polizeirelevanter datenschutzrechtlicher Bestimmungen, 2014; Zöller, Informationssysteme und Vorfeldmaßnahmen von Polizei, Staatsanwaltschaft und Nachrichtendiensten, 2002; Zöller, Datenübermittlungen zwischen Polizei, Strafverfolgungsbehörden und Nachrichtendiensten, in: Roggan/Kutscha (Hrsg.), Handbuch zum Recht der Inneren Sicherheit, 2. Aufl. 2006, 445; Zöller, Heimliche und verdeckte Ermittlungsmaßnahmen im Strafverfahren, ZStW 124 (2012), 411.

1 Das Achte Buch regelt in den §§ 474 ff. die Datenverarbeitung im Strafverfahren, die zunehmend technikbasiert und automatisiert erfolgt. Es soll die verfassungsrechtlichen Vorgaben umsetzen, die das Recht auf informationelle Selbstbestimmung aus Art. 2 Abs. 1 iVm Art. 1 Abs. 1 GG sowie Art. 10 und 13 GG bezüglich personenbezogener Daten (§ 46 Nr. 1 BDSG) aufstellen (→ Rn. 9 ff.).[1] Die Materie befindet sich damit an der Schnittstelle

---
[1] BT-Drs. 14/1484, 1, 16 f., auch zur langwierigen Entstehungsgeschichte des Gesetzes; Hilger in Löwe/Rosenberg Rn. 5 ff.

zwischen Strafverfahrens-, Verfassungs- und Datenschutzrecht; zugleich weist sie erhebliche Bezüge zu anderen Bereichen staatlicher Datenverarbeitung auf, insbesondere zum Polizeirecht.

Übersicht

		Rn.				Rn.
I.	**Verarbeitung personenbezogener Daten als Regelungsgegenstand** ...	2	**III.**	**Besondere Konstellationen im Strafverfahren**		37
1.	Inhaltliche Prämissen	3	1.	Ausgangspunkte		38
2.	Einzelne Regelungen, Entwicklung und Verhältnis zu anderen Gesetzen	5	2.	Materielle Differenzierungskriterien		41
II.	**Verfassungsrechtlicher Hintergrund**	9	3.	Verwertung und Verwendung		50
1.	Schutzbereich des RiS	10	4.	Übermittlung und Verwendung von in anderen Ländern erhobenen Daten (Encrochat)		54a
2.	Anforderungen an die Rechtfertigung ..	16	5.	Verwendung rechtswidrig erhobener Daten		55
3.	Zweckbindung im Besonderen	19	6.	Fehlerfolgen rechtswidriger Übermittlung bzw. Umwidmung		61
	a) Erhebungszweck, zweckkonforme Weiternutzung und Zweckentfremdung	20	**IV.**	**Polizeiliche und strafprozessuale Praxis**		65
	b) Verwendungsregelungen im Doppeltürmodell	24	**V.**	**Perspektiven**		68
	c) Zweckänderung im Strafverfahren ...	30				
4.	Verhältnismäßigkeit als Grenze	33				

I. Verarbeitung personenbezogener Daten als Regelungsgegenstand

Das Strafverfahren ist eine konzentrierte Form der Verarbeitung (§ 46 Nr. 2 BDSG) **2** personenbezogener Daten (§ 46 Nr. 1 BDSG), insbesondere in Form von Beweismitteln. Während die Erhebung solcher Daten in zahlreichen Vorschriften vor allem im Ersten Buch der StPO geregelt ist,[2] bestimmt das Achte Buch – unbeschadet spezieller Vorschriften in anderen Büchern – welche Formen der (sonstigen) Verarbeitung, insbesondere der Verwendung, Übermittlung und Speicherung der erhobenen Daten unter welchen Voraussetzungen zulässig sind. Neben der Regelung des staatsanwaltschaftlichen Verfahrensregisters (§§ 492 ff.), Regelungen zu Datenschutz und Datenverarbeitung bei elektronischen Akten (§§ 496 ff.), zur Anwendbarkeit des BDSG (§ 500) und zur Verarbeitung von Strafverfahrensdaten in Dateisystemen (dazu → Vor § 483 Rn. 1 ff.) enthalten die §§ 474 ff. insbesondere **Regelungen zur Zweckumwidmung und zur Datenübermittlung** (→ Rn. 19 ff.). Sie legen somit fest, zu welchen weiteren Zwecken personenbezogene Daten, die in Strafverfahren erhoben wurden, genutzt und weitergegeben werden dürfen.[3]

1. Inhaltliche Prämissen. Der damit beschriebene Regelungsbereich ist aus verschie- **3** denen Gründen ein besonderer. Erstens ist er stark von verfassungsrechtlichen Vorgaben geprägt.[4] Zweitens nimmt die Bedeutung der Erhebung und Verarbeitung personenbezogener Daten bei den Sicherheitsbehörden seit 2001 noch massiver zu, als dies bereits in vorangegangenen Jahrzehnten der Fall war.[5] Beispielhaft hierfür stehen nicht nur die Praxis der NSA und des BND, die nach Edward Snowden Gegenstand der öffentlichen Debatte waren, sondern etwa auch übergreifende Formen der Datenverarbeitung durch verschiedene Sicherheitsbehörden (zB Anti-Terror-Datei und das Gemeinsame Terrorabwehrzentrum) sowie Bestrebungen zur automatisierten Verarbeitung und Auswertung bestehender Datenbestände (zB HessenDATA). Drittens ist in diesem Bereich ein permanenter technischer

---
[2] Umfassende Übersicht zu polizeilichen Erhebungsbefugnissen bei Müller/Schwabenbauer in Lisken/Denninger PolR-HdB Rn. 611 ff.
[3] Weßlau/Puschke in SK-StPO Rn. 1 ff.
[4] Dazu Hohmann-Dennhardt RDV 2008, 1.
[5] S. bereits Riegel FS Meyer, 1990, 345.

Fortschritt zu verzeichnen, der die Möglichkeiten der Datenverarbeitung für Sicherheitsbehörden beständig erweitert und die bestehenden gesetzlichen Regelungen schnell überholt. Die Rundum- oder Totalüberwachung von Bürgern und die Erstellung umfassender Bewegungs- und Persönlichkeitsprofile[6] sind keine Zukunftsszenarien mehr, sondern reale Möglichkeiten, die durch die „Vergeheimdienstlichung"[7] des Strafverfahrens auch die Sphäre der StPO erreichen. Den Ermittlungsbehörden stehen heute ganz erhebliche Erkenntnisquellen und Befugnisse zur Verfügung,[8] mittels derer sich Informationen aus praktisch allen Lebensbereichen einer Person erlangen lassen, während neue Formen der Datenverarbeitung es ermöglichen, einmal erhobene Daten in stärkerem Maße auch zu weiteren Zwecken zu nutzen.[9]

4 Im Kern haben die Regelungen des Achten Buches einen **Ausgleich der verschiedenen beteiligten Interessen** zu leisten. Diese bestehen auf einer ersten Ebene im Allgemeininteresse an einer funktionierenden Strafverfolgung auf der einen und dem RiS der von der Datenverarbeitung betroffenen Personen auf der anderen Seite.[10] Auf einer zweiten Ebene stehen sich aber nicht selten auch die Interessen verschiedener Privater gegenüber, die auf der einen Seite Transparenz staatlichen Handelns sowie Informationen aus Verfahren und auf der anderen Seite den Schutz ihrer personenbezogenen Daten begehren. So ist etwa durch die Akteneinsicht für den einen zugleich das RiS desjenigen betroffen, dessen personenbezogene Daten sich (ebenfalls) in den Akten befinden. Zusammen besehen können sich aus beiden Ebenen Dreieckskonstellationen ergeben.[11]

5 **2. Einzelne Regelungen, Entwicklung und Verhältnis zu anderen Gesetzen.** Das Achte Buch, das seinem Anspruch einer umfassenden Regelung nicht gerecht wird,[12] hat seine **heutige Gestalt durch das StVÄG 1999**,[13] das Gesetz zur Einführung der elektronischen Akte von 2017 sowie die Umsetzung der JI-Richtlinie im Strafverfahren[14] erhalten. Die bis 1999 in den §§ 474 ff. normierten Regelungen zum staatsanwaltschaftlichen Verfahrensregister, die durch Gesetz vom 28.10.1994[15] als Achtes Buch eingeführt worden waren, finden sich mittlerweile im 3. Abschnitt des Buches in den §§ 492–495. Dem vorangestellt wurde ein 1. Abschnitt mit Regelungen zu Auskünften, Akteneinsicht und sonstiger Datenverwendung (§§ 474–482). Die §§ 474–477 regeln die Zweckumwidmung und Übermittlung von Daten aus Strafverfahrensakten zu (sonstigen) öffentlichen, privaten und wissenschaftlichen Zwecken, zwischen denen zu differenzieren ist. Es handelt sich insofern um allgemeine Regelungen für die Akteneinsicht und andere Formen der Übermittlung, die bis dahin auf Nr. 182 ff. RiStBV gestützt worden waren. Die §§ 478–480 regeln Form, Grenzen und Verfahren dieser Verarbeitungsformen. §§ 481, 482 betreffen die Übermittlung zwischen Polizei, Staatsanwaltschaft und bestimmten anderen öffentlichen Stellen vor allem zu Zwecken der Strafrechtspflege und der Gefahrenabwehr. Ein

---

[6] Sieber, Straftaten und Strafverfolgung im Internet, 2012, C 129; Wolter FS Rudolphi, 2004, 733 (745); zu Möglichkeiten im Internet Gercke GA 2012, 474 (484 ff.); Kleszewski ZStW 123 (2011), 737; Greco/Wolter in SK-StPO § 100a Rn. 15 ff.; allgemein zu neueren Möglichkeiten Singelnstein NStZ 2012, 593.
[7] Zöller ZStW 124 (2012), 411 (416); Schünemann GA 2008, 314 (314 f.); vgl. auch Hefendehl GA 2011, 209 (214 ff.).
[8] Dazu Schwabenbauer Heimliche Grundrechtseingriffe, 2013, S. 163 ff.; Singelnstein NStZ 2012, 593 (593 ff., 605 f.).
[9] Meinicke K&R 2015, 377.
[10] Rückert, Digitale Daten als Beweismittel im Strafverfahren, 2023, S. 353 ff.; Wittig in BeckOK StPO § 474 Rn. 1.
[11] Dazu Groß/Fünfsinn NStZ 1992, 105 (107 ff.).
[12] Weßlau FS Hamm, 2008, 841; Wolter FS Roxin, 2011, 1245 (1256 f.).
[13] Dazu Brodersen NJW 2000, 2536 (2536 ff.); zur historischen Entwicklung Matheis, Strafverfahrensänderungsgesetz 1999, 2006, S. 47 ff.; Zöller, Informationssysteme und Vorfeldmaßnahmen von Polizei, Staatsanwaltschaft und Nachrichtendiensten, 2002, S. 178 ff.
[14] Gesetz zur Umsetzung der Richtlinie (EU) 2016/680 im Strafverfahren sowie zur Anpassung datenschutzrechtlicher Bestimmungen an die Verordnung (EU) 2016/679, BGBl. 2019 I 1724; vgl. dazu Schwichtenberg NK 2020, 91; Singelnstein NStZ 2020, 639.
[15] BGBl. I 3186 ff.

2. Abschnitt enthält Dateiregelungen, die also die Speicherung und Verarbeitung von Strafverfahrensdaten in sowie die Übermittlung aus entsprechenden Dateien regeln (→ Vor § 483 Rn. 1 ff.).

Einige **Änderungen** haben die Vorschriften zum 1.1.2008 durch das Gesetz zur Neuregelung der Telekommunikationsüberwachung erfahren. Durch das Gesetz zur Einführung der elektronischen Akte vom 5.7.2017 wurde dem Achten Buch ein 4. Abschnitt angefügt, dessen §§ 496–499 den Datenschutz und die Verwendung personenbezogener Daten im Zusammenhang mit der elektronischen Akte regeln. Das Gesetz zur Umsetzung der Vorgaben der **EU-Richtlinie 2016/680/EU** (JI-Richtlinie)[16] – die die polizeiliche und justizielle Datenverarbeitung im Rahmen der Verhütung und Verfolgung von Straftaten regelt – hat 2019 einerseits das Verhältnis des Achten Buches zum allgemeinen Datenschutzrecht neu gefasst, da wesentliche Teile der Richtlinie in den §§ 45 ff. BDSG umgesetzt worden sind (→ Rn. 6). Andererseits wurden die Regelungen zu Rechten Betroffener auf Information, Berichtigung und Löschung angepasst.[17] Zudem wurde die Systematik vor allem in den §§ 474–491 überarbeitet und wurden Begrifflichkeiten an das allgemeine Datenschutzrecht und dessen europarechtlich geprägte Terminologie angepasst. So gilt als Oberbegriff für jeglichen Umgang mit personenbezogenen Daten nunmehr die Verarbeitung.[18] Der Begriff der „Sperrung" wurde durch die „Einschränkung der Verarbeitung" (§§ 484, 494; § 58 Abs. 3 BDSG), die „speichernde Stelle" durch den „Verantwortlichen" (§§ 489–491, 494; § 46 Nr. 7 BDSG) und „Datei" durch „Dateisystem" (→ Vor § 483 Rn. 1) ersetzt, ohne dass damit inhaltliche Änderungen einhergehen würden.

Das Achte Buch enthält damit bereichsspezifische Regelungen[19] zu Datenschutz und informationeller Selbstbestimmung, die **im Verhältnis zum BDSG speziell** sind, dieses ergänzen und ihm vorgehen (§ 1 Abs. 2 BDSG, § 500 Abs. 2 Nr. 1). Durch die Umsetzung der JI-Richtlinie im Strafverfahren[20] ist das Verhältnis zum allgemeinen Datenschutzrecht vielschichtiger geworden. Zum einen enthält das BDSG nun in den §§ 45 ff. BDSG anders als bisher selbst bereits detaillierte Vorgaben für die Datenverarbeitung zur Verhütung, Verfolgung und Ahndung von Straftaten und Ordnungswidrigkeiten durch die dafür zuständigen Behörden.[21] Dementsprechend hat der Gesetzgeber die Regelungen in der StPO dort reduziert, wo diese angesichts der Bestimmungen im BDSG nicht mehr erforderlich waren (→ § 489 Rn. 2, → § 494 Rn. 1). Das Achte Buch enthält nunmehr nur noch darüber hinausgehende und ergänzende Regelungen, die gleichzeitig selbst den Vorgaben der JI-Richtlinie genügen müssen.[22] Zum anderen hat der Gesetzgeber über § 500 das Gewicht des BDSG gegenüber den Landesdatenschutzgesetzen erheblich gestärkt. Die Vorschrift erklärt die §§ 45 ff. BDSG auch für öffentliche Stellen der Länder für anwendbar, soweit diese nach der StPO tätig werden.[23] Dies führt im Ergebnis dazu, dass StPO und BDSG miteinander verschränkt sind. Für die Polizei im Besonderen gilt infolgedessen im repressiven Bereich das BDSG, im präventiven Bereich sind hingegen in der Regel die Landesdatenschutzgesetze anzuwenden.[24]

Zugleich stellt das Achte Buch hinsichtlich des Regelungsbereichs der Datenverarbeitung *im Strafverfahren* **keine abschließende Regelung** dar. Die bestehenden nochmals spezielleren Regelungen der StPO zur Akteneinsicht und Datenverarbeitung gehen dieser

---

[16] Gesetz zur Umsetzung der Richtlinie (EU) 2016/680 im Strafverfahren sowie zur Anpassung datenschutzrechtlicher Bestimmungen an die Verordnung (EU) 2016/679, BGBl. 2019 I 1724.
[17] Schwichtenberg DuD 2016, 605 (607 ff.).
[18] Vgl. Schantz/Wolff, Das neue Datenschutzrecht, 2017, Rn. 307; Ernst in Paal/Pauly DS-GVO Art. 4 Rn. 20.
[19] BT-Drs. 19/4671, 71.
[20] Gesetz zur Umsetzung der Richtlinie (EU) 2016/680 im Strafverfahren sowie zur Anpassung datenschutzrechtlicher Bestimmungen an die Verordnung (EU) 2016/679, BGBl. 2019 I 1724.
[21] Singelnstein NStZ 2020, 639 (639); Wolff in BeckOK DatenschutzR BDSG § 45 Rn. 6; Frenzel in Paal/Pauly, BDSG § 45 Rn. 7.
[22] Schwichtenberg NK 2020, 91 (92 f.).
[23] BT-Drs. 19/4671, 44, 71.
[24] Singelnstein NStZ 2020, 639 (639).

ebenso vor[25] wie spezielle, eigenständige Übermittlungsregelungen im Kompetenzbereich des Bundesgesetzgebers.[26] Die Übermittlung von Strafverfahrensdaten *von Amts wegen* ist – soweit sie zu anderen Zwecken als denen der Strafverfolgung erfolgt – nach wie vor in den §§ 12 ff. EGGVG geregelt.[27] Zusammenfassend betrachtet finden sich für den in Rede stehenden Regelungsbereich daher nunmehr die §§ 45 ff. BDSG iVm § 500 als allgemeine Regelungen, denen die §§ 474 ff. als ergänzende spezielle Regelungen vorgehen, die wiederum durch nochmals speziellere Regelungen im Kompetenzbereich des Bundesgesetzgebers überlagert sein können.

8   Schließlich weist das Achte Buch enge Verbindungen zu den gesetzlichen **Regelungen für andere Sicherheitsbehörden** auf, die ebenfalls Datenverarbeitung betreiben.[28] Im Vordergrund steht dabei das Polizeirecht, das sowohl in den Landespolizeigesetzen als auch im BKAG die präventiv-polizeiliche Datenverarbeitung regelt, die in weiten Teilen Überschneidungen mit der Datenverarbeitung zum Zweck der Strafverfolgung aufweist.[29] Im Bereich der DNA-Identifizierungsmuster stellt § 81g Abs. 5 mit dem Verweis auf das BKAG eine abschließende Sonderregelung dar, die die Anwendbarkeit der §§ 474 ff. ausschließt.[30] Dies gilt insbesondere auch für § 481 Abs. 1 als generalklauselartige Zweckumwidmungsregelung.

II. Verfassungsrechtlicher Hintergrund

9   Der Bedarf für die Regelungen des Achten Buches wird durch das RiS als Bestandteil des Allgemeinen Persönlichkeitsrechts aus Art. 2 Abs. 1 iVm Art. 1 Abs. 1 GG ausgelöst.[31] Zwar gehen gewisse spezielle Grundrechte dem RiS vor – im Bereich des Strafverfahrens sind vor allem Art. 10 Abs. 1,[32] 13 Abs. 1 GG und das Grundrecht auf Gewährleistung der Vertraulichkeit und Integrität informationstechnischer Systeme[33] als Ausprägungen des Allgemeinen Persönlichkeitsrechts zu nennen. Hinsichtlich der Verarbeitung personenbezogener Daten folgen diese speziellen Grundrechte jedoch den Anforderungen des RiS und stellen also einen vergleichbaren Maßstab auf.[34]

10   **1. Schutzbereich des RiS.** Das RiS gewährleistet das Recht des Einzelnen, selbst über die Offenbarung persönlicher Lebenssachverhalte zu entscheiden.[35] Es ist klassisch abwehrrechtlich konstruiert und eröffnet einen sehr weiten Schutzbereich. Dessen einzige Voraussetzung ist das Vorliegen personenbezogener Daten, dh Daten, die einer bestimmten Person zugeordnet sind oder werden können. Da Beweismittel im Strafverfahren regelmäßig derartige Daten darstellen oder beinhalten, ist hier grundsätzlich der sachliche Schutzbereich von Art. 2 Abs. 1 iVm Art. 1 Abs. 1 GG tangiert.[36] Der persönliche Schutzbereich des RiS erfasst denjenigen, um dessen Daten es sich handelt, zu dem also ein Personenbezug besteht (vgl. § 46 Nr. 1 BDSG). Neben dem Beschuldigten kommen im Strafverfahren insofern auch zahlreiche andere Personen als Betroffene in Betracht.

11   Ein **Eingriff in den Schutzbereich** liegt vor, wenn ohne Einwilligung der betroffenen Person personenbezogene Daten verarbeitet werden, so dass praktisch jeder Umgang mit

---
[25] BT-Drs. 14/1484, 17.
[26] Zu § 49 BeamtStG bspw. VG Wiesbaden 11.5.2016 – 28 K 976/13.WI.D, BeckRS 2016, 51140.
[27] Matheis, Strafverfahrensänderungsgesetz 1999, 2006, S. 154 f.
[28] Wolter FS Roxin, 2001, 1141 (1143 ff.).
[29] Übersicht bei Gusy ZJS 2012, 155 (155 ff.).
[30] Dazu Hilger NStZ 2001, 15 (17). Die Anwendbarkeit grundsätzlich bejahend Senge NStZ 2001, 331 (331 f.).
[31] Zu diesem im Detail Albers, Informationelle Selbstbestimmung, 2005, S. 151 ff.; Rückert, Digitale Daten als Beweismittel im Strafverfahren, 2023, S. 39 ff.
[32] S. BVerfG 16.6.2009 – 2 BvR 902/06, BVerfGE 124, 43 (54 f.) = NJW 2009, 2431 zum Inhalt.
[33] Zu diesem Hoffmann-Riem JZ 2008, 1009 mwN.
[34] BVerfG 16.6.2009 – 2 BvR 902/06, BVerfGE 124, 43 (60 f.) = NJW 2009, 2431 zu Art. 10 Abs. 1 GG.
[35] BVerfG 15.12.1983 – 1 BvR 209/83 u.a., BVerfGE 65, 1 (41 f., 45) = NJW 1984, 419; Kunig/Kämmerer in v. Münch/Kunig GG Art. 2 Rn. 77.
[36] BVerfG 7.12.2011 – 2 BvR 2500/09 u.a., BVerfGE 130, 1 (35) = NJW 2012, 907; Weßlau/Puschke in SK-StPO Rn. 37.

solchen Daten rechtfertigungsbedürftig ist.[37] Die staatliche Verarbeitung personenbezogener Daten bedarf daher jedenfalls einer Rechtsgrundlage, muss überwiegenden Belangen des Allgemeinwohls dienen und den Zweckbindungsgrundsatz beachten.[38] Der Begriff der Verwendung meint dabei jede Nutzung.[39] Im Strafverfahren umfasst dies nicht nur die Frage der Beweisverwertung, sondern jeden Zugriff auf personenbezogene Daten durch die Strafverfolgungsbehörden in jedem Stadium des Verfahrens.[40] Eine Übermittlung ist in jeder Weitergabe an andere Stellen zu sehen, sei es durch Auskunft, Akteneinsicht oder durch Übermittlung aus Dateien, befugt oder unbefugt.[41]

Die **Intensität des Grundrechtseingriffs,** der in jeder Datenverarbeitung liegt, hängt zum einen von der Art der Daten (s. auch § 48 BDSG), dem betroffenen Grundrecht und der Form der vorangegangenen Erhebung ab. Zum anderen ist auf die Art des konkreten Eingriffs abzustellen.[42] So erscheint zwar die Speicherung personenbezogener Daten im Anschluss an eine Erhebung als solche nicht als besonders intensiv. Anderes gilt aber etwa für die zweckändernde Übermittlung. Dabei gilt für den sicherheitsbehördlichen Bereich die Besonderheit, dass erhobene personenbezogene Daten recht umfassend und automatisiert zwischen den verschiedenen Sicherheitsbehörden übermittelt und für die Erfüllung von deren jeweiligen Aufgaben verwendet werden dürfen. Angesichts dessen führt schon eine erstmalige Erfassung – für die es im Bereich der Strafverfolgung keiner Verurteilung bedarf, sondern eingestellte Bagatellverfahren genügen – durchaus häufig zu einer fortgesetzten Speicherung in mitunter verschiedenen, vor allem polizeilichen Dateien mit erheblichen Folgen in der Praxis.

Eine besondere weitere Grenzziehung besteht im Bereich des RiS in Form des **Zweckbindungsgebots** (§ 47 Nr. 2 BDSG). Dieses allgemeine Prinzip und „Kernelement des verfassungsrechtlichen Datenschutzes"[43] dient der Begrenzung des Grundrechtseingriffs und bestimmt, dass erhobene personenbezogene Daten ohne Weiteres nur für den Zweck verwendet werden dürfen, zu dem sie erhoben wurden (→ Rn. 19 ff.).[44]

Schließlich bestehen im Bereich des RiS noch zwei absolut geschützte Bereiche. Erstens ist nach der verfassungsgerichtlichen Rechtsprechung eine Erstellung von **Persönlichkeitsprofilen** durch die Kombination von Daten aus verschiedenen Lebensbereichen mittels einer „Totalausforschung" oder „Rundumüberwachung" generell unzulässig.[45] Wann diese Grenze aufgrund einer Kumulation von Datenerhebungen und -verarbeitungen erreicht ist, lässt sich allerdings allgemein kaum sagen.[46] Als Kriterien für diese Grenzziehung können die Art, Anzahl und Dauer der eingesetzten Ermittlungsmaßnahmen, die Art und der Umfang der betroffenen Lebensbereiche sowie der Verwendungszusammenhang der gewonnenen Daten herangezogen werden.[47]

---

[37] Jarass in Jarass/Pieroth GG Art. 2 Rn. 59 f.; Schoch JURA 2008, 352 (356 f.); Weßlau/Puschke in SK-StPO Rn. 6 f.
[38] Allg. BVerfG 15.12.1983 – 1 BvR 209/83 u.a., BVerfGE 65, 1 (46) = NJW 1984, 419; 14.7.1999 – 1 BvR 2226/94 u.a., BVerfGE 100, 313 (360) = NJW 2000, 55.
[39] Singelnstein ZStW 120 (2008), 854 (865 f.).
[40] Rogall FS Kohlmann, 2003, 465 (482 ff.).
[41] Zöller in Roggan/Kutscha Recht der Inneren Sicherheit-HdB S. 449 ff.; s. auch Gusy ZJS 2012, 155 (161 ff.); Müller/Schwabenbauer in Lisken/Denninger PolR-HdB Rn. 863.
[42] Gusy FS Schenke, 2011, 395 (406 ff.); sehr detailliert Rückert, Digitale Daten als Beweismittel im Strafverfahren, 2023, S. 243 ff.
[43] BVerfG 20.4.2016 – 1 BvR 966/09, 1 BvR 1140/09, BVerfGE 141, 220 (326 f.) = NJW 2016, 1781 (1802).
[44] BVerfG 15.12.1983 – 1 BvR 209/83 u.a., BVerfGE 65, 1 (46) = NJW 1984, 419; 14.7.1999 – 1 BvR 2226/94 u.a., BVerfGE 100, 313 (360) = NJW 2000, 55; 20.4.2016 – 1 BvR 966/09, 1 BvR 1140/09, BVerfGE 141, 220 (324 ff.) = NJW 2016, 1781 (1800 ff.); Ernst, Verarbeitung und Zweckbindung von Informationen im Strafprozess, 1993, S. 73 ff.
[45] BVerfG 15.12.1983 – 1 BvR 209/83 u.a., BVerfGE 65, 1 (42 f.) = NJW 1984, 419; 3.3.2004 – 1 BvR 2378/98 u.a., BVerfGE 109, 279 (323) = NJW 2004, 999; 12.4.2005 – 2 BvR 581/01, BVerfGE 112, 304 (319) = NJW 2005, 304; dazu Greco/Wolter in SK-StPO § 100g Rn. 32.
[46] Weßlau/Puschke in SK-StPO Rn. 50 f.; detailliert zu der Frage Schwabenbauer, Heimliche Grundrechtseingriffe, 2013, S. 292 ff.
[47] Puschke, Die kumulative Anordnung von Informationsbeschaffungsmaßnahmen im Rahmen der Strafverfolgung, 2006, 85 (97); Singelnstein/Putzer GA 2015, 564 (569).

15 Zweitens betont das BVerfG in ständiger Rechtsprechung den Schutz des **Kernbereichs privater Lebensgestaltung**.[48] In seiner Entscheidung zum strafprozessualen „großen Lauschangriff", die an die Rechtsprechung zur Intimsphäre anknüpft, hatte das Gericht diese absolute Grenze sicherheitsbehördlichen Zugriffs auf personenbezogene Daten neu formuliert.[49] Neben Art. 13 Abs. 1 GG enthalten auch Art. 10 Abs. 1 GG[50] und weitere Grundrechte einen Menschenwürdekern. Der Umfang dessen und das sich daraus ergebende Schutzniveau differieren danach, wie eng der Bezug des betroffenen Grundrechts zu Art. 1 Abs. 1 GG ist.[51] Der Gesetzgeber hat sich darauf beschränkt, den Kernbereichsschutz befugnisspezifisch zu normieren, § 100d. Gleichwohl müssen unabhängig davon Kernbereichsverletzungen schon von Verfassung wegen generell unterbleiben;[52] Eingriffe in diesen Bereich sind nicht zu rechtfertigen und ihre Folgen sind vollständig zu beseitigen. Die Rechtsprechung des BVerfG verlangt mit ihrem zweistufigen Schutzkonzept schützende Regelungen sowohl auf der Erhebungs- als auch auf der Verwendungsebene.[53] Eine Verwendung von Daten mit Kernbereichsbezug, insbesondere eine Übermittlung an andere Behörden, ist ausnahmslos unzulässig.[54]

16 **2. Anforderungen an die Rechtfertigung.** Angesichts des dargestellten Schutzbereichs des RiS sind im Strafverfahren nicht nur Datenerhebungen, sondern auch zahlreiche Formen der Datenverarbeitung aus grundrechtlicher Sicht rechtfertigungsbedürftig. Namentlich gilt dies für die Übermittlung der Daten an andere Stellen bzw. Personen, für die Zweckentfremdung – also die Nutzung der Daten zu anderen Zwecken als dem Erhebungszweck – sowie die Verwendung, Speicherung und automatisierte Verarbeitung in Dateien.[55] Sofern nicht ausnahmsweise eine Einwilligung der betroffenen Person in den Grundrechtseingriff vorliegt, ist gemäß dem **Gesetzesvorbehalt** aus Art. 2 Abs. 1 GG hierfür jeweils eine bereichsspezifische Rechtsgrundlage erforderlich.[56] Darüber hinaus sorgen die Rechtsgrundlagen dafür, dass die Datenweitergabe nicht unbefugt ist, was im Fall der Offenbarung von Geheimnissen eine Strafbarkeit nach § 203 Abs. 2 Nr. 1 StGB nach sich ziehen kann.

17 Der **Bestimmtheitsgrundsatz** verlangt, dass entsprechende Rechtsgrundlagen den Zweck, Anlass und die Grenzen von Eingriffen bereichsspezifisch, normenklar und präzise festlegen.[57] Die Regelungen müssen für den Bürger die Eingriffsmöglichkeiten erkennbar machen, die Verwaltung binden und der Rechtsprechung einen konkreten Prüfungsmaßstab an die Hand geben.[58]

18 Darüber hinaus stellen das RiS und die spezielleren Grundrechte für die staatliche Verarbeitung personenbezogener Daten verschiedene **formelle Anforderungen** auf.

---

[48] BVerfG 7.12.2011 – 2 BvR 2500/09 u.a., BVerfGE 130, 1 (22) = NJW 2012, 907; 20.4.2016 – 1 BvR 966/09, 1 BvR 1140/09, BVerfGE 141, 220 = NJW 2016, 1781 (1786 f.); s. bereits 31.1.1973 – 2 BvR 454/71, BVerfGE 34, 238 (245) = NJW 1973, 891.
[49] BVerfG 3.3.2004 – 1 BvR 2378/98 u.a., BVerfGE 109, 279 (366 ff.) = NJW 2004, 999 mwN; dazu Baldus JZ 2008, 218; Warg NStZ 2012, 237 (238 f.).
[50] BVerfG 20.6.1984 – 1 BvR 1494/78, BVerfGE 67, 157 (171) = NJW 1985, 121; 3.3.2004 – 1 BvF 3/92, BVerfGE 110, 33 (53) = NJW 2004, 2213.
[51] Puschke/Singelnstein NJW 2005, 3534 (3536 f.).
[52] Dazu Greco/Wolter in SK-StPO § 100g Rn. 32.
[53] BVerfG 27.2.2008 – 1 BvR 370/07 u.a., BVerfGE 120, 274 (338 ff.) = NJW 2008, 822; 12.10.2011 – 2 BvR 236/08 u.a., NJW 2012, 833 (837); 20.4.2016 – 1 BvR 966/09, 1 BvR 1140/09, BVerfGE 141, 220 = NJW 2016, 1781 (1787) mwN.
[54] BVerfG 3.3.2004 – 1 BvR 2378/98 u.a., BVerfGE 109, 279 (318 ff.) = NJW 2004, 999.
[55] Bodenbenner, Präventive und repressive Datenverarbeitung unter besonderer Berücksichtigung des Zweckbindungsgedankens, 2017, S. 125 ff.; Dose, Übermittlung und verfahrensübergreifende Verwendung von Zufallserkenntnissen, 2013, 115 ff.; Schwabenbauer NJW 2009, 3207 (3208 f.).
[56] Allg. zu den Anforderungen Schwabenbauer in Lisken/Denninger PolR-HdB Rn. 176 ff.; zur Auslegung Rückert, Digitale Daten als Beweismittel im Strafverfahren, 2023, S. 469 ff.; zu Sozialdaten LG Oldenburg 30.11.2010 – 1 Qs 437/10, JAmt 2011, 101.
[57] Di Fabio in Dürig/Herzog/Scholz GG Art. 2 Abs. 1 Rn. 182.
[58] BVerfG 15.12.1983 – 1 BvR 209/83 u.a., BVerfGE 65, 1 (44, 62 f., 65) = NJW 1984; 3.3.2004 – 1 BvF 3/92, BVerfGE 110, 33 (70) = NJW 2004, 2213; Puschke/Singelnstein NJW 2004, 3534 (3535 f.).

Neben technischen Sicherungen für die Speicherung und Übermittlung solcher Daten betrifft dies insbesondere die Kennzeichnung (§ 101 Abs. 3). Der Schutz informationeller Selbstbestimmung ist angesichts des zweckbetonten Schutzkonzepts des RiS (→ Rn. 19 ff.) sowie des Ausmaßes sicherheitsbehördlicher Informationsverarbeitung nur zu gewährleisten, wenn Daten ihrem jeweiligen Erhebungs- bzw. Verwendungszweck zugeordnet werden können.[59] Es muss stets klar sein, welche Daten zu welchem Zweck und in welcher Weise erhoben wurden und verwendet, umgewidmet und übermittelt werden dürfen. Sie sind daher entsprechend zu kennzeichnen und von anderen Daten zu trennen, auch und gerade bei der Übermittlung an andere Stellen, und zwar unabhängig davon, ob sie in Form von Akten oder Dateien verarbeitet werden.[60]

3. Zweckbindung im Besonderen. Das Zweckbindungsgebot als inhärenter Bestandteil des RiS begrenzt den Grundrechtseingriff, indem es die Verwendung erhobener Daten an einen bestimmten Zweck bindet (s. § 47 Nr. 2 BDSG).[61] Erst aus Bedeutung und Umfang dieses Verwendungszwecks lässt sich nämlich die Tiefe des Grundrechtseingriffs bestimmen, je nachdem, ob die erhobenen Daten nur zu einem eng begrenzten Zweck oder in einer Vielzahl von Zusammenhängen genutzt werden dürfen.[62] 19

a) Erhebungszweck, zweckkonforme Weiternutzung und Zweckentfremdung. Aus dem Zweckbindungsgebot folgt zunächst, dass für jede Erhebung personenbezogener Daten ein gesetzlich hinreichend bestimmter Zweck festgelegt sein muss, dem die Erhebung dient.[63] Dieser **Zweck einer Datenerhebung** ergibt sich aus der Befugnisnorm, die die Datenerhebung gestattet.[64] Die Befugnisse der StPO zur Datenerhebung sehen als Verwendungszweck nur die Ermittlungen in dem jeweils konkreten Strafverfahren vor,[65] dh die Aufklärung und Ahndung der jeweiligen prozessualen Tat im Sinne von §§ 155, 264[66] – vom Ermittlungsverfahren bis zur Vollstreckung. Mithin dürfen in einem Strafverfahren erhobene personenbezogene Daten grundsätzlich nur für diesen Zweck genutzt werden. 20

Die Zweckbindung wird umgesetzt, indem jede Erhebung, Verwendung und sonstige Verarbeitung personenbezogener Daten von ihrer **Erforderlichkeit** abhängig ist. Hierunter ist im Kontext des RiS die Notwendigkeit zur Erfüllung des jeweiligen Zwecks zu verstehen. Unabhängig davon, ob als geschriebene oder implizite Voraussetzung, handelt es sich um eine zentrale Grenze, die das RiS der Verarbeitung solcher Daten zieht.[67] 21

Eine Verwendung erhobener Daten, die über die Aufklärung und Ahndung der jeweiligen prozessualen Tat als Erhebungszweck hinausgeht, stellt grundsätzlich eine **Zweckentfremdung** dar. Eine solche ist zwar nicht per se ausgeschlossen. Die Verwendung von Daten zu einem anderen Zweck als dem ursprünglichen Erhebungszweck stellt 22

---

[59] BVerfG 16.6.2009 – 2 BvR 902/06, BVerfGE 124, 43 (74) = NJW 2009, 2431; Wolter FS Roxin, 2001, 1141 (1166 f.); umfassend zu polizeilichen Datenbanken Weichert NVwZ 2022, 844.
[60] Bertram, Die Verwendung präventiv-polizeilicher Erkenntnisse im Strafverfahren, 2009, S. 327 ff.; Singelnstein/Putzer GA 2015, 564 (572); Zöller in Roggan/Kutscha Recht der Inneren Sicherheit-HdB S. 469 f.
[61] Albers, Informationelle Selbstbestimmung, 2005, S. 268 ff., 497 ff.; Bodenbenner, Präventive und repressive Datenverarbeitung unter besonderer Berücksichtigung des Zweckbindungsgedankens, 2017, S. 67 ff.; Hassemer, Strafverfahren ohne Datenschutz?, 1995, S. 101, 120 f.
[62] Bäcker, Kriminalpräventionsrecht, 2015, S. 481 f.; Hohmann-Dennhardt RDV 2008, 1; Singelnstein ZStW 120 (2008), 854 (855 ff.).
[63] S. BVerfG 11.3.2008 – 1 BvR 2074/05 u.a., NJW 2008, 1505 (1516); zu möglichen Zwecken bei Polizei und Strafverfolgung Weichert NVwZ 2022, 844 (848 ff.).
[64] Singelnstein ZStW 120 (2008), 854 (857 ff.); dazu Ernst, Verarbeitung und Zweckbindung von Informationen im Strafprozess, 1993, S. 74 f.
[65] BVerfG 3.3.2004 – 1 BvR 2378/98 u.a., BVerfGE 109, 279 (375 f.) = NJW 2004, 999; 12.4.2005 – 2 BvR 1027/02, BVerfGE 113, 29 (51 f.) = NJW 2005, 1917; 2.3.2006 – 2 BvR 2099/04, BVerfGE 115, 166 (191) = NJW 2005, 2603; 16.6.2009 – 2 BvR 902/06, BVerfGE 124, 43 (61) = NJW 2009, 2431; s. auch Köhler in Meyer-Goßner/Schmitt § 474 Rn. 3.
[66] Hilger in Löwe/Rosenberg Rn. 7 f.; Kretschmer StV 1999, 221 (223 f.); Matheis, Strafverfahrensänderungsgesetz 1999, 2006, S. 160 ff.; Singelnstein ZStW 120 (2008), 854 (857 ff.).
[67] Albers, Informationelle Selbstbestimmung, 2005, S. 516 ff.

aber eine neuerliche Grundrechtsbeeinträchtigung dar, die zugleich den vorangegangenen Erhebungseingriff vertieft.[68] Als solche bedarf die Zweckentfremdung nicht anders als die Erhebung einer bereichsspezifischen Rechtsgrundlage, die die Zweckumwidmung gestattet.[69] Nach dem Prinzip der informationellen Gewaltenteilung[70] dürfen erhobene Daten zudem grundsätzlich nur von der erhebenden Stelle genutzt werden.

23 Im **Kontext eines Strafverfahrens** liegt eine Zweckänderung einerseits vor, wenn zur Strafverfolgung erlangte Daten in anderen Bereichen staatlicher Tätigkeit oder umgekehrt für andere Bereiche erhobene Daten im Strafverfahren verwendet werden sollen.[71] So stellt etwa eine Verwendung von im Rahmen der Strafverfolgung erhobenen Daten für Zwecke der Gefahrenabwehr (vgl. § 481 Abs. 1) oder der Strafverfolgungsvorsorge (vgl. § 484) eine Zweckentfremdung dar.[72] Andererseits bedeutet aber auch die Überführung personenbezogener Daten von einem Strafverfahren in ein anderes Strafverfahren eine Zweckumwidmung, wenn es dabei um eine andere prozessuale Tat geht. Dementsprechend ist eine Übermittlung von Daten in der Regel mit einer Zweckänderung verbunden; ebenso kann die -entfremdung aber auch ohne Übermittlung geschehen. Keine Zweckänderung soll entsprechend § 49 S. 2 iVm § 23 Abs. 1 Nr. 6 BDSG vorliegen, wenn der Empfänger die Daten für Aufsichts- und Kontrollaufgaben, zu Ausbildungs- und Prüfungszwecken oder zu anderen organisatorischen Tätigkeiten in seinem Bereich nutzt.[73]

23a Noch keine Zweckentfremdung stellt die **zweckkonforme Weiternutzung** erhobener Daten dar. Wurde zunächst jede weitere Nutzung von personenbezogenen Daten über den konkreten Erhebungszweck hinaus als rechtfertigungsbedürftige Zweckänderung verstanden,[74] hat das BVerfG in seiner Entscheidung zum BKAG[75] eine Differenzierung vorgenommen und daneben die Kategorie der zweckkonformen Weiternutzung geschaffen, die noch aufgrund der ursprünglichen Erhebungsnorm zulässig sein soll.[76] Eine Weiternutzung ist danach dann keine Zweckänderung, wenn sie durch dieselbe Behörde sowie innerhalb desselben Zwecks und zum Schutz der gleichen Rechtsgüter stattfindet, wie sie durch die Erhebungsnorm vorgegeben sind.[77] Dies betrifft im Bereich der Strafverfolgung insbesondere Zufallsfunde, die bei Datenerhebungen anfallen, die dann unter den genannten Voraussetzungen über das konkrete Anlassverfahren hinaus als Spurenansatz verwendet werden können.[78] Für die Praxis der Strafverfolgung folgt daraus keine grundlegende Veränderung, da die bestehenden Zweckänderungsvorschriften in den §§ 474, 479 eine solche Weiternutzung auch bisher schon gestatteten.

---

[68] Gusy FS Schenke, 2011, 395 (409 f.); Löffelmann GSZ 2019, 16 (18 f.); Weßlau/Puschke in SK-StPO Rn. 8.
[69] BVerfG 20.4.2016 – 1 BvR 966/09, 1 BvR 1140/09, BVerfGE 141, 220 (324) = NJW 2016, 1781; BVerfG 14.7.1999 – 1 BvR 2226/94 u.a., BVerfGE 100, 313 (360 f., 385) = NJW 2000, 55; 3.3.2004 – 1 BvR 2378/98 u.a., BVerfGE 109, 279 (375 ff.) = NJW 2004, 999; 3.3.2004 – 1 BvF 3/92, BVerfGE 110, 33 (68 ff.) = NJW 2004, 2213; 20.4.2016 – 1 BvR 966/09, 1 BvR 1140/09, BVerfGE 141, 220 (324 ff.) = NJW 2016, 1781 (1801); BGH 21.11.2012 – 1 StR 310/12, BGHSt 58, 32 = NStZ 2013, 596 (600); umfassend Singelnstein ZStW 120 (2008), 854 (857 ff.).
[70] BVerfG 15.12.1983 – 1 BvR 209/83 u.a., BVerfGE 65, 1 (69) = NJW 1984, 419.
[71] OLG Koblenz 11.6.2010 – 2 VAs 1/10, BeckRS 2010, 14403; Bäcker, Kriminalpräventionsrecht, 2015, S. 476 ff.; Weichert, Informationelle Selbstbestimmung und strafrechtliche Ermittlung, 1990, S. 58 f.
[72] Ernst, Verarbeitung und Zweckbindung im Strafprozess, 1993, S. 77 ff.
[73] S. auch BT-Drs. 14/1484, 27.
[74] Vgl. dazu zB BVerfG 3.3.2004 – 1 BvR 2378/98, 1 BvR 1084/99, BVerfGE 109, 279 (374 ff.) = NJW 2004, 999 zur Weiterverwendung von Daten aus der akustischen Wohnraumüberwachung gem. § 100d Abs. 5 S. 2 StPO aF; Müllmann NVwZ 2016, 1692 (1694 f.) mwN.
[75] BVerfG 20.4.2016 – 1 BvR 966/09, 1 BvR 1140/09, BVerfGE 141, 220 = NJW 2016, 1781.
[76] BVerfG 20.4.2016 – 1 BvR 966/09, 1 BvR 1140/09, BVerfGE 141, 220 (324 ff.) = NJW 2016, 1781; Müllmann NVwZ 2016, 1692 (1693 f.).
[77] BVerfG 20.4.2016 – 1 BvR 966/09, 1 BvR 1140/09, BVerfGE 141, 220 (324 ff.) = NJW 2016, 1781; BVerfG 26.4.2022 – 1 BvR 1619/17, BVerfGE 162, 1 (106 ff.) = NJW 2022, 1583; Löffelmann GSZ 2019, 16 (17 ff.).
[78] Bäcker Stellungnahme BKAG, A-Drs. 18(4) 806 D, 4 f.; Schwabenbauer in Lisken/Denninger PolR-HdB, Rn. 29, 223.

b) Verwendungsregelungen im Doppeltürmodell. Für die verschiedenen Formen 24
der Zweckänderung sind Rechtsgrundlagen erforderlich, die die damit verbundene neuerliche Beeinträchtigung des RiS gestatten (s. auch § 49 BDSG). **Verwendungsregelungen**
bestimmen dabei grundsätzlich nur, unter welchen Voraussetzungen erhobene Daten für
andere Zwecke genutzt werden dürfen. Die Übermittlung der Daten an eine andere Stelle –
bspw. eine andere Behörde – bedarf daneben einer eigenen Befugnis.[79] Allerdings können
beide Befugnisse in einer Norm zusammengefasst sein.

Der **Bestimmtheitsgrundsatz** verlangt für Verwendungsregelungen, dass der Gesetz- 25
geber umso mehr für Transparenz sorgen muss, je undurchsichtiger der Verwendungsvorgang
für die betroffene Person ist.[80] Andernfalls intensivieren Handlungen der Exekutive im
Rahmen der Datenverarbeitung den Eingriff, ohne dass die betroffene Person dies nachvollziehen kann, ähnlich wie dies bei heimlichen Eingriffsmaßnahmen der Fall ist.

Gemäß dem **Doppeltürmodell** muss die Übermittlung und Zweckentfremdung auf 26
beiden beteiligten Seiten – der des ursprünglichen Erhebungs- wie auch der des neuen
Verwendungszwecks – durch Rechtsgrundlagen gestattet sein.[81] Sofern beide Seiten in den
Kompetenzbereich des gleichen Gesetzgebers fallen, ist es aber möglich, dies innerhalb einer
Norm zu regeln.

Auf **Seiten des Erhebungszwecks** und der datenführenden Stelle gelten für die 27
Rechtsgrundlagen vergleichbare Anforderungen wie bei Erhebungsbefugnissen.[82] Sie müssen den neuen Verwendungszweck normklar und verhältnismäßig regeln, weshalb die
Datenschutzgesetze, Aufgabenzuweisungsnormen oder andere allgemeine Bestimmungen
nicht genügen.[83] Darüber hinaus müssen sich aus Sicht des Verhältnismäßigkeitsgrundsatzes
das Gewicht des ursprünglichen Erhebungseingriffs und des neuen Zwecks entsprechen.
Die frühere Rechtsprechung des BVerfG stellte insofern darauf ab, ob der ursprüngliche
Erhebungszweck und der neue Verwendungszweck miteinander vereinbar sind, denn verschiedene Zwecke erlauben verfassungsrechtlich unterschiedlich weitgehende Datenerhebungen.[84] Die neuere Rechtsprechung greift demgegenüber auf die Kategorie der **hypothetischen Datenneuerhebung** zurück. Die Weiterverwendung von Daten ist danach nur
für solche Zwecke zulässig, für die die Daten auch in verfassungsrechtlich zulässiger Weise
hätten erhoben werden können.[85] Nach der neueren Rechtsprechung soll dies nicht zwingend erfordern, dass für die Zielbehörde alle Einzelvoraussetzungen zur Datenerhebung
vorliegen oder eine entsprechende Erhebungsbefugnis überhaupt besteht, solange die
Gleichgewichtigkeit der neuen Nutzung mit der Erhebung sichergestellt ist.[86]

---

[79] Dazu Müller/Schwabenbauer in Lisken/Denninger PolR-HdB Rn. 863 f.
[80] BVerfG 15.12.1983 – 1 BvR 209/83 u.a., BVerfGE 65, 1 (46) = NJW 1984, 419; Di Fabio in Dürig/Herzog/Scholz GG Art. 2 Abs. 1 Rn. 184.
[81] BVerfG 24.1.2012 – 1 BvR 1299/05, BVerfGE 130, 151 = NJW 2012, 1419 (1422 f.); Bäcker, Kriminalpräventionsrecht, 2015, S. 482 ff.; Schwabenbauer in Lisken/Denninger PolR-HdB Rn. 232 ff.; Weßlau/Puschke in SK-StPO Rn. 18; Zöller in Roggan/Kutscha Recht der Inneren Sicherheit-HdB S. 457 ff.; zur Diskussion Paeffgen FG Hilger, 2003, 154 ff.
[82] BVerfG 14.7.1999 – 1 BvR 2226/94 u.a., BVerfGE 100, 313 (359 f., 384) = NJW 2000, 55; 3.3.2004 – 1 BvR 2378/98 u.a., BVerfGE 109, 279 (375 ff.) = NJW 2004, 999; 3.3.2004 – 1 BvF 3/92, BVerfGE 110, 33 (68 ff.) = NJW 2004, 2213; Hilger in Löwe/Rosenberg Rn. 6; zu den Anforderungen BVerfG 15.12.1983 – 1 BvR 209/83 u.a., BVerfGE 65, 1 (44) = NJW 1984, 419; Kunig/Kämmerer in v. Münch/Kunig GG Art. 2 Rn. 87 f. – Solche Regelungen sehen etwa die §§ 35 ff. StVG für das Zentrale Fahrzeugregister und § 18 MRRG für Übermittlung aus dem Melderegister vor.
[83] S. Di Fabio in Dürig/Herzog/Scholz GG Art. 2 Abs. 1 Rn. 182.
[84] BVerfG 7.12.2011 – 2 BvR 2500/09 u.a., BVerfGE 130, 1 (33 f.) = NJW 2012, 907; 14.7.1999 – 1 BvR 2226/94 u.a., BVerfGE 100, 313 (360, 389 f.) = NJW 2000; 3.3.2004 – 1 BvR 2378/98 u.a., BVerfGE 109, 279 (375 f.) = NJW 2004, 999; 3.3.2004 – 1 BvF 3/92, BVerfGE 110, 33 (73) = NJW 2004, 2213.
[85] Zu den Anforderungen im Einzelnen BVerfG 28.9.2022 – 1 BvR 2354/13, BVerfGE 163, 43 (89 ff.); 20.4.2016 – 1 BvR 966/09, 1 BvR 1140/09, BVerfGE 141, 220 (328 f.) = NJW 2016, 1781 (1801 f.); Löffelmann GSZ 2019, 16 (17 ff.); Schneider GSZ 2022, 1 (2 ff.); Singelnstein ZStW 120 (2008), 854 (860 ff.).
[86] BVerfG 26.4.2022 – 1 BvR 1619/17, BVerfGE 162, 1 (108 ff.); 10.11.2020 – 1 BvR 3214/15, BVerfGE 156, 11 (49 ff.); 20.4.2016 – 1 BvR 966/09, 1 BvR 1140/09, BVerfGE 141, 220 (326 ff.) = NJW 2016, 1781 (1801 f.).

28 Ebenso dürfen die Daten nicht aufgrund von Verwendungsregelungen in ihrer **Nutzung beschränkt** sein.[87] So schließt etwa § 4 Abs. 3 BFStrMG aus, dass die für die Berechnung der LKW-Maut erhobenen Daten zu anderen Zwecken verwendet werden. Im Bereich des Strafverfahrens ist eine derartige absolute Bindung von Daten an einen bestimmten Zweck etwa für Daten geregelt, die unter Verletzung des Kernbereichs privater Lebensgestaltung erlangt wurden, bspw. in § 100d Abs. 2 S. 1, oder die der Löschungspflicht unterliegen, siehe § 101 Abs. 8 S. 3.

29 Auf **Seiten des neuen Verwendungszwecks** bedarf es ebenfalls einer Rechtsgrundlage des zuständigen Gesetzgebers.[88] Diese muss die Nutzung zu dem neuen Zweck gestatten[89] und dabei den allgemeinen verfassungsrechtlichen Begrenzungen genügen, darf also insbesondere nicht unverhältnismäßig sein. Anders als Verwendungsregelungen bezüglich des ursprünglichen Erhebungszwecks, die bestimmen, zu welchen (anderen) Zwecken die erhobenen Daten verwendet werden dürfen, können solche Verwendungsregelungen hinsichtlich des neuen Verwendungszwecks nur *weitere, diesbezügliche* Verwendungsbeschränkungen oder -voraussetzungen regeln.[90]

30 c) **Zweckänderung im Strafverfahren.** Aus diesen Anforderungen ergeben sich im Kontext des Strafverfahrens zahlreiche **verschiedene Konstellationen.** Erstens kann aus der Perspektive des Strafverfahrensrechts danach unterschieden werden, ob die Daten aus einem Strafverfahren exportiert und für einen neuen Zweck verwendet werden sollen oder ob es in umgekehrter Weise um den Import in ein Strafverfahren geht. Sollen die Daten von einem Strafverfahren in ein anderes Strafverfahren transferiert werden, so sind beide genannten Richtungen betroffen. Zweitens differenziert die StPO danach, wie die jeweiligen Daten erhoben worden sind. Dabei wird zwischen besonders eingriffsintensiven Maßnahmen, die nur beim Verdacht bestimmter Straftaten zulässig sind, und sonstigen Maßnahmen unterschieden.[91]

31 Für den **Import** nicht besonders eingriffsintensiv erlangter Daten können die § 161 Abs. 1, § 163 Abs. 1 herangezogen werden, die Auskunftsersuchen gegenüber anderen Behörden regeln; § 474 regelt speziell die Akteneinsicht gegenüber anderen Strafverfolgungsbehörden.[92] Für mittels besonders eingriffsintensiver Maßnahmen erlangte Daten finden sich Regelungen in den § 100e Abs. 6 Nr. 3, § 479 Abs. 2 S. 1 (Import aus anderen Strafverfahren) sowie in § 161 Abs. 3, 4 (Import aus sonstigen Bereichen).[93]

32 Der **Export** aus dem Strafverfahren richtet sich bei einfach erlangten Daten nach den § 474 Abs. 1, § 477 (Export zur Rechtspflege bzw. in andere Strafverfahren),[94] § 474 Abs. 2[95] und § 481 (Export für sonstige Zwecke öffentlicher Stellen),[96] nach § 475 (Übermittlung an Private) bzw. § 476 (zu wissenschaftlichen Zwecken). Für besonders eingriffsintensiv erlangte Daten sehen § 479 Abs. 2 S. 1 und 2 spezielle, engere Regelungen vor (dazu → § 479 Rn. 32 ff.). Spezialregelungen hierzu finden sich in § 100e Abs. 6.[97]

33 **4. Verhältnismäßigkeit als Grenze.** Das RiS bietet mit seiner eigentumsähnlichen Konstruktion einen sehr formalisierten Schutz. Die Weite des Schutzbereichs und die damit

---

[87] S. allg. Zöller in Roggan/Kutscha Recht der Inneren Sicherheit-HdB S. 462 ff.
[88] BVerfG 24.1.2012 – 1 BvR 1299/05, BVerfGE 130, 151 = NJW 2012, 1419 (1423).
[89] S. BFH 26.2.2001 – VII B 265/00, NJW 2001, 2118 (2119 f.) zum Besteuerungsverfahren; LSG Hessen 26.3.2009 – L 1 KR 331/08 B ER, MMR 2009, 718 (719) mAnm Sankol: keine Zweckentfremdung von TKÜ-Daten für das Verwaltungs- und sozialgerichtliche Verfahren.
[90] Albers, Die Determination polizeilicher Tätigkeit in den Bereichen der Straftatenverhütung und der Verfolgungsvorsorge, 2001, S. 318 ff.; Schenke FG Hilger, 2003, 225 (234 f.).
[91] Singelnstein NStZ 2012, 593 (605 f.).
[92] Köhler in Meyer-Goßner/Schmitt § 474 Rn. 2; Zaremba, Die Entwicklung polizeirelevanter datenschutzrechtlicher Bestimmungen, 2014, S. 465 ff.; Zöller in Roggan/Kutscha Recht der Inneren Sicherheit-HdB S. 494 f.
[93] Vgl. hierzu Hefendehl GA 2011, 209 (221 ff.).
[94] Dazu Hilger in Löwe/Rosenberg § 474 Rn. 6; Weßlau/Puschke in SK-StPO § 474 Rn. 10.
[95] Dazu Brodersen NJW 2000, 2536 (2540 f.).
[96] S. zur Gefahrenabwehr Müller/Schwabenbauer in Lisken/Denninger PolR-HdB Rn. 821 ff.
[97] Singelnstein NStZ 2012, 593 (605 f.).

verbundene Vielfalt rechtfertigungsbedürftiger Eingriffe hat einerseits zu einer breiten Institutionalisierung datenschutzrechtlicher Maßstäbe geführt. Andererseits hat dies zur Folge, dass für staatliche Eingriffe in weitem Umfang Eingriffsgrundlagen eingeführt worden sind. Gerade im Straf- und Polizeirecht hat der Gesetzgeber sehr großzügig derartige **Rechtsgrundlagen** geschaffen, die oftmals pauschal die Verwendung und Übermittlung personenbezogener Daten gestatten.[98] Dies führt dazu, dass der Zweckbindungsgrundsatz und das Prinzip informationeller Gewaltenteilung in erheblichen Teilen leerlaufen, da Daten über ihren ursprünglichen Erhebungszweck hinaus recht einfach auch für andere Dinge genutzt werden können.[99]

Für eine Differenzierung zwischen unterschiedlich intensiven Eingriffen bei Datenerhebung und Datenverarbeitung – sowohl im präventiv-polizeilichen und geheimdienstlichen als auch im strafrechtlichen Bereich – kommt angesichts dessen dem **Verhältnismäßigkeitsgrundsatz** zentrale Bedeutung zu.[100] Für die anhand dessen vorzunehmende Abwägung sind im Strafverfahren indes nur wenig konkrete inhaltliche Maßstäbe ausgearbeitet.[101]

Im Einzelnen verlangt der Verhältnismäßigkeitsgrundsatz für Rechtsgrundlagen wie Einzelakte, dass der jeweilige Eingriff im Hinblick auf den damit angestrebten Zweck geeignet, erforderlich und angemessen ist.[102] Zweck des Eingriffs können zum einen die Strafverfolgung als öffentliche Aufgabe und das öffentliche Interesse an einer möglichst vollständigen Wahrheitsermittlung im Strafverfahren sein;[103] im Fall der Übermittlung kommen zum anderen die Zwecke in Betracht, zu denen die Übermittlung erfolgen soll. **Geeignetheit** ist bereits gegeben, wenn nicht auszuschließen ist, dass die Maßnahme den Zweck fördern kann. Das Strafverfahrensrecht konkretisiert dies in Form der Verfahrensrelevanz bzw. Beweiserheblichkeit oder -bedeutung.[104] **Erforderlichkeit** verlangt, dass die Förderung nicht auch mit anderen gleich wirksamen, weniger eingreifenden Maßnahmen möglich wäre.

Auf der Ebene der **Angemessenheit** ist eine Abwägung vorzunehmen.[105] Auf der einen Seite steht dabei die Intensität der Beeinträchtigung nach Art und Dauer, dem Gewicht der jeweiligen Grundrechte und der Anzahl der Betroffenen. Dabei wiegen heimliche Eingriffe schwerer als offene; längerfristige und systematische Eingriffe wiegen schwerer als punktuelle.[106] Auf der anderen Seite sind die mit der Maßnahme verfolgten Zwecke einzustellen. Im Bereich der Strafverfolgung sind für die Bestimmung des Gewichts zwei Parameter von Bedeutung.[107] Zum einen die Schwere der Tat und des Tatverdachts, da mit diesen das Strafverfolgungsinteresse zunimmt. Zum anderen sind die Erfolgsaussichten der Maßnahme, also der zu erwartende Aufklärungsfortschritt, zu berücksichtigen.[108]

---

[98] Übersicht bei Müller/Schwabenbauer in Lisken/Denninger PolR-HdB Rn. 863 ff.
[99] So Müller/Schwabenbauer in Lisken/Denninger PolR-HdB Rn. 819; Wolter FS Rudolphi, 2004, 733 (746).
[100] Dazu Singelnstein JZ 2012, 601; Puschke/Singelnstein NJW 2005, 3534.
[101] Kleszewski ZStW 123 (2011), 737 (756); Singelnstein/Putzer GA 2015, 564 (566 f.).
[102] So die ständige Rechtsprechung, s. nur BVerfG 14.7.1999 – 1 BvR 2226/94 u.a., BVerfGE 100, 313 (359 f.) = NJW 2000, 55; 3.3.2004 – 1 BvR 2378/98 u.a., BVerfGE 109, 279 (335 ff.) = NJW 2004, 999; 27.7.2005 – 1 BvR 668/04, BVerfGE 113, 348 (385 ff.) = NJW 2005, 2603; 4.4.2006 – 1 BvR 518/02, BVerfGE 115, 320 (345) = NJW 2006, 1939; 13.6.2007 – 1 BvR 1550/03 u.a., BVerfGE 118, 168 (193) = NJW 2007, 2464; 27.2.2008 – 1 BvR 370/07 u.a., BVerfGE 120, 274 (318 f.) = NJW 2008, 822; 2.3.2010 – 1 BvR 256/08 u.a., BVerfGE 125, 260 (333 f.) = NJW 2010, 833; 7.12.2011 – 2 BvR 2500/09 u.a., BVerfGE 130, 1 (29 f., 37 f.) = NJW 2012, 907.
[103] BVerfG 12.3.2003 – 1 BvR 330/96 u.a., BVerfGE 107, 299 (316) = NJW 2003, 1787.
[104] BVerfG 11.7.2008 – 2 BvR 2016/06, NJW 2009, 281 (282); Eisenberg BeweisR StPO Rn. 2324; Singelnstein/Putzer GA 2015, 564 (566 f.); Wohlers/Singelnstein in SK-StPO § 94 Rn. 34 ff.
[105] Fischer in KK-StPO Einleitung Rn. 129 ff.; dazu Singelnstein JZ 2012, 601 f.
[106] Durner in Dürig/Herzog/Scholz GG Art. 10 Rn. 192; Schwabenbauer in Lisken/Denninger PolR-HdB, Rn. 119 ff.
[107] Singelnstein JZ 2012, 601 ff.; s. näher BVerfG 27.5.1997 – 2 BvR 1992/92, BVerfGE 96, 44 (51) = NJW 1997, 2165; 12.4.2005 – 2 BvR 1027/02, BVerfGE 113, 29 (53) = NJW 2005, 1917; 2.3.2006 – 2 BvR 2099/04, BVerfGE 115, 166 (197 f.) = NJW 2005, 2603; 16.6.2009 – 2 BvR 902/06, BVerfGE 124, 43 (66 f.) = NJW 2009, 2431.
[108] Schmitt in Meyer-Goßner/Schmitt Einl. Rn. 20 ff. mwN.

III. Besondere Konstellationen im Strafverfahren

37 Die dargestellten verfassungs- und datenschutzrechtlichen Anforderungen für den Umgang mit personenbezogenen Daten führen im Strafverfahren zu vielfältigen Konflikten mit den rechtlichen Konzepten und Praxen, die das Strafverfahrensrecht über Jahrzehnte entwickelt hat.[109] Dies betrifft die Praxis der Strafverfolgung ebenso wie den Gesetzgeber, dem es bis heute nur teilweise gelungen ist, die strafprozessuale Rechtslage den verfassungsrechtlichen Anforderungen entsprechend zu gestalten, insbesondere im Bereich der Datenverwendung.[110]

38 **1. Ausgangspunkte.** Die dargestellten Maßstäbe, wie auch das Ziel des RiS insgesamt, stehen im Widerspruch zum Zweck des Strafverfahrens – und anderen Aufgaben öffentlicher Stellen.[111] Wo die Aufklärung eines Tatverdachts Ziel und die Maxime materieller Wahrheit leitende Vorstellung sind, bedeuten Begrenzungen bei der Informationsverarbeitung Hindernisse. Daraus ergibt sich, dass die Perspektive informationeller Selbstbestimmung einerseits und die traditionelle strafprozessuale Herangehensweise andererseits mitunter divergierenden Ansätzen und Maßstäben folgen. Diese gilt es zu integrieren, um so den verfassungsrechtlichen Anforderungen gerecht zu werden, ohne strafprozessuale Grundsätze zu vernachlässigen. Hierfür können zwei zentrale Prämissen formuliert werden.

39 Erstens bilden das RiS und entsprechende spezielle Grundrechte den Ausgangspunkt für die rechtliche Bewertung von Datenerhebungen und Datenverarbeitung im Strafverfahren. Auf dieser **übergeordneten verfassungsrechtlichen Ebene** werden die grundlegenden Vorgaben für derartige Eingriffe formuliert, während strafprozessuale Maximen wie das Prinzip der materiellen Wahrheit erst im Rahmen dieser Vorgaben Berücksichtigung finden können.

40 Zweitens sind diese rechtlichen Bindungen nicht alleine im Kontext eines Strafverfahrens – insbesondere für die Frage der Verwertungsverbote – relevant. Vielmehr stellen die verschiedenen Formen der Datenverarbeitung jeweils **eigenständige Grundrechtseingriffe** dar, die auch unabhängig von einem Strafverfahren zu einem eigenständigen Rechtsverhältnis zwischen der betroffenen Person und dem eingreifenden Staat führen. Die betroffene Person hat angesichts dessen einen Anspruch auf Rechtsschutz, Auskunft etc; für die jeweiligen staatlichen Stellen ergeben sich aus diesem Rechtsverhältnis besondere Pflichten im Umgang mit den erhobenen Daten.

41 **2. Materielle Differenzierungskriterien.** Wie in anderen Rechtsgebieten krankt die Erreichung der inhaltlichen Ziele des RiS (→ Rn. 10 ff.) gerade auch im Bereich der Strafverfolgung und der sicherheitsbehördlichen Informationszusammenarbeit an dem formalisierten Schutzkonzept des Rechts.[112] Die Verarbeitung, Übermittlung und Zweckänderung einmal erhobener personenbezogener Daten ist in diesem Bereich nach den bestehenden gesetzlichen Grundlagen sehr umfassend zulässig. Die häufig generalklauselartig gefassten Regelungen wirken angesichts dessen kaum begrenzend.[113] In der Praxis muss eine Eingrenzung daher vor allem auch durch allgemeine Prinzipien wie dem Verhältnismäßigkeitsgrundsatz erfolgen.

42 In diesem Zusammenhang kommt inhaltlichen Kriterien für die **Bewertung der Intensität von Informationseingriffen** erhebliche Relevanz zu,[114] die für den Bereich der Strafverfolgung bislang aber nur in Ansätzen herausgearbeitet sind. Ein derartiger **materieller Maßstab** muss aus den verfassungsrechtlichen Vorgaben anhand der Wertun-

---

[109] S. etwa schon Dencker FS Meyer-Goßner, 2001, 237 (243 ff.); Groß/Fünfsinn NStZ 1992, 105 (107 ff.); Riepl, Informationelle Selbstbestimmung im Strafverfahren, 1998, S. 6 ff.
[110] S. bereits Hassemer, Strafverfahren ohne Datenschutz?, 1995, S. 101, 104 ff.; zur Entwicklung der Gesetzgebung Zaremba, Die Entwicklung polizeirelevanter datenschutzrechtlicher Bestimmungen, 2014, S. 366 ff. (386 ff.).
[111] S. etwa Schünemann ZIS 2009, 484; Roxin/Schünemann StrafVerfR § 24 Rn. 21 f., 63 f.
[112] Zusammenfassend zum RiS Albers, Informationelle Selbstbestimmung, 2005, S. 582 ff.
[113] Weßlau/Puschke in SK-StPO Rn. 48 f.
[114] Gusy FS Schenke, 2011, 395 (405 ff.).

gen des einfachen Rechts ermittelt werden. Als inhaltliche Kriterien für einen derartigen materiellen Maßstab können im Bereich der Strafverfolgung folgende **Aspekte** herangezogen werden:
- Inhaltliche Qualität der Daten: Das Gesetz berücksichtigt teilweise bereits den Schutz des 43 Kernbereichs privater Lebensgestaltung; darüber hinaus ist eine Differenzierung zwischen personenbezogenen Daten aus der Sozial-, Privat- und Intimsphäre angezeigt sowie eine Unterscheidung nach dem jeweils betroffenen Grundrecht.[115]
- Form der Datenerhebung: Die Intensität der Eingriffe bei der Datenerhebung kann nach 44 verschiedenen Kriterien bestimmt werden, etwa ob die Erhebung heimlich oder offen, mittels Zwang oder in sonstiger Weise besonders eingriffsintensiv erfolgt.[116]
- Umfang der Datenerhebung: Mit dem technischen Fortschritt nimmt auch die Speiche- 45 rung personenbezogener Daten massiv zu (Internet der Dinge, Ubiquitous Computing, Big Data), die prinzipiell auch im Rahmen der Strafverfolgung von Interesse sind. Damit kann sich die rechtliche Bewertung des Erhebungsvorgangs nicht mehr auf den punktuellen Zugriff auf solche Daten beschränken, sondern muss auch die damit entstehende Kumulation von Daten in den Blick nehmen.
- Rechtmäßigkeit der Datenerhebung: Die rechtliche Bewertung der Speicherung, Weiter- 46 verwendung und sonstigen Verarbeitung einmal erhobener Daten ist eng mit der Bewertung des ursprünglichen Erhebungseingriffs verbunden. Die Weiterverarbeitung rechtswidrig erlangter Daten ist zwar nicht per se unzulässig. Sie stellt sich aber als besonders eingriffsintensiv dar (→ Rn. 55 ff.).
- Verwendungsmöglichkeiten: Mit den Möglichkeiten zur Verwendung und Zweckände- 47 rung erhobener Daten nimmt auch die Intensität des Erhebungseingriffs zu (→ Rn. 19 ff.).[117] Ein Zuwachs an Möglichkeiten der Weiterverwendung von erhobenen Daten kann angesichts dessen dazu führen, dass die strafprozessualen Erhebungseingriffe engeren Voraussetzungen unterstellt werden müssen.[118] Besondere Bedeutung kommt diesem Umstand im Kontext neuer technischer Möglichkeiten der Datenauswertung zu, die auf den Zugriff auf möglichst umfassende Datenbestände angewiesen sind (auch → Vor § 483 Rn. 16 ff.). Diese Auswertungstechniken bei Kumulation unterschiedlicher Formen von Daten, Data-Mining und Ähnlichem bedürfen nicht nur selbst einer Rechtsgrundlage, die die mitunter ganz neue Eingriffsintensität solcher Auswertungstechniken berücksichtigt, sondern wirken sich auch auf die Beurteilung der Erhebungseingriffe aus.
- Anlass der Datenerhebung: Neben den Mindestanforderungen für die Verwendung und 48 weitere Verarbeitung personenbezogener Daten – Rechtsgrundlage, zweckbezogene Erforderlichkeit und Verhältnismäßigkeit – sollte für die rechtliche Bewertung auch der Kontext der Erhebung herangezogen werden. Im Bereich des Strafverfahrens ist insofern einerseits zwischen Beschuldigten und Nichtbeschuldigten sowie Delikten unterschiedlicher Schwere zu unterscheiden, andererseits ist nach Abschluss des Verfahrens auch der jeweilige Verfahrensausgang zu berücksichtigen.

Diese Aspekte können einerseits für den Gesetzgeber als Leitlinie dienen bei der Schaffung 49 von Rechtsgrundlagen für Eingriffe in das RiS. Hieraus ergibt sich etwa, dass die Zweckentfremdung und Übermittlung besonders sensibler oder eingriffsintensiv erlangter Daten nicht durch Generalklauseln möglich ist, sondern spezifischer Rechtsgrundlagen bedarf.[119] Andererseits stellen die Kriterien für die Praxis zumindest einen gewissen materiellen Maßstab zur Bestimmung der Intensität von Eingriffen bereit, an der sich Abwägungen im Rahmen der Rechtsanwendung orientieren können und müssen.

---

[115] Gusy FS Schenke, 2011, 395 (406 f.).
[116] Gusy FS Schenke, 2011, 395 (407 f.).
[117] BVerfG 14.7.1999 – 1 BvR 2226/94 u.a., BVerfGE 100, 313 (376) = NJW 2000, 55; 27.7.2005 – 1 BvR 668/04, BVerfGE 113, 348 (382 ff.) = NJW 2005, 2603; 2.3.2006 – 2 BvR 2099/04, BVerfGE 115, 166 (194) = NJW 2005, 2603; 27.2.2008 – 1 BvR 370/07 u.a., BVerfGE 120, 274 (323 ff.) = NJW 2008, 822; 16.6.2009 – 2 BvR 902/06, BVerfGE 124, 43 (62 ff.) = NJW 2009, 2431.
[118] S. BVerfG 16.6.2009 – 2 BvR 902/06, BVerfGE 124, 43 (62) = NJW 2009, 2431; 2.3.2010 – 1 BvR 256/08 u.a., BVerfGE 125, 260 (327 f.) = NJW 2010, 833.
[119] Gusy FS Schenke, 2011, 395 (409 f.).

50 **3. Verwertung und Verwendung.** Welche grundlegenden Konflikte sich aus der differierenden Perspektive der informationellen Selbstbestimmung einerseits und des Strafverfahrensrechts andererseits ergeben, lässt sich besonders anschaulich am Beispiel der Beweisverwertung nachvollziehen. Dies beginnt bereits damit, dass beide Perspektiven mit abweichenden Kategorien arbeiten, wie Verwendungsregelungen einerseits und Verwertungsverbote andererseits zeigen.[120] Das Verhältnis dieser beiden Institute beschränkt sich nicht darauf, dass sie beide für ein bestimmtes Beweismittel relevant sein und insofern in Konkurrenz treten können. Vielmehr stellt die **Verwertung selbst eine Form der Verwendung** personenbezogener Daten dar.[121]

51 Verwendungsregelungen beantworten im Kontext des Strafverfahrens die der Verwertung vorgelagerte Frage, ob ein bestimmtes Beweismittel überhaupt in ein anderes Verfahren importiert werden darf, was der Ebene der Datenerhebung bzw. Beweismittelbeschaffung entspricht. Verwertungsverbote hingegen klären die Frage, ob die Verwertung des Beweismittels – gänzlich bzw. in dem in Rede stehenden Verfahren – unterbleiben muss. **Verwertungsverbote** können angesichts dessen **als spezielle Verwendungsregelungen** verstanden werden, die eine besondere Verwendungsbeschränkung für die Verwertung von rechtswidrig erhobenen Beweismitteln vorsehen.[122] Sie legen fest, zu welchen eingeschränkten Zwecken fehlerhaft gewonnene Erkenntnisse trotz der rechtswidrigen Erhebung ausnahmsweise noch verwendet werden dürfen.

52 Damit wird zugleich deutlich, dass Verwertungsverbote **nicht den verfassungsrechtlichen Anforderungen genügen,** die sich aus dem RiS und spezielleren Grundrechten ergeben und die ausnahmslos für alle Formen von Verwendungsregelungen gelten.[123] Gerade an dieser Stelle hat sich die verfassungsrechtliche Perspektive bislang nicht gegen überkommene strafprozessuale Konzepte durchsetzen können.[124] Die tradierte Abwägungslehre der Rechtsprechung und Teilen der Lehre postuliert, dass es keinen Grundsatz gebe, wonach rechtswidrig erlangte Beweise nicht verwertet werden dürften. Sie nimmt eine Abwägung der beteiligten Interessen im Einzelfall vor, die zu einer weitgehenden Zulässigkeit einer solchen Verwertung gelangt. Diese herrschende Auffassung folgt somit einem System, in dem die Verwertung der Regelfall und das Verwertungsverbot die Ausnahme ist.

53 Aus Sicht des RiS ist dieses Verhältnis indes gerade umgekehrt ausgestaltet.[125] Eine Verwendung personenbezogener Daten zu einem anderen als dem Erhebungszweck ist grundsätzlich **rechtfertigungsbedürftig** und bedarf daher einer Rechtsgrundlage. Dies gilt erst recht, wenn die Erhebung rechtswidrig war, also gar keine Rechtsgrundlage bestand, die die spätere Verwendung rechtfertigen könnte. Diesem verfassungsrechtlichen Maßstab muss sich auch das System der Verwertungsverbote unterordnen.[126] Demnach bedürfte es mindestens einer Rechtsgrundlage, die die Verwertung der rechtswidrig erhobenen Beweise gestattet. Erst im Rahmen dessen wäre dann unter dem Gesichtspunkt der Verhältnismäßigkeit eine Abwägung möglich, die die Aspekte materielle Wahrheit, Strafverfolgungspflicht und Strafanspruch des Staates berücksichtigen könnte.

54 Allerdings existiert nach zutreffender Auffassung **keine Rechtsgrundlage,** die einen solchen Eingriff in das RiS bzw. speziellere Grundrechte gestatten würde.[127] Die §§ 474 ff.

---

[120] Übersicht bei Wohlers GS Weßlau, 2016, 427 (436 ff.); s. auch Löffelmann, Die normativen Grenzen der Wahrheitserforschung im Strafverfahren, 2008, S. 208 ff.

[121] Löffelmann, Die normativen Grenzen der Wahrheitserforschung im Strafverfahren, 2008, S. 165 ff.; s. auch Wolter FS Roxin, 2011, 1245 (1258 f.); Zaremba, Die Entwicklung polizeirelevanter datenschutzrechtlicher Bestimmungen, 2014, S. 478 f.

[122] Puschke/Weßlau in SK-StPO § 479 Rn. 7.

[123] Eingehend zum Ganzen Singelnstein ZStW 120 (2008), 854 (865 ff.).

[124] S. auch Schwabenbauer NJW 2009, 3207 (3208 f.).

[125] Schwabenbauer NJW 2009, 3207 (3208); s. auch Gusy ZJS 2012, 155 (167).

[126] BVerfG 7.12.2011 – 2 BvR 2500/09 u.a., BVerfGE 130, 1 (28 f., 35) = NJW 2012, 907, wo indes zu stark auf die strafprozessuale Perspektive Bezug genommen wird.

[127] S. zur diesbezüglichen Kritik an der Abwägungslehre Amelung Prinzipien strafprozessualer Beweisverwertungsverbote, 2011; Dallmeyer, Beweisführung im Strengbeweisverfahren, 2008; Singelnstein FS Eisenberg, 2009, 643 ff.; Wolter FS Roxin, 2011, 1245 (1265 f.); weitere Nachw. bei Eisenberg BeweisR

betreffen weder unmittelbar die Verwertung, noch enthalten sie spezielle Regelungen über rechtswidrig erhobene Daten. Vergleichbares gilt für die Regelungen über die Hauptverhandlung. Zwar ergibt sich aus § 244 Abs. 1, 2 und § 261, dass eine Beweisaufnahme erfolgt. Über die Verwertung rechtswidrig erhobener Beweise findet sich aber auch an dieser Stelle nichts Konkretes.[128] Nichts anderes gilt für die Ermittlungsgeneralklauseln der § 161 Abs. 1, § 163 Abs. 1, die aber angesichts ihrer weiten Fassung generell nur geeignet sind, niedrigschwellige Grundrechtsbeeinträchtigungen zu rechtfertigen.[129] Schließlich helfen auch das Rechtsstaatsprinzip bzw. das Prinzip materieller Wahrheit oder der Amtsermittlungsgrundsatz nicht weiter.[130] Als gegenläufige Interessen können sie nur berücksichtigt werden, soweit eine Rechtsgrundlage im Sinne des Gesetzesvorbehalts gegeben ist, die erst den Raum für eine solche Abwägung öffentlicher Belange eröffnen würde.[131] Angesichts dessen ist eine Verwertung rechtswidrig erhobener Beweise mangels Rechtsgrundlage entgegen der herrschenden Auffassung derzeit eigentlich unzulässig.

4. Übermittlung und Verwendung von in anderen Ländern erhobenen Daten **54a** **(Encrochat).** Besondere Fragen der Datenverwendung stellen sich im Zusammenhang mit dem „Encrochat-Komplex" und vergleichbaren Datenerhebungen in anderen Ländern (→ § 100e Rn. 93a ff.).[132] Im „Encrochat-Komplex" hatten französische Ermittlungsbehörden in einer europäisch koordinierten Maßnahme die Server eines Unternehmens angegriffen, das sog. **Krypto-Handys** anbot, die offenbar in erheblichem Umfang auch im illegalen Betäubungsmittelhandel genutzt wurden. Um die Verschlüsselung der Telefone zu umgehen, wurde auf dem Server eine Trojaner-Software eingespeist, die von dort die Geräte sämtlicher Nutzer (wohl mehr als 32.000 Telefone in über 120 Ländern) infizierte und dort die Überwachung der gesamten Kommunikation erlaubte. So wurden über Monate hinweg mehr als 100 Millionen Nachrichten mitgelesen. Die erhobenen Daten wurden an die nationalen Strafverfolgungsbehörden weitergeleitet und führten in Deutschland zu Tausenden von Strafverfahren, in denen diese Daten oftmals das einzige Beweismittel darstellten.

Für die Nutzbarkeit der so erlangten Daten in deutschen Strafverfahren ist entscheidend, **54b** inwieweit eine solche zweckändernde **Verwendung nach deutschem Strafprozessrecht** zulässig ist. Nach den dargestellten Grundsätzen bedarf es dafür einer positiven Verwendungsregelung als Rechtsgrundlage, die die damit verbundene Zweckänderung und den Import in die deutschen Strafverfahren gestattet und den damit einhergehenden Grundrechtseingriff rechtfertigt. Das System der strafprozessualen Verwendungsregelungen differenziert in drei Stufen zwischen den allgemeinen Rechtsgrundlagen in § 161 Abs. 1 und § 474 Abs. 1 für Daten aus wenig eingriffsintensiven Erhebungsmaßnahmen, den qualifizierten Rechtsgrundlagen in § 161 Abs. 3 und § 479 Abs. 2 S. 1 für Daten aus eingriffsintensiveren Erhebungsmaßnahmen sowie zwischen speziellen Rechtsgrundlagen für Daten aus ganz besonders eingriffsintensiven Erhebungsmaßnahmen wie § 100e Abs. 6 für Daten aus Wohnraumüberwachungen und Online-Durchsuchungen. Da der Rechtsprechung des BVerfG zufolge eine Zweckumwidmung nur zulässig ist, wenn die zu verwendenden Daten auch für den neuen Zweck mit vergleichbar schwerwiegenden Mitteln neu erhoben werden

---

StPO, Rn. 362 ff.; krit. auch Gusy HRRS 2009, 489 (491): Verwertungs- und Verwendungsverbote keine rechtfertigungsbedürftige Ausnahme.

[128] So auch Dallmeyer, Beweisführung im Strengbeweisverfahren, 2008, S. 91 ff.; Schwabenbauer NJW 2009, 3207 (3209); Wolter FS Roxin, 2011, 1245 (1265 f.); anders BVerfG 7.12.2011 – 2 BvR 2500/09 u.a., BVerfGE 130, 1 (29 f., 35 ff., 40 f.) = NJW 2012, 907; Jahn, Beweiserhebungs- und Beweisverwertungsverbote im Spannungsfeld zwischen den Garantien des Rechtsstaates und der effektiven Bekämpfung von Kriminalität und Terrorismus, 2008, C 68 ff.

[129] Eisenberg/Singelnstein NStZ 2005, 62 (64); Hilger NStZ 2000, 561 (563 f.).

[130] So auch Weichert, Informationelle Selbstbestimmung und strafrechtliche Ermittlung, 1990, S. 219 f.

[131] Vgl. Amelung Informationsbeherrschungsrechte im Strafprozeß, 1990, S. 57 ff.; Amelung FS Roxin, 2001, 1259 (1275).

[132] Zum Hintergrund etwa Derin/Singelnstein NStZ 2021, 449; Dering/Singelnstein StV 2022, 130; Gebhard/Michalke NJW 2022, 655; Nadeborn/Albrecht NZWiSt 2021, 420; Sommer StV Spezial 2 2021, 67; Strate HRRS 2022, 15; Wahl ZIS 2021, 452; Labusga NStZ 2021, 696 (702 ff.); Grözinger in MAH Strafverteidigung § 50 Rn. 336 ff.; Kikper/Bruns MMR 2022, 363; Ruppert NZWiSt 2022, 221.

dürften,¹³³ hängt das Ergebnis davon ab, wie eingriffsintensiv die ursprüngliche Erhebung war und ob die Strafprozessordnung es erlauben würde, die Daten im hiesigen Strafverfahren mit vergleichbaren Mitteln neu zu erheben.

54c Weitgehend unstreitig ist, dass der heimliche Eingriff in die informationstechnischen Systeme von ausnahmslos allen Nutzern eines bestimmten Kommunikationsdienstes und die monatelange Überwachung zehntausender Betroffener ohne jegliche individuelle Abwägung keiner nach der Strafprozessordnung zulässigen Ermittlungsmaßnahme entspricht und hierzulande schon aus verfassungsrechtlicher Sicht keine Rechtsgrundlage finden könnte.¹³⁴ Hieraus werden indes unterschiedliche Schlüsse für die Frage der Verwendbarkeit gezogen. Richtigerweise kommt angesichts des Eingriffsgewichts der Maßnahme als Vorschrift, die die Verwendung gestatten könnte, keine Norm der niedrigschwelligen ersten beiden Stufen, sondern allenfalls **§ 100e Abs. 6** in Betracht. Auch diese Befugnis scheidet aber aus, weil es sich im Fall von Encrochat eben nicht um Daten aus einer Online-Durchsuchung oder Wohnraumüberwachung, sondern eine Maßnahme sui generis handelt (→ § 100e Rn. 93b). Da eine solche oder eine vergleichbar schwerwiegende Maßnahme nach deutschem Recht nicht ohne Verstoß gegen das Grundgesetz durchgeführt werden könnte, könnten die zu verwendenden Daten für das fragliche Strafverfahren nicht im Sinne einer hypothetischen Datenneuerhebung mit vergleichbar schwerwiegenden Mitteln neu erhoben werden. Folglich verbietet sich ihre Verwendung in deutschen Strafverfahren. Die obergerichtliche Rechtsprechung – soweit sie sich überhaupt mit den erforderlichen Verwendungsregeln befasst – hat hingegen überwiegend § 100e Abs. 6 herangezogen und dies damit begründet, dass die durchgeführte Maßnahme am ehesten noch einer Online-Durchsuchung ähnele und jedenfalls nach deutschem Recht zum Rückgriff auf die dafür geschaffene „höchste" Stufe unter den Verwendungsregelungen führen müsse.¹³⁵ Dies ist unzutreffend, denn einerseits handelt es sich bei § 100e Abs. 6 nicht um eine „Catch-All"-Regelung, sondern um einen spezifischen Tatbestand für die dort genannten Maßnahmen, andererseits lässt diese Auslegung den dahinterstehenden verfassungsrechtlichen Grund – das Erfordernis einer hier gerade nicht möglichen hypothetischen Datenneuerhebung – außer Betracht. Darüber hinaus kommt es für die Bewertung entscheidend darauf an, ob man als Vergleichspunkt für die Prüfung die Ursprungsmaßnahme insgesamt oder in einer künstlich anmutenden Aufspaltung isoliert den Einzelzugriff auf den jeweiligen Betroffenen heranzieht.¹³⁶

54d Der BGH hat in einem Beschluss vom 2.3.2022 versucht, diese Problematik zu umgehen, indem § 100 Abs. 6 entsprechend der hier vertretenen Auffassung für nicht unmittelbar anwendbar erklärt wird, weil hier keine Maßnahme nach §§ 100b, 100c zugrunde lag, sondern eine eigenständige Maßnahme nach französischem Recht. In Verkennung der Grundsätze strafprozessualer Datenverwendung werden die Verwendungsregelungen jedoch nicht als positive Verwendungsgrundlagen, sondern negative Verwendungsbeschränkungen verstanden: Da § 100 Abs. 6 nicht anwendbar sei, fehle es an einer „ausdrücklichen Verwendungsbeschränkung"; einer über **§ 261** hinausgehenden gesonderten Rechtsgrundlage für die Umwidmung der übermittelten Daten bedürfe es nicht.¹³⁷ Diese Auffassung ist mit dem verfassungsrechtlichen Zweckbindungsgebot und dem strafprozessualen System der Verwendungsregelungen nicht in Einklang zu bringen.

55 **5. Verwendung rechtswidrig erhobener Daten.** Im Anschluss daran stellt sich die Frage, inwiefern die Rechtsgrundlagen zur Datenverarbeitung im Strafverfahren, insbeson-

---

¹³³ BVerfG 20.4.2016 – 1 BvR 966/09, 1 BvR 1140/09, BVerfGE 141, 220 (327f.) = NJW 2016, 1781; 18.12.2018 – 1 BvR 142/15, BVerfGE 150, 244 (305) = NJW 2019, 827.
¹³⁴ KG 30.8.2021 – 2 Ws 79/21, 2 Ws 93/21, NStZ-RR 2021, 353 (354); OLG Brandenburg 9.8.2021 – 2 Ws 113/21 (S), BeckRS 2021, 23902 Rn. 12; LG Berlin 1.7.2021 – (525 KLs) 254 Js 592/20 (10/21), NStZ 2021, 696 (698 ff.).
¹³⁵ Etwa OLG Hamburg 29.1.2021 – 1 Ws 2/21, BeckRS 2021, 2226 Rn. 57; KG 30.8.2021 – 2 Ws 79/21, 2 Ws 93/21, NStZ-RR 2021, 353; s. nun aber OLG München 19.10.2023 – 1 Ws 525/23, BeckRS 2023, 30017.
¹³⁶ Dazu Derin/Singelnstein NStZ 2021, 449 (452); Derin/Singelnstein StV 2021, 130 (132); Heinrichs/Weingast in KK-StPO § 100e Rn. 25b.
¹³⁷ BGH 2.3.2022 – 5 StR 457/21, NJW 2022, 1539 (1544, 1564) = BeckRS 2022, 5306 Rn. 65, 74.

dere also Übermittlungs- und Verwendungsregelungen selbst nur rechtmäßig erhobene Daten betreffen oder auch für solche gelten, die rechtswidrig erlangt wurden.[138]

Aus grundrechtlicher Sicht ist eine Verwendung, Umwidmung und Übermittlung **56** rechtswidrig erlangter Daten zwar nicht generell ausgeschlossen. Die Qualität dieser weiteren Eingriffe hängt jedoch von der Intensität des vorausgehenden Erhebungseingriffs ab; je intensiver der ursprüngliche Erhebungseingriff war, umso stärker sind dem folgende Beeinträchtigungen (s. auch § 47 Nr. 1 BDSG).[139] In der vorliegenden Konstellation bedeutete die Erhebung eine Grundrechtsverletzung, da gerade keine den Eingriff rechtfertigende Rechtsgrundlage erfüllt war. Daraus folgt, dass die Weiterverwendung und Verarbeitung der so gewonnenen personenbezogenen Daten einen **besonders intensiven Eingriff** in das RiS darstellen.[140]

An Rechtsgrundlagen, die die Verarbeitung derartiger Daten gestatten, sind daher **57** **besonders hohe Anforderungen** zu stellen.[141] Erstens erfordert eine solche Datenverarbeitung im Hinblick auf den grundrechtlichen Abwehranspruch der betroffenen Person, dass jedenfalls zum Zeitpunkt der Übermittlung bzw. Zweckentfremdung die Voraussetzungen der Datenerhebung vorliegen[142] – was zumindest im Fall des § 479 Abs. 2 S. 1 durch die Voraussetzung des hypothetischen Ersatzeingriffs (dazu → § 479 Rn. 36 ff.) sichergestellt wäre. Zweitens wäre es aus Gründen der Bestimmtheit vorzugswürdig, wenn derartige Normen die Verwendung rechtswidrig erhobener Daten speziell regeln würden. Drittens stellt eine Verarbeitung rechtswidrig erlangter Daten im Hinblick auf die damit verbundene besonders intensive Grundrechtsbeeinträchtigung eine begründungsbedürftige Ausnahme dar. Angesichts dessen sieht etwa das Polizeirecht teilweise vor, dass nur rechtmäßig erlangte Daten weiterverarbeitet werden dürfen.[143] Strafprozessuale Übermittlungs- und Verwendungsregelungen müssen vor diesem Hintergrund einschränkende Voraussetzungen vorsehen, die dafür sorgen, dass eine Verwendung nur zu den wenigen Zwecken erfolgt, die die Belange des betroffenen Grundrechtsträgers überwiegen.[144]

Diesen Anforderungen werden weder die § 161 Abs. 2 S. 1, § 479 Abs. 2 S. 1 und erst **58** recht nicht die noch weiter gefassten Regelungen der § 161 Abs. 1, § 163 Abs. 1, § 474 Abs. 1, § 477 gerecht.[145] Diese Verwendungsregelungen können daher nach hier vertretener Auffassung alleine rechtmäßig erhobene Daten betreffen.

Der **BGH** hat demgegenüber in einer Entscheidung zu § 100d Abs. 5 Nr. 3 die gegen- **59** teilige Auffassung vertreten und es damit versäumt, dem Maßstab des RiS im Strafverfahren zur Durchsetzung zu verhelfen.[146] Stattdessen hat das Gericht umgekehrt den nicht überzeu-

---

[138] Eingehend zum Ganzen Benning, Die Nutzung zu Beweiszwecken nicht verwendbarer Zufallserkenntnisse im strafprozessualen Ermittlungsverfahren, 2018, S. 156 ff.; Bodenbenner, Präventive und repressive Datenverarbeitung unter besonderer Berücksichtigung des Zweckbindungsgedankens, 2017, S. 205 ff.; Dose, Übermittlung und verfahrensübergreifende Verwendung von Zufallserkenntnissen, 2013, S. 162 ff.; W.-R. Schenke FG Hilger, 2003, 225 (239 ff.); Singelnstein ZStW 120 (2008), 854 (888 f.).
[139] Dose, Übermittlung und verfahrensübergreifende Verwendung von Zufallserkenntnissen, 2013, S. 166 ff.; Singelnstein ZStW 120 (2008), 854 (889); zum Polizeirecht Albers, Die Determination polizeilicher Tätigkeit in den Bereichen der Straftatenverhütung und der Verfolgungsvorsorge, 2001, S. 329 ff.
[140] Singelnstein NStZ 2012, 593 (604 f.); s. auch Gusy HRRS 2009, 489 (491 f.).
[141] Vgl. Gusy ZJS 2012, 155 (167); Puschke/Weßlau in SK-StPO § 479 Rn. 14; Wolter GA 1999, 158 (178 f.); s. Müller/Schwabenbauer in Lisken/Denninger PolR-HdB Rn. 824 f. für das Polizeirecht.
[142] S. auch Gusy ZJS 2012, 155 (167); Müller/Schwabenbauer in Lisken/Denninger PolR-HdB Rn. 824 f. für das Polizeirecht.
[143] S. etwa § 42 Abs. 1 ASOG für Berlin. In diesen Fällen sperren also bereits die Erhebungsregelungen des Polizeirechts eine Nutzung der Daten zu sonstigen Zwecken, dazu Gusy ZJS 2012, 155 (159, 167).
[144] Singelnstein ZStW 120 (2008), 854 (888 f.).
[145] Singelnstein ZStW 120 (2008), 854 (889); Puschke/Weßlau in SK-StPO § 479 Rn. 16; s. auch Hefendehl StV 2001, 700 (706); Zöller in Roggan/Kutscha Recht der Inneren Sicherheit-HdB, S. 497 f.; differenzierend Müller/Schwabenbauer in Lisken/Denninger PolR-HdB Rn. 830; für eine Lösung nur über das Verhältnismäßigkeitsprinzip Dose, Übermittlung und verfahrensübergreifende Verwendung von Zufallserkenntnissen, 2013, S. 166 ff.; für Abwägungslehre Reinbacher/Werkmeister ZStW 130 (2018), 1104 (1134 ff.) mwN.
[146] Dazu Wolter FS Roxin, 2011, 1245 (1259 ff.); Singelnstein NStZ 2012, 593 (604 f.).

genden Ansatz der Beweisverbotslehre auf den Bereich der Verwendungsregelungen übertragen. Danach soll eine Zweckumwidmung auf Basis der derzeitigen StPO-Regelungen ausnahmsweise auch im Fall einer rechtswidrigen Erhebung möglich sein.[147] Diese Lösung, die die verfassungsrechtlichen Anforderungen gegenüber strafprozessualen Zweckmäßigkeitserwägungen in den Hintergrund drängt, kann jedoch aus den genannten Gründen nicht überzeugen.[148]

60 Zusammenfassend betrachtet gilt daher: Auch wenn eine zweckändernde Verwendung rechtswidrig erhobener Daten grundsätzlich möglich ist, **fehlt es nach zutreffender Auffassung derzeit an Rechtsgrundlagen,** die den oben ausgeführten Anforderungen genügen würden und die also eine Verarbeitung rechtswidrig erhobener Daten gestatten könnten.[149] Bei der Einführung solcher Normen, die die Frage der Verwendung einer Abwägungsentscheidung überantworten würden, wäre auch zu diskutieren, welche Kriterien mit welchem Gewicht in eine solche Abwägung einzufließen haben.[150] Bis dahin ist Voraussetzung einer zweckentfremdenden Datenverwendung im Strafverfahren nach zutreffender Auffassung, dass die Erhebung der Daten rechtmäßig war.[151]

61 **6. Fehlerfolgen rechtswidriger Übermittlung bzw. Umwidmung.** Bislang wenig diskutiert ist die mit dem Vorstehenden verwandte Frage, welche Fehlerfolgen aus der Rechtswidrigkeit einer Datenübermittlung resultieren. Eine solche Rechtswidrigkeit kann sich im Strafverfahren insbesondere daraus ergeben, dass bereits keine Rechtsgrundlagen für die Übermittlung bzw. Zweckumwidmung vorlagen, dass die besonderen Grenzen des § 479 (→ § 479 Rn. 1 ff.) nicht beachtet wurden oder dass in sonstiger Weise personenbezogene Daten entgegen der Zweckbindung übermittelt wurden.

62 Erfolgt eine derartig rechtswidrige Übermittlung **in einen anderen Rechtsbereich** als das Strafrecht, so richten sich die Fehlerfolgen jeweils nach diesem Gebiet[152] unter Berücksichtigung der allgemeinen datenschutzrechtlichen Grundsätze.

63 Erfolgt hingegen die **Übermittlung in ein Strafverfahren,** so ist die Frage der Fehlerfolge an die **Beweisverbotslehre** zu richten. Da die rechtswidrige Übermittlung der rechtswidrigen Erhebung entspricht, handelt es sich praktisch um den klassischen Fall eines unselbstständigen Verwertungsverbots. Ein solches Verwertungsverbot soll nach der herrschenden Abwägungslehre zwar nicht aus jeder rechtswidrigen Erhebung folgen.

64 Für die Konstellation der rechtswidrigen Übermittlung ist an dieser Stelle allerdings die Besonderheit zu berücksichtigen, dass hier – anders als bei sonstigen Verwertungsfragen – gesetzliche Vorschriften in Form der jeweiligen **Verwendungsregelungen gegeben** sind,[153] die jede Nutzung der Daten einschließlich der Verwertung regeln.[154] Indem die Regelungen unter bestimmten Voraussetzungen eine Verwendung zu anderen Zwecken gestatten, regeln sie zugleich, dass eine Verwendung ausgeschlossen ist, wenn diese Voraussetzungen nicht vorliegen.[155] Sie wirken hier daher wie ein geschriebenes Verwertungsver-

---

[147] BGH 14.8.2009 – 3 StR 552/08, BGHSt 54, 69 (87 f.) = NJW 2009, 3448; dazu BVerfG 7.12.2011 – 2 BvR 2500/09 u.a., BVerfGE 130, 1 (25 ff.) = NJW 2012, 907; s. auch Hilger in Löwe/Rosenberg § 477 Rn. 8e.
[148] So auch Wohlers GS Weßlau, 2016, 427 (437 f.).
[149] S. aber § 101a Abs. 4, 5, der ausdrücklich von verwertbaren Daten spricht, was in diese Richtung verstanden werden kann, vgl. auch Würtenberger FG Hilger, 2003, 263 (273 f.).
[150] Hierzu Gusy HRRS 2009, 489 (492).
[151] S. Singelnstein ZStW 120 (2008), 854 (888 f.); Paeffgen FG Hilger, 2003, 153 (160 f.); s. aber Weßlau/Deiters in SK-StPO § 161 Rn. 52; vgl. auch BVerfG 3.3.2004 – 1 BvR 2378/98 u.a., BVerfGE 109, 279 (378 f.) = NJW 2004, 999 zu § 100d Abs. 5 S. 2 StPO aF; Rogall FS Kohlmann, 2003, 465 (484).
[152] Hilger in Löwe/Rosenberg Rn. 22; für ein umfassendes Verwendungsverbot im Verwaltungs- und sozialgerichtlichen Verfahren LSG Hessen 26.3.2009 – L 1 KR 331/08 B ER, MMR 2009, 718 (719).
[153] Singelnstein ZStW 120 (2008), 854 (890 f.).
[154] S. Dencker FS Meyer-Goßner, 2001, 237 (248 f.); Hilger in Löwe/Rosenberg § 477 Rn. 22; BayObLG 27.8.2003 – 1 ObOWi 310/03, NJW 2004, 241 und OLG Frankfurt a. M. 18.6.1997 – 2 Ws (B) 331/97 OWiG, NJW 1997, 2963 lassen dies unberücksichtigt.
[155] S. Albers, Die Determination polizeilicher Tätigkeit in den Bereichen der Straftatenverhütung und der Verfolgungsvorsorge, 2001, S. 331.

bot, das keiner Abwägung unterliegt,¹⁵⁶ wie auch § 160 Abs. 4 klarstellt.¹⁵⁷ Die Rechtswidrigkeit der Übermittlung bzw. Zweckumwidmung führt somit zur **Unverwertbarkeit** der Daten in dem Strafverfahren, in das sie übermittelt worden sind.¹⁵⁸

IV. Polizeiliche und strafprozessuale Praxis

Die **Bedeutung der Verarbeitung personenbezogener Daten** in der polizeilichen und strafprozessualen Praxis nimmt weiter zu. Dies gilt zum einen, da in allen Lebensbereichen immer mehr gespeicherte Daten vorliegen und zugleich der Gesetzgeber die Befugnisse für solche Ermittlungsmaßnahmen kontinuierlich erweitert. Zum anderen führen die zunehmenden technischen Möglichkeiten auch zu effektiveren Formen der Verarbeitung, Auswertung und Nutzung der Daten. Im Unterschied zur Papierform¹⁵⁹ ist nicht nur der Zugriff auf gespeicherte Daten wesentlich einfacher; diese enthalten auch wesentlich mehr Informationen, als früher überhaupt festgehalten wurden. Mit neuen Formen der Datenverarbeitung (Data Mining, Big Data) lassen sich daraus sehr weitreichende Erkenntnisse generieren, die die Erstellung umfassender Sozial- und Persönlichkeitsprofile möglich machen.¹⁶⁰ 65

Beim Blick auf die behördliche Praxis entsteht der Eindruck, dass sich die Ermittlungsbehörden der **Gefahren einer übermäßigen Datenerhebung und -verarbeitung** kaum bewusst sind und die bestehenden rechtlichen Grenzen häufig nicht ernst genommen werden.¹⁶¹ Eine Limitierung entsteht eher durch begrenzte technische Möglichkeiten und fehlende Ressourcen als durch Rechtsgrundlagen, den Verhältnismäßigkeitsgrundsatz, Löschungsfristen oder Verwendungsverbote. Gerade im Bereich der Kennzeichnungs- und Benachrichtigungspflichten sind Verstöße sehr häufig. Mitunter entsteht der Eindruck, dass die Praxis selbst den Überblick verloren hat, was wo zu welchen Zwecken gespeichert wird, wann es zu löschen ist und wer dafür die Verantwortung trägt.¹⁶² 66

Zur eingeschränkten Wirksamkeit der rechtlichen Begrenzungen trägt auch der Umstand bei, dass die mit diesen Datenbeständen entstehende Machtfülle einer **Kontrolle von außen weitgehend entzogen** ist. Rechtsschutz gegen solche Datensammlungen wird nur wenig in Anspruch genommen und ist schwer möglich, wenn zunächst ermittelt werden muss, welche Daten wo zu welchen Zwecken gespeichert sind. Die Datenschutzbeauftragten¹⁶³ sind angesichts ihrer begrenzten Ressourcen nur zu punktuellen und daher völlig unzureichenden Kontrollen in der Lage. Dies führt sowohl dazu, dass Fehler kaum aufgedeckt und korrigiert werden, als auch dazu, dass Verstöße nicht als solche erkannt und geahndet werden. 67

V. Perspektiven

Die bislang zu findenden Regelungen bezüglich der Verarbeitung personenbezogener Daten im Kontext der Strafverfolgung stellen kein schlüssiges Gesamtkonzept dar. Statt der bisherigen Teillösungen, die über StPO und BDSG verstreut sind, wäre ein umfassendes System von Regelungen zur Datenerhebung und insbesondere zur sonstigen Datenverarbeitung vorzugswürdig, das gerade die verschiedenen Formen der Übermittlung und Verwendung umfassend regelt und dabei stärker die grundrechtliche Perspektive berücksichtigt.¹⁶⁴ 68

---

[156] So auch Hauck in Löwe/Rosenberg § 100a Rn. 216; Welp NStZ 1995, 602 (604); Weichert, Informationelle Selbstbestimmung und strafrechtliche Ermittlung, 1990, S. 218 ff.
[157] Singelnstein ZStW 120 (2008), 854 (890 f.); Puschke/Weßlau in SK-StPO § 479 Rn. 71.
[158] So auch Matheis, Strafverfahrensänderungsgesetz 1999, 2006, S. 231 f.; Wohlers GS Weßlau, 2016, 427 (438 f.); s. auch LG Stuttgart 21.7.2000 – 11 Qs 46/00, NStZ-RR 2001, 282 zu § 97 Abs. 1 InsO.
[159] Zur polizeilichen Kriminalakte als aliud der Justizakte Ahlf KritV 1988, 136.
[160] Zusammenfassend Meinicke K&R 2015, 377.
[161] S. bereits Hassemer, Strafverfahren ohne Datenschutz?, 1995, S. 101, 112 f.
[162] S. auch Kutscha ZRP 1999, 156; Eisenberg/Puschke/Singelnstein KrimJ 2005, 93 (101 ff.).
[163] Zu deren Befugnissen im Bereich der Strafverfolgung Kesten, Datenschutz in staatsanwaltschaftlichen Ermittlungsverfahren, 2003, S. 191 ff.; Weßlau/Puschke in SK-StPO § 500 Rn. 8 ff.
[164] Zusammenfassend Weßlau/Puschke in SK-StPO Rn. 39 ff.; s. auch bereits Hassemer, Strafverfahren ohne Datenschutz?, 1995, S. 101, 114 ff.

Was angesichts der technischen und gesellschaftlichen Entwicklung für das Datenschutzrecht allgemein diskutiert wird, gilt mindestens in gleichem Maße auch für die Strafverfolgung: Der bestehende rechtliche Rahmen bedarf der **Modernisierung**.[165]

69   Für den bislang besonders vernachlässigten Bereich der Datenverwendungsregelungen, die grundsätzlich für die Nutzung personenbezogener Daten einschließlich des Spurenansatzes erforderlich sind,[166] müssten etwa folgende zu unterscheidende Konstellationen Berücksichtigung finden:
– zweckändernde Verwendung rechtmäßig erhobener Daten (Zweckbindungsgrundsatz),
– Verwendung rechtswidrig durch deutsche Strafverfolgungsbehörden erhobener Daten (Verwertungsverbot),
– Verwendung durch Private erlangter Daten (rechtswidrige Erlangung, internal investigations),
– Verwendung von Daten, die durch ausländische Behörden erhoben wurden (Encrochat).

70   Diesbezügliche Regelungen müssen im Sinne des subjektivrechtlichen Ansatzes (→ Rn. 9 ff.) das **RiS zum Ausgangspunkt** nehmen und Eingriffe in dieses entsprechend dem hier dargestellten Maßstab legitimieren.[167] Für die Bestimmung der Eingriffsintensität sind dabei die Art der Daten, die Form ihrer Erhebung und das Ziel ihrer Verarbeitung oder Nutzung zu berücksichtigen. Dem müssen sich auch lang etablierte dogmatische Figuren des Strafprozessrechts unterordnen.[168] Daher kann insbesondere das bestehende System ungeschriebener Verwertungsverbote keine Ausnahme von allgemeinen Verwendungsstandards bedeuten: Die Verwertung rechtswidrig erlangter Beweismittel stellt eine Verwendung dar, die im Fall personenbezogener Daten einer gesetzlichen Regelung bedarf (→ Rn. 55 ff.). Diese muss einen Ausgleich der verschiedenen Interessen leisten und auch die mit der Erhebung verbundene Verletzung von Grundrechten berücksichtigen.[169]

71   Darüber hinaus bedarf es angesichts der defizitären sicherheitsbehördlichen Praxis eines **stärkeren Schutzes auf formaler Ebene.** Insofern könnten Instrumente, die für die Erhebungsebene entwickelt wurden, auf die Verwendungsebene übertragen werden. So wäre es denkbar, Zweckumwidmungen besonders eingriffsintensiv erhobener Daten einem Richtervorbehalt zu unterstellen.[170] Zur Stärkung des Rechtsschutzes als Element einer Kontrolle der Exekutive sollte eine Benachrichtigungspflicht für bestimmte Formen der Datenverarbeitung eingeführt werden. Nicht anders als bei heimlichen Erhebungsmaßnahmen sind insbesondere zweckändernde Übermittlungen, die wie ein neuerlicher Eingriff wirken, ansonsten für die betroffene Person nicht zu erkennen und ist somit die Datenverarbeitung kaum zu durchschauen.

§ 474 Auskünfte und Akteneinsicht für Justizbehörden und andere öffentliche Stellen

(1) Gerichte, Staatsanwaltschaften und andere Justizbehörden erhalten Akteneinsicht, wenn dies für Zwecke der Rechtspflege erforderlich ist.

(2) ¹Im Übrigen sind Auskünfte aus Akten an öffentliche Stellen zulässig, soweit
1. **die Auskünfte zur Feststellung, Durchsetzung oder zur Abwehr von Rechtsansprüchen im Zusammenhang mit der Straftat erforderlich sind,**
2. **diesen Stellen in sonstigen Fällen auf Grund einer besonderen Vorschrift von Amts wegen personenbezogene Daten aus Strafverfahren übermittelt werden dürfen oder soweit nach einer Übermittlung von Amts wegen die Übermittlung weiterer personenbezogener Daten zur Aufgabenerfüllung erforderlich ist oder**

---

[165] BVerfG 2.3.2010 – 1 BvR 256/08 u.a., BVerfGE 125, 260 (348) = NJW 2010, 833.
[166] Vgl. Puschke/Weßlau in SK-StPO § 479 Rn. 14.
[167] S. auch bereits Amelung, Informationsbeherrschungsrechte im Strafprozeß, 1990.
[168] S. schon Amelung FS Roxin, 2001, 1259 (1260 ff., 1276 ff.).
[169] Dallmeyer, Beweisführung im Strengbeweisverfahren, 2008, S. 32 ff., 91 ff.; Singelnstein FS Eisenberg, 2009, 643 ff.
[170] So ein Gesetzentwurf der Grünen, BT-Drs. 17/7033, 5.

3. die Auskünfte zur Vorbereitung von Maßnahmen erforderlich sind, nach deren Erlass auf Grund einer besonderen Vorschrift von Amts wegen personenbezogene Daten aus Strafverfahren an diese Stellen übermittelt werden dürfen.
²Die Erteilung von Auskünften an die Nachrichtendienste richtet sich nach § 18 des Bundesverfassungsschutzgesetzes, § 12 des Sicherheitsüberprüfungsgesetzes, § 10 des MAD-Gesetzes und § 10 des BND-Gesetzes sowie den entsprechenden landesrechtlichen Vorschriften.

(3) Unter den Voraussetzungen des Absatzes 2 kann Akteneinsicht gewährt werden, wenn die Erteilung von Auskünften einen unverhältnismäßigen Aufwand erfordern würde oder die Akteneinsicht begehrende Stelle unter Angabe von Gründen erklärt, dass die Erteilung einer Auskunft zur Erfüllung ihrer Aufgabe nicht ausreichen würde.

(4) Unter den Voraussetzungen der Absätze 1 oder 3 können amtlich verwahrte Beweisstücke besichtigt werden.

(5) Akten, die noch in Papierform vorliegen, können in den Fällen der Absätze 1 und 3 zur Einsichtnahme übersandt werden.

(6) Landesgesetzliche Regelungen, die parlamentarischen Ausschüssen ein Recht auf Akteneinsicht einräumen, bleiben unberührt.

Schrifttum (weitere Quellen beim Schrifttum Vor § 474): Grzeszick, Parlament vs. Justiz? – Zur Vorlage strafgerichtlicher Akten an Untersuchungsausschüsse, DÖV 2022, 433; Hampe/Mohammadi, Ausübung disziplinarischer Gewalt gegen Vertragsärzte, NZS 2013, 692; Heinichen, Akteneinsicht durch Zivilgerichte in Kartellschadensersatzverfahren, NZKart 2014, 83; Kamann/Schwedler, Akteneinsicht „auf dem kleinen Dienstweg" im Kartellschadensersatzprozess?, EWS 2014, 121; Kesten, Datenschutz im strafrechtlichen Ermittlungsverfahren, SchlHA 2002, 228; Meyer-Lohkamp/Schwerdtfeger, Anspruch auf Gewährung rechtlichen Gehörs an Betroffene bei Akteneinsichtsgesuchen parlamentarischer Untersuchungsausschüsse (§ 474 Abs. 1, 6 StPO), NStZ 2023, 336; Puschke/Fett, Datenübermittlung aus Strafverfahrensakten an öffentliche Stellen, ZWH 2023, 113; Steger, Zugang durch die Hintertüre? – zur Akteneinsicht in Kronzeugenanträge von Kartellanten, BB 2014, 963.

Übersicht

		Rn.			Rn.
I.	Allgemeines	1	III.	Auskünfte an sonstige öffentliche Stellen (Abs. 2, 3)	21
II.	Akteneinsicht für Justizbehörden (Abs. 1)	7	1.	Anwendungsbereich	22
1.	Justizbehörden	8	2.	Auskünfte, Akteneinsicht als Ausnahme (Abs. 3)	25
2.	Akteneinsicht	11	3.	Voraussetzungen (Abs. 2 S. 1 Nr. 1–3)	29
3.	Erforderlichkeit für Zwecke der Rechtspflege	13	IV.	Übergreifende Regelungen (Abs. 4–6)	33
4.	Grundsatz der Verhältnismäßigkeit	19	V.	Rechtsbehelfe	37

I. Allgemeines

Die Vorschrift normiert als allgemeine Regelung die **Übermittlung von personenbezogenen Daten aus Strafverfahren an öffentliche Stellen zu verfahrensfremden Zwecken** auf deren Ersuchen. Weitere Vorgaben ergeben sich aus dem noch allgemeineren § 49 BDSG. Sie stellt damit die Rechtsgrundlage für die Weitergabe der Daten wie auch für die damit verbundene **Zweckumwidmung** und den entsprechenden Eingriff in das RiS der betroffenen Person bereit (→ Vor § 474 Rn. 20 ff.).[1] Die Regelung bildet also ein

---

[1] OLG Koblenz 11.6.2010 – 2 VAs 1/10, BeckRS 2010, 11403; Puschke/Weßlau in SK-StPO Rn. 1 f.; Wittig in BeckOK StPO Rn. 1.

Gegenstück zu den § 161 Abs. 1, § 163 Abs. 1 S. 2. Während diese die Befugnis für die Übermittlung von Daten *in* das Strafverfahren enthalten, regelt § 474 die Befugnis für den Export *aus* dem Strafverfahren für die Verwendung zu sonstigen Zwecken. Es handelt sich iSd Doppeltürmodells (→ Vor § 474 Rn. 24 ff.) also um die Ausgangstür, der auf der anderen Seite eine entsprechende Befugnis zum Datenimport für den neuen Zweck gegenüberstehen muss.[2]

2   Für diese Aufgabe sieht die Norm ein **differenziertes Regelungskonzept** vor. Auf der einen Seite wird zwischen Justizbehörden (Abs. 1) und sonstigen öffentlichen Stellen (Abs. 2, 3) unterschieden, die die Daten jeweils zu unterschiedlichen Zwecken nutzen wollen, womit zugleich ein anderer Maßstab für die Frage nach der Zulässigkeit der Übermittlung gilt. Auf der anderen Seite kommen mit Akteneinsicht und Auskunft aus den Akten sowie Übersendung zur Einsichtnahme und Besichtigung von verwahrten Beweisstücken verschiedene Formen der Übermittlung in Betracht.

3   Der **Anwendungsbereich** der Vorschrift umfasst **alle Formen der Übermittlung**[3] an öffentliche Stellen zu verfahrensfremden Zwecken, die nicht speziellen Regelungen unterliegen. In der Praxis betrifft dies meist die Beiziehung von Akten in anderen gerichtlichen oder behördlichen Verfahren.[4] Nicht erfasst sind also zunächst Übermittlungen innerhalb eines Verfahrens, da diese nicht zu einem anderen Zweck erfolgen, etwa zwischen verschiedenen Instanzgerichten oder anderen beteiligten Stellen (zB § 27 Abs. 3, § 163 Abs. 2, § 306 Abs. 2, § 321, § 347).[5] Wann ein anderer Zweck vorliegt, bestimmt sich nach dem Maßstab des prozessualen Tatbegriffs.[6] Ebenso nicht erfasst sind Übermittlungen zur Wahrnehmung von Aufsichts- und Kontrollbefugnissen durch übergeordnete Stellen.[7] Weiterhin ist nur die Übermittlung auf Ersuchen erfasst, während die Übermittlung von Amts wegen nach §§ 12 ff. EGGVG erfolgt.[8] Die Übermittlung zu wissenschaftlichen Zwecken ist speziell in § 476 geregelt. Darüber hinaus können spezielle eigenständige Regelungen auch in anderen Bundesgesetzen enthalten sein.[9]

4   Hinsichtlich des Gegenstandes umfasst der Anwendungsbereich **alle Strafverfahrensakten iSv § 199 Abs. 2 S. 2,** wozu auch beigezogene Akten gezählt werden.[10] Bei Akten anderer Verwaltungen muss hingegen deren Zustimmung nachgewiesen werden (Nr. 186 Abs. 3 RiStBV). Die Auskunft aus Strafverfahrens*dateien* ist speziell in § 487 Abs. 1 geregelt, allerdings können gemäß § 487 Abs. 2 S. 1 bei Vorliegen der hiesigen Übermittlungsvoraussetzungen auch Auskünfte aus solchen Dateien erteilt werden. Für das Zentrale Staatsanwaltschaftliche Verfahrensregister gelten hingegen die §§ 492 f. Dateien, die ausgedruckt und in dieser Form zu den Akten genommen wurden, sind Bestandteil der Akten und unterfallen daher den §§ 474 ff.[11]

5   Wie auch sonst im Achten Buch erfasst § 474 nur **rechtmäßig erhobene Daten** (s. auch §§ 47 Nr. 2, 49 BDSG).[12] Da die Übermittlung von Daten, die unter Verletzung des RiS erhoben wurden, diese Grundrechtsverletzung vertiefen würde, bedürfte es hierfür einer entsprechend differenzierten Rechtsgrundlage, die diese Besonderheit berücksichtigt (→ Vor § 474 Rn. 55 ff.). Eine solche Regelung sieht § 474 nicht vor.

---

[2] S. BVerfG 6.3.2014 – 1 BvR 3541/13 u.a., NJW 2014, 1581 (1582) zum Zivilprozess; BFH 26.2.2001 – VII B 265/00, NJW 2001, 2118 (2119 f.) zum Besteuerungsverfahren.
[3] S. dazu § 46 Nr. 2 BDSG, zur Terminologie vgl. Schild in BeckOK DatenschutzR DS-GVO Art. 4 Rn. 49 ff.
[4] Puschke/Weßlau in SK-StPO Rn. 1.
[5] Brodersen NJW 2000, 2536 (2540); Hilger in Löwe/Rosenberg Rn. 1; Hohmann in Radtke/Hohmann Rn. 1.
[6] Pananis in Krekeler/Löffelmann/Sommer Rn. 3; Hilger in Löwe/Rosenberg Rn. 1; Schmidt/Niederhuber in Gercke/Temming/Zöller Rn. 4.
[7] BT-Drs. 14/1484, 25 f.
[8] Pananis in Krekeler/Löffelmann/Sommer Rn. 1.
[9] S. etwas VG Wiesbaden 11.5.2016 – 28 K 976/13.WI.D, BeckRS 2016, 51140 zu § 49 BeamtStG.
[10] BT-Drs. 14/1484, 25; Hilger in Löwe/Rosenberg Rn. 5; zum Problem der Spurenakten Matheis, Strafverfahrensänderungsgesetz 1999, 2006, S. 167 f.; Weßlau FS Hamm, 2008, 841 (847 ff.).
[11] OLG Koblenz 11.6.2010 – 2 VAs 1/10, BeckRS 2010, 11403.
[12] Singelnstein NStZ 2020, 639 (642); s. auch Wittig in BeckOK StPO Rn. 1.

Weitere Regelungen für diese Formen der Datenübermittlung finden sich in den 6
§§ 478, 479. So konstituiert § 479 Abs. 2 bestimmte **Grenzen** für die Übermittlung und
Zweckumwidmung, die bei allen Formen der Übermittlung zu beachten sind. § 479
Abs. 4 und 5 regeln die **Verantwortlichkeit** für die Prüfung der Zulässigkeit der Übermittlung sowie die **Zweckbindung** der übermittelten Daten. Besteht eine Verwendungsbeschränkung muss die übermittelnde Stelle die Daten entsprechend kennzeichnen.[13] Die **Zuständigkeit** für die Entscheidung über einschlägige Ersuchen bestimmt
sich nach § 480. Konkretisierende Bestimmungen dazu finden sich in den Nr. 182 ff.
RiStBV.

II. Akteneinsicht für Justizbehörden (Abs. 1)

Abs. 1 regelt speziell die Übermittlung an Justizbehörden für Zwecke der Rechtspflege. 7
Dies betrifft in besonderem Maße die Strafverfolgung in der Situation, dass Daten aus einem
Verfahren in ein Verfahren wegen einer anderen prozessualen Tat übermittelt und dort somit
zu einem anderen Zweck verwendet werden sollen. Daneben sind aber auch alle sonstigen
Bereiche der Rechtspflege erfasst. Die Vorschrift stellt damit das Gegenstück iSd Doppeltürmodells (→ Vor § 474 Rn. 24 ff.) zu Regelungen wie den §§ 161, 163 oder § 99 Abs. 1
VwGO, § 86 Abs. 1 FGO dar, indem sie die Übermittlung durch StA bzw. Gericht regelt
und aus strafprozessualer Perspektive zulässt.

1. Justizbehörden. Justizbehörden iSd Norm sind neben den ausdrücklich genannten 8
Gerichten aller Art und Staatsanwaltschaften auch sonstige Justizbehörden iSv § 23 Abs. 1
EGGVG bei ihrer rechtspflegenden Tätigkeit. Maßgeblich für die Abgrenzung ist eine
funktionale Betrachtungsweise.[14]

Als Justizbehörden gelten demnach auch die repressiv tätige Polizei und Finanzbehörden 9
iSd AO, soweit sie zur Strafverfolgung tätig werden.[15] Gleiches gilt für Behörden, die in
Vollzugsangelegenheiten und bei der Rechtshilfe tätig werden oder Aufgaben des BZR
wahrnehmen. Justizministerien werden funktional als Justizbehörde nur tätig in Rechtshilfesachen oder zur Wahrnehmung von Aufsichts-, Kontroll- und Weisungsbefugnissen.[16] Die
Verfolgungsbehörden in Bußgeldsachen sind nach § 46 Abs. 2 OWiG den StAen gleichgestellt. Abzulehnen ist hingegen die Rechtsprechung,[17] derzufolge Behörden bei der Durchführung eines Disziplinarverfahrens als Justizbehörden anzusehen sind.[18] Keine Justizbehörde
ist das Versorgungsamt, das ein Verfahren nach dem OEG führt.[19]

Gerade im Fall von Gerichten und anderen Justizbehörden entsteht eine besondere 10
Problematik häufig dadurch, dass die Kenntnisnahme der übermittelten Daten **nicht auf
die Behörde beschränkt** bleibt. Vielmehr finden die Daten zumeist Eingang in ein
gerichtliches oder behördliches Verfahren und werden so auch den dort Beteiligten zugänglich. Dies hat etwa im Zusammenhang mit zivilgerichtlichen Kartellschadensersatzverfahren
für erhebliche Diskussionen gesorgt.[20] Die Rechtsprechung geht für Zivilsachen davon
aus, dass die Beiziehung von Strafakten durch die Gerichte grundsätzlich zulässig ist und
schutzwürdigen Interessen auf der Ebene der Verwertung und durch Beschränkung des
Zugangs für die Verfahrensbeteiligten Rechnung getragen werden kann.[21]

---

[13] Puschke/Weßlau in SK-StPO Rn. 33.
[14] OLG Hamm 26.11.2013 – III-1 VAs 116/13 – 120/13 und 122/13, BB 2014, 526 (526 f.); Wittig in BeckOK StPO Rn. 5.
[15] BT-Drs. 14/1484, 26; Hilger in Löwe/Rosenberg Rn. 3; Matheis, Strafverfahrensänderungsgesetz 1999, S. 2006, 166.
[16] Kesten SchlHA 2002, 228; s. auch Hilger in Löwe/Rosenberg Rn. 4a.
[17] OLG Hamm 4.7.2019 – III-1 VAs 29/19, BeckRS 2019, 47142; OLG Schleswig 14.8.2012 – 11 U 128/10, NJOZ 2013, 1411 (1412); OLG Koblenz 11.6.2010 – 2 VAs 1/10, BeckRS 2010, 14403.
[18] Wittig in BeckOK StPO Rn. 5.1.
[19] AG Frankfurt a. M. 18.12.2015 – 912 Ls 3470 Js 249486/14, StraFo 2016, 79.
[20] OLG Hamm 26.11.2013 – III-1 VAs 116/13 – 120/13 und 122/13, BB 2014, 526; Heinichen NZKart 2014, 83; Kamann/Schwedler EWS 2014, 121; Steger BB 2014, 963.
[21] BGH 16.3.2023 – III ZR 104/21, NJW 2023, 1734 (1735).

11 **2. Akteneinsicht.** Die Norm betrifft die Einsicht in alle **Strafverfahrensakten** iSv § 199 Abs. 2 S. 2 einschließlich beigezogener Akten (→ Rn. 4), für die jedoch § 480 Abs. 2 zu beachten ist. Ausgenommen sein sollen Handakten und andere innerdienstliche Vorgänge, s. Nr. 186 Abs. 3 RiStBV. Bei öffentlichen Stellen soll die Einsicht idR durch Übersendung der Akte erfolgen (Nr. 187 Abs. 1 RiStBV).

12 Damit regelt alleine Abs. 1 der Vorschrift eine grundsätzlich unbeschränkte Einsicht in die Akte (Nr. 186 Abs. 1 RiStBV), deren Umfang freilich durch die allgemeine Regelung des § 479 Abs. 2 begrenzt wird. Ebenso ist die Akteneinsicht, soweit möglich, auf das erforderliche Maß zu begrenzen. Die Normierung der Akteneinsicht enthält als Minusmaßnahme das Auskunftsrecht, auf das die ersuchende Behörde aber grundsätzlich nicht beschränkt werden kann.[22]

13 **3. Erforderlichkeit für Zwecke der Rechtspflege. Einzige geschriebene materielle Voraussetzung** für die Gewährung der Akteneinsicht – neben den Grenzen der §§ 479, 480 Abs. 2 – ist, dass die Daten in einem konkreten Verfahren oder sonstigen Einzelvorgang für den Zweck der Rechtspflege erforderlich (→ Vor § 474 Rn. 21) sind.[23] Die Einsicht muss also geeignet sein, den Verfahrenszweck zu fördern.[24] In diesem Sinne kann etwa in einem Zivilprozess eine Partei vom zuständigen Zivilgericht verlangen, verfahrenserhebliche Strafakten beizuziehen.[25] Da die Übermittlung in Form der Akteneinsicht häufig keinen übermäßig schweren Eingriff bedeutet und idR etwa einer neuerlichen Erhebung vorzuziehen ist,[26] wird bei Vorliegen der Geeignetheit zumeist auch kein milderes Mittel denkbar sein.

14 Damit hat der Gesetzgeber die selbstverständliche Mindestanforderung an eine derartige Übermittlung und Zweckumwidmung vorgesehen, die wegen der damit verbundenen Intensivierung des Eingriffs in das RiS (→ Vor § 474 Rn. 12) aus verfassungsrechtlicher Perspektive notwendig ist. Nach Vorstellung des Gesetzgebers soll diese „selbstverständliche Voraussetzung" ohne nähere Darlegung angenommen werden können, wenn eine Stelle die Akteneinsicht begehrt,[27] da dieser die entsprechende Prüfung obliegt (→ § 479 Rn. 51 ff.). Die Akteneinsicht stellt somit den Regelfall dar; der ersuchten Behörde steht kein Ermessen zu.[28]

15 Diese sehr weite, **generalklauselartige Fassung** der Norm erweist sich in der Praxis als problematisch, da die Regelung durchaus auch schwerwiegende Beeinträchtigungen des RiS legitimieren soll, die mit der Übermittlung und Zweckumwidmung personenbezogener Daten verbunden sein können. Die speziellen Verwendungsregelungen des § 479 Abs. 2 S. 1 und 2, die besonders eingriffsintensive Konstellationen abdecken, erfassen insofern nur Daten aus Maßnahmen, die *generell* besonders eingriffsintensiv sind, nicht aber Daten aus Maßnahmen, die eine solche Qualität nur im Einzelfall erreichen und daher Abs. 1 unterfallen.[29]

16 Vor diesem Hintergrund kommt den materiellen Voraussetzungen einer zweckändernden Übermittlung nach § 474 Abs. 1 eine deutlich stärkere Bedeutung zu, als es zunächst den Anschein hat. Erstens ist das Merkmal der Erforderlichkeit als einzige geschriebene, zweckbezogene Grenze vor allem bei umfangreichen Übermittlungen intensiv zu prüfen. Zweitens kommt dem allgemeinen Grundsatz der Verhältnismäßigkeit daneben besondere Bedeutung zu. Teilweise wird noch weitergehend mit guten Argumenten vertreten, dass die Norm angesichts ihrer möglichen Eingriffstiefe im Hinblick auf den möglichen Umfang von Daten

---

[22] Wittig in BeckOK StPO Rn. 7.
[23] Dazu Köhler in Meyer-Goßner/Schmitt Rn. 4; Puschke/Weßlau in SK-StPO Rn. 10.
[24] OLG Koblenz 11.6.2010 – 2 VAs 1/10, BeckRS 2010, 14403; s. auch Heinichen NZKart 2014, 83 (86 f.).
[25] BGH 16.3.2023 – III ZR 104/21, NJW 2023, 1734 (1735).
[26] Puschke/Weßlau in SK-StPO Rn. 12.
[27] BT-Drs. 14/1484, 26.
[28] OLG Hamm 26.11.2013 – III-1 VAs 116/13 – 120/13 und 122/13, BB 2014, 526 (526 f.); Hilger in Löwe/Rosenberg Rn. 7.
[29] Singelnstein ZStW 120 (2008), 854 (875 f.).

zu unbestimmt ist.[30] Danach wäre eine differenziertere Regelung erforderlich, die die unterschiedliche Eingriffsintensität einschlägiger zweckändernder Übermittlungen berücksichtigt.

Eine Einschränkung der Eingriffsintensität kann sich zudem noch aus der Geltung des **17** **Doppeltürmodells** (→ Vor § 474 Rn. 24 ff.) ergeben. Auch wenn § 474 Abs. 1 eine sehr weitgehende Übermittlung gestattet, ist die empfangende Stelle nicht unbedingt zu einer umfassenden Verwendung oder gar Weitergabe der übermittelten Daten befugt. In welchem Umfang dies zulässig ist, ergibt sich vielmehr aus der Verwendungsregelung auf der Empfängerseite. Im Zivilprozess etwa muss das Zivilgericht im Fall der Beiziehung von Akten nach § 273 Abs. 2 Nr. 2 ZPO[31] selbst abwägen, inwieweit die übermittelten Daten im Fall eines Rechtsgüterkonflikts zum Gegenstand des Verfahrens und Dritten zugänglich gemacht werden dürfen.[32]

Die Feststellung dieser materiellen Voraussetzungen obliegt nach § 479 Abs. 4 S. 2 der **18** Stelle, die um die Übermittlung der Daten ersucht, sofern es sich hierbei um eine öffentliche Stelle oder einen Rechtsanwalt handelt. Die **Prüfungspflichten** der übermittelnden Stelle sind nach § 479 Abs. 4 S. 3 begrenzt, wenn kein besonderer Anlass besteht. Sie hat auch keinen Entscheidungsspielraum, wenn die Voraussetzungen von Abs. 1 vorliegen und nicht die Begrenzungen der § 479 Abs. 2, § 480 Abs. 2 eingreifen.[33]

4. Grundsatz der Verhältnismäßigkeit. Dem allgemeinen Grundsatz der Verhältnis- **19** mäßigkeit (→ Vor § 474 Rn. 33 ff.) kommt in diesem Kontext neben der Erforderlichkeit vor allem in Form der **Angemessenheitsprüfung** Bedeutung zu, innerhalb derer eine Abwägung der verschiedenen beteiligten Interessen zu leisten ist. Dies wirkt sich vor allem dort aus, wo entweder **besonders sensible Daten** oder sehr umfangreiche Datenbestände übermittelt werden sollen, wie etwa die Daten auf privaten Computern oder Mobiltelefonen, die in der Regel einen umfassenden Einblick in die Lebensverhältnisse der Betroffenen ermöglichen.[34] Hier ist zu prüfen, ob der damit verbundene Eingriff in das RiS im Verhältnis zu dem damit verfolgten Zweck noch angemessen ist; ggf. sind bestimmte Teile von der Übermittlung auszunehmen – ungeachtet des damit verbundenen Aufwandes.[35] Dabei wird der neue Zweck – sofern es sich nicht um eine Übermittlung in ein Strafverfahren handelt – in der Regel geringer zu gewichten sein, als der ursprüngliche Erhebungszweck der Strafverfolgung als Allgemeininteresse.[36]

Systematisch besehen muss das Verhältnismäßigkeitsprinzip somit sicherstellen, dass **20** Daten aus nur im Einzelfall besonders eingriffsintensiven Erhebungsmaßnahmen, die nicht den strengeren Regelungen des § 479 Abs. 2 S. 1 und 2 unterfallen, nicht ohne weiteres in jedes (andere) Strafverfahren importiert werden können. Vielmehr müsste auch in diesem Strafverfahren die eingriffsintensive Erhebungsmaßnahme zulässig sein, so dass hier ebenso die Voraussetzung der hypothetischen Datenneuerhebung zu gelten hat, um die verfassungsrechtliche Anforderung der Vergleichbarkeit der Gleichgewichtigkeit der neuen Nutzung sicherzustellen.[37]

III. Auskünfte an sonstige öffentliche Stellen (Abs. 2, 3)

Die Abs. 2 und 3 regeln die Übermittlung von Daten aus Strafverfahrensakten an **21** öffentliche Stellen zu *sonstigen* verfahrensfremden Zwecken. Abs. 2 bestimmt die Konstellationen, in denen eine solche Übermittlung zulässig ist, die in der Regel in Form der Auskunft erfolgt. Nach Abs. 3 kann ausnahmsweise auch Akteneinsicht gewährt werden.

---

[30] Heinson, IT-Forensik, 2015, S. 230 ff.
[31] Dazu Kamann/Schwedler EWS 2014, 121 (126 f.); Steger BB 2014, 963 (965 ff.).
[32] BVerfG 6.3.2014 – 1 BvR 3541/13 u.a., NJW 2014, 1581 (1582); Heinichen NZKart 2014, 83 (86, 90 f.).
[33] OLG Hamm 26.11.2013 – III-1 VAs 116/13 – 120/13 und 122/13, BB 2014, 526 (527).
[34] Gieg in KK-StPO Rn. 3.
[35] OLG Koblenz 11.6.2010 – 2 VAs 1/10, BeckRS 2010, 14403.
[36] OLG Koblenz 11.6.2010 – 2 VAs 1/10, BeckRS 2010, 14403; zum Disziplinarverfahren.
[37] Singelnstein ZStW 120 (2008), 854 (875 f.).

22 **1. Anwendungsbereich.** Abs. 2 ist die **allgemeine Vorschrift** für Auskünfte aus Strafverfahrensakten an öffentliche, also hoheitlich tätige, inländische Stellen (§ 2 BDSG), die von Privaten und sonstigen Stellen iSv § 475 abzugrenzen sind.[38] Erfasst sind etwa die Verkehrs- bzw. Fahrerlaubnisbehörden, die im Verfahren über Maßnahmen gegen Fahrerlaubnisinhaber ggf. Auskünfte aus Strafverfahren benötigen,[39] die Finanzbehörden im Besteuerungsverfahren (vgl. § 393 Abs. 3 AO),[40] Kassenärztliche Vereinigungen[41] und Ärztekammern,[42] sonstige Körperschaften, Anstalten und Stiftungen des öffentlichen Rechts.[43] Unter § 475 fallen hingegen solche Stellen, die zwar staatliche Aufgaben wahrnehmen, dies aber in Formen des Privatrechts tun.[44]

23 Anders als die verschiedenen speziellen Regelungen (→ Rn. 24) ist die Vorschrift nicht auf einen bestimmten Bereich beschränkt, sondern formuliert abschließend drei Fallgruppen, bei deren Vorliegen eine Übermittlung und Zweckumwidmung von Strafverfahrensdaten zulässig sein soll.[45] Der Gesetzgeber hat an dieser Stelle bewusst keine Generalklausel errichtet, die allgemein eine Übermittlung an öffentliche Stellen regelt, sondern die Regelung derart beschränkt.[46]

24 **Speziell geregelt** und daher nicht von Abs. 2 erfasst sind neben Übermittlungen an Justizbehörden zur Rechtspflege nach Abs. 1 auch solche an nach Polizeirecht tätige Polizeibehörden (§ 481, begrenzt durch § 479 Abs. 2 S. 2 Nr. 1) sowie an Geheimdienste.[47] Bezüglich letzterer stellt Abs. 2 S. 2 im Sinne einer Öffnungsklausel klar, dass die entsprechenden Befugnisse für Auskunftsverlangen in den Gesetzen über die Geheimdienste gelten.[48] Unbeschadet dessen gelten für solche Übermittlungen die strafprozessualen Regelungen über die Formen der Übermittlung – insbesondere die Grenzen des § 479 –, weil und soweit die Gesetze über die Nachrichtendienste hierzu keine Regelungen treffen.[49]

25 **2. Auskünfte, Akteneinsicht als Ausnahme (Abs. 3).** Anders als bei Justizbehörden hat bei der Übermittlung an sonstige öffentliche Stellen die **Auskunft aus den Akten Vorrang** und ist Akteneinsicht die Ausnahme, um die Übermittlung auf das notwendige Maß zu beschränken. Dies gilt auch für Übermittlungen an Dienste iSv Abs. 2 S. 2.[50] Der Begriff der Auskunft ist weit zu verstehen;[51] Auskünfte können nach § 478 auch in der Form von Ablichtungen erfolgen. Der Umfang der Übermittlung wird auch durch die verschiedenen Regelungen des § 479 Abs. 2 begrenzt.

26 Für einige besondere Konstellationen ermöglicht Abs. 3 daneben auch **Akteneinsicht statt der Auskunft.** Dies erfordert zunächst, dass die Voraussetzungen des Abs. 2 für die Auskunft vorliegen. Darüber hinaus muss eine der beiden von Abs. 3 genannten Konstellationen gegeben sein. Erstere verlangt, dass die Auskunft einen unverhältnismäßigen Aufwand erfordern würde. Hier ist Akteneinsicht zugelassen, um die Justiz zu entlasten.[52] Zweitere

---

[38] Hilger in Löwe/Rosenberg Rn. 8; Matheis, Strafverfahrensänderungsgesetz 1999, 2006, S. 170.
[39] OVG Lüneburg 6.4.2011 – 12 ME 37/11, zfs 2011, 477.
[40] BayObLG 20.12.2021 – 203 VAs 389/21, NJW-Spezial 2022, 122; BFH 24.4.2013 – VII B 202/12, BFHE 242, 289; eingehend dazu Puschke/Fett ZWH 2023, 113 (116 ff.).
[41] LSG Berlin-Brandenburg 25.1.2011 – L 7 KA 13/11 B ER, BeckRS 2011, 70082.
[42] OLG Hamm 30.4.2009 – 1 VAs 11/09, MedR 2010, 261.
[43] KG 4.8.2021 – 6 VAs 3/21, BeckRS 2021, 57555; OLG Hamm 21.4.2016 – III-1 VAs 100/15 und 102/15 – 104/15, BeckRS 2016, 09787; Hohmann in Radtke/Hohmann Rn. 5.
[44] Hilger in Löwe/Rosenberg Rn. 8.
[45] Dazu Brodersen NJW 2000, 2536 (2540 f.).
[46] BT-Drs. 14/1484, 26, 14/3525, 2.
[47] Schmidt/Niedernhuber in Gercke/Temming/Zöller Rn. 12.
[48] Dazu OVG Bautzen 6.4.2023 – 3 A 439/22, BeckRS 2023, 8800; Dose, Übermittlung und verfahrensübergreifende Verwendung von Zufallserkenntnissen, 2013, 262 ff.; Puschke/Weßlau in SK-StPO Rn. 18.
[49] Zöller Roggan/Kutscha Recht der Inneren Sicherheit-HdB S. 484 ff.
[50] Hilger in Löwe/Rosenberg Rn. 12; Zöller in Roggan/Kutscha Recht der Inneren Sicherheit-HdB S. 485 ff.
[51] OLG Hamm 21.4.2016 – III-1 VAs 100/15 und 102/15 – 104/15, BeckRS 2016, 09787.
[52] BT-Drs. 14/1484, 26.

betrifft den Fall, dass eine Auskunft für die Aufgabenerfüllung der betreffenden öffentlichen Stelle nicht ausreichen würde. Ausweislich des Wortlauts von Abs. 3 letzter Hs. genügt es hier, dass die ersuchende Stelle dies erklärt und begründet. Allerdings handelt es sich bei beiden Varianten um **Ausnahmetatbestände**,[53] so dass bei der Prüfung des Vorliegens ein dementsprechend strenger Maßstab anzulegen ist.[54] Folglich haben Effektivitätsbelange nur in Ausnahmekonstellationen Vorrang vor der informationellen Selbstbestimmung. Alleine das Führen eines Verfahrens nach dem OEG durch die ersuchende Behörde genügt als Begründung nicht.[55] Die Entscheidung steht im pflichtgemäßen Ermessen der ersuchten Stelle, das nachvollziehbar ausgeübt und entsprechend begründet werden muss, gerichtlich aber nur eingeschränkt überprüfbar ist.[56]

Der Grundsatz der Verhältnismäßigkeit kann im Hinblick auf das RiS bei Unterlagen **27** zu besonders privaten Belangen in den Akten eine Anhörung der Beteiligten zu dem Akteneinsichtsgesuch gebieten.[57]

Die bei Vorliegen dieser Voraussetzungen zulässige Akteneinsicht wird grundsätzlich **28** wie im Fall von Abs. 1 gewährt. Allerdings soll sie hier auf den für die jeweiligen Zwecke erforderlichen Umfang beschränkt werden (Nr. 186 Abs. 1 RiStBV).[58] Einer besonders eingehenden Prüfung bedürfen nach Nr. 186 Abs. 2 RiStBV Aktenbestandteile mit besonders sensiblen Daten, die gesondert geheftet werden sollten.[59]

3. Voraussetzungen (Abs. 2 S. 1 Nr. 1–3). Voraussetzung für Auskunft wie Akten- **29** einsicht ist, dass eine der in Abs. 2 S. 1 abschließend[60] genannten Fallgruppen gegeben ist, die zugleich den jeweils erforderlichen konkreten Zweck der Übermittlung festlegen. Anders als bei Abs. 1 obliegt die Prüfung des Vorliegens der Voraussetzungen und der Grenzen des § 479 Abs. 2 hier der übermittelnden Stelle, die nach pflichtgemäßem Ermessen entscheidet;[61] die ersuchende Stelle hat das Vorliegen der Übermittlungsvoraussetzungen umfassend und schlüssig darzulegen.[62] Das für alle drei Fallgruppen geltende Kriterium der **Erforderlichkeit** ist entsprechend Abs. 1 zu verstehen.[63] Danach muss die Übermittlung für die Erfüllung des jeweiligen konkreten Zwecks bezogen auf einen Einzelvorgang notwendig sein (→ Vor § 474 Rn. 21).[64]

Nr. 1 betrifft die Geltendmachung oder Abwehr von Rechtsansprüchen im Zusam- **30** menhang mit einer Straftat, wenn hierfür Auskünfte aus den Akten erforderlich sind. Der Begriff der Erforderlichkeit ist an dieser Stelle eng auszulegen;[65] sie ist aber nicht alleine deshalb zu verneinen, weil die ersuchende Stelle wesentliche Teile der in Rede stehenden Tatsachen schon aus anderer Quelle erfahren hat.[66] Erfasst sind insbesondere Regress- oder Versorgungsansprüche,[67] aber zB auch Maßnahmen wegen ärztlicher Berufspflichtverletzungen durch die zuständigen Stellen.[68]

---

[53] Ritscher/Klinge in Satzger/Schluckebier/Widmaier StPO Rn. 14; Puschke/Fett ZWH 2023, 113 (118 f.).
[54] KG 4.8.2021 – 6 VAs 3/21, BeckRS 2021, 57555; Gieg in KK-StPO Rn. 5; zu weitgehend OLG Hamm 30.4.2009 – 1 VAs 11/09, MedR 2010, 261.
[55] AG Frankfurt a. M. 18.12.2015 – 912 Ls 3470 Js 249486/14, StraFo 2016, 79.
[56] BayObLG 20.12.2021 – 203 VAs 389/21, NJW-Spezial 2022, 122; OLG Hamm 21.4.2016 – III-1 VAs 100/15 und 102/15 – 104/15, BeckRS 2016, 09787.
[57] AG Frankfurt a. M. 18.12.2015 – 912 Ls 3470 Js 249486/14, StraFo 2016, 79.
[58] Hilger in Löwe/Rosenberg Rn. 13.
[59] Zur Aktenparzellierung schon Groß/Fünfsinn NStZ 1992, 105 (105 ff.).
[60] Hohmann in Radtke/Hohmann Rn. 6.
[61] Hilger in Löwe/Rosenberg Rn. 11.
[62] Puschke/Weßlau in SK-StPO Rn. 27.
[63] OLG Hamm 21.4.2016 – III-1 VAs 100/15 und 102/15 – 104/15, BeckRS 2016, 09787; s. aber Hilger in Löwe/Rosenberg Rn. 10; Pananis in Krekeler/Löffelmann/Sommer Rn. 10.
[64] Matheis, Strafverfahrensänderungsgesetz 1999, 2006, S. 173 f.; Puschke/Weßlau in SK-StPO Rn. 22; zum Besteuerungsverfahren Puschke/Fett ZWH 2023, 113 (117).
[65] Puschke/Weßlau in SK-StPO Rn. 22.
[66] OLG Hamm 30.4.2009 – 1 VAs 11/09, MedR 2010, 261.
[67] Ritscher/Klinge in Satzger/Schluckebier/Widmaier StPO Rn. 11.
[68] OLG Hamm 30.4.2009 – 1 VAs 11/09, MedR 2010, 261.

31 Nr. 2 und Nr. 3 betreffen demgegenüber Konstellationen, in denen aufgrund besonderer Regelungen auch eine Übermittlung der Daten von Amts wegen möglich wäre. Dies betrifft im Besonderen die Fälle der §§ 12 ff. EGGVG,[69] aber auch § 111 Abs. 1 AO, 105 Abs. 1 AO,[70] siehe auch § 125c BRRG. Daher ist über § 14 Abs. 1 Nr. 4 EGGVG bspw. die Situation erfasst, dass Daten für dienstrechtliche oder Aufsichtsmaßnahmen im Bereich der Dienst-, Staats- oder Standesaufsicht relevant sein können, weil sie auf eine Pflichtverletzung schließen lassen oder sonst Zweifel an der Eignung oder Zuverlässigkeit begründen;[71] über § 14 Abs. 1 Nr. 7b EGGVG sind Übermittlungen an die Fahrerlaubnisbehörde möglich.[72] § 13 Abs. 1 Nr. 2 EGGVG erlaubt die Übermittlung, wenn die betroffene Person eingewilligt hat, weshalb eine solche etwa auch im Rahmen von beamtenrechtlichen Einstellungsverfahren möglich ist.[73] Nach Nr. 2 ist eine Übermittlung dann auch auf Ersuchen möglich, und zwar sowohl bei einer ersten Übermittlung als auch in dem Fall, dass die von Amts wegen übermittelten Daten zur Aufgabenerfüllung nicht genügt haben und daher um die Übermittlung weiterer Daten ersucht wird.

32 Nr. 3 betrifft die besondere Konstellation, dass eine Befugnis zur Übermittlung von Amts wegen zwar noch nicht vorliegt, deren Vorliegen aber nur noch vom Erlass einer Maßnahme abhängt, für deren Vorbereitung daher auch bereits eine Übermittlung auf Ersuchen zulässig sein soll. Erfasst werden etwa die in § 14 Abs. 1 Nr. 5 EGGVG genannten Erlaubnisse und Genehmigungen sowie vorsorgliche Klärungen im Fall einer beabsichtigten Ordensverleihung.[74] Sehen die zukünftig einschlägigen Übermittlungsregelungen besondere Einschränkungen vor, so sind diese im Fall von Nr. 3 bei Prüfung von Erforderlichkeit und Verhältnismäßigkeit zu berücksichtigen.[75]

IV. Übergreifende Regelungen (Abs. 4–6)

33 In den Abs. 4–6 finden sich einige allgemeine Regelungen für die Akteneinsicht, unabhängig davon, ob diese von Justizbehörden (Abs. 1) oder sonstigen öffentlichen Stellen (Abs. 3) begehrt wird.

34 Nach Abs. 4 können, wenn die Voraussetzungen für eine Akteneinsicht vorliegen, auch amtlich **verwahrte Beweisstücke** besichtigt werden, wie zB Kopien von Festplatten.[76] Eine Übersendung oder Mitgabe hat der Gesetzgeber hingegen nicht vorgesehen. Besteht kein Anspruch auf Akteneinsicht, erstreckt sich dies auch auf die Beweisstücke. Im Fall des Abs. 2 wird daher über die Beweisstücke nur Auskunft erteilt. In jedem Fall gilt § 479 Abs. 1, 2 entsprechend.[77]

35 Nach Abs. 5 können in den Fällen der Abs. 1 und 3 die Akten, die in Papierform vorliegen, **zur Einsichtnahme übersandt** werden.

36 Die Regelung des Abs. 6 beschränkt sich auf landesrechtliche **Untersuchungsausschüsse**.[78] Für solche des Bundestages gilt bereits Art. 44 Abs. 2 GG, so dass diesen nach Abs. 1 Akteneinsicht zu gewähren ist,[79] soweit nicht ohnehin Art. 44 Abs. 3 GG Vorrang zukommt und die Justizbehörden zur Akteneinsicht verpflichtet.[80]

---

[69] Zu Disziplinarverfahren gegen Vertragsärzte Hampe/Mohammadi NZS 2013, 692; zur Fahrerlaubnisbehörde OVG Lüneburg 6.4.2011 – 12 ME 37/11, zfs 2011, 477.
[70] BayObLG 20.12.2021 – 203 VAs 389/21, NJW-Spezial 2022, 122; Puschke/Fett ZWH 2023, 113 (116 f.) halten die Regelungen nicht für ausreichend.
[71] OLG Hamm 21.4.2016 – III-1 VAs 100/15 und 102/15 – 104/15, BeckRS 2009, 30687.
[72] VGH Mannheim 14.9.2004 – 10 S 1283/04, NJW 2005, 234 (235 f.).
[73] VGH Mannheim 27.11.2008 – 4 S 2332/08, BeckRS 2009, 30687.
[74] Brodersen NJW 2000, 2536 (2540).
[75] Hilger in Löwe/Rosenberg Rn. 9.
[76] OLG Koblenz 11.6.2010 – 2 VAs 1/10, BeckRS 2010, 14403.
[77] Gieg in KK-StPO Rn. 6 mit Verweis auf § 477 Abs. 2 aF.
[78] Dazu Puschke/Weßlau in SK-StPO Rn. 24; detailliert zum Anspruch der Ausschüsse Grzeszick DÖV 2022, 433; Meyer-Lohkamp/Schwerdtfeger NStZ 2023, 336.
[79] BT-Drs. 14/1484, 26; Schmidt/Niederhuber in Gercke/Temming/Zöller Rn. 17.
[80] Gieg in KK-StPO Rn. 7.

V. Rechtsbehelfe

Bezüglich Rechtsbehelfen sind verschiedene Konstellationen zu unterscheiden. Einerseits kann eine ersuchende Instanz Interesse daran haben, ihr Begehren gegen die datenführende Stelle durchzusetzen, wenn diese eine Übermittlung ablehnt. In den Fällen des § 474 ist insofern der Rechtsweg nach §§ 23 ff. EGGVG möglich.[81] Im Übrigen erlangt diese Konstellation insbesondere bei Ersuchen von Privatpersonen nach § 475 Bedeutung und ist für diesen Fall in § 480 Abs. 3 speziell geregelt. 37

Andererseits will die von der Datenverarbeitung betroffene Person ggf. gegen diese vorgehen. Bei Fällen des § 474 ist – auch nach rechtskräftigem Abschluss des Verfahrens – der Rechtsweg nach §§ 23 ff. EGGVG eröffnet, soweit ein Justizverwaltungsakt vorliegt und kein anderer Rechtsbehelf gegeben ist.[82] Der Antragsteller muss Träger eigener Rechte iSv § 24 Abs. 1 EGGVG sein und zumindest eine Verletzung seines Anspruchs auf fehlerfreie Ermessensentscheidung geltend machen können.[83] Bei Vorliegen eines qualifizierten Rechtsschutzinteresses kann im Rahmen dessen auch ein vorbeugender Unterlassungsantrag gestellt werden.[84] 38

§ 475 Auskünfte und Akteneinsicht für Privatpersonen und sonstige Stellen

(1) ¹Für eine Privatperson und für sonstige Stellen kann unbeschadet des § 57 des Bundesdatenschutzgesetzes ein Rechtsanwalt Auskünfte aus Akten erhalten, die dem Gericht vorliegen oder diesem im Falle der Erhebung der öffentlichen Klage vorzulegen wären, soweit er hierfür ein berechtigtes Interesse darlegt. ²Auskünfte sind zu versagen, wenn der hiervon Betroffene ein schutzwürdiges Interesse an der Versagung hat.

(2) Unter den Voraussetzungen des Absatzes 1 kann Akteneinsicht gewährt werden, wenn die Erteilung von Auskünften einen unverhältnismäßigen Aufwand erfordern oder nach Darlegung dessen, der Akteneinsicht begehrt, zur Wahrnehmung des berechtigten Interesses nicht ausreichen würde.

(3) Unter den Voraussetzungen des Absatzes 2 können amtlich verwahrte Beweisstücke besichtigt werden.

(4) Unter den Voraussetzungen des Absatzes 1 können auch Privatpersonen und sonstigen Stellen Auskünfte aus den Akten erteilt werden.

Schrifttum (weitere Quellen beim Schrifttum Vor § 474): Becker, Die aktive Öffentlichkeitsarbeit von Staatsanwaltschaften und das Grundrecht auf informationelle Selbstbestimmung, FG Feigen, 2014, 15; Dieterle, Die Pflicht zur Publikation veröffentlichungswürdiger Gerichtsentscheidungen, ZGI 2023, 171; Eisele, Strafprozessführung durch Medien, JZ 2014, 932; Grau/Blechschmidt/Frick, Stärken und Schwächen des reformierten Adhäsionsverfahrens, NStZ 2010, 662; Günther, Betrugsaufklärung versus Datenschutz am Beispiel der Sachversicherung, VersR 2003, 18; Hilger, Zur Akteneinsicht Dritter in von Strafverfolgungsbehörden sichergestellte Unterlagen (Nr. 185 IV RiStBV), NStZ 1984, 541; Kaerkes, Zur Übermittlung anonymisierter Strafurteile an private Dritte: Besprechung von BGH, Beschluss vom 20.6.2018 – 5 AR (Vs) 112/17, JR 2019, 374; Klengel/Müller, Der anwaltliche Zeugenbeistand im Strafverfahren, NJW 2011, 23; Ladiges, Der Hochschullehrer im Strafverfahrensrecht bei der Neuregelung des § 138 Abs. 3 StPO, JR 2013, 295; Lindner, Der Schutz des Persönlichkeitsrechts des Beschuldigten im Ermittlungsverfahren, StV 2008, 210; Meier, Zulässigkeit und Grenzen der Auskunftserteilung gegenüber den Medien, FS Schreiber, 2003, 331; Mensching, Zur Veröffentlichungspflicht und Veröffentlichungsanspruch bei gerichtlichen Entscheidungen, AfP 2007, 536; Müller, Einige Bemerkungen zu Presseerklärungen der Staatsanwaltschaft, GA 2016, 702; Neuling, Rechtsschutz des Beschuldigten bei amtspflichtwidrigen Medienauskünften, StV 2006, 332; Neuling, Unterlassung und Widerruf vorverurteilender

---

[81] KG 4.8.2021 – 6 VAs 3/21, BeckRS 2021, 57555; OLG Hamm 4.7.2019 – III-1 VAs 29/19, BeckRS 2019, 47142.
[82] BayObLG 20.12.2021 – 203 VAs 389/21, NJW-Spezial 2022, 122; OLG Hamm 21.4.2016 – III-1 VAs 100/15 und 102/15 – 104/15, BeckRS 2016, 09787.
[83] OLG Koblenz 11.6.2010 – 2 VAs 1/10, BeckRS 2016, 14403.
[84] OLG Hamm 26.11.2013 – III-1 VAs 116/13 – 120/13 und 122/13, BB 2014, 526.

Medienauskünfte der Ermittlungsbehörden, StV 2008, 387; Popp, Strafjustiz und (neue) Medien, ZD 2021, 501; Putzke/Zenthöfer, Der Anspruch auf Übermittlung von Abschriften strafgerichtlicher Entscheidungen, NJW 2015, 1777; Riedel/Wallau, Das Akteneinsichtsrecht des „Verletzten" in Strafsachen – und seine Probleme, NStZ 2003, 393; Rodenbeck, Rechtliche Anforderungen an die staatliche Öffentlichkeitsarbeit in Strafsachen, StV 2018, 255; Rostalski/Völkening, Big Data im Strafrecht – Zur datenschutzrechtlichen Dimension der Erfassung von strafrechtlichen Entscheidungen in einer Datenbank, ZfDR 2021, 27; Schefer, Überlegungen zum Akteneinsichtsrecht des Zeugenbeistands, NStZ 2023, 193; Singelnstein, Rechtsschutz gegen heimliche Ermittlungsmaßnahmen nach Einführung des § 101 VII 2-4 StPO, NStZ 2009, 481; Wittmann, Zwischen Ermittlungsgeheimnis und Transparenz, VBlBW 2019, 1.

Übersicht

		Rn.			Rn.
I.	Allgemeines	1	3.	Kein entgegenstehendes schutzwürdiges Interesse (Abs. 1 S. 2)	22
II.	Auskünfte aus Akten an Rechtsanwälte (Abs. 1)	6		a) Schutzwürdige Interessen	23
1.	Privatperson oder sonstige Stelle (Abs. 1 S. 1)	7		b) Maßstab bei Auskünften zu publizistischen Zwecken	27
	a) Privatpersonen und Verfahrensbeteiligte	8	4.	Entscheidung	31
	b) Medien und Journalisten	11	III.	Akteneinsicht durch Rechtsanwälte (Abs. 2, 3)	35
2.	Berechtigtes Interesse	14	IV.	Auskünfte ohne Rechtsanwalt (Abs. 4)	38
	a) Allgemeiner Maßstab	15			
	b) Besondere Konstellationen	19	V.	Rechtsbehelfe	39

I. Allgemeines

1 Die Vorschrift regelt **Voraussetzungen und Grenzen der Übermittlung** personenbezogener Daten (s. § 46 Nr. 2 BDSG) aus Strafverfahrensakten in Form von Auskünften und Akteneinsicht an private Dritte und sonstige Stellen, die nicht unter § 474 fallen, wie zB Krankenkassen.[1] Geregelt ist nur die Übermittlung an solche Private, die selbst nicht an dem Verfahren beteiligt sind, bzw. an deren Rechtsanwalt.[2] Die Vorschrift ist daher enger als andere Normen zur Auskunftserteilung an Private; vor Schaffung der Norm fand sich eine entsprechende Regel nur in den RiStBV.[3] Im Zuge der Umsetzung der JI-RL im Strafverfahren (vgl. → Vor § 474 Rn. 5) ist der bisherige Hinweis auf das Akteneinsichtsrecht aus § 406e gestrichen und durch einen Hinweis auf das daneben bestehende Auskunftsrecht aus § 57 BDSG ersetzt worden.[4] Eine Rechtsänderung war damit nicht intendiert, beide Ansprüche bestehen neben § 475.[5]

2 Die Norm stellt einerseits eine **Anspruchsgrundlage** für die Auskunftsbegehrenden bereit; andererseits stellt sie die Rechtsgrundlage für den mit der Übermittlung und Zweckumwidmung verbundenen Eingriff in das RiS derjenigen Personen dar, um deren personenbezogene Daten es geht (→ Vor § 474 Rn. 16 ff.).[6] Es handelt sich um eine abschließende Spezialregelung für Auskünfte aus Strafverfahrensakten an Private, die allgemeine Auskunftsregelungen aus anderen Gesetzen – wie solche des IFG – verdrängt.[7] Eine nochmals speziellere Regelung findet sich in § 8 Abs. 1 AntiDopG für Übermittlungen an die Nationale Anti Doping Agentur Deutschland.

---

[1] AG Frankfurt a. M. 8.10.2015 – 912 Ds 111 Js 40730/14, StraFo 2016, 79; Puschke/Weßlau in SK-StPO Rn. 1 f.
[2] Hilger in Löwe/Rosenberg Rn. 1.
[3] Hilger NStZ 1984, 541 (542).
[4] Gesetz vom 20.11.2019 BGBl. I 1724.
[5] BT-Drs. 19/4671, 64 f.; Puschke/Weßlau in SK-StPO Rn. 8; Singelnstein NStZ 2020, 639 (643).
[6] BVerfG 18.3.2009 – 2 BvR 8/08, NJW 2009, 2876; Puschke/Weßlau in SK-StPO Rn. 1.
[7] BVerfG 18.3.2009 – 2 BvR 8/08, NJW 2009, 2876 (2877); BVerwG 18.12.2019 – 10 B 14/19, BeckRS 2019, 36433; VG Stuttgart 29.9.2022 – 14 K 5332/20, ZD 2023, 629; VG Düsseldorf 4.8.2010 – 26 L 1223/10, ZUM-RD 2011, 265; VG Köln 4.7.2013 – 13 K 5751/12, ZUM-RD 2014, 669; zur Abgrenzung bei staatsanwaltschaftlicher Tätigkeit VGH Mannheim 6.8.2019 – 10 S 303/19, NVwZ 2019, 1781.

Die Vorschrift soll ebenso wie § 474 (dort → Rn. 4) **alle Strafverfahrensakten iSv** 3
§ 199 Abs. 2 S. 2 betreffen, solche aus laufenden ebenso wie aus abgeschlossenen Verfahren.[8] Zwar spricht der Wortlaut des Abs. 1 S. 1 („dem Gericht vorliegen oder vorzulegen wären") dagegen, letztere einzubeziehen. Der Gesetzgeber wollte dies jedoch ausdrücklich;[9] zudem würde sonst § 479 Abs. 3 keinen Sinn ergeben. Als Bestandteil der Akte ist außerdem auch das Urteil an sich umfasst,[10] so dass die Norm auch für die Überlassung (anonymisierter) Abschriften von Entscheidungen gilt, einschließlich Strafbefehlen.[11] Ob auch Spurenakten erfasst sind, ist streitig;[12] in der Sache spricht viel dafür, sie in den Geltungsbereich der Regelung einzubeziehen.[13] Bei Vorliegen der hiesigen Übermittlungsvoraussetzungen können nach § 487 Abs. 2 S. 1 auch Auskünfte aus Strafverfahrensdateien erteilt werden, sonst gilt § 491. Sonstige Auskünfte, die nicht unmittelbar aus Akten stammen, etwa Angaben zu Art und Umfang staatsanwaltschaftlicher Tätigkeit, sind von der Norm nicht erfasst.[14]

Die **Übermittlung an einen Rechtsanwalt** des Privaten ist insofern privilegiert, als 4
diesem unter bestimmten Voraussetzungen gemäß Abs. 2 auch Akteneinsicht gewährt werden kann. Dem Privaten selbst ist demgegenüber nach Abs. 4 nur Auskunft zu erteilen. Dies soll die Arbeit der Justiz erleichtern und für einen Ausgleich zwischen Informationsinteressen und RiS der Betroffenen sorgen.[15] Der Anwalt ist an dieser Stelle nicht Bote, sondern hat als Organ der Rechtspflege die besondere Pflichtenstellung, die schutzwürdigen Interessen der von der Auskunft Betroffenen – also der Personen, über die sich Daten in der Akte finden – zu beachten und zu wahren.[16] Im Besonderen gilt dies für die Weitergabe von Informationen aus den Akten an die Mandanten. Dies soll auch gelten, wenn der Rechtsanwalt in eigener Sache tätig wird.[17]

Für die Übermittlung gelten – neben dem allgemeinen Grundsatz der Verhältnismäßigkeit (→ Vor § 474 Rn. 33 ff.) – die **Grenzen** des § 479 Abs. 1, 2, 3 sowie die Regelungen des § 479 Abs. 4, 5 zur Verantwortlichkeit und Zweckbindung. Einer Akteneinsicht durch potentielle Zeugen können etwa gemäß § 479 Abs. 1 Zwecke des Strafverfahrens entgegenstehen, da deren Aussage in der Hauptverhandlung beeinflusst zu werden droht.[18] Die Zuständigkeit für die Entscheidung über die Übermittlung bestimmt sich nach § 480. Bewusst verzichtet hat der Gesetzgeber auf eine Mitteilungspflicht gegenüber der betroffenen Person. Begründet wird dies vor allem mit dem wenig überzeugenden Argument, dass Beschuldigte und Verletzte in der Regel mit einer Weitergabe im Rahmen der gesetzlichen Grenzen rechnen würden.[19] Eine Anhörungspflicht ergibt sich jedoch regelmäßig aus dem Grundsatz auf rechtliches Gehör (→ § 480 Rn. 19 f.). Anforderungen an die Bescheidung des Ersuchenden im Fall der Versagung finden sich in Nr. 188 RiStBV. Soweit die Regelung derjenigen in § 406e entspricht, können die diesbezügliche Rechtsprechung und Literatur ergänzend herangezogen werden.

II. Auskünfte aus Akten an Rechtsanwälte (Abs. 1)

Auskünfte an private Personen oder Stellen können sowohl diesen selbst (Abs. 4, 6
→ Rn. 38), als auch deren Rechtsanwälten[20] erteilt werden. Gegenstand des Ersuchens

---

[8] S. zu Beiheften VG Karlsruhe 16.6.2016 – 3 K 4229/15, BeckRS 2016, 48435.
[9] BT-Drs. 14/1484, 26.
[10] BGH 20.6.2018 – 5 AK (Vs) 112/17, NJW 2018, 3123; OLG Naumburg 27.6.2016 – 1 VAs 2/16, BeckRS 2016, 115167.
[11] Dieterle ZGI 2023, 171 (173 ff.), auch zur Genese der Rspr.
[12] Puschke/Weßlau in SK-StPO Rn. 14; Wittig in BeckOK StPO Rn. 8.
[13] Weßlau FS Hamm, 2008, 841 (847 ff.).
[14] BVerwG 18.12.2019 – 10 B 14/19, BeckRS 2019, 36433.
[15] BT-Drs. 14/1484, 26.
[16] BVerfG 21.3.2002 – 1 BvR 2119/01, NJW 2002, 2307 (2308).
[17] LG Regensburg 3.12.2003 – 1 Qs 124, 125 u. 126/03, NJW 2004, 530.
[18] OLG Köln 16.10.2014 – III-2 Ws 396/14, 2 Ws 396/14, StraFo 2014, 72.
[19] BT-Drs. 14/1484, 29 f.
[20] Zu Rechtsbeiständen ablehnend BVerfG 21.3.2002 – 1 BvR 2119/01, NJW 2002, 2307 (2308); für eine Einbeziehung von Hochschullehrern über eine erweiternde Auslegung von § 138 Abs. 3 Ladiges JR 2013, 295 (296 f.).

können alle Strafverfahrensakten sein (→ Rn. 3). Voraussetzung für die Auskunft ist, dass eine konkrete Interessenabwägung im Einzelfall ergibt, dass das Informationsinteresse des Antragstellers das Geheimhaltungsinteresse der betroffenen Person überwiegt.

7 **1. Privatperson oder sonstige Stelle (Abs. 1 S. 1).** Es handelt sich um eine allgemeine Vorschrift für die Übermittlung an **Private und Stellen, die an dem konkreten Verfahren selbst nicht beteiligt sind,** wie zB Verteidiger in einem anderen Verfahren, Arbeitgeber des Beschuldigten und Insolvenzverwalter.[21] Erfasst sind auch Begehren von Unternehmen, wie zB Versicherungen,[22] von Verbänden oder Einrichtungen[23] sowie von ausländischen öffentlichen Stellen, die nicht § 474 unterfallen.[24]

8 **a) Privatpersonen und Verfahrensbeteiligte.** Für Auskünfte an **beteiligte Private** innerhalb eines Verfahrens sieht die StPO demgegenüber in verschiedenen Normen spezielle Regelungen vor, wie
– in § 147 für den Verteidiger des Beschuldigten,
– in § 385 Abs. 3 für den Privatkläger,
– § 397 für Nebenkläger,
– § 406e für den Verletzten,
– in § 427 Abs. 1 für den Einziehungsbeteiligten,
– in §§ 491, 495 für Betroffene von Datenspeicherungen.

9 Diese speziellen Befugnisse für Verfahrensbeteiligte gehen vor; § 475 ist hier vor Verfahrensabschluss grundsätzlich nicht anwendbar.[25] Eine Sonderrolle nehmen **Zeugen** und ihr anwaltlicher Beistand ein, denen zwar innerhalb des Verfahrens durchaus eine besondere Stellung zukommt, die aber mangels spezieller Regelung gleichwohl Auskunft nach § 475 begehren können.[26] Nach der Rechtsprechung steht dem Beistand dabei kein eigenständiges Recht zu, sondern leitet sich seine Rechtsposition nur aus der des Zeugen ab.[27] Auch der Insolvenzverwalter, der als gerichtlich bestellter Sachverständiger im Insolvenzverfahren tätig wird, ist erfasst.[28]

10 Ebenso stellt die Norm nach zutreffender Auffassung keine Rechtsgrundlage für die Umsetzung des durch Art. 103 Abs. 1 GG garantierten Anspruchs auf Akteneinsicht in strafprozessualen Rechtsbehelfsverfahren dar. Entgegen der wohl überwiegenden Auffassung[29] gilt dies auch für **Rechtsschutz nach § 101 Abs. 7 S. 2,** denn der Antragsteller ist nicht Privatperson im Sinne der Vorschrift, sondern hinsichtlich seines Antrags nach § 101 Abs. 7 S. 2–4 Verfahrensbeteiligter.[30] Bedeutung erlangt die Frage, wenn Drittbetroffene heimlicher Ermittlungsmaßnahmen – die also nicht ohnehin als Verfahrensbeteiligte Akteneinsicht erhalten – Rechtsschutz und die dafür notwendige Akteneinsicht begehren. Der Gesetzgeber hatte die Problematik übersehen und in § 101 Abs. 7 keine diesbezügliche Regelung getroffen. Die wohl überwiegende Auffassung will zur Lösung des Problems § 475 StPO entsprechend anwenden und die Norm im Hinblick auf Art. 103 Abs. 1 GG verfassungskonform ausgelegen (→ Rn. 21).[31] Damit dürften im Ergebnis kaum Abweichungen zu der hier vertretenen Lösung entstehen, den Anspruch auf Akteneinsicht unmittelbar auf Art. 103 Abs. 1 GG zu stützen.

---

[21] LG Mühlhausen 26.9.2005 – 9 Qs 21/05, wistra 2006, 76 (78); Wittig in BeckOK StPO Rn. 1 ff.
[22] Günther VersR 2003, 18 (19 f.).
[23] BT-Drs. 14/1484, 26; zu Betreibern einer Urteilsdatenbank Rostalski/Völkening ZfDR 2021, 27.
[24] Hilger in Löwe/Rosenberg Rn. 3.
[25] Hilger in Löwe/Rosenberg Rn. 3; differenzierend Puschke/Weßlau in SK-StPO Rn. 6 f.
[26] OLG Hamburg 3.1.2002 – 2 Ws 258/01, NJW 2002, 1590 (1591); Gieg in KK-StPO Rn. 1a.
[27] BGH 4.3.2010 – StB 46/09, NStZ-RR 2010, 246; KG 20.12.2007 – (1) 2 BJs 58/06 – 2 (22/07), StV 2010, 298; für originäres Recht Schefer NStZ 2023, 193 (195 f.).
[28] OLG Braunschweig 10.3.2016 – 1 Ws 56/16, NJW 2016, 1834.
[29] BGH 22.9.2009 – StB 38/09, NStZ-RR 2010, 281 (282); Bär in KMR-StPO § 101 Rn. 37.
[30] Singelnstein NStZ 2009, 481 (485 f.).
[31] BGH 22.9.2009 – StB 28/09, BeckRS 2009, 86260; 22.9.2009 – StB 38/09, NStZ-RR 2010, 281 (282); Gieg in KK-StPO Rn. 1b.

b) Medien und Journalisten. Eine zeitweise stärkere Ansicht will auch die Weitergabe von personenbezogenen Informationen an Medien auf deren Ersuchen[32] hin unter § 475 fassen.[33] Sie begründet dies im Wesentlichen damit, dass der Wortlaut dies zulasse und es andernfalls an einer Rechtsgrundlage fehle.[34] Dies vermag nicht zu überzeugen. Zwar haben die Medien gegenüber den Strafverfolgungsbehörden grundsätzlich einen **Auskunftsanspruch** aus Art. 5 Abs. 1 S. 2 GG sowie den entsprechenden Regelungen in den Landespressegesetzen. Die Regelung des § 475 wird dem damit bestehenden Dreiecksverhältnis aus Medien, Staat und Betroffenen und den damit verbundenen Interessen und Grundrechtsdimensionen aber nicht ohne weiteres gerecht.[35]

Vor diesem Hintergrund sieht eine verbreitete Auffassung die Weitergabe von personenbezogenen Informationen an Medien nicht als von § 475 erfasst an.[36] Teilweise wird vertreten, dass hingegen die Regelungen in den Landespressegesetzen die notwendige Rechtsgrundlage darstellen.[37] Wieder andere Autoren wollen jedenfalls die Weitergabe anonymisierter Gerichtsentscheidungen an Fachzeitschriften (→ Rn. 30) unter § 475 fassen.[38] Am sachgerechtesten wäre es, eine Spezialvorschrift zu schaffen, die die besondere Konstellation bei Auskünften an Medien zu berücksichtigen vermag.[39]

Soweit man bis dahin Auskünfte an Medien auf deren Ersuchen unter § 475 fasst, kann dies nur mit **erheblichen Einschränkungen** geschehen. Erstens bezieht sich die Norm nur auf Informationen aus Akten und erfasst also nicht Angelegenheiten der Justizverwaltung.[40] Zweitens ist die vorzunehmende Abwägung eine grundsätzlich andere. Dem RiS der Betroffenen stehen im Fall der Presse nicht alleine einzelne Privatinteressen gegenüber, sondern vor allem die Pressefreiheit und das damit verbundene Interesse der Öffentlichkeit auf Information. Diese wiegen zum einen deutlich schwerer als die Privatinteressen. Auf der anderen Seite führt die damit in Aussicht stehende Verwendung regelmäßig auch zu deutlich intensiveren Beeinträchtigungen des RiS, was im Rahmen der Abwägung der sich gegenüberstehenden Interessen zu berücksichtigen ist (→ Rn. 27 ff.).[41]

2. Berechtigtes Interesse. Das berechtigte Interesse an der Auskunft, das vom Antragsteller darzulegen ist,[42] erfüllt im vorliegenden Kontext **drei Funktionen**. Zunächst ist es Voraussetzung dafür, dass eine Auskunft überhaupt erteilt werden darf. Im Hinblick auf Abs. 1 S. 2 kommt es sodann auch darauf an, welches Gewicht dem Interesse zukommt. Schließlich bestimmt das Interesse auch den Umfang der Auskunft, die ausweislich des Wortlauts („soweit") nur in dem Umfang erteilt werden soll, in dem tatsächlich ein berechtigtes Interesse besteht.[43] Dies ergibt sich aus RiS und Verhältnismäßigkeitsprinzip und führt

---

[32] Aktive Medienarbeit der Behörden ist ohnehin nicht erfasst, Eisele JZ 2014, 932 (936 f.).
[33] OVG Münster 15.11.2000 – 4 E 664/00, NJW 2001, 3803 (aufgegeben durch OVG Münster 4.2.2021 – 4 B 1380/20, BeckRS 2021, 1073); LG München I 24.3.2015 – 7 Qs 5/15, ZD 2015, 483; s. auch LG Berlin 28.6.2001 – 510-AR 4/01, NJW 2002, 838; Becker FG Feigen, 2014, 15 (21 f.); Schmidt/Niedernhuber in Gercke/Temming/Zöller Rn. 9.
[34] Neuling StV 2006, 332 (333).
[35] Lindner StV 2008, 210 (212 f.); Kaerkes JR 2019, 374 (377 ff.); Wittmann VBlBW 2019, 1; s. auch Meier FS Schreiber, 2003, 331 (334); anders für Auskünfte aus Verfahrensakten Mitsch NJW 2010, 3479 (3482).
[36] Wittig in BeckOK StPO Rn. 5; Hilger in Löwe/Rosenberg Rn. 2; Hohmann in Radtke/Hohmann Rn. 1; Matheis, Strafverfahrensänderungsgesetz 1999, 2006, S. 194; Köhler in Meyer-Goßner/Schmitt Rn. 1a; Puschke/Weßlau in SK-StPO Rn. 9 f.
[37] OLG Naumburg 27.6.2016 – 1 Vas 2/16, BeckRS 2016, 115167; Rodenbeck StV 2018, 255 (257); Wittig in BeckOK StPO Rn. 5; s. auch VG Gelsenkirchen 20.5.2019 – 20 K 2021/18, BeckRS 2019, 18681.
[38] LG Berlin 28.6.2001 – 510-AR 4/01, NJW 2002, 838; dagegen Putzke/Zenthöfer NJW 2015, 1777 (1779 f.) unter Hinweis auf die Veröffentlichungspflicht.
[39] Meier FS Schreiber, 2003, 331 (335); Mitsch NJW 2010, 3479 (3482); zu Presseerklärungen Müller GA 2016, 702.
[40] Hilger in Löwe/Rosenberg Rn. 2.
[41] Becker FG Feigen, 2014, 15 (21 f.).
[42] BT-Drs. 14/1484, 27.
[43] BT-Drs. 14/1484, 27.

in der Regel dazu, dass dem Antragsteller nur Auskunft über bestimmte Teile der Akte erteilt werden darf.

15 **a) Allgemeiner Maßstab.** Als berechtigtes Interesse gelten alle nachvollziehbar durch die Sachlage gerechtfertigten **Interessen tatsächlicher, wirtschaftlicher oder ideeller Art,**[44] sofern die Rechtsordnung ihnen nicht in Form eines Verbotes die Anerkennung versagt. Es muss also nicht der Grad des rechtlichen Interesses erreicht sein. Die Gesetzesbegründung nennt als Beispiel die Verfolgung oder Abwehr rechtlicher Ansprüche,[45] die Norm ist aber nicht hierauf beschränkt.

16 **Erfasst** sind daher etwa die Suche nach entlastenden Umständen für einen selbst, die Vorbereitung einer Strafverteidigung einschließlich der Begründung einer Rüge im Revisionsverfahren,[46] die Prüfung bzw. Geltendmachung zivilrechtlicher Ansprüche,[47] die in irgendeinem Zusammenhang mit dem Strafverfahren stehen,[48] das der Pressefreiheit unterfallende Informationsinteresse von Journalisten,[49] das Betreiben eines Informationsdienstes für Rechtsanwälte,[50] das Informationsinteresse von nahen Angehörigen eines Verstorbenen[51] oder ein nicht von § 476 erfasstes wissenschaftliches Interesse.[52] Gleiches kann bei Versicherungen für die Abwehr unberechtigter Ansprüche gelten, wenn die Kenntnis von Verfahrensinhalten für die Prüfung der Eintrittspflicht notwendig ist.[53] **Nicht** schon alleine genügen soll indes, dass die Akte auch personenbezogene Daten des Antragstellers enthält oder dieser zum Kreis der Verletzten zählt.[54]

17 Das **Gewicht** hängt von der Art des geltend gemachten Interesses ab. Es ist grundsätzlich deutlich geringer anzusetzen als das Interesse von Verletzten nach § 406e.[55] Ebenso wiegen bloß berechtigte Interessen deutlich leichter als rechtliche Interessen, die also wegen der Wahrnehmung formal eingeräumter Rechte bestehen.

18 Die **Darlegung** erfordert einen schlüssigen Tatsachenvortrag, der Grund und Intensität des Auskunftsinteresses erkennen lässt, und damit weniger als die Glaubhaftmachung.[56] Formelhafte Behauptungen sind hierfür nicht ausreichend, vielmehr ist im Einzelnen darzulegen, warum und wofür die Auskunft verlangt wird.[57] Allerdings ist zu berücksichtigen, dass der Antragsteller den Akteninhalt noch nicht kennt und seinen Nutzen daher nur prognostisch bewerten kann.

19 **b) Besondere Konstellationen.** Bei **Insolvenzverwaltern** – bezüglich derer die Verletzteneigenschaft iSv § 406e streitig ist[58] – ist danach zu differenzieren, ob sie nach § 80 Abs. 1 InsO für Unternehmen auftreten, oder ob sie als gerichtlich bestellte Sachverständige im Insolvenzverfahren tätig werden. Im letzten Fall haben sie bereits aufgrund

---

[44] Hilger in Löwe/Rosenberg Rn. 5; Matheis, Strafverfahrensänderungsgesetz 1999, 2006, S. 188 ff.; Wittig in BeckOK StPO Rn. 10; Kasuistik bei Puschke/Weßlau in SK-StPO Rn. 19 ff.; s. zu § 406e Riedel/Wallau NStZ 2003, 393 (395 f.).
[45] BT-Drs. 14/1484, 26.
[46] BGH 17.7.2008 – 3 StR 250/08, NStZ 2009, 51 (52); 23.8.2006 – 1 StR 327/06, StV 2008, 295 (296).
[47] LG Hildesheim 6.2.2009 – 25 Qs 1/09, NJW 2009, 3799 (3800); Koch FS Hamm, 2008, 289 (291 ff.), auch zur Kritik daran.
[48] OLG München 27.1.2016 – 2 Ws 79/16, NStZ 2017, 311.
[49] LG München I 24.3.2015 – 7 Qs 5/15, ZD 2015, 483.
[50] LG Berlin 28.6.2001 – 510-AR 4/01, NJW 2002, 838.
[51] LG Bad Kreuznach 26.2.2015 – 2 Qs 19/15, BeckRS 2015, 05687.
[52] LG Bochum 10.11.2004 – 1 AR 16/04, NJW 2005, 999; Hilger in Löwe/Rosenberg Rn. 5.
[53] Günther VersR 2003, 19 (21).
[54] BT-Drs. 14/1484, 26 f.
[55] Der Rechtsausschuss hatte im Gesetzgebungsverfahren vergeblich darauf gedrängt, ein rechtliches statt eines berechtigten Interesses zu fordern, s. BT-Drs. 14/2595, 29.
[56] Hilger in Löwe/Rosenberg Rn. 5.
[57] KG 15.12.2015 – 4 Ws 61/12 – 141 AR 305/12, StraFo 2016, 157; VG Stuttgart 29.9.2022 – 14 K 5332/20, ZD 2023, 629; LG Dresden 6.10.2005 – 3 AR 8/05, StV 2006, 11 (12); LG Kassel 15.10.2004 – 5 AR 18/04, StraFo 2005, 428; Gieg in KK-StPO Rn. 4.
[58] Ablehnend AG Bochum 22.11.2016 – 64 Gs 3370/16, BeckRS 2016, 109785; LG Mühlhausen 26.9.2005 – 9 Qs 21/05, wistra 2006, 76 (78); LG Frankfurt a. M. 15.4.2003 – 5/2 AR 2/03, StV 2003, 495; dafür LG Hildesheim 6.2.2009 – 25 Qs 1/09, NJW 2009, 3799 (3801).

dieser übertragenen Tätigkeit grundsätzlich ein berechtigtes Interesse, dem sogar erhebliches Gewicht zukommt.[59] Handelt der Insolvenzverwalter hingegen für ein Unternehmen und ist als solcher um Mehrung der Masse (§ 80 Abs. 1 InsO) bemüht, etwa durch die Feststellung zivilrechtlicher Ansprüche,[60] so muss er sein berechtigtes Interesse im Einzelfall konkret darlegen und begründen.[61] Ein solches liegt grundsätzlich vor, wenn das insolvente Unternehmen mutmaßlicher Geschädigter der Straftat ist, deren Aufklärung Gegenstand der begehrten Akten ist.[62] Die Auskunft aus den Akten darf im Hinblick auf das RiS aber nicht nur der ohne konkreten Anlass erfolgenden Ausforschung des Beschuldigten dienen.[63]

Ein **Zeuge** hat ohne besondere Umstände kein berechtigtes Interesse iSd Norm, insbesondere nicht daran, die Aussagen anderer Zeugen zu kennen.[64] Ein solches Interesse liegt aber uU vor, wenn ihm selbst die Auferlegung eines Fahrtenbuches durch die Bußgeldbehörde droht.[65] Gleiches hat zu gelten, wenn der Zeuge das Vorliegen eines Auskunftsverweigerungsrechts gem. § 55 zu prüfen hat oder in Frage steht, ob er von einem Zeugnisverweigerungsrecht Gebrauch macht oder ein solches überhaupt besteht.[66] Entgegenstehende Zwecke des Strafverfahrens, insbesondere die Unbefangenheit des Zeugen, sind erst im Rahmen von § 479 Abs. 1 von Bedeutung.[67] Für den **Beistand** wird vertreten, dass er ein eigenes, weitergehendes Recht hat.[68]   20

Sieht man mit der Rechtsprechung § 475 als Rechtsgrundlage für die **Akteneinsicht in Rechtsbehelfsverfahren nach § 101 Abs. 7 S. 2** an (→ Rn. 10), ist dabei ein besonderer Maßstab anzulegen. Zwar haben die Drittbetroffenen heimlicher Ermittlungsmaßnahmen nach der Rechtsprechung kein Recht auf umfassende Akteneinsicht. Der Anspruch auf rechtliches Gehör aus Art. 103 Abs. 1 GG verlangt jedoch die Zurverfügungstellung der vollständigen, ungekürzten Anordnungsbeschlüsse; der Aktenteile und Beweismittel, auf die sich die zu überprüfende Entscheidung stützt; sowie ggf. der Aktenbestandteile, aus denen sich Art und Weise der Durchführung ergeben; außerdem müssen die aus der heimlichen Ermittlungsmaßnahme gewonnenen Erkenntnisse mitgeteilt werden, soweit sie die Person des Antragstellers betreffen.[69] Diese verfassungskonforme Auslegung des Abs. 1 vermittelt dem Antragsteller ein berechtigtes Interesse von solchem Gewicht, dass dieses in der Abwägung mit entgegenstehenden Interessen stets überwiegt.[70] Allerdings soll bei drohender Gefährdung des Untersuchungszwecks die Akteneinsicht nach § 479 Abs. 1 zunächst verwehrt und die Entscheidung über den Rechtsbehelf zurückgestellt werden können (→ § 479 Rn. 10).   21

3. Kein entgegenstehendes schutzwürdiges Interesse (Abs. 1 S. 2). Als weitere Voraussetzung darf die betroffene Person – also diejenige, auf die sich die Daten beziehen, etwa Beschuldigte oder Zeugen – kein schutzwürdiges Interesse an der Versagung der Auskunft haben. Was hierunter genau zu verstehen ist, ist streitig. Nach Vorstellung des   22

---

[59] OLG Dresden 4.7.2013 – 1 Ws 53/13, NZI 2014, 358; OLG Braunschweig 10.3.2016 – 1 Ws 56/16, NJW 2016, 1834 (1834 f.) mAnm Schork NJW 2016, 1835.
[60] Gieg in KK-StPO Rn. 1c.
[61] OLG Köln 16.10.2014 – III-2 Ws 396/14, 2 Ws 396/14, StraFo 2014, 72; LG Frankfurt a. M. 15.4.2003 – 5/2 AR 2/03, StV 2003, 495 (495 f.).
[62] LG Hildesheim 26.3.2007 – 25 Qs 17/06, NJW 2008, 531 (533); LG Mühlhausen 26.9.2005 – 9 Qs 21/05, wistra 2006, 76 (78).
[63] OLG Köln 16.10.2014 – III-2 Ws 396/14, 2 Ws 396/14, StraFo 2014, 72.
[64] BGH 4.3.2010 – StB 46/09, NStZ-RR 2010, 246; Ritscher/Klinge in Satzger/Schluckebier/Widmaier StPO Rn. 6.
[65] LG Kassel 20.12.2002 – 5 AR 13/02, NZV 2003, 437.
[66] Klengel/Müller NJW 2011, 23 (25); Koch FS Hamm, 2008, 289 (295 f.); Meyer-Lohkamp/Block StraFo 2011, 86 (87).
[67] So auch KG 20.12.2007 – (1) 2 BJs 58/06 – 2 (22/07), StV 2010, 298 (299); anders wohl BGH 4.3.2010 – StB 46/09, NStZ-RR 2010, 246.
[68] Schefer NStZ 2023, 193 (195 ff.).
[69] BGH 22.9.2009 – StB 38/09, NStZ-RR 2010, 281 (282); Singelnstein NStZ 2009, 481 (485 f.).
[70] BGH 22.9.2009 – StB 28/09, BeckRS 2009, 86260.

Gesetzgebers ist dies der Fall, wenn das berechtigte Interesse der betroffenen Person das berechtigte Interesse des privaten Antragstellers überwiegt.[71] Der Wortlaut ist insofern allerdings nicht eindeutig. Daher gehen zahlreiche Autoren mit guten Argumenten und im Vergleich mit § 406e Abs. 2 S. 1[72] davon aus, dass bereits das Bestehen eines schutzwürdigen entgegenstehenden Interesses und damit eines Interessenkonflikts zur Versagung führen muss.[73] Die Rechtsprechung tendiert dazu, innerhalb der Feststellung der Schutzwürdigkeit der Interessen eine Abwägung zwischen sich gegenüberstehenden Interessen vorzunehmen.[74]

23   a) **Schutzwürdige Interessen.** Als entgegenstehendes schutzwürdiges Interesse kommt jedenfalls in Betracht, dass es sich um besonders sensible Daten handelt, wie solche aus der Intimsphäre, Geschäfts- und Betriebsgeheimnisse oder solche mit Bezug zum Steuergeheimnis.[75] Gleiches gilt für Grundrechte wie etwa Art. 12 Abs. 1 GG.[76] Die Kategorie ist jedoch keineswegs auf derart schwerwiegende Interessen beschränkt. Zwar reicht die informationelle Selbstbestimmung als Interesse alleine nicht aus, da § 475 als Rechtsgrundlage gerade Eingriffe in selbige gestattet. Jedoch ist der Umstand zu berücksichtigen, dass die in Rede stehenden Daten grundrechtlich geschützt sind. Vor diesem Hintergrund kann jeder Umstand, der über die informationelle Selbstbestimmung als solche hinausgeht, als schutzwürdiges Interesse Eingang in die Interessenabwägung finden. Hierzu gehören auch die Unschuldsvermutung, das Resozialisierungsziel und die Vermeidung von Bloßstellungen.[77] Ebenso ist zu berücksichtigen, wenn Daten unbeteiligter Drittbetroffener in Rede stehen.[78]

24   Nach diesem Maßstab kommen für eine Auskunft grundsätzlich nur rechtmäßig erhobene und gespeicherte Daten in Betracht.[79] Wurden die **Daten rechtswidrig erhoben,** hat die betroffene Person ein schutzwürdiges Interesse daran, dass die damit verbundene Grundrechtsverletzung nicht durch eine Weitergabe der Daten an private Dritte weiter vertieft wird (→ Vor § 474 Rn. 55 ff.). Ebenso nimmt das Interesse an einer Versagung nach dem rechtskräftigen Abschluss des Verfahrens im Laufe der Zeit zu. In Fällen der Nichtverurteilung oder bei der Verhängung nur leichter Sanktionen ist zudem die weitergehende Grenze des § 479 Abs. 3 zu beachten.

25   Für die Bemessung des **Gewichts des Interesses** ist von Belang, in welcher Phase sich das Strafverfahren befindet, ob also etwa nur ein Ermittlungsverfahren eingeleitet ist und die Vorwürfe daher noch nicht bekannt sind, ob bereits ein hinreichender Tatverdacht festgestellt wurde oder ob diese Vorwürfe bereits in öffentlicher Hauptverhandlung erörtert wurden.[80] Bei Drittbetroffenen heimlicher Ermittlungsmaßnahmen ist zu fragen, ob diese überhaupt schon Kenntnis von den Eingriffen haben.[81]

---

[71] BT-Drs. 14/1484, 27; so auch Gieg in KK-StPO Rn. 6; Haertlein ZZP 2001, 411 (462).
[72] Zum dortigen Maßstab Riedel/Wallau NStZ 2003, 393 (396 f.).
[73] Hilger in Löwe/Rosenberg Rn. 7; Koch FS Hamm, 2008, 289 (297); Matheis, Strafverfahrensänderungsgesetz 1999, 2006, S. 196 f.; Wittig in BeckOK StPO Rn. 12; s. auch KG 15.12.2015 – 4 Ws 61/12 – 141 AR 305/12, StraFo 2016, 157; LG Dresden 6.10.2005 – 3 AR 8/05, StV 2006, 11 (13).
[74] Verfassungsgericht des Landes Brandenburg 15.4.2010 – 37/09, LKV 2010, 476; LG Hamburg 28.10.2021 – 625 Qs 21/21 OWi, ZD 2022, 625; LG München I 24.3.2015 – 7 Qs 5/15, ZD 2015, 483; LG Mühlhausen 26.9.2005 – 9 Qs 21/05, wistra 2006, 76 (78); LG Bochum 10.11.2004 – 1 AR 16/04, NJW 2005, 999; LG Frankfurt a. M. 15.4.2003 – 5/2 AR 2/03, StV 2003, 495 (496); s. auch OLG Braunschweig 10.3.2016 – 1 Ws 56/16, NJW 2016, 1834 (1835) zum Insolvenzverfahren; so auch Puschke/Weßlau in SK-StPO Rn. 16; Zöller, Informationssysteme und Vorfeldmaßnahmen von Polizei, Staatsanwaltschaft und Nachrichtendiensten, 2002, S. 204 f.
[75] Hilger in Löwe/Rosenberg Rn. 6; Hohmann in Radtke/Hohmann Rn. 6.
[76] LG Hamburg 28.10.2021 – 625 Qs 21/21 OWi, ZD 2022, 625.
[77] KG 15.12.2015 – 4 Ws 61/12 – 141 AR 305/12, StraFo 2016, 157; Hilger in Löwe/Rosenberg Rn. 6; Puschke/Weßlau in SK-StPO Rn. 23.
[78] S. allg. zu TKÜ-Daten etwa OLG Celle 24.7.2015 – 2 Ws 116/15, NStZ 2016, 305 (306).
[79] S. LG Mühlhausen 26.9.2005 – 9 Qs 21/05, wistra 2006, 76 (77) zu Unterlagen von Berufsgeheimnisträgern im Fall des § 406e.
[80] LG Dresden 6.10.2005 – 3 AR 8/05, StV 2006, 11 (13); LG Frankfurt a. M. 15.4.2003 – 5/2 AR 2/03, StV 2003, 495 (496); Koch FS Hamm, 2008, 289 (292 f.); Puschke/Weßlau in SK-StPO Rn. 23.
[81] S. allg. zu TKÜ-Daten etwa OLG Celle 24.7.2015 – 2 Ws 116/15, NStZ 2016, 305 (306).

Begehrt der Antragsteller Auskunft zur Verfolgung **zivilrechtlicher Ansprüche,** die 26 mit der in dem Strafverfahren gegenständlichen Tat nur in einem mittelbaren Zusammenhang stehen, weil es sich um eine andere prozessuale Tat handelt, überwiegen in der Regel die entgegenstehenden Interessen der betroffenen Person.[82]

b) Maßstab bei Auskünften zu publizistischen Zwecken. Ein besonderer Maßstab 27 ist bei **Auskünften gegenüber Journalisten, Medien und Informationsdiensten** anzulegen, die von der Rechtsprechung unter § 475 gefasst werden (→ Rn. 11 ff.), da dem RiS der betroffenen Person hier nicht nur private Interessen eines Einzelnen gegenüberstehen.[83] Vor diesem Hintergrund wägt die Rechtsprechung hier jeweils im Einzelfall das Informationsinteresse der Öffentlichkeit und dessen Bedeutung umfassend mit den privaten Interessen der betroffenen Person ab.[84] Nach einer teilweise vertretenen Auffassung soll hingegen aus grundrechtlicher Sicht dem Allgemeinen Persönlichkeitsrecht der Betroffenen ein grundsätzlicher Vorrang vor den Belangen der Presse zukommen, da in der ersten Beziehung die Abwehrfunktion der Grundrechte betroffen ist, hinsichtlich der Presse aber die Leistungsdimension.[85]

Der nach der Rechtsprechung bei der **Abwägung anzulegende Maßstab** ähnelt dem, 28 der bei den Auskunftsregelungen der Landespressegesetze Anwendung findet. Je intensiver das Persönlichkeitsrecht der Betroffenen durch die Auskunft beeinträchtigt würde, umso schwerwiegender muss das öffentliche Informationsinteresse sein, damit die privaten Interessen der Auskunft nicht entgegenstehen und umgekehrt.[86] Beschuldigte, mutmaßliche Opfer und Zeugen haben dabei ein grundsätzlich höher zu gewichtendes Anonymitätsinteresse als Richter, Staatsanwälte oder Sachverständige.[87]

Die Bedeutung des RiS kann dabei grundsätzlich dadurch verringert werden, dass 29 Urteilsabschriften und vergleichbare Unterlagen **anonymisiert** werden.[88] Dies gilt lediglich dann ausnahmsweise nicht, wenn die Betroffenen bzw. das in Rede stehende Verfahren so prominent sind, dass auch im Fall der Anonymisierung unschwer erkennbar ist, um wen es sich handelt.[89]

Besonderheiten gelten für **Urteilsabschriften in anonymisierter Form.** Bezüg- 30 lich veröffentlichungswürdiger Entscheidungen ergibt sich aus Pressefreiheit und Rechtsstaatsprinzip eine Publikationspflicht auch schon vor Rechtskraft, so dass Journalisten grundsätzlich einen Anspruch auf Übermittlung solcher Abschriften haben.[90] Teilweise wird mit guten Argumenten vertreten, dass dies auch über den Kreis der Medien hinaus für jeden Bürger gilt.[91] So sind jedenfalls die Zivilgerichte nach Rechtsprechung des BGH sogar verpflichtet, die Entscheidungen anonymisiert zu veröffentlichen.[92] Es ist davon auszugehen, dass diese Pflicht alsbald auch für andere Rechtsgebiete gelten wird. Entgegen teilweise vertretener Auffassung ist hierfür gleichwohl eine einfachgesetzliche Rechtsgrundlage erforderlich, da die Anonymisierung in der Regel nicht vollumfänglich erfolgt und die Informationen mitunter noch personenbeziehbar sind. Dem entsprechend lehnt die neuere Rechtsprechung einen Anspruch eines Dritten auf Veröffentlichung

---

[82] Grau/Blechschmidt/Frick NStZ 2010, 662 (669).
[83] S. schon LG Berlin 28.6.2001 – 510-AR 4/01, NJW 2002, 838 (838 f.).
[84] BVerwG 1.10.2014 – 6 C 35/13, NJW 2015, 807 (808 ff.); VGH Mannheim 11.9.2013 – 1 S 509/13, DVBl 2014, 101; LG München I 24.3.2015 – 7 Qs 5/15, ZD 2015, 483.
[85] Lindner StV 2008, 210 (213 ff.).
[86] VGH Mannheim 11.9.2013 – 1 S 509/13, DVBl 2014, 101; LG München I 24.3.2015 – 7 Qs 5/15, ZD 2015, 483; Neuling StV 2008, 387 (390).
[87] Meier FS Schreiber, 2003, 331 (337 ff.), auch zu weiteren Aspekten der Abwägung.
[88] Schmidt/Niedernhuber in Gercke/Temming/Zöller Rn. 13.
[89] LG Berlin 28.6.2001 – 510-AR 4/01, NJW 2002, 838 (839); LG München I 24.3.2015 – 7 Qs 5/15, ZD 2015, 483.
[90] BVerfG 14.9.2015 – 1 BvR 857/15, NJW 2015, 3708 (3709 f.); BVerwG 1.10.2014 – 6 C 35/13, NJW 2015, 807 (808 ff.); Überblick dazu bei Kaerkes JR 2019, 374 (377 ff.); Popp ZD 2021, 501.
[91] Putzke/Zenthöfer NJW 2015, 1777 (1779 f.), dagegen BGH 20.6.2018 – 5 AR (Vs) 112/17, NJW 2018, 3123; OLG München 27.1.2016 – 2 Ws 79/16, NStZ 2017, 311.
[92] BGH 5.4.2017 – IV AR (VZ) 2/16, NJW 2017, 1819.

strafgerichtlicher Entscheidungen in Datenbanken aus § 475 ab.[93] Sieht man mit der Gegenauffassung die Rechtsgrundlage in § 475, folgt aus den genannten Prinzipien und dem oben allgemein dargelegten Maßstab (→ Rn. 15 ff.) notwendig, dass bei anonymisierten Urteilsabschriften grundsätzlich das Informationsinteresse der Öffentlichkeit überwiegt und das Ermessen der ersuchten Stelle entsprechend eingeschränkt ist.[94] Das Gebot bzw. Erfordernis der Anonymisierung bezieht sich in der Regel nur auf Angeklagte, Zeugen und vergleichbare Verfahrensbeteiligte, bezüglich derer grundsätzlich kein Anspruch auf Kenntnis der Person besteht.[95] Die an dem Verfahren beteiligten Richter, Staatsanwälte und Verteidiger sind hingegen in der Regel zu nennen, da die Schutzintensität von deren Persönlichkeitsrecht aufgrund ihrer Position herabgesetzt ist.[96] Ebenso sind über die Anonymisierung hinausgehende inhaltliche Kürzungen der Abschriften nur in besonderen Ausnahmefällen zulässig und einzeln zu begründen.[97]

31 **4. Entscheidung.** Vor der Entscheidung und der Übermittlung ist den Betroffenen – also den Personen, auf die sich die personenbezogenen Daten beziehen, die Gegenstand der Auskunft sein sollen – wegen der damit verbundenen Grundrechtseingriffe **rechtliches Gehör** zu gewähren.[98]

32 Sodann sind auf der Ebene des Tatbestands die dargestellten widerstreitenden Interessen im Einzelfall sorgfältig und konkret **gegeneinander abzuwägen.**[99] Dabei ist auch zu berücksichtigen, ob der Interessenkonflikt entschärft werden kann, etwa durch Beschränkung der Beauskunftung, die Ausnahme besonders sensibler Aktenbestandteile oder die Anonymisierung bestimmter Daten.[100] Weiterhin sind die Grenzen des § 479 Abs. 1, 2 und 3 zu beachten.

33 Fällt die Abwägung zugunsten der Auskunftserteilung aus, steht die Entscheidung über die Erteilung oder Versagung der Auskunft im pflichtgemäßen **Ermessen** der übermittelnden Stelle, wenngleich sich bei Vorliegen des Tatbestandes nur selten ein Entscheidungsspielraum zeigen wird. Die Auskunftserteilung ist im Hinblick auf den Eingriff in das RiS und aus Gründen der Verhältnismäßigkeit auf das **Maß zu beschränken,** das für die Verfolgung des dargelegten berechtigten Interesses erforderlich ist. Dies führt in der Regel dazu, dass Auskunft nicht über den gesamten Umfang der Akten, sondern nur über einzelne Teile erteilt wird.[101] Ebenso ist grundsätzlich und unabhängig von dem damit verbundenen Aufwand eine Anonymisierung vorzunehmen, wenn die Kenntnis personenbezogener Daten für den verfolgten Zweck nicht erforderlich ist. Dies gilt etwa bei der Übersendung von Urteilsabschriften an Fachzeitschriften.[102]

34 Die Auskünfte können nach § 478 auch in der Form von Ablichtungen erfolgen.

III. Akteneinsicht durch Rechtsanwälte (Abs. 2, 3)

35 Ähnlich wie bei § 474 Abs. 3 (dort → Rn. 25 ff.) kann den Rechtsanwälten unter bestimmten Voraussetzungen statt der Auskunft auch Akteneinsicht gewährt werden. Dies

---

[93] BayObLG 20.7.2022 – 203 VAs 139/22, StV 2023, 590; 10.5.2021 – 203 VAs 82/21, StraFo 2022, 29.
[94] LG Berlin 28.6.2001 – 510-AR 4/01, NJW 2002, 838 (839); Haertlein ZZP 2001, 411 (462); Mensching AfP 2007, 536 (537 f.); s. auch BVerfG 14.9.2015 – 1 BvR 857/15, NJW 2015, 3708 (3709 f.); Putzke/Zenthöfer NJW 2015, 1777 (1779 f.).
[95] LG München I 24.3.2015 – 7 Qs 5/15, ZD 2015, 483.
[96] BVerwG 1.10.2014 – 6 C 35/13, NJW 2015, 807 (808 ff.); VGH Mannheim 11.9.2013 – 1 S 509/13, DVBl 2014, 101.
[97] Putzke/Zenthöfer NJW 2015, 1777 (1780 f.).
[98] BVerfG 26.10.2006 – 2 BvR 67/06, NJW 2007, 1052; KG 15.12.2015 – 4 Ws 61/12 – 141 AR 305/12, StraFo 2016, 157; Hohmann in Radtke/Hohmann Rn. 9 f.; Koch FS Hamm, 2008, 289 (298 f.).
[99] VerfGH Berlin 10.2.2009 – 132/08, 132 A/08, BeckRS 2009, 139627; Verfassungsgericht des Landes Brandenburg 15.4.2010 – 37/09, LKV 2010, 476.
[100] LG Hamburg 28.10.2021 – 625 Qs 21/21 OWi, ZD 2022, 625; Hilger in Löwe/Rosenberg Rn. 6.
[101] BVerfG 26.10.2006 – 2 BvR 67/06, NJW 2007, 1052; LG Bochum 10.11.2004 – 1 AR 16/04, NJW 2005, 999; Grau/Blechschmidt/Frick NStZ 2010, 662 (669).
[102] LG Berlin 28.6.2001 – 510-AR 4/01, NJW 2002, 838 (839).

ist jedoch als **Ausnahme** ausgestaltet, um die Übermittlung auf das notwendige Maß zu beschränken. Neben dem Vorliegen der Voraussetzungen des Abs. 1 – die Interessenabwägung muss sich dabei neben der Auskunft auch auf die Akteneinsicht beziehen – muss die Auskunft einen unverhältnismäßigen Aufwand für die zuständige Stelle bedeuten oder darf sie nach Darlegung des Antragstellers für die Wahrnehmung des berechtigten Interesses nicht ausreichen.

Bei der auch an dieser Stelle erforderlichen Ermessensentscheidung muss sich die 36 ersuchte Stelle insbesondere auch damit auseinandersetzen, ob und warum der Auskunftserteilung, die sich auf einzelne Teile der Akte beschränken lässt, als milderes Mittel nicht Vorrang vor der Akteneinsicht eingeräumt werden muss.[103] Akteneinsicht soll grundsätzlich nur in dem für die jeweiligen Zwecke erforderlichen Umfang gewährt werden (Nr. 186 Abs. 1 RiStBV).[104] Einer besonders eingehenden Prüfung bedürfen nach Nr. 186 Abs. 2 RiStBV Aktenbestandteile mit besonders sensiblen Daten, die gesondert geheftet werden sollten.

Gemäß Abs. 3 können auch amtlich verwahrte Beweisstücke besichtigt werden. Nach 37 § 32f Abs. 2 S. 3 werden dem Anwalt die Akten auf besonderen Antrag mitgegeben (so auch schon § 475 Abs. 3 S. 2 aF). Die Mitgabe der Akten ist ausgeschlossen, wenn wichtige Gründe entgegenstehen, etwa wenn die StA die Akten selbst benötigt und ausnahmsweise keine Doppelakten angefertigt werden können.[105] Nach Nr. 187 Abs. 2 RiStBV „sollen" die Akten grundsätzlich mitgegeben oder übersandt werden, die Versagung soll also die Ausnahme sein.

IV. Auskünfte ohne Rechtsanwalt (Abs. 4)

Die private Person oder Stelle kann nach Abs. 4 auch ohne Hinzuziehung eines Rechts- 38 anwalts unter den genau gleichen Voraussetzungen Auskunft aus den Akten verlangen. Lediglich die weitergehenden Möglichkeiten der Abs. 2 und 3 sind in diesem Fall nicht eröffnet.[106] Anders als den Rechtsanwalt trifft den Privaten in diesem Fall keine Verantwortung zur Prüfung der Zulässigkeit nach § 479 Abs. 4. Die erforderliche Ermessensentscheidung folgt dem gleichen Maßstab wie bei Abs. 1, hat also auch die Grenzen aus § 479 Abs. 1, 2, 3 und § 480 Abs. 2 zu berücksichtigen.

V. Rechtsbehelfe

Im Fall der Versagung von Auskunft und/oder Akteneinsicht stehen dem Privaten die 39 in § 480 Abs. 1, 3 vorgesehenen Rechtsbehelfe zur Verfügung. In gleicher Weise kann die betroffene Person gegen eine stattgebende Entscheidung vorgehen, wobei auch vorbeugender und nachträglicher Rechtsschutz möglich sind.[107] Der Rechtsweg nach §§ 23 ff. EGGVG ist dementsprechend nicht eröffnet.

Im Fall der Persönlichkeitsrechtsverletzung durch amtspflichtwidrige Medienauskünfte 40 kommt zudem eine Amtshaftungsklage in Betracht.[108]

§ 476 Auskünfte und Akteneinsicht zu Forschungszwecken

(1) ¹Die Übermittlung personenbezogener Daten in Akten an Hochschulen, andere Einrichtungen, die wissenschaftliche Forschung betreiben, und öffentliche Stellen ist zulässig, soweit
1. dies für die Durchführung bestimmter wissenschaftlicher Forschungsarbeiten erforderlich ist,

---
[103] Gieg in KK-StPO Rn. 5.
[104] Hilger in Löwe/Rosenberg Rn. 10.
[105] Vgl. Hilger in Löwe/Rosenberg Rn. 11; Hohmann in Radtke/Hohmann Rn. 7 zu § 475 aF.
[106] Ritscher/Klinge in Satzger/Schluckebier/Widmaier StPO Rn. 16.
[107] LG Kassel 15.10.2004 – 5 AR 18/04, StraFo 2005, 428; Koch FS Hamm, 2008, 289 (299 f.).
[108] Neuling StV 2006, 332.

2. eine Nutzung anonymisierter Daten zu diesem Zweck nicht möglich oder die Anonymisierung mit einem unverhältnismäßigen Aufwand verbunden ist und
3. das öffentliche Interesse an der Forschungsarbeit das schutzwürdige Interesse des Betroffenen an dem Ausschluss der Übermittlung erheblich überwiegt.

²Bei der Abwägung nach Satz 1 Nr. 3 ist im Rahmen des öffentlichen Interesses das wissenschaftliche Interesse an dem Forschungsvorhaben besonders zu berücksichtigen.

(2) ¹Die Übermittlung der Daten erfolgt durch Erteilung von Auskünften, wenn hierdurch der Zweck der Forschungsarbeit erreicht werden kann und die Erteilung keinen unverhältnismäßigen Aufwand erfordert. ²Andernfalls kann auch Akteneinsicht gewährt werden. ³Die Akten, die in Papierform vorliegen, können zur Einsichtnahme übersandt werden.

(3) ¹Personenbezogene Daten werden nur an solche Personen übermittelt, die Amtsträger oder für den öffentlichen Dienst besonders Verpflichtete sind oder die zur Geheimhaltung verpflichtet worden sind. ²§ 1 Abs. 2, 3 und 4 Nr. 2 des Verpflichtungsgesetzes findet auf die Verpflichtung zur Geheimhaltung entsprechende Anwendung.

(4) ¹Die personenbezogenen Daten dürfen nur für die Forschungsarbeit verwendet werden, für die sie übermittelt worden sind. ²Die Verwendung für andere Forschungsarbeiten oder die Weitergabe richtet sich nach den Absätzen 1 bis 3 und bedarf der Zustimmung der Stelle, die die Übermittlung der Daten angeordnet hat.

(5) ¹Die Daten sind gegen unbefugte Kenntnisnahme durch Dritte zu schützen. ²Die wissenschaftliche Forschung betreibende Stelle hat dafür zu sorgen, dass die Verwendung der personenbezogenen Daten räumlich und organisatorisch getrennt von der Erfüllung solcher Verwaltungsaufgaben oder Geschäftszwecke erfolgt, für die diese Daten gleichfalls von Bedeutung sein können.

(6) ¹Sobald der Forschungszweck es erlaubt, sind die personenbezogenen Daten zu anonymisieren. ²Solange dies noch nicht möglich ist, sind die Merkmale gesondert aufzubewahren, mit denen Einzelangaben über persönliche oder sachliche Verhältnisse einer bestimmten oder bestimmbaren Person zugeordnet werden können. ³Sie dürfen mit den Einzelangaben nur zusammengeführt werden, soweit der Forschungszweck dies erfordert.

(7) ¹Wer nach den Absätzen 1 bis 3 personenbezogene Daten erhalten hat, darf diese nur veröffentlichen, wenn dies für die Darstellung von Forschungsergebnissen über Ereignisse der Zeitgeschichte unerlässlich ist. ²Die Veröffentlichung bedarf der Zustimmung der Stelle, die die Daten übermittelt hat.

(8) Ist der Empfänger eine nichtöffentliche Stelle, finden die Vorschriften der Verordnung (EU) 2016/679 und des Bundesdatenschutzgesetzes auch dann Anwendung, wenn die personenbezogenen Daten nicht automatisiert verarbeitet werden und nicht in einem Dateisystem gespeichert sind oder gespeichert werden.

Schrifttum: Siehe Vor § 474.

Übersicht

	Rn.		Rn.
I. Allgemeines	1	2. Voraussetzungen gemäß Abs. 1	8
II. Übermittlung der Daten	5	3. Form der Übermittlung (Abs. 2), Empfangspersonen (Abs. 3)	12
1. Berechtigte Stellen	6		

		Rn.			Rn.
III.	Zweckbindung (Abs. 4)	15	V.	Veröffentlichung (Abs. 7)	20
IV.	Schutzmaßnahmen (Abs. 5, 6)	17	VI.	Rechtsbehelfe und Sonstiges	22

I. Allgemeines

Die Vorschrift regelt die Übermittlung personenbezogener Daten aus Strafverfahrensakten (→ § 474 Rn. 4) zum Zweck wissenschaftlicher Forschung. Diese kann unter den Voraussetzungen des Abs. 1 im Wege von Auskunft oder Akteneinsicht erfolgen und bedeutet eine **Zweckumwidmung** (→ Vor § 474 Rn. 19 ff.). Die Norm stellt somit auch die im Hinblick auf das RiS erforderliche **Rechtsgrundlage** für die Verwendung zu Forschungszwecken bereit. Eine allgemeinere Regelung dazu findet sich bereits in § 50 BDSG. Darüber hinaus beinhaltet die Norm nach zutreffender Auffassung auch eine Anspruchsgrundlage für die Forschenden, die auf die Daten angewiesen sind und deren Position durch das GG geschützt wird,[1] und vermittelt diesen jedenfalls einen Anspruch auf ermessensfehlerfreie Entscheidung. Nach § 487 Abs. 2 S. 1, Abs. 4 können bei Vorliegen der hiesigen Übermittlungsvoraussetzungen auch Auskünfte aus Strafverfahrensdateien erteilt oder Daten aus Dateien übermittelt werden. 1

Wie auch sonst im Achten Buch (→ Vor § 474 Rn. 55 ff.) erfasst die Norm mangels einer dahingehend differenzierenden Regelung nur rechtmäßig erhobene Daten,[2] da die Übermittlung rechtswidrig erhobener Daten eine Vertiefung der Grundrechtsverletzung bedeuten würde und daher einer spezifischen Rechtsgrundlage bedürfte. 2

Die Vorschrift geht als **bereichsspezifische Regelung** den entsprechenden Vorschriften der Datenschutzgesetze vor.[3] Sie gilt auch für Sozialdaten, die rechtmäßig für Strafverfahren übermittelt wurden. § 78 Abs. 4 SGB X ordnet insofern an, dass die §§ 476, 487 Abs. 4 dem § 75 SGB X vorgehen. § 186 StVollzG ordnet die entsprechende Geltung der Norm für den Bereich des Strafvollzuges an. 3

Daneben gelten für die Übermittlung die Grenzen des § 479 Abs. 1, 2, 3 sowie für beigezogene Akten § 480 Abs. 2; die Verantwortlichkeit für die Prüfung der Zulässigkeit regelt § 479 Abs. 4. Die Zuständigkeit für die Entscheidung über die Übermittlung bestimmt sich nach § 480 (→ § 480 Rn. 4). Soweit die Regelungen der Norm (nur) dem Persönlichkeitsschutz der Betroffenen dienen, kann eine Gestattung der Übermittlung auch im Wege der Einwilligung erreicht werden, was indes kaum einmal praktikabel sein dürfte, weshalb der Antragsteller nicht darauf verwiesen werden darf.[4] 4

II. Übermittlung der Daten

Abs. 1 sieht entsprechend dem abweichenden Verwendungszweck eigenständige, von den §§ 474, 475 abweichende Voraussetzungen für eine Übermittlung personenbezogener Daten vor, die vergleichsweise streng ausgestaltet sind. 5

1. Berechtigte Stellen. Abs. 1 benennt abschließend die Stellen, an die nach § 476 eine Übermittlung zu Forschungszwecken erfolgen kann. Neben Hochschulen einschließlich Fachhochschulen sind zum einen sonstige Einrichtungen berechtigt, die **wissenschaftliche Forschung** betreiben. Letzteres meint sowohl Eigen- als auch Auftragsforschung, die aber in jedem Fall unabhängig sein muss.[5] Erfasst sind daher sowohl öffentliche als auch private Forschungseinrichtungen, die diesen Anforderungen genügen.[6] Zum anderen ist 6

---

[1] Puschke/Weßlau in SK-StPO Rn. 1 ff.
[2] S. auch Wittig in BeckOK StPO Rn. 1; differenzierend Hilger in Löwe/Rosenberg Rn. 4.
[3] Hohmann in Radtke/Hohmann Rn. 1.
[4] Graalmann-Scheerer NStZ 2005, 434 (436); Hilger in Löwe/Rosenberg Rn. 8.
[5] BT-Drs. 14/1484, 27; Schmidt/Niedernhuber in Gercke/Temming/Zöller Rn. 2; Puschke/Weßlau in SK-StPO Rn. 7.
[6] Graalmann-Scheerer NStZ 2005, 434 (435); Ritscher/Klinge in Satzger/Schluckebier/Widmaier StPO Rn. 2.

die Übermittlung auch an öffentliche Stellen zulässig, wenn sie die Daten zu Forschungszwecken benötigen.[7]

7   Nicht einheitlich behandelt werden in der Praxis Promotionsvorhaben. Bei diesen wird häufig danach unterschieden, ob der Antrag durch den Promovenden selbst (dann Beurteilung nach § 475)[8] oder durch den betreuenden Hochschullehrer gestellt wird (dann § 476).[9] Infolgedessen erfahren die Anträge eine grundlegend andere Behandlung, obwohl sich aus der in der Form divergierenden Antragstellung in der Sache zumeist kaum weitergehende Unterschiede ergeben.

8   **2. Voraussetzungen gemäß Abs. 1.** Die Übermittlung ist nur bei kumulativem Vorliegen der drei in Abs. 1 vorgesehenen Voraussetzungen zulässig. Dies ist von den Antragstellern darzulegen. Dabei ist insbesondere auszuführen, welches Thema das Vorhaben hat, welche Daten hierfür genau benötigt werden, wie diese aus den Akten zu gewinnen sind und warum eine Übermittlung anonymisierter Daten nicht genügt sowie welcher Personenkreis Zugang zu den Daten haben wird.[10] Für die Prüfung des Vorliegens der Voraussetzungen ist demnach in der Regel die Vorlage eines detaillierten Forschungsplans erforderlich.[11]

9   Nr. 1 verlangt zunächst, dass die Übermittlung der Daten für die Durchführung des Forschungsvorhabens **erforderlich** (allg. → Vor § 474 Rn. 19 ff.) ist. Das verlangt nicht, dass das Vorhaben ohne selbige nicht durchgeführt werden könnte; es genügt, wenn die Durchführung erschwert wäre.[12] In Nr. 2 wird – obwohl im Prinzip bereits von Nr. 1 erfasst – noch einmal konkret vorausgesetzt, dass eine **Nutzung anonymisierter Daten nicht möglich** oder unverhältnismäßig aufwändig wäre. Letzteres dürfte bei größeren Forschungsvorhaben regelmäßig der Fall sein.[13]

10 Die **Abwägung nach Nr. 3** muss schließlich – wenig forschungsfreundlich[14] – ein erhebliches Überwiegen des öffentlichen Interesses an dem konkreten Forschungsprojekt ergeben, wobei gemäß S. 2 das wissenschaftliche Interesse besonders gewichtig ist. Konkret ist zwischen dem RiS derjenigen Personen, deren Daten betroffen sind, und der Freiheit von Wissenschaft und Forschung aus Art. 5 Abs. 3 GG abzuwägen.[15] Dabei liegt die Erlangung von Forschungsergebnissen nicht nur im Interesse der Forschenden, sondern grds. auch im öffentlichen Interesse, wobei Zweck und Bedeutung des Vorhabens zu berücksichtigen sind.[16] Anderes gilt hingegen für methodisch unzulängliche Vorhaben oder solche, die nicht vorrangig dem Erkenntnisfortschritt, sondern etwa als Instrument im wirtschaftlichen Wettbewerb dienen sollen.[17] Keine Rolle als der Forschung entgegenstehende Belange spielen hingegen die Arbeitsbelastungen der StA, die bei der Abwägung außen vor zu bleiben haben, sowie – bereits wegen Art. 5 Abs. 3 GG – inhaltliche Vorlieben oder Abneigungen der entscheidenden Behörde bezüglich des Gegenstands der Forschung.[18] Die abzuwägenden Interessen der Betroffenen sind jeweils für den konkreten Einzelfall festzustellen, etwa durch Anhörung; mindestens müssen die mutmaßlichen Interessen anhand der Akten untersucht werden.[19]

11 Es handelt sich um eine **Ermessensentscheidung,** die bei Vorliegen der Voraussetzungen anhand der Kriterien des Einzelfalls zu treffen ist. Negativ auswirken kann sich bspw., dass es sich um ein vorbereitendes Verfahren oder ein Verfahren mit sicherheitsrelevanten Bezügen handelt (Nr. 189 Abs. 1 RiStBV). Den Vorstellungen des Gesetzgebers zufolge

---

[7] Wittig in BeckOK StPO Rn. 2.
[8] Dagegen Puschke/Weßlau in SK-StPO Rn. 8.
[9] Graalmann-Scheerer NStZ 2005, 434 (435); Hilger in Löwe/Rosenberg Rn. 3.
[10] BT-Drs. 14/1484, 27.
[11] Graalmann-Scheerer NStZ 2005, 434 (435).
[12] Hilger in Löwe/Rosenberg Rn. 4; Puschke/Weßlau in SK-StPO Rn. 9.
[13] Hilger in Löwe/Rosenberg Rn. 4a.
[14] S. zur Kritik etwa Haertlein ZZP 2001, 441 (463 ff.).
[15] Graalmann-Scheerer NStZ 2005, 434 (436); Wittig in BeckOK StPO Rn. 7.
[16] Hilger in Löwe/Rosenberg Rn. 5.
[17] BT-Drs. 14/1484, 27; Hohmann in Radtke/Hohmann Rn. 5.
[18] Graalmann-Scheerer NStZ 2005, 434 (436); Puschke/Weßlau in SK-StPO Rn. 13 f.
[19] Hilger in Löwe/Rosenberg Rn. 6; Puschke/Weßlau in SK-StPO Rn. 12 f.

kann sie daher auch ohne weiteres mit Auflagen verbunden werden,[20] die aber natürlich der Konkretisierung der Regelungen des § 476 dienen müssen.[21] Gleichwohl wird sich – nicht anders als bei §§ 474, 475 – im Fall des Vorliegens der Voraussetzungen eher selten ein relevanter Entscheidungsspielraum ergeben, der über die Wertungen im Rahmen der Abwägung hinausgeht.[22] Unabhängig davon hat der Antragsteller in jedem Fall einen Anspruch auf fehlerfreie Ermessensentscheidung.

3. Form der Übermittlung (Abs. 2), Empfangspersonen (Abs. 3). Nach der 12 gesetzgeberischen Konzeption hat die **Erteilung von Auskünften** Vorrang, da die Übermittlung auf das notwendige Maß beschränkt werden soll. Sie ist – ähnlich wie bei § 474 Abs. 2 und § 475 – zu wählen, wenn dies für den Forschungszweck genügt und nicht unverhältnismäßig aufwändig ist.

Die **Akteneinsicht** ist nach S. 2 nur zulässig, wenn Forschungszweck oder Aufwand 13 der Auskunft dies verlangen. Sie soll grundsätzlich nur in dem für die jeweiligen Zwecke erforderlichen Umfang gewährt werden (Nr. 186 Abs. 1 RiStBV). In der Praxis kommt der Akteneinsicht gleichwohl ganz erhebliche Bedeutung zu, da insbesondere kriminologische Aktenanalysen nur auf diesem Weg durchgeführt werden können.[23] Ob die Einsicht in der jeweiligen Behörde vorgenommen wird oder ob die Akten, die noch in Papierform vorliegen, übersandt werden (Abs. 2 S. 3), ist nach pflichtgemäßem Ermessen zu entscheiden.[24]

Die Übermittlung personenbezogener Daten darf nach Abs. 3 nur an bestimmte **Emp-** 14 **fangspersonen** erfolgen, die zur Geheimhaltung verpflichtet sind. Dies gilt zunächst für Amtsträger und für den öffentlichen Dienst besonders Verpflichtete. Daneben ist es auch möglich, Personen nach Maßgabe von Abs. 3 S. 2 zur Geheimhaltung zu verpflichten. Alle Formen der Verpflichtung führen dazu, dass eine entsprechende Geheimhaltungspflicht besteht, auf die die diesbezüglich einschlägigen Regelungen (insbesondere §§ 202–205 sowie § 353b StGB) anwendbar sind. Deren Verletzung kann zu einer Strafbarkeit nach § 203 Abs. 2 S. 1 Nr. 1, 2 oder 6 StGB führen.

III. Zweckbindung (Abs. 4)

Die übermittelten Daten unterliegen nach S. 1 einer **strengen Zweckbindung** an das 15 konkrete Forschungsvorhaben, dürfen also nur für dieses verwendet werden. Auch nur einzelne Daten dürfen keinen Eingang in andere Projekte finden.[25] Damit ist zugleich die Verwendung von *Ergebnissen* der Forschung, die einen Personenbezug aufweisen (s. Abs. 7), für sonstige Projekte beschränkt.[26] Ebenso dürfen die Daten nicht über den genehmigten Personenkreis hinaus zugänglich gemacht werden.[27]

Eine **Zweckumwidmung** in der Form, dass die Daten auch für andere Forschungspro- 16 jekte verwendet oder weitergegeben werden können, ist nach S. 2 nur unter den gleichen Voraussetzungen möglich, die für eine (neuerliche) Übermittlung gelten. Dem Gesetzgeber zufolge soll die Zustimmung erteilt werden, wenn zwischen altem und neuem Forschungsvorhaben ein enger inhaltlicher Zusammenhang besteht und mit der Übermittlung kein wesentlicher neuer Eingriff in das RiS der Betroffenen verbunden ist.[28]

IV. Schutzmaßnahmen (Abs. 5, 6)

Die Vorschriften verpflichten die Forschungsstelle zu verschiedenen Schutzmaßnah- 17 men im Hinblick auf das RiS der Betroffenen. Nach Abs. 5 sind die Daten **vor unbefug-**

---

[20] BT-Drs. 14/1484, 27.
[21] Schmidt/Niederhuber in Gercke/Temming/Zöller Rn. 18; Hilger in Löwe/Rosenberg Rn. 10.
[22] Hilger in Löwe/Rosenberg Rn. 6.
[23] Graalmann-Scheerer NStZ 2005, 434 (437).
[24] Zu den Kriterien Graalmann-Scheerer NStZ 2005, 434 (437).
[25] Graalmann-Scheerer NStZ 2005, 434 (438).
[26] Gieg in KK-StPO Rn. 5.
[27] BT-Drs. 14/1484, 28.
[28] BT-Drs. 14/1484, 28.

ter Kenntnisnahme zu schützen. Um eine Gefährdung des RiS auszuschließen, müssen die Daten zudem organisatorisch und räumlich von solchen Vorgängen getrennt werden, für die die Daten ebenfalls von Relevanz sein können, für die sie aber nicht übermittelt wurden.[29]

18 Abs. 6 sieht weitere Vorkehrungen im Hinblick auf die Personenbeziehbarkeit der Daten vor. S. 1 statuiert eine **Anonymisierungspflicht,** sobald dies angesichts des Forschungszwecks möglich ist. Bis dahin müssen die Daten derart getrennt aufbewahrt werden, dass Einzelangaben nicht konkreten Personen zugeordnet werden können.

19 Die Staatsanwaltschaften verlangen von den Antragstellern regelmäßig die Vorlage eines **Datenschutzkonzepts,** das mindestens die konkrete Umsetzung der genannten Schutzmaßnahmen erläutert und allgemein darstellt, wie ein möglichst grundrechtsschonender Umgang mit den personenbezogenen Daten erreicht werden soll.[30]

V. Veröffentlichung (Abs. 7)

20 Ist eine Anonymisierung der Daten selbst in den Ergebnissen nicht umzusetzen, ermöglicht Abs. 7 in engen Grenzen eine Veröffentlichung der **Daten im Rahmen der Ergebnisse.** Jede andere Form der Veröffentlichung der übermittelten personenbezogenen Daten ist ausgeschlossen, sofern nicht eine Einwilligung der Betroffenen vorliegt. Der Gesetzgeber war zwar der Auffassung, dass abweichend von Abs. 7 in Ausnahmefällen eine Veröffentlichung von einzelnen Angaben auch zulässig sein soll, wenn diese nur mit einem „unverhältnismäßig großen Aufwand" einer Person zugeordnet werden können, wie etwa bei Einzelfalldarstellungen.[31] Dies gibt die angesichts der verfassungsrechtlichen Anforderungen bestehende Rechtslage indes nur undeutlich wieder. Danach ist eine Veröffentlichung von Daten außerhalb des Abs. 7 nur zulässig, wenn es sich nicht (mehr) um personenbezogene Daten handelt, die Personenbeziehbarkeit also nicht mehr gegeben ist.

21 Abs. 7 ist eine **eng zu verstehende Ausnahmevorschrift,** die für den Sonderfall der Veröffentlichung drei verschiedene Voraussetzungen vorsieht. Materiell muss es sich um Forschungsergebnisse über zeitgeschichtliche Ereignisse handeln und muss die Veröffentlichung für deren Darstellung unerlässlich sein. Formell muss die übermittelnde Stelle der Veröffentlichung zustimmen.

VI. Rechtsbehelfe und Sonstiges

22 Gegen Entscheidungen der StA nach § 476 steht dem Antragsteller und der beschwerten betroffenen Person der **Rechtsweg** nach den §§ 23 ff. EGGVG offen, während gegen Entscheidungen des Vorsitzenden die Beschwerde statthaft ist.[32]

23 Abs. 8 erweitert den Anwendungsbereich des BDSG und der VO (EU) 2016/679 **bei der Übermittlung an nichtöffentliche Stellen,** um ein gleichmäßiges Datenschutzniveau sicherzustellen.[33] Art. 2 Abs. 1 der VO (EU) 2016/679 und § 1 Abs. 1 S. 2 BDSG beschränken den sachlichen Anwendungsbereich der datenschutzrechtlichen Vorschriften für nichtöffentliche Stellen eigentlich auf die automatisierte Verarbeitung bzw. die Speicherung in Dateisystemen. Der Verweis in Abs. 8 soll die Regelungen demgegenüber auch darüber hinaus und also unabhängig von der Form der Verarbeitung anwendbar machen, um ein einheitliches Datenschutzniveau herzustellen. Damit ist insbesondere die Kontrolle nach

---

[29] Ritscher/Klinge in Satzger/Schluckebier/Widmaier StPO Rn. 12.
[30] Zu den Anforderungen im Einzelnen Graalmann-Scheerer NStZ 2005, 434 (438 f.).
[31] BT-Drs. 14/1484, 28.
[32] KG 4.8.2021 – 6 VAs 3/21, BeckRS 2021, 57555; vgl. auch Graalmann-Scheerer NStZ 2005, 434 (440).
[33] Puschke/Weßlau in SK-StPO Rn. 27; der Verweis wurde bei der Umsetzung der JI-RL im Strafverfahren (vgl. → Vor § 474 Rn. 5) angepasst (u.a. Dateisystem statt Datei), ohne dass damit eine inhaltliche Änderung bezweckt war.

§ 40 BDSG auch in dieser Konstellation möglich. Anders als zuvor[34] sollen danach auch die Strafvorschriften in § 42 BDSG Anwendung finden können.[35] Angesichts der technischen Rahmenbedingungen, in denen Forschung mit nach § 476 übermittelten Daten stattfindet, ist der Anwendungsbereich der Verweisung gering. Bei den Empfängern der Daten müsste es sich um nichtöffentliche Forschungseinrichtungen handeln und diese müssten die Daten nicht automatisiert und nicht in einem Dateisystem verarbeiten. Eine automatisierte Verarbeitung liegt bei jeglicher technischen Unterstützung vor, ein Dateisystem ist bei jeder strukturierten Datensammlung gegeben, die nach bestimmten Kriterien zugänglich ist.[36] Dementsprechend betrifft die Erweiterung durch den Verweis nur ungeordnete manuelle Datensammlungen[37] nichtöffentlicher Empfänger.

Die Kosten der Übermittlung können die Justizverwaltungen nur in begrenztem **24** Umfang erstattet verlangen.[38]

§ 477 Datenübermittlung von Amts wegen

(1) Von Amts wegen dürfen personenbezogene Daten aus Strafverfahren Strafverfolgungsbehörden und Strafgerichten für Zwecke der Strafverfolgung sowie den zuständigen Behörden und Gerichten für Zwecke der Verfolgung von Ordnungswidrigkeiten übermittelt werden, soweit diese Daten aus der Sicht der übermittelnden Stelle hierfür erforderlich sind.

(2) Eine von Amts wegen erfolgende Übermittlung personenbezogener Daten aus Strafverfahren ist auch zulässig, wenn die Kenntnis der Daten aus der Sicht der übermittelnden Stelle erforderlich ist für
1. die Vollstreckung von Strafen oder von Maßnahmen im Sinne des § 11 Absatz 1 Nummer 8 des Strafgesetzbuches oder für die Vollstreckung oder Durchführung von Erziehungsmaßregeln oder von Zuchtmitteln im Sinne des Jugendgerichtsgesetzes,
2. den Vollzug von freiheitsentziehenden Maßnahmen oder
3. Entscheidungen in Strafsachen, insbesondere über die Strafaussetzung zur Bewährung oder deren Widerruf, oder in Bußgeld- oder Gnadensachen.

Schrifttum: Siehe Vor § 474.

Übersicht

	Rn.		Rn.
I. Allgemeines	1	III. Übermittlung für sonstige Zwecke der Strafrechtspflege (Abs. 2)	7
II. Übermittlung zur Strafverfolgung und zur Verfolgung von OWi (Abs. 1)	3		

I. Allgemeines

Im Gegensatz zur Übermittlung personenbezogener Daten auf Ersuchen nach den **1** §§ 474–476 regelt § 477 die Befugnis zur Übermittlung von Amts wegen, also **auf Initiative der datenführenden Stelle** ohne vorangehendes Auskunftsersuchen.[1] Eine solche Übermittlung ist grundsätzlich zulässig, wenn die Daten nach Auffassung der übermittelnden Behörde für die in der Vorschrift genannten Zwecke erforderlich sind. Abs. 1 nennt insofern

---
[34] BT-Drs. 14/1484, 47 zum BDSG aF.
[35] Puschke/Weßlau in SK-StPO Rn. 27; BT-Drs. 14/1484, 41.
[36] Ernst in Paal/Pauly DS-GVO Art. 2 Rn. 4 ff., 7 ff.
[37] Bäcker in BeckOK DatenschutzR DS-GVO Art. 2 Rn. 4.
[38] Graalmann-Scheerer NStZ 2005, 434 (440 f.); Hohmann in Radtke/Hohmann Rn. 13.
[1] BT-Drs. 14/1484, 30 zu § 479 aF.

§ 477 2–6　　　　8. Buch. 1. Abschnitt. Erteilung von Auskünften und Akteneinsicht

die Strafverfolgung und seit 2008 auch die Verfolgung von OWi, während Abs. 2 sonstige Zwecke der Strafrechtspflege betrifft. Die Grenzen und Bestimmungen der §§ 478–480 gelten auch für diese Form der Datenübermittlung.

2　　Abs. 1 und Abs. 2 Nr. 3 sind hinsichtlich personenbezogener Daten des Beschuldigten lex specialis zu § 17 Nr. 1 EGGVG; die §§ 18 ff. EGGVG sind – mit Ausnahme von § 19 Abs. 1 – daneben anwendbar, da die StPO keine abweichenden Regelungen enthält, § 12 Abs. 1 S. 2 EGGVG.[2]

II. Übermittlung zur Strafverfolgung und zur Verfolgung von OWi (Abs. 1)

3　　Abs. 1 gestattet die Übermittlung von Amts wegen an Strafverfolgungsbehörden, Strafgerichte und an die für die Verfolgung von Ordnungswidrigkeiten zuständigen Behörden und Gerichte zum Zweck der Strafverfolgung und – seit 2008[3] – auch für Zwecke der Verfolgung von OWi. Die Vorschrift gibt der übermittelnden Stelle nur die **Befugnis** zur Datenübermittlung, sie regelt aber nicht, ob dazu auch eine **Pflicht** besteht. Eine solche kann sich im Bereich der Strafverfolgung im Einzelfall aus dem Legalitätsprinzip (→ § 152 Rn. 26 ff.) ergeben. Anderes gilt regelmäßig bei der Übermittlung zur Verfolgung von OWi, da hier gem. § 47 Abs. 1 OWiG das Opportunitätsprinzip gilt.[4]

4　　Zentrale Voraussetzung für die Übermittlung ist, dass die Daten aus Sicht der übermittelnden Stelle für Zwecke der Verfolgung von Straftaten oder Ordnungswidrigkeiten **erforderlich** (allg. → Vor § 474 Rn. 21) sind. Die Stelle muss demnach aufgrund konkreter Anhaltspunkte davon ausgehen, dass die empfangende Stelle die Daten benötigt.[5] Da die übermittelnde Stelle dies in der Regel nur in Ansätzen beurteilen kann,[6] wird von ihr lediglich eine Art Schlüssigkeitsprüfung verlangt.[7] Sie ist grds. nicht verpflichtet zu ermitteln, ob die empfangende Stelle die Daten tatsächlich benötigt. Aus Gründen der Verhältnismäßigkeit wird eine Nachfrage jedoch als milderes Mittel in der Regel vorrangig sein.[8] Auch der Empfänger muss überprüfen, ob die Daten für den vorgesehenen Zweck erforderlich sind und sie bei negativem Ergebnis gem. § 19 Abs. 2 EGGVG an die übermittelnde Stelle zurückschicken.[9]

5　　§ 477 regelt nur die Datenweitergabe für ein anderes Verfahren, die eine Zweckänderung darstellt; die Erforderlichkeit muss sich also auf eine **andere prozessuale Tat** beziehen (→ Vor § 474 Rn. 20 ff.).[10] Mitteilungen an eine andere Stelle zur Förderung des anhängigen Verfahrens, zB zur Vorbereitung eines Täter-Opfer-Ausgleichs, fallen nicht darunter.[11] In der Praxis betrifft dies insbes. die Konstellation, dass im Rahmen von Ermittlungen Informationen erlangt werden, die auf die Begehung einer anderen Straftat hindeuten, die entweder von einer anderen Stelle zu verfolgen ist oder die bereits von einer anderen Stelle verfolgt wird. Ebenso können in der Hauptverhandlung etwa durch einen Zeugen Umstände bekannt werden, die aus Sicht des Gerichts in einem anderen Verfahren von Bedeutung sind.[12]

6　　**Empfänger** der Übermittlung von Amts wegen können zunächst die Strafverfolgungsbehörden sein, also Staatsanwaltschaften, zur Strafverfolgung tätige Polizei – und

---

[2] Hilger in Löwe/Rosenberg § 479 Rn. 6; Puschke/Weßlau in SK-StPO Rn. 15.
[3] Gesetz vom 21.12.2007, BGBl. I 3198.
[4] Puschke/Weßlau in SK-StPO Rn. 4.
[5] Gieg in KK-StPO § 479 Rn. 2; Hilger in Löwe/Rosenberg § 479 Rn. 2; Puschke/Weßlau in SK-StPO Rn. 5.
[6] Daher kritisch zu § 479 Paeffgen FG Hilger, 2003, 153 (159).
[7] Gieg in KK-StPO § 479 Rn. 2; Köhler in Meyer-Goßner/Schmitt Rn. 1a; Puschke/Weßlau in SK-StPO Rn. 5; BT-Drs. 13/4709, 22 zum JuMiG.
[8] Hilger in Löwe/Rosenberg § 479 Rn. 4; Puschke/Weßlau in SK-StPO Rn. 5.
[9] Hilger in Löwe/Rosenberg § 479 Rn. 3; Puschke/Weßlau in SK-StPO Rn. 5.
[10] Gieg in KK-StPO § 479 Rn. 2; Köhler in Meyer-Goßner/Schmitt Rn. 2; Puschke/Weßlau in SK-StPO Rn. 2.
[11] Köhler in Meyer-Goßner/Schmitt Rn. 2; beim TOA gelten die spezielleren §§ 155a, 155b; BT-Drs. 14/1484, 31.
[12] Hilger in Löwe/Rosenberg § 479 Rn. 3.

diesen gem. §§ 386, 399, 402, 404 AO gleichgestellte Finanzbehörden,[13] aber auch die Strafgerichte. Daneben kommen die für die Verfolgung von Ordnungswidrigkeiten zuständigen Behörden und Gerichte als empfangende Stellen in Betracht. **Übermittelnde Stelle** kann neben den Strafverfolgungsbehörden auch jede andere Stelle sein, die befugt ist, personenbezogene Daten aus Strafverfahren zu erheben, zB Vollstreckungsbehörden.[14]

III. Übermittlung für sonstige Zwecke der Strafrechtspflege (Abs. 2)

Die früher in § 14 Abs. 1 EGGVG verortete Regelung benennt weitere Zwecke der Strafrechtspflege neben der Strafverfolgung, für die eine Übermittlung erforderlich und daher von Amts wegen zulässig sein kann. In der Regel geht es dabei um die Vollstreckung und den Vollzug von Strafen und Maßnahmen. Die diesbezügliche Befugnis zur Übermittlung bezieht sich **nur auf Daten des Beschuldigten**.[15] Dies ergibt sich zwar nicht unmittelbar aus dem Wortlaut, aber aus dem systematischen Zusammenhang. Der Gesetzgeber wollte an dieser Stelle den auf Beschuldigtendaten beschränkten § 14 Abs. 1 Nr. 1–3 EGGVG ohne sachliche Änderung in die StPO übernehmen.[16] 7

Nr. 1 betrifft Daten, die aus Sicht der übermittelnden Stelle zur Vollstreckung oder Durchführung der dort genannten Sanktionen und Maßnahmen in einem anderen Verfahren erforderlich erscheinen. Hierzu zählt zB die Mitteilung über Vermögenswerte, die anlässlich eines anderen Strafverfahrens bekannt geworden sind, um so die Vollstreckung einer Geldstrafe zu ermöglichen.[17] Zweck der Regelung ist, wie auch bei Nr. 3, eine möglichst optimale Nutzung der in anderen Verfahren erhobenen und damit in der Strafrechtspflege bereits vorhandenen Daten.[18] 8

Nr. 2 betrifft die Übermittlung von Daten, die für den Vollzug freiheitsentziehender Maßnahmen erforderlich sind. Insbesondere erfasst sind Mitteilungen an die Leitung einer JVA oder einer Anstalt nach §§ 63, 64 StGB, zB ein im Vollstreckungsverfahren erstattetes Prognosegutachten[19] oder die Mitteilung einer weiteren Verurteilung als Kriterium für Entscheidungen über Vollzugslockerungen.[20] Auf die Art der freiheitsentziehenden Maßnahme und den Ort, an dem sie vollzogen wird, soll es nicht ankommen. Nr. 2 bezieht sich danach zB auch auf Abschiebehaft oder auf Maßnahmen in Anstalten außerhalb des Justizvollzugs.[21] 9

Nr. 3 erlaubt die Übermittlung von Daten, die für sonstige Entscheidungen in Straf-, Bußgeld- oder Gnadensachen erforderlich sind. Hierzu zählen etwa die Entscheidung über die nachträgliche Strafaussetzung zur Bewährung (§§ 57 ff. StGB, § 57 JGG) oder den Widerruf der Strafaussetzung (dazu Nr. 13 MiStra).[22] Die Regelung erfasst nur nachträgliche Entscheidungen, während die Übermittlung für Entscheidungen, die im bzw. mit dem Urteil ergehen, nach § 17 Nr. 1 EGGVG erfolgt.[23] 10

Auch bei der Übermittlung für sonstige Zwecke der Strafrechtspflege trifft den Empfänger die Pflicht, die Erforderlichkeit für die fraglichen Zwecke zu überprüfen (→ Rn. 4).[24] 11

---

[13] Hilger in Löwe/Rosenberg § 479 Rn. 2.
[14] BayObLG 30.9.2022 – 201 StRR 58/22, NStZ 2023, 316; Puschke/Weßlau in SK-StPO Rn. 5.
[15] Hilger in Löwe/Rosenberg § 479 Rn. 3; Puschke/Weßlau in SK-StPO Rn. 7; aA Köhler in Meyer-Goßner/Schmitt Rn. 3.
[16] BT-Drs. 14/1484, 31; ebenso Hilger in Löwe/Rosenberg § 479 Rn. 3; Puschke/Weßlau in SK-StPO Rn. 7.
[17] BT-Drs. 13/4709, 22.
[18] Hilger in Löwe/Rosenberg § 479 Rn. 5a, 5c.
[19] KG 2.9.2010 – 2 Ws 288/10 Vollz, NStZ-RR 2011, 156.
[20] KG 18.12.2018 – 5 VAs 20/18, BeckRS 2018, 45196; BT-Drs. 13/4709, 22; Köhler in Meyer-Goßner/Schmitt Rn. 5; Puschke/Weßlau in SK-StPO Rn. 9.
[21] Hilger in Löwe/Rosenberg § 479 Rn. 5b.
[22] Köhler in Meyer-Goßner/Schmitt Rn. 6.
[23] BT-Drs. 13/4709, 22; Köhler in Meyer-Goßner/Schmitt Rn. 6; kritisch dazu Puschke/Weßlau in SK-StPO Rn. 10.
[24] Puschke/Weßlau in SK-StPO Rn. 11.

§ 478 Form der Datenübermittlung

Auskünfte nach den §§ 474 bis 476 und Datenübermittlungen von Amts wegen nach § 477 können auch durch Überlassung von Kopien aus den Akten erfolgen.

Schrifttum: Siehe Vor § 474.

1   Die Norm wurde durch die Umsetzung der JI-RL im Strafverfahren (vgl. → Vor § 474 Rn. 5) neu gefasst und führt die Regelungen der § 477 Abs. 1, § 479 Abs. 3 aF zusammen. Sie stellt klar, dass rechtlich zulässige Auskünfte aus Akten nach den §§ 474–476 und Datenübermittlungen nach § 477 auch in Form der Überlassung von Kopien der Akten erteilt werden können. Dadurch soll das Verfahren vereinfacht und der Aufwand für die Behörde reduziert werden.[1] Die Entscheidung hierüber steht im pflichtgemäßen Ermessen und muss sich auf das tatsächlich erforderliche Maß beschränken.[2] Praktische Relevanz hat die Regelung insbesondere in Fällen, in denen eine Einsicht in die gesamte Akte unzulässig wäre. Auch im Hinblick auf eine einfache Auskunftsgewährung sollten Aktenteile, die besonders sensible personenbezogene Daten enthalten, gesondert geheftet werden (186 Abs. 2 RiStBV).

§ 479 Übermittlungsverbote und Verwendungsbeschränkungen

(1) Auskünfte nach den §§ 474 bis 476 und Datenübermittlungen von Amts wegen nach § 477 sind zu versagen, wenn ihnen Zwecke des Strafverfahrens, auch die Gefährdung des Untersuchungszwecks in einem anderen Strafverfahren, oder besondere bundesgesetzliche oder landesgesetzliche Verwendungsregelungen entgegenstehen.

(2) ¹Ist eine Maßnahme nach diesem Gesetz nur bei Verdacht bestimmter Straftaten zulässig, so gilt für die Verwendung der auf Grund einer solchen Maßnahme erlangten Daten in anderen Strafverfahren § 161 Absatz 3 entsprechend. ²Darüber hinaus dürfen verwertbare personenbezogene Daten, die durch eine Maßnahme der nach Satz 1 bezeichneten Art erlangt worden sind, ohne Einwilligung der von der Maßnahme betroffenen Personen nur verwendet werden
1. zu Zwecken der Gefahrenabwehr, soweit sie dafür durch eine entsprechende Maßnahme nach den für die zuständige Stelle geltenden Gesetzen erhoben werden könnten,
2. zur Abwehr einer Gefahr für Leib, Leben oder Freiheit einer Person oder für die Sicherheit oder den Bestand des Bundes oder eines Landes oder für bedeutende Vermögenswerte, wenn sich aus den Daten im Einzelfall jeweils konkrete Ansätze zur Abwehr einer solchen Gefahr erkennen lassen,
3. für Zwecke, für die eine Übermittlung nach § 18 des Bundesverfassungsschutzgesetzes zulässig ist, sowie
4. nach Maßgabe des § 476.

³§ 100i Absatz 2 Satz 2 und § 108 Absatz 2 und 3 bleiben unberührt.

(3) Wenn in den Fällen der §§ 474 bis 476
1. der Angeklagte freigesprochen, die Eröffnung des Hauptverfahrens abgelehnt oder das Verfahren eingestellt wurde oder
2. die Verurteilung nicht in ein Führungszeugnis für Behörden aufgenommen wird und seit der Rechtskraft der Entscheidung mehr als zwei Jahre verstrichen sind,

dürfen Auskünfte aus den Akten und Akteneinsicht an nichtöffentliche Stellen nur gewährt werden, wenn ein rechtliches Interesse an der Kenntnis der Information

---

[1] Puschke/Weßlau in SK-StPO Rn. 2; Ritscher/Klinge in Satzger/Schluckebier/Widmaier StPO Rn. 2.
[2] Gieg in KK-StPO Rn. 2.

glaubhaft gemacht ist und der frühere Beschuldigte kein schutzwürdiges Interesse an der Versagung hat.

(4) ¹Die Verantwortung für die Zulässigkeit der Übermittlung trägt die übermittelnde Stelle. ²Abweichend hiervon trägt in den Fällen der §§ 474 bis 476 der Empfänger die Verantwortung für die Zulässigkeit der Übermittlung, sofern dieser eine öffentliche Stelle oder ein Rechtsanwalt ist. ³Die übermittelnde Stelle prüft in diesem Falle nur, ob das Übermittlungsersuchen im Rahmen der Aufgaben des Empfängers liegt, es sei denn, dass ein besonderer Anlass zu einer weitergehenden Prüfung der Zulässigkeit der Übermittlung vorliegt.

(5) § 32f Absatz 5 Satz 2 und 3 gilt mit folgenden Maßgaben entsprechend:
1. Eine Verwendung der nach den §§ 474 und 475 erlangten personenbezogenen Daten für andere Zwecke ist zulässig, wenn dafür Auskunft oder Akteneinsicht gewährt werden dürfte und im Falle des § 475 die Stelle, die Auskunft oder Akteneinsicht gewährt hat, zustimmt;
2. eine Verwendung der nach § 477 erlangten personenbezogenen Daten für andere Zwecke ist zulässig, wenn dafür eine Übermittlung nach § 477 erfolgen dürfte.

Schrifttum (weitere Quellen beim Schrifttum Vor § 474): *Allgayer*, Die Verwendung von Zufallserkenntnissen aus Überwachung der Telekommunikation gem. §§ 100a f. StPO (und anderen Ermittlungsmaßnahmen), NStZ 2006, 603; *Allgayer/Klein*, Verwendung und Verwertung von Zufallserkenntnissen, wistra 2010, 130; *Engelhardt*, Verwendung präventivpolizeilich erhobener Daten im Strafprozess: Eine Untersuchung am Beispiel der Telekommunikationsüberwachung, 2011; *Glaser/Gedeon*, Dissonante Harmonie – Zu einem zukünftigen „System" strafprozessualer verdeckter Ermittlungsmaßnahmen, GA 2007, 415; *Hiéramente*, Die Verwertbarkeit von Zufallsfunden bei der (E-Mail-)Telekommunikationsüberwachung in Straf- und Zivilverfahren, wistra 2015, 9; *Lange*, Der BFH und die Zusammenarbeit von Ermittlungs- und Steuerbehörden bei der Gewinnabschöpfung in Verfahren betreffend die Organisierte Kriminalität, NJW 2002, 2999; *Löffelmann*, Die Neuregelung der akustischen Wohnraumüberwachung, NJW 2005, 2033; *Lohberger*, Mittelbare Verwertung sog. Zufallserkenntnisse bei rechtmäßiger Telefonüberwachung nach §§ 100a, b StPO?, FS Hanack, 1999, 253; *Maiwald*, Zufallsfunde bei zulässiger strafprozessualer Telephonüberwachung, JuS 1978, 379; *Roth*, § 393 Abs. 3 Satz 2 AO: Nutzung strafrechtlicher TKÜ-Daten im Besteuerungsverfahren, DStZ 2014, 880; *Schefer*, Überlegungen zum Akteneinsichtsrecht des Zeugenbeistands, NStZ 2023, 193; *Wulf*, Telefonüberwachung und Geldwäsche im Steuerstrafrecht, wistra 2008, 321.

Übersicht

	Rn.			Rn.
I. Allgemeines	1		b) Speziellere Regelungen	29
II. Versagungsgründe (Abs. 1)	5	2.	Verwendung in anderen Strafverfahren (S. 1)	32
1. Entgegenstehende Zwecke aus Strafverfahren	6		a) Verwendung zu Beweiszwecken und als Spurenansatz	33
2. Entgegenstehende Verwendungsregelungen	11		b) Hypothetischer Ersatzeingriff	36
a) Mögliche Konstellationen	12	3.	Verwendung zu sonstigen Zwecken (S. 2)	40
b) Verwendungsregelungen aus anderen Rechtsbereichen	15	IV.	**Weitere Einschränkungen für Übermittlungen an nichtöffentliche Stellen (Abs. 3)**	44
c) Besondere Verwendungsregelungen der StPO	17	1.	Anwendungsbereich	45
d) Zeugnisverweigerungsrechte und Verwendungsregelungen	19	2.	Glaubhaftmachung rechtlicher Interessen	48
e) Verwertungsverbote als Verwendungsregelungen	21	3.	Kein schutzwürdiges Interesse an Versagung	49
III. **Verwendungsregeln für Daten aus besonders eingriffsintensiven Ermittlungsmaßnahmen (Abs. 2)**	24	V.	**Prüfungspflicht (Abs. 4)**	51
1. Anwendungsbereich	25	1.	Übermittlung auf Ersuchen an öffentliche Stellen und Rechtsanwälte	52
a) Daten aus besonders eingriffsintensiven Maßnahmen	26			

		Rn.		Rn.
2.	Übermittlung auf Ersuchen an Privatpersonen; Übermittlung von Amts wegen	55	VI. Zweckbindung (Abs. 5)	56
			VII. Fehlerfolgen, Rechtsbehelfe	60

I. Allgemeines

1   Die durch das StVÄG 1999 als § 477 aF geschaffene Norm wurde zunächst zum 1.1.2008 wesentlich umgestaltet.[1] Im Zuge der Umsetzung der JI-RL im Strafverfahren (vgl. → Vor § 474 Rn. 5) wurden die bisher in den §§ 477, 479 aF enthaltenen Verwendungsregelungen und Versagungsgründe bzw. Übermittlungsverbote dann in der zentralen Norm des § 479 zusammengeführt.[2] Die Vorschrift beinhaltet nunmehr recht verschiedene grundsätzliche Regelungen, die für alle Formen der **Datenübermittlung nach den §§ 474–477** gelten und für diese weitergehende Anforderungen formulieren. Die Beschränkungen des Abs. 2 gelten auch für andere Formen der Übermittlung, etwa nach § 487 Abs. 1 S. 2 für die Übermittlung aus Strafverfahrensdateien. § 8 Abs. 2 AntiDopG erstreckt den Anwendungsbereich der Abs. 2 und 6 (sic) auf Übermittlungen an die Nationale Anti Doping Agentur Deutschland.

2   Im Einzelnen enthält die Norm
– **Versagungsgründe** für die Datenübermittlung nach den §§ 474–477 (Abs. 1, 3),
– engere, von den §§ 474–476 abweichende **Verwendungsregelungen** für bestimmte Daten (Abs. 2),
– Vorschriften zur **Verantwortlichkeit** für die Prüfung der Zulässigkeit einer Übermittlung (Abs. 4) und
– zur weitergehenden **Zweckbindung** (Abs. 5).
Abs. 1 enthält damit das zuvor in den § 477 Abs. 2 S. 1, § 479 Abs. 3 Hs. 1 aF enthaltene Übermittlungsverbot. Die ursprünglich in § 477 Abs. 2 S. 2 und 3 aF enthaltenen Verwendungsregeln für Daten aus besonders eingriffsintensiven Ermittlungsmaßnahmen finden sich seitdem in Abs. 2 S. 1 und 2. Abs. 3 enthält Einschränkungen für die Übermittlung an nichtöffentliche Stellen in Konstellationen, in denen die betroffene Person besonders schutzwürdig ist, und entspricht § 477 Abs. 3 aF. Die Abs. 4 und 5 entsprechen den jeweiligen Absätzen in § 477 aF.

3, 4   Für **Daten aus der Vorratsdatenspeicherung** (§§ 176 f. TKG), auf die im Strafverfahren nach § 100g Abs. 2 zugegriffen wird, enthält § 101a Abs. 3, 4 spezielle Verwendungsregelungen, die einen weiter gehenden Schutz vorsehen als § 479. Zu begrüßen sind insbesondere die detaillierten, strengen Regelungen zu Kennzeichnungs-, Löschungs- und Dokumentationspflichten auch im Fall der Übermittlung.

II. Versagungsgründe (Abs. 1)

5   Die Vorschrift regelt zwei Konstellationen, in denen eine Übermittlung aus den Akten **unterbleiben muss**. Dies betrifft bei Vorliegen der entsprechenden Voraussetzungen alle Formen der Übermittlung. Es handelt sich um eine zwingende Vorschrift, so dass der datenführenden Stelle auf der Rechtsfolgenseite kein Ermessen eingeräumt ist. Allerdings ist die Übermittlung nicht unbedingt umfassend zu versagen, sondern nur **soweit der jeweilige Versagungsgrund dies verlangt**.[3]

6   **1. Entgegenstehende Zwecke aus Strafverfahren.** Der erste Versagungsgrund betrifft entgegenstehende Zwecke eines Strafverfahrens, das demnach noch nicht abgeschlossen sein darf.[4] Das Gesetz unterscheidet insofern zwischen dem Verfahren, aus dessen Akten die Übermittlung erfolgen soll, und sonstigen Verfahren. Erforderlich ist stets ein konkreter

---

[1] Gesetz vom 21.12.2007, BGBl. I 3198; Puschke/Weßlau in SK-StPO Rn. 2.
[2] Gesetz vom 20.11.2019, BGBl. I 1724; BT-Drs. 19/4671, 65 f.
[3] Hilger in Löwe/Rosenberg § 477 Rn. 5.
[4] OLG Hamm 26.11.2013 – III-1 VAs 116/13 – 120/13 und 122/13, BB 2014, 526 (530).

entgegenstehender Zweck in einem bestimmten Strafverfahren, dem ein gewisses Gewicht zukommen muss; allgemeine Effektivitätserwägungen, mögliche zukünftige Verfahren oder Überlastungen vermögen eine Versagung nicht zu begründen.[5] Vielmehr müssen die Gründe wegen des Ausnahmecharakters der Regelung ein gewisses Gewicht aufweisen und auf den jeweiligen Einzelfall bezogen sein.

Bezüglich des **Verfahrens, aus dem die Übermittlung erfolgen soll** – das in der Praxis am häufigsten einen der Übermittlung entgegenstehenden Zweck zu begründen vermag – erkennt das Gesetz unterschiedslos alle Zwecke des Verfahrens als möglichen Versagungsgrund an. Neben Gefährdungen des Untersuchungszwecks, etwa weil durch die Auskunft Ermittlungsansätze und noch bevorstehende Maßnahmen ersichtlich würden, kommen daher zB auch ermittlungstaktische Erwägungen und erhebliche zeitliche Verzögerungen des Verfahrens in Betracht.[6] Die Gesetzesbegründung nennt überflüssige bzw. unverhältnismäßige Verfahrensverzögerungen, etwa weil das Informationsinteresse auch auf anderem Wege befriedigt werden kann, bspw. durch eine Registerauskunft.[7] 7

Bei **sonstigen Strafverfahren,** die der Gesetzgeber zum 1.1.2010 ausdrücklich in die Regelung einbezogen hat,[8] kommt als Versagungsgrund nur die Gefährdung des Untersuchungszwecks in Betracht, also die Ermittlung der materiellen Wahrheit.[9] Die Regelung soll ausweislich der Gesetzesbegründung nur besondere Konstellationen erfassen, in denen durch die Auskunft Verfahren gegen Mittäter oder andere Verfahren gegen den Beschuldigten gefährdet würden. Dabei ist daher auch sorgfältig zu prüfen, ob nicht zumindest eine teilweise Auskunft in Betracht kommt.[10] 8

Als in der Praxis problematisch hat sich die Konstellation erwiesen, dass **Zeugen bzw. deren Beistände Akteneinsicht** begehren. Zwar haben Zeugen in gewissen Konstellationen ein berechtigtes Interesse an Auskunft (→ § 475 Rn. 20) und benötigt der Beistand hinreichende Informationen, um die Interessen des Zeugen wahrnehmen zu können.[11] Für Zeugen ist durch eine solche Akteneinsicht aber in der Regel zugleich eine Gefährdung des Untersuchungszwecks zu besorgen, da jedenfalls bei umfangreicher Auskunft keine unbefangene Aussage mehr zu erwarten bzw. das Zeugenwissen entsprechend kontaminiert ist, so dass der Beweiswert der Aussage gemindert wäre.[12] Angesichts der sich gegenüberstehenden Interessen ist eine sorgfältige Abwägung vorzunehmen, die das Gewicht dieser Interessen im jeweiligen Einzelfall berücksichtigt. Dabei ist insbesondere auch zu prüfen, ob eine Beschränkung der Auskunft genügt, um der Gefährdung der Zwecke des Strafverfahrens zu begegnen.[13] Sieht man für Zeugenbeistände ein originäres Recht aus § 475 begründet (→ § 475 Rn. 9), gilt für diese angesichts der strengen Zweckbindung (§ 479 Abs. 5) und der so streng limitierten Befugnis zur Weitergabe an die vertretenen Zeugen ein deutlich weiterer Maßstab.[14] 9

Drittbetroffene heimlicher Ermittlungsmaßnahmen haben im **Rechtsbehelfsverfahren nach § 101 Abs. 7 S. 2** im Hinblick auf Art. 103 Abs. 1 GG zwar einen besonderen Anspruch auf Akteneinsicht nach § 475 (→ § 475 Rn. 10, 21). Indes kann diese Akteneinsicht zunächst verwehrt und die Entscheidung über den Rechtsbehelf zurückgestellt werden, wenn andernfalls eine Gefährdung des Untersuchungszwecks droht. Hier soll das öffentliche 10

---

[5] OLG Hamm 26.11.2013 – III-1 VAs 116/13 – 120/13 und 122/13, BB 2014, 526 (530); Wittig in BeckOK StPO Rn. 3; s. aber Hilger in Löwe/Rosenberg § 477 Rn. 3.
[6] Schmidt/Niederhuber in Gercke/Temming/Zöller Rn. 3.
[7] BT-Drs. 14/1484, 28.
[8] Gesetz vom 29.7.2009, BGBl. I 2274.
[9] Wittig in BeckOK StPO Rn. 3; dazu differenzierend Puschke/Weßlau in SK-StPO Rn. 3.
[10] BT-Drs. 16/11644, 34.
[11] Schefer NStZ 2023, 193.
[12] BGH 4.3.2010 – StB 46/09, NStZ-RR 2010, 246; OLG Köln 16.10.2014 – III-2 Ws 396/14, 2 Ws 396/14, StraFo 2014, 72; KG 20.12.2007 – (1) 2 BJs 58/06 – 2 (22/07), StV 2010, 298 (299); Wittig in BeckOK StPO Rn. 3.1; zu enger Maßstab bei Meyer-Lohkamp/Block StraFo 2011, 86 (88); grundsätzlich anders Koch FS Hamm, 2008, 289 (295 f.).
[13] S. auch KG 20.12.2007 – (1) 2 BJs 58/06 – 2 (22/07), StV 2010, 298 (299).
[14] Schefer NStZ 2023, 193 (196 f.).

Interesse an einer effektiven Strafverfolgung zunächst überwiegen und durch die Zurückstellung mit Art. 19 Abs. 4 GG in Ausgleich gebracht werden.[15]

11 **2. Entgegenstehende Verwendungsregelungen.** Der zweite Versagungsgrund betrifft **entgegenstehende besondere Verwendungsregeln,** die sowohl bundes- als auch landesgesetzlich[16] normiert sein können. Die Regelung hat im Wesentlichen klarstellende Funktion, da sich die Einschränkung der §§ 474–476 schon daraus ergibt, dass die spezielleren besonderen Verwendungsregelungen diesen vorgehen. Die Prüfung obliegt der übermittelnden Stelle auf Basis des Ersuchens der anfragenden Stelle (→ Rn. 51 ff.).

12 **a) Mögliche Konstellationen.** Verwendungsregelungen bestimmen, ob und unter welchen Voraussetzungen bereits erhobene Daten auch zu anderen Zwecken genutzt werden dürfen (→ Vor § 474 Rn. 24 ff.). Dies kann in Form einer Gestattung, einer beschränkten Gestattung oder Versagung oder auch eines umfassenden Verwendungsverbotes erfolgen.[17] Fehlt eine Gestattung der Zweckumwidmung, ist sie auf bestimmte Konstellationen bzw. Zwecke beschränkt oder ist sie für den mit der Übermittlung verfolgten Zweck ausdrücklich ausgeschlossen, so ist bereits die Übermittlung der Daten nicht erforderlich und daher zwingend zu versagen.

13 In diesem Kontext sind verschiedene Konstellationen zu unterscheiden. Erstens kann es sich um **Verwendungsregelungen auf Seiten des Erhebungsgesetzes** handeln.[18] Dies ist einerseits der Fall, wenn Daten zu anderen Zwecken als strafprozessualen Zwecken erhoben wurden und dann in das Strafverfahren exportiert werden. Hier kann das ursprüngliche Erhebungsgesetz bspw. die Verwendung auf Zwecke des Strafverfahrens beschränken. Andererseits liegt diese Konstellation auch vor, wenn der Transfer von einem Strafverfahren in ein anderes erfolgt. In diesem Fall fungiert die StPO selbst als Erhebungsgesetz. Für diese Situationen stellt der letzte Halbsatz des Abs. 1 klar, dass bereichsspezifische Verwendungsregelungen in den jeweiligen Erhebungsgesetzen nicht durch die §§ 474 ff. überspielt werden.[19] Sie sind vielmehr in gleicher Weise auch bei und nach Übermittlungen und Zweckumwidmungen gem. den §§ 474–476 zu beachten.[20] Die Regelung betont damit noch einmal ausdrücklich den ohnedies geltenden datenschutzrechtlichen Grundsatz, dass die Verwendungsregelungen des Erhebungsgesetzes Vorrang gegenüber denen des Empfängergesetzes haben.[21]

14 Zweitens können **Verwendungsregelungen** aber ebenso **auf Seiten des Empfängergesetzes** bestehen. Dies gilt im Fall des Imports in ein Strafverfahren für die StPO ebenso wie für sonstige Gesetze, wenn personenbezogene Daten in deren Geltungsbereich transferiert werden sollen. In diesem Sinne beschränken etwa strafverfahrensrechtliche Verwendungsregelungen eine Nutzung von Daten, die zu präventiv-polizeilichen Zwecken mit besonders eingriffsintensiven Maßnahmen erhoben und anschließend für den Zweck eines Strafverfahrens umgewidmet worden sind (s. etwa § 100e Abs. 6 Nr. 3, § 161 Abs. 2, 3).

15 **b) Verwendungsregelungen aus anderen Rechtsbereichen.** Besondere Verwendungsregeln im Sinne der Norm sind solche, die bereichsspezifisch eine bestimmte Beschränkung vorsehen.[22] Solche aus anderen Rechtsbereichen können sowohl eine Übermittlung zur Verwendung in einem Strafverfahren ausschließen oder die Möglichkeiten der (weiteren) Verwendung beschränken (Funktion als Erhebungsgesetz), als auch den Import

---

[15] BGH 22.9.2009 – StB 28/09, BeckRS 2009, 86260; 22.9.2009 – StB 38/09, NStZ-RR 2010, 281 (282).
[16] Zu diesen Hilger in Löwe/Rosenberg § 477 Rn. 12.
[17] Puschke/Weßlau in SK-StPO Rn. 10.
[18] Wittig in BeckOK StPO Rn. 4.
[19] S. etwa LG Hannover 3.8.2006 – 33 Qs 133/04, Nds. Rpfl. 2006, 330.
[20] Hilger in Löwe/Rosenberg § 477 Rn. 6.
[21] Köhler in Meyer-Goßner/Schmitt § 160 Rn. 28.
[22] Zum Verhältnis zu Amtsgeheimnissen und Geheimhaltungspflichten Puschke/Weßlau in SK-StPO Rn. 5.

aus dem Strafverfahren in den anderen Rechtsbereich betreffen (Funktion als Empfängergesetz).

Derartige besondere Regelungen finden sich in zahlreichen anderen Rechtsbereichen, 16 etwa
- im Steuerrecht für Angaben im Besteuerungsverfahren (§ 30 Abs. 1, 4 AO,[23] § 393 Abs. 2 AO),
- für Angaben des Schuldners im Rahmen seiner Mitwirkungspflicht im Insolvenzverfahren (§ 97 Abs. 1 InsO),
- zum Zeugenschutz (§ 4 ZSHG),
- für die im Bundeszentralregister gespeicherten Daten bei Tilgungsreife (§§ 51 f. BZRG),
- für die im Erziehungsregister gespeicherten Daten (§§ 61, 63 Abs. 4 BZRG),
- für Daten aus Stasi-Unterlagen über Betroffene gezielter Informationserhebungen durch das Ministerium für Staatssicherheit (§ 5 StUG),
- für Daten aus Strafverfahren wegen AWG-Verstößen (§ 26 AWG),
- für Daten, die Geheimdienste mittels Maßnahmen nach dem G 10 erhoben haben (§ 7 Abs. 1, 4 G 10),
- für Sozialdaten (§ 35 SGB I, §§ 67 ff. SGB X).

c) Besondere Verwendungsregelungen der StPO. Besondere Verwendungsrege- 17 lungen der StPO können in gleicher Weise deren **Funktion als Erhebungsgesetz** wie auch als Empfängergesetz betreffen. Im ersten Fall – der regelmäßig Daten betrifft, die mit strafprozessualen Ermittlungsmaßnahmen erhoben worden sind – treten diese Verwendungsregelungen an die Stelle der allgemeinen Regelungen in den §§ 474–476 bzw. modifizieren diese. Hierzu zählen zB die Verwendungsbestimmungen für
- Bild-Ton-Aufzeichnungen von Zeugenvernehmungen (§ 58a Abs. 2, § 247a Abs. 1 S. 5), für die eine strenge Zweckbindung gilt,[24]
- den Zeugenschutz bei Angaben des Zeugen zur Person (§ 68 Abs. 5),
- beim BKA gespeicherte DNA-Identifizierungsmuster (§ 81g Abs. 5 S. 3),
- Daten, die unter Verletzung des Kernbereichs privater Lebensgestaltung erlangt wurden (§ 100d Abs. 2 S. 1), die ganz allgemein und auch ohne gesonderte Regelung unter keinen Umständen übermittelt werden dürfen,
- die Zweckentfremdung von personenbezogenen Daten, die durch Maßnahmen nach §§ 100b, 100e erlangt wurden (§ 100e Abs. 5 S. 1),
- personenbezogene Daten Dritter, die beim Einsatz eines IMSI-Catchers erhoben werden (§ 100i Abs. 2 S. 2),
- Daten aus heimlichen Maßnahmen, deren Löschung für Zwecke des Rechtsschutzes zurückgestellt wurde (§ 101 Abs. 8 S. 3),
- Daten aus Kontrollen (§ 163d Abs. 1 S. 3),[25]
- Daten aus besonders eingriffsintensiven Ermittlungsmaßnahmen (§ 479 Abs. 2, → Rn. 24 ff.).

Ebenso sieht die **StPO** aber auch **als Empfängergesetz** besondere Verwendungsregelun- 18 gen vor für Daten, die aus anderen Bereichen in das Strafverfahren importiert werden sollen. Dies betrifft etwa die Regelungen über
- amtlich verwahrte Schriftstücke (§ 96),
- bestimmte Daten im Rahmen der Rasterfahndung (§ 98a Abs. 3 S. 2),
- Daten, die zu anderen Zwecken mit besonders eingriffsintensiven Ermittlungsmaßnahmen erhoben wurden (§ 100e Abs. 6 Nr. 3, § 161 Abs. 2, 3).

d) Zeugnisverweigerungsrechte und Verwendungsregelungen. Eine besondere 19 Gruppe der strafprozessualen Verwendungsregelungen stellen solche zum Schutz von Zeug-

---

[23] OLG Rostock 13.7.2017 – 20 Ws 146/17, ZD 2018, 182 (183 f.); BT-Drs. 14/1484, 27; Ritscher/Klinge in Satzger/Schluckebier/Widmaier StPO Rn. 3.
[24] Anders zu diesen Puschke/Weßlau in SK-StPO Rn. 8.
[25] Wolter FS Roxin, 2011, 1245 (1252 f.).

nisverweigerungsrechten dar. Die StPO regelt an verschiedenen Stellen Beschränkungen bei der Nutzung von Beweisergebnissen, wenn die Daten aus der Sphäre von Zeugnisverweigerungsberechtigten stammen. Dies sind zB
– das Beschlagnahmeverbot nach § 97,
– die allgemeinen Regelungen zu Maßnahmen bei Berufsgeheimnisträgern in § 160a Abs. 1, 2,
– die entsprechende Regelung für Verkehrsdaten aus der Vorratsdatenspeicherung (§ 100g Abs. 4),
– die Regelungen zu bestimmten Zufallsfunden bei Ärzten und Journalisten als Zeugnisverweigerungsberechtigten (§ 108 Abs. 2, 3).

20 Nicht derart geregelte **Kollisionen von Ermittlungsmaßnahmen mit Zeugnisverweigerungsrechten** sollen nach hM hingegen nicht zu einem Verwendungsverbot führen. Demnach soll etwa § 52 keine allgemeine Verwendungsregelung darstellen, die jede Erkenntnis aus dem Bereich des zeugnisverweigerungsberechtigten Zeugen ausschließt.[26] Sie betrifft nur die Zeugenvernehmung, nicht aber sonstige Ermittlungsmaßnahmen, wenn man von der speziellen Regelung des § 100d Abs. 5 S. 2 für den großen Lauschangriff absieht.[27] Wegen der infolgedessen möglichen Umgehung des Zeugnisverweigerungsrechts sollte der Gesetzgeber eine spezielle Regelung dieser Konstellation vornehmen.

21 e) **Verwertungsverbote als Verwendungsregelungen.** Schließlich sind auch strafprozessuale Verwertungsverbote als Verwendungsregelungen anzusehen, die eine Verwendungsbeschränkung für die Verwertung von Beweismitteln normieren (→ Vor § 474 Rn. 50 ff.). Dies gilt nicht alleine für geschriebene Verwertungsverbote wie § 136a Abs. 3 S. 2, § 252,[28] sondern ebenso für ungeschriebene Verwertungsverbote.[29]

22 Verwertungsverbote bestimmen nicht anders als Verwendungsregelungen, zu welchen eingeschränkten Zwecken fehlerhaft gewonnene Erkenntnisse noch verwendet werden dürfen oder ob eine Verwertung umfassend ausgeschlossen ist. Wird gemäß der Abwägungslehre verfahren, so begrenzt die Abwägung den zulässigen Verwendungszweck auf solche Strafverfahren, in denen eine Verwertung trotz der rechtswidrigen Erhebung zulässig bleiben soll.[30] Erfolgt die Übermittlung zu anderen Zwecken als der Strafverfolgung, wäre nach den Bestimmungen des anderen Rechtsgebiets weiter über die Verwendung zu entscheiden.

23 Die praktische Bedeutung von Verwertungsverboten als Verwendungsregelungen ist derzeit aber gering. Grund hierfür ist, dass unabhängig vom Verwertungsverbot eine Verwendungsregelung die Zweckumwidmung der bemakelten personenbezogenen Daten gestatten müsste. Nach hier vertretener Auffassung sind die §§ 474 ff. aber weitgehend auf rechtmäßig erhobene Daten beschränkt (→ Vor § 474 Rn. 55 ff.).

III. Verwendungsregeln für Daten aus besonders eingriffsintensiven Ermittlungsmaßnahmen (Abs. 2)

24 Bei Abs. 2 handelt es sich um **Zweckumwidmungsvorschriften,** die regeln, unter welchen Voraussetzungen Daten aus besonders eingriffsintensiven Ermittlungsmaßnahmen zu anderen Zwecken als dem ursprünglichen Erhebungszweck verwendet werden dürfen. Anders als häufig dargestellt[31] handelt es sich also nicht um Verbote oder Einschränkungen, sondern vielmehr um die Gestattung einer Zweckumwidmung, die nur eben deutlich enger geregelt ist als in den allgemeinen Verwendungsregelungen der §§ 474–476. Abs. 2 differenziert dabei zwischen der Verwendung in anderen Strafverfahren und der Verwendung zu sonstigen Zwecken. Gestattet die Vorschrift eine Zweckumwidmung nicht, schließt dies

---

[26] Hilger in Löwe/Rosenberg § 477 Rn. 7.
[27] Hilger in Löwe/Rosenberg § 477 Rn. 7.
[28] Dazu Hilger in Löwe/Rosenberg § 477 Rn. 6.
[29] Puschke/Weßlau in SK-StPO Rn. 12.
[30] Singelnstein ZStW 120 (2008), 854 (866 f.); Puschke/Weßlau in SK-StPO Rn. 16; s. auch Hilger in Löwe/Rosenberg § 477 Rn. 8e.
[31] Allgayer NStZ 2006, 603 (604 ff.); Gieg in KK-StPO Rn. 2.

auch die Übermittlung der Daten aus, da diese dann nicht erforderlich ist. Die Regelungen wurden zum 1.1.2008 sowie zum 26.11.2019 erheblich erweitert bzw. differenziert und den verfassungsrechtlichen Anforderungen weiter angepasst. Weitere Vorgaben ergeben sich aus dem allgemeineren § 49 BDSG.

1. Anwendungsbereich. Es handelt sich um **spezielle** Zweckumwidmungsregelungen, die neben die allgemeinen Regelungen in den §§ 474–476 treten, da sie nicht alle Strafverfahrensdaten, sondern nur solche aus **besonders eingriffsintensiven Ermittlungsmaßnahmen** betreffen. Diese Gruppe von Maßnahmen wird durch das Gesetz in der Form bestimmt, dass sie nach der StPO nur beim Verdacht bestimmter Straftaten zulässig sein dürfen. So erlangte Daten dürfen abweichend von den allgemeinen Verwendungsregelungen zu Beweiszwecken nur unter besonderen Voraussetzungen verwendet werden, sofern keine Einwilligung der in ihrem RiS betroffenen Personen vorliegt.[32] Hintergrund dessen ist, dass auch an Zweckentfremdungen – ebenso wie an Erhebungseingriffe – umso höhere Anforderungen zu stellen sind, je intensiver der Eingriff ist. Die Intensität von Zweckumwidmungen hängt dabei von der Intensität des ursprünglichen Erhebungseingriffs ab.[33] 25

a) Daten aus besonders eingriffsintensiven Maßnahmen. Die Kategorie der Maßnahmen, die nur bei dem **Verdacht bestimmter Straftaten** zulässig und daher besonders eingriffsintensiv sind, ist in der StPO sonst nicht geläufig. Sie umfasst alle Erhebungsmaßnahmen, bei denen sich der Verdacht auf einen in irgendeiner Form eingeschränkten Kreis von Taten bezieht.[34] Neben einem Straftatenkatalog wie bei § 100a Abs. 2 meint dies auch Maßnahmen, die nach den Regelungen der StPO an Taten von erheblicher Bedeutung, Verbrechen und mittels Telekommunikation begangene Taten anknüpfen.[35] Daher unterliegen mit Ausnahme der Postbeschlagnahme (§ 99) und der Herstellung von Bildaufnahmen außerhalb von Wohnungen (§ 100h Abs. 1 Nr. 1) Daten aus allen heimlichen Erhebungsmaßnahmen[36] der besonderen Verwendungsregelung. Erfasst sind jedoch auch Daten aus einigen offen erfolgenden Maßnahmen, etwa nach § 111, § 131 Abs. 3, § 131a Abs. 3, § 131b. 26

Nach zutreffender Auffassung gestatten die besonderen Verwendungsregelungen eine Zweckumwidmung nur von **rechtmäßig erhobenen personenbezogenen Daten** (→ Vor § 474 Rn. 55 ff.).[37] Zwar ist es verfassungsrechtlich besehen nicht prinzipiell ausgeschlossen, auch rechtswidrig erhobene Daten umzuwidmen. Eine solche Umwidmung vertieft indes die bereits vorliegende Grundrechtsverletzung. Sie stellt daher einen besonders intensiven Grundrechtseingriff dar, an dessen Rechtfertigung besondere Anforderungen zu stellen sind. Abs. 2 sieht eine solche Differenzierung jedoch nicht vor, weshalb es an einer Rechtsgrundlage für diesen Eingriff fehlt. In der Rechtsprechung wird teilweise gleichwohl vertreten, dass auch in dieser Situation eine Abwägung wie bei relativen Verwertungsverboten vorzunehmen sei.[38] 27

Ist der Anwendungsbereich von Abs. 2 eröffnet, handelt es sich also um Daten aus besonders eingriffsintensiven Ermittlungsmaßnahmen, **gelten umfassend und zwingend** die dort geregelten strengeren Voraussetzungen.[39] Nur bei deren Vorliegen ist eine Übermittlung und Zweckumwidmung zulässig. Zugleich folgt hieraus für Gerichte und Strafver- 28

---

[32] Zum früher umstrittenen Verhältnis von § 477 Abs. 2 S. 3 aF zu § 481 Abs. 1 StPO BT-Drs. 16/5846, 67.
[33] S. Schwabenbauer in Lisken/Denninger PolR-HdB Rn. 247.
[34] Vgl. BT-Drs. 16/5846, 58.
[35] OLG Düsseldorf 24.5.2022 – III-2 RVs 15/22, NStZ 2023, 569; KG 20.12.2018 – 3 Ws 309/18, NStZ 2019, 429; Hilger in Löwe/Rosenberg § 477 Rn. 8; Puschke/Weßlau in SK-StPO Rn. 24; zum Ganzen Singelnstein ZStW 120 (2008), 854 (878 ff.).
[36] §§ 98a, 100a, 100c, 100f, 100g, 100h, 100i, 110a, 163d, 163e, 163f, 163g StPO; s. Hilger in Löwe/Rosenberg § 477 Rn. 8.
[37] Hiéramente wistra 2015, 9 (10); Singelnstein NStZ 2020, 639 (642); s. auch → § 161 Rn. 46; BGH 21.11.2012 – 1 StR 310/12, BGHSt 58, 32 = NStZ 2013, 596 (599); 27.11.2008 – 3 StR 342/08, BGHSt 53, 64 = NJW 2009, 791 (792).
[38] BGH 14.8.2009 – 3 StR 552/08, BGHSt 54, 69 (87 ff.) = NJW 2009, 3448.
[39] Wittig in BeckOK StPO Rn. 10.

folgungsbehörden die verfassungsrechtlich begründete Pflicht, die so gewonnenen Daten ihrer besonderen Sensibilität entsprechend zu behandeln. Nr. 186 Abs. 2 RiStBV sieht insofern **Vorgaben für die Aktenführung** vor.[40] Danach sind nicht nur allgemein sensible Teile gesondert zu heften, sondern ebenso solche Aktenteile, die § 479 Abs. 2 unterfallen. Für Daten aus heimlichen Ermittlungsmaßnahmen begründet schon § 101 Abs. 3 eine Kennzeichnungspflicht, die auch im Fall der Übermittlung fortgilt. Dies soll sicherstellen, dass die besonderen Umstände der Datenerhebung und die damit verbundene Intensität des Grundrechtseingriffs auch für alle folgenden Verwender zu erkennen und zu berücksichtigen ist. Auch darüber hinaus besteht für die ersuchte Stelle aber eine Prüfpflicht.[41]

29 **b) Speziellere Regelungen.** S. 3 stellt klar, dass die **nochmals spezielleren Vorschriften** des § 100i Abs. 2 S. 2 mit ihren noch engeren Verwendungsregelungen und der zudem Gegenstände betreffende § 108 Abs. 2, 3 unberührt bleiben.[42] Diese schließen daher uU eine Verwendung aus, auch wenn diese von Abs. 2 gestattet wäre. Freilich ist die ohnehin nur deklaratorisch wirkende Aufzählung in S. 3 fragmentarisch.[43] In der StPO finden sich weitere speziellere und daher vorrangige Verwendungsregeln, etwa in § 81g Abs. 5 S. 3.[44] Gleiches gilt seit Einführung der Vorratsdatenspeicherung[45] für den ebenfalls spezielleren § 101a Abs. 4. Die Regelung bestimmt für Verkehrsdaten, die nach § 176 TKG gespeichert waren und durch eine Verkehrsdatenabfrage nach § 100g Abs. 2 erlangt wurden, dass diese neben Beweiszwecken auch zur Ermittlung des Aufenthaltsortes in einem anderen Verfahren verwendet werden dürfen. Eine Nutzung zu präventiv-polizeilichen Zwecken ist indes nur in den engeren Grenzen des § 177 Abs. 1 Nr. 2 TKG zulässig.[46] Die früher enthaltenen Verweise auf die § 100e Abs. 6, § 101a Abs. 4, 5 wurden im Zuge der Umsetzung der JI-Richtlinie gestrichen; diese gehen aber weiterhin als speziellere Vorschriften den Regelungen des Abs. 2 vor.

30 Darüber hinaus ist es im Kompetenzbereich des Bundesgesetzgebers denkbar, dass andere Gesetze spezielle, **eigenständige Übermittlungsregelungen** vorsehen, die den §§ 474 ff. vorgehen und für die daher auch § 479 Abs. 2 keine unmittelbare Anwendung findet. Dies wird etwa für § 49 BeamtStG vertreten,[47] was insofern bedenklich ist, als diese Vorschrift keine Beschränkung hinsichtlich solcher Daten vorsieht, die durch besonders eingriffsintensive Ermittlungsmaßnahmen erlangt worden sind. Die diesbezüglichen verfassungsrechtlichen Anforderungen sind angesichts dessen im Rahmen der stets vorzunehmenden Verhältnismäßigkeitsprüfung zu berücksichtigen.

31 Keine spezielle Regelung in diesem Sinne stellt **§ 393 Abs. 3 S. 2 Var. 2 AO** dar. Wie sich bereits aus dem Wortlaut ergibt, handelt es sich lediglich um eine einseitige Verwendungsregelung für das **Besteuerungsverfahren,** die aus Sicht dieses neuen Verwendungszwecks die Nutzung strafprozessual erhobener Daten gestattet.[48] Daneben muss nach dem Doppeltürmodell (→ Vor § 474 Rn. 24 ff.) auch eine strafprozessuale Regelung eine solche Zweckumwidmung für das Besteuerungsverfahren erlauben. Allgemein tut dies § 474 Abs. 2 Nr. 1, 2. Für besonders eingriffsintensiv erlangte Daten fehlt es aber an einer solchen Regelung. § 479 Abs. 2 S. 1 gilt nur für die Übermittlung in andere Strafverfahren;[49] S. 2 sieht ebenfalls keine Regelung für das Besteuerungsverfahren vor. Eine Übermittlung und Zweckänderung strafprozessual erhobener Daten für das Besteuerungsverfahren kommt daher zunächst nur in den Grenzen des § 474 Abs. 2 Nr. 1, 2 in Betracht.[50] Der Gesetzgeber

---

[40] Zur Aktenparzellierung schon Groß/Fünfsinn NStZ 1992, 105 (105 ff.).
[41] Puschke/Weßlau in SK-StPO Rn. 25.
[42] Schmidt/Niederhuber in Gercke/Temming/Zöller Rn. 12.
[43] S. auch Wolter FS Roxin, 2011, 1245 (1253).
[44] Hilger in Löwe/Rosenberg § 477 Rn. 10.
[45] BGBl. 2015 I 2218.
[46] S. dazu BT-Drs. 18/5088, 35 f.
[47] VG Wiesbaden 11.5.2016 – 28 K 976/13.WI.D, BeckRS 2016, 51140.
[48] Zur Regelung Roth DStZ 2014, 880 (881 f.).
[49] Die Überlegungen von BFH 24.4.2013 – VII B 202/12, BFHE 242, 289 gehen daher fehl.
[50] So auch Roth DStZ 2014, 880 (882 ff.) mwN zum Streitstand im Steuerrecht.

hatte darüber hinaus auch § 406e als Übermittlungsvorschrift im Blick und insofern den Fiskus als Verletzten angesehen.[51] Diese Auffassung begegnet aber Bedenken, da die Regelung auf eine Übermittlung an Private und nicht an staatliche Stellen zugeschnitten ist.

2. Verwendung in anderen Strafverfahren (S. 1). Abs. 2 S. 1 verweist für die Verwendung in anderen Strafverfahren auf die Regelung des § 161 Abs. 3. Eine solche Verwendung stellt aus Sicht informationeller Selbstbestimmung in der Regel einen neuen eigenständigen Zweck dar, für den die Daten erst nach einer Zweckumwidmung genutzt werden dürfen.[52] Die Abgrenzung erfolgt dabei nach dem prozessualen Tatbegriff.[53] Damit erfasst die Norm sowohl Zufallsfunde als auch Daten, die nicht nur in einem Verfahren, sondern auch zur Verfolgung einer anderen prozessualen Tat notwendig sind; nicht erfasst ist hingegen die Verfolgung einer anderen Person wegen der gleichen Tat.[54] Da vor allem heimliche Maßnahmen oft eine erhebliche Streubreite aufweisen, kommt der Regelung vor allem wegen der erstgenannten Konstellation eine nicht zu unterschätzende praktische Bedeutung zu. 32

a) Verwendung zu Beweiszwecken und als Spurenansatz. Dem Wortlaut von § 161 Abs. 3 S. 1 zufolge, auf den S. 1 verweist, soll die Regelung nur die Verwendung zu Beweiszwecken betreffen (→ § 161 Rn. 45). Sie soll damit dem Willen des Gesetzgebers zufolge nur den Fall erfassen, dass die Daten unmittelbar zur Beweiswürdigung und Urteilsfindung genutzt werden sollen, nicht hingegen die Verwendung als Ansatz für weitere Ermittlungen – sog. Spurenansatz.[55] Damit knüpft der Gesetzgeber an die umstrittene[56] dementsprechende BGH-Rechtsprechung an, wonach eine Nutzung als Spurenansatz ohne weiteres zulässig sein soll.[57] 33

Aus **verfassungsrechtlicher Perspektive** ist eine solche unterschiedliche Behandlung der Verwendung unmittelbar zur Beweisverwertung einerseits und der Verwendung als Spurenansatz andererseits indes nicht ohne Weiteres zu begründen.[58] Bei beiden Konstellationen, die sich nicht trennscharf voneinander abgrenzen lassen,[59] handelt es sich um eine Verwendung personenbezogener Daten, die daher den Anforderungen genügen muss, die sich aus dem RiS ergeben. Insbesondere dürfen grundrechtsschützende Beschränkungen von Erhebungsbefugnissen nicht dadurch umgangen werden, dass eine Zweckumwidmungsvorschrift geringere Anforderungen vorsieht, sondern müssen Gleichgewichtigkeit von Erhebung und neuer Nutzung sichergestellt sein. 34

Daraus ergeben sich für die Verwendung als Spuren- oder Ermittlungsansatz folgende Anforderungen: Zunächst kann eine solche neue Nutzung sich als Fall der **zweckkonformen Weiternutzung** darstellen (→ Vor § 474 Rn. 23a), die bereits von der ursprünglichen Erhebungsnorm gedeckt ist. Dies ist dann der Fall, wenn die neue Nutzung durch dieselbe Behörde innerhalb desselben Zwecks und zum Schutz der gleichen Rechtsgüter stattfindet, wie sie durch die Erhebungsnorm vorgegeben sind.[60] Darüber hinausgehende Nutzungen – 35

---

51 S. BT-Drs. 16/6290, 82.
52 BGH 21.11.2012 – 1 StR 310/12, BGHSt 58, 32 = NStZ 2013, 596 (600).
53 Gieg in KK-StPO Rn. 2; Hohmann in Radtke/Hohmann § 477 Rn. 4.
54 KG 27.11.2019 – (3) 161 Ss 151/19 (96/19), NStZ 2020, 563.
55 S. BT-Drs. 16/5846, 64, 66; Allgayer/Klein wistra 2010, 130 (132); Hilger in Löwe/Rosenberg § 477 Rn. 8; s. dazu auch Singelnstein NStZ 2012, 593 (606).
56 Nachweise bei Lohberger FS Hanack, 1999, 253 (264 ff., 273); Köhler in Meyer-Goßner/Schmitt § 161 Rn. 18d.
57 S. etwa BGH 22.2.1978 – 2 StR 334/77, BGHSt 27, 355 (358) = NJW 1978, 1390; 18.3.1998 – 5 StR 693/97, NStZ 1998, 426 (427) sowie Nachw. bei Allgayer NStZ 2006, 603 (604 ff.); Hauck in Löwe/Rosenberg § 100a Rn. 198.
58 Detailliert Singelnstein ZStW 120 (2008), 854 (884 ff.); Puschke/Weßlau in SK-StPO Rn. 36; krit. auch Glaser/Gedeon GA 2007, 415 (435 f.); Wohlers GS Weßlau, 2016, 427 (437 ff.); s. auch BVerfG 20.4.2016 – 1 BvR 966/09, 1 BvR 1140/09, BVerfGE 141, 220 (324 ff.) = NJW 2016, 1781 (1801); aA Benning, Die Nutzung zu Beweiszwecken nicht verwendbarer Zufallserkenntnisse im strafprozessualen Ermittlungsverfahren, 2018, S. 56 ff. mwN.
59 S. OLG Karlsruhe 3.6.2004 – 2 Ss 188/03, NJW 2004, 2687; Allgayer NStZ 2006, 603 (607) mwN.
60 BVerfG 26.4.2022 – 1 BvR 1619/17, BVerfGE 162, 1 (106 ff.); 20.4.2016 – 1 BvR 966/09, 1 BvR 1140/09, BVerfGE 141, 220 (324 ff.); zu den Anforderungen im Einzelnen Löffelmann GSZ 2019, 16 (17 ff.).

insbesondere auch jede Form der Übermittlung – stellen hingegen eine **Zweckänderung** dar, für die verfassungsrechtlich die Anforderungen der hypothetischen Datenneuerhebung gelten,[61] die § 479 Abs. 2 S. 1 iVm § 161 Abs. 3 S. 1 in Form des hypothetischen Ersatzeingriffs umsetzt. Die Verfassung gebietet zwar nicht, dass die zweckändernde Nutzung als Spurenansatz dieser konkreten Regelung unterstellt wird, vielmehr kann diese auch auf § 474 Abs. 1, § 477 gestützt werden. Im Rahmen dessen sind dann aber die Anforderungen der hypothetischen Datenneuerhebung ebenso zu berücksichtigen.[62] In diesem Sinne hatte das BVerfG die Verwendungsregelung des § 100d Abs. 5 S. 2 aF trotz der damals noch enthaltenen Wendung „zu Beweiszwecken" so ausgelegt, dass sie stets auch bei der Verwendung als Spurenansatz zu gelten hatte.[63]

36 **b) Hypothetischer Ersatzeingriff.** Zentrale Voraussetzung der Zweckumwidmungsregelung in S. 1 iVm § 161 Abs. 3 S. 1 ist der sog. hypothetische Ersatzeingriff, der die verfassungsrechtliche Anforderung der hypothetischen Datenneuerhebung umsetzt. Die Daten sollen also nur in solchen Strafverfahren Verwendung finden, in denen sie auch selbst hätten erhoben werden können.[64] Damit soll die Regelung sicherstellen, dass der ursprüngliche **Erhebungszweck und die neue Nutzung gleichgewichtig** sind, gleichlaufenden Voraussetzungen unterliegen und durch die Zweckumwidmung nicht grundrechtsschützende Regelungen der jeweiligen Erhebungsvorschriften umgangen werden (→ Vor § 474 Rn. 27).[65]

37 Für die Prüfung des Vorliegens dieser Voraussetzung ist ein **konkreter Maßstab** anzulegen, da die zu vergleichenden Verwendungszwecke nicht abstrakt in der Strafverfolgung, sondern in den jeweils konkreten Strafverfahren bestehen.[66] Demnach ist zu fragen, ob in dem Verfahren, in dem die Daten verwendet werden sollen, diejenige Erhebungsmaßnahme, aus der die Daten stammen, tatsächlich nach den Vorschriften der StPO durchgeführt werden könnte. Bei mehreren Maßnahmen ist auf diejenige abzustellen, aus der die in Rede stehenden Erkenntnisse stammen.[67] Dies verlangt eine umfassende Prüfung der Voraussetzungen der jeweiligen Erhebungsbefugnis,[68] soweit diese grundrechtsbezogene Beschränkungen im Hinblick auf die informationelle Selbstbestimmung darstellen, was bei einschränkenden Tatbestandsmerkmalen grundsätzlich der Fall ist.[69] Zwar ermöglicht die Anforderung der hypothetischen Datenneuerhebung aus verfassungsrechtlicher Sicht prinzipiell auch einen etwas weniger strengen Maßstab;[70] der Gesetzgeber der StPO hat sich mit dem hypothetischen Ersatzeingriff indes für eine derart strenge Regelung entschieden.

38 Dementsprechend kommt es nicht alleine auf die besondere Qualität der Tat an, für die der Verdacht besteht („Verdacht bestimmter Straftaten"), sondern müssen **alle Voraus-**

---

[61] BVerfG 20.4.2016 – 1 BvR 966/09, 1 BvR 1140/09, BVerfGE 141, 220 (324 ff.).
[62] Bertram, Die Verwendung präventiv-polizeilicher Erkenntnisse im Strafverfahren, 2009, S. 298 ff., 342; Engelhardt, Verwendung präventivpolizeilich erhobener Daten im Strafprozess, 2011, S. 224 f.; Hefendehl GA 2011, 209 (224 f.); Wulf wistra 2008, 321 (325); s. auch Benning, Die Nutzung zu Beweiszwecken nicht verwendbarer Zufallserkenntnisse im strafprozessualen Ermittlungsverfahren, 2018, S. 56 ff. mwN; Hiéramente wistra 2015, 9 (10); Köhler in Meyer-Goßner/Schmitt § 161 Rn. 18d.
[63] BVerfG 3.3.2004 – 1 BvR 2378/98 u.a., BVerfGE 109, 279 (377) = NJW 2004, 999.
[64] Hohmann in Radtke/Hohmann Rn. 4; zur grundsätzlichen Kritik an diesem Regelungsmuster Bäcker, Kriminalpräventionsrecht, 2015, S. 486 ff.
[65] BVerfG 28.9.2022 – 1 BvR 2354/13, BVerfGE 163, 43 (89 ff.); 10.11.2020 – 1 BvR 3214/15, BVerfGE 156, 11 (49 ff.); 20.4.2016 – 1 BvR 966/09, 1 BvR 1140/09, BVerfGE 141, 220 (324 ff.); 3.3.2004 – 1 BvF 3/92, BVerfGE 110, 33 (68 ff.) = NJW 2004, 2213; 3.3.2004 – 1 BvR 2378/98 u.a., BVerfGE 109, 279 (377 f.) = NJW 2004, 999; 14.7.1999 – 1 BvR 2226/94 u.a., BVerfGE 100, 313 (359 f., 384, 389 f.) = NJW 2000, 55; zu den Kriterien dessen Löffelmann GSZ 2019, 16 (19 ff.); Schneider GSZ 2022, 1 (2 ff.).
[66] Allgayer/Klein wistra 2010, 130 (132); Singelnstein ZStW 120 (2008), 854 (880 ff.); Puschke/Weßlau in SK-StPO Rn. 29.
[67] S. aber Hilger in Löwe/Rosenberg § 477 Rn. 8c.
[68] S. auch Ernst, Verarbeitung und Zweckbindung von Informationen im Strafprozeß, 1993, S. 155.
[69] Singelnstein ZStW 120 (2008), 854 (880 ff.).
[70] BVerfG 26.4.2022 – 1 BvR 1619/17, BVerfGE 162, 1 (108 ff.); 10.11.2020 – 1 BvR 3214/15, BVerfGE 156, 11 (49 ff.); 20.4.2016 – 1 BvR 966/09, 1 BvR 1140/09, BVerfGE 141, 220 (324 ff.).

setzungen der Erhebungsnorm vorliegen.[71] Dies betrifft etwa auch Voraussetzungen wie die Schwere der Tat im Einzelfall, eine gesteigerte Verdachtsstufe, besondere Anforderungen an die diesbezügliche Tatsachengrundlage und die Subsidiaritätsklausel, die vorliegen müssen.[72]

Maßgeblicher **Zeitpunkt** für die Prüfung des hypothetischen Ersatzeingriffs ist der Zeitpunkt der Zweckumwidmung.[73] An dieser Stelle müssen alle Voraussetzungen der Erhebungsnorm (noch) vorliegen.[74] Daher ist es nicht ausreichend, wenn die Voraussetzungen weggefallen sind oder erst später eintreten.[75] Maßgebliche Rechtslage ist nach der Rechtsprechung die zum Zeitpunkt der Umwidmung geltende.[76]

3. Verwendung zu sonstigen Zwecken (S. 2). S. 2 regelt **abschließend,** zu welchen sonstigen Zwecken neben der Strafverfolgung Daten aus besonders eingriffsintensiven Ermittlungsmaßnahmen unter welchen Voraussetzungen verwendet werden dürfen. Die Vorschrift erlaubt dies aus der Perspektive des strafprozessualen Erhebungszwecks für einzelne andere Zwecke.[77] Eine Verwendung zu anderen als den genannten Zwecken ist demnach grundsätzlich unzulässig. Etwas anderes kann nur gelten, wenn sich in anderen Gesetzen eine spezielle, eigenständige Regelung findet, die die Funktion beider Türen des Doppeltürmodells abdeckt. Seit dem 26.11.2019 beschränkt die Regelung die Umwidmung auf nach einem strafprozessualen Maßstab **verwertbare Daten,** so dass Daten, die einem Verwertungsverbot unterliegen, nicht nach der Regelung exportiert werden dürfen.

Im Bereich der **Gefahrenabwehr** durch die Polizei wie auch besondere Gefahrenabwehrbehörden sieht das Gesetz seit der Neuregelung zum 26.11.2019 eine zweigeteilte Regelung vor, die auf Anforderungen des BVerfG zurückgeht.[78] Diese gilt nicht nur für eine Übermittlung nach den §§ 474–477, sondern auch und gerade für die Übermittlung nach § 481,[79] da sie ansonsten weitgehend leerlaufen würde. **S. 2 Nr. 1** normiert insofern die hypothetische Datenneuerhebung, so dass die Daten transferiert werden dürfen, wenn sie in dem konkreten Fall auch zu den jeweiligen Zwecken der Gefahrenabwehr nach den diesbezüglichen Gesetzen hätten erhoben werden dürfen. Hier gelten vergleichbare Anforderungen wie beim Transfer zwischen verschiedenen Strafverfahren (→ Rn. 36 ff.).

S. 2 Nr. 2 sieht daneben die Möglichkeit der Umwidmung auch dann vor, wenn eine **Gefahr für ein besonders gewichtiges Rechtsgut** besteht und sich im Einzelfall aus den Daten konkrete Ansätze zur Gefahrenabwehr entnehmen lassen. Die Regelung ist damit einerseits enger als Nr. 1, andererseits verzichtet sie auf eine konkrete Prüfung des Vorliegens der Voraussetzungen des hypothetischen Ersatzeingriffs. Der neue Verwendungszweck muss in der Abwehr einer konkreten Gefahr für eines der in Nr. 2 genannten Rechtsgüter bestehen, die im Gefahrenabwehr- wie auch Strafverfahrensrecht durch Lehre und Rechtsprechung recht klar konturiert sind. Als problematisch, da weniger klar, erweist sich aber das Gut „bedeutende Vermögenswerte", für das bei einem Vergleich mit den sonstigen, besonders gewichtigen Rechtsgütern eine hohe Schwelle anzusetzen ist. In diesem Sinne wird vorgeschlagen, Werte ab 50.000 Euro als von der Regelung erfasst anzusehen.[80] Als zweite

---

[71] Gieg in KK-StPO Rn. 3; Heinson, IT-Forensik, 2015, 188; vgl. BT-Drs. 18/5088, 35 zu § 101a Abs. 4.
[72] So zu § 100d Abs. 5 S. 2 StPO aF BVerfG 3.3.2004 – 1 BvR 2378/98 u.a., BVerfGE 109, 279 (377 f.) = NJW 2004, 999; zur Neuregelung BT-Drs. 15/4533, 18. Überschneiden sich mehrere Maßnahmen, gelten die strengsten Anforderungen, vgl. Köhler in Meyer-Goßner/Schmitt Rn. 8.
[73] Gieg in KK-StPO Rn. 3; s. auch BGH 14.8.2009 – 3 StR 552/08, BGHSt 54, 69 = NJW 2009, 3448 (3451).
[74] Puschke/Weßlau in SK-StPO Rn. 33.
[75] Singelnstein ZStW 120 (2008), 854 (882 f.).
[76] BGH 21.11.2012 – 1 StR 310/12, BGHSt 58, 32 = NStZ 2013, 596 (600); 27.11.2008 – 3 StR 342/08, BGHSt 53, 64 = NJW 2009, 791 (792).
[77] Eine Verwendung von nach § 100a StPO erlangten Erkenntnissen im Besteuerungsverfahren ablehnend daher BFH 26.2.2001 – VII B 265/00, NJW 2001, 2118; die verschiedenen Zwecke vermengend und daher verfehlt Lange NJW 2002, 2999 (3000 f.); s. zur Problematik nun § 393 Abs. 3 AO.
[78] BVerfG 20.4.2016 – 1 BvR 966/09, 1 BvR 1140/09, BVerfGE 141, 220 (326 ff.) = NJW 2016, 1781.
[79] Hilger in Löwe/Rosenberg § 477 Rn. 9; Köhler in Meyer-Goßner/Schmitt § 481 Rn. 5.
[80] Puschke/Weßlau in SK-StPO Rn. 43.

Voraussetzung verlangt Nr. 2, dass sich aus den Daten im Einzelfall konkrete Ansätze zur Abwehr der Gefahr ergeben, wobei ein konkreter Ermittlungsansatz genügen soll. Auch diese Anforderung geht auf das BVerfG zurück, das im Urteil zum BKAG einen hinreichend spezifischen Anlass für den neuerlichen Eingriff durch die Zweckumwidmung verlangt hat.[81]

42   S. 2 Nr. 3 erlaubt eine Umwidmung für **geheimdienstliche Zwecke** und knüpft hierfür an die Regelung in § 18 BVerfSchG an. Diese Norm regelt die Übermittlung von Informationen an die Verfassungsschutzbehörden und mittelbar auch andere Dienste durch andere öffentliche Stellen, sowohl von Amts wegen als auch auf Ersuchen. Ausweislich des Wortlauts von Nr. 3 werden dabei jedoch nicht die gesamten Voraussetzungen von § 18 BVerfSchG in Bezug genommen, sondern nur die dort hinterlegten Zwecke, für die eine Übermittlung zulässig ist.[82] Diese bestehen in den Aufgaben des Verfassungsschutzes gemäß § 3 Abs. 1 BVerfSchG, weshalb ebenso auf diesen hätte verwiesen werden können. Für die dort genannten Zwecke ist demnach eine Zweckumwidmung gemäß S. 2 Nr. 3 möglich, wenn auf der anderen Seite eine dementsprechende Vorschrift im Sinne des Doppeltürmodells (→ Vor § 474 Rn. 24 ff.) besteht. § 18 BVerfSchG stellt in diesem Sinne in Abs. 1b, 3 die speziellen Übermittlungsregelungen für Datentransfers aus dem Bereich der Strafverfolgung an die Verfassungsschutzbehörden bereit und sieht dabei weitergehende Beschränkungen vor.

43   Nach **S. 2 Nr. 4** dürfen die Daten unter den Voraussetzungen des § 476 zum Zweck der **wissenschaftlichen Forschung** umgewidmet werden.

IV. Weitere Einschränkungen für Übermittlungen an nichtöffentliche Stellen (Abs. 3)

44   Die Vorschrift schränkt in bestimmten Konstellationen, in denen die betroffene Person besonders schutzwürdig ist, die Übermittlung personenbezogener Daten an nichtöffentliche Stellen nach Abschluss des Verfahrens weiter ein.

45   **1. Anwendungsbereich.** Der Anwendungsbereich der Regelung ist in doppelter Weise beschränkt. Zunächst wird nur die Übermittlung an **nichtöffentliche Stellen,** also nach § 475 erfasst. Der Wortlaut lässt sich zwar auch auf eine Übermittlung an private Forschungseinrichtungen gemäß § 476 beziehen. Sinn und Zweck der Regelung sprechen jedoch gegen eine solche Ungleichbehandlung öffentlicher und privater Einrichtungen.[83]

46   Darüber hinaus kommt die Einschränkung nur in **zwei Gruppen von Verfahren** zum Tragen. Nr. 1 erfasst solche Verfahren, in denen es nicht zu einer Verurteilung gekommen ist. Der Terminus der Einstellung des Verfahrens erfasst dabei alle möglichen Formen und ist insbesondere nicht auf die „nicht nur vorläufige" Einstellung beschränkt (s. §§ 484, 489). Einbezogen ist daher auch die Einstellung wegen des Todes des Beschuldigten.[84]

47   Nr. 2 betrifft Verfahren, bei denen nur leichtere Sanktionen verhängt wurden und das Urteil bereits zwei Jahre rechtskräftig ist, so dass schon ein nicht unerheblicher Zeitabstand zu Tat und Verurteilung besteht. Für die erste Voraussetzung orientiert sich das Gesetz am Maßstab des BZRG, das in § 32 Abs. 2–4 BZRG festlegt, welche im BZR registrierten gerichtlichen Entscheidungen Eingang in ein Führungszeugnis für Behörden finden. Die Regelung bestimmt, welche Verurteilungen grundsätzlich nicht in ein derartiges Führungszeugnis aufgenommen werden. Besondere praktische Bedeutung kommt dabei Geldstrafen von weniger als 90 Tagessätzen zu (Abs. 2 Nr. 5a) sowie Jugendstrafen bis zu zwei Jahren, wenn diese zur Bewährung ausgesetzt werden (Abs. 2 Nr. 3).

48   **2. Glaubhaftmachung rechtlicher Interessen.** Ist der Anwendungsbereich der Einschränkung eröffnet, so muss der Antragsteller für die Zulässigkeit der Übermittlung

---

[81] BVerfG 20.4.2016 – 1 BvR 966/09, BVerfGE 141, 220 = NJW 2016, 1781.
[82] Schmidt/Niedernhuber in Gercke/Temming/Zöller Rn. 11.
[83] Hilger in Löwe/Rosenberg § 477 Rn. 15.
[84] Mitsch NJW 2010, 3479 (3482).

zunächst ein **rechtliches Interesse** an der Kenntnis der Informationen glaubhaft machen. Anders als bei einem lediglich berechtigten Interesse (§ 475 Abs. 1 S. 1) muss es hier also um die Wahrnehmung formal eingeräumter Rechte gehen.[85]

Für die **Glaubhaftmachung** des rechtlichen Interesses gelten die üblichen Anforderungen, vgl. § 56 StPO, § 294 ZPO.

3. Kein schutzwürdiges Interesse an Versagung. Als weitere Voraussetzung für 49 die Zulässigkeit der Übermittlung in diesen Konstellationen darf der betroffene frühere Beschuldigte kein schutzwürdiges Interesse an einer Versagung haben. Die Regelung geht also davon aus, dass grundsätzlich ein solches Interesse besteht,[86] denn der frühere Beschuldigte hat in den hiesigen Fällen ein gesteigertes Interesse, dass die ihn betreffenden Daten geheim gehalten werden.[87] Das Fehlen eines solchen Interesses muss **positiv begründet** werden und es findet keine Abwägung mit den Informationsinteressen der anfragenden Stelle statt.[88]

Der Rechtsausschuss wollte im Gesetzgebungsverfahren eine Regelung erreichen, nach 50 der die betroffene Person grundsätzlich angehört werden muss.[89] Der Vorschlag konnte sich am Ende des Gesetzgebungsverfahrens aber nicht durchsetzen und wurde mit der Begründung mangelnder Praktikabilität gestrichen. Gleichwohl ist eine **Anhörung der betroffenen Person** bzw. mindestens eine nachträgliche Unterrichtung schon wegen des Eingriffs in das RiS regelmäßig erforderlich.[90]

V. Prüfungspflicht (Abs. 4)

Die Vorschrift bestimmt für alle Formen der Übermittlung nach den §§ 474–477 die 51 Verantwortlichkeit hinsichtlich der Prüfung der Zulässigkeit der Übermittlung. Diese liegt grundsätzlich bei der übermittelnden Stelle; für Übermittlungen auf Ersuchen nach den §§ 474–476 differenziert sie insofern zwischen der Übermittlung an öffentliche Stellen und Rechtsanwälte einerseits und an Privatpersonen andererseits.

1. Übermittlung auf Ersuchen an öffentliche Stellen und Rechtsanwälte. 52 Anders als Privatpersonen tragen öffentliche Stellen (§ 2 BDSG) und Rechtsanwälte als Empfänger grundsätzlich selbst die Verantwortung für die Zulässigkeit der Übermittlung nach den §§ 474–476. Die **ersuchende Stelle** muss also eigenständig prüfen, ob die Voraussetzungen für eine Übermittlung gegeben sind und deren Vorliegen schlüssig darlegen bzw. glaubhaft machen. Bei Rechtsanwälten ist dies Ausdruck dessen, dass ihnen als Organ der Rechtspflege – nicht anders als Gerichten[91] – in diesem Kontext eine besondere Pflichtenstellung zukommt, im Rahmen derer sie die schutzwürdigen Interessen der von der Auskunft betroffenen Person zu wahren haben.[92]

Die **ersuchte Stelle** ist damit freilich nicht von jeder Prüfung befreit. Hinsichtlich der 53 Voraussetzungen der Übermittlungen soll sie sich zwar grundsätzlich auf die Darlegung der ersuchenden Stelle verlassen können.[93] Nach S. 3 muss sie aber in jedem Fall selbstständig feststellen, ob der Zweck der Übermittlung abstrakt besehen im Aufgabenbereich des Empfängers, also der ersuchenden Stelle liegt. Zudem soll die Stelle eine Schlüssigkeitsprüfung hinsichtlich der Voraussetzungen der Übermittlungen vornehmen und ist nicht davon befreit, das Vorliegen besonderer Versagungsgründe zu prüfen, etwa nach Abs. 1.[94]

---

[85] Zum Unterschied s. BT-Drs. 14/2595, 29; LG Kassel 20.12.2002 – 5 AR 13/02, NZV 2003, 437.
[86] Mitsch NJW 2010, 3479 (3482).
[87] S. auch BT-Drs. 14/2595, 29.
[88] Mitsch NJW 2010, 3479 (3482).
[89] S. auch BT-Drs. 14/2595, 29.
[90] Gieg in KK-StPO Rn. 4.
[91] OLG Hamm 26.11.2013 – III-1 VAs 116/13 – 120/13 und 122/13, BB 2014, 526 (527 f.).
[92] BVerfG 21.3.2002 – 1 BvR 2119/01, NJW 2002, 2307 (2308).
[93] Wittig in BeckOK StPO Rn. 18.
[94] OLG Hamm 26.11.2013 – III-1 VAs 116/13 – 120/13 und 122/13, BB 2014, 526 (527); Hilger in Löwe/Rosenberg § 477 Rn. 16; Puschke/Weßlau in SK-StPO Rn. 64.

54   Zu einer weitergehenden eigenständigen Prüfung des Vorliegens der tatsächlichen Voraussetzungen ist die übermittelnde Stelle aber nur verpflichtet, wenn hierzu **besonderer Anlass** besteht.[95] Dies ist etwa dann der Fall, wenn das Begehren unschlüssig ist; sich auf ungewöhnliche, sehr umfangreiche oder besonders sensible Daten bezieht, so dass die Einsicht ggf. zu beschränken ist;[96] wenn ein Verbot nach Abs. 1 in Betracht kommt; oder die Kenntnis der verlangten Daten für den angegebenen Zweck unter normalen Umständen nicht erforderlich ist.[97] Ein ungewöhnlicher Bestand an Daten liegt nicht schon deshalb vor, weil es sich um personenbezogene Daten handelt oder Betriebs- und Geschäftsgeheimnisse enthalten sind. Daher sind Bonusanträge oder im Rahmen von Kronzeugenprogrammen in Kartellverfahren gemachte Angaben nicht ohne Weiteres ungewöhnliche oder besonders sensible Daten.[98] Einen besonderen Anlass geben kann auch das Vorliegen einer komplizierten Sach- und Rechtslage, die zB die eingehende Prüfung des Vorliegens besonderer entgegenstehender Verwendungsregelungen iSv Abs. 1 verlangt.[99]

55   **2. Übermittlung auf Ersuchen an Privatpersonen; Übermittlung von Amts wegen.** Bei einer Übermittlung nach den §§ 474–476 an Privatpersonen trifft die übermittelnde Stelle die volle Verantwortung, wie sich aus dem Umkehrschluss der Regelung ergibt.[100] Sie muss hier stets vollumfänglich prüfen, ob die Voraussetzungen für eine Übermittlung sowohl rechtlich als auch tatsächlich gegeben sind. Gleiches gilt für die Übermittlung von Amts wegen nach § 477.

VI. Zweckbindung (Abs. 5)

56   Abs. 5 – der ein Schutzgesetz iSv § 823 Abs. 2 BGB darstellt[101] – regelt einfachgesetzlich den sich bereits aus dem RiS ergebenden Zweckbindungsgrundsatz, wonach personenbezogene Daten ohne Weiteres nur für den Erhebungs- bzw. Übermittlungszweck genutzt werden dürfen.[102] Dies setzt die Regelung seit Einführung der elektronischen Akte 2017 derart um, dass sie die allgemeine Regelung in § 32f Abs. 5 S. 2 und 3 leicht modifiziert. Die Daten dürfen demnach grundsätzlich nur für den Zweck genutzt werden, für den sie übermittelt wurden.

57   Daher ist bspw. eine zweckfremde Veröffentlichung der Daten grundsätzlich unzulässig;[103] gleiches gilt für die Nutzung der Daten in einem Mandat bzw. Verfahren, für das die Daten nicht übermittelt wurden – sei es durch Weitergabe an den Mandanten, sei es durch Schriftsatz oder Sachvortrag.[104] Dies bindet im Fall der Übermittlung an einen Rechtsanwalt nicht nur diesen, sondern auch den Mandanten.[105]

58   Abs. 5 Nr. 1 ermöglicht für nach §§ 474, 475 übermittelte Daten **weitergehende Zweckumwidmungen,** während Abs. 5 Nr. 2 Übermittlungen nach § 477 betrifft. § 476 enthält für diese Frage bezüglich seines Anwendungsbereichs hingegen in Abs. 4 eine eigenständige Bestimmung. Bei den Voraussetzungen für eine weitergehende Zweckumwidmung der übermittelten Daten unterscheiden die Regelung zwischen nach §§ 474, 477 an öffentli-

---

[95] Dazu BayObLG 20.12.2021 – 203 VAs 389/21, NJW-Spezial 2022, 122; Hohmann in Radtke/Hohmann § 477 Rn. 8.
[96] OLG Koblenz 11.6.2010 – 2 VAs 1/10, BeckRS 2010, 14403.
[97] OLG Hamm 21.4.2016 – III-1 VAs 100/15 und 102/15 – 104/15, BeckRS 2016, 09787; Hilger in Löwe/Rosenberg § 477 Rn. 16.
[98] OLG Hamm 26.11.2013 – III-1 VAs 116/13 – 120/13 und 122/13, BB 2014, 526 (528 f.); s. auch BVerfG 6.3.2014 – 1 BvR 3541/13 u.a., NJW 2014, 1581 (1583).
[99] S. auch Hilger in Löwe/Rosenberg § 477 Rn. 13.
[100] Hilger in Löwe/Rosenberg § 477 Rn. 16 zur aF; Ritscher/Klinge in Satzger/Schluckebier/Widmaier StPO Rn. 10.
[101] OLG Braunschweig 3.6.2008 – 2 U 82/07, NJW 2008, 3294 (3295); LG Mannheim 24.11.2006 – 7 O 128/06, NJOZ 2007, 1954; Wittig in BeckOK StPO Rn. 21.
[102] Hilger in Löwe/Rosenberg § 477 Rn. 18 ff.; Hohmann in Radtke/Hohmann Rn. 9 ff.
[103] OLG Stuttgart 16.6.2010 – 4 U 182/09, ZUM-RD 2010, 614.
[104] OLG Braunschweig 3.6.2008 – 2 U 82/07, NJW 2008, 3294 (3296 f.).
[105] Wittig in BeckOK StPO Rn. 21.

che Stellen und nach § 475 an Private übermittelte Daten. In beiden Fällen müssen die Voraussetzungen einer Übermittlung auch für den weitergehenden Zweck vorliegen, ist also die hypothetische Datenneuerhebung zu prüfen. Bei der Übermittlung an Private (§ 475) muss darüber hinaus auch die übermittelnde Stelle zustimmen. Die weiteren Regelungen in § 32f Abs. 5 S. 2 und 3 gelten daneben.

Weitergehende Verfahrensvorschriften, insbesondere Dokumentations- und Kennzeichnungspflichten, die für eine effektive Durchsetzung des Zweckbindungsgrundsatzes in der Praxis höchst bedeutsam sind (vgl. → Vor § 474 Rn. 18),[106] hat der Gesetzgeber mittlerweile in § 480 Abs. 4 geregelt. Sie folgen aber auch aus den verfassungsrechtlichen Vorgaben.[107] So können etwa bestehende Verwendungsbeschränkungen in der Praxis nur Umsetzung finden, wenn die betreffenden Daten entsprechend gekennzeichnet sind. Dem kommt aber nicht nur für heimlich erlangte Daten Bedeutung zu, weshalb über § 101 Abs. 3 hinaus eine weitergehende Kennzeichnungspflicht notwendig ist, die alle Umstände einer möglichen Verwendungsbeschränkung betrifft.[108]

VII. Fehlerfolgen, Rechtsbehelfe

Werden personenbezogene Daten **entgegen der Zweckbindung** bzw. **ohne Rechtsgrundlage** für eine Zweckumwidmung oder gar entgegen eines bestehenden Verwendungsverbotes übermittelt, ist wegen der Fehlerfolgen zu differenzieren. Erfolgt die rechtswidrige Übermittlung in einen anderen Rechtsbereich, so richten sich die Fehlerfolgen jeweils nach den dortigen Bestimmungen.[109] Erfolgt die **Übermittlung in ein Strafverfahren,** so folgt aus der Rechtswidrigkeit wegen des Verstoßes gegen die gesetzlichen Verwendungsregelungen ein Verwertungsverbot (schon → Vor § 474 Rn. 61 ff.).[110]

In diesem Zusammenhang kann die besondere Situation entstehen, dass aufgrund der rechtswidrigen Verwendung weitere Beweismittel erlangt werden. Im Fall des § 479 Abs. 2 S. 1 gilt dies in besonderem Maße für die rechtswidrige Übermittlung und Verwendung personenbezogener Daten als **Spurenansatz,** die sodann weitere Beweismittel hervorbringt. Hier stellt sich die Frage nach einer **Fernwirkung** von solchen Verwertungsverboten, die aus einer rechtswidrigen Übermittlung und Verwendung folgen.[111] Zwar wird eine Fernwirkung von der herrschenden Auffassung grundsätzlich abgelehnt.[112] Ausnahmen sollen aber insbesondere dann gelten, wenn sich dies aus der jeweils betroffenen Vorschrift ergibt.[113] Hier könnte daher aus dem besonderen Charakter von Verwendungsregelungen eine Fernwirkung abzuleiten sein.[114] Verwendungsregelungen sollen ausdrücklich nicht nur die Verwertung in dem jeweiligen Verfahren ausschließen, sondern jede Nutzung der Daten begrenzen. Mit der rechtswidrigen Übermittlung wird daher gegen eine Regelung verstoßen, die genau diese Nutzung verhindern will und die unterlaufen würde, wenn man eine Fernwirkung ablehnte.[115] Dies spricht dafür, Verwertungsverboten, die aus einem Verstoß gegen Verwendungsregelungen folgen, Fernwirkung zuzusprechen.[116]

Als **Rechtsbehelfe** kommen diejenigen in Betracht, die für die verschiedenen Arten der Übermittlung nach den §§ 474–477 einschlägig sind, da § 479 nur besondere Regelungen für diese Übermittlungen aufstellt.

---

[106] Hiéramente wistra 2015, 9 (12).
[107] S. Hilger in Löwe/Rosenberg § 477 Rn. 1 zur Nachberichtspflicht iSv § 489 Abs. 8.
[108] Hilger in Löwe/Rosenberg § 477 Rn. 14.
[109] Hilger in Löwe/Rosenberg § 477 Rn. 22; für ein umfassendes Verwendungsverbot im Verwaltungs- und sozialgerichtlichen Verfahren LSG Hessen 26.3.2009 – L 1 KR 331/08 B ER, MMR 2009, 718 (719).
[110] S. auch Hohmann in Radtke/Hohmann § 477 Rn. 15; Puschke/Weßlau in SK-StPO Rn. 71.
[111] Singelnstein ZStW 120 (2008), 854 (890 f.).
[112] So für § 100d Abs. 5 auch Löffelmann NJW 2005, 2033 (2036).
[113] BGH 18.4.1980 – 2 StR 731/79, BGHSt 29, 244 (247 ff.) = NJW 1980, 1700; Eisenberg BeweisR StPO Rn. 403 ff.
[114] So bereits Maiwald JuS 1978, 379 (384); ablehnend wohl BGH 7.3.2006 – 1 StR 316/05, BGHSt 51, 1 = NJW 2006, 1361 (1363), der dies indes alleine am Maßstab der Verwertungsverbote prüft.
[115] Vgl. Rogall FS Kohlmann, 2003, 465 (484 f.); s. auch LG Stuttgart 21.7.2000 – 11 Qs 46/00, NStZ-RR 2001, 282 zu § 97 Abs. 1 InsO.
[116] Singelnstein ZStW 120 (2008), 854 (891).

§ 480 Entscheidung über die Datenübermittlung

(1) ¹Über die Übermittlungen nach den §§ 474 bis 477 entscheidet im vorbereitenden Verfahren und nach rechtskräftigem Abschluss des Verfahrens die Staatsanwaltschaft, im Übrigen der Vorsitzende des mit der Sache befassten Gerichts. ²Die Staatsanwaltschaft ist auch nach Erhebung der öffentlichen Klage befugt, personenbezogene Daten zu übermitteln. ³Die Staatsanwaltschaft kann die Behörden des Polizeidienstes, die die Ermittlungen geführt haben oder führen, ermächtigen, in den Fällen des § 475 Akteneinsicht und Auskünfte zu erteilen. ⁴Gegen deren Entscheidung kann die Entscheidung der Staatsanwaltschaft eingeholt werden. ⁵Die Übermittlung personenbezogener Daten zwischen Behörden des Polizeidienstes oder eine entsprechende Akteneinsicht ist ohne Entscheidung nach Satz 1 zulässig, sofern keine Zweifel an der Zulässigkeit der Übermittlung oder der Akteneinsicht bestehen.

(2) ¹Aus beigezogenen Akten, die nicht Aktenbestandteil sind, dürfen Übermittlungen nur mit Zustimmung der Stelle erfolgen, um deren Akten es sich handelt; Gleiches gilt für die Akteneinsicht. ²In den Fällen der §§ 474 bis 476 sind Auskünfte und Akteneinsicht nur zulässig, wenn der Antragsteller die Zustimmung nachweist.

(3) ¹In den Fällen des § 475 kann gegen die Entscheidung der Staatsanwaltschaft nach Absatz 1 gerichtliche Entscheidung durch das nach § 162 zuständige Gericht beantragt werden. ²Die §§ 297 bis 300, 302, 306 bis 309, 311a und 473a gelten entsprechend. ³Die Entscheidung des Gerichts ist unanfechtbar, solange die Ermittlungen noch nicht abgeschlossen sind. ⁴Diese Entscheidungen werden nicht mit Gründen versehen, soweit durch deren Offenlegung der Untersuchungszweck gefährdet werden könnte.

(4) Die übermittelnde Stelle hat die Übermittlung und deren Zweck aktenkundig zu machen.

Schrifttum (weitere Quellen beim Schrifttum Vor § 474): Henckel, Rechtswidrige Gewährung von Akteneinsicht an Dritte – Folgen und effektiver nachträglicher Rechtsschutz, StraFo 2021, 418; Lauterwein, Akteneinsicht und -auskünfte für den Verletzten, Privatpersonen und sonstige Stellen, §§ 406e und 475 StPO, 2011; Schöch, Datenschutzrechtliche Voraussetzungen der Akteneinsicht für kriminologische Forschungsvorhaben, in: Jehle (Hrsg.), Datensammlungen und Akten in der Strafrechtspflege, 1989, 299.

Übersicht

		Rn.			Rn.
I.	Allgemeines	1	4.	Rechtliches Gehör	17
II.	**Zuständigkeit (Abs. 1)**	4	III.	Auskunft aus beigezogenen Akten (Abs. 2)	21
1.	Verteilung der Zuständigkeit (S. 1, 2)	5	IV.	Spezieller Rechtsbehelf (Abs. 3)	25
2.	Ermächtigung der Polizei (S. 3, 4)	9	V.	Sonstige Rechtsbehelfe	29
3.	Ausnahme bei Übermittlung zwischen Polizeibehörden (S. 5)	13	VI.	Dokumentationspflicht (Abs. 4)	33

I. Allgemeines

1   Die Vorschrift fasst verschiedene Verfahrensregelungen hinsichtlich der Auskunft und Akteneinsicht bzw. Übermittlung nach den §§ 474 ff. zusammen und dient der **Vereinheitlichung von Zuständigkeit und Verfahren.**[1] Abs. 1 und 3, die in Teilen § 406e Abs. 5 nachgebildet sind, enthalten Regelungen zur Zuständigkeit für die Entscheidung über die

---
[1] BT-Drs. 14/1484, 30.

Übermittlung und diesbezügliche besondere Rechtsbehelfe. Abs. 2 betrifft den Umgang mit beigezogenen Akten. Abs. 4 normiert eine allgemeine Dokumentationspflicht. Durch die Umsetzung der JI-RL im Strafverfahren (→ Vor § 474 Rn. 5) wurden die Abs. 1–3 aus § 478 aF überführt und Abs. 4 (→ Rn. 33) neu eingefügt. Der lediglich klarstellende § 480 aF wurde im Zuge dessen gestrichen, ohne dass damit Auswirkungen auf die Rechtslage beabsichtigt waren oder verbunden sind; besondere gesetzliche Bestimmungen, die die Übermittlung anordnen oder erlauben bleiben auch nach der Neufassung unberührt.[2]

Die Regelung gilt grundsätzlich für **alle Formen der Übermittlung** (→ Vor § 474 Rn. 11) nach den §§ 474–477.[3] Damit erfasst sie auch Übermittlungen an die Geheimdienste und an parlamentarische Untersuchungsausschüsse, für die in § 474 Abs. 2 S. 2 bzw. § 474 Abs. 6 nur die materiellen Voraussetzungen normiert sind, nicht aber das Verfahren speziell geregelt ist.[4] Für die Übermittlung zwischen Polizeibehörden trifft Abs. 1 S. 5 eine spezielle Regelung. Auf die bisher in § 480 aF angesprochenen Spezialvorschriften (→ Rn. 1) ist § 480 insoweit nicht anwendbar, als dort eigene Verfahrensregelungen getroffen werden, die dann ebenfalls „unberührt" bleiben.[5] § 480 Abs. 1 S. 1 und 2 gilt nach § 481 Abs. 3 entsprechend, wenn Zweifel an der Verwendung von Strafverfahrensdaten für präventiv-polizeiliche Zwecke bestehen. Nach § 8 Abs. 2 AntiDopG sind Abs. 1 und 2 auch bei Übermittlungen der Strafverfolgungsbehörden an die Nationale Anti Doping Agentur anzuwenden; ähnliches gilt nach § 17 Abs. 1 S. 3 SchwarzArbG.

Die Entscheidungen bezüglich der Übermittlung sind nach § 34 (analog) zu begründen.[6] Werden Daten übermittelt, die einer besonderen Verwendungsbeschränkung unterliegen (etwa § 58a Abs. 2, § 100e Abs. 6, § 100i Abs. 2 S. 2, § 108 Abs. 2 und 3, § 479 Abs. 2 S. 1), besteht für die übermittelnde Stelle eine entsprechende **Kennzeichnungspflicht**.[7]

II. Zuständigkeit (Abs. 1)

Abs. 1 regelt abschließend die Zuständigkeitsverteilung bei Entscheidungen über Auskunft und Akteneinsicht. Wie bei anderen strafprozessualen Entscheidungen auch **differenziert** die Norm dabei **nach dem Verfahrensstadium** und erklärt grundsätzlich die jeweils aktenführende Stelle für zuständig.[8] Darüber hinaus wird aber der StA und damit mittelbar auch der Polizei eine durchgehende Zuständigkeit eingeräumt.

1. Verteilung der Zuständigkeit (S. 1, 2). Im **Ermittlungsverfahren** als vorbereitendem Verfahren wie auch nach **rechtskräftigem Abschluss** kommt der StA die Verfahrensherrschaft zu und ist sie aktenführende Stelle. Sie ist daher gemäß S. 1 – vorbehaltlich einer Ermächtigung der Polizei nach S. 3 – alleine zuständig.[9] Soweit die Finanzbehörde im Ermittlungsverfahren staatsanwaltschaftliche Befugnisse gem. § 399 AO ausübt, liegt die Entscheidungskompetenz bei ihr.[10] Die Zuständigkeit der StA im Ermittlungsverfahren wird nicht dadurch tangiert, dass in diesem ein Rechtsmittel bei dem dafür zuständigen Gericht anhängig ist.[11] Die StA entscheidet auch, wenn andere Verfahrensordnungen ein Akteneinsichts- und Auskunftsrecht gegenüber einer Behörde vorsehen (§ 99 VwGO, § 86 FGO, § 119 SGG).[12]

Nach Nr. 183 RiStBV soll grundsätzlich der Staatsanwalt entscheiden, im Vollstreckungsverfahren auch der Rechtspfleger. Ist nach Rechtskraft der Entscheidung eine andere

---

[2] BT-Drs. 19/4671, 66.
[3] Puschke/Weßlau in SK-StPO Rn. 1.
[4] Hilger in Löwe/Rosenberg § 478 Rn. 2.
[5] Puschke/Weßlau in SK-StPO Rn. 2.
[6] Graalmann-Scheerer NStZ 2005, 434 (439 f.).
[7] Hilger in Löwe/Rosenberg § 477 Rn. 14; Puschke/Weßlau in SK-StPO Rn. 19.
[8] Puschke/Weßlau in SK-StPO Rn. 4.
[9] Vgl. zB OLG München 17.9.2015 – 1 Ws 639/15, BeckRS 2015, 16053; VG Greifswald 8.9.2016 – 5 B HGW.
[10] Hilger in Löwe/Rosenberg § 478 Rn. 4; Puschke/Weßlau in SK-StPO Rn. 4.
[11] BGH 22.9.2009 – StB 28/09, BeckRS 2009, 86260; 4.3.2010 – StB 46/09, NStZ-RR 2010, 246.
[12] Hilger in Löwe/Rosenberg § 478 Rn. 4; Köhler in Meyer-Goßner/Schmitt Rn. 1a.

Stelle als die StA Vollstreckungsbehörde, liegt die Entscheidungsbefugnis bei dieser als aktenführender Stelle.[13] In den Fällen des § 476 obliegt die Entscheidung nach Nr. 189 Abs. 2 RiStBV dem Behördenleiter. Betrifft das Forschungsvorhaben mehrere StAen, sind die jeweils übergeordneten Behörden einzubeziehen, Nr. 189 Abs. 3 RiStBV, durch deren Weisungen eine einheitliche Praxis gewährleistet werden soll.[14]

7   Im **Zwischen- und Hauptverfahren** – also nach Anklageerhebung gem. § 170 Abs. 1, § 407 Abs. 1 S. 4 oder § 418 Abs. 3 S. 2 – ist demgegenüber das mit der Sache befasste Gericht zuständig. Nach S. 1 Hs. 2 entscheidet dessen Vorsitzender über die Übermittlung.

8   Gemäß S. 2 bleibt allerdings die StA daneben befugt, Auskünfte zu erteilen, so dass eine **Doppelzuständigkeit** entsteht. Angesichts dessen sollen die zur Entscheidung befugten Stellen bei Vorliegen eines Antrags untereinander Einvernehmen herstellen, um divergierende Entscheidungen zu vermeiden; dabei gibt die Entscheidung des Vorsitzenden des Gerichts als in diesem Verfahrensstadium aktenführender Stelle im Zweifel den Ausschlag.[15]

9   **2. Ermächtigung der Polizei (S. 3, 4).** Die Polizei hat keine originäre Kompetenz, Auskünfte aus Strafverfahrensakten zu erteilen, sondern muss grundsätzlich eine Entscheidung der zuständigen Stelle herbeiführen.[16] Nach S. 3 kann die StA jedoch in bestimmten Konstellationen ihre Entscheidungskompetenz an die Polizei delegieren. Hierdurch soll die StA entlastet werden; dies bedeutet zugleich aber auch eine Einschränkung der Leitungsfunktion der StA.[17] Nach Nr. 183 Abs. 2 RiStBV soll von der Möglichkeit nur **zurückhaltend Gebrauch** gemacht und diese grundsätzlich auf einfache und schnell zu erledigende Auskünfte beschränkt werden.

10   Nach den **Voraussetzungen** des S. 3 ist die Möglichkeit der Delegation erstens auf Übermittlungen an Private nach § 475 beschränkt. Zweitens darf die Delegation nur gegenüber den Polizeibehörden erfolgen, die ermittlungsführend sind oder waren. Nach dem Wortlaut des S. 3 („geführt haben") kann die Entscheidungskompetenz somit nicht nur für das Ermittlungsverfahren, sondern auch für das Zwischen- und Hauptverfahren delegiert werden.[18] Es handelt sich um eine Ermessensentscheidung, die alle relevanten Umstände einzubeziehen hat.

11   Besteht eine **Doppelzuständigkeit** von Gericht und StA nach S. 1 und S. 2 (vgl. → Rn. 8), sollte auch bei der Delegation der staatsanwaltschaftlichen Kompetenz an die Polizei über Anträge einvernehmlich entschieden werden; bei Meinungsverschiedenheiten kommt es dabei erst recht auf die Entscheidung des Gerichts als aktenführender Stelle an.[19]

12   S. 4 sieht gegen Entscheidungen der ermächtigten Polizei als **besonderen Rechtsbehelf** eine Entscheidung durch die StA vor. Ist für die ermächtigte Polizeibehörde mit einer Anrufung der StA gegen die Entscheidung zu rechnen, hat sie deren Entscheidung abzuwarten, um dieser nicht vorzugreifen.[20]

13   **3. Ausnahme bei Übermittlung zwischen Polizeibehörden (S. 5).** Nach Abs. 1 S. 5 soll eine Übermittlung zwischen Polizeibehörden zur Strafverfolgung in Form der Auskunft und Akteneinsicht in der Regel ohne Entscheidung durch StA oder Gericht und somit alleine nach Prüfung durch die Polizei selbst zulässig sein. Diese **teilweise Aufhebung der Sachleitungsbefugnis der StA** wird mit Beschleunigung und Vereinfachung des Verfahrens begründet.[21] Sie ist problematisch, da die Prüfung durchaus komplexe Rechtsfra-

---

[13] Hilger in Löwe/Rosenberg § 478 Rn. 4.
[14] BT-Drs. 14/1484, 30; Graalmann-Scheerer NStZ 2005, 434 (439).
[15] Hilger in Löwe/Rosenberg § 478 Rn. 9.
[16] Puschke/Weßlau in SK-StPO Rn. 4.
[17] Puschke/Weßlau in SK-StPO Rn. 6.
[18] Hilger in Löwe/Rosenberg § 478 Rn. 5; Puschke/Weßlau in SK-StPO Rn. 6; aA: Matheis, Strafverfahrensänderungsgesetz 1999, 2006, S. 249 f.; Köhler in Meyer-Goßner/Schmitt Rn. 2; differenzierend Lauterwein, Akteneinsicht und -auskünfte für den Verletzten, Privatpersonen und sonstige Stellen, §§ 406e und 475 StPO, 2011, S. 156 ff.
[19] Puschke/Weßlau in SK-StPO Rn. 8.
[20] Hilger in Löwe/Rosenberg § 478 Rn. 5; Puschke/Weßlau in SK-StPO Rn. 6.
[21] Hilger in Löwe/Rosenberg § 478 Rn. 10; BT-Drs. 17/5096, 22 f.

gen aufwerfen kann, zB bei streitigen Rechtsfragen oder hinsichtlich entgegenstehender Verwendungsregeln gem. § 479 Abs. 1.[22] Zudem hat die Polizei angesichts ihrer technischen Ausstattung im Bereich der Datenverarbeitung ohnehin eine nur schwer zu kontrollierende Monopolstellung.

Die Regelung betrifft nur Übermittlungen zum Zweck der Strafverfolgung, also iSv 14 § 474 Abs. 1.[23] Übermittlungen an die nach Polizeirecht tätigen Polizeibehörden erfolgen nach § 481, der eine vergleichbare Regelung trifft.

Die Regelung des S. 5 wird ihrerseits durch dessen letzten Hs. eingeschränkt, der 2012 15 eingeführt wurde.[24] Bei **Zweifeln an der Zulässigkeit der Übermittlung** sollen danach doch gem. S. 1 StA bzw. Gericht entscheiden. Die nachträgliche Einführung der Einschränkung wurde damit begründet, dass die Prüfung bspw. bei heimlichen Ermittlungsmaßnahmen komplexe juristische Fragen aufwirft. Für diese Fälle wollte der Gesetzgeber der Sachleitungsbefugnis der StA Vorrang gewähren, da andernfalls eine weniger sorgfältige Prüfung zu besorgen sei.[25] Dies wurde umso problematischer angesehen, als wegen der Möglichkeit der Übermittlung in andere Staaten der EU ansonsten die Gefahr bestünde, dass keine innerstaatliche justizielle Kontrolle mehr stattfindet.[26]

Die Wirksamkeit der Regelung ist insofern begrenzt, als die zentrale Weichenstellung – 16 wann Zweifel an der Zulässigkeit bestehen – von der Polizei selbst vorzunehmen ist.[27] Zwar ist hierbei ein **objektiver Maßstab** anzulegen, so dass schwierige Rechts- oder Tatsachenfragen unabhängig vom Standpunkt der beurteilenden Beamten Zweifel begründen und so die Rückausnahme aktivieren.[28] Inwieweit dies in der Praxis Beachtung findet, ist aber fraglich.

4. Rechtliches Gehör. In den §§ 474 ff. ist eine Gewährung rechtlichen Gehörs für 17 die Betroffenen vor Erteilung der Akteneinsicht oder Auskunft nicht vorgesehen, ein entsprechender Vorschlag des Rechtsausschusses konnte sich im Gesetzgebungsverfahren nicht durchsetzen.[29] Allerdings ergibt sich in bestimmten Konstellationen aus verfassungsrechtlichen Gesichtspunkten eine **Pflicht zur Anhörung**. Die Zugänglichmachung personenbezogener Daten einer Person durch Gewährung von Auskunft oder Akteneinsicht bedeutet einen Eingriff in das RiS (→ Vor § 474 Rn. 11).[30] Für diesbezüglich vorzunehmende Verhältnismäßigkeitsprüfungen ist ggf. eine Anhörung erforderlich, um die maßgeblichen Interessen bestimmen zu können.

Selten Bedeutung erlangt dies bei Übermittlungen nach **§ 474** und **§ 476**.[31] Bei ersteren 18 sind angesichts der geringen Übermittlungsvoraussetzungen (→ § 474 Rn. 13 ff.) kaum Konstellationen denkbar, in denen spezielle Interessen von Betroffenen einer Übermittlung entgegenstehen können. Im Fall des § 476 würde eine Anhörung wegen der Vielzahl Betroffener in der Regel einen unvertretbaren Aufwand bedeuten. Angesichts dessen hat der Gesetzgeber die Übermittlung nur unter recht strengen Voraussetzungen gestattet (→ § 476 Rn. 8 ff.), die die Verhältnismäßigkeit sicherstellen; zudem erfolgt hier so früh wie möglich eine Anonymisierung.

Besondere Bedeutung hat die Anhörungspflicht nach der Rechtsprechung des BVerfG 19 hingegen bei Übermittlungen an Private nach **§ 475**. Hier sind zur Wahrung der Verhältnismäßigkeit vor einer Entscheidung stets die schutzwürdigen Interessen der Person gegen das

---

[22] Puschke/Weßlau in SK-StPO Rn. 12.
[23] BT-Drs. 14/1484, 30.
[24] Gesetz vom 21.7.2012, BGBl. I 1566; zum Hintergrund Gärditz in Löwe/Rosenberg StPO § 478 Nachtr. Rn. 3 ff.
[25] BT-Drs. 17/5096, 23; zur rechtlichen Einordung Gärditz in Löwe/Rosenberg StPO § 478 Nachtr. Rn. 15 f.
[26] BT-Drs. 17/5096, 23.
[27] Puschke/Weßlau in SK-StPO Rn. 12.
[28] S. im Einzelnen Gärditz in Löwe/Rosenberg StPO § 478 Nachtr. Rn. 8 ff.
[29] BT-Drs. 14/2595, 29 und BT-Drs. 14/3525, 2, jeweils zu § 477.
[30] BVerfG 26.10.2006 – 2 BvR 67/06, NJW 2007, 1052.
[31] Hilger in Löwe/Rosenberg § 478 Rn. 7.

Übermittlungsinteresse abzuwägen. Bei Eingriffen in das RiS setzt dies **regelmäßig** eine **Anhörung der betroffenen Person** (§ 46 Nr. 1 BDSG) voraus, um so deren Interessen bestimmen zu können.[32] Eine Anhörung ist insbesondere dann erforderlich, wenn die Verfahrensakten Dokumente enthalten, die nicht zur Kenntnisnahme durch Dritte bestimmt und für das dargelegte Interesse an der Akteneinsicht ersichtlich ohne Bedeutung sind (zB Bundeszentralregisterauszug, persönliche und intime Zeichnungen und Briefe bei Akteneinsicht für zivilrechtliche Angelegenheiten).[33] War eine Anhörung geboten und ist sie unterblieben, so stellt dies einen schwerwiegenden Verfahrensfehler dar; im Hinblick auf die Gewährung effektiven Rechtsschutzes ist zumindest eine nachträgliche Unterrichtung der betroffenen Person erforderlich.[34]

20 Teilweise wird darüber hinaus und für diverse Formen der Übermittlung im Hinblick auf Rechtsschutzmöglichkeiten mit gewichtigen Argumenten eine **generelle Benachrichtigungspflicht** gefordert. Anders als § 19a BDSG aF sieht das neu gefasste BDSG keine generelle Regelung der Benachrichtigung mehr vor, § 56 macht nur Vorgaben für den Umfang spezialgesetzlich angeordneter Benachrichtigungspflichten.[35] Gestützt wird die generelle Pflicht zur Benachrichtigung auf eine analoge Anwendung des § 21 Abs. 2 EGGVG.[36]

III. Auskunft aus beigezogenen Akten (Abs. 2)

21 Abs. 2 trifft eine einschränkende Verfahrensregelung für beigezogene Akten, die nicht Bestandteil der Akte des Strafverfahrens geworden sind.

22 **Beigezogene Akten** sind Sammlungen von Dokumenten, die für ein anderes Verfahren erstellt und dann in das in Rede stehende Verfahren übermittelt wurden. Nicht hierzu zählen einzelne Dokumente, die als solche Gegenstand der Strafakte im gegenständlichen Verfahren geworden sind, wie bspw. Berichte der Gerichtshilfe, von Bewährungshelfern, Registerauszüge, Stellungnahmen von Erziehungsheimen und psychiatrischen Anstalten, Sachverständigengutachten und sonstige Schriftstücke, die zu den Akten gegeben oder genommen wurden,[37] sowie als Beweismittel beschlagnahmte Unterlagen.[38]

23 Für diese beigezogenen Akten liegt die Entscheidungskompetenz gem. Abs. 2 nach wie vor bei der **aktenführenden Stelle,** die die Akte an die Strafverfolgungsbehörden übermittelt hat. In den Fällen der §§ 474–476 muss der Antragsteller nach S. 2 die Zustimmung dieser Stelle zur Auskunft oder Akteneinsicht nachweisen. Diese Regelung berücksichtigt zum einen, dass die gemäß Abs. 1 zur Entscheidung berufene Stelle hinsichtlich beigezogener Akten möglicherweise nicht hinreichend beurteilen kann, ob und welche Bedenken gegen eine Auskunftserteilung oder Einsichtsgewährung bestehen.[39] Zum anderen wird auf diesem Weg der Verwaltungsaufwand auf die Person oder Stelle abgewälzt, die Akteneinsicht bzw. Auskunft begehrt, wodurch die Justizbehörden und Gerichte entlastet werden.[40]

24 Die Regelung ist nicht einschlägig, wenn – wie häufig – die **beigezogenen Akten selbst Aktenbestandteil** geworden sind, etwa weil Verfahren verbunden oder Kopien der

---

[32] BVerfG 26.10.2006 – 2 BvR 67/06, NJW 2007, 1052; OLG Rostock 13.7.2017 – 20 Ws 146/17, ZD 2018, 182 (183); s. auch BVerfG 8.10.2021 – 1 BvR 2192/21, NJW 2021, 3654 zu § 406e; Gieg in KK-StPO Rn. 3; Gemählich in KMR-StPO Rn. 2; Hilger in Löwe/Rosenberg § 478 Rn. 7; Köhler in Meyer-Goßner/Schmitt Rn. 2a; Puschke/Weßlau in SK-StPO Rn. 9 f.
[33] BVerfG 26.10.2006 – 2 BvR 67/06, NJW 2007, 1052.
[34] Gemählich in KMR-StPO Rn. 2; Köhler in Meyer-Goßner/Schmitt Rn. 2a; Ritscher/Klinge in Satzger/Schluckebier/Widmaier StPO Rn. 1; Puschke/Weßlau in SK-StPO Rn. 10, 16.
[35] Heckmann/Paschke in Gola/Heckmann BDSG § 56 Rn. 2; Puschke/Weßlau in SK-StPO Rn. 16.
[36] Puschke/Weßlau in SK-StPO Rn. 16.
[37] Schöch, Datenschutzrechtliche Voraussetzungen der Akteneinsicht für kriminologische Forschungsvorhaben, 1989, S. 316 f.; ebenso Puschke/Weßlau in SK-StPO Rn. 13.
[38] Hilger in Löwe/Rosenberg § 478 Rn. 12.
[39] BT-Drs. 14/1484, 30.
[40] Hilger in Löwe/Rosenberg § 478 Rn. 13; Puschke/Weßlau in SK-StPO Rn. 14.

beigezogenen Akte in die Ausgangsakte genommen wurden (→ § 147 Rn. 15).[41] In diesen Fällen trägt wie sonst auch die übermittelnde Stelle die Verantwortung für die Zulässigkeit der Übermittlung; eine Zustimmung anderer Stellen ist dann nicht erforderlich.[42] Die übermittelnde Stelle hat daher zB zu prüfen, ob die Voraussetzungen für eine Zweckänderung gegeben sind.[43] Kann sie selbst nicht hinreichend beurteilen, ob etwa spezielle Verwendungsregelungen im Zusammenhang mit dem ursprünglichen Erhebungsvorgang einer Übermittlung entgegenstehen, sollte sie die Zustimmung der Stelle einholen, aus deren Akten diese Unterlagen stammen.[44]

IV. Spezieller Rechtsbehelf (Abs. 3)

Abs. 3 regelt einen speziellen Rechtsbehelf gegen **Entscheidungen der StA in Fällen der Übermittlung nach § 475** an Privatpersonen und sonstige Stellen. Die Vorschrift wurde 2009[45] mit § 406e Abs. 5 S. 2–5 harmonisiert.[46] Danach können sowohl der Antragsteller als auch Betroffene, in deren Rechte durch die Übermittlung eingegriffen wird, Antrag auf gerichtliche Entscheidung gegen eine (auch nur teilweise) Gewährung bzw. Verweigerung durch die StA stellen.[47] Dies gilt auch nachträglich, wenn die Akteneinsicht bereits gewährt wurde, etwa wenn der Betroffene nicht angehört (→ Rn. 19) worden ist.[48] Teilweise wird vertreten, dass Beschuldigte in diesem Fall nicht nur einen Anspruch auf Feststellung der Rechtswidrigkeit, sondern auch auf Rückgängigmachung der Akteneinsicht haben sollen.[49] Der Antrag ist an den nach § 162 zuständigen Richter, also den Ermittlungsrichter bzw. an das in der Sache zuständige Gericht zu richten.[50] 25

Für das Verfahren gelten die in S. 2 genannten **Vorschriften zu Rechtsmitteln** entsprechend. Eine Falschbezeichnung des Rechtsmittels schadet somit gem. § 300 nicht. Die Einlegung des Rechtsmittels hindert die StA gem. § 307 nicht am Vollzug der Übermittlung; da es sich aber insoweit um eine Ermessensentscheidung handelt, hat sie dabei alle Umstände des Einzelfalls zu berücksichtigen.[51] Sie hat daher zB, falls mit dem Antrag der betroffenen Person auf gerichtliche Entscheidung zu rechnen ist, mit der Ausführung eine angemessene Zeit abzuwarten, ob ein Antrag eingeht bzw. eine gerichtliche Entscheidung ergeht.[52] Es ist gem. §§ 308, 309, 311a rechtliches Gehör zu gewähren.[53] Eine Regelung zur Kostentragung findet sich in § 473a. 26

S. 3 und 4 enthalten **besondere Verfahrensregelungen** für den speziellen Rechtsbehelf. S. 3 bestimmt aus Gründen der Verfahrensökonomie und des Ausgleichs der betroffenen Interessen,[54] dass die gerichtliche Entscheidung vor Abschluss der Ermittlungen (§ 169a) nicht weiter anfechtbar ist. Nach dem Abschluss der Ermittlungen kommt hingegen eine Beschwerde gem. § 304 Abs. 1 in Betracht.[55] S. 4 dient demgegenüber dem Schutz des Untersuchungszwecks. Danach müssen Entscheidungen ausnahmsweise nicht begründet werden, soweit eine Gefahr für den Untersuchungszweck besteht. 27

Im Hinblick auf die Gewährung effektiven Rechtsschutzes, Art. 19 Abs. 4 GG, ist problematisch, dass die **betroffene Person,** die nicht selbst auch Beschuldigte im Verfahren 28

---

[41] BT-Drs. 14/1484, 30.
[42] OLG Hamm 26.11.2013 – III-1 VAs 116/13 – 120/13 und 122/13, BB 2014, 526 (531 f.).
[43] Hilger in Löwe/Rosenberg § 478 Rn. 11; Puschke/Weßlau in SK-StPO Rn. 13.
[44] So auch BT-Drs. 14/1484, 30.
[45] 2. Opferrechtsreformgesetz 2009, BGBl. I 2280.
[46] Puschke/Weßlau in SK-StPO Rn. 1, 20.
[47] Puschke/Weßlau in SK-StPO Rn. 20.
[48] Henckel StraFo 2021, 418 (419 ff.).
[49] Henckel StraFo 2021, 418 (422 ff.).
[50] Hilger in Löwe/Rosenberg § 478 Rn. 14; s. auch KG 20.12.2007 – (1) 2 BJs 58/06 – 2 (22/07), StV 2010, 298.
[51] BT-Drs. 16/12098, 26, 40.
[52] Hilger in Löwe/Rosenberg § 478 Rn. 14.
[53] Hilger in Löwe/Rosenberg § 478 Rn. 14.
[54] BT-Drs. 16/12098, 35 f., 40.
[55] Puschke/Weßlau in SK-StPO Rn. 21.

ist, idR nichts von der Übermittlung weiß und häufig auch nicht damit rechnen musste. Da für Übermittlungen eine generelle Benachrichtigungspflicht nicht vorgesehen ist, kann die betroffene Person in diesen Fällen keinen gerichtlichen Rechtsschutz einfordern. Daher ist mittlerweile zumindest in Fällen, in denen die gebotene Anhörung der betroffenen Person unterblieben ist, eine nachträgliche **Benachrichtigungspflicht** anerkannt (→ Rn. 19).

V. Sonstige Rechtsbehelfe

29   Da Abs. 3 nur Entscheidungen der StA in Fällen des § 475 betrifft, richtet sich der Rechtsschutz sowohl gegen alle Entscheidungen des Vorsitzenden des mit der Sache befassten Gerichts (Abs. 1 S. 1 Hs. 2) als auch gegen sonstige Entscheidungen der StA nach anderen Vorschriften. Dies betrifft insbesondere die Übermittlung von Strafverfahrensdaten nach den §§ 474, 476, 477. In diesen Fällen richten sich Möglichkeit und Form des gerichtlichen Rechtsschutzes danach, ob die Entscheidung durch die StA oder durch den Vorsitzenden des mit der Sache befassten Gerichts getroffen wurde.[56]

30   Für den Fall der **ablehnenden Entscheidung einer StA** auf Antrag einer öffentlichen Stelle gem. **§ 474** muss – außer in den Fällen der § 99 VwGO und § 86 Abs. 3 FGO – der Dienstweg beschritten werden.[57] Lediglich bei Verweigerung der Akteneinsicht gegenüber einem parlamentarischen Untersuchungsausschuss ist der Rechtsweg nach §§ 23 ff. EGGVG eröffnet.[58] Gegen eine ablehnende Entscheidung der StA in Bezug auf ein Forschungsvorhaben gem. **§ 476** steht ebenfalls der Rechtsweg nach §§ 23 ff. EGGVG offen.[59] Im Fall einer **positiven Entscheidung der StA** nach den §§ 474, 476, 477 kann die von der Übermittlung **betroffene Person** eine nachträgliche gerichtliche Überprüfung über § 23 EGGVG erreichen, soweit sie die Verletzung eigener Rechte gem. § 24 Abs. 1 EGGVG geltend machen kann.[60]

31   Gegen **Entscheidungen des Vorsitzenden** des mit der Sache befassten Gerichts gem. Abs. 1 S. 1 Hs. 2 über ein Auskunfts- oder Einsichtsersuchen nach den **§§ 474, 476** ist seit 2009 Beschwerde gem. § 304 möglich.[61] Gleiches gilt für Entscheidungen nach **§ 475**. Wurden diese früher als unanfechtbar betrachtet, besteht heute die Möglichkeit der Beschwerde nach den allgemeinen Vorschriften der §§ 304 ff.[62] Dies ergibt sich zwar nicht explizit aus Abs. 3, aber aus der Entstehungsgeschichte sowie dem Wortlaut und der Systematik des S. 3, der mit der „Entscheidung des Gerichts" das nach § 162 zuständige Gericht meint.[63] Die Rechtsauffassung, die Beschwerde sei auch nach neuer Rechtslage ausgeschlossen, wurde durch das BVerfG als Verstoß gegen das Willkürverbot gewertet und ist damit nicht mehr haltbar.[64] § 99 Abs. 2 VwGO und § 86 Abs. 3 FGO bleiben als leges speciales daneben anwendbar.[65]

32   Im Fall **prozessualer Überholung** wegen Vollzugs der Übermittlung bleiben die Rechtsmittel zulässig, wenn ein fortwirkendes Rechtsschutzinteresse an der Feststellung der

---

[56] KG 18.12.2018 – 5 VAs 20/18, BeckRS 2018, 45196; Puschke/Weßlau in SK-StPO Rn. 22.
[57] Hilger in Löwe/Rosenberg § 478 Rn. 14.
[58] BGH 12.1.2001 – 2 ARs 355/00, BGHSt 46, 261 = NStZ 2001, 389.
[59] Gemählich in KMR-StPO Rn. 7; Hilger in Löwe/Rosenberg § 478 Rn. 16; Köhler in Meyer-Goßner/Schmitt Rn. 4; Gieg in KK-StPO Rn. 5 (§ 23 EGGVG oder § 161a analog); Radtke in Radtke/Hohmann Rn. 9.
[60] OLG Karlsruhe 21.10.2014 – 2 VAs 10/14, NStZ 2015, 606 (607); Wittig in BeckOK StPO Rn. 8; Köhler in Meyer-Goßner/Schmitt Rn. 4.
[61] Gieg in KK-StPO Rn. 5; Hilger in Löwe/Rosenberg § 478 Rn. 15; Köhler in Meyer-Goßner/Schmitt Rn. 4; Puschke/Weßlau in SK-StPO Rn. 22; Graalmann-Scheerer NStZ 2005, 434 (440).
[62] BVerfG 29.6.2015 – 2 BvR 2048/12, NJW 2015, 3503; Gieg in KK-StPO Rn. 3 (nach Abschluss der Ermittlungen); Hilger in Löwe/Rosenberg § 478 Rn. 14 (nach Abschluss der Ermittlungen); Köhler in Meyer-Goßner/Schmitt Rn. 4; Puschke/Weßlau in SK-StPO Rn. 22; Ritscher/Klinge in Satzger/Schluckebier/Widmaier StPO Rn. 4.
[63] Puschke/Weßlau in SK-StPO Rn. 22.
[64] BVerfG 29.6.2015 – 2 BvR 2048/12, NJW 2015, 3503.
[65] Hilger in Löwe/Rosenberg § 478 Rn. 14.

Rechtswidrigkeit besteht. Ein solches ergibt sich hier in der Regel aus einem tiefgreifenden Grundrechtseingriff, namentlich in das RiS der betroffenen Person.[66]

VI. Dokumentationspflicht (Abs. 4)

Der durch die Umsetzung der JI-Richtlinie im Strafverfahren (→ Vor § 474 Rn. 5) **33** eingefügte Absatz 4 enthält eine dem § 101a Abs. 4 S. 2 nachgebildete[67] Dokumentationspflicht für die übermittelnde Stelle. Sie gilt für alle Übermittlungen nach den §§ 474–477 und soll durch die Dokumentation der Übermittlung selbst und deren Zweck die Aktenwahrheit und -vollständigkeit sicherstellen.[68] Zudem soll sie der Einhaltung zweckbezogener Verwendungsregelungen dienen.[69]

§ 481 Verwendung personenbezogener Daten für polizeiliche Zwecke

(1) ¹Die Polizeibehörden dürfen nach Maßgabe der Polizeigesetze personenbezogene Daten aus Strafverfahren verwenden. ²Zu den dort genannten Zwecken dürfen Strafverfolgungsbehörden und Gerichte an Polizeibehörden personenbezogene Daten aus Strafverfahren übermitteln oder Akteneinsicht gewähren. ³Mitteilungen nach Satz 2 können auch durch Bewährungshelfer und Führungsaufsichtsstellen erfolgen, wenn dies zur Abwehr einer Gefahr für ein bedeutendes Rechtsgut erforderlich und eine rechtzeitige Übermittlung durch die in Satz 2 genannten Stellen nicht gewährleistet ist. ⁴Die Sätze 1 und 2 gelten nicht in den Fällen, in denen die Polizei ausschließlich zum Schutz privater Rechte tätig wird.

(2) Die Verwendung ist unzulässig, soweit besondere bundesgesetzliche oder entsprechende landesgesetzliche Verwendungsregelungen entgegenstehen.

(3) Hat die Polizeibehörde Zweifel, ob eine Verwendung personenbezogener Daten nach dieser Bestimmung zulässig ist, gilt § 480 Absatz 1 Satz 1 und 2 entsprechend.

Schrifttum (weitere Quellen beim Schrifttum Vor § 474): Anders, Übermittlung personenbezogener Daten von der Bewährungshilfe an die Polizei, GA 2011, 19; Baur/Burkhardt/Kinzig, Am Pranger: Kriminalprävention durch Information, JZ 2011, 131; Hilger, Das Strafverfahrensrechtsänderungsgesetz 1999 (StVÄG 1999), StraFo 2001, 109; Humberg, Die Speicherung, Aufbewahrung und Nutzung erkennungsdienstlicher Unterlagen nach dem Strafverfahrensänderungsgesetz, Verwaltungsrundschau 2004, 155; Kugelmann, Polizei- und Ordnungsrecht, 2. Aufl. 2012; Müller-Eiselt, Highway oder Nadelöhr? Zu den Voraussetzungen und Grenzen polizeilicher Datenübermittlung an Private – dargestellt anhand der Kooperationspraxis zwischen Polizei und Fußballvereinen bei der Verhängung von Stadionverboten, DVBl 2014, 1168; Kingreen/Poscher, Polizei- und Ordnungsrecht, 12. Auflage 2022; Roggan, Der polizeiliche Zeugenschutz in der Hauptverhandlung, GA 2012, 434; Schumacher, Verwertbarkeit rechtswidrig erhobener Daten im Polizeirecht, 2001; Soiné, Strafverfahrensänderungsgesetz 1999 Teil 2, Kriminalistik 2001, 245.

Übersicht

		Rn.			Rn.
I.	Allgemeines	1	III.	Befugnis zur Übermittlung an die Polizei (Abs. 1 S. 2)	14
II.	Verwendungsregelung für präventivpolizeiliche Zwecke (Abs. 1 S. 1)	3	IV.	Entgegenstehende besondere Verwendungsregelungen (Abs. 2)	16
1.	Reichweite der Regelung	4	V.	Entscheidung durch StA oder Gericht (Abs. 3)	18
2.	Grenzen der Umwidmung	8			
3.	Rechtswidrig erhobene Daten	11			

---

[66] KG 15.12.2015 – 4 Ws 61/12 – 141 AR 305/12, BeckRS 2013, 932.
[67] BT-Drs. 19/4671, 66.
[68] Puschke/Weßlau in SK-StPO Rn. 18.
[69] BT-Drs. 19/4671, 66.

I. Allgemeines

1 Die Vorschrift regelt die Nutzung von personenbezogenen Strafverfahrensdaten zu (sonstigen) **polizeilichen Zwecken**. Dies tut sie **generalklauselartig,** indem die damit verbundene Zweckänderung und die Übermittlung von Abs. 1 sehr weitgehend gestattet werden. Die Norm fungiert insofern als Rechtsgrundlage für diesen Eingriff in das RiS.[1] Gemäß dem Doppeltürmodell (→ Vor § 474 Rn. 24 ff.) gestattet sie die Umwidmung indes nur aus Sicht des Zwecks der Strafverfolgung; daneben ist für die Verwendung stets auch eine Rechtsgrundlage in den Polizeigesetzen erforderlich, die die Verwendung auch aus Sicht der dort verfolgten Zwecke erlaubt.[2] Erst beide Regelungen gemeinsam ergeben eine hinreichende Rechtsgrundlage.[3] Weitere Vorgaben ergeben sich aus dem allgemeineren § 49 BDSG.

2 Abs. 2 betont den Vorrang spezieller Verwendungsregelungen soweit diese einer Verwendung zur Gefahrenabwehr entgegenstehen. Der 2012 eingefügte Abs. 3 verweist für das Verfahren bei Zweifeln über die Zulässigkeit auf § 480 Abs. 1 S. 1 und 2.

II. Verwendungsregelung für präventiv-polizeiliche Zwecke (Abs. 1 S. 1)

3 Abs. 1 S. 1 erlaubt als Öffnungsklausel die **Zweckumwidmung** (→ Vor § 474 Rn. 19 ff.) von zur Strafverfolgung erhobenen Daten für präventiv-polizeiliche Zwecke und durchbricht die insofern bestehende Zweckbindung.[4] Ist eine solche Umwidmung zulässig, gestattet S. 2 auch eine ggf. erforderliche Übermittlung (→ Rn. 14 f.).

4 **1. Reichweite der Regelung.** Als **Polizeibehörden** gelten alle Stellen, die die genannten Zwecke nach Maßgabe der Polizeigesetze erfüllen. Neben den allgemeinen Polizeibehörden der Länder und den Bundespolizeibehörden sind auch besondere Polizeibehörden erfasst, wie etwa Gewerbeaufsichtsämter.[5] **Verwenden** ist Sammelbegriff für jeden zweckgerichteten Umgang mit personenbezogenen Daten.[6] Hieran hat sich in der Sache nichts geändert, auch wenn das Datenschutzrecht Verarbeitung zum Oberbegriff (§ 46 Nr. 2 BDSG) erklärt.[7]

5 Personenbezogene **Daten aus Strafverfahren** sind angesichts des Wortlauts und des Regelungszusammenhangs sowie der zentralen Bedeutung der Zweckbestimmung (→ Vor § 474 Rn. 19 ff.) nach zutreffender Auffassung nur solche, die zum Zweck der Strafverfolgung in einem konkreten Strafverfahren gewonnen worden sind.[8] Demgegenüber stellt die Strafverfolgungsvorsorge – entgegen einer verbreiteten Auffassung[9] – eine andere Zwecksetzung dar, für die die Norm nicht gilt und die die StPO ohnehin nur vereinzelt und nicht abschließend regelt.[10] Daher sind nach § 81b Alt. 2 erhobene Daten nicht direkt erfasst. Allerdings erklärt § 81b Abs. 5 mittlerweile § 481 für anwendbar für die Verarbeitung aller nach §§ 81b, 163 erhobenen Fingerabdrücke, so dass § 481 auf diese Weise anwendbar ist; für die Speicherung in Dateien gilt § 484 (vgl. → § 81b Rn. 22).

6 Entscheidende Voraussetzung der Regelung ist die Wendung **„nach Maßgabe der Polizeigesetze"**. Danach darf die Polizei Strafverfahrensdaten grundsätzlich verwenden,

---

[1] Köhler in Meyer-Goßner/Schmitt Rn. 1; Gieg in KK-StPO Rn. 1; BT-Drs. 14/1484, 31; enger Würtenberger FG Hilger, 2003, 263 (265 ff.).
[2] Matheis, Strafverfahrensänderungsgesetz 1999, 2006, S. 270 ff.; Müller-Eiselt DVBl 2014, 1168 (1170); Puschke/Weßlau in SK-StPO Rn. 2; Wolter FG Hilger, 2003, 275 (283 ff.).
[3] Roggan GA 2012, 434 (445 f.).
[4] Hilger StraFo 2001, 109 (113); zur Gesetzgebungsgeschichte Brodersen NJW 2000, 2536 (2539 f.).
[5] Soiné Kriminalistik 2001, 245 (249).
[6] Roßnagel in NK-DatenschutzR DSGVO Art. 4 Rn. 28; Ernst in Paal/Pauly DS-GVO Art. 4 Rn. 20, 29.
[7] Puschke/Weßlau in SK-StPO Rn. 6.
[8] Humberg Verwaltungsrundschau 2004, 155 (156).
[9] S. etwa VGH Kassel 16.12.2004 – 11 UE 2982/02, NJW 2005, 2727 (2728), anders noch die Vorinstanz VG Gießen 29.4.2002 – 10 E 141/01, NVwZ 2002, 1531 (1532 f.).
[10] BVerwG 23.11.2005 – 6 C 2/05, NJW 2006, 1225 (1226).

soweit dies von den jeweils einschlägigen Polizeigesetzen[11] zugelassen ist.[12] Mit dieser Regelung gestattet die Norm die Zweckumwidmung sehr pauschal und weitgehend,[13] da die allgemeinen Polizeigesetze eine Verarbeitung personenbezogener Daten zu präventiv-polizeilichen Zwecken recht umfassend gestatten. Ihr kommt daher kaum eine einschränkende Wirkung zu, was im Hinblick auf den Schutz informationeller Selbstbestimmung hochproblematisch ist (allg. → Vor § 474 Rn. 33 ff.).[14] Die Begrenzung beschränkt sich praktisch darauf, dass die Umwidmung der Erfüllung der in den Polizeigesetzen geregelten Zwecke dienen muss, also der Gefahrenabwehr, der Vollzugshilfe, der vorbeugenden Bekämpfung von Straftaten oder zur Erfüllung der durch andere Rechtsvorschriften übertragenen Aufgaben.[15]

Ausdrücklich ausgenommen ist hingegen nach Abs. 1 S. 4 die Verwendung in Fällen, 7 in denen die Polizei **ausschließlich zum Schutz privater Rechte** tätig wird. Solche Fälle sind zwar eher selten, da die Polizei beim Schutz privater Rechte häufig zugleich auch zur Gefahrenabwehr tätig wird.[16] Gleichwohl muss die Polizei sicherstellen, dass umgewidmete Strafverfahrensdaten auch in später eintretenden Fällen nicht zum alleinigen Schutz privater Rechte genutzt werden. Dies bedeutet, dass Daten, die einmal aus dem Bereich der Strafverfolgung für die Gefahrenabwehr umgewidmet wurden und bei der Polizei für diesen Zweck vorgehalten werden, entsprechend gekennzeichnet werden. Nur so sind ihre Herkunft und die aus Abs. 1 S. 4 folgende Verwendungsbeschränkung auch nach Weiterverarbeitung der Daten jederzeit erkennbar.[17]

2. Grenzen der Umwidmung. Wenngleich Abs. 1 die Umwidmung und Übermitt- 8 lung für Zwecke der Polizeigesetze generalklauselartig und so weitgehend wie möglich gestattet, so bestehen diesbezüglich doch verschiedene Grenzen, die sich in drei Gruppen unterteilen lassen. Neben den **speziellen Verwendungsregelungen** nach Abs. 2 (dazu → Rn. 16 f.) sind dies zweitens die allgemeinen Grenzen staatlichen Handelns im grundrechtlichen Bereich. Die Umwidmung muss daher vor allem dem **Grundsatz der Verhältnismäßigkeit** genügen (→ Vor § 474 Rn. 33 ff.) und daher für die Erreichung des präventiv-polizeilichen Zwecks geeignet und erforderlich sein.

Drittens folgt aus dem Verweis auf die Polizeigesetze in Abs. 1, dass bei der Umwid- 9 mung die **in dem jeweiligen Polizeigesetz enthaltenen Beschränkungen** beachtet werden müssen, die sich als Konkretisierung der aus dem RiS folgenden verfassungsrechtlichen Vorgaben darstellen. So legen die Polizeigesetze der Länder zB fest, dass die Speicherung, Veränderung und Nutzung zu einem anderen Zweck als dem Erhebungszweck grundsätzlich nur zulässig ist, soweit die Polizei die Daten auch zu diesem Zweck hätte erheben dürfen.[18] Dieses **Prinzip der hypothetischen Datenneuerhebung** (auch → § 479 Rn. 36 ff.) wird insbesondere relevant bei Daten, die aus besonders eingriffsintensiven Ermittlungsmaßnahmen hervorgegangen sind, für die auf strafprozessualer Seite allerdings über Abs. 2 auch bereits die Grenzen aus § 479 Abs. 2 gelten.[19] Die Begrenzung auf bestimmte Zwecke ist bei den betroffenen Daten stets zu vermerken, damit die Zweckbin-

---

[11] Zum ZSHG Roggan GA 2012, 434 (445 f.).
[12] W.-R. Schenke FG Hilger, 2003, 225 (234); dazu Albers, Die Determination polizeilicher Tätigkeit in den Bereichen der Straftatenverhütung und der Verfolgungsvorsorge, 2001, S. 158 ff.; Kugelmann, Polizei- und Ordnungsrecht, 2. Aufl. 2012, S. 168 ff.; Zaremba, Die Entwicklung polizeirelevanter datenschutzrechtlicher Bestimmungen, 2014, S. 598 ff.; Zöller in Roggan/Kutscha Recht der Inneren Sicherheit-HdB S. 475 f.
[13] Hilger StraFo 2001, 109 (113); zur verfassungsrechtlichen Kritik Bäcker, Kriminalpräventionsrecht, 2015, S. 498 ff.
[14] Grundsätzliche Kritik auch bei Matheis, Strafverfahrensänderungsgesetz 1999, 2006, S. 290 ff.
[15] Kingreen/Poscher, Polizei- und Ordnungsrecht, S. 44 ff.; Köhler in Meyer-Goßner/Schmitt Rn. 2.
[16] Brodersen NJW 2000, 2536 (2540); Hilger in Löwe/Rosenberg Rn. 7.
[17] Puschke/Weßlau in SK-StPO Rn. 13; Weichert NVwZ 2022, 844.
[18] ZB § 42 Abs. 2 ASOG Bln.; vergleichbare Regelungen finden sich auch in den anderen Bundesländern, Übersicht bei Puschke/Weßlau in SK-StPO Rn. 7; Kingreen/Poscher, Polizei- und Ordnungsrecht, S. 261 f.
[19] Puschke/Weßlau in SK-StPO Rn. 7.

dung für die verarbeitende Stelle auch nachträglich erkennbar ist (**Kennzeichnungspflicht**).[20]

10 Eine weitere zentrale Voraussetzung für die Umwidmung nach Maßgabe der Polizeigesetze ist die **Erforderlichkeit** (→ Vor § 474 Rn. 21) der Daten für die dort geregelten Zwecke. Zur Aufgabenerfüllung nicht (mehr) erforderliche Daten sind aus polizeirechtlicher Sicht zu löschen und die dazugehörigen Unterlagen zu vernichten;[21] fehlt es an der Erforderlichkeit, dürfen sie erst gar nicht umgewidmet und übermittelt werden. Ein praktisch häufiger Fall ist die Aufbewahrung erkennungsdienstlicher Unterlagen und Daten. Wurden diese nach § 81b Alt. 1 für die Strafverfolgung gewonnen, können sie grundsätzlich nach Abs. 1 S. 1 umgewidmet und aufbewahrt bzw. iVm entsprechenden Rechtsgrundlagen in polizeilichen Datenbanken gespeichert werden – sofern dies zur Erfüllung der in den Polizeigesetzen geregelten Aufgaben erforderlich ist. Letzteres bemisst sich insbesondere danach, ob der in dem Strafverfahren festgestellte Sachverhalt angesichts aller Umstände des Einzelfalls ausreichende Anhaltspunkte für die Annahme bietet, dass die betroffene Person auch künftig zum Kreis potentieller Beteiligter an einer noch aufzuklärenden Straftat gehören könnte und dass die erkennungsdienstlichen Unterlagen die dann zu führenden Ermittlungen fördern könnten.[22]

11 **3. Rechtswidrig erhobene Daten.** Keine ausdrückliche Regelung erfahren hat die Frage, ob auch eine Verwendung von Daten zulässig ist, die im Strafverfahren rechtswidrig erlangt wurden.[23] Eine Auffassung will an dieser Stelle ähnlich wie in der Beweisverbotslehre auch aus Sicht der polizeirechtlichen Verwendung eine **Abwägung** vornehmen.[24] Danach soll eine Verwendung ausnahmsweise zulässig sein, wenn es um die Abwehr erheblicher Gefahren für elementare Rechtsgüter geht[25] bzw. wenn der Verstoß bei der Erhebung nicht schwerwiegend war.[26]

12 Nach hier vertretener Auffassung genügen indes die in der StPO enthaltenen Rechtsgrundlagen für eine Zweckumwidmung mangels einer speziellen Regelung bezüglich rechtswidrig erlangter Daten in der Regel nicht den diesbezüglichen verfassungsrechtlichen Vorgaben und erfassen solche Daten daher nicht (→ Vor § 474 Rn. 55 ff.).[27] Im Besonderen gilt dies für weitgefasste Generalklauseln wie § 481, der daher nach zutreffender Auffassung **nur rechtmäßig erlangte Daten** betrifft.

13 Damit korrespondierend beschränken einige **Landespolizeigesetze** die Verarbeitung auf rechtmäßig erhobene Daten (s. etwa § 42 Abs. 1 ASOG Berlin).[28] Selbst nach der erstgenannten Auffassung dürfte also eine Verarbeitung rechtswidrig erlangter Daten in diesen Ländern nicht erfolgen, da diese nicht mehr „nach Maßgabe der Polizeigesetze" erfolgen würde.[29]

III. Befugnis zur Übermittlung an die Polizei (Abs. 1 S. 2)

14 In dem durch S. 1 bestimmten Umfang gestattet S. 2 die Übermittlung der für eine Zweckumwidmung tauglichen Daten an die Polizei. Zur Übermittlung befugt sind die **Straf-**

---

[20] BVerfG 14.7.1999 – 1 BvR 2226/94 u.a., BVerfGE 100, 313 (360 f.) = NJW 2000, 55; 3.3.2004 – 1 BvF 3/92, BVerfGE 110, 33 (70) = NJW 2004, 2213; Gusy ZJS 2012, 155 (158).
[21] S. etwa § 48 Abs. 2 S. 2 ASOG Bln., Übersicht entsprechender Regelungen in anderen Bundesländern bei Gusy ZJS 2012, 155 (159) Fn. 41.
[22] Allgemein zum Maßstab VG Berlin 4.11.2013 – 1 K 410.11, BeckRS 2013, 59669; s. auch BVerwG 23.11.2005 – 6 C 2/05, NJW 2006, 1225 (1226).
[23] Zur Lage im Polizeirecht Albers, Die Determination polizeilicher Tätigkeit in den Bereichen der Straftatenverhütung und der Verfolgungsvorsorge, 2001, S. 329 ff.
[24] Überblick bei Zöller in Roggan/Kutscha Recht der Inneren Sicherheit-HdB S. 483 f.
[25] Wittig in BeckOK StPO Rn. 2.2; Köhler in Meyer-Goßner/Schmitt Rn. 5 (zweifelnd); W.-R. Schenke FG Hilger, 2003, 225 (244); Würtenberger FG Hilger, 2003, 263 (271 ff.).
[26] Hilger in Löwe/Rosenberg Rn. 9.
[27] S. auch Kugelmann, Polizei- und Ordnungsrecht, S. 168.
[28] Vergleichbare Regelungen finden sich in § 39 Abs. 1 BbgPolG; § 38 Abs. 1 S. 1 NdsSOG; § 24 Abs. 1 NWPolG; § 40 Abs. 1 ThürPAG.
[29] Schumacher, Verwertbarkeit rechtswidrig erhobener Daten, S. 218 f.; s. auch Zöller in Roggan/Kutscha Recht der Inneren Sicherheit-HdB S. 483.

verfolgungsbehörden und seit 2012 auch die **Strafgerichte**.[30] Seit 2017 erstreckt sich die Übermittlungsbefugnis nach S. 2 unter bestimmten, eng zu verstehenden Voraussetzungen zudem auf Bewährungshelfer sowie seit 2019[31] ausdrücklich auch auf Führungsaufsichtsstellen.[32] Die Voraussetzungen wurden im Zuge dessen zudem von einer dringenden Gefahr auf die einfache Gefahr abgesenkt, da der Eilfall ohnehin eigenständige Voraussetzung der Regelung sei.[33] Die Vorschrift lässt befürchten, dass es in der Praxis zu einer häufigen Übermittlung in Form von Kontrollmitteilungen kommt. Sie gefährdet zudem das Vertrauensverhältnis zwischen Bewährungshelfer und Probanden und somit das Ziel der Resozialisierung.

Die strafverfolgend tätige **Polizei** zählt zwar zu den Strafverfolgungsbehörden, allerdings greift hier nicht S. 2, sondern S. 1 ein, da es insoweit keiner Übermittlung, sondern nur einer Zweckumwidmung bedarf.[34] In der Praxis sind die Daten regelmäßig ohnehin bereits bei der Polizei vorhanden, da diese üblicherweise die praktische Ermittlungstätigkeit übernimmt.[35] S. 2 erlangt daher vor allem dann Bedeutung, wenn die StA das Ermittlungsverfahren ganz oder teilweise selbst geführt hat, zB in Wirtschaftsstrafsachen,[36] oder wenn die Daten erst in der Hauptverhandlung bekannt werden.[37] **15**

IV. Entgegenstehende besondere Verwendungsregelungen (Abs. 2)

Die Vorschrift stellt klar, dass spezielle Verwendungsregelungen iSv § 479 Abs. 1 (→ § 479 Rn. 11 ff.) der allgemeinen Verwendungs- und Übermittlungsregelung des Abs. 1 vorgehen.[38] Sehen solche Regelungen besondere Voraussetzungen für eine Zweckumwidmung vor oder schließen diese aus, gilt dies auch für eine Übermittlung an die zur Gefahrenabwehr tätige Polizei. **16**

Aus der StPO sind daher etwa die speziellen Verwendungsregelungen vorrangig, wie zB § 479 Abs. 2, § 100d Abs. 5, § 100e Abs. 6, § 100i Abs. 2 S. 2, § 58a Abs. 2 S. 1[39] und § 163c Abs. 3.[40] Aus anderen Gesetzen sind beispielsweise das Steuergeheimnis (§ 30 Abs. 1, 4 AO) oder das Sozialgeheimnis (§ 35 SGB I, § 67 SGB X) zu nennen.[41] **17**

V. Entscheidung durch StA oder Gericht (Abs. 3)

Der 2012 eingeführte[42] Abs. 3 regelt mit seinem Verweis auf § 480 Abs. 1[43] ein Verfahren für solche Fälle, in denen die **Polizeibehörde selbst Zweifel** hat, ob eine Zweckumwidmung für präventiv-polizeiliche Zwecke nach den Abs. 1, 2 möglich ist. Wie bei § 480 Abs. 1 S. 5 (→ § 480 Rn. 13 ff.) soll dies vor allem in solchen Fällen Relevanz entfalten, wo die Frage der Zulässigkeit ggf. komplexe juristische Prüfungen bedeutet, die besser durch die StA oder ein Gericht vorgenommen werden sollten.[44] Durch den Verweis auf § 480 Abs. 1 S. 2 wird klargestellt, dass die StA immer, auch neben dem Gericht, zur Entscheidung befugt ist.[45] **18**

---

[30] Gesetz vom 21.7.2012, BGBl. I 1566.
[31] Gesetz vom 10.12.2019, BGBl. I 2121.
[32] Dazu und (kritisch) zur Prangerwirkung von Sexualstraftäterdateien Baur/Burkhardt/Kinzig JZ 2011, 131 (135 ff.).
[33] Gesetz vom 10.12.2019, BGBl. I 2121.
[34] Puschke/Weßlau in SK-StPO Rn. 9; Zöller in Roggan/Kutscha Recht der Inneren Sicherheit-HdB S. 471.
[35] Puschke/Weßlau in SK-StPO Rn. 5.
[36] Hilger in Löwe/Rosenberg Rn. 4.
[37] Puscke/Weßlau in SK-StPO Rn. 1.
[38] Zöller in Roggan/Kutscha Recht der Inneren Sicherheit-HdB S. 472 f.
[39] Puschke/Weßlau in SK-StPO Rn. 14; Ritscher/Klinge in Satzger/Schluckebier/Widmaier StPO Rn. 8; S. auch BT-Drs. 16/5846, 67.
[40] Wolter FS Roxin, 2011, 1245 (1253).
[41] Zöller in Roggan/Kutscha Recht der Inneren Sicherheit-HdB S. 473.
[42] Gesetz vom 21.7.2012, BGBl. I 1566.
[43] Angepasst durch Gesetz vom 20.11.2019 BGBl. I 1724.
[44] BT-Drs. 17/5096, 23.
[45] BT-Drs. 17/5096, 23.

19 Eine Prüfung der Zulässigkeit der Umwidmung durch StA oder Gericht findet nach der Regelung also nur statt, wenn die Polizei oder eine ihr gleichgestellte Strafverfolgungsbehörde[46] selbst eine solche anstrebt.[47] Die Wirkung dieser Bestimmung ist trotz des objektiven Maßstabs für die Bestimmung von Zweifeln insofern eingeschränkt, als die Polizei selbst darüber entscheidet, wann Zweifel an der Zulässigkeit bestehen (auch schon → § 480 Rn. 15).[48] **Betroffene** werden in der Praxis kaum einmal und ggf. erst im Nachhinein von einer Umwidmung oder Übermittlung erfahren und können dann auf den allgemeinen Wegen Rechtsschutz begehren.

§ 482 Mitteilung des Aktenzeichens und des Verfahrensausgangs an die Polizei

(1) Die Staatsanwaltschaft teilt der Polizeibehörde, die mit der Angelegenheit befasst war, ihr Aktenzeichen mit.

(2) ¹Sie unterrichtet die Polizeibehörde in den Fällen des Absatzes 1 über den Ausgang des Verfahrens durch Mitteilung der Entscheidungsformel, der entscheidenden Stelle sowie des Datums und der Art der Entscheidung. ²Die Übersendung der Mitteilung zum Bundeszentralregister ist zulässig, im Falle des Erfordernis auch des Urteils oder einer mit Gründen versehenen Einstellungsentscheidung.

(3) In Verfahren gegen Unbekannt sowie bei Verkehrsstrafsachen, soweit sie nicht unter die §§ 142, 315 bis 315c des Strafgesetzbuches fallen, wird der Ausgang des Verfahrens nach Absatz 2 von Amts wegen nicht mitgeteilt.

(4) Wird ein Urteil übersandt, das angefochten worden ist, so ist anzugeben, wer Rechtsmittel eingelegt hat.

1 Die Vorschrift verpflichtet die StA, den mit der Sache befassten Polizeibehörden bestimmte Mitteilungen zu machen, um diese auf dem jeweiligen Sachstand zu halten.[1] Diese **Mitteilungs- und Unterrichtungspflicht der StA** war zuvor gleichlautend in Art. 32 JuMiG geregelt.[2] Sie stellt keine Zweckumwidmung dar, sondern eine verfahrensinterne Nachberichtspflicht.[3] Deshalb finden auf die Mitteilung nach § 482 auch die §§ 12 ff. EGGVG keine Anwendung, die verfahrensübergreifende Mitteilungen betreffen.[4] Durch die Einführung EDV-gestützter Programme zum Datenaustausch im Wege des automatisierten Abrufverfahrens (§ 488) sowie zur Kommunikation zwischen Polizei und StA hat § 482 in der Praxis erheblich an Bedeutung verloren.[5]

2 Als **Polizeibehörde** iSd Vorschrift gelten auch die Finanzbehörden nach §§ 402, 404 AO, die Zollfahndungsämter und Landesfinanzbehörden, soweit sie für die Steuerfahndung zuständig sind.[6] Anknüpfungspunkt für die Bestimmung des Empfängers ist die vorige Befassung der Polizeibehörde mit der Sache.[7]

---

[46] BT-Drs. 17/5096, 23.
[47] Müller-Eiselt DVBl 2014, 1168 (1170); Puschke/Weßlau in SK-StPO Rn. 15.
[48] Daher zu Recht kritisch Köhler in Meyer-Goßner/Schmitt Rn. 6; ebenso Wittig in BeckOK StPO Rn. 7.1.
[1] Hilger in Löwe/Rosenberg Rn. 1.
[2] Gieg in KK-StPO Rn. 1.
[3] Hilger in Löwe/Rosenberg Rn. 1; Puschke/Weßlau in SK-StPO Rn. 1; Ritscher/Klinge in Satzger/Schluckebier/Widmaier StPO Rn. 1.
[4] Hilger in Löwe/Rosenberg Rn. 1; Puschke/Weßlau in SK-StPO Rn. 6; Ritscher/Klinge in Satzger/Schluckebier/Widmaier StPO Rn. 1.
[5] Wittig in BeckOK StPO Rn. 1; Puschke/Weßlau in SK-StPO Rn. 1.
[6] BT-Drs. 14/1484, 31; Wittig in BeckOK StPO Rn. 2.1; Gieg in KK-StPO Rn. 1; Hilger in Löwe/Rosenberg Rn. 2; Puschke/Weßlau in SK-StPO Rn. 3; Ritscher/Klinge in Satzger/Schluckebier/Widmaier StPO Rn. 2.
[7] Hilger in Löwe/Rosenberg Rn. 3.

Die Mitteilungspflicht besteht aus **zwei Stufen.** Nach Abs. 1 hat die StA in jedem Fall 3
der jeweiligen Polizeibehörde ihr **Aktenzeichen** mitzuteilen, um so die Zusammenarbeit
zwischen beiden zu erleichtern.[8]

Die Abs. 2–4 sehen sodann eine **Pflicht zur Unterrichtung über den Verfahrens-** 4
ausgang vor. „Ausgang der Sache" meint grundsätzlich den rechtskräftigen Verfahrensabschluss; es genügt aber auch eine vorläufig abschließende Entscheidung, wie sich aus Abs. 4
und Abs. 3 Var. 1 ergibt.[9] Ebenso reicht es aus, dass die Entscheidung gegenüber einem
Verfahrensbeteiligten rechtskräftig geworden ist.[10] Nach Abs. 3 gilt die Pflicht nicht bei
Unbekannt- sowie den genannten Verkehrsstrafsachen, wo idR kein Interesse an der positiven Kenntnis der Einstellungsentscheidung besteht bzw. der Arbeitsaufwand im Verhältnis
zur Bedeutung der Delikte unangemessen wäre.[11] Auch wenn keine Mitteilung von Amts
wegen erfolgt, kann die Polizei aber im Einzelfall um Akteneinsicht ersuchen (vgl. Nr. 11
Abs. 4 S. 2 MiStra).[12] In allen sonstigen Fällen hat die Unterrichtung von Amts wegen zu
erfolgen. Für die Polizei folgt aus der Mitteilung der Verfahrenserledigung die Pflicht zur
Prüfung, ob in dem Verfahren gespeicherte Daten gelöscht werden müssen oder weiter
gespeichert bleiben dürfen.[13] Dies kann sowohl zu Zwecken der Strafverfolgung (s. § 489
Abs. 1) als auch zur Gefahrenabwehr der Fall sein.

Der notwendige **Inhalt der Unterrichtung** ergibt sich aus Abs. 2 und 4 (vgl. auch 5
Nr. 11 Abs. 3 MiStra). Wird im Fall des Abs. 4 die Übersendung eines Urteils vor Eintritt
der Rechtskraft erforderlich, ist mitzuteilen, wer die Entscheidung angefochten hat.[14] In
Strafverfahren, in denen der Tatvorwurf auf Geldwäsche oder Handlungen iSd § 1 Abs. 2
GwG lautet, teilt die StA dem BKA gem. § 11 Abs. 8 S. 1, 2 die Erhebung der öffentlichen
Klage und den Ausgang des Verfahrens einschließlich aller Einstellungsentscheidungen mit.[15]

Nach Abs. 2 S. 2, der die **Form der Unterrichtung** betrifft, kann diese zur organisato- 6
rischen Erleichterung[16] auch durch Übersendung der BZR-Mitteilung erfolgen. Die
Abschlussentscheidungen selbst können übersandt werden, soweit die Kenntnis der vollständigen Entscheidung für bestimmte polizeiliche Zwecke erforderlich ist.[17] Voraussetzung für
eine solche Übermittlung ist ein ausdrückliches Ersuchen der befassten Polizeibehörde
(Nr. 11 Abs. 3 S. 2 MiStra), in der die Erforderlichkeit darzulegen ist.[18] Die Entscheidung
über die Zusendung liegt im Ermessen der StA („ist zulässig"), sie hat dabei insbesondere
schutzwürdige Interessen der Betroffenen sowie den Grundsatz der Verhältnismäßigkeit zu
berücksichtigen.[19] Als milderes Mittel kommt dabei zB in vielen Fällen die Übersendung
teilanonymisierter Abschriften in Betracht.[20] In bestimmten Fällen kann die Polizeibehörde
sogar verpflichtet sein, zur sachgemäßen Entscheidung über die weitere Speicherung oder
Löschung von Beschuldigtendaten eine Abschrift anzufordern.[21]

---

[8] Puschke/Weßlau in SK-StPO Rn. 2; Ritscher/Klinge in Satzger/Schluckebier/Widmaier StPO Rn. 2.
[9] Wittig in BeckOK StPO Rn. 3; Hilger in Löwe/Rosenberg Rn. 3; Puschke/Weßlau in SK-StPO Rn. 4; Ritscher/Klinge in Satzger/Schluckebier/Widmaier StPO Rn. 3.
[10] Ritscher/Klinge in Satzger/Schluckebier/Widmaier StPO Rn. 3; Puschke/Weßlau in SK-StPO Rn. 4.
[11] Puschke/Weßlau in SK-StPO Rn. 7.
[12] Wittig in BeckOK StPO Rn. 5; Gieg in KK-StPO Rn. 3; Hilger in Löwe/Rosenberg Rn. 4; Köhler in Meyer-Goßner/Schmitt Rn. 1; Puschke/Weßlau in SK-StPO Rn. 7.
[13] Ähnlich Puschke/Weßlau in SK-StPO Rn. 4.
[14] Hilger in Löwe/Rosenberg Rn. 5; Puschke/Weßlau in SK-StPO Rn. 8.
[15] Köhler in Meyer-Goßner/Schmitt Rn. 2.
[16] BT-Drs. 13/4709, 37; Puschke/Weßlau in SK-StPO Rn. 5.
[17] Wittig in BeckOK StPO Rn. 4; Puschke/Weßlau in SK-StPO Rn. 5 mit Beispielen für Erforderlichkeit.
[18] Puschke/Weßlau in SK-StPO Rn. 5.
[19] Hilger in Löwe/Rosenberg Rn. 3; Gieg in KK-StPO Rn. 2; Ritscher/Klinge in Satzger/Schluckebier/Widmaier StPO Rn. 5; Schmidt/Niedernhuber in Gercke/Temming/Zöller Rn. 3.
[20] Ritscher/Klinge in Satzger/Schluckebier/Widmaier StPO Rn. 5.
[21] BVerwG 9.6.2010 – 6 C 5.09, NJW 2011, 405 (407); Ritscher/Klinge in Satzger/Schluckebier/Widmaier StPO Rn. 5.

Zweiter Abschnitt. Regelungen über die Datenverarbeitung

Vorbemerkung zu § 483

Schrifttum: Albers, Die Determination polizeilicher Tätigkeit in den Bereichen der Straftatenverhütung und der Verfolgungsvorsorge, 2001; Arzt/Eier, Zur Rechtmäßigkeit der Speicherung personenbezogener Daten in „Gewalttäter"-Verbunddateien des Bundeskriminalamts, DVBl 2010, 816; Bäcker, Kriminalpräventionsrecht, 2015; Brodersen, Das Strafverfahrensänderungsgesetz 1999, NJW 2000, 2536; Eisenberg/Singelnstein, Speicherung von DNA-Identifizierungsmustern als erkennungsdienstliche Maßnahme zur „Strafverfolgungsvorsorge" trotz Nichtverurteilung?, GA 2006, 168; Fetzer, Einsichtsrecht des Strafverteidigers in gerichtliche Dateien, StV 1991, 142; v. Galen, Kosten, Daten, Akten: unerwünschte Relikte der Verfahrenseinstellung nach § 170 Abs. 2 StPO, in: Arbeitsgemeinschaft Strafrecht des DAV (Hrsg.), Strafverteidigung im Rechtsstaat, 2009, 490; Gusy, Polizeiliche Datenverarbeitung zur Gefahrenabwehr, ZJS 2012, 155; Henrichs/Wilhelm, Polizeiliche Ermittlungen in sozialen Netzwerken. Neue Antworten auf neue Herausforderungen? Kriminalistik 2010, 30; Hilger, Das Strafverfahrensänderungsgesetz 1999 (StVÄG 1999), StraFo 2001, 109; Kesten, Datenschutz im staatsanwaltschaftlichen Ermittlungsverfahren, in: Abel (Hrsg.), Datenschutz in Anwaltschaft, Notariat und Justiz, 2003, S. 185; Krekeler, Informationssysteme der Polizei, StraFo 1999, 82; König/Voigt, Datenverarbeitung im Strafverfahren in Zeiten der „E-Akte", GS Weßlau, 2016, 18; Matheis, Strafverfahrensänderungsgesetz 1999, 2006; Meinicke, Big Data und Data-Mining: Automatisierte Strafverfolgung als neue Wunderwaffe der Verbrechensbekämpfung?, K&R 2015, 377; Arzt/Müller/Schwabenbauer, Informationsverarbeitung im Polizei- und Strafverfahrensrecht, in: Lisken/Denninger, Handbuch des Polizeirechts, 7. Aufl. 2021, 825; Schulzki-Haddouti, Gläserne soziale Netzwerke. Fahndung in digitalen sozialen Interaktionen, CILIP 1/2011, 32, 37 f.; Siebrecht, Die polizeiliche Datenverarbeitung im Kompetenzstreit zwischen Polizei- und Prozeßrecht, JZ 1996, 711; Singelnstein, Möglichkeiten und Grenzen neuerer strafprozessualer Ermittlungsmaßnahmen – Telekommunikation, Web 2.0, Datenbeschlagnahme, polizeiliche Datenverarbeitung & Co, NStZ 2012, 593; Singelnstein, Verhältnismäßigkeitsanforderungen für strafprozessuale Ermittlungsmaßnahmen – am Beispiel der neueren Praxis der Funkzellenabfrage, JZ 2012, 601; Singelnstein/Putzer, Rechtliche Grenzen strafprozessualer Ermittlungsmaßnahmen – Aktuelle Bestandsaufnahme und neue Herausforderungen, GA 2015, 564; Soiné, Strafverfahrensänderungsgesetz 1999 Teil 2, Kriminalistik 2001, 245; Weßlau, Gefährdungen des Datenschutzes durch den Einsatz neuer Medien im Strafprozess, ZStW 113 (2001), 681; Wessel, Speicherung, Veränderung und Nutzung personenbezogener Daten aus polizeilicher Sicht, Die Polizei 1996, 273; Zaremba, Die Entwicklung polizeirelevanter datenschutzrechtlicher Bestimmungen, 2014; Zöller, Informationssysteme und Vorfeldmaßnahmen von Polizei, Staatsanwaltschaft und Nachrichtendiensten, 2002.

1 Neben Akten findet die Verarbeitung personenbezogener Daten im Strafverfahren auch in Form von Dateisystemen statt. Entsprechend der Terminologie der Richtlinie (EU) 2016/680 und des BDSG ersetzt dieser Begriff den der Datei (§ 46 Abs. 1 BDSG aF), ohne dass damit inhaltliche Änderungen einhergehen (→ Vor § 474 Rn. 5a).[1] Der Zweite Abschnitt des Achten Buches regelt in den §§ 483–491 diese Datenverarbeitung und gestattet damit verbundene Beeinträchtigungen des RiS der betroffenen Personen. Während in den §§ 474 ff. Zweckumwidmung und Übermittlungsvorschriften im Vordergrund stehen, geht es hier also um die Voraussetzungen und Grenzen der **elektronischen Speicherung und Nutzung** personenbezogener Daten. Dabei beinhalten die Regelungen selbst keine Befugnisse zur Erhebung personenbezogener Informationen.[2] Daran hat sich auch nichts dadurch geändert, dass der Wortlaut der §§ 483 ff. seit der Umsetzung der JI-Richtlinie (→ § 483 Rn. 1) von einer *Verarbeitung* in Dateisystemen spricht. Aus der Systematik der StPO und dem Willen des Gesetzgebers ergibt sich klar, dass eine Änderung der materiellen Rechtslage nicht bezweckt war[3] und die §§ 474 ff. also keine Befugnisse zur Datenerhebung enthalten. Die Regelungen greifen immer dann ein, wenn die Gerichte und Strafverfolgungsbehörden im Zusammenhang mit der Strafverfolgung personenbezogene Daten zu eigenen Zwecken in eigenen Dateien speichern.[4]

---

[1] Vgl. BT-Drs. 19/4671, 12 ff.
[2] Hilger in Löwe/Rosenberg Rn. 2; Gemählich in KMR-StPO Rn. 1.
[3] BT-Drs. 19/4671, 67 ff.
[4] Brodersen NJW 2000, 2536 (2541); Matheis, Strafverfahrensänderungsgesetz 1999, 2006, S. 308 ff.; Weßlau in SK-StPO Rn. 1.

Vorbemerkung

Übersicht

	Rn.		Rn.
I. Dateisysteme in der Strafverfolgung	2	III. Nutzung von Dateisystemen in der Praxis	12
II. Grundstrukturen polizeilicher Datenverarbeitung	7		

I. Dateisysteme in der Strafverfolgung

Die §§ 483–485 gestatten die Speicherung bestimmter personenbezogener Daten in 2 verschiedenen Arten von Dateisystemen, die nach dem **Zweck der Dateien unterschieden** werden. Neben Strafverfahrensdateisystemen nach § 483 können danach auch Dateisysteme zur Strafverfolgungsvorsorge (§ 484) sowie zur Vorgangsverwaltung (§ 485) betrieben werden.[5] Der konkrete Umfang der gespeicherten Daten muss nach § 490 in entsprechenden Errichtungsanordnungen für die einzelnen Dateisysteme festgelegt sein. Die anschließenden Vorschriften enthalten gemeinsame Regelungen für diese verschiedenen Arten von Dateisystemen, u.a. zur Übermittlung von Daten aus den Dateisystemen (§§ 487 f.), zu Berichtigung und Löschung (§ 489) sowie einen Auskunftsanspruch für Betroffene (§ 491). § 49c OWiG erklärt die Regelungen im Bußgeldverfahren mit einigen Besonderheiten für entsprechend anwendbar.[6]

Das Gesetz differenziert hinsichtlich der **datenverarbeitenden Stellen** zwischen 3 Strafverfolgungsbehörden und Gerichten. Während letztere eher selten und vor allem zur Bearbeitung eines konkreten Strafverfahrens von der Möglichkeit Gebrauch machen, personenbezogene Daten in Dateien zu verarbeiten, gilt anderes für die Strafverfolgungsbehörden. Relevanz kommt den §§ 483 ff. zunächst für die **Datenverarbeitung durch die StAen** zu. Diese unterhalten auf Länderebene eigenständige Auskunftssysteme, wie etwa die von mehreren Bundesländern betriebene Mehrländer-Staatsanwaltschafts-Automation (MESTA) oder SIJUS-Straf-StA,[7] denen im Bereich der Strafverfolgung eine erheblich größere Bedeutung zukommt als BZRG oder ZStV.[8]

Der Schwerpunkt der Datenverarbeitung im Bereich der Strafverfolgung wie auch der 4 Sicherheitsbehörden allgemein liegt indes bei der **Polizei**,[9] was durch die Neustrukturierung der einschlägigen Datenbanken nach dem neuen BKAG weiter verstärkt wird. Sowohl die Länder- als auch die Bundespolizeibehörden führen zur Erfüllung der verschiedenen ihnen übertragenen Aufgaben, von denen die Strafverfolgung nur einen Teilbereich ausmacht, eine Vielzahl unterschiedlicher Dateisysteme. Polizeiliche Dateisysteme sind infolgedessen zumeist Mischdateien, das heißt sie speichern verschiedene Arten von Daten, die zu unterschiedlichen Zwecken erhoben worden sind.[10] In der Regel besteht ein **Mischdateisystem** einerseits aus Präventivdaten (Speicherung zum Zweck der Gefahrenabwehr, aber auch schon zur Verhütung von Straftaten) und andererseits aus Repressivdaten (Zweck der Strafverfolgung).[11]

Neben der persönlichkeitsrechtlichen Beeinträchtigung kann insbesondere die Speicherung personenbezogener Daten in Dateisystemen und deren Weitergabe für die Betroffenen 5 vielfältige praktische Folgen haben. Diese Folgen lassen sich **aus kriminologischer Perspektive als Kriminalisierung durch Dateisysteme** beschreiben und geraten bei der

---

[5] Hilger in Löwe/Rosenberg Rn. 2.
[6] Wittig in BeckOK StPO § 483 Rn. 9; Gieg in KK-StPO § 483 Rn. 1; Gemählich in KMR-StPO Rn. 2.
[7] Hilger in Löwe/Rosenberg Rn. 29 f.; Weßlau in SK-StPO, 4. Aufl. 2013, Rn. 21.
[8] Kesten, Datenschutz im staatsanwaltschaftlichen Ermittlungsverfahren, 2003, S. 186 ff.
[9] Dazu Zöller, Informationssysteme und Vorfeldmaßnahmen von Polizei, Staatsanwaltschaft und Nachrichtendiensten, 2002, S. 135 ff.
[10] Hilger in Löwe/Rosenberg Rn. 30; Zöller, Informationssysteme und Vorfeldmaßnahmen von Polizei, Staatsanwaltschaft und Nachrichtendiensten, 2002, S. 171 ff.
[11] Vgl. zB VG Hannover 26.3.2015 – 10 A 9932/14, BeckRS 2015, 52476; Puschke/Weßlau in SK-StPO § 481 Rn. 3; grundsätzliche Kritik an Mischdateien Siebrecht JZ 1996, 711 ff.

rechtlichen Bewertung der Datenverarbeitung oft zu sehr in den Hintergrund.[12] Dies gilt für mögliche berufliche Folgen bei Einträgen im BZR ebenso wie für polizeiliche Dateisysteme, wo bereits ein eingestelltes Ermittlungsverfahren bei folgenden Kontakten mit der Polizei eine erheblich andere Behandlung nach sich ziehen kann.[13] Durch die sehr weitgehenden Möglichkeiten der Datenspeicherung und -nutzung sind hier umfangreiche Datenbestände entstanden. Verstärkt werden diese Folgen durch die Weitergabe der Daten auf europäischer und internationaler Ebene. Dabei geht teilweise der Umfang der speicherbaren Daten auf europäischer Ebene sogar über vergleichbare Kataloge des deutschen Rechts hinaus. So können bspw. in den Arbeitsdateien des Europol-Informationssystems Daten von unverdächtigen Personen gespeichert und genutzt werden, auf nationaler Ebene ist dies nur sehr eingeschränkt möglich, vgl. § 484 Abs. 1, § 8 BKAG.

6   Spätestens hier erweist es sich also als überaus problematisch, dass die Voraussetzungen für eine Speicherung niedrig sind. Auch sind berechtigte Löschungsansprüche in der Praxis nur sehr schwer durchsetzbar und die Betroffenen sind den Folgen solcher Eintragungen daher mitunter relativ schutzlos ausgeliefert.[14]

II. Grundstrukturen polizeilicher Datenverarbeitung

7   Eine Verarbeitung personenbezogener Daten in Dateisystemen findet bei jeder Polizeibehörde zur Erfüllung der verschiedenen der Polizei übertragenen Aufgaben statt.[15] Angesichts dessen sehen alle Landespolizeigesetze eigenständige **Regelungen zur Datenverarbeitung** vor, die für die alltägliche Praxis der Polizei maßgeblich sind. Soweit diese Regelungen ausschließlich der Verhütung von Straftaten dienen, treten sie neben die §§ 483 ff., die speziell die Strafverfolgung und Strafverfolgungsvorsorge betreffen.[16] Für den Regelfall der Mischdateisysteme sieht das Gesetz angesichts der damit bestehenden Konkurrenz der beiden Regelungsregime einen Vorrang des Polizeirechts vor: Die Speicherung, Verarbeitung und Nutzung von Daten aus dem Bereich der Strafverfolgung in solchen Dateisystemen soll nach § 483 Abs. 3 den Regelungen in den Polizeigesetzen folgen.[17] Für Dateisysteme zur Strafverfolgungsvorsorge gilt dies nach § 484 Abs. 4 für die Verwendung der Daten. Angesichts dessen kommt den §§ 483 ff. im polizeilichen Bereich nur eine untergeordnete Bedeutung zu.

8   Eine besondere Rolle im Bereich polizeilicher Datenverarbeitung spielt das **BKA,** dem als Zentralstelle verschiedene besondere Funktionen übertragen sind, insbesondere der Betrieb des Verbundsystems INPOL-neu (Bund), an das die Landespolizeibehörden Daten übermitteln.[18] Allein beim BKA bestehen bislang noch mehr als 200 verschiedene Dateisysteme, die auf § 483 bzw. auf den §§ 7 ff. BKAG oder speziellen Regelungen basieren.[19] Die Dateisysteme werden als Verbund-, Zentral- oder Amtsdateisysteme geführt.[20] Während Verbunddateisysteme vom BKA geführt werden, aber Einspeisung und Zugriff unmittelbar und automatisiert durch die Landespolizeibehörden erfolgen, die Besitzer der Daten bleiben, werden bei den Zentraldateisystemen die Daten vom BKA selbst gesammelt und es besteht zunächst kein unmittelbarer Zugriff der Landespolizeien. Amtsdateisysteme werden vom BKA zur Erfüllung der eigenen Aufgaben geführt.[21] Indes sieht das 2017 beschlossene neue

---

[12] Zu den grundrechtlichen Anforderungen Bäcker, Kriminalpräventionsrecht, 2015, S. 502 ff.
[13] So auch Arzt/Eier DVBl 2010, 816; s. etwa VGH Kassel 22.6.1995 – 6 UE 152/92, NVwZ-RR 1995, 661.
[14] S. BVerfG 24.4.2013 – 1 BvR 1215/07, NJW 2013, 1499.
[15] Hilger in Löwe/Rosenberg Rn. 3; Übersicht über die verschiedenen Formen von Dateien bei Arzt in Lisken/Denninger PolR-HdB Rn. 1108 ff.
[16] Weßlau in SK-StPO, 4. Aufl. 2013, Rn. 3.
[17] Weßlau/Deiters in SK-StPO § 483 Rn. 17.
[18] Hilger in Löwe/Rosenberg Rn. 30.
[19] S. etwa BT-Drs. 17/14735, 17/14826.
[20] S. allg. Zaremba, Die Entwicklung polizeirelevanter datenschutzrechtlicher Bestimmungen, 2014, S. 437 ff., 635 ff.; Zöller, Informationssysteme und Vorfeldmaßnahmen von Polizei, Staatsanwaltschaft und Nachrichtendiensten, 2002, S. 135 ff.
[21] BT-Drs. 17/2803, 2.

BKAG²² eine grundlegende Neustrukturierung der polizeilichen Datenbankstrukturen vor. Insbesondere wird die Zweckbindung massiv eingeschränkt und eine Vielzahl der bestehenden Dateisysteme soll in einer gemeinsamen Datenbank zusammengeführt werden.

Der Schwerpunkt der polizeilichen Datenspeicherung liegt auf polizeirechtlichen Befugnissen. Inhaltlich lassen sich verschiedene **Arten von Dateisystemen** ausmachen. *Vorgangsverwaltungsdateisysteme* sollen die Nachvollziehbarkeit der Vorgangsbearbeitung sicherstellen, ermöglichen teilweise aber auch die Erfassung personenbezogener Merkmale.²³ Diese werden über die Benutzeroberfläche der sog. „Vorgangsbearbeitungssysteme" in landes- und bundesweite Datenbanken eingepflegt und führen dazu, dass im Rahmen polizeilicher Maßnahmen festgestellt werden kann, ob diejenige Person bereits gegenüber der Polizei in Erscheinung getreten ist.²⁴ Verwendete Systeme sind u.a. @rtus, POLKIS, IGVP, ComVor und EVA. Rechtsgrundlage sind § 30 Abs. 2 BKAG bzw. die jeweiligen Landespolizeigesetze. *Aktennachweise* dienen dem Nachweis von Kriminalakten zu Straftaten. Neben dem Bundes-KAN, wo nur Straftaten von erheblicher oder überregionaler Bedeutung erfasst werden dürfen, haben auch die Länder und die Bundespolizei eigene Aktennachweise.²⁵ **9**

Bei den vom BKA geführten Dateisystemen dienen *Identifizierungsdateisysteme* wie die Verbunddateisysteme „Erkennungsdienst" und „AFIS-P" (Automatisiertes Fingerabdruck-Identifizierungssystem/Polizei), die jeweils mehrere Millionen Datensätze enthalten, sowohl zur Strafverfolgung als auch zu sonstigen polizeilichen Zwecken. Ebenfalls als Verbunddateisystem wird die *„DNA-Analyse-Datei"* geführt. *Fahndungsdateisysteme* dienen der Fahndung nach Personen und Sachen. Dabei ist zu differenzieren zwischen den Verbunddateisystemen „Personenfahndung" und „Sachfahndung" auf rein nationaler Ebene sowie den jeweiligen Schengen-Dateien (NSIS). Letztere bestehen aus nationalen Schengen-Informationssystemen (NSIS), auf die nur die nationalen Polizeien selbst zugreifen können, und einer Zentrale in Straßburg (CSIS), welche internationale Abrufe verarbeitet. *Falldateisysteme* dienen vor allem dazu, durch Vergleich und Analyse von Straftaten die Zuordnung zu einem Täter oder Täterkreis zu ermöglichen. Hierzu gehört etwa das Violent Crime Linkage Analysis System (ViCLAS), ein Auswertungssystem zur Analyse schwerer Gewalttaten mit dem Ziel der Erkennung von Tatzusammenhängen.²⁶ **10**

Sog. *Gewalttäter- und Gefährderdateisysteme* dienen der Prävention von Straftaten, wobei die „Gewalttäter Sport" die größte dieser Verbunddateisysteme darstellt.²⁷ Erfasst werden auch Personen, deren Gefährlichkeit nur prognostiziert wird. Daneben werden die Dateisysteme „Links", „Rechts", „Ausländerkriminalität" und „Personenschutz" (Schutz besonders gefährdeter Personen) geführt.²⁸ Zahlreiche Bundesländer führen zudem zu präventiven Zwecken spezielle Dateisysteme mit *Informationen zu entlassenen Sexualstraftätern,* wie etwa HEADS (Haft-Entlassenen-Auskunfts-Datei-Sexualstraftäter) in Bayern. In bestimmten Bereichen sind auch *gemeinsame Dateien von Polizei und Geheimdiensten* zulässig. Diese dienen sowohl der Identifizierung von Personen als auch einer Gefahrenprognose. Die Antiterrordatei ist eine nach dem ATDG errichtete Verbunddatei, die zu speichernden Daten sind in § 3 ATDG festgelegt und sollen der Aufklärung und Bekämpfung des internationalen Terrorismus dienen.²⁹ Entsprechendes gilt für die Rechtsextremismusdatei, die sich nach dem RED-G richtet. Beide Gesetze verpflichten die zahlreichen teilnehmenden Behörden, ihre einschlägigen Daten in diesen vom BKA geführten gemeinsamen Dateien zu speichern. **11**

III. Nutzung von Dateisystemen in der Praxis

Die Speicherung und Verarbeitung von Daten erlangt in der Praxis, insbesondere bei der Polizei, eine **stetig zunehmende Bedeutung.** Angesichts der damit verbundenen **12**

---

[22] Gesetzentwurf der Koalitionsfraktionen BT-Drs. 18/11163.
[23] Wessel Die Polizei 1996, 273 (280).
[24] König/Voigt GS Weßlau, 2016, 181 (187).
[25] Krekeler StraFo 1999, 82 (82 f.).
[26] Überblick über die beim BKA geführten Dateien in BT-Drs. 17/2803, 13 ff.
[27] Vgl. BT-Drs. 17/2803, 6; zu dieser Datei Arzt/Eier DVBl 2010, 816.
[28] BT-Drs. 17/2803, 3 ff.
[29] Arzt in Lisken/Denninger PolR-HdB Rn. 1319 ff.

Möglichkeiten der Nutzung und Auswertung zeigen sich die allgemeinen Probleme des sicherheitsbehördlichen Umgangs mit personenbezogenen Daten (→ Vor § 474 Rn. 65 ff.) hier noch einmal in verschärfter Form. Darüber hinaus lässt sich an einschlägigen Strafverfahren ablesen, dass auch eine missbräuchliche Nutzung von Dateisystemen durch Polizisten, etwa zu privaten Zwecken, in der Praxis nicht ganz selten vorkommt.

13 Angesichts ihrer weiten und wenig klaren Voraussetzungen sind auch die §§ 483 ff. – wie das gesamte Achte Buch – nur sehr eingeschränkt zu einer wirksamen Begrenzung der polizeilichen Verarbeitung personenbezogener Daten geeignet.[30] Dies macht es einerseits erforderlich, für die wenigen eingrenzenden Merkmale – insbesondere die **Erforderlichkeit** für die jeweiligen Zwecke (dazu → Vor § 474 Rn. 21) – einen möglichst konkreten Maßstab zu entwickeln. Andererseits kommt auch hier dem **Verhältnismäßigkeitsprinzip** gesteigerte Bedeutung zu (allg. → Vor § 474 Rn. 33 ff.).

14 Die §§ 483, 484 und 485 sehen für die Speicherung von Daten unterschiedliche Zwecke und Rechtsgrundlagen vor, die jeweils spezifische Voraussetzungen haben. Das macht es aus rechtlicher Sicht zwingend erforderlich, dass die Daten jeweils **nach dem Zweck gekennzeichnet** sind, für den die jeweilige Speicherung erfolgt. Allerdings ist sehr fraglich, ob dies in der Praxis tatsächlich umfassend geschieht und die Strafverfolgungsbehörden ihr Vorgehen nach den verschiedenen Rechtsgrundlagen differenzieren. So dürften etwa zur Vorgangsverwaltung gespeicherte Daten grundsätzlich auch nur zu diesem Zweck (→ § 485 Rn. 2) und nicht zu weitergehenden Ermittlungen genutzt werden. Auch den Gerichten sind die Unterschiede zwischen Akten und Dateisystemen, zwischen den verschiedenen Kategorien von Daten und die verfassungsrechtlichen Anforderungen für den Umgang mit personenbezogenen Daten nicht immer hinreichend geläufig bzw. wird eine hinreichend detaillierte und differenzierte Prüfung jedenfalls nicht immer vorgenommen.[31]

15 Von hoher praktischer Relevanz ist das **Verhältnis von Dateisystemen und Akten,** die zur Strafverfolgung angelegt werden. Allgemein betrachtet können auch Dateisysteme dem Aktenbegriff unterfallen (→ § 147 Rn. 11)[32] und müssen also schon deswegen zum Bestandteil der Akte gemacht werden. Für diese Einordnung kommt es nicht auf eine behördliche Entscheidung oder Handlung an, sondern auf die Reichweite des Aktenbegriffs. Für Dateisysteme iSv § 483 ist anerkannt, dass jedenfalls die dort gespeicherten und verarbeiteten personenbezogenen Daten grundsätzlich Bestandteil der Akten sind. Gleiches gilt, wenn sich aus der Datenverarbeitung ein weitergehender, eigenständiger Erkenntnisgewinn ergibt.[33] Darüber hinaus sprechen aber gute Gründe dafür, auch die Strafverfahrensdateisysteme iSv § 483 – also solche, die in und für ein konkretes Verfahren angelegt werden – selbst dem Aktenbegriff zu unterstellen, um sie so der Akteneinsicht zugänglich zu machen.[34] Umgekehrt sind elektronisch geführte Akten keine Strafverfahrensdateisysteme iSd StPO (→ Vor § 496 Rn. 5).

16 Einzug ins Strafverfahren und in die Polizeiarbeit im Allgemeinen halten auch neuere Formen der Verarbeitung insbesondere von Massendaten. Neben Datenanalyseinstrumenten[35] handelt es sich dabei auch um Programme, die dem Prinzip des **Data Mining** folgen oder sogar **Big Data-Analysen** vornehmen können.[36] Solche Programme sind in der Lage, ganz verschiedene Arten und Formen von Daten – etwa aus einer TKÜ, aus bestehenden Datenbanken oder Geo-Daten – aufzunehmen und auszuwerten, um Strukturen und Beziehungen zwischen verschiedenen Daten zu erkennen. So soll ein Mehrwert an Erkenntnis aus den Datensammlungen generiert werden.[37] Diese Formen der Datenverarbeitung kön-

---

[30] Zöller, Informationssysteme und Vorfeldmaßnahmen von Polizei, Staatsanwaltschaft und Nachrichtendiensten, 2002, S. 225.
[31] S. etwa OLG Zweibrücken 9.8.2006 – 1 Vas 14/06, NStZ 2007, 55, das nicht einmal die Rechtsgrundlage nennt, nach der es den Grundrechtseingriff für gerechtfertigt halten möchte.
[32] Jahn in Löwe/Rosenberg § 147 Rn. 29; aA Schmitt in Meyer-Goßner/Schmitt § 147 Rn. 18a.
[33] Fetzer StV 1991, 142; Hilger in Löwe/Rosenberg Rn. 5.
[34] Differenzierung bei Weßlau/Deiters in SK-StPO § 483 Rn. 9.
[35] Übersicht über die Entwicklung bei Meinicke K&R 2015, 377.
[36] S. dazu BT-Drs. 17/11582.
[37] Singelnstein NStZ 2012, 593 (605 f.); Henrichs/Wilhelm Kriminalistik 2010, 30 (32 f.); Schulzki-Haddouti CILIP 1/2011, 32 (37 f.); auch bereits Weßlau ZStW 113 (2001), 681 (704 ff.).

nen neben den polizeilichen Datenbeständen auch auf fremde Daten angewandt werden, etwa solche in sozialen Netzwerken. Dies betrifft insbesondere frei zugängliche Daten, etwa im Internet bei der Social Network Analyse.[38]

Diese neuen Formen der Sammlung, Verknüpfung und Auswertung verschiedener Arten von Daten werfen **grundlegende rechtliche Probleme** auf. Erstens stehen solche Formen der Datenverarbeitung in einem strukturellen Widerspruch zu den Grundsätzen der Zweckbindung und der Datensparsamkeit sowie dem Prinzip der Erforderlichkeit. Derartige polizeiliche Ermittlungssoftware basiert gerade auf dem Prinzip, möglichst viele Daten aus verschiedenen Quellen zu sammeln und zusammenzuführen.[39] Aus polizeilicher Sicht optimal wäre daher die Bildung zentraler, verfahrensübergreifender, volltextdurchsuch- und intelligent analysierbarer Datenbestände, die möglichst lange gespeichert werden. Dies lässt sich zwar mit den verfassungsrechtlichen Anforderungen des RiS nicht in Einklang bringen. Trotzdem gehen die Entwicklungen bei der Polizei in eine solche Richtung, ohne dass dies durch eine entsprechende rechtliche Regulierung begleitet wäre.

Zweitens entstehen auf diesem Weg vor allem in Umfangsverfahren wahre **Datenberge,** die in der Praxis kaum zu bewältigen sind. Oft ist nur die Polizei kapazitätsmäßig in der Lage, solche Daten mittels der genannten Software handhabbar zu machen, während alle anderen Beteiligten des Strafverfahrens nur noch eine gewisse Plausibilitätskontrolle vornehmen können. Damit verschiebt sich das Gefüge innerhalb des Strafverfahrens ein weiteres Stück in Richtung Polizei.

Drittens schließlich **fehlt es an konkreten rechtlichen Regelungen** für diese Formen der Datenauswertung, wenn man von den §§ 496 ff. absieht, die bezüglich elektronischer Akten eine strikte Begrenzung verfahrensübergreifender Verwendungen der gespeicherten Daten bestimmen. Soll innerhalb eines konkreten Strafverfahrens zur Fallbearbeitung eine Massendatenauswertung erfolgen, lassen sich hierfür immerhin noch § 483 und ggf. auch § 98c bemühen. Aber auch diese Rechtsgrundlagen sind in ihren Voraussetzungen wenig konkret und werden damit den neuartigen Grundrechtsbeeinträchtigungen, die mit der Massendatenauswertung verbunden sind, nicht gerecht. Eine Massendatenauswertung bringt etwa häufig eine massive Streubreite mit sich, so dass auch eine Vielzahl Unverdächtiger von der Erfassung, Speicherung und Auswertung personenbezogener Daten betroffen sind.[40] Zugleich führen diese Formen der Massendatenauswertung aber dazu, dass die Bindung an ein konkretes Strafverfahren und damit an eine bestimmte prozessuale Tat, wie sie der Zweckbindungsgrundsatz verlangt (→ Vor § 474 Rn. 19 ff.), aufgehoben wird. Die größer werdenden Datensammlungen dienen nicht vorrangig der Aufklärung in einem konkreten Strafverfahren, sondern werden vor allem zur Strafverfolgungsvorsorge und zur Aufklärung von Lagen eingesetzt. Hierfür sehen allenfalls die Polizeigesetze Ansätze einer rechtlichen Regelung vor. Auch diese werden der damit verbundenen Vorverlagerung von Grundrechtsbeeinträchtigungen aber nicht gerecht.

§ 483 Datenverarbeitung für Zwecke des Strafverfahrens

(1) ¹**Gerichte, Strafverfolgungsbehörden einschließlich Vollstreckungsbehörden, Bewährungshelfer, Aufsichtsstellen bei Führungsaufsicht und die Gerichtshilfe dürfen personenbezogene Daten in Dateisystemen verarbeiten, soweit dies für Zwecke des Strafverfahrens erforderlich ist.** ²**Die Polizei darf unter der Voraussetzung des Satzes 1 personenbezogene Daten auch in einem Informationssystem verarbeiten, welches nach Maßgabe eines anderen Gesetzes errichtet ist.** ³**Für dieses Informationssystem wird mindestens festgelegt:**
1. **die Kennzeichnung der personenbezogenen Daten durch die Bezeichnung**
   a) **des Verfahrens, in dem die Daten erhoben wurden,**

---

[38] Dazu Singelnstein NStZ 2012, 593 (599 f.).
[39] Singelnstein/Putzer GA 2015, 564 (567); s. zur Software bei Bundesbehörden BT-Drs. 17/8544, 20 ff.
[40] S. zB Singelnstein JZ 2012, 601.

b) der Maßnahme, wegen der die Daten erhoben wurden, sowie der Rechtsgrundlage der Erhebung und
c) der Straftat, zu deren Aufklärung die Daten erhoben wurden,
2. die Zugriffsberechtigungen,
3. die Fristen zur Prüfung, ob gespeicherte Daten zu löschen sind sowie die Speicherungsdauer der Daten.

(2) Die Daten dürfen auch für andere Strafverfahren, die internationale Rechtshilfe in Strafsachen und Gnadensachen genutzt werden.

(3) Erfolgt in einem Dateisystem der Polizei die Speicherung zusammen mit Daten, deren Speicherung sich nach den Polizeigesetzen richtet, so ist für die Verarbeitung personenbezogener Daten und die Rechte der Betroffenen das für die speichernde Stelle geltende Recht maßgeblich.

Schrifttum (weitere Quellen beim Schrifttum Vor § 483): Hilger, Das Strafverfahrensänderungsgesetz 1999 (StVÄG 1999), StraFO 2001, 109; Soiné, Strafverfahrensänderungsgesetz 1999 Teil 2, Kriminalistik 2001, 245.

Übersicht

	Rn.		Rn.
I. Allgemeines	1	III. Verarbeitung in Informationssystemen der Polizei (Abs. 1 S. 2, 3)	14
II. Datenverarbeitung in Dateisystemen (Abs. 1 S. 1)	2	IV. Verwendung zu weiteren Zwecken (Abs. 2)	16
1. Berechtigte Stellen und Befugnisse	3	V. Polizeiliche Mischdateisysteme (Abs. 3)	20
2. Erforderlichkeit als zentrale Voraussetzung	9	VI. Rechtsbehelfe	24

I. Allgemeines

1 § 483 stellt insofern eine **Grundnorm** zur Datenverarbeitung mittels Dateien dar, als sie eine allgemeine Befugnis zur Verarbeitung und Verwendung von Daten für Zwecke der Strafrechtspflege statuiert.[1] Eine Befugnis zur Datenerhebung ist damit nicht verbunden, sie wird von § 483 vielmehr vorausgesetzt.[2] Über die Verweisung in § 49c OWiG gelten die §§ 483–491 mit Änderungen im Bußgeldverfahren entsprechend.[3] Durch die Umsetzung der JI-RL im Strafverfahren wurde Abs. 1 S. 2, 3 eingefügt, die die Verarbeitung neben Dateisystemen nach Abs. 1 S. 1 auch in Informationssystemen zulassen, die nach anderen Gesetzen errichtet worden sind (→ Rn. 14 f.).

II. Datenverarbeitung in Dateisystemen (Abs. 1 S. 1)

2 Abs. 1 betrifft die Verarbeitung von personenbezogenen Daten in einem konkreten Strafverfahren als Zweck der Datenverarbeitung. Der Befugnis kommt auch deshalb besondere Bedeutung zu, weil § 75 Abs. 2 BDSG für den Fall einer unzulässigen Speicherung eine Löschungspflicht statuiert. Verarbeitung meint dabei als Oberbegriff alle Formen des Umgangs mit personenbezogenen Daten (→ Vor § 474 Rn. 5a). Dateisystem ersetzt den vormals verwendeten Begriff der Datei. Beide betreffen nur den Sprachgebrauch, eine Änderung der materiellen Rechtslage ergibt sich daraus nicht (→ Vor § 483 Rn. 1).[4]

---

[1] Übersicht der in der Praxis verbreiteten und zulässigen Dateitypen bei Weßlau/Deiters in SK-StPO Rn. 6.
[2] BT-Drs. 14/1484, 31; Hilger StraFo 2001, 109 (113); Gemählich in KMR-StPO Rn. 2; Köhler in Meyer-Goßner/Schmitt Rn. 1.
[3] Köhler in Meyer-Goßner/Schmitt Rn. 6.
[4] BT-Drs. 19/4671, 67 f.

1. Berechtigte Stellen und Befugnisse. Die Aufzählung der **berechtigten Stellen** 3 ist **abschließend**. Unter Strafverfolgungsbehörden fallen neben der in einem Strafverfahren ermittelnden Polizei (soweit nicht Abs. 3 eingreift) und Staatsanwaltschaft mit ihren Verfahrensregistern auch die einschlägig tätigen Finanzbehörden (§§ 386, 399, 402, 404 AO).[5] In der Praxis werden bei Einleitung eines Ermittlungsverfahrens regelmäßig die diesbezüglich erhobenen personenbezogenen Daten von der Polizei in den polizeilichen Informationssystemen gespeichert, so dass diese speichernde Stelle ist.

Die berechtigten Stellen dürfen personenbezogenen Daten, die in dem jeweiligen Straf- 4 verfahren erhoben oder übermittelt worden sind, nicht nur in Dateien **speichern,** sondern auch **verändern und nutzen**.[6] Die Befugnis zur Speicherung umfasst – ohne dass dies ausdrücklich im Gesetz genannt wäre – auch die automatisierte Verarbeitung der Daten durch die speichernde Stelle, zB zur automatisierten Erstellung von Schriftstücken oder zur automatisierten Bearbeitung im Strafbefehlsverfahren.[7]

Die Befugnisse in Abs. 1 erstrecken sich nur auf eine Verwendung zur inhaltlichen 5 Tätigkeit bei der **Strafverfolgung**[8] **in dem jeweiligen konkreten Strafverfahren** („Zwecke des Strafverfahrens"). Sie heben also die diesbezügliche **Zweckbindung** (→ Vor § 474 Rn. 19 ff.) für die Daten nicht auf.[9] Als Strafverfahren in diesem Sinne gilt das Verfahren von der Einleitung bis zur Vollstreckung, das als solches einen einheitlichen Zweck der Datenverarbeitung bildet.[10] Eine Nutzung für andere Zwecke ist aber nach Maßgabe des Abs. 2 möglich (zur Abgrenzung zur Übermittlung → Rn. 16 f.) sowie nach den §§ 484, 485, 487 und vergleichbaren Regelungen, die eine Umwidmung bzw. Übermittlung gestatten.

Für eine solche Speicherung kommen potentiell alle **personenbezogenen Daten** in 6 Betracht, die im Laufe der Ermittlungen aufgrund der strafprozessualen Befugnisse erhoben oder den Strafverfolgungsbehörden übermittelt werden. Demnach können etwa die bei einer erkennungsdienstlichen Behandlung nach § 81b Var. 1 erhobenen Daten grundsätzlich in einer Strafverfahrensdatei gespeichert werden.[11] Hingegen erfolgt die Erhebung nach § 81b Var. 2 nach zutreffender Auffassung für eine zukünftige Strafverfolgung und damit zur Strafverfolgungsvorsorge[12] so, dass sich die Speicherung in Dateien nach § 484 richtet.[13] Vergleichbares gilt für DNA-Analysedaten, bei denen sich die Verarbeitung zur Strafverfolgungsvorsorge indes nach der speziellen Regelung des § 81g Abs. 5 iVm dem BKAG richtet (→ § 484 Rn. 4).

Wegen des insofern nicht differenzierenden Wortlauts gestattet die Norm nur eine 7 Verarbeitung **rechtmäßig erhobener Daten**.[14] Weitere Einschränkungen hinsichtlich der Speicherung können sich aus den spezialgesetzlichen Erhebungsbefugnissen ergeben, zB aus den § 163d, § 98a Abs. 3 S. 2, § 100i Abs. 2 S. 2, wie auch aus den jeweiligen Errichtungsanordnungen gem. § 490.[15]

Die Daten müssen nicht notwendig in getrennten Dateien gespeichert werden. Viel- 8 mehr ergibt sich aus § 486, dass die genannten Stellen gemeinsame Dateien für die Zwecke

---

[5] Hilger in Löwe/Rosenberg Rn. 2; Weßlau/Deiters in SK-StPO Rn. 2.
[6] Zu den in der Praxis gebräuchlichen Arten von Dateien Weßlau/Deiters in SK-StPO Rn. 6.
[7] Schmidt/Niedernhuber in Gercke/Temming/Zöller Rn. 6; Gemählich in KMR-StPO Rn. 4; Köhler in Meyer-Goßner/Schmitt Rn. 2.
[8] Weßlau/Deiters in SK-StPO Rn. 4.
[9] So BT-Drs. 14/1484, 32; Gemählich in KMR-StPO Rn. 4; Hilger in Löwe/Rosenberg Rn. 1, 4.
[10] OVG Lüneburg 30.1.2013 – 11 LC 470/10, Nds. Rpfl. 2013, 184; BT-Drs. 14/1484, 31; Schmidt/Niedernhuber in Gercke/Temming/Zöller Rn. 1; Gemählich in KMR-StPO Rn. 2; Otte in Radtke/Hohmann Rn. 2.
[11] Weßlau/Deiters in SK-StPO Rn. 5, 8, auch zu Regelungen bzgl. des Umgangs mit dem gegenständlichen Ermittlungsmaterial.
[12] Eisenberg/Singelnstein GA 2006, 168 (170 f.).
[13] VGH Kassel 16.12.2004 – 11 UE 2982/02, NJW 2005, 2727 (2728); Beukelmann in Radtke/Hohmann § 81b Rn. 13; Goers in BeckOK StPO § 81b Rn. 18; Schmitt in Meyer-Goßner/Schmitt § 81b Rn. 19; vgl. zum Streit Rogall in SK-StPO § 81b Rn. 56 ff.
[14] Weßlau/Deiters in SK-StPO Rn. 1.
[15] BT-Drs. 14/1484, 31; Gemählich in KMR-StPO Rn. 2; Hilger in Löwe/Rosenberg Rn. 4.

der §§ 483–485 anlegen dürfen. Daher soll auch eine speicherungsbefugte Stelle Daten mit divergierenden Verwendungszwecken – etwa aus verschiedenen Strafverfahren – in einer **Sammeldatei** bündeln dürfen.[16] Dies hebt indes die Zweckbindung und ggf. bestehende Verwendungsbeschränkungen (§§ 479, 487) nicht auf und macht somit eine **Kennzeichnungspflicht** erforderlich. Die genannten Begrenzungen wie auch Vorschriften zur Datenbehandlung (§§ 489 ff.) können nur eingehalten werden, wenn der Zweck und die Herkunft der jeweiligen Daten stets erkennbar sind.[17]

9 **2. Erforderlichkeit als zentrale Voraussetzung.** Die Verarbeitung der Daten ist nur in dem Umfang zulässig, wie sie für das konkrete Strafverfahren auch tatsächlich erforderlich (allg. → Vor § 474 Rn. 19 ff.) ist.[18] Das Merkmal stellt damit auch an dieser Stelle die zentrale Voraussetzung der Befugnis dar. Danach muss die Verarbeitung jeweils im Einzelfall notwendig sein, um die Aufgabe rechtmäßig, vollständig und mit angemessenem Aufwand in angemessener Zeit erfüllen zu können.[19] Diese Anforderung bezieht sich sowohl auf die Daten selbst als auch auf deren Speicherung in einer Datei.[20]

10 Das Merkmal beschränkt die Art der speicherungsfähigen Daten nicht kategorial, sondern begrenzt die Befugnis auf solche Daten, die **für die weiteren Ermittlungen oder andere Verfahrenszwecke von Relevanz** sind.[21] Erforderlich sind daher vor allem solche Daten, die für das Bestehen tatsächlicher Anhaltspunkte iSd § 152 Abs. 2 von Bedeutung sind.[22] Von einer Speicherung auszunehmen sind Daten, die mit dem jeweiligen Strafverfahren nicht in Verbindung stehen oder für dieses keine Bedeutung haben.

11 Die Grenze der Erforderlichkeit ist u.a. bei sehr **umfangreichen Datenerhebungen** relevant, die ggf. auch Daten von unbeteiligten Dritten betreffen, wie etwa bei Funkzellenabfragen. Im Hinblick auf die Grundrechtsrelevanz und den Grundsatz der Datensparsamkeit ist es in diesen Konstellationen angezeigt, eine – auch für den Ermittlungsfortschritt notwendige – Eingrenzung der Daten im Hinblick auf die Relevanz für das Verfahren vorzunehmen. Im Anschluss hieran sind dann nur solche Daten zu speichern, die für das Verfahren von Bedeutung sind.

12 Geht man entgegen der hier vertretenen Auffassung (→ Rn. 7) davon aus, dass die Norm auch die Speicherung **rechtswidrig erlangter Daten** gestattet, so wird auch diese durch das Merkmal der Erforderlichkeit begrenzt. Nicht erforderlich ist insbesondere die Speicherung von Daten, die einem Verwertungsverbot unterliegen und daher nicht mehr für das Strafverfahren genutzt werden dürfen.

13 Stellt sich nach der Speicherung heraus, dass die Daten für das konkrete Strafverfahren **nicht (mehr) erforderlich** sind, greift die Löschungspflicht des § 75 Abs. 2 BDSG, sofern die Daten nicht nach anderen Vorschriften zu sonstigen Zwecken gespeichert werden dürfen.[23] Die Erforderlichkeit der Speicherung nach § 483 entfällt regelmäßig bei einem rechtskräftigen Freispruch, einer unanfechtbaren Ablehnung der Eröffnung des Hauptverfahrens oder einer nicht nur vorläufigen Einstellung (vgl. dazu → § 489 Rn. 13 f.).[24] Im Einzelfall kann eine fortgesetzte Speicherung ausnahmsweise noch gerechtfertigt sein, zB bei Erwägung der Wiederaufnahme durch die StA (§ 362), wenn neue Tatsachen oder Beweismittel (§ 211), Gründe nach § 154 Abs. 3, 4 oder eine Wiederaufnahme der Ermittlungen in

---

[16] So auch Hilger in Löwe/Rosenberg Rn. 6.
[17] Hilger in Löwe/Rosenberg Rn. 6; Weßlau/Deiters in SK-StPO Rn. 6.
[18] Matheis, Strafverfahrensänderungsgesetz 1999, 2006, S. 315 f.
[19] Hilger in Löwe/Rosenberg Rn. 8; ausf. Weßlau/Deiters in SK-StPO Rn. 7.
[20] Anders Weßlau/Deiters in SK-StPO Rn. 7.
[21] Hilger in Löwe/Rosenberg Rn. 4; Weßlau/Deiters in SK-StPO Rn. 4.
[22] Schmidt/Niedernhuber in Gercke/Temming/Zöller Rn. 7; Gieg in KK-StPO Rn. 3.
[23] Die Löschung eines Tatvorwurfs im staatsanwaltschaftlichen Verfahrensregister soll nach einer Einstellung nach § 170 Abs. 2 grundsätzlich erst zum Zeitpunkt der Verjährung geboten sein, BayObLG 27.1.2020 – 203 VAs 1846/19, ZD 2020, 359.
[24] BT-Drs. 14/1484, 32; Hilger in Löwe/Rosenberg Rn. 8; Otte in Radtke/Hohmann Rn. 6; Weßlau/Deiters in SK-StPO Rn. 7; zur Einstellung nach § 153 OVG Lüneburg 30.1.2013 – 11 LC 470/10, Nds. Rpfl. 2013, 184.

Verfahren gegen Unbekannt zu erwarten sind oder noch die Möglichkeit eines Klageerzwingungsverfahrens (§ 172) besteht.[25]

III. Verarbeitung in Informationssystemen der Polizei (Abs. 1 S. 2, 3)

Abs. 1 S. 2, 3 – eingefügt im Rahmen der Umsetzung der JI-RL im Strafverfahren (vgl. → Vor § 474 Rn. 5) – erweitert die Befugnis aus Abs. 1 S. 1 zur Verarbeitung personenbezogener Daten aus Strafverfahren auf **Informationssysteme, die nach anderen Gesetzen errichtet** worden sind, insbesondere solche nach dem BKAG und anderen Polizeigesetzen. Voraussetzung hierfür ist eine gesetzliche Grundlage für das System, die die Mindestanforderungen des S. 3 hinsichtlich Kennzeichnung, Zugriffsrechten und Prüffristen erfüllt,[26] die dann im Einzelfall zu beachten sind. Einer Errichtungsanordnung nach § 490 bedarf es dann nicht.[27] Im Übrigen gelten für die Verarbeitung in solchen Informationssystemen – anders als für die sogenannten Mischdateien nach Abs. 3 – die Vorschriften der StPO.[28] 14

Hintergrund der Regelung ist der aktuell stattfindende **Umbau der polizeilichen Informationsordnung.** Dabei sollen die auf einer Errichtungsanordnung beruhenden Dateisysteme von zentralen Informations- bzw. Verbundsystemen abgelöst werden, bei denen die Verarbeitung nicht mehr in einzelnen Dateien erfolgt.[29] Abs. 1 S. 2, 3 stellen sicher, dass dies in Zukunft auch für personenbezogene Daten aus Strafverfahren möglich ist. Diese Form der Speicherung ist problematisch, da die in einem Strafverfahren erhobenen personenbezogenen Daten – die sehr umfangreich sein können und häufig auch Daten von Nichtbeschuldigten umfassen – nicht mehr in einzelnen abgegrenzten Dateien gespeichert werden, die durch Errichtungsanordnungen beschränkt werden, sondern in den als Datenpool fungierenden Informationssystemen der Polizei.[30] 15

IV. Verwendung zu weiteren Zwecken (Abs. 2)

Abs. 1 gestattet die Verarbeitung personenbezogener Daten nur für das jeweilige konkrete Strafverfahren. Eine Nutzung der gespeicherten Daten für sonstige Zwecke ist nach dem **Zweckbindungsgrundsatz** nur bei Zweckumwidmung aufgrund einer gesetzlichen Grundlage zulässig. Abs. 2 stellt eine solche für die Nutzung (§ 3 Abs. 5, 4 BDSG aF, § 46 Nr. 2 BDSG verwendet stattdessen nun den Begriff der Verwendung[31]) der Daten für andere sachnahe Zwecke bereit und lockert damit die Zweckbindung nach Abs. 1.[32] 16

Danach darf die speichernde Stelle die für ein bestimmtes Verfahren gespeicherten Daten auch für **andere Strafverfahren** – also solche bzgl. einer anderen prozessualen Tat – nutzen, die bei ihr geführt werden.[33] Dies soll unnötige und belastende Doppelerhebungen und -speicherungen vermeiden.[34] Gleiches gilt für eine Nutzung für Zwecke der internationalen Rechtshilfe sowie für Gnadensachen. Abs. 2 enthält aber nur eine Nutzungsbefugnis. Diese inhaltliche Verwertung der Daten ist keine **Übermittlung** iSd § 487, solange dies innerhalb derselben (speichernden) Stelle stattfindet (→ § 487 Rn. 1).[35] Will eine andere als die speichernde Stelle Daten nutzen, bedarf es zunächst einer Übermittlung gem. § 487 Abs. 1.[36] 17

---

[25] Hilger in Löwe/Rosenberg Rn. 8; Köhler in Meyer-Goßner/Schmitt Rn. 3; Weßlau/Deiters in SK-StPO Rn. 7; differenzierend Ritscher/Klinge in Satzger/Schluckebier/Widmaier StPO Rn. 5.
[26] S. 3 wurde auf Empfehlung des Rechtsausschusses eingefügt, BT-Drs. 19/11190, 10.
[27] Gieg in KK-StPO Rn. 3.
[28] BT-Drs. 19/4671, 67.
[29] BT-Drs. 19/4671, 67; eine erste Regelung für einen solches Informations- bzw. Verbundsystem findet sich in den §§ 13 ff., 29 ff. BKAG.
[30] Stellungnahme der Bundesbeauftragten für den Datenschutz und die Informationsfreiheit im Gesetzgebungsverfahren vom 16.11.2018, 5 ff.; Singelnstein NStZ 2020, 639 (643).
[31] In der Sache ist aber auch die Verwendung – wie die Nutzung – ein Auffangtatbestand für nicht ausdrücklich erwähnte Verarbeitungsvarianten, vgl. Ernst in Paal/Pauly DS-GVO Art. 4 Rn. 29.
[32] Gemählich in KMR-StPO Rn. 6; Weßlau/Deiters in SK-StPO Rn. 11.
[33] Weßlau/Deiters in SK-StPO Rn. 11.
[34] BT-Drs. 14/1484, 32; Hilger in Löwe/Rosenberg Rn. 9.
[35] Hilger in Löwe/Rosenberg Rn. 3; ausf. auch Weßlau/Deiters in SK-StPO Rn. 12.
[36] BT-Drs. 14/1484, 32; Hilger in Löwe/Rosenberg Rn. 9; Weßlau/Deiters in SK-StPO Rn. 12, 15.

18 Trotz der pauschalen Formulierung der Regelung sind bei der Zweckumwidmung wie bei der Übermittlung von Daten aus Akten nach § 474 Abs. 1 verschiedene Grenzen zu beachten.[37] Auf Seiten des neuen Verwendungszwecks steht wie stets die Voraussetzung der **Erforderlichkeit** (vgl. → Rn. 9 ff.). Unzulässig ist es daher etwa, Lichtbilder von Verdächtigen zur Auffüllung von Lichtbildvorlagen in anderen Verfahren zu verwenden, da hierfür auch Bilder von Polizeibeamten oder sonstiger Freiwilliger verwendet werden können.[38] Sowohl bei der Übermittlung als auch bei der Umwidmung ist die **Kennzeichnungspflicht** zu beachten (→ Rn. 8).

19 Zudem finden über den Verweis in § 487 Abs. 1 S. 2 auch an dieser Stelle die **Beschränkungen des § 479 Abs. 2** Anwendung. Dabei kann es keinen Unterschied machen, ob die Daten tatsächlich an eine andere Stelle übermittelt werden oder innerhalb derselben Stelle für andere Zwecke genutzt werden.[39] Die Stelle, die die zweckumwidmende Nutzung beabsichtigt, hat also zu prüfen, ob dem Vorhaben § 479 Abs. 2 oder eine besondere Verwendungsregelung (→ § 479 Rn. 11 ff.) entgegensteht.[40] Insbesondere dürfen durch die Zweckumwidmung keine grundrechtsbezogenen Beschränkungen des Einsatzes bestimmter Erhebungsmethoden umgangen werden, wenn also die Informationen für den geänderten Zweck nicht oder nicht in dieser Art und Weise hätten erhoben werden dürfen, § 479 Abs. 2 S. 1 (→ § 479 Rn. 32 ff.).[41]

V. Polizeiliche Mischdateisysteme (Abs. 3)

20 Die Regelung betrifft die in der Praxis sehr häufigen sog. **Mischdateisysteme der Polizei,** in denen also Daten sowohl zu repressiven als auch zu präventiven Zwecken gespeichert werden (→ Vor § 483 Rn. 4).[42] Für vergleichbare Dateisysteme der Finanzbehörden gilt Abs. 3 nicht, dort sind allein die §§ 483 ff. anwendbar.[43]

21 Für polizeiliche Mischdateisysteme ordnet die Norm pauschal – und damit ohne die verfassungsrechtlich erforderliche Differenzierung[44] – an, dass das für die speichernde Stelle maßgebliche Recht für alle gespeicherten Daten anzuwenden sei. Tatsächlich findet in der polizeilichen Praxis eine Trennung zwischen Daten, die nach der StPO und solchen, die nach Polizeirecht gespeichert werden, nur unzureichend statt. Dies führt dazu, dass sich Umgang mit Dateisystemen der Polizei – die die meisten Dateisysteme führt – **in der Regel nach den Polizeigesetzen** richtet. Lediglich bei Dateisystemen, die alleine repressiven Zwecken dienen, sind die §§ 483 ff. anwendbar,[45] was in der Praxis vor allem Dateien der Staatsanwaltschaft betrifft. Für einen ganz erheblichen Teil der Strafverfahrensdateien gilt somit Polizeirecht, das in Bund und Ländern jeweils eigenständige Regelungen zur Datenverarbeitung vorsieht.[46]

22 Mit der Norm wollte der Gesetzgeber erreichen, dass für Mischdateisysteme die jeweiligen Polizeigesetze maßgeblich sind, und so den status quo des polizeilichen Dateiwesens erhalten.[47] Begründet wurde dies u.a. damit, dass der polizeiliche Datenbestand „weitestge-

---

[37] S. auch BT-Drs. 14/1484, 32.
[38] S. auch BT-Drs. 14/1484, 46: Einsatz computerverfremdeter Bilder.
[39] Hilger in Löwe/Rosenberg Rn. 9a; im Ergebnis auch Schmidt/Niederhuber in Gercke/Temming/Zöller Rn. 13.
[40] Hilger in Löwe/Rosenberg Rn. 9a: keine Einführung von Daten, die nicht erhoben werden dürfen, über den Umweg einer zweckumwandelnden Nutzung (Umgehungsverbot); Weßlau/Deiters in SK-StPO Rn. 13.
[41] BVerfGE 100, 313 (389 f.); 109, 279 (377); Gemählich in KMR-StPO Rn. 6.
[42] Soiné Kriminalistik 2001, 245 (250); dies betrifft u.a. die Vorgangsbearbeitungssysteme der Länderpolizeien, zB Nivadis in Niedersachsen, vgl. OVG Lüneburg 8.8.2008 – 11 LA 194/08, Kriminalistik 2009, 71.
[43] Hilger in Löwe/Rosenberg Rn. 11; Weßlau/Deiters in SK-StPO Rn. 17; Ritscher/Klinge in Satzger/Schluckebier/Widmaier StPO Rn. 10.
[44] Bäcker, Kriminalpräventionsrecht, 2015, S. 498 f.
[45] Schmidt/Niederhuber in Gercke/Temming/Zöller Rn. 14; Weßlau/Deiters in SK-StPO Rn. 17.
[46] Zu diesen Müller/Schwabenbauer in Lisken/Denninger PolR-HdB Rn. 838 ff.
[47] Weßlau/Deiters in SK-StPO Rn. 16.

hend multifunktional"[48] sei und sich Strafverfolgung und Gefahrenabwehr als Zweckbestimmung häufig nicht trennen ließen.[49] Diese Begründung, die alleine auf die Praktikabilität der Regelung abstellt,[50] **überzeugt nicht.**[51] Vielmehr ist bei Erhebung und Speicherung zu bestimmen, ob diese repressiven oder präventiven Zwecken dienen. Soweit sich beides überschneidet, ist eine Trennung gerade nicht notwendig. Dass der bisherige polizeiliche Datenbestand multifunktional angelegt ist, vermag nicht zu rechtfertigen, dass dieser Zustand gesetzlich festgeschrieben wird.

Regelung und Praxis der **Mischdateisysteme sind hochproblematisch,** so dass 23 § 483 Abs. 3 als verfassungswidrig einzustufen ist. Der Bundesgesetzgeber hätte an dieser Stelle selbst und detailliert regeln müssen, unter welchen Voraussetzungen welche Strafverfahrensdaten zu polizeilichen Zwecken weiterverarbeitet werden dürfen.[52] Durch die Vermischung verschiedener Daten in einem Dateisystem wird deren Verarbeitung äußerst unübersichtlich.[53] Dies erschwert nicht nur die Einhaltung der Zweckbindung und eine Kontrolle, bspw. durch Gerichte und Datenschutzbeauftragte, erheblich, sondern auch den Rechtsschutz der von einer Datenspeicherung Betroffenen. Deren Rechte richten sich in diesem Fall ebenfalls nach den Polizeigesetzen und nicht mehr nach der StPO.[54]

VI. Rechtsbehelfe

Ein Vorgehen gegen die Datenverarbeitung alleine hilft der betroffenen Person nicht 24 weiter, idR wird er die Löschung der Daten begehren, die sich nach § 489 richtet. Das diesbezügliche subjektive Recht kann gem. §§ 23 ff. GVG durchgesetzt werden (→ § 489 Rn. 32 ff.).

§ 484 Datenverarbeitung für Zwecke künftiger Strafverfahren; Verordnungsermächtigung

(1) Strafverfolgungsbehörden dürfen für Zwecke künftiger Strafverfahren
1. **die Personendaten des Beschuldigten und, soweit erforderlich, andere zur Identifizierung geeignete Merkmale,**
2. **die zuständige Stelle und das Aktenzeichen,**
3. **die nähere Bezeichnung der Straftaten, insbesondere die Tatzeiten, die Tatorte und die Höhe etwaiger Schäden,**
4. **die Tatvorwürfe durch Angabe der gesetzlichen Vorschriften,**
5. **die Einleitung des Verfahrens sowie die Verfahrenserledigungen bei der Staatsanwaltschaft und bei Gericht nebst Angabe der gesetzlichen Vorschriften**
in Dateisystemen verarbeiten.

(2) ¹**Weitere personenbezogene Daten von Beschuldigten und Tatbeteiligten dürfen sie in Dateisystemen nur verarbeiten, soweit dies erforderlich ist, weil wegen der Art oder Ausführung der Tat, der Persönlichkeit des Beschuldigten oder Tatbeteiligten oder sonstiger Erkenntnisse Grund zu der Annahme besteht, dass weitere Strafverfahren gegen den Beschuldigten zu führen sind.** ²**Wird der Beschuldigte rechtskräftig freigesprochen, die Eröffnung des Hauptverfahrens gegen ihn unanfechtbar abgelehnt oder das Verfahren nicht nur vorläufig eingestellt, so ist die**

---

[48] BT-Drs. 14/1484, 32.
[49] Gieg in KK-StPO Rn. 5; Schmidt/Niedernhuber in Gercke/Temming/Zöller Rn. 14.
[50] ZB Hilger StraFo 2001, 109 (114); Gemählich in KMR-StPO Rn. 7: vermeidet erhöhten Verwaltungsaufwand bei der Polizei.
[51] Matheis, Strafverfahrensänderungsgesetz 1999, 2006, S. 318 f.; kritisch auch Gieg in KK-StPO Rn. 5; Hilger in Löwe/Rosenberg Rn. 11.
[52] Bäcker in Lisken/Denninger PolR-HdB Rn. 205.
[53] S. etwa VG Hannover 26.3.2015 – 10 A 9932/14, BeckRS 2015, 52476, demzufolge bei Zweifeln über den Verwendungszweck und -kontext stets der strengere rechtliche Maßstab anzulegen ist.
[54] OVG Lüneburg 30.1.2013 – 11 LC 470/10, Nds. Rpfl. 2013, 184.

Verarbeitung nach Satz 1 unzulässig, wenn sich aus den Gründen der Entscheidung ergibt, dass die betroffene Person die Tat nicht oder nicht rechtswidrig begangen hat.

(3) ¹Das Bundesministerium der Justiz und für Verbraucherschutz und die Landesregierungen bestimmen für ihren jeweiligen Geschäftsbereich durch Rechtsverordnung das Nähere über die Art der Daten, die nach Absatz 2 für Zwecke künftiger Strafverfahren gespeichert werden dürfen. ²Dies gilt nicht für Daten in Dateisystemen, die nur vorübergehend vorgehalten und innerhalb von drei Monaten nach ihrer Erstellung gelöscht werden. ³Die Landesregierungen können die Ermächtigung durch Rechtsverordnung auf die zuständigen Landesministerien übertragen.

(4) Die Verarbeitung personenbezogener Daten, die für Zwecke künftiger Strafverfahren von der Polizei gespeichert sind oder werden, richtet sich, ausgenommen die Verarbeitung für Zwecke eines Strafverfahrens, nach den Polizeigesetzen.

Schrifttum (weitere Quellen beim Schrifttum Vor § 483): Eisenberg/Puschke, Anmerkung zu BVerwG v. 23.11.2005 – 6 C 2.05, JZ 2006, 729; Krause, DNA-Identitätsfeststellung gemäß § 81g StPO, § 2 DNA-IFG – Geklärte und ungeklärte Fragen, FS Rieß, 2001, 261; Lepsius, Die Grenzen der präventivpolizeilichen Telefonüberwachung – Besprechung zu BVerfG, Urt. V. 27.7.2005 – 1 BvR 668/04 = BVerfGE 113, 348, JURA 2006, 929; Pollähne, Strafverfolgungsvorsorge-Register (§ 484 StPO), GA 2006, 807; Rieß, Über Verbrechensprävention im Strafrecht und im Strafverfahren, FS Otto, 2007, 955; Rudolph, Antizipierte Strafverfolgung, 2005; W.-R. Schenke, Probleme der Übermittlung und Verwendung strafprozessual erhobener Daten für präventivpolizeiliche Zwecke, FG Hilger, 2003, 225; Siebrasse, Strafregistrierung und Grundgesetz: zur Verfassungsmäßigkeit der Straf(verfahrens)registrierung in BZRG, StPO, BKAG und BGSG, 2002; Soiné, Datenverarbeitung für Zwecke künftiger Strafverfahren, CR 1998, 257; Stuckenberg, Speicherung personenbezogener Daten zur „vorbeugenden Straftatenbekämpfung" trotz Freispruchs?, FG Hilger, 2003, 25.

Übersicht

		Rn.			Rn.
I.	Allgemeines	1	3.	Verarbeitung trotz Nichtverurteilung (Abs. 2 S. 2)	15
II.	Verarbeitung von Grunddaten	5	4.	Notwendigkeit einer Rechtsverordnung (Abs. 3)	19
III.	Verarbeitung von weiteren Daten (Abs. 2, 3)	9	IV.	Verarbeitung polizeilich gespeicherter Daten (Abs. 4)	21
1.	Art der Daten	10	V.	Rechtsbehelfe	23
2.	Besondere Voraussetzungen (Abs. 2 S. 1)	12			

I. Allgemeines

1   Die Norm regelt die Datenverarbeitung in Dateien zum Zweck der **Strafverfolgungsvorsorge,** also für die Strafverfolgung in möglichen zukünftigen Strafverfahren. Hierbei handelt es sich – im Gegensatz zur Verhütung von Straftaten – nach mittlerweile herrschender Auffassung um einen Teil des gerichtlichen Verfahrens zur Strafverfolgung, der gemäß Art. 74 Abs. 1 Nr. 1 GG der konkurrierenden Gesetzgebung unterliegt.¹ Die Verfolgungsvorsorge behandelt zwar das Vorfeld konkreter Strafverfolgung und steht insofern dem materiellen Polizeirecht nahe. Ihre Zwecksetzung ist jedoch auf die zukünftige Straf*verfolgung* gerichtet, nicht auf Verhütung von Straftaten oder Gefahrenabwehr, für die Daten gesammelt, gespeichert und verwendet werden.²

---

¹ BVerfG 27.7.2005 – 1 BvR 668/04, NJW 2005, 2603 (2605 f.); Rieß FS Otto, 2007, 965 f.; Rudolph, Antizipierte Strafverfolgung, 2005, S. 229; Seiler in BeckOK GG Art. 74 Rn. 11; Wittreck in Dreier GG Art. 74 Rn. 23; zur Diskussion W.-R. Schenke FG Hilger, 2003, 227; Soiné CR 1998, 257 (257 f.); ausf. auch Hilger in Löwe/Rosenberg Rn. 3 ff.

² Albers, Die Determination polizeilicher Tätigkeit in den Bereichen der Straftatenverhütung und der Verfolgungsvorsorge, 2001, S. 261 ff.; Eisenberg/Puschke JZ 2006, 729 (730); Eisenberg/Singelnstein GA 2006, 168 (170); differenzierend Lepsius JURA 2006, 929 (933 f.).

Die Vorschrift stellt eine **Befugnis für die Strafverfolgungsbehörden** dar, ermächtigt also nicht die Gerichte. Dies betrifft in erster Linie die Staatsanwaltschaften, für die Datenverwendung durch die Polizei findet sich eine differenzierende Regelung in Abs. 4.[3] § 484 regelt, in welchem Umfang und unter welchen Voraussetzungen personenbezogene Daten aus einem Strafverfahren für diesen Zweck in Dateisystemen (→ Vor § 483 Rn. 1) gespeichert und verarbeitet werden dürfen. Die Norm vermittelt damit keine Befugnis für eine Datenerhebung, hierfür bedarf es einer gesonderten Ermächtigungsgrundlage.[4] Es handelt sich vor allem um eine Regelung zur **Zweckumwidmung**, da die Strafverfolgungsvorsorge einen anderen Zweck darstellt als die Strafverfolgung einer bestimmten prozessualen Tat,[5] für die die in Rede stehenden Daten idR ursprünglich erhoben worden waren. 2

Die Norm verfolgt ein **abgestuftes Regelungskonzept.** Nach Abs. 1 können die dort abschließend aufgezählten Grunddaten, sog. Basisdatensatz, unter recht geringen Voraussetzungen gespeichert und genutzt werden. Für darüber hinaus gehende Daten gelten hingegen die besonderen Voraussetzungen der Abs. 2, 3.[6] Die Übermittlung und Nutzung der danach gespeicherten Daten an andere Stellen bzw. zu sonstigen Zwecken bestimmt sich nach den allgemeinen Regelungen der §§ 481, 487;[7] Sperrung und Löschung richten sich nach § 489. 3

Für die Verarbeitung und Verwendung erhobener **DNA-Identifizierungsmuster** zur Strafverfolgungsvorsorge trifft § 81g Abs. 5 eine Spezialregelung, derzufolge die Regelungen des BKAG anzuwenden sind, da das BKA als Zentralstelle (§ 2 BKAG) für den Erkennungsdienst fungiert. Sonstige Rechtsgrundlagen sind daneben nicht anwendbar. 4

II. Verarbeitung von Grunddaten

Abs. 1 gestattet für Zwecke künftiger Strafverfahren zunächst die Verarbeitung konkret bestimmter Grunddaten bezüglich der Person des Beschuldigten, des Anlassverfahrens, der daran beteiligten Behörden und der dortigen Tatvorwürfe. Der Oberbegriff der Verarbeitung (→ § 483 Rn. 2) ersetzt die zuvor im Gesetz genannten Modalitäten der Speicherung, Veränderung und Nutzung, ohne dass damit eine inhaltliche Änderung einhergeht.[8] Voraussetzung für das Anlegen eines Dateisystems (zur Legaldefinition § 46 Abs. 6 BDSG) ist eine Errichtungsanordnung (§ 490). 5

Das Merkmal **Beschuldigter** setzt ein Verfahrensstadium voraus, in dem mindestens eine Person als Verdächtiger namhaft gemacht werden konnte. Eine Speicherung im Vorermittlungsstadium ist ebenso unzulässig wie eine solche von strafunmündigen Personen (vgl. auch → § 489 Rn. 18).[9] Die Vorschrift enthält keine Beschränkung hinsichtlich der Schwere der Straftaten, so dass auch die Speicherung von Daten zu Straftaten von geringer Bedeutung zulässig ist.[10] 6

Auch die Speicherung der Grunddaten ist nur zulässig, wenn dies für den Zweck der Strafverfolgungsvorsorge erforderlich ist (allg. → Vor § 474 Rn. 19 ff.).[11] Dies ergibt sich mittelbar aus § 75 Abs. 2 BDSG, wonach nicht erforderliche Daten zu löschen sind (vgl. auch → § 489 Rn. 11), wie auch aus dem Recht auf informationelle Selbstbestimmung.[12] 7

---

[3] Weßlau/Deiters in SK-StPO Rn. 5.
[4] BT-Drs. 14/1484, 32; Schmidt/Niedernhuber in Gercke/Temming/Zöller Rn. 1; Köhler in Meyer-Goßner/Schmitt Rn. 1.
[5] BT-Drs. 14/1484, 18; Hilger in Löwe/Rosenberg Rn. 1; Weßlau/Deiters in SK-StPO Rn. 2.
[6] Weßlau/Deiters in SK-StPO Rn. 3.
[7] Köhler in Meyer-Goßner/Schmitt Rn. 1.
[8] Vgl. BT-Drs. 19/4671, 12 f., 66 f.
[9] Weßlau/Deiters in SK-StPO Rn. 8; Hilger in Löwe/Rosenberg § 489 Rn. 7.
[10] Kritisch Weßlau/Deiters in SK-StPO Rn. 12, die eine Beschränkung auf erhebliche Kriminalität fordert.
[11] Hilger in Löwe/Rosenberg Rn. 7; für die Erforderlichkeit auch OLG Hamburg 9.10.2009 – 2 VAs 1/09, StraFo 2010, 85 (87): § 484 erlaubt keine „[b]loße Kompilation".
[12] OLG Hamm 26.2.2021 – 1 VAs 77/20, BeckRS 2021, 6165; Weßlau/Deiters in SK-StPO Rn. 10: Nichtnennung im Gesetz ist „rechtsstaatlich unbefriedigend".

An dem somit ungeschriebenen Merkmal der **Erforderlichkeit** fehlt es insbesondere, wenn weitere Strafverfahren gegen den Betroffenen nicht oder nicht mehr zu erwarten sind. Gleiches gilt, wenn das Ermittlungsverfahren aus ex- tunc-Sicht schon nicht hätte eingeleitet werden dürfen und daher nach § 170 Abs. 2 eingestellt worden ist. In Fällen einer solchen Einstellung muss die speichernde Behörde daher stets das Bestehen eines Restverdachts prüfen, wenn sie weiter speichern will.[13] Die Regelung soll laut Gesetzesbegründung ein Aktenhinweissystem ermöglichen.[14] Da mit dem Hinweis aber die gesamte Akte zur Verfügung steht, handelt es sich bei der Speicherung der Grunddaten keineswegs nur um einen Bagatelleingriff in das RiS.[15]

8   Der **Katalog der Grunddaten,** die nach Abs. 1 gespeichert werden dürfen, entspricht dem des ZStV gem. § 492 Abs. 2 (vgl. zu Details → § 492 Rn. 3 ff.), was die Frage nach der Berechtigung einer solchen Doppelspeicherung aufwirft.[16] Damit die Datensätze für beide Zwecke verwendet werden können, wurde die in Nr. 3 enthaltene Befugnis zur Speicherung von Tatorten und Schäden 2005 parallel zur Regelung in § 492 geändert.[17] Allerdings muss sich der Umfang der Speicherung nicht in jedem Detail entsprechen, sondern kann die jeweilige Errichtungsanordnung durchaus einen vom ZStV abweichenden Maßstab vorsehen, darf aber die Voraussetzungen der Abs. 2 und 3 nicht umgehen.[18] Im Gegensatz zum ZStV ermöglicht § 484 zudem eine Speicherung von weiteren Daten unter den Voraussetzungen der Abs. 2 und 3.

III. Verarbeitung von weiteren Daten (Abs. 2, 3)

9   Andere als die Grunddaten bezüglich des Beschuldigten sowie Daten bezüglich Tatbeteiligter dürfen nur unter den besonderen Voraussetzungen der Abs. 2 und 3 verarbeitet werden. Teilweise wird hierfür mit guten Gründen eine (ungeschriebene) Begrenzung auf Straftaten von erheblicher Bedeutung gefordert.[19] In der Praxis wurde indes von § 484 Abs. 2 bisher kein Gebrauch gemacht. Dies ergab eine Umfrage des Gefahrenabwehrrechtsausschusses des Deutschen Anwaltsvereins bei den Justiz- und Innenverwaltungen der Länder.[20]

10   **1. Art der Daten.** Im Gegensatz zu Abs. 1, der von Daten *des* Beschuldigten spricht, erlaubt Abs. 2 eine Verarbeitung weiterer personenbezogener Daten „von Beschuldigten und Tatbeteiligten". Dies erweitert den Anwendungsbereich gegenüber Abs. 1 in zweifacher Weise erheblich. Erstens wird die Begrenzung der Art der zu speichernden personenbezogenen **Daten des Beschuldigten** aus Abs. 1 aufgegeben, die, in Abs. 2 S. 1 genannten „weiteren personenbezogenen Daten" werden nicht näher konkretisiert.[21] Somit wird die Auswahl der Exekutive überlassen.[22] Daher ist etwa auch eine Verarbeitung von Daten aus einer erkennungsdienstlichen Behandlung zulässig. Dies gilt unabhängig davon, ob die Erhebung zunächst zur Strafverfolgung (§ 81b Var. 1) oder sogleich zur Strafverfolgungsvorsorge (§ 81b Var. 2) erfolgt ist (auch → § 483 Rn. 6).

---

13 OLG Hamm 8.8.2022 – 1 VAs 48/22, BeckRS 2022, 26713.
14 BT-Drs. 14/1484, 32; Schmidt/Niederhuber in Gercke/Temming/Zöller Rn. 2; Köhler in Meyer-Goßner/Schmitt Rn. 1; krit. dazu Weßlau/Deiters in SK-StPO Rn. 10.
15 Stuckenberg FG Hilger, 2003, 37 (dort Fn. 70).
16 Kritisch Weßlau/Deiters in SK-StPO Rn. 6; Ritscher/Klinge in Satzger/Schluckebier/Widmaier StPO Rn. 3.
17 BT-Drs. 15/3331, 9.
18 Weßlau/Deiters in SK-StPO Rn. 6, 9, zB Verfahrenserledigungen, die im BZR eingetragen werden und deshalb nach § 494 Abs. 2 S. 1 Nr. 2 löschungspflichtig sind, aber nach § 484 Abs. 1 Nr. 5 gespeichert werden können.
19 Weßlau/Deiters in SK-StPO Rn. 17; ähnlich Ritscher/Klinge in Satzger/Schluckebier/Widmaier Rn. 9: Speicherung nur zur Verfolgung strukturell ähnlicher Taten; aA Hilger in Löwe/Rosenberg Rn. 12.
20 König/Voigt GS Weßlau, 2016, 181 (185).
21 König/Voigt GS Weßlau, 2016, 181 (185).
22 Ritscher/Klinge in Satzger/Schluckebier/Widmaier StPO Rn. 7: Art der zu speichernden Daten wird „ins Unbestimmte erweitert"; Weßlau/Deiters in SK-StPO Rn. 13.

Zweitens ist von Abs. 2 ein erheblich erweiterter Personenkreis erfasst. Zum einen soll 11
der Plural „Beschuldigten" zum Ausdruck bringen, dass die Verarbeitung personenbezogener Daten weiterer **Mitbeschuldigter** in dem selben Verfahren zulässig ist, auch wenn bei diesen die Voraussetzungen des Abs. 1 nicht vorliegen.[23] Zum anderen sind auch **Tatbeteiligte** erfasst. Hierunter fallen sowohl solche, die in einem anderen Verfahren verfolgt werden, als auch Personen, gegen die ein Ermittlungsverfahren nicht eingeleitet wurde, zB wegen Schuldunfähigkeit.[24] Verschiedene Autoren subsumieren unter den Begriff des Tatbeteiligten auch Verdächtige einer Anschlussstraftat (Hehlerei, Strafvereitelung oder Begünstigung).[25] Allerdings entfernt sich eine solche Auslegung zu weit von dem juristischen Begriff des Tatbeteiligten (vgl. § 28 Abs. 2 StGB) und übernimmt stattdessen eine rein kriminalistische Logik.[26]

2. Besondere Voraussetzungen (Abs. 2 S. 1). Die Verarbeitung dieser weiteren personenbezogenen Daten zur Strafverfolgungsvorsorge ist nach Abs. 2 S. 1 nur dann zulässig, 12
wenn sie tatsächlich **erforderlich** (allg. → Vor § 474 Rn. 19 ff.) ist. Dies ist dann der Fall, wenn mit weiteren Strafverfahren gegen die betroffene Person konkret zu rechnen ist – wobei sowohl solche wegen bereits begangener als auch wegen zukünftiger Taten in Betracht kommen.[27] Da eine Verarbeitung der Grunddaten zur Vorsorge bereits nach Abs. 1 zulässig ist, muss gerade die Verarbeitung der darüber hinaus gehenden, weiteren Daten für Zwecke zukünftiger Strafverfahren erforderlich sein.[28]

Die zur Feststellung der Erforderlichkeit jeweils im Einzelfall vorzunehmende **Prognose** muss durch konkrete tatsächliche Anhaltspunkte positiv festgestellt werden. Dass weitere Taten nicht ausgeschlossen werden können, genügt alleine nicht;[29] das Vorliegen einer 13
erhöhten Wahrscheinlichkeit ist aber nicht erforderlich.[30] Grundsätzlich nicht ausreichend ist eine Vorverurteilung ohne weitere konkrete Anhaltspunkte; auch bei Strafaussetzung zur Bewährung (§ 56 StGB) oder vorzeitiger Entlassung auf Grundlage einer positiven Prognose (§ 57 StGB) ist die Erforderlichkeit nicht ohne weiteres gegeben.[31] Eine ähnliche Prognoseanforderung findet sich auch in § 81g (vgl. daher auch → § 81g Rn. 13 ff.).

Die erforderliche Prognose kann auf alle möglichen **Erkenntnisse** gestützt werden, die 14
für eine solche Vorhersage sachdienlich sind.[32] Voraussetzung ist aber, dass die Tatsachen verwertbar sind.[33] Von besonderer Bedeutung sind die vom Gesetz ausdrücklich genannte Art und Ausführung der Tat sowie die Persönlichkeit des Beschuldigten oder anderer Tatbeteiligter. In jedem Fall ist für die Prognoseentscheidung eine **Gesamtbetrachtung** vorzunehmen, die die Persönlichkeit des Beschuldigten und alle Umstände aus dem Verfahren einbezieht, die Rückschlüsse auf das Erfordernis einer über Abs. 1 hinausgehenden Verarbeitung zulassen.[34] Das Merkmal der „sonstigen Erkenntnisse", auf die eine Verarbeitung nach Abs. 2 gestützt werden kann, ist vor dem Hintergrund des RiS eng auszulegen. Erforderlich sind Tatsachen oder tatsächliche Anhaltspunkte, bloße Mutmaßungen oder allgemeine Erkenntnisse sind nicht ausreichend.[35]

---

[23] Hilger in Löwe/Rosenberg Rn. 9; Weßlau/Deiters in SK-StPO Rn. 13.
[24] Hilger in Löwe/Rosenberg Rn. 9 f.; Ritscher/Klinge in Satzger/Schluckebier/Widmaier StPO Rn. 7; Weßlau/Deiters in SK-StPO Rn. 13.
[25] Hilger in Löwe/Rosenberg Rn. 10; im Anschluss daran auch Hölscher/Jacobs in HK-GS Rn. 2; im Ergebnis auch Köhler in Meyer-Goßner/Schmitt Rn. 2.
[26] Weßlau/Deiters in SK-StPO Rn. 13.
[27] Vgl. zum Maßstab VGH München 3.4.2013 – 10 C 11.1967.
[28] Weßlau/Deiters in SK-StPO Rn. 15.
[29] BT-Drs. 14/1484, 32; Schmidt/Niederhuber in Gercke/Temming/Zöller Rn. 4; Hilger in Löwe/Rosenberg Rn. 11; s. allg. BVerfG 1.9.2008 – 2 BvR 939/08, StV 2009, 1.
[30] BVerfG 14.12.2000 – 2 BvR 1741/99 u.a., NStZ 2001, 328 (330) zu § 81g; Hilger in Löwe/Rosenberg Rn. 11.
[31] Hilger in Löwe/Rosenberg Rn. 13; Weßlau/Deiters in SK-StPO Rn. 16.
[32] Gieg in KK-StPO Rn. 3; Weßlau/Deiters in SK-StPO Rn. 15.
[33] Weßlau/Deiters in SK-StPO Rn. 16.
[34] Schmidt/Niederhuber in Gercke/Temming/Zöller Rn. 5; Hilger in Löwe/Rosenberg Rn. 11, mit detaillierter Aufzählung von Prognosekriterien in Rn. 13.
[35] Hilger in Löwe/Rosenberg Rn. 12; Weßlau/Deiters in SK-StPO Rn. 16.

15 **3. Verarbeitung trotz Nichtverurteilung (Abs. 2 S. 2).** Erfolgt in dem Anlassverfahren endgültig keine Verurteilung, ist die Verarbeitung weiterer personenbezogener Daten zum Zweck der Strafverfolgungsvorsorge gleichwohl in recht weitem Umfang zulässig.[36] Entsprechend der allgemeinen Regelung in § 18 Abs. 5 BKAG soll auch hier nach Abs. 2 S. 2 eine Verarbeitung nur dann unzulässig sein, wenn sich aus der jeweiligen Entscheidung ausdrücklich ergibt, dass der Beschuldigte die Tat nicht oder nicht rechtswidrig begangen hat.[37] Diese Konkretisierung des Erforderlichkeitsgrundsatzes stellt eine **Ausnahmeregelung zu S. 1 dar,** die die Datenverarbeitung in bestimmten Fällen ausschließt.[38] Bleibt die Speicherung danach zulässig, ergeben sich aus der Nichtverurteilung aber ggf. besondere Anforderungen an die Prüfung der Erforderlichkeit.[39]

16 Neben rechtskräftigem Freispruch und unanfechtbarer Eröffnungsablehnung (§ 211) umfasst der **Anwendungsbereich** auch die nicht nur vorläufige Verfahrenseinstellung. Hierunter sind alle solche Erledigungen zu fassen, bei denen Staatsanwaltschaft bzw. Gericht davon ausgehen, dass das Verfahren nicht weiter betrieben wird; ein das Wiederaufgreifen des Verfahrens verhindernder Strafklageverbrauch ist nicht erforderlich. Dementsprechend sind neben Einstellungen nach § 153a (nach Auflagenerfüllung) auch solche nach § 170 Abs. 2,[40] nach §§ 153 ff. und nach den §§ 154–154d in diese Kategorie zu zählen.[41]

17 Darüber hinaus verlangt die Ausnahmeregelung nach S. 2, dass sich aus den Gründen der Entscheidung **positiv ergibt,** dass die betroffene Person die Tat nicht (rechtswidrig) begangen hat. Die speichernde Behörde muss daher prüfen, ob ein sog. Restverdacht vorliegt, wenn sie weiter speichern will.[42] Im Umkehrschluss bleibt eine Verarbeitung demnach nicht nur dann zulässig, wenn die Gründe der Entscheidung einen fortbestehenden Tatverdacht bejahen, wie bei den §§ 153, 153a, sondern auch wenn sie diese Frage offenlassen. Die betroffene Person trägt somit praktisch die Beweislast, Unklarheiten gehen zu ihren Lasten.[43] Insbesondere bei Verfahrenseinstellungen nach § 170 Abs. 2 wird indes häufig gar keine derart detaillierte Begründung vorgenommen, dass sich daraus die Nichtbegehung ergeben würde. Unter Umständen wird der Sachverhalt nicht einmal vollständig ausermittelt, so dass die gänzliche Ausräumung des Tatverdachts gar nicht erreicht wird.[44] Bei Freisprüchen führt diese Differenzierung dazu, dass der – im Kostenrecht abgeschaffte – „Freispruch 2. Klasse" durch die Hintertür wieder eingeführt wird.[45]

18 Damit begegnet die Vorschrift erheblichen **verfassungsrechtlichen Bedenken.**[46] Eigentlich muss von staatlicher Seite im Einzelfall positiv dargelegt werden, dass tatsächliche Gründe die weitere Verarbeitung erforderlich machen.[47] Bei den in Rede stehenden Formen der Verfahrensbeendigung fehlt es aber gerade häufig an einer hinreichenden Tatverdachts- oder gar Schuldfeststellung.[48] Es bleibt also im Grunde offen, ob tatsächlich ein hinreichen-

---

[36] Zur Lage im Polizeirecht Müller/Schwabenbauer in Lisken/Denninger PolR-HdB Rn. 838 ff.
[37] Schmidt/Niederhuber in Gercke/Temming/Zöller Rn. 6; Stuckenberg FG Hilger, 2003, 27 f.
[38] Hilger in Löwe/Rosenberg Rn. 14; Stuckenberg FG Hilger, 2003, 25; allg. zum dabei anzulegenden Maßstab BVerfG 1.6.2006 – 1 BvR 2293/03, BeckRS 2009, 35816; Gusy ZJS 2012, 155 (159).
[39] Vgl. etwa OVG Bautzen 18.10.2016 – 3 B 325/15, BeckRS 2016, 55227.
[40] Vgl. dazu auch v. Galen FS DAV, 2009, 507.
[41] Köhler in Meyer-Goßner/Schmitt Rn. 3, § 494 Rn. 6; Hilger in Löwe/Rosenberg Rn. 14, § 494 Rn. 21; so zu § 8 Abs. 3 BKAG BVerwG 22.10.2003 – 6 C 3/03, BeckRS 2004, 21308; Eisenberg/Singelnstein GA 2006, 168 (176).
[42] OLG Hamm 8.8.2022 – 1 VAs 48/22, BeckRS 2022, 26713.
[43] BVerwG 22.10.2003 – 6 C 3/03, BeckRS 2004, 21308 zu § 8 Abs. 3 BKAG; BVerwG 9.6.2010 – 6 C 5/09, NJW 2011, 405 (406).
[44] So auch Siebrasse, Strafregistrierung und Grundgesetz, 2002, S. 134 ff., 154; ebenso Krause FS Rieß, 2001, 261 (275).
[45] Hilger in Löwe/Rosenberg Rn. 14; Weßlau/Deiters in SK-StPO Rn. 18; zur ähnlichen Problematik der Verwertbarkeit von nicht abgeurteilten mutmaßlichen Straftaten Eisenberg BeweisR StPO Rn. 411 ff., 425.
[46] Weßlau/Deiters in SK-StPO Rn. 18; vgl. auch ausf. Stuckenberg FG Hilger, 2003, 31 ff.; aA für § 8 Abs. 3 BKAG BVerwG 9.6.2010 – 6 C 5/09, NJW 2011, 405 (406): mit höherrangigem Recht, insbes. Art. 6 Abs. 2 EMRK, vereinbar.
[47] So VGH Kassel 23.4.2002 – 10 UE 4135/98, ESVGH 52, 205; Ahlf u.a. BKAG § 8 Rn. 6.
[48] Eisenberg/Singelnstein GA 2006, 168 (176 f.).

des Allgemeinwohlinteresse besteht, das die Speicherung weiterer Daten als Grundrechtseingriff zu rechtfertigen vermag.[49]

4. Notwendigkeit einer Rechtsverordnung (Abs. 3). Welche weiteren Daten nach 19
Abs. 2 verarbeitet werden dürfen, ist nach Abs. 3 durch Rechtsverordnung zu regeln, die
die jeweils zuständigen Regierungen bzw. Ministerien (S. 3) erlassen und die Voraussetzung
für eine Speicherung ist.[50] Ausreichend ist dabei eine Rechtsverordnung für alle Dateien
im jeweiligen Geschäftsbereich – diese benötigen aber jeweils noch eine Errichtungsanordnung nach § 490.[51] Bislang ist weder auf Bundes- noch auf Landesebene eine Verordnung
erlassen worden, wohl weil neben dem Polizeirecht und Abs. 1 kein Bedarf für eine Speicherung nach Abs. 2 gesehen wird.[52]

Für Daten, die nur vorübergehend vorgehalten und spätestens drei Monate nach der 20
Speicherung wieder gelöscht werden (sog. **„flüchtige" Dateien**[53]), sieht Abs. 3 S. 2 eine
Ausnahme vom Erfordernis einer Rechtsverordnung vor. In der Regel verlangt der Zweck
der Strafverfolgungsvorsorge indes eine Speicherung, die deutlich über den Zeitraum von
drei Monaten hinausgeht.

IV. Verarbeitung polizeilich gespeicherter Daten (Abs. 4)

Abs. 4 trifft für von der Polizei zur Strafverfolgungsvorsorge gespeicherte Daten eine 21
Sonderregelung hinsichtlich der Verarbeitung dieser Daten. Dies gilt nach der Neufassung
der Norm sowohl für die Verarbeitung in Dateien- bzw. Dateisystemen als auch in Informationssystemen gem. § 483 Abs. 1 S. 2.[54] Die Bestimmung gilt nicht für strafverfolgend tätige
Finanzbehörden[55] und ist insgesamt wenig geglückt. **Verfassungsrechtlich betrachtet** ist
der Bundesgesetzgeber auch an dieser Stelle nicht der Anforderung gerecht geworden, selbst
und detailliert zu regeln, unter welchen Voraussetzungen welche Strafverfahrensdaten zu
polizeilichen Zwecken weiterverarbeitet werden dürfen.[56]

Die Verarbeitung einschlägiger Daten richtet sich nach Abs. 4 nur **im Fall der Strafver-** 22
folgung („ausgenommen die Verarbeitung für Zwecke eines Strafverfahrens"), also der Nutzung für ein konkretes Strafverfahren bei Eintritt des „Vorsorgefalls", nach der StPO.[57] Soll
in einem solchen Fall eine Verfahrensdatei erstellt werden, richtet sich dies nach § 483, so
dass wegen § 483 Abs. 3 ggf. gleichwohl Polizeirecht anwendbar ist.[58] Die Verarbeitung für
alle sonstigen Zwecke richtet sich der Regelung gemäß nach den Polizeigesetzen.[59] Im Fall
von Präventivdateien versteht sich die Anwendung der landespolizeilichen Vorschriften von
selbst. Bedeutung erlangt die Regelung daher für reine Repressiv- oder Mischdateien, wenn
die Daten nicht in einem Strafverfahren bei Eintritt des Vorsorgefalls genutzt werden sollen.[60]
Sie führt etwa dazu, dass zur Strafverfolgungsvorsorge gespeicherte erkennungsdienstliche
Daten praktisch stets nach den Regelungen der Polizeigesetze behandelt werden.[61]

---

[49] S. auch Siebrasse, Strafregistrierung und Grundgesetz, 2002, S. 126 f., 134 ff., 154.
[50] Weßlau/Deiters in SK-StPO Rn. 19.
[51] Gieg in KK-StPO Rn. 4; Hilger in Löwe/Rosenberg Rn. 16; Weßlau/Deiters in SK-StPO Rn. 19; vgl. zu den Anforderungen an die Rechtsverordnung VG Hannover 22.5.2008 – 10 A 2412/07, CR 2009, 144.
[52] König/Voigt GS Weßlau, 2016, 181 (185 f.); Köhler in Meyer-Goßner/Schmitt Rn. 4; kritisch im Hinblick auf Gesetzgebungskompetenz Weßlau/Deiters in SK-StPO Rn. 20: „Steuerungsversagen"; ebenso Pollähne GA 2006, 807 (813 f.).
[53] BT-Drs. 14/1484, 33; Hilger in Löwe/Rosenberg Rn. 16; kritisch zu dieser datenschutzrechtlichen Privilegierung Weßlau/Deiters in SK-StPO Rn. 21.
[54] BT-Drs. 19/4671, 68.
[55] Hilger in Löwe/Rosenberg Rn. 17.
[56] Bäcker in Lisken/Denninger PolR-HdB Rn. 205.
[57] Gieg in KK-StPO Rn. 5; Weßlau/Deiters in SK-StPO Rn. 22.
[58] Weßlau/Deiters in SK-StPO Rn. 22.
[59] Hilger in Löwe/Rosenberg Rn. 17; für gefahrenabwehrrechtliche Verwendung zB OVG Münster 14.4.2010 – 5 A 479/09, DVBl 2010, 852 (852).
[60] Hilger in Löwe/Rosenberg Rn. 17; Ritscher/Klinge in Satzger/Schluckebier/Widmaier StPO Rn. 12.
[61] S. nur VGH München 3.4.2013 – 10 C 11.1967 mwN.

V. Rechtsbehelfe

23 Ein Vorgehen gegen die Erhebung oder Speicherung zur Strafverfolgungsvorsorge alleine hilft der betroffenen Person nicht weiter, idR wird sie vielmehr die **Löschung** der Daten begehren, die sich nach den Vorgaben des § 489 richtet. Der subjektivrechtliche Anspruch ist auf dem Rechtsweg nach §§ 23 ff. GVG durchzusetzen (vgl. → § 489 Rn. 32 ff.).

§ 485 Datenverarbeitung für Zwecke der Vorgangsverwaltung

¹Gerichte, Strafverfolgungsbehörden einschließlich Vollstreckungsbehörden, Bewährungshelfer, Aufsichtsstellen bei Führungsaufsicht und die Gerichtshilfe dürfen personenbezogene Daten in Dateisystemen verarbeiten, soweit dies für Zwecke der Vorgangsverwaltung erforderlich ist. ²Eine Nutzung für die in § 483 bezeichneten Zwecke ist zulässig. ³Eine Nutzung für die in § 484 bezeichneten Zwecke ist zulässig, soweit die Speicherung auch nach dieser Vorschrift zulässig wäre. ⁴§ 483 Absatz 1 Satz 2 und Absatz 3 ist entsprechend anwendbar.

Schrifttum (weitere Quellen beim Schrifttum Vor § 483): Habenicht, Löschung personenbezogener Daten im staatsanwaltschaftlichen Verfahrensregister, NStZ 2009, 708; Hilger, Gedanken zu einem Aktenaufbewahrungsgesetz (AAG), FS Meyer-Goßner, 2001, 755; Singelnstein, Strafprozessuale Verwendungsregelungen zwischen Zweckbindungsgrundsatz und Verwertungsverboten, ZStW 120 (2008), 854.

I. Befugnis zur Datenverarbeitung

1 Die Norm regelt die Verarbeitung von Daten zur Vorgangsverwaltung in Dateisystemen. Sie gestattet mithin keine Datenerhebung. Die Befugnis erstreckt sich auf die gleichen Stellen wie bei § 483.[1] Der Anwendungsbereich der Vorschrift wird durch den Verweis in S. 4 auf § 483 Abs. 1 S. 2, Abs. 3 erheblich eingeschränkt, der die Verarbeitung in polizeilichen Mischdateien und Informationssystemen auch in diesem Bereich dem Polizeirecht unterstellt (→ § 483 Rn. 14 f., 20 ff.).[2] Durch die Umsetzung der JI-RL im Strafverfahren wurde die Norm an den Sprachgebrauch des neuen BDSG und der JI-RL angepasst, ohne dass damit eine Änderung der materiellen Rechtslage beabsichtigt ist.[3]

2 **Vorgangsverwaltung** ist die systematische Erfassung des bestehenden Akten- und Dateimaterials.[4] Damit bildet sie das erste Feld der Digitalisierung der Staatsanwaltschaft.[5] Dateien mit diesem Zweck sollen die Archivierung der verschiedenen Verfahren und eine diesbezügliche Fristenkontrolle sowie vor allem das Wiederfinden der Akten ermöglichen.[6] Dies erfolgt vor allem anhand des Namens des Beschuldigten und des Aktenzeichens.[7] Hierauf bezieht sich nicht nur die Speicherung, sondern auch die Nutzung der Daten, die somit – ohne Zweckumwidmung – alleine zur Fristenkontrolle und zum Auffinden der Akten genutzt werden dürfen.

3 **1. Erforderlichkeit und Umfang der Daten.** Die Daten dürfen nur verarbeitet werden, soweit dies für die Vorgangsverwaltung tatsächlich **erforderlich** ist. Hierbei handelt es sich um die zentrale Voraussetzung der Befugnis.[8] Daran kann es etwa bei Strafverfahren gegen erkennbar Strafunmündige fehlen.[9] Darüber hinaus begrenzt die Erforderlichkeit

---

[1] Hilger in Löwe/Rosenberg Rn. 1; Weßlau/Deiters in SK-StPO Rn. 1.
[2] Gieg in KK-StPO Rn. 3.
[3] Nach der Gesetzesbegründung in BT-Drs. 19/4671, 68 handelt es sich nur um redaktionelle Änderungen.
[4] Gieg in KK-StPO Rn. 2; Schmidt/Niedernhuber in Gercke/Temming/Zöller Rn. 2; Weßlau/Deiters in SK-StPO Rn. 1.
[5] König/Voigt GS Weßlau, 2016, 181 (183).
[6] König/Voigt GS Weßlau, 2016, 181 (183).
[7] OLG Hamburg 24.10.2008 – 2 VAs 5/08, NStZ 2009, 707 (707 f.).
[8] Weßlau/Deiters in SK-StPO Rn. 3.
[9] OLG Frankfurt a. M. 20.12.2022 – 3 VAs 14/22, ZD 2023, 688.

auch den Umfang der Daten und die Dauer der Speicherung auf das **für die Vorgangsverwaltung notwendige Maß**.[10]

Erforderlich ist die Verarbeitung allein **solcher Daten,** die für Archivierung, Fristenkontrolle und Auffinden der Akten notwendig sind. Hierzu gehören Name, Vorname, Geburtsdatum, Einleitungsdatum, Erledigungsart und Erledigungsdatum eines Verfahrens.[11] Eine Speicherung des Straftatbestandes oder der Deliktsgruppe, der Wohnanschrift oder des Familienstandes ist hingegen für die Vorgangsverwaltung nicht erforderlich.[12] Die mit einer Speicherung dessen verbundene Beeinträchtigung begegnet insbesondere bei Verfahren massiven Bedenken, die nach § 170 Abs. 2 eingestellt wurden.[13] 4

Die Datenverarbeitung zu Zwecken der Vorgangsverwaltung unterliegt im Vergleich vor allem mit § 484 Abs. 2 geringeren Anforderungen. Es ist deshalb zu befürchten, dass in der behördlichen Praxis weitere Daten als für die Vorgangsverwaltung notwendig klassifiziert werden, um eine Speicherung leichter zu ermöglichen. Eine solche Ausdehnung des Anwendungsbereichs des § 485 ist unzulässig.[14] Dieser Entwicklung wird auch dadurch Vorschub geleistet, dass durch die technische Ausgestaltung der Systeme zur Vorgangsverwaltung heute durchaus Recherchen möglich sind, die für die Ermittlungsarbeit von Nutzen sein können. 5

2. Zeitliche Grenzen. Weiterhin begrenzt das Kriterium der Erforderlichkeit die Befugnis neben dem Umfang auch in zeitlicher Hinsicht.[15] Die Befugnis kann nur soweit Geltung beanspruchen, wie die Akten archiviert und auffindbar sein müssen, was in der Justizaktenaufbewahrungsverordnung (JAktAV) auf Basis von § 2 Abs. 1 S. 1 des Justizaktenaufbewahrungsgesetzes bundeseinheitlich geregelt ist.[16] Die JAktAV entspricht inhaltlich weitgehend den zuvor geltenden **Aufbewahrungsbestimmungen** der Länder als Verwaltungsrichtlinien[17] und hält StAen wie Gerichte zur Aufbewahrung der Akten an;[18] teilweise bestehen daneben Aufbewahrungsverordnungen der Länder. Nach der Anlage zur JAktAV bedeutet dies in der Regel einen Zeitraum von **fünf bis 30 Jahren.** 6

Problematisch ist die in einer Bemerkung in der Anlage zur JAktAV – wie auch schon in den zuvor geltenden Aufbewahrungsbestimmungen der Länder – enthaltene Regelung, wonach eine Aufbewahrung in jedem Fall bis zur Verjährungsfrist zu verlängern sei, wenn sich aus den Akten ergibt, dass der objektive Tatbestand eines Vergehens oder Verbrechens vorliegt, es aber zu **keiner Aburteilung** gekommen ist. Dies wurde zum Teil dahingehend gedeutet, die Verjährungsfrist überlagere als Mindestgrenze stets etwaige kürzere Aufbewahrungsfristen. Ein solches Verständnis ist jedoch mit den verfassungsrechtlichen Anforderungen aus dem RiS nicht in Einklang zu bringen. Danach ist eine Speicherung immer nur dann und soweit zulässig, wie sie im Einzelfall tatsächlich erforderlich ist.[19] Bestehen keine Anhaltspunkte dafür, dass eine Eintragung noch für die Vorgangsverwaltung benötigt wird, ist eine weitere Speicherung unzulässig, auch wenn noch keine Verjährung eingetreten ist.[20] 7

---

[10] OLG Hamm 8.8.2022 – 1 VAs 48/22, BeckRS 2022, 26713.
[11] OLG Brandenburg 4.11.2014 – 2 VAs 2/13, BeckRS 2015, 00148; OLG Hamm 15.6.2010 – 1 VAs 16/10, BeckRS 2010, 29014; vgl. auch Gieg in KK-StPO Rn. 2 mwN.
[12] OLG Brandenburg 4.11.2014 – 2 VAs 2/13, BeckRS 2015, 00148: auch Geschlecht nicht erforderlich; OLG Frankfurt a. M. 17.1.2008 – 3 VAs 47–48/07, NStZ-RR 2008, 183 (184); 20.7.2010 – 3 VAs 19/10, NStZ-RR 2010, 350 (351); OLG Hamburg 9.10.2009 – 2 VAs 1/09, StraFo 2010, 85 (86) = BeckRS 2009, 86766; s. aber auch OVG Lüneburg 30.1.2013 – 11 LC 470/10, Nds. Rpfl. 2013, 184.
[13] OLG Hamburg 24.10.2008 – 2 VAs 5/08, NStZ 2009, 707 (708); Weßlau/Deiters in SK-StPO Rn. 3.
[14] Kesten, Datenschutz im staatsanwaltschaftlichen Ermittlungsverfahren, 2003, S. 203.
[15] OLG Hamm 26.2.2021 – III-1 VAs 74/20, BeckRS 2021, 34100; Weßlau/Deiters in SK-StPO Rn. 3.
[16] BGBl. 2021 I 4834.
[17] Dazu Habenicht NStZ 2009, 708 (709); Hilger FS Meyer-Goßner, 2001, 755 (756); Weßlau/Deiters in SK-StPO Rn. 4.
[18] KG 6.8.1999 – 1552 E GSTA 3/99 – 4 VAs 10/99, BeckRS 2014, 11073; OLG Zweibrücken 9.8.2006 – 1 VAs 14/06, NStZ 2007, 55; OLG Hamburg 24.10.2008 – 2 VAs 5/08, NStZ 2009, 707; OLG Frankfurt a. M. 20.7.2010 – 3 VAs 19/10, NStZ-RR 2010, 350.
[19] OLG Dresden 19.5.2003 – 2 VAs 4/02, MMR 2003, 592; OLG Frankfurt a. M. 17.1.2008 – 3 VAs 47–48/07, NStZ-RR 2008, 183 (184); Gemählich in KMR-StPO Rn. 1.
[20] OLG Hamburg 24.10.2008 – 2 VAs 5/08, NStZ 2009, 707 (708) mAnm Habenicht NStZ 2009, 708.

Singelnstein

II. Verwendungsregelungen (S. 2, 3)

8   Die Sätze 2 und 3 enthalten Verwendungsregelungen, nach denen die gespeicherten Daten auch zu anderen Zwecken als der Vorgangsverwaltung genutzt werden dürfen.[21] Namentlich gilt dies für die Strafverfolgung im Sinne von § 483 und für die Strafverfolgungsvorsorge nach § 484 (→ § 483 Rn. 5, 9 ff. sowie → § 484 Rn. 1, 7). Praktisch können diese Regelungen nur dort Relevanz entfalten, wo neben Dateien zur Vorgangsverwaltung keine weiteren Dateien zur Strafverfolgung oder zur Strafverfolgungsvorsorge bestehen. Zweck der gesetzlichen Nutzungserweiterung ist es, die Stellen, die Speicherungen nach § 485 vornehmen und dabei auf *zulässige* Speicherungen nach §§ 483 und 484 verzichten, nicht schlechter zu stellen als Stellen, die darüber hinaus entsprechende Speicherungen vornehmen.[22]

9   Für die Nutzung zum Zweck der Strafverfolgungsvorsorge sieht S. 3 als Voraussetzung den **hypothetischen Ersatzeingriff**[23] vor, dh die Daten dürfen nur genutzt werden, wenn auch die Voraussetzungen des § 484 vorliegen. Demgegenüber sieht S. 2 eine solche Beschränkung für die Nutzung zum Zweck der Strafverfolgung in einem konkreten Strafverfahren nicht ausdrücklich vor. Die ohnehin problematisch weite Anwendungspraxis des § 485 (→ Rn. 5) darf indes nicht dazu genutzt werden, unter dem Vorwand der relativ voraussetzungsarmen Vorgangsverwaltung weitläufig Daten zu erheben und diese dann für andere Zwecke zu verwenden.

10 Da die Verwendungsbefugnisse nur für die speichernde Stelle selbst gelten, ist für eine **Übermittlung** stets § 487 (→ § 487 Rn. 2 ff.) zu beachten.[24]

§ 486 Gemeinsame Dateisysteme

¹**Die personenbezogenen Daten können für die in den §§ 483 bis 485 genannten Stellen in gemeinsamen Dateisystemen gespeichert werden.** ²**Dies gilt für Fälle des § 483 Absatz 1 Satz 2, auch in Verbindung mit § 485 Satz 4, entsprechend.**

1   S. 1 gestattet den speichernden Stellen das Führen gemeinsamer Dateisysteme (→ Vor § 483 Rn. 1). Dies meint sowohl die Speicherung durch unterschiedliche Stellen in einem Dateisystem als auch die gemeinsame Speicherung von Daten, die zu unterschiedlichen Zwecken erfasst werden.[1] Hierdurch soll eine Vermeidung von Mehrfachspeicherungen und die Vereinfachung des Zugriffs erreicht werden.[2] S. 2 erstreckt diese Befugnis ausdrücklich auch auf (polizeiliche) Informationssysteme iSv § 483 Abs. 1 S. 2, auch wenn die Verarbeitung dort zur Vorgangsverwaltung erfolgt. Das Bestehen eines gemeinsamen Dateisystems lässt die **Verantwortlichkeit** für die darin enthaltenen Daten unberührt.[3] Speichernde Stelle bleibt jeweils die Stelle, aus deren Zuständigkeitsbereich die Daten stammen.

2   Auf Grundlage des § 486 können so landesinterne wie länderübergreifende staatsanwaltschaftliche Dateisysteme errichtet werden. Allerdings sind die das Zentrale Staatsanwaltschaftliche Verfahrensregister betreffenden Vorschriften der §§ 492 ff. abschließend und dürfen nicht durch gemeinsame Dateien nach § 486 umgangen werden.[4] Länderübergreifende Dateisysteme für Zwecke künftiger Strafverfahren sind deshalb grundsätzlich unzulässig.[5]

---

[21] Wittig in BeckOK StPO Rn. 2; Hilger in Löwe/Rosenberg Rn. 4; Gieg in KK-StPO Rn. 3; Weßlau/Deiters in SK-StPO Rn. 5.
[22] BT-Drs. 14/1484, 33.
[23] Vgl. Singelnstein ZStW 120 (2008), 854 (880 ff.).
[24] Wittig in BeckOK StPO Rn. 2; Hilger in Löwe/Rosenberg Rn. 3; Otte in Radtke/Hohmann Rn. 2; Weßlau/Deiters in SK-StPO Rn. 1.
[1] Brodersen NJW 2000, 2536 (2541); Hilger in Löwe/Rosenberg Rn. 4 f.; Deiters/Weßlau in SK-StPO Rn. 1.
[2] Wittig in BeckOK StPO Rn. 1; Ritscher/Klinge in Satzger/Schluckebier/Widmaier StPO Rn. 1.
[3] Deiters/Weßlau in SK-StPO Rn. 2; Ritscher/Klinge in Satzger/Schluckebier/Widmaier StPO Rn. 1.
[4] Hilger in Löwe/Rosenberg Rn. 6; Deiters/Weßlau in SK-StPO Rn. 3.
[5] Pananis in Krekeler/Löffelmann/Sommer Rn. 1; Wittig in BeckOK StPO Rn. 2; Hilger in Löwe/Rosenberg Rn. 6.

§ 486 stellt lediglich die Zulässigkeit einer gemeinsamen Speicherung klar. Der **Zugriff** 3 **auf die so gespeicherten Daten** anderer Behörden richtet sich hingegen nach den allgemeinen Übermittlungsvorschriften.[6] Es müssen also stets die jeweiligen Voraussetzungen nach § 487 vorliegen. Andernfalls könnten diese durch die Errichtung gemeinsamer Dateien umgangen werden, wenn nicht nur auf eigene Daten der jeweiligen Stelle zugegriffen wird.[7] Damit diese Anforderungen an eine rechtmäßige Übermittlung überhaupt umgesetzt werden können, müssen die Daten jeweils nach zuständiger Stelle und etwaigen Verwendungsbeschränkungen (§ 487 Abs. 1 S. 2, § 479 Abs. 1, 2) **gekennzeichnet** werden.[8]

Da jede beteiligte Stelle weiterhin speichernde Stelle ist, ist jede Stelle dazu verpflichtet, 4 eine die Einzelheiten bestimmende **Errichtungsanordnung** gem. § 490 zu treffen,[9] wobei die Einigung auf eine gemeinsame übereinstimmende Anordnung möglich ist.[10]

Der vormals in **Abs. 2 aF** enthaltene Verweis auf § 8 BDSG aF für **Schadensersatz-** 5 **ansprüche** bezüglich länderübergreifender gemeinsamer Dateien ist obsolet geworden und daher gestrichen worden, da § 500 nun das gesamte BDSG – und damit auch die dortige Anspruchsgrundlage des § 83 BDSG – für subsidiär anwendbar erklärt.[11] Die Regelung soll eine Benachteiligung Betroffener vermeiden, die durch die Anwendbarkeit verschiedener landesrechtlicher Haftungsvorschriften entstehen könnte.[12]

§ 487 Übermittlung gespeicherter Daten; Auskunft

(1) ¹Die nach den §§ 483 bis 485 gespeicherten Daten dürfen den zuständigen Stellen übermittelt werden, soweit dies für die in diesen Vorschriften genannten Zwecke, für Zwecke eines Gnadenverfahrens, des Vollzugs von freiheitsentziehenden Maßnahmen oder der internationalen Rechtshilfe in Strafsachen erforderlich ist. ²§ 479 Absatz 1 und 2 und § 485 Satz 3 gelten entsprechend. ³Bewährungshelfer und Führungsaufsichtsstellen dürfen personenbezogene Daten von Verurteilten, die unter Aufsicht gestellt sind, an die Einrichtungen des Justiz- und Maßregelvollzugs übermitteln, wenn diese Daten für den Vollzug der Freiheitsentziehung, insbesondere zur Förderung der Vollzugs- und Behandlungsplanung oder der Entlassungsvorbereitung, erforderlich sind; das Gleiche gilt für Mitteilungen an Vollstreckungsbehörden, soweit diese Daten für die in § 477 Absatz 2 Nummer 1 oder 3 genannten Zwecke erforderlich sind.

(2) ¹Außerdem kann, unbeschadet des § 57 des Bundesdatenschutzgesetzes, Auskunft erteilt werden, soweit nach den Vorschriften dieses Gesetzes Akteneinsicht oder Auskunft aus den Akten gewährt werden könnte. ²Entsprechendes gilt für Mitteilungen nach den §§ 477 und 481 Absatz 1 Satz 2 sowie für andere besondere gesetzliche Bestimmungen, die die Übermittlung personenbezogener Daten aus Strafverfahren anordnen oder erlauben.

(3) ¹Die Verantwortung für die Zulässigkeit der Übermittlung trägt die übermittelnde Stelle. ²Erfolgt die Übermittlung auf Ersuchen des Empfängers, trägt dieser die Verantwortung. ³In diesem Falle prüft die übermittelnde Stelle nur, ob das Übermittlungsersuchen im Rahmen der Aufgaben des Empfängers liegt, es sei denn, dass besonderer Anlass zu einer weitergehenden Prüfung der Zulässigkeit der Übermittlung besteht.

(4) ¹Die nach den §§ 483 bis 485 gespeicherten Daten dürfen auch für wissenschaftliche Zwecke übermittelt werden. ²§ 476 gilt entsprechend.

---

[6] Wittig in BeckOK StPO Rn. 3; Deiters/Weßlau in SK-StPO Rn. 4.
[7] Deiters/Weßlau in SK-StPO Rn. 2.
[8] Wittig in BeckOK StPO Rn. 3; Hilger in Löwe/Rosenberg Rn. 8; Deiters/Weßlau in SK-StPO Rn. 4.
[9] Hilger in Löwe/Rosenberg Rn. 9; Gieg in KK-StPO Rn. 1.
[10] Deiters/Weßlau in SK-StPO Rn. 5.
[11] Vgl. BT-Drs. 19/4671, 67.
[12] Gieg in KK-StPO Rn. 2.

(5) Besondere gesetzliche Bestimmungen, die die Übermittlung von Daten aus einem Strafverfahren anordnen oder erlauben, bleiben unberührt.

(6) ¹Die Daten dürfen nur zu dem Zweck verwendet werden, für den sie übermittelt worden sind. ²Eine Verwendung für andere Zwecke ist zulässig, soweit die Daten auch dafür hätten übermittelt werden dürfen.

Schrifttum: Siehe Vor § 483.

Übersicht

		Rn.			Rn.
I.	Allgemeines	1	III.	Übermittlung zu wissenschaftlichen Zwecken (Abs. 4)	13
II.	Übermittlung für Zwecke der Strafrechtspflege (Abs. 1)	2	IV.	Auskunft aus Dateien (Abs. 2)	14
1.	Voraussetzungen der Übermittlung	3	V.	Übergreifende Regelungen	18
2.	Grenzen der Übermittlung	7	VI.	Rechtsbehelfe	20
3.	Verfahren (Abs. 3)	10			

I. Allgemeines

1 Die Vorschrift regelt unter welchen Voraussetzungen Daten, die in Strafverfahrensdateien iSd §§ 483–485 gespeichert sind, durch die speichernde Stelle weitergegeben werden dürfen. Während die §§ 483–485 die Nutzung nur innerhalb der speichernden Stelle erlauben, ermöglicht § 487 die Übermittlung (dazu → § 474 Rn. 3) an andere Stellen als die speichernde Stelle.¹ Dabei differenziert die Norm zwischen der Übermittlung der Daten in der gespeicherten Form und der Auskunft aus den Dateien. Im Ergebnis wird die Übermittlung von Daten aus Dateien entsprechend der Übermittlung aus Akten geregelt.

II. Übermittlung für Zwecke der Strafrechtspflege (Abs. 1)

2 Abs. 1 regelt die Übermittlung zu den verschiedenen Zwecken der Strafrechtspflege. Neben den Zwecken der §§ 483–485, also der Durchführung des jeweils konkreten Strafverfahrens (§ 483 Abs. 1), sonstiger Strafverfahren (§ 483 Abs. 2), der Strafverfolgungsvorsorge (§ 484) und der Vorgangsverwaltung (§ 485), nennt die Vorschrift auch Gnadenverfahren, den Vollzug von freiheitsentziehenden Maßnahmen und die internationale Rechtshilfe in Strafsachen. Die Übermittlungsbefugnis für Bewährungshelfer und Führungsaufsichtsstellen ist auf die Förderung der Vollzugs- und Behandlungsplanung sowie die Entlassungsvorbereitung, bei Übermittlungen an Vollstreckungsbehörden auf die Gründe des § 477 Abs. 2 Nr. 1, 3 beschränkt (→ Rn. 5).

3 **1. Voraussetzungen der Übermittlung.** Voraussetzung der Übermittlung ist nach Abs. 1 S. 1, dass die empfangende Stelle zuständig ist und die zu übermittelnden Daten für deren Aufgabenerfüllung konkret erforderlich sind. Anders als bei § 474 Abs. 1 ist der speichernden Stelle **Ermessen** eingeräumt, ob sie die Daten übermittelt.²

4 **Zuständige Stellen** sind all jene Behörden und staatlichen Einrichtungen, die für die Erfüllung dieser Zwecke Sorge tragen. Neben den in § 483 Abs. 1 genannten Stellen sind dies auch die Strafvollzugsbehörden, die Jugendgerichtshilfe³ sowie Behörden, die für Rechtshilfe und Gnadensachen zuständig sind. Als Strafverfolgungsbehörden iSd § 483 Abs. 1 gelten auch die Polizei und Finanzbehörden, soweit sie strafverfolgend tätig werden

---
[1] Gieg in KK-StPO Rn. 1 f.; Hilger in Löwe/Rosenberg Rn. 1 f.; Deiters/Weßlau in SK-StPO Rn. 1.
[2] Wittig in BeckOK StPO Rn. 2; Hilger in Löwe/Rosenberg Rn. 3.
[3] Köhler in Meyer-Goßner/Schmitt Rn. 1; Ritscher/Klinge in Satzger/Schluckebier/Widmaier StPO Rn. 2.

(vgl. → § 483 Rn. 3).[4] Für die **Polizei** als übermittelnde Stelle ist insofern zu differenzieren. § 487 Abs. 1 betrifft nur die Übermittlung aus reinen Repressivdateien.[5] Bei Vorsorgedateien gem. § 484 Abs. 4 sowie Mischdateien iSv § 483 Abs. 3, § 485 S. 4 hingegen richtet sich die Speicherung nach Polizeirecht und nicht, wie von § 487 Abs. 1 gefordert, nach den §§ 483–485, weshalb auch für die Übermittlung Polizeirecht anzuwenden ist.[6]

Nach Abs. 1 S. 3 sind seit 2017 Bewährungshelfer[7] und seit 2019 auch Führungsaufsichtsstellen[8] ausdrücklich befugt, Daten von Verurteilten, die unter Aufsicht gestellt sind, an bestimmte Einrichtungen zu übermitteln. Zwar konnten Bewährungshilfe und Führungsaufsichtsstellen auch bereits zuvor in begrenztem Umfang nach § 483 Abs. 1 gespeicherte Daten nach S. 1 für den Vollzug freiheitsentziehender Maßnahmen übermitteln. Die Übermittlungsregelungen in S. 3 sollen diesen Stellen aber eine direkte Möglichkeit der Übermittlung geben, ohne den Umweg über das die Bewährung beaufsichtigende Gericht oder die StA als Vollstreckungsbehörde nach § 477 Abs. 2.[9] Zur Förderung der Vollzugs- und Behandlungsplanung oder der Entlassungsvorbereitung dürfen die Stellen Daten an Einrichtungen des Justiz- und Maßregelvollzugs sowie für sonstige Zwecke der Strafrechtspflege gem. § 477 Abs. 2 Nr. 1, 3 (→ § 477 Rn. 7 ff.) an Vollstreckungsbehörden übermitteln. Dies ist insbesondere im Hinblick auf das Vertrauensverhältnis zwischen Bewährungshelfer und Probanden problematisch.

Die Übermittlung darf nur erfolgen, wenn und soweit sie zur Erfüllung der genannten Zwecke auch tatsächlich **erforderlich** (allg. → Vor § 474 Rn. 19 ff.) ist. Dabei gilt, wie bei anderen Vorschriften des Achten Buches, ein konkreter Maßstab, so dass der Zugriff auf die Daten im jeweiligen Einzelfall für die Aufgabenerfüllung der zuständigen Stelle notwendig sein muss. Hierfür sollen bereits Arbeitserleichterungen genügen, so dass die Erforderlichkeit nicht schon alleine dadurch ausgeschlossen wird, dass die betreffenden Informationen der zuständigen Stelle schon in Form von Akten zur Verfügung stehen.[10]

2. Grenzen der Übermittlung. Grenzen der Übermittlungsbefugnis finden sich in § 479 Abs. 1, 2, § 485 S. 3, deren entsprechende Anwendung Abs. 1 S. 2 anordnet.

Der Verweis auf die besonderen Verwendungsregelungen des **§ 479 Abs. 1, 2** führt dazu, dass der Übermittlung aus Dateien dieselben Gründe entgegenstehen können wie bei der Übermittlung aus Akten.[11] Demnach muss die Übermittlung unterbleiben, wenn Zwecke des Strafverfahrens oder Verwendungsregelungen dem entgegenstehen (→ § 479 Rn. 5 ff.). Bei Daten aus besonders eingriffsintensiven Ermittlungsmaßnahmen darf die Übermittlung nur unter den besonderen Voraussetzungen des § 479 Abs. 2 erfolgen (näher → § 479 Rn. 7 ff.). Der Verweis ist insofern verfehlt, als er nicht klar zwischen verfahrensexternen und verfahrensinternen Übermittlungen differenziert, für die aus Sicht der verfassungsrechtlich gebotenen Zweckbindung (→ Vor § 474 Rn. 19 ff.) stark divergierende Maßstäbe bestehen. In der Sache dürften die besonderen Grenzen eigentlich nur für Übermittlungen zu verfahrensexternen Zwecken Geltung beanspruchen.[12]

Der Verweis auf **§ 485 S. 3** ist systematisch ebenfalls nicht ganz überzeugend, da hier die allgemeine Übermittlungsregelung eine speziellere Verwendungsbefugnis in Bezug nimmt. In der Sache ist die Übernahme der Regelung des **hypothetischen Ersatzeingriffs** für Übermittlungen zu Zwecken der Strafverfolgungsvorsorge aber angemessen. Auf diesem Wege wird sichergestellt, dass nur solche Daten übermittelt werden, die die empfangende

---

[4] Deiters/Weßlau in SK-StPO Rn. 2; aA Ritscher/Klinge in Satzger/Schluckebier/Widmaier StPO Rn. 2: auch Polizeidienststellen gem. § 483 Abs. 3, die präventiv tätig werden.
[5] Deiters/Weßlau in SK-StPO Rn. 2.
[6] Hilger in Löwe/Rosenberg Rn. 1; Deiters/Weßlau in SK-StPO Rn. 2.
[7] Gesetz zur effektiveren und praxistauglicheren Ausgestaltung des Strafverfahrens vom 17.8.2017, BGBl. I 3202.
[8] Gesetz zur Modernisierung des Strafverfahrens vom 10.12.2019, BGBl. I 2121.
[9] BT-Drs. 19/14747, 41 f.; Wittig in BeckOK StPO Rn. 4.
[10] Deiters/Weßlau in SK-StPO Rn. 4.
[11] Deiters/Weßlau in SK-StPO Rn. 6.
[12] Hilger in Löwe/Rosenberg Rn. 4; Weßlau in SK-StPO, 4. Aufl. 2013, Rn. 6.

Stelle auch selbst zu diesem Zweck verarbeiten dürfte.[13] Diese Grenze gilt für die Übermittlung aller Arten von Daten, nicht nur solchen der Vorgangsverwaltung.[14]

10 **3. Verfahren (Abs. 3).** Die Verfahrensregelung des Abs. 3 gilt für Übermittlungen nach Abs. 1 und 2. Sie sieht eine **differenzierte Verantwortlichkeit** für die Prüfung der Zulässigkeit der Übermittlung zwischen übermittelnder und empfangender Stelle vor.[15] Die Regelung unterscheidet danach, auf wessen Initiative die Übermittlung erfolgt.[16] Bei der **Übermittlung von Amts wegen,** die das Gesetz als Regelfall formuliert, liegt die Verantwortung bei der übermittelnden Stelle.[17]

11 Bei einer **Ermittlung auf Ersuchen** des Empfängers liegt die Verantwortung gem. Abs. 3 S. 2 und 3 grundsätzlich bei der empfangenden Stelle. Die übermittelnde Stelle hat aber sicherzustellen, dass das Ersuchen in den Zuständigkeitsbereich der empfangenden Stelle fällt. Eine darüber hinaus gehende Prüfung muss erfolgen, wenn hierfür ein **besonderer Anlass** besteht. Dieser kann sich sowohl aus Zweifeln an der Zulässigkeit der Übermittlung ergeben als auch aus anderen Besonderheiten (im Einzelnen → § 479 Rn. 54).

12 Eine solche teilweise Delegation der Prüfung an die empfangende Stelle ist indes nur sachgerecht, wenn es sich dabei um eine öffentliche Stelle im Bereich der Strafverfolgung handelt. Bei **Auskünften an Private,** die nicht von einem Rechtsanwalt vertreten sind, ist es daher angezeigt, die Verantwortung analog § 479 Abs. 4 gleichwohl bei der ersuchten Stelle zu verorten.[18]

III. Übermittlung zu wissenschaftlichen Zwecken (Abs. 4)

13 Nach Abs. 4 ist eine Übermittlung der gespeicherten Daten auch für wissenschaftliche Zwecke erlaubt – als einzigem weiteren Zweck. Die Voraussetzungen hierfür ergeben sich aus § 476.[19] Neben dem teleologischen spricht auch das systematische Argument dafür, dass Abs. 3 nicht für die Übermittlung nach Abs. 4 gilt, sondern sich das Verfahren vielmehr nach § 476 richtet.[20] Die Befugnis umfasst auch Sozialdaten, die rechtmäßig für Strafverfahren übermittelt wurden. § 78 Abs. 4 SGB X ordnet insofern an, dass §§ 476, 487 Abs. 4 dem § 75 SGB X vorgehen.

IV. Auskunft aus Dateien (Abs. 2)

14 Wenn und soweit nach Vorschriften der StPO Akteneinsicht oder Auskunft gewährt (S. 1) bzw. Mitteilungen aus Akten gemacht oder sonstwie personenbezogene Daten aus Strafverfahren übermittelt (S. 2) werden können, kann dies nach Abs. 2 stattdessen auch in Form der Auskunft aus Dateien erfolgen. **Auskunft** aus einer Datei bedeutet, dass der Empfänger über den Inhalt der gespeicherten Daten in Kenntnis gesetzt wird.

15 Für die Auskunft gelten die gleichen **Voraussetzungen** wie bei Akten, da die diesbezüglich geltenden Vorschriften (§§ 147, 385, 397, 406e, 434, 442, 444, 474–476 und 479–481) umfassend in Bezug genommen werden.[21] Erforderlich ist jeweils, dass im konkreten Fall Einsicht, Auskunft oder Mitteilung zulässig wären, ggf. müssen also etwa auch die Grenzen des § 479 Abs. 2, 3 beachtet werden.[22] Eine über den Umfang einer Akteneinsicht oder -auskunft hinausgehende Auskunftserteilung ist nicht bezweckt.[23]

---

[13] Gieg in KK-StPO Rn. 2; Deiters/Weßlau in SK-StPO Rn. 7.
[14] Anders Deiters/Weßlau in SK-StPO Rn. 7.
[15] Hilger in Löwe/Rosenberg Rn. 9.
[16] Deiters/Weßlau in SK-StPO Rn. 11.
[17] Deiters/Weßlau in SK-StPO Rn. 11; Ritscher/Klinge in Satzger/Schluckebier/Widmaier StPO Rn. 6.
[18] Hilger in Löwe/Rosenberg Rn. 9; Deiters/Weßlau in SK-StPO Rn. 11.
[19] Wittig in BeckOK StPO Rn. 7.
[20] Für das Verfahren auch Hilger in Löwe/Rosenberg Rn. 10.
[21] Wittig in BeckOK StPO Rn. 5; Hilger in Löwe/Rosenberg Rn. 5.
[22] Hilger in Löwe/Rosenberg Rn. 5; Deiters/Weßlau in SK-StPO Rn. 8.
[23] Schmidt/Niedernhuber in Gercke/Temming/Zöller Rn. 5; Köhler in Meyer-Goßner/Schmitt Rn. 2.

Die Erteilung von Auskunft aus einer Datei steht ("kann") im **Ermessen** der 16
Behörde, es besteht kein Anspruch auf Informationsgewährung aus der Datei statt aus der Akte.[24] Die Vorschrift soll der speichernden Stelle lediglich bei ihrer Aufgabenerledigung die Möglichkeit einräumen, aus Gründen der Arbeitserleichterung oder Beschleunigung die Anfrage durch Datenübermittlung zu beantworten.[25] Anderes gilt, wenn Dateien selbst zu den Akten genommen wurden. In diesem Fall besteht ggf. ein Anspruch – dann aber nicht aus § 487, sondern aus den jeweiligen Vorschriften zu Akteneinsicht und Auskunft aus Akten.[26]

Die Regelung bedeutet **keine Verkürzung bestehender Akteneinsichtsrechte.** 17
Wären Dateiinhalte nach allgemeinen Aktenführungsgrundsätzen aktenkundig zu machen, kann sich die ersuchte Stelle nicht darauf berufen, nicht zur Auskunft verpflichtet zu sein, sondern hat die Inhalte aktenkundig zu machen und sodann Akteneinsicht bzw. Auskunft aus den Akten zu gewähren.[27] Ebenso muss sich der Antragsteller in Fällen, in denen ein Anspruch auf Akteneinsicht besteht, nicht mit einer Auskunft aus der Datei nach § 487 Abs. 2 zufriedengeben, wenn und soweit Inhalt von Datei und Akte nicht deckungsgleich sind.[28] Allerdings soll es entsprechend dem Zweck der Vorschrift zulässig sein, statt Akteneinsicht Auskunft aus der Datei zu gewähren.[29] Der Einschub in S. 1 macht deutlich, dass das Auskunftsrecht nach Abs. 2 das allgemeine datenschutzrechtliche Auskunftsrecht nach § 57 BDSG unberührt lässt.[30] Der zuvor wegen § 491 Abs. 1 S. 1 aF bestehende Ausschluss des allgemeinen Auskunftsanspruchs wurde aufgehoben.[31]

V. Übergreifende Regelungen

Abs. 5 entspricht § 480 (→ § 480 Rn. 1 ff.) und betont das sich bereits aus allgemeinen 18
Grundsätzen ergebende Prinzip, dass **spezielle Übermittlungsbefugnisse** für Daten aus Strafverfahren durch die allgemeine Regelung in § 487 nicht überspielt werden. Dem lässt sich zugleich entnehmen, dass die Vorschrift im Übrigen eine abschließende Regelung darstellt.[32]

Abs. 6 – der im Wesentlichen § 479 Abs. 5 Nr. 2 entspricht (→ § 479 Rn. 56 ff.) – 19
trifft eine übergreifende Regelung zur **Zweckbindung** der übermittelten Daten. Diese dürfen grundsätzlich nur für den Übermittlungszweck verwendet werden. Anderes gilt lediglich, wenn die Übermittlung im konkreten Einzelfall auch hinsichtlich eines anderen Zwecks als des ursprünglichen Übermittlungszwecks zulässig gewesen wäre. In diesem Fall dürfen die Daten auch für diesen Zweck genutzt werden (hypothetische Datenneuerhebung).

VI. Rechtsbehelfe

Nach verbreiteter Ansicht im Schrifttum ist gegen die Entscheidung über die Übermitt- 20
lung weder der Rechtsbehelf des § 480 Abs. 3 noch der der §§ 23 ff. EGGVG statthaft, da es sich bei Dateien um behördeninterne Unterlagen handeln soll.[33] Anderes gilt jedenfalls in Fällen einer „stellvertretenden" Übermittlung gem. Abs. 2 oder 4, wenn also die Auskunft aus Dateien die Akteneinsicht ersetzt (dazu → Rn. 13, 14 ff.). Hier ist der Rechtsweg gegeben, der auch bei einer Übermittlung aus den Akten statthaft wäre.[34]

---

[24] Gieg in KK-StPO Rn. 3; Ritscher/Klinge in Satzger/Schluckebier/Widmaier StPO Rn. 5.
[25] Gemählich in KMR-StPO Rn. 2; Deiters/Weßlau in SK-StPO Rn. 8.
[26] Hilger in Löwe/Rosenberg Rn. 8; Köhler in Meyer-Goßner/Schmitt Rn. 2; Ritscher/Klinge in Satzger/Schluckebier/Widmaier StPO Rn. 5.
[27] Schmidt/Niederhuber in Gercke/Temming/Zöller Rn. 7.
[28] Wittig in BeckOK StPO Rn. 5; Hilger in Löwe/Rosenberg Rn. 5; Deiters/Weßlau in SK-StPO Rn. 8.
[29] Hilger in Löwe/Rosenberg Rn. 7; Deiters/Weßlau in SK-StPO Rn. 9.
[30] Deiters/Weßlau in SK-StPO Rn. 1, 8.
[31] BT-Drs. 19/4671, 68.
[32] BT-Drs. 14/1484, 34.
[33] Pananis in Krekeler/Löffelmann/Sommer Rn. 2; Hilger in Löwe/Rosenberg Rn. 13.
[34] Hilger in Löwe/Rosenberg Rn. 14; Weßlau in SK-StPO, 4. Aufl. 2013, Rn. 15.

§ 488 Automatisierte Verfahren für Datenübermittlungen

(1) ¹Die Einrichtung eines automatisierten Abrufverfahrens oder eines automatisierten Anfrage- und Auskunftsverfahrens ist für Übermittlungen nach § 487 Abs. 1 zwischen den in § 483 Abs. 1 genannten Stellen zulässig, soweit diese Form der Datenübermittlung unter Berücksichtigung der schutzwürdigen Interessen der betroffenen Personen wegen der Vielzahl der Übermittlungen oder wegen ihrer besonderen Eilbedürftigkeit angemessen ist. ²Die beteiligten Stellen haben zu gewährleisten, dass dem jeweiligen Stand der Technik entsprechende Maßnahmen zur Sicherstellung von Datenschutz und Datensicherheit getroffen werden, die insbesondere die Vertraulichkeit und Unversehrtheit der Daten gewährleisten; im Falle der Nutzung allgemein zugänglicher Netze sind dem jeweiligen Stand der Technik entsprechende Verschlüsselungsverfahren anzuwenden.

(2) ¹Bei der Festlegung zur Einrichtung eines automatisierten Abrufverfahrens haben die beteiligten Stellen zu gewährleisten, dass die Zulässigkeit des Abrufverfahrens kontrolliert werden kann. ²Hierzu haben sie Folgendes schriftlich festzulegen:
1. den Anlass und den Zweck des Abrufverfahrens,
2. die Dritten, an die übermittelt wird,
3. die Art der zu übermittelnden Daten und
4. die nach § 64 des Bundesdatenschutzgesetzes erforderlichen technischen und organisatorischen Maßnahmen.

³Die Festlegung bedarf der Zustimmung der für die speichernde und die abrufende Stelle jeweils zuständigen Bundes- und Landesministerien. ⁴Die speichernde Stelle übersendet die Festlegungen der Stelle, die für die Kontrolle der Einhaltung der Vorschriften über den Datenschutz bei öffentlichen Stellen zuständig ist.

(3) ¹Die Verantwortung für die Zulässigkeit des einzelnen Abrufs trägt der Empfänger. ²Die speichernde Stelle prüft die Zulässigkeit der Abrufe nur, wenn dazu Anlass besteht. ³Die speichernde Stelle hat zu gewährleisten, dass die Übermittlung personenbezogener Daten festgestellt und überprüft werden kann. ⁴Im Rahmen der Protokollierung nach § 76 des Bundesdatenschutzgesetzes hat sie ergänzend zu den dort in Absatz 2 aufgeführten Daten die abgerufenen Daten, die Kennung der abrufenden Stelle und das Aktenzeichen des Empfängers zu protokollieren. ⁵Die Protokolldaten sind nach zwölf Monaten zu löschen.

(4) Die Absätze 2 und 3 gelten für das automatisierte Anfrage- und Auskunftsverfahren entsprechend.

Schrifttum: Siehe Vor § 483.

Übersicht

	Rn.		Rn.
I. Allgemeines	1	III. Anforderungen an das Verfahren	6
		IV. Verantwortlichkeit und Prüfungspflicht (Abs. 3)	
II. Voraussetzungen	3		8

I. Allgemeines

1   Die Vorschrift normiert die Möglichkeit der Einrichtung automatisierter Übermittlungsverfahren für den Datenaustausch iSv § 487 Abs. 1. Sie betrifft den Austausch zwischen den in § 483 Abs. 1 genannten Stellen, die am Prozess der Strafverfolgung beteiligt sind.

Nicht hierzu zählt Datenverarbeitung durch Polizeibehörden iSv § 483 Abs. 3.[1] Die Regelung bestimmt sowohl die Voraussetzungen, unter denen solche Verfahren eingeführt werden können, als auch die Anforderungen, die an die Einrichtung und den Betrieb zu stellen sind. Abs. 1 der Vorschrift wurde 2005 entsprechend der Regelung in § 493 angepasst und enthält seitdem sowohl die Möglichkeit des automatisierten Abrufs (in Form eines Onlinezugriffs) als auch des Anfrage-Auskunfts-Verfahrens; zudem wurde S. 2 ergänzt. Durch die Umsetzung der JI-Richtlinie im Strafverfahren (→ Vor § 474 Rn. 5) wurden die Voraussetzungen für automatisierte Abrufverfahren aus § 10 Abs. 2 BDSG aF in Abs. 2 übernommen sowie Abs. 3 zu einer umfassenden Protokollierungspflicht ausgebaut.

Die **Relevanz** der Regelung für die Praxis scheint begrenzt, nachdem die Datenverarbeitung bei der Polizei zumeist in Mischdateien (→ § 483 Rn. 20 ff.) erfolgt und sich daher nach dem Polizeirecht und im Besonderen dem BKAG richtet, das die Regelungen zum Polizeilichen Informationsverbund enthält (§ 29 BKAG). Auch der Datenaustausch zwischen Staatsanwaltschaft und Polizei erfolgt zumeist schon auf der Basis von § 29 Abs. 6 S. 2 BKAG.[2] Im Übrigen erfolgt die Auskunftserteilung bei Einzelanfragen auf konventionellem Weg und in elektronischer Form meist nur bei größeren Datenmengen.[3] 2

II. Voraussetzungen

Automatisierte Verfahren für Datenübermittlungen gemäß § 487 Abs. 1 können sowohl in Form eines Abrufverfahrens als auch eines Anfrage- und Auskunftsverfahrens geregelt werden. Während Abs. 1 explizit beide Varianten erwähnt, ist in Abs. 2 und 3 jeweils nur von automatisierten Abrufverfahren die Rede. Der neu eingefügte Abs. 4 stellt klar, dass die Abs. 2 und 3 bei Anfrage- und Auskunftsverfahren entsprechend anwendbar sind und damit für beide Verfahren die gleichen Regelungen gelten.[4] Alleinige Voraussetzung hierfür ist nach Abs. 1 S. 1 zunächst, dass die Einrichtung eines solchen Verfahrens **angemessen** ist. Für die Prüfung dessen sind die schutzwürdigen Belange der Betroffenen, also der Personen, auf die sich die personenbezogenen Daten beziehen, mit den Anforderungen im Prozess der Strafverfolgung abzuwägen. Diese Prüfung betrifft die Einrichtung des Verfahrens an sich und hat deshalb nicht anhand konkreter Einzelfälle, sondern generell zu erfolgen.[5] 3

Das Gewicht der **schutzwürdigen Interessen der Betroffenen** hängt von der Größe des Empfängerkreises, der Anzahl der zu übermittelnden Daten sowie deren Zweck und Inhalt ab.[6] Je mehr Daten übermittelt werden und je sensibler diese sind (Personendaten, Tatvorwürfe), umso schwerer wiegen die Belange.[7] Die Einrichtung des automatisierten Verfahrens ist dann ggf. trotz einer Vielzahl anstehender Übermittlungen oder deren Eilbedürftigkeit unangemessen. 4

Auf **Seiten der Strafverfolgung** können ausweislich der Regelung als Aspekte nur die Vielzahl der anstehenden Übermittlungen oder deren Eilbedürftigkeit Berücksichtigung finden. Diese Kriterien dürften bei anderen Stellen als Staatsanwaltschaften und auch bei Staatsanwaltschaften, die weder besonders groß sind noch überdurchschnittlich häufig eilbedürftige Auskünfte benötigen, regelmäßig nicht erfüllt sein.[8] Dies gilt auch, da die Datenverarbeitung überwiegend in dem Polizeirecht unterstehenden Systemen erfolgt. 5

III. Anforderungen an das Verfahren

Weiterhin stellt die Regelung verschiedene Anforderungen an Einrichtung und Betrieb eines automatisierten Übermittlungsverfahrens. Nach Abs. 1 S. 2 müssen Datenschutz und 6

---

[1] Gemählich in KMR-StPO Rn. 1; Köhler in Meyer-Goßner/Schmitt Rn. 1; Ritscher/Klinge in Satzger/Schluckebier/Widmaier StPO Rn. 2.
[2] Köhler in Meyer-Goßner/Schmitt Rn. 5.
[3] BT-Drs. 17/11582, 17 f.
[4] Er entspricht damit der bereits bestehenden Regelung in § 493 Abs. 4, vgl. BT-Drs. 19/4671, 69.
[5] Schmidt/Niederhuber in Gercke/Temming/Zöller Rn. 2.
[6] Wittig in BeckOK StPO Rn. 2; Weßlau/Deiters in SK-StPO Rn. 10.
[7] Hilger in Löwe/Rosenberg Rn. 8.
[8] Weßlau/Deiters in SK-StPO Rn. 9.

Datensicherheit durch Maßnahmen sichergestellt werden, die dem Stand der Technik entsprechen.[9] Insbesondere bedarf es einer entsprechenden Verschlüsselung, wenn die Daten über das Internet übertragen werden.[10] Als weitere Maßnahmen nach Abs. 1 S. 2 gelten solche, die dem Anforderungskatalog in § 64 Abs. 3 BDSG entsprechen.[11]

7   Um die Kontrolle der Zulässigkeit des Abrufverfahrens zu ermöglichen, bedarf es einer **schriftlichen Festlegung** des Zwecks und des Umfangs des automatisierten Abrufverfahrens (Abs. 2). Im Zuge der Neufassung des BDSG wurde § 10 Abs. 2 BDSG aF – auf den Abs. 2 S. 1 zuvor verwies – gestrichen und die dort enthaltene Regelung im Rahmen der Umsetzung der JI-RL im Strafverfahren in Abs. 2 überführt.[12] Danach muss die Festlegung mindestens folgende Informationen bezüglich des Verfahrens enthalten: Anlass und Zweck; Angemessenheitsabwägung; Dritte, an die übermittelt wird; konkrete Art der Daten; nach § 64 BDSG erforderliche technische und organisatorische Maßnahmen. Dabei kann die Festlegung ihren Zweck nur erfüllen, wenn sie jeweils hinreichend konkret gefasst ist.[13] Aufgrund der Beteiligung mehrerer Stellen am Übermittlungsverfahren ist regelmäßig eine Vereinbarung zwischen diesen zu treffen, die spezifische Datenschutzmaßnahmen beinhaltet.[14] Wegen der speziellen Regelungen in Abs. 2 S. 2 und 3 bedarf die schriftliche Festlegung der Zustimmung der jeweils zuständigen Ministerien und muss den zuständigen Datenschutzbeauftragten übersandt werden.[15]

IV. Verantwortlichkeit und Prüfungspflicht (Abs. 3)

8   Die Verantwortung für die Prüfung der Zulässigkeit der Übermittlung im automatisierten Verfahren trägt im Einzelfall stets der **Empfänger** (Abs. 3 S. 1). Unabhängig davon hat aber auch die speichernde Stelle in verschiedener Weise sicherzustellen, dass die Übermittlungen zulässig sind. All diese Prüfungen richten sich allein nach dem Maßstab des § 487 Rn. 10ff.),[16] wobei die schutzwürdigen Interessen der betroffenen Person im Lichte des Allgemeinen Persönlichkeitsrechts zu berücksichtigen sind.[17] § 488 Abs. 1 bezieht sich demgegenüber auf die Einrichtung des automatisierten Verfahrens selbst und nicht auf die Zulässigkeit einzelner Abfragen.[18]

9   Die **speichernde Stelle** hat gemäß S. 2 eine Einzelfallprüfung vorzunehmen, wenn hierfür ein **Anlass** besteht. Dabei ist jeder Anlass genügend, an dessen Qualität sind keine besonderen Anforderungen zu stellen.[19] Die Prüfung auslösen können daher etwa die Beschwerde der betroffenen Person oder Zweifel an der Erforderlichkeit, die zB durch den Umfang der angeforderten Daten entstehen können.[20] Aber auch das Bestehen eines Übermittlungsverbots nach § 487 Abs. 1 S. 2 iVm § 479 Abs. 1, das ausschließlich von der speichernden Stelle beurteilt werden kann, muss eine Anlassprüfung auslösen, um die Beachtung des Verbots sicherzustellen.[21] Für die Gewährleistung dessen sind einschlägige Daten derart zu kennzeichnen, dass bei ihrer Abfrage eine Anlassprüfung ausgelöst wird.

10 Darüber hinaus muss die speichernde Stelle nach S. 3 sicherstellen, dass eine **Überprüfung** der Übermittlungen **umfassend** erfolgen kann.[22] Anstelle der zuvor vorgesehenen

---

[9] Hilger in Löwe/Rosenberg Rn. 8a; Weßlau/Deiters in SK-StPO Rn. 11ff.
[10] Ritscher/Klinge in Satzger/Schluckebier/Widmaier StPO Rn. 3.
[11] Weßlau/Deiters in SK-StPO Rn. 13.
[12] Vgl. BT-Drs. 19/4671, 13, 67.
[13] Weßlau/Deiters in SK-StPO Rn. 15; Hilger in Löwe/Rosenberg Rn. 11.
[14] Weßlau/Deiters in SK-StPO Rn. 15.
[15] Ritscher/Klinge in Satzger/Schluckebier/Widmaier StPO Rn. 4.
[16] Weßlau/Deiters in SK-StPO Rn. 19.
[17] Hilger in Löwe/Rosenberg Rn. 14; Weßlau/Deiters in SK-StPO Rn. 19.
[18] Hilger in Löwe/Rosenberg Rn. 13ff.; Weßlau/Deiters in SK-StPO Rn. 19.
[19] Weßlau/Deiters in SK-StPO Rn. 18.
[20] Vgl. Weßlau/Deiters in SK-StPO Rn. 18.
[21] Weßlau/Deiters in SK-StPO Rn. 17.
[22] Gemählich in KMR-StPO Rn. 4.

stichprobenhaften Protokollierung[23] verweist S. 4 auf § 76 BDSG, der eine umfassende Protokollierung vorsieht. Neben den in § 76 Abs. 2 BDSG vorgesehenen Daten (Begründung, Datum und Uhrzeit, Identität der abrufenden Person sowie der Empfänger) sind nach S. 4 zusätzlich die abgerufenen Daten, die Kennung der abrufenden Stelle und das Aktenzeichen der Empfänger zu protokollieren. Abweichend davon gilt die Stichprobenkontrolle (Abs. 3 S. 3, 4 aF) gem. § 17 EGStPO für Verarbeitungssysteme bis 2023 bzw. 2026 fort, die vor dem 6.5.2016 eingerichtet wurden.[24] Die zuvor in S. 5 aF enthaltene zweckbindende Bestimmung für den Umgang mit den insofern erhobenen Daten wurde gestrichen; § 76 Abs. 3 BDSG enthält eine entsprechende Regelung, die neben der Zulässigkeitskontrolle auch weitergehende Zwecke vorsieht.[25] Weiterhin in S. 5 enthalten ist die Pflicht zur Löschung nach 12 Monaten, die damit enger gefasst ist als die allgemeine Regelung in § 76 Abs. 4 BDSG.[26]

Darüber hinaus besteht für den Bundesbeauftragten für Datenschutz eine Prüfungsbefugnis nach **§ 16 BDSG** bezüglich der Einhaltung der Kriterien aus Abs. 1 bei der Einrichtung des Verfahrens, der ordnungsgemäßen Festlegung nach Abs. 2 und der ausreichenden Berücksichtigung des schutzwürdigen Betroffeneninteresses bei Einzelabrufen.[27] 11

§ 489 Löschung und Einschränkung der Verarbeitung von Daten

(1) Zu löschen sind, unbeschadet der anderen, in § 75 Absatz 2 des Bundesdatenschutzgesetzes genannten Gründe für die Pflicht zur Löschung,
1. die nach § 483 gespeicherten Daten mit der Erledigung des Verfahrens, soweit ihre Speicherung nicht nach den §§ 484 und 485 zulässig ist,
2. die nach § 484 gespeicherten Daten, soweit die dortigen Voraussetzungen nicht mehr vorliegen und ihre Speicherung nicht nach § 485 zulässig ist, und
3. die nach § 485 gespeicherten Daten, sobald ihre Speicherung zur Vorgangsverwaltung nicht mehr erforderlich ist.

(2) ¹Als Erledigung des Verfahrens gilt die Erledigung bei der Staatsanwaltschaft oder, sofern die öffentliche Klage erhoben wurde, bei Gericht. ²Ist eine Strafe oder eine sonstige Sanktion angeordnet worden, so ist der Abschluss der Vollstreckung oder der Erlass maßgeblich. ³Wird das Verfahren eingestellt und hindert die Einstellung die Wiederaufnahme der Verfolgung nicht, so ist das Verfahren mit Eintritt der Verjährung als erledigt anzusehen.

(3) ¹Der Verantwortliche prüft nach festgesetzten Fristen, ob gespeicherte Daten zu löschen sind. ²Die Frist zur Überprüfung der Notwendigkeit der Speicherung nach § 75 Absatz 4 des Bundesdatenschutzgesetzes beträgt für die nach § 484 gespeicherten Daten
1. bei Beschuldigten, die zur Tatzeit das achtzehnte Lebensjahr vollendet hatten, zehn Jahre,
2. bei Jugendlichen fünf Jahre,
3. in den Fällen des rechtskräftigen Freispruchs, der unanfechtbaren Ablehnung der Eröffnung des Hauptverfahrens und der nicht nur vorläufigen Verfahrenseinstellung drei Jahre,
4. bei nach § 484 Absatz 1 gespeicherten Daten zu Personen, die zur Tatzeit nicht strafmündig waren, zwei Jahre.

(4) Der Verantwortliche kann in der Errichtungsanordnung nach § 490 kürzere Prüffristen festlegen.

---

[23] Nach Abs. 3 S. 3 aF war zuvor – parallel zu § 10 Abs. 4 S. 3 BDSG aF – nur jeder zehnte Abruf zu protokollieren, vgl. Weßlau/Deiters in SK-StPO Rn. 20.
[24] Köhler in Meyer-Goßner/Schmitt Rn. 3.
[25] BT-Drs. 19/4671, 69.
[26] Weßlau/Deiters in SK-StPO Rn. 21.
[27] Hilger in Löwe/Rosenberg Rn. 21 zu § 24 BDSG aF.

(5) Die Fristen nach Absatz 3 beginnen mit dem Tag, an dem das letzte Ereignis eingetreten ist, das zur Speicherung der Daten geführt hat, jedoch nicht vor
1. Entlassung der betroffenen Person aus einer Justizvollzugsanstalt oder
2. Beendigung einer mit Freiheitsentziehung verbundenen Maßregel der Besserung und Sicherung.

(6) [1]§ 58 Absatz 3 Satz 1 Nummer 1 und 3 des Bundesdatenschutzgesetzes gilt für die Löschung nach Absatz 1 entsprechend. [2]Darüber hinaus ist an Stelle der Löschung personenbezogener Daten deren Verarbeitung einzuschränken, soweit die Daten für laufende Forschungsarbeiten benötigt werden. [3]Die Verarbeitung personenbezogener Daten ist ferner einzuschränken, soweit sie nur zu Zwecken der Datensicherung oder der Datenschutzkontrolle gespeichert sind. [4]Daten, deren Verarbeitung nach den Sätzen 1 oder 2 eingeschränkt ist, dürfen nur zu dem Zweck verwendet werden, für den ihre Löschung unterblieben ist. [5]Sie dürfen auch verwendet werden, soweit dies zur Behebung einer bestehenden Beweisnot unerlässlich ist.

(7) Anstelle der Löschung der Daten sind die Datenträger an ein Staatsarchiv abzugeben, soweit besondere archivrechtliche Regelungen dies vorsehen.

Schrifttum (weitere Quellen beim Schrifttum Vor § 483): Basar/Hiéramente, Datensparsamkeit in der StPO – Die Möglichkeit der Löschung, HRRS 2018, 336; Gehrmann/Klaas, Aus den Augen, aus dem Sinn? Datenschutzrechtliche Anforderungen an polizeiliche Informationssysteme und ihre Auswirkungen auf die Verteidigerpraxis, StraFo 2021, 408; Hilger, Zum Strafverfahrensrechtsänderungsgesetz 1999 (StVÄG 1999) – 2. Teil, NStZ 2001, 15; Schelzke, Staatsanwaltschaftliche Datenspeicherung trotz Verfahrenseinstellung. Auskunfts- und Löschungsansprüche heute und in Zukunft, StraFo 2019, 353; Weichert, Informationelle Selbstbestimmung und strafrechtliche Ermittlung, 1990; Zöller, Datenübermittlungen zwischen Polizei, Strafverfolgungsbehörden und Nachrichtendiensten, in: Roggan/Kutscha (Hrsg.), Handbuch zum Recht der Inneren Sicherheit, 2. Aufl. 2006, 445.

Übersicht

		Rn.			Rn.
I.	Allgemeines	1	3.	Spezielle Löschungspflichten für nach §§ 484, 485 gespeicherte Daten (Abs. 1 Nr. 2, 3)	13
II.	Berichtigung (§ 75 Abs. 1 BDSG)	3	4.	Prüfpflichten (Abs. 3–5)	15
III.	Löschung (§ 75 Abs. 1 BDSG; Abs. 1, 2)	4	IV.	Einschränkung der Verarbeitung (Abs. 6)	21
1.	Grundlagen und Regelungskonzept	5	1.	Gründe für eine Einschränkung (Abs. 6 S. 1–3)	22
2.	Spezielle Löschungspflicht bei nach § 483 gespeicherten Daten (Abs. 1 Nr. 1, Abs. 2)	8	2.	Zweckbindung bei Einschränkung der Verarbeitung (Abs. 6 S. 4, 5)	28
			V.	Rechtsbehelfe	32

I. Allgemeines

1 Die Norm regelt für alle Arten von Strafverfahrensdateien (§§ 483–485) spezielle Regelungen zur Löschung und Einschränkung der Verarbeitung personenbezogener Daten, die die allgemeinen Vorschriften zur Berichtigung, Löschung und Einschränkung der Verarbeitung in §§ 75, 58 BDSG ergänzen.[1] Diese Bestimmungen sind im Hinblick auf das RiS als Verfahrenssicherungen verfassungsrechtlich erforderlich, denn eine Speicherung unrichtiger Daten ist ebenso unzulässig wie eine rechtswidrige oder unbefristete Speicherung richtiger Daten.[2] Vergleichbare Regelungen finden sich in den Polizeigesetzen, die entsprechend der Regelungen in den § 483 Abs. 3, § 484 Abs. 4, § 485 S. 4 für die dortigen Verwendungszu-

---

[1] Dazu Rückert, Digitale Daten als Beweismittel im Strafverfahren, 2023, S. 557 ff.
[2] Hilger in Löwe/Rosenberg Rn. 1; Weßlau/Deiters in SK-StPO Rn. 1.

sammenhänge Vorrang haben.³ Speziellere Regelungen zur Löschung finden sich für den Bereich der Strafverfolgung etwa in § 98b Abs. 3 S. 2 und § 101 Abs. 8, aber auch bei zahlreichen weiteren Erhebungsmaßnahmen.

Bei der Neufassung des § 489 im Zuge der **Umsetzung der JI-RL** im Strafverfahren wurden mittlerweile bereits im BDSG enthaltene Regelungen gestrichen und nur darüber hinausgehende Regelungsinhalte beibehalten.⁴ Die zuvor in Abs. 6 enthaltene Mitziehungsklausel wurde nicht in die neue Fassung übernommen.⁵ Die vormals in Abs. 8 enthaltene Mitteilungspflicht für Fälle fehlerhafter Übermittlungen gespeicherter Daten an andere Stellen ergibt sich nun schon aus § 75 Abs. 3 S. 1 iVm § 58 Abs. 5 BDSG.

II. Berichtigung (§ 75 Abs. 1 BDSG)

Unrichtige in Strafverfahrensdateien gespeicherte Daten sind nach § 75 Abs. 1 BDSG **stets und ohne Ausnahme** zu berichtigen. Eine fortgesetzte Speicherung derartiger personenbezogener Daten ist nicht nur im Hinblick auf das RiS unzulässig, sondern gefährdet auch die Arbeit der Strafverfolgungsbehörden. **Unrichtig** sind personenbezogene Daten, die eine Information enthalten, die mit der Wirklichkeit nicht übereinstimmen oder ein nur unvollständiges Abbild derselben geben und deshalb falsch oder irreführend sind.⁶ Die Unrichtigkeit bezieht sich grundsätzlich nur auf Tatsachen, erfasst aber auch solche Werturteile, die einen Tatsachenkern aufweisen, zB „gefährlich" in Bezug auf einen gesuchten Beschuldigten.⁷

III. Löschung (§ 75 Abs. 1 BDSG; Abs. 1, 2)

Personenbezogene Daten dürfen wegen der diesbezüglichen verfassungsrechtlichen Vorgaben – insbesondere dem RiS und dem Grundsatz der Verhältnismäßigkeit – nicht zeitlich unbegrenzt gespeichert werden. Ihre Löschung ist daher nicht nur **verfassungsrechtlich geboten,** wenn die Speicherung unzulässig war, sondern auch wenn ursprünglich rechtmäßig gespeicherte Daten für die Zwecke des Strafverfahrens nicht mehr erforderlich sind.⁸ Zudem ist eine Befristung der Speicherung auch im Hinblick auf das Ziel der Resozialisierung notwendig.⁹

1. Grundlagen und Regelungskonzept. Das RiS vermittelt dem Einzelnen in Fällen unzulässiger Speicherung einen Anspruch auf Löschung als subjektives Recht.¹⁰ Eine allgemeine Vorschrift zur Löschung enthält § 75 Abs. 2 BDSG, der einen großen Teil der vormals in § 489 Abs. 2 aF enthaltenen Regelungen abdeckt und darüber hinaus nicht auf Daten in Dateien beschränkt ist wie § 489, sondern personenbezogene Daten umfassend erfasst.¹¹ Die hiesigen Abs. 1, 2 enthalten nur darüber hinausgehende spezielle Pflichten zur Löschung, die die allgemeine Vorschrift ergänzen und konkretisieren und dabei zwischen den verschiedenen Arten der Speicherung von Strafverfahrensdaten (§§ 483–485) differenzieren.¹²

§ 75 Abs. 2 BDSG sieht drei Gründe für eine Pflicht zur unverzüglichen Löschung personenbezogener Daten vor. Diese sind erstens zu löschen, wenn ihre Verarbeitung unzulässig ist. Unzulässigkeit kann sich insbesondere aus den §§ 47, 48 BDSG ergeben, liegt

---

[3] Zum Verhältnis der Regelungen untereinander Hilger in Löwe/Rosenberg Rn. 1; Köhler in Meyer-Goßner/Schmitt Rn. 1.
[4] BT-Drs. 19/4671, 69.
[5] BT-Drs. 19/4671, 70; BT-Drs. 19/11190, 10.
[6] Hilger in Löwe/Rosenberg Rn. 3.
[7] Weßlau in SK-StPO, 4. Aufl. 2013, Rn. 2.
[8] Allg. zur Löschung Gusy ZJS 2012, 155 (165 f.).
[9] Weichert, Informationelle Selbstbestimmung und strafrechtliche Ermittlung, 1990, S. 167 ff.
[10] OLG Hamburg 24.10.2008 – 2 VAs 5/08, NStZ 2009, 707; Basar/Hiéramente HRRS 2018, 336 (339); s. zum Polizeirecht Müller/Schwabenbauer in Lisken/Denninger PolR-HdB Rn. 852 ff.
[11] Basar/Hiéramente HRRS 2018, 336 (340 f.).
[12] BT-Drs. 19/4671, 69; Weßlau/Deiters in SK-StPO Rn. 2.

aber auch vor, wenn es an einer gesetzlichen Grundlage für die Verarbeitung fehlt bzw. deren Voraussetzungen nicht vorliegen oder bei einer Zweckänderung die Voraussetzungen des § 49 BDSG nicht vorliegen.[13] Das kann etwa bei Strafunmündigen der Fall sein.[14] Daten sind zweitens zu löschen, wenn dies der Erfüllung einer rechtlichen Verpflichtung dient. Eine solche rechtliche Verpflichtung kann sich insbesondere aus dem Fachrecht ergeben, in der StPO also aus ergänzenden Regelungen zur Löschung personenbezogener Daten.[15] Eine Löschpflicht besteht drittens, wenn die Kenntnis der Daten zur Aufgabenerfüllung nicht mehr erforderlich ist. Erforderlichkeit in diesem Sinne liegt nur vor, wenn die jeweilige Aufgabe sonst nicht oder nicht ordnungsgemäß erfüllt werden kann (allg. → Vor § 474 Rn. 19 ff.). Die Geeignetheit und Zweckmäßigkeit zur Aufgabenerfüllung sind für die Erforderlichkeit der fortgesetzten Speicherung somit nur notwendige, nicht aber hinreichende Bedingungen. Bei der Beurteilung ist insbesondere auch in den Blick zu nehmen, ob die Speicherung in dem jeweiligen Einzelfall im Umfang und der in Rede stehenden Dauer (noch) erforderlich ist.[16] Daran fehlt es etwa, wenn sich ergeben hat, dass gar kein Anfangsverdacht bestand, so dass eine Wiederaufnahme des Verfahrens nach Einstellung ausgeschlossen scheint.[17] Die Prüfung der Erforderlichkeit muss sich an den Vorgaben des RiS und datenschutzrechtlichen Grundsätzen orientieren.[18]

7 Unter bestimmten Umständen kann die Löschung durch eine **Einschränkung der Verarbeitung** gem. Abs. 6 (dazu → Rn. 21 ff.) oder eine **Archivierung** der Datenträger nach Abs. 7 ersetzt werden. Letzterer bestimmt damit, dass archivrechtliche Regelungen den Löschungspflichten aus § 489 vorgehen.[19] In einem solchen Fall verbleiben keine Daten – auch keine Kopien – bei der speichernden Stelle.[20]

8 **2. Spezielle Löschungspflicht bei nach § 483 gespeicherten Daten (Abs. 1 Nr. 1, Abs. 2).** Daten, die nach § 483 zur Strafverfolgung in einem konkreten Verfahren gespeichert wurden, sind gemäß Abs. 1 Nr. 1 grundsätzlich mit der Erledigung des Verfahrens zu löschen, da sie dann zu dem an dieser Stelle relevanten Zweck der Strafverfolgung nicht mehr erforderlich sind.[21] Die Polizei hat daher bei der Mitteilung nach § 482 Abs. 2 durch die StA zu prüfen, ob die in dem Verfahren gespeicherten Daten gelöscht werden müssen.

9 Was unter Erledigung zu verstehen ist, konkretisiert das Gesetz etwas umständlich in Abs. 2. Endet das Verfahren mit einer Sanktion, so sind der Abschluss von deren Vollstreckung bzw. deren Erlass maßgeblich. Andernfalls ist die Erledigung bei Gericht oder Staatsanwaltschaft entscheidend, abhängig davon, ob bereits öffentliche Klage erhoben wurde oder nicht. Das Gesetz stellt dabei auf eine **endgültige Erledigung** ab, was grundsätzlich mit Eintritt der Rechtskraft anzunehmen ist.[22] Allerdings soll im Einzelfall noch keine Erledigung im Sinne des Abs. 3 vorliegen, wenn nach unanfechtbarer Ablehnung der Eröffnung des Hauptverfahrens neue Tatsachen und Beweismittel iSv § 211 erwartet werden.[23]

---

[13] Burghardt/Reinbacher in BeckOK DatenschutzR BDSG § 75 Rn. 16.
[14] OLG Frankfurt a. M. 20.12.2022 – 3 VAs 14/22, ZD 2023, 688.
[15] Solche Regelungen finden sich außer in 1 bspw. in den § 81h Abs. 3 S. 3, § 98b Abs. 3 S. 2, § 100d Abs. 2 S. 2, Abs. 3 S. 2, § 100g Abs. 4 S. 3, § 160a Abs. 1 S. 3, § 163d Abs. 4 S. 2, § 479 Abs. 3, § 499, vgl. BT-Drs. 19/4671, 44 f.; Basar/Hiéramente HRRS 2018, 336 (337 f.).
[16] OLG Hamm 26.2.2021 – 1 VAs 77/20, BeckRS 2021, 6165; 26.2.2021 – III-1 VAs 74/20, BeckRS 2021, 34100; vgl. zur aF BVerfG 16.6.2009 – 2 BvR 902/06, BverfGE 124, 43 = NJW 2009, 2431 (2438); OLG Dresden 19.5.2003 – 2 Vas 4/02, MMR 2003, 592 (593); OLG Frankfurt a. M. 17.1.2008 – 3 Vas 47-48/07, NStZ-RR 2008, 183 (184); Hilger in Löwe/Rosenberg Rn. 5.
[17] OLG Hamm 8.8.2022 – 1 VAs 48/22, BeckRS 2022, 26713.
[18] OLG Hamm 26.2.2021 – III-1 VAs 74/20, BeckRS 2021, 34100; OLG Frankfurt a. M. 17.1.2008 – 3 Vas 47-48/07, NStZ-RR 2008, 183 (184).
[19] Köhler in Meyer-Goßner/Schmitt Rn. 8; Weßlau/Deiters in SK-StPO Rn. 23.
[20] Hilger in Löwe/Rosenberg Rn. 15; Weßlau/Deiters in SK-StPO Rn. 23; Ritscher/Klinge in Satzger/Schluckebier/Widmaier StPO Rn. 11.
[21] Hilger in Löwe/Rosenberg Rn. 6.
[22] Beispiele bei Hilger in Löwe/Rosenberg Rn. 7: nur „Regelfälle" der Erledigung in Abs. 3 aF.
[23] Hilger in Löwe/Rosenberg Rn. 7, zu Abs. 3 aF.

Gem. Abs. 2 S. 3 tritt in Fällen einer **Einstellung,** die die Wiederaufnahme des Verfah- 10
rens nicht hindert – also vor allem einer solchen nach § 170 Abs. 2, § 153, wegen der
beschränkten Rechtskraftwirkung hingegen nicht einer solchen nach § 153a[24] – Erledigung
erst mit Verjährung der verfolgten Tat ein.[25] Die Regelung trifft an dieser Stelle eine andere
Differenzierung als Abs. 3 und § 484 Abs. 2 S. 2 und soll es ermöglichen, die Daten solange
verfügbar zu halten, wie das Strafverfahren wieder aufgegriffen und betrieben werden
könnte.[26]

Eine **Einschränkung der Löschungspflicht** mit Erledigung des Verfahrens gilt nach 11
Abs. 1 Nr. 1 dann, wenn die Speicherung der Daten (auch) zum Zweck der Strafverfolgungsvorsorge (§ 484) oder der Vorgangsverwaltung (§ 485) zulässig ist. In dem Fall können
die Daten zu diesen Zwecken gespeichert bleiben. Dies betrifft wegen § 75 Abs. 2 BDSG
bzw. dem generelle Erfordernis der Erforderlichkeit indes nur solche Daten, die tatsächlich
für den neuen Zweck – also Strafverfolgungsvorsorge bzw. Vorgangsverwaltung – erforderlich sind.[27]

Darüber hinaus kann eine Speicherung bei der Polizei bestehen bleiben, wenn dies für 12
die **Zwecke des Polizeirechts** erforderlich und von diesem zugelassen ist, wobei vor allem
die Gefahrenabwehr und die vorbeugende Bekämpfung von Straftaten in Betracht kommen
(vgl. → § 481 Rn. 6).[28] Die Daten unterliegen dann aber den jeweiligen polizeirechtlichen
Datenverarbeitungsregelungen. Auch an dieser Stelle ist für die Frage der Erforderlichkeit
grundsätzlich maßgeblich, ob der Beschuldigte verurteilt wurde oder nach einer Einstellung
oder einem Freispruch ein Resttatverdacht bestehen bleibt.

3. Spezielle Löschungspflichten für nach §§ 484, 485 gespeicherte Daten 13
(Abs. 1 Nr. 2, 3). Daten, die nach § 484 gespeichert wurden, sind nach **Abs. 1 Nr. 2** zu
löschen, soweit die Voraussetzungen der Speicherung nach § 484 nicht mehr vorliegen.
Dies ist innerhalb der Fristen aus Abs. 3 zu prüfen (→ Rn. 17 ff.). Besteht eine derartige
Löschungspflicht, dürfen die Daten gleichwohl weiter gespeichert bleiben, wenn ihre Speicherung zum Zweck der Vorgangsverwaltung (§ 485) zulässig ist. Diese **Einschränkung
der Löschungspflicht** bezieht sich nur auf die jeweils von § 485 erfassten Daten.

Nach § 485 zur Vorgangsverwaltung gespeicherte Daten, die also im Wesentlichen der 14
Auffindung der Akten dienen, sind gem. **Abs. 1 Nr. 3** zu löschen, wenn sie zur Vorgangsverwaltung nicht mehr erforderlich sind. Die **Erforderlichkeit** ergibt sich zunächst in
zeitlicher Hinsicht daraus, wie lange die Vorgänge zu verwalten sind. Die Fristen zur Akten-
aufbewahrung bestimmen sich nach den bundeseinheitlichen Aufbewahrungsfristen, so dass
für die Frage der Erforderlichkeit grundsätzlich von diesen ausgegangen werden kann
(→ § 485 Rn. 6 ff.).[29] Nach Ablauf dieser Fristen ist die Speicherung zur Vorgangsverwaltung nicht mehr erforderlich und es besteht daher eine Löschungspflicht. In der Praxis zu
beobachtende willkürliche Aufschläge auf die Speicherfristen sind unzulässig.[30] Unabhängig
vom zeitlichen Rahmen kann es aber auch von vornherein an der Erforderlichkeit fehlen,
etwa bei Daten zu Strafunmündigen.[31] Vom **Umfang** her ist die Speicherung auf die zur
Vorgangsverwaltung erforderlichen Daten zu beschränken (→ § 485 Rn. 3 ff.).[32]

4. Prüfpflichten (Abs. 3–5). Da die Zulässigkeit der Datenspeicherung und damit 15
das Bestehen einer Löschungspflicht von der Erforderlichkeit der Speicherung abhängt, die
nicht permanent überprüft wird, legt das Gesetz (auch) für Strafverfahrensdateien fest, dass

---

[24] Schelzke StraFo 2019, 353 (355).
[25] BT-Drs. 14/1484, 32.
[26] Hilger in Löwe/Rosenberg Rn. 7; vgl. zu Akten KG 17.2.2009 – 1 VAs 38/08, StraFo 2009, 337.
[27] Hilger in Löwe/Rosenberg Rn. 6.
[28] Zöller in Roggan/Kutscha Recht der Inneren Sicherheit-HdB S. 471 ff.; vgl. zB § 42 Abs. 3 ASOG Bln.
[29] OLG Hamm 8.8.2022 – 1 VAs 48/22, BeckRS 2022, 26713; OLG Hamburg 24.10.2008 – 2 VAs 5/08, NStZ 2009, 707 (708).
[30] OLG Hamburg 24.10.2008 – 2 VAs 5/08, NStZ 2009, 707 (708 f.) mAnm Habenicht NStZ 2009, 708.
[31] OLG Frankfurt a. M. 20.12.2022 – 3 VAs 14/22, ZD 2023, 688.
[32] OLG Hamm 8.8.2022 – 1 VAs 48/22, BeckRS 2022, 26713.

die Notwendigkeit einer weiteren Speicherung innerhalb fester Fristen geprüft werden muss. Diese Pflichten sind auf verschiedenen Ebenen geregelt. Zunächst ergibt sich aus **§ 75 Abs. 4 BDSG eine allgemeine Pflicht** zur Festsetzung angemessener Fristen zur Überprüfung, die idR in Errichtungsanordnungen iSv § 490 zu bestimmen sind, und verfahrensrechtlicher Vorkehrungen, damit diese Fristen eingehalten werden. Die Angemessenheit der Fristen bestimmt sich dabei nach dem Risikopotenzial der Datenverarbeitung, also insbesondere nach der Sensibilität und dem Umfang der gespeicherten Daten; zu berücksichtigen sind außerdem der Verarbeitungszweck und die zur Verfügung stehenden Ressourcen des Verantwortlichen.[33]

16 Abs. 3 S. 1 wiederholt für **Daten in Strafverfahrensdateien** die Pflicht zur Prüfung auf Löschungspflichten innerhalb festgesetzter Fristen. Die Regelung bezieht sich auf alle Arten von Strafverfahrensdaten, die nach den §§ 483–485 gespeichert sind. Der Gesetzgeber wollte damit klarstellen, dass auch für die nach §§ 483, 485 gespeicherten Daten eine Pflicht zur Prüfung innerhalb angemessener Fristen besteht.[34]

17 Für **Daten zu Zwecken künftiger Strafverfahren gem. § 484** legt Abs. 3 S. 2 die Fristen zur Überprüfung bereits durch eine gesetzliche Regelung fest. Hintergrund ist, dass bei Daten, die zum Zweck der Strafverfolgungsvorsorge gespeichert sind, anders als bei Daten iSv § 483, nicht auf die Erledigung des Verfahrens abgestellt und daher schwerlich eine abstrakte Grenze der Erforderlichkeit festgelegt werden kann. Für Dateien iSd § 484 sieht die Regelung in Abs. 3 S. 2 daher eine Prüfung des Bestehens einer Löschungspflicht innerhalb bestimmter fester Fristen vor. Bei Erreichen der Frist ist eine konkrete Prüfung und Abwägung anhand aller Umstände des Einzelfalls vorzunehmen.[35]

18 Bei diesen **Fristen für die Prüfung** differenziert das Gesetz nach dem Alter der betroffenen Person zur Tatzeit sowie nach dem Verfahrensausgang. Eine besonders kurze Frist von zwei Jahren gilt nach Nr. 4 für Strafunmündige – deren Speicherung ist indes ohnehin unzulässig, da Strafunmündige keine Beschuldigten sind.[36] Die Regelung der Frist soll angesichts dessen vor allem Fälle erfassen, in denen das Alter der Tatverdächtigen bei der Speicherung nicht bekannt war.[37] Für den Fall der Nichtverurteilung legt die Norm – sofern hier eine Speicherung überhaupt zulässig ist (§ 484 Abs. 2 S. 2) – in Nr. 3 eine Frist von drei Jahren fest und greift dabei auf die bereits in § 484 Abs. 2 S. 2 zu findenden Kategorien zurück (→ § 484 Rn. 16). Die Frist steht in einem gewissen Widerspruch zu § 494 Abs. 2 S. 2, der für das ZStV eine Löschung bereits nach zwei Jahren vorsieht.[38] Im Übrigen ist die Frist für Jugendliche auf fünf Jahre (Nr. 2) sowie für Heranwachsende und Erwachsene auf zehn Jahre festgelegt (Nr. 1). Dabei handelt es sich jeweils um Höchstfristen; nach Abs. 4 können die speichernden Stellen in den Errichtungsanordnungen auch kürzere Prüffristen vorsehen, zB wenn überwiegend Daten hinsichtlich Straftaten von geringer Bedeutung gespeichert werden.[39]

19 Der **Beginn der Fristen** nach Abs. 3 ist in Abs. 5 bestimmt, der an § 77 Abs. 3 S. 1 BKAG angelehnt ist.[40] Entscheidend ist danach der Tag des letzten Ereignisses, das zur Speicherung der Daten geführt hat. Abweichend von dieser Grundregel beginnt die Frist nach Nr. 1, 2 erst mit der Beendigung der freiheitsentziehenden Maßnahmen.

20 Bedenklich an diesem Regelungskonzept ist, dass die Datenverarbeitung durch die Strafverfolgungsbehörden und insbesondere das Einhalten von Löschungspflichten sehr

---

[33] Nolte/Werkmeister in Gola/Heckmann BDSG § 75 Rn. 12; Paal in Paal/Pauly BDSG § 75 Rn. 10.
[34] BT-Drs. 19/4671, 69.
[35] Schmidt/Niedernhuber in Gercke/Temming/Zöller Rn. 6, Hilger in Löwe/Rosenberg Rn. 8, Weßlau/Deiters in SK-StPO Rn. 12: Prüfung der Fortdauer der Speicherung; vgl. für Einstellung nach § 170 Abs. 2 allg. BVerfG 1.6.2006 – 1 BvR 2293/03, BeckRS 2009, 35816.
[36] Hilger NStZ 2001, 15 (19); Köhler in Meyer-Goßner/Schmitt Rn. 5.
[37] Gemählich in KMR-StPO Rn. 6; Köhler in Meyer-Goßner/Schmitt Rn. 5.
[38] Gemählich in KMR-StPO Rn. 7.
[39] Hilger in Löwe/Rosenberg Rn. 8; Weßlau/Deiter SK-StPO Rn. 15.
[40] BT-Drs. 19/11190, 10, wobei hier missverständlich von einer absoluten Löschungsfrist die Rede ist, die Regelung aber nur den Beginn der Frist zur Überprüfung der Daten umfasst.

intransparent und von außen kaum nachvollziehbar ist. Zugleich sind Löschungspflichten und Prüffristen nach Berichten aus der Praxis Anforderungen, die durchaus häufig vernachlässigt werden. Vor diesem Hintergrund ist eine intensivere Kontrolle und größere Transparenz der polizeilichen Datenverarbeitung dringend geboten.

IV. Einschränkung der Verarbeitung (Abs. 6)

Die Einschränkung der Verarbeitung ist auf zwei Ebenen geregelt. Allgemeine Regelungen finden sich in § 58 Abs. 3–7 BDSG, die wegen Abs. 6 S. 1 (teilweise) auch für Dateien im Strafverfahren anwendbar sind. Abs. 6 ergänzt diese allgemeinen Vorschriften durch punktuell darüber hinausgehende Regelungen. In den vom Gesetz genannten Fällen ist die Verarbeitung der jeweiligen Daten einzuschränken. Dies entspricht inhaltlich der Sperrung nach Abs. 7 aF bzw. § 3 Abs. 4 Nr. 4 BDSG aF[41] und bedeutet, dass die Daten zwar weiter aufbewahrt werden; sie sind aber zu kennzeichnen und ihre **Verarbeitung** darf nur noch zu bestimmten Zwecken erfolgen. In dem zur Kennzeichnung erforderlichen Vermerk sind der Grund der Einschränkung sowie die sich daraus ergebende Zweckbindung anzugeben.[42] Die Verpflichtung zur Einschränkung besteht von Amts wegen; Betroffene haben einen dementsprechenden Anspruch.[43]

1. Gründe für eine Einschränkung (Abs. 6 S. 1–3). Bei den gesetzlich geregelten Gründen für eine Einschränkung der Verarbeitung handelt es sich jeweils um **Ausnahmetatbestände,** die für den Fall des Bestehens einer Löschungspflicht nur bei Vorliegen der jeweiligen Voraussetzungen eine fortgesetzte Speicherung der Daten bei Einschränkung der Verarbeitung erlauben, die also an die Stelle der Löschungspflicht tritt. Eine Ausnahme hierzu bildet Abs. 6 S. 3, wo die Einschränkung nicht an die Stelle der Löschung tritt, sondern es sich um Daten handelt, die generell zu sperren sind (→ Rn. 27).

Abs. 6 S. 1 erklärt die Einschränkungsgründe aus **§ 58 Abs. 3 Nr. 1 und 3 BDSG** für entsprechend anwendbar. Es handelt sich um eine Rückausnahme zu § 161 Abs. 2, der die Anwendung von § 58 Abs. 3 BDSG entgegen der allgemeinen Regelung in § 500 – wonach Teil 3 des BDSG entsprechend anzuwenden ist (→ § 500 Rn. 1) – ausschließt (→ § 161 Rn. 42a).[44] Möglich ist die Einschränkung der Verarbeitung damit in Fällen, in denen die Löschung schutzwürdige Interessen betroffener Personen beeinträchtigen würde (§ 58 Abs. 3 Nr. 1 BDSG) oder wenn die Löschung nicht oder nur mit unverhältnismäßigem Aufwand möglich wäre (§ 58 Abs. 3 Nr. 3 BDSG). Darüber hinaus finden sich in § 58 BDSG Regelungen zum Verfahren und zu Betroffenenrechten.

Eine Löschung **beeinträchtigt schutzwürdige Interessen betroffener Personen** nach § 58 Abs. 3 Nr. 1 BDSG, wenn ein Betroffener der Datenspeicherung ein begründetes Interesse am Zugriff auf die Daten hat und dieser durch die Löschung vereitelt würde; für den Betroffenen potenziell günstige Informationen sollen verfügbar gehalten werden.[45] Besonders relevant ist insofern die Inanspruchnahme von Rechtsschutz gegen die Datenerhebung oder -verarbeitung.

Zum anderen ist eine Einschränkung der Verarbeitung statt Löschung nach § 58 Abs. 3 Nr. 3 BDSG möglich, wenn die Löschung wegen der besonderen Art der Speicherung **nicht oder nur mit unverhältnismäßigem Aufwand möglich** wäre (§ 58 Abs. 3 Nr. 3 BDSG). Aus dieser Formulierung ergibt sich, dass der Tatbestand bei normalen Formen der Speicherung gar nicht eingreift. Vielmehr müssen im Einzelfall besondere Umstände hinsichtlich der Speicherung vorliegen, die das Löschen gerade erschweren.[46] Auch in

---

[41] Schild in BeckOK DatenschutzR DS-GVO Art. 4 Rn. 59.
[42] Hilger in Löwe/Rosenberg Rn. 13; Gieg in KK-StPO Rn. 6; Gemählich in KMR-StPO Rn. 9; Köhler in Meyer-Goßner/Schmitt Rn. 6.
[43] Weßlau in SK-StPO, 4. Aufl. 2013, Rn. 19 mwN.
[44] BT-Drs. 19/4671, 70; von einem Verweis auf § 58 Abs. 3 Nr. 2 BDSG wurde im Gesetzgebungsverfahren abgesehen.
[45] BT-Drs. 14/1484, 35.
[46] Nolte/Werkmeister in Gola/Heckmann BDSG § 58 Rn. 17: restriktiv auszulegende Ausnahmeregelung.

diesen Fällen ist stets eine Verhältnismäßigkeitsprüfung vorzunehmen, die neben dem mit der Löschung verbundenen Aufwand auch die Nachteile einer bloßen Sperrung für die Betroffenen berücksichtigt, um das Merkmal des unverhältnismäßigen Aufwandes festzustellen.[47] Da diese Einschränkung nur aus Praktikabilitätsgründen erfolgt, ist gemäß der Zweckbindung nach S. 4 eine weitere Verwendung der Daten – abgesehen von Ausnahmen nach S. 5 (→ Rn. 30 f.) – überhaupt nicht mehr möglich.

26 Abs. 6 S. 2 sieht darüber hinaus einen Ausnahmetatbestand für **laufende Forschungsprojekte** vor (s. § 476). Ausweislich des Wortlautes der Regelung ist erforderlich, dass die Forschungsarbeiten bereits im Gange sind.[48] Dies erfordert mindestens, dass ein entsprechender Antrag gestellt und positiv beschieden worden ist. Für diese Fälle ordnet die Norm Einschränkung der Verarbeitung statt Löschung an, es besteht also kein Ermessen.

27 Abs. 6 S. 3 bestimmt als generelle Einschränkungsanordnung, dass über die Ausnahmetatbestände von S. 1, 2 hinaus auch alle personenbezogenen **Daten, die lediglich zur Datensicherung oder zur Datenschutzkontrolle** gespeichert sind, gesperrt werden müssen. Die Einschränkung der Verarbeitung erfolgt hier nicht wie in S. 1, 2 anstelle einer Löschung, sondern sichert die Zweckbindung von Daten ab, die von vornherein nicht zu einem aufgabenbezogenen Zweck gespeichert wurden.[49] Dadurch soll sichergestellt werden, dass Betroffenen aus der Speicherung keine Nachteile entstehen.[50] Es handelt sich um eine zwingende Regelung, die keine Ausnahmen vorsieht.

28 **2. Zweckbindung bei Einschränkung der Verarbeitung (Abs. 6 S. 4, 5).** Die wesentliche Besonderheit der Einschränkung der Verarbeitung besteht darin, dass die gekennzeichneten Daten nur eingeschränkt verarbeitet und genutzt werden dürfen, nämlich nur soweit das Gesetz dies ausdrücklich bestimmt. Abs. 6 sieht insofern eine sehr beschränkte Erlaubnis zur weiteren Verwendung vor. Dabei ist durch technische und organisatorische Maßnahmen (§ 64 BDSG) sicherzustellen, dass die Zweckbindung eingehalten wird, also kein unbefugter Zugriff – auch nicht unbeabsichtigt – auf die Daten erfolgen kann.[51]

29 Gemäß dem **Regelfall des S. 4** dürfen die Daten ausschließlich für den Zweck verwendet werden, für den die Löschung unterblieben ist. Zugleich macht das Gesetz mit der Regelung deutlich, dass sich diese alleine auf Sperrungen nach S. 1, 2 bezieht, denn nur bei diesen ist eine Löschung unterblieben. Für die nach S. 3 von Beginn an zur Datensicherung oder Datenschutzkontrolle gespeicherten Daten folgt daraus, dass diese zu keinerlei anderen Zwecken als eben diesen verwendet werden dürfen.[52]

30 Einen Ausnahmefall von S. 4 regelt S. 5, demzufolge die Daten auch dann verwendet werden dürfen, wenn dies zur Behebung einer bestehenden Beweisnot unerlässlich ist. **Beweisnot** umschreibt dabei Situationen, in denen objektiv keine andere Möglichkeit zur Beweiserbringung besteht, als durch Verwendung der eingeschränkten Daten.[53] Die Verwendung der Daten ist **unerlässlich,** wenn sie unbedingt erforderlich ist, weil die Daten einerseits entscheidungserheblich sind und andererseits nicht durch andere Beweismittel ersetzt werden können.[54] Diese durchaus weite Regelung begegnet massiven Bedenken, da sie den zentralen Zweck der Einschränkung der Verarbeitung – eine sehr strenge Zweckbindung – praktisch aushöhlt. Daher sprechen gute Gründe dafür, die Zweckentfremdung für eine Verwendung zuungunsten der betroffenen Person nicht zuzulassen.[55]

---

[47] In diese Richtung zur aF auch OLG Hamm 15.6.2010 – 1 VAs 16/10, BeckRS 2010, 29014.
[48] Ritscher/Klinge in Satzger/Schluckebier/Widmaier StPO Rn. 10.
[49] Weßlau/Deiters in SK-StPO Rn. 18.
[50] BT-Drs. 12/6853, 39 (zu § 476 aF); Weßlau/Deiters in SK-StPO Rn. 18.
[51] Weßlau/Deiters in SK-StPO Rn. 19.
[52] Ebenso Weßlau/Deiters in SK-StPO Rn. 20.
[53] Schmidt/Niedernhuber in Gercke/Temming/Zöller Rn. 14; Weßlau/Deiters in SK-StPO Rn. 21.
[54] Weßlau/Deiters in SK-StPO Rn. 21.
[55] Weßlau/Deiters in SK-StPO Rn. 22, ausführlich zur Kritik in der Vorauflage Weßlau in SK-StPO Rn. 29; aA Schmidt/Niedernhuber in Gercke/Temming/Zöller Rn. 14: lediglich Beschränkung auf Straftaten von „erheblicher Bedeutung".

Auch S. 5 gilt ausschließlich für Daten, die nach S. 1 oder 2 eingeschränkt worden **31** sind, denn systematisch bezieht sich das „Sie" zu Beginn von S. 5 auf die in S. 4 genannten Daten, bei denen eine Löschung unterblieben ist.

V. Rechtsbehelfe

Die §§ 483 ff. enthalten selbst keine Regelung zu Rechtsbehelfen gegen unrichtige **32** oder unzulässige Speicherungen. Zulässiger Rechtsweg für die Durchsetzung des subjektiven Anspruchs auf Berichtigung, Löschung oder Sperrung ist daher derjenige nach **§§ 23 ff. EGGVG**.[56] Daneben wird teilweise noch eine analoge Anwendung des § 161a erwogen.[57] Das Rechtsschutzinteresse ergibt sich jeweils schon daraus, dass eine unrichtige oder unzulässige Speicherung die betroffenen Personen in ihrem RiS verletzen würde.[58]

Das Kriterium der **Erforderlichkeit,** das auch in § 75 Abs. 2 BDSG zentrale Bedeu- **33** tung hat, unterliegt als unbestimmter Rechtsbegriff voller gerichtlicher Überprüfung.[59] Für die gerichtliche Entscheidung, ob eine Speicherung für die in den §§ 483–485 bezeichneten Zwecke noch erforderlich ist, muss die Sache allerdings spruchreif sein, die StA also eine Einzelfallprüfung vorgenommen haben.[60]

In der Praxis findet eine regelmäßige Prüfung von Datenspeicherungen praktisch nicht **34** statt. Damit nicht mehr erforderliche Daten tatsächlich gelöscht und Löschungsfristen eingehalten werden, müssen Bürger Auskunftsbegehren nach § 491 iVm § 57 BDSG zu gespeicherten personenbezogenen Daten stellen[61] und ggf. deren Löschung beantragen, nötigenfalls auch vor Gericht.[62]

§ 490 Errichtungsanordnung für automatisierte Dateisysteme

¹Der Verantwortliche legt für jedes automatisierte Dateisystem in einer Errichtungsanordnung mindestens fest:
1. die Bezeichnung des Dateisystems,
2. die Rechtsgrundlage und den Zweck des Dateisystems,
3. den Personenkreis, über den Daten in dem Dateisystem verarbeitet werden,
4. die Art der zu verarbeitenden Daten,
5. die Anlieferung oder Eingabe der zu verarbeitenden Daten,
6. die Voraussetzungen, unter denen in dem Dateisystem verarbeitete Daten an welche Empfänger und in welchem Verfahren übermittelt werden,
7. Prüffristen und Speicherungsdauer.

²Dies gilt nicht für Dateisysteme, die nur vorübergehend vorgehalten und innerhalb von drei Monaten nach ihrer Erstellung gelöscht werden, und Informationssysteme gemäß § 483 Absatz 1 Satz 2.

Schrifttum: Siehe Vor § 483.

---

[56] Hilger in Löwe/Rosenberg Rn. 14; Weßlau/Deiters in SK-StPO Rn. 24; bei Verweigerung der Datenlöschung durch die StA auch BVerfG 2.4.2006 – 2 BvR 237/06 u.a., StV 2007, 227; OLG Hamm 15.6.2010 – 1 VAs 16/10, BeckRS 2010, 29014; OLG Frankfurt a. M. 20.7.2010 – 3 VAs 19/10, NStZ-RR 2010, 350 (351); Schmidt/Niederhuber in Gercke/Temming/Zöller Rn. 18; Köhler in Meyer-Goßner/Schmitt Rn. 9; v. Galen FS DAV, 2009, 490 (505).
[57] Hilger in Löwe/Rosenberg Rn. 16; dagegen Weßlau in SK-StPO, 4. Aufl. 2013, Rn. 32: fehlende Vergleichbarkeit.
[58] Hilger in Löwe/Rosenberg Rn. 16; Weßlau/Deiters in SK-StPO Rn. 25.
[59] OLG Hamm 26.2.2021 – 1 VAs 77/20, BeckRS 2021, 6165; KG 17.2.2009 – 1 VAs 38/08, StraFo 2009, 337.
[60] OLG Dresden 19.5.2003 – 2 VAs 4/02, MMR 2003, 592 (592 f.); OLG Frankfurt a. M. 17.1.2008 – 3 VAs 47-48/07, NStZ-RR 2008, 183; OLG Hamburg 24.10.2008 – 2 VAs 5/08, NStZ 2009, 707.
[61] Vgl. dazu v. Galen FS DAV, 2009, 490 (506).
[62] Gehrmann/Klaas StraFo 2021, 408 (412 ff.).

1 Wie allgemein bei der automatisierten Verarbeitung personenbezogener Daten ist auch für automatisierte Strafverfahrensdateien grundsätzlich eine Errichtungsanordnung zu erlassen, die grundlegende Festlegungen hinsichtlich der jeweiligen Datei bestimmt und transparent macht. Dies regelt § 490 und verdrängt damit als speziellere Norm § 70 BDSG.[1] Eine Ausnahme von der Verpflichtung gilt nach S. 2 für Dateien, die spätestens und ohne Ausnahme drei Monate nach ihrer Erstellung gelöscht werden (sog. flüchtige Dateien, s. § 484 Abs. 3).[2] Durch die Umsetzung der JI-RL im Strafverfahren (→ Vor § 474 Rn. 5) wurde eine weitere Ausnahme für Informationssysteme gem. § 483 Abs. 1 S. 2 eingefügt und die Terminologie an den europarechtlichen Sprachgebrauch angepasst.[3]

2 Zuständig für den Erlass der Errichtungsanordnung ist der jeweils **Verantwortliche** (→ § 474 Rn. 6). Bei gemeinsamen Dateien sind alle beteiligten Stellen Verantwortliche, können aber eine gemeinsame Anordnung nutzen.[4] Die Errichtungsanordnung hat zeitlich vor Inbetriebnahme der Datei zu erfolgen, um ihre Funktion der Eigen- und Fremdkontrolle erfüllen zu können.[5]

3 Die Norm regelt in S. 1 nur das absolute Mindestmaß[6] der **erforderlichen Festlegungen,** die die Errichtungsanordnung für die Datei zu treffen hat, so dass die Anordnung auch deutlich darüber hinausgehen kann[7] und dies auch sollte, wo eine differenziertere Festlegung im Hinblick auf das RiS angezeigt ist.[8] Die mindestens zu regelnden Festlegungen in der Errichtungsanordnung sind so konkret wie möglich zu bestimmen. Im Hinblick auf die mit der Vorschrift beabsichtigte Transparenz der Datenverarbeitung ist auch der Zweck der Datei möglichst detailliert zu benennen.[9]

4 Bei den Regelungen der Errichtungsanordnung muss sich die speichernde Stelle innerhalb des **rechtlichen Rahmens** bewegen, den die einschlägigen gesetzlichen Regelungen für die Dateispeicherung ziehen. Dies gilt auch für Verordnungen nach § 484 Abs. 3, der insofern eine Spezialregelung im Verhältnis zu § 490 darstellt, derzufolge bei Strafverfolgungsvorsorgedateien durch Ministerien bzw. Landesregierung festgelegt werden muss, welche weiteren Daten gespeichert werden dürfen.

§ 491 Auskunft an betroffene Personen

(1) ¹**Ist die betroffene Person bei einem gemeinsamen Dateisystem nicht in der Lage, den Verantwortlichen festzustellen, so kann sie sich zum Zweck der Auskunft nach § 57 des Bundesdatenschutzgesetzes an jede beteiligte speicherungsberechtigte Stelle wenden.** ²**Über die Erteilung einer Auskunft entscheidet die ersuchte speicherungsberechtigte Stelle im Einvernehmen mit dem Verantwortlichen.**

(2) Für den Auskunftsanspruch betroffener Personen gilt § 57 des Bundesdatenschutzgesetzes.

Schrifttum (weitere Quellen beim Schrifttum Vor § 483): Albers, Informationelle Selbstbestimmung, 2005; Schwichtenberg, Die „kleine Schwester" der DSGVO: Die Richtlinie zur Datenverarbeitung bei Polizei und Justiz, DuD 2016, 605; Weßlau, Regelungsdefizite und Regelungspannen im Achten Buch der Strafprozessordnung, FS Hamm, 2008, 841.

---

[1] Wittig in BeckOK StPO Rn. 1; vgl. zu § 70 BDSG und der Vorgängerregelung in § 18 Abs. 2 BDSG aF Jungkind in BeckOK DatenschutzR BDSG § 70 Rn. 9 ff.
[2] Gieg in KK-StPO Rn. 2.
[3] BT-Drs. 19/4671, 70.
[4] Wittig in BeckOK StPO Rn. 1.
[5] Weßlau in SK-StPO Rn. 1.
[6] Vgl. OLG Dresden 19.5.2003 – 2 VAs 4/02, MMR 2003, 592 (593).
[7] Ritscher/Klinge in Satzger/Schluckebier/Widmaier StPO Rn. 2.
[8] OLG Dresden 19.5.2003 – 2 VAs 4/02, MMR 2003, 592 (593).
[9] Hilger in Löwe/Rosenberg Rn. 4.

I. Allgemeines

Die umfassende Kenntnis von der Erhebung und Verarbeitung personenbezogener **1** Daten (vgl. § 46 Nr. 1 BDSG) stellen für die betroffene Person eine notwendige Voraussetzung dar, um Rechtsschutz und sonstige Kontrollrechte wahrnehmen zu können.[1] In der Rechtsprechung des BVerfG gelten entsprechende Auskunftsansprüche daher als notwendige **Verfahrensvorkehrungen zum Schutz des RiS**.[2] Als solche vermittelt § 491 Betroffenen einer Speicherung in Strafverfahrensdateien einen Auskunftsanspruch. Die Vorschrift wurde durch die Umsetzung der JI-RL im Strafverfahren (→ Vor § 474 Rn. 5) umstrukturiert und die zeitliche Beschränkung sowie die subsidiäre Geltung des allgemeinen datenschutzrechtlichen Auskunftsanspruchs aufgrund der Inkompatibilität mit den europarechtlichen Vorgaben aufgegeben.[3] Die Vorschrift verweist für das Auskunftsrecht auf § 57 BDSG und enthält nur hinsichtlich gemeinsamer Dateien eine darüber hinausgehende Regelung in Abs. 1. Bei der Auskunftserteilung ist zu berücksichtigen, dass diese unter Umständen für andere Betroffene einen nicht unerheblichen Eingriff in deren RiS darstellen kann.

II. Auskunftsanspruch nach § 57 BDSG (Abs. 2)

§ 491 verweist für den Auskunftsanspruch Betroffener auf § 57 BDSG. Anders als in **2** der vorherigen Fassung ist das Auskunftsrecht damit nicht mehr subsidiär, sondern besteht uneingeschränkt neben sonstigen Ansprüchen auf Akteneinsicht und Auskunft.[4] Diese Änderung war wegen der europarechtlichen Vorgaben durch die JI-RL notwendig geworden, führt aber auch zu sachgerechteren Lösungen als die alte Gesetzeslage. So wurde bisher nicht berücksichtigt, dass die verschiedenen Ansprüche mit Akten einerseits und Dateien andererseits sehr unterschiedliche Objekte zum Gegenstand haben,[5] der Inhalt von Dateien nach der bisherigen Konzeption oftmals nicht vom Recht auf Akteneinsicht und Auskunft umfasst war und das datenschutzrechtliche Auskunftsrecht sich an andere Adressaten richtete (→ 1. Aufl. 2019, Rn. 3 ff.).

Auf einen hinreichend konkreten Antrag ist gem. § 57 Abs. 1, 3 BDSG grds. unentgelt- **3** lich (§ 59 Abs. 3 BDSG) **Auskunft** zu erteilen über gespeicherte Daten, deren Herkunft, die Empfänger im Fall einer Datenweitergabe, den Zweck der Speicherung sowie die Speicherdauer.[6] Abs. 2 und 5 des § 57 BDSG sehen einige besondere Einschränkungen des Anspruchs vor.[7]

§ 57 Abs. 4 BDSG verweist für die **Ablehnung bzw. Einschränkung der Auskunft** **4** auf die Gründe des § 56 Abs. 2 BDSG. Eine solche ist zulässig bei Gefährdung der Erfüllung der Aufgaben der Strafverfolgung bzw. Verhütung von Straftaten gem. § 45 BDSG (Nr. 1), der öffentlichen Sicherheit (Nr. 2) oder der Rechtsgüter Dritter (Nr. 3), soweit das Interesse an der Vermeidung dieser Gefahren das Informationsinteresse der betroffenen Person überwiegt.[8] Diese im Einzelfall zu treffende Abwägung ersetzt nun auch die zuvor vorgesehenen starren Ausschlussfristen bei anhängigen Ermittlungsverfahren.[9] § 57 Abs. 6, 7 BDSG sehen

---

[1] Albers, Die Determination polizeilicher Tätigkeit in den Bereichen der Straftatenverhütung und der Verfolgungsvorsorge, 2001, S. 236 ff., 246 ff.; Gusy ZJS 2012, 155 (166); Hilger in Löwe/Rosenberg Rn. 1; Schwabenbauer in Lisken/Denninger PolR-HdB Rn. 310 ff.
[2] Vgl. BVerfG 10.3.2008 – 1 BvR 2388/03, BVerfGE 120, 351 = NJW 2008, 2099; Weßlau FS Hamm, 2008, 841 (845).
[3] BT-Drs. 19/4671, 70.
[4] BT-Drs. 19/4671, 70; Singelnstein NStZ 2020, 639 (643).
[5] Dazu Weßlau in SK-StPO, 4. Aufl. 2013, Vor § 483 Rn. 10 ff.
[6] Zur Inkompatibilität der alten Regelung mit der Richtlinie zur Datenverarbeitung bei Polizei und Justiz (EU 2016/680) s. Schwichtenberg DuD 2016, 605 (609).
[7] Ritscher/Klinge in Satzger/Schluckebier/Widmaier StPO Rn. 6; zur Frage der Richtlinienkonformität des § 56 Abs. 2, 3 vgl. Johannes/Weinhold, Das neue Datenschutzrecht bei Polizei und Justiz, Rn. 193; Paal in Paal/Pauly BDSG § 57 Rn. 5 f.
[8] Vgl. dazu Werkmeister in Gola/Heckmann BDSG § 57 Rn. 19 f.
[9] Diese waren bisher in § 491 Abs. 1 S. 2–6 vorgesehen, vgl. BT-Drs. 19/4671, 70 f.

für den Fall der Ablehnung besondere Verfahrensregelungen vor und Abs. 8 verpflichtet den Verantwortlichen (§ 46 Nr. 7 BDSG) zur Dokumentation der Gründe, die der Ablehnung oder Einschränkung zugrunde liegen.

III. „Allzuständigkeit" bei gemeinsamen Dateien (Abs. 1)

5   Abs. 1 sieht im Fall von gemeinsamen Dateien, bei denen also mehrere Stellen zur Speicherung berechtigt sind, eine Allzuständigkeit aller speicherungsberechtigten Stellen vor, wenn der Betroffene ansonsten die speichernde und daher zuständige Stelle nicht identifizieren kann.[10] Dies ist verfassungsrechtlich geboten, um der betroffenen Person eine effektive Rechtsschutzmöglichkeit an die Hand zu geben, da sie von außen häufig nicht erkennen kann, welche zur Speicherung berechtigte Stelle die in Rede stehende Speicherung tatsächlich veranlasst hat. Die angesprochene Stelle hat dann das Einvernehmen mit der tatsächlich speichernden Stelle herzustellen.

IV. Rechtsbehelfe

6   Die Ablehnung oder Einschränkung des Auskunftsanspruchs ist gem. § 57 Abs. 6 BDSG in der Regel unverzüglich zu erteilen. Wird der betroffenen Person keine oder nur eingeschränkte Auskunft erteilt, so kann sie gem. **§ 57 Abs. 7 BDSG** verlangen, dass sie stattdessen dem Bundesbeauftragten für den Datenschutz erteilt wird, soweit nicht eine Einzelfallprüfung ergibt, dass hierdurch die Sicherheit des Bundes oder eines Landes gefährdet würde.[11]

7   Gegen eine ablehnende oder einschränkende Entscheidung ist ein Antrag auf gerichtliche Entscheidung nach **§§ 23 ff. EGGVG** zulässig.[12] Nach der Rechtsprechung zur alten Rechtslage war dies nur zulässig, wenn die Entscheidung die faktische Verweigerung eines tatsächlich bestehenden Akteneinsichtsrechts iSd § 147 Abs. 1 darstellt und die Voraussetzungen des § 147 Abs. 5 S. 2 vorliegen.[13] Dabei verkannte die Rechtsprechung allerdings, dass § 491 Abs. 1 aF ein subjektives Recht auf Auskunftserteilung enthielt.[14] Die Neufassung verweist in Abs. 2 für den Auskunftsanspruch auf § 57 BDSG, der die Möglichkeit gerichtlicher Kontrolle in Abs. 7 S. 2 bereits voraussetzt.

---

[10] Hilger in Löwe/Rosenberg Rn. 24.
[11] Wittig in BeckOK StPO Rn. 8; Hilger in Löwe/Rosenberg Rn. 20 f.: aufgrund fehlender Verweisung nur bei Auskunftssperre nach § 19 Abs. 4 BDSG aF.
[12] BayObLG 19.7.2023 – 203 VAs 196/23, StraFo 2023, 486; Wittig in BeckOK StPO Rn. 9.
[13] BGH 22.1.2009 – StB 29/08, NStZ-RR 2009, 145; Hilger in Löwe/Rosenberg Rn. 20a; Köhler in Meyer-Goßner/Schmitt Rn. 4a.
[14] Ritscher/Klinge in Satzger/Schluckebier/Widmaier StPO, 3. Aufl. 2018, Rn. 1; Deiters/Weßlau in SK-StPO Rn. 1.

Dritter Abschnitt. Länderübergreifendes staatsanwaltschaftliches Verfahrensregister

Vorbemerkung zu § 492

Schrifttum: Hoffmann, Staatsanwaltschaftliches Informationssystem, ZRP 1990, 55; Kestel, §§ 474 ff. StPO – eine unbekannte Größe, StV 1997, 266; König/Seitz, Die straf- und strafverfahrensrechtlichen Regelungen des Verbrechensbekämpfungsgesetzes, NStZ 1995, 1; Lemke, Länderübergreifendes staatsanwaltschaftliches Verfahrensregister, NStZ 1995, 484; Lemke, Staatsanwaltschaftliches Verfahrensregister, BewHi 1999, 135; Pätzel, Probleme des Datenschutzes bei Staatsanwaltschaft und Gericht in Gegenwart und Zukunft, DRiZ 2001, 24; Schneider, Länderübergreifendes staatsanwaltschaftliches Verfahrensregister – zugleich ein Instrument zur Bekämpfung der Massenkriminalität?, NJW 1996, 302; Vassilaki, Zulässigkeit der Beweiserhebung und -verwertung bei GPS-Einsatz, CR 2005, 572; Wolter, Datenschutz und Strafprozess, ZStW 107 (1995), 793.

Das Zentrale Staatsanwaltschaftliche Verfahrensregister (ZStV) wird vom Bundesamt für Justiz (BfJ) geführt und speichert für strafrechtliche Ermittlungsverfahren einen festgelegten Bestand an Daten (§ 492 Abs. 2). Gemäß § 46 Abs. 3 S. 4 OWiG sind die Regelungen im Bußgeldverfahren nicht nach § 46 Abs. 2 OWiG entsprechend anzuwenden. Das BfJ wurde zum 1.1.2007 eingerichtet und ist als zentrale Dienstleistungsbehörde der Bundesjustiz u.a. für das Registerwesen und somit auch für das ZStV zuständig;[1] davor war seit Aufnahme des Registerbetriebs 1999 die Dienststelle Bundeszentralregister beim Generalbundesanwalt Registerbehörde.[2] 1

Geschaffen wurde das Register durch das „Verbrechensbekämpfungsgesetz"[3] zum 1.12.1994 mit der **Begründung,** dass die Strafverfolgungsbehörden andernfalls nicht erkennen könnten, wenn gegen einen Beschuldigten in verschiedenen Bundesländern Ermittlungsverfahren geführt werden, was insbesondere für Entscheidungen von StA und Gericht sowie zur Verfahrenskonzentration und im Rahmen der Strafvollstreckung relevant sei (s. auch § 2 ZStVBetrV).[4] Das ZStV soll also die Lücke schließen zwischen den nur auf Länderebene angesiedelten staatsanwaltschaftlichen Auskunftssystemen und dem Bundeszentralregister, das nur bestimmte rechtskräftige bzw. vollziehbare Entscheidungen enthält.[5] Diese Lücke hat auch durch die steigende Bedeutung der Einstellungen nach §§ 153 ff. massiv an Bedeutung gewonnen, die im Gegensatz zu Verurteilungen nicht aus dem BZR zu ersehen sind. Eine ursprünglich geplante Beschränkung der Speicherung auf Taten von erheblicher oder überörtlicher Bedeutung aus Gründen der Verhältnismäßigkeit ist im Laufe des Gesetzgebungsverfahrens als unpraktikabel gestrichen worden und besteht somit nicht.[6] 2

Indes dient das ZStV nicht alleine der Arbeitserleichterung der StAen und der anderen auskunftsberechtigten Behörden, sondern verpflichtet diese im Gegenzug auch zur Nutzung des Registers, um nicht erforderliche Grundrechtseingriffe durch Doppelverfahren zu verhindern und einen effektiven Grundrechtsschutz durch Abstimmung der Ermittlungstätigkeiten zu erreichen.[7] 3

Die gespeicherten Daten dürfen von einzelnen Ausnahmen abgesehen nur zur Strafverfolgung genutzt werden (§ 492 Abs. 6). Die somit recht **strenge Zweckbindung** hängt u.a. damit zusammen, dass die gespeicherten personenbezogenen Daten deutlich sensibler sind und daher auch das RiS der Betroffenen in anderer Weise tangieren als etwa solche des BZR. 4

---

[1] Gesetz vom 17.12.2006, BGBl. I 3171.
[2] Lemke BewH 1999, 135 (136); Gemählich in KMR-StPO § 492 Rn. 5; Ritscher/Klinge in Satzger/Schluckebier/Widmaier StPO § 492 Rn. 3.
[3] Gesetz vom 28.10.1994, BGBl. I 3186.
[4] BT-Drs. 12/6853, 37; die zur Begründung damals herangezogene rassistische Gewaltkriminalität hat in der Praxis des Registers heute keine herausgehobene Bedeutung, vgl. Weßlau in SK-StPO, 4. Aufl. 2013, Rn. 4; Schneider NJW 1996, 302 (304).
[5] Pätzel DRiZ 2001, 24 (28).
[6] BT-Drs. 12/6853, 37; Weßlau in SK-StPO, 4. Aufl. 2013, Rn. 5, § 492 Rn. 7; zustimmend: König/Seitz NStZ 1995, 1 (5); Hoffmann ZRP 1990, 55 (59).
[7] BVerfG 12.4.2005 – 2 BvR 581/01, BVerfGE 112, 304 (319 f.) mAnm Vassilaki CR 2005, 572 (573).

Anders als bei einer rechtskräftigen Verurteilung fußt die Speicherung der Daten am Beginn des Ermittlungsverfahrens lediglich auf einem einfachen Anfangsverdacht, der uU noch nicht weiter geprüft wurde. Die damit eingeschränkte Aussagekraft der Daten führt in Verbindung mit der von ihnen ausgehenden massiv stigmatisierenden Wirkung dazu, dass bei der Verarbeitung und Nutzung der Daten ein besonders strenger Maßstab anzulegen ist.

5 Die **Datenübermittlung** findet grundsätzlich in automatischen Abrufverfahren oder Anfrage- und Auskunftsverfahren statt. Laut BfJ werden jährlich schätzungsweise rund sechs Millionen Mitteilungen gespeichert; die durchschnittliche Speicherdauer betrage fünf Jahre. Hieraus ergebe sich ein Gesamtdatenbestand von ca. 30 Millionen Einträgen. Jeden Tag würden schätzungsweise 72.000 Erst- und Folgemitteilungen anfallen sowie 30.000 Auskunftsersuchen gestellt.[8] Die Datenübertragung zwischen Registerbehörde und Benutzern erfolgt über Euro-ISDN. Zur Sicherung der sensiblen Daten findet der Datenaustausch nach dem Konzept der **geschlossenen Benutzergruppen** statt, dh an der Übertragung können nur vorher festgelegte Teilnehmer teilnehmen, die während der Übertragung vom öffentlichen Netz abgeschirmt sind.[9]

6 Geregelt war das Register zunächst in den §§ 474–477; mit Wirkung zum 12.8.2000 wurden die Vorschriften durch das StVÄG 1999[10] in die §§ 492–495 überführt. Daneben wird der Betrieb des Registers durch die nach § 494 Abs. 4 ergangene Verordnung über den Betrieb des Zentralen Staatsanwaltschaftlichen Verfahrensregisters (ZStVBetrV) geregelt (→ § 494 Rn. 13). Das Register ist keine Strafverfahrensdatei im Sinne der §§ 483 ff. Dies folgt schon daraus, dass es nicht von einer der dort genannten Stellen, sondern vom Bundesamt für Justiz geführt wird sowie aus den eigenständigen Regelungen in den §§ 492 ff. Ihm kommt damit ein dem BZR vergleichbarer Status zu.

§ 492 Zentrales staatsanwaltschaftliches Verfahrensregister

(1) Das Bundesamt für Justiz (Registerbehörde) führt ein zentrales staatsanwaltschaftliches Verfahrensregister.

(2) ¹In das Register sind
1. die Personendaten des Beschuldigten und, soweit erforderlich, andere zur Identifizierung geeignete Merkmale,
2. die zuständige Stelle und das Aktenzeichen,
3. die nähere Bezeichnung der Straftaten, insbesondere die Tatzeiten, die Tatorte und die Höhe etwaiger Schäden,
4. die Tatvorwürfe durch Angabe der gesetzlichen Vorschriften,
5. die Einleitung des Verfahrens sowie die Verfahrenserledigungen bei der Staatsanwaltschaft und bei Gericht nebst Angabe der gesetzlichen Vorschriften
einzutragen. ²Die Daten dürfen nur für Strafverfahren gespeichert und verändert werden.

(3) ¹Die Staatsanwaltschaften teilen die einzutragenden Daten der Registerbehörde zu dem in Absatz 2 Satz 2 genannten Zweck mit. ²Auskünfte aus dem Verfahrensregister dürfen nur Strafverfolgungsbehörden für Zwecke eines Strafverfahrens erteilt werden. ³Dem Bundeskriminalamt dürfen Auskünfte auch erteilt werden, soweit dies im Einzelfall zur Erfüllung seiner Aufgaben nach § 5 Absatz 1, § 6 Absatz 1 oder § 7 Absatz 1 und 2 des Bundeskriminalamtgesetzes erforderlich ist. ⁴§ 5 Abs. 5 Satz 1 Nr. 2 des Waffengesetzes, § 8a Absatz 5 Satz 1 Nummer 2 des Sprengstoffgesetzes, § 7 Absatz 3 Satz 1 Nummer 3 des Luftsicherheitsgesetzes, § 12 Absatz 1 Nummer 2 des Sicherheitsüberprüfungsgesetzes und § 31 Absatz 4a Satz 1 des Geldwäschegesetzes bleiben unberührt; die Auskunft über die Eintragung wird insoweit im Einverneh-

---
[8] https://www.bundesjustizamt.de/DE/Themen/Gerichte_Behoerden/ZStV/ZStV_node.html.
[9] Gieg in KK-StPO § 492 Rn. 1.
[10] Gesetz vom 2.8.2000, BGBl. I 1253.

men mit der Staatsanwaltschaft, die die personenbezogenen Daten zur Eintragung in das Verfahrensregister mitgeteilt hat, erteilt, wenn hiervon eine Gefährdung des Untersuchungszwecks nicht zu besorgen ist.

(4) ¹Die in Absatz 2 Satz 1 Nummer 1 und 2 und, wenn dies erforderlich ist, Nummer 3 und 4 genannten Daten dürfen nach Maßgabe des § 18 Abs. 3 des Bundesverfassungsschutzgesetzes, auch in Verbindung mit § 10 Abs. 2 des Gesetzes über den Militärischen Abschirmdienst und § 10 Absatz 3 des BND-Gesetzes, auf Ersuchen auch an die Verfassungsschutzbehörden des Bundes und der Länder, den Militärischen Abschirmdienst und den Bundesnachrichtendienst übermittelt werden. ²§ 18 Abs. 5 Satz 2 des Bundesverfassungsschutzgesetzes gilt entsprechend.

(4a) ¹Kann die Registerbehörde eine Mitteilung oder ein Ersuchen einem Datensatz nicht eindeutig zuordnen, übermittelt sie an die ersuchende Stelle zur Identitätsfeststellung Datensätze zu Personen mit ähnlichen Personalien. ²Nach erfolgter Identifizierung hat die ersuchende Stelle alle Daten, die sich nicht auf die betroffene Person beziehen, unverzüglich zu löschen. ³Ist eine Identifizierung nicht möglich, sind alle übermittelten Daten zu löschen. ⁴In der Rechtsverordnung nach § 494 Abs. 4 ist die Anzahl der Datensätze, die auf Grund eines Abrufs übermittelt werden dürfen, auf das für eine Identifizierung notwendige Maß zu begrenzen.

(5) ¹Die Verantwortung für die Zulässigkeit der Übermittlung trägt der Empfänger. ²Die Registerbehörde prüft die Zulässigkeit der Übermittlung nur, wenn besonderer Anlaß hierzu besteht.

(6) Die Daten dürfen unbeschadet des Absatzes 3 Satz 3 und 4 sowie des Absatzes 4 nur in Strafverfahren verwendet werden.

Schrifttum (weitere Quellen beim Schrifttum Vor § 492): Kalf, Das Strafverfahrensregister im System der StPO, StV 1997, 610.

Übersicht

		Rn.			Rn.
I.	Allgemeines	1	1.	Auskunft für Zwecke eines Strafverfahrens (Abs. 3 S. 2)	16
II.	Inhalt des Registers	2			
1.	Umfang der registrierten Daten (Abs. 2, § 4 Abs. 1–4 ZStVBetrV)	3	2.	Auskunft zu sonstigen Zwecken (Abs. 3 S. 3, 4, Abs. 4)	20
2.	Mitteilung an das Register (Abs. 3 S. 1)	8	3.	Ähnlichenservice (Abs. 4a, § 8 ZStVBetrV)	25
3.	Zweckbindung	11			
III.	Auskünfte aus dem Register	15	4.	Prüfungspflicht (Abs. 5)	27

I. Allgemeines

Die Norm ist zentrale Rechtsgrundlage für das ZStV. Sie regelt sowohl die Erhebung 1 und Speicherung der Daten beim BfJ als Registerbehörde als auch die Verwendung und Übermittlung aus dem Register an auskunftsersuchende Stellen. Da die Registerbehörde dabei als Justizbehörde auf dem Gebiet der Strafrechtspflege tätig wird, handelt es sich bei ihren Entscheidungen um Justizverwaltungsakte gem. §§ 23 ff. EGGVG.[1]

II. Inhalt des Registers

In dem Register wird zu jedem Ermittlungsverfahren gegen bekannte Tatverdächtige 2 ein bestimmter, gesetzlich festgelegter Bestand an Daten gespeichert, der durch die mittei-

---

[1] Gieg in KK-StPO Rn. 1.

lenden Stellen übermittelt wird. Alleiniger Zweck der Datenverarbeitung in dem Register ist die Strafverfolgung (Abs. 2 S. 2).

3   **1. Umfang der registrierten Daten (Abs. 2, § 4 Abs. 1–4 ZStVBetrV).** Der Umfang der zu übermittelnden und zu speichernden Daten wird durch Abs. 2 festgelegt. Dessen Regelungen werden von § 4 ZStVBetrV noch einmal detaillierter gefasst, der nach § 4 Abs. 5 ZStVBetrV **abschließend** ist. Darüber hinausgehende Daten dürfen demnach nicht gespeichert werden. Vorgesehen ist eine **Vollspeicherung,** dh die Speicherung von Daten aller einschlägigen Verfahren.

4   Es lassen sich **drei Gruppen von Daten** unterscheiden. Neben Daten, die zur Identifizierung des Beschuldigten geeignet sind (Nr. 1), werden Daten über das Verfahren (Nr. 2, 5) und über den Tatvorwurf (Nr. 3, 4) gespeichert.

5   Zu den zur **Identifizierung des Beschuldigten** geeigneten Daten (Nr. 1) gehören zunächst Personendaten, also Geburts- und Familienname, Vorname, Geburtsdatum, -ort und -staat, Geschlecht und Staatsangehörigkeit, sowie jeweils abweichende Angaben (zB frühere, Alias- oder Künstlernamen) und die Anschrift; § 4 Abs. 1 Nr. 1–8, 10 ZStVBetrV. Daneben sollen andere zur Identifizierung geeignete Merkmale gespeichert werden – etwa besondere körperliche Merkmale und Kennzeichen (zB Muttermale, Narben und Tätowierungen) – soweit sie zur Identifizierung erforderlich sind, § 4 Abs. 1 Nr. 9 ZStVBetrV.[2]

6   Als **Verfahrensdaten** werden die zuständige Stelle und das Aktenzeichen (Nr. 2) sowie Einleitung und Erledigung des Verfahrens bei der StA und bei Gericht nebst Angabe der gesetzlichen Vorschriften (Nr. 5) gespeichert. Als staatsanwaltschaftliche Erledigungen sind insbesondere die Erhebung der Anklage (§ 4 Abs. 4 Nr. 2 ZStVBetrV), Anträge auf Durchführung eines besonderen Verfahrens nach dem Sechsten Buch der StPO oder eines vereinfachten Jugendverfahrens (§ 4 Abs. 4 Nr. 3, 4 ZStVBetrV) sowie eine vorläufige oder endgültige Einstellung des Verfahrens (§ 4 Abs. 4 Nr. 5 ZStVBetrV) einzutragen. Gerichtliche Verfahrenserledigungen sind einzutragen, soweit sie auf die staatsanwaltschaftliche Tätigkeit zurückwirken und nicht im BZR eingetragen werden.[3] Dazu zählen nach § 4 Abs. 4 ZStVBetrV gerichtliche Einstellungen (Nr. 5), Freispruch oder Verurteilung (Nr. 6, wobei hier nur das Datum anzugeben ist) sowie sonstige Verfahrenserledigungen (Nr. 7, zB die Nichteröffnung des Hauptverfahrens, Ablehnung eines Strafbefehls oder Verbindung mit einem anderen Verfahren).

7   Zum **Tatvorwurf** werden die gesetzlichen Vorschriften (Nr. 4), die nähere Bezeichnung der Straftaten (zB Handtaschenraub, Straßenraub), Tatzeit, Tatort, die Höhe etwaiger Schäden (Nr. 3) sowie Angaben über Mitbeschuldigte (§ 4 Abs. 2 Nr. 6 ZStVBetrV) gespeichert.

8   **2. Mitteilung an das Register (Abs. 3 S. 1). Mitteilende Stellen,** die also die entsprechenden Daten an das BfJ zu übermitteln haben, sind die StAen. Hierunter fallen auch Ermittlungen führende Finanzbehörden (§ 386 Abs. 2, § 399 AO).[4] Nicht zur Mitteilung befugt sind Polizeibehörden – auch dann nicht, wenn sie repressiv tätig werden.[5] Sie haben vielmehr unverzüglich die StA zu informieren, damit diese ihrer Mitteilungspflicht nachkommen kann.[6] Für die Übermittlung an eine zwischengeschaltete Datenzentrale, der sich die mitteilenden (und auskunftsersuchenden) Stellen teilweise zur Datenverarbeitung bedienen, liefert § 492 keine Rechtsgrundlage. Eine solche ist aber nur dann entbehrlich, wenn eine derartige Einrichtung einen unselbstständigen Teil der mitteilenden oder ersuchenden Stelle darstellt.[7]

---

[2] Zweifel an der Erforderlichkeit bei Weßlau/Deiters in SK-StPO Rn. 9.
[3] Schmidt/Niedernhuber in Gercke/Temming/Zöller Rn. 9; Hilger in Löwe/Rosenberg Rn. 16; Weßlau/Deiters in SK-StPO Rn. 14.
[4] S. schon BT-Drs. 12/6853, 37; Köhler in Meyer-Goßner/Schmitt Rn. 6.
[5] Weßlau/Deiters in SK-StPO Rn. 4.
[6] Hilger in Löwe/Rosenberg Rn. 21.
[7] Gieg in KK-StPO Rn. 3.

Nach § 3 Abs. 1 ZStVBetrV hat die Übermittlung grundsätzlich **mit Anhängig-** **9** **keit des Verfahrens** bei der StA, also mit Einleitung des Ermittlungsverfahrens zu erfolgen;[8] Berichtigungen und Änderungen sind unverzüglich mitzuteilen. Bei besonderer Geheimhaltungsbedürftigkeit kann die Übermittlung zurückgestellt werden oder unter der Maßgabe erfolgen, dass über sie zunächst keine Auskunft erteilt wird, § 3 Abs. 2, 3 ZStVBetrV.

Verfahren gegen Unbekannt sollen nicht an das ZStV übermittelt werden,[9] ebenso **10** wenig wie die Ablehnung der Einleitung eines Ermittlungsverfahrens.[10] Auch Verfahren, denen eine offensichtlich unbegründete Anzeige zugrunde liegt, sind nicht mitzuteilen.

3. Zweckbindung. Abs. 6 sieht eine **weitgehende Bindung** der gespeicherten Daten **11** an den Zweck der Strafverfolgung vor, die allgemein jede Verwendung betrifft.[11] Diese im Hinblick auf das RiS erforderliche Zweckbestimmung[12] treffen zudem auch Abs. 2 S. 2 für die Speicherung und Veränderung der Daten sowie Abs. 3 S. 1 für die Übermittlung.

Abgesehen von Auskünften an das BKA nach Abs. 3 S. 3, der Beauskunftung nach **12** WaffenG, SprengstoffG, SÜG, LuftSiG und GwG gem. Abs. 3 S. 4 (dazu → Rn. 20) sowie der Datenübermittlung an die Geheimdienste nach Abs. 4 (dazu → Rn. 21 ff.) dürfen die Daten damit nur **„in Strafverfahren"** genutzt werden. Eine darüber hinausgehende Verwendung der Daten, zB in OWi-, Steuer-, Asyl- und anderen nichtgerichtlichen Verfahren ist unzulässig.[13] Auch eine Nutzung der Daten zu wissenschaftlichen Zwecken hat der Gesetzgeber bewusst nicht vorgesehen.[14]

Der **Zweck der Strafverfolgung** umfasst alle Strafverfahren, die von deutschen Straf- **13** verfolgungsbehörden gemäß der StPO geführt werden, mitsamt der Vollstreckung, dem Täter-Opfer-Ausgleich sowie der Dienstaufsicht[15] in den jeweiligen Strafverfahren.[16] Damit soll klargestellt sein, dass die Daten nicht nur in dem der Anfrage zugrunde liegenden Verfahren, sondern auch – um wiederholte Anfragen zu vermeiden – in anderen Strafverfahren verwendet werden dürfen.[17] Umstritten ist, ob auch Gnadensachen und die internationale Rechtshilfe in Strafsachen hierunter fallen. Systematisch spricht die ausdrückliche Erwähnung dieser Verwendungen neben dem Strafverfahren in § 483 Abs. 2, § 487 Abs. 1 eher dagegen; auch besteht kein wesentliches Bedürfnis für eine solche Verwendung.[18]

Im Zusammenhang mit der Zweckbindung stellt sich die Frage, wie die Regelung des **14** § 5 Abs. 1 Nr. 2 EJG einzuordnen ist, wonach das **nationale Mitglied von Eurojust** für seinen Aufgabenbereich Zugang zu öffentlich geführten Registern wie eine Staatsanwaltschaft erhält. Zwar fällt das ZStV formal in diese Kategorie (s. auch § 6 Abs. 1 Nr. 6 ZStVBetrV). Allerdings kollidiert dies mit der Zweckbindung in Abs. 6, die eben nur deutsche Verfahren meint. Somit stellt sich die Frage, ob § 5 Abs. 1 Nr. 2 EJG eine weitere Ausnahme von der strengen Zweckbindung statuieren soll. Rechtlich besehen wäre eine Zweckumwidmung zwar möglich; es ist aber fraglich, ob der Gesetzgeber mit der allgemeinen Vorschrift des § 5 Abs. 1 Nr. 2 EJG tatsächlich die strenge Zweckbindung des Abs. 6 umgehen wollte. Dagegen spricht jedenfalls, dass die sonstigen Ausnahmen von der strengen Zweckbindung in Abs. 6 ausdrücklich genannt sind.

---

[8] Gemählich in KMR-StPO Rn. 9.
[9] Hilger in Löwe/Rosenberg Rn. 21; Weßlau/Deiters in SK-StPO Rn. 5; Gieg in KK-StPO Rn. 4.
[10] Hilger in Löwe/Rosenberg Rn. 21.
[11] Weßlau/Deiters in SK-StPO Rn. 16; Köhler in Meyer-Goßner/Schmitt Rn. 12.
[12] BVerfG 15.12.1983 – 1 BvR 209/83 u.a., BVerfGE 65, 1 (45 f.); Lemke NStZ 1995, 484 (485).
[13] Hilger in Löwe/Rosenberg Rn. 44.
[14] BT-Drs. 15/1492, 14; Hilger in Löwe/Rosenberg Rn. 45; aA Hellmann in AK-StPO § 474 Rn. 14.
[15] Anders Weßlau/Deiters in SK-StPO Rn. 17.
[16] Hilger in Löwe/Rosenberg Rn. 43.
[17] BT-Drs. 12/6853, 38, Schneider NJW 1996, 302 (304); Ritscher/Klinge in Satzger/Schluckebier/Widmaier StPO Rn. 11.
[18] So auch Hilger in Löwe/Rosenberg Rn. 42; Otte in Radtke/Hohmann Rn. 4; Weßlau/Deiters in SK-StPO Rn. 17; aA, allerdings ohne Begründung, Schmidt/Niederhuber in Gercke/Temming/Zöller Rn. 28; Gieg in KK-StPO Rn. 10; Gemählich in KMR-StPO Rn. 16; Köhler in Meyer-Goßner/Schmitt Rn. 12; Ritscher/Klinge in Satzger/Schluckebier/Widmaier StPO Rn. 11.

III. Auskünfte aus dem Register

15 Auskünfte werden entsprechend der Zweckbindung der Daten (→ Rn. 11 ff.) nur zur Strafverfolgung, für Sicherheitsüpüfungen, den Waffen-, Sprengstoff- und Luftsicherheitsbehörden sowie der Zentralstelle für Finanztransaktionsuntersuchungen, dem BKA und Geheimdiensten für deren Aufgaben erteilt.[19] Eine detaillierte Regelung der auskunftsberechtigten Stellen trifft § 6 ZStVBetrV. Auskunft soll sowohl über Personen mit gleichen als auch mit ähnlichen Identifizierungsdaten erteilt werden (§ 6 Abs. 3 ZStVBetrV), wobei die Regelungen über den Ähnlichenservice nach § 8 Abs. 1 S. 2 ZStVBetrV entsprechend gelten sollen.

16 **1. Auskunft für Zwecke eines Strafverfahrens (Abs. 3 S. 2).** Abs. 3 S. 2 bestimmt als Zweck der Auskunft die Verwendung zur **Strafverfolgung** in einem konkreten Strafverfahren. Die Regelung ist wegen § 46 Abs. 3 S. 4 OWiG auf die Verfolgung von OWi nicht entsprechend anwendbar.

17 Als **Strafverfolgungsbehörden** gelten nach § 6 Abs. 1 Nr. 1–4 ZStVBetrV neben StAen und Finanzbehörden als mitteilenden Stellen auch die mit Strafverfolgung befassten Polizeibehörden, Steuer- und Zollfahndungsdienststellen.[20] Dem gleichgestellt sein soll nach § 5 Abs. 1 Nr. 2 EJG und § 6 Abs. 1 Nr. 6 ZStVBetrV das nationale Mitglied von Eurojust. Allerdings ist zweifelhaft, ob für dessen Aufgabenbereich überhaupt eine Zweckumwidmung geregelt ist (→ Rn. 14). **Gerichte** hat der Gesetzgeber bewusst nicht berechtigt;[21] diese müssen die zuständige StA um Einholung einer Auskunft ersuchen.[22] Ebenfalls nicht berechtigt sind im Verfahren tätige **Strafverteidiger.** Der Grundsatz der Aktenvollständigkeit gebietet es aber der StA, eine eingeholte Auskunft zu den Akten zu nehmen, so dass die Verteidigung spätestens nach Abschluss der Ermittlungen gem. § 147 Abs. 2 Einsicht nehmen kann.[23]

18 Die Auskunft bezieht sich auf die nach Abs. 2 Nr. 1–5 zulässig gespeicherten Daten; für **weitergehende Auskünfte** muss sich der Empfänger an die zuständige Stelle (Abs. 2 Nr. 2) wenden, die ihrerseits nur Auskunft erteilen darf, wenn die gesetzlichen Regelungen – für Justizbehörden zB § 474 Abs. 1 – dies zulassen.[24] Gemäß § 6 Abs. 1 Nr. 1 ZStVBetrV erhält eine mitteilende Stelle im Fall der Mitteilung eines neuen Verfahrens auch ohne Ersuchen Mitteilung über die bereits zu der beschuldigten Person gespeicherten Daten.

19 Nach § 7 Abs. 1 ZStVBetrV erfolgen Auskunftsersuchen und Auskünfte grundsätzlich im Wege eines automatisierten Anfrage- und Auskunftsverfahrens; nur ausnahmsweise dürfen diese auch per Telefon oder -fax übermittelt werden, Abs. 2.

20 **2. Auskunft zu sonstigen Zwecken (Abs. 3 S. 3, 4, Abs. 4).** Gemäß den Ausnahmen von der strengen Zweckbindung (→ Rn. 11 ff.) erhalten auch einzelne andere Behörden neben den Strafverfolgungsbehörden Auskunft aus dem ZStV. Erweitert wurden die Zugriffsmöglichkeiten des BKA nach Abs. 3 S. 3.[25] Während das BKA zuvor nur im Rahmen seiner strafverfolgenden Tätigkeit Zugriff nach Abs. 3 S. 2 hatte, ist nunmehr auch ein Zugriff möglich, wenn dies im Einzelfall für die Erfüllung einer Aufgabe aus den § 5 Abs. 1, § 6 Abs. 1 oder § 7 Abs. 1, 2 erforderlich ist. Das BKA kann demnach nun auch zur Gefahrenabwehr, zum Schutz von Verfassungsorganen und für den Zeugenschutz Auskünfte erhalten,[26]

---

[19] Kritisch zu diesem gegenüber der ursprünglichen Konzeption stark erweiterten Anwendungsbereich Weßlau in SK-StPO, 4. Aufl. 2013, vor § 492 Rn. 5 ff.
[20] Gieg in KK-StPO Rn. 6; Köhler in Meyer-Goßner/Schmitt Rn. 8.
[21] BT-Drs. 15/1492, 13.
[22] Schmidt/Niederhuber in Gercke/Temming/Zöller Rn. 22; Gemählich in KMR-StPO Rn. 12; Köhler in Meyer-Goßner/Schmitt Rn. 7.
[23] Hilger in Löwe/Rosenberg Rn. 27.
[24] Weßlau/Deiters in SK-StPO Rn. 22.
[25] Eingefügt durch das Gesetz zur Fortentwicklung der Strafprozessordnung und zur Änderung weiterer Vorschriften v. 25.6.2021, BGBl. I 2099.
[26] BT-Drs. 19/27654, 117.

wodurch die ursprünglich strenge Zweckbindung aufgrund der Sensibilität der Daten weiter an Bedeutung verliert (→ Vor § 492 Rn. 4). Auskunft erhalten weiterhin **Waffen- und Sprengstoffbehörden**, seit 2021 auch die Luftsicherheitsbehörden[27] für die von diesen durchzuführenden Zuverlässigkeitsprüfungen sowie die zuständigen Behörden bei einer Sicherheitsüberprüfung nach § 8 SÜG. Ebenfalls seit 2021 auskunftsberechtigt ist die Zentralstelle für Finanztransaktionsuntersuchungen, soweit dies für operative Analysen gem. § 28 Abs. 1 S. 3 Nr. 2 GwG erforderlich ist. Die zu diesen Zwecken in § 5 Abs. 5 S. 1 Nr. 2 WaffG und § 8a Abs. 5 S. 1 Nr. 2 SprengG vorgesehenen Auskunftsbefugnisse, die sich nicht auf alle Tatvorwürfe erstrecken, sowie die unbeschränkten Auskunftsbefugnisse nach § 7 Abs. 3 S. 1 Nr. 3 LuftSiG, § 12 Abs. 1 Nr. 2 Alt. 1 SÜG und § 31 Abs. 4a S. 1 GwG werden durch Abs. 3 S. 4 ausdrücklich von der Zweckbindung ausgenommen und bestehen also neben den Auskunftsbefugnissen aus § 492 Abs. 3 S. 2. S. 4 legt insofern lediglich fest, dass die Auskunft im Einvernehmen mit der mitteilenden Stelle zu erfolgen hat und den Untersuchungszweck nicht gefährden darf.

Abs. 4 statuiert daneben für einen Teil der gespeicherten Daten eine **Übermittlungs-** **21** **befugnis an Geheimdienste.** Die Regelung stellt damit klar, dass die allgemeinen Ermittlungsersuchen nach § 18 Abs. 3 BVerfSchG, § 10 Abs. 3 BNDG und § 10 Abs. 2 MADG, wonach auch Auskunft von der StA verlangt werden könnte, ebenso an das ZStV gestellt werden dürfen.[28] Begründet wird die Regelung einerseits mit einer Arbeitserleichterung für die Geheimdienste, die ansonsten Ersuchen an eine Vielzahl von StAen stellen müssten; andererseits könnten die StAen die Bedeutung von Erkenntnissen für die Geheimdienste nicht immer erkennen.[29]

Eine Übermittlung darf ausdrücklich nur aufgrund eines solchen Ersuchens erfolgen. **22** Dieses wiederum darf nur gestellt werden, soweit die Übermittlung zur Erfüllung der Aufgaben von VS, BND bzw. MAD erforderlich ist und die weiteren Voraussetzungen der genannten Normen vorliegen. Allerdings kann die Registerbehörde die Berechtigung einer solchen Abfrage durch die Dienste nicht prüfen. Der Gesetzgeber hat mithin in Kauf genommen, dass hier ggf. Überschussinformationen übermittelt werden.

Die angesichts dessen zunächst geltende Beschränkung der zu übermittelnden Daten **23** auf solche nach Abs. 2 Nr. 1 und 2 (Personendaten und andere zur Identifizierung geeignete Merkmale, zuständige Stelle und Aktenzeichen)[30] wurde mit Wirkung zum 21.11.2015 aufgeweicht. Seitdem sind Daten nach § 492 Abs. 2 Nr. 3 und 4 (nähere Angaben zum Tatvorwurf und Angabe der gesetzlichen Vorschriften) einbezogen, soweit deren Übermittlung „erforderlich" ist.[31] Den Geheimdiensten wird damit ein umfassender – und nicht überprüfter – Zugriff auf die betreffenden Datenbestände ermöglicht.[32] Noch weitergehende Informationen können über die zuständige StA erlangt werden – die dann aber die Berechtigung des Auskunftsersuchens zu überprüfen hat.[33]

Gemäß Abs. 4 S. 2 gilt die Dokumentationspflicht des § 18 Abs. 5 S. 2 BVerfSchG **24** für Ersuchen der Geheimdienste entsprechend, um eine nachträgliche Überprüfung zu ermöglichen.[34]

3. Ähnlichenservice (Abs. 4a, § 8 ZStVBetrV). Die Vorschriften regeln den sog. **25** Ähnlichenservice für den Fall, dass eine Mitteilung oder ein Ersuchen nicht eindeutig zugeordnet werden kann, und wurden zum 1.3.2005 eingefügt. Abs. 4a erfasst sowohl die

---

[27] Gesetz v. 22.4.2020, BGBl. I 840.
[28] BT-Drs. 12/6853, 37; Weßlau/Deiters in SK-StPO Rn. 23.
[29] BT-Drs. 12/6853, 37.
[30] BT-Drs. 12/6853, 37 f.; Weßlau/Deiters in SK-StPO Rn. 23.
[31] Gesetz zur Verbesserung der Zusammenarbeit im Bereich des Verfassungsschutzes vom 17.11.2015, BGBl. I 1938.
[32] Schmidt/Niedernhuber in Gercke/Temming/Zöller Rn. 20; Weßlau/Deiters in SK-StPO Rn. 24: „nicht unbedenklich"; Gefahren skizziert Kestel StV 1997, 266 (267 ff.); dagegen Kalf StV 1997, 610 (611 ff.).
[33] Hellmann in AK-StPO § 474 Rn. 11; Hilger in Löwe/Rosenberg Rn. 34.
[34] BT-Drs. 12/6853, 38; Schmidt/Niedernhuber in Gercke/Temming/Zöller Rn. 21.

Ähnlichen-Suche (leicht abweichender Datensatz) als auch Sonderanfragen (unvollständiger Datensatz). Entsprechendes gilt gem. § 8 Abs. 1 S. 2 ZStVBetrV, wenn zwar eine eindeutige Zuordnung möglich war, aber daneben Datensätze mit ähnlichen Identifizierungsmerkmalen bestehen.[35]

26   Die Übermittlung erfolgt hier zunächst nur zur Identitätsprüfung, die ebenso wie die Löschung im Fall eines negativen Ergebnisses (Abs. 4a S. 2, 3) unverzüglich zu erfolgen hat (§ 8 Abs. 2 ZStVBetrV).[36] Die Regelungen zur Löschung übermittelter Daten sollen eine Speicherung von Daten unbeteiligter Personen verhindern.[37] Dabei wird gemäß § 8 Abs. 1 ZStVBetrV nur ein Teil der bei jedem Datensatz gespeicherten Daten übermittelt. Voraussetzung für eine Übermittlung ist nach Vorstellung des Gesetzgebers eine hohe Wahrscheinlichkeit einer Übereinstimmung.[38] Nach § 8 ZStVBetrV werden zunächst bis zu 20 ähnliche Identifizierungsdatensätze übermittelt, um eine eindeutige Identifizierung zu ermöglichen; gelingt die Identifizierung nicht, ist ein Folgeersuchen möglich, bei dem jeweils bis zu 50 weitere Datensätze übermittelt werden können.

27   **4. Prüfungspflicht (Abs. 5).** Die Verantwortlichkeit für die Zulässigkeit der Übermittlung gespeicherter Daten regelt das Gesetz entsprechend der allgemeinen Regelung in § 15 Abs. 2 BDSG aF.[39] Nachdem die Übermittlung aus dem Register auf Ersuchen erfolgt, trägt für die Zulässigkeit selbiger die ersuchende bzw. empfangende Stelle die Verantwortung. Begründet wird dies damit, dass regelmäßig nur die ersuchende Stelle beurteilen kann, ob und welche Daten zu ihrer Aufgabenerfüllung erforderlich sind.[40] Die Registerbehörde hat ihrerseits eine Prüfung nach S. 2 nur vorzunehmen, wenn hierzu ein besonderer Anlass besteht, also im Einzelfall Zweifel an der Zulässigkeit der Übermittlung gegeben sind. In diesem Fall ist der Ersuchende verpflichtet, die zur Überprüfung der Zulässigkeit notwendigen Angaben zu machen.[41] Insbesondere beim Ähnlichenservice gem. Abs. 4a kann sich ein besonderer Anlass schon aus dem Umfang des zu übermittelnden Datensatzes ergeben.[42]

§ 493 Automatisiertes Verfahren für Datenübermittlungen

(1) ¹Die Übermittlung der Daten erfolgt im Wege eines automatisierten Abrufverfahrens oder eines automatisierten Anfrage- und Auskunftsverfahrens, im Falle einer Störung der Datenfernübertragung oder bei außergewöhnlicher Dringlichkeit telefonisch oder durch Telefax. ²Die beteiligten Stellen haben zu gewährleisten, dass dem jeweiligen Stand der Technik entsprechende Maßnahmen zur Sicherstellung von Datenschutz und Datensicherheit getroffen werden, die insbesondere die Vertraulichkeit und Unversehrtheit der Daten gewährleisten; im Falle der Nutzung allgemein zugänglicher Netze sind dem jeweiligen Stand der Technik entsprechende Verschlüsselungsverfahren anzuwenden.

(2) ¹Bei der Festlegung zur Einrichtung eines automatisierten Abrufverfahrens gilt § 488 Absatz 2 Satz 1 und 2 entsprechend. ²Die Registerbehörde übersendet die Festlegungen dem Bundesbeauftragten für den Datenschutz.

(3) ¹Die Verantwortung für die Zulässigkeit des einzelnen automatisierten Abrufs trägt der Empfänger. ²Die Registerbehörde prüft die Zulässigkeit der Abrufe nur, wenn dazu Anlaß besteht. ³Im Rahmen der Protokollierung nach § 76 des Bundes-

---

[35] Kritisch hierzu Weßlau/Deiters in SK-StPO Rn. 21.
[36] BT-Drs. 15/3331, 11.
[37] Schneider NJW 1996, 302 (303); Weßlau/Deiters in SK-StPO Rn. 27.
[38] BT-Drs. 15/3331, 11.
[39] Nach der Neukonzeption des BDSG ist keine entsprechende Privilegierung der übermittelnden Stelle mehr enthalten, vgl. dazu Aßhoff in BeckOK DatenschutzR BDSG § 25 Rn. 20.
[40] Hilger in Löwe/Rosenberg Rn. 39: „sachgerecht", ebenso Gemählich in KMR-StPO Rn. 15; Weßlau/Deiters in SK-StPO Rn. 28.
[41] BT-Drs. 12/6853, 38.
[42] Hilger in Löwe/Rosenberg Rn. 40.

datenschutzgesetzes hat sie ergänzend zu den dort in Absatz 2 aufgeführten Daten die abgerufenen Daten, die Kennung der abrufenden Stelle und das Aktenzeichen des Empfängers zu protokollieren. [4]Die Protokolldaten sind nach sechs Monaten zu löschen.

(4) Die Absätze 2 und 3 gelten für das automatisierte Anfrage- und Auskunftsverfahren entsprechend.

Schrifttum: Siehe Vor § 492.

Übersicht

	Rn.		Rn.
I. Allgemeines	1	IV. Verantwortung und Kontrolle der Zulässigkeit der Übermittlung	
II. Datenschutz und Datensicherheit (Abs. 1 S. 2)	5	(Abs. 3)	11
III. Festlegungen zur Einrichtung (Abs. 2, § 10 Abs. 2 BDSG aF)	8		

I. Allgemeines

Die ursprünglich als lex specialis zu § 10 BDSG aF[1] konzipierte Norm regelt – ähnlich wie § 488 für Strafverfolgungsdateien – wie die Auskunft aus dem Register technisch umgesetzt wird, wie also die Übermittlung der Daten an das Register und vom Register an eine berechtigte Stelle zu erfolgen hat. Sie bestimmt dabei nur die allgemeine Zulässigkeit und Voraussetzungen bestimmter Verfahrensweisen; die Zulässigkeit des einzelnen Abrufs richtet sich hingegen nach den Befugnisnormen in § 492 Abs. 3 und 4 (→ § 492 Rn. 15 ff.)[2] einschließlich der Zweckbindung des § 492 Abs. 6.[3]   1

Abs. 1 S. 1 sieht im Grundsatz **automatisierte Verfahren** vor, an denen – abweichend von der ursprünglichen Regelung, die den Austausch auf die StA beschränkte[4] – alle nach § 492 Abs. 3 und 4 auskunftsberechtigten Stellen teilnehmen. Dabei werden die Daten an die zentralen Kopfstellen des jeweiligen Bundeslandes übermittelt und von dort an die Landesbehörden verteilt.[5] Nur in Fällen außergewöhnlicher Dringlichkeit oder Störung darf die Übermittlung ausnahmsweise auch telefonisch oder per Fax erfolgen.[6] Dieser Grundsatz ist nicht unbedenklich, da das RiS der betroffenen Personen in automatisierten Verfahren ohne Vorabprüfung der übermittelnden Stelle einer erhöhten Gefahr ausgesetzt ist.[7] Gleichwohl hat der Gesetzgeber Forderungen aus der Praxis nach einer Effektivierung des Registers nachgegeben[8] und diesen Grundsatz in der Vergangenheit weiter gestärkt. Konkret wurde die ursprünglich verlangte, § 488 Abs. 1 S. 1 entsprechende Angemessenheitsprüfung als Voraussetzung gestrichen. Das Erfordernis des Datenschutzes in Abs. 1 S. 2[9] (dazu → Rn. 5 ff.) ist hingegen erhalten geblieben.   2

Die Regelung unterscheidet zwischen Abrufverfahren einerseits und Anfrage- und Auskunftsverfahren andererseits. Das ZStV wurde als System entwickelt, bei dem die Übermittlung regelhaft über ein zweiphasiges **Anfrage-Auskunftsverfahren** per Datenfernübertragung erfolgen soll; ebenso wäre ein automatisiertes Abfrageverfahren im Sinne einer Online-Recherche zulässig.[10] Die Regelungen der Norm gelten für beide Verfahren (Abs. 4).   3

---

[1]   Hilger in Löwe/Rosenberg Rn. 1.
[2]   BT-Drs. 15/3331, 11; Hilger in Löwe/Rosenberg Rn. 2; Weßlau/Deiters in SK-StPO Rn. 4.
[3]   Köhler in Meyer-Goßner/Schmitt Rn. 2.
[4]   Pananis in Krekeler/Löffelmann/Sommer Rn. 3; Weßlau/Deiters in SK-StPO Rn. 5.
[5]   Ritscher/Klinge in Satzger/Schluckebier/Widmaier StPO Rn. 2.
[6]   Gieg in KK-StPO Rn. 1; Köhler in Meyer-Goßner/Schmitt Rn. 2.
[7]   Weßlau/Deiters in SK-StPO Rn. 3.
[8]   Pananis in Krekeler/Löffelmann/Sommer Rn. 1.
[9]   Wittig in BeckOK StPO Rn. 2.
[10] BT-Drs. 15/3331, 11; Hilger in Löwe/Rosenberg Rn. 2.

4 Ergänzt und konkretisiert wird § 493 durch die Regelungen in dem nach § 494 Abs. 4 Nr. 4 erlassenen § 7 ZStVBetrV, den organisatorisch-technischen Leitlinien nach § 10 ZStVBetrV sowie den Festlegungen zur Einrichtung eines automatisierten Abrufverfahrens nach Abs. 2 iVm § 10 Abs. 2 BDSG aF.

II. Datenschutz und Datensicherheit (Abs. 1 S. 2)

5 Für die Übermittlung der Daten an und durch das Register verlangt das Gesetz Maßnahmen, die Datenschutz und Datensicherheit gewährleisten. Dabei ist die besondere Sensibilität der Daten zu berücksichtigen: Da sich darunter Personen- und andere zur Identifizierung geeignete Daten sowie die Tatvorwürfe befinden, hat die betroffene Person an deren Sicherheit (und Richtigkeit) ein ganz besonders schutzwürdiges Interesse.[11] Es ist also mit effektiven **technischen Mitteln** dafür zu sorgen, dass Dritte keinerlei Zugriff auf die Daten haben, diese also weder verändern noch einsehen können. Dies ist durch die beteiligten Stellen auf beiden Seiten sicherzustellen.

6 Im Fall der Nutzung allgemein zugänglicher **Netze,** also insbesondere des Internets, verlangt die Regelung im Besonderen eine Verschlüsselung der Daten. Bei nicht allgemein zugänglichen Netzen müssen diese hinreichend vor unbefugten Zugriffen von außen geschützt sein und es ist intern sicherzustellen, dass nur Berechtigte Zugriff auf die Übermittlung haben. Die jeweils ergriffenen Maßnahmen müssen dem Stand der Technik genügen, also einen zeitgemäßen Schutz gewährleisten. Inhaltlich werden die Anforderungen an Datenschutz und Datensicherheit durch die §§ 64, 71, 72 BDSG konkretisiert.[12]

7 Im Fall der ausnahmsweise zulässigen **Übermittlung per Telefon oder Fax** ist eine Sicherung etwa durch telefonische Rückfrage vorzunehmen, um sicherzustellen, dass ein Ersuchen tatsächlich von einer berechtigten Stelle stammt und die angegebene Fax- oder Telefonnummer zu dieser Stelle gehört (vgl. § 7 Abs. 2 S. 2 ZStVBetrV).[13]

III. Festlegungen zur Einrichtung (Abs. 2, § 10 Abs. 2 BDSG aF)

8 Nach der Neukonzeption des BDSG enthält dieses keine dem § 10 Abs. 2 BDSG aF entsprechende Regelung mehr. Abs. 2 verweist daher auf § 488 Abs. 2 S. 1 und 2, in den im Rahmen der Umsetzung der JI-RL im Strafverfahren (→ Vor § 474 Rn. 5) die nicht mehr im BDSG enthaltenen Teile des § 10 Abs. 2 BDSG aF inkorporiert wurden (→ § 488 Rn. 7). Wie auch bei § 488 haben die beteiligten Stellen daher für die automatisierten Verfahren Vorkehrungen zu treffen, die eine **Kontrolle der Zulässigkeit** der Einrichtung[14] ermöglichen. Zu diesem Zweck sind die Modalitäten des Abrufverfahrens schriftlich festzulegen, also insbesondere die Art der zu übermittelnden Daten, der Anlass und Zweck des Verfahrens sowie erforderliche technische und organisatorische Maßnahmen nach § 64 BDSG (→ § 488 Rn. 7).[15] Zur Ermöglichung einer wirksamen Kontrolle sind die Modalitäten möglichst detailliert und konkret festzulegen.[16]

9 Abs. 2 gilt unmittelbar nur für das automatisierte Abrufverfahren, nach Abs. 4 gilt er aber für das Anfrage- und Auskunftsverfahren entsprechend. Dabei ist sicherzustellen, dass auch bei automatisierten Auskunftsverfahren iSv Abs. 1 nur Daten übermittelt werden, die nach § 492 zulässigerweise übermittelt werden dürfen.[17] Insbesondere die Auskunftsberechtigung von Geheimdiensten bei Daten nach § 492 Abs. 2 Nr. 3, 4 (nähere Angaben zum

---

[11] Hilger in Löwe/Rosenberg Rn. 9.
[12] Hilger in Löwe/Rosenberg Rn. 10; Weßlau/Deiters in SK-StPO Rn. 6; zum neuen § 64 BDSG vgl. Johannes/Weinhold, Das neue Datenschutzrecht bei Polizei und Justiz, Rn. 240.
[13] BT-Drs. 15/1492, 14 f.; Weßlau/Deiters in SK-StPO Rn. 7.
[14] Und nicht der einzelnen Abrufe, Hilger in Löwe/Rosenberg Rn. 13.
[15] Schmidt/Niedernhuber in Gercke/Temming/Zöller Rn. 4; Köhler in Meyer-Goßner/Schmitt Rn. 3.
[16] Wittig in BeckOK StPO Rn. 3; Hilger in Löwe/Rosenberg Rn. 13.
[17] BT-Drs. 15/3331, 11.

Tatvorwurf und Angabe der gesetzlichen Vorschriften) und die des BKA nach § 492 Abs. 3 S. 3 bestehen nur, soweit dies „erforderlich" ist.[18]

Die auf diesem Weg festgelegten Einzelheiten des Verfahrens sind nach Abs. 2 S. 2 dem Bundesbeauftragten für den Datenschutz (§§ 8 ff. BDSG) rechtzeitig[19] zu übersenden; eine Genehmigungspflicht ist aber nicht vorgesehen.[20] Eine Prüfungsbefugnis besteht gem. § 14 Abs. 1 S. 1 Nr. 1, 16 BDSG lediglich für die Einhaltung der Vorschriften des BDSG und anderer Vorschriften des Datenschutzes – zu denen auch § 493 zählt.[21] **10**

IV. Verantwortung und Kontrolle der Zulässigkeit der Übermittlung (Abs. 3)

Abs. 3 regelt neben § 492 Abs. 5 noch einmal ausdrücklich und speziell für automatisierte Verfahren die Verantwortlichkeit für die Zulässigkeit der Datenübermittlung. Abweichend von der allgemeinen Regelung soll dabei jeder Anlass eine **Anlassprüfung** auslösen, nicht nur besondere Anlässe.[22] **11**

Zudem sehen S. 3 und 4, wie auch sonst bei automatisierten Verfahren, eine **Protokollierung** der Abrufe vor, um deren Zulässigkeit im Nachhinein überprüfen zu können. Anstelle der zuvor vorgesehenen stichprobenhaften Protokollierung[23] verweist S. 4 auf § 76 BDSG, der eine umfassende Protokollierung vorsieht. Zu diesem Zweck werden bei jedem zehnten Abruf neben den in § 76 Abs. 2 BDSG vorgesehenen Daten (Begründung, Datum und Uhrzeit, Identität der abrufenden Person sowie der Empfänger) mindestens die von der Norm genannten (Meta-)Daten gespeichert. Angesichts der durch die umfassende Protokollierung entstehenden Datenmenge ist aber fraglich, ob die protokollierten Daten tatsächlich in einem angemessenen Umfang zur Kontrolle genutzt werden.[24] Die zuvor in S. 4 aF enthaltene zweckbindende Bestimmung für den Umgang mit den insofern erhobenen Daten wurde gestrichen; § 76 Abs. 3 BDSG enthält eine entsprechende Regelung, die neben der Zulässigkeitskontrolle auch weitergehende Zwecke vorsieht.[25] S. 5 ordnet weiterhin eine Löschungspflicht nach sechs Monaten an und sieht damit eine kürzere Frist vor als § 488 (→ § 488 Rn. 10), aber auch als die allgemeine Regelung in § 76 Abs. 4 BDSG. **12**

Abs. 3 gilt unmittelbar für das Abrufverfahren und gem. Abs. 4 für das Anfrage- und Auskunftsverfahren entsprechend. **13**

§ 494 Berichtigung, Löschung und Einschränkung der Verarbeitung von Daten; Verordnungsermächtigung

(1) In den Fällen des § 58 Absatz 1 und des § 75 Absatz 1 des Bundesdatenschutzgesetzes teilt der Verantwortliche insbesondere der Registerbehörde die Unrichtigkeit unverzüglich mit; der Verantwortliche trägt die Verantwortung für die Richtigkeit und Aktualität der Daten.

(2) ¹Die Daten sind zu löschen, sobald sich aus dem Bundeszentralregister ergibt, dass in dem Strafverfahren, aus dem die Daten übermittelt worden sind, eine nach § 20 des Bundeszentralregistergesetzes mitteilungspflichtige gerichtli-

---

[18] Gesetz zur Verbesserung der Zusammenarbeit im Bereich des Verfassungsschutzes vom 17.11.2015, BGBl. I 1938; Gesetz zur Fortentwicklung der Strafprozessordnung und zur Änderung weiterer Vorschriften vom 25.6.2021, BGBl. I 2099.
[19] Grds. jeweils vor der Einrichtung und vor der Inbetriebnahme des automatisierten Abrufverfahrens, Weßlau/Deiters in SK-StPO Rn. 10.
[20] Ritscher/Klinge in Satzger/Schluckebier/Widmaier StPO Rn. 3.
[21] Siehe dazu Hilger in Löwe/Rosenberg Rn. 24.
[22] Kritisch zum Verfahren und für „Übermittlungsrichter" Wolter ZStW 107 (1995), 793 (841).
[23] Nach Abs. 3 S. 3 aF war zuvor – parallel zu § 10 Abs. 4 S. 3 BDSG aF – nur jeder zehnte Abruf zu protokollieren.
[24] Zur alten Rechtslage mit stichprobenhafter Protokollierung bereits Hilger in Löwe/Rosenberg Rn. 20.
[25] BT-Drs. 19/4671, 71, 69.

che Entscheidung oder Verfügung der Strafverfolgungsbehörde ergangen ist. ²Wird der Beschuldigte rechtskräftig freigesprochen, die Eröffnung des Hauptverfahrens gegen ihn unanfechtbar abgelehnt oder das Verfahren nicht nur vorläufig eingestellt, so sind die Daten zwei Jahre nach der Erledigung des Verfahrens zu löschen, es sei denn, vor Eintritt der Löschungsfrist wird ein weiteres Verfahren zur Eintragung in das Verfahrensregister mitgeteilt. ³In diesem Fall bleiben die Daten gespeichert, bis für alle Eintragungen die Löschungsvoraussetzungen vorliegen. ⁴Die Staatsanwaltschaft teilt der Registerbehörde unverzüglich den Eintritt der Löschungsvoraussetzungen oder den Beginn der Löschungsfrist nach Satz 2 mit.

(3) § 489 Absatz 7 gilt entsprechend.

(4) Das Bundesministerium der Justiz und für Verbraucherschutz bestimmt durch Rechtsverordnung mit Zustimmung des Bundesrates die näheren Einzelheiten, insbesondere
1. die Art der zu verarbeitenden Daten,
2. die Anlieferung der zu verarbeitenden Daten,
3. die Voraussetzungen, unter denen in dem Dateisystem verarbeitete Daten an welche Empfänger und in welchem Verfahren übermittelt werden,
4. die Einrichtung eines automatisierten Abrufverfahrens,
5. die nach den §§ 64, 71 und 72 des Bundesdatenschutzgesetzes erforderlichen technischen und organisatorischen Maßnahmen.

Schrifttum (weitere Quellen beim Schrifttum Vor § 492): Kesten, Datenschutz im staatsanwaltschaftlichen Ermittlungsverfahren, in: Abel (Hrsg.), Datenschutz in Anwaltschaft, Notariat und Justiz, 2003, 185; Stuckenberg, Speicherung personenbezogener Daten zur „vorbeugenden Straftatenbekämpfung" trotz Freispruchs?, FG Hilger, 2003, 25.

Übersicht

		Rn.			Rn.
I.	Allgemeines	1	2.	Eintragung in das BZR (Abs. 2 S. 1)	8
II.	Berichtigung; Verantwortung für Richtigkeit (Abs. 1)	2	3.	Löschungsfrist bei Nichtverurteilung (Abs. 2 S. 2–4)	9
III.	Löschung (§ 75 Abs. 2 BDSG; Abs. 2, 3)	5	4.	Löschung bei vorläufigen Verfahrenseinstellungen	12
1.	Unzulässigkeit der Verarbeitung (§ 75 Abs. 2 BDSG)	7	IV.	Verordnung (Abs. 4)	13

I. Allgemeines

1   Die Norm beinhaltet zwei voneinander unabhängige Regelungskomplexe. In den Abs. 1–3 werden – ähnlich wie in § 489 für Strafverfahrensdateien – die Berichtigung, Löschung und Einschränkung der Verarbeitung von Daten im Register geregelt. Abs. 4 enthält demgegenüber die Verordnungsermächtigung für eine detailliertere Regelung des Betriebs des Verfahrensregisters. Dementsprechend wird der Zweck der Vorschrift sowohl im Schutz des RiS der von der Eintragung Betroffenen gesehen als auch in der Zuverlässigkeit des Registers.[1] Im Rahmen der Umsetzung der JI-RL im Strafverfahren (→ Vor § 474 Rn. 5) wurden neben redaktionellen Änderungen insbesondere Regelungen gestrichen, die mittlerweile in §§ 75, 58 Abs. 4, 5 BDSG enthalten sind,[2] darunter die Berichtigungs- und Löschungsregelung sowie die Einschränkung der Verarbeitung und die Nachberichtspflicht, die zuvor in Abs. 3 enthalten war.

---

[1] Gemählich in KMR-StPO Rn. 1; Hilger in Löwe/Rosenberg Rn. 1.
[2] BT-Drs. 19/4671, 71.

II. Berichtigung; Verantwortung für Richtigkeit (Abs. 1)

Abs. 1 bestimmt, dass nicht die Registerbehörde, sondern der jeweils **Verantwortliche** (§ 46 Nr. 7 BDSG) dafür zuständig ist, dass die beim Register gespeicherten Daten inhaltlich richtig und aktuell sind. Unrichtige Daten sind gem. den § 58 Abs. 1, § 75 Abs. 1 BDSG zu berichtigen.[3] Zu diesem Zweck teilt der Verantwortliche festgestellte Unrichtigkeiten dem Register unverzüglich – also ohne schuldhaftes Zögern – mit.[4] Wegen der Verantwortlichkeit der mitteilenden Stelle ist ein Berichtigungsverlangen an diese – und nicht an die Registerbehörde – zu stellen.[5]

Daten sind **unrichtig,** wenn sie von vorneherein oder aufgrund neuer Entwicklungen nicht (mehr) den Tatsachen entsprechen oder wenn sie unvollständig sind. Unrichtigkeit liegt in diesen Fällen unabhängig von Schwere und Grund des Fehlers vor, da schon bloße Schreibfehler in Personaldaten zu einer Verwechslungsgefahr führen.[6]

Aufgrund des eindeutigen Wortlauts und vor dem Hintergrund der Beeinträchtigung des RiS der betroffenen Person gilt die Berichtigungspflicht **ohne Einschränkung.** Insbesondere ist es nicht zulässig, eine Berichtigung oder Veränderung aus ermittlungstaktischen Gründen zu verzögern.[7] Auch eine besondere Geheimhaltungsbedürftigkeit – die es gem. § 3 Abs. 3 ZStVBetrV erlaubt, eine Erstmitteilung nach § 492 Abs. 3 S. 1 zurückzustellen – könnte dies nicht rechtfertigen.[8]

III. Löschung (§ 75 Abs. 2 BDSG; Abs. 2, 3)

Eine allgemeine Löschungsregelung findet sich bereits in § 75 Abs. 2 BDSG. Danach sind die Daten zu löschen, wenn ihre Verarbeitung unzulässig ist, ihre Löschung zur Erfüllung einer rechtlichen Verpflichtung dient oder ihre Kenntnis zur Aufgabenerfüllung nicht mehr erforderlich ist (vgl. → § 489 Rn. 6). Abs. 2 statuiert darüber hinaus eine Löschungspflicht für zwei spezielle Konstellationen. Die Daten sind unverzüglich zu löschen, sobald eine Eintragung in das BZR erfolgt ist (Abs. 2 S. 1). Im Fall der Nichtverurteilung sind die Daten grundsätzlich nach zwei Jahren zu löschen (Abs. 2 S. 2–4). Die zuvor in Abs. 1 Nr. 1 enthaltene Löschungspflicht bei Unzulässigkeit der Speicherung wurde gestrichen, weil sie bereits in § 75 Abs. 2 enthalten ist (→ Rn. 1). Nach Abs. 3 iVm § 489 Abs. 7 kann die Löschung der Daten bei entsprechenden archivrechtlichen Regelungen durch eine Abgabe an das Staatsarchiv ersetzt werden.

Da allen voran die StA den Eintritt der Voraussetzungen für eine Löschung festzustellen vermag, nimmt das Gesetz sie entsprechend in die Verantwortung. Abs. 2 S. 4 verpflichtet die StA zur **unverzüglichen Mitteilung** an die Registerbehörde, falls die Voraussetzungen für eine Löschung vorliegen oder die Frist nach S. 2 zu laufen beginnt. Daneben kann aber auch die betroffene Person auf den Eintritt der Löschungsvoraussetzungen hinweisen und Löschung verlangen.[9]

1. Unzulässigkeit der Verarbeitung (§ 75 Abs. 2 BDSG). Nach § 75 Abs. 2 BDSG sind die Daten zu löschen, wenn ihre Verarbeitung unzulässig ist. Dies ist der Fall, wenn die Speicherung von Beginn an rechtswidrig war oder wenn sie nicht mehr zulässig ist. **Unzulässig** ist eine Speicherung insbesondere, wenn sie andere als die in § 492 Abs. 2 genannten Daten betrifft oder zu anderen Zwecken als zur Verwendung im Strafverfahren erfolgt.[10] Gleiches gilt, wenn die Verwendung der Daten unzulässig ist, etwa weil aufgrund

---

[3] Wittig in BeckOK StPO Rn. 1.
[4] Hilger in Löwe/Rosenberg Rn. 4.
[5] Ritscher/Klinge in Satzger/Schluckebier/Widmaier StPO Rn. 2; Köhler in Meyer-Goßner/Schmitt Rn. 1.
[6] Hilger in Löwe/Rosenberg Rn. 6.
[7] Schmidt/Niedernhuber in Gercke/Temming/Zöller Rn. 4; Gemählich in KMR-StPO Rn. 3; Hilger in Löwe/Rosenberg Rn. 4.
[8] Hilger in Löwe/Rosenberg Rn. 4; Weßlau/Deiters in SK-StPO Rn. 5.
[9] Hilger in Löwe/Rosenberg Rn. 25; Weßlau/Deiters in SK-StPO Rn. 16.
[10] Hilger in Löwe/Rosenberg Rn. 13.

einer rechtswidrigen Erhebung ein Verwertungsverbot besteht oder (sonstige) Verwendungsregelungen einer Speicherung und Nutzung entgegenstehen.[11]

8   **2. Eintragung in das BZR (Abs. 2 S. 1).** S. 1 Nr. 2 erfasst die Situation, dass in dem Verfahren eine Mitteilung an das BZR nach § 20 BZRG erfolgt ist. Mit der Eintragung in das BZR entfällt die lückenfüllende Funktion des ZStV (→ Vor § 492 Rn. 2), da nunmehr eine Auskunft aus dem BZR möglich ist, so dass eine Speicherung im ZStV nicht mehr erforderlich ist.[12] Die Daten sind zu löschen, sobald sich aus dem BZR „ergibt", dass eine mitteilungspflichtige gerichtliche Entscheidung oder Verfügung ergangen ist. Entscheidend ist somit nicht der Zeitpunkt der Rechts- oder Bestandskraft der Entscheidung,[13] sondern die Eintragung in das BZR.[14]

9   **3. Löschungsfrist bei Nichtverurteilung (Abs. 2 S. 2–4).** S. 2 betrifft Konstellationen, in denen das Verfahren **ohne Mitteilung an das BZR** nicht nur vorläufig endet, und erfasst also die Fälle der Nichtverurteilung. Auch für diese Fälle erkennt der Gesetzgeber – trotz der Nichtverurteilung – ein Interesse an einer fortgesetzten Speicherung an. Dies ist insbesondere bei einem Freispruch nicht ohne Weiteres nachvollziehbar,[15] auch wenn hierin keine Verletzung der Unschuldsvermutung zu sehen ist.[16] Das BVerfG hat hierzu ausgeführt, dass trotz Freispruchs fortbestehende Verdachtsmomente die Speicherung im Einzelfall rechtfertigen können.[17] Ob dem so ist, wird sich aber nur in einer Einzelfallprüfung feststellen lassen, in allen anderen Fällen wäre jedenfalls eine sofortige Löschung vorzuziehen. Die Gesetzesbegründung nennt insofern als einziges Beispiel, dass es notwendig werden könne, die Akte in einem anderen Verfahren beizuziehen.[18]

10   Neben dem **Freispruch** erfasst die Regelung auch die unanfechtbare **Nichteröffnung** und die nicht nur vorläufige **Einstellung** des Verfahrens, worunter insbesondere die Einstellung nach § 170 Abs. 2 und die nach den §§ 153, 153a zu fassen ist (vgl. → § 484 Rn. 16 ff.).[19] Anders als bei § 484 Abs. 2 S. 2 ist hier nicht erforderlich, dass sich die Nichtbegehung aus der Begründung der Entscheidung ergibt, sondern es sind ausnahmslos alle Fälle einer solchen Verfahrensbeendigung erfasst.

11   In diesen Fällen sind die Daten grundsätzlich zwei Jahre nach der Erledigung zu löschen. Die **Erledigung** tritt hier – anders als bei § 489 Abs. 3 S. 3 (Verjährung)[20] – mit der Rechtskraft des Freispruchs, der Unanfechtbarkeit der Ablehnung der Eröffnung des Hauptverfahrens oder der Einstellungsentscheidung ein.[21] Etwas anderes gilt gemäß der **Mitführungsklausel** jedoch, wenn innerhalb dieses Zeitraumes ein weiteres Verfahren für die Person mitgeteilt wird. In diesem Fall werden die Daten – parallel zur Regelung in § 47 Abs. 3 BZRG[22] – nach S. 3 erst gelöscht, wenn hinsichtlich aller Verfahren die diesbezüglichen Voraussetzungen vorliegen.

12   **4. Löschung bei vorläufigen Verfahrenseinstellungen.** Nicht speziell geregelt sind damit all die Fälle, in denen das Verfahren mit einer Entscheidung endet, die weder register-

---

[11] Pananis in Krekeler/Löffelmann/Sommer Rn. 3; Hilger in Löwe/Rosenberg Rn. 14.
[12] BT-Drs. 12/6853, 38; Lemke NStZ 1995, 484 (485); ebenso Hilger in Löwe/Rosenberg Rn. 11; zweifelnd Schmidt/Niedernhuber in Gercke/Temming/Zöller Rn. 7.
[13] Schmidt/Niederhuber in Gercke/Temming/Zöller Rn. 9; Weßlau/Deiters in SK-StPO Rn. 7.
[14] Hilger in Löwe/Rosenberg Rn. 16.
[15] Kritisch ebenfalls Hellmann in AK-StPO § 476 Rn. 7; Pananis in Krekeler/Löffelmann/Sommer Rn. 4; Köhler in Meyer-Goßner/Schmitt Rn. 9; Weßlau/Deiters in SK-StPO Rn. 8 ff.; Wolter ZStW 107 (1995), 793 (802); ausf. Stuckenberg FG Hilger, 2003, 31 ff.; zustimmend hingegen Gieg in KK-StPO Rn. 3; Gemählich in KMR-StPO Rn. 7; Hilger in Löwe/Rosenberg Rn. 28 ff.
[16] Weßlau/Deiters in SK-StPO Rn. 10; aA Kestel StV 1997, 266 (268).
[17] BVerfG 16.5.2002 – 1 BvR 2257/01, NJW 2002, 3231.
[18] BT-Drs. 12/6853, 39: unverzichtbares Informationsbedürfnis, ebenso Hilger in Löwe/Rosenberg Rn. 20.
[19] Köhler in Meyer-Goßner/Schmitt Rn. 6.
[20] V. Galen FS DAV, 2009, 507.
[21] Wittig in BeckOK StPO Rn. 4; Köhler in Meyer-Goßner/Schmitt Rn. 7; Ritscher/Klinge in Satzger/Schluckebier/Widmaier StPO Rn. 6.
[22] Köhler in Meyer-Goßner/Schmitt Rn. 5.

pflichtig ist, noch eine (sonstige) nicht nur vorläufige Beendigung des Verfahrens darstellt. Namentlich betrifft dies alle **vorläufigen Verfahrenseinstellungen,** wobei nicht ganz geklärt ist, welche Formen der Verfahrensbeendigung hierunter zu fassen sind. Nach überwiegender Ansicht betrifft dies aber jedenfalls die §§ 154, 154a und 205.[23] Mangels einer speziellen Regelung ergibt sich für diese Gruppe die Löschungspflicht aus der allgemeinen Vorschrift des § 75 Abs. 2 BDSG (→ Rn. 7). Danach sind die gespeicherten Daten spätestens dann zu löschen, wenn sie nicht mehr erforderlich sind. Dies ist jedenfalls dann der Fall, wenn hinsichtlich der jeweiligen Taten Verjährung eingetreten ist.[24]

IV. Verordnung (Abs. 4)

Von der in Abs. 4 enthaltenen Verordnungsermächtigung hat das BMJ durch Erlass der Verordnung über den Betrieb des Zentralen Staatsanwaltschaftlichen Verfahrensregisters (ZStVBetrV) vom 23.9.2005 Gebrauch gemacht. Die Verordnung enthält für alle Fragen und Bereiche rund um das Verfahrensregister deutlich detailliertere Regelungen und konkretisiert insofern die §§ 492 ff. Der Weg der Verordnung anstelle einer Errichtungsanordnung wurde gewählt, um Transparenz zu schaffen[25] und den verfassungsrechtlichen Vorgaben[26] gerecht zu werden.

Verordnung über den Betrieb des Zentralen Staatsanwaltschaftlichen Verfahrensregisters (ZStVBetrV) vom 23.9.2005 (BGBl. I 2885), die zuletzt durch Artikel 9 des Gesetzes vom 25.6.2021 (BGBl. I 2099) geändert worden ist.

Auf Grund des § 494 Abs. 4 der Strafprozessordnung in der Fassung der Bekanntmachung vom 7.4.1987 (BGBl. I 1074, 1319), der zuletzt durch Artikel 2 Nr. 6 des Gesetzes vom 10.9.2004 (BGBl. I 2318) geändert worden ist, verordnet das Bundesministerium der Justiz:

§ 1 Register

(1) Das Register nach den §§ 492 bis 495 der Strafprozessordnung wird bei dem Bundesamt für Justiz (Registerbehörde) unter der Bezeichnung „Zentrales Staatsanwaltschaftliches Verfahrensregister" geführt.

(2) Eine Erhebung oder Verwendung personenbezogener Daten im Auftrag durch andere Stellen ist unzulässig.

§ 2 Inhalt und Zweck des Registers

In dem Register werden die in § 4 bezeichneten Daten zu in der Bundesrepublik Deutschland geführten Strafverfahren einschließlich steuerstrafrechtlicher Verfahren sowie Verfahren der Behörden der Zollverwaltung nach § 14a Absatz 1 und § 14b Absatz 1 des Schwarzarbeitsbekämpfungsgesetzes zu dem Zweck gespeichert, die Durchführung von Strafverfahren effektiver zu gestalten, insbesondere die Ermittlung überörtlich handelnder Täter und Mehrfachtäter zu erleichtern, das frühzeitige Erkennen von Tat- und Täterverbindungen zu ermöglichen und gebotene Verfahrenskonzentrationen zu fördern.

§ 3 Übermittlung von Daten an das Register

(1) ¹Die Staatsanwaltschaften, die diesen in steuerstrafrechtlichen Angelegenheiten nach § 386 Abs. 2 und § 399 der Abgabenordnung gleichgestellten Finanzbehörden und die Behörden der Zollverwaltung nach § 14a Absatz 1 und § 14b Absatz 1 des Schwarzarbeitsbekämpfungsgesetzes (mitteilende Stellen) übermitteln, sobald ein Strafverfahren bei ihnen anhängig wird, die in § 4 bezeichneten Daten in einer den Regelungen nach § 10 Abs. 1

---

[23] Wittig in BeckOK StPO Rn. 4; Köhler in Meyer-Goßner/Schmitt Rn. 6; Ritscher/Klinge in Satzger/Schluckebier/Widmaier StPO Rn. 6; anders Hilger in Löwe/Rosenberg Rn. 22: §§ 153a, 154e und 205.
[24] Hilger in Löwe/Rosenberg Rn. 21; Weßlau/Deiters in SK-StPO Rn. 15.
[25] BT-Drs. 15/3331, 11.
[26] BVerfG 2.3.1999 – 2 BvF 1/94, BVerfGE 100, 249.

entsprechenden standardisierten Form im Wege der Datenfernübertragung an die Registerbehörde. ²Unrichtigkeiten und Änderungen der Daten sind der Registerbehörde unverzüglich mitzuteilen; dies gilt auch für Verfahrensabgaben, -übernahmen, -verbindungen und -abtrennungen.

(2) Die Übermittlung kann mit der Maßgabe erfolgen, dass wegen besonderer Geheimhaltungsbedürftigkeit des Strafverfahrens Auskünfte über die übermittelten Daten an eine andere als die mitteilende Stelle ganz oder teilweise zu unterbleiben haben.

(3) ¹Die Übermittlung kann vorübergehend zurückgestellt werden, wenn eine Gefährdung des Untersuchungszwecks zu besorgen ist und diese Gefährdung auf andere Weise, insbesondere durch eine Maßgabe nach Absatz 2, nicht abgewendet werden kann. ²Die Gründe für eine Zurückstellung der Übermittlung sind zu dokumentieren.

§ 4 Zu speichernde Daten

(1) Es werden die folgenden Identifizierungsdaten der beschuldigten Person gespeichert:
1. der Geburtsname,
2. der Familienname,
3. die Vornamen,
4. das Geburtsdatum,
5. der Geburtsort und der Geburtsstaat,
6. das Geschlecht,
7. die Staatsangehörigkeiten,
8. die letzte bekannte Anschrift und, sofern sich die beschuldigte Person in Haft befindet oder eine sonstige freiheitsentziehende Maßnahme gegen sie vollzogen wird, die Anschrift der Justizvollzugsanstalt mit Gefangenenbuchnummer oder die Anschrift der Anstalt, in der die sonstige freiheitsentziehende Maßnahme vollzogen wird,
9. besondere körperliche Merkmale und Kennzeichen (zum Beispiel Muttermale, Narben, Tätowierungen), soweit zur Identifizierung erforderlich,
10. etwaige abweichende Angaben zu den Daten nach den Nummern 1 bis 7 (zum Beispiel frühere, Alias- oder sonst vom Familiennamen abweichende Namen).

(2) ¹Es werden die folgenden Daten zur Straftat gespeichert:
1. die Zeiten oder der Zeitraum der Tat,
2. die Orte der Tat,
3. die verletzten Gesetze,
4. die nähere Bezeichnung der Straftat (zum Beispiel Handtaschenraub, Straßenraub),
5. die Höhe etwaiger durch die Tat verursachter Schäden in Euro,
6. die Angabe, dass es Mitbeschuldigte gibt.

²Die Angaben nach Satz 1 Nr. 3 und 4 können unter Verwendung eines Straftatenschlüssels erfolgen.

(3) Es werden die folgenden Vorgangsdaten gespeichert:
1. die mitteilende Stelle,
2. die sachbearbeitende Stelle der Polizei, der Zoll- und der Steuerfahndung,
3. die Aktenzeichen und Tagebuchnummern der in den Nummern 1 und 2 bezeichneten Stellen.

(4) Es werden die folgenden Daten zum Verfahrensstand gespeichert:
1. das Datum der Einleitung des Ermittlungsverfahrens durch die mitteilende Stelle,
2. das Datum der Anklage und das Gericht, vor dem die Hauptverhandlung stattfinden soll,
3. das Datum des Antrags auf Durchführung eines besonderen Verfahrens nach dem Sechsten Buch der Strafprozessordnung und die Art des Verfahrens,
4. das Datum des Antrags auf Entscheidung im vereinfachten Jugendverfahren nach § 76 des Jugendgerichtsgesetzes,
5. das Datum der Aussetzung oder vorläufigen oder endgültigen Einstellung des Verfahrens und die angewandte Vorschrift,
6. das Datum des Freispruchs oder der Verurteilung,
7. das Datum und die Art einer sonstigen staatsanwaltschaftlichen oder gerichtlichen Verfahrenserledigung.

(5) Andere als die in den Absätzen 1 bis 4 genannten Daten werden in dem Register nicht gespeichert.

§ 5 Berichtigung, Löschung und Sperrung

Die Berichtigung, Löschung und Einschränkung der Verarbeitung der gespeicherten Daten bestimmen sich nach § 494 Absatz 1 bis 3 der Strafprozessordnung.

§ 6 Auskunft an Behörden

(1) Auf Ersuchen erhalten Auskunft über die in § 4 genannten Daten
1. die mitteilenden Stellen im Sinne des § 3 Absatz 1 Satz 1; bei Mitteilung eines neuen Verfahrens erhalten sie auch ohne Ersuchen Auskunft über die zu der beschuldigten Person bereits gespeicherten Daten,
2. die Polizei- und Sonderpolizeibehörden, soweit sie im Einzelfall strafverfolgend tätig sind,
2a. das Bundeskriminalamt,
   a) nach Maßgabe des § 492 Absatz 3 Satz 3 der Strafprozessordnung und des § 39 des Bundeskriminalamtgesetzes, soweit dies im Einzelfall zur Erfüllung seiner Aufgaben nach § 5 Absatz 1 des Bundeskriminalamtgesetzes erforderlich ist, oder
   b) nach Maßgabe des § 492 Absatz 3 Satz 3 der Strafprozessordnung des § 9 Absatz 2 und 5 des Bundeskriminalamtgesetzes, soweit dies im Einzelfall zur Erfüllung seiner Aufgaben nach § 6 Absatz 1 oder § 7 Absatz 1 oder Absatz 2 des Bundeskriminalamtgesetzes erforderlich ist,
3. die Finanzbehörden in steuerstrafrechtlichen Ermittlungsverfahren der Staatsanwaltschaft (§ 402 der Abgabenordnung),
4. die Steuer- und Zollfahndungsdienststellen, soweit sie im Einzelfall strafverfolgend tätig sind,
5. die Waffenbehörden nach Maßgabe des § 492 Absatz 3 Satz 4 der Strafprozessordnung und des § 5 Absatz 5 Satz 1 Nummer 2 und Satz 2 des Waffengesetzes,
5a. die Sprengstoffbehörden nach Maßgabe des § 492 Absatz 3 Satz 4 der Strafprozessordnung und des § 8a Absatz 5 Satz 1 Nummer 2 und Satz 3 des Sprengstoffgesetzes,
5b. die an Sicherheitsüberprüfungen mitwirkenden Behörden nach Maßgabe des § 492 Absatz 3 Satz 4 der Strafprozessordnung und des § 12 Absatz 1 Nummer 2 des Sicherheitsüberprüfungsgesetzes,
5c. die Zentralstelle für Finanztransaktionsuntersuchungen nach Maßgabe des § 492 Absatz 3 Satz 4 der Strafprozessordnung und des § 31 Absatz 4a des Geldwäschegesetzes,
5d. die Luftsicherheitsbehörden nach Maßgabe des § 492 Absatz 3 Satz 4 der Strafprozessordnung und des § 7 Absatz 3 Satz 1 Nummer 3 des Luftsicherheitsgesetzes,
6. das nationale Mitglied von Eurojust nach § 5 Absatz 1 Nummer 2 des Eurojust-Gesetzes.

(2) Nach Maßgabe des § 492 Absatz 4 der Strafprozessordnung erhalten auf Ersuchen Auskunft über die in § 4 Absatz 1 bis 3 genannten Daten auch
1. die Verfassungsschutzbehörden des Bundes und der Länder,
2. der Militärische Abschirmdienst,
3. der Bundesnachrichtendienst.

(3) ¹Auskunft wird erteilt über Eintragungen zu Personen mit gleichen und zu Personen mit ähnlichen Identifizierungsdaten. ²Auf gesondertes Ersuchen wird Auskunft auch über Eintragungen zu Mitbeschuldigten erteilt.

(4) Auskunft wird nicht erteilt, soweit eine Maßgabe nach § 3 Abs. 2 entgegensteht.

§ 7 Automatisiertes Anfrage- und Auskunftsverfahren; automatisiertes Abrufverfahren

(1) ¹Auskunftsersuchen und Auskünfte werden im Wege eines automatisierten Anfrage- und Auskunftsverfahrens übermittelt. ²Die Registerbehörde kann Maßnahmen zur Einführung eines automatisierten Abrufverfahrens treffen.

(2) ¹Bei Störung der technischen Einrichtungen für automatisierte Übermittlungen und bei außergewöhnlicher Dringlichkeit können Auskunftsersuchen und Auskünfte auch mittels

Telefon oder Telefax übermittelt werden. ²Hierbei hat die Registerbehörde sicherzustellen, dass die Mitteilung der Auskunft an die ersuchende Stelle erfolgt.

§ 8 Auskunft bei Anfragen mit ähnlichen oder unvollständigen Angaben

(1) ¹Auf Ersuchen mit nicht eindeutig zuordenbaren oder unvollständigen Identifizierungsdatensätzen übermittelt die Registerbehörde an die ersuchende Stelle für Zwecke der Identitätsprüfung die in § 4 Abs. 1, 2 Satz 1 Nr. 1 und 2 sowie Abs. 3 bezeichneten Daten von bis zu 20 unter ähnlichen Identifizierungsdaten gespeicherten Personen. ²Satz 1 gilt entsprechend, wenn Anfragedatensätze zwar eindeutig zugeordnet werden können, aber auch Eintragungen unter ähnlichen Identifizierungsdaten vorhanden sind. ³Die Registerbehörde teilt ferner mit, wie viele weitere Datensätze zu Personen mit ähnlichen Identifizierungsdaten vorhanden sind.

(2) Die ersuchende Stelle hat die Identitätsprüfung unverzüglich vorzunehmen und Datensätze, die nicht zu einer Identifizierung führen, unverzüglich zu löschen.

(3) ¹Ist eine Identifizierung anhand der mitgeteilten Datensätze nicht möglich, kann die ersuchende Stelle der Registerbehörde ein Folgeersuchen übermitteln. ²Für die aufgrund des Folgeersuchens von der Registerbehörde zu übermittelnden Daten gelten die Absätze 1 und 2 entsprechend mit der Maßgabe, dass die Daten von bis zu 50 unter ähnlichen Identifizierungsdaten gespeicherten Personen übermittelt werden.

(4) ¹Ist eine Identifizierung auch anhand der nach Absatz 3 mitgeteilten Datensätze nicht möglich, kann die ersuchende Stelle der Registerbehörde weitere Folgeersuchen übermitteln, wenn dies für Zwecke eines Strafverfahrens erforderlich ist, das eine Straftat von erheblicher Bedeutung zum Gegenstand hat. ²Für die weiteren Folgeersuchen gelten die Absätze 1 und 2 entsprechend mit der Maßgabe, dass von der Registerbehörde jeweils die Daten von bis zu 50 weiteren unter ähnlichen Identifizierungsdaten gespeicherten Personen übermittelt werden.

§ 9 Auskunft an betroffene Personen

(1) Für den Auskunftsanspruch betroffener Personen gilt § 57 des Bundesdatenschutzgesetzes.

(2) Über die Erteilung der Auskunft entscheidet die Registerbehörde im Einvernehmen mit der Stelle, welche die in die Auskunft aufzunehmenden personenbezogenen Daten mitgeteilt hat.

(3) ¹Wird gemäß § 57 Absatz 4 des Bundesdatenschutzgesetzes von der Auskunft abgesehen, so wird dem Antragsteller mitgeteilt, dass keine Daten verarbeitet werden, über die Auskunft erteilt werden kann. ²Der Antragsteller ist unabhängig davon, ob Verfahren gegen ihn geführt werden, auf diese Regelung und auf die Rechtsschutzmöglichkeit des § 57 Absatz 7 Satz 2 des Bundesdatenschutzgesetzes hinzuweisen.

§ 10 Organisatorische und technische Leitlinien und Maßnahmen

(1) ¹Die Registerbehörde regelt die organisatorischen und technischen Einzelheiten im Einvernehmen mit den obersten Justiz-, Innen- und Finanzbehörden des Bundes und der Länder sowie unter Beteiligung des Bundesbeauftragten für den Datenschutz und des Bundesamtes für Sicherheit in der Informationstechnik. ²Insbesondere sind die Kommunikation zwischen den mitteilenden und auskunftsberechtigten Stellen und der Registerbehörde, der Aufbau der Datensätze und der Datenstruktur, die Kriterien zur Feststellung gleicher Identifizierungsdaten und die Beantwortung von Anfragen mit ähnlichen oder unvollständigen Angaben zu regeln.

(2) ¹Die Registerbehörde trifft die erforderlichen und angemessenen Maßnahmen, um die Verfügbarkeit, Integrität, Authentizität und Vertraulichkeit der im Register gespeicherten Daten entsprechend dem jeweiligen Stand der Technik sicherzustellen. ²Dabei ist die besondere Schutzbedürftigkeit der im Register gespeicherten Daten zu berücksichtigen. ³Die Organisation innerhalb der Registerbehörde ist so zu gestalten, dass sie den Grundsätzen der

Aufgabentrennung und der Beschränkung des Zugangs zu personenbezogenen Daten auf das zur Aufgabenerfüllung Erforderliche entspricht.

§ 11 Inkrafttreten, Außerkrafttreten

¹Diese Verordnung tritt am ersten Tag des neunten auf die Verkündung folgenden Kalendermonats in Kraft. ²Gleichzeitig tritt die Allgemeine Verwaltungsvorschrift über eine Errichtungsanordnung für das länderübergreifende staatsanwaltschaftliche Verfahrensregister vom 7. August 1995 (BAnz. S. 9761) außer Kraft.

§ 495 Auskunft an betroffene Personen

¹Der betroffenen Person ist entsprechend § 57 des Bundesdatenschutzgesetzes Auskunft aus dem Verfahrensregister zu erteilen; § 491 Absatz 2 gilt entsprechend. ²Über die Erteilung einer Auskunft entscheidet die Registerbehörde im Einvernehmen mit der Staatsanwaltschaft, die die personenbezogenen Daten zur Eintragung in das Verfahrensregister mitgeteilt hat. ³Soweit eine Auskunft aus dem Verfahrensregister an eine öffentliche Stelle erteilt wurde und die betroffene Person von dieser Stelle Auskunft über die so erhobenen Daten begehrt, entscheidet hierüber diese Stelle im Einvernehmen mit der Staatsanwaltschaft, die die personenbezogenen Daten zur Eintragung in das Verfahrensregister mitgeteilt hat.

I. Auskunftsanspruch

Nicht anders als im Fall der Strafverfahrensdateien haben Betroffene (vgl. § 46 Nr. 1 BDSG) einer Speicherung im ZStV einen Auskunftsanspruch, der es ihnen erst ermöglicht, ihre verfassungsrechtlich garantierten Rechte wahrzunehmen.[1] Auch beim staatsanwaltschaftlichen Verfahrensregister verweist der Normtext seit der Umsetzung der JI-RL im Strafverfahren (→ Vor § 474 Rn. 5) auf § 57 BDSG, so dass der Verweis auf § 491 Abs. 2 überflüssig ist.[2]

II. Einvernehmen der beteiligten Behörden

Für das Verfahren der Auskunftserteilung unterscheidet das Gesetz danach, **bei welcher Stelle** Betroffene Auskunft begehrt haben. Richtet sich die betroffene Person an das staatsanwaltschaftliche Verfahrensregister, so entscheidet die Registerbehörde über die Erteilung im Einvernehmen mit der Staatsanwaltschaft, die die Daten mitgeteilt hat (S. 2). S. 3 regelt demgegenüber den Fall, dass das Register die Daten bereits an eine andere Stelle übermittelt hat und die betroffene Person bei dieser Auskunft begehrt. In diesem Fall hat diese Stelle im Einvernehmen mit der mitteilenden Staatsanwaltschaft über die Auskunftserteilung zu entscheiden, so dass die Registerbehörde nicht beteiligt ist. Die Regelung ist § 5 Abs. 5 WaffG nachgebildet und hier nun als allgemeine Vorschrift für den Fall der bereits erfolgten Übermittlung an andere Stellen formuliert; sie gilt somit für alle Stellen, die Daten aus dem ZStV erhalten, die sie nicht selbst übermittelt haben.[3]

In beiden Fällen bedeutet **Einvernehmen,** dass die angefragte Stelle das Einverständnis der jeweiligen Staatsanwaltschaft einzuholen hat.[4] Deren Entscheidungsspielraum gilt allerdings nicht unbegrenzt, sondern wird durch die Voraussetzungen des Auskunftsanspruchs in § 57 BDSG vorgegeben. Die Staatsanwaltschaft darf das Einverständnis daher nur verweigern, wenn sich aus diesen Regelungen die rechtliche Möglichkeit hierzu ergibt.

---

[1] Deiters/Weßlau in SK-StPO Rn. 1.
[2] Vorher: § 19 BDSG aF, vgl. BT-Drs. 19/4671.
[3] BT-Drs. 15/3331, 12; Köhler in Meyer-Goßner/Schmitt Rn. 4.
[4] Hilger in Löwe/Rosenberg Rn. 9; Köhler in Meyer-Goßner/Schmitt Rn. 2.

Vierter Abschnitt. Schutz personenbezogener Daten in einer elektronischen Akte; Verwendung personenbezogener Daten aus elektronischen Akten

Vorbemerkung zu § 496

Schrifttum: Deutscher Richterbund, Stellungnahme zum Entwurf eines Gesetzes zur Einführung der elektronischen Akte in Strafsachen und zur weiteren Förderung des elektronischen Rechtsverkehrs (BT-Drs. 18/9416), 2017; Diwell, E-Justice – digitale Justiz auch im Strafverfahren?, FS DAV, 2009, 450; Große Strafrechtskommission des Deutschen Richterbundes, Gutachten im Auftrag des Bundesministeriums der Justiz: Die elektronische Akte im Strafverfahren, 2007; Growe/Gutfleisch, Die Strafakte im Zeitalter ihrer digitalen Reproduzierbarkeit, NStZ 2020, 633; Jandt/Nebel/Nielsen, Elektronische Gerichtsakten – Neue Herausforderungen für die Tätigkeit des Sachverständigen, DS 2016, 248; König/Voigt, Datenverarbeitung im Strafverfahren in Zeiten der „E-Akte", GS Weßlau, 2016, 181; Knierim, Elektronische Dokumente im Strafprozess, FS Schiller, 2014, 371; Leibenger u.a., Elektronische Akten: Anforderungen und technische Lösungsmöglichkeiten, in: Österreichische Computer Gesellschaft (Hrsg.), In Kooperation: Tagungsband des 18. Internationalen Rechtsinformatik Symposions IRIS 2015, 2015, 271; Spatscheck/Dovas/Feldle, Die Löschung elektronischer Akten und Aktenkopien im Strafverfahren, NStZ 2022, 705; v. Stetten, Die elektronische Akte in Strafsachen: Segen oder Fluch?, ZRP 2015, 138; Warg, Der Begriff der Akte und ihre Vorlage im Strafverfahren, NJW 2015, 3195; Werner, Gesetzentwurf zur Einführung der elektronischen Akte in Strafsachen und zur weiteren Förderung des elektronischen Rechtsverkehrs – Digitalisierung der Strafjustiz, jM 2016, 387.

1 Durch Gesetz vom 5.7.2017[1] hat der Bundesgesetzgeber Regelungen zur elektronischen Akte[2] im Strafverfahren eingeführt, nachdem diese Form der Akte in zahlreichen anderen Verfahrensordnungen bereits seit einigen Jahren geregelt ist.[3] Er verspricht sich hiervon neben Vereinfachungen und verschiedenen weiteren Vorteilen vor allem eine nicht unerhebliche Effizienzsteigerung.[4] Der Gesetzgeber hat eine Übergangszeit bis zum 31.12.2025 vorgesehen. Bis dahin ist die elektronische Aktenführung nur eine Option; verpflichtend wird sie erst mit Beginn des Jahres 2026.[5] Spätestens drei Jahre danach soll eine Evaluierung der Regelungen erfolgen.[6]

2 Wesentliche Herausforderung bei der Einführung der E-Akte ist nicht die Herstellung der jeweiligen Dokumente, die Bestandteil der Akte werden. Diese werden bereits heute fast durchgehend elektronisch verfasst. Im Zentrum der Regelungen steht vielmehr die Etablierung von **verbindlichen Standards** für die Sicherung, Übertragung, den Beweiswert, die Integrität von und den Umgang mit derartigen elektronischen Dokumenten.[7] Auch muss der (niedrigschwellige) Zugang aller Beteiligten zu dieser Form der Akte und Kommunikation – insbesondere vor dem Hintergrund von Art. 103 Abs. 1 GG – sichergestellt sein.[8] Nicht zuletzt stellt sich die Frage, wie sich die neue Form auf das gesamte Verfahren und seine Beteiligten auswirkt.[9]

3 Der Gesetzgeber hat die elektronische Akte **in der StPO** an zwei verschiedenen Stellen geregelt. In den §§ 32 ff. finden sich Bestimmungen vor allem zum organisatorischen Umgang mit dieser Form der Akte, insbesondere dem elektronischen Rechtsver-

---

[1] BGBl. I 2208 ff.
[2] Allg. zur Akte Warg NJW 2015, 3195 (3195 f.).
[3] BT-Drs. 18/9416, 31 f.; Werner jM 2016, 387 (387).
[4] Diwell FS DAV, 2009, 450 (452 ff.); v. Stetten ZRP 2015, 138.
[5] BT-Drs. 18/9416, 32.
[6] BT-Drs. 18/9416, 42.
[7] Bereits auf die Bedeutung dieser Standards hinweisend Große Strafrechtskommission des Deutschen Richterbundes, Die elektronische Akte im Strafverfahren, 2007, S. 111 ff.; Growe/Gutfleisch NStZ 2020, 633; Knierim FS Schiller, 2014, 371 (373 ff.); Leibenger u.a. in: Österreichische Computer Gesellschaft, In Kooperation: Tagungsband des 18. Internationalen Rechtsinformatik Symposions IRIS 2015, 271 ff.
[8] Diwell FS DAV, 2009, 450 (457 ff.); Große Strafrechtskommission des Deutschen Richterbundes, Die elektronische Akte im Strafverfahren, 2007, S. 23 f.
[9] Jandt/Nebel/Nielsen DS 2016, 248; v. Stetten ZRP 2015, 138 (139 ff.); s. bereits Große Strafrechtskommission des Deutschen Richterbundes, Die elektronische Akte im Strafverfahren, 2007, S. 180 ff.

kehr und der Kommunikation zwischen den Beteiligten. Detaillierte technische und organisatorische Vorgaben sollen Ausführungsregelungen vorbehalten bleiben.[10] Die §§ 496–499, die einen neuen Vierten Abschnitt des Achten Buches bilden, enthalten Vorschriften zum bereichsspezifischen Datenschutz und zur Datensicherheit. Sie gelten nach § 49d OWiG in weiten Teilen auch für das Ordnungswidrigkeitenverfahren.

Die §§ 496 ff. sollen insbesondere dem Umstand Rechnung tragen, dass die elektronische Akte und elektronische Aktenkopien einen **wesentlich intensiveren Eingriff in das RiS** der betroffenen Person bedeuten als die Papierakte.[11] Dies ist vor allem deshalb der Fall, weil solche Daten sehr einfach und beliebig oft kopiert sowie wesentlich einfacher durchsucht und weiterverarbeitet werden können.[12] Technisch gesehen könnte so ein einziger großer, voll durchsuchbarer Datenbestand geschaffen werden (dazu → Vor § 483 Rn. 16 ff.). Rechtsgrundlagen, die Eingriffe in dieses Grundrecht gestatten, sind daher in besonderer Weise zu begrenzen, was vor allem die Verwendung personenbezogener Daten in elektronischen Akten betrifft.[13] Insbesondere ist eine verfahrensübergreifende Suche in den elektronischen Datenbeständen grundsätzlich ausgeschlossen.[14] Diese Begrenzungen sind zwingend erforderlich, um den verfassungsrechtlichen Anforderungen aus dem RiS zum Schutz der gespeicherten personenbezogenen Daten gerecht zu werden. 4

Dementsprechend bestimmt § 496 Abs. 3, dass elektronische Akten aus rechtlicher Sicht **keine Strafverfahrensdateisysteme** im Sinne der §§ 483 ff. darstellen, obgleich es sich technisch natürlich um Dateisysteme (§ 46 Nr. 6 BDSG) handelt, die auch zur Verwendung im Strafverfahren angelegt werden.[15] Elektronische Akten unterliegen somit nicht den dortigen Regelungen, sondern werden von den §§ 496 ff. vielmehr **wie herkömmliche Akten** und also entsprechend der §§ 474 ff. behandelt. Dies gilt unabhängig davon, ob Polizei oder StA handeln.[16] Ebenso werden sie von den §§ 78c, 353d StGB berücksichtigt, wo das Wort „Schriftstück" durch „Dokument" ersetzt wurde. 5

§ 496 Verwendung personenbezogener Daten in einer elektronischen Akte

(1) Das Verarbeiten und Nutzen personenbezogener Daten in einer elektronischen Akte oder in elektronischen Aktenkopien ist zulässig, soweit dies für die Zwecke des Strafverfahrens erforderlich ist.

(2) Dabei sind
1. **die organisatorischen und technischen Maßnahmen zu treffen, die erforderlich sind, um den besonderen Anforderungen des Datenschutzes und der Datensicherheit gerecht zu werden, und**
2. **die Grundsätze einer ordnungsgemäßen Datenverarbeitung einzuhalten, insbesondere die Daten ständig verfügbar zu halten und Vorkehrungen gegen einen Datenverlust zu treffen.**

(3) Elektronische Akten und elektronische Aktenkopien sind keine Dateisysteme im Sinne des Zweiten Abschnitts.

Schrifttum: Siehe Vor § 496.

---

[10] BT-Drs. 18/9416, 2.
[11] v. Häfen in BeckOK StPO § 496 Rn. 2.
[12] König/Voigt GS Weßlau, 2016, 181 (185 ff.).
[13] König/Voigt GS Weßlau, 2016, 181 (191 f.).
[14] BT-Drs. 18/9416, 32.
[15] Zur Differenzierung König/Voigt GS Weßlau, 2016, 181 (182 ff.).
[16] König/Voigt GS Weßlau, 2016, 181 (190).

Übersicht

	Rn.		Rn.
I. Allgemeines	1	III. Maßnahmen für Datenschutz und Datensicherheit (Abs. 2 Nr. 1)	8
II. Verfahrensinterne Verarbeitung und Verwendung personenbezogener Daten (Abs. 1)	4	IV. Grundsätze ordnungsgemäßer Datenverarbeitung (Abs. 2 Nr. 2)	11

I. Allgemeines

1   Die Vorschrift regelt in Abs. 1 die Voraussetzungen für die verfahrensinterne Verarbeitung und Nutzung personenbezogener Daten in elektronischen Akten im Strafverfahren. Abs. 2 regelt zentrale Vorgaben für Datenschutz und Datensicherheit. Neben diesen bereichsspezifischen Regelungen bleiben allgemeinere datenschutzrechtliche Bestimmungen anwendbar. Abs. 3 stellt klar, dass elektronische Akten und elektronische Aktenkopien keine Strafverfahrensdateisysteme darstellen, sondern vielmehr wie herkömmliche Akten zu behandeln sind (schon → Vor § 496 Rn. 5).

2   § 496 wie auch die anderen Vorschriften des Vierten Abschnitts regeln nur die Besonderheiten, die sich aus der elektronischen Form der Akte ergeben. Unabhängig davon handelt es sich auch bei elektronischen Akten um **normale Akten im Strafverfahren,** für die die strafprozessualen Grundsätze und allgemeinen Regelungen in der StPO zu Akten gelten.

3   Das Gesetz differenziert zwischen elektronischen Akten und **elektronischen Kopien dieser Akten.** Als solche gelten auch bloße Teilkopien, wie zB Handakten, sowie sogenannte elektronische Zweitakten, die durch Einscannen von Papierakten oder papiernen Beweismittelordnern erstellt wurden.[1] Mit der Differenzierung hebt das Gesetz den Umstand hervor, dass gespeicherte Daten sehr einfach und beliebig oft detailgenau vervielfältigt werden können. Dies bringt das Problem mit sich, dass ggf. eine Vielzahl von Kopien der gleichen Akte im Umlauf sind. Die meisten Regelungen des Vierten Abschnitts behandeln die ursprüngliche elektronische Akte und elektronische Kopien selbiger allerdings rechtlich gleich.

II. Verfahrensinterne Verarbeitung und Verwendung personenbezogener Daten (Abs. 1)

4   Abs. 1 enthält die **grundlegende bereichsspezifische Rechtsgrundlage** für die Verarbeitung und Nutzung personenbezogener Daten in elektronischen Akten im Strafverfahren, die einen Eingriff in das RiS der Betroffenen darstellen. Eine vergleichbare Rechtsgrundlage für Papierakten lässt die StPO vermissen.[2] § 496 Abs. 1 gestattet – in der Terminologie des BDSG aF – das Speichern, Verändern, Übermitteln, Sperren, Löschen und sonstige Verwenden personenbezogener Daten (→ Vor § 474 Rn. 2) für ein bestimmtes Strafverfahren. Die Regelung erlaubt somit erstens keine Erhebung personenbezogener Daten (schon → Vor § 474 Rn. 2). Zweitens enthält sie auch keine Regelung zur Zweckumwidmung. Sie gestattet die Verarbeitung und Nutzung vielmehr **nur verfahrensintern** für das jeweilige Strafverfahren, nicht für sonstige Strafverfahren oder anderweitige Zwecke (allg. → Vor § 474 Rn. 20 ff.).[3] Eine Regelung zur Zweckumwidmung und damit zur verfahrensexternen Verwendung findet sich aber in § 498.

5   Die Vorschrift ermöglicht nach der Vorstellung des Gesetzgebers nicht nur das Führen der Ursprungsakte in elektronischer Form. Vielmehr kann neben einer Ursprungsakte in Papierform oder elektronischer Form aufgrund von Abs. 1 auch eine **Zweitakte in elektronischer Form** geführt werden, die die gesamte Ursprungsakte oder Teile aus dieser

---
[1] BT-Drs. 18/9416, 66; zu praktischen Problemen dessen Jandt/Nebel/Nielsen DS 2016, 248 (249).
[2] König/Voigt GS Weßlau, 2016, 181 (182).
[3] BT-Drs. 18/9416, 66; Ritscher/Klinge in Satzger/Schluckebier/Widmaier StPO Rn. 3.

umfasst.⁴ Für eine solche Zweitakte als Kopie (→ Rn. 3) gelten grundsätzlich die Regelungen der §§ 496 ff. entsprechend. Lediglich hinsichtlich der Löschung sieht § 499 eine Sonderregelung vor.

Angesichts des damit relativ engen Regelungsbereichs – Erstellung und Nutzung einer elektronischen Akte in einem konkreten Strafverfahren – sind die Voraussetzungen für eine solche Verarbeitung und Nutzung personenbezogener Daten überschaubar. Es genügt, dass diese für das jeweilige konkrete Strafverfahren **erforderlich,** dh zur Zweckerfüllung notwendig sind (→ Vor § 474 Rn. 21). Diese Voraussetzung gilt für elektronische Akten und elektronische Aktenkopien gleichermaßen, wenngleich dabei für beide unterschiedliche Maßstäbe anzulegen sind: An die Notwendigkeit einer Aktenkopie sind andere Anforderungen zu stellen als an die der ursprünglichen Akte. 6

Da es sich bei elektronischen Akten um normale Strafverfahrensakten handelt, gelten für diese die Grundsätze der **Aktenwahrheit, Aktenklarheit und Aktenvollständigkeit**⁵ (dazu → § 147 Rn. 12) ohne Einschränkungen. Daher dürfen personenbezogene Daten und andere Informationen auch in elektronischen Akten nicht gelöscht werden, solange nicht die Aufbewahrungsfristen gemäß dem Justizaktenaufbewahrungsgesetz (JAktAG) erreicht sind. Selbst unrichtige Daten können nicht einfach durch richtige Daten ersetzt, sondern müssen durch Vermerk berichtigt werden, der mit den berichtigen Daten verknüpft wird.⁶ 7

III. Maßnahmen für Datenschutz und Datensicherheit (Abs. 2 Nr. 1)

Die datenverarbeitende Stelle muss die organisatorischen und technischen Maßnahmen treffen, die bei der Führung elektronischer Akten im Hinblick auf **Datenschutz und Datensicherheit** erforderlich sind. Während der Datenschutz auf die unbefugte Kenntnisnahme durch Dritte abstellt, erfasst die Datensicherheit darüber hinaus auch den Schutz vor Verfälschung und Zerstörung.⁷ 8

Das Merkmal der **Erforderlichkeit** will der Gesetzgeber an dieser Stelle – wenig überzeugend – nicht im datenschutzrechtlichen Sinne, also als notwendig zur Zweckerfüllung, verstehen. Stattdessen soll einem allgemeinen Verständnis folgend eine Abwägung zwischen Aufwand und Zweck der Schutzmaßnahme vorzunehmen sein.⁸ Im Ergebnis dürfte dies allerdings nicht zu grundlegend anderen Ergebnissen führen. Zum einen handelt es sich bei den Daten in Strafverfahrensakten um hochsensible personenbezogene Daten, die weithin gegen den Willen der betroffenen Person erhoben wurden und dementsprechend einen sehr hohen Schutzbedarf aufweisen.⁹ Nichts anderes gilt, wenn es sich um Daten von Zeugen, Opfern oder unbeteiligten Dritten handelt. Zum anderen müssen die Maßnahmen auch das Schutzniveau erreichen, das andere Vorschriften für bestimmte Aktenbestandteile verlangen. Die Gesetzesbegründung verweist insofern auf § 68 Abs. 5 und Verschlusssachen, für die der Geheimschutz sicherzustellen ist.¹⁰ 9

Die zu treffenden **organisatorischen und technischen Maßnahmen** betreffen nicht nur die Speicherung der Daten, sondern auch deren (elektronische) Übermittlung und den sonstigen Umgang mit Daten beim Führen elektronischer Akten. Was hier jeweils konkret geboten ist, wird durch die Rechtsverordnungen bestimmt, die auf Grundlage der § 32 Abs. 2 und 3, § 32b Abs. 5 und § 32f Abs. 6 erlassen werden. Die Gesetzesbegründung nennt hier u.a. Maßnahmen zur Zugangskontrolle, zur Zugriffskontrolle, zur Weitergabekontrolle und Maßnahmen zur Gewährleistung, dass zu unterschiedlichen Zwecken erhobene Daten getrennt verarbeitet werden. Danach sollen die Verordnungen ein Rechte- 10

---

[4] BT-Drs. 18/9416, 66.
[5] Vgl. Warg NJW 2015, 3195 (3196 ff.).
[6] BT-Drs. 18/9416, 67.
[7] Allg. zu den Anforderungen Leibenger u.a. in: Österreichische Computer Gesellschaft, In Kooperation: Tagungsband des 18. Internationalen Rechtsinformatik Symposions IRIS 2015, 271 ff.
[8] BT-Drs. 18/9416, 67.
[9] BT-Drs. 18/9416, 67; v. Häfen in BeckOK StPO Rn. 9 f.
[10] BT-Drs. 18/9416, 67.

Rollensystem regeln, das den Zugriff auf die Akten für die Vielzahl der beteiligten Behörden und Gerichte reguliert.[11]

IV. Grundsätze ordnungsgemäßer Datenverarbeitung (Abs. 2 Nr. 2)

11 Nach Abs. 2 Nr. 2 sind darüber hinaus die Grundsätze einer ordnungsgemäßen Datenverarbeitung einzuhalten. Dies meint insbesondere Vorkehrungen, die nach dem jeweiligen Stand der Technik sicherstellen, dass die Daten durchgehend verfügbar sind und kein Datenverlust entsteht, wie etwa eine permanente Spiegelung der Daten sowie eine zusätzliche tagesaktuelle Sicherung.[12] Dabei müssen die Daten sicher und gegen unberechtigte Zugriffe geschützt aufbewahrt werden, so dass gewisse Überschneidungen mit Nr. 1 bestehen. Nähere Regelungen hierzu treffen die Verordnungen, die auf Basis des § 32 Abs. 2 und 3 erlassen werden.

§ 497 Datenverarbeitung im Auftrag

(1) Mit der dauerhaften rechtsverbindlichen Speicherung elektronischer Akten dürfen nichtöffentliche Stellen nur dann beauftragt werden, wenn eine öffentliche Stelle den Zutritt und den Zugang zu den Datenverarbeitungsanlagen, in denen die elektronischen Akten rechtsverbindlich gespeichert werden, tatsächlich und ausschließlich kontrolliert.

(2) ¹Eine Begründung von Unterauftragsverhältnissen durch nichtöffentliche Stellen im Rahmen des dauerhaften rechtsverbindlichen Speicherns der elektronischen Akte ist zulässig, wenn der Auftraggeber im Einzelfall zuvor eingewilligt hat. ²Die Einwilligung darf nur erteilt werden, wenn der Zutritt und der Zugang zu den Datenverarbeitungsanlagen in dem Unterauftragsverhältnis entsprechend Absatz 1 vertraglich geregelt sind.

(3) ¹Eine Pfändung von Einrichtungen, in denen eine nichtöffentliche Stelle im Auftrag einer öffentlichen Stelle Daten verarbeitet, ist unzulässig. ²Eine Beschlagnahme solcher Einrichtungen setzt voraus, dass die öffentliche Stelle im Einzelfall eingewilligt hat.

Schrifttum: Siehe Vor § 496.

I. Allgemeines

1 § 497 enthält bereichsspezifische Regelungen zur Sicherstellung der Datenherrschaft für den Fall, dass nicht die aktenführende Stelle selbst die Daten verarbeitet, sondern eine andere, nichtöffentliche Stelle **beauftragt wird,** dies zu übernehmen. Erfasst ist also die mehr oder weniger umfassende Delegation vor allem der Speicherung, nicht hingegen die Übermittlung einzelner Akten an Private innerhalb eines Verfahrens. Neben § 497 gelten die allgemeinen datenschutzrechtlichen Regelungen; § 62 BDSG erlaubt etwa grundsätzlich die Datenverarbeitung durch andere – öffentliche wie nichtöffentliche – Stellen.

2 Anders als frühere Entwürfe[1] gestattet der nun geltende § 497 die Datenverarbeitung im Auftrag für den Bereich elektronischer Akten sehr umfassend, was angesichts der besonderen Sensibilität der darin enthaltenen personenbezogenen Daten problematisch ist. Die Norm stellt lediglich einige **weitergehende Voraussetzungen** auf, die bei der Datenverarbeitung im Auftrag zu beachten sind. Diese sollen sicherstellen, dass die **Datenherrschaft** nicht

---

[11] BT-Drs. 18/9416, 67.
[12] BT-Drs. 18/9416, 67.
[1] Zuletzt Referentenentwurf des BMJV: Gesetz zur Einführung der elektronischen Akte in Strafsachen, 2014, 15.

auf die beauftragte Stelle übergeht, sondern bei der beauftragenden Strafverfolgungsbehörde oder dem Gericht verbleibt.[2]

II. Voraussetzungen der Datenverarbeitung im Auftrag (Abs. 1, 2)

Abs. 1 regelt die Voraussetzungen der Datenverarbeitung im Auftrag im Fall der Speicherung elektronischer Akten. Hierunter fällt nach dem insofern etwas unklaren Wortlaut der Norm nur eine **dauerhafte, rechtsverbindliche Speicherung,** die in zentralen Rechenzentren erfolgen wird. Vorübergehende, nicht-rechtsverbindliche Speicherungen durch private Stellen sollen somit nur den allgemeinen Anforderungen des Datenschutzrechts unterliegen.[3] Die Gesetzesbegründung versteht hierunter vor allem solche Vorgänge, bei denen die Speicherung nur notwendige Begleiterscheinung ist, wie etwa eine aufgrund der technischen Infrastruktur erforderliche Zwischenspeicherung, die Speicherungen auf einem Replikationsserver oder auf dem lokalen Speicher eines Endgeräts.[4] 3

Diese Differenzierung ist insofern problematisch, als auch diese Formen der Speicherung im Fall von Strafverfahrensakten äußerst sensible Daten betreffen. Vor diesem Hintergrund hatte der letzte Referentenentwurf des BMJV die Möglichkeit der Datenverarbeitung in Rechenzentren oder in der Cloud eines privaten Unternehmens ebenso wie einen Fernzugriff durch diese ausgeschlossen, um einem „unkontrollierbaren Datenverlust" entgegenzuwirken.[5] Dieses Schutzniveau wurde aus Gründen der Effizienz und der Wirtschaftlichkeit in der jetzigen Gesetzesfassung deutlich abgesenkt.[6] 4

Die Beauftragung nichtöffentlicher Stellen mit der dauerhaften, rechtsverbindlichen Speicherung ist nach Abs. 1 nur dann zulässig, wenn eine öffentliche Stelle den **Zugang** zu den Datenverarbeitungsanlagen jederzeit **tatsächlich** und **ausschließlich kontrolliert.** Die Server müssen sich dabei im unmittelbaren Zugriffsbereich der betreffenden öffentlichen Stelle befinden. Dies setzt grundsätzlich eine Datenverarbeitung im Inland voraus; eine Verarbeitung in Drittstaaten ist – ungeachtet der sonstigen datenschutzrechtlichen Bewertung – praktisch ausgeschlossen.[7] 5

Abs. 2 stellt für die **Begründung von Unterauftragsverhältnissen** durch den Auftragnehmer gegenüber den allgemeinen datenschutzrechtlichen Regelungen weitergehende Anforderungen auf. Für jedes Unterauftragsverhältnis muss eine **Einwilligung** des Auftraggebers vorliegen, damit dieser die Zuverlässigkeit der Unterauftragnehmer im Einzelfall prüfen kann. Diese Einwilligung darf nach Abs. 2 S. 2 nur erteilt werden, wenn eine vertragliche Regelung über Zugang und Zutritt zu den Datenverarbeitungsanlagen besteht, die den Anforderungen des Abs. 1 genügt.[8] Auch im Fall eines Unterauftragsverhältnisses muss also auf diesem Weg die tatsächliche und ausschließliche Kontrolle des Zugangs durch eine öffentliche Stelle sichergestellt sein. 6

III. Pfändung und Beschlagnahme (Abs. 3)

Abs. 3 S. 1 schließt die Pfändung von Einrichtungen aus, in denen private Stellen im Auftrag von öffentlichen Stellen Daten verarbeiten, insbesondere für den Fall der Betriebsinsolvenz des (Unter-)Auftragnehmers.[9] Da daneben aber auch ein Interesse der öffentlichen Stelle an einer Beschlagnahme bestehen kann, zB wenn diese strafrechtlich erforderlich ist, erlaubt S. 2 die Beschlagnahme im Einzelfall, wenn die zuständige öffentliche Stelle eingewilligt hat.[10] 7

---

[2] BT-Drs. 18/9416, 68.
[3] BT-Drs. 18/9416, 68; v. Häfen in BeckOK StPO Rn. 6.
[4] BT-Drs. 18/9416, 68.
[5] Referentenentwurf des BMJV: Gesetz zur Einführung der elektronischen Akte in Strafsachen, 2014, 68.
[6] Werner jM 2016, 387 (393), der dies aber grundsätzlich begrüßt.
[7] BT-Drs. 18/9416, 68; zweifelnd hinsichtlich dieses Regelungsziels Ritscher/Klinge in Satzger/Schluckebier/Widmaier StPO Rn. 3.
[8] BT-Drs. 18/9416, 69; v. Häfen in BeckOK StPO Rn. 7.
[9] BT-Drs. 18/9416, 69.
[10] BT-Drs. 18/9416, 69 nennt hier beispielhaft kinderpornografische Dateien.

§ 498 Verwendung personenbezogener Daten aus elektronischen Akten

(1) Das Verarbeiten und Nutzen personenbezogener Daten aus elektronischen Akten oder elektronischen Aktenkopien ist zulässig, soweit eine Rechtsvorschrift die Verwendung personenbezogener Daten aus einem Strafverfahren erlaubt oder anordnet.

(2) Der maschinelle Abgleich personenbezogener Daten mit elektronischen Akten oder elektronischen Aktenkopien gemäß § 98c ist unzulässig, es sei denn, er erfolgt mit einzelnen, zuvor individualisierten Akten oder Aktenkopien.

Schrifttum: Siehe Vor § 496.

I. Allgemeines

1   Die Vorschrift regelt **weitergehende Möglichkeiten der Verarbeitung und Nutzung** personenbezogener Daten (→ Vor § 474 Rn. 10), die sich in elektronischen Strafverfahrensakten befinden. Nachdem § 496 nur das Führen der Akte und die einfache verfahrensinterne Nutzung für das jeweilige Strafverfahren gestattet (→ § 496 Rn. 4) und § 497 eine diesbezügliche Datenverarbeitung im Auftrag regelt, bestimmt alleine § 498, wann personenbezogene Daten aus elektronischen Akten auch darüber hinaus verarbeitet und genutzt werden dürfen. Abs. 1 regelt die verfahrensexterne Verwendung und verweist dafür auf bereits bestehende Zweckumwidmungsvorschriften. Abs. 2 bestimmt, unter welchen Voraussetzungen ausnahmsweise ein maschineller Abgleich einschlägiger Daten zulässig ist.

II. Verfahrensfremde Verwendung (Abs. 1)

2   Gemäß dem sich aus dem RiS ergebenden **Grundsatz der Zweckbindung** dürfen personenbezogene Daten nur für den Zweck genutzt werden, für den sie erhoben wurden, bei der Strafverfolgung also für das jeweils konkrete Strafverfahren. Eine weitergehende Nutzung für andere Zwecke (Zweckentfremdung) ist nur zulässig, sofern eine Rechtsgrundlage dies gestattet (allg. → Vor § 474 Rn. 20 ff.). Gemäß dem Doppeltürmodell muss die Zweckumwidmung sowohl aus Sicht des ursprünglichen Erhebungszwecks als auch aus Sicht des neuen Verwendungszwecks gestattet sein (→ Vor § 474 Rn. 24 ff.).

3   Abs. 1 stellt in diesem Kontext **keine eigenständige Zweckumwidmungsvorschrift** dar, zumal sie keinerlei Voraussetzungen für eine Umwidmung vorsieht. Vielmehr verweist die Norm nur auf die bereits bestehenden strafprozessualen Umwidmungsregelungen, die eine Nutzung personenbezogener Daten aus Strafverfahren für sonstige Zwecke gestatten[1] und sich vor allem in den §§ 474 ff. finden (im Einzelnen → Vor § 474 Rn. 30, → Vor § 483 Rn. 1 f.). Immer dann, wenn eine Umwidmung nach diesen Vorschriften zulässig ist, können auch personenbezogene Daten aus elektronischen Akten und elektronischen Aktenkopien umgewidmet werden.

III. Verbot des maschinellen Abgleichs (Abs. 2)

4   Abs. 2 bestimmt ein **grundsätzliches Verbot** des maschinellen Abgleichs (→ § 98c Rn. 10 ff.) personenbezogener Daten mit elektronischen Akten oder elektronischen Aktenkopien. Die Regelung bedeutet also eine Beschränkung von § 98c bezüglich elektronischer Akten.

5   Hintergrund der Regelung sind die **besonderen Gefahren für die informationelle Selbstbestimmung,** die sich aus den Möglichkeiten des maschinellen Abgleichs digital gespeicherter Daten ergeben. Mit Einführung der elektronischen Akte entsteht ein äußerst umfangreicher Datenbestand, der technisch ohne weiteres umfassend durchsuchbar wäre.[2]

---

[1] BT-Drs. 18/9416, 69.
[2] BT-Drs. 18/9416, 69.

Ein derart massiver Eingriff in das RiS aller Personen, deren Daten in den gesamten Akten gespeichert sind – Beschuldigte, Zeugen, Geschädigte, Beamte der Strafverfolgungsbehörden und Gerichte, unbeteiligte Dritte – wäre verfassungsrechtlich nicht zu rechtfertigen.[3] Der Gesetzgeber wollte diese Möglichkeit daher bewusst ausschließen.[4]

Der 2. Hs. des Abs. 2 sieht eine **eng begrenzte Ausnahme** von dem Verbot vor. **6** Danach darf ein maschineller Abgleich nach § 98c – also zum Zweck eines konkreten Strafverfahrens – mit elektronischen Strafverfahrensakten erfolgen, wenn der Abgleich nicht mit einem größeren Datenbestand, sondern zielgerichtet lediglich mit einzelnen, spezifisch ausgewählten Akten oder Aktenkopien erfolgt, so dass es sich quasi um eine elektronische Beiziehung von Akten handelt.[5] Die Ausnahme sieht zwei Voraussetzungen vor. Erstens darf es sich nur um einzelne Akten handeln, worunter eine Anzahl im einstelligen Bereich zu verstehen ist. Zweitens müssen die Akten individualisiert sein. Es dürfen also nicht beliebige Akten abgeglichen werden, sondern nur solche, die hierfür aus einem bestimmten Grund konkret ausgewählt worden sind. Dies kann mit Hilfe der Vorgangsverwaltung oder sonstigen Registern erfolgen, aber auch anhand der besonderen Kenntnisse der mit dem Fall befassten Strafverfolger.[6] Nur wenn beide Voraussetzungen erfüllt sind, ist die Intensität der damit verbundenen Beeinträchtigungen des RiS hinreichend begrenzt, so dass der maschinelle Abgleich zulässig sein kann.

§ 499 Löschung elektronischer Aktenkopien

Elektronische Aktenkopien sind unverzüglich zu löschen, wenn sie nicht mehr erforderlich sind.

Schrifttum: Siehe Vor § 496.

Die Vorschrift bestimmt eine **besondere Löschungspflicht für elektronische** **1** **Aktenkopien** (→ § 496 Rn. 3, 5), die indes praktisch nicht über die allgemeinen Regelungen des BDSG in § 75 Abs. 2 hinausgeht. Sie betrifft also nicht die Ursprungsakte, für die die zulässige Aufbewahrungsdauer nun durch das Justizaktenaufbewahrungsgesetz (JAktAG) geregelt ist (vormals Schriftgutaufbewahrungsgesetz).[1] Hintergrund der Regelung ist der Umstand, dass digital gespeicherte Daten einfach und beliebig oft vervielfältigt werden können (→ Vor § 496 Rn. 4), was für die in elektronischen Akten gespeicherten personenbezogenen Daten besondere Gefahren mit sich bringt. Durch die Löschungspflicht will der Gesetzgeber verhindern, dass eine unübersehbare Vielzahl elektronischer Aktenkopien existiert, die in der Praxis nicht mehr zu regulieren ist.

Die Löschungspflicht richtet sich nicht nur an die Strafverfolgungsbehörden und sons- **2** tige öffentliche Stellen, sondern auch an alle anderen Personen, denen die elektronische Akte übermittelt worden ist, etwa im Rahmen der Akteneinsicht.[2] Eine zentrale Frage in der Praxis wird sein, wie die **Einhaltung der besonderen Löschungspflicht** zu kontrollieren ist.[3] Mindestvoraussetzung ist eine Dokumentation, wann, wo und für wen welche Kopien angefertigt wurden, um überhaupt den Bestand an Kopien nachvollziehen zu können.[4] Dies ist über § 75 Abs. 3 S. 1 iVm § 58 Abs. 5 S. 2, 3 BDSG gewährleistet, wonach

---

[3] AA v. Häfen in BeckOK StPO Rn. 5 ff.; Deutscher Richterbund, Stellungnahme zum Entwurf eines Gesetzes zur Einführung der elektronischen Akte in Strafsachen und zur weiteren Förderung des elektronischen Rechtsverkehrs, 2017, 4 f.; Stellungnahme des Bundesrates in BT-Drs. 18/9416, 94 f.; dagegen aber die Gegenäußerung der Bundesregierung, BT-Drs. 18/9461, 103.
[4] BT-Drs. 18/9416, 69.
[5] BT-Drs. 18/9416, 70.
[6] BT-Drs. 18/9416, 69 f.
[1] BT-Drs. 18/9416, 33.
[2] BT-Drs. 18/9416, 70; v. Häfen in BeckOK StPO Rn. 4.
[3] v. Häfen in BeckOK StPO Rn. 5.
[4] Ritscher/Klinge in Satzger/Schluckebier/Widmaier StPO Rn. 4; v. Stetten ZRP 2015, 138 (141).

die verantwortliche Stelle im Fall der Löschung eine Unterrichtungspflicht gegenüber Empfängern der Daten trifft, durch die wiederum diese entsprechend verpflichtet werden.[5]

3 Die elektronischen Aktenkopien sind unverzüglich, dh ohne schuldhaftes Zögern, zu löschen, wenn sie nicht mehr **erforderlich** sind. Dies ist im datenschutzrechtlichen Sinn dann der Fall, wenn die Vorhaltung der Daten **zur Erfüllung des jeweiligen Zwecks nicht mehr notwendig** ist (allg. → Vor § 474 Rn. 21; → § 489 Rn. 6).[6] Das ist spätestens im Fall der Verjährung gegeben, ansonsten aber ggf. durchaus anspruchsvoll zu bestimmen, da der Gesetzgeber keine starren Fristen formuliert hat.[7] Der insofern maßgebliche Zweck ist für jede Aktenkopie im Einzelfall zu bestimmen. Für die Strafverfolgungsbehörden ist in der Regel das Betreiben des jeweiligen Strafverfahrens der Zweck, wenn und soweit dafür das Anlegen einer elektronischen Kopie erforderlich ist. Im Fall der Übermittlung zur Akteneinsicht sind die damit verfolgten Zwecke maßgeblich. Verbleibt im Anschluss an eine (elektronische) Übermittlung der Akte durch die StA an eine andere öffentliche Stelle – vor allem zur Abgabe des Verfahrens – eine Kopie bei der übermittelnden Stelle, so ist diese in der Regel unverzüglich zu löschen.[8]

---

[5] Spatscheck/Dovas/Feldle NStZ 2022, 705 (707).
[6] Spatscheck/Dovas/Feldle NStZ 2022, 705 (708 f.).
[7] Spatscheck/Dovas/Feldle NStZ 2022, 705 (709 ff.).
[8] BT-Drs. 18/9416, 70.

Fünfter Abschnitt. Anwendbarkeit des Bundesdatenschutzgesetzes

§ 500 Entsprechende Anwendung

(1) Soweit öffentliche Stellen der Länder im Anwendungsbereich dieses Gesetzes personenbezogene Daten verarbeiten, ist Teil 3 des Bundesdatenschutzgesetzes entsprechend anzuwenden.

(2) Absatz 1 gilt
1. nur, soweit nicht in diesem Gesetz etwas anderes bestimmt ist, und
2. nur mit der Maßgabe, dass die Landesbeauftragte oder der Landesbeauftragte an die Stelle der oder des Bundesbeauftragten tritt.

Schrifttum (weitere Quellen beim Schrifttum Vor § 474): El-Ghazi, Die Einwilligung in strafprozessuale Zwangsmaßnahmen nach der Umsetzung der Richtlinie (EU) 2016/680 – das Ende der freiwilligen Atemalkoholkontrolle!, ZIS 2019, 110; Erdogan, Datenschutzrechtliche Anforderungen an die Einwilligung in strafprozessuale Ermittlungsmaßnahmen, jurisPR-StrafR 5/2022, 1; Singelnstein, Folgen des neuen Datenschutzrechts für die Praxis des Strafverfahrens und die Beweisverbotslehre, NStZ 2020, 639; Stief, Die Richtlinie (EU) 2016/680 zum Datenschutz in der Strafjustiz und die Zukunft der datenschutzrechtlichen Einwilligung im Strafverfahren, StV 2017, 470.

I. Allgemeines

Der nur aus § 500 bestehende Fünfte Abschnitt wurde im Rahmen der Umsetzung der JI-Richtlinie im Strafverfahren[1] geschaffen und regelt zusammen mit den § 1 Abs. 2 BDSG, § 45 BDSG den **Anwendungsbereich des BDSG im Strafverfahren** und das Verhältnis des BDSG zur StPO. Konkret ordnet die Norm an, dass Teil 3 des BDSG (§§ 45 ff.) – der allgemeine Regelungen zur Datenverarbeitung im Bereich der Verfolgung und Verhütung von Straftaten enthält – im Strafverfahren auch dann Anwendung findet, wenn die Strafverfolgung von öffentlichen Stellen der Länder betrieben wird, deren Tätigkeit ansonsten nicht in den Anwendungsbereich des BDSG fallen würde. Auf diese Weise sorgt § 500 dafür, dass die §§ 45 ff. BDSG im Strafverfahren umfassend gelten.[2] 1

II. Anwendung des BDSG im Strafverfahren (Abs. 1)

Für öffentliche Stellen der Länder gelten nach § 1 Abs. 1 Nr. 2 BDSG grundsätzlich die Landesdatenschutzgesetze, die dem BDSG insofern vorgehen. Zugleich räumt die JI-Richtlinie den (Landes-)Gesetzgebern einen Umsetzungsspielraum ein, der zu einer unterschiedlichen Ausgestaltung des Datenschutzes im Strafverfahren hätte führen können.[3] Da der Bundesgesetzgeber eine bundeseinheitliche Ausgestaltung des Datenschutzrechts für das Strafverfahren erreichen wollte, hat er in § 500 Abs. 1 die **Datenverarbeitung durch öffentliche Stellen der Länder im Bereich des Strafverfahrens** ebenfalls den §§ 45 ff. BDSG unterstellt, um so eine umfassende Geltung dieser Regelungen im Strafverfahren zu erreichen. Damit hat der Gesetzgeber das Gewicht des BDSG vor allem gegenüber den Landesdatenschutzgesetzen, aber auch gegenüber der StPO erheblich gestärkt. Für die Polizei im Besonderen gilt demnach im Bereich der Strafverfolgung das BDSG, bei der Gefahrenabwehr sind hingegen meist die Landesdatenschutzgesetze anzuwenden.[4] 2

Für öffentliche Stellen, die nach der StPO zur Strafverfolgung tätig werden, gilt damit nun folgendes **Regelungsregime im Bereich der Datenverarbeitung im Strafverfahren** (→ Vor § 474 Rn. 5 ff.). Einen großen Teil der bereichsspezifischen Regelungen für 3

---
[1] G zur Umsetzung der Richtlinie (EU) 2016/680 im Strafverfahren sowie zur Anpassung datenschutzrechtlicher Bestimmungen an die Verordnung (EU) 2016/679, BGBl. 2019 I 1724.
[2] BT-Drs. 19/4671, 44, 71; v. Häfen in BeckOK StPO Rn. 4 f.; Graf in KK-StPO Rn. 1.
[3] BT-Drs. 19/4671, 44; Puschke in SK-StPO Rn. 2.
[4] Singelnstein NStZ 2020, 639 (639).

die Datenverarbeitung zur Verhütung, Verfolgung und Ahndung von Straftaten und Ordnungswidrigkeiten enthalten bereits die allgemeinen §§ 45 ff. BDSG.[5] Die §§ 474 ff. StPO formulieren nur noch darüber hinausgehende spezielle Regelungen, die dann vorrangig sind.[6] Weiterhin gibt es in anderen Regelungen der StPO und sonstigen Gesetzen teilweise nochmals speziellere Regelungen, die dann auch den §§ 474 ff. vorgehen.[7] Diese Verhältnisse stellt § 500 Abs. 2 Nr. 1 noch einmal klar; für die Bundesebene ergibt sich dies auch bereits aus § 1 Abs. 2 S. 1, 2 BDSG.

4 Die **§§ 45 ff. BDSG** enthalten grundlegende Regelungen zu verschiedenen Aspekten der Datenverarbeitung im Strafverfahren. Neben Begriffsbestimmungen und den allgemeinen datenschutzrechtlichen Grundsätzen (§§ 46, 47 BDSG) werden Anforderungen an Rechtsgrundlagen für die Verarbeitung personenbezogener Daten formuliert (§§ 48 ff. BDSG), Rechte betroffener Personen geregelt (§§ 55 ff. BDSG) und Pflichten der Verantwortlichen festgelegt (§§ 62 ff. BDSG), darunter etwa allgemeine Vorschriften zu Datensicherheit, Technik und Ausgestaltung der Datenschutzaufsicht (§§ 64, 70, 71, 76, 77 BDSG). Darüber hinaus regelt Teil 3 des BDSG noch die Übermittlung von Daten an Drittstaaten und internationale Organisationen (§§ 78 ff. BDSG) und Bestimmungen zu Haftung und Sanktionen (§§ 83, 84 BDSG).

5 Bei den **Regelungen über Rechtsgrundlagen für die Verarbeitung** personenbezogener Daten (§§ 48 ff. BDSG) finden sich neben allgemeinen Vorgaben für die Zweckbindung und für automatisierte Einzelentscheidungen etwa auch spezielle Anforderungen für den Umgang mit besonderen Kategorien personenbezogener Daten. Als solche gelten u.a. rassische und ethnische Herkunft, politische Meinung, religiöse und weltanschauliche Überzeugung sowie genetische, biometrische und Gesundheitsdaten, aber auch strafrechtliche Verurteilungen und damit zusammenhängende Sicherungsmaßnahmen.[8]

6 Besonders praxisrelevant ist § 51 BDSG iVm § 46 Nr. 17 BDSG, die Anforderungen an **Einwilligungen als Rechtsgrundlage für eine Verarbeitung** personenbezogener Daten – etwa bei einer Erhebung von Beweismitteln – vorsehen. Es handelt sich um eine allgemeine Regelung, keine eigene Rechtgrundlage.[9] Sie betont den Freiwilligkeitsgrundsatz und verlangt, dass der Gesetzgeber selbst regelt, ob und in welchen Fällen eine Einwilligung in die Datenverarbeitung möglich sein soll und trotz des Machtungleichgewichts zwischen Staat und Bürger vertretbar ist.[10] Dies bedeutet zugleich, dass die Einwilligung nicht bei allen Datenverarbeitungen möglich ist und keine weitergehenden Datenerhebungen zulässt als die Rechtsgrundlagen, die eine Möglichkeit der Einwilligung vorsehen.[11] Die StPO sieht die Möglichkeit einer Einwilligung nur vereinzelt ausdrücklich vor – so beispielsweise in § 58a und § 81h. Daneben lässt sich einigen Normen, wie §§ 81c, 81f, 81g, § 100e Abs. 4, § 101 Abs. 8, § 101a, § 161 Abs. 3, §§ 463a, 479, im Umkehrschluss entnehmen, dass diese die Zulässigkeit einer Einwilligung anerkennen.[12] Hingegen können andere, besonders praxisrelevante Maßnahmen, wie die Durchsuchung nach §§ 102 ff. oder die Atemalkoholmessung, mangels Erwähnung der Einwilligung in den Normen nicht auf eine solche gestützt werden.[13]

---

[5] Rückert, Digitale Daten als Beweismittel im Strafverfahren, 2023, S. 518 ff.; Singelnstein NStZ 2020, 639 (639); Wolff in BeckOK DatenschutzR BDSG § 45 Rn. 6; Frenzel in Paal/Pauly BDSG § 45 DS-GVO BDSG, § 45 BDSG Rn. 7; Schmidt/Niedernhuber in Gercke/Temming/Zöller Rn. 2 f.; diese Systematik verkennt Köhler in Meyer-Goßner/Schmitt Rn. 2.
[6] BT-Drs. 19/4671, 71.
[7] Singelnstein NStZ 2020, 639 (639).
[8] Wolff/Brink in BeckOK DatenschutzR DS-GVO Art. 4 Rn. 182 f.
[9] Stemmer/Wolff in BeckOK DatenschutzR BDSG § 51 Rn. 13.
[10] Singelnstein NStZ 2020, 639 (640); Stief StV 2017, 470.
[11] Singelnstein NStZ 2020, 639 (640).
[12] Stief StV 2017, 470.
[13] El-Ghazi ZIS 2019, 110 (117 f.); Schwichtenberg NK 2020, 91 (95 ff.); s. auch LG Kiel 19.8.2021 – 10 Qs 43/21, StraFo 2022, 30, mAnm Erdogan, jurisPR-StrafR 5/2022, 1; aA v. Häfen in BeckOK StPO Rn. 6b, der in den überkommenen StPO-Regelungen etwa zur Durchsuchung jeweils spezielle Regelungen sehen will, die § 51 BDSG verdrängen würden, obwohl etwa die §§ 102 ff. StPO gerade keine Regelungen zur Einwilligung enthalten.

Das Kapitel zu **Rechten der Betroffenen** umfasst zunächst eine allgemeine Informationspflicht, Anforderungen bezüglich besonderer Benachrichtigungspflichten und das Auskunftsrecht in § 57 BDSG.[14] Letzteres wird von der StPO vorausgesetzt, die in § 491 nur eine ergänzende Regelung vorsieht und § 475 für parallel anwendbar erklärt. Darüber hinaus enthält der Abschnitt mit § 58 BDSG allgemeine Regelungen zur Löschung und Berichtigung, die mit denen in § 75 BDSG zusammenwirken. Daneben gibt es spezifische Löschungs- und Archivierungspflichten in § 489 und weiteren Normen der StPO und im Justizaktenaufbewahrungsgesetz (JAktAG). § 161 Abs. 2 bestimmt für die Löschungspflichten bezüglich personenbezogener Daten innerhalb der StPO die Unanwendbarkeit von § 58 Abs. 3 BDSG.[15]

III. Kontrolle durch die Datenschutzbeauftragten (Abs. 2 Nr. 2)

Das BDSG sieht für seinen Geltungsbereich grundsätzlich vor, dass der Bundesbeauftragte für Datenschutz und Informationsfreiheit für **Kontrolle und Aufsicht** über die Datenverarbeitung zuständig ist (z.B. §§ 60 f., 65, 68 f., 82 BDSG). Dies würde wegen der Regelung in Abs. 1 somit auch für die Strafverfolgungsinstanzen der Länder gelten. Abweichend davon bestimmt § 500 Abs. 2 Nr. 2, dass diese Aufgaben im Fall der Strafverfolgung durch öffentliche Stellen der Länder bei den Landesbeauftragten für den Datenschutz liegen sollen. Damit verbleibt es an dieser Stelle bei der sonst üblichen Differenzierung im Datenschutzrecht: Datenverarbeitung durch Strafverfolgungsinstanzen der Länder wird durch die Landesbeauftragten kontrolliert, solche durch Stellen des Bundes vom Bundesbeauftragten.

Aufgrund der verfassungsrechtlich garantierten Stellung der Judikative sind die **Kontrollbefugnisse** der zuständigen Datenschutzbeauftragten eingeschränkt, soweit es um **rechtsprechende Tätigkeit** der Gerichte und damit verbundene Datenverarbeitungen geht (§§ 9 Abs. 2, 60 Abs. 1 S. 2 BDSG oder bspw. § 13 Abs. 5 HDSIG). Datenverarbeitungen der Gerichte im Rahmen der Eigenverwaltung, des richterlichen Hilfsdienstes und bei Justizverwaltungsakten sind der Kontrolle durch die Datenschutzbeauftragten hingegen nicht entzogen.[16] Die Strafverfolgungstätigkeit der Staatsanwaltschaften unterliegt demgegenüber nach zutreffender Auffassung umfassend der datenschutzrechtlichen Kontrolle. Teilweise treffen die Landesdatenschutzgesetze hierzu allerdings spezielle Regelungen.[17]

---

14 Singelnstein NStZ 2020, 639 (642 f.).
15 BT-Drs. 19/4671, 45.
16 Puschke in SK-StPO Rn. 8.
17 Ausführlich zu diesen Fragen Puschke in SK-StPO Rn. 9 ff.

Sachverzeichnis

Bei den fett gedruckten Zahlen handelt es sich um den jeweiligen Paragraphen der StPO, die mager gedruckten Zahlen weisen die Randnummern aus.

A

Ablehnung Strafbefehlserlass
- Bekanntmachung an den Angeschuldigten **408** 10
- beschränkte materielle Rechtskraft **408** 12
- ergänzende Beweiserhebungen **408** 9
- hinreichender Tatverdacht **408** 8
- Immutabilitätsprinzip **408** 10
- mehrere Straftaten **408** 9
- Nebenkläger **408** 10
- Prozessvoraussetzungen **408** 8
- sofortige Beschwerde **408** 10
- Teilentscheidungen **408** 12
- vorläufige Einstellung **408** 9
- Zurückverweisung **408** 11

Absehen von der Verfahrensbeteiligung
- Anhörung **425** 8
- Beschränkung **425** 2
- bestimmte Tatsachen **425** 3
- enge Auslegung **425** 3
- faktische Barrieren **425** 4
- Nichtausführbarkeit **425** 3
- räumlicher Geltungsbereich **425** 6
- Staatsschutz **425** 5 f.

Absehen von Einziehung
- Auswahlermessen **421** 27
- Beschluss **421** 36
- Einzelfallbewertung **421** 24
- Geringwertigkeit **421** 20
- Rechtsfolge **421** 31
- Rechtsfolgenbeschränkung im Vorverfahren **421** 34
- Revision **421** 37
- Sicherungseinziehung **421** 29
- Strafzumessungsentscheidung **421** 22
- unangemessene Erschwerung **421** 28
- unangemessener Aufwand **421** 26
- unbillige Härte **421** 25
- Verzichtbarkeit **421** 22
- Wiedereinbeziehung **421** 32 ff.
- Zuständigkeit **421** 31
- Zustimmung der StA **421** 19

Absehen von Vollstreckung
- allgemeine Verfügungen oder Runderlasse **456a** 13
- Antrag **456a** 10
- Anwendungsbereich **456a** 2
- Ausweisung aus dem Geltungsbereich der StPO **456a** 9
- Begründung **456a** 15 f.
- bevorstehende Auslieferung **456a** 5 ff.
- erfasste Rechtsfolgen **456a** 4
- Ermessensspielraum **456a** 12
- Nachholung der Vollstreckung *siehe dort*
- Normzweck **456a** 1
- Rechtsbehelfe **456a** 30

- Überprüfung von Amts wegen **456a** 10
- Überstellung an einen internationalen Strafgerichtshof **456a** 8
- Zuständigkeit **456a** 29
- Zwischenhaft **456a** 17 f.

Absehen von Vollstreckung der Ersatzfreiheitsstrafe
- Aufschub der Vollstreckung **459f** 1, 8
- sofortige Beschwerde **459f** 11
- unbillige Härte **459f** 1 ff.
- Unterbleibensanordnung **459f** 6 ff.
- Verjährungsfrist **459f** 10
- Zuständigkeit **459f** 6 f.

Absehen von Vollstreckung der Geldstrafe
- Absehen von der Beitreibung der Verfahrenskosten **459d** 16 ff.
- Anwendungsfälle **459d** 5 ff.
- Freiheitsstrafe neben Geldstrafe in demselben Verfahren **459d** 3 ff.
- Freiheitsstrafe neben Geldstrafe in verschiedenen Verfahren **459d** 10 ff.
- Rechtsbehelf **459d** 20
- Unterbleibensanordnung **459d** 3 ff.
- verfahrensrechtliche Bedeutung **459d** 4
- vollständiger Abschluss der Vollstreckung der Freiheitsstrafe **459d** 8
- Wiedereingliederungsschwierigkeiten **459d** 7, 16
- Wirkung der Unterbleibensanordnung **459d** 14 f.
- Zuständigkeit **459d** 20 f.
- Zweckidentität **459d** 13

absolute Revisionsgründe
- allgemeine Zulässigkeitshürden **338** 6
- Bagatellfälle **338** 8
- Begründung von Verfahrensrügen **338** 7
- Beruhen **338** 1
- Beruhensnachweis **338** 4
- Besetzungseinwand **338** 6
- denkgesetzlicher Ausschluss des Beruhens **338** 12
- Öffentlichkeitsverstöße **338** 10
- Präklusionsvorschriften **338** 6
- quasi-absolute Revisionsgründe **338** 2
- relative Revisionsgründe **338** 2
- Relativierung absoluter Revisionsgründe **338** 5
- Signum der Rechtstaatlichkeit **338** 3
- teleologische Reduktion **338** 14
- unwiderlegliche Vermutung **338** 1
- Verfahrenshindernisse **338** 2
- wesentliche Teile der Hauptverhandlung **338** 11
- Willkürforderernis bei Besetzungsfehlern **338** 9
- zentrale Institutionen und Garantien des Strafverfahrensrechts **338** 4
- Zulassung der Rügeverkümmerung **338** 7

Abtrennung der Einziehung
- Auswahlermessen **422** 1
- Begriff **422** 6
- Beschleunigungsgebot **422** 4

1667

Sachverzeichnis

fette Zahlen = §§

- Normzweck **422** 4
- Rechtsmittel **422** 12
- Verbindung **422** 9
- Verfahren **422** 10 f.
- Zeitpunkt der Abtrennungsentscheidung **422** 11

Adhäsionsantrag
- Ablehnungsrecht **404** 6
- Anhörungsrecht **404** 6
- Anwesenheitsrecht **404** 6
- Beiordnung **404** 9
- Beweisantragsrecht **404** 6
- Feststellungsanträge **404** 3
- formale Anforderungen **404** 1
- Prozesskostenhilfe **404** 8
- Rechtsstellung des Antragstellers **404** 6
- Rücknahme **404** 7
- Schlussvortrag **404** 6
- Wirkung des Antrags **404** 5
- Zustellung **404** 4

Adhäsionsverfahren
- Antragsberechtigte **403** 14
- Antragsgegner **403** 23
- Anwaltszwang **403** 31
- ausländisches Recht **403** 13
- Einstellung **403** 35
- Entstehungsgeschichte **403** 3
- Erbe des Verletzten **403** 20
- Erbengemeinschaft **403** 21
- Geltendmachung im Strafverfahren **403** 32
- Insolvenzverwalter **403** 18
- Jugendliche und Heranwachsende **403** 25
- mittelbarer Verletzter **403** 17 ff.
- Normzweck **403** 1
- Pflichtverteidiger **403** 24
- Prozessfähigkeit **403** 22
- Sicherungsverfahren **403** 34
- Statistik **403** 5 ff.
- unmittelbarer Verletzter **403** 14
- Verletztenbegriff **373b** 51
- Verletzter bei Schädigungen rechtsfähiger Personenmehrheiten **403** 16
- vermögensrechtlicher Anspruch **403** 26
- Vor- und Nachteile **403** 9 ff.
- Zuständigkeit der ordentlichen Gerichtsbarkeit **403** 29 f.

Akteneinsicht
- Akteneinsicht der Verteidigung **406e** 21
- Akteneinsicht durch Rechtsanwälte **475** 35 ff.
- Bankgeheimnis **406e** 16
- Begriff der Akte **406e** 9
- berechtigtes Interesse **406e** 5 f.
- Einsichtnahmemodalitäten **406e** 24
- fakultative Versagung wegen Gefährdung des Untersuchungszwecks **406e** 20, 22
- Fernmeldegeheimnis **406e** 14
- Filesharing in peer-to-peer Netzwerken **406e** 15
- Finanzbehörden **406e** 31
- Geschäftsgeheimnis **406e** 17
- hinreichender Tatverdacht **406e** 19
- Normzweck **406e** 1
- Recht auf informationelle Selbstbestimmung **406e** 14
- Rechtsbehelfe **406e** 30
- Steuergeheimnis **406e** 13
- Überwiegen von schutzwürdigen Drittinteressen **406e** 11
- Verletzter **373b** 52; **406e** 2
- Versagungsgründe **406e** 10 ff.
- zeitliche und sachliche Reichweite **406e** 8
- Zuständigkeit **406e** 26 ff.

Akteneinsicht für Justizbehörden
- Anwendungsbereich **474** 3
- Auskünfte an sonstige öffentliche Stellen siehe dort
- Doppeltürmodell **474** 17
- Erforderlichkeit für Zwecke der Rechtspflege **474** 13 ff.
- Justizbehörden **474** 8 ff.
- rechtmäßig erhobene Daten **474** 5
- Rechtsbehelfe **474** 37 f.
- Strafverfahrensakten **474** 4, 11
- Übermittlung von personenbezogenen Daten aus Strafverfahren **474** 1
- Übersendung der Akten zur Einsichtnahme **474** 35
- Untersuchungsausschuss **474** 36
- Verhältnismäßigkeitsgrundsatz **474** 19
- verwahrte Beweisstücke **474** 34
- Zuständigkeit **474** 6
- Zweckumwidmung **474** 1

Aktenübersendung
- Anhängigkeit **347** 23 ff.
- Beschleunigungsgrundsatz **347** 20 ff.
- Entgegennahme von Erklärungen **347** 24
- gerichtliche Entscheidungen **347** 25 ff.
- Rechtsfolge **347** 23
- Verfahren **347** 18 ff.
- Zuständigkeit **347** 24

Amtspflichtverletzung
- absoluter Wiederaufnahmegrund **359** 30
- Angabe der Amtspflichtverletzung **359** 32
- Antragsbegründung **359** 32
- bei Gelegenheit des Strafverfahrens **359** 30
- bei Urteil mitgewirkt **359** 28
- Beruhen **359** 30
- Bezeichnung Richter/Schöffe **359** 32
- Bezug zum Gegenstand des Hauptverfahrens **359** 30
- bloßes Einverständnis **359** 31
- geeignete Beweismittel **359** 27; **368** 20
- Richter **359** 28
- Schöffen **359** 28
- strafbare Amtspflichtverletzung **359** 29
- Strafbarkeitsvoraussetzungen **359** 29
- unmittelbare oder mittelbare Veranlassung durch den Verurteilten **359** 31

Anberaumung einer Hauptverhandlung
- Abstimmung **408** 27
- Änderung oder Rücknahme des Strafbefehlsantrags **408** 26
- Beschwerde **408** 30
- drohende schwere Folgen **408** 24
- Grundsatz der Waffengleichheit **408** 28
- Hauptverhandlung **408** 30
- hinreichender Tatverdacht **408** 21
- Immutabilitätsprinzip **408** 28
- Nebenkläger **408** 29
- spezial- oder generalpräventive Gründe **408** 23

1668

magere Zahlen = Randnummern

Sachverzeichnis

- Unzulässigkeit des Strafbefehlsverfahrens **408** 22
- Veränderung der Beweislage **408** 23
- Verbrechen **408** 24
- volle Übereinstimmung **408** 16, 25, 30
- Vorbereitung der Hauptverhandlung **408** 28

Anfechtung früherer Entscheidungen 399 5 ff.

Angehörige
- Verletztenbegriff **373b** 21 ff.

Anhörung im vorbereitenden Verfahren
- Anhaltspunkte **426** 2
- Anschein der Ausführbarkeit **426** 4
- entsprechende Anwendung **426** 5
- Form **426** 3
- Schutz von Grundrechten **426** 1
- Vernehmung des Einziehungsbeteiligten **426** 6
- Zweck **426** 1 f.

Anhörungen
- Ablehnungsgründe **454** 17, 19 ff.
- Aktenvermerk **454** 39
- beabsichtigte Aussetzung **454** 19
- Beschleunigungsgebot **454** 38
- Einwilligung **454** 25
- Form **454** 15
- Gegenstand **454** 40
- Justizvollzugsanstalt **454** 42 f.
- Mündlichkeit **454** 15 f.
- richterliche Anhörung **454** 15
- Staatsanwaltschaft **454** 12 f.
- unzulässiger Antrag **454** 22
- Verfahren **454** 36 ff.
- verfrühte Antragstellung **454** 20
- Verteidiger **454** 44 f.
- Verurteilter **454** 14
- weitere Ausnahmen **454** 24 ff.
- Zuständigkeit **454** 29 ff.

Anhörungsrüge
- Anhörungsrügengesetz **356a** 2
- apokryphe Gehörsverletzung **356a** 5
- Begründetheit der Anhörungsrüge *siehe dort*
- effektiver Rechtsschutz **356a** 4
- eigenständige Beschwer **356a** 32
- Normzweck **356a** 1
- ou-Verwerfung **356a** 4
- Pannenfälle **356a** 6
- Präklusion **356a** 31
- Präklusionsregelungen **356a** 5
- primärer Gehörsverstoß **356a** 3
- rechtliches Gehör **356a** 1
- sekundärer Gehörsverstoß **356a** 3
- tatsächliches Vorbringen **356a** 6
- Teilbarkeit des Streitgegenstands **356a** 31
- Verfassungsbeschwerde **356a** 30
- Zulässigkeit der Anhörungsrüge *siehe dort*

Anklageerhebung bei Privatklagedelikten
- Einstellung **376** 4
- Entscheidung der Staatsanwaltschaft **376** 5 ff.
- Normzweck **376** 1
- öffentliches Interesse **376** 2
- Offizialprinzip **376** 1
- Prüfung des besonderen öffentlichen Interesses **376** 8
- Rechtsmittel **376** 9

Annahmeberufung 335 3

Anrechnung der im Ausland erlittenen Freiheitsentziehung
- Anrechnungsgegenstand **450a** 5

- Aufgabe der Vollstreckungsbehörde **450a** 6
- Auslieferungsverfahren zum Zwecke der Strafvollstreckung **450a** 2 ff.
- doppelfunktionale Auslieferungshaft **450a** 7 f.
- funktionale Verfahrenseinheit **450a** 4
- Nichtanrechnung **450a** 10 f.
- Strafvollstreckungskammer **450a** 11
- Vollstreckung mehrerer Strafen **450a** 9

Anrechnung der Untersuchungshaft
- absolute Rechtskraft **450** 3
- Anrechnung bei Jugendlichen und Heranwachsenden **450** 34 f.
- Anrechnung von Führerscheinentzug **450** 36
- Anrechnungsgrundregel **450** 4 ff.
- Anrechnungsmodus **450** 30 ff.
- Anrechnungsvoraussetzungen *siehe dort*
- Anrechnungswirkung **450** 28 f.
- Einzelstrafe **450** 3
- Freiheitsentziehung **450** 1a
- Gesamtstrafe **450** 3
- grundsätzlich anrechnungsfähige Zeiten **450** 12
- nicht ausdrücklich geregelte Anrechnung **450** 13
- relative Rechtskraft **450** 3
- sonstige anrechnungsfähige Zeiten des Freiheitsentzugs **450** 10 f.

Anrechnung von Krankenhausaufenthalt
- Anwendungsbereich **461** 1 f.
- Ausschluss der Anrechnung **461** 5 ff.
- Krankenanstalt **461** 3
- Krankenhausaufenthalt **461** 3 f.
- Unterbringung wegen Krankheit **461** 4

Anrechnung von Teilbeträgen
- Anrechnungsreihenfolge **459b** 2, 5
- Ersatzfreiheitsstrafe **459b** 7
- Mehrheit von Schuldtiteln **459b** 6 f.
- Rechtsbehelfe **459b** 8
- Tilgungsbestimmung **459b** 4

Anrechnungsvoraussetzungen
- absolute Rechtskraft **450** 23 ff.
- Anrechnungsausspruch im Urteil **450** 16
- einstweilige Unterbringung **450** 27
- funktionale Verfahrenseinheit **450** 19
- Organisationshaft **450** 26
- Rechtsmittel **450** 20 ff.
- relative Rechtskraft **450** 20 ff.
- Verfahrenseinheit **450** 17 f.
- Zwischenhaft **450** 24

Anschluss als Nebenkläger
- Anschluss der Beschränkung der Verfolgung **395** 87
- Anschlusserklärung **395** 86; *siehe auch dort*
- Einstellung **395** 89
- Einwirkung auf das Verfahren **395** 81
- Rechtsmittel **395** 85
- Rechtsmittelverfahren **395** 82
- Rechtzeitigkeit der Anschlusserklärung **395** 83
- Wiederaufnahmeverfahren **395** 84
- Wiedereinsetzung in den vorherigen Stand **395** 83
- Zeitpunkt **395** 80
- Zulassung des Nebenklägers **395** 88

Anschlusserklärung
- Adressat **396** 6
- Begründung **396** 4
- beschleunigtes Verfahren **396** 8

1669

Sachverzeichnis

fette Zahlen = §§

- E-Mail **396** 3
- formelle Anforderungen **396** 1 ff.
- öffentliche Klage **396** 7
- Protokoll der Geschäftsstelle **396** 3
- Schriftform **396** 2
- Strafbefehlsverfahren **396** 9 ff.
- Telefax **396** 3
- Vertretung **396** 5
- Zeitpunkt der Wirksamkeit **396** 7

Antrag auf Entscheidung des Revisionsgerichts
- Antragsberechtigung **346** 22
- Entscheidung des Revisionsgerichts **346** 24 ff.
- Erfolgsaussichten **346** 20
- Exklusivität des Rechtsbehelfs **346** 20
- Form **346** 21
- Frist **346** 21
- Kosten **346** 29
- Rechtsfolgen **346** 23
- Rechtskraft **346** 30 ff.
- Rechtsnatur **346** 18
- Revisionsentscheidung **346** 28
- Suspensiveffekt **346** 19
- Verfahren **346** 23
- Verfahrenshindernisse **346** 27
- Wiedereinsetzung in den vorherigen Stand **346** 33 ff.
- Zuständigkeitskonzentration **346** 18

Antrag der Staatsanwaltschaft
- Abschluss der Ermittlungen **407** 65
- Anhängigkeit **407** 68
- Anklagesatz **407** 66
- bestimmte Rechtsfolgen **407** 66
- einheitlicher Strafbefehlsantrag **407** 67
- Ermessen **407** 65
- mehrere Beschuldigte **407** 67
- Mitteilungspflichten **407** 65
- öffentliche Klage **407** 68
- Prozessgegenstand **407** 66
- Rechtshängigkeit **407** 68
- schriftlicher Antrag **407** 65
- Trennung der Verfahren **407** 67
- Verjährung **407** 68

Aufhebung der Feststellungen
- Aussetzungsentscheidung **353** 44
- Auswirkung der Gesetzesverletzung **353** 30
- Befassung und Bestrafungsverbote **353** 36
- Darstellungsmängel **353** 41
- Erkenntnisprozess **353** 39
- freie richterliche Beweiswürdigung **353** 7
- Freispruch **353** 45
- Gesamtstrafenbildung **353** 4
- Gesetzesverletzung **353** 35
- Indizienprozess **353** 43
- Nachtatgeschehen **353** 44
- partielle Aufhebung/Aufrechterhaltung **353** 32
- Prozesshindernisse **353** 36
- Prozessökonomie **353** 6
- sachliche-rechtliche Mängel **353** 40
- Schätzungen **353** 44
- Urteilstenor **353** 33
- Verfahrensfehler **353** 38
- Verjährung **353** 37
- widersprüchliche Feststellungen **353** 32

Aufhebung des Urteils
- Adhäsionsentscheidung **353** 25
- Angriffsrichtung **353** 22
- Aufhebung des Schuld- oder Freispruchs **353** 11
- Aufhebung nach Berufungsurteil **353** 26
- Bewertungseinheit **353** 28
- doppelrelevante Tatsachen **353** 20
- Eingrenzung des Schuldumfangs **353** 13
- Einheitlichkeit der Tat **353** 14
- Einsatzstrafe **353** 19
- Einzelstrafen **353** 18 f.
- Einziehung **353** 23
- erweiterter Verfall **353** 23
- Gesamtstrafenbildung **353** 18
- konkrete Auswirkung des Verfahrens- oder Rechtsfehlers **353** 11
- Maßregeln und sonstige Nebenfolgen **353** 21, 23
- Qualifikations- bzw. sonstige Strafschärfungsmodalitäten **353** 12
- Rechtsfolgenausspruch **353** 15
- rechtsstaatswidrige Verfahrensverzögerung **353** 24
- Serienstraftat **353** 19
- Strafausspruch **353** 16
- Teilaufhebung **353** 27
- Umgangsverbote **353** 17
- Verfahrensrüge **353** 29

Aufhebung zugunsten des Angeklagten
- Aufhebungsansicht **349** 79
- Begründung **349** 79
- Beschlussformel **349** 79
- Einstimmigkeit **349** 76
- Verfahrenshindernis **349** 78
- zuungunsten des Angeklagten **349** 75

Aufhebungserstreckung
- abgekürzte Urteilsgründe **357** 10
- Angeklagte, die nicht Revision eingelegt haben **357** 31
- Anwendungsbereich **357** 7
- Aufhebung der Verfallsanordnung **358** 28
- Aufhebung zugunsten des Beschwerdeführers **357** 16
- Berichtigung des Schuldspruchs **357** 11
- Beruhen **357** 27, 30
- Beteiligungsform **357** 25
- Beweiswürdigungsfehler **357** 19, 21
- Drittbezug **357** 25
- Einstellung des Verfahrens bei nachträglich eingetretener Änderung der Rechtslage **357** 15
- Einstellung des Verfahrens wegen Verfahrenshindernis **357** 14
- Entscheidungsart **357** 13
- Gesetzesverletzung bei Anwendung eines Strafgesetzes **357** 17
- Identitätstrias **357** 22
- Rechtsbeschwerde **357** 7
- Rechtsfehleridentität **357** 27
- Rechtsfolgenentscheidung **357** 28
- Revisionsführer **357** 12
- Sachrüge **357** 18 ff.
- Statthaftigkeit für den Mitangeklagten **357** 8
- Tatidentität **357** 24
- Teilaufhebung **357** 11
- teleologische Erwägungen **357** 9
- Urteile und Beschlüsse **357** 13

magere Zahlen = Randnummern

Sachverzeichnis

- Urteilsaufhebung **357** 11
- Urteilsidentität **357** 23
- Verfahrensrüge **357** 18 ff.
- vergleichbarer Rechtsfehler **357** 29
- Verschärfung des Schuldspruchs **357** 16

Aufschub und Aussetzung des Berufsverbots
- Antrag des Verurteilten **456c** 6
- Anwendungsbereich **456c** 1 ff.
- Aufschub **456c** 5 ff.
- Entscheidung der Vollstreckungsbehörde **456c** 9 ff.
- Entscheidung des Gerichts **456c** 8
- Ermessensspielraum **456c** 12
- Fristen **456c** 17 f.
- Inhalt der Entscheidung **456c** 12 ff.
- Rechtsbehelfe **456c** 19 f.
- Rechtsfolgen **456c** 16
- Sicherheitsleistung **456c** 15
- vermeidbare Härte **456c** 7
- Zeitraum **456c** 13
- Zuständigkeit **456c** 5

Aufschub und Unterbrechung aufgrund entgegenstehenden öffentlichen Interesses 455a 3 ff.

Aufschub und Unterbrechung aus Gründen der Vollzugsorganisation 455a 2 ff.

Aufsichtsstellen
- Aufgaben **463a** 4
- Besetzung **463a** 3
- Datenerhebung, -speicherung und -verwendung *siehe dort*
- Organisation **463a** 5
- örtliche Zuständigkeit **463a** 32 ff.
- polizeiliche Beobachtung *siehe dort*
- Regelungsadressat **463a** 3 f.
- Regelungsgegenstand **463a** 1 f.
- Vorführungsbefehl *siehe dort*
- Zuständigkeit und Befugnisse der Aufsichtsstellen *siehe dort*

Ausbleiben des Angeklagten
- Aburteilung von abwesenden und ausgebliebenen Beschuldigten **412** 3
- Anordnung persönlichen Erscheinens **412** 23 ff.
- Herbeiführung der Verhandlungsunfähigkeit durch den Angeklagten **412** 21 f.
- isolierter Einspruch von Nebenbeteiligten **411** 33
- konsensualer Charakter des Strafbefehlsverfahrens **412** 1
- Rechtsbehelfe **411** 34 ff.
- unentschuldigtes Ausbleiben **412** 14
- unentschuldigtes Sichentfernen des Angeklagten **412** 20
- unentschuldigtes Sichentfernen des Verteidigers **412** 15 f.
- Verwerfungsentscheidung **412** 28 ff.
- Verwerfungsvoraussetzungen **412** 6 ff.
- wirksamer Strafbefehl **412** 9
- zulässiger Einspruch **412** 10 ff.

Auskehrung des Verwertungserlöses 459k 1 ff.

Auskunft an Betroffene 495 1 ff.
- Akteneinsichtsrecht **491** 7
- Allzuständigkeit bei gemeinsamen Dateien **491** 5
- Anwendungsbereich **491** 2 ff.
- Betroffene **491** 5 f.
- entsprechende Anwendung des BDSG **491** 6
- keine subsidiäre Auffangregelung **491** 2
- Rechtsbehelfe **491** 6 f.
- Verfahrensvorkehrungen zum Schutz des RiS **491** 1

Auskünfte an sonstige öffentliche Stellen
- Anwendungsbereich **474** 22 ff.
- Erforderlichkeit **474** 29
- Vorrang der Auskunft aus den Akten **474** 25 ff.

Auskünfte aus Akten an Rechtsanwälte
- Abwägung **475** 32 f.
- Akteneinsicht in Rechtsbehelfsverfahren **475** 21
- Anspruchs- und Rechtsgrundlage **475** 2
- berechtigtes Interesse **475** 14 ff.
- entgegenstehendes schutzwürdiges Interesse **475** 22 ff.
- Entscheidung **475** 31
- Insolvenzverwalter **475** 19
- Medien und Journalisten **475** 11 ff., 27 ff.
- Privatperson **475** 7 ff.
- rechtliches Gehör **475** 31
- Rechtsbehelfe **475** 39 ff.
- Übermittlung an einen Rechtsanwalt **475** 4
- Zeugen **475** 9, 20

Auskünfte ohne Rechtsanwalt 475 38

Auskünfte und Akteneinsicht zu Forschungszwecken
- Abwägung **476** 10
- berechtigte Stellen **476** 6 f.
- bereichsspezifische Regelungen **476** 3
- Empfangspersonen **476** 14
- Erforderlichkeit **476** 9
- Ermessensentscheidung **476** 11
- Form der Übermittlung **476** 12 f.
- Kosten **476** 24
- kumulatives Vorliegen der Voraussetzungen **476** 8 ff.
- Rechtsbehelfe **476** 22 f.
- Schutzmaßnahmen **476** 17 ff.
- Übermittlung der Daten **476** 5 ff.
- Unmöglichkeit der Nutzung anonymisierter Daten **476** 9
- Veröffentlichung **476** 20 f.
- Zweckbindung **476** 15
- Zweckumwidmung **476** 1, 16

Auslagen bei Einstellung nach Klagerücknahme
- Antragserfordernis **467a** 9
- Anwendungsbereich **467a** 2
- Auslieferungsverfahren **467a** 5
- Beschluss **467a** 10
- Bußgeldverfahren **467a** 3
- Einstellung des Verfahrens **467a** 7
- Nebenbeteiligte **467a** 11 ff.
- Normzweck **467a** 1
- Privatklageverfahren **467a** 4
- Unanfechtbarkeit **467a** 14
- weitergehende Stabilisierung der Verfahrensbeendigung **467a** 8
- wirksame Anklagerücknahme **467a** 6
- Zuständigkeit **467a** 10

Auslagenentscheidung bei Einstellung
- Anwendungsbereiche **472** 48 f.

1671

Sachverzeichnis

fette Zahlen = §§

- Ermessen **472** 50
- Höhe der Auflagen **472** 53
- Rechtsschutzversicherer **472** 53
- Unschuldsvermutung **472** 51

Auslagenentscheidung bei Nebenklagebefugnis und Privatklägern
- Entscheidung **472** 57
- frühere Privatkläger **472** 58
- gesamtschuldnerische Haftung **472** 59
- Nebenklagebefugnis **472** 54 f.
- notwendige Auslagen **472** 56

Auslagenentscheidung beim verurteilten Angeklagten
- Abweichungen vom Anklagevorwurf **472** 20 ff.
- ausdrückliche Entscheidung **472** 26
- Auslagen für Prozessbegleiter **472** 33
- Billigkeitsentscheidung **472** 34
- Einzelfälle **472** 35 ff.
- erneute Hauptverhandlung **472** 31
- Gefährdungsdelikte **472** 18
- Haftung der Staatskasse **472** 43
- mehrere selbstständige prozessuale Taten **472** 30
- Nebenklage gegen Mitangeklagten **472** 32
- Nebenklagetat **472** 17
- öffentliches Interesse **472** 25
- Rechtsfolgen **472** 26 f.
- Rechtsmittelverfahren **472** 41 ff.
- Schuldspruch **472** 17
- Schutz eines Individualrechtsguts **472** 18
- Strafbefehlsverfahren **472** 15, 27
- Tatbegriff **472** 18
- Umfang der erstattungsfähigen Auslagen **472** 29
- Verurteilung **472** 15 ff.
- Verzicht **472** 14
- Widerruf der Anschlusserklärung **472** 14
- wirksame Anschlusserklärung **472** 13

Aussetzung
- Anhörung **454a** 19
- Anrechnung **454a** 5
- Aufhebung der Aussetzungsentscheidung **454a** 7
- Aussetzungsbeschluss **454a** 2 ff.
- Beginn der Bewährungszeit **454a** 5
- Beschluss ohne mündliche Verhandlung **454a** 18
- Inhalt der Entscheidung **454a** 20 f.
- neu bekannt gewordene Tatsachen **454a** 13 f.
- neu eingetretene Tatsachen **454a** 9 ff.
- Nichtverantwortbarkeit der Aussetzung **454a** 15 ff.
- Rechtsbehelfe **454a** 22 f.
- Rechtskraft des Aussetzungsbeschlusses **454a** 5
- rechtskräftige Aussetzungsentscheidung **454a** 8
- Stellungnahmen **454a** 4
- Verfahren **454a** 18 ff.
- Widerruf der Strafrestaussetzung **454a** 1
- Zeitpunkt der Entscheidung **454a** 2 f.
- Zweck **454a** 1

automatisierte Verfahren für Datenübermittlungen
- Anfrage-Auskunftsverfahren **493** 3
- Angemessenheit **488** 3
- Anlassprüfung **493** 1
- Datenschutz und Datensicherheit **493** 5 ff.
- Empfänger **488** 8
- Festlegungen zur Einrichtung **493** 8 ff.
- Interessen der Strafverfolgung **488** 5
- Nutzung allgemein zugänglicher Netze **493** 6
- Protokollierung der Abrufe **493** 12
- Prüfungspflicht **488** 8 ff.
- schriftliche Festlegung des Zwecks und des Umfangs **488** 7
- schutzwürdige Interessen des Betroffenen **488** 4
- speichernde Stelle **488** 9
- Übermittlung per Telefon und Fax **493** 7
- umfassende Protokollierung **488** 10
- Verantwortlichkeit **488** 8
- Verantwortung und Kontrolle der Zulässigkeit der Übermittlung **493** 11 ff.
- Verfahren **488** 6 f.

B

Befugnisse des Einziehungsbeteiligten (Hauptverfahren)
- Anordnung persönlichen Erscheinens **427** 10
- Aufklärung des Sachverhalts **427** 10
- Befugnisanalogie **427** 1
- Beweisermittlungsanträge **427** 5
- maßgeblicher Zeitpunkt **427** 7
- Quasi-Angeklagter **427** 4
- Schweigerecht **427** 6
- strafähnlicher Charakter **427** 2
- Tod **427** 9
- Ungehorsamsfolgen **427** 11
- Verhandlungsfähigkeit **427** 8

Befugnisse von Angehörigen und Erben 406l 1

Begnadigungsrecht
- Ausgleich von Unmöglichkeiten **452** 5
- Beschwer **452** 4
- Einzelfallentscheidung **452** 1 f.
- gewohnheitsrechtlich geltende Gestaltungsmacht besonderer Art **452** 3
- Gnadenträger **452** 8
- Hemmung der Vollstreckung **452** 10
- nach Eintritt der Rechtskraft **452** 1
- Rechtsweg **452** 11 ff.
- Sanktionsarten **452** 3
- Subsidiarität **452** 4
- Verfahrensdurchführung **452** 9
- Vorschriften des Bundes- oder Landesrechts **452** 7
- Zuständigkeit **452** 6 ff.

Begründetheit der Anhörungsrüge
- Befangenheitsantrag **356a** 24
- Bestätigung der Verurteilung **356a** 21
- Entscheidung ohne Hauptverhandlung **356a** 20
- Entscheidungserheblichkeit des Gehörsverstoßes **356a** 25
- Nachschieben von Gründen **356a** 18
- systemimmanente Einschränkung **356a** 20
- unterlassene Einbeziehung des Verurteilten **356a** 23

Begründetheit der Revision 337 42 ff.

Begründung der Sachrüge
- Begründungsumfang **344** 77
- Darstellungsrüge **344** 75, 77
- Einzelausführungen **344** 83 ff.
- Einzelausführungen, Unzulässigkeit **344** 83 ff.
- erweiterte Revision **344** 74 f.

1672

magere Zahlen = Randnummern

- Inhalt der Sachrüge 344 71
- Rechtsfolgenentscheidung 344 76
- Tatsachenfeststellungen 344 75
- Überprüfung der fehlerhaften Anwendung des sachlichen Rechts 344 73
- unwirksame Beschränkung 344 73
- Unzulässigkeit von Einzelausführungen 344 83 ff.
- Verwerfung 344 87
- Wirkung 344 86

Begründung der Verfahrensrüge
- alternative Geschehensabläufe 344 102
- Angriffsrichtung 344 106, 111 f.
- Begründungsfrist 344 89
- Beruhen 344 144 f.
- Beschränkung der Verteidigung 344 103
- bestimmte Behauptung eines tatsächlichen Geschehens 344 101
- Beweis 344 103
- Bindungswirkung 344 109
- Dispositionsbefugnis 344 110
- Disziplinierungsfunktion 344 113
- erhöhte Begründungsanforderung 344 88 ff.
- Erkundigungspflicht 344 122
- fehlerhafte Ablehnung des Beweisantrags 344 103
- Justizgewährleistungsanspruch 344 113
- konkrete Benennung der Vorgänge 344 104
- Protokollrüge siehe dort
- Ratio 344 91
- Rechtsbeschwerdeverfahren 344 90
- revisionsgerichtliche Auslegung und Anwendung 344 93 ff.
- richterrechtlich geprägte Grundsätze 344 107
- Schlüssigkeitsgebot 344 105, 146 f.
- vollständige und genaue Darlegung des Rügevortrags 344 99
- Vollständigkeit des Vortrags 344 114 ff.
- Vortrag negativer Tatsachen siehe dort
- Widerspruch 344 116
- Wiedereinsetzung 344 89
- zusammenhängende, aus sich heraus verständliche Darstellung 344 119 ff.
- Zwischenrechtsbehelf 344 116

Begründung zu Protokoll der Geschäftsstelle
- Abfassung des Protokolls 345 49
- Anwesenheit des Angeklagten 345 47
- Aufklärungspflicht 345 54
- aussichtslose Rügen 345 45
- Filterfunktion 345 51
- formelle Anforderungen 345 50
- Funktionsfähigkeit der Rechtspflege 345 44
- Fürsorgepflicht 345 44, 52
- Höchstpersönlichkeit 345 47
- innerhalb der normalen Dienststunden 345 49
- Kapazität 345 55
- Kurzschrift 345 50
- Niederschrift durch den berufenen Urkundsbeamten 345 49
- Prüfungsmaßstab des Rechtspflegers 345 51
- rechtliches Gehör 345 45
- Rechtspfleger 345 43
- Sachrüge 345 54
- Verantwortungsübernahme 345 50
- Verfahren 345 47 ff.
- Wiedereinsetzung in den vorherigen Stand 345 46, 53

- Zuständigkeit 345 48

Behauptung einer Straftat
- Analogie 365 12
- Anfangsverdacht 364 6
- Anschlussrecht 365 12
- Antragspflicht 365 8
- Antragsrecht der Staatsanwaltschaft 365 8
- Antragsrecht des Nebenklägers 365 12
- Antragsrecht des Privatklägers 365 11
- Antragsrecht des Verteidigers 365 5
- Antragsrecht des Verurteilten 365 3
- Antragsrecht Einziehungsbeteiligter 365 7
- Antragsrecht gesetzlicher Vertreter/Erziehungsberechtigter 365 6
- Ausschlussklausel 364 7
- Begriff 365 2
- Beschränkung 365 17
- Bezeichnungspflicht 365 10
- Devolutiveffekt 365 1
- Einstellung aus Opportunitätsgründen 364 5
- Falschbezeichnung 365 13
- Form 365 11
- Freispruch 364 3
- Frist 365 16
- günstige Wiederaufnahme siehe zugunsten des Verurteilten
- günstigere Regelung 364 8
- hinreichender Tatverdacht 364 6
- inhaftierter Verurteilter 365 4
- Kosten 365 17
- Kostenentscheidung 365 6
- Legalitätsprinzip 365 8
- Mangel an Beweisen 364 4
- Nachverfahren 365 7
- Pauschalverweisung 365 1
- Präklusion 365 16
- Prüfung von Amts wegen 364 7
- rechtliches Gehör 365 12
- Rechtskraft 365 14
- rechtskräftiger Schuldspruch 364 3
- restitutio propter nova 364 1
- Rücknahme 365 14
- Rücknahmebeschränkung 365 15
- Rücknahmerecht 365 5
- Schriftform 365 14
- Schuldunfähigkeit 364 4
- Selbsteintrittsrecht 365 6
- Suspensiveffekt 365 1
- Tod des Verurteilten 365 3
- ungünstige Wiederaufnahme siehe zuungunsten des Verurteilten
- Verfolgungshindernis 364 4
- Verständigung 365 16
- Verwirkung 365 14, 16
- Verzicht 365 14
- Vollmacht 365 5
- wahldeutige Verurteilung 364 3
- Wahlrecht 364 7
- Wiederaufnahmegrund 364 1
- Wille des Verurteilten 365 8
- zugunsten des Verurteilten 364 1, 5; 365 3, 8, 10
- zulasten des Verurteilten 364 1, 5
- Zuständigkeit 365 9
- Zustimmung des Verurteilten/Angeklagten 365 15

Sachverzeichnis

fette Zahlen = §§

- zuungunsten des Verurteilten **365** 8, 11 ff.
Beistand des nebenklageberechtigten Verletzten
- Anwesenheitsrecht **406h** 3
- Befugnisse des Beistands **406h** 6
- Bestellung des Beistands **406h** 8
- einstweiliger Verletztenbeistand **406h** 11
- Hinzuziehung eines Beistands **406h** 4
- Kosten **406h** 7
- Nebenklagebefugnis **406h** 4
- Prozesskostenhilfe **406h** 10 f.
- Rechte des nebenklageberechtigten Verletzten **406h** 1
- Rechtsbehelfe **406h** 17
- Zuständigkeit **406h** 14
Beistand und Vertretung im Privatklageverfahren 378 1 ff.
Beitreibung der Geldstrafe
- Aussichtslosigkeit künftiger Beitreibungsversuche **459c** 14
- Bedeutung der Schonfrist **459c** 7
- Einwendungen **459c** 9
- Entfallen der Schonfrist **459c** 10
- Erfolglosigkeit von Beitreibungsmaßnahmen **459c** 13
- Fälligkeit mit Rechtskraft **459c** 3
- Fristbeginn **459c** 4
- Rechtsbehelfe **459c** 19
- Schonfrist **459c** 2
- Unterbleiben der Vollstreckung **459c** 11 ff.
- Vollstreckung in den Nachlass **459c** 17
- Vollstreckungspflicht **459c** 11
- Vollstreckungsverbot **459c** 18
- Wirkung der Unterbleibensanordnung **459c** 16
- Zahlungsaufforderung **459c** 2
- zwangsweise Beitreibung **459c** 8
Bekanntmachung an den Beschuldigten 394 1 ff.
Bekanntmachung früherer Entscheidungen 399 2 ff.
Belehrung
- Entfallen **453a** 7
- mündlich **453a** 2
- nachträgliche Belehrung **453a** 1 ff.
- nachträgliche Entscheidungen **453a** 5 ff.
- Nachtragsbeschluss **453a** 6
- schriftlich **453a** 3
Berichtigung des Rechtsfolgenausspruchs
- Abänderung des Schuldspruchs **354** 72
- allgemeine Voraussetzungen **354** 7 ff., 66
- Analogie **354** 66
- Änderung des Strafausspruchs **354** 71
- Beschleunigungsgebot **354** 73
- Beweiswürdigung **354** 69
- dem Tatrichter vorbehaltene Bewertungen oder Beurteilungen **354** 75
- Einzelstrafe **354** 71
- Ermessensreduktion auf Null **354** 71
- Gesamtstrafe **354** 71
- individuelle Schuld **354** 67
- Nachtatverhalten **354** 67
- persönlicher Eindruck vom Angeklagten **354** 68
- Rechtsprechung **354** 70
- Strafzumessung **354** 69

- weitere gerichtliche Anordnungen **354** 74
- weitere Rechtsfolgen **354** 68
- Wirkungen der Strafe **354** 67
Berichtigung offensichtlicher Versehen 354 80 f.
Berichtigung von Daten 489
- Berichtigungspflicht ohne Einschränkung **494** 4
- Richtigkeit **494** 2 ff.
- Zuständigkeit **494** 2
Berufung des Privatklägers 391 23 ff.
Beruhen bei der Sachrüge
- Beweiswürdigung **337** 148
- Darstellungsrüge **337** 149
- eigene Sachentscheidung **337** 152
- Konglomerat von Beweismitteln **337** 148
- Rechtsfolgenausspruch **337** 151
- Schuldspruch **337** 150
Beruhen bei Verfahrensfehlern
- Aufklärungspflicht **337** 138
- Beendigung der Urteilsverkündung **337** 146
- Belehrung **337** 139
- Beweisantrag **337** 138
- Fehler im Ermittlungsverfahren **337** 142 ff.
- Fehler nach der Urteilsverkündung **337** 141
- Fragerecht **337** 138
- Heilung von Verfahrensverstößen **337** 145
- Hinweise **337** 139
- Ladung des Verteidigers **337** 139
- letztes Wort **337** 138
- quasi-absolute Revisionsgründe **337** 140
- Verfahrenshandlungen mit Orientierungsfunktion **337** 139
- Verlesung des Anklagesatzes **337** 139
Beruhen des Urteils
- absolute Revisionsgründe **337** 130
- anderes Ausfallen bei richtiger Anwendung des Gesetzes **337** 129
- Begründung **337** 153 f.
- Geltendmachung **337** 153
- Kausalzusammenhang **337** 131
- Möglichkeit des Beruhens **337** 131
- normativer Zusammenhang **337** 131
- unwiderlegliche Vermutung **337** 130
Beschleunigtes Verfahren
- Antrag der Staatsanwaltschaft **417** 22 ff.
- Eignung zur sofortigen Verhandlung **417** 11 ff.
- einfacher Sachverhalt oder klare Beweislage **417** 15 ff.
- Form und Inhalt **417** 27 ff.
- Kritik **Vor 417** 9 ff.
- persönlicher Anwendungsbereich **417** 2 ff.
- Rücknahme **417** 32
- sachlicher Anwendungsbereich **417** 6 ff.
- Verfahrensüberblick **Vor 417** 3 ff.
- Zeitpunkt **417** 31
- Zulässigkeit **417** 1 ff.
Beschränkung der Verteidigung
- Abschrift des Beschlusses **338** 187
- Abtrennung des Verfahrens **338** 197
- Akteneinsichtsrecht **338** 190, 197
- Anwendungsbereich **338** 181
- Anwesenheitsrecht des Verteidigers **338** 196
- Auffangregelung **338** 181
- Ausschluss von Pressevertretern **338** 192

1674

magere Zahlen = Randnummern

- Aussetzung der Hauptverhandlung 338 200 ff.
- besondere Verfahrensvorschrift 338 181
- Beweisanregung 338 188
- Beweisantrag 338 187, 195
- fair-trial-Prinzip 338 182
- Fragerecht 338 189
- gerichtliche Fürsorgepflicht 338 182
- Gerichtsbeschluss 338 183
- Inhalt des Revisionsvorbringens 338 198
- Kasuistik 338 186 ff.
- konkret-kausaler Zusammenhang 338 181
- Ladung 338 188
- Mitangeklagte 338 185
- Neben- und Privatkläger 338 185
- Nichtbescheidung 338 184
- Pflichtverteidiger 338 193
- rechtliches Gehör 338 182
- Rechtsnatur der Vorschrift 338 181
- Sachverständigengutachten 338 191
- Spurenakten 338 197
- Umdeutung 338 199
- Verhandlung in Abwesenheit des Verteidigers 338 188
- Verteidigung des Angeklagten 338 185
- Verwaltungsanordnung 338 194

Beschränkung des Einspruchs
- Beschluss 410 23
- innerprozessuale Bindungswirkung 410 24
- nachträgliche Erweiterung 410 26
- Rechtsfolgenausspruch 410 23 f.
- Teilrechtskraft 410 24
- Teilrücknahme 410 25
- Trennbarkeit 410 23
- Urteilsverkündung 410 25

Bestellung eines Beistands
- abschließende Nebenklagedelikte 397a 11, 13 ff.
- Adhäsionsverfahren 397a 2
- Anhörung 397a 37
- Antrag 397a 32 f., 36
- Anwendungsbereich 397a 2
- Beiordnung eines Zeugenbeistands 397a 39
- besonders schutzbedürftiges Opfer 397a 8
- Bestellung des Rechtsanwalts 397a 38
- eingeschränkte Möglichkeit der Wahrnehmung der eigenen Interessen 397a 19
- Entstehungsgeschichte 397a 3 ff.
- Ersetzung 397a 41
- Gebühren 397a 43
- gesamtes Verfahren 397a 40
- Gruppenvertretung 397a 10
- Kosten 397a 42
- Minderjährigkeit 397a 18, 21
- Möglichkeit der Verurteilung 397a 12
- Normzweck 397a 1
- Opferanwalt 397a 1
- Rechtsanwalt 397a 8
- Rechtsmittel 397a 51 ff.
- Rechtsschutzinteresse 397a 9
- Revision 397a 55 f.
- Rückwirkung 397a 35
- Sicherungsverfahren 397a 2
- Straftaten nach VStGB 397a 7a
- Verbrechen nach VStGB 397a 21a
- Verfahren 397a 32

- Zuständigkeit 397a 34

Bestellung eines Verteidigers (Wiederaufnahme)
- Abgrenzung 364a 5; 364b 3
- analoge Anwendung zugunsten Verstorbener 364a 8
- Anfangsverdacht 364b 17
- Anfechtung 364b 28
- Anhängigkeit 364a 6
- Anhörung 364a 26
- Antrag 364b 28
- Antragsabfassung 364a 7
- Antragsberechtigung 364a 22
- Antragserfordernis 364a 21
- Antragsinhalt 364a 23
- Auftrag zur Antragstellung 364a 20
- Auslagen 364b 25
- Begründungspflicht 364a 26
- Beiordnung eines Pflichtverteidigers im Ausgangsverfahren 364b 14
- bereits bestellter Verteidiger 364b 27
- Beschluss 364a 26
- Beschwerdegericht 364a 34
- Bestellung eines bestimmten Verteidigers 364a 24
- Bezeichnung der anzufechtenden Entscheidung 364a 23
- chronologische Differenzierung 364b 4
- Dauer der Beiordnung 364a 29
- Dauer der Bestellung 364b 26
- einfache Beschwerde 364a 34
- Einschätzung der Erfolgsaussicht 364b 24
- Entscheidungskompetenz 364a 27
- Erfolgsaussicht 364b 16
- Erfolgsaussicht des Wiederaufnahmeantrags 364a 19
- Erstattungsanspruch 364b 25
- Fairnessgarantie 364a 2
- familien-/vollstreckungsrechtlicher Unterhaltsmaßstab 364b 22
- Fehlen eines Verteidigers 364a 11; 364b 14
- Feststellungsverfahren 364b 27
- formelle Voraussetzungen 364b 14
- Fortwirkungstheorie 364b 27
- Freibeweisverfahren 364b 23
- funktionale Abgrenzung 364b 5
- funktionelle Zuständigkeit 364a 28
- Gebührenanspruch des Verteidigers 364a 5
- Gebührenrecht 364b 1, 25
- gerichtliche Fürsorgepflicht 364a 21
- Gerichtsnähe 364a 32
- Glaubhaftmachung 364b 23
- Grundverfahren 364a 13
- günstige Wiederaufnahme 364a 4; 364b 1
- Haft 364b 20
- Hinweispflicht 364a 21
- inhaltliche Voraussetzungen 364b 15
- isolierte Feststellung 364b 27
- komplizierte rechtliche Bewertung 364b 21
- kostenintensive Ermittlungsmaßnahmen 364b 25
- Nachforschungen 364b 17, 21, 24
- neue Umstände 364a 31
- neuer Antrag 364a 30
- Normzweck 364a 1; 364b 1

Sachverzeichnis

fette Zahlen = §§

- notwendige Verteidigung *siehe Pflichtverteidiger*
- offensichtlich unbegründete Anträge **364a** 19
- öffentliches Rechtsschutzinteresse **364a** 2; **364b** 2
- ohne mündliche Verhandlung **364a** 26
- Perpetuierung der Verteidigerbestellung **364a** 14
- Pflichten des beigeordneten Verteidigers **364a** 33
- Pflichten des Verteidigers **364b** 24
- Pflichtverteidiger **364a** 12 ff.
- Prognosemaßstab **364b** 18
- Prüfung der Erfolgsaussicht **364a** 33
- Rechtskraft **364a** 2, 14
- Rechtsstaatsprinzip **364a** 3
- sachgemäße Führung der Verteidigung **364a** 33
- Sachverständigengutachten **364b** 20
- schriftliches Verfahren **364a** 32
- Schwierigkeit der Sach- oder Rechtslage **364b** 19 ff.
- soziale Gerechtigkeit **364b** 2
- Staatskasse **364b** 25
- Unvermögen zur Kostentragung **364b** 22
- Verfahren **364a** 21
- Verfahrensdurchführung **364b** 3
- Verfahrensfehler **364a** 28
- Verfahrensvorbereitung **364b** 3
- Verteidigerauswahl **364a** 32
- Vertrauensverlust **364a** 12
- Wahlverteidiger **364a** 11; **364b** 14
- Ziel der Wiederaufnahme **364a** 23
- Zuständigkeit **364a** 25
- Zwangsbefugnisse **364b** 20

Beteiligung am Verfahren
- Verletztenbegriff **373b** 1 ff.

Beteiligung der Staatsanwaltschaft im Privatklageverfahren
- Antragsrecht **377** 3
- Bejahung des öffentlichen Interesses **377** 8
- Einstellung **377** 16
- Ermessen **377** 7
- Folgen der Übernahme **377** 13 ff.
- Form der Übernahme **377** 4 ff.
- Klagerücknahme **377** 15
- Legalitätsgrundsatz **377** 7
- örtliche und sachliche Zuständigkeit **377** 6
- Prozessökonomie **377** 9
- Rücknahme der Übernahme **377** 15
- Stellung der Staatsanwaltschaft **377** 1
- Stellung des Privatklägers als Verfahrensbeteiligter **377** 14
- Strafbefehlsverfahren **377** 16
- Tatverdacht eines Offizialdeliktes **377** 8, 10
- Teilnahmerecht **377** 2
- Übernahme **377** 7
- Widerklage **377** 17
- Wiederaufnahme **377** 12
- zeitliche Grenzen **377** 11

Beweis
- Abbildungen **337** 81
- Akteninhalt **337** 80
- alternatives Rügevorbringen **337** 80
- Divergenz **337** 77
- eindeutige Fälle **337** 78
- Freibeweis **337** 74
- in dubio pro reo **337** 82
- mit der Verfahrensrüge vorgetragene Tatsachen **337** 73
- Rekonstruktionsverbot **337** 75 f.
- Sachrüge **337** 81
- Schweigen des Urteils **337** 79
- schwerwiegende Mängel **337** 77
- Sitzungsprotokoll **337** 73
- Sperrwirkung **337** 77
- Unterlagen mit objektivem Beweiswert **337** 77
- Urteilsurkunde **337** 73
- Widerspruch **337** 80
- Würdigung der übergegangenen Umstände **337** 79
- zulässige Gegenbeweise **337** 77
- Zweifelsfälle **337** 82 f.

Beweisaufnahme
- Aditionsverfahren **369** 2
- Ausnahmen **369** 4
- Beweisantritt mit Urkunden **369** 4
- Entbehrlichkeit **369** 3, 8
- Erforderlichkeit **369** 3 ff.
- formelle Voraussetzungen **369** 2
- Geständniswiderruf **369** 6
- materielle Voraussetzungen **369** 3
- offenkundige Tatsachen **369** 4
- Probationsverfahren **369** 2
- Regelungsinhalt **369** 1
- Sachverständigengutachten **369** 5
- Zeugenaussage **369** 7
- Zulassungsbeschluss **369** 2

Bindungswirkung
- analoge Anwendung **358** 4
- Änderung der Rechtsauffassung **358** 13
- Anwendungsbereich **358** 4
- Aufhebungsansicht **358** 5
- Bestätigung der Auffassung des Tatrichters **358** 8
- Beweiswürdigung **358** 6
- Bindungsrahmen **358** 7
- doppelrelevante Tatsachen **358** 11
- dynamische Verfolgungshindernisse **358** 13
- erneute Befassung des Revisionsgerichts **358** 16
- Evidenzkontrolle **358** 12
- Haupt- und Hilfsbegründung **358** 8
- innerprozessuale Bindungswirkung **358** 2
- Kontroll- und Disziplinierungsfunktion **358** 2
- nachträgliche Gesetzesänderung **358** 13
- neues Tatgericht **358** 15
- Normzweck **358** 1
- notwendige Vorfragen **358** 10
- Prozesshindernisse **358** 11
- rechtliche Beurteilung **358** 5 f.
- Rechtseinheit **358** 2
- Reichweite **358** 5 ff.
- sachlich-rechtliche **358** 6
- Sachrüge **358** 14
- Selbstbindung **358** 4, 16
- Subsumtionsfehler **358** 5
- Umfang **358** 6
- Verfahrensidentität **358** 4
- Verfahrensrechtliches **358** 6
- Verfassungsbeschwerde **358** 14
- verfassungswidrig erklärte Strafgesetze **358** 13
- Verfolgungsverjährung **358** 11
- Vermutungen **358** 9
- Vorlagepflichtverletzung **358** 12

magere Zahlen = Randnummern

Sachverzeichnis

– Wegfall und Grenze **358** 12
Bindungswirkung des Strafbefehls
– andere Fälle der Unzulässigkeit **410** 34
– Aufhebung **410** 32
– Einspruchsfrist **410** 34
– Eröffnungsverfahren **410** 39
– formelle Rechtskraft **410** 33
– Immutabilitätsprinzip **410** 39
– innerprozessuale Bindungswirkung **410** 35
– materielle Rechtskraft **410** 38
– Nebenbeteiligte **410** 36
– offensichtliche Unrichtigkeit **410** 30
– Ordnungswidrigkeiten **410** 37
– Rechtskraft **410** 31
– Rücknahme **410** 32
– summarisches Verfahren **410** 31
– Teilrechtskraft **410** 35
– Verfassungsbeschwerde **410** 40
– vorläufige, aufschiebend bedingte Entscheidung **410** 32
– Wiederaufnahme **410** 40
– Wiederaufnahmeverfahren **410** 31
– Wiedereinsetzung **410** 40
Bundesdatenschutzgesetz
– entsprechende Anwendung **500** 1 ff.
BVerfGG (Wiederaufnahme)
– abstrakte Normenkontrolle **359** 75
– Anfechtungsgegenstand **359** 80
– Anspruchsbegründung **359** 83
– Beruhen **359** 81
– Doppelverurteilung **359** 78
– für nichtig erklärte Norm **359** 74
– konkrete Normenkotrolle **359** 75
– materiell-rechtliche Norm **359** 77
– mit dem GG für unvereinbar erklärte Auslegung einer Norm **359** 74
– mit dem GG unvereinbar erklärte Norm **359** 74
– prozessrechtliche Norm **359** 77
– Sicherungsverwahrung **359** 76
– Unionsrecht **359** 79
– Verfassungsbeschwerde **359** 75
– verfassungswidrige Rechtsgrundlage **359** 73

C

Cannabis
– Cannabisgesetz **443** 14a
– Medizinal-Cannabisgesetz **443** 14a

D

Datenerhebung, -speicherung und -verwendung
– Anfechtung **463a** 30
– Delegationsbefugnis **463a** 26
– ergänzende Schutzbestimmungen **463a** 30 f.
– Gefahrenabwehr **463a** 28
– Kernbereichsschutz **463a** 31
– Löschung **463a** 30
– Protokollierung **463a** 30
– Speicherungsermächtigung **463a** 26
– Verhältnismäßigkeit **463a** 25
– Verwendungsbeschränkung **463a** 29
– Zweckbindung **463a** 25, 27 ff.

Datenübermittlung
– Einschränkungen für Übermittlungen an nicht öffentliche Stellen *siehe dort*
– Fehlerfolgen **479** 60 f.
– Prüfungspflicht **479** 51 ff.
– Rechtsbehelfe **477** 62
– Übermittlung an öffentliche Stellen und Rechtsanwälte **479** 52
– Übermittlung an Privatpersonen **479** 55
– Versagungsgründe *siehe dort*
– Verwendungsregeln für Daten aus besonders eingriffsintensiven Ermittlungsmaßnahmen *siehe dort*
– weitergehende Zweckumwidmung **479** 58
– Zweckbindung **479** 56 ff.
Datenübermittlung von Amts wegen 479
– Befugnis **477** 3
– Empfänger **477** 6
– Erforderlichkeit **477** 4 f.
– Form der Übermittlung **478**
– Initiative der datenführenden Stelle **477** 1
– Pflicht **477** 3
– sonstige Zwecke **477** 7 ff.
– Strafverfolgung **477** 2 ff.
– übermittelnde Stelle **477** 6
Datenverarbeitung durch öffentliche Stellen
– Aufsicht durch Datenschutzbeauftragten **500** 8
– Einwilligung **500** 6
– Kontrollbefugnisse des Datenschutzbeauftragten **500** 9
– Rechtsgrundlagen **500** 5
– Strafverfahren **500** 2 ff.
Datenverarbeitung für Zwecke der Vorgangsverwaltung
– Aburteilung **485** 7
– Aufbewahrungsbestimmungen **485** 6
– Befugnis zur Datenverarbeitung **485** 1 ff.
– hypothetischer Ersatzeingriff **485** 9
– Übermittlung **485** 10
– Umfang der Daten **485** 3 ff.
– Verwendungsregelungen **485** 8
– Vorgangsverwaltung **485** 2
– zeitliche Grenzen **485** 6
Datenverarbeitung für Zwecke des Strafverfahrens
– berechtigte Stellen **483** 3
– Datenverarbeitung in Dateisystemen **483** 2
– Erforderlichkeit **483** 9 ff., 18
– in Informationssystemen der Polizei **483** 14 f.
– Kennzeichnungspflicht **483** 8, 18
– personenbezogene Daten **483** 6
– polizeiliche Mischdateien **483** 20 ff.
– rechtmäßig erhobene Daten **483** 7
– Rechtsbehelfe **483** 24
– rechtswidrig erlangte Daten **483** 12
– Sammeldatei **483** 8
– Speicherung, Veränderung und Nutzung von Daten **483** 4
– Strafverfolgung in dem jeweiligen konkreten Strafverfahren **483** 5
– Verwendung zu weiteren Zwecken **483** 16 ff.
– Zweckbindung **483** 5, 16
Datenverarbeitung für Zwecke künftiger Strafverfahren
– abgestuftes Regelungskonzept **484** 3

1677

Sachverzeichnis

fette Zahlen = §§

- Anwendungsbereich **484** 16
- Bearbeitung von weiteren Daten **484** 9 ff.
- Befugnis für Strafverfolgungsbehörden **484** 2
- Beschuldigter **484** 6, 10
- DNA-Identifizierungsmuster **484** 4
- Eintritt des Vorsorgefalls **484** 21
- Erforderlichkeit **484** 7, 12
- flüchtige Dateien **484** 20
- Katalog der Grundtaten **484** 8
- Mitbeschuldigter und Tatbeteiligte **484** 11
- Notwendigkeit einer Rechtsverordnung **484** 19 f.
- Rechtsbehelfe **484** 23
- sonstige Zwecke **484** 22
- Speicherung trotz Nichtverurteilung **484** 15
- Strafverfolgungsvorsorge **484** 1
- Verarbeitung von Grunddaten **484** 5
- Verwendung polizeilich gespeicherter Daten **484** 21 f.
- Zweckumwidmung **484** 2

Datenverarbeitung im Auftrag
- Beschlagnahme **497** 7
- Datenherrschaft **497** 1 ff.
- dauerhafte, rechtsverbindliche Speicherung **497** 3
- Pfändung **497** 7
- Unterauftragsverhältnis **497** 6
- Voraussetzungen **497** 3 ff.

Durchführung der Beweisaufnahme
- Anwesenheitsrecht **369** 20
- Benachrichtigung **369** 22
- Benachrichtigungsmangel **369** 22
- Besetzung **369** 16
- echte Beweisaufnahme **369** 14
- Ermessen des Gerichts **369** 19
- Form **369** 22
- förmliche Zustellung **369** 22
- Gefährdung des Untersuchungszwecks **369** 21 f.
- Protokollvorlage **369** 23
- richterliche Durchführung **369** 16
- Strengbeweis **369** 14 f.
- Teilnahmepflicht **369** 20
- Vereidigung **369** 19
- Verwertungsverbot **369** 18
- Vorermittlungen der Strafverfolgungsbehörden **369** 18
- Vorführung **369** 21
- Vorlagepflicht **369** 23
- Zeugenbefragung **369** 21
- Zwangsmittel **369** 17

Durchführung der Hauptverhandlung (beschleunigtes Verfahren)
- Anfechtbarkeit von Entscheidungen **418** 30 ff.
- Anklage **418** 16 ff.
- besonders und einfach beschleunigtes Verfahren **418** 7 ff.
- Frist **418** 13 ff.
- notwendige Verteidigung **418** 24 ff.
- Terminsladung **418** 10 ff.
- Wechsel ins Strafbefehlsverfahren **418** 20 ff.
- Zwischenverfahren **418** 3 ff.

E

eigene Sachentscheidung
- Beschlussverfahren **354** 17
- Beurteilungszeitpunkt **354** 10
- ergänzungsbedürftige Feststellungen **354** 12
- Fehlen einer Sachurteilsvoraussetzung **354** 7
- gesetzlich gestattete Sachentscheidung *siehe dort*
- implizite Voraussetzungen **354** 15
- Kompetenz zur eigenen Sachentscheidung **354** 3
- Nichteingehen auf prozessuale Taten **354** 8
- Quorum **354** 18
- rechtliches Gehör **354** 16
- Rechtsinstanz **354** 1
- Rekonstruktion der Beweisaufnahme **354** 1
- richterliche Hinweispflicht **354** 16
- Sanktion **354** 13
- Schuldspruch **354** 13 f.
- Tatsachenfeststellungen **354** 1
- Urteilsaufhebung **354** 7
- Verfahrensbeschleunigung **354** 4
- Vollständigkeit der Feststellungen **354** 9
- zu berücksichtigende Beweismittel **354** 10 f.
- Zurückverweisung **354** 1, 3, 82 ff.

Einschränkung der Datenverarbeitung 489 21 f.
- Ausnahmen von der Löschungspflicht **489** 22 ff.
- Ausnahmetatbestände **489** 29 ff.
- Beweisnot **489** 30
- laufende Forschungsprojekte **489** 26
- Rechtsbehelfe **489** 32 f.
- schutzwürdige Interessen des Betroffenen **489** 24
- Sperrung **489** 21
- Sperrung/Löschung **489** 29
- Sperrung von Daten zur Datensicherung oder Datenschutzkontrolle **489** 27
- unverhältnismäßiger Aufwand **489** 25
- Zweckbindung **489** 28

Einschränkung der Verweisung
- Anregungen **384** 9
- Aufklärungspflicht **384** 7
- Aussetzung der Hauptverhandlung **384** 15
- Beschlagnahme **384** 21
- Beweisantizipationsverbot **384** 10
- Beweisanträge **384** 8
- Beweisaufnahme **384** 6
- Durchsuchung **384** 22
- Gerichtsbeschluss **384** 12
- Haftbefehl **384** 18
- Ladung von Zeugen **384** 11
- Maßregeln der Besserung und Sicherung **384** 4
- Privatkläger als Zeuge **384** 14
- Revision **384** 13
- sitzungspolizeiliche Maßnahmen **384** 24
- Straftat von erheblicher Bedeutung **384** 23
- Unterbringung **384** 20
- Verbindung mit einer Schwurgerichtssache **384** 16
- Verlesung des Eröffnungsbeschlusses **384** 5
- vorläufige Festnahme **384** 19
- Zwangsmaßnahmen **384** 17

Einschränkungen für Übermittlungen an nicht öffentliche Stellen
- Anhörung **479** 50
- Anwendungsbereich **479** 45 ff.
- Glaubhaftmachung rechtlicher Interessen **479** 48
- schutzwürdiges Interesse an Versagung **479** 49

Einspruchsfrist
- Begründung **410** 13

magere Zahlen = Randnummern

Sachverzeichnis

- Berechtigte **410** 7, 14
- Devolutiveffekt **410** 1
- Dolmetscher **410** 13
- Form **410** 5, 11 ff.
- förmlicher, ordentlicher Rechtsbehelf **410** 1
- Frist **410** 5, 14 ff.
- rechtliches Gehör **410** 2, 16
- reformatio in peius **410** 3
- Schriftform **410** 11
- Suspensiveffekt **410** 8
- Überleitung in die Hauptverhandlung **410** 1
- Wiedereinsetzung **410** 16
- zuständiges Gericht **410** 4

Einwendungen gegen vollstreckungsrechtliche Entscheidungen
- Beitreibung der Geldstrafe **459o** 7
- Entscheidungen der Vollstreckungsbehörde **459o** 5
- Ersatzfreiheitsstrafe **459o** 8
- Vollstreckungsverfahren **459o** 3 f.
- Zahlungserleichterungen **459o** 6
- zuständiges Gericht **459o** 10
- Zuständigkeit **459o** 1

einzelne Prozesshindernisse
- anderweitige Rechtshängigkeit **337** 62
- begrenzte Lebenserwartung **337** 62
- Deutsche Gerichtsbarkeit **337** 62
- Eintritt der Verjährung **337** 63
- entgegenstehende Rechtskraft **337** 62
- Eröffnung des Rechtsweges zu den Strafgerichten **337** 62
- fehlende Verhandlungsfähigkeit **337** 63
- fehlender Strafantrag **337** 63
- örtliche und sachliche Zuständigkeit **337** 62
- Strafmündigkeit **337** 62
- Tod **337** 62
- verfassungsrechtlich begründete Bestrafungsverbote **337** 63
- wirksame Anklage **337** 62
- wirksamer Eröffnungsbeschluss **337** 62

Einziehung
- Absehen von der Verfahrensbeteiligung *siehe dort*
- Absehen von Einziehung *siehe dort*
- Abtrennung der Einziehung *siehe dort*
- Anhörung im vorbereitenden Verfahren *siehe dort*
- Befugnisse des Einziehungsbeteiligten *siehe dort*
- Einziehung durch Strafbefehl *siehe dort*
- Einziehung nach Abtrennung *siehe dort*
- Einziehungsbeteiligte *siehe dort*
- Grundsatz des gemeinsamen Verfahrens **421** 16
- Historie **421** 1 ff.
- Normzweck **421** 17
- Opferentschädigungsmodell **421** 9
- Reform der strafrechtlichen Vermögensabschöpfung 2017 **421** 7
- Terminologievereinheitlichung **421** 8
- Übergangsregelung **421** 8

Einziehung durch Strafbefehl
- Ausbleiben des Einziehungsbeteiligten **432** 9
- Belehrung **432** 6
- Einspruch **432** 7
- vereinfachtes Verfahren **432** 8

Einziehung gleichstehende Rechtsfolgen 439 1 ff.

Einziehung nach Abtrennung
- Beschleunigung **423** 1
- Bindungswirkung des Hauptsacheurteils **423** 6
- Entscheidungsform **423** 2
- Interessen des Angeklagten **423** 3
- messbar beschleunigende Wirkung **423** 4
- Rechtskraft **423** 5
- Rechtsmittel **423** 11
- Sechsmonatsfrist **423** 7
- Verfahren **423** 8

Einziehungsbeteiligte
- Abwesenheitsverhandlung **430** 3
- Anhörung **424** 9
- Anordnung des persönlichen Erscheinens **430** 5
- Ausbleiben des Einziehungsbeteiligten **430** 5
- Ausbleiben nach Unterbrechung **430** 8
- Befugnisse des Vertreters **428** 4
- Beiordnung eines Rechtsanwalts **428** 5
- Belehrungen **429** 5
- Beweisanträge **430** 9 ff.
- Drittbegünstigte **424** 2
- Entpflichtung **430** 7
- Entschädigungsentscheidung **430** 13
- Entscheidungszeitraum **424** 8
- Fortgang des Verfahrens **424** 6
- Legaldefinition **424** 1, 3 ff.
- Mitteilungen **429** 3 ff.
- potentielle Einziehungsbeteiligte **428** 6
- Rechtsmittel **424** 10
- Terminsnachricht **429** 1 ff.
- unterbliebene Anordnung **424** 7
- Urteilszustellung **430** 14
- Verbot der Mehrfachverteidigung **428** 3
- vermögensrechtliche Interessen **430** 2
- Verteidigungsposition **430** 1
- Vertretung **428** 1 ff.
- Verzicht **429** 6
- vorbereitendes Verfahren **428** 6
- Wirkungen der Anordnung **424** 5 ff.

elektronische Akte 496 1 ff.

EMRK-Verletzung
- Antragsbegründung **359** 71
- Beruhen **359** 68
- EuGH **359** 67
- Feststellung der Konventionsverletzung durch EGMR **359** 67
- kassatorische Wirkung **359** 66
- konventionsgemäßer Zustand **359** 66
- persönlicher Anwendungsbereich **359** 69
- Wiederaufnahmeziele **359** 70

Entbehrlichkeit der Hauptverhandlung
- Entscheidung nach Aktenlage **407** 59
- Ermessen **407** 61
- Freiheitsstrafe **407** 63
- hinreichender Tatverdacht **407** 60
- öffentliche Klage **407** 60
- Rechtsfolgenbestimmung **407** 61
- Spezial- oder Generalprävention **407** 61
- subjektives Recht **407** 62
- wesentliches Ergebnis der Ermittlungen **407** 64
- Willkür **407** 62

Entschädigung des Verletzten 459h 1 ff.
Entschädigung nach Insolvenz- und Auskehrungsverfahren 459m 1 ff.

1679

Sachverzeichnis

fette Zahlen = §§

Entscheidung auf Antrag oder von Amts wegen
- Antragsberechtigung **454** 3
- Antragserfordernis **454** 4 ff.
- Beschleunigungsgebot **454** 11
- Einwilligungserfordernis **454** 6
- Entscheidungszeitpunkt **454** 10
- Nachholung und Widerruf der Einwilligung **454** 7

Entscheidung bei Unzuständigkeit
- Land- oder Oberlandesgericht **408** 5
- örtliche Zuständigkeit **408** 6
- Verfahren gegen Heranwachsende **408** 4
- Verhältnis zwischen Strafrichter und Schöffengericht **408** 2 ff.
- Zurücknahme **408** 7

Entscheidung des Gerichts (beschleunigtes Verfahren)
- Ablehnungsbeschluss **419** 10 ff.
- Anfechtbarkeit von Entscheidungen **419** 19 ff.
- Eignungsprüfung **419** 2 ff.
- Nichteröffnung des Normalverfahrens **419** 17 f.
- Rechtsfolgenspektrum **419** 6 ff.
- Verfahren nach Ablehnungsbeschluss **419** 14 ff.

Entscheidung durch Beschluss
- Aufhebung zugunsten des Angeklagten *siehe dort*
- Beschleunigungsmaxime **349** 1
- Entscheidung durch Urteil *siehe dort*
- Lex Lobe **349** 3
- Normgenese **349** 3
- Rechtsbeschwerdeverfahren **349** 2
- Statistik **349** 5 f.

Entscheidung durch Urteil
- kombinierte Entscheidungen **349** 81
- Teilaufhebung **349** 81
- Teilverwerfung **349** 81
- verschiedene Beschwerdeführer **349** 83

Entscheidung bei Gesetzesänderung
- Änderung der Rechtsprechung **354a** 5
- Änderung von Tatsachen **354a** 3
- Änderungen des Strafverfahrensrechts **354a** 3
- befristete Strafnormen **354a** 2
- beschränkte Revision **354a** 6
- bestehende Teilrechtskraft **354a** 6
- Bundesverfassungsgericht **354a** 2
- Maßregeln der Besserung und Sicherung **354a** 2
- Prozesshindernis **354a** 3
- Revisionserstreckung **354a** 10
- Rückwirkung des milderen Strafgesetzes **354a** 1
- Sachentscheidung **354a** 9
- sachliche-rechtliche Änderung **354a** 3
- Sachrüge **354a** 7 ff.
- Schuldspruchberichtigung **354a** 9
- Verfahren **354a** 7 ff.
- Verfahrensrüge **354a** 7 ff.
- Zurückverweisung **354a** 9

Entscheidung nach Hauptverhandlung
- Belehrung **411** 58
- Berufung **411** 59
- Berufung gegen Verwerfungsurteil **411** 67 ff.
- Beschluss **411** 54
- isolierter Einspruch von Nebenbeteiligten **411** 72
- Kostenentscheidung **411** 57, 60
- Rechtsbehelfe **411** 54 ff.
- Rechtsfolgenkompetenz **411** 55
- Rechtskraft **411** 56, 61
- Rechtsmittel **411** 58
- reformatio in peius **411** 61
- Revision gegen Verwerfungsurteil **411** 68 ff.
- Sachurteil **411** 69 f.
- teilweise Einstellung **411** 63
- unzulässiger Einspruch **411** 60
- Urteil **411** 54
- Verwerfungsurteil **411** 67
- Wiedereinsetzung **411** 58, 65
- Zustellung **411** 58

Entscheidung ohne Hauptverhandlung
- Anhörung **411** 5, 16
- Begründung **411** 5
- Beschluss **411** 5, 10, 14
- Bindungswirkung **411** 13
- Einstellung des Verfahrens **411** 10 ff.
- formelle Rechtskraft **411** 9
- in dubio pro reo **411** 6
- Nebenbeteiligte **411** 20
- Prozessvoraussetzung **411** 11
- Rechtsmittelbelehrung **411** 5
- reformatio in peius **411** 17
- sofortige Beschwerde **411** 8, 18
- Tagessatzhöhe **411** 14
- Teilrechtskraft **411** 13
- Unwirksamkeit des Strafbefehls **411** 11
- Verwerfung **411** 8
- Verwerfung des Einspruchs als unzulässig **411** 5
- Verzicht **411** 9
- Wiedereinsetzung **411** 7
- Zurücknahme **411** 9
- Zuständigkeit **411** 7
- Zustellung **411** 5
- Zustimmung **411** 16

Entscheidung über den Revisionsantrag
- Abschrift **406** 20
- Absehen von der Entscheidung **406** 10
- Absehensbeschluss **406** 19
- Absehenshinweis **406** 18
- Anerkenntnisurteil **406** 8
- Begründung des Urteils **406** 3
- Feststellungsurteil **406** 7
- Grund- und Teilurteil **406** 4 f.
- Kosten **406** 21
- Mitverursachungsanteile **406** 6
- Nichteignung **406** 13, 16 ff.
- Nichteignung bei Schmerzensgeldansprüchen **406** 17
- Nichteignung wegen Verfahrensverzögerung **406** 14
- Normzweck **406** 1
- Stattgabe des Antrags **406** 2
- Unbegründetheit des Antrags **406** 12
- Unzulässigkeit des Antrags **406** 11
- Vollstreckbarkeit **406** 9

Entscheidung über die Anschlussberechtigung
- Ablehnung **396** 33
- Anhörung **396** 26 ff.
- Berufungsverfahren **396** 38
- Beschluss **396** 16
- Beschwerde **396** 31

magere Zahlen = Randnummern **Sachverzeichnis**

- deklaratorischer Charakter **396** 19, 22
- Entscheidung vor Einstellung des Verfahrens **396** 29 f.
- fehlende Zulassung **396** 35
- konstitutiver Charakter **396** 21
- Nichtzulassungs- und Aufhebungsbeschluss **396** 24
- Prüfungsgegenstand **396** 14
- Rechtskraft **396** 23, 32
- Revision **396** 34 ff., 37
- Unanfechtbarkeit **396** 37
- unverzüglich **396** 18
- Verfahren **396** 17
- Vorliegen besonderer Gründe **396** 25
- Zuständigkeit **396** 12 f.

Entscheidung über die Datenübermittlung
- Auskunft aus beigezogenen Akten **480** 21 ff.
- Dokumentationspflicht **480** 33
- Doppelzuständigkeit **480** 8, 11
- Ermächtigung der Polizei **480** 9
- Geltungsbereich **480** 2
- generelle Benachrichtigungspflicht **480** 20
- Kennzeichnungspflicht **480** 3
- rechtliches Gehör **480** 17 ff.
- sonstige Rechtsbehelfe **480** 29 ff.
- spezieller Rechtsbehelf **480** 25 ff.
- teilweise Aufhebung der Sachleitungsbefugnis der Staatsanwaltschaft **480** 13
- Übermittlung zwischen Polizeibehörden **480** 13 ff.
- Übermittlungsformen **480** 2
- Vereinheitlichung von Zuständigkeiten und Verfahrensweg **480** 1
- Zuständigkeit **480** 4 ff.
- Zuständigkeit im Ermittlungs- und Vollstreckungsverfahren **480** 5 f.
- Zuständigkeit im Zwischen- und Hauptverfahren **480** 7 f.

Entscheidungsarten (Aufhebung des Urteils)
- Beweiserhebung **353** 4
- Einstellung **353** 2
- Einstellung nach Opportunitätsgrundsätzen **353** 2
- Einstellung ohne Aufhebung **353** 2

Entscheidungsmaßstab (Wiederaufnahme)
- Aditionsverfahren **370** 16
- Begründetheit **370** 5
- Begründungsgeeignetheit **370** 14
- Bestätigungsprüfung **370** 11
- Beweiserhebung **370** 8
- Dispositionsmaxime **370** 15
- einheitlicher Maßstab **370** 6
- Falschbeweis **370** 16
- Fortbestehen der Zulässigkeit **370** 5
- geminderter Beweiswert **370** 14
- genügende Bestätigung **370** 5 f.
- Gesamtwürdigung **370** 13
- hinreichende Wahrscheinlichkeit **370** 7
- hinreichender Tatverdacht **370** 15
- Kausalität **370** 5
- Kausalitätsprüfung **370** 16
- Leerformel **370** 12
- Nachschieben von Gründen **370** 6
- Parallelschaltung **370** 14

- positive Ursächlichkeitsfeststellung **370** 16
- Prognosemaßstab **370** 10
- Prüfungsschritte **370** 13
- restitutio propter nova **370** 10
- Substantiiertheit des Geständnisses **370** 15
- tatsächliches Vorbringen **370** 6
- überprüfte Richtigkeit **370** 6
- Überzeugung des Gerichts **370** 8
- unterstellte Richtigkeit **370** 6
- unwiderlegliche Vermutung **370** 16
- voller Nachweis **370** 9
- voraussichtliche Beweisbarkeit **370** 14
- widerlegliche Vermutung **370** 16

Entscheidungsmöglichkeiten (Strafbefehl)
- Anberaumung einer Hauptverhandlung *siehe dort*
- Entscheidung bei Unzuständigkeit *siehe dort*
- Erlass des Strafbefehls *siehe dort*
- Teilentscheidungen **408** 31 ff.

erfolglose oder zurückgenommene Rechtsmittel bei Nebenklägerbeteiligung
- Grund der Erfolglosigkeit **473** 95
- Nebenklagedelikt **473** 93
- Rechtsmittel der Staatsanwaltschaft **473** 96
- Rechtsmittel der Staatsanwaltschaft und des Angeklagten **473** 97
- Rechtsmittel der Staatsanwaltschaft und des Nebenklägers **473** 98
- Rechtsmittel des Angeklagten **473** 93
- zugelassener und anschlussberechtigter Nebenkläger **473** 94

erfolglose und zurückgenommene Rechtsmittel des Nebenklägers
- alleiniges Rechtsmittel des Nebenklägers **473** 99
- erkennbare Unzulässigkeit **473** 101
- Freispruch des Angeklagten **473** 105
- Rechtsmittel des Nebenklägers und der Staatsanwaltschaft **473** 109
- Rechtsmittel des Nebenklägers und des Angeklagten **473** 107 f.
- Tod des Nebenklägers **473** 106
- Unterliegen am Ende des Instanzenzugs **473** 102 ff.

Erfolglosigkeit des Rechtsmittels
- Änderung des Adhäsionsausspruchs **473** 83
- Änderung des Bewährungsbeschlusses **473** 84
- Änderung des Einziehungsausspruchs **473** 82
- Änderung des Maßregelausspruchs **473** 81a
- Änderung des Rechtsfolgenausspruchs **473** 77 ff.
- Entscheidungsvergleich **473** 69 f.
- Erfolglosigkeit **473** 60 ff.
- Erzielung eines unwesentlichen Teilerfolgs **473** 68, 72 ff.
- Gleichstellung mit Erfolglosigkeit **473** 68
- Kostentragungspflicht **473** 58 f.
- Rechtsmittel der Staatsanwaltschaft **473** 86 ff.
- Rechtsmittel der Staatsanwaltschaft und des Angeklagten **473** 89
- Rechtsmittel gegen erledigte Entscheidungen **473** 65
- Schuldspruchänderungen **473** 73 ff.
- unstatthafte Rechtsmittel **473** 64
- Verfahrensfehler **473** 85
- verfristete Rechtsmittel **473** 62
- Verwerfung des Rechtsmittels als unbegründet **473** 66

1681

Sachverzeichnis

fette Zahlen = §§

- Verwerfung des Rechtsmittels als unzulässig **473** 62 ff.

Erfolglosigkeit des Rechtsmittels wegen Zeitablaufs
- Anwendungsbereich **473** 184 ff.
- auf Zeitablauf beruhender Rechtsmittelerfolg **473** 182
- Dauer der vorläufigen Entziehung **473** 187
- Erfolglosigkeitsfiktion **473** 183
- Verhalten des Angeklagten zwischen den Instanzen **473** 195
- Verkürzung der Sperrfrist **473** 185, 188
- Wegfall berücksichtigungsfähigen Einkommens **473** 194
- Wegfall berücksichtigungsfähiger Vorstrafen **473** 193
- Wegfall der Fahrerlaubnisentziehung **473** 181
- zeitbedingter Wegfall einer schuldunabhängigen Maßregel der Besserung und Sicherung **473** 189

Erhebung der Privatklage
- Inhalt der Klageschrift **381** 3 ff.
- öffentliche Anklageschrift **381** 3
- Prozesskostenhilfe **381** 4
- Zuständigkeit **381** 1
- zwei Abschriften **381** 5

Erhebung der Verfahrensrüge 337 84

Erhebung der Widerklage
- allgemeine Voraussetzungen **388** 13
- endgültige Erledigung **388** 10
- Form **388** 12
- Gerichtsstand **388** 15
- mehrere Hauptverhandlungen **388** 11
- Widerklage als Verteidigungshandlung **388** 14
- Zeitpunkt **388** 10

Erlass des Strafbefehls
- allgemeine Regeln für Beschlüsse **409** 33
- Außenwirkung **409** 35
- Datum **409** 36
- Eröffnungsverfahren **408** 17
- hinreichender Tatverdacht **408** 14
- Immutabilitätsprinzip **408** 17
- Opportunitätsgründe **408** 18
- prozessuale Taten **408** 16
- Rechtsbehelf **408** 20
- Rechtshängigkeit **408** 17
- richterliche Überzeugung **408** 14
- schriftliche Fixierung **409** 34
- Schuld-Verdacht **408** 14
- Unabänderlichkeit **409** 35
- Unschuldsvermutung **408** 14 f.
- Unterschrift des Richters **409** 34
- volle Übereinstimmung **408** 16
- vorläufige Einstellung **408** 19

Ermittlungskompetenzen bei Wiederaufnahme
- Akteneinsicht **364b** 13
- Auskunftserteilung **364b** 13
- Auskunftsplicht **364b** 13
- Befugnisnorm **364b** 9
- Bindungswirkung **364b** 11
- Ermessensreduzierung auf Null **364b** 12
- Ermittlungsanregungen **364b** 7
- Ermittlungspflicht der Staatsanwaltschaft **364b** 7
- Ermittlungstätigkeit des Verteidigers **364b** 6

- Gleichbehandlungsgebot **364b** 9
- Legalitätsprinzip **364b** 8 f.
- Neutralitätspflicht **364b** 12
- Opportunitätsprinzip **364b** 10
- rechtliche Grenzen **364b** 6
- Rechtskraft **364b** 10
- Rechtsmittelermessen **364b** 11
- Rechtsstaatsprinzip **364b** 9
- Selbstbindung der Verwaltung **364b** 11
- Standesrecht **364b** 6
- verwaltungsinterne Weisungen und Richtlinien **364b** 11
- Willkürverbot **364b** 12
- Zwangsbefugnisse **364b** 6

Eröffnungsbeschluss
- allgemeine Prozessvoraussetzungen **383** 2
- anwendbare Vorschriften **383** 1
- Beweiserhebung **383** 8
- gerichtlicher Beschluss **383** 9
- hinreichender Tatverdacht **383** 4 ff.
- Prüfungsumfang des Gerichts **383** 2
- Rechtsmittel gegen Eröffnungsbeschluss **383** 11
- Rechtsmittel gegen Zurückweisungsbeschluss **383** 12
- Voraussetzungen der Privatklage **383** 3
- Zurückweisungsbeschluss **383** 10

Errichtungsanordnung für automatisierte Dateisysteme 490 1 ff.

Erwartung des Widerrufs der Strafaussetzung zur Bewährung
- Aussetzung eines Berufsverbots zur Bewährung **453c** 3
- erhebliche Straftaten **453c** 10
- Erlass eines Sicherungshaftbefehls **453c** 10
- Fluchtgefahr **453c** 10
- Haftbefehl als ultima ratio **453c** 11
- hinreichende Gründe **453c** 5, 7
- Rechtsbehelfe **453c** 19 ff.
- Rechtsfolgen **453c** 17 f.
- Rechtskraft des Widerrufsbeschlusses **453c** 4
- rechtskräftiges Urteil **453c** 1 f.
- Sicherungsmaßnahmen **453c** 9
- Verfahren **453c** 14 ff.
- Verhältnismäßigkeitsgrundsatz **453c** 8
- Zuständigkeit **453c** 14 ff.
- Zweckmäßigkeitsgesichtspunkte **453c** 6

F

Falschaussage
- angegriffene Beweiserklärung **359** 27
- Antragbegründung **359** 27
- Ausland **359** 25
- Aussagedelikte **359** 25
- außerhalb der Hauptverhandlung **359** 24
- Beeinflussung durch irgendeinen Teil **359** 26
- Beeinflussung durch unwahren Teil **359** 26
- Dolmetscher **359** 24
- Erläuterungen zur Unrichtigkeit **359** 27
- fahrlässiger Falscheid **359** 25
- falsche uneidliche Aussage **359** 25
- falsche Versicherung an Eides statt **359** 25
- geeignete Beweismittel **359** 27; **368** 20
- Meineid **359** 25

magere Zahlen = Randnummern

Sachverzeichnis

- Sachverständiger **359** 24
- Strafbarkeitsvoraussetzungen **359** 25
- Urteil zum Nachteil des Verurteilten beeinflusst **359** 23
- Zeuge **359** 24
- zuungunsten des Verurteilten **359** 26

fehlende oder verspätete Urteilsbegründung
- abhandengekommene Gründe **338** 161
- Anwendungsbereich **338** 158 ff.
- Begründung zum Ausspruch über die Rechtsfolgen **338** 176
- Datum der Verkündung des Urteils **338** 177
- Datum des zu den Akten Bringens **338** 177
- Eingangsvermerk **338** 173
- einzelne Fälle **338** 160
- fehlende Urteilsgründe **338** 159 ff.
- Freibeweisverfahren **338** 169, 173
- Fristüberschreitung **338** 165 ff.
- Inhalt des Revisionsvorbringens **338** 177
- Nachholung/Ersetzung der Unterschriften **338** 166
- nachträgliche Ergänzungen **338** 175
- offensichtliche Fristüberschreitung **338** 178
- Prozessurteile **338** 164
- Sachrüge **338** 159 f.
- Staatsanwaltschaft **338** 171
- Tatmehrheit **338** 163
- Teilaufhebung **338** 163
- Teile und Vorstufen des Urteils **338** 163
- Urteilsentwurf **338** 163
- Verfahrensrüge **338** 160
- Verhinderungsgrund **338** 168
- Verhinderungsvermerk **338** 167 ff., 179
- verspätete Urteilsbegründung **338** 165 ff.
- Vollständigkeit des Urteils **338** 166
- Wiedereinsetzung in den vorherigen Stand **338** 170
- Willkür **338** 180
- zu den Akten gebracht **338** 172 ff.
- zum Abtrag bereit **338** 172

fehlerhafter Strafbefehl
- Beruhen **409** 64
- Einspruch **409** 49 ff.
- Einstellung **409** 51 f.
- Kostenentscheidung **409** 63
- Prozessvoraussetzung **409** 51 f.
- Rechtsmittelinstanz **409** 52
- Rechtsschein **409** 51
- teilweise Nichtigkeit **409** 50
- Umgrenzungsfunktion **409** 55 ff.
- Unwirksamkeit **409** 49 ff.

Form (Revision)
- allgemeine Vorschriften **341** 21
- E-Mail **341** 26
- Erklärung zu Protokoll der Geschäftsstelle **341** 21
- funktionelle Zuständigkeit **341** 22
- Niederschrift **341** 23
- schriftliche Einlegung **341** 21, 24
- Schriftsatzanforderungen **341** 24
- Telefax **341** 25
- Telefon **341** 25
- Verfahren **341** 23

Fortgang des Verfahrens
- Anschluss mit der Nebenklage **398** 1
- Fürsorgepflicht **398** 7
- Hauptverhandlung **398** 5
- Hemmung des Verfahrens **398** 3
- prozessgestaltende Maßnahmen **398** 4
- Revision **398** 8
- Termine **398** 5
- Verfahrensstadium **398** 3
- Verhinderung an der Teilnahme **398** 6

Freispruchverfahren nach Tod des Verurteilten
- Amtsaufklärungsgrundsatz **371** 6
- Analogiefähigkeit **371** 8 f.
- Antragsziel **371** 2
- begründete Zweifel an der Schuld **371** 7
- Einstellung des Verfahrens **371** 2
- Freispruch **371** 2
- hauptverhandlungsnah **371** 7
- in-dubio-Grundsatz **371** 5 f.
- Privatklage **371** 3
- Probationsentscheidung **371** 4
- quasi-Hauptverhandlung **371** 6
- Rehabilitierung **371** 8 f.
- Schuldfrage **371** 4
- Strafprozessordnung **371** 2
- Verfahren **371** 4
- Wiederaufnahme zugunsten eines Verstorbenen **371** 2

Frist (Revision)
- Abwesenheit des Angeklagten **341** 15
- Fristbeginn mit Verkündung **341** 14
- Fristbeginn mit Zustellung des Urteils **341** 15
- Fristende **341** 18
- mangelnde Sprachkenntnisse **341** 16
- Privatkläger **341** 17
- Rechtsmittelbelehrung **341** 13, 20
- Sondervorschriften **341** 17
- sonstige Verfahrensbeteiligte **341** 17
- Staatsanwaltschaft **341** 17
- Verfahren bei Zustellung **341** 16
- Verhandlungsunfähigkeit **341** 15
- Verlängerung **341** 13
- Wiedereinsetzung in den vorherigen Stand **341** 19
- Wochenfrist **341** 13

Führerscheinbeschlagnahme
- amtliche Verwahrung **463b** 3
- ausländische Führerscheine **463b** 11, 19 ff.
- Beginn der Verbotsfrist **463b** 9
- Belehrung **463b** 5
- Berechnung der Dauer der Verwahrung **463b** 9
- eidesstattliche Versicherung **463b** 22
- Entziehung der Fahrerlaubnis **463b** 23 ff.
- Fahrverbot **463b** 3
- freiwillige Herausgabe **463b** 5 ff.
- gleichzeitige Vollstreckung von Nebenstrafe und Maßregel **463b** 15 f.
- Höchstdauer **463b** 18
- mehrere Fahrverbote **463b** 17 f.
- nationale und internationale Führerscheine **463b** 4
- Sonderführerscheine **463b** 11
- Unterbrechung der Verbotsfrist **463b** 13
- Vermerk über das Fahrverbot **463b** 19 ff.
- Wiederbeginn der Verbotsfrist **463b** 14
- Wohnungsdurchsuchung **463b** 7
- Zuständigkeit **463b** 9

1683

Sachverzeichnis   fette Zahlen = §§

G

Gebührenvorschuss
- Auslagenvorschuss **379a** 2, 14
- Frist **379a** 3 ff.
- gerichtliche Handlungen vor der Zahlung **379a** 7
- Höhe **379a** 2
- Prozesskostenhilfe **379a** 2
- Rechtsmittel **379a** 12
- schwer zu ersetzender Nachteil **379a** 8
- Widerkläger **379a** 2
- Wiedereinsetzung **379a** 6
- Zahlungspflicht **379a** 1
- Zurückweisung der Klage **379a** 9 ff.

Geeignetheit (Wiederaufnahme)
- abstrakte Schlüssigkeitsprüfung **359** 64
- antizipierte Beweiswürdigung **359** 64
- Beweisantizipation **359** 58
- Bindungswirkung der Beweiswürdigung **359** 60
- Bindungswirkung von rechtlichen Würdigungen **359** 59
- geeignet im vorangegangenen Verfahren **359** 56
- geeignet, günstigere Entscheidung zu begründen **359** 55
- gewichtige Zweifel an Richtigkeit des Grundurteils **359** 56
- kursorische Grobsichtung **359** 64
- Perspektive des früher erkennenden Gerichts **359** 57
- Perspektive des Wiederaufnahmegerichts **359** 57
- Prognosemaßstab **359** 61
- Prognosestandpunkt **359** 57
- prospektive Erfolgsprognose **359** 56
- Prüfungsdichte **359** 64
- reformatio in melius **359** 61
- retrospektive Erfolgsprognose **359** 56
- Wahrscheinlichkeitsmaßstab **359** 62

Gegenerklärung
- Form **347** 10
- Frist **347** 10
- Inhalt **347** 11 f.
- Mitteilungspflicht **347** 15
- neue Tatsachen **347** 15
- Prozesshandlungen **347** 11
- Verpflichtung zur Abgabe **347** 13 f.
- Verteidigung **347** 11

Gegenstand der Strafvollstreckung 449 18
gemeinsame Dateisysteme 486 1 ff.
gemeinschaftliche Nebenklagevertretung
- Angehörige **379b** 9
- Aufhebung der Voraussetzungen **379b** 18
- Aufhebung von Einzelbestellungen **379b** 20
- Beschränkung der Beteiligungsrechte **397b** 21a
- Entstehungsgeschichte **397b** 4 f.
- Ermessen des Gerichts **379b** 11 ff.
- gleichgelagerte Interessen **397b** 6
- Großverfahren **397b** 2
- Normzweck **397b** 1
- Prozesskostenhilfe **379b** 16
- rechtliches Gehör **379b** 15
- Rechtsmittel **379b** 22 f.
- Revision **379b** 24
- subjektive Kriterien **397b** 8
- Vergütungsaufwand **379b** 19
- Voraussetzungen **397b** 6 ff.
- Wahlnebenklagevertreter **379b** 17

gerichtliche Entscheidung
- Altfälle **454** 82
- Anrechnung der Freistellung **454** 92 ff.
- Beschleunigungsgebot **454** 78
- Beschluss im schriftlichen Verfahren **454** 78
- Besonderheiten bei lebenslanger Freiheitsstrafe **454** 80 ff.
- Inhalt der gerichtlichen Entscheidung **454** 79
- Nachtragentscheidungen **454** 88 ff.
- Prüfungsumfang **454** 80
- punktgenaue Entlassung **454** 93
- Reichweite der Rechtskraft **454** 84
- Wirksamkeit des Aussetzungsbeschlusses **454** 83
- Zustellung **454** 78

gerichtliche Entscheidungen bei Strafvollstreckung
- Anrufungspflicht **458** 3
- Antragsberechtigung **458** 32
- Anwendungsbereich **458**
- aufschiebende Wirkung **458** 24
- Aufschub oder Unterbrechung der Vollstreckung **458** 20 f.
- Außenwirkung **458** 38
- Einwendungen gegen die Zulässigkeit der Vollstreckung **458** 9 ff.
- Einwendungen gegen Entscheidungen des Rechtspflegers **458** 26 ff.
- Einwendungen gegen Entscheidungen von Strafgerichten der früheren DDR **458** 30
- Einwendungsberechtigte **458** 18 f.
- enumerativ aufgeführte Anordnungen **458** 15 ff.
- erneute Einwendungen **458** 25
- Form und Frist **458** 33
- Fortbestand des Vollstreckungsverfahrens **458** 1
- gröbste Verstöße gegen fundamentale Vorschriften **458** 13 f.
- Rechtsbehelfe **458** 22 f.
- Rechtsweg **458** 36 f.
- Selbstentscheidungsrecht der Vollstreckungsbehörde **458** 1
- Überprüfung von Justizverwaltungsakten **458** 34
- Vollstreckungsbeschwerde **458** 35
- vorangegangenes Beschwerdeverfahren **458** 39
- Zuständigkeit **458** 31
- Zweifel über die Auslegung eines Strafurteils **458** 2 ff.
- Zweifel über die Berechnung der erkannten Strafe **458** 5 ff.

Gerichtshilfe
- Aufgaben **463d** 2
- Ermittlungsauftrag **463d** 2
- Erteilung des Ermittlungsauftrags **463d** 3
- Inanspruchnahme **463d** 1
- rechtliches Gehör **463d** 4
- sämtliche verfügbare Erkenntnisquellen **463d** 3
- schriftlicher Bericht **463d** 3

Gesamtstrafenbildung
- Asperationsprinzip **460** 8
- Bewahrung vor unverhältnismäßig schwerem Strafübel **460** 7
- Einsatzstrafe **460** 8
- Erhöhung der Einsatzstrafe **460** 10

magere Zahlen = Randnummern

- erneute Verwendung von Strafzumessungserwägungen 460 12
- Gesamtfreiheitsstrafe 460 16
- Gesamtgeldstrafe 460 18 f.
- Sonderstrafrahmen 460 13

Gesetz (Begriff)
- allgemeine Geschäftsbedingungen 337 36
- ausländische Vorschriften 337 32
- Auslegungsgrundsätze 337 37, 40
- außerstrafrechtliche Normen 337 33
- Denkgesetze 337 37 f.
- Erfahrungssätze 337 37, 39
- EU-Recht 337 32
- Gesetze und Rechtsverordnungen des Bundes und der Länder 337 32
- Gültigkeit der Rechtsnorm 337 41
- in dubio pro reo 337 40
- Methoden der Rechtsfindung 337 37, 40
- Ordnungsvorschriften 337 34
- privatrechtliche Vereinssatzungen 337 36
- ungeschriebene Grundsätze 337 33
- Verbot der Analogie in malam partem 337 40
- Verfassungen 337 32
- Verwaltungsvorschriften 337 35
- Verwerfungsmonopol 337 41
- Völkerrecht 337 32
- weites Begriffsverständnis 337 32

Gesetz zur digitalen Dokumentation der strafgerichtlichen Hauptverhandlung
- Entwurf 352 27 ff.

Gesetz zur weiteren Digitalisierung
- Bild-Ton-Übertragung 350 4a

Gesetzesanwendungsfehler im engeren Sinne
- abweichende Auffassungen 337 100
- diametral gegenüberstehende Funktionen 337 101
- Einzelfallgerechtigkeit 337 101
- Einzelheiten der Subsumtion 337 100
- falsche Auslegung einer Vorschrift 337 99
- falsche Subsumtion 337 99
- Herstellung von Rechtseinheit 337 101
- normative Tatbestandsmerkmale 337 100
- qualitative Grenzen 337 101
- quantitative Grenzen 337 101
- Unabhängigkeit vom Tatgericht 337 100
- unbestimmte Rechtsbegriffe 337 100
- Vertretbarkeitsspielraum 337 100
- wertende Gesamtbetrachtung 337 100

gesetzlich gestattete Sachentscheidung
- Absehen von Strafe 354 33
- absolut bestimmte Strafe 354 27
- Änderung des Schuldspruchs 354 24, 28
- angemessene Herabsetzung der Rechtsfolgen 354 40
- Antrag der Staatsanwaltschaft 354 31, 41
- Aufhebung einzelner nachteiliger Rechtsfolgen 354 21
- Aufrechterhaltung des Urteils trotz Strafzumessungsfehler 354 34 f.
- Beruhenserfordernis 354 35
- Beschlussverfahren 354 26, 44
- Einstellung 354 23
- Einzelstrafen 354 32
- Einziehung 354 29
- Ermessenseinstellung 354 24

- Freispruch 354 20, 25
- gesetzliche Mindeststrafe 354 30
- Kompetenzkanon 354 19
- Korrektur einer Gesamtstrafenbildung 354 44
- Mindestgesamtstrafe 354 32
- nicht behebbare Verfahrenshindernisse 354 23
- Punktstrafe 354 27
- selbstständige Strafzumessung 354 36 f.
- sonstige Rechtsfolgen 354 32
- Teileinstellung 354 26
- Teilfreispruch 354 21
- Verfahrensbeschleunigung 354 30, 37
- verfassungskonforme Auslegung 354 38, 42
- Verhältnis 354 47
- Verschlechterungsverbot 354 35
- Zurückverweisung 354 46

gesetzliche Revisionsbeschränkung 344 14 ff.

Gnadenerweis
- andauernde Beschwer 449 60
- Einzelfallentscheidung mit Ausnahmecharakter 449 48
- Föderalismus 449 61
- gerichtliche Kontrolle 449 65
- Gnadenträger 449 63
- Hemmung der Vollstreckung 449 64
- Sanktionsarten 449 59
- Subsidiarität 449 60
- Vorschriften des Bundes- oder Landesrechts 449 62
- Zuständigkeitsverteilung 449 61 ff.

H

Haftung Mitverurteilter
- Abschichtung der Auslagen 466 8
- Anfechtbarkeit 466 9
- Anwendungsbereich 466 2 f.
- Erinnerung 466 9
- gesamtschuldnerische Haftung 466 5
- Haftung kraft Gesetzes 466 7
- Normzweck 466 1
- Tatbegriff 466 4
- Verurteilung in Bezug auf dieselbe Tat 466 4

Handlungs- und Ausgleichsansprüche
- Ausgleichsanspruch 459l 4 ff.
- Rückübertragung 459l 2 f.
- Umfang 459l 8

Hemmung der Rechtskraft
- Beschränkung der Revision 343 4
- nachträgliche Zustellung 343 5
- nicht statthafte Einlegung 343 5
- Regelungsinhalt 343 1
- unzulässige Rechtsmittel 343 2
- Verfahren 343 7
- verspätete Einlegung 343 5
- Verwerfungsbeschluss 343 2
- Verzicht 343 2 f.
- Zustellung des Urteils 343 5
- Zustellungsadressat 343 6

I

Informationspflichten 406k 1
Inhalt des Strafbefehls
- Angaben zu den Beteiligten 409 3 ff.

Sachverzeichnis

fette Zahlen = §§

- Angaben zur Tat und Tatnachweis **409** 6 ff.
- Antragsdelikte **409** 9
- Ausländer **409** 24
- Belehrungen **409** 10, 21 ff.
- Beweismittel **409** 8
- Einspruch **409** 19, 21 ff.
- Einziehung **409** 13 f., 27
- Entziehung der Fahrerlaubnis **409** 17, 28
- Fahrverbot **409** 12
- Freiheitsstrafe bis zu einem Jahr **409** 18, 26, 28
- Geldbuße **409** 15 f., 27
- gesetzliche Merkmale der Straftat **409** 8
- Grundsatz voller Übereinstimmung **409** 10
- Hinweise **409** 21 ff., 25
- Informationsfunktion **409** 2
- Kostenentscheidung **409** 29
- notwendige Auslagen **409** 30 f.
- Rechtsfolgenfestsetzung **409** 10 ff., 28
- sofortige Beschwerde **409** 27, 32
- Teilnichtigkeit **409** 20
- Umgrenzungsfunktion **409** 2 f., 7
- Verfolgungsbeschränkungen **409** 28
- Verwarnung mit Strafvorbehalt **409** 11, 26
- Vollstreckung **409** 19
- Vorverfahren **409** 14
- Zeit und Ort der Begehung **409** 7

K

Konventions-/Verfassungsverstoß
- Beruhen **368** 22
- EGMR-Entscheidung **368** 23
- geeignete Beweismittel **368** 23
- Kassation **368** 21
- kassatorisches Urteil **368** 21, 23
- verfassungsgerichtliche Entscheidung **368** 23

Kosten bei Bestellung eines Dolmetschers oder Übersetzers
- Anwendungsbereich **464c** 2
- Freispruch **464c** 4
- in sonstiger Weise schuldhaft verursacht **464c** 6
- Normzweck **464c** 1
- schuldhafte Säumnis **464c** 3
- unnötige Auslagen **464c** 7
- Verfahren **464c** 8
- Verurteilung **464c** 5

Kosten bei Freispruch, Nichteröffnung und Einstellung
- Anwendungsbereich **467** 3
- Aufteilung der Auslagen **467** 29
- ausdrücklicher Ausspruch **467** 9
- conditio sine qua non für die Anklageerhebung **467** 10, 14
- endgültige Verfahrenseinstellung **467** 26 ff., 30 f.
- Ermessenseinstellung **467** 26 f.
- Ermessensentscheidung **467** 18, 24
- Kostentragungspflicht eines Dritten **467** 7
- Ordnungswidrigkeitenverfahren **467** 4
- schuldhafte Säumnis **467** 8
- Schuldspruchreife **467** 22
- Selbstbelastung im Widerspruch zu späteren Erklärungen **467** 16
- Strafbefehlsverfahren **467** 23
- Unschuldsvermutung **467** 1, 20

- unwahre Selbstanzeige **467** 10
- Verfahrenshindernis **467** 19 ff.
- Verschweigen wesentlicher entlastender Umstände **467** 17
- wahrheitswidrige Selbstbelastung **467** 13
- zwingende Rechtsfolge **467** 11

Kosten bei gesonderter Entscheidung über die Rechtmäßigkeit einer Ermittlungsmaßnahme
- Antrag des Betroffenen **473a** 3
- Anwendungsbereiche **473a** 2 ff.
- Auslagenerstattungsanspruch **473** 10
- Ermittlungsmaßnahmen **473a** 4 ff.
- gesonderte Entscheidung erster Instanz **473a** 2
- Kostenentscheidung von Amts wegen **473a** 1, 7 ff.
- Nebenverfahren **473** 9
- Normzweck **473a** 1
- Rechtsmittel **473** 11
- Unabhängigkeit vom Ausgang des Ermittlungs- und Strafverfahrens **473** 9

Kosten bei Nebenbeteiligung
- Ausbleiben der Nebenfolgeanordnung und der Geldbuße **472b** 16 ff.
- besondere Kosten **472b** 7
- Beteiligung eines Nebenbeteiligten **472b** 2 f., 5
- Entscheidung **472b** 9
- Ermessen **472b** 9
- Freispruch und Einstellung **472b** 12
- Geldbuße gegen juristische Personen und Personenvereinigungen **472b** 15
- Nebenfolgen **472b** 4
- Normzweck **472b** 1
- notwendige Auslagen **472b** 8, 18
- objektives Verfahren **472b** 13
- unterbliebene Entscheidung **472b** 14
- Verfahrensarten **472b** 6
- Verurteilung **472b** 10

Kosten bei Privatklage
- Anwendungsbereich **471** 1
- Einstellung wegen Geringfügigkeit **471** 12
- Ermessensentscheidung **471** 7
- gesamtschuldnerische Haftung **471** 14 f.
- mehrere Beschuldigte **471** 15
- Nichtverurteilung des Beschuldigten **471** 3 ff.
- Teilfreispruch **471** 8
- Teilrücknahme **471** 10
- Tod des Beschuldigten **471** 4
- Vergleich **471** 6
- Verurteilung des Beschuldigten **471** 2 f.
- Widerklage **471** 13

Kosten bei Straffreierklärung
- Anwendungsbereich **468** 2 ff.
- Auslagen der Staatskasse **468** 5
- explizite Kostenentscheidung **468** 8
- Kostenteilung **468** 7
- Nebenklage **468** 4
- Normzweck **468** 1
- Privatklageverfahren **468** 3

Kosten bei Zurücknahme des Strafantrags
- Anhörung **470** 15
- Antragsdelikt **470** 6
- Anwendungsbereich **470** 2 ff.
- Bedingtheit des Verfahrens **470** 7

magere Zahlen = Randnummern

Sachverzeichnis

- Billigkeitsregelungen **470** 9 ff.
- Bußgeldverfahren **470** 4
- Einstellung **470** 14
- Ermessen **470** 19
- Kosten- und Auslagenentscheidung **470** 14
- mehrere Antragsteller **470** 18
- Normzweck **470** 1
- Privatklage **470** 4
- selbstbestimmte Aufteilung **470** 12
- sofortige Beschwerde **470** 20
- Übernahme durch die Staatskasse **470** 13
- Übernahmebereitschaft **470** 9
- Übernahmeerklärung **470** 10
- Verursachungsprinzip **470** 1
- wirksame Antragsrücknahme **470** 8
- wirksame Antragstellung **470** 8

Kosten der Wiedereinsetzung
- Ablehnung der Wiedereinsetzung **473** 207
- Gewährung der Wiedereinsetzung **473** 206
- separate Kostenentscheidung **473** 205
- sofortige Beschwerde **473** 208

Kosten des Verfahrens
- Anwendungsbereich **464a** 2
- Dolmetscher **464a** 12 ff.
- Entschädigung für notwendige Zeitversäumnis **464a** 20
- Gebühren und Auslagen der Staatskasse **464a** 3
- Kosten der Strafverfolgung **464a** 4
- Kosten der Vollstreckung **464a** 15
- Kosten des Ermittlungsverfahrens **464a** 5 f.
- Kosten im Strafverfahren **464a** 8 ff.
- Kosten zur Vorbereitung eines Wiederaufnahmeantrags **464a** 16
- mehrere Täter **464a** 7
- notwendige Auslagen **464a** 17 ff.
- Pflichtverteidiger **464a** 11
- Rechtsanwalt **464a** 21 ff.
- Reisekosten **464a** 26
- Verfahrensbeteiligte **464a** 18
- Zeugen und Sachverständige **464a** 8 ff., 27

Kosten des Wiederaufnahme- und Nachverfahrens
- Angeklagter als Antragsgegner **473** 200
- Anwendbarkeit **473** 198 f.
- Erfolg und Teilerfolg des Wiederaufnahmeantrags **473** 201
- Nachverfahren **473** 204
- Wiederaufnahme **473** 197

Kosten im Adhäsionsverfahren
- Absehen von Entscheidung **472a** 10
- ausdrückliche gesonderte Kostenentscheidung **472a** 3 f.
- bezifferte Anträge **472a** 6
- Erfolg des Antragstellers **472a** 5 ff.
- Erfolglosigkeit **472a** 9 ff.
- Ermessensausübung **472a** 15 ff.
- Freispruch **472a** 11
- Normzweck **472a** 1 f.
- Rechtsmittel **472a** 22 ff.
- Rechtsmittelinstanz **472a** 20 f.
- Rücknahme **472a** 13
- Schmerzensgeldanträge **472a** 7 f.
- Streitwertfestsetzung **472a** 28
- Teilaufhebung **472a** 20a
- Teilerfolg **472a** 14
- unterbliebene Kostenentscheidung **472a** 25
- unvollständige Kostenentscheidung **472a** 26
- Verfahrenseinstellung **472a** 12, 27

Kostenentscheidung
- Anhörung **464** 17
- Anwendungsbereich **464** 12 ff.
- Auslagenentscheidung **464** 34
- Begründung **464** 18
- dinglicher Arrest **464** 9
- Einstellung **464** 25 ff., 32
- formelles Kostenrecht **464** 11
- Grundsatz der Billigkeit **464** 3
- Klageerzwingungsverfahren **464** 23
- Kosten des Verfahrens **464** 1
- Kostentragungspflicht **464** 2, 5
- materielles Kostenrecht **464** 6
- Nebenfolge **464** 16
- Niederschlag, Erlass oder Ermäßigung **464** 9
- notwendige Auslagen **464** 1
- öffentlich-rechtlicher Aufopferungsanspruch **464** 7
- Prinzip der prozessualen Zurechnung **464** 4
- Sicherheitsleistung **464** 9
- Strafbefehl **464** 21
- unterbliebene Kostenentscheidung **464** 31
- Untersuchung einstellende Entscheidung **464** 22
- Urteil **464** 20
- Veranlassungsprinzip **464** 2
- vorläufige Einstellung **464** 24
- Zwischen-, Neben- und Nachtragsverfahren **464** 29

Kostenentscheidung in der Rechtsmittelinstanz
- Anhörungsrüge **473** 23
- Antrag auf Entscheidung des Revisionsgerichts **473** 24
- Anwendungsbereiche **473** 6 ff.
- Berichtigung **473** 18
- Einspruch gegen Strafbefehl **473** 19 ff.
- entsprechende Anwendbarkeit **473** 10
- erfolglose oder zurückgenommene Rechtsmittel bei Nebenklägerbeteiligung *siehe dort*
- erfolglose und zurückgenommene Rechtsmittel des Nebenklägers *siehe dort*
- Erfolglosigkeit des Rechtsmittels *siehe dort*
- Erfolglosigkeit des Rechtsmittels wegen Zeitablaufs *siehe dort*
- Erfordernis einer Kostenentscheidung **473** 5
- Erwachsenenstrafrecht **473** 6
- Freispruch und Einstellung **473** 16 f.
- Jugendstrafrecht **473** 7
- mehrere Rechtsmittel **473** 8
- Norminhalte **473** 3 f.
- Normzweck **473** 1 f.
- Teilerfolg eines beschränkten Rechtsmittels **473** 178 ff.
- Teilerfolg eines unbeschränkten Rechtsmittels *siehe dort*
- unzulässig gewordene sofortige Beschwerde **473** 110
- Verurteilung **473** 11 ff.
- voller Erfolg eines beschränkten Rechtsmittels *siehe dort*

1687

Sachverzeichnis

fette Zahlen = §§

- voller Erfolg eines unbeschränkten Rechtsmittels *siehe dort*
- Zurücknahme des Rechtsmittels *siehe dort*

Kostenfestsetzung
- Antragsberechtigung **464b** 8
- Antragserfordernis **464b** 8
- Anwendungsbereich **464b** 2 ff.
- Auslagengrundentscheidung **464b** 6 f.
- Begründung **464b** 17
- Bestimmung der erstattungsfähigen Auslagen **464b** 14
- Bindungswirkung **464b** 7
- Entscheidung durch Beschluss **464b** 17 ff.
- Inhalt des Antrags **464b** 10
- Kostenfestsetzungsbeschluss **464b** 13
- Quotelung **464b** 16
- rechtliches Gehör **464b** 15
- Rechtsmittelbelehrung **464b** 17
- sofortige Beschwerde **464b** 20 ff.
- Verzinsung **464b** 11 f.
- Vollstreckungstitel **464b** 1, 18
- Zuständigkeit **464b** 13

Kostentragungspflicht
- Anwendungsbereich **465** 2
- Auslagenauferlegung **465** 9
- Billigkeit **465** 12
- Jugendstrafverfahren **465** 4
- Kostenauferlegung an Dritte **465** 8
- Maßregel der Besserung und Sicherung **465** 5
- Teilfreispruch **465** 2
- Tenorierung **465** 13
- Tod des Verurteilten **465** 14
- Umfang der Kostenpflicht **465** 6 f.
- Untersuchung zur Aufklärung bestimmter Umstände **465** 10 f.
- Urteilsgründe **465** 13
- Veranlassungsprinzip **465** 1
- Verurteilung **465** 5

Kostentragungspflicht des Anzeigenden
- Anwendungsbereich **469** 2
- Anzeigeerstatter **469** 6
- bereits anhängige Verfahren **469** 10 ff.
- Beschluss **469** 10 ff.
- Bußgeldverfahren **469** 4
- Nebenbeteiligte **469** 15
- noch nicht anhängige Verfahren **469** 14
- Normzweck **469** 1
- Unanfechtbarkeit **469** 16
- unwahre Anzeige **469** 5
- Ursächlichkeit **469** 8
- Verschuldensprinzip **469** 1
- Vorsatz oder Leichtfertigkeit **469** 8
- zivilrechtliche Schadensersatzansprüche **469** 3
- zuständiges Gericht **469** 9

L

Ladung von Zeugen und Sachverständigen
- Aufklärungspflicht **386** 2
- Beweisanträge **386** 3
- Beweiserhebung in der Berufungsinstanz **386** 6
- Mitteilungspflichten **386** 5
- Normzweck **386** 1
- Recht zur unmittelbaren Ladung **386** 4

Löschung elektronischer Aktenkopien 499 1 ff.
Löschung von Daten
- BDSG **489** 6
- Berichtigung **489** 3
- Einschränkung der Löschungspflicht **489** 11 f., 13 ff.
- Einstellung **489** 10
- Einstellung des Verfahrens **494** 10
- Eintragung in das Bundeszentralregister **494** 5, 8
- Einzelfallbearbeitung **489** 5 f.
- endgültige Erledigung **489** 9
- Erforderlichkeit **489** 6 ff., 14
- Erledigung des Verfahrens **489** 9
- Erledigung mit Rechtskraft **494** 11
- Freispruch **494** 10
- Grundlagen **489** 5
- Löschungsfrist **494** 9
- Löschungspflicht **489** 8 ff.
- Löschungspflicht bei zur Vorgangsverwaltung gespeicherten Daten **489** 14
- Nichteröffnung des Verfahrens **494** 10
- Nichtverurteilung **494** 5, 9
- Prüfungsfristen **489** 18 ff.
- Prüfungspflichten **489** 15 ff.
- spezielle Löschungspflicht **489** 13 ff.
- Strafverfahrensdateien **489** 16
- unverzügliche Mitteilung **494** 6
- unzulässige Speicherung **494** 5, 7 ff.
- Unzulässigkeit der Speicherung **489** 3 ff.
- verfassungsrechtliche Vorgaben **489** 4
- Verwendung für künftige Zwecke **489** 17
- vorläufige Verfahrenseinstellungen **494** 12 f.

M

mehrere Privatklageberechtigte
- Anforderungen **375** 7
- Beitritt **375** 5
- Einstellung wegen geringer Schuld **375** 10
- Klageerhebung **375** 4
- mehrere Personen **375** 3
- Normzweck **375** 1 f.
- Prozesshandlungen **375** 8
- Sachurteil **375** 10
- Verbindung von Amts wegen **375** 5
- Vergleich **375** 11
- Wirkung von Entscheidungen **375** 9 ff.
- Zurückweisung bei Verdacht eines Offizialdelikts **375** 11
- Zurückweisungsbeschluss wegen fehlender Strafbarkeit **375** 10
- Zurückweisungsbeschluss wegen nicht hinreichenden Tatverdachts **375** 10
- Zurückweisungsbeschluss wegen Unzulässigkeit **375** 11

Mitteilung 459i 1 ff.
Mitteilung der Privatklage
- Belehrung **382** 3
- Beteiligung der Staatsanwaltschaft **382** 4
- Prüfungsumfang des Gerichts **382** 1
- rechtliches Gehör **382** 2
- Unterbrechung der Verjährung **382** 3
- unvorschriftsmäßige Klageerhebung **382** 5
- vorschriftsmäßige Klageerhebung **382** 1

magere Zahlen = Randnummern

Sachverzeichnis

Mitteilung des Aktenzeichens und Verfahrensausgangs an die Polizei
- Form der Unterrichtung **482** 6
- Inhalt der Unterrichtung **482** 5
- Mitteilungs- und Unterrichtungspflicht der Staatsanwaltschaft **482** 1
- Polizeibehörde **482** 2

Mitteilungspflichten (Nebenklage)
- abschließende Regelung **406d** 6
- Adressat der Mitteilung **406d** 12
- Anwendungsbereich **406d** 1
- Begriff des Verletzten **406d** 2
- Beistand **406d** 13
- formale und inhaltliche Ausgestaltung **406d** 10
- informationelles Selbstbestimmungsrecht **406d** 5
- Jugendliche und Heranwachsende **406d** 3
- Normzweck **406d** 1
- Opfer von Gewaltdelikten **406d** 7
- Sicherungsverfahren **406d** 3
- staatsanwaltliches Verfahren **406d** 4
- Unterrichtung **406d** 14
- Zuständigkeit **406d** 11

Mitwirkung kraft Gesetzes ausgeschlossener Richter
- Anwendungsbereich **338** 56
- Begründetheit des Ablehnungsgesuchs **338** 63
- Beschwerdegrundsätze **338** 59
- Besorgnis der Befangenheit **338** 56
- eigenständiges Ermessen **338** 59
- fehlerhafte Rechtsanwendung **338** 62
- Gewähr für Unparteilichkeit **338** 51
- Inhalt des Revisionsvorbringens **338** 64
- mit Unrecht verworfen **338** 60
- Mitwirkung des abgelehnten Richters **338** 61
- Mitwirkungsverbote kraft Gesetzes **338** 51
- namentliche Benennung **338** 51
- Rechtsnatur der Rüge **338** 58
- sofortige Beschwerde **338** 58
- unzulässiges Ablehnungsgesuch **338** 61
- Verschleppungsabsicht **338** 61, 65
- willkürliche Verwerfung **338** 62
- Zulässigkeit **338** 58

mündliche Anhörung im Wege der Bild-/Tonübertragung
- rechtliches Gehör **463e** 1
- Rechtsmittel **463e** 12
- Sachverständige **463e** 7 f.
- Verfahrensfragen **463e** 9 ff.
- Videokonferenz **463e** 3 ff.

N

Nachholung der Vollstreckung
- Belehrungspflicht **456a** 26 ff.
- Fahndungsmaßnahmen **456a** 23
- freiwillige Rückkehr in die BRD **456a** 19
- Haftbefehl oder Unterbringungsbefehl **456a** 23
- Maßregeln der Besserung und Sicherung **456a** 22
- Vollstreckungspflicht **456a** 21
- vorläufige Maßnahme **456a** 19

nachträgliche Entscheidungen
- Anhörung des Bewährungshelfers **453** 17 ff.
- Anwendungsbereich **453** 1
- Aufklärungspflicht **453** 7 f.
- Beschleunigungsgebot **453** 20
- Bewährungsbeschluss **453** 3
- einfache Beschwerde **453** 22 ff.
- Entscheidung durch Beschluss **453** 21
- gesetzliche Mindestfrist der Bewährungszeit **453** 4
- Ladung **453** 16
- mündliche Anhörung **453** 11
- nachträglich hervorgetretene Umstände **453** 1
- nachträgliche Anhörung **453** 14
- Nachtragsentscheidungen **453** 2
- öffentliche Zustellung **453** 13
- rechtliches Gehör **453** 9 ff.
- Rechtsmittel **453** 22 ff.
- sofortige Beschwerde **453** 27 ff.
- Unterrichtungspflicht **453** 12, 19
- Verwirkung des Anhörungsrecht **453** 13
- vollbesetzter Spruchkörper **453** 15
- Zuständigkeit **453** 5 f.
- zwingende Anhörung **453** 10

nachträgliche Gesamtstrafenbildung
- Aussetzung zur Bewährung **460** 39 ff.
- Begehung vor der früheren Verurteilung **460** 31
- Beschluss ohne mündliche Verhandlung **460** 50
- beschränkter Eingriff in die Rechtskraft **460** 21
- Disposition des Gerichts **460** 20
- frühere rechtskräftige Verurteilung **460** 22 ff.
- Gesamtstrafenbildung **460** 44 f.; *siehe auch dort*
- Härteausgleich **460** 4, 38
- Jugendstrafrecht **460** 6
- keine Erledigung **460** 27 ff.
- maßgeblicher Termin **460** 32 ff.
- Nachholung der Bildung einer Gesamtstrafe **460** 1
- Nebenstrafen und Nebenfolgen **460** 37
- Nivellierung von Vor- und Nachteilen **460** 1
- Rechtsbehelfe **460** 50 ff.
- Rechtskraftbescheinigung **460**
- Reichweite der Strafgewalt **460** 49
- Strafzeitberechnung **460** 53 f.
- Zäsurwirkung **460** 35
- Zuständigkeit **460** 46 ff.

Nachtragsentscheidungen
- Anwendungsbereich für Maßregeln der Besserung und Sicherung **463** 6
- aufschiebende Wirkung **463** 8
- Beschluss ohne mündliche Verhandlung **463** 7
- Bestellung eines Verteidigers **463** 15
- Durchführung der Anhörung **463** 16 f.
- Führungsaufsicht **463** 5
- Klärung der Prognose **463** 10
- lebenslange Freiheitsstrafe **463** 9
- Rechtsfolgenverweisung **463** 5
- Sachverständigengutachten **463** 7, 9 ff., 13 ff.
- sofortige Beschwerde **463** 18
- Verfahren bei Einholung von Sachverständigengutachten **463** 13 ff.
- Verfahrensmängel **463** 18

Nachverfahren
- Antragstellung **433** 11
- Anwendungsbereich **433** 5
- Durchbrechung der Rechtskraft **433** 2
- Entscheidung **434** 1 ff.

1689

Sachverzeichnis

fette Zahlen = §§

- Freibeweis **433** 12
- Fürsorgepflicht **433** 9
- Glaubhaftmachung **433** 9
- Monatsfrist **433** 11
- Prüfungsumfang **433** 14
- Rechtsweggarantie **433** 4
- Revision **434** 9
- Strengbeweis **434** 7
- Teilrechtskraft **433** 6
- unverschuldetes Nicht-Wahrnehmen-Können der Rechte **433** 7 f.
- Urteil **434** ff.
- Vollstreckbarkeit der Einziehungsanordnung **433** 13
- Wahlrecht **433** 3
- Wiederaufnahme **433** 16

Nebenbetroffene am Strafverfahren bei Einziehung
- Absehen von Verfahrensbeteiligung **438** 23 ff.
- Anfechtbarkeit **438** 19
- Anordnungsverfahren **438** 15
- Anwendung der übrigen Verfahrensvorschriften **438** 33
- Beschränkung der Beteiligung **438** 27
- Beteiligung von Amts wegen **438** 17
- Diebesbeute **438** 10
- drogentypische Stückelung von Geldbeträgen **438** 11
- Einspruchsverfahren **438** 37
- Ermessen **438** 28
- Gehören **438** 8 ff.
- gerichtlicher Beschluss **438** 18
- Glaubhaftigkeit **438** 11, 14
- Internationales Privatrecht **438** 9
- Kosten **438** 38
- Nachweis **438** 36
- rechtliches Gehör **438** 1
- Sachenrecht **438** 8
- sonstiges Recht **438** 13
- Strafbefehl **438** 17
- Verzicht auf Verfahrensbeteiligung **438** 21
- Zeitpunkt **438** 16

Nebenentscheidungen 354 76 ff.

Nebenklage
- Anwendungsbereich **395** 12 ff.
- Entstehungsgeschichte **395** 20 ff.
- Genugtuungsinteresse **395** 4
- Gesetz zur Fortentwicklung des Völkerstrafrechts **395** 26
- Interessen des Nebenklägers **395** 4
- Jugendstrafverfahren **395** 14 ff.
- Kontrollfunktion **395** 6
- Kostenbelastung **395** 9
- Schutz des Verletzten **395** 5, 7
- Sekundärviktimisierung **395** 5
- selbstständiger Verfahrensbeteiligter **395** 2
- Sicherungsverfahren **395** 13
- Unschuldsvermutung **395** 9
- Verbindung von Verfahren **395** 17 f.
- Verfahrensverzögerung **395** 9
- Verteidigungsinteressen des Angeklagten **395** 8
- Voraussetzungen der Nebenklage siehe dort
- Wesen **395** 1

neue Tatsachen/neue Beweismittel
- Augenschein **359** 54
- bekannt, aber nicht berücksichtigt **359** 44
- fehlende Aktenkundigkeit **359** 47
- fehlerhafte Würdigung **359** 47
- frühere Mitangeklagte **359** 51
- früherer Wiederaufnahmeantrag **359** 45
- mangelnde Erörterung **359** 47
- maßgeblicher Personenkreis der Beurteilung der Neuheit **359** 46
- maßgeblicher Zeitpunkt der Beurteilung der Neuheit **359** 45
- neue Beweismittel **359** 50 ff.
- neue Tatsachen **359** 44 ff.
- nicht berücksichtigt **359** 44
- Nichterwähnung in Urteilsgründen **359** 48
- noch nicht/nicht mehr bekannt **359** 44
- Sachverständige **359** 52
- Urkunden **359** 53
- Zeugen **359** 51

neues Hauptverfahren
- abweichende Entscheidung **373** 5
- Anordnungsbeschluss **373** 7
- Auswahl der Beweismittel **373** 4
- autonomes Hauptverfahren **373** 3
- Befangenheit **373** 13
- Beschluss **373** 2
- Beweisantrag **373** 14
- Bindungswirkung **373** 3
- eigene Rechtsauffassung **373** 4
- Entscheidungsgegenstand **373** 3
- Erstverfahren **373** 6
- frühere Mitbeschuldigte **373** 15
- Gesetzesänderungen **373** 4
- Hinweise **373** 9
- Mitwirkungsverbot **373** 6
- Nachschieben neuer Rügen **373** 4
- Nachtragsanklage **373** 9
- Nebenkläger **373** 8
- neue Tatsachen **373** 4
- Niederschriften früherer Aussagen **373** 14
- originäre Beweiserhebung/-würdigung **373** 14
- Pflichtverteidiger **373** 8
- Präklusion des Verwertungswiderspruchs **373** 14
- Prognoseentscheidung **373** 4
- Prozessgeschichte **373** 10
- prozessualer Tatbegriff **373** 3
- Prozessvoraussetzung **373** 2, 8
- Prüfungspflicht des Gerichts **373** 8
- Rechtskraft **373** 2
- Tenor der ursprünglichen Verurteilung **373** 12
- Umfang der Erneuerung **373** 2
- Verböserungsverbot **373** 12
- Verfahren **373** 7
- Verfahrensfehler **373** 13
- Verfahrensregeln **373** 7
- Verfahrensverbindung **373** 8
- Verlesen früherer Entscheidungen **373** 10
- Verständigung **373** 9
- Verweisung **373** 6
- Vorbefassung **373** 6
- Vorbereitungsregeln **373** 7
- Wiederaufnahmebeschluss **373** 12
- Wiederaufnahmegrund **373** 4
- Würdigung der Beweismittel **373** 4
- Zeugen **373** 14

magere Zahlen = Randnummern　　　　　　　　　　　　　　　　　　　　**Sachverzeichnis**

- Zuständigkeit **373** 6, 8
Non conviction based confiscation, *siehe auch selbstständiges Einziehungsverfahren*
notwendige Auslagen des Nebenklägers
- Anwendungsbereich **472** 4 ff.
- Auslagenentscheidung bei Freispruch **472** 44 ff.
- Auslagenentscheidung bei Nebenklagebefugnis und Privatklägern *siehe dort*
- Auslagenentscheidung bei Verfahrenshindernissen **472** 47
- Auslagenentscheidung beim verurteilten Angeklagten *siehe dort*
- Bußgeldverfahren **472** 11
- gesamtschuldnerische Haftung **472** 59
- Heranziehung des Verletztenbeistands im Revisionsverfahren **472** 6
- Jugendstrafverfahren **472** 7 ff.
- Nebenklageauslagen **472** 4
- Normzweck **472** 1
- Privatklage **472** 11
- Prozesskostenhilfe **472** 9
- sofortige Beschwerde des Nebenklägers *siehe dort*
- Todesfälle **472** 65 ff.

O

offensichtliche Unbegründetheit (Revision)
- Abänderung **349** 69 ff.
- Adressat **349** 43
- Adressat der Gegenerklärung **349** 47
- Anhörungsrüge **349** 48
- Anregung **349** 38
- Antrag **349** 34
- Antragsrecht der Staatsanwaltschaft **349** 36
- Anwendungsbereich **349** 17
- apokryphe Verwerfungsgründe **349** 31
- Begriffsbestimmung **349** 27 ff.
- Begründung des Antrags **349** 39
- Begründung des Beschlusses **349** 56 ff.
- Belehrung **349** 45
- Berichtigung offensichtlicher Fehler **349** 71
- Beschleunigungsgebot **349** 21 ff.
- Beschlussformel **349** 54
- Bindungswirkung **349** 63, 66
- durch das Gericht initiierter Antrag **349** 37
- eigene und unabhängige Prüfung der Erfolgsaussichten **349** 34
- Einklang mit dem Grundgesetz **349** 23 f.
- Einstimmigkeit **349** 29, 51 ff.
- fakultativer Charakter **349** 50
- Form **349** 45
- förmliche Zustellung **349** 45
- Frist zur Gegenerklärung **349** 44, 47
- funktionale Auslegung **349** 29
- Gegenerklärung **349** 15, 46
- Hilfsantrag **349** 39
- Inhalt der Gegenerklärung **349** 46
- Jugendstrafverfahren **349** 20
- Maßgabeanträge der Staatsanwaltschaft **349** 65
- Mitteilung des Antrags **349** 42
- Nebenentscheidungen **349** 67
- Normzweck **349** 17 ff.
- Offensichtlichkeit **349** 27 ff.
- ou-Beschlüsse **349** 15, 21 ff.

- Rechtskraft **349** 68
- Revision der Staatsanwaltschaft **349** 18
- Revision des Angeklagten **349** 17
- Revision des Privat- und Nebenklägers **349** 19
- Schuldspruchberichtigung **349** 19
- Verfahren **349** 33 ff.
- Verwerfungsbeschluss **349** 49
- Vieraugenprinzip **349** 16
- Wiedereinsetzung **349** 72
- Willkürverbot **349** 34
öffentliche Bekanntmachung der Verurteilung
- Ablehnung der Veröffentlichung **463c** 6
- Anhörung **463c** 6
- Anwendungsbereich **463c** 1, 2
- Berechtigte **463c** 2
- Erzwingungsmaßnahmen **463c** 6
- Gericht des ersten Rechtszugs **463c** 8
- Veröffentlichung in Druckschriften **463c** 4 f.
- Verpflichteter **463c** 7
- Zustellung **463c** 2
- Zwangsgeld **463c** 4 f.
öffentliche Bekanntmachung im vereinfachten Freispruchverfahren
- Antrag **371** 21
- Bundesanzeiger **371** 21
- Kosten **371** 21
- lokale Tageszeitung **371** 21
- Publizitätswirkung **371** 21
- Veröffentlichungswirkung der Urteilsaufhebung **371** 21
Öffentlichkeit
- Aufsichtspflicht **338** 135 ff.
- Ausschließungsbeschluss **338** 144 f., 156
- Ausschluss der Öffentlichkeit **338** 144
- Ausschluss einzelner Personen **338** 148 f.
- Begriff **338** 128
- bestimmte Verfahrensvorgänge **338** 154
- Bußgeldverfahren **338** 141
- Dauer des Ausschlusses **338** 147 f.
- Disposition **338** 127
- Einschränkungsmöglichkeiten **338** 131
- fehlerhafter Ausschließungsbeschluss **338** 156
- formelle Mängel **338** 145
- Hauptverhandlung **338** 128
- Heilung **338** 151
- Heranwachsende **338** 132
- Informationsinteresse der Allgemeinheit **338** 126
- Informationsmöglichkeiten **338** 128
- Inhalt des Revisionsvorbringens **338** 153
- Kasuistik **338** 139 ff.
- Kenntnisnahme von Ort und Zeit **338** 128
- Mitteilungspflicht **338** 143
- Öffnungszeiten am Gerichtseingang **338** 128, 155
- rechtliche Grenze **338** 130
- Rechtsirrtum **338** 138
- Regelungen in GVG **338** 125
- Schutzzweck **338** 126
- Sitzungsprotokoll **338** 156
- tatsächliche Grenze **338** 129
- tatsächliche Zugangshindernisse **338** 155
- Unbeachtlichkeit des Fehlers **338** 151
- unzulässige Erweiterung der Öffentlichkeit **338** 133
- Urteilsverkündung **338** 128
- Verfahrensabsprachen **338** 143

1691

Sachverzeichnis

fette Zahlen = §§

- Verschulden des Gerichts **338** 134 ff., 153
- Zeugenvernehmung **338** 147
- Zurechnung **338** 136 f.

örtliche Zuständigkeit
- abweichende landesrechtliche Regelungen **462a** 21 ff.
- Aufnahme in die Justizvollzugsanstalt **462a** 15
- auswärtige Strafvollstreckungskammer **462a** 22
- Beendigung **462a** 27
- Befasstsein des Gerichts **462a** 19, 25
- Dauer **462a** 24 ff.
- gerichtliche Konzentration **462a** 22
- gesetzlicher Richter **462a** 15
- länderübergreifende Vollzugsgemeinschaft **462a** 23
- Landesjustizverwaltung **462a** 23
- maßgeblicher Zeitpunkt **462a** 18 ff.
- mehrfache Verlegung **462a** 20
- öffentlich-rechtlicher Sitz der Vollzugsanstalt **462a** 14
- tatsächlicher Aufenthalt des Inhaftierten **462a** 14
- tatsächlicher Vollzugsbeginn **462a** 16
- Zwischenhaft **462a** 17

P

personenbezogene Daten im Strafverfahren
- Bewertung der Intensität von Informationseingriffen **Vor 474** 42 ff.
- eigenständige Grundrechtseingriffe **Vor 474** 40
- Fehlerfolgen rechtswidriger Übermittlung bzw. Umwidmung **Vor 474** 61 ff.
- materielle Differenzierungskriterien **Vor 474** 41
- Rechtsgrundlagen **Vor 474** 60
- übergeordnete verfassungsrechtliche Ebene **Vor 474** 39
- Verwendung rechtswidrig erhobener Daten **Vor 474** 55 ff.
- Verwertung und Verwendung **Vor 474** 5
- Verwertungsverbote **Vor 474** 51 f.

personenbezogene Daten in elektronischen Akten
- Begriff der elektronischen Akte **496** 2 f.
- Datenschutz und -sicherheit **496** 8 ff.
- Grundsätze der Aktenwahrheit, -klarheit und -vollständigkeit **496** 7
- ordnungsgemäße Datenverarbeitung **496** 11
- verfahrensinterne Verarbeitung und Verwendung **496** 4 ff.
- Zweitakte in elektronischer Form **496** 5

persönliche Beschwer
- Mitangeklagte **337** 85
- Revisionserstreckung **337** 85
- Wirkung zu Gunsten des Revisionsführers **337** 85

polizeiliche Beobachtung
- Anordnungskompetenz **463a** 17
- Erfüllung der Überwachungsaufgabe **463a** 16

Privatklage
- Entkriminalisierung bagatellartiger Taten **Vor 374** 2
- Parteiprozess **Vor 374** 1
- Rechtswirklichkeit **Vor 374** 3 ff.
- staatliches Strafverfahren **Vor 374** 1

Probationsentscheidung (Form und Verfahren)
- Anhörung **370** 17
- Beschluss **370** 17
- günstiger Wiederaufnahmeantrag **370** 17
- Kosten **370** 17
- ohne mündliche Verhandlung **370** 17
- Realkonkurrenz **370** 17
- sofortiger Freispruch **370** 17
- Teilentscheidung **370** 17
- ungünstiger Wiederaufnahmeantrag **370** 17
- Verteidigerbestellung **370** 17

Probationsentscheidung (Rechtskraft)
- Rechtskraft **370** 1
- Verbrauch **370** 1

Probationsverfahren, Entscheidungsmöglichkeiten
- Ablehung **370** 4
- Anordnungsbeschluss **370** 3 f.
- Bindungswirkung **370** 2
- Freispruch **370** 4
- günstiges Wiederaufnahmeverfahren **370** 4
- Prozesshindernis **370** 3
- sofortige Verfahrenseinstellung **370** 4
- sofortiger Freispruch **370** 4
- Unbegründetheitsbeschluss **370** 2
- ungünstiges Wiederaufnahmeverfahren **370** 3
- Verfahrenseinstellung **370** 3
- Verwerfung wegen Unzulässigkeit **370** 2
- Verwerfungsbeschluss **370** 3

Protokollrüge
- Auslegung **344** 67 ff., 137
- Beruhen **344** 134
- Dokumentationspflichten **344** 138 ff.
- formelle Beweislast **344** 132
- Hauptverhandlungsprotokoll **344** 132
- negative Beweiskraft **344** 132, 135
- positive Beweiskraft **344** 132, 135
- Rügeverkümmerung **344** 136
- Unzulässigkeit **344** 133 ff.
- Verständigung **344** 138 ff.

Prozesshindernisse
- Befassungs- und Bestrafungsverbote **337** 51
- Berücksichtigung von Amts wegen **337** 51
- zulässige Revision **337** 50
- Zweifelsfälle **337** 53

Prozesskostenhilfe
- Änderung des Bewilligungsbeschlusses **397a** 49
- Antrag **397a** 32 f., 44
- Beiordnung eines Rechtsanwalts **379** 12
- besondere Schwierigkeit der Sach- oder Rechtslage **397a** 28
- Bewilligungsbeschluss **397a** 47
- Bewilligungsverfahren **379** 13
- Bewilligungsvoraussetzungen **379** 9 ff.
- eingeschränkte Möglichkeit der Wahrnehmung der eigenen Interessen **397a** 25 ff.
- Einkommen **397a** 24
- Glaubhaftmachung der Angaben **397a** 45
- hinreichende Erfolgsaussichten **379** 10
- Kosten **397a** 50
- rechtliches Gehör **397a** 46
- Rechtsmittel **379** 15 f.
- Rechtszug **397a** 48
- Rückwirkung **397a** 35

magere Zahlen = Randnummern **Sachverzeichnis**

– Schutzbedürftigkeit **397a** 30 f.
– Subsidiarität **397a** 22
– Verfahren **397a** 32
– Widerklage **379** 8
– Wirkung **379** 11
– wirtschaftliches Unvermögen **397a** 23
– Zumutbarkeit **397a** 27
– Zuständigkeit **397a** 34

Prozessurteile 354 79

Prozessvoraussetzungen, allgemeine
– Angebot eines geeigneten Beweismittels **368** 12
– Antragsbefugnis **368** 8
– Antragserfordernis **368** 10
– Antragsziel **368** 8
– Begründungsgeeignetheit **368** 16
– Beschwer **368** 8
– Beweisantizipation **368** 15
– Beweisgeeignetheit **368** 13 f.
– Beweismittel **368** 14
– Beweiswürdigung **368** 16
– Dispositionsmaxime **368** 12
– Form **368** 10
– Geltendmachung eines Wiederaufnahmegrundes **368** 11
– günstiges Wiederaufnahmeverfahren **368** 7
– Nachbesserung **368** 10
– Protokollerfordernis **368** 10
– Rechtskraft der angefochtenen Entscheidung **368** 8
– ungünstiges Wiederaufnahmeverfahren **368** 7
– Unterzeichnungserfordernis **368** 10
– Unverbrauchtheit des Vorbringens **368** 8
– Wesen des Additionsverfahrens **368** 15

Prüfungsgegenstand einzelner Wiederaufnahmegründe 368 18 ff.

Prüfungsgegenstand, glaubwürdiges Geständnis
– geeignetes Beweismittel **368** 47
– Geständnis **368** 46
– Glaubhaftigkeit **368** 46
– schriftliches Geständnis **368** 47
– Zeugen **368** 47

Prüfungsmaßstab, Revision
– Bindungswirkung **337** 55
– doppelrelevante Tatsachen **337** 56
– Freibeweis **337** 55

Prüfungsumfang, sofortige Beschwerde
– Aditionsverfahren **372** 10
– Formvorschrift **372** 9
– Instanzverlust **372** 9
– iudex a quo **372** 9
– Konkretisierung des bisherigen Sachvortrags **372** 10
– Nachschieben neuer Tatsachen und Beweismittel **372** 8 ff.
– zutreffende Würdigung **372** 7

psychosoziale Prozessbegleitung 406g

R

Rechtsbehelf der Staatsanwaltschaft 410 41 f.

Rechtsbehelf gegen Kosten- und Auslagenentscheidung
– allgemeine beschwerderechtliche Zulässigkeitsregeln **464** 38 f.
– Beschwer **464** 44, 47
– Beschwerdeberechtigung **464** 47
– Bindungswirkung **464** 55 ff.
– Formerfordernis **464** 50
– Frist **464** 51
– gesetzeswidrige Kostenentscheidung **464** 41
– isolierte Kostenentscheidung **464** 46
– Nebenklage **464** 45, 49
– Rechtsmittelverzicht **464** 43
– Rücknahme **464** 43
– selbständige Anfechtbarkeit **464** 36 ff.
– sofortige Beschwerde **464** 36 f.
– unstatthafte Anfechtung der Hauptsache **464** 40
– Verschlechterungsverbot **464** 58
– Wiedereinsetzung in den vorherigen Stand **464** 52
– Zuständigkeit **464** 53 f.

Rechtsbehelfe, Probationsentscheidung
– Anordnungsbeschluss **370** 26
– Beschwer **370** 26
– sofortige Beschwerde **370** 26
– Verwerfungsbeschluss **370** 26

Rechtsbehelfe, vereinfachtes Freispruchverfahren
– Beschwerdebefugnis **371** 22
– Rechtskraft **371** 22
– sofortige Beschwerde **371** 22
– Wiederaufnahme zuungunsten des Freigesprochenen **371** 22
– Zustimmung **371** 22

Rechtsbehelfe, Wiederaufnahme nach sofortiger Beschwerde
– Anhörungsrüge **372** 19
– Bindungswirkung **372** 17
– materielle Rechtskraft **372** 17
– Rechtmäßigkeit der Wiederaufnahme **372** 17
– Rechtsstaatlichkeit **372** 18
– Verfassungsbeschwerde **372** 19
– weitere Beschwerde **372** 17
– Wiederaufnahme der Wiederaufnahme **372** 18

Rechtsbehelfe, Aussetzungsentscheidung
– Anhörung im Beschwerdeverfahren **454** 104
– aufschiebende Wirkung **454** 102
– Beschwerdegegenstand **454** 98
– sofortige Beschwerde **454** 96 f.
– Unzulässigkeit **454** 101

Rechtsbehelfe, Wiederaufnahme (Art und Umfang der Beweisaufnahme)
– Ausschluss des Angeklagten **369** 26
– nicht rechtzeitige Terminsbenachrichtigung **369** 26
– Schlussanhörung **369** 26
– sofortige Beschwerde **369** 26

Rechtsbehelfe, Wiederaufnahme (neues Hauptverfahren nach Wiederaufnahme)
– Berufung **373** 33
– Revision **373** 33
– Wiederaufnahme **373** 33

Rechtsfehlerarten und Beruhen
– absolute Revisionsgründe **337** 132
– aktive Gesetzesverstöße **337** 134
– Beweisverwertungsverbot **337** 133
– prozessuale Anschlussmöglichkeiten **337** 135
– relative Revisionsgründe **337** 132

1693

Sachverzeichnis

fette Zahlen = §§

- Sachrüge **337** 136
- schwere Verstöße **337** 133
- Unterlassung **337** 135
- Verfahrensrüge **337** 136

Rechtsfolgen (Anhörungsrüge)
- Befangenheitsrügen **356a** 27
- Entscheidungsarten **356a** 28
- Entscheidungskompetenz **356a** 27
- Unanfechtbarkeit **356a** 26

Rechtsfolgenentscheidungsfehler
- anerkannte Strafzwecke **337** 121
- Begründungsmängel **337** 125
- Begründungspflichten **337** 112
- Bewährung **337** 117, 122, 128
- Darstellungsfehler **337** 112
- Darstellungsrüge **337** 120
- Divergenzen **337** 125
- Doppelverwertungsverbot **337** 118
- Ermessensentscheidungen **337** 126
- fehlende Abwägung **337** 118
- fehlende Gesamtwürdigung **337** 118
- Gesamtstrafenbildung **337** 117
- gravierende Fehlgriffe **337** 111
- Kasuistik **337** 115 ff.
- Problemfälle **337** 124 ff.
- Spielraumtheorie **337** 110
- Strafrahmen **337** 111, 116
- strafrahmenrelevante Subsumtion **337** 116
- Strafrahmenverschiebung **337** 116
- Strafschärfung bei bloßem Tatverdacht **337** 119
- Strafzumessung **337** 110
- Tatsachenprüfung **337** 113
- Tatsachenunterbau **337** 123
- unbestimmte Rechtsbegriffe **337** 127
- unzureichende Aufklärung des Sachverhalts **337** 115
- Verhängung einer Maßregel **337** 123
- Verrechtlichung des Strafzumessungsaktes **337** 114
- widersprüchliche Ausführungen **337** 118
- zulässige Obergrenze des Strafrahmens **337** 112

Rechtskraft
- Ausnahme im Jugendgerichtsgesetz **449** 43 f.
- Einzelstrafen **449** 41
- Endgültigkeit und Maßgeblichkeit der Entscheidung **449** 26
- fehlende Zulässigkeitsvoraussetzungen **449** 34
- formelle Rechtskraft **449** 27
- Gesamtstrafe **449** 40
- horizontale Teilrechtskraft **449** 42
- prozessrechtliche Rechtskraftstheorie **449** 26
- Rechtskraftbeseitigung **449** 30
- Rechtskraftdurchbrechung **449** 39
- Rechtsmittel **449** 31 ff.
- Sperrwirkung der materiellen Rechtskraft **449** 29
- Teilbarkeitsformel **449** 36
- Teilrechtskraft **449** 35 ff.
- Unanfechtbarkeit **449** 28
- vertikale Teilrechtskraft **449** 38 ff.
- vorläufige Vollstreckbarkeit **449** 27
- Zeitpunkt des Eintritts **449** 31 ff.

Rechtsmittel (Adhäsionsverfahren)
- andere Verfahrensbeteiligte **406a** 16
- Anfechtung des gesamten Urteils **406a** 10 ff.
- Anfechtung des strafrechtlichen Teils des Urteils **406a** 13
- Anfechtung des zivilrechtlichen Teils des Urteils **406a** 14
- Angeklagter **406a** 9
- Antragsteller **406a** 1
- Aufhebung des Schuldspruchs **406a** 17
- Beginn der Hauptverhandlung **406a** 2 ff.
- Rechtszug abschließende Entscheidung **406a** 2, 5 ff.
- Zulässigkeit der sofortigen Beschwerde **406a** 1 f.

Rechtsmittel (Nebenkläger)
- Anfechtungsrecht bei Einstellungsbeschlüssen **400** 31 ff.
- Anfechtungsrecht bei sonstigen Entscheidungen **400** 37
- Anfechtungsrecht bei Urteilen **400** 8 ff.
- Anwendungsbereich **400** 5 f.
- Auslegung des Rechtsmittels **400** 17
- Begründung **400** 19, 23 ff.
- Berufung **400** 18 ff., 26
- Beschwer **400** 2, 37, 39
- Einstellungsbeschluss **400** 5, 34
- Entstehungsgeschichte **400** 7
- Eröffnungsbeschluss **400** 32
- fehlerhafte Rechtsanwendung **400** 26
- Freispruch **400** 12
- Gericht niedrigerer Ordnung **400** 33
- Gesetzesverletzung **400** 27
- Konkurrenzverhältnis mehrerer Gesetzesverletzungen **400** 28
- Kostenbeschwerde **400** 38
- Nebenklagedelikte **400** 3, 28 f.
- Normzweck **400** 1
- Prüfungsumfang des Rechtsmittelgerichts **400** 26
- Rechtsfolgenausspruch **400** 4, 8
- Revision **400** 21 ff., 28
- Sachrüge **400** 14 f., 22
- Schuldspruch **400** 11
- sofortige Beschwerde **400** 31, 34
- Strafrahmen **400** 9
- Umfang der Schuld **400** 10
- Urteile **400** 5
- Verfahrensrüge **400** 16

Rechtsmittel (Privatkläger)
- Beigetretener **390** 2
- Dienstvorgesetzte **390** 6
- Einstellung wegen geringer Schuld **390** 24 ff.
- Freispruch **390** 9
- Frist **390** 10
- Gebührenvorschuss **390** 19 ff.
- gesetzliche Vertreter **390** 4
- Kostenentscheidung **390** 28
- Mitwirkung der Staatsanwaltschaft **390** 17 f.
- Parteistellung der Staatsanwaltschaft **390** 11
- persönliche Beschwer **390** 7
- Privatkläger als Widerbeklagter **390** 2
- Prozesskostenhilfe **390** 16
- Rechtsanwalt **390** 14 ff.
- Rechtsmittel im Offizialverfahren **390** 2 f.
- Rechtsmittel zugunsten des Angeklagten **390** 7
- Revisionsanträge **390** 14
- Sachgerechtigkeit und Rechtmäßigkeit der Revisionsbegründungsschrift **390** 1

magere Zahlen = Randnummern

Sachverzeichnis

- sofortige Beschwerde **390** 23
- Unanfechtbarkeit **390** 24, 26, 28
- Urteilszustellung **390** 11
- Verschärfung des Urteils **390** 8
- Widerkläger **390** 2
- Wiederaufnahme **390** 12, 25
- Wiederaufnahmeanträge **390** 14
- Wirkung des Rechtsmittels **390** 13 ff.
- zugunsten des Beschuldigten **390** 13

Rechtsmittel (Privatklageverfahren)
- Einstellung **473** 213
- erfolglose und zurückgenommene Rechtsmittel **473** 209
- mehrere Rechtsmittel **473** 213
- Rechtsmittel des Angeklagten **473** 211
- Widerklage **473** 213

Rechtsmitteleinlegung (Nebenkläger)
- Anschluss vor Verkündung des Urteils **401** 12
- Anschlusserklärung **401** 9
- Anwesenheitsobliegenheit **401** 17 f.
- Begründungsfrist **401** 10
- Berufung **401** 19
- Beschwer **401** 5
- Betrieb der Staatsanwaltschaft **401** 24
- eigenständiger Betrieb **401** 3
- Frist **401** 7
- Gebührenvorschuss **401** 8
- Rechtsmittelbelehrung **401** 14
- Revision **401** 6, 22
- Unabhängigkeit des Rechtsmittels **401** 2
- Verwerfung **401** 16
- Zulässigkeitsvoraussetzungen **401** 4
- Zulassung der Nebenklage **401** 11

Rechtsmittelverfahren (Einziehung)
- Anfechtungsbefugnis **431** 2
- Berufungsverfahren **431** 10
- beschränkte Aufklärungspflicht **431** 9
- Beschwer **431** 3
- Einwendungen **431** 6, 12
- Entschädigungssumme, Anfechtung **431** 13 f.
- Nachprüfung **431** 4
- Recht auf wirksame Beschwerde **431** 8
- rechtliches Gehör **431** 1
- Revision **431** 11
- Widerspruch **431** 14
- zulässige Rechtsrügen **431** 11

Rechtsmittelwechsel
- Bezeichnung des Rechtsmittels **335** 11
- erneuter Wechsel **335** 14
- Übergang von Berufung zur Revision **335** 12
- Übergang von Revision zur Berufung **335** 13

Rechtsnormen zugunsten des Angeklagten
- Beruhen **339** 2
- Nebenkläger **339** 7
- öffentliches Interesse **339** 4
- Privatkläger **339** 7
- Rechtsfolgen **339** 6
- Sachrüge **339** 5
- Verfahrensvorschriften **339** 3

Rechtsverletzung 337 42 ff.

reformatio in peius 410 27 ff.

Regelungen über Datenverarbeitung
- Arten von Dateisystemen **Vor 483–491** 9 ff.
- Big Data-Analysen **Vor 483–491** 16

- Bundeskriminalamt **Vor 483–491** 8
- Data Mining **Vor 483–491** 16
- Dateisysteme in der Strafverfolgung **Vor 483–491** 2
- datenverarbeitende Stelle **Vor 483–491** 3 f.
- elektronische Speicherung und Nutzung personenbezogener Daten **Vor 483–491** 1
- Erforderlichkeit **Vor 483–491** 13
- Kriminalisierung durch Dateisysteme **Vor 483–491** 5
- Mischdateisysteme **Vor 483–491** 4
- Regelungen zur Datenverarbeitung **Vor 483–491** 7 ff.
- Verhältnis von Dateisystemen und Akten **Vor 483–491** 15
- Verhältnismäßigkeitsgrundsatz **Vor 483–491** 13
- Zweck der Dateien **Vor 483–491** 2
- Zweckkennzeichnung **Vor 483–491** 14

restitutio propter nova
- abstrakte Relevanz **368** 28
- abweichende/erweiterte Einlassung **368** 35
- Alibizeuge **368** 31
- Antragsziel **368** 43
- Aussage gegen Aussage **368** 33
- Aussagebereitschaft **368** 40
- Begründungsgeeignetheit **368** 26
- Belastungszeugen **368** 3
- Beweisgeeignetheit **368** 26
- Beweismittelverzicht **368** 41
- Beweiswertprognose **368** 29, 34
- Darlegungslast **368** 34
- Erfolgsaussicht der Strafmaß-Wiederaufnahme **368** 43
- Erheblichkeitsprüfung **368** 28
- Erkenntnisverfahren **368** 41
- Ersetzungsverbot **368** 45
- erstmalige Einlassung **368** 37
- fair-trial **368** 45
- Freibeweisverfahren **368** 25, 39
- Gesamtbetrachtung der Beweislage **368** 31
- Gesamtschau von Indizien **368** 26
- Geständniswiderruf **368** 35
- Grenzen der Beweisantizipation **368** 44
- Hinzudenken neuer Beweise **368** 26
- in dubio pro reo **368** 25, 33
- isolierte antizipierte Beweiswürdigung **368** 44
- Nachbesserung **368** 34
- nemo tenetur **368** 38
- neue Tatsachen/Beweismittel **368** 24, 27
- Probationsverfahren **368** 27, 32
- Rekonstruktion der Beweissituation **368** 26
- schlankes Geständnis **368** 36
- schweigender Mitangeklagter **368** 39
- Unterstellung der Richtigkeit **368** 27
- Verbot der Beweisantizipation **368** 30
- verfahrensinterne Widersprüchlichkeit **368** 34
- Verständigung **368** 36
- Verzicht auf Zeugnisverweigerungsrecht **368** 40
- Wahrscheinlichkeitsmaßstab **368** 26
- Zeugenbeweis **368** 32
- zulässige Beweisantizipation **368** 34

Revisibilität
- ausdrücklicher Verzicht **337** 19, 21
- letztes Wort **337** 20

1695

Sachverzeichnis

fette Zahlen = §§

- Missbrauchsentscheidung **337** 25
- nachträgliche Protokollberichtigung **337** 25
- Negativtatsachen **337** 30
- Ordnungsvorschrift **337** 29
- Präklusion **337** 22
- Rechtskreistheorie **337** 27 f.
- Rügeverkümmerung **337** 25
- ungeschriebene Voraussetzungen **337** 17
- Unterrichtung **337** 20
- Verfahrensvoraussetzungen **337** 20
- Verzicht **337** 19 ff.
- Widerspruchslösung **337** 22 ff.
- Zeitablauf **337** 18
- zentrale Verfahrensgrundsätze **337** 20
- Zwischenrechtsbehelf **337** 22, 24

Revision gegen Berufungsurteile bei Vertretung des Angeklagten
- Anwendungsbereich **340** 3 ff.
- Ausschluss der Revisionsrüge **340** 7 f.
- Einführungsgesetz **340** 1
- Normzweck **340** 1
- Sachrügen **340** 11
- Verfahrensrügen **340** 9 f.

Revision und Wiedereinsetzungsantrag
- Abwesenheitsurteil **342** 2
- Anwendungsbereich **342** 2
- Auslegung der Schriftsätze **342** 13
- Belehrung **342** 12
- Entscheidungsalternativen **342** 6
- Frist bei Zusammentreffen von Wiedereinsetzung und Revision **342** 4
- Fristlauf **342** 7
- gemeinsame Erklärung in einheitlichem Schriftsatz **342** 11
- gleichzeitiger Eingang **342** 10 f.
- kumulative Einlegung **342** 5
- Nebenkläger **342** 3
- Privatkläger **342** 3
- rechtlich bedingte Einlegung **342** 5
- sukzessive Einlegung **342** 8
- verbundene Einlegung **342** 10
- Verzichtsfiktion **342** 9 ff.
- Vorrang des Wiedereinsetzungsgesuchs **342** 6
- Wiedereinsetzung von Amts wegen **342** 12

Revisionsantrag
- Begriff **344** 5
- Dispositionsfreiheit des Revisionsführers **344** 6
- erstrebter Umfang der Urteilsaufhebung **344** 7
- Fehlen eines ausdrücklichen Revisionsantrags **344** 11
- mehrere Angeklagte **344** 12
- Rechtfertigung **344** 2, 8
- Revisionsbegründungsschrift **344** 9
- Urteilsspruch **344** 5

Revisionsbegründung
- Abgrenzung **344** 58 ff.
- Auslegung **344** 67 ff.
- Beanstandung von Verfahrenshindernis **344** 64 ff.
- Bedingungsfeindlichkeit **344** 63
- Irrtum des Revisionsführers **344** 70
- Prozesshindernisse **344** 65 f.
- Richtervorbehalt bei Blutprobenentnahme **344** 61
- Richtervorbehalt bei Durchsuchung **344** 61

- Sachrüge **344** 57
- Umdeutung **344** 72
- Verfahrensrüge **344** 57, 62
- Verfahrensverzögerung **344** 60

Revisionsbegründungsform
- Angeklagter **345** 30
- Begründung zu Protokoll der Geschäftsstelle *siehe dort*
- Blankounterschrift **345** 27
- Distanzierung **345** 36
- eigenhändige Unterschrift **345** 25 ff.
- Handschrift **345** 24
- iudex a quo **345** 24
- Nebenkläger **345** 31
- offensichtlich nicht von Verteidiger eingelegte Revision **345** 36 ff.
- persönlicher Anwendungsbereich **345** 30 ff.
- Pflichtverteidiger **345** 34
- Privatkläger **345** 31
- Sachrüge **345** 36, 40
- Staatsanwaltschaft **345** 32
- Steuerberater **345** 34
- Verantwortungsübernahme **345** 36 ff.
- Verteidiger oder Rechtsanwalt **345** 28, 33 ff.
- Wahlrecht **345** 29
- Wahlverteidiger **345** 35

Revisionsbegründungsfrist
- abgekürztes Urteil **345** 9
- Abwesenheitsurteil **345** 10
- Adressat der Zustellung **345** 14
- Anforderungen an die Urteilsausfertigung **345** 18
- Anordnung der Zustellung **345** 16
- Berichtigungsbeschluss **345** 20
- Einlegungsfrist **345** 1
- Einreichung vor Beginn der Frist **345** 11
- Empfänger der Zustellung **345** 16
- Empfangsbekenntnis **345** 17
- Fehlen einer Seite **345** 19
- Fertigstellung des Protokolls **345** 21
- Fristberechnung **345** 12
- Konzentration des Verfahrensstoffs **345** 3
- Kosten und Auslagen **345** 7
- lückenhaftes Rubrum **345** 19
- Mehrfachvertretung **345** 14
- Nebenkläger **345** 14
- Parallelvorschriften **345** 5
- Protokoll der Geschäftsstelle **345** 4
- Protokollberichtigung **345** 21
- Protokollergänzung **345** 21
- Revisionsantrag **345** 6
- schriftlicher Begründung durch den Verteidiger **345** 2
- Übersetzung **345** 22
- Unterschrift **345** 18
- unvollständiger Tenor **345** 19
- Verlängerung **345** 1, 8 f.
- Vollmacht **345** 15
- Wahlrecht **345** 5
- Wiedereinsetzung **345** 9, 11, 23
- Zustellung **345** 1, 10, 13 ff.
- Zustellungsmängel **345** 15

Revisionsbeschränkung
- Auslegung **344** 26 ff.
- Beschränkung auf Prozessvoraussetzungen **344** 53

magere Zahlen = Randnummern

- Beschränkungswille **344** 28
- besondere Vollmacht **344** 22
- Dispositionsfreiheit **344** 18
- doppelrelevante Tatsachen **344** 40
- einzelne Teile des Strafausspruchs **344** 43
- Erklärung der Revisionsbeschränkung **344** 24 ff.
- Erweiterung der Revision **344** 21
- Folgen **344** 54 ff.
- Freiheitsstrafe **344** 45
- Geldstrafe **344** 44
- Gesamtstrafe **344** 35
- horizontale Teilrechtskraft **344** 55
- innerprozessuale Bindungswirkung **344** 55
- Kosten **344** 19 f.
- Maßregel der Besserung und Sicherung **344** 46
- mehrere Angeklagte **344** 33
- Rechtsfolgenausspruch **344** 39 ff.
- Revision der Staatsanwaltschaft **344** 42
- Revisionsbegründung **344** 19
- Revisionseinlegung **344** 19
- Sanktionenverbund **344** 46
- Schuldspruch **344** 37 f.
- Schuldunfähigkeit **344** 49
- Sicherungsverwahrung **344** 51 f.
- sonstige Rechtsfolgen **344** 35
- Trennbarkeitsformel **344** 30 ff.
- Unterbringung **344** 47 ff., 50
- unwirksame Beschränkung **344** 56
- vertikale echte Teilrechtskraft **344** 54
- Verurteilung wegen einer einheitlichen Straftat **344** 36
- Verurteilung zu mehreren Straftaten **344** 33
- Widerspruchsfreiheit **344** 31 f., 34
- Wirksamkeit der Beschränkung **344** 29

Revisionseinlegung
- Abwesenheit des Angeklagten **341** 1
- Adressat **341** 9
- Anfechtungserklärungen des Nebenklägers **341** 5
- Bedingungen **341** 6
- Berechtigung **341** 8
- Beschränkung **341** 3
- Einlegung beim falschen Gericht **341** 11
- Erklärungsgehalt **341** 4
- falsches Aktenzeichen **341** 7
- fälschliche Bezeichnung **341** 7
- Form *siehe dort*
- Frist *siehe dort*
- inhaftierter Nebenkläger **341** 10
- iudex a quo **341** 9
- mehrere Revisionen **341** 12
- Urteilsformel **341** 3
- Verkündung unter Anwesenden **341** 2
- Verzicht **341** 27
- wahldeutige Rechtsmitteleinlegung **341** 7
- Wiedereinsetzung **341** 10
- Zurücknahme **341** 27
- Zustellung der Urteilsgründe **341** 1

Revisionsentscheidung
- Aufbau **353** 46
- Aufrechterhaltung aller Feststellungen **353** 56
- Beweiserhebung **353** 54
- Bindung des Tatrichters **353** 47 f.
- Fehlertypologie **353** 58
- horizontale Teilaufhebung **353** 54

- in dubio pro reo **353** 47
- Inhalt **353** 46
- innerprozessuale Bindungswirkung **353** 47
- rechtliche Ausführungen **353** 46
- relative Teilaufhebung **353** 53
- Revisibilität **353** 49 f.
- Teilrechtskraft **353** 54
- vertikale Teilaufhebung **353** 52

Revisionserstreckung
- Aufhebungserstreckung *siehe dort*
- auflösend bedingte Rechtskraft **357** 1
- Ausnahmevorschrift **357** 2
- de lege ferenda **357** 3 ff.
- Durchbrechung der Rechtskraft **357** 1
- Entscheidung von Amts wegen **357** 33
- Ermessen **357** 33
- objektive/materielle Gerechtigkeit **357** 2
- prozessuale Zufälligkeiten **357** 5
- Verfahren nach Zurückweisung **357** 34
- Widerspruchslösung **357** 6

Revisionsgründe
- Begriffsbestimmungen **337** 13
- Beruhen **337** 1
- Darstellungsdefizite **337** 6
- Disziplinierungsfunktion **337** 9
- Leistungstheorie **337** 7
- Merkmal der Verletzung **337** 1
- normative und unbestimmte Tatbestandsmerkmale **337** 10
- rechtliche Überprüfung **337** 2
- Rechtsvereinheitlichungsauftrag **337** 11
- Rekonstruktionsverbot **337** 4 ff., 16
- Sachrüge **337** 3
- Verfahrensrüge **337** 3
- Vorliegen einer Rechtsnorm **337** 1
- Wahrung der Rechtseinheit **337** 8
- Wesen der Revision **337** 2

Revisionshauptverhandlung
- Anwesenheit des Verteidigers **350** 12
- Anwesenheitspflicht **350** 8
- Anwesenheitsrecht **350** 8
- ausländische Angeklagte **350** 10
- Beteiligung des Verteidigers **350** 3
- Bild-Ton-Übertragung **350** 22a
- Digitalisierung **350** 4a
- erneute Anberaumung **350** 5
- förmliche Zustellung **350** 6
- inhaftierter Angeklagter **350** 11
- konventionskonforme Auslegung **350** 17 f.
- Ladungspflicht **350** 7
- nachträgliche Bestellung **350** 21
- Pflichtverteidigerbestellung **350** 13
- Pflichtverteidigerbestellung „ins Blaue hinein" **350** 1
- Pflichtverteidigung bei inhaftiertem Angeklagten **350** 15
- Pflichtverteidigung bei notwendiger Verteidigung **350** 16
- Pflichtverteidigung bei schwieriger Sach- und Rechtslage **350** 16
- Postulationsfähigkeit **350** 9
- Terminsbenachrichtigung **350** 5
- Verfahren der Beiordnung **350** 20
- Verfahrensbeteiligte **350** 5

1697

Sachverzeichnis

fette Zahlen = §§

- Vergütung **350** 22
- Verhandlungsunfähigkeit **350** 9
- Vollmacht des Verteidigers **350** 8
- Wiedereinsetzung in den vorherigen Stand **350** 23

Revisionshauptverhandlung (Gang)
- Ablaufrahmen **351** 1
- Abstimmung **351** 24
- Anspruch auf Rechtsgespräch **351** 21
- Anträge **351** 7
- Aufruf zur Sache **351** 18
- Aussetzung **351** 2
- Befangenheit **351** 19
- Beratung **351** 23
- Beweisaufnahme **351** 10 ff.
- Ende **351** 23
- Freibeweisverfahren **351** 10
- Inhalt der Hauptverhandlung **351** 7
- Jugendverfahren **351** 17
- Konzentration des Diskussionsstoffs **351** 8
- Öffentlichkeit **351** 17
- Phänomenologie **351** 3
- Plädoyer **351** 1
- Rechtsgespräch **351** 4
- reine Ordnungsvorschrift **351** 2
- Tatsachenvortrag **351** 4 f.
- Umfang der Prüfung **351** 7
- Unterbrechungsfrist **351** 2
- Verbindung von Verfahren **351** 9
- Verfahrenstatsachen im Einzelfall **351** 12
- Vortrag des Berichterstatters **351** 18
- Worterteilung **351** 20

Rücknahme der Privatklage
- Auslegung **391** 4
- außergerichtlicher Vergleich **391** 11
- Bedingungsfeindlichkeit **391** 2
- Form **391** 12
- gerichtlicher Vergleich **391** 8 ff.
- Kosten **391** 13
- Rücknahme der Klage im Vergleich **391** 7 ff.
- Rücknahme des Strafantrags **391** 5
- Rücknahmeerklärung **391** 4
- Teilrücknahme **391** 3
- Unanfechtbarkeit **391** 2
- Unwiderruflichkeit **391** 2
- Widerklage **391** 6
- Zustimmung des Angeklagten **391** 14

S

Sach- und Verfahrensrügen (Abgrenzung)
- Darstellungs- und Beweiswürdigungsrügen **337** 48
- Fehler auf dem Weg zur Urteilsfindung **337** 44
- Leistungsfähigkeit des Revisionsgerichts **337** 45
- Sachrüge **337** 43
- Stoßrichtung der Rüge **337** 46
- Strengbeweisverfahren **337** 46
- Verfahrensrüge **337** 43
- Verständigung **337** 47
- Zwitterstellung des Verfahrensfehlers **337** 46

sachliche Zuständigkeit
- Anwendungsbereich **462a** 11
- Aufnahme in die Vollzugseinrichtung **462a** 6
- Ersatzfreiheitsstrafe **462a** 9
- Freiheitsstrafe **462a** 6
- Jugendstrafe **462a** 8
- Maßregeln der Besserung und Sicherung **462a** 10
- sonstiger Freiheitsentzug **462a** 9 ff.
- Vollstreckung der Freiheitsstrafe **462a** 12
- Vollstreckungsabgabe **462a** 8

Sachverständigengutachten
- Ablehnung des Sachverständigen **454** 56
- Anhörung des Sachverständigen **454** 58
- Anwendungsbereich **454** 46
- Ausschlussprüfung **454** 52
- Auswahl des Sachverständigen **454** 55
- beabsichtigte Aussetzung **454** 47 f.
- Beschleunigungsgebot **454** 53
- Bindungswirkung **454** 76
- Durchführung der Sachverständigenanhörung **454** 59 ff.
- inhaltliche Anforderungen **454** 75
- lebenslange Freiheitsstrafe **454** 49
- Mitwirkung von Verfahrensbeteiligten **454** 59 ff.
- Pflichtverteidigerbestellung **454** 64 ff.
- Rechtsbehelfe **454** 71 ff.
- zeitige Freiheitsstrafe **454** 50 f.
- Zeitpunkt der Einholung **454** 53 f.

Schlussanhörung
- Aufforderung innerhalb angemessener Frist **369** 24
- Bekanntgabe **369** 24
- ergänzende Beweiserhebung **369** 25
- Gesamtwürdigung **369** 25
- Protokollvorlage **369** 24
- Rechtsansichten **369** 25

Schuldspruchberichtigung
- Analogie **354** 48
- Änderung des Konkurrenzverhältnisses **354** 62
- Auswechslung der Strafvorschrift **354** 57, 61
- Bundesverfassungsgericht **354** 57
- den Angeklagten begünstigende Rechtsfehler **354** 64
- Fahrlässigkeit **354** 57
- Gesamtstrafe **354** 56
- Heraufstufung des Schuldspruchs **354** 60
- Hinzutreten einer Verurteilung **354** 63
- materiell-rechtliches Stufenverhältnis **354** 59
- Ordnungswidrigkeitengesetz **354** 50
- Positivkatalog **354** 53
- Prozessurteile **354** 65
- Qualifikation **354** 57
- Rechtsfolgen **354** 56, 61
- Regelungsinhalt **354** 49
- Streichung einzelner tateinheitlicher Verurteilungen **354** 55
- Teilnahme **354** 57
- teleologische Reduktion **354** 51
- Versuch **354** 57
- Wegfall einzelner Verurteilungen **354** 54

Schwierigkeit der Sach-/Rechtslage
- Abgrenzungsfragen **364a** 18
- Bezugspunkt **364a** 15
- höchstrichterlich ungeklärte Rechtsfrage **364a** 18
- konkrete Sachlage **364a** 17
- Prognose **364a** 16

magere Zahlen = Randnummern

Sachverzeichnis

- Restriktion **364a** 18
- subjektiver Maßstab **364a** 16
- umfangreiche Beweisaufnahme **364a** 17

selbstständiges Einziehungsverfahren
- Ablehnung **435** 31
- Abschöpfungslücke **437** 3
- Absehen vom Antrag **435** 27
- Altfälle **435** 21
- Anklageschrift **435** 11
- Anscheinsbeweis **437** 10
- Antragsinhalt **435** 28
- Beschluss **435** 31; **436** 10
- besondere Regelungen **437** 1 ff.
- Beteiligung des Betroffenen **435** 32 f.
- Beteiligungsanordnung **435** 33
- Beweislastumkehr **437** 9
- Bindungswirkung **436** 8
- Doppelfunktion **435** 24
- Einschränkung der Ermittlungsmaßnahmen **435** 50 ff.
- EMRK **437** 1
- Entscheidung **436** 1 ff.
- Erforderlichkeit nachträglicher Vermögensabschöpfung **435** 20
- Ermittlungsmaßnahmen **435** 44 ff.
- erwartbare Anordnung **435** 26
- erweiterte Einziehung **435** 39
- EU-Richtlinie **435** 18
- faktische Barrieren **435** 30
- freie Beweiswürdigung **437** 8
- gerichtliche Entscheidung **435** 34 ff.
- Gesetzgebungskompetenz **437** 1
- gesetzliche Zulässigkeit **435** 15 ff.
- grobes Missverhältnis **437** 10
- Herrühren **437** 1
- Hinweise an die Staatsanwaltschaft **435** 10
- Indizien **437** 10 ff., 13 ff.
- kein Eröffnungsbeschluss **435** 31a
- Kosten **436** 17
- Kritik **437** 3
- Nachverfahren **435** 43
- objektives Verfahren **435** 1
- Opportunitätsprinzip **435** 10
- rechtliche Hinderungsgründe **435** 17
- Rechtsmittel **436** 18 ff.
- Rücknahme der Entscheidung **435** 12
- Sachentscheidung **436** 15
- Strafklageverbrauch **435** 19
- Strengbeweis **436** 14
- tatsächliche Hinderungsgründe **435** 16 f.
- unechter Strafprozess **435** 1
- Unschuldsvermutung **437** 17
- Urteil **436** 12 ff.
- Verfassungsrecht **435** 22; **437** 15
- Vermögen „unklarer Herkunft" **437** 1
- Voraussetzungen **435** 6 ff.
- Wahlgerichtsstand **436** 8
- Wechsel **435** 37 ff.
- weiteres Verfahren **435** 29
- Zusammentreffen von Offizial- und Privatklagedelikt **435** 9
- Zuständigkeit, örtliche **436** 6 f.
- Zuständigkeit, sachliche **436** 3 f.
- Zwischenverfahren **435** 4

Sicherheitsleistung
- Annäherung zum Zivilprozess **379** 1
- Art **379** 6
- Bewirken **379** 5
- Frist zur Entrichtung **379** 7
- gewöhnlicher Aufenthalt **379** 2
- Höhe **379** 5
- Rechtsmittel **379** 14
- Verlangen des Beschuldigten **379** 3
- Voraussetzungen **379** 2 ff.

Sicherungsverfahren
- Anlassstat **413** 8 f.
- Anwendung von Strafverfahrensvorschriften **414** 3 ff.
- Anwendungsbereich **413** 4 ff.
- Erwartung der Maßregelanordnung **413** 15
- Hauptverhandlung in Abwesenheit des Betroffenen **415** 1 ff.
- Maßnahmen der Besserung und Sicherung **413** 1 ff.
- Sachverständiger im Vorverfahren **414** 31
- Schuldunfähigkeit **413** 11
- Übergang in das Strafverfahren **416** 1 ff.
- Undurchführbarkeit des Strafverfahrens **413** 10 ff.
- Verhältnismäßigkeit **413** 16 ff.
- Verhandlungsunfähigkeit **413** 13
- Vernehmungsunfähigkeit **413** 14
- Vollstreckung **413** 25
- Zeitpunkt der Antragstellung **413** 24
- Zulässigkeit **413** 20 ff.

sofortige Beschwerde
- fristgebundene sofortige Beschwerde **372** 1
- Rechtskraftsinteresse **372** 1
- unbefristete einfache Beschwerde **372** 1

sofortige Beschwerde (Reichweite)
- aus Anlass eines Wiederaufnahmeverfahrens **372** 3
- Befangenheit des Richters **372** 5
- Bestellung eines Verteidigers **372** 3
- erkennender Richter **372** 5
- Gericht im ersten Rechtszug **372** 2
- isolierte Anfechtung **372** 4 ff.
- Vorbereitungsentscheidungen **372** 4
- Wiederaufnahmegericht **372** 2

sofortige Beschwerde des Nebenklägers
- Beschwerde gegen nachteilige Auslagenentscheidung **472** 60
- Beschwerde gegen unterbliebene Auslagenentscheidung **472** 61
- endgültige Einstellungsentscheidung **472** 63
- Kostenfestsetzungsantrag des Nebenklägers **472** 64
- Nachholung **472** 62

sofortige Freisprechung Lebender
- Abänderung des Rechtsfolgenausspruchs **371** 10
- Affektionsinteresse **371** 13
- Analogie **371** 15 ff.
- Anhörung **371** 14
- Ausnahmen **371** 11
- Beschwer **371** 14
- Beweisaufnahme **371** 14
- echter Freispruch **371** 15
- Einstellung aus Opportunität **371** 16
- Einstellung bei Verfahrenshindernis **371** 15

1699

Sachverzeichnis

fette Zahlen = §§

- Einstellung im wiederaufgenommenem Verfahren **371** 17
- Ermessen des Gerichts **371** 10
- Freispruch **371** 10
- in-dubio-Grundsatz **371** 12
- nachträglich eingetretenes Prozesshindernis **371** 17
- Normzweck **371** 11
- Öffentlichkeitswirkung **371** 13
- Probationsverfahren **371** 15
- Prozesshindernis **371** 15
- Prozessökonomie **371** 10, 13
- Rehabilitierung **371** 13
- übersehenes Prozesshindernis **371** 17
- Verfahren **371** 14
- Vetorecht **371** 14
- Zustimmung der Staatsanwaltschaft **371** 10

sonstige Entscheidungen 349 84

Sprungrevision
- amtsgerichtliche Urteile **335** 1
- Annahmeberufung **335** 3
- Rechtsmittelwechsel *siehe dort*
- unbestimmte Anfechtung *siehe dort*
- Verfahren **335** 4
- verschiedenartige Anfechtung *siehe dort*
- Verzicht auf weitere Tatsacheninstanz **335** 1
- Wahlrevision **335** 2
- Zuständigkeit **335** 5 f.

Stellung des Privatklägers
- Akteneinsicht **385** 10 ff.
- Äußerungsrecht **385** 4
- Aussetzung der Verhandlung **385** 8
- Bekanntmachungen **385** 6
- Beschränkung der Strafverfolgung **385** 15
- Beteiligung im Revisionsverfahren **385** 18 f.
- Ermittlungsmöglichkeiten **385** 2
- Ladung **385** 8
- Pflichten des Privatklägers **385** 5
- Rechte des Privatklägers **385** 2 ff.
- Rechte und Pflichten des Staatsanwalts **385** 1
- rechtliches Gehör **385** 3, 16
- verfahrensrechtliche Vereinfachungen **385** 17
- Wiedereinbeziehung **385** 16
- Zustimmung **385** 15

strafbare Pflichtverletzung
- förmliche Beweismittel **368** 20
- geeignete Beweismittel **368** 20
- qualifizierte Hinderungsgründe **368** 19
- rechtskräftige Verurteilung **368** 19
- Straftat **368** 19
- Tatverdacht **368** 19
- Urteil **368** 20

Strafbefehl
- Abwesende **407** 25 ff.
- adversatorischer Parteiprozess **407** 7
- Amtsgerichte **407** 12
- Anwesenheitsrecht **407** 26
- Ausland **407** 26
- beschleunigtes Verfahren **407** 3, 6
- Beteiligung des Verletzten **407** 22
- einheitlicher Strafbefehlsantrag **407** 20
- Einstellung **407** 3
- Entstehungsgeschichte **407** 33
- Eröffnungsverfahren **407** 4
- faires Verfahren **407** 11
- Festnahme und Haft **407** 27
- Geständnisfiktion **407** 16
- Hauptverfahren **407** 4
- Hauptverhandlung **407** 5, 20
- internationale Grundlagen **407** 36 f.
- Jugendliche und Heranwachsende **407** 24
- Massendelikte **407** 9
- Normzweck **407** 1
- Ordnungswidrigkeiten **407** 19
- rechtliches Gehör **407** 11
- Rechtsmittelverfahren **407** 21
- reformatio in peius **407** 13, 40
- richterliche Überzeugung **407** 15
- schriftliches und summarisches Verfahren **407** 7, 11
- Schuldprinzip **407** 11
- Steuerstraftaten **407** 18
- Struktur **407** 2
- Vergehen **407** 12
- Verständigung **407** 28 ff.
- Verzögerungsverbot **407** 8
- Vorverfahren **407** 3
- Wahrheitserforschung **407** 10

Strafbefehlsantrag nach Eröffnung des Hauptverfahrens
- Abwesenheit **408a** 11
- Anhörung **408a** 21 f.
- Antrag der Staatsanwaltschaft **408a** 15
- Ausbleiben **408a** 12
- beschleunigtes Verfahren **408a** 5
- Beweisaufnahme **408a** 13
- Einspruch **408a** 14
- Entscheidung außerhalb der Hauptverhandlung **408a** 24
- Entscheidung des Gerichts **408a** 19 ff.
- Ermessen **408a** 17
- Eröffnungsverfahren **408a** 7
- Hauptverfahren vor dem Amtsgericht **408a** 4
- Immutabilitätsprinzip **408a** 25
- Nebenkläger **408a** 22
- öffentliche Klage **408a** 18
- Rechtsmittelverfahren **408a** 7
- selektive Verweisung **408a** 9
- selektiver Anwendungsausschluss **408a** 9
- Sicherungsverfahren **408a** 5
- Sitzungsprotokoll **408a** 16
- Undurchführbarkeit der Hauptverhandlung **408a** 10
- Verfahrensgegenstand **408a** 3
- Verfahrensstruktur **408a** 2
- Verhandlungsfähigkeit **408a** 12
- Verständigung **408a** 26 ff.
- volle Übereinstimmung **408a** 20
- weiteres Verfahren **408a** 25
- Zeitpunkt der Antragstellung **408a** 4
- Zuständigkeitsperpetuierung **408a** 4, 8

Strafbefehlsverfahren
- Absehen von Strafe **407** 51
- alleinige oder kumulierte Festsetzung **407** 58
- Antrag der Staatsanwaltschaft *siehe dort*
- Bekanntgabe der Verurteilung **407** 55
- Entbehrlichkeit der Hauptverhandlung *siehe dort*
- Ersatzfreiheitsstrafe **407** 47

magere Zahlen = Randnummern

– Geldbuße **407** 49 f.
– Geldstrafe **407** 47
– Hauptstrafe **407** 46
– Maßregeln **407** 56
– Nebenfolgen **407** 53
– Nebenstrafe **407** 52
– rechtliches Gehör **407** 69 ff.
– Tierschutzgesetz **407** 57
– Vergehen in der Zuständigkeit des Amtsgerichts **407** 43 f.
– Vernichtung und Unbrauchbarmachung **407** 54
– Verwarnung mit Strafvorbehalt **407** 48
– zulässige Rechtsfolgen **407** 45 ff.

Strafrestaussetzung
– Anhörungen *siehe dort*
– Anwendungsbereich **454** 1
– Entscheidung auf Antrag oder von Amts wegen *siehe dort*
– gerichtliche Entscheidung *siehe dort*
– Rechtsbehelfe *siehe Rechtsbehelfe, Aussetzungsentscheidung*
– Sperrfrist **454** 1
– Strafrestaussetzung bei Jugendstrafe **454** 106
– Strafrestaussetzung durch Gnadenbehörde **454** 108
– Verfahren **454** 2 ff.
– Zuständigkeit **454** 2

Strafvollstreckung
– Aufgaben **449** 1
– Bußgeldentscheidungen wegen Ordnungswidrigkeiten **449** 14
– Durchführung der angeordneten Rechtsfolgen **449** 3
– Entscheidungen von Gerichten der ehemaligen DDR **449** 16
– formelle Rechtskraft **449** 2
– Interessen des Sanktionierten **449** 4
– Jugendliche und Heranwachsende **449** 12
– Realisierung des Straferkenntnisses **449** 1
– Rechtsbehelfe **449** 17
– Rechtshilfe **449** 15
– Soldaten der Bundeswehr **449** 13
– Strafvollstreckung im engeren Sinne **449** 10
– Strafvollzug **449** 8 ff.
– Vollstreckungspflicht **449** 1
– vollstreckungsrelevante Normen **449** 6 f.

Strafvollstreckungskammer
– Aufgabenübertragung bei Gebotenheit **451** 43
– Rechtsmittelberechtigung **451** 44
– Zuständigkeitskonzentration **451** 42
– Zustimmung **451** 43

Sühneversuch
– Anordnung der Landesjustizverwaltung **380** 1
– außergerichtliche Streitbeilegung **380** 1
– Beitritt **380** 8
– Belehrungspflicht **380** 3
– Entbehrlichkeit **380** 7 ff.
– Fehlen der Vergleichsbehörde **380** 11
– Klagevoraussetzung **380** 2
– Kostenvorschuss **380** 13
– Sühneversuch **380** 4
– unterbliebener Sühneversuch **380** 6
– Vergleichsbehörden der Länder **380** 12
– zusätzliche Privatklagedelikte **380** 7

Sachverzeichnis

T

Tatsachen oder Beweismittel (Wiederaufnahme)
– ausländisches/internationales Recht **359** 42
– Begründungslast des Antragstellers **359** 65
– Beibringen **359** 65
– bestimmte Behauptung **359** 65
– Beweisgegenstand im Strafverfahren **359** 38
– Beweiskraft **359** 40
– Beweismittel **359** 37
– Beweismittel des Strengbeweisverfahrens **359** 43
– Beweistatsachen ieS **359** 40
– Beweisverwertungsverbot **359** 41
– Bezeichnung der nova **359** 65
– endgültiges Verfahrenshindernis **359** 41
– enger Tatsachenbegriff **359** 38
– Erfahrungssätze **359** 40
– Geeignetheit *siehe dort*
– Indizien **359** 40
– materielle Tatsachen **359** 39
– neue Tatsachen/neue Beweismittel *siehe dort*
– Prozesstatsachen **359** 41
– Rechtstatsachen **359** 42
– schwerwiegende Rechtsanwendungsfehler **359** 42
– Tatsachen **359** 37
– Wiederaufnahmeziele **359** 37

Teilentscheidungen 349 85

Teilerfolg eines unbeschränkten Rechtsmittels
– Anwendungsbereich **473** 163
– Auslagenverteilung **473** 176
– Billigkeitsentscheidung **473** 166, 172
– deutliche Strafermäßigungen **473** 168
– Erfolg hinsichtlich ein und derselben Tat **473** 164
– Schuldspruchänderung **473** 170
– Teilerfolg bei Nebenklägerbeteiligung **473** 177
– Teilfreispruch **473** 165
– wesentlicher Teilerfolg **473** 165, 167 ff.

Tod des Nebenklägers
– Angehörige **402** 8
– Kosten **402** 9
– Wirkung **402** 7

Tod des Privatklägers
– Einstellungsbeschluss **393** 2
– Erklärungsfrist **393** 12
– Fortsetzung der Privatklage **393** 10 ff.
– Fortsetzungsberechtigung **393** 11
– Klageberechtigte **393** 10
– Kosten **393** 7 f.
– Rechtsbehelfe **393** 14
– Reichweite der Verfahrensbeendigung **393** 6
– Teilrechtskraft **393** 7
– Tod des Angeklagten **393** 9
– Vererblichkeit **393** 2
– Wiedereinsetzung **393** 13
– Wirkung des Einstellungsbeschlusses **393** 3 ff.

U

Übergang ins Strafverfahren (beschleunigtes Verfahren)
– Anfechtbarkeit von Entscheidungen **420** 26 f.

1701

Sachverzeichnis

fette Zahlen = §§

- Beweisinitiativrecht **420** 21 ff.
- Grundsatz der materiellen Unmittelbarkeit **420** 5 ff.
- im Normalverfahren bestehende Ausnahmen **420** 7 ff.
- Zustimmungserfordernis **420** 18 ff.

Überleitung zur Hauptverhandlung
- Ablauf der Hauptverhandlung **411** 33 ff.
- allgemeine Vorschriften **411** 24, 33
- Amtsermittlungsgrundsatz **411** 37
- Anordnung des persönlichen Erscheinens **411** 28
- Anwesenheitspflicht **411** 26
- Anwesenheitsrecht **411** 27
- Berufungshauptverhandlung **411** 31, 38
- beschleunigtes Verfahren **411** 36
- Beweisaufnahme **411** 36
- Einstellungsurteil **411** 23
- Einziehungsbeteiligte **411** 32
- Ladung **411** 25
- Nebenkläger **411** 24
- Pflichtverteidiger **411** 29
- Prozessvoraussetzung **411** 23
- Rechtsfolgenfestsetzung **411** 34
- Revisionshauptverhandlung **411** 31
- Verständigung **411** 35
- Vertretung des Angeklagten **411** 26
- Vertretungsvollmacht **411** 29 f.
- volle Übereinstimmung **411** 34
- Zustimmung **411** 36
- Zwangsmaßnahmen **411** 28

Übermittlung gespeicherter Daten
- Auskunft aus Dateien **487** 14 ff.
- Auskünfte an Private **487** 12
- differenzierte Verantwortlichkeit **487** 10
- Erforderlichkeit **487** 5
- Ermittlung auf Ersuchen des Empfängers **487** 11
- Grenzen der Übermittlung **487** 7 ff.
- hypothetischer Ersatzeingriff **487** 9
- Notwendigkeit **487** 6
- Rechtsbehelfe **487** 20
- übergreifende Regelungen **487** 18 f.
- Übermittlung für Zwecke der Strafrechtspflege **487** 2 ff.
- Übermittlung zu wissenschaftlichen Zwecken **487** 13
- Verfahren **487** 10 ff.
- zuständige Stellen **487** 4

Übermittlungsverbote/ Verwendungsbeschränkungen
- Verantwortlichkeit **479** 2
- Versagungsgründe **479** 2, 5 ff.
- Verwendungsregelungen **479** 2
- Vorratsdatenspeicherung **479** 3
- Zweckbindung **479** 2

Überprüfung der Beweiswürdigung
- abschließende Gesamtwürdigung **337** 96
- allgemeinkundige Tatsachen **337** 94
- Aussage gegen Aussage **337** 95
- Beweiswürdigungsgrundsätze **337** 94
- Einhaltung der Denkgesetze **337** 94
- Erfahrungssätze der allgemeinen Lebenserfahrung **337** 94
- gedankliche Vorbereitung der späteren Niederschrift **337** 96
- gerichtskundige Tatsachen **337** 94
- gravierende Fehlbewertungen von statistischen Zusammenhängen **337** 97
- hinzunehmende Tatsachenfeststellung **337** 93
- innere Widersprüche der Gedankenführung **337** 97
- Kontrolldichte **337** 93
- Lücken in der Gedankenführung **337** 97
- Nachvollziehbarkeit der Überzeugungsbildung **337** 98
- Plausibilität der Überzeugung **337** 98
- rechtliche Prüfung des Vorgehens des Tatgerichts **337** 92
- Revisibilität der Überzeugungsbildung **337** 98
- technische Regeln **337** 94
- tragfähige Vermutung **337** 93
- Übereinstimmung mit naturwissenschaftlichen Erkenntnissen **337** 94
- Unklarheit der Argumentation **337** 97
- unwahrscheinliche Geschehensabläufe **337** 98
- Zirkelschlüsse **337** 97

Überprüfung der Subsumtionsgrundlage
- Abbildungen **337** 90
- Abweichung von der Beschränkung der Revision **337** 89
- Akteninhalt **337** 90
- Darstellungsrüge **337** 90
- eigene Beweisaufnahme **337** 91
- Einzelfallgerechtigkeit **337** 90
- Feststellung von Erfahrungssätzen **337** 91
- Rüge der Aktenwidrigkeit **337** 90
- Sachrüge **337** 90
- tragfähige, verstandesmäßig einsehbare Tatsachengrundlage **337** 89
- Urteilsurkunde **337** 90

Überwachung der Lebensführung
- Bewährungszeit **453b** 2
- Jugendstrafverfahren **453b** 7
- mitwirkende Stellen **453b** 3 f.
- Überwachungspflicht **453b** 4
- Umfang **453b** 1
- Zuständigkeit **453b** 5 ff.

Umfang der Beweisaufnahme
- Amtsaufklärungspflicht **369** 10
- angetretene Beweise **369** 9
- Dispositionsmaxime **369** 11
- Erstreckung auf weitere Beweismittel **369** 9
- im Probationsverfahren hervorgetretener günstiger Umstand **369** 13
- Inquisitionsmaxime **369** 11
- materielles Schuldprinzip **369** 12
- Rechtsprechung des BVerfG **369** 12

Umfang der Urteilsprüfung
- Adhäsionsverfahren **352** 8
- Anhörungsrüge **352** 2
- Auslegungsfähigkeit von Verfahrens- und Sachrügen **352** 4
- berücksichtigungsfähiges Vorbringen und eigene Kenntnis des Revisionsgerichts **352** 14
- Beschränkung der Revision **352** 8
- Darstellungsanforderungen **352** 16 ff.
- Disposition **352** 1
- Freibeweisverfahren **352** 13
- Freispruch **352** 25

1702

magere Zahlen = Randnummern

– Grundlage der Entscheidungsfindung 352 22
– mehrere Rügen 352 23
– Nebenklagerevision 352 5
– obiter dicta 352 26
– Prozessökonomie 352 24
– Prozessvoraussetzungen 352 5, 10 f.
– Prüfung von Amts wegen 352 1, 5
– Rechtsmittelbeschränkung 352 9
– Rekonstruktion der Hauptverhandlung 352 27 ff.
– Revision der Staatsanwaltschaft 352 21
– Revision gegen Berufungsurteil 352 11
– revisionsrechtliche Grundsätze 352 2
– Rücknahme 352 20
– Sachrüge 352 20
– spezielle Rechtsbehelfe 352 6
– Umdeutung 352 16
– Verfahrensrüge 352 12 ff.
– Zulässigkeit der Revision 352 5, 7 ff.
– Zurückverweisung 352 25
unbestimmte Anfechtung
– Belehrung 335 8
– Bindungswirkung 335 8
– Rechtsmitteleinlegung 335 7
– Rechtsmittelwahl 335 8
– Rechtsmittelwechsel *siehe dort*
– Revisionsbegründungsfrist 335 8
– Urteilsverkündung in Abwesenheit des Rechtsmittelführers 335 10
– Wiedereinsetzung in den vorigen Stand 335 8
Unterrichtung des Verletzten 406j 1
– Ausnahmen von der Unterrichtungspflicht 406k 3 ff.
– Begriff 406j 2
– Belehrung 406i 2
– Einschränkungen 406i 14; 406j 10
– ergänzende Unterrichtungspflicht 406k 2
– Folgen bei Verstoß 406i 15 f.; 406j 11 f.
– Normzweck 406i 1
– Schriftform 406j 4
– Unterrichtungspflichten 406i 1, 5 ff.
– Unterrichtungspflichten gegenüber Angehörigen und Erben 406i 13; 406j 9
– Unterrichtungspflichten im Einzelnen 406j 5 ff.
Unterscheidung von relativen und absoluten Revisionsgründen 337 49
Unterstellung der Rücknahme
– Ausbleiben 391 17
– eigenmächtiges Sich-Entfernen 391 18
– Einstellungsentscheidung 391 22
– Erfordernis der Androhung 391 20
– Fiskalverlangen 391 19
– Fristsetzung 391 19
– Nichterscheinen 391 16
– Zustimmung des Angeklagten 391 21
Unzulässigkeit, Revision
– Freibeweis 349 12
– Inhalt der Entscheidung 349 13
– konstitutive Wirkung 349 14
– Rechtskraft 349 14
– Siebfunktion 349 8
– Unzulässigkeit 349 9 ff.
– wesentliche Begründungsfehler 349 10
– wirksame Rücknahme 349 1
– Zweck des Beschlussverfahrens 349 7

Sachverzeichnis

Unzulässigkeit, Wiederaufnahme 363
– andere Strafbemessung 363 4
– Ausschlussgrund 363 14
– benannter Strafmilderungsgrund 363 14
– dasselbe Strafgesetz 363 5
– Deliktstypus 363 12
– Einschränkung der Wiederaufnahmeziele 363 1
– enges Begriffsverständnis 363 8 f.
– Ersetzung durch Straftatbestand mit demselben Strafrahmen 363 12
– fakultative Strafmilderung 363 6
– fakultative Strafrahmenverschiebung 363 14
– lebenslange Freiheitsstrafe 363 15
– Maßregel der Besserung und Sicherung 363 4
– Nebenfolge 363 4
– Nebenstrafe 363 4
– Privilegierung 363 6
– Qualifikation 363 6
– Rechtsfolgenlösung 363 15
– Regelbeispiele 363 9
– Regelungszweck 363 2
– Schuldspruchänderung 363 10
– selbständige Abwandlung 363 6
– Strafänderungsgrund 363 5
– Strafaussetzung zur Bewährung 363 15
– Strafmilderungsgrund 363 6
– Strafrahmen 363 5, 8
– Tateinheit 363 13
– unbenannter Strafmilderungs-/Strafschärfungsgrund 363 7, 9
– verminderte Schuldfähigkeit 363 14
– weites Begriffsverständnis 363 5 ff.
– zugunsten des Verurteilten 363 1
– zuungunsten des Verurteilten/Angeklagten 363 1, 16
– zwingende Strafmilderung 363 6
Unzuständigkeit des Gerichts
– Anforderungen an die Revisionsbegründung 338 82 f.
– Anwendungsbereich 338 66 ff.
– besondere Bedeutung des Falles 338 72
– Bindungswirkung 338 81
– doppelrelevante Tatsachen 338 81
– Entscheidung eines Gerichts höherer Ordnung 338 67
– Entscheidung eines Gerichts niederer Ordnung 338 70
– Erlass des Eröffnungsbeschlusses 338 76
– fehlerhaftes Vorlageverfahren 338 70
– funktionelle Zuständigkeit 338 78
– Jugendgericht 338 80
– Jugendschutzkammer 338 70, 79
– Kasuistik 338 66 ff.
– mehrere Angeklagte 338 74
– örtliche Zuständigkeit 338 74 ff.
– Präklusion 338 74 f., 78, 82
– Prüfung von Amts wegen 338 67, 74
– Rangfolge 338 79
– sachliche Zuständigkeit 338 67 ff.
– Schwurgericht 338 78
– Staatsschutzkammer 338 78
– Verbindung zusammenhängender Strafsachen 338 76
– Verfahrensrüge 338 68

1703

Sachverzeichnis

fette Zahlen = §§

- Verlagerung der Zuständigkeit **338** 81
- Verständigung **338** 71, 77
- Verweisungsbeschluss **338** 69
- Willkür **338** 68, 70, 72
- Wirtschaftsstrafkammer **338** 78
- Zuständigkeitsrüge **338** 66 ff.

Unzuständigkeit, Revisionsgericht
- Anhörung **348** 8
- Bindungswirkung **348** 9
- entscheidendes Gericht **348** 6
- entsprechende Anwendung **348** 10 ff.
- funktionelle Unzuständigkeit **348** 5
- Instanzenzug **348** 1
- Kompetenzstreitigkeiten **348** 1
- örtliche Unzuständigkeit **348** 4
- Rechtspflegeentlastungsgesetz **348** 2
- sachliche Unzuständigkeit **348** 3
- Verfahren **348** 7
- Verweisungsbeschluss **348** 6

Urkunde als Prüfungsgegenstand
- falsche Urkunde **368** 18
- geeignete Beweismittel **368** 18
- Inaugenscheinnahme **368** 18
- Kausalverknüpfung **368** 18
- Urteil **368** 18
- Zeugenvernehmung **368** 18
- zugunsten des Angeklagten **368** 18
- zuungunsten des Angeklagten **368** 18

Urkunde, Wiederaufnahme
- Antragsbegründung **359** 23
- Belastungsbeweis **359** 22
- Beweismittel der Hauptverhandlung **359** 20
- Einführung als Beweismittel **359** 23
- geeignete Beweismittel **359** 23; **368** 18
- Identitätstäuschung **359** 19
- Kenntnis der Unechtheit **359** 21
- materiell-rechtlicher Urkundenbegriff **359** 17
- prozessualer Urkundenbegriff **359** 17
- schriftliche Lüge **359** 19
- Tatsachen, aus denen Unechtheit/Verfälschtheit folgt **359** 23
- unechte Urkunde **359** 17, 19
- Urteil zum Nachteil des Verurteilten beeinflusst **359** 22
- verfälschte Urkunde **359** 17, 19
- Vorbringen der Urkunde als Straftat **359** 21
- Vorbringen zuungunsten des Verurteilten **359** 22
- zur Täuschung im Rechtsverkehr **359** 21

Urteilsdarstellung
- Abgrenzungsprobleme **337** 104
- anerkannte Erfahrungssätze **337** 104
- Aussage gegen Aussage **337** 108
- Beweiswürdigungsregeln **337** 108
- Bezugnahmen **337** 107
- Denkgesetze **337** 104
- Disziplinierung der Tatgerichte **337** 105
- Feststellungen zum Vorsatz **337** 106
- gesetzliche Vorgaben **337** 102
- in sich geschlossene Darstellung **337** 107
- Nachvollziehbarkeit der Urteilsbegründung **337** 103
- Plausibilität **337** 103
- Sachrüge **337** 103
- Überprüfung der Rekonstruktion durch das Tatgericht **337** 104
- Überzeugungsbildung **337** 109
- Verfahrensrüge **337** 102
- widersprüchliche/lückenhafte Darstellung **337** 104
- zur Subsumtion erforderliche Tatsachen **337** 106
- zutreffende Tatsachenbasis **337** 104

Urteilsverkündung
- Ausfertigung **356** 4
- Beschluss **356** 1
- Nebenentscheidungen **356** 2
- Rechtskraft **356** 3
- Rechtsmittelbelehrung **356** 2
- Urteile **356** 1
- Zustellung **356** 4

V

Verarbeitung und Verwendung personenbezogener Daten
- Ausgleich der verschiedenen Interessen **Vor 474** 5
- Bestimmtheitsgrundsatz **Vor 474** 17, 25
- Doppeltürmodell **Vor 474** 24
- Eingriff in den Schutzbereich **Vor 474** 11
- Erhebungszweck **Vor 474** 20, 27
- Gefahr der übermäßigen Datenerhebung und -verarbeitung **Vor 474** 66
- Gesetzesvorbehalt **Vor 474** 16
- Kernbereich privater Lebensgestaltung **Vor 474** 15
- personenbezogene Daten im Strafverfahren *siehe dort*
- polizeiliche und strafprozessuale Praxis **Vor 474** 65 ff.
- Regelungen zur Zweckumwidmung und zur Datenübermittlung **Vor 474** 2
- Regelungsbereich **Vor 474** 3
- Schutzbereich **Vor 474** 9 ff.
- verfassungsrechtlicher Hintergrund **Vor 474** 9 ff.
- Verhältnis zu anderen Gesetzen **Vor 474** 5 ff.
- Verhältnismäßigkeitsgrundsatz **Vor 474** 33 ff.
- Zweckänderung im Strafverfahren **Vor 474** 30 ff.
- Zweckbindungsgebot **Vor 474** 13, 19 ff.
- Zweckentfremdung **Vor 474** 22

Verbrauch der Privatklage 392 1 ff.

Verdacht eines Offizialdelikts
- anfängliches Fehlen eines Privatklagedelikts **389** 3
- Berufung **389** 12
- Einstellungsvoraussetzungen **389** 2 ff.
- erneute Klage **389** 6
- hinreichender Tatverdacht **389** 2
- Klageerzwingungsverfahren **389** 11
- nachträgliches Erkennen des Fehlens eines Privatklagedelikts **389** 7 f.
- Normzweck **389** 1
- Revision **389** 12
- Strafklageverbrauch **389** 4
- Verschlechterungsverbot **389** 13
- Wirkungen des Einstellungsurteils **389** 9 f.

vereinfachtes Freispruchverfahren
- fakultative Anwendung **371** 1
- günstige Wiederaufnahme **371** 1
- obligatorische Anwendung **371** 1

magere Zahlen = Randnummern

Verfahren auf einen Einspruch
- Entscheidung nach Hauptverhandlung *siehe dort*
- Entscheidung ohne Hauptverhandlung *siehe dort*
- Geständnisfiktion **411** 74
- Hinweispflicht bei drohender wesentlicher Verschlechterung **411** 79
- konsensualer Charakter des Strafbefehlsverfahrens **411** 75 f.
- Rechtskraft **411** 73
- reformatio in peius **411** 73
- sofortige Beschwerde **411** 2
- Überleitung zur Hauptverhandlung *siehe dort*
- Unanfechtbarkeit **411** 2
- zulässiger Einspruch **411** 1
- Zurücknahme von Klage und Einspruch *siehe dort*
- Zuständigkeit **411** 3

Verfahren bei gerichtlichen Entscheidungen
- Anhörung **462** 4 f.
- Anwendungsbereich **462** 2
- aufschiebende Wirkung **462** 9
- Beschluss **462** 6
- Beschwerdeberechtigung **462** 7
- Entscheidung über die sofortige Beschwerde **462** 10
- Gelegenheit zur Stellungnahme **462** 3
- pflichtgemäßes Ermessen **462** 3
- sofortige Beschwerde **462** 7 ff.
- Statthaftigkeit **462** 8
- Verfahren **462** 3 ff.
- Zustellung **462** 6

Verfahren bei Rückübertragung und Herausgabe
- Anhörung **459j** 7
- Anspruchsberechtigung **459j** 3 ff.
- Geltendmachung des Anspruchs mit Urkundenkopie **459j** 2
- Geltendmachung des Anspruchs mit zivilrechtlichem Titel **459j** 9
- Rechtsmittel **459j** 10
- Wiedereinsetzung in den vorherigen Stand **459j** 8

Verfahren der sofortigen Beschwerde
- Anfechtungsberechtigung **372** 13
- Ausschluss der Anfechtung **372** 14
- Begründung **372** 11
- Form **372** 11
- Frist **372** 12
- Nebenkläger **372** 14
- Privatkläger **372** 14
- Wiedereinsetzung **372** 12

Verfahren der Widerklage
- Beschluss **388** 22
- Eröffnungsbeschluss **388** 16 f.
- getrennte Entscheidung **388** 21
- gleichzeitige Entscheidung **388** 20
- Staatsanwaltschaft **388** 18
- weitere Widerkläger **388** 19

Verfahren und Entscheidungen im Wiederaufnahmeverfahren des mit Strafbefehl Verurteilten
- Aditionsverfahren **373a** 15
- Antragsbefugnis **373a** 15
- Begründetheitsbeschluss **373a** 15

- Offizialverfahren **373a** 15
- Probationsverfahren **373a** 15
- sofortiger Freispruch **373a** 15
- Zuständigkeit **373a** 15

Verfahrenseinstellung wegen geringer Schuld
- Anhörung **383** 20
- Beschuldigter **383** 25 f.
- deliktsspezifische Strafzumessungsschuld **383** 17
- Einstellungsbeschluss **383** 21
- Freispruch **383** 15
- geringe Schuld **383** 16
- Kosten **383** 22
- Rechtsmittel **383** 23 ff.
- Staatsanwaltschaft **383** 27
- Verfahrenseinstellung **383** 14
- Verfahrensstadium **383** 19
- Verhältnis zum Zurückweisungsbeschluss **383** 13
- Widerklage **383** 29
- Wiederaufnahme **383** 28

Verfahrensrecht
- Abgrenzung **337** 65
- Abgrenzungsfragen **337** 66
- Anknüpfungspunkt **337** 64
- Begriff **337** 64 ff.
- Beweiserhebung im Ermittlungsverfahren **337** 65
- fehlerhafte Behandlung von Beweisanträgen **337** 67
- gesteigertes Begründungserfordernis **337** 64
- in dubio pro reo **337** 68
- Kasuistik **337** 65
- Mitteilungen **337** 65
- Punktstrafe **337** 66
- rechtsstaatswidrige Tatprovokation **337** 66
- rechtsstaatswidrige Verfahrensverzögerung **337** 66
- Verletzung von Denkgesetzen **337** 68
- Verständigung **337** 65 f.
- Verwertung von ausgeschiedenem Prozessstoff **337** 68
- Verwertung von Vorstrafen **337** 68

Verfahrensrechte des Nebenklägers
- Ablehnung eines Richters **397** 12
- Ablehnung eines Sachverständigen **397** 12
- abschließende Aufzählung **397** 20
- abschließende Stellungnahme **397** 19
- Anhörungsrechte **397** 24 ff.
- Anspruch auf Übersetzung schriftlicher Unterlagen **397** 35 ff.
- Anwesenheitspflicht **397** 8
- Anwesenheitsrecht **397** 4 f., 33
- ausdrücklich aufgezählte Beteiligungsrechte **397** 11
- Beanstandungsrecht **397** 14
- Bekanntgabe von Entscheidungen **397** 27 f.
- Belehrung **397** 29
- Besetzungseinwand **397** 22
- Beteiligung eines Rechtsanwalts **397** 30 ff.
- Beweisantragsrecht **397** 15 f.
- Dolmetscher **397** 7
- Entstehungsgeschichte **397** 3
- Fragerecht **397** 13
- Gelegenheit zur Erklärung **397** 18
- gemeinschaftliche Vertretung **397** 31
- Ladung **397** 9 f., 34
- Nebenkläger als Zeuge **397** 6

1705

Sachverzeichnis

fette Zahlen = §§

- Normzweck **397** 1 f.
- Rechte im Bezug auf Nebenklagedelikt **397** 17
- Zustimmung **397** 21

Verfahrensrechtsverletzung
- Beurteilungsspielraum **337** 72
- Ermessensentscheidung **337** 72
- subjektive Unkenntnis **337** 71
- wirkliche Sachlage **337** 71
- zutreffendes Verständnis der einschlägigen Rechtsbegriffe **337** 72

Vergleich
- Abschlussberechtigung **405** 3
- Gesamtbefriedung des Streits **405** 3
- Kosten **405** 3
- Normzweck **405** 1
- Wirkung **405** 2

Verletztenbegriff
- Adhäsionsverfahren **373b** 51
- europäische Opferschutzrichtlinie **373b** 7
- geschützte Rechtsgüter **373b** 14
- gleichgestellte Personen **373b** 21 ff.
- Legaldefinition **373b** 1 ff.
- Maßnahmen zum Zeugenschutz **373b** 42 ff.
- Personenkreis **373b** 12
- Rechtsgutsbeeinträchtigung oder Schaden **373b** 11 ff.
- rechtskräftig festgestellte Tat **373b** 8 ff.
- StGB **373b** 58
- unmittelbare Beeinträchtigung **373b** 6
- Unmittelbarkeit **373b** 16 ff.
- weiterer Anwendungsbereich **373b** 55 ff.

Verletztenbeistand 406f 1 ff.

Verletzter
- Angehörige und nahestehende Personen **373b** 27 ff.
- Anwendungsbereich des Begriffs **373b** 39 ff.
- Anzeigenerstatter und Einstellungsbeschwerde **373b** 47 f.
- Auskunftsrechte **373b** 49
- Beistand und psychosoziale Begleitung **373b** 53
- schutzwürdige Interessen **373b** 54
- Täter-Opfer-Ausgleich **373b** 45 f.
- Tod als Folge der Tat **373b** 24 ff.

Verletzung des Gesetzes 337 31 ff.

Verletzung materiellen Rechts
- Anwendung einer nicht einschlägigen Norm **337** 88
- Anwendung materiellen Rechts im engeren Sinne **337** 87
- Bestimmung der Rechtsfolgen **337** 87
- Beweiswürdigung **337** 87
- Nichtanwendung einer einschlägigen Norm **337** 88
- Rechtsfehler im materiellen Recht **337** 87
- tauglicher Prüfungsgegenstand **337** 87
- unrichtige Anwendung einer Norm **337** 88

Verlust von Verfahrensrügen
- fehlerfreie Wiederholung **337** 86
- Nachholung eines zu Unrecht unterbliebenen Verfahrenselements **337** 86
- Verzicht **337** 86

Vermögensbeschlagnahme
- Abgrenzung **443** 2
- absolutes Veräußerungsverbot **443** 29
- Anhörung im vorbereitenden Verfahren **444** 25
- Aufhebung **443** 23
- Auskunftsverweigerungsrecht juristischer Personen **444** 30 ff.
- besondere örtliche Zuständigkeit **444** 51
- Beweisantragsrecht **444** 9
- Canabis **443** 14a
- Erhebung der öffentlichen Klage **443** 16
- Ermessen **444** 16
- Fremdkörper **443** 4
- Gefahr im Verzug **444** 26
- Geldbuße im Strafbefehlsverfahren **444** 39 f.
- Gesamtschau bei Rechtsfolgenentscheidung **444** 6
- Ladung zur Hauptverhandlung **444** 22
- Parteiverrat **444** 26
- Personenvereinigungen **444** 4
- Rechtsmittel **444** 43
- Richtervorbehalt **443** 25
- RiStBV **444** 16
- selbständiges Verfahren **444** 46
- Straftaten **443** 14
- Systematik **443** 4
- Unschädlichmachen **443** 5
- Unschuldsvermutung **443** 9
- Untersuchungshaft **443** 11
- Veräußerungsverbot **443** 6
- Verfahren **444** 1 ff.
- Verfahrensbeteiligungsanordnung **444** 12
- verfassungskonforme Auslegung **443** 22
- Verfassungsmäßigkeit **443** 9
- Vermögensbegriff **443** 13
- Zuständigkeit **443** 24

Verordnungsermächtigung 494 13 f.

Versagungsgründe
- Akteneinsicht von Zeugen **479** 9
- besondere Verwendungsregelungen der StPO **479** 17 f.
- entgegenstehende Verwendungsregelungen **479** 11 ff.
- entgegenstehende Zwecke aus Strafverfahren **479** 6 ff.
- Kollisionen von Ermittlungsmaßnahmen mit Zeugnisverweigerungsrechten **479** 20
- Rechtsbehelfsverfahren **479** 10
- sonstige Strafverfahren **479** 8
- Verwendungsregelungen auf Seiten des Empfängergesetzes **479** 14
- Verwendungsregelungen auf Seiten des Erhebungsgesetzes **479** 13
- Verwendungsregelungen aus anderen Rechtsbereichen **479** 15 f.
- Verwertungsverbote als Verwendungsregelungen **479** 21 f.
- Zeugnisverweigerungsrechte und Verwendungsregelungen **479** 19

verschiedenartige Anfechtung
- bedingtes Bestehenbleiben der Revision **335** 18
- Entscheidung **335** 19
- gleichzeitig zwei verschiedene Rechtszüge **335** 15
- mehrere Verfahrensbeteiligte **335** 15 ff.
- unterschiedliche Rechtsmittel **335** 16
- Verfahrenstrennung **335** 16

magere Zahlen = Randnummern

Sachverzeichnis

- Verwerfung als unzulässig 335 17
- Vorrang der Berufung 335 17

Verschlechterungsverbot
- Änderung der Art und Höhe der Rechtsfolgen 358 24
- Anrechnungsentscheidung 358 22, 31
- Anwendungsbereich 358 21
- beschränkte Rechtskraft besonderer Art 358 18
- Beschwerdeverfahren 358 22
- Bezugspunkte 358 26
- Bindungswirkung im weiteren Sinn 358 19
- Einzelfallkasuistik 358 20
- Entscheidungsart 358 22
- erneute Gesamtstrafenbildung 358 32
- Jugendstrafverfahren 358 37
- Kasuistik zu Arten und Formen der Strafe 358 26 ff.
- Maßregeln 358 34
- Nachteile außerhalb des Sanktionskatalogs 358 29
- nachträgliche Feststellung der besonderen Schwere der Schuld 358 30
- Prüfung von Amts wegen 357 33
- Revisionsentscheidung zuungunsten des Angeklagten 358 23
- Revisionsführer 358 23
- Schuldspruchvergrößerung 358 30
- Sicherungsverfahren 358 36
- Sicherungsverwahrung 358 34
- Unterbringung 358 35 f.
- Verbesserung 358 25
- Verhängung höherer Einzelstrafen 358 33
- Vermeidung einer Doppelbestrafung 358 32
- Verschlechterung im Beschlussverfahren 358 26
- Vollstreckungslösung 358 31

Verschlechterungsverbot im neuen Hauptverfahren
- günstige Wiederaufnahme 373 32
- Maßregeln 373 32
- Rechtsfolgenausspruch 373 32
- reformatio in peius 373 32
- Verböserungsverbot 373 32

Verteidigerbestellung durch Richter
- Abschluss der Ermittlungen 408b 10
- Abschrift 408b 16
- Absprachen 408b 5, 9
- Antrag der Staatsanwaltschaft 408b 8
- drohende Rechtsfolge 408b 1 ff.
- entgegenstehende Bedenken des Richters 408b 11 f.
- Entziehung der Fahrerlaubnis 408b 6
- Ermessen 408b 13
- Ersatzfreiheitsstrafe 408b 6
- Frist zur Stellungnahme 408b 16
- Geldstrafe 408b 6
- notwendige Verteidigung 408b 1
- Pflichtverteidigerbestellung 408b 14 ff.
- Pflichtverteidigung 408b 1
- Reichweite der Bestellung 408b 17 f.
- richterliche Anhörung 408b 4
- Verlust der Beamtenrechte 408b 5
- Vorverfahren 408b 10 f., 13
- weiteres Verfahren 408b 19 ff.
- Widerruf der Strafaussetzung zur Bewährung 408b 5

Verteilung der Auslagen nach Bruchteilen
- Anwendungsbereich 464d 2
- Differenzmethode 464d 3
- Festlegung der Bruchteile 464d 4
- Kostenansatzverfahren 464d 2
- Kostenfestsetzungsverfahren 464d 2
- Normzweck 464d 2
- Prinzip der Kostengerechtigkeit 464d 4
- Quotelung 464d 1 ff.

Vertretung in der Hauptverhandlung
- Anordnung des persönlichen Erscheinens 387 3, 11
- Anwesenheitspflicht 387 1 ff., 10 ff.
- Aussetzung 387 10
- Beiordnung eines Verteidigers 387 9
- Berufungsinstanz 387 4, 13
- Beschwerde 387 6, 13
- Haftbefehl 387 3
- Ladung 387 5, 12
- Rechte und Pflichten des Angeklagten 387 2 ff.
- Rechte und Pflichten des Privatklägers 387 10 ff.
- Rechtsmittelfrist 387 6, 13
- Revisionsgrund 387 6, 13
- Revisionsinstanz 387 4, 13
- Rücknahme der Klage 387 10
- Schlussvorträge 387 10
- Vertretung 387 7 ff., 14

Verweisung 384 2 f.

Verweisung an das zuständige Gericht
- Anwendungsausschluss 355 3
- Anwendungsbereich 355 2
- Besetzungseinwand 355 6
- besondere Zuständigkeit der Jugendgerichte 355 6
- Bindungswirkung 355 11
- Form 355 7
- lex specialis 355 1
- Maßstab der Unzuständigkeit 355 4
- örtliche Zuständigkeit 355 2, 6
- sachliche Zuständigkeit 355 2, 5
- Verbindung 355 10
- Zurückverweisung 355 7 ff.
- Zurückverweisung an das vorher unzuständige Gericht 355 9
- Zuständigkeit mehrerer Gerichte 355 8

Verwendung personenbezogener Daten aus elektronischen Akten
- Grundsatz der Zweckbindung 498 2 f.
- Verbot des maschinellen Abgleichs 498 4 ff.
- verfahrensfremde Verwendung 498 2

Verwendung personenbezogener Daten für polizeiliche Zwecke
- Befugnis zur Übermittlung an die Polizei 481 14 f.
- entgegenstehende besondere Verwendungsregelungen 481 16 f.
- Entscheidung der Staatsanwaltschaft oder des Gerichts 481 18 f.
- Erforderlichkeit 481 10
- generalklauselartige Regelung 481 1
- Grenzen der Umwidmung 481 8 ff.
- Kennzeichnungspflicht 481 9
- Landespolizeigesetze 481 13
- nach Maßgabe der Polizeigesetze 481 6

1707

Sachverzeichnis

fette Zahlen = §§

- polizeigesetzliche Beschränkungen **481** 9
- Prinzip des hypothetischen Ersatzeingriffs **481** 9
- rechtswidrig erhobene Daten **481** 11
- Reichweite **481** 4 ff.
- Schutz privater Rechte **481** 7
- Verhältnismäßigkeitgrundsatz **481** 8
- Verwendungsregelung für präventiv-polizeiliche Zwecke **481** 3 ff.
- Zweckumwidmung **481** 3

Verwendungsregeln für Daten aus besonders eingriffsintensiven Ermittlungsmaßnahmen
- Anwendungsbereich **479** 25
- Besteuerungsverfahren **479** 31
- eigenständige Übermittlungsregelungen **479** 30
- Gefahr für ein besonders wichtiges Rechtsgut **479** 41a
- Gefahrenabwehr **479** 41
- geheimdienstliche Zwecke **479** 42
- hypothetischer Ersatzeingriff **479** 36 ff.
- maßgeblicher Zeitpunkt **479** 39
- rechtmäßig erhobene personenbezogene Daten **479** 27
- speziellere Vorschriften **479** 29
- Verdacht bestimmter Straftaten **479** 26
- Vergleichbarkeit des Erhebungszwecks und des neuen Verwendungszwecks **479** 36
- Verwendung in anderen Strafverfahren **479** 32
- Verwendung zu Beweiszwecken und als Spurenansatz **479** 33
- Verwendung zu sonstigen Zwecken **479** 40 ff.
- Vorgaben für die Aktenführung **479** 28
- Zweckumwidmungsvorschriften **479** 24

Verwerfung wegen Unzulässigkeit
- Bindungswirkung **368** 5
- grobe Ausfilterung bei Evidenz **368** 3
- Nachschieben weiterer Wiederaufnahmegründe **368** 5
- Nadelöhr des Wiederaufnahmerechts **368** 2
- örtliche Zuständigkeit **368** 5
- Präklusion **368** 5
- Prüfung der Begründungsgeeignetheit **368** 4
- Prüfungsumfang im Aditionsverfahren **368** 1
- verbrauchende Wirkung **368** 5

Verwerfungsbeschluss
- Anhörung der Staatsanwaltschaft **346** 11
- Anschlussberechtigung **346** 8
- Aufhebung durch den Tatrichter **346** 15
- Belehrung **346** 11
- eingeschränkte Verwerfungskompetenz **346** 1
- Entscheidungsart **346** 10
- Form **346** 11
- Gründe **346** 11
- Inhalt **346** 11
- iudex a quo **346** 2, 4
- Kostenentscheidung **346** 11
- Privat- und Nebenklage **346** 4
- Prüfungsumfang **346** 5
- Rechtskraft **346** 17
- Verfahren **346** 10
- Verfahrenshindernisse **346** 9
- Verkürzung des Rechtsschutzes **346** 3
- Verschulden **346** 13
- vom Prüfungsmaßstab nicht umfasste Zulässigkeitsfragen **346** 7

- Wirksamkeit **346** 16
- Zeitpunkt **346** 12 ff.
- Zusammentreffen von Zulässigkeitsmängeln **346** 6
- Zustellung **346** 11

Verwerfungsbeschluss im Aditionsverfahren
- Bekanntgabe **368** 63
- Beschlusserfordernis **368** 56
- förmliche Zustellung **368** 63
- Geltendmachung mehrerer Wiederaufnahmegründe **368** 58
- Kosten **368** 56
- neuerliches Wiederaufnahmeverfahren **368** 60
- rechtliches Gehör **368** 62
- Rechtsbehelfe **368** 67
- Rechtskraft **368** 59
- Sachentscheidung **368** 60
- Teilentscheidung **368** 57
- Verbrauch **368** 59
- Verfahren **368** 61
- Wirkung **368** 59

Verzicht und Zurücknahme (Strafbefehl)
- eindeutiger Wille **410** 19
- Erlass **410** 17
- Form **410** 18
- Urteilsverkündung **410** 17
- Verpflichtung **410** 22
- Verständigung **410** 20

voller Erfolg eines beschränkten Rechtsmittels
- Adhäsionsausspruch **473** 161
- Beschränkungszeitpunkt **473** 146, 152
- Erfolg **473** 144
- erfolgreich beschränkte Rechtsmittel **473** 153 ff.
- Interesse des Nebenklägers an weiterer Verfahrensbeteiligung **473** 160 ff.
- Kostenentscheidung **473** 146
- Nebenklägerbeteiligung **473** 158 ff.
- sofortige Beschränkung **473** 147
- spätere Beschränkung **473** 149
- teilweise Rechtsmittelrücknahme **473** 149
- wirksame Beschränkung **473** 155 f.

voller Erfolg eines unbeschränkten Rechtsmittels
- Abmilderung des Rechtsfolgenausspruchs **473** 125
- Aufhebung und Teilaufhebung **473** 114
- Begriff des Erfolgs **473** 112
- Berufungsverfahren **473** 119 ff.
- Beschwerdeerfolg im Zwischen-, Neben- und Nachtragsverfahren **473** 139 ff.
- Beschwerdeverfahren **473** 118
- Einstellung **473** 124
- endgültiger Ausgang des Verfahrens **473** 113
- Erfolge im Beschwerdeverfahren **473** 126
- fehlende Regelung **473** 111
- Freispruch **473** 122
- Grund des Erfolgs **473** 115
- mehrere Rechtsmittelerfolge **473** 138
- nachträgliche Schaffung der Erfolgsgründe **473** 117
- Rechtsmittel des Angeklagten und des Nebenklägers **473** 130
- Rechtsmittelbeschränkung **473** 128
- Rechtsmittelerfolg des Nebenklägers **473** 137

magere Zahlen = Randnummern

- Rechtsmittelerfolge der Staatsanwaltschaft **473** 134 ff.
- Rechtsmittelerfolge des Angeklagten bei Nebenklage **473** 127
- Rechtsmittelerfolge des Beschuldigten **473** 122 ff.
- Schuldspruchänderungen **473** 132 f.
- Verfahrenseinstellung **473** 122
- Zurückverweisung **473** 124
- Zurückverweisung zu neuer Verhandlung **473** 114

Vollstreckbarkeitsbescheinigung
- beglaubigte Abschrift der Urteilsformel **451** 28
- Beschwerde **451** 34
- Gesamtstrafenbeschluss **451** 35
- Rechtskraftbescheinigung **451** 29
- sachliche Richtigkeit **451** 32
- Strafaussetzung zur Bewährung **451** 38
- Strafbefehl **451** 35
- Teilrechtskraft **451** 35
- Überprüfung **451** 33
- urkundliche Grundlage der Vollstreckung **451** 27
- urkundliches Minimum **451** 39
- Urschrift oder beglaubigte Abschrift der vollständigen Entscheidung **451** 40
- urteilsvertretende Beschlüsse **451** 36 ff.
- Vorliegen von Vollstreckungshindernissen **451** 31
- Zuständigkeit **451** 30

Vollstreckung
- Berufung **406b** 5
- Einwendungen **406b** 5
- Titel **406b** 1
- Zuständigkeit **406b** 4
- Zwangsvollstreckung **406b** 1

Vollstreckung der Ersatzfreiheitsstrafe
- Abwendung der Ersatzfreiheitsstrafe **459e** 15 ff.
- Anordnungsvoraussetzungen **459e** 2 f.
- Aufnahmeersuchen **459e** 5
- Berechnung der Dauer **459e** 7 ff.
- fehlende Beitreibbarkeit **459e** 2
- freie Arbeit **459e** 16 ff.
- Normzweck **459e** 1
- Strafantritt **459e** 6
- Strafaussetzung zur Bewährung **459e** 11
- Vollstreckung **459e** 4
- Vollstreckung nachträglicher Gesamtgeldstrafen **459e** 12 ff.
- Zahlung eines Teilbetrages **459e** 8

Vollstreckung der Geldstrafe
- Anzahl der Tagessätze **459** 6
- Begriff der Geldstrafe **459** 1 ff.
- Beitreibung **459** 19
- Einforderung **459** 9 ff.
- Ersatzfreiheitsstrafe **459** 19
- Fälligkeit **459** 14
- Kosten **459** 11
- Mahnung **459** 17
- Nebengeschäfte **459** 13
- Rechtsbehelfe **459** 20 ff.
- Tagessatzsystem **459** 5
- Teilzahlungen ohne Tilgungsbestimmung **459** 12
- Zahl und Höhe der Tagessätze **459** 7
- Zahlungsfrist **459** 14
- Zuständigkeit **459** 8

Vollstreckung mehrerer Freiheitsstrafen
- Anschlussvollstreckung **454b** 2
- Beschluss **454b** 34
- Fortsetzung der begonnenen Vollstreckung **454b** 5
- Halbstrafenentscheidung **454b** 18 f.
- Inhalt **454b** 34 ff.
- Kurzstrafen **454b** 4
- Prinzip der nachhaltigen Vollstreckung **454b** 1
- Rechtsbehelfe **454b** 37 f.
- Sicherungsverwahrung **454b** 16 f.
- Strafreste **454b** 4
- Unterbrechungsgrundsatz **454b** 2
- verschiedene Urteile **454b** 16
- Vollstreckungsreihenfolge **454b** 3 ff., 13
- Vollstreckungsunterbrechung *siehe dort*
- Vorwegvollzug **454b** 14
- Zusammentreffen von Freiheitsstrafe und Ersatzfreiheitsstrafe **454b** 3, 7 f.
- Zusammentreffen von Freiheitsstrafen und freiheitsentziehenden Maßregeln der Besserung und Sicherung **454b** 11 f.
- Zusammentreffen von Freiheitsstrafen und Jugendstrafe **454b** 8 ff.
- Zuständigkeit **454b** 32

Vollstreckung von Maßregeln der Besserung und Sicherung
- analoge Anwendung **463** 22
- analoge Anwendung der Vorschriften über die Strafvollstreckung **463** 2 ff.
- Anordnung der sofortigen Vollziehbarkeit **463** 23
- Anwendungsbereich **463** 1
- aufschiebende Wirkung **463** 24
- Aufschub und Unterbrechung **463** 21
- erhebliche rechtswidrige Taten **463** 23
- externe Begutachtung **463** 19 f.
- Fortsetzungszuständigkeiten **463** 26 ff.
- Nachtragsentscheidungen *siehe dort*
- sofortige Beschwerde **463** 24
- Zuständigkeit bei Nachtragsentscheidungen **463** 25 ff.

Vollstreckung von Nebenfolgen
- Beschluss ohne mündliche Verhandlung **459g** 9
- doppelte Inanspruchnahme **459g** 23
- eidesstattliche Versicherung **459g** 14
- Eignung für justizielle Zwecke **459g** 17
- Eingriffsmaßnahmen **459g** 22
- Einziehungsbeteiligte **459g** 12 f.
- Entziehung der Fahrerlaubnis **459g** 4 ff.
- Ermessen **459g** 9
- Geldzahlung **459g** 20 f.
- Gewahrsamssachenanweisungen **459g** 19
- nachträgliche und selbstständige Anordnung der Einziehung **459g** 8 ff.
- objektives Verfahren **459g** 10
- rechtliches Gehör **459g** 10
- Rechtsfolgen der Anordnung von Einziehung **459g** 1 ff.
- Unbrauchbarmachung oder Vernichtung **459g** 18
- Verwertung **459g** 15 ff.
- vollstreckungsrechtliche Verfahrensaspekte **459g** 11 ff.
- Wegfall der Bereicherung **459g** 24

Sachverzeichnis

– zur Geldzahlung verpflichtende Nebenfolgen **459g** 20 f.
Vollstreckungsaufschub
– Aufschub und Unterbrechung durch Gnadenakt **455** 38
– Ausspruch von Amts wegen **455** 18
– Dauer **455** 19
– Ermessensentscheidung **455** 30 ff.
– fakultativer Strafaufschub **455** 14
– Geisteskrankheit **455** 11, 23
– Geldstrafen und sonstige Rechtsfolgen **455** 39
– Gründe **455** 7 ff.
– individuelle Zumutbarkeit und öffentliches Interesse **455** 17
– medizinisches Sachverständigengutachten **455** 25
– mehrere Verurteilte **455** 40
– nahe Lebensgefahr **455** 12, 23
– Rechtsbehelfe **455** 35
– sonstige Krankheiten **455** 13
– Strafaufschub **455** 4
– Strafausstand **455** 4
– Strafunterbrechung **455** 4
– Unterbrechungsgründe **455** 23 ff.
– Verhältnismäßigkeitsprüfung **455** 31, 34
– Vollstreckungsunterbrechung **455** 22
– Vollzugslockerungen **455** 6
– Vollzugsuntauglichkeit **455** 1, 7
– Zuständigkeit **455** 34
– zwingende Aufschubgründe **455** 10 ff.
Vollstreckungsbehörden
– Staatsanwaltschaft **451** 1
– Strafvollstreckungskammer *siehe dort*
– Vollstreckbarkeitsbescheinigung *siehe dort*
– Vollstreckungsbehörden in Ausnahmefällen *siehe dort*
– Zuständigkeit der Vollstreckungsbehörden *siehe dort*
Vollstreckungsbehörden in Ausnahmefällen
– Amtsanwaltschaften **451** 3
– Aufschub eines Berufsverbots **451** 4
– Überwachung der Lebensführung des Verurteilten **451** 5
– Verfahren gegen Jugendliche und Heranwachsende **451** 2
Vollstreckungshemmung
– Anfangsverdacht **360** 3
– Anordnungsgegenstand **360** 11 f.
– antizipierte Vollstreckung **360** 10
– aufschiebende Wirkung **360** 1
– Bedenklichkeit **360** 4
– Durchbrechung der Rechtskraft **360** 1
– Entscheidungsmaßstab **360** 2
– Fluchtgefahr **360** 9
– Form **360** 13
– Freiheitsinteresse **360** 9
– neuerliche Entscheidung **360** 8
– öffentliches Rechtsschutzinteresse **360** 2
– Rechtsbehelf **360** 15
– Sicherheitsleistung **360** 9
– Strafvollstreckungsinteresse **360** 9
– Suspensiveffekt **360** 2
– Untersuchungshaftbefehl **360** 10
– Verfahren **360** 13
– vollstreckbare Maßnahmen **360** 11

– Wahrscheinlichkeitsmaßstab **360** 7
– Wiederaufnahmebeschluss **360** 1
– Zuständigkeit **360** 13
Vollstreckungshindernisse
– Amnestie **449** 66
– Aussetzung zur Bewährung **449** 46
– Ausweisung, Auslieferung oder Überstellung **449** 46
– bereits erfolgte Vollstreckung **449** 69
– Einlieferung aus dem Ausland **449** 46
– fehlende Identität **449** 70 f.
– Gnadenerweis *siehe dort*
– Immunität der Mitglieder des Deutschen Bundestages **449** 46
– Prüfung von Amts wegen **449** 45
– Rechtsbehelf **449** 46
– Strafausstand **449** 46
– Tod der sanktionierten Person **449** 72 f.
– Verstoß gegen das Vertrauensprinzip **449** 67 f.
– Vollstreckungsverjährung *siehe dort*
– Zurückstellung der Strafvollstreckung **449** 46
Vollstreckungsunterbrechung
– Absehen von Unterbrechung **454b** 31 ff.
– Anwendungsbereich **454b** 20
– einheitliche Entscheidung **454b** 20
– Erstverbüßerregelung **454b** 26 ff.
– stationäre Maßregel der Besserung und Sicherung **454b** 22
– Strafreste **454b** 22
– termingerechte Unterbrechung **454b** 23
– Unterbrechungstermine **454b** 24
– Verlängerung durch Vollstreckungsdurchführung **454b** 25
Vollstreckungsverjährung
– Dauer der jeweiligen Frist **449** 50
– Fristbeginn **449** 49
– Geldstrafe **449** 51
– gemeinsame Verjährung **449** 53
– Ruhen der Verjährung **449** 55
– Verjährungsfrist **449** 48, 50 ff.
– Verlängerung der Frist **449** 54
Vollstreckungsvoraussetzungen
– Ausschluss von Vollstreckungshindernissen **449** 19
– beglaubigte Abschrift der Urteilsformel **449** 21
– Gesamtstrafenbeschluss **449** 24
– Rechtskraft *siehe dort*
– Rechtskraftbescheinigung **449** 21
– sonstige urteilsvertretende Beschlüsse **449** 25
– Strafbefehl **449** 24
– Teilrechtskraft **449** 24
– Überprüfung der Vollstreckbarkeitsbescheinigung **449** 23
– urkundliche Grundlage **449** 19 f.
– Zuständigkeit **449** 22
vorausgegangene Entscheidungen
– einfache Beschwerde **336** 8
– Einstellungsbeschlüsse **336** 4
– Entscheidungen, die mit dem Urteil ergehen **336** 2
– Entscheidungen nach dem Eröffnungsbeschluss **336** 3
– fehlerhafte Eröffnungsbeschlüsse **336** 4
– Fortwirkung **336** 3

magere Zahlen = Randnummern

- gerichtliche Entscheidungen **336** 2
- nachprüfbare Entscheidungen **336** 1 ff.
- sofortige Beschwerde **336** 8
- Sperrwirkung **336** 9
- Staatsschutzsachen **336** 7
- unanfechtbare Entscheidungen **336** 6
- verfahrensrechtliche Entscheidungen **336** 2
- Willkür **336** 9

Voraussetzungen der Nebenklage
- abschließender Kreis der Nebenklageberechtigten **395** 57
- absolutes Antragsdelikt **395** 44
- allgemeine Prozessvoraussetzungen **395** 27 ff.
- anderweitige Beteiligung am Verfahren **395** 35
- Begrenzungsfunktion **395** 75
- besondere Schutzbedürftigkeit **395** 67, 77
- eingeschränkte Nebenklagebefugnis **395** 67 ff.
- eingeschränktes Antragsdelikt **395** 45
- gesetzlicher Vertreter **395** 30
- Inhaber eines anderen Rechtsguts **395** 46
- Klageerzwingungsverfahren **395** 64
- lebende Person **395** 28
- Mitangeklagter **395** 36
- Nebenklagebefugnis **395** 37 ff., 56 ff.
- Nebenklagedelikte **395** 38, 48 ff., 71 ff.
- Offizialdelikt **395** 47
- Prozessfähigkeit **395** 29
- Prozesshindernis **395** 31
- rechtswidrige Tat **395** 41, 60
- Rücknahme **395** 33
- Sachverständige **395** 35
- sonstige Delikte **395** 62, 74
- Tateinheit und Gesetzeskonkurrenz **395** 43
- Täter und Teilnehmer **395** 42
- Tötungserfolg **395** 61, 63
- uneingeschränkte Nebenklagebefugnis des Verletzten **395** 40
- Vergleich **395** 34
- Verletzter **395** 37
- Verurteilung des Beschuldigten **395** 39
- Verzicht **395** 32
- Vollendung und Versuch **395** 42
- Zeugen **395** 35

Vorführungs- oder Haftbefehl
- Anordnungsvoraussetzungen **457** 25
- Anschlussvollstreckung **457** 18
- Anwendungsbereich **457** 1 ff.
- Beschleunigung der Strafvollstreckung **457** 32
- Ergreifungsfahndung **457** 36 ff.
- Ermittlungsbefugnisse der Vollstreckungsbehörde **457** 4
- Fluchtgefahr **457** 29 f.
- Form **457** 7
- Gestellungsfrist **457** 9
- Grundsatz der Verhältnismäßigkeit **457** 20, 39 ff.
- Ladung zum Strafantritt **457** 5 f., 26 f.
- notwendiger Inhalt **457** 23
- notwendiger Ladungsinhalt **457** 10, 13
- Rechtsschutz **457** 43 ff.
- schriftliche Ladung **457** 11
- sofortiger Strafantritt **457** 13
- sonstige Ermittlungsbefugnisse **457** 36 ff.
- Überhaft **457** 17
- Untersuchungshaft **457** 16 f.
- Verschubung **457** 19
- Verurteilte auf freiem Fuß **457** 5
- Verurteilter in behördlicher Verwahrung **457** 15 ff.
- Vollziehung **457** 24
- Zurückführung in den Strafvollzug **457** 34 f.
- Zustellung **457** 12, 14
- Zwangsmaßnahmen **457** 20
- Zwischenhaft **457** 16

Vorführungsbefehl
- Antrag **463a** 20
- Belehrung **463a** 21
- Dokumentation im Führungsaufsichtsheft **463a** 20
- Entscheidungsbefugnis **463a** 24
- Ladung **463a** 21
- Missachtung einer Weisung **463a** 22
- ohne genügende Entschuldigung **463a** 23
- Regelungszweck **463a** 19

vorschriftswidrige Abwesenheit
- Ablehnung/Weigerung des notwendigen Verteidigers **338** 112
- Angeklagter **338** 94
- Ausschluss der Öffentlichkeit **338** 86
- Begriff der Hauptverhandlung **338** 85
- Beistand **338** 88
- Berufung und Verfahren bei Ordnungswidrigkeiten **338** 104
- Beweisaufnahme **338** 86
- Dolmetscher **338** 116 ff.
- Dolmetscher als Zeuge **338** 118
- effektive Verteidigung **338** 102
- eigenmächtiges Ausbleiben **338** 96
- eigenmächtiges Entfernen **338** 96 f.
- Freibeweisverfahren **338** 101, 123
- Inhalt des Revisionsvorbringens **338** 121
- Jugendgerichtshilfe **338** 88
- mehrere Angeklagte **338** 99, 109
- mehrere Verteidiger **338** 111
- Nebenkläger **338** 89
- negative Abgrenzung **338** 85, 88
- Negativtatsachen **338** 121
- notwendiger Verteidiger **338** 105 ff., 122
- Pflichtverteidiger als Zeuge **338** 113
- Privatkläger **338** 89
- rechtliches Gehör **338** 102
- sachliche Unzuständigkeit **338** 90
- Sachverständige **338** 88
- schlafender Sitzungsvertreter der Staatsanwaltschaft **338** 92
- Schlechtverteidigung **338** 107 f.
- Schlussvorträge **338** 86
- Schutzzweck **338** 84
- Staatsanwalt als Zeuge **338** 91
- Staatsanwalt erster Instanz **338** 93
- Staatsanwaltschaft **338** 90 ff.
- unwesentlicher Teil **338** 87
- Urkundsbeamter der Geschäftsstelle **338** 115
- Verhältnis zu anderen Rügen **338** 84
- Verhandlung in Abwesenheit **338** 102
- Verhandlung über die Verteidigung **338** 86
- Verhandlungsfähigkeit **338** 100
- Verlesung des Anklagesatzes **338** 86
- Verlesung des Urteils **338** 86

Sachverzeichnis

fette Zahlen = §§

- Vernehmung des Angeklagten zur Person und zur Sache **338** 86
- Verwirkung **338** 114
- Verzicht **338** 97, 115
- wesentlicher Teil der Hauptverhandlung **338** 85 ff., 105
- Widerruf der Anwaltszulassung **338** 110

vorschriftswidrige Besetzung des Gerichts
- Änderung des Geschäftsverteilungsplans **338** 22, 48
- Anspruch auf gesetzlichen Richter **338** 15
- Augenschein **338** 32
- Besetzungsmängel **338** 20
- Doppelvorsitz **338** 26
- erkennendes Gericht **338** 15
- error in procedendo **338** 18
- Geschäftsverteilungsplan **338** 21 ff.
- gesetzliche Regelung **338** 15
- Hilfsschöffen **338** 37
- Inhalt des Revisionsvorbringens **338** 45
- Kasuistik **338** 46 ff.
- Mängel im Rahmen der Schöffenbesetzung **338** 35
- Mängel in der Geschäftsverteilung **338** 21
- Mängel in der Person der mitwirkenden Richter oder Schöffen **338** 30, 50
- Mündlichkeitsprinzip **338** 32
- objektive Willkür **338** 18 f.
- persönliche Mängel **338** 31
- rechtliche Mängel **338** 34
- Regelungsfehler **338** 24
- Rügeausschluss **338** 43
- Rügepräklusion **338** 39 ff., 44
- schlafender Richter **338** 33
- Strafkammern eines und desselben Gerichts **338** 16
- Überbesetzung **338** 25
- Überlastung **338** 21, 26 ff.
- Unterbrechung **338** 41
- Verhinderungsregelungen **338** 29
- Vorschriften über die Mitteilung **338** 41
- Zurückweisung des Einwands **338** 42
- Zustandekommen des Geschäftsverteilungsplans **338** 23
- Zuteilung an verschiedene Spruchkörper **338** 28

Vortrag negativer Tatsachen
- Ausnahmesachverhalte **344** 126
- Blutentnahme **344** 127
- Einheit der Hauptverhandlung **344** 123
- einzelne Konstellationen **344** 127
- gegenläufige Tatsachen **344** 122, 124 f.
- Negativtatsachen **344** 122 ff.
- ratio legis **344** 131
- Sachverständigengutachten **344** 127
- Überdehnung der Vortragspflicht **344** 128
- Vereidigung des Zeugen **344** 127
- Verlesung einer Urkunde **344** 127
- Verwertungsverbot **344** 117 f.
- Vollständigkeitsmaßstab **344** 122, 126
- Zeugnisverweigerungsrecht **344** 128
- Zulässigkeitserfordernis für Verfahrensrügen **344** 130

vorübergehender Aufschub
- Antrag des Verurteilten **456** 7
- Anwendungsbereich **456** 1 ff.
- außerhalb des Strafzwecks liegende Nachteile **456** 4 ff.
- Höchstdauer **456** 12
- Maßnahme in Ausübung der Aufschubermächtigung **456** 8
- mehrfache Gewährung **456** 13
- Rechtsbehelfe **456** 15
- Sicherheitsleistung **456** 14
- Suspensiveffekt **456** 8
- Voraussetzungen **456** 4 ff.
- Zuständigkeit **456** 10

W

weitere Entscheidungen im Aditionsverfahren
- allgemeines Prozesshindernis **368** 65
- Durchbrechung der Rechtskraft **368** 65
- günstige Wiederaufnahme **368** 65
- ungünstige Wiederaufnahme **368** 66
- Verfahrensbeendigung **368** 66

Widerklage
- Erhebung der Privatklage **388** 3
- Erledigung der Privatklage **388** 23
- Personenidentität **388** 7
- Privatklagedelikt **388** 6
- Rücknahme der Privatklage **388** 23
- selbstständige Klageerhebung **388** 7
- Strafantrag **388** 6
- Voraussetzungen **388** 1 ff.
- Zulässigkeit **388** 3 ff.
- Zusammenhang **388** 9

Widerruf der Anschlusserklärung
- Form **402** 3
- notwendige Auslagen **402** 6
- Verzicht **402** 5
- Wirkung **402** 4
- Zeitpunkt **402** 2

Wiederaufnahme
- abschließend genannte Gründe **Vor 359** 5
- Absprachen **Vor 359** 39
- Aditionsverfahren **Vor 359** 34
- analoge Anwendung **Vor 359** 17 ff.
- Antrag **Vor 359** 33
- Antragsbefugnis **Vor 359** 33
- Begründetheit **Vor 359** 34
- Beschluss **Vor 359** 17
- Beschwer **Vor 359** 33
- Doppelbestrafung **Vor 359** 3
- Durchbrechung der materiellen Rechtskraft **Vor 359** 1
- erneute Anklage **Vor 359** 3
- erneute Hauptverhandlung **Vor 359** 34
- Erstverfolgerstaat **Vor 359** 38
- Form **Vor 359** 33
- Frist **Vor 359** 33
- Gegenstand der Wiederaufnahme **Vor 359** 8; siehe auch dort
- Grundrechtspositionen **Vor 359** 1
- Inhalt **Vor 359** 33
- kollidierendes Verfassungsrecht **Vor 359** 3
- materielle Gerechtigkeit **Vor 359** 1
- menschenrechtliche Gewährleistung **Vor 359** 4
- ne bis in idem **Vor 359** 3

magere Zahlen = Randnummern

Sachverzeichnis

- neue Tatsachen und Beweismittel **Vor 359** 6
- Probationsverfahren **Vor 359** 34
- Prozessurteil **Vor 359** 9
- Rechtsbehelf eigener Art **Vor 359** 1
- Rechtskraft **Vor 359** 11
- Rechtssicherheit **Vor 359** 1
- Reform **Vor 359** 40
- Regel/Ausnahme-Verhältnis **Vor 359** 5
- Sachurteil **Vor 359** 8
- Strafbefehl **Vor 359** 8
- Strafklageverbrauch **Vor 359** 37
- Urteilstenor **Vor 359** 33
- Verfahrenshindernis **Vor 359** 9
- Verfolgungsverjährung **Vor 359** 33
- Wiederaufnahme zulasten des Angeklagten **Vor 359** 3; *siehe auch dort*
- Wiederaufnahmegründe **Vor 359** 5
- Wiederaufnahmeverfahren *siehe dort*
- zugunsten des Verurteilten **Vor 359** 2
- Zulässigkeit **Vor 359** 34
- Zuständigkeit **Vor 359** 35

Wiederaufnahme bei Strafbefehl
- Einspruch **373a** 21
- Einstellung **373a** 21
- erneuter Erlass des Strafbefehls **373a** 21
- Eröffnungsbeschluss **373a** 19
- Normalverfahren **373a** 17
- reformatio in peius **373a** 17 f.
- status quo ante decisionem **373a** 16
- Strafbefehlsverfahren **370** 20; **373a** 17 f.
- Tenor **373a** 21
- Verfahrensbeendigung **373a** 17
- Zuständigkeit eines höheren Gerichts **373a** 19

Wiederaufnahme des Verfahrens bei Entschädigung der Verletzten
- Antragsberechtigung **406c** 1
- erneute Hauptverhandlung **406c** 1
- strafrechtlicher Teil **406c** 3
- wesentliche Änderung **406c** 2
- zivilrechtlicher Teil **406c** 1

Wiederaufnahme nach Strafbefehlsverfahren
- Geschichte **373a** 1
- propter nova in malam partem **373a** 1

Wiederaufnahme nach Vollstreckung oder Tod des Verurteilten
- allgemeines Persönlichkeitsrecht **361** 5
- Amnestie **361** 11
- Angehörige **361** 14
- Antragsrecht **361** 14
- Ausgleichsansprüche **361** 20
- Begnadigung **361** 11
- Beschwer durch Schuldspruch **361** 4
- Beschwer durch Strafurteil **361** 3
- Beschwer durch Vollstreckung **361** 6
- Bewährungszeit **361** 11
- Eintrittsrecht **361** 15, 19
- Erledigung einer Maßregel **361** 11
- Folgenbeseitigung **361** 2
- Grundrechtseingriff **361** 2, 10
- Maßregelvollstreckung **361** 9
- Personenverwechslung **361** 22
- postmortales Persönlichkeitsrecht **361** 5
- ratio legis **361** 2
- Rehabilitationsinteresse **361** 2, 16

- Strafvollstreckung **361** 7
- Tod des Verurteilten **361** 12
- Tod nach Wiederaufnahmebeschluss **361** 19
- Tod vor Rechtskraft **361** 16
- Unschuldsvermutung **361** 4, 6 ff.
- Urteilsberichtigung **361** 22
- Verfahrensökonomie **361** 15
- Verhandlungsunfähigkeit des Verurteilten **361** 13
- Vollstreckungsverjährung **361** 11

Wiederaufnahme zugunsten des mit Strafbefehl Verurteilten
- Aktenlage **373a** 5
- Aktenverlust **373a** 5
- allgemeine oder gerichtskundige Tatsachen **373a** 5
- Beweisvereitelung **373a** 5
- Neuheit von Tatsachen und Beweismitteln **373a** 4 f.
- Verbrauch **373a** 5
- Verwertung **373a** 5
- Wiederaufnahmegründe **373a** 3

Wiederaufnahme zulasten des Angeklagten
- Doppelbestrafung **Vor 359** 3
- erneute Anklage **Vor 359** 3
- kollidierendes Verfassungsrecht **Vor 359** 3
- ne bis in idem **Vor 359** 3

Wiederaufnahme zuungunsten des mit Strafbefehl Verurteilten
- Begründungsgeeignetheit **373a** 11
- Doppelbestrafungsverbot **373a** 9
- Doppelverwertungsverbot **373a** 13
- hinreichender Tatverdacht **373a** 11
- in-dubio-Grundsatz **373a** 11
- Legitimation sub specie **373a** 9
- nachträglicher Eintritt von Tatsachen **373a** 12
- neuerliche Verfolgung eines zu milde Verurteilten **373a** 7
- Neuheit von Tatsachen und Beweismitteln **373a** 10
- Rechtskraftdurchbrechung **373a** 6
- Rechtssicherheit **373a** 9
- Schnelligkeitsargument **373a** 14
- Strafklageverbrauch **373a** 6
- summarisches Verfahren **373a** 13
- Verbrechensbegriff **373a** 8
- verfassungsimmanente Schranke **373a** 9, 14
- Wiederaufnahme propter nova **373a** 8

Wiederaufnahme zuungunsten des Verurteilten
- Absehen von Strafe **362** 11
- Adressat des Geständnisses **362** 15
- Antragsbegründung **362** 17
- Antragsberechtigung **362** 6
- Anwendung desselben Strafgesetzes **362** 4
- fortgesetzte Handlung **362** 11
- freisprechende Sachentscheidung **362** 12
- Freispruch **362** 11
- geständiger Verurteilter **362** 11
- glaubwürdiges Geständnis **362** 2, 13, 16
- Grundrecht **362** 1
- Hauptstrafe **362** 4
- höhere Bestrafung in Anwendung eines schärferen Strafgesetzes **362** 4
- Maßregel der Besserung und Sicherung **362** 12

1713

Sachverzeichnis

fette Zahlen = §§

- ne bis in idem **362** 1
- Nebenstrafe **362** 4
- Prinzip der materiellen Gerechtigkeit **362** 1
- Prozessurteil **362** 12
- Rechtsstaatsprinzip **362** 1
- Schuldspruchänderung **362** 5
- Strafbefehl **362** 1
- Straffreierklärung **362** 11
- Straftat **362** 10
- Teilfreispruch **362** 12
- ungleichartige Wahlfeststellung **362** 11
- Veranlassung durch Angeklagten **362** 9
- Verfahrensmängel **362** 2
- verfassungsimmanente Schranke **362** 1
- Verfolgungsverjährung **362** 7
- Verhältnis der Wiederaufnahmegründe **362** 3
- Verurteilung des Freigesprochenen **362** 4
- Verwarnung mit Strafvorbehalt **362** 11
- wesentlich andere Entscheidung über Maßregel **362** 4
- Wiederaufnahmegründe **362** 8 ff.
- Wiederaufnahmeziele **362** 4
- Zeitpunkt des Geständnisses **362** 14

Wiederaufnahmeantrag
- Aditionsentscheidung **366** 19
- Analogie zu Revisions-/Klageerzwingungsverfahren **366** 6
- Angabe der Beweismittel **366** 9
- Angabe des Wiederaufnahmeziels **366** 8
- Angriffsrichtung **366** 4
- Antragsgegenstand **366** 3
- Antragstellung durch die Staatsanwaltschaft **366** 18
- Aufgaben des Urkundsbeamten **366** 15 ff.
- Beurkundungsfunktion **366** 16
- Beweismittel **366** 2
- Bezugnahme/Verweise **366** 6
- eigenhändige Unterschrift **366** 13
- einfache Schriftform **366** 18
- Falschbezeichnung **366** 4
- Form **366** 1, 10
- förmliche Beweismittel **366** 9
- Formmangel **366** 16
- Frist **366** 19
- Geschlossenheitspostulat **366** 7
- Geständniswiderruf **366** 9
- günstiger Wiederaufnahmeantrag **366** 1, 10
- Hinweispflicht **366** 2
- Inhalt **366** 1 f.
- iura novit curia **366** 4
- Kostenentscheidung **366** 8
- Nachbesserung **366** 2
- Nachreichen eines vervollständigten Antrags **366** 6
- Nachschieben weiterer Wiederaufnahmegründe **366** 19
- paternalistischer Formzwang **366** 11
- Protokollierungspflicht **366** 16
- Prozessökonomie **366** 7
- Restriktion **366** 7
- Sachvortrag **366** 4
- Schlüssigkeit **366** 5
- Schriftform **366** 13
- tatsächliche Umstände **366** 4
- ungünstiger Wiederaufnahmeantrag **366** 1
- Verantwortungsübernahmeprinzip **366** 13, 16
- von Verteidiger oder Rechtsanwalt unterzeichnet **366** 12
- Wahlrecht **366** 14
- Wiederaufnahmegrund **366** 2, 4
- zu Protokoll der Geschäftsstelle **366** 14
- Zuständigkeit **366** 14

Wiederaufnahmeentscheidung (sofortige Beschwerde)
- Abänderung der Entscheidung **372** 15
- identischer Wiederaufnahmeantrag **372** 16
- nova für nova **372** 16
- Rechtskraft **372** 16
- Verbrauch **372** 16
- Zurückverweisung **372** 15
- Zuständigkeit **372** 15

Wiederaufnahmeentscheidung (vereinfachtes Freispruchverfahren)
- Ablehnung **371** 19
- Aufhebung des früheren Urteils **371** 19
- Begleitentscheidungen **371** 20
- Begründung **371** 18
- Beschluss **371** 18
- Freispruch **371** 19
- Gesamtstrafe **371** 20
- Kostenentscheidung **371** 20
- Maßregel **371** 19
- Sicherungsverfahren **371** 19
- Teilfreispruch **371** 20
- Tenorierung **371** 19

Wiederaufnahmeentscheidung im neuen Hauptverfahren
- Anrechnung früherer Rechtsfolgen **373** 28
- Aufhebung **373** 25
- Aufhebung unter anderweitiger Erkennung **373** 16
- Aufrechterhaltung **373** 16
- autonome Urteilsbegründung **373** 16
- Bekanntmachung der Urteilsaufhebung **373** 30
- bereits vollstreckte Strafe **373** 28
- Bewährung **373** 27
- Dispositionsbefugnis **373** 21
- eingezogene Gegenstände **373** 30
- Entschädigungsansprüche **373** 29
- Entschädigungsentscheidung **373** 19
- Entziehung von Befugnissen **373** 30
- Fallenlassen der Klage **373** 22
- Freispruch **373** 18
- Gesamtstrafe **373** 27
- Gesamtstrafenbildung **373** 27
- Gnadenerweise **373** 28
- Gründe **373** 26
- Kostenentscheidung **373** 19, 31
- Nebenentscheidungen **373** 27
- Opportunitätsentscheidung **373** 19
- Rechteverlust **373** 28
- Rechtsfolge **373** 26
- Rechtskraftdurchbrechung **373** 19
- Rechtsmittelkosten **373** 31
- Restitution **373** 29
- Rückerstattung **373** 29
- Rücknahme der Klage **373** 20
- Rücknahme der Privatklage **373** 20

magere Zahlen = Randnummern

- Rücknahme des Einspruchs gegen einen Strafbefehl 373 22
- Rücknahme des Strafantrags 373 20
- Rücknahme von Rechtsmitteln 373 21
- Sachurteil 373 18
- Schuldspruch 373 26
- Sicherungsmaßregel 373 28
- Sperrfrist 373 28
- Strafzumessungserwägungen 373 26
- Teilaufrechterhaltung 373 24
- Tenor 373 24
- Tenorierungshilfe 373 24
- Tenorierungsvereinfachung 373 16
- Umrechnung von Geld- in Freiheitsstrafe 373 28
- Verfahrenseinstellung 373 16, 18
- Verurteilung 373 18
- Verweisungen und Bezugnahmen 373 26
- Verwerfung wegen unentschuldigtem Ausbleiben 373 23

Wiederaufnahmeentscheidung ohne mündliche Verhandlung
- Aditionsverfahren 367 7 ff.
- Anordnungsbeschluss 367 7
- Antrag 367 5
- Entscheidung unzuständiger Gerichte 367 6
- Gericht zu hoher Ordnung 367 8
- örtliche Unzuständigkeit 367 9
- Probationsentscheidung 367 9
- Probationsverfahren 367 7 ff.
- Prozessökonomie 367 6
- sachliche Unzuständigkeit 367 7
- Verwerfung wegen Unbegründetheit 367 7 f.
- Verwerfung wegen Unzuständigkeit 367 6
- Verwerfungsbeschluss 367 7 ff.
- Zulassung der Wiederaufnahme 367 5
- Zulassungsbeschluss 367 7 ff.

Wiederaufnahmegegenstand
- analoge Anwendung Vor 359 17 ff.
- Beschluss Vor 359 17
- Deutsches Strafgericht Vor 359 16
- Erhebung der öffentlichen Klage Vor 359 31
- horizontale Rechtskraft Vor 359 14
- Prozessurteil Vor 359 9
- Rechtskraft Vor 359 11
- Regelungslücke Vor 359 27 ff.
- relative Rechtskraft Vor 359 11
- Sachentscheidung Vor 359 18 ff.
- Sachurteil Vor 359 8
- Strafbefehl Vor 359 8
- urteilsergänzende Beschlüsse Vor 359 32
- urteilsersetzender Beschluss Vor 359 17, 28
- Verfahrenshindernis Vor 359 9
- vertikale Rechtskraft Vor 359 12
- zugunsten des Beschuldigten Vor 359 30
- zulasten des Beschuldigten Vor 359 29

Wiederaufnahmegründe zugunsten des Verurteilten
- absoluter Wiederaufnahmegrund 359 2
- Feststellungsmängel 359 1
- Rechtsanwendungsmängel 359 1
- relativer Wiederaufnahmegrund 359 1
- Verfahrensmängel 359 1

Wiederaufnahmeverfahren
- Absprachen Vor 359 39

Sachverzeichnis

- Aditionsverfahren Vor 359 34
- Antrag Vor 359 33
- Antragsbefugnis Vor 359 33
- Begründetheit Vor 359 34
- Beschwer Vor 359 33
- erneute Hauptverhandlung Vor 359 34
- Erstverfolgerstaat Vor 359 38
- Form Vor 359 33
- Frist Vor 359 33
- Inhalt Vor 359 33
- innerstaatliche Geltung Vor 359 37
- Probationsverfahren Vor 359 34
- Reform Vor 359 40
- Strafklageverbrauch Vor 359 37
- Urteilstenor Vor 359 33
- Verfolgungsverjährung Vor 359 33
- Zulässigkeit Vor 359 34
- Zuständigkeit Vor 359 35

Wiederaufnahmeziel
- Absehen von Strafe 359 10
- Anwendung desselben Gesetzes 359 5, 8
- Anwendung eines anderen Gesetzes 359 8, 12
- Anwendung eines anderen, nicht milderen Gesetzes 359 16
- Besserstellung des Verurteilten 359 5
- eigenständige Beschwer 359 15
- Einstellung des Verfahrens 359 13
- Einstellungsgründe 359 13 f.
- Entfallen der Maßregel 359 11
- Ersetzung der Maßregel 359 11
- Freispruch 359 4, 6
- geringere Bestrafung 359 4, 7 ff.
- Maßregel der Besserung und Sicherung 359 4, 6, 11 f.
- milderes Strafgesetz 359 7 ff.
- Nebenstrafe 359 7
- Schuldspruchänderung 359 5, 15
- Straffreierklärung 359 10
- Tatmehrheit 359 6
- Teilfreispruch 359 6
- Verfahrenseinstellung 359 4
- Verkürzung der Maßregel 359 11
- Wahlfeststellung 359 6

Wiedereinsetzung in den vorigen Stand 391 29 f.

Wirkungen der Probationsentscheidung
- Aufleben entzogener Rechte 370 23
- Beseitigung der Rechtskraft 370 19
- einstweilige Anordnung 370 18
- erneute Rechtshängigkeit 370 20
- ex-nunc-Wirkung 370 24
- ex-tunc-Wirkung 370 24
- Freiheitsentzug 370 21
- Recht auf Rehabilitierung 370 25
- Rechtskraft 370 18 f.
- Restwirkung 370 19
- Rückwirkung 370 19, 24
- Strafbefehlsverfahren 370 20
- Verfolgungsverjährung 370 25
- Verhandlungsunfähigkeit des Antragstellers 370 19
- Versterben des Antragstellers 370 19
- Verwerfungsbeschluss 370 18
- Vollstreckbarkeit 370 21

1715

Sachverzeichnis

fette Zahlen = §§

- Wideraufnahmeanordnung **370** 19
- Zwangsmaßnahmen **370** 18, 22

Z

Zahlungen auf Wertersatzeinziehung 459n
Zahlungserleichterungen
- Abänderung oder Widerruf **459a** 5
- Anwendungsbereich **459a** 1 ff.
- Auswahlermessen **459a** 9
- erhebliche Gefährdung der Schadenswiedergutmachung **459a** 10
- Fälligkeit **459a** 14
- Gnadenweg **459a** 3
- Prüfung von Amts wegen **459a** 8
- Ratenzahlung **459a** 1, 14
- rechtliches Gehör **459a** 5
- Rechtskraft **459a** 1
- Ruhen der Vollstreckungsverjährung **459a** 15
- Umfang **459a** 14
- Unzumutbarkeit **459a** 6 ff.
- Zahlungsfrist **459a** 1
- Zuständigkeit **459a** 4 f.

Zentrales staatsanwaltschaftliches Verfahrensregister
- Ähnlichenservice **492** 25
- Anhängigkeit des Verfahrens **492** 9
- Auskunft für Zwecke eines Strafverfahrens **492** 16 ff.
- Auskunft zu sonstigen Zwecken **492** 20 ff.
- Auskünfte aus dem Register **492** 15 ff.
- Inhalt **492** 2 ff.
- mitteilende Stelle **492** 8
- Mitteilung an das Register **492** 8 ff.
- nationales Mitglied von Eurojust **492** 14
- Prüfungspflicht **492** 27
- Tatvorwurfsdaten **492** 7
- Übermittlungsbefugnis an Geheimdienste **492** 21
- Umfang der registrierten Daten **492** 3
- Verfahrensdaten **492** 6
- Vollspeicherung **492** 3
- Waffen- und Sprengstoffbehörden **492** 20
- zur Identifizierung des Beschuldigten geeignete Daten **492** 5
- Zweck der Strafverfolgung **492** 13
- Zweckbindung **492** 11

Zivilgerichtliches Urteil
- Antragsbegründung **359** 36
- arbeitsgerichtliches Urteil **359** 33
- durch anderes, rechtskräftig gewordenes Urteil aufgehoben **359** 34
- finanzgerichtliches Urteil **359** 33
- geeignete Beweismittel **359** 36; **368** 23
- neue, inhaltlich abweichende Entscheidung **359** 34
- sozialrechtliches Urteil **359** 33
- strafrechtliches Urteil **359** 33
- Verwaltungsakte **359** 33
- verwaltungsrechtliches Urteil **359** 33

Zulässigkeit der Anhörungsrüge
- Antragsbefugnis **356a** 10
- Antragsberechtigung **356a** 9
- Befangenheitsantrag **356a** 7
- Begründung **356a** 17

- Drei-Tages-Fiktion **356a** 14
- Eigenverschulden **356a** 15
- Falschbezeichnung **356a** 11
- Form **356a** 10
- Frist **356a** 10, 12
- Fristversäumnis **356a** 16
- Gegenvorstellungen des Verteidigers **356a** 11
- Glaubhaftmachung **356a** 13
- Jugendstrafverfahren **356a** 8
- lex specialis **356a** 8
- Ordnungswidrigkeiten **356a** 8
- Rechtsbeschwerdegericht **356a** 8
- Rechtsbeschwerdeverfahren **356a** 8
- Revisionsentscheidungen **356a** 7
- sonstige grundrechtsgleiche Rechte **356a** 10
- Statthaftigkeit **356a** 2
- Strafvollzugssachen **356a** 8
- Verletzung rechtlichen Gehörs **356a** 10
- Verteidigerverschulden **356a** 15
- Wiedereinsetzung **356a** 15
- Zustellung **356a** 12

Zulässigkeit der Berufung
- Berufungsbeschränkung **337** 59
- Bindungswirkung **337** 59
- Prüfung von Amts wegen **337** 57
- Sperrwirkung **337** 60
- teilweise Aufhebung **337** 60
- zulässige Berufung der Staatsanwaltschaft **337** 58

Zulässigkeit der Privatklage
- Dienstvorgesetzte **374** 11
- Einstellung **374** 29 f.
- gesetzliche Vertreter **374** 3, 13
- hinreichender Tatverdacht **374** 28
- Hinterbliebene **374** 10
- Jugendliche und Heranwachsende **374** 6
- juristische Personen **374** 4
- Offizialprinzip **374** 1, 26
- Privatklageberechtigung **374** 7 ff.
- Privatklagedelikte **374** 15 ff.
- Prozessfähigkeit **374** 2
- prozessuale Tat **374** 27
- Prozessvoraussetzungen **374** 2 ff.
- sachliche Zuständigkeit **374** 5
- Strafantragsberechtigte **374** 10
- Strafantragserfordernis **374** 14
- Tatmehrheit **374** 31
- Verbände und Kammern **374** 12
- Verletzter einer Straftat **374** 8

Zulässigkeit der Revision
- Bedingungsfeindlichkeit **333** 7
- Berufungsurteile **333** 1
- Beschlüsse **333** 2
- Bußgeldverfahren **333** 8
- erstinstanzliche Urteile **333** 1
- gesetzlicher Ausschluss **333** 6
- Kostenentscheidung **333** 5
- Nebenentscheidungen **333** 3 f.
- Rechtsmittelzug **333** 2
- sachliches Ziel **333** 7
- sofortige Beschwerde **333** 3, 5
- Sprungrevision **333** 1
- Urteile **333** 2
- Urteile der Schwurgerichte **333** 1
- Urteile der Strafkammern **333** 1

magere Zahlen = Randnummern

Sachverzeichnis

- Verbindung 333 5
- **Zulässigkeitsvoraussetzungen (Revision)**
- Beschwer 333 10
- Entscheidungsformel 333 13
- Gesamtstrafenbildung 333 11
- Rechtskraft 333 11
- Rechtsmittelberechtigung 333 9
- Revision zugunsten des Angeklagten 333 13
- Staatsanwaltschaft 333 12 f.
- unmittelbare Beeinträchtigung der Rechte oder schutzwürdiger Interessen 333 10
- Verständigung 333 14
- Zuständigkeit 333 15
- **Zulassungsbeschluss im Aditionsverfahren**
- Anhörung 368 52, 54
- Bekanntgabe 368 55
- Beschlusserfordernis 368 49
- Bindungswirkung 368 50
- förmliche Zustellung 368 55
- Formwahrung 368 50
- Frist 368 54
- gemeinsame Beschlussurkunde 368 53
- ohne mündliche Verhandlung 368 52
- rechtliches Gehör 368 54
- Überleitung ins Probationsverfahren 368 49
- Unbegründetheitsbeschluss 368 51
- ungünstige Wiederaufnahme 368 54
- unverzüglich 368 52
- Verfahren 368 52
- Zusammenfallen von Aditions- und Probationsverfahren 368 53
- **Zurücknahme des Rechtsmittels**
- ausdrückliche Ermächtigung 473 28
- Ausnahmen von der Rücknahmeregelung 473 53
- Beschluss über Kosten und Auslagen 473 32
- Beseitigung gesetzwidriger Entscheidung 473 56
- gesetzliche Vertreter und Erziehungsberechtigte 473 48 f.
- Klarstellung des Schuld- und Rechtsfolgenausspruchs 473 33
- Kostentragungspflichtiger 473 36
- mehrere Rechtsmittelführer 473 40
- mehrere Rücknahmen 473 57
- Motiv der Rücknahme 473 30
- nachträgliche Rechtsmittelbeschränkung 473 31
- Nebenkläger 473 38
- Nichtrevident 473 50
- Rücknahmeerklärung 473 29, 39
- Staatskasse 473 37
- Todesfälle 473 51 f.
- unvollständige Ausfertigung 473 55
- Vertreter 473 43 ff.
- wirksame vollständige Rücknahme 473 27
- Zurücknahme wegen Erledigung 473 54
- Zuständigkeit 473 34 f.
- **Zurücknahme von Klage und Einspruch**
- Anberaumung der Hauptverhandlung 411 41
- Dispositionsbefugnis 411 41
- erlassener Strafbefehl 411 40
- Ermächtigung des Verteidigers 411 45
- Eröffnungsentscheidung 411 40
- faires Verfahren 411 50 f.
- Formvorschriften 411 44
- Immutabilitätsprinzip 411 39
- Nebenkläger 411 45
- rechtliches Gehör 411 50
- Rechtsfolgen 411 48 f., 51
- rechtzeitig eingelegter Einspruch 411 41
- reformatio in peius 411 53
- regulärer Eröffnungsbeschluss 411 42
- Teilrechtskraft 411 47
- Verkündung des Urteils 411 41, 43, 46
- Verständigung 411 53
- Zustimmung 411 45, 52
- **Zurückverweisung**
- Akten 354 85
- andere Abteilung oder Kammer 354 86 ff.
- Aufhebungsansicht 354 97
- Auswahlermessen 354 83
- Besorgnis der Befangenheit 354 94
- Beweisaufnahme 354 98
- Bindungswirkung 354 96
- Gericht gleicher Ordnung 354 89
- Gericht höherer Ordnung 354 88
- Gericht niederer Ordnung 354 91
- Geschäftsverteilung 354 83, 87
- gesetzliche Zuständigkeiten 354 92
- Mitwirkung bereits zuvor beteiligter Richter 354 93
- Nachtragsentscheidung 354 100
- neue Feststellungen 354 98
- neues Urteil 354 99
- Schwurgericht 354 88
- Spruchkörper 354 83
- Staatsanwälte 354 85
- Unrichtigkeit der festgestellten Tatbeteiligung 354 96
- Verfahren in neuer Tatsacheninstanz 354 93 ff.
- Verschlechterungsverbot 354 99
- Wirtschaftskammer 354 88
- zuständiger Richter 354 82
- Zwischenentscheidung 354 84
- **Zurückweisungsbeschluss** *siehe Eröffnungsbeschluss*
- **Zuständigkeit der Strafvollstreckungskammer**
- Abgabe durch die Strafvollstreckungskammer 462a 38
- Entscheidungsnähe 462a 1
- Fortwirkungszuständigkeit 462a 28 ff.
- funktionelle Zuständigkeitsbestimmung 462a 4
- Gericht des ersten Rechtszugs 462a 1, 31, 42
- Jugendrichter als besonderer Vollstreckungsleiter 462a 5
- nachträgliche Gesamtstrafenbildung 462a 36
- Nachtragsentscheidung 462a 28
- örtliche Zuständigkeit *siehe dort*
- primäre Zuständigkeit 462a 33
- Regelzuständigkeit 462a 31
- sachliche Zuständigkeit *siehe dort*
- spezielle Spruchkörper 462a 4
- Vollstreckungsgerichte 462a 1
- Zuständigkeitskonzentration 462a 1, 39 ff.
- Zuständigkeitspriorität 462a 37
- **Zuständigkeit der Vollstreckungsbehörden**
- Begrenzungsverordnung 451 21
- funktionale Zuständigkeit des Rechtspflegers 451 12
- Geldstrafen und Geldbußen 451 15

1717

Sachverzeichnis

fette Zahlen = §§

- Generalbundesanwalt beim BGH **451** 9
- Generalstaatsanwalt **451** 11
- Jugendrichter als Vollstreckungsleiter **451** 8
- Jugendstrafsachen **451** 16
- Notzuständigkeit **451** 10, 25
- Ordnungsmittel **451** 7
- örtliche Zuständigkeit **451** 22 ff.
- sachliche Zuständigkeit **451** 6 ff.
- Sequenzzuständigkeit **451** 22
- Staatsanwaltschaft bei LG und OLG **451** 9
- Übertragung der Vollstreckungsgeschäfte **451** 14
- Vorlagepflicht **451** 18 f.
- Wahrnehmung der Geschäfte der Strafvollstreckungsbehörde **451** 18
- Weisungsgebundenheit **451** 13, 17
- Zuständigkeitskonzentration **451** 26
- Zuständigkeitswechsel **451** 24

Zuständigkeit des Gerichts
- anderes Gericht mit gleicher sachlicher Zuständigkeit **367** 2
- Anwendungsbereich **367** 1
- iudex a quo **367** 2
- Ursprungsgericht **367** 3
- Weiterleitung **367** 4
- Zuständigkeit der Staatsanwaltschaft **367** 2

Zuständigkeit des Gerichts bei Einwendungen
- Entscheidungen der Vollstreckungsbehörde **459h** 4 ff.
- erfasste Einwendungen **459h** 2 ff.
- Rechtsweg **459h** 1
- zuständiges Gericht **459o** 10

Zuständigkeit und Befugnisse der Aufsichtsstellen
- Adressat des Auskunftsverlangens **463a** 12
- Auskunft **463a** 9
- Ausschreibung zur Aufenthaltsermittlung **463a** 15
- beteiligte Stellen **463a** 12
- Betreuung und Überwachungsaufgaben **463a** 7
- Ermittlungen **463a** 10 f.
- Regelungszweck **463a** 7 ff.
- Umfang der Befugnisse **463a** 9 ff.
- Verhältnismäßigkeitsgrundsatz **463a** 15
- Vornahme durch dritte Behörden **463a** 13 f.
- Zwangsmittel **463a** 14

Zustellung
- Anwesenheit **409** 43
- Aufenthalt im Ausland **409** 44
- Aushändigung **409** 44
- Ausländer **409** 45
- Beschwerde **409** 47
- Einspruchsfrist **409** 37, 42, 48
- Einziehungsbeteiligte **409** 37, 41
- Ersatzzustellung **409** 44
- förmliche Zustellung **409** 37
- Heilung **409** 46
- nebenklageberechtigte Verletzte **409** 39
- öffentliche Zustellung **409** 44
- Verzicht **409** 43
- Wahl- oder Pflichtverteidiger **409** 40
- Zustellungsbevollmächtigte **409** 42

Zustellung der Revisionsschrift
- Einlegungsschrift **347** 9
- Erzwingung von Stellungnahmen **347** 3
- Gegenanhörungsrecht **347** 5
- Gegner **347** 6, 9
- Protokollberichtigungsverfahren **347** 2
- Revisionsschrift **347** 8
- Rügeverkümmerung **347** 2
- Verfahrensverzögerungen **347** 4
- Zustellung **347** 7
- Zweck der Vorschrift **347** 2